Beck'sche Textausgaben

Straßenverkehrsrecht

102. Ergänzungslieferung Februar 2021
(Anschluss an die Ergänzungslieferung Oktober 2020)
Rund 336 Seiten auf Dünndruckpapier € 17,90

Diese Ergänzungslieferung enthält u. a.:

- die Änderungen der StVO v. 18.12.2020
- umfangreiche Änderungen der FeV durch VO v. 16.11.2020 und 9.12.2020
- alle weiteren Gesetzesänderungen bis zum 15.2.2021

C.H.BECK

Post darf öffnen
ISBN 978-3-406-75216-2
9 783406 752162 € 17,90

Hinweise zur Einsortierung der Ergänzungslieferungen

1. Prüfen Sie bitte vor dem Einordnen einer Lieferung anhand des Titelblatts Ihres Grundwerks, ob die vorangehende Lieferung einsortiert wurde. Nur bei lückenlosem Einordnen aller Lieferungen haben die Blätter den jeweils richtigen Anschluss. Jede Lieferung enthält zur weiteren Kontrolle auf dem Deckblatt und dem neuen Titelblatt zudem einen Hinweis, an welche frühere sie anschließt.

2. Nehmen Sie den oberen Teil der Steckmechanik heraus und stellen Sie diesen nebenan auf.

3. Ordnen Sie danach die oberen Blätter des sich im Ordner befindlichen Buchblocks (im Folgenden Buchblock alt) bis zu dem Blatt, das nach der Einordnungsanweisung herauszunehmen ist, in die Steckmechanik ein (im Folgenden Buchblock neu).

4. Sortieren Sie dann die herauszunehmenden Blätter des Buchblocks alt zum späteren Entsorgen aus.

5. Ordnen Sie die stattdessen neu einzufügenden Blätter der Ergänzungslieferung auf die Blätter, die sich bereits in der Steckmechanik befinden (Buchblock neu).

6. Sortieren Sie die weiteren Blätter des Buchblocks alt in den Buchblock neu, wiederum bis zu dem Blatt, das nach der Einordnungsanweisung als nächstes herauszunehmen ist.

7. Das weitere Einsortieren gestaltet sich so, wie dies oben unter 3. bis 5. beschrieben ist.

8. Sind alle Blätter ein- bzw. aussortiert, nehmen Sie den gesamten Buchblock neu mit der Steckmechanik und stecken Sie diesen in die Röhren des Ordners zurück.

9. Zur Sicherheit vergewissern Sie sich bitte, dass keines der aussortierten Blätter unten in der Fußzeile das Kennzeichen der neuen Lieferung trägt.

10. Zur späteren Kontrolle tragen Sie auf der vorne eingehefteten Tabelle die soeben eingeordnete Lieferung ein.

11. Für den seltenen Fall des Fehlens einzelner Blätter wenden Sie sich bitte an unsere Loseblatt-Reklamation im Internet unter http://www.becksche.de/de/Loseblatt_Service.html.

Ihre Verlage C.H.BECK und Vahlen

Bitte ausschneiden und als Lesezeichen verwenden oder in die Taschen auf den Innenseiten des Ordners stecken!

StrVerkRecht-Schnellübersicht

Stand: Juli 2019

StrVerkRecht-Schnellübersicht

Stand: Juli 2019

BECK'SCHE TEXTAUSGABEN

Straßenverkehrsrecht

Straßenverkehrsrecht

Straßenverkehrs-Ordnung mit farbiger Wiedergabe
der Verkehrszeichen und mit Allgemeiner Verwaltungsvorschrift,
Straßenverkehrs-Zulassungs-Ordnung mit Dienstanweisungen
und Allgemeinen Verwaltungsvorschriften, Fahrerlaubnis-Verordnung,
Fahrzeug-Zulassungsverordnung,
Straßenverkehrsgesetz, Fahrlehrergesetz, Verordnung über
den Betrieb von Kraftfahrunternehmen im Personenverkehr,
Personenbeförderungsgesetz, Güterkraftverkehrsgesetz,
Internationale Verkehrsvorschriften, Bundesfernstraßengesetz, Kraftfahrzeugsteuergesetz, Ordnungswidrigkeitengesetz mit
Verwarnungsgeldkatalog, Bußgeldkatalog und andere
Bestimmungen

Loseblatt-Textsammlung
mit Verweisungen, Sachverzeichnis und Mustern

Stand: 15. Februar 2021
(102. Ergänzungslieferung)

C.H.BECK

Dieses Titelblatt stammt aus der Ergänzungslieferung Februar 2021
ISBN 978 3 406 75216 2

Die Ergänzungslieferung Februar 2021 schließt an die
Ergänzungslieferung Oktober 2020 an.

www.beck.de

Gesamtwerk 978 3 406 43931 5 ergänzt bis 978 3 406 75216 2

Wilhelmstraße 9, 80801 München
Druck: Druckerei C. H. Beck Nördlingen
(Adresse wie Verlag)

CO_2
neutral

chbeck.de/nachhaltig

Gedruckt auf säurefreiem, alterungsbeständigem Papier
(hergestellt aus chlorfrei gebleichtem Zellstoff)

Einführung

zur 102. Ergänzungslieferung
von Prof. Dr. Helmut Janker

Wichtige Änderungen in der 102. Ergänzungslieferung

010 Straßenverkehrsgesetz – StVG

Mit **Artikel 3 Gesetz über Änderungen im Berufskraftfahrerqualifikationsrecht** vom 26.11.2020, BGBl. 2020/I, Nr. 56, Seite 2575, 2595 wurde § 6a StVG geändert. Die Regelung ist **am 2.12.2020 in Kraft getreten**.

Wesentlicher Inhalt: Die Änderung steht in Zusammenhang mit Änderungen des Berufskraftfahrerqualifikationsgesetzes und ist lediglich eine redaktionelle Folgeänderung.

Wichtige Drucksachen: BR-Drs. 443/20 (neu) (Gesetzentwurf), BT-Drs. 19/21983 (Gesetzentwurf), BT-Drs. 19/23185 (Beschlussempfehlung und Bericht), BR-Drs. 612/20(B) (Beschlussdrucksache)

020 Gesetz über die Errichtung eines Kraftfahrt-Bundesamtes – KfBAG

Mit **Artikel 2 Gesetz über Änderungen im Berufskraftfahrerqualifikationsrecht** vom 26.11.2020, BGBl. 2020/I, Nr. 56, Seite 2575, 2595 wurde § 2 KfBAG geändert. Die Änderung ist **am 2.12.2020 in Kraft getreten**.

Wesentlicher Inhalt: „Die Evaluation der Richtlinie 2003/59/EG durch die Europäische Kommission ergab Verbesserungsbedarf in verschiedenen Bereichen, dem durch eine Änderung der Richtlinie Rechnung getragen wurde. Die Mitgliedstaaten sind verpflichtet, insbesondere die Weiterbildung der Berufskraftfahrer an ihren konkreten Bedarf und den Stand der Technik anzupassen sowie ein Register zu errichten, das den gegenseitigen Austausch von Bescheinigungen über die Teilnahme von Berufskraftfahrern an Aus- und Weiterbildungsmaßnahmen ermöglicht. Ein solches Berufskraftfahrerqualifikationsregister erfordert die Schaffung von Verfahrensvorschriften, die nicht nur die Führung des Registers, sondern auch die Datenübermittlung regeln. Die Ermächtigungsgrundlage für das Kraftfahrt-Bundesamt als registerführende Behörde muss im Gesetz über die Errichtung eines Kraftfahrt-Bundesamts angepasst werden. …“ (Quelle: BT-Drs. 19/23185 (neu), Seite 1)

Wichtige Drucksachen: BR-Drs. 443/20(neu) (Gesetzentwurf), BT-Drs. 19/21983 (Gesetzentwurf), BT-Drs. 19/23185 (Beschlussempfehlung und Bericht), BR-Drs. 612/20(B) (Beschlussdrucksache)

025 Gebührenordnung für Maßnahmen im Straßenverkehr – GebOSt

Mit **Artikel 4 Verordnung über die Ausbildung und Prüfung auf Kraftfahrzeugen mit Automatikgetriebe und zur Änderung weiterer Vorschriften der Fahrerlaubnis-Verordnung** vom 16.11.2020, BGBl. 2020/I, Nr. 59, Seite 2704, 2707 wurden die Gebühren-Nummern 202.1,

202.2, 202.3, 202.4, 202.5, 202.7 und 216 GebOSt geändert. Die Änderungen sind **weitgehend am 1.1.2021 in Kraft getreten**.

Wesentlicher Inhalt: Siehe dazu die Ausführungen unten bei **Leitziffer 300** zu den Änderungen der FeV mit **Artikel 1 Verordnung über die Ausbildung und Prüfung auf Kraftfahrzeugen mit Automatikgetriebe und zur Änderung weiterer Vorschriften der Fahrerlaubnis-Verordnung** vom 16.11.2020, BGBl. 2020/I, Nr. 59, Seite 2704.

Wichtige Drucksachen: BR-Drs. 579/20 (Verordnung), BR-Drs. 579/1/20 (Empfehlungen der Ausschüsse) und BR-Drs. 579/20(B) (Beschlussdrucksache)

Mit **Artikel 4 Verordnung zur Ablösung der Berufskraftfahrer-Qualifikations-Verordnung und zur Änderung anderer straßenverkehrsrechtlicher Vorschriften** vom 9.12.2020, BGBl. 2020/I, Nr. 62, Seite 2905, 2921 wurden im 1. Abschnitt ua die Gebühren-Nummern 119.5 und 119.7 GebOSt neu gefasst. Die Gebühren-Nummer 146 GebOSt wurde neu eingefügt. Im 2. Abschnitt wurden ua die Gebühren-Nummern 343 und 344 sowie 345 und 346 GebOSt neu gefasst. Die Regelungen sind **weitgehend am 17.12.2020 in Kraft getreten**. Die neu gefassten Gebühren-Nummern 343 und 344 GebOSt treten am 23.5.2021 in Kraft, gleichzeitig treten die bisherigen Gebühren-Nummern 343 und 344 GebOSt außer Kraft.

Wesentlicher Inhalt: Siehe dazu unten bei **Leitziffer 375** die Ausführungen zu **Artikel 1 Verordnung zur Ablösung der Berufskraftfahrer-Qualifikations-Verordnung und zur Änderung anderer straßenverkehrsrechtlicher Vorschriften** vom 9.12.2020, BGBl. 2020/I, Nr. 62, Seite 2905.

Wichtige Drucksachen: BR-Drs. 598/20 (Verordnung), BR-Drs. 598/1/20 (Empfehlungen der Ausschüsse) und BR-Drs. 598/20(B) (Beschlussdrucksache)

100 Straßenverkehrs-Ordnung – StVO

Mit **Artikel 1 Verordnung zur Änderung der Straßenverkehrs-Ordnung und der Vierundfünfzigsten Verordnung zur Änderung straßenverkehrsrechtlicher Vorschriften** vom 18.12.2020, BGBl. 2020/I, Nr. 64, Seite 3047 wurde § 44a (Besondere sachliche Zuständigkeit des Fernstraßen-Bundesamtes) StVO neu eingefügt; die §§ 45, 46 und 47 StVO wurden geändert; § 51a (Überleitung) StVO wurde neu eingefügt; § 52 StVO wurde geändert. Die Regelungen sind **am 24.12.2020 in Kraft getreten**.

Wesentlicher Inhalt: „Durch diese Verordnung werden im Wesentlichen die Regelungen des Entwurfs der Zweiten Verordnung zur Änderung der Straßenverkehrs-Ordnung (BR-Drs. 578/20), die nicht in Kraft gesetzt wird, wiederholt. Die in dieser Verordnung enthaltenen Regelungen werden allerdings ergänzt zum einen um die Maßgaben durch den Beschluss des Bundesrates vom 6.11.2020 (BR-Drs. 578/20(B)), zum anderen um Korrekturen der Rechtsprüfung nach Abschluss des ursprünglichen Bundesratsverfahrens. Mit der vorliegenden Verordnung zur Änderung der Straßenverkehrs-Ordnung und der Vierundfünfzigsten Verordnung zur Änderung straßenverkehrsrechtlicher Vorschriften werden daher im Wesentlichen Regelungen zu den straßenverkehrsrechtlichen Zuständigkeiten des Fernstraßen-Bundesamtes bzw. der Autobahn GmbH des Bundes umgesetzt. So werden in Artikel 1 die erforderlichen Regelungen der Verordnungsermächtigung umgesetzt, die durch § 4 des Fernstraßen-Bundesamt-Errichtungsgesetzes (FStrBAG) geschaffen worden ist. Das Fernstraßen-Bundesamt wird im neuen § 44a Absatz 1 der Straßenverkehrs-Ordnung (StVO) als sachlich zuständige Behörde für verkehrsrechtliche Anordnungen nach der StVO auf den Autobahnen in der Baulast des Bundes verankert. …“ (Quelle: BR-Drs. 748/20, Seite 1)

Wichtige Drucksachen: BR-Drs. 748/20 (Verordnung) und BR-Drs. 748/20(B) (Beschlussdrucksache)

Hinweis: Die im Titel der „Verordnung zur Änderung der Straßenverkehrs-Ordnung und der Vierundfünfzigsten Verordnung zur Änderung straßenverkehrsrechtlicher Vorschriften“ angesprochenen Änderungen der Vierundfünfzigsten Verordnung zur Änderung straßenverkehrsrechtlicher Vorschriften betreffen redaktionelle Anpassungen und betrafen insbesondere § 47 StVO in der damals zum 1.1.2021 geplanten Fassung.

300 Fahrerlaubnis-Verordnung – FeV

Mit **Artikel 1 Verordnung über die Ausbildung und Prüfung auf Kraftfahrzeugen mit Automatikgetriebe und zur Änderung weiterer Vorschriften der Fahrerlaubnis-Verordnung** vom 16.11.2020, BGBl. 2020/I, Nr. 59, Seite 2704 wurden die §§ 17, 30, 31 und 76 FeV geändert; § 17a (Beschränkung auf Fahrzeuge mit Automatikgetriebe) FeV wurde neu eingefügt; die Anlagen 7 und 9 FeV wurden geändert; außerdem wurde das Inhaltsverzeichnis der FeV geändert. Die **Regelungen treten überwiegend am 1.4.2021 in Kraft**; die Änderung der Anlage 7 FeV ist am 10.12.2020 in Kraft getreten.

Wesentlicher Inhalt: „Bis 1986 war es in Deutschland möglich trotz praktischer Ausbildung und Prüfung auf einem Pkw ohne Schaltgetriebe auf die so genannte Automatikbeschränkung zu verzichten, wenn während der Fahrschulausbildung sechs Stunden auf einem Fahrzeug mit Schaltgetriebe absolviert worden waren. Trotz des Ablegens der praktischen Fahrerlaubnisprüfung auf einem Fahrzeug ohne Schaltgetriebe wurde in diesen Fällen bei Vorliegen der entsprechenden Bescheinigung von einer Beschränkung auf Fahrzeuge ohne Schaltgetriebe abgesehen und nur der Umstand, dass die Prüfung auf einem solchen Fahrzeug erfolgt ist, vermerkt.

Auf Veranlassung des Bundesrates ist aus Verkehrssicherheitsgründen die Fahrerlaubnis seit dem 1.4.1986 auf das Führen ohne Schaltgetriebe zu beschränken, wenn die praktische Fahrerlaubnisprüfung auf einem solchen Fahrzeug abgelegt wird. Gleiches fordert auch die Richtlinie 2006/126/EG. Alternativen hierzu gibt es bisher nicht. Fahrzeuge mit alternativen Antrieben und hochautomatisierten Fahrfunktionen sind heute in der Regel mit Automatikgetriebe oder auch ohne Getriebe ausgestattet. Um jedoch die Beschränkung zu vermeiden, bevorzugen Fahrschüler aktuell die Ausbildung und praktische Fahrerlaubnisprüfung auf einem Fahrzeug mit Schaltgetriebe. Daher werden Fahrzeuge mit Automatikgetriebe in der Fahrschülerausbildung nur wenig eingesetzt.

Um den Verkehr sicherer und nachhaltiger zu machen, soll die Attraktivität von Fahrzeugen mit alternativen Antrieben und hochautomatisierten Fahrfunktionen bei jungen Fahranfängern erhöht werden. Um jungen Fahranfängern bereits während der Ausbildung die Nutzung von Fahrzeugen mit alternativen

Antrieben und die Nutzung hochautomatisierter Fahrfunktionen zu ermöglichen und sie mit der neuen Technik und deren Anwendung vertraut zu machen, müssen Anreize für die Nutzung derartiger Fahrzeuge in der Fahrschülerausbildung geschaffen werden, indem damit verbundene Einschränkungen wegfallen. Dabei muss jedoch den Verkehrssicherheitsbedenken, die 1986 zur Einführung der Beschränkung geführt haben, Rechnung getragen werden." (Quelle: BR-Drs. 579/20, Seite 1 / 2)

Wichtige Drucksachen: BR-Drs. 579/20 (Verordnung), BR-Drs. 579/1/20 (Empfehlungen der Ausschüsse) und BR-Drs. 579/20(B) (Beschlussdrucksache)

Mit **Artikel 2 Verordnung über die Ausbildung und Prüfung auf Kraftfahrzeugen mit Automatikgetriebe und zur Änderung weiterer Vorschriften der Fahrerlaubnis-Verordnung** vom 16.11.2020, BGBl. 2020/I, Nr. 59, Seite 2704, 2706 wurden die §§ 66, 70, 71a und 72 FeV geändert; ebenfalls geändert wurden Anlage 4 und Anlage 4a FeV. Die Änderungen sind **am 10.12.2020 in Kraft getreten**.

Wesentlicher Inhalt: Siehe dazu die Ausführungen oben bei dieser **Leitziffer 300** und dort bei den Änderungen der FeV mit **Artikel 1 Verordnung über die Ausbildung und Prüfung auf Kraftfahrzeugen mit Automatikgetriebe und zur Änderung weiterer Vorschriften der Fahrerlaubnis-Verordnung** vom 16.11.2020, BGBl. 2020/I, Nr. 59, Seite 2704.

Wichtige Drucksachen: BR-Drs. 579/20 (Verordnung), BR-Drs. 579/1/20 (Empfehlungen der Ausschüsse) und BR-Drs. 579/20(B) (Beschlussdrucksache)

Mit **Artikel 3 Verordnung zur Ablösung der Berufskraftfahrer-Qualifikations-Verordnung und zur Änderung anderer straßenverkehrsrechtlicher Vorschriften** vom 9.12.2020, BGBl. 2020/I, Nr. 62, Seite 2905, 2920 wurden § 10 FeV und Anlage 9 FeV geändert. Die Änderungen sind **am 17.12.2020 in Kraft getreten**.

Wesentlicher Inhalt: Siehe dazu unten bei **Leitziffer 375** die Ausführungen zu **Artikel 1 Verordnung zur Ablösung der Berufskraftfahrer-Qualifikations-Verordnung und zur Änderung anderer straßenverkehrsrechtlicher Vorschriften** vom 9.12.2020, BGBl. 2020/I, Nr. 62, Seite 2905.

Wichtige Drucksachen: BR-Drs. 598/20 (Verordnung), BR-Drs. 598/1/20 (Empfehlungen der Ausschüsse) und BR-Drs. 598/20(B) (Beschlussdrucksache)

360 Fahrschüler-Ausbildungsordnung – FahrschülerAusbO

Mit **Artikel 3 Verordnung über die Ausbildung und Prüfung auf Kraftfahrzeugen mit Automatikgetriebe und zur Änderung weiterer Vorschriften der Fahrerlaubnis-Verordnung** vom 16.11.2020, BGBl. 2020/I, Nr. 59, Seite 2704, 2706 wurden § 5a (Praktische Ausbildung auf Kraftfahrzeugen mit Schaltgetriebe der Klasse B gemäß § 17a der Fahrerlaubnis-Verordnung) und § 5b (Evaluierung) FahrschAusbO neu eingefügt; § 7 FahrschAusbO wurde geändert; Anlage 7 (Nachweis über die praktische Ausbildung zum Führen von Fahrzeugen mit Schaltgetriebe der Klasse B) FahrschAusbO wurde neu angefügt. Die **Regelungen treten am 1.4.2021 in Kraft**.

Wesentlicher Inhalt: Siehe dazu die Ausführungen oben bei **Leitziffer 300** zu den Änderungen der FeV mit **Artikel 1 Verordnung über die Ausbildung und Prüfung auf Kraftfahrzeugen mit Automatikgetriebe und zur Änderung weiterer Vorschriften der Fahrerlaubnis-Verordnung** vom 16.11.2020, BGBl. 2020/I, Nr. 59, Seite 2704.

Wichtige Drucksachen: Wichtige Drucksachen: BR-Drs. 579/20 (Verordnung), BR-Drs. 579/1/20 (Empfehlungen der Ausschüsse) und BR-Drs. 579/20(B) (Beschlussdrucksache)

365 Richtlinie für die praktische Prüfung der Bewerber um eine Erlaubnis zum Führen von Kraftfahrzeugen nach Anlage 7 der Fahrerlaubnis-Verordnung (FeV) – (Prüfungsrichtlinie – praktische Prüfung)

Hinweis: Die Prüfungsrichtlinie – praktische Prüfung, die seit 1.1.2021 zur Anwendung kommt, wurde mit der 101. Ergänzungslieferung (Oktober 2020) neu in die Textsammlung aufgenommen. Sie wurde zwischenzeitlich durch die Verlautbarungen im VkBl. 2020, Seite 649 und im VkBl. 2020, Seite 778 mit Wirkung zum 1.1.2021 geändert.

370 Berufskraftfahrerqualifikationsgesetz – BKrFQG

Mit **Artikel 1 Gesetz über Änderungen im Berufskraftfahrerqualifikationsrecht** vom 26.11.2020, BGBl. 2020/I, Nr. 56, Seite 2575 wurde das Gesetz über die Grundqualifikation und die Weiterbildung der Fahrer bestimmter Kraftfahrzeuge für den Güter- oder Personenkraftverkehr (Berufskraftfahrerqualifikationsgesetz – BKrFQG) neu gefasst. Die **Änderungen sind weitestgehend am 2.12.2020 in Kraft getreten**. Gleichzeitig trat das bisherige Berufskraftfahrer-Qualifikations-Gesetz vom 14.8.2006 (BGBl. I S. 1958), mit den weiteren Änderungen, außer Kraft. (Quelle: BGBl. 2020/I, Nr. 56, Seite 2575, 2596)

Wesentlicher Inhalt: „Das Berufskraftfahrer-Qualifikations-Gesetz ist neu zu fassen, um die wesentlichen Inhalte der Richtlinie (EU) 2018/645 in deutsches Recht umzusetzen.“ (Quelle: BR-Drs. 443/20(neu), Seite 2)

Wichtige Drucksachen: BR-Drs. 443/20(neu) (Gesetzentwurf), BT-Drs. 19/21983 (Gesetzentwurf), BT-Drs. 19/23185 (Beschlussempfehlung und Bericht), BR-Drs. 612/20(B) (Beschlussdrucksache)

Mit **Artikel 4 Abs. 2 und 3 Gesetz über Änderungen im Berufskraftfahrerqualifikationsrecht** vom 26.11.2020, BGBl. 2020/I, Nr. 56, Seite 2575, 2596 wurde **§ 30 BKrFQG mit Wirkung vom 23.5.2021** und **§ 1 BKrFQG mit Wirkung vom 1.1.2026 geändert**.

Wesentlicher Inhalt: Die Änderungen stehen im Zusammenhang mit der Umsetzung der Richtlinie (EU) 2018/645 in deutsches Recht. Näher dazu oben bei dieser **Leitziffer 370** und dort bei den Änderungen durch **Artikel 1 Gesetz über Änderungen im Berufskraftfahrerqualifikationsrecht** vom 26.11.2020, BGBl. 2020/I, Nr. 56, Seite 2575.

Wichtige Drucksachen: BR-Drs. 443/20(neu) (Gesetzentwurf), BT-Drs. 19/21983 (Gesetzentwurf), BT-Drs. 19/23185 (Beschlussempfehlung und Bericht), BR-Drs. 612/20(B) (Beschlussdrucksache)

EL 102 Einführung

375 Berufskraftfahrer-Qualifikations-Verordnung – BKrFQV

Mit **Artikel 1 Verordnung zur Ablösung der Berufskraftfahrer-Qualifikations-Verordnung und zur Änderung anderer straßenverkehrsrechtlicher Vorschriften** vom 9.12.2020, BGBl. 2020/I, Nr. 62, Seite 2905 wurde die bisherige BKrFQV abgelöst bzw. neu gefasst. Die Regelungen sind **am 17.12.2020 in Kraft getreten**, wobei gleichzeitig die bisherige BKrFQV vom 22.8.2006 außer Kraft getreten ist.

Wesentlicher Inhalt: „Der Erlass der Richtlinie (EU) 2018/645 des Europäischen Parlaments und des Rates vom 18.4.2018 zur Änderung der Richtlinie 2003/59/EG über die Grundqualifikation und Weiterbildung der Fahrer bestimmter Kraftfahrzeuge für den Güter- oder Personenkraftverkehr und der Richtlinie 2006/126/EG über den Führerschein (ABl. L 112, vom 2.5.2018, S. 29) führte neben der Überarbeitung des Berufskraftfahrerqualifikationsgesetzes auch zu einer Überarbeitung der Durchführungsvorschriften. Insbesondere die Aktualisierung der zu vermittelnden Kenntnisbereiche im Rahmen der Grundqualifikation und im Rahmen der Weiterbildung ist erforderlich. Die Richtlinie (EU) 2018/645 sieht vor, dass der Unterricht im Rahmen der beschleunigten Grundqualifikation und der Unterricht im Rahmen der Weiterbildung unter Wahrung des Qualitätsstandards und unter Sicherstellung der Nutzeridentifizierung in begrenztem Umfang in Form des e-Learnings stattfinden können. Den Einsatz von e-Learning im Rahmen des Unterrichts hat die Bundesrepublik Deutschland bereits in der Vergangenheit ermöglicht. Eine Neuerung ist hingegen die Möglichkeit, andere abgeschlossene spezielle Ausbildungen bzw. Schulungen, die im Zusammenhang mit der Tätigkeit als Fahrer im gewerblichen Güter- oder Personenkraftverkehr stehen, durch die nach Landesrecht zuständige Behörde auf den Unterricht zur Erlangung der beschleunigten Grundqualifikation und auf die Weiterbildung anrechnen zu lassen. Diese von der Richtlinie geschaffene Möglichkeit setzt die Bundesrepublik Deutschland unter Berücksichtigung des derzeitigen Fahrermangels sowie zur Verringerung der finanziellen Belastung der Berufskraftfahrer in dieser Verordnung um. Eine weitere Neuerung ist, dass nun zum Nachweis des Abschlusses der Grundqualifikation, der beschleunigten Grundqualifikation und der Weiterbildung bundesweit ein Fahrerqualifizierungsnachweis auszustellen ist. Die Eintragung der Schlüsselzahl »95« in den Führerschein als Nachweis einer gültigen Qualifikation läuft somit aus. Das Verfahren zur Ausstellung des Fahrerqualifizierungsnachweises ist zu beschreiben.

Mit der Ablösung der Berufskraftfahrer-Qualifikations-Verordnung sind damit im Zusammenhang stehende Verordnungen ebenfalls zu ändern.“ (Quelle: BR-Drs. 598/20, Seite 1)

Wichtige Drucksachen: BR-Drs. 598/20 (Verordnung), BR-Drs. 598/1/20 (Empfehlungen der Ausschüsse) und BR-Drs. 598/20(B) (Beschlussdrucksache)

400 Personenbeförderungsgesetz – PBefG

Mit **Artikel 10 Gesetz zur Beschleunigung von Investitionen** vom 3.12.2020, BGBl. 2020/I, Nr. 59, Seite 2694, 2700 wurden die §§ 28, 28b, 28c, 29, 29a und 36a PBefG geändert; § 30 PBefG wurde neu gefasst. Die **Änderungen sind am 10.12.2020 in Kraft getreten**.

Wesentlicher Inhalt: „In dieser Legislaturperiode wurden bereits eine Reihe dringlicher Maßnahmen zur Beschleunigung von Planungs- und Genehmigungsverfahren im Infrastrukturbereich beschlossen. Damit wurden wichtige Voraussetzungen geschaffen, um Investitionen schneller und effektiver umsetzen zu können. Um die Mittel, die für Investitionen zur Verfügung stehen, schneller einsetzen zu können sowie die Wirkung vorangegangener Gesetze zur Planungsbeschleunigung zu erhöhen, sollen weitere Beschleunigungspotenziale realisiert werden." (Quelle: BT-Drs. 19/22139, Seite 1)

Wichtige Drucksachen: BR-Drs. 456/20 (Gesetzentwurf), BT-Drs. 19/22139 (Gesetzentwurf), BT-Drs. 19/24040 (Beschlussempfehlung und Bericht), BR-Drs. 670/20(B) (Beschlussdrucksache)

450 Güterkraftverkehrsgesetz – GüKG

Mit **Artikel 3a Gesetz über Änderungen im Berufskraftfahrerqualifikationsrecht** vom 26.11.2020, BGBl. 2020/I, Nr. 56, Seite 2575, 2595 wurden die §§ 7, 12 und 19 GüKG geändert. Die Änderungen sind **am 2.12.2020 in Kraft getreten**.

Wesentlicher Inhalt: „Artikel 3a … dient der Umsetzung der Richtlinie 96/53/EG des Rates vom 25.7.1996 zur Festlegung der höchstzulässigen Abmessungen für bestimmte Straßenfahrzeuge im innerstaatlichen und grenzüberschreitenden Verkehr in der Gemeinschaft sowie zur Festlegung der höchstzulässigen Gewichte im grenzüberschreitenden Verkehr (ABl. L 235 vom 17.9.1996 S. 59), die zuletzt durch die Verordnung (EU) 2019/1242 (ABl. L 198 vom 25.7.2019, S. 202) geändert worden ist." (Quelle: BGBl. 2020/I, Nr. 56, Seite 2595, *-Fußnote zu Artikel 3a)

Wichtige Drucksachen: BR-Drs. 443/20 (neu) (Gesetzentwurf), BT-Drs. 19/21983 (Gesetzentwurf), BT-Drs. 19/23185 (Beschlussempfehlung und Bericht), BR-Drs. 612/20(B) (Beschlussdrucksache)

480 Verordnung über den grenzüberschreitenden Güterkraftverkehr und den Kabotageverkehr – GüKGrKabV

Mit **Artikel 2 Verordnung zur Ablösung der Berufskraftfahrer-Qualifikations-Verordnung und zur Änderung anderer straßenverkehrsrechtlicher Vorschriften** vom 9.12.2020, BGBl. 2020/I, Nr. 62, Seite 2905, 2920 wurde § 20 GüKGrKabV geändert. Die Änderung ist **am 17.12.2020 in Kraft getreten**.

Wesentlicher Inhalt: Siehe dazu oben bei **Leitziffer 375** die Ausführungen zu **Artikel 1 Verordnung zur Ablösung der Berufskraftfahrer-Qualifikations-Verordnung und zur Änderung anderer straßenverkehrsrechtlicher Vorschriften** vom 9.12.2020, BGBl. 2020/I, Nr. 62, Seite 2905.

Wichtige Drucksachen: BR-Drs. 598/20 (Verordnung), BR-Drs. 598/1/20 (Empfehlungen der Ausschüsse) und BR-Drs. 598/20(B) (Beschlussdrucksache)

535 Europäisches Übereinkommen vom 30.9.1957 über die internationale Beförderung gefährlicher Güter auf der Straße – ADR

Mit **Artikel 1 28. ADR-Änderungsverordnung** vom 14.10.2020, BGBl. 2020/II, Nr. 17, Seite 757 wurden die Anlagen A und B **mit Wirkung vom 1.1.2021** geändert.

Wesentlicher Inhalt: „Die in Genf vom 8.-9.11.2018, 13.-17.5.2019 und 11.-15.11.2019 beschlossenen Änderungen zu den Anlagen A und B zu dem Europäischen Übereinkommen vom 30.9.1957 über die internationale Beförderung gefährlicher Güter auf der Straße (ADR) in der Fassung der Bekanntmachung der Anlagen A und B vom 4.7.2019 (BGBl. 2019 II S. 756, Anlageband) werden hiermit in Kraft gesetzt. Die Änderungen werden mit einer amtlichen deutschen Übersetzung als Anlage zu dieser Verordnung veröffentlicht" (Quelle: Artikel 1 28. ADR-Änderungsverordnung, BGBl. 2020/II, Nr. 17, Seite 757)

555 Arbeitszeitgesetz – ArbZG

Mit **Artikel 6 Gesetz zur Verbesserung des Vollzugs im Arbeitsschutz (Arbeitsschutzkontrollgesetz)** vom 22.12.2020, BGBl. 2020/I, Nr. 67, Seite 3334, 3341 wurden die §§ 17 und 22 ArbZG geändert. Die **Änderungen sind am 1.1.2021 in Kraft getreten**.

Wesentlicher Inhalt: Mit den Änderungen werden die Kontrollbefugnisse der Arbeitsschutzbehörden erweitert (§ 17 ArbZG) und der Bußgeldrahmen erhöht (§ 22 ArbZG).

Wichtige Drucksachen: BR-Drs. 426/20 (Gesetzentwurf), BT-Drs. 19/21978 (Gesetzentwurf), BT-Drs. 19/25141 (Beschlussempfehlung und Bericht) und BR-Drs. 745/20(B) (Beschlussdrucksache)

650 Bürgerliches Gesetzbuch – BGB

Hinweis: *Die Änderungen des BGB betreffen Vorschriften, die hier in der Textsammlung Straßenverkehrsrecht nicht abgedruckt sind.*

670 Strafgesetzbuch – StGB

Mit **Artikel 1 Sechzigstes Gesetz zur Änderung des Strafgesetzbuches – Modernisierung des Schriftenbegriffs und anderer Begriffe sowie Erweiterung der Strafbarkeit nach den §§ 86, 86a, 111 und 130 des Strafgesetzbuches bei Handlungen im Ausland** vom 30.11.2020, BGBl. 2020/I, Nr. 57, Seite 2600 wurden die hier in dieser Textsammlung abgedruckten §§ 74d (Einziehung von Schriften und Unbrauchbarmachung) und 76a (Selbständige Einziehung) **mit Wirkung vom 1.1.2021** geändert.

Wesentlicher Inhalt: Die Einziehungsvorschriften § 74d und § 76a StGB werden an den aktualisierten Schriftenbegriff in § 11 Absatz 3 StGB angepasst.

Wichtige Drucksachen: BR-Drs. 167/20 (Gesetzentwurf), BT-Drs. 19/19859 (Gesetzentwurf), BT-Drs. 19/23179 (Beschlussempfehlung und Bericht) und BR-Drs. 609/20(B) (Beschlussdrucksache)

Mit **Artikel 47 Jahressteuergesetz 2020** vom 21.12.2020, BGBl. 2020/I, Nr. 65, Seite 3096, 3134 wurde § 73e (Ausschluss der Einziehung des Tatertrages oder des Wertersatzes) geändert. Die Regelung ist **am 29.12.2020 in Kraft getreten**.

Wesentlicher Inhalt: § 73e Absatz 1 StGB wurde der folgende Satz angefügt: „Dies gilt nicht für Ansprüche, die durch Verjährung erloschen sind."

Wichtige Drucksachen: BR-Drs. 503/20 (Gesetzentwurf), BT-Drs. 19/22850 (Gesetzentwurf), BT-Drs. 19/25160 (Beschlussempfehlung und Bericht) und BR-Drs. 746/20(B) (Beschlussdrucksache)

Hinweis: *Die sonstigen Änderungen des StGB betreffen Vorschriften, die hier in der Textsammlung Straßenverkehrsrecht nicht abgedruckt sind.*

675 Strafprozeßordnung – StPO

Hinweis: *Die Änderungen der StPO betreffen Vorschriften, die hier in der Textsammlung Straßenverkehrsrecht nicht abgedruckt sind.*

680 Gesetz über Ordnungswidrigkeiten – OWiG

Mit **Artikel 3 Sechzigstes Gesetz zur Änderung des Strafgesetzbuches – Modernisierung des Schriftenbegriffs und anderer Begriffe sowie Erweiterung der Strafbarkeit nach den §§ 86, 86a, 111 und 130 des Strafgesetzbuches bei Handlungen im Ausland** vom 30.11.2020, BGBl. 2020/I, Nr. 57, Seite 2600, 2604 wurden die §§ 12, 116, 119 und 123 OWiG geändert. Die **Änderungen sind am 1.1.2021 in Kraft getreten**.

Wesentlicher Inhalt: Die Regelungen enthalten neben der Überarbeitung veralteter Begrifflichkeiten vor allem Anpassungen an den aktualisierten Schriftenbegriff in § 11 Absatz 3 StGB.

Wichtige Drucksachen: BR-Drs. 167/20 (Gesetzentwurf), BT-Drs. 19/19859 (Gesetzentwurf), BT-Drs. 19/23179 (Beschlussempfehlung und Bericht) und BR-Drs. 609/20(B) (Beschlussdrucksache)

685 Bußgeldkatalog-Verordnung – BKatV

Hinweis: In Fußnote 1 wurden die **Hinweise auf die derzeitige Diskussion über die Wirksamkeit der Änderungen durch die Vierundfünfzigste Verordnung zur Änderung straßenverkehrsrechtlicher Vorschriften** vom 20.4.2020, BGBl. 2020/I, Nr. 19, Seite 814 aktualisiert.

700 Bundesfernstraßengesetz – FStrG

Mit **Artikel 2a Gesetz zur Beschleunigung von Investitionen** vom 3.12.2020, BGBl. 2020/I, Nr. 59, Seite 2694, 2696 wurde § 17c FStrG mit Wirkung vom 10.12.2020 geändert.

Wesentlicher Inhalt: „In dieser Legislaturperiode wurden bereits eine Reihe dringlicher Maßnahmen zur Beschleunigung von Planungs- und Genehmigungsverfahren im Infrastrukturbereich beschlossen. Damit wurden wichtige Voraussetzungen geschaffen, um Investitionen schneller und effektiver umsetzen zu können. Um die Mittel, die für Investitionen zur Verfügung stehen, schneller einsetzen zu können sowie die Wirkung vorangegangener Gesetze zur Planungsbeschleunigung zu erhöhen, sollen weitere Beschleunigungspotenziale realisiert werden.“ (Quelle: BT-Drs. 19/22139, Seite 1)

Wichtige Drucksachen: BR-Drs. 456/20 (Gesetzentwurf), BT-Drs. 19/22139 (Gesetzentwurf), BT-Drs. 19/24040 (Beschlussempfehlung und Bericht) und BR-Drs. 670/20(B) (Beschlussdrucksache)

760 Sechzehnte Verordnung zur Durchführung des Bundes-Immissionsschutzgesetzes – Verkehrslärmschutzverordnung – 16. BImSchV

Mit **Artikel 1 Zweite Verordnung zur Änderung der Sechzehnten Verordnung zur Durchführung des Bundes-Immissionsschutzgesetzes (Verkehrslärmschutzverordnung – 16. BImSchV)** vom 4.11.2020, BGBl. 2020/I, Nr. 50, Seite 2334 wurden die §§ 2 (Immissionsgrenzwerte), § 3 (Berechnung des Beurteilungspegels für Straßen) Verkehrslärmschutzverordnung neu gefasst, § 3a (Festlegung der Straßendeckschichtkorrektur) und § 6 (Übergangsregelung für die Berechnung des Beurteilungspegels für Straßen) wurden neu eingefügt, Anlage 1 Verkehrslärmschutzverordnung wurde aufgehoben. Die Regelungen sind **am 1.3.2021 in Kraft getreten**.

Wesentlicher Inhalt: „Nach § 3 Satz 1 der Verkehrslärmschutzverordnung (16. BImSchV) ist der Beurteilungspegel für die von öffentlichen Straßen ausgehenden Geräuschemissionen nach Anlage 1 zu § 3 der 16. BImSchV zu berechnen. Das Berechnungsverfahren ist seit Erlass der 16. BImSchV am 12.6.1990 für die Ermittlung des Beurteilungspegels verbindlich anzuwenden. Seitdem haben sich die Geräuschemissionen von Fahrzeugen zum Teil deutlich geändert, so dass eine Anpassung der Emissionsannahmen an den aktuellen Stand im Berechnungsverfahren erforderlich ist. Außerdem wird das vereinfachte Berechnungsverfahren »lange, gerade Fahrstreifen« nach Anlage 1 zu § 3 der 16. BImSchV für Straßen hauptsächlich nur noch als Abschätzverfahren genutzt. Die verbreiteten softwaregestützten Berechnungsmöglichkeiten erlauben es heute, das genauere »Teilstückverfahren« im Sinne des Abschnitts 4.4.2 der Richtlinien für den Lärmschutz an Straßen – RLS90 – anzuwenden. Darüber hinaus existiert bisher kein rechtsverbindliches Verfahren, um für unterschiedliche lärmmindernde Straßenoberflächen (Straßendeckschichttypen) die Korrekturwerte festzulegen (Straßendeckschichtkorrektur), die in dem Berechnungsverfahren nach den Richtlinien für den Lärmschutz an Straßen anzusetzen sind.

Der Deutsche Bundestag hat in seiner 160. Sitzung am 14.5.2020 beschlossen, auf eine Änderung oder Ablehnung der Verordnung in ihrer Fassung auf Drucksache 19/18471 zu verzichten und hat dazu eine Entschließung angenommen (Drucksache 19/19197). Der Bundesrat hat der Verordnung in seiner 992. Sitzung am 3.7.2020 mit Änderungsmaßgabe zugestimmt. Der Bundesrat hat bemängelt, dass in § 2 der 16. BImSchV Immissionsgrenzwerte für Urbane Gebiete fehlten. Sie dienten wie Mischgebiete dem Wohnen und der Unterbringung von Gewerbebetrieben sowie anderen Einrichtungen, die das Wohnen nicht wesentlich störten. Es sei daher sachgerecht, sie hinsichtlich der Immissionsgrenzwerte in die gleiche Kategorie wie die Kerngebiete, Dorfgebiete und Mischgebiete einzuordnen. Die Bundesregierung hat beschlossen, die

Änderungsmaßgabe des Bundesrates unverändert zu übernehmen. …" (Quelle: BT-Drs. 19/23174, Seite 1/2)

Wichtige Drucksachen: BT-Drs. 19/18471 (Verordnung), BT-Drs. 19/19197 (Beschlussempfehlung und Bericht), BR-Drs. 274/20 (Verordnung), BT-Drs. 19/21751 (Verordnung) und BT-Drs. 19/23174 (Beschlussempfehlung und Bericht)

870 Kraftfahrzeugsteuergesetz – KraftStG 2002

Mit **Artikel 1 Siebtes Gesetz zur Änderung des Kraftfahrzeugsteuergesetzes** vom 16.10.2020, BGBl. 2020/I, Nr. 47, Seite 2184 wurden die §§ 3d, 5, 9, 10a, 12, 13, 14, 15 und 18 KraftStG geändert. § 10b (Sonderregelung für besonders emissionsreduzierte Personenkraftwagen) KraftStG wurde neu eingefügt. Die Regelungen sind **am 23.10.2020 in Kraft getreten**.

Wesentlicher Inhalt: „Um den Anforderungen des Pariser Klimaschutzabkommens gerecht zu werden, hat die Bundesregierung in ihrem Klimaschutzprogramm 2030 beschlossen, die Kraftfahrzeugsteuer stärker an CO2-Emissionen auszurichten. Ein wesentlicher Teil ist dabei die Förderung der Elektromobilität. Darüber hinaus besteht aus datenschutzrechtlichen Gründen gesetzlicher Anpassungsbedarf hinsichtlich der Zulassungsvoraussetzungen für steuerbefreite reine Elektrofahrzeuge sowie weiterer Regelungsbedarf infolge der Rechtsprechung des Europäischen Gerichtshofs (EuGH). …

Das Änderungsgesetz sieht u. a. vor:

- stärkere Gewichtung der CO2-Prüfwerte im Steuertarif für erstzugelassene Pkw und befristete Begünstigung besonders emissionsreduzierter Pkw,
- Verlängerung des Erstzulassungszeitraumes für die Gewährung der zehnjährigen Steuerbefreiung reiner Elektrofahrzeuge,
- Verzicht auf die obligatorische Abgabe einer Einzugsermächtigung bei Zulassung reiner Elektrofahrzeuge im Zeitraum der Steuerbefreiung,
- Aufhebung der Sonderregelung des § 18 Absatz 12 des Kraftfahrzeugsteuergesetzes (KraftStG),
- Aufhebung der kraftfahrzeugsteuerrechtlichen Vorschriften, die infolge der Rechtsprechung des EuGH vom 18.6.2019 (C-591/17) zur Infrastrukturabgabe für Pkw und Wohnmobile nicht mehr in Kraft treten können.

Das Gesetz soll einen Beitrag dazu leisten, das Ziel der Bundesregierung zu erreichen, dass bis zum Jahr 2030 in Deutschland sieben bis zehn Millionen Elektrofahrzeuge zugelassen sein werden. Zudem soll mit dem Gesetz erreicht werden, die CO2-Reduktion bis 2030 mit weiteren steuerlichen Maßnahmen zu flankieren und gleichzeitig ausgewogen zu gestalten. Beim nächsten neuen Pkw soll die Wahl auf ein Produkt fallen, das dem individuellen Bedarf entspricht und zugleich ein weniger klimaschädliches CO2-Emissionspotenzial besitzt. …" (Quelle: BT-Drs. 19/22596, Seite 1 / 2)

Wichtige Drucksachen: BR-Drs. 344/20 (Gesetzentwurf), BT-Drs. 19/20978 (Gesetzentwurf), BT-Drs. 19/22596 (Beschlussempfehlung und Bericht) und BR-Drs. 527/20(B) (Beschlussdrucksache)

880 Altfahrzeug-Verordnung – AltfahrzeugV

Mit **Artikel 5 Absatz 3 Gesetz zur Umsetzung der Abfallrahmenrichtlinie der Europäischen Union** vom 23.10.2020, BGBl. 2020/I, Nr. 48, Seite 2232, 2245 wurde § 3 AltfahrzeugV **mit Wirkung vom 29.10.2020** geändert.

Wesentlicher Inhalt: Es handelt sich um Folgeänderungen im Zusammenhang mit der Umsetzung der Abfallrahmenrichtlinie.

Wichtige Drucksachen: BR-Drs. 88/20 (Gesetzentwurf), BT-Drs. 19/19373 (Gesetzentwurf), BT-Drs. 19/22612 (Beschlussempfehlung und Bericht) und BR-Drs. 531/20(B) (Beschlussdrucksache)

Mit **Artikel 1 Dritte Verordnung zur Änderung der Altfahrzeug-Verordnung** vom 18.11.2020, BGBl. 2020/I, Nr. 53, Seite 2451 wurden die §§ 1, 2, 3, 5, 7, 9, 10, 11 und 12 AltfahrzeugV geändert. § 10a (Bevollmächtigung) AltfahrzeugV wurde neu eingefügt. Geändert wurde zudem der Anhang der AltfahrzeugV. Die Regelungen sind **am 1.1.2021 in Kraft getreten**.

Wesentlicher Inhalt: „Am 4.7.2018 ist die Richtlinie (EU) 2018/851 des Europäischen Parlaments und des Rates vom 30.5.2018 zur Änderung der Richtlinie 2008/98/EG über Abfälle in Kraft getreten. Mit dieser Änderungsrichtlinie werden auch neue Vorgaben an Regime der erweiterten Herstellerverantwortung festgelegt. So gibt der neue Artikel 8a der geänderten Richtlinie 2008/98/EG für sämtliche Regime der erweiterten Herstellerverantwortung Mindestanforderungen für diese Regime vor. Freiwillige Systeme der erweiterten Herstellerverantwortung können hingegen von den Anforderungen freigestellt werden (vgl. Artikel 8 Absatz 1 Unterabsatz 4 der geänderten Richtlinie 2008/98/EG). Bestehende Regime sind bis zum 5.1.2023 an die neuen Vorgaben anzupassen. Mit der Richtlinie 2000/53/EG wurde ein Regime der erweiterten Herstellerverantwortung für Altfahrzeuge eingeführt. Die Vorgaben wurden durch die Altfahrzeug-Verordnung in deutsches Recht überführt. Die bestehenden Vorgaben sollen nunmehr an die neuen Mindestanforderungen angepasst werden, sofern diese nicht bereits durch das bestehende Recht umgesetzt sind." (Quelle: BR-Drs. 574/20, Seite 1)

Wichtige Drucksachen: BT-Drs. 19/20350 (Verordnung), BT-Drs. 19/22576 (Beschlussempfehlung und Bericht), BR-Drs. 574/20 (Verordnung) und BR-Drs. 574/20(B) (Beschlussdrucksache)

I. Inhaltsverzeichnis

Systematisch geordnet

A. Allgemeines Straßenverkehrsrecht

B. NATO-Truppenstatut

C. Energie- und Umweltrecht

M. Verkehrswege

N. Infrastrukturabgaben

O. Statistiken

P. Steuerrecht

II. Inhaltsverzeichnis

Alphabetisch geordnet

Abkürzungsverzeichnis[1)]

AA	Ausführungsanweisung
ABl.	Amtsblatt der Europäischen Gemeinschaften
Abs.	Absatz
ADR	Europäisches Übereinkommen vom 30. September 1957 über die internationale Beförderung gefährlicher Güter auf der Straße
AETR	Europäisches Übereinkommen über die Arbeit des im internationalen Straßenverkehr beschäftigten Fahrpersonals
AKB	Allgemeine Bedingungen für die Kraftverkehrsversicherung
Art.	Artikel
AusnVO	Ausnahmeverordnung zur Straßenverkehrs-Zulassungs-Ordnung
BAnz.	Bundesanzeiger
Bek.	Bekanntmachung
ber.	berichtigt
BGBl. I, II . .	Bundesgesetzblatt Teil I bzw. II
BGBl. III . . .	Bereinigte Sammlung des Bundesrechts, abgeschlossen am 28. 12. 1968 (in Nachweisform fortgeführt durch FNA)
BKatV	Verordnung über Regelsätze für Geldbußen und über die Anordnung eines Fahrverbots wegen Ordnungswidrigkeiten im Straßenverkehr vom 4. Juli 1989
BKV	Berufskraftfahrer-Ausbildungsordnung
BOKraft	Verordnung über den Betrieb von Kraftfahrunternehmen im Personenverkehr
BOStrab. . . .	Verordnung über den Bau und Betrieb der Straßenbahnen vom 11. Dezember 1987 (BGBl. I S. 2648)
BStrVermG . .	Gesetz über die vermögensrechtlichen Verhältnisse der Bundesautobahnen und sonstigen Bundesstraßen des Fernverkehrs
CsgG	Gesetz zur Bevorrechtigung des Carsharing – Carsharinggesetz
DA	Dienstanweisung für Polizeibeamte zur Durchführung der Vorschriften über den Straßenverkehr, 2. Aufl., vom 17. März 1940. Der die StVZO betreffende Teil wurde in neuer Fassung als „Dienstanweisung vom 23. Mai 1939" im RVkBl. B 1939 S. 191 veröffentlicht und in der Folge mehrmals geändert.
DV	Durchführungsverordnung
EG-FGV . . .	EG-Fahrzeuggenehmigungsverordnung
EGOWiG . . .	Einführungsgesetz zum Ordnungswidrigkeitengesetz
EKrG	Eisenbahnkreuzungsgesetz

[1)] Die Abkürzungen sind dem amtlichen Verzeichnis nach dem Stand Mai 1972 (VkBl. 1972 S. 639 Nr. 329) entnommen.

EmoG.	Elektromobilitätsgesetz
EWG	Europäische Wirtschaftsgemeinschaft
FahrlAusbO .	Fahrlehrer-Ausbildungsordnung
FahrlG	Fahrlehrergesetz
FahrlPrüfO . .	Prüfungsordnung für Fahrlehrer
FahrschAusbO	Fahrschüler – Ausbildungsordnung
FeV	Verordnung über die Zulassung von Personen zum Straßenverkehr (Fahrerlaubnis-Verordnung)
FNA	Bundesgesetzblatt Teil I, Fundstellennachweis A (Bundesrecht ohne völkerrechtliche Vereinbarungen)
FPersG	Fahrpersonalgesetz
FPersV	Fahrpersonalverordnung
FRV	Fahrzeugregisterverordnung
FStrG	Bundesfernstraßengesetz
FStrKrV . . .	Verordnung über Kreuzungsanlagen im Zuge von Bundesfernstraßen
FzTV	Fahrzeugteileverordnung
FZV	Fahrzeug-Zulassungsverordnung
GABl.	Gemeinsames Amtsblatt
GebOPBef. . .	Gebührenordnung für Amtshandlungen im entgeltlichen oder geschäftsmäßigen Personenverkehr mit Kraftfahrzeugen
GebOSt. . . .	Gebührenordnung für Maßnahmen im Straßenverkehr
GebTSt. . . .	Gebührentarif für Maßnahmen im Straßenverkehr
GGVSEB . . .	Verordnung über die innerstaatliche und grenzüberschreitende Beförderung gefährlicher Güter auf der Straße, mit Eisenbahnen und auf Binnengewässern
GüKG	Güterkraftverkehrsgesetz
GüKGrenzV .	Verordnung über den grenzüberschreitenden Güterkraftverkehr
GüKHöZV . .	Höchstzahlen-Verordnung GüKG
GüKTV . . .	Tarifüberwachungs-Verordnung GüKG
GüKWV . . .	Werkfernverkehrs-VO
i. d. F.	in der Fassung
IntKfzVO . .	Verordnung über den internationalen Kraftfahrzeugverkehr
KfSachvG . .	Kraftfahrsachverständigengesetz
KfSachvV . .	Verordnung zur Durchführung des Kraftfahrsachverständigengesetzes
KraftStDV . .	Kraftfahrzeugsteuer-Durchführungsverordnung
KraftStG . . .	Kraftfahrzeugsteuergesetz
MABl.	Ministerialamtsblatt
MobHV . . .	Mobilitätshilfenverordnung
OWiG	Ordnungswidrigkeitengesetz
PBefEignungsV	VO über Nachweis fachlicher Eignung zur Führung von Unternehmen des Straßenpersonenverkehrs

Abkürzungen

PBefG . . . . . Personenbeförderungsgesetz
PflVG . . . . . Gesetz über die Pflichtversicherung für Kraftfahrzeughalter

RGBl. I, II . . Reichsgesetzblatt Teil I bzw. II
RVkBl. . . . . Reichsverkehrsblatt
RiLi . . . . . . Richtlinie(n)

SchadenschutzV Verordnung über den Schutz vor Schäden durch die Beförderung gefährlicher Güter auf der Straße
StGB . . . . . Strafgesetzbuch
StPO . . . . . Strafprozeßordnung
StrRG . . . . . Strafrechtsreformgesetz
StVG . . . . . Straßenverkehrsgesetz
StVO . . . . . Straßenverkehrs-Ordnung
StVZO . . . . Straßenverkehrs-Zulassungs-Ordnung
StVUnfStatG . Gesetz zur Durchführung einer Straßenverkehrsunfallstatistik

TechKontrollV Verordnung über technische Kontrollen von Nutzfahrzeugen auf der Straße

VkBl. . . . . . Verkehrsblatt: Amtsblatt des Bundesverkehrsministeriums
VwGO . . . . Verwaltungsgerichtsordnung
Vwv . . . . . . Allgemeine Verwaltungsvorschrift zur Straßenverkehrsordnung
WiGBl . . . . . Gesetzblatt der Verwaltung des Vereinigten Wirtschaftsgebietes

A.
Allgemeines Straßenverkehrsrecht

10. Straßenverkehrsgesetz (StVG)

In der Fassung der Bekanntmachung vom 5. März 2003[1)]
(BGBl. I S. 310, ber. S. 919)

FNA 9231-1

geänd. durch Art. 46a Viertes G für moderne Dienstleistungen am Arbeitsmarkt v. 24.12.2003 (BGBl. I S. 2954), Art. 65 G zur Einordnung des Sozialhilferechts in das SGB v. 27.12.2003 (BGBl. I S. 3022), Art. 1 ÄndG v. 14.1.2004 (BGBl. I S. 74), Art. 11 Erstes JustizmodernisierungsG v. 24.8.2004 (BGBl. I S. 2198), Art. 2 Abs. 13 G zum internationalen Familienrecht v. 26.1.2005 (BGBl. I S. 162), Art. 26 VerwaltungsvereinfachungsG v. 21.3.2005 (BGBl. I S. 818), Art. 1 Zweites ÄndG v. 3.5.2005 (BGBl. I S. 1221), Art. 43 G zur Umbenennung des Bundesgrenzschutzes in Bundespolizei v. 21.6.2005 (BGBl. I S. 1818), Art. 1 Drittes G zur Änd. des StVG und anderer straßenverkehrsrechtlicher Vorschriften v. 14.8.2005 (BGBl. I S. 2412), Art. 2 UmsetzungsG zum Prümer Vertrag v. 10.7.2006 (BGBl. I S. 1458), Art. 12 G zur Fortentwicklung der Grundsicherung für Arbeitsuchende v. 20.7.2006 (BGBl. I S. 1706), Art. 2 G zur Einführung einer Grundqualifikation und Weiterbildung der Fahrer im Güterkraft- oder Personenverkehr v. 14.8.2006 (BGBl. I S. 1958), Art. 9 TerrorismusbekämpfungsergänzungsG v. 5.1.2007 (BGBl. I S. 2, geänd. durch G v. 7.12.2011, BGBl. I S. 2576, G v. 3.12.2015, BGBl. I S. 2161 und G v. 3.12.2020, BGBl. I S. 2667), Art. 2 Abs. 5 Erwachsenenschutz-UmsetzungsG v. 17.3.2007 (BGBl. I S. 314 iVm Bek. v. 12.12.2008, BGBl. 2009 II S. 39), Art. 1 VO zur Änd. der Anl. zu § 24a des StVG und anderer Vorschriften v. 6.6.2007 (BGBl. I S. 1045), Art. 1 Fahranfänger-AlkoholverbotsVO v. 19.7.2007 (BGBl. I S. 1460), Art. 26 Zweites G zum Abbau bürokratischer Hemmnisse insbesondere in der mittelständischen Wirtschaft v. 7.9.2007 (BGBl. I S. 2246), Art. 5 Zweites G zur Änd. des PflichtversicherungsG und anderer versicherungsrechtlicher Vorschriften v. 10.12.2007 (BGBl. I S. 2833), Art. 5 G zur Änd. seeverkehrsrechtlicher, verkehrsrechtlicher und anderer Vorschriften mit Bezug zum Seerecht v. 8.4.2008 (BGBl. I S. 706), Art. 3 Zweites G zur Änd. des GüterkraftverkehrsG und anderer Gesetze v. 6.11.2008 (BGBl. I S. 2162), Art. 1 Viertes ÄndG v. 22.12.2008 (BGBl. I S. 2965), Art. 1 G zur Änd. des StVG und zur Änd. des G zur Änd. der Anl. 1 und 3 des ATP-Übereinkommens v. 3.2.2009 (BGBl. I S. 150), Art. 9 G zur Neuregelung der Kraftfahrzeugsteuer und Änd. anderer Gesetze v. 29.5.2009 (BGBl. I S. 1170), Art. 1 Fünftes ÄndG v. 17.7.2009 (BGBl. I S. 2021), Art. 1 Sechstes ÄndG v. 17.7.2009 (BGBl. I S. 2023), Art. 4 Abs. 16 G zur Reform der Sachaufklärung in der Zwangsvollstreckung v. 29.7.2009 (BGBl. I S. 2258, geänd. durch Art. 18 G v. 23.5. 2011, BGBl. I S. 898), Art. 3 G zur Umsetzung des Beschl. des Rates 2008/615/JI v. 23.6.2008 zur Vertiefung der grenzüberschreitenden Zusammenarbeit, insbesondere zur Bekämpfung des Terrorismus und der grenzüberschreitenden Kriminalität v. 31.7.2009 (BGBl. I S. 2507), Art. 1 G zur Änd. des StVG und des KraftfahrsachverständigenG v. 2.12.2010 (BGBl. I S. 1748), Art. 14, 16 G zur Durchführung der VO (EG) Nr. 4/2009 und zur Neuordnung bestehender Aus- und Durchführungsbestimmungen auf dem Gebiet des internationalen Unterhaltsverfahrensrechts v. 23.5.2011 (BGBl. I S. 898), Art. 1 Drittes G zur Änd. des StVG und anderer Gesetze v. 20.6.2011 (BGBl. I S. 1124), Art. 1 Siebtes ÄndG v. 23.6.2011 (BGBl. I S. 1213), Art. 2 Mautrecht-NeuregelungsG v. 12.7.2011 (BGBl. I S. 1378), Art. 2 Abs. 118 G zur Änd. von Vorschriften über Verkündung und Bekanntmachungen sowie der ZPO, des EGZPO und der AO v. 22.12.2011 (BGBl. I S. 3044), Art. 5 G zur Änd. des GüterkraftverkehrsG und anderer Gesetze v. 17.6. 2013 (BGBl. I S. 1558), Art. 24 G zur Förderung der elektronischen Verwaltung sowie zur Änd. weiterer Vorschriften v. 25.7.2013 (BGBl. I S. 2749), Art. 2 Abs. 144 G zur Strukturreform des Gebührenrechts des Bundes v. 7.8.2013 (BGBl. I S. 3154), Art. 1 Viertes G zur Änd. des StVG und anderer Gesetze v. 28.8.2013 (BGBl. I S. 3310), Art. 1 Fünftes G zur Änd. des StVG und anderer Gesetze v. 28.8.2013 (BGBl. I S. 3313), Art. 1 G zur Änd. des StVG, der GewerbeO und des BundeszentralregisterG v. 28.11.2014 (BGBl. I S. 1802), Art. 2 G zur Änd. des FahrpersonalG und des StVG v. 2.3.2015 (BGBl. I S. 186), Art. 4 G zur Einführung einer Infrastrukturabgabe für die Benutzung von Bundesfernstraßen v. 8.6.2015 (BGBl. I S. 904), Art. 15 WSV-ZuständigkeitsanpassungsG v. 24.5.2016 (BGBl. I S. 1217), Art. 1 Sechstes G zur Änd. des StVG und anderer Gesetze v. 28.11.2016 (BGBl. I S. 2722), Art. 3 G zur Stärkung der Bekämpfung der Schwarzarbeit und illegalen Beschäftigung v. 6.3.2017 (BGBl. I S. 399), Art. 4 G zur Änd. des GüterkraftverkehrsG, des FahrpersonalG, des G zur Regelung der Arbeitszeit von selbständigen Kraftfahrern, des StraßenverkehrsG und des G über die Errichtung eines Kraftfahrt-Bundesamtes v. 16.5.2017 (BGBl. I S. 1214), Art. 6 Abs. 3 G zur Änd. von Vorschriften im Bereich des Internationalen Privat- und Zivilverfahrensrechts v. 11.6.2017 (BGBl. I S. 1607), Art. 1 Achtes ÄndG v. 16.6.2017 (BGBl. I S. 1648), Art. 21 G zur Umsetzung der Vierten EU-GeldwäscheRL, zur Ausführung der EU-GeldtransferVO und zur Neuorganisation der Zentralstelle für Finanztransaktionsuntersuchungen v. 23.6.2017 (BGBl. I S. 1822),

---

[1)] Neubekanntmachung des StVG v. 19.12.1952 (BGBl. I S. 837) in der ab 18.9.2002 geltenden Fassung.

Art. 4 G zur Verbesserung der Sachaufklärung in der Verwaltungsvollstreckung v. 30.6.2017 (BGBl. I S. 2094), Art. 2 G über das Fahrlehrerwesen und zur Änd. anderer straßenverkehrsrechtlicher Vorschriften v. 30.6.2017 (BGBl. I S. 2162), Art. 8 G zur Einführung eines Anspruchs auf Hinterbliebenengeld v. 17.7. 2017 (BGBl. I S. 2421), Art. 6 G zur effektiveren und praxistauglicheren Ausgestaltung des Strafverfahrens v. 17.8.2017 (BGBl. I S. 3202), Art. 3 ÄndG des BundesfernstraßenmautG und zur Änd. weiterer straßenverkehrsrechtl. Vorschriften v. 4.12.2018 (BGBl. I S. 2251), Art. 1 Neuntes ÄndG v. 8.4.2019 (BGBl. I S. 430), Art. 5 Abs. 21 G zur Einführung einer Karte für Unionsbürger und Angehörige des Europäischen Wirtschaftsraums mit Funktion zum elektronischen Identitätsnachweis sowie zur Änd. des PersonalausweisG und weiterer Vorschriften[1] v. 21.6.2019 (BGBl. I S. 846), Art. 137 Zweites Datenschutz-Anpassungs- und Umsetzungsgesetz EU v. 20.11.2019 (BGBl. I S. 1626), Art. 1 G zur Änd. des StraßenverkehrsG und weiterer straßenverkehrsrechtl. Vorschriften v. 5.12.2019 (BGBl. I S. 2008), Art. 325 Elfte ZuständigkeitsanpassungsVO v. 19.6.2020 (BGBl. I S. 1328), Art. 2 Achtes G zur Änd. des BundesfernstraßenG und zur Änd. weiterer Vorschriften v. 29.6.2020 (BGBl. I S. 1528), Art. 1 G zur Haftung bei Unfällen mit Anhängern und Gespannen im Straßenverkehr v. 10.7.2020 (BGBl. I S. 1653) und Art. 3 G über Änderungen im Berufskraftfahrerqualifikationsrecht v. 26.11.2020 (BGBl. I S. 2575)

Nichtamtliche Inhaltsübersicht

I. Verkehrsvorschriften

II. Haftpflicht

---

[1] Die Änd. des Inkrafttretens dieses G durch Art. 154a G v. 20.11.2019 (BGBl. I S. 1626) ist unbeachtlich, da das G bei Erlass des ÄndG bereits in Kraft getreten war.

III. Straf- und Bußgeldvorschriften

IV. Fahreignungsregister

V. Fahrzeugregister

VI. Fahrerlaubnisregister

I. Verkehrsvorschriften

§ 1[1)] Zulassung. (1) [1]Kraftfahrzeuge und ihre Anhänger, die auf öffentlichen Straßen in Betrieb gesetzt werden sollen, müssen von der zuständigen Behörde (Zulassungsbehörde) zum Verkehr zugelassen sein. [2]Die Zulassung erfolgt auf Antrag des Verfügungsberechtigten des Fahrzeugs bei Vorliegen einer Betriebserlaubnis, Einzelgenehmigung oder EG-Typgenehmigung durch Zuteilung eines amtlichen Kennzeichens.

(2) Als Kraftfahrzeuge im Sinne dieses Gesetzes gelten Landfahrzeuge, die durch Maschinenkraft bewegt werden, ohne an Bahngleise gebunden zu sein.

(3) [1]Keine Kraftfahrzeuge im Sinne dieses Gesetzes sind Landfahrzeuge, die durch Muskelkraft fortbewegt werden und mit einem elektromotorischen Hilfsantrieb mit einer Nenndauerleistung von höchstens 0,25 kW ausgestattet sind, dessen Unterstützung sich mit zunehmender Fahrzeuggeschwindigkeit progressiv verringert und

1. beim Erreichen einer Geschwindigkeit von 25 km/h oder früher,
2. wenn der Fahrer im Treten einhält,

unterbrochen wird. [2]Satz 1 gilt auch dann, soweit die in Satz 1 bezeichneten Fahrzeuge zusätzlich über eine elektromotorische Anfahr- oder Schiebehilfe verfügen, die eine Beschleunigung des Fahrzeuges auf eine Geschwindigkeit

---

[1)] § 1 Abs. 1 Satz 2 geänd., Satz 3 aufgeh. mWv 26.6.2011 durch G v. 20.6.2011 (BGBl. I S. 1124); Abs. 3 angef. mWv 21.6.2013 durch G v. 17.6.2013 (BGBl. I S. 1558).

von bis zu 6 km/h, auch ohne gleichzeitiges Treten des Fahrers, ermöglicht. [3]Für Fahrzeuge im Sinne der Sätze 1 und 2 sind die Vorschriften über Fahrräder anzuwenden.

§ 1a[1)] Kraftfahrzeuge mit hoch- oder vollautomatisierter Fahrfunktion. (1) Der Betrieb eines Kraftfahrzeugs mittels hoch- oder vollautomatisierter Fahrfunktion ist zulässig, wenn die Funktion bestimmungsgemäß verwendet wird.

(2) [1]Kraftfahrzeuge mit hoch- oder vollautomatisierter Fahrfunktion im Sinne dieses Gesetzes sind solche, die über eine technische Ausrüstung verfügen,

1. die zur Bewältigung der Fahraufgabe – einschließlich Längs- und Querführung – das jeweilige Kraftfahrzeug nach Aktivierung steuern (Fahrzeugsteuerung) kann,
2. die in der Lage ist, während der hoch- oder vollautomatisierten Fahrzeugsteuerung den an die Fahrzeugführung gerichteten Verkehrsvorschriften zu entsprechen,
3. die jederzeit durch den Fahrzeugführer manuell übersteuerbar oder deaktivierbar ist,
4. die die Erforderlichkeit der eigenhändigen Fahrzeugsteuerung durch den Fahrzeugführer erkennen kann,
5. die dem Fahrzeugführer das Erfordernis der eigenhändigen Fahrzeugsteuerung mit ausreichender Zeitreserve vor der Abgabe der Fahrzeugsteuerung an den Fahrzeugführer optisch, akustisch, taktil oder sonst wahrnehmbar anzeigen kann und
6. die auf eine der Systembeschreibung zuwiderlaufende Verwendung hinweist.

[2]Der Hersteller eines solchen Kraftfahrzeugs hat in der Systembeschreibung verbindlich zu erklären, dass das Fahrzeug den Voraussetzungen des Satzes 1 entspricht.

(3) Die vorstehenden Absätze sind nur auf solche Fahrzeuge anzuwenden, die nach § 1 Absatz 1 zugelassen sind, den in Absatz 2 Satz 1 enthaltenen Vorgaben entsprechen und deren hoch- oder vollautomatisierte Fahrfunktionen

1. in internationalen, im Geltungsbereich dieses Gesetzes anzuwendenden Vorschriften beschrieben sind und diesen entsprechen oder
2. eine Typgenehmigung gemäß Artikel 20 der Richtlinie 2007/46/EG des Europäischen Parlaments und des Rates vom 5. September 2007 zur Schaffung eines Rahmens für die Genehmigung von Kraftfahrzeugen und Kraftfahrzeuganhängern sowie von Systemen, Bauteilen und selbstständigen technischen Einheiten für diese Fahrzeuge (Rahmenrichtlinie) (ABl. L 263 vom 9.10.2007, S. 1) erteilt bekommen haben.

(4) Fahrzeugführer ist auch derjenige, der eine hoch- oder vollautomatisierte Fahrfunktion im Sinne des Absatzes 2 aktiviert und zur Fahrzeugsteuerung verwendet, auch wenn er im Rahmen der bestimmungsgemäßen Verwendung dieser Funktion das Fahrzeug nicht eigenhändig steuert.

[1)] § 1a eingef. mWv 21.6.2017 durch G v. 16.6.2017 (BGBl. I S. 1648).

§ 1b[1)] Rechte und Pflichten des Fahrzeugführers bei Nutzung hoch- oder vollautomatisierter Fahrfunktionen. (1) Der Fahrzeugführer darf sich während der Fahrzeugführung mittels hoch- oder vollautomatisierter Fahrfunktionen gemäß § 1a vom Verkehrsgeschehen und der Fahrzeugsteuerung abwenden; dabei muss er derart wahrnehmungsbereit bleiben, dass er seiner Pflicht nach Absatz 2 jederzeit nachkommen kann.

(2) Der Fahrzeugführer ist verpflichtet, die Fahrzeugsteuerung unverzüglich wieder zu übernehmen,

1. wenn das hoch- oder vollautomatisierte System ihn dazu auffordert oder
2. wenn er erkennt oder auf Grund offensichtlicher Umstände erkennen muss, dass die Voraussetzungen für eine bestimmungsgemäße Verwendung der hoch- oder vollautomatisierten Fahrfunktionen nicht mehr vorliegen.

§ 1c[2)] Evaluierung. [1] Das Bundesministerium für Verkehr und digitale Infrastruktur wird die Anwendung der Regelungen in Artikel 1 des Gesetzes vom 16. Juni 2017 (BGBl. I S. 1648) nach Ablauf des Jahres 2019 auf wissenschaftlicher Grundlage evaluieren. [2] Die Bundesregierung unterrichtet den Deutschen Bundestag über die Ergebnisse der Evaluierung.

§ 2[3)] Fahrerlaubnis und Führerschein. (1) [1] Wer auf öffentlichen Straßen ein Kraftfahrzeug führt, bedarf der Erlaubnis (Fahrerlaubnis) der zuständigen Behörde (Fahrerlaubnisbehörde). [2] Die Fahrerlaubnis wird in bestimmten Klassen erteilt. [3] Sie ist durch eine amtliche Bescheinigung (Führerschein) nachzuweisen. [4] Nach näherer Bestimmung durch Rechtsverordnung auf Grund des § 6 Absatz 1 Nummer 1 Buchstabe b und x kann die Gültigkeitsdauer der Führerscheine festgelegt werden.

(2) [1] Die Fahrerlaubnis ist für die jeweilige Klasse zu erteilen, wenn der Bewerber

1. seinen ordentlichen Wohnsitz im Sinne des Artikels 12 der Richtlinie 2006/126/EG des Europäischen Parlaments und des Rates vom 20. Dezember 2006 über den Führerschein (ABl. L 403 vom 30.12.2006, S. 26) im Inland hat,
2. das erforderliche Mindestalter erreicht hat,
3. zum Führen von Kraftfahrzeugen geeignet ist,

[1)] § 1b eingef. mWv 21.6.2017 durch G v. 16.6.2017 (BGBl. I S. 1648).

[2)] § 1c eingef. mWv 21.6.2017 durch G v. 16.6.2017 (BGBl. I S. 1648).

[3)] § 2 Abs. 15 Satz 2 geänd. mWv 1.6.2005 durch G v. 3.5.2005 (BGBl. I S. 1221); Abs. 10 Satz 1 geänd. mWv 1.7.2005 durch G v. 21.6.2005 (BGBl. I S. 1818); Abs. 10 Sätze 5–8 angef., Abs. 11 Satz 2 aufgeh., Abs. 13 Satz 4 und Abs. 16 angef. mWv 23.7.2009 durch G v. 17.7.2009 (BGBl. I S. 2021); Abs. 1 Satz 4 angef., Abs. 2 Satz 1 Nr. 1 geänd. mWv 9.12.2010 durch G v. 2.12.2010 (BGBl. I S. 1748); Abs. 10 Sätze 5–8 aufgeh., Abs. 10a eingef., Abs. 13 Satz 4 und Abs. 16 neu gef. mWv 29.6.2011 durch G v. 23.6.2011 (BGBl. I S. 1213); Abs. 7 Satz 2, Abs. 9 Satz 2 geänd., Abs. 16 Satz 1 Nr. 3 neu gef., Satz 3 geänd. mWv 1.5.2014 durch G v. 28.8.2013 (BGBl. I S. 3313); Abs. 9 Sätze 2 und 3 geänd. mWv 5.12.2014 durch G v. 28.11.2014 (BGBl. I S. 1802); Abs. 2 Satz 1 Nr. 6 und Abs. 13 Satz 1 geänd. mWv 7.3.2015 durch G v. 2.3.2015 (BGBl. I S. 186); Abs. 6 Satz 1 Nr. 1 geänd. mWv 7.12.2016 durch G v. 28.11.2016 (BGBl. I S. 2722); Abs. 15 Sätze 1 und 2 geänd. mWv 1.1.2018 durch G v. 30.6.2017 (BGBl. I S. 2162); Abs. 9 Satz 6 und Abs. 14 Satz 2 geänd. mWv 26.11.2019 durch G v. 20.11.2019 (BGBl. I S. 1626).

4. zum Führen von Kraftfahrzeugen nach dem Fahrlehrergesetz[1] und den auf ihm beruhenden Rechtsvorschriften ausgebildet worden ist,
5. die Befähigung zum Führen von Kraftfahrzeugen in einer theoretischen und praktischen Prüfung nachgewiesen hat,
6. Erste Hilfe leisten kann und
7. keine in einem Mitgliedstaat der Europäischen Union oder einem anderen Vertragsstaat des Abkommens über den Europäischen Wirtschaftsraum erteilte Fahrerlaubnis dieser Klasse besitzt.

[2] Nach näherer Bestimmung durch Rechtsverordnung gemäß § 6 Abs. 1 Nr. 1 Buchstabe g können als weitere Voraussetzungen der Vorbesitz anderer Klassen oder Fahrpraxis in einer anderen Klasse festgelegt werden. [3] Die Fahrerlaubnis kann für die Klassen C und D sowie ihre Unterklassen und Anhängerklassen befristet erteilt werden. [4] Sie ist auf Antrag zu verlängern, wenn der Bewerber zum Führen von Kraftfahrzeugen geeignet ist und kein Anlass zur Annahme besteht, dass eine der aus den Sätzen 1 und 2 ersichtlichen sonstigen Voraussetzungen fehlt.

(3) [1] Nach näherer Bestimmung durch Rechtsverordnung gemäß § 6 Abs. 1 Nr. 1 Buchstabe b und g kann für die Personenbeförderung in anderen Fahrzeugen als Kraftomnibussen zusätzlich zur Fahrerlaubnis nach Absatz 1 eine besondere Erlaubnis verlangt werden. [2] Die Erlaubnis wird befristet erteilt. [3] Für die Erteilung und Verlängerung können dieselben Voraussetzungen bestimmt werden, die für die Fahrerlaubnis zum Führen von Kraftomnibussen gelten. [4] Außerdem können Ortskenntnisse verlangt werden. [5] Im Übrigen gelten die Bestimmungen für Fahrerlaubnisse entsprechend, soweit gesetzlich nichts anderes bestimmt ist.

(4) [1] Geeignet zum Führen von Kraftfahrzeugen ist, wer die notwendigen körperlichen und geistigen Anforderungen erfüllt und nicht erheblich oder nicht wiederholt gegen verkehrsrechtliche Vorschriften oder gegen Strafgesetze verstoßen hat. [2] Ist der Bewerber auf Grund körperlicher oder geistiger Mängel nur bedingt zum Führen von Kraftfahrzeugen geeignet, so erteilt die Fahrerlaubnisbehörde die Fahrerlaubnis mit Beschränkungen oder unter Auflagen, wenn dadurch das sichere Führen von Kraftfahrzeugen gewährleistet ist.

(5) Befähigt zum Führen von Kraftfahrzeugen ist, wer
1. ausreichende Kenntnisse der für das Führen von Kraftfahrzeugen maßgebenden gesetzlichen Vorschriften hat,
2. mit den Gefahren des Straßenverkehrs und den zu ihrer Abwehr erforderlichen Verhaltensweisen vertraut ist,
3. die zum sicheren Führen eines Kraftfahrzeugs, gegebenenfalls mit Anhänger, erforderlichen technischen Kenntnisse besitzt und zu ihrer praktischen Anwendung in der Lage ist und
4. über ausreichende Kenntnisse einer umweltbewussten und energiesparenden Fahrweise verfügt und zu ihrer praktischen Anwendung in der Lage ist.

(6) [1] Wer die Erteilung, Erweiterung, Verlängerung oder Änderung einer Fahrerlaubnis oder einer besonderen Erlaubnis nach Absatz 3, die Aufhebung einer Beschränkung oder Auflage oder die Ausfertigung oder Änderung eines

---

[1] Nr. **330**.

Führerscheins beantragt, hat der Fahrerlaubnisbehörde nach näherer Bestimmung durch Rechtsverordnung gemäß § 6 Abs. 1 Nr. 1 Buchstabe h mitzuteilen und nachzuweisen

1. Familiennamen, Geburtsnamen, sonstige frühere Namen, Vornamen, Ordens- oder Künstlernamen, Doktorgrad, Geschlecht, Tag und Ort der Geburt, Anschrift, Staatsangehörigkeit, Art des Ausweisdokumentes und
2. das Vorliegen der Voraussetzungen nach Absatz 2 Satz 1 Nr. 1 bis 6 und Satz 2 und Absatz 3

sowie ein Lichtbild abzugeben. [2] Außerdem hat der Antragsteller eine Erklärung darüber abzugeben, ob er bereits eine in- oder ausländische Fahrerlaubnis der beantragten Klasse oder einen entsprechenden Führerschein besitzt.

(7) [1] Die Fahrerlaubnisbehörde hat zu ermitteln, ob der Antragsteller zum Führen von Kraftfahrzeugen, gegebenenfalls mit Anhänger, geeignet und befähigt ist, und ob er bereits eine in- oder ausländische Fahrerlaubnis oder einen entsprechenden Führerschein besitzt. [2] Sie hat dazu Auskünfte aus dem Fahreignungsregister und dem Zentralen Fahrerlaubnisregister nach den Vorschriften dieses Gesetzes einzuholen. [3] Sie kann außerdem insbesondere entsprechende Auskünfte aus ausländischen Registern oder von ausländischen Stellen einholen sowie die Beibringung eines Führungszeugnisses zur Vorlage bei der Verwaltungsbehörde nach den Vorschriften des Bundeszentralregistergesetzes verlangen.

(8) Werden Tatsachen bekannt, die Bedenken gegen die Eignung oder Befähigung des Bewerbers begründen, so kann die Fahrerlaubnisbehörde anordnen, dass der Antragsteller ein Gutachten oder Zeugnis eines Facharztes oder Amtsarztes, ein Gutachten einer amtlich anerkannten Begutachtungsstelle für Fahreignung oder eines amtlich anerkannten Sachverständigen oder Prüfers für den Kraftfahrzeugverkehr innerhalb einer angemessenen Frist beibringt.

(9) [1] Die Registerauskünfte, Führungszeugnisse, Gutachten und Gesundheitszeugnisse dürfen nur zur Feststellung oder Überprüfung der Eignung oder Befähigung verwendet werden. [2] Sie sind nach spätestens zehn Jahren zu vernichten, es sei denn, mit ihnen im Zusammenhang stehende Eintragungen im Fahreignungsregister oder im Zentralen Fahrerlaubnisregister sind nach den Bestimmungen für diese Register zu einem früheren oder späteren Zeitpunkt zu tilgen oder zu löschen. [3] In diesem Fall ist für die Vernichtung oder Löschung der frühere oder spätere Zeitpunkt maßgeblich. [4] Die Zehnjahresfrist nach Satz 2 beginnt mit der rechts- oder bestandskräftigen Entscheidung oder mit der Rücknahme des Antrags durch den Antragsteller. [5] Die Sätze 1 bis 4 gelten auch für entsprechende Unterlagen, die der Antragsteller nach Absatz 6 Satz 1 Nr. 2 beibringt. [6] Anstelle einer Vernichtung der Unterlagen ist die Verarbeitung der darin enthaltenen Daten einzuschränken, wenn die Vernichtung wegen der besonderen Art der Führung der Akten nicht oder nur mit unverhältnismäßigem Aufwand möglich ist.

(10) [1] Bundeswehr, Bundespolizei und Polizei können durch ihre Dienststellen Fahrerlaubnisse für das Führen von Dienstfahrzeugen erteilen (Dienstfahrerlaubnisse). [2] Diese Dienststellen nehmen die Aufgaben der Fahrerlaubnisbehörde wahr. [3] Für Dienstfahrerlaubnisse gelten die Bestimmungen dieses Gesetzes und der auf ihm beruhenden Rechtsvorschriften, soweit gesetzlich nichts anderes bestimmt ist. [4] Mit Dienstfahrerlaubnissen dürfen nur Dienstfahrzeuge geführt werden.

(10a) [1]Die nach Landesrecht zuständige Behörde kann Angehörigen der Freiwilligen Feuerwehren, der nach Landesrecht anerkannten Rettungsdienste, des Technischen Hilfswerks und sonstiger Einheiten des Katastrophenschutzes, die ihre Tätigkeit ehrenamtlich ausüben, Fahrberechtigungen zum Führen von Einsatzfahrzeugen auf öffentlichen Straßen bis zu einer zulässigen Gesamtmasse von 4,75 t – auch mit Anhängern, sofern die zulässige Gesamtmasse der Kombination 4,75 t nicht übersteigt – erteilen. [2]Der Bewerber um die Fahrberechtigung muss

1. mindestens seit zwei Jahren eine Fahrerlaubnis der Klasse B besitzen,
2. in das Führen von Einsatzfahrzeugen bis zu einer zulässigen Gesamtmasse von 4,75 t eingewiesen worden sein und
3. in einer praktischen Prüfung seine Befähigung nachgewiesen haben.

[3]Die Fahrberechtigung gilt im gesamten Hoheitsgebiet der Bundesrepublik Deutschland zur Aufgabenerfüllung der in Satz 1 genannten Organisationen oder Einrichtungen. [4]Die Sätze 1 bis 3 gelten entsprechend für den Erwerb der Fahrberechtigung zum Führen von Einsatzfahrzeugen bis zu einer zulässigen Gesamtmasse von 7,5 t – auch mit Anhängern, sofern die zulässige Gesamtmasse der Kombination 7,5 t nicht übersteigt.

(11) Nach näherer Bestimmung durch Rechtsverordnung[1)] gemäß § 6 Abs. 1 Nr. 1 Buchstabe j berechtigen auch ausländische Fahrerlaubnisse zum Führen von Kraftfahrzeugen im Inland.

(12) [1]Die Polizei hat Informationen über Tatsachen, die auf nicht nur vorübergehende Mängel hinsichtlich der Eignung oder auf Mängel hinsichtlich der Befähigung einer Person zum Führen von Kraftfahrzeugen schließen lassen, den Fahrerlaubnisbehörden zu übermitteln, soweit dies für die Überprüfung der Eignung oder Befähigung aus der Sicht der übermittelnden Stelle erforderlich ist. [2]Soweit die mitgeteilten Informationen für die Beurteilung der Eignung oder Befähigung nicht erforderlich sind, sind die Unterlagen unverzüglich zu vernichten.

(13) [1]Stellen oder Personen, die die Eignung oder Befähigung zur Teilnahme am Straßenverkehr oder Ortskenntnisse zwecks Vorbereitung einer verwaltungsbehördlichen Entscheidung beurteilen oder prüfen oder die in Erster Hilfe (§ 2 Abs. 2 Satz 1 Nr. 6) ausbilden, müssen für diese Aufgaben gesetzlich oder amtlich anerkannt oder beauftragt sein. [2]Personen, die die Befähigung zum Führen von Kraftfahrzeugen nach § 2 Abs. 5 prüfen, müssen darüber hinaus einer Technischen Prüfstelle für den Kraftfahrzeugverkehr nach § 10 des Kraftfahrsachverständigengesetzes[2)] angehören. [3]Voraussetzungen, Inhalt, Umfang und Verfahren für die Anerkennung oder Beauftragung und die Aufsicht werden – soweit nicht bereits im Kraftfahrsachverständigengesetz oder in auf ihm beruhenden Rechtsvorschriften geregelt – durch Rechtsverordnung gemäß § 6 Abs. 1 Nr. 1 Buchstabe k näher bestimmt. [4]Abweichend von den Sätzen 1 bis 3 sind Personen, die die Voraussetzungen des Absatzes 16 für die Begleitung erfüllen, berechtigt, die Befähigung zum Führen von Einsatzfahrzeugen der in Absatz 10a Satz 1 genannten Organisationen oder Einrichtungen zu prüfen.

[1)] Beachte zur Einteilung der Fahrerlaubnisklassen § 6 Fahrerlaubnis-VO (Nr. **300**).
[2)] Nr. **660**.

(14) [1] Die Fahrerlaubnisbehörden dürfen den in Absatz 13 Satz 1 genannten Stellen und Personen die Daten übermitteln, die diese zur Erfüllung ihrer Aufgaben benötigen. [2] Die betreffenden Stellen und Personen dürfen diese Daten und nach näherer Bestimmung durch Rechtsverordnung gemäß § 6 Abs. 1 Nr. 1 Buchstabe k die bei der Erfüllung ihrer Aufgaben anfallenden Daten verarbeiten.

(15) [1] Wer zur Ausbildung, zur Ablegung der Prüfung oder zur Begutachtung der Eignung oder Befähigung ein Kraftfahrzeug auf öffentlichen Straßen führt, muss dabei von einem Fahrlehrer oder einem Fahrlehreranwärter im Sinne des Fahrlehrergesetzes begleitet werden. [2] Bei den Fahrten nach Satz 1 sowie bei der Hin- und Rückfahrt zu oder von einer Prüfung oder einer Begutachtung gilt im Sinne dieses Gesetzes der Fahrlehrer oder der Fahrlehreranwärter als Führer des Kraftfahrzeugs, wenn der Kraftfahrzeugführer keine entsprechende Fahrerlaubnis besitzt.

(16) [1] Wer zur Einweisung oder zur Ablegung der Prüfung nach Absatz 10a ein entsprechendes Einsatzfahrzeug auf öffentlichen Straßen führt, muss von einem Fahrlehrer im Sinne des Fahrlehrergesetzes oder abweichend von Absatz 15 Satz 1 von einem Angehörigen der in Absatz 10a Satz 1 genannten Organisationen oder Einrichtungen, der

1. das 30. Lebensjahr vollendet hat,
2. mindestens seit fünf Jahren eine gültige Fahrerlaubnis der Klasse C1 besitzt und
3. zum Zeitpunkt der Einweisungs- und Prüfungsfahrten im Fahreignungsregister mit nicht mehr als zwei Punkten belastet ist,

begleitet werden. [2] Absatz 15 Satz 2 gilt entsprechend. [3] Die nach Landesrecht zuständige Behörde kann überprüfen, ob die Voraussetzungen des Satzes 1 erfüllt sind; sie kann die Auskunft nach Satz 1 Nummer 3 beim Fahreignungsregister einholen. [4] Die Fahrerlaubnis nach Satz 1 Nummer 2 ist durch einen gültigen Führerschein nachzuweisen, der während der Einweisungs- und Prüfungsfahrten mitzuführen und zur Überwachung des Straßenverkehrs berechtigten Personen auszuhändigen ist.

§ 2a[1)] Fahrerlaubnis auf Probe. (1) [1] Bei erstmaligem Erwerb einer Fahrerlaubnis wird diese auf Probe erteilt; die Probezeit dauert zwei Jahre vom Zeitpunkt der Erteilung an. [2] Bei Erteilung einer Fahrerlaubnis an den Inhaber einer im Ausland erteilten Fahrerlaubnis ist die Zeit seit deren Erwerb auf die Probezeit anzurechnen. [3] Die Regelungen über die Fahrerlaubnis auf Probe finden auch Anwendung auf Inhaber einer gültigen Fahrerlaubnis aus einem Mitgliedstaat der Europäischen Union oder einem anderen Vertragsstaat des Abkommens über den Europäischen Wirtschaftsraum, die ihren ordentlichen Wohnsitz in das Inland verlegt haben. [4] Die Zeit seit dem Erwerb der Fahrerlaubnis ist auf die Probezeit anzurechnen. [5] Die Beschlagnahme, Sicherstellung oder Verwahrung von Führerscheinen nach § 94 der Strafprozessordnung[2)], die vorläufige Entziehung nach § 111a der Strafprozessordnung und die

---

[1)] § 2a Abs. 2 Satz 1 einl. Satzteil, Abs. 5 Satz 1 geänd. mWv 9.12.2010 durch G v. 2.12.2010 (BGBl. I S. 1748); Abs. 2 Satz 1 einl. Satzteil und Nr. 2 geänd., Satz 3 aufgeh., Abs. 5 Satz 1 Nr. 1 und 2 geänd., Abs. 7 angef. mWv 1.5.2014 durch G v. 28.8.2013 (BGBl. I S. 3313); Abs. 2 Satz 1 einl. Satzteil geänd. mWv 5.12.2014 durch G v. 28.11.2014 (BGBl. I S. 1802).

[2)] Nr. **675**.

sofort vollziehbare Entziehung durch die Fahrerlaubnisbehörde hemmen den Ablauf der Probezeit. [6]Die Probezeit endet vorzeitig, wenn die Fahrerlaubnis entzogen wird oder der Inhaber auf sie verzichtet. [7]In diesem Fall beginnt mit der Erteilung einer neuen Fahrerlaubnis eine neue Probezeit, jedoch nur im Umfang der Restdauer der vorherigen Probezeit.

(2) [1]Ist gegen den Inhaber einer Fahrerlaubnis wegen einer innerhalb der Probezeit begangenen Straftat oder Ordnungswidrigkeit eine rechtskräftige Entscheidung ergangen, die nach § 28 Absatz 3 Nummer 1 oder 3 Buchstabe a oder c in das Fahreignungsregister einzutragen ist, so hat, auch wenn die Probezeit zwischenzeitlich abgelaufen oder die Fahrerlaubnis nach § 6e Absatz 2 widerrufen worden ist, die Fahrerlaubnisbehörde

1. seine Teilnahme an einem Aufbauseminar anzuordnen und hierfür eine Frist zu setzen, wenn er eine schwerwiegende oder zwei weniger schwerwiegende Zuwiderhandlungen begangen hat,
2. ihn schriftlich zu verwarnen und ihm nahezulegen, innerhalb von zwei Monaten an einer verkehrspsychologischen Beratung nach Absatz 7 teilzunehmen, wenn er nach Teilnahme an einem Aufbauseminar innerhalb der Probezeit eine weitere schwerwiegende oder zwei weitere weniger schwerwiegende Zuwiderhandlungen begangen hat,
3. ihm die Fahrerlaubnis zu entziehen, wenn er nach Ablauf der in Nummer 2 genannten Frist innerhalb der Probezeit eine weitere schwerwiegende oder zwei weitere weniger schwerwiegende Zuwiderhandlungen begangen hat.

[2]Die Fahrerlaubnisbehörde ist bei den Maßnahmen nach den Nummern 1 bis 3 an die rechtskräftige Entscheidung über die Straftat oder Ordnungswidrigkeit gebunden.

(2a) [1]Die Probezeit verlängert sich um zwei Jahre, wenn die Teilnahme an einem Aufbauseminar nach Absatz 2 Satz 1 Nr. 1 angeordnet worden ist. [2]Die Probezeit verlängert sich außerdem um zwei Jahre, wenn die Anordnung nur deshalb nicht erfolgt ist, weil die Fahrerlaubnis entzogen worden ist oder der Inhaber der Fahrerlaubnis auf sie verzichtet hat.

(3) Ist der Inhaber einer Fahrerlaubnis einer vollziehbaren Anordnung der zuständigen Behörde nach Absatz 2 Satz 1 Nr. 1 in der festgesetzten Frist nicht nachgekommen, so ist die Fahrerlaubnis zu entziehen.

(4) [1]Die Entziehung der Fahrerlaubnis nach § 3 bleibt unberührt; die zuständige Behörde kann insbesondere auch die Beibringung eines Gutachtens einer amtlich anerkannten Begutachtungsstelle für Fahreignung anordnen, wenn der Inhaber einer Fahrerlaubnis innerhalb der Probezeit Zuwiderhandlungen begangen hat, die nach den Umständen des Einzelfalls bereits Anlass zu der Annahme geben, dass er zum Führen von Kraftfahrzeugen ungeeignet ist. [2]Hält die Behörde auf Grund des Gutachtens seine Nichteignung nicht für erwiesen, so hat sie die Teilnahme an einem Aufbauseminar anzuordnen, wenn der Inhaber der Fahrerlaubnis an einem solchen Kurs nicht bereits teilgenommen hatte. [3]Absatz 3 gilt entsprechend.

(5) [1]Ist eine Fahrerlaubnis entzogen worden

1. nach § 3 oder nach § 4 Absatz 5 Satz 1 Nummer 3 dieses Gesetzes, weil innerhalb der Probezeit Zuwiderhandlungen begangen wurden, oder nach § 69 oder § 69b des Strafgesetzbuches[1)],
2. nach Absatz 3, weil einer Anordnung zur Teilnahme an einem Aufbauseminar nicht nachgekommen wurde,

oder wurde die Fahrerlaubnis nach § 6e Absatz 2 widerrufen, so darf eine neue Fahrerlaubnis unbeschadet der übrigen Voraussetzungen nur erteilt werden, wenn der Antragsteller nachweist, dass er an einem Aufbauseminar teilgenommen hat. [2]Das Gleiche gilt, wenn der Antragsteller nur deshalb nicht an einem angeordneten Aufbauseminar teilgenommen hat oder die Anordnung nur deshalb nicht erfolgt ist, weil die Fahrerlaubnis aus anderen Gründen entzogen worden ist oder er zwischenzeitlich auf die Fahrerlaubnis verzichtet hat. [3]Ist die Fahrerlaubnis nach Absatz 2 Satz 1 Nr. 3 entzogen worden, darf eine neue Fahrerlaubnis frühestens drei Monate nach Wirksamkeit der Entziehung erteilt werden; die Frist beginnt mit der Ablieferung des Führerscheins. [4]Auf eine mit der Erteilung einer Fahrerlaubnis nach vorangegangener Entziehung gemäß Absatz 1 Satz 7 beginnende neue Probezeit ist Absatz 2 nicht anzuwenden. [5]Die zuständige Behörde hat in diesem Fall in der Regel die Beibringung eines Gutachtens einer amtlich anerkannten Begutachtungsstelle für Fahreignung anzuordnen, sobald der Inhaber einer Fahrerlaubnis innerhalb der neuen Probezeit erneut eine schwerwiegende oder zwei weniger schwerwiegende Zuwiderhandlungen begangen hat.

(6) Widerspruch und Anfechtungsklage gegen die Anordnung des Aufbauseminars nach Absatz 2 Satz 1 Nr. 1 und Absatz 4 Satz 2 sowie die Entziehung der Fahrerlaubnis nach Absatz 2 Satz 1 Nr. 3 und Absatz 3 haben keine aufschiebende Wirkung.

(7) [1]In der verkehrspsychologischen Beratung soll der Inhaber einer Fahrerlaubnis auf Probe veranlasst werden, Mängel in seiner Einstellung zum Straßenverkehr und im verkehrssicheren Verhalten zu erkennen und die Bereitschaft zu entwickeln, diese Mängel abzubauen. [2]Die Beratung findet in Form eines Einzelgesprächs statt. [3]Sie kann durch eine Fahrprobe ergänzt werden, wenn der Berater dies für erforderlich hält. [4]Der Berater soll die Ursachen der Mängel aufklären und Wege zu ihrer Beseitigung aufzeigen. [5]Erkenntnisse aus der Beratung sind nur für den Inhaber einer Fahrerlaubnis auf Probe bestimmt und nur diesem mitzuteilen. [6]Der Inhaber einer Fahrerlaubnis auf Probe erhält jedoch eine Bescheinigung über die Teilnahme zur Vorlage bei der nach Landesrecht zuständigen Behörde. [7]Die Beratung darf nur von einer Person durchgeführt werden, die hierfür amtlich anerkannt ist. [8]Die amtliche Anerkennung ist zu erteilen, wenn der Bewerber

1. persönlich zuverlässig ist,
2. über den Abschluss eines Hochschulstudiums als Diplom-Psychologe oder eines gleichwertigen Masterabschlusses in Psychologie verfügt und
3. eine Ausbildung und Erfahrungen in der Verkehrspsychologie nach näherer Bestimmung durch Rechtsverordnung nach § 6 Absatz 1 Nummer 1 Buchstabe u nachweist.

---

1) Nr. **670**.

§ 2b[1] Aufbauseminar bei Zuwiderhandlungen innerhalb der Probezeit. (1) [1] Die Teilnehmer an Aufbauseminaren sollen durch Mitwirkung an Gruppengesprächen und an einer Fahrprobe veranlasst werden, eine risikobewusstere Einstellung im Straßenverkehr zu entwickeln und sich dort sicher und rücksichtsvoll zu verhalten. [2] Auf Antrag kann die anordnende Behörde der betroffenen Person die Teilnahme an einem Einzelseminar gestatten.

(2) [1] Die Aufbauseminare dürfen nur von Fahrlehrern durchgeführt werden, die Inhaber einer entsprechenden Erlaubnis nach dem Fahrlehrergesetz[2] sind. [2] Besondere Aufbauseminare für Inhaber einer Fahrerlaubnis auf Probe, die unter dem Einfluss von Alkohol oder anderer berauschender Mittel am Verkehr teilgenommen haben, werden nach näherer Bestimmung durch Rechtsverordnung gemäß § 6 Abs. 1 Nr. 1 Buchstabe n von hierfür amtlich anerkannten anderen Seminarleitern durchgeführt.

(3) Ist der Teilnehmer an einem Aufbauseminar nicht Inhaber einer Fahrerlaubnis oder unterliegt er einem rechtskräftig angeordneten Fahrverbot, so gilt hinsichtlich der Fahrprobe § 2 Abs. 15 entsprechend.

§ 2c[3] Unterrichtung der Fahrerlaubnisbehörden durch das Kraftfahrt-Bundesamt. [1] Das Kraftfahrt-Bundesamt hat die zuständige Behörde zu unterrichten, wenn über den Inhaber einer Fahrerlaubnis Entscheidungen in das Fahreignungsregister eingetragen werden, die zu Anordnungen nach § 2a Abs. 2, 4 und 5 führen können. [2] Hierzu übermittelt es die notwendigen Daten aus dem Zentralen Fahrerlaubnisregister sowie den Inhalt der Eintragungen im Fahreignungsregister über die innerhalb der Probezeit begangenen Straftaten und Ordnungswidrigkeiten. [3] Hat bereits eine Unterrichtung nach Satz 1 stattgefunden, so hat das Kraftfahrt-Bundesamt bei weiteren Unterrichtungen auch hierauf hinzuweisen.

§ 3[4] Entziehung der Fahrerlaubnis. (1) [1] Erweist sich jemand als ungeeignet oder nicht befähigt zum Führen von Kraftfahrzeugen, so hat ihm die Fahrerlaubnisbehörde die Fahrerlaubnis zu entziehen. [2] Bei einer ausländischen Fahrerlaubnis hat die Entziehung – auch wenn sie nach anderen Vorschriften erfolgt – die Wirkung einer Aberkennung des Rechts, von der Fahrerlaubnis im Inland Gebrauch zu machen. [3] § 2 Abs. 7 und 8 gilt entsprechend.

(2) [1] Mit der Entziehung erlischt die Fahrerlaubnis. [2] Bei einer ausländischen Fahrerlaubnis erlischt das Recht zum Führen von Kraftfahrzeugen im Inland. [3] Nach der Entziehung ist der Führerschein der Fahrerlaubnisbehörde abzuliefern oder zur Eintragung der Entscheidung vorzulegen. [4] Die Sätze 1 bis 3 gelten auch, wenn die Fahrerlaubnisbehörde die Fahrerlaubnis auf Grund anderer Vorschriften entzieht.

(3) [1] Solange gegen den Inhaber der Fahrerlaubnis ein Strafverfahren anhängig ist, in dem die Entziehung der Fahrerlaubnis nach § 69 des Strafgesetzbuchs[5] in Betracht kommt, darf die Fahrerlaubnisbehörde den Sachverhalt, der

---

[1] § 2b Abs. 3 geänd. mWv 9.12.2010 durch G v. 2.12.2010 (BGBl. I S. 1748); Abs. 1 Satz 2 geänd. mWv 26.11.2019 durch G v. 20.11.2019 (BGBl. I S. 1626).

[2] Nr. **330**.

[3] § 2c Sätze 1 und 2 geänd. mWv 1.5.2014 durch G v. 28.8.2013 (BGBl. I S. 3313).

[4] § 3 Abs. 3 Satz 2 geänd. mWv 1.7.2005 durch G v. 21.6.2005 (BGBl. I S. 1818); Abs. 6 neu gef., Abs. 7 angef. mWv 7.12.2016 durch G v. 28.11.2016 (BGBl. I S. 2722).

[5] Nr. **670**.

Gegenstand des Strafverfahrens ist, in einem Entziehungsverfahren nicht berücksichtigen. 2 Dies gilt nicht, wenn die Fahrerlaubnis von einer Dienststelle der Bundeswehr, der Bundespolizei oder der Polizei für Dienstfahrzeuge erteilt worden ist.

(4) 1 Will die Fahrerlaubnisbehörde in einem Entziehungsverfahren einen Sachverhalt berücksichtigen, der Gegenstand der Urteilsfindung in einem Strafverfahren gegen den Inhaber der Fahrerlaubnis gewesen ist, so kann sie zu dessen Nachteil vom Inhalt des Urteils insoweit nicht abweichen, als es sich auf die Feststellung des Sachverhalts oder die Beurteilung der Schuldfrage oder der Eignung zum Führen von Kraftfahrzeugen bezieht. 2 Der Strafbefehl und die gerichtliche Entscheidung, durch welche die Eröffnung des Hauptverfahrens oder der Antrag auf Erlass eines Strafbefehls abgelehnt wird, stehen einem Urteil gleich; dies gilt auch für Bußgeldentscheidungen, soweit sie sich auf die Feststellung des Sachverhalts und die Beurteilung der Schuldfrage beziehen.

(5) Die Fahrerlaubnisbehörde darf der Polizei die verwaltungsbehördliche oder gerichtliche Entziehung der Fahrerlaubnis oder das Bestehen eines Fahrverbots übermitteln, soweit dies im Einzelfall für die polizeiliche Überwachung im Straßenverkehr erforderlich ist.

(6) Für die Erteilung des Rechts, nach vorangegangener Entziehung oder vorangegangenem Verzicht von einer ausländischen Fahrerlaubnis im Inland wieder Gebrauch zu machen, an Personen mit ordentlichem Wohnsitz im Ausland gelten die Vorschriften über die Neuerteilung einer Fahrerlaubnis nach vorangegangener Entziehung oder vorangegangenem Verzicht entsprechend.

(7) Durch Rechtsverordnung auf Grund des § 6 Absatz 1 Nummer 1 Buchstabe r können Fristen und Voraussetzungen

1. für die Erteilung einer neuen Fahrerlaubnis nach vorangegangener Entziehung oder nach vorangegangenem Verzicht oder
2. für die Erteilung des Rechts, nach vorangegangener Entziehung oder vorangegangenem Verzicht von einer ausländischen Fahrerlaubnis im Inland wieder Gebrauch zu machen, an Personen mit ordentlichem Wohnsitz im Ausland

bestimmt werden.

§ 4[1)] Fahreignungs-Bewertungssystem. (1) 1 Zum Schutz vor Gefahren, die von Inhabern einer Fahrerlaubnis ausgehen, die wiederholt gegen die die Sicherheit des Straßenverkehrs betreffenden straßenverkehrsrechtlichen oder gefahrgutbeförderungsrechtlichen Vorschriften verstoßen, hat die nach Landesrecht zuständige Behörde die in Absatz 5 genannten Maßnahmen (Fahreignungs-Bewertungssystem) zu ergreifen. 2 Den in Satz 1 genannten Vorschriften stehen jeweils Vorschriften gleich, die dem Schutz

1. von Maßnahmen zur Rettung aus Gefahren für Leib und Leben von Menschen oder
2. zivilrechtlicher Ansprüche Unfallbeteiligter

---

1) § 4 neu gef. mWv 1.5.2014 durch G v. 28.8.2013 (BGBl. I S. 3313); Abs. 3 Satz 4, Abs. 5 Satz 6 und Abs. 6 neu gef., Abs. 4 und Abs. 10 Satz 2 geänd. mWv 5.12.2014 durch G v. 28.11.2014 (BGBl. I S. 1802).

dienen. [3] Das Fahreignungs-Bewertungssystem ist nicht anzuwenden, wenn sich die Notwendigkeit früherer oder anderer die Fahreignung betreffender Maßnahmen nach den Vorschriften über die Entziehung der Fahrerlaubnis nach § 3 Absatz 1 oder einer auf Grund § 6 Absatz 1 Nummer 1 erlassenen Rechtsverordnung ergibt. [4] Das Fahreignungs-Bewertungssystem und die Regelungen über die Fahrerlaubnis auf Probe sind nebeneinander anzuwenden.

(2) [1] Für die Anwendung des Fahreignungs-Bewertungssystems sind die in einer Rechtsverordnung nach § 6 Absatz 1 Nummer 1 Buchstabe s bezeichneten Straftaten und Ordnungswidrigkeiten maßgeblich. [2] Sie werden nach Maßgabe der in Satz 1 genannten Rechtsverordnung wie folgt bewertet:

1. Straftaten mit Bezug auf die Verkehrssicherheit oder gleichgestellte Straftaten, sofern in der Entscheidung über die Straftat die Entziehung der Fahrerlaubnis nach den §§ 69 und 69b des Strafgesetzbuches[1)] oder eine Sperre nach § 69a Absatz 1 Satz 3 des Strafgesetzbuches angeordnet worden ist, mit drei Punkten,
2. Straftaten mit Bezug auf die Verkehrssicherheit oder gleichgestellte Straftaten, sofern sie nicht von Nummer 1 erfasst sind, und besonders verkehrssicherheitsbeeinträchtigende oder gleichgestellte Ordnungswidrigkeiten jeweils mit zwei Punkten und
3. verkehrssicherheitsbeeinträchtigende oder gleichgestellte Ordnungswidrigkeiten mit einem Punkt.

[3] Punkte ergeben sich mit der Begehung der Straftat oder Ordnungswidrigkeit, sofern sie rechtskräftig geahndet wird. [4] Soweit in Entscheidungen über Straftaten oder Ordnungswidrigkeiten auf Tateinheit entschieden worden ist, wird nur die Zuwiderhandlung mit der höchsten Punktzahl berücksichtigt.

(3) [1] Wird eine Fahrerlaubnis erteilt, dürfen Punkte für vor der Erteilung rechtskräftig gewordene Entscheidungen über Zuwiderhandlungen nicht mehr berücksichtigt werden. [2] Diese Punkte werden gelöscht. [3] Die Sätze 1 und 2 gelten auch, wenn

1. die Fahrerlaubnis entzogen,
2. eine Sperre nach § 69a Absatz 1 Satz 3 des Strafgesetzbuches angeordnet oder
3. auf die Fahrerlaubnis verzichtet

worden ist und die Fahrerlaubnis danach neu erteilt wird. [4] Die Sätze 1 und 2 gelten nicht bei

1. Entziehung der Fahrerlaubnis nach § 2a Absatz 3,
2. Verlängerung einer Fahrerlaubnis,
3. Erteilung nach Erlöschen einer befristet erteilten Fahrerlaubnis,
4. Erweiterung einer Fahrerlaubnis oder
5. vereinfachter Erteilung einer Fahrerlaubnis an Inhaber einer Dienstfahrerlaubnis oder Inhaber einer ausländischen Fahrerlaubnis.

(4) Inhaber einer Fahrerlaubnis mit einem Punktestand von einem Punkt bis zu drei Punkten sind mit der Speicherung der zugrunde liegenden Entschei-

---

[1)] Nr. **670**.

dungen nach § 28 Absatz 3 Nummer 1 oder 3 Buchstabe a oder c für die Zwecke des Fahreignungs-Bewertungssystems vorgemerkt.

(5) [1]Die nach Landesrecht zuständige Behörde hat gegenüber den Inhabern einer Fahrerlaubnis folgende Maßnahmen stufenweise zu ergreifen, sobald sich in der Summe folgende Punktestände ergeben:

1. Ergeben sich vier oder fünf Punkte, ist der Inhaber einer Fahrerlaubnis beim Erreichen eines dieser Punktestände schriftlich zu ermahnen;
2. ergeben sich sechs oder sieben Punkte, ist der Inhaber einer Fahrerlaubnis beim Erreichen eines dieser Punktestände schriftlich zu verwarnen;
3. ergeben sich acht oder mehr Punkte, gilt der Inhaber einer Fahrerlaubnis als ungeeignet zum Führen von Kraftfahrzeugen und die Fahrerlaubnis ist zu entziehen.

[2]Die Ermahnung nach Satz 1 Nummer 1 und die Verwarnung nach Satz 1 Nummer 2 enthalten daneben den Hinweis, dass ein Fahreignungsseminar nach § 4a freiwillig besucht werden kann, um das Verkehrsverhalten zu verbessern; im Fall der Verwarnung erfolgt zusätzlich der Hinweis, dass hierfür kein Punktabzug gewährt wird. [3]In der Verwarnung nach Satz 1 Nummer 2 ist darüber zu unterrichten, dass bei Erreichen von acht Punkten die Fahrerlaubnis entzogen wird. [4]Die nach Landesrecht zuständige Behörde ist bei den Maßnahmen nach Satz 1 an die rechtskräftige Entscheidung über die Straftat oder die Ordnungswidrigkeit gebunden. [5]Sie hat für das Ergreifen der Maßnahmen nach Satz 1 auf den Punktestand abzustellen, der sich zum Zeitpunkt der Begehung der letzten zur Ergreifung der Maßnahme führenden Straftat oder Ordnungswidrigkeit ergeben hat. [6]Bei der Berechnung des Punktestandes werden Zuwiderhandlungen

1. unabhängig davon berücksichtigt, ob nach deren Begehung bereits Maßnahmen ergriffen worden sind,
2. nur dann berücksichtigt, wenn deren Tilgungsfrist zu dem in Satz 5 genannten Zeitpunkt noch nicht abgelaufen war.

[7]Spätere Verringerungen des Punktestandes auf Grund von Tilgungen bleiben unberücksichtigt.

(6) [1]Die nach Landesrecht zuständige Behörde darf eine Maßnahme nach Absatz 5 Satz 1 Nummer 2 oder 3 erst ergreifen, wenn die Maßnahme der jeweils davor liegenden Stufe nach Absatz 5 Satz 1 Nummer 1 oder 2 bereits ergriffen worden ist. [2]Sofern die Maßnahme der davor liegenden Stufe noch nicht ergriffen worden ist, ist diese zu ergreifen. [3]Im Fall des Satzes 2 verringert sich der Punktestand mit Wirkung vom Tag des Ausstellens der ergriffenen

1. Ermahnung auf fünf Punkte,
2. Verwarnung auf sieben Punkte,

wenn der Punktestand zu diesem Zeitpunkt nicht bereits durch Tilgungen oder Punktabzüge niedriger ist. [4]Punkte für Zuwiderhandlungen, die vor der Verringerung nach Satz 3 begangen worden sind und von denen die nach Landesrecht zuständige Behörde erst nach der Verringerung Kenntnis erhält, erhöhen den sich nach Satz 3 ergebenden Punktestand. [5]Späteren Tilgungen oder Punktabzügen wird der sich nach Anwendung der Sätze 3 und 4 ergebende Punktestand zugrunde gelegt.

(7) [1] Nehmen Inhaber einer Fahrerlaubnis freiwillig an einem Fahreignungsseminar teil und legen sie hierüber der nach Landesrecht zuständigen Behörde innerhalb von zwei Wochen nach Beendigung des Seminars eine Teilnahmebescheinigung vor, wird ihnen bei einem Punktestand von ein bis fünf Punkten ein Punkt abgezogen; maßgeblich ist der Punktestand zum Zeitpunkt der Ausstellung der Teilnahmebescheinigung. [2] Der Besuch eines Fahreignungsseminars führt jeweils nur einmal innerhalb von fünf Jahren zu einem Punktabzug. [3] Für den zu verringernden Punktestand und die Berechnung der Fünfjahresfrist ist jeweils das Ausstellungsdatum der Teilnahmebescheinigung maßgeblich.

(8) [1] Zur Vorbereitung der Maßnahmen nach Absatz 5 hat das Kraftfahrt-Bundesamt bei Erreichen der jeweiligen Punktestände nach Absatz 5, auch in Verbindung mit den Absätzen 6 und 7, der nach Landesrecht zuständigen Behörde die vorhandenen Eintragungen aus dem Fahreignungsregister zu übermitteln. [2] Unabhängig von Satz 1 hat das Kraftfahrt-Bundesamt bei jeder Entscheidung, die wegen einer Zuwiderhandlung nach

1. § 315c Absatz 1 Nummer 1 Buchstabe a des Strafgesetzbuches,
2. den §§ 316 oder 323a des Strafgesetzbuches oder
3. den §§ 24a oder 24c

ergangen ist, der nach Landesrecht zuständigen Behörde die vorhandenen Eintragungen aus dem Fahreignungsregister zu übermitteln.

(9) Widerspruch und Anfechtungsklage gegen die Entziehung nach Absatz 5 Satz 1 Nummer 3 haben keine aufschiebende Wirkung.

(10) [1] Ist die Fahrerlaubnis nach Absatz 5 Satz 1 Nummer 3 entzogen worden, darf eine neue Fahrerlaubnis frühestens sechs Monate nach Wirksamkeit der Entziehung erteilt werden. [2] Das gilt auch bei einem Verzicht auf die Fahrerlaubnis, wenn zum Zeitpunkt der Wirksamkeit des Verzichtes mindestens zwei Entscheidungen nach § 28 Absatz 3 Nummer 1 oder 3 Buchstabe a oder c gespeichert waren. [3] Die Frist nach Satz 1, auch in Verbindung mit Satz 2, beginnt mit der Ablieferung des Führerscheins nach § 3 Absatz 2 Satz 3 in Verbindung mit dessen Satz 4. [4] In den Fällen des Satzes 1, auch in Verbindung mit Satz 2, hat die nach Landesrecht zuständige Behörde unbeschadet der Erfüllung der sonstigen Voraussetzungen für die Erteilung der Fahrerlaubnis zum Nachweis, dass die Eignung zum Führen von Kraftfahrzeugen wiederhergestellt ist, in der Regel die Beibringung eines Gutachtens einer amtlich anerkannten Begutachtungsstelle für Fahreignung anzuordnen.

§ 4a[1)] Fahreignungsseminar. (1) [1] Mit dem Fahreignungsseminar soll erreicht werden, dass die Teilnehmer sicherheitsrelevante Mängel in ihrem Verkehrsverhalten und insbesondere in ihrem Fahrverhalten erkennen und abbauen. [2] Hierzu sollen die Teilnehmer durch die Vermittlung von Kenntnissen zum Straßenverkehrsrecht, zu Gefahrenpotenzialen und zu verkehrssicherem Verhalten im Straßenverkehr, durch Analyse und Korrektur verkehrssicherheits-

---

[1)] § 4a eingef. mWv 1.5.2014 durch G v. 28.8.2013 (BGBl. I S. 3313); Abs. 4 Satz 1 Nr. 3 und 4 geänd., Nr. 5 angef., Abs. 8 Satz 8 geänd. mWv 5.12.2014 durch G v. 28.11.2014 (BGBl. I S. 1802); Abs. 2 Satz 2 Nr. 1, Abs. 3 Satz 4 und Abs. 7 geänd. mWv 1.1.2018 durch G v. 30.6.2017 (BGBl. I S. 2162); Abs. 6 Satz 2 Nr. 1 bis 3 und 4 Buchst. a und b geänd. mWv 26.11.2019 durch G v. 20.11.2019 (BGBl. I S. 1626).

gefährdender Verhaltensweisen sowie durch Aufzeigen der Bedingungen und Zusammenhänge des regelwidrigen Verkehrsverhaltens veranlasst werden.

(2) [1] Das Fahreignungsseminar besteht aus einer verkehrspädagogischen und aus einer verkehrspsychologischen Teilmaßnahme, die aufeinander abzustimmen sind. [2] Zur Durchführung sind berechtigt

1. für die verkehrspädagogische Teilmaßnahme Fahrlehrer, die über eine Seminarerlaubnis Verkehrspädagogik nach § 46 des Fahrlehrergesetzes[1)] und
2. für die verkehrspsychologische Teilmaßnahme Personen, die über eine Seminarerlaubnis Verkehrspsychologie nach Absatz 3

verfügen.

(3) [1] Wer die verkehrspsychologische Teilmaßnahme des Fahreignungsseminars im Sinne des Absatzes 2 Satz 2 Nummer 2 durchführt, bedarf der Erlaubnis (Seminarerlaubnis Verkehrspsychologie). [2] Die Seminarerlaubnis Verkehrspsychologie wird durch die nach Landesrecht zuständige Behörde erteilt. [3] Die nach Landesrecht zuständige Behörde kann nachträglich Auflagen anordnen, soweit dies erforderlich ist, um die Einhaltung der Anforderungen an Fahreignungsseminare und deren ordnungsgemäße Durchführung sicherzustellen. [4] § 13 des Fahrlehrergesetzes gilt entsprechend.

(4) [1] Die Seminarerlaubnis Verkehrspsychologie wird auf Antrag erteilt, wenn der Bewerber

1. über einen Abschluss eines Hochschulstudiums als Diplom-Psychologe oder einen gleichwertigen Master-Abschluss in Psychologie verfügt,
2. eine verkehrspsychologische Ausbildung an einer Universität oder gleichgestellten Hochschule oder Stelle, die sich mit der Begutachtung oder Wiederherstellung der Kraftfahreignung befasst, oder eine fachpsychologische Qualifikation nach dem Stand der Wissenschaft durchlaufen hat,
3. über Erfahrungen in der Verkehrspsychologie
   a) durch eine mindestens dreijährige Begutachtung von Kraftfahrern an einer Begutachtungsstelle für Fahreignung oder eine mindestens dreijährige Durchführung von besonderen Aufbauseminaren oder von Kursen zur Wiederherstellung der Kraftfahreignung,
   b) durch eine mindestens fünfjährige freiberufliche verkehrspsychologische Tätigkeit, deren Nachweis durch Bestätigungen von Behörden oder Begutachtungsstellen für Fahreignung oder durch die Dokumentation von zehn Therapiemaßnahmen für verkehrsauffällige Kraftfahrer, die mit einer positiven Begutachtung abgeschlossen wurden, erbracht werden kann, oder
   c) durch eine mindestens dreijährige freiberufliche verkehrspsychologische Tätigkeit nach vorherigem Erwerb einer Qualifikation als klinischer Psychologe oder Psychotherapeut nach dem Stand der Wissenschaft

   verfügt,
4. im Fahreignungsregister mit nicht mehr als zwei Punkten belastet ist und
5. eine zur Durchführung der verkehrspsychologischen Teilmaßnahme geeignete räumliche und sachliche Ausstattung nachweist.

[1)] Nr. **330**.

[2]Die Erlaubnis ist zu versagen, wenn Tatsachen vorliegen, die Bedenken gegen die Zuverlässigkeit des Antragstellers begründen.

(5) [1]Die Seminarerlaubnis Verkehrspsychologie ist zurückzunehmen, wenn bei ihrer Erteilung eine der Voraussetzungen des Absatzes 4 nicht vorgelegen hat. [2]Die nach Landesrecht zuständige Behörde kann von der Rücknahme absehen, wenn der Mangel nicht mehr besteht. [3]Die Seminarerlaubnis Verkehrspsychologie ist zu widerrufen, wenn nachträglich eine der in Absatz 4 genannten Voraussetzungen weggefallen ist. [4]Bedenken gegen die Zuverlässigkeit bestehen insbesondere dann, wenn der Seminarleiter wiederholt die Pflichten grob verletzt hat, die ihm nach diesem Gesetz oder den auf ihm beruhenden Rechtsverordnungen obliegen.

(6) [1]Der Inhaber einer Seminarerlaubnis Verkehrspsychologie hat die personenbezogenen Daten, die ihm als Seminarleiter der verkehrspsychologischen Teilmaßnahme bekannt geworden sind, zu speichern und fünf Jahre nach der Ausstellung einer vorgeschriebenen Teilnahmebescheinigung unverzüglich zu löschen. [2]Die Daten nach Satz 1 dürfen

1. vom Inhaber der Seminarerlaubnis Verkehrspsychologie längstens neun Monate nach der Ausstellung der Teilnahmebescheinigung für die Durchführung des jeweiligen Fahreignungsseminars verwendet werden,
2. vom Inhaber der Seminarerlaubnis Verkehrspsychologie der Bundesanstalt für Straßenwesen übermittelt und von dieser zur Evaluierung nach § 4b verwendet werden,
3. von der Bundesanstalt für Straßenwesen oder in ihrem Auftrag an Dritte, die die Evaluierung nach § 4b im Auftrag der Bundesanstalt für Straßenwesen durchführen oder an ihr beteiligt sind, übermittelt und von den Dritten für die Evaluierung verwendet werden,
4. vom Inhaber der Seminarerlaubnis Verkehrspsychologie ausschließlich in Gestalt von Name, Vorname, Geburtsdatum und Anschrift des Seminarteilnehmers sowie dessen Unterschrift zur Teilnahmebestätigung
   a) der nach Landesrecht zuständigen Behörde übermittelt und von dieser zur Überwachung nach Absatz 8 verwendet werden,
   b) an Dritte, die ein von der zuständigen Behörde genehmigtes Qualitätssicherungssystem nach Absatz 8 Satz 6 betreiben und an dem der Inhaber der Seminarerlaubnis Verkehrspsychologie teilnimmt, übermittelt und im Rahmen dieses Qualitätssicherungssystems verwendet werden.

[3]Die Empfänger nach Satz 2 haben die Daten unverzüglich zu löschen, wenn sie nicht mehr für die in Satz 2 jeweils genannten Zwecke benötigt werden, spätestens jedoch fünf Jahre nach der Ausstellung der Teilnahmebescheinigung nach Satz 1.

(7) Jeder Inhaber einer Seminarerlaubnis Verkehrspsychologie hat alle zwei Jahre an einer insbesondere die Fahreignung betreffenden verkehrspsychologischen Fortbildung von mindestens sechs Stunden teilzunehmen.

(8) [1]Die Durchführung der verkehrspsychologischen Teilmaßnahme des Fahreignungsseminars unterliegt der Überwachung der nach Landesrecht zuständigen Behörde. [2]Die nach Landesrecht zuständige Behörde kann sich bei der Überwachung geeigneter Personen oder Stellen nach Landesrecht bedienen. [3]Die nach Landesrecht zuständige Behörde hat mindestens alle zwei Jahre an Ort und Stelle zu prüfen, ob die gesetzlichen Anforderungen an die Durch-

führung der verkehrspsychologischen Teilmaßnahme eingehalten werden. [4]Der Inhaber der Seminarerlaubnis Verkehrspsychologie hat die Prüfung zu ermöglichen. [5]Die in Satz 3 genannte Frist kann von der nach Landesrecht zuständigen Behörde auf vier Jahre verlängert werden, wenn in zwei aufeinanderfolgenden Überprüfungen keine oder nur geringfügige Mängel festgestellt worden sind. [6]Die nach Landesrecht zuständige Behörde kann von der wiederkehrenden Überwachung nach den Sätzen 1 bis 5 absehen, wenn der Inhaber einer Seminarerlaubnis Verkehrspsychologie sich einem von der nach Landesrecht zuständigen Behörde anerkannten Qualitätssicherungssystem angeschlossen hat. [7]Im Fall des Satzes 6 bleibt die Befugnis der nach Landesrecht zuständigen Behörde zur Überwachung im Sinne der Sätze 1 bis 5 unberührt. [8]Das Bundesministerium für Verkehr und digitale Infrastruktur soll durch Rechtsverordnung mit Zustimmung des Bundesrates Anforderung an Qualitätssicherungssysteme und Regeln für die Durchführung der Qualitätssicherung bestimmen.

§ 4b[1)] Evaluierung. [1]Das Fahreignungsseminar, die Vorschriften hierzu und der Vollzug werden von der Bundesanstalt für Straßenwesen wissenschaftlich begleitet und evaluiert. [2]Die Evaluierung hat insbesondere zu untersuchen, ob das Fahreignungsseminar eine verhaltensverbessernde Wirkung im Hinblick auf die Verkehrssicherheit hat. [3]Die Bundesanstalt für Straßenwesen legt das Ergebnis der Evaluierung bis zum 1. Mai 2019 dem Bundesministerium für Verkehr und digitale Infrastruktur in einem Bericht zur Weiterleitung an den Deutschen Bundestag vor.

§ 5 Verlust von Dokumenten und Kennzeichen. [1]Besteht eine Verpflichtung zur Ablieferung oder Vorlage eines Führerscheins, Fahrzeugscheins, Anhängerverzeichnisses, Fahrzeugbriefs, Nachweises über die Zuteilung des amtlichen Kennzeichens oder über die Betriebserlaubnis oder EG-Typgenehmigung, eines ausländischen Führerscheins oder Zulassungsscheins oder eines internationalen Führerscheins oder Zulassungsscheins oder amtlicher Kennzeichen oder Versicherungskennzeichen und behauptet der Verpflichtete, der Ablieferungs- oder Vorlagepflicht deshalb nicht nachkommen zu können, weil ihm der Schein, das Verzeichnis, der Brief, der Nachweis oder die Kennzeichen verloren gegangen oder sonst abhanden gekommen sind, so hat er auf Verlangen der Verwaltungsbehörde eine Versicherung an Eides statt über den Verbleib des Scheins, Verzeichnisses, Briefs, Nachweises oder der Kennzeichen abzugeben. [2]Dies gilt auch, wenn jemand für einen verloren gegangenen oder sonst abhanden gekommenen Schein, Brief oder Nachweis oder ein verloren gegangenes oder sonst abhanden gekommenes Anhängerverzeichnis oder Kennzeichen eine neue Ausfertigung oder ein neues Kennzeichen beantragt.

§ 5a (weggefallen)

§ 5b[2)] Unterhaltung der Verkehrszeichen. (1) [1]Die Kosten der Beschaffung, Anbringung, Entfernung, Unterhaltung und des Betriebs der amtlichen Verkehrszeichen und -einrichtungen sowie der sonstigen vom Bundesministeri-

---

[1)] § 4b eingef. mWv 1.5.2014 durch G v. 28.8.2013 (BGBl. I S. 3313); Satz 3 geänd. mWv 5.12. 2014 durch G v. 28.11.2014 (BGBl. I S. 1802).

[2)] § 5b Abs. 1 Satz 1 und Abs. 3 geänd. mWv 18.8.2006 durch G v. 14.8.2006 (BGBl. I S. 1958); Abs. 1 Satz 1 und Abs. 3 geänd. mWv 5.12.2014 durch G v. 28.11.2014 (BGBl. I S. 1802).

um für Verkehr und digitale Infrastruktur zugelassenen Verkehrszeichen und -einrichtungen trägt der Träger der Straßenbaulast für diejenige Straße, in deren Verlauf sie angebracht werden oder angebracht worden sind, bei geteilter Straßenbaulast der für die durchgehende Fahrbahn zuständige Träger der Straßenbaulast. [2] Ist ein Träger der Straßenbaulast nicht vorhanden, so trägt der Eigentümer der Straße die Kosten.

(2) Diese Kosten tragen abweichend vom Absatz 1

a) die Unternehmer der Schienenbahnen für Andreaskreuze, Schranken, Blinklichter mit oder ohne Halbschranken;

b) die Unternehmer im Sinne des Personenbeförderungsgesetzes[1)] für Haltestellenzeichen;

c) die Gemeinden in der Ortsdurchfahrt für Parkuhren und andere Vorrichtungen oder Einrichtungen zur Überwachung der Parkzeit, Straßenschilder, Geländer, Wegweiser zu innerörtlichen Zielen und Verkehrszeichen für Laternen, die nicht die ganze Nacht brennen;

d) die Bauunternehmer und die sonstigen Unternehmer von Arbeiten auf und neben der Straße für Verkehrszeichen und -einrichtungen, die durch diese Arbeiten erforderlich werden;

e) die Unternehmer von Werkstätten, Tankstellen sowie sonstigen Anlagen und Veranstaltungen für die entsprechenden amtlichen oder zugelassenen Hinweiszeichen;

f) die Träger der Straßenbaulast der Straßen, von denen der Verkehr umgeleitet werden soll, für Wegweiser für Bedarfsumleitungen.

(3) Das Bundesministerium für Verkehr und digitale Infrastruktur wird ermächtigt, durch Rechtsverordnung mit Zustimmung des Bundesrates bei der Einführung neuer amtlicher Verkehrszeichen und -einrichtungen zu bestimmen, dass abweichend von Absatz 1 die Kosten entsprechend den Regelungen des Absatzes 2 ein anderer zu tragen hat.

(4) Kostenregelungen auf Grund kreuzungsrechtlicher Vorschriften nach Bundes- und Landesrecht bleiben unberührt.

(5) Diese Kostenregelung umfasst auch die Kosten für Verkehrszählungen, Lärmmessungen, Lärmberechnungen und Abgasmessungen.

(6) [1] Können Verkehrszeichen oder Verkehrseinrichtungen aus technischen Gründen oder wegen der Sicherheit und Leichtigkeit des Straßenverkehrs nicht auf der Straße angebracht werden, haben die Eigentümer der Anliegergrundstücke das Anbringen zu dulden. [2] Schäden, die durch das Anbringen oder Entfernen der Verkehrszeichen oder Verkehrseinrichtungen entstehen, sind zu beseitigen. [3] Wird die Benutzung eines Grundstücks oder sein Wert durch die Verkehrszeichen oder Verkehrseinrichtungen nicht unerheblich beeinträchtigt oder können Schäden, die durch das Anbringen oder Entfernen der Verkehrszeichen oder Verkehrseinrichtungen entstanden sind, nicht beseitigt werden, so ist eine angemessene Entschädigung in Geld zu leisten. [4] Zur Schadensbeseitigung und zur Entschädigungsleistung ist derjenige verpflichtet, der die Kosten für die Verkehrszeichen und Verkehrseinrichtungen zu tragen hat. [5] Kommt eine Einigung nicht zustande, so entscheidet die höhere Verwaltungsbehörde. [6] Vor der Entscheidung sind die Beteiligten zu hören. [7] Die Landesregierungen

---

[1)] Nr. **400**.

werden ermächtigt, durch Rechtsverordnung die zuständige Behörde abweichend von Satz 5 zu bestimmen. [8] Sie können diese Ermächtigung auf oberste Landesbehörden übertragen.

§ 6[1)] Ausführungsvorschriften. (1) Das Bundesministerium für Verkehr und digitale Infrastruktur wird ermächtigt, Rechtsverordnungen[2)] mit Zustimmung des Bundesrates zu erlassen über

1. die Zulassung von Personen zum Straßenverkehr, insbesondere über
   a) Ausnahmen von der Fahrerlaubnispflicht nach § 2 Abs. 1 Satz 1, Anforderungen für das Führen fahrerlaubnisfreier Kraftfahrzeuge, Ausnahmen von einzelnen Erteilungsvoraussetzungen nach § 2 Abs. 2 Satz 1 und vom Erfordernis der Begleitung und Beaufsichtigung durch einen Fahrlehrer nach § 2 Abs. 15 Satz 1,
   b) den Inhalt der Fahrerlaubnisklassen nach § 2 Abs. 1 Satz 2 und der besonderen Erlaubnis nach § 2 Abs. 3, die Gültigkeitsdauer der Fahrerlaubnis der Klassen C und D, ihrer Unterklassen und Anhängerklassen, die Gültigkeitsdauer der Führerscheine und der besonderen Erlaubnis nach § 2 Abs. 3 sowie Auflagen und Beschränkungen zur Fahrerlaubnis und der besonderen Erlaubnis nach § 2 Abs. 3,
   c) die Anforderungen an die Eignung zum Führen von Kraftfahrzeugen, die Beurteilung der Eignung durch Gutachten sowie die Feststellung und Überprüfung der Eignung durch die Fahrerlaubnisbehörde nach § 2 Abs. 2 Satz 1 Nr. 3 in Verbindung mit Abs. 4, 7 und 8,
   d) die Maßnahmen zur Beseitigung von Eignungsmängeln, insbesondere Inhalt und Dauer entsprechender Kurse, die Teilnahme an solchen Kursen, die Anforderungen an die Kursleiter sowie die Zertifizierung der Qualitätssicherung, deren Inhalt einschließlich der hierfür erforderlichen Verarbeitung personenbezogener Daten und die Begutachtung, einschließlich der verfahrensmäßigen und fachwissenschaftlichen Anforderungen, der für die Qualitätssicherung Verantwortlichen durch die

---

[1)] § 6 Abs. 1 Nr. 2 Buchst. b, q und w geänd., Buchst. x angef., Abs. 4 angef. mWv 1.6.2005 durch G v. 3.5.2005 (BGBl. I S. 1221); Abs. 1, 2, 2a und 4 geänd. mWv 18.8.2006 durch G v. 14.8.2006 (BGBl. I S. 1958); Abs. 1 Nr. 2 Buchst. n geänd. mWv 18.12.2007 durch G v. 10.12.2007 (BGBl. I S. 2833); Abs. 3a eingef. mWv 29.4.2009 durch G v. 22.12.2008 (BGBl. I S. 2965); Abs. 1 Nr. 14 neu gef. mWv 7.2.2009 durch G v. 3.2.2009 (BGBl. I S. 150); Abs. 1 Nr. 1 Buchst. i geänd., Abs. 5 angef. mWv 23.7.2009 durch G v. 17.7.2009 (BGBl. I S. 2021); Abs. 6 angef. mWv 23.7.2009 durch G v. 17.7.2009 (BGBl. I S. 2023); Abs. 1 Nr. 1 Buchst. b, d, k, n geänd., Buchst. x neu gef. mWv 9.12. 2010 durch G v. 2.12.2010 (BGBl. I S. 1748); Abs. 1 Nr. 2 Buchst. i neu gef., Buchst. l, m und Nr. 5c geänd. mWv 26.6.2011 durch G v. 20.6.2011 (BGBl. I S. 1124); Abs. 1 Nr. 1 Buchst. i geänd., Abs. 5 neu gef. mWv 29.6.2011 durch G v. 23.6.2011 (BGBl. I S. 1213); Abs. 1 Nr. 1 Buchst. n und s neu gef., Buchst. u und w geänd. mWv 31.8.2013 durch G v. 28.8.2013 (BGBl. I S. 3313); Abs.1 einl. Satzteil und Nr. 1 Buchst. m, Abs. 2, 2a, 3a, 4 und 6 geänd. mWv 5.12.2014 durch G v. 28.11.2014 (BGBl. I S. 1802); Abs. 1 Nr. 1 Buchst. r neu gef., Abs. 7 angef. mWv 7.12.2016 durch G v. 28.11. 2016 (BGBl. I S. 2722); Abs. 1 Nr. 20 neu gef. mWv 25.5.2017 durch G v. 16.5.2017 (BGBl. I S. 1214); Abs. 1 Nr. 14a und Abs. 4a eingef. mWv 21.6.2017 durch G v. 16.6.2017 (BGBl. I S. 1648); Abs. 1 Nr. 1 Buchst. d, k, n und p sowie Nr. 2 Buchst. p und r geänd. mWv 26.11.2019 durch G v. 20.11.2019 (BGBl. I S. 1626); Abs. 5a eingef. mWv 12.12.2019, Abs. 1 Nr. 1 Buchst. h geänd. mWv 1.6.2020 durch G v. 5.12.2019 (BGBl. I S. 2008); Abs. 2 und 2a geänd. mWv 27.6.2020 durch VO v. 19.6.2020 (BGBl. I S. 1328).

[2)] Straßenverkehrs-Ordnung (StVO) (Nr. **100**), Straßenverkehrs-Zulassungs-Ordnung (StVZO) (Nr. **200**), Fahrerlaubnis-Verordnung – FeV (Nr. **300**), Fahrzeugteileverordnung – FzTV (Nr. **260**).

Bundesanstalt für Straßenwesen, um die ordnungsgemäße Durchführung der Kurse zu gewährleisten, wobei ein Erfahrungsaustausch unter Leitung der Bundesanstalt für Straßenwesen vorgeschrieben werden kann,

e) die Prüfung der Befähigung zum Führen von Kraftfahrzeugen, insbesondere über die Zulassung zur Prüfung sowie über Inhalt, Gliederung, Verfahren, Bewertung, Entscheidung und Wiederholung der Prüfung nach § 2 Abs. 2 Satz 1 Nr. 5 in Verbindung mit Abs. 5, 7 und 8 sowie die Erprobung neuer Prüfungsverfahren,

f) die Prüfung der umweltbewussten und energiesparenden Fahrweise nach § 2 Abs. 2 Satz 1 Nr. 5 in Verbindung mit Abs. 5 Nr. 4,

g) die nähere Bestimmung der sonstigen Voraussetzungen nach § 2 Abs. 2 Satz 1 und 2 für die Erteilung der Fahrerlaubnis und die Voraussetzungen der Erteilung der besonderen Erlaubnis nach § 2 Abs. 3,

h) den Nachweis der Personendaten, die E-Mail-Adresse, soweit vom Antragsteller angegeben, das Lichtbild sowie die Mitteilung und die Nachweise über das Vorliegen der Voraussetzungen im Antragsverfahren nach § 2 Abs. 6,

i) die Sonderbestimmungen bei Dienstfahrerlaubnissen nach § 2 Abs. 10 und die Erteilung von allgemeinen Fahrerlaubnissen auf Grund von Dienstfahrerlaubnissen,

j) die Zulassung und Registrierung von Inhabern ausländischer Fahrerlaubnisse und die Behandlung abgelieferter ausländischer Führerscheine nach § 2 Abs. 11 und § 3 Abs. 2,

k) die Anerkennung oder Beauftragung von Stellen oder Personen nach § 2 Abs. 13, die Aufsicht über sie, die Übertragung dieser Aufsicht auf andere Einrichtungen, die Zertifizierung der Qualitätssicherung, deren Inhalt einschließlich der hierfür erforderlichen Verarbeitung personenbezogener Daten und die Begutachtung, einschließlich der verfahrensmäßigen und fachwissenschaftlichen Anforderungen, der für die Qualitätssicherung verantwortlichen Stellen oder Personen durch die Bundesanstalt für Straßenwesen, um die ordnungsgemäße und gleichmäßige Durchführung der Beurteilung, Prüfung oder Ausbildung nach § 2 Abs. 13 zu gewährleisten, wobei ein Erfahrungsaustausch unter Leitung der Bundesanstalt für Straßenwesen vorgeschrieben werden kann, sowie die Verarbeitung personenbezogener Daten für die mit der Anerkennung oder Beauftragung bezweckte Aufgabenerfüllung nach § 2 Abs. 14,

l) Ausnahmen von der Probezeit, die Anrechnung von Probezeiten bei der Erteilung einer allgemeinen Fahrerlaubnis an Inhaber von Dienstfahrerlaubnissen nach § 2a Abs. 1, den Vermerk über die Probezeit im Führerschein,

m) die Einstufung der im Fahreignungsregister gespeicherten Entscheidungen über Straftaten und Ordnungswidrigkeiten als schwerwiegend oder weniger schwerwiegend für die Maßnahmen nach den Regelungen der Fahrerlaubnis auf Probe gemäß § 2a Abs. 2,

n) die Anforderungen an die Aufbauseminare, besonderen Aufbauseminare und Fahreignungsseminare, insbesondere an Inhalt, Methoden und Dauer, einschließlich der Befugnis der nach Landesrecht zuständigen Behörde zur Feststellung der Gleichwertigkeit anderer Inhalte und Methoden, die Teilnahme an den Seminaren nach § 2b Absatz 1 und 2, die Anforderungen an die Seminarleiter und deren Anerkennung nach § 2b Absatz 2 Satz 2 oder deren Seminarerlaubnis nach § 4a Absatz 2, die Anforderungen an die Qualitätssicherung, deren Inhalt und Methoden einschließlich der hierfür erforderlichen Verarbeitung personenbezogener Daten, die Anforderungen an die Begutachtung und die Überwachung der Einhaltung der Anforderungen sowie Ausnahmen von der Überwachung einschließlich der Befugnis der nach Landesrecht zuständigen Behörde zur Genehmigung eines Qualitätssicherungssystems, wobei eine Bewertung des Qualitätssicherungssystems durch die Bundesanstalt für Straßenwesen und ein Erfahrungsaustausch unter Leitung der Bundesanstalt für Straßenwesen vorgeschrieben werden können,

o) die Übermittlung der Daten nach § 2c, insbesondere über den Umfang der zu übermittelnden Daten und die Art der Übermittlung,

p) Maßnahmen zur Erzielung einer verantwortungsbewussteren Einstellung im Straßenverkehr und damit zur Senkung der besonderen Unfallrisiken von Fahranfängern

– durch eine Ausbildung, die schulische Verkehrserziehung mit der Ausbildung nach den Vorschriften des Fahrlehrergesetzes[1] verknüpft, als Voraussetzung für die Erteilung der Fahrerlaubnis im Sinne des § 2 Abs. 2 Satz 1 Nr. 4 und

– durch die freiwillige Fortbildung in geeigneten Seminaren nach Erwerb der Fahrerlaubnis mit der Möglichkeit der Abkürzung der Probezeit insbesondere über Inhalt und Dauer der Seminare, die Anforderungen an die Seminarleiter und die Personen, die im Rahmen der Seminare praktische Fahrübungen auf hierfür geeigneten Flächen durchführen, die Anerkennung und die Aufsicht über sie, die Qualitätssicherung, deren Inhalt und die wissenschaftliche Begleitung einschließlich der hierfür erforderlichen Verarbeitung personenbezogener Daten sowie über die, auch zunächst nur zur modellhaften Erprobung befristete, Einführung in den Ländern durch die obersten Landesbehörden, die von ihr bestimmten oder nach Landesrecht zuständigen Stellen,

q) die Maßnahmen bei bedingt geeigneten oder ungeeigneten oder bei nicht befähigten Fahrerlaubnisinhabern oder bei Zweifeln an der Eignung oder Befähigung nach § 3 Abs. 1 sowie die Ablieferung, die Vorlage und die weitere Behandlung der Führerscheine nach § 3 Abs. 2,

r) die Neuerteilung der Fahrerlaubnis nach vorangegangener Entziehung oder vorangegangenem Verzicht und die Erteilung des Rechts, nach vorangegangener Entziehung oder vorangegangenem Verzicht von einer ausländischen Fahrerlaubnis wieder Gebrauch zu machen nach § 3 Absatz 7,

(Fortsetzung nächstes Blatt)

[1] Nr. **330**.

s) die Bezeichnung der Straftaten und Ordnungswidrigkeiten, auch soweit sie gefahrgutrechtliche Vorschriften oder im Sinne des § 4 Absatz 1 Satz 2 gleichgestellte Vorschriften betreffen, die als Entscheidungen im Rahmen des Fahreignungs-Bewertungssystems zugrunde zu legen sind und die Bewertung dieser

aa) Straftaten mit Bezug auf die Verkehrssicherheit,

aaa) sofern in der Entscheidung über die Straftat die Entziehung der Fahrerlaubnis nach den §§ 69 und 69b des Strafgesetzbuches[1] oder eine Sperre nach § 69a Absatz 1 Satz 3 des Strafgesetzbuches angeordnet worden ist, mit drei Punkten oder

bbb) in den übrigen Fällen mit zwei Punkten,

bb) Ordnungswidrigkeiten als

aaa) besonders verkehrssicherheitsbeeinträchtigende Ordnungswidrigkeit mit zwei Punkten oder

bbb) verkehrssicherheitsbeeinträchtigende Ordnungswidrigkeit mit einem Punkt;

der Bezeichnung der Straftaten ist deren Bedeutung für die Sicherheit im Straßenverkehr zugrunde zu legen, der Bezeichnung und der Bewertung der Ordnungswidrigkeiten sind deren jeweilige Bedeutung für die Sicherheit des Straßenverkehrs und die Höhe des angedrohten Regelsatzes der Geldbuße zugrunde zu legen,

t) (weggefallen)

u) die Anforderungen an die verkehrspsychologische Beratung, insbesondere über Inhalt und Dauer der Beratung, die Teilnahme an der Beratung sowie die Anforderungen an die Berater und ihre Anerkennung nach § 2a Absatz 7,

v) die Herstellung, Lieferung und Gestaltung des Musters des Führerscheins und dessen Ausfertigung sowie die Bestimmung, wer die Herstellung und Lieferung durchführt, nach § 2 Abs. 1 Satz 3,

w) die Zuständigkeit und das Verfahren bei Verwaltungsmaßnahmen nach diesem Gesetz und den auf diesem Gesetz beruhenden Rechtsvorschriften sowie die Befugnis der nach Landesrecht zuständigen Stellen, Ausnahmen von § 2 Abs. 1 Satz 3, Abs. 2 Satz 1 und 2, Abs. 15, § 2a Absatz 2 Satz 1 Nummer 1 bis 3 und Absatz 7 Satz 7 Nummer 3, § 2b Abs. 1, § 4 Absatz 5 Satz 1 Nummer 3, Absatz 10 sowie Ausnahmen von den auf diesem Gesetz beruhenden Rechtsvorschriften zuzulassen,

x) den Inhalt und die Gültigkeit bisher erteilter Fahrerlaubnisse, den Umtausch von Führerscheinen, deren Muster nicht mehr ausgefertigt werden, sowie die Neuausstellung von Führerscheinen, deren Gültigkeitsdauer abgelaufen ist, und die Regelungen des Besitzstandes im Falle des Umtausches oder der Neuausstellung,

y) Maßnahmen, um die sichere Teilnahme sonstiger Personen am Straßenverkehr zu gewährleisten, sowie die Manahmen, wenn sie bedingt

---

[1] Nr. **670**.

geeignet oder ungeeignet oder nicht befähigt zur Teilnahme am Straßenverkehr sind;

1a. (weggefallen)

2. die Zulassung von Fahrzeugen zum Straßenverkehr einschließlich Ausnahmen von der Zulassung, die Beschaffenheit, Ausrüstung und Prüfung der Fahrzeuge, insbesondere über

a) Voraussetzungen für die Zulassung von Kraftfahrzeugen und deren Anhänger, vor allem über Bau, Beschaffenheit, Abnahme, Ausrüstung und Betrieb, Begutachtung und Prüfung, Betriebserlaubnis und Genehmigung sowie Kennzeichnung der Fahrzeuge und Fahrzeugteile, um deren Verkehrssicherheit zu gewährleisten und um die Insassen und andere Verkehrsteilnehmer bei einem Verkehrsunfall vor Verletzungen zu schützen oder deren Ausmaß oder Folgen zu mildern (Schutz von Verkehrsteilnehmern),

b) Anforderungen an zulassungsfreie Kraftfahrzeuge und Anhänger, um deren Verkehrssicherheit und den Schutz der Verkehrsteilnehmer zu gewährleisten, Ausnahmen von der Zulassungspflicht für Kraftfahrzeuge und Anhänger nach § 1 Abs. 1 sowie die Kennzeichnung zulassungsfreier Fahrzeuge und Fahrzeugteile zum Nachweis des Zeitpunktes ihrer Abgabe an den Endverbraucher,

c) Art und Inhalt von Zulassung, Bau, Beschaffenheit, Ausrüstung und Betrieb der Fahrzeuge und Fahrzeugteile, deren Begutachtung und Prüfung, Betriebserlaubnis und Genehmigung sowie Kennzeichnung,

d) den Nachweis der Zulassung durch Fahrzeugdokumente, die Gestaltung der Muster der Fahrzeugdokumente und deren Herstellung, Lieferung und Ausfertigung sowie die Bestimmung, wer die Herstellung und Lieferung durchführen darf,

e) das Herstellen, Feilbieten, Veräußern, Erwerben und Verwenden von Fahrzeugteilen, die in einer amtlich genehmigten Bauart ausgeführt sein müssen,

f) die Allgemeine Betriebserlaubnis oder Bauartgenehmigung, Typgenehmigung oder vergleichbare Gutachten von Fahrzeugen und Fahrzeugteilen einschließlich Art, Inhalt, Nachweis und Kennzeichnung sowie Typbegutachtung und Typprüfung,

g) die Konformität der Produkte mit dem genehmigten, begutachteten oder geprüften Typ einschließlich der Anforderungen z.B. an Produktionsverfahren, Prüfungen und Zertifizierungen sowie Nachweise hierfür,

h) das Erfordernis von Qualitätssicherungssystemen einschließlich der Anforderungen, Prüfungen, Zertifizierungen und Nachweise hierfür sowie sonstige Pflichten des Inhabers der Erlaubnis oder Genehmigung,

i) die Anerkennung von

aa) Stellen zur Prüfung und Begutachtung von Fahrzeugen und Fahrzeugteilen und

bb) Stellen zur Prüfung und Zertifizierung von Qualitätssicherungssystemen einschließlich der Voraussetzungen hierfür sowie die Änderung und Beendigung von Anerkennung und Zertifizierung einschließlich der hierfür erforderlichen Voraussetzungen für die Änderung und Beendigung und das Verfahren; die Stellen zur Prüfung und Begutachtung von Fahrzeugen und Fahrzeugteilen müssen zur Anerkennung die Gewähr dafür bieten, dass für die beantragte Zuständigkeit die ordnungsgemäße Wahrnehmung der Prüfaufgaben nach den allgemeinen Kriterien zum Betreiben von Prüflaboratorien und nach den erforderlichen kraftfahrzeugspezifischen Kriterien an Personal- und Sachausstattung erfolgen wird,

j) die Anerkennung ausländischer Erlaubnisse und Genehmigungen sowie ausländischer Begutachtungen, Prüfungen und Kennzeichnungen für Fahrzeuge und Fahrzeugteile,

k) die Änderung und Beendigung von Zulassung und Betrieb, Erlaubnis und Genehmigung sowie Kennzeichnung der Fahrzeuge und Fahrzeugteile,

l) Art, Umfang, Inhalt, Ort und Zeitabstände der regelmäßigen Untersuchungen und Prüfungen, um die Verkehrssicherheit der Fahrzeuge und den Schutz der Verkehrsteilnehmer zu gewährleisten, sowie Anforderungen an Untersuchungsstellen und Fachpersonal zur Durchführung von Untersuchungen und Prüfungen, einschließlich den Anforderungen an eine zentrale Stelle, die von Trägern der Technischen Prüfstellen und von amtlich anerkannten Überwachungsorganisationen gebildet und getragen wird, zur Überprüfung der Praxistauglichkeit von Prüfvorgaben oder deren Erarbeitung, sowie Abnahmen von Fahrzeugen und Fahrzeugteilen einschließlich der hierfür notwendigen Räume und Geräte, Schulungen, Schulungsstätten und -institutionen,

m) den Nachweis der regelmäßigen Untersuchungen und Prüfungen sowie Abnahmen von Fahrzeugen und Fahrzeugteilen einschließlich der Bewertung der bei den Untersuchungen und Prüfungen festgestellten Mängel und die Weitergabe der festgestellten Mängel an die jeweiligen Hersteller von Fahrzeugen und Fahrzeugteilen sowie das Kraftfahrt-Bundesamt; dabei ist die Weitergabe personenbezogener Daten nicht zulässig,

n) die Bestätigung der amtlichen Anerkennung von Überwachungsorganisationen, soweit sie vor dem 18. Dezember 2007 anerkannt waren, sowie die Anerkennung von Überwachungsorganisationen zur Vornahme von regelmäßigen Untersuchungen und Prüfungen sowie von Abnahmen, die organisatorischen, personellen und technischen Voraussetzungen für die Anerkennungen einschließlich der Qualifikation und der Anforderungen an das Fachpersonal und die Geräte sowie die mit den Anerkennungen verbundenen Bedingungen und Auflagen, um ordnungsgemäße und gleichmäßige Untersuchungen, Prüfungen und Abnahmen durch leistungsfähige Organisationen sicherzustellen,

o) die notwendige Haftpflichtversicherung anerkannter Überwachungsorganisationen zur Deckung aller im Zusammenhang mit Untersuchungen, Prüfungen und Abnahmen entstehenden Ansprüche sowie die Freistellung des für die Anerkennung und Aufsicht verantwortlichen Landes von Ansprüchen Dritter wegen Schäden, die die Organisation verursacht,

p) die amtliche Anerkennung von Herstellern von Fahrzeugen oder Fahrzeugteilen zur Vornahme der Prüfungen von Geschwindigkeitsbegrenzern, Fahrtschreibern und Kontrollgeräten, die amtliche Anerkennung von Kraftfahrzeugwerkstätten zur Vornahme von regelmäßigen Prüfungen an diesen Einrichtungen, zur Durchführung von Abgasuntersuchungen und Gasanlagenprüfungen an Kraftfahrzeugen und zur Durchführung von Sicherheitsprüfungen an Nutzfahrzeugen sowie die mit den Anerkennungen verbundenen Bedingungen und Auflagen, um ordnungsgemäße und gleichmäßige technische Prüfungen sicherzustellen, die organisatorischen, personellen und technischen Voraussetzungen für die Anerkennung einschließlich der Qualifikation und Anforderungen an das Fachpersonal und die Geräte sowie die Verarbeitung personenbezogener Daten des Inhabers der Anerkennungen, dessen Vertreters und der mit der Vornahme der Prüfungen betrauten Personen durch die für die Anerkennung und Aufsicht zuständigen Behörden, um ordnungsgemäße und gleichmäßige technische Prüfungen sicherzustellen,

q) die notwendige Haftpflichtversicherung amtlich anerkannter Hersteller von Fahrzeugen oder Fahrzeugteilen und von Kraftfahrzeugwerkstätten zur Deckung aller im Zusammenhang mit den Prüfungen nach Buchstabe p entstehenden Ansprüche sowie die Freistellung des für die Anerkennung und Aufsicht verantwortlichen Landes von Ansprüchen Dritter wegen Schäden, die die Werkstatt oder der Hersteller verursacht,

r) Maßnahmen der mit der Durchführung der regelmäßigen Untersuchungen und Prüfungen sowie Abnahmen und Begutachtungen von Fahrzeugen und Fahrzeugteilen befassten Stellen und Personen zur Qualitätssicherung, deren Inhalt einschließlich der hierfür erforderlichen Verarbeitung personenbezogener Daten, um ordnungsgemäße, nach gleichen Maßstäben durchgeführte Untersuchungen, Prüfungen, Abnahmen und Begutachtungen an Fahrzeugen und Fahrzeugteilen zu gewährleisten,

s) die Verantwortung und die Pflichten und Rechte des Halters im Rahmen der Zulassung und des Betriebs der auf ihn zugelassenen Fahrzeuge sowie des Halters nicht zulassungspflichtiger Fahrzeuge,

t) die Zuständigkeit und das Verfahren bei Verwaltungsmaßnahmen nach diesem Gesetz und den auf diesem Gesetz beruhenden Rechtsvorschriften für Zulassung, Begutachtung, Prüfung, Abnahme, regelmäßige Untersuchungen und Prüfungen, Betriebserlaubnis, Genehmigung und Kennzeichnung,

u) Ausnahmen von § 1 Abs. 1 Satz 2 und 3 sowie Ausnahmen von auf Grund dieses Gesetzes erlassenen Rechtsvorschriften und die Zuständigkeiten hierfür,

v) die Zulassung von ausländischen Kraftfahrzeugen und Anhängern, die Voraussetzungen hierfür, die Anerkennung ausländischer Zulassungspapiere und Kennzeichen, Maßnahmen bei Verstößen gegen die auf Grund des Straßenverkehrsgesetzes erlassenen Vorschriften,

w) Maßnahmen und Anforderungen, um eine sichere Teilnahme von nicht motorisierten Fahrzeugen am Straßenverkehr zu gewährleisten,

x) abweichende Voraussetzungen für die Erteilung einer Betriebserlaubnis für Einzelfahrzeuge und Fahrzeugkombinationen des Großraum- und Schwerverkehrs sowie für Arbeitsmaschinen, soweit diese Voraussetzungen durch den Einsatzzweck gerechtfertigt sind und ohne Beeinträchtigung der Fahrzeugsicherheit standardisiert werden können, die Begutachtung der Fahrzeuge und die Bestätigung der Einhaltung der Voraussetzungen durch einen amtlich anerkannten Sachverständigen;

3. die sonstigen zur Erhaltung der Sicherheit und Ordnung auf den öffentlichen Straßen, für Zwecke der Verteidigung, zur Verhütung einer über das verkehrsübliche Maß hinausgehenden Abnutzung der Straßen oder zur Verhütung von Belästigungen erforderlichen Maßnahmen über den Straßenverkehr, und zwar hierzu unter anderem
   a) (weggefallen)
   b) (weggefallen)
   c) über das Mindestalter der Führer von Fahrzeugen und ihr Verhalten,
   d) über den Schutz der Wohnbevölkerung und Erholungssuchenden gegen Lärm und Abgas durch den Kraftfahrzeugverkehr und über Beschränkungen des Verkehrs an Sonn- und Feiertagen,
   e) über das innerhalb geschlossener Ortschaften, mit Ausnahme von entsprechend ausgewiesenen Parkplätzen sowie von Industrie- und Gewerbegebieten, anzuordnende Verbot, Kraftfahrzeuganhänger und Kraftfahrzeuge mit einem zulässigen Gesamtgewicht über 7,5 Tonnen in der Zeit von 22 Uhr bis 6 Uhr und an Sonn- und Feiertagen, regelmäßig zu parken,
   f) über Ortstafeln und Wegweiser,[1]
   g) über das Verbot von Werbung und Propaganda durch Bildwerk, Schrift, Beleuchtung oder Ton, soweit sie geeignet sind, außerhalb geschlossener Ortschaften die Aufmerksamkeit der Verkehrsteilnehmer in einer die Sicherheit des Verkehrs gefährdenden Weise abzulenken oder die Leichtigkeit des Verkehrs zu beeinträchtigen,
   h) über die Beschränkung des Straßenverkehrs zum Schutz von kulturellen Veranstaltungen, die außerhalb des Straßenraums stattfinden, wenn dies im öffentlichen Interesse liegt,
   i) über das Verbot zur Verwendung technischer Einrichtungen am oder im Kraftfahrzeug, die dafür bestimmt sind, die Verkehrsüberwachung zu beeinträchtigen;

4. (weggefallen)

4a. das Verhalten der Beteiligten nach einem Verkehrsunfall, das geboten ist, um
   a) den Verkehr zu sichern und Verletzten zu helfen,
   b) zur Klärung und Sicherung zivilrechtlicher Ansprüche die Art der Beteiligung festzustellen und
   c) Haftpflichtansprüche geltend machen zu können;

5. (weggefallen)

---

[1] Zeichen und Verkehrseinrichtungen: §§ 36–43 StVO (Nr. **100**).

5a. Bau, Beschaffenheit, Ausrüstung und Betrieb, Begutachtung, Prüfung, Abnahme, Betriebserlaubnis, Genehmigung und Kennzeichnung der Fahrzeuge und Fahrzeugteile sowie über das Verhalten im Straßenverkehr zum Schutz vor den von Fahrzeugen ausgehenden schädlichen Umwelteinwirkungen im Sinne des Bundes-Immissionsschutzgesetzes; dabei können Emissionsgrenzwerte unter Berücksichtigung der technischen Entwicklung auch für einen Zeitpunkt nach Inkrafttreten der Rechtsverordnung festgesetzt werden;

5b. das Verbot des Kraftfahrzeugverkehrs in den nach § 40 des Bundes-Immissionsschutzgesetzes festgelegten Gebieten nach Bekanntgabe austauscharmer Wetterlagen;

5c. den Nachweis über die Entsorgung oder den sonstigen Verbleib der Fahrzeuge nach ihrer Außerbetriebsetzung, um die umweltverträgliche Entsorgung von Fahrzeugen und Fahrzeugteilen sicherzustellen;

6. Art, Umfang, Inhalt, Zeitabstände und Ort einschließlich der Anforderungen an die hierfür notwendigen Räume und Geräte, Schulungen, Schulungsstätten und -institutionen sowie den Nachweis der regelmäßigen Prüfungen von Fahrzeugen und Fahrzeugteilen einschließlich der Bewertung der bei den Prüfungen festgestellten Mängel sowie die amtliche Anerkennung von Überwachungsorganisationen und Kraftfahrzeugwerkstätten nach Nummer 2 Buchstabe n und p und Maßnahmen zur Qualitätssicherung nach Nummer 2 Buchstabe r zum Schutz vor von Fahrzeugen ausgehenden schädlichen Umwelteinwirkungen im Sinne des Bundes-Immissionsschutzgesetzes;

7. die in den Nummern 1 bis 6 vorgesehenen Maßnahmen, soweit sie zur Erfüllung von Verpflichtungen aus zwischenstaatlichen Vereinbarungen oder von bindenden Beschlüssen der Europäischen Gemeinschaften notwendig sind;

8. die Beschaffenheit, Anbringung und Prüfung sowie die Herstellung, den Vertrieb, die Ausgabe, die Verwahrung und die Einziehung von Kennzeichen (einschließlich solcher Vorprodukte, bei denen nur noch die Beschriftung fehlt) für Fahrzeuge, um die unzulässige Verwendung von Kennzeichen oder die Begehung von Straftaten mit Hilfe von Fahrzeugen oder Kennzeichen zu bekämpfen;

9. die Beschaffenheit, Herstellung, Vertrieb, Verwendung und Verwahrung von Führerscheinen und Fahrzeugpapieren einschließlich ihrer Vordrucke sowie von auf Grund dieses Gesetzes oder der auf ihm beruhenden Rechtsvorschriften zu verwendenden Plaketten, Prüffolien und Stempel, um deren Diebstahl oder deren Missbrauch bei der Begehung von Straftaten zu bekämpfen;

10. Bau, Beschaffenheit, Ausrüstung und Betrieb, Begutachtung, Prüfung, Abnahme und regelmäßige Untersuchungen, Betriebserlaubnis und Genehmigung sowie Kennzeichnung von Fahrzeugen und Fahrzeugteilen, um den Diebstahl der Fahrzeuge zu bekämpfen;

11. die Ermittlung, Auffindung und Sicherstellung von gestohlenen, verloren gegangenen oder sonst abhanden gekommenen Fahrzeugen, Fahrzeugkennzeichen sowie Führerscheinen und Fahrzeugpapieren einschließlich

ihrer Vordrucke, soweit nicht die Strafverfolgungsbehörden hierfür zuständig sind;

12. die Überwachung der gewerbsmäßigen Vermietung von Kraftfahrzeugen und Anhängern an Selbstfahrer
    a) zur Bekämpfung der Begehung von Straftaten mit gemieteten Fahrzeugen oder
    b) zur Erhaltung der Ordnung und Sicherheit im Straßenverkehr;
13. die Einrichtung gebührenpflichtiger Parkplätze bei Großveranstaltungen im Interesse der Ordnung und Sicherheit des Verkehrs;
14. die Beschränkung des Haltens und Parkens zugunsten der Bewohner städtischer Quartiere mit erheblichem Parkraummangel sowie die Schaffung von Parkmöglichkeiten für schwerbehinderte Menschen mit außergewöhnlicher Gehbehinderung, mit beidseitiger Amelie oder Phokomelie oder vergleichbaren Funktionseinschränkungen sowie für blinde Menschen, insbesondere in unmittelbarer Nähe ihrer Wohnung oder Arbeitsstätte;

14a. die Einrichtung und die mit Zustimmung des Verfügungsberechtigten Nutzung von fahrerlosen Parksystemen im niedrigen Geschwindigkeitsbereich auf Parkflächen, die durch bauliche oder sonstige Einrichtungen vom übrigen öffentlichen Straßenraum getrennt sind und nur über besondere Zu- und Abfahrten erreicht und verlassen werden können,

15. die Kennzeichnung von Fußgängerbereichen und verkehrsberuhigten Bereichen und die Beschränkungen oder Verbote des Fahrzeugverkehrs zur Erhaltung der Ordnung und Sicherheit in diesen Bereichen, zum Schutz der Bevölkerung vor Lärm und Abgasen und zur Unterstützung einer geordneten städtebaulichen Entwicklung;
16. die Beschränkung des Straßenverkehrs zur Erforschung des Unfallgeschehens, des Verkehrsverhaltens, der Verkehrsabläufe sowie zur Erprobung geplanter verkehrssichernder oder verkehrsregelnder Regelungen und Maßnahmen;
17. die zur Erhaltung der öffentlichen Sicherheit erforderlichen Maßnahmen über den Straßenverkehr;
18. die Einrichtung von Sonderfahrspuren für Linienomnibusse und Taxen;
19. Maßnahmen, die zur Umsetzung der Richtlinie 92/59/EWG des Rates vom 29. Juni 1992 über die allgemeine Produktsicherheit (ABl. EG Nr. L 228 S. 24) erforderlich sind;
20. Maßnahmen über die technische Unterwegskontrolle von Nutzfahrzeugen, die am Straßenverkehr teilnehmen, und daran die Mitwirkung amtlich anerkannter Sachverständiger oder Prüfer für den Kraftfahrzeugverkehr einer technischen Prüfstelle, von amtlich anerkannten Überwachungsorganisationen betraute Prüfingenieure sowie die für die Durchführung von Sicherheitsprüfungen anerkannten Kraftfahrzeugwerkstätten.

(2) Rechtsverordnungen nach Absatz 1 Nr. 8, 9, 10, 11 und 12 Buchstabe a werden vom Bundesministerium für Verkehr und digitale Infrastruktur und vom Bundesministerium des Innern, für Bau und Heimat erlassen.

(2a) Rechtsverordnungen nach Absatz 1 Nr. 1 Buchstabe f, Nr. 3 Buchstabe d, e, Nr. 5a, 5b, 5c, 6 und 15 sowie solche nach Nr. 7, soweit sie sich auf Maßnahmen nach Nr. 1 Buchstabe f, Nr. 5a, 5b, 5c und 6 beziehen, werden vom Bundesministerium für Verkehr und digitale Infrastruktur und vom Bundesministerium für Umwelt, Naturschutz und nukleare Sicherheit erlassen.

(3) Abweichend von den Absätzen 1 bis 2a bedürfen Rechtsverordnungen zur Durchführung der Vorschriften über die Beschaffenheit, den Bau, die Ausrüstung und die Prüfung von Fahrzeugen und Fahrzeugteilen sowie Rechtsverordnungen über allgemeine Ausnahmen von den auf diesem Gesetz beruhenden Rechtsvorschriften nicht der Zustimmung des Bundesrates; vor ihrem Erlass sind die zuständigen obersten Landesbehörden zu hören.

(3a) Das Bundesministerium für Verkehr und digitale Infrastruktur wird ermächtigt, durch Rechtsverordnung mit Zustimmung des Bundesrates Vorschriften über das gewerbsmäßige Feilbieten, gewerbsmäßige Veräußern und das gewerbsmäßige Inverkehrbringen von Fahrzeugen, Fahrzeugteilen und Ausrüstungen zu erlassen.

(4) Das Bundesministerium für Verkehr und digitale Infrastruktur wird ermächtigt, durch Rechtsverordnung, die nicht der Zustimmung des Bundesrates bedarf, im Einvernehmen mit den beteiligten Bundesministerien, soweit Verordnungen nach diesem Gesetz geändert oder abgelöst werden, Verweisungen in Gesetzen und Rechtsverordnungen auf die geänderten oder abgelösten Vorschriften durch Verweisungen auf die jeweils inhaltsgleichen neuen Vorschriften zu ersetzen.

(4a) Rechtsverordnungen auf Grund des Absatzes 1 Nummer 1, 2 oder 3 können auch erlassen werden, soweit dies erforderlich ist, um den besonderen Anforderungen der Teilnahme von Kraftfahrzeugen mit hoch- oder vollautomatisierter Fahrfunktion am Straßenverkehr Rechnung zu tragen.

(5) [1] Die Landesregierungen werden ermächtigt, durch Rechtsverordnung besondere Bestimmungen über das Erteilen einschließlich der Einweisung und die Prüfung für Fahrberechtigungen zum Führen von Einsatzfahrzeugen der Freiwilligen Feuerwehren, der nach Landesrecht anerkannten Rettungsdienste, des Technischen Hilfswerks und des Katastrophenschutzes auf öffentlichen Straßen nach § 2 Absatz 10a zu erlassen. [2] Bei der näheren Ausgestaltung sind die Besonderheiten der unterschiedlichen Gewichtsklassen der Fahrberechtigung nach § 2 Absatz 10a Satz 1 und 4 zu berücksichtigen. [3] Die Landesregierungen können die Ermächtigung nach Satz 1 durch Rechtsverordnung auf die zuständige oberste Landesbehörde übertragen.

(5a) [1] Die Landesregierungen werden ermächtigt, durch Rechtsverordnung das Mindestalter für die Klasse AM auf 15 Jahre herabzusetzen. [2] Die Landesregierungen können die Ermächtigung nach Satz 1 durch Rechtsverordnung auf die zuständige oberste Landesbehörde übertragen. [3] Die Fahrerlaubnis ist bis zur Vollendung des 16. Lebensjahres auf das Gebiet der Länder beschränkt, die von der Ermächtigung nach Satz 1 Gebrauch gemacht haben. [4] Die zuständigen obersten Landesbehörden geben im Bundesanzeiger den Erlass einer Rechtsverordnung nach Satz 1 auch in Verbindung mit Satz 2 ihres Landes bekannt.

(6) Das Bundesministerium für Verkehr und digitale Infrastruktur wird ermächtigt, durch Rechtsverordnung mit Zustimmung des Bundesrates die Landesregierungen zu ermächtigen, Ausnahmen von den auf Grundlage des § 6 Absatz 1 Nummer 2 Buchstabe c, d, k, m, r, s, t und v erlassenen Rechtsverordnungen für die Dauer von drei Jahren zur Erprobung eines Zulassungsverfahrens unter Einsatz von Informations- und Kommunikationstechnik durch Rechtsverordnung zu regeln.

(7) [1]Das Bundesministerium für Verkehr und digitale Infrastruktur wird ermächtigt, durch Rechtsverordnung mit Zustimmung des Bundesrates die erforderlichen Vorschriften zu erlassen, um den nach Landesrecht zuständigen Behörden zur Durchführung von Großraum- und Schwertransporten zu ermöglichen,

1. natürlichen oder juristischen Personen des Privatrechts bestimmte Aufgaben zu übertragen (Beleihung) oder
2. natürliche oder juristische Personen des Privatrechts zu beauftragen, bei der Erfüllung bestimmter Aufgaben zu helfen (Verwaltungshilfe).

[2]Personen im Sinne des Satzes 1 müssen fachlich geeignet, zuverlässig, auch hinsichtlich ihrer Finanzen, und im Falle der Beleihung unabhängig von den Interessen der sonstigen Beteiligten sein. [3]In Rechtsverordnungen nach Satz 1 können ferner

1. die Aufgaben und deren Erledigung bestimmt werden,
   a) mit denen Personen beliehen oder
   b) zu deren hilfsweisen Erfüllung Personen beauftragt

   werden können,
2. die näheren Anforderungen an Personen im Sinne des Satzes 1 festgelegt werden, einschließlich deren Überwachung, des Verfahrens und des Zusammenwirkens der zuständigen Behörden bei der Überwachung,
3. die notwendige Haftpflichtversicherung der beliehenen oder beauftragten Person zur Deckung aller im Zusammenhang mit der Wahrnehmung der übertragenen Aufgabe oder der Hilfe zur Erfüllung der Aufgabe entstandenen Schäden sowie die Freistellung der für Übertragung oder Beauftragung und Aufsicht zuständigen Landesbehörde von Ansprüchen Dritter wegen etwaiger Schäden, die die beliehene oder beauftragte Person verursacht, geregelt werden.

[4]Das Bundesministerium für Verkehr und digitale Infrastruktur wird ermächtigt, durch Rechtsverordnung mit Zustimmung des Bundesrates die Ermächtigung nach Satz 1 in Verbindung mit Satz 3 ganz oder teilweise auf die Landesregierungen zu übertragen. [5]Die Landesregierungen können die Ermächtigung auf Grund einer Rechtsverordnung nach Satz 4 durch Rechtsverordnung auf die zuständige oberste Landesbehörde übertragen.

§ 6a[1)] Gebühren. (1) Kosten (Gebühren und Auslagen) werden erhoben

1. für Amtshandlungen, einschließlich Prüfungen und Überprüfungen im Rahmen der Qualitätssicherung, Abnahmen, Begutachtungen, Untersuchungen, Verwarnungen – ausgenommen Verwarnungen im Sinne des Gesetzes über Ordnungwidrigkeiten[2)] – und Registerauskünften

---

[1)] § 6a Abs. 6 neu gef., Abs. 7 geänd. mWv 22.1.2004 durch G v. 14.1.2004 (BGBl. I S. 74); Abs. 1 Nr. 1 Buchst. d und Abs. 8 angef. mWv 1.6.2005 durch G v. 3.5.2005 (BGBl. I S. 1221); Abs. 1 Nr. 1 Buchst. e angef., Abs. 2 Satz 1 geänd. mWv 18.8.2006 durch G v. 14.8.2006 (BGBl. I S. 1958); Abs. 2 Sätze 3–5 angef., Abs. 3 Satz 1 neu gef. mWv 15.8.2013 durch G v. 7.8.2013 (BGBl. I S. 3154); Abs. 1 Nr. 3 geänd. mWv 31.8.2013 durch G v. 28.8.2013 (BGBl. I S. 3310); Abs. 1 Nr. 1, Abs. 2 Sätze 1 und 2 geänd. mWv 31.8.2013 durch G v. 28.8.2013 (BGBl. I S. 3313); Abs. 2 Sätze 1, 3 und 5 geänd. mWv 5.12.2014 durch G v. 28.11.2014 (BGBl. I S. 1802); Abs. 8 neu gef. mWv 7.12.2016 durch G v. 28.11.2016 (BGBl. I S. 2722); Abs. 5a eingef. mWv 4.7.2020 durch G v. 29.6.2020 (BGBl. I S. 1528); Abs. 1 Nr. 1 Buchst. e geänd. mWv 2.12.2020 durch G v. 26.11.2020 (BGBl. I S. 2575).

[2)] Nr. **680**.

a) nach diesem Gesetz und nach den auf diesem Gesetz beruhenden Rechtsvorschriften,

b) nach dem Gesetz zu dem Übereinkommen vom 20. März 1958 über die Annahme einheitlicher Bedingungen für die Genehmigung der Ausrüstungsgegenstände und Teile von Kraftfahrzeugen und über die gegenseitige Anerkennung der Genehmigung vom 12. Juni 1965 (BGBl. 1965 II S. 857) in der Fassung des Gesetzes vom 20. Dezember 1968 (BGBl. 1968 II S. 1224) und nach den auf diesem Gesetz beruhenden Rechtsvorschriften,

c) nach dem Gesetz zu dem Europäischen Übereinkommen vom 30. September 1957 über die internationale Beförderung gefährlicher Güter auf der Straße (ADR)[1] vom 18. August 1969 (BGBl. 1969 II S. 1489) und nach den auf diesem Gesetz beruhenden Rechtsvorschriften,

d) nach dem Fahrpersonalgesetz[2] und den darauf beruhenden Rechtsverordnungen, soweit die Amtshandlungen vom Kraftfahrt-Bundesamt vorgenommen werden,

e) nach dem Berufskraftfahrerqualifikationsgesetz und den darauf beruhenden Rechtsverordnungen,

2. für Untersuchungen von Fahrzeugen nach dem Personenbeförderungsgesetz[3] in der im Bundesgesetzblatt Teil III, Gliederungsnummer 9240–1, veröffentlichten bereinigten Fassung, zuletzt geändert durch Artikel 7 des Gesetzes über die unentgeltliche Beförderung Schwerbehinderter im öffentlichen Personenverkehr vom 9. Juli 1979 (BGBl. I S. 989), und nach den auf diesem Gesetz beruhenden Rechtsvorschriften,

3. für Maßnahmen im Zusammenhang mit der Außerbetriebsetzung von Kraftfahrzeugen und Kraftfahrzeuganhängern.

(2) [1] Das Bundesministerium für Verkehr und digitale Infrastruktur wird ermächtigt, die gebührenpflichtigen Amtshandlungen sowie die Gebührensätze für die einzelnen Amtshandlungen, einschließlich Prüfungen und Überprüfungen im Rahmen der Qualitätssicherung, Abnahmen, Begutachtungen, Untersuchungen, Verwarnungen – ausgenommen Verwarnungen im Sinne des Gesetzes über Ordnungswidrigkeiten – und Registerauskünften im Sinne des Absatzes 1 durch Rechtsverordnung[4] zu bestimmen und dabei feste Sätze, auch in Form von Zeitgebühren, oder Rahmensätze vorzusehen. [2] Die Gebührensätze sind so zu bemessen, dass der mit den Amtshandlungen, einschließlich Prüfungen, Abnahmen, Begutachtungen, Untersuchungen, Verwarnungen – ausgenommen Verwarnungen im Sinne des Gesetzes über Ordnungswidrigkeiten – und Registerauskünften verbundene Personal- und Sachaufwand gedeckt wird; der Sachaufwand kann den Aufwand für eine externe Begutachtung umfassen; bei begünstigenden Amtshandlungen kann daneben die Bedeutung, der wirtschaftliche Wert oder der sonstige Nutzen für den Gebührenschuldner angemessen berücksichtigt werden. [3] Im Bereich der Gebühren der Landesbehörden übt das Bundesministerium für Verkehr und digitale Infrastruktur die Ermächtigung auf der Grundlage eines Antrags oder einer Stellungnahme von mindestens fünf Ländern beim Bundesministerium für Verkehr und digitale

---

[1] Nr. **530**.
[2] Nr. **570**.
[3] Nr. **400**.
[4] Gebührenordnung für Maßnahmen im Straßenverkehr (GebOSt) (Nr. **25**).

Infrastruktur aus. [4] Der Antrag oder die Stellungnahme sind mit einer Schätzung des Personal- und Sachaufwands zu begründen. [5] Das Bundesministerium für Verkehr und digitale Infrastruktur kann die übrigen Länder ebenfalls zur Beibringung einer Schätzung des Personal- und Sachaufwands auffordern.

(3) [1] Im Übrigen findet das Verwaltungskostengesetz in der bis zum 14. August 2013 geltenden Fassung Anwendung. [2] In den Rechtsverordnungen nach Absatz 2 können jedoch die Kostenbefreiung, die Kostengläubigerschaft, die Kostenschuldnerschaft, der Umfang der zu erstattenden Auslagen und die Kostenerhebung abweichend von den Vorschriften des Verwaltungskostengesetzes geregelt werden.

(4) In den Rechtsverordnungen nach Absatz 2 kann bestimmt werden, dass die für die einzelnen Amtshandlungen, einschließlich Prüfungen, Abnahmen, Begutachtungen und Untersuchungen, zulässigen Gebühren auch erhoben werden dürfen, wenn die Amtshandlungen aus Gründen, die nicht von der Stelle, die die Amtshandlungen hätte durchführen sollen, zu vertreten sind, und ohne ausreichende Entschuldigung des Bewerbers oder Antragstellers am festgesetzten Termin nicht stattfinden konnten oder abgebrochen werden mussten.

(5) Rechtsverordnungen über Kosten, deren Gläubiger der Bund ist, bedürfen nicht der Zustimmung des Bundesrates.

(5a) [1] Für das Ausstellen von Parkausweisen für Bewohner städtischer Quartiere mit erheblichem Parkraummangel können die nach Landesrecht zuständigen Behörden Gebühren erheben. [2] Für die Festsetzung der Gebühren werden die Landesregierungen ermächtigt, Gebührenordnungen zu erlassen. [3] In den Gebührenordnungen können auch die Bedeutung der Parkmöglichkeiten, deren wirtschaftlicher Wert oder der sonstige Nutzen der Parkmöglichkeiten für die Bewohner angemessen berücksichtigt werden. [4] In den Gebührenordnungen kann auch ein Höchstsatz festgelegt werden. [5] Die Ermächtigung kann durch Rechtsverordnung weiter übertragen werden.

(6) [1] Für das Parken auf öffentlichen Wegen und Plätzen können in Ortsdurchfahrten die Gemeinden, im Übrigen die Träger der Straßenbaulast, Gebühren erheben. [2] Für die Festsetzung der Gebühren werden die Landesregierungen ermächtigt, Gebührenordnungen zu erlassen. [3] In diesen kann auch ein Höchstsatz festgelegt werden. [4] Die Ermächtigung kann durch Rechtsverordnung weiter übertragen werden.

(7) Die Regelung des Absatzes 6 Satz 2 bis 4 ist auf die Erhebung von Gebühren für die Benutzung gebührenpflichtiger Parkplätze im Sinne des § 6 Abs. 1 Nr. 13 entsprechend anzuwenden.

(8) [1] Die Zulassung eines Fahrzeugs oder die Zuteilung eines Kennzeichens für ein zulassungsfreies Fahrzeug kann durch Rechtsvorschriften davon abhängig gemacht werden, dass die nach Absatz 1 in Verbindung mit einer Rechtsverordnung nach Absatz 2 für die Zulassung des Fahrzeugs oder Zuteilung des Kennzeichens vorgesehenen Gebühren und Auslagen, einschließlich rückständiger Gebühren und Auslagen aus vorausgegangenen Zulassungsvorgängen, entrichtet sind. [2] Eine solche Regelung darf

1. für den Fall eines in bundesrechtlichen Vorschriften geregelten internetbasierten Zulassungsverfahrens vom Bundesministerium für Verkehr und digitale Infrastruktur durch Rechtsverordnung mit Zustimmung des Bundesrates,

2. von den Ländern in den übrigen Fällen sowie im Fall der Nummer 1, solange und soweit das Bundesministerium für Verkehr und digitale Infrastruktur von seiner Ermächtigung nach Nummer 1 nicht Gebrauch gemacht hat,

getroffen werden.

§ 6b Herstellung, Vertrieb und Ausgabe von Kennzeichen. (1) Wer Kennzeichen für Fahrzeuge herstellen, vertreiben oder ausgeben will, hat dies der Zulassungsbehörde vorher anzuzeigen.

(2) (weggefallen)

(3) Über die Herstellung, den Vertrieb und die Ausgabe von Kennzeichen sind nach näherer Bestimmung (§ 6 Abs. 1 Nr. 8) Einzelnachweise zu führen, aufzubewahren und zuständigen Personen auf Verlangen zur Prüfung auszuhändigen.

(4) Die Herstellung, der Vertrieb oder die Ausgabe von Kennzeichen ist zu untersagen, wenn diese ohne die vorherige Anzeige hergestellt, vertrieben oder ausgegeben werden.

(5) Die Herstellung, der Vertrieb oder die Ausgabe von Kennzeichen kann untersagt werden, wenn

1. Tatsachen vorliegen, aus denen sich die Unzuverlässigkeit des Verantwortlichen oder der von ihm mit Herstellung, Vertrieb oder Ausgabe von Kennzeichen beauftragten Personen ergibt, oder
2. gegen die Vorschriften über die Führung, Aufbewahrung oder Aushändigung von Nachweisen über die Herstellung, den Vertrieb oder die Ausgabe von Kennzeichen verstoßen wird.

§ 6c[1] Herstellung, Vertrieb und Ausgabe von Kennzeichenvorprodukten. § 6b Abs. 1, 3, 4 Nr. 1 sowie Abs. 5 gilt entsprechend für die Herstellung, den Vertrieb oder die Ausgabe von bestimmten – nach näherer Bestimmung durch das Bundesministerium für Verkehr und digitale Infrastruktur festzulegenden (§ 6 Abs. 1 Nr. 8, Abs. 2) – Kennzeichenvorprodukten, bei denen nur noch die Beschriftung fehlt.

§ 6d Auskunft und Prüfung. (1) Die mit der Herstellung, dem Vertrieb oder der Ausgabe von Kennzeichen befassten Personen haben den zuständigen Behörden oder den von ihnen beauftragten Personen über die Beachtung der in § 6b Abs. 1 bis 3 bezeichneten Pflichten die erforderlichen Auskünfte unverzüglich zu erteilen.

(2) Die mit der Herstellung, dem Vertrieb oder der Ausgabe von Kennzeichenvorprodukten im Sinne des § 6c befassten Personen haben den zuständigen Behörden oder den von ihnen beauftragten Personen über die Beachtung der in § 6b Abs. 1 und 3 bezeichneten Pflichten die erforderlichen Auskünfte unverzüglich zu erteilen.

(3) Die von der zuständigen Behörde beauftragten Personen dürfen im Rahmen der Absätze 1 und 2 Grundstücke, Geschäftsräume, Betriebsräume und Transportmittel der Auskunftspflichtigen während der Betriebs- oder Geschäftszeit zum Zwecke der Prüfung und Besichtigung betreten.

[1] § 6c geänd. mWv 18.8.2006 durch G v. 14.8.2006 (BGBl. I S. 1958); geänd. mWv 5.12.2014 durch G v. 28.11.2014 (BGBl. I S. 1802).

§ 6e[1)] Führen von Kraftfahrzeugen in Begleitung. (1) Das Bundesministerium für Verkehr und digitale Infrastruktur wird ermächtigt, durch Rechtsverordnung mit Zustimmung des Bundesrates zur Senkung des Unfallrisikos junger Fahranfänger die erforderlichen Vorschriften zu erlassen, insbesondere über

1. das Herabsetzen des allgemein vorgeschriebenen Mindestalters zum Führen von Kraftfahrzeugen mit einer Fahrerlaubnis der Klassen B und BE,
2. die zur Erhaltung der Sicherheit und Ordnung auf den öffentlichen Straßen notwendigen Auflagen, insbesondere dass der Fahrerlaubnisinhaber während des Führens eines Kraftfahrzeuges von mindestens einer namentlich benannten Person begleitet sein muss,
3. die Aufgaben und Befugnisse der begleitenden Person nach Nummer 2, insbesondere über die Möglichkeit, dem Fahrerlaubnisinhaber als Ansprechpartner beratend zur Verfügung zu stehen,
4. die Anforderungen an die begleitende Person nach Nummer 2, insbesondere über
   a) das Lebensalter,
   b) den Besitz einer Fahrerlaubnis sowie über deren Mitführen und Aushändigung an zur Überwachung zuständige Personen,
   c) ihre Belastung mit Eintragungen im Fahreignungsregister sowie
   d) über Beschränkungen oder das Verbot des Genusses alkoholischer Getränke und berauschender Mittel,
5. die Ausstellung einer Prüfungsbescheinigung, die abweichend von § 2 Abs. 1 Satz 3 ausschließlich im Inland längstens bis drei Monate nach Erreichen des allgemein vorgeschriebenen Mindestalters zum Nachweis der Fahrberechtigung dient, sowie über deren Mitführen und Aushändigung an zur Überwachung des Straßenverkehrs berechtigte Personen,
6. die Kosten in entsprechender Anwendung des § 6a Abs. 2 in Verbindung mit Abs. 4 und
7. das Verfahren.

(2) [1] Eine auf der Grundlage der Rechtsverordnung nach Absatz 1 erteilte Fahrerlaubnis der Klassen B und BE ist zu widerrufen, wenn der Fahrerlaubnisinhaber entgegen einer vollziehbaren Auflage nach Absatz 1 Nummer 2 ein Kraftfahrzeug ohne Begleitung durch eine namentlich benannte Person führt. [2] Die Erteilung einer neuen Fahrerlaubnis erfolgt unbeschadet der übrigen Voraussetzungen nach den Vorschriften des § 2a.

(3) [1] Im Übrigen gelten die allgemeinen Vorschriften über die Fahrerlaubnispflicht, die Erteilung, die Entziehung oder die Neuerteilung der Fahrerlaubnis, die Regelungen für die Fahrerlaubnis auf Probe, das Fahrerlaubnisregister und die Zulassung von Personen zum Straßenverkehr. [2] Für die Prüfungsbescheinigung nach Absatz 1 Nr. 5 gelten im Übrigen die Vorschriften über den Führerschein entsprechend.

[1)] § 6e eingef. mWv 18.8.2005 durch G v. 14.8.2005 (BGBl. I S. 2412); Abs. 1 Satz 1 einl. Satzteil geänd. mWv 18.8.2006 durch G v. 14.8.2006 (BGBl. I S. 1958); Abs. 1 Satz 2 aufgeh., bish. Satz 1 einl. Satzteil geänd., Abs. 2 aufgeh., bish. Abs. 3 wird Abs. 2 und neu gef., bish. Abs. 4 wird Abs. 3 mWv 9.12.2010 durch G v. 2.12.2010 (BGBl. I S. 1748); Abs. 1 Nr. 4 Buchst. c geänd. mWv 1.5. 2014 durch G v. 28.8.2013 (BGBl. I S. 3313); Abs. 1 einl. Satzteil geänd. mWv 5.12.2014 durch G v. 28.11.2014 (BGBl. I S. 1802).

§ 6f[1] Entgelte für Begutachtungsstellen für Fahreignung. [1]Das Bundesministerium für Verkehr und digitale Infrastruktur kann durch Rechtsverordnung mit Zustimmung des Bundesrates die Entgelte der Begutachtungsstellen für Fahreignung festsetzen, soweit

1. die Begutachtungsstellen aus Anlass von Verwaltungsverfahren nach straßenverkehrsrechtlichen Vorschriften medizinisch-psychologische Untersuchungen durchführen und
2. die Festsetzung erforderlich ist, um die Qualität der Begutachtung zu fördern.

[2]Bei der Festsetzung der Entgelte ist den berechtigten Interessen der Leistungsbringer und der zur Zahlung der Entgelte Verpflichteten Rechnung zu tragen. [3]Soweit der Leistungsumfang nicht einheitlich geregelt ist, sind dabei Mindest- und Höchstsätze festzusetzen.

§ 6g[2] Internetbasierte Zulassungsverfahren bei Kraftfahrzeugen.

(1) [1]In Ergänzung der allgemeinen Vorschriften über die Zulassung von Fahrzeugen zum Straßenverkehr, die Zuteilung von Kennzeichen für zulassungsfreie Fahrzeuge und die Außerbetriebsetzung von Fahrzeugen können diese Verwaltungsverfahren nach Maßgabe der nachstehenden Vorschriften internetbasiert durchgeführt werden (internetbasierte Zulassung). [2]Für dieses Verwaltungsverfahren ist das Verwaltungsverfahrensgesetz anzuwenden.

(2) [1]Ein Verwaltungsakt kann nach näherer Bestimmung einer Rechtsverordnung nach Absatz 4 Satz 1 Nummer 1 vollständig durch automatische Einrichtungen erlassen werden, wenn

1. die maschinelle Prüfung der Entscheidungsvoraussetzungen auf der Grundlage eines automatisierten Prüfprogrammes erfolgt, das bei der zuständigen Behörde eingerichtet ist und ausschließlich von ihr betrieben wird, und
2. sichergestellt ist, dass das Ergebnis der Prüfung nur die antragsgemäße Bescheidung oder die Ablehnung des Antrages sein kann.

[2]Ein nach Satz 1 erlassener Verwaltungsakt steht einen Monat, beginnend mit dem Tag, an dem der Verwaltungsakt wirksam wird, unter dem Vorbehalt der Nachprüfung. [3]Solange der Vorbehalt wirksam ist, kann der Verwaltungsakt jederzeit aufgehoben oder geändert werden.

(3) [1]Nach näherer Bestimmung einer Rechtsverordnung nach Absatz 4 Satz 1 Nummer 3 bis 5 können

1. natürlichen oder juristischen Personen des Privatrechts bestimmte Aufgaben eines internetbasierten Zulassungsverfahrens, ausgenommen die Entscheidung über den Antrag, oder bei der Inbetriebnahme derart zugelassener Fahrzeuge übertragen werden (Beleihung) oder
2. natürliche oder juristische Personen des Privatrechts beauftragt werden, an der Durchführung von Aufgaben im Sinne der Nummer 1 mitzuwirken (Verwaltungshilfe).

---

[1] § 6f neu gef. mWv 1.1.2019 durch G v. 4.12.2018 (BGBl. I S. 2251).

[2] § 6g eingef. mWv 7.12.2016 durch G v. 28.11.2016 (BGBl. I S. 2722); Abs. 4 Satz 1 Nr. 8 Buchst. b, Nr. 9 sowie Satz 2 geänd. mWv 26.11.2019 durch G v. 20.11.2019 (BGBl. I S. 1626).

[2]Personen im Sinne des Satzes 1 müssen fachlich geeignet, zuverlässig, auch hinsichtlich ihrer Finanzen, und unabhängig von den Interessen der sonstigen Beteiligten sein.

(4) [1]Das Bundesministerium für Verkehr und digitale Infrastruktur wird ermächtigt, durch Rechtsverordnung mit Zustimmung des Bundesrates

1. die Einzelheiten des Erlasses und der Aufhebung eines Verwaltungsaktes im Sinne des Absatzes 2 zu regeln, insbesondere
   a) die Anforderungen an das Prüfprogramm,
   b) besondere Bestimmungen zur Bekanntgabe, zur Wirksamkeit sowie zur Rücknahme und zum Widerruf des Verwaltungsaktes,
2. das für die Identifizierung von Antragstellern zu wahrende Vertrauensniveau zu regeln,
3. die Aufgaben im Sinne des Absatzes 3 zu bestimmen,
   a) mit denen Personen beliehen oder
   b) an deren Durchführung Verwaltungshelfer beteiligt

   werden können, sowie die Art und Weise der Aufgabenerledigung,
4. die näheren Anforderungen an Personen im Sinne des Absatzes 3 zu bestimmen, einschließlich deren Überwachung, des Verfahrens und des Zusammenwirkens der zuständigen Behörden bei der Überwachung,
5. die notwendige Haftpflichtversicherung der beliehenen oder beauftragten Person zur Deckung aller im Zusammenhang mit der Wahrnehmung der übertragenen Aufgabe oder der Hilfe zur Erfüllung der Aufgabe entstandenen Schäden sowie die Freistellung der für Übertragung oder Beauftragung und Aufsicht zuständigen Bundesbehörde oder Landesbehörde von Ansprüchen Dritter wegen etwaiger Schäden, die die beliehene oder beauftragte Person verursacht, zu regeln,
6. bestimmte Aufgaben eines internetbasierten Zulassungsverfahrens dem Kraftfahrt-Bundesamt zu übertragen, soweit die Aufgaben eine bundeseinheitliche Durchführung erfordern, und das Zusammenwirken mit den für die Zulassung zuständigen Behörden zu regeln,
7. besondere Anforderungen an die Inbetriebnahme von Fahrzeugen, die internetbasiert zugelassen sind, zu regeln, insbesondere hinsichtlich
   a) des Verwendens befristet gültiger Kennzeichenschilder einschließlich deren Herstellung, Ausstellung, Anbringung und Gültigkeitsdauer,
   b) des Versandes von Zulassungsunterlagen und der endgültigen Kennzeichenschilder
8. die Ausstellung befristet gültiger elektronischer Fahrzeugdokumente, insbesondere zum Nachweis der Zulassung, und deren Umwandlung in körperliche Dokumente zu regeln, insbesondere
   a) die Art und Weise der Erstellung, der Verwendung und der Speicherung solcher Dokumente,
   b) die Speicherung der Dokumente in einem Dateisystem, das beim Kraftfahrt-Bundesamt errichtet und von diesem betrieben wird,
9. die Errichtung und den Betrieb eines zentralen Dateisystems beim Kraftfahrt-Bundesamt
   a) mit fahrzeugbezogenen Daten, die für die Prüfung der Zulassungsfähigkeit der Fahrzeuge erforderlich sind, insbesondere mit den Daten der

unionsrechtlich vorgeschriebenen Übereinstimmungsbescheinigungen einschließlich der Fahrzeug-Identifizierungsnummer,

b) mit den Daten der Fahrzeuge, die Auskunft über nach oder auf Grund von Unionsrecht einzuhaltende Fahrzeugeigenschaften geben,

sowie die Pflicht zur Übermittlung dieser Daten durch die Hersteller oder Einführer der Fahrzeuge zu regeln,

10. die Durchführung anderer als straßenverkehrsrechtlicher Rechtsvorschriften bei einer internetbasierten Zulassung zu regeln.

[2] Das in Satz 1 Nummer 9 vorgesehene Dateisystem darf weder mit dem Zentralen Fahrzeugregister des Kraftfahrt-Bundesamtes noch mit den örtlichen Fahrzeugregistern der Zulassungsbehörden verknüpft werden.

(5) [1] Für Vorschriften des Verwaltungsverfahrens in den Absätzen 1 bis 3 und in Rechtsverordnungen auf Grund des Absatzes 4 kann durch Rechtsverordnung des Bundesministeriums für Verkehr und digitale Infrastruktur mit Zustimmung des Bundesrates vorgeschrieben werden, dass von diesen Vorschriften durch Landesrecht nicht abgewichen werden kann. [2] Die Vorschriften, von denen durch Landesrecht nicht abgewichen werden kann, sind dabei zu nennen.

II. Haftpflicht

§ 7[1)] Haftung des Halters, Schwarzfahrt. (1) Wird bei dem Betrieb eines Kraftfahrzeugs ein Mensch getötet, der Körper oder die Gesundheit eines Menschen verletzt oder eine Sache beschädigt, so ist der Halter verpflichtet, dem Verletzten den daraus entstehenden Schaden zu ersetzen.

(2) Die Ersatzpflicht ist ausgeschlossen, wenn der Unfall durch höhere Gewalt verursacht wird.

(3) [1] Benutzt jemand das Kraftfahrzeug ohne Wissen und Willen des Fahrzeughalters, so ist er anstelle des Halters zum Ersatz des Schadens verpflichtet; daneben bleibt der Halter zum Ersatz des Schadens verpflichtet, wenn die Benutzung des Kraftfahrzeugs durch sein Verschulden ermöglicht worden ist. [2] Satz 1 findet keine Anwendung, wenn der Benutzer vom Fahrzeughalter für den Betrieb des Kraftfahrzeugs angestellt ist oder wenn ihm das Kraftfahrzeug vom Halter überlassen worden ist.

§ 8[2)] Ausnahmen. Die Vorschriften des § 7 gelten nicht,

1. wenn der Unfall durch ein Kraftfahrzeug verursacht wurde, das auf ebener Bahn mit keiner höheren Geschwindigkeit als zwanzig Kilometer in der Stunde fahren kann,
2. wenn der Verletzte bei dem Betrieb des Kraftfahrzeugs tätig war oder
3. wenn eine Sache beschädigt worden ist, die durch das Kraftfahrzeug befördert worden ist, es sei denn, dass eine beförderte Person die Sache an sich trägt oder mit sich führt.

[1)] § 7 Abs. 1 und Abs. 3 Sätze 1 und 2 geänd., Satz 3 aufgeh. mWv 17.7.2020 durch G v. 10.7.2020 (BGBl. I S. 1653).

[2)] § 8 Nr. 1–3 geänd. mWv 17.7.2020 durch G v. 10.7.2020 (BGBl. I S. 1653).

§ 8a Entgeltliche Personenbeförderung, Verbot des Haftungsausschlusses. [1] Im Fall einer entgeltlichen, geschäftsmäßigen Personenbeförderung darf die Verpflichtung des Halters, wegen Tötung oder Verletzung beförderter Personen Schadensersatz nach § 7 zu leisten, weder ausgeschlossen noch beschränkt werden. [2] Die Geschäftsmäßigkeit einer Personenbeförderung wird nicht dadurch ausgeschlossen, dass die Beförderung von einer Körperschaft oder Anstalt des öffentlichen Rechts betrieben wird.

§ 9 Mitverschulden. Hat bei der Entstehung des Schadens ein Verschulden des Verletzten mitgewirkt, so finden die Vorschriften des § 254 des Bürgerlichen Gesetzbuchs[1)] mit der Maßgabe Anwendung, dass im Fall der Beschädigung einer Sache das Verschulden desjenigen, welcher die tatsächliche Gewalt über die Sache ausübt, dem Verschulden des Verletzten gleichsteht.

§ 10[2)] Umfang der Ersatzpflicht bei Tötung. (1) [1] Im Fall der Tötung ist der Schadensersatz durch Ersatz der Kosten einer versuchten Heilung sowie des Vermögensnachteils zu leisten, den der Getötete dadurch erlitten hat, dass während der Krankheit seine Erwerbsfähigkeit aufgehoben oder gemindert oder eine Vermehrung seiner Bedürfnisse eingetreten war. [2] Der Ersatzpflichtige hat außerdem die Kosten der Beerdigung demjenigen zu ersetzen, dem die Verpflichtung obliegt, diese Kosten zu tragen.

(2) [1] Stand der Getötete zur Zeit der Verletzung zu einem Dritten in einem Verhältnis, vermöge dessen er diesem gegenüber kraft Gesetzes unterhaltspflichtig war oder unterhaltspflichtig werden konnte, und ist dem Dritten infolge der Tötung das Recht auf Unterhalt entzogen, so hat der Ersatzpflichtige dem Dritten insoweit Schadensersatz zu leisten, als der Getötete während der mutmaßlichen Dauer seines Lebens zur Gewährung des Unterhalts verpflichtet gewesen sein würde. [2] Die Ersatzpflicht tritt auch dann ein, wenn der Dritte zur Zeit der Verletzung gezeugt, aber noch nicht geboren war.

(3) [1] Der Ersatzpflichtige hat dem Hinterbliebenen, der zur Zeit der Verletzung zu dem Getöteten in einem besonderen persönlichen Näheverhältnis stand, für das dem Hinterbliebenen zugefügte seelische Leid eine angemessene Entschädigung in Geld zu leisten. [2] Ein besonderes persönliches Näheverhältnis wird vermutet, wenn der Hinterbliebene der Ehegatte, der Lebenspartner, ein Elternteil oder ein Kind des Getöteten war.

§ 11 Umfang der Ersatzpflicht bei Körperverletzung. [1] Im Fall der Verletzung des Körpers oder der Gesundheit ist der Schadensersatz durch Ersatz der Kosten der Heilung sowie des Vermögensnachteils zu leisten, den der Verletzte dadurch erleidet, dass infolge der Verletzung zeitweise oder dauernd seine Erwerbsfähigkeit aufgehoben oder gemindert oder eine Vermehrung seiner Bedürfnisse eingetreten ist. [2] Wegen des Schadens, der nicht Vermögensschaden ist, kann auch eine billige Entschädigung in Geld gefordert werden.

[1)] Nr. **650**.
[2)] § 10 Abs. 3 angef. mWv 22.7.2017 durch G v. 17.7.2017 (BGBl. I S. 2421).

§ 12[1] Höchstbeträge. (1) [1] Der Ersatzpflichtige haftet

1. im Fall der Tötung oder Verletzung eines oder mehrerer Menschen durch dasselbe Ereignis nur bis zu einem Betrag von insgesamt fünf Millionen Euro, bei Verursachung des Schadens auf Grund der Verwendung einer hoch- oder vollautomatisierten Fahrfunktion gemäß § 1a nur bis zu einem Betrag von insgesamt zehn Millionen Euro; im Fall einer entgeltlichen, geschäftsmäßigen Personenbeförderung erhöht sich für den ersatzpflichtigen Halter des befördernden Kraftfahrzeugs bei der Tötung oder Verletzung von mehr als acht beförderten Personen dieser Betrag um 600 000 Euro für jede weitere getötete oder verletzte beförderte Person;
2. im Fall der Sachbeschädigung, auch wenn durch dasselbe Ereignis mehrere Sachen beschädigt werden, nur bis zu einem Betrag von insgesamt einer Million Euro, bei Verursachung des Schadens auf Grund der Verwendung einer hoch- oder vollautomatisierten Fahrfunktion gemäß § 1a, nur bis zu einem Betrag von insgesamt zwei Millionen Euro.

[2] Die Höchstbeträge nach Satz 1 Nr. 1 gelten auch für den Kapitalwert einer als Schadensersatz zu leistenden Rente.

(2) Übersteigen die Entschädigungen, die mehreren auf Grund desselben Ereignisses zu leisten sind, insgesamt die in Absatz 1 bezeichneten Höchstbeträge, so verringern sich die einzelnen Entschädigungen in dem Verhältnis, in welchem ihr Gesamtbetrag zu dem Höchstbetrag steht.

§ 12a[2] Höchstbeträge bei Beförderung gefährlicher Güter. (1) [1] Werden gefährliche Güter befördert, haftet der Ersatzpflichtige

1. im Fall der Tötung oder Verletzung eines oder mehrerer Menschen durch dasselbe Ereignis nur bis zu einem Betrag von insgesamt zehn Millionen Euro,
2. im Fall der Sachbeschädigung an unbeweglichen Sachen, auch wenn durch dasselbe Ereignis mehrere Sachen beschädigt werden, nur bis zu einem Betrag von insgesamt zehn Millionen Euro,

sofern der Schaden durch die die Gefährlichkeit der beförderten Güter begründenden Eigenschaften verursacht wird. [2] Im Übrigen bleibt § 12 Abs. 1 unberührt.

(2) Gefährliche Güter im Sinne dieses Gesetzes sind Stoffe und Gegenstände, deren Beförderung auf der Straße nach den Anlagen A und B zu dem Europäischen Übereinkommen vom 30. September 1957 über die internationale Beförderung gefährlicher Güter auf der Straße (ADR)[3] (BGBl. 1969 II S. 1489) in der jeweils geltenden Fassung verboten oder nur unter bestimmten Bedingungen gestattet ist.

(3) Absatz 1 ist nicht anzuwenden, wenn es sich um freigestellte Beförderungen gefährlicher Güter oder um Beförderungen in begrenzten Mengen unterhalb der im Unterabschnitt 1.1.3.6. zu dem in Absatz 2 genannten Übereinkommen festgelegten Grenzen handelt.

---

[1] § 12 Abs. 1 neu gef., Abs. 2 geänd. mWv 18.12.2007 durch G v. 10.12.2007 (BGBl. I S. 2833); Abs. 1 Nr. 1 und 2 geänd. mWv 21.6.2017 durch G v. 16.6.2017 (BGBl. I S. 1648); Abs. 1 Satz 1 Nr. 1 geänd. mWv 17.7.2020 durch G v. 10.7.2020 (BGBl. I S. 1653).

[2] § 12a Überschrift eingef., Abs. 1 neu gef. mWv 18.12.2007 durch G v. 10.12.2007 (BGBl. I S. 2833).

[3] Nr. **535**.

(4) Absatz 1 ist nicht anzuwenden, wenn der Schaden bei der Beförderung innerhalb eines Betriebs entstanden ist, in dem gefährliche Güter hergestellt, bearbeitet, verarbeitet, gelagert, verwendet oder vernichtet werden, soweit die Beförderung auf einem abgeschlossenen Gelände stattfindet.

(5) § 12 Abs. 2 gilt entsprechend.

§ 12b[1] Nichtanwendbarkeit der Höchstbeträge. Die §§ 12 und 12a sind nicht anzuwenden, wenn ein Schaden bei dem Betrieb eines gepanzerten Gleiskettenfahrzeugs verursacht wird.

§ 13 Geldrente. (1) Der Schadensersatz wegen Aufhebung oder Minderung der Erwerbsfähigkeit und wegen Vermehrung der Bedürfnisse des Verletzten sowie der nach § 10 Abs. 2 einem Dritten zu gewährende Schadensersatz ist für die Zukunft durch Entrichtung einer Geldrente zu leisten.

(2) Die Vorschriften des § 843 Abs. 2 bis 4 des Bürgerlichen Gesetzbuchs finden entsprechende Anwendung.

(3) Ist bei der Verurteilung des Verpflichteten zur Entrichtung einer Geldrente nicht auf Sicherheitsleistung erkannt worden, so kann der Berechtigte gleichwohl Sicherheitsleistung verlangen, wenn die Vermögensverhältnisse des Verpflichteten sich erheblich verschlechtert haben; unter der gleichen Voraussetzung kann er eine Erhöhung der in dem Urteil bestimmten Sicherheit verlangen.

§ 14 Verjährung. Auf die Verjährung finden die für unerlaubte Handlungen geltenden Verjährungsvorschriften des Bürgerlichen Gesetzbuchs[2][3] entsprechende Anwendung.

§ 15 Verwirkung. [1]Der Ersatzberechtigte verliert die ihm auf Grund der Vorschriften dieses Gesetzes zustehenden Rechte, wenn er nicht spätestens innerhalb zweier Monate, nachdem er von dem Schaden und der Person des Ersatzpflichtigen Kenntnis erhalten hat, dem Ersatzpflichtigen den Unfall anzeigt. [2]Der Rechtsverlust tritt nicht ein, wenn die Anzeige infolge eines von dem Ersatzberechtigten nicht zu vertretenden Umstands unterblieben ist oder der Ersatzpflichtige innerhalb der bezeichneten Frist auf andere Weise von dem Unfall Kenntnis erhalten hat.

§ 16 Sonstige Gesetze. Unberührt bleiben die bundesrechtlichen Vorschriften, nach welchen der Fahrzeughalter für den durch das Fahrzeug verursachten Schaden in weiterem Umfang als nach den Vorschriften dieses Gesetzes haftet oder nach welchen ein anderer für den Schaden verantwortlich ist.

§ 17[4] Schadensverursachung durch mehrere Kraftfahrzeuge. (1) Wird ein Schaden durch mehrere Kraftfahrzeuge verursacht und sind die beteiligten Fahrzeughalter einem Dritten kraft Gesetzes zum Ersatz des Schadens verpflichtet, so hängt im Verhältnis der Fahrzeughalter zueinander die Verpflich-

---

[1] § 12b Überschrift eingef. mWv 18.12.2007 durch G v. 10.12.2007 (BGBl. I S. 2833).

[2] Auszugsweise abgedruckt unter Nr. **650**.

[3] § 852 BGB idF der Bek. v. 2.1.2002 (BGBl. I S. 42, ber. S. 2909, 2003 S. 738), zuletzt geänd. durch G v. 12.6.2020 (BGBl. I S. 1245).

[4] § 17 Abs. 3 Sätze 1 und 2 sowie Abs. 4 geänd. mWv 17.7.2020 durch G v. 10.7.2020 (BGBl. I S. 1653).

tung zum Ersatz sowie der Umfang des zu leistenden Ersatzes von den Umständen, insbesondere davon ab, inwieweit der Schaden vorwiegend von dem einen oder dem anderen Teil verursacht worden ist.

(2) Wenn der Schaden einem der beteiligten Fahrzeughalter entstanden ist, gilt Absatz 1 auch für die Haftung der Fahrzeughalter untereinander.

(3) [1] Die Verpflichtung zum Ersatz nach den Absätzen 1 und 2 ist ausgeschlossen, wenn der Unfall durch ein unabwendbares Ereignis verursacht wird, das weder auf einem Fehler in der Beschaffenheit des Kraftfahrzeugs noch auf einem Versagen seiner Vorrichtungen beruht. [2] Als unabwendbar gilt ein Ereignis nur dann, wenn sowohl der Halter als auch der Führer des Kraftfahrzeugs jede nach den Umständen des Falles gebotene Sorgfalt beobachtet hat. [3] Der Ausschluss gilt auch für die Ersatzpflicht gegenüber dem Eigentümer eines Kraftfahrzeugs, der nicht Halter ist.

(4) Die Vorschriften der Absätze 1 bis 3 sind entsprechend anzuwenden, wenn der Schaden durch ein Kraftfahrzeug und ein Tier oder durch ein Kraftfahrzeug und eine Eisenbahn verursacht wird.

§ 18[1)] Ersatzpflicht des Fahrzeugführers. (1) [1] In den Fällen des § 7 Abs. 1 ist auch der Führer des Kraftfahrzeugs zum Ersatz des Schadens nach den Vorschriften der §§ 8 bis 15 verpflichtet. [2] Die Ersatzpflicht ist ausgeschlossen, wenn der Schaden nicht durch ein Verschulden des Führers verursacht ist.

(2) Die Vorschrift des § 16 findet entsprechende Anwendung.

(3) Ist in den Fällen des § 17 auch der Führer eines Kraftfahrzeugs zum Ersatz des Schadens verpflichtet, so sind auf diese Verpflichtung in seinem Verhältnis zu den Haltern und Führern der anderen beteiligten Kraftfahrzeuge, zu dem Tierhalter oder Eisenbahnunternehmer die Vorschriften des § 17 entsprechend anzuwenden.

§ 19[2)] Haftung des Halters bei Unfällen mit Anhängern und Gespannen. (1) [1] Wird bei dem Betrieb eines Anhängers, der dazu bestimmt ist, von einem Kraftfahrzeug (Zugfahrzeug) gezogen zu werden, ein Mensch getötet, der Körper oder die Gesundheit eines Menschen verletzt oder eine Sache beschädigt, ist der Halter des Anhängers verpflichtet, dem Verletzten den daraus entstehenden Schaden zu ersetzen. [2] Die Regelungen zur Haftung des Halters eines Kraftfahrzeugs nach § 7 Absatz 2 und 3, § 8 Nummer 2 und 3 sowie den §§ 8a bis 16 gelten entsprechend. [3] Die Sätze 1 und 2 gelten nicht, wenn der Unfall durch einen Anhänger verursacht wurde, der im Unfallzeitpunkt mit einem Kraftfahrzeug verbunden war, das auf ebener Bahn mit keiner höheren Geschwindigkeit als 20 Kilometer in der Stunde fahren kann.

(2) [1] Wird der Schaden eines anderen durch ein Zugfahrzeug mit Anhänger (Gespann) verursacht, haftet der Halter jedes dieser Fahrzeuge dem anderen für die Betriebsgefahr des gesamten Gespanns als Gesamtschuldner. [2] Die Ersatzpflicht des gesamtschuldnerisch haftenden Halters ist auf die Höchstbeträge der §§ 12 und 12a beschränkt.

(3) Wird ein Schaden durch ein Gespann und ein weiteres Kraftfahrzeug verursacht und sind die beteiligten Fahrzeughalter einem Dritten kraft Gesetzes zum Ersatz des Schadens verpflichtet oder ist der Schaden einem der beteiligten

---

[1)] § 18 Abs. 1 Satz 1 und Abs. 3 geänd. mWv 17.7.2020 durch G v. 10.7.2020 (BGBl. I S. 1653).

[2)] § 19 eingef. mWv 17.7.2020 durch G v. 10.7.2020 (BGBl. I S. 1653).

Fahrzeughalter entstanden, gilt für die Ersatzpflichten im Verhältnis der Halter von Zugfahrzeug und Anhänger zu dem Halter des weiteren beteiligten Kraftfahrzeugs § 17 Absatz 1 bis 3 entsprechend.

(4) [1] Ist in den Fällen der Absätze 2 und 3 der Halter des Zugfahrzeugs oder des Anhängers zum Ersatz des Schadens verpflichtet, kann er nach § 426 des Bürgerlichen Gesetzbuchs von dem Halter des zu dem Gespann verbundenen anderen Fahrzeugs Ausgleich verlangen. [2] Im Verhältnis dieser Halter zueinander ist nur der Halter des Zugfahrzeugs verpflichtet. [3] Satz 2 gilt nicht, soweit sich durch den Anhänger eine höhere Gefahr verwirklicht hat als durch das Zugfahrzeug allein; in diesem Fall hängt die Verpflichtung zum Ausgleich davon ab, inwieweit der Schaden vorwiegend von dem Zugfahrzeug oder dem Anhänger verursacht worden ist. [4] Das Ziehen des Anhängers allein verwirklicht im Regelfall keine höhere Gefahr. [5] Der Ersatz für Schäden der Halter des Zugfahrzeugs und des Anhängers richtet sich im Verhältnis zueinander nach den allgemeinen Vorschriften.

(5) Die Absätze 3 und 4 sind entsprechend anzuwenden, wenn der Schaden durch ein Gespann und ein Tier oder durch ein Gespann und eine Eisenbahn verursacht wird.

(6) Wird ein Schaden eines Dritten oder eines beteiligten Kraftfahrzeughalters durch einen Anhänger verursacht, der im Unfallzeitpunkt nicht mit einem Zugfahrzeug verbunden war, oder ist der Schaden an einem solchen Anhänger entstanden, ist § 17 entsprechend anzuwenden.

§ 19a[1)] Ersatzpflicht des Führers von Anhängern und Gespannen.

(1) [1] Der Führer eines Gespanns haftet wie der Führer eines Kraftfahrzeugs. [2] § 18 Absatz 1 und 2 ist entsprechend anzuwenden.

(2) [1] Ist in den Fällen des § 19 Absatz 3 und 5 auch der Führer des Gespanns zum Ersatz des Schadens verpflichtet, ist im Verhältnis zu den Haltern und Führern der weiteren beteiligten Kraftfahrzeuge, zu dem Tierhalter oder zu dem Eisenbahnunternehmer § 17 entsprechend anzuwenden. [2] Ist der Führer des Gespanns in den Fällen des § 19 Absatz 2, 3 und 5 zum Ersatz des Schadens verpflichtet, kann er von den Haltern des Zugfahrzeugs und des Anhängers nach § 426 des Bürgerlichen Gesetzbuchs Ausgleich verlangen. [3] Der Ersatz für Schäden des Führers des Gespanns richtet sich im Verhältnis zu den Haltern des Zugfahrzeugs und des Anhängers nach den allgemeinen Vorschriften.

(3) Im Fall des § 19 Absatz 6 haftet der Führer eines Anhängers wie der Führer eines Kraftfahrzeugs.

§ 20 Örtliche Zuständigkeit. Für Klagen, die auf Grund dieses Gesetzes erhoben werden, ist auch das Gericht zuständig, in dessen Bezirk das schädigende Ereignis stattgefunden hat.

III. Straf- und Bußgeldvorschriften

§ 21 Fahren ohne Fahrerlaubnis. (1) Mit Freiheitsstrafe bis zu einem Jahr oder mit Geldstrafe wird bestraft, wer

---

1) § 19a eingef. mWv 17.7.2020 durch G v. 10.7.2020 (BGBl. I S. 1653).

1. ein Kraftfahrzeug führt, obwohl er die dazu erforderliche Fahrerlaubnis nicht hat oder ihm das Führen des Fahrzeugs nach § 44 des Strafgesetzbuchs[1] oder nach § 25 dieses Gesetzes verboten ist, oder
2. als Halter eines Kraftfahrzeugs anordnet oder zulässt, dass jemand das Fahrzeug führt, der die dazu erforderliche Fahrerlaubnis nicht hat oder dem das Führen des Fahrzeugs nach § 44 des Strafgesetzbuchs oder nach § 25 dieses Gesetzes verboten ist.

(2) Mit Freiheitsstrafe bis zu sechs Monaten oder mit Geldstrafe bis zu 180 Tagessätzen wird bestraft, wer

1. eine Tat nach Absatz 1 fahrlässig begeht,

(Fortsetzung nächstes Blatt)

---

[1] Nr. **670**.

2. vorsätzlich oder fahrlässig ein Kraftfahrzeug führt, obwohl der vorgeschriebene Führerschein nach § 94 der Strafprozessordnung[1)] in Verwahrung genommen, sichergestellt oder beschlagnahmt ist, oder
3. vorsätzlich oder fahrlässig als Halter eines Kraftfahrzeugs anordnet oder zulässt, dass jemand das Fahrzeug führt, obwohl der vorgeschriebene Führerschein nach § 94 der Strafprozessordnung in Verwahrung genommen, sichergestellt oder beschlagnahmt ist.

(3) In den Fällen des Absatzes 1 kann das Kraftfahrzeug, auf das sich die Tat bezieht, eingezogen werden, wenn der Täter
1. das Fahrzeug geführt hat, obwohl ihm die Fahrerlaubnis entzogen oder das Führen des Fahrzeugs nach § 44 des Strafgesetzbuchs oder nach § 25 dieses Gesetzes verboten war oder obwohl eine Sperre nach § 69a Abs. 1 Satz 3 des Strafgesetzbuchs gegen ihn angeordnet war,
2. als Halter des Fahrzeugs angeordnet oder zugelassen hat, dass jemand das Fahrzeug führte, dem die Fahrerlaubnis entzogen oder das Führen des Fahrzeugs nach § 44 des Strafgesetzbuchs oder nach § 25 dieses Gesetzes verboten war oder gegen den eine Sperre nach § 69a Abs. 1 Satz 3 des Strafgesetzbuchs angeordnet war, oder
3. in den letzten drei Jahren vor der Tat schon einmal wegen einer Tat nach Absatz 1 verurteilt worden ist.

§ 22 Kennzeichenmissbrauch. (1) Wer in rechtswidriger Absicht
1. ein Kraftfahrzeug oder einen Kraftfahrzeuganhänger, für die ein amtliches Kennzeichen nicht ausgegeben oder zugelassen worden ist, mit einem Zeichen versieht, das geeignet ist, den Anschein amtlicher Kennzeichnung hervorzurufen,
2. ein Kraftfahrzeug oder einen Kraftfahrzeuganhänger mit einer anderen als der amtlich für das Fahrzeug ausgegebenen oder zugelassenen Kennzeichnung versieht,
3. das an einem Kraftfahrzeug oder einem Kraftfahrzeuganhänger angebrachte amtliche Kennzeichen verändert, beseitigt, verdeckt oder sonst in seiner Erkennbarkeit beeinträchtigt,

wird, wenn die Tat nicht in anderen Vorschriften mit schwererer Strafe bedroht ist, mit Freiheitsstrafe bis zu einem Jahr oder mit Geldstrafe bestraft.

(2) Die gleiche Strafe trifft Personen, welche auf öffentlichen Wegen oder Plätzen von einem Kraftfahrzeug oder einem Kraftfahrzeuganhänger Gebrauch machen, von denen sie wissen, dass die Kennzeichnung in der in Absatz 1 Nr. 1 bis 3 bezeichneten Art gefälscht, verfälscht oder unterdrückt worden ist.

§ 22a Missbräuchliches Herstellen, Vertreiben oder Ausgeben von Kennzeichen. (1) Mit Freiheitsstrafe bis zu einem Jahr oder mit Geldstrafe wird bestraft, wer
1. Kennzeichen ohne vorherige Anzeige bei der zuständigen Behörde herstellt, vertreibt oder ausgibt oder

---

[1)] Nr. **675**.

2. (weggefallen)
3. Kennzeichen in der Absicht nachmacht, dass sie als amtlich zugelassene Kennzeichen verwendet oder in Verkehr gebracht werden oder dass ein solches Verwenden oder Inverkehrbringen ermöglicht werde, oder Kennzeichen in dieser Absicht so verfälscht, dass der Anschein der Echtheit hervorgerufen wird, oder
4. nachgemachte oder verfälschte Kennzeichen feilhält oder in den Verkehr bringt.

(2) [1] Nachgemachte oder verfälschte Kennzeichen, auf die sich eine Straftat nach Absatz 1 bezieht, können eingezogen werden. [2] § 74a des Strafgesetzbuchs[1)] ist anzuwenden.

§ 22b[2)] Missbrauch von Wegstreckenzählern und Geschwindigkeitsbegrenzern. (1) Mit Freiheitsstrafe bis zu einem Jahr oder mit Geldstrafe wird bestraft, wer

1. die Messung eines Wegstreckenzählers, mit dem ein Kraftfahrzeug ausgerüstet ist, dadurch verfälscht, dass er durch Einwirkung auf das Gerät oder den Messvorgang das Ergebnis der Messung beeinflusst,
2. die bestimmungsgemäße Funktion eines Geschwindigkeitsbegrenzers, mit dem ein Kraftfahrzeug ausgerüstet ist, durch Einwirkung auf diese Einrichtung aufhebt oder beeinträchtigt oder
3. eine Straftat nach Nummer 1 oder 2 vorbereitet, indem er Computerprogramme, deren Zweck die Begehung einer solchen Tat ist, herstellt, sich oder einem anderen verschafft, feilhält oder einem anderen überlässt.

(2) In den Fällen des Absatzes 1 Nr. 3 gilt § 149 Abs. 2 und 3 des Strafgesetzbuches entsprechend.

(3) [1] Gegenstände, auf die sich die Straftat nach Absatz 1 bezieht, können eingezogen werden. [2] § 74a des Strafgesetzbuches ist anzuwenden.

§ 23[3)] Feilbieten nicht genehmigter Fahrzeuge, Fahrzeugteile und Ausrüstungen. (1) Ordnungswidrig handelt, wer vorsätzlich oder fahrlässig Fahrzeugteile, die in einer vom Kraftfahrt-Bundesamt genehmigten Bauart ausgeführt sein müssen, gewerbsmäßig feilbietet, obwohl sie nicht mit einem amtlich vorgeschriebenen und zugeteilten Prüfzeichen gekennzeichnet sind.

(2) Ordnungswidrig handelt, wer vorsätzlich oder fahrlässig einer Vorschrift einer auf Grund des § 6 Abs. 3a erlassenen Rechtsverordnung oder einer auf Grund einer solchen Rechtsverordnung ergangenen vollziehbaren Anordnung zuwiderhandelt, soweit die Rechtsverordnung für einen bestimmten Tatbestand auf diese Bußgeldvorschrift verweist.

(3) Die Ordnungswidrigkeit kann mit einer Geldbuße bis zu fünftausend Euro geahndet werden.

(4) Fahrzeuge, Fahrzeugteile und Ausrüstungen, auf die sich die Ordnungswidrigkeit bezieht, können eingezogen werden.

[1)] Nr. **670**.
[2)] § 22b eingef. mWv 18.8.2005 durch G v. 14.8.2005 (BGBl. I S. 2412).
[3)] § 23 neu gef. mWv 29.4.2009 durch G v. 22.12.2008 (BGBl. I S. 2965).

§ 24[1] **Verkehrsordnungswidrigkeit.** (1) [1] Ordnungswidrig handelt, wer vorsätzlich oder fahrlässig einer Vorschrift einer auf Grund des § 6 Absatz 1, des § 6e Absatz 1 oder des § 6g Absatz 4 erlassenen Rechtsverordnung oder einer auf Grund einer solchen Rechtsverordnung ergangenen Anordnung zuwiderhandelt, soweit die Rechtsverordnung für einen bestimmten Tatbestand auf diese Bußgeldvorschrift verweist. [2] Die Verweisung ist nicht erforderlich, soweit die Vorschrift der Rechtsverordnung vor dem 1. Januar 1969 erlassen worden ist.

(2) Die Ordnungswidrigkeit kann mit einer Geldbuße bis zu zweitausend Euro geahndet werden.

§ 24a[2][3] **0,5 Promille-Grenze.** (1) Ordnungswidrig handelt, wer im Straßenverkehr ein Kraftfahrzeug führt, obwohl er 0,25 mg/l oder mehr Alkohol in der Atemluft oder 0,5 Promille oder mehr Alkohol im Blut oder eine Alkoholmenge im Körper hat, die zu einer solchen Atem- oder Blutalkoholkonzentration führt.

(2) [1] Ordnungswidrig handelt, wer unter der Wirkung eines in der Anlage zu dieser Vorschrift genannten berauschenden Mittels im Straßenverkehr ein Kraftfahrzeug führt. [2] Eine solche Wirkung liegt vor, wenn eine in dieser Anlage genannte Substanz im Blut nachgewiesen wird. [3] Satz 1 gilt nicht, wenn die Substanz aus der bestimmungsgemäßen Einnahme eines für einen konkreten Krankheitsfall verschriebenen Arzneimittels herrührt.

(3) Ordnungswidrig handelt auch, wer die Tat fahrlässig begeht.

(4) Die Ordnungswidrigkeit kann mit einer Geldbuße bis zu dreitausend Euro geahndet werden.

(5) Das Bundesministerium für Verkehr und digitale Infrastruktur wird ermächtigt, durch Rechtsverordnung im Einvernehmen mit dem Bundesministerium für Gesundheit und Soziale Sicherung und dem Bundesministerium der Justiz und für Verbraucherschutz mit Zustimmung des Bundesrates die Liste der berauschenden Mittel und Substanzen in der Anlage zu dieser Vorschrift zu ändern oder zu ergänzen, wenn dies nach wissenschaftlicher Erkenntnis im Hinblick auf die Sicherheit des Straßenverkehrs erforderlich ist.

§ 24b Mangelnde Nachweise für Herstellung, Vertrieb und Ausgabe von Kennzeichen. (1) Ordnungswidrig handelt, wer vorsätzlich oder fahrlässig einer Vorschrift einer auf Grund des § 6 Abs. 1 Nr. 8 erlassenen Rechtsverordnung oder einer auf Grund einer solchen Rechtsverordnung ergangenen vollziehbaren Anordnung zuwiderhandelt, soweit die Rechtsverordnung für einen bestimmten Tatbestand auf diese Bußgeldvorschrift verweist.

(2) Die Ordnungswidrigkeit kann mit einer Geldbuße bis zu zweitausendfünfhundert Euro geahndet werden.

---

[1] § 24 Abs. 1 Satz 1 geänd. mWv 18.8.2005 durch G v. 14.8.2005 (BGBl. I S. 2412); Abs. 2 geänd. mWv 30.12.2008 durch G v. 22.12.2008 (BGBl. I S. 2965); Abs. 1 Satz 1 geänd. mWv 7.12.2016 durch G v. 28.11.2016 (BGBl. I S. 2722).

[2] § 24a Abs. 5 geänd. mWv 18.8.2006 durch G v. 14.8.2006 (BGBl. I S. 1958); Abs. 4 geänd. mWv 30.12.2008 durch G v. 22.12.2008 (BGBl. I S. 2965); Abs. 5 geänd. mWv 5.12.2014 durch G v. 28.11.2014 (BGBl. I S. 1802).

[3] Bußgeldkatalog-Verordnung – BKatV (Nr. **685**).

§ 24c[1] Alkoholverbot für Fahranfänger und Fahranfängerinnen.

(1) Ordnungswidrig handelt, wer in der Probezeit nach § 2a oder vor Vollendung des 21. Lebensjahres als Führer eines Kraftfahrzeugs im Straßenverkehr alkoholische Getränke zu sich nimmt oder die Fahrt antritt, obwohl er unter der Wirkung eines solchen Getränks steht.

(2) Ordnungswidrig handelt auch, wer die Tat fahrlässig begeht.

(3) Die Ordnungswidrigkeit kann mit einer Geldbuße geahndet werden.

§ 25[2] Fahrverbot. (1) [1]Wird gegen die betroffene Person wegen einer Ordnungswidrigkeit nach § 24, die sie unter grober oder beharrlicher Verletzung der Pflichten eines Kraftfahrzeugführers begangen hat, eine Geldbuße festgesetzt, so kann ihr die Verwaltungsbehörde oder das Gericht in der Bußgeldentscheidung für die Dauer von einem Monat bis zu drei Monaten verbieten, im Straßenverkehr Kraftfahrzeuge jeder oder einer bestimmten Art zu führen. [2]Wird gegen die betroffene Person wegen einer Ordnungswidrigkeit nach § 24a eine Geldbuße festgesetzt, so ist in der Regel auch ein Fahrverbot anzuordnen.

(2) [1]Das Fahrverbot wird mit der Rechtskraft der Bußgeldentscheidung wirksam. [2]Für seine Dauer werden von einer deutschen Behörde ausgestellte nationale und internationale Führerscheine amtlich verwahrt. [3]Dies gilt auch, wenn der Führerschein von einer Behörde eines Mitgliedstaates der Europäischen Union oder eines anderen Vertragsstaates des Abkommens über den Europäischen Wirtschaftsraum ausgestellt worden ist, sofern der Inhaber seinen ordentlichen Wohnsitz im Inland hat. [4]Wird er nicht freiwillig herausgegeben, so ist er zu beschlagnahmen.

(2a) Ist in den zwei Jahren vor der Ordnungswidrigkeit ein Fahrverbot gegen die betroffene Person nicht verhängt worden und wird auch bis zur Bußgeldentscheidung ein Fahrverbot nicht verhängt, so bestimmt die Verwaltungsbehörde oder das Gericht abweichend von Absatz 2 Satz 1, dass das Fahrverbot erst wirksam wird, wenn der Führerschein nach Rechtskraft der Bußgeldentscheidung in amtliche Verwahrung gelangt, spätestens jedoch mit Ablauf von vier Monaten seit Eintritt der Rechtskraft.

(2b) [1]Werden gegen die betroffene Person mehrere Fahrverbote rechtskräftig verhängt, so sind die Verbotsfristen nacheinander zu berechnen. [2]Die Verbotsfrist auf Grund des früher wirksam gewordenen Fahrverbots läuft zuerst. [3]Werden Fahrverbote gleichzeitig wirksam, so läuft die Verbotsfrist auf Grund des früher angeordneten Fahrverbots zuerst, bei gleichzeitiger Anordnung ist die frühere Tat maßgebend.

(3) [1]In anderen als in Absatz 2 Satz 3 genannten ausländischen Führerscheinen wird das Fahrverbot vermerkt. [2]Zu diesem Zweck kann der Führerschein beschlagnahmt werden.

(4) [1]Wird der Führerschein in den Fällen des Absatzes 2 Satz 4 oder des Absatzes 3 Satz 2 bei der betroffenen Person nicht vorgefunden, so hat sie auf

---

[1] § 24c eingef. mWv 1.8.2007 durch G v. 19.7.2007 (BGBl. I S. 1460).

[2] § 25 Abs. 4 Satz 2 neu gef. mWv 1.1.2013 durch G v. 29.7.2009 (BGBl. I S. 2258); Abs. 2a Satz 2 aufgeh., Abs. 2b eingef. mWv 24.8.2017 durch G v. 17.8.2017 (BGBl. I S. 3202); Abs. 1 Sätze 1 und 2, Abs. 2a und 2b Satz 1, Abs. 4 Satz 1, Abs. 6 Satz 2, Abs. 7 Satz 1 und Abs. 8 geänd. mWv 26.11.2019 durch G v. 20.11.2019 (BGBl. I S. 1626).

Antrag der Vollstreckungsbehörde (§ 92 des Gesetzes über Ordnungswidrigkeiten[1]) bei dem Amtsgericht eine eidesstattliche Versicherung über den Verbleib des Führerscheins abzugeben. [2] § 883 Abs. 2 und 3 der Zivilprozessordnung gilt entsprechend.

(5) [1] Ist ein Führerschein amtlich zu verwahren oder das Fahrverbot in einem ausländischen Führerschein zu vermerken, so wird die Verbotsfrist erst von dem Tag an gerechnet, an dem dies geschieht. [2] In die Verbotsfrist wird die Zeit nicht eingerechnet, in welcher der Täter auf behördliche Anordnung in einer Anstalt verwahrt wird.

(6) [1] Die Dauer einer vorläufigen Entziehung der Fahrerlaubnis (§ 111a der Strafprozessordnung[2]) wird auf das Fahrverbot angerechnet. [2] Es kann jedoch angeordnet werden, dass die Anrechnung ganz oder zum Teil unterbleibt, wenn sie im Hinblick auf das Verhalten der betroffenen Person nach Begehung der Ordnungswidrigkeit nicht gerechtfertigt ist. [3] Der vorläufigen Entziehung der Fahrerlaubnis steht die Verwahrung, Sicherstellung oder Beschlagnahme des Führerscheins (§ 94 der Strafprozessordnung) gleich.

(7) [1] Wird das Fahrverbot nach Absatz 1 im Strafverfahren angeordnet (§ 82 des Gesetzes über Ordnungswidrigkeiten), so kann die Rückgabe eines in Verwahrung genommenen, sichergestellten oder beschlagnahmten Führerscheins aufgeschoben werden, wenn die betroffene Person nicht widerspricht. [2] In diesem Fall ist die Zeit nach dem Urteil unverkürzt auf das Fahrverbot anzurechnen.

(8) Über den Zeitpunkt der Wirksamkeit des Fahrverbots nach Absatz 2 oder 2a Satz 1 und über den Beginn der Verbotsfrist nach Absatz 5 Satz 1 ist die betroffene Person bei der Zustellung der Bußgeldentscheidung oder im Anschluss an deren Verkündung zu belehren.

§ 25a Kostentragungspflicht des Halters eines Kraftfahrzeugs.

(1) [1] Kann in einem Bußgeldverfahren wegen eines Halt- oder Parkverstoßes der Führer des Kraftfahrzeugs, der den Verstoß begangen hat, nicht vor Eintritt der Verfolgungsverjährung ermittelt werden oder würde seine Ermittlung einen unangemessenen Aufwand erfordern, so werden dem Halter des Kraftfahrzeugs oder seinem Beauftragten die Kosten des Verfahrens auferlegt; er hat dann auch seine Auslagen zu tragen. [2] Von einer Entscheidung nach Satz 1 wird abgesehen, wenn es unbillig wäre, den Halter des Kraftfahrzeugs oder seinen Beauftragten mit den Kosten zu belasten.

(2) Die Kostenentscheidung ergeht mit der Entscheidung, die das Verfahren abschließt; vor der Entscheidung ist derjenige zu hören, dem die Kosten auferlegt werden sollen.

(3) [1] Gegen die Kostenentscheidung der Verwaltungsbehörde und der Staatsanwaltschaft kann innerhalb von zwei Wochen nach Zustellung gerichtliche Entscheidung beantragt werden. [2] § 62 Abs. 2 des Gesetzes über Ordnungswidrigkeiten[1] gilt entsprechend; für die Kostenentscheidung der Staatsanwaltschaft gelten auch § 50 Abs. 2 und § 52 des Gesetzes über Ordnungswidrigkeiten entsprechend. [3] Die Kostenentscheidung des Gerichts ist nicht anfechtbar.

---

[1] Nr. **680**.
[2] Auszugsweise abgedruckt unter Nr. **675**.

§ 26[1)] Zuständige Verwaltungsbehörde; Verjährung. (1) [1]Bei Ordnungswidrigkeiten nach den §§ 23 bis 24a und 24c ist Verwaltungsbehörde im Sinne des § 36 Abs. 1 Nr. 1 des Gesetzes über Ordnungswidrigkeiten[2)] die Behörde oder Dienststelle der Polizei, die von der Landesregierung durch Rechtsverordnung[3)] näher bestimmt wird. [2]Die Landesregierung kann die Ermächtigung auf die zuständige oberste Landesbehörde übertragen.

(2) Abweichend von Absatz 1 ist Verwaltungsbehörde im Sinne des § 36 Absatz 1 Nummer 1 des Gesetzes über Ordnungswidrigkeiten bei Ordnungswidrigkeiten nach den §§ 23 und 24 das Kraftfahrt-Bundesamt, soweit es für den Vollzug der bewehrten Vorschriften zuständig ist.

[1)] § 26 Abs. 1 Satz 1 geänd. mWv 1.8.2007 durch G v. 19.7.2007 (BGBl. I S. 1460); Abs. 2 geänd. mWv 29.4.2009 durch G v. 22.12.2008 (BGBl. I S. 2965); Abs. 1 Satz 1 geänd., Abs. 2 neu gef. mWv 7.12.2016 durch G v. 28.11.2016 (BGBl. I S. 2722).

[2)] Nr. **680**.

[3)] **Zuständige Verwaltungsbehörden sind:**
in **Baden-Württemberg** die unteren Verwaltungsbehörden, bei Ordnungswidrigkeiten auf Bundesautobahnen das Regierungspräsidium Karlsruhe (VO der Landesregierung über Zuständigkeiten nach dem G über Ordnungswidrigkeiten (OWiZuVO) idF der Bek. v. 2.2.1990 (GBl. S. 75, ber. S. 268), zuletzt geänd. durch VO v. 9.7.2019 (GBl. S. 332)); in **Bayern** das Polizeiverwaltungsamt, die Dienststellen der Landespolizei und der Bereitschaftspolizei (§ 91 ZuständigkeitsVO (ZustV) v. 16.6. 2015 (GVBl. S. 184), zuletzt geänd. durch V v. 12.11.2019 (GVBl. S. 634)); in **Berlin** der Polizeipräsident in Berlin (VO über sachliche Zuständigkeiten für die Verfolgung und Ahndung von Ordnungswidrigkeiten (ZustVO-OwiG) v. 29.2.2000 (GVBl. S. 249), zuletzt geänd. durch G v. 9.10. 2019 (GVBl. S. 685)); in **Brandenburg** das Polizeipräsidium und die Kreisordnungsbehörden (VerkehrsordnungswidrigkeitenzuständigkeitsVO – VOWiZustV v. 18.6.1996 (GVBl. II S. 412), zuletzt geänd. durch VO v. 6.10.2011 (GVBl. II Nr. 62 S. 1)); in **Bremen** die Ortspolizeibehörden (VO über die Zuständigkeit für die Verfolgung und Ahndung von Ordnungswidrigkeiten nach den §§ 23, 24 und 24a des StraßenverkehrsG v. 21.7.1980 (Brem.GBl. S. 229), geänd. durch VO v. 14.7.2009 (Brem.GBl. S. 281)); in **Hamburg** die Behörde für Inneres und Sport (AnO über Zuständigkeiten auf dem Gebiet des Straßenverkehrsrechts v. 5.1.1999 (Amtl. Anz. S. 345), zuletzt geänd. durch AnO v. 20.9.2011 (Amtl. Anz. S. 2157)); in **Hessen** in der Stadt Frankfurt der Oberbürgermeister als örtliche Ordnungsbehörde, im Übrigen das Regierungspräsidium Kassel als Bezirksordnungsbehörde (VO zur Bestimmung verkehrsrechtlicher Zuständigkeiten v. 12.11.2007 (GVBl. I S. 800), zuletzt geänd. durch VO v. 5.3.2018 (GVBl. S. 38)); in **Mecklenburg-Vorpommern** die Landräte und die Oberbürgermeister der kreisfreien Städte (Straßenverkehr-ZuständigkeitslandesVO – StVZustLVO M-V v. 7.9. 2016 (GVOBl. M-V S. 782)); in **Niedersachsen** die Landkreise und kreisfreien Städte (VO über sachliche Zuständigkeiten für die Verfolgung und Ahndung von Ordnungswidrigkeiten (ZustVO-OWi) v. 17.11.2014 (Nds. GVBl. S. 311), zuletzt geänd. durch VO v. 6.6.2018 (Nds. GVBl. S. 128)); in **Nordrhein-Westfalen** die Kreisordnungsbehörden (VO zur Bestimmung der für die Verfolgung und Ahndung von Verkehrsordnungswidrigkeiten zuständigen Verwaltungsbehörden v. 25.9.1979 (GV. NRW. S. 652), zuletzt geänd. durch VO v. 6.12.2016 (GV. NRW. S. 1070)); in **Rheinland-Pfalz** das Polizeipräsidium Rheinpfalz (§ 8 LandesVO über Zuständigkeiten auf dem Gebiet des Straßenverkehrsrechts v. 12.3.1987 (GVBl. S. 46), zuletzt geänd. durch VO v. 26.11.2019 (GVBl. S. 339)); im **Saarland** das Landesverwaltungsamt (§ 2 StraßenverkehrszuständigkeitsG (StVZustG) v. 13.6.2001 (Amtsbl. S. 1430), zuletzt geänd. durch G v. 19.9.2012 (Amtsbl. I S. 428)); in **Sachsen** die Großen Kreisstädte Görlitz, Hoyerswerda, Plauen und Zwickau, bei Ordnungswidrigkeiten auf Bundesautobahnen die Landesdirektion Sachsen (Ordnungswidrigkeiten-ZuständigkeitsVO – OWiZuVO v. 16.6. 2014 (SächsGVBl. S. 342), geänd. durch VO v. 26.10.2015 (SächsGVBl. S. 627)); in **Sachsen-Anhalt** die Zentrale Bußgeldstelle im Technischen Polizeiamt (VO über sachliche Zuständigkeiten für die Verfolgung und Ahndung von Ordnungswidrigkeiten (ZustVO OWi) v. 2.3.2010 (GVBl. LSA S. 106), zuletzt geänd. durch VO v. 20.11.2019 (GVBl. LSA S. 940)); in **Schleswig-Holstein** die Landräte und die Bürgermeister der kreisfreien Städte (Ordnungswidrigkeiten-ZuständigkeitsVO – OWi-ZustVO v. 22.1.1988 (GVOBl. Schl.-H. S. 32), zuletzt geänd. durch VO v. 4.11.2019 (GVOBl. Schl.-H. S. 524)); in **Thüringen** die Zentrale Bußgeldstelle bei der Landespolizeidirektion, die Dienststellen der Polizei und Einheiten der Bereitschaftspolizei (Thüringer VO über Zuständigkeiten für die Verfolgung und Ahndung von Verkehrsordnungswidrigkeiten v. 21.4.1998 (GVBl. S. 149), zuletzt geänd. durch G v. 25.10.2011 (GVBl. S. 268)).

(3) Die Frist der Verfolgungsverjährung beträgt bei Ordnungswidrigkeiten nach § 24 drei Monate, solange wegen der Handlung weder ein Bußgeldbescheid ergangen noch öffentliche Klage erhoben ist, danach sechs Monate.

§ 26a[1] Bußgeldkatalog. (1) Das Bundesministerium für Verkehr und digitale Infrastruktur wird ermächtigt, durch Rechtsverordnung mit Zustimmung des Bundesrates Vorschriften zu erlassen über

1. die Erteilung einer Verwarnung (§ 56 des Gesetzes über Ordnungswidrigkeiten[2]) wegen einer Ordnungswidrigkeit nach § 24,
2. Regelsätze für Geldbußen wegen einer Ordnungswidrigkeit nach den §§ 24, 24a und 24c,
3. die Anordnung des Fahrverbots nach § 25.

(2) Die Vorschriften nach Absatz 1 bestimmen unter Berücksichtigung der Bedeutung der Ordnungswidrigkeit, in welchen Fällen, unter welchen Voraussetzungen und in welcher Höhe das Verwarnungsgeld erhoben, die Geldbuße festgesetzt und für welche Dauer das Fahrverbot angeordnet werden soll.

§ 27[3] Informationsschreiben. (1) [1]Hat die Verwaltungsbehörde in einem Bußgeldverfahren den Halter oder Eigentümer eines Kraftfahrzeugs auf Grund einer Abfrage im Sinne des Artikels 4 der Richtlinie (EU) 2015/413 des Europäischen Parlaments und des Rates vom 11. März 2015 zur Erleichterung des grenzüberschreitenden Austauschs von Informationen über die Straßenverkehrssicherheit gefährdende Verkehrsdelikte (ABl. L 68 vom 13.3.2015, S. 9) ermittelt, übersendet sie der ermittelten Person ein Informationsschreiben. [2]In diesem Schreiben werden die Art des Verstoßes, Zeit und Ort seiner Begehung, das gegebenenfalls verwendete Überwachungsgerät, die anwendbaren Bußgeldvorschriften sowie die für einen solchen Verstoß vorgesehene Sanktion angegeben. [3]Das Informationsschreiben ist in der Sprache des Zulassungsdokuments des Kraftfahrzeugs oder in einer der Amtssprachen des Mitgliedstaates zu übermitteln, in dem das Kraftfahrzeug zugelassen ist.

(2) Absatz 1 gilt nicht, wenn die ermittelte Person ihren ordentlichen Wohnsitz im Inland hat.

---

[1] § 26a Abs. 1 einl. Satzteil geänd. mWv 18.8.2006 durch G v. 14.8.2006 (BGBl. I S. 1958); Abs. 1 Nr. 2 geänd. mWv 1.8.2007 durch G v. 19.7.2007 (BGBl. I S. 1460); Abs. 1 einl. Satzteil geänd. mWv 5.12.2014 durch G v. 28.11.2014 (BGBl. I S. 1802).

[2] Nr. **680**.

[3] § 27 neu eingef. mWv 31.8.2013 durch G v. 28.8.2013 (BGBl. I S. 3310); Abs. 1 Satz 1 geänd. mWv 7.12.2016 durch G v. 28.11.2016 (BGBl. I S. 2722).

IV.[1] Fahreignungsregister

§ 28[2] Führung und Inhalt des Fahreignungsregisters. (1) Das Kraftfahrt-Bundesamt führt das Fahreignungsregister nach den Vorschriften dieses Abschnitts.

(2) Das Fahreignungsregister wird geführt zur Speicherung von Daten, die erforderlich sind

1. für die Beurteilung der Eignung und der Befähigung von Personen zum Führen von Kraftfahrzeugen oder zum Begleiten eines Kraftfahrzeugführers entsprechend einer nach § 6e Abs. 1 erlassenen Rechtsverordnung,
2. für die Prüfung der Berechtigung zum Führen von Fahrzeugen,
3. für die Ahndung der Verstöße von Personen, die wiederholt Straftaten oder Ordnungswidrigkeiten, die im Zusammenhang mit dem Straßenverkehr stehen, begehen oder
4. für die Beurteilung von Personen im Hinblick auf ihre Zuverlässigkeit bei der Wahrnehmung der ihnen durch Gesetz, Satzung oder Vertrag übertragenen Verantwortung für die Einhaltung der zur Sicherheit im Straßenverkehr bestehenden Vorschriften.

(3) Im Fahreignungsregister werden Daten gespeichert über

1. rechtskräftige Entscheidungen der Strafgerichte wegen einer Straftat, die in der Rechtsverordnung nach § 6 Absatz 1 Nummer 1 Buchstabe s bezeichnet ist, soweit sie auf Strafe, Verwarnung mit Strafvorbehalt erkennen oder einen Schuldspruch enthalten,
2. rechtskräftige Entscheidungen der Strafgerichte, die die Entziehung der Fahrerlaubnis, eine isolierte Sperre oder ein Fahrverbot anordnen, sofern sie nicht von Nummer 1 erfasst sind, sowie Entscheidungen der Strafgerichte, die die vorläufige Entziehung der Fahrerlaubnis anordnen,
3. rechtskräftige Entscheidungen wegen einer Ordnungswidrigkeit
   a) nach den §§ 24, 24a oder § 24c, soweit sie in der Rechtsverordnung nach § 6 Absatz 1 Nummer 1 Buchstabe s bezeichnet ist und gegen die betroffene Person
      aa) ein Fahrverbot nach § 25 angeordnet worden ist oder
      bb) eine Geldbuße von mindestens sechzig Euro festgesetzt worden ist und § 28a nichts anderes bestimmt,
   b) nach den §§ 24, 24a oder § 24c, soweit kein Fall des Buchstaben a vorliegt und ein Fahrverbot angeordnet worden ist,

---

[1] Abschnitt IV Überschrift geänd. mWv 1.5.2014 durch G v. 28.8.2013 (BGBl. I S. 3313).

[2] § 28 Abs. 2 Nr. 1 geänd. mWv 18.8.2005 durch G v. 14.8.2005 (BGBl. I S. 2412); Abs. 3 Nr. 3 geänd. mWv 1.8.2007 durch G v. 19.7.2007 (BGBl. I S. 1460); Abs. 3 Nr. 6 neu gef. mWv 23.7.2009 durch G v. 17.7.2009 (BGBl. I S. 2021); Überschrift, Abs. 1, Abs. 2 einl. Satzteil geänd., Abs. 3 einl. Satzteil und Nr. 1–3 neu gef., Nr. 10 aufgeh., Nr. 11 geänd., Nr. 12 und 13 neu gef, bish. Nr. 13 wird Nr. 14 und geänd., Abs. 6 geänd. mWv 1.5.2014 durch G v. 28.8.2013 (BGBl. I S. 3313); Abs. 3 Nr. 6 neu gef., Abs. 4 Satz 2 angef. mWv 7.12.2016 durch G v. 28.11.2016 (BGBl. I S. 2722); Abs. 3 Nr. 3 Buchst. a, Abs. 5 Satz 1 und 2 sowie Abs. 6 geänd. mWv 26.11.2019 durch G v. 20.11.2019 (BGBl. I S. 1626).

c) nach § 10 des Gefahrgutbeförderungsgesetzes[1)], soweit sie in der Rechtsverordnung nach § 6 Absatz 1 Nummer 1 Buchstabe s bezeichnet ist,

4. unanfechtbare oder sofort vollziehbare Verbote oder Beschränkungen, ein fahrerlaubnisfreies Fahrzeug zu führen,
5. unanfechtbare Versagungen einer Fahrerlaubnis,
6. unanfechtbare oder sofort vollziehbare
   a) Entziehungen, Widerrufe oder Rücknahmen einer Fahrerlaubnis,
   b) Feststellungen über die fehlende Berechtigung, von einer ausländischen Fahrerlaubnis im Inland Gebrauch zu machen,
7. Verzichte auf die Fahrerlaubnis,
8. unanfechtbare Ablehnungen eines Antrags auf Verlängerung der Geltungsdauer einer Fahrerlaubnis,
9. die Beschlagnahme, Sicherstellung oder Verwahrung von Führerscheinen nach § 94 der Strafprozessordnung[2)],
10. *(aufgehoben)*
11. Maßnahmen der Fahrerlaubnisbehörde nach § 2a Abs. 2 Satz 1 Nr. 1 und 2 und § 4 Absatz 5 Satz 1 Nr. 1 und 2,
12. die Teilnahme an einem Aufbauseminar, an einem besonderen Aufbauseminar und an einer verkehrspsychologischen Beratung, soweit dies für die Anwendung der Regelungen der Fahrerlaubnis auf Probe (§ 2a) erforderlich ist,
13. die Teilnahme an einem Fahreignungsseminar, soweit dies für die Anwendung der Regelungen des Fahreignungs-Bewertungssystems (§ 4) erforderlich ist,
14. Entscheidungen oder Änderungen, die sich auf eine der in den Nummern 1 bis 13 genannten Eintragungen beziehen.

(4) [1] Die Gerichte, Staatsanwaltschaften und anderen Behörden teilen dem Kraftfahrt-Bundesamt unverzüglich die nach Absatz 3 zu speichernden oder zu einer Änderung oder Löschung einer Eintragung führenden Daten mit. [2] Die Datenübermittlung nach Satz 1 kann auch im Wege der Datenfernübertragung durch Direkteinstellung unter Beachtung des § 30a Absatz 2 bis 4 erfolgen.

(5) [1] Bei Zweifeln an der Identität einer eingetragenen Person mit der Person, auf die sich eine Mitteilung nach Absatz 4 bezieht, dürfen die Datenbestände des Zentralen Fahrerlaubnisregisters und des Zentralen Fahrzeugregisters zur Identifizierung dieser Personen verwendet werden. [2] Ist die Feststellung der Identität der betreffenden Personen auf diese Weise nicht möglich, dürfen die auf Anfrage aus den Melderegistern übermittelten Daten zur Behebung der Zweifel verwendet werden. [3] Die Zulässigkeit der Übermittlung durch die Meldebehörden richtet sich nach den Meldegesetzen der Länder. [4] Können die Zweifel an der Identität der betreffenden Personen nicht ausgeräumt werden, werden die Eintragungen über beide Personen mit einem Hinweis auf die Zweifel an deren Identität versehen.

---

1) Nr. **500**.
2) Nr. **675**.

(6) Die regelmäßige Verwendung der auf Grund des § 50 Abs. 1 im Zentralen Fahrerlaubnisregister gespeicherten Daten ist zulässig, um Fehler und Abweichungen bei den Personendaten sowie den Daten über Fahrerlaubnisse und Führerscheine der betreffenden Person im Fahreignungsregister festzustellen und zu beseitigen und um das Fahreignungsregister zu vervollständigen.

§ 28a[1)] Eintragung beim Abweichen vom Bußgeldkatalog. [1]Wird die Geldbuße wegen einer Ordnungswidrigkeit nach den §§ 24, 24a und 24c lediglich mit Rücksicht auf die wirtschaftlichen Verhältnisse der betroffenen Person abweichend von dem Regelsatz der Geldbuße festgesetzt, der für die zugrunde liegende Ordnungswidrigkeit im Bußgeldkatalog (§ 26a) vorgesehen ist, so ist in der Entscheidung dieser Paragraph bei den angewendeten Bußgeldvorschriften aufzuführen, wenn der Regelsatz der Geldbuße

1. sechzig Euro oder mehr beträgt und eine geringere Geldbuße festgesetzt wird oder
2. weniger als sechzig Euro beträgt und eine Geldbuße von sechzig Euro oder mehr festgesetzt wird.

[2]In diesen Fällen ist für die Eintragung in das Fahreignungsregister der im Bußgeldkatalog vorgesehene Regelsatz maßgebend.

§ 28b (weggefallen)

§ 29[2)] Tilgung der Eintragungen. (1) [1]Die im Register gespeicherten Eintragungen werden nach Ablauf der in Satz 2 bestimmten Fristen getilgt. [2]Die Tilgungsfristen betragen

1. zwei Jahre und sechs Monate
   bei Entscheidungen über eine Ordnungswidrigkeit,
   a) die in der Rechtsverordnung nach § 6 Absatz 1 Nummer 1 Buchstabe s Doppelbuchstabe bb Dreifachbuchstabe bbb als verkehrssicherheitsbeeinträchtigende oder gleichgestellte Ordnungswidrigkeit mit einem Punkt bewertet ist oder
   b) soweit weder ein Fall des Buchstaben a noch der Nummer 2 Buchstabe b vorliegt und in der Entscheidung ein Fahrverbot angeordnet worden ist,
2. fünf Jahre
   a) bei Entscheidungen über eine Straftat, vorbehaltlich der Nummer 3 Buchstabe a,
   b) bei Entscheidungen über eine Ordnungswidrigkeit, die in der Rechtsverordnung nach § 6 Absatz 1 Nummer 1 Buchstabe s Doppelbuchstabe bb

---

1) § 28a Satz 1 einl. Satzteil geänd. mWv 1.8.2007 durch G v. 19.7.2007 (BGBl. I S. 1460); Satz 1 Nr. 1, 2 und Satz 2 geänd. mWv 1.5.2014 durch G v. 28.8.2013 (BGBl. I S. 3313); Satz 1 einl. Satzteil geänd. mWv 26.11.2019 durch G v. 20.11.2019 (BGBl. I S. 1626).

2) § 29 Abs. 4, Abs. 6 Satz 1 geänd., Satz 2 eingef., bish. Sätze 2–5 werden Sätze 3–6, Abs. 7 Satz 1 geänd. mWv 1.2.2005 durch G v. 24.8.2004 (BGBl. I S. 2198); Abs. 8 Satz 4 angef. mWv 30.12.2008 durch G v. 22.12.2008 (BGBl. I S. 2965); Abs. 8 Sätze 1 und 2 neu gef. mWv 21.6.2013 durch G v. 17.6.2013 (BGBl. I S. 1558); Abs. 1 Sätze 2–4 neu gef., Abs. 4 Nr. 1 und 2 geänd., Nr. 4 neu gef., Abs. 5 Sätze 1 und 2 geänd., Abs. 6 aufgeh., bish. Abs. 7 und 8 werden Abs. 6 und 7 und neu gef. mWv 1.5.2014 durch G v. 28.8.2013 (BGBl. I S. 3313); Abs. 6 Sätze 2 und 4 geänd. mWv 5.12.2014 durch G v. 28.11.2014 (BGBl. I S. 1802); Abs. 3 Nr. 4, Abs. 6 Satz 3 einl. Satzteil, Nr. 3, Satz 4 und Abs. 7 Sätze 1–3 geänd. mWv 26.11.2019 durch G v. 20.11.2019 (BGBl. I S. 1626).

Dreifachbuchstabe aaa als besonders verkehrssicherheitsbeeinträchtigende oder gleichgestellte Ordnungswidrigkeit mit zwei Punkten bewertet ist,

c) bei von der nach Landesrecht zuständigen Behörde verhängten Verboten oder Beschränkungen, ein fahrerlaubnisfreies Fahrzeug zu führen,

d) bei Mitteilungen über die Teilnahme an einem Fahreignungsseminar, einem Aufbauseminar, einem besonderen Aufbauseminar oder einer verkehrspsychologischen Beratung,

3. zehn Jahre

a) bei Entscheidungen über eine Straftat, in denen die Fahrerlaubnis entzogen oder eine isolierte Sperre angeordnet worden ist,

b) bei Entscheidungen über Maßnahmen oder Verzichte nach § 28 Absatz 3 Nummer 5 bis 8.

[3] Eintragungen über Maßnahmen der nach Landesrecht zuständigen Behörde nach § 2a Absatz 2 Satz 1 Nummer 1 und 2 und § 4 Absatz 5 Satz 1 Nummer 1 und 2 werden getilgt, wenn dem Inhaber einer Fahrerlaubnis die Fahrerlaubnis entzogen wird. [4] Sonst erfolgt eine Tilgung bei den Maßnahmen nach § 2a Absatz 2 Satz 1 Nummer 1 und 2 ein Jahr nach Ablauf der Probezeit und bei Maßnahmen nach § 4 Absatz 5 Satz 1 Nummer 1 und 2 dann, wenn die letzte Eintragung wegen einer Straftat oder Ordnungswidrigkeit getilgt ist. [5] Verkürzungen der Tilgungsfristen nach Absatz 1 können durch Rechtsverordnung gemäß § 30c Abs. 1 Nr. 2 zugelassen werden, wenn die eingetragene Entscheidung auf körperlichen oder geistigen Mängeln oder fehlender Befähigung beruht.

(2) Die Tilgungsfristen gelten nicht, wenn die Erteilung einer Fahrerlaubnis oder die Erteilung des Rechts, von einer ausländischen Fahrerlaubnis wieder Gebrauch zu machen, für immer untersagt ist.

(3) Ohne Rücksicht auf den Lauf der Fristen nach Absatz 1 und das Tilgungsverbot nach Absatz 2 werden getilgt

1. Eintragungen über Entscheidungen, wenn ihre Tilgung im Bundeszentralregister angeordnet oder wenn die Entscheidung im Wiederaufnahmeverfahren oder nach den §§ 86, 102 Abs. 2 des Gesetzes über Ordnungswidrigkeiten[1)] rechtskräftig aufgehoben wird,
2. Eintragungen, die in das Bundeszentralregister nicht aufzunehmen sind, wenn ihre Tilgung durch die nach Landesrecht zuständige Behörde angeordnet wird, wobei die Anordnung nur ergehen darf, wenn dies zur Vermeidung ungerechtfertigter Härten erforderlich ist und öffentliche Interessen nicht gefährdet werden,
3. Eintragungen, bei denen die zugrunde liegende Entscheidung aufgehoben wird oder bei denen nach näherer Bestimmung durch Rechtsverordnung gemäß § 30c Abs. 1 Nr. 2 eine Änderung der zugrunde liegenden Entscheidung Anlass gibt,
4. sämtliche Eintragungen, wenn eine amtliche Mitteilung über den Tod der betroffenen Person eingeht.

(4) Die Tilgungsfrist (Absatz 1) beginnt

---

1) Nr. **680**.

1. bei strafgerichtlichen Verurteilungen und bei Strafbefehlen mit dem Tag der Rechtskraft, wobei dieser Tag auch dann maßgebend bleibt, wenn eine Gesamtstrafe oder eine einheitliche Jugendstrafe gebildet oder nach § 30 Abs. 1 des Jugendgerichtsgesetzes auf Jugendstrafe erkannt wird oder eine Entscheidung im Wiederaufnahmeverfahren ergeht, die eine registerpflichtige Verurteilung enthält,
2. bei Entscheidungen der Gerichte nach den §§ 59, 60 des Strafgesetzbuchs[1] und § 27 des Jugendgerichtsgesetzes mit dem Tag der Rechtskraft,
3. bei gerichtlichen und verwaltungsbehördlichen Bußgeldentscheidungen sowie bei anderen Verwaltungsentscheidungen mit dem Tag der Rechtskraft oder Unanfechtbarkeit der beschwerenden Entscheidung,
4. bei Aufbauseminaren nach § 2a Absatz 2 Satz 1 Nummer 1, verkehrspsychologischen Beratungen nach § 2a Absatz 2 Satz 1 Nummer 2 und Fahreignungsseminaren nach § 4 Absatz 7 mit dem Tag der Ausstellung der Teilnahmebescheinigung.

(5) [1] Bei der Versagung oder Entziehung der Fahrerlaubnis wegen mangelnder Eignung, der Anordnung einer Sperre nach § 69a Abs. 1 Satz 3 des Strafgesetzbuchs oder bei einem Verzicht auf die Fahrerlaubnis beginnt die Tilgungsfrist erst mit der Erteilung oder Neuerteilung der Fahrerlaubnis, spätestens jedoch fünf Jahre nach der Rechtskraft der beschwerenden Entscheidung oder dem Tag des Zugangs der Verzichtserklärung bei der zuständigen Behörde. [2] Bei von der nach Landesrecht zuständigen Behörde verhängten Verboten oder Beschränkungen, ein fahrerlaubnisfreies Fahrzeug zu führen, beginnt die Tilgungsfrist fünf Jahre nach Ablauf oder Aufhebung des Verbots oder der Beschränkung.

(6) [1] Nach Eintritt der Tilgungsreife wird eine Eintragung vorbehaltlich der Sätze 2 und 4 gelöscht. [2] Eine Eintragung nach § 28 Absatz 3 Nummer 1 oder 3 Buchstabe a oder c wird nach Eintritt der Tilgungsreife erst nach einer Überliegefrist von einem Jahr gelöscht. [3] Während dieser Überliegefrist darf der Inhalt dieser Eintragung nur noch zu folgenden Zwecken übermittelt, verwendet oder über ihn eine Auskunft erteilt werden:
1. an die nach Landesrecht zuständige Behörde zur Anordnung von Maßnahmen im Rahmen der Fahrerlaubnis auf Probe nach § 2a,
2. an die nach Landesrecht zuständige Behörde zur Ergreifung von Maßnahmen nach dem Fahreignungs-Bewertungssystem nach § 4 Absatz 5,
3. zur Auskunftserteilung an die betroffene Person nach § 30 Absatz 8.

[4] Die Löschung einer Eintragung nach § 28 Absatz 3 Nummer 3 Buchstabe a oder c unterbleibt in jedem Fall so lange, wie die betroffene Person im Zentralen Fahrerlaubnisregister als Inhaber einer Fahrerlaubnis auf Probe gespeichert ist.

(7) [1] Ist eine Eintragung im Fahreignungsregister gelöscht, dürfen die Tat und die Entscheidung der betroffenen Person für die Zwecke des § 28 Absatz 2 nicht mehr vorgehalten und nicht zu ihrem Nachteil verwertet werden. [2] Unterliegt eine Eintragung im Fahreignungsregister über eine gerichtliche Entscheidung nach Absatz 1 Satz 2 Nummer 3 Buchstabe a einer zehnjährigen

[1] Auszugsweise abgedruckt unter Nr. **670**.

Tilgungsfrist, darf sie nach Ablauf eines Zeitraums, der einer fünfjährigen Tilgungsfrist nach den vorstehenden Vorschriften entspricht, nur noch für folgende Zwecke an die nach Landesrecht zuständige Behörde übermittelt und dort verwendet werden:

1. zur Durchführung von Verfahren, die eine Erteilung oder Entziehung einer Fahrerlaubnis zum Gegenstand haben,
2. zum Ergreifen von Maßnahmen nach dem Fahreignungs-Bewertungssystem nach § 4 Absatz 5.

[3] Außerdem dürfen für die Prüfung der Berechtigung zum Führen von Kraftfahrzeugen Entscheidungen der Gerichte nach den §§ 69 bis 69b des Strafgesetzbuches an die nach Landesrecht zuständige Behörde übermittelt und dort verwendet werden. [4] Die Sätze 1 und 2 gelten nicht für Eintragungen wegen strafgerichtlicher Entscheidungen, die für die Ahndung von Straftaten herangezogen werden. [5] Insoweit gelten die Regelungen des Bundeszentralregistergesetzes.

§ 30[1)] Übermittlung. (1) Die Eintragungen im Fahreignungsregister dürfen an die Stellen, die

1. für die Verfolgung von Straftaten, zur Vollstreckung oder zum Vollzug von Strafen,
2. für die Verfolgung von Ordnungswidrigkeiten und die Vollstreckung von Bußgeldbescheiden und ihren Nebenfolgen nach diesem Gesetz und dem Gesetz über das Fahrpersonal im Straßenverkehr oder
3. für Verwaltungsmaßnahmen auf Grund dieses Gesetzes oder der auf ihm beruhenden Rechtsvorschriften

zuständig sind, übermittelt werden, soweit dies für die Erfüllung der diesen Stellen obliegenden Aufgaben zu den in § 28 Abs. 2 genannten Zwecken jeweils erforderlich ist.

(2) Die Eintragungen im Fahreignungsregister dürfen an die Stellen, die für Verwaltungsmaßnahmen auf Grund des Gesetzes über die Beförderung gefährlicher Güter[2)], des Kraftfahrsachverständigengesetzes[3)], des Fahrlehrergesetzes[4)], des Personenbeförderungsgesetzes[5)], der gesetzlichen Bestimmungen über die Notfallrettung und den Krankentransport, des Güterkraftverkehrsgesetzes einschließlich der Verordnung (EWG) Nr. 881/92 des Rates vom 26. März 1992 über den Zugang zum Güterkraftverkehrsmarkt in der Gemeinschaft für Beförderungen aus oder nach einem Mitgliedstaat oder durch einen oder mehrere Mitgliedstaaten (ABl. EG Nr. L 95 S. 1), des Gesetzes über das Fahr-

---

[1)] § 30 Abs. 4a eingef. mWv 18.4.2008 durch G v. 8.4.2008 (BGBl. I S. 706); Abs. 10 angef. mWv 9.12.2010 durch G v. 2.12.2010 (BGBl. I S. 1748); Abs. 8 Sätze 3 und 4 angef. mWv 1.8.2013 durch G v. 25.7.2013 (BGBl. I S. 2749); Abs. 1 einl. Satzteil, Abs. 2–4a, Abs. 5 Satz 1, Abs. 7 Satz 1 einl. Satzteil, Abs. 8 Satz 1, Abs. 9 Satz 1 und Abs. 10 Satz 1 geänd., Abs. 4b eingef. mWv 1.5.2014 durch G v. 28.8.2013 (BGBl. I S. 3313); Abs. 4a, Abs. 10 Satz 1 geänd. mWv 7.12.2016 durch G v. 28.11. 2016 (BGBl. I S. 2722); Abs. 8 Satz 3 geänd. mWv 1.11.2020 durch G v. 21.6.2019 (BGBl. I S. 846, geänd. S. 1626); Abs. 5 Sätze 1 und 2, Abs. 6 Sätze 1, 2 und 4, Abs. 7 Sätze 2 und 3 sowie Abs. 8 Satz 1 geänd. mWv 26.11.2019 durch G v. 20.11.2019 (BGBl. I S. 1626).

[2)] Nr. **500**.

[3)] Nr. **660**.

[4)] Nr. **330**.

[5)] Nr. **400**.

personal im Straßenverkehr oder der auf Grund dieser Gesetze erlassenen Rechtsvorschriften zuständig sind, übermittelt werden, soweit dies für die Erfüllung der diesen Stellen obliegenden Aufgaben zu den in § 28 Abs. 2 Nr. 2 und 4 genannten Zwecken jeweils erforderlich ist.

(3) Die Eintragungen im Fahreignungsregister dürfen an die für Verkehrs- und Grenzkontrollen zuständigen Stellen übermittelt werden, soweit dies zu dem in § 28 Abs. 2 Nr. 2 genannten Zweck erforderlich ist.

(4) Die Eintragungen im Fahreignungsregister dürfen außerdem für die Erteilung, Verlängerung, Erneuerung, Rücknahme oder den Widerruf einer Erlaubnis für Luftfahrer oder sonstiges Luftfahrpersonal nach den Vorschriften des Luftverkehrsgesetzes oder der auf Grund dieses Gesetzes erlassenen Rechtsvorschriften an die hierfür zuständigen Stellen übermittelt werden, soweit dies für die genannten Maßnahmen erforderlich ist.

(4a) Die Eintragungen im Fahreignungsregister dürfen außerdem an die hierfür zuständigen Stellen übermittelt werden für die Erteilung, den Entzug oder das Anordnen des Ruhens von Befähigungszeugnissen und Erlaubnissen für Kapitäne, Schiffsoffiziere oder sonstige Seeleute nach den Vorschriften des Seeaufgabengesetzes und für Schiffs- und Sportbootführer und sonstige Besatzungsmitglieder nach dem Seeaufgabengesetz oder dem Binnenschifffahrtsaufgabengesetz oder der aufgrund dieser Gesetze erlassenen Rechtsvorschriften, soweit dies für die genannten Maßnahmen erforderlich ist.

(4b) Die Eintragungen im Fahreignungsregister dürfen außerdem für die Erteilung, Aussetzung, Einschränkung und Entziehung des Triebfahrzeugführerscheins auf Grund des Allgemeinen Eisenbahngesetzes oder der auf Grund dieses Gesetzes erlassenen Rechtsvorschriften an die hierfür zuständigen Stellen übermittelt werden, soweit die Eintragungen für die dortige Prüfung der Voraussetzungen für die Erteilung, Aussetzung, Einschränkung und Entziehung des Triebfahrzeugführerscheins erforderlich sind.

(5) [1] Die Eintragungen im Fahreignungsregister dürfen für die wissenschaftliche Forschung entsprechend § 38 und für statistische Zwecke entsprechend § 38a übermittelt und verwendet werden. [2] Zur Vorbereitung von Rechts- und allgemeinen Verwaltungsvorschriften auf dem Gebiet des Straßenverkehrs dürfen die Eintragungen entsprechend § 38b übermittelt und verwendet werden.

(6) [1] Der Empfänger darf die übermittelten Daten nur zu dem Zweck verarbeiten, zu dessen Erfüllung sie ihm übermittelt worden sind. [2] Der Empfänger darf die übermittelten Daten auch für andere Zwecke verarbeiten, soweit sie ihm auch für diese Zwecke hätten übermittelt werden dürfen. [3] Ist der Empfänger eine nichtöffentliche Stelle, hat die übermittelnde Stelle ihn darauf hinzuweisen. [4] Eine Verarbeitung für andere Zwecke durch nichtöffentliche Stellen bedarf der Zustimmung der übermittelnden Stelle.

(7) [1] Die Eintragungen im Fahreignungsregister dürfen an die zuständigen Stellen anderer Staaten übermittelt werden, soweit dies

1. für Verwaltungsmaßnahmen auf dem Gebiet des Straßenverkehrs,
2. zur Verfolgung von Zuwiderhandlungen gegen Rechtsvorschriften auf dem Gebiet des Straßenverkehrs oder
3. zur Verfolgung von Straftaten, die im Zusammenhang mit dem Straßenverkehr oder sonst mit Kraftfahrzeugen, Anhängern oder Fahrzeugpapieren, Fahrerlaubnissen oder Führerscheinen stehen,

erforderlich ist. [2]Der Empfänger ist darauf hinzuweisen, dass die übermittelten Daten nur zu dem Zweck verarbeitet werden dürfen, zu dessen Erfüllung sie ihm übermittelt werden. [3]Die Übermittlung unterbleibt, wenn durch sie schutzwürdige Interessen der betroffenen Person beeinträchtigt würden, insbesondere wenn im Empfängerland ein angemessener Datenschutzstandard nicht gewährleistet ist.

(8) [1]Der betroffenen Person wird auf Antrag schriftlich über den sie betreffenden Inhalt des Fahreignungsregisters und über die Anzahl der Punkte unentgeltlich Auskunft erteilt. [2]Der Antragsteller hat dem Antrag einen Identitätsnachweis beizufügen. [3]Die Auskunft kann elektronisch erteilt werden, wenn der Antrag unter Nutzung des elektronischen Identitätsnachweises nach § 18 des Personalausweisgesetzes ***[ab 1.11.2020:** , nach § 12 des eID-Karte-Gesetzes**]*** oder nach § 78 Absatz 5 des Aufenthaltsgesetzes gestellt wird. [4]Hinsichtlich der Protokollierung gilt § 30a Absatz 3 entsprechend.

(9) [1]Übermittlungen von Daten aus dem Fahreignungsregister sind nur auf Ersuchen zulässig, es sei denn, auf Grund besonderer Rechtsvorschrift wird bestimmt, dass die Registerbehörde bestimmte Daten von Amts wegen zu übermitteln hat. [2]Die Verantwortung für die Zulässigkeit der Übermittlung trägt die übermittelnde Stelle. [3]Erfolgt die Übermittlung auf Ersuchen des Empfängers, trägt dieser die Verantwortung. [4]In diesem Fall prüft die übermittelnde Stelle nur, ob das Übermittlungsersuchen im Rahmen der Aufgaben des Empfängers liegt, es sei denn, dass besonderer Anlass zur Prüfung der Zulässigkeit der Übermittlung besteht.

(10) [1]Die Eintragungen über rechtskräftige oder unanfechtbare Entscheidungen nach § 28 Absatz 3 Nummer 1 bis 3 und 6, in denen Inhabern ausländischer Fahrerlaubnisse die Fahrerlaubnis entzogen oder ein Fahrverbot angeordnet wird oder die fehlende Berechtigung von der Fahrerlaubnis im Inland Gebrauch zu machen festgestellt wird, werden vom Kraftfahrt-Bundesamt an die zuständigen Stellen der Mitgliedstaaten der Europäischen Union übermittelt, um ihnen die Einleitung eigener Maßnahmen zu ermöglichen. [2]Der Umfang der zu übermittelnden Daten wird durch Rechtsverordnung bestimmt (§ 30c Absatz 1 Nummer 3).

§ 30a[1)] Direkteinstellung und Abruf im automatisierten Verfahren.

(1) Den Stellen, denen die Aufgaben nach § 30 Absatz 1 bis 4b obliegen, dürfen die für die Erfüllung dieser Aufgaben jeweils erforderlichen Daten aus dem Fahreignungsregister durch Abruf im automatisierten Verfahren übermittelt werden.

(2) Die Einrichtung von Anlagen zur Datenfernübertragung durch Direkteinstellung oder zum Abruf im automatisierten Verfahren ist nur zulässig, wenn nach näherer Bestimmung durch Rechtsverordnung (§ 30c Absatz 1 Nummer 5) gewährleistet ist, dass

1. die erforderlichen technischen und organisatorischen Maßnahmen nach den Artikeln 24, 25 und 32 der Verordnung (EU) 2016/679 des Europäischen

---

[1)] § 30a Abs. 1 Satz 1 geänd. mWv 18.4.2008 durch G v. 8.4.2008 (BGBl. I S. 706); Abs. 1 neu gef., Abs. 5 Satz 1 geänd. mWv 1.5.2014 durch G v. 28.8.2013 (BGBl. I S. 3313); Überschrift und Abs. 1 geänd., Abs. 2–4 und Abs. 5 Satz 1 Nr. 1 Buchst. b neu gef. mWv 7.12.2016 durch G v. 28.11.2016 (BGBl. I S. 2722); Abs. 2 Nr. 1 sowie Abs. 5 Nr. 2 neu gef., Abs. 5 Satz 2 einl. Satzteil und Nr. 1 geänd. mWv 26.11.2019 durch G v. 20.11.2019 (BGBl. I S. 1626).

Parlaments und des Rates vom 27. April 2016 zum Schutz natürlicher Personen bei der Verarbeitung personenbezogener Daten, zum freien Datenverkehr und zur Aufhebung der Richtlinie 95/46/EG (Datenschutz-Grundverordnung) (ABl. L 119 vom 4.5.2016, S. 1; L 314 vom 22.11.2016, S. 72; L 127 vom 23.5.2018, S. 2) in der jeweils geltenden Fassung zur Sicherstellung des Datenschutzes und der Datensicherheit getroffen werden und

2. die Zulässigkeit der Direkteinstellungen oder der Abrufe nach Maßgabe des Absatzes 3 kontrolliert werden kann.

(2a) (weggefallen)

(3) [1] Das Kraftfahrt-Bundesamt fertigt über die Direkteinstellungen und die Abrufe Aufzeichnungen an, die die bei der Durchführung der Direkteinstellungen oder Abrufe verwendeten Daten, den Tag und die Uhrzeit der Direkteinstellungen oder Abrufe, die Kennung der einstellenden oder abrufenden Dienststelle und die eingestellten oder abgerufenen Daten enthalten müssen. [2] Die Zulässigkeit der Direkteinstellungen und Abrufe personenbezogener Daten wird durch Stichproben durch das Kraftfahrt-Bundesamt festgestellt und überprüft. [3] Die Protokolldaten nach Satz 1 dürfen nur für Zwecke der Datenschutzkontrolle, der Datensicherung oder zur Sicherstellung eines ordnungsgemäßen Betriebs der Datenverarbeitungsanlage verwendet werden. [4] Liegen Anhaltspunkte dafür vor, dass ohne ihre Verwendung die Verhinderung oder Verfolgung einer schwerwiegenden Straftat gegen Leib, Leben oder Freiheit einer Person aussichtslos oder wesentlich erschwert wäre, dürfen die Protokolldaten auch für diesen Zweck verwendet werden, sofern das Ersuchen der Strafverfolgungsbehörde unter Verwendung von Personendaten einer bestimmten Person gestellt wird. [5] Die Protokolldaten ind durch geeignete Vorkehrungen gegen zweckfremde Verwendung und gegen sonstigen Missbrauch zu schützen und nach sechs Monaten zu löschen.

(4) [1] Das Kraftfahrt-Bundesamt fertigt weitere Aufzeichnungen, die sich auf den Anlass der Direkteinstellung oder des Abrufs erstrecken und die Feststellung der für die Direkteinstellung oder den Abruf verantwortlichen Person ermöglichen. [2] Das Nähere wird durch Rechtsverordnung (§ 30c Absatz 1 Nummer 5) bestimmt.

(5) [1] Durch Abruf im automatisierten Verfahren dürfen aus dem Fahreignungsregister für die in § 30 Abs. 7 genannten Maßnahmen an die hierfür zuständigen öffentlichen Stellen in einem Mitgliedstaat der Europäischen Union oder einem anderen Vertragsstaat des Abkommens über den Europäischen Wirtschaftsraum übermittelt werden:

1. die Tatsache folgender Entscheidungen der Verwaltungsbehörden:
   a) die unanfechtbare Versagung einer Fahrerlaubnis, einschließlich der Ablehnung der Verlängerung einer befristeten Fahrerlaubnis,
   b) die unanfechtbaren oder sofort vollziehbaren Entziehungen, Widerrufe oder Rücknahmen einer Fahrerlaubnis oder Feststellungen über die fehlende Berechtigung, von einer ausländischen Fahrerlaubnis im Inland Gebrauch zu machen,
   c) die rechtskräftige Anordnung eines Fahrverbots,
2. die Tatsache folgender Entscheidungen der Gerichte:
   a) die rechtskräftige oder vorläufige Entziehung einer Fahrerlaubnis,

b) die rechtskräftige Anordnung einer Fahrerlaubnissperre,

c) die rechtskräftige Anordnung eines Fahrverbots,

3. die Tatsache der Beschlagnahme, Sicherstellung oder Verwahrung des Führerscheins nach § 94 der Strafprozessordnung[1],
4. die Tatsache des Verzichts auf eine Fahrerlaubnis und
5. zusätzlich

a) Klasse, Art und etwaige Beschränkungen der Fahrerlaubnis, die Gegenstand der Entscheidung nach Nummer 1 oder Nummer 2 oder des Verzichts nach Nummer 4 ist, und

b) Familiennamen, Geburtsnamen, sonstige frühere Namen, Vornamen, Ordens- oder Künstlernamen, Tag und Ort der Geburt der Person, zu der eine Eintragung nach den Nummern 1 bis 3 vorliegt.

[2] Der Abruf ist nur zulässig, wenn

1. diese Form der Datenübermittlung unter Berücksichtigung der schutzwürdigen Interessen der betroffenen Personen wegen der Vielzahl der Übermittlungen oder wegen ihrer besonderen Eilbedürftigkeit angemessen ist und
2. der Empfängerstaat die Verordnung (EU) 2016/679 anwendet.

[3] Die Absätze 2 und 3 sowie Absatz 4 wegen des Anlasses der Abrufe sind entsprechend anzuwenden.

§ 30b[2] Automatisiertes Anfrage- und Auskunftsverfahren beim Kraftfahrt-Bundesamt. (1) [1] Die Übermittlung von Daten aus dem Fahreignungsregister nach § 30 Abs. 1 bis 4b und 7 darf nach näherer Bestimmung durch Rechtsverordnung gemäß § 30c Abs. 1 Nr. 6 in einem automatisierten Anfrage- und Auskunftsverfahren erfolgen. [2] Die anfragende Stelle hat die Zwecke anzugeben, für die die zu übermittelnden Daten benötigt werden.

(2) Solche Verfahren dürfen nur eingerichtet werden, wenn gewährleistet ist, dass

1. die zur Sicherung gegen Missbrauch erforderlichen technischen und organisatorischen Maßnahmen ergriffen werden und
2. die Zulässigkeit der Übermittlung nach Maßgabe des Absatzes 3 kontrolliert werden kann.

(3) [1] Das Kraftfahrt-Bundesamt als übermittelnde Behörde hat Aufzeichnungen zu führen, die die übermittelten Daten, den Zeitpunkt der Übermittlung, den Empfänger der Daten und den vom Empfänger angegebenen Zweck enthalten. [2] § 30a Absatz 3 Satz 3 und 4 gilt entsprechend.

---

[1] Nr. **675**.

[2] § 30b Abs. 1 Satz 1 geänd. mWv 18.4.2008 durch G v. 8.4.2008 (BGBl. I S. 706); Abs. 1 Satz 1 geänd. mWv 1.5.2014 durch G v. 28.8.2013 (BGBl. I S. 3313); Abs. 3 Satz 2 geänd. mWv 1.1.2018 durch G v. 30.6.2017 (BGBl. I S. 2162).

§ 30c[1)] Ermächtigungsgrundlagen, Ausführungsvorschriften. [1] Das Bundesministerium für Verkehr und digitale Infrastruktur wird ermächtigt, Rechtsverordnungen mit Zustimmung des Bundesrates zu erlassen über

1. den Inhalt der Eintragungen einschließlich der Personendaten nach § 28 Abs. 3,
2. Verkürzungen der Tilgungsfristen nach § 29 Abs. 1 Satz 5 und über Tilgungen ohne Rücksicht auf den Lauf der Fristen nach § 29 Abs. 3 Nr. 3,
3. die Art und den Umfang der zu übermittelnden Daten nach § 30 Absatz 1 bis 4b, 7 und 10 sowie die Bestimmung der Empfänger und den Geschäftsweg bei Übermittlungen nach § 30 Abs. 7 und 10,
4. den Identitätsnachweis bei Auskünften nach § 30 Abs. 8,
5. die Art und den Umfang der zu übermittelnden Daten nach § 28 Absatz 4 Satz 2 und § 30a Abs. 1, die Maßnahmen zur Sicherung gegen Missbrauch nach § 30a Abs. 2, die weiteren Aufzeichnungen nach § 30a Abs. 4 beim Abruf im automatisierten Verfahren und die Bestimmung der Empfänger bei Übermittlungen nach § 30a Abs. 5,
6. die Art und den Umfang der zu übermittelnden Daten nach § 30b Abs. 1 und die Maßnahmen zur Sicherung gegen Missbrauch nach § 30b Abs. 2 Nr. 1,
7. die Art und Weise der Durchführung von Datenübermittlungen,
8. die Zusammenarbeit zwischen Bundeszentralregister und Fahreignungsregister.

[2] Die Rechtsverordnungen nach Satz 1 Nummer 7, soweit Justizbehörden betroffen sind, und nach Satz 1 Nummer 8 werden im Einvernehmen mit dem Bundesministerium der Justiz und für Verbraucherschutz erlassen.

V. Fahrzeugregister

§ 31[2)] Registerführung und Registerbehörden. (1) Die Zulassungsbehörden führen ein Register über die Fahrzeuge, für die ein Kennzeichen ihres Bezirks zugeteilt oder ausgegeben wurde (örtliches Fahrzeugregister der Zulassungsbehörden).

(2) Das Kraftfahrt-Bundesamt führt ein Register über die Fahrzeuge, für die im Geltungsbereich dieses Gesetzes ein Kennzeichen zugeteilt oder ausgegeben wurde oder die nach Maßgabe von Vorschriften auf Grund des § 6 Absatz 1 Nummer 2 regelmäßig untersucht oder geprüft wurden (Zentrales Fahrzeugregister des Kraftfahrt-Bundesamtes).

(3) [1] Soweit die Dienststellen der Bundeswehr, der Polizeien des Bundes und der Länder, der Wasserstraßen- und Schifffahrtsverwaltung des Bundes

(Fortsetzung nächstes Blatt)

[1)] § 30c Abs. 1, Abs. 2 Satz 1 geänd. mWv 18.8.2006 durch G v. 14.8.2006 (BGBl. I S. 1958); Abs. 1 Nr. 3 geänd. mWv 9.12.2010 durch G v. 2.12.2010 (BGBl. I S. 1748); Abs. 2 Satz 1 Nr. 2 geänd. mWv 1.5.2014 durch G v. 28.8.2013 (BGBl. I S. 3313); Abs. 1 einl. Satzteil, Abs. 2 Satz 1 einl. Satzteil und Satz 2 geänd. mWv 5.12.2014 durch G v. 28.11.2014 (BGBl. I S. 1802); Abs. 2 aufgeh., bish. Abs. 1 Satz 1 Nr. 3, 5 und 6 geänd., Nr. 7 und 8 sowie Satz 2 angef. mWv 7.12.2016 durch G v. 28.11.2016 (BGBl. I S. 2722).

[2)] § 31 Abs. 3 Satz 1 geänd. mWv 1.6.2016 durch G v. 24.5.2016 (BGBl. I S. 1217); Abs. 2 geänd. mWv 7.12.2016 durch G v. 28.11.2016 (BGBl. I S. 2722).

eigene Register für die jeweils von ihnen zugelassenen Fahrzeuge führen, finden die Vorschriften dieses Abschnitts keine Anwendung. [2] Satz 1 gilt entsprechend für Fahrzeuge, die von den Nachfolgeunternehmen der Deutschen Bundespost zugelassen sind.

§ 32[1)] Zweckbestimmung der Fahrzeugregister. (1) Die Fahrzeugregister werden geführt zur Speicherung von Daten

1. für die Zulassung und Überwachung von Fahrzeugen nach diesem Gesetz oder den darauf beruhenden Rechtsvorschriften,
2. für Maßnahmen zur Gewährleistung des Versicherungsschutzes im Rahmen der Kraftfahrzeughaftpflichtversicherung,
3. für Maßnahmen zur Durchführung des Kraftfahrzeugsteuerrechts,
4. für Maßnahmen nach dem Bundesleistungsgesetz, dem Verkehrssicherstellungsgesetz, dem Verkehrsleistungsgesetz oder den darauf beruhenden Rechtsvorschriften,
5. für Maßnahmen des Katastrophenschutzes nach den hierzu erlassenen Gesetzen der Länder oder den darauf beruhenden Rechtsvorschriften,
6. für Maßnahmen zur Durchführung des Altfahrzeugrechts,
7. für Maßnahmen zur Durchführung des Infrastrukturabgaberechts und
8. für Maßnahmen zur Durchführung der Datenverarbeitung bei Kraftfahrzeugen mit hoch- oder vollautomatisierter Fahrfunktion nach diesem Gesetz oder nach den auf diesem Gesetz beruhenden Rechtsvorschriften.

(2) Die Fahrzeugregister werden außerdem geführt zur Speicherung von Daten für die Erteilung von Auskünften, um

1. Personen in ihrer Eigenschaft als Halter von Fahrzeugen,
2. Fahrzeuge eines Halters oder
3. Fahrzeugdaten

festzustellen oder zu bestimmen.

§ 33[2)] Inhalt der Fahrzeugregister. (1) [1] Im örtlichen und im Zentralen Fahrzeugregister werden, soweit dies zur Erfüllung der in § 32 genannten Aufgaben jeweils erforderlich ist, gespeichert

1. nach näherer Bestimmung durch Rechtsverordnung (§ 47 Nummer 1 und 1a) Daten über Beschaffenheit, Ausrüstung, Identifizierungsmerkmale, Zulassungsmerkmale, Prüfung und Untersuchung einschließlich der durchführenden Stelle und einer Kennung für die Feststellung des für die Durchführung der Prüfung oder Untersuchung Verantwortlichen, Kennzeichnung und Papiere des Fahrzeugs sowie über tatsächliche und rechtliche Verhältnisse in Bezug auf das Fahrzeug, insbesondere auch über die Haft-

---

[1)] § 32 Abs. 1 Nr. 4 und 5 geänd., Nr. 6 angef. mWv 1.6.2005 durch G v. 3.5.2005 (BGBl. I S. 1221); Abs. 1 Nr. 5 und 6 geänd., Nr. 7 angef. mWv 12.6.2015 durch G v. 8.6.2015 (BGBl. I S. 904); Abs. 1 Nr. 6 und 7 geänd., Nr. 8 angef. mWv 21.6.2017 durch G v. 16.6.2017 (BGBl. I S. 1648).

[2)] § 33 Abs. 1 Satz 1 Nr. 1 geänd. mWv 1.6.2005 durch G v. 3.5.2005 (BGBl. I S. 1221); Abs. 1 Satz 2 geänd. mWv 31.8.2013 durch G v. 28.8.2013 (BGBl. I S. 3310); Abs. 1 Satz 2 wohl irrtümlich nochmal geänd. mWv 1.5.2014 durch G v. 28.8.2013 (BGBl. I S. 3313); Abs. 1 Satz 1 Nr. 1 geänd. mWv 7.12.2016 durch G v. 28.11.2016 (BGBl. I S. 2722).

pflichtversicherung, die Kraftfahrzeugbesteuerung des Fahrzeugs und die Verwertung oder Nichtentsorgung des Fahrzeugs als Abfall im Inland (Fahrzeugdaten), sowie

2. Daten über denjenigen, dem ein Kennzeichen für das Fahrzeug zugeteilt oder ausgegeben wird (Halterdaten), und zwar

   a) bei natürlichen Personen:
   Familienname, Geburtsname, Vornamen, vom Halter für die Zuteilung oder die Ausgabe des Kennzeichens angegebener Ordens- oder Künstlername, Tag und Ort der Geburt, Geschlecht, Anschrift; bei Fahrzeugen mit Versicherungskennzeichen entfällt die Speicherung von Geburtsnamen, Ort der Geburt und Geschlecht des Halters,

   b) bei juristischen Personen und Behörden:
   Name oder Bezeichnung und Anschrift und

   c) bei Vereinigungen:
   benannter Vertreter mit den Angaben nach Buchstabe a und gegebenenfalls Name der Vereinigung.

[2] Im örtlichen und im Zentralen Fahrzeugregister werden zur Erfüllung der in § 32 genannten Aufgaben außerdem Daten über denjenigen gespeichert, an den ein Fahrzeug mit einem amtlichen Kennzeichen veräußert wurde (Halterdaten), und zwar

a) bei natürlichen Personen:
Familienname, Vornamen und Anschrift,

b) bei juristischen Personen und Behörden:
Name oder Bezeichnung und Anschrift und

c) bei Vereinigungen:
benannter Vertreter mit den Angaben nach Buchstabe a und gegebenenfalls Name der Vereinigung.

(2) Im örtlichen und im Zentralen Fahrzeugregister werden über beruflich Selbständige, denen ein amtliches Kennzeichen für ein Fahrzeug zugeteilt wird, für die Aufgaben nach § 32 Abs. 1 Nr. 4 und 5 Berufsdaten gespeichert, und zwar

1. bei natürlichen Personen der Beruf oder das Gewerbe (Wirtschaftszweig) und

2. bei juristischen Personen und Vereinigungen gegebenenfalls das Gewerbe (Wirtschaftszweig).

(3) Im örtlichen und im Zentralen Fahrzeugregister darf die Anordnung einer Fahrtenbuchauflage wegen Zuwiderhandlungen gegen Verkehrsvorschriften gespeichert werden.

(4) Ferner werden für Daten, die nicht übermittelt werden dürfen (§ 41), in den Fahrzeugregistern Übermittlungssperren gespeichert.

(Fortsetzung nächstes Blatt)

§ 34[1)] Erhebung der Daten. (1) [1] Wer die Zuteilung oder die Ausgabe eines Kennzeichens für ein Fahrzeug beantragt, hat der hierfür zuständigen Stelle

1. von den nach § 33 Abs. 1 Satz 1 Nr. 1 zu speichernden Fahrzeugdaten bestimmte Daten nach näherer Regelung durch Rechtsverordnung (§ 47 Nummer 1) und
2. die nach § 33 Abs. 1 Satz 1 Nr. 2 zu speichernden Halterdaten

mitzuteilen und auf Verlangen nachzuweisen. [2] Zur Mitteilung und zum Nachweis der Daten über die Haftpflichtversicherung ist auch der jeweilige Versicherer befugt. [3] Die Zulassungsbehörde kann durch Einholung von Auskünften aus dem Melderegister die Richtigkeit und Vollständigkeit der vom Antragsteller mitgeteilten Daten überprüfen.

(2) Wer die Zuteilung eines amtlichen Kennzeichens für ein Fahrzeug beantragt, hat der Zulassungsbehörde außerdem die Daten über Beruf oder Gewerbe (Wirtschaftszweig) mitzuteilen, soweit sie nach § 33 Abs. 2 zu speichern sind.

(3) [1] Wird ein Fahrzeug veräußert, für das ein amtliches Kennzeichen zugeteilt ist, so hat der Veräußerer der Zulassungsbehörde, die dieses Kennzeichen zugeteilt hat, die in § 33 Abs. 1 Satz 2 aufgeführten Daten des Erwerbers (Halterdaten) mitzuteilen. [2] Die Mitteilung ist nicht erforderlich, wenn der neue Eigentümer bereits seiner Meldepflicht nach Absatz 4 nachgekommen ist.

(4) Der Halter und der Eigentümer, wenn dieser nicht zugleich Halter ist, haben der Zulassungsbehörde jede Änderung der Daten mitzuteilen, die nach Absatz 1 erhoben wurden; dies gilt nicht für die Fahrzeuge, die ein Versicherungskennzeichen führen müssen.

(5) [1] Die Versicherer dürfen der zuständigen Zulassungsbehörde das Nichtbestehen oder die Beendigung des Versicherungsverhältnisses über die vorgeschriebene Haftpflichtversicherung für das betreffende Fahrzeug mitteilen. [2] Die Versicherer haben dem Kraftfahrt-Bundesamt im Rahmen der Zulassung von Fahrzeugen mit Versicherungskennzeichen die erforderlichen Fahrzeugdaten nach näherer Bestimmung durch Rechtsverordnung (§ 47 Nummer 2) und die Halterdaten nach § 33 Abs. 1 Satz 1 Nr. 2 mitzuteilen.

(6) [1] Die Technischen Prüfstellen, amtlich anerkannten Überwachungsorganisationen und anerkannten Kraftfahrzeugwerkstätten, soweit diese Werkstätten Sicherheitsprüfungen durchführen, haben dem Kraftfahrt-Bundesamt nach näherer Bestimmung durch Rechtsverordnung auf Grund des § 47 Nummer 1a die nach § 33 Absatz 1 Satz 1 Nummer 1 zu speichernden oder zu einer Änderung oder Löschung einer Eintragung führenden Daten über Prüfungen und Untersuchungen einschließlich der durchführenden Stellen und Kennungen zur Feststellung der für die Durchführung der Prüfung oder Untersuchung Verantwortlichen zu übermitteln. [2] Im Fall der anerkannten Kraftfahrzeugwerkstätte erfolgt die Übermittlung über Kopfstellen; im Fall der Technischen Prüfstellen und anerkannten Überwachungsorganisationen kann die Übermittlung über Kopfstellen erfolgen. [3] Eine Speicherung der nach Satz 2 zur Übermittlung an das Kraftfahrt-Bundesamt erhaltenen Daten bei den Kopfstellen erfolgt ausschließlich zu diesem Zweck. [4] Nach erfolgter Übermittlung haben die

---

[1)] § 34 Abs. 1 Satz 2 eingef., bish. Satz 2 wird Satz 3 mWv 1.6.2005 durch G v. 3.5.2005 (BGBl. I S. 1221); Abs. 3 Satz 2 angef., Abs. 4 geänd. mWv 26.6.2011 durch G v. 20.6.2011 (BGBl. I S. 1124); Abs. 1 Satz 1 Nr. 1 und Abs. 5 Satz 2 geänd., Abs. 6 angef. mWv 7.12.2016 durch G v. 28.11.2016 (BGBl. I S. 2722).

Kopfstellen die nach Satz 3 gespeicherten Daten unverzüglich, bei elektronischer Speicherung automatisiert, zu löschen.

§ 35[1] Übermittlung von Fahrzeugdaten und Halterdaten. (1) Die nach § 33 Absatz 1 gespeicherten Fahrzeugdaten und Halterdaten dürfen an Behörden und sonstige öffentliche Stellen im Geltungsbereich dieses Gesetzes sowie im Rahmen einer internetbasierten Zulassung an Personen im Sinne des § 6g Absatz 3 zur Erfüllung der Aufgaben der Zulassungsbehörde, des Kraftfahrt-Bundesamtes oder der Aufgaben des Empfängers nur übermittelt werden, wenn dies für die Zwecke nach § 32 Absatz 2 jeweils erforderlich ist

1. zur Durchführung der in § 32 Abs. 1 angeführten Aufgaben,
2. zur Verfolgung von Straftaten, zur Vollstreckung oder zum Vollzug von Strafen, von Maßnahmen im Sinne des § 11 Abs. 1 Nr. 8 des Strafgesetzbuchs oder von Erziehungsmaßregeln oder Zuchtmitteln im Sinne des Jugendgerichtsgesetzes,
3. zur Verfolgung von Ordnungswidrigkeiten,
4. zur Abwehr von Gefahren für die öffentliche Sicherheit oder Ordnung,
5. zur Erfüllung der den Verfassungsschutzbehörden, dem Militärischen Abschirmdienst und dem Bundesnachrichtendienst durch Gesetz übertragenen Aufgaben,
6. für Maßnahmen nach dem Abfallbeseitigungsgesetz oder den darauf beruhenden Rechtsvorschriften,
7. für Maßnahmen nach dem Wirtschaftssicherstellungsgesetz oder den darauf beruhenden Rechtsvorschriften,
8. für Maßnahmen nach dem Energiesicherungsgesetz 1975[2] oder den darauf beruhenden Rechtsvorschriften,
9. für die Erfüllung der gesetzlichen Mitteilungspflichten zur Sicherung des Steueraufkommens nach § 93 der Abgabenordnung,

---

[1] § 35 Abs. 3 Satz 1 Nr. 1 Buchst. e und Abs. 5 Nr. 6 geänd. mWv 1.1.2005 durch G v. 27.12.2003 (BGBl. I S. 3022); Abs. 3 Satz 1 einl. Satzteil geänd., Abs. 4b eingef. mWv 1.3.2005 durch G v. 26.1.2005 (BGBl. I S. 162); Abs. 3 Satz 1 Nr. 1 Buchst. e, Abs. 5 Nr. 6 geänd. mWv 1.1.2005 durch G v. 21.3.2005 (BGBl. I S. 818); Abs. 1 Nr. 11 und 12, Abs. 2 Nr. 1 und Abs. 5 Nr. 5 geänd., Abs. 1 Nr. 13 und Abs. 2 Nr. 1a angef. mWv 1.6.2005 durch G v. 3.5.2005 (BGBl. I S. 1221); Abs. 1 Nr. 13 geänd. mWv 1.8.2006 durch G v. 20.7.2006 (BGBl. I S. 1706); Abs. 4b geänd. mWv 1.1.2009 durch G v. 17.3.2007 (BGBl. I S. 314) iVm Bek. v. 12.12.2008 (BGBl. 2009 II S. 39); Abs. 5 Nr. 4 geänd. mWv 1.7.2009 durch G v. 29.5.2009 (BGBl. I S. 1170); Abs. 3 Satz 1 geänd., Abs. 4c eingef. mWv 1.1.2013 durch G v. 29.7.2009 (BGBl. I S. 2258, geänd. durch G v. 23.5.2011, BGBl. I S. 898); Abs. 1 Nr. 12 und 13 geänd., Nr. 14 angef., Abs. 4b geänd. mWv 18.6.2011, Abs. 1 Nr. 13 und 14 geänd., Nr. 15 angef. mWv 1.1.2013 durch G v. 23.5.2011 (BGBl. I S. 898); Abs. 1a eingef. mWv 26.6.2011 durch G v. 20.6.2011 (BGBl. I S. 1124); Abs. 1 Nr. 10 neu gef. mWv 19.7.2011 durch G v. 12.7.2011 (BGBl. I S. 1378); Abs. 2a eingef., Abs. 5 Satz 1 einl. Satzteil geänd. mWv 31.8.2013 durch G v. 28.8.2013 (BGBl. I S. 3310); Abs. 1 einl. Satzteil neu gef., Abs. 2 Satz 1 Nr. 1a und 2, Abs. 5 einl. Satzteil und Abs. 6 Satz 3 geänd., Abs. 2 Satz 1 Nr. 3 sowie Sätze 2 und 3 angef. mWv 7.12.2016 durch G v. 28.11.2016 (BGBl. I S. 2722); Abs. 1 Nr. 14 und 15 geänd., Nr. 16 angef. mWv 10.3.2017 durch G v. 6.3.2017 (BGBl. I S. 399); Abs. 4b geänd. mWv 17.6.2017 durch G v. 11.6.2017 (BGBl. I S. 1607); Abs. 1 Nr. 15 und 16 geänd., Nr. 17 angef., Abs. 4c neu gef. mWv 6.7.2017 durch G v. 30.6.2017 (BGBl. I S. 2094); Abs. 1 Nr. 16 und 17 Buchst. c geänd., Nr. 18 angef. mWv 12.4.2019 durch G v. 8.4.2019 (BGBl. I S. 430); Abs. 1 Nr. 17 und 18 geänd., Nr. 19 angef. mWv 1.10.2020 durch G v. 29.6.2020 (BGBl. I S. 1528).

[2] Nr. **60**.

10. zur Feststellung der Maut für die Benutzung mautpflichtiger Straßen im Sinne des § 1 des Bundesfernstraßenmautgesetzes[1] und zur Verfolgung von Ansprüchen nach diesem Gesetz,
11. zur Ermittlung der Mautgebühr für die Benutzung von Bundesfernstraßen und zur Verfolgung von Ansprüchen nach dem Fernstraßenbauprivatfinanzierungsgesetz vom 30. August 1994 (BGBl. I S. 2243) in der jeweils geltenden Fassung,
12. zur Ermittlung der Mautgebühr für die Benutzung von Straßen nach Landesrecht und zur Verfolgung von Ansprüchen nach den Gesetzen der Länder über den gebührenfinanzierten Neu- und Ausbau von Straßen,
13. zur Überprüfung von Personen, die Sozialhilfe, Leistungen der Grundsicherung für Arbeitsuchende oder Leistungen nach dem Asylbewerberleistungsgesetz beziehen, zur Vermeidung rechtswidriger Inanspruchnahme solcher Leistungen,
14. für die in § 17 des Auslandsunterhaltsgesetzes genannten Zwecke,
15. für die in § 802l der Zivilprozessordnung genannten Zwecke soweit kein Grund zu der Annahme besteht, dass dadurch schutzwürdige Interessen des Betroffenen beeinträchtigt werden,
16. zur Erfüllung der den Behörden der Zollverwaltung in § 2 Absatz 1 des Schwarzarbeitsbekämpfungsgesetzes übertragenen Prüfungsaufgaben,
17. zur Durchführung eines Vollstreckungsverfahrens an die für die Vollstreckung nach dem Verwaltungs-Vollstreckungsgesetz oder nach den Verwaltungsvollstreckungsgesetzen der Länder zuständige Behörde, wenn
    a) der Vollstreckungsschuldner seiner Pflicht, eine Vermögensauskunft zu erteilen, nicht nachkommt oder bei einer Vollstreckung in die in der Vermögensauskunft angeführten Vermögensgegenstände eine vollständige Befriedigung der Forderung, wegen der die Vermögensauskunft verlangt wird, voraussichtlich nicht zu erwarten ist,
    b) der Vollstreckungsschuldner als Halter des Fahrzeugs eingetragen ist und
    c) kein Grund zu der Annahme besteht, dass dadurch schutzwürdige Interessen des Betroffenen beeinträchtigt werden,
18. zur Überprüfung der Einhaltung von Verkehrsbeschränkungen und Verkehrsverboten, die aufgrund des § 40 des Bundes-Immissionsschutzgesetzes nach Maßgabe der straßenverkehrsrechtlichen Vorschriften angeordnet worden oder aufgrund straßenverkehrsrechtlicher Vorschriften zum Schutz der Wohnbevölkerung oder der Bevölkerung vor Abgasen ergangen sind, oder
19. zur Überprüfung und Ergänzung der Angaben in Anträgen und Verwendungsnachweisen zu einer Förderung hinsichtlich der Einhaltung der Regelungen über die Förderung des Absatzes von elektrisch betriebenen Fahrzeugen (Umweltbonus).

(1a) Die nach § 33 Absatz 1 Nummer 1 gespeicherten Daten über Beschaffenheit, Ausrüstung und Identifizierungsmerkmale von Fahrzeugen dürfen den Zentralen Leitstellen für Brandschutz, Katastrophenschutz und Rettungsdienst, wenn dies für Zwecke nach § 32 Absatz 2 Nummer 3 erforderlich ist, zur Rettung von Unfallopfern übermittelt werden.

---

[1] Nr. **810**.

(2) [1]Die nach § 33 Abs. 1 gespeicherten Fahrzeugdaten und Halterdaten dürfen, wenn dies für die Zwecke nach § 32 Abs. 2 jeweils erforderlich ist,

1. an Inhaber von Betriebserlaubnissen für Fahrzeuge oder an Fahrzeughersteller für Rückrufmaßnahmen zur Beseitigung von erheblichen Mängeln für die Verkehrssicherheit oder für die Umwelt an bereits ausgelieferten Fahrzeugen (§ 32 Abs. 1 Nr. 1) sowie bis zum 31. Dezember 1995 für staatlich geförderte Maßnahmen zur Verbesserung des Schutzes vor schädlichen Umwelteinwirkungen durch bereits ausgelieferte Fahrzeuge,

1a. an Fahrzeughersteller und Importeure von Fahrzeugen sowie an deren Rechtsnachfolger zur Überprüfung der Angaben über die Verwertung des Fahrzeugs nach dem Altfahrzeugrecht,

2. an Versicherer zur Gewährleistung des vorgeschriebenen Versicherungsschutzes (§ 32 Abs. 1 Nr. 2) und

3. unmittelbar oder über Kopfstellen an Technische Prüfstellen und amtlich anerkannte Überwachungsorganisationen sowie über Kopfstellen an anerkannte Kraftfahrzeugwerkstätten, soweit diese Werkstätten Sicherheitsprüfungen durchführen, für die Durchführung der regelmäßigen Untersuchungen und Prüfungen, um die Verkehrssicherheit der Fahrzeuge und den Schutz der Verkehrsteilnehmer zu gewährleisten,

übermittelt werden. [2]Bei Übermittlungen nach Satz 1 Nummer 3 erfolgt eine Speicherung der Daten bei den Kopfstellen ausschließlich zum Zweck der Übermittlung an Technische Prüfstellen, amtlich anerkannte Überwachungsorganisationen und anerkannte Kraftfahrzeugwerkstätten, soweit diese Werkstätten Sicherheitsprüfungen durchführen. [3]Nach erfolgter Übermittlung haben die Kopfstellen die nach Satz 2 gespeicherten Daten unverzüglich, bei elektronischer Speicherung automatisiert, zu löschen.

(2a) Die nach § 33 Absatz 3 gespeicherten Daten über die Fahrtenbuchauflagen dürfen

1. den Zulassungsbehörden in entsprechender Anwendung des Absatzes 5 Nummer 1 zur Überwachung der Fahrtenbuchauflage,
2. dem Kraftfahrt-Bundesamt in entsprechender Anwendung des Absatzes 5 Nummer 1 für die Unterstützung der Zulassungsbehörden im Rahmen der Überwachung der Fahrtenbuchauflage oder
3. den hierfür zuständigen Behörden oder Gerichten zur Verfolgung von Straftaten oder von Ordnungswidrigkeiten nach §§ 24, 24a oder § 24c

jeweils im Einzelfall übermittelt werden.

(3) [1]Die Übermittlung von Fahrzeugdaten und Halterdaten zu anderen Zwecken als der Feststellung oder Bestimmung von Haltern oder Fahrzeugen (§ 32 Abs. 2) ist, unbeschadet der Absätze 4, 4a bis 4c, unzulässig, es sei denn, die Daten sind

1. unerlässlich zur
   a) Verfolgung von Straftaten oder zur Vollstreckung oder zum Vollzug von Strafen,
   b) Abwehr einer im Einzelfall bestehenden Gefahr für die öffentliche Sicherheit,
   c) Erfüllung der den Verfassungsschutzbehörden, dem Militärischen Abschirmdienst und dem Bundesnachrichtendienst durch Gesetz übertragenen Aufgaben,

d) Erfüllung der gesetzlichen Mitteilungspflichten zur Sicherung des Steueraufkommens nach § 93 der Abgabenordnung, soweit diese Vorschrift unmittelbar anwendbar ist, oder

e) Erfüllung gesetzlicher Mitteilungspflichten nach § 118 Abs. 4 Satz 4 Nr. 6 des Zwölften Buches Sozialgesetzbuch

und

2. auf andere Weise nicht oder nicht rechtzeitig oder nur mit unverhältnismäßigem Aufwand zu erlangen.

[2]Die ersuchende Behörde hat Aufzeichnungen über das Ersuchen mit einem Hinweis auf dessen Anlass zu führen. [3]Die Aufzeichnungen sind gesondert aufzubewahren, durch technische und organisatorische Maßnahmen zu sichern und am Ende des Kalenderjahres, das dem Jahr der Erstellung der Aufzeichnung folgt, zu vernichten. [4]Die Aufzeichnungen dürfen nur zur Kontrolle der Zulässigkeit der Übermittlungen verwertet werden, es sei denn, es liegen Anhaltspunkte dafür vor, dass ihre Verwertung zur Aufklärung oder Verhütung einer schwerwiegenden Straftat gegen Leib, Leben oder Freiheit einer Person führen kann und die Aufklärung oder Verhütung ohne diese Maßnahme aussichtslos oder wesentlich erschwert wäre.

(4) [1]Auf Ersuchen des Bundeskriminalamtes kann das Kraftfahrt-Bundesamt die im Zentralen Fahrzeugregister gespeicherten Halterdaten mit dem polizeilichen Fahndungsbestand der mit Haftbefehl gesuchten Personen abgleichen. [2]Die dabei ermittelten Daten gesuchter Personen dürfen dem Bundeskriminalamt übermittelt werden. [3]Das Ersuchen des Bundeskriminalamtes erfolgt durch Übersendung eines Datenträgers.

(4a) Auf Ersuchen der Auskunftsstelle nach § 8a des Pflichtversicherungsgesetzes[1] übermitteln die Zulassungsbehörden und das Kraftfahrt-Bundesamt die nach § 33 Abs. 1 gespeicherten Fahrzeugdaten und Halterdaten zu den in § 8a Abs. 1 des Pflichtversicherungsgesetzes genannten Zwecken.

(4b) Zu den in § 7 Absatz 3 des Internationalen Familienrechtsverfahrensgesetzes, § 4 Abs. 3 Satz 2 des Erwachsenenschutzübereinkommens-Ausführungsgesetzes vom 17. März 2007 (BGBl. I S. 314) und den in den §§ 16 und 17 des Auslandsunterhaltsgesetzes vom 23. Mai 2011 (BGBl. I S. 898) bezeichneten Zwecken übermittelt das Kraftfahrt-Bundesamt der in diesen Vorschriften bezeichneten Zentralen Behörde auf Ersuchen die nach § 33 Abs. 1 Satz 1 Nr. 2 gespeicherten Halterdaten.

(4c) Auf Ersuchen übermittelt das Kraftfahrt-Bundesamt

1. dem Gerichtsvollzieher zu den in § 755 der Zivilprozessordnung genannten Zwecken und

2. der für die Vollstreckung nach dem Verwaltungs-Vollstreckungsgesetz oder nach den Verwaltungsvollstreckungsgesetzen der Länder zuständigen Behörde, soweit diese die Angaben nicht durch Anfrage bei der Meldebehörde ermitteln kann, zur Durchführung eines Vollstreckungsverfahrens

die nach § 33 Absatz 1 Satz 1 Nummer 2 gespeicherten Halterdaten, soweit kein Grund zu der Annahme besteht, dass dadurch schutzwürdige Interessen des Betroffenen beeinträchtigt werden.

---

[1] Nr. **600**.

(5) Die nach § 33 Absatz 1 oder 3 gespeicherten Fahrzeugdaten und Halterdaten dürfen nach näherer Bestimmung durch Rechtsverordnung (§ 47 Nummer 3) regelmäßig übermittelt werden

1. von den Zulassungsbehörden an das Kraftfahrt-Bundesamt für das Zentrale Fahrzeugregister und vom Kraftfahrt-Bundesamt an die Zulassungsbehörden für die örtlichen Fahrzeugregister,
2. von den Zulassungsbehörden an andere Zulassungsbehörden, wenn diese mit dem betreffenden Fahrzeug befasst sind oder befasst waren,
3. von den Zulassungsbehörden an die Versicherer zur Gewährleistung des vorgeschriebenen Versicherungsschutzes (§ 32 Abs. 1 Nr. 2),
4. von den Zulassungsbehörden an die für die Ausübung der Verwaltung der Kraftfahrzeugsteuer zuständigen Behörden zur Durchführung des Kraftfahrzeugsteuerrechts (§ 32 Abs. 1 Nr. 3),
5. von den Zulassungsbehörden und vom Kraftfahrt-Bundesamt für Maßnahmen nach dem Bundesleistungsgesetz, dem Verkehrssicherstellungsgesetz, dem Verkehrsleistungsgesetz oder des Katastrophenschutzes nach den hierzu erlassenen Gesetzen der Länder oder den darauf beruhenden Rechtsvorschriften an die hierfür zuständigen Behörden (§ 32 Abs. 1 Nr. 4 und 5),
6. von den Zulassungsbehörden für Prüfungen nach § 118 Abs. 4 Satz 4 Nr. 6 des Zwölften Buches Sozialgesetzbuch an die Träger der Sozialhilfe nach dem Zwölften Buch Sozialgesetzbuch.

(6) [1] Das Kraftfahrt-Bundesamt als übermittelnde Behörde hat Aufzeichnungen zu führen, die die übermittelten Daten, den Zeitpunkt der Übermittlung, den Empfänger der Daten und den vom Empfänger angegebenen Zweck enthalten. [2] Die Aufzeichnungen dürfen nur zur Kontrolle der Zulässigkeit der Übermittlungen verwertet werden, sind durch technische und organisatorische Maßnahmen gegen Missbrauch zu sichern und am Ende des Kalenderhalbjahres, das dem Halbjahr der Übermittlung folgt, zu löschen oder zu vernichten. [3] Bei Übermittlung nach Absatz 5 sind besondere Aufzeichnungen entbehrlich, wenn die Angaben nach Satz 1 aus dem Register oder anderen Unterlagen entnommen werden können. [4] Die Sätze 1 und 2 gelten auch für die Übermittlungen durch das Kraftfahrt-Bundesamt nach den §§ 37 bis 40.

§ 36[1)] Abruf im automatisierten Verfahren. (1) Die Übermittlung nach § 35 Absatz 1 Nummer 1, soweit es sich um Aufgaben nach § 32 Absatz 1 Nummer 1 handelt, aus dem Zentralen Fahrzeugregister

---

[1)] § 36 Abs. 2 Satz 1 Nr. 2 und Abs. 3 geänd., Abs. 3a eingef. mWv 1.6.2005 durch G v. 3.5.2005 (BGBl. I S. 1221); Abs. 2 Satz 1 einl. Satzteil, Nr. 1a und 2 sowie Abs. 3 geänd., Abs. 2 Satz 1 Nr. 3 angef. mWv 11.1.2007 durch G v. 5.1.2007 (BGBl. I S. 2, geänd. durch G v. 7.12.2011, BGBl. I S. 2576; G v. 3.12.2015, BGBl. I S. 2161 und G v. 3.12.2020, BGBl. I S. 2667); Abs. 2 Nr. 1 Buchst. b, Nr. 1a geänd. mWv 1.8.2007 durch G v. 19.7.2007 (BGBl. I S. 1460); Abs. 3b eingef. mWv 1.7.2009 durch G v. 29.5.2009 (BGBl. I S. 1170); Abs. 2c eingef. mWv 18.6.2011, Abs. 2d eingef. mWv 1.1.2013 durch G v. 23.5.2011 (BGBl. I S. 898); Abs. 3c eingef. mWv 26.6.2011 durch G v. 20.6.2011 (BGBl. I S. 1124); Abs. 2b geänd. mWv 19.7.2011 durch G v. 12.7.2011 (BGBl. I S. 1378); Abs. 2a eingef., bish. Abs. 2a–2d werden Abs. 2b–2e, Abs. 2f eingef., Abs. 6 Sätze 3–5 eingef., bish. Sätze 3 und 4 werden Sätze 6 und 7 mWv 31.8.2013 durch G v. 28.8.2013 (BGBl. I S. 3310); Abs. 1 und Abs. 6 Satz 3 neu gef., Abs. 2f eingef., bish. Abs. 2f wird Abs. 2g, Abs. 5 einl. Satzteil und Abs. 7 Satz 2 geänd. mWv 7.12.2016 durch G v. 28.11.2016 (BGBl. I S. 2722); Abs. 2 Satz 1 Nr. 2 geänd., Nr. 2a eingef., Abs. 2a neu gef., Abs. 2h eingef. mWv 10.3.2017 durch G v. 6.3.2017 (BGBl. I S. 399); Abs. 2 Satz 1 Nr. 2 und Nr. 3 geänd., Nr. 4 angef. mWv 26.6.2017 durch G v. 23.6.2017 (BGBl. I S. 1822); Abs. 2i eingef. mWv 12.4.2019 →

1. an die Zulassungsbehörden oder
2. im Rahmen einer internetbasierten Zulassung an Personen im Sinne des § 6g Absatz 3

darf durch Abruf im automatisierten Verfahren erfolgen.

(2) [1]Die Übermittlung nach § 35 Abs. 1 Nr. 1 bis 5 aus dem Zentralen Fahrzeugregister darf durch Abruf im automatisierten Verfahren erfolgen

1. an die Polizeien des Bundes und der Länder sowie an Dienststellen der Zollverwaltung, soweit sie Befugnisse nach § 10 des Zollverwaltungsgesetzes ausüben oder grenzpolizeiliche Aufgaben wahrnehmen,
   a) zur Kontrolle, ob die Fahrzeuge einschließlich ihrer Ladung und die Fahrzeugpapiere vorschriftsmäßig sind,
   b) zur Verfolgung von Ordnungswidrigkeiten nach §§ 24, 24a oder § 24c,
   c) zur Verfolgung von Straftaten oder zur Vollstreckung oder zum Vollzug von Strafen oder
   d) zur Abwehr von Gefahren für die öffentliche Sicherheit,

1a. an die Verwaltungsbehörden im Sinne des § 26 Abs. 1 für die Verfolgung von Ordnungswidrigkeiten nach §§ 24, 24a oder § 24c,

2. an die Zollfahndungsdienststellen zur Verhütung oder Verfolgung von Steuer- und Wirtschaftsstraftaten sowie an die mit der Steuerfahndung betrauten Dienststellen der Landesfinanzbehörden zur Verhütung oder Verfolgung von Steuerstraftaten,

2a. an die Behörden der Zollverwaltung zur Verfolgung von Straftaten, die mit einem der in § 2 Absatz 1 des Schwarzarbeitsbekämpfungsgesetzes genannten Prüfgegenstände unmittelbar zusammenhängen, und

3. an die Verfassungsschutzbehörden, den Militärischen Abschirmdienst und den Bundesnachrichtendienst zur Erfüllung ihrer durch Gesetz übertragenen Aufgaben und

4. an die Zentralstelle für Finanztransaktionsuntersuchungen zur Erfüllung ihrer Aufgaben nach dem Geldwäschegesetz.

[2]Satz 1 gilt entsprechend für den Abruf der örtlich zuständigen Polizeidienststellen der Länder und Verwaltungsbehörden im Sinne des § 26 Abs. 1 aus den jeweiligen örtlichen Fahrzeugregistern.

(2a) Die Übermittlung nach § 35 Absatz 1 Nummer 9 aus dem Zentralen Fahrzeugregister darf durch Abruf im automatisierten Verfahren erfolgen

1. an die mit der Kontrolle und Erhebung der Umsatzsteuer betrauten Dienststellen der Finanzbehörden, soweit ein Abruf im Einzelfall zur Verhinderung einer missbräuchlichen Anwendung der Vorschriften des Umsatzsteuergesetzes beim Handel, Erwerb oder bei der Übertragung von Fahrzeugen erforderlich ist,
2. an die mit der Durchführung einer Außenprüfung nach § 193 der Abgabenordnung betrauten Dienststellen der Finanzbehörden, soweit ein Abruf für die Ermittlung der steuerlichen Verhältnisse im Rahmen einer Außenprüfung erforderlich ist und

---

(Fortsetzung der Anm. von voriger Seite)
durch G v. 8.4.2019 (BGBl. I S. 430); Abs. 5 Nr. 1 geänd., Nr. 2 neu gef. mWv 26.11.2019 durch G v. 20.11.2019 (BGBl. I S. 1626); Abs. 2j eingef. mWv 1.10.2020 durch G v. 29.6.2020 (BGBl. I S. 1528).

3. an die mit der Vollstreckung betrauten Dienststellen der Finanzbehörden nach § 249 der Abgabenordnung, soweit ein Abruf für die Vollstreckung von Ansprüchen aus dem Steuerschuldverhältnis erforderlich ist.

(2b) Die Übermittlung nach § 35 Abs. 1 Nr. 11 und 12 aus dem Zentralen Fahrzeugregister darf durch Abruf im automatisierten Verfahren an den Privaten, der mit der Erhebung der Mautgebühr beliehen worden ist, erfolgen.

(2c) Die Übermittlung nach § 35 Abs. 1 Nr. 10 aus dem Zentralen Fahrzeugregister darf durch Abruf im automatisierten Verfahren an das Bundesamt für Güterverkehr und an eine sonstige öffentliche Stelle, die mit der Erhebung der Maut nach dem Bundesfernstraßenmautgesetz[1)] beauftragt ist, erfolgen.

(2d) Die Übermittlung nach § 35 Absatz 1 Nummer 14 aus dem Zentralen Fahrzeugregister darf durch Abruf im automatisierten Verfahren an die zentrale Behörde (§ 4 des Auslandsunterhaltsgesetzes) erfolgen.

(2e) Die Übermittlung nach § 35 Absatz 1 Nr. 15 aus dem Zentralen Fahrzeugregister darf durch Abruf im automatisierten Verfahren an den Gerichtsvollzieher erfolgen.

(2f) Die Übermittlung aus dem Zentralen Fahrzeugregister nach § 35 Absatz 2 Satz 1 Nummer 3 darf durch Abruf im automatisierten Verfahren erfolgen.

(2g) Die Übermittlung nach § 35 Absatz 2a darf durch Abruf im automatisierten Verfahren erfolgen.

(2h) Die Übermittlung nach § 35 Absatz 1 Nummer 16 darf durch Abruf im automatisierten Verfahren an die Behörden der Zollverwaltung zur Erfüllung der ihnen in § 2 Absatz 1 des Schwarzarbeitsbekämpfungsgesetzes bertragenen Prüfungsaufgaben erfolgen.

(2i) [1] In einem solchen Verfahren darf auch die Übermittlung nach § 35 Absatz 1 Nummer 18 aus dem Zentralen Fahrzeugregister an die nach Landesrecht für die Überprüfung der Einhaltung dieser Verkehrsbeschränkungen und Verkehrsverbote zuständigen Behörden erfolgen. [2] Die Einrichtung von Anlagen zum Abruf nach Satz 1 ist für den Abruf der nach § 33 Absatz 1 Satz 1 Nummer 1 gespeicherten und für die Überprüfung der Einhaltung der jeweiligen Verkehrsbeschränkungen und Verkehrsverbote erforderlichen Fahrzeugdaten aus dem Zentralen Fahrzeugregister durch die Behörden nach Satz 1 zulässig; einer Rechtsverordnung nach Absatz 5 bedarf es nicht; die Maßgaben nach Absatz 5 Nummer 2 und 3 gelten unmittelbar.

(2j) Die Übermittlung nach § 35 Absatz 1 Nummer 19 darf durch Abruf im automatisierten Verfahren an das Bundesamt für Wirtschaft und Ausfuhrkontrolle erfolgen.

(3) Die Übermittlung nach § 35 Abs. 3 Satz 1 aus dem Zentralen Fahrzeugregister darf ferner durch Abruf im automatisierten Verfahren an die Polizeien des Bundes und der Länder zur Verfolgung von Straftaten oder zur Vollstreckung oder zum Vollzug von Strafen oder zur Abwehr einer im Einzelfall bestehenden Gefahr für die öffentliche Sicherheit, an die Zollfahndungsdienststellen zur Verhütung oder Verfolgung von Steuer- und Wirtschaftsstraftaten, an die mit der Steuerfahndung betrauten Dienststellen der Landesfinanzbehörden zur Verhütung oder Verfolgung von Steuerstraftaten sowie an die Verfassungsschutzbehörden, den Militärischen Abschirmdienst und den Bundesnachrichtendienst zur Erfüllung ihrer durch Gesetz übertragenen Aufgaben vorgenommen werden.

[1)] Nr. **810**.

(3a) Die Übermittlung aus dem Zentralen Fahrzeugregister nach § 35 Abs. 4a darf durch Abruf im automatisierten Verfahren an die Auskunftsstelle nach § 8a des Pflichtversicherungsgesetzes[1] erfolgen.

(3b) [1] Die Übermittlung aus dem Zentralen Fahrzeugregister nach § 35 Absatz 1 Nummer 1 an die für die Ausübung der Verwaltung der Kraftfahrzeugsteuer zuständigen Behörden darf durch Abruf im automatisierten Verfahren erfolgen. [2] Der Abruf ist nur zulässig, wenn die von den Zulassungsbehörden nach § 35 Absatz 5 Nummer 4 übermittelten Datenbestände unrichtig oder unvollständig sind.

(3c) Die Übermittlung aus dem Zentralen Fahrzeugregister nach § 35 Absatz 1a darf an die Zentralen Leitstellen für Brandschutz, Katastrophenschutz und Rettungsdienst zur Vorbereitung der Rettung von Personen aus Fahrzeugen durch Abruf im automatisierten Verfahren erfolgen.

(4) Der Abruf darf sich nur auf ein bestimmtes Fahrzeug oder einen bestimmten Halter richten und in den Fällen der Absätze 1 und 2 Satz 1

(Fortsetzung nächstes Blatt)

---

[1] Nr. **600**.

Nr. 1 Buchstabe a und b nur unter Verwendung von Fahrzeugdaten durchgeführt werden.

(5) Die Einrichtung von Anlagen zum Abruf im automatisierten Verfahren ist nur zulässig, wenn nach näherer Bestimmung durch Rechtsverordnung (§ 47 Nummer 4) gewährleistet ist, dass

1. die zum Abruf bereitgehaltenen Daten ihrer Art nach für den Empfänger erforderlich sind und ihre Übermittlung durch automatisierten Abruf unter Berücksichtigung der schutzwürdigen Interessen der betroffenen Person und der Aufgabe des Empfängers angemessen ist,
2. die erforderlichen technischen und organisatorischen Maßnahmen nach den Artikeln 24, 25 und 32 der Verordnung (EU) 2016/679 zur Sicherstellung des Datenschutzes und der Datensicherheit getroffen werden und
3. die Zulässigkeit der Abrufe nach Maßgabe des Absatzes 6 kontrolliert werden kann.

(5a) (weggefallen)

(6) [1] Das Kraftfahrt-Bundesamt oder die Zulassungsbehörde als übermittelnde Stelle hat über die Abrufe Aufzeichnungen zu fertigen, die die bei der Durchführung der Abrufe verwendeten Daten, den Tag und die Uhrzeit der Abrufe, die Kennung der abrufenden Dienststelle und die abgerufenen Daten enthalten müssen. [2] Die protokollierten Daten dürfen nur für Zwecke der Datenschutzkontrolle, der Datensicherung oder zur Sicherstellung eines ordnungsgemäßen Betriebs der Datenverarbeitungsanlage verwendet werden. [3] Die nach Satz 1 protokollierten Daten dürfen auch dazu verwendet werden, der betroffenen Person darüber Auskunft zu erteilen, welche ihrer in Anhang I, Abschnitt I und II der Richtlinie (EU) 2015/413 enthaltenen personenbezogenen Daten an Stellen in anderen Mitgliedstaaten der Europäischen Union zum Zweck der dortigen Verfolgung der in Artikel 2 der Richtlinie (EU) 2015/413 aufgeführten, die Straßenverkehrssicherheit gefährdenden Delikte übermittelt wurden. [4] Das Datum des Ersuchens und die zuständige Stelle nach Satz 1, an die die Übermittlung erfolgte, sind der betroffenen Person ebenfalls mitzuteilen. [5] § 36a gilt für das Verfahren nach den Sätzen 3 und 4 entsprechend. [6] Liegen Anhaltspunkte dafür vor, dass ohne ihre Verwendung die Verhinderung oder Verfolgung einer schwerwiegenden Straftat gegen Leib, Leben oder Freiheit einer Person aussichtslos oder wesentlich erschwert wäre, dürfen die Daten auch für diesen Zweck verwendet werden, sofern das Ersuchen der Strafverfolgungsbehörde unter Verwendung von Halterdaten einer bestimmten Person oder von Fahrzeugdaten eines bestimmten Fahrzeugs gestellt wird. [7] Die Protokolldaten sind durch geeignete Vorkehrungen gegen zweckfremde Verwendung und gegen sonstigen Missbrauch zu schützen und nach sechs Monaten zu löschen.

(7) [1] Bei Abrufen aus dem Zentralen Fahrzeugregister sind vom Kraftfahrt-Bundesamt weitere Aufzeichnungen zu fertigen, die sich auf den Anlass des Abrufs erstrecken und die Feststellung der für den Abruf verantwortlichen Personen ermöglichen. [2] Das Nähere wird durch Rechtsverordnung (§ 47 Nummer 5) bestimmt. [3] Dies gilt entsprechend für Abrufe aus den örtlichen Fahrzeugregistern.

(8) [1] Soweit örtliche Fahrzeugregister nicht im automatisierten Verfahren geführt werden, ist die Übermittlung der nach § 33 Abs. 1 gespeicherten Fahrzeugdaten und Halterdaten durch Einsichtnahme in das örtliche Fahrzeugregister außerhalb der üblichen Dienstzeiten an die für den betreffenden Zulassungsbezirk zuständige Polizeidienststelle zulässig, wenn

1. dies für die Erfüllung der in Absatz 2 Satz 1 Nr. 1 bezeichneten Aufgaben erforderlich ist und
2. ohne die sofortige Einsichtnahme die Erfüllung dieser Aufgaben gefährdet wäre.

[2] Die Polizeidienststelle hat die Tatsache der Einsichtnahme, deren Datum und Anlass sowie den Namen des Einsichtnehmenden aufzuzeichnen; die Aufzeichnungen sind für die Dauer eines Jahres aufzubewahren und nach Ablauf des betreffenden Kalenderjahres zu vernichten. [3] Die Sätze 1 und 2 finden entsprechende Anwendung auf die Einsichtnahme durch die Zollfahndungsämter zur Erfüllung der in Absatz 2 Satz 1 Nr. 2 bezeichneten Aufgaben.

§ 36a[1)] Automatisiertes Anfrage- und Auskunftsverfahren beim Kraftfahrt-Bundesamt. [1] Die Übermittlung der Daten aus dem Zentralen Fahrzeugregister nach den §§ 35 und 37 darf nach näherer Bestimmung durch Rechtsverordnung nach § 47 Nummer 4a auch in einem automatisierten Anfrage- und Auskunftsverfahren erfolgen. [2] Für die Einrichtung und Durchführung des Verfahrens gilt § 30b Abs. 1 Satz 2, Abs. 2 und 3 entsprechend.

§ 36b Abgleich mit den Sachfahndungsdaten des Bundeskriminalamtes.

(1) [1] Das Bundeskriminalamt übermittelt regelmäßig dem Kraftfahrt-Bundesamt die im Polizeilichen Informationssystem gespeicherten Daten von Fahrzeugen, Kennzeichen, Fahrzeugpapieren und Führerscheinen, die zur Beweissicherung, Einziehung, Beschlagnahme, Sicherstellung, Eigentumssicherung und Eigentümer- oder Besitzerermittlung ausgeschrieben sind. [2] Die Daten dienen zum Abgleich mit den im Zentralen Fahrzeugregister erfassten Fahrzeugen und Fahrzeugpapieren sowie mit den im Zentralen Fahrerlaubnisregister erfassten Führerscheinen.

(2) Die Übermittlung der Daten nach Absatz 1 darf auch im automatisierten Verfahren erfolgen.

§ 37[2)] Übermittlung von Fahrzeugdaten und Halterdaten an Stellen außerhalb des Geltungsbereiches dieses Gesetzes. (1) Die nach § 33 Abs. 1 gespeicherten Fahrzeugdaten und Halterdaten dürfen von den Registerbehörden an die zuständigen Stellen anderer Staaten übermittelt werden, soweit dies

a) für Verwaltungsmaßnahmen auf dem Gebiet des Straßenverkehrs,
b) zur Überwachung des Versicherungsschutzes im Rahmen der Kraftfahrzeughaftpflichtversicherung,
c) zur Verfolgung von Zuwiderhandlungen gegen Rechtsvorschriften auf dem Gebiet des Straßenverkehrs oder
d) zur Verfolgung von Straftaten, die im Zusammenhang mit dem Straßenverkehr oder sonst mit Kraftfahrzeugen, Anhängern, Kennzeichen oder Fahrzeugpapieren, Fahrerlaubnissen oder Führerscheinen stehen,

erforderlich ist.

(1a) Nach Maßgabe völkerrechtlicher Verträge zwischen Mitgliedstaaten der Europäischen Union oder mit den anderen Vertragsstaaten des Abkommens über den

[1)] § 36a Satz 1 geänd. mWv 7.12.2016 durch G v. 28.11.2016 (BGBl. I S. 2722).

[2)] § 37 Abs. 1a eingef. mWv 19.7.2006 durch G v. 10.7.2006 (BGBl. I S. 1458); Abs. 1a geänd. mWv 5.8.2009 durch G v. 31.7.2009 (BGBl. I S. 2507); Abs. 2 und 3 geänd. mWv 26.11.2019 durch G v. 20.11.2019 (BGBl. I S. 1626).

Europäischen Wirtschaftsraum, die der Mitwirkung der gesetzgebenden Körperschaften nach Artikel 59 Abs. 2 des Grundgesetzes bedürfen, sowie nach Artikel 12 des Beschlusses des Rates 2008/615/JI vom 23. Juni 2008 (ABl. L 210 vom 6.8.2008, S. 1), dürfen die nach § 33 Abs. 1 gespeicherten Fahrzeugdaten und Halterdaten von den Registerbehörden an die zuständigen Stellen dieser Staaten auch übermittelt werden, soweit dies erforderlich ist

a) zur Verfolgung von Ordnungswidrigkeiten, die nicht von Absatz 1 Buchstabe c erfasst werden,

b) zur Verfolgung von Straftaten, die nicht von Absatz 1 Buchstabe d erfasst werden, oder

c) zur Abwehr von Gefahren für die öffentliche Sicherheit.

(2) Der Empfänger ist darauf hinzuweisen, dass die übermittelten Daten nur zu dem Zweck verwendet werden dürfen, zu dessen Erfüllung sie ihm übermittelt werden.

(3) Die Übermittlung unterbleibt, wenn durch sie schutzwürdige Interessen der betroffenen Person beeinträchtigt würden, insbesondere, wenn im Empfängerland ein angemessener Datenschutzstandard nicht gewährleistet ist.

§ 37a[1)] Abruf im automatisierten Verfahren durch Stellen außerhalb des Geltungsbereiches dieses Gesetzes. (1) Durch Abruf im automatisierten Verfahren dürfen aus dem Zentralen Fahrzeugregister für die in § 37 Abs. 1 und 1a genannten Maßnahmen an die hierfür zuständigen öffentlichen Stellen in einem Mitgliedstaat der Europäischen Union oder einem anderen Vertragsstaat des Abkommens über den Europäischen Wirtschaftsraum die zu deren Aufgabenerfüllung erforderlichen Daten nach näherer Bestimmung durch Rechtsverordnung nach § 47 Nummer 5a übermittelt werden.

(2) Der Abruf darf nur unter Verwendung von Fahrzeugdaten, bei Abrufen für die in § 37 Abs. 1a genannten Zwecke nur unter Verwendung der vollständigen Fahrzeug-Identifizierungsnummer oder des vollständigen Kennzeichens, erfolgen und sich nur auf ein bestimmtes Fahrzeug oder einen bestimmten Halter richten.

(3) [1] Der Abruf ist nur zulässig, wenn

1. diese Form der Datenübermittlung unter Berücksichtigung der schutzwürdigen Interessen der betroffenen Personen wegen der Vielzahl der Übermittlungen oder wegen ihrer besonderen Eilbedürftigkeit angemessen ist und

2. der Empfängerstaat die Verordnung (EU) 2016/679 anwendet.

[2] § 36 Abs. 5 und 6 sowie Abs. 7 wegen des Anlasses der Abrufe ist entsprechend anzuwenden.

§ 37b[2)] Übermittlung von Fahrzeug- und Halterdaten nach der Richtlinie (EU) 2015/413. (1) Das Kraftfahrt-Bundesamt unterstützt nach Absatz 2 die in Artikel 4 Absatz 3 der Richtlinie (EU) 2015/413 genannten nationalen Kontaktstellen der anderen Mitgliedstaaten der Europäischen Union bei den Ermittlungen in

---

[1)] § 37a Abs. 1 und 2 geänd. mWv 19.7.2006 durch G v. 10.7.2006 (BGBl. I S. 1458); Abs. 1 geänd. mWv 7.12.2016 durch G v. 28.11.2016 (BGBl. I S. 2722); Abs. 3 Satz 1 einl. Satzteil sowie Nr. 1 und 2 geänd. mWv 26.11.2019 durch G v. 20.11.2019 (BGBl. I S. 1626).

[2)] § 37b eingef. mWv 31.8.2013 durch G v. 28.8.2013 (BGBl. I S. 3310); Überschrift, Abs. 1 einl. Satzteil geänd. mWv 7.12.2016 durch G v. 28.11.2016 (BGBl. I S. 2722).

Bezug auf folgende in den jeweiligen Mitgliedstaaten begangenen, die Straßenverkehrssicherheit gefährdenden Verkehrsdelikte:
1. Geschwindigkeitsübertretungen,
2. Nicht-Anlegen des Sicherheitsgurtes,
3. Überfahren eines roten Lichtzeichens,
4. Trunkenheit im Straßenverkehr,
5. Fahren unter Einfluss von berauschenden Mitteln,
6. Nicht-Tragen eines Schutzhelmes,
7. unbefugte Benutzung eines Fahrstreifens,
8. rechtswidrige Benutzung eines Mobiltelefons oder anderer Kommunikationsgeräte beim Fahren.

(2) Auf Anfrage teilt das Kraftfahrt-Bundesamt der nationalen Kontaktstelle eines anderen Mitgliedstaates der Europäischen Union folgende nach § 33 gespeicherten Daten zu Fahrzeug und Halter mit:
1. amtliches Kennzeichen,
2. Fahrzeug-Identifizierungsnummer,
3. Land der Zulassung,
4. Marke des Fahrzeugs,
5. Handelsbezeichnung,
6. EU-Fahrzeugklasse,
7. Name des Halters,
8. Vorname des Halters,
9. Anschrift des Halters,
10. Geschlecht,
11. Geburtsdatum,
12. Rechtsperson,
13. Geburtsort,

wenn dies im Einzelfall für die Erfüllung einer Aufgabe der nationalen Kontaktstelle des anfragenden Mitgliedstaates der Europäischen Union oder der zuständigen Behörde des anfragenden Mitgliedstaates der Europäischen Union erforderlich ist.

§ 37c[1)] Übermittlung von Fahrzeugdaten und Halterdaten an die Europäische Kommission. Das Kraftfahrt-Bundesamt übermittelt zur Erfüllung der Berichtspflicht nach Artikel 5 Absatz 1 Unterabsatz 4 der Richtlinie 2009/103/EG des Europäischen Parlaments und des Rates vom 16. September 2009 über die Kraftfahrzeug-Haftpflichtversicherung und die Kontrolle der entsprechenden Versicherungspflicht (ABl. L 263 vom 7.10.2009, S. 11) bis zum 31. März eines jeden Jahres an die Europäische Kommission die nach § 33 Absatz 1 gespeicherten Namen oder Bezeichnungen und Anschriften der Fahrzeughalter, die nach § 2 Absatz 1 Nummer 1 bis 5 des Pflichtversicherungsgesetzes[2)] von der Versicherungspflicht befreit sind.

---

1) § 37c neu gef. mWv 5.12.2014 durch G v. 28.11.2014 (BGBl. I S. 1802).
2) Nr. **600**.

§ 38[1)] Übermittlung an und Verwendung durch den Empfänger für wissenschaftliche Zwecke. (1) Die nach § 33 Abs. 1 gespeicherten Fahrzeugdaten und Halterdaten dürfen an Hochschulen, andere Einrichtungen, die wissenschaftliche Forschung betreiben, und öffentliche Stellen übermittelt werden, soweit

1. dies für die Durchführung bestimmter wissenschaftlicher Forschungsarbeiten erforderlich ist,
2. eine Nutzung anonymisierter Daten zu diesem Zweck nicht möglich ist und
3. das öffentliche Interesse an der Forschungsarbeit das schutzwürdige Interesse der betroffenen Person an dem Ausschluss der Übermittlung erheblich überwiegt.

(2) Die Übermittlung der Daten erfolgt durch Erteilung von Auskünften, wenn hierdurch der Zweck der Forschungsarbeit erreicht werden kann und die Erteilung keinen unverhältnismäßigen Aufwand erfordert.

(3) [1] Personenbezogene Daten werden nur an solche Personen übermittelt, die Amtsträger oder für den öffentlichen Dienst besonders Verpflichtete sind oder die zur Geheimhaltung verpflichtet worden sind. [2] § 1 Abs. 2, 3 und 4 Nr. 2 des Verpflichtungsgesetzes findet auf die Verpflichtung zur Geheimhaltung entsprechende Anwendung.

(4) [1] Die personenbezogenen Daten dürfen nur für die Forschungsarbeit verwendet werden, für die sie übermittelt worden sind. [2] Die Verwendung für andere Forschungsarbeiten oder die Übermittlung richtet sich nach den Absätzen 1 und 2 und bedarf der Zustimmung der Stelle, die die Daten übermittelt hat.

(5) [1] Die Daten sind gegen unbefugte Kenntnisnahme durch Dritte zu schützen. [2] Die wissenschaftliche Forschung betreibende Stelle hat dafür zu sorgen, dass die Verwendung der personenbezogenen Daten räumlich und organisatorisch getrennt von der Erfüllung solcher Verwaltungsaufgaben oder Geschäftszwecke erfolgt, für die diese Daten gleichfalls von Bedeutung sein können.

(6) [1] Sobald der Forschungszweck es erlaubt, sind die personenbezogenen Daten zu anonymisieren. [2] Solange dies noch nicht möglich ist, sind die Merkmale gesondert aufzubewahren, mit denen Einzelangaben über persönliche oder sachliche Verhältnisse einer bestimmten oder bestimmbaren Person zugeordnet werden können. [3] Sie dürfen mit den Einzelangaben nur zusammengeführt werden, soweit der Forschungszweck dies erfordert.

(7) Wer nach den Absätzen 1 und 2 personenbezogene Daten erhalten hat, darf diese nur veröffentlichen, wenn dies für die Darstellung von Forschungsergebnissen über Ereignisse der Zeitgeschichte unerlässlich ist.

§ 38a[2)] Übermittlung an und Verwendung durch den Empfänger für statistische Zwecke. (1) Die nach § 33 Abs. 1 gespeicherten Fahrzeug- und Halterdaten dürfen zur Vorbereitung und Durchführung von Statistiken, soweit sie durch Rechtsvorschriften angeordnet sind, übermittelt werden, wenn die Vorbereitung und Durchführung des Vorhabens allein mit anonymisierten Daten (§ 45) nicht möglich ist.

(2) Für die Verwendung der Daten nach Absatz 1 finden die Vorschriften des Bundesstatistikgesetzes und der Statistikgesetze der Länder Anwendung.

[1)] Überschrift neu gef., Abs. 1 Nr. 3, Abs. 4 Sätze 1 und 2 sowie Abs. 5 Satz 2 geänd., Abs. 8 aufgeh. mWv 26.11.2019 durch G v. 20.11.2019 (BGBl. I S. 1626).

[2)] § 38a Überschrift neu gef., Abs. 2 geänd. mWv 26.11.2019 durch G v. 20.11.2019 (BGBl. I S. 1626).

§ 38b[1] Übermittlung an und Verwendung durch den Empfänger für planerische Zwecke. (1) Die nach § 33 Abs. 1 gespeicherten Fahrzeug- und Halterdaten dürfen für im öffentlichen Interesse liegende Verkehrsplanungen an öffentliche Stellen übermittelt werden, wenn die Durchführung des Vorhabens allein mit anonymisierten Daten (§ 45) nicht oder nur mit unverhältnismäßigem Aufwand möglich ist und die betroffene Person eingewilligt hat oder schutzwürdige Interessen der betroffenen Person nicht beeinträchtigt werden.

(2) Der Empfänger der Daten hat sicherzustellen, dass

1. die Kontrolle zur Sicherstellung schutzwürdiger Interessen der betroffenen Person jederzeit gewährleistet wird,
2. die Daten nur für das betreffende Vorhaben verwendet werden,
3. zu den Daten nur die Personen Zugang haben, die mit dem betreffenden Vorhaben befasst sind,
4. diese Personen verpflichtet werden, die Daten gegenüber Unbefugten nicht zu offenbaren, und
5. die Daten anonymisiert oder gelöscht werden, sobald der Zweck des Vorhabens dies gestattet.

§ 39[2] Übermittlung von Fahrzeugdaten und Halterdaten zur Verfolgung von Rechtsansprüchen. (1) Von den nach § 33 Abs. 1 gespeicherten Fahrzeugdaten und Halterdaten sind

1. Familienname (bei juristischen Personen, Behörden oder Vereinigungen: Name oder Bezeichnung),
2. Vornamen,
3. Ordens- und Künstlername,
4. Anschrift,
5. Art, Hersteller und Typ des Fahrzeugs,
6. Name und Anschrift des Versicherers,
7. Nummer des Versicherungsscheins, oder, falls diese noch nicht gespeichert ist, Nummer der Versicherungsbestätigung,
8. gegebenenfalls Zeitpunkt der Beendigung des Versicherungsverhältnisses,
9. gegebenenfalls Befreiung von der gesetzlichen Versicherungspflicht,
10. Zeitpunkt der Zuteilung oder Ausgabe des Kennzeichens für den Halter sowie
11. Kraftfahrzeugkennzeichen

durch die Zulassungsbehörde oder durch das Kraftfahrt-Bundesamt zu übermitteln, wenn der Empfänger unter Angabe des betreffenden Kennzeichens oder der betreffenden Fahrzeug-Identifizierungsnummer darlegt, dass er die Daten zur Geltendmachung, Sicherung oder Vollstreckung oder zur Befriedigung oder Abwehr von Rechtsansprüchen im Zusammenhang mit der Teilnahme am Straßenverkehr oder zur Erhebung einer Privatklage wegen im Straßenverkehr begangener Verstöße benötigt (einfache Registerauskunft).

---

[1] § 38b Abs. 1 geänd. mWv 7.12.2016 durch G v. 28.11.2016 (BGBl. I S. 2722); Überschrift neu gef., Abs. 1, Abs. 2 Nr. 1 und 2 geänd. mWv 26.11.2019 durch G v. 20.11.2019 (BGBl. I S. 1626).

[2] § 39 Abs. 3 Satz 1 Nr. 1b geänd. mWv 1.1.2005 durch G v. 24.12.2003 (BGBl. I S. 2954); Abs. 3 Satz 1 Nr. 1b geänd. mWv 1.1.2005 durch G v. 27.12.2003 (BGBl. I S. 3022); Abs. 2 Nr. 2 aufgeh. mWv 14.9.2007 durch G v. 7.9.2007 (BGBl. I S. 2246).

(2) Weitere Fahrzeugdaten und Halterdaten als die nach Absatz 1 zulässigen sind zu übermitteln, wenn der Empfänger unter Angabe von Fahrzeugdaten oder Personalien des Halters glaubhaft macht, dass er

1. die Daten zur Geltendmachung, Sicherung oder Vollstreckung, zur Befriedigung oder Abwehr von Rechtsansprüchen im Zusammenhang mit der Teilnahme am Straßenverkehr, dem Diebstahl, dem sonstigen Abhandenkommen des Fahrzeugs oder zur Erhebung einer Privatklage wegen im Straßenverkehr begangener Verstöße benötigt,
2. *(aufgehoben)*
3. die Daten auf andere Weise entweder nicht oder nur mit unverhältnismäßigem Aufwand erlangen könnte.

(3) [1] Die in Absatz 1 Nr. 1 bis 5 und 11 angeführten Halterdaten und Fahrzeugdaten dürfen übermittelt werden, wenn der Empfänger unter Angabe von Fahrzeugdaten oder Personalien des Halters glaubhaft macht, dass er

1. die Daten zur Geltendmachung, Sicherung oder Vollstreckung
   a) von nicht mit der Teilnahme am Straßenverkehr im Zusammenhang stehenden öffentlich-rechtlichen Ansprüchen oder
   b) von gemäß § 7 des Unterhaltsvorschussgesetzes, § 33 des Zweiten Buches Sozialgesetzbuch oder § 94 des Zwölften Buches Sozialgesetzbuch übergegangenen Ansprüchen

   in Höhe von jeweils mindestens fünfhundert Euro benötigt,
2. ohne Kenntnis der Daten zur Geltendmachung, Sicherung oder Vollstreckung des Rechtsanspruchs nicht in der Lage wäre und
3. die Daten auf andere Weise entweder nicht oder nur mit unverhältnismäßigem Aufwand erlangen könnte.

[2] § 35 Abs. 3 Satz 2 und 3 gilt entsprechend. [3] Die Aufzeichnungen dürfen nur zur Kontrolle der Zulässigkeit der Übermittlungen verwendet werden.

§ 40[1)] Übermittlung sonstiger Daten. [1] Die nach § 33 Abs. 2 gespeicherten Daten über Beruf und Gewerbe (Wirtschaftszweig) dürfen nur für die Zwecke nach § 32 Abs. 1 Nr. 4 und 5 an die hierfür zuständigen Behörden übermittelt werden. [2] Außerdem dürfen diese Daten für Zwecke der Statistik (§ 38a Abs. 1) übermittelt werden; die Zulässigkeit und die Durchführung von statistischen Vorhaben richten sich nach § 38a.

§ 41[2)] Übermittlungssperren. (1) Die Anordnung von Übermittlungssperren in den Fahrzeugregistern ist zulässig, wenn erhebliche öffentliche Interessen gegen die Offenbarung der Halterdaten bestehen.

(2) Außerdem sind Übermittlungssperren auf Antrag der betroffenen Person anzuordnen, wenn sie glaubhaft macht, dass durch die Übermittlung ihre schutzwürdigen Interessen beeinträchtigt würden.

(3) [1] Die Übermittlung trotz bestehender Sperre ist im Einzelfall zulässig, wenn an der Kenntnis der gesperrten Daten ein überwiegendes öffentliches Interesse, ins-

---

[1)] § 40 Abs. 2 Nr. 2 geänd. mWv 1.8.2007 durch G v. 19.7.2007 (BGBl. I S. 1460); Abs. 2 aufgeh. mWv 31.8.2013 durch G v. 28.8.2013 (BGBl. I S. 3310).

[2)] § 41 Abs. 2, Abs. 3 Sätze 3 und 4 und Abs. 4 Satz 2 geänd. mWv 26.11.2019 durch G v. 20.11.2019 (BGBl. I S. 1626).

besondere an der Verfolgung von Straftaten besteht. [2] Über die Aufhebung entscheidet die für die Anordnung der Sperre zuständige Stelle. [3] Will diese an der Sperre festhalten, weil sie das die Sperre begründende öffentliche Interesse (Absatz 1) für überwiegend hält oder weil sie die Beeinträchtigung schutzwürdiger Interessen der betroffenen Person (Absatz 2) als vorrangig ansieht, so führt sie die Entscheidung der obersten Landesbehörde herbei. [4] Vor der Übermittlung ist der betroffenen Person Gelegenheit zur Stellungnahme zu geben, es sei denn, die Anhörung würde dem Zweck der Übermittlung zuwiderlaufen.

(4) [1] Die Übermittlung trotz bestehender Sperre ist im Einzelfall außerdem zulässig, wenn die Geltendmachung, Sicherung oder Vollstreckung oder die Befriedigung oder Abwehr von Rechtsansprüchen im Sinne des § 39 Abs. 1 und 2 sonst nicht möglich wäre. [2] Vor der Übermittlung ist der betroffenen Person Gelegenheit zur Stellungnahme zu geben. [3] Absatz 3 Satz 2 und 3 ist entsprechend anzuwenden.

§ 42[1)] Datenabgleich zur Beseitigung von Fehlern. (1) [1] Bei Zweifeln an der Identität eines eingetragenen Halters mit dem Halter, auf den sich eine neue Mitteilung bezieht, dürfen die Datenbestände des Fahreignungsregisters und des Zentralen Fahrerlaubnisregisters zur Identifizierung dieser Halter verwendet werden. [2] Ist die Feststellung der Identität der betreffenden Halter auf diese Weise nicht möglich, dürfen die auf Anfrage aus den Melderegistern übermittelten Daten zur Behebung der Zweifel verwendet werden. [3] Die Zulässigkeit der Übermittlung durch die Meldebehörden richtet sich nach den Meldegesetzen der Länder. [4] Können die Zweifel an der Identität der betreffenden Halter nicht ausgeräumt werden, werden die Eintragungen über beide Halter mit einem Hinweis auf die Zweifel an deren Identität versehen.

(2) [1] Die nach § 33 im Zentralen Fahrzeugregister gespeicherten Daten dürfen den Zulassungsbehörden übermittelt werden, soweit dies erforderlich ist, um Fehler und Abweichungen in deren Register festzustellen und zu beseitigen und um diese örtlichen Register zu vervollständigen. [2] Die nach § 33 im örtlichen Fahrzeugregister gespeicherten Daten dürfen dem Kraftfahrt-Bundesamt übermittelt werden, soweit dies erforderlich ist, um Fehler und Abweichungen im Zentralen Fahrzeugregister festzustellen und zu beseitigen sowie das Zentrale Fahrzeugregister zu vervollständigen. [3] Die Übermittlung nach Satz 1 oder 2 ist nur zulässig, wenn Anlass zu der Annahme besteht, dass die Register unrichtig oder unvollständig sind.

(3) [1] Die nach § 33 im Zentralen Fahrzeugregister oder im zuständigen örtlichen Fahrzeugregister gespeicherten Halter- und Fahrzeugdaten dürfen der für die Ausübung der Verwaltung der Kraftfahrzeugsteuer zuständigen Behörde übermittelt werden, soweit dies für Maßnahmen zur Durchführung des Kraftfahrzeugsteuerrechts erforderlich ist, um Fehler und Abweichungen in den Datenbeständen der für die Ausübung der Verwaltung der Kraftfahrzeugsteuer zuständigen Behörden festzustellen und zu beseitigen und um diese Datenbestände zu vervollständigen. [2] Die Übermittlung nach Satz 1 ist nur zulässig, wenn Anlass zu der Annahme besteht, dass die Datenbestände unrichtig oder unvollständig sind.

[1)] § 42 Abs. 3 Satz 1 geänd. mWv 1.7.2009 durch G v. 29.5.2009 (BGBl. I S. 1170); Abs. 1 Satz 1 geänd. mWv 1.5.2014 durch G v. 28.8.2013 (BGBl. I S. 3313); Überschrift neu gef., Abs. 1 Sätze 1 und 2 geänd. mWv 26.11.2019 durch G v. 20.11.2019 (BGBl. I S. 1626).

§ 43[1]) Allgemeine Vorschriften für die Datenübermittlung an und die Verarbeitung der Daten durch den Empfänger. (1) [1] Übermittlungen von Daten aus den Fahrzeugregistern sind nur auf Ersuchen zulässig, es sei denn, auf Grund besonderer Rechtsvorschrift wird bestimmt, dass die Registerbehörde bestimmte Daten von Amts wegen zu übermitteln hat. [2] Die Verantwortung für die Zulässigkeit der Übermittlung trägt die übermittelnde Stelle. [3] Erfolgt die Übermittlung auf Ersuchen des Empfängers, trägt dieser die Verantwortung. [4] In diesem Fall prüft die übermittelnde Stelle nur, ob das Übermittlungsersuchen im Rahmen der Aufgaben des Empfängers liegt, es sei denn, dass besonderer Anlass zur Prüfung der Zulässigkeit der Übermittlung besteht.

(2) [1] Der Empfänger darf die übermittelten Daten nur zu dem Zweck verarbeiten, zu dessen Erfüllung sie ihm übermittelt worden sind. [2] Der Empfänger darf die übermittelten Daten auch für andere Zwecke verarbeiten, soweit sie ihm auch für diese Zwecke hätten übermittelt werden dürfen. [3] Ist der Empfänger eine nichtöffentliche Stelle, hat die übermittelnde Stelle ihn darauf hinzuweisen. [4] Eine Verarbeitung für andere Zwecke durch nichtöffentliche Stellen bedarf der Zustimmung der übermittelnden Stelle.

§ 44[2]) Löschung der Daten in den Fahrzeugregistern. (1) Die nach § 33 Abs. 1 und 2 gespeicherten Daten sind in den Fahrzeugregistern spätestens zu löschen, wenn sie für die Aufgaben nach § 32 nicht mehr benötigt werden.

(2) Die Daten über Fahrtenbuchauflagen (§ 33 Abs. 3) sind nach Wegfall der Auflage zu löschen.

§ 45[3]) Anonymisierte Daten. [1] Auf die Verarbeitung von Daten, die keinen Bezug zu einer bestimmten oder bestimmbaren Person ermöglichen, finden die Vorschriften dieses Abschnitts keine Anwendung. [2] Zu den Daten, die einen Bezug zu einer bestimmten oder bestimmbaren Person ermöglichen, gehören auch das Kennzeichen eines Fahrzeugs, die Fahrzeug-Identifizierungsnummer und die Fahrzeugbriefnummer.

§ 46 (weggefallen)

§ 47[4]) Ermächtigungsgrundlagen, Ausführungsvorschriften. Das Bundesministerium für Verkehr und digitale Infrastruktur wird ermächtigt, Rechtsverordnung[5]) mit Zustimmung des Bundesrates zu erlassen

1. darüber,
   a) welche im Einzelnen zu bestimmenden Fahrzeugdaten (§ 33 Abs. 1 Satz 1 Nr. 1) und

[1]) § 43 Überschrift neu gef., Abs. 2 Sätze 1, 2 und 4 geänd. mWv 26.11.2019 durch G v. 20.11.2019 (BGBl. I S. 1626).

[2]) § 44 Abs. 1 Satz 2 aufgeh. mWv 26.11.2019 durch G v. 20.11.2019 (BGBl. I S. 1626).

[3]) § 45 Satz 1 geänd. mWv 26.11.2019 durch G v. 20.11.2019 (BGBl. I S. 1626).

[4]) § 47 Abs. 1 Nr. 5a geänd. mWv 19.7.2006 durch G v. 10.7.2006 (BGBl. I S. 1458); Abs. 2 aufgeh., bish. Abs. 1 einl. Satzteil geänd. mWv 18.8.2006 durch G v. 14.8.2006 (BGBl. I S. 1958); einl. Satzteil geänd. mWv 5.12.2014 durch G v. 28.11.2014 (BGBl. I S. 1802); Nr. 1a eingef. mWv 7.12.2016 durch G v. 28.11.2016 (BGBl. I S. 2722).

[5]) Fahrzeug-Zulassungsverordnung – FZV (Nr. **250**).

b) welche Halterdaten nach § 33 Abs. 1 Satz 1 Nr. 2 in welchen Fällen der Zuteilung oder Ausgabe des Kennzeichens unter Berücksichtigung der in § 32 genannten Aufgaben

im örtlichen und im Zentralen Fahrzeugregister jeweils gespeichert (§ 33 Abs. 1) und zur Speicherung erhoben (§ 34 Abs. 1) werden,

1a. darüber, welche im Einzelnen zu bestimmenden Fahrzeugdaten und Daten über Prüfungen und Untersuchungen einschließlich der durchführenden Stellen und Kennungen zur Feststellung der für die Durchführung der Prüfung oder Untersuchung Verantwortlichen die Technischen Prüfstellen, amtlich anerkannten Überwachungsorganisationen und anerkannten Kraftfahrzeugwerkstätten, soweit diese Werkstätten Sicherheitsprüfungen durchführen, zur Speicherung im Zentralen Fahrzeugregister nach § 34 Absatz 6 mitzuteilen haben, und über die Einzelheiten des Mitteilungs- sowie des Auskunftsverfahrens,

2. darüber, welche im Einzelnen zu bestimmenden Fahrzeugdaten die Versicherer zur Speicherung im Zentralen Fahrzeugregister nach § 34 Abs. 5 Satz 2 mitzuteilen haben,

3. über die regelmäßige Übermittlung der Daten nach § 35 Abs. 5, insbesondere über die Art der Übermittlung sowie die Art und den Umfang der zu übermittelnden Daten,

4. über die Art und den Umfang der zu übermittelnden Daten und die Maßnahmen zur Sicherung gegen Missbrauch beim Abruf im automatisierten Verfahren nach § 36 Abs. 5,

4a. über die Art und den Umfang der zu übermittelnden Daten und die Maßnahmen zur Sicherung gegen Mißbrauch nach § 36a,

5. über Einzelheiten des Verfahrens nach § 36 Abs. 7 Satz 2,

5a. über die Art und den Umfang der zu übermittelnden Daten, die Bestimmung der Empfänger und den Geschäftsweg bei Übermittlungen nach § 37 Abs. 1 und 1a,

5b. darüber, welche Daten nach § 37a Abs. 1 durch Abruf im automatisierten Verfahren übermittelt werden dürfen,

5c. über die Bestimmung, welche ausländischen öffentlichen Stellen zum Abruf im automatisierten Verfahren nach § 37a Abs. 1 befugt sind,

6. über das Verfahren bei Übermittlungssperren sowie über die Speicherung, Änderung und die Aufhebung der Sperren nach § 33 Abs. 4 und § 41 und

7. über die Löschung der Daten nach § 44, insbesondere über die Voraussetzungen und Fristen für die Löschung.

VI. Fahrerlaubnisregister

§ 48[1] **Registerführung und Registerbehörden.** (1) [1]Die Fahrerlaubnisbehörden (§ 2 Abs. 1) führen im Rahmen ihrer örtlichen Zuständigkeit ein Register (örtliche Fahrerlaubnisregister) über

1. von ihnen erteilte Fahrerlaubnisse sowie die entsprechenden Führerscheine,
2. Entscheidungen, die Bestand, Art und Umfang von Fahrerlaubnissen oder sonstige Berechtigungen, ein Fahrzeug zu führen, betreffen.

---

[1] § 48 Abs. 1 Satz 1 Nr. 1 geänd., Satz 3 angef., Abs. 2 neu gef. mWv 1.1.2015 durch G v. 28.11.2014 (BGBl. I S. 1802); Abs. 3 Satz 4 geänd. mWv 7.12.2016 durch G v. 28.11.2016 (BGBl. I S. 2722).

[2] Abweichend von Satz 1 Nr. 2 darf die zur Erteilung einer Prüfbescheinigung zuständige Stelle Aufzeichnungen über von ihr ausgegebene Bescheinigungen für die Berechtigung zum Führen fahrerlaubnisfreier Fahrzeuge führen. [3] Sobald ein örtliches Fahrerlaubnisregister nach Maßgabe des § 65 Absatz 2 Satz 1 nicht mehr geführt werden darf, gilt Satz 1 in Verbindung mit Satz 2 nur noch für die in § 65 Absatz 2a bezeichneten Daten.

(2) Das Kraftfahrt-Bundesamt führt ein Register über Fahrerlaubnisse und die entsprechenden Führerscheine (Zentrales Fahrerlaubnisregister), die von den nach Landesrecht für den Vollzug des Fahrerlaubnisrechtes zuständigen Behörden (Fahrerlaubnisbehörden) erteilt sind.

(3) [1] Bei einer zentralen Herstellung der Führscheine übermittelt die Fahrerlaubnisbehörde dem Hersteller die hierfür notwendigen Daten. [2] Der Hersteller darf ausschließlich zum Nachweis des Verbleibs der Führerscheine alle Führerscheinnummern der hergestellten Führerscheine speichern. [3] Die Speicherung der übrigen im Führerschein enthaltenen Angaben beim Hersteller ist unzulässig, soweit sie nicht ausschließlich und vorübergehend der Herstellung des Führerscheins dient; die Angaben sind anschließend zu löschen. [4] Die Daten nach den Sätzen 1 und 2 dürfen nach näherer Bestimmung durch Rechtsverordnung gemäß § 63 Nummer 1 an das Kraftfahrt-Bundesamt zur Speicherung im Zentralen Fahrerlaubnisregister übermittelt werden; sie sind dort spätestens nach Ablauf von zwölf Monaten zu löschen, sofern dem Amt die Erteilung oder Änderung der Fahrerlaubnis innerhalb dieser Frist nicht mitgeteilt wird; beim Hersteller sind die Daten nach der Übermittlung zu löschen. [5] Vor Eingang der Mitteilung beim Kraftfahrt-Bundesamt über die Erteilung oder Änderung der Fahrerlaubnis darf das Amt über die Daten keine Auskunft erteilen.

§ 49[1)] Zweckbestimmung der Register. (1) Die örtlichen Fahrerlaubnisregister und das Zentrale Fahrerlaubnisregister werden geführt zur Speicherung von Daten, die erforderlich sind, um feststellen zu können, welche Fahrerlaubnisse und welche Führerscheine eine Person besitzt oder für welche sie die Neuerteilung beantragen kann.

(2) Die örtlichen Fahrerlaubnisregister werden außerdem geführt zur Speicherung von Daten, die erforderlich sind

1. für die Beurteilung der Eignung und Befähigung von Personen zum Führen von Kraftfahrzeugen und
2. für die Prüfung der Berechtigung zum Führen von Fahrzeugen.

§ 50[2)] Inhalt der Fahrerlaubnisregister. (1) In den örtlichen Fahrerlaubnisregistern und im Zentralen Fahrerlaubnisregister werden gespeichert

1. Familiennamen, Geburtsnamen, sonstige frühere Namen, Vornamen, Ordens- oder Künstlername, Doktorgrad, Geschlecht, Tag und Ort der Geburt,
2. nach näherer Bestimmung durch Rechtsverordnung gemäß § 63 Nummer 2 Daten über Erteilung und Registrierung (einschließlich des Umtauschs oder

---

[1)] § 49 Abs. 1 geänd. mWv 1.1.2015 durch G v. 28.11.2014 (BGBl. I S. 1802).

[2)] § 50 Abs. 1 Nr. 2 und Abs. 2 Nr. 2 Buchst. a geänd. mWv 1.5.2014 durch G v. 28.8.2013 (BGBl. I S. 3313); Abs. 3 und 4 angef. mWv 1.1.2015 durch G v. 28.11.2014 (BGBl. I S. 1802); Abs. 1 Nr. 2, Abs. 2 Nr. 1 und 2 geänd. mWv 7.12.2016 durch G v. 28.11.2016 (BGBl. I S. 2722); Abs. 2 Nr. 1 geänd. mWv 26.11.2019 durch G v. 20.11.2019 (BGBl. I S. 1626); Abs. 2 Nr. 1 geänd. mWv 1.6.2020 durch G v. 5.12. 2019 (BGBl. I S. 2008).

der Registrierung einer deutschen Fahrerlaubnis im Ausland), Bestand, Art, Umfang, Gültigkeitsdauer, Verlängerung und Änderung der Fahrerlaubnis, Datum des Beginns und des Ablaufs der Probezeit, Nebenbestimmungen zur Fahrerlaubnis, über Führerscheine und deren Geltung einschließlich der Ausschreibung zur Sachfahndung, sonstige Berechtigungen, ein Kraftfahrzeug zu führen, sowie Hinweise auf Eintragungen im Fahreignungsregister, die die Berechtigung zum Führen von Kraftfahrzeugen berühren.

(2) In den örtlichen Fahrerlaubnisregistern dürfen außerdem gespeichert werden

1. die Anschrift und die E-Mail-Adresse, soweit vom Antragsteller angegeben, der betroffenen Person, Staatsangehörigkeit, Art des Ausweisdokuments sowie
2. nach näherer Bestimmung durch Rechtsverordnung gemäß § 63 Nummer 2 Daten über
   a) Versagung, Entziehung, Widerruf und Rücknahme der Fahrerlaubnis, Verzicht auf die Fahrerlaubnis, isolierte Sperren, Fahrverbote sowie die Beschlagnahme, Sicherstellung und Verwahrung von Führerscheinen sowie Maßnahmen nach § 2a Abs. 2 und § 4 Absatz 5,
   b) Verbote oder Beschränkungen, ein Fahrzeug zu führen.

(3) Im Zentralen Fahrerlaubnisregister dürfen zusätzlich zu Absatz 1 der Grund des Erlöschens der Fahrerlaubnis oder einer Fahrerlaubnisklasse, die Dauer der Probezeit einschließlich der Restdauer nach vorzeitiger Beendigung der Probezeit, Beginn und Ende einer Hemmung der Probezeit und die Behörde, die die Unterlagen im Zusammenhang mit dem Erteilen, dem Entziehen oder dem Erlöschen einer Fahrerlaubnis oder Fahrerlaubnisklasse (Fahrerlaubnisakte) führt, gespeichert werden.

(4) Sobald ein örtliches Fahrerlaubnisregister nach Maßgabe des § 65 Absatz 2 Satz 1 nicht mehr geführt werden darf, gelten die Absätze 1 und 2 im Hinblick auf die örtlichen Fahrerlaubnisregister nur noch für die in § 65 Absatz 2a bezeichneten Daten.

§ 51[1)] Mitteilung an das Zentrale Fahrerlaubnisregister. Die Fahrerlaubnisbehörden teilen dem Kraftfahrt-Bundesamt zur Speicherung im Zentralen Fahrerlaubnisregister unverzüglich die auf Grund des § 50 Abs. 1 zu speichernden oder zu einer Änderung oder Löschung einer Eintragung führenden Daten mit.

§ 52[2)] Übermittlung. (1) Die in den Fahrerlaubnisregistern gespeicherten Daten dürfen an die Stellen, die

1. für die Verfolgung von Straftaten, zur Vollstreckung oder zum Vollzug von Strafen,
2. für die Verfolgung von Ordnungswidrigkeiten und die Vollstreckung von Bußgeldbescheiden und ihren Nebenfolgen nach diesem Gesetz oder
3. für Verwaltungsmaßnahmen auf Grund dieses Gesetzes oder der auf ihm beruhenden Rechtsvorschriften, soweit es um Fahrerlaubnisse, Führerscheine oder sonstige Berechtigungen, ein Fahrzeug zu führen, geht,

zuständig sind, übermittelt werden, soweit dies zur Erfüllung der diesen Stellen obliegenden Aufgaben zu den in § 49 genannten Zwecken jeweils erforderlich ist.

[1)] § 51 geänd. mWv 9.12.2010 durch G v. 2.12.2010 (BGBl. I S. 1748).
[2)] § 52 Abs. 2 geänd. mWv 1.1.2009 durch G v. 6.11.2008 (BGBl. I S. 2162).

(2) Die in den Fahrerlaubnisregistern gespeicherten Daten dürfen zu den in § 49 Abs. 1 und 2 Nr. 2 genannten Zwecken an die für Verkehrs- und Grenzkontrollen zuständigen Stellen sowie an die für Straßenkontrollen zuständigen Stellen übermittelt werden, soweit dies zur Erfüllung ihrer Aufgaben erforderlich ist.

(3) Das Kraftfahrt-Bundesamt hat entsprechend § 35 Abs. 6 Satz 1 und 2 Aufzeichnungen über die Übermittlungen nach den Absätzen 1 und 2 zu führen.

§ 53[1] Direkteinstellung und Abruf im automatisierten Verfahren.

(1) Den Stellen, denen die Aufgaben nach § 52 obliegen, dürfen die hierfür jeweils erforderlichen Daten aus dem Zentralen Fahrerlaubnisregister und den örtlichen Fahrerlaubnisregistern zu den in § 49 genannten Zwecken durch Abruf im automatisierten Verfahren übermittelt werden.

(1a) Die Fahrerlaubnisbehörden dürfen die Daten, die sie nach § 51 dem Kraftfahrt-Bundesamt mitzuteilen haben, im Wege der Datenfernübertragung durch Direkteinstellung übermitteln.

(2) Die Einrichtung von Anlagen zur Direkteinstellung oder zum Abruf im automatisierten Verfahren ist nur zulässig, wenn nach näherer Bestimmung durch Rechtsverordnung gemäß § 63 Nummer 4 gewährleistet ist, dass

1. die erforderlichen technischen und organisatorischen Maßnahmen nach den Artikeln 24, 25 und 32 der Verordnung (EU) 2016/679 zur Sicherstellung des Datenschutzes und der Datensicherheit getroffen werden und
2. die Zulässigkeit der Direkteinstellung oder der Abrufe nach Maßgabe des Absatzes 3 kontrolliert werden kann.

(3) [1] Das Kraftfahrt-Bundesamt oder die Fahrerlaubnisbehörde als übermittelnde Stellen haben über die Direkteinstellungen und die Abrufe Aufzeichnungen zu fertigen, die die bei der Durchführung der Direkteinstellungen oder der Abrufe verwendeten Daten, den Tag und die Uhrzeit der Direkteinstellungen oder der Abrufe, die Kennung der einstellenden oder abrufenden Dienststelle und die eingestellten oder abgerufenen Daten enthalten müssen. [2] Die protokollierten Daten dürfen nur für Zwecke der Datenschutzkontrolle, der Datensicherung oder zur Sicherstellung eines ordnungsgemäßen Betriebs der Datenverarbeitungsanlage verwendet werden, es sei denn, es liegen Anhaltspunkte dafür vor, dass ohne ihre Verwendung die Verhinderung oder Verfolgung einer schwerwiegenden Straftat gegen Leib, Leben oder Freiheit einer Person aussichtslos oder wesentlich erschwert wäre. [3] Die Protokolldaten sind durch geeignete Vorkehrungen gegen zweckfremde Verwendung und gegen sonstigen Missbrauch zu schützen und beim Abruf nach sechs Monaten und bei der Direkteinstellung mit Vollendung des 110. Lebensjahres der betroffenen Person zu löschen.

(4) [1] Bei Direkteinstellungen in das und bei Abrufen aus dem Zentralen Fahrerlaubnisregister sind vom Kraftfahrt-Bundesamt weitere Aufzeichnungen zu fertigen, die sich auf den Anlass der Direkteinstellung oder des Abrufs erstrecken und die Feststellung der für die Direkteinstellung oder den Abruf verantwortlichen Person ermöglichen. [2] Das Nähere wird durch Rechtsverordnung (§ 63 Nummer 4) bestimmt. [3] Dies gilt entsprechend für Abrufe aus den örtlichen Fahrerlaubnisregistern.

---

[1] § 53 Überschrift neu gef., Abs. 1a eingef., Abs. 2 einl. Satzteil und Nr. 2 geänd., Abs. 3 Satz 1 neu gef., Satz 3 geänd., Abs. 4 Satz 1 neu gef. mWv 9.12.2010 durch G v. 2.12.2010 (BGBl. I S. 1748); Abs. 2 einl. Satzteil, Abs. 4 Satz 2 geänd. mWv 7.12.2016 durch G v. 28.11.2016 (BGBl. I S. 2722); Abs. 2 Nr. 1 neu gef. mWv 26.11.2019 durch G v. 20.11.2019 (BGBl. I S. 1626).

(5) [1] Aus den örtlichen Fahrerlaubnisregistern ist die Übermittlung der Daten durch Einsichtnahme in das Register außerhalb der üblichen Dienstzeiten an die für den betreffenden Bezirk zuständige Polizeidienststelle zulässig, wenn

1. dies im Rahmen der in § 49 Abs. 1 und 2 Nr. 2 genannten Zwecke für die Erfüllung der der Polizei obliegenden Aufgaben erforderlich ist und
2. ohne die sofortige Einsichtnahme die Erfüllung dieser Aufgaben gefährdet wäre.

[2] Die Polizeidienststelle hat die Tatsache der Einsichtnahme, deren Datum und Anlass sowie den Namen des Einsichtnehmenden aufzuzeichnen; die Aufzeichnungen sind für die Dauer eines Jahres aufzubewahren und nach Ablauf des betreffenden Kalenderjahres zu vernichten.

§ 54[1)] Automatisiertes Mitteilungs-, Anfrage- und Auskunftsverfahren beim Kraftfahrt-Bundesamt. [1] Die Übermittlung der Daten an das Zentrale Fahrerlaubnisregister und aus dem Zentralen Fahrerlaubnisregister nach den §§ 51, 52 und 55 darf nach näherer Bestimmung durch Rechtsverordnung gemäß § 63 Nummer 5 auch in einem automatisierten Mitteilungs-, Anfrage- und Auskunftsverfahren erfolgen. [2] Für die Einrichtung und Durchführung des Verfahrens gilt § 30b Abs. 1 Satz 2, Abs. 2 und 3 entsprechend. [3] Die Protokolldaten der Mitteilungen sind mit Vollendung des 110. Lebensjahres der betroffenen Person zu löschen.

§ 55[2)] Übermittlung von Daten an Stellen außerhalb des Geltungsbereiches dieses Gesetzes. (1) Die auf Grund des § 50 gespeicherten Daten dürfen von den Registerbehörden an die hierfür zuständigen Stellen anderer Staaten übermittelt werden, soweit dies

1. für Verwaltungsmaßnahmen auf dem Gebiet des Straßenverkehrs,
2. zur Verfolgung von Zuwiderhandlungen gegen Rechtsvorschriften auf dem Gebiet des Straßenverkehrs oder
3. zur Verfolgung von Straftaten, die im Zusammenhang mit dem Straßenverkehr oder sonst mit Kraftfahrzeugen oder Anhängern oder Fahrzeugpapieren, Fahrerlaubnissen oder Führerscheinen stehen,

erforderlich ist.

(2) Der Empfänger ist darauf hinzuweisen, dass die übermittelten Daten nur zu dem Zweck verarbeitet werden dürfen, zu dessen Erfüllung sie ihm übermittelt werden.

(3) Die Übermittlung unterbleibt, wenn durch sie schutzwürdige Interessen der betroffenen Person beeinträchtigt würden, insbesondere wenn im Empfängerland ein angemessener Datenschutzstandard nicht gewährleistet ist.

§ 56[3)] Abruf im automatisierten Verfahren durch Stellen außerhalb des Geltungsbereiches dieses Gesetzes. (1) Durch Abruf im automatisierten Verfahren dürfen aus dem Zentralen Fahrerlaubnisregister für die in § 55 Abs. 1 genannten Maßnahmen an die hierfür zuständigen öffentlichen Stellen in einem Mitgliedstaat der Europäischen Union oder einem anderen Vertragsstaat des Abkommens über

---

[1)] § 54 Überschrift und Satz 1 neu gef., Satz 3 angef. mWv 9.12.2010 durch G v. 2.12.2010 (BGBl. I S. 1748); Satz 1 geänd. mWv 7.12.2016 durch G v. 28.11.2016 (BGBl. I S. 2722).

[2)] § 55 Abs. 2 und 3 geänd. mWv 26.11.2019 durch G v. 20.11.2019 (BGBl. I S. 1626).

[3)] § 56 Abs. 1 geänd. mWv 7.12.2016 durch G v. 28.11.2016 (BGBl. I S. 2722); Abs. 2 Satz 1 einl. Satzteil und Nr. 1 geänd., Nr. 2 neu gef. mWv 26.11.2019 durch G v. 20.11.2019 (BGBl. I S. 1626).

den Europäischen Wirtschaftsraum die zu deren Aufgabenerfüllung erforderlichen Daten nach näherer Bestimmung durch Rechtsverordnung gemäß § 63 Nummer 6 übermittelt werden.

(2) [1] Der Abruf ist nur zulässig, wenn

1. diese Form der Datenübermittlung unter Berücksichtigung der schutzwürdigen Interessen der betroffenen Personen wegen der Vielzahl der Übermittlungen oder wegen ihrer besonderen Eilbedürftigkeit angemessen ist und
2. der Empfängerstaat die Verordnung (EU) 2016/679 anwendet.

[2] § 53 Abs. 2 und 3 sowie Abs. 4 wegen des Anlasses der Abrufe ist entsprechend anzuwenden.

§ 57[1)] Übermittlung an und Verwendung durch den Empfänger für wissenschaftliche, statistische und gesetzgeberische Zwecke. Für die Übermittlung und Verwendung der nach § 50 gespeicherten Daten für wissenschaftliche Zwecke gilt § 38, für statistische Zwecke § 38a und für gesetzgeberische Zwecke § 38b jeweils entsprechend.

§ 58[2)] Auskunft über eigene Daten aus den Registern. [1] Einer Privatperson wird auf Antrag schriftlich über den sie betreffenden Inhalt des örtlichen oder des Zentralen Fahrerlaubnisregisters unentgeltlich Auskunft erteilt. [2] Der Antragsteller hat dem Antrag einen Identitätsnachweis beizufügen. [3] Die Auskunft kann elektronisch erteilt werden, wenn der Antrag unter Nutzung des elektronischen Identitätsnachweises nach § 18 des Personalausweisgesetzes ***[ab 1.11.2020: , nach § 12 des eID-Karte-Gesetzes]*** oder nach § 78 Absatz 5 des Aufenthaltsgesetzes gestellt wird. [4] Hinsichtlich der Protokollierung gilt § 53 Absatz 3 entsprechend.

§ 59[3)] Datenabgleich zur Beseitigung von Fehlern. (1) [1] Bei Zweifeln an der Identität einer eingetragenen Person mit der Person, auf die sich eine Mitteilung nach § 51 bezieht, dürfen die Datenbestände des Fahreignungsregisters und des Zentralen Fahrzeugregisters zur Identifizierung dieser Personen verwendet werden. [2] Ist die Feststellung der Identität der betreffenden Personen auf diese Weise nicht möglich, dürfen die auf Anfrage aus den Melderegistern übermittelten Daten zur Behebung der Zweifel verwendet werden. [3] Die Zulässigkeit der Übermittlung durch die Meldebehörden richtet sich nach den Meldegesetzen der Länder. [4] Können die Zweifel an der Identität der betreffenden Personen nicht ausgeräumt werden, werden die Eintragungen über beide Personen mit einem Hinweis auf die Zweifel an deren Identität versehen.

(2) Die regelmäßige Verwendung der auf Grund des § 28 Abs. 3 im Fahreignungsregister gespeicherten Daten ist zulässig, um Fehler und Abweichungen bei den Personendaten sowie den Daten über Fahrerlaubnisse und Führerscheine der betreffenden Person im Zentralen Fahrerlaubnisregister festzustellen und zu beseitigen und um dieses Register zu vervollständigen.

---

1) § 57 Überschrift neu gef. und Wortlaut geänd. mWv 26.11.2019 durch G v. 20.11.2019 (BGBl. I S. 1626).

2) § 58 Sätze 3 und 4 angef. mWv 1.8.2013 durch G v. 25.7.2013 (BGBl. I S. 2749); Satz 3 geänd. mWv 1.11.2020 durch G v. 21.6.2019 (BGBl. I S. 846, geänd. S. 1626).

3) § 59 Abs. 1 Satz 1 und Abs. 2 geänd. mWv 1.5.2014 durch G v. 28.8.2013 (BGBl. I S. 3313); Überschrift neu gef., Abs. 1 Sätze 1 und 2 sowie Abs. 2 geänd. mWv 26.11.2019 durch G v. 20.11.2019 (BGBl. I S. 1626).

(3) [1] Die nach § 50 Abs. 1 im Zentralen Fahrerlaubnisregister gespeicherten Daten dürfen den Fahrerlaubnisbehörden übermittelt werden, soweit dies erforderlich ist, um Fehler und Abweichungen in deren Registern festzustellen und zu beseitigen und um diese örtlichen Register zu vervollständigen. [2] Die nach § 50 Abs. 1 im örtlichen Fahrerlaubnisregister gespeicherten Daten dürfen dem Kraftfahrt-Bundesamt übermittelt werden, soweit dies erforderlich ist, um Fehler und Abweichungen im Zentralen Fahrerlaubnisregister festzustellen und zu beseitigen und um dieses Register zu vervollständigen. [3] Die Übermittlungen nach den Sätzen 1 und 2 sind nur zulässig, wenn Anlass zu der Annahme besteht, dass die Register unrichtig oder unvollständig sind.

§ 60[1)] Allgemeine Vorschriften für die Datenübermittlung an und die Verarbeitung der Daten durch den Empfänger. (1) [1] Übermittlungen von Daten aus den Fahrerlaubnisregistern sind nur auf Ersuchen zulässig, es sei denn, auf Grund besonderer Rechtsvorschrift wird bestimmt, dass die Registerbehörde bestimmte Daten von Amts wegen zu übermitteln hat. [2] Die Verantwortung für die Zulässigkeit der Übermittlung trägt die übermittelnde Stelle. [3] Erfolgt die Übermittlung auf Ersuchen des Empfängers, trägt dieser die Verantwortung. [4] In diesem Fall prüft die übermittelnde Stelle nur, ob das Übermittlungsersuchen im Rahmen der Aufgaben des Empfängers liegt, es sei denn, dass besonderer Anlass zur Prüfung der Zulässigkeit der Übermittlung besteht.

(2) Für die Verarbeitung der Daten durch den Empfänger gilt § 43 Abs. 2.

§ 61[2)] Löschung der Daten. (1) [1] Die auf Grund des § 50 im Zentralen Fahrerlaubnisregister gespeicherten Daten sind zu löschen, soweit

1. die zugrunde liegende Fahrerlaubnis vollständig oder hinsichtlich einzelner Fahrerlaubnisklassen erloschen ist oder
2. eine amtliche Mitteilung über den Tod der betroffenen Person eingeht.

[2] Die Angaben zur Probezeit werden ein Jahr nach deren Ablauf gelöscht. [3] Satz 1 Nummer 1 gilt nicht für die nach § 50 Absatz 1 Nummer 1 gespeicherten Daten, eine erloschene Fahrerlaubnis oder Fahrerlaubnisklasse, das Datum der jeweiligen Erteilung, das Datum des jeweiligen Erlöschens, den Grund des Erlöschens einer Fahrerlaubnis oder einer Fahrerlaubnisklasse, den Beginn und das Ende der Probezeit, die Dauer der Probezeit einschließlich der Restdauer nach einer vorzeitigen Beendigung, den Beginn und das Ende der Hemmung der Probezeit, die Beschränkungen und Auflagen zur Fahrerlaubnis oder Fahrerlaubnisklasse, die Fahrerlaubnisnummer und die Behörde, die die Fahrerlaubnisakte führt.

(2) Über die in Absatz 1 Satz 1 Nummer 1 genannten Daten darf nach dem Erlöschen der Fahrerlaubnis nur

1. den betroffenen Personen und
2. den Fahrerlaubnisbehörden zur Überprüfung im Verfahren zur Neuerteilung oder Erweiterung einer Fahrerlaubnis

Auskunft erteilt werden.

---

1) § 60 Überschrift neu gef., Abs. 2 geänd. mWv 26.11.2019 durch G v. 20.11.2019 (BGBl. I S. 1626).

2) § 61 Abs. 2 neu gef. mWv 9.12.2010 durch G v. 2.12.2010 (BGBl. I S. 1748); Abs. 3 Satz 1 geänd. mWv 1.5.2014 durch G v. 28.8.2013 (BGBl. I S. 3313); Abs. 1 Satz 1 einl. Satzteil geänd., Nr. 1 neu gef., Satz 3 und Abs. 4 angef. mWv 1.1.2015 durch G v. 28.11.2014 (BGBl. I S. 1802); Abs. 1 Satz 1 Nr. 2 und Abs. 2 Nr. 1 geänd. mWv 26.11.2019 durch G v. 20.11.2019 (BGBl. I S. 1626).

(3) [1]Soweit die örtlichen Fahrerlaubnisregister Entscheidungen enthalten, die auch im Fahreignungsregister einzutragen sind, gilt für die Löschung § 29 entsprechend. [2]Für die Löschung der übrigen Daten gilt Absatz 1.

(4) Unbeschadet der Absätze 1 bis 3 sind die im Zentralen Fahrerlaubnisregister und den örtlichen Fahrerlaubnisregistern gespeicherten Daten mit Vollendung des 110. Lebensjahres der betroffenen Person zu löschen.

§ 62[1)] Register über die Dienstfahrerlaubnisse der Bundeswehr. (1) [1]Die durch das Bundesministerium der Verteidigung bestimmte Dienststelle führt ein zentrales Register über die von den Dienststellen der Bundeswehr erteilten Dienstfahrerlaubnisse und ausgestellten Dienstführerscheine. [2]In dem Register dürfen auch die Daten gespeichert werden, die in den örtlichen Fahrerlaubnisregistern gespeichert werden dürfen.

(2) Im Zentralen Fahrerlaubnisregister beim Kraftfahrt-Bundesamt werden nur die in § 50 Abs. 1 Nr. 1 genannten Daten, die Tatsache des Bestehens einer Dienstfahrerlaubnis mit der jeweiligen Klasse und das Datum von Beginn und Ablauf einer Probezeit sowie die Fahrerlaubnisnummer gespeichert.

(3) Die im zentralen Register gemäß Absatz 1 und die gemäß Absatz 2 im zentralen Fahrerlaubnisregister beim Kraftfahrt-Bundesamt gespeicherten Daten sind nach Ablauf eines Jahres seit Ende der Möglichkeit zur Dienstleistung der betroffenen Person (§ 4 des Reservistinnen- und Reservistengesetzes), bei Grundwehrdienst Leistenden nach Ablauf eines Jahres seit Ende der Wehrpflicht der betroffenen Person (§ 3 Absatz 3 und 4 des Wehrpflichtgesetzes) zu löschen.

(4) [1]Im Übrigen finden die Vorschriften dieses Abschnitts mit Ausnahme der §§ 53 und 56 sinngemäß Anwendung. [2]Durch Rechtsverordnung gemäß § 63 Nummer 9 können Abweichungen von den Vorschriften dieses Abschnitts zugelassen werden, soweit dies zur Erfüllung der hoheitlichen Aufgaben erforderlich ist.

§ 63[2)] Ermächtigungsgrundlagen, Ausführungsvorschriften. Das Bundesministerium für Verkehr und digitale Infrastruktur wird ermächtigt, Rechtsverordnungen mit Zustimmung des Bundesrates zu erlassen

1. über die Übermittlung der Daten durch den Hersteller von Führerscheinen an das Kraftfahrt-Bundesamt und die dortige Speicherung nach § 48 Abs. 3 Satz 4,
2. darüber, welche Daten nach § 50 Abs. 1 Nr. 2 und Abs. 2 Nr. 2 im örtlichen und im Zentralen Fahrerlaubnisregister jeweils gespeichert werden dürfen,
3. über die Art und den Umfang der zu übermittelnden Daten nach den §§ 52 und 55 sowie die Bestimmung der Empfänger und den Geschäftsweg bei Übermittlungen nach § 55,
4. über die Art und den Umfang der zu übermittelnden Daten, die Maßnahmen zur Sicherung gegen Missbrauch und die weiteren Aufzeichnungen beim Abruf im automatisierten Verfahren nach § 53,
5. über die Art und den Umfang der zu übermittelnden Daten und die Maßnahmen zur Sicherung gegen Missbrauch nach § 54,

---

[1)] § 62 Abs. 4 Satz 2 geänd. mWv 7.12.2016 durch G v. 28.11.2016 (BGBl. I S. 2722); Abs. 3 geänd. mWv 26.11.2019 durch G v. 20.11.2019 (BGBl. I S. 1626); Abs. 1 Satz 1 geänd., Abs. 3 neu gef. mWv 12.12.2019 durch G v. 5.12.2019 (BGBl. I S. 2008).

[2)] § 63 Abs. 2 aufgeh., bish. Abs. 1 einl. Satzteil geänd. mWv 18.8.2006 durch G v. 14.8.2006 (BGBl. I S. 1958); einl. Satzteil geänd. mWv 5.12.2014 durch G v. 28.11.2014 (BGBl. I S. 1802).

6. darüber, welche Daten durch Abruf im automatisierten Verfahren nach § 56 übermittelt werden dürfen,
7. über die Bestimmung, welche ausländischen öffentlichen Stellen zum Abruf im automatisierten Verfahren nach § 56 befugt sind,
8. über den Identitätsnachweis bei Auskünften nach § 58 und
9. über Sonderbestimmungen für die Fahrerlaubnisregister der Bundeswehr nach § 62 Abs. 4 Satz 2.

VIa.[1] Datenverarbeitung

§ 63a[2] Datenverarbeitung bei Kraftfahrzeugen mit hoch- oder vollautomatisierter Fahrfunktion. (1) [1] Kraftfahrzeuge gemäß § 1a speichern die durch ein Satellitennavigationssystem ermittelten Positions- und Zeitangaben, wenn ein Wechsel der Fahrzeugsteuerung zwischen Fahrzeugführer und dem hoch- oder vollautomatisierten System erfolgt. [2] Eine derartige Speicherung erfolgt auch, wenn der Fahrzeugführer durch das System aufgefordert wird, die Fahrzeugsteuerung zu übernehmen oder eine technische Störung des Systems auftritt.

(2) [1] Die gemäß Absatz 1 gespeicherten Daten dürfen den nach Landesrecht für die Ahndung von Verkehrsverstößen zuständigen Behörden auf deren Verlangen übermittelt werden. [2] Die übermittelten Daten dürfen durch diese gespeichert und verwendet werden. [3] Der Umfang der Datenübermittlung ist auf das Maß zu beschränken, das für den Zweck der Feststellung des Absatzes 1 im Zusammenhang mit dem durch diese Behörden geführten Verfahren der eingeleiteten Kontrolle notwendig ist. [4] Davon unberührt bleiben die allgemeinen Regelungen zur Verarbeitung personenbezogener Daten.

(3) Der Fahrzeughalter hat die Übermittlung der gemäß Absatz 1 gespeicherten Daten an Dritte zu veranlassen, wenn
1. die Daten zur Geltendmachung, Befriedigung oder Abwehr von Rechtsansprüchen im Zusammenhang mit einem in § 7 Absatz 1 geregelten Ereignis erforderlich sind und
2. das entsprechende Kraftfahrzeug mit automatisierter Fahrfunktion an diesem Ereignis beteiligt war. Absatz 2 Satz 3 findet entsprechend Anwendung.

(4) Die gemäß Absatz 1 gespeicherten Daten sind nach sechs Monaten zu löschen, es sei denn, das Kraftfahrzeug war an einem in § 7 Absatz 1 geregelten Ereignis beteiligt; in diesem Fall sind die Daten nach drei Jahren zu löschen.

(5) Im Zusammenhang mit einem in § 7 Absatz 1 geregelten Ereignis können die gemäß Absatz 1 gespeicherten Daten in anonymisierter Form zu Zwecken der Unfallforschung an Dritte übermittelt werden.

§ 63b[3] Ermächtigungsgrundlagen. [1] Das Bundesministerium für Verkehr und digitale Infrastruktur wird ermächtigt, im Benehmen mit der Beauftragten für den

---

[1] Abschnitt VIa (§§ 63a, 63b) eingef. mWv 21.6.2017 durch G v. 16.6.2017 (BGBl. I S. 1648); Überschrift neu gef. mWv 12.4.2019 durch G v. 8.4.2019 (BGBl. I S. 430).

[2] § 63a eingef. mWv 21.6.2017 durch G v. 16.6.2017 (BGBl. I S. 1648); Abs. 2 Satz 2 geänd. mWv 26.11.2019 durch G v. 20.11.2019 (BGBl. I S. 1626).

[3] § 63b eingef. mWv 21.6.2017 durch G v. 16.6.2017 (BGBl. I S. 1648).

Datenschutz und die Informationsfreiheit, zur Durchführung von § 63a Rechtsverordnungen zu erlassen über

1. die technische Ausgestaltung und den Ort des Speichermediums sowie die Art und Weise der Speicherung gemäß § 63a Absatz 1,
2. den Adressaten der Speicherpflicht nach § 63a Absatz 1,
3. Maßnahmen zur Sicherung der gespeicherten Daten gegen unbefugten Zugriff bei Verkauf des Kraftfahrzeugs.

[2] Rechtsverordnungen nach Satz 1 sind vor Verkündung dem Deutschen Bundestag zur Kenntnis zuzuleiten.

§ 63c[1)] Datenverarbeitung im Rahmen der Überprüfung der Einhaltung von Verkehrsbeschränkungen und Verkehrsverboten aufgrund immissionsschutzrechtlicher Vorschriften oder aufgrund straßenverkehrsrechtlicher Vorschriften zum Schutz vor Abgasen. (1) [1] Zur Überprüfung der Einhaltung von Verkehrsbeschränkungen und Verkehrsverboten, die aufgrund des § 40 des Bundes-Immissionsschutzgesetzes nach Maßgabe der straßenverkehrsrechtlichen Vorschriften angeordnet worden sind oder aufgrund straßenverkehrsrechtlicher Vorschriften zum Schutz der Wohnbevölkerung oder der Bevölkerung vor Abgasen zur Abwehr von immissionsbedingten Gefahren ergangen sind, darf die nach Landesrecht zuständige Behörde im Rahmen von stichprobenartigen Überprüfungen mit mobilen Geräten folgende Daten, auch durch selbsttätiges Wirken des von ihr verwendeten Gerätes, erheben, speichern und verwenden:

1. das Kennzeichen des Fahrzeugs oder der Fahrzeugkombination, die in einem Gebiet mit Verkehrsbeschränkungen oder Verkehrsverboten am Verkehr teilnehmen,
2. die für die Berechtigung zur Teilnahme am Verkehr in Gebieten mit Verkehrsbeschränkungen oder Verkehrsverboten erforderlichen Merkmale des Fahrzeugs oder der Fahrzeugkombination,
3. das durch eine Einzelaufnahme hergestellte Bild des Fahrzeugs und des Fahrers,
4. den Ort und die Zeit der Teilnahme am Verkehr im Gebiet mit Verkehrsbeschränkungen oder Verkehrsverboten.

[2] Eine verdeckte Datenerhebung ist unzulässig.

(2) [1] Die nach Landesrecht zuständige Behörde darf anhand der Daten nach Absatz 1 Satz 1 Nummer 1 beim Zentralen Fahrzeugregister die nach § 33 Absatz 1 Satz 1 Nummer 1 für das jeweilige Fahrzeug gespeicherten und für die Überprüfung der Einhaltung der jeweiligen Verkehrsbeschränkungen und Verkehrsverbote erforderlichen Fahrzeugdaten in dem in § 36 Absatz 2i vorgesehenen Verfahren abrufen, um festzustellen, ob für das Fahrzeug eine Verkehrsbeschränkung oder ein Verkehrsverbot gilt. [2] Der Abruf und die Feststellung haben unverzüglich zu erfolgen.

(3) [1] Die Daten nach Absatz 1 Satz 1 Nummer 1 bis 4 und Absatz 2 dürfen ausschließlich zum Zweck der Verfolgung von diesbezüglichen Ordnungswidrigkeiten an die hierfür zuständige Verwaltungsbehörde übermittelt werden. [2] Diese Datenübermittlung hat unverzüglich nach Abschluss der Prüfung nach Absatz 2 zu erfolgen.

[1)] § 63c eingef. mWv 12.4.2019 durch G v. 8.4.2019 (BGBl. I S. 430).

(4) [1] Die Daten nach Absatz 1 Satz 1 Nummer 1 bis 4 und Absatz 2 sind von der in Absatz 1 genannten Behörde unverzüglich zu löschen,

1. sobald die nach Absatz 2 vorzunehmende Prüfung ergibt, dass das Fahrzeug berechtigt ist, am Verkehr im Gebiet mit Verkehrsbeschränkungen oder Verkehrsverboten teilzunehmen, oder
2. nach der Übermittlung an die in Absatz 3 genannte, für die Verfolgung von diesbezüglichen Ordnungswidrigkeiten zuständige Verwaltungsbehörde, wenn die nach Absatz 2 vorzunehmende Prüfung ergibt, dass das Fahrzeug nicht berechtigt ist, am Verkehr im Gebiet mit Verkehrsbeschränkungen oder Verkehrsverboten teilzunehmen.

[2] Alle Daten sind von der in Absatz 1 genannten Behörde, sofern sie nach den vorgenannten Vorschriften nicht vorher zu löschen sind, spätestens zwei Wochen nach ihrer erstmaligen Erhebung zu löschen.

(5) Für die Löschung der Daten nach Absatz 1 Satz 1 Nummer 1 bis 4 und Absatz 2 durch die für die Verfolgung von diesbezüglichen Ordnungswidrigkeiten zuständige Verwaltungsbehörde gelten die Vorschriften für das Bußgeldverfahren.

(6) Sonstige Regelungen über die Überprüfung der Einhaltung des Straßenverkehrsrechts, insbesondere des Landesrechts, bleiben unberührt.

VII. Gemeinsame Vorschriften, Übergangsbestimmungen

§ 64 [1)2)] **Gemeinsame Vorschriften.** (1) [1] Die Meldebehörden haben dem Kraftfahrt-Bundesamt bei der Änderung des Geburtsnamens oder des Vornamens einer Person, die das 14. Lebensjahr vollendet hat, für den in Satz 2 genannten Zweck neben dem bisherigen Namen folgende weitere Daten zu übermitteln:

1. Geburtsname,
2. Familienname,
3. Vornamen,
4. Tag der Geburt,
5. Geburtsort,
6. Geschlecht,
7. Bezeichnung der Behörde, die die Namensänderung im Melderegister veranlasst hat, sowie
8. Datum und Aktenzeichen des zugrunde liegenden Rechtsakts.

[2] Enthält das Fahreignungsregister oder das Zentrale Fahrerlaubnisregister eine Eintragung über diese Person, so ist der neue Name bei der Eintragung zu vermerken. [3] Eine Mitteilung nach Satz 1 darf nur für den in Satz 2 genannten Zweck verwendet werden. [4] Enthalten die Register keine Eintragung über diese Person, ist die Mitteilung vom Kraftfahrt-Bundesamt unverzüglich zu vernichten.

(2) Unbeschadet anderer landesrechtlicher Regelungen können durch Landesrecht Aufgaben der Zulassung von Kraftfahrzeugen auf die für das Meldewesen

---

1) § 64 Abs. 2 angef. mWv 1.8.2013 durch G v. 25.7.2013 (BGBl. I S. 2749); Abs. 1 Satz 2 geänd. mWv 1.5.2014 durch G v. 28.8.2013 (BGBl. I S. 3313).

2) Siehe hierzu ua Zweite BundesmeldedatenübermittlungsVO v. 1.12.2014 (BGBl. I S. 1950), zuletzt geänd. durch G v. 4.8.2019 (BGBl. I S. 1131).

zuständigen Behörden übertragen werden, sofern kein neues Kennzeichen erteilt werden muss oder sich die technischen Daten des Fahrzeugs nicht ändern.

§ 65[1)] Übergangsbestimmungen. (1) [1] Registerauskünfte, Führungszeugnisse, Gutachten und Gesundheitszeugnisse, die sich am 1. Januar 1999 bereits in den Akten befinden, brauchen abweichend von § 2 Abs. 9 Satz 2 bis 4 erst dann vernichtet zu werden, wenn sich die Fahrerlaubnisbehörde aus anderem Anlass mit dem Vorgang befasst. [2] Eine Überprüfung der Akten muss jedoch spätestens bis zum 1. Januar 2014 durchgeführt werden. [3] Anstelle einer Vernichtung der Unterlagen sind die darin enthaltenen Daten zu sperren, wenn die Vernichtung wegen der besonderen Art der Führung der Akten nicht oder nur mit unverhältnismäßigem Aufwand möglich ist.

(2) [1] Ein örtliches Fahrerlaubnisregister (§ 48 Abs. 1) darf nicht mehr geführt werden, sobald

1. sein Datenbestand mit den in § 50 Abs. 1 genannten Daten in das Zentrale Fahrerlaubnisregister übernommen worden ist,
2. die getroffenen Maßnahmen der Fahrerlaubnisbehörde nach § 2a Abs. 2 und § 4 Absatz 5 in das Fahreignungsregister übernommen worden sind und
3. der Fahrerlaubnisbehörde die Daten, die ihr nach § 30 Abs. 1 Nr. 3 und § 52 Abs. 1 Nr. 3 aus den zentralen Registern mitgeteilt werden dürfen, durch Abruf im automatisierten Verfahren mitgeteilt werden können.

[2] Die Fahrerlaubnisbehörden löschen aus ihrem örtlichen Fahrerlaubnisregister spätestens bis zum 31. Dezember 2014 die im Zentralen Fahrerlaubnisregister gespeicherten Daten, nachdem sie sich von der Vollständigkeit und Richtigkeit der in das Zentrale Fahrerlaubnisregister übernommenen Einträge überzeugt haben. [3] Die noch nicht im Zentralen Fahrerlaubnisregister gespeicherten Daten der Fahrerlaubnisbehörden werden bis zur jeweiligen Übernahme im örtlichen Register gespeichert. [4] Maßnahmen der Fahrerlaubnisbehörde nach § 2a Abs. 2 Satz 1 Nr. 1 und 2 und § 4 Absatz 5 Satz 1 Nr. 1 und 2 werden erst dann im Fahreignungsregister gespeichert, wenn eine Speicherung im örtlichen Fahrerlaubnisregister nicht mehr vorgenommen wird.

(2a) Absatz 2 ist nicht auf die Daten anzuwenden, die vor dem 1. Januar 1999 in örtlichen Fahrerlaubnisregistern gespeichert worden sind.

(3) Die Regelungen über das Verkehrszentralregister und das Punktsystem werden in die Regelungen über das Fahreignungsregister und das Fahreignungs-Bewertungssystem nach folgenden Maßgaben überführt:

1. Entscheidungen, die nach § 28 Absatz 3 in der bis zum Ablauf des 30. April 2014 anwendbaren Fassung im Verkehrszentralregister gespeichert worden sind und nach § 28 Absatz 3 in der ab dem 1. Mai 2014 anwendbaren

---

[1)] § 65 Abs. 10 Satz 2 neu gef. mWv 1.6.2005 durch G v. 3.5.2005 (BGBl. I S. 1221); Abs. 12 angef. mWv 18.8.2005 durch G v. 14.8.2005 (BGBl. I S. 2412); Abs. 10 Satz 2 neu gef., Satz 3 eingef., bish. Satz 3 wird Satz 4 mWv 7.2.2009 durch G v. 3.2.2009 (BGBl. I S. 150); Abs. 12 neu gef. mWv 9.12.2010 durch G v. 2.12.2010 (BGBl. I S. 1748); Abs. 10 Satz 2 geänd. mWv 21.6.2013 durch G v. 17.6.2013 (BGBl. I S. 1558); Abs. 2–9, 11 und 12 aufgeh., bish. Abs. 10 wird Abs. 2 und Satz 1 Nr. 2, Satz 4 geänd., Abs. 3 und 4 angef. mWv 1.5.2014 durch G v. 28.8.2013 (BGBl. I S. 3313); Abs. 3 Nr. 7 angef. mWv 5.12.2014, Abs. 2a eingef. mWv 1.1.2015 durch G v. 28.11.2014 (BGBl. I S. 1802); Abs. 5 angef. mWv 7.12.2016 durch G v. 28.11.2016 (BGBl. I S. 2722); Abs. 4 aufgeh. mWv 12.12.2019 durch G v. 5.12.2019 (BGBl. I S. 2008); Abs. 6 angef. mWv 17.7.2020 durch G v. 10.7.2020 (BGBl. I S. 1653).

Fassung nicht mehr zu speichern wären, werden am 1. Mai 2014 gelöscht. Für die Feststellung nach Satz 1, ob eine Entscheidung nach § 28 Absatz 3 in der ab dem 1. Mai 2014 anwendbaren Fassung nicht mehr zu speichern wäre, bleibt die Höhe der festgesetzten Geldbuße außer Betracht.

2. Entscheidungen, die nach § 28 Absatz 3 in der bis zum Ablauf des 30. April 2014 anwendbaren Fassung im Verkehrszentralregister gespeichert worden und nicht von Nummer 1 erfasst sind, werden bis zum Ablauf des 30. April 2019 nach den Bestimmungen des § 29 in der bis zum Ablauf des 30. April 2014 anwendbaren Fassung getilgt und gelöscht. Dabei kann eine Ablaufhemmung nach § 29 Absatz 6 Satz 2 in der bis zum Ablauf des 30. April 2014 anwendbaren Fassung nicht durch Entscheidungen, die erst ab dem 1. Mai 2014 im Fahreignungsregister gespeichert werden, ausgelöst werden. Für Entscheidungen wegen Ordnungswidrigkeiten nach § 24a gilt Satz 1 mit der Maßgabe, dass sie spätestens fünf Jahre nach Rechtskraft der Entscheidung getilgt werden. Ab dem 1. Mai 2019 gilt
   a) für die Berechnung der Tilgungsfrist § 29 Absatz 1 bis 5 in der ab dem 1. Mai 2014 anwendbaren Fassung mit der Maßgabe, dass die nach Satz 1 bisher abgelaufene Tilgungsfrist angerechnet wird,
   b) für die Löschung § 29 Absatz 6 in der ab dem 1. Mai 2014 anwendbaren Fassung.
3. Auf Entscheidungen, die bis zum Ablauf des 30. April 2014 begangene Zuwiderhandlungen ahnden und erst ab dem 1. Mai 2014 im Fahreignungsregister gespeichert werden, sind dieses Gesetz und die auf Grund des § 6 Absatz 1 Nummer 1 Buchstabe s erlassenen Rechtsverordnungen in der ab dem 1. Mai 2014 geltenden Fassung anzuwenden. Dabei sind § 28 Absatz 3 Nummer 3 Buchstabe a Doppelbuchstabe bb und § 28a in der ab dem 1. Mai 2014 geltenden Fassung mit der Maßgabe anzuwenden, dass jeweils anstelle der dortigen Grenze von sechzig Euro die Grenze von vierzig Euro gilt.
4. Personen, zu denen bis zum Ablauf des 30. April 2014 im Verkehrszentralregister eine oder mehrere Entscheidungen nach § 28 Absatz 3 Satz 1 Nummer 1 bis 3 in der bis zum Ablauf des 30. April 2014 anwendbaren Fassung gespeichert worden sind, sind wie folgt in das Fahreignungs-Bewertungssystem einzuordnen:

Punktestand vor dem 1. Mai 2014	Fahreignungs-Bewertungssystem ab dem 1. Mai 2014	
	Punktestand	Stufe
1 – 3	1	Vormerkung (§ 4 Absatz 4)
4 – 5	2	
6 – 7	3	
8 – 10	4	**1**: Ermahnung (§ 4 Absatz 5 Satz 1 Nummer 1)
11 – 13	5	
14 – 15	6	**2**: Verwarnung (§ 4 Absatz 5 Satz 1 Nummer 2)
16 – 17	7	
> = 18	8	**3**: Entzug (§ 4 Absatz 5 Satz 1 Nummer 3)

Die am 1. Mai 2014 erreichte Stufe wird für Maßnahmen nach dem Fahreignungs-Bewertungssystem zugrunde gelegt. Die Einordnung nach Satz 1 führt allein nicht zu einer Maßnahme nach dem Fahreignungs-Bewertungssystem.

5. Die Regelungen über Punkteabzüge und Aufbauseminare werden wie folgt überführt:

   a) Punkteabzüge nach § 4 Absatz 4 Satz 1 und 2 in der bis zum Ablauf des 30. April 2014 anwendbaren Fassung sind vorzunehmen, wenn die Bescheinigung über die Teilnahme an einem Aufbauseminar oder einer verkehrspsychologischen Beratung bis zum Ablauf des 30. April 2014 der nach Landesrecht zuständigen Behörde vorgelegt worden ist. Punkteabzüge nach § 4 Absatz 4 Satz 1 und 2 in der bis zum Ablauf des 30. April 2014 anwendbaren Fassung bleiben bis zur Tilgung der letzten Eintragung wegen einer Straftat oder einer Ordnungswidrigkeit nach § 28 Absatz 3 Nummer 1 bis 3 in der bis zum Ablauf des 30. April 2014 anwendbaren Fassung, längstens aber zehn Jahre ab dem 1. Mai 2014 im Fahreignungsregister gespeichert.

   b) Bei der Berechnung der Fünfjahresfrist nach § 4 Absatz 7 Satz 2 und 3 sind auch Punkteabzüge zu berücksichtigen, die nach § 4 Absatz 4 Satz 1 und 2 in der bis zum Ablauf des 30. April 2014 anwendbaren Fassung vorgenommen worden sind.

   c) Aufbauseminare, die bis zum Ablauf des 30. April 2014 nach § 4 Absatz 3 Satz 1 Nummer 2 in der bis zum Ablauf des 30. April 2014 anwendbaren Fassung angeordnet, aber bis zum Ablauf des 30. April 2014 nicht abgeschlossen worden sind, sind bis zum Ablauf des 30. November 2014 nach dem bis zum Ablauf des 30. April 2014 anwendbaren Recht durchzuführen.

   d) Abweichend von Buchstabe c kann anstelle von Aufbauseminaren, die bis zum Ablauf des 30. April 2014 nach § 4 Absatz 3 Satz 1 Nummer 2 in der bis zum Ablauf des 30. April 2014 anwendbaren Fassung angeordnet, aber bis zum Ablauf des 30. April 2014 noch nicht begonnen worden sind, die verkehrspädagogische Teilmaßnahme des Fahreignungsseminars absolviert werden.

   e) Die nach Landesrecht zuständige Behörde hat dem Kraftfahrt-Bundesamt unverzüglich die Teilnahme an einem Aufbauseminar oder einer verkehrspsychologischen Beratung mitzuteilen.

6. Nachträgliche Veränderungen des Punktestandes nach den Nummern 2 oder 5 führen zu einer Aktualisierung der nach der Tabelle zu Nummer 4 erreichten Stufe im Fahreignungs-Bewertungssystem.

7. Sofern eine Fahrerlaubnis nach § 4 Absatz 7 in der bis zum 30. April 2014 anwendbaren Fassung entzogen worden ist, ist § 4 Absatz 3 Satz 1 bis 3 auf die Erteilung einer neuen Fahrerlaubnis nicht anwendbar.

(4) *(aufgehoben)*

(5) [1] Bis zum Erlass einer Rechtsverordnung nach § 6f Absatz 2, längstens bis zum Ablauf des 31. Juli 2018, gelten die in den Gebührennummern 451 bis 455 der Anlage der Gebührenordnung für Maßnahmen im Straßenverkehr[1)] vom 25. Januar 2011 (BGBl. I S. 98), die zuletzt durch Artikel 3 der Verordnung vom 15. September 2015 (BGBl. I S. 1573) geändert worden ist, in der am 6. Dezember 2016 geltenden Fassung festgesetzten Gebühren als Ent-

[1)] Nr. **25**.

gelte im Sinne des § 6f Absatz 1. [2]Die Gebührennummern 403 und 451 bis 455 der Anlage der Gebührenordnung für Maßnahmen im Straßenverkehr sind nicht mehr anzuwenden.

(6) Die durch das Gesetz zur Haftung bei Unfällen mit Anhängern und Gespannen im Straßenverkehr vom 10. Juli 2020 (BGBl. I S. 1653) geänderten Vorschriften des Straßenverkehrsgesetzes sind nicht anzuwenden, sofern der Unfall vor dem 17. Juli 2020 eingetreten ist.

§ 66[1)] Verkündung von Rechtsverordnungen. Rechtsverordnungen können abweichend von § 2 Absatz 1 des Verkündungs- und Bekanntmachungsgesetzes im Bundesanzeiger verkündet werden.

Anlage[2)]
(zu § 24a)

Liste der berauschenden Mittel und Substanzen

Berauschende Mittel	Substanzen
Cannabis	Tetrahydrocannabinol (THC)
Heroin	Morphin
Morphin	Morphin
Cocain	Cocain
Cocain	Benzoylecgonin
Amfetamin	Amfetamin
Designer-Amfetamin	Methylendioxyamfetamin (MDA)
Designer-Amfetamin	Methylendioxyethylamfetamin (MDE)
Designer-Amfetamin	Methylendioxymetamfetamin (MDMA)
Metamfetamin	Metamfetamin

[1)] § 66 angef. mWv 7.2.2009 durch G v. 3.2.2009 (BGBl. I S. 150); Satz 2 aufgeh., bish. Satz 1 geänd. mWv 1.4.2012 durch G v. 22.12.2011 (BGBl. I S. 3044).
[2)] Anl. neu gef. mWv 15.6.2007 durch VO v. 6.6.2007 (BGBl. I S. 1045).

20. Gesetz über die Errichtung eines Kraftfahrt-Bundesamtes

Vom 4. August 1951
(BGBl. I S. 488)

FNA 9230-1

geänd. durch § 21 Abs. 2 KraftfahrsachverständigenG v. 22.12.1971 (BGBl. I S. 2086), § 18 ProduktsicherheitsG v. 22.4.1997 (BGBl. I S. 934), Art. 8 G zur Änderung des StraßenverkehrsG und anderer Gesetze v. 24.4.1998 (BGBl. I S. 747), Art. 4 G zur Neuordnung der Statistiken der Schifffahrt und des Güterkraftverkehrs v. 17.12.1999 (BGBl. I S. 2452), Art. 3 G zur Neuregelung der Verkehrsstatistik v. 12.12.2003 (BGBl. I S. 2518), Art. 2 Geräte- und Produktsicherheits-NeuordnungsG v. 6.1.2004 (BGBl. I S. 2), Art. 2 KontrollgerätbegleitG v. 15.5.2004 (BGBl. I S. 954), Art. 288 Neunte ZuständigkeitsanpassungsVO v. 31.10.2006 (BGBl. I S. 2407), Art. 2 Drittes G zur Änd. des StraßenverkehrsG und anderer Gesetze v. 20.6.2011 (BGBl. I S. 1124), Art. 26 G über die Neuordnung des Geräte- und Produktsicherheitsrechts v. 8.11.2011 (BGBl. I S. 2178), Art. 2 Viertes G zur Änd. des StraßenverkehrsG und anderer Gesetze v. 28.8.2013 (BGBl. I S. 3310), Art. 3 Fünftes G zur Änd. des StraßenverkehrsG und anderer Gesetze v. 28.8.2013 (BGBl. I S. 3313), Art. 2 G zur Einführung einer Infrastrukturabgabe für die Benutzung von Bundesfernstraßen v. 8.6.2015 (BGBl. I S. 904), Art. 471 Zehnte ZuständigkeitsanpassungsVO v. 31.8.2015 (BGBl. I S. 1474), Art. 2 Sechstes G zur Änd. des StraßenverkehrsG und anderer Gesetze v. 28.11.2016 (BGBl. I S. 2722), Art. 5 G zur Änd. des GüterkraftverkehrsG, des FahrpersonalG, des G zur Regelung der Arbeitszeit von selbständigen Kraftfahrern, des StraßenverkehrsG und des G über die Errichtung eines Kraftfahrt-Bundesamtes v. 16.5.2017 (BGBl. I S. 1214), Art. 3a G zur Änd. des StraßenverkehrsG und weiterer straßenverkehrsrechtl. Vorschriften v. 5.12.2019 (BGBl. I S. 2008) und Art. 2 G über Änderungen im Berufskraftfahrerqualifikationsrecht v. 26.11.2020 (BGBl. I S. 2575)

Der Bundestag hat mit Zustimmung des Bundesrates das folgende Gesetz beschlossen:

§ 1[1)] [Errichtung, Sitz] (1) Als Bundesoberbehörde für den Straßenverkehr wird das Kraftfahrt-Bundesamt errichtet.

(2) Dem Kraftfahrt-Bundesamt sind Landesbehörden und Prüfstellen nicht unterstellt.

(3) [1] Das Kraftfahrt-Bundesamt untersteht dem Bundesministerium für Verkehr und digitale Infrastruktur. [2] Es bestimmt den Dienstsitz des Kraftfahrt-Bundesamtes.

§ 2[2)] [Zuständigkeit] (1) [1] Das Kraftfahrt-Bundesamt übernimmt

---

[1)] § 1 Abs. 3 geänd. durch Art. 8 G v. 24.4.1998 (BGBl. I S. 747) und durch Art. 4 G v. 17.12.1999 (BGBl. I S. 2452); Abs. 3 Satz 1 geänd. mWv 8.11.2006 durch VO v. 31.10.2006 (BGBl. I S. 2407); Abs. 3 Satz 1 geänd. mWv 8.9.2015 durch VO v. 31.8.2015 (BGBl. I S. 1474).

[2)] § 2 neu gef. durch Art. 8 G v. 24.4.1998 (BGBl. I S. 747), Abs. 1 Nr. 3 Buchst. b geänd. durch Art. 4 G v. 17.12.1999 (BGBl. I S. 2452); Abs. 1 Nr. 3 Buchst. a geänd., Buchst. b neu gef., Buchst. c eingef. mWv 1.1.2004 durch G v. 12.12.2003 (BGBl. I S. 2518); Abs. 1 Nr. 5 neu gef., 5a eingef. mWv 1.5.2004 durch G v. 6.1.2004 (BGBl. I S. 2); Abs. 1 Nr. 8 geänd., Nr. 2 Buchst. d und Nrn. 9 und 10 angef. mWv 20.5.2004 durch G v. 15.5.2004 (BGBl. I S. 954); Abs. 1 Nr. 1 Buchst. b und e aufgeh., bish. Buchst. c und d werden Buchst. b und c und neu gef., Nr. 7 neu gef. mWv 26.6.2011 durch G v. 20.6.2011 (BGBl. I S. 1124); Abs. 1 Nr. 5a geänd. mWv 1.12.2011 durch G v. 8.11.2011 (BGBl. I S. 2178); Abs. 1 Nr. 2a und 8a eingef., Nr. 3 Buchst. b und c neu gef. mWv 31.8.2013 durch G v. 28.8.2013 (BGBl. I S. 3310); Abs. 1 Nr. 2 Buchstabe a geänd. mWv 1.5.2014 durch G v. 28.8. 2013 (BGBl. I S. 3313); Abs. 1 Nr. 2 Buchst. e eingef., Nr. 10 geänd., Nr. 11 angef. mWv 12.6.2015 durch G v. 8.6.2015 (BGBl. I S. 904); Abs. 1 Nr. 8a, Nr. 9 und Nr. 10 neu gef. mWv 7.12.2016 durch G v. 28.11.2016 (BGBl. I S. 2722); Abs. 1 Nr. 2 Buchst. d geänd. mWv 25.5.2017 durch G v. 16.5. 2017 (BGBl. I S. 1214); Abs. 1 Nr. 2 Buchst. f angef., Nr. 6 und Nr. 7 geänd. mWv 12.12.2019 durch →

1. für Fahrzeuge, die für den Straßenverkehr bestimmt sind,
   a) die Typengenehmigung und die Typprüfung von Fahrzeugen und Fahrzeugteilen,
   b) die Anerkennung von Technischen Diensten, die im Rahmen des Genehmigungsverfahrens Fahrzeuge oder Fahrzeugteile prüfen,
   c) die Anerkennung von Konformitätsbewertungsstellen, die die Qualitätssicherung bei der Herstellung von Fahrzeugen und Fahrzeugteilen bewerten und überwachen,
2. die Führung
   a) des Fahreignungsregisters nach Abschnitt IV des Straßenverkehrsgesetzes[1],
   b) des Zentralen Fahrzeugregisters nach Abschnitt V des Straßenverkehrsgesetzes,
   c) des Zentralen Fahrerlaubnisregisters nach Abschnitt VI des Straßenverkehrsgesetzes,
   d) des Zentralen Fahrtenschreiberkartenregisters nach der Rechtsverordnung zu § 2 Nr. 4 des Fahrpersonalgesetzes[2]
   e) des Infrastrukturabgaberegisters nach § 6 Absatz 1 Satz 1 des Infrastrukturabgabengesetzes[3],
   f) des Berufskraftfahrerqualifikationsregisters nach § 12 des Berufskraftfahrerqualifikationsgesetzes,

2a. für Zwecke der Zulassung von Fahrzeugen und der Zuteilung von Kennzeichen die Errichtung und den Betrieb informationstechnischer Systeme für eine zentrale elektronische, auch internetbasierte Verarbeitung von für diesen Zweck erforderlichen Daten und deren Weiterleitung an die für den Vollzug zulassungsrechtlicher Vorschriften zuständigen Behörden und Stellen,

3. die Erstellung, die Veröffentlichung und die Auswertung von Statistiken
   a) aus den Unterlagen, die bei der Erfassung von Daten im Zusammenhang mit der vorgeschriebenen Führung der zentralen Register anfallen,
   b) auf dem Gebiet des Straßenverkehrs
      aa) nach den Abschnitten 3 und 6 des Verkehrsstatistikgesetzes und auf Grund der Artikel 3 und 5 der Verordnung (EU) Nr. 70/2012 des Europäischen Parlaments und des Rates vom 18. Januar 2012 über die statistische Erfassung des Güterkraftverkehrs (ABl. L 32 vom 3.2. 2012, S. 1),
      bb) auf Grund des Artikels 2 und des Abschnitts D des Anhangs der Verordnung (EG) Nr. 6/2003 der Kommission vom 30. Dezember 2002 über die Verbreitung der Statistik des Güterkraftverkehrs (ABl. L 1 vom 4.1.2003, S. 45) sowie
      cc) über Fahrleistungen, die aus Kilometerstandsablesungen bei Hauptuntersuchungen ermittelt werden und

---

(Fortsetzung der Anm. von voriger Seite)
G v. 5.12.2019 (BGBl. I S. 2008); Abs. 1 Nr. 2 Buchst. f neu gef. mWv 2.12.2020 durch G v. 26.11. 2020 (BGBl. I S. 2575).

[1] Nr. **10**.
[2] Nr. **570**.
[3] Nr. **780**.

c) auf dem Gebiet des Kraftfahrsachverständigenwesens über die bei Hauptuntersuchungen festgestellten Mängel,

4. die Veröffentlichung der bei der Erteilung von Typengenehmigungen festgestellten Abgas- und Geräuschemissions- sowie Kraftstoffverbrauchswerte der Fahrzeuge einschließlich Statistiken über diese Werte,
5. die Aufgaben nach den auf der Grundlage des § 6 Abs. 1 Nr. 19 des Straßenverkehrsgesetzes beruhenden Rechtsverordnungen und allgemeinen Verwaltungsvorschriften,

5a. die Durchführung des Produktsicherheitsgesetzes vom 8. November 2011 (BGBl. I S. 2178, 2179) für alle Produkte im Sinne von § 2 Nummer 22 und 26 des Produktsicherheitsgesetzes, soweit sie dem Regelungsbereich des Straßenverkehrsgesetzes unterliegen,

6. die Durchführung des Aussschreibungsverfahrens zur Bestimmung des Herstellers und Vertreibers von Führerscheinen und Fahrerqualifizierungsnachweisen,
7. die Bewertung der Qualitätssicherung bei der Herstellung und dem Vertrieb von Fahrerkarten, Führerscheinen, Fahrerqualifizierungsnachweisen, Zulassungsbescheinigungen, Plaketten, Prüffolien und Stempeln, um die vorgeschriebene und ordnungsgemäße Herstellung, Verwahrung und Verteilung dieser Karten, Scheine, Nachweise, Papiere, Plaketten, Folien und Stempel zu gewährleisten,
8. die Zusammenarbeit mit Behörden oder Stellen ausländischer Staaten oder der Europäischen Union auf den Gebieten des Straßenverkehrs und des Kraftfahrwesens auf Grund von multilateralen oder bilateralen Vereinbarungen mit anderen Staaten oder zur Durchführung von Rechtsakten der Europäischen Union,

8a. die Aufgaben der nationalen Kontaktstelle nach Maßgabe des Artikels 3 Buchstabe l und des Artikels 4 Absatz 3 der Richtlinie (EU) 2015/413 des Europäischen Parlaments und des Rates vom 11. März 2015 zur Erleichterung des grenzüberschreitenden Austausches von Informationen über die Straßenverkehrssicherheit gefährdende Verkehrsdelikte (ABl. L 68 vom 13.3.2015, S. 9),

9. die Aufgaben der deutschen Zertifizierungsstelle nach fahrpersonalrechtlichen Vorschriften,
10. die Personalisierung und Lieferung oder die Ausschreibung der Personalisierung und Lieferung der zum Betrieb des Fahrtenschreibers erforderlichen Fahrtenschreiberkarten nach fahrpersonalrechtlichen Vorschriften,
11. die Erhebung und Vollstreckung der Infrastrukturabgabe nach dem Infrastrukturabgabengesetz.

(2) Die Aufgaben, die dem Kraftfahrt-Bundesamt durch andere Vorschriften zugewiesen werden, bleiben unberührt.

§§ 3, 4 *(gegenstandslos)*

§ 5 [Inkrafttreten] Dieses Gesetz tritt am Tage nach seiner Verkündung[1] in Kraft.

---

[1] Verkündet am 9.8.1951.

20 KfBAG

25. Gebührenordnung für Maßnahmen im Straßenverkehr (GebOSt)[1)]

Vom 25. Januar 2011
(BGBl. I S. 98)

FNA 9290-15

geänd. durch Art. 2 und 3 VO zur Änd. der Fahrzeug-ZulassungsVO, anderer straßenverkehrsrechtl. Vorschriften und der Kraftfahrzeug-PflichtversicherungsVO v. 13.1.2012 (BGBl. I S. 103), Art. 4 47. VO zur Änd. straßenverkehrsrechtl. Vorschriften v. 10.5.2012 (BGBl. I S. 1086), Art. 5 Siebte VO zur Änd. der Fahrerlaubnis-VO und anderer straßenverkehrsrechtl. Vorschriften v. 26.6.2012 (BGBl. I S. 1394), Art. 1 Erste ÄndVO v. 31.8.2012 (BGBl. I S. 1889), Art. 6 Erste VO zur Änd. der Fahrzeug-ZulassungsVO und anderer straßenverkehrsrechtl. Vorschriften v. 19.10.2012 (BGBl. I S. 2232), Art. 7 Achte VO zur Änd. der FahrerlaubnisVO und anderer straßenverkehrsrechtl. Vorschriften v. 10.1.2013 (BGBl. I S. 35), Art. 39 2. KostenrechtsmodernisierungsG v. 23.7.2013 (BGBl. I S. 2586), Art. 2 Abs. 151 G zur Strukturreform des Gebührenrechts des Bundes v. 7.8.2013 (BGBl. I S. 3154), Art. 3 Erste VO zur Änd. der Fahrzeug-ZulassungsVO und der Gebührenordnung für Maßnahmen im Straßenverkehr v. 8.10.2013 (BGBl. I S. 3772), Art. 5 Neunte VO zur Änd. der Fahrerlaubnis-VO und anderer straßenverkehrsrechtlicher Vorschriften v. 5.11.2013 (BGBl. I S. 3920), Art. 6 Zehnte VO zur Änd. der Fahrerlaubnis-VO und anderer straßenverkehrsrechtlicher Vorschriften v. 16.4.2014 (BGBl. I S. 348), Art. 3 50. VO zur Änd. straßenverkehrsrechtlicher Vorschriften v. 15.9.2015 (BGBl. I S. 1573), Art. 1 Zweite VO zur Änd. der Gebührenordnung für Maßnahmen im Straßenverkehr v. 22.11.2016 (BGBl. I S. 2652), Art. 3 Erste VO zur Änd. der Berufskraftfahrer-Qualifikations-VO und anderer straßenverkehrsrechtlicher Vorschriften v. 19.12.2016 (BGBl. I S. 2920), Art. 6 Dritte VO zur Änd. der Fahrzeug-ZulassungsVO und anderer straßenverkehrsrechtlicher Vorschriften v. 23.3.2017 (BGBl. I S. 522), Art. 2 Zweite VO zur Änd. der Fahrzeug-ZulassungsVO und der GebührenO für Maßnahmen im Straßenverkehr v. 31.7.2017 (BGBl. I S. 3090), Art. 2 Zwölfte VO zur Änderung der Fahrerlaubnis-VO und anderer straßenverkehrsrechtlicher Vorschriften v. 14.8.2017 (BGBl. I S. 3232), Art. 6 VO zur Neuf. fahrlehrerrechtlicher Vorschriften und zur Änd. anderer straßenverkehrsrechtlicher Vorschriften v. 2.1.2018 (BGBl. I S. 2), Art. 4, Art. 5 13. VO zur Änd. der Fahrerlaubnis-VO und anderer straßenverkehrsrechtlicher Vorschriften v. 11.3.2019 (BGBl. I S. 218), Art. 4 Vierte VO zur Änd. der Fahrzeug-ZulassungsVO und anderer straßenverkehrsrechtlicher Vorschriften v. 22.3.2019 (BGBl. I S. 382), Art. 5 VO zur Änd. fahrlehrerrechtl. und anderer straßenverkehrsrechtlicher Verordnungen v. 2.10.2019 (BGBl. I S. 1416), Art. 2 Vierzehnte Verordnung zur Änderung der Fahrerlaubnis-Verordnung und anderer straßenverkehrsrechtlicher Vorschriften v. 23.12.2019 (BGBl. I S. 2937), Art. 2 54. VO zur Änd. straßenverkehrsrechtl. Vorschriften v. 20.4.2020 (BGBl. I S. 814), Art. 3 Achtes G zur Änd. des BundesfernstraßenG und zur Änd. weiterer Vorschriften v. 29.6.2020 (BGBl. I S. 1528), Art. 4 VO über die Ausbildung und Prüfung auf Kraftfahrzeugen mit Automatikgetriebe und zur Änd. weiterer Vorschriften der Fahrerlaubnis-VO v. 16.11.2020 (BGBl. I S. 2704) und Art. 4 VO zur Ablösung der Berufskraftfahrer-Qualifikations-VO und zur Änd. anderer straßenverkehrsrechtlicher Vorschriften v. 9.12.2020 (BGBl. I S. 2905, ber. 2021 S. 71)

[1)] Bei der Angabe der Ermächtigungsgrundlagen in der Eingangsformel der 54. VO zur Änd. straßenverkehrsrechtlicher Vorschriften v. 20.4.2020 (BGBl. I S. 814) wurde § 26a Abs. 1 Nr. 3 StVG (Nr. **10**) als Grundlage für die Anordnung von Fahrverboten nicht aufgeführt.

Laut Antwort auf eine Kleine Anfrage (BT.-Drs. 19/23215 v. 8.10.2020, S. 5) führt dieser Verstoß gegen das Zitiergebot des Art. 80 Abs. 1 Satz 3 GG nach Einschätzung des BMVI und des BMI zur Nichtigkeit von Art. 3 der genannten VO, der die Änderungen der BußgeldkatalogVO enthält. Das BMVI habe sich mit den Ländern auf eine Nichtanwendung der Änderungen der BKatV verständigt.

Ob ein Verstoß gegen das Zitiergebot zur Nichtigkeit der gesamten Verordnung oder nur zur Nichtigkeit der von den angegebenen Rechtsgrundlagen nicht gedeckten Einzelbestimmungen führt, ist umstritten; die meisten Änderungen der BKatV betreffen keine Fahrverbote und sind von den angegebenen Ermächtigungsgrundlagen umfasst. Bis zu einer verbindlichen Klärung wird die von den zuständigen Ministerien mit Zustimmung des Bundesrates erlassene und im BGBl. I verkündete Änderungsverordnung im Wortlaut der geänderten Vorschriften weiterhin berücksichtigt. Bei den von den in der ÄndVO genannten Ermächtigungsgrundlagen nicht gedeckten Fahrverbots-Anordnungen erfolgt ein Hinweis auf die Problematik.

Auf Grund des § 6a Absatz 2 in Verbindung mit Absatz 3 und 4 des Straßenverkehrsgesetzes[1] in der Fassung der Bekanntmachung vom 5. März 2003 (BGBl. I S. 310, 919), des § 18 Absatz 2 in Verbindung mit Absatz 3 des Kraftfahrsachverständigengesetzes[2] vom 22. Dezember 1971 (BGBl. I S. 2086) und des § 34a Absatz 2 in Verbindung mit Absatz 3 des Fahrlehrergesetzes[3] vom 25. August 1969 (BGBl. I S. 1336), von § 6a Absatz 2 durch Artikel 2 Nummer 1 des Gesetzes vom 14. August 2006 (BGBl. I S. 1958), § 18 Absatz 2 zuletzt durch Artikel 291 der Verordnung vom 31. Oktober 2006 (BGBl. I S. 2407), § 18 Absatz 3 durch Artikel 6 Nummer 12 Buchstabe b des Gesetzes vom 24. April 1998 (BGBl. I S. 747), § 34a Absatz 2 zuletzt durch Artikel 289 der Verordnung vom 31. Oktober 2006 (BGBl. I S. 2407) und § 34a Absatz 3 zuletzt durch Artikel 2 des Gesetzes vom 24. April 1998 (BGBl. I S. 747) geändert worden sind, jeweils in Verbindung mit dem 2. Abschnitt des Verwaltungskostengesetzes vom 23. Juni 1970 (BGBl. I S. 821), verordnet das Bundesministerium für Verkehr, Bau und Stadtentwicklung:

§ 1[4] Gebührentarif. (1) [1]Für Amtshandlungen, einschließlich der Prüfungen und Untersuchungen im Sinne des § 6a des Straßenverkehrsgesetzes[1], des § 55 des Fahrlehrergesetzes[3] und des § 18 des Kraftfahrsachverständigengesetzes[2], werden Gebühren nach dieser Verordnung erhoben. [2]Die gebührenpflichtigen Tatbestände und die Gebührensätze ergeben sich aus dem Gebührentarif für Maßnahmen im Straßenverkehr (Anlage).

(2) Bei der Erhebung der Gebühren dürfen mehrere miteinander verbundene, im Gebührentarif genannte Amtshandlungen, Prüfungen oder Untersuchungen in einer Gesamtbezeichnung, die zugehörigen Beträge in einem Gesamtbetrag zusammengefasst werden.

§ 2[5] Auslagen. (1) Soweit im Gebührentarif nichts anderes bestimmt ist, hat der Gebührenschuldner folgende Auslagen zu tragen:

1. Entgelte für Zustellungen durch die Post mit Postzustellungsurkunde und für Nachnahmen sowie im Einschreibeverfahren; Entgelte für Eil- und Expresszustellungen, soweit sie auf besonderen Antrag des Gebührenschuldners erfolgen,
2. Aufwendungen für weitere Ausfertigungen, Abschriften und Auszüge, die auf besonderen Antrag erteilt werden; für die Berechnung der Schreibauslagen gilt Nummer 31000 des Kostenverzeichnisses zum Gerichts- und Notarkostengesetz,
3. Aufwendungen für Übersetzungen, die auf besonderen Antrag gefertigt werden,
4. Kosten, die durch öffentliche Bekanntmachung entstehen, mit Ausnahme der hierbei erwachsenden Entgelte für Postdienstleistungen,
5. die in entsprechender Anwendung des Justizvergütungs- und -entschädigungsgesetzes zu zahlenden Beträge; erhält ein Sachverständiger auf Grund des § 1 Absatz 2 Satz 2 jenes Gesetzes keine Vergütung, ist der Betrag zu entrichten, der ohne diese Vorschrift nach dem Gesetz zu zahlen wäre,

---

[1] Nr. **10**.
[2] Nr. **660**.
[3] Nr. **330**.
[4] § 1 Abs. 1 Satz 1 geänd. mWv 4.1.2018 durch VO v. 2.1.2018 (BGBl. I S. 2).
[5] § 2 Abs. 1 Nr. 2 geänd. mWv 1.8.2013 durch G v. 23.7.2013 (BGBl. I S. 2586).

6. die bei Geschäften außerhalb der Dienststelle den Bediensteten auf Grund gesetzlicher oder tarifvertraglicher Vorschriften gewährten Vergütungen (Reisekostenvergütung, Auslagenersatz) und die Kosten für die Bereitstellung von Räumen; für Personen, die weder Bundes- noch Landesbedienstete sind, gelten die Vorschriften über die Vergütung der Reisekosten der Bundesbeamten entsprechend,

6a. die Aufwendungen für den Einsatz von Dienstwagen bei Dienstgeschäften außerhalb der Dienststelle,

7. die Beträge, die anderen in- und ausländischen Behörden, öffentlichen Einrichtungen oder Beamten zustehen; und zwar auch dann, wenn aus Gründen der Gegenseitigkeit, der Verwaltungsvereinfachung und dergleichen an die Behörden, Einrichtungen oder Beamten keine Zahlungen zu leisten sind,

8. die Kosten für die Beförderung von Sachen, mit Ausnahme der hierbei erwachsenden Entgelte für Postdienstleistungen, und die Verwahrung von Sachen,

9. die auf die Kosten der amtlich anerkannten Sachverständigen und Prüfer für den Kraftfahrzeugverkehr und der amtlich anerkannten Begutachtungsstellen für Fahreignung entfallende Mehrwertsteuer,

10. die Kosten der amtlich anerkannten Sachverständigen und Prüfer sowie der Prüfstellen für Nachprüfungen im Auftrage des Kraftfahrt-Bundesamtes nach § 20 Absatz 6 der Straßenverkehrs-Zulassungs-Ordnung[1)] und § 9 der Fahrzeugteileverordnung[2)] sowie für Nachprüfungen nach international vereinbartem Recht, soweit ein Verstoß gegen diese Vorschriften nachgewiesen wird,

11. die Aufwendungen für die Übersendung oder Überbringung der Mitteilung der Zulassungsbehörde an den Versicherer auf Grund der Versicherungsbestätigung nach § 24 Absatz 1 der Fahrzeug-Zulassungsverordnung[3)] oder der Anzeige nach § 25 Absatz 2 der Fahrzeug-Zulassungsverordnung.

(2) [1] Die Erstattung der in Absatz 1 aufgeführten Auslagen kann auch verlangt werden, wenn für die Amtshandlung, Prüfung oder Untersuchung Gebührenfreiheit besteht, bei Auslagen nach Absatz 1 Nummer 1 bis 9 jedoch nur, soweit ihr Gesamtbetrag 3 Euro übersteigt. [2] Auslagen für die Versendung von Akten im Wege der Amtshilfe werden nicht erhoben.

§ 3 Kostengläubiger. (1) Kostengläubiger ist der Rechtsträger, dessen Stelle eine kostenpflichtige Amtshandlung, Prüfung oder Untersuchung vornimmt.

(2) Bei den Gebühren der amtlich anerkannten Sachverständigen und Prüfer für den Kraftfahrzeugverkehr ist der Träger der Technischen Prüfstelle für den Kraftfahrzeugverkehr Kostengläubiger.

§ 4 Kostenschuldner. (1) Zur Zahlung der Kosten ist verpflichtet,

1. wer die Amtshandlung, Prüfung und Untersuchung veranlasst oder zu wessen Gunsten sie vorgenommen wird,
2. wer die Kosten durch eine vor der zuständigen Behörde abgegebene oder ihr mitgeteilte Erklärung übernommen hat,

---

1) Nr. **200**.
2) Nr. **260**.
3) Nr. **250**.

3. wer für die Kostenschuld eines anderen kraft Gesetzes haftet.

(2) Bei Amtshandlungen, Prüfungen und Untersuchungen zur Überwachung von Betrieben ist der Inhaber des Betriebs Kostenschuldner.

(3) Mehrere Kostenschuldner haften als Gesamtschuldner.

§ 5 Persönliche Gebührenfreiheit. (1) Von der Zahlung der Gebühren nach dem 1. und 2. Abschnitt des Gebührentarifs sind befreit:

1. Die Bundesrepublik Deutschland und die bundesunmittelbaren juristischen Personen des öffentlichen Rechts, deren Ausgaben ganz oder teilweise auf Grund gesetzlicher Verpflichtung aus dem Haushalt des Bundes getragen werden;
2. die Länder und die juristischen Personen des öffentlichen Rechts, die nach den Haushaltsplänen eines Landes für Rechnung eines Landes verwaltet werden;
3. die Gemeinden und Gemeindeverbände sowie Zweckverbände und die sonstigen kommunalen Körperschaften des öffentlichen Rechts, sofern die Amtshandlungen, Prüfungen und Untersuchungen nicht ihre wirtschaftlichen Unternehmen betreffen;
4. die ausländischen ständigen diplomatischen Missionen;
5. die Mitglieder der ausländischen ständigen diplomatischen Missionen sowie die mit ihnen im gemeinsamen Haushalt lebenden Familienmitglieder, wenn der Fahrzeughalter weder Deutscher noch im Geltungsbereich dieser Verordnung ständig ansässig ist und dort keine private Erwerbstätigkeit ausübt. Bei Mitgliedern des dienstlichen Hauspersonals sowie den mit ihnen im gemeinsamen Haushalt lebenden Familienmitgliedern ist außerdem erforderlich, dass der Fahrzeughalter Angehöriger des Entsendestaats ist;
6. die zugelassenen berufskonsularischen Vertretungen;
7. die Mitglieder der berufskonsularischen Vertretungen sowie die mit ihnen im gemeinsamen Haushalt lebenden Familienmitglieder, wenn der Fahrzeughalter weder Deutscher noch im Geltungsbereich dieser Verordnung ständig ansässig ist und dort keine private Erwerbstätigkeit ausübt. Nummer 5 Satz 2 gilt entsprechend;
8. die Berufskonsularbeamten oder Bediensteten des Verwaltungs- oder technischen Personals bei den von Wahlkonsularbeamten geleiteten konsularischen Vertretungen, sofern sie Angehörige des Entsendestaats sind, sowie die mit solchen Personen im gemeinsamen Haushalt lebenden Familienmitglieder, wenn der Fahrzeughalter weder Deutscher noch im Geltungsbereich dieser Verordnung ständig ansässig ist und dort keine private Erwerbstätigkeit ausübt;
9. die amtlichen zwischenstaatlichen Organisationen und Einrichtungen anderer Staaten oder deren Mitglieder, soweit ihnen auf Grund völkerrechtlicher Übereinkünfte mit der Bundesrepublik Deutschland oder auf Grund von Rechtsverordnungen der Bundesregierung Vorrechte und Befreiungen wie diplomatischen Missionen oder diplomatischen Vertretern gewährt werden;
10. die Ehegatten der in Nummer 9 genannten Personen.

(2) Von der Zahlung der Gebühren nach den Nummern 413 und 414 des Gebührentarifs sind, soweit es sich um eine Vollprüfung im Rahmen des § 21

StVZO[1] handelt, die in Absatz 1 Nummer 4 bis 10 aufgeführten Missionen, Vertretungen, Organisationen und Personen befreit.

(3) Die Befreiung tritt nicht ein, soweit die in Absatz 1 Genannten berechtigt sind, die Gebühren Dritten aufzuerlegen.

(4) Gebührenfreiheit nach Absatz 1 besteht nicht für Sondervermögen und Bundesbetriebe im Sinne des Artikels 110 Absatz 1 des Grundgesetzes, für gleichartige Einrichtungen der Länder sowie für öffentlich-rechtliche Unternehmen, an denen der Bund oder ein Land beteiligt ist.

(5) Zur Zahlung von Gebühren bleiben die in Absatz 1 genannten Rechtsträger für Amtshandlungen folgender Behörden verpflichtet:

1. Physikalisch-Technische Bundesanstalt,
2. Bundesanstalt für Materialprüfung.

(6) Die für die Erhebung der Gebühren zuständige Stelle kann Körperbehinderten aus Billigkeitsgründen Gebührenermäßigung oder Gebührenbefreiung für Amtshandlungen, Prüfungen oder Untersuchungen gewähren, die wegen der Behinderung erforderlich werden.

§ 6[2] Übergangs- und Anwendungsbestimmungen. (1) Die Vorschriften des Verwaltungskostengesetzes in der bis zum 14. August 2013 geltenden Fassung sind anzuwenden, soweit nicht die §§ 1 bis 5 abweichende Regelungen über die Kostenerhebung, die Kostenbefreiung, den Umfang der zu erstattenden Auslagen, der Kostengläubiger- und Kostenschuldnerschaft enthalten.

(2) Die Gebühren-Nummer 259 der Anlage ist mit Ablauf des 31. Dezember 2026 nicht mehr anzuwenden.

(3) Die Gebühren-Nummer 265 der Anlage ist nicht anzuwenden, soweit

1. die Landesregierung eine Gebührenordnung nach § 6a Absatz 5a Satz 1 bis 4 des Straßenverkehrsgesetzes[3] erlässt oder
2. diese Ermächtigung an einen anderen Rechtsträger nach § 6a Absatz 5a Satz 5 des Straßenverkehrsgesetzes weiter übertragen wird und soweit dieser auf dieser Grundlage eine Gebührenordnung erlässt.

§ 7 Inkrafttreten, Außerkrafttreten. Diese Verordnung tritt am Tag nach der Verkündung[4] in Kraft; gleichzeitig tritt die Gebührenordnung für Maßnahmen im Straßenverkehr vom 26. Juni 1970 (BGBl. I S. 865, 1298), die zuletzt durch Artikel 4 der Verordnung vom 21. April 2009 (BGBl. I S. 872) geändert worden ist, außer Kraft.

---

[1] Nr. **200**.

[2] § 6 geänd. mWv 15.8.2013 durch G v. 7.8.2013 (BGBl. I S. 3154); Überschrift neu gef., Abs. 2 angef. mWv 26.9.2015 durch VO v. 15.9.2015 (BGBl. I S. 1573); Abs. 3 angef. mWv 4.7.2020 durch G v. 29.6.2020 (BGBl. I S. 1528).

[3] Nr. **10**.

[4] Verkündet am 10.2.2011.

Anlage[1)]
(zu § 1)

1. Abschnitt. Gebühren des Bundes

Gebühren-Nummer		Gegenstand	Gebühr Euro
	A.	**Straßenverkehrs-Zulassungs-Ordnung**[2)]**, Fahrzeug-Zulassungsverordnung**[3)]**, Fahrerlaubnis-Verordnung**[4)]**, Berufskraftfahrerqualifikationsverordnung, Straßenverkehrs-Ordnung**[5)]**, EG-Fahrzeuggenehmigungsverordnung**[6)]**, Fahrzeugteileverordnung**[7)]**, Fahrpersonalverordnung**[8)] **und Internationale Vereinbarungen**	
	1.	**Erlaubnisse und Genehmigungen für Fahrzeuge und Fahrzeugteile sowie Autorisierungen**	
111		Erteilung	
111.1		einer Allgemeinen Betriebserlaubnis (ABE) oder EG-Typgenehmigung (Mehrphasen-Typgenehmigung nach §§ 3, 11, 15, 20 EG-FGV) für Fahrzeugtypen bei Vorlage aller relevanten Systemgenehmigungen nach Einzelrichtlinien	534,00 bis 734,00
111.1.1		einer EG-Typgenehmigung (Einphasen-Typgenehmigung und gemischte Typgenehmigung nach §§ 3, 11, 15, 20 EG-FGV) für Fahrzeugtypen ohne Vorlage aller relevanten Systemgenehmigungen nach Einzelrichtlinien	785,00 bis 4 853,00
111.2		einer Allgemeinen Betriebserlaubnis (ABE) oder amtlichen Bauartgenehmigung (ABG) für Fahrzeugteiletypen sowie einer Erlaubnis oder Genehmigung für selbstständige technische Einheiten, Autorisierung sowie nach Anlagen zur StVZO; je Erlaubnis- oder Genehmigungssachverhalt	404,00 bis 537,00

---

1) Anlage geänd. *mWv 1.1.2011* durch VO v. 13.1.2012 (BGBl. I S. 103); geänd. mWv 1.7.2012 durch VO v. 13.1.2012 (BGBl. I S. 103); geänd. mWv 1.6.2012 durch VO v. 10.5.2012 (BGBl. I S. 1086); geänd. mWv 19.1.2013 durch VO v. 26.6.2012 (BGBl. I S. 1394); geänd. mWv 18.9.2012 durch VO v. 31.8.2012 (BGBl. I S. 1889); geänd. mWv 1.11.2012 durch VO v. 19.10.2012 (BGBl. I S. 2232); geänd. mWv 19.1.2013 durch VO v. 10.1.2013 (BGBl. I S. 35); geänd. mWv 1.1.2015 durch VO v. 8.10.2013 (BGBl. I S. 3772); geänd. mWv 1.5.2014 durch VO v. 5.11.2013 (BGBl. I S. 3920); geänd. mWv 1.5.2014 durch VO v. 16.4.2014 (BGBl. I S. 348); geänd. mWv 26.9.2015 durch VO v. 15.9.2015 (BGBl. I S. 1573); geänd. mWv 3.12.2016 durch VO v. 22.11.2016 (BGBl. I S. 2652); geänd. mWv 22.12.2016 durch VO v. 19.12.2016 (BGBl. I S. 2920); geänd. mWv 30.3.2017 und mWv 1.10.2017 durch VO v. 23.3.2017 (BGBl. I S. 522); geänd. mWv 1.1.2018 durch VO v. 31.7.2017 (BGBl. I S. 3090); geänd. mWv 24.8.2017 durch VO v. 14.8.2017 (BGBl. I S. 3232); geänd. mWv 4.1.2018 durch VO v. 2.1.2018 (BGBl. I S. 2); geänd. mWv 19.3.2019 und mWv 1.1.2021 durch VO v. 11.3.2019 (BGBl. I S. 218); geänd. mWv 1.10.2019 durch VO v. 22.3.2019 (BGBl. I S. 382); geänd. mWv 1.1.2020 durch VO v. 2.10.2019 (BGBl. I S. 1416); geänd. mWv 31.12.2019 durch VO v. 23.12.2019 (BGBl. I S. 2937); geänd. mWv 28.4.2020; und mWv 1.1.2021 durch VO v. 20.4.2020 (BGBl. I S. 814); geänd. mWv 1.1.2021 sowie mWv 1.4.2021 durch VO v. 16.11.2020 (BGBl. I S. 2704); geänd. mWv 17.12.2020 sowie mWv 23.5.2021 durch VO v. 9.12.2020 (BGBl. I S. 2905, ber. 2021 S. 71).

2) Nr. **200**.
3) Nr. **250**.
4) Nr. **300**.
5) Nr. **100**.
6) Nr. **255**.
7) Nr. **260**.
8) Nr. **575**.

Gebühren-Nummer	Gegenstand	Gebühr Euro
111.2.1	von Genehmigungen nach ECE-Regelung Nummer 90 für unterschiedliche Bremsbelag-Einheiten mit gleichem Reibmaterial	Gebühr nach Gebührennummer 111.2 (einmalig) zzgl. 22,00 Euro für jede weitere Folgegenehmigung
112	Erteilung eines Nachtrags	
112.1	zu einer Allgemeinen Betriebserlaubnis (ABE) oder EG-Typgenehmigung für Fahrzeugtypen	
112.1.1	ohne Gutachten	169,00 bis 179,00
112.1.2	mit Gutachten	340,00 bis 360,00
112.1.3	zu einer EG-Typgenehmigung (Einphasen-Typgenehmigung und gemischte Typgenehmigung nach §§ 3, 11, 15, 20 EG-FGV) für einen Fahrzeugtyp ohne Vorlage aller relevanten Systemgenehmigungen nach Einzelrichtlinien	169,00 bis 2 429,00
112.2	zu einer Allgemeinen Betriebserlaubnis (ABE) oder amtlichen Bauartgenehmigung (ABG) für Fahrzeugteiletypen sowie zu einer Erlaubnis oder Genehmigung für selbstständige technische Einheiten, Autorisierung sowie nach Anlagen zur StVZO; je Erlaubnis- oder Genehmigungssachverhalt	
112.2.1	ohne Gutachten	125,00 bis 135,00
112.2.2	mit Gutachten	251,00 bis 266,00
112.3	Erteilung von Nachträgen ohne Gutachten für mehrere Erlaubnisse oder Genehmigungen gleichzeitig auf Grund desselben Sachverhalts	Gebühr nach Gebührennummer 112.1 bzw. 112.2 (einmalig) zzgl. 22,00 Euro für jeden weiteren Folgenachtrag
113	Erteilung einer Unbedenklichkeitserklärung bei nachträglichen Änderungen genehmigter Fahrzeug- und Fahrzeugteiletypen	die Hälfte der jeweiligen Gebühr nach den Gebührennummern 112.1.1 bis 112.2.2
114	Nachprüfung der Übereinstimmung der Produktion auf Grund einer durch das Kraftfahrt-Bundesamt erteilten Erlaubnis oder Genehmigung, wenn	
114.1	ein Verstoß gegen Meldepflichten festgestellt wird	141,00
114.2	eine Abweichung vom Typ oder von den Vorschriften über die Erlaubnis oder Genehmigung festgestellt wird	361,00
1a.	**Anerkennung von Stellen zur Prüfung von Fahrzeugen und Fahrzeugteilen, Anerkennung von Stellen zur Kontrolle des Qualitätsmanagements bei der Herstellung von Fahrzeugen und Fahrzeugteilen, behördliche Bewertung von Maßnahmen zum Qualitäts- und Sicherheitsmanagement bei der Produktion von Fahrerkarte, Führerschein, Fahrerqualifizierungsnachweis und Zulassungsbescheinigung, Anfangsbewertung und Überprüfung der Übereinstimmung der Produktion**	
115	Anerkennung von Stellen zur Prüfung/Inspektion/Begutachtung von Fahrzeugen und Fahrzeugteilen	
115.1	Anerkennung (ohne Begehung und Reisezeit)	5 113,00 bis 23 622,00
115.2	Nachtrag zur Anerkennung (ohne Begehung und Reisezeit)	2 556,00 bis 11 453,00
115.3	Begehung	2 045,00 bis 7 158,00

Gebühren-Nummer	Gegenstand	Gebühr Euro
115.4	Überwachung (mit Begehung)	2 045,00 bis 10 737,00
115.5	Re-Anerkennung (ohne Begehung und Reisezeit)	1 534,00 bis 7 669,00
116	Anerkennung von Stellen als Technischer Dienst im Genehmigungsverfahren nach EG-FGV	
116.1	Anerkennung (ohne Begutachtung und Reisezeit)	7 669,00 bis 41 517,00
116.2	Nachtrag zur Anerkennung (ohne Begutachtung und Reisezeit)	4 090,00 bis 20 758,00
116.3	Begutachtung	2 556,00 bis 15 748,00
116.4	Überwachung (mit Begutachtung)	4 090,00 bis 21 474,00
116.5	Re-Anerkennung (ohne Begutachtung und Reisezeit)	2 556,00 bis 9 715,00
117	Anerkennung von Stellen zur Kontrolle des Qualitätsmanagements bei der Herstellung von Fahrzeugen und Fahrzeugteilen	
117.1	Anerkennung (ohne Begutachtung und Reisezeit)	7 158,00 bis 20 452,00
117.2	Nachtrag zur Anerkennung (ohne Begutachtung und Reisezeit)	3 579,00 bis 7 669,00
117.3	Begutachtung	2 556,00 bis 8 692,00
117.4	Überwachung (mit Begutachtung)	2 045,00 bis 8 692,00
117.5	Re-Anerkennung (ohne Begehung und Reisezeit)	4 090,00 bis 10 226,00
118	Stundensatz für Leistungen, die außerhalb der von den Gebührennummern 115 bis 117 erfassten Pflichtaufgaben erbracht werden	97,10
119	Bewertung der qualitätssichernden Maßnahmen bei Herstellern im Rahmen des Typgenehmigungsverfahrens (Anfangsbewertung und laufende Konformitätsprüfungen)	
119.1	Konformitätsbericht für Unternehmen mit einer Fertigungsstätte	716,00
119.2	Konformitätsbericht je weitere Fertigungsstätte	562,00
119.3	Vorprüfung gemäß Recyclingrichtlinie	1 278,00 bis 8 181,00
119.4	Verlängerung der Vorprüfungsbescheinigung	614,00 bis 2 965,00
119.5	Bewertung der Unternehmen, die an der Herstellung oder Verteilung von Zulassungsbescheinigungen Teil I, EU-Führerscheinen, Fahrerqualifizierungsnachweisen, Stempeln, Plaketten, Plakettenträgern, Prüfmarken oder anderen Dokumenten beteiligt sind	2 659,00 bis 3 477,00
119.6	Bewertung von Überwachungsorganisationen	5 062,00 bis 6 442,00
119.7	Überwachung der an Herstellung oder Verteilung von Zulassungsbescheinigungen Teil I, EU-Führerscheinen, Fahrerqualifizierungsnachweisen, Stempeln, Plaketten, Plakettenträgern, Prüfmarken oder anderen Dokumenten beteiligten Unternehmen	1 483,00 bis 2 399,00
119.8	Überwachung von Überwachungsorganisationen	1 892,00 bis 2 914,00
119.9	aufgehoben	
120	Zulassung zur Selbstprüfung für Hersteller von Kleinserienfahrzeugen	
120.1	Feststellen der Eignung und Zulassung zur Selbstprüfung (ohne Begutachtung von Prüfverfahren)	3 120,00
120.2	Überwachung (ohne Begutachtung von Prüfverfahren)	1 270,00
120.3	Begutachtung je Prüfverfahren	195,00
120.4	Stundensatz für Nachträge, Erweiterungen oder Änderungen der Urkunde in Sprache oder Format	97,10

Gebühren-Nummer	Gegenstand	Gebühr Euro
121	Stundensatz für Leistungen, die außerhalb der von den Gebührennummern 119 bis 120 erfassten Pflichtaufgaben erbracht werden	84,40
122	Stundensatz für Reisezeiten für Maßnahmen nach den Gebührennummern 115 bis 120	61,40
	2. Erfassung von Fahrzeugen und Fahrerlaubnissen	
123	Zuteilung einer Zulassungsbescheinigung Teil II (einschließlich der Aufstellung der Erfassungsunterlagen)	
123.1	Zuteilung einer Zulassungsbescheinigung Teil II nach § 12 Absatz 4 Nummer 1 FZV über die Zulassungsbehörde	3,80
123.2	Zuteilung einer Zulassungsbescheinigung Teil II nach § 12 Absatz 4 Nummer 2 FZV zur Ausfüllung durch den Hersteller oder dessen bevollmächtigten Vertreter nebst Überwachung	6,70
124	Aufstellung von Erfassungsunterlagen für das Zentrale Fahrzeugregister (ZFZR) – bei Fahrzeugen ohne Zulassungsbescheinigung Teil II – bei der Ausgabe der roten Kennzeichen oder der Kurzzeitkennzeichen oder Berichtigung der Erfassungsunterlagen bei Halterwechsel	2,60
125	Berichtigung der Erfassungsunterlagen für das ZFZR in anderen Fällen	0,60
126	Aufstellung der Erfassungsunterlagen für das Zentrale Fahrerlaubnisregister (ZFER)	
126.1	bei Fahrerlaubnissen auf Probe	1,80
126.2	in den übrigen Fällen	1,00
127	Registrierung einer elektronischen Mitteilung über die Zuteilung eines Versicherungskennzeichens im ZFZR	0,20
	3. Mitwirkung bei der Aufbietung von Urkunden	
131	Aufbietung einer verlorenen Zulassungsbescheinigung Teil II, einschließlich der Kosten der öffentlichen Bekanntmachung	5,10
	4. Auskünfte und Mitteilungen	
141	Auskunft über ein Kraftfahrzeug oder einen Anhänger	
141.1	– im automatisierten Verfahren	0,10
141.2	– im teilautomatisierten Verfahren (digitalisierte, formatgerechte Anfragen)	4,00
141.3	– im schriftlichen Verfahren	5,10
142	Sammelauskünfte im Rahmen von Rückrufaktionen	
142.1	– bei erstmaliger Durchführung	1 500,00 bis 5 000,00
142.2	– im Wiederholungsfall	1 000,00 bis 4 000,00
144	Schriftliche Auskunft über den Verbleib eines Fahrzeugs	6,10
145	Auskunft aus dem Fahreignungsregister an eine Behörde in Fahrerlaubnisangelegenheiten und sonstigen in § 30 Absatz 1 Nummer 3, Absatz 2, 4, 4a und 4b StVG[1] aufgeführten Verwaltungsmaßnahmen, soweit sie durch einen Antragsteller veranlasst werden	3.30

[1] Nr. **10**.

Gebühren-Nummer		Gegenstand	Gebühr Euro
146		Auskünfte aus dem und Mitteilungen an das Berufskraftfahrerqualifikationsregister (BQR), die im Zusammenhang mit der Ausstellung von Fahrerqualifizierungsnachweisen stehen	5,00
Gebühren aus den vorstehenden Unterabschnitten 2 und 4 werden teilweise für den Bund von den Behörden im Landesbereich erhoben.			
	5.	**Ausnahmegenehmigungen**	
151		Erteilung einer Ausnahme bei Erteilung oder in Ergänzung einer Allgemeinen Betriebserlaubnis oder EG-Typgenehmigung oder Allgemeinen Bauartgenehmigung	132,00
152		Entscheidung über eine Ausnahme von einer Vorschrift der StVZO in anderen Fällen je Ausnahmetatbestand und je Fahrzeug	10,20 bis 511,00
		Bei einer zum Zeitpunkt der Erteilung der Ausnahme bekannten Anzahl betroffener Fahrzeuge bzw. gleichartiger Fälle kann unter Berücksichtigung des geringeren Verwaltungsaufwandes eine verminderte Gesamtgebühr berechnet werden; dabei darf die Untergrenze des Gebührenrahmens von 10,20 Euro je Fahrzeug und je Ausnahmetatbestand nicht unterschritten werden.	
	6.	**Überprüfung von Trägern von Begutachtungsstellen für Fahreignung, von Trägern, die Kurse zur Wiederherstellung der Kraftfahreignung durchführen und von Technischen Prüfstellen, Bereich Fahrerlaubnisprüfung (Begutachtung nach § 72 FeV)**	
160		Erstbegutachtung	
160.1		Erstbegutachtung eines Trägers von Begutachtungsstellen für Fahreignung (ohne Begutachtung vor Ort)	7 669,00 bis 17 895,00
160.2		Erstbegutachtung eines Trägers, der Kurse zur Wiederherstellung der Kraftfahreignung durchführt (ohne Begutachtung vor Ort)	6 647,00 bis 17 895,00
160.3		Erstbegutachtung eines Trägers von Technischen Prüfstellen, Bereich Fahrerlaubnisprüfung (ohne Begutachtung vor Ort)	8 692,00 bis 18 918,00
160.4		Begutachtung vor Ort im Rahmen einer Erstbegutachtung (ohne Reisezeit)	1 023,00 bis 2 556,00
161		Regelmäßige Begutachtung	
161.1		Regelmäßige Begutachtung eines Trägers von Begutachtungsstellen für Fahreignung (ohne Begutachtung vor Ort)	2 045,00 bis 6 391,00
161.2		Regelmäßige Begutachtung eines Trägers, der Kurse zur Wiederherstellung der Kraftfahreignung durchführt (ohne Begutachtung vor Ort)	2 045,00 bis 6 391,00
161.3		Regelmäßige Begutachtung einer Technischen Prüfstelle, Bereich Fahrerlaubnisprüfung (ohne Begutachtung vor Ort)	2 045,00 bis 6 391,00
161.4		Begutachtung vor Ort im Rahmen einer regelmäßigen Begutachtung (ohne Reisezeit)	1 023,00 bis 2 556,00
162		Gutachtenüberprüfung	
162.1		Vorbereitung und Durchführung der regelmäßigen Überprüfung von Gutachten für einen Träger von Begutachtungsstellen für Fahreignung (ohne Überprüfung der einzelnen Gutachten)	1 534,00

Gebühren-Nummer	Gegenstand	Gebühr Euro
162.2	Regelmäßige Überprüfung eines einzelnen Gutachtens einer Begutachtungsstelle für Fahreignung	61,40 bis 205,00
162.3	Vorbereitung und Durchführung der Überprüfung von Gutachten aus besonderem Anlass für einen Träger von Begutachtungsstellen für Fahreignung (ohne Überprüfung der einzelnen Gutachten)	1 534,00
162.4	Überprüfung eines einzelnen Gutachtens aus besonderem Anlass einer Begutachtungsstelle für Fahreignung	123,00 bis 307,00
163	Überprüfung einer Evaluationsstudie über ein Kursprogramm	4 602,00 bis 12 782,00
164	Zusätzliche Leistungen	
164.1	Stundensatz für Leistungen, die außerhalb der Gebührennummern 160 bis 163 erbracht werden	92,00
164.2	Stundensatz für Reisezeit für Maßnahmen nach den Gebührennummern 160 bis 163	61,40
164.3	Vorbereitung und Durchführung von Gutachtenüberprüfungen (aus besonderem Anlass) für einen Träger von Begutachtungsstellen für Fahreignung (ohne Überprüfung der einzelnen Gutachten), wenn die Überprüfung vom betroffenen Träger verantwortlich veranlasst worden ist	1 534,00
164.4	Überprüfung eines einzelnen Gutachtens (aus besonderem Anlass) einer Begutachtungsstelle für Fahreignung, wenn die Überprüfung vom betroffenen Träger verantwortlich veranlasst worden ist	123,00 bis 307,00
165	Zusätzliche Leistungen	
165.1	Stundensatz für Leistungen, die außerhalb der Gebührennummern 160 bis 164 erbracht werden	92,00
165.2	Stundensatz für Reisezeit für Maßnahmen nach den Gebührennummern 160 bis 163	61,40
165[1]	Begutachtung des Trägers einer unabhängigen Stelle	
165.1[1]	Begutachtung des Trägers einer unabhängigen Stelle für die Bestätigung der Eignung von eingesetzten psychologischen Testverfahren und -geräten	694,79
165.2[1]	Begutachtung des Trägers einer unabhängigen Stelle für die Bestätigung der Eignung von Kursen zur Wiederherstellung der Kraftfahreignung	694,79
166[1]	Gutachterwechsel bei einer unabhängigen Stelle	
166.1[1]	Gutachterwechsel bei einer unabhängigen Stelle für die Bestätigung der Eignung von eingesetzten psychologischen Testverfahren und -geräten	167,42
166.2[1]	Gutachterwechsel bei einer unabhängigen Stelle für die Bestätigung der Eignung von Kursen zur Wiederherstellung der Kraftfahreignung	167,42
	7. Erfahrungsaustausch des Personals der Begutachtungsstelle für Fahreignung	
170	Teilnahme am Erfahrungsaustausch nach Satz 1 Nummer 7 der Anlage 14 zur FeV unter der Leitung der Bundesanstalt für Straßenwesen (pro Kalenderjahr)	1 534,00
	8. Digitales Kontrollgerät und Kontrollgerätkarten	
181	Sicherheitstechnische Überprüfungen	
181.1	Bewertung der an Herstellung oder Verteilung von EG-Kontrollgeräten und deren Komponenten beteilig-	2 659,00 bis 6 900,00

[1] Zählung amtlich.

Gebühren-Nummer	Gegenstand	Gebühr Euro
	ten Stellen. Die Stundensätze für Audit und Reisezeit bemessen sich nach den Gebührennummern 119.9 und 122	
181.2	Überwachung der an Herstellung oder Verteilung von EG-Kontrollgeräten und deren Komponenten beteiligten Stellen. Die Stundensätze für Audit und Reisezeit bemessen sich nach den Gebührennummern 119.9 und 122	1 483,00 bis 2 518,00
182	Digitale Zertifikate und Verschlüsselungsdienstleistungen	
182.1	Zuteilung eines Zertifikats für eine Fahrzeugeinheit als eine Komponente des digitalen Kontrollgeräts	1,20
182.2	Zuteilung eines kryptographischen Schlüssels für einen Weg- und Geschwindigkeitsgeber als eine Komponente des digitalen Kontrollgeräts	0,65
	B. Sonstige Maßnahmen auf dem Gebiet des Straßenverkehrs	
198	Für Maßnahmen außerhalb der Dienststelle, je Amtsperson	102,00 bis 3 068,00
199	Für andere als die in diesem Abschnitt aufgeführten Maßnahmen nach Personal- und Sachaufwand je Stunde und Person	15,30 bis 61,40

2. Abschnitt. Gebühren der Behörden im Landesbereich[1]

Gebühren-Nummer	Gegenstand	Gebühr Euro
	A. Straßenverkehrsgesetz[2], Straßenverkehrs-Zulassungs-Ordnung[3], Fahrzeug-Zulassungsverordnung[4], EG-Fahrzeuggenehmigungsverordnung[5], Fahrerlaubnis-Verordnung[6]	
	1. Fahrerlaubnis, Führerschein und Fahrberechtigung	
201	Prüfung eines Antrags auf Erteilung, Erweiterung oder Verlängerung einer Fahrerlaubnis oder einer Fahrerlaubnis zur Fahrgastbeförderung durch die nach § 21 Absatz 1 FeV zuständige Behörde; Prüfung eines Antrags auf Erteilung des Rechts, von einer ausländischen Fahrerlaubnis im Inland Gebrauch zu machen, durch die nach § 21 Absatz 1 FeV zuständige Behörde; Prüfung eines Antrags auf Erteilung einer Fahrberechtigung für Einsatzfahrzeuge der Freiwilligen Feuerwehren, der nach Landesrecht anerkannten Rettungsdienste, des Technischen Hilfswerks und sonstiger Einheiten des Katastrophenschutzes	5,10
202	Erteilung einer Fahrerlaubnis oder Fahrerlaubnis zur Fahrgastbeförderung, Erteilung einer Fahrberechtigung, Erteilung des Rechts, von einer ausländischen	

[1] **Amtl. Anm.:** Die Behörden im Landesbereich erheben auch die Gebühren für den Bund, soweit diese im Zusammenhang mit den jeweiligen Amtshandlungen stehen.

[2] Nr. **10**.

[3] Nr. **200**.

[4] Nr. **250**.

[5] Nr. **255**.

[6] Nr. **300**.

Gebühren-Nummer	Gegenstand	Gebühr Euro
	Fahrerlaubnis im Inland Gebrauch zu machen, und/ oder Ausfertigung des Führerscheins	
202.1	Ersterteilung, Erweiterung oder Verlängerung einer Fahrerlaubnis, Ersterteilung oder Erweiterung einer Fahrerlaubnis zur Fahrgastbeförderung	34,50
	bei anlassbezogener Eignungsbegutachtung zusätzlich	10,20 bis 35,80
202.2	auf Grund einer Fahrerlaubnis aus einem Mitgliedstaat der Europäischen Union oder eines anderen Vertragsstaates des Abkommens über den Europäischen Wirtschaftsraum sowie aus einem in Anlage 11 zur Fahrerlaubnis-Verordnung aufgeführten Staat, sofern keine Prüfung verlangt wird	26,90
202.3	nach vorangegangener Versagung oder Entziehung der in- oder ausländischen Fahrerlaubnis oder Fahrerlaubnis zur Fahrgastbeförderung, nach vorangegangenem Verzicht auf die in- oder ausländische Fahrerlaubnis oder nach Verhängung einer Sperrfrist	34,50 bis 257,30
202.4	als Ersatz	19,20 bis 37,10
202.5	bei der Umstellung einer Fahrerlaubnis alten Rechts (§ 6 Absatz 6 Satz 2 FeV)	24,30
202.6	bei besonders hohem Aufwand der Feststellung des Besitzstandes	10,20 bis 30,70
202.7	Ausfertigung eines Führerscheins, soweit nicht bereits in den Nummern 202.1 bis 202.5 eingeschlossen, oder einer als Nachweis der Fahrerlaubnis geltenden befristeten Prüfungsbescheinigung (§ 22 Absatz 4 Satz 7 FeV), soweit vom Bewerber veranlasst	9,00
202.8	Ausfertigung einer Prüfungsbescheinigung nach § 48a FeV	7,70
202.9	Überprüfung einer Begleitperson nach § 48a Absatz 5 Satz 2 FeV	1,50 bis 10,00
202.10	Erteilung einer Fahrberechtigung für Mitglieder der Freiwilligen Feuerwehren, der nach Landesrecht anerkannten Rettungsdienste, des Technischen Hilfswerks und sonstiger Einheiten des Katastrophenschutzes	19,20
203	Ortskundeprüfung	20,50 bis 57,30
204	Verlängerung der Geltungsdauer einer Fahrerlaubnis zur Fahrgastbeförderung und Eintragung im Führerschein zur Fahrgastbeförderung	28,60
205	Änderung oder Ergänzung eines Führerscheins zur Fahrgastbeförderung (ausgenommen Erweiterungen und Verlängerungen) oder Internationalen Führerscheins	7,70
206	Versagung der Erteilung oder Erweiterung einer Fahrerlaubnis oder Fahrerlaubnis zur Fahrgastbeförderung; Versagung der Verlängerung der Geltungsdauer einer Fahrerlaubnis oder Fahrerlaubnis zur Fahrgastbeförderung; Entziehung, Widerruf oder Rücknahme einer Fahrerlaubnis oder Fahrerlaubnis zur Fahrgastbeförderung; Aberkennung des Rechts oder Feststellung der fehlenden Berechtigung, von einer ausländischen Fahrerlaubnis im Inland Gebrauch zu machen; Untersagen des Führens von Fahrzeugen oder Tieren	33,20 bis 256,00

Gebühren-Nummer	Gegenstand	Gebühr Euro
207	Entscheidung über die Erteilung, Versagung oder Ersatzausstellung eines Internationalen Führerscheins, gegebenenfalls einschließlich Ausfertigung	11,20 bis 15,30
208	Anordnung von Maßnahmen zur Vorbereitung der Entscheidung über die Entziehung oder die Einschränkung der Fahrerlaubnis oder über die Anordnung von Auflagen nach § 46 FeV; Anordnung von Maßnahmen zur Vorbereitung der Entscheidung über die Entziehung der Fahrerlaubnis zur Fahrgastbeförderung nach § 48 Absatz 9 FeV	12,80 bis 25,60
209	Verwarnung nach den Regelungen der Fahrerlaubnis auf Probe (§ 2a Absatz 2 Nummer 2 StVG), Ermahnung oder Verwarnung nach dem Fahreignungs-Bewertungssystem (§ 4 Absatz 5 Satz 1 Nummer 1 oder 2 StVG)	17,90
210	Anordnung der Teilnahme an einem Aufbauseminar (§ 2a Absatz 2 Nummer 1 StVG) einschließlich der Mitteilungen an das Kraftfahrt-Bundesamt	25,60
211	*(aufgehoben)*	
212	*(aufgehoben)*	
213	Entscheidung über eine Ausnahme von den Vorschriften der Fahrerlaubnis-Verordnung je Ausnahmetatbestand und je Person	5,10 bis 511,00
214	Entscheidung über die Erteilung, Änderung, Versagung, Rücknahme oder Widerruf der Anerkennung, im Falle der Anerkennung einschließlich der Anerkennungsurkunde, sowie die Überprüfung	
214.1	einer Begutachtungsstelle für Fahreignung nach § 66 FeV	128,00 bis 2 556,00
214.2	einer Sehteststelle nach § 67 FeV	51,10 bis 307,00
214.3	einer anderen Stelle nach § 68 FeV	51,10 bis 511,00
214.4	eines Kurses zur Wiederherstellung der Kraftfahreignung nach § 70 FeV	128,00 bis 2 556,00
214.5	*(aufgehoben)*	
214.6	Anerkennung als Kursleiter für die Durchführung von besonderen Aufbauseminaren gemäß § 36 FeV	33,20 bis 256,00
215	Seminarerlaubnis Verkehrspsychologie (§ 4a Absatz 3 StVG)	
215.1	Erteilung der Seminarerlaubnis	40,90
215.2	Erteilung der Seminarerlaubnis nach vorangegangener Versagung, Rücknahme oder Widerruf oder nach vorangegangenem Verzicht	33,20 bis 256,00
215.3	Berichtigung eines Erlaubnisbescheides	7,70
215.4	Erlaubnisbescheid als Ersatz für einen verlorenen oder unbrauchbar gewordenen, außer den Kosten einer etwaigen öffentlichen Ungültigkeitserklärung	15,30 bis 38,30
215.5	Rücknahme oder Widerruf der Seminarerlaubnis	33,20 bis 256,00
215.6	Zwangsweise Einziehung eines Erlaubnisbescheides. Diese Gebühr ist auch fällig, wenn die Voraussetzung für die zwangsweise Einziehung erst nach Einleiten der Zwangsmaßnahme beseitigt worden ist.	14,30 bis 286,00
215.7	Überprüfung einer verkehrspsychologischen Teilmaßnahme des Fahreignungsseminars (§ 4a Absatz 8 Satz 1 Nummer 1 StVG). Die Gebühr ist auch zu entrichten, wenn die Untersuchung (Überwachung) ohne Verschulden der nach Landesrecht zuständigen Behörde	30,70 bis 511,00

Gebühren-Nummer	Gegenstand	Gebühr Euro
	und ohne ausreichende Entschuldigung des Inhabers der Seminarerlaubnis Verkehrspsychologie am festgesetzten Termin nicht stattfinden oder nicht zu Ende geführt werden konnte.	
215.8	Versagung der Seminarerlaubnis	33,20 bis 256,00
216	Eintragung der Schlüsselzahlen 96, 196 und 197 im Führerschein	28,60
217	Anerkennung des Trägers einer unabhängigen Stelle	
217.1	Anerkennung des Trägers einer unabhängigen Stelle für die Bestätigung der Eignung von eingesetzten psychologischen Testverfahren und -geräten	250,00 bis 1 000,00
217.2	Anerkennung des Trägers einer unabhängigen Stelle für die Bestätigung der Eignung von Kursen zur Wiederherstellung der Kraftfahreignung	250,00 bis 1 000,00
	2. Zulassung/Umkennzeichnung von Kraftfahrzeugen/Anhängern	
221	Zulassung eines Kraftfahrzeugs/Anhängers	
	Die Gebühren nach Nummern 221.1, 221.2, 221.3, 221.6 und 221.8 erhöhen sich bei gleichzeitiger Änderung technischer Daten um die Gebühr nach Nummer 225.	
	Die Gebühren nach Nummern 221.1, 221.2 und 221.3 erhöhen sich, wenn der Abruf von Daten gemäß § 12 Absatz 3 Satz 4 FZV beim Kraftfahrt-Bundesamt nicht möglich ist und die Daten im örtlichen Fahrzeugregister nicht verfügbar sind, um 15,30 Euro.	
	Die Gebühren nach den Nummern 221.1, 221.1.1, 221.2, 221.2.1, 221.10 und 221.10.1 erhöhen sich im Falle der Zuteilung einer vom regelmäßigen Zuteilungsverfahren der Zulassungsbehörde abweichenden Erkennungsnummer (Wunschkennzeichen) um 10,20 Euro.	
	Die Gebühren nach Nummern 221.1, 221.2, 221.6 und 221.8 erhöhen sich im Falle des Umtauschs des Fahrzeugbriefs in eine Zulassungsbescheinigung Teil II um 5,10 Euro.	
	Die Gebühren nach Nummern 221.1 und 221.2 erhöhen sich im Falle der Zuteilung eines Wechselkennzeichens um 6,00 Euro.	
221.1	Zulassung oder Wiederzulassung – jeweils außer in den Fällen der Nummern 221.1.1, 221.6 und 221.7 –, Änderung des Kennzeichens, Änderung des Betriebszeitraums beim Saisonkennzeichen, Wechsel der Kennzeichenart, wobei in diesen Fällen eine erneute Zulassungsgebühr oder eine Gebühr nach Nummer 221.2, 221.6 oder 221.8 nicht zusätzlich anfällt	27,00
221.1.1	Internetbasierte Zulassung, internetbasierte Wiederzulassung außer im Fall der Nummer 221.7	27,90
	Diese Gebühr erhöht sich für einen Plakettenträger für Prüfplaketten um 0,30 Euro.	
221.2	Umschreibung aus einem anderen Zulassungsbezirk und Zuteilung eines neuen Kennzeichens – mit und ohne Halterwechsel –, außer im Fall der Nummer 221.2.1	27,00

Gebühren-Nummer	Gegenstand	Gebühr Euro
221.2.1	Internetbasierte Umschreibung aus einem anderen Zulassungsbezirk und Zuteilung eines neuen Kennzeichens – mit und ohne Halterwechsel –	28,20
221.3	Entscheidung über die Zuteilung eines Ausfuhrkennzeichens	31,40
221.4	Entscheidung über die Zuteilung von Kurzzeitkennzeichen	10,20
221.5	Entscheidung über die Zuteilung von roten Kennzeichen	25,60 bis 205,00
221.6	Wiederzulassung nach Außerbetriebsetzung innerhalb desselben Zulassungsbezirks – ohne Halterwechsel mit nach § 14 Absatz 1 Satz 4 FZV reserviertem Kennzeichen –, außer im Fall der Nummer 221.7	11,60
221.7	Internetbasierte Wiederzulassung nach Außerbetriebsetzung innerhalb desselben Zulassungsbezirks – ohne Halterwechsel und mit nach § 14 Absatz 1 Satz 4 reserviertem Kennzeichen –	12,50
	Diese Gebühr erhöht sich für einen Plakettenträger für Prüfplaketten um 0,30 Euro.	
221.8	Umschreibung innerhalb desselben Zulassungsbezirks bei Beibehaltung des bisherigen Kennzeichens – Halterwechsel –, außer im Fall der Nummer 221.8.1	16,70
221.8.1	Internetbasierte Umschreibung innerhalb desselben Zulassungsbezirks bei Beibehaltung des bisherigen Kennzeichens – Halterwechsel –	17,00
221.9	Umschreibung aus einem anderen Zulassungsbezirk bei Beibehaltung des bisherigen Kennzeichens – mit und ohne Halterwechsel –, außer im Fall der Nummer 221.9.1	16,70
221.9.1	Internetbasierte Umschreibung aus einem anderen Zulassungsbezirk bei Beibehaltung des bisherigen Kennzeichens – mit und ohne Halterwechsel –	17,00
221.10	Umschreibung innerhalb desselben Zulassungsbezirks und Zuteilung eines neuen Kennzeichens – Halterwechsel –, außer im Fall der Nummer 221.10.1	27,00
221.10.1	Internetbasierte Umschreibung innerhalb desselben Zulassungsbezirks und Zuteilung eines neuen Kennzeichens – Halterwechsel –	27,90
	Diese Gebühr erhöht sich für einen Plakettenträger für Prüfplaketten um 0,30 Euro.	
222	Zuteilung und Ausfertigung eines Vordrucks einer Zulassungsbescheinigung Teil II außerhalb eines Zulassungsverfahrens	
	Diese Gebühr erhöht sich, wenn der Abruf von Daten gemäß § 12 Absatz 3 Satz 4 FZV beim Kraftfahrt-Bundesamt nicht möglich ist und die Daten im örtlichen Fahrzeugregister nicht verfügbar sind, um 15,30 Euro.	10,20
223	Zuteilung und Ausfertigung der Zulassungsbescheinigung Teil II außerhalb eines Zulassungsverfahrens einschließlich Erteilung der Betriebserlaubnis/Einzelgenehmigung nach § 13 EG-FGV	49,70
	Diese Gebühr erhöht sich, wenn der Abruf von Daten gemäß § 12 Absatz 3 Satz 4 FZV beim Kraftfahrt-Bundesamt nicht möglich ist und die Daten im örtli-	

Gebühren-Nummer	Gegenstand	Gebühr Euro
	chen Fahrzeugregister nicht verfügbar sind, um 15,30 Euro.	
223.1	Erteilung der Betriebserlaubnis nach § 21 StVZO/Einzelgenehmigung nach § 13 EG-FGV	39,50
224	Außerbetriebsetzung	
224.1	innerhalb oder außerhalb des Zulassungsbezirks	6,90
224.2	internetbasiert	5,70
224.3	Entgegennahme eines Verwertungsnachweises gemäß § 15 FZV gleichzeitig mit der Außerbetriebsetzung außer bei internetbasierter Außerbetriebsetzung	5,10
224.4	Entgegennahme eines Verwertungsnachweises gemäß § 15 FZV zu einem anderen Zeitpunkt als dem der Außerbetriebsetzung	10,20
225	Ausfertigung, Ersatz oder Änderung der nationalen oder internationalen Fahrzeugpapiere oder -bescheinigungen wegen Änderung persönlicher oder technischer Daten oder Unbrauchbarkeit oder Verlust einschließlich Erteilung einer Betriebserlaubnis sowie Fahrzeugidentitätsprüfung in anderen als in den nach Nummern 221 und 227 erfassten Fällen	10,20
	Diese Gebühr erhöht sich bei der Ausstellung einer Zulassungsbescheinigung Teil I um 0,90 Euro.	
225.1	Internetbasierte Änderung der Anschrift des Halters innerhalb desselben Zulassungsbezirks	11,40
226	Auskunft aus dem Fahrzeugregister	
226.1	Auskunft aus dem Fahrzeugregister an die Auskunftsstelle nach § 8a des Pflichtversicherungsgesetzes[1]	3,10
226.2	Auskunft aus dem Fahrzeugregister bei Verrechnung über eine Zentralstelle der Versicherer	3,10
226.3	Entscheidung über die Auskunft aus dem Fahrzeugregister in sonstigen Fällen, gegebenenfalls einschließlich der Auskunftserteilung	5,10
227	Zulassungsfreie Fahrzeuge	
	Die Gebühren nach Nummern 227.1 bis 227.5 erhöhen sich bei gleichzeitiger Änderung technischer Daten um die Gebühr nach Nummer 225.	
	Die Gebühren nach Nummer 227.3 erhöhen sich, wenn der Abruf von Daten gemäß § 12 Absatz 3 Satz 4 FZV beim Kraftfahrt-Bundesamt nicht möglich ist und die Daten im örtlichen Fahrzeugregister nicht verfügbar sind, um 15,30 Euro.	
	Die Gebühren nach Nummern 227.2 und 227.3 erhöhen sich im Falle der Zuteilung eines Wunschkennzeichens um 10,20 Euro.	
	Die Gebühren nach Nummern 227.1 bis 227.5 erhöhen sich im Falle des Umtauschs des Fahrzeugbriefs in eine Zulassungsbescheinigung Teil II um 5,10 Euro.	
227.1	Erteilung der Betriebserlaubnis nach § 21 StVZO/Einzelgenehmigung nach § 13 EG-FGV	39,50
227.2	Erteilung der Betriebserlaubnis/Einzelgenehmigung nach § 13 EG-FGV und Zuteilung eines eigenen Kennzeichens	55,60

[1] Nr. **600**.

Gebühren-Nummer	Gegenstand	Gebühr Euro
227.3	Umschreibung eines zulassungsfreien kennzeichenpflichtigen Fahrzeugs aus einem anderen Zulassungsbezirk und Zuteilung eines neuen Kennzeichens – mit und ohne Halterwechsel –	27,00
227.4	Wiederinbetriebnahme eines zulassungsfreien kennzeichenpflichtigen Fahrzeugs nach Außerbetriebsetzung innerhalb desselben Zulassungsbezirks – ohne Halterwechsel und ohne Änderung der Kennzeichen –	11,60
227.5	Umschreibung eines zulassungsfreien kennzeichenpflichtigen Fahrzeugs innerhalb des Zulassungsbezirks – Halterwechsel –	16,70
227.6	Änderung der Erkennungsnummer oder des Betriebszeitraums beim Saisonkennzeichen	27,00
227.7	Umschreibung eines zulassungsfreien kennzeichenpflichtigen Fahrzeugs aus einem anderen Zulassungsbezirk bei Beibehaltung des bisherigen Kennzeichens – ohne Halterwechsel –	16,70
228	Abstempeln von Kennzeichen sowie Zuteilung einer Prüfmarke in anderen als in den nach Nummern 221 und 227 erfassten Fällen	2,60
	Zusätzlich	
228.1	je HU-Plakette sowie Prüfmarke	0,50
228.2	je Stempelplakette	
	ohne farbiges Landeswappen	0,70
	mit farbigem Landeswappen	1,20
228.3	je Plakettenträger	0,30
229	Ausgabe eines Fahrzeugscheinheftes nach Zuteilung eines roten Kennzeichens	10,20 bis 15,30
230	Vorwegzuteilung von Erkennungsnummern an Fahrzeughalter, Fahrzeughändler oder Zulassungsdienste, je Erkennungsnummer	2,60
	Diese Gebühr erhöht sich im Falle der Zuteilung eines Wunschkennzeichens um 10,20 Euro.	
231	Amtshandlungen im Zusammenhang mit der Sicherungsübereignung eines Kraftfahrzeugs	
231.1	Eintragung, Aufhebung oder Verwahrung, jeweils	5,10
231.2	Übersendung der Zulassungsbescheinigung Teil II einschließlich Einschreibegebühr	10,20
232	Ausstellung, Berichtigung oder Ergänzung eines Anhängerverzeichnisses	
232.1	Ausstellung eines Anhängerverzeichnisses je einzutragendes Fahrzeug	2,60
232.2	Berichtigung oder Ergänzung eines Anhängerverzeichnisses je hinzugetragenes bzw. je zu streichendes Fahrzeug	2,60
232.3	Jede weitere Ausfertigung eines Anhängerverzeichnisses	1,00
233	Bei Verwendung von Klebesiegeln erhöhen sich die Gebühren des Unterabschnitts 2 je Klebesiegel um 0,30 Euro.	
234	Verlängerung der Frist für die nächste Hauptuntersuchung gemäß Nummer 2.4 der Anlage VIII zu § 29 StVZO	15,30
235	Aushändigung oder Anbringung des SP-Schildes	5,10 bis 20,50
236	Aufbietung der Zulassungsbescheinigung Teil II	8,70

Gebühren-Nummer	Gegenstand	Gebühr Euro
	3. Amtliche Anerkennung und Überprüfung von Betrieben und Organisationen im Bereich der Überwachung	
241	Entscheidung über die Erteilung, Änderung, Versagung, Rücknahme oder den Widerruf und im Falle der Anerkennung einschließlich der Ausfertigung einer Anerkennungsurkunde sowie die Überprüfung	
241.1	einer Kraftfahrzeugwerkstatt zur Durchführung von Sicherheitsprüfungen, Gassystemeinbauprüfungen oder Gasanlagenprüfungen	128,00 bis 256,00
241.2	einer Schulungsstätte zur Schulung von Fachkräften, die Sicherheitsprüfungen, Gassystemeinbauprüfungen oder Gasanlagenprüfungen durchführen	256,00 bis 409,00
241.3	eines Fahrtschreiber- oder EG-Kontrollgeräteherstellers oder eines Fahrzeugherstellers nach § 57b Absatz 3 und 4 StVZO oder eines Geschwindigkeitsbegrenzerherstellers nach § 57d Absatz 4 StVZO	56,20 bis 225,00
241.4	einer Überwachungsorganisation Bei einer Überprüfung jeweils zuzüglich der Kosten für eine etwaige Überprüfung an Ort und Stelle.	128,00 bis 1 023,00
241.5	einer Kraftfahrzeugwerkstatt zur Durchführung der Abgasuntersuchung	38,30 bis 153,00
242	Entscheidung über die Erteilung, Änderung, Versagung, Rücknahme oder den Widerruf der Bestätigung der Bestellung des technischen Leiters einer Überwachungsorganisation oder dessen Vertreters	25,60 bis 102,00
243	Entscheidung über die Erteilung, Änderung, Versagung, Rücknahme oder den Widerruf der Zustimmung zur Betrauung von Kraftfahrzeugsachverständigen mit der Durchführung von Untersuchungen nach Nummer 3.7 und Nummer 4.1.3 der Anlage VIIIb zur StVZO	33,20 bis 256,00
244	Prüfung von Bewerbern für die Durchführung von Hauptuntersuchungen einschließlich Abnahmen nach § 19 Absatz 3 StVZO für Überwachungsorganisationen Diese Gebühr schließt die Kosten für die Mitglieder des Prüfungsausschusses ein. Werden ein oder mehrere Teile der Prüfung nicht durchgeführt, ermäßigt sich die Gebühr für die Gesamtprüfung um jeweils 33⅓ v.H. für jeden ausgefallenen Teil. Die sich dadurch ergebenden Teilbeträge werden auf volle Euro aufgerundet. Die Ermäßigung tritt nicht für die Teile ein, die ohne Verschulden des Prüfungsausschusses und ohne ausreichende Entschuldigung des Bewerbers am festgesetzten Termin nicht stattfinden oder nicht zu Ende geführt werden konnten.	481,00
	4. Sonstige Maßnahmen im Bereich des StVG, der StVZO, FZV, FeV, BKrFQV, VOInt	
251	Entscheidung über einen Antrag auf Tilgung einer Eintragung im Fahreignungsregister nach § 29 Absatz 3 Nummer 2 StVG	12,80 bis 102,00
252	Anordnung zum Führen eines Fahrtenbuches einschließlich der Prüfung der Eintragung	21,50 bis 200,00
253	Nachprüfung der Mängelbeseitigung an einem Fahrzeug durch die Zulassungsbehörde	7,20

Gebühren-Nummer		Gegenstand	Gebühr Euro
254		Sonstige Anordnungen nach dem Kraftfahrzeugsteuergesetz[1], der Straßenverkehrs-Zulassungs-Ordnung, der Fahrzeug-Zulassungsverordnung, der EG-Fahrzeuggenehmigungsverordnung, der Fahrerlaubnis-Verordnung	14,30 bis 286,00
		Die Gebühr ist auch fällig, wenn die Voraussetzungen für die Anordnung erst nach Einleiten der Zwangsmaßnahme beseitigt sowie nachgewiesen worden sind. Die Gebühr umfasst auch die im Zusammenhang mit der Vollstreckung der Anordnung entstehenden Kosten.	
255		Entscheidung über eine Ausnahme von einer Vorschrift des Straßenverkehrsgesetzes, der Straßenverkehrs-Zulassungs-Ordnung, der Fahrzeug-Zulassungsverordnung, je Ausnahmetatbestand und je Fahrzeug/Person	10,20 bis 511,00
		Bei einer zum Zeitpunkt der Erteilung der Ausnahme bekannten Anzahl betroffener Fahrzeuge bzw. gleichartiger Fälle kann unter Berücksichtigung des geringeren Verwaltungsaufwandes eine verminderte Gesamtgebühr berechnet werden; dabei darf die Untergrenze des Gebührenrahmens von 10,20 Euro je Fahrzeug und je Ausnahmetatbestand nicht unterschritten werden.	
256		Abnahme einer Versicherung an Eides statt durch Niederschrift bei der Verwaltungsbehörde (§ 5 StVG, § 9 Absatz 3 BKrFQV)	30,70
257		Bewertung alternativer Lehr- und Lernmethoden und Medien zur Gestaltung der verkehrspädagogischen Teilmaßnahme des Fahreignungsseminars nach § 42 Absatz 2 FeV einschließlich der Auslagen für eine externe Begutachtung	1 000,00 bis 10 000,00
258		Anerkennung eines Qualitätssicherungssystems für die verkehrspsychologische Teilmaßnahme des Fahreignungsseminars nach § 4a Absatz 8 StVG	nach dem Zeitaufwand mit 12,80 Euro je angefangene Viertelstunde Bearbeitungszeit
259		Zuteilung einer Plakette zur Kennzeichnung von Fahrzeugen nach § 4 EmoG[2] in Verbindung mit § 9a Absatz 4 FZV	11,00
260		Zuteilung eines Ausweises zur Kennzeichnung von Carsharingfahrzeugen nach § 2 Nummer 1 und § 4 Absatz 1 CsgG[3]	11,00
	B.	**Straßenverkehrs-Ordnung**	
261		Anordnung nach § 45 Absatz 6 StVO[4] über Maßnahmen der Unternehmer an Arbeitsstellen	10,20 bis 767,00
262		Anordnung zur Teilnahme am Verkehrsunterricht	25,60

[1] Nr. **870**.
[2] Nr. **40**.
[3] Nr. **45**.
[4] Nr. **100**.

Gebühren-Nummer	Gegenstand	Gebühr Euro
263	Entscheidung über eine Erlaubnis mit Ausnahme der Erlaubnis nach § 29 Absatz 3 StVO nach der StVO	10,20 bis 767,00
	Bei größeren Veranstaltungen mit außergewöhnlich hohem Verwaltungsaufwand	767,00 bis 2 301,00
263.1	Entscheidung über eine Erlaubnis oder Ausnahme bei Großraum- oder Schwertransporten nach § 29 Absatz 3 oder § 46 Absatz 1 Satz 1 Nummer 5 StVO	
263.1.1	bei Erteilung der Erlaubnis oder der Ausnahme	40,00 bis 1 300,00 nach Maßgabe des Anhangs
263.1.2	bei Ablehnung eines Antrages auf Erlaubnis oder Ausnahme aus anderen Gründen als wegen Unzuständigkeit, bei Rücknahme oder bei Widerruf	75 Prozent der Gebühr nach Nummer 263.1.1
263.1.3	bei Änderung einer bestehenden Erlaubnis oder Ausnahme	
263.1.3.1	bei gewöhnlichem Aufwand	entsprechend der Nummer 263.1.1
263.1.3.2	bei geringem Aufwand nach Zeitaufwand	10,00 je angefangene Viertelstunde Bearbeitungszeit
264	Entscheidung über eine Ausnahme von einer Vorschrift der StVO je Ausnahmetatbestand und je Fahrzeug/Person mit Ausnahme der Ausnahmegenehmigung nach § 46 Absatz 1 Nummer 5 StVO	10,20 bis 767,00
	Bei einer zum Zeitpunkt der Erteilung der Ausnahme bekannten Anzahl betroffener Fahrzeuge/Personen bzw. gleichartiger Fälle kann unter Berücksichtigung des geringeren Verwaltungsaufwandes eine verminderte Gesamtgebühr berechnet werden; dabei darf die Untergrenze des Gebührenrahmens von 10,20 Euro je Fahrzeug/Person und je Ausnahmetatbestand nicht unterschritten werden.	
265	Ausstellen eines Parkausweises für Bewohner	10,20 bis 30,70 pro Jahr
	C. Ferienreiseverordnung[1]	
271	Entscheidung über eine Ausnahme von dem Verkehrsverbot für Lastkraftwagen	10,20 bis 179,00
	D. Fahrlehrergesetz[2]	
301	Fahrlehrerprüfung	
301.1	für die Klasse BE	
	– für die fahrpraktische Prüfung	238,02
	– für die Fachkundeprüfung	635,68
	– für die Lehrproben	
	a) im theoretischen Unterricht	210,92
	b) im fahrpraktischen Unterricht	210,92
301.2	für die Erweiterung von der Klasse BE auf die Klasse A	
	– für die fahrpraktische Prüfung	238,02
	– für die Fachkundeprüfung	434,96
301.3	für die Erweiterung von der Klasse BE auf die Klasse CE oder DE	
	– für die fahrpraktische Prüfung Klasse CE oder DE	300,52
	– für die Fachkundeprüfung Klasse CE oder DE	434,96

[1] Nr. **140**.
[2] Nr. **330**.

Gebühren-Nummer	Gegenstand	Gebühr Euro
	Diese Gebühren schließen die Kosten für die Mitglieder des Prüfungsausschusses – mit Ausnahme der Aus-	

(Fortsetzung nächstes Blatt)

Gebühren-Nummer	Gegenstand	Gebühr Euro
	lagen – ein. Die Gebühr ist auch zu entrichten für Teile, die ohne Verschulden des Prüfungsausschusses und ohne ausreichende Entschuldigung des Bewerbers am festgesetzten Termin nicht stattfinden oder nicht zu Ende geführt werden konnten.	
302	Erteilung (außer der etwaigen Gebühr nach Nummer 308)	
302.1	der Anwärterbefugnis einschließlich der Ausfertigung des Anwärterscheins	40,90
302.2	der Fahrlehrerlaubnis, der Ausbildungsfahrlehrerlaubnis (§ 16 FahrlG), der Seminarerlaubnis (§ 45 FahrlG) oder der Seminarerlaubnis Verkehrspädagogik (§ 46 FahrlG) einschließlich der Ausfertigung des Fahrlehrerscheins	40,90
302.3	der Fahrschulerlaubnis	
	– an eine natürliche Person	102,00
	– an eine juristische Person oder Personengesellschaft	153,00
302.4	der Zweigstellenerlaubnis	84,40
302.5	der amtlichen Anerkennung einer Fahrlehrerausbildungsstätte oder eines Aus- oder Fortbildungsträgers nach § 45 Absatz 3 Satz 3, § 47 Absatz 1, § 48 oder § 53 Absatz 10 FahrlG	102,00 bis 358,00
302.6	der Anwärterbefugnis einschließlich der Ausfertigung des Anwärterscheins	
	der Fahrlehrerlaubnis, der Ausbildungsfahrlehrerlaubnis (§ 16 FahrlG), der Seminarerlaubnis (§ 45 FahrlG) oder der Seminarerlaubnis Verkehrspädagogik (§ 46 FahrlG) einschließlich der Ausfertigung des Fahrlehrerscheins	
	der Fahrschulerlaubnis, der Zweigstellenerlaubnis oder	
	der amtlichen Anerkennung einer Fahrlehrerausbildungsstätte oder eines Aus- oder Fortbildungsträgers nach § 45 Absatz 2 Satz 4, § 47 Absatz 1, § 48 oder § 53 Absatz 10 FahrlG	
	nach vorangegangener Versagung, Rücknahme oder Widerruf oder nach vorangegangenem Verzicht	33,20 bis 256,00
303	Änderung	
303.1	der Fahrlehrerlaubnis, der Ausbildungsfahrlehrerlaubnis (§ 16 FahrlG), der Seminarerlaubnis (§ 45 FahrlG) oder der Seminarerlaubnis Verkehrspädagogik (§ 46 FahrlG) einschließlich der Ausfertigung eines Fahrlehrerscheins oder eines Anwärterscheins	40,90
303.2	der Fahrschulerlaubnis	56,20
303.3	der Zweigstellenerlaubnis	40,90
303.4	der amtlichen Anerkennung einer Fahrlehrerausbildungsstätte	51,10 bis 169,00
304	Gestrichen	
305	Ausfertigung eines Fahrlehrerscheins, eines Anwärterscheins	15,30 bis 38,30
306	Rücknahme oder Widerruf der Fahrlehrerlaubnis, der Anwärterbefugnis, Ausbildungsfahrlehrerlaubnis (§ 16 FahrlG), der Seminarerlaubnis (§ 45 FahrlG), der Seminarerlaubnis Verkehrspädagogik (§ 46 FahrlG), der Fahrschulerlaubnis, der Zweigstellenerlaubnis oder der amtlichen Anerkennung einer Fahrlehrerausbildungs-	33,20 bis 256,00

Gebühren-Nummer	Gegenstand	Gebühr Euro
	stätte oder eines Aus- oder Fortbildungsträgers nach § 45 Absatz 3 Satz 3, § 47 Absatz 1, § 48 oder § 53 Absatz 10 FahrlG	
307	Zwangsweise Einziehung eines Fahrlehrerscheins, eines Anwärterscheins Diese Gebühr ist auch fällig, wenn die Voraussetzung für die zwangsweise Einziehung erst nach Einleiten der Zwangsmaßnahme beseitigt worden ist.	14,30 bis 286,00
308	Überprüfung	
308.1	der Fahrlehrerinnen und Fahrlehrer, einer Fahrschule oder Zweigstelle, eines Aufbauseminars, einer verkehrspädagogischen Teilmaßnahme des Fahreignungsseminars nach § 46, einer Aus- oder Fortbildungsveranstaltung nach § 51 Absatz 1 FahrlG	30,70 bis 511,00
308.2	einer Fahrlehrerausbildungsstätte Die Gebühr ist auch zu entrichten, wenn die Untersuchung (Überwachung) ohne Verschulden der Überwachungsbehörde und ohne ausreichende Entschuldigung des Fahrschulinhabers am festgesetzten Termin nicht stattfinden oder nicht zu Ende geführt werden konnte.	30,70 bis 511,00
309	Erteilung oder Versagung einer Ausnahme von den Vorschriften über das Fahrlehrerwesen	5,10 bis 511,00
310	Versagung (außer der etwaigen Gebühr nach Nummer 308) der Fahrlehrerlaubnis, der Ausbildungsfahrlehrerlaubnis (§ 16 FahrlG), der Seminarerlaubnis (§ 45 FahrlG), der Seminarerlaubnis Verkehrspädagogik (§ 46 FahrlG), der Anwärterbefugnis, der Fahrschulerlaubnis, der Zweigstellenerlaubnis, der amtlichen Anerkennung einer Fahrlehrerausbildungsstätte, eines Aus- oder Fortbildungsträgers nach § 45 Absatz 2 Satz 4, § 47 Absatz 1, § 48 oder § 53 Absatz 10 FahrlG oder deren Änderung	33,20 bis 256,00
311	Genehmigung eines Qualitätssicherungssystems für die verkehrspädagogische Teilmaßnahme des Fahreignungsseminars oder für den Einweisungslehrgang nach § 46 Absatz 5 Satz 2 Nr. 4 Buchstabe b FahrlG	nach dem Zeitaufwand mit 12,80 Euro je angefangene Viertelstunde Bearbeitungszeit
	E. Kraftfahrsachverständigengesetz[1]	
321	Prüfung für die	
321.1	amtliche Anerkennung als Sachverständiger	685,00
321.2	amtliche Anerkennung als Sachverständiger mit Teilbefugnissen	608,00
321.3	amtliche Anerkennung als Prüfer	562,00
321.4	amtliche Anerkennung als Prüfer mit Teilbefugnissen	481,00
321.5	Erweiterung der amtlichen Anerkennung als Sachverständiger oder als Prüfer	481,00

(Fortsetzung nächstes Blatt)

[1] Nr. **660**.

Gebühren-Nummer		Gegenstand	Gebühr Euro
		Diese Gebühren schließen die Kosten für die Mitglieder des Prüfungsausschusses ein. Werden ein oder mehrere Teile der Prüfung für die amtliche Anerkennung nicht durchgeführt, ermäßigt sich die Gebühr für die Gesamtprüfung um jeweils 33⅓ v.H. für jeden ausgefallenen Teil. Die sich dadurch ergebenden Teilbeträge werden auf volle Euro aufgerundet. Die Ermäßigung tritt nicht für die Teile ein, die ohne Verschulden des Prüfungsausschusses und ohne ausreichende Entschuldigung des Bewerbers am festgesetzten Termin nicht stattfinden oder nicht zu Ende geführt werden konnten.	
322		Entscheidung über die amtliche Anerkennung als Sachverständiger oder Prüfer, gegebenenfalls einschließlich der Ausfertigung des Ausweises	25,60 bis 102,00
323		Ausfertigung des Ausweises über die Anerkennung als Ersatz für einen verlorenen oder unbrauchbar gewordenen, außer den Kosten einer etwaigen öffentlichen Ungültigerklärung	10,20
324		Entscheidung über die Bestätigung der Bestellung oder Abberufung des Leiters einer Technischen Prüfstelle oder einer dieser unmittelbar nachgeordneten Dienststelle sowie von deren Stellvertretern	25,60 bis 102,00
325		Rücknahme oder Widerruf der amtlichen Anerkennung oder ihrer Erweiterung, ausgenommen Ausscheiden aus Altersgründen	28,10 bis 71,60
326		Zwangsweise Einziehung des Ausweises über die Anerkennung	7,70 bis 40,90
		Die Gebühr ist auch fällig, wenn die Voraussetzung für die zwangsweise Einziehung erst nach Einleiten der Zwangsmaßnahme beseitigt worden ist.	
329		Entscheidung über eine Ausnahme von den Vorschriften des Kraftfahrsachverständigengesetzes	25,60 bis 511,00
	F.	Berufskraftfahrerqualifikationsgesetz (BKrFQG) und Berufskraftfahrerqualifikationsverordnung (BKrFQV)	
[Tabellenzeile bis 22.5.2021:] 343		Eintrag der Schlüsselzahl 95 im Führerschein nach Grundqualifikation oder Weiterbildung nach § 5 Absatz 2 BKrFQV	28,60
[Tabellenzeile bis 22.5.2021:] 344		Entscheidung über Erteilung einer Bescheinigung nach § 5 Absatz 4 Satz 4 BKrFQV einschließlich Ausfertigung oder Widerruf	28,60 bis 256,00
[Tabellenzeile ab 23.5.2021:] *343*		*Fahrerqualifizierungsnachweis*	
[Tabellenzeile ab 23.5.2021:] *343.1*		*Prüfung eines Antrags auf Ausstellung eines Fahrerqualifizierungsnachweises oder eines neuen Fahrerqualifizierungsnachweises bei Änderungen oder Beschädigung sowie Entscheidung über den Antrag (§§ 8 und 9 BKrFQV)*	*15.80*
[Tabellenzeile ab 23.5.2021:] *343.2*		*Prüfung eines Antrags auf Ausstellung eines neuen Fahrerqualifizierungsnachweises bei Verlust oder Diebstahl sowie Entscheidung über den Antrag (§ 9 Absatz 2 BKrFQV)*	*20,20*
[Tabellenzeile ab 23.5.2021:] *343.3*		*Ausstellung eines Fahrerqualifizierungsnachweises sowie Zustellung des Fahrerqualifizierungsnachweises im Direktversand innerhalb Deutschlands*	*11,70*

Gebühren-Nummer	Gegenstand	Gebühr Euro
[Tabellenzeile ab 23.5.2021:] *343.4*	*Ausstellung eines Fahrerqualifizierungsnachweises sowie Zustellung des Fahrerqualifizierungsnachweises im Direktversand in EU-Mitgliedstaaten*	*12,80*
[Tabellenzeile ab 23.5.2021:] *343.5*	*Ausstellung eines Fahrerqualifizierungsnachweises im Expressverfahren sowie Aushändigung des Fahrerqualifizierungsnachweises*	*17,10*
[Tabellenzeile ab 23.5.2021:] *344*	*Prüfung eines Antrags auf Anrechnung anderer abgeschlossener spezieller Aus- und Weiterbildungsmaßnahmen sowie Entscheidung über den Antrag (§ 2 Absatz 5, § 4 Absatz 4 BKrFQV)*	*7,00*
345	Entscheidung über die Erteilung bei Anerkennung einer Ausbildungsstätte nach § 9 BKrFQG, Untersagung der Ausübung von Tätigkeiten nach § 10 Absatz 4 BKrFQG, Rücknahme oder Widerruf der Anerkennung, einschließlich Anerkennungsurkunde, nach § 10 Absatz 1 und 2 BKrFQG	51,10 bis 511,00
346	Überwachung der Ausbildungsstätten nach § 11 Absatz 1 und 2 BKrFQG Die Gebühr ist auch zu entrichten, wenn die Überwachung ohne Verschulden der Überwachungsbehörde und ohne ausreichende Entschuldigung des Inhabers der Ausbildungsstätte am festgesetzten Termin nicht stattfinden oder nicht zu Ende geführt werden konnte.	30,70 bis 511,00
	G. Sonstige Maßnahmen auf dem Gebiet des Straßenverkehrs	
398	Androhung der Anordnung der im 2. Abschnitt genannten Maßnahmen, soweit bei den einzelnen Gebührennummern die Androhung nicht bereits selbst genannt ist	10,20
399	Für andere als die in diesem Abschnitt aufgeführten Maßnahmen können Gebühren nach den Sätzen für vergleichbare Maßnahmen oder, soweit solche nicht bewertet sind, nach dem Zeitaufwand mit 12,80 Euro je angefangene Viertelstunde Arbeitszeit erhoben werden.	
400	Zurückweisung eines Widerspruchs oder Rücknahme des Widerspruchs nach Beginn der sachlichen Bearbeitung	Gebühr in Höhe der Gebühr für die beantragte oder angefochtene Amtshandlung, mindestens jedoch 25,60 Euro; bei gebührenfreien angefochtenen Amtshandlungen 25,60 Euro. Von der Festsetzung einer Gebühr ist abzusehen, soweit durch die Rücknahme des Widerspruchs das Verfahren besonders rasch und mit geringem Verwaltungsaufwand abgeschlossen werden kann, wenn dies der Billigkeit nicht widerspricht.

3. Abschnitt. Gebühren der amtlich anerkannten Sachverständigen und Prüfer für den Kraftfahrzeugverkehr, der Prüfstellen nach der Fahrzeugteileverordnung

Gebühren-Nummer	Gegenstand	Gebühr Euro
	1. Prüfung von Bewerbern um eine Fahrerlaubnis	
	Die Gebühren zu den Nummern 401 bis 403 schließen etwaige Reisekosten des amtlich anerkannten Sachverständigen oder Prüfers für den Kraftfahrzeugverkehr ein.	
401	Theoretische Prüfung	
401.1	für eine Fahrerlaubnis aller Klassen, je	10,00
	Werden mehrere Prüfungen an einem Termin durchgeführt, wird nur einmal die Gebühr erhoben.	
401.2	nach 401.2 § 5 FeV (Mofa 25)	4,10
401.3	Zu den Gebühren nach den Nummern 401.1 und 401.2 werden erhoben:	
	– Ausfertigung einer Bescheinigung nach § 5 FeV (Mofa 25)	7,00
	– Prüfung am PC	8,90
	– Einzelprüfung durch den Sachverständigen/Prüfer oder durch vom Bewerber gesondert zu bezahlenden Gebärdendolmetscher	je angefangene Viertelstunde Gebühr entsprechend Nummer 499
402	Praktische Prüfung für eine Fahrerlaubnis oder eine Fahrberechtigung für Einsatzfahrzeuge der Freiwilligen Feuerwehren, der nach Landesrecht anerkannten Rettungsdienste, des Technischen Hilfswerks und sonstiger Einheiten des Katastrophenschutzes	
	In den Fällen, in denen der Termin für den theoretischen und praktischen Teil der Prüfung auf Antrag des Bewerbers auf einen Tag festgesetzt wird, der Bewerber jedoch den theoretischen Teil der Prüfung nicht besteht, wird für beide Prüfungsteile die volle Gebühr erhoben. Können der praktische oder der theoretische Teil ohne Verschulden des amtlich anerkannten Sachverständigen oder Prüfers und ohne ausreichende Entschuldigung des Bewerbers am festgesetzten Termin nicht stattfinden oder nicht beendet werden, wird die volle Gebühr für den ausgefallenen Prüfungsteil erhoben. Verkürzt sich die Dauer der praktischen Prüfung nach Anlage 7 Abschnitt 2.3 oder 2.5.1 FeV, ermäßigt sich die Gebühr entsprechend.	
402.1	Praktische Prüfung für eine Fahrerlaubnis der Klasse A, A2 oder A1	123,16
402.1a	Praktische Prüfung für eine Fahrerlaubnis der Klasse A oder A2 im Zuge der Stufenregelung nach § 15 Absatz 3 und 4 FeV	106,83
402.2	*(weggefallen)*	
402.3	Praktische Prüfung für eine Fahrerlaubnis der Klassen B, BE	98,26
402.4	Praktische Prüfung für eine Fahrerlaubnis der Klassen C, CE	148,16
402.5	Praktische Prüfung für eine Fahrerlaubnis der Klassen C1, C1E oder für eine Fahrberechtigung für Einsatzfahrzeuge der Freiwilligen Feuerwehren, der nach Landesrecht anerkannten Rettungsdienste, des Technischen Hilfswerks und sonstiger Einheiten des Katastrophenschutzes	148,16
402.6	Praktische Prüfung für eine Fahrerlaubnis der Klassen D, D1	148,16
402.7	Praktische Prüfung für eine Fahrerlaubnis der Klassen DE, D1E	141,16
402.8	Praktische Prüfung für eine Fahrerlaubnis der Klasse AM	98,26
402.9	Praktische Prüfung für eine Fahrerlaubnis der Klasse T	123,16
403	*(aufgehoben)*	

Gebühren-Nummer	Gegenstand	Gebühr Euro
	2. Prüfungen von Fahrzeugen und Fahrzeugteilen	
410	Grundgebühr für Typprüfungen oder Musterprüfungen nach StVZO/EU/ECE/FzTV Mit den Grundgebühren ist folgender Aufwand abgedeckt: – Vorhaltung und Benutzung von Geräten, Einrichtungen und Anlagen, die zur technischen Prüfung und zur Erstellung der Gutachten notwendig sind, gleichgültig ob diese im Besitz der Technischen Prüfstelle stehen oder von ihr angemietet wurden; – Anlegen der Verwaltungsakte bei der Technischen Prüfstelle entsprechend den üblichen organisatorischen Verfahren für die Entgegennahme und Bearbeitung eines Auftrags zur Erstellung eines Gutachtens; – Durchsicht der Unterlagen/Anlagen, d.h. Überprüfung der vom Antragsteller zu liefernden Unterlagen/Anlagen durch den amtlich anerkannten Sachverständigen auf Vollständigkeit; – schreibtechnische Erstellung des Gutachtens einschließlich der vorgeschriebenen Anzahl von Mehrausfertigungen und einer Ausfertigung für den Antragsteller; – Porto, Telefon-, Telex- und sonstige Übermittlungskosten, die mit dem Prüf- und Bearbeitungsablauf anfallen.	
410.1	Die Grundgebühr beträgt je Prüfung für 1. Schilder 2. Amtliche Kennzeichen 3. Innenausstattung (Kontrolle, Symbole) 4. Anordnung der fußbetätigten Einrichtungen 5. Andere vergleichbare Fahrzeuge/Fahrzeugteile	61,00
410.2	Die Grundgebühr beträgt je Prüfung für 1. Warnvorrichtung mit einer Folge von verschieden hohen Tönen 2. Abschleppeinrichtungen 3. Radabdeckungen 4. Ladepritsche land- oder forstwirtschaftlicher Zugmaschinen 5. Abgase aus Ottomotoren Typ III (Kurbelgehäuse) 6. Betätigungsraum, Zugänge zum Fahrersitz, Türen und Fenster land- oder forstwirtschaftlicher Zugmaschinen 7. Vorstehende Außenkanten 8. Gleitschutzeinrichtungen 9. Anhänger ohne Bremsanlage 10. Fahrtschreiber und ähnliche Kontrollgeräte 11. Andere vergleichbare Fahrzeuge/Fahrzeugteile	153,00
410.3	Die Grundgebühr beträgt je Prüfung für 1. Rückwärtsgang, Geschwindigkeitsmessgerät und Höchstgeschwindigkeit 2. Sicherungseinrichtung gegen unbefugte Benutzung 3. Rückspiegel 4. Kraftstoffbehälter aus Blech 5. Beiwagen von Krafträdern 6. Vorrichtung für Schallzeichen 7. Andere vergleichbare Fahrzeuge/Fahrzeugteile	245,00

Gebühren-Nummer	Gegenstand	Gebühr Euro
410.4	Die Grundgebühr beträgt je Prüfung für 1. Sichtfeld 2. Heizungen 3. Unterfahrschutz 4. Scheibenwischer, Wascher 5. Lenkanlagen 6. Anbau lichttechnischer Einrichtungen 7. Abgase aus Ottomotoren, Typ II (Leerlauf) 8. Türen 9. Kopfstützen 10. Bremsanlagen 11. Kraftrad, Fahrrad mit Hilfsmotor, Krankenfahrstuhl 12. Andere vergleichbare Fahrzeuge/Fahrzeugteile	305,00
410.5	Die Grundgebühr beträgt je Prüfung für 1. Geräuschpegel und Auspuffeinrichtungen 2. Einrichtungen zur Verbindung von Fahrzeugen 3. Teile im Insassenraum (Aufprallschutz) 4. Anhänger mit Bremsanlage 5. Scheiben aus Sicherheitsglas 6. Andere vergleichbare Fahrzeuge/Fahrzeugteile	398,00
410.6	Die Grundgebühr beträgt je Prüfung für 1. Entfrostungs- und Trocknungsanlagen für Scheiben 2. Kraftstoffverbrauch 3. Widerstandsfähigkeit der Sitze und ihrer Verankerung 4. Verhalten der Lenkanlagen bei Unfallstößen 5. Verankerung der Sicherheitsgurte 6. Stoßstangen 7. Andere Kraftfahrzeuge 8. Andere vergleichbare Fahrzeuge/Fahrzeugteile	458,00
410.7	Die Grundgebühr beträgt je Prüfung für 1. Kraftstoffbehälter (Kunststoff) 2. Motorleistung 3. Reifenprüfung 4. Abgase von Ottomotoren Typ I 5. Abgase von Dieselmotoren 6. Verhütung von Bränden 7. Andere vergleichbare Fahrzeuge/Fahrzeugteile	550,00
410.8	Die Grundgebühr beträgt je Prüfung für 1. Abgase von Ottomotoren Typ IV (Verdunstungsemissionen) 2. Abgase von Ottomotoren Typ VI (–7 C) 3. EMV Komplettfahrzeug 4. Andere vergleichbare Fahrzeuge/Fahrzeugteile	714,00

Gebühren-Nummer	Gegenstand	Gebühr Euro
411	Grundgebühr für Nachprüfungen und Begutachtungen für Nachträge	
411.1	Nachprüfungen Die Grundgebühr für Nachprüfungen im Auftrage des Kraftfahrt-Bundesamtes beträgt zwei Drittel der Grundgebühr nach den Nummern 410.1 bis 410.8. Erfordert die Nachprüfung in Abstimmung mit dem Auftraggeber ausnahmsweise eine Anmietung fremder Geräte, Einrichtungen oder Anlagen, können außerdem die nachgewiesenen Fremdkosten in Rechnung gestellt werden, soweit sie durch die Gebühr nach Satz 1 nicht abgegolten sind.	
411.2	Nachtragsgutachten Die Grundgebühr für Begutachtungen für Nachträge zu Typprüfungen oder Musterprüfungen nach StVZO/EU/ECE/FzTV beträgt zwei Drittel der Grundgebühr nach den Nummern 410.1 bis 410.8.	
412	Soweit der Aufwand nicht durch die Grundgebühren nach den Nummern 410.1 bis 410.8, 411.1 und 411.2 abgegolten ist, wird zusätzlich der Zeitaufwand berechnet. Die Gebühr hierfür beträgt je Sachverständigen und je angefangene Viertelstunde mindestens 20,30 Euro und höchstens 27,00 Euro. Der Stundensatz kann bis zu 50 v.H. überschritten werden, wenn die Schwierigkeit der Leistung und besondere Umstände den Einsatz besonders spezialisierter Sachverständiger erfordern (z.B. Elektronikexperten). Der Einsatz mehrerer Sachverständiger bei einem Prüfauftrag und die Hinzuziehung von Prüfgehilfen wird mit dem Auftraggeber vorher abgestimmt. Der Zeitaufwand für den Prüfgehilfen wird mit 70 v.H. der vorgenannten Sätze berechnet.	

Gebühren-Nummer	Gegenstand						Gebühr Euro
413	Prüfung einzelner Fahrzeuge						
		Begutachtung nach §§ 21 und 23 StVZO oder § 13 EG-FGV*1)					
		Komplettfahrzeug					
		Voll-Gutachten (GA) nach § 21 StVZO oder § 13 EG-FGV und GA nach § 23 StVZO *2), *6)	Gutachten nach § 21 StVZO auf Grund § 14 Absatz 2 Satz 4*6)	Gutachten nach § 21 StVZO nach technischen Änderungen (§ 19 Absatz 2 StVZO)	Änderungsabnahme nach § 19 Absatz 3 StVZO*1)	Hauptuntersuchung (HU) nach § 29 StVZO *3), *4), *5), *6), *7), *8)	Sicherheitsprüfung (SP) nach § 29 StVZO*5)
		1	2	3	4	5	6
		Euro	Euro	Euro	Euro	Euro	Euro
413.1	Kleinkrafträder, Fahrräder mit Hilfsmotor, vierrädrige Leichtkraftfahrzeuge, Krankenfahrstühle	49,70	31,10	17,00 bis 28.40	12,80 bis 23,00	–	–
413.2	Anhänger ohne Bremsanlage	49,70	31,10	17,00 bis 28,40	12,80 bis 23,00	12,60 bis 23,30	–
413.3	Krafträder	58,00	37,00	19,20 bis 35,30	15,70 bis 29,30	22,70 bis 34,20	–
413.4	Kraftfahrzeuge oder Anhänger mit einer zulässigen Gesamtmasse ...						
413.4.1	... von nicht mehr als 3,5 t, soweit nicht unter den Nummern 413.1 bis 413.3 genannt	87,40	57,10	29,20 bis 49,40	22,20 bis 42,90	29,40 bis 46,10	24,40 bis 29,80

		Begutachtung nach §§ 21 und 23 StVZO oder § 13 EG-FGV*1)					
		Komplettfahrzeug					
		Voll-Gutachten (GA) nach § 21 StVZO oder § 13 EG-FGV und GA nach § 23 StVZO *2), *6)	Gutachten nach § 21 StVZO auf Grund § 14 Absatz 2 Satz 4*6)	Gutachten nach § 21 StVZO nach technischen Änderungen (§ 19 Absatz 2 StVZO)	Änderungsabnahme nach § 19 Absatz 3 StVZO*1)	Hauptuntersuchung (HU) nach § 29 StVZO *3), *4), *5), *6), *7), *8)	Sicherheitsprüfung (SP) nach § 29 StVZO*5)
		1	2	3	4	5	6
		Euro	Euro	Euro	Euro	Euro	Euro
413.4.2	... von nicht mehr als 7,5 t, soweit nicht unter den Nummern 413.1 bis 413.4.1 genannt	95,50	70,70	37,60 bis 66,40	26,30 bis 52,20	50,00 bis 63,40	43,40 bis 54,20
413.4.3	... von nicht mehr als 12 t, soweit nicht unter den Nummern 413.1 bis 413.4.2 genannt	108,00	83,10	43,30 bis 69,30	26,30 bis 52,20	63,00 bis 79,60	48,80 bis 62,30
413.4.4	... von nicht mehr als 18 t, soweit nicht unter den Nummern 413.1 bis 413.4.3 genannt	120,00	89,40	46,20 bis 72,10	26,30 bis 52,20	68,40 bis 87,70	54,20 bis 67,70
413.4.5	... von nicht mehr als 32 t, soweit nicht unter den Nummern 413.1 bis	138,00	95,50	49,00 bis 74,90	26,30 bis 52,20	76,50 bis 95,80	59,60 bis 75,90

		Begutachtung nach §§ 21 und 23 StVZO oder § 13 EG-FGV*1)					
		Komplettfahrzeug					
		Voll-Gutachten (GA) nach § 21 StVZO oder § 13 EG-FGV und GA nach § 23 StVZO *2), *6)	Gutachten nach § 21 StVZO auf Grund § 14 Absatz 2 Satz 4*6)	Gutachten nach § 21 StVZO nach technischen Änderungen (§ 19 Absatz 2 StVZO)	Änderungsabnahme nach § 19 Absatz 3 StVZO*1)	Hauptuntersuchung (HU) nach § 29 StVZO *3), *4), *5), *6), *7), *8)	Sicherheitsprüfung (SP) nach § 29 StVZO*5)
		1	2	3	4	5	6
		Euro	Euro	Euro	Euro	Euro	Euro
	413.4.4 genannt						
413.4.6	... über 32 t, soweit nicht unter den Nummern 413.1 bis 413.4.5 genannt	157,00	102,00	51,80 bis 77,80	26,30 bis 52,20	90,10 bis 112,00	73,10 bis 92,10

*1) **Amtl. Anm.:** Werden für die Begutachtung nach § 21 StVZO (Spalten 1 bis 3), § 13 EG-FGV oder für die Änderungsabnahme nach § 19 Absatz 3 StVZO (Spalte 4) die erforderlichen Unterlagen und Nachweise vom Antragsteller nicht vorgelegt, kann der zusätzliche Zeitaufwand für die Datenbeschaffung oder für (weitere) erforderliche Prüfungen entsprechend der Gebührennummer 499 berechnet werden.

*2) **Amtl. Anm.:** Wird das Gutachten nach § 23 StVZO gleichzeitig mit einem Gutachten nach § 21 StVZO erstellt, darf für das Gutachten nach § 23 StVZO nur die Hälfte der Gebühr zusätzlich zur Gebühr für das Gutachten nach § 21 StVZO erhoben werden.

*3) **Amtl. Anm.:** Wird eine Hauptuntersuchung und eine Sicherheitsprüfung nach Nummer 2.3 der Anlage VIIIa StVZO durchgeführt, ist die Gebühr für diese Untersuchung aus der Gebühr für Hauptuntersuchungen (Spalte 5) zuzüglich dem 0,6-Fachen der Gebühr für Sicherheitsprüfungen (Spalte 6) zu bilden.

*4) **Amtl. Anm.:** Bei Hauptuntersuchungen an land- und forstwirtschaftlichen Zugmaschinen ist nicht die zulässige Gesamtmasse, sondern die Masse der von den gebremsten Achsen auf den Boden übertragenen zulässigen Last oder die durch die Bauart bestimmte Höchstgeschwindigkeit maßgeblich; beträgt die durch die Bauart bestimmte Höchstgeschwindigkeit von land- und forstwirtschaftlichen Zugmaschinen nicht mehr als 40 km/h, gilt für die Hauptuntersuchung die Gebührennummer 413.4.1.

*5) **Amtl. Anm.:** Bei Hauptuntersuchungen und Sicherheitsprüfungen an Sattelanhängern und Starrdeichselanhängern ist nicht die zulässige Gesamtmasse, sondern die Masse der von den Achsen auf den Boden übertragenen zulässigen Last maßgeblich.

*6) **Amtl. Anm.:** Die Gebührennummern 413.3 und 413.4 erhöhen sich für Kraftfahrzeuge, die mit Fremd- oder Kompressionszündungsmotor angetrieben werden bei einer Hauptuntersuchung nach § 29 StVZO oder eine Begutachtung nach § 21 StVZO um einen der Gebührennummer 413.5 entsprechenden Betrag, wenn kein Nachweis über eine durchgeführte Untersuchung nach Nummer 3.1.1.1 der Anlage VIII StVZO durch eine entsprechend anerkannte Kraftfahrzeugwerkstatt vorliegt. (Bei den in Nummer 1.2.1.2 der Anlage VIII StVZO genannten Kraftfahrzeugen entfällt eine Überprüfung der Abgase nach Nummer 6.8.2 der Anlage VIIIa StVZO).

*7) **Amtl. Anm.:** Zusätzlich zu den Gebühren für Hauptuntersuchungen (Spalte 5) – Gebührennummern 413.1 bis 413.4.6 – wird für die Bereitstellung von Vorgaben nach Nummer 1 der Anlage VIIIa StVZO eine zusätzliche Gebühr von 1,00 Euro je Hauptuntersuchung erhoben.

*8) **Amtl. Anm.:** Wird eine Hauptuntersuchung nach Nummer 2.2 der Anlage VIIIa StVZO nach Überschreitung des Vorführtermins um mehr als zwei Monate an einem Fahrzeug durchgeführt, ist die Gebühr für diese Untersuchung aus der Gebühr für die Hauptuntersuchung (Spalte 5) zuzüglich dem 0,2-Fachen dieser Gebühr zu bilden.

Gebühren-Nummer	Gegenstand	Gebühr Euro
413.5	Abgasuntersuchung bestimmter Kraftfahrzeuge entsprechend der Durchführungs-Richtlinie für die Untersuchung der Abgase Wird die Abgasuntersuchung als Teiluntersuchung der Hauptuntersuchung durchgeführt, ergibt sich der zulässige Gebührenrahmen durch Multiplikation der festgeschriebenen Gebühren mit 0,85.	–
413.5.1	Kraftfahrzeuge – ohne Krafträder	
413.5.1.1	Abgasuntersuchungen mit Abgasmessung am Auspuffendrohr	21,20 bis 98,00
413.5.1.2	Abgasuntersuchungen ohne Abgasmessung am Auspuffendrohr	11,95 bis 55,20
413.5.2	Krafträder	8,20 bis 24,50
413.6	Gasanlagenprüfungen	
413.6.1	Für die Untersuchung der Gasanlage im Rahmen der Hauptuntersuchung nach § 29 StVZO ohne vorliegenden Nachweis über eine durchgeführte Gasanlagenprüfung durch eine entsprechend anerkannte Kraftfahrzeugwerkstatt wird zur Gebühr nach den Nummern 413.3 und 413.4 folgende zusätzliche Gebühr erhoben	22,00
413.6.2	Gassystemeinbauprüfung nach § 41a Absatz 5 StVZO	110,00
413.6.3	Gasanlagenprüfung ohne Hauptuntersuchung	28,00
414	Nachprüfung einzelner Fahrzeuge im Sinne der Nummern 413.1 bis 413.6	1,50 Euro bis 2/3 der Gebühr nach den Nummern 413.1 bis 413.6.3
415	Prüfungen nach den §§ 41 und 42 BOKraft Im Rahmen der Hauptuntersuchung nach § 29 StVZO werden zur Gebühr nach Nummer 413 folgende zusätzliche Gebühren erhoben:	
415.1	Kraftomnibusse	13,50 bis 30,30
415.2	Taxen, Mietwagen	6,70 bis 15,20
415.3	Nachprüfungen	4,50 Euro bis 2/3 der Gebühr nach Nummer 415.1 beziehungsweise 415.2
	Im Bereich einer Technischen Prüfstelle dürfen in einem Land bei den Gebührennummern 413 bis 415 jeweils nur einheitliche Gebühren erhoben werden. Die Höhe der jeweiligen Ge-	

Gebühren-Nummer	Gegenstand	Gebühr Euro
	bühr kann von der Zustimmung der nach § 13 des Kraftfahrsachverständigengesetzes[1] zuständigen Behörde abhängig gemacht werden.	
416	Zuteilung einer Prüfplakette oder Prüfmarke auf Grund des § 29 StVZO	
417	Erstellen einer Zweitschrift des Berichts über die Hauptuntersuchung nach § 29 oder der Prüfbescheinigung über die Abgasuntersuchung nach Nummer 1.2.1.1 der Anlage VIII StVZO	3,00
418	Kann eine der unter den Nummern 413, 414 und 415 genannten Prüfungen am festgesetzten Tag nicht begonnen oder nicht zu Ende geführt werden aus Gründen, die der amtlich anerkannte Sachverständige oder Prüfer nicht zu vertreten hat, ist die für die Prüfung vorgesehene Gebühr fällig; waren mehrere Fahrzeuge zur Prüfung angemeldet, ist die Gebühr nur für das Fahrzeug fällig, für das die höchste Gebühr vorgesehen ist. Für die Fortsetzung einer derartig unterbrochenen Prüfung ist eine Gebühr bis zur Hälfte der Gebührensätze zu berechnen. Dies gilt auch, wenn die Prüfung wegen der Notwendigkeit besonderer Untersuchungen am festgesetzten Tag nicht beendet werden kann.	
419	Reisekosten/Reisezeiten Bei Prüfungen und Leistungen außerhalb der Anlagen der Technischen Prüfstelle werden zu den Gebühren die anfallenden Reisekosten in Rechnung gestellt, soweit in den einzelnen Gebührennummern nichts anderes bestimmt ist. Sie setzen sich zusammen aus den Fahrtkosten für öffentliche Verkehrsmittel und den steuerrechtlichen Höchstsätzen für Kilometer-, Tage- und Übernachtungsgeld. Höhere Kosten müssen begründet und nachgewiesen werden. Dies gilt auch für Reisenebenkosten. Bei Flugreisen von mehr als 12 Stunden Dauer können Kosten der Business-Klasse berechnet werden. Für die im Zusammenhang mit der Prüftätigkeit anfallenden Reisezeiten wird für jede begonnene Viertelstunde eine Gebühr nach Gebührennummer 499 berechnet.	
420	Bei Verwendung von Klebesiegeln oder Klebestempeln erhöhen sich die Gebühren des Unterabschnitts 2 je Klebesiegel oder Klebestempel um 0,30 Euro.	
3.	*(aufgehoben)*	
4.	**Terminzuschläge**	
460	Soweit Überstunden oder Einsatz außerhalb der normalen Arbeitszeit mit dem Auftraggeber vereinbart sind, werden auf die Gebühren oder den Stundensatz – an normalen Werktagen zwischen 6.00 und 20.00 Uhr 30 v.H., – an dienstfreien Werktagen zwischen 6.00 und 20.00 Uhr 60 v.H., – in den Nachtstunden zwischen 20.00 und 6.00 Uhr 60 v.H., – an Sonntagen zwischen 0.00 und 24.00 Uhr 80 v.H., – an Feiertagen zwischen 0.00 und 24.00 Uhr 120 v.H. als Zuschlag erhoben.	
5.	**Sonstige Maßnahmen auf dem Gebiet des Straßenverkehrs**	
	Für andere als die in diesem Abschnitt aufgeführten Prüfungen und Untersuchungen können Gebühren nach den Sätzen für vergleichbare Prüfungen oder Untersuchungen der Gebührennummern 401 bis 460 oder, soweit solche nicht bewertet sind, je angefangene Viertelstunde mindestens 18,50 Euro und höchstens	

[1] Nr. **660**.

Gebühren-Nummer	Gegenstand	Gebühr Euro
	24,50 Euro erhoben werden. Der Zeitaufwand für Prüfgehilfen wird mit 70 v.H. des vorgenannten Satzes berechnet.	
499	Für andere als die in diesem Abschnitt aufgeführten Prüfungen und Untersuchungen können Gebühren nach den Sätzen für vergleichbare Prüfungen oder Untersuchungen der Gebührennummern 401 bis 460 oder, soweit solche nicht bewertet sind, je angefangene Viertelstunde mindestens 20,30 Euro und höchstens 27,00 Euro erhoben werden. Der Zeitaufwand für Prüfgehilfen wird mit 70 v.H. des vorgenannten Satzes berechnet.	

Anhang[1)]
zu Gebühren-Nummer 263.1.1

Entscheidung über eine Erlaubnis oder Ausnahme bei Großraum- und Schwertransporten nach § 29 Absatz 3 oder § 46 Absatz 1 Satz 1 Nummer 5 StVO[2)]

1. Die Grundgebühr für eine Entscheidung beträgt 40,00 Euro.
2. Diese Grundgebühr erhöht sich in Abhängigkeit von den nachfolgenden Kriterien. Dabei wird für jedes einzelne Kriterium ein Erhöhungsfaktor ermittelt. Die Höhe des jeweiligen Faktors ergibt sich aus den nachfolgend festgelegten Formeln. Die Faktoren der einzelnen Kriterien können auch den Wert 0 ergeben.

a) Erlaubnis- oder Genehmigungszeitraum
Wird eine Erlaubnis oder eine Genehmigung für einen Zeitraum von mehr als einem Monat erteilt, berechnet sich der Faktor (f_Z) für das Kriterium „Erlaubnis- oder Genehmigungszeitraum“ wie folgt (x = die Anzahl der Monate im Einzelfall):
Zeitraum 1 bis 3 Monate $f_Z = 0{,}5 \cdot x - 0{,}5$
Zeitraum mehr als 3 bis 12 Monate $f_Z = 1/9 \cdot x + 2/3$
Zeitraum mehr als 12 bis 36 Monate $f_Z = 1/24 \cdot x + 1{,}5$.

b) Gesamtmasse
Die Berechnung des Faktors (f_M) für das Kriterium „Gesamtmasse“ erfolgt nach der folgenden Formel (x = die Gesamtmasse des Fahrzeugs im Einzelfall):
Gesamtmasse 41,8 t bis 200 t: $f_M = 0{,}037926675 \cdot x - 1{,}58533502$
Gesamtmasse mehr als 200 t: $f_M = 0{,}01 \cdot x + 4$.

c) Anzahl der am Genehmigungsverfahren durch die Genehmigungsbehörde zu beteiligenden Stellen
Die Anzahl umfasst die Summe aller am Verfahren zu beteiligenden Stellen einschließlich der des eigenen Bundeslandes.
Die Berechnung des Faktors (f_B) erfolgt nach folgender Formel (x = die Summe der jeweils im Einzelfall beteiligten Stellen):
$f_B = 4/9 \cdot x - 4/9$.

1) Anh. angef. mWv 1.1.2021 durch VO v. 20.4.2020 (BGBl. I S. 814).
2) Nr. **100**.

d) Anzahl der zu genehmigenden Fahrtwege oder Flächen oder Bereiche

Als ein Fahrtweg gilt eine zusammenhängende Strecke, die aus Last- beziehungsweise Leerfahrtanteilen (= Fahrtweganteilen) bestehen kann. Bei flächendeckenden Daueranträgen gilt die Anzahl der nach Landesrecht festgelegten Flächen beziehungsweise Bereiche. Die „Anzahl" gibt an, wie viele Fahrtwege, Flächen oder Bereiche Eingang in die Erlaubnis finden.

Die Berechnung des Faktors (f_{Str}) erfolgt nach folgender Formel (x = die Anzahl der jeweils im Einzelfall zu genehmigenden Fahrtwege/Flächen/Bereiche):

$f_{Str} = (x - 1) / 2$.

e) Anzahl der von der Erlaubnis umfassten Fahrzeuge oder zulässigen Fahrzeugkombinationen

Werden von einer Erlaubnis mehrere Fahrzeuge umfasst beziehungsweise kann der Erlaubnisadressat mehrere Fahrzeugkombinationen für die Durchführung des Transports beziehungsweise der Transporte wählen, berechnet sich der Faktor (f_F) wie folgt (x = die Anzahl der jeweils im Einzelfall von der Erlaubnis umfassten Fahrzeuge beziehungsweise zulässigen Fahrzeugkombinationen, bei mehreren zulässigen Fahrzeugkombinationen ergibt sich die Anzahl aus der Multiplikation der Zahl der Zugmaschinen mit der Zahl der Anhänger):

$f_F = 2/9 \cdot x - 2/9$.

f) Anzahl der erheblichen Maßüberschreitungen

Erheblich ist eine Maßüberschreitung, wenn einer der folgenden Werte überschritten wird:

– Länge mehr als 50,00 m

– Breite mehr als 4,00 m

– Höhe mehr als 4,35 m.

Der Faktor ($f_{MÜ}$) wird mit folgenden festen Werten festgelegt:

ein Wert ist überschritten	$f_{MÜ} = 2$
zwei Werte sind überschritten	$f_{MÜ} = 4$
drei Werte sind überschritten	$f_{MÜ} = 6$.

g) Zusätzlicher Arbeitsaufwand

Entsteht bei der Erlaubnis- beziehungsweise Genehmigungsbehörde oder bei den übrigen beteiligten Stellen zusätzlicher Aufwand, der vom Antragsteller veranlasst wurde und der nicht bereits von den Kriterien nach den Buchstaben a bis f abgedeckt ist, so ist folgender Faktor (f_A) anzuwenden:

Aufwand normal	$f_A = 0$
Aufwand erhöht	$f_A = 1$
Aufwand hoch	$f_A = 2$
Aufwand sehr hoch	$f_A = 3$
Aufwand außergewöhnlich hoch	$f_A = 4$.

Das Kriterium „Zusätzlicher Arbeitsaufwand" gliedert sich in die nachfolgend aufgeführten Unterkriterien. Der höchste jeweils im Einzelfall ermittelte Aufwand ist für die Bestimmung des Faktors (f_A) maßgeblich:

Aufwand	Definition
aa) Antragstellung	
normal	Über das Verfahrensmanagement für Großraum- und Schwertransporte (VEMAGS).
hoch	Außerhalb von VEMAGS.
bb) Antragsdaten allgemein	
normal	Keine Beanstandungen. Korrekt und vollständig. Antragsdaten entsprechen Ausnahmegenehmigung (AG) § 70 StVZO[1].
hoch	Sowohl Rückfragen oder Korrekturen als auch Ergänzungen oder Präzisierungen (zum Beispiel der Fahrzeugmaße) erforderlich, auch auf Veranlassung des Antragstellers. Antragsdaten entsprechen AG § 70 StVZO[1], es ist aber ein umfangreicher Abgleich erforderlich.
sehr hoch	Sowohl viele Rückfragen oder Korrekturen als auch Ergänzungen oder Präzisierungen (zum Beispiel der Fahrzeugmaße) erforderlich, auch auf Veranlassung des Antragstellers. Antragsdaten entsprechen AG § 70 StVZO[1], es ist aber ein sehr umfangreicher Abgleich erforderlich.
Außergewöhnlich hoch	Sowohl sehr viele Rückfragen oder Korrekturen als auch Ergänzungen oder Präzisierungen (zum Beispiel der Fahrzeugmaße) erforderlich, auch auf Veranlassung des Antragstellers. Antragsdaten entsprechen AG § 70 StVZO[1], es ist aber ein sehr umfangreicher Abgleich erforderlich.
cc) Antragsdaten Fahrweg	
normal	Präzise – bedürfen keiner Überarbeitung.
hoch	Korrektur, Ergänzung oder Präzisierung erforderlich.
sehr hoch	Mitwirkung der Behörde zur Ermittlung eines geeigneten Fahrwegs erforderlich.
Außergewöhnlich hoch	Besonders aufwändig, zum Beispiel durch Prüfung eines Streckenprotokolls durch Beteiligte.
dd) Anhörverfahren	
normal	Keine Anhörung (keine oder geringe Überschreitung der gesetzlichen Maße).
erhöht	Ohne Probleme und weitere Aktivitäten. Keine oder wenig Anpassungen und Rückfragen notwendig.
hoch	Erneute Anhörungen erforderlich, zum Beispiel durch Fahrwegänderungen durch Anhörpartner. Einige Anpassungen, Rückfragen, Präzisierungen notwendig.

[1] Nr. 200.

Aufwand	Definition
sehr hoch	Erneute Anhörungen erforderlich, zum Beispiel durch Fahrwegänderungen durch Anhörpartner. Viele Anpassungen, Rückfragen, Präzisierungen notwendig.
ee) Bescheiderteilung	
normal	Bescheiderteilung ohne Anhörverfahren.
erhöht	Bescheiderteilung nach Prüfen der Zustimmungserklärungen und Ordnen (Zusammenfassen) der Auflagen.
hoch	Aufwändige Bescheiderteilung nach Prüfen der Zustimmungserklärungen und Ordnen (Zusammenfassen) der Auflagen (zum Beispiel Fahrwegänderungen, Anpassung der Auflagen, Rückfragen).
sehr hoch	Sehr aufwändig, da Bescheiderteilung nach Prüfen der Zustimmungserklärungen nicht unmittelbar möglich, weil etliche Korrekturen und diverse Rückfragen mit Antragsteller und Anhörungsbehörden erforderlich sind.
Außergewöhnlich hoch	Besonders aufwändig, zum Beispiel auf Grund von Festlegung ergänzender Maßnahmen, wie Anordnungen zur Demontage von Verkehrszeichen (VZ), Lichtzeichenanlagen, Aufstellen zusätzlicher VZ.

3. Die Gesamtgebühr berechnet sich wie folgt:

a) Berechnung des Gesamtfaktors
Der Gesamtfaktor für die Berechnung des Erhöhungsbetrages wird durch die Addition der unter Nummer 2 Buchstabe a bis g ermittelten Faktoren der einzelnen Kriterien ermittelt:
$f = f_Z + f_M + f_B + f_{Str} + f_F + f_{MÜ} + f_A$.

b) Berechnung des Erhöhungsbetrages
Zur Ermittlung des Erhöhungsbetrages wird der Gesamtfaktor mit der Grundgebühr von 40,00 Euro multipliziert:
Erhöhungsbetrag = f · 40,00 Euro.

c) Berechnung der Gesamtgebühr
Die Gesamtgebühr ergibt sich aus der Addition der Grundgebühr und des Erhöhungsbetrages:
Gesamtgebühr = 40,00 Euro + Erhöhungsbetrag.

d) Höchstgrenze
Die Gesamtgebühr darf die obere Rahmengrenze von 1 300,00 Euro nicht überschreiten. Sie ist gegebenenfalls entsprechend zu kappen.

30. Gesetz zu den Übereinkommen vom 8. November 1968 über den Straßenverkehr und über Straßenverkehrszeichen, zu den Europäischen Zusatzübereinkommen vom 1. Mai 1971 zu diesen Übereinkommen sowie zum Protokoll vom 1. März 1973 über Straßenmarkierungen

Vom 21. September 1977
(BGBl. II S. 809)

Der Bundestag hat mit Zustimmung des Bundesrates das folgende Gesetz beschlossen:

Art. 1 (1) [1] Den folgenden von der Bundesrepublik Deutschland unterzeichneten völkerrechtlichen Vereinbarungen wird zugestimmt:

1. Dem in Wien am 8. November 1968 unterzeichneten Übereinkommen über den Straßenverkehr,
2. dem in Wien am 8. November 1968 unterzeichneten Übereinkommen über Straßenverkehrszeichen,
3. dem in Genf am 28. Mai 1971 unterzeichneten Europäischen Zusatzübereinkommen vom 1. Mai 1971 zum Übereinkommen vom 1. Mai 1971 zum Übereinkommen vom 8. November 1968 über den Straßenverkehr,
4. dem in Genf am 28. Mai 1971 unterzeichneten Europäischen Zusatzübereinkommen vom 1. Mai 1971 zum Übereinkommen vom 8. November 1968 über Straßenverkehrszeichen und
5. dem in Genf am 15. November 1973 unterzeichneten Protokoll vom 1. März 1973 über Straßenmarkierungen zum Europäischen Zusatzübereinkommen vom 1. Mai 1971 zum Übereinkommen vom 8. November 1968 über Straßenverkehrszeichen.

[2] Die Übereinkommen sowie die Schlußakte vom 8. November 1968 der Konferenz der Vereinten Nationen über den Straßenverkehr werden nachstehend veröffentlicht.

(2) Die Zustimmung erfolgt mit der Maßgabe, daß – mit Ausnahme des Artikels 3 Abs. 3, 5 und 6 des Übereinkommens über den Straßenverkehr vom 8. November 1968 und den dort in Bezug genommenen Bestimmungen dieses Übereinkommens – die Bestimmungen der Übereinkommen innerstaatlich keine unmittelbare Anwendung finden.

Art. 2 *(gegenstandslos)*

Art. 3 (1) Dieses Gesetz tritt am Tage nach seiner Verkündung[1] in Kraft.

(2) Die Tage, an denen

1. das Übereinkommen über den Straßenverkehr nach seinem Artikel 47,
2. das Übereinkommen über Straßenverkehrszeichen nach seinem Artikel 39,
3. das Europäische Zusatzübereinkommen zum Übereinkommen über den Straßenverkehr nach seinem Artikel 4,
4. das Europäische Zusatzübereinkommen zum Übereinkommen über Straßenverkehrszeichen nach seinem Artikel 4,
5. das Protokoll über Straßenmarkierungen zum Europäischen Zusatzübereinkommen zum Übereinkommen über Straßenverkehrszeichen nach seinem Artikel 4

in Kraft treten, sind im Bundesgesetzblatt bekanntzugeben.

[1] Verkündet am 11.10.1977.

35. Übereinkommen über den Straßenverkehr

Vom 8. November 1968[1]

(BGBl. 1977 II S. 809)

geänd. durch ÄndÜbk.[2] v. 24.3.2014 (BGBl. 2016 II S. 1306)

(Übersetzung)

DIE VERTRAGSPARTEIEN,

IN DEM WUNSCH, den internationalen Straßenverkehr zu erleichtern und die Sicherheit auf den Straßen durch die Annahme einheitlicher Verkehrsregeln zu erhöhen,

HABEN die folgenden Bestimmungen VEREINBART:

Kapitel I. Allgemeines

Art. 1 Begriffsbestimmungen. Im Sinne dieses Übereinkommens haben die nachstehenden Begriffe die ihnen in diesem Artikel zugeordneten Bedeutungen:

a) „Innerstaatliche Rechtsvorschriften" einer Vertragspartei sind alle im Hoheitsgebiet dieser Vertragspartei in Kraft befindlichen nationalen oder örtlichen Gesetze und Regelungen;

b) ein Fahrzeug gilt als „im internationalen Verkehr" im Hoheitsgebiet eines Staates, wenn

   i) es einer natürlichen oder juristischen Person gehört, die ihren ordentlichen Wohnsitz außerhalb dieses Staates hat;

   ii) es in diesem Staat nicht zugelassen ist, und

   iii) es vorübergehend in diesen Staat eingeführt wird;

   dabei steht es jedoch jeder Vertragspartei frei, es abzulehnen, ein Fahrzeug als „im internationalen Verkehr" befindlich anzusehen, das ohne nennenswerte Unterbrechung, deren Dauer sie festsetzen kann, länger als ein Jahr in ihrem Hoheitsgebiet geblieben ist.

   Miteinander verbundene Fahrzeuge gelten als „im internationalen Verkehr", wenn wenigstens eines dieser Fahrzeuge der Begriffsbestimmung entspricht;

c) „Ortschaft" ist ein Gebiet, das bebaute Grundstücke umfaßt und dessen Ein- und Ausfahrten als solche besonders gekennzeichnet sind oder das in den innerstaatlichen Rechtsvorschriften in anderer Weise bestimmt ist;

d) „Straße" ist die gesamte Fläche jedes dem öffentlichen Verkehr dienenden Weges;

e) „Fahrbahn" ist der Teil der Straße, der üblicherweise von den Fahrzeugen benutzt wird; eine Straße kann mehrere Fahrbahnen haben, die inbesondere

---

[1] Das Übereinkommen wurde für die Bundesrepublik Deutschland ratifiziert durch G (Nr. **30**) v. 21.9.1977 (BGBl. II S. 809) und trat gem. Bek. v. 1.8.1979 (BGBl. II S. 932) am **3.8.1979** in Kraft.

[2] Das Änderungsübereinkommen wurde für die Bundesrepublik Deutschland ratifiziert durch G v. 7.12.2016 (BGBl. II S. 1306).

durch einen Mittelstreifen oder einen Höhenunterschied deutlich voneinander getrennt sind;

f) auf Fahrbahnen, wo ein seitlicher Fahrstreifen oder ein Weg oder mehrere seitliche Fahrstreifen oder Wege dem Verkehr bestimmter Fahrzeuge vorbehalten sind, ist „Fahrbahnrand“ für die anderen Verkehrsteilnehmer der Rand des übrigen Teils der Fahrbahn;

g) „Fahrstreifen“ ist jeder der Längsstreifen, in welche die Fahrbahn unterteilt werden kann, mag er durch Straßenmarkierungen in der Längsrichtung gekennzeichnet sein oder nicht, dessen Breite für die Fortbewegung einer Reihe mehrspuriger Kraftfahrzeuge (Artikel 1 Buchstabe p) ausreicht;

h) „Kreuzung“ ist jede höhengleiche Kreuzung, Einmündung oder Gabelung von Straßen einschließlich der durch solche Kreuzungen, Einmündungen oder Gabelungen gebildeten Plätze;

i) „Bahnübergang“ ist jede höhengleiche Kreuzung zwischen einer Straße und Eisenbahn- oder Straßenbahnschienen auf eigenem Schienenkörper;

j) „Autobahn“ ist eine Straße, die für den Verkehr mit Kraftfahrzeugen besonders bestimmt und gebaut ist, zu der von den angrenzenden Grundstücken aus keine unmittelbare Zufahrt besteht und die:

   i) – außer an einzelnen Stellen oder vorübergehend – für beide Verkehrsrichtungen besondere Fahrbahnen hat, die durch einen nicht für den Verkehr bestimmten Geländestreifen oder in Ausnahmefällen durch andere Mittel voneinander getrennt sind;

   ii) keine höhengleiche Kreuzung mit Straßen, Eisenbahn- oder Straßenbahnschienen oder Gehwegen hat;

   iii) als Autobahn besonders gekennzeichnet ist;

k) ein Fahrzeug gilt als:

   i) „haltendes Fahrzeug“, wenn es während der Zeit, die zum Ein- oder Aussteigen oder zum Be- und Entladen erforderlich ist, hält;

   ii) „parkendes Fahrzeug“, wenn es aus einem anderen Grunde als zur Vermeidung eines Zusammentreffens mit einem anderen Verkehrsteilnehmer oder mit einem Hindernis oder zur Einhaltung von Verkehrsvorschriften hält und wenn sich sein Halten nicht auf die Zeit beschränkt, die zum Ein- oder Aussteigen oder zum Be- und Entladen erforderlich ist.

   Die Vertragsparteien können jedoch die nach Ziffer ii stillstehenden Fahrzeuge als „haltende Fahrzeuge“ ansehen, wenn die Dauer dieses Stillstehens eine durch die innerstaatlichen Rechtsvorschriften festgesetzte zeitliche Beschränkung nicht überschreitet, und sie können die nach Ziffer i stillstehenden Fahrzeuge als „parkende Fahrzeuge“ ansehen, wenn die Dauer dieses Stillstehens eine durch die innerstaatlichen Rechtvorschriften festgesetzte zeitliche Beschränkung überschreitet;

l) „Fahrrad“ ist jedes Fahrzeug mit wenigstens zwei Rädern, das ausschließlich durch die Muskelkraft auf ihm befindlicher Personen, insbesondere mit Hilfe von Pedalen oder Handkurbeln, angetrieben wird;

m) „Motorfahrräder“ sind zwei- oder dreirädrige Fahrzeuge mit einem Verbrennungsmotor, dessen Zylinderinhalt 50 cm^3 (3,05 Kubikzoll) und dessen durch die Bauart bestimmte Höchstgeschwindigkeit 50 km (30 Meilen) in der Stunde nicht übersteigt. Die Vertragsparteien haben jedoch das Recht, in ihren innerstaatlichen Rechtsvorschriften solche Fahrzeuge nicht als Motorfahrräder anzusehen, die nicht hinsichtlich ihrer Verwendungsmöglichkeiten die Merkmale von Fahrrädern haben – insbesondere das Merkmal, durch Pedale angetrieben werden zu können – oder deren durch die Bauart bestimmte Höchstgeschwindigkeit, deren Gewicht oder gewisse Merkmale des Motors gegebene Grenzen übersteigen. Nichts in dieser Begriffsbestimmung ist so auszulegen, als hindere es die Vertragsparteien, hinsichtlich der Anwendung ihrer innerstaatlichen Rechtsvorschriften für den Straßenverkehr, die Motorfahrräder völlig den Fahrrädern gleichzustellen;

n) „Kraftrad" ist jedes zweirädrige Fahrzeug mit oder ohne Beiwagen, das einen Antriebsmotor hat. Die Vertragsparteien können in ihren innerstaatlichen Rechtsvorschriften dreirädrige Fahrzeuge mit einem Leergewicht von nicht mehr als 400 kg (900 Pfund) den Krafträdern gleichstellen. Der Begriff „Kraftrad" schließt die Motorfahrräder nicht ein; die Vertragsparteien können jedoch unter der Bedingung, daß sie nach Artikel 54 Absatz 2 eine entsprechende Erklärung abgeben, für die Anwendung dieses Übereinkommens die Motorfahrräder den Krafträdern gleichstellen;

o) „Kraftfahrzeug"[**] ist jedes auf der Straße mit eigener Kraft verkehrende Fahrzeug mit Antriebsmotor mit Ausnahme der Motorfahrräder in dem Hoheitsgebiet der Vertragsparteien, die sie nicht den Krafträdern gleichgestellt haben, und mit Ausnahme der Schienenfahrzeuge;

p) „Kraftfahrzeuge"[**] im Sinne dieses Buchstabens sind nur die Kraftfahrzeuge, die üblicherweise auf der Straße zur Beförderung von Personen oder Gütern oder zum Ziehen von Fahrzeugen, die für die Personen- oder Güterbeförderung benutzt werden, dienen. Dieser Begriff schließt die Oberleitungsomnibusse – das heißt die mit einer elektrischen Leitung verbundenen und nicht auf Schienen fahrenden Fahrzeuge – ein. Er umfaßt nicht Fahrzeuge, die auf der Straße nur gelegentlich zur Beförderung von Personen oder Gütern oder zum Ziehen von Fahrzeugen, die der Personen- oder Güterbeförderung dienen, benutzt werden, wie landwirtschaftliche Zugmaschinen;

q) „Anhänger" ist jedes Fahrzeug, das dazu bestimmt ist, an ein Kraftfahrzeug angehängt zu werden; dieser Begriff schließt die Sattelanhänger ein;

r) „Sattelanhänger" ist jeder Anhänger, der dazu bestimmt ist, mit einem Kraftfahrzeug (Artikel 1 Buchstabe p) so verbunden zu werden, daß er teilweise auf diesem aufliegt und daß ein wesentlicher Teil seines Gewichts und des Gewichts seiner Ladung von diesem getragen wird;

s) „leichter Anhänger" ist jeder Anhänger, dessen höchstes zulässiges Gesamtgewicht 750 kg (1 650 Pfund) nicht übersteigt;

[**] **Amtl. Anm.:** Der Begriff „Kraftfahrzeug" wird in zwei verschiedenen Bedeutungen gebraucht. Wird er ohne Zusatz gebraucht, so hat er die ihm unter Buchstabe o zugeordnete Bedeutung. Wird er mit dem Zusatz „(Artikel 1 Buchstabe p)" gebraucht, so hat er die ihm unter Buchstabe p zugeordnete Bedeutung.

t) „miteinander verbundene Fahrzeuge" sind solche miteinander verbundene Fahrzeuge, die am Straßenverkehr als eine Einheit teilnehmen;

u) „Sattelkraftfahrzeuge" sind miteinander verbundene Fahrzeuge, die aus einem Kraftfahrzeug (Artikel 1 Buchstabe p) und einem damit verbundenen Sattelanhänger bestehen;

v) „Führer" ist jede Person, die ein Kraftfahrzeug oder ein anderes Fahrzeug (Fahrräder eingeschlossen) lenkt oder die auf einer Straße Vieh, einzeln oder in Herden, oder Zug-, Saum- oder Reittiere leitet;

w) „höchstes zulässiges Gesamtgewicht" ist das Höchstgewicht des beladenen Fahrzeugs, das von der zuständigen Behörde des Zulassungsstaates als zulässig erklärt wurde;

x) „Leergewicht" ist das Gewicht des Fahrzeugs ohne Besatzung, Fahrgäste oder Ladung, aber mit seinem gesamten Kraftstoffvorrat und seinem üblichen Bordwerkzeug;

y) „Gesamtgewicht" ist das tatsächliche Gewicht des beladenen Fahrzeugs einschließlich der Besatzung und der Fahrgäste;

z) „Verkehrsrichtung" und „entsprechend der Verkehrsrichtung" bedeuten rechts, wenn nach den innerstaatlichen Rechtsvorschriften der Fahrzeugführer ein entgegenkommendes Fahrzeug links vorbeilassen muß; im umgekehrten Falle bedeuten diese Ausdrücke links;

aa) die Pflicht für den Fahrzeugführer, anderen Fahrzeugen „die Vorfahrt zu gewähren" bedeutet, daß er seine Fahrt oder seine Fahrbewegung nicht fortsetzen oder wiederaufnehmen darf, wenn dies andere Fahrzeugführer dazu zwingen könnte, die Richtung oder die Geschwindigkeit ihrer Fahrzeuge unvermittelt zu ändern.

Art. 2 Anhänge zu dem Übereinkommen. Die Anhänge zu diesem Übereinkommen, nämlich:
Anhang 1: Abweichungen von der Verpflichtung zur Zulassung von Kraftfahrzeugen (Artikel 1 Buchstabe p) und Anhängern zum internationalen Verkehr,
Anhang 2: Kennzeichen der Kraftfahrzeuge (Artikel 1 Buchstabe p) und Anhänger im internationalen Verkehr,
Anhang 3: Unterscheidungszeichen der Kraftfahrzeuge (Artikel 1 Buchstabe p) und Anhänger im internationalen Verkehr,
Anhang 4: Erkennungsmerkmale der Kraftfahrzeuge (Artikel 1 Buchstabe p) und Anhänger im internationalen Verkehr,
Anhang 5: Technische Anforderungen an die Kraftfahrzeuge (Artikel 1 Buchstabe p) und Anhänger,
Anhang 6: Nationaler Führerschein und
Anhang 7: Internationaler Führerschein
sind Bestandteile dieses Übereinkommens.

Art. 3 Verpflichtungen der Vertragsparteien.
(1)

a) Die Vertragsparteien treffen die erforderlichen Maßnahmen, damit die in ihrem Hoheitsgebiet geltenden Verkehrsregeln in ihrem sachlichen Gehalt mit den in Kapitel II enthaltenen Bestimmungen übereinstimmen. Unter der Bedingung, daß sie in keinem Punkte mit den genannten Bestimmungen unvereinbar sind,

i) brauchen diese Regeln jene Bestimmungen nicht zu übernehmen, die für Verhältnisse gelten, die im Hoheitsgebiet der betreffenden Vertragsparteien nicht vorkommen;

ii) können diese Regeln Bestimmungen enthalten, die in Kapitel II nicht vorgesehen sind.

b) Dieser Absatz verpflichtet die Vertragsparteien nicht, Strafmaßnahmen für jede Verletzung der Bestimmungen des Kapitels II, die in ihre Verkehrsregeln übernommen wurden, vorzusehen.

(2)

a) Die Vertragsparteien treffen auch die erforderlichen Maßnahmen, damit die in ihrem Hoheitsgebiet geltenden Regeln für die von den Kraftfahrzeugen (Artikel 1 Buchstabe p) und den Anhängern zu erfüllenden technischen Bedingungen mit Anhang 5 übereinstimmen; unter der Bedingung, daß sie in keinem Punkte den diesen Bestimmungen zugrunde liegenden Sicherheitsgrundsätzen widersprechen, können diese Regeln Bestimmungen enthalten, die in diesem Anhang nicht vorgesehen sind. Die Vertragsparteien treffen darüber hinaus die erforderlichen Maßnahmen, damit die in ihrem Hoheitsgebiet zugelassenen Kraftfahrzeuge (Artikel 1 Buchstabe p) und Anhänger mit Anhang 5 übereinstimmen, wenn diese im internationalen Verkehr eingesetzt werden.

b) Dieser Absatz bindet die Vertragsparteien nicht in bezug auf die in ihrem Hoheitsgebiet geltenden technischen Bedingungen für diejenigen Kraftfahrzeuge, die keine Kraftfahrzeuge (Artikel 1 Buchstabe p) im Sinne dieses Übereinkommens sind.

(3) Vorbehaltlich der im Anhang 1 vorgesehenen Abweichungen sind die Vertragsparteien gehalten, zum internationalen Verkehr in ihrem Hoheitsgebiet die Kraftfahrzeuge (Artikel 1 Buchstabe p) und die Anhänger zuzulassen, welche den in Kapitel III festgelegten Bedingungen entsprechen und deren Führer die in Kapitel IV festgelegten Bedingungen erfüllen; sie sind auch gehalten, die nach Kapitel III ausgestellten Zulassungsscheine bis zum Nachweis des Gegenteils als Beweis dafür anzuerkennen, daß die Fahrzeuge, auf die sich diese Zulassungsscheine beziehen, die den in Kapitel III festgelegten Bedingungen entsprechen.

(4) Maßnahmen, welche die Vertragsparteien entweder einseitig oder durch zwei- oder mehrseitige Übereinkommen getroffen haben oder treffen werden, um in ihrem Hoheitsgebiet Kraftfahrzeuge (Artikel 1 Buchstabe p) und Anhänger, die nicht allen in Kapitel III festgelegten Anforderungen entsprechen, zum internationalen Verkehr zuzulassen und um, außer den in Kapitel IV vorgesehenen Fällen, die Gültigkeit von Führerscheinen in ihrem Hoheitsgebiet anzuerkennen, die von einer anderen Vertragspartei ausgestellt wurden, werden als dem Sinn und Zweck dieses Übereinkommens entsprechend angesehen.

(5) [1] Die Vertragsparteien sind gehalten, zum internationalen Verkehr in ihrem Hoheitsgebiet die Fahrräder und die Motorfahrräder zuzulassen, welche den in Kapitel V festgelegten technischen Bedingungen entsprechen und deren Führer ihren ordentlichen Wohnsitz im Hoheitsgebiet einer anderen Vertragspartei haben. [2] Eine Vertragspartei kann nicht verlangen, daß die Führer von Fahrrädern oder Motorfahrrädern im internationalen Verkehr Besitzer eines Führerscheins sind; jedoch können die Vertragsparteien, die

nach Artikel 54 Absatz 2 eine Erklärung abgegeben haben, welche die Motorfahrräder den Krafträdern gleichstellt, von den Führern von Motorfahrrädern im internationalen Verkehr einen Führerschein verlangen.

(6) Die Vertragsparteien sind verpflichtet, jeder darum ersuchenden Vertragspartei die notwendigen Auskünfte zur Ermittlung der Person zu geben, auf deren Namen ein Kraftfahrzeug (Artikel 1 Buchstabe p) oder ein mit einem Kraftfahrzeug (Artikel 1 Buchstabe p) verbundener Anhänger in ihrem Hoheitsgebiet zugelassen ist, wenn aus dem vorgelegten Ersuchen hervorgeht, daß dieses Fahrzeug im Hoheitsgebiet der ersuchenden Vertragspartei in einen Unfall verwickelt war.

(7) Maßnahmen, welche die Vertragsparteien entweder einseitig oder über zwei- oder mehrseitige Übereinkommen getroffen haben oder treffen werden, um den internationalen Straßenverkehr durch Vereinfachung der Vorschriften für das Zoll-, Polizei- oder Gesundheitswesen oder auf anderen ähnlichen Gebieten zu erleichtern sowie Maßnahmen, die gewährleisten sollen, daß Zollämter an ein und derselben Grenzübergangsstelle dieselben Zuständigkeiten und dieselben Öffnungszeiten haben, werden als dem Sinn und Zweck dieses Übereinkommens entsprechend angesehen.

(8) Die Absätze 3, 5 und 7 stehen dem Recht jeder Vertragspartei nicht entgegen, die Zulassung von Kraftfahrzeugen (Artikel 1 Buchstabe p) und Anhängern, von Fahrrädern und Motorfahrrädern sowie deren Führern und Mitfahrern zum internationalen Verkehr in ihrem Hoheitsgebiet ihrer Regelung über den gewerblichen Personen- und Güterverkehr, ihrer Regelung über die Haftpflichtversicherung der Führer, ihrer Regelung bezüglich der Verzollung sowie ganz allgemein ihren Vorschriften außerhalb des Bereiches des Straßenverkehrs zu unterwerfen.

Art. 4 Verkehrszeichen. Die Vertragsparteien dieses Übereinkommens, die nicht Vertragsparteien des Übereinkommens über Straßenverkehrszeichen sind, das am selben Tag wie dieses Übereinkommen in Wien zur Unterschrift aufgelegt worden ist, verpflichten sich,

a) dafür zu sorgen, daß alle Straßenverkehrszeichen, Verkehrslichtzeichen und Straßenmarkierungen, die in ihrem Hoheitsgebiet angebracht sind, ein zusammenhängendes System bilden;

b) die Zahl der Arten der Verkehrszeichen zu beschränken und diese nur an den Stellen anzubringen, wo sie als nützlich angesehen werden;

c) Gefahrenwarnzeichen in genügendem Abstand vor der Gefahrenstelle anzubringen, um die Führer rechtzeitig zu warnen; und

d) zu verbieten, daß

   i) an einem Verkehrszeichen, an dessen Träger oder an irgendeiner anderen Einrichtung zur Verkehrsregelung irgend etwas angebracht wird, was nicht in Beziehung zum Sinn und Zweck dieses Verkehrszeichens oder dieser Einrichtung steht; wenn jedoch die Vertragsparteien oder ihre Teilgebiete eine Gesellschaft ohne Erwerbszweck ermächtigen, Hinweiszeichen aufzustellen, können sie gestatten, daß das Emblem dieser Gesellschaft auf dem Zeichen oder dessen Träger erscheint, sofern das Verständnis des Zeichens dadurch nicht erschwert wird;

ii) Tafeln, Schilder, Kennzeichen oder Einrichtungen angebracht werden, die zu Verwechslungen mit Verkehrszeichen oder anderen Einrichtungen zur Verkehrsregelung führen, deren Sichtbarkeit oder Wirksamkeit verringern oder die Verkehrsteilnehmer blenden oder ihre Aufmerksamkeit in für die Sicherheit des Verkehrs gefährlicher Weise ablenken könnten.

Kapitel II. Verkehrsregeln

Art. 5 Geltung der Verkehrszeichen. (1) Die Verkehrsteilnehmer müssen sich nach den durch die Straßenverkehrszeichen, die Verkehrslichtzeichen oder die Straßenmarkierungen angezeigten Vorschriften richten, selbst wenn die betreffenden Vorschriften im Widerspruch zu anderen Verkehrsregeln zu stehen scheinen.

(2) Die durch Verkehrslichtzeichen angezeigten Vorschriften gehen jenen, die durch vorfahrtregelnde Straßenverkehrszeichen angezeigt sind, vor.

Art. 6 Zeichen und Weisungen der Verkehrspolizisten. (1) Die den Verkehr regelnden Polizisten müssen bei Tag und Nacht leicht erkennbar und aus angemessener Entfernung sichtbar sein.

(2) Die Verkehrsteilnehmer müssen unverzüglich den Zeichen und Weisungen der den Verkehr regelnden Polizisten nachkommen.

(3) Es wird empfohlen, in den innerstaatlichen Rechtsvorschriften insbesondere als Zeichen der den Verkehr regelnden Polizisten anzusehen:

a) den senkrecht erhobenen Arm; dieses Zeichen bedeutet „Achtung, Halt" für alle Verkehrsteilnehmer mit Ausnahme jener Führer, die nicht mehr unter ausreichenden Sicherheitsbedingungen anhalten können; wird dieses Zeichen an einer Kreuzung gegeben, verpflichtet es die bereits in der Kreuzung befindlichen Führer nicht zum Anhalten;

b) den oder die waagrecht ausgestreckten Arme; dieses Zeichen bedeutet „Halt" für alle Verkehrsteilnehmer, die aus Richtungen kommen, welche die durch den oder die ausgestreckten Arme angezeigte Richtung schneiden; nach diesem Zeichen kann der den Verkehr regelnde Polizist den oder die Arme senken; das bedeutet für die vor oder hinter dem Polizisten befindlichen Führer ebenfalls „Halt";

c) das Schwenken einer Lampe mit rotem Licht; dieses Zeichen bedeutet „Halt" für die Verkehrsteilnehmer, gegen die das Licht gerichtet ist.

(4) Die Zeichen und Weisungen der den Verkehr regelnden Polizisten gehen den durch Straßenverkehrszeichen, Verkehrslichtzeichen oder Straßenmarkierungen angezeigten Vorschriften sowie den Verkehrsregeln vor.

Art. 7 Allgemeine Regeln. (1) Die Verkehrsteilnehmer müssen jedes Verhalten vermeiden, das eine Gefährdung oder Behinderung des Verkehrs mit sich bringen sowie Personen gefährden oder öffentliches oder privates Gut beschädigen könnte.

(2) [1] Es wird empfohlen, in den innerstaatlichen Rechtsvorschriften vorzusehen, daß die Straßenverkehrsteilnehmer den Verkehr nicht dadurch be-

hindern oder gefährden dürfen, daß sie Gegenstände oder Stoffe auf die Straße werfen, hinlegen oder dort zurücklassen oder irgendein anderes Hindernis auf der Straße schaffen. ²Die Verkehrsteilnehmer, denen es nicht möglich war, das Auftreten eines Hindernisses oder einer Gefahr zu vermeiden, müssen die nötigen Maßnahmen treffen, um das Hindernis oder die Gefahr so schnell wie möglich zu beseitigen oder, sofern dies nicht sofort möglich ist, andere Verkehrsteilnehmer davor zu warnen.

Art. 8[1] **Führer.** (1) Jedes Fahrzeug und miteinander verbundene Fahrzeuge müssen, wenn sie in Bewegung sind, einen Führer haben.

(2) Es wird empfohlen, in den innerstaatlichen Rechtsvorschriften vorzusehen, daß Zug-, Saum- und Reittiere und, außer in Gebieten, die an ihrem Zugang besonders gekennzeichnet sind, Vieh, einzeln oder in Herden, einen Führer haben müssen.

(3) Jeder Führer muß die erforderlichen körperlichen und geistigen Eigenschaften haben und körperlich und geistig in der Lage sein zu führen.

(4) Jeder Führer eines Kraftfahrzeugs muß die für die Führung des Fahrzeugs erforderlichen Kenntnisse und Fähigkeiten haben; diese Bestimmung bildet jedoch kein Hindernis für den Fahrunterricht nach den innerstaatlichen Rechtsvorschriften.

(5) Jeder Führer muß dauernd sein Fahrzeug beherrschen oder seine Tiere führen können.

(5bis) Fahrzeugsysteme, die einen Einfluss auf das Führen des Fahrzeugs haben, gelten als vereinbar mit Absatz 5 und Artikel 13 Absatz 1, wenn sie den Bedingungen für den Bau, den Einbau und die Verwendung nach den internationalen Rechtsinstrumenten betreffend Radfahrzeuge, Ausrüstungsgegenstände und Teile, die in Radfahrzeuge(n) eingebaut und/oder verwendet werden können, entsprechen[2]; Fahrzeugsysteme, die einen Einfluss auf das Führen eines Fahrzeugs haben und die nicht den genannten Bedingungen für den Bau, den Einbau und die Verwendung entsprechen, gelten als vereinbar mit Absatz 5 und Artikel 13 Absatz 1, wenn diese Systeme vom Führer übersteuert oder abgeschaltet werden können.

Art. 9 Herden. Es wird empfohlen, in den innerstaatlichen Rechtsvorschriften vorzusehen, daß Viehherden zur Erleichterung des Verkehrs in kleinere Gruppen mit genügend großen Abständen unterteilt werden müssen, sofern nicht Abweichungen zugelassen werden, um die Herdenwanderungen zu erleichtern.

---

[1] Art. 8 Abs. 5bis angef. mWv 23.3.2016 durch Üb. v. 24.3.2014 (BGBl. 2016 II S. 1306, 1307).

[2] **Amtl. Anm.:** Die Regelungen der Vereinten Nationen im Anhang des in Genf am 20. März 1958 beschlossenen „Übereinkommens über die Annahme einheitlicher technischer Vorschriften für Radfahrzeuge, Ausrüstungsgegenstände und Teile, die in Radfahrzeuge(n) eingebaut und/oder verwendet werden können, und die Bedingungen für die gegenseitige Anerkennung von Genehmigungen, die nach diesen Vorschriften erteilt wurden".

Die im Rahmen des in Genf am 25. Juni 1998 beschlossenen „Übereinkommens über die Festlegung globaler technischer Regelungen für Radfahrzeuge, Ausrüstungsgegenstände und Teile, die in Radfahrzeuge(n) eingebaut und/oder verwendet werden können" ausgearbeiteten globalen technischen Regelungen der Vereinten Nationen.

Art. 10 Platz auf der Fahrbahn. (1) Die Verkehrsrichtung muß auf allen Straßen desselben Staates gleich sein, mit Ausnahme gegebenenfalls der Straßen, die ausschließlich oder überwiegend dem Durchgangsverkehr zwischen zwei anderen Staaten dienen.

(2) Tiere auf der Fahrbahn müssen so nahe wie möglich an dem der Verkehrsrichtung entsprechenden Fahrbahnrand geführt werden.

(3) [1] Unbeschadet der gegenteiligen Bestimmungen in Artikel 7 Absatz 1, Artikel 11 Absatz 6 und der sonstigen gegenteiligen Bestimmungen dieses Übereinkommens muß jeder Fahrzeugführer, soweit es ihm die Umstände erlauben, sein Fahrzeug nahe dem der Verkehrsrichtung entsprechenden Fahrbahnrand halten. [2] Die Vertragsparteien oder ihre Teilgebiete können jedoch genauere Regeln über den Platz der Güterfahrzeuge auf der Fahrbahn vorschreiben.

(4) Wenn eine Straße zwei oder drei Fahrbahnen hat, darf kein Führer die Fahrbahn benutzen, die der der Verkehrsrichtung entsprechenden Fahrbahn gegenüberliegt.

(5)

a) Auf Fahrbahnen mit Gegenverkehr und wenigstens vier Fahrstreifen darf kein Führer die Fahrstreifen benutzen, die sich ganz auf der Fahrbahnhälfte befinden, die der der Verkehrsrichtung entsprechenden Seite gegenüberliegt.

b) Auf Fahrbahnen mit Gegenverkehr und drei Fahrstreifen darf kein Führer den Fahrstreifen benutzen, der sich an dem Fahrbahnrand befindet, welcher der der Verkehrsrichtung entsprechenden Seite gegenüberliegt.

Art. 11 Überholen und Fahren in Reihen.

(1)

a) Es ist auf der der Verkehrsrichtung entgegengesetzten Seite zu überholen.

b) Es ist jedoch auf der der Verkehrsrichtung entsprechenden Seite zu überholen, wenn der zu überholende Führer nach Anzeigen seiner Absicht, sich nach der der Verkehrsrichtung entgegengesetzten Seite zu begeben, sein Fahrzeug oder seine Tiere auf diese Seite der Fahrbahn gebracht hat, um auf dieser Seite in eine andere Straße oder in ein Grundstück einzubiegen oder um auf dieser Seite zu halten.

(2) Vor dem Überholen muß sich jeder Führer unbeschadet des Artikels 7 Absatz 1 und des Artikels 14 vergewissern,

a) daß kein ihm folgender Führer zum Überholen angesetzt hat;

b) daß derjenige, der auf demselben Fahrstreifen vor ihm ist, nicht seine Absicht angezeigt hat, einen Dritten zu überholen;

c) daß der von ihm zu benutzende Fahrstreifen auf eine ausreichende Entfernung frei ist, damit er unter Berücksichtigung des Unterschieds zwischen der Geschwindigkeit seines Fahrzeugs beim Überholen und der des zu überholenden Verkehrsteilnehmers den Gegenverkehr weder gefährdet noch behindert; und

d) daß er, außer wenn er einen für den Gegenverkehr verbotenen Fahrstreifen benutzt, ohne Behinderung des oder der von ihm überholten Straßenverkehrsteilnehmer den nach Artikel 10 Absatz 3 vorgeschriebenen Platz wieder einnehmen kann.

(3) Entsprechend Absatz 2 ist auf Fahrbahnen mit Gegenverkehr das Überholen insbesondere bei Annäherung an den Scheitelpunkt einer Kuppe und, bei ungenügender Sicht, in den Kurven, verboten, es sei denn, daß dort die Fahrstreifen mit Längsmarkierungen versehen sind und so überholt wird, daß der Fahrstreifen, auf dem die Markierung Gegenverkehr verbietet, nicht verlassen wird.

(4) Während er überholt, muß jeder Führer von dem oder den überholten Verkehrsteilnehmern einen ausreichenden Seitenabstand halten.

(5)

a) Auf Fahrbahnen, die mindestens zwei dem Verkehr in der von ihm befahrenen Richtung vorbehaltene Fahrstreifen haben, darf ein Führer, der unmittelbar oder kurz nachdem er den nach Artikel 10 Absatz 3 vorgeschriebenen Platz wieder hätte einnehmen sollen, sich zu erneutem Überholen veranlaßt sieht, auf dem von ihm für die erste Überholung benutzten Fahrstreifen bleiben, um diese Überholung auszuführen, unter der Bedingung, daß er sich vergewissert, daß dies für die Führer von hinter ihm herankommenden schnelleren Fahrzeugen keine nennenswerte Behinderung zur Folge hat.

b) Die Vertragsparteien oder ihre Teilgebiete brauchen jedoch diesen Absatz nicht anzuwenden auf die Führer von Fahrrädern, Motorfahrrädern, Krafträdern, von Fahrzeugen, die im Sinne dieses Übereinkommens keine Kraftfahrzeuge (Artikel 1 Buchstabe p) sind, sowie auf die Führer von Kraftfahrzeugen (Artikel 1 Buchstabe p), deren höchstes zulässiges Gesamtgewicht 3 500 kg (7 700 Pfund) übersteigt oder deren durch die Bauart bestimmte Höchstgeschwindigkeit 40 km (25 Meilen) in der Stunde nicht übersteigt.

(6) Ist Absatz 5 Buchstabe a anwendbar und ist der Verkehr so dicht, daß die Fahrzeuge nicht nur die ganze ihrer Verkehrsrichtung vorbehaltene Fahrbahnhälfte einnehmen, sondern auch nur mit einer Geschwindigkeit fahren, die von der Geschwindigkeit des ihnen in ihrer Reihe vorausfahrenden Fahrzeugs abhängt,

a) so gilt, unbeschadet des Absatzes 9 nicht als Überholen im Sinne dieses Artikels, wenn die Fahrzeuge einer Reihe schneller als die einer anderen Reihe fahren;

b) so darf ein Führer, der sich nicht auf dem Fahrstreifen befindet, der in seiner Verkehrsrichtung dem Fahrbahnrand am nächsten liegt, den Fahrstreifen nur wechseln, um sich auf das Rechts- oder Linksabbiegen vorzubereiten oder zu parken, abgesehen von dem Fahrstreifenwechsel, der von den Führern entsprechend der innerstaatlichen Rechtsvorschriften durchgeführt wird, die sich aus der Anwendung des Absatzes 5 Buchstabe b ergeben würden.

(7) Bei dem in den Absätzen 5 und 6 beschriebenen Fahren in Reihen ist es den Führern untersagt, wenn die Fahrstreifen auf der Fahrbahn durch Längsmarkierungen begrenzt sind, über diesen zu fahren.

(8) Unbeschadet des Absatzes 2 und sonstiger Einschränkungen, die die Vertragsparteien oder ihre Teilgebiete für das Überholen an Kreuzungen und an Bahnübergängen bestimmen können, darf kein Fahrzeugführer ein Fahrzeug außer einem zweirädrigen Fahrrad, einem zweirädrigen Motorfahrrad oder einem zweirädrigen Kraftrad ohne Beiwagen überholen:

a) unmittelbar vor und in einer Kreuzung ohne Kreisverkehr, außer

i) in dem in Absatz 1 Buchstabe b vorgesehenen Fall;

ii) wo die Straße, auf der das Überholen stattfindet, die Vorfahrt an der Kreuzung hat;

iii) wo der Verkehr an der Kreuzung durch einen Verkehrspolizisten oder durch Verkehrslichtzeichen geregelt wird;

b) unmittelbar vor und während des Überquerens von Bahnübergängen ohne Schranken oder Halbschranken, wobei die Vertragspartei oder ihre Teilgebiete jedoch dieses Überholen an Bahnübergängen zulassen können, wo der Straßenverkehr durch Verkehrslichtzeichen geregelt ist, die ein Zeichen enthalten, das den Fahrzeugen die Fahrt freigibt.

(9) [1] Ein Fahrzeug darf ein anderes Fahrzeug, das sich einem durch Markierungen auf der Fahrbahn begrenzten oder als solchen gekennzeichneten Fußgängerüberweg nähert oder unmittelbar davor hält, nur mit ausreichend verminderter Geschwindigkeit überholen, um sofort anhalten zu können, wenn sich darauf ein Fußgänger befindet. [2] Dieser Absatz ist nicht so auszulegen, als hindere er die Vertragsparteien oder ihre Teilgebiete, das Überholen innerhalb einer bestimmten Entfernung von einem Fußgängerüberweg zu untersagen oder strengere Vorschriften für einen Fahrzeugführer zu erlassen, der ein anderes unmittelbar vor dem Überweg anhaltendes Fahrzeug zu überholen beabsichtigt.

(10) [1] Ein Führer, der bemerkt, daß ein ihm folgender Führer ihn zu überholen wünscht, muß, außer in dem nach Artikel 16 Absatz 1 Buchstabe b vorgesehenen Fall, sich dicht an den der Verkehrsrichtung entsprechenden Rand der Fahrbahn halten, ohne die Geschwindigkeit zu steigern. [2] Wenn die ungenügende Breite, der Querschnitt oder der Zustand der Fahrbahn es unter Berücksichtigung der Dichte des Gegenverkehrs nicht erlauben, mit Leichtigkeit und ohne Gefahr ein langsames, sperriges oder zur Beachtung einer Geschwindigkeitsgrenze verpflichtetes Fahrzeug zu überholen, muß der Führer dieses Fahrzeugs seine Geschwindigkeit vermindern und erforderlichenfalls so bald wie möglich zur Seite fahren, um die ihm folgenden Fahrzeuge vorbeifahren zu lassen.

(11)

a) Die Vertragsparteien oder ihre Teilgebiete können auf Fahrbahnen für eine Richtung oder auf Fahrbahnen mit Gegenverkehr, wenn wenigstens zwei Fahrstreifen innerhalb von Ortschaften und drei Fahrstreifen außerhalb von Ortschaften dem Verkehr in der gleichen Richtung vorbehalten und von Längsmarkierungen begrenzt sind,

i) den auf einem Fahrstreifen fahrenden Fahrzeugen erlauben, Fahrzeuge, die auf einem anderen Fahrstreifen fahren, auf der der Verkehrsrichtung entsprechenden Seite zu überholen, und

ii) Artikel 10 Absatz 3 außer Kraft setzen,

unter der Voraussetzung, daß sie Bestimmungen erlassen, welche die Möglichkeit des Fahrstreifenwechsels einschränken.

b) In dem unter Buchstabe a vorgesehenen Fall stellt das Fahrverhalten kein Überholen im Sinne dieses Übereinkommens dar; Absatz 9 bleibt jedoch anwendbar.

Art. 12 Ausweichen. (1) Beim Ausweichen muß jeder Führer einen ausreichenden Seitenabstand freilassen und, wenn nötig, sich dicht an dem der Verkehrsrichtung entsprechenden Fahrbahnrand halten; wenn dabei seine Weiterfahrt durch ein Hindernis oder durch andere Verkehrsteilnehmer gehemmt wird, muß er langsamer fahren, und, wenn nötig, anhalten, um den oder die entgegenkommenden Verkehrsteilnehmer vorbeizulassen.

(2) [1] Auf Gebirgsstraßen und auf steilen Straßen mit gleichartigen Merkmalen, wo das Ausweichen unmöglich oder schwierig ist, obliegt es dem Führer des bergabfahrenden Fahrzeugs, sein Fahrzeug zur Seite zu fahren, um jedes bergauffahrende Fahrzeug vorbeifahren zu lassen außer da, wo längs der Fahrbahn Ausweichstellen, die es den Fahrzeugen ermöglichen, zur Seite zu fahren, so angeordnet sind, daß unter Berücksichtigung der Geschwindigkeit und des Standorts der Fahrzeuge dem bergauffahrenden Fahrzeug eine vor ihm liegende Ausweichstelle zur Verfügung steht und eines der Fahrzeuge rückwärts fahren müßte, wenn das bergauffahrende Fahrzeug jene Ausweichstelle nicht benutzte. [2] Wenn eines der beiden Fahrzeuge, die einander ausweichen wollen, zu diesem Zweck rückwärts fahren muß, muß dies der Führer des bergabfahrenden Fahrzeugs tun, es sei denn, daß dies für den bergauffahrenden Führer einfacher ist. [3] Die Vertragsparteien oder ihre Teilgebiete können jedoch für bestimmte Fahrzeuge oder bestimmte Straßen oder Straßenabschnitte Sonderregeln vorschreiben, die von denen dieses Absatzes abweichen.

Art. 13 Geschwindigkeit und Abstand zwischen Fahrzeugen. (1) [1] Jeder Fahrzeugführer muß unter allen Umständen sein Fahrzeug beherrschen, um den Sorgfaltspflichten genügen zu können und um ständig in der Lage zu sein, alle ihm obliegenden Fahrbewegungen auszuführen. [2] Er muß bei der Wahl der Geschwindigkeit seines Fahrzeugs ständig die Umstände berücksichtigen, insbesondere die örtlichen Verhältnisse, den Straßenzustand, den Zustand und die Beladung seines Fahrzeugs, die Witterungsverhältnisse und die Dichte des Verkehrs, um innerhalb der nach vorn übersehbaren Strecke und vor jedem vorhersehbaren Hindernis sein Fahrzeug anhalten zu können. [3] Er muß langsamer fahren und, wenn nötig, anhalten, sobald die Umstände es verlangen, namentlich wenn die Sicht nicht gut ist.

(2) Ein Führer darf die normale Fahrt der anderen Fahrzeuge nicht dadurch behindern, daß er ohne triftigen Grund mit ungewöhnlich niedriger Geschwindigkeit fährt.

(3) Der Führer eines Fahrzeugs, der hinter einem anderen Fahrzeug fährt, muß einen ausreichenden Sicherheitsabstand von diesem wahren, um bei dessen plötzlichem Bremsen oder Anhalten einen Zusammenstoß zu vermeiden.

(4) [1] Um das Überholen zu erleichtern, müssen außerhalb von Ortschaften die Führer von Fahrzeugen oder von miteinander verbundenen Fahrzeugen mit mehr als 3 500 kg (7 700 Pfund) höchstem zulässigen Gesamtgewicht oder mehr als 10 m (33 Fuß) Gesamtlänge – außer wenn sie überholen oder sich anschicken, dies zu tun – zwischen ihren Fahrzeugen zu vorausfahrenden Kraftfahrzeugen einen so großen Abstand halten, daß sich ein überholendes Fahrzeug gefahrlos vor das überholte einordnen kann. [2] Dies gilt jedoch nicht, wenn der Verkehr sehr dicht oder das Überholen verboten ist. [3] Außerdem

a) können die zuständigen Behörden für bestimmte Fahrzeugkolonnen Abweichungen von dieser Bestimmung zulassen oder sie auch auf Straßen, auf denen dem Verkehr in der betreffenden Richtung zwei Fahrstreifen zur Verfügung stehen, für unanwendbar erklären;

b) können die Vertragsparteien oder ihre Teilgebiete andere Werte als die in diesem Absatz genannten für die betroffenen Fahrzeuge bestimmen.

(5) Nichts in diesem Übereinkommen ist so auszulegen, als hindere es die Vertragsparteien oder ihre Teilgebiete, für alle Fahrzeuge oder für bestimmte Fahrzeugarten allgemeine oder örtliche Geschwindigkeitsbeschränkungen vorzuschreiben oder auf bestimmten Straßen oder betimmten Straßenarten Mindest- und Höchstgeschwindigkeiten oder nur Höchst- oder nur Mindestgeschwindigkeiten vorzuschreiben, oder Mindestabstände vorzuschreiben, die mit der Anwesenheit von verschiedenen Fahrzeugarten auf der Straße, die insbesondere auf Grund ihres Gewichts oder ihrer Ladung eine besondere Gefahr darstellen, zu rechtfertigen sind.

Art. 14 Allgemeine Vorschriften für die Fahrbewegungen. (1) Jeder Fahrzeugführer, der eine Fahrbewegung ausführen will, wie Herausfahren aus einer oder Einfahren in eine Parkreihe, Wechseln nach rechts oder nach links auf der Fahrbahn, Abbiegen nach links oder rechts in eine andere Straße oder in ein angrenzendes Grundstück, muß sich zuvor vergewissern, daß er es ohne Gefährdung der anderen Verkehrsteilnehmer tun kann, die hinter ihm oder vor ihm sind oder die ihm begegnen, und zwar unter Berücksichtigung ihres Standorts, ihrer Richtung und ihrer Geschwindigkeit.

(2) Jeder Führer, der wenden oder rückwärts fahren will, muß sich zuvor vergewissern, daß er es ohne Gefährdung oder Behinderung der anderen Verkehrsteilnehmer tun kann.

(3) [1] Vor dem Abbiegen oder vor einer Fahrbewegung, die mit einer seitlichen Verschiebung verbunden ist, muß jeder Führer seine Absicht deutlich und rechtzeitig mit dem oder den Fahrtrichtungsanzeigern seines Fahrzeugs oder, falls solche nicht vorhanden sind, wenn möglich durch ein mit dem Arm gegebenens geeignetes Zeichen anzeigen. [2] Das durch den oder die Fahrtrichtungsanzeiger gegebene Zeichen muß während der ganzen Dauer der Fahrbewegung fortgesetzt werden und aufhören, sobald diese beendet ist.

Art. 15 Sondervorschriften bezüglich der Fahrzeuge des öffentlichen Linienverkehrs. [1] Es wird empfohlen, in den innerstaatlichen Rechtsvorschriften vorzusehen, daß in Ortschaften, um den Verkehr der Fahrzeuge des öffentlichen Linienverkehrs zu erleichtern, die Führer der anderen Fahrzeuge, vorbehaltlich des Artikels 17 Absatz 1, ihre Fahrt verlangsamen und, wenn nötig, anhalten, um diese Fahrzeuge des öffentlichen Verkehrs die erforderliche Fahrbewegung ausführen zu lassen, damit sie sich bei der Abfahrt von den als solche gekennzeichneten Haltestellen wieder in Bewegung setzen können. [2] Die von den Vertragsparteien oder ihren Teilgebieten zu diesem Zweck erlassenen Bestimmungen ändern in keiner Weise die für die Führer der Fahrzeuge des öffentlichen Linienverkehrs bestehende Verpflichtung, die zur Vermeidung irgendeiner Gefährdung nötigen Vorsichtsmaßnahmen zu treffen, nachdem sie ihre Absicht des Wiederanfahrens mit ihren Fahrtrichtungsanzeigern angezeigt haben.

Art. 16 Fahrtrichtungsänderung. (1) Ein Führer, der nach rechts oder links in eine andere Straße oder in ein angrenzendes Grundstück abbiegen will, muß unbeschadet des Artikels 7 Absatz 1 und des Artikels 14,

a) wenn er die Straße nach der der Verkehrsrichtung entsprechenden Seite verlassen will, sich so nahe wie möglich an den dieser Richtung entsprechenden Fahrbahnrand halten und seine Fahrbewegung in einem kleinstmöglichen Raum ausführen;

b) wenn er die Straße nach der anderen Seite verlassen will, vorbehaltlich der Möglichkeit für die Vertragsparteien oder ihre Teilgebiete, abweichende Bestimmungen für Fahrräder und Motorfahrräder zu erlassen, sich auf Fahrbahnen mit Gegenverkehr so nahe wie möglich an die Mittellinie der Fahrbahn oder auf Fahrbahnen für eine Richtung an den der Verkehrsrichtung entgegengesetzten Fahrbahnrand halten und, wenn er in eine andere Straße mit Gegenverkehr abbiegen will, seine Fahrbewegung so ausführen, daß er auf der der Verkehrsrichtung entsprechenden Seite auf die Fahrbahn dieser anderen Straße gelangt.

(2) Während der Fahrtrichtungsänderung muß der Führer, unbeschadet des Artikels 21 bezüglich der Fußgänger, ihm auf der Fahrbahn, die er verlassen will, entgegenkommende Fahrzeuge sowie Radfahrer und Führer von Motorfahrrädern, die auf den die Fahrbahn, auf die er sich begeben will, kreuzenden Radwegen fahren, vorbeifahren lassen.

Art. 17 Verminderung der Geschwindigkeit. (1) Kein Führer darf eine nicht aus Sicherheitsgründen erforderliche plötzliche Bremsung vornehmen.

(2) [1] Jeder Führer, der die Geschwindigkeit seines Fahrzeugs wesentlich vermindern will, muß, außer wenn diese Verminderung durch eine drohende Gefahr begründet ist, sich zuvor vergewissern, daß er es ohne Gefahr oder ungewöhnliche Behinderung für andere Führer tun kann. [2] Er muß ferner, außer wenn er sich vergewissert hat, daß ihm ein anderes Fahrzeug nicht oder nur in weitem Abstand folgt, seine Absicht deutlich und rechtzeitig durch ein geeignetes Zeichen mit dem Arm anzeigen; diese Vorschrift gilt jedoch nicht, wenn die Anzeige der Geschwindigkeitsverminderung durch das Aufleuchten der in Anhang 5 Absatz 31 angeführten Bremsleuchten am Fahrzeug gegeben wird.

Art. 18 Kreuzungen und Pflicht, die Vorfahrt zu gewähren. (1) [1] Jeder Führer, der sich einer Kreuzung nähert, muß die besondere Vorsicht walten lassen, die den örtlichen Verhältnissen angemessen ist. [2] Fahrzeugführer müssen insbesondere mit einer solchen Geschwindigkeit fahren, daß sie die Möglichkeit haben anzuhalten, um die Fahrzeuge durchfahren zu lassen, die Vorfahrt haben.

(2) [1] Jeder Führer, der aus einem Fuß- oder Feldweg auf eine Straße gelangt, die kein Fuß- oder Feldweg ist, muß den auf dieser Straße verkehrenden Fahrzeugen die Vorfahrt gewähren. [2] Für die Zwecke dieses Artikels können die Begriffe „Fußweg" oder „Feldweg" in den innerstaatlichen Rechtsvorschriften bestimmt werden.

(3) Jeder Fahrzeugführer, der aus einem angrenzenden Grundstück auf eine Straße einfährt, muß den auf dieser Straße fahrenden Fahrzeugen die Vorfahrt gewähren.

(4) Vorbehaltlich des Absatzes 7

a) muß in Staaten mit Rechtsverkehr an anderen Kreuzungen als denen nach Absatz 2 und nach Artikel 25 Absätze 2 und 4 der Führer eines Fahrzeugs den von rechts kommenden Fahrzeugen die Vorfahrt gewähren;

b) steht es den Vertragsparteien oder ihren Teilgebieten, auf deren Gebiet Linksverkehr besteht, frei, die Vorfahrtregeln an Kreuzungen nach Belieben festzulegen.

(5) Selbst wenn die Verkehrslichtzeichen ihm dazu die Ermächtigung geben, darf sich ein Führer nicht in eine Kreuzung begeben, wenn der Verkehr so dicht ist, daß er wahrscheinlich auf der Kreuzung anhalten müßte und so den Querverkehr behindern oder blockieren würde.

(6) Ein Führer, der sich auf einer Kreuzung befindet, wo der Verkehr durch Verkehrslichtzeichen geregelt ist, darf die Kreuzung verlassen, ohne abzuwarten, bis der Verkehr in der Richtung freigegeben wird, in die er sich zu begeben wünscht, wenn dadurch die Bewegung anderer Verkehrsteilnehmer in Richtung des freigegebenen Verkehrs nicht behindert wird.

(7) An Kreuzungen müssen die Führer nicht schienengebundener Fahrzeuge den Schienenfahrzeugen die Vorfahrt gewähren.

Art. 19 Bahnübergänge. [1] Jeder Verkehrsteilnehmer muß bei der Annäherung an einen Bahnübergang und bei dessen Überquerung besondere Vorsicht walten lassen. [2] Insbesondere

a) muß jeder Fahrzeugführer mit mäßiger Geschwindigkeit fahren;

b) darf unbeschadet der Verpflichtung, das durch ein Verkehrslichtzeichen oder ein akustisches Zeichen gegebene Haltgebot zu befolgen, sich kein Verkehrsteilnehmer auf einen Bahnübergang begeben, dessen Schranken oder Halbschranken geschlossen sind oder sich senken oder dessen Halbschranken sich heben;

c) darf, wenn ein Bahnübergang keine Schranken, Halbschranken oder Verkehrslichtzeichen hat, sich kein Verkehrsteilnehmer darauf begeben, ohne sich vergewissert zu haben, daß sich kein Schienenfahrzeug nähert;

d) darf kein Verkehrsteilnehmer die Überquerung eines Bahnübergangs unangemessen verlängern; bleibt ein Fahrzeug liegen, so muß sich sein Führer bemühen, es außerhalb des Schienenbereichs zu bringen und, wenn er das nicht kann, sofort alle in seiner Macht stehenden Maßnahmen ergreifen, damit die Führer der Schienenfahrzeuge rechtzeitig vor der Gefahr gewarnt werden.

Art. 20 Vorschriften für Fußgänger. (1) Die Vertragsparteien oder ihre Teilgebiete brauchen diesen Artikel nur in den Fällen für anwendbar zu erklären, wo der Fußgängerverkehr auf der Fahrbahn gefährlich oder für den Fahrzeugverkehr hinderlich wäre.

(2) [1] Gibt es an der Seite der Fahrbahn Gehwege oder von Fußgängern begehbare Seitenstreifen, so müssen Fußgänger diese benutzen. [2] Jedoch, wenn sie die nötigen Vorsichtsmaßnahmen ergreifen,

a) dürfen Fußgänger, die sperrige Gegenstände schieben oder tragen, die Fahrbahn benutzen, wenn die Benutzung des Gehweges oder des Seitenstreifens andere Fußgänger erheblich behindern würde;

b) dürfen Fußgängergruppen, die von einer Aufsichtsperson geführt werden oder einen Umzug bilden, auf der Fahrbahn gehen.

(3) Wenn es nicht möglich ist, Gehwege oder Seitenstreifen zu benutzen, oder wenn solche fehlen, dürfen die Fußgänger auf der Fahrbahn gehen; wenn ein Radweg vorhanden ist und die Verkehrsdichte es ihnen erlaubt, dürfen sie auf dem Radweg gehen, aber ohne den Verkehr der Radfahrer und der Führer von Motorfahrrädern zu behindern.

(4) Wenn Fußgänger entsprechend den Absätzen 2 und 3 die Fahrbahn benutzen, müssen sie sich so dicht wie möglich an den Fahrbahnrand halten.

(5) [1] Es wird empfohlen, in den innerstaatlichen Rechtsvorschriften folgendes vorzusehen: wenn Fußgänger die Fahrbahn benutzen, müssen sie, außer wenn dies ihre Sicherheit gefährden würde, auf der der Verkehrsrichtung entgegengesetzten Seite gehen. [2] Jedoch müssen Personen, die ein Fahrrad, ein Motorfahrrad oder ein Kraftrad schieben, sowie Fußgängergruppen, die von einer Aufsichtsperson geführt werden oder einen Umzug bilden, sich an die Fahrbahnseite halten, die der Verkehrsrichtung entspricht. [3] Außer wenn sie einen Umzug bilden, müssen die die Fahrbahn benutzenden Fußgänger bei Nacht oder schlechter Sicht sowie am Tage, wenn es die Dichte des Fahrzeugverkehrs erfordert, nach Möglichkeit in einer Reihe gehen.

(6)

a) Fußgänger dürfen nur mit Vorsicht eine Fahrbahn betreten, um sie zu überschreiten; sie müssen hierzu einen Fußgängerüberweg benutzen, wenn ein solcher in der Nähe ist.

b) Um eine Fahrbahn auf einem Fußgängerüberweg zu überschreiten, der als solcher gekennzeichnet oder durch Markierungen auf der Fahrbahn begrenzt ist,

   i) müssen die Fußgänger, wenn der Überweg mit Fußgängerlichtzeichen ausgestattet ist, die durch diese Lichtzeichen angezeigten Vorschriften beachten;

   ii) dürfen die Fußgänger, wenn der Überweg nicht mit einer solchen Lichtzeichenanlage ausgestattet ist, aber der Fahrzeugverkehr durch Verkehrslichtzeichen oder einen Verkehrspolizisten geregelt wird, die Fahrbahn nicht betreten, solange das Lichtzeichen oder das Handzeichen des Verkehrspolizisten den Fahrzeugen die Fahrt freigibt;

   iii) dürfen die Fußgänger an anderen Fußgängerüberwegen die Fahrbahn nicht betreten, ohne dabei die Entfernung und die Geschwindigkeit der herannahenden Fahrzeuge zu berücksichtigen.

c) Um außerhalb eines als solchen gekennzeichneten oder durch Markierungen auf der Fahrbahn begrenzten Fußgängerüberwegs die Fahrbahn zu überschreiten, dürfen die Fußgänger diese nicht betreten, bevor sie sich vergewissert haben, daß sie es ohne Behinderung des Fahrzeugverkehrs tun können.

d) Beim Überschreiten der Fahrbahn dürfen die Fußgänger ihren Weg nicht unnötig verlängern, sich nicht unnötig dabei aufhalten oder stehenbleiben.

(7) Jedoch können die Vertragsparteien oder ihre Teilgebiete strengere Bestimmungen für das Überschreiten der Fahrbahn durch Fußgänger erlassen.

Art. 21 Verhalten der Führer gegenüber Fußgängern. (1) Unbeschadet des Artikels 7 Absatz 1, des Artikels 11 Absatz 9 und des Artikels 13 Absatz 1, wenn ein als solcher gekennzeichneter oder durch Markierungen auf der Fahrbahn begrenzter Fußgängerüberweg vorhanden ist,

a) müssen die Fahrzeugführer, wenn der Fahrzeugverkehr an diesem Überweg durch Verkehrslichtzeichen oder durch einen Verkehrspolizisten geregelt wird und ihnen die Weiterfahrt nicht gestattet ist, vor dem Überweg anhalten, und, wenn ihnen die Weiterfahrt gestattet ist, dürfen sie das Überschreiten der Fußgänger, die sich auf den Überweg begeben haben und ihn unter den in Artikel 20 vorgesehenen Bedingungen überschreiten, nicht behindern oder belästigen; beim Abbiegen in eine andere Straße, an deren Einfahrt sich ein Fußgängerüberweg befindet, müssen die Fahrzeugführer langsam fahren und nötigenfalls anhalten, um die Fußgänger, die sich unter den in Artikel 20 Absatz 6 vorgesehenen Bedingungen auf den Überweg begeben haben oder begeben, vorbeizulassen;

b) wenn der Fahrzeugverkehr an diesem Überweg nicht durch Verkehrslichtzeichen oder einen Verkehrspolizisten geregelt wird, dürfen sich die Führer dem Überweg nur mit so mäßiger Geschwindigkeit nähern, daß die Fußgänger, die sich auf diesen begeben haben oder begeben, nicht gefährdet werden, nötigenfalls müssen sie anhalten, um diese vorbeizulassen.

(2) Fahrzeugführer, die auf der der Verkehrsrichtung entsprechenden Seite an einer als solche gekennzeichneten Haltestelle an einem öffentlichen Verkehrsmittel vorbeifahren wollen, müssen ihre Geschwindigkeit vermindern und nötigenfalls anhalten, um den Fahrgästen das Ein- und Aussteigen zu ermöglichen.

(3) Dieser Artikel ist nicht so auszulegen, als hindere er die Vertragsparteien oder ihre Teilgebiete

– den Fahrzeugführern jedesmal das Anhalten zu gebieten, wenn sich Fußgänger auf einen als solchen gekennzeichneten oder durch Markierungen auf der Fahrbahn begrenzten Überweg unter den in Artikel 20 vorgesehenen Bedingungen begeben haben oder begeben, oder

– ihnen zu verbieten, Fußgänger, die die Fahrbahn an einer Kreuzung oder dicht an einer Kreuzung überschreiten, auch wenn an dieser Stelle kein Fußgängerüberweg als solcher gekennzeichnet oder durch Markierungen auf der Fahrbahn begrenzt ist, zu behindern oder zu belästigen.

Art. 22 Verkehrsinseln auf der Fahrbahn. Unbeschadet des Artikels 10 darf jeder Führer Verkehrsinseln, Pfosten und andere auf seiner Fahrbahn angebrachte Einrichtungen rechts oder links lassen, außer in den folgenden Fällen:

a) wenn die Seite, die zu benutzen ist, durch ein Verkehrszeichen vorgeschrieben ist;

b) wenn sich die Insel, der Pfosten oder die Einrichtung auf der Mittellinie einer Fahrbahn für beide Richtungen befindet; der Führer muß dann die Insel, den Pfosten oder die Einrichtung auf der der Verkehrsrichtung entgegengesetzten Seite lassen.

Art. 23 Halten und Parken. (1) [1] Außerhalb von Ortschaften müssen haltende oder parkende Fahrzeuge und stillstehende Tiere, wenn irgend möglich, außerhalb der Fahrbahn abgestellt werden. [2] Sie dürfen weder auf Radwegen noch – es sei denn die innerstaatlichen Rechtsvorschriften lassen dies zu – auf den Gehwegen oder den für den Fußgängerverkehr vorgesehenen Seitenstreifen abgestellt werden.

(2)

a) Auf der Fahrbahn haltende oder parkende Fahrzeuge und stillstehende Tiere müssen möglichst nahe am Fahrbahnrand abgestellt werden. Ein Führer darf mit seinem Fahrzeug nur auf der seiner Verkehrsrichtung entsprechenden Seite der Fahrbahn halten oder parken; wenn jedoch das Halten oder Parken auf der Seite der Verkehrsrichtung wegen dort verlegter Schienen nicht möglich ist, ist es auf der anderen Seite erlaubt. Im übrigen können die Vertragsparteien oder ihre Teilgebiete:
   i) das Halten und Parken auf der einen oder anderen Seite unter bestimmten Bedingungen erlauben, insbesondere wenn Verkehrszeichen das Halten auf der der Verkehrsrichtung entsprechenden Seite verbieten;
   ii) auf Fahrbahnen für nur eine Richtung das Halten und Parken auf der anderen Seite erlauben, und zwar auch gleichzeitig mit dem Halten und Parken auf der der Verkehrsrichtung entsprechenden Seite;
   iii) das Halten und Parken in der Mitte der Fahrbahn an besonders gekennzeichneten Stellen erlauben.

b) [1] Vorbehaltlich gegenteiliger innerstaatlicher Rechtsvorschriften dürfen Fahrzeuge außer zweirädrigen Fahrrädern, zweirädrigen Motorfahrrädern oder zweirädrigen Krafträdern ohne Beiwagen auf der Fahrbahn in doppelter Reihe weder halten noch parken. [2] Haltende oder parkende Fahrzeuge müssen, außer wo die örtlichen Verhältnisse etwas anderes erlauben, parallel zum Fahrbahnrand aufgestellt werden.

(3)

a) Jedes Halten und Parken eines Fahrzeugs auf der Fahrbahn ist verboten
   i) auf Fußgängerüberwegen, auf Radfahrüberwegen und auf Bahnübergängen;
   ii) auf den Schienen von Straßenbahnen oder Eisenbahnen auf der Straße oder so dicht an den Schienen, daß der Verkehr dieser Schienenbahnen oder Eisenbahnen behindert werden könnte, sowie, vorbehaltlich der Möglichkeit für die Vertragsparteien oder ihre Teilgebiete, gegenteilige Bestimmungen zu erlassen, auf Gehwegen und Radwegen;

b) Jedes Halten und Parken eines Fahrzeuges ist an allen Stellen verboten, wo es eine Gefahr bilden könnte, insbesondere
   i) unter Überführungen, oder in Tunneln außer an besonders gekennzeichneten Stellen;
   ii) auf der Fahrbahn in der Nähe der Scheitelpunkte von Kuppen sowie in Kurven, wenn die Sicht zur völlig sicheren Vorbeifahrt an dem Fahrzeug unter Berücksichtigung der Geschwindigkeit der Fahrzeuge auf dem betreffenden Straßenabschnitt unzureichend ist;
   iii) auf der Fahrbahn in Höhe einer Längsmarkierung, wenn Buchstabe b Ziffer ii nicht zutrifft, aber die Fahrbahnbreite zwischen der Markie-

rung und dem Fahrzeug weniger als 3 m (10 Fuß) beträgt und wenn es sich um eine Markierung handelt, deren Überfahren den aus derselben Richtung kommenden Fahrzeugen verboten ist;

c) Jedes Parken eines Fahrzeugs auf der Fahrbahn ist verboten:

i) An Bahnübergängen, Kreuzungen, Omnibus-, Oberleitungsomnibus- und Schienenfahrzeug-Haltestellen innerhalb der in den innerstaatlichen Rechtsvorschriften festgelegten Entfernungen;

ii) vor Grundstückseinfahrten;

iii) an jeder Stelle, wo das parkende Fahrzeug den Zugang zu einem anderen ordnungsgemäß parkenden Fahrzeug oder das Herausfahren eines solchen Fahrzeugs verhindern würde;

iv) auf der mittleren Fahrbahn der Straßen mit drei Fahrbahnen und außerhalb von Ortschaften auf den Fahrbahnen der Straßen, die durch ein geeignetes Zeichen als Vorfahrtstraßen gekennzeichnet sind;

v) an Stellen, wo das parkende Fahrzeug den Verkehrsteilnehmern Straßenverkehrszeichen oder Verkehrslichtzeichen verdecken würde.

(4) Ein Führer darf sein Fahrzeug oder seine Tiere nicht verlassen, ohne alle zweckdienlichen Vorkehrungen getroffen zu haben, um jeden Unfall, und sofern es sich um ein Kraftfahrzeug (Artikel 1 Buchstabe p) handelt, dessen unerlaubte Verwendung zu verhüten.

(5) Es wird empfohlen, in den innerstaatlichen Rechtsvorschriften vorzusehen, daß jedes Kraftfahrzeug außer einem zweirädrigen Motorfahrrad oder einem zweirädrigen Kraftrad ohne Beiwagen und jeder angekuppelte oder nicht angekuppelte Anhänger, die außerhalb einer Ortschaft auf der Fahrbahn abgestellt wurden, mittels mindestens einer in ausreichender Entfernung vom Fahrzeug an günstigster Stelle aufgestellten geeigneten Vorrichtung zu kennzeichnen sind, um herankommende Führer rechtzeitig zu warnen:

a) wenn das Fahrzeug nachts unter solchen Bedingungen auf der Fahrbahn abgestellt wurde, daß die herankommenden Führer das dadurch gebildete Hindernis nicht erkennen können;

b) wenn ein Führer, in anderen Fällen, gezwungen war, sein Fahrzeug an einer Stelle anzuhalten, wo das Halten verboten ist.

(6) Nichts in diesem Artikel ist so auszulegen, als hindere es die Vertragsparteien oder ihre Teilgebiete, andere Park- und Haltverbote zu erlassen.

Art. 24 Öffnen der Fahrzeugtüren. Es ist verboten, die Tür eines Fahrzeugs zu öffnen, sie offenzulassen oder aus dem Fahrzeug auszusteigen, ohne sich vergewissert zu haben, daß daraus keine Gefahr für andere Verkehrsteilnehmer entstehen kann.

Art. 25 Autobahnen und ähnliche Straßen. (1) Auf den Autobahnen und, wenn die innerstaatlichen Rechtsvorschriften dies bestimmen, auf den besonderen Zu- und Abfahrtsstraßen der Autobahnen:

a) ist der Verkehr verboten für Fußgänger, Tiere und Fahrräder, für Motorfahrräder, wenn sie nicht den Krafträdern gleichgestellt sind, und für alle anderen Fahrzeuge, die nicht Kraftfahrzeuge (Artikel 1 Buchstabe p) oder deren Anhänger sind, sowie für Kraftfahrzeuge (Artikel 1 Buchstabe p) oder ihre Anhänger, die auf ebener Straße eine in den innerstaatlichen

Rechtsvorschriften festgesetzte durch die Bauart bestimmte Geschwindigkeit nicht erreichen können;

b) ist es den Führern verboten,

i) mit ihren Fahrzeugen anderswo als auf den gekennzeichneten Parkplätzen zu halten oder zu parken; der Führer eines liegengebliebenen Fahrzeugs muß sich bemühen, sein Fahrzeug von der Fahrbahn und auch von den befestigten Seitensteifen zu entfernen, und, wenn er dies nicht kann, sofort das Fahrzeug in ausreichender Entfernung zu kennzeichnen, um herankommende Führer rechtzeitig zu warnen;

ii) zu wenden, rückwärts zu fahren oder den Mittelstreifen einschließlich der die beiden Fahrbahnen verbindenden Überfahrten zu benutzen.

(2) Bei der Einfahrt in eine Autobahn müssen die Führer

a) wenn ein die Zufahrtsstraße verlängernder Beschleunigungsstreifen nicht vorhanden ist, den auf der Autobahn verkehrenden Fahrzeugen die Vorfahrt gewähren;

b) wenn ein Beschleunigungsstreifen vorhanden ist, diesen benutzen und sich unter Beachtung des Artikels 14 Absätze 1 und 3 in den Autobahnverkehr einordnen.

(3) Ein Führer, der die Autobahn verläßt, muß rechtzeitig den Fahrstreifen, der der Autobahnausfahrt entspricht, benutzen und so bald wie möglich auf den Verzögerungsstreifen fahren, wenn einer vorhanden ist.

(4) Hinsichtlich der Anwendung der Absätze 1, 2 und 3 sind den Autobahnen die anderen dem Verkehr mit Kraftfahrzeugen vorbehaltenen Straßen gleichgestellt, die als solche ordnungsmäßig gekennzeichnet sind und zu denen von den angrenzenden Grundstücken aus keine Zufahrt besteht.

Art. 26 Sondervorschriften für Umzüge und Körperbehinderte.

(1) Den Verkehrsteilnehmern ist verboten, Militärkolonnen, Gruppen von Schülern in geschlossenen Abteilungen unter Leitung eines Lehrers und andere Umzüge zu unterbrechen.

(2) Körperbehinderte, die in einem Krankenfahrstuhl fahren, der von ihnen selbst angetrieben wird oder der mit Schrittgeschwindigkeit fährt, dürfen die Gehwege und befahrbaren Seitenstreifen benutzen.

Art. 27 Besondere Vorschriften für Radfahrer, Führer von Motorfahrrädern und von Krafträdern. (1) Ungeachtet des Artikels 10 Absatz 3 brauchen die Vertragsparteien oder ihre Teilgebiete den Radfahrern nicht zu verbieten, zu mehreren nebeneinander zu fahren.

(2) [1] Den Radfahrern ist es verboten zu fahren, ohne zumindest mit einer Hand die Lenkstange zu halten, sich von einem anderen Fahrzeug ziehen zu lassen oder Gegenstände zu befördern, zu ziehen oder zu schieben, die sie beim Fahren behindern oder die andere Verkehrsteilnehmer gefährden. [2] Dieselben Bestimmungen gelten für die Führer von Motorfahrrädern und von Krafträdern; diese müssen aber die Lenkstange mit beiden Händen halten, außer um die in Artikel 14 Absatz 3 beschriebene Fahrbewegung anzuzeigen.

(3) [1] Den Radfahrern und den Führern von Motorfahrrädern ist verboten, auf ihrem Fahrzeug andere Personen zu befördern; die Vertragsparteien oder ihre Teilgebiete können jedoch Ausnahmen davon bewilligen, insbesondere

die Personenbeförderung auf dem oder den an dem Fahrrad angebrachten zusätzlichen Sitzen. [2] Führer von Krafträdern dürfen andere Personen nur in einem Beiwagen und auf einem hinter dem Führer angebrachten zusätzlichen Sitz befördern.

(4) [1] Die Vertragsparteien oder ihre Teilgebiete können den Radfahrern verbieten, wenn ein Radweg vorhanden ist, den übrigen Teil der Fahrbahn zu benutzen. [2] Im selben Falle können sie den Führern von Motorfahrrädern erlauben, den Radweg zu benutzen und, wenn sie es für zweckmäßig halten, ihnen verbieten, den übrigen Teil der Fahrbahn zu benutzen.

Art. 28 Optische und akustische Warnzeichen. (1) Vorrichtungen zum Abgeben akustischer Warnzeichen dürfen nur benutzt werden,

a) um die notwendigen Warnzeichen zur Verhütung eines Unfalls zu geben;

b) um außerhalb von Ortschaften einem Führer anzuzeigen, daß er überholt werden soll.

Akustische Warnzeichen dürfen nicht länger als nötig dauern.

(2) [1] Führer von Kraftfahrzeugen (Artikel 1 Buchstabe p) dürfen zwischen dem Hereinbrechen der Nacht und dem Anbruch des Tages anstelle der akustischen Warnzeichen die in Artikel 33 Absatz 5 bestimmten optischen Warnzeichen geben. [2] Sie dürfen das auch bei Tage zu den in Absatz 1 Buchstabe b genannten Zwecken tun, wenn das unter den gegebenen Verhältnissen zweckmäßiger ist.

(3) Die Vertragsparteien oder ihre Teilgebiete können die Abgabe von optischen Warnzeichen zu den in Absatz 1 Buchstabe b genannten Zwecken auch in Ortschaften erlauben.

Art. 29 Schienenfahrzeuge. (1) Wenn sich Schienen auf einer Fahrbahn befinden, muß jeder Verkehrsteilnehmer bei Annäherung einer Straßenbahn oder eines anderen Schienenfahrzeugs die Schienen so bald wie möglich räumen, um dem Schienenfahrzeug die Durchfahrt zu ermöglichen.

(2) [1] Die Vertragsparteien oder ihre Teilgebiete können von diesem Kapitel abweichende besondere Verkehrsvorschriften für Schienenfahrzeuge auf der Straße sowie darüber erlassen, wie ihnen auszuweichen ist und wie sie zu überholen sind. [2] Die Vertragsparteien oder ihre Teilgebiete können jedoch keine Vorschriften erlassen, die den in Artikel 18 Absatz 7 enthaltenen zuwiderlaufen.

Art. 30 Ladung der Fahrzeuge. (1) Wenn für ein Fahrzeug ein höchstes zulässiges Gesamtgewicht bestimmt ist, darf das Gesamtgewicht dieses Fahrzeugs niemals das höchste zulässige Gesamtgewicht überschreiten.

(2) Jede Ladung eines Fahrzeugs muß so verstaut und, wenn nötig, so befestigt sein, daß sie

a) Personen nicht gefährden oder öffentliches oder privates Gut nicht beschädigen, insbesondere nicht auf der Straße schleifen oder auf sie fallen kann;

b) nicht die Sicht des Führers beschränken oder das Gleichgewicht oder die Führung des Fahrzeugs beeinträchtigen kann;

c) weder vermeidbaren Lärm oder Staub noch sonstige vermeidbare Belästigungen verursachen kann;

d) die nach diesem Übereinkommen oder nach den innerstaatlichen Rechtsvorschriften vorgeschriebenen Leuchten einschließlich der Bremsleuchten und der Fahrtrichtungsanzeiger, Rückstrahler, Kennzeichen und das danach vorgeschriebene Unterscheidungszeichen des Zulassungsstaates oder die nach Artikel 14 Absatz 3 oder Artikel 17 Absatz 2 mit dem Arm gegebenen Zeichen nicht verdecken kann.

(3) [1] Alle Zubehörteile wie Seile, Ketten, Decken, die dazu dienen, die Ladung zu befestigen oder zu schützen, müssen ihr dicht anliegen und gut befestigt sein. [2] Alle Zubehörteile, die dazu dienen, die Ladung zu schützen, müssen den in Absatz 2 für die Ladung vorgesehenen Bedingungen entsprechen.

(4) [1] Die nach vorn, nach hinten oder seitlich über das Fahrzeug hinausragenden Ladungen müssen in allen Fällen, wo ihre Umrisse von den Führern anderer Fahrzeuge nicht bemerkt werden könnten, gut sichtbar gekennzeichnet sein; nachts muß diese Kennzeichnung vorn durch ein weißes Licht und eine weiße Rückstrahlvorrichtung und hinten durch ein rotes Licht und eine rote Rückstrahlvorrichtung erfolgen. [2] Insbesondere müssen auf Kraftfahrzeugen

a) Ladungen, die mehr als 1 m (3 Fuß 4 Zoll) nach hinten oder nach vorn über das äußerste Ende des Fahrzeugs hinausragen, stets gekennzeichnet sein;

b) Ladungen, die seitlich über den Umriß des Fahrzeugs so hinausragen, daß ihr äußerster seitlicher Punkt mehr als 0,40 m (16 Zoll) vom äußersten Rand der Begrenzungsleuchte des Fahrzeugs entfernt ist, bei Nacht nach vorn gekennzeichnet sein; das gleiche gilt nach hinten für Ladungen, die so hinausragen, daß ihr äußerster seitlicher Punkt mehr als 0,40 m (16 Zoll) vom äußersten Rand der roten Schlußleuchte des Fahrzeugs entfernt ist.

(5) Nichts in Absatz 4 ist so auszulegen, als hindere es die Vertragsparteien oder ihre Teilgebiete, das in diesem Absatz erwähnte Hinausragen der Ladung zu verbieten, zu beschränken oder einer Sondergenehmigung zu unterwerfen.

Art. 31 Verhalten bei Unfällen. (1) Unbeschadet der innerstaatlichen Rechtsvorschriften über die Verpflichtung zur Hilfeleistung für Verletzte muß jeder an einem Verkehrsunfall beteiligte Führer oder andere Verkehrsteilnehmer

a) anhalten, sobald es ihm möglich ist, ohne dadurch eine zusätzliche Gefahr für den Verkehr zu schaffen;

b) sich bemühen, die Sicherheit des Verkehrs an der Unfallstelle zu gewährleisten und, wenn durch den Unfall eine Person getötet oder schwer verletzt wurde, eine Veränderung des Zustandes an der Unfallstelle und die Beseitigung von Spuren, die zur Feststellung der Verantwortlichkeit nützlich sein können, zu vermeiden, sofern dies die Verkehrssicherheit nicht beeinträchtigt;

c) auf Verlangen anderer am Unfall beteiligter Personen ihnen die zur Feststellung seiner Person erforderlichen Angaben machen;

d) wenn durch den Unfall eine Person verletzt oder getötet wurde, die Polizei benachrichtigen und bis zu ihrem Eintreffen an Ort und Stelle bleiben oder dorthin zurückkehren und die Ankunft der Polizei abwarten, sofern diese ihm nicht erlaubt hat, die Unfallstelle zu verlassen oder er dem Verletzten Hilfe leisten oder selbst behandelt werden muß.

(2) Die Vertragsparteien oder ihre Teilgebiete können in ihren innerstaatlichen Rechtsvorschriften davon absehen, Absatz 1 Buchstabe d anzuwenden, wenn keine schwere Verletzung verursacht wurde und keiner der am Unfall Beteiligten die Benachrichtigung der Polizei verlangt.

Art. 32 Beleuchtung: Allgemeine Bestimmungen. (1) Im Sinne dieses Artikels bedeutet „Nacht" den Zeitraum zwischen dem Einbruch der Nacht und dem Tagesanbruch sowie andere Zeiten, wenn die Sicht beispielsweise infolge von Nebel, Schneefall, starkem Regen oder beim Durchfahren eines Tunnels ungenügend ist.

(2) Bei Nacht

a) muß jedes sich auf einer Straße befindende Kraftfahrzeug mit Ausnahme von Motorfahrrädern und zweirädrigen Krafträdern ohne Beiwagen nach vorn mindestens zwei weiße oder hellgelbe Lichter und nach hinten eine gerade Zahl von roten Lichtern zeigen, entsprechend den für Kraftfahrzeuge (Artikel 1 Buchstabe p) geltenden Absätzen 23 und 24 des Anhangs 5; die innerstaatlichen Rechtsvorschriften können jedoch nach vorn gelbe Begrenzungsleuchten zulassen. Diese Bestimmungen gelten auch für die Kraftfahrzeuge (Artikel 1 Buchstabe p) und die mit ihnen verbundenen Anhänger, wobei die roten Lichter sich hinten am letzten Anhänger befinden müssen; die Anhänger, für die Absatz 30 des Anhangs 5 gilt, müssen nach vorn die zwei weißen Lichter zeigen, mit welchen sie nach Absatz 30 versehen sein müssen;

b) muß jedes Fahrzeug und müssen alle miteinander verbundenen Fahrzeuge, für welche der vorstehende Buchstabe a nicht gilt und die sich auf einer Straße befinden, wenigstens nach vorn ein weißes oder hellgelbes Licht und nach hinten ein rotes Licht zeigen; ist nur ein Licht nach hinten vorhanden, muß dieses in der Fahrzeuglängsachse oder an der der Verkehrsrichtung gegenüberliegenden Seite des Fahrzeugs angebracht sein; bei Gespannfahrzeugen und Handwagen kann dieses Licht von dem Führer oder einem an dieser Fahrzeugseite gehenden Begleiter getragen werden.

(3) Die Lichter nach Absatz 2 müssen so sein, daß sie das Fahrzeug den übrigen Verkehrsteilnehmern deutlich erkennbar machen; das vordere Licht und das hintere Licht dürfen nur dann von derselben Vorrichtung ausgestrahlt werden, wenn die Merkmale des Fahrzeugs, insbesondere seine geringe Länge, so sind, daß unter diesen Bedingungen diese Vorschrift erfüllt werden kann.

(4)

a) Abweichend von Absatz 2

i) findet Absatz 2 keine Anwendung auf Fahrzeuge, die auf einer beleuchteten Straße so halten oder parken, daß sie aus ausreichender Entfernung deutlich sichtbar sind;

ii) brauchen Kraftfahrzeuge, deren Länge 6 m (20 Fuß) und deren Breite 2 m (6 Fuß 6 Zoll) nicht übersteigen und an die kein Fahrzeug angehängt ist, beim Halten oder Parken auf einer Straße in einer Ortschaft nur ein Licht zu zeigen, und zwar an der dem Fahrbahnrand, an dem das

Fahrzeug hält oder parkt, gegenüberliegenden Fahrzeugseite; dieses Licht muß nach vorn weiß oder gelb und nach hinten rot oder gelb sein;

iii) gilt Absatz 2 Buchstabe b weder für zweirädrige Fahrräder noch für zweirädrige Motorfahrräder noch für zweirädrige Krafträder ohne Beiwagen und ohne Batterie, wenn sie in einer Ortschaft ganz dicht am Fahrbahnrand halten oder parken;

b) außerdem können die innerstaatlichen Rechtsvorschriften Abweichungen von diesem Artikel zulassen für

i) Fahrzeuge, die auf besonderen Plätzen außerhalb der Fahrbahn halten oder parken;

ii) Fahrzeuge, die in Straßen von Wohngebieten mit sehr schwachem Verkehr halten oder parken.

(5) In keinem Falle darf ein Fahrzeug nach vorn rote Lichter, Rückstrahlvorrichtungen oder -stoffe, nach hinten weiße oder hellgelbe Lichter, Rückstrahlvorrichtungen oder -stoffe zeigen; diese Bestimmung gilt weder für die Verwendung von weißen oder hellgelben Rückfahrscheinwerfern noch für das Rückstrahlen der hellfarbigen Ziffern oder Buchstaben der hinteren Kennzeichen, der Unterscheidungszeichen oder anderer in den innerstaatlichen Rechtsvorschriften vorgeschriebener Unterscheidungsmerkmale oder des hellen Hintergrundes dieser Schilder oder Zeichen, noch für die roten Rundum- oder Blinklichter gewisser bevorrechtigter Fahrzeuge.

(6) Die Vertragsparteien oder ihre Teilgebiete können, soweit sie es ohne Gefahr für die Verkehrssicherheit für möglich halten, in ihren innerstaatlichen Rechtsvorschriften Abweichungen von diesem Artikel zulassen für:

a) Gespannfahrzeuge und Handwagen;

b) Fahrzeuge besonderer Form oder Art oder für solche, die für besondere Zwecke und unter besonderen Bedingungen benutzt werden.

(7) Nichts in diesem Übereinkommen ist so auszulegen, als hindere es die Vertragsparteien, in ihren innerstaatlichen Rechtsvorschriften die Fußgängergruppen, die von einer Aufsichtsperson geführt werden oder einen Umzug bilden, sowie die Führer von Vieh, einzeln oder in Herden oder von Zug-, Saum- oder Reittieren, wenn sie beim Verkehr unter den in Absatz 2 Buchstabe b bestimmten Bedingungen die Fahrbahn benutzen, zu verpflichten, eine Rückstrahlvorrichtung oder ein Licht zu zeigen; das aus- oder rückgestrahlte Licht muß dann nach vorn weiß oder hellgelb und nach hinten rot oder nach beiden Richtungen gelb sein.

Art. 33 Beleuchtung: Bestimmungen für die Verwendung der in Anhang 5 vorgesehenen Beleuchtungseinrichtungen. (1) Der Führer eines Fahrzeugs, das mit Scheinwerfern für Fernlicht, für Abblendlicht oder mit Begrenzungsleuchten nach Anhang 5 ausgerüstet ist, muß diese Beleuchtungseinrichtungen nach den folgenden Bestimmungen verwenden, wenn das Fahrzeug nach Artikel 32 wenigstens ein oder zwei weiße oder hellgelbe Lichter nach vorn zeigen muß:

a) das Fernlicht darf nicht eingeschaltet werden in Ortschaften bei ausreichender Straßenbeleuchtung, außerhalb von Ortschaften, wenn die Fahrbahn durchgehend beleuchtet ist und diese Beleuchtung dem Führer gestattet, auf ausreichende Entfernung deutlich zu sehen, oder wenn das Fahrzeug hält;

b) vorbehaltlich der Möglichkeit für die innerstaatlichen Rechtsvorschriften, die Verwendung des Fernlichts während der Tagesstunden bei ungenügender Sicht beispielsweise infolge von Nebel, Schneefall, starkem Regen oder beim Durchfahren eines Tunnels zuzulassen, darf das Fernlicht nicht eingeschaltet oder muß es in seiner Wirkung so verändert werden, daß eine Blendung vermieden wird:

i) wenn ein Führer einem anderen Fahrzeug begegnet; das Fernlicht muß dann, sofern es verwendet wird, ausgeschaltet oder in seiner Wirkung so verändert werden, daß auf ausreichende Entfernung eine Blendung vermieden wird, damit der Führer dieses anderen Fahrzeugs seine Fahrt unbehindert und ungefährdet fortsetzen kann;

ii) wenn ein Fahrzeug einem anderen in geringem Abstand folgt; jedoch darf das Fernlicht nach Absatz 5 eingeschaltet werden, um die Absicht des Überholens unter den in Artikel 28 angegebenen Bedingungen anzuzeigen;

iii) unter allen anderen Umständen, wenn es erforderlich ist, die übrigen Verkehrsteilnehmer oder die Benutzer einer Wasserstraße oder eines Schienenweges, die an der Straße entlangführen, nicht zu blenden;

c) vorbehaltlich des Buchstabens d muß das Abblendlicht eingeschaltet sein, wenn die Verwendung des Fernlichts auf Grund der unter den Buchstaben a und b aufgeführten Bestimmungen verboten ist; es darf an Stelle des Fernlichts verwendet werden, wenn es dem Führer deutliche Sicht auf ausreichende Entfernung ermöglicht und den übrigen Verkehrsteilnehmern gestattet, das Fahrzeug auf ausreichende Entfernung wahrzunehmen;

d) die Begrenzungsleuchten und die Schlußleuchten müssen gleichzeitig mit dem Fernlicht, dem Abblendlicht oder den Nebelscheinwerfern verwendet werden. Sie können allein verwendet werden, wenn das Fahrzeug hält oder parkt oder wenn auf anderen Straßen als Autobahnen und den in Artikel 25 Absatz 4 genannten Straßen die Beleuchtungsverhältnisse so sind, daß der Führer deutlich auf ausreichende Entfernung sehen kann und die übrigen Verkehrsteilnehmer das Fahrzeug auf ausreichende Entfernung wahrnehmen können.

(2) [1] Ist ein Fahrzeug mit Nebelscheinwerfern nach Anhang 5 ausgestattet, so dürfen diese nur bei Nebel, Schneefall oder starkem Regen verwendet werden. [2] Abweichend von Absatz 1 Buchstabe c ersetzt das Einschalten der Nebelschweinwerfer dann das des Abblendlichts, wobei die innerstaatlichen Rechtsvorschriften jedoch die gleichzeitige Verwendung der Nebenscheinwerfer und des Abblendlichts zulassen können.

(3) Abweichend von Absatz 2 können die innerstaatlichen Rechtsvorschriften auch beim Fehlen von Nebel, Schneefall oder starkem Regen die Verwendung der Nebelscheinwerfer auf engen kurvenreichen Straßen zulassen.

(4) Nichts in diesem Übereinkommen ist so auszulegen, als hindere es die Vertragsparteien, in ihren innerstaatlichen Rechtsvorschriften die Verwendung des Abblendlichts innerhalb von Ortschaften vorzuschreiben.

(5) Die in Artikel 28 Absatz 2 genannten optischen Warnzeichen bestehen im intermittierenden Einschalten des Abblendlichts in kurzen Intervallen oder im intermittierenden Einschalten des Fernlichts oder im abwechselnden Einschalten des Abblendlichts und des Fernlichts in kurzen Intervallen.

Art. 34 Ausnahmen. (1) Sobald das Herannahen eines bevorrechtigten Fahrzeugs durch die besonderen optischen und akustischen Warnvorrichtungen angekündigt wird, muß jeder Verkehrsteilnehmer die Durchfahrt auf der Fahrbahn freigeben und notfalls anhalten.

(2) Die innerstaatlichen Rechtsvorschriften können vorsehen, daß die Führer von bevorrechtigten Fahrzeugen alle oder einen Teil der Bestimmungen dieses Kapitels II außer denen in Artikel 6 Absatz 2 nicht zu beachten brauchen, wenn sie ihre Fahrt mit den besonderen Warnvorrichtungen des Fahrzeugs ankündigen, und unter der Voraussetzung, daß sie die anderen Verkehrsteilnehmer nicht gefährden.

(3) Die innerstaatlichen Rechtsvorschriften können bestimmen, in welchem Umfang die mit dem Bau, der Instandsetzung oder Instandhaltung der Straße beschäftigten Personen einschließlich der Führer der für die Arbeiten benutzten Maschinen während ihrer Arbeit dieses Kapitel II nicht zu beachten brauchen, unter der Voraussetzung, daß sie alle erforderlichen Vorsichtsmaßnahmen ergreifen.

(4) Um die in Absatz 3 genannten Maschinen zu überholen oder um ihnen auszuweichen, während diese für Arbeiten auf der Straße verwendet werden, brauchen die Führer der anderen Fahrzeuge, soweit nötig und unter der Bedingung, daß sie alle erforderlichen Vorsichtsmaßnahmen ergreifen, die Artikel 11 und 12 nicht zu beachten.

Kapitel III. Bedingungen für die Zulassung der Kraftfahrzeuge (Artikel 1 Buchstabe p) und Anhänger zum internationalen Verkehr

Art. 35 Zulassung.

(1)

a) [1] Um unter die Vergünstigungen dieses Übereinkommens zu fallen, muß im internationalen Verkehr jedes Kraftfahrzeug (Artikel 1 Buchstabe p) und jeder mit einem Kraftfahrzeug (Artikel 1 Buchstabe p) verbundene Anhänger mit Ausnahme eines leichten Anhängers von einer Vertragspartei oder einem ihrer Teilgebeite zugelassen sein, und der Führer des Kraftfahrzeugs (Artikel 1 Buchstabe p) muß eine gültige Bescheinigung über diese Zulassung haben, die entweder von einer zuständigen Behörde dieser Vertragspartei oder ihres Teilgebiets oder im Namen der Vertragspartei oder ihres Teilgebiets von einem Verband ausgestellt worden ist, der dazu von dieser Vertragspartei oder ihrem Teilgbiet ermächtigt wurde. [2] Diese Bescheinigung, Zulassungsschein genannt, muß wenigstens enthalten:
ein Kennzeichen, dessen Zusammensetzung in Anhang 2 angegeben ist;
den Tag der ersten Zulassung des Fahrzeugs;
den vollständigen Namen und den Wohnsitz desjenigen, für den die Bescheinigung ausgestellt ist;
den Namen oder die Fabrikmarke des Fahrzeugherstellers;

die Fahrgestellnummer (Fabrik- oder Seriennummer des Herstellers);
wenn es sich um ein Fahrzeug zur Güterbeförderung handelt, das höchste zulässige Gesamtgewicht;
die Gültigkeitsdauer, wenn diese nicht unbegrenzt ist. [3] Die Eintragungen in dieser Bescheinigung müssen entweder in lateinischen Buchstaben oder in der sogenannten englichen Kursivschrift vorgenommen oder so wiederholt werden.

b) Die Vertragsparteien oder ihre Teilgebiete können jedoch bestimmen, daß auf den in ihrem Hoheitsgebiet ausgestellten Bescheinigungen anstelle des Tages der ersten Zulassung das Herstellungsjahr angegeben wird.

(2) Abweichend von Absatz 1 soll ein nicht getrenntes Sattelkraftfahrzeug, während es sich im internationalen Verkehr befindet, selbst dann unter die Vergünstigungen dieses Übereinkommens fallen, wenn für den Sattelschlepper und den Sattelanhänger, aus denen das Fahrzeug besteht, nur eine einzige Zulassung und eine einzige Bescheinigung vorliegen.

(3) Nichts in diesem Übereinkommen ist so auszulegen, als beschränke es das Recht der Vertragsparteien oder ihrer Teilgebiete, bei einem Fahrzeug im internationalen Verkehr, das nicht für eine im Fahrzeug befindliche Person zugelassen ist, den Nachweis der Berechtigung des Führers zur Benutzung des Fahrzeugs zu verlangen.

(4) Es wird empfohlen, daß die Vertragsparteien, sofern dies noch nicht geschehen ist, eine Stelle schaffen, die beauftragt ist, auf nationaler oder regionaler Ebene die im Verkehr befindlichen Kraftfahrzeuge (Artikel 1 Buchstabe p) zu erfassen und die in jedem Zulassungsschein für jedes Fahrzeug enthaltenen Angaben zentral zu sammeln.

Art. 36 Kennzeichen. (1) Im internationalen Verkehr muß jedes Kraftfahrzeug (Artikel 1 Buchstabe p) an der Vorderseite und an der Rückseite sein Kennzeichen führen, Krafträder brauchen jedoch nur ein hinteres Kennzeichen.

(2) [1] Jeder zugelassene Anhänger muß im internationalen Verkehr an der Rückseite sein Kennzeichen führen. [2] Zieht ein Kraftfahrzeug (Artikel 1 Buchstabe p) einen oder mehrere Anhänger, so muß der einzige oder der letzte Anhänger, wenn er nicht zugelassen ist, das Kennzeichen des Zugfahrzeugs führen.

(3) Ausgestaltung und Anbringung des in diesem Artikel genannten Kennzeichens müssen dem Anhang 2 entsprechen.

Art. 37 Unterscheidungszeichen des Zulassungsstaates. (1) Außer dem Kennzeichen muß jedes Kraftfahrzeug (Artikel 1 Buchstabe p) im internationalen Verkehr hinten ein Unterscheidungszeichen des Staates führen, in dem es zugelassen ist.

(2) [1] Jeder Anhänger, der mit einem Kraftfahrzeug (Artikel 1 Buchstabe p) verbunden ist und nach Artikel 36 an der Rückseite ein Kennzeichen führen muß, muß hinten auch das Unterscheidungszeichen des Staates, wo dieses Kennzeichen ausgegeben worden ist, führen. [2] Dieser Absatz gilt auch, wenn der Anhänger in einem anderen Staat als dem Zulassungsstaat des Kraftfahrzeuges (Artikel 1 Buchstabe p), mit dem er verbunden ist, zugelassen ist; ist der Anhänger nicht zugelassen, so muß er hinten das Unterscheidungszeichen

des Staates führen, in dem das Zufahrzeug zugelassen ist, außer wenn er in diesem Staat verkehrt.

(3) Ausgestaltung und Anbringung des in diesem Artikel genannten Unterscheidungszeichens müssen dem Anhang 3 entsprechen.

Art. 38 Erkennungsmerkmale. Jedes Kraftfahrzeug (Artikel 1 Buchstabe p) und jeder Anhänger im internationalen Verkehr müssen die Erkennungsmerkmale nach Anhang 4 tragen.

Art. 39[1] Technische Vorschriften. [1] Jedes Kraftfahrzeug (Artikel 1 Buchstabe p), jeder Anhänger und alle miteinander verbundenen Fahrzeuge im internationalen Verkehr müssen dem Anhang 5 entsprechen. [2] Sie müssen ferner betriebssicher sein. [3] Sind in diese Fahrzeuge Systeme, Teile und Ausrüstungsgegenstände eingebaut, die den Bedingungen für die Konstruktion, den Einbau und die Verwendung nach den in Artikel 8 Absatz 5bis genannten internationalen Rechtsinstrumenten entsprechen, so gelten sie als vereinbar mit Anhang 5.

Art. 40 Übergangsbestimmung. Auf die Dauer von zehn Jahren vom Inkrafttreten dieses Übereinkommens nach Artikel 47 Absatz 1 an sollen die Anhänger im internationalen Verkehr ohne Rücksicht auf ihr höchstes zulässiges Gesamtgewicht selbst dann unter die Vergünstigungen dieses Übereinkommens fallen, wenn sie nicht zugelassen sind.

Kapitel IV. Führer von Kraftfahrzeugen (Artikel 1 Buchstabe p)

Art. 41 Geltung der Führerscheine. (1) [1] Die Vertragsparteien erkennen an:

a) jeden nationalen Führerschein, der in ihrer Landessprache oder einer ihrer Landessprachen abgefaßt ist, oder, falls er nicht in einer solchen Sprache abgefaßt ist, wenn eine beglaubigte Übersetzung beiliegt,

b) jeden nationalen Führerschein, der dem Anhang 6 entspricht, und

c) jeden internationalen Führerschein, der dem Anhang 7 entspricht,

als gültig, um auf ihrem Gebiet ein Fahrzeug zu führen, das zu den Klassen gehört, für die der Führerschein gilt, vorausgesetzt, daß der Führerschein noch gültig ist und von einer anderen Vertragspartei oder einem ihrer Teilgebiete oder von einem Verband ausgestellt worden ist, der dazu von dieser anderen Vertragspartei oder einem ihrer Teilgebiete ermächtigt wurde. [2] Dieser Absatz gilt nicht für Lernführerscheine.

(2) Ungeachtet des vorstehenden Absatzes:

a) wenn die Geltung des Führerscheins durch einen besonderen Vermerk davon abhängig gemacht wird, daß der Besitzer sich gewisser Geräte bedienen oder daß das Fahrzeug in bestimmer Weise ausgestattet sein muß, um der Körperbehinderung des Führers Rechnung zu tragen, wird der Führerschein nur dann als gültig anerkannt, wenn diese Auflagen beachtet werden;

---

[1] Art. 39 Satz 3 angef. mWv 23.3.2016 durch Üb. v. 24.3.2014 (BGBl. 2016 II S. 1306, 1307).

b) können die Vertragsparteien in ihrem Hoheitsgebiet die Anerkennung jedes Führerscheins verweigern, dessen Besitzer das 18. Lebensjahr nicht vollendet hat;

c) können die Vertragsparteien in ihrem Hoheitsgebiet die Anerkennung von Führerscheinen zum Führen von Kraftfahrzeugen (Artikel 1 Buchstabe p) oder miteinander verbundenen Fahrzeugen der Klassen C, D und E nach den Anhängen 6 und 7 verweigern, wenn die Besitzer dieser Führerscheine das 21. Lebensjahr nicht vollendet haben.

(3) Die Vertragsparteien verpflichten sich, die erforderlichen Maßnahmen zu treffen, damit die in Absatz 1 Buchstaben a, b und c angeführten nationalen und internationalen Führerscheine in ihrem Hoheitsgebiet nicht ohne eine vernünftige Gewähr für die Befähigung des Führers und seiner körperlichen Eignung ausgestellt werden.

(4) Für die Anwendung des Absatzes 1 und des Absatzes 2 Buchstabe c

a) kann mit Kraftfahrzeugen (Artikel 1 Buchstabe p) der in den Anhängen 6 und 7 angeführten Klasse B ein leichter Anhänger verbunden werden; damit kann auch ein Anhänger, dessen höchstes zulässiges Gesamtgewicht 750 kg (1650 Pfund), aber nicht das Leergewicht des Kraftfahrzeugs (Artikel 1 Buchstabe p) übersteigt, verbunden werden, wenn die Summe der höchsten zulässigen Gesamtgewichte der so verbundenen Fahrzeuge 3 500 kg (6 600 Pfund) nicht übersteigt;

b) kann mit Kraftfahrzeugen (Artikel 1 Buchstabe p) der in den Anhängen 6 und 7 genannten Klassen C und D ein leichter Anhänger verbunden werden, ohne das die so miteinander verbundenen Fahrzeuge ihre Zugehörigkeit zur Klasse C oder D verlieren.

(5) [1] Ein internationaler Führerschein darf nur dem Besitzer eines nationalen Führerscheins ausgestellt werden, für dessen Erwerb die in diesem Übereinkommen bestimmten Mindestanforderungen erfüllt wurden. [2] Die Gültigkeisdauer darf nicht über die entsprechende Dauer des nationalen Führerscheins hinausgehen; dessen Nummer muß auf dem internationalen Führerschein vermerkt sein.

(6) Dieser Artikel verpflichtet die Vertragsparteien nicht:

a) nationale oder internationale Führerscheine anzuerkennen, die im Hoheitsgebiet einer anderen Vertragspartei für Personen ausgestellt worden sind, die im Augenblick dieser Ausstellung ihren ordentlichen Wohnsitz in ihrem Hoheitsgebiet hatten oder deren ordentlicher Wohnsitz seit dieser Ausstellung in ihr Hoheitsgebiet verlegt worden ist;

b) die vorgenannten Führerscheine anzuerkennen, die für Personen ausgestellt worden sind, die zur Zeit der Ausstellung ihren ordentlichen Wohnsitz nicht im Hoheitsgebiet hatten, in dem der Führerschein ausgestellt wurde oder deren Wohnsitz seit dieser Ausstellung in ein anderes Hoheitsgebiet verlegt worden ist.

Art. 42 Vorübergehende Aufhebung der Geltung der Führerscheine.

(1) [1] Die Vertragsparteien oder ihre Teilgebiete können einem Führer, der in ihrem Hoheitsgebiet eine Zuwiderhandlung begeht, die nach ihren Rechtsvorschriften den Entzug des Führerscheins zur Folge haben kann, das Recht aberkennen, in ihrem Hoheitsgebiet seinen nationalen oder interna-

tionalen Führerschein zu verwenden. [2] In diesem Fall kann die zuständige Behörde der Vertragspartei oder ihres Teilgebiets, die das Recht auf Verwendung des Führerscheins aberkannt hat,

a) den Führerschein einziehen und ihn bis zum Ablauf der Aberkennungsfrist oder, wenn der Führer ihr Hoheitsgebiet früher verläßt, bis zu seiner Ausreise zurückbehalten;

b) die Behörde, die den Führerschein ausgestellt hat oder in deren Namen er ausgestellt wurde, von der Aberkennung benachrichtigen;

c) wenn es sich um einen internationalen Führerschein handelt, an der hierzu vorgesehenen Stelle vermerken, daß der Führerschein in ihrem Hoheitsgebiet nicht mehr gilt;

d) wenn sie nicht nach Buchstabe a verfahren hat, die unter Buchstabe b angeführte Benachrichtigung dahin ergänzen, daß sie die Behörde, die den Führerschein ausgestellt hat oder in deren Namen er ausgestellt wurde, bittet, dem Betroffenen die in bezug auf ihn getroffene Entscheidung mitzuteilen.

(2) Die Vertragsparteien bemühen sich, die ihnen entsprechend dem Verfahren nach Absatz 1 Buchstabe d zugegangenen Entscheidungen den Betroffenen mitzuteilen.

(3) Nichts in diesem Übereinkommen ist so auszulegen, daß es die Vertragsparteien oder eines ihrer Teilgebiete der Möglichkeit beraubt, einen Führer, der Besitzer eines nationalen oder internationalen Führerscheins ist, daran zu hindern, ein Fahrzeug zu führen, wenn es offensichtlich oder erwiesen ist, daß sein Zustand es ihm nicht erlaubt, ein Fahrzeug sicher zu führen oder wenn ihm das Recht, ein Fahrzeug zu führen in dem Staat aberkannt wurde, in dem er seinen ordentlichen Wohnsitz hat.

Art. 43 Übergangsbestimmung. Die dem Genfer Abkommen über den Straßenverkehr vom 19. September 1949 entsprechenden und innerhalb von fünf Jahren, nachdem dieses Übereinkommen entsprechend seinem Artikel 47 Absatz 1 in Kraft getreten ist, ausgestellten internationalen Führerscheine werden hinsichtlich der Anwendung der Artikel 41 und 42 den in diesem Übereinkommen vorgesehenen internationalen Führerscheinen gleichgestellt.

Kapitel V. Bedingungen für die Zulassung der Fahrräder und Motorfahrräder zum internationalen Verkehr

Art. 44 (1) Fahrräder ohne Motor im internationalen Verkehr müssen:

a) eine wirksame Bremse haben;

b) mit einer Klingel versehen sein, die auf ausreichende Entfernung zu hören ist, und dürfen keine andere akustische Warnvorrichtung haben;

c) mit einer roten Rückstrahlvorrichtung nach hinten und mit Vorrichtungen versehen sein, die es ermöglichen, ein weißes oder hellgelbes Licht nach vorn und ein rotes Licht nach hinten zu zeigen.

(2) Im Hoheitsgebiet der Vertragsparteien, die nicht nach Artikel 54 Absatz 2 eine Erklärung abgegeben haben, daß sie die Motorfahrräder den Krafträdern gleichstellen, müssen die Motorfahrräder im internationalen Verkehr:

a) zwei voneinander unabhängige Bremsen haben;

b) mit einer Klingel oder einer anderen akustischen Warnvorrichtung versehen sein, die auf ausreichende Entfernung zu hören ist;

c) mit einem wirksamen Auspuffschalldämpfer versehen sein;

d) mit Vorrichtungen versehen sein, die es ermöglichen, ein weißes oder hellgelbes Licht nach vorn und ein rotes Licht nach hinten zu zeigen, sowie hinten einen roten Rückstrahler haben;

e) das in Anhang 4 bestimmte Erkennungsmerkmal tragen.

(3) Im Hoheitsgebiet der Vertragsparteien, die nach Artikel 54 Absatz 2 eine Erklärung abgegeben haben, daß sie die Motorfahrräder den Krafträdern gleichstellen, müssen die Motorfahrräder für die Zulassung zum internationalen Verkehr den Bestimmungen genügen, die in Anhang 5 für die Krafträder festgelegt sind.

Kapitel VI. Schlußbestimmungen

Art. 45 (1) Dieses Übereinkommen liegt am Sitz der Vereinten Nationen in New York bis zum 31. Dezember 1969 allen Mitgliedstaaten der Vereinten Nationen oder Mitgliedern einer ihrer Sonderorganisationen oder der Internationalen Atomenergie-Organisation oder den Partnerstaaten des Statuts des Internationalen Gerichtshofs und jedem anderen Staat, der von der Generalversammlung der Vereinten Nationen eingeladen wird, dem Übereinkommen beizutreten, zur Unterzeichnung auf.

(2) [1] Dieses Übereinkommen bedarf der Ratifikation. [2] Die Ratifikationsurkunden sind beim Generalsekretär der Vereinten Nationen zu hinterlegen.

(3) [1] Dieses Übereinkommen bleibt für jeden der in Absatz 1 bezeichneten Staaten zum Beitritt offen. [2] Die Beitrittsurkunden sind beim Generalsekretär zu hinterlegen.

(4) [1] Bei der Unterzeichnung dieses Übereinkommens oder der Hinterlegung seiner Ratifikations- oder Beitrittsurkunde notifziert jeder Staat dem Generalsekretär der Vereinten Nationen das entsprechend Anhang 3 gewählte Unterscheidungszeichen, das die von ihm zugelassenen Fahrzeuge im internationalen Verkehr zu führen haben. [2] Durch eine weitere an den Generalsekretär gerichtete Notifikation kann jeder Staat ein von ihm vorher gewähltes Unterscheidungszeichen ändern.

Art. 46 (1) [1] Jeder Staat kann bei der Unterzeichnung, der Ratifikation, dem Beitritt oder jederzeit danach durch eine an den Generalsekretär gerichtete Notifikation erklären, daß dieses Übereinkommen auf alle oder einzelne Hoheitsgebiete anwendbar ist, deren internationale Beziehungen er wahrnimmt. [2] Das Übereinkommen wird in den in der Notifikation genannten Gebieten dreißig Tage nach Eingang der Notifikation beim Generealsekretär anwendbar oder am Tage des Inkrafttretens des Übereinkommens für den notifizierenden Staat, wenn dieser Tag später ist.

(2) Jeder Staat, der nach Absatz 1 eine Erklärung abgegeben hat, kann jederzeit danach durch eine an den Generalsekretär gerichtete Notifikation erklären, daß dieses Übereinkommen auf das in der Notifikation genannte Hoheitsgebiet keine Anwendung mehr finden soll, und das Übereinkommen tritt sodann ein Jahr nach dem Eingang dieser Notifikation beim Generalsekretär für das betreffende Hoheitsgebiet außer Kraft.

(3) [1] Jeder Staat, der eine Notifikation nach Absatz 1 abgibt, notifiziert dem Generalsekretär die entsprechend Anhang 3 gewählten Unterscheidungszeichen, welche die in den in Betracht kommenden Hoheitsgebieten zugelassenen Fahrzeuge im internationalen Verkehr zu führen haben. [2] Durch eine weitere an den Generalsekretär gerichtete Notifikation kann jeder Staat ein von ihm vorher gewähltes Unterscheidungszeichen ändern.

Art. 47 (1) Dieses Übereinkommen tritt zwölf Monate nach der Hinterlegung der fünfzehnten Ratifikations- oder Beitrittsurkunde in Kraft.

(2) Für jeden Staat, der dieses Übereinkommen nach der Hinterlegung der fünfzehnten Ratifikations- oder Beitrittsurkunde ratifiziert oder ihm beitritt, tritt es zwölf Monate nach der Hinterlegung seiner Ratifikations- oder Beitrittsurkunde in Kraft[1)].

Art. 48 Im Verhältnis unter den Vertragsparteien hebt dieses Übereinkommen bei seinem Inkrafttreten das Internationale Abkommen über Kraftfahrzeugverkehr und das Internationale Abkommen über Straßenverkehr, beide unterzeichnet am 24. April 1926 in Paris, das am 15. Dezember 1943 in Washington zur Unterzeichnung aufgelegte Abkommen über die Regelung des interamerikanischen Kraftfahrzeugverkehrs sowie das am 19. September 1949 in Genf zur Unterzeichnung aufgelegte Abkommen über den Straßenverkehr auf und ersetzt sie.

Art. 49 (1) [1] Ist dieses Übereinkommen ein Jahr in Kraft gewesen, so kann jede Vertragspartei eine oder mehrere Änderungen des Übereinkommens vorschlagen. [2] Der Wortlaut jedes Änderungsvorschlags ist mit einer Begründung dem Generalsekretär der Vereinten Nationen mitzuteilen, der ihn allen Vertragsparteien übermittelt. [3] Diese können dem Generalsekretär binnen zwölf Monaten nach dem Tage dieser Übermittlung mitteilen, ob sie:

a) die Änderung annehmen; oder

b) die Änderung ablehnen; oder

c) die Einberufung einer Konferenz zur Prüfung dieser Änderung wünschen.

[4] Der Generalsekretär übermittelt den Text der vorgeschlagenen Änderung auch allen anderen in Artikel 45 Absatz 1 bezeichneten Staaten.

(2)

a) Jeder Änderungsvorschlag, der nach Absatz 1 übermittelt wurde, gilt als angenommen, wenn während der vorerwähnten Zwölfmonatsfrist weniger als ein Drittel der Vertragsparteien dem Generalsekretär mitteilt, daß sie entweder die Änderung ablehnen oder die Einberufung einer Konferenz

---

1) Das Übereinkommen ist für die Bundesrepublik Deutschland am **3.8.1979** in Kraft getreten, siehe hierzu die Bek. v. 1.8.1979 (BGBl. II S. 932). Nach Art. 1 Abs. 2 des G v. 21.9.1977 (s.o. S. 1) sind Art. 3 Abs. 3, 5 und 6 bereits innerstaatlich anwendbares Recht.

zur Prüfung dieser Änderung wünschen. Der Generalsekretär notifiziert allen Vertragsparteien alle Annahmen und Ablehnungen der vorgeschlagenen Änderung und alle Wünsche nach Einberufung einer Konferenz. Wenn die Gesamtzahl der innerhalb der genannten Zwölfmonatsfrist eingegangenen Ablehnungen oder Wünsche nach Einberufung einer Konferenz weniger als ein Drittel aller Vertragsparteien beträgt, notifiziert der Generalsekretär allen Vertragsparteien, daß die Änderung sechs Monate nach Ablauf der im Absatz 1 festgesetzten Zwölfmonatsfrist für alle Vertragsparteien in Kraft tritt, ausgenommen für jene, die binnen der festgesetzten Frist die Änderung abgelehnt oder die Einberufung einer Konferenz zur Prüfung gewünscht haben.

b) Jede Vertragspartei, die während der erwähnten Zwölfmonatsfrist einen Änderungsvorschlag abgelehnt oder die Einberufung einer Konferenz zur Prüfung gewünscht hat, kann jederzeit nach Ablauf dieser Frist dem Generalsekretär notifizieren, daß sie die Änderung annimmt; der Generalsekretär übermittelt diese Notifikation allen anderen Vertragsparteien. Die Änderung tritt für die Vertragsparteien, die ihre Annahme notifiziert haben, sechs Monate nach Eingang ihrer Notifikation beim Generalsekretär in Kraft.

(3) Wenn ein Änderungsvorschlag nicht nach Absatz 2 angenommen wurde und während der im Absatz 1 festgesetzten Zwölfmonatsfrist weniger als die Hälfte der Gesamtzahl der Vertragsparteien dem Generalsekretär notifizieren, daß sie den Vorschlag ablehnen, und wenn wenigstens ein Drittel der Gesamtzahl der Vertragsparteien, aber nicht weniger als zehn, ihm mitteilen, daß sie den Vorschlag annehmen oder daß sie die Einberufung einer Konferenz wünschen, um die Änderung zu prüfen, beruft der Generalsekretär eine Konferenz zur Prüfung der vorgeschlagenen Änderung oder jedes anderen Vorschlags ein, der ihm gegebenenfalls auf Grund von Absatz 4 vorgelegt wird.

(4) [1] Wenn nach Absatz 3 eine Konferenz einberufen wird, lädt der Generalsekretär alle in Artikel 45 Absatz 1 erwähnten Staaten dazu ein. [2] Er bittet alle zur Konferenz eingeladenen Staaten, ihm spätestens sechs Monate vor deren Eröffnung alle Vorschläge zu unterbreiten, die sie außer der vorgeschlagenen Änderung auf der Konferenz geprüft zu sehen wünschen, und übermittelt diese Vorschläge mindestens drei Monate vor der Eröffnung der Konferenz allen zur Konferenz eingeladenen Staaten.

(5)

a) Jede Änderung dieses Übereinkommes gilt als angenommen, wenn sie durch eine Zweidrittelmehrheit der auf der Konferenz vertretenen Staaten gebilligt wird, sofern diese Mehrheit mindestens zwei Drittel der Gesamtzahl der auf der Konferenz vertretenen Vertragsparteien umfaßt. Der Generalsekretär notifziert allen Vertragsparteien die Annahme der Änderung, und diese tritt für alle Vertragsparteien zwölf Monate nach dem Zeitpunkt dieser Notifizierung in Kraft, ausgenommen für jene, die binnen dieser Frist dem Generalsekretär notifzieren, daß sie die Änderung ablehnen.

b) Jede Vertragspartei, die während der erwähnten Zwölfmonatsfrist eine Änderung abgelehnt hat, kann jederzeit dem Generalsekretär notifizieren, daß sie die Änderung annimmt, und der Generalsekretär übermittelt diese Notifikation allen anderen Vertragsparteien. Die Änderung tritt für die

Vertragspartei, die ihre Annahme notifiziert hat, sechs Monate nach Eingang der Notifikation beim Generalsekretär oder nach Ablauf der genannten Zwölfmonatsfrist, wenn dieser Zeitpunkt später ist, in Kraft.

(6) Gilt der Änderungsvorschlag nach Absatz 2 als nicht angenommen und sind die in Absatz 3 vorgeschriebenen Bedingungen für die Einberufung einer Konferenz nicht erfüllt, so gilt der Änderungsvorschlag als abgelehnt.

Art. 50 [1] Jede Vertragspartei kann dieses Übereinkommen durch eine an den Generalsekretär gerichtete schriftliche Notifikation kündigen. [2] Die Kündigung wird ein Jahr nach Eingang der Notifikation beim Generalsekretär wirksam.

Art. 51 Dieses Übereinkommen tritt außer Kraft, wenn zu irgendeinem Zeitpunkt die Zahl der Vertragsparteien während zwölf aufeinanderfolgender Monate weniger als fünf beträgt.

Art. 52 Jede Streitigkeit zwischen zwei oder mehreren Vertragsparteien über die Auslegung oder Anwendung dieses Übereinkommens, die die Parteien nicht durch Verhandlungen oder auf andere Weise beilegen konnten, wird auf Antrag einer der beteiligten Vertragsparteien dem Internationalen Gerichtshof zur Entscheidung vorgelegt.

Art. 53 Dieses Übereinkommen ist nicht so auszulegen, als hindere es eine Vertragspartei, Maßnahmen zu ergreifen, die sie für ihre innere oder äußere Sicherheit als notwendig erachtet und die mit der Charta der Vereinten Nationen vereinbar und auf die Erfordernisse der Lage beschränkt sind.

Art. 54 (1) [1] Jeder Staat kann bei der Unterzeichnung dieses Übereinkommens oder bei der Hinterlegung seiner Ratifikations- oder Beitrittsurkunde erklären, daß er sich durch Artikel 52 nicht als gebunden betrachtet. [2] Die anderen Vertragsparteien sind gegenüber einer Vertragspartei, die eine solche Erklärung abgegeben hat, durch Artikel 52 nicht gebunden.

(2) [1] Jeder Staat kann bei der Hinterlegung seiner Ratifikations- oder Beitrittsurkunde durch eine an den Generalsekretär gerichtete Notifikation erklären, daß er für die Anwendung dieses Übereinkommens die Motorfahrräder den Krafträdern gleichstellt (Artikel 1 Buchstabe n). [2] Jeder Staat kann jederzeit danach seine Erklärung durch eine an den Generalsekretär gerichtete Notifikation zurückziehen.

(3) Die Erklärung nach Absatz 2 werden sechs Monate nach Eingang der Notifikation beim Generalsekretär oder am Tage des Inkrafttretens des Übereinkommens für den die Erklärung abgebenden Staat wirksam, wenn dieser Zeitpunkt später ist.

(4) Jede Änderung eines vorher gewählten Unterscheidungszeichens, die nach Artikel 45 Absatz 4 oder Artikel 46 Absatz 3 notifiziert wurde, tritt drei Monate nach Eingang der Notifikation beim Generalsekretär in Kraft.

(5) [1] Andere Vorbehalte zu diesem Übereinkommen und seinen Anhängen als die nach Absatz 1 sind zulässig, wenn sie schriftlich erklärt und, wenn sie vor der Hinterlegung der Ratifikations- oder Beitrittsurkunde erklärt wur-

den, in dieser Urkunde bestätigt werden. [2] Der Generalsekretär teilt diese Vorbehalte allen in Artikel 45 Absatz 1 bezeichneten Staaten mit.

(6) Jede Vertragspartei, die nach Absatz 2 oder 4 einen Vorbehalt gemacht oder eine Erklärung abgegeben hat, kann diese jederzeit durch eine an den Generalsekretär gerichtete Notifikation zurückziehen.

(7) Jeder Vorbehalt nach Absatz 5

a) ändert für die Vertragspartei, die diesen Vorbehalt gemacht hat, die Bestimmungen des Übereinkommens, auf die sich der Vorbehalt bezieht, nur in den Grenzen des Vorbehalts;

b) ändert diese Bestimmungen in den gleichen Grenzen für die anderen Vertragsparteien hinsichtlich ihrer Beziehungen zu der Vertragspartei, die den Vorbehalt notifiziert hat.

Art. 55 Außer den nach den Artikeln 49 und 54 vorgesehenen Erklärungen, Notifikationen und Mitteilungen notifiziert der Generalsekretär allen in Artikel 45 Absatz 1 bezeichneten Staaten

a) die Unterzeichnungen, Ratifikationen und Beitritte nach Artikel 45;

b) die Notifikationen und Erklärungen nach Artikel 45 Absatz 4 und Artikel 46;

c) die Zeitpunkte des Inkrafttretens dieses Übereinkommens nach Artikels 47;

d) den Zeitpunkt des Inkrafttretens von Änderungen zu diesem Übereinkommen nach Artikel 49 Absätze 2 und 5;

e) die Kündigungen nach Artikel 50;

f) das Außerkrafttreten dieses Übereinkommens nach Artikel 51.

Art. 56 Die Urschrift dieses Übereinkommens, hergestellt in einfacher Ausfertigung in chinesischer, englischer, französischer, russischer und spanischer Sprache, wobei jeder Wortlaut gleichermaßen verbindlich ist, wird beim Generalsekretär der Vereinten Nationen hinterlegt, der allen in Artikel 45 Absatz 1 bezeichneten Staaten beglaubigte Abschriften übersendet.

Zu Urkund dessen haben die von ihren Regierungen gehörig befugten Unterzeichneten dieses Übereinkommen unterschrieben.

Geschehen zu Wien am heutigen achten Tag des Monats November eintausendneunhundertachtundsechzig.

Anhang 1. Abweichungen von der Verpflichtung zur Zulassung von Kraftfahrzeugen (Artikel 1 Buchstabe p) und Anhängern zum internationalen Verkehr

(1) Die Vertragsparteien brauchen in ihrem Hoheitsgebiet Kraftfahrzeuge (Artikel 1 Buchstabe p), Anhänger und miteinander verbundene Fahrzeuge, deren Gesamtgewicht, Achslasten oder Abmessungen die in ihren innerstaatlichen Rechtsvorschriften für die in ihrem Hoheitsgebiet zugelassenen Fahrzeuge festgesetzten Grenzen übersteigen, zum internationalen Verkehr nicht zuzulassen. Die Vertragsparteien, in deren Hoheits-

gebiet sich Schwerfahrzeuge im internationalen Verkehr befinden, bemühen sich, regionale Vereinbarungen abzuschließen, um den Fahrzeugen und den miteinander verbundenen Fahrzeugen, deren Maße und Gewichte die in diesen Vereinbarungen festgelegten Werte nicht übersteigen, im internationalen Vekrehr die Benutzung der Straßen des Gebietes, mit Ausnahme der Nebenstraßen, zu gestatten.

(2) Für die Anwendung des Absatzes 1 gilt nicht als Überschreitung der höchsten zulässigen Breite das Hinausragen

a) der Luftreifen in der Nähe ihrer Berührungsfläche mit dem Boden sowie der Verbindungen der Druckanzeiger der Luftreifen;

b) der an den Rädern angebrachten Gleitschutzvorrichtungen;

c) der Rückspiegel, die in beiden Richtungen unter mäßigem Druck nachgeben können, so daß sie dann nicht mehr über die höchste zulässige Breite hinausragen;

d) der seitlichen Fahrtrichtungsanzeiger und der Begrenzungsleuchten, wenn das Hinausragen nicht mehr als einige Zentimeter beträgt;

e) der an der Ladung angebrachten Zollsiegel und der Schutz- und Befestigungsvorrichtungen für diese Zollsiegel.

(3) Die Vertragsparteien brauchen in ihrem Hoheitsgebiet die nachstehend genannten miteinander verbundenen Fahrzeuge, soweit als ihre innerstaatlichen Rechtsvorschriften den Verkehr solcher miteinander verbundenen Fahrzeuge verbieten, nicht zum internationalen Verkehr zuzulassen:

a) Krafträder mit Anhängern;

b) miteinander verbundene Fahrzeuge bestehend aus einem Kraftfahrzeug (Artikel 1 Buchstabe p) und mehreren Anhängern;

c) Sattelkraftfahrzeuge zur Personenbeförderung.

(4) Die Vertragsparteien brauchen in ihrem Hoheitsgebiet keine Kraftfahrzeuge (Artikel 1 Buchstabe p) und Anhänger zum internationalen Verkehr zuzulassen, denen nach Absatz 60 des Anhangs 5 Ausnahmen zugestanden worden sind.

(5) Die Vertragsparteien brauchen in ihrem Hoheitsgebiet keine Motorfahrräder und Krafträder zum internationalen Verkehr zuzulassen, deren Führer und Beifahrer keinen Schutzhelm tragen.

(6) Die Vertragsparteien können die Zulassung aller Kraftfahrzeuge (Artikel 1 Buchstabe p) mit Ausnahme zweirädriger Motorfahrräder oder zweirädriger Krafträder ohne Beiwagen zum internationalen Verkehr in ihrem Hoheitsgebiet von der Mitführung einer Vorrichtung nach Absatz 56 des Anhangs 5 abhängig machen, die dazu dient, im Falle eines Haltens auf der Fahrbahn auf die durch das haltende Fahrzeug bestehende Gefahr hinzuweisen.

(7) Die Vertragsparteien können die Zulassung von Kraftfahrzeugen (Artikel 1 Buchstabe p), deren höchstes zulässiges Gesamtgewicht 3 500 kg (7 700 Pfund) übersteigt, zum internationalen Verkehr auf bestimmten schwierigen Straßen oder in bestimmten Gegenden ihres Hoheitsgebietes mit schwierigem Gelände davon abhängig machen, daß diese den durch ihre innerstaatlichen Rechtsvorschriften für die Zulassung der von ihnen

zugelassenen Fahrzeuge des gleichen höchsten zulässigen Gesamtgewichts zum Verkehr auf diesen Straßen oder in diesen Gegenden bestimmten Sondervorschriften entsprechen.

(8) Die Vertragsparteien brauchen in ihrem Hoheitsgebiet keine Kraftfahrzeuge (Artikel 1 Buchstabe p) zum internationalen Verkehr zuzulassen, die mit Scheinwerfern für asymmetrisches Abblendlicht versehen sind, wenn deren Einstellung nicht der Verkehrsrichtung in ihrem Lande entspricht.

(9) Die Vertragsparteien brauchen in ihrem Hoheitsgebiet keine Kraftfahrzeuge (Artikel 1 Buchstabe p) oder damit verbundene Anhänger zum internationalen Verkehr zuzulassen, die ein anderes als das für dieses Fahrzeug nach Artikel 37 vorgeschriebene Unterscheidungszeichen führen.

Anhang 2. Kennzeichen der Kraftfahrzeuge (Artikel 1 Buchstabe p) und Anhänger im internationalen Verkehr

(1) Das in den Artikeln 35 und 36 erwähnte Kennzeichen muß sich entweder aus Ziffern oder aus Ziffern und Buchstaben zusammensetzen. Es sind arabische Ziffern und lateinische große Buchstaben zu verwenden. Andere Ziffern oder Buchstaben sind zulässig, wenn das Kennzeichen in arabischen Ziffern und lateinischen großen Buchstaben wiederholt wird.

(2) Das Kennzeichen muß so ausgestaltet und angebracht sein, daß es am Tage bei klarem Wetter und stehendem Fahrzeug auf mindestens 40 m (130 Fuß) für einen in der Verlängerung der Fahrzeuglängsachse stehenden Beobachter lesbar ist; die Vertragsparteien können jedoch bei den von ihnen zugelassen Fahrzeugen diese Mindestentfernung für die Lesbarkeit bei Krafträdern und bei besonderen Kraftfahrzeugarten herabsetzen, bei denen es schwierig wäre, Kennzeichen in solcher Größe anzubringen, daß sie noch aus 40 m (130 Fuß) Entfernung lesbar sind.

(3) Befindet sich das Kennzeichen auf einem besonderen Schild, so muß das Schild eben und lotrecht oder annähernd lotrecht und senkrecht zur Längsmittelebene des Fahrzeugs angebracht sein. Ist das Kennzeichen auf dem Fahrzeug angebracht oder aufgemalt, so muß es sich auf einer ebenen oder annähernd ebenen und lotrechten oder annähernd lotrechten, senkrecht zur Längsmittelebene des Fahrzeugs stehenden Fläche befinden.

(4) Vorbehaltlich des Artikels 32 Absatz 5 darf das Schild oder die Fläche, worauf das Kennzeichen angebracht oder aufgemalt ist, aus rückstrahlendem Material bestehen.

Anhang 3. Unterscheidungszeichen der Kraftfahrzeuge (Artikel 1 Buchstabe p) und Anhänger im internationalen Verkehr

(1) Das Unterscheidungszeichen nach Artikel 37 muß sich aus einem bis drei lateinischen großen Buchstaben zusammensetzen. Die Buchstaben müssen mindestens 0,08 m (3,1 Zoll) hoch sein und eine Strichbreite von mindestens 0,01 m (0,4 Zoll) haben. Die Buchstaben müssen in schwarzer

Farbe auf einer weißen elliptischen Fläche aufgemalt sein, deren lange Achse waagrecht liegt.

(2) Besteht das Unterscheidungszeichen nur aus einem Buchstaben, so darf die lange Achse der Ellipse lotrecht stehen.

(3) Das Unterscheidungszeichen darf weder in das Kennzeichen einbezogen oder so angebracht werden, daß es mit dem Kennzeichen verwechselt werden oder dessen Lesbarkeit beeinträchtigen kann.

(4) An Krafträdern und ihren Anhängern müssen die Ellipsenachsen mindestens 0,175 m (6,9 Zoll) und 0,115 m (4,5 Zoll) lang sein. An anderen Kraftfahrzeugen (Artikel 1 Buchstabe p) und ihren Anhängern müssen die Achsen der Ellipsen mindestens:

a) 0,24 m (9,4 Zoll) und 0,145 m (5,7 Zoll) lang sein, wenn das Unterscheidungszeichen aus drei Buchstaben besteht, und

b) 0,175 m (6,9 Zoll) und 0,115 m (4,5 Zoll) wenn das Unterscheidungszeichen aus weniger als drei Buchstaben besteht.

(5) Für die Anbringung des Unterscheidungszeichens an den Fahrzeugen gilt Absatz 3 des Anhangs 2.

Anhang 4. Erkennungsmerkmale der Kraftfahrzeuge (Artikel 1 Buchstabe p) und Anhänger im internationalen Verkehr

(1) Die Erkennungsmerkmale müssen umfassen:

a) für Kraftfahrzeuge (Artikel 1 Buchstabe p):

i) den Namen oder die Fabrikmarke des Fahrzeugherstellers;

ii) auf dem Fahrgestell oder beim Fehlen eines Fahrgestells auf der Karosserie die Fabrik- oder Seriennummer des Herstellers;

iii) auf dem Motor die Fabriknummer des Motors, wenn der Hersteller eine solche Nummer anbringt;

b) für Anhänger die unter den Ziffern i und ii erwähnten Angaben;

c) für Motorfahrräder die Angabe des Hubraums und das Zeichen „CM".

(2) Die in Absatz 1 erwähnten Merkmale müssen an zugänglicher Stelle gut lesbar angebracht und so gestaltet sein, daß sie nicht leicht entfernt oder geändert werden können. Die in den Merkmalen enthaltenen Buchstaben und Ziffern müssen entweder in lateinischen Buchstaben oder in der sogenannten englischen Kursivschrift und in arabischen Ziffern ausgeführt oder so wiederholt werden.

Anhang 5. Technische Anforderungen an die Kraftfahrzeuge (Artikel 1 Buchstabe p) und die Anhänger

(1) Die Vertragsparteien, die nach Artikel 1 Buchstabe n erklärt haben, daß sie dreirädrige Fahrzeuge mit einem Leergewicht von nicht mehr als 400 kg (900 Pfund) den Krafträdern gleichstellen wollen, müssen solche Fahrzeuge entweder den für Krafträder oder den für andere Kraftfahrzeuge

(Artikel 1 Buchstabe p) geltenden Bestimmungen dieses Anhangs unterwerfen.

(2) Im Sinne dieses Anhangs findet der Ausdruck „Anhänger" nur auf solche Anhänger Anwendung, die dazu bestimmt sind, an ein Kraftfahrzeug (Artikel 1 Buchstabe p) angehängt zu werden.

(3) Unbeschadet des Artikels 3 Absatz 2 Buchstabe a kann jede Vertragspartei für die Kraftfahrzeuge (Artikel 1 Buchstabe p), die sie zuläßt, und für die Anhänger, die entsprechend ihren innerstaatlichen Rechtsvorschriften verkehren dürfen, Vorschriften erlassen, die die Bestimmungen dieses Anhangs ergänzen oder verschärfen.

Kapitel I. Bremsen

(4) Im Sinne dieses Kapitels bedeuten:

a) „Räder einer Achse" die zur Längsmittelebene des Fahrzeugs symmetrischen oder nahezu symmetrischen Räder, selbst wenn sie nicht auf derselben Achse angebracht sind (eine Doppelachse zählt als zwei Achsen);

b) „Betriebsbremse" die üblicherweise verwendete Vorrichtung, um das Fahrzeug zu verlangsamen und zum Stillstand zu bringen;

c) „Feststellbremse" die überlicherweise verwendete Vorrichtung, um bei Abwesenheit des Führers das Fahrzeug oder den abgehängten Anhänger im Stillstand zu halten;

d) „Hilfsbremse" die Vorrichtung, um das Fahrzeug beim Versagen der Betriebsbremse zu verlangsamen und zum Stillstand zu bringen.

A. Bremsen der Kraftfahrzeuge (Artikel 1 Buchstabe p) außer den Krafträdern

(5) Jedes Kraftfahrzeug (Artikel 1 Buchstabe p) – ausgenommen Krafträder – muß Bremsen haben, die der Führer von seinem Sitz aus leicht betätigen kann. Diese Bremsen müssen die folgenden drei Bremsfunktionen gewährleisten:

a) eine Betriebsbremse, mit der das Fahrzeug bei jeder Beladung auf allen Steigungen und Gefällen der von ihm befahrenen Straße verlangsamt und sicher, schnell und wirksam zum Stillstand gebracht werden kann;

b) eine Feststellbremse, mit der das Fahrzeug bei jeder Beladung auf einer Steigung oder einem Gefälle von 16% im Stillstand gehalten werden kann, wobei die wirksamen Bremsflächen auf rein mechanische Weise in der Bremsstellung gehalten werden;

c) eine Hilfsbremse, mit der das Fahrzeug bei jeder Beladung auf eine genügend kurze Strecke verlangsamt und zum Stillstand gebracht werden kann, auch wenn die Betriebsbremse versagt.

(6) Vorbehaltlich des Absatzes 5 dürfen die Vorrichtungen, welche die drei Bremsfunktionen gewährleisten (Betriebs-, Hilfs- und Feststellbremse), gemeinsame Teile haben; die Zusammenfassung der Betätigungsvorrichtungen ist nur unter der Bedingung zulässig, daß wenigstens zwei getrennte Betätigungsvorrichtungen bleiben.

(7) Die Betriebsbremse muß auf alle Räder des Fahrzeugs wirken; bei Fahrzeugen mit mehr als zwei Achsen dürfen die Räder einer Achse jedoch ungebremst sein.

(8) Die Hilfsbremse muß auf wenigstens ein Rad auf jeder Seite der Längsmittelebene des Fahrzeugs wirken; Gleiches gilt für die Festellbremse.

(9) Die Betriebsbremse und die Feststellbremse müssen auf Bremsflächen wirken, die durch ausreichend widerstandsfähige Teile dauerhaft mit den Rädern verbunden sind.

(10) Keine Bremsfläche darf von den Rädern getrennt werden können. Eine solche Trennung ist jedoch für einige der Bremsflächen zulässig unter der Bedingung, daß

a) sie nur kurz, zum Beispiel während des Gangwechsels, erfolgt;

b) sie, soweit es sich um die Feststellbremse handelt, nicht ohne Betätigung durch den Führer möglich ist;

c) soweit es sich um die Betriebs- oder die Hilfsbremse handelt, die Bremsung weiter mit der in Absatz 5 vorgeschriebenen Wirkung ausgeübt werden kann.

B. Bremsen der Anhänger

(11) Unbeschadet des Absatzes 17 Buchstabe c muß jeder Anhänger – ausgenommen leichte Anhänger – Bremsen haben, und zwar

a) eine Betriebsbremse, mit der das Fahrzeug bei jeder Beladung auf allen Steigungen und Gefällen der von ihm befahrenen Straße verlangsamt und sicher, schnell und wirksam zum Stillstand gebracht werden kann;

b) eine Feststellbremse, mit der das Fahrzeug bei jeder Beladung auf einer Steigung oder einem Gefälle von 16% im Stillstand gehalten werden kann, wobei die wirksamen Bremsflächen auf rein mechanische Weise in der Bremsstellung gehalten werden. Diese Bestimmung gilt nicht für Anhänger, die nur mittels Werkzeugen vom Zugfahrzeug getrennt werden können, vorausgesetzt, daß die Anforderungen an die Feststellbremse von den miteinander verbundenen Fahrzeugen erfüllt werden.

(12) Die Vorrichtungen, die beide Bremsfunktionen gewährleisten (Betriebs- und Feststellbremse), dürfen gemeinsame Teile haben.

(13) Die Betriebsbremse muß auf alle Räder des Anhängers wirken.

(14) Die Betriebsbremse muß über die Betriebsbremse des Zugfahrzeugs betätigt werden können; wenn jedoch das höchste zulässige Gesamtgewicht des Anhängers 3 500 kg (7 700 Pfund) nicht übersteigt, darf die Betriebsbremse so ausgestaltet sein, daß sie während der Fahrt durch die bloße Annäherung des Anhängers an das Zugfahrzeug betätigt wird (Auflaufbremse).

(15) Die Betriebsbremse und die Feststellbremse müssen auf Bremsflächen wirken, die durch ausreichend widerstandsfähige Teile dauerhaft mit den Rädern verbunden sind.

(16) Die Bremsanlagen müssen so ausgestaltet sein, daß sie beim Bruch der Anhängevorrichtung während der Fahrt den Anhänger selbsttätig zum Stehen bringen. Das gilt jedoch nicht für einachsige Anhänger oder für zweiachsige mit einem Achsabstand von weniger als 1 m (40 Zoll), wenn

ihr höchstes zulässiges Gesamtgewicht 1 500 kg (3 300 Pfund) nicht übersteigt und wenn sie – ausgenommen Sattelanhänger – neben der üblichen Anhängevorrichtung die in Absatz 58 vorgesehene Hilfsverbindung haben.

C. Bremsen der miteinander verbundenen Fahrzeuge

(17) Außer den Bestimmungen der Teile A und B in bezug auf die Einzelfahrzeuge (Kraftfahrzeuge [Artikel 1 Buchstabe p] und Anhänger) gelten für miteinander verbundenen Fahrzeuge folgende Bestimmungen:

a) die Bremsanlagen jedes dieser miteinander verbundenen Fahrzeuge müssen zueinander passen;

b) die Wirkung der Betriebsbremse muß zwischen den miteinander verbundenen Fahrzeugen angemessen verteilt und synchronisiert sein;

c) das höchste zulässige Gesamtgewicht eines nicht mit einer Betriebsbremse ausgerüsteten Anhängers darf die Hälfte der Summe des Leergewichts des Zugfahrzeugs und des Gewichts des Führers nicht übersteigen.

D. Bremsen der Krafträder

(18) a) Jedes Kraftrad muß zwei Bremsen haben, von denen die eine mindestens auf das oder die Hinterräder und die andere mindestens auf das oder die Vorderräder wirkt; hat ein Kraftrad einen Beiwagen, so ist die Bremsung des Beiwagenrades nicht erforderlich. Mit diesen Bremsen muß das Fahrzeug bei jeder Beladung auf allen Steigungen und Gefällen der von ihm befahrenen Straße verlangsamt und sicher, schnell und wirksam angehalten werden können;

b) außer den unter Buchstabe a vorgesehenen Bremsen müssen Krafträder mit drei symmetrisch zur Längsmittelebene des Fahrzeugs angeordneten Rädern eine Absatz 5 Buchstabe b entsprechende Feststellbremse haben.

Kapitel II. Beleuchtungseinrichtungen und Rückstrahler

(19) Im Sinne dieses Kapitels bedeuten:

„Scheinwerfer für Fernlicht" die Scheinwerfer des Fahrzeugs, die der Beleuchtung der Straße vor dem Fahrzeug auf große Entfernung dienen;

„Scheinwerfer für Abblendlicht" die Scheinwerfer des Fahrzeugs, die der Beleuchtung der Straße vor dem Fahrzeug dienen, ohne entgegenkommende Führer und andere Verkehrsteilnehmer in unzumutbarer Weise zu blenden oder zu belästigen;

„Begrenzungsleuchten" die Leuchten des Fahrzeugs, die der Kenntlichmachung des Fahrzeugs und seiner Breite nach vorn dienen;

„Schlußleuchten" die Leuchten des Fahrzeugs, die der Kenntlichmachung des Fahrzeugs und seiner Breite nach hinten dienen;

„Bremsleuchten" die Leuchten des Fahrzeugs, die dazu dienen, anderen Verkehrsteilnehmern hinter dem Fahrzeug anzuzeigen, daß sein Führer die Betriebsbremse betätigt;

„Nebelscheinwerfer" die Scheinwerfer des Fahrzeugs, die dazu dienen, die Beleuchtung der Straße bei Nebel, Schneefall, starkem Regen oder Staubwolken zu verbessern;

„Rückfahrscheinwerfer“ die Scheinwerfer des Fahrzeugs, die dazu dienen, die Straße hinter dem Fahrzeug zu beleuchten und andere Verkehrsteilnehmer davor zu warnen, daß das Fahrzeug rückwärts fährt oder im Begriff ist, rückwärts zu fahren;

„Blinkleuchten“ die Leuchten des Fahrzeugs, die dazu dienen, anderen Verkehrsteilnehmern anzuzeigen, daß der Führer seine Fahrtrichtung nach rechts oder links ändern will;

„Rückstrahler“ Vorrichtungen, die der Kenntlichmachung eines Fahrzeugs durch Rückstrahlung des Lichtes dienen, das von einer nicht mit diesem Fahrzeug verbundenen Lichtquelle ausgeht, für einen Beobachter, der sich in der Nähe dieser Lichtquelle befindet;

„Lichtaustrittsflächen“ für Scheinwerfer und Leuchten die sichtbaren Austrittsflächen des ausgestrahlten Lichtes und für Rückstrahler die sichtbaren Rückstrahlflächen.

(20) Die in diesem Kapitel angeführten Farben des Lichtes müssen soweit wie möglich den in der Anlage dieses Anhangs angeführten Begriffsbestimmungen entsprechen.

(21) Jedes Kraftfahrzeug (Artikel 1 Buchstabe p), das auf ebener Straße eine Geschwindigkeit von 40 km (25 Meilen) in der Stunde überschreiten kann – ausgenommen Krafträder – muß vorn eine gerade Zahl von Scheinwerfern für weißes oder hellgelbes Fernlicht haben, die nachts bei klarem Wetter die Straße vor dem Fahrzeug auf mindestens 100 m (325 Fuß) wirksam beleuchten können. Die äußeren Ränder der Lichtaustrittsflächen der Scheinwerfer für Fernlicht dürfen in keinem Falle näher der breitesten Stelle des Fahrzeugumrisses liegen als die äußeren Ränder der Lichtaustrittsflächen der Scheinwerfer für Abblendlicht.

(22) Jedes Kraftfahrzeug (Artikel 1 Buchstabe p), das auf ebener Straße eine Geschwindigkeit von 10 km (6 Meilen) in der Stunde überschreiten kann – ausgenommen Krafträder – muß vorn zwei Scheinwerfer für weißes oder hellgelbes Abblendlicht haben, die nachts bei klarem Wetter die Straße vor dem Fahrzeug auf mindestens 40 m (130 Fuß) wirksam beleuchten können. Auf keiner Seite darf der von der Längsmittelebene des Fahrzeugs am weitesten entfernte Punkt der Lichtaustrittsfläche von der breitesten Stelle des Fahrzeugumrisses weiter als 0,40 m (16 Zoll) entfernt sein. Ein Kraftfahrzeug (Artikel 1 Buchstabe p) darf nicht mehr als zwei Scheinwerfer für Abblendlicht haben. Die Scheinwerfer für Abblendlicht müssen so eingestellt sein, daß sie der Begriffsbestimmung in Absatz 19 entsprechen.

(23) Jedes Kraftfahrzeug (Artikel 1 Buchstabe p) – ausgenommen zweirädrige Krafträder ohne Beiwagen – muß vorn zwei Begrenzungsleuchten für weißes Licht haben. Jedoch ist hellgelbes Licht für Begrenzungsleuchten zugelassen, die in Scheinwerfer für hellgelbes Fern- oder Abblendlicht eingebaut sind. Diese Begrenzungsleuchten müssen, wenn sie die einzigen eingeschalteten vorderen Leuchten des Fahrzeugs sind, nachts bei klarem Wetter auf mindestens 300 m (1 000 Fuß) sichtbar sein, ohne andere Verkehrsteilnehmer in unzumutbarer Weise zu blenden oder zu belästigen. Auf keiner Seite darf der von der Längsmittelebene des Fahrzeugs am weitesten entfernte Punkt der Lichtaustrittsfläche von der breitesten Stelle des Fahrzeugumrisses weiter als 0,40 m (16 Zoll) entfernt sein.

(24) a) Jedes Kraftfahrzeug (Artikel 1 Buchstabe p) – ausgenommen zweirädrige Krafträder ohne Beiwagen – muß hinten eine gerade Zahl von roten Schlußleuchten haben, die nachts bei klarem Wetter auf mindestens 300 m (1 000 Fuß) sichtbar sind, ohne andere Verkehrsteilnehmer in unzumutbarer Weise zu blenden oder zu belästigen. Auf keiner Seite darf der von der Längsmittelebene des Fahrzeugs am weitesten entfernte Punkt der Lichtaustrittsfläche von der breitesten Stelle des Fahrzeugumrisses weiter als 0,40 m (16 Zoll) entfernt sein.

b) Jeder Anhänger muß hinten eine gerade Zahl von roten Schlußleuchten haben, die nachts bei klarem Wetter auf mindestens 300 m (1 000 Fuß) sichtbar sind, ohne andere Verkehrsteilnehmer in unzumutbarer Weise zu blenden oder zu belästigen. Auf keiner Seite darf der von der Längsmittelebene des Fahreugs am weitesten entfernte Punkt der Lichtaustrittsfläche von der breitesten Stelle des Fahrzeugumrisses weiter als 0,40 m (16 Zoll) entfernt sein. Jedoch brauchen Anhänger, deren Gesamtbreite 0,80 m (32 Zoll) nicht übersteigt, nur eine dieser Leuchten zu haben, wenn sie mit einem zweirädrigen Kraftrad ohne Beiwagen verbunden sind.

(25) Kraftfahrzeuge (Artikel 1 Buchstabe p) und Anhänger, die hinten ein Kennzeichen führen, müssen eine Kennzeichenbeleuchtung haben, die das damit beleuchtete Kennzeichen nachts bei klarem Wetter und stehendem Fahrzeug auf 20 m (65 Fuß) hinter dem Fahrzeug lesbar macht; die Vertragsparteien können jedoch für die Fahrzeuge, für die sie nach Anhang 2 Absatz 2 die Mindestentfernung für die Lesbarkeit bei Tage herabgesetzt haben, die Mindestentfernung für die Lesbarkeit bei Nacht im gleichen Verhältnis herabsetzen.

(26) Bei jedem Kraftfahrzeug (Artikel 1 Buchstabe p) – einschließlich der Krafträder – und bei allen miteinander verbundenen Fahrzeugen – Kraftfahrzeug (Artikel 1 Buchstabe p) und ein oder mehrere Anhänger – muß die elektrische Schaltung so sein, daß die Scheinwerfer für Fernlicht, für Abblendlicht, die Nebelscheinwerfer, die Begrenzungsleuchten und die Kennzeichenbeleuchtung nach Absatz 25 nur zusammen mit den am weitesten hinten gelegenen Schlußleuchten des Kraftfahrzeugs (Artikel 1 Buchstabe p) oder der miteinander verbundenen Fahrzeuge eingeschaltet werden können.
Das gilt jedoch nicht für Scheinwerfer für Fern- oder für Abblendlicht, wenn diese zur Abgabe von optischen Warnzeichen nach Artikel 33 Absatz 5 verwendet werden. Außerdem muß die elektrische Schaltung so sein, daß die Begrenzungsleuchten des Kraftfahrzeugs (Artikel 1 Buchstabe p) immer zusammen mit den Scheinwerfern für Abblendlicht oder für Fernlicht oder den Nebelscheinwerfern eingeschaltet sind.

(27) Jedes Kraftfahrzeug (Artikel 1 Buchstabe p) – ausgenommen zweirädrige Krafträder ohne Beiwagen – muß hinten mindestens zwei rote, nicht dreieckige Rückstrahler haben. Auf keiner Seite darf der von der Längsmittelebene des Fahrzeugs am weitesten entfernte Punkt der Lichtaustrittsfläche von der breitesten Stelle des Fahrzeugumrisses weiter als 0,40 m (16 Zoll) entfernt sein. Die Rückstrahler müssen nachts bei klarem Wetter auf mindestens 150 m (500 Fuß) für einen Fahrzeugführer sichtbar sein, wenn sie vom Fernlicht seines Fahrzeugs getroffen werden.

(28) Jeder Anhänger muß hinten mindestens zwei rote Rückstrahler haben. Diese Rückstrahler müssen die Form eines gleichseitigen Dreiecks haben, von dem eine Spitze nach oben zeigt, eine Seite waagerecht liegt und die Seiten mindestens 0,15 m (6 Zoll) und höchstens 0,20 m (8 Zoll) lang sind; im Dreieck darf keine Beleuchtungseinrichtung sein. Diese Rückstrahler müssen den Sichtbarkeitsbestimmungen nach Absatz 27 genügen. Auf keiner Seite darf der von der Längsmittelebene des Fahrzeugs am weitesten entfernte Punkt der Lichtaustrittsfläche von der breitesten Stelle des Fahrzeugumrisses weiter als 0,40 m (16 Zoll) entfernt sein. Jedoch brauchen Anhänger, deren Gesamtbreite 0,80 m (32 Zoll) nicht übersteigt, nur einen Rückstrahler zu haben, wenn sie mit einem zweirädrigen Kraftrad ohne Beiwagen verbunden sind.

(29) Jeder Anhänger muß vorn zwei weiße, nicht dreieckige Rückstrahler haben. Diese Rückstrahler müssen den Anbringungs- und Sichtbarkeitsbestimmungen nach Absatz 27 genügen.

(30) Anhänger, deren Breite 1,60 m (64 Zoll) übersteigt, müssen vorn zwei Begrenzungsleuchten haben. Diese müssen möglichst nahe dem Seitenrand des Anhängers und auf jeden Fall so angebracht sein, daß der von der Längsmittelebene des Fahrzeugs am weitesten entfernte Punkt der Lichtaustrittsfläche von der breitesten Stelle des Fahrzeugumrisses nicht weiter als 0,15 m (6 Zoll) entfernt ist.

(31) Jedes Kraftfahrzeug (Artikel 1 Buchstabe p), das auf ebener Straße eine Geschwindigkeit von 25 km (15 Meilen) in der Stunde überschreiten kann – ausgenommen zweirädrige Krafträder mit oder ohne Beiwagen – muß hinten zwei rote Bremsleuchten haben, deren Lichtstärke deutlich größer ist als die der Schlußleuchten. Das gilt auch für jeden Anhänger, der das letzte von miteinander verbundenen Fahrzeugen ist; keine Bremsleuchten sind jedoch erforderlich bei kleinen Anhänger, deren Abmessungen so sind, daß die Bremsleuchten des Zugfahrzeugs sichtbar bleiben.

(32) Vorbehaltlich des Rechts der Vertragsparteien, die nach Artikel 54 Absatz 2 eine Erklärung abgegeben haben, daß sie die Motorfahrräder den Krafträdern gleichstellen, die Motorfahrräder von allen oder einem Teile dieser Vorschrift zu befreien:

a) muß jedes zweirädrige Kraftrad mit oder ohne Beiwagen einen Scheinwerfer für Abblendlicht haben, das den Farb- und Sichtbarkeitsbestimmungen nach Absatz 22 genügt;

b) muß jedes zweirädrige Kraftrad mit oder ohne Beiwagen, das auf ebener Straße eine Geschwindigkeit von 40 km (25 Meilen) in der Stunde überschreiten kann, zusätzlich zum Scheinwerfer für Abblendlicht mindestens einen Scheinwerfer für Fernlicht haben, das den Farb- und Sichtbarkeitsbestimmungen nach Absatz 21 genügt. Haben solche Krafträder mehr als einen Scheinwerfer für Fernlicht, so müssen diese so nahe wie möglich beieinander liegen;

c) darf ein zweirädiges Kraftrad mit oder ohne Beiwagen nicht mehr als einen Scheinwerfer für Abblendlicht und nicht mehr als zwei Scheinwerfer für Fernlicht haben.

(33) Jedes zweirädrige Kraftrad ohne Beiwagen darf vorn eine oder zwei Begrenzungsleuchten haben, deren Licht den Farb- und Sichtbarkeitsbestimmungen nach Absatz 23 genügt. Haben solche Krafträder zwei

Begrenzungsleuchten, so müssen diese so nahe wie möglich beieinander liegen. Zweirädrige Krafträder ohne Beiwagen dürfen nicht mehr als zwei Begrenzungsleuchten haben.

(34) Jedes zweirädrige Kraftrad ohne Beiwagen muß hinten eine Schlußleuchte haben, deren Licht den Farb- und Sichtbarkeitsbestimmungen nach Absatz 24 Buchstabe a genügt.

(35) Jedes zweirädrige Kraftrad ohne Beiwagen muß hinten einen Rückstrahler haben, der den Farb- und Sichtbarkeitsbestimmungen nach Absatz 27 genügt.

(36) Vorbehaltlich des Rechts der Vertragsparteien, die nach Artikel 54 Absatz 2 eine Erklärung abgegeben haben, daß sie die Motorfahrräder den Krafträdern gleichstellen, die zweirädrigen Motorfahrräder mit oder ohne Beiwagen von dieser Vorschrift zu befreien, muß jedes zweirädrige Kraftrad mit oder ohne Beiwagen eine Bremsleuchte haben, die den Bestimmungen nach Absatz 31 genügt.

(37) Unbeschadet der Bestimmungen über die Beleuchtungseinrichtungen und Rückstrahler für Krafträder ohne Beiwagen muß jeder mit einem zweirädrigen Kraftrad verbundene Beiwagen vorn eine Begrenzungsleuchte haben, deren Licht den Farb- und Sichtbarkeitsbestimmungen nach Absatz 23 genügt, und hinten eine Schlußleuchte, deren Licht den Farb- und Sichtbarkeitsbestimmungen nach Absatz 24 Buchstabe a genügt, sowie einen Rückstrahler, der den Farb- und Sichtbarkeitsbestimmungen nach Absatz 27 genügt. Die elektrische Schaltung muß so sein, daß die Begrenzungsleuchte und die Schlußleuchte des Kraftrades gleichzeitig eingeschaltet sind. In keinem Fall dürfen Beiwagen Scheinwerfer für Fern- oder Abblendlicht haben.

(38) Kraftfahrzeuge (Artikel 1 Buchstabe p) mit drei symmetrisch zur Längsmittelebene des Fahrzeugs angeordneten Rädern, die nach Artikel 1 Buchstabe n den Krafträdern gleichgestellt sind, müssen die in den Absätzen 21, 22, 23, 24 Buchstabe a, 27 und 31 vorgeschriebenen Einrichtungen haben. Übersteigt jedoch die Breite eines solchen Fahrzeugs nicht 1,30 m (4 Fuß 3 Zoll), so genügen ein Scheinwerfer für Fernlicht und ein Scheinwerfer für Abblendlicht. Die Vorschriften über den Abstand der Lichtaustrittsflächen von der breitesten Stelle des Fahrzeugsumrisses gelten dann nicht.

(39) Jedes Kraftfahrzeug (Artikel 1 Buchstabe p) – ausgenommen solche, deren Führer mit dem Arm Richtungsänderungen anzeigen können, die nach allen Seiten für andere Verkehrsteilnehmer sichtbar sind – muß eine gerade Zahl von fest am Fahrzeug angebrachten Blinkleuchten für gelbes Licht haben, die bei Tag und bei Nacht für die Verkehrsteilnehmer sichtbar sind, für welche die Bewegung des Fahrzeugs von Bedeutung ist. Die Blinkfrequenz beträgt 90 ± 30 in der Minute.

(40) Haben Kraftfahrzeuge (Artikel 1 Buchstabe p) – ausgenommen zweirädrige Krafträder mit oder ohne Beiwagen – Nebelscheinwerfer, so dürfen diese nur weißes oder hellgelbes Licht ausstrahlen und müssen, zwei an der Zahl, so angebracht sein, daß kein Punkt ihrer Lichtaustrittsflächen höher liegt als der höchste Punkt der Lichtaustrittsflächen der Scheinwerfer für Abblendlicht und daß auf keiner Seite der von der Längsmittelebene des Fahrzeugs am weitesten entfernte Punkt der Lichtaustrittsflä-

chen von der breitesten Stelle des Fahrzeugumrisses als weiter 0,40 m (16 Zoll) entfernt ist.

(41) Kein Rückfahrscheinwerfer darf andere Verkehrsteilnehmer in unzumutbarer Weise blenden oder belästigen. An Kraftfahrzeugen (Artikel 1 Buchstabe p) angebrachte Rückfahrscheinwerfer dürfen nur weißes, gelbes oder hellgelbes Licht ausstrahlen. Dieser Scheinwerfer darf nur bei eingelegtem Rückwärtsgang eingeschaltet sein können.

(42) Keine Beleuchtungseinrichtung an einem Kraftfahrzeug (Artikel 1 Buchstabe p) oder an einem Anhänger darf Blinklicht ausstrahlen, ausgenommen Blinkleuchten und Leuchten, die in Übereinstimmung mit den innerstaatlichen Rechtsvorschriften der Vertragsparteien verwendet werden, um einzelne oder miteinander verbundene Fahrzeuge anzukündigen, die nicht verpflichtet sind, die allgemeinen Verkehrsregeln zu beachten, oder deren Anwesenheit auf der Straße anderen Verkehrsteilnehmern besondere Vorsichtsmaßnahmen auferlegt, insbesondere bevorrechtigte Fahrzeuge, Fahrzeugkolonnen, Fahrzeuge mit außergewöhnlichen Abmessungen und Fahrzeuge oder Maschinen für Straßenbau und Instandhaltung. Die Vertragsparteien können jedoch zulassen oder vorschreiben, daß bestimmte Beleuchtungseinrichtungen – ausgenommen solche für rotes Licht – alle zusammen oder ein Teil von ihnen, Blinklicht ausstrahlen, um auf die besondere Gefahr hinzuweisen, die das Fahrzeug im Augenblick darstellt.

(43) Für die Anwendung der Bestimmungen dieses Anhangs gilt:

a) als eine einzige Beleuchtungseinrichtung jede Verbindung von zwei oder mehr gleichen oder verschiedenen Beleuchtungseinrichtungen mit gleicher Aufgabe und gleicher Farbe des Lichtes, wenn die Projektionen ihrer Lichtaustrittsflächen auf eine lotrechte, senkrechte zur Längsmittelebene des Fahrzeugs stehende Ebende mindestens 50% des kleinsten Rechtecks bedecken, das die Projektionen dieser Lichtaustrittsflächen umschreibt;

b) als zwei oder eine andere gerade Zahl von Beleuchtungseinrichtungen eine solche Einrichtung mit bandförmiger Lichtaustrittsfläche, wenn sie symmetrisch zur Längsmittelebene des Fahrzeugs liegt, an keiner Seite von der breitesten Stelle des Fahrzeugumrisses weiter als 0,40 m (16 Zoll) entfernt und mindestens 0,80 m (32 Zoll) lang ist. Eine solche Lichtaustrittsfläche muß durch mindestens zwei, möglichst nahe ihren äußersten Teilen liegende Lichtquellen ausgeleuchtet sein. Die Lichtaustrittsfläche darf aus einer Einheit von nebeneinanderliegenden Teilen bestehen, sofern die Projektionen der Lichtaustrittsflächen der einzelnen Teile auf eine lotrechte, senkrecht zur Längsmittelebene des Fahrzeugs stehende Ebene mindestens 50% des kleinsten Rechtecks bedecken, das die Projektionen der einzelnen Teile umschreibt.

(44) Bei einem Fahrzeug muß das Licht der Beleuchtungseinrichtungen, die dieselbe Aufgabe haben und in dieselbe Richtung wirken, dieselbe Farbe haben. Außer bei Fahrzeugen, deren äußere Form asymmetrisch ist, müssen in gerader Zahl vorhandene Scheinwerfer, Leuchten und Rückstrahler symmetrisch zur Längsmittelebene des Fahrzeugs angeordnet sein. Paarweise zusammengehörende Beleuchtungseinrichtungen müssen nahezu die gleiche Lichtstärke haben.

(45) Beleuchtungseinrichtungen verschiedener Art und, vorbehaltlich der anderen Absätze dieses Kapitels, Beleuchtungseinrichtungen zusammen mit Rückstrahlern dürfen in einer Einrichtung zusammen- oder ineinandergebaut werden, wenn jede Beleuchtungseinrichtung und jeder Rückstrahler den auf sie anwendbaren Bestimmungen dieses Anhangs entsprechen.

Kapitel III. Weitere Vorschriften

Lenkvorrichtung

(46) Jedes Kraftfahrzeug (Artikel 1 Buchstabe p) muß eine widerstandsfähige Lenkvorrichtung haben, mit der der Führer die Richtung seines Fahrzeugs leicht, schnell und sicher ändern kann.

Rückspiegel

(47) Jedes Kraftfahrzeug (Artikel 1 Buchstabe p) – ausgenommen zweirädrige Krafträder mit oder ohne Beiwagen – muß einen oder mehrere Spiegel haben; Zahl, Größe und Anbringung dieser Spiegel müssen es dem Führer ermöglichen, den Verkehr hinter seinem Fahrzeug zu überblicken.

Akustische Warnvorrichtung

(48) Jedes Kraftfahrzeug (Artikel 1 Buchstabe p) muß mindestens eine akustische Warnvorrichtung von genügender Wirksamkeit haben. Der Klang muß gleichbleibend und einheitlich und darf nicht schrill sein. Die bevorrechtigten Fahrzeuge und die Fahrzeuge, die der öffentlichen Personenbeförderung dienen, dürfen zusätzliche akustische Warnvorrichtungen haben, die diesen Bestimmungen nicht unterliegen.

Scheibenwischer

(49) Jedes Kraftfahrzeug (Artikel 1 Buchstabe p) mit so großen und so gestalteten Windschutzscheiben, daß der Führer von seinem Sitz aus die Straße nur durch die durchsichtigen Teile dieser Scheibe nach vorn überblicken kann, muß mindestens einen wirksamen und widerstandsfähigen, an geeigneter Stelle angebrachten Scheibenwischer haben, der keine dauernde Bedienung durch den Führer erfordert.

Scheibenwaschanlage

(50) Jedes Kraftfahrzeug (Artikel 1 Buchstabe p), das mindestens einen Scheibenwischer haben muß, muß auch eine Scheibenwaschanlage haben.

Windschutzscheibe und andere Scheiben

(51) An jedem Kraftfahrzeug (Artikel 1 Buchstabe p) und an jedem Anhänger

a) müssen die durchsichtigen Stoffe, die Teile der Außenwand des Fahrzeugs einschließlich der Winschutzscheibe oder einer inneren Trennwand bilden, so beschaffen sein, daß bei Bruch die Gefahr von Körperverletzungen so gering wie möglich ist;

b) müssen die Windschutzscheiben aus einem Stoff hergestellt sein, dessen Durchsichtigkeit sich nicht verändert, und so beschaffen sein, daß sie keine erheblichen Verzerrungen der durch sie hindurch gesehenen Gegenstände hervorrufen und daß bei Bruch der Führer die Staße noch in ausreichendem Maße überblicken kann.

Rückwärtsgang

(52) Jedes Kraftfahrzeug (Artikel 1 Buchstabe p) muß eine vom Führersitz aus bedienbare Einrichtung zum Rückwärtsfahren haben. Jedoch brauchen Krafträder und Kraftfahrzeuge (Artikel 1 Buchstabe p) mit drei symmetrisch zur Längsmittelebene des Fahrzeugs angeordneten Rädern diese Einrichtung nur zu haben, wenn ihr höchstes zulässiges Gesamtgewicht 400 kg (900 Pfund) übersteigt.

Schalldämpfer

(53) Jeder Verbrennungsmotor zum Antrieb eines Kraftfahrzeugs (Artikel 1 Buchstabe p) muß mit einem wirksamen Auspuffschalldämpfer versehen sein; diese Vorrichtung muß so beschaffen sein, daß sie der Führer von seinem Sitz aus nicht außer Betrieb setzen kann.

Reifen

(54) Die Räder der Kraftfahrzeuge (Artikel 1 Buchstabe p) und ihrer Anhänger müssen mit Luftreifen versehen sein, deren Zustand so sein muß, daß die Sicherheit einschließlich der Bodenhaftung selbst auf nasser Fahrbahn gewährleistet ist. Diese Bestimmung hindert jedoch die Vertragsparteien nicht, die Verwendung von Vorrichtungen zu gestatten, deren Wirkungen denen der Luftreifen mindestens gleichwertig sind.

Geschwindigkeitsmesser

(55) Jedes Kraftfahrzeug (Artikel 1 Buchstabe p), das auf ebener Straße eine Geschwindigkeit von 40 km (25 Meilen) in der Stunde überschreiten kann, muß einen Geschwindigkeitsmesser haben, wobei die Vertragsparteien jedoch bestimmte Arten von Krafträdern und anderen leichten Fahrzeugen hiervon befreien können.

Warnvorrichtung, die in Kraftfahrzeugen (Artikel 1 Buchstabe p) mitgeführt werden muß

(56) Die Vorrichtung nach Artikel 23 Absatz 5 und Anhang 1 Absatz 6 muß sein

a) entweder ein gleichseitiges Warndreieck von mindestens 0,40 m (16 Zoll) Seitenlänge und mit mindestens 0,05 m (2 Zoll) breiter roter Umrandung, mit ausgesparter oder hellfarbiger Innenfläche; die rote Umrandung muß entweder von innen beleuchtet oder mit einem rückstrahlenden Streifen versehen sein; das Dreieck muß fest in lotrechter Stellung aufgestellt werden können;

b) oder eine andere gleichwertige Vorrichtung, die durch die innerstaatlichen Rechtsvorschriften des Landes bestimmt wird, in der das Fahrzeug zugelassen ist.

Diebstahlsicherung

(57) Jedes Kraftfahrzeug (Artikel 1 Buchstabe p) muß mit einer Diebstahlsicherung ausgerüstet sein, die beim Parken die Außerbetriebsetzung oder die Blockierung eines wesentlichen Teils des Fahrzeugs ermöglicht.

Anhängevorrichtungen für leichte Anhänger

(58) Anhänger außer Sattelanhänger müssen, wenn sie nicht die nach Absatz 16 vorgesehene selbsttätige Bremse haben, zusätzlich zur Anhängevorrichtung eine Hilfsverbindung (Kette, Seil und dergleichen), haben die beim Bruch der Anhängervorrichtung verhindert, daß die Deichsel den Erdboden berührt, und die eine gewisse Führung des Anhängers aufrechterhält.

Allgemeine Bestimmungen

(59) a) Soweit wie möglich dürfen die mechanischen Teile und die Ausrüstung der Kraftfahrzeuge (Artikel 1 Buchstabe p) nicht feuer- oder explosionsgefährlich sein; sie dürfen weder schädliche Gase noch dichten Qualm, Gerüche oder Lärm im Übermaß erzeugen.

b) Soweit wie möglich dürfen die Hochspannungs-Zündanlagen von Fahrzeugmotoren keine belästigenden Funkstörungen im Übermaß erzeugen.

c) Jedes Kraftfahrzeug (Artikel 1 Buchstabe p) muß so gebaut sein, daß das Sichtfeld des Führers nach vorn, rechts und links ihm ein sicheres Führen erlaubt.

d) Soweit wie möglich müssen Kraftfahrzeuge (Artikel 1 Buchstabe p) und Anhänger so gebaut und ausgerüstet sein, daß für ihre Insassen und andere Verkehrsteilnehmer die Gefahr bei Unfällen so gering wie möglich ist. Insbesondere dürfen sich an den Fahrzeugen innen und außen keine Verzierungen und andere entbehrliche, Kanten bildende oder vorspringende Teile befinden, die für die Insassen und andere Verkehrsteilnehmer gefährlich werden könnten.

Kapitel IV. Ausnahmen

(60) Die Vertragsparteien können im innerstaatlichen Bereich in den folgenden Fällen von den Bestimmungen dieses Anhangs abweichen:

a) für Kraftfahrzeuge (Artikel 1 Buchstabe p) und Anhänger, deren durch die Bauart bestimmte Höchstgeschwindigkeit auf ebener Straße 25 km (15 Meilen) in der Stunde nicht übersteigt oder für die durch die innerstaatlichen Rechtsvorschriften die Geschwindigkeit auf 25 km in der Stunde beschränkt ist;

b) für Krankenfahrstühle, das sind kleine Kraftfahrzeuge (Artikel 1 Buchstabe p), die für den Gebrauch durch eine gebrechliche oder körperbehinderte Person besonders bestimmt und gebaut – nicht nur hergerichtet – sind und üblicherweise nur von dieser Person verwendet werden;

c) für Fahrzeuge zur Durchführung von Versuchen zur technischen Weiterentwicklung und Hebung der Verkehrssicherheit;

d) für Fahrzeuge besonderer Form oder Art oder für solche, die unter besonderen Bedingungen für besondere Zwecke verwendet werden.

(61) Die Vertragsparteien können außerdem von den Bestimmungen dieses Anhangs für die von ihnen zugelassenen Fahrzeuge, die am internationalen Verkehr teilnehmen dürfen, abweichen,

a) indem sie für die in den Absätzen 23 und 30 genannten Begrenzungsleuchten und für die in Absatz 29 genannten Rückstrahler gelbe Farbe zulassen;

b) indem sie für die in Absatz 39 genannten Blinkleuchten, die hinten am Fahrzeug angebracht sind, rote Farbe zulassen;

c) indem sie für die im letzten Satz des Absatzes 42 genannten Beleuchtungseinrichtungen, die hinten am Fahrzeug angebracht sind, rote Farbe zulassen;

d) hinsichtlich der Anbringung der Beleuchtungseinrichtungen an besonderen Fahrzeugen, deren Form die Beachtung dieser Bestimmungen nicht ohne Zuhilfenahme von Befestigungsvorrichtungen ermöglicht, die leicht beschädigt oder abgerissen werden könnten;

e) indem sie die Anbringung einer ungeraden Zahl von mehr als zwei Scheinwerfern für Fernlicht an den von ihnen zugelassenen Fahrzeugen zulassen; und

f) hinsichtlich der zur Beförderung von Langgut (Baumstämmen, Rohren und dergleichen) dienenden Anhänger, die während der Fahrt nur durch die Ladung mit dem Zugfahrzeug verbunden sind.

Kapitel V. Übergangsbestimmungen

(62) Kraftfahrzeuge (Artikel 1 Buchstabe p), die vor oder binnen zwei Jahren nach dem Inkrafttreten dieses Übereinkommens im Hoheitsgebiet einer Vertragspartei erstmals zugelassen und Anhänger, die zu einem solchen Zeitpunkt im Hoheitsgebiet einer Vertragspartei erstmals im Verkehr verwendet worden sind, unterliegen nicht diesem Anhang, vorausgesetzt, daß sie den Kapiteln I, II und III des Anhangs 6 des Abkommens über den Straßenverkehr von 1949 entsprechen.

Anlage. Festlegung der Farbfilter für die in diesem Anhang genannten Farben (Farbwertanteile)

(nicht abgedruckt)

Anhang 6. Nationaler Führerschein

(1) Der nationale Führerschein muß aus einem Blatt im Format A 7 (74 × 105 mm – 2,91 × 4, 13 Zoll) bestehen oder aus einem Blatt im doppelten (148 × 105 mm – 5,82 × 4,13 Zoll) oder im dreifachen (222 × 105 mm – 8,78 × 4,13 Zoll) Format A 7, jeweils auf das Format A 7 zusammenfaltbar. Die Farbe des Führerscheins muß rosa sein.

(2) Der Führerschein ist in der (den) Sprache(n) zu drucken, die die Behörde, die ihn ausstellt oder zu seiner Ausstellung ermächtigt, vorschreibt; er muß jedoch die französische Überschrift „Permis de conduire“ tragen, mit oder ohne Übersetzung in andere Sprachen.

(3) Eintragungen in Hand- oder Maschinenschrift in den Führerschein müssen entweder nur in lateinischen Buchstaben oder der sogenannten englischen Kursivschrift vorgenommen oder so wiederholt sein.

(4) Zwei der Seiten des Führerscheins müssen den nachstehenden Musterseiten 1 und 2 entsprechen. Vorausgesetzt, daß unter Berücksichtigung des Artikels 41 Absatz 4 weder die Rubriken A, B, C, D und E einschließlich dieser Buchstaben selbst, noch der wesentliche Inhalt der die Angaben zur Person des Besitzers des Führerscheins betreffenden Rubrik geändert werden, gilt diese Vorschrift auch dann als erfüllt, wenn gegenüber diesen Mustern Änderungen an Einzelheiten vorgenommen worden sind; insbesondere werden die nationalen Führerscheine nach dem Muster des Anhangs 9 des Genfer Abkommens über den Straßenverkehr vom 19. September 1949 als den Bestimmungen dieses Anhangs genügend angesehen.

(5) Die innerstaatlichen Rechtsvorschriften bestimmen, ob die Musterseite 3 Teil des Führerscheins sein und ob dieser zusätzliche Angaben enthalten soll; wenn ein Raum zum Eintragen von Wohnsitzänderungen vorgesehen wird, muß sich dieser, außer auf dem Führerschein nach dem Muster des Anhangs 9 des Abkommens von 1949, oben auf der Rückseite von Blatt 3 des Führerscheins befinden.

Anhang 7. Internationaler Führerschein

(1) Der Führerschein muß ein Heft im Format A 6 (148 × 105 mm – 5,82 × 4,13 Zoll) sein. Sein Umschlag ist grau, seine Innenseiten sind weiß.

(2) Vorder- und Rückseite des ersten Umschlagblattes müssen den nachstehenden Musterseiten 1 und 2 entsprechen; sie sind in der Landessprache oder mindestens in einer der Landessprachen des Ausstellungsstaates zu drucken. Am Schluß der Innenseiten müssen zwei einander gegenüberliegenden Seiten dem nachstehenden Muster 3) entsprechen und in französischer Sprache gedruckt sein. Die Innenseiten davor geben in mehreren Sprachen, darunter auf jeden Fall in Englisch, Russisch und Spanisch, die erste der erwähnten beiden Seiten wieder.

(3) Eintragungen in Hand- oder Maschinenschrift in den Führerschein müssen in lateinischen Buchstaben oder in der sogenannten englischen Kursivschrift vorgenommen werden.

(4) Die Vertragsparteien, die internationale Führerscheine ausstellen oder zu deren Ausstellung ermächtigen, deren Umschlagblatt in einer Sprache gedruckt ist, die weder Englisch noch Französisch, Russisch oder Spanisch ist, teilen dem Generalsekretär der Vereinten Nationen die Übersetzung des Textes des nachstehenden Musters 3 in diese Sprache mit.

40. Gesetz zur Bevorrechtigung der Verwendung elektrisch betriebener Fahrzeuge (Elektromobilitätsgesetz – EmoG) [1)2)]

Vom 5. Juni 2015
(BGBl. I S. 898)

FNA 9233-3

geänd. durch Art. 327 Elfte ZuständigkeitsanpassungsVO v. 19.6.2020 (BGBl. I S. 1328)

Der Bundestag hat das folgende Gesetz beschlossen:

§ 1 Anwendungsbereich. [1] Mit diesem Gesetz werden Maßnahmen zur Bevorrechtigung der Teilnahme elektrisch betriebener Fahrzeuge

1. der Klassen M1 und N1 im Sinne des Anhangs II Teil A der Richtlinie 2007/46/EG des Europäischen Parlaments und des Rates vom 5. September 2007 zur Schaffung eines Rahmens für die Genehmigung von Kraftfahrzeugen und Kraftfahrzeuganhängern sowie von Systemen, Bauteilen und selbstständigen technischen Einheiten für diese Fahrzeuge (ABl. L 263 vom 9.10.2007, S. 1), die zuletzt durch die Richtlinie 2013/15/EU (ABl. L 158 vom 10.6.2013, S. 172) geändert worden ist, und
2. der Klassen L3e, L4e, L5e und L7e im Sinne des Anhangs I der Verordnung (EU) Nr. 168/2013 des Europäischen Parlaments und des Rates vom 15. Januar 2013 über die Genehmigung und Marktüberwachung von zwei- oder dreirädrigen und vierrädrigen Fahrzeugen (ABl. L 60 vom 2.3.2013, S. 52)

am Straßenverkehr ermöglicht, um deren Verwendung zur Verringerung insbesondere klima- und umweltschädlicher Auswirkungen des motorisierten Individualverkehrs zu fördern. [2] Satz 1 gilt auch für ein elektrisch betriebenes Fahrzeug der Klasse N2 im Sinne des Anhangs II Teil A der Richtlinie 2007/46/EG, soweit es im Inland mit der Fahrerlaubnis der Klasse B geführt werden darf.

§ 2 Begriffsbestimmungen. Im Sinne dieses Gesetzes sind

1. ein elektrisch betriebenes Fahrzeug: ein reines Batterieelektrofahrzeug, ein von außen aufladbares Hybridelektrofahrzeug oder ein Brennstoffzellenfahrzeug,
2. ein reines Batterieelektrofahrzeug: ein Kraftfahrzeug mit einem Antrieb,
   a) dessen Energiewandler ausschließlich elektrische Maschinen sind und
   b) dessen Energiespeicher zumindest von außerhalb des Fahrzeuges wieder aufladbar sind,
3. ein von außen aufladbares Hybridelektrofahrzeug: ein Kraftfahrzeug mit einem Antrieb, der über mindestens zwei verschiedene Arten von

---

[1)] **Amtl. Anm.:** Notifiziert gemäß der Richtlinie 98/34/EG des Europäischen Parlaments und des Rates vom 22. Juni 1998 über ein Informationsverfahren auf dem Gebiet der Normen und technischen Vorschriften und der Vorschriften für die Dienste der Informationsgesellschaft (ABl. L 204 vom 21.07.1998, S. 37), zuletzt geändert durch Artikel 26 Absatz 2 der Verordnung (EU) Nr. 1025/2012 des Europäischen Parlaments und des Rates vom 25. Oktober 2012 (ABl. L 316 vom 14.11.2012, S. 12).

[2)] Das G **tritt mit Ablauf des 31. Dezember 2026 außer Kraft**, vgl. § 8 Abs. 2.

a) Energiewandlern, davon mindestens ein Energiewandler als elektrische Antriebsmaschine, und

b) Energiespeichern, davon mindestens einer von einer außerhalb des Fahrzeuges befindlichen Energiequelle elektrisch wieder aufladbar,

verfügt,

4. ein Brennstoffzellenfahrzeug: ein Kraftfahrzeug mit einem Antrieb, dessen Energiewandler ausschließlich aus den Brennstoffzellen und mindestens einer elektrischen Antriebsmaschine bestehen,
5. Energiewandler: die Bauteile des Kraftfahrzeugantriebes, die dauerhaft oder zeitweise Energie von einer Form in eine andere umwandeln, welche zur Fortbewegung des Kraftfahrzeuges genutzt werden,
6. Energiespeicher: die Bauteile des Kraftfahrzeugantriebes, die die jeweiligen Formen von Energie speichern, welche zur Fortbewegung des Kraftfahrzeuges genutzt werden.

§ 3[1)] Bevorrechtigungen. (1) Wer ein Fahrzeug im Sinne des § 2 führt, kann nach Maßgabe der folgenden Vorschriften Bevorrechtigungen bei der Teilnahme am Straßenverkehr erhalten, soweit dadurch die Sicherheit und Leichtigkeit des Verkehrs nicht beeinträchtigt werden.

(2) Im Falle eines von außen aufladbaren Hybridelektrofahrzeuges dürfen Bevorrechtigungen nur für ein Fahrzeug in Anspruch genommen werden, wenn sich aus der Übereinstimmungsbescheinigung nach Anhang IX der Richtlinie 2007/46/EG oder aus der Übereinstimmungsbescheinigung nach Artikel 38 der Verordnung (EU) Nr. 168/2013 ergibt, dass das Fahrzeug

1. eine Kohlendioxidemission von höchstens 50 Gramm je gefahrenen Kilometer hat oder
2. dessen Reichweite unter ausschließlicher Nutzung der elektrischen Antriebsmaschine mindestens 40 Kilometer beträgt.

(3) Kann das Vorliegen der Anforderungen des Absatzes 2 nicht über die Übereinstimmungsbescheinigung nachgewiesen werden oder gibt es für ein Fahrzeug keine Übereinstimmungsbescheinigung, kann der Nachweis auch in anderer geeigneter Weise erbracht werden.

(4) Bevorrechtigungen sind möglich

1. für das Parken auf öffentlichen Straßen oder Wegen,
2. bei der Nutzung von für besondere Zwecke bestimmten öffentlichen Straßen oder Wegen oder Teilen von diesen,
3. durch das Zulassen von Ausnahmen von Zufahrtbeschränkungen oder Durchfahrtverboten,
4. im Hinblick auf das Erheben von Gebühren für das Parken auf öffentlichen Straßen oder Wegen.

(5) [1] In Rechtsverordnungen nach § 6 Absatz 1 des Straßenverkehrsgesetzes[2)] können

1. die Bevorrechtigungen näher bestimmt werden,

[1)] § 3 Abs. 5 Satz 2 geänd. mWv 27.6.2020 durch VO v. 19.6.2020 (BGBl. I S. 1328).
[2)] Nr. **10**.

2. die Einzelheiten der Anforderungen an deren Inanspruchnahme festgelegt werden,
3. die erforderlichen straßenverkehrsrechtlichen Anordnungen, insbesondere Verkehrszeichen und Verkehrseinrichtungen, bestimmt werden.

[2] Rechtsverordnungen mit Regelungen nach Satz 1 erlässt das Bundesministerium für Verkehr und digitale Infrastruktur gemeinsam mit dem Bundesministerium für Umwelt, Naturschutz und nukleare Sicherheit. [3] § 6 Absatz 3 des Straßenverkehrsgesetzes ist auf eine Rechtsverordnung mit Regelungen nach Satz 1 nicht anzuwenden.

(6) In Rechtsverordnungen nach § 6a Absatz 6 Satz 2, auch in Verbindung mit Satz 4, des Straßenverkehrsgesetzes können als Bevorrechtigungen Ermäßigungen der Gebühren oder Befreiungen von der Gebührenpflicht vorgesehen werden.

§ 4[1)] Kennzeichnung. (1) Bevorrechtigungen nach § 3 dürfen nur für Fahrzeuge gewährt werden, die mit einer deutlich sichtbaren Kennzeichnung versehen sind.

(2) [1] In Rechtsverordnungen nach § 6 Absatz 1 Nummer 2 des Straßenverkehrsgesetzes[2)] können die Art und Weise der Kennzeichnung im Sinne des Absatzes 1 näher bestimmt werden, insbesondere können

1. die für das Erteilen der Kennzeichnung erforderlichen Angaben,
2. die Art und Weise der Anbringung der Kennzeichnung und
3. das Verfahren für das Erteilen der Kennzeichnung

geregelt werden. [2] In Rechtsverordnungen nach Satz 1 kann die Kennzeichnung im Inland gehaltener Fahrzeuge durch das Zuteilen eines für den Betrieb des Fahrzeuges auf öffentlichen Straßen erforderlichen Kennzeichens geregelt werden. [3] Rechtsverordnungen mit Regelungen nach Satz 1 erlässt das Bundesministerium für Verkehr und digitale Infrastruktur gemeinsam mit dem Bundesministerium für Umwelt, Naturschutz und nukleare Sicherheit. [4] § 6 Absatz 3 des Straßenverkehrsgesetzes ist auf Rechtsverordnungen mit Regelungen nach Satz 1 nicht anzuwenden.

(3) [1] Für individuell zurechenbare öffentliche Leistungen nach Absatz 1 in Verbindung mit Rechtsverordnungen nach Absatz 2 werden Gebühren und Auslagen erhoben. [2] § 6a Absatz 2 bis 5 und 8 des Straßenverkehrsgesetzes gilt entsprechend.

§ 5 Übergangsregelung. (1) Bis zum 1. Januar 2016 tritt an die Stelle des Artikels 38 der Verordnung (EU) Nr. 168/2013 der Artikel 7 der Richtlinie 2002/24/EG des Europäischen Parlaments und des Rates vom 18. März 2002 über die Typgenehmigung für zweirädrige oder dreirädrige Kraftfahrzeuge und zur Aufhebung der Richtlinie 92/61/EWG des Rates (ABl. L 124 vom 9.5. 2002, S. 1), die zuletzt durch die Richtlinie 2013/60/EU (ABl. L 329 vom 10.12.2013, S. 15) geändert worden ist.

(2) Abweichend von § 3 Absatz 2 Nummer 2 beträgt bis zum Ablauf des 31. Dezember 2017 die erforderliche Reichweite mindestens 30 Kilometer.

---

1) § 4 Abs. 2 Satz 3 geänd. mWv 27.6.2020 durch VO v. 19.6.2020 (BGBl. I S. 1328).
2) Nr. **10**.

(3) Fahrzeugen, die die Anforderung des Absatzes 2 erfüllen, dürfen auch nach dem 31. Dezember 2017 die Bevorrechtigungen gewährt werden, die Fahrzeugen nach § 3 Absatz 2 gewährt werden können.

§ 6 Verkündung von Rechtsverordnungen. Rechtsverordnungen auf Grund dieses Gesetzes können abweichend von § 2 Absatz 1 des Verkündungs- und Bekanntmachungsgesetzes im Bundesanzeiger verkündet werden.

§ 7[1] Berichterstattung. Das Bundesministerium für Verkehr und digitale Infrastruktur und das Bundesministerium für Umwelt, Naturschutz und nukleare Sicherheit veröffentlichen gemeinsam alle drei Jahre, erstmals bis zum 1. Juli 2018, einen Bericht über die Beschaffenheit, die Ausrüstung und den Betrieb elektrisch betriebener Fahrzeuge im Sinne des § 2 Nummer 1, über das Ladeverhalten solcher Fahrzeuge und über die Entwicklung der Ladeinfrastruktur, um Erkenntnisse hinsichtlich der weiteren Verringerung der klima- und umweltschädlichen Auswirkungen des motorisierten Individualverkehrs, insbesondere der Fortschreibung der Umweltkriterien nach § 3 Absatz 2 Nummer 2, zu gewinnen.

§ 8 Inkrafttreten, Außerkrafttreten. (1) Dieses Gesetz tritt am Tag nach der Verkündung[2] in Kraft.

(2) Dieses Gesetz tritt mit Ablauf des 31. Dezember 2026 außer Kraft.

---

[1] § 7 geänd. mWv 27.6.2020 durch VO v. 19.6.2020 (BGBl. I S. 1328).
[2] Verkündet am 11.6.2015.

45. Gesetz zur Bevorrechtigung des Carsharing (Carsharinggesetz – CsgG)[1)]

Vom 5. Juli 2017
(BGBl. I S. 2230)

FNA 9233-4

geänd. durch Art. 328 Elfte ZuständigkeitsanpassungsVO v. 19.6.2020 (BGBl. I S. 1328)

Der Bundestag hat das folgende Gesetz beschlossen:

§ 1 Anwendungsbereich. Mit diesem Gesetz werden Maßnahmen zur Bevorrechtigung des Carsharing ermöglicht, um die Verwendung von Carsharingfahrzeugen im Rahmen stationsunabhängiger oder stationsbasierter Angebotsmodelle zur Verringerung insbesondere klima- und umweltschädlicher Auswirkungen des motorisierten Individualverkehrs zu fördern.

§ 2 Begriffsbestimmungen. Im Sinne dieses Gesetzes ist

1. ein Carsharingfahrzeug ein Kraftfahrzeug, das einer unbestimmten Anzahl von Fahrern und Fahrerinnen auf der Grundlage einer Rahmenvereinbarung und einem die Energiekosten mit einschließenden Zeit- oder Kilometertarif oder Mischformen solcher Tarife angeboten und selbstständig reserviert und genutzt werden kann,
2. ein Carsharinganbieter ein Unternehmen unabhängig von seiner Rechtsform, das Carsharingfahrzeuge stationsunabhängig oder stationsbasiert zur Nutzung für eine unbestimmte Anzahl von Kunden und Kundinnen nach allgemeinen Kriterien anbietet, wobei Mischformen der Angebotsmodelle möglich sind,
3. stationsunabhängiges Carsharing ein Angebotsmodell, bei dem die Nutzung des Fahrzeugs ohne Rücksicht auf vorab örtlich festgelegte Abhol- und Rückgabestellen begonnen und beendet werden kann und
4. stationsbasiertes Carsharing ein Angebotsmodell, das auf vorab reservierbaren Fahrzeugen und örtlich festgelegten Abhol- oder Rückgabestellen beruht.

§ 3[2)] Bevorrechtigungen. (1) Wer ein Fahrzeug im Sinne des § 2 Nummer 1 führt, kann nach Maßgabe der folgenden Vorschriften Bevorrechtigungen bei der Teilnahme am Straßenverkehr erhalten, soweit dadurch die Sicherheit und Leichtigkeit des Verkehrs nicht beeinträchtigt werden.

(2) Bevorrechtigungen sind möglich

1. für das Parken auf öffentlichen Straßen oder Wegen,
2. im Hinblick auf das Erheben von Gebühren für das Parken auf öffentlichen Straßen oder Wegen.

[1)] **Amtl. Anm.:** Notifiziert gemäß der Richtlinie (EU) 2015/1535 des Europäischen Parlaments und des Rates vom 9. September 2015 über ein Informationsverfahren auf dem Gebiet der technischen Vorschriften und der Vorschriften für die Dienste der Informationsgesellschaft (ABl. L 241 vom 17.9.2015, S. 1).

[2)] § 3 Abs. 3 Satz 2 geänd. mWv 27.6.2020 durch VO v. 19.6.2020 (BGBl. I S. 1328).

(3) [1] In Rechtsverordnungen nach § 6 Absatz 1 des Straßenverkehrsgesetzes[1)] können

1. die Bevorrechtigungen näher bestimmt werden,
2. die Einzelheiten der Anforderungen an deren Inanspruchnahme festgelegt werden,
3. die erforderlichen straßenverkehrsrechtlichen Anordnungen, insbesondere Verkehrszeichen und Verkehrseinrichtungen, für stationsunabhängiges und stationsbasiertes Carsharing bestimmt werden und
4. die Einzelheiten zur Regelung des Verkehrs zu Gunsten von Fahrzeugen eines oder mehrerer bestimmter Carsharinganbieter, die ein stationsbasiertes Angebot zur Verfügung stellen, festgelegt werden, soweit der jeweilige Carsharinganbieter im Rahmen der wegerechtlichen Vorschriften zur Sondernutzung des öffentlichen Straßenraums berechtigt ist.

[2] Rechtsverordnungen mit Regelungen im Sinne des Satzes 1 erlässt das Bundesministerium für Verkehr und digitale Infrastruktur gemeinsam mit dem Bundesministerium für Wirtschaft und Energie und dem Bundesministerium für Umwelt, Naturschutz und nukleare Sicherheit. [3] § 6 Absatz 3 des Straßenverkehrsgesetzes ist auf eine Rechtsverordnung mit Regelungen nach Satz 1 nicht anzuwenden.

(4) In Rechtsverordnungen nach § 6a Absatz 6 Satz 2, auch in Verbindung mit Satz 4, des Straßenverkehrsgesetzes können als Bevorrechtigungen Ermäßigungen oder Befreiungen von der Gebührenpflicht vorgesehen werden.

§ 4[2)] Kennzeichnung. (1) Bevorrechtigungen nach § 3 dürfen nur für Fahrzeuge gewährt werden, die mit einer deutlich sichtbaren Kennzeichnung als Carsharingfahrzeug versehen sind.

(2) [1] In einer Rechtsverordnung nach § 6 Absatz 1 Nummer 3 des Straßenverkehrsgesetzes[1)] können das Bundesministerium für Verkehr und digitale Infrastruktur, das Bundesministerium für Wirtschaft und Energie und das Bundesministerium für Umwelt, Naturschutz und nukleare Sicherheit gemeinsam

1. die Art und Weise der Kennzeichnung im Sinne des Absatzes 1,
2. die für das Erteilen der Kennzeichnung erforderlichen Angaben und
3. das Verfahren für das Erteilen der Kennzeichnung

näher bestimmen. [2] Das Verfahren kann auch über eine einheitliche Stelle nach § 71a des Verwaltungsverfahrensgesetzes abgewickelt werden. [3] § 6 Absatz 3 des Straßenverkehrsgesetzes ist auf Rechtsverordnungen nach Satz 1 nicht anzuwenden.

(3) [1] Für individuell zurechenbare öffentliche Leistungen nach Absatz 1 in Verbindung mit Rechtsverordnungen nach Absatz 2 werden Gebühren und Auslagen erhoben. [2] § 6a Absatz 2 bis 5 und 8 des Straßenverkehrsgesetzes gilt entsprechend.

§ 5[3)] Sondernutzung öffentlichen Straßenraums. (1) [1] Unbeschadet der sonstigen straßenrechtlichen Bestimmungen zur Sondernutzung an Bundes-

---

[1)] Nr. **10**.

[2)] § 4 Abs. 2 Satz 1 einl. Satzteil geänd. mWv 27.6.2020 durch VO v. 19.6.2020 (BGBl. I S. 1328).

[3)] § 5 Abs. 4 Satz 1 geänd. mWv 27.6.2020 durch VO v. 19.6.2020 (BGBl. I S. 1328).

fernstraßen kann die nach Landesrecht zuständige Behörde zum Zwecke der Nutzung als Stellflächen für stationsbasierte Carsharingfahrzeuge dazu geeignete Flächen einer Ortsdurchfahrt im Zuge einer Bundesstraße bestimmen. [2] Ist die nach Landesrecht zuständige Behörde nicht der Straßenbaulastträger, darf sie die Flächen nur mit Zustimmung der Straßenbaubehörde bestimmen. [3] Die Flächen sind so zu bestimmen, dass die Funktion der Bundesstraße und die Belange des öffentlichen Personennahverkehrs nicht beeinträchtigt werden sowie die Anforderungen an die Sicherheit und Leichtigkeit des Verkehrs gewahrt sind.

(2) [1] Die Flächen sind von der nach Landesrecht zuständigen Behörde im Wege eines diskriminierungsfreien und transparenten Auswahlverfahrens einem Carsharinganbieter nach Maßgabe der folgenden Vorschriften zum Zwecke der Nutzung für stationsbasierte Carsharingfahrzeuge für einen Zeitraum von längstens acht Jahren zur Verfügung zu stellen (Sondernutzungserlaubnis). [2] Absatz 1 Satz 2 gilt entsprechend. [3] Nach Ablauf der Geltungsdauer der Sondernutzungserlaubnis ist eine Verlängerung oder Neuerteilung nur nach Durchführung eines erneuten Auswahlverfahrens nach Satz 1 möglich. [4] Das Verfahren nach Satz 1 kann für einzelne Flächen getrennt durchgeführt werden.

(3) [1] In dem Auswahlverfahren nach Maßgabe der Absätze 5 bis 7 wird die Sondernutzung der nach Absatz 1 ausgewählten Flächen einem geeigneten und zuverlässigen Carsharinganbieter erlaubt. [2] Geeignet ist ein Carsharinganbieter, der die nach Absatz 4 festgelegten Anforderungen an die von ihnen im Rahmen der Sondernutzung zu erbringende Leistung (Eignungskriterien) erfüllt. [3] Unzuverlässig ist ein Carsharinganbieter, der bei der Erbringung von Carsharingdienstleistungen wiederholt in schwerwiegender Weise gegen Pflichten aus der Straßenverkehrs-Zulassungs-Ordnung[1)] verstoßen hat sowie in den in § 123 des Gesetzes gegen Wettbewerbsbeschränkungen genannten Fällen. [4] Erfüllen mehrere Carsharinganbieter die Anforderungen des Satzes 1, ist durch Los zu entscheiden.

(4) [1] Das Bundesministerium für Verkehr und digitale Infrastruktur, das Bundesministerium für Wirtschaft und Energie und das Bundesministerium für Umwelt, Naturschutz und nukleare Sicherheit werden ermächtigt, gemeinsam durch Rechtsverordnung mit Zustimmung des Bundesrates die Eignungskriterien festzulegen und an den aktuellen Stand der Technik anzupassen. [2] Die Eignungskriterien sind mit dem Ziel festzulegen, dass sie geeignet sind, durch die von dem jeweiligen Carsharinganbieter angebotene Leistung

1. zu einer Verringerung des motorisierten Individualverkehrs, insbesondere durch eine Vernetzung mit dem öffentlichen Personennahverkehr, und
2. zu einer Entlastung von straßenverkehrsbedingten Luftschadstoffen, insbesondere durch das Vorhalten elektrisch betriebener Fahrzeuge im Sinne des Elektromobilitätsgesetzes[2)],

am besten beizutragen. [3] Bis zum erstmaligen Inkrafttreten einer Rechtsverordnung nach Satz 1 bestimmen sich die Eignungskriterien nach der Anlage.

(5) [1] Die Bekanntmachung über das vorgesehene Auswahlverfahren muss allen interessierten Unternehmen kostenfrei und ohne Registrierung zugänglich sein. [2] Sie ist auf der Internetseite www.bund.de und nach Maßgabe des

---

1) Nr. **200**.
2) Nr. **40**.

Rechts der Europäischen Union im Amtsblatt der Europäischen Union zu veröffentlichen. [3] Die Bekanntmachung muss alle für die Teilnahme an dem Auswahlverfahren erforderlichen Informationen enthalten, insbesondere Informationen über den vorgesehenen Ablauf des Auswahlverfahrens, Anforderungen an die Übermittlung von Unterlagen sowie die Eignungskriterien. [4] Sie muss zudem die vorgesehene Dauer der Sondernutzung enthalten. [5] Fristen sind angemessen zu setzen. [6] Das Auswahlverfahren ist von Beginn an fortlaufend zu dokumentieren. [7] Alle wesentlichen Entscheidungen sind zu begründen.

(6) [1] Die Frist für die Erteilung der Sondernutzungserlaubnis im Rahmen des Auswahlverfahrens nach Absatz 2 beträgt drei Monate. [2] Die Frist beginnt mit Ablauf der Einreichungsfrist. [3] Sie kann einmal verlängert werden, wenn dies wegen der Schwierigkeit der Angelegenheit gerechtfertigt ist. [4] Die Fristverlängerung ist zu begründen und rechtzeitig allen teilnehmenden Anbietern mitzuteilen. [5] Das Verfahren kann auch über eine einheitliche Stelle nach § 71a des Verwaltungsverfahrensgesetzes abgewickelt werden.

(7) [1] Die nach Landesrecht zuständige Behörde hat jeden nicht berücksichtigten Bewerber unverzüglich in dem jeweils ablehnenden Bescheid über die Gründe für seine Nichtberücksichtigung sowie über den Namen des ausgewählten Bewerbers zu unterrichten. [2] Die nach Landesrecht zuständige Behörde hat bei ihren Entscheidungen das Benehmen mit dem für die Aufstellung des Nahverkehrsplans zuständigen Aufgabenträger im Sinne des § 8 Absatz 3 des Personenbeförderungsgesetzes[1)] herzustellen.

(8) [1] Eine nach den vorstehenden Absätzen erteilte Sondernutzungserlaubnis kann auch die Befugnis verleihen, dass der Sondernutzungsberechtigte geeignete bauliche Vorrichtungen für das Sperren der Fläche für Nichtbevorrechtigte anbringen kann. [2] Der Sondernutzungsberechtigte hat sich bei dem Anbringen geeigneter Fachunternehmen zu bedienen.

(9) § 8 Absatz 1 Satz 1 und 6 und Absatz 2, 2a, 3, 7a und 8 des Bundesfernstraßengesetzes[2)] gilt entsprechend.

§ 6[3)] Berichterstattung. Das Bundesministerium für Verkehr und digitale Infrastruktur, das Bundesministerium für Wirtschaft und Energie und das Bundesministerium für Umwelt, Naturschutz und nukleare Sicherheit evaluieren gemeinsam bis zum 1. Juli 2021 dieses Gesetz.

§ 7 Inkrafttreten. (1) Dieses Gesetz tritt vorbehaltlich des Absatzes 2 am 1. September 2017 in Kraft.

(2) Soweit dieses Gesetz zum Erlass von Rechtsverordnungen befugt, tritt es am Tag nach der Verkündung[4)] in Kraft.

[1)] Nr. **400**.
[2)] Nr. **700**.
[3)] § 6 geänd. mWv 27.6.2020 durch VO v. 19.6.2020 (BGBl. I S. 1328).
[4)] Verkündet am 12.7.2017.

Anlage
(zu § 5 Absatz 4 Satz 3)

Eignungskriterien

Teil 1 Allgemeine Anforderungen an das Angebot und die Fahrzeugflotte

1.1 Carsharinganbieter gewähren im Rahmen der vorhandenen Kapazität grundsätzlich jeder volljährigen Person mit einer für das entsprechende Kraftfahrzeug gültigen und vorgelegten Fahrerlaubnis diskriminierungsfrei eine Teilnahmeberechtigung. Einschränkungen hinsichtlich der Dauer des Besitzes der Fahrerlaubnis, des Mindestalters sowie einer Bonitätsprüfung sind möglich.

1.2 Carsharinganbieter bieten ihren Kunden folgenden Mindestleistungsumfang:

1.2.1 Die Fahrzeugbuchung, -abholung und -rückgabe ist an 24 Stunden täglich möglich.

1.2.2 Kurzzeitnutzungen ab einer Stunde sind möglich, der Stundentarif darf 20 Prozent des Tagespreises nicht überschreiten.

1.2.3 Die Berücksichtigung von Freikilometern ist mit Ausnahme der Wege für die Tank- und Batteriebeladung, der Fahrzeugpflege oder für Maßnahmen der Kundenbindung oder der Kundengewinnung nicht zulässig. Die Betriebsmittelkosten je Kilometer müssen über den marktüblichen Energiekosten (Kraftstoff und Strom) liegen.

1.2.4 Die Wartung der Fahrzeuge wird regelmäßig, entsprechend den Herstellerempfehlungen durchgeführt.

1.2.5 Den Kunden sollen Informationen über umweltschonende und lärmarme Fahrweise für die Fahrer und Fahrerinnen zur Verfügung gestellt werden, in dem Carsharinganbieter mittels ihrer Internetseite oder auf anderen geeigneten Informationsmaterialien auf die Möglichkeit von Schulungen zur umweltschonenden Fahrweise (etwa von Fahrschulen oder anderen Anbietern) hinweisen.

1.2.6 Inhabern von Dauer- oder Vergünstigungskarten des Öffentlichen Personenverkehrs (z.B. für Besitzer von Ermäßigungskarten oder Dauerkartenbesitzer des Öffentlichen Personennahverkehrs) sollen Vergünstigungen gewährt werden, sofern die Anbieter dieser Karten kein eigenes Carsharingangebot betreiben.

1.3 Carsharinganbieter mit Fahrzeugflotten bis zu fünf Fahrzeugen weisen mindestens zehn registrierte Fahrberechtigte pro Fahrzeug auf und solche mit einem Angebot von mehr als fünf Fahrzeugen mindestens 15 registrierte Fahrberechtigte pro Fahrzeug. Als Fahrzeugflotte gilt die Gesamtheit der Fahrzeuge des jeweiligen Anbieters in der jeweiligen Gemeinde. Davon ausgenommen sind solche Anbieter, die mit einem entsprechenden Angebot erstmalig in der jeweiligen Gemeinde tätig werden wollen.

1.4 Der Carsharinganbieter informiert im Falle der Nutzung elektrisch betriebener Fahrzeuge in geeigneter Weise (insbesondere über allgemeine Verbraucherinformationen, Internet, seine Allgemeinen Geschäftsbedingungen) – soweit verfügbar – über die Standorte der für das Carsharingfahrzeug geeigneten Ladestationen, die Art der Stromversorgung an diesen Ladestationen und die Herkunft der bezogenen Elektrizität. Dafür benennt er den Anbieter und den Stromtarif.

1.5 Soweit der Schutz geistigen Eigentums sowie von Betriebs- oder Geschäftsgeheimnissen nicht entgegenstehen, sollen zum Zwecke der Förderung der Multimodalität Daten bezüglich des Status von Carsharingfahrzeugen freigegeben werden. Personenbezogene Daten dürfen nicht freigegeben werden.

Teil 2. Nachweise

Der Carsharinganbieter kann die Einhaltung der Anforderungen gemäß den Nummern 1.2.5, 1.2.6 und 1.4 durch die Vorlage der Vertragsbedingungen, Tarife (einschließlich Vergünstigungen für Besitzer von Ermäßigungskarten oder Dauerkartenbesitzer des öffentlichen Personenverkehrs) und seiner Kundeninformation (insbesondere über allgemeine Verbraucherinformationen, den Internetauftritt oder die Allgemeinen Geschäftsbedingungen) über umweltschonende und lärmarme Fahrweise und Angebote für Schulungen nachweisen.

Teil 3. Abweichungsmöglichkeit

Die nach Landesrecht zuständige Behörde kann, soweit ihr Zuständigkeitsbereich nicht mehr als 50 000 Einwohner umfasst, in ihren Auswahlverfahren von einzelnen Anforderungen abweichen, wenn dies aufgrund besonderer örtlicher Umstände gerechtfertigt ist und ein Interessenbekundungsverfahren ergeben hat, dass andernfalls kein Carsharinganbieter einen Antrag stellt. Dies ist näher zu begründen.

60. Gesetz zur Sicherung der Energieversorgung (Energiesicherungsgesetz 1975)[1)]

Vom 20. Dezember 1974

(BGBl. I S. 3681)

FNA 754-3

zuletzt geänd. durch Art. 2 Sechstes G zur Änd. des G gegen Wettbewerbsbeschränkungen v. 26.8. 1998 (BGBl. I S. 2521), Art. 21 G über die Zusammenlegung des Bundesamtes für Wirtschaft mit dem Bundesausfuhramt v. 21.12.2000 (BGBl. I S. 1956), Art. 157 Siebente Zuständigkeitsanpassungs-VO v. 29.10.2001 (BGBl. I S. 2785), Art. 31 Neuntes Euro-EinführungsG v. 10.11.2001 (BGBl. I S. 2992), Art. 20 Nr. 1 TerrorismusbekämpfungsG v. 9.1.2002 (BGBl. I S. 361), Art. 128 Achte ZuständigkeitsanpassungsVO v. 25.11.2003 (BGBl. I S. 2304), Art. 2 Abs. 9 Siebtes ÄndG v. 7.7.2005 (BGBl. I S. 1954), Art. 3 Abs. 46 Zweites G zur Neuregelung des Energiewirtschaftsrechts v. 7.7.2005 (BGBl. I S. 1970), Art. 2 Abs. 21 G zur Novellierung des Verwaltungszustellungsrechts v. 12.8.2005 (BGBl. I S. 2354), Art. 164 Neunte ZuständigkeitsanpassungsVO v. 31.10. 2006 (BGBl. I S. 2407) und Art. 324 Zehnte ZuständigkeitsanpassungsVO v. 31.8.2015 (BGBl. I S. 1474)

Nichtamtliche Inhaltsübersicht

§ 1[2)] Sicherung der Energieversorgung. (1) [1] Um die Deckung des lebenswichtigen Bedarfs an Energie für den Fall zu sichern, daß die Energieversorgung unmittelbar gefährdet oder gestört und die Gefährdung oder Störung der Energieversorgung durch marktgerechte Maßnahmen nicht, nicht rechtzeitig oder nur mit unverhältnismäßigen Mitteln zu beheben ist, können durch Rechtsverordnung Vorschriften über

1. die Produktion, den Transport, die Lagerung, die Verteilung, die Abgabe, den Bezug, die Verwendung sowie Höchstpreise von Erdöl und Erdölerzeugnissen, von sonstigen festen, flüssigen und gasförmigen Energieträgern, von elektrischer Energie und sonstigen Energien (Gütern),

---

1) Titel geänd. mWv 1.1.2002 durch G v. 9.1.2002 (BGBl. I S. 361).

2) § 1 Abs. 1 Satz 1 geänd. mWv 1.1.2002 durch G v. 9.1.2002 (BGBl. I S. 361); Abs. 1 Satz 1 Nr. 1, 2 geänd., Nr. 3 angef. mWv 13.7.2005 durch G v. 7.7.2005 (BGBl. I S. 1970).

2. Buchführungs-, Nachweis- und Meldepflichten über die in Nummer 1 genannten wirtschaftlichen Vorgänge, über Mengen und Preise sowie über sonstige Marktverhältnisse bei diesen Gütern und
3. die Herstellung, die Instandhaltung, die Abgabe, die Verbringung und die Verwendung von Produktionsmitteln der gewerblichen Wirtschaft, soweit diese Produktionsmittel der Versorgung mit elektrischer Energie und Erdgas dienen, sowie über Werkleistungen von Unternehmen der gewerblichen Wirtschaft zur Instandhaltung, Instandsetzung, Herstellung und Veränderung von Bauwerken und technischen Anlagen, die der Versorgung mit elektrischer Energie und Erdgas dienen.[1)]

erlassen werden. [2] Als lebenswichtig gilt auch der Bedarf zur Erfüllung öffentlicher Aufgaben und internationaler Verpflichtungen.

(2) Absatz 1 ist auch anzuwenden, soweit die Güter für nichtenergetische Zwecke bestimmt sind.

(3) In Rechtsverordnungen nach Absatz 1 kann insbesondere vorgesehen werden, daß die Abgabe, der Bezug oder die Verwendung der Güter zeitlich, örtlich oder mengenmäßig beschränkt oder nur für bestimmte vordringliche Versorgungszwecke vorgenommen werden darf; die Benutzung von Motorfahrzeugen aller Art kann nach Ort, Zeit, Strecke, Geschwindigkeit und Benutzerkreis sowie Erforderlichkeit der Benutzung eingeschränkt werden.

(4) [1] Die Rechtsverordnungen sind auf das Maß zu beschränken, das zur Behebung der Gefährdung oder Störung der Energieversorgung unbedingt erforderlich ist. [2] Sie sind insbesondere so zu gestalten, daß in die Freiheit des einzelnen und der wirtschaftlichen Betätigung so wenig wie möglich eingegriffen und die Leistungsfähigkeit der Gesamtwirtschaft möglichst wenig beeinträchtigt wird.

§ 2 Internationale Verpflichtungen. (1) [1] Soweit es zur Erfüllung der Verpflichtungen aus dem Übereinkommen vom 18. November 1974 über ein Internationales Energieprogramm erforderlich ist, können für Erdöl und Erdölerzeugnisse durch Rechtsverordnung Vorschriften über die Beschränkung der Einfuhren, die Verpflichtung zu Ausfuhren und die Abgabe sowie Vorschriften des im § 1 Abs. 3 genannten Inhalts erlassen werden. [2] Rechtsverordnungen nach Satz 1 können erst erlassen werden, wenn das Bundesgesetz in Kraft getreten ist, durch welches die gesetzgebenden Körperschaften nach Artikel 59 Abs. 2 Satz 1 des Grundgesetzes dem genannten Übereinkommen ihre Zustimmung erteilt haben, und wenn die Erfüllung der Verpflichtungen durch marktgerechte Maßnahmen nicht, nicht rechtzeitig oder nur mit unverhältnismäßigen Mitteln zu erreichen ist. [3] § 1 Abs. 4 Satz 2 gilt entsprechend.

(2) Rechtsverordnungen, nach denen Einfuhren von Erdöl und Erdölerzeugnissen aus Mitgliedstaaten der Europäischen Gemeinschaften beschränkt werden können oder zu Ausfuhren und Abgabe in diese Staaten verpflichtet werden kann, können nur erlassen werden, wenn die Bundesrepublik Deutschland hierzu gemeinschaftsrechtlich ermächtigt ist.

(3) Rechtsverordnungen nach § 1 können auch erlassen werden, wenn die Energieversorgung durch die Beschränkung der Einfuhren oder die Verpflich-

---

1) Zeichensetzung amtlich.

tung zu Ausfuhren von Erdöl und Erdölerzeugnissen gefährdet oder gestört wird.

§ 3[1] Erlaß von Rechtsverordnungen. (1) [1]Rechtsverordnungen nach den §§ 1 und 2 erläßt die Bundesregierung. [2]Sie kann diese Befugnis durch Rechtsverordnung ohne Zustimmung des Bundesrates auf das Bundesministerium für Wirtschaft und Energie sowie in Bezug auf die leitungsgebundene Versorgung mit Elektrizität und Erdgas auf die Bundesnetzagentur für Elektrizität, Gas, Telekommunikation, Post und Eisenbahnen übertragen, wenn die Energieversorgung im Sinne des § 1 Abs. 1 gefährdet oder gestört ist. [3]Rechtsverordnungen des Bundesministeriums für Wirtschaft und Energie, die der Zollverwaltung Aufgaben übertragen, werden im Einvernehmen mit dem Bundesministerium der Finanzen erlassen.

(2) [1]Rechtsverordnungen, die nach Eintritt einer Gefährdung oder Störung der Energieversorgung im Sinne des § 1 Abs. 1 erlassen werden und deren Geltungsdauer sich auf nicht mehr als sechs Monate erstreckt, bedürfen nicht der Zustimmung des Bundesrates. [2]Ihre Geltungsdauer darf nur mit Zustimmung des Bundesrates verlängert werden.

(3) [1]Werden Rechtsverordnungen nach § 1 erlassen, bevor die Energieversorgung im Sinne des § 1 Abs. 1 oder des § 2 Abs. 3 gefährdet oder gestört ist, so ist ihre Anwendung von der Feststellung der Bundesregierung abhängig zu machen, daß eine solche Gefährdung oder Störung eingetreten ist. [2]Die Feststellung erfolgt durch Rechtsverordnung der Bundesregierung ohne Zustimmung des Bundesrates. [3]Die Bundesregierung kann die Befugnis nach Satz 2 in Bezug auf die leitungsgebundene Versorgung mit Elektrizität und Erdgas durch Rechtsverordnung ohne Zustimmung des Bundesrates auf die Bundesnetzagentur für Elektrizität, Gas, Telekommunikation, Post und Eisenbahnen übertragen. [4]Satz 1 gilt nicht für Rechtsverordnungen über

1. Meldepflichten über getätigte oder beabsichtigte Einfuhren und Ausfuhren sowie über Produktion, Transport, Lagerung und Abgabe,
2. Buchführungs-, Nachweis- und Meldepflichten zur Vorbereitung der Ausführung von Rechtsverordnungen nach § 1 Abs. 3

bei Erdöl, Erdölerzeugnissen elektrischer Energie und Erdgas.

(4) [1]Die Anwendung der Rechtsverordnungen kann, auch solange die Energieversorgung im Sinne des § 1 Abs. 1 und des § 2 Abs. 3 gefährdet oder gestört ist, durch Rechtsverordnung ohne Zustimmung des Bundesrates ausgesetzt und wieder hergestellt werden. [2]Der Lauf der in Absatz 2 Satz 1 festgelegten Frist wird durch eine Aussetzung der Anwendung nicht unterbrochen. [3]Die Rechtsverordnungen nach § 1 sind unverzüglich aufzuheben oder außer Anwendung zu setzen, wenn keine Gefährdung oder Störung der Energieversorgung im Sinne des § 1 Abs. 1 und des § 2 Abs. 3 mehr vorliegt oder wenn Bundestag und Bundesrat dies verlangen.

---

[1] § 3 Abs. 1 Sätze 2 und 3 geänd. mWv 7.11.2001 durch VO v. 29.10.2001 (BGBl. I S. 2785); Abs. 1 Sätze 2 und 3 geänd. mWv 28.11.2003 durch VO v. 25.11.2003 (BGBl. I S. 2304); Abs. 1 Satz 2 geänd., Abs. 3 Satz 3 eingef., bish. Satz 3 wird Satz 4, neuer Satz 4 abschl. Satzteil geänd. mWv 13.7.2005 durch G v. 7.7.2005 (BGBl. I S. 1970); Abs. 1 Satz 2, 3 geänd. mWv 8.11.2006 durch VO v. 31.10.2006 (BGBl. I S. 2407); Abs. 1 Sätze 2 und 3 geänd. mWv 8.9.2015 durch VO v. 31.8.2015 (BGBl. I S. 1474).

(5) [1] Rechtsverordnungen nach § 2 Abs. 1 dürfen erst angewendet werden, wenn dies zur Erfüllung der dort genannten Verpflichtungen erforderlich ist. [2] Sie sind unverzüglich aufzuheben oder außer Anwendung zu setzen, wenn die Voraussetzungen des Satzes 1 nicht mehr vorliegen.

§ 4[1)] Ausführung des Gesetzes. (1) [1] Rechtsverordnungen nach § 1 Abs. 1 Nr. 2 über Meldepflichten und nach § 2 Abs. 1 über die Beschränkung der Einfuhren, die Verpflichtung zu Ausfuhren und die Abgabe werden vom Bundesamt für Wirtschaft und Ausfuhrkontrolle (BAFA) ausgeführt. [2] Rechtsverordnungen nach § 1 Abs. 1 Nr. 2 über Meldepflichten im Rahmen der leitungsgebundenen Versorgung mit Elektrizität und Erdgas werden abweichend von Satz 1 von der Bundesnetzagentur für Elektrizität, Gas, Telekommunikation, Post und Eisenbahnen ausgeführt.

(2) [1] Rechtsverordnungen nach § 1 Abs. 1, die Vorschriften über Höchstpreise enthalten, werden insoweit vom Bundesamt für Wirtschaft und Ausfuhrkontrolle (BAFA) ausgeführt, als Ausnahmen von diesen Rechtsverordnungen erforderlich werden, die die Preisbildung in mehr als einem Land beeinflussen. [2] Abweichend von Satz 1 werden Rechtsverordnungen nach § 1 Abs. 1, die Vorschriften über Höchstpreise für die leitungsgebundene Versorgung mit Elektrizität und Erdgas enthalten, insoweit von der Bundesnetzagentur für Elektrizität, Gas, Telekommunikation, Post und Eisenbahnen ausgeführt, als Ausnahmen von diesen Rechtsverordnungen erforderlich werden, die die Preisbildung in mehr als einem Land beeinflussen.

(3) Rechtsverordnungen über die Lastverteilung im Bereich der Elektrizitäts- und Gasversorgung werden von der Bundesnetzagentur für Elektrizität, Gas, Telekommunikation, Post und Eisenbahnen als Lastverteiler insoweit ausgeführt, als

1. die im überregionalen öffentlichen Interesse liegende Versorgung sicherzustellen ist,
2. ein Ausgleich der elektrizitäts- und gaswirtschaftlichen Bedürfnisse und Interessen der Länder herbeizuführen ist oder
3. der Einsatz von unterirdischen Gasspeichern und sonstigen Gasversorgungsanlagen mit überregionaler Bedeutung zu regeln ist.

(4) Rechtsverordnungen, die eine Bemessung der Verbrauchsmenge und eine Überwachung der Abgabe, des Bezugs oder der Verwendung von leichtem Heizöl anordnen, werden von der Zollverwaltung ausgeführt, soweit in ihnen nichts anderes bestimmt ist.

(5) Im übrigen werden das Gesetz und die auf Grund des Gesetzes erlassenen Rechtsverordnungen, soweit nichts anderes bestimmt ist, von den nach Landesrecht zuständigen Stellen, in Bayern, Bremen und Nordrhein-Westfalen von der Landesregierung oder den von ihr bestimmten Stellen ausgeführt.

[1)] § 4 Abs. 1, Abs. 2 und 3 geänd. mWv 1.1.2001 durch G v. 21.12.2000 (BGBl. I S. 1956); Abs. 1 Satz 2 angef., bish. Wortlaut wird Satz 1, Abs. 2 Satz 2 angef., bish. Wortlaut wird Satz 1, Abs. 3 einl. Satzteil geänd. mWv 13.7.2005 durch G v. 7.7.2005 (BGBl. I S. 1970).

§ 5 Keine aufschiebende Wirkung von Widerspruch und Anfechtungsklage. Widerspruch und Anfechtungsklage gegen Verfügungen, die nach § 10 oder auf Grund von Rechtsverordnungen nach den §§ 1 und 2 ergehen, haben keine aufschiebende Wirkung.

§ 6[1] Verwaltungsvorschriften. (1) Das Bundesministerium für Wirtschaft und Energie erläßt mit Zustimmung des Bundesrates zur Ausführung dieses Gesetzes und der auf Grund dieses Gesetzes erlassenen Rechtsverordnungen allgemeine Verwaltungsvorschriften.

(2) Der Zustimmung des Bundesrates bedarf es nicht, soweit die allgemeinen Verwaltungsvorschriften an das Bundesamt für Wirtschaft und Ausfuhrkontrolle (BAFA) oder an die Bundesnetzagentur für Elektrizität, Gas, Telekommunikation, Post und Eisenbahnen gerichtet sind.

§ 7[2] Einzelweisungen. Das Bundesministerium für Wirtschaft und Energie kann, soweit die Ausführung der auf Grund dieses Gesetzes erlassenen Rechtsverordnungen den Ländern obliegt, Einzelweisungen erteilen, wenn dies zur Sicherung einer regional ausgeglichenen Versorgung erforderlich ist und die Auswirkungen der zu treffenden Maßnahmen sich auf mehr als ein Land erstrecken.

§ 8 Mitwirkung von Vereinigungen. (1) In Rechtsverordnungen auf Grund dieses Gesetzes kann bestimmt werden, daß Verbände und Zusammenschlüsse sowie Körperschaften und Anstalten des öffentlichen Rechts bei der Ausführung der Rechtsverordnungen beratend mitwirken, soweit ihre Interessen unmittelbar betroffen sind.

(2) [1] Die zuständige Behörde kann sich bei der Durchführung einzelner Aufgaben, die sie auf Grund dieses Gesetzes oder der nach diesem Gesetz erlassenen Rechtsverordnungen zu erfüllen hat, der in Absatz 1 genannten Stellen mit deren Zustimmung bedienen. [2] Diese Stellen unterstehen insoweit den Weisungen der zuständigen Behörden, die Verbände und Zusammenschlüsse insoweit auch deren Aufsicht.

§ 9 Vorbereitung des Vollzugs. Der Bund und die Länder einschließlich der Gemeinden und Gemeindeverbände haben die personellen, materiellen und organisatorischen Voraussetzungen zur Durchführung der Maßnahmen zu schaffen, die für die in § 1 und § 2 bezeichneten Zwecke erforderlich sind.

---

[1] § 6 Abs. 2 geänd. mWv 1.1.2001 durch G v. 21.12.2000 (BGBl. I S. 1956); Abs. 1 geänd. mWv 7.11.2001 durch VO v. 29.10.2001 (BGBl. I S. 2785); Abs. 1 geänd. mWv 28.11.2003 durch VO v. 25.11.2003 (BGBl. I S. 2304); Abs. 2 geänd. mWv 13.7.2005 durch G v. 7.7.2005 (BGBl. I S. 1970); Abs. 1 geänd. mWv 8.11.2006 durch VO v. 31.10.2006 (BGBl. I S. 2407); Abs. 1 geänd. mWv 8.9.2015 durch VO v. 31.8.2015 (BGBl. I S. 1474).

[2] § 7 geänd. mWv 7.11.2001 durch VO v. 29.10.2001 (BGBl. I S. 2785); geänd. mWv 28.11.2003 durch VO v. 25.11.2003 (BGBl. I S. 2304); geänd. mWv 8.11.2006 durch VO v. 31.10.2006 (BGBl. I S. 2407); geänd. mWv 8.9.2015 durch VO v. 31.8.2015 (BGBl. I S. 1474).

§ 10[1)] Auskünfte. (1) [1] Zur Ausführung der Rechtsverordnung auf Grund dieses Gesetzes und zur Vorbereitung der Ausführung solcher Rechtsverordnungen haben natürliche und juristische Personen und nichtrechtsfähige Personenvereinigungen den zuständigen Behörden auf Verlangen die erforderlichen Auskünfte zu erteilen. [2] Sie haben ferner dem Bundesministerium für Wirtschaft und Energie sowie der Bundesnetzagentur für Elektrizität, Gas, Telekommunikation, Post und Eisenbahnen Auskünfte zu erteilen, soweit dies zur Wahrnehmung der ihnen nach diesem Gesetz obliegenden Aufgaben, insbesondere zur Vorbereitung der auf Grund dieses Gesetzes zu erlassenden Rechtsverordnung erforderlich ist.

(2) [1] Die mit der Einholung von Auskünften beauftragten Personen sind befugt, Grundstücke und die Geschäfts- und Betriebsräume des Auskunftspflichtigen während der üblichen Geschäfts- und Betriebsstunden zu betreten, dort Prüfungen und Besichtigungen vorzunehmen, Proben zu entnehmen und in die geschäftlichen Unterlagen des Auskunftpflichtigen Einsicht zu nehmen. [2] Der Auskunftspflichtige hat die Maßnahmen nach Satz 1 zu dulden.

(3) Der zur Erteilung einer Auskunft Verpflichtete kann die Auskunft auf solche Fragen verweigern, deren Beantwortung ihn selbst oder einen der in § 383 Abs. 1 Nr. 1 bis 3 der Zivilprozeßordnung bezeichneten Angehörigen der Gefahr strafgerichtlicher Verfolgung oder eines Verfahrens nach dem Gesetz über Ordnungswidrigkeiten[2)] aussetzen würde.

(4) [1] Auf die nach den Absätzen 1 und 2 erlangten Kenntnisse und Unterlagen sind §§ 93, 97, 105 Abs. 1, § 111 Abs. 5 in Verbindung mit § 105 Abs. 1 sowie § 116 Abs. 1 der Abgabenordnung nicht anzuwenden. [2] Dies gilt nicht, soweit die Finanzbehörden die Kenntnisse für die Durchführung eines Verfahrens wegen einer Steuerstraftat sowie eines damit zusammenhängenden Besteuerungsverfahrens benötigen, an deren Verfolgung ein zwingendes öffentliches Interesse besteht, oder soweit es sich um vorsätzlich falsche Angaben des Auskunftspflichtigen oder der für ihn tätigen Personen handelt.

§ 11 Entschädigung. (1) [1] Stellt eine nach diesem Gesetz erlassene Rechtsverordnung oder eine Maßnahme auf Grund einer nach diesem Gesetz erlassenen Rechtsverordnung eine Enteignung dar, ist eine Entschädigung in Geld zu leisten. [2] Die Entschädigung bemißt sich nach dem für eine vergleichbare Leistung im Wirtschaftsverkehr üblichen Entgelt oder ist, falls es an einer vergleichbaren Leistung fehlt oder ein übliches Entgelt nicht zu ermitteln ist, unter gerechter Abwägung der Interessen der Allgemeinheit und der Beteiligten zu bemessen.

(2) [1] Zur Leistung der Entschädigung ist derjenige verpflichtet, der durch die Rechtsverordnung oder Maßnahme im Sinne des Absatzes 1 Satz 1 begünstigt ist. [2] Ist kein Begünstigter vorhanden, so hat der Bund die Entschädigung zu leisten, wenn die Enteignung durch einen nach diesem Gestz erlasse-

---

[1)] § 10 Abs. 4 neu gef. durch G v. 14.12.1976 (BGBl. I S. 3341); Abs. 1 Satz 2 geänd. mWv 7.11.2001 durch VO v. 29.10.2001 (BGBl. I S. 2785); Abs. 1 Satz 2 geänd. mWv 28.11.2003 durch VO v. 25.11.2003 (BGBl. I S. 2304); Abs. 1 Satz 2 geänd. mWv 13.7.2005 durch G v. 7.7.2005 (BGBl. I S. 1970); Abs. 1 Satz 2 geänd. mWv 8.11.2006 durch VO v. 31.10.2006 (BGBl. I S. 2407); Abs. 1 Satz 2 geänd. mWv 8.9.2015 durch VO v. 31.8.2015 (BGBl. I S. 1474).

[2)] Nr. **680**.

nen Rechtsverordnung oder durch eine Maßnahme einer Bundesbehörde erfolgt ist; in den übrigen Fällen hat das Land die Entschädigung zu leisten, das die Maßnahme angeordnet hat. [3] Kann die Entschädigung von demjenigen, der begünstigt ist, nicht erlangt werden, so haftet nach Maßgabe des Satzes 2 der Bund oder das Land; soweit der Bund oder das Land den Entschädigungsberechtigten befriedigt, geht dessen Anspruch gegen den Begünstigten auf den Bund oder das Land über. [4] Der Übergang kann nicht zum Nachteil des Entschädigungsberechtigten geltend gemacht werden.

(3) [1] Ist die Enteignung durch eine nach diesem Gesetz erlassene Rechtsverordnung oder durch eine Maßnahme einer Bundesbehörde erfolgt, so wird die Entschädigung von dieser Behörde festgesetzt. [2] In den übrigen Fällen wird die Entschädigung von den in § 4 Abs. 5 genannten Stellen festgesetzt.

(4) [1] Die Bundesregierung wird ermächtigt, durch Rechtsverordnung mit Zustimmung des Bundesrates Vorschriften über die Verjährung der Ansprüche nach Absatz 1, über das Verfahren der Festsetzung einer Entschädigung sowie über die Zuständigkeit und das Verfahren der Gerichte nach den Grundsätzen der §§ 34, 49 bis 63 und 65 des Bundesleistungsgesetzes zu erlassen. [2] Dabei treten an die Stelle der Anforderungsbehörden die in Absatz 3 bezeichneten Stellen.

§ 12 Härteausgleich. (1) Wird durch eine Rechtsverordnung oder Maßnahme im Sinne des § 11 Abs. 1 Satz 1 dem Betroffenen ein Vermögensnachteil zugefügt, der nicht nach § 11 abzugelten ist, so ist eine Entschädigung in Geld zu gewähren, soweit seine wirtschaftliche Existenz durch unabwendbare Schäden gefährdet oder vernichtet ist oder die Entschädigung zur Abwendung oder zum Ausgleich ähnlicher unbilliger Härten geboten ist.

(2) Zur Leistung der Entschädigung ist der Bund verpflichtet, wenn der Vermögensnachteil durch eine nach diesem Gesetz erlassene Rechtsverordnung oder durch eine Maßnahme einer Bundesbehörde zugefügt worden ist; in den übrigen Fällen ist die Entschädigung von dem Land zu leisten, das die Maßnahme angeordntet hat.

(3) § 11 Abs. 3 und 4 ist entsprechend anzuwenden.

§ 13[1] *(aufgehoben)*

§ 14[2] **Zustellungen.** [1] Für Zustellungen durch die Verwaltungsbehörde gelten die Vorschriften des Verwaltungszustellungsgesetzes mit der Maßgabe, daß in dringenden Fällen, soweit es zur Aufrechterhaltung der Versorgung erforderlich ist, die Zustellung auch durch schriftliche, fernschriftliche, mündliche oder fernmündliche Mitteilung, durch Presse, Rundfunk (Hörfunk und Fernsehen), Funkspruch oder in einer sonstigen ortsüblichen und geeigneten Weise erfolgen kann. [2] In diesen Fällen gilt die Zustellung mit dem auf die Bekanntgabe folgenden Tage als bewirkt.

---

[1] § 13 aufgeh. mWv 1.7.2005 durch G v. 7.7.2005 (BGBl. I S. 1954).
[2] § 14 geänd. mWv 1.2.2006 durch G v. 12.8.2005 (BGBl. I S. 2354).

§ 15[1] Zuwiderhandlungen. (1) Ordnungswidrig handelt, wer vorsätzlich oder fahrlässig

1. gegen eine auf Grund des § 1 oder des § 2 erlassene Rechtsverordnung oder gegen eine auf Grund einer solchen Rechtsverordnung ergangene vollziehbare Verfügung verstößt, soweit die Rechtsverordnung für einen bestimmten Tatbestand auf diese Bußgeldvorschrift verweist.
2. entgegen § 10 Abs. 1 eine Auskunft nicht, nicht richtig, nicht vollständig oder nicht rechtzeitig erteilt oder
3. entgegen § 10 Abs. 2 Prüfungen, Besichtigungen, die Einsichtnahme in geschäftliche Unterlagen oder die Entnahme von Proben nicht duldet.

(2) Die Ordnungswidrigkeit kann in den Fällen des Absatzes 1 Nr. 1 mit einer Geldbuße bis zu fünfundzwanzigtausend Euro, in den Fällen des Absatzes 1 Nr. 2 und 3 mit einer Geldbuße bis zu zehntausend Euro geahndet werden.

(3) Mit Freiheitsstrafe bis zu zwei Jahren oder mit Geldstrafe wird bestraft, wer

1. eine in Absatz 1 Nr. 1 bezeichnete Zuwiderhandlung beharrlich wiederholt,
2. durch eine in Absatz 1 Nr. 1 bezeichnete Zuwiderhandlung die Versorgung mit einem der in § 1 Abs. 1 Nr. 1 genannten Güter, sei es auch nur in einem örtlichen Bereich, schwer gefährdet oder
3. bei Begehung einer in Absatz 1 Nr. 1 bezeichneten Zuwiderhandlung eine außergewöhnliche Mangellage bei der Versorgung mit einem der in § 1 Abs. 1 Nr. 1 genannten Güter zur Erzielung von bedeutenden Vermögensvorteilen ausnutzt.

§ 16[2] Zuständige Verwaltungsbehörde bei Zuwiderhandlungen. Verwaltungsbehörde im Sinne des § 36 Abs. 1 Nr. 1 des Gesetzes über Ordnungswidrigkeiten[3] ist

1. bei Zuwiderhandlungen gegen Verfügungen nach § 10 Abs. 1 und 2,
   a) sofern sie von einer Bundesbehörde erlassen worden sind, diese Behörde,
   b) sofern sie von einer Landesbehörde erlassen worden sind, die in § 4 Abs. 5 genannten Stellen,
2. bei Zuwiderhandlungen gegen eine nach § 1 oder nach § 2 erlassene Rechtsverordnung oder gegen eine auf Grund einer solchen Rechtsverordnung ergangene Verfügung,
   a) soweit Bundesbehörden zur Durchführung zuständig sind, das Bundesministerium für Wirtschaft und Energie oder diese Behörden, soweit sie durch Rechtsverordnungen für zuständig erklärt werden,
   b) soweit Landesbehörden zur Durchführung zuständig sind, die in § 4 Abs. 5 genannten Stellen.

[1] § 15 Abs. 2 geänd. mWv 1.1.2002 durch G v. 10.11.2001 (BGBl. I S. 2992).

[2] § 16 Nr. 2 Buchst. a geänd. mWv 7.11.2001 durch VO v. 29.10.2001 (BGBl. I S. 2785); geänd. mWv 28.11.2003 durch VO v. 25.11.2003 (BGBl. I S. 2304); geänd. mWv 8.11.2006 durch VO v. 31.10.2006 (BGBl. I S. 2407); Nr. 2 Buchst. a geänd. mWv 8.9.2015 durch VO v. 31.8.2015 (BGBl. I S. 1474).

[3] Nr. **680**.

§ 17 *(gegenstandslos)*

§ 18[1] **Inkrafttreten.** Dieses Gesetz tritt am 1. Januar 1975 in Kraft.

[1] § 18 Satz 2 aufgeh. durch G v. 28.12.1979 (BGBl. I S. 2305).

B.
Nato-Truppenstatut

75. Gesetz zu dem Abkommen zwischen den Parteien des Nordatlantikvertrags vom 19. Juni 1951 über die Rechtsstellung ihrer Truppen und zu den Zusatzvereinbarungen vom 3. August 1959 zu diesem Abkommen (Gesetz zum NATO-Truppenstatut und zu den Zusatzvereinbarungen)

Vom 18. August 1961

(BGBl. II S. 1183)

BGBl. III/FNA 57-1

geänd. durch Art. 2 Viertes ÄndG LBG v. 29.11.1966 (BGBl. I S. 653), Art. 2 Gesetz zu dem Abk v. 18.3.1993 zur Änd des Zusatzabk. zum NATO-Truppenstatut und zu weiteren Übereinkommen[1] v. 28.9.1994 (BGBl. II S. 2594), Art. 2 Abs. 29 ZustellungsreformG v. 25.6.2001 (BGBl. I S. 1206), Art. 102 Siebente ZuständigkeitsAnpVO v. 29.10.2001 (BGBl. I S. 2785), Art. 1 VerteidigungslastenzuständigkeitsÄndG v. 19.9.2002 (BGBl. II S. 2482), Art. 12g Abs. 9 Erstes JustizmodernisierungsG v. 24.8.2004 (BGBl. I S. 2198), Art. 2a ÄndG v. 25.6.2005 (BGBl. I S. 1860), Art. 111 Neunte ZuständigkeitsAnpVO v. 31.10.2006 (BGBl. I S. 2407) und Art. 227 Zehnte ZuständigkeitsanpassungsVO v. 31.8.2015 (BGBl. I S. 1474)

– Auszug –

Teil 1. Beitritt und Zustimmung

Art. 1 *(Betrifft Beitritt und Zustimmung zum NATO-Truppenstatut und zu den Zusatzvereinbarungen)*

Teil II. Ausführungsbestimmungen

Kapitel 3. Ausführungsbestimmungen zu Artikel 41 des Zusatzabkommens

Art. 6 [Schäden Dritter] (1) Ansprüche der in Artikel VIII Abs. 5 des NATO-Truppenstatuts[2] genannten Art gegen die Entsendestaaten sind zur Vermeidung des Ausschlusses bei der zuständigen deutschen Behörde innerhalb einer Frist von drei Monaten von dem Zeitpunkt an geltend zu machen, in dem der Geschädigte von dem Schaden und von Umständen Kenntnis erlangt hat, aus denen sich ergibt, daß eine Truppe oder ein ziviles Gefolge für den Schaden rechtlich verantwortlich ist oder daß ein Mitglied oder ein Bediensteter einer Truppe oder eines zivilen Gefolges den Schaden verursacht hat.

(2) Die Frist gilt auch dann als gewahrt, wenn der Anspruch innerhalb der Frist bei einer Dienststelle der Truppe oder des zivilen Gefolges geltend

---

[1] Gemäß Bek. v. 30.6.1998 (BGBl. II S. 1691) in Kraft getreten am **29.3.1998**.
[2] Nr. **76**.

gemacht worden ist, die allgemein für die Behandlung von Entschädigungsansprüchen zuständig ist oder der an dem Schadensfall beteiligte Mitglieder oder Bedienstete der Truppe oder des zivilen Gefolges unterstehen.

(3) Auf die Frist sind die Vorschriften der Zivilprozeßordnung über Notfristen entsprechend anzuwenden.

(4) 1 Nach Ablauf von zwei Jahren seit dem Zeitpunkt des schädigenden Ereignisses kann der Anspruch nicht mehr geltend gemacht werden. 2 War der Schaden vor Ablauf dieser Frist nicht erkennbar, so beginnt der Lauf der Frist mit dem Zeitpunkt, in dem der Geschädigte bei Anwendung der im Verkehr erforderlichen Sorgfalt von dem Schaden hätte Kenntnis erhalten können; § 852 Abs. 1 Halbsatz 2 des Bürgerlichen Gesetzbuches[1)] bleibt unberührt.

Art. 7 [Anspruchsfristen] 1 Bei Schadensfällen der in Artikel 41 Abs. 10 des Zusatzabkommens genannten Art gilt der Anspruch auf Entschädigung als mit der Freigabe der Sache entstanden. 2 Der Lauf der in Artikel 6 Abs. 1 genannten Frist beginnt in diesen Fällen mit dem Zeitpunkt, in dem der Geschädigte von der Freigabe Kenntnis erlangt. 3 Der Lauf der in Artikel 6 Abs. 4 Satz 1 genannten Frist beginnt mit der Freigabe der Sache; Artikel 6 Abs. 4 Satz 2 ist entsprechend anzuwenden.

Art. 8[2)] [Verteidigungslastenverwaltung] 1 Zuständig ist die Verteidigungslastenverwaltung. 2 Sie wird in bundeseigener Verwaltung mit eigenem Verwaltungsunterbau oder in einer Anstalt des öffentlichen Rechts geführt. 3 Die Einzelheiten bestimmt das Bundesministerium der Finanzen. 4 Die zuständigen Behörden und ihr jeweiliger Zuständigkeitsbereich werden im Bundesanzeiger veröffentlicht.

Art. 9 [Antrag auf Entschädigung] (1) Die Ansprüche sind durch Einreichung eines Antrags auf Entschädigung geltend zu machen.

(2) 1 Der Antrag ist schriftlich oder zur Niederschrift bei der zuständigen Behörde zu stellen. 2 Er hat die geltend gemachten Ansprüche dem Grunde und, soweit möglich, der Höhe nach zu bezeichnen. 3 Er soll ferner alle für die Bearbeitung wesentlichen Angaben enthalten und auf die Beweismittel, soweit sie nicht beigefügt sind, Bezug nehmen.

(3) Ist dem Antragsteller bekannt, daß andere Personen einen Anspruch auf die Entschädigung geltend machen können, so hat er dies in seinem Antrag anzugeben.

Art. 10 [Antragsbestätigung] (1) Die Behörde hat den Eingang des Antrags unter Angabe des Eingangstages schriftlich zu bestätigen.

(2) 1 Ist ein Verfahren nach Artikel 41 Abs. 11 des Zusatzabkommens durchgeführt worden, so hat die Behörde den Antragssteller unverzüglich von dem Ergebnis des Verfahrens schriftlich zu unterrichten und dabei den Tag, an dem das Verfahren abgeschlossen worden oder die Entscheidung des

---

1) Nr. **650**.

2) Art. 8 neu gef. mWv 1.1.2003 für die Länder BW, Bln, Bbg, Brem, Hmb, MV, NRW, RhPf, Saarl, Sachs, LSA, SchlH und Thür, für die Länder Bay, Hess und Nds mWv 1.1.2005 durch G v. 19.9.2002 (BGBl. II S. 2482); Satz 2 geänd. mWv 1.1.2005 durch G v. 25.6.2005 (BGBl. I S. 1860).

Schiedsrichters ihr zugegangen ist, anzugeben. [2] Einer besonderen Unterrichtung bedarf es nicht, wenn gleichzeitig die Mitteilung über die Entschließung nach Artikel 11 Abs. 1 ergeht.

Art. 11 [Mitteilung über Begründetheit] (1) [1] Die Behörde hat dem Antragsteller ihre Entschließung darüber mitzuteilen, ob und inwieweit sie einen geltend gemachten Anspruch als begründet anerkennt. [2] Wird der Anspruch nicht oder nicht in vollem Umfang als begründet anerkannt, so sind dem Antragsteller die Gründe mitzuteilen, auf denen die Entschließung der Behörde beruht.

(2) Die Mitteilung über die Entschließung ist mit einem Hinweis auf die Klagemöglichkeit (Artikel 12) zu versehen und dem Antragsteller zuzustellen.

(3) Einer Mitteilung nach Absatz 1 bedarf es nicht, wenn und soweit zwischen der Behörde und dem Antragsteller eine Vereinbarung über die zu gewährende Entschädigung abgeschlossen wird.

Art. 12 [Klage] (1) Hat die Behörde einen geltend gemachten Anspruch nicht oder nicht in vollem Umfang anerkannt, so kann der Antragsteller Klage vor den ordentlichen Gerichten gegen die Bundesrepublik Deutschland erheben.

(2) Die Bundesrepublik Deutschland führt den Rechtsstreit in eigenen Namen für den Entsendestaat, gegen den sich der Anspruch richtet.

(3) [1] Die Klage ist innerhalb einer Frist von zwei Monaten nach Zustellung der Mitteilung über die Entschließung der Behörde zu erheben. [2] Auf die Klagefrist sind die Vorschriften der Zivilprozeßordnung über Notfristen entsprechend anzuwenden.

(4) [1] Die Klage ist auch dann zulässig, wenn die zuständige Behörde dem Antragsteller nicht innerhalb einer angemessenen Frist nach Eingang des Antrags, die jedoch nicht weniger als fünf Monate betragen darf, ihre Entschließung mitgeteilt hat. [2] In den Fällen des Artikels 10 Abs. 2 Satz 1 tritt an die Stelle des Zeitpunkts, in dem der Antrag eingegangen ist, der Zeitpunkt, in dem das Verfahren zur Erlangung der Bescheinigung der Truppe abgeschlossen oder die Entscheidung des Schiedsrichters der Behörde zugegangen ist.

(5) Hat die Behörde in den Fällen des Artikels 10 Abs. 2 Satz 1 einen Anspruch nicht anerkannt, weil der Inhalt der von der Truppe erteilten Bescheinigung der Anerkennung entgegenstand, so kann das Gericht, wenn es begründete Bedenken gegen die Richtigkeit des Inhalts der Bescheinigung hat und eine Entscheidung des Schiedsrichters nach Artikel VIII Abs. 8 des NATO-Truppenstatuts[1)] in Verbindung mit Artikel 41 Abs. 11 des Zusatzabkommens nicht vorliegt, die Behörde unter Darlegung seiner Bedenken ersuchen, die Entscheidung des Schiedsrichters herbeizuführen.

Art. 13 [Entschädigungszahlungen] (1) Hat die Behörde einen geltend gemachten Anspruch in vollem Umfang oder zum Teil anerkannt, so sind die danach zahlbaren und fälligen Beträge unverzüglich nach der Zustellung der Mitteilung über das Anerkenntnis (Artikel 11 Abs. 1) auszuzahlen.

[1)] Nr. **76**.

(2) Hat die Behörde mit dem Antragsteller eine Vereinbarung über die Entschädigung getroffen, so ist der vereinbarte Betrag nach Maßgabe der Vereinbarung unverzüglich nach deren Wirksamwerden auszuzahlen.

(3) Vorauszahlungen auf die Entschädigung können in angemessenem Umfang gewährt werden, wenn der Anspruch dem Grunde nach gerechtfertigt ist.

Art. 14[1] *(Betrifft Manöverschäden)*

Art. 15 *(Änderung des Bundesleistungsgesetzes)*

Kapitel 8. Prozeßstandschaft

Art. 25 [Prozeßstandschaft] Ergeht in einem gerichtlichen Verfahren, in dem die Klage oder der Antrag nach dem Zusatzabkommen in Verbindung mit dem NATO-Truppenstatut[2] und der zur Ergänzung des Zusatzabkommens geschlossenen zweiseitigen Abkommen über die Beilegung von Streitigkeiten bei Direktbeschaffungen sowie des Artikels 12 dieses Gesetzes gegen die Bundesrepublik Deutschland an Stelle eines Entsendestaates zu richten oder die Bundesrepublik Deutschland an Stelle eines Entsendestaates sonstwie beteiligt ist, eine Entscheidung über eine Leistung, so ist auszusprechen, daß die Bundesrepublik für den Entsendestaat zu leisten hat, dem die Leistung obliegt.

Teil III. Inkrafttreten

Art. 26 [Inkrafttreten; Hinterlegung] (1) [1]Dieses Gesetz tritt mit Ausnahme der Artikel 3 bis 25 am Tage nach seiner Verkündung in Kraft. [2]Die Artikel 3 bis 25 treten gleichzeitig mit dem NATO-Truppenstatut[2] und den Zusatzvereinbarungen in Kraft.

(2) Die Beitrittsurkunde zu dem NATO-Truppenstatut und die Ratifikationsurkunden zu den in Artikel 1 Abs. 2 aufgeführten Zusatzvereinbarungen sollen erst hinterlegt werden, wenn die anderen Unterzeichnerstaaten die Zusatzvereinbarungen ratifiziert oder genehmigt haben.

(3) Der Tag, an dem das NATO-Truppenstatut nach seinem Artikel XVIII Abs. 3, das Zusatzabkommen nebst Unterzeichnungsprotokoll nach seinem Artikel 83 Abs. 2 und die übrigen in Artikel 1 Abs. 2 dieses Gesetzes aufgeführten Zusatzvereinbarungen für die Bundesrepublik Deutschland in Kraft treten, ist im Bundesgesetzblatt bekanntzugeben.

---

[1] Art. 14 Nr. 1 geänd. mWv 7.11.2001 durch VO v. 29.10.2001 (BGBl. I S. 2785).
[2] Nr. **76**.

76. Abkommen zwischen den Parteien des Nordatlantikvertrags über die Rechtsstellung ihrer Truppen (NATO-Truppenstatut)[1]

Vom 19. Juni 1951

(BGBl. 1961 II S. 1183)[2]

– Auszug –

Art. II [Pflicht zur Achtung des Rechts des Aufnahmestaates] [1] Eine Truppe und ihr ziviles Gefolge, ihre Mitglieder sowie deren Angehörige haben die Pflicht, das Recht des Aufnahmestaates zu achten und sich jeder mit dem Geiste dieses Abkommens nicht zuvereinbarenden Tätigkeit, insbesondere jeder politischen Tätigkeit im Aufnahmestaat, zu enthalten. [2] Es ist außerdem die Pflicht des Entsendestaates, die hierfür erforderlichen Maßnahmen zu treffen.

Art. IV [Fahrerlaubnis oder Führerschein] Der Aufnahmestaat ist verpflichtet,

(a) entweder ohne Fahrprüfung oder Gebühr die Fahrerlaubnis oder den Führerschein oder den Militärführerschein des Entsendestaates oder einer Untergliederung dieses Staates für ein Mitglied einer Truppe oder eines zivilen Gefolges als gültig anzuerkennen,

(b) oder ohne eine Fahrprüfung zu verlangen, seine eigenen Fahrerlaubnisse oder Führerscheine für Mitglieder einer Truppe oder eines zivilen Gefolges auszustellen, die eine Fahrerlaubnis, einen Führerschein oder einen Militärführerschein des Entsendestaates oder einer Untergliederung dieses Staates besitzen.

Art. V [Tragen von Uniform und Zivilkleidung; Staatszugehörigkeitszeichen für Dienstfahrzeuge] (1) …

(2) Dienstfahrzeuge einer Truppe oder eines zivilen Gefolges führen außer ihrer Kennnummer ein deutliches Staatszugehörigkeitszeichen.

---

[1] Das Zusatzabkommen galt nicht in den neuen Bundesländern einschl. Ost-Berlin (vgl. Anlage I Kap. I Abschn. I Nr. 6 zum Einigungsvertrag vom 31.8.1990, BGBl. II S. 889, 908) sowie weiterhin nicht in West-Berlin (vgl. § 3 Nr. 6a des Sechsten Überleitungsgesetzes vom 25.9.1990, BGBl. I S. 2106). Gemäß Notenwechsel vom 12.9.1994 zur Änderung des Notenwechsels vom 25.9.1990 zum NATO-Truppenstatut gilt das Abkommen inzwischen auch für die neuen Länder einschl. Berlin (G v. 23.11.1994, BGBl. II S. 3714).

[2] Das Abkommen ist für die Bundesrepublik am 1.7.1963 in Kraft getreten (Bek. vom 16.6.1963, BGBl. II S. 745).

Für das Inkrafttreten des Abkommens in den anderen Vertragsstaaten siehe die **Bekanntmachungen über den Geltungsbereich des Abkommens zwischen den Parteien des Nordatlantikvertrags über die Rechtsstellung ihrer Truppen (NATO-Truppenstatut)** v. 17.11. 2004 (BGBl. II S. 1683), v. 2.6.2010 (BGBl. II S. 825).

Art. VII [Straf- und Disziplinargerichtsbarkeit] (1) Vorbehaltlich der Bestimmungen dieses Artikels

(a) ...

(b) üben die Behörden des Aufnahmesstaates über die Mitglieder einer Truppe oder eines zivilen Gefolges und über deren Angehörige in bezug auf die innerhalb des Hoheitsgebietes des Aufnahmestaates begangenen und nach dessen Recht strafbaren Handlungen die Gerichtsbarkeit aus.

(2)–(4) ...

(5)

(a) Die Behörden des Aufnahme- und des Entsendestaates unterstützen sich gegenseitig bei der Festnahme von Mitgliedern einer Truppe oder eines zivilen Gefolges oder von deren Angehörigen im Hoheitsgebiet des Aufnahmestaates und bei der Übergabe dieser Personen an die Behörde, die gemäß den obigen Bestimmungen die Gerichtsbarkeit auszuüben hat.

(b) Die Behörden des Aufnahmestaates unterrichten die Militärbehörden des Entsendestaates unverzüglich von der Festnahme eines Mitglieds einer Truppe oder eines zivilen Gefolges oder eines Angehörigen.

(c) Ein einer strafbaren Handlung beschuldigtes Mitglied einer Truppe oder eines zivilen Gefolges, über das der Aufnahmestaat die Gerichtsbarkeit auszuüben hat, verbleibt, falls es sich in den Händen des Entsendestaates befindet, in dessen Gewahrsam, bis es von dem Aufnahmestaat unter Anklage gestellt wird.

(6)

(a) Die Behörden des Aufnahme- und des Entsendestaates unterstützen sich gegenseitig bei der Durchführung aller erforderlichen Ermittlungen in Strafsachen sowie bei der Beschaffung von Beweismitteln, einschließlich der Beschlagnahme und geeignetenfalls der Aushändigung von Gegenständen, die mit einer strafbaren Handlung im Zusammenhang stehen. Die Aushändigung derartiger Gegenstände kann jedoch von deren Rückgabe innerhalb einer von der aushändigenden Behörde bestimmten Frist abhängig gemacht werden.

(b) Die Behörden der Vertragsparteien unterrichten sich in allen Fällen, in denen ihre Gerichtsbarkeit konkurriert, darüber, was veranlaßt worden ist.

(7)–(11) ...

Art. VIII [Schadenshaftung] (1)–(4) ...

(5) Ansprüche [ausgenommen vertragliche Ansprüche und Ansprüche, auf welche die Absätze (6) und (7) Anwendung finden], die sich daraus ergeben, daß durch Handlungen oder Unterlassungen von Mitgliedern einer Truppe oder eines zivilen Gefolges in Ausübung des Dienstes oder durch eine andere Handlung, Unterlassung oder Begebenheit, für die eine Truppe oder ein ziviles Gefolge rechtlich verantwortlich ist in dem Hoheitsgebiet des Aufnahmestaates einem Dritten mit Ausnahme einer der Vertragsparteien, ein Schaden zugefügt worden ist, werden von dem Aufnahmestaat nach folgenden Bestimmungen behandelt:

(a) Die Geltendmachung, Prüfung und außergerichtliche Regelung der Entschädigungsansprüche oder die gerichtliche Entscheidung über sie erfolgt gemäß den Gesetzen und Bestimmungen des Aufnahmestaates, die insoweit für seine eigenen Streitkräfte gelten.

(b) Der Aufnahmestaat kann alle derartigen Ansprüche regeln; er zahlt die Entschädigungsbeträge in seiner Währung.

(c) Eine derartige Zahlung, gleichviel ob sie auf Grund einer außergerichtlichen Regelung der Sache oder einer Entscheidung eines zuständigen Gerichtes des Aufnahmestaates erfolgt, oder ein rechtskräftiges klageabweisendes Urteil eines solchen Gerichtes ist für die Vertragsparteien bindend und endgültig.

(d) Jeder von dem Aufnahmestaat beglichene Anspruch wird den beteiligten Entsendestaaten mit einem alle Einzelheiten umfassenden Bericht und mit einem Aufteilungsvorschlag gemäß Buchstabe (e), Ziffern (i), (ii) und (iii) mitgeteilt. Äußert sich der Entsendestaat nicht binnen zwei Monaten, so gilt der Vorschlag als angenommen.

(e) Die zur Befriedigung von Ansprüchen auf Grund der Buchstaben (a) bis (d) und des Absatzes (2) zu zahlenden Beträge sind von den Vertragsparteien in folgendem Verhältnis zu tragen:

(i)–(iv) ...

(f) In Fällen, in denen die Anwendung der Bestimmungen der Buchstaben (b) und (e) für eine Vertragspartei ernstliche Härten mit sich bringen würde, kann diese den Nordatlantikrat ersuchen, eine abweichende Regelung zu treffen.

(g) Ein Mitglied einer Truppe oder eines zivilen Gefolges darf einem Verfahren zur Vollstreckung eines Urteils nicht unterworfen werden, das in dem Aufnahmestaat in einer aus der Ausübung des Dienstes herrührenden Angelegenheit gegen ihn ergangen ist.

(h) Mit Ausnahme der Anwendung von Buchstabe (e) auf Ansprüche, die unter Absatz (2) fallen, gilt Absatz (5) nicht für Ansprüche aus oder im Zusammenhang mit der Navigation oder dem Betrieb eines Schiffes oder dem Verladen, der Beförderung oder dem Entladen einer Schiffsladung, es sei denn, daß es sich um Ansprüche wegen Todes oder Körperverletzung handelt, auf welche Absatz (4) keine Anwendung findet.

(6) Ansprüche gegen Mitglieder einer Truppe oder eines zivilen Gefolges aus zu Schadensersatz verpflichtenden Handlungen oder Unterlassungen im Aufnahmestaat, die nicht in Ausübung des Dienstes begangen worden sind, werden wie folgt behandelt:

(a) Die Behörden des Aufnahmestaates prüfen den Anspruch, ermitteln in billiger und gerechter Weise unter Berücksichtigung aller Umstände des Falles einschließlich des Verhaltens der verletzten Person den dem Antragsteller zukommenden Betrag und fertigen einen Bericht über die Angelegenheit an.

(b) Der Bericht wird den Behörden des Entsendestaates übergeben, die dann unverzüglich entscheiden, ob, und bejahendenfalls in welcher Höbe sie eine Abfindung ohne Anerkennung einer Rechtspflicht (ex gratia payment) anbieten wollen.

(c) Wird eine Abfindung ohne Anerkennung einer Rechtspflicht angeboten und wird dieses Angebot von dem Antragsteller als volle Befriedigung seines Anspruchs angenommen, so nehmen die Behörden des Entsendestaates die Zahlung selbst vor und unterrichten die Behörden des Aufnahmestaates über ihre Entscheidung und die Höhe des gezahlten Betrages.

(d) Die Bestimmungen dieses Absatzes lassen die Zuständigkeit der Gerichte des Aufnahmestaates für die Durchführung eines Verfahrens gegen ein Mitglied einer Truppe oder eines zivilen Gefolges unberührt, sofern und solange nicht eine Zahlung als volle Befriedigung des Anspruchs geleistet worden ist.

(7) Ansprüche, die sich aus der unbefugten Benutzung von Fahrzeugen der Streitkräfte eines Entsendestaates ergeben, werden gemäß Absatz (6) behandelt, es sei denn, daß die Truppe oder das zivile Gefolge rechtlich verantwortlich ist.

(8) Entsteht Streit darüber, ob eine zu Schadensersatz verpflichtende Handlung oder Unterlassung eines Mitgliedes einer Truppe oder eines zivilen Gefolges in Ausübung des Dienstes begangen worden ist, oder ob die Benutzung eines Fahrzeuges der Streitkräfte eines Entsendestaates unbefugt war, so ist die Frage einem gemäß Absatz (2) Buchstabe (b) ernannten Schiedsrichter vorzulegen, dessen Entscheidung über diesen Punkt endgültig und unanfechtbar ist.

(9) Hinsichtlich der Zivilgerichtsbarkeit des Aufnahmestaates darf der Entsendestaat für Mitglieder einer Truppe oder eines zivilen Gefolges keine Befreiung von der Gerichtsbarkeit des Aufnahmestaates über Absatz (5) Buchstabe (g) hinaus beanspruchen.

(10) Die Behörden des Entsendestaates und des Aufnahmestaates arbeiten bei der Beschaffung von Beweismitteln für eine gerechte Untersuchung und Erledigung von Ansprüchen, welche die Vertragsparteien betreffen, zusammen.

Art. XI [Zollkontrollen] (1) ...

(2) (a), (b) ...

(c) Dienstfahrzeuge einer Truppe oder eines zivilen Gefolges sind von allen Abgaben befreit, die wegen der Verwendung der Fahrzeuge im Straßenverkehr erhoben werden.

(3)–(13) ...

77. Zusatzabkommen zu dem Abkommen zwischen den Parteien des Nordatlantikvertrages über die Rechtsstellung ihrer Truppen hinsichtlich der in der Bundesrepublik Deutschland stationierten ausländischen Truppen[1)]

Vom 3. August 1959

(BGBl. 1961 II S. 1218)

geänd. durch Nato-Truppenstatut-Zusatzabkommen-ÄndG v. 3.8.1973 (BGBl. II S. 1021), Nato-Truppenstatut-Zusatzabkommen-ÄndAbk v. 28.9.1994 (BGBl. II S. 2598), ( ) ( )

– Auszug –

Art. 2[2)] [Ergänzung der Begriffsbestimmungen des Art. I des NATO-Truppenstatuts[3)]] (1) Soweit nicht etwas anderes bestimmt ist, bedeutet in diesem Abkommen der Ausdruck

(a) „Deutscher" einen Deutschen im Sinne des deutschen Rechts;

(b) „Unterzeichnungsprotokoll" das Unterzeichnungsprotokoll zu diesem Abkommen;

(c) „Truppenvertrag" den Vertrag über die Rechte und Pflichten ausländischer Streitkräfte und ihrer Mitglieder in der Bundesrepublik Deutschland (in der gemäß Liste II zu dem am 23. Oktober 1954 in Paris unterzeichneten Protokoll über die Beendigung des Besatzungsregimes in der Bundesrepublik Deutschland geänderten Fassung);

(d) „Bundesleistungsgesetz" das Bundesleistungsgesetz vom 19. Oktober 1956 (Bundesgesetzblatt 1956 Teil I Seite 815);

(e) „Schutzbereichgesetz" das Gesetz über die Beschränkung von Grundeigentum für die militärische Verteidigung – Schutzbereichgesetz vom 7. Dezember 1956 (Bundesgesetzblatt 1956 Teil I Seite 899);

(f) „Landbeschaffungsgesetz" das Gesetz über die Landbeschaffung für Aufgaben der Verteidigung – Landbeschaffungsgesetz vom 23. Februar 1957 (Bundesgesetzblatt 1957 Teil I Seite 134);

(g) „Luftverkehrsgesetz" das Luftverkehrsgesetz in der Fassung der Bekanntmachung vom 10. Januar 1959 (Bundesgesetzblatt 1959 Teil I Seite 9).

(2)

(a) Ein nicht unter die in Artikel I Absatz (1) Buchstabe (c) des NATO-Truppenstatuts enthaltene Begriffsbestimmung fallender naher Verwandter eines Mitgliedes einer Truppe oder eines zivilen Gefolges, der von diesem aus wirtschaftlichen oder gesundheitlichen Gründen abhängig ist,

---

[1)] Dieses Zusatzabkommen ist für die Bundesrepublik Deutschland gem. Bek. v. 16.6.1993 (BGBl. II S. 745) am 1.7.1963 in Kraft getreten.

[2)] Siehe hierzu das Unterzeichnungsprotokoll (Nr. **78**) zu Art. 2

[3)] Nr. **76**.

von ihm tatsächlich unterhalten wird, die Wohnung teilt, die das Mitglied innehat, und sich mit Genehmigung der Behörden der Truppe im Bundesgebiet aufhält, gilt als Angehöriger im Sinne der genannten Bestimmung.

(b) Stirbt ein Mitglied einer Truppe oder eines zivilen Gefolges oder verläßt es infolge einer Versetzung das Bundesgebiet, so gelten seine Angehörigen, einschließlich der in Buchstabe (a) erwähnten nahen Verwandten, während einer Frist von neunzig Tagen nach dem Tode oder der Versetzung weiterhin als Angehörige im Sinne von Artikel I Absatz (1) Buchstabe (c) des NATO-Truppenstatuts, sofern sie sich im Bundesgebiet aufhalten.

Art. 9[1] **[Führerscheine, Luftfahrerscheine]** (1) [1] Führerscheine oder andere Erlaubnisscheine, die Mitgliedern einer Truppe oder eines zivilen Gefolges von einer Behörde eines Entsendestaates zum Führen dienstlicher Land-, Wasser- oder Luftfahrzeuge erteilt worden sind, berechtigen zum Führen solcher Land-, Wasser- oder Luftfahrzeuge im Bundesgebiet. [2] Führerscheine für dienstliche Fahrzeuge berechtigen, soweit dies nach dem Recht des Entsendestaates zulässig ist, auch zum Führen entsprechender privater Landfahrzeuge. [3] Die Behörden des Entsendestaates oder seiner Truppe sind befugt, auf Grund solcher Führerscheine auch Führerscheine zum Führen entsprechender privater Landfahrzeuge zu erteilen.

(2) [1] In einem Entsendestaat erteilte Führerscheine, die zum Führen privater Kraftfahrzeuge in diesem Staat ermächtigen, berechtigen Mitglieder einer Truppe oder eines zivilen Gefolges und Angehörige zum Führen solcher Fahrzeuge im Bundesgebiet. [2] Die deutschen Vorschriften über die Gültigkeitsdauer solcher Führerscheine im Bundesgebiet und über ihre Außerkraftsetzung durch eine deutsche Verwaltungsbehörde werden nicht angewendet, wenn der Inhaber eine Bescheinigung einer Behörde der Truppe darüber besitzt, daß er Mitglied der Truppe, des zivilen Gefolges oder dessen Angehöriger ist und über eine ausreichende Kenntnis der deutschen Verkehrsvorschriften verfügt. [3] Eine solche Bescheinigung muß mit einer deutschen Übersetzung verbunden sein.

(3)

(a) Ein Mitglied einer Truppe oder eines zivilen Gefolges oder ein Angehöriger kann mit Genehmigung der Behörden der Truppe einen deutschen Führerschein beantragen, der den Inhaber ermächtigt, ein privates Kraftfahrzeug zu führen. Solche Führerscheine werden von den zuständigen deutschen Behörden im Einklang mit geltenden deutschen Vorschriften ausgestellt.

(b) Die Fahrausbildung von Personen, die aufgrund dieses Absatzes einen Führerschein beantragen, kann in von Truppen betriebenen Fahrschulen stattfinden, wenn die Ausbilder in diesen Schulen über berufliche Eignungen verfügen, die den Vorschriften des jeweiligen Entsendestaates entsprechen. Diese Ausbilder müssen über eine von den Behörden der Truppe auszustellende Bescheinigung mit einer deutschen Übersetzung verfügen, die sie zur Ausbildung von Fahrschülern ermächtigt, und müs-

---

[1] Art. 9 Abs. 1, 3, 5, 6 und 7 geänd. durch Abk. v. 18.3.1993 (BGBl. 1994 II S. 2594, 2598).

sen diese Bescheinigung während der Ausbildung mit sich führen. Personen, die nicht als Fahrlehrer ausgebildet sind, dürfen in dieser Eigenschaft in einer Fahrschule der Truppe nicht eingesetzt werden.

(c) Der Inhalt der schriftlichen und praktischen Führerscheinprüfungen für Personen, die einen Führerschein nach diesem Absatz beantragen, wird von den deutschen Behörden im Benehmen mit den Behörden der Truppe festgelegt. Die deutschen Behörden haben das Recht, im Benehmen mit den Behörden der Truppe die ordnungsgemäße Durchführung sicherzustellen.

(d) Personen, die am Tag des Inkrafttretens des Abkommens vom 18. März 1993 zur Änderung dieses Abkommens nach Artikel 9 Absatz (3) in der bis zu diesem Zeitpunkt geltenden Fassung eine Ausbildung begonnen haben oder nach Abschluß der Ausbildung eine Prüfung noch nicht abgelegt haben, dürfen noch nach den bisherigen Vorschriften weiter ausgebildet und geprüft werden; ihnen kann nach den bisherigen Vorschriften der Führerschein erteilt werden.

(4) Die von den Behörden eines Entsendestaates Mitgliedern einer Truppe, eines zivilen Gefolges oder Angehörigen erteilten zivilen Luftfahrerscheine berechtigen zum Führen privater Luftfahrzeuge im Bundesgebiet, wenn sie auf den Richtlinien und Empfehlungen der Internationalen Zivilluftfahrt-Organisation beruhen.

(5)

(a) Die Behörden einer Truppe stellen sicher, daß die Führer der in Absatz (1) genannten dienstlichen Wasserfahrzeuge beim Befahren von Binnengewässern eine ausreichende Kenntnis der zu befahrenden Strecke und der einschlägigen schiffahrtspolizeilichen Vorschriften besitzen.

(b) Zum Führen nichtmilitärischer Binnenschiffe der Truppe berechtigen nur die von der zuständigen deutschen zivilen Behörde auf der Grundlage der in der Bundesrepublik geltenden Vorschriften erteilten Befähigungsnachweise. Im Rahmen internationaler Abkommen anwendbare Vorschriften bleiben unberührt.

(6)

(a) Die Behörden einer Truppe entziehen die nach Absatz (1) im Bundesgebiet gültigen Kraftfahrzeugführerscheine oder die in Absatz (2) erwähnten Bescheinigungen, wenn begründete Bedenken gegen die Zuverlässigkeit oder Eignung der Inhaber zum Führen von Kraftfahrzeugen bestehen. Sie prüfen wohlwollend Ersuchen der deutschen Behörden, solche Führerscheine oder Bescheinigungen zu entziehen. Führerscheine oder Bescheinigungen dürfen wiedererteilt werden, wenn dies aus zwingenden militärischen Gründen oder deshalb notwendig ist, um den Inhaber das Verlassen des Bundesgebietes zu ermöglichen. Die Behörden einer Truppe teilen den deutschen Behörden alle nach diesem Buchstaben vorgenommenen Entziehungen sowie alle Fälle mit, in denen nach einer solchen Entziehung der Führerschein oder die Bescheinigung wiedererteilt worden ist.

(b) In Fällen, in denen die deutschen Gerichte die Gerichtsbarkeit auf Grund des Artikels VII des NATO-Truppenstatuts[1] und der Artikel 17, 18 und 19 dieses Abkommens ausüben, bleiben die Vorschriften des deutschen Strafrechts über die Entziehung der Fahrerlaubnis auf die in Absatz (1) Satz 2, soweit es um die Berechtigung zum Führen privater Landfahrzeuge geht, Absatz (1) Satz 3 und Absatz (2) dieses Artikels erwähnten Führerscheine anwendbar. Die Entziehung der Fahrerlaubnis ist auf dem Führerschein, der dem Inhaber zu belassen ist, zu vermerken.

(c) Die Buchstaben (a) und (b) sind auf Führerscheine, die nach Absatz (3) in der bis zum Inkrafttreten des Abkommens vom 18. März 1993 zur Änderung dieses Abkommens geltenden Fassung dieses Artikels erteilt worden sind, entsprechend anzuwenden.

(7)

(a) Absatz (6) Buchstabe (a) ist auf die in Absatz (4) erwähnten Luftfahrerscheine entsprechend anzuwenden.

(b) Auf Ersuchen der deutschen Behörden treffen die Behörden einer Truppe die erforderlichen Maßnahmen gegenüber Inhabern von nach Absatz (1) im Bundesgebiet gültigen Luftfahrerscheinen, die die Luftverkehrsregeln nicht beachtet haben.

Art. 10[2] [Registrierung und Zulassung von Land-, Wasser- und Luftfahrzeugen] (1) [1] Kraftfahrzeuge und Kraftfahrzeuganhänger einer Truppe, eines zivilen Gefolges, ihrer Mitglieder und von deren Angehörigen können von den Behörden der Truppe registriert und zugelassen werden. [2] Vorbehaltlich der im Rahmen internationaler Abkommen anwendbaren Vorschriften gilt dies auch für Wasserfahrzeuge einer Truppe. [3] Luftfahrzeuge einer Truppe, eines zivilen Gefolges, ihrer Mitglieder und von deren Angehörigen werden von den Behörden des Entsendestaates entsprechend den anwendbaren internationalen Vorschriften registriert und zugelassen.

(1bis) [1] In Einzelfällen können zusätzlich deutsche Kennzeichen für bestimmte Fahrzeuge durch die zuständige deutsche Behörde genehmigt werden. [2] Artikel 11 Absatz (1) bleibt unberührt. [3] In den Fällen des Artikels 11 Absatz (2) Satz 1 muß sich die Garantie des Versicherers oder des Verbandes solcher Versicherer auch auf Schadensfälle in Staaten oder Gebieten erstrecken, in die Fahrzeuge mit amtlichen deutschen Kennzeichen ohne Kontrolle des Versicherungsnachweises einreisen dürfen (Schadensfälle im Sinne von Artikel 2 Absatz 2 der Richtlinie 72/166/EWG vom 24. April 1972 in der jeweils geltenden Fassung). [4] Über die Genehmigung des deutschen Kennzeichens ist eine besondere Bescheinigung auszustellen oder ein Vermerk auf dem Zulassungsschein anzubringen. [5] Weitere Einzelheiten werden zwischen den deutschen Behörden und den Behörden der Truppe vereinbart.

(1ter) [1] Die deutschen Behörden können verlangen, daß die Zulassungen nach den Absätzen (1) und (1bis) von den Behörden der Truppe den zuständigen deutschen Behörden zur dortigen Erfassung mitgeteilt werden. [2] Einzelheiten, insbesondere welche Zulassungsdaten mitzuteilen sind, werden zwischen den deutschen Behörden und den Behörden der Truppe vereinbart.

---

[1] Nr. **76**.
[2] Art. 10 Abs. 1bis–$1^{quarter}$ eingef. durch Abk. v. 18.3.1993 (BGBl. 1994 II S. 2594, 2598).

(1quater) [1] Kraftfahrzeuge und Kraftfahrzeuganhänger, die nach Absatz (1) registriert und zugelassen oder von einer Truppe im Bundesgebiet benutzt werden, sind in regelmäßigen Abständen einer technischen Untersuchung zu unterziehen. [2] Die deutschen Behörden können verlangen, daß deutsche Prüfer Stationen oder Werkstätten der Entsendestaaten, in denen private Kraftfahrzeuge und Kraftfahrzeuganhänger technisch untersucht werden, auf ihre Eignung zur Durchführung von Untersuchungen überprüfen. [3] Außerdem können sie dort diese Fahrzeuge auf ihre Verkehrssicherheit überprüfen. [4] Unberührt bleibt die Möglichkeit, daß Fahrzeuge in deutschen Prüfstellen nach deutschen Vorschriften begutachtet und geprüft werden.

(2) [1] Die Behörden einer Truppe registrieren und lassen private Kraftfahrzeuge und Kraftfahrzeuganhänger nur zu, wenn für diese Kraftfahrzeuge und Kraftfahrzeuganhänger eine Haftpflichtversicherung nach Artikel 11 besteht. [2] Sie ziehen die Registrierung oder Zulassung zurück oder erklären sie für ungültig, wenn die Haftpflichtversicherung nicht mehr besteht.

(3) [1] Kraftfahrzeuge, Kraftfahrzeuganhänger, Wasserfahrzeuge und Luftfahrzeuge, die gemäß Absatz (1) registriert und zugelassen oder von einer Truppe im Bundesgebiet benutzt werden, müssen außer mit einer Erkennungsnummer oder einem anderen geeigneten Erkennungszeichen mit einem deutlichen Nationalitätszeichen versehen sein. [2] Die Erkennungszeichen für private Kraftfahrzeuge und Kraftfahrzeuganhänger müssen sich von den Erkennungszeichen für Dienstfahrzeuge deutlich unterscheiden. [3] Die Behörden einer Truppe teilen den deutschen Behörden das Kennzeichnungssystem für die von ihnen registrierten und zugelassenen Kraftfahrzeuge, Kraftfahrzeuganhänger und Wasserfahrzeuge mit. [4] Die Behörden der Truppe teilen im Einzelfall den deutschen Behörden, wenn diese unter Darlegung der Gründe darum ersuchen, die Namen und Anschriften der Personen mit, auf deren Namen private Kraftfahrzeuge, Kraftfahrzeuganhänger und Luftfahrzeuge gemäß Absatz (1) zugelassen sind.

(4) [1] Zulassungsscheine für private Kraftfahrzeuge und private Kraftfahrzeuganhänger müssen die Erkennungsnummer, den Namen oder die Marke und die Fabrik- oder Seriennummer des Herstellers, den Tag der ersten Zulassung im Bundesgebiet sowie Namen und Vornamen des Inhabers enthalten. [2] Die Zulassungsscheine müssen mit einer deutschen Übersetzung verbunden sein. . . .

(5) Die Behörden einer Truppe treffen hinsichtlich der von ihnen registrierten und zugelassenen oder im Bundesgebiet von der Truppe benutzten Kraftfahrzeuge, Kraftfahrzeuganhänger, Wasser- und Luftfahrzeuge die angemessenen Sicherheitsmaßnahmen.

Art. 11 [Haftpflichtversicherung für private Kfz] (1) Mitglieder einer Truppe, eines zivilen Gefolges und Angehörige dürfen private Kraftfahrzeuge, Kraftfahrzeuganhänger und Luftfahrzeuge im Bundesgebiet nur gebrauchen oder deren Gebrauch gestatten, wenn die Risiken aus dem Gebrauch durch eine Haftpflichtversicherung nach Maßgabe des deutschen Rechts gedeckt sind.

(2) [1] Bei der Zulassung von privaten Kraftfahrzeugen, Kraftfahrzeuganhängern und Luftfahrzeugen durch die Behörden einer Truppe kann die Haftpflichtversicherung bei einem Versicherungsunternehmen abgeschlossen wer-

den, dem in einem Entsendestaat die Erlaubnis zum Geschäftsbetrieb der Haftpflichtversicherung erteilt ist, wenn neben diesem ein im Bundesgebiet zum Geschäftsbetrieb befugter Versicherer oder ein Verband solcher Versicherer die Pflichten eines Haftpflichtversicherers für Schadensfälle im Bundesgebiet übernimmt. [2] Die in Ansehung des geschädigten Dritten bestehenden Erfordernisse des deutschen Rechts werden durch die Bedingungen dieser Versicherungen nicht berührt.

(3) Soweit Devisenbewirtschaftungsvorschriften in den Entsendestaaten bestehen, stellen diese Staaten sicher, daß alle Zahlungen, die von den in ihrem Gebiet zum Geschäftsbetrieb befugten Versicherern oder Verbänden dieser Versicherer zu bewirken sind, im Bundesgebiet und in der Währung der Bundesrepublik geleistet werden können.

Art. 17–30, 38–40, 75 (Enthalten Ergänzungen, insbesondere verfahrensrechtlicher Art, zum Art. VII des NATO-Truppenstatus.)

Art. 31–39 (Enthalten verfahrensrechtliche Ergänzungen zum Art. VIII des NATO-Truppenstatus.)

Art. 41[1)] [Abgeltung von Schäden (s. Art. 8 und 9 des Finanzvertrages)] (1) Die Abgeltung von Schäden, die durch Handlungen oder Unterlassungen einer Truppe, eines zivilen Gefolges und ihrer Mitglieder oder durch andere Begebenheiten, für die eine Truppe oder ein ziviles Gefolge haftbar ist, verursacht worden sind, bestimmt sich nach Artikel VIII des NATO-Truppenstatuts[2)] und den ergänzenden Vorschriften dieses Artikels.

(2)–(5) (Enthalten Ergänzungen zum Art. VIII Abs. 1 bis 4 des NATO-Truppenstatus.)

(6) Artikel VIII Absatz (5) des NATO-Truppenstatuts und dieser Artikel sind nicht anzuwenden auf Schäden, die Mitgliedern einer Truppe oder eines zivilen Gefolges durch Handlungen oder Unterlassungen anderer Mitglieder der gleichen Truppe oder ihres zivilen Gefolges oder durch andere Begebenheiten verursacht worden sind, für welche die genannte Truppe oder ihr ziviles Gefolge haftbar ist.

(7) Die in Artikel 71 Absatz (2) genannten Organisationen werden für die Abgeltung von Schäden nach Artikel VIII des NATO-Truppenstatuts in Verbindung mit diesem Artikel wie Bestandteile einer Truppe angesehen und behandelt, sofern nicht Einverständnis darüber besteht, daß eine Organisation insoweit nicht von der deutschen Gerichtsbarkeit befreit ist.

(8) [1] Die Haftung einer Truppe oder eines zivilen Gefolges wird dadurch, daß der Truppe oder dem zivilen Gefolge Befreiungen von deutschen Vorschriften zustehen, nicht berührt. [2] Stehen der Bundeswehr gleiche Befreiungen zu, so ist eine Entschädigung nur zu gewähren, wenn und soweit auch für Schäden, welche die Bundeswehr verursacht, eine Entschädigung zu gewähren ist.

---

1) Siehe hierzu das Unterzeichnungsprotokoll (Nr. **78**) zu Art. 41

2) Nr. **76**.

(9)

(a) Ist durch ein Ereignis, das einen nach Artikel VIII Absatz (5) des NATO-Truppenstatuts abzugeltenden Schaden eines Dritten verursacht hat, auch dem beteiligten Entsendestaat ein Schaden entstanden und ist der Dritte für diesen Schaden entschädigungspflichtig, so ist der Entschädigungsanspruch des Entsendestaates gegen den Entschädigungsanspruch des Dritten aufzurechnen.

(b) Nach Maßgabe von Verwaltungsabkommen macht die Bundesrepublik auf Antrag eines Entsendestaates Ansprüche, die diesem wegen eines im Bundesgebiet verursachten Schadens gegen im Bundesgebiet ansässige Personen entstanden sind, für ihn geltend; dies gilt nicht für vertragliche Ansprüche. Aufwendungen, die der Bundesrepublik bei der Geltendmachung der Ansprüche außerhalb der allgemeinen Kosten der Verwaltung entstehen, werden ihr von dem Entsendestaat erstattet.

(10) Bei Ansprüchen wegen Schäden an Liegenschaften oder wegen des Verlustes oder der Beschädigung von beweglichen Sachen, mit Ausnahme von Liegenschaften oder beweglichen Sachen, die im Eigentum des Bundes oder eines Landes stehen, die einer Truppe oder einem zivilen Gefolge vor dem 5. Mai 1955 zur ausschließlichen Benutzung überlassen worden sind und nach dem Inkrafttreten dieses Abkommens von der Truppe oder dem zivilen Gefolge freigegeben werden, wird die Entschädigung je zur Hälfte von der Bundesrepublik und dem betreffenden Entsendestaat getragen.

(11)

(a) Mit Ausnahme von Fällen, in denen nach Fühlungnahme mit den in Betracht kommenden Truppen nicht festgestellt werden kann, welche von ihnen für den Verlust oder Schaden verantwortlich ist, stellt die Truppe Bescheinigungen über die in Artikel VIII Absatz (8) des NATO-Truppenstatuts genannten Fragen aus; auf Ersuchen der deutschen Behörden überprüft sie diese Bescheinigungen, falls eine deutsche Behörde oder ein deutsches Gericht bei der Prüfung des Entschädigungsantrages zu der Ansicht gelangt, daß Umstände vorliegen, die zu einer von dem Inhalt der Bescheinigung abweichenden Beurteilung der Frage führen können.

(b) Bleibt eine Meinungsverschiedenheit bestehen, die nicht in weiteren, zwischen den beiden Parteien auf höherer Ebene geführten Erörterungen beseitigt werden kann, so ist das in Artikel VIII Absatz (8) des NATO-Truppenstatuts vorgesehene Verfahren anzuwenden.

(c) Die deutschen Behörden oder Gerichte treffen ihre Entscheidung im Einklang mit der Bescheinigung oder gegebenenfalls der Entscheidung des Schiedsrichters.

(12)

(a) Artikel VIII des NATO-Truppenstatuts und dieser Artikel werden auf die Schäden angewendet, die nach dem Inkrafttreten dieses Abkommens verursacht werden oder als nach diesem Zeitpunkt verursacht gelten.

(b) Auf Schäden, die vor dem Inkrafttreten dieses Abkommens verursacht worden sind oder als vor diesem Zeitpunkt verursacht gelten, werden die bis dahin geltenden Vorschriften weiter angewendet.

(13) Zur Regelung des Verfahrens zwischen den deutschen Behörden und den Behörden einer Truppe bei der Abgeltung von Schäden werden Verwaltungsabkommen geschlossen.

Art. 57[1) 2) 3)] [Verkehr mit eigenen (Land-, Wasser- und Luft-)Fahrzeugen der Streitkräfte; Beachtung der Verkehrsvorschriften]

(1)

(a) Eine Truppe, ein ziviles Gefolge, ihre Mitglieder und Angehörigen sind vorbehaltlich der Genehmigung der Bundesregierung berechtigt, mit Land-, Wasser- und Luftfahrzeugen in die Bundesrepublik einzureisen oder sich in und über dem Bundesgebiet zu bewegen; Transporte und andere Bewegungen im Rahmen deutscher Rechtsvorschriften, einschließlich dieses Abkommens und anderer internationaler Übereinkünfte, denen die Bundesrepublik und einer oder mehrere der Entsendestaaten als Vertragspartei angehören, sowie damit im Zusammenhang stehender technischer Vereinbarungen und Verfahren, gelten als genehmigt. Soweit Sondererlaubnisse und Ausnahmeerlaubnisse sowie Befreiungen von den Rechtsvorschriften für den Transport gefährlicher Güter für militärische Bewegungen und Transporte erforderlich sind, werden sie durch die zuständigen Stellen der Bundeswehr eingeholt.

(b) Die zuständigen Stellen der Bundeswehr koordinieren die Wahrnehmung militärischer Interessen der Truppen in Verkehrsangelegenheiten gegenüber den zivilen Behörden. Sie koordinieren ferner die Durchführung militärischer Verkehrsbewegungen der Entsendestaaten untereinander und mit dem Zivilverkehr. Art und Umfang dieser Koordinierung werden zwischen den Behörden der Truppen und der Bundeswehr vereinbart. Werden solche Vereinbarungen nicht geschlossen, so teilen die Truppen den zuständigen Stellen der Bundeswehr militärische Bewegungen auf der Straße und auf der Schiene mit. In bezug auf den militärischen Luftverkehr gelten die üblichen Verfahren.

(2) ...

(3) [1] Eine Truppe, ein ziviles Gefolge, ihre Mitglieder und Angehörigen befolgen die deutschen Verkehrsvorschriften einschließlich der Vorschriften über das Verhalten am Unfallort und der Vorschriften über den Transport gefährlicher Güter, soweit nicht in diesem Abkommen etwas anderes bestimmt ist. [2] Die Einhaltung dieser Vorschriften überwachen die zuständigen Behörden. [3] Um die Kontrolle der Einhaltung dieser Bestimmungen zu erleichtern, kann diese Überwachung gemeinsam durchgeführt werden. [4] Die Durchführung dieser Überwachung kann durch örtliche Absprachen geregelt werden. [5] Bestehende Absprachen bleiben bestehen, es sei denn sie werden überarbeitet.

(4)

(a) Abweichungen von den deutschen Vorschriften über das Verhalten im Straßenverkehr sind einer Truppe nach Maßgabe des deutschen Rechts gestattet. Im Falle künftiger Änderungen deutscher Gesetze oder Vorschriften, die den Straßenverkehr betreffen, finden durch dringende militärische Erfordernisse bedingte Abweichungen im Einklang mit Ver-

---

[1)] Zum Transport gefährlicher Güter siehe die Gefahrgutverordnung Straße und Eisenbahn idF der Bek. v. 24.11.2006 (BGBl. I S. 2683), aufgeh. durch VO v. 17.6.2009 (BGBl. I S. 1389) idF der Bek. v. 10.9.2003 (BGBl. I S. 1913, ber. S. 2139).

[2)] Siehe hierzu das Unterzeichnungsprotokoll (Nr. **78**) zu Art. 57

[3)] Art. 57 Abs. 1, 3–5 neu gef., Abs. 7 aufgeh. durch Abk. v. 18.3.1993 (BGBl. 1994 II S. 2594, 2598).

fahren statt, die zwischen den Behörden einer Truppe und den zuständigen deutschen Behörden vereinbart werden.

(b) Über die Bestimmung und Benutzung eines Straßennetzes für den militärischen Verkehr mit Kraftfahrzeugen und Kraftfahrzeuganhängern, deren Abmessungen, Achslast, Gesamtgewicht oder Anzahl die nach dem deutschen Straßenverkehrsrecht geltenden Begrenzungen überschreiten, sind Vereinbarungen zwischen den Behörden einer Truppe und den deutschen Behörden zu schließen. Der Verkehr mit derartigen Kraftfahrzeugen und Kraftfahrzeuganhängern auf Straßen außerhalb des vereinbarten Straßennetzes wird nur mit Erlaubnis der zuständigen deutschen Behörden durchgeführt. Bei Unglücksfällen, Katastrophen, im Falle des Staatsnotstandes oder nach vorheriger Vereinbarung zwischen den betroffenen Behörden ist die Erlaubnis der zuständigen deutschen Behörden nicht erforderlich.

(5) [1] Die Behörden des Entsendestaates beachten grundlegende deutsche Verkehrssicherheitsvorschriften. [2] Innerhalb dieses Rahmens können sie ihre eigenen Normen auf den Bau, die Ausführung und die Ausrüstung der Kraftfahrzeuge, Kraftfahrzeuganhänger, Binnenschiffe und Luftfahrzeuge anwenden. [3] Die deutschen Behörden und die Behörden der Truppe arbeiten bei der Durchführung dieser Bestimmung eng zusammen.

(6) . . .

(7) *(aufgehoben)*

(8) . . .

78. Unterzeichnungsprotokoll zum Zusatzabkommen[1)][2)]

Vom 3. August 1959
(BGBl. 1961 II S. 1313)

geänd. durch ÄndBek v. 6.6.1972 (BGBl. II S. 687), NATO-Truppenstatut-Zusatzabkommen-ÄndAbk v. 22.10.1973 (BGBl. II S. 1021, 1022), NATO-Truppenstatut-Zusatzabkommen-ÄndBek v. 22.10.1973 (BGBl. II S. 1529), ÄndBek v. 27.5.1975 (BGBl. II S. 914), ÄndVereinbarung v. 12.5.1982 (BGBl. II S. 530, 531), ÄndBek v. 1.8.1985 (BGBl. II S. 1008), NATO-Truppenstatut-Zusatzabkommen-ÄndAbk v. 28.9.1994 (BGBl. II S. 2594, 2598) und ÄndAbk v. 23.11.1994 (BGBl. II S. 3710, 3712)

– Auszug –

Zu Art. 41

(1) Artikel 41 wird auf Ansprüche wegen Schäden aus Verträgen oder vertragsähnlichen Rechtsverhältnissen nicht angewendet.

(2)

(a) (i) Bei Schäden an öffentlichen Wegen sowie Schäden, die durch Manöver oder andere Übungen an der Bundesrepublik gehörenden Sachen (mit Ausnahme von Sachen, die der Deutschen Bundesbahn oder der Deutschen Bundespost gehören) verursacht worden sind und für die eine Entschädigung nach Artikel 41 zu zahlen wäre, hat eine Truppe die Möglichkeit, anstatt eine Entschädigung zu zahlen, diese Schäden selbst zu beseitigen.

(ii) Will eine Truppe Schäden an öffentlichen Wegen selbst beseitigen, so setzt sie sich mit der zuständigen deutschen Behörde ins Benehmen und sieht von einer Beseitigung der Schäden ab, wenn diese Behörde aus triftigen bautechnischen oder verkehrspolizeilichen Gründen widerspricht. Bei diesen und den anderen unter Ziffer (i) genannten Schäden bedarf es der Herstellung des Benehmens mit der deutschen Behörde im Einzelfall nicht, wenn wegen der Frage der Beseitigung solcher Schäden durch die Truppe vorher allgemein eine Verständigung mit ihr erzielt worden ist.

(b) Es bleibt einer Truppe unbenommen, in anderen als den unter Buchstabe (a) genannten Fällen Schäden nach Vereinbarung mit dem Geschädigten selbst zu beseitigen.

(c) In den Fällen der Buchstaben (a) und (b) bleibt es dem Geschädigten unbenommen, ihm gegebenenfalls zustehende Entschädigungsansprüche geltend zu machen, wenn nach seiner Auffassung Schäden nicht vollständig oder nicht ordnungsgemäß beseitigt worden sind.

---

1) Gemäß EVertr. v. 31.8.1990 (BGBl. II S. 889, 908) gilt das Unterzeichnungsprotokoll nicht im Gebiet der ehem. DDR.

2) Im Folgenden ist nur Teil II Gemeinsame Protokolle und Erklärungen bezüglich des Zusatzabkommens, jedoch nicht Teil I Gemeinsame Protokolle und Erklärungen bezüglich des NATO-Truppenstatuts des Unterzeichnungsprotokolls zum Zusatzabkommen wiedergegeben.

(3) [1] Für die Geltendmachung von Entschädigungsansprüchen nach Artikel VIII des NATO-Truppenstatuts[1)] in Verbindung mit Artikel 41 ist es erforderlich, eine angemessene Antragsfrist vorzusehen, um eine schnelle Abwicklung der Entschädigungsverfahren zu gewährleisten. [2] Die Bundesrepublik trifft zur Erreichung dieses Zweckes geeignete gesetzliche Maßnahmen.

(4) [1] Der in Artikel 41 Absatz (3) Buchstabe (a) erklärte Verzicht der Bundesrepublik bezieht sich nicht auf Schäden, die infolge einer Nichterfüllung der übernommenen Instandsetzungs- und Instandhaltungspflicht entstehen. [2] Soweit nicht in den Überlassungsvereinbarungen Bestimmungen über die Abgeltung solcher Schäden enthalten sind, wird das Verfahren darüber durch Verwaltungsabkommen geregelt.

(5) Soweit Sachen im Eigentum von juristischen Personen, deren Kapitalanteile sich in der Hand des Bundes befinden, einer Truppe oder einem zivilen Gefolge unentgeltlich zur ausschließlichen Benutzung überlassen worden sind, stellt die Bundesrepublik den Entsendestaat von der Haftung für Schäden an diesen Sachen in dem Umfang frei, in dem sie auf den Ersatz von Schäden an ihr gehörenden Sachen gemäß Artikel 41 Absatz (3) Buchstabe (a) verzichtet.

(6)

(a) Entstehen in den Fällen des Artikels 41 Absatz (3) Buchstabe (a) Satz 3 und Absatz (5) Satz 2 zwischen den zuständigen deutschen Behörden und den Behörden einer Truppe Meinungsverschiedenheiten darüber, ob ein Schaden vorsätzlich oder grob fahrlässig verursacht worden ist, so treten die beiderseitigen Behörden in Verhandlungen ein.

(b) Bleibt eine Meinungsverschiedenheit bestehen, die nicht in weiteren zwischen den beiden Parteien auf höherer Ebene geführten Erörterungen beseitigt werden kann, so entscheidet der in Artikel VIII Absatz (2) Buchstabe (a) des NATO-Truppenstatuts[1)] vorgesehene Schiedsrichter.

(7) [1] Gehören Sachen, die einer Truppe zur Benutzung überlassen worden sind, einem Land [Artikel 41 Absatz (4)], so stellen die deutschen Behörden und die Behörden der Truppe gemeinsam den Zustand dieser Sachen zum Zeitpunkt des Inkrafttretens des Zusatzabkommens[2)] fest. [2] Eine gleiche Feststellung erfolgt zum Zeitpunkt der Freigabe der betreffenden Sachen. [3] Etwaige Schäden oder Verluste werden unter Zugrundelegung des Zustandes der Sachen zu den genannten Zeitpunkten abgegolten.

(8) American Red Cross und University of Maryland gelten nicht als Bestandteil der Truppe im Sinne von Artikel 41 Absatz (7) und sind in bezug auf die Abgeltung von Schäden nicht von der deutschen Gerichtsbarkeit befreit.

(9) In den in Artikel 41 Absatz (13) erwähnten Verwaltungsabkommen können auch Regelungen getroffen werden, die Abweichungen von den

---

[1)] Nr. **76**.
[2)] Nr. **77**.

Verfahrensbestimmungen des Artikels VIII des NATO-Truppenstatuts[1] enthalten.

Zu Art. 57[2]

(3) Während der Tauperiode werden, ausgenommen bei Unglücksfällen, Katastrophen oder im Falle des Staatsnotstandes, die von den deutschen Behörden aufgestellten besonderen Verkehrszeichen oder die von ihnen erlassenen besonderen Anordnungen beachtet.

---

[1] Nr. **76**.

[2] Zum Transport gefährlicher Güter siehe die Gefahrgutverordnung Straße und Eisenbahn idF der Bek. v. 24.11.2006 (BGBl. I S. 2683), aufgeh. durch VO v. 17.6.2009 (BGBl. I S. 1389) idF der Bek. v. 10.9.2003 (BGBl. I S. 1913, ber. S. 2139).

C.
Energie- und Umweltrecht

80. Verordnung über Verbraucherinformationen zu Kraftstoffverbrauch und CO_2-Emissionen und Stromverbrauch neuer Personenkraftwagen (Pkw-Energieverbrauchskennzeichnungsverordnung – Pkw-EnVKV)[1)]

Vom 28. Mai 2004
(BGBl. I S. 1037)

FNA 754-17-2

geänd. durch Art. 400 Neunte ZuständigkeitsanpassungsVO v. 31.10.2006 (BGBl. I S. 2407), Art. 1 Erste ÄndVO v. 22.8.2011 (BGBl. I S. 1756, ber. S. 2095), Art. 3 G zur Neuordnung des Energieverbrauchskennzeichnungsrechts v. 10.5.2012 (BGBl. I S. 1070), Art. 330 Zehnte ZuständigkeitsanpassungsVO v. 31.8.2015 (BGBl. I S. 1474) und Art. 259 Elfte ZuständigkeitsanpassungsVO v. 19.6.2020 (BGBl. I S. 1328)

Auf Grund des § 1 Abs. 1 Nr. 1 in Verbindung mit § 1 Abs. 2 und 3 Nr. 1 und 3 bis 5 des Energieverbrauchskennzeichnungsgesetzes vom 30. Januar 2002 (BGBl. I S. 570), von denen § 1 Abs. 1 und 2 durch Artikel 135 der Verordnung vom 25. November 2003 (BGBl. I S. 2304) geändert worden ist, verordnet das Bundesministerium für Wirtschaft und Arbeit im Einvernehmen mit dem Bundesministerium für Umwelt, Naturschutz und Reaktorsicherheit:

§ 1[2)] Kennzeichnungspflicht. (1) Hersteller und Händler, die neue Personenkraftwagen ausstellen, zum Kauf oder Leasing anbieten oder für diese werben, haben dabei Angaben über den Kraftstoffverbrauch, die CO_2-Emissionen und gegebenenfalls den Stromverbrauch nach Maßgabe der §§ 3 bis 5 sowie der Anlagen 1 bis 4 zu machen.

(2) Bei den Angaben sind zu verwenden als Einheit

1. für
   a) den Kraftstoffverbrauch Liter je 100 Kilometer (l/100 km),
   b) den Verbrauch von Erdgas- oder Biogas als Kraftstoff abweichend von a) Kilogramm je 100 Kilometer (kg/100 km), wobei der aus der EG-Übereinstimmungsbescheinigung (Certificate of Conformity – CoC) stammende und in Kubikmeter je 100 Kilometer (m^3/100 km) angegebene Wert vom Hersteller in Kilogramm je 100 Kilometer (kg/100 km) gemäß dem in Anhang XII Absatz 2.3 der Verordnung (EG) Nr. 715/2007 des Europäischen Parlaments und des Rates vom 20. Juni 2007 über die Typgenehmigung von Kraftfahrzeugen (Euro 5 und Euro 6) und über den Zugang zu Reparatur- und Wartungsinformationen für Fahrzeuge (ABl. L 171 vom 29.6.2007, S. 1) in Verbindung mit der Verordnung (EG) Nr. 692/2008 des Europäischen Parlaments und des Rates vom 18. Juli 2008 zur Durchführung und Änderung der Verordnung (EG) Nr. 715/2007 des Europäischen Parlaments und des Rates über die Typgenehmigung von Kraftfahrzeugen (Euro 5 und Euro 6) und über den Zugang zu Reparatur- und Wartungsinformationen

---

[1)] Titel neu gef. mWv 1.12.2011 durch VO v. 22.8.2011 (BGBl. I S. 1756).

[2)] § 1 Abs. 1 geänd., Abs. 2 neu gef. mWv 1.12.2011 durch VO v. 22.8.2011 (BGBl. I S. 1756, ber. S. 2095).

für Fahrzeuge (ABl. L 199 vom 28.7.2008, S. 1) festgelegten Bezugsdichtewert für Erdgas umzurechnen ist,

c) den Stromverbrauch für rein elektrisch betriebene Fahrzeuge, Brennstoffzellenfahrzeuge und für extern aufladbare Hybridelektrofahrzeuge Kilowattstunden je 100 Kilometer (kWh/100 km), wobei der aus der EG-Übereinstimmungsbescheinigung (Certificate of Conformity – CoC) stammende und in Wattstunden je Kilometer (Wh/km) angegebene Wert vom Hersteller in Kilowattstunden je 100 Kilometer (kWh/100 km) umzurechnen ist.

Der Verbrauch ist jeweils bis zur ersten Dezimalstelle nach kaufmännischen Rundungsregeln auf- oder abgerundet anzugeben.

2. für die CO_2-Emissionen Gramm je Kilometer (g/km), jeweils auf eine ganze Zahl nach kaufmännischen Rundungsregeln auf- oder abgerundet.

§ 2[1)] Begriffsbestimmungen. Im Sinne dieser Verordnung

1. sind „neue Personenkraftwagen" Kraftfahrzeuge nach Artikel 2 Nr. 1 der Richtlinie 1999/94/EG des Europäischen Parlaments und des Rates vom 13. Dezember 1999 über die Bereitstellung von Verbraucherinformationen über den Kraftstoffverbrauch und CO_2-Emissionen beim Marketing für neue Personenkraftwagen (ABl. L 12 vom 18.1.2000, S. 16), zuletzt geändert durch die Verordnung (EG) Nr. 1137/2008 des Europäischen Parlaments und des Rates vom 22. Oktober 2008 (ABl. L 311 vom 21.11.2008, S. 1), die noch nicht zu einem anderen Zweck als dem des Weiterverkaufs oder der Auslieferung verkauft wurden;
2. ist „Hersteller" der in der Zulassungsbescheinigung Teil I genannte Hersteller oder, wenn dieser nicht in Deutschland ansässig ist, dessen bevollmächtigter Vertreter in Deutschland;
3. ist „Händler" jeder, der in Deutschland neue Personenkraftwagen ausstellt oder zum Kauf oder Leasing anbietet;
4. ist „Verkaufsort" ein Ort, an dem neue Personenkraftwagen ausgestellt oder zum Kauf oder Leasing angeboten werden, insbesondere ein Ausstellungsraum oder ein Vorhof; als Verkaufsorte gelten auch Handelsmessen, auf denen neue Personenkraftwagen der Öffentlichkeit vorgestellt werden;
5. ist „offizieller Kraftstoffverbrauch" der Verbrauch eines neuen Personenkraftwagens nach Artikel 2 Nr. 5 der Richtlinie 1999/94/EG;
6. sind „offizielle spezifische CO_2-Emissionen" die Emissionen eines neuen Personenkraftwagens nach Artikel 2 Nr. 6 der Richtlinie 1999/94/EG;

6a. ist der „offizielle Stromverbrauch" der auf der Grundlage der Verordnung (EG) Nr. 715/2007 des Europäischen Parlaments und des Rates vom 20. Juni 2007 über die Typgenehmigung von Kraftfahrzeugen (Euro 5 und Euro 6) und über den Zugang zu Reparatur- und Wartungsinformationen für Fahrzeuge (ABl. L 171 vom 29.6.2007, S. 1) in Verbindung mit der Verordnung (EG) Nr. 692/2008 des Europäischen Parlaments und des Rates vom 18. Juli 2008 zur Durchführung und Änderung der Verordnung (EG) Nr. 715/2007 des Europäischen Parlaments und des Rates über die Typgenehmigung von Kraftfahrzeugen (Euro 5 und 6) und über den Zugang zu Reparatur- und Wartungsinforma-

[1)] § 2 Nr. 1, 2, 7 und 8 geänd., Nr. 6a–6d eingef. mWv 1.12.2011 durch VO v. 22.8.2011 (BGBl. I S. 1756).

tionen für Fahrzeuge (ABl. L 171 vom 29.6.2007, S. 1) in Verbindung mit der Verordnung (EG) Nr. 692/2008 des Europäischen Parlaments und des Rates vom 18. Juli 2008 zur Durchführung und Änderung der Verordnung (EG) Nr. 715/2007 des Europäischen Parlaments und des Rates über die Typgenehmigung von Kraftfahrzeugen (Euro 5 und 6) und über den Zugang zu Reparatur- und Wartungsinformationen für Fahrzeuge (ABl. L 199 vom 28.7.2008, S. 1) ermittelte Verbrauch an elektrischer Energie;

6b. ist „anderer Energieträger" elektrischer Strom;

6c. ist „Masse des fahrbereiten Fahrzeugs" die in Anhang IX Teil 1 der Verordnung (EG) Nr. 385/2009 der Kommission vom 7. Mai 2009 zur Ersetzung des Anhangs IX der Richtlinie 2007/46/EG des Europäischen Parlaments und des Rates zur Schaffung eines Rahmens für die Genehmigung von Kraftfahrzeugen und Kraftfahrzeuganhängern sowie von Systemen, Bauteilen und selbstständigen technischen Einheiten für diese Fahrzeuge („Rahmenrichtlinie") (ABl. L 118 vom 13.5.2009, S. 13) definierte Masse, sofern in dieser Verordnung nichts Abweichendes geregelt ist; bei Fahrzeugen, die nicht über eine EG-Übereinstimmungsbescheinigung (Certificate of Conformity – CoC) im Sinne der Verordnung (EG) Nr. 385/2009 verfügen, ist zur Bestimmung der „Masse des fahrbereiten Fahrzeugs" die in Anhang I Nummer 2.6 der Richtlinie 2007/46/EG des Europäischen Parlaments und des Rates zur Schaffung eines Rahmens für die Genehmigung von Kraftfahrzeugen und Kraftfahrzeuganhängern sowie von Systemen, Bauteilen und selbstständigen technischen Einheiten für diese Fahrzeuge (ABl. L 263 vom 9.10.2007, S. 1) definierte Masse zugrunde zu legen und bei Angabe eines Bereichs für die Masse im Rahmen dieser Verordnung der höhere Wert heranzuziehen;

6d. ist unter dem Begriff „Kraftstoff" im Sinne dieser Verordnung der vom Hersteller empfohlene Kraftstoff mit derjenigen Bezeichnung anzugeben, die zur Bekanntmachung der Kraftstoffqualität für den Betrieb von Kraftfahrzeugen nach der Verordnung über die Beschaffenheit und die Auszeichnung der Qualitäten von Kraft- und Brennstoffen in der jeweils geltenden Fassung verwendet werden muss; wobei bei Ottokraftstoffen und Dieselkraftstoffen auf den Zusatz „schwefelfrei" im Rahmen dieser Verordnung verzichtet werden kann;

7. ist „Hinweis auf den Kraftstoffverbrauch, die CO_2-Emissionen und den Stromverbrauch" eine Angabe zur Information des Verbrauchers über den offiziellen Kraftstoffverbrauch, die offiziellen spezifischen CO_2-Emissionen und den offiziellen Stromverbrauch des Personenkraftwagens;

8. ist „Leitfaden über den Kraftstoffverbrauch, die CO_2-Emissionen und den Stromverbrauch" eine Zusammenstellung der Werte des offiziellen Kraftstoffverbrauchs, der offiziellen spezifischen CO_2-Emissionen und des offiziellen Stromverbrauchs aller Modelle, die am Neuwagenmarkt in Deutschland angeboten werden;

9. sind „Werbeschriften" alle Druckschriften, die für die Vermarktung von Fahrzeugen und zur Werbung in der Öffentlichkeit verwendet werden, insbesondere technische Anleitungen, Broschüren, Anzeigen in Zeitungen, Magazinen und Fachzeitschriften sowie Plakate;

10. ist „Verbreitung in elektronischer Form" die Verbreitung von Informationen, die mittels Geräten für die elektronische Verarbeitung und Speicherung (einschließlich digitaler Kompression) von Daten am Ausgangspunkt gesendet und am Endpunkt empfangen und vollständig über Draht, über Funk, auf optischem oder anderem elektromagnetischen Wege gesendet, weitergeleitet und empfangen werden;
11. ist „Werbematerial" jede Form von Informationen, die für Vermarktung und Werbung für Verkauf und Leasing neuer Personenkraftwagen in der Öffentlichkeit verwendet werden; dies umfasst auch Texte und Bilder auf Internetseiten, soweit für den Inhalt der Angaben nach anderen Rechtsvorschriften Fahrzeughersteller oder Unternehmen, Organisationen und Personen verantwortlich sind, die neue Personenkraftwagen zum Kauf oder Leasing anbieten, sowie Darstellungen auf Internetseiten von Handelsmessen, auf denen neue Fahrzeuge öffentlich vorgestellt werden;
12. ist „Werbeempfänger", wer Werbematerial, insbesondere zu Informationszwecken, zur Kenntnis nimmt;
13. sind „elektronische, magnetische oder optische Speichermedien" alle physikalischen Materialien, auf denen Informationen in elektronischer Form aufgezeichnet werden und die zur Information der Öffentlichkeit genutzt werden können;
14. ist „Fabrikmarke" der Handelsname des Herstellers nach Artikel 2 Nr. 10 der Richtlinie 1999/94/EG;
15. ist „Modell" die Handelsbezeichnung eines Fahrzeugs, bestehend aus Fabrikmarke, Typ sowie gegebenenfalls Variante und Version eines Personenkraftwagens;
16. sind „Typ", „Variante" und „Version" die Unterteilungen einer bestimmten Fabrikmarke nach Artikel 2 Nr. 12 der Richtlinie 1999/94/EG.

§ 3[1)] Hinweis auf Kraftstoffverbrauch, CO_2-Emissionen und Stromverbrauch sowie Aushang am Verkaufsort. (1) Wer einen neuen Personenkraftwagen ausstellt oder zum Kauf oder Leasing anbietet, hat dafür Sorge zu tragen, dass

1. ein Hinweis auf den offiziellen Kraftstoffverbrauch, die offiziellen spezifischen CO_2- Emissionen und gegebenenfalls den offiziellen Stromverbrauch am Fahrzeug oder in dessen unmittelbarer Nähe so angebracht ist, dass dieser deutlich sichtbar ist und eindeutig zugeordnet werden kann. Der Hinweis muss die CO_2-Effizienzklasse nach § 3a Absatz 2 enthalten sowie den Anforderungen der Anlage 1 entsprechen, die zum Zeitpunkt des Erstellens des Hinweises aktuell sind. Das Datum der Erstellung des Hinweises ist in dem vorgesehenen Feld im Sinne der Anlage 1 Nummer 7 anzugeben,
2. ein Aushang am Verkaufsort deutlich sichtbar angebracht wird, der die CO_2-Effizienzklassen, die Werte des offiziellen Kraftstoffverbrauchs, der offiziellen spezifischen CO_2-Emissionen und gegebenenfalls des offiziellen Stromverbrauchs aller Modelle neuer Personenkraftwagen enthält, die am Verkaufsort ausgestellt oder an diesem oder über diesen Verkaufsort zum

[1)] § 3 Überschrift geänd., Abs. 1 Nr. 1 neu gef. und Nr. 2 geänd. mWv 1.12.2011 durch VO v. 22.8.2011 (BGBl. I S. 1756).

Kauf oder Leasing angeboten werden; der Aushang muss den Anforderungen der Anlage 2 entsprechen.

(2) Der Hinweis und der Aushang nach Absatz 1 können auch elektronisch durch Bildschirmanzeige dargestellt werden, soweit die übrigen in Absatz 1 sowie in den Anlagen 1 und 2 angeführten Voraussetzungen eingehalten werden.

(3) Die Hersteller haben den Händlern, denen sie neue Personenkraftwagen liefern, auf Anforderung unverzüglich und unentgeltlich die Angaben zu übermitteln, die erforderlich sind, um den Hinweis und den Aushang nach Absatz 1 zu erstellen.

§ 3a[1)] CO_2-Effizienzklassen. (1) [1] Der Hersteller hat die CO_2-Effizienz des Fahrzeugs durch Angabe einer CO_2-Effizienzklasse auszuweisen. [2] Er hat dazu die Abweichung der offiziellen spezifischen CO_2-Emissionen des Fahrzeugs von einem fahrzeugspezifischen Referenzwert zu ermitteln. [3] Der Referenzwert ist wie folgt zu bestimmen:

$$\text{Referenzwert (in g } CO_2\text{/km)} = 36{,}59079 + a \times M$$

[4] Dabei ist:
M = Masse des fahrbereiten Fahrzeugs in Kilogramm (kg),
a = 0,08987.

[5] Der Referenzwert ist als ganze Zahl nach kaufmännischen Rundungsregeln auf- oder abzurunden. [6] Die Abweichung der offiziellen spezifischen CO_2-Emissionen des Fahrzeugs vom Referenzwert ist durch die Differenz der beiden Angaben auszudrücken und wie folgt zu berechnen:

$$\text{prozentuale Abweichung } CO_{2\text{Diff.}} \text{ in \%} = \frac{CO_{2\text{PKW}} - CO_{2\text{Ref.}}}{CO_{2\text{Ref.}}} \cdot 100$$

[7] Dabei ist:

CO_{2Ref} = fahrzeugspezifischer Referenzwert der CO_2-Emissionen,
CO_{2PKW} = offizielle spezifische CO_2-Emissionen des Fahrzeugs.

[8] Der Prozentwert ist auf zwei Dezimalstellen nach dem Komma nach kaufmännischen Rundungsregeln auf- oder abzurunden.

(2) Entsprechend der Abweichung vom Referenzwert wird das Fahrzeug einer der nachfolgend bestimmten CO_2-Effizienzklassen zugewiesen.

CO_2-Effizienzklasse	Bandbreite der Klassen Abweichung vom Referenzwert
A +	≤ -37 %
A	-36,99 % bis -28 %
B	-27,99 % bis -19 %
C	-18,99 % bis -10 %
D	-9,99 % bis -1 %

[1)] § 3a eingef. mWv 1.12.2011 durch VO v. 22.8.2011 (BGBl. I S. 1756); Abs. 3 Sätze 2, 4 und 6 geänd. mWv 8.9.2015 durch VO v. 31.8.2015 (BGBl. I S. 1474).

CO_2-Effizienzklasse	Bandbreite der Klassen Abweichung vom Referenzwert
E	-0,99 % bis +8 %
F	+8,01 % bis +17 %
G	> +17,01 %

(3) [1] Erfüllt fünf vom Hundert der zugelassenen Fahrzeuge in einem Kalenderjahr die Anforderungen der nächst effizienteren Klassen A ++ oder A +++, werden diese Klassen entsprechend den nachfolgend bestimmten CO_2-Effizienzklassen eingeführt, gegebenenfalls auch gleichzeitig. [2] Das Bundesministerium für Wirtschaft und Energie überprüft jährlich das Erreichen des Fünf-vom-Hundert-Kriteriums für die Einführung der nächst höheren CO_2-Effizienzklasse. [3] Diese Überprüfung erfolgt auf der Basis der Zulassungszahlen und Typdaten des Kraftfahrt-Bundesamtes und unter Zugrundelegung der offiziellen spezifischen CO_2-Emissionen und der Masse des fahrbereiten Fahrzeugs im Sinne der Richtlinie 2007/46/EG des Europäischen Parlaments und des Rates vom 5. September 2007 zur Schaffung eines Rahmens für die Genehmigung von Kraftfahrzeugen und Kraftfahrzeuganhängern sowie von Systemen, Bauteilen und selbstständigen technischen Einheiten für diese Fahrzeuge (ABl. L 263 vom 9.10.2007, S. 1) sowie optionaler, ergänzender versions- oder fahrzeugspezifischer Meldungen der Hersteller an das Kraftfahrt-Bundesamt, wobei in den Fällen, in denen in den Typgenehmigungsdokumenten ein Bereich für die Masse angegeben ist, für die Berechnung im Sinne des § 3a Absatz 3 dieser Verordnung der höhere Wert heranzuziehen ist. [4] Das Bundesministerium für Wirtschaft und Energie veröffentlicht das Ergebnis der Prüfung und gegebenenfalls die Notwendigkeit, die Klassen A ++ beziehungsweise A +++ einzuführen bis spätestens 30. Juni eines jeden Jahres im Bundesanzeiger. [5] Die neue Klasse ist nach drei Monaten ab dem Datum der Veröffentlichung im Bundesanzeiger anzuwenden.

CO_2-Effizienzklasse	Bandbreite der Klassen Abweichung vom Referenzwert
A ++	≤ -46 %
A +	-45,99 % bis -37 %
A +++	≤ -55 %
A ++	-54,99 % bis -46 %

[6] Spätestens drei Jahre nach Inkrafttreten dieser Verordnung wird das Bundesministerium für Wirtschaft und Energie die Berechnungsgrundlagen für den Referenzwert, insbesondere Alternativen zur Bezugsgröße Masse, und den Anteil der zugelassenen Fahrzeuge in den Klassen insgesamt überprüfen und gegebenenfalls die Energieverbrauchskennzeichnung für Personenkraftwagen durch Änderung dieser Verordnung anpassen.

§ 4[1)] Leitfaden zu Kraftstoffverbrauch, CO_2-Emissionen und Stromverbrauch. (1) [1]Die Hersteller bestimmen eine Stelle, die in ihrem Auftrag einen einheitlichen Leitfaden über den Kraftstoffverbrauch, die CO_2-Emissionen und den Stromverbrauch in gedruckter Form erstellt und an Händler, Verbraucher und sonstige Interessenten verteilt. [2]Der Leitfaden ist mindestens einmal jährlich zu aktualisieren. [3]Die Hersteller teilen die nach Satz 1 bestimmte Stelle dem Bundesministerium für Wirtschaft und Energie mit; dieses gibt die Stelle im Bundesanzeiger bekannt. [4]Der Leitfaden ist von den Herstellern auch im Internet zur Verfügung zu stellen.

(2) [1]Der Leitfaden muss den Anforderungen der Anlage 3 entsprechen. [2]Der Entwurf des Teils I des Leitfadens bedarf der Genehmigung des Bundesministeriums für Wirtschaft und Energie im Einvernehmen mit dem Bundesministerium für Umwelt, Naturschutz und nukleare Sicherheit sowie dem Bundesministerium für Verkehr und digitale Infrastruktur. [3]Die Genehmigung gilt als erteilt, wenn das Bundesministerium für Wirtschaft und Energie nicht innerhalb von zwei Monaten nach Zugang des Entwurfs die Genehmigung abgelehnt hat. [4]Der Zugang des Entwurfs ist dem Antragsteller unverzüglich schriftlich zu bestätigen.

(3) [1]Händler und Hersteller haben den Leitfaden am Verkaufsort an am Kauf oder Leasing Interessierte (Kunden) auf Anfrage unverzüglich und unentgeltlich auszuhändigen. [2]Der Leitfaden kann mit Einverständnis des Kunden diesem auch auf elektronischen, magnetischen oder optischen Speichermedien übergeben oder in elektronischer Form übermittelt werden. [3]Ist am Verkaufsort aus Gründen, die der Händler oder Hersteller nicht zu vertreten hat, ein gedrucktes Exemplar des Leitfadens nicht verfügbar, kann die Verpflichtung nach Satz 1 auch dadurch erfüllt werden, dass dem Kunden ein Ausdruck des im Internet zur Verfügung gestellten Leitfadens unentgeltlich ausgehändigt wird.

(4) Die Hersteller müssen sicherstellen, dass

1. für Verbraucher auf Anfrage ein Leitfaden kostenlos bei der nach Absatz 1 Satz 1 bestimmten Stelle erhältlich ist;
2. durch die nach Absatz 1 Satz 1 bestimmte Stelle Händlern unverzüglich und unentgeltlich jeweils die Anzahl von Exemplaren des Leitfadens zur Verfügung gestellt wird, die notwendig ist, damit diese Händler ihre Verpflichtungen nach Absatz 3 Satz 1 erfüllen können; für die Zusendung können die Versandkosten in Rechnung gestellt werden.

(5) Hersteller und diejenigen, die im eigenen Namen neue Personenkraftwagen zum Verkauf einführen, ohne Hersteller nach § 2 Nr. 2 zu sein, haben an die von den Herstellern nach Absatz 1 Satz 1 bestimmte Stelle jeweils unverzüglich, spätestens zum Beginn eines jeden Quartals, die folgenden Angaben zu übermitteln:

1. Bezeichnungen der Modelle jeder Fabrikmarke, die sie in Deutschland zum Zeitpunkt der Veröffentlichung im Handel haben und – soweit bereits bekannt – im Restjahr sowie im folgenden Kalenderjahr in den Handel bringen werden,

---

[1)] § 4 Abs. 1 Satz 3, Abs. 2 Satz 2, 3 geänd. mWv 8.11.2006 durch VO v. 31.10.2006 (BGBl. I S. 2407); Überschr., Abs. 5 Nr. 2 geänd., Abs. 1 Sätze 1 und 4, Abs. 4 neu gef. mWv 1.12.2011 durch VO v. 22.8.2011 (BGBl. I S. 1756, ber. S. 2095); Abs. 1 Satz 3 und Abs. 2 Sätze 2 und 3 geänd. mWv 8.9.2015 durch VO v. 31.8.2015 (BGBl. I S. 1474); Abs. 2 Satz 2 geänd. mWv 27.6.2020 durch VO v. 19.6.2020 (BGBl. I S. 1328).

2. zu den unter Nummer 1 genannten Modellen zusätzlich jeweils den Hubraum, die Leistung, die Getriebeart, die Masse des Fahrzeugs, die Kraftstoffart, gegebenenfalls den anderen Energieträger, den offiziellen Kraftstoffverbrauch, die offiziellen spezifischen CO_2-Emissionen und gegebenenfalls den offiziellen Stromverbrauch.

§ 5[1)] Werbung. (1) Hersteller und Händler, die Werbeschriften erstellen, erstellen lassen, weitergeben oder auf andere Weise verwenden, haben sicherzustellen, dass in den Werbeschriften Angaben über den offiziellen Kraftstoffverbrauch und die offiziellen spezifischen CO_2-Emissionen der betreffenden Modelle neuer Personenkraftwagen nach Maßgabe von Abschnitt I der Anlage 4 gemacht werden.

(2) [1] Absatz 1 Satz 1 gilt entsprechend für

1. in elektronischer Form verbreitetes Werbematerial,
2. Werbung durch elektronische, magnetische oder optische Speichermedien;

hiervon ausgenommen sind Hörfunkdienste und audiovisuelle Mediendienste nach Artikel 1 Buchstabe a der Richtlinie 2010/13/EU des Europäischen Parlaments und des Rates vom 10. März 2010 zur Koordinierung bestimmter Rechts- und Verwaltungsvorschriften der Mitgliedstaaten über die Bereitstellung audiovisueller Mediendienste (Richtlinie über audiovisuelle Mediendienste), (ABl. L 95 vom 15.4.2010, S. 1). [2] Die Angaben müssen nach Maßgabe der Abschnitte II und III der Anlage 4 erfolgen.

(3) Die Verpflichtungen der Hersteller nach § 3 Abs. 3 gelten entsprechend für Angaben, die erforderlich sind, um Werbeschriften, zur Verbreitung in elektronischer Form bestimmtes Werbematerial und elektronische, magnetische oder optische Speichermedien nach den Absätzen 1 und 2 zu erstellen.

§ 6[2)] Missbräuchliche Verwendung von Bezeichnungen. Es ist verboten, in nach § 3 Abs. 1, § 3a Absatz 1 und 2, § 4 Abs. 2 Satz 1 und § 5 Abs. 1 und 2 bereitzustellenden Informationen zum offiziellen Kraftstoffverbrauch, zu den offiziellen spezifischen CO_2-Emissionen, zum offiziellen Stromverbrauch und zu den CO_2-Effizienzklassen andere den Vorschriften dieser Verordnung nicht entsprechende Zeichen, Symbole oder Angaben zu verwenden, sofern diese geeignet sind, beim Verbraucher zu Verwechslungen zu führen.

§ 7[3)] Ordnungswidrigkeiten. Ordnungswidrig im Sinne des § 15 Absatz 1 Nummer 1 des Energieverbrauchskennzeichnungsgesetzes handelt, wer vorsätzlich oder fahrlässig

(Fortsetzung nächstes Blatt)

---

1) § 5 Abs. 2 Satz 1 abschl. Satzteil geänd. mWv 1.12.2011 durch VO v. 22.8.2011 (BGBl. I S. 1756).

2) § 6 geänd. mWv 1.12.2011 durch VO v. 22.8.2011 (BGBl. I S. 1756, ber. S. 2095).

3) § 7 Nr. 1 geänd. mWv 1.12.2011 durch VO v. 22.8.2011 (BGBl. I S. 1756); einl. Satzteil geänd. mWv 17.5.2012 durch G v. 10.5.2012 (BGBl. I S. 1070).

1. entgegen § 3 Abs. 1 Nr. 1 in Verbindung mit Anlage 1 Teil A Abschnitt I Nummer 1, Nummer 2 Satz 1, Nummern 3, 4, 6, 7 bis 8 Satz 1 bis 4 oder Satz 7 oder Nummer 9 oder Anlage 1 Teil B Abschnitt I Nummern 1 oder 2 oder § 3 Abs. 1 Nr. 2 in Verbindung mit Anlage 2 Abschnitt I Nr. 1 bis 6, 8 oder 9 nicht dafür sorgt, dass ein Hinweis oder ein Aushang angebracht wird,
2. entgegen § 3 Abs. 3, auch in Verbindung mit § 5 Abs. 3, oder § 4 Abs. 5 eine Angabe nicht, nicht richtig, nicht vollständig oder nicht rechtzeitig übermittelt,
3. entgegen § 4 Abs. 3 Satz 1 den Leitfaden nicht, nicht richtig, nicht vollständig, nicht in der vorgeschriebenen Weise oder nicht rechtzeitig aushändigt,
4. entgegen § 5 Abs. 1, auch in Verbindung mit Abs. 2, nicht sicherstellt, dass eine dort genannte Angabe gemacht wird oder
5. entgegen § 6 ein dort genanntes Zeichen oder Symbol oder eine dort genannte Angabe verwendet.

§ 8 Weiterverwendung von Werbematerial. Werbeschriften und elektronische, magnetische oder optische Speichermedien, die vor Inkrafttreten dieser Verordnung erstellt wurden und die nach dieser Verordnung erforderlichen Angaben nicht oder nicht in der erforderlichen Form enthalten, können noch drei Monate nach Inkrafttreten dieser Verordnung verwendet werden.

§ 8a[1] Übergangsregelungen. (1) Der Leitfaden im Sinne des § 4 muss spätestens am 2. Januar 2012 den Anforderungen dieser Verordnung entsprechen.

(2) Die Anforderungen dieser Verordnung an den Aushang im Sinne des § 3 Absatz 1 Nummer 2 gelten für jede Aktualisierung, die nach Inkrafttreten dieser Verordnung vorgenommen wird.

§ 9 Inkrafttreten. Diese Verordnung tritt am ersten Tag des fünften auf die Verkündung[2] folgenden Kalendermonats in Kraft.

---

[1] § 8a eingef. mWv 1.12.2011 durch VO v. 22.8.2011 (BGBl. I S. 1756).
[2] Verkündet am 3.6.2004.

Anlage 1[1)]
(zu § 3 Absatz 1 Nummer 1)

Hinweis auf Kraftstoffverbrauch, CO_2-Emissionen und Stromverbrauch

A. Anforderungen an den Hinweis gemäß § 3 Absatz 1 Nummer 1

Abschnitt I. Inhalt und Gestaltung des Hinweises auf den Kraftstoffverbrauch, die CO_2-Emissionen und den Stromverbrauch

1. Die Größe des Hinweises beträgt 297 mm x 210 mm (DIN A4).
2. Der Hinweis ist einheitlich nach dem Formblatt in Abschnitt II dieser Anlage zu erstellen. Die Anwendung einer vom Formblatt abweichenden Schriftart auf dem Hinweis ist zulässig, soweit Schrifthöhe und Schriftgrad unverändert bleiben und die gewählte Schriftart auch für die anderen zum Fahrzeug am Verkaufsort gemachten Angaben verwendet wird.
3. Nach der Überschrift „Information über Kraftstoffverbrauch, CO_2-Emissionen und Stromverbrauch i.S.d. Pkw-EnVKV" sind folgende Angaben zum Fahrzeug zu machen: Marke, Modell, konkretisiert durch Typ, Variante und Version, Leistung, Kraftstoff, andere Energieträger und Masse des Fahrzeugs.
4. Anschließend sind die zum jeweiligen Fahrzeug gehörigen und in der EG-Übereinstimmungsbescheinigung (Certificate of Conformity – CoC) im Sinne der Verordnung (EG) Nr. 385/2009 der Kommission vom 7. Mai 2009 zur Ersetzung des Anhangs IX der Richtlinie 2007/46/EG des Europäischen Parlaments und des Rates zur Schaffung eines Rahmens für die Genehmigung von Kraftfahrzeugen und Kraftfahrzeuganhängern sowie von Systemen, Bauteilen und selbstständigen technischen Einheiten für diese Fahrzeuge („Rahmenrichtlinie") (ABl. L 118 vom 13.5.2009, S. 13) ausgewiesenen Werte des offiziellen Kraftstoffverbrauchs (Testzyklen innerorts und außerorts sowie kombiniert), der offiziellen spezifischen CO_2-Emissionen im kombinierten Testzyklus und gegebenenfalls der offizielle Stromverbrauch im kombinierten Testzyklus anzugeben. Bei Fahrzeugen, die nicht über eine EG-Übereinstimmungsbescheinigung (Certificate of Conformity – CoC) im Sinne der Verordnung (EG) Nr. 385/2009 verfügen, sind abweichend von Satz 1 die in den Genehmigungsdokumenten im Sinne der Richtlinie 2007/46/EG des Europäischen Parlaments und des Rates zur Schaffung eines Rahmens für die Genehmigung von Kraftfahrzeugen und Kraftfahrzeuganhängern sowie von Systemen, Bauteilen und selbstständigen technischen Einheiten für diese Fahrzeuge (ABl. L 263 vom 9.10.2007, S. 1) ausgewiesenen Werte des offiziellen Kraftstoffverbrauchs (Testzyklen innerorts und außerorts sowie kombiniert), der offiziellen spezifischen CO_2-Emissionen im kombinierten Testzyklus und gegebenenfalls der offizielle Stromverbrauch im kombinierten Testzyklus anzugeben. Bei Fahrzeugen mit mehr als einem flüssigen oder gasförmigen Energieträger sind unter „Kraftstoff" sämtliche Kraftstoffe getrennt durch einen Schräg-

[1)] Anl. 1 neu gef. mWv 1.12.2011 durch VO v. 22.8.2011 (BGBl. I S. 1756, ber. S. 2095); geänd. mWv 8.9.2015 durch VO v. 31.8.2015 (BGBl. I S. 1474).

strich aufzuführen [z.B. Super/Super Plus/E85], wobei derjenige Kraftstoff kursiv hervorzuheben ist, auf den sich die Angaben zum offiziellen Kraftstoffverbrauch und den offiziellen spezifischen CO_2-Emissionen beziehen. Als Werte für den offiziellen Kraftstoffverbrauch und die offiziellen spezifischen CO_2-Emissionen werden die Werte desjenigen Kraftstoffs mit den geringsten offiziellen spezifischen CO_2-Emissionen eingetragen, wobei die Zahlenwerte für den offiziellen Kraftstoffverbrauch und für die offiziellen spezifischen CO_2-Emissionen dieses Kraftstoffs kursiv hervorzuheben sind. Bei rein elektrisch betriebenen Fahrzeugen wird bei der Angabe der offiziellen spezifischen CO_2-Emissionen eine „0" eingetragen. Bei extern aufladbaren Hybridelektrofahrzeugen und Brennstoffzellenfahrzeugen sind nur die Werte des offiziellen Kraftstoffverbrauchs, der offiziellen spezifischen CO_2-Emissionen und des offiziellen Stromverbrauchs im kombinierten Testzyklus nach Maßgabe des Satzes 1 anzugeben; eine Angabe zum offiziellen Kraftstoffverbrauch für die Testzyklen innerorts und außerorts ist nicht vorzunehmen und durch die Eintragung „entfällt" im Formblatt nach Abschnitt II zu kennzeichnen. Die Werte der kombinierten Testzyklen für den offiziellen Kraftstoffverbrauch, für die offiziellen spezifischen CO_2-Emissionen und den offiziellen Stromverbrauch des Fahrzeugs müssen sich in allen Fällen der Nummer 4 durch einen größeren Schriftgrad aus dem gesamten Text herausheben.

5. Den Angaben nach Nummer 4 können folgende Hinweise hinzugefügt werden:

a) „Die angegebenen Werte wurden nach dem vorgeschriebenen Messverfahren (§ 2 Nrn. 5, 6, 6a Pkw-EnVKV[1]) in der jeweils geltenden Fassung) ermittelt."

b) „CO_2-Emissionen, die durch die Produktion und Bereitstellung des Kraftstoffes bzw. anderer Energieträger entstehen, werden bei Ermittlung der CO_2-Emissionen gemäß der Richtlinie 1999/94/EG nicht berücksichtigt."

c) „Die Angaben beziehen sich nicht auf ein einzelnes Fahrzeug und sind nicht Bestandteil des Angebots, sondern dienen allein Vergleichszwecken zwischen den verschiedenen Fahrzeugtypen."

6. Darunter sind unter der Überschrift „Hinweis nach Richtlinie 1999/94/EG" folgende Informationen aufzunehmen:
„Der Kraftstoffverbrauch und die CO_2-Emissionen eines Fahrzeugs hängen nicht nur von der effizienten Ausnutzung des Kraftstoffs durch das Fahrzeug ab, sondern werden auch vom Fahrverhalten und anderen nichttechnischen Faktoren beeinflusst. CO_2 ist das für die Erderwärmung hauptsächlich verantwortliche Treibhausgas. Ein Leitfaden über den Kraftstoffverbrauch und die CO_2-Emissionen aller in Deutschland angebotenen neuen Personenkraftfahrzeugmodelle ist unentgeltlich an jedem Verkaufsort in Deutschland erhältlich, an dem neue Personenkraftfahrzeuge ausgestellt oder angeboten werden."

7. Nach Nummer 6 ist unter der Überschrift „CO_2-Effizienz" und dem in fett hervorgehobenen Hinweis „Auf der Grundlage der gemessenen CO_2-Emissionen unter Berücksichtigung der Masse des Fahrzeugs ermittelt"

---

[1]) Nr. **80**.

eine grafische Darstellung unter Verwendung der in § 3a Absatz 2 festgelegten CO_2-Effizienzklassen für das jeweilige Fahrzeug anzufügen. Die grafische Darstellung muss dem in Teil A Abschnitt II beschriebenen Formblatt entsprechen. Dabei sind folgende Farbzusammensetzungen zur Darstellung der CO_2-Effizienzklassen zu verwenden:

A +, A	100 % Cyan, 100 % Gelb
B	70 % Cyan, 100 % Gelb
C	30 % Cyan, 100 % Gelb
D	100 % Gelb
E	30 % Magenta, 100 % Gelb
F	70 % Magenta, 100 % Gelb
G	100 % Magenta, 100 % Gelb.

Die CO_2-Effizienz des Fahrzeugs wird mittels eines in schwarz-weiß dargestellten Pfeils ausgedrückt, der in weißer Schriftfarbe auch den Kennzeichnungsbuchstaben der entsprechenden CO_2-Effizienzklasse trägt. Die Spitze dieses Pfeils muss der Spitze des Pfeils der CO_2-Effizienzklasse genau gegenüberstehen. Der Pfeil mit dem Kennzeichnungsbuchstaben darf nicht kleiner sein als der Pfeil mit Angabe der CO_2-Effizienzklasse, darf aber auch nicht mehr als doppelt so groß sein.

8. Anschließend sind die Jahressteuer für das jeweilige Fahrzeug, ausgenommen Elektrofahrzeuge, sowie die jährlichen Energieträgerkosten bei einer Laufleistung von 20 000 Kilometern, unterteilt in Kraftstoffkosten und gegebenenfalls Stromkosten anzugeben. Hinter dem Begriff Kraftstoffkosten ist in Klammern derjenige Kraftstoff anzugeben, auf den sich die Angaben zum offiziellen Kraftstoffverbrauch und zu den offiziellen spezifischen CO_2-Emissionen im Sinne der Anlage 1 Abschnitt I Nummer 4 beziehen. Sofern es sich um ein Fahrzeug mit mehr als einem flüssigen oder gasförmigen Energieträger handelt, ist der in Klammern anzugebende Kraftstoff in Übereinstimmung zur Darstellung im Sinne der Anlage 1 Abschnitt 1 Nummer 4 kursiv hervorzuheben. Für die Angabe der Kraftstoff- und gegebenenfalls Stromkosten sind diejenigen Preisangaben zugrunde zu legen, die das Bundesministerium für Wirtschaft und Energie jährlich im Bundesanzeiger veröffentlicht. Die erste Preisliste wird mit Verkündung dieser Verordnung im Bundesanzeiger veröffentlicht. In den Folgejahren aktualisiert das Bundesministerium für Wirtschaft und Energie die Preisangaben jährlich durch Veröffentlichung im Bundesanzeiger zum 30. Juni eines Jahres. Die jeweils zum 30. Juni eines Jahres im Bundesanzeiger aktualisierten Preise sind für neue Personenkraftwagen, die nach dem 30. Juni eines Jahres ausgestellt oder zum Kauf oder Leasing angeboten werden, spätestens nach drei Monaten ab dem Datum der Veröffentlichung im Bundesanzeiger anzuwenden. Die Preisliste erfasst Kraftstoffe im Sinne der Verordnung über die Beschaffenheit und die Auszeichnung der Qualitäten von Kraft- und Brennstoffen in der jeweils geltenden Fassung und Strom, sofern für den jeweiligen Kraftstoff beziehungsweise für den Strom ein marktgängiger Preis feststellbar ist.

9. Darunter ist die Angabe „Erstellt am:" einzufügen und das Datum der Erstellung des Hinweises mit Tages-, Monats- und Jahreszahlangabe einzutragen.

Abschnitt II. Formblatt für den Hinweis auf den Kraftstoffverbrauch, die CO_2-Emissionen und den Stromverbrauch[1)]

Information über Kraftstoffverbrauch, CO_2-Emissionen und Stromverbrauch i. S. d. Pkw-EnVKV

Marke: **Kraftstoff:**

Modell: **andere Energieträger:**

Leistung: **Masse des Fahrzeugs:**

Kraftstoffverbrauch **kombiniert:** /100 km

innerorts: /100 km

außerorts: /100 km

CO_2-Emissionen **kombiniert:** g/km

Stromverbrauch **kombiniert:** kWh/100 km

Die angegebenen Werte wurden nach vorgeschriebenen Messverfahren (§ 2 Nrn. 5, 6, 6a PKW-EnVKV in der gegenwärtig geltenden Fassung) ermittelt. CO_2-Emissionen, die durch die Produktion und Bereitstellung des Kraftstoffes bzw. anderer Energieträger entstehen, werden bei der Ermittlung der CO_2-Emissionen gemäß der Richtlinie 1999/94/EG nicht berücksichtigt. Die Angaben beziehen sich nicht auf ein einzelnes Fahrzeug und sind nicht Bestandteil des Angebotes, sondern dienen allein Vergleichszwecken zwischen den verschiedenen Fahrzeugtypen.

Hinweise nach Richtlinie 1999/94/EG:
Der Kraftstoffverbrauch und die CO_2-Emissionen eines Fahrzeugs hängen nicht nur von der effizienten Ausnutzung des Kraftstoffs durch das Fahrzeug ab, sondern werden auch vom Fahrverhalten und anderen nichttechnischen Faktoren beeinflusst. CO_2 ist das für die Erderwärmung hauptsächlich verantwortliche Treibhausgas. Ein Leitfaden für den Kraftstoffverbrauch und die CO_2-Emissionen aller in Deutschland angebotenen Personenkraftfahrzeugmodelle ist unentgeltlich an jedem Verkaufsort in Deutschland erhältlich, an dem neue Personenkraftfahrzeugmodelle ausgestellt oder angeboten werden.

CO_2-Effizienz **Auf der Grundlage der gemessenen CO_2-Emissionen unter Berücksichtigung der Masse des Fahrzeugs ermittelt.**

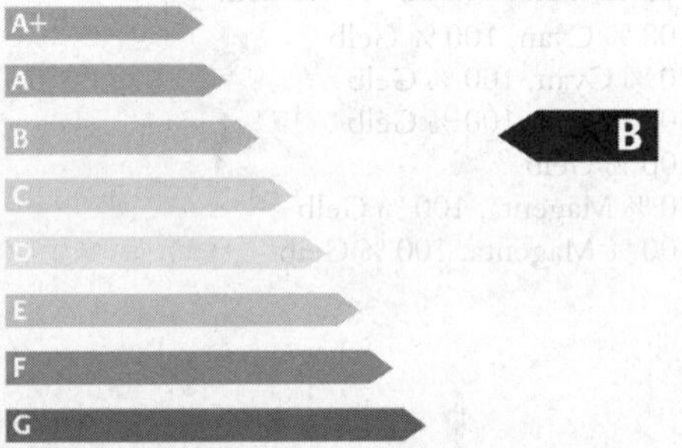

Jahressteuer für dieses Fahrzeug Euro

Energieträgerkosten bei einer Laufleistung von 20.000 km:

Kraftstoffkosten (____________) bei einem Kraftstoffpreis von ______ Euro/Abrechnungseinheit Euro

Stromkosten bei einem Strompreis von ______ Euro/Abrechnungseinheit Euro

Erstellt am:

---

1) **Amtl. Anm.:** Das Bundesministerium für Wirtschaft und Technologie *[richtig wohl: „Wirtschaft und Energie"]* kann im Bundesanzeiger die Bezugsquelle bekannt geben, über die das Formblatt unentgeltlich elektronisch bezogen werden kann.

B. Anforderungen an den Hinweis gemäß § 3 Absatz 1 Nummer 1 mit weiteren Effizienzklassen

Abschnitt I. Inhalt und Gestaltung des Hinweises auf den Kraftstoffverbrauch, die CO_2-Emissionen und den Stromverbrauch

1. Es gelten die Anforderungen des Teils A, Abschnitt I dieser Anlage, soweit nachfolgend nichts anderes bestimmt ist.

2. Unter der Überschrift „CO_2-Effizienz" und dem in fett hervorgehobenen Hinweis „Auf der Grundlage der gemessenen CO_2-Emissionen unter Berücksichtigung der Masse des Fahrzeugs ermittelt" ist eine grafische Darstellung unter Verwendung der in § 3a Absatz 3 festgelegten CO_2-Effizienzklassen für das jeweilige Fahrzeug anzufügen. Sie muss dem in Teil B Abschnitt II beziehungsweise Abschnitt III beschriebenen Formblatt entsprechen. Bei Einführung der Klasse A ++ sind folgende Farbzusammensetzungen zur Darstellung der CO_2-Effizienzklassen zu verwenden:

A ++, A	100 % Cyan, 100 % Gelb
A	70 % Cyan, 100 % Gelb
B, C	30 % Cyan, 100 % Gelb
D	100 % Gelb
E	70 % Magenta, 100 % Gelb
F, G	100 % Magenta, 100 % Gelb.

Bei Einführung der Klasse A +++ oder bei gleichzeitiger Einführung der Klassen A ++ und A +++ sind die folgenden Farbzusammensetzungen zur Darstellung der CO_2-Effizienzklassen zu verwenden:

A +++, A ++	100 % Cyan, 100 % Gelb
A +	70 % Cyan, 100 % Gelb
A, B	30 % Cyan, 100 % Gelb
C	100 % Gelb
D	70 % Magenta, 100 % Gelb
E, F, G	100 % Magenta, 100 % Gelb.

Abschnitt II. Formblatt für den Hinweis auf den Kraftstoffverbrauch, die CO_2-Emissionen und den Stromverbrauch bei Einführung der Effizienzklasse A ++[1)]

Information über Kraftstoffverbrauch, CO_2-Emissionen und Stromverbrauch i. S. d. Pkw-EnVKV

Marke:	**Kraftstoff:**
Modell:	**andere Energieträger:**
Leistung:	**Masse des Fahrzeugs:**

Kraftstoffverbrauch	**kombiniert:**	/100 km
	innerorts:	/100 km
	außerorts:	/100 km
CO_2-Emissionen	**kombiniert:**	g/km
Stromverbrauch	**kombiniert:**	kWh/100 km

Die angegebenen Werte wurden nach vorgeschriebenen Messverfahren (§ 2 Nrn. 5, 6, 6a PKW-EnVKV in der gegenwärtig geltenden Fassung) ermittelt. CO_2-Emissionen, die durch die Produktion und Bereitstellung des Kraftstoffes bzw. anderer Energieträger entstehen, werden bei der Ermittlung der CO_2-Emissionen gemäß der Richtlinie 1999/94/EG nicht berücksichtigt. Die Angaben beziehen sich nicht auf ein einzelnes Fahrzeug und sind nicht Bestandteil des Angebotes, sondern dienen allein Vergleichszwecken zwischen den verschiedenen Fahrzeugtypen.

Hinweise nach Richtlinie 1999/94/EG:
Der Kraftstoffverbrauch und die CO_2-Emissionen eines Fahrzeugs hängen nicht nur von der effizienten Ausnutzung des Kraftstoffs durch das Fahrzeug ab, sondern werden auch vom Fahrverhalten und anderen nichttechnischen Faktoren beeinflusst. CO_2 ist das für die Erderwärmung hauptsächlich verantwortliche Treibhausgas. Ein Leitfaden für den Kraftstoffverbrauch und die CO_2-Emissionen aller in Deutschland angebotenen Personenkraftfahrzeugmodelle ist unentgeltlich an jedem Verkaufsort in Deutschland erhältlich, an dem neue Personenkraftfahrzeugmodelle ausgestellt oder angeboten werden.

CO_2-Effizienz — **Auf der Grundlage der gemessenen CO_2-Emissionen unter Berücksichtigung der Masse des Fahrzeugs ermittelt.**

Jahressteuer für dieses Fahrzeug Euro
Energieträgerkosten bei einer Laufleistung von 20.000 km:
Kraftstoffkosten (__________) bei einem Kraftstoffpreis von ______ Euro/Abrechnungseinheit Euro
Stromkosten bei einem Strompreis von ______ Euro/Abrechnungseinheit Euro

Erstellt am:

---

1) **Amtl. Anm.:** Das Bundesministerium für Wirtschaft und Technologie *[richtig wohl: „Wirtschaft und Energie"]* kann im Bundesanzeiger die Bezugsquelle bekannt geben, über die das Formblatt unentgeltlich elektronisch bezogen werden kann.

Abschnitt III. Formblatt für den Hinweis auf den Kraftstoffverbrauch, die CO_2-Emissionen und den Stromverbrauch bei Einführung der Effizienzklasse A +++[1)]

Information über Kraftstoffverbrauch, CO_2-Emissionen und Stromverbrauch i. S. d. Pkw-EnVKV

Marke:	**Kraftstoff:**
Modell:	**andere Energieträger:**
Leistung:	**Masse des Fahrzeugs:**

Kraftstoffverbrauch	**kombiniert:**	/100 km
	innerorts:	/100 km
	außerorts:	/100 km
CO_2-Emissionen	**kombiniert:**	g/km
Stromverbrauch	**kombiniert:**	kWh/100 km

Die angegebenen Werte wurden nach vorgeschriebenen Messverfahren (§ 2 Nrn. 5, 6, 6a PKW-EnVKV in der gegenwärtig geltenden Fassung) ermittelt. CO_2-Emissionen, die durch die Produktion und Bereitstellung des Kraftstoffes bzw. anderer Energieträger entstehen, werden bei der Ermittlung der CO_2-Emissionen gemäß der Richtlinie 1999/94/EG nicht berücksichtigt. Die Angaben beziehen sich nicht auf ein einzelnes Fahrzeug und sind nicht Bestandteil des Angebotes, sondern dienen allein Vergleichszwecken zwischen den verschiedenen Fahrzeugtypen.

Hinweise nach Richtlinie 1999/94/EG:
Der Kraftstoffverbrauch und die CO_2-Emissionen eines Fahrzeugs hängen nicht nur von der effizienten Ausnutzung des Kraftstoffs durch das Fahrzeug ab, sondern werden auch vom Fahrverhalten und anderen nichttechnischen Faktoren beeinflusst. CO_2 ist das für die Erderwärmung hauptsächlich verantwortliche Treibhausgas. Ein Leitfaden für den Kraftstoffverbrauch und die CO_2-Emissionen aller in Deutschland angebotenen Personenkraftfahrzeugmodelle ist unentgeltlich an jedem Verkaufsort in Deutschland erhältlich, an dem neue Personenkraftfahrzeugmodelle ausgestellt oder angeboten werden.

CO_2-Effizienz — **Auf der Grundlage der gemessenen CO_2-Emissionen unter Berücksichtigung der Masse des Fahrzeugs ermittelt.**

Jahressteuer für dieses Fahrzeug	**Euro**
Energieträgerkosten bei einer Laufleistung von 20.000 km:	
Kraftstoffkosten (__________) bei einem Kraftstoffpreis von ______ Euro/Abrechnungseinheit	**Euro**
Stromkosten bei einem Strompreis von ______ Euro/Abrechnungseinheit	**Euro**
	Erstellt am:

[1)] **Amtl. Anm.:** Das Bundesministerium für Wirtschaft und Energie kann im Bundesanzeiger die Bezugsquelle bekannt geben, über die das Formblatt unentgeltlich elektronisch bezogen werden kann.

Anlage 2[1)]
(zu § 3 Abs. 1 Nr. 2)

Aushang am Verkaufsort über Kraftstoffverbrauch, CO_2-Emissionen und den Stromverbrauch

Abschnitt I. Aushang

1. Der Aushang muss mindestens 70 cm × 50 cm groß sein.
2. Die Angaben müssen gut lesbar sein.
3. Vertreibt ein Händler Personenkraftfahrzeuge mehrerer Fabrikmarken und bringt er nicht für jede Fabrikmarke einen eigenen Aushang an, sind die Fabrikmarken in alphabetischer Reihenfolge aufzulisten.
4. Der Aushang ist mit „Aushang nach Richtlinie 1999/94/EG" und folgendem Hinweis zu überschreiben:
„Kraftstoffverbrauch, CO_2-Emissionswerte und Stromverbrauch aller an diesem Verkaufsort ausgestellten oder bestellbaren Personenkraftwagen der Marke [N.N.]".
5. Die Personenkraftwagenmodelle sind in Gruppen getrennt nach Kraftstoffart beziehungsweise anderen Energieträgern aufzulisten, wobei bezüglich der Kraftstoffart verschiedene Qualitäten von Kraftstoffen zusammengefasst werden können (z.B. Super und Super Plus zu Ottokraftstoff). Bei jeder Kraftstoffart beziehungsweise bei anderen Energieträgern sind die einzelnen Modelle in aufsteigender Reihenfolge nach den offiziellen spezifischen CO_2-Emissionen im kombinierten Testzyklus anzuführen, wobei das Modell mit der günstigsten CO_2-Effizienzklasse und dem geringsten offiziellen Kraftstoffverbrauch beziehungsweise dem geringsten offiziellen Stromverbrauch im kombinierten Testzyklus an oberster Stelle steht.
6. Für jedes Personenkraftwagenmodell auf der Liste sind anzugeben:
   - das Modell, konkretisiert durch Hubraum, Leistung, Getriebe und Masse,
   - die CO_2-Effizienzklasse,
   - der offizielle Kraftstoffverbrauch im kombinierten Testzyklus,
   - die offiziellen spezifischen CO_2-Emissionen im kombinierten Testzyklus,
   - gegebenenfalls der offizielle Stromverbrauch im kombinierten Testzyklus.

   Bei Personenkraftwagenmodellen mit mehr als einem flüssigen oder gasförmigen Energieträger sind die in Satz 1 genannten Angaben für alle Kraftstoffe einzutragen. Gleiches gilt für extern aufladbare Hybridelektrofahrzeuge und Brennstoffzellenfahrzeuge, bei denen die in Satz 1 genannten Angaben sowohl für den Kraftstoff als auch für den anderen Energieträger (Strom) einzutragen sind. Sofern unter einem Modell mehrere Varianten und/oder Versionen zusammengefasst werden, so sind die Werte des offiziellen Kraftstoffverbrauchs, der offiziellen spezifischen CO_2-Emissionen und des offiziellen Stromverbrauchs im kombinierten Testzyklus jeden-

---

1) Anl. 2 geänd. mWv 1.12.2011 durch VO v. 22.8.2011 (BGBl. I S. 1756, ber. S. 2095).

falls auf der Grundlage der Variante oder Version mit dem jeweils höchsten offiziellen Wert anzugeben. Entsprechendes gilt für die CO_2-Effizienzklasse, bei welcher jedenfalls die schlechteste Effizienzklasse der jeweiligen Variante oder Version anzugeben ist. Bei der Angabe der Masse ist jedenfalls der höchste Massewert der jeweiligen Variante oder Version anzugeben.

7. Die in Anlage 1 Abschnitt I Nr. 5 aufgeführten Hinweise können angegeben werden.
8. Die in Anlage 1 Abschnitt I Nr. 6 aufgeführten Hinweise sind auch auf dem Aushang in deutlich lesbarer Schriftgröße aufzunehmen.
9. Der Aushang ist mindestens alle sechs Monate zu aktualisieren.

Abschnitt II. Elektronische Anzeige durch Bildschirm

1. Der Aushang kann durch eine elektronische Anzeige auf einem Bildschirm ersetzt werden. Der verwendete Bildschirm muss so angebracht sein, dass er die Aufmerksamkeit der Verbraucher ebenso stark erweckt wie ein Aushang.
2. Der Bildschirm muss mindestens 25 cm × 32 cm (17 Zoll) groß sein. Die Informationen können unter Verwendung von Rolltechniken (Scrolling) gezeigt werden.
3. Die unter Abschnitt I Nr. 2 bis 9 für den Aushang gestellten Anforderungen gelten bei Verwendung eines Bildschirms entsprechend mit folgenden Maßgaben:
   a) Es ist sicherzustellen, dass die in Anlage 1 Abschnitt I Nr. 6 aufgeführten Hinweise ständig sichtbar sind.
   b) Die Angaben sind mindestens alle drei Monate zu aktualisieren.

Anlage 3[1)]
(zu § 4 Abs. 2 Satz 1)

Leitfaden über Kraftstoffverbrauch, CO_2-Emissionen und Stromverbrauch

Der Leitfaden über den Kraftstoffverbrauch, die CO_2-Emissionen und den Stromverbrauch enthält zumindest folgende Angaben:

Teil I

1. Einen Hinweis an den Kraftfahrer, dass Kraftstoffverbrauch und CO_2-Emissionen sich durch eine regelmäßige Wartung des Fahrzeugs, dessen richtige Benutzung und eine entsprechende Fahrweise vermindern lassen, insbesondere durch einen defensiven Fahrstil, niedrige Reisegeschwindigkeiten, vorausschauendes Bremsverhalten, richtigen Reifendruck, keinen unnötigen Leerlauf des Motors und keinen überflüssigen Ballast;

1) Anl. 3 geänd. mWv 1.12.2011 durch VO v. 22.8.2011 (BGBl. I S. 1756, ber. S. 2095).

2. sowohl eine Erläuterung der Auswirkungen von Treibhausgasemissionen, einer möglichen Klimaänderung und der Bedeutung von Kraftfahrzeugen hierbei als auch einen Hinweis auf die Möglichkeiten, die der Verbraucher bei der Wahl der zur Verfügung stehenden Kraftstoffe hat und deren Umweltauswirkungen, gegründet auf aktuelle wissenschaftliche Nachweise und geltende Rechtsvorschriften;
3. einen Hinweis auf das aktuelle Ziel der Europäischen Gemeinschaften für die durchschnittlichen CO_2-Emissionen neuer Personenkraftwagen sowie auf die Frist zur Erreichung dieses Ziels;
4. einen Hinweis auf den Leitfaden der Kommission über den Kraftstoffverbrauch und die CO_2-Emissionen im Internet, falls vorhanden.

Teil II

1. Einen Hinweis, dass die tatsächlich die Umwelt belastenden CO_2-Emissionen auch von der Produktion und Bereitstellung des Kraftstoffs bzw. der anderen Energieträger abhängen und dass der Fahrzeugnutzer durch die Verwendung von möglichst CO_2-arm erzeugtem Kraftstoff bzw. erzeugter Energie den CO_2-Ausstoß insgesamt verringern kann;
2. eine Auflistung aller Modelle neuer Personenkraftwagen, die in Deutschland angeboten oder ausgestellt werden, auf Jahresbasis und aufgeschlüsselt nach Fabrikmarken in alphabetischer Reihenfolge; der Leitfaden wird mindestens einmal jährlich aktualisiert, so dass er eine Auflistung aller Modelle enthält, die zum Zeitpunkt der Veröffentlichung dieser Aktualisierung angeboten oder ausgestellt werden;
3. für jedes im Leitfaden aufgeführte Modell – im Einzelnen konkretisiert durch Hubraum, Leistung, Getriebe und Masse des Fahrzeugs – die Kraftstoffart beziehungsweise den anderen Energieträger, wobei bezüglich der Kraftstoffart, verschiedene Qualitäten eines Kraftstoffs zusammengefasst werden können (z.B. Super und Super Plus zu Ottokraftstoff), die CO_2-Effizienzklasse, den offiziellen Kraftstoffverbrauch (Werte des Testzyklus innerorts und außerorts sowie kombiniert), die offiziellen spezifischen CO_2-Emissionen im kombinierten Testzyklus und gegebenenfalls den offiziellen Stromverbrauch im kombinierten Testzyklus. Bei Personenkraftwagenmodellen mit mehr als einem flüssigen oder gasförmigen Energieträger sind die in Satz 1 genannten Angaben für alle Kraftstoffe einzutragen. Gleiches gilt für extern aufladbare Hybridelektrofahrzeuge und Brennstoffzellenfahrzeuge, bei denen die in Satz 1 genannten Angaben sowohl für den Kraftstoff als auch für den anderen Energieträger (Strom) einzutragen sind. Sofern unter einem Modell mehrere Varianten und/oder Versionen zusammengefasst werden, so sind die Werte des offiziellen Kraftstoffverbrauchs, der offiziellen spezifischen CO_2-Emissionen und des offiziellen Stromverbrauchs im kombinierten Testzyklus jedenfalls auf der Grundlage der Variante oder Version mit dem jeweils höchsten offiziellen Wert anzugeben. Entsprechendes gilt für die CO_2-Effizienzklasse, bei welcher jedenfalls die schlechteste Effizienzklasse der jeweiligen Variante oder Version anzugeben ist. Bei der Angabe der Masse ist jedenfalls der höchste Massewert der jeweiligen Variante oder Version anzugeben;
4. für jede Kraftstoffart eine hervorgehobene Auflistung der zehn sparsamsten neuen Personenkraftwagenmodelle unter Angabe der CO_2-Effizienzklasse,

des offiziellen Kraftstoffverbrauchs im kombinierten Testzyklus, der offiziellen spezifischen CO_2-Emissionen im kombinierten Testzyklus und gegebenenfalls des offiziellen Stromverbrauchs im kombinierten Testzyklus, beginnend jeweils mit dem Modell mit den niedrigsten CO_2-Emissionswerten.

Der Leitfaden soll das Format DIN A4 nicht überschreiten.

Anlage 4[1)]
(zu § 5)

Angaben über Kraftstoffverbrauch und CO_2-Emissionen in der Werbung

Abschnitt I. Werbeschriften

1. Für das in der Werbeschrift genannte Fahrzeugmodell sind Angaben über den offiziellen Kraftstoffverbrauch (Werte des Testzyklus innerorts und außerorts sowie kombiniert) und die offiziellen spezifischen CO_2-Emissionen im kombinierten Testzyklus zu machen. Wird für mehrere Modelle geworben, sind entweder die in Satz 1 genannten Werte für jedes einzelne der aufgeführten Modelle anzuführen oder die Spannbreite zwischen ungünstigstem und günstigstem offiziellen Kraftstoffverbrauch im kombinierten Testzyklus sowie den offiziellen spezifischen CO_2-Emissionen im kombinierten Testzyklus anzugeben.
2. Die Angaben müssen auch bei flüchtigem Lesen leicht verständlich, gut lesbar und nicht weniger hervorgehoben sein als der Hauptteil der Werbebotschaft.
3. Wird lediglich für die Fabrikmarke und nicht für ein bestimmtes Modell geworben, so ist eine Angabe der Kraftstoffverbrauchs- und CO_2-Werte nicht erforderlich.
4. Werden Fahrzeugmodelle in Katalogen oder auf einem anderen Weg in gedruckter Form zum Kauf oder Leasing angeboten, bei dem Interessenten die Fahrzeuge nicht ausgestellt sehen, so sind die in Abschnitt I Nummer 1 Satz 1 aufgeführten Angaben und zusätzlich die CO_2-Effizienzklasse anzugeben. Bei der Angabe der Effizienzklasse ist sowohl das Wort „Effizienzklasse“ als auch der entsprechende Buchstabe der jeweiligen CO_2-Effizienzklasse zu nennen. Abschnitt I Nummer 2 gilt entsprechend. Abschnitt I Nummer 3 gilt entsprechend mit der Maßgabe, dass bei Vorliegen der Voraussetzungen der Nummer 3 auch eine Angabe der CO_2-Effizienzklasse entbehrlich ist.

Abschnitt II. In elektronischer Form verbreitetes Werbematerial

1. In Werbematerial, das in elektronischer Form verbreitetet wird, muss der folgende Hinweis enthalten sein:
„Weitere Informationen zum offiziellen Kraftstoffverbrauch und den offiziellen spezifischen CO_2-Emissionen neuer Personenkraftwagen können

[1)] Anl. 4 geänd. mWv 1.12.2011 durch VO v. 22.8.2011 (BGBl. I S. 1756).

dem ‚Leitfaden über den Kraftstoffverbrauch, die CO_2-Emissionen und den Stromverbrauch neuer Personenkraftwagen' entnommen werden, der an allen Verkaufsstellen und bei [... Verweis auf die benannte deutsche Stelle oder direkte Verknüpfung zu der Organisation, die mit der Verbreitung der Informationen in elektronischer Form beauftragt ist ...] unentgeltlich erhältlich ist."

2. Bezieht sich das Werbematerial auf ein bestimmtes neues Fahrzeugmodell oder auf eine bestimmte Version oder Variante davon, sind zumindest der offizielle Kraftstoffverbrauch im kombinierten Testzyklus und die offiziellen spezifischen CO_2-Emissionen im kombinierten Testzyklus dieses Fahrzeugs so anzugeben wie auf dem Hinweis auf den Kraftstoffverbrauch (Anlage 1). Abschnitt I Nr. 3 gilt entsprechend.

3. Die Angaben müssen auch bei flüchtigem Lesen leicht verständlich, gut lesbar und nicht weniger hervorgehoben sein als der Hauptteil der Werbebotschaft. Es ist sicherzustellen, dass dem Empfänger des Werbematerials die Informationen im Sinne von Abschnitt II Nummer 2 Satz 1 automatisch in dem Augenblick zur Kenntnis gelangen, in dem erstmalig Angaben zur Motorisierung, zum Beispiel zu Motorleistung, Hubraum oder Beschleunigung, auf der Internetseite angezeigt werden.

4. Wer als Hersteller oder Händler Fahrzeugmodelle im Internet ausstellt oder zum Kauf oder Leasing anbietet (virtueller Verkaufsraum), hat die Angaben nach Abschnitt II Nummer 2 Satz 1 sowie zusätzlich die CO_2-Effizienzklasse einschließlich der grafischen Darstellung gemäß Anlage 1 zu § 3 Absatz 1 Nummer 1 bei der Beschreibung des Fahrzeugmodells anzugeben und einen Hinweis auf die Internetadresse beizufügen, unter welcher der Leitfaden über den Kraftstoffverbrauch, die CO_2-Emissionen und den Stromverbrauch abgerufen werden kann; der Händler kann in Bezug auf die grafische Darstellung auf die entsprechenden Internetseiten des Herstellers hinweisen. Die Angaben müssen auch bei flüchtigem Lesen leicht verständlich sein. Es ist sicherzustellen, dass die Angaben nach Abschnitt II Nummer 2 Satz 1 sowie die CO_2-Effizienzklassen einschließlich der grafischen Darstellungen dem Benutzer spätestens in dem Augenblick zur Kenntnis gelangen, in welchem er ein Fahrzeugmodell ausgewählt oder eine Konfiguration abgeschlossen hat.

Abschnitt III. Elektronische, magnetische oder optische Speichermedien

1. Erfolgt Marketing oder Werbung durch elektronische, magnetische oder optische Speichermedien, muss der nach Abschnitt II Nr. 1 erforderliche Hinweis ebenfalls gegeben werden. Der Hinweis kann dabei in gesprochener oder visueller Form erfolgen.

2. Abschnitt II Nr. 2 und 3 Satz 1 gilt entsprechend.

85. Fünfunddreißigste Verordnung zur Durchführung des Bundes-Immissionsschutzgesetzes (Verordnung zur Kennzeichnung der Kraftfahrzeuge mit geringem Beitrag zur Schadstoffbelastung – 35. BImSchV)[1)]

Vom 10. Oktober 2006
(BGBl. I S. 2218)

FNA 2129-8-35

geänd. durch Art. 1 Erste ÄndVO v. 5.12.2007 (BGBl. I S. 2793) und Art. 85 Zehnte ZuständigkeitsanpassungsVO v. 31.8.2015 (BGBl. I S. 1474)

§ 1[2)] Anwendungsbereich. (1) [1] Diese Verordnung regelt Ausnahmen von Verkehrsverboten nach § 40 Abs. 1 des Bundes-Immissionsschutzgesetzes und die Zuordnung von Kraftfahrzeugen zu Schadstoffgruppen und bestimmt Anforderungen, welche bei einer Kennzeichnung von Fahrzeugen zu erfüllen sind. [2] Die Verordnung gilt für Kraftfahrzeuge der Klassen M und N gemäß Anhang II A Nr. 1 und Nr. 2 der Richtlinie 70/156/EWG des Rates vom 6. Februar 1970 zur Angleichung der Rechtsvorschriften der Mitgliedstaaten über die Betriebserlaubnis für Kraftfahrzeuge und Kraftfahrzeuganhänger (ABl. EG Nr. L 42 S. 1), die zuletzt durch die Richtlinie 2005/64/EG des Europäischen Parlaments und des Rates vom 26. Oktober 2005 (ABl. EU Nr. L 310 S. 10) geändert worden ist.

(2) Die zuständige Behörde, in unaufschiebbaren Fällen auch die Polizei, kann den Verkehr mit von Verkehrsverboten im Sinne des § 40 Abs. 1 des Bundes-Immissionsschutzgesetzes betroffenen Fahrzeugen von und zu bestimmten Einrichtungen zulassen, soweit dies im öffentlichen Interesse liegt, insbesondere wenn dies zur Versorgung der Bevölkerung mit lebensnotwendigen Gütern und Dienstleistungen notwendig ist, oder überwiegende und unaufschiebbare Interessen Einzelner dies erfordern, insbesondere wenn Fertigungs- und Produktionsprozesse auf andere Weise nicht aufrechterhalten werden können.

§ 2 Zuordnung von Kraftfahrzeugen zu Schadstoffgruppen. (1) Kraftfahrzeuge, die mit einer Plakette nach Anhang 1 gekennzeichnet sind, sind von einem Verkehrsverbot im Sinne des § 40 Abs. 1 des Bundes-Immissionsschutzgesetzes befreit, soweit ein darauf bezogenes Verkehrszeichen dies vorsieht.

(2) [1] Kraftfahrzeuge werden unter Berücksichtigung ihrer Schadstoffemissionen den Schadstoffgruppen 1 bis 4 zugeordnet. [2] Die Zuordnung der

[1)] Verkündet als Art. 1 VO v. 10.10.2006 (BGBl. I S. 2218); Inkrafttreten gem. Art. 3 dieser VO am 1.3.2007. Diese VO wurde mit Zustimmung des Bundesrates erlassen auf Grund von § 40 Abs. 3 BImSchG idF der Bek. v. 17.5.2013 (BGBl. I S. 1274), zuletzt geänd. durch G v. 18.7.2017 (BGBl. I S. 2771) sowie § 6 Abs. 1 Nr. 3 Buchst. d und Nr. 5a, jeweils iVm Abs. 2a StVG (Nr. **10**), iVm § 1 ZuständigkeitsanpassungsG v. 16.8.2002 (BGBl. I S. 3165), geänd. durch VO v. 31.8.2015 (BGBl. I S. 1474) und dem Organisationserlass der Bundeskanzlerin v. 22.11.2005 (BGBl. I S. 3197).

[2)] § 1 Abs. 2 neu gef. mWv 8.12.2007 durch VO v. 5.12.2007 (BGBl. I S. 2793).

Kraftfahrzeuge zu den Schadstoffgruppen im Einzelnen ergibt sich aus Anhang 2.

(3) Kraftfahrzeuge, die in Anhang 3 aufgeführt sind, sind von Verkehrsverboten nach § 40 Abs. 1 des Bundes-Immissionsschutzgesetzes auch dann ausgenommen, wenn sie nicht gemäß Absatz 1 mit einer Plakette gekennzeichnet sind.

§ 3 Kennzeichnung. (1) [1] Zur Kennzeichnung der Kraftfahrzeuge nach den Schadstoffgruppen 2 bis 4 sind nicht wiederverwendbare lichtechte und fälschungserschwerende Plaketten nach dem Muster des Anhangs 1 zu verwenden. [2] Die Kennzeichnung der Schadstoffgruppe erfolgt durch die auf der Plakette angegebene Nummer der Schadstoffgruppe und entsprechende Farbgestaltung. [3] Die Farbe der Plakette ist für Kraftfahrzeuge der Schadstoffgruppe 2 rot, für Fahrzeuge der Schadstoffgruppe 3 gelb und für Kraftfahrzeuge der Schadstoffgruppe 4 grün.

(2) [1] In die Plakette ist von der zuständigen Ausgabestelle im dafür vorgesehenen Schriftfeld mit lichtechtem Stift das Kennzeichen des jeweiligen Fahrzeuges einzutragen. [2] Zur Kennzeichnung eines Kraftfahrzeuges ist die Plakette deutlich sichtbar auf der Innenseite der Windschutzscheibe anzubringen. [3] Die Plakette muss so beschaffen und angebracht sein, dass sie sich beim Ablösen von der Windschutzscheibe selbst zerstört.

§ 4 Ausgabe der Plaketten. [1] Ausgabestellen für die Plaketten sind die Zulassungsbehörden oder die nach Landesrecht sonst zuständigen Stellen sowie die nach § 47a Abs. 2 der Straßenverkehrs-Zulassungs-Ordnung[1)] für die Durchführung von Abgasuntersuchungen anerkannten Stellen. [2] Dies gilt auch für Kraftfahrzeuge im Sinne des § 1 der Verordnung über internationalen Kraftfahrzeugverkehr in der im Bundesgesetzblatt Teil III, Gliederungsnummer 9232-4, veröffentlichten bereinigten Fassung, die zuletzt durch Artikel 10 der Verordnung vom 25. April 2006 (BGBl. I S. 988) geändert worden ist.

§ 5[2)] Nachweis der Schadstoffgruppe für im Inland zugelassene Fahrzeuge. (1) Die Zuordnung eines Kraftfahrzeuges zu einer Schadstoffgruppe wird nachgewiesen

1. durch die in der Zulassungsbescheinigung Teil I, im Kraftfahrzeugschein und im Kraftfahrzeugbrief eingetragene emissionsbezogene Schlüsselnummer,
2. für Kraftfahrzeuge, die unter die Regelungen des Autobahnmautgesetzes für schwere Nutzfahrzeuge in der Fassung der Bekanntmachung vom 2. Dezember 2004 (BGBl. I S. 3122) fallen, durch Nachweise nach den §§ 8 und 9 der LKW-Maut-Verordnung[3)] vom 24. Juni 2003 (BGBI. I S. 1003).

---

1) Nr. **200**.
2) § 5 Abs. 2 geänd. mWv 8.9.2015 durch VO v. 31.8.2015 (BGBl. I S. 1474).
3) Nr. **830**.

(2) Das Bundesministerium für Verkehr und digitale Infrastruktur gibt die Zuordnung der in den Fahrzeugpapieren eingetragenen Emissionsschlüsselnummern zu den einzelnen Schadstoffgruppen im Verkehrsblatt bekannt.

§ 6[1)] Nachweis der Schadstoffgruppe für im Ausland zugelassene Fahrzeuge. (1) Bei Fahrzeugen, die im Ausland zugelassen sind und die unter die Regelungen des Autobahnmautgesetzes für schwere Nutzfahrzeuge in der Fassung der Bekanntmachung vom 2. Dezember 2004 (BGBl. I S. 3122) fallen, kann die Zuordnung zu einer Schadstoffgruppe durch Nachweise nach den §§ 8 und 9 der LKW-Maut-Verordnung[2)] vom 24. Juni 2003 (BGBl. I S. 1003) nachgewiesen werden.

(2) Bei Fahrzeugen, die im Ausland zugelassen sind, wird vermutet, dass sie nach Maßgabe der Absätze 3 und 4 zu den dort aufgeführten Schadstoffgruppen gehören, wenn für diese Fahrzeuge kein Nachweis über die Einhaltung der Anforderungen nach

1. der Richtlinie 70/220/EWG des Rates vom 20. März 1970 über die Angleichung der Rechtsvorschriften der Mitgliedstaaten über Maßnahmen gegen die Verunreinigung der Luft durch Emissionen von Kraftfahrzeugen (ABl. EG Nr. L 76 S. 1) in ihrer jeweils geltenden Fassung oder
2. der Richtlinie 88/77/EWG des Rates zur Angleichung der Rechtsvorschriften der Mitgliedstaaten über Maßnahmen gegen die Emission gasförmiger Schadstoffe und luftverunreinigender Partikel aus Selbstzündungsmotoren zum Antrieb von Fahrzeugen und die Emission gasförmiger Schadstoffe aus mit Erdgas oder Flüssiggas betriebenen Fremdzündungsmotoren zum Antrieb von Fahrzeugen (ABl. EG Nr. L 36 S. 33) in der jeweils geltenden Fassung vorgelegt werden kann.

(3) Kraftfahrzeuge mit Selbstzündungsmotor der Klassen M und N gehören:

1. zur Schadstoffgruppe 1,
   wenn sie nicht unter die Schadstoffgruppen 2 bis 4 fallen,
2. zur Schadstoffgruppe 2,
   a) wenn sie in den Anwendungsbereich der Richtlinie 70/220/EWG fallen, bei erstmaliger Zulassung nach dem 31. Dezember 1996 und vor dem 1. Januar 2001,
   b) wenn sie in den Anwendungsbereich der Richtlinie 88/77/EWG fallen, bei erstmaliger Zulassung nach dem 30. September 1996 und vor dem 1. Oktober 2001,
   c) wenn sie nach dem 1. Januar 1993 erstmalig zugelassen worden sind und die im Anhang 2 Abs. 1 Nr. 2 Buchstabe g und h genannten Anforderungen erfüllen oder ihnen gleichwertig sind und dies durch einen Beleg nachgewiesen wird,
3. zur Schadstoffgruppe 3,

---

1) § 6 Abs. 3 Nr. 2 und 3 jeweils Buchst. c angef., Nr. 4 Buchst. d und e und Abs. 5 angef., Abs. 3 Nr. 4 Buchst. c geänd. sowie Abs. 4 neu gef. mWv 8.12.2007 durch VO v. 5.12.2007 (BGBl. I S. 2793).

2) Nr. **830**.

a) wenn sie in den Anwendungsbereich der Richtlinie 70/220/EWG fallen, bei erstmaliger Zulassung nach dem 31. Dezember 2000 und vor dem 1. Januar 2006,

b) wenn sie in den Anwendungsbereich der Richtlinie 88/77/EWG fallen, bei erstmaliger Zulassung nach dem 30. September 2001 und vor dem 1. Oktober 2006,

c) wenn sie nach dem 1. Oktober 1996 erstmalig zugelassen worden sind und die im Anhang 2 Abs. 1 Nr. 3 Buchstabe j bis l genannten Anforderungen erfüllen oder ihnen gleichwertig sind und dies durch einen Beleg nachgewiesen wird,

4. zur Schadstoffgruppe 4,

a) wenn sie in den Anwendungsbereich der Richtlinie 70/220/EWG fallen, bei erstmaliger Zulassung nach dem 31. Dezember 2005,

b) wenn sie in den Anwendungsbereich der Richtlinie 88/77/EWG fallen, bei erstmaliger Zulassung nach dem 30. September 2006,

c) wenn sie in den Anwendungsbereich der Richtlinie 70/220/EWG fallen, die Anforderungen der Richtlinie 98/69/EG oder der Richtlinie 1999/102/EG oder der Richtlinie 2001/1/EG oder der Richtlinie 2001/100/EG oder der Richtlinie 2002/80/EG oder der Richtlinie 2003/76/EG erfüllen und nachweisen können (z.B. durch Herstellerbescheinigung), dass sie über den unter B (2005) der Tabelle im Abschnitt 5.3.1.4 des Anhangs I der Richtlinie vorgeschriebenen Partikelgrenzwert hinaus den Partikelgrenzwert von 5,0 mg/km nicht überschreiten,

d) wenn sie nach dem 1. Oktober 2000 erstmalig zugelassen worden sind und die im Anhang 2 Abs. 1 Nr. 4 Buchstabe q und r genannten Anforderungen erfüllen oder ihnen gleichwertig sind und dies durch einen Beleg nachgewiesen wird,

e) wenn sie in den Anwendungsbereich der Richtlinie 70/220/EWG oder der Richtlinie 2005/55/EG des Europäischen Parlaments und des Rates vom 28. September 2005 zur Angleichung der Rechtsvorschriften der Mitgliedstaaten über Maßnahmen gegen die Emission gasförmiger Schadstoffe und luftverunreinigender Partikel aus Selbstzündungsmotoren zum Antrieb von Fahrzeugen und die Emission gasförmiger Schadstoffe aus mit Flüssiggas oder Erdgas betriebenen Fremdzündungsmotoren zum Antrieb von Fahrzeugen (ABl. EU Nr. L 275 S. 1) in der jeweils zuletzt geänderten, im Amtsblatt der Europäischen Union veröffentlichten Fassung fallen.

(4) Kraftfahrzeuge mit Fremdzündungsmotor der Klassen M und N gehören der Schadstoffgruppe 4 an, wenn sie

1. in den Anwendungsbereich der Richtlinie 70/220/EWG fallen, bei erstmaliger Zulassung nach dem 31. Dezember 1992,

2. in den Anwendungsbereich der Richtlinie 88/77/EWG in der Fassung der Richtlinie 1999/96/EG des Europäischen Parlaments und des Rates vom 13. Dezember 1999 zur Angleichung der Rechtsvorschriften der Mitgliedstaaten über Maßnahmen gegen die Emission gasförmiger Schadstoffe und luftverunreinigender Partikel aus Selbstzündungsmotoren zum Antrieb von Fahrzeugen und die Emission gasförmiger Schadstoffe aus mit Erdgas oder

Flüssiggas betriebenen Fremdzündungsmotoren zum Antrieb von Fahrzeugen und zur Änderung der Richtlinie 88/77/EWG des Rates (ABl. EG 2000 Nr. L 44 S. 1) fallen, den Vorschriften der Richtlinie entsprechen und bei den Emissionen der gasförmigen Schadstoffe und luftverunreinigenden Partikel die unter A (2000) oder B 1 (2005) oder B 2 (2008) oder unter C (EEV) der Tabellen 1 und 2 im Abschnitt 6.2.1 des Anhangs I der Richtlinie vorgeschriebenen Grenzwerte nicht überschreiten und die Einhaltung der Grenzwerte durch einen Beleg nachweisen oder

3. in den Anwendungsbereich der Richtlinie 88/77/EWG in der Fassung der Richtlinie 2001/27/EG des Europäischen Parlaments und des Rates vom 10. April 2001 zur Anpassung der Richtlinie 88/77/EWG des Rates zur Angleichung der Rechtsvorschriften der Mitgliedstaaten über Maßnahmen gegen die Emission gasförmiger Schadstoffe und luftverunreinigender Partikel aus Selbstzündungsmotoren zum Antrieb von Fahrzeugen und die Emission gasförmiger Schadstoffe aus mit Erdgas oder Flüssiggas betriebenen Fremdzündungsmotoren zum Antrieb von Fahrzeugen an den technischen Fortschritt (ABl. EG Nr. L 107 S. 10) fallen, den Vorschriften der Richtlinie entsprechen und bei den Emissionen der gasförmigen Schadstoffe und luftverunreinigenden Partikel die unter A (2000) oder B 1 (2005) oder B 2 (2008) oder unter C (EEV) der Tabellen 1 und 2 im Abschnitt 6.2.1 des Anhangs I der Richtlinie 1999/96/EG des Europäischen Parlaments und des Rates vom 13. Dezember 1999 (ABl. EG 2000 Nr. L 44 S. 1) vorgeschriebenen Grenzwerte nicht überschreiten und die Einhaltung der Grenzwerte durch einen Beleg nachgewiesen wird.

(5) Kraftfahrzeuge mit Fremdzündungsmotor der Klassen M und N gehören der Schadstoffgruppe 4 an, wenn

1. durch einen Beleg nachgewiesen wird, dass das Fahrzeug über eine Emissionsminderung verfügt, die den Anforderungen der Anlage XXIII der Straßenverkehrs-Zulassungs-Ordnung[1] in der Fassung der Bekanntmachung vom 28. September 1988 (BGBl. I S. 1793), zuletzt geändert durch die Verordnung vom 24. Mai 2007 (BGBl. I S. 893), entspricht oder ihr gleichwertig ist oder
2. durch einen Beleg nachgewiesen wird, dass das Fahrzeug durch Nachrüstung mit einem Abgasreinigungssystem über eine Emissionsminderung verfügt, die den Bestimmungen der 52. Ausnahmeverordnung zur StVZO[2] vom 13. August 1996 (BGBl. I S. 1319), geändert durch Artikel 1 der Verordnung vom 18. Februar 1998 (BGBl. I S. 390), entspricht oder ihr gleichwertig ist oder
3. sie in den Anwendungsbereich der Richtlinie 70/220/EWG oder der Richtlinie 2005/55/EG in der jeweils zuletzt geänderten, im Amtsblatt der Europäischen Union veröffentlichten Fassung fallen.

---

[1] Nr. **200**.
[2] Nr. **210/52**.

Anhang 1
(zu § 2 Abs. 1 und § 3 Abs. 1)

Plakettenmuster

	Schadstoffgruppe 2	Schadstoffgruppe 3	Schadstoffgruppe 4
Plaketten-Durchmesser: 80 mm, schwarz umrandet, Strichdicke der Umrandung 1,5 mm Ziffer der Schadstoffgruppe: Höhe 35 mm Schriftfeld: 60 × 20 mm Schrift: schwarz RAL 9005, mit lichtechtem Stift			
Plakettenfarbe:	verkehrsrot RAL 3020, lichtecht	verkehrsgelb RAL 1023, lichtecht	verkehrsgrün RAL 6024, lichtecht
Schriftfeld:	reinweiß RAL 9010, schwarz umrandet	reinweiß RAL 9010, schwarz umrandet	reinweiß RAL 9010, schwarz umrandet

Die Ziffer der Schadstoffgruppe ist nach dem Schriftmuster der Anlage V Seite 3 der Straßenverkehrs-Zulassungs-Ordnung[1] darzustellen.
Die Farbtöne des Untergrundes, des Randes und der Beschriftung sind dem Farbregister RAL 840-HR, herausgegeben vom RAL Deutsches Institut für Gütesicherung und Kennzeichnung e.V., Siegburger Str. 39, 53757 St. Augustin, zu entnehmen.

[1] Nr. **200**.

Anhang 2[1)]
(zu § 2 Abs. 2)

Zuordnung der Kraftfahrzeuge zu den Schadstoffgruppen

(1) Kraftfahrzeuge mit Selbstzündungsmotor der Klassen M und N werden unter Berücksichtigung ihrer Schadstoffemissionen den Schadstoffgruppen 1 bis 4 wie folgt zugeordnet:

Schadstoffgruppe 1
Kraftfahrzeuge, die

1. nicht unter die Schadstoffgruppen 2 bis 4 fallen.

2. **Schadstoffgruppe 2**
Kraftfahrzeuge, die
   a) in den Anwendungsbereich der Richtlinie 70/220/EWG in der Fassung der Richtlinie 94/12/EG des Europäischen Parlaments und des Rates vom 23. März 1994 (ABl. EG Nr. L 100 S. 42) fallen und den Vorschriften der Richtlinie entsprechen und bei den Emissionen der gasförmigen Schadstoffe und luftverunreinigenden Partikel die für die Klasse M mit einer zulässigen Gesamtmasse von nicht mehr als 2 500 kg vorgeschriebenen Grenzwerte der Tabelle im Abschnitt 5.3.1.4 des Anhangs I der Richtlinie nicht überschreiten oder
   b) in den Anwendungsbereich der Richtlinie 70/220/EWG in der Fassung der Richtlinie 96/44/EG des Europäischen Parlaments und des Rates vom 1. Juli 1996 (ABl. EG Nr. L 210 S. 25) fallen und den Vorschriften der Richtlinie entsprechen und bei den Emissionen der gasförmigen Schadstoffe und luftverunreinigenden Partikel die für die Klasse M mit einer zulässigen Gesamtmasse von nicht mehr als 2 500 kg vorgeschriebenen Grenzwerte der Tabelle im Abschnitt 5.3.1.4 des Anhangs I der Richtlinie nicht überschreiten oder
   c) die in den Anwendungsbereich der Richtlinie 70/220/EWG in der Fassung der Richtlinie 96/69/EG des Europäischen Parlaments und des Rates vom 8. Oktober 1996 (ABl. EG Nr. L 282 S. 64) fallen, den Vorschriften der Richtlinie entsprechen und bei den Emissionen der gasförmigen Schadstoffe und luftverunreinigenden Partikel die vorgeschriebenen Grenzwerte der Tabelle im Abschnitt 5.3.1.4 des Anhangs I der Richtlinie nicht überschreiten oder
   d) in den Anwendungsbereich der Richtlinie 70/220/EWG in der Fassung der Richtlinie 98/77/EG der Kommission vom 2. Oktober 1998 (ABl. EG Nr. L 286 S. 34) fallen, den Vorschriften der Richtlinie entsprechen und bei den Emissionen der gasförmigen Schadstoffe und luftverunreinigenden Partikel die vorgeschriebenen Grenzwerte der Tabelle im Abschnitt 5.3.1.4 des Anhangs I der Richtlinie nicht überschreiten oder
   e) in den Anwendungsbereich der Richtlinie 88/77/EWG des Rates zur Angleichung der Rechtsvorschriften der Mitgliedstaaten über Maßnahmen gegen die Emission gasförmiger Schadstoffe und luftverunreinigender Partikel aus Selbstzündungsmotoren zum Antrieb von Fahrzeugen

---

[1)] Anh. 2 geänd. mWv 8.12.2007 durch VO v. 5.12.2007 (BGBl. I S. 2793).

und die Emission gasförmiger Schadstoffe aus mit Erdgas oder Flüssiggas betriebenen Fremdzündungsmotoren zum Antrieb von Fahrzeugen (ABl. EG Nr. L 36 S. 33) in der Fassung der Richtlinie 91/542/EWG des Rates vom 1. Oktober 1991 (ABl. EG Nr. L 295 S. 1) fallen, den Vorschriften der Richtlinie entsprechen und bei den Emissionen der gasförmigen Schadstoffe und luftverunreinigenden Partikel die in Zeile B der Tabelle im Abschnitt 8.3.1.1 des Anhangs I der Richtlinie genannten Grenzwerte nicht überschreiten oder

f) in den Anwendungsbereich der Richtlinie 96/1/EG des Europäischen Parlaments und des Rates vom 22. Januar 1996 zur Änderung der Richtlinie 88/77/EWG zur Angleichung der Rechtsvorschriften der Mitgliedstaaten über Maßnahmen gegen die Emission gasförmiger Schadstoffe und luftverunreinigender Partikel aus Dieselmotoren zum Antrieb von Fahrzeugen (ABl. EG Nr. L 40 S. 1) fallen, den Vorschriften der Richtlinie entsprechen und bei den Emissionen der gasförmigen Schadstoffe und luftverunreinigenden Partikel die in Zeile B der Tabelle im Abschnitt 6.2.1 des Anhangs I der Richtlinie genannten Grenzwerte nicht überschreiten oder

g) die durch die Ausrüstung mit einem Partikelminderungssystem die Anforderungen der Nummern 2.1.1 und 2.1.2 der Anlage XXVI der Straßenverkehrs-Zulassungs-Ordnung[1] in der Fassung der Bekanntmachung vom 28. September 1988 (BGBl. I S. 1793), zuletzt geändert durch die Verordnung vom 24. Mai 2007 (BGBl. I S. 893), einhalten oder

h) die durch Ausrüstung mit einem Partikelminderungssystem die Anforderungen der Nummern 3.4.1 und 3.4.2 der Anlage XIV der Straßenverkehrs-Zulassungs-Ordnung[1] in der Fassung der Bekanntmachung vom 28. September 1988 (BGBl. I S. 1793), zuletzt geändert durch die Verordnung vom 24. Mai 2007 (BGBl. I S. 893), einhalten.

3. **Schadstoffgruppe 3**
Kraftfahrzeuge, die

a) in den Anwendungsbereich der Richtlinie 70/220/EWG in der Fassung der Richtlinie 98/69/EG des Europäischen Parlaments und des Rates vom 13. Oktober 1998 (ABl. EG Nr. L 350 S. 1) fallen, den Vorschriften der Richtlinie entsprechen und die vorgeschriebenen Grenzwerte unter A (2000) der Tabelle im Abschnitt 5.3.1.4 des Anhangs I der Richtlinie nicht überschreiten oder

b) in den Anwendungsbereich der Richtlinie 70/220/EWG in der Fassung der Richtlinie 1999/102/EG der Kommission vom 15. Dezember 1999 (ABl. EG Nr. L 334 S. 43) fallen, den Vorschriften der Richtlinie entsprechen und bei den Emissionen der gasförmigen Schadstoffe und luftverunreinigenden Partikel die unter A (2000) der Tabelle im Abschnitt 5.3.1.4 des Anhangs I der Richtlinie vorgeschriebenen Grenzwerte nicht überschreiten oder

c) in den Anwendungsbereich der Richtlinie 70/220/EWG in der Fassung der Richtlinie 2001/1/EG des Europäischen Parlaments und des Rates vom 22. Januar 2001 (ABl. EG Nr. L 35 S. 34) fallen, den Vorschriften der Richtlinie entsprechen und bei den Emissionen der gasförmigen

[1] Nr. **200**.

Schadstoffe und luftverunreinigenden Partikel die unter A (2000) der Tabelle im Abschnitt 5.3.1.4 des Anhangs I der Richtlinie vorgeschriebenen Grenzwerte nicht überschreiten oder

d) in den Anwendungsbereich der Richtlinie 70/220/EWG in der Fassung der Richtlinie 2001/100/EG des Europäischen Parlaments und des Rates vom 7. Dezember 2001 (ABl. EG Nr. L 16 S. 32) fallen, den Vorschriften der Richtlinie entsprechen und bei den Emissionen der gasförmigen Schadstoffe und luftverunreinigenden Partikel die unter A (2000) der Tabelle im Abschnitt 5.3.1.4 des Anhangs I der Richtlinie vorgeschriebenen Grenzwerte nicht überschreiten oder

e) in den Anwendungsbereich der Richtlinie 70/220/EWG in der Fassung der Richtlinie 2002/80/EG der Kommission vom 3. Oktober 2002 (ABl. EG Nr. L 291 S. 20) fallen, den Vorschriften der Richtlinie entsprechen und bei den Emissionen der gasförmigen Schadstoffe und luftverunreinigenden Partikel die unter A (2000) der Tabelle im Abschnitt 5.3.1.4 des Anhangs I der Richtlinie vorgeschriebenen Grenzwerte nicht überschreiten oder

f) in den Anwendungsbereich der Richtlinie 70/220/EWG in der Fassung der Richtlinie 2003/76/EG der Kommission vom 11. August 2003 (ABl. EU Nr. L 206 S. 29) fallen, den Vorschriften der Richtlinie entsprechen und bei den Emissionen der gasförmigen Schadstoffe und luftverunreinigenden Partikel die unter A (2000) der Tabelle im Abschnitt 5.3.1.4 des Anhangs I der Richtlinie vorgeschriebenen Grenzwerte nicht überschreiten oder

g) in den Anwendungsbereich der Richtlinie 88/77/EWG in der Fassung der Richtlinie 1999/96/EG des Europäischen Parlaments und des Rates vom 13. Dezember 1999 (ABl. EG Nr. L 44 S. 1) fallen, den Vorschriften der Richtlinie entsprechen und bei den Emissionen der gasförmigen Schadstoffe und luftverunreinigenden Partikel die unter A (2000) der Tabellen 1 und 2 im Abschnitt 6.2.1 des Anhangs I der Richtlinie vorgeschriebenen Grenzwerte nicht überschreiten oder

h) in den Anwendungsbereich der Richtlinie 88/77/EWG in der Fassung der Richtlinie 2001/27/EG des Europäischen Parlaments und des Rates vom 10. April 2001 (ABl. EG Nr. L 107 S. 10) fallen, den Vorschriften der Richtlinie entsprechen und bei den Emissionen der gasförmigen Schadstoffe und luftverunreinigenden Partikel die unter A (2000) der Tabellen 1 und 2 im Abschnitt 6.2.1 des Anhangs I der Richtlinie vorgeschriebenen Grenzwerte nicht überschreiten oder

i) die durch die Ausrüstung mit einem Partikelminderungssystem die Anforderungen der Stufe PM 1 der Anlage XXVI der Straßenverkehrs-Zulassungs-Ordnung[1)] in der Fassung der Bekanntmachung vom 28. September 1998 (BGBl. I S. 1793), die zuletzt durch Artikel 2 der Verordnung vom 25. April 2006 (BGBl. I S. 988) geändert worden ist, einhalten, ausgenommen Fahrzeuge der Klasse M mit einer zulässigen Gesamtmasse von mehr als 2 500 kg oder

j) die durch Ausrüstung mit einem Partikelminderungssystem die Anforderungen der Nummer 2.1.2 der Anlage XXVI der Straßenverkehrs-Zu-

---

[1)] Nr. **200**.

lassungs-Ordnung[1] in der Fassung der Bekanntmachung vom 28. September 1988 (BGBl. I S. 1793), zuletzt geändert durch die Verordnung vom 24. Mai 2007 (BGBl. I S. 893), einhalten, ausgenommen Fahrzeuge der Klasse M mit nicht mehr als sechs Sitzplätzen einschließlich des Fahrersitzes oder mit einer Höchstmasse von nicht mehr als 2 500 Kilogramm oder

k) die durch Ausrüstung mit einem Partikelminderungssystem die Anforderungen der Nummer 2 der Nummer 3.4.2 der Anlage XIV der Straßenverkehrs-Zulassungs-Ordnung[1] in der Fassung der Bekanntmachung vom 28. September 1988 (BGBl. I S. 1793), zuletzt geändert durch die Verordnung vom 24. Mai 2007 (BGBl. I S. 893), einhalten, ausgenommen Fahrzeuge der Klasse N1, mit einer Bezugsmasse von nicht mehr als 1 250 Kilogramm (Gruppe I) oder

l) die durch Ausrüstung mit einem Partikelminderungssystem die Anforderungen der Nummer 3.4.3 der Anlage XIV der Straßenverkehrs-Zulassungs-Ordnung[1] in der Fassung der Bekanntmachung vom 28. September 1988 (BGBl. I S. 1793), zuletzt geändert durch die Verordnung vom 24. Mai 2007 (BGBl. I S. 893), einhalten.

4. **Schadstoffgruppe 4**
Kraftfahrzeuge, die

a) in den Anwendungsbereich der Richtlinie 70/220/EWG in der Fassung der Richtlinie 98/69/EG des Europäischen Parlaments und des Rates vom 13. Oktober 1998 (ABl. EG Nr. L 350 S. 1) fallen, den Vorschriften der Richtlinie entsprechen und bei den Emissionen der gasförmigen Schadstoffe und luftverunreinigenden Partikel die unter B (2005) der Tabelle im Abschnitt 5.3.1.4 des Anhangs I der Richtlinie vorgeschriebenen Grenzwerte nicht überschreiten oder

b) in den Anwendungsbereich der Richtlinie 70/220/EWG in der Fassung der Richtlinie 1999/102/EG der Kommission vom 15. Dezember 1999 (ABl. EG Nr. L 334 S. 43) fallen, den Vorschriften der Richtlinie entsprechen und bei den Emissionen der gasförmigen Schadstoffe und luftverunreinigenden Partikel die unter B (2005) der Tabelle im Abschnitt 5.3.1.4 des Anhangs I der Richtlinie vorgeschriebenen Grenzwerte nicht überschreiten oder

c) in den Anwendungsbereich der Richtlinie 70/220/EWG in der Fassung der Richtlinie 2001/1/EG des Europäischen Parlaments und des Rates vom 22. Januar 2001 (ABl. EG Nr. L 35 S. 34) fallen, den Vorschriften der Richtlinie entsprechen und bei den Emissionen der gasförmigen Schadstoffe und luftverunreinigenden Partikel die unter B (2005) der Tabelle im Abschnitt 5.3.1.4 des Anhangs I der Richtlinie vorgeschriebenen Grenzwerte nicht überschreiten oder

d) in den Anwendungsbereich der Richtlinie 70/220/EWG in der Fassung der Richtlinie 2001/100/EG des Europäischen Parlaments und des Rates vom 7. Dezember 2001 (ABl. EG Nr. L 16 S. 32) fallen, den Vorschriften der Richtlinie entsprechen und bei den Emissionen der gasförmigen Schadstoffe und luftverunreinigenden Partikel die unter

[1] Nr. **200**.

B (2005) der Tabelle im Abschnitt 5.3.1.4 des Anhangs I der Richtlinie vorgeschriebenen Grenzwerte nicht überschreiten oder

e) in den Anwendungsbereich der Richtlinie 70/220/EWG in der Fassung der Richtlinie 2002/80/EG der Kommission vom 3. Oktober 2002 (ABl. EG Nr. L 291 S. 20) fallen, den Vorschriften der Richtlinie entsprechen und bei den Emissionen der gasförmigen Schadstoffe und luftverunreinigenden Partikel die unter B (2005) der Tabelle im Abschnitt 5.3.1.4 des Anhangs I der Richtlinie vorgeschriebenen Grenzwerte nicht überschreiten oder

f) in den Anwendungsbereich der Richtlinie 70/220/EWG in der Fassung der Richtlinie 2003/76/EG der Kommission vom 11. August 2003 (ABl. EU Nr. L 206 S. 29) fallen, den Vorschriften der Richtlinie entsprechen und bei den Emissionen der gasförmigen Schadstoffe und luftverunreinigenden Partikel die unter B (2005) der Tabelle im Abschnitt 5.3.1.4 des Anhangs I der Richtlinie vorgeschriebenen Grenzwerte nicht überschreiten oder

g) in den Anwendungsbereich der Richtlinie 88/77/EWG in der Fassung der Richtlinie 1999/96/EG des Europäischen Parlaments und des Rates vom 13. Dezember 1999 (ABl. EG Nr. L 44 S. 1) fallen, den Vorschriften der Richtlinie entsprechen und bei den Emissionen der gasförmigen Schadstoffe und luftverunreinigenden Partikel die unter B 1 (2005) der Tabellen 1 und 2 im Abschnitt 6.2.1 des Anhangs I der Richtlinie vorgeschriebenen Grenzwerte nicht überschreiten oder

h) in den Anwendungsbereich der Richtlinie 88/77/EWG in der Fassung der Richtlinie 1999/96/EGG des Europäischen Parlaments und des Rates vom 13. Dezember 1999 (ABl. EG Nr. L 44 S. 1) fallen, den Vorschriften der Richtlinie entsprechen und bei den Emissionen der gasförmigen Schadstoffe und luftverunreinigenden Partikel die unter B 2 (2008) der Tabellen 1 und 2 im Abschnitt 6.2.1 des Anhangs I der Richtlinie vorgeschriebenen Grenzwerte nicht überschreiten oder

i) in den Anwendungsbereich der Richtlinie 88/77/EWG in der Fassung der Richtlinie 1999/96/EG des Europäischen Parlaments und des Rates vom 13. Dezember 1999 (ABl. EG Nr. L 44 S. 1) fallen, den Vorschriften der Richtlinie entsprechen und bei den Emissionen der gasförmigen Schadstoffe und luftverunreinigenden Partikel die unter C (EEV) der Tabellen 1 und 2 im Abschnitt 6.2.1 des Anhangs I der Richtlinie vorgeschriebenen Grenzwerte nicht überschreiten oder

j) in den Anwendungsbereich der Richtlinie 88/77/EWG in der Fassung der Richtlinie 2001/27/EG des Europäischen Parlaments und des Rates vom 10. April 2001 (ABl. EG Nr. L 107 S. 10) fallen, den Vorschriften der Richtlinie entsprechen und bei den Emissionen der gasförmigen Schadstoffe und luftverunreinigenden Partikel die unter B 1 (2005) der Tabellen 1 und 2 im Abschnitt 6.2.1 des Anhangs I der Richtlinie vorgeschriebenen Grenzwerte nicht überschreiten oder

k) in den Anwendungsbereich der Richtlinie 88/77/EWG in der Fassung der Richtlinie 2001/27/EG der Kommission vom 10. April 2001 (ABl. EG Nr. L 107 S. 10) fallen, den Vorschriften der Richtlinie entsprechen und bei den Emissionen der gasförmigen Schadstoffe und luftverunreinigenden Partikel die unter B 2 (2008) der Tabellen 1 und 2 im

Abschnitt 6.2.1 des Anhangs I der Richtlinie vorgeschriebenen Grenzwerte nicht überschreiten oder

l) in den Anwendungsbereich der Richtlinie 88/77/EWG in der Fassung der Richtlinie 2001/27/EG der Kommission vom 10. April 2001 (ABl. EG Nr. L 107 S. 10) fallen, den Vorschriften der Richtlinie entsprechen und bei den Emissionen der gasförmigen Schadstoffe und luftverunreinigenden Partikel die unter C (EEV) der Tabellen 1 und 2 im Abschnitt 6.2.1 des Anhangs I der Richtlinie vorgeschriebenen Grenzwerte nicht überschreiten oder

m) die durch die Ausrüstung mit einem Partikelminderungssystem die Anforderungen der Stufe PM 2 oder PM 3 der Anlage XXVI der Straßenverkehrs-Zulassungs-Ordnung[1)] in der Fassung der Bekanntmachung vom 28. September 1998 (BGBl. I S. 1793), die zuletzt durch Artikel 2 der Verordnung vom 25. April 2006 (BGBl. I S. 988) geändert worden ist, einhalten oder

n) Fahrzeuge der Klasse M mit einer zulässigen Gesamtmasse von mehr als 2 500 kg, die durch Ausrüstung mit einem Partikelminderungssystem die Anforderungen der Stufe PM 1 der Anlage XXVI der Straßenverkehrs-Zulassungs-Ordnung[1)] in der Fassung der Bekanntmachung vom 28. September 1998 (BGBl. I S. 1793), die zuletzt durch Artikel 2 der Verordnung vom 25. April 2006 (BGBl. I S. 988) geändert worden ist, einhalten oder

o) die die Anforderungen der Stufe PM 5 der Anlage XXVI der Straßenverkehrs-Zulassungs-Ordnung[1)] in der Fassung der Bekanntmachung vom 28. September 1998 (BGBl. I S. 1793), die zuletzt durch Artikel 2 der Verordnung vom 25. April 2006 (BGBl. I S. 988) geändert worden ist, einhalten oder

p) die durch die Ausrüstung mit einem Partikelminderungssystem die Anforderungen der Stufe PM 4 der Anlage XXVI der Straßenverkehrs-Zulassungs-Ordnung[1)] in der Fassung der Bekanntmachung vom 28. September 1998 (BGBl. I S. 1793), die zuletzt durch Artikel 2 der Verordnung vom 25. April 2006 (BGBl. I S. 988) geändert worden ist, einhalten oder

q) die durch Ausrüstung mit einem Partikelminderungssystem die Anforderungen der Nummer 2 der Nummer 3.4.3 der Anlage XIV der Straßenverkehrs-Zulassungs-Ordnung[1)] in der Fassung der Bekanntmachung vom 28. September 1998 (BGBl. I S. 1793), zuletzt geändert durch die Verordnung vom 24. Mai 2007 (BGBl. I S. 893), einhalten, ausgenommen Fahrzeuge der Klasse N1, mit einer Bezugsmasse von nicht mehr als 1 250 Kilogramm (Gruppe I) oder

r) die durch Ausrüstung mit einem Partikelminderungssystem die Anforderungen der Nummer 3.4.4, Nummer 3.4.5 oder Nummer 3.4.6 der Anlage XIV der Straßenverkehrs-Zulassungs-Ordnung[1)] in der Fassung der Bekanntmachung vom 28. September 1988 (BGBl. I S. 1793), zuletzt geändert durch die Verordnung vom 24. Mai 2007 (BGBl. I S. 893), einhalten oder

---

[1)] Nr. **200**.

s) in den Anwendungsbereich der Richtlinie 70/220/EWG oder der Richtlinie 2005/55/EG in der jeweils zuletzt geänderten, im Amtsblatt der Europäischen Union veröffentlichten Fassung fallen.

(2) Kraftfahrzeuge mit Fremdzündungsmotor der Klassen M und N nach Anhang II A Nr. 1 und Nr. 2 der Richtlinie 70/156/EWG des Rates werden den Schadstoffgruppen 1 und 4 wie folgt zugeordnet:

1. Schadstoffgruppe 1
   Kraftfahrzeuge, die nicht unter die Schadstoffgruppe 4 fallen,
2. Schadstoffgruppe 4
   Kraftfahrzeuge, die
   a) in den Anwendungsbereich der Richtlinie 70/220/EWG in der Fassung der Richtlinie 91/441/EWG des Rates vom 26. Juni 1991 (ABl. EG Nr. L 242 S. 1) fallen – ausgenommen die Fahrzeuge, die die Übergangsbestimmungen des Anhangs I Nr. 8.1 oder 8.3 in Anspruch nehmen –, den Vorschriften der Richtlinie entsprechen oder
   b) in den Anwendungsbereich der Richtlinie 70/220/EWG in der Fassung der Richtlinie 93/59/EWG des Rates vom 28. Juni 1993 (ABl. EG Nr. L 186 S. 21) fallen, den Vorschriften der Richtlinie entsprechen und die im Anhang I im Abschnitt 5.3.1 der Richtlinie genannte Prüfung Typ I (Prüfung der durchschnittlichen Auspuffemissionen nach einem Kaltstart) nachweisen oder
   c) in den Anwendungsbereich der Richtlinie 70/220/EWG in der Fassung der Richtlinie 94/12/EG des Europäischen Parlaments und des Rates vom 23. März 1994 (ABl. EG Nr. L 100 S. 42) fallen, den Vorschriften der Richtlinie entsprechen und die vorgeschriebenen Grenzwerte der Tabelle im Abschnitt 5.3.1.4 des Anhangs I der Richtlinie nicht überschreiten oder
   d) in den Anwendungsbereich der Richtlinie 70/220/EWG in der Fassung der Richtlinie 96/69/EG des Europäischen Parlaments und des Rates vom 8. Oktober 1996 (ABl. EG Nr. L 282 S. 64) fallen, den Vorschriften der Richtlinie entsprechen und die vorgeschriebenen Grenzwerte der Tabelle im Abschnitt 5.3.1.4 des Anhangs I der Richtlinie nicht überschreiten oder
   e) in den Anwendungsbereich der Richtlinie 70/220/EWG in der Fassung der Richtlinie 98/77/EG der Kommission vom 2. Oktober 1998 (ABl. EG Nr. L 286 S. 34) fallen, den Vorschriften der Richtlinie entsprechen und die vorgeschriebenen Grenzwerte der Tabelle im Abschnitt 5.3.1.4 des Anhangs I der Richtlinie nicht überschreiten oder
   f) in den Anwendungsbereich der Richtlinie 70/220/EWG in der Fassung der Richtlinie 98/69/EG des Europäischen Parlaments und des Rates vom 13. Oktober 1998 (ABl. EG Nr. L 350 S. 1) fallen, den Vorschriften der Richtlinie entsprechen und die vorgeschriebenen Grenzwerte der Tabelle im Abschnitt 5.3.1.4 des Anhangs I der Richtlinie nicht überschreiten oder
   g) in den Anwendungsbereich der Richtlinie 70/220/EWG in der Fassung der Richtlinie 1999/102/EG der Kommission vom 15. Dezember 1999 (ABl. EG Nr. L 334 S. 43) fallen, den Vorschriften der Richtlinie

entsprechen und die vorgeschriebenen Grenzwerte der Tabelle im Abschnitt 5.3.1.4 des Anhangs I der Richtlinie nicht überschreiten oder

h) in den Anwendungsbereich der Richtlinie 70/220/EWG in der Fassung der Richtlinie 2001/1/EG des Europäischen Parlaments und des Rates vom 22. Januar 2001 (ABl. EG Nr. L 35 S. 34) fallen, den Vorschriften der Richtlinie entsprechen und die vorgeschriebenen Grenzwerte der Tabelle im Abschnitt 5.3.1.4 des Anhangs I der Richtlinie nicht überschreiten oder

i) in den Anwendungsbereich der Richtlinie 70/220/EWG in der Fassung der Richtlinie 2001/100/EG des Europäischen Parlaments und des Rates vom 7. Dezember 2001 (ABl. EG Nr. L 16 S. 32) fallen, den Vorschriften der Richtlinie entsprechen und die vorgeschriebenen Grenzwerte der Tabelle im Abschnitt 5.3.1.4 des Anhangs I der Richtlinie nicht überschreiten oder

j) in den Anwendungsbereich der Richtlinie 70/220/EWG in der Fassung der Richtlinie 2002/80/EG der Kommission vom 3. Oktober 2002 (ABl. EG Nr. L 291 S. 20) fallen, den Vorschriften der Richtlinie entsprechen und die vorgeschriebenen Grenzwerte der Tabelle im Abschnitt 5.3.1.4 des Anhangs I der Richtlinie nicht überschreiten oder

k) in den Anwendungsbereich der Richtlinie 70/220/EWG in der Fassung der Richtlinie 2003/76/EG der Kommission vom 11. August 2003 (ABl. EU Nr. L 206 S. 29) fallen, den Vorschriften der Richtlinie entsprechen und die vorgeschriebenen Grenzwerte der Tabelle im Abschnitt 5.3.1.4 des Anhangs I der Richtlinie nicht überschreiten oder

l) in den Anwendungsbereich der Richtlinie 88/77/EWG in der Fassung der Richtlinie 1999/96/EG des Europäischen Parlaments und des Rates vom 13. Dezember 1999 (ABl. EG 2000 Nr. L 44 S. 1) fallen, den Vorschriften der Richtlinie entsprechen und bei den Emissionen der gasförmigen Schadstoffe und luftverunreinigenden Partikel die unter A (2000) oder B 1 (2005) oder B 2 (2008) oder unter C (EEV) der Tabellen 1 und 2 im Abschnitt 6.2.1 des Anhangs I der Richtlinie vorgeschriebenen Grenzwerte nicht überschreiten oder

m) in den Anwendungsbereich der Richtlinie 88/77/EWG in der Fassung der Richtlinie 2001/27/EG des Europäischen Parlaments und des Rates vom 10. April 2001 (ABl. EG Nr. L 107 S. 10) fallen, den Vorschriften der Richtlinie entsprechen und bei den Emissionen der gasförmigen Schadstoffe und luftverunreinigenden Partikel die unter A (2000) oder B 1 (2005) oder B 2 (2008) oder unter C (EEV) der Tabellen 1 und 2 im Abschnitt 6.2.1 des Anhangs I der Richtlinie 1999/96/EG des Europäischen Parlaments und des Rates vom 13. Dezember 1999 (ABl. EG 2000 Nr. L 44 S. 1) vorgeschriebenen Grenzwerte nicht überschreiten oder

n) die Anforderungen der Anlage XXIII der Straßenverkehrs-Zulassungs-Ordnung[1] in der Fassung der Bekanntmachung vom 28. September 1988 (BGBl. I S. 1793), zuletzt geändert durch die Verordnung vom 24. Mai 2007 (BGBl. I S. 893), einhalten oder

---

[1] Nr. **200**.

o) nach den Bestimmungen der 52. Ausnahmeverordnung zur StVZO[1] vom 13. August 1996 (BGBl. I S. 1319), zuletzt geändert durch Artikel 1 der Verordnung vom 18. Februar 1998 (BGBl. I S. 390), nachgerüstet wurden oder

p) in den Anwendungsbereich der Richtlinie 70/220/EWG oder der Richtlinie 2005/55/EG in der jeweils zuletzt geänderten, im Amtsblatt der Europäischen Union veröffentlichten Fassung fallen.

(3) Kraftfahrzeuge mit Antrieb ohne Verbrennungsmotor (z.B. Elektromotor, Brennstoffzellenfahrzeuge) werden der Schadstoffgruppe 4 zugeordnet.

Anhang 3[2)]
(zu § 2 Abs. 3)

Ausnahmen von der Kennzeichnungspflicht nach § 2 Abs. 1

Folgende Kraftfahrzeuge sind von Verkehrsverboten nach § 40 Abs. 1 des Bundes-Immissionsschutzgesetzes auch dann ausgenommen, wenn sie nicht gemäß § 2 Abs. 1 mit einer Plakette gekennzeichnet sind:

1. mobile Maschinen und Geräte,
2. Arbeitsmaschinen,
3. land- und forstwirtschaftliche Zugmaschinen,
4. zwei- und dreirädrige Kraftfahrzeuge,
5. Krankenwagen, Arztwagen mit entsprechender Kennzeichnung „Arzt Notfalleinsatz“ (gemäß § 52 Abs. 6 der Straßenverkehrs-Zulassungs-Ordnung[3)]),
6. Kraftfahrzeuge, mit denen Personen fahren oder gefahren werden, die außergewöhnlich gehbehindert, hilflos oder blind sind und dies durch die nach § 3 Abs. 1 Nr. 1 bis 3 der Schwerbehindertenausweisverordnung im Schwerbehindertenausweis eingetragenen Merkzeichen „aG“, „H“ oder „Bl“ nachweisen,
7. Fahrzeuge, für die Sonderrechte nach § 35 der Straßenverkehrs-Ordnung[4)] in Anspruch genommen werden können,
8. Fahrzeuge nichtdeutscher Truppen von Nichtvertragsstaaten des Nordatlantikpaktes, die sich im Rahmen der militärischen Zusammenarbeit in Deutschland aufhalten, soweit sie für Fahrten aus dringenden militärischen Gründen genutzt werden,
9. zivile Kraftfahrzeuge, die im Auftrag der Bundeswehr genutzt werden, soweit es sich um unaufschiebbare Fahrten zur Erfüllung hoheitlicher Aufgaben der Bundeswehr handelt,

---

1) Nr. **210/52**.
2) Anh. 3 geänd. mWv 8.12.2007 durch VO v. 5.12.2007 (BGBl. I S. 2793).
3) Nr. **200**.
4) Nr. **100**.

10. Oldtimer (gemäß § 2 Nr. 22 der Fahrzeug-Zulassungsverordnung[1]), die ein Kennzeichen nach § 9 Abs. 1 oder § 17 der Fahrzeug-Zulassungsverordnung[1] führen, sowie Fahrzeuge, die in einem anderen Mitgliedstaat der Europäischen Union, einer anderen Vertragspartei des Abkommens über den Europäischen Wirtschaftsraum oder der Türkei zugelassen sind, wenn sie gleichwertige Anforderungen erfüllen.

[1] Nr. 250.

D.
Ordnung des Straßenverkehrs

100. Straßenverkehrs-Ordnung (StVO) [1)] [2)] [3)]

Vom 6. März 2013
(BGBl. I S. 367)

FNA 9233-2

geänd. durch Art. 1 49. VO zur Änd. straßenverkehrsrechtlicher Vorschriften v. 22.10.2014 (BGBl. I S. 1635), Art. 2 50. VO zur Änd. straßenverkehrsrechtlicher Vorschriften v. 15.9.2015 (BGBl. I S. 1573), Art. 2 51. VO zur Änd. straßenverkehrsrechtlicher Vorschriften v. 17.6.2016 (BGBl. I S. 1463), Erste ÄndVO v. 30.11.2016 (BGBl. I S. 2848), Art. 2 VO zur Änd. der Straßenbahn-Bau- und Betriebsordnung und der StVO v. 16.12.2016 (BGBl. I S. 2938), Art. 1 52. VO zur Änd. straßenverkehrsrechtlicher Vorschriften v. 18.5.2017 (BGBl. I S. 1282), Art. 4 56. StrafrechtsänderungsG v. 30.9.2017 (BGBl. I S. 3532), Art. 1 53. VO zur Änd. straßenverkehrsrechtlicher Vorschriften v. 6.10.2017 (BGBl. I S. 3549), Art. 4a VO über die Teilnahme von Elektrokleinstfahrzeugen am Straßenverkehr und zur Änd. weiterer straßenverkehrsrechtlicher Vorschriften v. 6.6.2019 (BGBl. I S. 756), Art. 1 54. VO zur Änd. straßenverkehrsrechtlicher Vorschriften v. 20.4.2020 (BGBl. I S. 814, geänd. S. 3047) und Art. 1 VO zur Änd. der Straßenverkehrs-O und der Vierundfünfzigsten VO zur Änd. straßenverkehrsrechtlicher Vorschriften v. 18.12.2020 (BGBl. I S. 3047)

Nichtamtliche Inhaltsübersicht

I. Allgemeine Verkehrsregeln

---

1) Verkündet durch VO zur Neufassung der Straßenverkehrs-Ordnung (StVO) v. 6.3.2013 (BGBl. I S. 367).

2) Die StVO wurde erlassen auf Grund des § 5b Absatz 3 sowie § 6 Absatz 1 des Straßenverkehrsgesetzes (Nr. **10**) idF der Bek. v. 5.3.2003 (BGBl. I S. 310, ber. S. 919).

3) Bei der Angabe der Ermächtigungsgrundlagen in der Eingangsformel der 54. VO zur Änd. straßenverkehrsrechtlicher Vorschriften v. 20.4.2020 (BGBl. I S. 814) wurde § 26a Abs. 1 Nr. 3 StVG (Nr. **10**) als Grundlage für die Anordnung von Fahrverboten nicht aufgeführt.

Laut Antwort auf eine Kleine Anfrage (BT.-Drs. 19/23215 v. 8.10.2020, S. 5) führt dieser Verstoß gegen das Zitiergebot des Art. 80 Abs. 1 Satz 3 GG nach Einschätzung des BMVI und des BMI zur Nichtigkeit von Art. 3 der genannten VO, der die Änderungen der BußgeldkatalogVO enthält. Das BMVI habe sich mit den Ländern auf eine Nichtanwendung der Änderungen der BKatV verständigt.

Ob ein Verstoß gegen das Zitiergebot zur Nichtigkeit der gesamten Verordnung oder nur zur Nichtigkeit der von den angegebenen Rechtsgrundlagen nicht gedeckten Einzelbestimmungen führt, ist umstritten; die meisten Änderungen der BKatV betreffen keine Fahrverbote und sind von den angegebenen Ermächtigungsgrundlagen umfasst. Bis zu einer verbindlichen Klärung wird die von den zuständigen Ministerien mit Zustimmung des Bundesrates erlassene und im BGBl. I verkündete Änderungsverordnung im Wortlaut der geänderten Vorschriften weiterhin berücksichtigt. Bei den von den in der ÄndVO genannten Ermächtigungsgrundlagen nicht gedeckten Fahrverbots-Anordnungen erfolgt ein Hinweis auf die Problematik.

I. Allgemeine Verkehrsregeln

§ 1 Grundregeln. (1) Die Teilnahme am Straßenverkehr erfordert ständige Vorsicht und gegenseitige Rücksicht.

(2) Wer am Verkehr teilnimmt hat sich so zu verhalten, dass kein Anderer geschädigt, gefährdet oder mehr, als nach den Umständen unvermeidbar, behindert oder belästigt wird.

§ 2[1] Straßenbenutzung durch Fahrzeuge. (1) [1] Fahrzeuge müssen die Fahrbahnen benutzen, von zwei Fahrbahnen die rechte. [2] Seitenstreifen sind nicht Bestandteil der Fahrbahn.

(2) Es ist möglichst weit rechts zu fahren, nicht nur bei Gegenverkehr, beim Überholtwerden, an Kuppen, in Kurven oder bei Unübersichtlichkeit.

(3) Fahrzeuge, die in der Längsrichtung einer Schienenbahn verkehren, müssen diese, soweit möglich, durchfahren lassen.

(Fortsetzung nächstes Blatt)

[1] § 2 Abs. 4 Satz 6 geänd., Abs. 5 neu gef. mWv 14.12.2016 durch VO v. 30.11.2016 (BGBl. I S. 2848); Abs. 3a Sätze 1–3 neu gef., Satz 4 eingef., bish. Satz 4 wird Satz 5 mWv 1.6.2017 durch VO v. 18.5.2017 (BGBl. I S. 1282); Abs. 4 Satz 1 und Abs. 5 Satz 7 neu gef. mWv 28.4.2020 durch VO v. 20.4.2020 (BGBl. I S. 814).

Ziel der Änderungen ist zum einen die Schaffung einer nachhaltigen umwelt- und klimafreundlichen Mobilität und zum anderen die Erhöhung der Sicherheit des Radverkehrs. Insoweit wurde zunächst von der durch das CsgG geschaffenen Verordnungsermächtigung Gebrauch gemacht. Weiterhin sollen die Änderungen der Steigerung der Sicherheit und Attraktivität des Radverkehrs dienen (BR-Drs. 591/19).

Die wesentlichsten Änderungen und Neuerungen betreffen mithin vornehmlich den Radverkehr. So dürfen Radfahrer gemäß § 2 Abs. 4 StVO beispielsweise jetzt, sofern andere Verkehrsteilnehmer nichtbehindert werden, nebeneinander fahren. § 5 Abs. 4 StVO sieht nunmehr einen Mindestseitenabstand beim Überholen von Radfahrern innerorts von 1,5m und außerorts von 2m vor. Weitere Änderungen betreffen das Abbiegen, das Parken, die Personenbeförderung sowie in § 23 Abs. 1c StVO eine Konkretisierung zum Verbot von technischen Geräten zur Anzeige oder Störung von Verkehrsüberwachungsmaßnahmen. Weiterhin werden neue Zusatzzeichen zu Verkehrszeichen in den Bereichen Carsharing und Elektrokleinstfahrzeuge in § 39 Abs. 3 StVO eingeführt.

3. Gesetzgebungskompetenz

Das Straßenverkehrsrecht unterfällt gemäß Art. 74 Nr. 22 GG der konkurrierenden Gesetzgebungsbefugnis, das heißt, dem Bund steht die Kompetenz zu, soweit für die Herstellung gleichwertiger Lebensverhältnisse im Bundesgebiet oder die Wahrung der Rechts- oder Wirtschaftseinheit im gesamtstaatlichen Interesse eine bundesgesetzliche Regelung erforderlich ist (Art. 72 Abs. 2 GG). Hiervon hat der Bundesgesetzgeber mit dem Erlass des StVG und der in § 6 StVG enthaltenen Ermächtigungsnorm sowie durch den Erlass entsprechender Verordnungen wie der StVO, FeV, StVZO und FZV Gebrauch gemacht. Diese Verordnungen enthalten zusammen mit den weiteren unter anderem in dieser Gesetzessammlung abgedruckten Vorschriften die ausschließliche und vollständige Regelung des Straßenverkehrsrechts (BVerfG NJW 1985, 371). Für zusätzliche oder abweichende landesrechtliche oder kommunale Verkehrsregelungen besteht daher aufgrund der Sperrwirkung des Art. 72 Abs. 1 GG kein Raum (BVerwG MDR 78, 1049; BGHSt 37, 366).

4. Gliederung und Sprache

Die StVO gliedert sich in drei große Teilbereiche. Zunächst sind die allgemeinen Verkehrsregeln in den §§ 1–35 enthalten. Der zweite Abschnitt enthält in den §§ 36–43 Regelungen zu Zeichen und Verkehrseinrichtungen und im letzten Abschnitt in den §§ 44–53 Durchführungs-, Bußgeld- und Schlussvorschriften. Zur Übersichtlichkeit sind die einzelnen Regelungen nicht nach einzelnen Verkehrsarten, sondern vielmehr nach Themen wie beispielsweise die Geschwindigkeit, das Überholen oder das Halten und Parken gegliedert. Auch sieht die Gesetzessystematik vor, dass auf die allgemeinen Regelungen erst in den Absätzen die Sondervorschriften für einzelne Verkehrsarten folgen. Hierdurch wird eine Übersichtlichkeit der Vorschriften gewährleistet.

Die StVO ist durch eine möglichst einfache Sprache geprägt, auch wenn sich die Verwendung von unbestimmten Rechtsbegriffen in Anbetracht der Regelung von vielfältigen Erscheinungsformen des Verkehrs nicht immer vermeiden lässt. Auch ist eine flexible Fassung von Tatbeständen unentbehrlich angesichts der Vielfalt der zu erfassenden natürlichen und technischen Vorgänge des alltäglichen Verkehrsgeschehens.

5. Verkehrszeichen und -einrichtungen

Es sind nur die in der StVO beziehungsweise vom Ministerium für Verkehr und digitale Infrastruktur im VkBl veröffentlichten Verkehrszeichen und Sinnbilder erlaubt (BGHSt 26, 348). Seit dem 1.9.2009 sind die einzelnen Verkehrszeichen, deren Regelungen den allgemeinen Verkehrsregelungen vorgehen, § 39 Abs. 2 StVO, nicht mehr in dem Gesetzestext der §§ 40–43 StVO eingearbeitet, sondern in insgesamt vier Anlagen zur StVO enthalten. Es wird zwischen „Gefahrenzeichen", „Vorschriftszeichen", „Richtzeichen" und Verkehrseinrichtungen unterschieden. Regelungen über die Aufstellung, Anbringung und Gestaltung enthält § 39 StVO sowie die VwV zu den §§ 39–43. Die VwV –StVO in der Fassung vom 22.5.2017 enthält in Art. 2 den neuen Verkehrszeichenkatalog, der nunmehr die mit der Neufassung der StVO getroffenen Änderungen auch für den Verkehrszeichenkatalog vollzieht und die Fassung von 1992 komplett ablöste.

Um eine ausufernde Beschilderung und die damit einhergehende Unübersichtlichkeit zu verhindern, sollen Verkehrszeichen grundsätzlich nur dort angeordnet werden, wo dies aufgrund der besonderen Umstände zwingend geboten ist. Dies ist in der Regel dann der Fall, wenn das Verkehrszeichen zur Abwehr einer Gefahrenlage unbedingt erforderlich ist sowie die allein in Betracht kommende Maßnahme darstellt. So soll mehr Sicherheit durch weniger Verkehrszeichen erreicht werden. Gleichzeitig wird es den Straßenverkehrsbehörden ermöglicht, bei dringendem und unabweisbarem Bedarf Gefahrenzeichen auch mit Sinnbildern bestimmter Zeichen, wie z. B. „Steinschlag", „Schnee- und Eisglätte" oder „Fußgängerüberweg" anordnen zu können (BR-Drs. 153/09, 98).

§ 45 StVO enthält die gesetzlichen Ermächtigungen und Zuständigkeiten also letztlich die Grundlagen, wann welche Verkehrszeichen aufgestellt werden dürfen. Übergangsregelungen zur Geltungsdauer früherer Verkehrszeichen sind in § 53 Abs. 2 StVO enthalten.

6. Allgemeine Verwaltungsvorschrift (VwV) zur StVO

Der Allgemeinen Verwaltungsvorschrift (VwV-StVO) kommt keine Gesetzeskraft zu. Als reine Verwaltungsvorschrift richtet sie sich hauptsächlich an die Verkehrsbehörden und ist auch nur für diese bindend. Allerdings können ihr verkehrsrechtliche Begriffsbestimmungen entnommen werden, die unter anderem für die Gerichte eine wertvolle Auslegungshilfe darstellen können (BGHSt 23, 108, 113). Eine Bindungswirkung kommt den Begriffsbestimmungen jedoch insoweit nicht zu. Mit der Neufassung vom 22.10.1998 (BAnz AT vom 31.12.98) wurde die VwV-StVO zur leichteren Handhabbarkeit und Übersichtlichkeit durch den Vorschriftengeber mit amtlichen Randnummern versehen. Die letzten Änderungen der Vorschrift datieren auf den 22.5.2017, veröffentlicht im BAnz AT vom 29.5.2017, und betreffen vor allem den Bereich des Großraum- und Schwerlastverkehrs. Darüber hinaus wurde der Verkehrszeichenkatalog als Anlage zur Verwaltungsvorschrift übernommen.

7. Verkehrsgerechte Auslegung

Das Straßenverkehrsrecht ist kein Rechtsgebiet, das eine Auslegung allein nach abstrakten Begriffen und logischer Subsumtion zulassen würde. Grundsätzlich gilt zwar auch hier, wie bei jedem Rechtsgebiet, dass allgemeingültige und klare Rechtsgrundsätze vorhanden sein müssen, die für alle gleichartigen Verkehrslagen anzuwenden und hinreichend bestimmt sind. Dennoch ist gerade vor dem Hintergrund der Mannigfaltigkeit des Verkehrsgeschehens eine flexible Fassung von Tatbeständen geboten, die der Rechtsprechung auch Auslegungsspielräume eröffnen. Eine rein formalistische Auslegung würde dem Wesen der Verkehrsvorschriften nicht gerecht. Ausgehend vom Wortlaut der Norm ist hier stets der Sinn und Zweck der Vorschrift zu betrachten sowie der in der Norm zum Ausdruck kommende objektivierte Wille des Gesetzgebers.

Auch sind alle Vorschriften stets unter dem Blickwinkel der jeweiligen Verkehrslage sowie der Grundregeln des § 1 StVO zu betrachten. Die amtlichen Begründungen des Verordnungsgebers zur StVO sowie zu den jeweiligen Änderungsverordnungen geben hier die Beweggründe und Vorstellungen des Verordnungsgebers wieder und sollten als Auslegungshilfe nicht unberücksichtigt gelassen werden.

Zu beachten ist, dass auch schon bloße formelle Verstöße gegen die StVO bereits ahndbar sind, denn es soll gerade die abstrakte Gefährdung vermieden und die automatische Befolgung der Vorschriften erreicht werden. Auch ist an unfallträchtige Verstöße selbst dann, wenn diese ohne Folgen blieben, ein strenger Maßstab anzulegen. Allerdings ist im Rahmen der Auslegung der einzelnen Vorschriften und Verhaltensgrundsätze zu berücksichtigen, dass die Freiheit des Handelns auch im Straßenverkehr grundsätzlich dort, wo andere nicht beeinträchtigt werden, gewahrt bleiben soll, ein strengerer Maßstab jedoch dann angebracht ist, wenn dies die Rücksicht auf die Mitwelt gebietet.

8. Ordnungswidrigkeiten

Die Ordnungswidrigkeiten sind in § 49 StVO abschließend aufgezählt, das heißt, Verstöße, die dort nicht aufgeführt sind, können auch nicht geahndet werden. Diese sind bei jeder Verurteilung exakt anzuführen. Im Gegensatz hierzu stellt die Bußgeldkatalogverordnung nach § 26a StVG indessen neben den §§ 24 StVG und 49 StVO gerade keine zusätzliche Ahndungsvoraussetzung, sondern lediglich eine Bemessungsrichtlinie für die Höhe der Geldbuße im Regelfall dar.

Letztlich zu erwähnen bleibt, dass die StVO neben der Sanktionsmöglichkeit der Ordnungswidrigkeiten als verkehrserzieherische Maßnahme und gerade nicht als Strafe, sondern zur vorbeugenden Gefahrenabwehr auch die Möglichkeit der Anordnung von Verkehrsunterricht in § 48 StVO durch die Straßenverkehrsbehörde vorsieht. Dies kommt insbesondere dann in Betracht, wenn erhebliche Verkehrsverstöße vorliegen und der Verkehrsunterricht sinnvoll und geeignet zur Belehrung des Betroffenen ist. Die Anordnung ist eine Ermessensentscheidung der Behörde und grundsätzlich unabhängig von einer Ahndung des Verstoßes in einem Straf- oder Bußgeldverfahren. Die Nichtteilnahme an einem rechtmäßig angeordneten Verkehrsunterricht erfüllt allerdings eigenständig einen Ordnungswidrigkeitstatbestand des § 49 StVO.

100. Straßenverkehrs-Ordnung (StVO) [1) 2) 3)4)]

Vom 6. März 2013
(BGBl. I S. 367)

FNA 9233-2

geänd. durch Art. 1 49. VO zur Änd. straßenverkehrsrechtlicher Vorschriften v. 22.10.2014 (BGBl. I S. 1635), Art. 2 50. VO zur Änd. straßenverkehrsrechtlicher Vorschriften v. 15.9.2015 (BGBl. I S. 1573), Art. 2 51. VO zur Änd. straßenverkehrsrechtlicher Vorschriften v. 17.6.2016 (BGBl. I S. 1463), Erste ÄndVO v. 30.11.2016 (BGBl. I S. 2848), Art. 2 VO zur Änd. der Straßenbahn-Bau- und Betriebsordnung und der StVO v. 16.12.2016 (BGBl. I S. 2938), Art. 1 52. VO zur Änd. straßenverkehrsrechtlicher Vorschriften v. 18.5.2017 (BGBl. I S. 1282), Art. 4 56. StrafrechtsänderungsG v. 30.9.2017 (BGBl. I S. 3532), Art. 1 53. VO zur Änd. straßenverkehrsrechtlicher Vorschriften v. 6.10.2017 (BGBl. I S. 3549), Art. 4a VO über die Teilnahme von Elektrokleinstfahrzeugen am Straßenverkehr und zur Änd. weiterer straßenverkehrsrechtlicher Vorschriften v. 6.6.2019 (BGBl. I S. 756) und Art. 1 54. VO zur Änd. straßenverkehrsrechtl. Vorschriften v. 20.4.2020 (BGBl. I S. 814)

Nichtamtliche Inhaltsübersicht

I. Allgemeine Verkehrsregeln

---

1) Verkündet durch VO zur Neufassung der Straßenverkehrs-Ordnung (StVO) v. 6.3.2013 (BGBl. I S. 367).

2) Die StVO wurde erlassen auf Grund des § 5b Absatz 3 sowie § 6 Absatz 1 des Straßenverkehrsgesetzes (Nr. **10**) idF der Bek. v. 5.3.2003 (BGBl. I S. 310, ber. S. 919).

3) Bis zum 1.4.2013 beachte die Straßenverkehrs-Ordnung v. 16.11.1970 (BGBl. I S. 1565; 1971 I S. 38), zuletzt geänd. durch VO v. 1.12.2010 (BGBl. I S. 1737); zur teilweisen weiteren Anwendung beachte § 53 Abs. 2.

4) Die Änderungen durch VO v. 20.4.2020 (BGBl. I S. 814) terten teilweise erst **mWv 1.1.2021** in Kraft und sind insoweit im Text noch nicht berücksichtigt.

I. Allgemeine Verkehrsregeln

§ 1 Grundregeln. (1) Die Teilnahme am Straßenverkehr erfordert ständige Vorsicht und gegenseitige Rücksicht.

(2) Wer am Verkehr teilnimmt hat sich so zu verhalten, dass kein Anderer geschädigt, gefährdet oder mehr, als nach den Umständen unvermeidbar, behindert oder belästigt wird.

§ 2[1] Straßenbenutzung durch Fahrzeuge. (1) [1] Fahrzeuge müssen die Fahrbahnen benutzen, von zwei Fahrbahnen die rechte. [2] Seitenstreifen sind nicht Bestandteil der Fahrbahn.

(2) Es ist möglichst weit rechts zu fahren, nicht nur bei Gegenverkehr, beim Überholtwerden, an Kuppen, in Kurven oder bei Unübersichtlichkeit.

(3) Fahrzeuge, die in der Längsrichtung einer Schienenbahn verkehren, müssen diese, soweit möglich, durchfahren lassen.

---

[1] § 2 Abs. 4 Satz 6 geänd., Abs. 5 neu gef. mWv 14.12.2016 durch VO v. 30.11.2016 (BGBl. I S. 2848); Abs. 3a Sätze 1–3 neu gef., Satz 4 eingef., bish. Satz 4 wird Satz 5 mWv 1.6.2017 durch VO v. 18.5.2017 (BGBl. I S. 1282); Abs. 4 Satz 1 und Abs. 5 Satz 7 neu gef. mWv 28.4.2020 durch VO v. 20.4.2020 (BGBl. I S. 814).

(3a) [1]Der Führer eines Kraftfahrzeuges darf dies bei Glatteis, Schneeglätte, Schneematsch, Eisglätte oder Reifglätte nur fahren, wenn alle Räder mit Reifen ausgerüstet sind, die unbeschadet der allgemeinen Anforderungen an die Bereifung den Anforderungen des § 36 Absatz 4 der Straßenverkehrs-Zulassungs-Ordnung[1)] genügen. [2]Satz 1 gilt nicht für

1. Nutzfahrzeuge der Land- und Forstwirtschaft,
2. einspurige Kraftfahrzeuge,
3. Stapler im Sinne des § 2 Nummer 18 der Fahrzeug-Zulassungsverordnung[2)],
4. motorisierte Krankenfahrstühle im Sinne des § 2 Nummer 13 der Fahrzeug-Zulassungs-Verordnung,
5. Einsatzfahrzeuge der in § 35 Absatz 1 genannten Organisationen, soweit für diese Fahrzeuge bauartbedingt keine Reifen verfügbar sind, die den Anforderungen des § 36 Absatz 4 der Straßenverkehrs-Zulassungs-Ordnung genügen und
6. Spezialfahrzeuge, für die bauartbedingt keine Reifen der Kategorien C1, C2 oder C3 verfügbar sind.

[3]Kraftfahrzeuge der Klassen M2, M3, N2, N3 dürfen bei solchen Wetterbedingungen auch gefahren werden, wenn mindestens die Räder

1. der permanent angetriebenen Achsen und
2. der vorderen Lenkachsen

mit Reifen ausgerüstet sind, die unbeschadet der allgemeinen Anforderungen an die Bereifung den Anforderungen des § 36 Absatz 4 der Straßenverkehrs-Zulassungs-Ordnung genügen. [4]Soweit ein Kraftfahrzeug während einer der in Satz 1 bezeichneten Witterungslagen ohne eine den Anforderungen des § 36 Absatz 4 der Straßenverkehrs-Zulassungs-Ordnung genügende Bereifung geführt werden darf, hat der Führer des Kraftfahrzeuges über seine allgemeinen Verpflichtungen hinaus

1. vor Antritt jeder Fahrt zu prüfen, ob es erforderlich ist, die Fahrt durchzuführen, da das Ziel mit anderen Verkehrsmitteln nicht erreichbar ist,
2. während der Fahrt
   a) einen Abstand in Metern zu einem vorausfahrenden Fahrzeug von mindestens der Hälfte des auf dem Geschwindigkeitsmesser in km/h angezeigten Zahlenwertes der gefahrenen Geschwindigkeit einzuhalten,
   b) nicht schneller als 50 km/h zu fahren, wenn nicht eine geringere Geschwindigkeit geboten ist.

[5]Wer ein kennzeichnungspflichtiges Fahrzeug mit gefährlichen Gütern führt, muss bei einer Sichtweite unter 50 m, bei Schneeglätte oder Glatteis jede Gefährdung Anderer ausschließen und wenn nötig den nächsten geeigneten Platz zum Parken aufsuchen.

(4) [1]Mit Fahrrädern darf nebeneinander gefahren werden, wenn dadurch der Verkehr nicht behindert wird; anderenfalls muss einzeln hintereinander gefahren werden. [2]Eine Pflicht, Radwege in der jeweiligen Fahrtrichtung zu benutzen, besteht nur, wenn dies durch Zeichen 237, 240 oder 241 angeordnet ist. [3]Rechte Radwege ohne die Zeichen 237, 240 oder 241 dürfen benutzt

---

[1)] Nr. **200**.
[2)] Nr. **250**.

werden. [4]Linke Radwege ohne die Zeichen 237, 240 oder 241 dürfen nur benutzt werden, wenn dies durch das allein stehende Zusatzzeichen „Radverkehr frei" angezeigt ist. [5]Wer mit dem Rad fährt, darf ferner rechte Seitenstreifen benutzen, wenn keine Radwege vorhanden sind und zu Fuß Gehende nicht behindert werden. [6]Außerhalb geschlossener Ortschaften darf man mit Mofas und E-Bikes Radwege benutzen.

(5) [1]Kinder bis zum vollendeten achten Lebensjahr müssen, Kinder bis zum vollendeten zehnten Lebensjahr dürfen mit Fahrrädern Gehwege benutzen. [2]Ist ein baulich von der Fahrbahn getrennter Radweg vorhanden, so dürfen abweichend von Satz 1 Kinder bis zum vollendeten achten Lebensjahr auch diesen Radweg benutzen. [3]Soweit ein Kind bis zum vollendeten achten Lebensjahr von einer geeigneten Aufsichtsperson begleitet wird, darf diese Aufsichtsperson für die Dauer der Begleitung den Gehweg ebenfalls mit dem Fahrrad benutzen; eine Aufsichtsperson ist insbesondere geeignet, wenn diese mindestens 16 Jahre alt ist. [4]Auf zu Fuß Gehende ist besondere Rücksicht zu nehmen. [5]Der Fußgängerverkehr darf weder gefährdet noch behindert werden. [6]Soweit erforderlich, muss die Geschwindigkeit an den Fußgängerverkehr angepasst werden. [7]Wird vor dem Überqueren einer Fahrbahn ein Gehweg benutzt, müssen die Kinder und die diese begleitende Aufsichtsperson absteigen.

§ 3 Geschwindigkeit. (1) [1]Wer ein Fahrzeug führt, darf nur so schnell fahren, dass das Fahrzeug ständig beherrscht wird. [2]Die Geschwindigkeit ist insbesondere den Straßen-, Verkehrs-, Sicht- und Wetterverhältnissen sowie den persönlichen Fähigkeiten und den Eigenschaften von Fahrzeug und Ladung anzupassen. [3]Beträgt die Sichtweite durch Nebel, Schneefall oder Regen weniger als 50 m, darf nicht schneller als 50 km/h gefahren werden, wenn nicht eine geringere Geschwindigkeit geboten ist. [4]Es darf nur so schnell gefahren werden, dass innerhalb der übersehbaren Strecke gehalten werden kann. [5]Auf Fahrbahnen, die so schmal sind, dass dort entgegenkommende Fahrzeuge gefährdet werden könnten, muss jedoch so langsam gefahren werden, dass mindestens innerhalb der Hälfte der übersehbaren Strecke gehalten werden kann.

(2) Ohne triftigen Grund dürfen Kraftfahrzeuge nicht so langsam fahren, dass sie den Verkehrsfluss behindern.

(2a) Wer ein Fahrzeug führt, muss sich gegenüber Kindern, hilfsbedürftigen und älteren Menschen, insbesondere durch Verminderung der Fahrgeschwindigkeit und durch Bremsbereitschaft, so verhalten, dass eine Gefährdung dieser Verkehrsteilnehmer ausgeschlossen ist.

(3) Die zulässige Höchstgeschwindigkeit beträgt auch unter günstigsten Umständen

1. innerhalb geschlossener Ortschaften für alle Kraftfahrzeuge 50 km/h,
2. außerhalb geschlossener Ortschaften[1)]
   a) für
      aa) Kraftfahrzeuge mit einer zulässigen Gesamtmasse über 3,5 t bis 7,5 t, ausgenommen Personenkraftwagen,

---

[1)] Beachte hierzu VO über eine allgemeine Richtgeschwindigkeit auf Autobahnen und ähnlichen Straßen (Autobahn-Richtgeschwindigkeits-V) (Nr. **130**).

bb) Personenkraftwagen mit Anhänger,

cc) Lastkraftwagen und Wohnmobile jeweils bis zu einer zulässigen Gesamtmasse von 3,5 t mit Anhänger sowie

dd) Kraftomnibusse, auch mit Gepäckanhänger,

80 km/h,

b) für

aa) Kraftfahrzeuge mit einer zulässigen Gesamtmasse über 7,5 t,

bb) alle Kraftfahrzeuge mit Anhänger, ausgenommen Personenkraftwagen, Lastkraftwagen und Wohnmobile jeweils bis zu einer zulässigen Gesamtmasse von 3,5 t, sowie

cc) Kraftomnibusse mit Fahrgästen, für die keine Sitzplätze mehr zur Verfügung stehen,

60 km/h,

c) für Personenkraftwagen sowie für andere Kraftfahrzeuge mit einer zulässigen Gesamtmasse bis 3,5 t
100 km/h.
Diese Geschwindigkeitsbeschränkung gilt nicht auf Autobahnen (Zeichen 330.1) sowie auf anderen Straßen mit Fahrbahnen für eine Richtung, die durch Mittelstreifen oder sonstige bauliche Einrichtungen getrennt sind. Sie gilt ferner nicht auf Straßen, die mindestens zwei durch Fahrstreifenbegrenzung (Zeichen 295) oder durch Leitlinien (Zeichen 340) markierte Fahrstreifen für jede Richtung haben.

(4) Die zulässige Höchstgeschwindigkeit beträgt für Kraftfahrzeuge mit Schneeketten auch unter günstigsten Umständen 50 km/h.

§ 4 Abstand. (1) [1] Der Abstand zu einem vorausfahrenden Fahrzeug muss in der Regel so groß sein, dass auch dann hinter diesem gehalten werden kann, wenn es plötzlich gebremst wird. [2] Wer vorausfährt, darf nicht ohne zwingenden Grund stark bremsen.

(2) [1] Wer ein Kraftfahrzeug führt, für das eine besondere Geschwindigkeitsbeschränkung gilt, sowie einen Zug führt, der länger als 7 m ist, muss außerhalb geschlossener Ortschaften ständig so großen Abstand von dem vorausfahrenden Kraftfahrzeug halten, dass ein überholendes Kraftfahrzeug einscheren kann. [2] Das gilt nicht,

1. wenn zum Überholen ausgeschert wird und dies angekündigt wurde,
2. wenn in der Fahrtrichtung mehr als ein Fahrstreifen vorhanden ist oder
3. auf Strecken, auf denen das Überholen verboten ist.

(3) Wer einen Lastkraftwagen mit einer zulässigen Gesamtmasse über 3,5 t oder einen Kraftomnibus führt, muss auf Autobahnen, wenn die Geschwindigkeit mehr als 50 km/h beträgt, zu vorausfahrenden Fahrzeugen einen Mindestabstand von 50 m einhalten.

§ 5[1)] Überholen. (1) Es ist links zu überholen.

[1)] § 5 Abs. 4 Satz 2 geänd. mWv 15.6.2019 durch VO v. 6.6.2019 (BGBl. I S. 756); Abs. 4 Satz 2 neu gef., Sätze 3 und 4 eingef., bish. Sätze 3 und 4 werden Sätze 5 und 6 mWv 28.4.2020 durch VO v. 20.4.2020 (BGBl. I S. 814).

(2) [1]Überholen darf nur, wer übersehen kann, dass während des ganzen Überholvorgangs jede Behinderung des Gegenverkehrs ausgeschlossen ist. [2]Überholen darf ferner nur, wer mit wesentlich höherer Geschwindigkeit als der zu Überholende fährt.

(3) Das Überholen ist unzulässig:

1. bei unklarer Verkehrslage oder
2. wenn es durch ein angeordnetes Verkehrszeichen (Zeichen 276, 277) untersagt ist.

(3a) Wer ein Kraftfahrzeug mit einer zulässigen Gesamtmasse über 7,5 t führt, darf unbeschadet sonstiger Überholverbote nicht überholen, wenn die Sichtweite durch Nebel, Schneefall oder Regen weniger als 50 m beträgt.

(4) [1]Wer zum Überholen ausscheren will, muss sich so verhalten, dass eine Gefährdung des nachfolgenden Verkehrs ausgeschlossen ist. [2]Beim Überholen muss ein ausreichender Seitenabstand zu den anderen Verkehrsteilnehmern eingehalten werden. [3]Beim Überholen mit Kraftfahrzeugen von zu Fuß Gehenden, Rad Fahrenden und Elektrokleinstfahrzeug Führenden beträgt der ausreichende Seitenabstand innerorts mindestens 1,5 m und außerorts mindestens 2 m. [4]An Kreuzungen und Einmündungen kommt Satz 3 nicht zur Anwendung, sofern Rad Fahrende dort wartende Kraftfahrzeuge nach Absatz 8 rechts überholt haben oder neben ihnen zum Stillstand gekommen sind. [5]Wer überholt, muss sich so bald wie möglich wieder nach rechts einordnen. [6]Wer überholt, darf dabei denjenigen, der überholt wird, nicht behindern.

(4a) Das Ausscheren zum Überholen und das Wiedereinordnen sind rechtzeitig und deutlich anzukündigen; dabei sind die Fahrtrichtungsanzeiger zu benutzen.

(5) [1]Außerhalb geschlossener Ortschaften darf das Überholen durch kurze Schall- oder Leuchtzeichen angekündigt werden. [2]Wird mit Fernlicht geblinkt, dürfen entgegenkommende Fahrzeugführende nicht geblendet werden.

(6) [1]Wer überholt wird, darf seine Geschwindigkeit nicht erhöhen. [2]Wer ein langsameres Fahrzeug führt, muss die Geschwindigkeit an geeigneter Stelle ermäßigen, notfalls warten, wenn nur so mehreren unmittelbar folgenden Fahrzeugen das Überholen möglich ist. [3]Hierzu können auch geeignete Seitenstreifen in Anspruch genommen werden; das gilt nicht auf Autobahnen.

(7) [1]Wer seine Absicht, nach links abzubiegen, ankündigt und sich eingeordnet hat, ist rechts zu überholen. [2]Schienenfahrzeuge sind rechts zu überholen. [3]Nur wer das nicht kann, weil die Schienen zu weit rechts liegen, darf links überholen. [4]Auf Fahrbahnen für eine Richtung dürfen Schienenfahrzeuge auch links überholt werden.

(8) Ist ausreichender Raum vorhanden, dürfen Rad Fahrende und Mofa Fahrende die Fahrzeuge, die auf dem rechten Fahrstreifen warten, mit mäßiger Geschwindigkeit und besonderer Vorsicht rechts überholen.

§ 6 Vorbeifahren. [1]Wer an einer Fahrbahnverengung, einem Hindernis auf der Fahrbahn oder einem haltenden Fahrzeug links vorbeifahren will, muss entgegenkommende Fahrzeuge durchfahren lassen. [2]Satz 1 gilt nicht, wenn der Vorrang durch Verkehrszeichen (Zeichen 208, 308) anders geregelt ist. [3]Muss ausgeschert werden, ist auf den nachfolgenden Verkehr zu achten und das Ausscheren sowie das Wiedereinordnen – wie beim Überholen – anzukündigen.

§ 7 Benutzung von Fahrstreifen durch Kraftfahrzeuge. (1) [1] Auf Fahrbahnen mit mehreren Fahrstreifen für eine Richtung dürfen Kraftfahrzeuge von dem Gebot möglichst weit rechts zu fahren (§ 2 Absatz 2) abweichen, wenn die Verkehrsdichte das rechtfertigt. [2] Fahrstreifen ist der Teil einer Fahrbahn, den ein mehrspuriges Fahrzeug zum ungehinderten Fahren im Verlauf der Fahrbahn benötigt.

(2) Ist der Verkehr so dicht, dass sich auf den Fahrstreifen für eine Richtung Fahrzeugschlangen gebildet haben, darf rechts schneller als links gefahren werden.

(2a) Wenn auf der Fahrbahn für eine Richtung eine Fahrzeugschlange auf dem jeweils linken Fahrstreifen steht oder langsam fährt, dürfen Fahrzeuge diese mit geringfügig höherer Geschwindigkeit und mit äußerster Vorsicht rechts überholen.

(3) [1] Innerhalb geschlossener Ortschaften – ausgenommen auf Autobahnen (Zeichen 330.1) – dürfen Kraftfahrzeuge mit einer zulässigen Gesamtmasse bis zu 3,5 t auf Fahrbahnen mit mehreren markierten Fahrstreifen für eine Richtung (Zeichen 296 oder 340) den Fahrstreifen frei wählen, auch wenn die Voraussetzungen des Absatzes 1 Satz 1 nicht vorliegen. [2] Dann darf rechts schneller als links gefahren werden.

(3a) [1] Sind auf einer Fahrbahn für beide Richtungen insgesamt drei Fahrstreifen durch Leitlinien (Zeichen 340) markiert, dann dürfen der linke, dem Gegenverkehr vorbehaltene, und der mittlere Fahrstreifen nicht zum Überholen benutzt werden. [2] Dasselbe gilt für Fahrbahnen, wenn insgesamt fünf Fahrstreifen für beide Richtungen durch Leitlinien (Zeichen 340) markiert sind, für die zwei linken, dem Gegenverkehr vorbehaltenen, und den mittleren Fahrstreifen. [3] Wer nach links abbiegen will, darf sich bei insgesamt drei oder fünf Fahrstreifen für beide Richtungen auf dem jeweils mittleren Fahrstreifen in Fahrtrichtung einordnen.

(3b) [1] Auf Fahrbahnen für beide Richtungen mit vier durch Leitlinien (Zeichen 340) markierten Fahrstreifen sind die beiden in Fahrtrichtung linken Fahrstreifen ausschließlich dem Gegenverkehr vorbehalten; sie dürfen nicht zum Überholen benutzt werden. [2] Dasselbe gilt auf sechsstreifigen Fahrbahnen für die drei in Fahrtrichtung linken Fahrstreifen.

(3c) [1] Sind außerhalb geschlossener Ortschaften für eine Richtung drei Fahrstreifen mit Zeichen 340 gekennzeichnet, dürfen Kraftfahrzeuge, abweichend von dem Gebot möglichst weit rechts zu fahren, den mittleren Fahrstreifen dort durchgängig befahren, wo – auch nur hin und wieder – rechts davon ein Fahrzeug hält oder fährt. [2] Dasselbe gilt auf Fahrbahnen mit mehr als drei so markierten Fahrstreifen für eine Richtung für den zweiten Fahrstreifen von rechts. [3] Den linken Fahrstreifen dürfen außerhalb geschlossener Ortschaften Lastkraftwagen mit einer zulässigen Gesamtmasse von mehr als 3,5 t sowie alle Kraftfahrzeuge mit Anhänger nur benutzen, wenn sie sich dort zum Zwecke des Linksabbiegens einordnen.

(4) Ist auf Straßen mit mehreren Fahrstreifen für eine Richtung das durchgehende Befahren eines Fahrstreifens nicht möglich oder endet ein Fahrstreifen, ist den am Weiterfahren gehinderten Fahrzeugen der Übergang auf den benachbarten Fahrstreifen in der Weise zu ermöglichen, dass sich diese Fahrzeuge unmittelbar vor Beginn der Verengung jeweils im Wechsel nach einem auf dem

durchgehenden Fahrstreifen fahrenden Fahrzeug einordnen können (Reißverschlussverfahren).

(5) [1] In allen Fällen darf ein Fahrstreifen nur gewechselt werden, wenn eine Gefährdung anderer Verkehrsteilnehmer ausgeschlossen ist. [2] Jeder Fahrstreifenwechsel ist rechtzeitig und deutlich anzukündigen; dabei sind die Fahrtrichtungsanzeiger zu benutzen.

§ 7a Abgehende Fahrstreifen, Einfädelungs- und Ausfädelungsstreifen. (1) Gehen Fahrstreifen, insbesondere auf Autobahnen und Kraftfahrstraßen, von der durchgehenden Fahrbahn ab, darf beim Abbiegen vom Beginn einer breiten Leitlinie (Zeichen 340) rechts von dieser schneller als auf der durchgehenden Fahrbahn gefahren werden.

(2) Auf Autobahnen und anderen Straßen außerhalb geschlossener Ortschaften darf auf Einfädelungsstreifen schneller gefahren werden als auf den durchgehenden Fahrstreifen.

(3) [1] Auf Ausfädelungsstreifen darf nicht schneller gefahren werden als auf den durchgehenden Fahrstreifen. [2] Stockt oder steht der Verkehr auf den durchgehenden Fahrstreifen, darf auf dem Ausfädelungsstreifen mit mäßiger Geschwindigkeit und besonderer Vorsicht überholt werden.

§ 8 Vorfahrt. (1) [1] An Kreuzungen und Einmündungen hat die Vorfahrt, wer von rechts kommt. [2] Das gilt nicht,

1. wenn die Vorfahrt durch Verkehrszeichen besonders geregelt ist (Zeichen 205, 206, 301, 306) oder
2. für Fahrzeuge, die aus einem Feld- oder Waldweg auf eine andere Straße kommen.

(1a) [1] Ist an der Einmündung in einen Kreisverkehr Zeichen 215 (Kreisverkehr) unter dem Zeichen 205 (Vorfahrt gewähren) angeordnet, hat der Verkehr auf der Kreisfahrbahn Vorfahrt. [2] Bei der Einfahrt in einen solchen Kreisverkehr ist die Benutzung des Fahrtrichtungsanzeigers unzulässig.

(2) [1] Wer die Vorfahrt zu beachten hat, muss rechtzeitig durch sein Fahrverhalten, insbesondere durch mäßige Geschwindigkeit, erkennen lassen, dass gewartet wird. [2] Es darf nur weitergefahren werden, wenn übersehen werden kann, dass wer die Vorfahrt hat, weder gefährdet noch wesentlich behindert wird. [3] Kann das nicht übersehen werden, weil die Straßenstelle unübersichtlich ist, so darf sich vorsichtig in die Kreuzung oder Einmündung hineingetastet werden, bis die Übersicht gegeben ist. [4] Wer die Vorfahrt hat, darf auch beim Abbiegen in die andere Straße nicht wesentlich durch den Wartepflichtigen behindert werden.

§ 9[1)] Abbiegen, Wenden und Rückwärtsfahren. (1) [1] Wer abbiegen will, muss dies rechtzeitig und deutlich ankündigen; dabei sind die Fahrtrichtungsanzeiger zu benutzen. [2] Wer nach rechts abbiegen will, hat sein Fahrzeug möglichst weit rechts, wer nach links abbiegen will, bis zur Mitte, auf Fahrbahnen für eine Richtung möglichst weit links, einzuordnen, und zwar rechtzeitig. [3] Wer nach links abbiegen will, darf sich auf längs verlegten Schienen nur einordnen, wenn kein Schienenfahrzeug behindert wird. [4] Vor dem Einordnen

---

[1)] § 9 Abs. 3 Satz 1 neu gef. mWv 15.6.2019 durch VO v. 6.6.2019 (BGBl. I S. 756); Abs. 6 angef. mWv 28.4.2020 durch VO v. 20.4.2020 (BGBl. I S. 814).

und nochmals vor dem Abbiegen ist auf den nachfolgenden Verkehr zu achten; vor dem Abbiegen ist es dann nicht nötig, wenn eine Gefährdung nachfolgenden Verkehrs ausgeschlossen ist.

(2) [1] Wer mit dem Fahrrad nach links abbiegen will, braucht sich nicht einzuordnen, wenn die Fahrbahn hinter der Kreuzung oder Einmündung vom rechten Fahrbahnrand aus überquert werden soll. [2] Beim Überqueren ist der Fahrzeugverkehr aus beiden Richtungen zu beachten. [3] Wer über eine Radverkehrsführung abbiegt, muss dieser im Kreuzungs- oder Einmündungsbereich folgen.

(3) [1] Wer abbiegen will, muss entgegenkommende Fahrzeuge durchfahren lassen, Schienenfahrzeuge, Fahrräder mit Hilfsmotor, Fahrräder und Elektrokleinstfahrzeuge auch dann, wenn sie auf oder neben der Fahrbahn in der gleichen Richtung fahren. [2] Dies gilt auch gegenüber Linienomnibussen und sonstigen Fahrzeugen, die gekennzeichnete Sonderfahrstreifen benutzen. [3] Auf zu Fuß Gehende ist besondere Rücksicht zu nehmen; wenn nötig, ist zu warten.

(4) [1] Wer nach links abbiegen will, muss entgegenkommende Fahrzeuge, die ihrerseits nach rechts abbiegen wollen, durchfahren lassen. [2] Einander entgegenkommende Fahrzeuge, die jeweils nach links abbiegen wollen, müssen voreinander abbiegen, es sei denn, die Verkehrslage oder die Gestaltung der Kreuzung erfordern, erst dann abzubiegen, wenn die Fahrzeuge aneinander vorbeigefahren sind.

(5) Wer ein Fahrzeug führt, muss sich beim Abbiegen in ein Grundstück, beim Wenden und beim Rückwärtsfahren darüber hinaus so verhalten, dass eine Gefährdung anderer Verkehrsteilnehmer ausgeschlossen ist; erforderlichenfalls muss man sich einweisen lassen.

(6) Wer ein Kraftfahrzeug mit einer zulässigen Gesamtmasse über 3,5 t innerorts führt, muss beim Rechtsabbiegen mit Schrittgeschwindigkeit fahren, wenn auf oder neben der Fahrbahn mit geradeaus fahrendem Radverkehr oder im unmittelbaren Bereich des Einbiegens mit die Fahrbahn überquerendem Fußgängerverkehr zu rechnen ist.

§ 10 Einfahren und Anfahren. [1] Wer aus einem Grundstück, aus einer Fußgängerzone (Zeichen 242.1 und 242.2), aus einem verkehrsberuhigten Bereich (Zeichen 325.1 und 325.2) auf die Straße oder von anderen Straßenteilen oder über einen abgesenkten Bordstein hinweg auf die Fahrbahn einfahren oder vom Fahrbahnrand anfahren will, hat sich dabei so zu verhalten, dass eine Gefährdung anderer Verkehrsteilnehmer ausgeschlossen ist; erforderlichenfalls muss man sich einweisen lassen. [2] Die Absicht einzufahren oder anzufahren ist rechtzeitig und deutlich anzukündigen; dabei sind die Fahrtrichtungsanzeiger zu benutzen. [3] Dort, wo eine Klarstellung notwendig ist, kann Zeichen 205 stehen.

§ 11[1)] Besondere Verkehrslagen. (1) Stockt der Verkehr, darf trotz Vorfahrt oder grünem Lichtzeichen nicht in die Kreuzung oder Einmündung eingefahren werden, wenn auf ihr gewartet werden müsste.

(2) Sobald Fahrzeuge auf Autobahnen sowie auf Außerortsstraßen mit mindestens zwei Fahrstreifen für eine Richtung mit Schrittgeschwindigkeit fahren

[1)] § 11 Abs. 2 neu gef. mWv 14.12.2016 durch VO v. 30.11.2016 (BGBl. I S. 2848).

oder sich die Fahrzeuge im Stillstand befinden, müssen diese Fahrzeuge für die Durchfahrt von Polizei- und Hilfsfahrzeugen zwischen dem äußerst linken und dem unmittelbar rechts daneben liegenden Fahrstreifen für eine Richtung eine freie Gasse bilden.

(3) Auch wer sonst nach den Verkehrsregeln weiterfahren darf oder anderweitig Vorrang hat, muss darauf verzichten, wenn die Verkehrslage es erfordert; auf einen Verzicht darf man nur vertrauen, wenn man sich mit dem oder der Verzichtenden verständigt hat.

§ 12[1)] Halten und Parken. (1) Das Halten ist unzulässig
1. an engen und an unübersichtlichen Straßenstellen,
2. im Bereich von scharfen Kurven,
3. auf Einfädelungs- und auf Ausfädelungsstreifen,
4. auf Bahnübergängen,
5. vor und in amtlich gekennzeichneten Feuerwehrzufahrten.

(2) Wer sein Fahrzeug verlässt oder länger als drei Minuten hält, der parkt.

(3) Das Parken ist unzulässig
1. vor und hinter Kreuzungen und Einmündungen bis zu je 5 m von den Schnittpunkten der Fahrbahnkanten, soweit in Fahrtrichtung rechts neben der Fahrbahn ein Radweg baulich angelegt ist, vor Kreuzungen und Einmündungen bis zu je 8 m von den Schnittpunkten der Fahrbahnkanten,
2. wenn es die Benutzung gekennzeichneter Parkflächen verhindert,
3. vor Grundstücksein- und -ausfahrten, auf schmalen Fahrbahnen auch ihnen gegenüber,
4. über Schachtdeckeln und anderen Verschlüssen, wo durch Zeichen 315 oder eine Parkflächenmarkierung (Anlage 2 Nummer 74) das Parken auf Gehwegen erlaubt ist,
5. vor Bordsteinabsenkungen.

(3a) [1] Mit Kraftfahrzeugen mit einer zulässigen Gesamtmasse über 7,5 t sowie mit Kraftfahrzeuganhängern über 2 t zulässiger Gesamtmasse ist innerhalb geschlossener Ortschaften
1. in reinen und allgemeinen Wohngebieten,
2. in Sondergebieten, die der Erholung dienen,
3. in Kurgebieten und
4. in Klinikgebieten

das regelmäßige Parken in der Zeit von 22.00 bis 06.00 Uhr sowie an Sonn- und Feiertagen unzulässig. [2] Das gilt nicht auf entsprechend gekennzeichneten Parkplätzen sowie für das Parken von Linienomnibussen an Endhaltestellen.

(3b) [1] Mit Kraftfahrzeuganhängern ohne Zugfahrzeug darf nicht länger als zwei Wochen geparkt werden. [2] Das gilt nicht auf entsprechend gekennzeichneten Parkplätzen.

(4) [1] Zum Parken ist der rechte Seitenstreifen, dazu gehören auch entlang der Fahrbahn angelegte Parkstreifen, zu benutzen, wenn er dazu ausreichend befestigt ist, sonst ist an den rechten Fahrbahnrand heranzufahren. [2] Das gilt in der Regel auch, wenn man nur halten will; jedenfalls muss man auch dazu auf der

---

[1)] § 12 Abs. 3 Nr. 1 geänd. mWv 28.4.2020 durch VO v. 20.4.2020 (BGBl. I S. 814).

rechten Fahrbahnseite rechts bleiben. [3] Taxen dürfen, wenn die Verkehrslage es zulässt, neben anderen Fahrzeugen, die auf dem Seitenstreifen oder am rechten Fahrbahnrand halten oder parken, Fahrgäste ein- oder aussteigen lassen. [4] Soweit auf der rechten Seite Schienen liegen sowie in Einbahnstraßen (Zeichen 220) darf links gehalten und geparkt werden. [5] Im Fahrraum von Schienenfahrzeugen darf nicht gehalten werden.

(4a) Ist das Parken auf dem Gehweg erlaubt, ist hierzu nur der rechte Gehweg, in Einbahnstraßen der rechte oder linke Gehweg, zu benutzen.

(5) [1] An einer Parklücke hat Vorrang, wer sie zuerst unmittelbar erreicht; der Vorrang bleibt erhalten, wenn der Berechtigte an der Parklücke vorbeifährt, um rückwärts einzuparken oder wenn sonst zusätzliche Fahrbewegungen ausgeführt werden, um in die Parklücke einzufahren. [2] Satz 1 gilt entsprechend, wenn an einer frei werdenden Parklücke gewartet wird.

(6) Es ist platzsparend zu parken; das gilt in der Regel auch für das Halten.

§ 13[1)] Einrichtungen zur Überwachung der Parkzeit. (1) [1] An Parkuhren darf nur während des Laufens der Uhr, an Parkscheinautomaten nur mit einem Parkschein, der am oder im Fahrzeug von außen gut lesbar angebracht sein muss, für die Dauer der zulässigen Parkzeit gehalten werden. [2] Ist eine Parkuhr oder ein Parkscheinautomat nicht funktionsfähig, darf nur bis zur angegebenen Höchstparkdauer geparkt werden. [3] In diesem Fall ist die Parkscheibe zu verwenden (Absatz 2 Satz 1 Nummer 2). [4] Die Parkzeitregelungen können auf bestimmte Stunden oder Tage beschränkt sein.

(2) [1] Wird im Bereich eines eingeschränkten Haltverbots für eine Zone (Zeichen 290.1 und 290.2) oder einer Parkraumbewirtschaftungszone (Zeichen 314.1 und 314.2) oder bei den Zeichen 314 oder 315 durch ein Zusatzzeichen die Benutzung einer Parkscheibe (Bild 318) vorgeschrieben, ist das Halten und Parken nur erlaubt

1. für die Zeit, die auf dem Zusatzzeichen angegeben ist, und,
2. soweit das Fahrzeug eine von außen gut lesbare Parkscheibe hat und der Zeiger der Scheibe auf den Strich der halben Stunde eingestellt ist, die dem Zeitpunkt des Anhaltens folgt.

[2] Sind in einem eingeschränkten Haltverbot für eine Zone oder einer Parkraumbewirtschaftungszone Parkuhren oder Parkscheinautomaten aufgestellt, gelten deren Anordnungen. [3] Im Übrigen bleiben die Vorschriften über die Halt- und Parkverbote unberührt.

(3) [1] Die in den Absätzen 1 und 2 genannten Einrichtungen zur Überwachung der Parkzeit müssen nicht betätigt werden, soweit die Entrichtung der Parkgebühren und die Überwachung der Parkzeit auch durch elektronische Einrichtungen oder Vorrichtungen, insbesondere Taschenparkuhren oder Mobiltelefone, sichergestellt werden kann. [2] Satz 1 gilt nicht, soweit eine dort genannte elektronische Einrichtung oder Vorrichtung nicht funktionsfähig ist.

(4) Einrichtungen und Vorrichtungen zur Überwachung der Parkzeit brauchen nicht betätigt zu werden

1. beim Ein- oder Aussteigen sowie
2. zum Be- oder Entladen.

[1)] § 13 Abs. 5 angef. mWv 28.4.2020 durch VO v. 20.4.2020 (BGBl. I S. 814).

(5) [1] Wer ein elektrisch betriebenes Fahrzeug im Sinne des Elektromobilitätsgesetzes oder ein Carsharingfahrzeug im Sinne des Carsharinggesetzes und der entsprechenden Länderregelungen führt, muss Einrichtungen und Vorrichtungen zur Überwachung der Parkzeit nicht betätigen, soweit dies durch bevorrechtigende Zusatzzeichen zu Zeichen 290.1, 314, 314.1 oder 315 angeordnet ist. [2] Sind im Geltungsbereich einer Anordnung im Sinne des Satzes 1 Parkuhren oder Parkscheinautomaten aufgestellt, gelten deren Anordnungen. [3] Im Übrigen bleiben die Vorschriften über die Halt- und Parkverbote unberührt.

§ 14 Sorgfaltspflichten beim Ein- und Aussteigen. (1) Wer ein- oder aussteigt, muss sich so verhalten, dass eine Gefährdung anderer am Verkehr Teilnehmenden ausgeschlossen ist.

(2) [1] Wer ein Fahrzeug führt, muss die nötigen Maßnahmen treffen, um Unfälle oder Verkehrsstörungen zu vermeiden, wenn das Fahrzeug verlassen wird. [2] Kraftfahrzeuge sind auch gegen unbefugte Benutzung zu sichern.

§ 15 Liegenbleiben von Fahrzeugen. [1] Bleibt ein mehrspuriges Fahrzeug an einer Stelle liegen, an der es nicht rechtzeitig als stehendes Hindernis erkannt werden kann, ist sofort Warnblinklicht einzuschalten. [2] Danach ist mindestens ein auffällig warnendes Zeichen gut sichtbar in ausreichender Entfernung aufzustellen, und zwar bei schnellem Verkehr in etwa 100 m Entfernung; vorgeschriebene Sicherungsmittel, wie Warndreiecke, sind zu verwenden. [3] Darüber hinaus gelten die Vorschriften über die Beleuchtung haltender Fahrzeuge.

§ 15a Abschleppen von Fahrzeugen. (1) Beim Abschleppen eines auf der Autobahn liegen gebliebenen Fahrzeugs ist die Autobahn (Zeichen 330.1) bei der nächsten Ausfahrt zu verlassen.

(2) Beim Abschleppen eines außerhalb der Autobahn liegen gebliebenen Fahrzeugs darf nicht in die Autobahn (Zeichen 330.1) eingefahren werden.

(3) Während des Abschleppens haben beide Fahrzeuge Warnblinklicht einzuschalten.

(4) Krafträder dürfen nicht abgeschleppt werden.

§ 16[1)] Warnzeichen. (1) Schall- und Leuchtzeichen darf nur geben,

1. wer außerhalb geschlossener Ortschaften überholt (§ 5 Absatz 5) oder
2. wer sich oder Andere gefährdet sieht.

(2) [1] Wer einen Omnibus des Linienverkehrs oder einen gekennzeichneten Schulbus führt, muss Warnblinklicht einschalten, wenn er sich einer Haltestelle nähert und solange Fahrgäste ein- oder aussteigen, soweit die für den Straßenverkehr nach Landesrecht zuständige Behörde (Straßenverkehrsbehörde) für bestimmte Haltestellen ein solches Verhalten angeordnet hat. [2] Im Übrigen darf außer beim Liegenbleiben (§ 15) und beim Abschleppen von Fahrzeugen (§ 15a) Warnblinklicht nur einschalten, wer Andere durch sein Fahrzeug gefährdet oder Andere vor Gefahren warnen will, zum Beispiel bei Annäherung an einen Stau oder bei besonders langsamer Fahrgeschwindigkeit auf Autobahnen und anderen schnell befahrenen Straßen.

(3) Schallzeichen dürfen nicht aus einer Folge verschieden hoher Töne bestehen.

---

1) § 16 Abs. 4 angef. mWv 28.4.2020 durch VO v. 20.4.2020 (BGBl. I S. 814).

(4) Keine Schallzeichen im Sinne der Absätze 1 und 3 sind akustische Fahrzeugwarnsysteme im Sinne der Artikel 3 Satz 2 Nummer 22, Artikel 8 und Anhang VIII der Verordnung (EU) Nr. 540/2014 des Europäischen Parlaments und des Rates vom 16. April 2014 über den Geräuschpegel von Kraftfahrzeugen und von Austauschschalldämpferanlagen sowie zur Änderung der Richtlinie 2007/46/EG und zur Aufhebung der Richtlinie 70/157/EWG (ABl. L 158 vom 27.5.2014, S. 131) in der jeweils geltenden Fassung.

§ 17 Beleuchtung. (1) [1] Während der Dämmerung, bei Dunkelheit oder wenn die Sichtverhältnisse es sonst erfordern, sind die vorgeschriebenen Beleuchtungseinrichtungen zu benutzen. [2] Die Beleuchtungseinrichtungen dürfen nicht verdeckt oder verschmutzt sein.

(2) [1] Mit Begrenzungsleuchten (Standlicht) allein darf nicht gefahren werden. [2] Auf Straßen mit durchgehender, ausreichender Beleuchtung darf auch nicht mit Fernlicht gefahren werden. [3] Es ist rechtzeitig abzublenden, wenn ein Fahrzeug entgegenkommt oder mit geringem Abstand vorausfährt oder wenn es sonst die Sicherheit des Verkehrs auf oder neben der Straße erfordert. [4] Wenn nötig ist entsprechend langsamer zu fahren.

(2a) [1] Wer ein Kraftrad führt, muss auch am Tag mit Abblendlicht oder eingeschalteten Tagfahrleuchten fahren. [2] Während der Dämmerung, bei Dunkelheit oder wenn die Sichtverhältnisse es sonst erfordern, ist Abblendlicht einzuschalten.

(3) [1] Behindert Nebel, Schneefall oder Regen die Sicht erheblich, dann ist auch am Tage mit Abblendlicht zu fahren. [2] Nur bei solcher Witterung dürfen Nebelscheinwerfer eingeschaltet sein. [3] Bei zwei Nebelscheinwerfern genügt statt des Abblendlichts die zusätzliche Benutzung der Begrenzungsleuchten. [4] An Krafträdern ohne Beiwagen braucht nur der Nebelscheinwerfer benutzt zu werden. [5] Nebelschlussleuchten dürfen nur dann benutzt werden, wenn durch Nebel die Sichtweite weniger als 50 m beträgt.

(4) [1] Haltende Fahrzeuge sind außerhalb geschlossener Ortschaften mit eigener Lichtquelle zu beleuchten. [2] Innerhalb geschlossener Ortschaften genügt es, nur die der Fahrbahn zugewandte Fahrzeugseite durch Parkleuchten oder auf andere zugelassene Weise kenntlich zu machen; eigene Beleuchtung ist entbehrlich, wenn die Straßenbeleuchtung das Fahrzeug auf ausreichende Entfernung deutlich sichtbar macht. [3] Auf der Fahrbahn haltende Fahrzeuge, ausgenommen Personenkraftwagen, mit einer zulässigen Gesamtmasse von mehr als 3,5 t und Anhänger sind innerhalb geschlossener Ortschaften stets mit eigener Lichtquelle zu beleuchten oder durch andere zugelassene lichttechnische Einrichtungen kenntlich zu machen. [4] Fahrzeuge, die ohne Schwierigkeiten von der Fahrbahn entfernt werden können, wie Krafträder, Fahrräder mit Hilfsmotor, Fahrräder, Krankenfahrstühle, einachsige Zugmaschinen, einachsige Anhänger, Handfahrzeuge oder unbespannte Fuhrwerke, dürfen bei Dunkelheit dort nicht unbeleuchtet stehen gelassen werden.

(4a) [1] Soweit bei Militärfahrzeugen von den allgemeinen Beleuchtungsvorschriften abgewichen wird, sind gelb-rote retroreflektierende Warntafeln oder gleichwertige Absicherungsmittel zu verwenden. [2] Im Übrigen können sie an diesen Fahrzeugen zusätzlich verwendet werden.

(5) Wer zu Fuß geht und einachsige Zug- oder Arbeitsmaschinen an Holmen oder Handfahrzeuge mitführt, hat mindestens eine nach vorn und hinten

gut sichtbare, nicht blendende Leuchte mit weißem Licht auf der linken Seite anzubringen oder zu tragen.

(6) Suchscheinwerfer dürfen nur kurz und nicht zum Beleuchten der Fahrbahn benutzt werden.

§ 18 Autobahnen und Kraftfahrstraßen. (1) [1] Autobahnen (Zeichen 330.1) und Kraftfahrstraßen (Zeichen 331.1) dürfen nur mit Kraftfahrzeugen benutzt werden, deren durch die Bauart bestimmte Höchstgeschwindigkeit mehr als 60 km/h beträgt; werden Anhänger mitgeführt, gilt das Gleiche auch für diese. [2] Fahrzeug und Ladung dürfen zusammen nicht höher als 4 m und nicht breiter als 2,55 m sein. [3] Kühlfahrzeuge dürfen nicht breiter als 2,60 m sein.

(2) Auf Autobahnen darf nur an gekennzeichneten Anschlussstellen (Zeichen 330.1) eingefahren werden, auf Kraftfahrstraßen nur an Kreuzungen oder Einmündungen.

(3) Der Verkehr auf der durchgehenden Fahrbahn hat die Vorfahrt.

(4) (weggefallen)

(5) [1] Auf Autobahnen darf innerhalb geschlossener Ortschaften schneller als 50 km/h gefahren werden. [2] Auf ihnen sowie außerhalb geschlossener Ortschaften auf Kraftfahrstraßen mit Fahrbahnen für eine Richtung, die durch Mittelstreifen oder sonstige bauliche Einrichtungen getrennt sind, beträgt die zulässige Höchstgeschwindigkeit auch unter günstigsten Umständen

1.[1)] für
   a) Kraftfahrzeuge mit einer zulässigen Gesamtmasse von mehr als 3,5 t, ausgenommen Personenkraftwagen,
   b) Personenkraftwagen mit Anhänger, Lastkraftwagen mit Anhänger, Wohnmobile mit Anhänger und Zugmaschinen mit Anhänger sowie
   c) Kraftomnibusse ohne Anhänger oder mit Gepäckanhänger

   80 km/h,
2. für
   a) Krafträder mit Anhänger und selbstfahrende Arbeitsmaschinen mit Anhänger,
   b) Zugmaschinen mit zwei Anhängern sowie
   c) Kraftomnibusse mit Anhänger oder mit Fahrgästen, für die keine Sitzplätze mehr zur Verfügung stehen,

   60 km/h,
3. für Kraftomnibusse ohne Anhänger, die
   a) nach Eintragung in der Zulassungsbescheinigung Teil I für eine Höchstgeschwindigkeit von 100 km/h zugelassen sind,
   b) hauptsächlich für die Beförderung von sitzenden Fahrgästen gebaut und die Fahrgastsitze als Reisebestuhlung ausgeführt sind,
   c) auf allen Sitzen sowie auf Rollstuhlplätzen, wenn auf ihnen Rollstuhlfahrer befördert werden, mit Sicherheitsgurten ausgerüstet sind,
   d) mit einem Geschwindigkeitsbegrenzer ausgerüstet sind, der auf eine Höchstgeschwindigkeit von maximal 100 km/h (Vset) eingestellt ist,

---

[1)] Beachte hierzu 12. AusnahmeVO zur StVO (Nr. **110/12**).

e) den Vorschriften der Richtlinie 2001/85/EG des Europäischen Parlaments und des Rates vom 20. November 2001 über besondere Vorschriften für Fahrzeuge zur Personenbeförderung mit mehr als acht Sitzplätzen außer dem Fahrersitz und zur Änderung der Richtlinien 70/156/EWG und 97/27/EG (ABl. L 42 vom 13.2.2002, S. 1) in der jeweils zum Zeitpunkt der Erstzulassung des jeweiligen Kraftomnibusses geltenden Fassung entsprechen und

f) auf der vorderen Lenkachse nicht mit nachgeschnittenen Reifen ausgerüstet sind, oder

g) für nicht in Mitgliedstaaten der Europäischen Union oder in Vertragsstaaten des Abkommens über den Europäischen Wirtschaftsraum zugelassene Kraftomnibusse, wenn jeweils eine behördliche Bestätigung des Zulassungsstaates in deutscher Sprache über die Übereinstimmung mit den vorgenannten Bestimmungen und über jährlich stattgefundene Untersuchungen mindestens im Umfang der Richtlinie 96/96/EG des Rates vom 20. Dezember 1996 zur Angleichung der Rechtsvorschriften der Mitgliedstaaten über die technische Überwachung der Kraftfahrzeuge und Kraftfahrzeuganhänger (ABl. L 46 vom 17.2.1997, S. 1) in der jeweils geltenden Fassung vorgelegt werden kann,

100 km/h.

(6) Wer auf der Autobahn mit Abblendlicht fährt, braucht seine Geschwindigkeit nicht der Reichweite des Abblendlichts anzupassen, wenn

1. die Schlussleuchten des vorausfahrenden Kraftfahrzeugs klar erkennbar sind und ein ausreichender Abstand von ihm eingehalten wird oder
2. der Verlauf der Fahrbahn durch Leiteinrichtungen mit Rückstrahlern und, zusammen mit fremdem Licht, Hindernisse rechtzeitig erkennbar sind.

(7) Wenden und Rückwärtsfahren sind verboten.

(8) Halten, auch auf Seitenstreifen, ist verboten.

(9) [1] Zu Fuß Gehende dürfen Autobahnen nicht betreten. [2] Kraftfahrstraßen dürfen sie nur an Kreuzungen, Einmündungen oder sonstigen dafür vorgesehenen Stellen überschreiten; sonst ist jedes Betreten verboten.

(10) [1] Die Ausfahrt von Autobahnen ist nur an Stellen erlaubt, die durch die Ausfahrttafel (Zeichen 332) und durch das Pfeilzeichen (Zeichen 333) oder durch eins dieser Zeichen gekennzeichnet sind. [2] Die Ausfahrt von Kraftfahrstraßen ist nur an Kreuzungen oder Einmündungen erlaubt.

(11) Lastkraftwagen mit einer zulässigen Gesamtmasse über 7,5 t, einschließlich ihrer Anhänger, sowie Zugmaschinen dürfen, wenn die Sichtweite durch erheblichen Schneefall oder Regen auf 50 m oder weniger eingeschränkt ist, sowie bei Schneeglätte oder Glatteis den äußerst linken Fahrstreifen nicht benutzen.

§ 19 Bahnübergänge. (1) [1] Schienenfahrzeuge haben Vorrang

1. auf Bahnübergängen mit Andreaskreuz (Zeichen 201),
2. auf Bahnübergängen über Fuß-, Feld-, Wald- oder Radwege und
3. in Hafen- und Industriegebieten, wenn an den Einfahrten das Andreaskreuz mit dem Zusatzzeichen „Hafengebiet, Schienenfahrzeuge haben Vorrang" oder „Industriegebiet, Schienenfahrzeuge haben Vorrang" steht.

[2]Der Straßenverkehr darf sich solchen Bahnübergängen nur mit mäßiger Geschwindigkeit nähern. [3]Wer ein Fahrzeug führt, darf an Bahnübergängen vom Zeichen 151, 156 an bis einschließlich des Kreuzungsbereichs von Schiene und Straße Kraftfahrzeuge nicht überholen.

(2) [1]Fahrzeuge haben vor dem Andreaskreuz, zu Fuß Gehende in sicherer Entfernung vor dem Bahnübergang zu warten, wenn

1. sich ein Schienenfahrzeug nähert,
2. rotes Blinklicht oder gelbe oder rote Lichtzeichen gegeben werden,
3. die Schranken sich senken oder geschlossen sind,
4. ein Bahnbediensteter Halt gebietet oder
5. ein hörbares Signal, wie ein Pfeifsignal des herannahenden Zuges, ertönt.

[2]Hat das rote Blinklicht oder das rote Lichtzeichen die Form eines Pfeils, hat nur zu warten, wer in die Richtung des Pfeils fahren will. [3]Das Senken der Schranken kann durch Glockenzeichen angekündigt werden.

(3) Kann der Bahnübergang wegen des Straßenverkehrs nicht zügig und ohne Aufenthalt überquert werden, ist vor dem Andreaskreuz zu warten.

(4) Wer einen Fuß-, Feld-, Wald- oder Radweg benutzt, muss sich an Bahnübergängen ohne Andreaskreuz entsprechend verhalten.

(5) [1]Vor Bahnübergängen ohne Vorrang der Schienenfahrzeuge ist in sicherer Entfernung zu warten, wenn ein Bahnbediensteter mit einer weiß-rot-weißen Fahne oder einer roten Leuchte Halt gebietet. [2]Werden gelbe oder rote Lichtzeichen gegeben, gilt § 37 Absatz 2 Nummer 1 entsprechend.

(6) Die Scheinwerfer wartender Kraftfahrzeuge dürfen niemanden blenden.

§ 20 Öffentliche Verkehrsmittel und Schulbusse. (1) An Omnibussen des Linienverkehrs, an Straßenbahnen und an gekennzeichneten Schulbussen, die an Haltestellen (Zeichen 224) halten, darf, auch im Gegenverkehr, nur vorsichtig vorbeigefahren werden.

(2) [1]Wenn Fahrgäste ein- oder aussteigen, darf rechts nur mit Schrittgeschwindigkeit und nur in einem solchen Abstand vorbeigefahren werden, dass eine Gefährdung von Fahrgästen ausgeschlossen ist. [2]Sie dürfen auch nicht behindert werden. [3]Wenn nötig, muss, wer ein Fahrzeug führt, warten.

(3) Omnibusse des Linienverkehrs und gekennzeichnete Schulbusse, die sich einer Haltestelle (Zeichen 224) nähern und Warnblinklicht eingeschaltet haben, dürfen nicht überholt werden.

(4) [1]An Omnibussen des Linienverkehrs und an gekennzeichneten Schulbussen, die an Haltestellen (Zeichen 224) halten und Warnblinklicht eingeschaltet haben, darf nur mit Schrittgeschwindigkeit und nur in einem solchen Abstand vorbeigefahren werden, dass eine Gefährdung von Fahrgästen ausgeschlossen ist. [2]Die Schrittgeschwindigkeit gilt auch für den Gegenverkehr auf derselben Fahrbahn. [3]Die Fahrgäste dürfen auch nicht behindert werden. [4]Wenn nötig, muss, wer ein Fahrzeug führt, warten.

(5) [1]Omnibussen des Linienverkehrs und Schulbussen ist das Abfahren von gekennzeichneten Haltestellen zu ermöglichen. [2]Wenn nötig, müssen andere Fahrzeuge warten.

(6) Personen, die öffentliche Verkehrsmittel benutzen wollen, müssen sie auf den Gehwegen, den Seitenstreifen oder einer Haltestelleninsel, sonst am Rand der Fahrbahn erwarten.

§ 21[1] Personenbeförderung. (1) [1]In Kraftfahrzeugen dürfen nicht mehr Personen befördert werden, als mit Sicherheitsgurten ausgerüstete Sitzplätze vorhanden sind. [2]Abweichend von Satz 1 dürfen in Kraftfahrzeugen, für die Sicherheitsgurte nicht für alle Sitzplätze vorgeschrieben sind, so viele Personen befördert werden, wie Sitzplätze vorhanden sind. [3]Die Sätze 1 und 2 gelten nicht in Kraftomnibussen, bei denen die Beförderung stehender Fahrgäste zugelassen ist. [4]Es ist verboten, Personen mitzunehmen

1. auf Krafträdern ohne besonderen Sitz,
2. auf Zugmaschinen ohne geeignete Sitzgelegenheit oder
3. in Wohnanhängern hinter Kraftfahrzeugen.

(1a) [1]Kinder bis zum vollendeten 12. Lebensjahr, die kleiner als 150 cm sind, dürfen in Kraftfahrzeugen auf Sitzen, für die Sicherheitsgurte vorgeschrieben sind, nur mitgenommen werden, wenn Rückhalteeinrichtungen für Kinder benutzt werden, die den in Artikel 2 Absatz 1 Buchstabe c der Richtlinie 91/671/EWG des Rates vom 16. Dezember 1991 über die Gurtanlegepflicht und die Pflicht zur Benutzung von Kinderrückhalteeinrichtungen in Kraftfahrzeugen (ABl. L 373 vom 31.12.1991, S. 26), der zuletzt durch Artikel 1 Absatz 2 der Durchführungsrichtlinie 2014/37/EU vom 27. Februar 2014 (ABl. L 59 vom 28.2.2014, S. 32) neu gefasst worden ist, genannten Anforderungen genügen und für das Kind geeignet sind. [2]Abweichend von Satz 1

1. ist in Kraftomnibussen mit einer zulässigen Gesamtmasse von mehr als 3,5 t Satz 1 nicht anzuwenden,
2. dürfen Kinder ab dem vollendeten dritten Lebensjahr auf Rücksitzen mit den vorgeschriebenen Sicherheitsgurten gesichert werden, soweit wegen der Sicherung anderer Kinder mit Kinderrückhalteeinrichtungen für die Befestigung weiterer Rückhalteeinrichtungen für Kinder keine Möglichkeit besteht,
3. ist
   a) beim Verkehr mit Taxen und
   b) bei sonstigen Verkehren mit Personenkraftwagen, wenn eine Beförderungspflicht im Sinne des § 22 des Personenbeförderungsgesetzes[2] besteht,

   auf Rücksitzen die Verpflichtung zur Sicherung von Kindern mit amtlich genehmigten und geeigneten Rückhalteeinrichtungen auf zwei Kinder mit einem Gewicht ab 9 kg beschränkt, wobei wenigstens für ein Kind mit einem Gewicht zwischen 9 und 18 kg eine Sicherung möglich sein muss; diese Ausnahmeregelung gilt nicht, wenn eine regelmäßige Beförderung von Kindern gegeben ist.

(1b) [1]In Fahrzeugen, die nicht mit Sicherheitsgurten ausgerüstet sind, dürfen Kinder unter drei Jahren nicht befördert werden. [2]Kinder ab dem vollendeten dritten Lebensjahr, die kleiner als 150 cm sind, müssen in solchen Fahrzeugen auf dem Rücksitz befördert werden. [3]Die Sätze 1 und 2 gelten nicht für Kraftomnibusse.

---

[1] § 21 Abs. 1a Satz 1 geänd. mWv 30.10.2014 durch VO v. 22.10.2014 (BGBl. I S. 1635); Abs. 3 Satz 1 neu gef., Satz 2 eingef., bish. Sätze 2 und 3 werden Sätze 3 und 4 mWv 28.4.2020 durch VO v. 20.4.2020 (BGBl. I S. 814).

[2] Nr. **400**.

(2) [1] Die Mitnahme von Personen auf der Ladefläche oder in Laderäumen von Kraftfahrzeugen ist verboten. [2] Dies gilt nicht, soweit auf der Ladefläche oder in Laderäumen mitgenommene Personen dort notwendige Arbeiten auszuführen haben. [3] Das Verbot gilt ferner nicht für die Beförderung von Baustellenpersonal innerhalb von Baustellen. [4] Auf der Ladefläche oder in Laderäumen von Anhängern darf niemand mitgenommen werden. [5] Jedoch dürfen auf Anhängern, wenn diese für land- oder forstwirtschaftliche Zwecke eingesetzt werden, Personen auf geeigneten Sitzgelegenheiten mitgenommen werden. [6] Das Stehen während der Fahrt ist verboten, soweit es nicht zur Begleitung der Ladung oder zur Arbeit auf der Ladefläche erforderlich ist.

(3) [1] Auf Fahrrädern dürfen Personen von mindestens 16 Jahre alten Personen nur mitgenommen werden, wenn die Fahrräder auch zur Personenbeförderung gebaut und eingerichtet sind. [2] Kinder bis zum vollendeten siebten Lebensjahr dürfen auf Fahrrädern von mindestens 16 Jahre alten Personen mitgenommen werden, wenn für die Kinder besondere Sitze vorhanden sind und durch Radverkleidungen oder gleich wirksame Vorrichtungen dafür gesorgt ist, dass die Füße der Kinder nicht in die Speichen geraten können. [3] Hinter Fahrrädern dürfen in Anhängern, die zur Beförderung von Kindern eingerichtet sind, bis zu zwei Kinder bis zum vollendeten siebten Lebensjahr von mindestens 16 Jahre alten Personen mitgenommen werden. [4] Die Begrenzung auf das vollendete siebte Lebensjahr gilt nicht für die Beförderung eines behinderten Kindes.

§ 21a[1)] Sicherheitsgurte, Rollstuhl-Rückhaltesysteme, Rollstuhlnutzer-Rückhaltesysteme, Schutzhelme. (1) [1] Vorgeschriebene Sicherheitsgurte müssen während der Fahrt angelegt sein; dies gilt ebenfalls für vorgeschriebene Rollstuhl-Rückhaltesysteme und vorgeschriebene Rollstuhlnutzer-Rückhaltesysteme. [2] Das gilt nicht für

1. *(aufgehoben)*
2. Personen beim Haus-zu-Haus-Verkehr, wenn sie im jeweiligen Leistungs- oder Auslieferungsbezirk regelmäßig in kurzen Zeitabständen ihr Fahrzeug verlassen müssen,
3. Fahrten mit Schrittgeschwindigkeit wie Rückwärtsfahren, Fahrten auf Parkplätzen,
4. Fahrten in Kraftomnibussen, bei denen die Beförderung stehender Fahrgäste zugelassen ist,
5. das Betriebspersonal in Kraftomnibussen und das Begleitpersonal von besonders betreuungsbedürftigen Personengruppen während der Dienstleistungen, die ein Verlassen des Sitzplatzes erfordern,
6. Fahrgäste in Kraftomnibussen mit einer zulässigen Gesamtmasse von mehr als 3,5 t beim kurzzeitigen Verlassen des Sitzplatzes.

(2) [1] Wer Krafträder oder offene drei- oder mehrrädrige Kraftfahrzeuge mit einer bauartbedingten Höchstgeschwindigkeit von über 20 km/h führt sowie auf oder in ihnen mitfährt, muss während der Fahrt einen geeigneten Schutzhelm tragen. [2] Dies gilt nicht, wenn vorgeschriebene Sicherheitsgurte angelegt sind.

---

1) § 21a Abs. 1 Satz 2 Nr. 1 aufgeh. mWv 30.10.2014 durch VO v. 22.10.2014 (BGBl. I S. 1635); Überschrift neu gef., Abs. 1 Satz 1 geänd. mWv 30.6.2016 durch VO v. 17.6.2016 (BGBl. I S. 1463).

§ 22 Ladung. (1) [1] Die Ladung einschließlich Geräte zur Ladungssicherung sowie Ladeeinrichtungen sind so zu verstauen und zu sichern, dass sie selbst bei Vollbremsung oder plötzlicher Ausweichbewegung nicht verrutschen, umfallen, hin- und herrollen, herabfallen oder vermeidbaren Lärm erzeugen können. [2] Dabei sind die anerkannten Regeln der Technik zu beachten.

(2) [1] Fahrzeug und Ladung dürfen zusammen nicht breiter als 2,55 m und nicht höher als 4 m sein. [2] Fahrzeuge, die für land- oder forstwirtschaftliche Zwecke eingesetzt werden, dürfen, wenn sie mit land- oder forstwirtschaftlichen Erzeugnissen oder Arbeitsgeräten beladen sind, samt Ladung nicht breiter als 3 m sein. [3] Sind sie mit land- oder forstwirtschaftlichen Erzeugnissen beladen, dürfen sie samt Ladung höher als 4 m sein. [4] Kühlfahrzeuge dürfen nicht breiter als 2,60 m sein.

(3) [1] Die Ladung darf bis zu einer Höhe von 2,50 m nicht nach vorn über das Fahrzeug, bei Zügen über das ziehende Fahrzeug hinausragen. [2] Im Übrigen darf der Ladungsüberstand nach vorn bis zu 50 cm über das Fahrzeug, bei Zügen bis zu 50 cm über das ziehende Fahrzeug betragen.

(4) [1] Nach hinten darf die Ladung bis zu 1,50 m hinausragen, jedoch bei Beförderung über eine Wegstrecke bis zu einer Entfernung von 100 km bis zu 3 m; die außerhalb des Geltungsbereichs dieser Verordnung zurückgelegten Wegstrecken werden nicht berücksichtigt. [2] Fahrzeug oder Zug samt Ladung darf nicht länger als 20,75 m sein. [3] Ragt das äußerste Ende der Ladung mehr als 1 m über die Rückstrahler des Fahrzeugs nach hinten hinaus, so ist es kenntlich zu machen durch mindestens

1. eine hellrote, nicht unter 30 x 30 cm große, durch eine Querstange auseinandergehaltene Fahne,
2. ein gleich großes, hellrotes, quer zur Fahrtrichtung pendelnd aufgehängtes Schild oder
3. einen senkrecht angebrachten zylindrischen Körper gleicher Farbe und Höhe mit einem Durchmesser von mindestens 35 cm.

[4] Diese Sicherungsmittel dürfen nicht höher als 1,50 m über der Fahrbahn angebracht werden. [5] Wenn nötig (§ 17 Absatz 1), ist mindestens eine Leuchte mit rotem Licht an gleicher Stelle anzubringen, außerdem ein roter Rückstrahler nicht höher als 90 cm.

(5) [1] Ragt die Ladung seitlich mehr als 40 cm über die Fahrzeugleuchten, bei Kraftfahrzeugen über den äußeren Rand der Lichtaustrittsflächen der Begrenzungs- oder Schlussleuchten hinaus, so ist sie, wenn nötig (§ 17 Absatz 1), kenntlich zu machen, und zwar seitlich höchstens 40 cm von ihrem Rand und höchstens 1,50 m über der Fahrbahn nach vorn durch eine Leuchte mit weißem, nach hinten durch eine mit rotem Licht. [2] Einzelne Stangen oder Pfähle, waagerecht liegende Platten und andere schlecht erkennbare Gegenstände dürfen seitlich nicht herausragen.

§ 23[1)] Sonstige Pflichten von Fahrzeugführenden. (1) [1] Wer ein Fahrzeug führt, ist dafür verantwortlich, dass seine Sicht und das Gehör nicht durch die Besetzung, Tiere, die Ladung, Geräte oder den Zustand des Fahrzeugs beein-

---

[1)] § 23 Abs. 1 Satz 4 geänd. mWv 1.6.2017 durch VO v. 18.5.2017 (BGBl. I S. 1282); Abs. 1a neu gef., Abs. 1b eingef., bish. Abs. 1b wird 1c, Abs. 4 angef. mWv 19.10.2017 durch VO v. 6.10.2017 (BGBl. I S. 3549); Abs. 1c Satz 3 angef. mWv 28.4.2020 durch VO v. 20.4.2020 (BGBl. I S. 814).

trächtigt werden. [2] Wer ein Fahrzeug führt, hat zudem dafür zu sorgen, dass das Fahrzeug, der Zug, das Gespann sowie die Ladung und die Besetzung vorschriftsmäßig sind und dass die Verkehrssicherheit des Fahrzeugs durch die Ladung oder die Besetzung nicht leidet. [3] Ferner ist dafür zu sorgen, dass die vorgeschriebenen Kennzeichen stets gut lesbar sind. [4] Vorgeschriebene Beleuchtungseinrichtungen müssen an Kraftfahrzeugen und ihren Anhängern auch am Tage vorhanden und betriebsbereit sein.

(1a) [1] Wer ein Fahrzeug führt, darf ein elektronisches Gerät, das der Kommunikation, Information oder Organisation dient oder zu dienen bestimmt ist, nur benutzen, wenn

1. hierfür das Gerät weder aufgenommen noch gehalten wird und
2. entweder
   a) nur eine Sprachsteuerung und Vorlesefunktion genutzt wird oder
   b) zur Bedienung und Nutzung des Gerätes nur eine kurze, den Straßen-, Verkehrs-, Sicht- und Wetterverhältnissen angepasste Blickzuwendung zum Gerät bei gleichzeitig entsprechender Blickabwendung vom Verkehrsgeschehen erfolgt oder erforderlich ist.

[2] Geräte im Sinne des Satzes 1 sind auch Geräte der Unterhaltungselektronik oder Geräte zur Ortsbestimmung, insbesondere Mobiltelefone oder Autotelefone, Berührungsbildschirme, tragbare Flachrechner, Navigationsgeräte, Fernseher oder Abspielgeräte mit Videofunktion oder Audiorekorder. [3] Handelt es sich bei dem Gerät im Sinne des Satzes 1, auch in Verbindung mit Satz 2, um ein auf dem Kopf getragenes visuelles Ausgabegerät, insbesondere eine Videobrille, darf dieses nicht benutzt werden. [4] Verfügt das Gerät im Sinne des Satzes 1, auch in Verbindung mit Satz 2, über eine Sichtfeldprojektion, darf diese für fahrzeugbezogene, verkehrszeichenbezogene, fahrtbezogene oder fahrtbegleitende Informationen benutzt werden. [5] Absatz 1c und § 1b des Straßenverkehrsgesetzes[1)] bleiben unberührt.

(1b) [1] Absatz 1a Satz 1 bis 3 gilt nicht für

1. ein stehendes Fahrzeug, im Falle eines Kraftfahrzeuges vorbehaltlich der Nummer 3 nur, wenn der Motor vollständig ausgeschaltet ist,
2. den bestimmungsgemäßen Betrieb einer atemalkoholgesteuerten Wegfahrsperre, soweit ein für den Betrieb bestimmtes Handteil aufgenommen und gehalten werden muss,
3. stehende Straßenbahnen oder Linienbusse an Haltestellen (Zeichen 224).

[2] Das fahrzeugseitige automatische Abschalten des Motors im Verbrennungsbetrieb oder das Ruhen des elektrischen Antriebes ist kein Ausschalten des Motors in diesem Sinne. [3] Absatz 1a Satz 1 Nummer 2 Buchstabe b gilt nicht für

1. die Benutzung eines Bildschirms oder einer Sichtfeldprojektion zur Bewältigung der Fahraufgabe des Rückwärtsfahrens oder Einparkens, soweit das Fahrzeug nur mit Schrittgeschwindigkeit bewegt wird, oder
2. die Benutzung elektronischer Geräte, die vorgeschriebene Spiegel ersetzen oder ergänzen.

---

1) Nr. **10**.

(1c) [1] Wer ein Fahrzeug führt, darf ein technisches Gerät nicht betreiben oder betriebsbereit mitführen, das dafür bestimmt ist, Verkehrsüberwachungsmaßnahmen anzuzeigen oder zu stören. [2] Das gilt insbesondere für Geräte zur Störung oder Anzeige von Geschwindigkeitsmessungen (Radarwarn- oder Laserstörgeräte). [3] Bei anderen technischen Geräten, die neben anderen Nutzungszwecken auch zur Anzeige oder Störung von Verkehrsüberwachungsmaßnahmen verwendet werden können, dürfen die entsprechenden Gerätefunktionen nicht verwendet werden.

(2) Wer ein Fahrzeug führt, muss das Fahrzeug, den Zug oder das Gespann auf dem kürzesten Weg aus dem Verkehr ziehen, falls unterwegs auftretende Mängel, welche die Verkehrssicherheit wesentlich beeinträchtigen, nicht alsbald beseitigt werden; dagegen dürfen Krafträder und Fahrräder dann geschoben werden.

(3) [1] Wer ein Fahrrad oder ein Kraftrad fährt, darf sich nicht an Fahrzeuge anhängen. [2] Es darf nicht freihändig gefahren werden. [3] Die Füße dürfen nur dann von den Pedalen oder den Fußrasten genommen werden, wenn der Straßenzustand das erfordert.

(4) [1] Wer ein Kraftfahrzeug führt, darf sein Gesicht nicht so verhüllen oder verdecken, dass er nicht mehr erkennbar ist. [2] Dies gilt nicht in Fällen des § 21a Absatz 2 Satz 1.

§ 24 Besondere Fortbewegungsmittel. (1) [1] Schiebe- und Greifreifenrollstühle, Rodelschlitten, Kinderwagen, Roller, Kinderfahrräder, Inline-Skates, Rollschuhe und ähnliche nicht motorbetriebene Fortbewegungsmittel sind nicht Fahrzeuge im Sinne der Verordnung. [2] Für den Verkehr mit diesen Fortbewegungsmitteln gelten die Vorschriften für den Fußgängerverkehr entsprechend.

(2) Mit Krankenfahrstühlen oder mit anderen als in Absatz 1 genannten Rollstühlen darf dort, wo Fußgängerverkehr zulässig ist, gefahren werden, jedoch nur mit Schrittgeschwindigkeit.

§ 25[1] Fußgänger. (1) [1] Wer zu Fuß geht, muss die Gehwege benutzen. [2] Auf der Fahrbahn darf nur gegangen werden, wenn die Straße weder einen Gehweg noch einen Seitenstreifen hat. [3] Wird die Fahrbahn benutzt, muss innerhalb geschlossener Ortschaften am rechten oder linken Fahrbahnrand gegangen werden; außerhalb geschlossener Ortschaften muss am linken Fahrbahnrand gegangen werden, wenn das zumutbar ist. [4] Bei Dunkelheit, bei schlechter Sicht oder wenn die Verkehrslage es erfordert, muss einzeln hintereinander gegangen werden.

(2) [1] Wer zu Fuß geht und Fahrzeuge oder sperrige Gegenstände mitführt, muss die Fahrbahn benutzen, wenn auf dem Gehweg oder auf dem Seitenstreifen andere zu Fuß Gehende erheblich behindert würden. [2] Benutzen zu Fuß Gehende, die Fahrzeuge mitführen, die Fahrbahn, müssen sie am rechten Fahrbahnrand gehen; vor dem Abbiegen nach links dürfen sie sich nicht links einordnen.

(3) [1] Wer zu Fuß geht, hat Fahrbahnen unter Beachtung des Fahrzeugverkehrs zügig auf dem kürzesten Weg quer zur Fahrtrichtung zu überschreiten.

---

[1] § 25 Abs. 3 Satz 1 neu gef., Satz 2 eingef., bish. Satz 2 wird Satz 3 mWv 19.10.2017 durch VO v. 6.10.2017 (BGBl. I S. 3549).

[2] Wenn die Verkehrsdichte, Fahrgeschwindigkeit, Sichtverhältnisse oder der Verkehrsablauf es erfordern, ist eine Fahrbahn nur an Kreuzungen oder Einmündungen, an Lichtzeichenanlagen innerhalb von Markierungen, an Fußgängerquerungshilfen oder auf Fußgängerüberwegen (Zeichen 293) zu überschreiten. [3] Wird die Fahrbahn an Kreuzungen oder Einmündungen überschritten, sind dort vorhandene Fußgängerüberwege oder Markierungen an Lichtzeichenanlagen stets zu benutzen.

(4) [1] Wer zu Fuß geht, darf Absperrungen, wie Stangen- oder Kettengeländer, nicht überschreiten. [2] Absperrschranken (Zeichen 600) verbieten das Betreten der abgesperrten Straßenfläche.

(5) Gleisanlagen, die nicht zugleich dem sonstigen öffentlichen Straßenverkehr dienen, dürfen nur an den dafür vorgesehenen Stellen betreten werden.

§ 26 Fußgängerüberwege. (1) [1] An Fußgängerüberwegen haben Fahrzeuge mit Ausnahme von Schienenfahrzeugen den zu Fuß Gehenden sowie Fahrenden von Krankenfahrstühlen oder Rollstühlen, welche den Überweg erkennbar benutzen wollen, das Überqueren der Fahrbahn zu ermöglichen. [2] Dann dürfen sie nur mit mäßiger Geschwindigkeit heranfahren; wenn nötig, müssen sie warten.

(2) Stockt der Verkehr, dürfen Fahrzeuge nicht auf den Überweg fahren, wenn sie auf ihm warten müssten.

(3) An Überwegen darf nicht überholt werden.

(4) Führt die Markierung über einen Radweg oder einen anderen Straßenteil, gelten diese Vorschriften entsprechend.

§ 27 Verbände. (1) [1] Für geschlossene Verbände gelten die für den gesamten Fahrverkehr einheitlich bestehenden Verkehrsregeln und Anordnungen sinngemäß. [2] Mehr als 15 Rad Fahrende dürfen einen geschlossenen Verband bilden. [3] Dann dürfen sie zu zweit nebeneinander auf der Fahrbahn fahren. [4] Kinder- und Jugendgruppen zu Fuß müssen, soweit möglich, die Gehwege benutzen.

(2) Geschlossene Verbände, Leichenzüge und Prozessionen müssen, wenn ihre Länge dies erfordert, in angemessenen Abständen Zwischenräume für den übrigen Verkehr frei lassen; an anderen Stellen darf dieser sie nicht unterbrechen.

(3) [1] Geschlossen ist ein Verband, wenn er für andere am Verkehr Teilnehmende als solcher deutlich erkennbar ist. [2] Bei Kraftfahrzeugverbänden muss dazu jedes einzelne Fahrzeug als zum Verband gehörig gekennzeichnet sein.

(4) [1] Die seitliche Begrenzung geschlossen reitender oder zu Fuß marschierender Verbände muss, wenn nötig (§ 17 Absatz 1), mindestens nach vorn durch nicht blendende Leuchten mit weißem Licht, nach hinten durch Leuchten mit rotem Licht oder gelbem Blinklicht kenntlich gemacht werden. [2] Gliedert sich ein solcher Verband in mehrere deutlich voneinander getrennte Abteilungen, dann ist jede auf diese Weise zu sichern. [3] Eigene Beleuchtung brauchen die Verbände nicht, wenn sie sonst ausreichend beleuchtet sind.

(5) Wer einen Verband führt, hat dafür zu sorgen, dass die für geschlossene Verbände geltenden Vorschriften befolgt werden.

(6) Auf Brücken darf nicht im Gleichschritt marschiert werden.

§ 28 Tiere. (1) [1]Haus- und Stalltiere, die den Verkehr gefährden können, sind von der Straße fernzuhalten. [2]Sie sind dort nur zugelassen, wenn sie von geeigneten Personen begleitet sind, die ausreichend auf sie einwirken können. [3]Es ist verboten, Tiere von Kraftfahrzeugen aus zu führen. [4]Von Fahrrädern aus dürfen nur Hunde geführt werden.

(2) [1]Wer reitet, Pferde oder Vieh führt oder Vieh treibt, unterliegt sinngemäß den für den gesamten Fahrverkehr einheitlich bestehenden Verkehrsregeln und Anordnungen. [2]Zur Beleuchtung müssen mindestens verwendet werden:

1. beim Treiben von Vieh vorn eine nicht blendende Leuchte mit weißem Licht und am Ende eine Leuchte mit rotem Licht,
2. beim Führen auch nur eines Großtieres oder von Vieh eine nicht blendende Leuchte mit weißem Licht, die auf der linken Seite nach vorn und hinten gut sichtbar mitzuführen ist.

§ 29[1)] Übermäßige Straßenbenutzung. (1) *(aufgehoben)*

(2) [1]Veranstaltungen, für die Straßen mehr als verkehrsüblich in Anspruch genommen werden, insbesondere Kraftfahrzeugrennen, bedürfen der Erlaubnis. [2]Das ist der Fall, wenn die Benutzung der Straße für den Verkehr wegen der Zahl oder des Verhaltens der Teilnehmenden oder der Fahrweise der beteiligten Fahrzeuge eingeschränkt wird; Kraftfahrzeuge in geschlossenem Verband nehmen die Straße stets mehr als verkehrsüblich in Anspruch. [3]Veranstaltende haben dafür zu sorgen, dass die Verkehrsvorschriften sowie etwaige Bedingungen und Auflagen befolgt werden.

(3) [1]Einer Erlaubnis bedarf der Verkehr mit Fahrzeugen und Zügen, deren Abmessungen, Achslasten oder Gesamtmassen die gesetzlich allgemein zugelassenen Grenzen tatsächlich überschreiten. [2]Das gilt auch für den Verkehr mit Fahrzeugen, deren Bauart den Fahrzeugführenden kein ausreichendes Sichtfeld lässt.

§ 30[2)] Umweltschutz, Sonn- und Feiertagsfahrverbot. (1) [1]Bei der Benutzung von Fahrzeugen sind unnötiger Lärm und vermeidbare Abgasbelästigungen verboten. [2]Es ist insbesondere verboten, Fahrzeugmotoren unnötig laufen zu lassen und Fahrzeugtüren übermäßig laut zu schließen. [3]Unnützes Hin- und Herfahren ist innerhalb geschlossener Ortschaften verboten, wenn Andere dadurch belästigt werden.

(2) Veranstaltungen mit Kraftfahrzeugen bedürfen der Erlaubnis, wenn sie die Nachtruhe stören können.

(3) [1]An Sonntagen und Feiertagen dürfen in der Zeit von 0.00 bis 22.00 Uhr zur geschäftsmäßigen oder entgeltlichen Beförderung von Gütern einschließlich damit verbundener Leerfahrten Lastkraftwagen mit einer zulässigen Gesamtmasse über 7,5 t sowie Anhänger hinter Lastkraftwagen nicht geführt werden. [2]Das Verbot gilt nicht für

---

[1)] § 29 Abs. 1 aufgeh., Abs. 2 Satz 1 geänd. mWv 13.10.2017 durch G v. 30.9.2017 (BGBl. I S. 3532).

[2)] § 30 Abs. 3 Satz 1 geänd., Satz 2 Nr. 3–5 eingef., bish. Nr. 3 und 4 werden Nr. 6 und 7 und neue Nr. 6 neu gef., Abs. 4 geänd. mWv 19.10.2017 durch VO v. 6.10.2017 (BGBl. I S. 3549); Abs. 4 geänd. mWv 28.4.2020 durch VO v. 20.4.2020 (BGBl. I S. 814).

1. kombinierten Güterverkehr Schiene-Straße vom Versender bis zum nächstgelegenen geeigneten Verladebahnhof oder vom nächstgelegenen geeigneten Entladebahnhof bis zum Empfänger, jedoch nur bis zu einer Entfernung von 200 km,
1a. kombinierten Güterverkehr Hafen-Straße zwischen Belade- oder Entladestelle und einem innerhalb eines Umkreises von höchstens 150 Kilometern gelegenen Hafen (An- oder Abfuhr),
2. die Beförderung von
   a) frischer Milch und frischen Milcherzeugnissen,
   b) frischem Fleisch und frischen Fleischerzeugnissen,
   c) frischen Fischen, lebenden Fischen und frischen Fischerzeugnissen,
   d) leicht verderblichem Obst und Gemüse,
3. die Beförderung von Material der Kategorie 1 nach Artikel 8 und Material der Kategorie 2 nach Artikel 9 Buchstabe f Ziffer i der Verordnung (EG) Nr. 1069/2009 des Europäischen Parlaments und des Rates vom 21. Oktober 2009 mit Hygienevorschriften für nicht für den menschlichen Verzehr bestimmte tierische Nebenprodukte und zur Aufhebung der Verordnung (EG) Nr. 1774/2002 (Verordnung über tierische Nebenprodukte) (ABl. L 300 vom 14.11.2009, S. 1; L 348 vom 4.12.2014, S. 31),
4. den Einsatz von Bergungs-, Abschlepp- und Pannenhilfsfahrzeugen im Falle eines Unfalles oder eines sonstigen Notfalles,
5. den Transport von lebenden Bienen,
6. Leerfahrten, die im Zusammenhang mit Fahrten nach den Nummern 2 bis 5 stehen,
7. Fahrten mit Fahrzeugen, die nach dem Bundesleistungsgesetz herangezogen werden. Dabei ist der Leistungsbescheid mitzuführen und auf Verlangen zuständigen Personen zur Prüfung auszuhändigen.

(4) Feiertage im Sinne des Absatzes 3 sind
Neujahr;
Karfreitag;
Ostermontag;
Tag der Arbeit (1. Mai);
Christi Himmelfahrt;
Pfingstmontag;
Fronleichnam, jedoch nur in Baden-Württemberg, Bayern, Hessen, Nordrhein-Westfalen, Rheinland-Pfalz und im Saarland;
Tag der deutschen Einheit (3. Oktober);
Reformationstag (31. Oktober) in Brandenburg, Bremen, Hamburg, Mecklenburg-Vorpommern, Niedersachsen, Sachsen, Sachsen-Anhalt, Schleswig-Holstein und Thüringen;
Allerheiligen (1. November), jedoch nur in Baden-Württemberg, Bayern, Nordrhein-Westfalen, Rheinland-Pfalz und im Saarland;
1. und 2. Weihnachtstag.

§ 31 Sport und Spiel. (1) [1] Sport und Spiel auf der Fahrbahn, den Seitenstreifen und auf Radwegen sind nicht erlaubt. [2] Satz 1 gilt nicht, soweit dies durch ein die zugelassene Sportart oder Spielart kennzeichnendes Zusatzzeichen angezeigt ist.

(2) [1] Durch das Zusatzzeichen

wird das Inline-Skaten und Rollschuhfahren zugelassen. [2]Das Zusatzzeichen kann auch allein angeordnet sein. [3]Wer sich dort mit Inline-Skates oder Rollschuhen fortbewegt, hat sich mit äußerster Vorsicht und unter besonderer Rücksichtnahme auf den übrigen Verkehr am rechten Rand in Fahrtrichtung zu bewegen und Fahrzeugen das Überholen zu ermöglichen.

§ 32 Verkehrshindernisse. (1) [1]Es ist verboten, die Straße zu beschmutzen oder zu benetzen oder Gegenstände auf Straßen zu bringen oder dort liegen zu lassen, wenn dadurch der Verkehr gefährdet oder erschwert werden kann. [2]Wer für solche verkehrswidrigen Zustände verantwortlich ist, hat diese unverzüglich zu beseitigen und diese bis dahin ausreichend kenntlich zu machen. [3]Verkehrshindernisse sind, wenn nötig (§ 17 Absatz 1), mit eigener Lichtquelle zu beleuchten oder durch andere zugelassene lichttechnische Einrichtungen kenntlich zu machen.

(2) Sensen, Mähmesser oder ähnlich gefährliche Geräte sind wirksam zu verkleiden.

§ 33 Verkehrsbeeinträchtigungen. (1) [1]Verboten ist

1. der Betrieb von Lautsprechern,
2. das Anbieten von Waren und Leistungen aller Art auf der Straße,
3. außerhalb geschlossener Ortschaften jede Werbung und Propaganda durch Bild, Schrift, Licht oder Ton,

wenn dadurch am Verkehr Teilnehmende in einer den Verkehr gefährdenden oder erschwerenden Weise abgelenkt oder belästigt werden können. [2]Auch durch innerörtliche Werbung und Propaganda darf der Verkehr außerhalb geschlossener Ortschaften nicht in solcher Weise gestört werden.

(2) [1]Einrichtungen, die Zeichen oder Verkehrseinrichtungen (§§ 36 bis 43 in Verbindung mit den Anlagen 1 bis 4) gleichen, mit ihnen verwechselt werden können oder deren Wirkung beeinträchtigen können, dürfen dort nicht angebracht oder sonst verwendet werden, wo sie sich auf den Verkehr auswirken können. [2]Werbung und Propaganda in Verbindung mit Verkehrszeichen und Verkehrseinrichtungen sind unzulässig.

(3) Ausgenommen von den Verboten des Absatzes 1 Satz 1 Nummer 3 und des Absatzes 2 Satz 2 sind in der Hinweisbeschilderung für Nebenbetriebe an den Bundesautobahnen und für Autohöfe die Hinweise auf Dienstleistungen, die unmittelbar den Belangen der am Verkehr Teilnehmenden auf den Bundesautobahnen dienen.

§ 34 Unfall. (1) Nach einem Verkehrsunfall hat, wer daran beteiligt ist,

1. unverzüglich zu halten,
2. den Verkehr zu sichern und bei geringfügigem Schaden unverzüglich beiseite zu fahren,

3. sich über die Unfallfolgen zu vergewissern,
4. Verletzten zu helfen (§ 323c des Strafgesetzbuchs),
5. anderen am Unfallort anwesenden Beteiligten und Geschädigten
   a) anzugeben, dass man am Unfall beteiligt war und
   b) auf Verlangen den eigenen Namen und die eigene Anschrift anzugeben sowie den eigenen Führerschein und den Fahrzeugschein vorzuweisen und nach bestem Wissen Angaben über die Haftpflichtversicherung zu machen,
6. a) so lange am Unfallort zu bleiben, bis zugunsten der anderen Beteiligten und Geschädigten die Feststellung der Person, des Fahrzeugs und der Art der Beteiligung durch eigene Anwesenheit ermöglicht wurde oder
   b) eine nach den Umständen angemessene Zeit zu warten und am Unfallort den eigenen Namen und die eigene Anschrift zu hinterlassen, wenn niemand bereit war, die Feststellung zu treffen,
7. unverzüglich die Feststellungen nachträglich zu ermöglichen, wenn man sich berechtigt, entschuldigt oder nach Ablauf der Wartefrist (Nummer 6 Buchstabe b) vom Unfallort entfernt hat. Dazu ist mindestens den Berechtigten (Nummer 6 Buchstabe a) oder einer nahe gelegenen Polizeidienststelle mitzuteilen, dass man am Unfall beteiligt gewesen ist, und die eigene Anschrift, den Aufenthalt sowie das Kennzeichen und den Standort des beteiligten Fahrzeugs anzugeben und dieses zu unverzüglichen Feststellungen für eine zumutbare Zeit zur Verfügung zu halten.

(2) Beteiligt an einem Verkehrsunfall ist jede Person, deren Verhalten nach den Umständen zum Unfall beigetragen haben kann.

(3) Unfallspuren dürfen nicht beseitigt werden, bevor die notwendigen Feststellungen getroffen worden sind.

§ 35[1] Sonderrechte. (1) Von den Vorschriften dieser Verordnung sind die Bundeswehr, die Bundespolizei, die Feuerwehr, der Katastrophenschutz, die Polizei und der Zolldienst befreit, soweit das zur Erfüllung hoheitlicher Aufgaben dringend geboten ist.

(1a) Absatz 1 gilt entsprechend für ausländische Beamte, die auf Grund völkerrechtlicher Vereinbarungen zur Nacheile oder Observation im Inland berechtigt sind.

(2) Dagegen bedürfen diese Organisationen auch unter den Voraussetzungen des Absatzes 1 der Erlaubnis,

1. wenn sie mehr als 30 Kraftfahrzeuge im geschlossenen Verband (§ 27) fahren lassen wollen,
2. im Übrigen bei jeder sonstigen übermäßigen Straßenbenutzung mit Ausnahme der nach § 29 Absatz 3 Satz 2.

(3) Die Bundeswehr ist über Absatz 2 hinaus auch zu übermäßiger Straßenbenutzung befugt, soweit Vereinbarungen getroffen sind.

(4) Die Beschränkungen der Sonderrechte durch die Absätze 2 und 3 gelten nicht bei Einsätzen anlässlich von Unglücksfällen, Katastrophen und Störungen der öffentlichen Sicherheit oder Ordnung sowie in den Fällen der Artikel 91

[1] § 35 Abs. 9 angef. mWv 19.10.2017 durch VO v. 6.10.2017 (BGBl. I S. 3549); Abs. 5 geänd. mWv 28.4.2020 durch VO v. 20.4.2020 (BGBl. I S. 814).

und 87a Absatz 4 des Grundgesetzes sowie im Verteidigungsfall und im Spannungsfall.

(5) Die Truppen der nichtdeutschen Vertragsstaaten des Nordatlantikpaktes sowie der Mitgliedstaaten der Europäischen Union ausgenommen Deutschland sind im Falle dringender militärischer Erfordernisse von den Vorschriften dieser Verordnung befreit, von den Vorschriften des § 29 allerdings nur, soweit für diese Truppen Sonderregelungen oder Vereinbarungen bestehen.

(5a) Fahrzeuge des Rettungsdienstes sind von den Vorschriften dieser Verordnung befreit, wenn höchste Eile geboten ist, um Menschenleben zu retten oder schwere gesundheitliche Schäden abzuwenden.

(6) [1] Fahrzeuge, die dem Bau, der Unterhaltung oder Reinigung der Straßen und Anlagen im Straßenraum oder der Müllabfuhr dienen und durch weiß-rot-weiße Warneinrichtungen gekennzeichnet sind, dürfen auf allen Straßen und Straßenteilen und auf jeder Straßenseite in jeder Richtung zu allen Zeiten fahren und halten, soweit ihr Einsatz dies erfordert, zur Reinigung der Gehwege jedoch nur, wenn die zulässige Gesamtmasse bis zu 2,8 t beträgt. [2] Dasselbe gilt auch für Fahrzeuge zur Reinigung der Gehwege, deren zulässige Gesamtmasse 3,5 t nicht übersteigt und deren Reifeninnendruck nicht mehr als 3 bar beträgt. [3] Dabei ist sicherzustellen, dass keine Beschädigung der Gehwege und der darunter liegenden Versorgungsleitungen erfolgen kann. [4] Personen, die hierbei eingesetzt sind oder Straßen oder in deren Raum befindliche Anlagen zu beaufsichtigen haben, müssen bei ihrer Arbeit außerhalb von Gehwegen und Absperrungen auffällige Warnkleidung tragen.

(7) Messfahrzeuge der Bundesnetzagentur für Elektrizität, Gas, Telekommunikation, Post und Eisenbahn (§ 1 des Gesetzes über die Bundesnetzagentur) dürfen auf allen Straßen und Straßenteilen zu allen Zeiten fahren und halten, soweit ihr hoheitlicher Einsatz dies erfordert.

(7a) [1] Fahrzeuge von Unternehmen, die Universaldienstleistungen nach § 11 des Postgesetzes in Verbindung mit § 1 Nummer 1 der Post-Universaldienstleistungsverordnung erbringen oder Fahrzeuge von Unternehmen, die in deren Auftrag diese Universaldienstleistungen erbringen (Subunternehmer), dürfen abweichend von Anlage 2 Nummer 21 (Zeichen 242.1) Fußgängerzonen auch außerhalb der durch Zusatzzeichen angeordneten Zeiten für Anlieger- und Anlieferverkehr benutzen, soweit dies zur zeitgerechten Leerung von Briefkästen oder zur Abholung von Briefen in stationären Einrichtungen erforderlich ist. [2] Ferner dürfen die in Satz 1 genannten Fahrzeuge abweichend von § 12 Absatz 4 Satz 1 und Anlage 2 Nummer 62 (Zeichen 283), Nummer 63 (Zeichen 286) und Nummer 64 (Zeichen 290.1) in einem Bereich von 10 m vor oder hinter einem Briefkasten auf der Fahrbahn auch in zweiter Reihe kurzfristig parken, soweit dies mangels geeigneter anderweitiger Parkmöglichkeiten in diesem Bereich zum Zwecke der Leerung von Briefkästen erforderlich ist. [3] Die Sätze 1 und 2 gelten nur, soweit ein Nachweis zum Erbringen der Universaldienstleistung oder zusätzlich ein Nachweis über die Beauftragung als Subunternehmer im Fahrzeug jederzeit gut sichtbar ausgelegt oder angebracht ist. [4] § 2 Absatz 3 in Verbindung mit Anhang 3 Nummer 7 der Verordnung zur Kennzeichnung der Kraftfahrzeuge mit geringem Beitrag zur Schadstoffbelastung vom 10. Oktober 2006 (BGBl. I S. 2218), die durch Artikel 1 der Verordnung vom 5. Dezember 2007 (BGBl. I S. 2793) geändert worden ist, ist für die in Satz 1 genannten Fahrzeuge nicht anzuwenden.

(8) Die Sonderrechte dürfen nur unter gebührender Berücksichtigung der öffentlichen Sicherheit und Ordnung ausgeübt werden.

(9) Wer ohne Beifahrer ein Einsatzfahrzeug der Behörden und Organisationen mit Sicherheitsaufgaben (BOS) führt und zur Nutzung des BOS-Funks berechtigt ist, darf unbeschadet der Absätze 1 und 5a abweichend von § 23 Absatz 1a ein Funkgerät oder das Handteil eines Funkgerätes aufnehmen und halten.

II. Zeichen und Verkehrseinrichtungen

§ 36 Zeichen und Weisungen der Polizeibeamten. (1) [1]Die Zeichen und Weisungen der Polizeibeamten sind zu befolgen. [2]Sie gehen allen anderen Anordnungen und sonstigen Regeln vor, entbinden den Verkehrsteilnehmer jedoch nicht von seiner Sorgfaltspflicht.

(2) An Kreuzungen ordnet an:

1. Seitliches Ausstrecken eines Armes oder beider Arme quer zur Fahrtrichtung: „Halt vor der Kreuzung".
   Der Querverkehr ist freigegeben.
   Wird dieses Zeichen gegeben, gilt es fort, solange in der gleichen Richtung gewinkt oder nur die Grundstellung beibehalten wird. Der freigegebene Verkehr kann nach den Regeln des § 9 abbiegen, nach links jedoch nur, wenn er Schienenfahrzeuge dadurch nicht behindert.
2. Hochheben eines Arms:
   „Vor der Kreuzung auf das nächste Zeichen warten",
   für Verkehrsteilnehmer in der Kreuzung: „Kreuzung räumen".

(3) Diese Zeichen können durch Weisungen ergänzt oder geändert werden.

(4) An anderen Straßenstellen, wie an Einmündungen und an Fußgängerüberwegen, haben die Zeichen entsprechende Bedeutung.

(5) [1]Polizeibeamte dürfen Verkehrsteilnehmer zur Verkehrskontrolle einschließlich der Kontrolle der Verkehrstüchtigkeit und zu Verkehrserhebungen anhalten. [2]Das Zeichen zum Anhalten kann auch durch geeignete technische Einrichtungen am Einsatzfahrzeug, eine Winkerkelle oder eine rote Leuchte gegeben werden. [3]Mit diesen Zeichen kann auch ein vorausfahrender Verkehrsteilnehmer angehalten werden. [4]Die Verkehrsteilnehmer haben die Anweisungen der Polizeibeamten zu befolgen.

§ 37[1)] Wechsellichtzeichen, Dauerlichtzeichen und Grünpfeil.

(1) [1]Lichtzeichen gehen Vorrangregeln und Vorrang regelnden Verkehrszeichen vor. [2]Wer ein Fahrzeug führt, darf bis zu 10 m vor einem Lichtzeichen nicht halten, wenn es dadurch verdeckt wird.

(2) [1]Wechsellichtzeichen haben die Farbfolge Grün – Gelb – Rot – Rot und Gelb (gleichzeitig) – Grün. [2]Rot ist oben, Gelb in der Mitte und Grün unten.

1. An Kreuzungen bedeuten:
   Grün: „Der Verkehr ist freigegeben".
   Er kann nach den Regeln des § 9 abbiegen, nach links jedoch nur, wenn er Schienenfahrzeuge dadurch nicht behindert.

---

1) § 37 Abs. 2 Nr. 1 Satz 9 eingef., bish. Satz 9 wird Satz 10, neuer Satz 11 eingef., bish. Sätze 10 bis 13 werden Sätze 12 bis 14 mWv 28.4.2020 durch VO v. 20.4.2020 (BGBl. I S. 814).

Grüner Pfeil: „Nur in Richtung des Pfeils ist der Verkehr freigegeben".
Ein grüner Pfeil links hinter der Kreuzung zeigt an, dass der Gegenverkehr durch Rotlicht angehalten ist und dass, wer links abbiegt, die Kreuzung in Richtung des grünen Pfeils ungehindert befahren und räumen kann.
Gelb ordnet an: „Vor der Kreuzung auf das nächste Zeichen warten".
Keines dieser Zeichen entbindet von der Sorgfaltspflicht.
Rot ordnet an: „Halt vor der Kreuzung".
Nach dem Anhalten ist das Abbiegen nach rechts auch bei Rot erlaubt, wenn rechts neben dem Lichtzeichen Rot ein Schild mit grünem Pfeil auf schwarzem Grund (Grünpfeil) angebracht ist.
Durch das Zeichen

wird der Grünpfeil auf den Radverkehr beschränkt. Wer ein Fahrzeug führt, darf nur aus dem rechten Fahrstreifen abbiegen. Soweit der Radverkehr die Lichtzeichen für den Fahrverkehr zu beachten hat, dürfen Rad Fahrende auch aus einem am rechten Fahrbahnrand befindlichen Radfahrstreifen oder aus straßenbegleitenden, nicht abgesetzten, baulich angelegten Radwegen abbiegen. Dabei muss man sich so verhalten, dass eine Behinderung oder Gefährdung anderer Verkehrsteilnehmer, insbesondere des Fußgänger- und Fahrzeugverkehrs der freigegebenen Verkehrsrichtung, ausgeschlossen ist.
Schwarzer Pfeil auf Rot ordnet das Halten, schwarzer Pfeil auf Gelb das Warten nur für die angegebene Richtung an.
Ein einfeldiger Signalgeber mit Grünpfeil zeigt an, dass bei Rot für die Geradeaus-Richtung nach rechts abgebogen werden darf.

2. An anderen Straßenstellen, wie an Einmündungen und an Markierungen für den Fußgängerverkehr, haben die Lichtzeichen entsprechende Bedeutung.
3. Lichtzeichenanlagen können auf die Farbfolge Gelb – Rot beschränkt sein.
4. Für jeden von mehreren markierten Fahrstreifen (Zeichen 295, 296 oder 340) kann ein eigenes Lichtzeichen gegeben werden. Für Schienenbahnen können besondere Zeichen, auch in abweichenden Phasen, gegeben werden; das gilt auch für Omnibusse des Linienverkehrs und nach dem Personenbeförderungsrecht mit dem Schulbus-Zeichen zu kennzeichnende Fahrzeuge des Schüler- und Behindertenverkehrs, wenn diese einen vom übrigen Verkehr freigehaltenen Verkehrsraum benutzen; dies gilt zudem für Krankenfahrzeuge, Fahrräder, Taxen und Busse im Gelegenheitsverkehr, soweit diese durch Zusatzzeichen dort ebenfalls zugelassen sind.
5. Gelten die Lichtzeichen nur für zu Fuß Gehende oder nur für Rad Fahrende, wird das durch das Sinnbild „Fußgänger" oder „Radverkehr" angezeigt. Für zu Fuß Gehende ist die Farbfolge Grün – Rot – Grün; für Rad Fahrende

kann sie so sein. Wechselt Grün auf Rot, während zu Fuß Gehende die Fahrbahn überschreiten, haben sie ihren Weg zügig fortzusetzen.

6. Wer ein Rad fährt, hat die Lichtzeichen für den Fahrverkehr zu beachten. Davon abweichend sind auf Radverkehrsführungen die besonderen Lichtzeichen für den Radverkehr zu beachten. An Lichtzeichenanlagen mit Radverkehrsführungen ohne besondere Lichtzeichen für Rad Fahrende müssen Rad Fahrende bis zum 31. Dezember 2016 weiterhin die Lichtzeichen für zu Fuß Gehende beachten, soweit eine Radfahrerfurt an eine Fußgängerfurt grenzt.

(3) [1] Dauerlichtzeichen über einem Fahrstreifen sperren ihn oder geben ihn zum Befahren frei.
[2] Rote gekreuzte Schrägbalken ordnen an:
„Der Fahrstreifen darf nicht benutzt werden".
[3] Ein grüner, nach unten gerichteter Pfeil bedeutet:
„Der Verkehr auf dem Fahrstreifen ist freigegeben".
[4] Ein gelb blinkender, schräg nach unten gerichteter Pfeil ordnet an:
„Fahrstreifen in Pfeilrichtung wechseln".

(4) Wo Lichtzeichen den Verkehr regeln, darf nebeneinander gefahren werden, auch wenn die Verkehrsdichte das nicht rechtfertigt.

(5) Wer ein Fahrzeug führt, darf auf Fahrstreifen mit Dauerlichtzeichen nicht halten.

§ 38 Blaues Blinklicht und gelbes Blinklicht. (1) [1] Blaues Blinklicht zusammen mit dem Einsatzhorn darf nur verwendet werden, wenn höchste Eile geboten ist, um Menschenleben zu retten oder schwere gesundheitliche Schäden abzuwenden, eine Gefahr für die öffentliche Sicherheit oder Ordnung abzuwenden, flüchtige Personen zu verfolgen oder bedeutende Sachwerte zu erhalten.
[2] Es ordnet an:
„Alle übrigen Verkehrsteilnehmer haben sofort freie Bahn zu schaffen".

(2) Blaues Blinklicht allein darf nur von den damit ausgerüsteten Fahrzeugen und nur zur Warnung an Unfall- oder sonstigen Einsatzstellen, bei Einsatzfahrten oder bei der Begleitung von Fahrzeugen oder von geschlossenen Verbänden verwendet werden.

(3) [1] Gelbes Blinklicht warnt vor Gefahren. [2] Es kann ortsfest oder von Fahrzeugen aus verwendet werden. [3] Die Verwendung von Fahrzeugen aus ist nur zulässig, um vor Arbeits- oder Unfallstellen, vor ungewöhnlich langsam fahrenden Fahrzeugen oder vor Fahrzeugen mit ungewöhnlicher Breite oder Länge oder mit ungewöhnlich breiter oder langer Ladung zu warnen.

§ 39[1)] Verkehrszeichen. (1) Angesichts der allen Verkehrsteilnehmern obliegenden Verpflichtung, die allgemeinen und besonderen Verhaltensvorschriften dieser Verordnung eigenverantwortlich zu beachten, werden örtliche Anordnungen durch Verkehrszeichen nur dort getroffen, wo dies auf Grund der besonderen Umstände zwingend geboten ist.

[1)] § 39 Abs. 9 Satz 2 geänd. mWv 30.10.2014 durch VO v. 22.10.2014 (BGBl. I S. 1635); Abs. 10 angef. mWv 26.9.2015 durch VO v. 15.9.2015 (BGBl. I S. 1573); Abs. 7 geänd. mWv 14.12.2016 durch VO v. 30.11.2016 (BGBl. I S. 2848); Abs. 1b sowie Abs. 10 Satz 2 eingef., bish. Satz 2 wird Satz 3, Abs. 7 geänd., Abs. 11 angef. mWv 28.4.2020 durch VO v. 20.4.2020 (BGBl. I S. 814).

(1a) Innerhalb geschlossener Ortschaften ist abseits der Vorfahrtstraßen (Zeichen 306) mit der Anordnung von Tempo 30-Zonen (Zeichen 274.1) zu rechnen.

(1b) Innerhalb geschlossener Ortschaften ist abseits der Vorfahrtstraßen (Zeichen 306) mit der Anordnung von Fahrradzonen (Zeichen 244.3) zu rechnen.

(2) [1] Regelungen durch Verkehrszeichen gehen den allgemeinen Verkehrsregeln vor. [2] Verkehrszeichen sind Gefahrzeichen, Vorschriftzeichen und Richtzeichen. [3] Als Schilder stehen sie regelmäßig rechts. [4] Gelten sie nur für einzelne markierte Fahrstreifen, sind sie in der Regel über diesen angebracht.

(3) [1] Auch Zusatzzeichen sind Verkehrszeichen. [2] Zusatzzeichen zeigen auf weißem Grund mit schwarzem Rand schwarze Sinnbilder, Zeichnungen oder Aufschriften, soweit nichts anderes bestimmt ist. [3] Sie sind unmittelbar, in der Regel unter dem Verkehrszeichen, auf das sie sich beziehen, angebracht.

(4) [1] Verkehrszeichen können auf einer weißen Trägertafel aufgebracht sein. [2] Abweichend von den abgebildeten Verkehrszeichen können in Wechselverkehrszeichen die weißen Flächen schwarz und die schwarzen Sinnbilder und der schwarze Rand weiß sein, wenn diese Zeichen nur durch Leuchten erzeugt werden.

(5) [1] Auch Markierungen und Radverkehrsführungsmarkierungen sind Verkehrszeichen. [2] Sie sind grundsätzlich weiß. [3] Nur als vorübergehend gültige Markierungen sind sie gelb; dann heben sie die weißen Markierungen auf. [4] Gelbe Markierungen können auch in Form von Markierungsknopfreihen, Markierungsleuchtknopfreihen oder als Leitschwellen oder Leitborde ausgeführt sein. [5] Leuchtknopfreihen gelten nur, wenn sie eingeschaltet sind. [6] Alle Linien können durch gleichmäßig dichte Markierungsknopfreihen ersetzt werden. [7] In verkehrsberuhigten Geschäftsbereichen (§ 45 Absatz 1d) können Fahrbahnbegrenzungen auch mit anderen Mitteln, insbesondere durch Pflasterlinien, ausgeführt sein. [8] Schriftzeichen und die Wiedergabe von Verkehrszeichen auf der Fahrbahn dienen dem Hinweis auf ein angebrachtes Verkehrszeichen.

(6) [1] Verkehrszeichen können an einem Fahrzeug angebracht sein. [2] Sie gelten auch während das Fahrzeug sich bewegt. [3] Sie gehen den Anordnungen der ortsfest angebrachten Verkehrszeichen vor.

(7) Werden Sinnbilder auf anderen Verkehrszeichen als den in den Anlagen 1 bis 3 zu den §§ 40 bis 42 dargestellten gezeigt, so bedeuten die Sinnbilder:

Kraftwagen und sonstige mehrspurige Kraftfahrzeuge

Kraftfahrzeuge mit einer zulässigen Gesamtmasse über 3,5 t, einschließlich ihrer Anhänger, und Zugmaschinen, ausgenommen Personenkraftwagen und Kraftomnibusse

Radverkehr

Fahrrad zum Transport von Gütern oder Personen – Lastenfahrrad

Fußgänger

Reiter

Viehtrieb

Straßenbahn

Kraftomnibus

Personenkraftwagen

Personenkraftwagen oder Krafträder mit Beiwagen, die mit mindestens drei Personen besetzt sind – mehrfachbesetzte Personenkraftwagen

Personenkraftwagen mit Anhänger

Lastkraftwagen mit Anhänger

Wohnmobil

Kraftfahrzeuge und Züge, die nicht schneller als 25 km/h fahren können oder dürfen

Krafträder, auch mit Beiwagen, Kleinkrafträder und Mofas

Mofas

Einsitzige zweirädrige Kleinkrafträder mit elektrischem Antrieb, der sich auf eine bauartbe-

dingte Geschwindigkeit von nicht mehr als 25 km/h selbsttätig abregelt
– E-Bikes –

Elektrokleinstfahrzeug im Sinne der Elektrokleinstfahrzeuge-Verordnung (eKFV[1])

Gespannfuhrwerke

(8) Bei besonderen Gefahrenlagen können als Gefahrzeichen nach Anlage 1 auch die Sinnbilder „Viehtrieb" und „Reiter" und Sinnbilder mit folgender Bedeutung angeordnet sein:

Schnee- oder Eisglätte

Steinschlag

Splitt, Schotter

Bewegliche Brücke

Ufer

Fußgängerüberweg

Amphibienwanderung

Unzureichendes Lichtraumprofil

Flugbetrieb

(9) [1]Die in den Anlagen 1 bis 4 abgebildeten Verkehrszeichen und Verkehrseinrichtungen können auch mit den im Verkehrszeichenkatalog dargestellten Varianten angeordnet sein. [2]Der Verkehrszeichenkatalog wird vom Bundesministerium für Verkehr und digitale Infrastruktur im Verkehrsblatt veröffentlicht.

---

[1] Nr. **225**.

(10)[1] [1]Zur Bevorrechtigung elektrisch betriebener Fahrzeuge kann das Sinnbild

als Inhalt eines Zusatzzeichens angeordnet sein. [2]Zur Unterstützung einer Parkflächenvorhaltung für elektrisch betriebene Fahrzeuge kann das Sinnbild zusätzlich auf der Parkfläche aufgebracht sein. [3]Elektrisch betriebene Fahrzeuge sind die nach § 9a Absatz 2 und 4, jeweils auch in Verbindung mit Absatz 5, der Fahrzeug-Zulassungsverordnung[2] gekennzeichneten Fahrzeuge.

(11) [1]Zur Parkbevorrechtigung von Carsharingfahrzeugen kann das Sinnbild

Carsharing

als Inhalt eines Zusatzzeichens zu Zeichen 314 oder 315 angeordnet sein. [2]Carsharingfahrzeuge sind Fahrzeuge im Sinne des § 2 Nummer 1 und des § 4 Absatz 1 und 2 des Carsharinggesetzes[3], in denen die Plakette

deutlich sichtbar auf der Innenseite der Windschutzscheibe anzubringen ist.

---

[1] Siehe hierzu die Übergangsbestimmungen in § 52.
[2] Nr. **250**.
[3] Nr. **45**.

§ 40 Gefahrzeichen. (1) Gefahrzeichen mahnen zu erhöhter Aufmerksamkeit, insbesondere zur Verringerung der Geschwindigkeit im Hinblick auf eine Gefahrsituation (§ 3 Absatz 1).

(2) [1] Außerhalb geschlossener Ortschaften stehen sie im Allgemeinen 150 bis 250 m vor den Gefahrstellen. [2] Ist die Entfernung erheblich geringer, kann sie auf einem Zusatzzeichen angegeben sein, wie

(3) Innerhalb geschlossener Ortschaften stehen sie im Allgemeinen kurz vor der Gefahrstelle.

(4) Ein Zusatzzeichen wie

kann die Länge der Gefahrstrecke angeben.

(5) Steht ein Gefahrzeichen vor einer Einmündung, weist auf einem Zusatzzeichen ein schwarzer Pfeil in die Richtung der Gefahrstelle, falls diese in der anderen Straße liegt.

(6) Allgemeine Gefahrzeichen ergeben sich aus der Anlage 1 Abschnitt 1.

(7) Besondere Gefahrzeichen vor Übergängen von Schienenbahnen mit Vorrang ergeben sich aus der Anlage 1 Abschnitt 2.

§ 41 Vorschriftzeichen. (1) Wer am Verkehr teilnimmt, hat die durch Vorschriftzeichen nach Anlage 2 angeordneten Ge- oder Verbote zu befolgen.

(2) [1] Vorschriftzeichen stehen vorbehaltlich des Satzes 2 dort, wo oder von wo an die Anordnung zu befolgen ist. [2] Soweit die Zeichen aus Gründen der Leichtigkeit oder der Sicherheit des Verkehrs in einer bestimmten Entfernung zum Beginn der Befolgungspflicht stehen, ist die Entfernung zu dem maßgeblichen Ort auf einem Zusatzzeichen angegeben. [3] Andere Zusatzzeichen enthalten nur allgemeine Beschränkungen der Gebote oder Verbote oder allgemeine Ausnahmen von ihnen. [4] Die besonderen Zusatzzeichen zu den Zeichen 283, 286, 277, 290.1 und 290.2 können etwas anderes bestimmen, zum Beispiel den Geltungsbereich erweitern.

§ 42 Richtzeichen. (1) [1] Richtzeichen geben besondere Hinweise zur Erleichterung des Verkehrs. [2] Sie können auch Ge- oder Verbote enthalten.

(2) Wer am Verkehr teilnimmt, hat die durch Richtzeichen nach Anlage 3 angeordneten Ge- oder Verbote zu befolgen.

(3) [1] Richtzeichen stehen vorbehaltlich des Satzes 2 dort, wo oder von wo an die Anordnung zu befolgen ist. [2] Soweit die Zeichen aus Gründen der

Leichtigkeit oder der Sicherheit des Verkehrs in einer bestimmten Entfernung zum Beginn der Befolgungspflicht stehen, ist die Entfernung zu dem maßgeblichen Ort auf einem Zusatzzeichen angegeben.

§ 43 Verkehrseinrichtungen. (1) [1] Verkehrseinrichtungen sind Schranken, Sperrpfosten, Absperrgeräte sowie Leiteinrichtungen, die bis auf Leitpfosten, Leitschwellen und Leitborde rot-weiß gestreift sind. [2] Leitschwellen und Leitborde haben die Funktion einer vorübergehend gültigen Markierung und sind gelb. [3] Verkehrseinrichtungen sind außerdem Absperrgeländer, Parkuhren, Parkscheinautomaten, Blinklicht- und Lichtzeichenanlagen sowie Verkehrsbeeinflussungsanlagen. [4] § 39 Absatz 1 gilt entsprechend.

(2) Regelungen durch Verkehrseinrichtungen gehen den allgemeinen Verkehrsregeln vor.

(3) [1] Verkehrseinrichtungen nach Absatz 1 Satz 1 ergeben sich aus Anlage 4. [2] Die durch Verkehrseinrichtungen (Anlage 4 Nummer 1 bis 7) gekennzeichneten Straßenflächen darf der Verkehrsteilnehmer nicht befahren.

(4) Zur Kennzeichnung nach § 17 Absatz 4 Satz 2 und 3 von Fahrzeugen und Anhängern, die innerhalb geschlossener Ortschaften auf der Fahrbahn halten, können amtlich geprüfte Park-Warntafeln verwendet werden.

III. Durchführungs-, Bußgeld- und Schlussvorschriften

§ 44[1] Sachliche Zuständigkeit. (1) [1] Zuständig zur Ausführung dieser Verordnung sind, soweit nichts anderes bestimmt ist, die Straßenverkehrsbehörden. [2] Nach Maßgabe des Landesrechts kann die Zuständigkeit der obersten Landesbehörden und der höheren Verwaltungsbehörden im Einzelfall oder allgemein auf eine andere Stelle übertragen werden.

(2) [1] Die Polizei ist befugt, den Verkehr durch Zeichen und Weisungen (§ 36) und durch Bedienung von Lichtzeichenanlagen zu regeln. [2] Bei Gefahr im Verzug kann zur Aufrechterhaltung der Sicherheit oder Ordnung des Straßenverkehrs die Polizei an Stelle der an sich zuständigen Behörden tätig werden und vorläufige Maßnahmen treffen; sie bestimmt dann die Mittel zur Sicherung und Lenkung des Verkehrs.

(3) [1] Die Erlaubnis nach § 29 Absatz 2 und nach § 30 Absatz 2 erteilt die Straßenverkehrsbehörde, dagegen die höhere Verwaltungsbehörde, wenn die Veranstaltung über den Bezirk einer Straßenverkehrsbehörde hinausgeht, und die oberste Landesbehörde, wenn die Veranstaltung sich über den Verwaltungsbezirk einer höheren Verwaltungsbehörde hinaus erstreckt. [2] Berührt die Veranstaltung mehrere Länder, ist diejenige oberste Landesbehörde zuständig, in deren Land die Veranstaltung beginnt. [3] Nach Maßgabe des Landesrechts kann die Zuständigkeit der obersten Landesbehörden und der höheren Verwaltungsbehörden im Einzelfall oder allgemein auf eine andere Stelle übertragen werden.

(3a) [1] Die Erlaubnis nach § 29 Absatz 3 erteilt die Straßenverkehrsbehörde, dagegen die höhere Verwaltungsbehörde, welche Abweichungen von den Abmessungen, den Achslasten, den zulässigen Gesamtmassen und dem Sichtfeld des Fahrzeugs über eine Ausnahme zulässt, sofern kein Anhörverfahren stattfindet; sie ist dann auch zuständig für Ausnahmen nach § 46 Absatz 1 Num-

---

[1] § 44 Abs. 4 und 5 geänd. mWv 28.4.2020 durch VO v. 20.4.2020 (BGBl. I S. 814).

mer 2 und 5 im Rahmen einer solchen Erlaubnis. [2] Dasselbe gilt, wenn eine andere Behörde diese Aufgaben der höheren Verwaltungsbehörde wahrnimmt.

(4) Vereinbarungen über die Benutzung von Straßen durch den Militärverkehr werden von der Bundeswehr oder den Truppen der nichtdeutschen Vertragsstaaten des Nordatlantikpaktes oder der Mitgliedstaaten der Europäischen Union ausgenommen Deutschland mit der obersten Landesbehörde oder der von ihr bestimmten Stelle abgeschlossen.

(5) Soweit keine Vereinbarungen oder keine Sonderregelungen für ausländische Streitkräfte bestehen, erteilen die höheren Verwaltungsbehörden oder die nach Landesrecht bestimmten Stellen die Erlaubnis für übermäßige Benutzung der Straße durch die Bundeswehr oder durch die Truppen der nichtdeutschen Vertragsstaaten des Nordatlantikpaktes oder der Mitgliedstaaten der Europäischen Union ausgenommen Deutschland; sie erteilen auch die Erlaubnis für die übermäßige Benutzung der Straße durch die Bundespolizei, die Polizei und den Katastrophenschutz.

§ 44a[1)] **Besondere sachliche Zuständigkeit des Fernstraßen-Bundesamtes.** (1) [1] Zuständig für den Erlass von verkehrsrechtlichen Anordnungen nach dieser Verordnung für die mit Zeichen 330.1 und 330.2 gekennzeichneten Autobahnen in der Baulast des Bundes ist das Fernstraßen-Bundesamt. [2] Die Zuständigkeit der Polizei bleibt unberührt. [3] Abweichend von § 44 Absatz 3 erteilt das Fernstraßen-Bundesamt die Erlaubnis nach § 29 Absatz 2, wenn die Veranstaltung ausschließlich auf den mit Zeichen 330.1 und 330.2 gekennzeichneten Autobahnen in der Baulast des Bundes stattfindet. [4] § 46 Absatz 2a bleibt unberührt. [5] Das Fernstraßen-Bundesamt ist Straßenverkehrsbehörde ausschließlich im Rahmen seiner Zuständigkeit nach dieser Verordnung.

(2) Soweit mit den Zeichen 330.1 und 330.2 gekennzeichnete Autobahnen in der Baulast des Bundes betroffen sind, werden abweichend von § 44 Absatz 4 die dort genannten Vereinbarungen mit dem Fernstraßen-Bundesamt abgeschlossen.

(3) [1] Das Fernstraßen-Bundesamt kann nach § 4 Absatz 2 des Fernstraßen-Bundesamt-Errichtungsgesetzes seine Aufgaben der aufgrund des Infrastrukturgesellschaftserrichtungsgesetzes beliehenen Gesellschaft privaten Rechts ganz oder teilweise übertragen. [2] Soweit das Fernstraßen-Bundesamt von dieser Möglichkeit Gebrauch macht, gelten die Regelungen dieser Verordnung in Bezug auf das Fernstraßen-Bundesamt für die aufgrund des Infrastrukturgesellschaftserrichtungsgesetzes beliehene Gesellschaft privaten Rechts in dem Umfang der erfolgten Aufgabenübertragung. [3] Die Aufgabenübertragung ist im Bundesanzeiger bekannt zu geben.

§ 45[2)] **Verkehrszeichen und Verkehrseinrichtungen.** (1) [1] Die Straßenverkehrsbehörden können die Benutzung bestimmter Straßen oder Straßenstre-

---

[1)] § 44a eingef. mWv 24.12.2020 durch VO v. 18.12.2020 (BGBl. I S. 3047).

[2)] § 45 Abs. 1g eingef. mWv 26.9.2015 durch VO v. 15.9.2015 (BGBl. I S. 1573); Abs. 9 neu gef., Abs. 10 angef. mWv 14.12.2016 durch VO v. 30.11.2016 (BGBl. I S. 2848); Abs. 2 Satz 3 eingef., bish. Satz 3 wird Satz 4 mWv 23.12.2016 durch VO v. 16.12.2016 (BGBl. I S. 2938); Abs. 1h und 1i eingef., Abs. 9 Satz 4 Nr. 6 und Abs. 10 geänd., Abs. 9 Nr. 7 und 8 angef. mWv 28.4.2020 durch VO v. 20.4.2020 (BGBl. I S. 814); Abs. 11 angef. mWv 24.12.2020 durch VO v. 18.12.2020 (BGBl. I S. 3047).

cken aus Gründen der Sicherheit oder Ordnung des Verkehrs beschränken oder verbieten und den Verkehr umleiten. [2]Das gleiche Recht haben sie

1. zur Durchführung von Arbeiten im Straßenraum,
2. zur Verhütung außerordentlicher Schäden an der Straße,
3. zum Schutz der Wohnbevölkerung vor Lärm und Abgasen,
4. zum Schutz der Gewässer und Heilquellen,
5. hinsichtlich der zur Erhaltung der öffentlichen Sicherheit erforderlichen Maßnahmen sowie
6. zur Erforschung des Unfallgeschehens, des Verkehrsverhaltens, der Verkehrsabläufe sowie zur Erprobung geplanter verkehrssichernder oder verkehrsregelnder Maßnahmen.

(1a) Das gleiche Recht haben sie ferner

1. in Bade- und heilklimatischen Kurorten,
2. in Luftkurorten,
3. in Erholungsorten von besonderer Bedeutung,
4. in Landschaftsgebieten und Ortsteilen, die überwiegend der Erholung dienen,

4a. hinsichtlich örtlich begrenzter Maßnahmen aus Gründen des Arten- oder Biotopschutzes,

4b. hinsichtlich örtlich und zeitlich begrenzter Maßnahmen zum Schutz kultureller Veranstaltungen, die außerhalb des Straßenraums stattfinden und durch den Straßenverkehr, insbesondere durch den von diesem ausgehenden Lärm, erheblich beeinträchtigt werden,

5. in der Nähe von Krankenhäusern und Pflegeanstalten sowie
6. in unmittelbarer Nähe von Erholungsstätten außerhalb geschlossener Ortschaften,

wenn dadurch anders nicht vermeidbare Belästigungen durch den Fahrzeugverkehr verhütet werden können.

(1b) [1]Die Straßenverkehrsbehörden treffen auch die notwendigen Anordnungen

1. im Zusammenhang mit der Einrichtung von gebührenpflichtigen Parkplätzen für Großveranstaltungen,
2. im Zusammenhang mit der Kennzeichnung von Parkmöglichkeiten für schwerbehinderte Menschen mit außergewöhnlicher Gehbehinderung, beidseitiger Amelie oder Phokomelie oder mit vergleichbaren Funktionseinschränkungen sowie für blinde Menschen,

2a. im Zusammenhang mit der Kennzeichnung von Parkmöglichkeiten für Bewohner städtischer Quartiere mit erheblichem Parkraummangel durch vollständige oder zeitlich beschränkte Reservierung des Parkraums für die Berechtigten oder durch Anordnung der Freistellung von angeordneten Parkraumbewirtschaftungsmaßnahmen,

3. zur Kennzeichnung von Fußgängerbereichen und verkehrsberuhigten Bereichen,
4. zur Erhaltung der Sicherheit oder Ordnung in diesen Bereichen sowie
5. zum Schutz der Bevölkerung vor Lärm und Abgasen oder zur Unterstützung einer geordneten städtebaulichen Entwicklung.

[2]Die Straßenverkehrsbehörden ordnen die Parkmöglichkeiten für Bewohner, die Kennzeichnung von Fußgängerbereichen, verkehrsberuhigten Bereichen und Maßnahmen zum Schutze der Bevölkerung vor Lärm und Abgasen oder zur Unterstützung einer geordneten städtebaulichen Entwicklung im Einvernehmen mit der Gemeinde an.

(1c) [1]Die Straßenverkehrsbehörden ordnen ferner innerhalb geschlossener Ortschaften, insbesondere in Wohngebieten und Gebieten mit hoher Fußgänger- und Fahrradverkehrsdichte sowie hohem Querungsbedarf, Tempo 30-Zonen im Einvernehmen mit der Gemeinde an. [2]Die Zonen-Anordnung darf sich weder auf Straßen des überörtlichen Verkehrs (Bundes-, Landes- und Kreisstraßen) noch auf weitere Vorfahrtstraßen (Zeichen 306) erstrecken. [3]Sie darf nur Straßen ohne Lichtzeichen geregelte Kreuzungen oder Einmündungen, Fahrstreifenbegrenzungen (Zeichen 295), Leitlinien (Zeichen 340) und benutzungspflichtige Radwege (Zeichen 237, 240, 241 oder Zeichen 295 in Verbindung mit Zeichen 237) umfassen. [4]An Kreuzungen und Einmündungen innerhalb der Zone muss grundsätzlich die Vorfahrtregel nach § 8 Absatz 1 Satz 1 („rechts vor links") gelten. [5]Abweichend von Satz 3 bleiben vor dem 1. November 2000 angeordnete Tempo 30-Zonen mit Lichtzeichenanlagen zum Schutz der Fußgänger zulässig.

(1d) In zentralen städtischen Bereichen mit hohem Fußgängeraufkommen und überwiegender Aufenthaltsfunktion (verkehrsberuhigte Geschäftsbereiche) können auch Zonen-Geschwindigkeitsbeschränkungen von weniger als 30 km/h angeordnet werden.

(1e) [1]Die Straßenverkehrsbehörden ordnen die für den Betrieb von mautgebührenpflichtigen Strecken erforderlichen Verkehrszeichen und Verkehrseinrichtungen auf der Grundlage des vom Konzessionsnehmer vorgelegten Verkehrszeichenplans an. [2]Die erforderlichen Anordnungen sind spätestens drei Monate nach Eingang des Verkehrszeichenplans zu treffen.

(1f) Zur Kennzeichnung der in einem Luftreinhalteplan oder einem Plan für kurzfristig zu ergreifende Maßnahmen nach § 47 Absatz 1 oder 2 des Bundes-Immissionsschutzgesetzes festgesetzten Umweltzonen ordnet die Straßenverkehrsbehörde die dafür erforderlichen Verkehrsverbote mittels der Zeichen 270.1 und 270.2 in Verbindung mit dem dazu vorgesehenen Zusatzzeichen an.

(1g)[1)] Zur Bevorrechtigung elektrisch betriebener Fahrzeuge ordnet die Straßenverkehrsbehörde unter Beachtung der Anforderungen des § 3 Absatz 1 des Elektromobilitätsgesetzes[2)] die dafür erforderlichen Zeichen 314, 314.1 und 315 in Verbindung mit dem dazu vorgesehenen Zusatzzeichen an.

(1h) [1]Zur Parkbevorrechtigung von Carsharingfahrzeugen ordnet die Straßenverkehrsbehörde unter Beachtung der Anforderungen der §§ 2 und 3 des Carsharinggesetzes[3)] die dafür erforderlichen Zeichen 314, 314.1 und 315 in Verbindung mit dem dazu vorgesehenen Zusatzzeichen mit dem Carsharingsinnbild nach § 39 Absatz 11 an. [2]Soll die Parkfläche nur für ein bestimmtes Carsharingunternehmen vorgehalten werden, ist auf einem weiteren Zusatzzeichen unterhalb dieses Zusatzzeichens die Firmenbezeichnung des Carsharingunternehmens namentlich in schwarzer Schrift auf weißem Grund anzuordnen.

[1)] Siehe hierzu die Übergangsbestimmungen in § 52.
[2)] Nr. **40**.
[3)] Nr. **45**.

(1i) [1]Die Straßenverkehrsbehörden ordnen ferner innerhalb geschlossener Ortschaften, insbesondere in Gebieten mit hoher Fahrradverkehrsdichte, Fahrradzonen im Einvernehmen mit der Gemeinde an. [2]Die Zonen-Anordnung darf sich weder auf Straßen des überörtlichen Verkehrs (Bundes-, Landes- und Kreisstraßen) noch auf weitere Vorfahrtstraßen (Zeichen 306) erstrecken. [3]Sie darf nur Straßen ohne Lichtzeichen geregelte Kreuzungen oder Einmündungen, Fahrstreifenbegrenzungen (Zeichen 295), Leitlinien (Zeichen 340) und benutzungspflichtige Radwege (Zeichen 237, 240, 241 oder Zeichen 295 in Verbindung mit Zeichen 237) umfassen. [4]An Kreuzungen und Einmündungen innerhalb der Zone muss grundsätzlich die Vorfahrtregel nach § 8 Absatz 1 Satz 1 („rechts vor links") gelten. [5]Die Anordnung einer Fahrradzone darf sich nicht mit der Anordnung einer Tempo 30-Zone überschneiden. [6]Innerhalb der Fahrradzone ist in regelmäßigen Abständen das Zeichen 244.3 als Sinnbild auf der Fahrbahn aufzubringen.

(2) [1]Zur Durchführung von Straßenbauarbeiten und zur Verhütung von außerordentlichen Schäden an der Straße, die durch deren baulichen Zustand bedingt sind, können die nach Landesrecht für den Straßenbau bestimmten Behörden (Straßenbaubehörde) – vorbehaltlich anderer Maßnahmen der Straßenverkehrsbehörden – Verkehrsverbote und -beschränkungen anordnen, den Verkehr umleiten und ihn durch Markierungen und Leiteinrichtungen lenken. [2]Für Bahnübergänge von Eisenbahnen des öffentlichen Verkehrs können nur die Bahnunternehmen durch Blinklicht- oder Lichtzeichenanlagen, durch rotweiß gestreifte Schranken oder durch Aufstellung des Andreaskreuzes ein bestimmtes Verhalten der Verkehrsteilnehmer vorschreiben. [3]Für Bahnübergänge von Straßenbahnen auf unabhängigem Bahnkörper gilt Satz 2 mit der Maßgabe entsprechend, dass die Befugnis zur Anordnung der Maßnahmen der nach personenbeförderungsrechtlichen Vorschriften zuständigen Technischen Aufsichtsbehörde des Straßenbahnunternehmens obliegt. [4]Alle Gebote und Verbote sind durch Zeichen und Verkehrseinrichtungen nach dieser Verordnung anzuordnen.

(3) [1]Im Übrigen bestimmen die Straßenverkehrsbehörden, wo und welche Verkehrszeichen und Verkehrseinrichtungen anzubringen und zu entfernen sind, bei Straßennamensschildern nur darüber, wo diese so anzubringen sind, wie Zeichen 437 zeigt. [2]Die Straßenbaubehörden legen – vorbehaltlich anderer Anordnungen der Straßenverkehrsbehörden – die Art der Anbringung und der Ausgestaltung, wie Übergröße, Beleuchtung fest; ob Leitpfosten anzubringen sind, bestimmen sie allein. [3]Sie können auch – vorbehaltlich anderer Maßnahmen der Straßenverkehrsbehörden – Gefahrzeichen anbringen, wenn die Sicherheit des Verkehrs durch den Zustand der Straße gefährdet wird.

(4) Die genannten Behörden dürfen den Verkehr nur durch Verkehrszeichen und Verkehrseinrichtungen regeln und lenken; in dem Fall des Absatzes 1 Satz 2 Nummer 5 jedoch auch durch Anordnungen, die durch Rundfunk, Fernsehen, Tageszeitungen oder auf andere Weise bekannt gegeben werden, sofern die Aufstellung von Verkehrszeichen und -einrichtungen nach den gegebenen Umständen nicht möglich ist.

(5) [1]Zur Beschaffung, Anbringung, Unterhaltung und Entfernung der Verkehrszeichen und Verkehrseinrichtungen und zu deren Betrieb einschließlich ihrer Beleuchtung ist der Baulastträger verpflichtet, sonst der Eigentümer der Straße. [2]Das gilt auch für die von der Straßenverkehrsbehörde angeordnete Beleuchtung von Fußgängerüberwegen.

(6) [1] Vor dem Beginn von Arbeiten, die sich auf den Straßenverkehr auswirken, müssen die Unternehmer – die Bauunternehmer unter Vorlage eines Verkehrszeichenplans – von der zuständigen Behörde Anordnungen nach den Absätzen 1 bis 3 darüber einholen, wie ihre Arbeitsstellen abzusperren und zu kennzeichnen sind, ob und wie der Verkehr, auch bei teilweiser Straßensperrung, zu beschränken, zu leiten und zu regeln ist, ferner ob und wie sie gesperrte Straßen und Umleitungen zu kennzeichnen haben. [2] Sie haben diese Anordnungen zu befolgen und Lichtzeichenanlagen zu bedienen.

(7) [1] Sind Straßen als Vorfahrtstraßen oder als Verkehrsumleitungen gekennzeichnet, bedürfen Baumaßnahmen, durch welche die Fahrbahn eingeengt wird, der Zustimmung der Straßenverkehrsbehörde; ausgenommen sind die laufende Straßenunterhaltung sowie Notmaßnahmen. [2] Die Zustimmung gilt als erteilt, wenn sich die Behörde nicht innerhalb einer Woche nach Eingang des Antrags zu der Maßnahme geäußert hat.

(7a) Die Besatzung von Fahrzeugen, die im Pannenhilfsdienst, bei Bergungsarbeiten und bei der Vorbereitung von Abschleppmaßnahmen eingesetzt wird, darf bei Gefahr im Verzug zur Eigensicherung, zur Absicherung des havarierten Fahrzeugs und zur Sicherung des übrigen Verkehrs an der Pannenstelle Leitkegel (Zeichen 610) aufstellen.

(8) [1] Die Straßenverkehrsbehörden können innerhalb geschlossener Ortschaften die zulässige Höchstgeschwindigkeit auf bestimmten Straßen durch Zeichen 274 erhöhen. [2] Außerhalb geschlossener Ortschaften können sie mit Zustimmung der zuständigen obersten Landesbehörden die nach § 3 Absatz 3 Nummer 2 Buchstabe c zulässige Höchstgeschwindigkeit durch Zeichen 274 auf 120 km/h anheben.

(9) [1] Verkehrszeichen und Verkehrseinrichtungen sind nur dort anzuordnen, wo dies auf Grund der besonderen Umstände zwingend erforderlich ist. [2] Dabei dürfen Gefahrzeichen nur dort angeordnet werden, wo es für die Sicherheit des Verkehrs erforderlich ist, weil auch ein aufmerksamer Verkehrsteilnehmer die Gefahr nicht oder nicht rechtzeitig erkennen kann und auch nicht mit ihr rechnen muss. [3] Insbesondere Beschränkungen und Verbote des fließenden Verkehrs dürfen nur angeordnet werden, wenn auf Grund der besonderen örtlichen Verhältnisse eine Gefahrenlage besteht, die das allgemeine Risiko einer Beeinträchtigung der in den vorstehenden Absätzen genannten Rechtsgüter erheblich übersteigt. [4] Satz 3 gilt nicht für die Anordnung von

1. Schutzstreifen für den Radverkehr (Zeichen 340),
2. Fahrradstraßen (Zeichen 244.1),
3. Sonderwegen außerhalb geschlossener Ortschaften (Zeichen 237, Zeichen 240, Zeichen 241) oder Radfahrstreifen innerhalb geschlossener Ortschaften (Zeichen 237 in Verbindung mit Zeichen 295),
4. Tempo 30-Zonen nach Absatz 1c,
5. verkehrsberuhigten Geschäftsbereichen nach Absatz 1d,
6. innerörtlichen streckenbezogenen Geschwindigkeitsbeschränkungen von 30 km/h (Zeichen 274) nach Absatz 1 Satz 1 auf Straßen des überörtlichen Verkehrs (Bundes-, Landes- und Kreisstraßen) oder auf weiteren Vorfahrtsstraßen (Zeichen 306) im unmittelbaren Bereich von an diesen Straßen gelegenen Kindergärten, Kindertagesstätten, allgemeinbildenden Schulen, Förderschulen, Alten- und Pflegeheimen oder Krankenhäusern,
7. Erprobungsmaßnahmen nach Absatz 1 Satz 2 Nummer 6 zweiter Halbsatz,

8. Fahrradzonen nach Absatz 1i.

[5] Satz 3 gilt ferner nicht für Beschränkungen oder Verbote des fließenden Verkehrs nach Absatz 1 Satz 1 oder 2 Nummer 3 zur Beseitigung oder Abmilderung von erheblichen Auswirkungen veränderter Verkehrsverhältnisse, die durch die Erhebung der Maut nach dem Bundesfernstraßenmautgesetz[1)] hervorgerufen worden sind. [6] Satz 3 gilt zudem nicht zur Kennzeichnung der in einem Luftreinhalteplan oder einem Plan für kurzfristig zu ergreifende Maßnahmen nach § 47 Absatz 1 oder 2 des Bundes-Immissionsschutzgesetzes festgesetzten Umweltzonen nach Absatz 1f.

(10) Absatz 9 gilt nicht, soweit Verkehrszeichen angeordnet werden, die zur Förderung der Elektromobilität nach dem Elektromobilitätsgesetz oder zur Förderung des Carsharing nach dem Carsharinggesetz getroffen werden dürfen.

(11) [1] Absatz 1 Satz 1 und 2 Nummer 1 bis 3, 5 und 6, Absatz 1a, 1f, 2 Satz 1 und 4, Absatz 3, 4, 5 Satz 2 in Verbindung mit Satz 1, Absatz 7 sowie Absatz 9 Satz 1 bis 3, 4 Nummer 7 und Satz 6 gelten entsprechend für mit den Zeichen 330.1 und 330.2 gekennzeichnete Autobahnen in der Baulast des Bundes für das Fernstraßen-Bundesamt. [2] Absatz 2 Satz 1 und 4 sowie Absatz 3, 4 und 7 gelten entsprechend für Bundesstraßen in Bundesverwaltung für das Fernstraßen-Bundesamt.

§ 46[2)] Ausnahmegenehmigung und Erlaubnis. (1) [1] Die Straßenverkehrsbehörden können in bestimmten Einzelfällen oder allgemein für bestimmte Antragsteller Ausnahmen genehmigen

1. von den Vorschriften über die Straßenbenutzung (§ 2);
2. vorbehaltlich Absatz 2a Satz 1 Nummer 3 vom Verbot, eine Autobahn oder eine Kraftfahrstraße zu betreten oder mit dort nicht zugelassenen Fahrzeugen zu benutzen (§ 18 Absatz 1 und 9);
3. von den Halt- und Parkverboten (§ 12 Absatz 4);
4. vom Verbot des Parkens vor oder gegenüber von Grundstücksein- und -ausfahrten (§ 12 Absatz 3 Nummer 3);

4a. von der Vorschrift, an Parkuhren nur während des Laufens der Uhr, an Parkscheinautomaten nur mit einem Parkschein zu halten (§ 13 Absatz 1);

4b. von der Vorschrift, im Bereich eines Zonenhaltverbots (Zeichen 290.1 und 290.2) nur während der dort vorgeschriebenen Zeit zu parken (§ 13 Absatz 2);

4c. von den Vorschriften über das Abschleppen von Fahrzeugen (§ 15a);

5. von den Vorschriften über Höhe, Länge und Breite von Fahrzeug und Ladung (§ 18 Absatz 1 Satz 2, § 22 Absatz 2 bis 4);

5a. von dem Verbot der unzulässigen Mitnahme von Personen (§ 21);

5b. von den Vorschriften über das Anlegen von Sicherheitsgurten und das Tragen von Schutzhelmen (§ 21a);

---

1) Nr. **810**.

2) § 46 Abs. 2 Satz 3 geänd. mWv 30.10.2014 durch VO v. 22.10.2014 (BGBl. I S. 1635); Abs. 1a eingef. mWv 26.9.2015 durch VO v. 15.9.2015 (BGBl. I S. 1573); Abs. 2 Satz 3 geänd. mWv 13.10.2017 durch G v. 30.9.2017 (BGBl. I S. 3532); Abs. 2 Satz 3 geänd. mWv 28.4.2020 durch VO v. 20.4.2020 (BGBl. I S. 814); Abs. 1 Satz 1 Nr. 2 geänd., Abs. 2a eingef. mWv 24.12.2020 durch VO v. 18.12.2020 (BGBl. I S. 3047).

6. vom Verbot, Tiere von Kraftfahrzeugen und andere Tiere als Hunde von Fahrrädern aus zu führen (§ 28 Absatz 1 Satz 3 und 4);
7. vom Sonn- und Feiertagsfahrverbot (§ 30 Absatz 3);
8. vom Verbot, Hindernisse auf die Straße zu bringen (§ 32 Absatz 1);
9. von den Verboten, Lautsprecher zu betreiben, Waren oder Leistungen auf der Straße anzubieten (§ 33 Absatz 1 Nummer 1 und 2);
10. vom Verbot der Werbung und Propaganda in Verbindung mit Verkehrszeichen (§ 33 Absatz 2 Satz 2) nur für die Flächen von Leuchtsäulen, an denen Haltestellenschilder öffentlicher Verkehrsmittel angebracht sind;
11. von den Verboten oder Beschränkungen, die durch Vorschriftzeichen (Anlage 2), Richtzeichen (Anlage 3), Verkehrseinrichtungen (Anlage 4) oder Anordnungen (§ 45 Absatz 4) erlassen sind;
12. von dem Nacht- und Sonntagsparkverbot (§ 12 Absatz 3a).

2 Vom Verbot, Personen auf der Ladefläche oder in Laderäumen mitzunehmen (§ 21 Absatz 2), können für die Dienstbereiche der Bundeswehr, der auf Grund des Nordatlantik-Vertrages errichteten internationalen Hauptquartiere, der Bundespolizei und der Polizei deren Dienststellen, für den Katastrophenschutz die zuständigen Landesbehörden, Ausnahmen genehmigen. 3 Dasselbe gilt für die Vorschrift, dass vorgeschriebene Sicherheitsgurte angelegt sein oder Schutzhelme getragen werden müssen (§ 21a).

(1a)[1] 1 Die Straßenverkehrsbehörden können zur Bevorrechtigung elektrisch betriebener Fahrzeuge allgemein durch Zusatzzeichen Ausnahmen von Verkehrsbeschränkungen, Verkehrsverboten oder Verkehrsumleitungen nach § 45 Absatz 1 Nummer 3, Absatz 1a und 1b Nummer 5 erste Alternative zulassen. 2 Das gleiche Recht haben sie für die Benutzung von Busspuren durch elektrisch betriebene Fahrzeuge. 3 Die Anforderungen des § 3 Absatz 1 des Elektromobilitätsgesetzes[2] sind zu beachten.

(2) 1 Die zuständigen obersten Landesbehörden oder die nach Landesrecht bestimmten Stellen können von allen Vorschriften dieser Verordnung Ausnahmen für bestimmte Einzelfälle oder allgemein für bestimmte Antragsteller genehmigen. 2 Vom Sonn- und Feiertagsfahrverbot (§ 30 Absatz 3) können sie darüber hinaus für bestimmte Straßen oder Straßenstrecken Ausnahmen zulassen, soweit diese im Rahmen unterschiedlicher Feiertagsregelung in den Ländern (§ 30 Absatz 4) notwendig werden. 3 Erstrecken sich die Auswirkungen der Ausnahme über ein Land hinaus und ist eine einheitliche Entscheidung notwendig, ist das Bundesministerium für Verkehr und digitale Infrastruktur zuständig; die Ausnahme erlässt dieses Bundesministerium durch Verordnung.

(2a) 1 Abweichend von Absatz 1 und 2 Satz 1 kann für mit Zeichen 330.1 und 330.2 gekennzeichnete Autobahnen in der Baulast des Bundes das Fernstraßen-Bundesamt in bestimmten Einzelfällen oder allgemein für bestimmte Antragsteller folgende Ausnahmen genehmigen:

1. Ausnahmen vom Verbot, an nicht gekennzeichneten Anschlussstellen ein- oder auszufahren (§ 18 Absatz 2 und 10 Satz 1), im Benehmen mit der nach Landesrecht zuständigen Straßenverkehrsbehörde;
2. Ausnahmen vom Verbot zu halten (§ 18 Absatz 8);

---

[1] Siehe hierzu die Übergangsbestimmungen in § 52.
[2] Nr. **40**.

3. Ausnahmen vom Verbot, eine Autobahn zu betreten oder mit dort nicht zugelassenen Fahrzeugen zu benutzen (§ 18 Absatz 1 und 9);
4. Ausnahmen vom Verbot, Werbung und Propaganda durch Bild, Schrift, Licht oder Ton zu betreiben (§ 33 Absatz 1 Satz 1 Nummer 3 und Satz 2);
5. Ausnahmen von der Regelung, dass ein Autohof nur einmal angekündigt werden darf (Zeichen 448.1);
6. Ausnahmen von den Verboten oder Beschränkungen, die durch Vorschriftzeichen (Anlage 2), Richtzeichen (Anlage 3), Verkehrseinrichtungen (Anlage 4) oder Anordnungen (§ 45 Absatz 4) erlassen sind (Absatz 1 Satz 1 Nummer 11).

[2] Wird neben einer Ausnahmegenehmigung nach Satz 1 Nummer 3 auch eine Erlaubnis nach § 29 Absatz 3 oder eine Ausnahmegenehmigung nach Absatz 1 Satz 1 Nummer 5 beantragt, ist die Verwaltungsbehörde zuständig, die die Erlaubnis nach § 29 Absatz 3 oder die Ausnahmegenehmigung nach Absatz 1 Satz 1 Nummer 5 erlässt. [3] Werden Anlagen nach Satz 1 Nummer 4 mit Wirkung auf den mit Zeichen 330.1 und 330.2 gekennzeichneten Autobahnen in der Baulast des Bundes im Widerspruch zum Verbot, Werbung und Propaganda durch Bild, Schrift, Licht oder Ton zu betreiben (§ 33 Absatz 1 Satz 1 Nummer 3 und Satz 2), errichtet oder geändert, wird über deren Zulässigkeit

1. von der Baugenehmigungsbehörde, wenn ein Land hierfür ein bauaufsichtliches Verfahren vorsieht, oder
2. von der zuständigen Genehmigungsbehörde, wenn ein Land hierfür ein anderes Verfahren vorsieht,

im Benehmen mit dem Fernstraßen-Bundesamt entschieden. [4] Das Fernstraßen-Bundesamt kann verlangen, dass ein Antrag auf Erteilung einer Ausnahmegenehmigung gestellt wird. [5] Sieht ein Land kein eigenes Genehmigungsverfahren für die Zulässigkeit nach Satz 3 vor, entscheidet das Fernstraßen-Bundesamt.

(3) [1] Ausnahmegenehmigung und Erlaubnis können unter dem Vorbehalt des Widerrufs erteilt werden und mit Nebenbestimmungen (Bedingungen, Befristungen, Auflagen) versehen werden. [2] Erforderlichenfalls kann die zuständige Behörde die Beibringung eines Sachverständigengutachtens auf Kosten des Antragstellers verlangen. [3] Die Bescheide sind mitzuführen und auf Verlangen zuständigen Personen auszuhändigen. [4] Bei Erlaubnissen nach § 29 Absatz 3 und Ausnahmegenehmigungen nach § 46 Absatz 1 Nummer 5 genügt das Mitführen fernkopierter Bescheide oder von Ausdrucken elektronisch erteilter und signierter Bescheide sowie deren digitalisierte Form auf einem Speichermedium, wenn diese derart mitgeführt wird, dass sie bei einer Kontrolle auf Verlangen zuständigen Personen lesbar gemacht werden kann.

(4) Ausnahmegenehmigungen und Erlaubnisse der zuständigen Behörde sind für den Geltungsbereich dieser Verordnung wirksam, sofern sie nicht einen anderen Geltungsbereich nennen.

§ 47[1)] Örtliche Zuständigkeit. (1) [1] Die Erlaubnisse nach § 29 Absatz 2 und nach § 30 Absatz 2 erteilt für eine Veranstaltung, die im Ausland beginnt, die nach § 44 Absatz 3 sachlich zuständige Behörde, in deren Gebiet die Grenz-

1) § 47 Abs. 1 Satz 3 sowie Abs. 2 Nr. 4 und 6 neu gef., Abs. 1 Satz 4 angef. mWv 24.12.2020 durch VO v. 18.12.2020 (BGBl. I S. 3047).

übergangsstelle liegt. [2] Diese Behörde ist auch zuständig, wenn sonst erlaubnis- und genehmigungspflichtiger Verkehr im Ausland beginnt. [3] Die Erlaubnis nach § 29 Absatz 3 erteilt die Straßenverkehrsbehörde, in deren Bezirk der erlaubnispflichtige Verkehr beginnt, oder die Straßenverkehrsbehörde, in deren Bezirk das den Transport durchführende Unternehmen seinen Sitz oder eine Zweigniederlassung, bei der eine Pflicht zur Eintragung in das Handels-, Genossenschafts- oder Partnerschaftsregister besteht, hat. [4] Befindet sich der Sitz im Ausland, so ist die Behörde zuständig, in deren Bezirk erstmalig von der Erlaubnis Gebrauch gemacht wird.

(2) Zuständig sind für die Erteilung von Ausnahmegenehmigungen

1. nach § 46 Absatz 1 Nummer 2 für eine Ausnahme von § 18 Absatz 1 die Straßenverkehrsbehörde, in deren Bezirk auf die Autobahn oder Kraftfahrstraße eingefahren werden soll. Wird jedoch eine Erlaubnis nach § 29 Absatz 3 oder eine Ausnahmegenehmigung nach § 46 Absatz 1 Nummer 5 erteilt, ist die Verwaltungsbehörde zuständig, die diese Verfügung erlässt;
2. nach § 46 Absatz 1 Nummer 4a für kleinwüchsige Menschen sowie nach § 46 Absatz 1 Nummer 4a und 4b für Ohnhänder die Straßenverkehrsbehörde, in deren Bezirk der Antragsteller seinen Wohnort hat, auch für die Bereiche, die außerhalb ihres Bezirks liegen;
3. nach § 46 Absatz 1 Nummer 4c die Straßenverkehrsbehörde, in deren Bezirk der Antragsteller seinen Wohnort, seinen Sitz oder eine Zweigniederlassung hat;
4. nach § 46 Absatz 1 Nummer 5 die Straßenverkehrsbehörde, in deren Bezirk der zu genehmigende Verkehr beginnt, oder die Straßenverkehrsbehörde, in deren Bezirk das den Transport durchführende Unternehmen seinen Sitz oder eine Zweigniederlassung, bei der eine Pflicht zur Eintragung in das Handels-, Genossenschafts- oder Partnerschaftsregister besteht, hat. Befindet sich der Sitz im Ausland, so ist die Behörde zuständig, in deren Bezirk erstmalig von der Genehmigung Gebrauch gemacht wird;
5. nach § 46 Absatz 1 Nummer 5b die Straßenverkehrsbehörde, in deren Bezirk der Antragsteller seinen Wohnort hat, auch für die Bereiche, die außerhalb ihres Bezirks liegen;
6. nach § 46 Absatz 1 Nummer 7 die Straßenverkehrsbehörde, in deren Bezirk die Ladung aufgenommen wird, im Falle einer flächendeckenden Ausnahmegenehmigung die Straßenverkehrsbehörde, in deren Bezirk die den Transport durchführende Person ihren Wohnort oder Sitz oder das den Transport durchführende Unternehmen seinen Sitz oder eine Zweigniederlassung, bei der eine Pflicht zur Eintragung in das Handels-, Genossenschafts- oder Partnerschaftsregister besteht, hat. Die Behörde ist dann auch für die Genehmigung der Leerfahrt zum Beladungsort zuständig, ferner, wenn in ihrem Land von der Ausnahmegenehmigung kein Gebrauch gemacht wird oder wenn dort kein Fahrverbot besteht. Befindet sich der Wohnort oder der Sitz im Ausland, so ist die Behörde zuständig, in deren Bezirk erstmalig von der Genehmigung Gebrauch gemacht wird;
7. nach § 46 Absatz 1 Nummer 11 die Straßenverkehrsbehörde, in deren Bezirk die Verbote, Beschränkungen und Anordnungen erlassen sind, für schwerbehinderte Menschen jedoch jede Straßenverkehrsbehörde auch für solche Maßnahmen, die außerhalb ihres Bezirks angeordnet sind;

8. in allen übrigen Fällen die Straßenverkehrsbehörde, in deren Bezirk von der Ausnahmegenehmigung Gebrauch gemacht werden soll.

(3) Die Erlaubnisse für die übermäßige Benutzung der Straße durch die Bundeswehr, die in § 35 Absatz 5 genannten Truppen, die Bundespolizei, die Polizei und den Katastrophenschutz erteilen die höhere Verwaltungsbehörde oder die nach Landesrecht bestimmte Stelle, in deren Bezirk der erlaubnispflichtige Verkehr beginnt.

§ 48 Verkehrsunterricht. Wer Verkehrsvorschriften nicht beachtet, ist auf Vorladung der Straßenverkehrsbehörde oder der von ihr beauftragten Beamten verpflichtet, an einem Unterricht über das Verhalten im Straßenverkehr teilzunehmen.

§ 49[1] Ordnungswidrigkeiten. (1) Ordnungswidrig im Sinne des § 24 des Straßenverkehrsgesetzes[2] handelt, wer vorsätzlich oder fahrlässig gegen eine Vorschrift über

1. das allgemeine Verhalten im Straßenverkehr nach § 1 Absatz 2,
2. die Straßenbenutzung durch Fahrzeuge nach § 2 Absatz 1 bis 3a, Absatz 4 Satz 1, 4, 5 oder 6 oder Absatz 5,
3. die Geschwindigkeit nach § 3,
4. den Abstand nach § 4,
5. das Überholen nach § 5 Absatz 1 oder 2, Absatz 3 Nummer 1, Absatz 3a bis 4a, Absatz 5 Satz 2, Absatz 6 oder 7,
6. das Vorbeifahren nach § 6,
7. das Benutzen linker Fahrstreifen nach § 7 Absatz 3a Satz 1, auch in Verbindung mit Satz 2, Absatz 3b, Absatz 3c Satz 3 oder den Fahrstreifenwechsel nach § 7 Absatz 5,

7a. das Verhalten auf Ausfädelungsstreifen nach § 7a Absatz 3,

8. die Vorfahrt nach § 8,
9. das Abbiegen, Wenden oder Rückwärtsfahren nach § 9 Absatz 1, Absatz 2 Satz 2 oder 3, Absatz 3 bis 6,
10. das Einfahren oder Anfahren nach § 10 Satz 1 oder Satz 2,
11. das Verhalten bei besonderen Verkehrslagen nach § 11 Absatz 1 oder 2,
12. das Halten oder Parken nach § 12 Absatz 1, 3, 3a Satz 1, Absatz 3b Satz 1, Absatz 4 Satz 1, 2 zweiter Halbsatz, Satz 3 oder 5 oder Absatz 4a bis 6,
13. Parkuhren, Parkscheine oder Parkscheiben nach § 13 Absatz 1 oder 2,
14. die Sorgfaltspflichten beim Ein- oder Aussteigen nach § 14,
15. das Liegenbleiben von Fahrzeugen nach § 15,

15a. das Abschleppen nach § 15a,

16. die Abgabe von Warnzeichen nach § 16,
17. die Beleuchtung und das Stehenlassen unbeleuchteter Fahrzeuge nach § 17 Absatz 1 bis 4, Absatz 4a Satz 1, Absatz 5 oder 6,

---

[1] § 49 Abs. 1 Nr. 2 geänd. mWv 30.10.2014 durch VO v. 22.10.2014 (BGBl. I S. 1635); Abs. 1 Nr. 20a geänd. mWv 30.6.2016 durch VO v. 17.6.2016 (BGBl. I S. 1463); Abs. 2 Nr. 5 aufgeh. mWv 13.10.2017 durch G v. 30.9.2017 (BGBl. I S. 3532); Abs. 1 Nr. 22 neu gef., Nr. 25 geänd. mWv 19.10.2017 durch VO v. 6.10.2017 (BGBl. I S. 3549); Abs. 1 Nr. 9 und 20 geänd. mWv 28.4.2020 durch VO v. 20.4.2020 (BGBl. I S. 814).

[2] Nr. **10**.

18. die Benutzung von Autobahnen und Kraftfahrstraßen nach § 18 Absatz 1 bis 3, Absatz 5 Satz 2 oder Absatz 6 bis 11,
19. das Verhalten
    a) an Bahnübergängen nach § 19 Absatz 1 Satz 1 Nummer 2 oder 3, Satz 2, Satz 3 oder Absatz 2 Satz 1, auch in Verbindung mit Satz 2 oder Absatz 3 bis 6 oder
    b) an und vor Haltestellen von öffentlichen Verkehrsmitteln und Schulbussen nach § 20,
20. die Personenbeförderung nach § 21 Absatz 1 Satz 1 oder 4, Absatz 1a Satz 1, auch in Verbindung mit Satz 2 Nummer 2, Absatz 2 Satz 1, 4 oder 6 oder Absatz 3 Satz 1 bis 3,
20a. das Anlegen von Sicherheitsgurten, Rollstuhl-Rückhaltesystemen oder Rollstuhlnutzer-Rückhaltesystemen nach § 21a Absatz 1 Satz 1 oder das Tragen von Schutzhelmen nach § 21a Absatz 2 Satz 1,
21. die Ladung nach § 22,
22. sonstige Pflichten des Fahrzeugführers nach § 23 Absatz 1, Absatz 1a Satz 1, auch in Verbindung mit den Sätzen 2 bis 4, Absatz 1c, Absatz 2 erster Halbsatz, Absatz 3 oder Absatz 4 Satz 1,
23. das Fahren mit Krankenfahrstühlen oder anderen als in § 24 Absatz 1 genannten Rollstühlen nach § 24 Absatz 2,
24. das Verhalten
    a) als zu Fuß Gehender nach § 25 Absatz 1 bis 4,
    b) an Fußgängerüberwegen nach § 26 oder
    c) auf Brücken nach § 27 Absatz 6,
25. den Umweltschutz nach § 30 Absatz 1 oder 2 oder das Sonn- und Feiertagsfahrverbot nach § 30 Absatz 3 Satz 1 oder 2 Nummer 7 Satz 2,
26. das Sporttreiben oder Spielen nach § 31 Absatz 1 Satz 1, Absatz 2 Satz 3,
27. das Bereiten, Beseitigen oder Kenntlichmachen von verkehrswidrigen Zuständen oder die wirksame Verkleidung gefährlicher Geräte nach § 32,
28. Verkehrsbeeinträchtigungen nach § 33 Absatz 1 oder 2 oder
29. das Verhalten nach einem Verkehrsunfall nach § 34 Absatz 1 Nummer 1, Nummer 2, Nummer 5 oder Nummer 6 Buchstabe b – sofern in diesem letzten Fall zwar eine nach den Umständen angemessene Frist gewartet, aber nicht Name und Anschrift am Unfallort hinterlassen wird – oder nach § 34 Absatz 3,

verstößt.

(2) Ordnungswidrig im Sinne des § 24 des Straßenverkehrsgesetzes handelt auch, wer vorsätzlich oder fahrlässig

1. als Führer eines geschlossenen Verbandes entgegen § 27 Absatz 5 nicht dafür sorgt, dass die für geschlossene Verbände geltenden Vorschriften befolgt werden,
1a. entgegen § 27 Absatz 2 einen geschlossenen Verband unterbricht,
2. als Führer einer Kinder- oder Jugendgruppe entgegen § 27 Absatz 1 Satz 4 diese nicht den Gehweg benutzen lässt,
3. als Tierhalter oder sonst für die Tiere Verantwortlicher einer Vorschrift nach § 28 Absatz 1 oder Absatz 2 Satz 2 zuwiderhandelt,

4. als Reiter, Führer von Pferden, Treiber oder Führer von Vieh entgegen § 28 Absatz 2 einer für den gesamten Fahrverkehr einheitlich bestehenden Verkehrsregel oder Anordnung zuwiderhandelt,
5. *(aufgehoben)*
6. entgegen § 29 Absatz 2 Satz 1 eine Veranstaltung durchführt oder als Veranstaltender entgegen § 29 Absatz 2 Satz 3 nicht dafür sorgt, dass die in Betracht kommenden Verkehrsvorschriften oder Auflagen befolgt werden, oder
7. entgegen § 29 Absatz 3 ein dort genanntes Fahrzeug oder einen Zug führt.

(3) Ordnungswidrig im Sinne des § 24 des Straßenverkehrsgesetzes handelt ferner, wer vorsätzlich oder fahrlässig

1. entgegen § 36 Absatz 1 bis 4 ein Zeichen oder eine Weisung oder entgegen Absatz 5 Satz 4 ein Haltgebot oder eine Anweisung eines Polizeibeamten nicht befolgt,
2. einer Vorschrift des § 37 über das Verhalten an Wechsellichtzeichen, Dauerlichtzeichen oder beim Rechtsabbiegen mit Grünpfeil zuwiderhandelt,
3. entgegen § 38 Absatz 1, 2 oder 3 Satz 3 blaues Blinklicht zusammen mit dem Einsatzhorn oder allein oder gelbes Blinklicht verwendet oder entgegen § 38 Absatz 1 Satz 2 nicht sofort freie Bahn schafft,
4. entgegen § 41 Absatz 1 ein durch Vorschriftzeichen angeordnetes Ge- oder Verbot der Anlage 2 Spalte 3 nicht befolgt,
5. entgegen § 42 Absatz 2 ein durch Richtzeichen angeordnetes Ge- oder Verbot der Anlage 3 Spalte 3 nicht befolgt,
6. entgegen § 43 Absatz 3 Satz 2 eine abgesperrte Straßenfläche befährt oder
7. einer den Verkehr verbietenden oder beschränkenden Anordnung, die nach § 45 Absatz 4 zweiter Halbsatz bekannt gegeben worden ist, zuwiderhandelt.

(4) Ordnungswidrig im Sinne des § 24 des Straßenverkehrsgesetzes handelt schließlich, wer vorsätzlich oder fahrlässig

1. dem Verbot des § 35 Absatz 6 Satz 1, 2 oder 3 über die Reinigung von Gehwegen zuwiderhandelt,

1a. entgegen § 35 Absatz 6 Satz 4 keine auffällige Warnkleidung trägt,

2. entgegen § 35 Absatz 8 Sonderrechte ausübt, ohne die öffentliche Sicherheit und Ordnung gebührend zu berücksichtigen,
3. entgegen § 45 Absatz 6 mit Arbeiten beginnt, ohne zuvor Anordnungen eingeholt zu haben, diese Anordnungen nicht befolgt oder Lichtzeichenanlagen nicht bedient,
4. entgegen § 46 Absatz 3 Satz 1 eine vollziehbare Auflage der Ausnahmegenehmigung oder Erlaubnis nicht befolgt,
5. entgegen § 46 Absatz 3 Satz 3, auch in Verbindung mit Satz 4, die Bescheide, Ausdrucke oder deren digitalisierte Form nicht mitführt oder auf Verlangen nicht aushändigt oder sichtbar macht,
6. entgegen § 48 einer Vorladung zum Verkehrsunterricht nicht folgt oder
7. entgegen § 50 auf der Insel Helgoland ein Kraftfahrzeug führt oder mit einem Fahrrad fährt.

§ 50 Sonderregelung für die Insel Helgoland. Auf der Insel Helgoland sind der Verkehr mit Kraftfahrzeugen und das Radfahren verboten.

§ 51 Besondere Kostenregelung. Die Kosten der Zeichen 386.1, 386.2 und 386.3 trägt abweichend von § 5b Absatz 1 des Straßenverkehrsgesetzes[1)] derjenige, der die Aufstellung dieses Zeichens beantragt.

§ 51a[2)] Überleitung. [1]Der Bund, vertreten durch das Bundesministerium für Verkehr und digitale Infrastruktur und das Fernstraßen-Bundesamt, tritt im Rahmen seiner Zuständigkeit nach dieser Verordnung in vor dem 1. Januar 2021 eingeleitete Verwaltungsverfahren ein. [2]Er tritt mit Wirkung zum 1. Januar 2021 im Rahmen seiner Zuständigkeit nach dieser Verordnung in die Rechte und Pflichten aus den zu diesem Zeitpunkt bestehenden verkehrsrechtlichen Anordnungen ein, die von den zuständigen Straßenverkehrsbehörden der Länder bis zum 31. Dezember 2020 im eigenen Namen im Rahmen der Wahrnehmung von straßenverkehrsrechtlichen Aufgaben erlassen wurden. [3]Gleiches gilt für Vereinbarungen oder Stellungnahmen zum künftigen Handeln, wenn die straßenverkehrsrechtlichen Vorschriften beachtet wurden.

§ 52[3)] Übergangs- und Anwendungsbestimmungen. (1) Mit Ablauf des 31. Dezember 2026 sind nicht mehr anzuwenden:

1. § 39 Absatz 10,
2. § 45 Absatz 1g,
3. § 46 Absatz 1a,
4. Anlage 2 Nummer 25 Spalte 3 Nummer 4 sowie Nummer 25.1, 27.1, 63.5 und 64.1,
5. Anlage 3 Nummer 7 Spalte 3 Nummer 3, Nummer 8 Spalte 3 Nummer 4, Nummer 10 Spalte 3 Nummer 3 und Nummer 11 Spalte 3.

(2) [1]Abweichend von § 2 Absatz 3a Satz 1 darf der Führer eines Kraftfahrzeuges dieses bis zum Ablauf des 30. September 2024 bei Glatteis, Schneeglätte, Schneematsch, Eisglätte oder Reifglätte auch fahren, wenn alle Räder mit Reifen ausgerüstet sind, die unbeschadet der allgemeinen Anforderungen an die Bereifung

1. die in Anhang II Nummer 2.2 der Richtlinie 92/23/EWG des Rates vom 31. März 1992 über Reifen von Kraftfahrzeugen und Kraftfahrzeuganhängern und über ihre Montage (ABl. L 129 vom 14.5.1992, S. 95), die zuletzt durch die Richtlinie 2005/11/EG (ABl. L 46 vom 17.2.2005, S. 42) geändert worden ist, beschriebenen Eigenschaften erfüllen (M+S Reifen) und
2. nicht nach dem 31. Dezember 2017 hergestellt worden sind.

[2]Im Falle des Satzes 1 Nummer 2 maßgeblich ist das am Reifen angegebene Herstellungsdatum.

(3) § 2 Absatz 3a Satz 3 Nummer 2 ist erstmals am ersten Tag des sechsten Monats, der auf den Monat folgt, in dem das Bundesministerium für Verkehr

---

[1)] Nr. **10**.

[2)] § 51a eingef. mWv 24.12.2020 durch VO v. 18.12.2020 (BGBl. I S. 3047).

[3)] § 52 eingef. mWv 26.9.2015 durch VO v. 15.9.2015 (BGBl. I S. 1573); Abs. 2 und 3 angef. mWv 1.6.2017 durch VO v. 18.5.2017 (BGBl. I S. 1282); Abs. 4 angef. mWv 19.10.2017 durch VO v. 6.10.2017 (BGBl. I S. 3549); Abs. 4 geänd., Abs. 5 angef. mWv 24.12.2020 durch VO v. 18.12. 2020 (BGBl. I S. 3047).

und digitale Infrastruktur dem Bundesrat einen Bericht über eine Felduntersuchung der Bundesanstalt für Straßenwesen über die Eignung der Anforderung des § 2 Absatz 3a Satz 3 Nummer 2 vorlegt, spätestens jedoch ab dem 1. Juli 2020, anzuwenden.

(4) § 23 Absatz 1a ist im Falle der Verwendung eines Funkgerätes erst ab dem 1. Juli 2021 anzuwenden.

(5) § 44a sowie die Änderungen des § 45 Absatz 11, § 46 Absatz 1 Satz 1 Nummer 2 und Absatz 2a durch die Verordnung zur Änderung der Straßenverkehrs-Ordnung und der Vierundfünfzigsten Verordnung zur Änderung straßenverkehrsrechtlicher Vorschriften vom 18. Dezember 2020 (BGBl. I S. 3047) sind erst ab dem 1. Januar 2021 anzuwenden.

§ 53 Inkrafttreten, Außerkrafttreten. (1) Diese Verordnung tritt am 1. April 2013 in Kraft.

(2) Die Straßenverkehrs-Ordnung vom 16. November 1970 (BGBl. I S. 1565; 1971 I S. 38), die zuletzt durch Artikel 1 der Verordnung vom 1. Dezember 2010 (BGBl. I S. 1737) geändert worden ist, tritt mit folgenden Maßgaben an dem in Absatz 1 bezeichneten Tag außer Kraft:

1. Verkehrszeichen in der Gestaltung nach der bis zum 1. Juli 1992 geltenden Fassung behalten weiterhin ihre Gültigkeit.
2. Für Kraftomnibusse, die vor dem 8. Dezember 2007 erstmals in den Verkehr gekommen sind, ist § 18 Absatz 5 Nummer 3 in der vor dem 8. Dezember 2007 geltenden Fassung weiter anzuwenden.
3. Zusatzzeichen zu Zeichen 220, durch die nach den bis zum 1. April 2013 geltenden Vorschriften der Fahrradverkehr in der Gegenrichtung zugelassen werden konnte, soweit in einer Einbahnstraße mit geringer Verkehrsbelastung die zulässige Höchstgeschwindigkeit durch Verkehrszeichen auf 30 km/h oder weniger beschränkt ist, bleiben bis zum 1. April 2017 gültig.
4. Die bis zum 1. April 2013 angeordneten Zeichen 150, 153, 353, 380, 381, 388 und 389 bleiben bis zum 31. Oktober 2022 gültig.
5. Bereits angeordnete Zeichen 311, die im oberen Teil weiß sind, wenn die Ortschaft, auf die hingewiesen wird, zu derselben Gemeinde wie die zuvor durchfahrene Ortschaft gehört, bleiben weiterhin gültig.

Anlage 1
(zu § 40 Absatz 6 und 7)

Allgemeine und Besondere Gefahrzeichen

1	2	3
lfd. Nr.	Zeichen	Erläuterungen
Abschnitt 1 Allgemeine Gefahrzeichen (zu § 40 Absatz 6)		
1	Zeichen 101  Gefahrstelle	Ein Zusatzzeichen kann die Gefahr näher bezeichnen.
2	Zeichen 102  Kreuzung oder Einmündung	Kreuzung oder Einmündung mit Vorfahrt von rechts
3	Zeichen 103  Kurve	
4	Zeichen 105  Doppelkurve	

(Fortsetzung nächstes Blatt)

1	2	3
lfd. Nr.	Zeichen	Erläuterungen
5	Zeichen 108  Gefälle	
6	Zeichen 110  Steigung	
7	Zeichen 112  Unebene Fahrbahn	
8	Zeichen 114  Schleuder- oder Rutschgefahr	Schleuder- oder Rutschgefahr bei Nässe oder Schmutz
9	Zeichen 117  Seitenwind	

1	2	3
lfd. Nr.	Zeichen	Erläuterungen
10	Zeichen 120  Verengte Fahrbahn	
11	Zeichen 121  Einseitig verengte Fahrbahn	
12	Zeichen 123  Arbeitsstelle	
13	Zeichen 124  Stau	
14	Zeichen 125  Gegenverkehr	

1	2	3
lfd. Nr.	Zeichen	Erläuterungen
15	Zeichen 131  Lichtzeichenanlage	
16	Zeichen 133  Fußgänger	
17	Zeichen 136  Kinder	
18	Zeichen 138  Radverkehr	
19	Zeichen 142  Wildwechsel	

1	2	3
lfd. Nr.	Zeichen	Erläuterungen
Abschnitt 2 Besondere Gefahrzeichen vor Übergängen von Schienenbahnen mit Vorrang (zu § 40 Absatz 7)		
20	Zeichen 151  Bahnübergang	
21	Zeichen 156  Bahnübergang mit dreistreifiger Bake	Bahnübergang mit dreistreifiger Bake etwa 240 m vor dem Bahnübergang. Die Angabe erheblich abweichender Abstände kann an der dreistreifigen, zweistreifigen und einstreifigen Bake oberhalb der Schrägstreifen in schwarzen Ziffern erfolgen.
22	Zeichen 159  Zweistreifige Bake	Zweistreifige Bake etwa 160 m vor dem Bahnübergang
23	Zeichen 162  Einstreifige Bake	Einstreifige Bake etwa 80 m vor dem Bahnübergang

Anlage 2[1)]
(zu § 41 Absatz 1)

Vorschriftzeichen

1	2	3
lfd. Nr.	Zeichen und Zusatzzeichen	Ge- oder Verbote Erläuterungen
Abschnitt 1 Wartegebote und Haltgebote		
1	Zeichen 201  Andreaskreuz	**Ge- oder Verbot** 1. Wer ein Fahrzeug führt, muss dem Schienenverkehr Vorrang gewähren. 2. Wer ein Fahrzeug führt, darf bis zu 10 m vor diesem Zeichen nicht halten, wenn es dadurch verdeckt wird. 3. Wer ein Fahrzeug führt, darf vor und hinter diesem Zeichen a) innerhalb geschlossener Ortschaften (Zeichen 310 und 311) bis zu je 5 m, b) außerhalb geschlossener Ortschaften bis zu je 50 m nicht parken. 4. Ein Zusatzzeichen mit schwarzem Pfeil zeigt an, dass das Andreaskreuz nur für den Straßenverkehr in Richtung dieses Pfeils gilt. **Erläuterung** Das Zeichen (auch liegend) befindet sich vor dem Bahnübergang, in der Regel unmittelbar davor. Ein Blitzpfeil in der Mitte des Andreaskreuzes zeigt an, dass die Bahnstrecke eine Spannung führende Fahrleitung hat.
2	Zeichen 205  Vorfahrt gewähren.	**Ge- oder Verbot** 1. Wer ein Fahrzeug führt, muss Vorfahrt gewähren. 2. Wer ein Fahrzeug führt, darf bis zu 10 m vor diesem Zeichen nicht halten, wenn es dadurch verdeckt wird. **Erläuterung** Das Zeichen steht unmittelbar vor der Kreuzung oder Einmündung. Es kann durch dasselbe Zeichen mit Zusatzzeichen, das die Entfernung angibt, angekündigt sein.
2.1		**Ge- oder Verbot** Ist das Zusatzzeichen zusammen mit dem Zeichen 205 angeordnet, bedeutet es: Wer ein Fahrzeug führt, muss Vorfahrt gewähren und dabei auf Radverkehr und Elektrokleinstfahrzeuge im Sinne der eKFV von links und rechts achten. **Erläuterung** Das Zusatzzeichen steht über dem Zeichen 205.
2.2		**Ge- oder Verbot** Ist das Zusatzzeichen zusammen mit dem Zeichen 205 angeordnet, bedeutet es: Wer ein Fahrzeug führt, muss der Straßenbahn Vorfahrt gewähren. **Erläuterung** Das Zusatzzeichen steht über dem Zeichen 205.

[1)] Anl. 2 geänd. mWv 26.9.2015 durch VO v. 15.9.2015 (BGBl. I S. 1573); geänd. mWv 19.10.2017 durch VO v. 6.10.2017 (BGBl. I S. 3549); geänd. mWv 28.4.2020 durch VO v. 20.4.2020 (BGBl. I S. 814).

1	2	3
lfd. Nr.	Zeichen und Zusatzzeichen	Ge- oder Verbote Erläuterungen
3	Zeichen 206  Halt. Vorfahrt gewähren.	**Ge- oder Verbot** 1. Wer ein Fahrzeug führt, muss anhalten und Vorfahrt gewähren. 2. Wer ein Fahrzeug führt, darf bis zu 10 m vor diesem Zeichen nicht halten, wenn es dadurch verdeckt wird. 3. Ist keine Haltlinie (Zeichen 294) vorhanden, ist dort anzuhalten, wo die andere Straße zu übersehen ist.
3.1		**Erläuterung** Das Zusatzzeichen kündigt zusammen mit dem Zeichen 205 das Haltgebot in der angegebenen Entfernung an.
3.2		**Ge- oder Verbot** Ist das Zusatzzeichen zusammen mit dem Zeichen 206 angeordnet, bedeutet es: Wer ein Fahrzeug führt, muss anhalten und Vorfahrt gewähren und dabei auf Radverkehr und Elektrokleinstfahrzeuge im Sinne der eKFV von links und rechts achten. **Erläuterung** Das Zusatzzeichen steht über dem Zeichen 206.
Zu 2 und 3		**Erläuterung** Das Zusatzzeichen gibt zusammen mit den Zeichen 205 oder 206 den Verlauf der Vorfahrtstraße (abknickende Vorfahrt) bekannt.
4	Zeichen 208  Vorrang des Gegenverkehrs	**Ge- oder Verbot** Wer ein Fahrzeug führt, hat dem Gegenverkehr Vorrang zu gewähren.
Abschnitt 2 Vorgeschriebene Fahrtrichtungen		
zu 5 bis 7		**Ge- oder Verbot** Wer ein Fahrzeug führt, muss der vorgeschriebenen Fahrtrichtung folgen. **Erläuterung** Andere als die dargestellten Fahrtrichtungen werden entsprechend vorgeschrieben. Auf Anlage 2 laufende Nummer 70 wird hingewiesen.

1	2	3
lfd. Nr.	Zeichen und Zusatzzeichen	Ge- oder Verbote Erläuterungen
5	Zeichen 209  Rechts	
6	Zeichen 211  Hier rechts	
7	Zeichen 214  Geradeaus oder rechts	
8	Zeichen 215  Kreisverkehr	**Ge- oder Verbot** 1. Wer ein Fahrzeug führt, muss der vorgeschriebenen Fahrtrichtung im Kreisverkehr rechts folgen. 2. Wer ein Fahrzeug führt, darf die Mittelinsel des Kreisverkehrs nicht überfahren. Ausgenommen von diesem Verbot sind nur Fahrzeuge, denen wegen ihrer Abmessungen das Befahren sonst nicht möglich wäre. Mit ihnen darf die Mittelinsel und Fahrbahnbegrenzung überfahren werden, wenn eine Gefährdung anderer am Verkehr Teilnehmenden ausgeschlossen ist. 3. Es darf innerhalb des Kreisverkehrs auf der Fahrbahn nicht gehalten werden.
9	Zeichen 220  Einbahnstraße	**Ge- oder Verbot** Wer ein Fahrzeug führt, darf die Einbahnstraße nur in Richtung des Pfeils befahren. **Erläuterung** Das Zeichen schreibt für den Fahrzeugverkehr auf der Fahrbahn die Fahrtrichtung vor.

1	2	3
lfd. Nr.	Zeichen und Zusatzzeichen	Ge- oder Verbote Erläuterungen
9.1		**Ge- oder Verbot** Ist Zeichen 220 mit diesem Zusatzzeichen angeordnet, bedeutet dies: Wer ein Fahrzeug führt, muss beim Einbiegen und im Verlauf einer Einbahnstraße auf Radverkehr und Elektrokleinstfahrzeuge im Sinne der eKFV entgegen der Fahrtrichtung achten. **Erläuterung** Das Zusatzzeichen zeigt an, dass Radverkehr in der Gegenrichtung zugelassen ist. Beim Vorbeifahren an einer für den gegenläufigen Radverkehr freigegebenen Einbahnstraße bleibt gegenüber dem ausfahrenden Radfahrer der Grundsatz, dass Vorfahrt hat, wer von rechts kommt (§ 8 Absatz 1 Satz 1) unberührt. Dies gilt auch für den ausfahrenden Radverkehr. Mündet eine Einbahnstraße für den gegenläufig zugelassenen Radverkehr in eine Vorfahrtstraße, steht für den aus der Einbahnstraße ausfahrenden Radverkehr das Zeichen 205.
Abschnitt 3 Vorgeschriebene Vorbeifahrt		
10	Zeichen 222  Rechts vorbei	**Ge- oder Verbot** Wer ein Fahrzeug führt, muss der vorgeschriebenen Vorbeifahrt folgen. **Erläuterung** „Links vorbei" wird entsprechend vorgeschrieben.
Abschnitt 4 Seitenstreifen als Fahrstreifen, Haltestellen und Taxenstände		
Zu 11 bis 13		**Erläuterung** Wird das Zeichen 223.1, 223.2 oder 223.3 für eine Fahrbahn mit mehr als zwei Fahrstreifen angeordnet, zeigen die Zeichen die entsprechende Anzahl der Pfeile.
11	Zeichen 223.1  Seitenstreifen befahren	**Ge- oder Verbot** Das Zeichen gibt den Seitenstreifen als Fahrstreifen frei; dieser ist wie ein rechter Fahrstreifen zu befahren.
11.1		**Erläuterung** Das Zeichen 223.1 mit dem Zusatzzeichen kündigt die Aufhebung der Anordnung an.

1	2	3
lfd. Nr.	Zeichen und Zusatzzeichen	Ge- oder Verbote Erläuterungen
12	Zeichen 223.2  Seitenstreifen nicht mehr befahren	**Ge- oder Verbot** Das Zeichen hebt die Freigabe des Seitenstreifens als Fahrstreifen auf.
13	Zeichen 223.3  Seitenstreifen räumen	**Ge- oder Verbot** Das Zeichen ordnet die Räumung des Seitenstreifens an.
14	Zeichen 224  Haltestelle	**Ge- oder Verbot** Wer ein Fahrzeug führt, darf bis zu 15 m vor und hinter dem Zeichen nicht parken. **Erläuterung** Das Zeichen kennzeichnet eine Haltestelle des Linienverkehrs und für Schulbusse. Das Zeichen mit dem Zusatzzeichen „Schulbus" (Angabe der tageszeitlichen Benutzung) auf einer gemeinsamen weißen Trägerfläche kennzeichnet eine Haltestelle nur für Schulbusse.
15	Zeichen 229  Taxenstand	**Ge- oder Verbot** Wer ein Fahrzeug führt, darf an Taxenständen nicht halten, ausgenommen sind für die Fahrgastbeförderung bereitgehaltene Taxen. **Erläuterung** Die Länge des Taxenstandes wird durch die Angabe der Zahl der vorgesehenen Taxen oder das am Anfang der Strecke aufgestellte Zeichen mit einem zur Fahrbahn weisenden waagerechten weißen Pfeil und durch ein am Ende aufgestelltes Zeichen mit einem solchen von der Fahrbahn wegweisenden Pfeil oder durch eine Grenzmarkierung für Halt- und Parkverbote (Zeichen 299) gekennzeichnet.
Abschnitt 5 Sonderwege		
16	Zeichen 237  Radweg	**Ge- oder Verbot** 1. Der Radverkehr darf nicht die Fahrbahn, sondern muss den Radweg benutzen (Radwegbenutzungspflicht). 2. Anderer Verkehr darf ihn nicht benutzen. 3. Ist durch Zusatzzeichen die Benutzung eines Radwegs für eine andere Verkehrsart erlaubt, muss diese auf den Radverkehr Rücksicht nehmen und der andere Fahrzeugverkehr muss erforderlichenfalls die Geschwindigkeit an den Radverkehr anpassen. 4. § 2 Absatz 4 Satz 6 bleibt unberührt.

1	2	3
lfd. Nr.	Zeichen und Zusatzzeichen	Ge- oder Verbote Erläuterungen
17	Zeichen 238  Reitweg	**Ge- oder Verbot** 1. Wer reitet, darf nicht die Fahrbahn, sondern muss den Reitweg benutzen. Dies gilt auch für das Führen von Pferden (Reitwegbenutzungspflicht). 2. Anderer Verkehr darf ihn nicht benutzen. 3. Ist durch Zusatzzeichen die Benutzung eines Reitwegs für eine andere Verkehrsart erlaubt, muss diese auf den Reitverkehr Rücksicht nehmen und der Fahrzeugverkehr muss erforderlichenfalls die Geschwindigkeit an den Reitverkehr anpassen.
18	Zeichen 239  Gehweg	**Ge- oder Verbot** 1. Anderer als Fußgängerverkehr darf den Gehweg nicht nutzen. 2. Ist durch Zusatzzeichen die Benutzung eines Gehwegs für eine andere Verkehrsart erlaubt, muss diese auf den Fußgängerverkehr Rücksicht nehmen. Der Fußgängerverkehr darf weder gefährdet noch behindert werden. Wenn nötig, muss der Fahrverkehr warten; er darf nur mit Schrittgeschwindigkeit fahren. **Erläuterung** Das Zeichen kennzeichnet einen Gehweg (§ 25 Absatz 1 Satz 1), wo eine Klarstellung notwendig ist.
19	Zeichen 240  Gemeinsamer Geh- und Radweg	**Ge- oder Verbot** 1. Der Radverkehr darf nicht die Fahrbahn, sondern muss den gemeinsamen Geh- und Radweg benutzen (Radwegbenutzungspflicht). 2. Anderer Verkehr darf ihn nicht benutzen. 3. Ist durch Zusatzzeichen die Benutzung eines gemeinsamen Geh- und Radwegs für eine andere Verkehrsart erlaubt, muss diese auf den Fußgänger- und Radverkehr Rücksicht nehmen. Erforderlichenfalls muss der Fahrverkehr die Geschwindigkeit an den Fußgängerverkehr anpassen. 4. § 2 Absatz 4 Satz 6 bleibt unberührt. **Erläuterung** Das Zeichen kennzeichnet auch den Gehweg (§ 25 Absatz 1 Satz 1).
20	Zeichen 241  Getrennter Rad- und Gehweg	**Ge- oder Verbot** 1. Der Radverkehr darf nicht die Fahrbahn, sondern muss den Radweg des getrennten Rad- und Gehwegs benutzen (Radwegbenutzungspflicht). 2. Anderer Verkehr darf ihn nicht benutzen. 3. Ist durch Zusatzzeichen die Benutzung eines getrennten Geh- und Radwegs für eine andere Verkehrsart erlaubt, darf diese nur den für den Radverkehr bestimmten Teil des getrennten Geh- und Radwegs befahren. 4. Die andere Verkehrsart muss auf den Radverkehr Rücksicht nehmen. Erforderlichenfalls muss anderer Fahrzeugverkehr die Geschwindigkeit an den Radverkehr anpassen. 5. § 2 Absatz 4 Satz 6 bleibt unberührt. **Erläuterung** Das Zeichen kennzeichnet auch den Gehweg (§ 25 Absatz 1 Satz 1).

1	2	3
lfd. Nr.	Zeichen und Zusatzzeichen	Ge- oder Verbote Erläuterungen
21	Zeichen 242.1  Beginn einer Fußgängerzone	**Ge- oder Verbot** 1. Anderer als Fußgängerverkehr darf die Fußgängerzone nicht benutzen. 2. Ist durch Zusatzzeichen die Benutzung einer Fußgängerzone für eine andere Verkehrsart erlaubt, dann gilt für den Fahrverkehr Nummer 2 zu Zeichen 239 entsprechend.
22	Zeichen 242.2  Ende einer Fußgängerzone	
23	Zeichen 244.1  Beginn einer Fahrradstraße	**Ge- oder Verbot** 1. Anderer Fahrzeugverkehr als Radverkehr sowie Elektrokleinstfahrzeuge im Sinne der eKFV darf Fahrradstraßen nicht benutzen, es sei denn, dies ist durch Zusatzzeichen erlaubt. Die freigegebenen Verkehrsarten können auch gemeinsam auf einem Zusatzzeichen abgebildet sein. Das Überqueren einer Fahrradstraße durch anderen Fahrzeugverkehr an einer Kreuzung zum Erreichen der weiterführenden Straße ist gestattet. 2. Für den Fahrverkehr gilt eine Höchstgeschwindigkeit von 30 km/h. Der Radverkehr darf weder gefährdet noch behindert werden. Wenn nötig, muss der Kraftfahrzeugverkehr die Geschwindigkeit weiter verringern. 3. Das Nebeneinanderfahren mit Fahrrädern ist erlaubt 4. Im Übrigen gelten die Vorschriften über die Fahrbahnbenutzung und über die Vorfahrt.
24	Zeichen 244.2  Ende einer Fahrradstraße	
24.1	Zeichen 244.3	**Ge- oder Verbot** 1. Anderer Fahrzeugverkehr als Radverkehr sowie Elektrokleinstfahrzeuge im Sinne der eKFV darf Fahrradzonen nicht benutzen, es sei denn, dies ist durch Zusatzzeichen erlaubt. Die freigegebenen Verkehrsarten können auch gemeinsam auf einem Zusatzzeichen abgebildet sein.

1	2	3
lfd. Nr.	Zeichen und Zusatzzeichen	Ge- oder Verbote Erläuterungen
	 Beginn einer Fahrradzone	2. Für den Fahrverkehr gilt eine Höchstgeschwindigkeit von 30 km/h. Der Radverkehr darf weder gefährdet noch behindert werden. Wenn nötig, muss der Kraftfahrzeugverkehr die Geschwindigkeit weiter verringern. 3. Das Nebeneinanderfahren mit Fahrrädern und Elektrokleinstfahrzeugen im Sinne der eKFV ist erlaubt. 4. Im Übrigen gelten die Vorschriften über die Fahrbahnbenutzung und über die Vorfahrt.
24.2	Zeichen 244.4  Ende einer Fahrradzone	
25	Zeichen 245  Bussonderfahrstreifen	**Ge- oder Verbot** 1. Anderer Fahrverkehr als Omnibusse des Linienverkehrs sowie nach dem Personenbeförderungsrecht mit dem Schulbus-Schild zu kennzeichnende Fahrzeuge des Schüler- und Behindertenverkehrs dürfen Bussonderfahrstreifen nicht benutzen. 2. Mit Krankenfahrzeugen, Taxen, Fahrrädern und Bussen im Gelegenheitsverkehr darf der Sonderfahrstreifen nur benutzt werden, wenn dies durch Zusatzzeichen angezeigt ist. 3. Taxen dürfen an Bushaltestellen (Zeichen 224) zum sofortigen Ein- und Aussteigen von Fahrgästen halten. 4.[1] Mit elektrisch betriebenen Fahrzeugen darf der Bussonderfahrstreifen nur benutzt werden, wenn dies durch Zusatzzeichen angezeigt ist.
25.1[1]		**Ge- oder Verbot** Mit diesem Zusatzzeichen sind elektrisch betriebene Fahrzeuge auf dem Bussonderfahrstreifen zugelassen.
Abschnitt 6 Verkehrsverbote		
26		**Ge- oder Verbot** Die nachfolgenden Zeichen 250 bis 261 (Verkehrsverbote) untersagen die Verkehrsteilnahme ganz oder teilweise mit dem angegebenen Inhalt. **Erläuterung** Für die Zeichen 250 bis 259 gilt:

[1] Siehe hierzu die Übergangsbestimmungen in § 52.

1 lfd. Nr.	2 Zeichen und Zusatzzeichen	3 Ge- oder Verbote Erläuterungen
		1. Durch Verkehrszeichen gleicher Art mit Sinnbildern nach § 39 Absatz 7 können andere Verkehrsarten verboten werden. 2. Zwei der nachstehenden Verbote können auf einem Schild vereinigt sein.
27		**Ge- oder Verbot** Ist auf einem Zusatzzeichen eine Masse, wie „7,5 t“, angegeben, gilt das Verbot nur, soweit die zulässige Gesamtmasse dieser Verkehrsmittel einschließlich ihrer Anhänger die angegebene Grenze überschreitet.
27.1[1)]		**Ge- oder Verbot** Mit diesem Zusatzzeichen sind elektrisch betriebene Fahrzeuge von Verkehrsverboten (Zeichen 250, 251, 253, 255, 260) ausgenommen.
28	Zeichen 250  Verbot für Fahrzeuge aller Art	**Ge- oder Verbot** 1. Verbot für Fahrzeuge aller Art. Das Zeichen gilt nicht für Handfahrzeuge, abweichend von § 28 Absatz 2 auch nicht für Reiter, Führer von Pferden sowie Treiber und Führer von Vieh. 2. Krafträder und Fahrräder dürfen geschoben werden.
29	Zeichen 251  Verbot für Kraftwagen	**Ge- oder Verbot** Verbot für Kraftwagen und sonstige mehrspurige Kraftfahrzeuge
30	Zeichen 253  Verbot für Kraftfahrzeuge über 3,5 t	**Ge- oder Verbot** Verbot für Kraftfahrzeuge mit einer zulässigen Gesamtmasse über 3,5 t, einschließlich ihrer Anhänger, und für Zugmaschinen. Ausgenommen sind Personenkraftwagen und Kraftomnibusse. **Erläuterung** Das Zeichen kann in einer Überleitungstafel oder in einer Verschwenkungstafel oder in einer Fahrstreifentafel integriert sein. Dann bezieht sich das Verbot nur auf den jeweiligen Fahrstreifen, für den das Verbot angeordnet ist.

1) Siehe hierzu die Übergangsbestimmungen in § 52.

1	2	3
lfd. Nr.	Zeichen und Zusatzzeichen	Ge- oder Verbote Erläuterungen
30.1	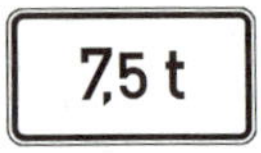	**Ge- oder Verbot** Wird Zeichen 253 mit diesen Zusatzzeichen angeordnet, bedeutet dies: 1. Das Verbot ist auf den Durchgangsverkehr mit Nutzfahrzeugen, einschließlich ihrer Anhänger, mit einer zulässigen Gesamtmasse ab 7,5 t beschränkt. 2. Durchgangsverkehr liegt nicht vor, soweit die jeweilige Fahrt a) dazu dient, ein Grundstück an der vom Verkehrsverbot betroffenen Straße oder an einer Straße, die durch die vom Verkehrsverbot betroffene Straße erschlossen wird, zu erreichen oder zu verlassen, b) dem Güterverkehr im Sinne des § 1 Absatz 1 des Güterkraftverkehrsgesetzes in einem Gebiet innerhalb eines Umkreises von 75 km, gerechnet in der Luftlinie vom Mittelpunkt des zu Beginn einer Fahrt ersten Beladeorts des jeweiligen Fahrzeugs (Ortsmittelpunkt), dient; dabei gehören alle Gemeinden, deren Ortsmittelpunkt innerhalb des Gebietes liegt, zu dem Gebiet, oder c) mit im Bundesfernstraßenmautgesetz bezeichneten Fahrzeugen, die nicht der Mautpflicht unterliegen, durchgeführt wird. 3. Ausgenommen von dem Verkehrsverbot ist eine Fahrt, die auf ausgewiesenen Umleitungsstrecken (Zeichen 421, 442, 454 bis 457.2 oder Zeichen 460 und 466) durchgeführt wird, um besonderen Verkehrslagen Rechnung zu tragen. **Erläuterung** Diese Kombination ist nur mit Zeichen 253 zulässig.
31	Zeichen 254  Verbot für Radverkehr	**Ge- oder Verbot** Verbot für den Radverkehr und den Verkehr mit Elektrokleinstfahrzeugen im Sinne der eKFV
32	Zeichen 255  Verbot für Krafträder	**Ge- oder Verbot** Verbot für Krafträder, auch mit Beiwagen, Kleinkrafträder und Mofas

1 lfd. Nr.	2 Zeichen und Zusatzzeichen	3 Ge- oder Verbote Erläuterungen
33	Zeichen 259  Verbot für Fußgänger	**Ge- oder Verbot** Verbot für den Fußgängerverkehr
34	Zeichen 260  Verbot für Kraftfahrzeuge	**Ge- oder Verbot** Verbot für Krafträder, auch mit Beiwagen, Kleinkrafträder und Mofas sowie für Kraftwagen und sonstige mehrspurige Kraftfahrzeuge
35	Zeichen 261  Verbot für kennzeichnungspflichtige Kraftfahrzeuge mit gefährlichen Gütern	**Ge- oder Verbot** Verbot für kennzeichnungspflichtige Kraftfahrzeuge mit gefährlichen Gütern
zu 36 bis 40		**Ge- oder Verbot** Die nachfolgenden Zeichen 262 bis 266 verbieten die Verkehrsteilnahme für Fahrzeuge, deren Maße oder Massen, einschließlich Ladung, eine auf dem jeweiligen Zeichen angegebene tatsächliche Grenze überschreiten. **Erläuterung** Die angegebenen Grenzen stellen nur Beispiele dar.
36	Zeichen 262  Tatsächliche Masse	**Ge- oder Verbot** Die Beschränkung durch Zeichen 262 gilt bei Fahrzeugkombinationen für das einzelne Fahrzeug, bei Sattelkraftfahrzeugen gesondert für die Sattelzugmaschine einschließlich Sattellast und für die tatsächlich vorhandenen Achslasten des Sattelanhängers. **Erläuterung** Das Zeichen kann in einer Überleitungstafel oder in einer Verschwenkungstafel oder in einer Fahrstreifentafel integriert sein. Dann bezieht sich das Verbot nur auf den jeweiligen Fahrstreifen, für den das Verbot angeordnet ist.

1	2	3
lfd. Nr.	Zeichen und Zusatzzeichen	Ge- oder Verbote Erläuterungen
37	Zeichen 263  Tatsächliche Achslast	**Erläuterung** Das Zeichen kann in einer Überleitungstafel oder in einer Verschwenkungstafel oder in einer Fahrstreifentafel integriert sein. Dann bezieht sich das Verbot nur auf den jeweiligen Fahrstreifen, für den das Verbot angeordnet ist.
38	Zeichen 264  Tatsächliche Breite	**Erläuterung** Die tatsächliche Breite gibt das Maß einschließlich der Fahrzeugaußenspiegel an. Das Zeichen kann in einer Überleitungstafel oder in einer Verschwenkungstafel oder in einer Fahrstreifentafel integriert sein. Dann bezieht sich das Verbot nur auf den jeweiligen Fahrstreifen, für den das Verbot angeordnet ist.
39	Zeichen 265  Tatsächliche Höhe	**Erläuterung** Das Zeichen kann in einer Überleitungstafel oder in einer Verschwenkungstafel oder in einer Fahrstreifentafel integriert sein. Dann bezieht sich das Verbot nur auf den jeweiligen Fahrstreifen, für den das Verbot angeordnet ist.
40	Zeichen 266  Tatsächliche Länge	**Ge- oder Verbot** Das Verbot gilt bei Fahrzeugkombinationen für die Gesamtlänge.
41	Zeichen 267  Verbot der Einfahrt	**Ge- oder Verbot** Wer ein Fahrzeug führt, darf nicht in die Fahrbahn einfahren, für die das Zeichen angeordnet ist. **Erläuterung** Das Zeichen steht auf der rechten Seite der Fahrbahn, für die es gilt, oder auf beiden Seiten dieser Fahrbahn.

1 lfd. Nr.	2 Zeichen und Zusatzzeichen	3 Ge- oder Verbote Erläuterungen
41.1		**Ge- oder Verbot** Durch das Zusatzzeichen zu dem Zeichen 267 ist die Einfahrt für den Radverkehr und Elektrokleinstfahrzeuge im Sinne der eKFV zugelassen.
42	Zeichen 268  Schneeketten vorgeschrieben	**Ge- oder Verbot** Wer ein Fahrzeug führt, darf die Straße nur mit Schneeketten befahren.
43	Zeichen 269  Verbot für Fahrzeuge mit wassergefährdender Ladung	**Ge- oder Verbot** Wer ein Fahrzeug führt, darf die Straße mit mehr als 20 l wassergefährdender Ladung nicht benutzen.
44	Zeichen 270.1  Beginn einer Verkehrsverbotszone zur Verminderung schädlicher Luftverunreinigungen in einer Zone	**Ge- oder Verbot** 1. Die Teilnahme am Verkehr mit einem Kraftfahrzeug innerhalb einer so gekennzeichneten Zone ist verboten. 2. § 1 Absatz 2 sowie § 2 Absatz 3 in Verbindung mit Anhang 3 der Verordnung zur Kennzeichnung der Kraftfahrzeuge mit geringem Beitrag zur Schadstoffbelastung vom 10. Oktober 2006 (BGBl. I S. 2218), die durch Artikel 1 der Verordnung vom 5. Dezember 2007 (BGBl. I S. 2793) geändert worden ist, bleiben unberührt. Die Ausnahmen können im Einzelfall oder allgemein durch Zusatzzeichen oder Allgemeinverfügung zugelassen sein. 3. Von dem Verbot der Verkehrsteilnahme sind zudem Kraftfahrzeuge zur Beförderung schwerbehinderter Menschen mit außergewöhnlicher Gehbehinderung, beidseitiger Amelie oder Phokomelie oder mit vergleichbaren Funktionseinschränkungen sowie blinde Menschen ausgenommen. **Erläuterung** Die Umweltzone ist zur Vermeidung von schädlichen Umwelteinwirkungen durch Luftverunreinigungen in einem Luftreinhalteplan oder einem Plan für kurzfristig zu ergreifende Maßnahmen nach § 47 Absatz 1 oder 2 des Bundes-Immissionsschutzgesetzes festgesetzt und auf Grund des § 40 Absatz 1 des Bundes-Immissionsschutzgesetzes angeordnet.

1	2	3
lfd. Nr.	Zeichen und Zusatzzeichen	Ge- oder Verbote Erläuterungen
		Die Kennzeichnung der Umweltzone erfolgt auf Grund von § 45 Absatz 1f.
45	Zeichen 270.2  Ende einer Verkehrsverbotszone zur Verminderung schädlicher Luftverunreinigungen in einer Zone	
46	 Freistellung vom Verkehrsverbot nach § 40 Absatz 1 des Bundes-Immissionsschutzgesetzes	**Ge- oder Verbot** Das Zusatzzeichen zum Zeichen 270.1 nimmt Kraftfahrzeuge vom Verkehrsverbot aus, die mit einer auf dem Zusatzzeichen in der jeweiligen Farbe angezeigten Plakette nach § 3 der Verordnung zur Kennzeichnung der Kraftfahrzeuge mit geringem Beitrag zur Schadstoffbelastung ausgestattet sind.
47	Zeichen 272  Verbot des Wendens	**Ge- oder Verbot** Wer ein Fahrzeug führt, darf hier nicht wenden.
48	Zeichen 273  Verbot des Unterschreitens des angegebenen Mindestabstandes	**Ge- oder Verbot** Wer ein Kraftfahrzeug mit einer zulässigen Gesamtmasse über 3,5 t oder eine Zugmaschine führt, darf den angegebenen Mindestabstand zu einem vorausfahrenden Kraftfahrzeug gleicher Art nicht unterschreiten. Personenkraftwagen und Kraftomnibusse sind ausgenommen.
Abschnitt 7 Geschwindigkeitsbeschränkungen und Überholverbote		
49	Zeichen 274	**Ge- oder Verbot** 1. Wer ein Fahrzeug führt, darf nicht schneller als mit der jeweils angegebenen Höchstgeschwindigkeit fahren. 2. Sind durch das Zeichen innerhalb geschlossener Ortschaften bestimmte Geschwindigkeiten über 50 km/h zugelassen, gilt das für Fahrzeuge aller Art. 3. Außerhalb geschlossener Ortschaften bleiben die für bestimmte Fahrzeugarten geltenden Höchst-

1	2	3
lfd. Nr.	Zeichen und Zusatzzeichen	Ge- oder Verbote Erläuterungen
	 Zulässige Höchstgeschwindigkeit	geschwindigkeiten (§ 3 Absatz 3 Nummer 2 Buchstabe a und b und § 18 Absatz 5) unberührt, wenn durch das Zeichen eine höhere Geschwindigkeit zugelassen ist. **Erläuterung** Das Zeichen kann in einer Fahrstreifentafel oder einer Einengungstafel oder einer Aufweitungstafel integriert sein. Dann bezieht sich die zulässige Höchstgeschwindigkeit nur auf den jeweiligen Fahrstreifen, für den die Höchstgeschwindigkeit angeordnet ist.
49.1		**Ge- oder Verbot** Das Zusatzzeichen zu dem Zeichen 274 verbietet Fahrzeugführenden, bei nasser Fahrbahn die angegebene Geschwindigkeit zu überschreiten.
50	Zeichen 274.1  Beginn einer Tempo 30-Zone	**Ge- oder Verbot** Wer ein Fahrzeug führt, darf innerhalb dieser Zone nicht schneller als mit der angegebenen Höchstgeschwindigkeit fahren. **Erläuterung** Mit dem Zeichen können in verkehrsberuhigten Geschäftsbereichen auch Zonengeschwindigkeitsbeschränkungen von weniger als 30 km/h angeordnet sein.
51	Zeichen 274.2  Ende einer Tempo 30-Zone	
52	Zeichen 275  Vorgeschriebene Mindestgeschwindigkeit	**Ge- oder Verbot** Wer ein Fahrzeug führt, darf nicht langsamer als mit der angegebenen Mindestgeschwindigkeit fahren, sofern nicht Straßen-, Verkehrs-, Sicht- oder Wetterverhältnisse dazu verpflichten. Es verbietet, mit Fahrzeugen, die nicht so schnell fahren können oder dürfen, einen so gekennzeichneten Fahrstreifen zu benutzen. **Erläuterung** Das Zeichen kann in einer Fahrstreifentafel oder einer Aufweitungstafel integriert sein. Dann bezieht sich die vorgeschriebene Mindestgeschwindigkeit nur auf den jeweiligen Fahrstreifen, für den die Mindestgeschwindigkeit angeordnet ist.

1	2	3
lfd. Nr.	Zeichen und Zusatzzeichen	Ge- oder Verbote Erläuterungen
Zu 53, 54 und 54.4		**Ge- oder Verbot** Die nachfolgenden Zeichen 276 und 277 verbieten Kraftfahrzeugen das Überholen von mehrspurigen Kraftfahrzeugen und Krafträdern mit Beiwagen. Ist auf einem Zusatzzeichen eine Masse, wie „7,5 t" angegeben, gilt das Verbot nur, soweit die zulässige Gesamtmasse dieser Kraftfahrzeuge, einschließlich ihrer Anhänger, die angegebene Grenze überschreitet. Soll mehrspurigen Kraftfahrzeugen und Krafträdern mit Beiwagen das Überholen von einspurigen Fahrzeugen verboten werden, ist Zeichen 277.1 angeordnet.
53	Zeichen 276  Überholverbot für Kraftfahrzeuge aller Art	
54	Zeichen 277  Überholverbot für Kraftfahrzeuge über 3,5 t	**Ge- oder Verbot** Überholverbot für Kraftfahrzeuge mit einer zulässigen Gesamtmasse über 3,5 t, einschließlich ihrer Anhänger, und für Zugmaschinen. Ausgenommen sind Personenkraftwagen und Kraftomnibusse.
54.1		**Ge- oder Verbot** Mit dem Zusatzzeichen gilt das durch Zeichen 277 angeordnete Überholverbot auch für Kraftfahrzeuge über 2,8 t, einschließlich ihrer Anhänger.
54.2		**Ge- oder Verbot** Mit dem Zusatzzeichen gilt das durch Zeichen 277 angeordnete Überholverbot auch für Kraftomnibusse und Personenkraftwagen mit Anhänger.

1 lfd. Nr.	2 Zeichen und Zusatzzeichen	3 Ge- oder Verbote Erläuterungen
54.3		**Erläuterung** Das Zusatzzeichen zu dem Zeichen 274, 276, 277 oder 277.1 gibt die Länge einer Geschwindigkeitsbeschränkung oder eines Überholverbots an.
54.4	Zeichen 277.1  Verbot des Überholens von einspurigen Fahrzeugen für mehrspurige Kraftfahrzeuge und Krafträder mit Beiwagen	**Ge- oder Verbot** Wer ein mehrspuriges Kraftfahrzeug führt, darf ein- und mehrspurige Fahrzeuge nicht überholen.
55		**Erläuterung** Das Ende einer streckenbezogenen Geschwindigkeitsbeschränkung oder eines Überholverbots ist nicht gekennzeichnet, wenn das Verbot nur für eine kurze Strecke gilt und auf einem Zusatzzeichen die Länge des Verbots angegeben ist. Es ist auch nicht gekennzeichnet, wenn das Verbotszeichen zusammen mit einem Gefahrzeichen angebracht ist und sich aus der Örtlichkeit zweifelsfrei ergibt, von wo an die angezeigte Gefahr nicht mehr besteht. Sonst ist es gekennzeichnet durch die Zeichen 278 bis 282.
56	Zeichen 278  Ende der zulässigen Höchstgeschwindigkeit	**Erläuterung** Das Zeichen kann in einer Fahrstreifentafel oder einer Einengungstafel oder Aufweitungstafel integriert sein. Dann bezieht sich das Zeichen nur auf den jeweiligen Fahrstreifen, für den die zulässige Höchstgeschwindigkeit vorher angeordnet worden war.
57	Zeichen 279  Ende der vorgeschriebenen Mindestgeschwindigkeit	**Erläuterung** Das Zeichen kann in einer Fahrstreifentafel oder einer Einengungstafel integriert sein. Dann bezieht sich das Zeichen nur auf den jeweiligen Fahrstreifen, für den die vorgeschriebene Mindestgeschwindigkeit vorher angeordnet worden war.

1	2	3
lfd. Nr.	Zeichen und Zusatzzeichen	Ge- oder Verbote Erläuterungen
58	Zeichen 280  Ende des Überholverbots für Kraftfahrzeuge aller Art	
59	Zeichen 281  Ende des Überholverbots für Kraftfahrzeuge über 3,5 t	
59.1	Zeichen 281.1  Ende des Verbots des Überholens von einspurigen Fahrzeugen für mehrspurige Kraftfahrzeuge und Krafträder mit Beiwagen	
60	Zeichen 282  Ende sämtlicher streckenbezogener Geschwindigkeitsbeschränkungen und Überholverbote	**Erläuterung** Das Zeichen kann in einer Fahrstreifentafel oder einer Aufweitungstafel integriert sein. Dann bezieht sich das Zeichen nur auf den jeweiligen Fahrstreifen, für den die streckenbezogenen Geschwindigkeitsbeschränkungen und Überholverbote vorher angeordnet worden waren.
Abschnitt 8 Halt- und Parkverbote		
61		**Ge- oder Verbot** 1. Die durch die nachfolgenden Zeichen 283 und 286 angeordneten Haltverbote gelten nur auf der Straßenseite, auf der die Zeichen angebracht sind. Sie gelten bis zur nächsten Kreuzung oder Einmündung auf der gleichen Straßenseite oder bis

1 lfd. Nr.	2 Zeichen und Zusatzzeichen	3 Ge- oder Verbote Erläuterungen
		durch Verkehrszeichen für den ruhenden Verkehr eine andere Regelung vorgegeben wird. 2. Mobile, vorübergehend angeordnete Haltverbote durch Zeichen 283 und 286 heben Verkehrszeichen auf, die das Parken erlauben. **Erläuterung** Der Anfang der Verbotsstrecke kann durch einen zur Fahrbahn weisenden waagerechten weißen Pfeil im Zeichen, das Ende durch einen solchen von der Fahrbahn wegweisenden Pfeil gekennzeichnet sein. Bei in der Verbotsstrecke wiederholten Zeichen weist eine Pfeilspitze zur Fahrbahn, die zweite Pfeilspitze von ihr weg.
62	Zeichen 283  Absolutes Haltverbot	**Ge- oder Verbot** Das Halten auf der Fahrbahn ist verboten.
62.1		**Ge- oder Verbot** Das mit dem Zeichen 283 angeordnete Zusatzzeichen verbietet das Halten von Fahrzeugen auch auf dem Seitenstreifen.
62.2		**Ge- oder Verbot** Das mit dem Zeichen 283 angeordnete Zusatzzeichen verbietet das Halten von Fahrzeugen nur auf dem Seitenstreifen.
63	Zeichen 286  Eingeschränktes Haltverbot	**Ge- oder Verbot** 1. Wer ein Fahrzeug führt, darf nicht länger als drei Minuten auf der Fahrbahn halten, ausgenommen zum Ein- oder Aussteigen oder zum Be- oder Entladen. 2. Ladegeschäfte müssen ohne Verzögerung durchgeführt werden.
63.1		**Ge- oder Verbot** Mit dem Zusatzzeichen zu Zeichen 286 darf auch auf dem Seitenstreifen nicht länger als drei Minuten gehalten werden, ausgenommen zum Ein- oder Aussteigen oder zum Be- oder Entladen.

1	2	3
lfd. Nr.	Zeichen und Zusatzzeichen	Ge- oder Verbote Erläuterungen
63.2		**Ge- oder Verbot** Mit dem Zusatzzeichen zu Zeichen 286 darf nur auf dem Seitenstreifen nicht länger als drei Minuten gehalten werden, ausgenommen zum Ein- oder Aussteigen oder zum Be- oder Entladen.
63.3		**Ge- oder Verbot** 1. Das Zusatzzeichen zu Zeichen 286 nimmt schwerbehinderte Menschen mit außergewöhnlicher Gehbehinderung, beidseitiger Amelie oder Phokomelie oder mit vergleichbaren Funktionseinschränkungen sowie blinde Menschen, jeweils mit besonderem Parkausweis Nummer ..., vom Haltverbot aus. 2. Die Ausnahme gilt nur, soweit der Parkausweis gut lesbar ausgelegt oder angebracht ist.
63.4		**Ge- oder Verbot** 1. Das Zusatzzeichen zu Zeichen 286 nimmt Bewohner mit besonderem Parkausweis vom Haltverbot aus. 2. Die Ausnahme gilt nur, soweit der Parkausweis gut lesbar ausgelegt oder angebracht ist.
63.5[1]		**Ge- oder Verbot** Durch das Zusatzzeichen zu Zeichen 286 wird das Parken für elektrisch betriebene Fahrzeuge innerhalb der gekennzeichneten Flächen erlaubt.
63.6		**Ge- oder Verbot** Durch das Zusatzzeichen zu Zeichen 286 wird das Parken für Carsharingfahrzeuge (§ 39 Absatz 11) innerhalb der gekennzeichneten Flächen erlaubt.
64	Zeichen 290.1  Beginn eines Eingeschränkten Haltverbots für eine Zone	**Ge- oder Verbot** 1. Wer ein Fahrzeug führt, darf innerhalb der gekennzeichneten Zone nicht länger als drei Minuten halten, ausgenommen zum Ein- oder Aussteigen oder zum Be- oder Entladen. 2. Innerhalb der gekennzeichneten Zone gilt das eingeschränkte Haltverbot auf allen öffentlichen Verkehrsflächen, sofern nicht abweichende Regelungen durch Verkehrszeichen oder Verkehrseinrichtungen getroffen sind. 3. Durch Zusatzzeichen kann das Parken für Bewohner mit Parkausweis oder mit Parkschein oder Parkscheibe (Bild 318) innerhalb gekennzeichneter Flächen erlaubt sein. 4. Durch Zusatzzeichen kann das Parken mit Parkschein oder Parkscheibe (Bild 318) innerhalb ge-

[1] Siehe hierzu die Übergangsbestimmungen in § 52.

<table>
<tr><td>1
lfd. Nr.</td><td>2
Zeichen und Zusatzzeichen</td><td>3
Ge- oder Verbote Erläuterungen</td></tr>
<tr><td></td><td></td><td>kennzeichneter Flächen erlaubt sein. Dabei ist der Parkausweis, der Parkschein oder die Parkscheibe gut lesbar auszulegen oder anzubringen.</td></tr>
<tr><td>64.1[1]</td><td>
</td><td>Ge- oder Verbot
Durch das Zusatzzeichen zu Zeichen 290.1 wird das Parken für elektrisch betriebene Fahrzeuge innerhalb der gekennzeichneten Flächen erlaubt.</td></tr>
<tr><td>64.2</td><td>
</td><td>Ge- oder Verbot
Durch das Zusatzzeichen zu Zeichen 290.1 wird das Parken für Carsharingfahrzeuge (§ 39 Absatz 11) innerhalb der gekennzeichneten Flächen erlaubt.</td></tr>
<tr><td>65</td><td>Zeichen 290.2

Ende eines eingeschränkten Haltverbots für eine Zone</td><td></td></tr>
<tr><td colspan="3">Abschnitt 9 Markierungen</td></tr>
<tr><td>66</td><td>Zeichen 293

Fußgängerüberweg</td><td>Ge- oder Verbot
Wer ein Fahrzeug führt, darf auf Fußgängerüberwegen sowie bis zu 5 m davor nicht halten.</td></tr>
<tr><td>67</td><td>Zeichen 294

Haltlinie</td><td>Ge- oder Verbot
Ergänzend zu Halt- oder Wartegeboten, die durch Zeichen 206, durch Polizeibeamte, Lichtzeichen oder Schranken gegeben werden, ordnet sie an:
Wer ein Fahrzeug führt, muss hier anhalten. Erforderlichenfalls ist an der Stelle, wo die Straße eingesehen werden kann, in die eingefahren werden soll (Sichtlinie), erneut anzuhalten.</td></tr>
</table>

[1] Siehe hierzu die Übergangsbestimmungen in § 52.

1	2	3
lfd. Nr.	Zeichen und Zusatzzeichen	Ge- oder Verbote Erläuterungen
68	Zeichen 295 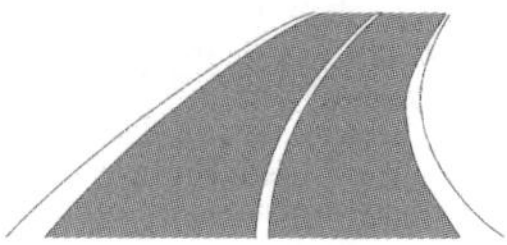 Fahrstreifenbegrenzung, Begrenzung von Fahrbahnen und Sonderwegen	**Ge- oder Verbot** 1. a) Wer ein Fahrzeug führt, darf die durchgehende Linie auch nicht teilweise überfahren. b) Trennt die durchgehende Linie den Teil der Fahrbahn oder des Sonderwegs für den Gegenverkehr ab, ist rechts von ihr zu fahren. c) Grenzt sie einen befestigten Seitenstreifen ab, müssen außerorts landwirtschaftliche Zug- und Arbeitsmaschinen, Fuhrwerke und ähnlich langsame Fahrzeuge möglichst rechts von ihr fahren. d) Wer ein Fahrzeug führt, darf auf der Fahrbahn nicht parken, wenn zwischen dem abgestellten Fahrzeug und der Fahrstreifenbegrenzungslinie kein Fahrstreifen von mindestens 3 m mehr verbleibt. 2. a) Wer ein Fahrzeug führt, darf links von der durchgehenden Fahrbahnbegrenzungslinie nicht halten, wenn rechts ein Seitenstreifen oder Sonderweg vorhanden ist. b) Wer ein Fahrzeug führt, darf die Fahrbahnbegrenzung der Mittelinsel des Kreisverkehrs nicht überfahren. c) Ausgenommen von dem Verbot zum Überfahren der Fahrbahnbegrenzung der Mittelinsel des Kreisverkehrs sind nur Fahrzeuge, denen wegen ihrer Abmessungen das Befahren sonst nicht möglich wäre. Mit ihnen darf die Mittelinsel überfahren werden, wenn eine Gefährdung anderer am Verkehr Teilnehmenden ausgeschlossen ist. 3. a) Wird durch Zeichen 223.1 das Befahren eines Seitenstreifens angeordnet, darf die Fahrbahnbegrenzung wie eine Leitlinie zur Markierung von Fahrstreifen einer durchgehenden Fahrbahn (Zeichen 340) überfahren werden. b) Grenzt sie einen Sonderweg ab, darf sie nur überfahren werden, wenn dahinter anders nicht erreichbare Parkstände angelegt sind oder sich Grundstückszufahrten befinden und das Benutzen von Sonderwegen weder gefährdet noch behindert wird. c) Die Linie zur Begrenzung von Fahrbahnen oder Sonderwegen darf überfahren werden, wenn sich dahinter eine nicht anders erreichbare Grundstückszufahrt befindet. **Erläuterung** 1. Als Fahrstreifenbegrenzung trennt das Zeichen den für den Gegenverkehr bestimmten Teil der Fahrbahn oder mehrere Fahrstreifen für den gleichgerichteten Verkehr voneinander ab. Die Fahrstreifenbegrenzung kann zur Abtrennung des Gegenverkehrs aus einer Doppellinie bestehen. Die Doppellinie kann voneinander abgesetzt aufgebracht sein, dann kann der verbleibende Zwischenraum in grüner Farbe ausgefüllt sein, was weder einen Mittelstreifen noch eine bauliche Trennung darstellt.

1 lfd. Nr.	2 Zeichen und Zusatzzeichen	3 Ge- oder Verbote Erläuterungen
		2. Als Fahrbahnbegrenzung kann die durchgehende Linie auch einen Seitenstreifen oder Sonderweg abgrenzen. 3. Als Begrenzung eines Sonderwegs kennzeichnet sie den Verlauf des für den Radverkehr bestimmten Teils des Sonderwegs.
69	Zeichen 296 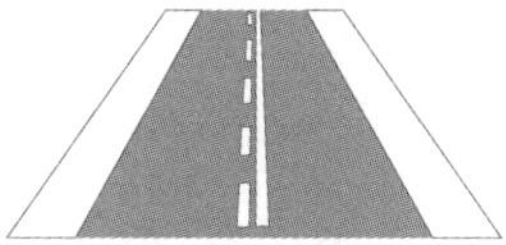 Fahrstreifen B Fahrstreifen A Einseitige Fahrstreifenbegrenzung	**Ge- oder Verbot** 1. Wer ein Fahrzeug führt, darf die durchgehende Linie nicht überfahren oder auf ihr fahren. 2. Wer ein Fahrzeug führt, darf nicht auf der Fahrbahn parken, wenn zwischen dem parkenden Fahrzeug und der durchgehenden Fahrstreifenbegrenzungslinie kein Fahrstreifen von mindestens 3 m mehr verbleibt. 3. Für Fahrzeuge auf dem Fahrstreifen B ordnet die Markierung an: Fahrzeuge auf dem Fahrstreifen B dürfen die Markierung überfahren, wenn der Verkehr dadurch nicht gefährdet wird.
70	Zeichen 297  Pfeilmarkierungen	**Ge- oder Verbot** 1. Wer ein Fahrzeug führt, muss der Fahrtrichtung auf der folgenden Kreuzung oder Einmündung folgen, wenn zwischen den Pfeilen Leitlinien (Zeichen 340) oder Fahrstreifenbegrenzungen (Zeichen 295) markiert sind. 2. Wer ein Fahrzeug führt, darf auf der mit Pfeilen markierten Strecke der Fahrbahn nicht halten (§ 12 Absatz 1). **Erläuterung** Pfeile empfehlen, sich rechtzeitig einzuordnen und in Fahrstreifen nebeneinander zu fahren. Fahrzeuge, die sich eingeordnet haben, dürfen auch rechts überholt werden.
71	Zeichen 297.1 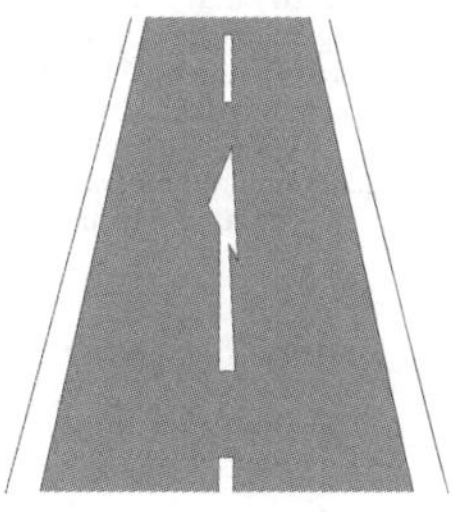 Vorankündigungspfeil	**Erläuterung** Mit dem Vorankündigungspfeil wird eine Fahrstreifenbegrenzung angekündigt oder das Ende eines Fahrstreifens angezeigt. Die Ausführung des Pfeils kann von der gezeigten abweichen.

1 lfd. Nr.	2 Zeichen und Zusatzzeichen	3 Ge- oder Verbote Erläuterungen
72	Zeichen 298 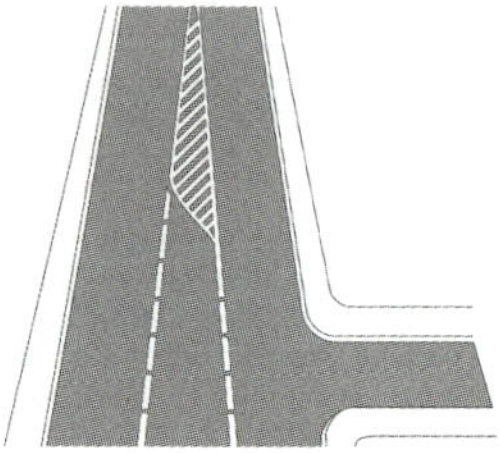 Sperrfläche	**Ge- oder Verbot** Wer ein Fahrzeug führt, darf Sperrflächen nicht benutzen.
73	Zeichen 299 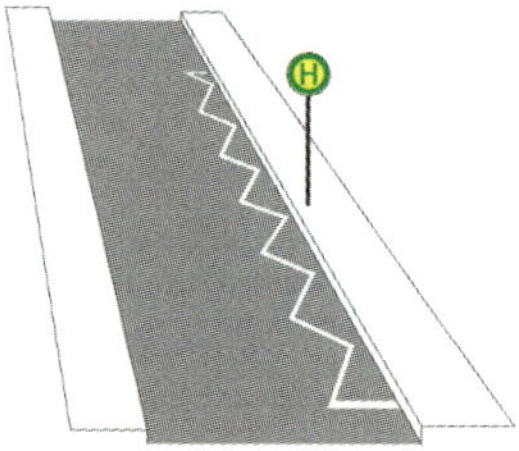 Grenzmarkierung für Halt- oder Parkverbote	**Ge- oder Verbot** Wer ein Fahrzeug führt, darf innerhalb einer Grenzmarkierung für Halt- oder Parkverbote nicht halten oder parken. **Erläuterung** Grenzmarkierungen bezeichnen, verlängern oder verkürzen ein an anderer Stelle vorgeschriebenes Halt- oder Parkverbot.
74	Parkflächenmarkierung	**Ge- oder Verbot** Eine Parkflächenmarkierung erlaubt das Parken; auf Gehwegen aber nur Fahrzeugen mit einer zulässigen Gesamtmasse bis zu 2,8 t. Die durch die Parkflächenmarkierung angeordnete Aufstellung ist einzuhalten. Wo sie mit durchgehenden Linien markiert ist, darf diese überfahren werden. **Erläuterung** Sind Parkflächen auf Straßen erkennbar abgegrenzt, wird damit angeordnet, wie Fahrzeuge aufzustellen sind.

Anlage 3[1)]
(zu § 42 Absatz 2)

Richtzeichen

1	2	3
lfd. Nr.	Zeichen und Zusatzzeichen	Ge- oder Verbote Erläuterungen
Abschnitt 1 Vorrangzeichen		
1	Zeichen 301  Vorfahrt	**Ge- oder Verbot** Das Zeichen zeigt an, dass an der nächsten Kreuzung oder Einmündung Vorfahrt besteht.
2	Zeichen 306  Vorfahrtstraße	**Ge- oder Verbot** Wer ein Fahrzeug führt, darf außerhalb geschlossener Ortschaften auf Fahrbahnen von Vorfahrtstraßen nicht parken. Das Zeichen zeigt an, dass Vorfahrt besteht bis zum nächsten Zeichen 205 „Vorfahrt gewähren.“, 206 „Halt. Vorfahrt gewähren.“ oder 307 „Ende der Vorfahrtstraße“.
2.1		**Ge- oder Verbot** 1. Wer ein Fahrzeug führt und dem Verlauf der abknickenden Vorfahrtstraße folgen will, muss dies rechtzeitig und deutlich ankündigen; dabei sind die Fahrtrichtungsanzeiger zu benutzen. 2. Auf den Fußgängerverkehr ist besondere Rücksicht zu nehmen. Wenn nötig, muss gewartet werden. **Erläuterung** Das Zusatzzeichen zum Zeichen 306 zeigt den Verlauf der Vorfahrtstraße an.
3	Zeichen 307  Ende der Vorfahrtstraße	

[1)] Anl. 3 geänd. mWv 26.9.2015 durch VO v. 15.9.2015 (BGBl. I S. 1573); geänd. mWv 28.4.2020 durch VO v. 20.4.2020 (BGBl. I S. 814).

1	2	3
lfd. Nr.	Zeichen und Zusatzzeichen	Ge- oder Verbote Erläuterungen
4	Zeichen 308  Vorrang vor dem Gegenverkehr	**Ge- oder Verbot** Wer ein Fahrzeug führt, hat Vorrang vor dem Gegenverkehr.
Abschnitt 2 Ortstafel		
zu 5 und 6		**Erläuterung** Ab der Ortstafel gelten jeweils die für den Verkehr innerhalb oder außerhalb geschlossener Ortschaften bestehenden Vorschriften.
5	Zeichen 310  Ortstafel Vorderseite	Die Ortstafel bestimmt: Hier beginnt eine geschlossene Ortschaft.
6	Zeichen 311  Ortstafel Rückseite	Die Ortstafel bestimmt: Hier endet eine geschlossene Ortschaft.
Abschnitt 3 Parken		
7	Zeichen 314  Parken	**Ge- oder Verbot** 1. Wer ein Fahrzeug führt, darf hier parken. 2. a) Durch ein Zusatzzeichen kann die Parkerlaubnis insbesondere nach der Dauer, nach Fahrzeugarten, zugunsten der mit besonderem Parkausweis versehenen Bewohner oder auf das Parken mit Parkschein oder Parkscheibe beschränkt sein. b) Ein Zusatzzeichen mit Bild 318 (Parkscheibe) und Angabe der Stundenzahl schreibt das Parken mit Parkscheibe und dessen zulässige Höchstdauer vor. c) Durch Zusatzzeichen können Bewohner mit Parkausweis von der Verpflichtung zum Parken mit Parkschein oder Parkscheibe freigestellt sein. d) Durch ein Zusatzzeichen mit Rollstuhlfahrersinnbild kann die Parkerlaubnis beschränkt sein auf schwerbehinderte Menschen mit außergewöhnlicher Gehbehinderung, beidseiti-

1	2	3
lfd. Nr.	Zeichen und Zusatzzeichen	Ge- oder Verbote Erläuterungen
		ger Amelie oder Phokomelie oder mit vergleichbaren Funktionseinschränkungen sowie auf blinde Menschen. e) Die Parkerlaubnis gilt nur, wenn der Parkschein, die Parkscheibe oder der Parkausweis gut lesbar ausgelegt oder angebracht ist. f) Durch Zusatzzeichen kann ein Parkplatz als gebührenpflichtig ausgewiesen sein. 3.[1] a) Durch Zusatzzeichen kann die Parkerlaubnis zugunsten elektrisch betriebener Fahrzeuge beschränkt sein. b) Durch Zusatzzeichen können elektrisch betriebene Fahrzeuge von der Verpflichtung zum Parken mit Parkschein oder Parkscheibe freigestellt sein. Sind Parkscheinautomaten aufgestellt, kann die Freistellung auch allein am Automaten angegeben sein. c) Durch Zusatzzeichen kann die Parkerlaubnis für elektrisch betriebene Fahrzeuge nach der Dauer beschränkt sein. Der Nachweis zur Einhaltung der zeitlichen Dauer erfolgt durch Auslegen der Parkscheibe. Die Parkerlaubnis gilt nur, wenn die Parkscheibe gut lesbar ausgelegt oder angebracht ist. 4. a) Durch Zusatzzeichen kann die Parkerlaubnis zugunsten von mit einem Carsharingausweis versehenen Carsharingfahrzeugen beschränkt sein. Eine Beschränkung auf Fahrzeuge nur eines Carsharingunternehmens oder auf bestimmte Carsharingunternehmen ist nach Maßgabe des Carsharinggesetzes zulässig. Die Beschränkung erfolgt durch die Angabe der entsprechenden Firmenbezeichnung in schwarzer Schrift auf weißem Grund auf einem weiteren Zusatzzeichen. Die Parkerlaubnis gilt nur, wenn der Carsharingausweis im Fahrzeug gut lesbar ausgelegt oder angebracht ist. b) Durch Zusatzzeichen können Carsharingfahrzeuge von der Verpflichtung zum Parken mit Parkschein oder Parkscheibe freigestellt sein. Sind Parkscheinautomaten aufgestellt, kann die Freistellung auch allein am Automaten angegeben sein. **Erläuterung** 1. Der Anfang des erlaubten Parkens kann durch einen zur Fahrbahn weisenden waagerechten weißen Pfeil im Zeichen, das Ende durch einen solchen von der Fahrbahn wegweisenden Pfeil gekennzeichnet sein. Bei in der Strecke wiederholten Zeichen weist eine Pfeilspitze zur Fahrbahn, die zweite Pfeilspitze von ihr weg. 2. Das Zeichen mit einem Zusatzzeichen mit schwarzem Pfeil weist auf die Zufahrt zu größeren Parkplätzen oder Parkhäusern hin. Das Zeichen kann auch durch Hinweise ergänzt werden, ob es sich um ein Parkhaus handelt.

[1] Siehe hierzu die Übergangsbestimmungen in § 52.

1 lfd. Nr.	2 Zeichen und Zusatzzeichen	3 Ge- oder Verbote Erläuterungen
8	Zeichen 314.1  Beginn einer Parkraumbewirtschaftungszone	**Ge- oder Verbot** 1. Wer ein Fahrzeug führt, darf innerhalb der Parkraumbewirtschaftungszone nur mit Parkschein oder mit Parkscheibe (Bild 318) parken, soweit das Halten und Parken nicht gesetzlich oder durch Verkehrszeichen verboten ist. 2. Durch Zusatzzeichen können Bewohner mit Parkausweis von der Verpflichtung zum Parken mit Parkschein oder Parkscheibe freigestellt sein. 3. Die Parkerlaubnis gilt nur, wenn der Parkschein, die Parkscheibe oder der Parkausweis gut lesbar ausgelegt oder angebracht ist. 4.[1] a) Durch Zusatzzeichen kann die Parkerlaubnis zugunsten elektrisch betriebener Fahrzeuge beschränkt sein. b) Durch Zusatzzeichen können elektrisch betriebene Fahrzeuge von der Verpflichtung zum Parken mit Parkschein oder Parkscheibe freigestellt sein. Sind Parkscheinautomaten aufgestellt, kann die Freistellung auch allein am Automaten angegeben sein. c) Durch Zusatzzeichen kann die Parkerlaubnis für elektrisch betriebene Fahrzeuge nach der Dauer beschränkt sein. Der Nachweis zur Einhaltung der zeitlichen Dauer erfolgt durch Auslegen der Parkscheibe. Die Parkerlaubnis gilt nur, wenn die Parkscheibe gut lesbar ausgelegt oder angebracht ist. 5. a) Durch Zusatzzeichen kann die Parkerlaubnis zugunsten von mit einem Carsharingausweis versehenen Carsharingfahrzeugen beschränkt sein. Eine Beschränkung auf Fahrzeuge nur eines Carsharingunternehmens oder auf bestimmte Carsharingunternehmen ist nach Maßgabe des Carsharinggesetzes zulässig. Die Beschränkung erfolgt durch eine zusätzliche Angabe der entsprechenden Firmenbezeichnung in schwarzer Schrift auf weißem Grund auf einem weiteren Zusatzzeichen. Die Parkerlaubnis gilt nur, wenn der Carsharingausweis gut lesbar im Fahrzeug ausgelegt oder angebracht ist. b) Durch Zusatzzeichen können Carsharingfahrzeuge von der Verpflichtung zum Parken mit Parkschein oder Parkscheibe freigestellt sein. Sind Parkscheinautomaten aufgestellt, kann die Freistellung auch allein am Automaten angegeben sein. **Erläuterung** Die Art der Parkbeschränkung wird durch Zusatzzeichen angezeigt.

[1] Siehe hierzu die Übergangsbestimmungen in § 52.

1	2	3
lfd. Nr.	Zeichen und Zusatzzeichen	Ge- oder Verbote Erläuterungen
9	Zeichen 314.2  Ende einer Parkraumbewirtschaftungszone	
10	Zeichen 315  Parken auf Gehwegen	**Ge- oder Verbot** 1. Wer ein Fahrzeug führt, darf auf Gehwegen mit Fahrzeugen mit einer zulässigen Gesamtmasse über 2,8 t nicht parken. Dann darf auch nicht entgegen der angeordneten Aufstellungsart des Zeichens oder entgegen Beschränkungen durch Zusatzzeichen geparkt werden. 2. a) Durch ein Zusatzzeichen kann die Parkerlaubnis insbesondere nach der Dauer, nach Fahrzeugarten, zugunsten der mit besonderem Parkausweis versehenen Bewohner oder auf das Parken mit Parkschein oder Parkscheibe beschränkt sein. b) Ein Zusatzzeichen mit Bild 318 (Parkscheibe) und Angabe der Stundenzahl schreibt das Parken mit Parkscheibe und dessen zulässige Höchstdauer vor. c) Durch Zusatzzeichen können Bewohner mit Parkausweis von der Verpflichtung zum Parken mit Parkschein oder Parkscheibe freigestellt sein. d) Durch ein Zusatzzeichen mit Rollstuhlfahrersinnbild kann die Parkerlaubnis beschränkt sein für schwerbehinderte Menschen mit außergewöhnlicher Gehbehinderung, beidseitiger Amelie oder Phokomelie oder mit vergleichbaren Funktionseinschränkungen sowie für blinde Menschen. e) Die Parkerlaubnis gilt nur, wenn der Parkschein, die Parkscheibe oder der Parkausweis gut lesbar ausgelegt oder angebracht ist. 3.[1] a) Durch Zusatzzeichen kann die Parkerlaubnis zugunsten elektrisch betriebener Fahrzeuge beschränkt sein. b) Durch Zusatzzeichen können elektrisch betriebene Fahrzeuge von der Verpflichtung zum Parken mit Parkschein oder Parkscheibe freigestellt sein. Sind Parkscheinautomaten aufgestellt, kann die Freistellung auch allein am Automaten angegeben sein. c) Durch Zusatzzeichen kann die Parkerlaubnis für elektrisch betriebene Fahrzeuge nach der Dauer beschränkt sein. Der Nachweis zur Einhaltung der zeitlichen Dauer erfolgt durch

[1] Siehe hierzu die Übergangsbestimmungen in § 52.

1	2	3
lfd. Nr.	Zeichen und Zusatzzeichen	Ge- oder Verbote Erläuterungen
		Auslegen der Parkscheibe. Die Parkerlaubnis gilt nur, wenn die Parkscheibe gut lesbar ausgelegt oder angebracht ist. 4. a) Durch Zusatzzeichen kann die Parkerlaubnis zugunsten von mit einem Carsharingausweis versehenen Carsharingfahrzeugen beschränkt sein. Eine Beschränkung auf Fahrzeuge nur eines Carsharingunternehmens oder auf bestimmte Carsharingunternehmen ist nach Maßgabe des Carsharinggesetzes zulässig. Die Beschränkung erfolgt durch eine zusätzliche Angabe der entsprechenden Firmenbezeichnung in schwarzer Schrift auf weißem Grund auf einem weiteren Zusatzzeichen. Die Parkerlaubnis gilt nur, wenn der Carsharingausweis gut lesbar im Fahrzeug ausgelegt oder angebracht ist. b) Durch Zusatzzeichen können Carsharingfahrzeuge von der Verpflichtung zum Parken mit Parkschein oder Parkscheibe freigestellt sein. Sind Parkscheinautomaten aufgestellt, kann die Freistellung auch allein am Automaten angegeben sein. **Erläuterung** 1. Der Anfang des erlaubten Parkens kann durch einen zur Fahrbahn weisenden waagerechten weißen Pfeil im Zeichen, das Ende durch einen solchen von der Fahrbahn wegweisenden Pfeil gekennzeichnet sein. Bei in der Strecke wiederholten Zeichen weist eine Pfeilspitze zur Fahrbahn, die zweite Pfeilspitze von ihr weg. 2. Im Zeichen ist bildlich dargestellt, wie die Fahrzeuge aufzustellen sind.
11	Bild 318 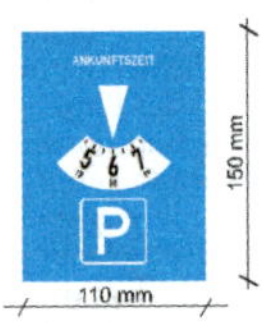 Parkscheibe	**Ge- oder Verbot**[1] Ist die Parkzeit bei elektrisch betriebenen Fahrzeugen beschränkt, so ist der Nachweis durch Auslegen der Parkscheibe zu erbringen.

[1] Siehe hierzu die Übergangsbestimmungen in § 52.

1	2	3
lfd. Nr.	Zeichen und Zusatzzeichen	Ge- oder Verbote Erläuterungen
Abschnitt 4 Verkehrsberuhigter Bereich		
12	Zeichen 325.1  Beginn eines verkehrsberuhigten Bereichs	**Ge- oder Verbot** 1. Wer ein Fahrzeug führt, muss mit Schrittgeschwindigkeit fahren. 2. Wer ein Fahrzeug führt, darf den Fußgängerverkehr weder gefährden noch behindern; wenn nötig, muss gewartet werden. 3. Wer zu Fuß geht, darf den Fahrverkehr nicht unnötig behindern. 4. Wer ein Fahrzeug führt, darf außerhalb der dafür gekennzeichneten Flächen nicht parken, ausgenommen zum Ein- oder Aussteigen und zum Be- oder Entladen. 5. Wer zu Fuß geht, darf die Straße in ihrer ganzen Breite benutzen; Kinderspiele sind überall erlaubt.
13	Zeichen 325.2  Ende eines verkehrsberuhigten Bereichs	**Erläuterung** Beim Ausfahren ist § 10 zu beachten.
Abschnitt 5 Tunnel		
14	Zeichen 327  Tunnel	**Ge- oder Verbote** 1. Wer ein Fahrzeug führt, muss beim Durchfahren des Tunnels Abblendlicht benutzen und darf im Tunnel nicht wenden. 2. Im Falle eines Notfalls oder einer Panne sollen nur vorhandene Nothalte- und Pannenbuchten genutzt werden.
Abschnitt 6 Nothalte- und Pannenbucht		
15	Zeichen 328  Nothalte- und Pannenbucht	**Ge- oder Verbot** Wer ein Fahrzeug führt, darf nur im Notfall oder bei einer Panne in einer Nothalte- und Pannenbucht halten.

1	2	3
lfd. Nr.	Zeichen und Zusatzzeichen	Ge- oder Verbote Erläuterungen
Abschnitt 7 Autobahnen und Kraftfahrstraßen		
16	Zeichen 330.1  Autobahn	**Erläuterung** Ab diesem Zeichen gelten die Regeln für den Verkehr auf Autobahnen.
17	Zeichen 330.2  Ende der Autobahn	
18	Zeichen 331.1  Kraftfahrstraße	**Erläuterung** Ab diesem Zeichen gelten die Regeln für den Verkehr auf Kraftfahrstraßen.
19	Zeichen 331.2  Ende der Kraftfahrstraße	
20	Zeichen 333  Ausfahrt von der Autobahn	**Erläuterung** Auf Kraftfahrstraßen oder autobahnähnlich ausgebauten Straßen weist das entsprechende Zeichen mit schwarzer Schrift auf gelbem Grund auf die Ausfahrt hin. Das Zeichen kann auch auf weißem Grund ausgeführt sein.
21	Zeichen 450	**Erläuterung** Das Zeichen steht 300 m, 200 m (wie abgebildet) und 100 m vor einem Autobahnknotenpunkt (Autobahnanschlussstelle, Autobahnkreuz oder Autobahndreieck). Es steht auch vor einer bewirtschafteten Rastanlage. Vor einem Knotenpunkt kann auf der 300 m-Bake die Nummer des Knotenpunktes angezeigt sein.

1	2	3
lfd. Nr.	Zeichen und Zusatzzeichen	Ge- oder Verbote Erläuterungen
	 Ankündigungsbake	
Abschnitt 8 Markierungen		
22	Zeichen 340  Leitlinie	**Ge- oder Verbot** 1. Wer ein Fahrzeug führt, darf Leitlinien nicht überfahren, wenn dadurch der Verkehr gefährdet wird. 2. Wer ein Fahrzeug führt, darf auf der Fahrbahn durch Leitlinien markierte Schutzstreifen für den Radverkehr nur bei Bedarf überfahren, insbesondere um dem Gegenverkehr auszuweichen. Der Radverkehr darf dabei nicht gefährdet werden. 3. Auf durch Leitlinien markierten Schutzstreifen für den Radverkehr darf nicht gehalten werden. Satz 1 gilt nicht für Fahrräder und Elektrokleinstfahrzeuge im Sinne der eKFV. **Erläuterung** Der Schutzstreifen für den Radverkehr ist in regelmäßigen Abständen mit dem Sinnbild „Radverkehr" auf der Fahrbahn gekennzeichnet.
23	Zeichen 341 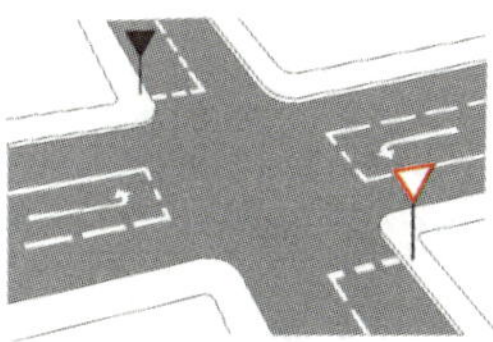 Wartelinie	**Erläuterung** Die Wartelinie empfiehlt dem Wartepflichtigen, an dieser Stelle zu warten.
23.1	Zeichen 342  Haifischzähne	**Erläuterung** Die Markierung hebt eine Wartepflicht infolge einer bestehenden Rechts-vor-links-Regelung abseits der Bundes-, Landes- und Kreisstraßen sowie weiterer Hauptverkehrsstraßen und eine durch Zeichen 205 oder 206 angeordnete Vorfahrtberechtigung des Radverkehrs im Zuge von Kreuzungen oder Einmündungen von Radschnellwegen hervor. Im Fall dieser Vorfahrtberechtigung des Radverkehrs sind die Markierungen auf beiden Seiten entlang der Fahrbahnkanten des Radschnellwegs mit den Spitzen in Richtung des wartepflichtigen Verkehrs anzuordnen.

1	2	3
lfd. Nr.	Zeichen und Zusatzzeichen	Ge- oder Verbote Erläuterungen
Abschnitt 9 Hinweise		
24	Zeichen 350  Fußgängerüberweg	
24.1	Zeichen 350.1  Radschnellweg	**Erläuterung** Das Zeichen steht an Radschnellwegen. Es dient der Unterrichtung über den Beginn von Radschnellwegen und der Führung von Radschnellwegen an Knotenpunkten.
24.2	Zeichen 350.2  Ende des Radschnellwegs	
25	Zeichen 354  Wasserschutzgebiet	

1	2	3
lfd. Nr.	Zeichen und Zusatzzeichen	Ge- oder Verbote Erläuterungen
26	Zeichen 356  Verkehrshelfer	
27	Zeichen 357  Sackgasse	**Erläuterung** Im oberen Teil des Verkehrszeichens kann die Durchlässigkeit der Sackgasse für den Radverkehr und/oder Fußgängerverkehr durch Piktogramme angezeigt sein.

(Fortsetzung nächstes Blatt)

1	2	3
lfd. Nr.	Zeichen und Zusatzzeichen	Ge- oder Verbote Erläuterungen
zu 28 und 29		**Erläuterung** 1. Durch solche Zeichen mit entsprechenden Sinnbildern können auch andere Hinweise gegeben werden, wie auf Fußgängerunter- oder -überführung, Fernsprecher, Notrufsäule, Pannenhilfe, Tankstellen, Zelt- und Wohnwagenplätze, Autobahnhotel, Autobahngasthaus, Autobahnkiosk. 2. Auf Hotels, Gasthäuser und Kioske wird nur auf Autobahnen und nur dann hingewiesen, wenn es sich um Autobahnanlagen oder Autohöfe handelt.
28	Zeichen 358  Erste Hilfe	
29	Zeichen 363  Polizei	
30	Zeichen 385  Ortshinweistafel	
zu 31 und 32		**Erläuterung** Die Zeichen stehen außerhalb von Autobahnen. Sie dienen dem Hinweis auf touristisch bedeutsame Ziele und der Kennzeichnung des Verlaufs touristischer Routen. Sie können auch als Wegweiser ausgeführt sein.

1	2	3
lfd. Nr.	Zeichen und Zusatzzeichen	Ge- oder Verbote Erläuterungen
31	Zeichen 386.1  Touristischer Hinweis	
32	Zeichen 386.2  Touristische Route	
33	Zeichen 386.3  Touristische Unterrichtungstafel	**Erläuterung** Das Zeichen steht an der Autobahn. Es dient der Unterrichtung über touristisch bedeutsame Ziele.
34	Zeichen 390  Mautpflicht nach dem Bundesfernstraßenmautgesetz	
35	Zeichen 391  Mautpflichtige Strecke	

1	2	3
lfd. Nr.	Zeichen und Zusatzzeichen	Ge- oder Verbote Erläuterungen
36	Zeichen 392  Zollstelle	
37	Zeichen 393  Informationstafel an Grenzübergangsstellen	
38	Zeichen 394 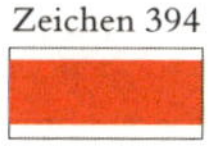 Laternenring	**Erläuterung** Das Zeichen kennzeichnet innerhalb geschlossener Ortschaften Laternen, die nicht die ganze Nacht leuchten. In dem roten Feld kann in weißer Schrift angegeben sein, wann die Laterne erlischt.
Abschnitt 10 Wegweisung		
		1. Nummernschilder
39	Zeichen 401  Bundesstraßen	
40	Zeichen 405  Autobahnen	

1	2	3
lfd. Nr.	Zeichen und Zusatzzeichen	Ge- oder Verbote Erläuterungen
41	Zeichen 406  Knotenpunkte der Autobahnen	**Erläuterung** So sind Knotenpunkte der Autobahnen (Autobahnausfahrten, Autobahnkreuze und Autobahndreiecke) beziffert.
42	Zeichen 410  Europastraßen	
		2. Wegweiser außerhalb von Autobahnen
		a) Vorwegweiser
43	Zeichen 438 	
44	Zeichen 439 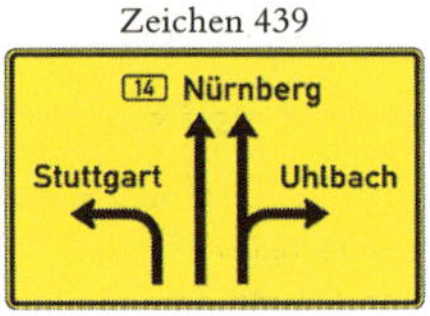	
45	Zeichen 440 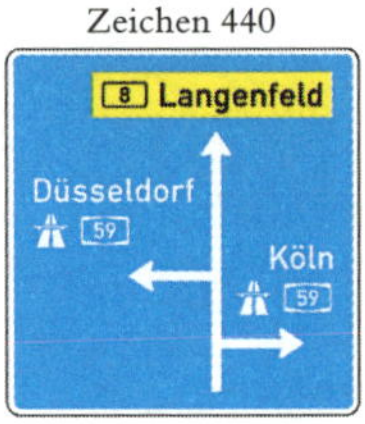	

1	2	3
lfd. Nr.	Zeichen und Zusatzzeichen	Ge- oder Verbote Erläuterungen
46	Zeichen 441 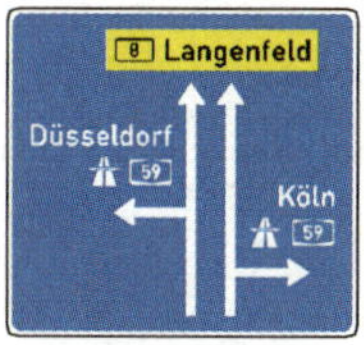 	
		b) Pfeilwegweiser
zu 47 bis 49		**Erläuterung** Das Zusatzzeichen „Nebenstrecke" oder der Zusatz „Nebenstrecke" im Wegweiser weist auf eine Straßenverbindung von untergeordneter Bedeutung hin.
47	Zeichen 415  	**Erläuterung** Pfeilwegweiser auf Bundesstraßen
48	Zeichen 418 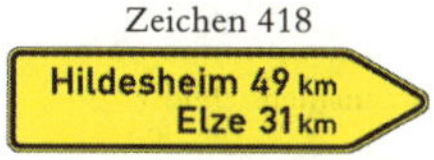 	**Erläuterung** Pfeilwegweiser auf sonstigen Straßen
49	Zeichen 419 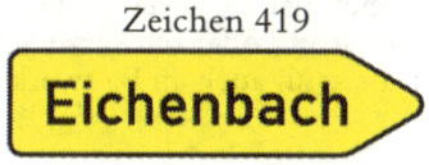 	**Erläuterung** Pfeilwegweiser auf sonstigen Straßen mit geringerer Verkehrsbedeutung
50	Zeichen 430  	**Erläuterung** Pfeilwegweiser zur Autobahn
51	Zeichen 432 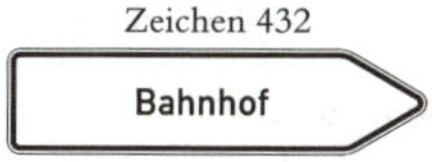 	**Erläuterung** Pfeilwegweiser zu Zielen mit erheblicher Verkehrsbedeutung.

1	2	3
lfd. Nr.	Zeichen und Zusatzzeichen	Ge- oder Verbote Erläuterungen
		c) Tabellenwegweiser
52	Zeichen 434 	**Erläuterung** Der Tabellenwegweiser kann auch auf einer Tafel zusammengefasst sein. Die Zielangaben in einer Richtung können auch auf separaten Tafeln gezeigt werden.
		d) Ausfahrttafel
53	Zeichen 332.1 	**Erläuterung** Ausfahrt von der Kraftfahrstraße oder einer autobahnähnlich ausgebauten Straße. Das Zeichen kann innerhalb geschlossener Ortschaften auch mit weißem Grund ausgeführt sein.
		e) Straßennamensschilder
54	Zeichen 437 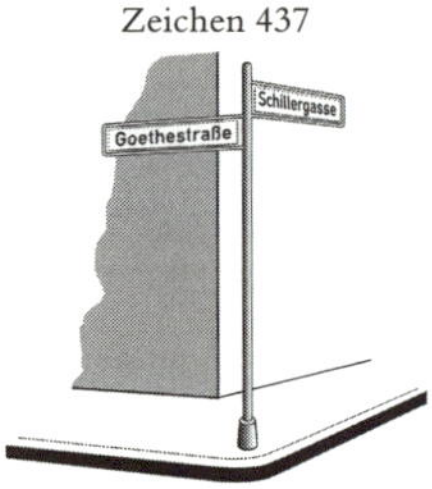	**Erläuterung** Das Zeichen hat entweder weiße Schrift auf dunklem Grund oder schwarze Schrift auf hellem Grund. Es kann auch an Bauwerken angebracht sein.
		3. Wegweiser auf Autobahnen
		a) Ankündigungstafeln
zu 55 und 58		**Erläuterung** Die Nummer (Zeichen 406) ist die laufende Nummer der Autobahnausfahrten, Autobahnkreuze und Autobahndreiecke der gerade befahrenen Autobahn. Sie dient der besseren Orientierung.

1	2	3
lfd. Nr.	Zeichen und Zusatzzeichen	Ge- oder Verbote Erläuterungen
55	Zeichen 448 	**Erläuterung** Das Zeichen weist auf eine Autobahnausfahrt, ein Autobahnkreuz oder Autobahndreieck hin. Es schließt Zeichen 406 ein.
56		**Erläuterung** Das Sinnbild weist auf eine Ausfahrt hin.
57		**Erläuterung** Das Sinnbild weist auf ein Autobahnkreuz oder Autobahndreieck hin; es weist auch auf Kreuze und Dreiecke von Autobahnen mit autobahnähnlich ausgebauten Straßen des nachgeordneten Netzes hin.
58	Zeichen 448.1 	**Erläuterung** 1. Mit dem Zeichen wird ein Autohof in unmittelbarer Nähe einer Autobahnausfahrt angekündigt. 2. Der Autohof wird einmal am rechten Fahrbahnrand 500 bis 1 000 m vor dem Zeichen 448 angekündigt. Auf einem Zusatzzeichen wird durch grafische Symbole der Leistungsumfang des Autohofs dargestellt.
		b) Vorwegweiser
59	Zeichen 449 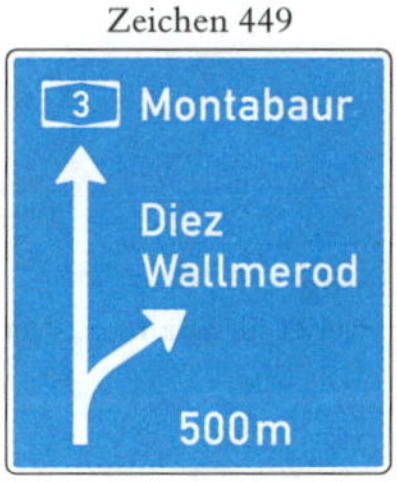	

1	2	3
lfd. Nr.	Zeichen und Zusatzzeichen	Ge- oder Verbote Erläuterungen
		c) Ausfahrttafel
60	Zeichen 332  	
		d) Entfernungstafel
61	Zeichen 453  	**Erläuterung** Die Entfernungstafel gibt Fernziele und die Entfernung zur jeweiligen Ortsmitte an. Ziele, die über eine andere als die gerade befahrene Autobahn zu erreichen sind, werden unterhalb des waagerechten Striches angegeben.
Abschnitt 11 Umleitungsbeschilderung		
		1. Umleitung außerhalb von Autobahnen
		a) Umleitungen für bestimmte Verkehrsarten
62	Zeichen 442  Vorwegweiser	**Erläuterung** Vorwegweiser für bestimmte Verkehrsarten
63	Zeichen 421 	**Erläuterung** Pfeilwegweiser für bestimmte Verkehrsarten

1 lfd. Nr.	2 Zeichen und Zusatzzeichen	3 Ge- oder Verbote Erläuterungen
64	Zeichen 422 	**Erläuterung** Wegweiser für bestimmte Verkehrsarten
		b) Temporäre Umleitungen (z.B. infolge von Baumaßnahmen)
65		**Erläuterung** Der Verlauf der Umleitungsstrecke kann gekennzeichnet werden durch
66	Zeichen 454 	**Erläuterung** Umleitungswegweiser oder
67	Zeichen 455.1 	**Erläuterung** Fortsetzung der Umleitung
zu 66 und 67		**Erläuterung** Die Zeichen 454 und 455.1 können durch eine Zielangabe auf einem Schild über den Zeichen ergänzt sein. Werden nur bestimmte Verkehrsarten umgeleitet, sind diese auf einem Zusatzzeichen über dem Zeichen angegeben.
68		**Erläuterung** Die temporäre Umleitung kann angekündigt sein durch Zeichen 455.1 oder
69	Zeichen 457.1 	**Erläuterung** Umleitungsankündigung
70		**Erläuterung** jedoch nur mit Entfernungsangabe auf einem Zusatzzeichen und bei Bedarf mit Zielangabe auf einem zusätzlichen Schild über dem Zeichen. Soll die Ankündigung nur für bestimmte Verkehrsarten gelten, sind diese auf einem Zusatzzeichen über dem Zeichen angegeben.
71		**Erläuterung** Die Ankündigung kann auch erfolgen durch

1	2	3
lfd. Nr.	Zeichen und Zusatzzeichen	Ge- oder Verbote Erläuterungen
72	Zeichen 458 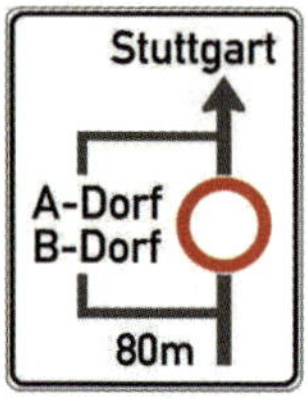	**Erläuterung** eine Planskizze
73		**Erläuterung** Das Ende der Umleitung kann angezeigt werden durch
74	Zeichen 457.2 	**Erläuterung** Ende der Umleitung oder
75	Zeichen 455.2 	**Erläuterung** Ende der Umleitung
76	Zeichen 460  Bedarfsumleitung	**Erläuterung** Das Zeichen kennzeichnet eine alternative Streckenführung im nachgeordneten Straßennetz zwischen Autobahnanschlussstellen.

(Fortsetzung nächstes Blatt)

1	2	3
lfd. Nr.	Zeichen und Zusatzzeichen	Ge- oder Verbote Erläuterungen
77	Zeichen 466 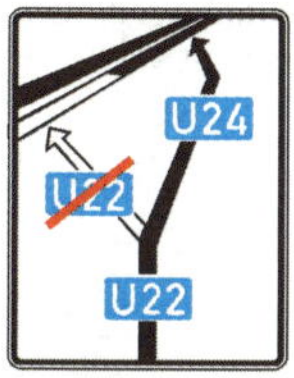 Weiterführende Bedarfsumleitung	**Erläuterung** Kann der umgeleitete Verkehr an der nach Zeichen 460 vorgesehenen Anschlussstelle noch nicht auf die Autobahn zurückgeleitet werden, wird er durch dieses Zeichen über die nächste Bedarfsumleitung weitergeführt.
Abschnitt 12 Sonstige Verkehrsführung		
		1. Umlenkungspfeil
78	Zeichen 467.1 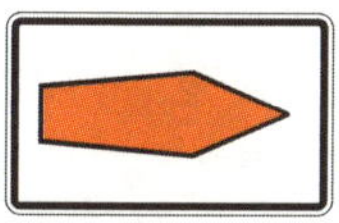 Umlenkungspfeil	**Erläuterung** Das Zeichen kennzeichnet Alternativstrecken auf Autobahnen, deren Benutzung im Bedarfsfall empfohlen wird (Streckenempfehlung).
79	Zeichen 467.2 	**Erläuterung** Das Zeichen kennzeichnet das Ende einer Streckenempfehlung.
		2. Verkehrslenkungstafeln
80		**Erläuterung** Verkehrslenkungstafeln geben den Verlauf und die Anzahl der Fahrstreifen an, wie beispielsweise:

1	2	3
lfd. Nr.	Zeichen und Zusatzzeichen	Ge- oder Verbote Erläuterungen
81	Zeichen 501 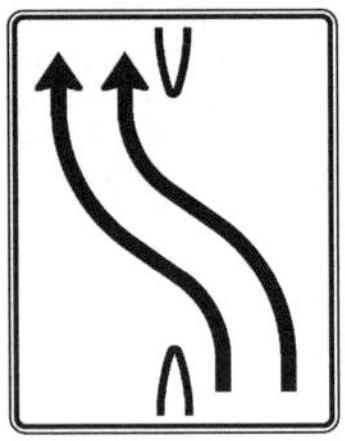 Überleitungstafel	**Erläuterung** Das Zeichen kündigt die Überleitung des Verkehrs auf die Gegenfahrbahn an.
82	Zeichen 531  Einengungstafel	
82.1		**Erläuterung** Bei Einengungstafeln wird mit dem Zusatzzeichen der Ort angekündigt, an dem der Fahrstreifenwechsel nach dem Reißverschlussverfahren (§ 7 Absatz 4) erfolgen soll.
		3. Blockumfahrung
83	Zeichen 590  Blockumfahrung	**Erläuterung** Das Zeichen kündigt eine durch die Zeichen „Vorgeschriebene Fahrtrichtung“ (Zeichen 209 bis 214) vorgegebene Verkehrsführung an.

Anlage 4
(zu § 43 Absatz 3)

Verkehrseinrichtungen

1	2	3
lfd. Nr.	Zeichen	Ge- oder Verbot Erläuterungen
Abschnitt 1 Einrichtungen zur Kennzeichnung von Arbeits- und Unfallstellen oder sonstigen vorübergehenden Hindernissen		
1	Zeichen 600  Absperrschranke	
2	Zeichen 605  Leitbake Pfeilbake Schraffenbake	
3	Zeichen 628  Leitschwelle mit Pfeilbake mit Schraffenbake	

1	2	3
lfd. Nr.	Zeichen	Ge- oder Verbot Erläuterungen
4	Zeichen 629  Leitbord mit Pfeilbake mit Schraffenbake	
5	Zeichen 610  Leitkegel	
6	Zeichen 615  Fahrbare Absperrtafel	
7	Zeichen 616  Fahrbare Absperrtafel mit Blinkpfeil	

1	2	3
lfd. Nr.	Zeichen	Ge- oder Verbot Erläuterungen
zu 1 bis 7		**Ge- oder Verbot** Die Einrichtungen verbieten das Befahren der so gekennzeichneten Straßenfläche und leiten den Verkehr an dieser Fläche vorbei. **Erläuterung** 1. Warnleuchten an diesen Einrichtungen zeigen rotes Licht, wenn die ganze Fahrbahn gesperrt ist, sonst gelbes Licht oder gelbes Blinklicht. 2. Zusammen mit der Absperrtafel können überfahrbare Warnschwellen verwendet sein, die quer zur Fahrtrichtung vor der Absperrtafel ausgelegt sind.
Abschnitt 2 Einrichtungen zur Kennzeichnung von dauerhaften Hindernissen oder sonstigen gefährlichen Stellen		
8	Zeichen 625  Richtungstafel in Kurven	Die Richtungstafel in Kurven kann auch in aufgelöster Form angebracht sein.
9	Zeichen 626  Leitplatte	
10	Zeichen 627 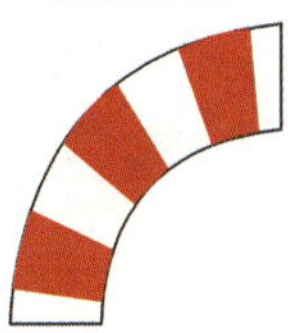 Leitmal	Leitmale kennzeichnen in der Regel den Verkehr einschränkende Gegenstände. Ihre Ausführung richtet sich nach der senkrechten, waagerechten oder gewölbten Anbringung beispielsweise an Bauwerken, Bauteilen und Gerüsten.

1	2	3
lfd. Nr.	Zeichen	Ge- oder Verbot Erläuterungen
Abschnitt 3 Einrichtung zur Kennzeichnung des Straßenverlaufs		
11	Zeichen 620 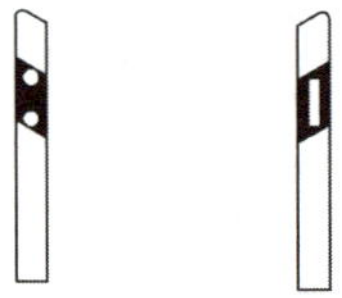 Leitpfosten (links) (rechts)	Um den Verlauf der Straße kenntlich zu machen, können an den Straßenseiten Leitpfosten in der Regel im Abstand von 50 m und in Kurven verdichtet stehen.
Abschnitt 4 Warntafel zur Kennzeichnung von Fahrzeugen und Anhängern bei Dunkelheit		
12	Zeichen 630  Parkwarntafel	

101. Katalog der Verkehrszeichen (VzKat)

In der Fassung der Bekanntmachung vom 22.5.2017[1)]
(BAnz AT 29.05.2017 B8)
(VkBl 2017 S. 565)

Inhaltsübersicht

Teil 1. Allgemeines

1. Grundlagen
2. Neuerungen
3. Nummernsystem
4. Größen der Verkehrszeichen
5. Materialien und Ausführung von Verkehrszeichen

1. Grundlagen

(1) [1]Der VzKat enthält alle Verkehrszeichen[2)] (inkl. Zusatzzeichen) und Verkehrseinrichtungen gemäß den §§ 39 bis 43 der Straßenverkehrs-Ordnung (StVO[3)]) sowie zulässige Varianten von diesen. [2]Außerdem enthält er Verkehrszeichen, die von dem für Verkehr zuständigen Bundesministerium nach Anhörung der zuständigen obersten Landesbehörden durch Verkehrsblattverlautbarung eingeführt sind. [3]Der VzKat umfasst alle bundesweit eingeführten und damit amtlich zugelassenen Verkehrszeichen. [4]Als Anlage zur Allgemeinen Verwaltungsvorschrift zur StVO (VwV-StVO zu den §§ 39 bis 43 Randnummer 8) ist er Bestandteil der VwV-StVO und wird mit ihr eingeführt.

(2) Im Sinne der Einheitlichkeit und Verständlichkeit der Verkehrszeichen für den nationalen sowie internationalen Straßenverkehr sind neben den Ausführungen des VzKat besonders die Vorschriften zu den §§ 39 bis 43 VwV-StVO zu beachten.

(3) [1]Bei Verkehrszeichen mit variablen Inhalten (z.B. Richtzeichen) werden im VzKat in der Regel nicht alle möglichen Ausführungsvarianten wiedergegeben. [2]Die bildliche Darstellung beschränkt sich dann auf das in der

[1)] Neubekanntmachung des VzKat 1992 v. 19.3.1992 in der ab 30.5.2017 geltenden Fassung.
[2)] **Amtl. Anm.:** Der Begriff Verkehrszeichen schließt im folgenden Zusatzzeichen und Verkehrseinrichtungen in der Regel mit ein.
[3)] Nr. **100**.

StVO enthaltene Verkehrszeichenbeispiel, bei Bedarf um bedeutsame Ausführungsvarianten ergänzt. [3] Im Hinblick auf die konkrete Ausführung solcher Verkehrszeichen und ihre möglichen Varianten findet sich ein Hinweis auf das entsprechende Regelwerk:

- Richtlinien für die wegweisende Beschilderung außerhalb von Autobahnen (RWB)
- Richtlinien für die wegweisende Beschilderung auf Autobahnen (RWBA)
- Richtlinien für die touristische Beschilderung (RtB)
- Richtlinien für Umleitungsbeschilderungen (RUB)
- Richtlinien für Wechselverkehrszeichen an Bundesfernstraßen (RWVZ)
- Richtlinien für die Sicherung von Arbeitsstellen an Straßen (RSA)
- Richtlinien für die Anordnung von verkehrsregelnden Maßnahmen für den Transport gefährlicher Güter auf Straßen
- Richtlinien für die Kennzeichnung von Ingenieurbauwerken mit beschränkter Durchfahrtshöhe über Straßen
- Eisenbahn-Bau- und Betriebsordnung (EBO)

(4) [1] Damit alle Verkehrszeichen stets ein einheitliches Erscheinungsbild haben, muss auf ein standardisiertes Datenmaterial für Verkehrszeichenhersteller, Druckereien, etc. zurückgegriffen werden können. [2] Hierfür erstellt die Bundesanstalt für Straßenwesen (BASt) von allen Verkehrszeichen digitalisierte Vorlagen und hält diese für PC-gestütztes Zeichnen, Konstruieren und Fertigen vor. [3] Die Digitaldaten sämtlicher amtlicher Verkehrszeichen und Verkehrseinrichtungen können bei der BASt bezogen werden.

2. Neuerungen

(1) [1] Dieser VzKat wird im Zuge der umfangreichen StVO-Überarbeitung mit der Zielsetzung „Weniger Verkehrszeichen – bessere Beschilderung" eingeführt. [2] Mit der neuen StVO[1)] werden u. a. die Verkehrszeichen samt zugehöriger Ge- und Verbote sowie Erläuterungen in Anlagen zu den entsprechenden StVO-Paragraphen verschoben und in übersichtlicher Tabellenform dargestellt. [3] Daneben werden ihre Anordnungsbestimmungen in der VwV-StVO gestrafft, so dass Verkehrszeichen künftig möglichst nur noch dort angeordnet werden, wo sie unbedingt nötig sind. [4] Daneben wird ein Teil der Gefahrzeichen aus der StVO gestrichen. [5] Lediglich ihre Sinnbilder verbleiben in der StVO. [6] Die entsprechenden Gefahrzeichen sollen künftig nur bei besonderer Gefahrenlage angeordnet werden.

(2) Mit der neuen StVO werden die folgenden Verkehrszeichen aus der StVO[1)] gestrichen, bleiben jedoch im VzKat erhalten:

- Flugbetrieb (erhält neue Zeichennummer 101-10/ -20, alt: 144)
- Fußgängerüberweg (erhält neue Zeichennummer 101-11/ -21, alt: 134)
- Viehtrieb (erhält neue Zeichennummer 101-12/ -22, alt: 140)
- Steinschlag (erhält neue Zeichennummer 101-15/ -25, alt: 115)
- Schnee- oder Eisglätte (erhält neue Zeichennummer 101-51, alt: 113)
- Splitt, Schotter (erhält neue Zeichennummer 101-52, alt: 116)

[1)] Nr. **100**.

– Ufer (erhält neue Zeichennummer 101- 53, alt: 129)
– Bewegliche Brücke (erhält neue Zeichennummer 101-55, alt: 128)
– Parken und Reisen (behält die bisherige Zeichennummer 316)
– Wandererparkplatz (behält die bisherige Zeichennummer 317)
– Fußgängerunter- oder -Überführung (erhält neue Zeichennummer 365-63/ -64, alt: 355)
– Pannenhilfe (erhält neue Zeichennummer 365-62, alt: 359)
– Autobahnhotel (erhält neue Zeichennummer 365-55, alt: 375)
– Autobahngasthaus (erhält neue Zeichennummer 365-56, alt: 376)
– Autobahnkiosk (erhält neue Zeichennummer 365-57, alt: 377)
– Wegweiser innerorts aufgelöst mit Bundesstraßennummer (erhält Zeichennummer 434-52, alt: 435)
– Wegweiser innerorts aufgelöst ohne Bundesstraßennummer (erhält Zeichennummer 434-53, alt: 436)

(3) Die folgenden mit der StVO-Änderung neu eingeführten bzw. in die StVO übernommenen bereits bestehenden Verkehrszeichen (gegekennzeichnet mit „*“) sind im VzKat neu enthalten:

– Z[1] 314.1 Beginn einer Parkraumbewirtschaftungszone
– Z 314.2 Ende einer Parkraumbewirtschaftungszone
– Z 314-50 Parkhaus, Parkgarage*, als Variante des Zeichens 314 Parken*
– Z 357-50, -51, -52 für Radverkehr und/ oder Fußgänger durchlässige Sackgasse
– Z 455.2 Ende der Umleitung
– Z 467.2 Umlenkungspfeil Ende*
– Z 605 Pfeilbake*, als Variante der Leitbake
– Z 1020-13 Inline-Skaten und Rollschuhfahren frei

(4) Die folgenden Zeichen werden mit der neuen StVO sowohl aus der StVO als auch aus dem VzKat gestrichen:

– Z 145 Kraftomnibusse
– Z 150 beschrankter Bahnübergang
– Z 153 dreistreifige Bake vor beschranktem Bahnübergang (als Folge
– Z 353 Einbahnstraße
– Z 380 Richtgeschwindigkeit
– Z 381 Ende der Richtgeschwindigkeit
– Z 388 Seitenstreifen für mehrspurige Kfz nicht befahrbar (damit einhergehend wurde auch Zeichen 389 Seitenstreifen für Fahrzeuge über 3,5 t nicht befahrbar aus dem VzKat gestrichen)
– Z 1006-37 Amphibien (jetzt als Gefahrzeichen enthalten)
– Z 1006-38 Staugefahr (als Zusatzzeichen gestrichen)
– Z 1006-39 Eingeschränktes Lichtraumprofil (jetzt als Gefahrzeichen enthalten)

---

[1] **Amtl. Anm.:** Z = Zeichen

- Z 1007-30 Glätte (als Zusatzzeichen gestrichen)
- Z 1012-30 Anfang
- Z 1026-31 Mofas frei (verbale Variante)
- Z 1052-38 Schlechter Fahrbahnrand
- Z 1060-11 Auch Fahrräder und Mofas
- Z 1060-30 Streugut

(5) Gegenüber dem VzKat aus dem Jahre 1992 weist der neue VzKat außerdem die folgenden wesentlichen Veränderungen auf:

- Der VzKat ist als Loseblattsammlung konzipiert. Für etwaige Änderungen/Ergänzungen bietet jede Seite den Raum für mindestens ein weiteres Zeichen.
- Die aus der StVO[1] gestrichenen Gefahrzeichen, die bei besonderer Gefahrenlage angeordnet werden können (§ 39 Absatz 8 StVO), werden alle unter der Hauptzeichennummer 101 (Gefahrstelle) mit entsprechender Unternummer geführt.
- Unter der Nummer 257 werden Verbotszeichen mit Sinnbildern nach § 39 Absatz 7 StVO geführt, sofern die Sinnbilder nach § 39 Absatz 7 StVO nicht in anderen Verbotszeichen nach Anlage 2 zu § 41 Absatz 1 StVO enthalten sind. Aus Gründen der Förderung der Elektromobilität wird das Symbol der E-Bikes ausgeklammert.
- Verkehrszeichen mit einem veränderlichen numerischen Inhalt werden nicht mehr in allen möglichen Varianten dargestellt. Es wird lediglich ein Zeichen abgebildet. Die Varianten werden über die Unternummer festgelegt. Die Unternummer steht dabei für den Zahlenwert im Zeichen (vgl. Nr. 3. (3)).
- Einige Hinweiszeichen werden aus der StVO[1] gestrichen. Sie sind künftig nur noch im VzKat enthalten (z.B. Autobahnhotel). Sie werden unter der „Sammelnummer" 365 neben anderen Hinweiszeichen, wie z.B. Notrufsäule, geführt.
- Zu Zeichen 297.1 Vorankündigungspfeil wird zum Zwecke der Anzeige eines Fahrstreifenendes eine neue Variante eingeführt.
- Für die in der StVO[1] textlich erwähnten rot-weiß gestreiften Sperrpfosten wird durch die Aufnahme einer Variante bei Zeichen 600 die Ausführung mit waagerechten Schraffen bildlich veranschaulicht.

3. Nummernsystem

(1) [1] Zur eindeutigen Unterscheidung der Verkehrszeichen wird jedes Hauptverkehrszeichen mit einer Hauptverkehrszeichennummer versehen. [2] Für die in der StVO[1] enthaltenen Zeichen sind dies die dort definierten Zeichennummern gemäß den §§ 40 bis 43. [3] Hierbei sind bestimmte Hauptnummernbereiche für bestimmte Gruppen von Verkehrszeichen reserviert:

- Gefahrzeichen (§ 40 StVO):
  Z 101 bis 199
- Vorschriftzeichen (§ 41 StVO):
  Z 201 bis 299

---

[1] Nr. **100**.

- Richtzeichen (§ 42 StVO):
  Z 301 bis 599
- Verkehrseinrichtungen (§ 43 StVO):
  Z 600 bis 699
- sonstige Zeichen der StVO:
  Z 701 bis 799
- Zusatzzeichen (§ 39 bzw. 41 StVO):
  ab Z 1000

(2) [1] Da es zu Verkehrszeichen zum Teil vielfältige Ausführungsvarianten gibt, wird der Hauptzeichennummer eine Unternummer hinzugefügt. [2] Haupt- und Unternummer sind durch einen Bindestrich verknüpft. [3] Diese numerische Festlegung ist für die Erstellung von Beschilderungsplänen, das Beschaffungswesen sowie für die Schilderfertigung und -lagerung und nicht zuletzt für die Anordnung von Verkehrszeichen von Bedeutung. [4] Die Einteilung der Unternummern erfolgt in der Regel nach dem Richtungsbezug, der im Bild des Verkehrszeichens ausgedrückt wird, oder nach der Seite der Aufstellung:

- für linksweisend, gleichzeitig geradeaus und linksweisend oder bei Aufstellung rechts:

Unternummer -10 bis -19

Bsp.: Zeichen 133-10 (Aufstellung rechts)

- für rechtsweisend, gleichzeitig geradeaus und rechtsweisend oder bei Aufstellung links:

Unternummer -20 bis -29

Bsp.: Zeichen 211-20 (rechtsweisend)

- für beidseitig weisend, geradeausweisend oder richtungsneutral (z.B. auch sperrend):

Unternummer -30 bis -39

Bsp.: Zeichen 283-30 (beidseitig weisend)

– für doppelseitig wirksam (z.B. beidseitig bedruckt):

Unternummer -40 bis -49

Bsp.: Zeichen 310-40 (Rückseite Zeichen 311)

– für Zeichen, die sich in das System der o. g. Unternummern nicht einordnen lassen (z.B. Zeichen ohne richtungsweisendes Element):

Unternummer -50 bis -99

Bsp.: Zeichen 314-50 Parkhaus, Parkgarage (Variante von Zeichen 314

(3) [1] Bei Verkehrszeichen mit variablen Zahlenwerten steht die Unternummer für den im Verkehrszeichen enthaltenen Zahlenwert. [2] Bei Zusatzzeichen findet diese Regel keine Anwendung.

Bsp.: Zeichen 108-***12***

Bsp.: Zeichen 265-***4,2***

Bsp.: Zeichen 274-***90***

(4) [1] Um die Anzahl der Abbildungen im VzKat auf das notwendige Maß zu beschränken, ist in der Regel nur das Hauptzeichen abgebildet. [2] Wo nötig, werden Ausführungsvarianten mit Unternummern tabellarisch erläutert.

4. Größen der Verkehrszeichen

(1) [1] Die Größe der Verkehrszeichen richtet sich nach den Vorgaben der VwV-StVO zu den §§ 39 bis 43 Randnummern 12 ff.). [2] Demnach sind lediglich Größenangaben zu Sonderformen von Verkehrszeichen (z.B. Zeichen 201 Andreaskreuz) im VzKat festgelegt. [3] Eine entsprechende Maßanga-

be wird jeweils beim Verkehrszeichen angegeben [Höhe x Breite in Millimeter].

(2) [1] Damit auf Zonenzeichen dargestellte Hauptzeichen (z.B. Zeichen 274 in Zeichen 274.1 Beginn einer Tempo 30-Zone) im Vergleich zu Nicht-Zonenzeichen nicht zu klein ausfallen, sollten Zonenzeichen in der Regel in der nächstgrößeren Größe als nach VwV-StVO vorgesehen, ausgeführt sein. [2] Dies bedeutet für Zonenzeichen in der Regel Größe 3. [3] (VwV-StVO zu den §§ 39 bis 43 Randnummer 17a).

5. Materialien und Ausführung von Verkehrszeichen

[1] Verkehrszeichen sind material- und ausführungstechnisch nach den einschlägigen internationalen und nationalen Vorschriften herzustellen und zu unterhalten. [2] Die Ausführung der Verkehrszeichen darf nicht unter den Anforderungen anerkannter Gütebedingungen liegen (vgl. VwV-StVO zu den §§ 39 bis 43 Randnummer 18).

[1] Werden Verkehrszeichen als Wechselverkehrszeichen nur durch Leuchten erzeugt, können abweichend von der im VzKat abgebildeten Darstellung die weißen Flächen schwarz und die schwarzen Sinnbilder und der schwarze Rand weiß sein. [2] Einzelheiten enthalten die „Richtlinien für Wechselverkehrszeichen an Bundesfernstraßen (RWVZ)“ und die „Richtlinien für Wechselverkehrszeichenanlagen an Bundesfernstraßen (RWVA)“ (vgl. VwV-StVO zu den §§ 39 bis 43 Randnummer 23).

Teil 2. Gefahrzeichen nach Anlage 1 (zu § 40 Absatz 6 und 7 StVO)

Zeichen 101
Gefahrstelle

---

weitere Gefahrzeichen mit Sinnbildern nach § 39 Absatz 8 StVO

Flugbetrieb
-10: Aufstellung rechts
-20: Aufstellung links

Fußgänger-überweg
-11: Aufstellung rechts
-21: Aufstellung links

Viehtrieb
-12: Aufstellung rechts
-22: Aufstellung links

Reiter
-13: Aufstellung rechts
-23: Aufstellung links

Amphibien-wanderung
-14: Aufstellung rechts
-24: Aufstellung links

Steinschlag
-15: Aufstellung rechts
-25: Aufstellung links

Schnee- oder Eisglätte
-51

Splitt, Schotter
–52

Ufer
-53

Unzureichendes Lichtraumprofil
-54

Bewegliche Brücke
-55

Zeichen 102
Kreuzung oder Einmündung

Zeichen 103
Kurve

-10

<u>**Unternummer Z 103–**</u>
10: links
20: rechts

Zeichen 105
Doppelkurve

-10

<u>**Unternummer Z 105–**</u>
10: zunächst links
20: zunächst rechts

Zeichen 108
Gefälle

-10

<u>**Unternummer Z 108–**</u>
4 – 25: mit jeweiligem Gefälle in %
Unternummer steht jeweils für den Zahlenwert

Zeichen 110
Steigung

-12

<u>**Unternummer Z 110–**</u>
4 – 25: mit jeweiliger Steigung in %
Unternummer steht jeweils für den Zahlenwert

Zeichen 112
Unebene Fahrbahn

Zeichen 114
Schleuder- oder Rutschgefahr

Zeichen 117
Seitenwind

-10

<u>**Unternummer Z 117–**</u>
10: Seitenwind von rechts
20: Seitenwind von links

Zeichen 120
Verengte Fahrbahn

Zeichen 121
Einseitig verengte
Fahrbahn

-10

Unternummer Z 121–
10: Verengung rechts
20: Verengung links

Zeichen 123
Arbeitsstelle

Zeichen 124
Stau

Zeichen 125
Gegenverkehr

Zeichen 131
Lichtzeichenanlage

Zeichen 133
Fußgänger

-10

Unternummer Z 133–
10: Aufstellung rechts
20: Aufstellung links

Zeichen 136
Kinder

-10

Unternummer Z 136–
10: Aufstellung rechts
20: Aufstellung links

Zeichen 138
Radverkehr

-10

Unternummer Z 138–
10: Aufstellung rechts
20: Aufstellung links

Zeichen 142
Wildwechsel

Unternummer Z 142–
10: Aufstellung rechts
20: Aufstellung links

-10

Zeichen 151
Bahnübergang

Zeichen 156
Bahnübergang mit dreistreifiger Bake

1000 x 300

Unternummer Z 156–
10: Aufstellung rechts
11: mit Entfernungsangabe – Aufstellung rechts
20: Aufstellung links
21: mit Entfernungsangabe – Aufstellung links

-10

Zeichen 157
Dreistreifige Bake

1000 x 300

Unternummer Z 157–
10: Aufstellung rechts
11: mit Entfernungsangabe – Aufstellung rechts
20: Aufstellung links
21: mit Entfernungsangabe – Aufstellung links

-10

Zeichen 159
Zweistreifige Bake

1000 x 300

Unternummer Z 159–
10: Aufstellung rechts
11: mit Entfernungsangabe – Aufstellung rechts
20: Aufstellung links
21: mit Entfernungsangabe – Aufstellung links

-10

Zeichen 162
Einstreifige Bake

Unternummer Z 162–
10: Aufstellung rechts
11: mit Entfernungsangabe – Aufstellung rechts
20: Aufstellung links
21: mit Entfernungsangabe – Aufstellung links

1000 x 300

-10

Teil 3. Vorschriftzeichen nach Anlage 2 (zu § 41 Absatz 1 StVO)

Zeichen 201
Andreaskreuz

Unternummer Z 201 –
50: stehend
51: stehend mit Blitzpfeil
52: liegend
53: liegend mit Blitzpfeil

1350 x 180 (Schenkelmaß)

-50

Ausführung nach Eisenbahn-Bau- und Betriebsordnung (EBO)

Zeichen 205
Vorfahrt gewähren

Zeichen 206
Halt. Vorfahrt gewähren

h= 900 mm (Standardgröße)
h= 1050 mm (Übergröße)

Zeichen 208
Vorrang des Gegenverkehrs

Zeichen 209
Vorgeschriebene Fahrtrichtung Rechts

Unternummer Z 209 –
10: Links
30: Geradeaus

Zeichen 211
Vorgeschriebene Fahrtrichtung Hier rechts

Unternummer Z 211 –
10: Hier links

Zeichen 214
Vorgeschriebene Fahrtrichtung
Geradeaus oder rechts

Unternummer Z 214 –
10: Geradeaus oder links
30: Rechts oder links

Zeichen 215
Kreisverkehr

Zeichen 220
Einbahnstraße

Unternummer Z 220 –
10: linksweisend
20: rechtsweisend
40: doppelseitig (-10/-20)

300 x 800

-20

Zeichen 222
Vorgeschriebene Vorbeifahrt
Rechts vorbei

Unternummer Z 222 –
10: Links vorbei

Zeichen 223.1
Seitenstreifen befahren

Unternummer Z 223.1 –
50: 2 Fahrstreifen + Seitenstreifen
51: 3 Fahrstreifen + Seitenstreifen
52: 4 Fahrstreifen + Seitenstreifen

2250 x 2250

-50

Zeichen 223.2
Seitenstreifen nicht mehr befahren

Unternummer Z 223.2 –
50: 2 Fahrstreifen + Seitenstreifen
51: 3 Fahrstreifen + Seitenstreifen
52: 4 Fahrstreifen + Seitenstreifen

2250 x 2250

-50

Zeichen 223.3
Seitenstreifen räumen

Unternummer Z 223.3 –
50: 2 Fahrstreifen + Seitenstreifen
51: 3 Fahrstreifen + Seitenstreifen
52: 4 Fahrstreifen + Seitenstreifen

2250 x 2250

-50

Zeichen 224
Haltestelle

Unternummer Z 224 –
40: Haltestelle (doppelseitig)

Schulbushaltestelle
(mit Zz 1042–36)

Unternummer Z 224 –
51: Schulbushaltestelle
41: Schulbushaltestelle (doppelseitig)

-51

Zeichen 229
Taxenstand

Pfeile entsprechend
Zeichen 283

Unternummer Z 229 –
10: Anfang – Aufstellung rechts
20: Ende – Aufstellung rechts
30: Mitte – Aufstellung rechts
11: Ende – Aufstellung links
21: Anfang – Aufstellung links
31: Mitte – Aufstellung links

Zeichen 237
Radweg

Zeichen 238
Reitweg

Zeichen 239
Gehweg

Zeichen 240
Gemeinsamer Geh- und Radweg

Zeichen 241
Getrennter Rad- und Geweg

Unternummer Z 241 –
30: Radweg links
31: Radweg rechts

-30

Zeichen 242.1
Beginn einer Fußgängerzone

Unternummer Z 242.1 –
40: doppelseitig (Rückseite Z 242.2)

Zeichen 242.2
Ende einer Fußgängerzone

Zeichen 244.1
Beginn einer Fahrradstraße

Unternummer Z 244.1 –
40: doppelseitig (Rückseite Z 244.2)

Zeichen 244.2
Ende einer Fahrradstraße

Zeichen 245
Bussonderfahrstreifen

Zeichen 250
Verbot für Fahrzeuge aller Art

Zeichen 251[1)]
Verbot für Kraftwagen

Zeichen 253[1)]
Verbot für Kraftfahrzeuge über 3,5 t

Zeichen 254[1)]
Verbot für Radverkehr

Zeichen 255[1)]
Verbot für Krafträder

[1)] **Amtl. Anm.:** Die Sinnbilder in den Zeichen 251 bis 255 sowie 259 können auch doppelt nach dem Vorbild von Zeichen 260 angeordnet werden.

Zeichen 257
weitere Verbotszeichen mit Sinnbildern nach § 39 StVO

Verbot für Mofas
-50

Verbot für Reiter
-51

Verbot für Gespannfuhrwerke
-52

Verbot für Viehtrieb
-53

Verbot für Kraftomnibusse
-54

Verbot für Personenkraftwagen
-55

Verbot für Personenkraftwagen mit Anhänger
-56

Verbot für Lastkraftwagen mit Anhänger
-57

Verbot für Kraftfahrzeuge und Züge, die nicht schneller als 25 km/h fahren können oder dürfen
-58

Zeichen 259[1)]
Verbot für Fußgänger

Zeichen 260
Verbot für Kraftfahrzeuge

Zeichen 261
Verbot für kennzeichnungspflichtige Kraftfahrzeuge mit gefährlichen Gütern

[1)] **Amtl. Anm.:** Die Sinnbilder in den Zeichen 251 bis 255 sowie 259 können auch doppelt nach dem Vorbild von Zeichen 260 angeordnet werden.

Zeichen 262
Verbot für Fahrzeuge über angegebene tatsächliche Masse

Unternummer steht jeweils für den Zahlenwert

-5,5

Zeichen 263
Verbot für Fahrzeuge über angegebene tatsächliche Achslast

Unternummer steht jeweils für den Zahlenwert

-8

Zeichen 264
Verbot für Fahrzeuge über angegebene tatsächliche Breite

-2,3
Unternummer steht jeweils für den Zahlenwert

-2

Zeichen 265
Verbot für Fahrzeuge über angegebene tatsächliche Höhe

Unternummer steht jeweils für den Zahlenwert

-3,8

Zeichen 266
Verbot für Fahrzeuge über angegebene tatsächliche Länge

Unternummer steht jeweils für den Zahlenwert

-10

Zeichen 267
Verbot der Einfahrt

Zeichen 268
Schneeketten vorgeschrieben

Zeichen 269
Verbot für Fahrzeuge mit wassergefährdender Ladung

Zeichen 270.1
Beginn einer Verkehsverbotszone zur Verminderung schädlicher Luftverunreinigungen in einer Zone

Unternummer Z 270.1 –
40: doppelseitig (Rückseite Z 270.2)

Zeichen 270.2
Ende einer Verkehsverbotszone zur Verminderung schädlicher Luftverunreinigungen in einer Zone

Zeichen 272
Verbot des Wendens

Zeichen 273
Verbot des Unterschreitens des angegebenen Mindestabstandes

Unternummer steht jeweils für den Zahlenwert

-70

Zeichen 274
Zulässige Höchstgeschwindigkeit

Unternummer Z 274 –
5 - 130: ab 10 in vollen Zehnern, jeweilige Geschwindigkeit in km/h
Unternummer steht jeweils für den Zahlenwert

-60

Zeichen 274.1
Beginn einer Tempo 30-Zone

Unternummer Z 274.1 –
40: Beginn einer Tempo 30-Zone – doppelseitig (Rückseite Z 274.2)
41: Beginn einer Tempo 20-Zone in verkehrsberuhigten Geschäftsbereichen – doppelseitig (Rückseite Z 274.2–20)
20: Beginn einer Tempo 20-Zone in verkehrsberuhigten Geschäftsbereichen (einseitig)

Zeichen 274.2
Ende einer Tempo 30-Zone

Unternummer Z 274.2 –
20: Ende einer Tempo 20-Zone in verkehrsberuhigten Geschäftsbereichen (einseitig)

Zeichen 275
Vorgeschriebene Mindestgeschwindigkeit

Unternummer (nur volle Zehner) steht jeweils für den Zahlenwert

-30

Zeichen 276
Überholverbot für Kraftfahrzeuge aller Art

Zeichen 277
Überholverbot für Kraftfahrzeuge über 3,5 t

Zeichen 278
Ende der zulässigen Höchstgeschwindigkeit

<u>Unternummer Z 278 –</u>
5 – 130: ab 10 in vollen Zehnern, jeweilige Geschwindigkeit in km/h
Unternummer steht jeweils für den Zahlenwert

-60

Zeichen 279
Ende der vorgeschriebenen Mindestgeschwindigkeit

Unternummer (nur volle Zehner) steht jeweils für den Zahlenwert

-30

Zeichen 280
Ende des Überholverbots für Kraftfahrzeuge aller Art

Zeichen 281
Ende des Überholverbots für Kraftfahrzeuge über 3,5 t

Zeichen 282
Ende sämtlicher streckenbezogener Geschwindigkeitsbeschränkungen und Überholverbote

Zeichen 283
Absolutes Haltverbot

-10

-20

-30

-11

-21

-31

Unternummer Z 283 –
10: Anfang – Aufstellung rechts 11: Ende – Aufstellung links
20: Ende – Aufstellung rechts 21: Anfang – Aufstellung links
30: Mitte – Aufstellung rechts 31: Mitte – Aufstellung links

Zeichen 286
Eingeschränktes Haltverbot

-10

-20

-30

-11

-21

-31

Unternummer Z 286 –
10: Anfang – Aufstellung rechts 11: Ende – Aufstellung links
20: Ende – Aufstellung rechts 21: Anfang – Aufstellung links
30: Mitte – Aufstellung rechts 31: Mitte –Aufstellung links

Zeichen 290.1
Beginn eines eingeschränkten Haltverbots für eine Zone

Unternummer Z 290.1 –
40: doppelseitig (Rückseite Z 290.2)

Zeichen 290.2
Ende eines eingeschränkten Haltverbotes für eine Zone

Zeichen 293
Fußgängerüberweg

Ausführung nach RMS

Zeichen 294
Haltlinie

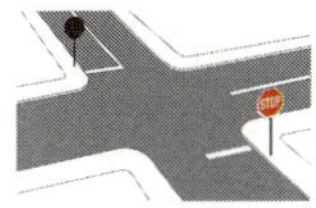

Ausführung nach RMS

Zeichen 295
Fahrstreifenbegrenzung und Fahrbahnbegrenzung

Ausführung nach RMS

Zeichen 296
Einseitige Fahrstreifenbegrenzung

Ausführung nach RMS

Zeichen 297
Pfeilmarkierungen

Ausführung nach RMS

Zeichen 297.1
Vorankündigungspfeil

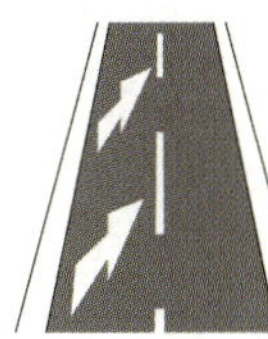

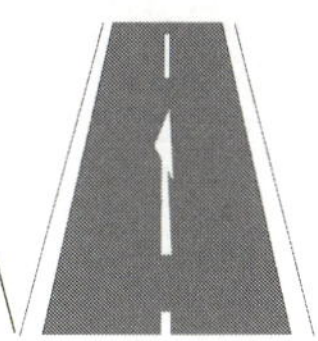

Unternummer Z 297.1 –
21: zur Anzeige eines Fahrstreifenendes

-21

Ausführung nach RMS

Zeichen 298
Sperrfläche

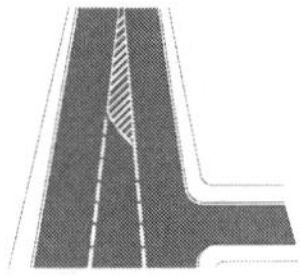

Ausführung nach RMS

Zeichen 299
Grenzmarkierung für Halt- oder Parkverbote

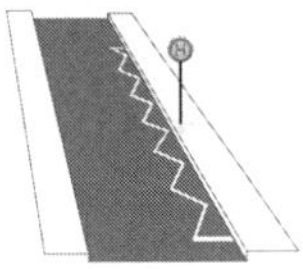

Ausführung nach RMS

Teil 4. Richtzeichen nach Anlage 3 (zu § 42 Absatz 2 StVO)

Zeichen 301
Vorfahrt

Zeichen 306
Vorfahrtstraße

Zeichen 307
Ende der Vorfahrtstraße

Zeichen 308
Vorrang vor dem Gegenverkehr

Zeichen 310
Ortstafel Vorderseite

Ausführung nach RWB

<u>**Unternummer Z 310 –**</u>
40: doppelseitig (Rückseite Z 311)

Zeichen 311
Ortstafel Rückseite

Ausführung nach RWB

Zeichen 314*1)
Parken

-10

-20

-30

Unternummer Z 314 –
10: Anfang (Aufstellung rechts) oder Ende (Aufstellung links)
20: Ende (Aufstellung rechts) oder Anfang (Aufstellung links)
30: Mitte (Aufstellung rechts oder links)

Parkhaus

Unternummer Z 314 –
50: Parkhaus, Parkgarage

-50

Zeichen 314.1*1)
Beginn einer Parkraumbewirtschaftungszone

Unternummer Z 314.1 –
40: doppelseitig (Rückseite Z 314.2)

Zeichen 314.2*1)
Ende einer Parkraumbewirtschaftungszone

Zeichen 315*1)
Parken auf Gehwegen

Die Pfeile in Klammern bei den Unternummern geben jeweils die Pfeildarstellung auf dem Zeichen an.

Unternummer Z 315 –
50: halb in Fahrtr. links
51: halb in Fahrtr. links Anfang (→)
52: halb in Fahrtr. links Ende (←)
53: halb in Fahrtr. links Mitte (⇄)

Unternummer Z 315 –
55: halb in Fahrtr. rechts
56: halb in Fahrtr. rechts Anfang (←)
57: halb in Fahrtr. rechts Ende (→)
58: halb in Fahrtr. rechts Mitte (⇄)

-55

Unternummer Z 315 –
60: ganz in Fahrtr. links
61: ganz in Fahrtr. links Anfang (→)
62: ganz in Fahrtr. links Ende (←)
63: ganz in Fahrtr. links Mitte (⇆)

Unternummer Z 315 –
65: ganz in Fahrtr. rechts
66: ganz in Fahrtr. rechts Anfang (←)
67: ganz in Fahrtr. rechts Ende (→)
68: ganz in Fahrtr. rechts Mitte (⇄)

-66

---

*1) **Amtl. Anm.:** Die Art einer Parkbeschränkung wird durch Zusatzzeichen angezeigt

Unternummer Z 315 –
70: halb quer zur Fahrtr. links
71: halb quer zur Fahrtr. links Anfang (→)
72: halb quer zur Fahrtr. links Ende (←)
73: halb quer zur Fahrtr. links Mitte (⇆)

Unternummer Z 315 –
75: halb quer zur Fahrtr. rechts
76: halb quer zur Fahrtr. rechts Anfang (←)
77: halb quer zur Fahrtr. rechts Ende (→)
78: halb quer zur Fahrtr. rechts Mitte (⇄)

-71

Unternummer Z 315 –
80: ganz quer zur Fahrtr. links
81: ganz quer zur Fahrtr. links Anfang (→)
82: ganz quer zur Fahrtr. links Ende (←)
83: ganz quer zur Fahrtr. links Mitte (⇆)

Unternummer Z 315 –
85: ganz quer zur Fahrtr. rechts
86: ganz quer zur Fahrtr. rechts Anfang (←)
87: ganz quer zur Fahrtr. rechts Ende (→)
88: ganz quer zur Fahrtr. rechts Mitte (⇄)

-88

Zeichen 316
Parken und Reisen

Parken und Mitfahren

Unternummer Z 316 –
50: Parken und Mitfahren

Zeichen 317
Wandererparkplatz

Zeichen 318
Parkscheibe

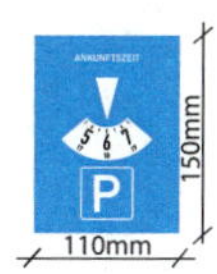

Ausführung gemäß
VkBl. 1981 S. 447

Zeichen 325.1
Beginn eines verkehrsberuhigten Bereichs

Unternummer Z 325.1 –
40: doppelseitig (Rückseite Z 325.2)

Zeichen 325.2
Ende eines verkehrsberuhigten Bereichs

Zeichen 327
Tunnel

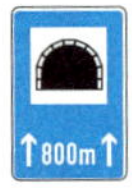

-50

Unternummer Z 327 –
50: mit Längenangabe in m
51: mit Längenangabe in km

Zeichen 328
Nothalte- und Pannenbucht

Zeichen 330.1
Autobahn

Zeichen 330.2
Ende der Autobahn

Zeichen 331.1
Kraftfahrstraße

Zeichen 331.2
Ende der Kraftfahrstraße

Zeichen 332
Ausfahrttafel auf der Autobahn

Zeichen 332.1
Ausfahrttafel auf anderen Straßen außerhalb der Autobahn

Unternummer Z 332.1 –
20: in Weiß mit Zielen nach Zeichen 432

-20

Zeichen 333
Ausfahrt von der Autobahn

950 x 3450

Zeichen 333.1
Ausfahrt von anderen Straßen außerhalb der Autobahn

500 x 2000

Unternummer Z 333.1 –
20: in Weiß (in Verb. m. Z 332.1-20)

500 x 2000

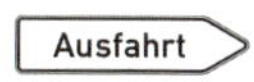

-20

Zeichen 340
Leitlinie

Ausführung nach RMS

Zeichen 341
Wartelinie

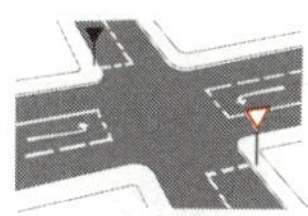

Ausführung nach RMS

Zeichen 350
Fußgängerüberweg

Unternummer Z 350 –
10: Aufstellung rechts
20: Aufstellung links
40: doppelseitig (-10 / -20)

-10

Zeichen 354
Wasserschutzgebiet

Zeichen 356
Verkehrshelfer

Zeichen 357
Sackgasse

<u>**Unternummer Z 357 –**</u>
50: für Radverkehr und Fußgänger durchlässige Sackgasse
51: für Fußgänger durchlässige Sackgasse
52: für Radverkehr durchlässige Sackgasse

-50

Zeichen 358
Erste Hilfe

Zeichen 363
Polizei

Zeichen 365
weitere Hinweise mit grafischen Symbolen

Fernsprecher
-50

Notrufsäule
-51

Tankstelle
-52

Tankstelle mit Autogas
-53

Tankstelle mit Erdgas
-54

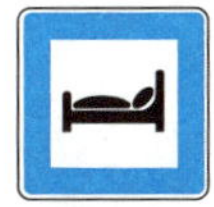
Autobahnhotel
-55

Autobahngasthaus
-56

Autobahnkiosk
-57

Toilette
-58

Autobahnkapelle
-59

Zelt- und Wohnwagenplatz
-60

Informationsstelle
-61

Pannenhilfe
-62

Fußgängerunterführung
-63

Fußgängerüberführung
-64

Zeichen 365
weitere Hinweise mit grafischen Symbolen

Ladestation für Elektrofahrzeuge
-65

Wasserstofftankstelle
-66

Wohnmobilplatz
-67

Wohnmobil- und Wohnwagenplatz
-68

Zeichen 385
Ortshinweistafel

Ausführung nach RWB

Zeichen 386.1
Touristischer Hinweis

Ausführung nach RWB

Touristischer Hinweis als Wegweiser

-10

-11

-12

<u>**Unternummer Z 386.1 –**</u>
10: Wegweiser linksweisend
11: Vorwegweiser linksw.
12: Pfeilwegweiser linksw.
20: Wegweiser rechtsw.
21: Vorwegweiser rechtsw.
22: Pfeilwegweiser rechtsw.
30: Vor-/ Wegweiser geradeaus
40: Pfeilwegweiser doppels.

Touristischer Hinweis mit Bezugsziel

-50

<u>**Unternummer Z 386.1 –**</u>
50: Variante "in"
51: Variante "via"
52: Variante "Richtung"

Touristischer Hinweis
Fluss oder Kanal

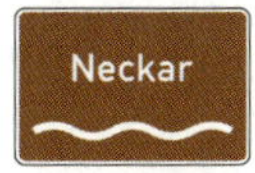

-53

Zeichen 386.2
Touristische Route

Ausführung nach RtB

Touristische Route
als Wegweiser

-10

-11

-12

Unternummer Z 386.2 –
10: Wegweiser linksweisend
11: Vorwegweiser linksw.
12: Pfeilwegweiser linksw.
20: Wegweiser rechtsweisend
21: Vorwegweiser rechtsweisend
22: Pfeilwegweiser rechtsw.
30: Vor-/Wegweiser geradeaus
40: Pfeilwegweiser doppels.

Touristische Route
mit Bezugsziel

-51

Unternummer Z 386.2 –
51: Variante „via"
52: Variante „Richtung"

Touristische Route
als Hinweisschild

-53

Zeichen 386.3
Touristische Unterrichtungstafel

-50

Ausführung nach RtB

Unternummer Z 386.3 –
50: Erinnerungstafel gemäß „Brocken-Erklärung" (VkBl. 2008 S. 438, 503)

Zeichen 390
Mautpflicht nach dem Bundesfernstraßenmautgesetz

Zeichen 390.2
Ende der Mautpflicht nach dem Bundesfern-
straßenmautgesetz

Zeichen 391
Mautpflichtige Strecke

Zeichen 392
Zollstelle

Zeichen 393
Informationstafel an Grenzübergangsstellen

an der Autobahn (3600 x 2500)
an anderen Straßen (2400 x 1650)

Ausführung gemäß
VkBl. 1981 S. 241

Zeichen 394
Laternenring

<u>**Unternummer Z 394 –**</u>
50: Schild (70 x 150)

Höhe: 70

Zeichen 401
Bundesstraßen

Ausführung nach
RWBA oder RWB

Zeichen 405
Autobahnen

Ausführung nach
RWBA oder RWB

Zeichen 406
Knotenpunkte der
Autobahnen

<u>**Unternummer Z 406 –**</u>
50: ein- oder zwei-
stellige Nummer
51: drei- oder mehr-
stellige Nummer

-51

650 x 650
(in Kombination mit
Zeichen 450-53)

-50
Ausführung nach
RWBA

Zeichen 410
Europastraßen

Ausführung nach RWBA oder RWB

Zeichen 415
Pfeilwegweiser auf Bundesstraßen

Unternummer Z 415 –
10: linksweisend
20: rechtsweisend
40: doppelseitig

-10
Ausführung nach RWB

Zeichen 418
Pfeilwegweiser auf sonstigen Straßen

Unternummer Z 418 –
10: linksweisend
20: rechtsweisend
40: doppelseitig

-20
Ausführung nach RWB

Zeichen 419
Pfeilwegweiser auf sonstigen Straßen mit geringerer Verkehrsbedeutung

Unternummer Z 419 –
10: linksweisend
20: rechtsweisend
40: doppelseitig

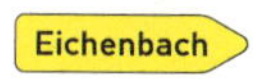

-20
Ausführung nach RWB

Zeichen 421
Pfeilwegweiser für bestimmte Verkehrsarten

Ausführung nach RUB oder gemäß den Richtlinien für die Anordnung von verkehrsregelnden Maßnahmen für den Transport gefährlicher Güter auf Straßen

KFZ mit einer zulässigen Gesamtmasse über 3,5 t

Unternummer Z 421 –
10: linksweisend
20: rechtsweisend
40: doppelseitig

-20

---

kennzeichnungspfl. Fahrzeuge mit gefährlichen Gütern

Unternummer Z 421 –

11: linksweisend
21: rechtsweisend
41: doppelseitig

-21

Fahrzeuge mit wassergefährdender Ladung

Unternummer Z 421 –
12: linksweisend
22: rechtsweisend
42: doppelseitig

-22

Zeichen 422
Wegweiser für bestimmte Verkehrsarten
Ausführung nach RUB oder gemäß den Richtlinien für die Anordnung von verkehrsregelnden Maßnahmen für den Transport gefährlicher Güter auf Straßen

KFZ mit einer zulässigen Gesamtmasse über 3,5 t

Unternummer
Z 422 –
10: hier links
11: links einordnen
20: hier rechts
21: rechts einordnen
30: geradeaus

-30

-11

-20

---

kennzeichnungspfl. Fahrz. mit gefährlichen Gütern

Unternummer
Z 422 –
12: hier links
13: links einordnen
22: hier rechts
23: rechts einordnen
32: geradeaus

-32

-13

-22

Fahrzeuge mit wassergefährdender Ladung

Unternummer
Z 422 –
14: hier links
15: links einordnen
24: hier rechts
25: rechts einordnen
34: geradeaus

-34

-15

-24

Radverkehr

Unternummer
Z 422 –
16: hier links
17: links einordnen
26: hier rechts
27: rechts einordnen
36: geradeaus

-36

-17

-26

Zeichen 430
Pfeilwegweiser zur Autobahn

Unternummer Z 430 –
10: linksweisend
20: rechtsweisend
40: doppelseitig

-20
Ausführung nach RWB

Zeichen 432
Pfeilwegweiser zu Zielen mit erheblicher Verkehrsbedeutung

Unternummer Z 432 –
10: linksweisend
20: rechtsweisend
40: doppelseitig

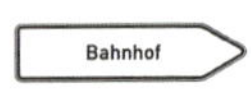

-20
Ausführung nach RWB

Zeichen 434
Tabellenwegweiser

<u>Unternummer Z 434 –</u>
50: kompakte Form
51: teilaufgelöste Form

-50

-51

Ausführung nach RWB

<u>Unternummer Z 434 –</u>
aufgelöste Form (nur innerorts)
52: mit Bundesstraßennummer
53: ohne Bundesstraßennummer

-52

-53

Ausführung nach RWB

Zeichen 437
Straßennamensschild

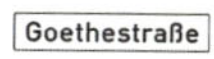

Ausführung nach RWB

Zeichen 438
Vorwegweiser außerhalb von Autobahnen

Ausführung nach RWB

Zeichen 439
Gegliederter Vorwegweiser außerhalb von Autobahnen

Ausführung nach RWB

Zeichen 440
Vorwegweiser zur Autobahn

Ausführung nach RWBA

Zeichen 441
Gegliederter Vorwegweiser zur Autobahn

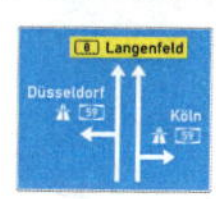

Ausführung nach RWBA

Zeichen 442*1)
Vorwegweiser für bestimmte Verkehrsarten
Ausführung nach RUB oder gemäß den Richtlinien für die Anordnung von verkehrsregelnden Maßnahmen für den Transport gefährlicher Güter auf Straßen

KFZ mit einer zulässigen Gesamtmasse über 3,5 t

Unternummer Z 442 –
10: linksweisend
20: rechtsweisend
50: ohne Pfeilsymbol*2)

-50

-20

kennzeichnungspfl. Fahrz. mit gefährlichen Gütern

Unternummer Z 442 –
11: linksweisend
21: rechtsweisend
51: ohne Pfeilsymbol *2)

-51

-21

Fahrzeuge mit wassergefährdender Ladung

Unternummer Z 442 –
12: linksweisend
22: rechtsweisend
52: ohne Pfeilsymbol *2)

-52

-22

Radverkehr

Unternummer Z 442 –
13: linksweisend
23: rechtsweisend
53: ohne Pfeilsymbol *2)

-53

-23

Zeichen 448
Ankündigungstafel

-50

Unternummer Z 448 –
50: auf anderen Straßen außerhalb von Autobahnen (Ausführung nach RWB)

Ausführung nach RWBA

Ausführung nach RWBA

*1) **Amtl. Anm.:** Vorwegweiser geradeaus gemäß Zeichen 422
*2) **Amtl. Anm.:** Anordnung in Verbindung mit Zeichen 1000–13, 1000-23 oder 1000-34

Zeichen 448.1
Autohof

2000 x 2800

Ausführung nach RWBA

Zeichen 449
Vorwegweiser auf Autobahnen

<u>**Unternummer Z 449 –**</u>
50: auf anderen Straßen außerhalb von Autobahnen (Ausführung nach RWB)

-50

Ausführung nach RWBA

Zeichen 450
Ankündigungsbake

1500 x 650

<u>**Unternummer Z 450 –**</u>
50: einstreifig (100 m)
51: zweistreifig (200 m)
52: dreistreifig (300 m)
53: einstreifig (100 m, gelb)
54: zweistreifig (200 m, gelb)
55: dreistreifig (300 m, gelb)

-54

-51

Ausführung nach RWBA/RWB

Zeichen 453
Entfernungstafel

<u>**Unternummer Z 453 –**</u>
50: auf autobahnähnlich ausgebauten, zweibahnigen Straßen (Ausführung nach RWB)

-50

Ausführung nach RWBA

Zeichen 454
Umleitungswegweiser

<u>**Unternummer Z 454 –**</u>
10: linksweisend
20: rechtsweisend
40: doppelseitig

350 x 1250

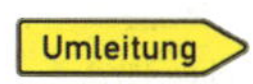

-20
Ausführung nach RUB

Zeichen 455.1
Ankündigung oder Fortsetzung der Umleitung

-10

Ausführung nach RUB, bei Bedarf mit Nummerierung

-50*1)

-30

-12

-11

Unternummer Z 455.1 –

10: Vorankündigung links
11: hier links
12: links einordnen

20: Vorankündigung rechts
21: hier rechts
22: rechts einordnen

30: geradeaus
50: ohne Pfeilsymbol*1)

Zeichen 455.2
Ende der Umleitung (in Verbind. m. Z 455.1)

Ausführung nach RUB, bei Bedarf mit Nummerierung

Zeichen 457.1
Umleitungsankündigung

350 x 1050

Ausführung nach RUB

Zeichen 457.2
Ende der Umleitung

350 x 1050

Ausführung nach RUB

Zeichen 458
Planskizze

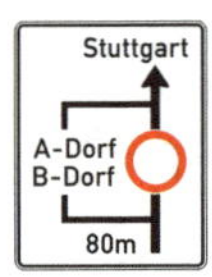

Ausführung nach RUB
Die Entfernungsangabe ist variabel.

---

*1) **Amtl. Anm.:** Anordnung in Verbindung mit Zeichen 1000-13, 1000-23 oder 1000-34

Zeichen 460
Bedarfsumleitung

Ausführung nach RUB

-30

-50*1)

-20

-21

-22

Ausführung nach RUB

Unternummer Z 460 –

10: Vorankündigung links	20: Vorankündigung rechts	30: geradeaus
11: hier links	21: hier rechts	50: ohne Pfeilsymbol*1)
12: links einordnen	22: rechts einordnen	

Zeichen 466
Weiterführende Bedarfsumleitung

1600 x 1250

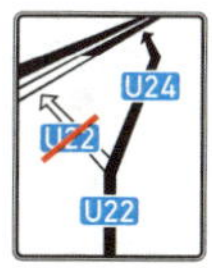

Ausführung nach RUB

Zeichen 467.1
Umlenkungspfeil (Streckenempfehlung)

Unternummer Z 467.1 –
10: linksweisend
20: rechtsweisend
30: geradeaus

1600 x 2500 (800 x 1250 für Bestätigung)

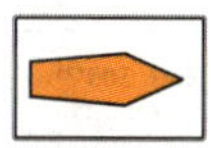

Ausführung nach RWVZ

Zeichen 467.2
Umlenkungspfeil Ende (Ende einer Streckenempfehlung)

2500 x 1600

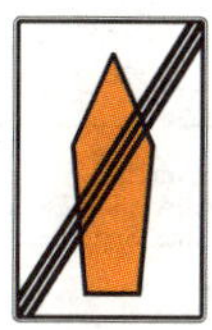

Ausführung nach RWVZ

*1) **Amtl. Anm.:** Anordnung in Verbindung mit Zeichen 1000-13, 1000-23 oder 1000-34

Zeichen 501
Überleitungstafel – ohne Gegenverkehr

Unternummer Z 501 –
10: 1-streifig nach links 20: 1-streifig nach rechts
11: 2-streifig nach links 21: 2-streifig nach rechts
12: 3-streifig nach links 22: 3-streifig nach rechts

1600 x 1250

-11

Unternummer Z 501 –
13: 2-streifig nach links, 1 Fahrstreifen übergeleitet
14: 3-streifig nach links, 1 Fahrstreifen übergeleitet
15: 3-streifig nach links, 2 Fahrstreifen übergeleitet
23: 2-streifig nach rechts, 1 Fahrstreifen übergeleitet
24: 3-streifig nach rechts, 1 Fahrstreifen übergeleitet
25: 3-streifig nach rechts, 2 Fahrstreifen übergeleitet

-14

Unternummer Z 501 –
16: 1-streifig nach links u. 1-streifig geradeaus
17: 1-streifig nach links u. 2-streifig geradeaus
18: 2-streifig nach links u. 1-streifig geradeaus

-16

Unternummer Z 501 –
26: 1-streifig nach rechts u. 1-streifig geradeaus
27: 1-streifig nach rechts u. 2-streifig geradeaus
28: 2-streifig nach rechts u. 1-streifig geradeaus

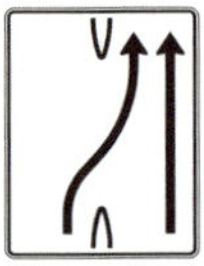
-26

Zeichen 505*1)
Überleitungstafel - ohne Gegenverkehr mit integriertem Zeichen 264

Unternummer Z 505 –
11: 2-streifig nach links
12: 3-streifig nach links
21: 2-streifig nach rechts
22: 3-streifig nach rechts

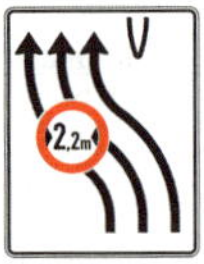

-12

-11

Zeichen 511
Verschwenkungstafel — ohne Gegenverkehr

Unternummer Z 511 –
10: 1-streifig nach links 20: 1-streifig nach rechts
11: 2-streifig nach links 21: 2-streifig nach rechts
12: 3-streifig nach links 22: 3-streifig nach rechts

-11

*1) **Amtl. Anm.:** Z 264 kann auch in andere Verkehrslenkungstafeln integriert werden

Unternummer Z 511 –
25: 1-streifige Verschwenkung auf den Seitenstreifen
26: 2-streifige Verschwenkung, 1-streifig auf den Seitenstreifen

-26

Zeichen 513
Verschwenkungstafel
kurze Verschwenkung
– ohne Gegenverkehr

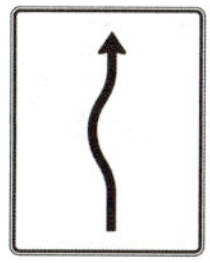

Unternummer Z 513 –
10: 1-streifig nach links
11: 2-streifig nach links
20: 1-streifig nach rechts
21: 2-streifig nach rechts

-10

Zeichen 514
Verschwenkungstafel
kurze Verschwenkung
– mit Gegenverkehr

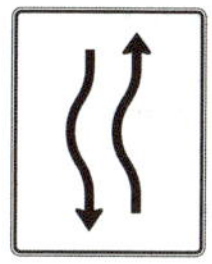

Unternummer Z 514 –
10: 1-streifig nach links
20: 1-streifig nach rechts

-10

Zeichen 515 *1)
Verschwenkungstafel
– ohne Gegenverkehr
mit integriertem Zeichen 264

Unternummer Z 515 –
11: 2-streifig nach links
12: 3-streifig nach links
21: 2-streifig nach rechts
22: 3-streifig nach rechts

-11

Zeichen 521
Fahrstreifentafel
– ohne Gegenverkehr

Unternummer Z 521 –
30: 2-streifig in Fahrtrichtung
31: 3-streifig in Fahrtrichtung
32: 4-streifig in Fahrtrichtung
33: 5-streifig in Fahrtrichtung

-30

Zeichen 522
Fahrstreifentafel
– mit Gegenverkehr

Unternummer Z 522 –
30: 1-streifig in Fahrtr. u. 1-streifig in Gegenr.
31: 2-streifig in Fahrtr. u. 1-streifig in Gegenr.
32: 1-streifig in Fahrtr. u. 2-streifig in Gegenr.
33: 2-streifig in Fahrtr. u. 2-streifig in Gegenr.
34: 3-streifig in Fahrtr. u. 2-streifig in Gegenr.
35: 2-streifig in Fahrtr. u. 3-streifig in Gegenr.
36: 3-streifig in Fahrtr. u. 3-streifig in Gegenr.
37: 3-streifig in Fahrtr. u. 1-streifig in Gegenr.
38: 1-streifig in Fahrtr. u. 3-streifig in Gegenr.

-31

---

*1) **Amtl. Anm.:** Z 264 kann auch in andere Verkehrslenkungstafeln integriert werden

Zeichen 523
Fahrstreifentafel
– ohne Gegenverkehr
mit integriertem Zeichen 274

-30

Unternummer Z 523 –
30: 2-streifig in Fahrtrichtung
31: 3-streifig in Fahrtrichtung

Zeichen 524*1)
Fahrstreifentafel
– ohne Gegenverkehr
mit integriertem Zeichen 253

-31

Unternummer Z 524 –
30: 2-streifig in Fahrtrichtung
31: 3-streifig in Fahrtrichtung
32: 4-streifig in Fahrtrichtung
33: 5-streifig in Fahrtrichtung

Zeichen 525
Fahrstreifentafel
– ohne Gegenverkehr
mit integriertem Zeichen 275

-31

Unternummer Z 525 –
31: 3-streifig in Fahrtrichtung

Zeichen 526
Fahrstreifentafel
– mit Gegenverkehr
mit integriertem Zeichen 275

-31

Unternummer Z 526 –
31: 2-streifig in Fahrtr. u. 1-streifig in Gegenr.
33: 2-streifig in Fahrtr. u. 2-streifig in Gegenr.

Zeichen 531
Einengungstafel
– ohne Gegenverkehr

-10

Unternummer Z 531 –
10: Einzug rechts, noch 1 Fahrstr. 20: Einzug links, noch 1 Fahrstr.
11: Einzug rechts, noch 2 Fahrstr. 21: Einzug links, noch 2 Fahrstr.
12: Einzug rechts, noch 3 Fahrstr. 22: Einzug links, noch 3 Fahrstr.
13: Einzug rechts, noch 4 Fahrstr. 23: Einzug links, noch 4 Fahrstr.

Zeichen 532
Einengungstafel
– mit Gegenverkehr

-10

Unternummer Z 532 –
10: Einzug rechts, noch 1 Fahrstr. u. 1 Fahrstr. in Gegenr.
20: Einzug links, noch 1 Fahrstr. u. 1 Fahrstr. in Gegenr.
21: Einzug links, noch 1 Fahrstr. u. 2 Fahrstr. in Gegenr.

---

*1) **Amtl. Anm.:** Anordnung in Verbindung mit Zeichen 1001-34 oder 1001-35

Zeichen 533
Trennungstafel
– ohne Gegenverkehr

Unternummer Z 533 –
20: 2-streifig durchgehend u. 1-streifig rechts ab
21: 3-streifig durchgehend u. 1-streifig rechts ab
22: 2-streifig durchgehend u. 2-streifig rechts ab

-20

Zeichen 535
Einengungstafel
– ohne Gegenverkehr
mit integriertem Zeichen 279

Unternummer Z 535 –
11: Einzug rechts, noch 2 Fahrstr. in Fahrtr.
21: Einzug links, noch 2 Fahrstr. in Fahrtr.

-11

Zeichen 536
Einengungstafel
– mit Gegenverkehr
mit integriertem Zeichen 279

Unternummer Z 536 –
20: Einzug links, noch 1 Fahrstr. u. 1 Fahrstr. in Gegenr.
21: Einzug links, noch 1 Fahrstr. u. 2 Fahrstr. in Gegenr.

-20

Zeichen 537
Einengungstafel
– ohne Gegenverkehr
mit integriertem Zeichen 278

Unternummer Z 537 –
30: 2-streifig in Fahrtrichtung
31: 3-streifig in Fahrtrichtung

-30

Zeichen 541
Aufweitungstafel
– ohne Gegenverkehr

Unternummer Z 541 –
10: 1-streifig plus Fahrstreifen links
11: 2-streifig plus Fahrstreifen links
20: 1-streifig plus Fahrstreifen rechts
21: 2-streifig plus Fahrstreifen rechts

-11

Zeichen 542
Aufweitungstafel
– mit Gegenverkehr

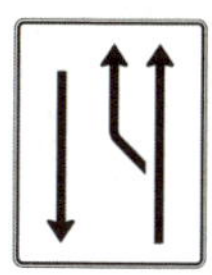

Unternummer Z 542 –
10: 1-streifig plus Fahrstreifen links u. 1 Fahrstr. in Gegenr.
11: 1-streifig plus Fahrstreifen links u. 2 Fahrstr. in Gegenr.

-10

Zeichen 545
Aufweitungstafel
– ohne Gegenverkehr mit integriertem Zeichen 275

-11

Unternummer Z 545 –
11: 2-streifig plus Fahrstreifen links

Zeichen 546
Aufweitungstafel
– mit Gegenverkehr mit integriertem Zeichen 275

-10

Unternummer Z 546 –
10: 1-streifig plus Fahrstreifen links u. 1 Fahrstr. in Gegenr.
11: 1-streifig plus Fahrstreifen links u. 2 Fahrstr. in Gegenr.

Zeichen 550
Zusammenführungstafel
– an durchgehender Strecke

-21

Unternummer Z 550 –
20: 1-streifig plus 1 Fahrstr. von rechts
21: 2-streifig plus 1 Fahrstr. von rechts
22: 3-streifig plus 1 Fahrstr. von rechts
23: 2-streifig plus 2 Fahrstr. von rechts
24: 3-streifig plus 2 Fahrstr. von rechts

Zeichen 551
Zusammenführungstafel
– an einmündender Strecke

-21

Unternummer Z 551 –
20: 1-streifig einmündend plus 1-streifig durchgehend
21: 1-streifig einmündend plus 2-streifig durchgehend
22: 2-streifig einmündend plus 2-streifig durchgehend
23: 2-streifig einmündend plus 3-streifig durchgehend
24: 1-streifig einmündend plus 3-streifig durchgehend

Zeichen 590
Blockumfahrung

-10

Unternummer Z 590 –
10: Blockumfahrung rechts, links, links
11: Blockumfahrung rechts, rechts, rechts

Teil 5. Verkehrseinrichtungen nach Anlage 4 (zu § 43 Absatz 3 StVO)

Zeichen 600
Absperrschranke

Unternummer Z 600 –

30: 100 x 800	35: 250 x 2000
31: 100 x 1200	36: 250 x 2400
32: 100 x 1600	37: 500 x 1600
33: 250 x 1200	38: 500 x 2000
34: 250 x 1600	39: 500 x 2400

Unternummer Z 600 –
60: Sperrpfosten (Schraffur waagerecht)

-60

Zeichen 605
Leitbake

Schraffenbake[*1)]

Unternummer Z 605 –
10: Aufstellung rechts — 1000 x 250
20: Aufstellung links
40: doppelseitig (-10 / -20)
41: doppelseitig (-20 / -20)

-10

Pfeilbake[*1)]

Unternummer Z 605 –
11: Aufstellung rechts — 1000 x 250
21: Aufstellung links
42: doppelseitig (-11 / -21)
43: doppelseitig (-21 / -21)

-11

Warnbake

Unternummer Z 605 –
12: Aufstellung rechts
22: Aufstellung links
44: doppelseitig (-12 / -22) — 2000 x 250
45: doppelseitig (-22 / -22)

-12

[*1)] **Amtl. Anm.:** weitere Ausführungen nach TL-Leitbake

Warnlichtbake

Unternummer Z 605 –
13: Aufstellung rechts
23: Aufstellung links

2500 x 500

-13

Warnlichtbake mit integriertem Zeichen 222

Unternummer Z 605 –
14: Aufstellung rechts mit Zeichen 222-10
24: Aufstellung links mit Zeichen 222

2500 x 500

-14

Zeichen 610
Leitkegel

Unternummer Z 610 –
40: Größe = 300 (Ringhöhe 55 mm)
41: Größe = 500 (Ringhöhe 85 mm)
42: Größe = 750 (Ringhöhe 130 mm)
43: Größe = 1000 (Ringhöhe 180 mm)

Ausführung nach TL-Leitkegel

Zeichen 615
Fahrbare Absperrtafel

Prinzipskizze

Zeichen 616
Fahrbare Absperrtafel mit Blinkpfeil

Unternummer Z 616 –
30: große Ausführung (3600 x 2200)
31: kleine Ausführung (2500 x 1700)

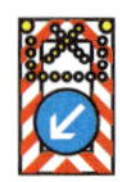

Prinzipskizze

Zeichen 620
Leitpfosten

Unternummer Z 620 –
40: rechts
41: links

-41

-40

Zeichen 625
Richtungstafel in Kurven

Unternummer Z 625 –

linksweisend:	rechtsweisend:
10: 500 x 500	20: 500 x 500
11: 500 x 1500	21: 500 x 1500
12: 500 x 2000	22: 500 x 2000
13: 500 x 2500	23: 500 x 2500

-11

Zeichen 626
Leitplatte

750 x 500

Unternummer Z 626 –
10: Aufstellung rechts
20: Aufstellung links

-10

Unternummer Z 626 –
30: 750 x 500
31: 1200 x 600
32: 2500 x 500

-30

Zeichen 627
Leitmal

Unternummer Z 627 –
10: Anbringung rechts (senkrecht)
20: Anbringung links (senkrecht)
30: waagerecht
50: gebogen

Ausführung nach den Richtlinien für die Kennzeichnung von Ingenieurbauwerken mit beschränkter Durchfahrtshöhe über Straßen, VkBl. S. 337

-50

Zeichen 628
Leitschwelle mit Leitbake (Z 605)

Unternummer Z 628 –

10: Aufst. rechts (m. 605-10)	11: Aufst. rechts (m. 605-11)
20: Aufs. links (m. 605-20)	21: Aufst. links (m. 605-21)
40: doppelseitig (m. 605-40)	42: doppelseitig (m. 605-42)
41: doppelseitig (m. 605-41)	43: doppelseitig (m. 605-43)

Ausführung nach RSA
-10

-11

Zeichen 629
Leitbord mit Leitbake
(Z 605)

Unternummer
Z 629 –

10: Aufst. rechts (m. 605-10)	11: Aufst. rechts (m. 605-11)
20: Aufst. links (m. 605-20)	21: Aufst. links (m. 605-21)
40: doppelseitig (m. 605-40)	42: doppelseitig (m. 605-42)
41: doppelseitig (m. 605-41)	43: doppelseitig (m. 605-43)

Ausführung nach RSA
-10

-11

Zeichen 630
Parkwarntafel

Unternummer
Z 630 –
10: links vorbei
20: rechts vorbei

432 x 423

-10

Teil 6. Sonstige Zeichen nach StVO

Zeichen 720
Grünpfeilschild

250 x 250

Ausführung nach
VkBl. 1994 S. 294

Teil 7. Zusatzzeichen nach § 39 Absatz 3 StVO, § 41 Absatz 2 StVO

Zeichen 1000
Richtungsangaben durch Pfeile

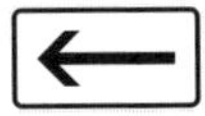
-10

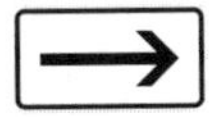
-20

-11

-21

-12

-22

-13

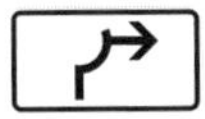
-23

-34

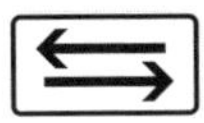
-30

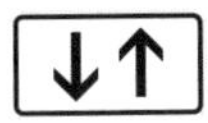
-31

-32

-33
gemäß § 53 Absatz 2 Nummer 3 StVO gültig bis zum 1. April 2017

Zeichen 1001
Länge einer Strecke

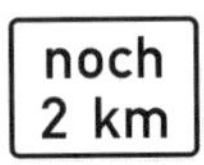

-33
gem. VwV-StVO in Tunneln

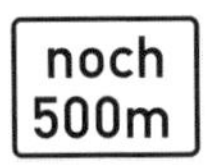

-32
32: noch .....m
33: noch .....km

-30

<u>**Unternummer Z 1001 –**</u>
30: auf .....m
31: auf .....km

<u>**Unternummer Z 1001 –**</u>
in Verb. m. Fahrstreifentafeln (Zeichen 521 ff.)
34: auf .....m
35: auf .....km

500 x 1250

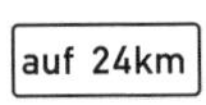

-35

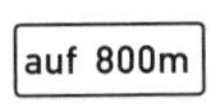

-34

Zeichen 1002
Verlauf der Vorfahrtstraße

Unternummer Z 1002 –
an Kreuzungen
10: von unten nach links
11: von oben nach links
20: von unten nach rechts
21: von oben nach rechts

-10

Unternummer Z 1002 –
an Einmündungen
12: von unten nach links, Einmündung von oben
13: von unten nach links, Einmündung von rechts
14: von oben nach links, Einmündung von unten
22: von unten nach rechts, Einmündung von oben
23: von unten nach rechts, Einmündung von links
24: von oben nach rechts, Einmündung von unten

-12

Zeichen 1004
Entfernungsangaben

Unternummer Z 1004 –
30: Entfernungsangabe in m *1)*2)
31: Entfernungsangabe in km
32: Stop in 100 m

-32

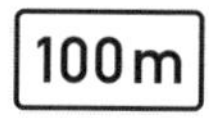

-30

Zeichen 1005
Entfernungsangaben mit verbalem Zusatz

Unternummer Z 1005 –
30: Reißverschluss erst in „... m" (in Verb. m. Einengungstafel Zeichen 531 ff.)

500 x 1250

-30

Zeichen 1006
Hinweis auf Gefahren durch Sinnbild

-30

-31

---

*1) **Amtl. Anm.:** in Verb. m. Verkehrslenkungstafeln (Zeichen 501 ff.) auch in 500 x 1250
*2) **Amtl. Anm.:** nur volle 50er

Zeichen 1007
Hinweis auf Gefahren durch verbale Angabe

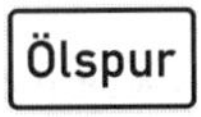

-30

-31

-32

-33

-34

-35

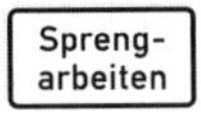

-36

-37

-38

-39

-50

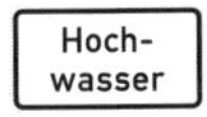

-51

-52

-53

-54

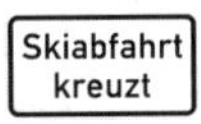

-55

-56

-57

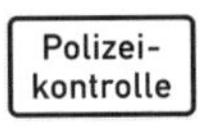

-58

Anordnung auch in Verbindung mit Zeichen 274, möglichst mit Zeitangabe

-59

-60

Zeichen 1007
Hinweis auf Gefahren durch verbale Angabe

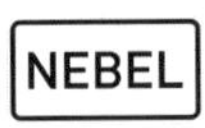

-61

Ausführung nach RWVZ 1997

-62

Zeichen 1008
Hinweis auf geänderte Vorfahrt, Verkehrsführung oder besondere Verkehrsregelung

-30

-31

-32

-33

-34

Zeichen 1010
Hinweis durch Sinnbild

-10

-11

-12

-13

-14

-15

Ausführung nach RWBA

-50

-51*1)

-52*1)

-53

-54

-55

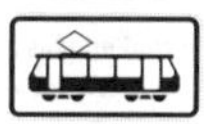

-56*1)

-57*1)

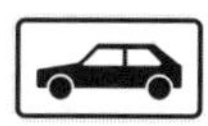

-58*1)

-59*1)

-60*1)

-61*1)

*1) **Amtl. Anm.:** kann auch Teil eines beschränkenden Zusatzzeichen nach § 41 Absatz 2 StVO sein

-62*1)

-63*1)

-64

-65*1)

-66
nach EmoG

-67*1)

Zeichen 1012
Hinweis durch verbale Angabe

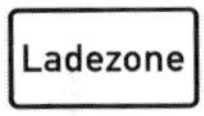

-30

-31

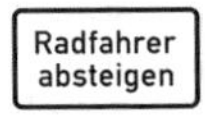

-32

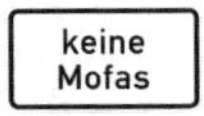

-33

-34

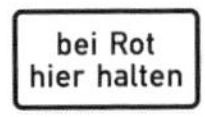

-35

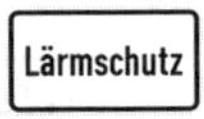

-36

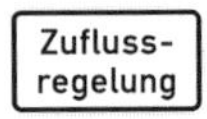

-37

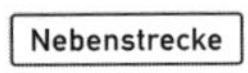

-38
Ausführung nach RWB

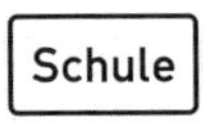

-50

-51

-52

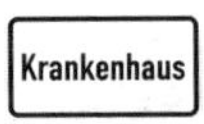

-53

*1) **Amtl. Anm.:** kann auch Teil eines beschränkenden Zusatzzeichen nach § 41 Absatz 2 StVO sein

Zeichen 1013
besondere Hinweise zur Seitenstreifenfreigabe (in Verb. mit Zeichen 223.1 bis 223.3)

800 x 2250
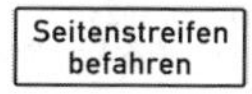

-50

800 x 2250

-51

500 x 2250
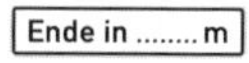

-52

<u>**Unternummer Z 1013 –**</u>
50: Seitenstreifen befahren
51: Seitenstreifen räumen
52: Ende in ..... m

Zeichen 1014
Tunnelkategorien gemäß ADR-Übereinkommen

<u>**Unternummer Z 1014 –**</u>
50: Kategorie B
51: Kategorie C
52: Kategorie D
53: Kategorie E

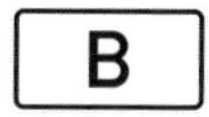

-50
Ausführung nach VkBl. 2007 S. 703

Zeichen 1020
Personengruppen frei (verbal oder mit Sinnbild)

-11

-12

-13

-14

-30

-31

-32

Zeichen 1022
einspurige Fahrzeuge frei

-10

-11

-12

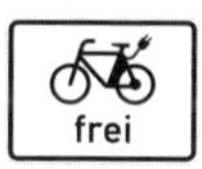

-13

-14

-15

Zeichen 1024
mehrspurige Fahrzeuge frei

-10

-11

-12

-13

-14

-15

-16

-17

-18

-19

-20
nach EmoG

Zeichen 1026
besondere Fahrzeuge und Transportgüter frei (verbalte Angabe)

-30

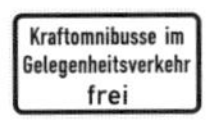

-31

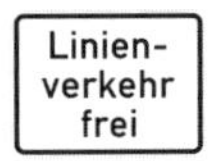

-32

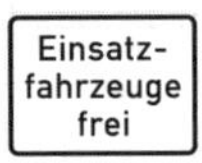

-33

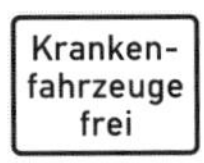

-34

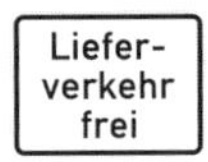

-35

-36

-37

-38

-39

-60*1)

-61*1)

-62

-63

Zeichen 1028
sonstige Fahrzeug-, Personengruppen frei (verbale Angabe)

-30

-31

-32

-33

-34

Zeichen 1031
Freistellung vom Verkehrsverbot nach § 40 Absatz 1 BImSchG (in Verb. mit Zeichen 270.1)

Unternummer Z 1031 –
50: rote, gelbe und grüne Plakette
51: gelbe und grüne Plakette
52: grüne Plakette

-52

-51

-50

Zeichen 1040
Zeitangaben
Stunden ohne Beschränkung auf Wochentage

-10

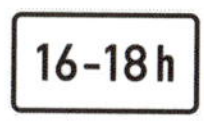

-30

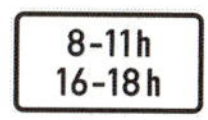

-31

-32

-33

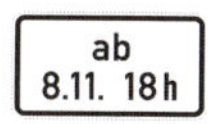

-34

-35

-36
zu Zeichen 101 oder 274

---

*1) **Amtl. Anm.:** nach StVG

Zeichen 1042
Zeitangaben
mit Beschränkung auf Wochentage

-30

-31

-32

-33

-34

-35

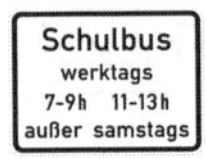

-36

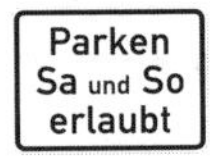

-37

-38

-50

-51

-52

-53
zu Zeichen 101 oder 274

Zeichen 1044
Personengruppen

-10

-11

-12

-30

Zeichen 1046
einspurige Fahrzeuge

Als beschränkende Zusatzzeichen nach § 41 Absatz 2 StVO können für einspurige Fahrzeuge die Zeichen 1010-52, 1010-62, 1010-63 und 1010-65 angeordnet werden.

Zeichen 1048
mehrspurige Fahrzeuge

-14

-15

-18

-20

Als beschränkende Zusatzzeichen nach § 41 Absatz 2 StVO können für mehrspurige Fahrzeuge außerdem die Zeichen 1010-51, 1010-56, 1010-57, 1010-58, 1010-59, 1010-60 und 1010-67 angeordnet werden.

Zeichen 1049
sonstige oder mehrere mehrspurige Fahrzeuge

-11

-12

-13

Als beschränkendes Zusatzzeichen nach § 41 Absatz 2 StVO kann für sonstige oder mehrere mehrspurige Fahrzeuge außerdem Zeichen 1010-61 angeordnet werden.

Zeichen 1050
Fahrzeuge
(verbale Angabe)

TAXI

-30

5 Taxen

-31

Elektrofahrzeuge während des Ladevorgangs

-32
nach StVG

Elektro-
fahrzeuge

-33
nach StVG

Zeichen 1052
Fahrzeuge mit besonderer Ladung

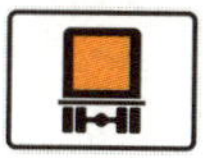

-30

-31

Zeichen 1053
sonstige Beschränkungen

-30

-31

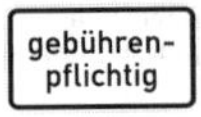

-32

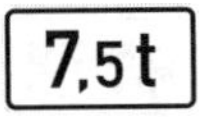

-33

-34

-35

-36

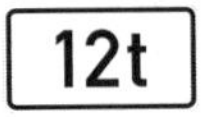

-37

-38

Anordnung als Kombination der Zeichen 1053-36 und -37 nur in Verbindung mit Zeichen 253

-39

-52

-53

Zeichen 1060
erweiternde Zusatzzeichen

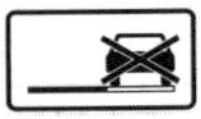

-31

-32

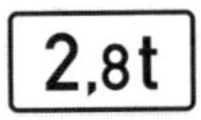

-33
Anordnung nur in Verbindung mit Zeichen 277

Anhang

Komplettübersicht

Gefahrzeichen nach Anlage 1 (zu § 40 Absatz 6 und 7 StVO)

Nr.:	Bezeichnung
101	Gefahrstelle
101-10	Flugbetrieb – Aufstellung rechts
101-11	Fußgängerüberweg – Aufstellung rechts
101-12	Viehtrieb – Aufstellung rechts
101-13	Reiter – Aufstellung rechts
101-14	Amphibienwanderung – Aufstellung rechts
101-15	Steinschlag – Aufstellung rechts
101-20	Flugbetrieb – Aufstellung links
101-21	Fußgängerüberweg – Aufstellung links
101-22	Viehtrieb – Aufstellung links
101-23	Reiter – Aufstellung links
101-24	Amphibienwanderung – Aufstellung links
101-25	Steinschlag – Aufstellung links
101-51	Schnee- oder Eisglätte
101-52	Splitt, Schotter
101-53	Ufer
101-54	Unzureichendes Lichtraumprofil
101-55	Bewegliche Brücke
102	Kreuzung oder Einmündung
103	Kurve
103-10	Kurve – links
103-20	Kurve – rechts
105	Doppel kurve
105-10	Doppelkurve – zunächst links
105-20	Doppelkurve – zunächst rechts
108	Gefälle
108-4	Gefälle 4 %
108-5	Gefälle 5 %
108-6	Gefälle 6 %
108-7	Gefälle 7 %
108-8	Gefälle 8 %
108-9	Gefälle 9 %
108-10	Gefälle 10 %
108-11	Gefälle 11 %
108-12	Gefälle 12 %
108-13	Gefälle 13 %
108-14	Gefälle 14 %
108-15	Gefälle 15 %
108-16	Gefälle 16 %
108-17	Gefälle 17 %
108-18	Gefälle 18 %

Nr.:	Bezeichnung
108-19	Gefälle 19 %
108-20	Gefalle 20 %
108-21	Gefälle 21 %
108-22	Gefälle 22 %
108-23	Gefälle 23 %
108-24	Gefälle 24 %
108-25	Gefälle 25 %
110	Steigung
110-4	Steigung 4 %
110-5	Steigung 5 %
110-6	Steigung 6 %
110-7	Steigung 7 %
110-8	Steigung 8 %
110-9	Steigung 9 %
110-10	Steigung 10 %
110-11	Steigung 11 %
110-12	Steigung 12 %
110-13	Steigung 13 %
110-14	Steigung 14 %
110-15	Steigung 15 %
110-16	Steigung 16 %
110-17	Steigung 17 %
110-18	Steigung 18 %
110-19	Steigung 19 %
110-20	Steigung 20 %
110-21	Steigung 21 %
110-22	Steigung 22 %
110-23	Steigung 23 %
110-24	Steigung 24 %
110-25	Steigung 25 %
112	Unebene Fahrbahn
114	Schleuder- oder Rutschgefahr
117	Seitenwind
117-10	Seitenwind von rechts
117-20	Seitenwind von links
120	Verengte Fahrbahn
121	Einseitig verengte Fahrbahn
121-10	Einseitig verengte Fahrbahn – Verengung rechts
121-20	Einseitig verengte Fahrbahn – Verengung links
123	Arbeitsstelle
124	Stau
125	Gegenverkehr
131	Lichtzeichenanlage

Nr.:	Bezeichnung
133	Fußgänger
133-10	Fußgänger – Aufstellung rechts
133-20	Fußgänger – Aufstellung links
136	Kinder
136-10	Kinder – Aufstellung rechts
136-20	Kinder – Aufstellung links
138	Radverkehr
138-10	Radverkehr – Aufstellung rechts
138-20	Radverkehr – Aufstellung links
142	Wildwechsel
142-10	Wildwechsel – Aufstellung rechts
142-20	Wildwechsel – Aufstellung links
151	Bahnübergang
156	Bahnübergang mit dreistreifiger Bake
156-10	Bahnübergang mit dreistreifiger Bake – Aufstellung rechts
156-11	Bahnübergang mit dreistreifiger Bake mit Entfernungsangabe – Aufstellung rechts
156-20	Bahnübergang mit dreistreifiger Bake – Aufstellung links
156-21	Bahnübergang mit dreistreifiger Bake mit Entfernungsangabe – Aufstellung links
157	Dreistreifige Bake
157-10	Dreistreifige Bake – Aufstellung rechts
157-11	Dreistreifige Bake mit Entfernungsangabe – Aufstellung rechts
157-20	Dreistreifige Bake – Aufstellung links
157-21	Dreistreifige Bake mit Entfernungsangabe – Aufstellung links
159	Zweistreifige Bake
159-10	Zweistreifige Bake – Aufstellung rechts
159-11	Zweistreifige Bake mit Entfernungsangabe – Aufstellung rechts
159-20	Zweistreifige Bake – Aufstellung links
159-21	Zweistreifige Bake mit Entfernungsangabe – Aufstellung links
162	Einstreifige Bake
162-10	Einstreifige Bake – Aufstellung rechts
162-11	Einstreifige Bake mit Entfernungsangabe – Aufstellung rechts
162-20	Einstreifige Bake – Aufstellung links
162-21	Einstreifige Bake mit Entfernungsangabe – Aufstellung links

Vorschriftzeichen nach Anlage 2 (zu § 41 Absatz 1 StVO)

Nr.:	Bezeichnung
201	Andreaskreuz
201-50	Andreaskreuz – stehend
201-51	Andreaskreuz – stehend mit Blitzpfeil
201-52	Andreaskreuz – liegend
201-53	Andreaskreuz – liegend mit Blitzpfeil

Nr.:	Bezeichnung
205	Vorfahrt gewähren
206	Halt. Vorfahrt gewähren
208	Vorrang des Gegenverkehrs
209	Vorgeschriebene Fahrtrichtung – rechts
209-10	Vorgeschriebene Fahrtrichtung – links
209-30	Vorgeschriebene Fahrtrichtung – geradeaus
211	Vorgeschriebene Fahrtrichtung – hier rechts
211-10	Vorgeschriebene Fahrtrichtung – hier links
214	Vorgeschriebene Fahrtrichtung – geradeaus oder rechts
214-10	Vorgeschriebene Fahrtrichtung – geradeaus oder links
214-30	Vorgeschriebene Fahrtrichtung – rechts oder links
215	Kreisverkehr
220	Einbahnstraße
220-10	Einbahnstraße – linksweisend
220-20	Einbahnstraße – rechtsweisend
220-40	Einbahnstraße – doppelseitig (-10/-20)
222	Vorgeschriebene Vorbeifahrt – rechts vorbei
222-10	Vorgeschriebene Vorbeifahrt – links vorbei
223.1	Seitenstreifen befahren
223.1-50	Seitenstreifen befahren – 2 Fahrstreifen + Seitenstreifen
223.1-51	Seitenstreifen befahren – 3 Fahrstreifen + Seitenstreifen
223.1-52	Seitenstreifen befahren – 4 Fahrstreifen + Seitenstreifen
223.2	Seitenstreifen nicht mehr befahren
223.2-50	Seitenstreifen nicht mehr befahren – 2 Fahrstreifen + Seitenstreifen
223.2-51	Seitenstreifen nicht mehr befahren – 3 Fahrstreifen + Seitenstreifen
223.2-52	Seitenstreifen nicht mehr befahren – 4 Fahrstreifen + Seitenstreifen
223.3	Seitenstreifen räumen
223.3-50	Seitenstreifen räumen – 2 Fahrstreifen + Seitenstreifen
223.3-51	Seitenstreifen räumen – 3 Fahrstreifen + Seitenstreifen
223.3-52	Seitenstreifen räumen – 4 Fahrstreifen + Seitenstreifen
224	Haltestelle
224-40	Haltestelle – doppelseitig
224-41	Schulbushaltestelle – doppelseitig
224-51	Schulbushaltestelle
229	Taxenstand
229-10	Taxenstand – Anfang – Aufstellung rechts
229-11	Taxenstand – Ende – Aufstellung links
229-20	Taxenstand – Ende – Aufstellung rechts
229-21	Taxenstand – Anfang – Aufstellung links
229-30	Taxenstand – Mitte – Aufstellung rechts
229-31	Taxenstand – Mitte – Aufstellung links

Nr.:	Bezeichnung
237	Radweg
238	Reitweg
239	Gehweg
240	Gemeinsamer Geh- und Radweg
241	Getrennter Rad- und Gehweg
241-30	Getrennter Rad- und Gehweg – Radweg links
241-31	Getrennter Rad- und Gehweg – Radweg rechts
242.1	Beginn einer Fußgängerzone
242.1-40	Beginn einer Fußgängerzone – doppelseitig (Rückseite Z 242.2)
242.2	Ende einer Fußgängerzone
244.1	Beginn einer Fahrradstraße
244.1-40	Beginn einer Fahrradstraße – doppelseitig (Rückseite Z 244.2)
244.2	Ende einer Fahrradstraße
245	Bussonderfahrstreifen
250	Verbot für Fahrzeuge aller Art
251	Verbot für Kraftwagen
253	Verbot für Kraftfahrzeuge über 3,5 t
254	Verbot für Radverkehr
255	Verbot für Krafträder
257-50	Verbot für Mofas
257-51	Verbot für Reiter
257-52	Verbot für Gespannfuhrwerke
257-53	Verbot für Viehtrieb
257-54	Verbot für Kraftomnibusse
257-55	Verbot für Personenkraftwagen
257-56	Verbot für Personenkraftwagen mit Anhänger
257-57	Verbot für Lastkraftwagen mit Anhänger
257-58	Verbot für Kraftfahrzeuge und Züge, die nicht schneller als 25 km/h fahren können oder dürfen
259	Verbot für Fußgänger
260	Verbot für Kraftfahrzeuge
261	Verbot für kennzeichnungspflichtige Kraftfahrzeuge mit gefährlichen Gütern
262	Tatsächliche Masse (Unternummer steht jeweils für den Zahlenwert)
263	Tatsächliche Achslast (Unternummer steht jeweils für den Zahlenwert)

Nr.:	Bezeichnung
264	Tatsächliche Breite (Unternummer steht jeweils für den Zahlenwert)
265	Tatsächliche Höhe (Unternummer steht jeweils für den Zahlenwert)
266	Tatsächliche Länge (Unternummer steht jeweils für den Zahlenwert)
267	Verbot der Einfahrt
268	Schneeketten vorgeschrieben
269	Verbot für Fahrzeuge mit wassergefährdender Ladung
270.1	Beginn einer Verkehrsverbotszone zur Verminderung schädlicher Luftverunreinigungen in einer Zone
270.1-40	Beginn einer Verkehrsverbotszone zur Verminderung schädlicher Luftverunreinigungen in einer Zone – doppelseitig (Rückseite Z 270.2)
270.2	Ende einer Verkehrsverbotszone zur Verminderung schädlicher Luftverunreinigungen in einer Zone
272	Verbot des Wendens
273	Verbot des Unterschreitens des angegebenen Mindestabstandes (Unternummer steht jeweils für den Zahlenwert)
274	Zulässige Höchstgeschwindigkeit
274-5	Zulässige Höchstgeschwindigkeit 5 km/h
274-10	Zulässige Höchstgeschwindigkeit 10 km/h
274-20	Zulässige Höchstgeschwindigkeit 20 km/h
274-30	Zulässige Höchstgeschwindigkeit 30 km/h
274-40	Zulässige Höchstgeschwindigkeit 40 km/h
274-50	Zulässige Höchstgeschwindigkeit 50 km/h
274-60	Zulässige Höchstgeschwindigkeit 60 km/h
274-70	Zulässige Höchstgeschwindigkeit 70 km/h
274-80	Zulässige Höchstgeschwindigkeit 80 km/h
274-90	Zulässige Höchstgeschwindigkeit 90 km/h
274-100	Zulässige Höchstgeschwindigkeit 100 km/h
274-110	Zulässige Höchstgeschwindigkeit 110 km/h
274-120	Zulässige Höchstgeschwindigkeit 120 km/h
274-130	Zulässige Höchstgeschwindigkeit 130 km/h
274.1	Beginn einer Tempo 30-Zone
274.1-20	Beginn einer Tempo 20-Zone in verkehrsberuhigten Geschäftsbereichen – einseitig
274.1-40	Beginn einer Tempo 30-Zone – doppelseitig (Rückseite Z 274.2)
274.1-41	Beginn einer Tempo 20-Zone in verkehrsberuhigten Geschäftsbereichen – doppelseitig (Rückseite Z 274.2-20)
274.2	Ende einer Tempo 30-Zone
274.2-20	Ende einer Tempo 20-Zone in verkehrsberuhigten Geschäftsbereichen
275	Vorgeschriebene Mindestgeschwindigkeit (Unternummer (nur volle Zehner) steht jeweils für den Zahlenwert)

Nr.:	Bezeichnung
276	Überholverbot für Kraftfahrzeuge aller Art
277	Überholverbot für Kraftfahrzeuge über 3,5 t
278	Ende der zulässigen Höchstgeschwindigkeit
278-5	Ende der zulässigen Höchstgeschwindigkeit 5 km/h
278-10	Ende der zulässigen Höchstgeschwindigkeit 10 km/h
278-20	Ende der zulässigen Höchstgeschwindigkeit 20 km/h
278-30	Ende der zulässigen Höchstgeschwindigkeit 30 km/h
278-40	Ende der zulässigen Höchstgeschwindigkeit 40 km/h
278-50	Ende der zulässigen Höchstgeschwindigkeit 50 km/h
278-60	Ende der zulässigen Höchstgeschwindigkeit 60 km/h
278-70	Ende der zulässigen Höchstgeschwindigkeit 70 km/h
278-80	Ende der zulässigen Höchstgeschwindigkeit 80 km/h
278-90	Ende der zulässigen Höchstgeschwindigkeit 90 km/h
278-100	Ende der zulässigen Höchstgeschwindigkeit 100 km/h
278-110	Ende der zulässigen Höchstgeschwindigkeit 110 km/h
278-120	Ende der zulässigen Höchstgeschwindigkeit 120 km/h
278-130	Ende der zulässigen Höchstgeschwindigkeit 130 km/h
279	Ende der vorgeschriebenen Mindestgeschwindigkeit (Unternummer (nur volle Zehner) steht jeweils für den Zahlenwert)
280	Ende des Überholverbotes für Kraftfahrzeuge aller Art
281	Ende des Überholverbots für Kraftfahrzeuge über 3,5 t
282	Ende sämtlicher strecken bezogener Geschwindigkeitsbeschränkungen und Überholverbote
283	Absolutes Haltverbot
283-10	Absolutes Haltverbot – Anfang – Aufstellung rechts
283-11	Absolutes Haltverbot – Ende – Aufstellung links
283-20	Absolutes Haltverbot – Ende – Aufstellung rechts
283-21	Absolutes Haltverbot – Anfang – Aufstellung links
283-30	Absolutes Haltverbot – Mitte – Aufstellung rechts
283-31	Absolutes Haltverbot – Mitte – Aufstellung links
286	Eingeschränktes Haltverbot
286-10	Eingeschränktes Haltverbot – Anfang – Aufstellung rechts
286-11	Eingeschränktes Haltverbot – Ende – Aufstellung links
286-20	Eingeschränktes Haltverbot – Ende – Aufstellung rechts
286-21	Eingeschränktes Haltverbot – Anfang – Aufstellung links
286-30	Eingeschränktes Haltverbot – Mitte – Aufstellung rechts
286-31	Eingeschränktes Haltverbot – Mitte – Aufstellung links
290.1	Beginn eines eingeschränkten Haltverbotes für eine Zone
290.1-40	Beginn eines eingeschränkten Haltverbotes für eine Zone – doppelseitig (Rückseite Z 290.2)
290.2	Ende eines eingeschränkten Haltverbotes für eine Zone
	Markierungen
293	Fußgängerüberweg

Nr.:	Bezeichnung
294	Haltlinie
295	Fahrstreifenbegrenzung und Fahrbahnbegrenzung
296	Einseitige Fahrstreifenbegrenzung
297	Pfeilmarkierungen
297.1	Vorankündigungspfeil
297.1-21	Vorankündigungspfeil – zur Anzeige eines Fahrstreifenendes
298	Sperrfläche
299	Grenzmarkierung für Halt- oder Parkverbote

Richtzeichen nach Anlage 3 (zu § 42 Absatz 2 StVO)

Nr.:	Bezeichnung
301	Vorfahrt
306	Vorfahrtstraße
307	Ende der Vorfahrtstraße
308	Vorrang vor dem Gegenverkehr
310	Ortstafel Vorderseite
310-40	Ortstafel Vorderseite – doppelseitig (Rückseite Z 311)
311	Ortstafel Rückseite
314	Parken
314-10	Parken – Anfang (Aufstellung rechts) oder Ende (Aufstellung links)
314-20	Parken – Ende (Aufstellung rechts) oder Anfang (Aufstellung links)
314-30	Parken – Mitte (Aufstellung rechts oder links)
314-50	Parkhaus, Parkgarage
314.1	Beginn einer Parkraumbewirtschaftungszone
314.1-40	Beginn einer Parkraumbewirtschaftungszone – doppelseitig (Rückseite Z 314.2)
314.2	Ende einer Parkraumbewirtschaftungszone
315	Parken auf Gehwegen
315-50	Parken auf Gehwegen – halb in Fahrtrichtung links
315-51	Parken auf Gehwegen – halb in Fahrtrichtung links Anfang
315-52	Parken auf Gehwegen – halb in Fahrtrichtung links Ende
315-53	Parken auf Gehwegen – halb in Fahrtrichtung links Mitte
315-55	Parken auf Gehwegen – halb in Fahrtrichtung rechts
315-56	Parken auf Gehwegen – halb in Fahrtrichtung rechts Anfang
315-57	Parken auf Gehwegen – halb in Fahrtrichtung rechts Ende
315-58	Parken auf Gehwegen – halb in Fahrtrichtung rechts Mitte
315-60	Parken auf Gehwegen – ganz in Fahrtrichtung links
315-61	Parken auf Gehwegen – ganz in Fahrtrichtung links Anfang
315-62	Parken auf Gehwegen – ganz in Fahrtrichtung links Ende

Nr.:	Bezeichnung
315-63	Parken auf Gehwegen – ganz in Fahrtrichtung links Mitte
315-65	Parken auf Gehwegen – ganz in Fahrtrichtung rechts
315-66	Parken auf Gehwegen – ganz in Fahrtrichtung rechts Anfang
315-67	Parken auf Gehwegen – ganz in Fahrtrichtung rechts Ende
315-68	Parken auf Gehwegen – ganz in Fahrtrichtung rechts Mitte
315-70	Parken auf Gehwegen – halb quer zur Fahrtrichtung links
315-71	Parken auf Gehwegen – halb quer zur Fahrtrichtung links Anfang
315-72	Parken auf Gehwegen – halb quer zur Fahrtrichtung links Ende
315-73	Parken auf Gehwegen – halb quer zur Fahrtrichtung links Mitte
315-75	Parken auf Gehwegen – halb quer zur Fahrtrichtung rechts
315-76	Parken auf Gehwegen – halb quer zur Fahrtrichtung rechts Anfang
315-77	Parken auf Gehwegen – halb quer zur Fahrtrichtung rechts Ende
315-78	Parken auf Gehwegen – halb quer zur Fahrtrichtung rechts Mitte
315-80	Parken auf Gehwegen – ganz quer zur Fahrtrichtung links
315-81	Parken auf Gehwegen – ganz quer zur Fahrtrichtung links Anfang
315-82	Parken auf Gehwegen – ganz quer zur Fahrtrichtung links Ende
315-83	Parken auf Gehwegen – ganz quer zur Fahrtrichtung links Mitte
315-85	Parken auf Gehwegen – ganz quer zur Fahrtrichtung rechts
315-86	Parken auf Gehwegen – ganz quer zur Fahrtrichtung rechts Anfang
315-87	Parken auf Gehwegen – ganz quer zur Fahrtrichtung rechts Ende
315-88	Parken auf Gehwegen – ganz quer zur Fahrtrichtung rechts Mitte
316	Parken und Reisen
316-50	Parken und Mitfahren
317	Wanderer parkplatz
318	Parkscheibe
325.1	Beginn eines verkehrsberuhigten Bereichs
325.1-40	Beginn eines verkehrsberuhigten Bereichs – doppelseitig (Rückseite Z 325.2)
325.2	Ende eines verkehrsberuhigten Bereichs
327	Tunnel
327-50	Tunnel mit Längenangabe in m
327-51	Tunnel mit Längenangabe in km
328	Nothalte- und Pannenbucht
330.1	Autobahn
330.2	Ende der Autobahn
331.1	Kraftfahrstraße
331.2	Ende der Kraftfahrstraße
332	Ausfahrttafel auf der Autobahn
332.1	Ausfahrttafel auf anderen Straßen außerhalb der Autobahn
332.1-20	Ausfahrttafel auf anderen Straßen außerhalb der Autobahn – in weiß
333	Ausfahrt von der Autobahn
333.1	Ausfahrt von anderen Straßen außerhalb der Autobahn
333.1-20	Ausfahrt von anderen Straßen außerhalb der Autobahn – in weiß

Nr.:	Bezeichnung
340	Leitlinie
341	Wartelinie
350	Fußgängerüberweg
350-10	Fußgängerüberweg – Aufstellung rechts
350-20	Fußgängerüberweg – Aufstellung links
350-40	Fußgängerüberweg – doppelseitig (-10/-20)
354	Wasserschutzgebiet
356	Verkehrshelfer
357	Sackgasse
357-50	Sackgasse – für Radverkehr und Fußgänger durchlässige Sackgasse
357-51	Sackgasse – für Fußgänger durchlässige Sackgasse
357-52	Sackgasse – für Radverkehr durchlässige Sackgasse
358	Erste Hilfe
363	Polizei
365-50	Fernsprecher
365-51	Notrufsäule
365-52	Tankstelle
365-53	Tankstelle mit Autogas
365-54	Tankstelle mit Erdgas
365-55	Autobahnhotel
365-56	Autobahngasthaus
365-57	Autobahnkiosk
365-58	Toilette
365-59	Autobahnkapelle
365-60	Zelt- und Wohnwagenplatz
365-61	Informationsstelle
365-62	Pannenhilfe
365-63	Fußgängerunterführung
365-64	Fußgängerüberführung
365-65	Ladestation für Elektrofahrzeuge
365-66	Wasserstofftankstelle
365-67	Wohnmobilplatz
365-68	Wohnmobil- und Wohnwagen platz
385	Ortshinweistafel
386.1	Touristischer Hinweis
386.1-10	Touristischer Hinweis als Wegweiser – Wegweiser linksweisend
386.1-11	Touristischer Hinweis als Wegweiser – Vorwegweiser linksweisend
386.1-12	Touristischer Hinweis als Wegweiser – Pfeilwegweiser linksweisend
386.1-20	Touristischer Hinweis als Wegweiser – Wegweiser rechtsweisend
386.1-21	Touristischer Hinweis als Wegweiser – Vorwegweiser rechtsweisend
386.1-22	Touristischer Hinweis als Wegweiser – Pfeilwegweiser rechtsweisend
386.1-30	Touristischer Hinweis als Wegweiser – Vor-/Wegweiser geradeaus
386.1-40	Touristischer Hinweis als Wegweiser – Pfeilwegweiser doppelseitig

Nr.:	Bezeichnung
386.1-50	Touristischer Hinweis mit Bezugsziel – Variante „in“
386.1-51	Touristischer Hinweis mit Bezugsziel – Variante „via“
386.1-52	Touristischer Hinweis mit Bezugsziel – Variante „Richtung“
386.1-53	Touristischer Hinweis Fluss oder Kanal
386.2	Touristische Route
386.2-10	Touristische Route – Wegweiser linksweisend
386.2-11	Touristische Route – Vorwegweiser linksweisend
386.2-12	Touristische Route – Pfeilwegweiser linksweisend
386.2-20	Touristische Route – Wegweiser rechtsweisend
386.2-21	Touristische Route – Vorwegweiser rechtsweisend
386.2-22	Touristische Route – Pfeilwegweiser rechtsweisend
386.2-30	Touristische Route – Vor-/Wegweiser geradeaus
386.2-40	Touristische Route – Pfeilwegweiser doppelseitig
386.2-51	Touristische Route – Hinweis mit Bezugsziel, Variante „via“
386.2-52	Touristische Route – Hinweis mit Bezugsziel, Variante „Richtung“
386.2-53	Touristische Route als Hinweisschild
386.3	Touristische Unterrichtungstafel
386.3-50	Touristische Unterrichtungstafel – Erinnerungstafel gemäß „Brocken-Erklärung“
390	Mautpflicht nach dem Bundesfernstraßenmautgesetz
390.2	Ende der Mautpflicht nach dem Bundesfernstraßenmautgesetz
391	Mautpflichtige Strecke
392	Zollstelle
393	Informationstafel an Grenzübergangsstellen
394	Laternenring
394-50	Laternenring – Schild
401	Bundesstraßen
405	Autobahnen
406	Knotenpunkte der Autobahnen
406-50	Knotenpunkte der Autobahnen – ein- oder zweistellige Nummer
406-51	Knotenpunkte der Autobahnen – drei- oder mehrstellige Nummer
410	Europastraßen
415	Pfeilwegweiser auf Bundesstraßen
415-10	Pfeilwegweiser auf Bundesstraßen – linksweisend
415-20	Pfeilwegweiser auf Bundesstraßen – rechtsweisend
415-40	Pfeilwegweiser auf Bundesstraßen – doppelseitig
418	Pfeilwegweiser auf sonstigen Straßen
418-10	Pfeilwegweiser auf sonstigen Straßen – linksweisend
418-20	Pfeilwegweiser auf sonstigen Straßen – rechtsweisend
418-40	Pfeilwegweiser auf sonstigen Straßen – doppelseitig
419	Pfeilwegweiser auf sonstigen Straßen mit geringerer Verkehrsbedeutung

Nr.:	Bezeichnung
419-10	Pfeil weg weiser auf sonstigen Straßen mit geringerer Verkehrsbedeutung – linksweisend
419-20	Pfeil weg weiser auf sonstigen Straßen mit geringerer Verkehrsbedeutung – rechtsweisend
419-40	Pfeilwegweiser auf sonstigen Straßen mit geringerer Verkehrsbedeutung – doppelseitig
421	Pfeilwegweiser für bestimmte Verkehrsarten
421-10	Pfeilwegweiser für bestimmte Verkehrsarten, KFZ mit einer zulässigen Gesamtmasse über 3,5 t – linksweisend
421-11	Pfeilwegweiser für bestimmte Verkehrsarten, kennzeichnungspflichtige Fahrzeuge mit gefährlichen Gütern – linksweisend
421-12	Pfeilwegweiser für bestimmte Verkehrsarten, Fahrzeuge mit wassergefährdender Ladung – linksweisend
421-20	Pfeilwegweiser für bestimmte Verkehrsarten, KFZ mit einer zulässigen Gesamtmasse über 3,5 t – rechtsweisend
421-21	Pfeilwegweiser für bestimmte Verkehrsarten, kennzeichnungspflichtige Fahrzeuge mit gefährlichen Gütern – rechtsweisend
421-22	Pfeilwegweiser für bestimmte Verkehrsarten, Fahrzeuge mit wassergefährdender Ladung – rechtsweisend
421-40	Pfeilwegweiser für bestimmte Verkehrsarten, KFZ mit einer zulässigen Gesamtmasse über 3,5 t – doppelseitig
421-41	Pfeilwegweiser für bestimmte Verkehrsarten, kennzeichnungspflichtige Fahrzeuge mit gefährlichen Gütern – doppelseitig
421-42	Pfeilwegweiser für bestimmte Verkehrsarten, Fahrzeuge mit wassergefährdender Ladung – doppelseitig
422	Wegweiser für bestimmte Verkehrsarten
422-10	Wegweiser für bestimmte Verkehrsarten, KFZ mit einer zulässigen Gesamtmasse über 3,5 t – hier links
422-11	Wegweiser für bestimmte Verkehrsarten, KFZ mit einer zulässigen Gesamtmasse über 3,5 t – links einordnen
422-12	Wegweiser für bestimmte Verkehrsarten, Kennzeichnungspflichtige Fahrzeuge mit gefährlichen Gütern – hier links
422-13	Wegweiser für bestimmte Verkehrsarten, Kennzeichnungspflichtige Fahrzeuge mit gefährlichen Gütern – links einordnen
422-14	Wegweiser für bestimmte Verkehrsarten, Fahrzeuge mit wassergefährdender Ladung – hier links
422-15	Wegweiser für bestimmte Verkehrsarten, Fahrzeuge mit wassergefährdender Ladung – links einordnen
422-16	Wegweiser für bestimmte Verkehrsarten, Radverkehr – hier links
422-17	Wegweiser für bestimmte Verkehrsarten, Radverkehr – links einordnen
422-20	Wegweiser für bestimmte Verkehrsarten, KFZ mit einer zulässigen Gesamtmasse über 3,5 t – hier rechts
422-21	Wegweiser für bestimmte Verkehrsarten, KFZ mit einer zulässigen Gesamtmasse über 3,5 t – rechts einordnen
422-22	Wegweiser für bestimmte Verkehrsarten, Kennzeichnungspflichtige Fahrzeuge mit gefährlichen Gütern – hier rechts
422-23	Wegweiser für bestimmte Verkehrsarten, Kennzeichnungspflichtige Fahrzeuge mit gefährlichen Gütern – rechts einordnen
422-24	Wegweiser für bestimmte Verkehrsarten, Fahrzeuge mit wassergefährdender Ladung – hier rechts
422-25	Wegweiser für bestimmte Verkehrsarten, Fahrzeuge mit wassergefährdender Ladung – rechts einordnen
422-26	Wegweiser für bestimmte Verkehrsarten, Radverkehr – hier rechts

Nr.:	Bezeichnung
422-27	Wegweiser für bestimmte Verkehrsarten, Radverkehr – rechts einordnen
422-30	Wegweiser für bestimmte Verkehrsarten, KFZ mit einer zulässigen Gesamtmasse über 3,5 t – geradeaus
422-32	Wegweiser für bestimmte Verkehrsarten, Kennzeichnungspflichtige Fahrzeuge mit gefährlichen Gütern – geradeaus
422-34	Wegweiser für bestimmte Verkehrsarten, Fahrzeuge mit wassergefährdender Ladung – geradeaus
422-36	Wegweiser für bestimmte Verkehrsarten, Radverkehr – geradeaus
430	Pfeilwegweiser zur Autobahn
430-10	Pfeilwegweiser zur Autobahn – linksweisend
430-20	Pfeilwegweiser zur Autobahn – rechtsweisend
430-40	Pfeilwegweiser zur Autobahn – doppelseitig
432	Pfeilwegweiser zu Zielen mit erheblicher Verkehrsbedeutung
432-10	Pfeilwegweiser zu Zielen mit erheblicher Verkehrsbedeutung – linksweisend
432-20	Pfeilwegweiser zu Zielen mit erheblicher Verkehrsbedeutung – rechtsweisend
432-40	Pfeilwegweiser zu Zielen mit erheblicher Verkehrsbedeutung – doppelseitig
434	Tabellen weg weiser
434-50	Tabellen weg weiser – kompakte Form
434-51	Tabellenwegweiser – teilaufgelöste Form
434-52	Tabellenwegweiser – aufgelöste Form (nur innerorts) mit Bundesstraßennummer
434-53	Tabellenwegweiser – aufgelöste Form (nur innerorts) ohne Bundesstraßennummer
437	Straßennamensschild
438	Vorwegweiser außerhalb von Autobahnen
439	Gegliederter Vorwegweiser außerhalb von Autobahnen
440	Vorwegweiser zur Autobahn
441	Gegliederter Vorwegweiser zur Autobahn
442	Vorwegweiser für bestimmte Verkehrsarten
442-10	KFZ mit einer zulässigen Gesamtmasse über 3,5 t – linksweisend
442-11	Kennzeichnungspflichtige Fahrzeuge mit gefährlichen Gütern – linksweisend
442-12	Fahrzeuge mit wassergefährdender Ladung – linksweisend
442-13	Radverkehr – linksweisend
442-20	KFZ mit einer zulässigen Gesamtmasse über 3,5 t – rechtsweisend
442-21	Kennzeichnungspflichtige Fahrzeuge mit gefährlichen Gütern – rechtsweisend
442-22	Fahrzeuge mit wassergefährdender Ladung – rechtsweisend
442-23	Radverkehr – rechtsweisend
442-50	KFZ mit einer zulässigen Gesamtmasse über 3,5 t – ohne Pfeilsymbol
442-51	Kennzeichnungspflichtige Fahrzeuge mit gefährlichen Gütern – ohne Pfeilsymbol
442-52	Fahrzeuge mit wassergefährdender Ladung – ohne Pfeilsymbol
442-53	Rad verkehr – ohne Pfeilsymbol

Nr.:	Bezeichnung
448	Ankündigungstafel
448-50	Ankündigungstafel – auf anderen Straßen außerhalb von Autobahnen
448.1	Autohof
449	Vorwegweiser auf Autobahnen
449-50	Vorwegweiser – auf anderen Straßen außerhalb von Autobahnen
450	Ankündigungsbake
450-50	Ankündigungsbake – einstreifig (100 m)
450-51	Ankündigungsbake – zweistreifig (200 m)
450-52	Ankündigungsbake – dreistreifig (300 m)
450-53	Ankündigungsbake – einstreifig (100 m, gelb)
450-54	Ankündigungsbake – zweistreifig (200 m, gelb)
450-55	Ankündigungsbake – dreistreifig (300 m, gelb)
453	Entfernungstafel
453-50	Entfernungstafel auf autobahnähnlich ausgebauten, zweibahnigen Straßen
454	Umleitungswegweiser
454-10	Umleitungswegweiser – linksweisend
454-20	Umleitungswegweiser – rechtsweisend
454-40	Umleitungswegweiser – doppelseitig
455.1	Ankündigung oder Fortsetzung der Umleitung
455.1-10	Ankündigung oder Fortsetzung der Umleitung – Vorankündigung links
455.1-11	Ankündigung oder Fortsetzung der Umleitung – hier links
455.1-12	Ankündigung oder Fortsetzung der Umleitung – links einordnen
455.1-20	Ankündigung oder Fortsetzung der Umleitung – Vorankündigung rechts
455.1-21	Ankündigung oder Fortsetzung der Umleitung – hier rechts
455.1-22	Ankündigung oder Fortsetzung der Umleitung – rechts einordnen
455.1-30	Ankündigung oder Fortsetzung der Umleitung – geradeaus
455.1-50	Ankündigung oder Fortsetzung der Umleitung – ohne Pfeilsymbol
455.2	Ende der Umleitung (in Verb. m. Z 455.1)
457.1	Umleitungsankündigung
457.2	Ende der Umleitung
458	PI an skizze
460	Bedarfsumleitung
460-10	Bedarfsumleitung – Vorankündigung links
460-11	Bedarfsumleitung – hier links
460-12	Bedarfsumleitung – links einordnen
460-20	Bedarfsumleitung – Vorankündigung rechts
460-21	Bedarfsumleitung – hier rechts
460-22	Bedarfsumleitung – rechts einordnen
460-30	Bedarfsumleitung – geradeaus
460-50	Bedarfsumleitung – ohne Pfeilsymbol
466	Weiterführende Bedarfsumleitung
467.1	Umlenkungspfeil (Streckenempfehlung)
467.1-10	Umlenkungspfeil (Streckenempfehlung) – linksweisend

Nr.:	Bezeichnung
467.1-20	Umlenkungspfeil (Streckenempfehlung) – rechtsweisend
467.1-30	Umlenkungspfeil (Streckenempfehlung) – geradeaus
467.2	Umlenkungspfeil Ende (Ende einer Streckenempfehlung)
501	Überleitungstafel – ohne Gegenverkehr
501-10	Überleitungstafel – ohne Gegenverkehr – 1-streifig nach links
501-11	Überleitungstafel – ohne Gegenverkehr – 2-streifig nach links
501-12	Überleitungstafel – ohne Gegenverkehr – 3-streifig nach links
501-13	Überleitungstafel – ohne Gegenverkehr – 2-streifig nach links, davon ein Fahrstreifen übergeleitet
501-14	Überleitungstafel – ohne Gegenverkehr – 3-streifig nach links, davon ein Fahrstreifen übergeleitet
501-15	Überleitungstafel – ohne Gegenverkehr – 3-streifig nach links, davon zwei Fahrstreifen übergeleitet
501-16	Überleitungstafel – ohne Gegenverkehr – 1-streifig nach links und 1-streifig geradeaus
501-17	Überleitungstafel – ohne Gegenverkehr – 1-streifig nach links und 2-streifig geradeaus
501-18	Überleitungstafel – ohne Gegenverkehr – 2-streifig nach links 1-streifig geradeaus
501-20	Überleitungstafel – ohne Gegenverkehr – 1-streifig nach rechts
501-21	Überleitungstafel – ohne Gegenverkehr – 2-streifig nach rechts
501-22	Überleitungstafel – ohne Gegenverkehr – 3-streifig nach rechts
501-23	Überleitungstafel – ohne Gegenverkehr – 2-streifig nach rechts, davon ein Fahrstreifen übergeleitet
501-24	Überleitungstafel – ohne Gegenverkehr – 3-streifig nach rechts, davon ein Fahrstreifen übergeleitet
501-25	Überleitungstafel – ohne Gegenverkehr – 3-streifig nach rechts, davon zwei Fahrstreifen übergeleitet
501-26	Überleitungstafel – ohne Gegenverkehr – 1-streifig nach rechts und 1-streifig geradeaus
501-27	Überleitungstafel – ohne Gegenverkehr – 1-streifig nach rechts und 2-streifig geradeaus
501-28	Überleitungstafel – ohne Gegenverkehr – 2-streifig nach rechts und 1-streifig geradeaus
505	Überleitungstafel – ohne Gegenverkehr mit integriertem Zeichen 264 StVO
505-11	Überleitungstafel – ohne Gegenverkehr mit integriertem Zeichen 264 StVO – 2-streifig nach links
505-12	Überleitungstafel – ohne Gegenverkehr mit integriertem Zeichen 264 StVO – 3-streifig nach links
505-21	Überleitungstafel – ohne Gegenverkehr mit integriertem Zeichen 264 StVO – 2-streifig nach rechts
505-22	Überleitungstafel – ohne Gegenverkehr mit integriertem Zeichen 264 StVO – 3-streifig nach rechts
511	Verschwenkungstafel – ohne Gegenverkehr
511-10	Verschwenkungstafel – ohne Gegenverkehr – 1-streifig nach links
511-11	Verschwenkungstafel – ohne Gegenverkehr – 2-streifig nach links
511-12	Verschwenkungstafel – ohne Gegenverkehr – 3-streifig nach links
511-20	Verschwenkungstafel – ohne Gegenverkehr – 1-streifig nach rechts
511-21	Verschwenkungstafel – ohne Gegenverkehr – 2-streifig nach rechts
511-22	Verschwenkungstafel – ohne Gegenverkehr – 3-streifig nach rechts

Nr.:	Bezeichnung
511-25	Verschwenkungstafel – ohne Gegenverkehr – 1-streifige Verschwenkung auf den Seitenstreifen
511-26	Verschwenkungstafel – ohne Gegenverkehr – 2-streifige Verschwenkung, 1-streifig auf den Seitenstreifen
513	Verschwenkungstafel kurze Verschwenkung – ohne Gegenverkehr
513-10	Verschwenkungstafel kurze Verschwenkung – ohne Gegenverkehr – 1-streifig nach links
513-11	Verschwenkungstafel kurze Verschwenkung – ohne Gegenverkehr – 2-streifig nach links
513-20	Verschwenkungstafel kurze Verschwenkung – ohne Gegenverkehr – 1-streifig nach rechts
513-21	Verschwenkungstafel kurze Verschwenkung – ohne Gegenverkehr – 2-streifig nach rechts
514	Verschwenkungstafel kurze Verschwenkung – mit Gegenverkehr
514-10	Verschwenkungstafel kurze Verschwenkung – mit Gegenverkehr – 1-streifig nach links
514-20	Verschwenkungstafel kurze Verschwenkung – mit Gegenverkehr – 1-streifig nach rechts
515	Verschwenkungstafel – ohne Gegenverkehr mit integriertem Zeichen 264
515-11	Verschwenkungstafel – ohne Gegenverkehr mit integriertem Zeichen 264 – 2-streifig nach links
515-12	Verschwenkungstafel – ohne Gegenverkehr mit integriertem Zeichen 264 – 3-streifig nach links
515-21	Verschwenkungstafel – ohne Gegenverkehr mit integriertem Zeichen 264 – 2-streifig nach rechts
515-22	Verschwenkungstafel – ohne Gegenverkehr mit integriertem Zeichen 264 – 3-streifig nach rechts
521	Fahrstreifentafel – ohne Gegenverkehr
521-30	Fahrstreifentafel – ohne Gegenverkehr – 2-streifig in Fahrtrichtung
521-31	Fahrstreifentafel – ohne Gegenverkehr – 3-streifig in Fahrtrichtung
521-32	Fahrstreifentafel – ohne Gegenverkehr – 4-streihg in Fahrtrichtung
521-33	Fahrstreifentafel – ohne Gegenverkehr – 5-streifig in Fahrtrichtung
522	Fahrstreifentafel – mit Gegenverkehr
522-30	Fahrstreifentafel – mit Gegenverkehr – 1-streifig in Fahrtrichtung und 1-streifig in Gegenrichtung
522-31	Fahrstreifentafel – mit Gegenverkehr – 2-streifig in Fahrtrichtung und 1-streifig in Gegenrichtung
522-32	Fahrstreifentafel – mit Gegenverkehr – 1-streifig in Fahrtrichtung und 2-streifig in Gegenrichtung
522-33	Fahrstreifentafel – mit Gegenverkehr – 2-streifig in Fahrtrichtung und 2-streifig in Gegenrichtung
522-34	Fahrstreifentafel – mit Gegenverkehr – 3-streifig in Fahrtrichtung und 2-streifig in Gegenrichtung
522-35	Fahrstreifentafel – mit Gegenverkehr – 2-streifig in Fahrtrichtung und 3-streifig in Gegenrichtung
522-36	Fahrstreifentafel – mit Gegenverkehr – 3-streifig in Fahrtrichtung und 3-streifig in Gegenrichtung
522-37	Fahrstreifentafel – mit Gegenverkehr – 3-streifig in Fahrtrichtung und 1-streifig in Gegenrichtung

Nr.:	Bezeichnung
522-38	Fahrstreifentafel – mit Gegenverkehr – 1-streifig in Fahrtrichtung und 3-streifig in Gegenrichtung
523	Fahrstreifentafel – ohne Gegenverkehr mit integrierten Zeichen 274
523-30	Fahrstreifentafel – ohne Gegenverkehr mit integrierten Zeichen 274 – 2-streifig in Fahrtrichtung
523-31	Fahrstreifentafel – ohne Gegenverkehr mit integrierten Zeichen 274 – 3-streifig in Fahrtrichtung
524	Fahrstreifentafel – ohne Gegenverkehr mit integriertem Zeichen 253
524-30	Fahrstreifentafel – ohne Gegenverkehr mit integriertem Zeichen 253 – 2-streifig in Fahrtrichtung
524-31	Fahrstreifentafel – ohne Gegenverkehr mit integriertem Zeichen 253 – 3-streifig in Fahrtrichtung
524-32	Fahrstreifentafel – ohne Gegenverkehr mit integriertem Zeichen 253 – 4-streifig in Fahrtrichtung
524-33	Fahrstreifentafel – ohne Gegenverkehr mit integriertem Zeichen 253 – 5-streifig in Fahrtrichtung
525	Fahrstreifentafel – ohne Gegenverkehr mit integrierten Zeichen 275
525-31	Fahrstreifentafel – ohne Gegenverkehr mit integrierten Zeichen 275 – 3-streifig in Fahrtrichtung
526	Fahrstreifentafel – mit Gegenverkehr mit integriertem Zeichen 275
526-31	Fahrstreifentafel – mit Gegenverkehr mit integriertem Zeichen 275 – 2-streifig in Fahrtrichtung und 1-streifig in Gegenrichtung
526-33	Fahrstreifentafel – mit Gegenverkehr mit integriertem Zeichen 275 – 2-streifig in Fahrtrichtung und 2-streifig in Gegenrichtung
531	Einengungstafel – ohne Gegenverkehr
531-10	Einengungstafel – ohne Gegenverkehr – Einzug rechts, noch 1 Fahrstreifen
531-11	Einengungstafel – ohne Gegenverkehr – Einzug rechts, noch 2 Fahrstreifen
531-12	Einengungstafel – ohne Gegenverkehr – Einzug rechts, noch 3 Fahrstreifen
531-13	Einengungstafel – ohne Gegenverkehr – Einzug rechts, noch 4 Fahrstreifen
531-20	Einengungstafel – ohne Gegenverkehr – Einzug links, noch 1 Fahrstreifen
531-21	Einengungstafel – ohne Gegenverkehr – Einzug links, noch 2 Fahrstreifen
531-22	Einengungstafel – ohne Gegenverkehr – Einzug links, noch 3 Fahrstreifen
531-23	Einengungstafel – ohne Gegenverkehr – Einzug links, noch 4 Fahrstreifen
532	Einengungstafel – mit Gegenverkehr
532-10	Einengungstafel – mit Gegenverkehr – Einzug rechts, noch 1 Fahrstreifen und 1 Fahrstreifen in Gegenrichtung
532-20	Einengungstafel – mit Gegenverkehr – Einzug links, noch 1 Fahrstreifen und 1 Fahrstreifen in Gegenrichtung
532-21	Einengungstafel – mit Gegenverkehr – Einzug links, noch 1 Fahrstreifen und 2 Fahrstreifen in Gegenrichtung
533	Trennungstafel
533-20	Trennungstafel – 2-streifig durchgehend und 1-streifig rechts ab
533-21	Trennungstafel – 3-streifig durchgehend und 1-streifig rechts ab
533-22	Trennungstafel – 2-streifig durchgehend und 2-streifig rechts ab
535	Einengungstafel – ohne Gegenverkehr mit integrierten Zeichen 279

Nr.:	Bezeichnung
535-11	Einengungstafel – ohne Gegenverkehr mit integrierten Zeichen 279 – Einzug rechts, noch 2 Fahrstreifen in Fahrtrichtung
535-21	Einengungstafel – ohne Gegenverkehr mit integrierten Zeichen 279 – Einzug links, noch 2 Fahrstreifen in Fahrtrichtung
536	Einengungstafel – mit Gegenverkehr mit integriertem Zeichen 279
536-20	Einengungstafel – mit Gegenverkehr mit integriertem Zeichen 279 – Einzug links, noch 1 Fahrstreifen und 1 Fahrstreifen in Gegenrichtung
536-21	Einengungstafel – mit Gegenverkehr mit integriertem Zeichen 279 – Einzug links, noch 1 Fahrstreifen und 2 Fahrstreifen in Gegenrichtung
537	Fahrstreifentafel – ohne Gegenverkehr mit integrierten Zeichen 278
537-30	Fahrstreifentafel – ohne Gegenverkehr mit integrierten Zeichen 278 – 2-streifig in Fahrtrichtung
537-31	Fahrstreifentafel – ohne Gegenverkehr mit integrierten Zeichen 278 – 3-streifig in Fahrtrichtung
541	Aufweitungstafel – ohne Gegenverkehr
541-10	Aufweitungstafel – ohne Gegenverkehr – 1-streifig plus Fahrstreifen links
541-11	Aufweitungstafel – ohne Gegenverkehr – 2-streifig plus Fahrstreifen links
541-20	Aufweitungstafel – ohne Gegenverkehr – 1-streifig plus Fahrstreifen rechts
541-21	Aufweitungstafel – ohne Gegenverkehr – 2-streifig plus Fahrstreifen rechts
542	Aufweitungstafel – mit Gegenverkehr
542-10	Aufweitungstafel – mit Gegenverkehr – 1-streifig plus Fahrstreifen links und 1 Fahrstreifen in Gegenrichtung
542-11	Aufweitungstafel – mit Gegenverkehr – 1-streifig plus Fahrstreifen links und 2 Fahrstreifen in Gegenrichtung
545	Aufweitungstafel – ohne Gegenverkehr mit integrierten Zeichen 275
545-11	Aufweitungstafel – ohne Gegenverkehr mit integrierten Zeichen 275 – 2-streifig plus Fahrstreifen links
546	Aufweitungstafel – mit Gegenverkehr mit integriertem Zeichen 275
546-10	Aufweitungstafel – mit Gegenverkehr mit integriertem Zeichen 275 – 1-streifig plus Fahrstreifen links und 1 Fahrstreifen in Gegenrichtung
546-11	Aufweitungstafel – mit Gegenverkehr mit integriertem Zeichen 275 – 1-streifig plus Fahrstreifen links und 2 Fahrstreifen in Gegenrichtung
550	Zusammenführungstafel – an durchgehender Strecke
550-20	Zusammenführungstafel – an durchgehender Strecke – 1-streifig plus 1 Fahrstreifen von rechts
550-21	Zusammenführungstafel – an durchgehender Strecke – 2-streifig plus 1 Fahrstreifen von rechts
550-22	Zusammenführungstafel – an durchgehender Strecke – 3-streifig plus 1 Fahrstreifen von rechts
550-23	Zusammenführungstafel – an durchgehender Strecke – 2-streifig plus 2 Fahrstreifen von rechts
550-24	Zusammenführungstafel – an durchgehender Strecke – 3-streifig plus 2 Fahrstreifen von rechts
551	Zusammenführungstafel – an einmündender Strecke
551-20	Zusammenführungstafel – an einmündender Strecke – 1-streifig einmündend plus 1-streifig durchgehend

Nr.:	Bezeichnung
551-21	Zusammenführungstafel – an einmündender Strecke – 1-streifig einmündend plus 2-streifig durchgehend
551-22	Zusammenführungstafel – an einmündender Strecke – 2-streifig einmündend plus 2-streifig durchgehend
551-23	Zusammenführungstafel – an einmündender Strecke – 2-streifig einmündend plus 3-streifig durchgehend
551-24	Zusammenführungstafel – an einmündender Strecke – 1-streifig einmündend plus 3-streifig durchgehend
590	Blockumfahrung
590-10	Blockumfahrung rechts, links, links
590-11	Blockumfahrung rechts, rechts, rechts

Verkehrseinrichtungen nach Anlage 4 (zu § 43 Absatz 3 StVO)

Nr.:	Bezeichnung
600	Absperrschranke
600-30	Absperrschranke – 100 × 800
600-31	Absperrschranke – 100 × 1200
600-32	Absperrschranke – 100 × 1600
600-33	Absperrschranke – 250 × 1200
600-34	Absperrschranke – 250 × 1600
600-35	Absperrschranke – 250 × 2000
600-36	Absperrschranke – 250 × 2400
600-37	Absperrschranke – 500 × 1600
600-38	Absperrschranke – 500 × 2000
600-39	Absperrschranke – 500 × 2400
600-60	Sperrpfosten (Schraffur waagerecht)
605	Leitbake
605-10	Leitbake – Schraffenbake – Aufstellung rechts
605-11	Leitbake – Pfeilbake – Aufstellung rechts
605-12	Leitbake – Warnbake – Aufstellung rechts
605-13	Leitbake – Warnlichtbake – Aufstellung rechts
605-14	Leitbake – Warnlichtbake mit integriertem Zeichen 222 – Aufstellung rechts mit Zeichen 222-10
605-20	Leitbake – Schraffenbake – Aufstellung links
605-21	Leitbake – Pfeilbake – Aufstellung links
605-22	Leitbake – Warnbake – Aufstellung links
605-23	Leitbake – Warnlichtbake – Aufstellung links
605-24	Leitbake – Warnlichtbake mit integriertem Zeichen 222 – Aufstellung links mit Zeichen 222
605-40	Leitbake – Schraffenbake – doppelseitig (-10/-20)
605-41	Leitbake – Schraffenbake – doppelseitig (-20/-20)
605-42	Leitbake – Pfeilbake – doppelseitig (-11/-21)
605-43	Leitbake – Pfeilbake – doppelseitig (-21/-21)
605-44	Leitbake – Wambake – doppelseitig (-12/-22)
605-45	Leitbake – Warnbake – doppelseitig (-22/-22)
610	Leitkegel
610-40	Leitkegel – Höhe = 300 (Ringhöhe 55 mm)

Nr.:	Bezeichnung
610-41	Leitkegel – Höhe = 500 (Ringhöhe 85 mm)
610-42	Leitkegel – Höhe = 750 (Ringhöhe 130 mm)
610-43	Leitkegel – Höhe = 1000 (Ringhöhe 180 mm)
615	Fahrbare Absperrtafel
616	Fahrbare Absperrtafel mit Blinkpfeil
616-30	Fahrbare Absperrtafel mit Blinkpfeil – große Ausführung (3600 × 2200)
616-31	Fahrbare Absperrtafel mit Blinkpfeil – kleine Ausführung (2500 × 1700)
620	Leitpfosten
620-40	Leitpfosten – rechts
620-41	Leitpfosten – links
625	Richtungstafel in Kurven
625-10	Richtungstafel in Kurven – linksweisend: 500 × 500
625-11	Richtungstafel in Kurven – linksweisend: 500 × 1500
625-12	Richtungstafel in Kurven – linksweisend: 500 × 2000
625-13	Richtungstafel in Kurven – linksweisend: 500 × 2500
625-20	Richtungstafel in Kurven – rechtsweisend: 500 × 500
625-21	Richtungstafel in Kurven – rechtsweisend: 500 × 1500
625-22	Richtungstafel in Kurven – rechtsweisend: 500 × 2000
625-23	Richtungstafel in Kurven – rechtsweisend: 500 × 2500
626	Leitplatte
626-10	Leitplatte – Aufstellung rechts
626-20	Leitplatte – Aufstellung links
626-30	Leitplatte – 750 × 500
626-31	Leitplatte – 1200 × 600
626-32	Leitplatte – 2500 × 500
627	Leitmal
627-10	Leitmal – Anbringung rechts (senkrecht)
627-20	Leitmal – Anbringung links (senkrecht)
627-30	Leitmal – waagerecht
627-50	Leitmal – gebogen
628	Leitschwelle mit Leitbake (Z 605)
628-10	Leitschwelle mit Leitbake (Z 605) – Aufstellung rechts (mit 605-10)
628-11	Leitschwelle mit Leitbake (Z 605) – Aufstellung rechts (mit 605-11)
628-20	Leitschwelle mit Leitbake (Z 605) – Aufstellung links (mit 605-20)
628-21	Leitschwelle mit Leitbake (Z 605) – Aufstellung links (mit 605-21)
628-40	Leitschwelle mit Leitbake (Z 605) – doppelseitig (mit 605-40)
628-41	Leitschwelle mit Leitbake (Z 605) – doppelseitig (mit 605-41)
628-42	Leitschwelle mit Leitbake (Z 605) – doppelseitig (mit 605-42)
628-43	Leitschwelle mit Leitbake (Z 605) – doppelseitig (mit 605-43)
629	Leitbord mit Leitbake
629-10	Leitbord mit Leitbake – Aufstellung rechts (mit 605-10)
629-11	Leitbord mit Leitbake – Aufstellung rechts (mit 605-11)
629-20	Leitbord mit Leitbake – Aufstellung links (mit 605-20)
629-21	Leitbord mit Leitbake – Aufstellung links (mit 605-21)

Nr.:	Bezeichnung
629-40	Leitbord mit Leitbake – doppelseitig (mit 605-40)
629-41	Leitbord mit Leitbake – doppelseitig (mit 605-41)
629-42	Leitbord mit Leitbake – doppelseitig (mit 605-42)
629-43	Leitbord mit Leitbake – doppelseitig (mit 605-43)
630	Parkwarntafel
630-10	Parkwarntafel – links vorbei
630-20	Parkwarntafel – rechts vorbei

Sonstige Zeichen der StVO

Nr.:	Bezeichnung
720	Grünpfeilschild

Zusatzzeichen nach § 39 Absatz 3 StVO

Nr.:	Bezeichnung
	Allgemeine Zusatzzeichen
1000	Richtungsangaben durch Pfeile
1000-10	Richtung, linksweisend
1000-11	Richtung der Gefahrstelle, linksweisend
1000-12	Fußgänger Gehweg gegenüber benutzen, linksweisend
1000-13	Umleitungsbeschilderung Dreiviertelkreis
1000-20	Richtung, rechtsweisend
1000-21	Richtung der Gefahrstelle, rechtsweisend
1000-22	Fußgänger Gehweg gegenüber benutzen, rechtsweisend
1000-23	Umleitungsbeschilderung Viertelkreis
1000-30	Beide Richtungen, zwei gegengerichtete waagerechte Pfeile
1000-31	Beide Richtungen, zwei gegengerichtete senkrechte Pfeile
1000-32	Radverkehr kreuzt von links und rechts
1000-33	Radverkehr im Gegenverkehr
1000-34	Umleitungsbeschilderung Halbkreis
1001	Länge einer Strecke
1001-30	Auf ... m
1001-31	Auf ... km
1001-32	noch ... m
1001-33	noch ... km
1001-34	auf ... m (verbal)
1001-35	auf ... km (verbal)
1002	Verlauf der Vorfahrtstraße
1002-10	Verlauf der Vorfahrtstraße an Kreuzungen – von unten nach links
1002-11	Verlauf der Vorfahrtstraße an Kreuzungen – von oben nach links
1002-12	Verlauf der Vorfahrtstraße an Einmündungen – von unten nach links, Einmündung von oben
1002-13	Verlauf der Vorfahrtstraße an Einmündungen – von unten nach links, Einmündung von rechts

Nr.:	Bezeichnung
1002-14	Verlauf der Vorfahrtstraße an Einmündungen – von oben nach links, Einmündung von unten
1002-20	Verlauf der Vorfahrtstraße an Kreuzungen – von unten nach rechts
1002-21	Verlauf der Vorfahrtstraße an Kreuzungen – von oben nach rechts
1002-22	Verlauf der Vorfahrtstraße an Einmündungen – von unten nach rechts, Einmündung von oben
1002-23	Verlauf der Vorfahrtstraße an Einmündungen – von unten nach rechts, Einmündung von links
1002-24	Verlauf der Vorfahrtstraße an Einmündungen – von oben nach rechts, Einmündung von unten
1004	Entfernungsangaben
1004-30	Entfernungsangabe in m
1004-31	Entfernungsangabe in km
1004-32	Stop in 100 m
1005	Entfernungsangaben mit verbalem Zusatz
1005-30	Reißverschluss erst in ... m
1006	Hinweis auf Gefahren durch Sinnbild
1006-30	Schleudergefahr für Wohnwagengespanne an Gefällestrecken mit starkem Seitenwind auf Autobahnen
1006-31	Unfallgefahr
1007	Hinweis auf Gefahren durch verbale Angabe
1007-30	Ölspur
1007-31	Rauch
1007-32	Rollsplitt
1007-33	Baustellenausfahrt
1007-34	Straßenschäden
1007-35	Verschmutzte Fahrbahn
1007-36	Sprengarbeiten
1007-37	Ausfahrt
1007-38	Baustellen verkehr
1007-39	Fehlende Fahrbahnmarkierung
1007-50	Unfall
1007-51	Hochwasser
1007-52	Neuer Fahrbahnbelag
1007-53	Spurrinnen
1007-54	Linksabbieger
1007-55	Skiabfahrt kreuzt
1007-56	Skiwanderweg kreuzt
1007-57	Kuppe
1007-58	Polizeikontrolle
1007-59	Ende Seitenstreifen in 200 m
1007-60	Seitenstreifen nicht befahrbar
1007-61	Nebel
1007-62	Zufahrt
1008	Hinweise auf geänderte Vorfahrt, Verkehrsführung oder besondere Verkehrsregelung
1008-30	Vorfahrt geändert

Nr.:	Bezeichnung
1008-31	Verkehrsführung geändert
1008-32	Industriegebiet Schienenfahrzeuge haben Vorrang (zu Zeichen 201 StVO)
1008-33	Hafengebiet Schienenfahrzeuge haben Vorrang (zu Zeichen 201 StVO)
1008-34	Keine Wendemöglichkeit
1010	Hinweise durch Sinnbild
1010-10	Erlaubt Kindern auch auf der Fahrbahn und dem Seitenstreifen zu spielen
1010-11	Wintersport erlaubt
1010-12	Kennzeichnung von Parkflächen, auf denen Anhänger auch länger als 14 Tage parken dürfen
1010-13	Kennzeichnung von Parkflächen, auf denen Wohnwagen auch länger als 14 Tage parken dürfen
1010-14	Information Rollende Landstraße
1010-15	Information Leistungsumfang (zu Z 448.1)
1010-50	Kraftwagen und sonstige mehrspurige Fahrzeuge
1010-51	Kraftfahrzeuge mit einer zulässigen Gesamtmasse über 3,5 t, einschließlich ihrer Anhänger, und Zugmaschinen, ausgenommen Personenkraftwagen und Kraftomnibusse
1010-52	Radverkehr
1010-53	Fußgänger
1010-54	Reiter
1010-55	Viehtrieb
1010-56	Straßenbahn
1010-57	Kraftomnibus
1010-58	Personenkraftwagen
1010-59	Personenkraftwagen mit Anhänger
1010-60	Lastkraftwagen mit Anhänger
1010-61	Kraftfahrzeuge und Züge, die nicht schneller als 25 km/h fahren können oder dürfen
1010-62	Krafträder, auch mit Beiwagen, Kleinkrafträder und Mopeds
1010-63	Mofas
1010-64	Gespannfuhrwerk
1010-65	E-Bikes
1010-66	Elektrisch betriebene Fahrzeuge
1010-67	Wohnmobile
1012	Sonstige Hinweise durch verbale Angaben
1012-30	Ladezone
1012-31	Ende
1012-32	Radfahrer absteigen
1012-33	Keine Mofas
1012-34	Grüne Welle bei xx km/h
1012-35	Bei Rot hier halten
1012-36	Lärmschutz
1012-37	Zuflussregelung
1012-38	Nebenstrecke
1012-50	Schule
1012-51	Kindergarten
1012-52	Alten heim
1012-53	Krankenhaus
1013	Besondere Hinweise zur Seitenstreifenfreigabe

Nr.:	Bezeichnung
1013-50	Seitenstreifen befahren
1013-51	Seitenstreifen räumen
1013-52	Ende in … m
1014	Tunnelkategorie gemäß ADR-Übereinkommen
1014-50	Tunnelkategorie gemäß ADR-Übereinkommen – B
1014-51	Tunnelkategorie gemäß ADR-Übereinkommen – C
1014-52	Tunnelkategorie gemäß ADR-Übereinkommen – D
1014-53	Tunnelkategorie gemäß ADR-Übereinkommen – E

Zusatzzeichen nach § 41 Absatz 2 StVO

Nr.:	Bezeichnung
	Zusatzzeichen mit Ausnahmen („frei")
1020	Personengruppen frei
1020-11	Schwerbehinderte mit Parkausweis Nr. … frei
1020-12	Radverkehr und Anlieger frei
1020-13	Inline-Skaten und Rollschuhfahren zugelassen
1020-14	Wintersport frei
1020-30	Anlieger frei
1020-31	Anlieger oder Parken frei
1020-32	Bewohner mit Parkausweis Nr. … frei
1022	Einspurige Fahrzeuge frei
1022-10	Radverkehr frei
1022-11	Mofas frei
1022-12	Krafträder, auch mit Beiwagen, Kleinkrafträder und Mofas frei
1022-13	E-Bikes frei
1022-14	Radverkehr und Mofas frei
1022-15	E-Bikes und Mofas frei
1024	Mehrspurige Fahrzeuge frei
1024-10	Personenkraftwagen frei
1024-11	Personenkraftwagen mit Anhänger frei
1024-12	Kraftfahrzeuge mit einer zulässigen Gesamtmasse über 3,5 t, einschließlich ihrer Anhänger, und Zugmaschinen, ausgenommen Personenkraftwagen und Kraftomnibusse frei
1024-13	Lastkraftwagen mit Anhänger frei
1024-14	Kraftomnibus frei
1024-15	Schienenbahn frei
1024-16	Straßenbahn frei
1024-17	Kraftfahrzeuge und Züge, die nicht schneller als 25 km/h fahren können oder dürfen frei
1024-18	Gespannfuhrwerke frei
1024-19	Wohnmobile mit einer zulässigen Gesamtmasse bis 7,5 tausgenommen
1024-20	Elektrisch betriebene Fahrzeuge frei
1026	Besondere Fahrzeuge und Transportgüter frei (verbale Angabe)
1026-30	Taxi frei
1026-31	Kraftomnibusse im Gelegenheitsverkehr frei
1026-32	Linienverkehr frei

Nr.:	Bezeichnung
1026-33	Einsatzfahrzeuge frei
1026-34	Krankenfahrzeuge frei
1026-35	Lieferverkehr frei
1026-36	Landwirtschaftlicher Verkehr frei
1026-37	Forstwirtschaftlicher Verkehr frei
1026-38	Land- und forstwirtschaftlicher Verkehr frei
1026-39	Betriebs- und Versorgungsdienstfrei
1026-60	Elektrofahrzeuge während des Ladevorgangs frei
1026-61	Elektrofahrzeuge frei
1026-62	Gülletransport frei
1026-63	E-Bikes frei
1028	Sonstige Fahrzeug-, Personengruppen frei (verbale Angabe)
1028-30	Baustellenfahrzeuge frei
1028-31	Bis Baustelle frei
1028-32	Anlieger bis Baustelle frei
1028-33	Zufahrt bis... frei
1028-34	Fährbenutzer frei
1031	Freistellung vom Verkehrs verbot nach § 40 Absatz 1 BImSchG
1031-50	Freistellung vom Verkehrs verbot nach § 40 Absatz 1 BImSchG – rote, gelbe und grüne Plakette
1031-51	Freistellung vom Verkehrs verbot nach § 40 Absatz 1 BImSchG – gelbe und grüne Plakette
1031-52	Freistellung vom Verkehrs verbot nach § 40 Absatz 1 BImSchG – grüne Plakette
	Beschränkende Zusatzzeichen
1040	Zeitangaben ohne Beschränkung auf Wochentage
1040-10	Wintersport erlaubt, zeitlich beschränkt (10 – 16 h)
1040-30	Zeitliche Beschränkung (16 – 18 h)
1040-31	Zeitliche Beschränkung (8 – 11 h, 16 – 18 h)
1040-32	Parkscheibe 2 Stunden
1040-33	Parken mit Parkscheibe in gekennzeichneten Flächen 2 Stunden
1040-34	Ab Zeitpunkt
1040-35	Lärmschutz (mit Zeitangabe)
1040-36	Schulweg i.V.m. zeitlicher Begrenzung (zu Z 101 oder 274)
1042	Zeitangaben mit Beschränkung auf Wochentage
1042-30	Zeitliche Beschränkung (werktags)
1042-31	Zeitliche Beschränkung (werktags 18 – 19 h)
1042-32	Zeitliche Beschränkung (werktags 8:30 – 11:30 h, 16 – 18 h)
1042-33	Zeitliche Beschränkung (Mo – Fr, 16 – 18 h)
1042-34	Zeitliche Beschränkung (Di, Do, Fr, 16 – 18 h)
1042-35	Zeitliche Beschränkung (6 – 22 h an Sonn- und Feiertagen)
1042-36	Schulbus (tageszeitliche Benutzung)
1042-37	Parken Sa und So erlaubt
1042-38	Werktags außer samstags
1042-50	Straßenreinigung (mit Zeit- und Datumsangabe)
1042-51	Sa und So
1042-52	Sa, So und an Feiertagen
1042-53	Schulweg i.V.m. zeitlicher Begrenzung an Werktagen (zu Z 101 oder 274)

Nr.:	Bezeichnung
1044	Personengruppen
1044-10	Nur Schwerbehinderte mit außergewöhnlicher Gehbehinderung und Blinde
1044-11	Nur Schwerbehinderte mit Parkausweis Nr. ...
1044-12	Nur Schwerbehinderte mit außergewöhnlicher Gehbehinderung und Blinde, mit Anzahl der Parkstände
1044-30	Nur Bewohner mit Parkausweis Nr. ...
1048	Mehrspurige Fahrzeuge
1048-14	Nur Sattelkraftfahrzeuge
1048-15	Nur Sattelkraftfahrzeuge und Lastkraftwagen mit Anhänger
1048-18	Nur Schienenbahnen
1048-20	Nur Personenkraftwagen mit Anhänger und Kraftfahrzeuge mit einer zulässigen Gesamtmasse über 3,5 t, einschließlich ihrer Anhänger, und Zugmaschinen, ausgenommen Personenkraftwagen und Kraftomnibusse
1049	Sonstige oder mehrere mehrspurige Fahrzeuge
1049-11	Kraftfahrzeuge und Züge, die nicht schneller als 25 km/h fahren können oder dürfen, dürfen überholt werden
1049-12	Nur militärische Kettenfahrzeuge
1049-13	Nur Lkw (Zeichen 1010-51), Kraftomnibus (Zeichen 1010-57) und Pkw mit Anhänger (Zeichen 1010-59)
1050	Fahrzeuge (verbale Angabe)
1050-30	Taxi
1050-31	... Taxen
1050-32	Elektrofahrzeuge während des Ladevorgangs
1050-33	Elektrofahrzeuge
1052	Fahrzeuge mit besonderer Ladung
1052-30	Nur kennzeichnungspflichtige Kraftfahrzeuge mit gefährlichen Gütern
1052-31	Nur Fahrzeuge mit wassergefährdender Ladung
1053	Sonstige Beschränkungen
1053-30	Parken in gekennzeichneten Flächen erlaubt
1053-31	Mit Parkschein
1053-32	Gebührenpflichtig
1053-33	Massenangabe – 7,5 t
1053-34	Auf dem Seitenstreifen
1053-35	Bei Nässe
1053-36	Durchgangsverkehr
1053-37	Massenangabe – 12 t
1053-38	Querparken als Sinnbild
1053-39	Schrägparken als Sinnbild
1053-52	Nur innerhalb gekennzeichneter Parkflächen
1053-53	Parken mit Parkschein in gekennzeichneten Flächen
	Erweiternde Zusatzzeichen
1060	Erweiternde Zusatzzeichen
1060-31	Haltverbot auch auf dem Seitenstreifen
1060-32	Auch Kraftomnibusse und PKW mit Anhängern (im Bereich von LKW-Kontrollen)
1060-33	Massenangabe – 2,8 t.“

102. Allgemeine Verwaltungsvorschrift zur Straßenverkehrs-Ordnung (VwV-StVO)

Vom 26. Januar 2001[1)]

(BAnz. S. 1419, ber. S. 5206)

geänd. durch Art. 2 VwV-StVO und VwV-StV-ImSch-ÄndVO und VerwarnVwV-ÄndVO v. 26.1. 2001 (BAnz. S. 1419, ber. S. 5206), Art. 1 ÄndVwV v. 18.12.2001 (BAnz.Nr. 242 S. 25513), Art. 1 ÄndVwV v. 11.8.2005 (BAnz.Nr. 156 S. 12602), Art. 1 ÄndVwV v. 10.4.2006 (BAnz.Nr. 74 S. 2968), Art. 1 ÄndVwV v. 20.3.2008 (BAnz.Nr. 48 S. 1106), Art. 1 ÄndVwV v. 4.6.2009 (BAnz.Nr. 84 S. 2050), Art. 1 ÄndVwV v. 17.7.2009 (BAnz.Nr. 110a S. 1), Art. 1 ÄndVwV v. 11.11.2014 (BAnz AT 17.11.2014 B5), Art. 1 ÄndVwV v. 22.9.2015 (BAnz AT 25.09. 2015 B5) und Art. 1 ÄndVwV v. 22.5.2017 (BAnz AT 29.05.2017 B8)

Art. 1 [Vorbemerkung] Auf Grund des § 6 Abs. 1 Nr. 3 des Straßenverkehrsgesetzes[2)] in der im Bundesgesetzblatt Teil III, Gliederungsnummer 9231-1, veröffentlichten bereinigten Fassung, die Eingangsworte in Absatz 1 Nr. 3 zuletzt geändert durch Artikel 1 Nr. 10 Buchstabe a Doppelbuchstabe ee Dreifachbuchstabe aaa des Gesetzes vom 24. April 1998 (BGBl. I S. 747), des § 6 Abs. 1 Nr. 16 des Straßenverkehrsgesetzes, Nummer 16 eingefügt durch das Gesetz vom 6. April 1980 (BGBl. I S. 413), und des § 27 des Straßenverkehrsgesetzes, der zuletzt durch Artikel 2 Nr. 3 des Gesetzes vom 7. Juli 1986 (BGBl. I S. 977) geändert worden ist, wird folgende allgemeine Verwaltungsvorschrift erlassen:

Abschnitt A

Zu § 1 Grundregeln.

I. Die Straßenverkehrs-Ordnung (StVO)[3)] regelt und lenkt den öffentlichen Verkehr. 1

II. Öffentlicher Verkehr findet auch auf nicht gewidmeten Straßen statt, wenn diese mit Zustimmung oder unter Duldung des Verfügungsberechtigten tatsächlich allgemein benutzt werden. Dagegen ist der Verkehr auf öffentlichen Straßen nicht öffentlich, solange diese, zum Beispiel wegen Bauarbeiten, durch Absperrschranken oder ähnlich wirksame Mittel für alle Verkehrsarten gesperrt sind. 2

III. Landesrecht über den Straßenverkehr ist unzulässig (vgl. Artikel 72 Abs. 1 in Verbindung mit Artikel 74 Nr. 22 des Grundgesetzes). Für örtliche Verkehrsregeln bleibt nur im Rahmen der StVO Raum. 3

---

1) Die VwV-StVO des BMV und des BMU v. 22.10.1998 (BAnz. Beil. Nr. 246b, ber. BAnz. 1999 S. 947) wurde gemäß Art. 1 der VwV v. 26.1.2001 (BAnz. S. 1419, ber. S. 5206) als Allgemeine Verwaltungsvorschrift der Bundesregierung neu erlassen.

2) Nr. **10**.

3) Nr. **100**.

Zu § 2 Straßenbenutzung durch Fahrzeuge.[1)]

Zu Absatz 1[2)]

1 I. Zwei Fahrbahnen sind nur dann vorhanden, wenn die Fahrstreifen für beide Fahrtrichtungen durch Mittelstreifen, Trenninseln, abgegrenzte Gleiskörper, Schutzplanken oder andere bauliche Einrichtungen getrennt sind.

2 Ist bei besonders breiten Mittelstreifen, Gleiskörpern und dergleichen der räumliche Zusammenhang zweier paralleler Fahrbahnen nicht mehr erkennbar, so ist der Verkehr durch Verkehrszeichen auf die richtige Fahrbahn zu leiten.

II. Für Straßen mit drei Fahrbahnen gilt folgendes:

3 1. Die mittlere Fahrbahn ist in der Regel dem schnelleren Kraftfahrzeugverkehr aus beiden Richtungen vorzubehalten. Es ist zu erwägen, auf beiden äußeren Fahrbahnen jeweils nur eine Fahrtrichtung zuzulassen.

4 2. In der Regel sollte die Straße mit drei Fahrbahnen an den Kreuzungen und Einmündungen die Vorfahrt erhalten. Schwierigkeiten können sich dabei aber ergeben, wenn die kreuzende Straße eine gewisse Verkehrsbedeutung hat oder wenn der Abbiegeverkehr aus der mittleren der drei Fahrbahnen nicht ganz unbedeutend ist. In solchen Fällen kann es sich empfehlen, den äußeren Fahrbahnen an den Kreuzungen und Einmündungen die Vorfahrt zu nehmen. Das ist aber nur dann zu verantworten, wenn die Wartepflicht für die Benutzer dieser Fahrbahnen besonders deutlich zum Ausdruck gebracht werden kann. Auch sollen, wo möglich, die äußeren Fahrbahnen in diesen Fällen jeweils nur für eine Richtung zugelassen werden.

5 3. In vielen Fällen wird sich allein durch Verkehrszeichen eine befriedigende Verkehrsregelung nicht erreichen lassen. Die Regelung durch Lichtzeichen ist in solchen Fällen aber schwierig, weil eine ausreichende Leistungsfähigkeit kaum zu erzielen ist. Anzustreben ist daher eine bauliche Gestaltung, die eine besondere Verkehrsregelung für die äußeren Fahrbahnen entbehrlich macht.

6 III. Auf Straßen mit vier Fahrbahnen sind in der Regel die beiden mittleren dem schnelleren Fahrzeugverkehr vorzubehalten. Außerhalb geschlossener Ortschaften werden sie in der Regel als Kraftfahrstraßen (Zeichen 331.1) zu kennzeichnen sein. Ob das innerhalb geschlossener Ortschaften zu verantworten ist, bedarf gründlicher Erwägungen vor allem dann, wenn in kleineren Abständen Kreuzungen und Einmündungen vorhanden sind. Wo das Zeichen „Kraftfahrstraße" nicht verwendet werden kann, wird in der Regel ein Verkehrsverbot für Radfahrer und andere langsame Fahrzeuge (Zeichen 250 mit entsprechenden Sinnbildern) zu erlassen sein.

---

1) VwV zu § 2 „Zu Absatz 1" Nr. III geänd., „Zu Absatz 4 Satz 1" aufgeh., „Zu Absatz 4 Satz 2" Nr. I neu gef., Nr. II Buchst. 2a und 3 geänd., Überschr. „Zu Absatz 4 Satz 3" wird „Zu Absatz 4 Satz 3 und Satz 4" und Wortlaut neu gef., Überschr. „Zu Absatz 4 Satz 4" wird „Zu Absatz 4 Satz 5" mWv 1.9.2009 durch VwV v. 17.7.2009 (BAnz. Nr. 110a S. 1).

2) VwV zu § 2 „Zu Absatz 1" Nr. III geänd. mWv 1.9.2009 durch VwV v. 17.7.2009 (BAnz. Nr. 110a S. 1).

Durch Zeichen 283 das Halten zu verbieten, empfiehlt sich in jedem Fall, wenn es nicht schon durch § 18 Abs. 8 verboten ist. Die beiden äußeren Fahrbahnen bedürfen, wenn die mittleren als Kraftfahrstraßen gekennzeichnet sind, keiner Beschilderung, die die Benutzung der Fahrbahn regelt; andernfalls sind sie durch Zeichen 251 für Kraftwagen und sonstige mehrspurige Kraftfahrzeuge mit Zusatzzeichen z.B. „Anlieger oder Parken frei" zu kennzeichnen; zusätzlich kann es auch ratsam sein, zur Verdeutlichung das Zeichen 314 „Parkplatz" anzubringen. Im übrigen ist auch bei Straßen mit vier Fahrbahnen stets zu erwägen, auf den beiden äußeren Fahrbahnen jeweils nur eine Fahrtrichtung zuzulassen.

Zu Absatz 3

Wo es im Interesse des Schienenbahnverkehrs geboten ist, den übrigen Fahrverkehr vom Schienenraum fernzuhalten, kann das durch einfache bauliche Maßnahmen, wie Anbringung von Bordsteinen, oder durch Fahrstreifenbegrenzungen (Zeichen 295) oder Sperrflächen (Zeichen 298) oder durch geeignete Verkehrseinrichtungen, wie Geländer oder Absperrgeräte (§ 43 Abs. 1 und 3) erreicht werden. **7**

Zu Absatz 4 Satz 1[1]

(aufgehoben)

Zu Absatz 4 Satz 2[2]

I. Allgemeines

1. Benutzungspflichtige Radwege sind mit Zeichen 237 gekennzeichnete baulich angelegte Radwege und Radfahrstreifen mit Zeichen 240 gekennzeichnete gemeinsame Geh- und Radwege sowie die mit Zeichen 241 gekennzeichneten für den Radverkehr bestimmten Teile von getrennten Rad- und Gehwegen. **8**
2. Benutzungspflichtige Radwege dürfen nur angeordnet werden, wenn ausreichende Flächen für den Fußgängerverkehr zur Verfügung stehen. Sie dürfen nur dort angeordnet werden, wo es die Verkehrssicherheit oder der Verkehrsablauf erfordern. Innerorts kann dies insbesondere für Vorfahrtstraßen mit starkem Kraftfahrzeugverkehr gelten. **9**
3. Ein Radfahrstreifen ist ein mit Zeichen 237 gekennzeichneter und durch Zeichen 295 von der Fahrbahn abgetrennter Sonderweg. Das Zeichen 295 ist in der Regel in Breitstrich (0,25 m) auszuführen. Zur besseren Erkennbarkeit des Radfahrstreifens kann in seinem Verlauf das Zeichen 237 in regelmäßigen Abständen markiert werden. Werden Radfahrstreifen an Straßen mit starkem Kraftfahrzeugverkehr angelegt, ist ein breiter Radfahrstreifen oder ein zusätzlicher Sicherheitsraum zum fließenden Verkehr erforderlich. Radfahrstreifen sind in Kreisverkehren nicht zulässig. **10**

---

[1] VwV zu § 2 „Zu Absatz 4 Satz 1" aufgeh. mWv 1.9.2009 durch VwV v. 17.7.2009 (BAnz. Nr. 110a S. 1).

[2] VwV zu § 2 „Zu Absatz 4 Satz 2" Nr. I neu gef., Nr. II Buchst. 2a und 3 geänd., Überschr. „Zu Absatz 4 Satz 3" wird „Zu Absatz 4 Satz 3 und Satz 4" und Wortlaut neu gef., Überschr. „Zu Absatz 4 Satz 4" wird „Zu Absatz 4 Satz 5" mWv 1.9.2009 durch VwV v. 17.7.2009 (BAnz. Nr. 110a S. 1).

11 4. Ist ein Radfahrstreifen nicht zu verwirklichen, kann auf der Fahrbahn ein Schutzstreifen angelegt werden. Ist das nicht möglich, ist die Freigabe des Gehweges zur Mitbenutzung durch den Radverkehr in Betracht zu ziehen. Zum Gehweg vgl. zu Zeichen 239.

12 5. Ein Schutzstreifen ist ein durch Zeichen 340 gekennzeichneter und zusätzlich in regelmäßigen Abständen mit dem Sinnbild „Fahrräder" markierter Teil der Fahrbahn. Er kann innerhalb geschlossener Ortschaften auf Straßen mit einer zulässigen Höchstgeschwindigkeit von bis zu 50 km/h markiert werden, wenn die Verkehrszusammensetzung eine Mitbenutzung des Schutzstreifens durch den Kraftfahrzeugverkehr nur in seltenen Fällen erfordert. Er muss so breit sein, dass er einschließlich des Sicherheitsraumes einen hinreichenden Bewegungsraum für den Radfahrer bietet. Der abzüglich Schutzstreifen verbleibende Fahrbahnteil muss so breit sein, dass sich zwei Personenkraftwagen gefahrlos begegnen können. Schutzstreifen sind in Kreisverkehren nicht zulässig. Zum Schutzstreifen vgl. Nummer II zu Zeichen 340; Randnummer 2ff.

13 Hinsichtlich der Gestaltung von Radverkehrsanlagen wird auf die Empfehlungen für Radverkehrsanlagen (ERA) der Forschungsgesellschaft für Straßen- und Verkehrswesen (FGSV) in der jeweils gültigen Fassung hingewiesen.

II. Radwegebenutzungspflicht

14 Ist aus Verkehrssicherheitsgründen die Anordnung der Radwegebenutzungspflicht mit den Zeichen 237, 240 oder 241 erforderlich, so ist sie, wenn nachfolgende Voraussetzungen erfüllt sind, vorzunehmen.

15 Voraussetzung für die Kennzeichnung ist, daß

1. eine für den Radverkehr bestimmte Verkehrsfläche vorhanden ist oder angelegt werden kann. Das ist der Fall, wenn

a) von der Fahrbahn ein Radweg baulich oder ein Radfahrstreifen mit Zeichen 295 „Fahrbahnbegrenzung" abgetrennt werden kann oder

b) der Gehweg von dem Radverkehr und dem Fußgängerverkehr getrennt oder gemeinsam benutzt werden kann,

16 2. die Benutzung des Radweges nach der Beschaffenheit und dem Zustand zumutbar sowie die Linienführung eindeutig, stetig und sicher ist. Das ist der Fall, wenn

17 a) er unter Berücksichtigung der gewünschten Verkehrsbedürfnisse ausreichend breit, befestigt und einschließlich einem Sicherheitsraum frei von Hindernissen beschaffen ist. Dies bestimmt sich im allgemeinen unter Berücksichtigung insbesondere der Verkehrssicherheit, der Verkehrsbelastung, der Verkehrsbedeutung, der Verkehrsstruktur, des Verkehrsablaufs, der Flächenverfügbarkeit und der Art und Intensität der Umfeldnutzung. Die lichte Breite (befestigter Verkehrsraum mit Sicherheitsraum) soll in der Regel dabei durchgehend betragen:

aa) Zeichen 237 18

– baulich angelegter Radweg

möglichst 2,00 m

mindestens 1,50 m

– Radfahrstreifen (einschließlich Breite des Zeichens 295) 19

möglichst 1,85 m

mindestens 1,50 m

bb) Zeichen 240 20

– gemeinsamer Fuß- und Radweg

innerorts mindestens 2,50 m

außerorts mindestens 2,00 m

cc) Zeichen 241 21

– getrennter Fuß- und Radweg

für den Radweg mindestens 1,50 m

Zur lichten Breite bei der Freigabe linker Radwege für die Gegenrichtung vgl. Nummer II 3 zu § 2 Abs. 4 Satz 3.

Ausnahmsweise und nach sorgfältiger Überprüfung kann von den Mindestmaßen dann, wenn es aufgrund der örtlichen oder verkehrlichen Verhältnisse erforderlich und verhältnismäßig ist, an kurzen Abschnitten (z.B. kurze Engstelle) unter Wahrung der Verkehrssicherheit abgewichen werden. 22

Die vorgegebenen Maße für die lichte Breite beziehen sich auf ein einspuriges Fahrrad. Andere Fahrräder (vgl. Definition des Übereinkommens über den Straßenverkehr vom 8. November 1968, BGBI. 1977 II S. 809) wie mehrspurige Lastenfahrräder und Fahrräder mit Anhänger werden davon nicht erfaßt. Die Führer anderer Fahrräder sollen in der Regel dann, wenn die Benutzung des Radweges nach den Umständen des Einzelfalles unzumutbar ist, nicht beanstandet werden, wenn sie den Radweg nicht benutzen; 23

b) die Verkehrsfläche nach den allgemeinen Regeln der Baukunst und Technik in einem den Erfordernissen des Radverkehrs genügendem Zustand gebaut und unterhalten wird und 24

c) die Linienführung im Streckenverlauf und die Radwegeführung an Kreuzungen und Einmündungen auch für den Ortsfremden eindeutig erkennbar, im Verlauf stetig und insbesondere an Kreuzungen, Einmündungen und verkehrsreichen Grundstückszufahrten sicher gestaltet sind. 25

Das Abbiegen an Kreuzungen und Einmündungen sowie das Einfahren an verkehrsreichen Grundstückszufahrten ist mit Gefahren verbunden. Auf eine ausreichende Sicht zwischen dem Kraftfahrzeugverkehr und dem Radverkehr ist deshalb besonders zu achten. So ist es notwendig, den Radverkehr bereits rechtzeitig vor der Kreuzung oder Einmündung im Sichtfeld des Kraftfahrzeugverkehrs zu führen und die Radwegeführung an der Kreuzung oder Einmündung darauf abzustimmen. Zur Radwegeführung vgl. zu § 9 Abs. 2 und 3. 26

27 3. und bei Radfahrstreifen die Verkehrsbelastung und Verkehrsstruktur auf der Fahrbahn sowie im Umfeld die örtlichen Nutzungsansprüche auch für den ruhenden Verkehr nicht entgegenstehen.

28 III. Über die Kennzeichnung von Radwegen mit den Zeichen 237, 240 oder 241 entscheidet die Straßenverkehrsbehörde nach Anhörung der Straßenbaubehörde und der Polizei. In die Entscheidung ist, soweit örtlich vorhanden, die flächenhafte Radverkehrsplanung der Gemeinden und Träger der Straßenbaulast einzubeziehen. Auch kann sich empfehlen, zusätzlich Sachkundige aus Kreisen der Radfahrer, der Fußgänger und der Kraftfahrer zu beteiligen.

29 IV. Die Straßenverkehrsbehörde, die Straßenbaubehörde sowie die Polizei sind gehalten, bei jeder sich bietenden Gelegenheit die Radverkehrsanlagen auf ihre Zweckmäßigkeit hin zu prüfen und den Zustand der Sonderwege zu überwachen. Erforderlichenfalls sind von der Straßenverkehrsbehörde sowie der Polizei bauliche Maßnahmen bei der Straßenbaubehörde anzuregen. Vgl. Nummer IV 1 zu § 45 Abs. 3.

Zu Absatz 4 Satz 3 und Satz 4[1)]

I. Radwege ohne Benutzungspflicht

30 Radwege ohne Benutzungspflicht sind für den Radverkehr vorgesehene Verkehrsflächen ohne Zeichen 237, 240 oder 241. Dabei ist zu beachten, dass

31 1. der Radverkehr insbesondere an Kreuzungen, Einmündungen und verkehrsreichen Grundstückszufahrten durch Markierungen sicher geführt wird und

32 2. ausreichend Vorsorge getroffen ist, dass der Radweg nicht durch den ruhenden Verkehr genutzt wird.

II. Freigabe linker Radwege (Radverkehr in Gegenrichtung)

33 1. Die Benutzung von in Fahrtrichtung links angelegten Radwegen in Gegenrichtung ist insbesondere innerhalb geschlossener Ortschaften mit besonderen Gefahren verbunden und soll deshalb grundsätzlich nicht angeordnet werden.

34 2. Auf baulich angelegten Radwegen kann nach sorgfältiger Prüfung die Benutzungspflicht auch für den Radverkehr in Gegenrichtung mit Zeichen 237, 240 oder 241 oder ein Benutzungsrecht durch das Zusatzzeichen „Radverkehr frei“ (1022-10) angeordnet werden.

35 3. Eine Benutzungspflicht kommt in der Regel außerhalb geschlossener Ortschaften, ein Benutzungsrecht innerhalb geschlossener Ortschaften ausnahmsweise in Betracht.

36 4. Am Anfang und am Ende einer solchen Anordnung ist eine sichere Querungsmöglichkeit der Fahrbahn zu schaffen.

(Fortsetzung nächstes Blatt)

---

1) VwV zu § 2 Überschr. „Zu Absatz 4 Satz 3“ wird „Zu Absatz 4 Satz 3 und Satz 4“ und Wortlaut neu gef. mWv 1.9.2009 durch VwV v. 17.7.2009 (BAnz. Nr. 110a S. 1).

5. Voraussetzung für die Anordnung ist, dass 37
   a) die lichte Breite des Radweges einschließlich der seitlichen Sicherheitsräume durchgehend in der Regel 2,40 m, mindestens 2,0 m beträgt;
   b) nur wenige Kreuzungen, Einmündungen und verkehrsreiche Grundstückszufahrten zu überqueren sind;
   c) dort auch zwischen dem in Gegenrichtung fahrenden Radfahrer und dem Kraftfahrzeugverkehr ausreichend Sicht besteht.
6. An Kreuzungen und Einmündungen sowie an verkehrsreichen Grundstückszufahrten ist für den Fahrzeugverkehr auf der untergeordneten Straße das Zeichen 205 „Vorfahrt gewähren." oder Zeichen 206 „Halt. Vorfahrt gewähren." jeweils mit dem Zusatzzeichen mit dem Sinnbild eines Fahrrades und zwei gegengerichteten waagerechten Pfeilen (1000-32) anzuordnen. Zum Standort der Zeichen vgl. Nummer I zu Zeichen 205 und 206. Bei Zweifeln, ob der Radweg noch zu der vorfahrtberechtigten Straße gehört vgl. Nummer I zu § 9 Absatz 3; Randnummer 8. 38

Zu Absatz 4 Satz 5[1)]

Ein Seitenstreifen ist der unmittelbar neben der Fahrbahn liegende Teil der Straße. Er kann befestigt oder unbefestigt sein. 39

Radfahrer haben das Recht, einen Seitenstreifen zu benutzen. Eine Benutzungspflicht besteht dagegen nicht. Sollen Seitenstreifen nach ihrer Zweckbestimmung auch der Benutzung durch Radfahrer dienen, ist auf eine zumutbare Beschaffenheit und einen zumutbaren Zustand zu achten. 40

Zu § 3 Geschwindigkeit.

Sattelkraftfahrzeuge zur Lastenbeförderung sind Lastkraftwagen im Sinne der StVO. 1

Zu § 5 Überholen und § 6 Vorbeifahren.

An Teilnehmern des Fahrbahnverkehrs, die sich in der gleichen Richtung weiterbewegen wollen, aber warten müssen, wird nicht vorbeigefahren; sie werden überholt. Wer durch die Verkehrslage oder durch eine Anordnung aufgehalten ist, der wartet. 1

Zu § 5 Abs. 6 Satz 2

Wo es an geeigneten Stellen fehlt und der Verkehrsfluß wegen Lastkraftwagenverkehrs immer wieder leidet, ist der Bau von Haltebuchten anzuregen. 1

Zu § 7 Benutzung von Fahrstreifen durch Kraftfahrzeuge.

Zu den Absätzen 1 bis 3

I. Ist auf einer Straße auch nur zu gewissen Tageszeiten mit so dichtem Verkehr zu rechnen, daß Kraftfahrzeuge vom Rechtsfahrgebot abweichen dürfen oder mit Nebeneinanderfahren zu rechnen ist, empfiehlt es sich, 1

---

1) VwV zu § 2 Überschr. „Zu Absatz 4 Satz 4" wird „Zu Absatz 4 Satz 5" mWv 1.9.2009 durch VwV v. 17.7.2009 (BAnz. Nr. 110a S. 1).

die für den gleichgerichteten Verkehr bestimmten Fahrstreifen einzeln durch Leitlinien (Zeichen 340) zu markieren. Die Fahrstreifen müssen so breit sein, daß sicher nebeneinander gefahren werden kann.

2 II. Wo auf einer Straße mit mehreren Fahrstreifen für eine Richtung wegen ihrer baulichen Beschaffenheit nicht mehr wie bisher nebeneinander gefahren werden kann, ist durch geeignete Markierungen, Leiteinrichtungen, Hinweistafeln oder dergleichen zu zeigen, welcher Fahrstreifen endet. Auf Straßen mit schnellem Verkehr ist zu prüfen, ob eine Geschwindigkeitsbeschränkung erforderlich ist.

Zu Absatz 3

3 Werden innerhalb geschlossener Ortschaften auf Straßen mit mehreren Fahrstreifen für eine Richtung Leitlinien markiert, so ist anzustreben, daß die Anzahl der dem geradeausfahrenden Verkehr zur Verfügung stehenden Fahrstreifen im Bereich von Kreuzungen und Einmündungen nicht dadurch verringert wird, daß ein Fahrstreifen durch einen Pfeil auf der Fahrbahn (Zeichen 297) nur einem abbiegenden Verkehrsstrom zugewiesen wird. Wenn das Abbiegen zugelassen werden muß, besondere Fahrstreifen für Abbieger aber nicht zur Verfügung stehen, so kommt unter Umständen die Anbringung kombinierter Pfeile, z.B. Geradeaus/Links, in Frage.

Zu § 8 Vorfahrt.[1)]

Zu Absatz 1[1)]

Verkehrsregelung an Kreuzungen und Einmündungen

1 I. 1. Kreuzungen und Einmündungen sollten auch für den Ortsfremden schon durch ihre bauliche Beschaffenheit erkennbar sein. Wenn das nicht der Fall ist, sollten bei der Straßenbaubehörde bauliche Veränderungen angeregt werden.

2 2. Bei schiefwinkligen Kreuzungen und Einmündungen ist zu prüfen, ob für den Wartepflichtigen die Tatsache, daß er an dieser Stelle andere durchfahren lassen muß, deutlich erkennbar ist und ob die Sicht aus dem schräg an der Straße mit Vorfahrt wartenden Fahrzeug ausreicht. Ist das nicht der Fall, so ist mit den Maßnahmen zu Nummer I 1 und II zu helfen; des öfteren wird es sich empfehlen, bei der Straßenbaubehörde eine Änderung des Kreuzungswinkels anzuregen.

3 II. Die Verkehrsregelung an Kreuzungen und Einmündungen soll so sein, daß es für den Verkehrsteilnehmer möglichst einfach ist, sich richtig zu verhalten. Es dient der Sicherheit, wenn die Regelung dem natürlichen Verhalten des Verkehrsteilnehmers entspricht. Unter diesem Gesichtspunkt sollte, wenn möglich, die Entscheidung darüber getroffen werden, ob an Kreuzungen der Grundsatz „Rechts vor Links" gelten soll oder eine Regelung durch Verkehrszeichen vorzuziehen ist und welche Straße dann die Vorfahrt erhalten soll. Bei jeder Regelung durch Verkehrszeichen ist zu prüfen, ob die Erfaßbarkeit der Regelung durch Längsmarkierungen (Mittellinien und Randlinien, die durch retroreflektierende Markierungs-

1) VwV zu § 8 „Zu Absatz 1" Nr. I Nr.1 und Nr. III Nr. 3 neu gef. mWv 1.9.2009 durch VwV v. 17.7.2009 (BAnz. Nr. 110a S. 1).

knöpfe verdeutlicht werden können) im Verlauf der Straße mit Vorfahrt verbessert werden kann.

1. Im Verlauf einer durchgehenden Straße sollte die Regelung stetig sein. Ist eine solche Straße an einer Kreuzung oder Einmündung mit einer Lichtzeichenanlage versehen oder positiv beschildert, so sollte an der nächsten nicht „Rechts vor Links" gelten, wenn nicht der Abstand zwischen den Kreuzungen oder Einmündungen sehr groß ist oder der Charakter der Straße sich von einer Kreuzung oder Einmündung zur anderen grundlegend ändert. **4**

2. Einmündungen von rechts sollte die Vorfahrt grundsätzlich genommen werden. Nur wenn beide Straßen überwiegend dem Anliegerverkehr dienen (z.B. Wohnstraßen) und auf beiden nur geringer Verkehr herrscht, bedarf es nach der Erfahrung einer Vorfahrtbeschilderung nicht. **5**

3. An Kreuzungen sollte der Grundsatz „Rechts vor Links" nur gelten, wenn **6**
   a) die kreuzenden Straßen einen annähernd gleichen Querschnitt und annähernd gleiche, geringe Verkehrsbedeutung haben,
   b) keine der Straßen, etwa durch Straßenbahngleise, Baumreihen, durchgehende Straßenbeleuchtung, ihrem ortsfremden Benutzer den Eindruck geben kann, er befinde sich auf der wichtigeren Straße,
   c) die Sichtweite nach rechts aus allen Kreuzungszufahrten etwa gleich groß ist und
   d) in keiner der Straßen in Fahrstreifen nebeneinander gefahren wird.

4. Müßte wegen des Grundsatzes der Stetigkeit (Nummer 1) die Regelung „Rechts vor Links" für einen ganzen Straßenzug aufgegeben werden, weil für eine einzige Kreuzung eine solche Regelung nach Nummer 3 nicht in Frage kommt, so ist zu prüfen, ob nicht die hindernde Eigenart dieser Kreuzung, z.B. durch Angleichung der Sichtweiten beseitigt werden kann. **7**

5. Der Grundsatz „Rechts vor Links" sollte außerhalb geschlossener Ortschaften nur für Kreuzungen und Einmündungen im Verlauf von Straßen mit ganz geringer Verkehrsbedeutung gelten. **8**

6. Scheidet die Regelung „Rechts vor Links" aus, so ist die Frage, welcher Straße die Vorfahrt zu geben ist, unter Berücksichtigung des Straßencharakters, der Verkehrsbelastung, der übergeordneten Verkehrslenkung und des optischen Eindrucks der Straßenbenutzer zu entscheiden. Keinesfalls darf die amtliche Klassifizierung der Straßen entscheidend sein. **9**
   a) Ist eine der beiden Straßen eine Vorfahrtstraße oder sind auf einer der beiden Straßen die benachbarten Kreuzungen positiv beschildert, so sollte in der Regel diese Straße die Vorfahrt erhalten. Davon sollte nur abgewichen werden, wenn die Verkehrsbelastung der anderen Straße wesentlich stärker ist oder wenn diese wegen ihrer baulichen Beschaffenheit dem, der sie befährt, den Eindruck vermitteln kann, er befände sich auf der wichtigeren Straße (z.B. Straßen mit Mittelstreifen oder mit breiter Fahrbahn oder mit Straßenbahngleisen). **10**

11 b) Sind beide Straßen Vorfahrtstraßen oder sind auf beiden Straßen die benachbarten Kreuzungen positiv beschildert, so sollte der optische Eindruck, den die Fahrer von der von ihnen befahrenen Straße haben, für die Wahl der Vorfahrt wichtiger sein als die Verkehrsbelastung.

12 c) Wird entgegen diesen Grundsätzen entschieden oder sind aus anderen Gründen Mißverständnisse über die Vorfahrt zu befürchten, so muß die Wartepflicht entweder besonders deutlich gemacht werden (z.B. durch Markierung, mehrfach wiederholte Beschilderung), oder es sind Lichtzeichenanlagen anzubringen. Erforderlichenfalls sind bei der Straßenbaubehörde bauliche Maßnahmen anzuregen.

13 7. Bei Kreuzungen mit mehr als vier Zufahrten ist zu prüfen, ob nicht einzelne Kreuzungszufahrten verlegt oder gesperrt werden können. In anderen Fällen kann die Einrichtung von der Kreuzung wegführender Einbahnstraßen in Betracht kommen.

14 8. Bei der Vorfahrtregelung sind die Interessen der öffentlichen Verkehrsmittel besonders zu berücksichtigen; wenn es mit den unter Nummer 6 dargelegten Grundsätzen vereinbar ist, sollten diejenigen Kreuzungszufahrten Vorfahrt erhalten, in denen öffentliche Verkehrsmittel linienmäßig verkehren. Kann einer Straße, auf der eine Schienenbahn verkehrt, die Vorfahrt durch Verkehrszeichen nicht gegeben werden, so ist eine Regelung durch Lichtzeichen erforderlich; keinesfalls darf auf einer solchen Kreuzung die Regel „Rechts vor Links" gelten.

15 III. 1. Als Vorfahrtstraßen sollen nur Straßen gekennzeichnet sein, die über eine längere Strecke die Vorfahrt haben und an zahlreichen Kreuzungen bevorrechtigt sind. Dann sollte die Straße solange Vorfahrtstraße bleiben, wie sich das Erscheinungsbild der Straße und ihre Verkehrsbedeutung nicht ändern. Bei der Auswahl von Vorfahrtstraßen ist der Blick auf das gesamte Straßennetz besonders wichtig.

16 a) Bundesstraßen, auch in ihren Ortsdurchfahrten, sind in aller Regel als Vorfahrtstraßen zu kennzeichnen.

17 b) Innerhalb geschlossener Ortschaften gilt das auch für sonstige Straßen mit durchgehendem Verkehr.

18 c) Außerhalb geschlossener Ortschaften sollten alle Straßen mit erheblicherem Verkehr Vorfahrtstraßen werden.

19 2. Im Interesse der Verkehrssicherheit sollten im Zuge von Vorfahrtstraßen außerhalb geschlossener Ortschaften Linksabbiegestreifen angelegt werden, auch wenn der abbiegende Verkehr nicht stark ist. Linksabbiegestreifen sind um so dringlicher, je schneller die Straße befahren wird.

20 3. Über die Beschilderung von Kreuzungen und Einmündungen vgl. Nummer VI zu den Zeichen 205 und 206 (Randnummer 6), von Vorfahrtstraßen vgl. zu den Zeichen 306 und 307.

21 IV. Über die Verkehrsregelung durch Polizeibeamte und Lichtzeichen vgl. zu § 36 Abs. 2 und 4 sowie Nummer IV zu den Nummern 1 und 2 zu § 37 Abs. 2.

Zu § 9 Abbiegen, Wenden und Rückwärtsfahren.[1)]

Zu Absatz 1

I. Wo erforderlich und möglich, sind für Linksabbieger besondere Fahrstreifen zu markieren. Auf Straßen innerhalb geschlossener Ortschaften mit auch nur tageszeitlich starkem Verkehr und auf Straßen außerhalb geschlossener Ortschaften sollte dann der Beginn der Linksabbiegestreifen so markiert werden, daß Fahrer, die nicht abbiegen wollen, an dem Linksabbiegestreifen vorbeigeleitet werden. Dazu eignen sich vor allem Sperrflächen; auf langsamer befahrenen Straßen genügen Leitlinien. 1

II. Es kann sich empfehlen, an Kreuzungen Abbiegestreifen für Linksabbieger so zu markieren, daß aus entgegengesetzten Richtungen nach links abbiegende Fahrzeuge voreinander vorbeigeführt werden (tangentiales Abbiegen). Es ist dann aber immer zu prüfen, ob durch den auf dem Fahrstreifen für den nach links abbiegenden Gegenverkehr Wartenden nicht die Sicht auf den übrigen Verkehr verdeckt wird. 2

Zu Absatz 2[2)]

I. Als Radverkehrsführung über Kreuzungen und Einmündungen hinweg dienen markierte Radwegefurten. Radverkehrsführungen können ferner das Linksabbiegen für den Radverkehr erleichtern. Das Linksabbiegen im Kreuzungsbereich kann durch Abbiegestreifen für den Radverkehr, aufgeweitete Radaufstellstreifen und Radfahrerschleusen gesichert werden. Das Linksabbiegen durch Queren hinter einer Kreuzung/Einmündung kann durch Markierung von Aufstellbereichen am Fahrbahnrand bzw. im Seitenraum gesichert werden. 3

II. Im Fall von Radverkehrsanlagen im Zuge von Vorfahrtstraßen (Zeichen 306) sind Radwegefurten stets zu markieren Sie dürfen nicht markiert werden an Kreuzungen und Einmündungen mit Vorfahrtregelung „Rechts vor Links", an erheblich (mehr als ca. 5 m) abgesetzten Radwegen im Zuge von Vorfahrtstraßen (Zeichen 306) sowie dort nicht, wo dem Radverkehr durch ein verkleinertes Zeichen 205 eine Wartepflicht auferlegt wird. Die Sätze 1 und 2 gelten sinngemäß, wenn im Zuge einer Vorfahrtstraße ein Gehweg zur Benutzung durch den Radverkehr freigegeben ist. 4

III. Eigene Abbiegefahrstreifen für den Radverkehr können neben dem Abbiegestreifen für den Kraftfahrzeugverkehr mit Fahrstreifenbegrenzung (Zeichen 295) markiert werden. Dies kommt jedoch nur dann in Betracht, wenn zum Einordnen 5

1. an Kreuzungen und Einmündungen von gekennzeichneten Vorfahrtsstraßen nur ein Fahrstreifen zu überqueren ist,
2. an Kreuzungen und Einmündungen mit Lichtzeichenanlage nicht mehr als zwei Fahrstreifen zu überqueren sind oder
3. Radfahrschleusen vorhanden sind.

---

1) VwV zu § 9 „Zu Absatz 2" und „Zu Absatz 3" neu gef. mWv 1.9.2009 durch VwV v. 17.7.2009 (BAnz. Nr. 110a S. 1).

2) VwV zu § 9 „Zu Absatz 2" neu gef. mWv 1.9.2009 durch VwV v. 17.7.2009 (BAnz. Nr. 110a S. 1).

6 IV. Bei aufgeweiteten Radaufstellstreifen wird das Einordnen zum Linksabbiegen in Fortsetzung einer Radverkehrsanlage dadurch ermöglicht, dass für den Kraftfahrzeugverkehr auf der Fahrbahn durch eine zusätzliche vorgelagerte Haltlinie (Zeichen 294) mit räumlichem und verkehrlichem Bezug zur Lichtzeichenanlage das Haltgebot angeordnet wird.

7 V. Bei Radfahrschleusen wird das Einordnen zum Linksabbiegen in Fortsetzung einer Radverkehrsanlage dadurch ermöglicht, dass dem Hauptlichtzeichen in ausreichendem Abstand vorher ein weiteres Lichtzeichen vorgeschaltet wird.

Zu Absatz 3[1)]

8 I. Der Radverkehr fährt nicht mehr neben der Fahrbahn, wenn ein Radweg erheblich (ca. 5 m) von der Straße abgesetzt ist. Können Zweifel aufkommen oder ist der abgesetzte Radweg nicht eindeutig erkennbar, so ist die Vorfahrt durch Verkehrszeichen zu regeln.

9 II. Über Straßenbahnen neben der Fahrbahn vgl. Nummer VI zu Zeichen 201; Randnummer 11 bis 13.

Zu § 9a Kreisverkehr.[2)] *(aufgehoben)*

Zu § 12 Halten und Parken.[3)]

Zu Absatz 1

1 Halten ist eine gewollte Fahrtunterbrechung, die nicht durch die Verkehrslage oder eine Anordnung veranlaßt ist.

Zu Absatz 3 Nr. 1[4)]

2 Wo an einer Kreuzung oder Einmündung die 5-Meter-Zone ausreichende Sicht in die andere Straße nicht schafft oder das Abbiegen erschwert, ist die Parkverbotsstrecke z.B. durch die Grenzmarkierung (Zeichen 299) angemessen zu verlängern. Da und dort wird auch die bloße Markierung der 5-Meter-Zone zur Unterstreichung des Verbots ratsam sein.

Zu Absatz 3a

3 I. Die Straßenverkehrsbehörden sollten bei den Gemeinden die Anlage von Parkplätzen anregen, wenn es für ortsansässige Unternehmer unmöglich ist, eigene Betriebshöfe zu schaffen. Bei Anlage derartiger Parkplätze ist darauf zu achten, daß von ihnen keine Störung der Nachtruhe der Wohnbevölkerung ausgeht.

---

1) VwV zu § 9 „Zu Absatz 3" neu gef. mWv 1.9.2009 durch VwV v. 17.7.2009 (BAnz. Nr. 110a S. 1).

2) VwV zu § 9a aufgeh. mWv 1.9.2009 durch VwV v. 17.7.2009 (BAnz. Nr. 110a S. 1).

3) VwV zu § 12 Überschr. „Zu Absatz 3 Nr. 1 und Nr. 8 Buchstabe d" wird „Zu Absatz 3 Nr. 1", „Zu Absatz 4" geänd. mWv 1.9.2009 durch VwV v. 17.7.2009 (BAnz. Nr. 110a S. 1).

4) VwV zu § 12 Überschr. „Zu Absatz 3 Nr. 1 und Nr. 8 Buchstabe d" wird „Zu Absatz 3 Nr. 1" mWv 1.9.2009 durch VwV v. 17.7.2009 (BAnz. Nr. 110a S. 1).

II. Wirkt sich das regelmäßige Parken schwerer Kraftfahrzeuge oder Anhänger in anderen als den aufgeführten Gebieten, z.B. in Mischgebieten, störend aus, kommen örtliche, zeitlich beschränkte Parkverbote in Betracht (§ 45 Abs. 1). 4

Zu Absatz 4[1)]

Wo es nach dem äußeren Anschein zweifelhaft ist, ob der Seitenstreifen für ein auf der Fahrbahn parkendes Fahrzeug fest genug ist, darf wegen Nichtbenutzung des Seitenstreifens nicht eingeschritten werden. 5

Zu § 13 Einrichtungen zur Überwachung der Parkzeit.[2)]

Zu Absatz 1

I. Wo Parkuhren aufgestellt sind, darf das Zeichen 286 nicht angeordnet werden. 1

II. Parkuhren und Parkscheinautomaten sind vor allem dort anzuordnen, wo kein ausreichender Parkraum vorhanden ist und deshalb erreicht werden muss, dass möglichst viele Fahrzeuge nacheinander für möglichst kurze genau begrenzte Zeit parken können. 2

III. Vor der Anordnung von Parkuhren und Parkscheinautomaten sind die Auswirkungen auf den fließenden Verkehr und auf benachbarte Straßen zu prüfen. 3

IV. Parkraumbewirtschaftung empfiehlt sich nur dort, wo eine wirksame Überwachung gewährleistet ist. 4

V. Über Parkuhren und Parkscheinautomaten in Haltverbotszonen vgl. Nummer II zu Zeichen 290.1 und 290.2, Randnummer 2. 5

VI. Der Parkschein soll mindestens folgende, gut lesbare Angaben enthalten:
1. Standort des Parkscheinautomaten 6
2. Datum und 7
3. Ende der Parkzeit. 8

VII. Für die Festlegung und die Höhe der Parkgebühren gelten die Parkgebührenordnungen (§ 6a Absatz 6 StVG[3)]). 9

Zu Absatz 2

I. Das Parken mit Parkscheibe darf nur in Haltverbotszonen (Zeichen 290.1) und Parkraumbewirtschaftungszonen (Zeichen 314.1) sowie in Verbindung mit Zeichen 314 oder 315 angeordnet werden. Zur Anordnung des Parkens mit Parkscheibe in Haltverbotszonen vgl. Nummer II zu Zeichen 290.1 und 290.2, Randnummer 2. 10

II. Auf der Vorderseite der Parkscheibe sind Zusätze, auch solche zum Zwecke der Werbung, nicht zulässig. 11

---

1) VwV zu § 12 „Zu Absatz 4“ geänd. mWv 1.9.2009 durch VwV v. 17.7.2009 (BAnz. Nr. 110a S. 1).
2) VwV zu § 13 neu gef. mWv 1.9.2009 durch VwV v. 17.7.2009 (BAnz. Nr. 110a S. 1).
3) Nr. **10**.

Zu § 14 Sorgfaltspflichten beim Ein- und Aussteigen.

Zu Absatz 2

1 Wenn der Führer eines Kraftfahrzeugs sich in solcher Nähe des Fahrzeugs aufhält, daß er jederzeit eingreifen kann, ist nichts dagegen einzuwenden, wenn eine besondere Maßnahme gegen unbefugte Benutzung nicht getroffen wird. Andernfalls ist darauf zu achten, daß jede vorhandene Sicherung verwendet, insbesondere auch bei abgeschlossenem Lenkradschloß das Fahrzeug selbst abgeschlossen wird; wenn die Fenster einen Spalt offen bleiben oder wenn das Verdeck geöffnet bleibt, ist das nicht zu beanstanden.

Zu § 16 Warnzeichen.

Zu Absatz 1 Nr. 2

1 Gegen mißbräuchliche Benutzung des Warnblinklichts ist stets einzuschreiten. Das ist immer der Fall, wenn durch ein Fahrzeug der Verkehr nicht gefährdet, sondern nur behindert wird, z.B. ein Fahrzeug an übersichtlicher Stelle be- oder entladen wird.

Zu Absatz 2

2 Die Straßenverkehrsbehörden haben sorgfältig zu prüfen, an welchen Haltestellen von Schulbussen sowie von Omnibussen des Linienverkehrs der Fahrer des Busses das Warnblinklicht einzuschalten hat. Maßgebliches Kriterium sind dabei die Belange der Verkehrssicherheit.

3 Dort, wo sich in der Vergangenheit bereits Unfälle zwischen Fahrgästen und dem Kraftfahrzeugverkehr an der Haltestelle ereignet haben, ist die Anordnung, das Warnblinklicht einzuschalten, indiziert. Andererseits spricht das Nichtvorkommen von Unfällen, vor allem bei Vorhandensein von Querungshilfen für Fußgänger (z.B. Fußgängerüberweg, Lichtsignalanlage) in unmittelbarer Nähe der Haltestelle, gegen eine entsprechende Anordnung. Auch die Höhe des Verkehrsaufkommens, das Vorhandensein baulich getrennter Richtungsfahrbahnen, insbesondere bei mehrstreifiger Fahrbahnführung, sowie die bauliche Ausgestaltung der Haltestelle selbst (z.B. Absperrgitter zur Fahrbahn), sind in die Entscheidung einzubeziehende Abwägungskriterien. Die Lage der Haltestelle in unmittelbarer Nähe einer Schule oder eines Altenheimes spricht für das Einschalten des Warnblinklichts. Unter Umständen kann es auch in Betracht kommen, das Einschalten des Warnblinklichtes nur zu bestimmten Zeiten, gegebenenfalls auch für bestimmte Tagesstunden, anzuordnen.

4 Maßgeblich für die Entscheidung, an welcher Haltestelle die Anordnung, das Warnblinklicht einzuschalten, erforderlich ist, ist in jedem Fall die Sachkunde und die Ortskenntnis der Straßenverkehrsbehörden. Entsprechendes gilt für die Anordnung, in welcher Entfernung von der Haltestelle das Warnblinklicht eingeschaltet werden soll.

5 Die Anordnung, wo das Warnblinklicht eingeschaltet werden muß, ist gegenüber den Busbetreibern und den Fahrern der Busse auszusprechen.

Zu § 17 Beleuchtung.[1)]

Zu Absatz 1

Es ist zu beanstanden, wenn der, welcher sein Fahrzeug schiebt, Beleuchtungseinrichtungen durch seinen Körper verdeckt; zu den Beleuchtungseinrichtungen zählen auch die Rückstrahler (§ 49a Abs. 1 Satz 2 StVZO[2)]). 1

Zu Absatz 2

I. Es ist darauf hinzuwirken, daß der Abblendpflicht auch gegenüber Radfahrern auf Radwegen sowie bei der Begegnung mit Schienenfahrzeugen und gegenüber dem Schiffsverkehr, falls die Führer dieser Fahrzeuge geblendet werden können, genügt wird. Einzelner entgegenkommender Fußgänger wegen muß dann abgeblendet werden, wenn sie sonst gefährdet wären (§ 1 Abs. 2). 2

II. Nicht nur die rechtzeitige Erfüllung der Abblendpflicht und die darauf folgende Pflicht zur Mäßigung der Fahrgeschwindigkeit sind streng zu überwachen; vielmehr ist auch darauf zu achten, daß nicht 3

1. Standlicht vorschriftswidrig verwendet wird, 4
2. Blendwirkung trotz Abblendens bestehen bleibt, 5
3. die vordere Beleuchtung ungleichmäßig ist, 6
4. Nebelscheinwerfer, Nebelschlußleuchten oder andere zusätzliche Scheinwerfer oder Leuchten vorschriftswidrig verwendet werden. 7

Zu Absatz 4[1)]

Andere zugelassene lichttechnische Einrichtungen zur Kennzeichnung sind Park-Warntafeln nach Anlage 4 Abschnitt 4. 8
Einzelheiten über die Verwendung ergeben sich aus § 51c Abs. 5 StVZO. Die Park-Warntafeln unterliegen einer Bauartgenehmigung nach § 22a StVZO.

Zu Absatz 4a

Machen Militärfahrzeuge, insbesondere Panzer, von den Sonderrechten nach § 35 Gebrauch und fahren ohne Beleuchtung, so sind sie mit gelb-roten retroreflektierenden Warntafeln oder gleichwertigen Absicherungsmitteln zu kennzeichnen. 9

Zu § 18 Autobahnen und Kraftfahrstraßen.[3)] Vgl. zu den Zeichen 330.1, 331.1, 333, zu den Zeichen 330.2 und 331.2 und zu den Zeichen 330.1, 331.1, 330.2 und 331.2. 1

Zu § 19 Bahnübergänge.[4)]

Zu Absatz 1

Sofern auf Straßen mit nur einem Fahrstreifen je Richtung das Überholverbot häufig missachtet werden sollte, ist seine Unterstützung durch die 1

[1)] VwV zu § 17 „Zu Absatz 4" geänd. mWv 1.9.2009 durch VwV v. 17.7.2009 (BAnz. Nr. 110a S. 1).
[2)] Nr. **200**.
[3)] VwV zu § 18 neu gef. mWv 1.9.2009 durch VwV v. 17.7.2009 (BAnz. Nr. 110a S. 1).
[4)] VwV zu § 19 eingef. mWv 1.9.2009 durch VwV v. 17.7.2009 (BAnz. Nr. 110a S. 1).

Anordnung einer einseitigen Fahrstreifenbegrenzung (Zeichen 296) in Betracht zu ziehen.

Zu § 20 Öffentliche Verkehrsmittel und Schulbusse.

Zu Absatz 4

1 I. Vor der Festlegung von Haltestellen von Schulbussen sind von der Straßenverkehrsbehörde neben Polizei und Straßenbaubehörde auch Schule, Schulträger und Schulbusunternehmer zu hören. Dabei ist darauf zu achten, daß die Schulbusse möglichst – gegebenenfalls unter Hinnahme eines Umwegs – so halten, daß die Kinder die Fahrbahn nicht überqueren müssen.

2 II. Es ist vorzusehen, daß Schulbusse nur rechts halten. Die Mitbenutzung der Haltestellen öffentlicher Verkehrsmittel ist anzustreben.

Zu § 21 Personenbeförderung.[1)]

Zu den Absätzen 1 und 2

1 „Besonderer Sitz" ist eine Vorrichtung, die nach ihrer Bauart dazu bestimmt ist, als Sitz zu dienen, mag diese Zweckbestimmung auch nicht die ausschließliche sein. Geeignet ist eine Sitzgelegenheit nur dann, wenn man auf ihr sicher sitzen kann; bei Anhängern, die für land- oder forstwirtschaftliche Zwecke verwendet werden, kann das auch die Ladefläche sein.

Zu Absatz 1a[2)]

2 1. Geeignet sind Rückhalteeinrichtungen für Kinder, die entsprechend der UNECE-Regelung Nr. 44 (BGBl. 1984 II S. 458, mit weiteren Änderungen) oder der UNECE-Regelung Nr. 129 (ABl. L 97 vom 29.3.2014, S. 21) gebaut, geprüft, genehmigt und entweder mit dem nach der UNECE-Regelung Nr. 44 oder Nr. 129 vorgeschriebenen Genehmigungszeichen oder mit dem nationalen Prüfzeichen nach der Fahrzeugteileverordnung gekennzeichnet sind. Dies gilt entsprechend für Rückhalteeinrichtungen für Kinder der Klasse 0 (geeignet für Kinder bis zu einem Gewicht von 9 kg), wenn für sie eine Betriebserlaubnis nach § 22 StVZO[3)] vorliegt.

3 2. Die Eignung der Rückhalteeinrichtungen für Kinder und deren jeweilige Verwendung auf Vordersitzen ergibt sich aus der Genehmigung sowie der Anweisung, die vom Hersteller der Rückhalteeinrichtung für Kinder beizufügen ist. So ist zum Beispiel bei Verwendung von Rückhalteeinrichtungen für Kinder nach der UNECE-Regelung Nr. 129 für Kinder bis zu einem Alter von 15 Monaten eine Beförderung nur

---

1) VwV zu § 21 „Zu Absatz 2" aufgeh. mWv 29.3.2008 durch VwV v. 20.3.2008 (BAnz Nr. 48 S. 1106); „Zu Absatz 1a" neu gef. mWv 18.11.2014 durch VwV v. 11.11.2014 (BAnz AT 17.11.2014 B5).

2) VwV zu § 21 „Zu Absatz 1a" neu gef. mWv 18.11.2014 durch VwV v. 11.11.2014 (BAnz AT 17.11.2014 B5).

3) Nr. **200**.

entgegen der Fahrtrichtung oder seitlich gerichtet zur Fahrtrichtung möglich.

Zu Absatz 2[1)]

(aufgehoben)

Zu § 21a Sicherheitsgurte, Schutzhelme.[2)]

Zu Absatz 2

(aufgehoben)

Zu § 22 Ladung.

Zu Absatz 1

I. Zu verkehrssicherer Verstauung gehört sowohl eine die Verkehrs- und Betriebssicherheit nicht beeinträchtigende Verteilung der Ladung als auch deren sichere Verwahrung, wenn nötig Befestigung, die ein Verrutschen oder gar Herabfallen unmöglich machen. 1

II. Schüttgüter, wie Kies, Sand, aber auch gebündeltes Papier, die auf Lastkraftwagen befördert werden, sind in der Regel nur dann gegen Herabfallen besonders gesichert, wenn durch überhohe Bordwände, Planen oder ähnliche Mittel sichergestellt ist, daß auch nur unwesentliche Teile der Ladung nicht herabfallen können. 2

III. Es ist vor allem verboten, Kanister oder Blechbehälter ungesichert auf der Ladefläche zu befördern. 3

IV. Vgl. auch § 32 Abs. 1. 4

Zu § 23 Sonstige Pflichten des Fahrzeugführers.

Zu Absatz 1

I. Bei Kraftwagen, die neben dem Innenspiegel nur einen Außenspiegel haben, ist gegen sichtbehinderndes Bekleben und Verstellen der Rückfenster mit Gegenständen einzuschreiten. Zu beanstanden ist das Fehlen eines zweiten Außenspiegels auch dann, wenn ein mitgeführter Anhänger die Sicht beim Blick in den Außen- oder Innenspiegel wesentlich beeinträchtigt. Auch der sichtbehindernde Zustand der Fenster (z.B. durch Beschlagen oder Vereisung) ist zu beanstanden. 1

II. Fußgänger, die Handfahrzeuge mitführen, sind keine Fahrzeugführer. 2

---

1) VwV zu § 21 „Zu Absatz 2“ aufgeh. mWv 29.3.2008 durch VwV v. 20.3.2008 (BAnz. Nr. 48 S. 1106).

2) VwV zu § 21a „Zu Absatz 2“ aufgeh. mWv 29.3.2008 durch VwV v. 20.3.2008 (BAnz. Nr. 48 S. 1106).

Zu § 24 Besondere Fortbewegungsmittel.[1]

Zu Absatz 1[2]

1 I. Solche Fortbewegungsmittel unterliegen auch nicht den Vorschriften der StVZO.

2 II. Schieberollstühle sind Rollstühle mit Schiebeantrieb nach Nummer 2.1.1, Greifreifenrollstühle sind Rollstühle mit Greifreifenantrieb nach Nummer 2.1.2 der DIN 13 240 Teil 1.

3 III. Kinderfahrräder sind solche, die üblicherweise zum spielerischen Umherfahren im Vorschulalter verwendet werden.

4 IV. Zur Freigabe von Fahrbahnen, Seitenstreifen und Radwegen für Inline-Skates und Rollschuhe vgl. VwV zu § 31 Absatz 2.

Zu Absatz 2[3]

5 Krankenfahrstühle sind Fahrzeuge.

Zu § 25 Fußgänger.[4]

Zu Absatz 3[5]

1 I. Die Sicherung des Fußgängers beim Überqueren der Fahrbahn ist eine der vornehmsten Aufgaben der Straßenverkehrsbehörden und der Polizei. Es bedarf laufender Beobachtungen, ob die hierfür verwendeten Verkehrszeichen und Verkehrseinrichtungen den Gegebenheiten des Verkehrs entsprechen und ob weitere Maßnahmen sich als notwendig erweisen.

2 II. Wo der Fahrzeugverkehr so stark ist, daß Fußgänger die Fahrbahn nicht sicher überschreiten können, und da, wo Fußgänger den Fahrzeugverkehr unzumutbar behindern, sollten die Fußgänger entweder von der Fahrbahn ferngehalten werden (Stangen- oder Kettengeländer), oder der Fußgängerquerverkehr muß unter Berücksichtigung zumutbarer Umwege an bestimmten Stellen zusammengefaßt werden (z.B. Markierung von Fußgängerüberwegen oder Errichtung von Lichtzeichenanlagen). Erforderlichenfalls ist bei der Straßenbaubehörde der Einbau von Inseln anzuregen.

---

1) VwV zu § 24 „Zu Absatz 1" Nr. IV angef., „Zu Absatz 2" bish. Rdnr. 4 wird Rdnr. 5 mWv 1.9.2009 durch VwV v. 17.7.2009 (BAnz. Nr. 110a S. 1).

2) VwV zu § 24 „Zu Absatz 1" Nr. IV angef. mWv 1.9.2009 durch VwV v. 17.7.2009 (BAnz. Nr. 110a S. 1).

3) VwV zu § 24 „Zu Absatz 2" bish. Rdnr. 4 wird Rdnr. 5 mWv 1.9.2009 durch VwV v. 17.7.2009 (BAnz. Nr. 110a S. 1).

4) VwV zu § 25 „Zu Absatz 3" Nr. V Satz 1 geänd. mWv 1.2.2001 durch VwV v. 26.1.2001 (BAnz. S. 1419, ber. S. 5206); „Zu Absatz 3" Nr. III Nr. 1 geänd. mWv 1.9.2009 durch VwV v. 17.7.2009 (BAnz. Nr. 110a S. 1).

5) VwV zu § 25 „Zu Absatz 3" Nr. V Satz 1 geänd. mWv 1.2.2001 durch VwV v. 26.1.2001 (BAnz. S. 1419, ber. S. 5206); Nr. III Nr. 1 geänd. mWv 1.9.2009 durch VwV v. 17.7.2009 (BAnz. Nr. 110a S. 1).

III. 3

1. Die Markierungen an Lichtzeichenanlagen für Fußgänger, sogenannte Fußgängerfurten, bestehen aus zwei in der Regel 4 m voneinander entfernten, unterbrochenen Quermarkierungen. Einzelheiten ergeben sich aus den Richtlinien für die Markierung von Straßen (RMS). Vgl. zu zu § 41 Absatz 1, Anlage 2 Abschnitt 9.
2. Wo der Fußgängerquerverkehr dauernd oder zeitweise durch besondere Lichtzeichen geregelt ist, sind Fußgängerfurten zu markieren. Sonst ist diese Markierung, mit Ausnahme an Überwegen, die durch Schülerlotsen, Schulweghelfer oder sonstige Verkehrshelfer gesichert werden, unzulässig. 4
3. Mindestens 1 m vor jeder Fußgängerfurt ist eine Haltlinie (Zeichen 294) zu markieren; nur wenn die Furt hinter einer Kreuzung oder Einmündung angebracht ist, entfällt selbstverständlich eine Haltlinie auf der der Kreuzung oder Einmündung zugewandten Seite. 5

IV. Über Fußgängerüberwege vgl. zu § 26. 6

V. Wenn nach den dort genannten Grundsätzen die Anlage von Fußgängerüberwegen ausscheidet, der Schutz des Fußgängerquerverkehrs aber erforderlich ist, muß es nicht immer geboten sein, Lichtzeichen vorzusehen. In vielen Fällen wird es vielmehr genügen, die Bedingungen für das Überschreiten der Straße zu verbessern (z.B. durch Einbau von Inseln, Haltverbote, Überholverbote, Geschwindigkeitsbeschränkungen, Beleuchtung). 7

VI. Die Straßenverkehrsbehörde hat bei der Straßenbaubehörde anzuregen, die in § 11 Abs. 4 der Straßenbahn-Bau- und Betriebsordnung vorgesehene Aufstellfläche an den für das Überschreiten durch Fußgänger vorgesehenen Stellen zu schaffen; das bloße Anbringen einer Fahrstreifenbegrenzung (Zeichen 295) wird nur ausnahmsweise den Fußgängern ausreichenden Schutz geben. 8

Zu Absatz 5

Das Verbot ist bußgeldbewehrt durch § 63 Abs. 2 Nr. 1 der Straßenbahn-Bau- und Betriebsordnung[1]; wenn es sich um Eisenbahnanlagen handelt, durch § 64b der Eisenbahn-Bau- und Betriebsordnung. 9

Zu § 26 Fußgängerüberwege.[2]

I. Örtliche Voraussetzungen

1. Fußgängerüberwege dürfen nur innerhalb geschlossener Ortschaften und nicht auf Straßen angelegt werden, auf denen schneller als 50 km/h gefahren werden darf. 1
2. Die Anlage von Fußgängerüberwegen kommt in der Regel nur in Frage, wenn auf beiden Straßenseiten Gehwege vorhanden sind. 2

[1] Nr. **435**.

[2] VwV zu § 26 Nr. I aufgeh., bish. Nr. II wird Nr. I, Nr. 6 neu gef., bish. Nr. III wird Nr. II, bish. Nr. IV wird Nr. III und Nr. 1 aufgeh., bish. Nr. 2 wird Nr. 1, Nr. 2 eingef., bish. Nr. V–VII werden Nummern IV–VI mWv 1.2.2001 durch VwV v. 26.1.2001 (BAnz. S. 1419, ber. S. 5206); Nr. V und VI neu gef. mWv 1.9.2009 durch VwV v. 17.7.2009 (BAnz. Nr. 110a S. 1); Nr. VI geänd. mWv 18.11.2014 durch VwV v. 11.11.2014 (BAnz AT 17.11.2014 B5).

3 3. Fußgängerüberwege dürfen nur angelegt werden, wenn nicht mehr als ein Fahrstreifen je Richtung überquert werden muß. Dies gilt nicht an Kreuzungen und Einmündungen in den Straßen mit Wartepflicht.

4 4. Fußgängerüberwege müssen ausreichend weit voneinander entfernt sein; das gilt nicht, wenn ausnahmsweise zwei Überwege hintereinander an einer Kreuzung oder Einmündung liegen.

5 5. Im Zuge von Grünen Wellen, in der Nähe von Lichtzeichenanlagen oder über gekennzeichnete Sonderfahrstreifen nach Zeichen 245 dürfen Fußgängerüberwege nicht angelegt werden.

6 6. In der Regel sollen Fußgängerüberwege zum Schutz der Fußgänger auch über Radwege hinweg angelegt werden.

7 II. Verkehrliche Voraussetzungen

Fußgängerüberwege sollten in der Regel nur angelegt werden, wenn es erforderlich ist, dem Fußgänger Vorrang zu geben, weil er sonst nicht sicher über die Straße kommt.

Dies ist jedoch nur dann der Fall, wenn es die Fahrzeugstärke zuläßt und es das Fußgängeraufkommen nötig macht.

III. Lage

8 1. Fußgängerüberwege sollten möglichst so angelegt werden, daß die Fußgänger die Fahrbahn auf dem kürzesten Wege überschreiten.

9 2. Fußgängerüberwege sollten in der Gehrichtung der Fußgänger liegen. Wo Umwege für Fußgänger zum Erreichen des Überwegs unvermeidbar sind, empfehlen sich z.B. Geländer.

10 3. Bei Fußgängerüberwegen an Kreuzungen und Einmündungen ist zu prüfen, ob es nicht ausreicht, über die Straße mit Vorfahrt nur einen Fußgängerüberweg anzulegen. Bei Einbahnstraßen sollte dieser vor der Kreuzung oder Einmündung liegen. An Kreuzungen und Einmündungen mit abknickender Vorfahrt darf ein Fußgängerüberweg auf der bevorrechtigten Straße nicht angelegt werden.

11 4. Vor Schulen, Werksausgängen und dergleichen sollten Fußgänger nicht unmittelbar auf den Fußgängerüberweg stoßen, sondern durch Absperrungen geführt werden.

12 5. Im Zuge von Straßen mit Straßenbahnen ohne eigenem Bahnkörper sollen Fußgängerüberwege nicht angelegt werden. Fußgängerüberwege über Straßen mit Schienenbahnen auf eigenem Bahnkörper sollen an den Übergängen über den Gleisraum mit versetzten Absperrungen abgeschrankt werden.

13 IV. Markierung und Beschilderung

1. Die Markierung erfolgt mit Zeichen 293.

14 Auf Fußgängerüberwege wird mit Zeichen 350 hingewiesen. In wartepflichtigen Zufahrten ist dies in der Regel entbehrlich.

V. Beleuchtung

15 Die Straßenverkehrsbehörden müssen die Einhaltung der Beleuchtungskriterien nach den Richtlinien für die Anlage und Ausstattung von Fußgängerüberwegen (R-FGÜ) gewährleisten und gegebenenfalls notwendige Beleuchtungseinrichtungen anordnen (§ 45 Absatz 5 Satz 2).

VI. Richtlinien

Das Bundesministerium für Verkehr und digitale Infrastruktur gibt im Einvernehmen mit den zuständigen obersten Landesbehörden Richtlinien für die Anlage und Ausstattung von Fußgängerüberwegen (R-FGÜ) im Verkehrsblatt bekannt. 16

Zu § 27 Verbände.

Zu Absatz 1

Abweichend von den (nur sinngemäß geltenden) allgemeinen Verkehrsregeln ist darauf hinzuwirken, daß zu Fuß marschierende Verbände, die nach links abbiegen wollen, sich nicht nach links einordnen, sondern bis zur Kreuzung oder Einmündung am rechten Fahrbahnrand geführt werden. 1

Zu Absatz 2

Leichenzügen und Prozessionen ist, soweit erforderlich, polizeiliche Begleitung zu gewähren. Gemeinsam mit den kirchlichen Stellen ist jeweils zu prüfen, wie sich die Inanspruchnahme stark befahrener Straßen einschränken läßt. 2

Zu Absatz 3

Bei geschlossenen Verbänden ist besonders darauf zu achten, daß sie geschlossen bleiben; bei Verbänden von Kraftfahrzeugen auch darauf, daß alle Fahrzeuge die gleichen Fahnen, Drapierungen, Sonderbeleuchtungen oder ähnlich wirksamen Hinweise auf ihre Verbandszugehörigkeit führen. 3

Zu Absatz 4

Bedarf ein zu Fuß marschierender Verband eigener Beleuchtung, so ist darauf zu achten, daß die Flügelmänner des ersten und des letzten Gliedes auch dann Leuchten tragen, wenn ein Fahrzeug zum Schutze des Verbandes vorausfährt oder ihm folgt. 4

Zu § 28 Tiere.

Zu Absatz 1

I. Die Halter von Federvieh sind erforderlichenfalls dazu anzuhalten, die notwendigen Vorkehrungen zur Fernhaltung ihrer Tiere von der Straße zu treffen. 1

II. Wenn Hunde auf Straßen mit mäßigem Verkehr nicht an der Leine, sondern durch Zuruf und Zeichen geführt werden, so ist das in der Regel nicht zu beanstanden. 2

III. Solange Beleuchtung nicht erforderlich ist, genügt zum Treiben einer Schafherde in der Regel ein Schäfer, wenn ihm je nach Größe der Herde ein Hund oder mehrere zur Verfügung stehen. 3

Zu § 29[1] Übermäßige Straßenbenutzung.

Zu Absatz 1

1 I. Rennen sind Wettbewerbe oder Teile eines Wettbewerbes (z.B. Sonderprüfung mit Renncharakter) sowie Veranstaltungen zur Erzielung von Höchstgeschwindigkeiten oder höchsten Durchschnittsgeschwindigkeiten mit Kraftfahrzeugen (z.B. Rekordversuch). Auf die Art des Starts (gemeinsamer Start, Gruppen- oder Einzelstart) kommt es nicht an.

Indizien für das Vorliegen eines Wettbewerbs sind die Verwendung renntypischer Begriffe, die Beteiligung von Sponsoren, gemeinsame Start-, Etappen- und Zielorte, der nahezu gleichzeitige Start aller Fahrzeuge, Startnummern, besondere Kennzeichnung und Werbung an den Fahrzeugen sowie vorgegebene Fahrtstrecken und Zeitnahmen (auch verdeckt) und die Verbindung zwischen den einzelnen Teilnehmern bzw. zwischen den Teilnehmern und dem Veranstalter (per Funk, GPS o.Ä.). Die Einhaltung der geltenden Verkehrsregeln oder das Fahren im Konvoi widerspricht dem Renncharakter nicht.

2 II. Das Verbot gilt auch für nichtorganisierte Rennen.

3 III. Zur Ausnahmegenehmigung vgl. § 46 Abs. 2 Satz 1 und Satz 3, 2. Halbsatz StVO[2] sowie VwV zu § 46 Abs. 2.

Zu Absatz 2

I. Erlaubnispflichtige Veranstaltungen

1. Motorsportliche Veranstaltungen

4 Mit erteilter Ausnahmegenehmigung nach Absatz 1 in Verbindung mit § 46 Abs. 2 wird ein Rennen nach Absatz 1 zur erlaubnispflichtigen Veranstaltung nach Absatz 2.

5 Darüber hinaus sind nicht genehmigungsbedürftige motorsportliche Veranstaltungen dann erlaubnispflichtig, wenn 30 Kraftfahrzeuge und mehr am gleichen Platz starten oder ankommen oder

6 unabhängig von der Zahl der teilnehmenden Fahrzeuge, wenn wenigstens eines der folgenden Kriterien gegeben ist:

- vorgeschriebene Durchschnitts- oder Mindestgeschwindigkeit,
- vorgeschriebene Fahrtzeit (auch ohne Bewertung der Fahrtzeit),
- vorgeschriebene Streckenführung,
- Ermittlung des Siegers nach meistgefahrenen Kilometern,
- Durchführung von Sonderprüfungen,
- Fahren im geschlossenen Verband.

7 Ballon-Begleitfahrten, Fahrten mit Motorschlitten, Stockcarrennen, Autovernichtungs- oder Karambolagerennen sowie vergleichbare Veranstaltungen dürfen nicht erlaubt werden.

---

[1] VwV zu § 29 „Zu Absatz 1“ und „Zu Absatz 2“ neu gef. mWv 29.3.2008 durch VwV v. 20.3. 2008 (BAnz. Nr. 48 S. 1106); „Zu Absatz 3“ neu gef. mWv 30.5.2017 durch VwV v. 22.5.2017 (BAnz AT 29.05.2017 B8).

[2] Nr. **100**.

Eine Veranstaltung nach Randnummer 4 erfordert die Sperrung der in Anspruch genommenen Straßen für den allgemeinen Verkehr. Dies kommt nur für Straßen mit untergeordneter Verkehrsbedeutung in Betracht und setzt eine zumutbare Umleitungsstrecke voraus. **8**

2. Weitere Veranstaltungen

Erlaubnispflichtig sind **9**

a) Radrennen, Mannschaftsfahrten und vergleichbare Veranstaltungen,

b) Radtouren, wenn mehr als 100 Personen teilnehmen oder wenn mit erheblichen Verkehrsbeeinträchtigungen (in der Regel erst ab Landesstraße) zu rechnen ist,

c) Volkswanderungen und Volksläufe, wenn mehr als 500 Personen teilnehmen oder das überörtliche Straßennetz (ab Kreisstraße) beansprucht wird, **10**

d) Umzüge bei Volksfesten u.Ä., es sei denn, es handelt sich um ortsübliche Prozessionen und andere ortsübliche kirchliche Veranstaltungen sowie kleinere örtliche Brauchtumsveranstaltungen. **11**

e) Nicht erlaubnispflichtig sind Versammlungen und Aufzüge im Sinne des § 14 des Versammlungsgesetzes. **12**

II. Allgemeine Grundsätze

Die Erlaubnisbehörde ordnet alle erforderlichen Maßnahmen an und knüpft die Erlaubnis insbesondere an folgende Auflagen und Bedingungen: **13**

1. Veranstaltungen sollen grundsätzlich auf abgesperrtem Gelände durchgeführt werden. Ist eine vollständige Sperrung wegen der besonderen Art der Veranstaltung nicht erforderlich und nicht verhältnismäßig, dürfen nur Straßen benutzt werden, auf denen die Sicherheit oder Ordnung des allgemeinen Verkehrs nicht beeinträchtigt wird. Zu Rennveranstaltungen vgl. Randnummern 4 und 8. **14**
2. Die Erlaubnispflicht erstreckt sich auch auf Straßen mit tatsächlich öffentlichem Verkehr; für deren Benutzung ist zusätzlich die Zustimmung des Verfügungsberechtigten erforderlich. **15**
3. Auf das Erholungs- und Ruhebedürfnis der Bevölkerung ist besonders Rücksicht zu nehmen. Veranstaltungen, die geeignet sind, die Nachtruhe der Bevölkerung zu stören, dürfen für die Zeit von 22.00 bis 6.00 Uhr nicht erlaubt werden. **16**
4. Eine Erlaubnis darf nur Veranstaltern erteilt werden, die die Gewähr dafür bieten, dass die Veranstaltung entsprechend den Bedingungen und Auflagen der Erlaubnisbehörde abgewickelt wird. Diese Gewähr bietet ein Veranstalter in der Regel nicht, wenn er eine erlaubnispflichtige Veranstaltung ohne Erlaubnis durchgeführt oder die Nichtbeachtung von Bedingungen und Auflagen einer erlaubten Veranstaltung zu vertreten hat. **17**
5. Die Erlaubnisbehörde hat sich vom Veranstalter schriftlich seine Kenntnis darüber bestätigen zu lassen, dass die Veranstaltung eine Sondernutzung im Sinne des § 8 des Bundesfernstraßengesetzes[1]) **18**

[1]) Nr. **700**.

bzw. der entsprechenden Bestimmungen in den Straßengesetzen der Länder darstellt. In der Erklärung ist insbesondere die Kenntnis über die straßenrechtlichen Erstattungsansprüche zu bestätigen, wonach der Erlaubnisnehmer alle Kosten zu ersetzen hat, die dem Träger der Straßenbaulast durch die Sondernutzung entstehen. Das zuständige Bundesministerium gibt ein Muster einer solchen Erklärung nach Anhörung der obersten Landesbehörden im Verkehrsblatt bekannt. Diese ist bei allen Veranstaltungen mit der Antragstellung zu verlangen. Im Übrigen bleiben die gesetzlichen Vorschriften über die Haftpflicht des Veranstalters unberührt. Hierauf ist im Erlaubnisbescheid hinzuweisen.

19 6. In den Erlaubnisbescheid ist zudem aufzunehmen, dass der Straßenbaulastträger und die Erlaubnisbehörde keinerlei Gewähr dafür übernehmen, dass die Straßen samt Zubehör durch die Sondernutzung uneingeschränkt benutzt werden können und den Straßenbaulastträger im Rahmen der Sondernutzung keinerlei Haftung wegen Verletzung der Verkehrssicherungspflicht trifft.

20 7. Die Erlaubnisbehörde hat den Abschluss von Versicherungen zur Abdeckung gesetzlicher Haftpflichtansprüche (vgl. Randnummer 18) mit folgenden Mindestversicherungssummen zu verlangen:

21 – Bei Veranstaltungen mit Kraftwagen und bei gemischten Veranstaltungen
500 000 € für Personenschäden (für die einzelne Person mindestens 150 000 €),
100 000 € für Sachschäden,
20 000 € für Vermögensschäden;

22 – bei Veranstaltungen mit Motorrädern und Karts
250 000 € für Personenschäden (für die einzelne Person mindestens 150 000 €),
50 000 € für Sachschäden,
5 000 € für Vermögensschäden;

23 – bei Radsportveranstaltungen, anderen Veranstaltungen mit Fahrrädern (Randnummer 9) und sonstigen Veranstaltungen (Randnummer 10)
250 000 € für Personenschäden (für die einzelne Person mindestens 100 000 €),
50 000 € für Sachschäden,
5 000 € für Vermögensschäden.

24 8. Unabhängig von Nummer 7 muss bei motorsportlichen Veranstaltungen, die auf nicht abgesperrten Straßen stattfinden, für jedes Fahrzeug der Abschluss eines für die Teilnahme an der Veranstaltung geltenden Haftpflichtversicherungsvertrages mit folgenden Mindestversicherungssummen verlangt werden:
– bei Veranstaltungen mit Kraftwagen 1 000 000 € pauschal;
– bei Veranstaltungen mit Motorrädern und Karts 500 000 € pauschal.

25 9. Es ist darauf hinzuweisen, dass bei Rennen und Sonderprüfungen mit Renncharakter Veranstalter, Fahrer und Halter für die Schäden, die

durch die Veranstaltung an Personen und Sachen verursacht worden sind, nach Maßgabe der gesetzlichen Bestimmungen über Verschuldens- und Gefährdungshaftung herangezogen werden. Haftungsausschlussvereinbarungen sind zu untersagen, soweit sie nicht Haftpflichtansprüche der Fahrer, Beifahrer, Fahrzeughalter, Fahrzeugeigentümer sowie der Helfer dieser Personen betreffen. Dem Veranstalter ist ein ausreichender Versicherungsschutz zur Deckung von Ansprüchen aus vorbezeichneten Schäden aufzuerlegen. Mindestversicherungssummen sind:

– für jede Rennveranstaltung mit Kraftwagen 26
500 000 € für Personenschäden pro Ereignis,
150 000 € für die einzelne Person,
100 000 € für Sachschäden,
20 000 € für Vermögensschäden;

– für jede Rennveranstaltung mit Motorrädern und Karts 27
250 000 € für Personenschäden pro Ereignis,
150 000 € für die einzelne Person,
50 000 € für Sachschäden,
10 000 € für Vermögensschäden.

Außerdem ist dem Veranstalter der Abschluss einer Unfallversicherung für den einzelnen Zuschauer in Höhe folgender Versicherungssummen aufzuerlegen: 28
15 000 € für den Todesfall,
30 000 € für den Invaliditätsfall (Kapitalzahlung je Person).

Hierbei muss sichergestellt sein, dass die Beträge der Unfallversicherung im Schadensfall ohne Berücksichtigung der Haftungsfrage an die Geschädigten gezahlt werden. In den Unfallversicherungsbedingungen ist den Zuschauern ein unmittelbarer Anspruch auf die Versicherungssumme gegen die Versicherungsgesellschaften einzuräumen. 29

Dem Veranstalter ist ferner aufzuerlegen, dass er Sorge zu tragen hat, dass an der Veranstaltung nur Personen als Fahrer, Beifahrer oder deren Helfer teilnehmen, für die einschließlich etwaiger freiwilliger Zuwendungen der Automobilklubs folgender Unfallversicherungsschutz besteht: 30
7 500 € für den Todesfall,
15 000 € für den Invaliditätsfall (Kapitalzahlung je Person).
Die Nummern 7 und 8 bleiben unberührt.

10. Bei Bedarf ist im Streckenverlauf, insbesondere an Gefahrenstellen, der Einsatz zuverlässiger, kenntlich gemachter Ordner (z.B. durch Armbinden oder Warnwesten) aufzuerlegen. Diese sind darauf hinzuweisen, dass ihnen keine polizeilichen Befugnisse zustehen und dass sie den Weisungen der Polizei unterliegen. 31

11. Soweit es die Art der Veranstaltung zulässt, ist zudem zu verlangen, Anfang und Ende der Teilnehmerfelder durch besonders kenntlich gemachte Fahrzeuge (Spitzen- und Schlussfahrzeug) oder Personen anzuzeigen. 32

12. Dem Veranstalter kann aufgegeben werden, in der Tagespresse und in sonst geeigneter Weise rechtzeitig auf die Veranstaltung hinzuweisen. 33

34 13. Im Erlaubnisbescheid ist darauf hinzuweisen, dass die Teilnehmer an einer Veranstaltung kein Vorrecht im Straßenverkehr genießen und, ausgenommen auf gesperrten Straßen, die Straßenverkehrsvorschriften zu beachten haben.

III. Erlaubnisverfahren

35 1. Allgemeines

a) Für das Verfahren werden im zuständigen Bundesministerium nach Anhörung der zuständigen obersten Landesbehörden Formblätter (z.B. für die Erklärungen) herausgegeben und im Verkehrsblatt veröffentlicht.

36 b) Autorennen, Motorradrennen und Sonderprüfungen mit Renncharakter betreffende Anträge sind nur zu bearbeiten, wenn zugleich Gutachten von Sachverständigen insbesondere die Geeignetheit der Fahrtstrecken und die gebotenen Sicherungsmaßnahmen betreffend vorgelegt werden. Streckenabnahmeprotokolle von bundesweiten Motorsportdachorganisationen (z.B. DMSB, DAM und DASV) sind Gutachten in diesem Sinne.

37 c) Es sind die Polizei, die Straßenverkehrsbehörden, die Behörden der Straßenbaulastträger, die Forstbehörden und die Naturschutzbehörden zu hören, soweit ihr Zuständigkeitsbereich berührt wird. Werden Bahnstrecken höhengleich (Bahnübergänge) gekreuzt, sind die betroffenen Eisenbahninfrastrukturunternehmen anzuhören.

38 d) Werden Forderungen von den nach Buchstabe c gehörten Stellen erhoben, sollen diese im Erlaubnisbescheid durch entsprechende Bedingungen und Auflagen berücksichtigt werden. Forderungen des Straßenbaulastträgers und des Eisenbahninfrastrukturunternehmens sind zwingend zu berücksichtigen. Können Behörden die Erstattung von Aufwendungen für besondere Maßnahmen aus Anlass der Veranstaltung verlangen, so hat sich der Antragsteller schriftlich zu deren Erstattung zu verpflichten (vgl. Randnummer 18). Eine vom Straßenbaulastträger geforderte Sondernutzungsgebühr ist im Erlaubnisbescheid gesondert festzusetzen.

39 e) Die Erlaubnis soll erst dann erteilt werden, wenn die beteiligten Behörden und Stellen gegen die Veranstaltung keine Bedenken geltend gemacht haben.

2. Rennen mit Kraftfahrzeugen

40 a) Rennen nach Nummer I zu Abs. 1 (Randnummer 1) dürfen nur auf abgesperrten Straßen erlaubt werden.

41 b) Bevor die Erlaubnis erteilt wird, müssen

- die Ausnahmegenehmigung von § 29 Abs. 1,
- das Gutachten (Randnummer 36) über die Eignung der Strecke für das Rennen und
- der Nachweis des Abschlusses der in den Nummern II.7, 8 und 9 (Randnummer 20ff.) genannten Versicherungen vorliegen.

Ein Gutachten ist entbehrlich bei Wiederholung eines Rennens auf gleicher Strecke. Dann genügt eine rechtsverbindliche Erklärung des Gutachters (vgl. Randnummer 36), dass sich die Strecke seit der letzten rennbedingten Streckenabnahme weder in baulicher noch in rennmäßiger Hinsicht verändert hat.

c) Die Erteilung der Erlaubnis ist insbesondere an folgende Bedingungen und Auflagen zu knüpfen:

aa) zur Vorbereitung/Durchführung des Rennens

– Dem Rennen hat ein Training vorauszugehen, das Teil des Wettbewerbs ist; das gilt nicht für Sonderprüfungen mit Renncharakter. 42

– Beginn und Ende des Rennens sind bekannt zu geben, damit die erforderlichen Sicherheitsmaßnahmen der zuständigen Behörden oder Stellen eingeleitet und wieder aufgehoben werden können. 43

– Vor und während des Rennens ist eine Verbindung mit der Polizeieinsatzleitung herzustellen und zu halten. Besondere Vorkommnisse während des Rennens sind dieser Einsatzleitung sofort bekannt zu geben. Dabei ist zu berücksichtigen, dass der Veranstalter für die Sicherheit der Teilnehmer, Sportwarte und Zuschauer innerhalb des Sperrbereichs zu sorgen hat. Die Polizei hat lediglich die Aufgabe, verkehrsregelnde Maßnahmen außerhalb des Sperrbereichs – soweit erforderlich – zu treffen, es sei denn, dass ausnahmsweise (z.B. weil die Zuschauer den Anordnungen der Ordner nicht nachkommen) auf ausdrückliche Weisung ihres Leiters ein Einsatz innerhalb des Sperrbereichs erforderlich ist. 44

– Auf Verlangen ist eine Lautsprecheranlage um die Rennstrecke aufzubauen und während des Rennens in Betrieb zu halten; diese Anlage und andere vorhandene Verständigungseinrichtungen müssen der Polizei zur Verfügung gestellt werden, falls das im Interesse der öffentlichen Sicherheit oder Ordnung notwendig ist. 45

– Entlang der Absperrung ist eine ausreichende Zahl von Ordnern vorzuhalten. Umfang, Art und Beschaffenheit der Sicherungen ergeben sich aus den örtlichen Verhältnissen. Dabei sind die Auflagen im Gutachten (vgl. Randnummer 36) zu beachten. Insbesondere sind die bei der Abnahme der Rennstrecke festgesetzten Sperrzonen abzugrenzen, zu beschildern und mit eigenen Kräften zu überwachen. 46

– Es ist ein Sanitätsdienst mit den erforderlichen Ärzten, Unfallstationen und Krankentransportwagen einzurichten. Zudem ist für ausreichenden Feuerschutz zu sorgen und die notwendigen hygienischen Anlagen sind bereitzustellen. 47

– Vor dem Start des Rennens ist die Rennstrecke durch den Veranstalter freizugeben. 48

– Die Rennstrecke darf während des Wettbewerbs nicht betreten werden. Ausgenommen davon sind Sportwarte mit besonderem Auftrag der Rennleitung und Personen, die von der Rennleitung zur Beseitigung von Ölspuren und sonstigen Hindernissen sowie 49 für den Sanitäts- und Rettungsdienst eingesetzt werden; sie müssen eine auffällige Warnkleidung tragen.

50 – Die Fahrzeuge der Rennleitung sind deutlich kenntlich zu machen.

bb) zu den an dem Rennen teilnehmenden Fahrern und Fahrzeugen

51 – Die Fahrer müssen eine gültige anerkannte Fahrerlizenz (z.B. des DMSB, DAM, DASV oder einer vergleichbaren ausländischen Organisation) besitzen und an dem Pflichttraining (vgl. Randnummer 42) teilgenommen haben.

52 – Die Rennfahrzeuge dürfen nur im verkehrssicheren Zustand an dem Rennen teilnehmen. Dazu sind sie durch Sachverständige insbesondere hinsichtlich der Fahrzeugteile, die die Verkehrssicherheit beeinträchtigen können, zu untersuchen.

3. Sonstige motorsportliche Veranstaltungen
Die Erteilung der Erlaubnis ist insbesondere an folgende Bedingungen und Auflagen zu knüpfen:

a) zur Vorbereitung/Durchführung der Veranstaltung

53 – Jedem Teilnehmer ist eine Startnummer zuzuteilen, die deutlich sichtbar rechts oder links am Fahrzeug anzubringen ist. Von dieser Auflage kann abgesehen werden, wenn die Art der Veranstaltung diese Kennzeichnung entbehrlich macht. Die Startnummernschilder dürfen erst bei der Fahrzeugabnahme (vgl. Randnummer 60) angebracht und müssen nach Beendigung des Wettbewerbs oder beim vorzeitigen Ausscheiden sofort entfernt werden.

54 – Der Abstand der Fahrzeuge beim Start darf eine Minute nicht unterschreiten.

55 – Im Rahmen einer Veranstaltung dürfen je 30 km Streckenlänge je eine, insgesamt jedoch nicht mehr als fünf Sonderprüfungen mit Renncharakter auf öffentlichen Straßen durchgeführt werden. Der Veranstalter kann nach Maßgabe landesrechtlicher Vorschriften abseits öffentlicher Straßen weitere Sonderprüfungen mit Renncharakter abhalten. Sonderprüfungsstrecken auf öffentlichen Straßen dürfen in der Regel während einer Veranstaltung nur einmal durchfahren werden.

56 – Kontrollstellen dürfen nur abseits von bewohnten Grundstücken an geeigneten Stellen eingerichtet werden. Der allgemeine Verkehr darf durch die Kontrollstellen nicht beeinträchtigt werden.

57 – Die Fahrzeugbesatzung muss aus mindestens zwei Personen bestehen, wenn die Art der Veranstaltung (z.B. Suchfahrt) dies erfordert. Bei Wettbewerben, die ohne Fahrerwechsel über mehr als 450 km geführt werden oder die mehr als acht Stunden Fahrzeit erfordern, muss eine Zwangspause von mindestens 30 Minuten eingelegt werden.

58 – Die Fahrzeiten sind unter Berücksichtigung der Straßenverhältnisse so zu bemessen, dass jeder Teilnehmer in der Lage ist, die Verkehrsvorschriften zu beachten. Der Veranstalter hat die Teilnehmer zu verpflichten, Bordbücher oder -karten auf Verlangen

der Polizeibeamten zur Eintragung festgestellter Verstöße gegen straßenverkehrsrechtliche Bestimmungen auszuhändigen. Bei Feststellung solcher Eintragungen sind die betreffenden Teilnehmer aus der Wertung zu nehmen.

b) zu den an der Veranstaltung teilnehmenden Fahrern und Fahrzeugen

– Es dürfen nur solche Fahrer zum Start zugelassen werden, die eine gültige Fahrerlaubnis besitzen und nachweisen können, dass ihr Fahrzeug ausreichend versichert ist. **59**

– Fahrzeuge, die nicht den Vorschriften der StVZO[1] entsprechen oder nicht für den öffentlichen Verkehr zugelassen sind, sind von der Teilnahme auszuschließen. Werden nach dem Start Veränderungen an Fahrzeugen vorgenommen oder werden während der Fahrt Fahrzeuge verkehrs- oder betriebsunsicher, führt dies unverzüglich zum Ausschluss aus dem Wettbewerb. **60**

4. Radrennen, Mannschaftsfahrten und vergleichbare Veranstaltungen

a) Sie sollen möglichst nur auf Straßen mit geringer Verkehrsbedeutung erlaubt werden. **61**

b) Die Zahl der zur Sicherung der Veranstaltung erforderlichen Begleitfahrzeuge ist im Erlaubnisbescheid festzulegen, sie sind besonders kenntlich zu machen. **62**

c) Die jeweiligen Streckenabschnitte müssen in der Regel vom übrigen Fahrverkehr freigehalten werden. Dies ist entweder durch Sperrungen oder durch Weisungen der Polizei sicherzustellen. **63**

5. Sonstige Veranstaltungen

a) Volkswanderungen, Volksläufe und Radtouren sollen nur auf abgelegenen Straßen (Gemeindestraßen, Feld- und Waldwegen) zugelassen werden. **64**

b) Vom Veranstalter ist ausreichender Feuerschutz (wegen evtl. Waldbrandgefahr), die Vorhaltung eines Sanitätsdienstes und von hygienischen Anlagen zu verlangen. **65**

c) In der Regel ist zu verlangen, dass die Teilnehmer in Gruppen starten. **66**

(nicht belegt) **67–78**

Zu Absatz 3 Großraum- und Schwerverkehr[2]

I. Unbeschadet des Erfordernisses einer Erlaubnis nach § 29 Absatz 3 Satz 1 (vgl. dazu Rn. 80) bedürfen Fahrzeuge und Fahrzeugkombinationen, deren Abmessungen, Achslasten oder Gesamtmassen die nach den §§ 32 und 34 StVZO zulässigen Grenzen überschreiten oder bei denen das Sichtfeld (§ 35b Absatz 2 StVZO) eingeschränkt ist oder von denen das Kurvenlaufverhalten (§ 32d StVZO) nicht eingehalten wird, einer fahrzeugtechnischen Ausnahmegenehmigung nach § 70 Absatz 1 Nummer 1 oder 2 StVZO. **79**

---

[1] Nr. **200**.

[2] „zu Absatz 3" neu gef. mWv 30.5.2017 durch VwV v. 22.5.2017 (BAnz AT 29.05.2017 B8).

80 II. Einer Erlaubnis nach § 29 Absatz 3 bedürfen Fahrzeuge und Fahrzeugkombinationen, die einer fahrzeugtechnischen Ausnahmegenehmigung im Sinne der Nummer I bedürfen und die diese Grenzen tatsächlich überschreiten. Erlaubte Abweichungen von den Grenzen der StVZO, Geltungsbereich und Geltungsdauer der Erlaubnis müssen von der fahrzeugtechnischen Ausnahmegenehmigung gedeckt sein, innerhalb des Geltungsbereichs und der Geltungsdauer der Ausnahmegenehmigung nach § 70 StVZO liegen (vgl. dazu Rn. 79). Die Geltungsdauer der Erlaubnis nach § 29 Absatz 3 darf dabei einen Zeitraum von drei Jahren nicht überschreiten.

81 Die Erteilung einer Erlaubnis nach § 29 Absatz 3 ersetzt nicht das Erfordernis einer Ausnahmegenehmigung nach § 46 im Übrigen (z.B. bei bestehenden Durchfahrtverboten oder Transporten an Sonn- und Feiertagen).

III. Eine Erlaubnis nach § 29 Absatz 3 ist nicht erforderlich,

82 1. wenn Fahrzeuge und Fahrzeugkombinationen nur aufgrund ihrer Ladung die Abmessungen nach § 18 Absatz 1 Satz 2 oder § 22 Absatz 2 bis 4 überschreiten; diese bedürfen einer Ausnahmegenehmigung nach § 46 Absatz 1 Nummer 5,

83 2. wenn eine konstruktiv vorgesehene Verlängerung oder Verbreiterung des Fahrzeugs oder der Fahrzeugkombination (z.B. durch Ausziehen der Ladefläche oder Ausklappen oder Anstecken von Konsolen) nicht oder nur teilweise erfolgt und das Fahrzeug in diesem Zustand den Bestimmungen des § 32 StVZO entspricht oder

84 3. bei einem Fahrzeug, dessen Zulassung wegen der Überschreitung zulässiger Achslasten und Gesamtmassen einer Ausnahmegenehmigung nach § 70 StVZO bedarf, im Verkehr dann aber die tatsächliche Gesamtmasse und die tatsächlichen Achslasten die in § 34 StVZO festgelegten Grenzen nicht überschreitet.

IV. Voraussetzungen der Erlaubnis

1. Eine Erlaubnis darf nur erteilt werden, wenn

85 a) der Verkehr nicht – wenigstens zum größten Teil der Strecke – auf der Schiene oder auf dem Wasser möglich ist oder wenn durch einen Verkehr auf dem Schienen- oder Wasserweg unzumutbare Mehrkosten (auch andere als die reinen Transportmehrkosten) entstehen würden und

86 b) für den gesamten Fahrtweg Straßen zur Verfügung stehen, deren baulicher Zustand durch den Verkehr nicht beeinträchtigt wird und für deren Schutz keine besonderen Maßnahmen erforderlich sind, oder wenn wenigstens die spätere Wiederherstellung der Straßen oder die Durchführung jener Maßnahmen, vor allem aus verkehrlichen Gründen, nicht zu zeitraubend oder zu umfangreich wäre.

2. Eine Erlaubnis darf außerdem nur für den Transport folgender Ladungen erteilt werden:

87 a) einer unteilbaren Ladung; unteilbar ist eine Ladung, wenn ihre Zerlegung aus technischen Gründen unmöglich ist oder unzumut-

bare Kosten verursachen würde; als unteilbar gelten auch das Zubehör eines Kranes und die Gewichtsstücke eines Eichfahrzeuges;

b) einer aus mehr als einem Teil bestehenden Ladung, wenn die Teile aus Festigkeitsgründen nicht als Einzelstücke befördert werden können und diese unteilbar sind (dies ist durch eine Bestätigung eines amtlich anerkannten Sachverständigen mit Fachverstand für das Ladungsgut oder eines Prüfingenieurs einer amtlich anerkannten Überwachungsorganisation mit Fachverstand für das Ladungsgut nachzuweisen); für den Transport abmontierter Räder selbstfahrender Arbeitsmaschinen, wenn sich dadurch die Abmessungen des erlaubten Transports nicht vergrößert und die nach § 34 StVZO zulässigen Achslasten und Gesamtmassen eingehalten werden; **88**

c) mehrerer einzelner unteilbarer Teile, die je für sich wegen ihrer Länge, Breite oder Höhe die Benutzung eines Fahrzeugs mit einer Ausnahmegenehmigung nach § 70 StVZO erfordern und unteilbar sind, jedoch unter Einhaltung der nach § 34 StVZO zulässigen Gesamtmasse und Achslasten; **89**

d) Zubehör zu unteilbaren Ladungen; es darf 10%der Gesamtmasse der Ladung nicht überschreiten und muss in dem Begleitpapier mit genauer Bezeichnung aufgeführt sein. **90**

3. Eine Erlaubnis darf weiterhin erteilt werden für die Überführung eines unbeladenen Fahrzeugs oder einer unbeladenen Fahrzeugkombination, dessen oder deren tatsächliche Abmessungen, Achslasten, Gesamtmasse oder Kurvenlaufverhalten die nach den §§ 32, 34 und 35b StVZO zulässigen Grenzen überschreiten oder bei dem oder der das Sichtfeld nach § 35b Absatz 2 StVZO eingeschränkt ist. **91**

4. Hat der Antragsteller oder die transportdurchführende Person vorsätzlich oder grob fahrlässig zuvor einen erlaubnispflichtigen Verkehr ohne die erforderliche Erlaubnis durchgeführt oder gegen die Bedingungen und Auflagen einer Erlaubnis verstoßen, so soll ihm oder ihr für einen angemessenen Zeitraum keine Erlaubnis mehr erteilt werden. **92**

5. Haben Absender und Empfänger Gleisanschlüsse, ist die Erteilung einer Erlaubnis nur zulässig, wenn nachgewiesen ist, dass eine Schienenbeförderung nicht möglich oder unzumutbar ist. Von dem Nachweis darf nur in dringenden Fällen abgesehen werden. **93**

V. Das Verfahren für die Erteilung einer Erlaubnis

1. Erklärung des Antragstellers **94**

Die Erlaubnisbehörde hat sich vom Antragsteller schriftlich seine Kenntnis darüber bestätigen zu lassen, dass

a) ein Großraum- oder Schwertransport eine Sondernutzung im Sinne des § 8 des Bundesfernstraßengesetzes und der entsprechenden straßenrechtlichen Vorschriften der Länder darstellt; in der Erklärung ist insbesondere die Kenntnis der straßenrechtlichen Erstattungsansprüche zu bestätigen, wonach der Antragsteller alle Kosten zu übernehmen hat, die dem Träger der Straßenbaulast durch die Sondernutzung entstehen;

b) der Träger der Straßenbaulast und die Straßenverkehrsbehörde keinerlei Gewähr dafür übernehmen, dass die Straßen samt Zubehör durch die Sondernutzung uneingeschränkt benutzt werden können; den Träger der Straßenbaulast oder denjenigen, der im Auftrag des Trägers der Straßenbaulast die Straße verwaltet, trifft im Rahmen der Sondernutzung keinerlei Haftung wegen Verletzung der Verkehrssicherungspflicht.

95 2. Für Großraum- oder Schwertransporte können Einzelerlaubnisse oder Dauererlaubnisse erteilt werden. Sie sind unter dem Vorbehalt des Widerrufs zu erteilen.

96 a) Einzelerlaubnis
Die Einzelerlaubnis ist auf höchstens drei Monate zu befristen und kann im Rahmen der zeitlichen Gültigkeit einmal um drei Monate verlängert werden. Zulässig ist die Erlaubnis eines Transportumlaufs: Leerfahrt (Standort oder Firmensitz des Fahrzeugs zum Beladeort) mit anschließender Lastfahrt (vom Belade- zum Zielort) und abschließender Leerfahrt (vom Zielort zurück zum Firmensitz). Je Bescheid ist nur ein zusammenhängender Fahrtweg zulässig. In einen Bescheid können höchstens fünf baugleiche Fahrzeugkombinationen aufgenommen werden. Als baugleich gelten Fahrzeugkombinationen, deren Maße (Länge, Breite, Höhe), Kurvenlaufverhalten, Sichtfeld, Gesamtmassen, Achslasten und Achsabstände übereinstimmen.

97 b) Dauererlaubnis
Eine Dauererlaubnis kann für bestimmte Fahrtwege oder flächendeckend erteilt werden. Sie darf nur erteilt werden, wenn polizeiliche Maßnahmen zur Verkehrssicherung oder -regelung nicht erforderlich sind. Polizeiliche Maßnahmen sind stets erforderlich, wenn Ermessensentscheidungen vor Ort getroffen werden müssen oder bei sonstigen schwierigen Straßen- oder Verkehrsverhältnissen. In einen Bescheid können höchstens fünf baugleiche Fahrzeugkombinationen aufgenommen werden. Zur Baugleichheit vgl. Rn. 96.

98 aa) Streckenbezogene Dauererlaubnis
Die Dauererlaubnis ist auf Fahrten zwischen bestimmten Orten zu beschränken.
Bis zu einer tatsächlichen Gesamtmasse von 60 t oder einer Achslast von weniger als 12 t können in einem Bescheid bis zu fünf Fahrtwege festgelegt werden. Die Fahrauflagen (Anlage 3 des Bescheides) sind dann im Erlaubnisbescheid getrennt nach Fahrtweg fahrtwegteilchronologisch zu gliedern. Bei höherer Gesamtmasse oder Achslast kann nur ein Fahrtweg genehmigt werden.

99 bb) Flächendeckende Dauererlaubnis
Eine Dauererlaubnis kann für alle Straßen im Zuständigkeitsbereich der Erlaubnisbehörde und der benachbarten Erlaubnisbehörden erteilt werden. Für Straßenverkehrsbehörden mit kleinen räumlichen Zuständigkeitsbereichen und für bestimmte qualifizierte Straßen können die obersten Landesbehörden Sonderregelungen treffen.

100 Für eine Überschreitung bis zu den in Nummer V.4.f (Rn. 109 ff.) genannten Abmessungen, Achslasten und Gesamtmassen (anhörfreier Bereich) kann eine allgemeine Dauererlaubnis für den gesamten Geltungsbereich der StVO erteilt werden. Neben den nach Landesrecht

zuständigen Erlaubnisbehörden kann auch die Verwaltungsbehörde, die nach § 70 Absatz 1 Nummer 1 StVZO eine Ausnahmegenehmigung von den Vorschriften der §§ 32 und 34 StVZO erteilt, innerhalb der Anhörfreigrenzen nach Nummer V.4.f (Rn. 109 ff.) zugleich eine allgemeine Dauererlaubnis erteilen. Entsprechendes gilt, wenn das Sichtfeld (§ 35 Absatz 2 StVZO) eingeschränkt ist.

Zur Gewährleistung der Standsicherheit und Dauerhaftigkeit der Brückenbauwerke im Zuge von Bundesfernstraßen ist eine flächendeckende Dauererlaubnis unter Einschluss der Brücken im Zuge von Bundesfernstraßen nur für Kranfahrzeuge bis 48 t und für andere Fahrzeuge oder Fahrzeugkombinationen bis 60 t möglich. Alle Bauwerke, für die im Rahmen der flächendeckenden Dauererlaubnis das Befahren nicht erlaubt werden kann, sind in einer Liste („Negativliste") aufzuführen. Die Negativliste muss hinsichtlich der Anzahl der aufgelisteten Bauwerke überschaubar und nachvollziehbar sein. In der Negativliste sind die Bauwerke nach Straßenzügen zu ordnen und innerhalb einer Straße fortlaufend aufzuführen. Trotz Negativliste müssen im Bundesfernstraßennetz noch ausreichend Strecken zur Verfügung stehen, welche die Erteilung einer flächendeckenden Dauererlaubnis rechtfertigen.

3. Antragsdaten

In dem Antrag müssen der beabsichtigte Fahrtweg und mindestens folgende tatsächliche technische Daten angegeben sein: **101**

Länge, Breite, Höhe, zulässige und tatsächliche Gesamtmasse, zulässige und tatsächliche Achslasten, Anzahl der Achsen, Achsabstände, Anzahl der Räder je Achse, Art und Bezeichnung der Ladung und Angaben zur Unteilbarkeit der Ladung, Abmessungen und Gewicht der Ladung, bauartbedingte Höchstgeschwindigkeit des Transports, amtliche Kennzeichen und Fahrzeugidentifikationsnummern von Zugfahrzeugen und Anhängern und Kurvenlaufverhalten sowie die Bodenfreiheit. **102**

Die Angaben zum Achsbild sind entbehrlich, wenn die Gesamtmasse, Achslasten und Achsabstände nach § 34 StVZO nicht überschritten sind. **103**

4. Anhörverfahren **104**

a) Außer im anhörfreien Bereich nach Nummer V.4.f (Rn. 109 ff.) hat die zuständige Erlaubnisbehörde für den beantragten Fahrtweg die nach § 8 Absatz 6 des Bundesfernstraßengesetzes oder nach den entsprechenden straßenrechtlichen Vorschriften der Länder zu beteiligenden Straßenbaulastträger und, wenn Bahnstrecken höhengleich (Bahnübergänge) gekreuzt oder nicht höhengleich (Überführungen) überfahren bzw. (Unterführungen) unterfahren oder Bahnanlagen berührt (Unterschreitung eines Sicherheitsabstandes) werden, auch die Eisenbahninfrastrukturunternehmen zu hören. Des Weiteren ist auch die Wasserstraßen- und Schifffahrtsverwaltung des Bundes (WSV) anzuhören, soweit Kreuzungsbauwerke mit einer Bundeswasserstraße (Über- oder Unterführungen) genutzt werden und die WSV Baulastträger ist. Geht die Fahrt über den Zuständigkeitsbereich einer Erlaubnisbehörde hinaus, so sind außerdem die Straßenverkehrsbehörden zu hören, durch deren Zuständigkeitsbereich der Fahrtweg führt; diese verfahren für ihren Zuständigkeitsbereich nach Satz 1. Die Polizei ist in den Fällen, in denen polizeiliche Maßnahmen (vgl. Rn. 97, 134 ff.) in Betracht kommen, anzuhören.

105 b) Ist die zeitweise Sperrung einer Autobahn oder einer Richtungsfahrbahn einer Autobahn erforderlich, bedarf es der Zustimmung der nach Landesrecht zuständigen Behörde. Den beteiligten Behörden sind die in Nummer V.3 (Rn. 102 und 103) aufgeführten technischen Daten des Fahrzeugs oder der Fahrzeugkombination mitzuteilen.

106 c) Geht die Fahrt über das Gebiet eines Landes hinaus, so ist unter Mitteilung der in Nummer V.3 (Rn. 102 und 103) aufgeführten technischen Daten des Fahrzeugs oder der Fahrzeugkombination die Zustimmung der nach Landesrecht zuständigen Behörde einzuholen, durch deren Zuständigkeitsbereich die Fahrt in den anderen Ländern jeweils zuerst geht. Diese Behörden führen entsprechend Nummer V.4.a (Rn. 104) ein Anhörverfahren durch und fassen die Stellungnahmen zu einer Stellungnahme des Landes zusammen. In einer Zustimmung sind etwaige Bedingungen und Auflagen fahrtwegteilchronologisch getrennt nach Last- und Leerfahrt zu gliedern. Die Stellungnahme und die Zustimmung sind bei Einzelerlaubnissen grundsätzlich für einen Zeitraum von drei Monaten und bei Dauererlaubnissen für einen Zeitraum von drei Jahren abzugeben. Eine zeitliche Begrenzung auf einen kürzeren Zeitraum ist besonders zu begründen. Die Zustimmung darf nur mit der Begründung versagt werden, dass die Voraussetzungen nach Nummer IV.1.b (Rn. 86) in ihrem Zuständigkeitsbereich nicht vorliegen.

107 d) Führt die Fahrt nur auf kurzen Strecken in ein anderes Land, so genügt es, statt mit der dortigen nach Landesrecht zuständigen Behörde unmittelbar mit der örtlich zuständigen Straßenverkehrsbehörde und der örtlichen Straßenbaubehörde des Nachbarlandes Verbindung aufzunehmen und Einvernehmen herzustellen.

108 e) Jede Änderung eines Antrages oder Bescheides erfordert eine erneute Anhörung der betroffenen Stellen. Ausgenommen hiervon sind Änderungen von Kennzeichen bei Verwendung baugleicher Fahrzeuge.

109 f) Von dem in Nummer V.4 (Rn. 104 ff.) angeführten Anhörverfahren ist abzusehen, wenn folgende tatsächliche Abmessungen, Achslasten und Gesamtmassen im Einzelfall nicht überschritten werden und Zweifel an der Geeignetheit des Fahrtweges, insbesondere der Tunnelanlagen und der Tragfähigkeit der Brücken, nicht bestehen:

Höhe über alles	4 m
Breite über alles	3 m
110 Länge über alles:	
– Einzelfahrzeuge (ausgenommen Sattelanhänger)	15 m
– Sattelkraftfahrzeuge	20 m
– Züge	23 m
– wenn das Kurvenlaufverhalten des Sattelkraftfahrzeugs in einer Teilkreisfahrt eingehalten wird (§ 32d StVZO)	23 m

Achslasten	
– Einzelachsen	11,5 t
– Doppelachsen	
Achsabstand: 1,0 m bis weniger als 1,3 m	17,6 t
1,3 m bis 1,8 m	20,0 t
Gesamtmasse	
– Einzelfahrzeuge	
Fahrzeuge mit zwei Achsen (ausgenommen Sattelanhänger)	18,0 t
Kraftfahrzeuge mit drei Achsen	27,5 t
Anhänger mit drei Achsen	25 t
Kraftfahrzeuge mit zwei Doppelachsen, deren Mitten mindestens 4,0 m voneinander entfernt sind sowie	
Sattelzugmaschinen und Zugmaschinen mit mehr als drei Achsen	33,0 t
– Fahrzeugkombinationen (Züge und Sattelkraftfahrzeuge)	
mit drei Achsen	29,0 t
mit vier Achsen	38,0 t
mit mehr als vier Achsen	41,8 t

111 (Achslasten), **112** (Gesamtmasse – Einzelfahrzeuge), **113** (Fahrzeugkombinationen)

Dies gilt auch, wenn das Sichtfeld des Fahrzeugführers (§ 35b Absatz 2 StVZO) eingeschränkt ist. **114**

Betreiber der Schienenwege sind erst ab einer Länge von über 25,00 m, einer Breite von über 3,50 m oder einer Höhe von über 4,50 m oder einer Achslast von über 12 t zu hören.

Auf die Anhörung kann verzichtet werden, wenn der Antragsteller im Rahmen des Antragsverfahrens den Nachweis geführt hat, dass ein Überqueren des höhengleichen Bahnübergangs mit dem vorgesehenen Fahrzeug oder der vorgesehenen Fahrzeugkombination gefahrlos und ohne Beeinträchtigungen möglich ist. Von der Anhörung kann ebenfalls abgesehen werden, wenn nachgewiesen werden kann, dass mit baugleichen Fahrzeugen oder Fahrzeugkombinationen bereits entsprechende Transporte sicher durchgeführt wurden. In diesen Fällen reicht eine Information der Erlaubnis- und Genehmigungsbehörde an den Betreiber des Schienennetzes über die Erlaubniserteilung aus.

Zu den Fahrauflagen vgl. Rn. 146.

5. An den Nachweis der Voraussetzungen der Erlaubniserteilung nach Nummer VI. (Rn. 85 ff.) sind strenge Anforderungen zu stellen. Zum Verlangen von Sachverständigengutachten vgl. § 46 Absatz 3 Satz 2. Die Erteilungsvoraussetzungen dürfen nur dann als amtsbekannt behandelt werden, wenn in den Akten dargelegt wird, worauf sich diese Kenntnis gründet. Der für die Fahrzeuge und Fahrzeugkombinationen gültige fahrzeugtechnische Genehmigungsbescheid nach § 70 Absatz 1 Nummer 1 oder 2 StVZO ist beizufügen (vgl. Rn. 80). **115**

116 a) Die Erlaubnisbehörde hat, wenn es sich um einen Verkehr über einen Fahrtweg von mehr als 250 km handelt, nach Nummer V.4 ein Anhörverfahren vorgeschrieben ist und eine Gesamtbreite von 4,20 m oder eine Gesamthöhe von 4,80 m (jeweils von Fahrzeug und Ladung) nicht überschritten wird, sich vom Antragsteller nachweisen zu lassen, dass eine Schienenbeförderung oder eine gebrochene Beförderung Schiene/Straße nicht möglich ist oder unzumutbare Mehrkosten verursachen würde.

117 b) Die Erlaubnisbehörde hat, wenn es sich um einen Verkehr über einen Fahrtweg von mehr als 250 km handelt und eine Gesamtbreite von 4,20 m oder eine Gesamthöhe von 4,80 m (jeweils von Fahrzeug und Ladung) oder eine Gesamtmasse von 72 t überschritten wird, sich vom Antragsteller nachweisen zu lassen, dass eine Beförderung auf dem Wasser oder eine gebrochene Beförderung Wasser/Straße nicht möglich ist oder unzumutbare Mehrkosten verursachen würde.

118 c) In geeigneten Fällen kann die Erlaubnisbehörde die Bescheinigung auch für Transporte mit weniger als 250 km Fahrtweg verlangen. Ein Nachweis nach Buchstabe b ist nicht erforderlich, wenn ein Transport auf dem Wasserweg offensichtlich nicht in Betracht kommt.

VI. Inhalt des Erlaubnisbescheides

1. Allgemeines

119 Der Fahrtweg ist festzulegen, wenn nach Nummer V.4 (Rn. 104 ff.) ein Anhörverfahren vorgeschrieben ist. Dabei müssen sämtliche Möglichkeiten des gesamten Straßennetzes bedacht werden. Eine Beeinträchtigung des Verkehrsflusses in den Hauptverkehrszeiten ist zu vermeiden. Dabei soll der Fahrtweg so festgelegt werden, dass vor Ort eine Ermessensentscheidung zur Verkehrsregelung nicht erforderlich ist.

120 Soweit es die Sicherheit oder Ordnung des Verkehrs oder der Schutz der Straßeninfrastruktur erfordert, sind die erforderlichen Auflagen zu erteilen und Bedingungen zu stellen. Die im Anhörverfahren mitgeteilten Bedingungen oder Auflagen sind getrennt nach Last- und Leerfahrt fahrtwegteilchronologisch zusammenzustellen.

2. Bedingungen und Auflagen

121 a) Kenntnisnahmebescheinigung

Wird der Transport nicht durch den Antragsteller (Bescheidinhaber) selbst durchgeführt, muss die durchführende Person oder das durchführende Unternehmen vor Beginn des Transportes in einer Bescheinigung bestätigen, dass der Inhalt des Bescheids einschließlich der Bedingungen und Auflagen zur Kenntnis genommen wurde. Diese Bescheinigung ist beim Antragsteller mindestens ein Jahr aufzubewahren und zuständigen Behörden auf Anfrage auszuhändigen. Eine Kopie der Bescheinigung ist beim Transport mitzuführen und auf Verlangen zuständigen Personen auszuhändigen. Es genügt dessen digitalisierte Form auf einem Speichermedium, wenn diese derart mitgeführt wird, dass sie bei einer Kontrolle auf Verlangen zuständigen Personen lesbar gemacht werden kann.

b) Begleitung durch Verwaltungshelfer **122**
Für alle im Vorhinein planbaren und regelbaren Streckenabschnitte mit Standardsituationen und -fällen, bei denen vor Ort keine Ermessensentscheidung der Polizei zur Gewährleistung eines sicheren und flüssigen Verkehrsablaufs in Abhängigkeit des jeweiligen Verkehrsgeschehens erforderlich ist, kann die Polizeibegleitung entfallen. Für diese Fälle gilt: Es kann eine im Vorhinein getroffene verkehrsrechtliche Anordnung der für diesen Streckenabschnitt zuständigen Straßenverkehrsbehörde in den Erlaubnisbescheid als Bestimmung aufgenommen werden, welche dem Erlaubnisinhaber (oder dem den Transport durchführenden Unternehmen oder der den Transport durchführenden Person) für den jeweils betreffenden Streckenabschnitt das Visualisieren von Verkehrszeichen vorschreibt (Auflage). Diese Auflage ist dann mit der weiteren Auflage zu verbinden, dass der Bescheidinhaber (oder die den Transport durchführende Person oder das den Transport durchführende Unternehmen) als Verwaltungshelfer der Straßenverkehrsbehörde oder ein von diesem (oder diesen) beauftragter und namentlich der Straßenverkehrsbehörde benannter Unternehmer als Verwaltungshelfer der Straßenverkehrsbehörde die von der Straßenverkehrsbehörde erlassene verkehrsrechtliche Anordnung entsprechend der im Vorhinein getroffenen verkehrsrechtlichen Anordnung mit einem oder mehrere Begleitfahrzeugen mit Wechselverkehrszeichen-Anlage zu visualisieren hat. Dem Verwaltungshelfer der Straßenverkehrsbehörde steht kein eigenständiges Ermessen zu. Rn. 121 gilt für die Begleitung durch Verwaltungshelfer entsprechend.

In Fällen der Rn. 122 kann ein oder können mehrere Begleitfahrzeuge mit einer nach hinten oder nach hinten, vorn und seitlich wirkenden Wechselverkehrszeichen-Anlage angeordnet werden, wenn der Gegenverkehr, der nachfolgende Verkehr oder der Querverkehr durch das Zeigen von Verkehrszeichen angehalten oder auf andere Art und Weise beschränkt oder beeinflusst werden muss. Entsprechendes gilt **123**

– bei einer Durchfahrt unter einem Überführungsbauwerk oder durch sonstige feste Straßenüberbauten, wenn der Transport nur in abgesenktem Zustand erfolgen kann oder
– wenn im Richtungsverkehr aufgrund der Masse des Transportes nur eine Einzelfahrt, Fahrt im Alleingang oder die Fahrt unter Ausschluss von sonstigem Lkw-Verkehr über Brücken mit einer Geschwindigkeit von maximal 5 km/h durchgeführt werden darf.

Zur Ausrüstung der Fahrzeuge vgl. Rn. 132.

c) Fahrtunterbrechung **124**
Es ist als Auflage vorzuschreiben, dass die Fahrt bei erheblicher Sichtbehinderung durch Nebel, Schneefall oder Regen oder bei Schneeglätte, Schneematsch, Eis, Reifglätte oder Glatteis zu unterbrechen und der nächstgelegene geeignete Platz zum Parken aufzusuchen und das Fahrzeug zu sichern ist.

125 d) Kenntlichmachung
Die Auflage, das Fahrzeug oder die Fahrzeugkombination besonders kenntlich zu machen, ist in der Regel geboten, beispielsweise durch Verwendung von Kennleuchten mit gelbem Blinklicht (§ 38 Absatz 3) oder durch Anbringung weiß-rot-weißer Warntafeln am Fahrzeug oder an der Fahrzeugkombination selbst oder an einem begleitenden Fahrzeug. Auf die „Richtlinien für die Kenntlichmachung überbreiter und überlanger Straßenfahrzeuge sowie bestimmter hinausragender Ladungen" wird verwiesen.

126 e) Abfahrtkontrolle
Außerdem ist die Auflage aufzunehmen, dass durch die transportdurchführende Person oder das transportdurchführende Unternehmen vor Fahrtantritt zu prüfen ist, ob die im Erlaubnisbescheid festgelegten Abmessungen eingehalten werden.

127 f) Sachverständigengutachten
Transporte mit einer Gesamtmasse von mehr als 100 t (ausgenommen Autokrane, selbstfahrende Arbeitsmaschinen, Eichfahrzeuge und andere Fahrzeuge jeweils ohne Ladung) dürfen nur durchgeführt werden, wenn unmittelbar vor Fahrtantritt durch einen amtlich anerkannten Sachverständigen oder Prüfer mit Fachverstand für das Fahrzeug, die Fahrzeugkombination und das Ladungsgut oder einen Prüfingenieur einer amtlich anerkannten Überwachungsorganisation mit Fachverstand für das Fahrzeug, die Fahrzeugkombination und das Ladungsgut die Einhaltung der im Erlaubnisbescheid genannten Abmessungen, Gesamtmasse, Achslasten, die Lastverteilung und die Ladungssicherung entsprechend den anerkannten Regeln der Technik geprüft wurden. Die Feststellungen sind durch ein Gutachten nachzuweisen. Dieses ist beim Transport mitzuführen.

128 g) Sachverständigengutachten
Bei wiederkehrenden Transporten, bei denen das gleiche Fahrzeug oder die gleiche Fahrzeugkombination oder ein baugleiches Fahrzeug oder eine baugleiche Fahrzeugkombination eingesetzt und die gleiche Ladung oder die gleiche Ladungsart transportiert werden und ein beanstandungsfreies Erstgutachten nach Nummer VI.2.f (Rn. 127) vorliegt, ist ab dem zweiten Transport ein Gutachten eines amtlich anerkannten Sachverständigen oder Prüfers mit Fachverstand für das Fahrzeug, die Fahrzeugkombination und das Ladungsgut oder eines Prüfingenieurs einer amtlich anerkannten Überwachungsorganisation mit Fachverstand für das Fahrzeug, die Fahrzeugkombination und das Ladungsgut, der die Übereinstimmung des Transports mit dem beanstandungsfreien Erstgutachten nach Kontrolle des Transports bestätigt, ausreichend. Die Bestätigung und das Erstgutachten sind beim Transport mitzuführen.

129 Prüfung des Fahrtweges
Unmittelbar vor der Durchführung des Verkehrs ist in eigener Verantwortung zu prüfen, ob der genehmigte Fahrtweg für die Durchführung des Transportes tatsächlich geeignet ist.

3. Besondere Auflagen für anhörpflichtige Transporte

a) Beifahrer oder private Begleitfahrzeuge

Es kann auch in anderen Fällen als in den Rn. 122 und 123 genannten geboten sein, einen Beifahrer, weiteres Begleitpersonal oder private Begleitfahrzeuge mit oder ohne Wechselverkehrszeichen-Anlage vorzuschreiben. **130**

Begleitfahrzeuge mit nach hinten oder mit nach hinten, vorn und seitlich wirkender Wechselverkehrszeichen-Anlage sind gemäß „Merkblatt über die Ausrüstung von privaten Begleitfahrzeugen zur Absicherung von Großraum- und Schwertransporten" auszurüsten. **131**

Ein Begleitfahrzeug mit einer nach hinten wirkenden Wechselverkehrszeichen-Anlage darf in diesen Fällen nur vorgeschrieben werden, wenn wegen besonderer Umstände zur Verdeutlichung der Gefahr, die mit dem Großraum- und Schwertransport einhergeht, das Zeigen von Zeichen 101 geboten erscheint. Zudem ist dies erforderlich, um die allgemeinen Verhaltensregeln zum Überholen und Vorbeifahren an solchen Transporten zu verdeutlichen (Zeichen 276, 277). **132**

Ein Begleitfahrzeug mit einer nach hinten wirkenden Wechselverkehrszeichen-Anlage ist anzuordnen, wenn der Transport auf **133**

aa) Autobahnen und Straßen, die wie eine Autobahn ausgebaut sind,
- bei zwei oder mehr Fahrstreifen plus Seitenstreifen je Richtung die Breite über alles von 4,50 m oder
- bei zwei Fahrstreifen ohne Seitenstreifen je Richtung die Breite über alles von 4,00 m oder

bb) außerhalb von Autobahnen und Straßen, die wie eine Autobahn ausgebaut sind, die Breite von 3,50 m überschreitet.

cc) Dies gilt ebenfalls für Straßen, auf denen der Sicherheitsabstand von 10 cm unter Überführungsbauwerken nicht eingehalten werden kann. Und bei Überschreitung einer Länge von 27,00 m, soweit sich Kreisverkehre im Streckenverlauf befinden.

b) Polizei **134**

Polizeiliche Begleitung oder polizeiliche Maßnahmen (vgl. Rn. 97) sind nur erforderlich, wenn der Einsatz von Begleitfahrzeugen nach Nummer VI.2.b (Rn. 122 und 123) oder nach Nummer VI.3 (Rn. 130 bis 133) nicht ausreicht. Das kann insbesondere der Fall sein wenn

aa) auf der Autobahn oder auf Straßen, die wie eine Autobahn ausgebaut sind, der Verkehr auf der Gegenfahrbahn oder der Gegenverkehr angehalten werden muss oder **135**

bb) auf anderen Straßen bei sonstigen außergewöhnlichen Straßen- oder Verkehrsverhältnissen eine Breite über alles von 3,50 m überschritten wird und die oben genannten Begleitfahrzeuge ein sicheres Anhalten oder Passieren des Gegenverkehrs nicht gewährleisten können oder **136**

cc) bei sonstigen schwierigen Straßen- oder Verkehrsverhältnissen, soweit in diesen Fällen nicht der Verkehr durch im Vorhinein **137** planbare Verkehrszeichenanordnungen der örtlich zuständigen Straßenverkehrsbehörden wirksam sicher und geordnet geregelt werden kann, insbesondere wenn eine Ermessensentscheidung der Polizei vor Ort in Abhängigkeit der jeweiligen Situation erforderlich ist.

138 Sofern eine polizeiliche Begleitung oder polizeiliche Maßnahme (vgl. Rn. 97) erforderlich ist, ist der Transport frühzeitig, mindestens 48 Werktagsstunden vor Fahrtantritt, bei allen im Bescheid genannten Polizeidienststellen anzumelden.

c) Fahrzeitbeschränkungen

139 Eine Fahrzeitbeschränkung darf nur angeordnet werden, wenn nach Nummer V.4 (Rn. 104) ein Anhörverfahren vorgeschrieben ist und wenn bei Transporten auf Grund der Abmessungen, der Geschwindigkeit oder wegen der Fahrauflagen eine Beeinträchtigung des übrigen Verkehrs zu erwarten ist. Liegen diese Voraussetzungen vor, soll die Benutzung

140 aa) von Autobahnen und Straßen, die wie eine Autobahn ausgebaut sind,

- von Samstag 6.00 Uhr bis Sonntag 22.00 Uhr und, falls diese starken Berufsverkehr aufweisen, von Montag bis Freitag von jeweils 6.00 Uhr bis 9.00 Uhr und von jeweils 16.00 Uhr bis 19.00 Uhr und
- von Gründonnerstag 22.00 Uhr bis Dienstag nach Ostern 6.00 Uhr und von Freitag 22.00 Uhr vor Pfingsten bis Dienstag danach 6.00 Uhr nicht erlaubt werden. Gegebenenfalls kommt auch ein Verbot der Autobahnbenutzung an anderen Feiertagen (z.B. Weihnachten) sowie an den Tagen davor und danach in Betracht.

Eine Zulassung ist dort in der Regel in verkehrsarmen Zeiten von 22.00 Uhr bis 6.00 Uhr möglich.

141 bb) von anderen Straßen

- von Samstag 6.00 Uhr bis Sonntag 22.00 Uhr und bei
- starkem Berufsverkehr in der Regel auch werktags von 6.00 Uhr bis 9.00 Uhr und von 16.00 Uhr bis 19.00 Uhr nicht erlaubt werden.

142 Transporte mit erheblichen Abmessungen können in Absprache mit den dafür zuständigen Stellen ausnahmsweise auch tagsüber erlaubt werden. Es gilt das Prinzip „Sicherheit vor Leichtigkeit des Verkehrs".

143 Ist die Sperrung einer Autobahn, einer Fahrbahn einer Autobahn oder die teilweise Sperrung einer Straße mit erheblichem Verkehr notwendig, so ist das in der Regel nur in der Zeit von 22.00 Uhr bis 6.00 Uhr zu erlauben.

144 Um einen reibungslosen Ablauf des Großraum- und Schwerverkehrs sicherzustellen, kann die zuständige Polizeidienststelle im Einzelfall von der im Erlaubnisbescheid festgesetzten zeitlichen Beschränkung eine Abweichung zulassen, wenn es die Verkehrslage erfordert oder gestattet.

Zur Gewährleistung eines sicheren und geordneten Verkehrsablaufs **145**
ist es erforderlich, dass bei anhörpflichtigen Transporten während des gesamten Transports eine Person anwesend ist, die sich hinreichend in der deutschen Sprache verständigen kann, insbesondere mit begleitenden Polizeibeamten.

4. Besondere Auflagen für die Kreuzung von Bahnübergängen im anhörungsfreien Bereich

Beim Überqueren des Bahnübergangs im anhörungsfreien Bereich ist **146**
bei Bedarf durch Zuwarten auf eine Lücke im Verkehrsfluss sicherzustellen, dass im Bereich des Bahnübergangs auf einer Länge von 50 m vor und hinter dem Bahnübergang kein Gegenverkehr stattfindet. Die Querung des Bahnübergangs darf nur im Alleingang unter Ausschluss des gesamten Gegenverkehrs erfolgen. Das Überqueren des Bahnübergangs muss mit einer Mindesträumgeschwindigkeit von 20 km/h ohne Rangieren erfolgen. Beim Befahren des Bahnübergangs an elektrifizierten Strecken muss sichergestellt sein, dass sich keine Personen auf dem Fahrzeug befinden, noch Gegenstände, Fahrzeugteile (z.B. Antennen) oder Landungsteile über die zugelassene Fahrzeughöhe von 4,50 m hinausragen. Auch etwaige Begleitfahrzeuge dürfen auf dem Bahnübergang nicht zum Stehen kommen.

VII. Sonderbestimmungen für Autokrane, selbstfahrende Arbeitsmaschinen **147**
und Eichfahrzeuge

Die Vorschriften in Nummer IV.1.a (Rn. 85) sind nicht anzuwenden.

Die Vorschriften über Fahrzeitbeschränkungen in Nummer VI.3.d (Rn. 139 ff.) sind nicht anzuwenden, wenn eine Gesamtmasse von 54 t nicht überschritten wird.

Im Übrigen gelten die Vorschriften in den Nummern I bis VI.

Im Übrigen gelten die Vorschriften in den Nummern I bis VI. **148**

Zu § 30[1] Umweltschutz und Sonntagsfahrverbot.

Zu Absatz 1

I. Unnötiger Lärm wird auch verursacht durch **1**

1. unnötiges Laufenlassen des Motors stehender Fahrzeuge,
2. Hochjagen des Motors im Leerlauf und beim Fahren in niedrigen **2**
Gängen,
3. unnötig schnelles Beschleunigen des Fahrzeugs, namentlich beim An- **3**
fahren,
4. zu schnelles Fahren in Kurven, **4**
5. unnötig lautes Zuschlagen von Wagentüren, Motorhauben und Koffer- **5**
raumdeckeln.

II. Vermeidbare Abgasbelästigungen treten vor allem bei den in Nummer 1 **6**
bis 3 aufgeführten Ursachen auf.

---

[1] VwV „Zu § 30 Absatz 3" neu gef. mWv 30.5.2017 durch VwV v. 22.5.2017 (BAnz AT 29.05.2017 B8).

Zu Absatz 2

7 I. Als Nachtzeit gilt die Zeit zwischen 22.00 Uhr und 6.00 Uhr.

8 II. Nur Veranstaltungen mit nur wenigen Kraftfahrzeugen und solche, die weitab von menschlichen Behausungen stattfinden, vermögen die Nachtruhe nicht zu stören.

9 III. Die Polizei und die betroffenen Gemeinden sind zu hören.

Zu Absatz 3[1]

10 Vom Sonn- und Feiertagsfahrverbot erfasst ist die geschäftsmäßige oder entgeltliche Beförderung von Gütern mit Lkw (gewerblicher Güterverkehr) einschließlich der damit verbundenen Leerfahrten. Hierunter fällt auch der Werkverkehr nach § 1 Absatz 2 des Güterkraftverkehrsgesetzes (GüKG)[2]. Anhänger (z.B. Wohnwagen oder Pferdeanhänger), die ausschließlich zu Sport- und Freizeitzwecken und weder gewerblich noch entgeltlich hinter Lastkraftwagen geführt werden, unterfallen nicht dem Sonn- und Feiertagsfahrverbot. Dies gilt auch für Fahrten mit Oldtimer-Lastkraftwagen zu Oldtimerveranstaltungen, soweit keine gewerblichen Zwecke verfolgt werden und diese nicht entgeltlich erfolgen.

11 Lastkraftwagen im Sinne des Sonn- und Feiertagsfahrverbotes sind Kraftfahrzeuge, die nach Bauart und Einrichtung zur Beförderung von Gütern bestimmt sind. Sattelkraftfahrzeuge zur Lastenbeförderung sind Lastkraftwagen in diesem Sinne; selbstfahrende Arbeitsmaschinen wie Bagger, Betonpumpen, Teermaschinen, Autokrane, Eichfahrzeuge oder Mähdrescher fallen nicht darunter.

12 Vom Sonn- und Feiertagsfahrverbot sind weiterhin nicht betroffen Zugmaschinen, die ausschließlich dazu dienen, andere Fahrzeuge zu ziehen, ferner Zugmaschinen mit Hilfsladefläche, deren Nutzlast nicht mehr als das 0,4fache der zulässigen Gesamtmasse beträgt. Das Sonn- und Feiertagsfahrverbot gilt ebenfalls nicht für Kraftfahrzeuge, bei denen die beförderten Gegenstände zum Inventar der Fahrzeuge gehören (z.B. Ausstellungs-, Film- oder Fernsehfahrzeuge, bestimmte Schaustellerfahrzeuge und Fahrzeuge zur Beschickung von Märkten, soweit es sich um mobile Verkaufsstände handelt, jeweils auch mit Anhänger).

Zu § 31 Sport und Spiel.[3]

Zu Absatz 1[4]

1 Auch wenn Spielplätze und sonstige Anlagen, wo Kinder spielen können, zur Verfügung stehen, muss geprüft werden, wie Kinder auf den Straßen geschützt werden können, auf denen sich Kinderspiele erfahrungsgemäß nicht unterbinden lassen.

---

[1] VwV „Zu § 30 Absatz 3“ neu gef. mWv 30.5.2017 durch VwV v. 22.5.2017 (BAnz AT 29.05. 2017 B8).

[2] Nr. **450**.

[3] VwV „Zu § 31“ bish. Wortlaut wird „Zu Absatz 1“ und neu gef., „Zu Absatz 2“ angef. mWv 1.9.2009 durch VwV v. 17.7.2009 (BAnz. Nr. 110a S. 1); „Zu Absatz 2“ Randnr. 2 geänd. mWv 30.5.2017 durch VwV v. 22.5.2017 (BAnz AT 29.05.2017 B8).

[4] VwV zu § 31 bish. Wortlaut wird „Zu Absatz 1“ und neu gef. mWv 1.9.2009 durch VwV v. 17.7.2009 (BAnz. Nr. 110a S. 1).

Zu Absatz 2[1]

I. Die Anordnung des Zusatzzeichens mit dem Sinnbild eines Inline-Skaters und dem Wortzusatz „frei" kommt vor allem an Aufkommensschwerpunkten des Inline-Skatens/Rollschuhfahrens in Betracht, wenn die Beschaffenheit (Belag und Breite) der Fußgängerverkehrsanlage für diese besonderen Fortbewegungsmittel (vgl. § 24) nicht geeignet ist. Soll ein nicht benutzungspflichtiger Radweg für das Fahren mit Inline-Skates/Rollschuhen freigegeben werden, kann das Zusatzzeichen allein ohne ein entsprechendes „Hauptverkehrszeichen" angeordnet werden. 2

II. Radwege müssen ausreichend breit sein, um auch in Stunden der Spitzenbelastung ein gefahrloses Miteinander von Radfahrern und Inline-Skatern/Rollschuhfahrern zu gewährleisten. 3

III. Auf Fahrbahnen und Fahrradstraßen darf der Kraftfahrzeugverkehr nur gering sein (z.B. nur Anliegerverkehr). Die zugelassene Höchstgeschwindigkeit darf nicht mehr als 30 km/h betragen. 4

Zu § 32 Verkehrshindernisse.[2]

Zu Absatz 1

I. Insbesondere in ländlichen Gegenden ist darauf zu achten, daß verkehrswidrige Zustände infolge von Beschmutzung der Fahrbahn durch Vieh oder Ackerfahrzeuge möglichst unterbleiben (z.B. durch Reinigung der Bereifung vor Einfahren auf die Fahrbahn), jedenfalls aber unverzüglich beseitigt werden. 1

II. Zuständige Stellen dürfen nach Maßgabe der hierfür erlassenen Vorschriften die verkehrswidrigen Zustände auf Kosten des Verantwortlichen beseitigen. 2

III. Kennzeichnung von Containern und Wechselbehältern 3
Die Aufstellung von Containern und Wechselbehältern im öffentlichen Verkehrsraum bedarf der Ausnahmegenehmigung durch die zuständige Straßenverkehrsbehörde.
Als „Mindestvoraussetzung" für eine Genehmigung ist die sachgerechte Kennzeichnung von Containern und Wechselbehältern erforderlich. 4
Einzelheiten hierzu gibt das Bundesministerium für Verkehr und digitale Infrastruktur im Einvernehmen mit den zuständigen obersten Landesbehörden im Verkehrsblatt bekannt. 5

---

[1] VwV zu § 31 „Zu Absatz 2" angef. mWv 1.9.2009 durch VwV v. 17.7.2009 (BAnz. Nr. 110a S. 1).
[2] VwV zu § 32 „Zu Absatz 1 Nummer III Satz 3" geänd. mWv 18.11.2014 durch VwV v. 11.11.2014 (BAnz AT 17.11.2014 B5).

Zu § 33 Verkehrsbeeinträchtigungen.[1)]

Zu Absatz 1 Nr. 1

1 Lautsprecher aus Fahrzeugen erschweren den Verkehr immer.

Zu Absatz 1 Nr. 2

2 Das Ausrufen von Zeitungen und Zeitschriften wird den Verkehr nur unter außergewöhnlichen Umständen gefährden oder erschweren.

Zu Absatz 2

3 I. Schon bei nur oberflächlicher Betrachtung darf eine Einrichtung nicht den Eindruck erwecken, daß es sich um ein amtliches oder sonstiges zugelassenes Verkehrszeichen oder eine amtliche Verkehrseinrichtung handelt. Verwechselbar ist eine Einrichtung auch dann, wenn (nur) andere Farben gewählt werden.

4 II. Auch Beleuchtung im Umfeld der Straße darf die Wirkung der Verkehrszeichen und Verkehrseinrichtungen nicht beeinträchtigen.

5 III. Wenn auf Grundstücken, auf denen kein öffentlicher Verkehr stattfindet, z.B. auf Fabrik- oder Kasernenhöfen, zur Regelung des dortigen Verkehrs den Verkehrszeichen oder Verkehrseinrichtungen gleiche Einrichtungen aufgestellt sind, darf das auch dann nicht beanstandet werden, wenn diese Einrichtungen von einer Straße aus sichtbar sind. Denn es ist wünschenswert, wenn auf nichtöffentlichem Raum sich der Verkehr ebenso abwickelt wie auf öffentlichen Straßen.

Zu Absatz 3[2)]

6 I. Die Hinweise auf Dienstleistungen erfolgen durch Firmenlogos der Anbieter von Serviceleistungen. Sie sind durch § 33 Absatz 3 straßenverkehrsrechtlich zugelassen und werden von der Straßenbaubehörde als Zusätze zu den amtlichen Hinweisschildern angebracht.

7 II. Hinsichtlich der Beschaffenheit, Gestaltung und Anbringung solcher Zusätze sind die Vorschriften der Richtlinien für die wegweisende Beschilderung auf Autobahnen (RWBA) entsprechend zu beachten. Die Schilder richten sich nach der Breite der Ankündigungstafel und haben eine Höhe von 800 mm.

8 III. Hinsichtlich der Größe und Anzahl der auf dem Schild erscheinenden Firmenlogos gelten die Vorschriften der Richtlinie für die wegweisende Beschilderung auf Autobahnen (RWBA) für grafische Symbole entsprechend.

Zu § 35 Sonderrechte.[3)]

Zu den Absätzen 1 und 5

---

1) VwV zu § 33 „Zu Absatz 3" angef. mWv 20.8.2005 durch VwV v. 11.8.2005 (BAnz. Nr. 156 S. 12602); „Zu Absatz 3" neu gef. mWv 1.9.2009 durch VwV v. 17.7.2009 (BAnz. Nr. 110a S. 1).

2) VwV zu § 33 „Zu Absatz 3" neu gef. mWv 1.9.2009 durch VwV v. 17.7.2009 (BAnz. Nr. 110a S. 1).

3) VwV zu § 35 „Zu Absatz 6" Nr. IV Nr. 2 neu gef. mWv 29.3.2008 durch VwV v. 20.3.2008 (BAnz. Nr. 48 S. 1106); „Zu Absatz 6" Rdnr. 18 neu gef. mWv 1.9.2009 durch VwV v. 17.7.2009 (BAnz. Nr. 110a S. 1).

I. Bei Fahrten, bei denen nicht alle Vorschriften eingehalten werden können, sollte, wenn möglich und zulässig, die Inanspruchnahme von Sonderrechten durch blaues Blinklicht zusammen mit dem Einsatzhorn angezeigt werden. Bei Fahrten im Geschlossenen Verband sollte mindestens das erste Kraftfahrzeug blaues Blinklicht verwenden. 1

II. Das Verhalten geschlossener Verbände mit Sonderrecht 2
Selbst hoheitliche Aufgaben oder militärische Erfordernisse rechtfertigen es kaum je, und zudem ist es mit Rücksicht auf die öffentliche Sicherheit (Absatz 8) auch dann wohl nie zu verantworten, daß solche geschlossenen Verbände auf Weisung eines Polizeibeamten (§ 36 Abs. 1) nicht warten oder Kraftfahrzeugen, die mit blauem Blinklicht und Einsatzhorn (§ 38 Abs. 1) fahren, nicht freie Bahn schaffen.

Zu Absatz 2

I. Die Erlaubnis (§ 29 Abs. 2 und 3) ist möglichst frühzeitig vor Marschbeginn bei der zuständigen Verwaltungsbehörde zu beantragen, in deren Bezirk der Marsch beginnt. 3

II. Die zuständige Verwaltungsbehörde beteiligt die Straßenbaubehörden und die Polizei. Geht der Marsch über den eigenen Bezirk hinaus, so beteiligt sie die anderen zuständigen Verwaltungsbehörden. Berührt der Marsch Bahnanlagen, so sind zudem die Bahnunternehmen zu hören. Alle beteiligten Behörden sind verpflichtet, das Erlaubnisverfahren beschleunigt durchzuführen. 4

III. Die Erlaubnis kann auch mündlich erteilt werden. Wenn es die Verkehrs- und Straßenverhältnisse dringend erfordern, sind Bedingungen zu stellen oder Auflagen zu machen. Es kann auch geboten sein, die Benutzung bestimmter Straßen vorzuschreiben. 5

IV. Wenn der Verkehr auf der Straße und deren Zustand dies zulassen, kann eine Dauererlaubnis erteilt werden. Sie ist zu widerrufen, wenn der genehmigte Verkehr zu unerträglichen Behinderungen des anderen Verkehrs führen würde. 6

Zu Absatz 3

In die Vereinbarungen sind folgende Bestimmungen aufzunehmen:

1. Ein Verkehr mit mehr als 50 Kraftfahrzeugen in geschlossenem Verband (§ 27) ist möglichst frühzeitig – spätestens fünf Tage vor Marschbeginn – der zuständigen Verwaltungsbehörde anzuzeigen, in deren Bezirk der Marsch beginnt. Bei besonders schwierigen Verkehrslagen ist die zuständige Verwaltungsbehörde berechtigt, eine kurze zeitliche Verlegung des Marsches anzuordnen. 7
2. Ein Verkehr mit Kraftfahrzeugen, welche die in der Vereinbarung bestimmten Abmessungen und Gewichte überschreiten, bedarf der Erlaubnis. Diese ist möglichst frühzeitig zu beantragen. Auflagen können erteilt werden, wenn es die Verkehrs- oder Straßenverhältnisse dringend erfordern. Das Verfahren richtet sich nach Nummer II zu Absatz 2. 8

Zu Absatz 4

Es sind sehr wohl Fälle denkbar, in denen schon eine unmittelbar drohende Gefahr für die öffentliche Sicherheit oder Ordnung einen jener Hoheitsträger 9 zwingt, die Beschränkungen der Sonderrechte nicht einzuhalten. Dann darf das nicht beanstandet werden.

Zu Absatz 5

10 I. Das zu Absatz 2 Gesagte gilt entsprechend.

11 II. In Vereinbarungen über Militärstraßen nach Artikel 57 Abs. 4 Buchstabe b des Zusatzabkommens zum NATO-Truppenstatut (BGBl. 1961 II S. 1183), zuletzt geändert durch Artikel 2 des Gesetzes vom 28. September 1994 (BGBl. 1994 II S. 2594), in der jeweils geltenden Fassung, sind die zu Absatz 3 erwähnten Bestimmungen aufzunehmen.

12 III. Die Truppen können sich der zuständigen militärischen Verkehrsdienststelle der Bundeswehr bedienen, welche die erforderliche Erlaubnis einholt oder die erforderliche Anzeige übermittelt.

Zu Absatz 6[1]

13 I. Satz 1 gilt auch für Fahrzeuge des Straßenwinterdienstes, die zum Schneeräumen, Streuen usw. eingesetzt sind.

14 II. Die Fahrzeuge sind nach DIN 30 710 zu kennzeichnen.

15 III. Nicht gekennzeichnete Fahrzeuge dürfen die Sonderrechte nicht in Anspruch nehmen.

16 IV. Die Warnkleidung muß der EN 471 entsprechen. Folgende Anforderungsmerkmale der EN 471 müssen hierbei eingehalten werden.

17 1. Warnkleidungsausführung (Absatz 4.1) mindestens die Klasse 2 gemäß Tabelle 1,

18 2. Farbe (Absatz 5.1) fluoreszierendes Orange-Rot oder fluoreszierendes Gelb gemäß Tabelle 2,

19 3. Mindestrückstrahlwerte (Absatz 6.1) die Klasse 2 gemäß Tabelle 5.

20 Warnkleidung, deren Warnwirkung durch Verschmutzung, Alterung oder Abnahme der Leuchtkraft der verwendeten Materialien nicht mehr ausreicht, darf nicht verwendet werden.

Abschnitt B

Zu § 36 Zeichen und Weisungen der Polizeibeamten.

Zu Absatz 1

1 I. Dem fließenden Verkehr dürfen nur diejenigen Polizeibeamten, die selbst als solche oder deren Fahrzeuge als Polizeifahrzeuge erkennbar sind, Zeichen und Weisungen geben. Das gilt nicht bei der Verfolgung von Zuwiderhandlungen.

2 II. Weisungen müssen klar und eindeutig sein. Es empfiehlt sich, sie durch Armbewegungen zu geben. Zum Anhalten kann der Beamte eine Winkerkelle benutzen oder eine rote Leuchte schwenken.

---

[1] VwV zu § 35 „Zu Absatz 6" Nr. IV Nr. 2 neu gef. mWv 29.3.2008 durch VwV v. 20.3.2008 (BAnz. Nr. 48 S. 1106); Nr. IV Nr. 2 (Rdnr. 18) neu gef. mWv 1.9.2009 durch VwV v. 17.7.2009 (BAnz. Nr. 110a S. 1).

Zu den Absätzen 2 und 4

I. Ist der Verkehr an Kreuzungen und Einmündungen regelungsbedürftig, so sollte er vorzugsweise durch Lichtzeichenanlagen geregelt werden; selbst an besonders schwierigen und überbelasteten Kreuzungen werden Lichtzeichenanlagen im allgemeinen den Anforderungen des Verkehrs gerecht. An solchen Stellen kann es sich empfehlen, Polizeibeamte zur Überwachung des Verkehrs einzusetzen, die dann erforderlichenfalls in den Verkehrsablauf eingreifen. 3

II. Wenn besondere Verhältnisse es erfordern, kann der Polizeibeamte mit dem einen Arm „Halt" anordnen und mit dem anderen abbiegenden Verkehr freigeben. 4

III. Bei allen Zeichen sind die Arme so lange in der vorgeschriebenen Haltung zu belassen, bis sich der Verkehr auf die Zeichen eingestellt hat. Die Grundstellung muß jedoch bis zur Abgabe eines neuen Zeichens beibehalten werden. 5

IV. Die Zeichen müssen klar und bestimmt, aber auch leicht und flüssig gegeben werden. 6

Zu Absatz 5

I. Verkehrskontrollen sind sowohl solche zur Prüfung der Fahrtüchtigkeit der Führer oder der nach den Verkehrsvorschriften mitzuführenden Papiere als auch solche zur Prüfung des Zustandes, der Ausrüstung und der Beladung der Fahrzeuge. 7

II. Straßenkontrollen des Bundesamtes für Güterverkehr (§ 12 Abs. 1 und 2 GüKG) sollen in Zusammenarbeit mit der örtlich zuständigen Polizei durchgeführt werden. 8

Zu § 37 Wechsellichtzeichen, Dauerlichtzeichen und Grünpfeil.[1)]

Die Gleichungen der Farbgrenzlinien in der Farbtafel nach DIN 6163 Blatt 5 sind einzuhalten. 1

Zu Absatz 1

So bleiben z.B. die Zeichen 209 ff. „Vorgeschriebene Fahrtrichtung" neben Lichtzeichen gültig, ebenso die die Benutzung von Fahrstreifen regelnden Längsmarkierungen (Zeichen 295, 296, 297, 340). 2

Zu Absatz 2

I. Die Regelung des Verkehrs durch Lichtzeichen setzt eine genaue Prüfung der örtlichen Gegebenheiten baulicher und verkehrlicher Art voraus und trägt auch nur dann zu einer Verbesserung des Verkehrsablaufs bei, wenn die Regelung unter Berücksichtigung der Einflüsse und Auswirkungen 3

[1)] VwV zu § 37 „Zu Absatz 2", „Zu den Nummern 1 und 2" Nr. XI Nr. 1 Buchst. e neu gef., Buchst. g geänd., Nr. 2 und 3 neu gef. mWv 1.2.2001 durch VwV v. 26.1.2001 (BAnz. S. 1419, ber. S. 5206); „Zu Absatz 3" Nr. I Satz 2 und Nr. IV neu gef. mWv 1.1.2002 durch VwV v. 18.12. 2001 (BAnz. Nr. 242 S. 25513); „Zu Absatz 2", „Zu den Nummern 1 und 2" Nr. X Nr. 3 geänd., Nr. IX Satz 6 eingef., „Zu Absatz 2", „Zu Nummer 6" neu gef., „Zu Absatz 3" bish. Rdnr. 48–51 werden Rdnr. 45–48 mWv 1.9.2009 durch VwV v. 17.7.2009 (BAnz. Nr. 110a S. 1).

im Gesamtstraßennetz sachgerecht geplant wird. Die danach erforderlichen Untersuchungen müssen von Sachverständigen durchgeführt werden.

4 II. Wechsellichtzeichen dürfen nicht blinken, auch nicht vor Farbwechsel.

5 III. Die Lichtzeichen sind rund, soweit sie nicht Pfeile oder Sinnbilder darstellen. Die Unterkante der Lichtzeichen soll in der Regel 2,10 m und, wenn die Lichtzeichen über der Fahrbahn angebracht sind, 4,50 m vom Boden entfernt sein.

6 IV. Die Haltlinie (Zeichen 294) sollte nur so weit vor der Lichtzeichenanlage angebracht werden, daß die Lichtzeichen aus einem vor ihr wartenden Personenkraftwagen noch ohne Schwierigkeit beobachtet werden können (vgl. aber Nummer III 3 zu § 25). Befindet sich z.B. die Unterkante des grünen Lichtzeichens 2,10 m über einem Gehweg, so sollte der Abstand zur Haltlinie 3,50 m betragen, jedenfalls über 2,50 m. Sind die Lichtzeichen wesentlich höher angebracht oder muß die Haltlinie in geringerem Abstand markiert werden, so empfiehlt es sich, die Lichtzeichen verkleinert weiter unten am gleichen Pfosten zu wiederholen.

Zu den Nummern 1 und 2[1)]

7 I. An Kreuzungen und Einmündungen sind Lichtzeichenanlagen für den Fahrverkehr erforderlich,

1. wo es wegen fehlender Übersicht immer wieder zu Unfällen kommt und es nicht möglich ist, die Sichtverhältnisse zu verbessern oder den kreuzenden oder einmündenden Verkehr zu verbieten,

8 2. wo immer wieder die Vorfahrt verletzt wird, ohne daß dies mit schlechter Erkennbarkeit der Kreuzung oder mangelnder Verständlichkeit der Vorfahrtregelung zusammenhängt, was jeweils durch Unfalluntersuchungen zu klären ist,

9 3. wo auf einer der Straßen, sei es auch nur während der Spitzenstunden, der Verkehr so stark ist, daß sich in den wartepflichtigen Kreuzungszufahrten ein großer Rückstau bildet oder einzelne Wartepflichtige unzumutbar lange warten müssen.

10 II. Auf Straßenabschnitten, die mit mehr als 70 km/h befahren werden dürfen, sollen Lichtzeichenanlagen nicht eingerichtet werden; sonst ist die Geschwindigkeit durch Zeichen 274 in ausreichender Entfernung zu beschränken.

11 III. Bei Lichtzeichen, vor allem auf Straßen, die mit mehr als 50 km/h befahren werden dürfen, soll geprüft werden, ob es erforderlich ist, durch geeignete Maßnahmen (z.B. Blenden hinter den Lichtzeichen, übergroße oder wiederholte Lichtzeichen, entsprechende Gestaltung der Optik) dafür zu sorgen, daß sie auf ausreichende Entfernung erkennbar sind. Ferner ist die Wiederholung von Lichtzeichen links von der Fahrbahn, auf Inseln oder über der Straße zu erwägen, weil nur rechts stehende

---

[1)] VwV zu § 37 „Zu Absatz 2", „Zu den Nummern 1 und 2" Nr. XI Nr. 1 Buchst. e neu gef., Buchst. g geänd., Nr. 2 und 3 neu gef. mWv 1.2.2001 durch VwV v. 26.1.2001 (BAnz. S. 1419, ber. S. 5206); Nr. IX Satz 6 eingef., Nr. X Nr. 3 geänd. mWv 1.9.2009 durch VwV v. 17.7.2009 (BAnz. Nr. 110a S. 1).

Lichtzeichen durch voranfahrende größere Fahrzeuge verdeckt werden können.

IV. Sind im Zuge einer Straße mehrere Lichtzeichenanlagen eingerichtet, so empfiehlt es sich in der Regel, sie aufeinander abzustimmen (z.B. auf eine Grüne Welle). Jedenfalls sollte dafür gesorgt werden, daß bei dicht benachbarten Kreuzungen der Verkehr, der eine Kreuzung noch bei „Grün" durchfahren konnte, auch an der nächsten Kreuzung „Grün" vorfindet. **12**

V. Häufig kann es sich empfehlen, Lichtzeichenanlagen verkehrsabhängig so zu schalten, daß die Stärke des Verkehrs die Länge der jeweiligen Grünphase bestimmt. An Kreuzungen und Einmündungen, an denen der Querverkehr schwach ist, kann sogar erwogen werden, der Hauptrichtung ständig Grün zu geben, das von Fahrzeugen und Fußgängern aus der Querrichtung erforderlichenfalls unterbrochen werden kann. **13**

VI. Lichtzeichenanlagen sollten in der Regel auch nachts in Betrieb gehalten werden; ist die Verkehrsbelastung nachts schwächer, so empfiehlt es sich, für diese Zeit ein besonderes Lichtzeichenprogramm zu wählen, das alle Verkehrsteilnehmer möglichst nur kurz warten läßt. Nächtliches Ausschalten ist nur dann zu verantworten, wenn eingehend geprüft ist, daß auch ohne Lichtzeichen ein sicherer Verkehr möglich ist. Solange die Lichtzeichenanlagen, die nicht nur ausnahmsweise in Betrieb sind, nachts abgeschaltet sind, soll in den wartepflichtigen Kreuzungszufahrten gelbes Blinklicht gegeben werden. Darüber hinaus kann es sich empfehlen, negative Vorfahrtzeichen (Zeichen 205 und 206) von innen zu beleuchten. Solange Lichtzeichen gegeben werden, dürfen diese Vorfahrtzeichen dagegen nicht beleuchtet sein. **14**

VII. Bei der Errichtung von Lichtzeichenanlagen an bestehenden Kreuzungen und Einmündungen muß immer geprüft werden, ob neue Markierungen (z.B. Abbiegestreifen) anzubringen sind oder alte Markierungen (z.B. Fußgängerüberwege) verlegt oder aufgehoben werden müssen, ob Verkehrseinrichtungen (z.B. Geländer für Fußgänger) anzubringen oder ob bei der Straßenbaubehörde anzuregende bauliche Maßnahmen (Verbreiterung der Straßen zur Schaffung von Stauraum) erforderlich sind. **15**

VIII. Die Schaltung von Lichtzeichenanlagen bedarf stets gründlicher Prüfung. Dabei ist auch besonders auf die sichere Führung der Abbieger zu achten. **16**

IX. Besonders sorgfältig sind die Zeiten zu bestimmen, die zwischen dem Ende der Grünphase für die eine Verkehrsrichtung und dem Beginn der Grünphase für die andere (kreuzende) Verkehrsrichtung liegen. Die Zeiten für Gelb und Rot-Gelb sind unabhängig von dieser Zwischenzeit festzulegen. Die Übergangszeit Rot und Gelb (gleichzeitig) soll für Kraftfahrzeugströme eine Sekunde dauern, darf aber nicht länger als zwei Sekunden sein. Die Übergangszeit Gelb richtet sich bei Kraftfahrzeugströmen nach der zulässigen Höchstgeschwindigkeit in der Zufahrt. In der Regel beträgt die Gelbzeit 3 s bei zul. V = 50 km/h, 4 s bei zul. V = 60 km/h und 5 s bei zul. V = 70 km/h. Bei Lichtzeichenanlagen, die im Rahmen einer Zuflussregelungsanlage aufgestellt werden, sind abweichend hiervon für Rot mindestens 2 s und für die Übergangssignale Rot und Gelb (gleichzeitig) bzw. Gelb mindestens 1 s zu wählen. Bei verkehrsabhängigen Lichtzeichenanlagen ist beim Rücksprung in die **17** gleiche Phase eine Alles-Rot-Zeit von mindestens 1 s einzuhalten, ebenso bei Fußgänger-Lichtzeichenanlagen mit der Grundstellung Dunkel für den Fahrzeugverkehr. Bei Fußgänger-Lichtzeichenanlagen soll bei Ausführung eines Rücksprungs in die gleiche Fahrzeugphase die Mindestsperrzeit für den Fahrzeugverkehr 4 s betragen.

18 X. Pfeile in Lichtzeichen

1. Solange ein grüner Pfeil gezeigt wird, darf kein anderer Verkehrsstrom Grün haben, der den durch den Pfeil gelenkten kreuzt; auch darf Fußgängern, die in der Nähe den gelenkten Verkehrsstrom kreuzen, nicht durch Markierung eines Fußgängerüberwegs Vorrang gegeben werden. Schwarze Pfeile auf Grün dürfen nicht verwendet werden.

19 2. Wenn in einem von drei Leuchtfeldern ein Pfeil erscheint, müssen auch in den anderen Feldern Pfeile gezeigt werden, die in die gleiche Richtung weisen. Vgl. Nummer X 6.

20 3. Darf aus einer Kreuzungszufahrt, die durch ein Lichtzeichen geregelt ist, nicht in allen Richtungen weitergefahren werden, so ist die Fahrtrichtung durch die Zeichen 209 bis 214 vorzuschreiben. Vgl. dazu Nummer III zu den Zeichen 209 bis 214 (Randnummer 3). Dort, wo Mißverständnisse sich auf andere Weise nicht beheben lassen, kann es sich empfehlen, zusätzlich durch Pfeile in den Lichtzeichen die vorgeschriebene Fahrtrichtung zum Ausdruck zu bringen; dabei sind schwarze Pfeile auf Rot und Gelb zu verwenden.

21 4. Pfeile in Lichtzeichen dürfen nicht in Richtungen weisen, die durch die Zeichen 209 bis 214 verboten sind.

22 5. Werden nicht alle Fahrstreifen einer Kreuzungszufahrt zur gleichen Zeit durch Lichtzeichen freigegeben, so kann auf Pfeile in den Lichtzeichen dann verzichtet werden, wenn die in die verschiedenen Richtungen weiterführenden Fahrstreifen baulich so getrennt sind, daß zweifelsfrei erkennbar ist, für welche Richtung die verschiedenen Lichtzeichen gelten. Sonst ist die Richtung, für die die Lichtzeichen gelten, durch Pfeile in den Lichtzeichen zum Ausdruck zu bringen.

23 Hierbei sind Pfeile in allen Lichtzeichen nicht immer erforderlich. Hat z.B. eine Kreuzungszufahrt mit Abbiegestreifen ohne bauliche Trennung ein besonderes Lichtzeichen für den Abbiegeverkehr, so genügen in der Regel Pfeile in diesen Lichtzeichen. Für den anderen Verkehr sollten Lichtzeichen ohne Pfeile gezeigt werden. Werden kombinierte Pfeile in solchen Lichtzeichen verwendet, dann darf in keinem Fall gleichzeitig der zur Hauptrichtung parallel gehende Fußgängerverkehr freigegeben werden (vgl. Nummer XI).

24 6. Wo für verschiedene Fahrstreifen besondere Lichtzeichen gegeben werden sollen, ist die Anbringung der Lichtzeichen besonders sorgfältig zu prüfen (z.B. Lichtzeichenbrücken, Peitschenmaste, Wiederholung am linken Fahrbahnrand). Wo der links abbiegende Verkehr vom übrigen Verkehr getrennt geregelt ist, sollte das Lichtzeichen für den Linksabbieger nach Möglichkeit zusätzlich über der Fahrbahn angebracht werden; eine Anbringung allein links ist in der Regel nur bei Fahrbahnen für eine Richtung möglich, wenn es für Linksabbieger lediglich einen Fahrstreifen gibt.

7. Wo der Gegenverkehr durch Rotlicht aufgehalten wird, um Linksabbiegern, die sich bereits auf der Kreuzung oder Einmündung befinden, die Räumung zu ermöglichen, kann das diesen durch einen nach links gerichteten grünen Pfeil, der links hinter der Kreuzung angebracht ist, angezeigt werden. Gelbes Licht darf zu diesem Zweck nicht verwendet werden. **25**

8. Eine getrennte Regelung des abbiegenden Verkehrs setzt in der Regel voraus, daß für ihn auf der Fahrbahn ein besonderer Fahrstreifen mit Richtungspfeilen markiert ist (Zeichen 297). **26**

XI. Grünpfeil

1. Der Einsatz des Schildes mit grünem Pfeil auf schwarzem Grund (Grünpfeil) kommt nur in Betracht, wenn der Rechtsabbieger Fußgänger- und Fahrzeugverkehr der freigegebenen Verkehrsrichtungen ausreichend einsehen kann, um die ihm auferlegten Sorgfaltspflichten zu erfüllen. Es darf nicht verwendet werden, wenn **27**
   a) dem entgegenkommenden Verkehr ein konfliktfreies Abbiegen nach links signalisiert wird, **28**
   b) für den entgegenkommenden Linksabbieger der grüne Pfeil gemäß § 37 Abs. 2 Nr. 1 Satz 4 verwendet wird, **29**
   c) Pfeile in den für den Rechtsabbieger gültigen Lichtzeichen die Fahrtrichtung vorschreiben, **30**
   d) beim Rechtsabbiegen Gleise von Schienenfahrzeugen gekreuzt oder befahren werden müssen, **31**
   e) der freigegebene Fahrradverkehr auf dem zu kreuzenden Radweg für beide Richtungen zugelassen ist oder der Fahrradverkehr trotz Verbotes in der Gegenrichtung in erheblichem Umfang stattfindet und durch geeignete Maßnahmen nicht ausreichend eingeschränkt werden kann, **32**
   f) für das Rechtsabbiegen mehrere markierte Fahrstreifen zur Verfügung stehen oder **33**
   g) die Lichtzeichenanlage überwiegend der Schulwegsicherung dient. **34**

2. An Kreuzungen und Einmündungen, die häufig von seh- oder gehbehinderten Personen überquert werden, soll die Grünpfeil-Regelung nicht angewandt werden. Ist sie ausnahmsweise an Kreuzungen oder Einmündungen erforderlich, die häufig von Blinden oder Sehbehinderten überquert werden, so sind Lichtzeichenanlagen dort mit akustischen oder anderen geeigneten Zusatzeinrichtungen auszustatten. **35**

3. Für Knotenpunktzufahrten mit Grünpfeil ist das Unfallgeschehen regelmäßig mindestens anhand von Unfallsteckkarten auszuwerten. Im Falle einer Häufung von Unfällen, bei denen der Grünpfeil ein unfallbegünstigender Faktor war, ist der Grünpfeil zu entfernen, soweit nicht verkehrstechnische Verbesserungen möglich sind. Eine Unfallhäufung liegt in der Regel vor, wenn in einem Zeitraum von drei Jahren zwei oder mehr Unfälle mit Personenschaden, drei Unfälle mit schwerwiegendem oder fünf Unfälle mit geringfügigem Verkehrsverstoß geschehen sind. **36**

37 4. Der auf schwarzem Grund ausgeführte grüne Pfeil darf nicht leuchten, nicht beleuchtet sein und nicht retroreflektieren. Das Schild hat eine Breite von 250 mm und eine Höhe von 250 mm.

Zu Nummer 2

38 Vgl. für verengte Fahrbahn Nummer II zu Zeichen 208; bei Festlegung der Phasen ist sicherzustellen, daß auch langsamer Fahrverkehr das Ende der Engstelle erreicht hat, bevor der Gegenverkehr freigegeben wird.

Zu Nummer 3

39 Die Farbfolge Gelb-Rot darf lediglich dort verwendet werden, wo Lichtzeichenanlagen nur in größeren zeitlichen Abständen in Betrieb gesetzt werden müssen, z.B. an Bahnübergängen, an Ausfahrten aus Feuerwehr- und Straßenbahnhallen und Kasernen. Diese Farbfolge empfiehlt sich häufig auch an Wendeschleifen von Straßenbahnen und Oberleitungsomnibussen. Auch an Haltebuchten von Oberleitungsomnibussen und anderen Linienomnibussen ist ihre Anbringung zu erwägen, wenn auf der Straße starker Verkehr herrscht. Sie oder Lichtzeichenanlagen mit drei Farben sollten in der Regel da nicht fehlen, wo Straßenbahnen in eine andere Straße abbiegen.

Zu Nummer 4

40 I. Vgl. Nummer X 6 bis 8 zu den Nummern 1 und 2.

41 II. Besondere Zeichen sind die in der Anlage 4 der Straßenbahn-Bau- und Betriebsordnung[1] aufgeführten. Zur Markierung vorbehaltener Fahrstreifen vgl. zu Zeichen 245.

[1] Auszugsweise abgedruckt unter Nr. **435**.

Zu Nummer 5

I. Im Lichtzeichen für Fußgänger muß das rote Sinnbild einen stehenden, das grüne einen schreitenden Fußgänger zeigen. **42**

II. Lichtzeichen für Radfahrer sollten in der Regel das Sinnbild eines Fahrrades zeigen. Besondere Lichtzeichen für Radfahrer, die vor der kreuzenden Straße angebracht werden, sollten in der Regel auch Gelb sowie Rot und Gelb (gleichzeitig) zeigen. Sind solche Lichtzeichen für einen abbiegenden Radfahrverkehr bestimmt, kann entweder in den Lichtzeichen zusätzlich zu dem farbigen Sinnbild des Fahrrades ein farbiger Pfeil oder über den Lichtzeichen das leuchtende Sinnbild eines Fahrrades und in den Lichtzeichen ein farbiger Pfeil gezeigt werden. **43**

Zu Nummer 6[1]

Zur gemeinsamen Signalisierung des Fußgänger- und Radverkehrs gilt Folgendes: In den roten und grünen Lichtzeichen der Fußgängerlichtzeichenanlage werden jeweils die Sinnbilder für Fußgänger und Radfahrer gemeinsam gezeigt oder neben dem Lichtzeichen für Fußgänger wird ein zweifarbiges Lichtzeichen für Radfahrer angebracht; beide Lichtzeichen müssen jeweils dieselbe Farbe zeigen. Vgl. im Übrigen zur Signalisierung für den Radverkehr die Richtlinien für Lichtsignalanlagen (RiLSA). **44**

Zu Absatz 3[2]

I. Dauerlichtzeichen dürfen nur über markierten Fahrstreifen (Zeichen 295, 296, 340) gezeigt werden. Ist durch Zeichen 223.1 das Befahren eines Seitenstreifens angeordnet, können Dauerlichtzeichen diese Anordnung und die Anordnungen durch Zeichen 223.2 und Zeichen 223.3 unterstützen, aber nicht ersetzen (vgl. Nummer V zu den Zeichen 223.1 bis 223.3). **45**

II. Die Unterkante der Lichtzeichen soll in der Regel 4,50 m vom Boden entfernt sein. **46**

III. Die Lichtzeichen sind an jeder Kreuzung und Einmündung und erforderlichenfalls auch sonst in angemessenen Abständen zu wiederholen. **47**

IV. Wird ein Fahrstreifen wechselweise dem Verkehr der einen oder der anderen Fahrtrichtung zugewiesen, müssen die Dauerlichtzeichen für beide Fahrtrichtungen über allen Fahrstreifen gezeigt werden. Bevor die Fahrstreifenzuweisung umgestellt wird, muss für eine zur Räumung des Fahrstreifens ausreichende Zeit das Zeichen gekreuzte rote Balken für beide Richtungen gezeigt werden. **48**

---

[1] VwV zu § 37 „Zu Absatz 2", „Zu Nummer 6" neu gef. mWv 1.9.2009 durch VwV v. 17.7. 2009 (BAnz. Nr. 110a S. 1).

[2] VwV zu § 37 „Zu Absatz 3" Nr. I Satz 2 und Nr. IV neu gef. mWv 1.1.2002 durch VwV v. 18.12.2001 (BAnz. Nr. 242 S. 25513); bish. Rdnr. 48–51 werden Rdnr. 45–48 mWv 1.9.2009 durch VwV v. 17.7.2009 (BAnz. Nr. 110a S. 1).

Zu § 38 Blaues Blinklicht und gelbes Blinklicht.

Zu den Absätzen 1 bis 3

1 Gegen mißbräuchliche Verwendung von gelbem und blauem Blinklicht an damit ausgerüsteten Fahrzeugen ist stets einzuschreiten.

Zu Absatz 3

2 I. Gelbes Blinklicht darf auf der Fahrt zur Arbeits- oder Unfallstelle nicht verwendet werden, während des Abschleppens nur, wenn der Zug ungewöhnlich langsam fahren muß oder das abgeschleppte Fahrzeug oder seine Ladung genehmigungspflichtige Übermaße hat. Fahrzeuge des Straßendienstes der öffentlichen Verwaltung dürfen gelbes Blinklicht verwenden, wenn sie Sonderrechte (§ 35 Abs. 6) beanspruchen oder vorgebaute oder angehängte Räum- oder Streugeräte mitführen.

3 II. Ortsfestes gelbes Blinklicht sollte nur sparsam verwendet werden und nur dann, wenn die erforderliche Warnung auf andere Weise nicht deutlich genug gegeben werden kann. Empfehlenswert ist vor allem, es anzubringen, um den Blick des Kraftfahrers auf Stellen zu lenken, die außerhalb seines Blickfeldes liegen, z.B. auf ein negatives Vorfahrtzeichen (Zeichen 205 und 206), wenn der Kraftfahrer wegen der baulichen Beschaffenheit der Stelle nicht ausreichend klar erkennt, daß er wartepflichtig ist. Aber auch auf eine Kreuzung selbst kann so hingewiesen werden, wenn diese besonders schlecht erkennbar oder aus irgendwelchen Gründen besonders gefährlich ist. Vgl. auch Nummer VI zu § 37 Abs. 2 Nr. 1 und 2. Im gelben Blinklicht dürfen nur schwarze Sinnbilder für einen schreitenden Fußgänger, ein Fahrrad, eine Straßenbahn, einen Kraftomnibus, einen Reiter oder ein schwarzer Pfeil gezeigt werden.

4 III. Fahrzeuge und Ladungen sind als ungewöhnlich breit anzusehen, wenn sie die gesetzlich zugelassenen Breiten überschreiten (§ 32 Abs. 1 StVZO[1)] und § 22 Abs. 2)

Zu §§ 39 bis 43 Allgemeines über Verkehrszeichen und Verkehrseinrichtungen.[2)]

1 I. Die behördlichen Maßnahmen zur Regelung und Lenkung des Verkehrs durch Verkehrszeichen und Verkehrseinrichtungen sollen die allgemeinen Verkehrsvorschriften sinnvoll ergänzen. Dabei ist nach dem Grundsatz zu verfahren, so wenig Verkehrszeichen wie möglich anzuordnen. Bei der Straßenbaubehörde ist gegebenenfalls eine Prüfung anzuregen, ob an Stelle von Verkehrszeichen und Verkehrseinrichtungen vorrangig durch verkehrstechnische oder bauliche Maßnahmen eine Verbesserung der Situation erreicht werden kann.

---

1) Nr. **200**.

2) VwV zu §§ 39 bis 43 Nr. III Nr. 11 Buchst. a Doppelbuchst. ff eingef. mWv 1.2.2001 durch VwV v. 26.1.2001 (BAnz. S. 1419, ber. S. 5206); Nr. I Satz 3 und neue Rdnr. 3 eingef., bish. Rdnr. 3 und 4 werden Rdnr. 4 und 5, Nr. I Nr. 2 neu gef., Nr. II geänd., bish. Rdnr. 5 wird Rdnr. 6, Nrn. III–V neu gef. mWv 1.9.2009 durch VwV v. 17.7.2009 (BAnz. Nr. 110a S. 1); Nr. II, III Nr. 1 Satz 1, Nr. III Nr. 7 Satz 7, Nr. III 16 Buchst. a Satz 2 und Nr. IV 1 Satz 2 geänd. mWv 18.11.2014 durch VwV v. 11.11.2014 (BAnz AT 17.11.2014 B5).

Verkehrszeichen, die lediglich die gesetzliche Regelung wiedergeben, sind nicht anzuordnen. Dies gilt auch für die Anordnung von Verkehrszeichen einschließlich Markierungen, deren rechtliche Wirkung bereits durch ein anderes vorhandenes oder gleichzeitig angeordnetes Verkehrszeichen erreicht wird. Abweichungen bedürfen der Zustimmung der obersten Landesbehörde. **2**

Verkehrszeichen dürfen nur dort angebracht werden, wo dies nach den Umständen geboten ist. Über die Anordnung von Verkehrszeichen darf in jedem Einzelfall und nur nach gründlicher Prüfung entschieden werden; die Zuziehung ortsfremder Sachverständiger kann sich empfehlen. **3**

1. Beim Einsatz moderner Mittel zur Regelung und Lenkung des Verkehrs ist auf die Sicherheit besonders Bedacht zu nehmen. **4**
   Verkehrszeichen, Markierungen, Verkehrseinrichtungen sollen den Verkehr sinnvoll lenken, einander nicht widersprechen und so den Verkehr sicher führen.
   Die Wahrnehmbarkeit darf nicht durch Häufung von Verkehrszeichen beeinträchtigt werden.
2. Die Flüssigkeit des Verkehrs ist mit den zur Verfügung stehenden Mitteln zu erhalten. Dabei geht die Verkehrssicherheit aller Verkehrsteilnehmer der Flüssigkeit des Verkehrs vor. Der Förderung der öffentlichen Verkehrsmittel ist besondere Aufmerksamkeit zu widmen. **5**

II. Soweit die StVO und diese Allgemeine Verwaltungsvorschrift für die Ausgestaltung und Beschaffenheit, für den Ort und die Art der Anbringung von Verkehrszeichen und Verkehrseinrichtungen nur Rahmenvorschriften geben, soll im einzelnen nach dem jeweiligen Stand der Wissenschaft und Technik verfahren werden, den das Bundesministerium für Verkehr und digitale Infrastruktur nach Anhörung der zuständigen obersten Landesbehörden im Verkehrsblatt erforderlichenfalls bekanntgibt. **6**

III. Allgemeines über Verkehrszeichen

1. Es dürfen nur die in der StVO abgebildeten Verkehrszeichen verwendet werden oder solche, die das Bundesministerium für Verkehr und digitale Infrastruktur nach Anhörung der zuständigen obersten Landesbehörden durch Verlautbarung im Verkehrsblatt zulässt. **7**
   Die Formen der Verkehrszeichen müssen den Mustern der StVO[1] entsprechen.
   Mehrere Verkehrszeichen oder ein Verkehrszeichen mit wenigstens einem Zusatzzeichen dürfen gemeinsam auf einer weißen Trägertafel aufgebracht werden. Die Trägertafel hat einen schwarzen Rand und einen weißen Kontraststreifen. Zusatzzeichen werden jeweils von einem zusätzlichen schwarzen Rand gefasst. Einzelne Verkehrszeichen dürfen nur auf einer Trägertafel aufgebracht sein, wenn wegen ungünstiger Umfeldbedingungen eine verbesserte Wahrnehmbarkeit erreicht werden soll.
2. Allgemeine Regeln zur Ausführung der Gestaltung von Verkehrszeichen sind als Anlage zu dieser Verwaltungsvorschrift im Katalog der Verkehrszeichen in der aktuellen Ausgabe (VzKat) ausgeführt. **8**

[1] Nr. **100**.

9 Gefahrzeichen können spiegelbildlich dargestellt werden (die einzelnen Varianten ergeben sich aus dem VzKat),

10 a) wenn dadurch verdeutlicht wird, wo die Gefahr zu erwarten ist (Zeichen 103, 105, 117, 121) oder

11 b) wenn sie auf der linken Fahrbahnseite wiederholt werden (Zeichen 117, 133 bis 142); die Anordnung von Gefahrzeichen für beide Fahrbahnseiten ist jedoch nur zulässig, wenn nach den örtlichen Gegebenheiten nicht ausgeschlossen werden kann, dass Verkehrsteilnehmer das nur rechts befindliche Gefahrzeichen nicht oder nicht rechtzeitig erkennen können.

3. Größe der Verkehrszeichen

12 a) Die Ausführung der Verkehrszeichen und Verkehrseinrichtungen ist auf das tatsächliche Erfordernis zu begrenzen; unnötig groß dimensionierte Zeichen sind zu vermeiden.

13 b) Sofern in dieser Vorschrift nichts anderes bestimmt wird, erfolgt die Wahl der benötigten Verkehrszeichengröße – vor dem Hintergrund einer sorgfältigen Abwägung – anhand folgender Tabellen:

Verkehrszeichen	Größe 1 (70 %)	Größe 2 (100 %)	Größe 3 (125 bzw.140 %)
Ronde (Ø)	420	600	750 (125 %)
Dreieck (Seitenl.)	630	900	1260 (140 %)
Quadrat (Seitenl.)	420	600	840 (140 %)
Rechteck(H x B)	630 x 420	900 x 600	1260 x 840 (140 %)

Maße in mm

Zusatzzeichen	Größe 1 (70 %)	Größe 2 (100 %)	Größe 3 (125 %)
Höhe 1	231 x 420	330 x 600	412 x 750
Höhe 2	315 x 420	450 x 600	562 x 750
Höhe 3	420 x 420	600 x 600	750 x 750

Maße der Zusatzzeichen in mm

14 c) Größenangaben für Sonderformen (z.B. Zeichen 201 „Andreaskreuz"), die in dieser Vorschrift nicht ausgeführt werden, sind im VzKat festgelegt.

15 d) In der Regel richtet sich die Größe nach der am Aufstellungsort geltenden zulässigen Höchstgeschwindigkeit:

Größen der Verkehrszeichen für Dreiecke, Quadrate und Rechtecke

Geschwindigkeitsbereich (km/h)	Größe
20 bis weniger als 50	1
50 bis 100	2
mehr als 100	3

Größen der Verkehrszeichen für Ronden

Geschwindigkeitsbereich (km/h)	Größe
0 bis 20	1
mehr als 20 bis 80	2
mehr als 80	3

e) Auf Autobahnen und autobahnähnlich ausgebauten Straßen ohne Geschwindigkeitsbeschränkung werden Verbote und vergleichbare Anordnungen zunächst durch Verkehrszeichen der Größe 3 nach den Vorgaben des VzKat angekündigt, Wiederholungen erfolgen bei zweistreifigen Fahrbahnen in der Regel in der Größe 2. **16**

f) Kleinere Ausführungen als Größe 1 kommen unter Berücksichtigung des Sichtbarkeitsgrundsatzes nur für den Fußgänger- und Radverkehr sowie die Regelungen des Haltens und Parkens in Betracht. Das Verhältnis der vorgeschriebenen Maße soll auch dann gegeben sein. Im Übrigen sind bei allen Verkehrszeichen kleine Abweichungen von den Maßen zulässig, wenn dies aus besonderen Gründen notwendig ist und die Wahrnehmbarkeit und Lesbarkeit der Zeichen nicht beeinträchtigt.

g) Die Größe von Zonenzeichen, z.B. Zeichen 270.1, sollte sich nach dem darauf enthaltenen Hauptzeichen richten. **17a**

4. Die Ausführung der Verkehrszeichen darf nicht unter den Anforderungen anerkannter Gütebedingungen liegen. **18**

5. Als Schrift ist die Schrift für den Straßenverkehr gemäß DIN 1451, Teil 2 zu verwenden. **19**

6. Die Farben müssen den Bestimmungen und Abgrenzungen des Normblattes „Aufsichtsfarben für Verkehrszeichen – Farben und Farbgrenzen" DIN 6171 entsprechen. **20**

7. Verkehrszeichen, ausgenommen solche für den ruhenden Verkehr, müssen rückstrahlend oder von außen oder innen beleuchtet sein. Das gilt auch für Verkehrseinrichtungen nach § 43 Absatz 3 Anlage 4 und für Zusatzzeichen. Werden Zusatzzeichen verwendet, müssen sie wie die Verkehrszeichen rückstrahlend oder von außen oder innen beleuchtet sein. Hinsichtlich lichttechnischer Anforderungen wird auf die EN 12899-1 „Ortsfeste, vertikal Straßenverkehrszeichen" sowie die einschlägigen Regelwerke der Forschungsgesellschaft für Straßen- und Verkehrswesen (FGSV) verwiesen. **21**

22 Ein Verkehrszeichen ist nur dann von außen beleuchtet, wenn es von einer eigenen Lichtquelle angeleuchtet wird.

23 Verkehrszeichen können auch lichttechnisch erzeugt als Wechselverkehrszeichen in Wechselverkehrszeichengebern dargestellt werden. Einzelheiten enthalten die „Richtlinien für Wechselverkehrszeichen an Bundesfernstraßen (RWVZ)" und die „Richtlinien für Wechselverkehrszeichenanlagen an Bundesfernstraßen (RWVA)", die das Bundesministerium für Verkehr und digitale Infrastruktur im Einvernehmen mit den zuständigen obersten Landesbehörden im Verkehrsblatt bekannt gibt.

24 8. Die Verkehrszeichen müssen fest eingebaut sein, soweit sie nicht nur vorübergehend aufgestellt werden. Pfosten, Rahmen und Schilderrückseiten sollen grau sein.

25 Strecken- und Verkehrsverbote für einzelne Fahrstreifen sind in der Regel so über den einzelnen Fahrstreifen anzubringen, dass sie dem betreffenden Fahrstreifen zweifelsfrei zugeordnet werden können (Verkehrszeichenbrücken oder Auslegermaste).

26 Muss von einer solchen Anbringung abgesehen werden oder sind die Zeichen nur vorübergehend angeordnet, z.B. bei Arbeitsstellen, sind die Ge- oder Verbotszeichen auf einer Verkehrslenkungstafel (Zeichen 501 ff.) am rechten Fahrbahnrand anzuzeigen (vgl. VwV zu den Zeichen 501 bis 546 Verkehrslenkungstafeln, Randnummer 7). Insbesondere außerhalb geschlossener Ortschaften sollen die angeordneten Ge- oder Verbotszeichen durch eine gleiche Verkehrslenkungstafel mit Entfernungsangabe auf einem Zusatzzeichen angekündigt werden.

27 Bei den Zeichen 209 bis 214 und 245 reicht eine Aufstellung rechts neben dem Fahrstreifen, für den sie gelten, aus.

28 9. Verkehrszeichen sind gut sichtbar in etwa rechtem Winkel zur Fahrbahn rechts daneben anzubringen, soweit nicht in dieser Verwaltungsvorschrift anderes gesagt ist.

29 a) Links allein oder über der Straße allein dürfen sie nur angebracht werden, wenn Missverständnisse darüber, dass sie für den gesamten Verkehr in einer Richtung gelten, nicht entstehen können und wenn sichergestellt ist, dass sie auch bei Dunkelheit auf ausreichende Entfernung deutlich sichtbar sind.

30 b) Wo nötig, vor allem an besonders gefährlichen Straßenstellen, können die Verkehrszeichen auf beiden Straßenseiten, bei getrennten Fahrbahnen auf beiden Fahrbahnseiten aufgestellt werden.

31 c) Verkehrszeichen können so gewölbt sein, dass sie auch seitlich erkennbar sind, wenn dies nach ihrer Zweckbestimmung geboten erscheint und ihre Sichtbarkeit von vorn dadurch nicht beeinträchtigt wird. Dies gilt insbesondere für die Zeichen 250 bis 267, nicht jedoch für vorfahrtregelnde Zeichen.

32 10. Es ist darauf zu achten, dass Verkehrszeichen nicht die Sicht behindern, insbesondere auch nicht die Sicht auf andere Verkehrszeichen oder auf Blinklicht- oder Lichtzeichenanlagen verdecken.

11. Häufung von Verkehrszeichen

Weil die Bedeutung von Verkehrszeichen bei durchschnittlicher Aufmerksamkeit zweifelsfrei erfassbar sein muss, sind Häufungen von Verkehrszeichen zu vermeiden Es ist daher stets vorrangig zu prüfen, auf welche vorgesehenen oder bereits vorhandenen Verkehrszeichen verzichtet werden kann. **33**

Sind dennoch an einer Stelle oder kurz hintereinander mehrere Verkehrszeichen unvermeidlich, muss dafür gesorgt werden, dass die für den fließenden Verkehr wichtigen besonders auffallen. Kann dies nicht realisiert werden oder wird ein für den fließenden Verkehr bedeutsames Verkehrszeichen an der betreffenden Stelle nicht erwartet, ist jene Wirkung auf andere Weise zu erzielen (z.B. durch Übergröße oder gelbes Blinklicht). **34**

a) Am gleichen Pfosten oder sonst unmittelbar über- oder nebeneinander dürfen nicht mehr als drei Verkehrszeichen angebracht werden; bei Verkehrszeichen für den ruhenden Verkehr kann bei besonderem Bedarf abgewichen werden. **35**

aa) Gefahrzeichen stehen grundsätzlich allein (vgl. Nummer I zu § 40, Randnummer 1). **36**

bb) Mehr als zwei Vorschriftzeichen sollen an einem Pfosten nicht angebracht werden. Sind ausnahmsweise drei solcher Verkehrszeichen an einem Pfosten vereinigt, dann darf sich nur eins davon an den fließenden Verkehr wenden. **37**

cc) Vorschriftzeichen für den fließenden Verkehr dürfen in der Regel nur dann kombiniert werden, wenn sie sich an die gleichen Verkehrsarten wenden und wenn sie die gleiche Strecke oder den gleichen Punkt betreffen. **38**

dd) Verkehrszeichen, durch die eine Wartepflicht angeordnet oder angekündigt wird, dürfen nur dann an einem Pfosten mit anderen Verkehrszeichen angebracht werden, wenn jene wichtigen Zeichen besonders auffallen. **39**

b) Dicht hintereinander sollen Verkehrszeichen für den fließenden Verkehr nicht folgen. Zwischen Pfosten, an denen solche Verkehrszeichen gezeigt werden, sollte vielmehr ein so großer Abstand bestehen, dass der Verkehrsteilnehmer bei der dort gefahrenen Geschwindigkeit Gelegenheit hat, die Bedeutung der Verkehrszeichen nacheinander zu erfassen. **40**

12. An spitzwinkligen Einmündungen ist bei der Aufstellung der Verkehrszeichen dafür zu sorgen, dass Benutzer der anderen Straße sie nicht auf sich beziehen, auch nicht bei der Annäherung; erforderlichenfalls sind Sichtblenden oder ähnliche Vorrichtungen anzubringen. **41**

13. a) Die Unterkante der Verkehrszeichen sollte sich, soweit nicht bei einzelnen Zeichen anderes gesagt ist, in der Regel 2 m über Straßenniveau befinden, über Radwegen 2,20 m, an Schilderbrücken 4,50 m, auf Inseln und an Verkehrsteilern 0,60 m. **42**

b) Verkehrszeichen dürfen nicht innerhalb der Fahrbahn aufgestellt werden. In der Regel sollte der Seitenabstand von ihr innerhalb **43** geschlossener Ortschaften 0,50 m, keinesfalls weniger als 0,30 m betragen, außerhalb geschlossener Ortschaften 1,50 m.

44 14. Sollen Verkehrszeichen nur zu gewissen Zeiten gelten, dürfen sie sonst nicht sichtbar sein. Nur die Geltung der Zeichen 224, 229, 245, 250, 251, 253, 255, 260, 261, 270.1, 274, 276, 277, 283, 286, 290.1, 314, 314.1 und 315 darf stattdessen auf einem Zusatzzeichen, z.B. „8-16 h", zeitlich beschränkt werden. Vorfahrtregelnde Zeichen vertragen keinerlei zeitliche Beschränkungen.

45 15. Besteht bei Verkehrszeichen an einem Pfosten kein unmittelbarer Bezug, ist dies durch einen Abstand von etwa 10 cm zu verdeutlichen.

16. Zusatzzeichen im Besonderen

46 a) Sie sollten, wenn irgend möglich, nicht beschriftet sein, sondern nur Sinnbilder zeigen. Wie Zusatzzeichen auszugestalten sind, die in der StVO oder in dieser Vorschrift nicht erwähnt, aber häufig notwendig sind, gibt das Bundesministerium für Verkehr und digitale Infrastruktur nach Anhörung der zuständigen obersten Landesbehörden im amtlichen Katalog der Verkehrszeichen (VzKat) im Verkehrsblatt bekannt. Abweichungen von dem in diesem Verzeichnis aufgeführten Zusatzzeichen sind nicht zulässig; andere Zusatzzeichen bedürfen der Zustimmung der zuständigen obersten Landesbehörde oder der von ihr bestimmten Stelle.

47 b) Mehr als zwei Zusatzzeichen sollten an einem Pfosten, auch zu verschiedenen Verkehrszeichen, nicht angebracht werden. Die Zuordnung der Zusatzzeichen zu den Verkehrszeichen muss eindeutig erkennbar sein (§ 39 Absatz 3 Satz 3).

48 c) Entfernungs- und Längenangaben sind auf- oder abzurunden. Anzugeben sind z.B. 60 m statt 63 m, 80 m statt 75 m, 250 m statt 268 m, 800 m statt 750 m, 1,2 km statt 1235 m.

IV. Allgemeines über Markierungen

49 1. Markierungen sind nach den Richtlinien für die Markierung von Straßen (RMS) auszuführen. Das Bundesministerium für Verkehr und digitale Infrastruktur gibt die RMS im Einvernehmen mit den zuständigen obersten Landesbehörden im Verkehrsblatt bekannt.

50 2. Die auf den fließenden Verkehr bezogenen Markierungen sind retroreflektierend auszuführen.

51 3. Markierungsknöpfe sollen nur dann anstelle der Markierungslinien verwendet werden, wenn dies aus technischen Gründen zweckmäßig ist, z.B. auf Pflasterdecken.

52 4. Dagegen können Markierungen aller Art durch das zusätzliche Anbringen von Markierungsknöpfen in ihrer Wirkung unterstützt werden; geschieht dies an einer ununterbrochenen Linie, dürfen die Markierungsknöpfe nicht gruppenweise gesetzt werden. Zur Kennzeichnung gefährlicher Kurven und zur Verdeutlichung des Straßenverlaufs an anderen unübersichtlichen Stellen kann das zusätzliche Anbringen von Markierungsknöpfen auf Fahrstreifenbegrenzungen, auf Fahrbahnbegrenzungen und auf Leitlinien nützlich sein.

5. Markierungsknöpfe müssen in Grund und Aufriss eine abgerundete Form haben. Der Durchmesser soll nicht kleiner als 120 mm und nicht größer als 150 mm sein. Die Markierungsknöpfe dürfen nicht mehr als 25 mm aus der Fahrbahn herausragen. 53
6. Nach Erneuerung oder Änderung einer dauerhaften Markierung darf die alte Markierung nicht mehr sichtbar sein, wenn dadurch Zweifel über die Verkehrsregelung entstehen könnten. 54
7. Durch Schriftzeichen, Sinnbilder oder die Wiedergabe eines Verkehrszeichens auf der Fahrbahn kann der Fahrzeugverkehr lediglich zusätzlich auf eine besondere Verkehrssituation aufmerksam gemacht werden. Von dieser Möglichkeit ist nur sparsam Gebrauch zu machen. Sofern dies dennoch in Einzelfällen erforderlich sein sollte, sind die Darstellungen ebenfalls nach den RMS auszuführen. 55
8. Pflasterlinien in verkehrsberuhigten Geschäftsbereichen (vgl. § 39 Absatz 5 letzter Satz) müssen ausreichend breit sein, in der Regel mindestens 10 cm, und einen deutlichen Kontrast zur Fahrbahn aufweisen. 56

V. Allgemeines über Verkehrseinrichtungen

Für Verkehrseinrichtungen gelten die Vorschriften der Nummern I, III 1, 2, 4, 5, 6, 10 und 13 sinngemäß. 57

Zu § 39 Verkehrszeichen.[1]

Zu Absatz 1

Auf Nummer I zu den §§ 39 bis 43 wird verwiesen. 1

Zu Absatz 2

Verkehrszeichen, die als Wechselverkehrszeichen aus einem Lichtraster gebildet werden (sogenannte Matrixzeichen), zeigen die sonst schwarzen Symbole, Schriften und Ziffern durch weiße Lichter an, der sonst weiße Untergrund bleibt als Hintergrund für die Lichtpunkte schwarz. Diese Umkehrung für Weiß und Schwarz ist nur solchen Matrixzeichen vorbehalten. 2

Zu Absatz 5[2]

Vorübergehende Markierungen

I. Gelbe Markierungsleuchtknöpfe dürfen nur in Kombination mit Dauerlichtzeichen oder Wechselverkehrszeichen (z.B. Verkehrslenkungstafel, Wechselwegweiser) angeordnet werden. Als Fahrstreifenbegrenzung (Zeichen 295) sollte der Abstand der Leuchtknöpfe auf Autobahnen 6 m, auf anderen Straßen außerorts 4 m und innerorts 3 m betragen. Werden gelbe Markierungsleuchtknöpfe als Leitlinie angeordnet, muss der Abstand untereinander deutlich größer sein. 3

II. Nach den RSA können gelbe Markierungen oder gelbe Markierungsknopfreihen auch im Sockelbereich von temporär eingesetzten transportablen Schutzwänden als Fahrstreifenbegrenzung angebracht werden. 4

---

[1] VwV zu § 39 „Zu Absatz 5" und „Zu Absatz 8" eingef. mWv 1.9.2009 durch VwV v. 17.7. 2009 (BAnz. Nr. 110a S. 1).

[2] VwV zu § 39 „Zu Absatz 5" eingef. mWv 1.9.2009 durch VwV v. 17.7.2009 (BAnz. Nr. 110a S. 1).

Zu Absatz 8[1)]

5 Vor Anordnung eines Gefahrzeichens mit einem Sinnbild aus § 39 Absatz 8 ist zu prüfen, ob vor der besonderen Gefahrenlage nicht mit dem Zeichen 101 und einem geeigneten Zusatzzeichen gewarnt werden kann.

Zu § 40 Gefahrzeichen.[2)]

1 I. Gefahrzeichen sind nach Maßgabe des § 45 Absatz 9 Satz 4 anzuordnen. Nur wenn sie als Warnung oder Aufforderung zur eigenverantwortlichen Anpassung des Fahrverhaltens nicht ausreichen, sollte stattdessen oder bei unabweisbarem Bedarf ergänzend mit Vorschriftzeichen (insbesondere Zeichen 274, 276) auf eine der Gefahrsituation angepasste Fahrweise hingewirkt werden; vgl. hierzu I zu den Zeichen 274, 276 und 277.

2 II. Die Angabe der Entfernung zur Gefahrstelle oder der Länge der Gefahrstrecke durch andere als die in Absatz 2 und 4 bezeichneten Zusatzzeichen ist unzulässig.

Zu Zeichen 101 Gefahrstelle[3)]

1 I. Das Zeichen darf nicht anstelle der Zeichen 102 bis 151 dauerhaft verwendet werden.

2 II. Vor Schienenbahnen ohne Vorrang darf nur durch dieses Zeichen samt einem Zusatzzeichen z.B. mit dem Sinnbild „Straßenbahn" (1048-19) oder dem Sinnbild aus Zeichen 151 gewarnt werden, bei nicht oder kaum benutzten Gleisen auch durch Zeichen 112.

Zu Zeichen 102 Kreuzung oder Einmündung mit Vorfahrt von rechts[4)]

1 Das Zeichen darf nur angeordnet werden vor schwer erkennbaren Kreuzungen und Einmündungen von rechts, an denen die Vorfahrt nicht durch Vorfahrtzeichen geregelt ist. Innerhalb geschlossener Ortschaften ist das Zeichen im allgemeinen entbehrlich.

Zu den Zeichen 103 Kurve und 105 Doppelkurve[5)]

1 I. Die Zeichen sind nur dort anzuordnen, wo die Erforderlichkeit einer erheblichen Reduzierung der Geschwindigkeit in einem Kurvenbereich nicht rechtzeitig erkennbar ist, obwohl Richtungstafeln aufgestellt sind (vgl. Nummer II VwV zu § 43 Absatz 3 Anlage 4 Abschnitte 2 und 3, Randnummer 6).

2 II. Es dürfen nur die im Katalog der Verkehrszeichen aufgeführten Varianten der Zeichen 103 und 105 angeordnet werden. Eine nähere Darstellung des Kurvenverlaufs auf den Zeichen ist unzulässig.

---

1) VwV zu § 39 „Zu Absatz 8" eingef. mWv 1.9.2009 durch VwV v. 17.7.2009 (BAnz. Nr. 110a S. 1).

2) VwV zu § 40 neu gef. mWv 1.9.2009 durch VwV v. 17.7.2009 (BAnz. Nr. 110a S. 1).

3) VwV zu § 40 „Zu Zeichen 101" neu gef. mWv 1.9.2009 durch VwV v. 17.7.2009 (BAnz. Nr. 110a S. 1).

4) VwV zu § 40 „Zu Zeichen 102" geänd. mWv 1.9.2009 durch VwV v. 17.7.2009 (BAnz. Nr. 110a S. 1).

5) VwV zu § 40 „Zu den Zeichen 103 und 105"neu gef. mWv 1.9.2009 durch VwV v. 17.7.2009 (BAnz. Nr. 110a S. 1).

III. Mehr als zwei gefährliche Kurven im Sinne der Nummer 1 sind durch ein Doppelkurvenzeichen mit einem Zusatzzeichen, das die Länge der kurvenreichen Strecke angibt, anzukündigen. Vor den einzelnen Kurven ist dann nicht mehr zu warnen. 3

Zu den Zeichen 108 Gefälle und 110 Steigung[1)]

Die Zeichen dürfen nur dann angeordnet werden, wenn der Verkehrsteilnehmer die Steigung oder das Gefälle nicht rechtzeitig erkennen oder wegen besonderer örtlicher Verhältnisse oder des Streckencharakters die Stärke oder die Länge der Neigungsstrecke unterschätzen kann. Die Länge der Gefahrstrecke kann auf einem Zusatzzeichen angegeben werden. 1

Zu Zeichen 112 Unebene Fahrbahn[2)]

I. Das Zeichen ist nur für sonst gut ausgebaute Straßen und nur dann anzuordnen, wenn Unebenheiten bei Einhaltung der jeweils zulässigen Höchstgeschwindigkeit oder der Richtgeschwindigkeit auf Autobahnen eine Gefahr für den Fahrzeugverkehr darstellen können. 1

II. Es ist empfehlenswert, die Entfernung zwischen dem Standort des Zeichens und dem Ende der Gefahrstelle anzugeben, wenn vor einer unebenen Fahrbahn von erheblicher Länge gewarnt werden muss. 2

III. Vgl. auch Nummer II zu Zeichen 101; Randnummer 2. 3

Zu Zeichen 113 Schnee- oder Eisglätte[3)]

(aufgehoben)

Zu Zeichen 114 Schleuder- oder Rutschgefahr bei Nässe oder Schmutz[4)]

I. Das Zeichen ist nur dort anzuordnen, wo die Gefahr nur auf einem kurzen Abschnitt besteht. Besteht die Gefahr auf längeren Streckenabschnitten häufiger, ist stattdessen die zulässige Höchstgeschwindigkeit bei Nässe zu beschränken. Innerhalb geschlossener Ortschaften ist das Zeichen in der Regel entbehrlich. 1

II. Vor der Beschmutzung der Fahrbahn ist nur zu warnen, wenn die verkehrsgefährdende Auswirkung schwer erkennbar ist und nicht sofort beseitigt werden kann; vgl. Nummer I zu § 32 Absatz 1; Randnummer 1. 2

---

1) VwV zu § 40 „Zu den Zeichen 108 und 110“ neu gef. mWv 1.9.2009 durch VwV v. 17.7.2009 (BAnz. Nr. 110a S. 1).

2) VwV zu § 40 „Zu Zeichen 112“ neu gef. mWv 1.9.2009 durch VwV v. 17.7.2009 (BAnz. Nr. 110a S. 1).

3) VwV zu § 40 „Zu Zeichen 113“ aufgeh. mWv 1.9.2009 durch VwV v. 17.7.2009 (BAnz. Nr. 110a S. 1).

4) VwV zu § 40 „Zu Zeichen 114“ neu gef. mWv 1.9.2009 durch VwV v. 17.7.2009 (BAnz. Nr. 110a S. 1).

Zu den Zeichen 115, 117, 133 bis 144[1)]

(aufgehoben)

Zu Zeichen 115 Steinschlag[2)]

(aufgehoben)

Zu Zeichen 117 Seitenwind[3)]

(aufgehoben)

Zu den Zeichen 120 und 121 Verengte Fahrbahn[4)]

1 Verengt sich die Fahrbahn nur allmählich oder ist die Verengung durch horizontale und vertikale Leiteinrichtungen ausreichend gekennzeichnet, bedarf es des Zeichens nicht. Innerhalb geschlossener Ortschaften sollen die Zeichen nur bei Baustellen angeordnet werden.

Zu Zeichen 123 Arbeitsstelle[5)]

1 Zur Ausführung von Straßenarbeitsstellen vgl. Richtlinien für die Sicherung von Arbeitsstellen an Straßen (RSA).

Zu Zeichen 125 Gegenverkehr[6)]

1 Das Zeichen ist nur dann anzuordnen, wenn eine Fahrbahn mit Verkehr in einer Richtung in eine Fahrbahn mit Gegenverkehr übergeht und dies nicht ohne Weiteres erkennbar ist.

Zu Zeichen 128 Bewegliche Brücke[7)]

(aufgehoben)

Zu Zeichen 129 Ufer[8)]

(aufgehoben)

Zu Zeichen 131 Lichtzeichenanlage[9)]

1 Das Zeichen ist innerhalb geschlossener Ortschaften nur anzuordnen, wenn die Lichtzeichenanlage für die Fahrzeugführer nicht bereits in so ausreichender Entfernung erkennbar ist, dass ein rechtzeitiges Anhalten problemlos möglich ist. Außerhalb geschlossener Ortschaften ist das Zeichen stets in

---

1) VwV zu § 40 „Zu den Zeichen 115, 117, 133 bis 144" aufgeh. mWv 1.9.2009 durch VwV v. 17.7.2009 (BAnz. Nr. 110a S. 1).

2) VwV zu § 40 „Zu Zeichen 115" aufgeh. mWv 1.9.2009 durch VwV v. 17.7.2009 (BAnz. Nr. 110a S. 1).

3) VwV zu § 40 „Zu Zeichen 117" aufgeh. mWv 1.9.2009 durch VwV v. 17.7.2009 (BAnz. Nr. 110a S. 1).

4) VwV zu § 40 „Zu den Zeichen 120 und 121" neu gef. mWv 1.9.2009 durch VwV v. 17.7.2009 (BAnz. Nr. 110a S. 1).

5) VwV zu § 40 „Zu Zeichen 123" eingef. mWv 1.9.2009 durch VwV v. 17.7.2009 (BAnz. Nr. 110a S. 1).

6) VwV zu § 40 „Zu Zeichen 125" neu gef. mWv 1.9.2009 durch VwV v. 17.7.2009 (BAnz. Nr. 110a S. 1).

7) VwV zu § 40 „Zu Zeichen 128" aufgeh. mWv 1.9.2009 durch VwV v. 17.7.2009 (BAnz. Nr. 110a S. 1).

8) VwV zu § 40 „Zu Zeichen 129" aufgeh. mWv 1.9.2009 durch VwV v. 17.7.2009 (BAnz. Nr. 110a S. 1).

9) VwV zu § 40 „Zu Zeichen 131" neu gef. mWv 1.9.2009 durch VwV v. 17.7.2009 (BAnz. Nr. 110a S. 1).

Verbindung mit einer Geschwindigkeitsbeschränkung vor Lichtzeichenanlagen anzuordnen; vgl. III. zu Zeichen 274.

Zu Zeichen 133 Fußgänger[1)]

Das Zeichen ist nur dort anzuordnen, wo Fußgängerverkehr außerhalb von Kreuzungen oder Einmündungen über oder auf die Fahrbahn geführt wird und dies für den Fahrzeugverkehr nicht ohne Weiteres erkennbar ist. 1

Zu den Zeichen 133 bis 144[2)]

(aufgehoben)

Zu Zeichen 134 Fußgängerüberweg[3)]

(aufgehoben)

Zu Zeichen 136 Kinder[4)]

I. Das Zeichen darf nur angeordnet werden, wo die Gefahr besteht, dass Kinder häufig ungesichert auf die Fahrbahn laufen und eine technische Sicherung nicht möglich ist. Die Anordnung des Zeichens ist in Tempo-30-Zonen in der Regel nicht erforderlich (vgl. Nummer XI zu § 45 Absatz 1 bis 1e). 1

II. Vgl. auch zu § 31; Randnummer 1. 2

Zu Zeichen 138 Radfahrer[5)]

Das Zeichen ist nur dort anzuordnen, wo Radverkehr außerhalb von Kreuzungen oder Einmündungen die Fahrbahn quert oder auf sie geführt wird und dies für den Kraftfahrzeugverkehr nicht ohne Weiteres erkennbar ist. 1

Vgl. III zu den Zeichen 237, 240 und 241.

Zu Zeichen 140 Viehtrieb, Tiere[6)]

(aufgehoben)

Zu Zeichen 142 Wildwechsel[7)]

I. Das Zeichen darf nur für Straßen mit schnellem Verkehr für bestimmte Streckenabschnitte angeordnet werden, in denen Wild häufig über die Fahrbahn wechselt. Diese Gefahrstellen sind mit den unteren Jagd- und Forstbehörden sowie den Jagdausübungsberechtigten festzulegen. 1

II. Auf Straßen mit Wildschutzzäunen ist das Zeichen entbehrlich. 2

[1)] VwV zu § 40 „Zu Zeichen 133" eingef. mWv 1.9.2009 durch VwV v. 17.7.2009 (BAnz. Nr. 110a S. 1).

[2)] VwV zu § 40 „Zu Zeichen 133 bis 144" aufgeh. mWv 1.9.2009 durch VwV v. 17.7.2009 (BAnz. Nr. 110a S. 1).

[3)] VwV zu § 40 „Zu Zeichen 134" aufgeh. mWv 1.9.2009 durch VwV v. 17.7.2009 (BAnz. Nr. 110a S. 1).

[4)] VwV zu § 40 „Zu Zeichen 136" neu gef. mWv 1.9.2009 durch VwV v. 17.7.2009 (BAnz. Nr. 110a S. 1).

[5)] VwV zu § 40 „Zu Zeichen 138" neu gef. mWv 1.9.2009 durch VwV v. 17.7.2009 (BAnz. Nr. 110a S. 1).

[6)] VwV zu § 40 „Zu Zeichen 140" aufgeh. mWv 1.9.2009 durch VwV v. 17.7.2009 (BAnz. Nr. 110a S. 1).

[7)] VwV zu § 40 „Zu Zeichen 142" neu gef. mWv 1.9.2009 durch VwV v. 17.7.2009 (BAnz. Nr. 110a S. 1).

Zu Zeichen 144 Flugbetrieb[1)]

(aufgehoben)

Zu den Zeichen 151 bis 162 Bahnübergang[2)]

1 I. Die Zeichen sind außerhalb geschlossener Ortschaften in der Regel für beide Straßenseiten anzuordnen.

2 II. In der Regel sind die Zeichen 156 bis 162 anzuordnen. Selbst auf Straßen von geringer Verkehrsbedeutung genügt das Zeichen 151 allein nicht, wenn dort schnell gefahren wird oder wenn der Bahnübergang zu spät zu erkennen ist.

3 Innerhalb geschlossener Ortschaften genügt das Zeichen 151, wenn nicht schneller als 50 km/h gefahren werden darf und der Bahnübergang gut erkennbar ist.

Zu § 41 Vorschriftzeichen.[3)]

1 I. Bei Änderungen von Verkehrsregeln, deren Missachtung besonders gefährlich ist, z.B. bei Änderung der Vorfahrt, ist für eine ausreichende Übergangszeit der Fahrverkehr zu warnen.

2 II. Wenn durch Verbote oder Beschränkungen einzelne Verkehrsarten ausgeschlossen werden, ist dies in ausreichendem Abstand vorher anzukündigen und auf mögliche Umleitungen hinzuweisen.

3 III. Für einzelne markierte Fahrstreifen dürfen Fahrtrichtungen (Zeichen 209ff.) oder Höchst- oder Mindestgeschwindigkeiten (Zeichen 274 oder 275) vorgeschrieben oder das Überholen (Zeichen 276 oder 277) oder der Verkehr (Zeichen 245 oder 250 bis 266) verboten werden.

4 IV. Soll die Geltung eines Vorschriftzeichens auf eine oder mehrere Verkehrsarten beschränkt werden, ist die jeweilige Verkehrsart auf einem Zusatzzeichen unterhalb des Verkehrszeichens sinnbildlich darzustellen. Soll eine Verkehrsart oder sollen Verkehrsarten von der Beschränkung ausgenommen werden, ist der sinnbildlichen Darstellung das Wort „frei" anzuschließen.

Zu Zeichen 201 Andreaskreuz[4)]

1 I. Die Andreaskreuze sind in der Regel möglichst nahe, aber nicht weniger als 2,25 m vor der äußeren Schiene aufzustellen.

[1)] VwV zu § 40 „Zu Zeichen 144" aufgeh. mWv 1.9.2009 durch VwV v. 17.7.2009 (BAnz. Nr. 110a S. 1).

[2)] VwV zu § 40 „Zu den Zeichen 150 bis 162" wird „Zu den Zeichen 151 bis 162" und neu gef. mWv 1.9.2009 durch VwV v. 17.7.2009 (BAnz. Nr. 110a S. 1).

[3)] VwV zu § 41 neu gef. mWv 1.9.2009 durch VwV v. 17.7.2009 (BAnz. Nr. 110a S. 1); „Zu Zeichen 261", „Zu Zeichen 274", „Zu Zeichen 297.1" geänd. mWv 18.11.2014 durch VwV v. 11.11.2014 (BAnz AT 17.11.2014 B5); „Zu Zeichen 251" eingef., „Zu Zeichen 274" und „Zu Zeichen 277" geänd. mWv 30.5.2017 durch VwV v. 22.5.2017 (BAnz AT 29.05.2017 B8).

[4)] VwV zu § 41 „Zu Zeichen 201"neu gef. mWv 1.9.2009 durch VwV v. 17.7.2009 (BAnz. Nr. 110a S. 1).

II. Andreaskreuze sind am gleichen Pfosten wie Blinklichter oder Lichtzeichen anzubringen. Mit anderen Verkehrszeichen dürfen sie nicht kombiniert werden. **2**

III. Wo in den Hafen- und Industriegebieten den Schienenbahnen Vorrang gewährt werden soll, müssen Andreaskreuze an allen Einfahrten angeordnet werden. Vorrang haben dann auch Schienenbahnen, die nicht auf besonderem Bahnkörper verlegt sind. Für Industriegebiete kommt eine solche Regelung nur in Betracht, wenn es sich um geschlossene Gebiete handelt, die als solche erkennbar sind und die nur über bestimmte Zufahrten erreicht werden können. **3**

IV. Weitere Sicherung von Übergängen von Schienenbahnen mit Vorrang

1. Wegen der ständig zunehmenden Verkehrsdichte auf den Straßen ist die technische Sicherung der bisher nicht so gesicherten Bahnübergänge anzustreben. Besonders ist darauf zu achten, ob Bahnübergänge infolge Zunahme der Verkehrsstärke einer technischen Sicherung bedürfen. Anregungen sind der höheren Verwaltungsbehörde vorzulegen. **4**
2. Auf die Schaffung ausreichender Sichtflächen an Bahnübergängen ohne technische Sicherung ist hinzuwirken. Wo solche Übersicht fehlt, ist die zulässige Höchstgeschwindigkeit vor dem Bahnübergang angemessen zu beschränken. Das Zeichen 274 ist über den ein- oder zweistreifigen Baken (Zeichen 159 oder 162) anzubringen. **5**
3. Dort, wo Längsmarkierungen angebracht sind, empfiehlt es sich, auch eine Haltlinie (Zeichen 294), in der Regel in Höhe des Andreaskreuzes zu markieren. Zur Anordnung einer einseitigen Fahrstreifenbegrenzung (Zeichen 296) vgl. zu § 19 Absatz 1. **6**
4. Vgl. auch zu den Zeichen 151 bis 162. **7**
5. Bevor ein Verkehrszeichen oder eine Markierung angeordnet oder entfernt wird, ist der Betreiber des Schienennetzes zu hören. **8**

V. Straßenbahnen und die übrigen Schienenbahnen (Privatanschlussbahnen)

1. Über die Zustimmungsbedürftigkeit der Aufstellung und Entfernung von Andreaskreuzen vgl. Nummer III zu § 45 Absatz 1 bis 1e; Randnummer 3ff. Außerdem sind, soweit die Aufsicht über die Bahnen nicht bei den obersten Landesbehörden liegt, die für die Aufsicht zuständigen Behörden zu beteiligen; sind die Bahnen Zubehör einer bergbaulichen Anlage, dann sind auch die obersten Bergbaubehörden zu beteiligen. **9**
2. Der Vorrang darf nur gewährt werden, wenn eine solche Schienenbahn auf besonderem oder unabhängigem Bahnkörper verlegt ist, dies auch dann, wenn der besondere Bahnkörper innerhalb des Verkehrsraums einer öffentlichen Straße liegt. Eine Schienenbahn ist schon dann an einem Übergang auf besonderem Bahnkörper verlegt, wenn dieser an dem Übergang endet. Ein besonderer Bahnkörper setzt mindestens voraus, dass die Gleise durch ortsfeste, körperliche Hindernisse vom übrigen Verkehrsraum abgegrenzt und diese Hindernisse auffällig kenntlich gemacht sind; abtrennende Bordsteine müssen weiß sein. **10**

11 VI. 1. Straßenbahnen auf besonderem oder unabhängigem Bahnkörper, der nicht innerhalb des Verkehrsraums einer öffentlichen Straße liegt, ist in der Regel durch Aufstellung von Andreaskreuzen der Vorrang zu geben. An solchen Bahnübergängen ist schon bei mäßigem Verkehr auf der querenden Straße oder wenn auf dieser Straße schneller als 50 km/h gefahren wird, die Anbringung einer straßenbahnabhängigen, in der Regel zweifarbigen Lichtzeichenanlage (vgl. § 37 Absatz 2 Nummer 3) oder von Schranken zu erwägen. Auch an solchen Bahnübergängen über Feld- und Waldwege sind Andreaskreuze dann erforderlich, wenn der Bahnübergang nicht ausreichend erkennbar ist; unzureichende Übersicht über die Bahnstrecke kann ebenfalls dazu Anlass geben.

12 2. a) Liegt der besondere oder unabhängige Bahnkörper innerhalb des Verkehrsraums einer Straße mit Vorfahrt oder verläuft er neben einer solchen Straße, bedarf es nur dann eines Andreaskreuzes, wenn der Schienenverkehr für den kreuzenden oder abbiegenden Fahrzeugführer nach dem optischen Eindruck nicht zweifelsfrei zu dem Verkehr auf der Straße mit Vorfahrt gehört. Unmittelbar vor dem besonderen Bahnkörper darf das Andreaskreuz nur dann aufgestellt werden, wenn so viel Stauraum vorhanden ist, dass ein vor dem Andreaskreuz wartendes Fahrzeug den Längsverkehr nicht stört. Wird an einer Kreuzung oder Einmündung der Verkehr durch Lichtzeichen geregelt, muss auch der Straßenbahnverkehr auf diese Weise geregelt werden, und das auch dann, wenn der Bahnkörper parallel zu einer Straße in deren unmittelbarer Nähe verläuft. Dann ist auch stets zu erwägen, ob der die Schienen kreuzende Abbiegeverkehr gleichfalls durch Lichtzeichen zu regeln oder durch gelbes Blinklicht mit dem Sinnbild einer Straßenbahn zu warnen ist.

13 b) Hat der gleichgerichtete Verkehr an einer Kreuzung oder Einmündung nicht die Vorfahrt, ist es nur in Ausnahmefällen möglich, der Straßenbahn Vorrang zu gewähren.

Zu Zeichen 205 Vorfahrt gewähren.[1)]

1 I. Ist neben einer durchgehenden Fahrbahn ein Fahrstreifen vorhanden, welcher der Einfädelung des einmündenden Verkehrs dient, ist das Zeichen am Beginn dieses Fahrstreifens anzuordnen. Vgl. Nummer I zu § 7 Absatz 1 bis 3; Randnummer 1. An Einfädelungsstreifen auf Autobahnen und Kraftfahrstraßen ist das Zeichen im Regelfall nicht erforderlich (vgl. § 18 Absatz 3).

2 II. Über Kreisverkehr vgl. zu Zeichen 215.

3 III. Nur wenn eine Bevorrechtigung der Schienenbahn auf andere Weise nicht möglich ist, kann in Ausnahmefällen das Zeichen 205 mit dem Zusatzzeichen mit Straßenbahnsinnbild (1048-19) angeordnet werden, insbesondere wo Schienenbahnen einen kreisförmigen Verkehr kreuzen oder wo die Schienenbahn eine Wendeschleife oder ähnlich geführte Gleisanlagen befährt. Für eine durch Zeichen 306 bevorrechtigte Straße darf das Zeichen mit Zusatzzeichen nicht angeordnet werden.

[1)] VwV zu § 41 „Zu Zeichen 205“ neu gef. mWv 1.9.2009 durch VwV v. 17.7.2009 (BAnz. Nr. 110a S. 1).

Zu Zeichen 206 Halt. Vorfahrt gewähren.[1)]

I. Das Zeichen 206 ist nur dann anzuordnen, wenn
   1. die Sichtverhältnisse an der Kreuzung oder Einmündung es zwingend erfordern, 1
   2. es wegen der Örtlichkeit (Einmündung in einer Innenkurve oder in eine besonders schnell befahrene Straße) schwierig ist, die Geschwindigkeit der Fahrzeuge auf der anderen Straße zu beurteilen, oder 2
   3. es sonst aus Gründen der Sicherheit notwendig erscheint, einen Wartepflichtigen zu besonderer Vorsicht zu mahnen (z.B. in der Regel an der Kreuzung zweier Vorfahrtstraßen). 3

II. Zusätzlich ist im Regelfall eine Haltlinie (Zeichen 294) dort anzubringen, wo der Wartepflichtige die Straße übersehen kann. Bei einem im Zuge der Vorfahrtstraße (Zeichen 306) verlaufenden Radweg ist die Haltlinie unmittelbar vor der Radwegefurt anzubringen. 4

Zu den Zeichen 205 und 206 Vorfahrt gewähren. und Halt. Vorfahrt gewähren.[2)]

I. Die Zeichen sind unmittelbar vor der Kreuzung oder Einmündung anzuordnen. 1

II. Die Zeichen sind nur anzukündigen, wenn die Vorfahrtregelung aufgrund der örtlichen Gegebenheiten (Straßenverlauf, Geschwindigkeit, Verkehrsstärke) anderenfalls nicht rechtzeitig erkennbar wäre. Innerhalb geschlossener Ortschaften ist die Ankündigung in der Regel nicht erforderlich. Außerhalb geschlossener Ortschaften soll sie 100 bis 150 m vor der Kreuzung oder Einmündung erfolgen. Die Ankündigung erfolgt durch Zeichen 205 mit der Entfernungsangabe auf einem Zusatzzeichen. Bei der Ankündigung des Zeichens 206 enthält das Zusatzzeichen neben der Entfernungsangabe zusätzlich das Wort „Stop". 2

III. Das Zusatzzeichen mit dem Sinnbild eines Fahrrades und zwei gegenläufigen waagerechten Pfeilen (1000-32) ist anzuordnen, wenn der Radweg im Verlauf der Vorfahrtstraße für den Radverkehr in beide Richtungen freigegeben ist. 3

IV. Wo eine Lichtzeichenanlage steht, sind die Zeichen in der Regel unter oder neben den Lichtzeichen am gleichen Pfosten anzubringen. 4

V. Nur wo eine Straße mit Wartepflicht in einem großräumigen Knoten eine Straße mit Mittelstreifen kreuzt und für den Verkehrsteilnehmer schwer erkennbar ist, dass es sich um die beiden Richtungsfahrbahnen derselben Straße handelt, ist zusätzlich auf dem Mittelstreifen eines der beiden Zeichen aufzustellen. 5

VI. Jede Kreuzung und Einmündung, in der vom Grundsatz „Rechts vor Links" abgewichen werden soll, ist sowohl positiv als auch negativ zu beschildern, und zwar sowohl innerhalb als auch außerhalb geschlossener Ortschaften. Ausgenommen sind Ausfahrten aus verkehrsberuhigten Be- 6

---

1) VwV zu § 41 „Zu Zeichen 206" neu gef. mWv 1.9.2009 durch VwV v. 17.7.2009 (BAnz. Nr. 110a S. 1).

2) VwV zu § 41 „Zu den Zeichen 205 und 206" neu gef. mWv 1.9.2009 durch VwV v. 17.7.2009 (BAnz. Nr. 110a S. 1).

reichen (Zeichen 325.1, 325.2) sowie Feld- und Waldwege, deren Charakter ohne Weiteres zu erkennen ist. Straßeneinmündungen, die wie Grundstückszufahrten aussehen sowie Einmündungen von Feld- oder Waldwegen können einseitig mit Zeichen 205 versehen werden.

7 VII. Zusatzzeichen „abknickende Vorfahrt"
Über die Zustimmungsbedürftigkeit vgl. Nummer III 1 Buchstabe a zu § 45 Absatz 1 bis 1e, Randnummer 4; über abknickende Vorfahrt vgl. ferner zu den Zeichen 306 und 307 und Nummer III zu Zeichen 301; Randnummer 3.

Zu Zeichen 208 Dem Gegenverkehr Vorrang gewähren.[1)]

I. Das Zeichen ist nur dann anzuordnen, wenn

1 1. bei einseitig verengter Fahrbahn dem stärkeren Verkehrsfluss abweichend von § 6 Vorrang eingeräumt werden muss oder

2 2. bei beidseitig verengter Fahrbahn für die Begegnung mehrspuriger Fahrzeuge kein ausreichender Raum vorhanden und der Verengungsbereich aus beiden Fahrtrichtungen überschaubar ist. Welcher Fahrtrichtung der Vorrang einzuräumen ist, ist auf Grund der örtlichen Verhältnisse und der beiderseitigen Verkehrsstärke zu entscheiden.

3 II. Am anderen Ende der Verengung muss für die Gegenrichtung das Zeichen 308 angeordnet werden.

4 III. In verkehrsberuhigten Bereichen ist auf die Regelung stets, in geschwindigkeitsbeschränkten Zonen in der Regel zu verzichten.

Zu den Zeichen 209 bis 214 Vorgeschriebene Fahrtrichtung[2)]

1 I. In Abweichung von den abgebildeten Grundformen dürfen die Pfeilrichtungen dem tatsächlichen Verlauf der Straße, in die der Fahrverkehr eingewiesen wird, nur dann angepasst werden, wenn dies zur Klarstellung notwendig ist.

2 II. Die Zeichen „Hier rechts" und „Hier links" sind hinter der Stelle anzuordnen, an der abzubiegen ist, die Zeichen „Rechts" und „Links" vor dieser Stelle. Das Zeichen „Geradeaus" und alle Zeichen mit kombinierten Pfeilen müssen vor der Stelle stehen, an der in eine oder mehrere Richtungen nicht abgebogen werden darf.

3 III. In Verbindung mit Lichtzeichen dürfen die Zeichen nur dann angebracht sein, wenn für den gesamten Richtungsverkehr ein Abbiegever- oder -gebot insgesamt angeordnet werden soll. Sie dürfen nicht nur fahrstreifenbezogen zur Unterstützung der durch die Fahrtrichtungspfeile oder Pfeile in Lichtzeichen vorgeschriebenen Fahrtrichtung angeordnet werden.

[1)] VwV zu § 41 „Zu Zeichen 208" neu gef. mWv 1.9.2009 durch VwV v. 17.7.2009 (BAnz. Nr. 110a S. 1).

[2)] VwV zu § 41 „Zu Zeichen 209 bis 214" neu gef. mWv 1.9.2009 durch VwV v. 17.7.2009 (BAnz. Nr. 110a S. 1).

IV. Vgl. auch Nummer IV zu § 41; Randnummer 4 und über die Zustimmungsbedürftigkeit Nummer III 1 Buchstabe d zu § 45 Absatz 1 bis 1e; Randnummer 7. 4

Zu den Zeichen 215 Kreisverkehr[1)]

I. Ein Kreisverkehr darf nur angeordnet werden, wenn die Mittelinsel von der Kreisfahrbahn abgegrenzt ist. Dies gilt auch, wenn die Insel wegen des geringen Durchmessers des Kreisverkehrs von großen Fahrzeugen überfahren werden muss. Zeichen 295 als innere Fahrbahnbegrenzung ist in Form eines Breitstrichs auszuführen (vgl. RMS). 1

II. Außerhalb geschlossener Ortschaften ist der Kreisverkehr mit Vorwegweiser (Zeichen 438) anzukündigen. 2

III. Die Zeichen 205 und 215 sind an allen einmündenden Straßen anzuordnen. Ist eine abweichende Vorfahrtregelung durch Verkehrszeichen für den Kreisverkehr erforderlich, ist Zeichen 209 (Rechts) anzuordnen. 3

IV. Die Anordnung von Zeichen 215 macht eine zusätzliche Anordnung von Zeichen 211 (Hier rechts) auf der Mittelinsel entbehrlich. Außerhalb geschlossener Ortschaften empfiehlt es sich, auf baulich angelegten, nicht überfahrbaren Mittelinseln gegenüber der jeweiligen Einfahrt vorrangig Zeichen 625 (Richtungstafel in Kurven) anzuordnen. 4

V. Wo eine Straßenbahn die Mittelinsel überquert, darf Zeichen 215 nicht angeordnet werden. Der Straßenbahn ist regelmäßig Vorfahrt zu gewähren; dabei sind Lichtzeichen vorzuziehen. 5

VI. Der Fahrradverkehr ist entweder wie der Kraftfahrzeugverkehr auf der Kreisfahrbahn zu führen oder auf einem baulich angelegten Radweg (Zeichen 237, 240, 241). Ist dieser baulich angelegte Radweg eng an der Kreisfahrbahn geführt (Absatzmaß max. 4-5 m), so sind in den Zufahrten die Zeichen 215 (Kreisverkehr) und 205 (Vorfahrt gewähren) vor der Radfahrerfurt anzuordnen. Ist der baulich angelegte Radweg von der Kreisfahrbahn abgesetzt oder liegt der Kreisverkehr außerhalb bebauter Gebiete, ist für den Radverkehr Zeichen 205 anzuordnen. 6

VII. Zur Anordnung von Fußgängerüberwegen auf den Zufahrten vgl. R-FGÜ. 7

Zu Zeichen 220 Einbahnstraße[2)]

I. Das Zeichen 220 ist stets längs der Straße anzubringen. Es darf weder am Beginn der Einbahnstraße noch an einer Kreuzung oder Einmündung in ihrem Verlauf fehlen. Am Beginn der Einbahnstraße und an jeder Kreuzung ist das Zeichen dergestalt anzubringen, dass es aus beiden Richtungen wahrgenommen werden kann. 1

II. Bei Einmündungen (auch bei Ausfahrten aus größeren Parkplätzen) empfiehlt sich die Anbringung des Zeichens 220 gegenüber der einmündenden Straße, bei Kreuzungen hinter diesen. In diesem Fall soll das 2

[1)] VwV zu § 41 „Zu Zeichen 215" neu gef. mWv 1.9.2009 durch VwV v. 17.7.2009 (BAnz. Nr. 110a S. 1).

[2)] VwV zu § 41 „Zu Zeichen 220" neu gef. mWv 1.9.2009 durch VwV v. 17.7.2009 (BAnz. Nr. 110a S. 1).

Zeichen in möglichst geringer Entfernung von der kreuzenden Straße angebracht werden, damit es vom kreuzenden Verkehr leicht erkannt werden kann.

3 III. Geht im Verlauf eines Straßenzuges eine Einbahnstraße in eine Straße mit Gegenverkehr über, s. zu Zeichen 125.

4 IV. 1. Beträgt in Einbahnstraßen die zulässige Höchstgeschwindigkeit nicht mehr als 30 km/h, kann Radverkehr in Gegenrichtung zugelassen werden, wenn

5 a) eine ausreichende Begegnungsbreite vorhanden ist, ausgenommen an kurzen Engstellen; bei Linienbusverkehr oder bei stärkerem Verkehr mit Lastkraftwagen muss diese mindestens 3,5 m betragen,

6 b) die Verkehrsführung im Streckenverlauf sowie an Kreuzungen und Einmündungen übersichtlich ist,

7 c) für den Radverkehr dort, wo es orts- und verkehrsbezogen erforderlich ist, ein Schutzraum angelegt wird.

8 2. Das Zusatzzeichen 1000-32 ist an allen Zeichen 220 anzuordnen. Wird durch Zusatzzeichen der Fahrradverkehr in der Gegenrichtung zugelassen, ist bei Zeichen 267 das Zusatzzeichen 1022-10 (Sinnbild eines Fahrrades und „frei") anzubringen. Vgl. zu Zeichen 267.

Zu Zeichen 222 Rechts vorbei[1)]

1 I. Das Zeichen ist anzuordnen, wo nicht zweifelsfrei erkennbar ist, an welcher Seite vorbeizufahren ist.

2 II. Wenn das Zeichen angeordnet wird, ist in der Regel auf eine Kenntlichmachung der Hindernisse durch weitere Verkehrszeichen und Verkehrseinrichtungen zu verzichten. Die zusätzliche Anordnung von Zeichen 295 ist außerorts vor Inseln erforderlich, innerorts kann sie sich außerhalb von Tempo-30-Zonen empfehlen.

3 III. Kann an einem Hindernis sowohl rechts als auch links vorbeigefahren werden, verbietet sich die Anordnung des Zeichens. In diesen Fällen kommt die Anordnung von Leitplatten (Zeichen 626) und/oder von Fahrbahnmarkierungen in Betracht.

Zu den Zeichen 223.1 bis 223.3 Befahren eines Seitenstreifens als Fahrstreifen[2)]

1 I. Die Zeichen dürfen nur für die Tageszeiten angeordnet werden, zu denen auf Grund der Verkehrsbelastung eine erhebliche Beeinträchtigung des Verkehrsablaufs zu erwarten ist. Sie sind deshalb als Wechselverkehrszeichen auszubilden. Die Anordnung darf nur erfolgen, wenn der Seitenstreifen von den baulichen Voraussetzungen her wie ein Fahrstreifen (vgl.

---

1) VwV zu § 41 „Zu Zeichen 222" neu gef. mWv 1.9.2009 durch VwV v. 17.7.2009 (BAnz. Nr. 110a S. 1).

2) VwV zu § 41 „Zu den Zeichen 223.1 bis 223.3" eingef. mWv 1.1.2002 durch VwV v. 18.12. 2001 (BAnz. Nr. 242 S. 25513); Nr. III Sätze 1 und 2, Nr. VI Satz 4, Nr. VIII geänd., Nr. IX Rdnr. 48 wird Rdnr. 45 mWv 1.9.2009 durch VwV v. 17.7.2009 (BAnz. Nr. 110a S. 1).

§ 7 Abs. 1 Satz 2 StVO[1]) befahrbar ist. Vor jeder Anordnung ist zu prüfen, ob der Seitenstreifen frei von Hindernissen ist. Während der Dauer der Anordnung ist die Prüfung regelmäßig zu wiederholen.

II. Die Zeichen sind beidseitig anzuordnen. Die Abmessung der Zeichen beträgt 2,25 m × 2,25 m. **2**

III. Das Zeichen 223.1 soll durch ein Zusatzzeichen „Seitenstreifen befahren" unterstützt werden. Das Zusatzzeichen soll dann zu jedem Zeichen angeordnet werden. **3**

IV. Das Zeichen 223.1 darf nur in Kombination mit einer Beschränkung der zulässigen Höchstgeschwindigkeit (Zeichen 274) auf nicht mehr als 100 km/h angeordnet werden. Zusätzlich empfiehlt sich bei starkem Lkw-Verkehr die Anordnung von Zeichen 277. **4**

V. Das Zeichen 223.1 ist je nach örtlicher Situation in Abständen von etwa 1 000 bis 2 000 m aufzustellen. Die Standorte sind mit einer Verkehrsbeeinflussungsanlage abzustimmen. Im Bereich einer Verkehrsbeeinflussungsanlage können die Abstände zwischen zwei Zeichen vergrößert werden. **5**

VI. Das Zeichen 223.2 ist in der Regel im Bereich einer Anschlussstelle anzuordnen. Wenigstens 400 m vorher ist entweder Zeichen 223.3 oder 223.1 mit dem Zusatz „Ende in . . . m" anzuordnen. Die Anordnung von Zeichen 223.1 mit dem Zusatz „Ende in . . . m" empfiehlt sich nur, wenn der befahrbare Seitenstreifen in einer Anschlussstelle in den Ausfädelungsstreifen übergeht und nur noch vom ausfahrenden Verkehr benutzt werden kann. Zeichen 223.3 soll durch ein Zusatzzeichen „Seitenstreifen räumen" unterstützt werden. **6**

VII. Im Bereich von Ausfahrten ist die Nutzung des Seitenstreifens als Fahrstreifen in der Wegweisung zu berücksichtigen. Vorwegweiser und Wegweiser sind dann fahrstreifenbezogen als Wechselwegweiser auszuführen. **7**

VIII. Zur Markierung vgl. zu Zeichen 295 Nummer 2 (lfd. Nummer 68 der Anlage 2). **8**

IX. Die Zeichen können durch Dauerlichtzeichen unterstützt werden. Dies empfiehlt sich besonders für Zeichen 223.2; vgl. Nummer I zu § 37 Abs. 3; Randnummer 45. **9**

Zu Zeichen 224 Haltestelle[2])

I. Abweichend von Nummer III 3 b) zu §§ 39 bis 43 ; Randnummer 13 darf das Zeichen einen Durchmesser von 350 bis 450 mm haben. **1**

II. Auch Haltestellen für Fahrzeuge des Behindertenverkehrs können so gekennzeichnet werden. **2**

III. Über die Verkehrsbedienung und die Linienführung sowie den Fahrplan mit Angabe der Haltestellen wird von der nach dem Personenbeförderungsrecht zuständigen Behörde entschieden. Über die Festlegung des Ortes der Haltestellenzeichen vgl. die Straßenbahn-Bau- und Betriebs- **3**

---

[1]) Nr. **100**.

[2]) VwV zu § 41 „Zu Zeichen 224" neu gef. mWv 1.9.2009 durch VwV v. 17.7.2009 (BAnz. Nr. 110a S. 1).

ordnung[1] und die Verordnung über den Betrieb von Kraftfahrunternehmen im Personenverkehr[2].

4 IV. Im Orts- und Nachbarorts-Linienverkehr gehört zu dem Zeichen ein Zusatzzeichen mit der Bezeichnung der Haltestelle (Haltestellenname). Darüber hinaus kann die Linie angegeben werden.

5 Bei Bedarf können dazu das Symbol der Straßenbahn und/oder des Kraftomnibusses gezeigt werden.

6 V. Schulbushaltestellen werden mit einem Zusatzzeichen „Schulbus (Angabe der tageszeitlichen Benutzung)" gekennzeichnet.

7 VI. Auch andere Haltestellen können insbesondere bei erheblichem Parkraummangel mit einem Zusatzzeichen, auf dem die tageszeitliche Benutzung angegeben ist, gekennzeichnet werden.

8 VII. Soweit erforderlich, kann der Anfang und das Ende eines Haltestellenbereichs durch Zeichen 299 gekennzeichnet werden.

Zu Zeichen 229 Taxenstand[3]

1 I. Das Zeichen darf nur angeordnet werden, wo zumindest während bestimmter Tageszeiten regelmäßig betriebsbereite Taxen vorgehalten werden.

2 II. Für jedes vorgesehene Taxi ist eine Länge von 5 m zugrunde zu legen. Die Markierung durch Zeichen 299 empfiehlt sich nur, wenn nicht mehr als fünf Taxen vorgesehen sind. Dann ist das Zeichen 229 nur am Anfang der Strecke aufzustellen.

Zu den Zeichen 237, 240 und 241 Radweg, gemeinsamer und getrennter Geh- und Radweg[4]

1 I. Zur Radwegebenutzungspflicht vgl. zu § 2 Absatz 4 Satz 2; Randnummer 8ff.

2 II. Zur Radverkehrsführung vgl. zu § 9 Absatz 2; Randnummer 3ff.

3 III. Wo das Ende eines Sonderweges zweifelsfrei erkennbar ist, bedarf es keiner Kennzeichnung. Ansonsten ist das Zeichen mit dem Zusatzzeichen „Ende" anzuordnen.

4 IV. Die Zeichen können abweichend von Nummer III 3 zu den §§ 39 bis 43; Randnummer 12ff. bei baulich angelegten Radwegen immer, bei Radfahrstreifen in besonders gelagerten Fällen, in der Größe 1 aufgestellt werden.

---

1) Auszugsweise abgedruckt unter Nr. **435**.

2) Nr. **430**.

3) VwV zu § 41 „Zu Zeichen 229" neu gef. mWv 1.9.2009 durch VwV v. 17.7.2009 (BAnz. Nr. 110a S. 1).

4) VwV zu § 41 „Zu den Zeichen 237, 240 und 241" neu gef. mWv 1.9.2009 durch VwV v. 17.7.2009 (BAnz. Nr. 110a S. 1).

Zu Zeichen 237 Radweg[1)]

Zur Radwegebenutzungspflicht und zum Begriff des Radweges vgl. zu § 2 Absatz 4 Satz 2; Randnummer 8ff. 1

Zu Zeichen 238 Reitweg[2)]

Der Klarstellung durch das Zeichen bedarf es nur dort, wo die Zweckbestimmung eines Straßenteils als Reitweg sich nicht aus dessen Ausgestaltung ergibt. 1

Zu Zeichen 239 Gehweg[3)]

I. Der Klarstellung durch das Zeichen bedarf es nur dort, wo die Zweckbestimmung des Straßenteils als Gehweg sich nicht aus dessen Ausgestaltung ergibt. Soll ein Seitenstreifen den Fußgängern allein vorbehalten werden, so ist das Zeichen zu verwenden. 1

II. Die Freigabe des Gehweges zur Benutzung durch Radfahrer durch das Zeichen 239 mit Zusatzzeichen „Radfahrer frei" kommt nur in Betracht, wenn dies unter Berücksichtigung der Belange der Fußgänger vertretbar ist. 2

III. Die Beschaffenheit und der Zustand des Gehweges sollen dann auch den gewöhnlichen Verkehrsbedürfnissen des Radverkehrs (z.B. Bordsteinabsenkung an Einmündungen und Kreuzungen) entsprechen. 3

Zu Zeichen 240 Gemeinsamer Geh- und Radweg[4)]

I. Die Anordnung dieses Zeichens kommt nur in Betracht, wenn dies unter Berücksichtigung der Belange der Fußgänger vertretbar und mit der Sicherheit und Leichtigkeit des Radverkehrs vereinbar ist und die Beschaffenheit der Verkehrsfläche den Anforderungen des Radverkehrs genügt. 1

II. An Lichtzeichenanlagen reicht im Regelfall eine gemeinsame Furt für Fußgänger und Radverkehr aus. 2

Zu Zeichen 241 Getrennter Rad- und Gehweg[5)]

I. Die Anordnung dieses Zeichens kommt nur in Betracht, wenn die Belange der Fußgänger ausreichend berücksichtigt sind und die Zuordnung der Verkehrsflächen zweifelsfrei erfolgen kann. Zur Radwegebenutzungspflicht vgl. zu § 2 Absatz 4 Satz 2; Randnummer 8ff. 1

---

1) VwV zu § 41 „Zu Zeichen 237" neu gef. mWv 1.9.2009 durch VwV v. 17.7.2009 (BAnz. Nr. 110a S. 1).

2) VwV zu § 41 „Zu Zeichen 238" neu gef. mWv 1.9.2009 durch VwV v. 17.7.2009 (BAnz. Nr. 110a S. 1).

3) VwV zu § 41 „Zu Zeichen 239" Überschr. geänd., Nr. II und III neu gef., Nr. IV und V aufgeh. mWv 1.9.2009 durch VwV v. 17.7.2009 (BAnz. Nr. 110a S. 1).

4) VwV zu § 41 „Zu Zeichen 240" neu gef. mWv 1.9.2009 durch VwV v. 17.7.2009 (BAnz. Nr. 110a S. 1).

5) VwV zu § 41 „Zu Zeichen 241" Überschr. geänd., Nr. I neu gef., Nr. II Nr. 2 aufgeh., Nummernbez. 1 aufgeh. mWv 1.9.2009 durch VwV v. 17.7.2009 (BAnz. Nr. 110a S. 1).

2 II. An Lichtzeichenanlagen ist in der Regel auch eine Führung der Fußgänger durch eine Fußgängerfurt (vgl. Nummer III zu § 25 Abs. 3) erforderlich. Zur Lichtzeichenregelung vgl. zu § 37 Abs. 2 Nr. 5 und 6.

Zu den Zeichen 242.1 und 242.2 Beginn und Ende eines Fußgängerbereichs[1)]

1 I. Die Zeichen dürfen nur innerhalb geschlossener Ortschaften angeordnet werden. Fahrzeugverkehr darf nur nach Maßgabe der straßenrechtlichen Widmung zugelassen werden.

2 II. Auf Nummer XI zu § 45 Absatz 1 bis 1e wird verwiesen.

Zu Zeichen 244.1 und 244.2 Beginn und Ende einer Fahrradstraße[2)]

1 I. Fahrradstraßen kommen dann in Betracht, wenn der Radverkehr die vorherrschende Verkehrsart ist oder dies alsbald zu erwarten ist.

2 II. Anderer Fahrzeugverkehr als der Radverkehr darf nur ausnahmsweise durch die Anordnung entsprechender Zusatzzeichen zugelassen werden (z.B. Anliegerverkehr). Daher müssen vor der Anordnung die Bedürfnisse des Kraftfahrzeugverkehrs ausreichend berücksichtigt werden (alternative Verkehrsführung).

Zu Zeichen 245 Bussonderfahrstreifen[3)]

1 Durch das Zeichen werden markierte Sonderfahrstreifen den Omnibussen des Linienverkehrs sowie des Schüler- und Behindertenverkehrs vorbehalten.

2 I. Der Sonderfahrstreifen soll im Interesse der Sicherheit oder Ordnung des Verkehrs Störungen des Linienverkehrs vermeiden und einen geordneten und zügigen Betriebsablauf ermöglichen. Er ist damit geeignet, den öffentlichen Personenverkehr gegenüber dem Individualverkehr zu fördern (vgl. Nummer I 2 letzter Satz zu den §§ 39 bis 43; Randnummer 5).

3 II. 1. Die Anordnung von Sonderfahrstreifen kommt dann in Betracht, wenn die vorhandene Fahrbahnbreite ein ausgewogenes Verhältnis im Verkehrsablauf des öffentlichen Personenverkehrs und des Individualverkehrs unter Berücksichtigung der Zahl der beförderten Personen nicht mehr zulässt. Auch bei kurzen Straßenabschnitten (z.B. vor Verkehrsknotenpunkten) kann die Anordnung von Sonderfahrstreifen gerechtfertigt sein. Die Anordnung von Sonderfahrstreifen kann sich auch dann anbieten, wenn eine Entflechtung des öffentlichen Personenverkehrs und des Individualverkehrs von Vorteil ist oder zumindest der Verkehrsablauf des öffentliche Personennahverkehrs verbessert werden kann.

4 2. Vor der Anordnung des Zeichens ist stets zu prüfen, ob nicht durch andere verkehrsregelnde Maßnahmen (z.B. durch Zeichen 220, 253,

---

1) VwV zu § 41 „Zu den Zeichen 242 und 243" wird „Zu den Zeichen 242.1 und 242.2" und neu gef. mWv 1.9.2009 durch VwV v. 17.7.2009 (BAnz. Nr. 110a S. 1).

2) VwV zu § 41 „Zu Zeichen 244" wird „Zu Zeichen 244.1 und 244.2" und neu gef. mWv 1.9. 2009 durch VwV v. 17.7.2009 (BAnz. Nr. 110a S. 1).

3) VwV zu § 41 „Zu Zeichen 245" neu gef. mWv 1.9.2009 durch VwV v. 17.7.2009 (BAnz. Nr. 110a S. 1); Nr. 5 und 6 neu gef. mWv 26.9.2015 durch VwV v. 22.9.2015 (BAnz AT 25.09. 2015 B5).

283, 301, 306, 421) eine ausreichende Verbesserung des Verkehrsflusses oder eine Verlagerung des Verkehrs erreicht werden kann.

3. Sonderfahrstreifen dürfen in Randlage rechts, in Einbahnstraßen rechts oder links, in Mittellage allein oder im Gleisraum von Straßenbahnen sowie auf baulich abgegrenzten Straßenteilen auch entgegengesetzt der Fahrtrichtung angeordnet werden. **5**

4. Die Sicherheit des Radverkehrs ist zu gewährleisten. Kann der Radverkehr nicht auf einem gesonderten Radweg oder Radfahrstreifen geführt werden, sollte er im Benehmen mit den Verkehrsunternehmen auf dem Sonderfahrstreifen zugelassen werden. Ist das wegen besonderer Bedürfnisse des Linienverkehrs nicht möglich und müsste der Radverkehr zwischen Linienbus- und dem Individualverkehr ohne Radfahrstreifen fahren, ist von der Anordnung des Zeichens abzusehen. **6**

5. Werden Krankenfahrzeuge, Fahrräder, Busse im Gelegenheitsverkehr oder elektrisch betriebene Fahrzeuge zugelassen, dürfen auf dem Sonderfahrstreifen keine besonderen Lichtzeichen (§ 37 Absatz 2 Nummer 4 Satz 2, 2. Halbsatz) für den öffentlichen Personenverkehr (Anlage 4 der BOStrab) gezeigt werden, es sei denn, für diese Verkehre werden eigene Lichtzeichen angeordnet. **7**

6. Taxen sollen grundsätzlich und elektrisch betriebene Fahrzeuge dürfen auf Sonderfahrstreifen zugelassen werden, wenn dadurch der Linienverkehr nicht wesentlich gestört wird. Satz 1 gilt nicht für Sonderfahrstreifen im Gleisraum von Schienenbahnen. Insbesondere für den Übergang der Sonderfahrstreifen zum allgemeinen Verkehrsraum gilt für die Zulassung von elektrisch betriebenen Fahrzeugen auf diesen Sonderfahrstreifen, dass die Gewährleistung eines sicheren und flüssigen allgemeinen Verkehrsablaufs stets vorgeht. **8**

7. Gegenseitige Behinderungen, die durch stark benutzte Zu- und Abfahrten (z.B. bei Parkhäusern Tankstellen) hervorgerufen werden, sind durch geeignete Maßnahmen, wie Verlegung der Zu- und Abfahrten in Nebenstraßen, auf ein Mindestmaß zu beschränken. **9**

8. Sonderfahrstreifen ohne zeitliche Beschränkung in Randlage dürfen nur dort angeordnet werden, wo kein Anliegerverkehr vorhanden ist und das Be- und Entladen, z.B. in besonderen Ladestraßen oder Innenhöfen, erfolgen kann. Sind diese Voraussetzungen nicht gegeben, sind für die Sonderfahrstreifen zeitliche Beschränkungen vorzusehen. **10**

9. Zur Befriedigung des Kurzparkbedürfnisses während der Geltungsdauer der Sonderfahrstreifen sollte die Parkzeit in nahegelegenen Nebenstraßen beschränkt werden. **11**

10. Sonderfahrstreifen im Gleisraum von Straßenbahnen dürfen nur im Einvernehmen mit der Technischen Aufsichtsbehörde nach § 58 Absatz 3 der Straßenbahn-Bau- und Betriebsordnung[1]) angeordnet werden. **12**

---

[1]) Nr. **435**.

13 11. Die Zeichen sind auf die Zeiten zu beschränken, in denen Linienbusverkehr stattfindet. Dies gilt nicht, wenn sich der Sonderfahrstreifen in Mittellage befindet und baulich oder durch Zeichen 295 von dem Individualverkehr abgegrenzt ist. Dann soll auf eine zeitliche Beschränkung verzichtet werden. Die Geltungsdauer zeitlich beschränkter Sonderfahrstreifen sollte innerhalb des Betriebsnetzes einheitlich angeordnet werden.

14 12. Die Anordnung von Sonderfahrstreifen soll in der Regel nur dann erfolgen, wenn mindestens 20 Omnibusse des Linienverkehrs pro Stunde der stärksten Verkehrsbelastung verkehren.

15 III. 1. Zur Aufstellung vgl. Nummer III 8 zu §§ 39 bis 43. Das Zeichen ist an jeder Kreuzung und Einmündung zu wiederholen. Zur Verdeutlichung kann die Markierung „BUS" auf der Fahrbahn aufgetragen werden.

16 2. Ist das Zeichen zeitlich beschränkt, ist der Sonderfahrstreifen durch eine Leitlinie (Zeichen 340) ansonsten grundsätzlich durch eine Fahrstreifenbegrenzung (Zeichen 295) zu markieren. Auch Sonderfahrstreifen ohne zeitliche Beschränkung sind dort mit Zeichen 340 zu markieren, wo ein Überqueren zugelassen werden muss (z.B. aus Grundstücksein- und -ausfahrten). Die Ausführung der Markierungen richtet sich nach den Richtlinien für die Markierung von Straßen (RMS).

17 3. Sonderfahrstreifen in Einbahnstraßen entgegen der Fahrtrichtung, die gegen die Fahrbahn des entgegengerichteten Verkehrs baulich abzugrenzen sind, sollen auch am Beginn der Einbahnstraße durch das Zeichen kenntlich gemacht werden. Es kann sich empfehlen, dem allgemeinen Verkehr die Führung des Busverkehrs anzuzeigen.

18 4. Kann durch eine Markierung eine Erleichterung des Linienverkehrs erreicht werden (Fahrstreifen in Mittellage, im Gleisraum von Straßenbahnen oder auf baulich abgesetzten Straßenteilen), empfiehlt es sich, auf das Zeichen zu verzichten.
Die Voraussetzungen für die Einrichtung eines Sonderfahrstreifens gelten entsprechend.

19 5. Die Flüssigkeit des Verkehrs auf Sonderfahrstreifen an Kreuzungen und Einmündungen kann durch Abbiegeverbote für den Individualverkehr (z.B. Zeichen 209 bis 214) verbessert werden. Notfalls sind besondere Lichtzeichen (§ 37 Absatz 2 Nummer 4) anzuordnen. Die Einrichtung von Busschleusen oder die Vorgabe bedarfsgerechter Vor- und Nachlaufzeiten an Lichtzeichenanlagen wird empfohlen.

20 6. Ist die Kennzeichnung des Endes eines Sonderfahrstreifens erforderlich, ist das Zeichen mit dem Zusatzzeichen „Ende" anzuordnen.

21 IV. Die Funktionsfähigkeit der Sonderfahrstreifen hängt weitgehend von ihrer völligen Freihaltung vom Individualverkehr ab.

Zu Zeichen 251 Verbot für Kraftwagen[1)]

Das Zeichen kann zur Gewährleistung der sicheren Befahrbarkeit der Infrastruktur, insbesondere sanierungsbedürftiger Brücken, vor oder während

1) VwV zu § 41 „Zu Zeichen 251" eingef. mWv 30.5.2017 durch VwV v. 22.5.2017 (BAnz AT 29.05.2017 B8).

der Bauphase zur Aufrechterhaltung der Befahrbarkeit der Brücke zumindest für Teilmengen des Verkehrs zusammen mit einem die Gesamtmasse beschränkenden Zusatzzeichen zur Gewährleistung eines geringstmöglichen Eingriffs in den Verkehr angeordnet werden. Bei einer Anordnung des Zeichens nach Satz 1 ist die Straßenfläche zusätzlich durch Verkehrseinrichtungen (Anlage 4 lfd. Nummer 1 bis 4 zu § 43 Absatz 3, Leitbake, Leitschwelle, Leitbord und gegebenenfalls Absperrschranke zur Höhenbeschränkung für besonders hohe und damit großen Fahrzeugen) zu kennzeichnen, um die tatsächliche Befahrbarkeit nur für den zugelassenen Kraftfahrzeugverkehr zu verdeutlichen. Im unmittelbaren Zulauf empfiehlt sich zudem die Aufbringung von überfahrbaren Warnschwellen zwecks Ausschluss eines fahrlässigen Übersehens der Verkehrszeichen und -einrichtungen. Die Sätze 2 und 3 gelten nicht, soweit das Zeichen 251 aus anderen als den in Satz 1 genannten Gründen oder ohne ein die Gesamtmasse beschränkendes Zusatzzeichen angeordnet wird. Mit der Anordnung des Durchfahrtverbotes geht in diesem Fall stets ein räumlich weit gestaffeltes Hinweis- und Umleitungskonzept für den ausgeschlossenen Verkehr einher. Es empfiehlt sich zudem, das Verbot im Vorhinein rechtzeitig medial zu begleiten.

Zu Zeichen 250 Verbot für Fahrzeuge aller Art[1]

(aufgehoben)

Zu den Zeichen 250 bis 253[2]

(aufgehoben)

Zu Zeichen 261 Verbot für kennzeichnungspflichtige Kraftfahrzeuge mit gefährlichen Gütern[3]

I. Gefährliche Güter sind die Stoffe und Gegenstände, deren Beförderung auf der Straße und Eisenbahn nach § 2 Nummer 9 der Gefahrgutverordnung Straße und Eisenbahn (GGVSE) in Verbindung mit den Anlagen A und B des Europäischen Übereinkommens über die internationale Beförderung auf der Straße (ADR)[4] verboten oder nur unter bestimmten Bedingungen gestattet ist. Die Kennzeichnung von Fahrzeugen mit gefährlichen Gütern ist in Kapitel 5.3 zum ADR geregelt. **1**

II. Das Zeichen ist anzuordnen, wenn zu besorgen ist, daß durch die gefährlichen Güter infolge eines Unfalls oder Zwischenfalls, auch durch das Undichtwerden des Tanks, Gefahren für das Leben, die Gesundheit, die Umwelt oder Bauwerke in erheblichem Umfang eintreten können. Hierfür kommen z.B. Gefällestrecken in Betracht, die unmittelbar in bebaute Ortslagen führen. Für die Anordnung entsprechender Maßnahmen erläßt Bundesministerium für Verkehr und digitale Infrastruktur im Einverneh- **2**

---

[1] VwV zu § 41 „Zu Zeichen 250" aufgeh. mWv 1.9.2009 durch VwV v. 17.7.2009 (BAnz. Nr. 110a S. 1).

[2] VwV zu § 41 „Zu Zeichen 250 bis 253" aufgeh. mWv 1.9.2009 durch VwV v. 17.7.2009 (BAnz. Nr. 110a S. 1).

[3] VwV zu § 41 „Zu Zeichen 261" Nr. I neu gef., Nr. II geänd. mWv 1.9.2009 durch VwV v. 17.7.2009 (BAnz. Nr. 110a S. 1); Nr. II Satz 3 geänd. mWv 18.11.2014 durch VwV v. 11.11.2014 (BAnz AT 17.11.2014 B5).

[4] Nr. **535**.

men mit den obersten Landesbehörden Richtlinien, die im Verkehrsblatt veröffentlicht werden.

Zu den Zeichen 262 bis 266

1 Die betroffenen Fahrzeuge sind rechtzeitig auf andere Straßen umzuleiten (Zeichen 421 und 442)

Zu den Zeichen 264 und 265[1]

1 I. Bei Festlegung der Maße ist ein ausreichender Sicherheitsabstand zu berücksichtigen.

2 II. Muß das Zeichen 265 bei Ingenieurbauwerken angebracht werden, unter denen der Fahrdraht einer Straßenbahn oder eines Oberleitungsomnibusses verlegt ist, so ist wegen des Sicherheitsabstandes der Verkehrsunternehmer zu hören.

3 III. Siehe auch Richtlinien für die Kennzeichnung von Ingenieurbauwerken mit beschränkter Durchfahrtshöhe über Straßen.

Zu Zeichen 267 Verbot der Einfahrt[2]

1 Für Einbahnstraßen vgl. zu Zeichen 220.

Zu Zeichen 268 Schneeketten sind vorgeschrieben[3]

1 Das Zeichen darf nur zu den Zeiten sichtbar sein, in denen Schneeketten wirklich erforderlich sind.

Zu Zeichen 269 Verbot für Fahrzeuge mit wassergefährdender Ladung[4]

1 I. Das Zeichen ist nur im Benehmen mit der für die Reinhaltung des Wassers zuständigen Behörde anzuordnen.

2 II. Wassergefährdende Stoffe sind feste, flüssige und gasförmige Stoffe, insbesondere

3 – Säuren, Laugen,

4 – Alkalimetalle, Siliciumlegierungen mit über 30 Prozent Silicium, metallorganische Verbindungen, Halogene, Säurehalogenide, Metallcarbonyle und Beizsalze,

5 – Mineral- und Teeröle sowie deren Produkte,

6 – flüssige sowie wasserlösliche Kohlenwasserstoffe, Alkohole, Aldehyde, Ketone, Ester, halogen-, stickstoff- und schwefelhaltige organische Verbindungen,

7 – Gifte,

---

[1] VwV zu § 41 „Zu Zeichen 264 und 265" Nr. II geänd., Nr. III angef. mWv 1.9.2009 durch VwV v. 17.7.2009 (BAnz. Nr. 110a S. 1).

[2] VwV zu § 41 „Zu Zeichen 267" neu gef. mWv 1.9.2009 durch VwV v. 17.7.2009 (BAnz. Nr. 110a S. 1).

[3] VwV zu § 41 „Zu Zeichen 268" neu gef. mWv 1.9.2009 durch VwV v. 17.7.2009 (BAnz. Nr. 110a S. 1).

[4] VwV zu § 41 „Zu Zeichen 269" Nr. III geänd. mWv 1.1.2002 durch VwV v. 18.12.2001 (BAnz. Nr. 242 S. 25513); Nr. I neu gef. mWv 1.9.2009 durch VwV v. 17.7.2009 (BAnz. Nr. 110a S. 1).

die geeignet sind, nachhaltig die physikalische, chemische oder biologische Beschaffenheit des Wassers nachteilig zu verändern. **8**

III. Vgl. auch zu Zeichen 354 und über die Zustimmungsbedürftigkeit Nummer III 1 a zu § 45 Abs. 1 bis 1e. **9**

IV. Auf die zu Zeichen 261 erwähnten Richtlinien wird verwiesen. **10**

Zu Zeichen 272 Wendeverbot[1)]

Nummer III zu Zeichen 209 bis 214; Randnummer 3 gilt entsprechend. **1**

Zu Zeichen 273 Verbot des Fahrens ohne einen Mindestabstand[2)]

Das Zeichen darf dort angeordnet werden, wo Überbeanspruchungen von Brücken oder sonstigen Ingenieurbauwerken mit beschränkter Tragfähigkeit dadurch auftreten können, dass mehrere schwere Kraftfahrzeuge dicht hintereinander fahren. Die Anordnung kommt ferner vor Tunneln in Betracht, bei denen das Einhalten eines Mindestabstandes aus Verkehrssicherheitsgründen besonders geboten ist. In der Regel ist die Länge der Strecke durch Zusatzzeichen anzugeben. **1**

Zu Zeichen 274 Zulässige Höchstgeschwindigkeit[3)]

I. Geschwindigkeitsbeschränkungen aus Sicherheitsgründen sollen auf bestehenden Straßen angeordnet werden, wenn Unfalluntersuchungen ergeben haben, dass häufig geschwindigkeitsbedingte Unfälle aufgetreten sind. Dies gilt jedoch nur dann, wenn festgestellt worden ist, dass die geltende Höchstgeschwindigkeit von der Mehrheit der Kraftfahrer eingehalten wird. Im anderen Fall muss die geltende zulässige Höchstgeschwindigkeit durchgesetzt werden. Geschwindigkeitsbeschränkungen können sich im Einzelfall schon dann empfehlen, wenn aufgrund unangemessener Geschwindigkeiten häufig gefährliche Verkehrssituationen festgestellt werden. **1**

II. Außerhalb geschlossener Ortschaften können Geschwindigkeitsbeschränkungen nach Maßgabe der Nummer I erforderlich sein,

1. wo Fahrzeugführer insbesondere in Kurven, auf Gefällstrecken und an Stellen mit besonders unebener Fahrbahn (vgl. aber Nummer I zu § 40; Randnummer 1), ihre Geschwindigkeit nicht den Straßenverhältnissen anpassen; die zulässige Höchstgeschwindigkeit soll dann auf diejenige Geschwindigkeit festgelegt werden, die vorher von 85 % der Fahrzeugführer von sich aus ohne Geschwindigkeitsbeschränkungen, ohne überwachende Polizeibeamte und ohne Behinderung durch andere Fahrzeuge eingehalten wurde, **2**

2. wo insbesondere auf Steigungs- und Gefällstrecken eine Verminderung der Geschwindigkeitsunterschiede geboten ist; die zulässige Höchst- **3**

---

1) VwV zu § 41 „Zu Zeichen 272" eingef. mWv 1.9.2009 durch VwV v. 17.7.2009 (BAnz. Nr. 110a S. 1).

2) VwV zu § 41 „Zu Zeichen 273" neu gef. mWv 1.9.2009 durch VwV v. 17.7.2009 (BAnz. Nr. 110a S. 1).

3) VwV zu § 41 „Zu Zeichen 274" neu gef. mWv 1.9.2009 durch VwV v. 17.7.2009 (BAnz. Nr. 110a S. 1); Nr. IX geänd. mWv 18.11.2014 durch VwV v. 11.11.2014 (BAnz AT 17.11.2014 B5); Nr. II Randnr. 4a, Nr. XI Randnr. 13 angef. mWv 30.5.2017 durch VwV v. 22.5.2017 (BAnz AT 29.05.2017 B8).

geschwindigkeit soll dann auf diejenige Geschwindigkeit festgelegt werden, die vorher von 85 % der Fahrzeugführer von sich aus ohne, Geschwindigkeitsbeschränkungen, ohne überwachende Polizeibeamte und ohne Behinderung durch andere Fahrzeuge eingehalten wurde,

4 3. wo Fußgänger oder Radfahrer im Längs- oder Querverkehr in besonderer Weise gefährdet sind; die zulässige Höchstgeschwindigkeit soll auf diesen Abschnitten in der Regel 70 km/h nicht übersteigen.

4a Liegt zwischen zwei Geschwindigkeitsbeschränkungen auf einer einbahnigen Landstraße ohne Überholfahrstreifen nur ein kurzer Streckenabschnitt (unter 600 Meter) und wäre deshalb ein Überholvorgang infolge der geringen Überholstrecke mit erheblichen Risiken verbunden, so kommt zur Verstetigung des Verkehrsflusses eine Absenkung der Geschwindigkeit auch zwischen den beiden in der Geschwindigkeit beschränkten Streckenabschnitten in Betracht. Die Anordnung der abgesenkten Geschwindigkeit in diesem Bereich setzt voraus, dass die Anordnung eines Überholverbotes als milderes Mittel für diesen Abschnitt nicht ausreicht.

5 III. Außerhalb geschlossener Ortschaften ist die zulässige Höchstgeschwindigkeit vor Lichtzeichenanlagen auf 70 km/h zu beschränken.

6 IV. Das Zeichen soll so weit vor der Gefahrstelle aufgestellt werden, dass eine Gefährdung auch bei ungünstigen Sichtverhältnissen ausgeschlossen ist. Innerhalb geschlossener Ortschaften sind im Allgemeinen 30 bis 50 m, außerhalb geschlossener Ortschaften 50 bis 100 m und auf Autobahnen und autobahnähnlichen Straßen 200 m ausreichend.

7 V. Vor dem Beginn geschlossener Ortschaften dürfen Geschwindigkeitsbeschränkungen zur stufenweisen Anpassung an die innerorts zulässige Geschwindigkeit nur angeordnet werden, wenn die Ortstafel (Zeichen 310) nicht rechtzeitig, im Regelfall auf eine Entfernung von mindestens 100 m, erkennbar ist.

8 VI. Auf Autobahnen und autobahnähnlichen Straßen dürfen nicht mehr als 130 km/h angeordnet werden. Nur dort darf die Geschwindigkeit stufenweise herabgesetzt werden. Eine Geschwindigkeitsstufe soll höchstens 40 km/h betragen. Der Mindestabstand in Metern zwischen den unterschiedlichen Höchstgeschwindigkeiten soll das 10-fache der Geschwindigkeitsdifferenz in km/h betragen. Nach Streckenabschnitten ohne Beschränkung soll in der Regel als erste zulässige Höchstgeschwindigkeit 120 km/h angeordnet werden.

9 VII. Das Zeichen 274 mit Zusatzzeichen „bei Nässe" soll statt des Zeichens 114 dort angeordnet werden, wo das Gefahrzeichen als Warnung nicht ausreicht.

10 VIII. Innerhalb geschlossener Ortschaften kommt eine Anhebung der zulässigen Höchstgeschwindigkeit auf höchstens 70 km/h grundsätzlich nur auf Vorfahrtstraßen (Zeichen 306) in Betracht, auf denen benutzungspflichtige Radwege vorhanden sind und der Fußgängerquerverkehr durch Lichtzeichenanlagen sicher geführt wird. Für Linksabbieger sind Abbiegestreifen erforderlich.

11 IX. Zur Verwendung des Zeichens an Bahnübergängen vgl. Nummer IV 2 zu Zeichen 201; Randnummer 5 und an Arbeitsstellen vgl. die Richtlinien für die Sicherung von Arbeitsstellen an Straßen (RSA), die das Bundes-

ministerium für Verkehr und digitale Infrastruktur im Einvernehmen mit den obersten Landesbehörden im Verkehrsblatt bekannt gibt.

X. Geschwindigkeitsbeschränkungen aus Gründen des Lärmschutzes dürfen nur nach Maßgabe der Richtlinien für straßenverkehrsrechtliche Maßnahmen zum Schutz der Bevölkerung vor Lärm (Lärmschutzrichtlinien – StV) angeordnet werden. Zur Lärmaktions- und Luftreinhalteplanung siehe Bundes-Immissionsschutzgesetz. 12

XI. Innerhalb geschlossener Ortschaften ist die Geschwindigkeit im unmittelbaren Bereich von an Straßen gelegenen Kindergärten, -tagesstätten, -krippen, -horten, allgemeinbildenden Schulen, Förderschulen für geistig oder körperlich behinderte Menschen, Alten- und Pflegeheimen oder Krankenhäusern in der Regel auf Tempo 30 km/h zu beschränken, soweit die Einrichtungen über einen direkten Zugang zur Straße verfügen oder im Nahbereich der Einrichtungen starker Ziel- und Quellverkehr mit all seinen kritischen Begleiterscheinungen (z.B. Bring- und Abholverkehr mit vielfachem Ein- und Aussteigen, erhöhter Parkraumsuchverkehr, häufige Fahrbahnquerungen durch Fußgänger, Pulkbildung von Radfahrern und Fußgängern) vorhanden ist. Dies gilt insbesondere auch auf klassifizierten Straßen (Bundes-, Landes- und Kreisstraßen) sowie auf weiteren Vorfahrtstraßen (Zeichen 306). Im Ausnahmefall kann auf die Absenkung der Geschwindigkeit verzichtet werden, soweit etwaige negative Auswirkungen auf den ÖPNV (z.B. Taktfahrplan) oder eine drohende Verkehrsverlagerung auf die Wohnnebenstraßen zu befürchten ist. In die Gesamtabwägung sind dann die Größe der Einrichtung und Sicherheitsgewinne durch Sicherheitseinrichtungen und Querungshilfen (z.B. Fußgängerüberwege, Lichtzeichenanlagen, Sperrgitter) einzubeziehen. Die streckenbezogene Anordnung ist auf den unmittelbaren Bereich der Einrichtung und insgesamt auf höchstens 300 m Länge zu begrenzen. Die beiden Fahrtrichtungen müssen dabei nicht gleich behandelt werden. Die Anordnungen sind, soweit Öffnungszeiten (einschließlich Nach- und Nebennutzungen) festgelegt wurden, auf diese zu beschränken. 13

Zu den Zeichen 274.1 und 274.2 Tempo-30-Zone[1)]

I. Vgl. Nummer XI zu § 45 Absatz 1 bis 1e. 1

II. Am Anfang einer Zone mit zulässiger Höchstgeschwindigkeit ist Zeichen 274.1 so aufzustellen, dass es bereits auf ausreichende Entfernung vor dem Einfahren in den Bereich wahrgenommen werden kann. Dazu kann es erforderlich sein, dass das Zeichen von Einmündungen oder Kreuzungen abgesetzt oder beidseitig aufgestellt wird. Abweichend von Nummer III 9 zu §§ 39 bis 43; Randnummer 28 empfiehlt es sich, das Zeichen 274.2 auf der Rückseite des Zeichens 274.1 aufzubringen. 2

III. Das Zeichen 274.2 ist entbehrlich, wenn die Zone in einen Fußgängerbereich (Zeichen 242.1) oder in einen verkehrsberuhigten Bereich (Zeichen 325.1) übergeht. Stattdessen sind die entsprechenden Zeichen des Bereichs anzuordnen, in den eingefahren wird. 3

[1)] VwV zu § 41 „Zu Zeichen 274.1 und 274.2" neu gef. mWv 1.9.2009 durch VwV v. 17.7.2009 (BAnz. Nr. 110a S. 1).

4 IV. Zusätzliche Zeichen, die eine Begründung für die Zonengeschwindigkeitsbeschränkung enthalten, sind unzulässig.

Zu Zeichen 275 Vorgeschriebene Mindestgeschwindigkeit[1)]

1 I. Das Zeichen darf nur fahrstreifenbezogen, niemals aber auf dem rechten von mehreren Fahrstreifen, angeordnet werden.

2 II. Die vorgeschriebene Mindestgeschwindigkeit muss bei normalen Straßen-, Verkehrs- und Sichtverhältnissen unbedenklich sein.

3 III. Innerhalb geschlossener Ortschaften dürfen die Zeichen nicht angeordnet werden.

4 IV. Die Anordnung kann insbesondere auf drei- oder mehrstreifigen Richtungsfahrbahnen von Autobahnen aus Gründen der Leichtigkeit des Verkehrs in Betracht kommen.

Zu Zeichen 276 Überholverbot[2)]

1 I. Das Zeichen ist nur dort anzuordnen, wo die Gefährlichkeit des Überholens für den Fahrzeugführer nicht ausreichend erkennbar ist.

2 II. Wo das Überholen bereits durch Zeichen 295 unterbunden ist, darf das Zeichen nicht angeordnet werden.

3 III. Außerhalb geschlossener Ortschaften ist das Zeichen in der Regel auf beiden Straßenseiten aufzustellen.

4 IV. Zur Verwendung des Zeichens an Gefahrstellen vgl. Nummer I zu § 40; Randnummer 1.

Zu Zeichen 277 Überholverbot für Kraftfahrzeuge über 3,5 t[3)]

1 I. Das Zeichen soll nur auf Straßen mit erheblichem und schnellem Fahrverkehr angeordnet werden, wo der reibungslose Verkehrsablauf dies erfordert. Das kommt z.B. an Steigungs- und Gefällstrecken in Frage, auf denen Lastkraftwagen nicht mehr zügig überholen können; dabei ist maßgeblich die Stärke und Länge der Steigung oder des Gefälles; Berechnungen durch Sachverständige empfehlen sich.

II. Bei Anordnung von Lkw-Überholverboten auf Autobahnen und autobahnähnlich ausgebauten Straßen ist ergänzend Folgendes zu beachten:

2 1. Bei Anordnung von Lkw-Überholverboten auf Landesgrenzen überschreitenden Autobahnen müssen die Auswirkungen auf den im anderen Bundesland angrenzenden Streckenabschnitt berücksichtigt werden.

---

1) VwV zu § 41 „Zu Zeichen 275“ neu gef. mWv 1.9.2009 durch VwV v. 17.7.2009 (BAnz. Nr. 110a S. 1).

2) VwV zu § 41 „Zu Zeichen 276“ neu gef. mWv 1.9.2009 durch VwV v. 17.7.2009 (BAnz. Nr. 110a S. 1).

3) VwV zu § 41 „Zu Zeichen 277“ neu gef. mWv 1.9.2009 durch VwV v. 17.7.2009 (BAnz. Nr. 110a S. 1); Nr. II Randnr. 5 Satz 3 angef. mWv 30.5.2017 durch VwV v. 22.5.2017 (BAnz AT 29.05.2017 B8).

2. Auf Autobahnen empfehlen sich LKW-Überholverbote an unfallträchtigen Streckenabschnitten (z.B. an Steigungs- oder Gefällstrecken, Ein- und Ausfahrten oder vor Fahrstreifeneinziehung von links). 3

3. Auf zweistreifigen Autobahnen können darüber hinaus Überholverbote – auch z.B. auf längeren Strecken – in Betracht kommen, wenn bei hohem Verkehrsaufkommen durch häufiges Überholen von Lkw die Geschwindigkeit auf dem Überholstreifen deutlich vermindert wird und es dadurch zu einem stark gestörten Verkehrsfluss kommt, durch den die Verkehrssicherheit beeinträchtigt werden kann. 4

4. Unter Beachtung des Grundsatzes der Verhältnismäßigkeit kann das Überholverbot auf Fahrzeuge mit einem höheren zulässigen Gesamtgewicht als 3,5 t beschränkt werden, insbesondere an Steigungsstrecken. Wenn das Verkehrsaufkommen und die Fahrzeugzusammensetzung kein ganztägiges Überholverbot erfordern, kommt eine Beschränkung des Überholverbots auf bestimmte Tageszeiten in Betracht. Von dem Überholverbot können auf Autobahnen und Kraftfahrstraßen Wohnmobile mit einer zulässigen Gesamtmasse über 3,5 t bis 7,5 t auf Steigungsstrecken ausgenommen werden, auf denen der durch die 12. Ausnahmeverordnung zur StVO eingeräumte Geschwindigkeitsvorteil besonders zum Tragen kommt. 5

III. Aufgrund der bei Überholmanövern in Tunneln von LKW ausgehenden Gefahr sollte in Tunneln mit mehr als einem Fahrstreifen in jeder Richtung ein LKW-Überholverbot angeordnet werden. Von einer Anordnung des Zeichens kann abgesehen werden, wenn nachgewiesen wird, dass hiervon keine negativen Auswirkungen auf die Verkehrssicherheit ausgehen. 6

Zu den Zeichen 274, 276 und 277[1])

I. Die Zeichen sind nur dort anzuordnen, wo Gefahrzeichen oder Richtungstafeln (Zeichen 625) nicht ausreichen würden, um eine der Situation angepasste Fahrweise zu erreichen. Die Zeichen können dann mit Gefahrzeichen kombiniert werden, wenn 1

1. ein zusätzlicher Hinweis auf die Art der bestehenden Gefahr für ein daran orientiertes Fahrverhalten im Einzelfall unerlässlich ist oder 2

2. aufgrund dieser Verkehrszeichenkombination eine Kennzeichnung des Endes der Verbotsstrecke entbehrlich wird (vgl. Erläuterung zu den Zeichen 278 bis 282). 3

II. Gelten diese Verbote für eine längere Strecke, kann die jeweilige Länge der restlichen Verbotsstrecke auf einem Zusatzzeichen 1001 angegeben werden. 4

III. Die Zeichen 274, 276 und 277 sollen hinter solchen Kreuzungen und Einmündungen wiederholt werden, an denen mit dem Einbiegen ortsunkundiger Kraftfahrer zu rechnen ist. Wo innerhalb geschlossener Ortschaften durch das Zeichen 274 eine Geschwindigkeit über 50 km/h zugelassen ist, genügt dagegen dessen Wiederholung in angemessenen 5

[1]) VwV zu § 41 „Zu Zeichen 274, 276 und 277" neu gef. mWv 1.9.2009 durch VwV v. 17.7. 2009 (BAnz. Nr. 110a S. 1).

Abständen. Grundsätzlich richten sich die Abstände, in denen die Zeichen zu wiederholen sind, nach den jeweiligen Verkehrsverhältnissen und der Verkehrssituation. Auf Autobahnen empfiehlt es sich in der Regel, die Zeichen nach 1 000 m zu wiederholen.

6 IV. Vgl. auch Nummer IV zu § 41; Randnummer 4 und über die Zustimmungsbedürftigkeit Nummer III 1c und e zu § 45 Absatz 1 bis 1e; Randnummer 6 und 8.

Zu den Zeichen 274 bis 282[1)]

(aufgehoben)

Zu den Zeichen 278 bis 282 Ende der Streckenverbote[2)]

(aufgehoben)

Zu Zeichen 283 Absolutes Haltverbot[3)]

1 I. Das Haltverbot darf nur in dem Umfang angeordnet werden, in dem die Verkehrssicherheit, die Flüssigkeit des Verkehrs oder der öffentliche Personennahverkehr es erfordert. Deshalb ist stets zu prüfen, ob eine tages- oder wochenzeitliche Beschränkung durch Zusatzzeichen anzuordnen ist.

2 II. Befindet sich innerhalb einer Haltverbotsstrecke eine Haltestelle (Zeichen 224), ist ein Zusatzzeichen, das Linienomnibussen das Halten zum Fahrgastwechsel erlaubt, überflüssig.

Zu Zeichen 286 Eingeschränktes Haltverbot[4)]

1 I. Das Zeichen ist dort anzuordnen, wo das Halten die Sicherheit und Flüssigkeit des Verkehrs zwar nicht wesentlich beeinträchtigt, das Parken jedoch nicht zugelassen werden kann, ausgenommen für das Be- und Entladen sowie das Ein- und Aussteigen. Das Verbot ist in der Regel auf bestimmte Zeiten zu beschränken (z.B. „9-12 h" oder „werktags").

2 II. Durch ein Zusatzzeichen können bestimmte Verkehrsarten vom Haltverbot ausgenommen werden.

3 III. Zum Bewohnerbegriff vgl. Nummer X 7 zu § 45 Absatz 1 bis 1e; Randnummer 35.

4 IV. Zur Bevorrechtigung von elektrisch betriebenen Fahrzeugen wird auf die VwV zu § 45 Absatz 1g verwiesen. Zeichen 286 soll nur in begründeten Einzelfällen angeordnet werden.

---

1) VwV zu § 41 „Zu den Zeichen 274 bis 282" aufgeh. mWv 1.9.2009 durch VwV v. 17.7.2009 (BAnz. Nr. 110a S. 1).

2) VwV zu § 41 „Zu den Zeichen 278 bis 282" aufgeh. mWv 1.9.2009 durch VwV v. 17.7.2009 (BAnz. Nr. 110a S. 1).

3) VwV zu § 41 „Zu Zeichen 283" neu gef. mWv 1.9.2009 durch VwV v. 17.7.2009 (BAnz. Nr. 110a S. 1).

4) VwV zu § 41 „Zu Zeichen 286" neu gef. mWv 1.9.2009 durch VwV v. 17.7.2009 (BAnz. Nr. 110a S. 1); Nr. 4 angef. mWv 26.9.2015 durch VwV v. 22.9.2015 (BAnz AT 25.09.2015 B5).

Zu den Zeichen 283 und 286[1)]

I. Den Anfang einer Verbotsstrecke durch einen zur Fahrbahn weisenden Pfeil zu kennzeichnen, ist zumindest dann zweckmäßig, wenn wiederholte Zeichen aufgestellt sind oder das Ende der Verbotsstrecke gekennzeichnet ist. Eine Wiederholung innerhalb der Verbotsstrecke ist nur angezeigt, wenn ohne sie dem Sichtbarkeitsprinzip nicht Rechnung getragen würde. 1

II. Das Ende der Verbotsstrecke ist zu kennzeichnen, wenn Verbotszeichen wiederholt aufgestellt sind oder wenn die Verbotsstrecke lang ist. Das gilt nicht, wenn die Verbotsstrecke an der nächsten Kreuzung oder Einmündung endet oder eine andere Regelung für den ruhenden Verkehr durch Verkehrszeichen unmittelbar anschließt. 2

III. Verbotszeichen mit Pfeilen sind im spitzen Winkel zur Fahrbahn anzubringen. 3

Zu den Zeichen 290.1 und 290.2 Beginn und Ende eines eingeschränkten Haltverbots für eine Zone[2)]

I. Die Zeichen sind so aufzustellen, dass sie auch für den einbiegenden Verkehr sichtbar sind, ggf. auf beiden Straßenseiten. 1

II. Soll das Kurzzeitparken in der gesamten Zone oder in ihrem überwiegenden Teil zugelassen werden, sind nicht Zeichen 290.1, 290.2, sondern Zeichen 314.1, 314.2 anzuordnen. 2

Zu Bild 291 Parkscheibe[3)]

(aufgehoben)

Zu Anlage 2 Abschnitt 9 Markierungen[4)]

Vgl. § 39 und VwV zu den §§ 39 bis 43, insbesondere Randnummer 49ff. 1

Zu Zeichen 293 Fußgängerüberweg

Vgl. zu § 26. 1

Zu Zeichen 295 Fahrstreifenbegrenzung und Fahrbahnbegrenzung[5)]

Zu Nummer 1 Fahrstreifenbegrenzung

I. Das Zeichen ist zur Trennung des für den Gegenverkehr bestimmten Teils der Fahrbahn in der Regel dann anzuordnen, wenn die Straße mehr als einen Fahrstreifen je Richtung aufweist. In diesen Fällen ist die Fahr- 1

---

1) VwV zu § 41 „Zu den Zeichen 283 und 286" neu gef. mWv 1.9.2009 durch VwV v. 17.7.2009 (BAnz. Nr. 110a S. 1).

2) VwV zu § 41 „Zu den Zeichen 290 und 292" wird VwV „Zu den Zeichen 290.1 und 290.2" und neu gef. mWv 1.9.2009 durch VwV v. 17.7.2009 (BAnz. Nr. 110a S. 1).

3) VwV zu § 41 „Zu Bild 291" aufgeh. mWv 1.9.2009 durch VwV v. 17.7.2009 (BAnz. Nr. 110a S. 1).

4) VwV zu § 41 „Zu Absatz 3" wird VwV „Zu Anlage 2 Abschnitt 9" und neu gef. mWv 1.9.2009 durch VwV v. 17.7.2009 (BAnz. Nr. 110a S. 1).

5) VwV zu § 41 „Zu Zeichen 295" neu gef. mWv 1.9.2009 durch VwV v. 17.7.2009 (BAnz. Nr. 110a S. 1).

streifenbegrenzung in der Regel als Doppellinie auszubilden. Auf Straßen mit nur einem Fahrstreifen je Richtung ist das Zeichen nur dann anzuordnen, wenn das Befahren des für den Gegenverkehr bestimmten Teils der Fahrbahn aus Verkehrssicherheitsgründen nicht zugelassen werden kann. In diesen Fällen soll zuvor eine Leitlinie von ausreichender Länge angeordnet werden, deren Striche länger sein müssen als ihre Lücken (Warnlinie). Die durchgehende Linie ist dort zu unterbrechen, wo das Linksab- und -einbiegen zugelassen werden soll. Soll das Linksab- oder -einbiegen nur aus einer Fahrtrichtung zugelassen werden, ist an diesen Stellen die einseitige Fahrstreifenbegrenzung (Zeichen 296) anzuordnen.

2 II. Zeichen 295 ist außerdem anzuordnen, wenn mehrere Fahrstreifen für den gleichgerichteten Verkehr vorhanden sind, ein Fahrstreifenwechsel jedoch verhindert werden soll. Die Fahrstreifen müssen dann mindestens 3 m breit sein.

3 III. In den übrigen Fällen reicht eine Abgrenzung vom Gegenverkehr durch eine Leitlinie (Zeichen 340) aus.

4 IV. Wegen der Zustimmungsbedürftigkeit vgl. Nummer III 1 c zu § 45 Absatz 1 bis 1e; Randnummer 6.

Zu Nummer 2 Fahrbahnbegrenzung

5 Außerhalb geschlossener Ortschaften ist auf Straßen zumindest bei starkem Kraftfahrzeugverkehr der Fahrbahnrand zu markieren.

Zu Zeichen 297.1 Vorankündigungspfeil[1)]

1 I. Aus Gründen der besseren Erkennbarkeit für den Kraftfahrer wird empfohlen, zur Ankündigung des Endes eines Fahrstreifens eine abweichende Ausführung des Pfeils zu verwenden. Diese gibt das Bundesministerium für Verkehr und digitale Infrastruktur nach Anhörung der zuständigen obersten Landesbehörden im Verkehrsblatt bekannt.

2 II. Auf Nummer IV zu §§ 39 bis 43 Allgemeines über Verkehrszeichen und Verkehrseinrichtungen wird verwiesen.

Zu Anlage 2 lfd. Nummer 74 Parkflächenmarkierungen[2)]

1 I. Eine Parkflächenmarkierung ist an Parkuhren vorzunehmen und überall dort, wo von der vorgeschriebenen Längsaufstellung abgewichen werden soll oder das Gehwegparken ohne Anordnung des Zeichens 315 zugelassen werden soll. Die erkennbare Abgrenzung der Parkflächen kann mit Markierungen, Markierungsknopfreihen oder durch eine abgesetzte Pflasterlinie erfolgen. In der Regel reicht eine Kennzeichnung der Parkstandsecken aus.

2 II. Das Parken auf Gehwegen darf nur zugelassen werden, wenn genügend Platz für den unbehinderten Verkehr von Fußgängern gegebenenfalls mit Kinderwagen oder Rollstuhlfahrern auch im Begegnungsverkehr bleibt, die Gehwege und die darunter liegenden Leitungen durch die parkenden

---

1) VwV zu § 41 „Zu Zeichen 297.1" eingef. mWv 1.9.2009 durch VwV v. 17.7.2009 (BAnz. Nr. 110a S. 1); Nr. I Satz 2 geänd. mWv 18.11.2014 durch VwV v. 11.11.2014 (BAnz AT 17.11. 2014 B5).

2) VwV zu § 41 „Zu Nummer 7" wird „Zu Anlage 2 lfd. Nummer 74" und neu gef. mWv 1.9. 2009 durch VwV v. 17.7.2009 (BAnz. Nr. 110a S. 1).

Fahrzeuge nicht beschädigt werden können und der Zugang zu Leitungen nicht beeinträchtigt werden kann sowie die Bordsteine ausreichend abgeschrägt und niedrig sind. Die Zulassung des Parkens durch Markierung auf Gehwegen ist dort zu erwägen, wo nur wenigen Fahrzeugen das Parken erlaubt werden soll; sonst ist die Anordnung des Zeichens 315 ratsam.

Zu Zeichen 299 Grenzmarkierung für Halt- und Parkverbote[1]

I. Vgl. zu § 12 Absatz 3 Nummer 1; Randnummer 2. **1**

II. Die Markierung kann auch vor und hinter Kreuzungen oder Einmündungen überall dort angeordnet werden, wo das Parken auf mehr als 5 m verboten werden soll. Sie kann ferner angeordnet werden, wo ein Haltverbot an für die Verkehrssicherheit bedeutsamen Stellen verlängert werden muss, z.B. an Fußgängerüberwegen. Die Markierung ist nicht an Stellen anzuwenden, an denen sich Halt- und Parkverbote sonst nicht durchsetzen lassen. **2**

III. Bei gesetzlichen Halt- oder Parkverboten reicht es in der Regel aus, nur den Beginn und das Ende bzw. den Bereich der Verlängerung durch eine kombinierte waagerechte und abgeknickte Linie zu markieren. **3**

Zu Nummer 9[2]

(aufgehoben)

Zu Absatz 4[3]

(aufgehoben)

Zu § 42[4] Richtzeichen.

Zu Zeichen 301 Vorfahrt[5]

I. Das Zeichen steht unmittelbar vor der Kreuzung oder Einmündung. **1**

II. An jeder Kreuzung und Einmündung, vor der das Zeichen steht, muss auf der anderen Straße das Zeichen 205 oder das Zeichen 206 angeordnet werden. **2**

III. Das Zusatzzeichen für die abknickende Vorfahrt (hinter Zeichen 306) darf nicht zusammen mit dem Zeichen 301 angeordnet werden. **3**

---

[1] VwV zu § 41 „Zu Zeichen 299" neu gef. mWv 1.9.2009 durch VwV v. 17.7.2009 (BAnz. Nr. 110a S. 1).

[2] VwV zu § 41 „Zu Nummer 9" aufgeh. mWv 1.9.2009 durch VwV v. 17.7.2009 (BAnz. Nr. 110a S. 1).

[3] VwV zu § 41 „Zu Absatz 4" aufgeh. mWv 1.9.2009 durch VwV v. 17.7.2009 (BAnz. Nr. 110a S. 1).

[4] VwV zu § 42 „Zu Zeichen 325.1 und 325.2" geänd., „Zu Zeichen 390" wird „Zu Zeichen 390.1", „Zu Zeichen 390.2 eingef., „Zu Zeichen 391" neu gef. mWv 30.5.2017 durch VwV v. 22.5.2017 (BAnz AT 29.05.2017 B8).

[5] VwV zu § 42 „Zu Zeichen 301" neu gef. mWv 1.9.2009 durch VwV v. 17.7.2009 (BAnz. Nr. 110a S. 1).

4 IV. Das Zeichen ist für Ortsdurchfahrten und Hauptverkehrsstraße nicht anzuordnen. Dort ist das Zeichen 306 zu verwenden. Im Übrigen ist innerhalb geschlossener Ortschaften das Zeichen 301 nicht häufiger als an drei hintereinander liegenden Kreuzungen oder Einmündungen zu verwenden. Sonst ist das Zeichen 306 zu verwenden. Eine Abweichung von dem Regelfall ist nur angezeigt, wenn die Bedürfnisse des Buslinienverkehrs in Tempo-30-Zonen dies zwingend erfordern.

5 V. Über Kreisverkehr vgl. zu Zeichen 215.

Zu den Zeichen 306 und 307 Vorfahrtstraße und Ende der Vorfahrtstraße[1)]

1 I. Innerhalb geschlossener Ortschaften ist die Vorfahrt für alle Straßen des überörtlichen Verkehrs (Bundes-, Landes- und Kreisstraßen) und weitere für den innerörtlichen Verkehr wesentliche Hauptverkehrsstraßen grundsätzlich unter Verwendung des Zeichens 306 anzuordnen (vgl. zu § 45 Absatz 1 bis 1e).

2 II. Das Zeichen 306 steht in der Regel innerhalb geschlossener Ortschaften vor der Kreuzung oder Einmündung, außerhalb geschlossener Ortschaften dahinter.

3 III. An jeder Kreuzung und Einmündung im Zuge einer Vorfahrtstraße muss für die andere Straße das Zeichen 205 oder Zeichen 206 angeordnet werden; siehe aber auch § 10.

4 IV. 1. Das Zeichen 306 mit dem Zusatzzeichen „abknickende Vorfahrt" ist immer vor der Kreuzung oder Einmündung anzubringen. Über die Zustimmungsbedürftigkeit vgl. Nummer III 1 Buchstabe a zu § 45 Absatz 1 bis 1e; Randnummer 4.

5 2. Die abknickende Vorfahrt ist nur anzuordnen, wenn der Fahrzeugverkehr in dieser Richtung erheblich stärker ist als in der Geradeausrichtung. Der Verlauf der abknickenden Vorfahrt muss deutlich erkennbar sein (Markierungen, Vorwegweiser).

6 3. Treten im Bereich von Kreuzungen oder Einmündungen mit abknickender Vorfahrt Konflikte mit dem Fußgängerverkehr auf, ist zum Schutz der Fußgänger das Überqueren der Fahrbahn durch geeignete Maßnahmen zu sichern, z.B. durch Lichtzeichenregelung für die Kreuzung oder Einmündung oder Geländer.

7 V. Wird eine weiterführende Vorfahrtstraße an einer Kreuzung oder Einmündung durch Zeichen 205 oder 206 unterbrochen, darf das Zeichen 307 nicht aufgestellt werden. Zeichen 306 darf in diesem Fall erst an der nächsten Kreuzung oder Einmündung wieder angeordnet werden.

8 VI. Endet eine Vorfahrtstraße außerhalb geschlossener Ortschaften, sollen in der Regel sowohl das Zeichen 307 als auch das Zeichen 205 oder das Zeichen 206 angeordnet werden. Innerhalb geschlossener Ortschaften ist das Zeichen 307 entbehrlich. Anstelle des Zeichens 307 kann auch das Zeichen 205 mit Entfernungsangabe als Vorankündigung angeordnet werden.

---

1) VwV zu § 42 „Zu den Zeichen 306 und 307" neu gef. mWv 1.9.2009 durch VwV v. 17.7. 2009 (BAnz. Nr. 110a S. 1).

Zu den Zeichen 301 bis 308[1)]

(aufgehoben)

Zu Zeichen 308 Vorrang vor dem Gegenverkehr[2)]

Das Zeichen steht vor einer verengten Fahrbahn. Am anderen Ende der Verengung muss das Zeichen 208 angeordnet werden (Vgl. zu Zeichen 208, Randnummer 3). 1

Zu den Zeichen 310 und 311 Ortstafel[3)]

I. Die Zeichen sind ohne Rücksicht auf Gemeindegrenze und Straßenbaulast in der Regel dort anzuordnen, wo ungeachtet einzelner unbebauter Grundstücke die geschlossene Bebauung auf einer der beiden Seiten der Straße für den ortseinwärts Fahrenden erkennbar beginnt. Eine geschlossene Bebauung liegt vor, wenn die anliegenden Grundstücke von der Straße erschlossen werden. 1

II. Die Zeichen sind auf der für den ortseinwärts Fahrenden rechten Straßenseite so anzuordnen, dass sie auch der ortsauswärts Fahrende deutlich erkennen kann. Ist das nicht möglich, ist die Ortstafel auch links anzubringen. 2

III. Die Ortstafel darf auch auf unbedeutenden Straßen für den allgemeinen Verkehr nicht fehlen. 3

IV. Das Zeichen 310 nennt den amtlichen Namen der Ortschaft und den Verwaltungsbezirk. Die Zusätze „Stadt", „Kreisstadt", „Landeshauptstadt" sind zulässig. Die Angabe des Verwaltungsbezirks hat zu unterbleiben, wenn dieser den gleichen Namen wie die Ortschaft hat (z.B. Stadtkreis). Ergänzend auch den höheren Verwaltungsbezirk zu nennen, ist nur dann zulässig, wenn dies zur Vermeidung einer Verwechslung nötig ist. Andere Zusätze sind nur zulässig, wenn es sich um Bestandteile des amtlichen Ortsnamens oder Titel handelt, die auf Grund allgemeine kommun3lrechtlicher Vorschriften amtlich verliehen worden sind. 4

V. Das Zeichen 311 nennt auf der unteren Hälfte den Namen der Ortschaft oder des Ortsteils, die oder der verlassen wird. Angaben über den Verwaltungsbezirk sowie die in Nummer IV genannten zusätzlichen Bezeichnungen braucht das Zeichen 311 nicht zu enthalten. Die obere Hälfte des Zeichens 311 nennt den Namen der nächsten Ortschaft bzw. des nächsten Ortsteiles. An Bundesstraßen kann stattdessen das nächste Nahziel nach dem Fern- und Nahzielverzeichnis gewählt werden. Unter dem Namen der nächsten Ortschaft bzw. des nächsten Ziels ist die Entfernung in ganzen Kilometern anzugeben. 5

VI. Durch die Tafel können auch Anfang und Ende eines geschlossenen Ortsteils gekennzeichnet werden. Sie nennt dann am Anfang entweder unter dem Namen der Gemeinde den des Ortsteils in verkleinerter Schrift, z.B. 6

[1)] VwV zu § 42 „Zu den Zeichen 301 bis 308" aufgeh. mWv 1.9.2009 durch VwV v. 17.7.2009 (BAnz. Nr. 110a S. 1).

[2)] VwV zu § 42 „Zu Zeichen 308" neu gef. mWv 1.9.2009 durch VwV v. 17.7.2009 (BAnz. Nr. 110a S. 1).

[3)] VwV zu § 42 „Zu den Zeichen 310 und 311" neu gef. mWv 1.9.2009 durch VwV v. 17.7.2009 (BAnz. Nr. 110a S. 1).

„Stadtteil Pasing", „Ortsteil Parksiedlung" oder den Namen des Ortsteils und darunter in verkleinerter Schrift den der Gemeinde mit dem vorgeschalteten Wort: „Stadt" oder „Gemeinde". Die zweite Fassung ist dann vorzuziehen, wenn zwischen den Ortsteilen einer Gemeinde eine größere Entfernung liegt. Die erste Fassung sollte auch dann, wenn die Straße nicht unmittelbar dorthin führt, nicht gewählt werden.

7 VII. Gehen zwei geschlossene Ortschaften ineinander über und müssen die Verkehrsteilnehmer über deren Namen unterrichtet werden, sind die Ortstafeln für beide etwa auf gleicher Höhe aufzustellen. Deren Rückseiten sind freizuhalten.

8 VIII. Andere Angaben als die hier erwähnten, wie werbende Zusätze, Stadtwappen, sind auf Ortstafeln unzulässig.

Zu Zeichen 314 Parken[1]

1 I. Das Zeichen ist bei der Kennzeichnung von Parkplätze im Regelfall an deren Einfahrt anzuordnen.

2 II. Zur Kennzeichnung der Parkerlaubnis auf Seitenstreifen oder am Fahrbahnrand ist es nur anzuordnen, wenn

3 a) dort das erlaubte Parken durch Zusatzzeichen beschränkt werden soll oder

b) für Verkehrsteilnehmer nicht erkennbar ist, dass dort geparkt werden darf, und eine Parkflächenmarkierung nicht in Betracht kommt.

4 III. Als Hinweis auf größere öffentlich oder privat betriebene Parkplätze und Parkhäuser ist es nur dann anzuordnen, wenn deren Zufahrt für die Verkehrsteilnehmer nicht eindeutig erkennbar ist, aber nur im unmittelbare Bereich dieser Zufahrt. Durch zwei weiße dachförmig aufeinander zuführende Schrägbalken über dem „P" kann angezeigt werden, dass es sich um ein Parkhaus handelt. Nicht amtliche Zusätze im unteren Teil des Zeichens mit der Angabe „frei", „besetzt" oder der freien Zahl von Parkständen bzw. Stellplätzen sind zulässig.

5 IV. Durch Zusatzzeichen mit dem Sinnbild eines Fahrrades kann auf Parkflächen für Fahrräder hingewiesen werden.

6 V. Zur Bevorrechtigung von elektrisch betriebenen Fahrzeugen wird auf die VwV zu § 45 Absatz 1g verwiesen.

Zu Zeichen 314.1 und 314.2 Parkraumbewirtschaftungszone[2]

1 Das Zeichen ist dann anzuordnen, wenn in einem zusammenhängenden Bereich mehrerer Straßen ganz oder überwiegend das Parken nur mit Parkschein oder mit Parkscheibe zugelassen werden soll. Die Art des zulässigen Parkens ist durch Zusatzzeichen anzugeben. Innerhalb der Zone kann an einzelnen bestimmten Stellen das Halten oder Parken durch Zeichen 283 oder 286 verboten werden. Vgl. auch Nummer II zu den Zeichen 290.1 und 290.2; Randnummer 2.

---

[1] VwV zu § 42 „Zu Zeichen 314" neu gef. mWv 1.9.2009 durch VwV v. 17.7.2009 (BAnz. Nr. 110a S. 1); Nr. 6 angef. mWv 26.9.2015 durch VwV v. 22.9.2015 (BAnz AT 25.09.2015 B5).

[2] VwV zu § 42 „Zu Zeichen 314.1 und 314.2" eingef. mWv 1.9.2009 durch VwV v. 17.7.2009 (BAnz. Nr. 110a S. 1).

Zu Zeichen 315 Parken auf Gehwegen[1]

I. Das Parken auf Gehwegen darf nur zugelassen werden, wenn genügend Platz für den unbehinderten Verkehr von Fußgängern gegebenenfalls mit Kinderwagen oder Rollstuhlfahrern auch im Begegnungsverkehr bleibt, die Gehwege und die darunter liegenden Leitungen durch die parkenden Fahrzeuge nicht beschädigt werden können und der Zugang zu Leitungen nicht beeinträchtigt werden kann. 1

II. Im Übrigen vgl. II zu Parkflächenmarkierungen (lfd. Nummer 74 der Anlage 2). 2

III. Zur Bevorrechtigung von elektrisch betriebenen Fahrzeugen wird auf die VwV zu § 45 Absatz 1g verwiesen. 3

Zu Zeichen 317 Wandererparkplatz[2]

(aufgehoben)

Zu Bild 318 Parkscheibe[3]

Einzelheiten über die Ausgestaltung der Parkscheibe gibt das Bundesministerium für Verkehr und digitale Infrastruktur im Einvernehmen mit den zuständigen obersten Landesbehörden im Verkehrsblatt bekannt. 1

Zu den Zeichen 325.1 und 325.2 Verkehrsberuhigter Bereich[4]

I. Ein verkehrsberuhigter Bereich kann für einzelne Straßen oder Bereiche in Betracht kommen. Die Straßen oder Bereiche dürfen nur von sehr geringem Verkehr frequentiert werden und sie müssen über eine überwiegende Aufenthaltsfunktion verfügen. Solche Straßen oder Bereiche können auch in Tempo 30-Zonen integriert werden. 1

II. Die mit Zeichen 325.1 gekennzeichneten Straßen oder Bereiche müssen durch ihre besondere Gestaltung den Eindruck vermitteln, dass die Aufenthaltsfunktion überwiegt und der Fahrzeugverkehr eine untergeordnete Bedeutung hat. In der Regel wird ein niveaugleicher Ausbau für die ganze Straßenbreite erforderlich sein. 2

III. Zeichen 325.1 darf nur angeordnet werden, wenn Vorsorge für den ruhenden Verkehr getroffen ist. 3

IV. Zeichen 325.1 ist so aufzustellen, dass es aus ausreichender Entfernung wahrgenommen werden kann; erforderlichenfalls ist es von der Einmündung in die Hauptverkehrsstraße abzurücken oder beidseitig aufzustellen. 4

V. Mit Ausnahme von Parkflächenmarkierungen sollen in verkehrsberuhigten Bereichen keine weiteren Verkehrszeichen angeordnet werden. Die 5

---

[1] VwV zu § 42 „Zu Zeichen 315" neu gef. mWv 1.9.2009 durch VwV v. 17.7.2009 (BAnz. Nr. 110a S. 1); Nr. 3 angef. mWv 26.9.2015 durch VwV v. 22.9.2015 (BAnz AT 25.09.2015 B5).

[2] VwV zu § 42 „Zu Zeichen 317" aufgeh. mWv 1.9.2009 durch VwV v. 17.7.2009 (BAnz. Nr. 110a S. 1).

[3] VwV zu § 42 „Zu Bild 318" eingef. mWv 1.9.2009 durch VwV v. 17.7.2009 (BAnz. Nr. 110a S. 1); geänd. mWv 18.11.2014 durch VwV v. 11.11.2014 (BAnz AT 17.11.2014 B5).

[4] Bish. VwV zu § 42 „Zu den Zeichen 325 und 326" wird „Zu den Zeichen 325.1 und 325.2" und neu gef. mWv 1.9.2009 durch VwV v. 17.7.2009 (BAnz. Nr. 110a S. 1); Randnr. 1 und 2 neu gef. mWv 30.5.2017 durch VwV v. 22.5.2017 (BAnz AT 29.05.2017 B8).

zum Parken bestimmten Flächen sollen nicht durch Zeichen 314 gekennzeichnet werden, sondern durch Markierung, die auch durch Pflasterwechsel erzielt werden kann.

Zu Zeichen 327 Tunnel[1)]

1 I. Das Zeichen ist an jeder Tunneleinfahrt anzuordnen. Bei einer Tunnellänge von mehr als 400 m ist der Name des Tunnels und die Tunnellänge mit „... m (km)" anzugeben. In der Regel erfolgt dies durch Angabe im Zeichen unterhalb des Sinnbildes. Bei einer Tunnellänge von weniger als 400 m ist die Angabe des Namens nur notwendig, wenn besondere Umstände dies erfordern.

2 II. Bei einem Tunnel von mehr als 3 000 m Länge ist alle 1 000 m die noch zurückzulegende Tunnelstrecke durch die Angabe „noch ..." anzuzeigen.

3 III. Das Zeichen kann zusätzlich in ausreichendem Abstand vor dem Tunnel mit dem Hinweis „Tunnel in ... m" in dem Zeichen oder durch Zusatzzeichen 1004 angeordnet werden.

Zu Zeichen 328 Nothalte- und Pannenbucht[2)]

1 I. Das Zeichen steht am Beginn einer Nothalte- und Pannenbucht. Bei besonderen örtlichen und verkehrlichen Gegebenheiten kann Zeichen 328 aus als Vorankündigung in ausreichendem Abstand (z.B. in Tunnel ca. 300 m) vor einer Nothalte- und Pannenbucht aufgestellt werden; dann ist zum Zeichen 328 das Zusatzzeichen 1004 (in ... m") anzubringen.

2 II. Hinsichtlich der Anordnung des Zeichens Notrufsäule (Zeichen 365-51) wird auf die Richtlinien für die Ausstattung und den Betrieb von Straßentunneln (RABT) verwiesen.

Zu Zeichen 330.1 Autobahn[3)]

1 I. Das Zeichen ist sowohl am Beginn der Autobahn als auch an jeder Anschlußstellenzufahrt aufzustellen. In der Regel muß es am Beginn der Zufahrt aufgestellt werden.

2 II. Das Zeichen darf auch an Straßen aufgestellt werden, die nicht als Bundesautobahnen nach dem Bundesfernstraßengesetz[4)] gewidmet sind, wenn diese Straßen für Schnellverkehr geeignet sind, frei von höhengleichen Kreuzungen sind, getrennte Fahrbahnen für den Richtungsverkehr haben und mit besonderen Anschlußstellen für die Zu- und Ausfahrten ausgestattet sind. Voraussetzung ist aber, dass für den Verkehr, der Autobahnen nicht befahren darf, andere Straßen, deren Benutzung zumutbar

---

1) VwV zu § 42 „Zu Zeichen 327" eingef. mWv 1.5.2006 durch VwV v. 10.4.2006 (BAnz. Nr. 74 S. 2968).

2) VwV zu § 42 „Zu Zeichen 328" eingef. mWv 1.5.2006 durch VwV v. 10.4.2006 (BAnz. Nr. 74 S. 2968).

3) Bish. VwV zu § 42 „Zu Zeichen 330" wird „Zu Zeichen 330.1" und Nr. I geänd., Nr. II Satz 2 neu gef., Nr. III aufgeh. mWv 1.9.2009 durch VwV v. 17.7.2009 (BAnz. Nr. 110a S. 1).

4) Nr. **700**.

ist, und für die Anlieger anderweitige Ein- und Ausfahrten zur Verfügung stehen.

Zu Zeichen 330.1, 331.1, 330.2 und 331.2[1]

Über die Zustimmungsbedürftigkeit vgl. Nummer III 1 a zu § 45 Absatz 1 bis 1e; Randnummer 4. Ist die oberste Landesbehörde nicht zugleich oberste Landesbehörde für den Straßenbau, muss auch diese zustimmen. 1

Zu Zeichen 330.2 und 331.2 Ende der Autobahn und Kraftfahrstraße[2]

I. Das jeweilige Zeichen ist am Ende der Autobahn oder der Kraftfahrstraße und an allen Ausfahrten der Anschlussstellen anzuordnen, wobei eine Vorankündigung in aller Regel entbehrlich ist. 1

II. Das jeweilige Zeichen entfällt, wenn die Autobahn unmittelbar in eine Kraftfahrstraße übergeht oder umgekehrt. Dann ist stattdessen Zeichen 330.1 oder 331.1 anzuordnen. 2

Zu Zeichen 331.1 Kraftfahrstraße[3]

I. Voraussetzung für die Anordnung des Zeichens ist, dass für den Verkehr, der Kraftfahrstraßen nicht befahren darf, andere Straßen, deren Benutzung zumutbar ist, zur Verfügung stehen. 1

II. Das Zeichen ist an allen Kreuzungen und Einmündungen zu wiederholen. 2

Zu Zeichen 332 Ausfahrt von der Autobahn[4]

(aufgehoben)

Zu Zeichen 332.1 Ausfahrt von der Kraftfahrstraße[5]

Vgl. Nummer III VwV zu den Zeichen 332, 448, 449 und 453; Randnummer 4. 1

Zu den Zeichen 332 und 333[6]

(aufgehoben)

Zu Zeichen 333 Ausfahrt von der Autobahn[7]

Außerhalb von Autobahnen darf das Zeichen nur an einer autobahnähnlich ausgebauten Straße (vgl. Nummer II zu Zeichen 330.1; Randnummer 2) 1

---

[1] VwV zu § 42 „Zu Zeichen 330.1, 331.1, 330.2 und 331.2" eingef. mWv 1.9.2009 durch VwV v. 17.7.2009 (BAnz. Nr. 110a S. 1).

[2] VwV zu § 42 „Zu Zeichen 330.2 und 331.2" eingef. mWv 1.9.2009 durch VwV v. 17.7.2009 (BAnz. Nr. 110a S. 1).

[3] Bish. VwV zu § 42 „Zu Zeichen 331" wird „Zu Zeichen 331.1" und neu gef. mWv 1.9.2009 durch VwV v. 17.7.2009 (BAnz. Nr. 110a S. 1).

[4] VwV zu § 42 „Zu Zeichen 332" aufgeh. mWv 1.9.2009 durch VwV v. 17.7.2009 (BAnz. Nr. 110a S. 1).

[5] VwV zu § 42 „Zu Zeichen 332.1" eingef. mWv 1.9.2009 durch VwV v. 17.7.2009 (BAnz. Nr. 110a S. 1).

[6] VwV zu § 42 „Zu den Zeichen 332 und 333" aufgeh. mWv 1.9.2009 durch VwV v. 17.7.2009 (BAnz. Nr. 110a S. 1).

[7] VwV zu § 42 „Zu Zeichen 333" eingef. mWv 1.9.2009 durch VwV v. 17.7.2009 (BAnz. Nr. 110a S. 1).

angeordnet werden. Dann hat das Zeichen entweder einen gelben oder – sofern es Zeichen 332 in weiß mit Zielen gemäß Zeichen 432 folgt – weißen Grund. Die Schrift und der Rand sind schwarz.

Zu Zeichen 334 Ende der Autobahn[1)]

(aufgehoben)

Zu den Zeichen 330, 332 bis 334 und 448 bis 453[2)]

(aufgehoben)

Zu Zeichen 336 Ende der Kraftfahrstraße[3)]

(aufgehoben)

Zu den Zeichen 330, 331, 334 und 336[4)]

(aufgehoben)

Zu Anlage 3 Abschnitt 8 Markierungen[5)]

1 Vgl. § 39 und VwV zu den §§ 39 bis 43.

Zu Zeichen 340 Leitlinie[6)]

1 I. Der für den Gegenverkehr bestimmte Teil der Fahrbahn ist in der Regel durch Leitlinien (Zeichen 340) zu markieren, auf Fahrbahnen mit zwei oder mehr Fahrstreifen für jede Richtung durch Fahrstreifenbegrenzungen (Zeichen 295). Die Fahrstreifenbegrenzung sollte an Grundstückszufahrten nur dann unterbrochen werden, wenn andernfalls für den Anliegerverkehr unzumutbare Umwege oder sonstige Unzuträglichkeiten entstehen; wenn es erforderlich ist, das Linksabbiegen zu einem Grundstück zuzulassen, das Linksabbiegen aus diesem Grundstück aber verboten werden soll, kommt gegebenenfalls die Anbringung einer einseitigen Fahrstreifenbegrenzung (Zeichen 296) in Frage. Fahrstreifenbegrenzungen sind nicht zweckmäßig, wenn zu gewissen Tageszeiten Fahrstreifen für den Verkehr aus der anderen Richtung zur Verfügung gestellt werden müssen. Vgl. § 37 Absatz 3.

II. Schutzstreifen für Radfahrer

2 1. Die Leitlinie für Schutzstreifen ist im Verhältnis Strich/Lücke 1:1 zu markieren und auf vorfahrtberechtigten Straßen an Kreuzungen und Einmündungen als Radverkehrsführung fortzusetzen.

---

1) VwV zu § 42 „Zu Zeichen 334" aufgeh. mWv 1.9.2009 durch VwV v. 17.7.2009 (BAnz. Nr. 110a S. 1).

2) VwV zu § 42 „Zu den Zeichen 330, 332 bis 334 und 448 bis 453" aufgeh. mWv 1.9.2009 durch VwV v. 17.7.2009 (BAnz. Nr. 110a S. 1).

3) VwV zu § 42 „Zu Zeichen 336" aufgeh. mWv 1.9.2009 durch VwV v. 17.7.2009 (BAnz. Nr. 110a S. 1).

4) VwV zu § 42 „Zu den Zeichen 330, 331, 334 und 336" aufgeh. mWv 1.9.2009 durch VwV v. 17.7.2009 (BAnz. Nr. 110a S. 1).

5) VwV zu § 42 „Zu Anlage 3 Abschnitt 8 Markierungen" eingef. mWv 1.9.2009 durch VwV v. 17.7.2009 (BAnz. Nr. 110a S. 1).

6) VwV zu § 42 „Zu Zeichen 340" neu gef. mWv 1.9.2009 durch VwV v. 17.7.2009 (BAnz. Nr. 110a S. 1).

2. Auf die Markierung einer Leitlinie in Fahrbahnmitte ist zu verzichten, wenn abzüglich Schutzstreifen der verbleibende Fahrbahnanteil weniger als 5,50 m breit ist. 3
3. Zu Schutzstreifen vgl. auch zu Nummer I 5 zu § 2 Absatz 4 Satz 2. 4

III. Leitlinien sind nach den Richtlinien für die Markierung von Straßen (RMS) auszuführen. Vgl. zu Markierungen (Anlage 3). 5

IV. Vgl. auch Nummer I zu § 7 Absatz 1 bis 3. 6

Zu Zeichen 341 Wartelinie[1]

Die Wartelinie darf nur dort angeordnet werden,

1. wo das Zeichen 205 anordnet: „Vorfahrt gewähren.", 1
2. wo Linksabbieger den Gegenverkehr durchfahren lassen müssen, 2
3. wo vor einer Lichtzeichenanlage, vor dem Zeichen 294 oder vor einem Bahnübergang eine Straße oder Zufahrt einmündet; in diesen Fällen ist die Anordnung des Zusatzzeichens „bei Rot hier halten" im Regelfall entbehrlich. 3

Zu § 42 Abs. 6 Nr. 3 Schriftzeichen und Wiedergabe von Verkehrsschildern auf der Fahrbahn[2]

(aufgehoben)

Zu Zeichen 350 Fußgängerüberweg[3]

Das Zeichen darf nicht in Kombination mit anderen Zeichen aufgestellt werden. 1

Zu Zeichen 353 Einbahnstraße[4]

(aufgehoben)

Zu Zeichen 354 Wasserschutzgebiet[5]

I. Es ist an den Grenzen der Einzugsgebiete von Trinkwasser und von Heilquellen auf Straßen anzuordnen, auf denen Fahrzeuge mit wassergefährdender Ladung häufig fahren. In der Regel ist die Länge der Strecke, die durch das Wasserschutzgebiet führt, auf einem Zusatzzeichen (§ 40 Abs. 4) anzugeben. 1

II. Nummer I zu Zeichen 269 gilt auch hier. 2

III. Vgl. auch Nummer II zu Zeichen 269. 3

IV. Es empfiehlt sich, das Zeichen voll retroreflektierend auszuführen. 4

---

[1] VwV zu § 42 „Zu Zeichen 341" neu gef. mWv 1.9.2009 durch VwV v. 17.7.2009 (BAnz. Nr. 110a S. 1).

[2] VwV zu § 42 „Zu § 42 Abs. 6 Nr. 3" aufgeh. mWv 1.9.2009 durch VwV v. 17.7.2009 (BAnz. Nr. 110a S. 1).

[3] VwV zu § 42 „Zu Zeichen 350" Nr. II aufgeh., bish. Nr. I wird alleiniger Wortlaut mWv 1.9.2009 durch VwV v. 17.7.2009 (BAnz. Nr. 110a S. 1).

[4] VwV zu § 42 „Zu Zeichen 353" aufgeh. mWv 1.9.2009 durch VwV v. 17.7.2009 (BAnz. Nr. 110a S. 1).

[5] VwV zu § 42 „Zu Zeichen 354" Nr. I geänd. mWv 1.9.2009 durch VwV v. 17.7.2009 (BAnz. Nr. 110a S. 1).

Zu Zeichen 355 Fußgängerunter- oder -überführung[1)]

(aufgehoben)

Zu Zeichen 356 Verkehrshelfer[2)]

1 I. Verkehrshelfer sind Schülerlotsen, Schulweghelfer oder andere Helfer für den Fußgängerverkehr.

2 II. An Lichtzeichenanlagen und Fußgängerüberwegen ist das Zeichen nicht anzuordnen.

Zu Zeichen 357 Sackgasse[3)]

1 I. Das Zeichen ist nur anzuordnen, wenn die Straße nicht ohne Weiteres als Sackgasse erkennbar ist.

2 II. Ist die Durchlässigkeit einer Sackgasse für Radfahrer und Fußgänger nicht ohne Weiteres erkennbar, ist im oberen Teil des Zeichens je nach örtlicher Gegebenheit ein Sinnbild für „Fußgänger" oder „Fahrrad" in verkleinerter Ausführung in das Zeichen zu integrieren.

Zu Zeichen 358 Erste Hilfe[4)]

1 I. Das Zeichen zeigt stets das rote Kreuz ohne Rücksicht darauf, wer den Hilfsposten eingerichtet hat.

2 II. Es darf nur verwendet werden zum Hinweis auf regelmäßig besetzte Posten.

Zu Zeichen 359 Pannenhilfe[5)]

(aufgehoben)

Zu Zeichen 363 Polizei[6)]

1 Das Zeichen darf nur für Straßen mit einem erheblichen Anteil ortsfremden Verkehrs und nur dann angeordnet werden, wenn die Polizeidienststelle täglich über 24 Stunden besetzt oder eine Sprechmöglichkeit vorhanden ist.

Zu den Zeichen 375 bis 377 Autobahnhotel usw.[7)]

(aufgehoben)

[1)] VwV zu § 42 „Zu Zeichen 355" aufgeh. mWv 1.9.2009 durch VwV v. 17.7.2009 (BAnz. Nr. 110a S. 1).

[2)] VwV zu § 42 „Zu Zeichen 356" neu gef. mWv 1.9.2009 durch VwV v. 17.7.2009 (BAnz. Nr. 110a S. 1).

[3)] VwV zu § 42 „Zu Zeichen 357" neu gef. mWv 1.9.2009 durch VwV v. 17.7.2009 (BAnz. Nr. 110a S. 1).

[4)] VwV zu § 42 „Zu Zeichen 358" Nr. II geänd., Nr. III aufgeh. mWv 1.9.2009 durch VwV v. 17.7.2009 (BAnz. Nr. 110a S. 1).

[5)] VwV zu § 42 „Zu Zeichen 359" aufgeh. mWv 1.9.2009 durch VwV v. 17.7.2009 (BAnz. Nr. 110a S. 1).

[6)] VwV zu § 42 „Zu Zeichen 363" neu gef. mWv 1.9.2009 durch VwV v. 17.7.2009 (BAnz. Nr. 110a S. 1).

[7)] VwV zu § 42 „Zu den Zeichen 375 bis 377" aufgeh. mWv 1.9.2009 durch VwV v. 17.7.2009 (BAnz. Nr. 110a S. 1).

Zu den Zeichen 380 Richtgeschwindigkeit und Zeichen 381 Ende der Richtgeschwindigkeit[1)]

(aufgehoben)

Zu Zeichen 385 Ortshinweistafel[2)]

Das Zeichen ist nur dann anzuordnen, wenn der Name der Ortschaft nicht bereits aus der Wegweisung ersichtlich ist. 1

Zu Zeichen 386.1, 386.2 und 386.3 Touristischer Hinweis, touristische Route und touristische Unterrichtungstafel[3)]

I. Touristische Beschilderungen mit den Zeichen 386.1 bis 386.3 dürfen nur äußerst sparsam angeordnet werden. Durch sie darf die Auffälligkeit, Erkennbarkeit und Lesbarkeit anderer Verkehrszeichen nicht beeinträchtigt werden. Die Zeichen 386.2 und 386.3 dürfen nicht zusammen mit anderen Verkehrszeichen aufgestellt werden. 1

II. Die Zeichen 386.1 und 386.2 können neben einer kennzeichnenden auch eine wegweisende Funktion erfüllen. Als Wegweiser soll Zeichen 386.2 nur dazu eingesetzt werden, den Verlauf touristischer Routen zu kennzeichnen, dem Prinzip von Umleitungsbeschilderungen entsprechend. 2

III. Im Hinblick auf die Anordnung touristischer Beschilderung sollen die touristisch bedeutsamen Ziele und touristischen Routen unter Beteiligung von Interessenvertretern des Tourismus und anderen interessierten Verbänden von der Straßenverkehrsbehörde festgelegt werden. Zu beteiligen sind von Seiten der Behörden vor allem die Straßenbaubehörde, die für den Tourismus zuständige Behörde, die Denkmalbehörde, die Forstbehörde. 3

IV. Die Ausgestaltung und Aufstellung der Zeichen richtet sich nach den Richtlinien für touristische Beschilderung (RtB). Die Fundstelle gibt das zuständige Bundesministerium bekannt. 4

Zu Zeichen 388 Seitenstreifen nicht befahrbar[4)]

(aufgehoben)

Zu Zeichen 390.1 Mautpflicht nach dem Bundesfernstraßenmautgesetz[5)]

I. Die Anordnung des Verkehrszeichens ist nur an den der Mautpflicht unterliegenden Straßenabschnitten erforderlich, welche nicht unmittelbar an eine Bundesautobahn oder mittelbar über eine andere mautpflichtige Bundesstraße an eine Bundesautobahn angebunden sind oder unmittelbar oder mittelbar an solche anschließen („Insellage"). 1

[1)] VwV zu § 42 „Zu den Zeichen 380 und 381" aufgeh. mWv 1.9.2009 durch VwV v. 17.7.2009 (BAnz. Nr. 110a S. 1).

[2)] VwV zu § 42 „Zu Zeichen 385" neu gef. mWv 1.9.2009 durch VwV v. 17.7.2009 (BAnz. Nr. 110a S. 1).

[3)] VwV zu § 42 „Zu Zeichen 386" wird zu „Zu Zeichen 386.1, 386.2 und 386.3" und neu gef. mWv 1.9.2009 durch VwV v. 17.7.2009 (BAnz. Nr. 110a S. 1).

[4)] VwV zu § 42 „Zu Zeichen 388" aufgeh. mWv 1.9.2009 durch VwV v. 17.7.2009 (BAnz. Nr. 110a S. 1).

[5)] VwV zu § 42 „Zu Zeichen 390" wird „Zu Zeichen 390.1" und neu gef. geänd. mWv 30.5. 2017 durch VwV v. 22.5.2017 (BAnz AT 29.05.2017 B8).

2 II. Das Zeichen ist beidseitig am Beginn der mautpflichtigen Strecke und zusätzlich ca. 800 m vor der letzten Ausfahrt vor Beginn der mautpflichtigen Strecke mit dem Zusatzzeichen 1004 unter Angabe der Entfernung bis zum Beginn der mautpflichtigen Strecke anzuordnen. Die Anordnung an einmündenden oder kreuzenden Straßen kann zusätzlich mit der entsprechenden Richtungsangabe durch Zusatzzeichen 1000 versehen werden. Das Zusatzzeichen 1004 gibt dann die Entfernung bis zum Entscheidungspunkt an.

3 III. Zur besseren Orientierung bei der Annäherung an den Beginn einer mautpflichtigen Strecke kann das Zeichen in verkleinerter Form in den Pfeilen der Vorwegweiser Zeichen 438, 439 oder Zeichen 440, 449 dargestellt werden. Dabei richtet sich die Ausführung auch für Zeichen 440, 449 nach den RWB.

Zu Zeichen 390.2 Ende der Mautpflicht nach dem Bundesfernstraßenmautgesetz[1)]

1 I. Die Anordnung des Verkehrszeichens ist dort erforderlich, wo die Mautpflicht nach dem Bundesfernstraßenmautgesetz[2)] endet.

2 II. Das Zeichen ist am Ende der mautpflichtigen Strecke einmal am rechten Fahrbahnrand anzuordnen. Die Anordnung an einmündenden oder kreuzenden Straßen kann zusätzlich mit der entsprechenden Richtungsangabe durch Zusatzzeichen 1000 versehen werden. Das Zusatzzeichen 1004 gibt dann die Entfernung bis zum Entscheidungspunkt an.

Zu Zeichen 391 Mautpflichtige Strecke[3)]

1 I. Die Anordnung des Verkehrszeichens kommt nur für Straßenabschnitte von Bundesfernstraßen in Betracht, deren Bau, Erhaltung, Betrieb und Finanzierung Privaten nach Maßgabe des Fernstraßenbauprivatfinanzierungsgesetzes (FStrPrivFinG) zur Ausführung übertragen wurden und sofern für die Benutzung dieser Straßenabschnitte eine Gebühr oder ein Entgelt von dem Privaten erhoben wird.

2 II. Das Zeichen ist beiderseitig am Beginn der mautpflichtigen Strecke aufzustellen, bei der es sich nur um Brücken, Tunnel und Gebirgspässe im Zuge von Bundesautobahnen oder Bundesstraßen oder mehrstreifigen Bundesstraßen mit getrennten Fahrbahnen für den Richtungsverkehr mit Kraftfahrzeugen handeln kann. Zusätzlich ist das Zeichen ca. 800 m vor der letzten Ausfahrt vor Beginn der mautpflichtigen Strecke mit dem Zusatzzeichen 1004 unter Angabe der Entfernung bis zum Beginn der mautpflichtigen Strecke anzuordnen. Die Anordnung an einmündenden oder kreuzenden Straßen ist zusätzlich mit der entsprechenden Richtungsangabe durch Zusatzzeichen 1000 zu versehen. Das Zusatzzeichen 1004 gibt dann die Entfernung bis zum Entscheidungspunkt an.

---

1) VwV zu § 42 „Zu Zeichen 390.2" eingef. mWv 30.5.2017 durch VwV v. 22.5.2017 (BAnz AT 29.05.2017 B8).

2) Nr. **810**.

3) VwV zu § 42 „Zu Zeichen 391" neu gef. mWv 30.5.2017 durch VwV v. 22.5.2017 (BAnz AT 29.05.2017 B8).

III. Zur besseren Orientierung bei der Annäherung an den Beginn einer mautpflichtigen Strecke kann das Zeichen in verkleinerter Form in den Pfeilen der Vorwegweiser Zeichen 438, 439 oder Zeichen 440, 449 dargestellt werden. Dabei richtet sich die Ausführung auch für Zeichen 440, 449 nach den RWB. 3

Zu Zeichen 392 Zollstelle[1)]

Das Zeichen sollte in der Regel 150 bis 250 m vor der Zollstelle aufgestellt werden. Die Zollbehörden sind zu hören. 1

Zu Zeichen 393 Informationstafel an Grenzübergangsstellen[2)]

(aufgehoben)

Zu Zeichen 394 Laternenring

Ringe und Schilder sind 70 mm hoch, Schilder 150 mm breit. 1

Zu Anlage 3 Abschnitt 10 Wegweisung[3)]

I. Die Wegweisung soll den ortsunkundigen Verkehrsteilnehmer über ausreichend leistungsfähige Straßen zügig, sicher und kontinuierlich leiten. Hierbei sind die tatsächlichen Verkehrsbedürfnisse und die Bedeutungen der Straßen zu beachten. Eine Zweckentfremdung der Wegweisung aus Gründen der Werbung ist unzulässig. 1

II. Die Ausgestaltung und Aufstellung der wegweisenden Zeichen richten sich nach den Richtlinien für wegweisende Beschilderung außerhalb von Autobahnen (RWB) und den Richtlinien für wegweisende Beschilderung auf Autobahnen (RWBA). Das Bundesministerium für Verkehr und digitale Infrastruktur gibt die RWB und RWBA im Einvernehmen mit den zuständigen obersten Landesbehörden im Verkehrsblatt bekannt. 2

Zu den Zeichen 401 und 410[4)]

(aufgehoben)

Zu Zeichen 405 Nummernschild für Autobahnen[5)]

(aufgehoben)

Zu Zeichen 406 Nummernschild für Knotenpunkte der Autobahnen[6)]

(aufgehoben)

[1)] VwV zu § 42 „Zu Zeichen 392" Überschrift und Wortlaut geänd. mWv 1.9.2009 durch VwV v. 17.7.2009 (BAnz. Nr. 110a S. 1).

[2)] VwV zu § 42 „Zu Zeichen 393" aufgeh. mWv 1.9.2009 durch VwV v. 17.7.2009 (BAnz. Nr. 110a S. 1).

[3)] VwV zu § 42 „Zu Anlage 3 Abschnitt 10" eingef. mWv 1.9.2009 durch VwV v. 17.7.2009 (BAnz. Nr. 110a S. 1); Nr. II Satz 2 geänd. mWv 18.11.2014 durch VwV v. 11.11.2014 (BAnz AT 17.11.2014 B5).

[4)] VwV zu § 42 „Zu den Zeichen 401 und 410" aufgeh. mWv 1.9.2009 durch VwV v. 17.7.2009 (BAnz. Nr. 110a S. 1).

[5)] VwV zu § 42 „Zu Zeichen 405" aufgeh. mWv 1.9.2009 durch VwV v. 17.7.2009 (BAnz. Nr. 110a S. 1).

[6)] VwV zu § 42 „Zu Zeichen 406" aufgeh. mWv 1.9.2009 durch VwV v. 17.7.2009 (BAnz. Nr. 110a S. 1).

Zu den Zeichen 415 bis 442 Wegweiser außerhalb von Autobahnen[1)]

1 Für Bundesstraßen gibt das Bundesministerium für Verkehr und digitale Infrastruktur das Bundesstraßenverzeichnis heraus. Es enthält u.a. die Fern- und Nahziele der Bundesstraßen sowie die Entfernungen benachbarter Ziele auf der Bundesstraße. Das Bundesstraßenverzeichnis sowie die entsprechenden Verzeichnisse der obersten Landesbehörden für die übrigen Straßen sind bei der Auswahl der Ziele zu beachten.

Zu den Zeichen 421 und 442[2)]

(aufgehoben)

Zu den Zeichen 421, 422, 442 und 454 bis 466 Umleitungsbeschilderung[3)]

1 I. Umleitungen, auch nur von Teilen des Fahrverkehrs, und Bedarfsumleitungen sind in der Regel in einem Umleitungsplan festzulegen. Die zuständige Behörde hat sämtliche beteiligten Behörden und die Polizei, gegebenenfalls auch die Bahnunternehmen, Linienverkehrsunternehmen und die Versorgungsunternehmen zur Planung heranzuziehen. Dabei sind die Vorschriften des Straßenrechts, insbesondere des § 14 des Bundesfernstraßengesetzes und die entsprechenden Vorschriften der Landesstraßengesetze zu berücksichtigen. Bei allen in den Verkehrsablauf erheblich eingreifenden Umleitungsplänen empfiehlt es sich, einen Anhörungstermin anzuberaumen.

2 II. Die Ausgestaltung und Aufstellung der Umleitungsbeschilderung richtet sich nach den Richtlinien für Umleitungsbeschilderungen (RUB). Das Bundesministerium für Verkehr und digitale Infrastruktur gibt die RUB im Einvernehmen mit den zuständigen obersten Landesbehörden im Verkehrsblatt bekannt.

Zu Zeichen 432 Wegweiser zu Zielen mit erheblicher Verkehrsbedeutung[4)]

1 I. Ziele mit erheblicher Verkehrsbedeutung können sein:
- Ortsteile (z.B. Parksiedlung, Zentrum, Kurviertel),
- öffentliche Einrichtungen (z.B. Flughafen, Bahnhof, Rathaus, Messe, Universität, Stadion)
- Industrie- und Gewerbegebiete,
- Erholungs- und Freizeitgebiete oder -einrichtungen

2 II. Zu anderen Zielen darf nur dann so gewiesen werden, wenn dies wegen besonders starken auswärtigen Zielverkehrs unerlässlich ist und auch nur, wenn allgemeine Hinweise wie „Industriegebiet Nord“ nicht ausreichen.

---

1) VwV zu § 42 „Zu den Zeichen 415 bis 442“ neu gef. mWv 1.9.2009 durch VwV v. 17.7.2009 (BAnz. Nr. 110a S. 1); Satz 1 geänd. mWv 18.11.2014 durch VwV v. 11.11.2014 (BAnz AT 17.11.2014 B5).

2) VwV zu § 42 „Zu den Zeichen 421 und 442“ aufgeh. mWv 1.9.2009 durch VwV v. 17.7.2009 (BAnz. Nr. 110a S. 1).

3) VwV zu § 42 „Zu den Zeichen 421 und 442, 454 bis 466“ wird „Zu den Zeichen 421, 422, 442 und 454 bis 466“ und neu gef. mWv 1.9.2009 durch VwV v. 17.7.2009 (BAnz. Nr. 110a S. 1); Nr. II Satz 2 geänd. mWv 18.11.2014 durch VwV v. 11.11.2014 (BAnz AT 17.11.2014 B5).

4) VwV zu § 42 „Zu Zeichen 432“ neu gef. mWv 1.9.2009 durch VwV v. 17.7.2009 (BAnz. Nr. 110a S. 1).

Die Verwendung von Logos oder anderen privaten Zusätzen ist nicht zulässig (Vgl. VwV zu Anlage 3 Abschnitt 10 Wegweisung; Randnummer 1).

III. Bei touristisch bedeutsamen Zielen ist vorzugsweise eine Beschilderung mit Zeichen 386.1 vorzunehmen, sofern die Richtlinien für touristische Beschilderung (RtB) dies zulassen. 3

Zu Zeichen 434[1)]

In dem Zeichen kann durch Einsätze auf Verkehrszeichen hingewiesen werden, die im weiteren Verlauf der Strecke gelten. Dafür wird das entsprechende Verkehrszeichen verkleinert zentral auf dem jeweiligen Pfeilschaft dargestellt. Die Ausführung entspricht den Vorgaben der RWB. 1

Zu Zeichen 437 Straßennamensschilder[2)]

I. Die auf die gezeigte Weise aufgestellten Straßennamensschilder sind beiderseits zu beschriften. 1

II. Die Zeichen sollen für alle Kreuzungen und Einmündungen und müssen für solche mit erheblichem Fahrverkehr angeordnet werden. 2

Zu Zeichen 438 Vorwegweiser[3)]

(aufgehoben)

Zu Zeichen 440 Vorwegweiser zur Autobahn[4)]

(aufgehoben)

Zu den Zeichen 438 bis 441[5)]

In den Zeichen kann durch Einsätze auf Verkehrszeichen hingewiesen werden, die im weiteren Verlauf der Strecke gelten. Dafür wird das entsprechende Verkehrszeichen verkleinert zentral auf dem jeweiligen Pfeilschaft dargestellt. Die Ausführung entspricht den Vorgaben der RWB. 1

Zu Zeichen 442 Vorwegweiser für bestimmte Verkehrsarten[6)]

Das Zeichen 442 kann mit Entfernungsangabe auf einem Zusatzzeichen auch den Beginn einer Umleitung kennzeichnen. 1

Zu den Zeichen 332, 448, 449 und 453 Wegweiser auf Autobahnen[7)]

I. 1. Auf Autobahnen darf nur in den Zeichen 332 und 449 auf folgende Ziele hingewiesen werden: 1

– Flughäfen, Häfen,

[1)] VwV zu § 42 „Zu Zeichen 434" neu gef. mWv 1.9.2009 durch VwV v. 17.7.2009 (BAnz. Nr. 110a S. 1).

[2)] VwV zu § 42 „Zu Zeichen 437" neu gef. mWv 1.9.2009 durch VwV v. 17.7.2009 (BAnz. Nr. 110a S. 1).

[3)] VwV zu § 42 „Zu Zeichen 438" aufgeh. mWv 1.9.2009 durch VwV v. 17.7.2009 (BAnz. Nr. 110a S. 1).

[4)] VwV zu § 42 „Zu Zeichen 440" aufgeh. mWv 1.9.2009 durch VwV v. 17.7.2009 (BAnz. Nr. 110a S. 1).

[5)] VwV zu § 42 „Zu den Zeichen 438 bis 441" eingef. mWv 1.9.2009 durch VwV v. 17.7.2009 (BAnz. Nr. 110a S. 1).

[6)] VwV zu § 42 „Zu Zeichen 442" neu gef. mWv 1.9.2009 durch VwV v. 17.7.2009 (BAnz. Nr. 110a S. 1).

[7)] Bish. VwV zu § 42 „Zu den Zeichen 448, 448.1, 449 und 453" wird „Zu den Zeichen 332, 448, 449 und 453" und neu gef. mWv 1.9.2009 durch VwV v. 17.7.2009 (BAnz. Nr. 110a S. 1).

– Industrie- und Gewerbegebiete, Plätze für Parken und Reisen (P +R), Güterverkehrszentren,

– Einrichtungen für Großveranstaltungen (z.B. Messe, Stadion, Multifunktionsarena),

– Nationalparks.

2 2. Voraussetzung ist, dass eine Wegweisung zu diesen Zielen aus Gründen der Verkehrslenkung dringend geboten ist.

3 II. Zur Begrenzung der Zielangaben vgl. RWBA.

4 III. Auf autobahnähnlich ausgebauten Straßen sind die Zeichen 332, 448, 449 und ggf. 453 gemäß den Richtlinien für die wegweisende Beschilderung außerhalb von Autobahnen (RWB) auszuführen.

Zu Zeichen 448.1 Autohof[1)]

1 I. Die Abmessung des Zeichens beträgt 2,0 m × 2,8 m.

II. Zeichen 448.1 ist nur anzuordnen, wenn folgende Voraussetzungen erfüllt sind:

2 1. Der Autohof ist höchstens 1 km von der Anschlussstelle entfernt.

3 2. Die Straßenverbindung ist für den Schwerverkehr baulich und unter Berücksichtigung der Anliegerinteressen Dritter geeignet.

4 3. Der Autohof ist ganzjährig und ganztägig (24 h) geöffnet.

5 4. Es sind mindestens 50 Lkw-Stellplätze an schwach frequentierten (DTV bis 50 000 Kfz) und 100 Lkw-Stellplätze an stärker frequentierten Autobahnen vorhanden. Pkw-Stellplätze sind davon getrennt ausgewiesen.

6 5. Tankmöglichkeit besteht rund um die Uhr; für Fahrzeugreparaturen werden wenigstens Fachwerkstätten und Servicedienste vermittelt.

7 6. Von 11 bis 22 Uhr wird ein umfassendes Speiseangebot, außerhalb dieser Zeit werden Getränke und Imbiss angeboten.

8 7. Sanitäre Einrichtungen sind sowohl für Behinderte als auch für die besonderen Bedürfnisse des Fahrpersonals vorhanden.

9 III. Die Abmessung des Zusatzzeichens beträgt 0,8 m × 2,8 m, die der in einer Reihe anzuordnenden grafischen Symbole 0,52 m × 0,52 m. Sollen mehr als 4 (maximal 6) Symbole gezeigt werden, sind diese entsprechend zu verkleinern.

10 IV. Das Zusatzzeichen enthält nur grafische Symbole für rund um die Uhr angebotene Leistungen. Es dürfen die Symbole verwendet werden, die auch das Leistungsangebot von bewirtschafteten Rastanlagen beschreiben (vgl. RWBA 2000, Kap. 8.1.2). Zusätzlich kann auch das Symbol „Autobahnkapelle“ verwendet werden, wenn ein jederzeit zugänglicher Andachtsraum vorhanden ist. Zur Verwendung des Symbols „Werkstatt“ vgl. RWBA 2000, Kap. 15.1 (5).

---

1) VwV „Zu Zeichen 448.1“ eingef. mWv 1.2.2001 durch VwV v. 26.1.2001 (BAnz. S. 1419, ber. S. 5206); Nr. IV Sätze 2 und 4 geänd. mWv 1.1.2002 durch VwV v. 18.12.2001 (BAnz. Nr. 242 S. 25513); Nr. III und IV geänd. mWv 1.9.2009 durch VwV v. 17.7.2009 (BAnz. Nr. 110a S. 1).

V. Die Autohof-Hinweiszeichen, deren Aufstellung vor der Aufnahme des Zeichens 448.1 (Autohof) in die StVO[1)] erfolgte und deren Maße nicht den Vorgaben (2,0 m × 2,8 m) entsprechen, sind bis zum 1. Januar 2006 gegen die entsprechenden Zeichen auszutauschen. 11

Zu Zeichen 449 Vorwegweiser auf Autobahnen[2)]

(aufgehoben)

Zu Zeichen 450 Ankündigungsbake[3)]

(aufgehoben)

Zu Zeichen 453 Entfernungstafel[4)]

(aufgehoben)

Zu Zeichen 454 Umleitungswegweiser[5)]

(aufgehoben)

Zu Zeichen 455 Numerierte Umleitung[6)]

(aufgehoben)

Zu den Zeichen 454 und 455.1[7)]

I. Das Zeichen 454 oder 455.1 muss im Verlauf der Umleitungsstrecke an jeder Kreuzung und Einmündung angeordnet werden, wo Zweifel über den weiteren Verlauf entstehen können. 1

II. Zusätzliche Zielangaben sind nur anzuordnen, wo Zweifel entstehen können, zu welchem Ziel die Umleitung hinführt. 2

III. Das Zeichen 455.1 kann im Verlauf der Umleitungsstrecke anstelle von Zeichen 454 angeordnet werden. Wo eine Unterscheidung mehrerer Umleitungsstrecken erforderlich ist, kann es mit einer Nummerierung versehen werden. 3

IV. Das Zeichen 455.1 kann als Vorwegweiser wie auch als Wegweiser eingesetzt werden. 4

V. Zum Einsatz als Ankündigung einer Umleitung siehe VwV zu Zeichen 457.1 und 458. 5

---

1) Nr. **100**.

2) VwV zu § 42 „Zu Zeichen 449" aufgeh. mWv 1.9.2009 durch VwV v. 17.7.2009 (BAnz. Nr. 110a S. 1).

3) VwV zu § 42 „Zu Zeichen 450" aufgeh. mWv 1.9.2009 durch VwV v. 17.7.2009 (BAnz. Nr. 110a S. 1).

4) VwV zu § 42 „Zu Zeichen 453" aufgeh. mWv 1.9.2009 durch VwV v. 17.7.2009 (BAnz. Nr. 110a S. 1).

5) VwV zu § 42 „Zu Zeichen 454" aufgeh. mWv 1.9.2009 durch VwV v. 17.7.2009 (BAnz. Nr. 110a S. 1).

6) VwV zu § 42 „Zu Zeichen 455" aufgeh. mWv 1.9.2009 durch VwV v. 17.7.2009 (BAnz. Nr. 110a S. 1).

7) VwV zu § 42 „Zu den Zeichen 454 und 455.1" eingef. mWv 1.9.2009 durch VwV v. 17.7.2009 (BAnz. Nr. 110a S. 1).

Zu den Zeichen 455.2 und 457.2 Ende der Umleitung[1)]

1 Das Zeichen ist dann anzuordnen, wenn das Ende der Umleitungsstrecke nicht aus der folgenden Wegweisung erkennbar ist.

Zu den Zeichen 457 bis 469[2)]

(aufgehoben)

Zu den Zeichen 457.1 und 458[3)]

1 I. Größere Umleitungen sollten immer angekündigt werden, und zwar in der Regel durch die Planskizze.

2 II. Kleinere Umleitungen auf Straßen mit geringer Verkehrsbedeutung bedürfen der Ankündigung nur, wenn das Zeichen 454 oder 455.1 nicht rechtzeitig gesehen wird.

3 III. Bei Umleitungen für eine bestimmte Verkehrsart ist in Zeichen 458 das entsprechende Verkehrszeichen nach § 41 Absatz 1 (Anlage 2) anstatt Zeichen 250 anzuzeigen.

Zu Zeichen 460 Bedarfsumleitung[4)]

(aufgehoben)

Zu Zeichen 467.1 Umlenkungspfeil[5)]

1 I. Das Zeichen wird entweder zusätzlich oder in den Schildern gezeigt, die der Ankündigung, Vorwegweisung, Wegweisung und Bestätigung einer empfohlenen Umleitungsstrecke dienen. Sie sind zusätzlich zur blauen Autobahnwegweisung aufgestellt.

2 II. Die Umlenkungsbeschilderung zeigt den Umlenkungspfeil und etwaige schwarze Symbole und Aufschriften auf weißem Grund.

3 III. Der umzulenkende Verkehr wird am Beginn der Umlenkung durch entsprechende Ziele und den orangefarbenen Umlenkungspfeil geführt. Im Verlauf der Umlenkungsroute brauchen die Ziele nicht erneut ausgeschildert zu werden. Der Umlenkungspfeil als Leitsymbol übernimmt die weitere Wegführung.

4 IV. Bei Überschneidungen von umgelenkten Routen kann es zweckmäßig sein, die Routen regional zu numerieren. Die Nummer kann in schwarzer Schrift in dem Pfeilzeichen eingesetzt werden.

5 V. Einzelheiten werden in den „Richtlinien für Wechselverkehrszeichen an Bundesfernstraßen (RWVZ)“ festgelegt, die das Bundesministerium für Verkehr und digitale Infrastruktur im Einvernehmen mit den zuständigen obersten Landesbehörden im Verkehrsblatt bekanntgibt.

---

1) VwV zu § 42 „Zu den Zeichen 455.2 und 457.2“ eingef. mWv 1.9.2009 durch VwV v. 17.7.2009 (BAnz. Nr. 110a S. 1).

2) VwV zu § 42 „Zu den Zeichen 457 bis 469“ aufgeh. mWv 1.9.2009 durch VwV v. 17.7.2009 (BAnz. Nr. 110a S. 1).

3) VwV zu § 42 „Zu den Zeichen 457.1 und 458“ eingef. mWv 1.9.2009 durch VwV v. 17.7.2009 (BAnz. Nr. 110a S. 1).

4) VwV zu § 42 „Zu Zeichen 460“ aufgeh. mWv 1.9.2009 durch VwV v. 17.7.2009 (BAnz. Nr. 110a S. 1).

5) Bish. VwV zu § 42 „Zu Zeichen 467“ wird „Zu Zeichen 467.1“ und Nr. I neu gef. mWv 1.9.2009 durch VwV v. 17.7.2009 (BAnz. Nr. 110a S. 1); Nr. V geänd. mWv 18.11.2014 durch VwV v. 11.11.2014 (BAnz AT 17.11.2014 B5).

Zu den Zeichen 501 bis 546 Verkehrslenkungstafeln[1]

1. Verkehrslenkungstafeln umfassen Überleitungstafeln (Zeichen 501 und 505), Verschwenkungstafeln (Zeichen 511 bis 515), Fahrstreifentafeln (Zeichen 521 bis 526), Einengungstafeln (Zeichen 531 bis 536), Aufweitungstafeln (Zeichen 541 bis 546), Trennungstafeln (Zeichen 533) und Zusammenführungstafeln (Zeichen 543 und 544). Die Zeichen sind im amtlichen Katalog der Verkehrszeichen (VzKat) dargestellt. 1
2. Verkehrslenkungstafeln werden 200 m vor dem Bezugspunkt aufgestellt. Abweichend davon beträgt der Abstand zum Bezugspunkt auf Straßen innerhalb geschlossener Ortschaften mit einem Fahrstreifen pro Richtung zwischen 50 und 100 m. Bei Straßen innerhalb und außerhalb geschlossener Ortschaften mit mehr als einem Fahrstreifen pro Richtung wird eine weitere Verkehrslenkungstafel etwa 400 m vor dem Bezugspunkt angeordnet. Auf Straßen mit baulich getrennten Richtungsfahrbahnen sind Verkehrslenkungstafeln beidseitig der Fahrbahn aufzustellen. 2
3. Der Abstand zum Bezugspunkt ist durch ein Zusatzzeichen (Zeichen 1004 „Entfernungsangabe“) anzuzeigen. 3
4. Fahrstreifentafeln können mit dem Zusatzzeichen Zeichen 1001 „Länge einer Strecke“ versehen werden. Sie sind dann in Abständen von 1 000 bis 2 000 m zu wiederholen. 4
5. Den Einsatz von Verkehrslenkungstafeln bei Arbeitsstellen an Straßen regeln die RSA. 5
6. Die Standardgröße beträgt 1 600 x 1 250 mm (Höhe x Breite). Bei einer Aufstellung innerorts kann das Maß auf 70 % der Standardgröße verringert werden (1 120 x 875 mm). 6
7. Verkehrslenkungstafeln können fahrstreifenbezogene verkehrsrechtliche Anordnungen beinhalten. Die Vorschriftzeichen werden verkleinert zentral auf dem Pfeilschaft dargestellt. Liegen die Pfeile dicht nebeneinander, werden Vorschriftzeichen vertikal versetzt dargestellt. Die Ausführung entspricht den Vorgaben der RWB. Gilt die gleiche verkehrsrechtliche Anordnung für benachbarte Fahrstreifen, ist nur ein Vorschriftzeichen auf den Pfeilschäften darzustellen. Ein Vorschriftzeichen, dass für mehr als zwei Fahrstreifen gilt, wird nicht auf der Tafel angezeigt. 7

Zu § 43 Verkehrseinrichtungen (Anlage 4).[2]

Zu Absatz 1[3]

Auf Nummer I zu den §§ 39 bis 43 wird verwiesen. 1

---

[1] VwV zu § 42 „Zu den Zeichen 501 bis 546“ eingef. mWv 1.9.2009 durch VwV v. 17.7.2009 (BAnz. Nr. 110a S. 1).

[2] VwV zu § 43 Überschr. geänd., „Zu Absatz 1“ Satz 2 angef., bish. „Zu Absatz 3 Nr. 2“ wird „Zu Absatz 3 Anlage 4 Abschnitt 1“, bish. „Zu Absatz 3 Nr. 3“ wird „Zu Absatz 3 Anlage 4 Abschnitte 2 und 3“ und neu gef., bish. „Zu Absatz 4“ wird „Anlage 4 Abschnitt 4“ mWv 1.9.2009 durch VwV v. 17.7.2009 (BAnz. Nr. 110a S. 1); „Zu Absatz 3 Anlage 4 Abschnitt 1“ Nr. I geänd. mWv 18.11.2014 durch VwV v. 11.11.2014 (BAnz AT 17.11.2014 B5).

[3] VwV zu § 43 „Zu Absatz 1“ Satz 2 angef. mWv 1.9.2009 durch VwV v. 17.7.2009 (BAnz. Nr. 110a S. 1).

2 Schranken, Sperrpfosten und Absperrgeländer sind nur dann als Verkehrseinrichtung anzuordnen, wenn sie sich regelnd, sichernd oder verbietend auf den Verkehr auswirken.

Zu Absatz 3 Anlage 4 Abschnitt 1[1)]

3 I. Die Sicherung von Arbeitsstellen und der Einsatz von Absperrgeräten erfolgt nach den Richtlinien für die Sicherung von Arbeitsstellen an Straßen (RSA), die das Bundesministerium für Verkehr und digitale Infrastruktur im Einvernehmen mit den zuständigen obersten Landesbehörden im Verkehrsblatt bekannt gibt.

Zu Absatz 3 Anlage 4 Abschnitte 2 und 3[2)]

5 I. Leitplatten werden angeordnet bei Hindernissen auf oder neben der Fahrbahn. Statt Leitplatten können auch Leitbaken (Zeichen 605) verwendet werden. Die Zeichen sind so aufzustellen, dass die Streifen nach der Seite fallen, auf der an dem Hindernis vorbeizufahren ist.

6 II. Richtungstafeln sind nur dann anzuordnen, wenn der Fahrer bei der Annäherung an eine Kurve den weiteren Straßenverlauf nicht rechtzeitig sehen kann oder die Kurve deutlich enger ist, als nach dem vorausgehenden Straßenverlauf zu erwarten ist. Die Anordnung in aufgelöster Form (Zeichen 625) ist vorzuziehen.

7 III. Zu Leitmalen vgl. Richtlinien für die Kennzeichnung von Ingenieurbauwerken mit beschränkter Durchfahrtshöhe über Straßen.

8 IV. Leitpfosten sollen nur außerhalb geschlossener Ortschaften angeordnet werden.

Anlage 4 Abschnitt 4[3)]

11 Die Park-Warntafeln müssen nach § 22a StVZO[4)] bauartgenehmigt und mit dem nationalen Prüfzeichen nach der Fahrzeugteileverordnung gekennzeichnet sein.

Abschnitt C

Zu § 44 Sachliche Zuständigkeit.[5)]

1 I. Zur Bekämpfung der Verkehrsunfälle haben Straßenverkehrsbehörde, Straßenbaubehörde und Polizei eng zusammenzuarbeiten, um zu ermitteln, wo sich die Unfälle häufen, worauf diese zurückzuführen sind, und welche Maßnahmen ergriffen werden müssen, um unfallbegünstigende Besonderheiten zu beseitigen. Hierzu sind Unfallkommissionen einzurichten, deren Organisation, Zuständigkeiten und Aufgaben Länder-

---

1) VwV zu § 43 bish. „Zu Absatz 3 Nr. 2" wird „Zu Absatz 3 Anlage 4 Abschnitt 1" und neu gef. mWv 1.9.2009 durch VwV v. 17.7.2009 (BAnz. Nr. 110a S. 1); Nr. I geänd. mWv 18.11.2014 durch VwV v. 11.11.2014 (BAnz AT 17.11.2014 B5).

2) VwV zu § 43 bish. „Zu Absatz 3 Nr. 3" wird „Zu Absatz 3 Anlage 4 Abschnitte 2 und 3" und neu gef. mWv 1.9.2009 durch VwV v. 17.7.2009 (BAnz. Nr. 110a S. 1).

3) VwV zu § 43 bish. „Zu Absatz 4" wird „Anlage 4 Abschnitt 4" mWv 1.9.2009 durch VwV v. 17.7.2009 (BAnz. Nr. 110a S. 1).

4) Nr. **200**.

5) VwV zu § 44 neu gef. mWv 1.9.2009 durch VwV v. 17.7.2009 (BAnz. Nr. 110a S. 1).

erlasse regeln. Für die örtliche Untersuchung von Verkehrsunfällen an Bahnübergängen gelten dabei wegen ihrer Besonderheiten ergänzende Bestimmungen.

II. Das Ergebnis der örtlichen Untersuchungen dient der Polizei als Unterlage für zweckmäßigen Einsatz, den Verkehrsbehörden für verkehrsregelnde und den Straßenbaubehörden für straßenbauliche Maßnahmen. 2

III. Dazu bedarf es der Anlegung von Unfalltypensteckkarten oder vergleichbarer elektronischer Systeme, wobei es sich empfiehlt, bestimmte Arten von Unfällen in besonderer Weise, etwa durch die Verwendung verschiedenfarbiger Nadeln, zu kennzeichnen. Außerdem sind Unfallblattsammlungen zu führen oder Unfallstraßenkarteien anzulegen. Für Straßenstellen mit besonders vielen Unfällen oder mit Häufungen gleichartiger Unfälle sind Unfalldiagramme zu fertigen. Diese Unterlagen sind sorgfältig auszuwerten; vor allem Vorfahrtunfälle, Abbiegeunfälle, Unfälle mit kreuzenden Fußgängern und Unfälle infolge Verlustes der Fahrzeugkontrolle weisen häufig darauf hin, dass die bauliche Beschaffenheit der Straße mangelhaft oder die Verkehrsregelung unzulänglich ist. 3

IV. Welche Behörde diese Unterlagen zu führen und auszuwerten hat, richtet sich nach Landesrecht. Jedenfalls bedarf es engster Mitwirkung auch der übrigen beteiligten Behörden. 4

V. Wenn örtliche Unfalluntersuchungen ergeben haben, dass sich an einer bestimmten Stelle regelmäßig Unfälle ereignen, ist zu prüfen, ob es sich dabei um Unfälle ähnlicher Art handelt. Ist das der Fall, so kann durch verkehrsregelnde oder bauliche Maßnahmen häufig für eine Entschärfung der Gefahrenstelle gesorgt werden. Derartige Maßnahmen sind in jedem Fall ins Auge zu fassen, auch wenn in absehbarer Zeit eine völlige Umgestaltung geplant ist. 5

Zu Absatz 1

Müssen Verkehrszeichen und Verkehrseinrichtungen, insbesondere Fahrbahnmarkierungen, aus technischen oder wirtschaftlichen Gründen über die Grenzen der Verwaltungsbezirke hinweg einheitlich angebracht werden, sorgen die zuständigen obersten Landesbehörden oder die von ihnen bestimmten Stellen für die notwendigen Anweisungen. 6

Zu Absatz 2

Aufgaben der Polizei

7 I. Bei Gefahr im Verzug, vor allem an Schadenstellen, bei Unfällen und sonstigen unvorhergesehenen Verkehrsbehinderungen ist es Aufgabe der Polizei, auch mit Hilfe von Absperrgeräten und Verkehrszeichen den Verkehr vorläufig zu sichern und zu regeln. Welche Verkehrszeichen und Absperrgeräte im Einzelfall angebracht werden, richtet sich nach den Straßen-, Verkehrs- und Sichtverhältnissen sowie nach der Ausrüstung der eingesetzten Polizeikräfte.

8 Auch am Tage ist zur rechtzeitigen Warnung des übrigen Verkehrs am Polizeifahrzeug das blaue Blinklicht einzuschalten. Auf Autobahnen und Kraftfahrstraßen können darüber hinaus zur rückwärtigen Sicherung besondere Sicherungsleuchten verwendet werden.

9 II. Einer vorherigen Anhörung der Straßenverkehrsbehörde oder der Straßenbaubehörde bedarf es in den Fällen der Nummer 1 nicht. Dagegen hat die Polizei, wenn wegen der Art der Schadenstelle, des Unfalls oder der Verkehrsbehinderung eine länger dauernde Verkehrssichernng oder -regelung notwendig ist, die zuständige Behörde zu unterrichten, damit diese die weiteren Maßnahmen treffen kann. Welche Maßnahmen notwendig sind, haben die zuständigen Behörden im Einzelfall zu entscheiden.

Zu § 45 Verkehrszeichen und Verkehrseinrichtungen.[1)]

Zu Absatz 1 bis 1e[2)]

1 I. Vor jeder Entscheidung sind die Straßenbaubehörde und die Polizei zu hören. Wenn auch andere Behörden zu hören sind, ist dies bei den einzelnen Zeichen gesagt.

2 II. Vor jeder Entscheidung sind erforderlichenfalls zumutbare Umleitungen im Rahmen des Möglichen festzulegen.

[1)] VwV zu § 45 Zwischenüberschrift „Zu Absatz 1 bis 1d" wird „Zu Absatz 1 bis 1e", Nr. VIII eingef., bish. Nr. VIII und IX werden Nr. IX und X, bish. Nr. X wird Nr. XI und neu gef. mWv 1.2.2001 durch VwV v. 26.1.2001 (BAnz. S. 1419, ber. S. 5206); „Zu Absatz 1 bis 1e" Nr. X neu gef., „Zu Absatz 8" geänd. mWv 1.1.2002 durch VwV v. 18.12.2001 (BAnz. Nr. 242 S. 25513); „Zu Absatz 1 bis 1e" Nr. IX neu gef. mWv 11.6.2009 durch VwV v. 4.6.2009 (BAnz. Nr. 84 S. 2050); „Zu Absatz 1 bis 1e" Nr. III Nr. 1a neu gef., Nr. III Nr. 5 eingef., Nr. IV, Nr. IX Nr. 1, Nr. X Nrn. 2 und 6 geänd., Nr. XII angef., „Zu Absatz 2 zu Satz 1" Nr. II Nrn. 3 und 4 und „Zu Absatz 2 zu Satz 3" Nr. II geänd. mWv 1.9.2009 durch VwV v. 17.7.2009 (BAnz. Nr. 110a S. 1); „Zu Absatz 1 bis 1e" Nr. V Satz 2, Nr. X Nr. 8 Satz 2 und „Zu Absatz 3" Nr. I geänd. mWv 18.11.2014 durch VwV v. 11.11.2014 (BAnz AT 17.11.2014 B5); zu Abschnitt „Zu Absatz 1 bis 1e" Abschnitt angef. mWv 26.9.2015 durch VwV v. 22.9.2015 (BAnz AT 25.09.2015 B5).

[2)] VwV zu § 45 Zwischenüberschrift „Zu Absatz 1 bis 1d" wird „Zu Absatz 1 bis 1e", Nr. VIII eingef., bish. Nr. VIII und IX werden Nr. IX und X, bish. Nr. X wird Nr. XI und neu gef. mWv 1.2.2001 durch VwV v. 26.1.2001 (BAnz. S. 1419, ber. S. 5206); Nr. X neu gef. mWv 1.1.2002 durch VwV v. 18.12.2001 (BAnz. Nr. 242 S. 25513); Nr. IX neu gef. mWv 11.6.2009 durch VwV v. 4.6.2009 (BAnz. Nr. 84 S. 2050); Nr. III Nr. 1a neu gef., Nr. 5 eingef., Nr. IV, Nr. IX Nr. 1 Buchst c, Nr. X Nrn. 2 und 6 geänd., Nr. XII angef. mWv 1.9.2009 durch VwV v. 17.7.2009 (BAnz. Nr. 110a S. 1); Nr. V Satz 2, Nr. X Nr. 8 Satz 2 geänd. mWv 18.11.2014 durch VwV v. 11.11.2014 (BAnz AT 17.11.2014 B5).

III. 1. Die Straßenverkehrsbehörde bedarf der Zustimmung der obersten Landesbehörde oder der von ihr bestimmten Stelle zur Anbringung und Entfernung folgender Verkehrszeichen: 3

a) auf allen Straßen der Zeichen 201, 261, 269, 275, 279, 290.1, 290.2, 330.1, 330.2, 331.1, 331.2, 363, 460 sowie des Zusatzzeichens „abknickende Vorfahrt" (Zusatzzeichen zu Zeichen 306), 4

b) auf Autobahnen, Kraftfahrstraßen und Bundesstraßen:
des Zeichens 250, auch mit auf bestimmte Verkehrsarten beschränkenden Sinnbildern, wie der Zeichen 251 oder 253, sowie der Zeichen 262 und 263, 5

c) auf Autobahnen, Kraftfahrstraßen sowie auf Bundesstraßen außerhalb geschlossener Ortschaften: 6
der Zeichen 276, 277, 280, 281, 295 als Fahrstreifenbegrenzung und 296,

d) auf Autobahnen und Kraftfahrstraßen: 7
der Zeichen 209 bis 214, 274 und 278,

e) auf Bundesstraßen: 8
des Zeichens 274 samt dem Zeichen 278 dann, wenn die zulässige Höchstgeschwindigkeit auf weniger als 60 km/h ermäßigt wird.

2. Die obersten Landesbehörden sollten jedenfalls für Straßen von erheblicher Verkehrsbedeutung, die in Nummer 1 Buchstabe b bis e nicht aufgeführt sind, entsprechende Anweisungen geben. 9

3. Der Zustimmung bedarf es nicht, wenn jene Maßnahmen zur Durchführung von Arbeiten im Straßenraum oder zur Verhütung außerordentlicher Schäden an den Straßen getroffen werden oder durch unvorhergesehene Ereignisse wie Unfälle, Schadenstellen oder Verkehrsstauungen veranlaßt sind. 10

4. Die Straßenverkehrsbehörde bedarf der Zustimmung der obersten Landesbehörde oder der von ihr beauftragten Stelle außerdem für die Anordnung des Schildes nach § 37 Abs. 2 Nr. 1 Satz 8 („Grünpfeil"). 11

5. Die Straßenverkehrsbehörde bedarf der Zustimmung der obersten Landesbehörde oder der von ihr dafür beauftragten Stelle zur Anordnung der Zeichen 386.1, 386.2 und 386.3. Die Zeichen werden durch die zuständige Straßenbaubehörde aufgestellt. 11a

IV. Die Straßenverkehrsbehörde bedarf der Zustimmung der höheren Verwaltungsbehörde oder der von ihr bestimmten Stelle zur Aufstellung und Entfernung folgender Verkehrszeichen auf allen Straßen: 12
der Zeichen 293, 306, 307 und 354 sowie des Zusatzzeichen „Nebenstrecke".

V. Die Straßenverkehrsbehörde bedarf der Zustimmung der obersten Landesbehörde oder der von ihr bestimmten Stelle zur Anordnung von Maßnahmen zum Schutz der Bevölkerung vor Lärm und Abgasen. Das Bundesministerium für Verkehr und digitale Infrastruktur gibt im Einvernehmen mit den zuständigen obersten Landesbehörden „Richtlinien für straßenverkehrsrechtliche Maßnahmen zum Schutz der Bevölkerung vor Lärm (Lärmschutz-Richtlinien-StV)" im Verkehrsblatt bekannt. 13

14 VI. Der Zustimmung bedarf es in den Fällen der Nummer III bis V nicht, wenn und soweit die oberste Landesbehörde die Straßenverkehrsbehörde vom Erfordernis der Zustimmung befreit hat.

15 VII. Unter Landschaftsgebieten, die überwiegend der Erholung der Bevölkerung dienen, sind z.B. Naturparks zu verstehen.

16 VIII. Maßnahmen zum Schutz kultureller Veranstaltungen (z.B. bedeutende Musik- oder Theaterdarbietungen insbesondere auf Freilichtbühnen) kommen nur in Betracht, wenn diese erheblich durch vom Straßenverkehr ausgehende Lärmemissionen beeinträchtigt werden. Insbesondere kann sich für die Dauer der Veranstaltung eine Umleitung des Schwerverkehrs empfehlen.

IX. Parkmöglichkeiten für schwerbehinderte Menschen mit außergewöhnlicher Gehbehinderung, beidseitiger Amelie oder Phokomelie oder mit vergleichbaren Funktionseinschränkungen sowie für blinde Menschen.

17 Der begünstigte Personenkreis ergibt sich aus Nummer II 1,2 und 3 Buchstabe a und b zu § 46 Absatz 1 Nummer 11 (Randnummer 129 bis 135).

18 Wegen der Ausgestaltung der Parkplätze wird auf die DIN 18 024-1 „Barrierefreies Bauen, Teil 1: Straßen, Plätze, Wege, öffentliche Verkehrs- und Grünanlagen sowie Spielplätze; Planungsgrundlagen" verwiesen.

19 1. a) Parkplätze, die allgemein dem erwähnten Personenkreis zur Verfügung stehen, kommen, gegebenenfalls mit zeitlicher Beschränkung, insbesondere dort in Betracht, wo der erwähnte Personenkreis besonders häufig auf einen derartigen Parkplatz angewiesen ist, z.B. in der Nähe von Behörden, Krankenhäusern, Orthopädischen Kliniken.

20 b) Zur Benutzung von speziell durch Verkehrszeichen gekennzeichneten Parkplätzen für schwerbehinderte Menschen berechtigt der EU-einheitliche Parkausweis, den das zuständige Bundesministerium im Verkehrsblatt bekannt gibt.

21 c) Die Kennzeichnung dieser Parkplätze erfolgt in der Regel durch die Zeichen 314 oder 315 mit dem Zusatzzeichen „Rollstuhlfahrersymbol".

22 Ausnahmsweise (lfd. Nummer 74 der Anlage 2) kann eine Bodenmarkierung „Rollstuhlfahrersymbol" genügen.

23 2. a) Parkplätze für bestimmte schwerbehinderte Menschen des oben erwähnten Personenkreises, z.B. vor der Wohnung oder in der Nähe der Arbeitsstätte, setzen eine Prüfung voraus, ob

24 – ein Parksonderrecht erforderlich ist. Das ist z.B. nicht der Fall, wenn Parkraummangel nicht besteht oder der schwerbehinderte Mensch in zumutbarer Entfernung eine Garage oder einen Abstellplatz außerhalb des öffentlichen Verkehrsraumes hat,

25 – ein Parksonderrecht vertretbar ist. Das ist z.B. nicht der Fall, wenn ein Haltverbot (Zeichen 283) angeordnet wurde,

26 – ein zeitlich beschränktes Parksonderrecht genügt.

b) (weggefallen)

c) Die Kennzeichnung dieser Parkplätze erfolgt durch die Zeichen 314, 315 mit dem Zusatzzeichen „(Rollstuhlfahrersymbol) mit Parkausweis Nr." 28

X. Sonderparkberechtigung für Bewohner städtischer Quartiere mit erheblichem Parkraummangel (Bewohnerparkvorrechte) 29

1. Die Anordnung von Bewohnerparkvorrechten ist nur dort zulässig, wo mangels privater Stellflächen und auf Grund eines erheblichen allgemeinen Parkdrucks die Bewohner des städtischen Quartiers regelmäßig keine ausreichende Möglichkeit haben, in ortsüblich fußläufig zumutbarer Entfernung von ihrer Wohnung einen Stellplatz für ihr Kraftfahrzeug zu finden.

2. Bewohnerparkvorrechte sind vorrangig mit Zeichen 286 oder Zeichen 290.1 mit Zusatzzeichen „Bewohner mit Parkausweis ... frei", in den Fällen des erlaubten Gehwegparkens mit Zeichen 315 mit Zusatzzeichen „nur Bewohner mit Parkausweis ... " anzuordnen. Eine bereits angeordnete Beschilderung mit Zeichen 314 (Anwohnerparkvorrecht nach altem Recht) bleibt weiter zulässig. Werden solche Bewohnerparkvorrechte als Freistellung von angeordneten Parkraumbewirtschaftungsmaßnahmen angeordnet (vgl. Nummer 6), kommen nur Zeichen 314, 315 in Betracht. Die Bezeichnung des Parkausweises (Buchstabe oder Nummer) auf dem Zusatzzeichen kennzeichnet zugleich die räumliche Geltung des Bewohnerparkvorrechts. 30

3. Die Bereiche mit Bewohnerparkvorrechten sind unter Berücksichtigung des Gemeingebrauchs (vgl. dazu Nummer 4), des vorhandenen Parkdrucks (vgl. dazu Nummer 1) und der örtlichen Gegebenheiten festzulegen. Dabei muss es sich um Nahbereiche handeln, die von den Bewohnern dieser städtischen Quartiere üblicherweise zum Parken aufgesucht werden. Die maximale Ausdehnung eines Bereiches darf auch in Städten mit mehr als 1 Mio. Einwohnern 1 000 m nicht übersteigen. Soweit die Voraussetzungen nach Nummer 1 in einem städtischen Gebiet vorliegen, dessen Größe die ortsangemessene Ausdehnung eines Bereiches mit Bewohnerparkvorrechten übersteigt, ist die Aufteilung des Gebietes in mehrere Bereiche mit Bewohnerparkvorrechten (mit verschiedenen Buchstaben oder Nummern) zulässig. 31

4. Innerhalb eines Bereiches mit Bewohnerparkvorrechten dürfen Werktags von 9.00 bis 18.00 Uhr nicht mehr als 50%, in der übrigen Zeit nicht mehr als 75% der zur Verfügung stehenden Parkfläche für die Bewohner reserviert werden. In kleinräumigen Bereichen mit Wohnbebauung, in denen die ortsangemessene Ausdehnung (vgl. Nummer 3) wesentlich unterschritten wird, können diese Prozentvorgaben überschritten werden, wenn eine Gesamtbetrachtung der ortsangemessenen Höchstausdehnung wiederum die Einhaltung der Prozent-Vorgaben ergibt. 32

5. Für die Parkflächen zur allgemeinen Nutzung empfiehlt sich die Parkraumbewirtschaftung (Parkscheibe, Parkuhr, Parkscheinautomat). Nicht reservierte Parkflächen sollen möglichst gleichmäßig und unter besonderer Berücksichtigung ansässiger Wirtschafts- und Dienstleistungsunternehmen mit Liefer- und Publikumsverkehr sowie des Publikumsverkehrs von freiberuflich Tätigen in dem Bereich verteilt sein. 33

34 6. Bewohnerparkvorrechte können in Bereichen mit angeordneter Parkraumbewirtschaftung (vgl. zu § 13) auch als Befreiung von der Pflicht, die Parkscheibe auszulegen oder die Parkuhr/den Parkscheinautomat zu bedienen, angeordnet werden. Zur Anordnung der Zusatzzeichen vgl. Nummer 2.

35 7. Bewohnerparkausweise werden auf Antrag ausgegeben. Einen Anspruch auf Erteilung hat, wer in dem Bereich meldebehördlich registriert ist und dort tatsächlich wohnt. Je nach örtlichen Verhältnissen kann die angemeldete Nebenwohnung ausreichen. Die Entscheidung darüber trifft die Straßenverkehrsbehörde ebenfalls im Einvernehmen mit der Stadt. Jeder Bewohner erhält nur einen Parkausweis für ein auf ihn als Halter zugelassenes oder nachweislich von ihm dauerhaft genutztes Kraftfahrzeug. Nur in begründeten Einzelfällen können mehrere Kennzeichen in dem Parkausweis eingetragen oder der Eintrag „wechselnde Fahrzeuge" vorgenommen werden. Ist der Bewohner Mitglied einer Car-Sharing-Organisation, wird deren Name im Kennzeichenfeld deren Parkausweises eingetragen. Das Bewohnerparkvorrecht gilt dann nur für das Parken eines von außen deutlich erkennbaren Fahrzeugs dieser Organisation (Aufschrift, Aufkleber am Fahrzeug); darauf ist der Antragsteller schriftlich hinzuweisen.

36 8. Der Bewohnerparkausweis wird von der zuständigen Straßenverkehrsbehörde erteilt. Dabei ist das Muster zu verwenden, das das Bundesministerium für Verkehr und digitale Infrastruktur im Verkehrsblatt bekannt gibt.

XI. Tempo 30-Zonen

37 1. Die Anordnung von Tempo 30-Zonen soll auf der Grundlage einer flächenhaften Verkehrsplanung der Gemeinde vorgenommen werden, in deren Rahmen zugleich das innerörtliche Vorfahrtstraßennetz (Zeichen 306) festgelegt werden soll. Dabei ist ein leistungsfähiges, auch den Bedürfnissen des öffentlichen Personennahverkehrs und des Wirtschaftsverkehrs entsprechendes Vorfahrtstraßennetz (Zeichen 306) sicherzustellen. Der öffentlichen Sicherheit und Ordnung (wie Rettungswesen, Katastrophenschutz, Feuerwehr) sowie der Verkehrssicherheit ist vorrangig Rechnung zu tragen.

38 2. Zonen-Geschwindigkeitsbeschränkungen kommen nur dort in Betracht, wo der Durchgangsverkehr von geringer Bedeutung ist. Sie dienen vorrangig dem Schutz der Wohnbevölkerung sowie der Fußgänger und Fahrradfahrer. In Gewerbe- oder Industriegebieten kommen sie daher grundsätzlich nicht in Betracht.

39 3. Durch die folgenden Anordnungen und Merkmale soll ein weitgehend einheitliches Erscheinungsbild der Straßen innerhalb der Zone sichergestellt werden:

40 a) Die dem fließenden Verkehr zur Verfügung stehende Fahrbahnbreite soll erforderlichenfalls durch Markierung von Senkrecht- oder Schrägparkständen, wo nötig auch durch Sperrflächen (Zeichen 298) am Fahrbahnrand, eingeengt werden. Werden bauliche Maßnahmen zur Geschwindigkeitsdämpfung vorgenommen, darf von ihnen keine Beeinträchtigung der öffentlichen Sicherheit oder Ordnung, keine

Lärmbelästigung für die Anwohner und keine Erschwerung für den Buslinienverkehr ausgehen.

b) Wo die Verkehrssicherheit es wegen der Gestaltung der Kreuzung oder Einmündung oder die Belange des Buslinienverkehrs es erfordern, kann abweichend von der Grundregel ‚rechts vor links' die Vorfahrt durch Zeichen 301 angeordnet werden; vgl. zu Zeichen 301 Vorfahrt. **41**

c) Die Fortdauer der Zonen-Anordnung kann in großen Zonen durch Aufbringung von ‚30' auf der Fahrbahn verdeutlicht werden. Dies empfiehlt sich auch dort, wo durch Zeichen 301 Vorfahrt an einer Kreuzung oder Einmündung angeordnet ist. **42**

4. Zur Kennzeichnung der Zone vgl. zu den Zeichen 274.1 und 274.2. **43**

5. Die Anordnung von Tempo 30-Zonen ist auf Antrag der Gemeinde vorzunehmen, wenn die Voraussetzungen und Merkmale der Verordnung und dieser Vorschrift vorliegen oder mit der Anordnung geschaffen werden können, indem vorhandene aber nicht mehr erforderliche Zeichen und Einrichtungen entfernt werden. **44**

6. Lichtzeichenanlagen zum Schutz des Fußgängerverkehrs, die in bis zum Stichtag angeordneten Tempo 30-Zonen zulässig bleiben, sind neben den Fußgänger-Lichtzeichenanlagen auch Lichtzeichenanlagen an Kreuzungen und Einmündungen, die vorrangig dem Schutz des Fußgängerquerungsverkehrs dienen. Dies ist durch Einzelfallprüfung festzustellen. **45**

XII. Vor der Anordnung von Verkehrsverboten für bestimmte Verkehrsarten durch Verkehrszeichen, wie insbesondere durch Zeichen 242.1 und 244.1, ist mit der für das Straßen- und Wegerecht zuständigen Behörde zu klären, ob eine straßenrechtliche Teileinziehung erforderlich ist. Diese ist im Regelfall notwendig, wenn bestimmte Verkehrsarten auf Dauer vollständig oder weitestgehend von dem durch die Widmung der Verkehrsfläche festgelegten verkehrsüblichen Gemeingebrauch ausgeschlossen werden sollen. **45a**

Durch Verkehrszeichen darf kein Verkehr zugelassen werden, der über den Widmungsinhalt hinausgeht.

Zu Absatz 1g Parkbevorrechtigungen für elektrisch betriebene Fahrzeuge[1)]

I. Sollen für elektrisch betriebene Fahrzeuge in einem Gemeindegebiet oder in Stadtteilen flächendeckend Parkbevorrechtigungen geschaffen werden, so sind vor der Anordnung zumindest für das jeweilige Gebiet verkehrliche Auswirkungen zu berücksichtigen (z.B. durch ein Stellplatz-Konzept), um ein möglichst gleichmäßiges Netz von Stellplätzen, das dem tatsächlichen Bedarf insbesondere an Ladestationen Rechnung trägt, zu gewährleisten. Parkprivilegien sollen insbesondere an Verkehrsknotenpunkten eingerichtet werden, wo der Anschluss an den ÖPV, Carsharing oder andere umweltfreundliche Verkehrsmittel erleichtert wird. Dabei geht die Gewährleistung eines sicheren und flüssigen Verkehrsablaufs aller **45b**

1) Abschnitt angef. mWv 26.9.2015 durch VwV v. 22.9.2015 (BAnz AT 25.09.2015 B5).

Verkehrsteilnehmer der Bevorrechtigung vor. In diesem Zusammenhang ist insbesondere die Verträglichkeit der Bevorrechtigung mit den Anforderungen des Öffentlichen Personennahverkehrs zu berücksichtigen. In dem Konzept sind sowohl Stellflächen an Ladestationen als auch nicht stationsbasierte Stellflächen zu berücksichtigen. Die Ausweisung von Stellflächen kommt insbesondere in Innenstadtlagen in Betracht.

45c II. Parkbevorrechtigungen für elektrisch betriebene Fahrzeuge sind mit Zeichen 314, 315 mit Zusatzzeichen anzuordnen. Sind Parkraumbewirtschaftungsmaßnahmen mit Zeichen 314.1 und 315.1 angeordnet, können elektrisch betriebene Fahrzeuge von diesen mit Zusatzzeichen freigestellt werden.

45d III. Die Erlaubnis zum Parken von elektrisch betriebenen Fahrzeugen soll tagsüber zeitlich beschränkt werden. Die maximale Parkdauer an Ladesäulen soll tagsüber in der Zeit von 8 bis 18 Uhr vier Stunden nicht überschreiten.

Zu Absatz 2[1)]

Zu Satz 1

46 I. Die Straßenverkehrsbehörde ist mindestens zwei Wochen vor der Durchführung der in Satz 1 genannten Maßnahmen davon zu verständigen; sie hat die Polizei rechtzeitig davon zu unterrichten; sie darf die Maßnahmen nur nach Anhörung der Straßenbaubehörde und der Polizei aufheben oder ändern. Ist von vornherein mit Beschränkungen oder Verboten von mehr als drei Monaten Dauer zu rechnen, so haben die Straßenbaubehörden die Entscheidung der Straßenverkehrsbehörden über die in einem Verkehrszeichenplan vorgesehenen Maßnahmen einzuholen.

47 II. Schutz gefährdeter Straßen

1. Straßenbau- und Straßenverkehrsbehörden und die Polizei haben ihr Augenmerk darauf zu richten, daß frostgefährdete, hitzegefährdete und abgenutzte Straßen nicht in ihrem Bestand bedroht werden.

48 2. Für Verkehrsbeschränkungen und Verkehrsverbote, welche die Straßenbaubehörde zum Schutz der Straße außer wegen Frost- oder Hitzegefährdung erlassen hat, gilt Nummer I entsprechend. Die Straßenverkehrsbehörde darf Verkehrsbeschränkungen und Verkehrsverbote, welche die Straßenbaubehörde zum Schutz der Straße erlassen hat, nur mit Zustimmung der höheren Verwaltungsbehörde aufheben oder einschränken. Ausnahmegenehmigungen bedürfen der Anhörung der Straßenbaubehörde.

49 3. Als vorbeugende Maßnahmen kommen in der Regel Geschwindigkeitsbeschränkungen (Zeichen 274) und beschränkte Verkehrsverbote (z.B. Zeichen 262) in Betracht. Das Zeichen 274 ist in angemessenen Abständen zu wiederholen. Die Umleitung der betroffenen Fahrzeuge ist auf Straßen mit schnellerem oder stärkerem Verkehr in der Regel 400 m vor dieser durch einen Vorwegweiser, je mit einem Zusatzzeichen, das die Entfernung, und einem zweiten, das die betroffenen Fahrzeugarten angibt, anzukündigen. Auf Straßen, auf denen nicht

---

1) VwV zu § 45 „Zu Absatz 2 zu Satz 1" Nr. II Nrn. 3 und 4, „Zu Absatz 2 zu Satz 3" Nr. II geänd. mWv 1.9.2009 durch VwV v. 17.7.2009 (BAnz. Nr. 110a S. 1).

schneller als 50 km/h gefahren wird, genügt der Vorwegweiser; auf Straßen von geringerer Verkehrsbedeutung entfällt auch er.

4. Für frostgefährdete Straßen stellt die Straßenbaubehörde alljährlich frühzeitig im Zusammenwirken mit der Straßenverkehrsbehörde und der Polizei einen Verkehrszeichenplan auf. Dabei sind auch Vertreter der betroffenen Straßenbenutzer zu hören. Auch die technischen Maßnahmen zur Durchführung sind rechtzeitig vorzubereiten. Die Straßenbaubehörde bestimmt bei eintretender Frostgefahr möglichst drei Tage zuvor den Tag des Beginns und der Beendigung dieser Maßnahmen, sorgt für rechtzeitige Beschilderung, teilt die Daten der Straßenverkehrsbehörde und der Polizei mit und unterrichtet die Öffentlichkeit. **50**

Zu Satz 3

I. Dazu müssen die Bahnunternehmen die Straßenverkehrsbehörde, die Straßenbaubehörde und die Polizei hören. Das gilt nicht, wenn ein Planfeststellungsverfahren vorausgegangen ist. **51**

II. Für Übergänge anderer Schienenbahnen vgl. Nummer VI zu Zeichen 201; Randnummer 11ff. **52**

Zu Absatz 3[1)]

I. Zu den Verkehrszeichen gehören nicht bloß die in der StVO genannten, sondern auch die nach Nummer III 1 zu den §§ 39 bis 43 vom Bundesministerium für Verkehr und digitale Infrastruktur zugelassenen Verkehrszeichen. **53**

II. Vor der Entscheidung über die Anbringung oder Entfernung jedes Verkehrszeichens und jeder Verkehrseinrichtung sind die Straßenbaubehörden und die Polizei zu hören, in Zweifelsfällen auch andere Sachverständige. Ist nach § 5b StVG[2)] ein Dritter Kostenträger, so soll auch er gehört werden. **54**

III. Bei welchen Verkehrszeichen die Zustimmung nicht übergeordneter anderer Behörden und sonstiger Beteiligter einzuholen ist, wird bei den einzelnen Verkehrszeichen gesagt. **55**

IV. Überprüfung der Verkehrszeichen und Verkehrseinrichtungen **56**

1. Die Straßenverkehrsbehörden haben bei jeder Gelegenheit die Voraussetzungen für einen reibungslosen Ablauf des Verkehrs zu prüfen. Dabei haben sie besonders darauf zu achten, daß die Verkehrszeichen und die Verkehrseinrichtungen, auch bei Dunkelheit, gut sichtbar sind und sich in gutem Zustand befinden, daß die Sicht an Kreuzungen, Bahnübergängen und Kurven ausreicht und ob sie sich noch verbessern läßt. Gefährliche Stellen sind darauf zu prüfen, ob sie sich ergänzend zu den Verkehrszeichen oder an deren Stelle durch Verkehrseinrichtungen wie Leitpfosten, Leittafeln oder durch Schutzplanken oder durch bauliche Maßnahmen ausreichend sichern lassen. Erforderlichenfalls sind solche Maßnahmen bei der Straßenbaubehörde anzuregen. Straßenabschnitte,

[1)] VwV zu § 45 „Zu Absatz 3" Nr. I geänd. mWv 18.11.2014 durch VwV v. 11.11.2014 (BAnz AT 17.11.2014 B5).

[2)] Nr. **10**.

auf denen sich häufig Unfälle bei Dunkelheit ereignet haben, müssen bei Nacht besichtigt werden.

57 2. a) Alle zwei Jahre haben die Straßenverkehrsbehörden zu diesem Zweck eine umfassende Verkehrsschau vorzunehmen, auf Straßen von erheblicher Verkehrsbedeutung und überall dort, wo nicht selten Unfälle vorkommen, alljährlich, erforderlichenfalls auch bei Nacht. An den Verkehrsschauen haben sich die Polizei und die Straßenbaubehörden zu beteiligen; auch die Träger der Straßenbaulast, die öffentlichen Verkehrsunternehmen und ortsfremde Sachkundige aus Kreisen der Verkehrsteilnehmer sind dazu einzuladen. Bei der Prüfung der Sicherung von Bahnübergängen sind die Bahnunternehmen, für andere Schienenbahnen gegebenenfalls die für die technische Bahnaufsicht zuständigen Behörden hinzuzuziehen. Über die Durchführung der Verkehrsschau ist eine Niederschrift zu fertigen.

58 b) Eine Verkehrsschau darf nur mit Zustimmung der höheren Verwaltungsbehörde unterbleiben.

59 c) Die zuständigen obersten Landesbehörden sorgen dafür, daß bei der Verkehrsschau überall die gleichen Maßstäbe angelegt werden. Sie führen von Zeit zu Zeit eigene Landesverkehrsschauen durch, die auch den Bedürfnissen überörtlicher Verkehrslenkung dienen.

60 V. Den obersten Landesbehörden wird empfohlen, in Übereinstimmung mit den Fern- und Nahzielverzeichnissen für die wegweisende Beschilderung an Bundesfernstraßen entsprechende Verzeichnisse für ihre Straßen aufzustellen.

61 VI. Von der Anbringung von Gefahrzeichen aus Verkehrssicherheitsgründen wegen des Straßenzustandes sind die Straßenverkehrsbehörde und die Polizei unverzüglich zu unterrichten.

Zu Absatz 5

62 Wer zur Unterhaltung der Verkehrszeichen und Verkehrseinrichtungen verpflichtet ist, hat auch dafür zu sorgen, daß diese jederzeit deutlich sichtbar sind (z.B. durch Reinigung, durch Beschneiden oder Beseitigung von Hecken und Bäumen).

Zu Absatz 6

63 I. Soweit die Straßenbaubehörde zuständig ist, ordnet sie die erforderlichen Maßnahmen an, im übrigen die Straßenverkehrsbehörde. Vor jeder Anordnung solcher Maßnahmen ist die Polizei zu hören.

64 II. Straßenverkehrs- und Straßenbaubehörde sowie die Polizei sind gehalten, die planmäßige Kennzeichnung der Verkehrsregelung zu überwachen und die angeordneten Maßnahmen auf ihre Zweckmäßigkeit zu prüfen. Zu diesem Zweck erhält die Polizei eine Abschrift des Verkehrszeichenplans von der zuständigen Behörde.

65 III. Die Straßenbaubehörden prüfen die für Straßenbauarbeiten von Bauunternehmern vorgelegten Verkehrszeichenpläne. Die Prüfung solcher Pläne für andere Arbeiten im Straßenraum obliegt der Straßenverkehrsbehörde, die dabei die Straßenbaubehörde, gegebenenfalls die Polizei zu beteiligen hat.

IV. Der Vorlage eines Verkehrszeichenplans durch den Unternehmer bedarf es nicht 66

1. bei Arbeiten von kurzer Dauer und geringem Umfang der Arbeitsstelle, wenn die Arbeiten sich nur unwesentlich auf den Straßenverkehr auswirken,

2. wenn ein geeigneter Regelplan besteht oder 67

3. wenn die zuständige Behörde selbst einen Plan aufstellt. 68

Zu Absatz 7

I. Zur laufenden Straßenunterhaltung gehört z.B. die Beseitigung von Schlaglöchern, die Unterhaltung von Betonplatten, die Pflege der Randstreifen und Verkehrssicherungsanlagen, in der Regel dagegen nicht die Erneuerung der Fahrbahndecke. 69

II. Notmaßnahmen sind z.B. die Beseitigung von Wasserrohrbrüchen und von Kabelschäden. 70

Zu Absatz 8

Die Zustimmung der höheren Verwaltungsbehörde oder der von ihr bestimmten Stelle ist erforderlich. Nummer VI zu Absatz 1 bis 1e gilt auch hier. 71

Zu Absatz 9

Auf Nummer I zu den §§ 39 bis 43 wird verwiesen. 72

Zu § 46 Ausnahmegenehmigung und Erlaubnis.[1)]

Allgemeines über Ausnahmegenehmigungen

I. Die Straßen sind nur für den normalen Verkehr gebaut. Eine Ausnahmegenehmigung zu erteilen, ist daher nur in besonders dringenden Fällen gerechtfertigt. An den Nachweis solcher Dringlichkeit sind strenge Anforderungen zu stellen. Erteilungsvoraussetzungen dürfen nur dann als amtsbekannt behandelt werden, wenn in den Akten dargetan wird, worauf sich diese Kenntnis gründet. 1

II. Die Sicherheit des Verkehrs darf durch eine Ausnahmegenehmigung nicht beeinträchtigt werden; sie ist erforderlichenfalls durch Auflagen und Bedingungen zu gewährleisten. Auch Einbußen der Flüssigkeit des Verkehrs sind auf solche Weise möglichst zu mindern. 2

[1)] VwV zu § 46 „Zu Absatz 1", „Zu Nr. 5" Nr. V Nr. 4 Satz 1 eingef., bish. Sätze 1 und 2 werden Sätze 2 und 3 mWv 1.2.2001 durch VwV v. 26.1.2001 (BAnz. S. 1419, ber. S. 5206); Rdnr. 134 („Zu Absatz 1", „Zu Nr. 11" Nr. III Nr. 2 Satz 1) neu gef. mWv 29.3.2008 durch VwV v. 20.3.2008 (BAnz. Nr. 48 S. 1106); „Zu Absatz 1", „Zu Nr. 11" neu gef., „Zu Nr. 12", „Zu Absatz 2" und „Zu Absatz 3" geänd. mWv 11.6.2009 durch VwV v. 4.6.2009 (BAnz. Nr. 84 S. 2050); „Zu Absatz 1" „Zu Nummer 5" Nr. II Nr. 2c und Nr. IV Nr. 6 geänd., „Zu Nummer 11" Nr. I Nr. 1a, 1b und 1g geänd. mWv 1.9.2009 durch VwV v. 17.7.2009 (BAnz. Nr. 110a S. 1); „Zu Absatz 1" „Zu Nummer 7" Nr. III Satz 1 geänd. mWv 18.11.2014 durch VwV v. 11.11. 2014 (BAnz AT 17.11.2014 B5); „Zu Absatz 1" neuer Absatz „Zu Absatz 1a" angef., bish. Nr. 148 und 149 werden Nr. 149 und 150 mWv 26.9.2015 durch VwV v. 22.9.2015 (BAnz AT 25.09.2015 B5); „Zu Absatz 1 Nummer 5" neu gef. mWv 30.5.2017 durch VwV v. 22.5.2017 (BAnz AT 29.05.2017 B8).

3 III. Die straßenrechtlichen Vorschriften über Sondernutzungen sind zu beachten.

4 IV. Hat der Inhaber einer Ausnahmegenehmigung die Nichtbeachtung von Bedingungen und Auflagen zu vertreten, so soll ihm grundsätzlich keine neue Ausnahmegenehmigung erteilt werden.

5 V. Vor der Erteilung einer Ausnahmegenehmigung sollen die beteiligten Behörden gehört werden, wenn dies bei dem Zweck oder dem Geltungsbereich der Ausnahmegenehmigung geboten ist.

6 VI. Dauerausnahmegenehmigungen sind auf höchstens drei Jahre zu befristen. Sie dürfen nur widerruflich erteilt werden.

Zu Absatz 1[1)]

Zu Nummer 1

7 Aus Sicherheitsgründen werden in der Regel Bedingungen oder Auflagen geboten sein.

Zu Nummer 2

8 Sofern die Ausnahmegenehmigung sich auf dort nicht zugelassene Fahrzeuge bezieht, gilt Nummer VI 2a zu § 29 Abs. 3.

Zu Nummer 4

9 Die betroffenen Anlieger sind zu hören.

Zu Nummer 4a und 4b

10 I. Ohnhänder (Ohnarmer) erhalten eine Ausnahmegenehmigung, um an Parkuhren und Parkscheinautomaten gebührenfrei und im Zonenhaltverbot bzw. auf Parkplätzen mit zeitlicher Begrenzung ohne Benutzung der Parkscheibe zu parken.

11 II. Kleinwüchsige Menschen mit einer Körpergröße von 1,39 m und darunter erhalten eine Ausnahmegenehmigung, um an Parkuhren und Parkscheinautomaten gebührenfrei zu parken.

12 III. Nummer III zu § 46 Abs. 1 Nr. 11 gilt entsprechend.

Zu Absatz 1 Nummer 5

13 I. Fahrzeuge und Fahrzeugkombinationen, die aufgrund ihrer Ladung die Abmessungen des § 18 Absatz 1 oder § 22 Absatz 2 bis 4 überschreiten, bedürfen einer Ausnahmegenehmigung. Bei Überschreiten der Maße und

---

[1)] VwV zu § 46 „Zu Absatz 1", „Zu Nr. 5" Nr. V Nr. 4 Satz 1 eingef., bish. Sätze 1 und 2 werden Sätze 2 und 3 mWv 1.2.2001 durch VwV v. 26.1.2001 (BAnz. S. 1419, ber. S. 5206); Rdnr. 134 („Zu Absatz 1", „Zu Nr. 11" Nr. III Nr. 2 Satz 1) neu gef. mWv 29.3.2008 durch VwV v. 20.3.2008 (BAnz. Nr. 48 S. 1106); „Zu Absatz 1", „Zu Nr. 11" neu gef., „Zu Nr. 12", „Zu Absatz 2" und „Zu Absatz 3" geänd. mWv 11.6.2009 durch VwV v. 4.6.2009 (BAnz. Nr. 84 S. 2050); „Zu Absatz 1" „Zu Nummer 5" Nr. II Nr. 2c und Nr. IV Nr. 6 geänd., „Zu Nummer 11" Nr. I Nr. 1a, 1b und 1g geänd. mWv 1.9.2009 durch VwV v. 17.7.2009 (BAnz. Nr. 110a S. 1); „Zu Absatz 1" „Zu Nummer 7" Nr. III Satz 1 geänd. mWv 18.11.2014 durch VwV v. 11.11. 2014 (BAnz AT 17.11.2014 B5); „Zu Absatz 1" „Zu Nummer 5" neu gef. mWv 30.5.2017 durch VwV v. 22.5.2017 (BAnz AT 29.05.2017 B8).

Massen nach den §§ 32 bis 34 StVZO[1]) bedürfen diese Fahrzeuge zusätzlich einer Ausnahmegenehmigung nach § 70 Absatz 1 Nummer 1 StVZO und einer Erlaubnis nach § 29 Absatz 3 (vgl. zu § 29 Absatz 3; Rn. 79 ff.). Die Verwaltungsvorschriften zu § 29 Absatz 3 gelten entsprechend mit folgenden Besonderheiten.

II. Voraussetzungen der Ausnahmegenehmigung

1. Eine Ausnahmegenehmigung setzt neben der Einhaltung der Anforderungen der Rn. 85 sowie Rn. 86 der VwV zu § 29 Absatz 3 voraus, dass **14**

a) die Beschaffung eines Spezialfahrzeugs für den Transport unmöglich oder unzumutbar ist und

b) die Ladung nach vorn nicht über 1 m hinausragt.

2. Neben den in den Rn. 87 und 88 der VwV zu § 29 Absatz 3 genannten Ladungen darf die Ausnahmegenehmigung ferner für den Transport mehrerer einzelner Teile, die je für sich mit ihrer Länge, Breite oder Höhe über den in der Zulassungsbescheinigung Teil I (Anlage 5 zu § 11 Fahrzeug-Zulassungsverordnung – FZV[2])) festgelegten Abmessungen des Fahrzeugs oder der Fahrzeugkombination hinausragen und unteilbar sind, erteilt werden. Beiladung ist gestattet, soweit Gesamtmasse und Achslasten die nach § 34 StVZO zulässigen Werte nicht überschreiten. **15**

III. Das Verfahren für die Erteilung der Ausnahmegenehmigung

1. Antragsdaten **16**
Aus dem Antrag müssen mindestens folgende technische Daten des Fahrzeuges oder der Fahrzeugkombination einschließlich der Ladung ersichtlich sein: Länge, Breite und Höhe des Fahrzeuges oder der Fahrzeugkombination, Art der Ladung und Angaben zur Unteilbarkeit der Ladung, Abmessungen und Gewicht der Ladung, bauartbedingte Höchstgeschwindigkeit des Transports, amtliche Kennzeichen, Fahrzeugidentifikationsnummern von Zugfahrzeugen und Anhängern.

2. Anhörverfahren **17**
Die Rn. 104 ff. der VwV zu § 29 Absatz 3 gelten entsprechend mit der Besonderheit, dass von dem angeführten Anhörverfahren abzusehen ist, wenn folgende Abmessungen im Einzelfall nicht überschritten werden:

a) Höhe (Fahrzeug/Fahrzeugkombination und Ladung)	4 m	**18**
b) Breite (Fahrzeug/Fahrzeugkombination und Ladung)	3 m	**19**
c) Länge (Fahrzeug/Fahrzeugkombination und Ladung)	22,75 m	**20**
d) Hinausragen der Ladung nach hinten	4 m	**21**
e) Hinausragen der Ladung über die letzte Achse	5 m	**22**
f) Hinausragen der Ladung nach vorn	1 m.	**23**

3. An den Nachweis der Voraussetzungen der Erteilung einer Ausnahmegenehmigung nach Nummer II sind strenge Anforderungen zu stellen. Die Rn. 115 bis 118 zu § 29 Absatz 3 gelten entsprechend. **24**

[1]) Nr. **200**.
[2]) Nr. **250**.

IV. Der Inhalt des Genehmigungsbescheides

25 1. Rn. 119 ff. der VwV zu § 29 Absatz 3 gelten entsprechend mit der Besonderheit, dass

26 2. von der Fahrzeitbeschränkung abzusehen ist, wenn Transporte mit Fahrzeugen oder Fahrzeugkombinationen durchgeführt werden, deren zulässige Höchstgeschwindigkeit 80 km/h beträgt und diese Geschwindigkeit transportbedingt eingehalten werden kann, sofern die in Nummer III.2 (Rn. 19 ff.) aufgeführten Abmessungen nicht überschritten werden. Erforderlichenfalls ist vorzuschreiben, dass sich solche Fahrzeuge wie Züge nach § 4 Absatz 2 StVO zu verhalten haben.

27 3. Ragt die Ladung mehr als 50 cm nach vorn hinaus, so ist die Auflage zu erteilen, die Ladung durch eine rotweiß gestreifte Schutzvorrichtung zu sichern, die bei Dunkelheit blendfrei zu beleuchten ist. Soweit möglich, ist dazu eine mindestens 50 cm lange Schutzkappe über das vordere Ende der Ladung zu stülpen und so zu befestigen, dass die Ladung nicht nach vorn verrutschen kann.

28 4. Ragt die Ladung nach hinten hinaus, sind folgende Auflagen zu erteilen:

a) Die Ladung, insbesondere deren hintere Enden, sind durch Spannmittel oder sonstige Vorrichtungen ausreichend zu sichern.

b) Es darf nur abgebogen werden, wenn das wegen des Ausschwenkens der Ladung ohne Gefährdung, insbesondere des nachfolgenden Verkehrs oder des Gegenverkehrs, möglich ist.

c) Besteht die Gefahr, dass die Ladung auf der Fahrbahn schleift, so ist ein Nachläufer vorzuschreiben. Auf die „Richtlinien für Langmaterialzüge mit selbstlenkendem Nachläufer“ wird verwiesen.

29 V. Im Übrigen sind die Verwaltungsvorschriften zu § 29 Absatz 3 entsprechend anzuwenden.

30 Rn. 31 bis Rn. 92 (weggefallen).

Zu Nummer 5b

93 I. Ausnahmen von der Anlegepflicht
Von der Anlegepflicht für Sicherheitsgurte können Personen im Ausnahmewege befreit werden, wenn

94 – das Anlegen der Gurte aus gesundheitlichen Gründen nicht möglich ist oder

95 – die Körpergröße weniger als 150 cm beträgt.

96 II. Ausnahmen von der Schutzhelmtragepflicht
Von der Schutzhelmtragepflicht können Personen im Ausnahmewege befreit werden, wenn das Tragen eines Schutzhelmes aus gesundheitlichen Gründen nicht möglich ist.

97 III. Voraussetzungen
Die in Nummer I und II genannten Voraussetzungen gesundheitlicher Art sind durch eine ärztliche Bescheinigung nachzuweisen. In der ärztlichen Bescheinigung ist ausdrücklich zu bestätigen, daß der Antragsteller aufgrund des ärztlichen Befundes von der Gurtanlege- bzw. Helmtra-

gepflicht befreit werden muß. Die Diagnose braucht aus der Bescheinigung nicht hervorzugehen.

IV. Geltungsdauer und Auflagen **98**
Die Ausnahmegenehmigungen sind widerruflich und befristet zu erteilen.

Soweit aus der ärztlichen Bescheinigung keine geringere Dauer hervorgeht, ist die Ausnahmegenehmigung in der Regel auf ein Jahr zu befristen. Dort, wo es sich um einen attestierten nichtbesserungsfähigen Dauerzustand handelt, ist eine unbefristete Ausnahmegenehmigung zu erteilen. **99**

Zu Nummer 6

Gegen das Führen von Rindvieh in Viehtriebrahmen hinter Schleppern bestehen keine grundsätzlichen Bedenken. In der Ausnahmegenehmigung ist die zulässige Geschwindigkeit auf weniger als 5 km/h festzusetzen. Die Zahl der zu führenden Tiere ist festzulegen. **100**

Zu Nummer 7 **101**

I. Voraussetzung der Genehmigung

1. Eine Einzelgenehmigung darf nur unter folgenden Voraussetzungen erteilt werden:

a) In dringenden Fällen, z.B. zur Versorgung der Bevölkerung mit leichtverderblichen Lebensmitteln, zur termingerechten Be- oder Entladung von Seeschiffen, zur Aufrechterhaltung des Betriebes öffentlicher Versorgungseinrichtungen; wirtschaftliche oder wettbewerbliche Gründe allein rechtfertigen eine Genehmigung keinesfalls, **102**

b) für Güter, zu deren Beförderung keine Fahrzeuge bis zu 7,5 t zulässiges Gesamtgewicht verfügbar sind, **103**

c) für Güter, deren fristgerechte Beförderung nicht wenigstens zum größten Teil der Strecke auf der Schiene möglich ist, sofern es sich um eine Beförderung über eine Straßenstrecke von mehr als 100 km handelt und **104**

d) für grenzüberschreitenden Verkehr, wenn die deutschen und ausländischen Grenzzollstellen zur Zeit der voraussichtlichen Ankunft an der Grenze Lastkraftwagenladungen abfertigen können. **105**

2. Eine Dauerausnahmegenehmigung darf nur erteilt werden, wenn außerdem die Notwendigkeit regelmäßiger Beförderung feststeht. **106**

II. Das Verfahren **107**

1. Vom Antragsteller sind folgende Unterlagen zu verlangen:

a) Fracht- und Begleitpapiere,

b) falls es sich um eine Beförderung über eine Straßenstrecke von mehr als 100 km handelt, eine Bescheinigung der für den Versandort zuständigen Güterabfertigung über die Unmöglichkeit der fristgerechten Schienenbeförderung, **108**

109 c) für grenzüberschreitenden Verkehr ein Nachweis über die Abfertigungszeiten der Grenzzollstelle für Ladungen auf Lastkraftwagen,

110 d) Kraftfahrzeug- und Anhängerschein. Für ausländische Kraftfahrzeuge, in deren Zulassungspapieren zulässiges Gesamtgewicht und Motorleistung nicht eingetragen sind, ist eine entsprechende amtliche Bescheinigung erforderlich.

111 2. Eine Dauerausnahmegenehmigung darf nur erteilt werden, wenn der Antragsteller die Dringlichkeit der Beförderung durch eine Bescheinigung der Industrie- und Handelskammer nachweist oder sonst glaubhaft macht.

112 III. Inhalt der Genehmigung

Für den Genehmigungsbescheid ist ein Formblatt zu verwenden, das das Bundesministerium für Verkehr und digitale Infrastruktur nach Anhörung der obersten Landesbehörden im Verkehrsblatt bekanntgibt.

113 1. Der Beförderungsweg braucht nur festgelegt zu werden, wenn das aus verkehrlichen Gründen geboten ist.

114 2. Für grenzüberschreitenden Verkehr ist die Beförderungszeit so festzulegen, daß das Kraftfahrzeug an der Grenze voraussichtlich zu einem Zeitpunkt eintrifft, an dem sowohl die deutsche als auch die ausländische Grenzzollstelle zur Abfertigung von Ladungen besetzt ist.

115 3. Die für die Beförderung zugelassenen Güter sind einzeln und genau aufzuführen.

Zu Nummer 9

116 Von dem Verbot verkehrsstörenden Lautsprecherlärms dürfen Ausnahmen nur genehmigt werden, wenn ein überwiegendes Interesse der Allgemeinheit vorliegt.

Zu Nummer 10

117 Gegen die Erteilung einer Ausnahmegenehmigung für Werbung auf Flächen von Leuchtsäulen bestehen in der Regel keine Bedenken; Gründe der Sicherheit oder Leichtigkeit des Straßenverkehrs werden kaum je entgegenstehen.

Zu Nummer 11

Ausnahmegenehmigungen für schwerbehinderte Menschen

118 I. Parkerleichterungen

1. Schwerbehinderten Menschen mit außergewöhnlicher Gehbehinderung kann gestattet werden,

119 a) an Stellen, an denen das eingeschränkte Haltverbot angeordnet ist (Zeichen 286, 290.1), bis zu drei Stunden zu parken. Antragstellern kann für bestimmte Haltverbotsstrecken eine längere Parkzeit genehmigt werden. Die Ankunftszeit muss sich aus der Einstellung auf einer Parkscheibe (§ 13 Absatz 2 Nummer 2, Bild 318) ergeben,

120 b) im Bereich eines Zonenhaltverbots (Zeichen 290.1) die zugelassene Parkdauer zu überschreiten,

c) an Stellen, die durch Zeichen 314 und 315 gekennzeichnet sind und für die durch ein Zusatzzeichen eine Begrenzung der Parkzeit angeordnet ist, über die zugelassene Zeit hinaus zu parken, **121**

d) in Fußgängerzonen, in denen das Be- oder Entladen für bestimmte Zeiten freigegeben ist, während der Ladezeiten zu parken, **122**

e) an Parkuhren und bei Parkscheinautomaten zu parken, ohne Gebühr und zeitliche Begrenzung, **123**

f) auf Parkplätzen für Bewohner bis zu drei Stunden zu parken, **124**

g) in verkehrsberuhigten Bereichen (Zeichen 325.1) außerhalb der gekennzeichneten Flächen ohne den durchgehenden Verkehr zu behindern, zu parken, **125**

sofern in zumutbarer Entfernung keine andere Parkmöglichkeit besteht. Die vorgenannten Parkerleichterungen dürfen mit allen Kraftfahrzeugen in Anspruch genommen werden. **126**

Die höchstzulässige Parkzeit beträgt 24 Stunden. **127**

2. Die Berechtigung ist entweder durch den EU-einheitlichen Parkausweis für behinderte Menschen (vgl. Nummer IX 1 Buchstabe b zu § 45 Absatz 1 bis 1e) oder durch einen besonderen Parkausweis, den das zuständige Bundesministerium im Verkehrsblatt bekannt gibt, nachzuweisen. Der Ausweis muss gut sichtbar hinter der Windschutzscheibe angebracht sein. **128**

II. Voraussetzungen der Ausnahmegenehmigung

1. Als schwerbehinderte Menschen mit außergewöhnlicher Gehbehinderung sind solche Personen anzusehen, die sich wegen der Schwere ihres Leidens dauernd nur mit fremder Hilfe oder nur mit großer Anstrengung außerhalb ihres Kraftfahrzeuges bewegen können. **129**

Hierzu zählen: **130**

Querschnittsgelähmte, doppeloberschenkelamputierte, doppelunterschenkelamputierte, hüftexartikulierte und einseitig oberschenkelamputierte Menschen, die dauernd außerstande sind, ein Kunstbein zu tragen, oder nur eine Beckenkorbprothese tragen können oder zugleich unterschenkel- oder armamputiert sind sowie andere schwerbehinderte Menschen, die nach versorgungsärztlicher Feststellung, auch auf Grund von Erkrankungen, dem vorstehend angeführten Personenkreis gleichzustellen sind.

2. Schwerbehinderten Menschen mit außergewöhnlicher Gehbehinderung, die keine Fahrerlaubnis besitzen, kann ebenfalls eine Ausnahmegenehmigung (Nummer I 1; Randnummer 118ff.) erteilt werden. **131**

In diesen Fällen ist den schwerbehinderten Menschen eine Ausnahmegenehmigung des Inhalts auszustellen, dass der sie jeweils befördernde Kraftfahrzeugführer von den entsprechenden Vorschriften der StVO[1] befreit ist. **132**

3. Die Randnummern 118 bis 132 sind sinngemäß auch auf die nachstehend aufgeführten Personengruppen anzuwenden: **133**

a) Blinde Menschen; **134**

---

[1] Nr. **100**.

135 b) Schwerbehinderte Menschen mit beidseitiger Amelie oder Phokomelie oder mit vergleichbaren Funktionseinschränkungen, wobei die zeitlichen Begrenzungen, die eine Betätigung der Parkscheibe voraussetzen, nicht gelten;

136 c) Schwerbehinderte Menschen mit den Merkzeichen G und B und einem Grad der Behinderung (GdB) von wenigstens 80 allein für Funktionsstörungen an den unteren Gliedmaßen (und der Lendenwirbelsäule, soweit sich diese auf das Gehvermögen auswirken);

137 d) Schwerbehinderte Menschen mit den Merkzeichen G und B und einem GdB von wenigstens 70 allein für Funktionsstörungen an den unteren Gliedmaßen (und der Lendenwirbelsäule, soweit sich diese auf das Gehvermögen auswirken) und gleichzeitig einem GdB von wenigstens 50 für Funktionsstörungen des Herzens oder der Atmungsorgane;

138 e) Schwerbehinderte Menschen, die an Morbus Crohn oder Colitis ulcerosa erkrankt sind, wenn hierfür ein GdB von wenigstens 60 vorliegt;

139 f) Schwerbehinderte Menschen mit künstlichem Darmausgang und zugleich künstlicher Harnableitung, wenn hierfür ein GdB von wenigstens 70 vorliegt.

III. Das Verfahren

140 1. Der Antrag auf Ausnahmegenehmigung ist bei der örtlich zuständigen Straßenverkehrsbehörde zu stellen.

141 2. Die Dauerausnahmegenehmigung wird für maximal fünf Jahre in stets widerruflicher Weise erteilt.

142 3. Die Ausnahmegenehmigung soll in der Regel gebührenfrei erteilt werden.

143 IV. Inhalt der Genehmigung
Für den Genehmigungsbescheid ist ein bundeseinheitliches Formblatt zu verwenden, welches das zuständige Bundesministerium im Verkehrsblatt bekannt macht (vgl. Randnummer 128).

144 V. Geltungsbereich
Die Ausnahmegenehmigungen gelten für das ganze Bundesgebiet.

Parkerleichterungen für Ärzte

145 I. Ärzte handeln bei einem „rechtfertigenden Notstand" (§ 16 des Gesetzes über Ordnungswidrigkeiten[1]) nicht rechtswidrig, wenn sie die Vorschriften der StVO nicht beachten.

146 II. Ärzte, die häufig von dieser gesetzlichen Ausnahmeregelung Gebrauch machen müssen, erhalten von der zuständigen Landesärztekammer ein Schild mit der Aufschrift
„Arzt – Notfall –
Name des Arztes. . .
Landesärztekammer",

---

[1] Nr. **680**.

das im Falle von I gut sichtbar hinter der Windschutzscheibe anzubringen ist.

Zu Nummer 12

Eine Ausnahmegenehmigung soll grundsätzlich erteilt werden, wenn die Betroffenen über keine eigenen Betriebshöfe oder Abstellflächen verfügen und sich solche Möglichkeiten auch nicht in zumutbarer Weise beschaffen können und wenn sich zugleich keine Parkplätze mit Abstellerlaubnis in der näheren Umgebung befinden und auch nicht geschaffen werden können. 147

Zu Absatz 1a Ausnahmen von Verkehrsbeschränkungen, Verkehrsverboten oder Verkehrsumleitungen

Bei der Bevorrechtigung geht die Gewährleistung eines sicheren und flüssigen Verkehrsablaufs aller Verkehrsteilnehmer vor. Vor jeder Entscheidung über eine Bevorrechtigung von elektrisch betriebenen Fahrzeugen sind die Straßenbaubehörden und die Polizeien zu hören. Die Straßenverkehrsbehörde bedarf der Zustimmung der obersten Landesbehörde oder der von ihr bestimmten Stelle, wenn von einer Anordnung von Maßnahmen zum Schutz der Bevölkerung vor Lärm und Abgasen elektrisch betriebener Fahrzeuge ausgenommen werden sollen. Der Zustimmung bedarf es nicht, wenn und soweit die oberste Landesbehörde die Straßenverkehrsbehörde vom Erfordernis der Zustimmung befreit hat. 148

Zu Absatz 2

Die zuständigen obersten Landesbehörden oder die von ihnen bestimmten Stellen können von allen Bestimmungen dieser Allgemeinen Verwaltungsvorschrift Abweichungen zulassen. 149

Zu Absatz 3

Zu Satz 3

Es genügt nicht, wenn eine beglaubigte Abschrift oder eine Ablichtung des Bescheides mitgeführt wird. 150

Zu § 47 Örtliche Zuständigkeit.

Zu Absatz 1 und Absatz 2 Nr. 1

Über Anträge auf Erteilung einer Dauererlaubnis und Dauerausnahmegenehmigung sollte in der Regel diejenige Straßenverkehrsbehörde entscheiden, in deren Bezirk der Antragsteller seinen Wohnsitz, seinen Sitz oder eine Zweigniederlassung hat. Will diese Behörde das Verfahren abgeben, so hat sie das eingehend zu begründen und über den Antragsteller ausführlich zu berichten. 1

Zu § 48 Verkehrsunterricht.

I. Zum Verkehrsunterricht sind auch Jugendliche von 14 Jahren an, Halter sowie Aufsichtspflichtige in Betrieben und Unternehmen heranzuziehen, wenn sie ihre Pflichten nicht erfüllt haben. 1

II. Zweck der Vorschrift ist es, die Sicherheit und Ordnung auf den Straßen durch Belehrung solcher, die im Verkehr Fehler begangen haben, zu heben. Eine Vorladung ist daher nur dann sinnvoll und überhaupt zulässig, wenn anzunehmen ist, daß der Betroffene aus diesem Grunde einer 2

Belehrung bedarf. Das trifft in der Regel nicht bloß bei Personen zu, welche die Verkehrsvorschriften nicht oder nur unzureichend kennen oder beherrschen, sondern auch bei solchen, welche die Bedeutung und Tragweite der Vorschriften nicht erfaßt haben. Gerade Mehrfachtäter bedürfen in der Regel solcher Einwirkung. Aber auch schon eine einmalige Verfehlung kann sehr wohl Anlaß zu einer Vorladung sein, dies vor allem dann, wenn ein grober Verstoß gegen eine grundlegende Vorschrift vorliegt, oder wenn der bei dem Verstoß Betroffene sich trotz Belehrung uneinsichtig gezeigt hat.

3 III. Die Straßenverkehrsbehörde soll in der Regel nur Personen zum Verkehrsunterricht heranziehen, die in ihrem Bezirk wohnen. Müssen Auswärtige unterrichtet werden, so ist die für deren Wohnort zuständige Straßenverkehrsbehörde zu bitten, Heranziehung und Unterrichtung zu übernehmen.

4 IV. Der Verkehrsunterricht kann auch durch Einzelaussprache erteilt werden, wenn die Betroffenen aus wichtigen Gründen am allgemeinen Verkehrsunterricht nicht teilnehmen können oder ein solcher nicht stattfindet.

5 V. Die Vorladung muß die beruflichen Verpflichtungen der Betroffenen berücksichtigen. Darum kann es unter Umständen zweckmäßig sein, den Unterricht auf einen Sonntag festzusetzen; dann sind die Unterrichtszeiten mit den kirchlichen Behörden abzustimmen; Betroffene, die sich weigern oder nicht erscheinen, dürfen dafür nicht zur Verantwortung gezogen werden und sind auf einen Werktag oder einen Samstag umzuladen.

Zu § 53 Inkrafttreten.

1 Die bisherigen Regeln dieser Verwaltungsvorschrift zu § 37 „Wechsellichtzeichen, Dauerlichtzeichen und Grünpfeil" zu Absatz 2 zu den Nummern 1 und 2 IX behalten auch nach der bis zum 1. Juli 1992 geltenden Fassung dieser Vorschrift ihre Gültigkeit, jedoch längstens bis zum 31. Dezember 2005. Neue Lichtsignalanlagen sind nach dem 1. Juli 1992 nach den neuen Regeln auszuführen.

Art. 2 Inkrafttreten. Diese allgemeine Verwaltungsvorschrift tritt am ersten Tage des auf die Veröffentlichung folgenden Monats in Kraft.[1] Gleichzeitig tritt die Allgemeine Verwaltungsvorschrift zur Straßenverkehrs-Ordnung vom 24. November 1970 (BAnz. Nr. 228 vom 8. Dezember 1970 und BAnz. Nr. 14 vom 22. Januar 1971), zuletzt geändert durch allgemeine Verwaltungsvorschrift vom 15. August 1997 (BAnz. S. 10 398) außer Kraft.

[1] Veröffentlicht am 31. Dezember 1998.

110/4. Vierte Verordnung über Ausnahmen von den Vorschriften der Straßenverkehrs-Ordnung (4. Ausnahmeverordnung zur StVO)

Vom 23. Juni 1992
(BGBl. I S.)
FNA 9233-1-3-4

§ 1 Abweichend von § 53 Abs. 9 Satz 2 der Straßenverkehrs-Ordnung vom 16. November 1970 (BGBl. I S. 1565, 1971 I S. 38), die zuletzt durch die Verordnung vom 19. März 1992 (BGBl. I S. 678) geändert worden ist, können Verkehrszeichen und Verkehrseinrichtungen, die vor dem 1. Juli 1992 in der Gestaltung nach der bis zu diesem Zeitpunkt geltenden Fassung der Straßenverkehrs-Ordnung hergestellt worden sind, bis zum 1. Juli 1994 anstelle von Verkehrszeichen und Verkehrseinrichtungen mit den neuen Symbolen angeordnet und aufgestellt werden.

§ 2 Diese Verordnung tritt am Tage nach der Verkündung[1] in Kraft.

---

[1] Verkündet am 26.6.1992.

110/5. Fünfte Verordnung über Ausnahmen von den Vorschriften der Straßenverkehrs-Ordnung (5. Ausnahmeverordnung zur StVO)

Vom 24. März 1994
(BGBl. I S. 623)

FNA 9233-1-3-5

§ 1 Abweichend von § 21 Abs. 1a der Straßenverkehrs-Ordnung[1] vom 16. November 1970 (BGBl. I S. 1565, 1971 I S. 38), die zuletzt durch Artikel 6 Abs. 115 des Gesetzes vom 27. Dezember 1993 (BGBl. I S. 2378) geändert worden ist, dürfen in Kraftfahrzeugen, die nach dem Zulassungsverfahren für die Stationierungsstreitkräfte zugelassen sind, Rückhalteeinrichtungen für Kinder bis zum vollendeten zwölften Lebensjahr, die kleiner als 150 cm sind, benutzt werden, die nach den nationalen Vorschriften des Heimatlandes geprüft und für die Sicherung von Kindern zugelassen worden sind.

§ 2 Diese Verordnung tritt am Tage nach der Verkündung[2] in Kraft.

---

[1] Nr. **100**.
[2] Verkündet am 31.3.1994.

110/8. Achte Verordnung über Ausnahmen von den Vorschriften der Straßenverkehrs-Ordnung (8. Ausnahmeverordnung zur StVO)

Vom 20. Mai 1998
(BGBl. I S. 1130)

FNA 9233-1-3-8

Auf Grund des § 6 Abs. 1 Nr. 3 und Abs. 3 des Straßenverkehrsgesetzes[1] in der im Bundesgesetzblatt Teil III, Gliederungsnummer 9231-1, veröffentlichten bereinigten Fassung, Absatz 1 Nr. 3 zuletzt geändert durch das Gesetz vom 6. April 1980 (BGBl. I S. 413), Absatz 3 eingefügt durch § 70 Abs. 1 Nr. 3 des Gesetzes vom 15. März 1974 (BGBl. I S. 721) und geändert gemäß Artikel 22 Nr. 3 der Verordnung vom 26. November 1986 (BGBl. I S. 2089), verordnet das Bundesministerium für Verkehr nach Anhörung der zuständigen obersten Landesbehörden:

§ 1 [Ausnahmen] Abweichend von § 21a Abs. 2 der Straßenverkehrs-Ordnung[2] vom 16. November 1970 (BGBl. I S. 1565, 1971 I S. 38), die zuletzt durch die Verordnung vom 7. August 1997 (BGBl. I S. 2028) geändert worden ist, brauchen die Führer von Krafträdern während der Fahrt keinen Schutzhelm zu tragen, wenn

1. das Kraftrad den Anforderungen der Anlage zu dieser Verordnung entspricht und
2. die vorhandenen Rückhaltesysteme angelegt sind.

§ 2 [Inkrafttreten] Diese Verordnung tritt am Tage nach der Verkündung[3] in Kraft.

---

[1] Nr. **10**.
[2] Nr. **100**.
[3] Verkündet am 29.5.1998.

Anlage

1. Allgemeine Anforderungen an zwei- oder dreirädrige Fahrzeuge als Voraussetzung für eine Befreiung von der Schutzhelmtragepflicht

1.1 Es sind Tests zu folgenden Unfallkonfigurationen entsprechend der International Organization for Standardization – Norm ISO 13232-2, Abschnitt 4.3.1 der Ausgabe vom 15. Dezember 1996 durchzuführen:

a) Versuchskonfiguration I: ISO 143 – 9,8/0 – seitlicher Anstoß des Personenkraftwagens;

b) Versuchskonfiguration II: ISO 114 – 6,7/13,4 – schräger Frontalanstoß zwischen Zweirad und Personenkraftwagen;

c) Versuchskonfiguration IV: ISO 412 – 6,7/13,4 – schräger seitlicher Anstoß des Zweirades von hinten;

d) Versuchskonfiguration VI: ISO 225 – 0/13,4 – streifender Frontalanstoß von Personenkraftwagen und Zweirad;

e) Versuchskonfiguration VII: ISO 413 – 0/13,4 – seitlicher 90°-Anstoß des Zweirades gegen stehenden Personenkraftwagen.

Darüber hinaus sind ein seitlicher Umkipptest und ein Dacheindrücktest durchzuführen. Die jeweilige Versuchsbeschreibung und Durchführung ist im Abschnitt 2 dargestellt.

1.2 Bei allen vorstehend beschriebenen Versuchen wird der Grenzwert für die Kopfbelastung (HPC) des Fahrzeugführers entsprechend den Anforderungen beim Personenkraftwagen Frontalund Seitenaufpralltest auf den HPC = 1000 festgelegt (siehe Anhang II, Abschnitt 3.2.1.1 der Richtlinie 96/79/EG des Europäischen Parlaments und des Rates vom 16. Dezember 1996 über den Schutz der Kraftfahrzeuginsassen beim Frontalaufprall und zur Änderung der Richtlinie 70/156/EWG (ABl. EG Nr. L 18 S. 7) und Anhang II, Abschnitt 3.2.1.1 der Richtlinie 96/27/EG des Europäischen Parlaments und des Rates vom 20. Mai 1996 über den Schutz der Kraftfahrzeuginsassen beim Seitenaufprall und zur Änderung der Richtlinie 70/156/EWG (ABl. EG Nr. L 169 S. 1).

1.3 Die Extremitäten des Fahrzeugführers können in der Anprall- oder Ausschleuderphase den Schutzbereich des Fahrzeuges verlassen. Damit die Verletzungen der Extremitäten beim Einklemmen unter Beteiligung der eigenen Fahrzeugstruktur so gering wie möglich sind, müssen die Kontaktkräfte (Flächenpressungen) möglichst gering gehalten werden. Können die Anforderungen von Kapitel 3 der Richtlinie 97/24/EG des Europäischen Parlaments und des Rates vom 17. Juni 1997 über bestimmte Bauteile und Merkmale von zwei- oder dreirädrigen Kraftfahrzeugen über vorstehende Außenkanten (ABl. EG Nr. L 226 S. 1) nicht erfüllt werden, sind Polsterungen in Kontaktbereichen der Extremitäten vorzusehen.

1.4 Das Zweirad ist durch ein geeignetes, dem Stand der Technik entsprechendes Rückhaltesystem auszustatten, das Kapitel 11 der Richtlinie 97/24/EG über die Verankerung der Sicherheitsgurte von dreirädrigen Kleinkrafträdern, Drei- und Vierradfahrzeugen mit Aufbau entspricht. Das Rückhaltesystem muß den Fahrzeugführer in allen Phasen eines möglichen Unfalles sicher zurückhalten und ihn somit von Kontakten mit Hindernissen oder Teilen der eigenen Fahrzeugstruktur schützen.

1.5 Ist das für den Fahrzeugführer vorgesehene Rückhaltesystem manuell zu betätigen, ist im unmittelbaren Sichtfeld des Fahrzeugführers eine Signallampe zu installieren, die im fahrbereiten Zustand bei nicht angelegten Sicherheitsgurten aufleuchtet, um Nachlässigkeiten bei der Benutzung (z.B. Vergessen) vorzubeugen. Diese Lampe muß mit angemessener Intensität leuchten und den Anforderungen von Anhang III, Abbildung 9 der Richtlinie 78/316/EWG des Rates vom 21. Dezember 1977 zur Angleichung der Rechtsvorschriften der Mitgliedstaaten über die Innenausstattung der Kraftfahrzeuge (Kennzeichnung der Betätigungseinrichtungen, Kontrolleuchten und Anzeiger) (ABl. EG Nr. L 81 S. 3) entsprechen. Durch ein Hinweisschild im Sichtfeld des fahrbereiten Fahrzeugführers muß er darauf hingewiesen werden, daß die Helmtragepflicht besteht, wenn er die Sicherheitsgurte nicht anlegt.

1.6 Ist der Schutzbereich des Zweirades mit Scheiben versehen, müssen diese den Anforderungen von Kapitel 12, Anhang I, Abschnitt 1.1 oder 1.2 der Richtlinie 97/24/EG über Scheiben entsprechen.

1.7 Im Rahmen der Erteilung der (EG-)Betriebserlaubnis ist die Einhaltung dieser Anforderungen durch das Gutachten eines amtlich anerkannten Sachverständigen oder eines Technischen Dienstes gegenüber dem Kraftfahrt- Bundesamt nachzuweisen.

1.8 Von den in dieser Anlage beschriebenen Anforderungen an Krafträder, die in anderen Vertragsstaaten des Abkommens über den Europäischen Wirtschaftsraum rechtmäßig hergestellt und dort rechtmäßig in den Verkehr gebracht werden dürfen, darf abgewichen werden, wenn sie dasselbe Niveau für den Schutz der Gesundheit und der Verkehrssicherheit gewährleisten, wie solche Krafträder, die den Anforderungen dieser Anlage entsprechen. Soweit diese die Durchführung von Prüfungen oder die Vorlage von Prüfbescheinigungen vorsehen, werden auch Prüfungen und Prüfbescheinigungen von Prüfstellen, die in anderen Vertragsstaaten des Abkommens über den Europäischen Wirtschaftsraum zugelassen sind, berücksichtigt, wenn diese hinsichtlich ihrer zugrundeliegenden technischen Anforderungen deutschen Prüfungen und Prüfverfahren gleichwertig sind.

2. Besondere Prüfanforderungen

2.1 Seitlicher Umkipptest

2.1.1 Anwendungsbereich

Mit diesem Testverfahren ist zu untersuchen, ob es beim Umkippen des Fahrzeuges, besetzt mit einem Fahrer, zum Kopfkontakt des Fahrzeugführers mit der Fahrbahn kommt.

2.1.2 Anforderungen
Beim seitlichen Umfallen des Prüffahrzeuges muß die Kopfgeschwindigkeit der Versuchspuppe Euro-SID Dummy (entsprechend Anhang II der Richtlinie 96/27/EG) 20 km/h ± 2 km/h betragen.
Dabei muß einer der beiden anschließend genannten Punkte erfüllt sein.

2.1.2.1 Abstand des Kopfes zur Fahrbahn
Der Abstand zwischen Kopf und Fahrbahn darf während des Versuches den in 2.1.3.3.1 definierten Wert der Distanzplatte nicht unterschreiten. Am Kopf darf keine Farbmarkierung sichtbar sein.

2.1.2.2 Schutzeinrichtungen für den Kopf
Beim Einsatz von Schutzeinrichtungen für den Kopf, die den unmittelbaren Kontakt zum Boden verhindern, gilt das Kopfbelastungskriterium HPC < 1000.

2.1.3 Versuchsaufbau

2.1.3.1 Fahrzeug
Möglichkeiten:

a) Das Prüffahrzeug steht entweder mit beiden Rädern auf einer waagerechten, ebenen, nicht verschmutzten Fläche, die für eine normale, trockene, nicht verschmutzte Straßenoberfläche repräsentativ ist (im weiteren „Boden" genannt) oder gegebenenfalls auf einer erhöhten, parallel zu dieser Fläche eingerichteten Plattform.

b) Das Fahrzeug wird mit der unter 2.1.4.1 definierten Kontaktebene parallel zum Boden aufgehängt.

Das Vorderrad befindet sich in Geradeausstellung. Die Räder können durch die Betätigung des Bremssystems oder einen hierauf bezogenen Eingriff während des Versuches blockiert sein.
Ragt der Lenker aus der in Abschnitt 2.1.4.1 definierten Kontaktebene heraus, muß dieser für den Versuch entfernt oder so abgeändert werden, daß ein Bodenkontakt vermieden wird.
Bei verstellbarem Sitz und Kopfstütze sind diese jeweils in ihre Mittelstellung zu bringen.

2.1.3.2 Dummy
Der Euro-SID Dummy ist mittig zur Fahrzeuglängsachse zu positionieren. Die Beine sind in normaler Fahrposition abzustellen.
Der bzw. die Sicherheitsgurte werden mit der geringsten möglichen Gurtlose angelegt.
Die Oberarme werden unter einem Winkel von 45° zur Oberkörpersenkrechten eingestellt.

2.1.3.3 Meßeinrichtungen

2.1.3.3.1 Bestimmung des Abstandes Kopf – Boden
Zur Bestimmung des Abstandes zwischen Kopf und Kontaktebene nach 2.1 wird eine 75 mm dicke Platte (Distanzplatte) mit geeigneten Abmessungen so am Boden plaziert, daß vor und während der Berührung der Fahrzeugstruktur in der geforderten Kontakt-

ebene keine Berührung mit anderen Körperteilen oder Fahrzeugteilen möglich ist.

Die Distanzplatte wird vor dem Versuch an der Oberseite eingefärbt. Beim Berühren des Kopfes mit der Platte muß sich am Kopf eine Farbmarkierung abbilden.

2.1.3.3.2 Bestimmung der Kopfbelastungswerte

Bei der Prüfung nach 2.1.2.2 werden die Kopfbeschleunigungswerte des Euro-SID-Dummys gemessen und ausgewertet (z.B. HPC).

2.1.3.3.3 Bestimmung der maximalen Kopfgeschwindigkeit

Die Bestimmung der Kopfgeschwindigkeit erfolgt durch Auswertung einer Highspeed- Filmaufzeichnung oder durch die Integration der Beschleunigung in y-Richtung.

2.1.4 Versuchsdurchführung

2.1.4.1 Verfahren

Für das Testverfahren wird als Berührungsfläche der Fahrzeugseite mit dem Boden eine Kontaktebene definiert. Die sich aufgrund der Dynamik des Versuches nach 2.1.3.1 Buchstabe a ergebende Berührungsebene zwischen Fahrzeugseite und einer ebenen Fläche, bei der der Kopfabstand zu dieser Fläche am geringsten ist, wird als Kontaktebene festgelegt.

a) Das Fahrzeug kippt aus dem Stand (senkrechte Position) auf die vorgesehene Seite, so daß es den Boden in der Kontaktebene berührt.

b) Das Fahrzeug fällt, nach 2.1.3.1 Buchstabe b ausgerichtet, aus einer durch 2.1.4.2 vorgegebenen Höhe auf den Boden.

2.1.4.2 Kopfgeschwindigkeit

Die maximale Kopfgeschwindigkeit in den Testverfahren 2.1.4.1 Buchstabe a und b soll 20 km/h ± 2 km/h betragen.

Um diese Geschwindigkeit zu erreichen, kann es im Versuch 2.1.4.1 Buchstabe a bauartbedingt erforderlich sein, daß das Fahrzeug aus einer erhöhten Position (siehe 2.1.3.1 Buchstabe a) umkippen muß.

Bei der Versuchskonstellation 2.1.4.1 Buchstabe b ist die erforderliche Fallhöhe entsprechend einer Aufprallgeschwindigkeit von 20 km/h ± 2 km/h zu bestimmen.

2.1.5 Dokumentation

Highspeed-Filmaufnahmen vom Aufschlagbereich des Kopfes dienen der Dokumentation des Bewegungsablaufes.

2.2 Dacheindrücktest

2.2.1 Anwendungsbereich

Das Verfahren dient der Überprüfung der Steifigkeit von Dachrahmen bzw. Dachstrukturen bei Einspurfahrzeugen mit Gurten, die den Fahrzeugführer bei Benutzung der Sicherheitsgurte von der Schutzhelmtragepflicht entbinden.

2.2.2 Anforderungen

Bei der Dacheindrückprüfung von Einspurfahrzeugen mit Sicherheitsgurten muß die maximal auftretende Kraft, die während des

Verformungsweges von 127 mm auftritt, mindestens 22,2 kN betragen.
Die bei diesem Verformungsweg der Dachstruktur aufgenommene Energie muß mindestens 1,4 kJ betragen. (Dieses Niveau entspricht einem linearen Kraftanstieg von 0 bis 22,2 kN über einem Verformungsweg von 127 mm (siehe Abbildung 2). Sehr steife Dachstrukturen, die nach geringer Verformung kollabieren, können diese Anforderungen nicht erfüllen.)

2.2.3 Versuchsaufbau des Dacheindrücktestes

2.2.3.1 Fahrzeug
Der Rahmen des Fahrzeuges mit Dachstruktur wird auf einer ebenen, stabilen Grundplatte so fixiert, daß er beim Dacheindrücktest nicht verschoben werden kann (siehe Abbildung 1).
Dabei muß sich der Rahmen des Fahrzeuges relativ zur Grundplatte in Normallage befinden und derart abgestützt sein, daß ein rahmenfester Punkt in unmittelbarer Nähe des Fahrzeugschwerpunktes und die Neigung des Hauptrahmens während der Belastung nahezu unverändert bleiben (± 10 mm, ± 3°).
Alle Abstützungen müssen unter einer zur Grundplatte parallelen Ebene durch den H-Punkt (ein Bezugspunkt entsprechend Abschnitt 1.1 des Anhangs III zu Kapitel 11 der Richtlinie 97/24/EG) liegen. Bei verstellbaren Sitzen gilt der H-Punkt der tiefsten Sitzstellung.
Oberhalb dieser Ebene dürfen keine zusätzlichen Versteifungen angebracht werden, außer Strukturteile, die bei dem entsprechenden Fahrzeug als tragende Elemente ausgelegt sind (z.B. Motor, Schalensitz, Karosserie).

2.2.3.2 Druckplatte
Mit einer ausreichend großen, ebenen Platte (größer als die Kontaktfläche der gesamten Dachstruktur nach der Eindrückung) wird parallel zur Grundplatte mit konstanter Geschwindigkeit auf die Dachstruktur gedrückt (siehe Abbildung 1).

2.2.4 Versuchsdurchführung
Die Druckplatte wird mit einer maximalen Geschwindigkeit von 0,013 m/s bis zu einer Verformung von 127 mm bewegt. Die maximale Testzeit beträgt 120 Sek.

2.2.5 Dokumentation
Die Kraft-Weg-Kennung (senkrecht zur Druckplatte) wird zur Dokumentation des Kraftverlaufes aufgenommen.

Abbildung 1
Versuchsaufbau Dachdrücktest

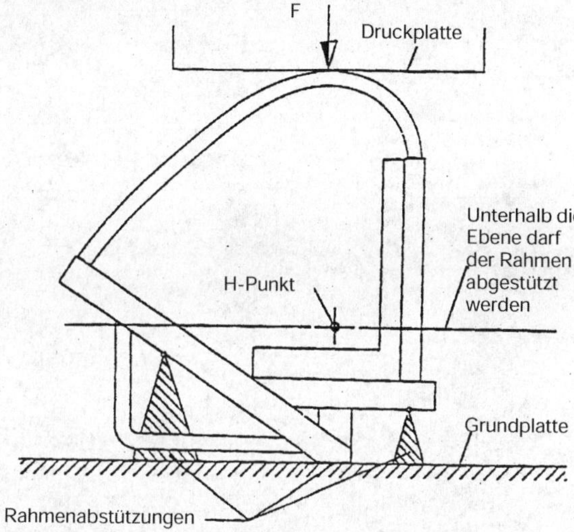

Abbildung 2
Kraft-Weg-Diagramm Dachdrücktest

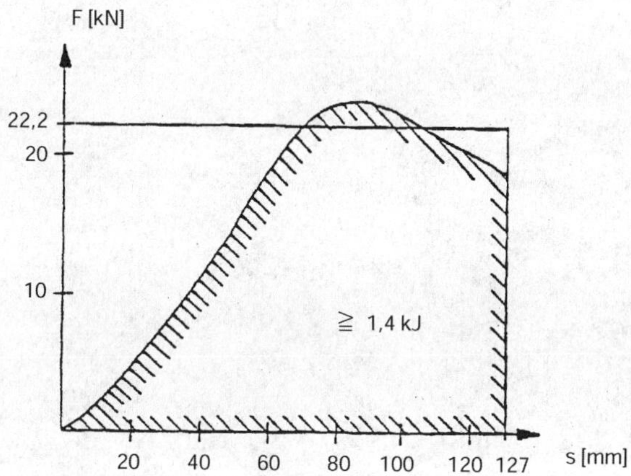

110/9. Neunte Verordnung über Ausnahmen von den Vorschriften der Straßenverkehrs-Ordnung (9. Ausnahmeverordnung zur StVO)

Vom 15. Oktober 1998

(BGBl. I S. 3171)

FNA 9233-1-3-9

geänd. durch Art. 1 Erste ÄndV v. 23.3.2001 (BGBl. I S. 469), Art. 1 Zweite ÄndV v. 27.10.2003 (BGBl. I S. 2169), Art. 1 Dritte ÄndVO v. 7.10.2005 (BGBl. I S. 2978), Art. 476 Neunte ZuständigkeitsanpassungsVO v. 31.10.2006 (BGBl. I S. 2407), Art. 1 Vierte ÄndVO v. 25.4.2008 (BGBl. I S. 780), Art. 6 Sechsundvierzigste VO zur Änd. straßenverkehrsrechtl. Vorschriften v. 5.8.2009 (BGBl. I S. 2631), Art. 1 Fünfte ÄndVO v. 11.11.2010 (BGBl. I S. 1624) und Art. 481 Zehnte ZuständigkeitsanpassungsVO v. 31.8.2015 (BGBl. I S. 1474)

Auf Grund des § 6 Abs. 1 Nr. 3 und Abs. 3 des Straßenverkehrsgesetzes[1] in der im Bundesgesetzblatt Teil III, Gliederungsnummer 9231-1, veröffentlichten bereinigten Fassung, Absatz 1 Nr. 3 zuletzt geändert durch Artikel 1 Nr. 10 Buchstabe a Doppelbuchstabe ee Dreifachbuchstabe aaa des Gesetzes vom 24. April 1998 (BGBl. I S. 747), Absatz 3 eingefügt durch § 70 Abs. 1 Nr. 3 des Gesetzes vom 15. März 1974 (BGBl. I S. 721) und geändert gemäß Artikel 22 Nr. 3 der Verordnung vom 26. November 1986 (BGBl. I S. 2089), verordnet das Bundesministerium für Verkehr nach Anhörung der zuständigen obersten Landesbehörden:

§ 1[2] [Höchstgeschwindigkeit für Pkw mit Anhänger und mehrspurige Kfz] [1] Abweichend von § 18 Abs. 5 Nr. 1 der Straßenverkehrs-Ordnung[3] beträgt auf Autobahnen (Zeichen 330.1) und Kraftfahrstraßen (Zeichen 331.1) die zulässige Höchstgeschwindigkeit auch unter günstigsten Umständen für Personenkraftwagen mit Anhänger (Kombination) und für sonstige mehrspurige Kraftfahrzeuge mit einer zulässigen Gesamtmasse bis zu 3,5 t mit Anhänger (Kombination), für Kraftomnibus-Anhänger-Kombinationen jedoch nur, wenn der Kraftomnibus mit einer zulässigen Gesamtmasse bis zu 3,5 t als Zugfahrzeug eine Tempo 100 km/h-Zulassung nach § 18 Abs. 5 Nr. 3 der Straßenverkehrs-Ordnung hat, 100 km/h, wenn

1. das Zugfahrzeug mit einem automatischen Blockierverhinderer ausgestattet und die zulässige Gesamtmasse des Anhängers $\leq X$ mal Leermasse des Zugfahrzeugs ist, dabei gelten folgende Bedingungen:
   a) für alle Anhänger ohne Bremse und für Anhänger mit Bremse, aber ohne hydraulische Schwingungsdämpfer: $X = 0{,}3$,

[1] Nr. **10**.

[2] § 1 neu gef. mWv 22.10.2005 durch VO v. 7.10.2005 (BGBl. I S. 2978); Satz 1 Nr. 2 geänd. mWv 8.11.2006 durch VO v. 31.10.2006 (BGBl. I S. 2407); Satz 1 Fußn. zu Nr. 1 Buchst. d Doppelbuchst. aa und Nr 2 neu gef, Nr. 3 und 4 geänd. mWv 14.5.2008 durch VO v. 25.4.2008 (BGBl. I S. 780); Satz 1 geänd. mWv 1.9.2009 durch VO v. 5.8.2009 (BGBl. I S. 2631); Satz 1 Nr. 2 geänd. mWv 8.9.2015 durch VO v. 31.8.2015 (BGBl. I S. 1474).

[3] Nr. **100**.

b) für Wohnanhänger mit Bremse und hydraulischen Schwingungsdämpfern: X = 0,8,

c) für andere Anhänger mit Bremse und hydraulischen Schwingungsdämpfern: X = 1,1, wobei als Obergrenze in jedem Fall der jeweils kleinere Wert der beiden folgenden Bedingungen gilt:

aa) zulässige Gesamtmasse Anhänger ≤ zulässige Gesamtmasse Zugfahrzeug,

bb) zulässige Gesamtmasse Anhänger ≤ zulässige Anhängelast;

d) für Anhänger, die den Anforderungen des § 30a Abs. 2 der Straßenverkehrs-Zulassungs-Ordnung[1]) entsprechen, eine Erhöhung des Faktors nach Nummer 1 Buchstabe b auf X = 1,0 und nach Nummer 1 Buchstabe c auf X = 1,2, wenn

aa) der Anhänger mit einer Zugkugelkupplung mit Stabilisierungseinrichtung für Zentralachsanhänger (gemäß ISO 11555-1 in der Fassung vom 1. Juli 2003[2])) oder

bb) mit einem anderen Bauteil oder einer selbstständigen technischen Einheit ausgestattet ist, wodurch der Betrieb einer Kombination bis Tempo 120 km/h im Vergleich zur Nichtausstattung verbessert wird; nachgewiesen werden muss dies mit einem Teilegutachten nach Anlage XIX zur Straßenverkehrs-Zulassungs-Ordnung, einer Allgemeinen Betriebserlaubnis nach § 22 der Straßenverkehrs-Zulassungs-Ordnung oder einer Betriebserlaubnis nach § 20 oder § 21 der Straßenverkehrs-Zulassungs-Ordnung oder einem Nachtrag dazu;

2. im Falle einer nachträglichen Berichtigung der Fahrzeugpapiere des Anhängers ein amtlich anerkannter Sachverständiger oder Prüfer oder ein Prüfingenieur einer amtlich anerkannten Überwachungsorganisation mit einem Formblatt, das vom Bundesministerium für Verkehr und digitale Infrastruktur im Verkehrsblatt bekannt gegeben wird, einen Vorschlag für die Berichtigung nach § 13 Abs. 1 der Fahrzeug-Zulassungsverordnung[3]) in den Fällen der Nummer 1, ausgenommen Nummer 1 Buchstabe d Doppelbuchstabe bb, erstellt, oder, wenn eine Änderung nach Nummer 1 Buchstabe d Doppelbuchstabe bb vorliegt, er den vom Fahrzeugführer nach § 19 Abs. 4 Satz 1 Nr. 2 der Straßenverkehrs-Zulassungs-Ordnung mitzuführenden Nachweis erstellt und bestätigt, dass die Voraussetzungen dieser Verordnung vorliegen und dem Verfügungsberechtigten ein Informationsblatt für die Einhaltung der Bedingungen nach § 4 dieser Verordnung ausgehändigt worden ist;

3. die nach Landesrecht zuständige untere Verwaltungsbehörde auf der Grundlage einer Bestätigung nach Nummer 2 mit einem Eintrag in die Fahrzeugpapiere des Anhängers, im Falle des Satzes 2 auch des Zugfahr-

---

[1]) Nr. **200**.

[2]) **Amtl. Anm.:** Als Fundstelle und Bezugsquelle der ISO-Norm 11555-1 gilt § 73 der Straßenverkehrs-Zulassungs-Ordnung [Nr. **200**] mit folgendem Wortlaut:

„„**§ 73 Technische Festlegungen.** Soweit in dieser Verordnung auf DIN- oder ISO-Normen Bezug genommen wird, sind diese im Beuth-Verlag GmbH, Burggrafenstr. 6, D-10787 Berlin, VDE-Bestimmungen auch im VDE-Verlag, Bismarckstr. 33, D-10625 Berlin, erschienen. Sie sind beim Deutschen Patentamt archivmäßig gesichert niedergelegt.““

[3]) Nr. **250**.

zeugs, die zulässige Höchstgeschwindigkeit einer Kombination unter Berücksichtigung der Bedingungen dieser Verordnung von 100 km/h bescheinigt;

4. die von der nach Landesrecht zuständige untere Verwaltungsbehörde gemäß § 5 ausgegebene und gesiegelte Tempo-100 km/h-Plakette an der Rückseite des Anhängers angebracht ist.

[2] Im Falle des Satzes 1 Nr. 1 Buchstabe d ist die Erhöhung der Faktoren auch zulässig, wenn das Zugfahrzeug mit einem speziellen fahrdynamischen Stabilitätssystem für den Anhängerbetrieb ausgestattet ist und eine Bestätigung des Herstellers für die in Satz 1 Nr. 1 Buchstabe d Doppelbuchstabe bb genannten Bedingungen vorliegt und dies in den Fahrzeugpapieren eingetragen ist.

§ 2[1)] **[Amtliche Bestätigung]** Der Bestätigung eines amtlich anerkannten Sachverständigen oder Prüfers oder eines Prüfingenieurs einer amtlich anerkannten Überwachungsorganisation nach § 1 Nr. 2 dieser Verordnung ist die Bestätigung einer in anderen Mitgliedstaaten der Europäischen Union oder der Türkei oder in anderen Vertragsstaaten des Abkommens über den Europäischen Wirtschaftsraum zugelassenen Stelle gleichwertig, wenn die der Bestätigung dieser Stellen zugrunde liegenden technischen Anforderungen, Prüfungen und Prüfverfahren denen der deutschen Stellen gleichwertig sind und die Bestätigung in deutscher Sprache erstellt wurde oder eine amtlich beglaubigte Übersetzung in deutscher Sprache vorgelegt und während der Fahrt mitgeführt und zuständigen Personen auf Verlangen zur Prüfung ausgehändigt wird.

§ 3[2)] **[Art und Beschaffenheit der Reifen]** Die Reifen des Anhängers müssen zum Zeitpunkt der jeweiligen Fahrt, erkennbar am eingeprägten Herstellungsdatum, jünger als sechs Jahre und mindestens mit der Geschwindigkeitskategorie L (= 120 km/h) gekennzeichnet sein.

§ 4[3)] **[Stützlast]** Die Stützlast der Kombination ist an der größtmöglichen Stützlast des Zugfahrzeugs oder des Anhängers zu orientieren, wobei als Obergrenze in jedem Fall der kleinere Wert gilt.

§ 5[4)] **[Anzuwendende Vorschriften]** Die Ausführung der großen Tempo-100 km/h-Plakette nach § 1 Nr. 4 bestimmt sich nach § 58 Abs. 2 der Straßenverkehrs-Zulassungs-Ordnung[5)].

§ 6[6)] **[Veränderungen]** Bei allen Veränderungen, die dazu führen, dass den Anforderungen dieser Verordnung nicht mehr entsprochen wird, richtet sich die zulässige Höchstgeschwindigkeit nach der Straßenverkehrs-Ordnung[7)].

[1)] § 2 geänd. mWv 22.10.2005 durch VO v. 7.10.2005 (BGBl. I S. 2978); geänd. mWv 14.5.2008 durch VO v. 25.4.2008 (BGBl. I S. 780).

[2)] § 3 neu gef. mWv 22.10.2005 durch VO v. 7.10.2005 (BGBl. I S. 2978).

[3)] § 4 neu gef. mWv 22.10.2005 durch VO v. 7.10.2005 (BGBl. I S. 2978).

[4)] § 5 eingef. mWv 22.10.2005 durch VO v. 7.10.2005 (BGBl. I S. 2978).

[5)] Nr. **200**.

[6)] § 6 eingef. mWv 22.10.2005 durch VO v. 7.10.2005 (BGBl. I S. 2978).

[7)] Nr. **100**.

§ 7[1)] Bescheinigungen, die nach § 1 Nr. 5 in der bis zum 21. Oktober 2005 geltenden Fassung ausgestellt worden sind, behalten in Bezug auf die darin zum Anhänger der Kombination enthaltenen Angaben weiterhin ihre Gültigkeit.

§ 8[2)] **[Inkrafttreten]** Diese Verordnung tritt am Tage nach der Verkündung in Kraft.

Anlage[3)]

(aufgehoben)

[1)] § 7 eingef. mWv 14.5.2008 durch VO v. 25.4.2008 (BGBl. I S. 780).

[2)] Bish. § 5 wird § 7 und geänd. mWv 22.10.2005 durch VO v. 7.10.2005 (BGBl. I S. 2978); bish. § 7 wird § 8 mWv 14.5.2008 durch VO v. 25.4.2008 (BGBl. I S. 780); Satz 2 aufgeh. mWv 1.12.2010 durch VO v. 11.11.2010 (BGBl. I S. 1624).

[3)] Anl. aufgeh. mWv 22.10.2005 durch VO v. 7.10.2005 (BGBl. I S. 2978).

110/12. Zwölfte Verordnung über Ausnahmen von den Vorschriften der Straßenverkehrs-Ordnung (12. Ausnahmeverordnung zur StVO)

Vom 18. März 2005
(BGBl. I S. 866)

FNA 9233-1-3-12

geänd. durch Art. 4 Sechsundvierzigste VO zur Änd. straßenverkehrsrechtl. Vorschriften v. 5.8.2009 (BGBl. I S. 2631) und Art. 1 Erste ÄndVO v. 26.10.2009 (BGBl. I S. 3678)

Auf Grund des § 6 Abs. 1 Nr. 3 in Verbindung mit Abs. 3 des Straßenverkehrsgesetzes[1] in der Fassung der Bekanntmachung vom 5. März 2003 (BGBl. I S. 310, 919) verordnet das Bundesministerium für Verkehr, Bau- und Wohnungswesen nach Anhörung der zuständigen obersten Landesbehörden:

§ 1[2] **[Ausnahme Wohnmobil]** Abweichend von § 18 Abs. 5 Satz 2 Nr. 1 der Straßenverkehrs-Ordnung[3] beträgt die zulässige Höchstgeschwindigkeit für Kraftfahrzeuge mit einem zulässigen Gesamtgewicht von über 3,5 t bis 7,5 t, die im Fahrzeugschein als Wohnmobil bezeichnet sind, auf Autobahnen (Zeichen 330.1) und Kraftfahrstraßen (Zeichen 331.1) 100 km/h.

§ 2 [Fahrzeugpapiere] Aus den Fahrzeugpapieren von im Ausland zugelassenen Wohnmobilen im Sinne des § 1 muss eindeutig zu ersehen sein, dass diese das zulässige Gesamtgewicht von 7,5 Tonnen nicht überschreiten.

§ 3[4] **[Inkrafttreten]** Diese Verordnung tritt am Tage nach der Verkündung[5] in Kraft.

---

[1] Nr. **10**.
[2] § 1 geänd. mWv 1.9.2009 durch VO v. 5.8.2009 (BGBl. I S. 2631).
[3] Nr. **100**.
[4] § 3 Satz 2 aufgeh. mWv 5.11.2009 durch VO v. 26.10.2009 (BGBl. I S. 3678).
[5] Verkündet am 29.3.2005.

130. Verordnung über eine allgemeine Richtgeschwindigkeit auf Autobahnen und ähnlichen Straßen (Autobahn-Richtgeschwindigkeits-V)

Vom 21. November 1978
(BGBl. I S. 1824)

FNA 9231-1-3

geänd. durch Art. 3 Vierundzwanzigste Verordnung zur Änderung straßenverkehrsrechtlicher Vorschriften v. 7.8.1997 (BGBl.I S. 2028) und Art. 5 Sechsundvierzigste VO zur Änd. straßenverkehrsrechtl. Vorschriften v. 5.8.2009 (BGBl. I S. 2631)

Auf Grund des § 6 Abs. 1 Nr. 3 des Straßenverkehrsgesetzes[1)] in der im Bundesgesetzblatt Teil III, Gliederungsnummer 9231-1, veröffentlichten bereinigten Fassung, der zuletzt durch das Gesetz vom 3. August 1978 (BGBl. I S. 1177) geändert wurde, wird mit Zustimmung des Bundesrates verordnet:

§ 1[2)] [Autobahn-Richtgeschwindigkeit] [1] Den Führern von Personenkraftwagen sowie von anderen Kraftfahrzeugen mit einem zulässigen Gesamtgewicht bis zu 3,5 t wird empfohlen, auch bei günstigen Straßen-, Verkehrs-, Sicht- und Wetterverhältnissen

1. auf Autobahnen (Zeichen 330.1),
2. außerhalb geschlossener Ortschaften auf anderen Straßen mit Fahrbahnen für eine Richtung, die durch Mittelstreifen oder sonstige bauliche Einrichtungen getrennt sind, und
3. außerhalb geschlossener Ortschaften auf Straßen, die mindestens zwei durch Fahrstreifenbegrenzung (Zeichen 295) oder durch Leitlinien (Zeichen 340) markierte Fahrstreifen für jede Richtung haben,

nicht schneller als 130 km/h zu fahren (Autobahn-Richtgeschwindigkeit). [2] Das gilt nicht, soweit nach der StVO[3)] oder nach deren Zeichen Höchstgeschwindigkeiten (Zeichen 274) bestehen.

§ 2 [Geltung der StVO] [1] Im übrigen bleiben die Vorschriften der Straßenverkehrs-Ordnung[3)] unberührt und gelten entsprechend für diese Verordnung. [2] Die in § 1 genannten Zeichen sind die der Straßenverkehrs-Ordnung.

§ 3 *(gegenstandslos)*

§ 4 [Inkrafttreten] Diese Verordnung tritt am Tag nach der Verkündung[4)] in Kraft.

[1)] Nr. **10**.

[2)] § 1 Satz 1 geänd. durch VO v. 7.8.1997 (BGBl. I S. 2028); Sätze 1 und 2 geänd. mWv 1.9.2009 durch VO v. 5.8.2009 (BGBl. I S. 2631).

[3)] Nr. **100**.

[4)] Verkündet am 30.11.1978.

140. Verordnung zur Erleichterung des Ferienreiseverkehrs auf der Straße (Ferienreiseverordnung)[1]

Vom 13. Mai 1985
(BGBl. I S. 774)

FNA 9233-1-2-6

geänd. durch Erste ÄndVO v. 22.3.1988 (BGBl. I S. 401), Zweite ÄndVO v. 21.12.1989 (BGBl. I S. 2546), Dritte ÄndVO v. 13.6.1991 (BGBl. I S. 1242), Vierte ÄndVO v. 30.3.1992 (BGBl. I S. 743), Art. 2 Vierundzwanzigste Verordnung zur Änderung straßenverkehrsrechtlicher Vorschriften v. 7.8. 1997 (BGBl. I S. 2028), Art. 412 Siebente Zuständigkeitsanpassungs-VO v. 29.10.2001 (BGBl. I S. 2785), Fünfte ÄndVO v. 12.6.2002 (BGBl. I S. 1841), Art. 100 G zur Umbenennung des Bundesgrenzschutzes in Bundespolizei v. 21.6.2005 (BGBl. I S. 1818), Art. 1 Sechste ÄndVO v. 26.5.2006 (BGBl. I S. 1254), Art. 475 Neunte ZuständigkeitsanpassungsVO v. 31.10.2006 (BGBl. I S. 2407), Art. 1 Siebte ÄndVO v. 19.6.2007 (BGBl. I S. 1184), Achte ÄndVO v. 13.6.2008 (BGBl. I S. 1024), Art. 7 Sechsundvierzigste VO zur Änd. straßenverkehrsrechtl. Vorschriften v. 5.8.2009 (BGBl. I S. 2631), Art. 1 Neunte ÄndVO v. 18.6.2012 (BGBl. I S. 1300), Art. 1 Zehnte ÄndVO v. 13.6.2013 (BGBl. I S. 1577), Art. 1 Elfte ÄndVO v. 19.6.2015 (BGBl. I S. 1005), Art. 480 Zehnte ZuständigkeitsanpassungsVO v. 31.8.2015 (BGBl. I S. 1474), Art. 2 53. VO zur Änd. straßenverkehrsrechtlicher Vorschriften v. 6.10.2017 (BGBl. I S. 3549) und Art. 5 54. VO zur Änd. straßenverkehrsrechtlicher Vorschriften v. 20.4.2020 (BGBl. I S. 814)

Auf Grund des § 6 Abs. 1 Nr. 3 des Straßenverkehrsgesetzes[2] in der im Bundesgesetzblatt Teil III, Gliederungsnummer 9231-1, veröffentlichten bereinigten Fassung, der zuletzt durch das Gesetz vom 6. April 1980 (BGBl. I S. 413) geändert worden ist, wird mit Zustimmung des Bundesrates verordnet:

§ 1[3] [Verkehrsverbot für LKW auf Autobahnen und Bundesstraßen]

(1) Lastkraftwagen mit einer zulässigen Gesamtmasse über 7,5 Tonnen sowie Lastkraftwagen mit Anhänger dürfen zur geschäftsmäßigen oder entgeltlichen

---

[1] Nach Presseberichten betrachtet das Bundesministerium für Verkehr und digitale Infrastruktur die 54. VO zur Änd. straßenverkehrsrechtlicher Vorschriften v. 20.4.2020 (BGBl. I S. 814) wegen Verstoßes gegen das Zitiergebot des Art. 80 Abs. 1 Satz 3 GG insgesamt als unwirksam, weil bei der Angabe der Rechtsgrundlagen in der Eingangsformel § 26a Abs. 1 Nr. 3 StVG (Nr. **10**) als Grundlage für die Anordnung von Fahrverboten nicht genannt ist. Eine öffentliche Verlautbarung des Ministeriums gibt es dazu bislang nicht.
Die 54. VO zur Änd. straßenverkehrsrechtlicher Vorschriften enthält nur in einigen Änderungen der BußgeldkatalogVO (Nr. **685**) neue Fahrverbote; zu allen anderen Änderungen sind die Ermächtigungsgrundlagen (insbes. § 26a Abs. 1 Nr. 1 und 2 StVG (Nr. **10**) bezüglich der Erteilung von Verwarnungen und der Festsetzung von Regelsätzen für Geldbußen) korrekt zitiert. Ob der Verstoß gegen das Zitiergebot zur Nichtigkeit der gesamten Änderungsverordnung oder nur zur Nichtigkeit der von den angegebenen Ermächtigungsgrundlagen nicht gedeckten Einzeländerungen führt, ist umstritten.
Bis zu einer rechtsverbindlichen Klärung wird die von den zuständigen Ministerien mit Zustimmung des Bundesrates erlassene und im BGBl. I verkündete Änderungsverordnung im Text der geänderten Vorschriften berücksichtigt; bei den von den zitierten Ermächtigungsgrundlagen nicht gedeckten Fahrverbots-Anordnungen erfolgt ein Hinweis auf das Problem.

[2] Nr. **10**.

[3] § 1 Abs. 2 und 3 geänd. durch VO v. 30.3.1992 (BGBl. I S. 743), Abs. 2 und 3 geänd. mWv 20.6. 2002 durch VO v. 19.6.2002 (BGBl. I S. 1841); Abs. 1 geänd., Abs. 2 und 3 neu gef. mWv 1.6.2006 durch VO v. 26.5.2006 (BGBl. I S. 1254); Abs. 2 Nr. 7 geänd., Nr. 12 aufgeh., bish. Nrn. 13 bis 22 werden Nrn. 12 bis 21 mWv 30.6.2007 durch VO v. 19.6.2007 (BGBl. I S. 1184); Abs. 2 Nr. 1, 4 und 7 geänd., Nr. 11 aufgeh., bish. Nr. 12–21 werden Nr. 11–20, Abs. 3 Nr. 2 neu gef. mWv 20.6. 2008 durch VO v. 13.6.2008 (BGBl. I S. 1024); Abs. 1 geänd. mWv 1.9.2009 durch VO v. 5.8.2009

Beförderung von Gütern einschließlich damit verbundener Leerfahrten auf den in Absatz 2 genannten Autobahnen (Zeichen 330.1 der Straßenverkehrs-Ordnung[1]) und den in Absatz 3 genannten Bundesstraßen an allen Samstagen vom 1. Juli bis einschließlich 31. August eines Jahres jeweils in der Zeit von 7.00 Uhr bis 20.00 Uhr nicht geführt werden.

(2) Das Verbot des Absatzes 1 gilt für folgende Autobahnstrecken in beiden Fahrtrichtungen:

Lfd. Nr.	Autobahn	Streckenbeschreibung
1	A 1	vom Autobahndreieck Erfttal über Autobahnkreuz Leverkusen-West, Wuppertal, Kamener Kreuz, Münster bis Anschlussstelle Lohne/Dinklage
2	A 2	von Autobahnkreuz Oberhausen bis Autobahnkreuz Bad Oeynhausen
3	A 3	von Autobahnkreuz Oberhausen bis Autobahnkreuz Köln-Ost, von Mönchhof Dreieck über Frankfurter Kreuz bis Autobahnkreuz Nürnberg
4	A 5	von Darmstädter Kreuz bis Anschlussstelle Karlsruhe-Süd und von der Anschlussstelle Offenburg bis zum Autobahndreieck Neuenburg
5	A 6	von Anschlussstelle Schwetzingen-Hockenheim bis Autobahnkreuz Nürnberg-Süd
6	A 7	von Anschlussstelle Schleswig/Jagel bis Anschlussstelle Hamburg-Schnelsen-Nord, von Anschlussstelle Soltau-Süd bis Anschlussstelle Göttingen-Nord, von Autobahndreieck Schweinfurt/Werneck über Autobahnkreuz Biebelried, Autobahnkreuz Ulm/Elchingen und Autobahndreieck Allgäu bis zum Autobahnende Bundesgrenze Füssen
7	A 8	von Autobahndreieck Karlsruhe bis Anschlussstelle München-Obermenzing und von Anschlussstelle München-Ramersdorf bis Anschlussstelle Bad Reichenhall
8	A 9/E 51	Berliner Ring (Abzweig Leipzig/Autobahndreieck Potsdam) bis Anschlussstelle München-Schwabing
9	A 10	Berliner Ring, ausgenommen der Bereich zwischen der Anschlussstelle Berlin-Spandau über Autobahndreieck Havelland bis Autobahndreieck Oranienburg und der Bereich zwischen dem Autobahndreieck Spreeau bis Autobahndreieck Werder

(Fortsetzung der Anm. von voriger Seite)
(BGBl. I S. 2631); Abs. 1 neu gef., Abs. 2 Nr. 4 und 8 geänd. mWv 23.6.2012 durch VO v. 18.6.2012 (BGBl. I S. 1300); Abs. 1 und Abs. 2 geänd. mWv 21.6.2013 durch VO v. 13.6.2013 (BGBl. I S. 1577); Abs. 2 geänd. mWv 30.6.2015 durch VO v. 19.6.2015 (BGBl. I S. 1005); Abs. 1 geänd. mWv 19.10.2017 durch VO v. 6.10.2017 (BGBl. I S. 3549); Abs. 2 Nr. 1 neu gef. mWv 28.4.2020 durch VO v. 20.4.2020 (BGBl. I S. 814).

[1] Nr. **100**.

Lfd. Nr.	Autobahn	Streckenbeschreibung
10	A 45	von Anschlussstelle Dortmund-Süd über Westhofener Kreuz und Gambacher Kreuz bis Seligenstädter Dreieck
11	A 61	von Autobahnkreuz Meckenheim über Autobahnkreuz Koblenz bis Autobahndreieck Hockenheim
12	A 81	von der Anschlussstelle Stuttgart-Zuffenhausen bis Anschlussstelle Gärtringen
13	A 92	von Autobahndreieck München-Feldmoching bis Anschlussstelle Oberschleißheim und von Autobahnkreuz Neufahrn bis Anschlussstelle Erding
14	A 93	von Autobahndreieck Inntal bis Anschlussstelle Reischenhart

(Fortsetzung nächstes Blatt)

Lfd. Nr.	Autobahn	Streckenbeschreibung
15	A 99	von Autobahndreieck München Süd-West über Autobahnkreuz München-West, Autobahndreieck München-Allach, Autobahndreieck München-Feldmoching, Autobahnkreuz München-Nord, Autobahnkreuz München-Ost, Autobahnkreuz München- Süd sowie Autobahndreieck München/ Eschenried
16	A 215	von Autobahndreieck Bordesholm bis Anschlussstelle Blumenthal
17	A 831	von Anschlussstelle Stuttgart-Vaihingen bis Autobahnkreuz Stuttgart
18	A 980	von Autobahnkreuz Allgäu bis Anschlussstelle Waltenhofen
19	A 995	von Anschlussstelle Sauerlach bis Autobahnkreuz München-Süd.

(3) Das Verbot des Absatzes 1 gilt außerdem für folgende Bundesstraßen außerhalb geschlossener Ortschaften in beiden Fahrtrichtungen:

Lfd. Nr.	Bundesstraße	Streckenbeschreibung
1	B 31	von Anschlussstelle Stockach-Ost der A 98 bis Anschlussstelle Sigmarszell der A 96
2	B 96/E 251	Neubrandenburger Ring bis Berlin

§ 2[1)] [Ausnahmen für öffentliche Fahrzeuge] (1) § 1 gilt nicht für Fahrzeuge

1. der Polizei einschließlich der Bundespolizei,
2. des öffentlichen Straßendienstes der Verwaltung,
3. der Feuerwehr und des Katastrophenschutzes, soweit die Voraussetzungen des § 35 Abs. 4 der Straßenverkehrs-Ordnung[2)] vorliegen,
4. der Bundeswehr sowie der von der Bundeswehr beauftragten gewerblichen Transportdienstunternehmen, soweit das für Fragen des Verkehrs und Transports und der Logistik zuständige Kommando ein dringendes Erfordernis festgestellt hat,
5. der Truppen der nichtdeutschen Vertragsstaaten des Nordatlantikvertrages und der Mitgliedstaaten der Europäischen Union im Falle dringender militärischer Erfordernisse,

[1)] § 2 Abs. 1 Nr. 1 geänd. mWv 1.7.2005 durch G v. 21.6.2005 (BGBl. I S. 1818); Abs. 1 Nr. 4 und 5 sowie Abs. 2 neu gef., Abs. 1 Nr. 6 angef. mWv 1.6.2006 durch VO v. 26.5.2006 (BGBl. I S. 1254).

[2)] Nr. **100**.

6. die auf Grundlage des Bundesleistungsgesetzes, des Verkehrssicherstellungsgesetzes oder des Verkehrsleistungsgesetzes zur Sicherung ausreichender Verkehrsleistungen herangezogen werden.

(2) Bei Fahrten mit Fahrzeugen, die

1. nach dem Bundesleistungsgesetz herangezogen werden (Absatz 1 Nr. 4 oder 6), ist der Leistungsbescheid,
2. nach dem Verkehrssicherstellungsgesetz herangezogen werden (Absatz 1 Nr. 6), ist der jeweilige Verpflichtungsbescheid

mitzuführen und auf Verlangen den zur Überwachung zuständigen Personen zur Prüfung auszuhändigen.

(3) Die Befreiung nach Absatz 1 dürfen unter gebührender Berücksichtigung der öffentlichen Sicherheit und Ordnung in Anspruch genommen werden.

§ 3[1)] [Ausnahmen für private Fahrzeuge] (1) § 1 gilt ferner nicht für

1. kombinierten Güterverkehr Schiene-Straße vom Versender bis zum nächstgelegenen Verladebahnhof oder vom nächstgelegenen Entladebahnhof bis zum Empfänger,

1a. kombinierten Güterverkehr Hafen-Straße zwischen Belade- oder Entladestelle und einem innerhalb eines Umkreises von höchstens 150 Kilometern gelegenen Hafen (An- oder Abfuhr),

2. Beförderungen von
   a) frischer Milch und frischen Milcherzeugnissen,
   b) frischem Fleisch und frischen Fleischerzeugnissen,
   c) frischen Fischen, lebenden Fischen und frischen Fischerzeugnissen,
   d) leichtverderblichem Obst und Gemüse,

3. die Beförderung von Material der Kategorie 1 nach Artikel 8 und Material der Kategorie 2 nach Artikel 9 Buchstabe f Ziffer i der Verordnung (EG) Nr. 1069/2009 des Europäischen Parlaments und des Rates vom 21. Oktober 2009 mit Hygienevorschriften für nicht für den menschlichen Verzehr bestimmte tierische Nebenprodukte und zur Aufhebung der Verordnung (EG) Nr. 1774/2002 (Verordnung über tierische Nebenprodukte) (ABl. L 300 vom 14.11.2009, S. 1; L 348 vom 4.12.2014, S. 31),

4. den dringlichen Einsatz von Bergungs-, Abschlepp- und Pannenhilfsfahrzeugen,

5. den Transport von lebenden Bienen,

6. Leerfahrten, die im Zusammenhang mit Fahrten nach den Nummern 2 bis 5 stehen.

(2) Für alle geladenen Güter sind die vorgeschriebenen Fracht- oder Begleitpapiere mitzuführen und zuständigen Personen auf Verlangen zur Prüfung auszuhändigen.

---

1) § 3 Abs. 1 geänd. durch VO v. 30.3.1992 (BGBl. I S. 743), Abs. 1 Nr. 1a eingef. durch VO v. 7.8.1997 (BGBl. I S. 2028); Abs. 1 Nr. 3–5 eingef., bish. Nr. 3 wird Nr. 6 und neu gef. mWv 19.10.2017 durch VO v. 6.10.2017 (BGBl. I S. 3549).

§ 4[1)] [Zuständigkeit für Ausnahmegenehmigung] (1) Die Straßenverkehrsbehörden können Ausnahmen vom Verbot des § 1 in dringenden Fällen genehmigen, wenn eine Beförderung mit anderen Verkehrsmitteln nicht möglich ist.

(2) [1] Örtlich zuständig für die Erteilung von Ausnahmegenehmigungen nach Absatz 1 ist die Straßenverkehrsbehörde, in deren Bezirk die Ladung aufgenommen wird oder die Straßenverkehrsbehörde, in deren Bezirk der Antragsteller seinen Wohnort, seinen Sitz oder eine Zweigniederlassung hat. [2] Wird die Ladung außerhalb des Geltungsbereichs dieser Verordnung aufgenommen, so ist die Straßenverkehrsbehörde zuständig, in deren Bezirk die Grenzübergangsstelle des Geltungsbereichs dieser Verordnung liegt.

(3) [1] Die zuständigen obersten Landesbehörden oder die nach Landesrecht bestimmten Stellen können von allen Vorschriften dieser Verordnung Ausnahmen für bestimmte Einzelfälle oder allgemein für bestimmte Antragsteller genehmigen. [2] Erstrecken sich die Auswirkungen der Ausnahme über ein Land hinaus und ist eine einheitliche Entscheidung notwendig, so ist das Bundesministerium für Verkehr und digitale Infrastruktur zuständig.

(4) [1] Die Ausnahmegenehmigung ist schriftlich zu erteilen. [2] Der Bescheid über die Erteilung der Ausnahmegenehmigung ist mitzuführen und auf Verlangen zuständigen Personen zur Prüfung auszuhändigen.

§ 5[2)] [Ordnungswidrigkeiten] Ordnungswidrig im Sinne des § 24 des Straßenverkehrsgesetzes handelt, wer vorsätzlich oder fahrlässig

1. entgegen § 1 ein Kraftfahrzeug führt oder das Führen eines Kraftfahrzeuges zuläßt oder
2. entgegen § 2 Abs. 2 einen Leistungsbescheid oder einen Verpflichtungsbescheid oder entgegen § 3 Abs. 2 vorgeschriebene Fracht- oder Begleitpapiere oder entgegen § 4 Abs. 4 Satz 2 die Ausnahmegenehmigung nicht mitführt oder zuständigen Personen auf Verlangen zur Prüfung nicht aushändigt.

§ 6[3)] *(aufgehoben)*

§ 7 [Inkrafttreten] Diese Verordnung tritt am ersten Tage des auf die Verkündung[4)] folgenden Kalendermonats in Kraft.

[1)] § 4 Abs. 3 Satz 2 geänd. mWv 7.11.2001 durch VO v. 29.10.2001 (BGBl. I S. 2785); Abs. 3 Satz 2 geänd. mWv 8.11.2006 durch VO v. 31.10.2006 (BGBl. I S. 2407); Abs. 3 Satz 2 geänd. mWv 8.9.2015 durch VO v. 31.8.2015 (BGBl. I S. 1474).

[2)] § 5 Nr. 2 geänd. mWv 1.6.2006 durch VO v. 26.5.2006 (BGBl. I S. 1254).

[3)] § 6 aufgeh. mWv 21.6.2013 durch VO v. 13.6.2013 (BGBl. I S. 1577).

[4)] Verkündet am 23.5.1985.

E.
Zulassung zum Straßenverkehr

200. Straßenverkehrs-Zulassungs-Ordnung (StVZO)[1)]

Vom 26. April 2012
(BGBl. I S. 679)

FNA 9232-16

geänd. durch Art. 1 47. VO zur Änd. straßenverkehrsrechtlicher Vorschriften v. 10.5.2012 (BGBl. I S. 1086), Art. 2 Erste VO zur Änd. der Fahrzeug-ZulassungsVO und anderer straßenverkehrsrechtlicher Vorschriften v. 19.10.2012 (BGBl. I S. 2232), Art. 1 48. VO zur Änd. straßenverkehrsrechtlicher Vorschriften v. 26.7.2013 (BGBl. I S. 2803), Art. 8 Neunte VO zur Änd. der Fahrerlaubnis-VO und anderer straßenverkehrsrechtlicher Vorschriften v. 5.11.2013 (BGBl. I S. 3920), Art. 7 Zehnte VO zur Änd. der Fahrerlaubnis-VO und anderer straßenverkehrsrechtlicher Vorschriften v. 16.4.2014 (BGBl. I S. 348), Art. 2 49. VO zur Änd. straßenverkehrsrechtlicher Vorschriften v. 22.10.2014 (BGBl. I S. 1635), Art. 4 Zweite VO zur Änd. der Fahrzeug-ZulassungsVO und anderer straßenverkehrsrechtlicher Vorschriften v. 30.10.2014 (BGBl. I S. 1666), Art. 9 VO zur Neuregelung des gesetzlichen Messwesens und zur Anpassung an europäische Rechtsprechung v. 11.12.2014 (BGBl. I S. 2010), Art. 2 VO zur Änd. der FahrpersonalVO, der Straßenverkehrs-ZulassungO und der VO über den grenzüberschreitenden Güterkraftverkehr und den Kabotageverkehr v. 9.3.2015 (BGBl. I S. 243), Art. 1 51. VO zur Änd. straßenverkehrsrechtlicher Vorschriften v. 17.6.2016 (BGBl. I S. 1463), Art. 3, Art. 4 Dritte VO zur Änd. der Fahrzeug-ZulassungsVO und anderer straßenverkehrsrechtlicher Vorschriften v. 23.3.2017 (BGBl. I S. 522), Art. 172 G zum Abbau verzichtbarer Anordnungen der Schriftform im Verwaltungsrecht des Bundes v. 29.3.2017 (BGBl. I S. 626), Art. 2 52. VO zur Änd. straßenverkehrsrechtlicher Vorschriften v. 18.5.2017 (BGBl. I S. 1282), Art. 1 Erste ÄndVO v. 20.10.2017 (BGBl. I S. 3723), Art. 1 Zweite ÄndVO v. 13.3.2019 (BGBl. I S. 332) und Art. 1 Dritte ÄndVO v. 26.11.2019 (BGBl. I S. 2015)

Inhaltsübersicht[2)]

[1)] Verkündet als Art. 1 VO v. 26.4.2012 (BGBl. I S. 679); Inkrafttreten gem. Art. 2 Satz 1 dieser VO am 5.5.2012.

[2)] Inhaltsübersicht geänd. mWv 1.6.2012 durch VO v. 10.5.2012 (BGBl. I S. 1086); geänd. mWv 1.8. 2013 durch VO v. 26.7.2013 (BGBl. I S. 2803); geänd. mWv 30.6.2016 durch VO v. 17.6.2016 (BGBl. I S. 1463); geänd. mWv 1.10.2017 durch VO v. 23.3.2017 (BGBl. I S. 522); geänd. mWv 1.6.2017 durch VO v. 18.5.2017 (BGBl. I S. 1282); geänd. mWv 1.12.2017 durch VO v. 20.10.2017 (BGBl. I S. 3723); geänd. mWv 1.1.2020 durch VO v. 26.11.2019 (BGBl. I S. 2015).

[1] Hier Anpassung (29b statt 29a) nichtamtlich.

3. Andere Straßenfahrzeuge

C. Durchführungs-, Bußgeld- und Schlussvorschriften

Anlagen

A. Personen
(weggefallen)

§§ 1 bis 15l (weggefallen)

B. Fahrzeuge

I. Zulassung von Fahrzeugen im Allgemeinen

§ 16[1)] Grundregel der Zulassung. (1) Zum Verkehr auf öffentlichen Straßen sind alle Fahrzeuge zugelassen, die den Vorschriften dieser Verordnung und der Straßenverkehrs-Ordnung[2)] entsprechen, soweit nicht für die Zulassung einzelner Fahrzeugarten ein Erlaubnisverfahren vorgeschrieben ist.

(2) Schiebe- und Greifreifenrollstühle, Rodelschlitten, Kinderwagen, Roller, Kinderfahrräder und ähnliche nicht motorbetriebene oder mit einem Hilfsantrieb ausgerüstete ähnliche Fortbewegungsmittel mit einer bauartbedingten Höchstgeschwindigkeit von nicht mehr als 6 km/h sind nicht Fahrzeuge im Sinne dieser Verordnung.

§ 17 Einschränkung und Entziehung der Zulassung. (1) Erweist sich ein Fahrzeug, das nicht in den Anwendungsbereich der Fahrzeug-Zulassungsverordnung[3)] fällt, als nicht vorschriftsmäßig, so kann die Verwaltungsbehörde dem Eigentümer oder Halter eine angemessene Frist zur Behebung der Mängel setzen und nötigenfalls den Betrieb des Fahrzeugs im öffentlichen Verkehr untersagen oder beschränken; der Betroffene hat das Verbot oder die Beschränkung zu beachten.

(2) (weggefallen)

(3) Besteht Anlass zur Annahme, dass das Fahrzeug den Vorschriften dieser Verordnung nicht entspricht, so kann die Verwaltungsbehörde zur Vorbereitung einer Entscheidung nach Absatz 1 je nach den Umständen

1. die Beibringung eines Sachverständigengutachtens darüber, ob das Fahrzeug den Vorschriften dieser Verordnung entspricht, oder

---

[1)] § 16 Abs. 2 geänd. mWv 1.8.2013 durch VO v. 26.7.2013 (BGBl. I S. 2803).
[2)] Nr. **100**.
[3)] Nr. **250**.

2. die Vorführung des Fahrzeugs

anordnen und wenn nötig mehrere solcher Anordnungen treffen.

II. Betriebserlaubnis und Bauartgenehmigung

§ 18 (weggefallen)

§ 19[1)] Erteilung und Wirksamkeit der Betriebserlaubnis. (1) [1]Die Betriebserlaubnis ist zu erteilen, wenn das Fahrzeug den Vorschriften dieser Verordnung, den zu ihrer Ausführung erlassenen Anweisungen des Bundesministeriums für Verkehr und digitale Infrastruktur und den Vorschriften der Verordnung (EWG) Nr. 3821/85 des Rates vom 20. Dezember 1985 über das Kontrollgerät im Straßenverkehr (ABl. L 370 vom 31.12.1985, S. 8), die zuletzt durch die Verordnung (EU) Nr. 1266/2009 (ABl. L 339 vom 22.12.2009, S. 3) geändert worden ist, entspricht. [2]Die Betriebserlaubnis ist ferner zu erteilen, wenn das Fahrzeug anstelle der Vorschriften dieser Verordnung die Einzelrichtlinien in ihrer jeweils geltenden Fassung erfüllt, die

1. in Anhang IV der Richtlinie 2007/46/EG des Europäischen Parlaments und des Rates vom 5. September 2007 zur Schaffung eines Rahmens für die Genehmigung von Kraftfahrzeugen und Kraftfahrzeuganhängern sowie von Systemen, Bauteilen und selbstständigen technischen Einheiten für diese Fahrzeuge (Rahmenrichtlinie) (ABl. L 263 vom 9.10.2007, S. 1), die zuletzt durch die Verordnung (EU) Nr. 371/2010 (ABl. L 110 vom 1.5.2010, S. 1) geändert worden ist, oder
2. in Anhang II Kapitel B der Richtlinie 2003/37/EG des Europäischen Parlaments und des Rates vom 26. Mai 2003 über die Typgenehmigung für land- oder forstwirtschaftliche Zugmaschinen, ihre Anhänger und die von ihnen gezogenen auswechselbaren Maschinen sowie für Systeme, Bauteile und selbstständige technische Einheiten dieser Fahrzeuge und zur Aufhebung der Richtlinie 74/150/EWG (ABl. L 171 vom 9.7.2003, S. 1), die zuletzt durch die Richtlinie 2010/62/EU (ABl. L 238 vom 9.9.2010, S. 7) geändert worden ist, oder
3. in Anhang I der Richtlinie 2002/24/EG des Europäischen Parlaments und des Rates vom 18. März 2002 über die Typgenehmigung für zweirädrige oder dreirädrige Kraftfahrzeuge und zur Aufhebung der Richtlinie 92/61/EWG des Rates (ABl. L 124 vom 9.5.2002, S. 1), die zuletzt durch die Verordnung (EG) Nr. 1137/2008 (ABl. L 311 vom 21.11.2008, S. 1) geändert worden ist,

in seiner jeweils geltenden Fassung genannt sind. [3]Die jeweilige Liste der in Anhang IV der Richtlinie 2007/46/EG, in Anhang II der Richtlinie 2003/37/EG und in Anhang I der Richtlinie 2002/24/EG genannten Einzelrichtlinien wird unter Angabe der Kurzbezeichnungen und der ersten Fundstelle aus dem Amtsblatt der Europäischen Gemeinschaften vom Bundesministerium für Verkehr und digitale Infrastruktur im Verkehrsblatt bekannt gemacht und fort-

[1)] § 19 Abs. 1 Satz 6 angef., Abs. 5 Sätze 1 und 2 eingef., bish. Sätze 1 bis 3 werden Sätze 3 bis 5 und neuer Satz 5 geänd. mWv 1.6.2012 durch VO v. 10.5.2012 (BGBl. I S. 1086); Abs. 1 Sätze 1 und 3 sowie Abs. 4 Nr. 2 geänd. mWv 30.10.2014 durch VO v. 22.10.2014 (BGBl. I S. 1635); Abs. 5 Sätze 2 und 4 geänd., Satz 6 angef. mWv 1.10.2017 durch VO v. 23.3.2017 (BGBl. I S. 522); Abs. 2 Satz 3 und Abs. 5 Satz 5 geänd. mWv 22.3.2019 durch VO v. 13.3.2019 (BGBl. I S. 332).

geschrieben. [4] Die in Satz 2 genannten Einzelrichtlinien sind jeweils ab dem Zeitpunkt anzuwenden, zu dem sie in Kraft treten und nach Satz 3 bekannt gemacht worden sind. [5] Soweit in einer Einzelrichtlinie ihre verbindliche Anwendung vorgeschrieben ist, ist nur diese Einzelrichtlinie maßgeblich. [6] Gehört ein Fahrzeug zu einem genehmigten Typ oder liegt eine Einzelbetriebserlaubnis nach dieser Verordnung oder eine Einzelgenehmigung nach § 13 der EG-Fahrzeuggenehmigungsverordnung[1)] vor, ist die Erteilung einer neuen Betriebserlaubnis nur zulässig, wenn die Betriebserlaubnis nach Absatz 2 Satz 2 erloschen ist.

(2) [1] Die Betriebserlaubnis des Fahrzeugs bleibt, wenn sie nicht ausdrücklich entzogen wird, bis zu seiner endgültigen Außerbetriebsetzung wirksam. [2] Sie erlischt, wenn Änderungen vorgenommen werden, durch die

1. die in der Betriebserlaubnis genehmigte Fahrzeugart geändert wird,
2. eine Gefährdung von Verkehrsteilnehmern zu erwarten ist oder
3. das Abgas- oder Geräuschverhalten verschlechtert wird.

[3] Sie erlischt ferner für Fahrzeuge der Bundeswehr, für die § 20 Absatz 3b oder § 21 Absatz 6 angewendet worden ist, sobald die Fahrzeuge nicht mehr für die Bundeswehr zugelassen sind. [4] Für die Erteilung einer neuen Betriebserlaubnis gilt § 21 entsprechend. [5] Besteht Anlass zur Annahme, dass die Betriebserlaubnis erloschen ist, kann die Verwaltungsbehörde zur Vorbereitung einer Entscheidung

1. die Beibringung eines Gutachtens eines amtlich anerkannten Sachverständigen, Prüfers für den Kraftfahrzeugverkehr oder eines Prüfingenieurs darüber, ob das Fahrzeug den Vorschriften dieser Verordnung entspricht, oder
2. die Vorführung des Fahrzeugs

anordnen und wenn nötig mehrere solcher Anordnungen treffen; auch darf eine Prüfplakette nach Anlage IX nicht zugeteilt werden.

(2a) [1] Die Betriebserlaubnis für Fahrzeuge, die nach ihrer Bauart speziell für militärische oder polizeiliche Zwecke sowie für Zwecke des Brandschutzes und des Katastrophenschutzes bestimmt sind, bleibt nur so lange wirksam, wie die Fahrzeuge für die Bundeswehr, die Bundespolizei, die Polizei, die Feuerwehr oder den Katastrophenschutz zugelassen oder eingesetzt werden. [2] Für Fahrzeuge nach Satz 1 darf eine Betriebserlaubnis nach § 21 nur der Bundeswehr, der Bundespolizei, der Polizei, der Feuerwehr oder dem Katastrophenschutz erteilt werden; dies gilt auch, wenn die für die militärischen oder die polizeilichen Zwecke sowie die Zwecke des Brandschutzes und des Katastrophenschutzes vorhandene Ausstattung oder Ausrüstung entfernt, verändert oder unwirksam gemacht worden ist. [3] Ausnahmen von Satz 2 für bestimmte Einsatzzwecke können gemäß § 70 genehmigt werden.

(3) [1] Abweichend von Absatz 2 Satz 2 erlischt die Betriebserlaubnis des Fahrzeugs jedoch nicht, wenn bei Änderungen durch Ein- oder Anbau von Teilen

1. für diese Teile
   a) eine Betriebserlaubnis nach § 22 oder eine Bauartgenehmigung nach § 22a erteilt worden ist oder

---

[1)] Nr. **255**.

b) der nachträgliche Ein- oder Anbau im Rahmen einer Betriebserlaubnis oder eines Nachtrags dazu für das Fahrzeug nach § 20 oder § 21 genehmigt worden ist

und die Wirksamkeit der Betriebserlaubnis, der Bauartgenehmigung oder der Genehmigung nicht von der Abnahme des Ein- oder Anbaus abhängig gemacht worden ist oder

2. für diese Teile

a) eine EWG-Betriebserlaubnis, eine EWG-Bauartgenehmigung oder eine EG-Typgenehmigung nach Europäischem Gemeinschaftsrecht oder

b) eine Genehmigung nach Regelungen in der jeweiligen Fassung entsprechend dem Übereinkommen vom 20. März 1958 über die Annahme einheitlicher Bedingungen für die Genehmigung der Ausrüstungsgegenstände und Teile von Kraftfahrzeugen und über die gegenseitige Anerkennung der Genehmigung (BGBl. 1965 II S. 857, 858), soweit diese von der Bundesrepublik Deutschland angewendet werden,

erteilt worden ist und eventuelle Einschränkungen oder Einbauanweisungen beachtet sind oder

3. die Wirksamkeit der Betriebserlaubnis, der Bauartgenehmigung oder der Genehmigung dieser Teile nach Nummer 1 Buchstabe a oder b von einer Abnahme des Ein- oder Anbaus abhängig gemacht ist und die Abnahme unverzüglich durchgeführt und nach § 22 Absatz 1 Satz 5, auch in Verbindung mit § 22a Absatz 1a, bestätigt worden ist oder

4. für diese Teile

a) die Identität mit einem Teil gegeben ist, für das ein Gutachten eines Technischen Dienstes nach Anlage XIX über die Vorschriftsmäßigkeit eines Fahrzeugs bei bestimmungsgemäßem Ein- oder Anbau dieser Teile (Teilegutachten) vorliegt,

b) der im Gutachten angegebene Verwendungsbereich eingehalten wird und

c) die Abnahme des Ein- oder Anbaus unverzüglich durch einen amtlich anerkannten Sachverständigen oder Prüfer für den Kraftfahrzeugverkehr oder durch einen Kraftfahrzeugsachverständigen oder Angestellten nach Nummer 4 der Anlage VIIIb durchgeführt und der ordnungsgemäße Ein- oder Anbau entsprechend § 22 Absatz 1 Satz 5 bestätigt worden ist; § 22 Absatz 1 Satz 2 und Absatz 2 Satz 3 gilt entsprechend.

[2] Werden bei Teilen nach Nummer 1 oder 2 in der Betriebserlaubnis, der Bauartgenehmigung oder der Genehmigung aufgeführte Einschränkungen oder Einbauanweisungen nicht eingehalten, erlischt die Betriebserlaubnis des Fahrzeugs.

(4) Der Führer des Fahrzeugs hat in den Fällen

1. des Absatzes 3 Nummer 1 den Abdruck oder die Ablichtung der betreffenden Betriebserlaubnis, Bauartgenehmigung, Genehmigung im Rahmen der Betriebserlaubnis oder eines Nachtrags dazu oder eines Auszugs dieser Erlaubnis oder Genehmigung, der die für die Verwendung wesentlichen Angaben enthält, und

2. des Absatzes 3 Nummer 3 und 4 einen Nachweis nach einem vom Bundesministerium für Verkehr und digitale Infrastruktur im Verkehrsblatt bekannt gemachten Muster über die Erlaubnis, die Genehmigung oder das Teilegut-

achten mit der Bestätigung des ordnungsgemäßen Ein- oder Anbaus sowie den zu beachtenden Beschränkungen oder Auflagen mitzuführen und zuständigen Personen auf Verlangen auszuhändigen. Satz 1 gilt nicht, wenn die Zulassungsbescheinigung Teil I, das Anhängerverzeichnis nach § 11 Absatz 1 Satz 2 der Fahrzeug-Zulassungsverordnung[1] oder ein nach § 4 Absatz 5 der Fahrzeug-Zulassungsverordnung mitzuführender oder aufzubewahrender Nachweis einen entsprechenden Eintrag einschließlich zu beachtender Beschränkungen oder Auflagen enthält; anstelle der zu beachtenden Beschränkungen oder Auflagen kann auch ein Vermerk enthalten sein, dass diese in einer mitzuführenden Erlaubnis, Genehmigung oder einem mitzuführenden Nachweis aufgeführt sind. Die Pflicht zur Mitteilung von Änderungen nach § 13 der Fahrzeug-Zulassungsverordnung bleibt unberührt.

(5) [1] Ist die Betriebserlaubnis nach Absatz 2 Satz 2 oder Absatz 3 Satz 2 erloschen, so darf das Fahrzeug nicht auf öffentlichen Straßen in Betrieb genommen werden oder dessen Inbetriebnahme durch den Halter angeordnet oder zugelassen werden. [2] Ausnahmen von Satz 1 sind nur nach Maßgabe der Sätze 3 bis 6 zulässig. [3] Ist die Betriebserlaubnis nach Absatz 2 Satz 2 erloschen, dürfen nur solche Fahrten durchgeführt werden, die in unmittelbarem Zusammenhang mit der Erlangung einer neuen Betriebserlaubnis stehen. [4] Am Fahrzeug sind die bisherigen Kennzeichen oder rote Kennzeichen zu führen. [5] Die Sätze 3 und 4 gelten auch für Fahrten, die der amtlich anerkannte Sachverständige für den Kraftfahrzeugverkehr oder der Ersteller des Gutachtens des nach § 30 der EG-Fahrzeuggenehmigungsverordnung[2] zur Prüfung von Gesamtfahrzeugen benannten Technischen Dienstes im Rahmen der Erstellung des Gutachtens durchführt. [6] Kurzzeitkennzeichen dürfen nur nach Maßgabe des § 16a Absatz 6 der Fahrzeug-Zulassungsverordnung[1] verwendet werden.

(6) [1] Werden an Fahrzeugen von Fahrzeugherstellern, die Inhaber einer Betriebserlaubnis für Typen sind, im Sinne des Absatzes 2 Teile verändert, so bleibt die Betriebserlaubnis wirksam, solange die Fahrzeuge ausschließlich zur Erprobung verwendet werden; insoweit ist auch keine Mitteilung an die Zulassungsbehörde erforderlich. [2] Satz 1 gilt nur, wenn die Zulassungsbehörde im Fahrzeugschein bestätigt hat, dass ihr das Fahrzeug als Erprobungsfahrzeug gemeldet worden ist.

(7) Die Absätze 2 bis 6 gelten entsprechend für die EG-Typgenehmigung.

§ 20[3] Allgemeine Betriebserlaubnis für Typen. (1) [1] Für reihenweise zu fertigende oder gefertigte Fahrzeuge kann die Betriebserlaubnis dem Hersteller nach einer auf seine Kosten vorgenommenen Prüfung allgemein erteilt werden (Allgemeine Betriebserlaubnis), wenn er die Gewähr für zuverlässige Ausübung der dadurch verliehenen Befugnisse bietet. [2] Bei Herstellung eines Fahrzeugtyps durch mehrere Beteiligte kann die Allgemeine Betriebserlaubnis diesen gemeinsam erteilt werden. [3] Für die Fahrzeuge, die außerhalb des Geltungsbereichs dieser Verordnung hergestellt worden sind, kann die Allgemeine Betriebserlaubnis erteilt werden

[1] Nr. **250**.
[2] Nr. **255**.
[3] § 20 Abs. 4 geänd. mWv 5.4.2017 durch G v. 29.3.2017 (BGBl. I S. 626).

1. dem Hersteller oder seinem Beauftragten, wenn die Fahrzeuge in einem Staat hergestellt worden sind, in dem der Vertrag zur Gründung der Europäischen Wirtschaftsgemeinschaft oder das Abkommen über den Europäischen Wirtschaftsraum gilt,
2. dem Beauftragten des Herstellers, wenn die Fahrzeuge zwar in einem Staat hergestellt worden sind, in dem der Vertrag zur Gründung der Europäischen Wirtschaftsgemeinschaft oder das Abkommen über den Europäischen Wirtschaftsraum nicht gilt, sie aber in den Geltungsbereich dieser Verordnung aus einem Staat eingeführt worden sind, in dem der Vertrag zur Gründung der Europäischen Wirtschaftsgemeinschaft oder das Abkommen über den Europäischen Wirtschaftsraum gilt,
3. in den anderen Fällen dem Händler, der seine Berechtigung zum alleinigen Vertrieb der Fahrzeuge im Geltungsbereich dieser Verordnung nachweist.

[4] In den Fällen des Satzes 3 Nummer 2 muss der Beauftragte des Herstellers in einem Staat ansässig sein, in dem der Vertrag zur Gründung der Europäischen Wirtschaftsgemeinschaft oder das Abkommen über den Europäischen Wirtschaftsraum gilt. [5] In den Fällen des Satzes 3 Nummer 3 muss der Händler im Geltungsbereich dieser Verordnung ansässig sein.

(2) [1] Über den Antrag auf Erteilung der Allgemeinen Betriebserlaubnis entscheidet das Kraftfahrt-Bundesamt. [2] Das Kraftfahrt-Bundesamt kann einen amtlich anerkannten Sachverständigen für den Kraftfahrzeugverkehr oder eine andere Stelle mit der Begutachtung beauftragen. [3] Es bestimmt, welche Unterlagen für den Antrag beizubringen sind.

(2a) Umfasst der Antrag auf Erteilung einer Allgemeinen Betriebserlaubnis auch die Genehmigung für eine wahlweise Ausrüstung, so kann das Kraftfahrt-Bundesamt auf Antrag in die Allgemeine Betriebserlaubnis aufnehmen, welche Teile auch nachträglich an- oder eingebaut werden dürfen (§ 19 Absatz 3 Nummer 1 Buchstabe b und Nummer 3); § 22 Absatz 3 ist anzuwenden.

(3) [1] Der Inhaber einer Allgemeinen Betriebserlaubnis für Fahrzeuge hat für jedes dem Typ entsprechende, zulassungspflichtige Fahrzeug einen Fahrzeugbrief auszufüllen. [2] Die Vordrucke für die Briefe werden vom Kraftfahrt-Bundesamt ausgegeben. [3] In dem Brief sind die Angaben über das Fahrzeug von dem Inhaber der Allgemeinen Betriebserlaubnis für das Fahrzeug einzutragen oder, wenn mehrere Hersteller beteiligt sind, von jedem Beteiligten für die von ihm hergestellten Teile, sofern nicht ein Beteiligter die Ausfüllung des Briefs übernimmt; war die Erteilung der Betriebserlaubnis von der Genehmigung einer Ausnahme abhängig, so müssen die Ausnahme und die genehmigende Behörde im Brief bezeichnet werden. [4] Der Brief ist von dem Inhaber der Allgemeinen Betriebserlaubnis unter Angabe der Firmenbezeichnung und des Datums mit seiner Unterschrift zu versehen; eine Nachbildung der eigenhändigen Unterschrift durch Druck oder Stempel ist zulässig.

(3a) [1] Der Inhaber einer Allgemeinen Betriebserlaubnis für Fahrzeuge ist verpflichtet, für jedes dem Typ entsprechende zulassungspflichtige Fahrzeug eine Datenbestätigung nach Muster 2d auszufüllen. [2] In die Datenbestätigung sind vom Inhaber der Allgemeinen Betriebserlaubnis die Angaben über die Beschaffenheit des Fahrzeugs einzutragen oder, wenn mehrere Hersteller beteiligt sind, von jedem Beteiligten die Angaben für die von ihm hergestellten Teile, sofern nicht ein Beteiligter die Ausfüllung der Datenbestätigung übernimmt. [3] Die Richtigkeit der Angaben über die Beschaffenheit des Fahrzeugs und über dessen Übereinstimmung mit dem genehmigten Typ hat der für die Ausfüllung der Datenbestätigung jeweils Verantwortliche unter Angabe des Datums zu bescheinigen. [4] Gehört das Fahrzeug zu einer in Anlage XXIX benannten EG-Fahrzeugklasse, kann zusätzlich die Bezeichnung der Fahrzeugklasse eingetragen werden. [5] Die Datenbestätigung ist für die Zulassung dem Fahrzeug mitzugeben. [6] Hat der Inhaber einer Allgemeinen Betriebserlaubnis auch einen Fahrzeugbrief nach Absatz 3 Satz 1 ausgefüllt, ist dieser der Datenbestätigung beizufügen. [7] Die Datenbestätigung nach Satz 1 ist entbehrlich, wenn

1. das Kraftfahrt-Bundesamt für den Fahrzeugtyp Typdaten zur Verfügung gestellt hat und
2. der Inhaber einer Allgemeinen Betriebserlaubnis durch Eintragung der vom Kraftfahrt-Bundesamt für den Abruf der Typdaten zugeteilten Typ- sowie Varianten-/Versionsschlüsselnummer im Fahrzeugbrief bestätigt hat, dass das im Fahrzeugbrief genannte Fahrzeug mit den Typdaten, die dieser Schlüsselnummer entsprechen, übereinstimmt.

(3b) Für Fahrzeuge, die für die Bundeswehr zugelassen werden sollen, braucht die Datenbestätigung abweichend von Absatz 3a Satz 1 nur für eine Fahrzeugserie ausgestellt zu werden, wenn der Inhaber der Allgemeinen Betriebserlaubnis die Fahrzeug-Identifizierungsnummer jedes einzelnen Fahrzeugs der Fahrzeugserie der Zentralen Militärkraftfahrtstelle mitteilt.

(4) Abweichungen von den technischen Angaben, die das Kraftfahrt-Bundesamt bei Erteilung der Allgemeinen Betriebserlaubnis durch schriftlichen oder elektronischen Bescheid für den genehmigten Typ festgelegt hat, sind dem Inhaber der Allgemeinen Betriebserlaubnis nur gestattet, wenn diese durch einen entsprechenden Nachtrag ergänzt worden ist oder wenn das Kraftfahrt-Bundesamt auf Anfrage erklärt hat, dass für die vorgesehene Änderung eine Nachtragserlaubnis nicht erforderlich ist.

(5) [1] Die Allgemeine Betriebserlaubnis erlischt nach Ablauf einer etwa festgesetzten Frist, bei Widerruf durch das Kraftfahrt-Bundesamt und wenn der genehmigte Typ den Rechtsvorschriften nicht mehr entspricht. [2] Der Widerruf kann ausgesprochen werden, wenn der Inhaber der Allgemeinen Betriebserlaubnis gegen die mit dieser verbundenen Pflichten verstößt oder sich als unzuverlässig erweist oder wenn sich herausstellt, dass der genehmigte Fahrzeugtyp den Erfordernissen der Verkehrssicherheit nicht entspricht.

(6) [1] Das Kraftfahrt-Bundesamt kann jederzeit bei Herstellern oder deren Beauftragten oder bei Händlern die Erfüllung der mit der Allgemeinen Betriebserlaubnis verbundenen Pflichten nachprüfen oder nachprüfen lassen. [2] In den Fällen des Absatzes 1 Satz 3 Nummer 1 und 2 kann das Kraftfahrt-Bundesamt die Erteilung der Allgemeinen Betriebserlaubnis davon abhängig machen, dass der Hersteller oder sein Beauftragter sich verpflichtet, die zur Nachprüfung nach Satz 1 notwendigen Maßnahmen zu ermöglichen. [3] Die Kosten der Nachprüfung trägt der Inhaber der Allgemeinen Betriebserlaubnis, wenn ihm ein Verstoß gegen die mit der Erlaubnis verbundenen Pflichten nachgewiesen wird.

§ 21[1)] Betriebserlaubnis für Einzelfahrzeuge. (1) [1] Gehört ein Fahrzeug nicht zu einem genehmigten Typ, so hat der Verfügungsberechtigte die Betriebserlaubnis bei der nach Landesrecht zuständigen Behörde zu beantragen. [2] Mit dem Antrag auf Erteilung der Betriebserlaubnis ist der nach Landesrecht zuständigen Behörde das Gutachten eines amtlich anerkannten Sachverständigen für den Kraftfahrzeugverkehr oder eines nach § 30 der EG-Fahrzeuggenehmigungsverordnung[2)] zur Prüfung von Gesamtfahrzeugen der jeweiligen Fahrzeugklasse benannten Technischen Dienstes vorzulegen. [3] Das Gutachten muss die technische Beschreibung des Fahrzeugs in dem Umfang enthalten, der für die Ausfertigung der Zulassungsbescheinigung Teil I und Teil II erforderlich ist. [4] Dem Gutachten ist eine Anlage beizufügen, in der die technischen Vorschriften angegeben sind, auf deren Grundlage dem Fahrzeug eine Betriebserlaubnis erteilt werden kann. [5] In den Fällen des § 19 Absatz 2 sind in dieser Anlage zusätzlich die Änderungen darzustellen, die zum Erlöschen der früheren Betriebserlaubnis geführt haben. [6] In dem Gutachten bescheinigt die oder der amtlich anerkannte Sachverständige für den Kraftfahrzeugverkehroder der nach § 30 der EG-Fahrzeuggenehmigungsverordnung[2)] zur Prüfung von Gesamtfahrzeugen der jeweiligen Fahrzeugklasse benannte Technische Dienst, dass sie oder er das Fahrzeug im Gutachten richtig beschrieben hat und dass das Fahrzeug gemäß § 19 Absatz 1 vorschriftsmäßig ist; die Angaben aus dem Gutachten überträgt die Genehmigungsbehörde in die Zulassungsbescheinigung Teil I und, soweit vorgesehen, in die Zulassungsbescheinigung Teil II.

(1a) Gehört ein Fahrzeug zu einem genehmigten Typ oder liegt eine Einzelbetriebserlaubnis nach dieser Verordnung oder eine Einzelgenehmigung nach § 13 der EG-Fahrzeuggenehmigungsverordnung[2)] vor, ist eine Begutachtung nur zulässig, wenn die Betriebserlaubnis nach § 19 Absatz 2 erloschen ist.

(2) [1] Für die im Gutachten zusammengefassten Ergebnisse müssen Prüfprotokolle vorliegen, aus denen hervorgeht, dass die notwendigen Prüfungen durchgeführt und die geforderten Ergebnisse erreicht wurden. [2] Auf Anforderung sind die Prüfprotokolle der Genehmigungs- oder der zuständigen Aufsichtsbehörde vorzulegen. [3] Die Aufbewahrungsfrist für die Gutachten und Prüfprotokolle beträgt zehn Jahre.

(3) [1] Der Leiter der Technischen Prüfstelle ist für die Sicherstellung der gleichmäßigen Qualität aller Tätigkeiten des befugten Personenkreises verantwortlich. [2] Er hat der zuständigen Aufsichtsbehörde jährlich sowie zusätzlich auf konkrete Anforderung hin einen Qualitätssicherungsbericht vorzulegen. [3] Der Bericht muss in transparenter Form Aufschluss über die durchgeführten Qualitätskontrollen und die eingeleiteten Qualitätsmaßnahmen geben, sofern diese aufgrund eines Verstoßes erforderlich waren. [4] Der Leiter der Technischen Prüfstelle hat sicherzustellen, dass fehlerhafte Begutachtungen aufgrund derer ein Fahrzeug in Verkehr gebracht wurde oder werden soll, von dem ein erhebliches Risiko für die Verkehrssicherheit, die öffentliche Gesundheit oder die Umwelt ausgeht, nach Feststellung unverzüglich der zuständigen Genehmigungsbehörde und der zuständigen Aufsichtsbehörde gemeldet werden.

[1)] § 21 Abs. 1 Sätze 4 und 5 eingef., bish. Satz 4 wird Satz 6, Abs. 1a eingef. mWv 1.6.2012 durch VO v. 10.5.2012 (BGBl. I S. 1086); Abs. 1 Sätze 2 und 6 und Abs. 6 geänd. mWv 22.3.2019 durch VO v. 13.3.2019 (BGBl. I S. 332).

[2)] Nr. **255**.

(4) [1] Bei zulassungspflichtigen Fahrzeugen ist der Behörde mit dem Antrag eine Zulassungsbescheinigung Teil II vorzulegen. [2] Wenn diese noch nicht vorhanden ist, ist nach § 12 der Fahrzeug-Zulassungsverordnung[1)] zu beantragen, dass diese ausgefertigt wird.

(5) Ist für die Erteilung einer Genehmigung für Fahrzeuge zusätzlich die Erteilung einer Ausnahmegenehmigung nach § 70 erforderlich, hat die begutachtende Stelle diese im Gutachten zu benennen und stichhaltig zu begründen.

(6) Abweichend von Absatz 4 Satz 1 bedarf es für Fahrzeuge, die für die Bundeswehr zugelassen werden, nicht der Vorlage einer Zulassungsbescheinigung Teil II, wenn ein amtlich anerkannter Sachverständiger für den Kraftfahrzeugverkehr oder ein nach § 30 der EG-Fahrzeuggenehmigungsverordnung[2)] zur Prüfung von Gesamtfahrzeugen der jeweiligen Fahrzeugklasse benannter Technischer Dienst eine Datenbestätigung entsprechend Muster 2d ausgestellt hat.

§ 21a Anerkennung von Genehmigungen und Prüfzeichen auf Grund internationaler Vereinbarungen und von Rechtsakten der Europäischen Gemeinschaften. (1) [1] Im Verfahren auf Erteilung der Betriebserlaubnis werden Genehmigungen und Prüfzeichen anerkannt, die ein ausländischer Staat für Ausrüstungsgegenstände oder Fahrzeugteile oder in Bezug auf solche Gegenstände oder Teile für bestimmte Fahrzeugtypen unter Beachtung der mit der Bundesrepublik Deutschland vereinbarten Bedingungen erteilt hat. [2] Dasselbe gilt für Genehmigungen und Prüfzeichen, die das Kraftfahrt-Bundesamt für solche Gegenstände oder Teile oder in Bezug auf diese für bestimmte Fahrzeugtypen erteilt, wenn das Genehmigungsverfahren unter Beachtung der von der Bundesrepublik Deutschland mit ausländischen Staaten vereinbarten Bedingungen durchgeführt worden ist. [3] § 22a bleibt unberührt.

(1a) Absatz 1 gilt entsprechend für Genehmigungen und Prüfzeichen, die auf Grund von Rechtsakten der Europäischen Gemeinschaften erteilt werden oder anzuerkennen sind.

(2) [1] Das Prüfzeichen nach Absatz 1 besteht aus einem Kreis, in dessen Innerem sich der Buchstabe „E“ und die Kennzahl des Staates befinden, der die Genehmigung erteilt hat, sowie aus der Genehmigungsnummer in der Nähe dieses Kreises, gegebenenfalls aus der Nummer der internationalen Vereinbarung mit dem Buchstaben „R“ und gegebenenfalls aus zusätzlichen Zeichen. [2] Das Prüfzeichen nach Absatz 1a besteht aus einem Rechteck, in dessen Innerem sich der Buchstabe „e“ und die Kennzahl oder die Kennbuchstaben des Staates befinden, der die Genehmigung erteilt hat, aus der Bauartgenehmigungsnummer in der Nähe dieses Rechtecks sowie gegebenenfalls aus zusätzlichen Zeichen. [3] Die Kennzahl für die Bundesrepublik Deutschland ist in allen Fällen „1“.

(3) [1] Mit einem Prüfzeichen der in den Absätzen 1 bis 2 erwähnten Art darf ein Ausrüstungsgegenstand oder ein Fahrzeugteil nur gekennzeichnet sein, wenn er der Genehmigung in jeder Hinsicht entspricht. [2] Zeichen, die zu Verwechslungen mit einem solchen Prüfzeichen Anlass geben können, dürfen an Ausrüstungsgegenständen oder Fahrzeugteilen nicht angebracht sein.

[1)] Nr. **250**.
[2)] Nr. **255**.

§ 21b Anerkennung von Prüfungen auf Grund von Rechtsakten der Europäischen Gemeinschaften. Im Verfahren auf Erteilung der Betriebserlaubnis werden Prüfungen anerkannt, die auf Grund harmonisierter Vorschriften nach § 19 Absatz 1 Satz 2 durchgeführt und bescheinigt worden sind.

§ 21c (weggefallen)

§ 22 Betriebserlaubnis für Fahrzeugteile. (1) [1] Die Betriebserlaubnis kann auch gesondert für Teile von Fahrzeugen erteilt werden, wenn der Teil eine technische Einheit bildet, die im Erlaubnisverfahren selbstständig behandelt werden kann. [2] Dürfen die Teile nur an Fahrzeugen bestimmter Art, eines bestimmten Typs oder nur bei einer bestimmten Art des Ein- oder Anbaus verwendet werden, ist die Betriebserlaubnis dahingehend zu beschränken. [3] Die Wirksamkeit der Betriebserlaubnis kann davon abhängig gemacht werden, dass der Ein- oder Anbau abgenommen worden ist. [4] Die Abnahme ist von einem amtlich anerkannten Sachverständigen oder Prüfer für den Kraftfahrzeugverkehr oder von einem Kraftfahrzeugsachverständigen oder Angestellten nach Nummer 4 der Anlage VIIIb durchführen zu lassen. [5] In den Fällen des Satzes 3 ist durch die abnehmende Stelle nach Satz 4 auf dem Nachweis (§ 19 Absatz 4 Satz 1) darüber der ordnungsgemäße Ein- oder Anbau unter Angabe des Fahrzeugherstellers und -typs sowie der Fahrzeug-Identifizierungsnummer zu bestätigen.

(2) [1] Für das Verfahren gelten die Vorschriften über die Erteilung der Betriebserlaubnis für Fahrzeuge entsprechend. [2] Bei reihenweise zu fertigenden oder gefertigten Teilen ist sinngemäß nach § 20 zu verfahren; der Inhaber einer Allgemeinen Betriebserlaubnis für Fahrzeugteile hat durch Anbringung des ihm vorgeschriebenen Typzeichens auf jedem dem Typ entsprechenden Teil dessen Übereinstimmung mit dem genehmigten Typ zu bestätigen. [3] Außerdem hat er jedem gefertigten Teil einen Abdruck oder eine Ablichtung der Betriebserlaubnis oder den Auszug davon und gegebenenfalls den Nachweis darüber (§ 19 Absatz 4 Satz 1) beizufügen. [4] Bei Fahrzeugteilen, die nicht zu einem genehmigten Typ gehören, ist nach § 21 zu verfahren; das Gutachten des amtlich anerkannten Sachverständigen für den Kraftfahrzeugverkehr ist, falls es sich nicht gegen die Erteilung der Betriebserlaubnis ausspricht, in den Fahrzeugschein einzutragen, wenn der Teil an einem bestimmten zulassungspflichtigen Fahrzeug an- oder eingebaut werden soll. [5] Unter dem Gutachten hat die Zulassungsbehörde gegebenenfalls einzutragen:

„Betriebserlaubnis erteilt".

(Fortsetzung nächstes Blatt)

[6] Der gleiche Vermerk ist unter kurzer Bezeichnung des genehmigten Teils in dem nach § 4 Absatz 5 der Fahrzeug-Zulassungsverordnung[1)] mitzuführenden oder aufzubewahrenden Nachweis und in dem Anhängerverzeichnis, sofern ein solches ausgestellt worden ist, einzutragen.

(3) [1] Anstelle einer Betriebserlaubnis nach Absatz 1 können auch Teile zum nachträglichen An- oder Einbau (§ 19 Absatz 3 Nummer 1 Buchstabe b oder Nummer 3) im Rahmen einer Allgemeinen Betriebserlaubnis für ein Fahrzeug oder eines Nachtrags dazu (§ 20) genehmigt werden; die Absätze 1, 2 Satz 2 und 3 gelten entsprechend. [2] Der Nachtrag kann sich insoweit auch auf Fahrzeuge erstrecken, die vor Genehmigung des Nachtrags hergestellt worden sind.

§ 22a[2)] Bauartgenehmigung für Fahrzeugteile. (1) Die nachstehend aufgeführten Einrichtungen, gleichgültig ob sie an zulassungspflichtigen oder an zulassungsfreien Fahrzeugen verwendet werden, müssen in einer amtlich genehmigten Bauart ausgeführt sein:

1. Heizungen in Kraftfahrzeugen, ausgenommen elektrische Heizungen sowie Warmwasserheizungen, bei denen als Wärmequelle das Kühlwasser des Motors verwendet wird (§ 35c Absatz 1);

1a. Luftreifen (§ 36 Absatz 2);

2. Gleitschutzeinrichtungen (§ 37 Absatz 1 Satz 2);

3. Scheiben aus Sicherheitsglas (§ 40) und Folien für Scheiben aus Sicherheitsglas;

4. Frontschutzsysteme (§ 30c Absatz 4);

5. Auflaufbremsen (§ 41 Absatz 10), ausgenommen ihre Übertragungseinrichtungen und Auflaufbremsen, die nach den im Anhang zu § 41 Absatz 18 genannten Bestimmungen über Bremsanlagen geprüft sind und deren Übereinstimmung in der vorgesehenen Form bescheinigt ist;

6. Einrichtungen zur Verbindung von Fahrzeugen (§ 43 Absatz 1), mit Ausnahme von
   a) Einrichtungen, die aus technischen Gründen nicht selbstständig im Genehmigungsverfahren behandelt werden können (zum Beispiel Deichseln an einachsigen Anhängern, wenn sie Teil des Rahmens und nicht verstellbar sind),
   b) Ackerschienen (Anhängeschienen), ihrer Befestigungseinrichtung und dem Dreipunktanbau an land- oder forstwirtschaftlichen Zug- oder Arbeitsmaschinen,
   c) Zugeinrichtungen an land- oder forstwirtschaftlichen Arbeitsgeräten, die hinter Kraftfahrzeugen mitgeführt werden und nur im Fahren eine ihrem Zweck entsprechende Arbeit leisten können, wenn sie zur Verbindung mit den unter Buchstabe b genannten Einrichtungen bestimmt sind,

---

1) Nr. **250**.

2) § 22a Abs. 1 Nr. 1 und 27 geänd., Nr. 11a, 19a und 21a eingef. mWv 1.8.2013 durch VO v. 26.7.2013 (BGBl. I S. 2803); Abs. 2 Satz 2 geänd. mWv 30.10.2014 durch VO v. 22.10.2014 (BGBl. I S. 1635); Abs. 1 Nr. 1a und 22 neu gef., Nr. 18 geänd. mWv 1.6.2017 durch VO v. 18.5. 2017 (BGBl. I S. 1282).

d) Abschlepp- und Rangiereinrichtungen einschließlich Abschleppstangen und Abschleppseilen,
e) Langbäumen,
f) Verbindungseinrichtungen an Anbaugeräten, die an land- oder forstwirtschaftlichen Zugmaschinen angebracht werden;

7. Scheinwerfer für Fernlicht und für Abblendlicht sowie für Fern- und Abblendlicht (§ 50);
8. Begrenzungsleuchten (§ 51 Absatz 1 und 2, § 53b Absatz 1);
8a. Spurhalteleuchten (§ 51 Absatz 4);
8b. Seitenmarkierungsleuchten (§ 51a Absatz 6);
9. Parkleuchten, Park-Warntafeln (§ 51c);
9a. Umrissleuchten (§ 51b);
10. Nebelscheinwerfer (§ 52 Absatz 1);
11. Kennleuchten für blaues Blinklicht (§ 52 Absatz 3);
11a. nach vorn wirkende Kennleuchten für rotes Blinklicht mit nur einer Hauptausstrahlrichtung (Anhaltesignal) (§ 52 Absatz 3a);
12. Kennleuchten für gelbes Blinklicht (§ 52 Absatz 4);
12a. Rückfahrscheinwerfer (§ 52a);
13. Schlussleuchten (§ 53 Absatz 1 und 6, § 53b);
14. Bremsleuchten (§ 53 Absatz 2);
15. Rückstrahler (§ 51 Absatz 2, § 51a Absatz 1, § 53 Absatz 4, 6 und 7, § 53b, § 66a Absatz 4 dieser Verordnung, § 22 Absatz 4 der Straßenverkehrs-Ordnung[1]);
16. Warndreiecke und Warnleuchten (§ 53a Absatz 1 und 3);
16a. Nebelschlussleuchten (§ 53d);
17. Fahrtrichtungsanzeiger (Blinkleuchten) (§ 53b Absatz 5, § 54);
17a. Tragbare Blinkleuchten und rot-weiße Warnmarkierungen für Hubladebühnen (§ 53b Absatz 5);
18. Lichtquellen für bauartgenehmigungspflichtige lichttechnische Einrichtungen, soweit die Lichtquellen nicht fester Bestandteil der Einrichtungen sind (§ 49a Absatz 6, § 67 Absatz 6 dieser Verordnung, § 22 Absatz 4 und 5 der Straßenverkehrs-Ordnung);
19. Warneinrichtungen mit einer Folge von Klängen verschiedener Grundfrequenz – Einsatzhorn – (§ 55 Absatz 3);
19a. Warneinrichtungen mit einer Folge von Klängen verschiedener Grundfrequenz (Anhaltehorn) (§ 55 Absatz 3a);
20. Fahrtschreiber (§ 57a);
21. Beleuchtungseinrichtungen für Kennzeichen (§ 10 der Fahrzeug-Zulassungsverordnung[2]);
21a. Beleuchtungseinrichtungen für transparente amtliche Kennzeichen (§ 10 Fahrzeugzulassungs-Verordnung);

---

[1] Nr. **100**.
[2] Nr. **250**.

22. Lichtmaschinen, Scheinwerfer für Abblendlicht, auch mit Fernlichtfunktion oder auch mit Tagfahrlichtfunktion, Schlussleuchten, auch mit Bremslichtfunktion, Fahrtrichtungsanzeiger, rote, gelbe und weiße Rückstrahler, Pedalrückstrahler und retroreflektierende Streifen an Reifen, Felgen oder in den Speichen, weiß retroreflektierende Speichen oder Speichenhülsen für Fahrräder und Fahrradanhänger (§ 67 Absatz 1 bis 5, § 67a Absatz 1);
23. (weggefallen)
24. (weggefallen)
25. Sicherheitsgurte und andere Rückhaltesysteme in Kraftfahrzeugen;
26. Leuchten zur Sicherung hinausragender Ladung (§ 22 Absatz 4 und 5 der Straßenverkehrs-Ordnung);
27. Rückhalteeinrichtungen für Kinder in Kraftfahrzeugen (§ 35a Absatz 12 dieser Verordnung sowie § 21 Absatz 1a der Straßenverkehrs-Ordnung).

(1a) § 22 Absatz 1 Satz 2 bis 5 ist entsprechend anzuwenden.

(2) [1] Fahrzeugteile, die in einer amtlich genehmigten Bauart ausgeführt sein müssen, dürfen zur Verwendung im Geltungsbereich dieser Verordnung nur feilgeboten, veräußert, erworben oder verwendet werden, wenn sie mit einem amtlich vorgeschriebenen und zugeteilten Prüfzeichen gekennzeichnet sind. [2] Die Ausgestaltung der Prüfzeichen und das Verfahren bestimmt das Bundesministerium für Verkehr und digitale Infrastruktur; insoweit gilt die Fahrzeugteileverordnung[1)] vom 12. August 1998 (BGBl. I S. 2142).

(3) Die Absätze 1 und 2 sind nicht anzuwenden auf

1. Einrichtungen, die zur Erprobung im Straßenverkehr verwendet werden, wenn der Führer des Fahrzeugs eine entsprechende amtliche Bescheinigung mit sich führt und zuständigen Personen auf Verlangen zur Prüfung aushändigt,
2. Einrichtungen – ausgenommen lichttechnische Einrichtungen für Fahrräder und Lichtquellen für Scheinwerfer –, die in den Geltungsbereich dieser Verordnung verbracht worden sind, an Fahrzeugen verwendet werden, die außerhalb des Geltungsbereichs dieser Verordnung gebaut worden sind, und in ihrer Wirkung etwa den nach Absatz 1 geprüften Einrichtungen gleicher Art entsprechen und als solche erkennbar sind,
3. Einrichtungen, die an Fahrzeugen verwendet werden, deren Zulassung auf Grund eines Verwaltungsverfahrens erfolgt, in welchem ein Mitgliedstaat der Europäischen Union bestätigt, dass der Typ eines Fahrzeugs, eines Systems, eines Bauteils oder einer selbstständigen technischen Einheit die einschlägigen technischen Anforderungen der Richtlinie 70/156/EWG des Rates vom 6. Februar 1970 zur Angleichung der Rechtsvorschriften der Mitgliedstaaten über die Betriebserlaubnis für Kraftfahrzeuge und Kraftfahrzeuganhänger (ABl. L 42 vom 23.2.1970, S. 1), die zuletzt durch die Richtlinie 2004/104/EG (ABl. L 337 vom 13.11.2004, S. 13) geändert worden ist, der Richtlinie 92/61/EWG des Rates vom 30. Juni 1992 über die Betriebserlaubnis für zweirädrige oder dreirädrige Kraftfahrzeuge (ABl. L 225 vom 10.8.1992, S. 72), die durch die Richtlinie 2000/7/EG (ABl. L 106 vom 3.5.2000, S. 1) geändert worden ist, oder der Richtlinie

---

1) Nr. **260**.

2007/46/EG oder der Richtlinie 2002/24/EG oder der Richtlinie 2003/37/EG in ihrer jeweils geltenden Fassung oder einer Einzelrichtlinie erfüllt.

(4) [1] Absatz 2 ist nicht anzuwenden auf Einrichtungen, für die eine Einzelgenehmigung im Sinne der Fahrzeugteileverordnung erteilt worden ist. [2] Werden solche Einrichtungen im Verkehr verwendet, so ist die Urkunde über die Genehmigung mitzuführen und zuständigen Personen auf Verlangen zur Prüfung auszuhändigen; dies gilt nicht, wenn die Genehmigung aus dem Fahrzeugschein, aus dem Nachweis nach § 4 Absatz 5 der Fahrzeug-Zulassungsverordnung oder aus dem statt der Zulassungsbescheinigung Teil II mitgeführten Anhängerverzeichnis hervorgeht.

(5) [1] Mit einem amtlich zugeteilten Prüfzeichen der in Absatz 2 erwähnten Art darf ein Fahrzeugteil nur gekennzeichnet sein, wenn es der Bauartgenehmigung in jeder Hinsicht entspricht. [2] Zeichen, die zu Verwechslungen mit einem amtlich zugeteilten Prüfzeichen Anlass geben können, dürfen an den Fahrzeugteilen nicht angebracht sein.

(6) Die Absätze 2 und 5 gelten entsprechend für Einrichtungen, die einer EWG-Bauartgenehmigung bedürfen.

§ 23[1)] Gutachten für die Einstufung eines Fahrzeugs als Oldtimer. [1] Zur Einstufung eines Fahrzeugs als Oldtimer im Sinne des § 2 Nummer 22 der Fahrzeug-Zulassungsverordnung[2)] ist ein Gutachten eines amtlich anerkannten Sachverständigen oder Prüfers oder Prüfingenieurs erforderlich. [2] Die Begutachtung ist nach einer im Verkehrsblatt nach Zustimmung der zuständigen obersten Landesbehörden bekannt gemachten Richtlinie durchzuführen und das Gutachten nach einem in der Richtlinie festgelegten Muster auszufertigen. [3] Im Rahmen der Begutachtung ist auch eine Untersuchung im Umfang einer Hauptuntersuchung nach § 29 durchzuführen, es sei denn, dass mit der Begutachtung gleichzeitig ein Gutachten nach § 21 erstellt wird. [4] Für das Erteilen der Prüfplakette gilt § 29 Absatz 3.

§§ 24 bis 28 (weggefallen)

§ 29[3)] Untersuchung der Kraftfahrzeuge und Anhänger. (1) [1] Die Halter von zulassungspflichtigen Fahrzeugen im Sinne des § 3 Absatz 1 der Fahrzeug-Zulassungsverordnung[2)] und kennzeichenpflichtigen Fahrzeugen nach § 4 Absatz 2 und 3 Satz 2 der Fahrzeug-Zulassungsverordnung haben ihre Fahrzeuge auf ihre Kosten nach Maßgabe der Anlage VIII in Verbindung mit Anlage VIIIa in regelmäßigen Zeitabständen untersuchen zu lassen. [2] Ausgenommen sind

1. Fahrzeuge mit rotem Kennzeichen nach den §§ 16 und 17 der Fahrzeug-Zulassungsverordnung,
2. Fahrzeuge der Bundeswehr und der Bundespolizei.

---

1) § 23 Satz 4 angef. mWv 1.8.2013 durch VO v. 26.7.2013 (BGBl. I S. 2803).

2) Nr. **250**.

3) § 29 Abs. 3 Satz 1, Abs. 6 Nr. 1 Buchst. b und Abs. 12 neu gef., Abs. 7 Satz 3, Abs. 10 Satz 2 geänd. mWv 1.6.2012 durch VO v. 10.5.2012 (BGBl. I S. 1086); Abs. 1 Satz 2 Nr. 1 und Abs. 2 Satz 1 Nr. 1 geänd. mWv 1.4.2015 durch VO v. 30.10.2014 (BGBl. I S. 1666); Abs. 1 Satz 2 Nr. 1, Abs. 2 Satz 1 Nr. 1 geänd., Abs. 2 Sätze 3 und 4 eingef., bish. Sätze 3 und 4 werden Sätze 5 und 6 mWv 1.10.2017 durch VO v. 23.3.2017 (BGBl. I S. 522).

[3] Über die Untersuchung der Fahrzeuge der Feuerwehren und des Katastrophenschutzes entscheiden die zuständigen obersten Landesbehörden im Einzelfall oder allgemein.

(2) [1] Der Halter hat den Monat, in dem das Fahrzeug spätestens zur

1. Hauptuntersuchung vorgeführt werden muss, durch eine Prüfplakette nach Anlage IX auf dem Kennzeichen nachzuweisen, es sei denn, es handelt sich um ein Kurzzeitkennzeichen oder Ausfuhrkennzeichen,
2. Sicherheitsprüfung vorgeführt werden muss, durch eine Prüfmarke in Verbindung mit einem SP-Schild nach Anlage IXb nachzuweisen.

[2] Prüfplaketten sind von der nach Landesrecht zuständigen Behörde oder den zur Durchführung von Hauptuntersuchungen berechtigten Personen zuzuteilen und auf dem hinteren amtlichen Kennzeichen dauerhaft und gegen Missbrauch gesichert anzubringen. [3] Prüfplaketten in Verbindung mit Plakettenträgern sind von der nach Landesrecht zuständigen Behörde zuzuteilen und von dem Halter oder seinem Beauftragten auf dem hinteren amtlichen Kennzeichen dauerhaft und gegen Missbrauch gesichert anzubringen. [4] Abgelaufene Prüfplaketten sowie gegebenenfalls vorhandene Plakettenträger sind vor Anbringung neuer Prüfplaketten oder neuer Prüfplaketten in Verbindung mit Plakettenträgern zu entfernen. [5] Prüfmarken sind von der nach Landesrecht zuständigen Behörde zuzuteilen und von dem Halter oder seinem Beauftragten auf dem SP-Schild nach den Vorschriften der Anlage IXb anzubringen oder von den zur Durchführung von Hauptuntersuchungen oder Sicherheitsprüfungen berechtigten Personen zuzuteilen und von diesen nach den Vorschriften der Anlage IXb auf dem SP-Schild anzubringen. [6] SP-Schilder dürfen von der nach Landesrecht zuständigen Behörde, von den zur Durchführung von Hauptuntersuchungen berechtigten Personen, dem Fahrzeughersteller, dem Halter oder seinem Beauftragten nach den Vorschriften der Anlage IXb angebracht werden.

(3) [1] Eine Prüfplakette darf nur dann zugeteilt und angebracht werden, wenn die Vorschriften der Anlage VIII eingehalten sind. [2] Durch die nach durchgeführter Hauptuntersuchung zugeteilte und angebrachte Prüfplakette wird bescheinigt, dass das Fahrzeug zum Zeitpunkt dieser Untersuchung vorschriftsmäßig nach Nummer 1.2 der Anlage VIII ist. [3] Weist das Fahrzeug lediglich geringe Mängel auf, so kann abweichend von Satz 1 die Prüfplakette zugeteilt und angebracht werden, wenn die unverzügliche Beseitigung der Mängel zu erwarten ist.

(4) [1] Eine Prüfmarke darf zugeteilt und angebracht werden, wenn das Fahrzeug nach Abschluss der Sicherheitsprüfung nach Maßgabe der Nummer 1.3 der Anlage VIII keine Mängel aufweist. [2] Die Vorschriften von Nummer 2.6 der Anlage VIII bleiben unberührt.

(5) Der Halter hat dafür zu sorgen, dass sich die nach Absatz 3 angebrachte Prüfplakette und die nach Absatz 4 angebrachte Prüfmarke und das SP-Schild in ordnungsgemäßem Zustand befinden; sie dürfen weder verdeckt noch verschmutzt sein.

(6) Monat und Jahr des Ablaufs der Frist für die nächste

1. Hauptuntersuchung müssen von demjenigen, der die Prüfplakette zugeteilt und angebracht hat,

a) bei den im üblichen Zulassungsverfahren behandelten Fahrzeugen in der Zulassungsbescheinigung Teil I oder

b) bei anderen Fahrzeugen auf dem nach § 4 Absatz 5 der Fahrzeug-Zulassungsverordnung mitzuführenden oder aufzubewahrenden Nachweis in Verbindung mit dem Prüfstempel der untersuchenden Stelle oder dem HU-Code und der Kennnummer der untersuchenden Person oder Stelle,

2. Sicherheitsprüfung müssen von demjenigen, der die Prüfmarke zugeteilt hat, im Prüfprotokoll

vermerkt werden.

(7) [1] Die Prüfplakette und die Prüfmarke werden mit Ablauf des jeweils angegebenen Monats ungültig. [2] Ihre Gültigkeit verlängert sich um einen Monat, wenn bei der Durchführung der Hauptuntersuchung oder Sicherheitsprüfung Mängel festgestellt werden, die vor der Zuteilung einer neuen Prüfplakette oder Prüfmarke zu beheben sind. [3] Satz 2 gilt auch, wenn bei geringen Mängeln keine Prüfplakette nach Absatz 3 Satz 3 zugeteilt wird, und für Prüfmarken in den Fällen der Anlage VIII Nummer 2.4 Satz 6. [4] Befindet sich an einem Fahrzeug, das mit einer Prüfplakette oder einer Prüfmarke in Verbindung mit einem SP-Schild versehen sein muss, keine gültige Prüfplakette oder keine gültige Prüfmarke, so kann die nach Landesrecht zuständige Behörde für die Zeit bis zur Anbringung der vorgenannten Nachweise den Betrieb des Fahrzeugs im öffentlichen Verkehr untersagen oder beschränken. [5] Die betroffene Person hat das Verbot oder die Beschränkung zu beachten.

(8) Einrichtungen aller Art, die zu Verwechslungen mit der in Anlage IX beschriebenen Prüfplakette oder der in Anlage IXb beschriebenen Prüfmarke in Verbindung mit dem SP-Schild Anlass geben können, dürfen an Kraftfahrzeugen und ihren Anhängern nicht angebracht sein.

(9) Der für die Durchführung von Hauptuntersuchungen oder Sicherheitsprüfungen Verantwortliche hat für Hauptuntersuchungen einen Untersuchungsbericht und für Sicherheitsprüfungen ein Prüfprotokoll nach Maßgabe der Anlage VIII zu erstellen und dem Fahrzeughalter oder seinem Beauftragten auszuhändigen.

(10) [1] Der Halter hat den Untersuchungsbericht mindestens bis zur nächsten Hauptuntersuchung und das Prüfprotokoll mindestens bis zur nächsten Sicherheitsprüfung aufzubewahren. [2] Der Halter oder sein Beauftragter hat den Untersuchungsbericht, bei Fahrzeugen nach Absatz 11 zusammen mit dem Prüfprotokoll und dem Prüfbuch, zuständigen Personen und der nach Landesrecht zuständigen Behörde auf deren Anforderung hin auszuhändigen. [3] Kann der letzte Untersuchungsbericht oder das letzte Prüfprotokoll nicht ausgehändigt werden, hat der Halter auf seine Kosten Zweitschriften von den prüfenden Stellen zu beschaffen oder eine Hauptuntersuchung oder eine Sicherheitsprüfung durchführen zu lassen. [4] Die Sätze 2 und 3 gelten nicht für den Hauptuntersuchungsbericht bei der Fahrzeugzulassung, wenn die Fälligkeit der nächsten Hauptuntersuchung für die Zulassungsbehörde aus einem anderen amtlichen Dokument ersichtlich ist.

(11) [1] Halter von Fahrzeugen, an denen nach Nummer 2.1 der Anlage VIII Sicherheitsprüfungen durchzuführen sind, haben ab dem Tag der Zulassung Prüfbücher nach einem im Verkehrsblatt mit Zustimmung der zuständigen

obersten Landesbehörden bekannt gemachten Muster zu führen. [2] Untersuchungsberichte und Prüfprotokolle müssen mindestens für die Dauer ihrer Aufbewahrungspflicht nach Absatz 10 in den Prüfbüchern abgeheftet werden.

(12) Der für die Durchführung von Hauptuntersuchungen oder Sicherheitsprüfungen Verantwortliche hat ihre Durchführung unter Angabe des Datums, bei Kraftfahrzeugen zusätzlich unter Angabe des Kilometerstandes, im Prüfbuch einzutragen.

(13) Prüfbücher sind bis zur endgültigen Außerbetriebsetzung des jeweiligen Fahrzeugs von dem Halter des Fahrzeugs aufzubewahren.

§ 29a[1)] Datenübermittlung. [1] Die zur Durchführung von Hauptuntersuchungen oder Sicherheitsprüfungen nach § 29 berechtigten Personen sind verpflichtet, nach Abschluss einer Hauptuntersuchung oder einer Sicherheitsprüfung die in § 34 Absatz 1 der Fahrzeug-Zulassungsverordnung[2)] genannten Daten an das Kraftfahrt-Bundesamt zur Speicherung im Zentralen Fahrzeugregister zu übermitteln. [2] Darüber hinaus müssen die zur Durchführung von Hauptuntersuchungen nach § 29 berechtigten Personen nach Abschluss einer Hauptuntersuchung die in § 34 Absatz 2 der Fahrzeug-Zulassungsverordnung genannten Daten an das Kraftfahrt-Bundesamt zur Speicherung im Zentralen Fahrzeugregister übermitteln. [3] Die jeweilige Übermittlung hat

1. bei verkehrsunsicheren Fahrzeugen nach Anlage VIII Nummer 3.1.4.4 oder 3.2.3.3 am selben Tag,
2. sonst unverzüglich, spätestens aber innerhalb von zwei Wochen nach Abschluss der Hauptuntersuchung oder Sicherheitsprüfung

zu erfolgen.

IIa. Pflichtversicherung
(weggefallen)

§§ 29b *bis* 29h[3)] (weggefallen)

III. Bau- und Betriebsvorschriften

1. Allgemeine Vorschriften

§ 30[4)] Beschaffenheit der Fahrzeuge. (1) Fahrzeuge müssen so gebaut und ausgerüstet sein, dass

1. ihr verkehrsüblicher Betrieb niemanden schädigt oder mehr als unvermeidbar gefährdet, behindert oder belästigt,
2. die Insassen insbesondere bei Unfällen vor Verletzungen möglichst geschützt sind und das Ausmaß und die Folgen von Verletzungen möglichst gering bleiben.

[1)] § 29a eingef. mWv 1.10.2017; Satz 2 geänd. mWv 20.5.2018 durch VO v. 23.3.2017 (BGBl. I S. 522).

[2)] Nr. **250**.

[3)] Hier Anpassung (§ 29b statt § 29a) nichtamtlich.

[4)] § 30 Abs. 4 Satz 2 geänd. mWv 30.10.2014 durch VO v. 22.10.2014 (BGBl. I S. 1635).

(2) Fahrzeuge müssen in straßenschonender Bauweise hergestellt sein und in dieser erhalten werden.

(3) Für die Verkehrs- oder Betriebssicherheit wichtige Fahrzeugteile, die besonders leicht abgenutzt oder beschädigt werden können, müssen einfach zu überprüfen und leicht auswechselbar sein.

(4) [1] Anstelle der Vorschriften dieser Verordnung können die Einzelrichtlinien in ihrer jeweils geltenden Fassung angewendet werden, die

1. in Anhang IV der Richtlinie 2007/46/EG oder
2. in Anhang II Kapitel B der Richtlinie 2003/37/EG oder
3. in Anhang I der Richtlinie 2002/24/EG

in seiner jeweils geltenden Fassung genannt sind. [2] Die jeweilige Liste der in Anhang IV der Richtlinie 2007/46/EG, in Anhang II der Typgenehmigungsrichtlinie 2003/37/EG und in Anhang I der Richtlinie 2002/24/EG genannten Einzelrichtlinien wird unter Angabe der Kurzbezeichnungen und der ersten Fundstelle aus dem Amtsblatt der Europäischen Gemeinschaften vom Bundesministerium für Verkehr und digitale Infrastruktur im Verkehrsblatt bekannt gemacht und fortgeschrieben. [3] Die in Satz 1 genannten Einzelrichtlinien sind jeweils ab dem Zeitpunkt anzuwenden, zu dem sie in Kraft treten und nach Satz 2 bekannt gemacht worden sind. [4] Soweit in einer Einzelrichtlinie ihre verbindliche Anwendung vorgeschrieben ist, ist nur diese Einzelrichtlinie maßgeblich.

§ 30a[1)] Durch die Bauart bestimmte Höchstgeschwindigkeit sowie maximales Drehmoment und maximale Nutzleistung des Motors.

(1) [1] Kraftfahrzeuge müssen entsprechend dem Stand der Technik so gebaut und ausgerüstet sein, dass technische Veränderungen, die zu einer Änderung der durch die Bauart bestimmten Höchstgeschwindigkeit (Geschwindigkeit, die von einem Kraftfahrzeug nach seiner vom Hersteller konstruktiv vorgegebenen Bauart oder infolge der Wirksamkeit zusätzlicher technischer Maßnahmen auf ebener Bahn bei bestimmungsgemäßer Benutzung nicht überschritten werden kann) führen, wesentlich erschwert sind. [2] Sofern dies nicht möglich ist, müssen Veränderungen leicht erkennbar gemacht werden.

(1a) Zweirädrige Kleinkrafträder und Krafträder müssen hinsichtlich der Maßnahmen gegen unbefugte Eingriffe den Vorschriften von Kapitel 7 der Richtlinie 97/24/EG des Europäischen Parlaments und des Rates vom 17. Juni 1997 über bestimmte Bauteile und Merkmale von zweirädrigen oder dreirädrigen Kraftfahrzeugen (ABl. L 226 vom 18.8.1997, S. 1), die zuletzt durch die Richtlinie 2009/108/EG (ABl. L 213 vom 18.8.2009, S. 10) geändert worden ist, jeweils in der aus dem Anhang zu dieser Vorschrift ersichtlichen Fassung, entsprechen.

(2) [1] Anhänger müssen für eine Geschwindigkeit von mindestens 100 km/h gebaut und ausgerüstet sein. [2] Sind sie für eine niedrigere Geschwindigkeit gebaut oder ausgerüstet, müssen sie entsprechend § 58 für diese Geschwindigkeit gekennzeichnet sein.

(3) Bei Kraftfahrzeugen nach Artikel 1 der Richtlinie 2002/24/EG sind zur Ermittlung der durch die Bauart bestimmten Höchstgeschwindigkeit

[1)] § 30a Abs. 1 Satz 1 geänd. mWv 1.8.2013 durch VO v. 26.7.2013 (BGBl. I S. 2803).

sowie zur Ermittlung des maximalen Drehmoments und der maximalen Nutzleistung des Motors die im Anhang zu dieser Vorschrift genannten Bestimmungen anzuwenden.

§ 30b Berechnung des Hubraums. Der Hubraum ist wie folgt zu berechnen:

1. Für pi wird der Wert von 3,1416 eingesetzt.
2. Die Werte für Bohrung und Hub werden in Millimeter eingesetzt, wobei auf die erste Dezimalstelle hinter dem Komma auf- oder abzurunden ist.
3. Der Hubraum ist auf volle Kubikzentimeter auf- oder abzurunden.
4. Folgt der zu rundenden Stelle eine der Ziffern 0 bis 4, so ist abzurunden, folgt eine der Ziffern 5 bis 9, so ist aufzurunden.

§ 30c Vorstehende Außenkanten, Frontschutzsysteme. (1) Am Umriss der Fahrzeuge dürfen keine Teile so hervorragen, dass sie den Verkehr mehr als unvermeidbar gefährden.

(2) Vorstehende Außenkanten von Personenkraftwagen müssen den im Anhang zu dieser Vorschrift genannten Bestimmungen entsprechen.

(3) Vorstehende Außenkanten von zweirädrigen oder dreirädrigen Kraftfahrzeugen nach § 30a Absatz 3 müssen den im Anhang zu dieser Vorschrift genannten Bestimmungen entsprechen.

(4) An Personenkraftwagen, Lastkraftwagen, Zugmaschinen und Sattelzugmaschinen mit mindestens vier Rädern, einer durch die Bauart bestimmten Höchstgeschwindigkeit von mehr als 25 km/h und einer zulässigen Gesamtmasse von nicht mehr als 3,5 t angebrachte Frontschutzsysteme müssen den im Anhang zu dieser Vorschrift genannten Bestimmungen entsprechen.

§ 30d Kraftomnibusse. (1) Kraftomnibusse sind Kraftfahrzeuge zur Personenbeförderung mit mehr als acht Sitzplätzen außer dem Fahrersitz.

(2) Kraftomnibusaufbauten, die als selbstständige technische Einheiten die gesamte innere und äußere Spezialausrüstung dieser Kraftfahrzeugart umfassen, gelten als Kraftomnibusse nach Absatz 1.

(3) Kraftomnibusse müssen den im Anhang zu dieser Vorschrift genannten Bestimmungen entsprechen.

(4) [1] Kraftomnibusse mit Stehplätzen, die die Beförderung von Fahrgästen auf Strecken mit zahlreichen Haltestellen ermöglichen und mehr als 22 Fahrgastplätze haben, müssen zusätzlich den Vorschriften über technische Einrichtungen für die Beförderung von Personen mit eingeschränkter Mobilität nach den im Anhang zu dieser Vorschrift genannten Bestimmungen entsprechen. [2] Dies gilt für andere Kraftomnibusse, die mit technischen Einrichtungen für die Beförderung von Personen mit eingeschränkter Mobilität ausgestattet sind, entsprechend.

§ 31 Verantwortung für den Betrieb der Fahrzeuge. (1) Wer ein Fahrzeug oder einen Zug miteinander verbundener Fahrzeuge führt, muss zur selbstständigen Leitung geeignet sein.

(2) Der Halter darf die Inbetriebnahme nicht anordnen oder zulassen, wenn ihm bekannt ist oder bekannt sein muss, dass der Führer nicht zur

selbstständigen Leitung geeignet oder das Fahrzeug, der Zug, das Gespann, die Ladung oder die Besetzung nicht vorschriftsmäßig ist oder dass die Verkehrssicherheit des Fahrzeugs durch die Ladung oder die Besetzung leidet.

§ 31a Fahrtenbuch. (1) [1] Die nach Landesrecht zuständige Behörde kann gegenüber einem Fahrzeughalter für ein oder mehrere auf ihn zugelassene oder künftig zuzulassende Fahrzeuge die Führung eines Fahrtenbuchs anordnen, wenn die Feststellung eines Fahrzeugführers nach einer Zuwiderhandlung gegen Verkehrsvorschriften nicht möglich war. [2] Die Verwaltungsbehörde kann ein oder mehrere Ersatzfahrzeuge bestimmen.

(2) Der Fahrzeughalter oder sein Beauftragter hat in dem Fahrtenbuch für ein bestimmtes Fahrzeug und für jede einzelne Fahrt

1. vor deren Beginn
   a) Name, Vorname und Anschrift des Fahrzeugführers,
   b) amtliches Kennzeichen des Fahrzeugs,
   c) Datum und Uhrzeit des Beginns der Fahrt und
2. nach deren Beendigung unverzüglich Datum und Uhrzeit mit Unterschrift einzutragen.

(3) Der Fahrzeughalter hat

a) der das Fahrtenbuch anordnenden oder der von ihr bestimmten Stelle oder

b) sonst zuständigen Personen

das Fahrtenbuch auf Verlangen jederzeit an dem von der anordnenden Stelle festgelegten Ort zur Prüfung auszuhändigen und es sechs Monate nach Ablauf der Zeit, für die es geführt werden muss, aufzubewahren.

§ 31b[1)] Überprüfung mitzuführender Gegenstände. Führer von Fahrzeugen sind verpflichtet, zuständigen Personen auf Verlangen folgende mitzuführende Gegenstände vorzuzeigen und zur Prüfung des vorschriftsmäßigen Zustands auszuhändigen:

1. Feuerlöscher (§ 35g Absatz 1),
2. Erste-Hilfe-Material (§ 35h Absatz 1, 3 und 4),
3. Unterlegkeile (§ 41 Absatz 14),
4. Warndreiecke und Warnleuchten (§ 53a Absatz 2),

4a. Warnweste (§ 53a Absatz 2),

5. tragbare Blinkleuchten (§ 53b Absatz 5) und windsichere Handlampen (§ 54b),
6. Leuchten und Rückstrahler (§ 53b Absatz 1 Satz 4 Halbsatz 2 und Absatz 2 Satz 4 Halbsatz 2).

§ 31c Überprüfung von Fahrzeuggewichten. [1] Kann der Führer eines Fahrzeugs auf Verlangen einer zuständigen Person die Einhaltung der für das Fahrzeug zugelassenen Achslasten und Gesamtgewichte nicht glaubhaft machen, so ist er verpflichtet, sie nach Weisung dieser Person auf einer Waage

---

[1)] § 31b Nr. 4a eingef. mWv 1.8.2013 durch VO v. 26.7.2013 (BGBl. I S. 2803); Nr. 6 geänd., Nr. 7 aufgeh. mWv 1.6.2017 durch VO v. 18.5.2017 (BGBl. I S. 1282).

oder einem Achslastmesser (Radlastmesser) feststellen zu lassen. [2] Nach der Wägung ist dem Führer eine Bescheinigung über das Ergebnis der Wägung zu erteilen. [3] Die Kosten der Wägung fallen dem Halter des Fahrzeugs zur Last, wenn ein zu beanstandendes Übergewicht festgestellt wird. [4] Die prüfende Person kann von dem Führer des Fahrzeugs eine der Überlastung entsprechende Um- oder Entladung fordern; dieser Auflage hat der Fahrzeugführer nachzukommen; die Kosten hierfür hat der Halter zu tragen.

§ 31d Gewichte, Abmessungen und Beschaffenheit ausländischer Fahrzeuge. (1) Ausländische Kraftfahrzeuge und ihre Anhänger müssen in Gewicht und Abmessungen den §§ 32 und 34 entsprechen.

(2) Ausländische Kraftfahrzeuge müssen an Sitzen, für die das Recht des Zulassungsstaates Sicherheitsgurte vorschreibt, über diese Sicherheitsgurte verfügen.

(3) [1] Ausländische Kraftfahrzeuge, deren Zulassungsbescheinigung oder Internationaler Zulassungsschein von einem Mitgliedstaat der Europäischen Union oder von einem anderen Vertragsstaat des Abkommens über den Europäischen Wirtschaftsraum ausgestellt worden ist und die in der Richtlinie 92/6/EWG des Rates vom 10. Februar 1992 über Einbau und Benutzung von Geschwindigkeitsbegrenzern für bestimmte Kraftfahrzeugklassen in der Gemeinschaft (ABl. L 57 vom 2.3.1992, S. 27), die durch die Richtlinie 2002/85/EG (ABl. L 327 vom 4.12.2002, S. 8) geändert worden ist, genannt sind, müssen mit Geschwindigkeitsbegrenzern nach Maßgabe des Rechts des Zulassungsstaates ausgestattet sein. [2] Die Geschwindigkeitsbegrenzer müssen benutzt werden.

(4) Die Luftreifen ausländischer Kraftfahrzeuge und Anhänger, deren Zulassungsbescheinigung oder Internationaler Zulassungsschein von einem Mitgliedstaat der Europäischen Union oder von einem anderen Vertragsstaat des Abkommens über den Europäischen Wirtschaftsraum ausgestellt worden ist und die in der Richtlinie 89/459/EWG des Rates vom 18. Juli 1989 zur Angleichung der Rechtsvorschriften der Mitgliedstaaten über die Profiltiefe der Reifen an bestimmten Klassen von Kraftfahrzeugen und deren Anhängern (ABl. L 226 vom 3.8.1989, S. 4) genannt sind, müssen beim Hauptprofil der Lauffläche eine Profiltiefe von mindestens 1,6 Millimeter aufweisen; als Hauptprofil gelten dabei die breiten Profilrillen im mittleren Bereich der Lauffläche, der etwa drei Viertel der Laufflächenbreite einnimmt.

§ 31e Geräuscharme ausländische Kraftfahrzeuge. [1] Ausländische Kraftfahrzeuge, die zur Geräuschklasse G 1 im Sinne der Nummer 3.2.1 der Anlage XIV gehören, gelten als geräuscharm; sie dürfen mit dem Zeichen „Geräuscharmes Kraftfahrzeug" gemäß Anlage XV gekennzeichnet sein. [2] Für andere ausländische Fahrzeuge gilt § 49 Absatz 3 Satz 2 und 3 entsprechend.

2. Kraftfahrzeuge und ihre Anhänger

§ 32[1] Abmessungen von Fahrzeugen und Fahrzeugkombinationen.

(1) [1] Bei Kraftfahrzeugen und Anhängern einschließlich mitgeführter austauschbarer Ladungsträger (§ 42 Absatz 3) darf die höchstzulässige Breite über alles – ausgenommen bei Schneeräumgeräten und Winterdienstfahrzeugen – folgende Maße nicht überschreiten:

1.	allgemein	2,55 m,
2.	bei land- oder forstwirtschaftlichen Arbeitsgeräten und bei Zugmaschinen und Sonderfahrzeugen mit auswechselbaren land- oder forstwirtschaftlichen Anbaugeräten sowie bei Fahrzeugen mit angebauten Geräten für die Straßenunterhaltung	3,00 m,
3.	bei Anhängern hinter Krafträdern	1,00 m,
4.	bei festen oder abnehmbaren Aufbauten von klimatisierten Fahrzeugen, die für die Beförderung von Gütern in temperaturgeführtem Zustand ausgerüstet sind und deren Seitenwände einschließlich Wärmedämmung mindestens 45 mm dick sind	2,60 m,
5.	bei Personenkraftwagen	2,50 m.

[2] Die Fahrzeugbreite ist nach der ISO-Norm 612-1978, Definition Nummer 6.2 zu ermitteln. [3] Abweichend von dieser Norm sind bei der Messung der Fahrzeugbreite die folgenden Einrichtungen nicht zu berücksichtigen:

1. Befestigungs- und Schutzeinrichtungen für Zollplomben,
2. Einrichtungen zur Sicherung der Plane und Schutzvorrichtungen hierfür,
3. vorstehende flexible Teile eines Spritzschutzsystems im Sinne der Richtlinie 91/226/EWG des Rates vom 27. März 1991 zur Angleichung der Rechtsvorschriften der Mitgliedstaaten über Spritzschutzsysteme an bestimmten Klassen von Kraftfahrzeugen und Kraftfahrzeuganhängern (ABl. L 103 vom 23.4.1991, S. 5), die zuletzt durch die Richtlinie 2010/19/EU (ABl. L 72 vom 20.3.2010, S. 17) geändert worden ist,
4. lichttechnische Einrichtungen,
5. Ladebrücken in Fahrtstellung, Hubladebühnen und vergleichbare Einrichtungen in Fahrtstellung, sofern sie nicht mehr als 10 mm seitlich über das Fahrzeug hinausragen und die nach vorne oder nach hinten liegenden Ecken der Ladebrücken mit einem Radius von mindestens 5 mm abgerundet sind; die Kanten sind mit einem Radius von mindestens 2,5 mm abzurunden,
6. Spiegel und andere Systeme für indirekte Sicht,
7. Reifenschadenanzeiger,
8. Reifendruckanzeiger,
9. ausziehbare oder ausklappbare Stufen in Fahrtstellung und
10. die über dem Aufstandspunkt befindliche Ausbauchung der Reifenwände.

---

[1] § 32 Abs. 2 Satz 1 geänd., Abs. 4 Nr. 3 neu gef. mWv 1.8.2013 durch VO v. 26.7.2013 (BGBl. I S. 2803).

[4] Gemessen wird bei geschlossenen Türen und Fenstern und bei Geradeausstellung der Räder.

(2) [1] Bei Kraftfahrzeugen, Fahrzeugkombinationen und Anhängern einschließlich mitgeführter austauschbarer Ladungsträger (§ 42 Absatz 3) darf die höchstzulässige Höhe über alles folgendes Maß nicht überschreiten: 4,00 m.

[2] Die Fahrzeughöhe ist nach der ISO-Norm 612-1978, Definition Nummer 6.3 zu ermitteln. [3] Abweichend von dieser Norm sind bei der Messung der Fahrzeughöhe die folgenden Einrichtungen nicht zu berücksichtigen:

1. nachgiebige Antennen und
2. Scheren- oder Stangenstromabnehmer in gehobener Stellung.

[4] Bei Fahrzeugen mit Achshubeinrichtung ist die Auswirkung dieser Einrichtung zu berücksichtigen.

(3) Bei Kraftfahrzeugen und Anhängern einschließlich mitgeführter austauschbarer Ladungsträger und aller im Betrieb mitgeführter Ausrüstungsteile (§ 42 Absatz 3) darf die höchstzulässige Länge über alles folgende Maße nicht überschreiten:

1. bei Kraftfahrzeugen und Anhängern – ausgenommen Kraftomnibusse und Sattelanhänger – 12,00 m,
2. bei zweiachsigen Kraftomnibussen – einschließlich abnehmbarer Zubehörteile – 13,50 m,
3. bei Kraftomnibussen mit mehr als zwei Achsen – einschließlich abnehmbarer Zubehörteile – 15,00 m,
4. bei Kraftomnibussen, die als Gelenkfahrzeug ausgebildet sind (Kraftfahrzeuge, deren Nutzfläche durch ein Gelenk unterteilt ist, bei denen der angelenkte Teil jedoch kein selbstständiges Fahrzeug darstellt) 18,75 m.

(4) Bei Fahrzeugkombinationen einschließlich mitgeführter austauschbarer Ladungsträger und aller im Betrieb mitgeführter Ausrüstungsteile (§ 42 Absatz 3) darf die höchstzulässige Länge, unter Beachtung der Vorschriften in Absatz 3 Nummer 1, folgende Maße nicht überschreiten:

1. bei Sattelkraftfahrzeugen (Sattelzugmaschine mit Sattelanhänger) und Fahrzeugkombinationen (Zügen) nach Art eines Sattelkraftfahrzeugs – ausgenommen Sattelkraftfahrzeugen nach Nummer 2 – 15,50 m,

2.[1)] bei Sattelkraftfahrzeugen (Sattelzugmaschine mit Sattelanhänger), wenn die höchstzulässigen Teillängen des Sattelanhängers
   a) Achse Zugsattelzapfen bis zur hinteren Begrenzung 12,00 m und
   b) vorderer Überhangradius 2,04 m

   nicht überschritten werden, 16,50 m,
3. bei Zügen, ausgenommen Züge nach Nummer 4:
   a) Kraftfahrzeuge außer Zugmaschinen mit Anhängern 18,00 m,
   b) Zugmaschinen mit Anhängern 18,75 m,
4. bei Zügen, die aus einem Lastkraftwagen und einem Anhänger zur Güterbeförderung bestehen, 18,75 m.

   Dabei dürfen die höchstzulässigen Teillängen folgende Maße nicht überschreiten:
   a) größter Abstand zwischen dem vordersten äußeren Punkt der Ladefläche hinter dem Führerhaus des Lastkraftwagens und dem hintersten äußeren Punkt der Ladefläche des Anhängers der Fahrzeugkombination, abzüglich des Abstands zwischen der hinteren Begrenzung des Kraftfahrzeugs und der vorderen Begrenzung des Anhängers 15,65 m

   und
   b) größter Abstand zwischen dem vordersten äußeren Punkt der Ladefläche hinter dem Führerhaus des Lastkraftwagens und dem hintersten äußeren Punkt der Ladefläche des Anhängers der Fahrzeugkombination 16,40 m.

   Bei Fahrzeugen mit Aufbau – bei Lastkraftwagen jedoch ohne Führerhaus – gelten die Teillängen einschließlich Aufbau.

(4a) Bei Fahrzeugkombinationen, die aus einem Kraftomnibus und einem Anhänger bestehen, beträgt die höchstzulässige Länge, unter Beachtung der Vorschriften in Absatz 3 Nummer 1 bis 3 18,75 m.

(5) [1] Die Länge oder Teillänge eines Einzelfahrzeugs oder einer Fahrzeugkombination – mit Ausnahme der in Absatz 7 genannten Fahrzeugkombinationen und deren Einzelfahrzeuge – ist die Länge, die bei voll nach vorn oder

---

1) Siehe hierzu § 1 Abs. 1 der 55. Ausnahmeverordnung zur StVZO:

„[1] Abweichend von § 32 Absatz 4 Nummer 2 der Straßenverkehrs-Zulassungs-Ordnung darf die höchstzulässige Länge bei Sattelkraftfahrzeugen (Sattelzugmaschine mit Sattelanhänger) 16,65 m nicht überschreiten, wenn diese gemäß der Artikel 2 und 10c der Richtlinie 96/53/EG des Rates vom 25. Juli 1996 zur Festlegung der höchstzulässigen Abmessungen für bestimmte Straßenfahrzeuge im innerstaatlichen und grenzüberschreitenden Verkehr in der Gemeinschaft sowie zur Festlegung der höchstzulässigen Gewichte im grenzüberschreitenden Verkehr (ABl. L 235 vom 17.9. 1996, S. 59), die zuletzt durch die Richtlinie (EU) 2015/719 (ABl. L 115 vom 6.5.2015, S. 1) geändert worden ist, einen Container oder Wechselaufbau von 45 Fuß Länge im Rahmen eines intermodalen Beförderungsvorgangs befördern. [2] Der vordere Überhangradius des Sattelanhängers darf in diesem Fall 2,04 m nicht überschreiten."

hinten ausgezogenen, ausgeschobenen oder ausgeklappten Ladestützen, Ladepritschen, Aufbauwänden oder Teilen davon einschließlich aller im Betrieb mitgeführter Ausrüstungsteile (§ 42 Absatz 3) gemessen wird; dabei müssen bei Fahrzeugkombinationen die Längsmittellinien des Kraftfahrzeugs und seines Anhängers bzw. seiner Anhänger eine gerade Linie bilden. [2] Bei Fahrzeugkombinationen mit nicht selbsttätig längenveränderlichen Zugeinrichtungen ist dabei die Position zugrunde zu legen, in der § 32d (Kurvenlaufeigenschaften) ohne weiteres Tätigwerden des Fahrzeugführers oder anderer Personen erfüllt ist. [3] Soweit selbsttätig längenveränderliche Zugeinrichtungen verwendet werden, müssen diese nach Beendigung der Kurvenfahrt die Ausgangslänge ohne Zeitverzug wiederherstellen.

(6) [1] Die Längen und Teillängen eines Einzelfahrzeugs oder einer Fahrzeugkombination sind nach der ISO-Norm 612-1978, Definition Nummer 6.1 zu ermitteln. [2] Abweichend von dieser Norm sind bei der Messung der Länge oder Teillänge die folgenden Einrichtungen nicht zu berücksichtigen:

1. Wischer- und Waschereinrichtungen,
2. vordere und hintere Kennzeichenschilder,
3. Befestigungs- und Schutzeinrichtungen für Zollplomben,
4. Einrichtungen zur Sicherung der Plane und ihre Schutzvorrichtungen,
5. lichttechnische Einrichtungen,
6. Spiegel und andere Systeme für indirekte Sicht,
7. Sichthilfen,

(Fortsetzung nächstes Blatt)

8. Luftansaugleitungen,
9. Längsanschläge für Wechselaufbauten,
10. Trittstufen und Handgriffe,
11. Stoßfängergummis und ähnliche Vorrichtungen,
12. Hubladebühnen, Ladebrücken und vergleichbare Einrichtungen in Fahrtstellung,
13. Verbindungseinrichtungen bei Kraftfahrzeugen,
14. bei anderen Fahrzeugen als Sattelkraftfahrzeugen Kühl- und andere Nebenaggregate, die sich vor der Ladefläche befinden,
15. Stangenstromabnehmer von Elektrofahrzeugen sowie
16. äußere Sonnenblenden.

[3] Dies gilt jedoch nur, wenn durch die genannten Einrichtungen die Ladefläche weder direkt noch indirekt verlängert wird. [4] Einrichtungen, die bei Fahrzeugkombinationen hinten am Zugfahrzeug oder vorn am Anhänger angebracht sind, sind dagegen bei den Längen oder Teillängen von Fahrzeugkombinationen mit zu berücksichtigen; sie dürfen diesen Längen nicht zugeschlagen werden.

(7) [1] Bei Fahrzeugkombinationen nach Art von Zügen zum Transport von Fahrzeugen gelten hinsichtlich der Länge die Vorschriften des Absatzes 4 Nummer 4, bei Sattelkraftfahrzeugen zum Transport von Fahrzeugen gelten die Vorschriften des Absatzes 4 Nummer 2. [2] Längenüberschreitungen durch Ladestützen zur zusätzlichen Sicherung und Stabilisierung des zulässigen Überhangs von Ladungen bleiben bei diesen Fahrzeugkombinationen und Sattelkraftfahrzeugen unberücksichtigt, sofern die Ladung auch über die Ladestützen hinausragt. [3] Bei der Ermittlung der Teillängen bleiben Überfahrbrücken zwischen Lastkraftwagen und Anhänger in Fahrtstellung unberücksichtigt.

(8) Auf die in den Absätzen 1 bis 4 genannten Maße dürfen keine Toleranzen gewährt werden.

(9) Abweichend von den Absätzen 1 bis 8 dürfen Kraftfahrzeuge nach § 30a Absatz 3 folgende Maße nicht überschreiten:

1. Breite:
   a) bei Krafträdern sowie dreirädrigen und vierrädrigen Kraftfahrzeugen 2,00 m,
   b) bei zweirädrigen Kleinkrafträdern und Fahrrädern mit Hilfsmotor jedoch 1,00 m,
2. Höhe: 2,50 m,
3. Länge: 4,00 m.

§ 32a Mitführen von Anhängern. [1] Hinter Kraftfahrzeugen darf nur ein Anhänger, jedoch nicht zur Personenbeförderung (Omnibusanhänger), mitgeführt werden. [2] Es dürfen jedoch hinter Zugmaschinen zwei Anhänger mitgeführt werden, wenn die für Züge mit einem Anhänger zulässige Länge nicht überschritten wird. [3] Hinter Sattelkraftfahrzeugen darf kein Anhänger mitgeführt werden. [4] Hinter Kraftomnibussen darf nur ein lediglich für die Gepäckbeförderung bestimmter Anhänger mitgeführt werden.

§ 32b Unterfahrschutz. (1) Kraftfahrzeuge, Anhänger und Fahrzeuge mit austauschbaren Ladungsträgern mit einer durch die Bauart bestimmten Höchstgeschwindigkeit von mehr als 25 km/h, bei denen der Abstand von der hinteren Begrenzung bis zur letzten Hinterachse mehr als 1 000 mm beträgt und bei denen in unbeladenem Zustand entweder das hintere Fahrgestell in seiner ganzen Breite oder die Hauptteile der Karosserie eine lichte Höhe von mehr als 550 mm über der Fahrbahn haben, müssen mit einem hinteren Unterfahrschutz ausgerüstet sein.

(2) Der hintere Unterfahrschutz muss der Richtlinie 70/221/EWG des Rates vom 20. März 1970 zur Angleichung der Rechtsvorschriften der Mitgliedstaaten über die Behälter für flüssigen Kraftstoff und den Unterfahrschutz von Kraftfahrzeugen und Kraftfahrzeuganhängern (ABl. L 76 vom 6.4.1970, S. 23), die zuletzt durch die Richtlinie 2006/96/EG (ABl. L 363 vom 20.12. 2006, S. 81) geändert worden ist, in der nach § 30 Absatz 4 Satz 3 jeweils anzuwendenden Fassung entsprechen.

(3) Die Absätze 1 und 2 gelten nicht für

1. land- oder forstwirtschaftliche Zugmaschinen,
2. Arbeitsmaschinen und Stapler,
3. Sattelzugmaschinen,
4. zweirädrige Anhänger, die zum Transport von Langmaterial bestimmt sind,
5. Fahrzeuge, bei denen das Vorhandensein eines hinteren Unterfahrschutzes mit dem Verwendungszweck des Fahrzeugs unvereinbar ist.

(4) Kraftfahrzeuge zur Güterbeförderung mit mindestens vier Rädern und mit einer durch die Bauart bestimmten Höchstgeschwindigkeit von mehr als 25 km/h und einer zulässigen Gesamtmasse von mehr als 3,5 t müssen mit einem vorderen Unterfahrschutz ausgerüstet sein, der den im Anhang zu dieser Vorschrift genannten Bestimmungen entspricht.

(5) Absatz 4 gilt nicht für

1. Geländefahrzeuge,
2. Fahrzeuge, deren Verwendungszweck mit den Bestimmungen für den vorderen Unterfahrschutz nicht vereinbar ist.

§ 32c Seitliche Schutzvorrichtungen. (1) Seitliche Schutzvorrichtungen sind Einrichtungen, die verhindern sollen, dass Fußgänger, Rad- oder Kraftradfahrer seitlich unter das Fahrzeug geraten und dann von den Rädern überrollt werden können.

(2) Lastkraftwagen, Zugmaschinen und Kraftfahrzeuge, die hinsichtlich der Baumerkmale ihres Fahrgestells den Lastkraftwagen oder Zugmaschinen gleichzusetzen sind, mit einer durch die Bauart bestimmten Höchstgeschwindigkeit von mehr als 25 km/h und ihre Anhänger müssen, wenn ihr zulässiges Gesamtgewicht jeweils mehr als 3,5 t beträgt, an beiden Längsseiten mit seitlichen Schutzvorrichtungen ausgerüstet sein.

(3) Absatz 2 gilt nicht für

1. land- oder forstwirtschaftliche Zugmaschinen und ihre Anhänger,
2. Sattelzugmaschinen,

3. Anhänger, die besonders für den Transport sehr langer Ladungen, die sich nicht in der Länge teilen lassen, gebaut sind,
4. Fahrzeuge, die für Sonderzwecke gebaut und bei denen seitliche Schutzvorrichtungen mit dem Verwendungszweck des Fahrzeugs unvereinbar sind.

(4) Die seitlichen Schutzvorrichtungen müssen den im Anhang zu dieser Vorschrift genannten Bestimmungen entsprechen.

§ 32d Kurvenlaufeigenschaften. (1) [1] Kraftfahrzeuge und Fahrzeugkombinationen müssen so gebaut und eingerichtet sein, dass einschließlich mitgeführter austauschbarer Ladungsträger (§ 42 Absatz 3) die bei einer Kreisfahrt von 360 Grad überstrichene Ringfläche mit einem äußeren Radius von 12,50 m keine größere Breite als 7,20 m hat. [2] Dabei muss die vordere – bei hinterradgelenkten Fahrzeugen die hintere – äußerste Begrenzung des Kraftfahrzeugs auf dem Kreis von 12,50 m Radius geführt werden.

(2) [1] Beim Einfahren aus der tangierenden Geraden in den Kreis nach Absatz 1 darf kein Teil des Kraftfahrzeugs oder der Fahrzeugkombination diese Gerade um mehr als 0,8 m nach außen überschneiden. [2] Abweichend davon dürfen selbstfahrende Mähdrescher beim Einfahren aus der tangierenden Geraden in den Kreis diese Gerade um bis zu 1,60 m nach außen überschreiten.

(3) [1] Bei Kraftomnibussen ist bei stehendem Fahrzeug auf dem Boden eine Linie entlang der senkrechten Ebene zu ziehen, die die zur Außenseite des Kreises gerichtete Fahrzeugseite tangiert. [2] Bei Kraftomnibussen, die als Gelenkfahrzeug ausgebildet sind, müssen die zwei starren Teile parallel zu dieser Ebene ausgerichtet sein. [3] Fährt das Fahrzeug aus einer Geradeausbewegung in die in Absatz 1 beschriebene Kreisringfläche ein, so darf kein Teil mehr als 0,60 m über die senkrechte Ebene hinausragen.

§ 33[1] Schleppen von Fahrzeugen. Fahrzeuge, die nach ihrer Bauart zum Betrieb als Kraftfahrzeug bestimmt sind, dürfen nicht als Anhänger betrieben werden.

§ 34[2] Achslast und Gesamtgewicht. (1) Die Achslast ist die Gesamtlast, die von den Rädern einer Achse oder einer Achsgruppe auf die Fahrbahn übertragen wird.

(2) [1] Die technisch zulässige Achslast ist die Achslast, die unter Berücksichtigung der Werkstoffbeanspruchung und nachstehender Vorschriften nicht überschritten werden darf:

§ 36	(Bereifung und Laufflächen);
§ 41 Absatz 11	(Bremsen an einachsigen Anhängern und zweiachsigen Anhängern mit einem Achsabstand von weniger als 1,0 m).

---

[1] § 33 Abs. 1 Satz 2 und Abs. 2 aufgeh. mWv 1.8.2013 durch VO v. 26.7.2013 (BGBl. I S. 2803).

[2] § 34 Abs. 10 aufgeh. mWv 1.8.2013 durch VO v. 26.7.2013 (BGBl. I S. 2803); Abs. 5 Nr. 1 neu gef. mWv 30.6.2016 durch VO v. 17.6.2016 (BGBl. I S. 1463); Abs. 4 und 5 jeweils einl. Satzteil geänd. mWv 1.6.2017 durch VO v. 18.5.2017 (BGBl. I S. 1282).

[2] Das technisch zulässige Gesamtgewicht ist das Gewicht, das unter Berücksichtigung der Werkstoffbeanspruchung und nachstehender Vorschriften nicht überschritten werden darf:

§ 35	(Motorleistung);
§ 41 Absatz 10 und 18	(Auflaufbremse);
§ 41 Absatz 15 und 18	(Dauerbremse).

(3) [1] Die zulässige Achslast ist die Achslast, die unter Berücksichtigung der Bestimmungen des Absatzes 2 Satz 1 und des Absatzes 4 nicht überschritten werden darf. [2] Das zulässige Gesamtgewicht ist das Gewicht, das unter Berücksichtigung der Bestimmungen des Absatzes 2 Satz 2 und der Absätze 5 und 6 nicht überschritten werden darf. [3] Die zulässige Achslast und das zulässige Gesamtgewicht sind beim Betrieb des Fahrzeugs und der Fahrzeugkombination einzuhalten.

(4) [1] Bei Kraftfahrzeugen und Anhängern mit Luftreifen oder den in § 36 Absatz 8 für zulässig erklärten Gummireifen – ausgenommen Straßenwalzen – darf die zulässige Achslast folgende Werte nicht übersteigen:

1. Einzelachslast
   a) Einzelachsen 10,00 t
   b) Einzelachsen (angetrieben) 11,50 t;
2. Doppelachslast von Kraftfahrzeugen unter Beachtung der Vorschriften für die Einzelachslast
   a) Achsabstand weniger als 1,0 m 11,50 t
   b) Achsabstand 1,0 m bis weniger als 1,3 m 16,00 t
   c) Achsabstand 1,3 m bis weniger als 1,8 m 18,00 t
   d) Achsabstand 1,3 m bis weniger als 1,8 m, wenn die Antriebsachse mit Doppelbereifung oder einer als gleichwertig anerkannten Federung nach Anlage XII ausgerüstet ist oder jede Antriebsachse mit Doppelbereifung ausgerüstet ist und dabei die höchstzulässige Achslast von 9,50 t je Achse nicht überschritten wird, 19,00 t;
3. Doppelachslast von Anhängern unter Beachtung der Vorschriften für die Einzelachslast
   a) Achsabstand weniger als 1,0 m 11,00 t
   b) Achsabstand 1,0 m bis weniger als 1,3 m 16,00 t
   c) Achsabstand 1,3 m bis weniger als 1,8 m 18,00 t
   d) Achsabstand 1,8 m oder mehr 20,00 t;
4. Dreifachachslast unter Beachtung der Vorschriften für die Doppelachslast
   a) Achsabstände nicht mehr als 1,3 m 21,00 t
   b) Achsabstände mehr als 1,3 m und nicht mehr als 1,4 m 24,00 t.

[2] Sind Fahrzeuge mit anderen Reifen als den in Satz 1 genannten versehen, so darf die Achslast höchstens 4,00 t betragen.

(5)[1] Bei Kraftfahrzeugen und Anhängern – ausgenommen Sattelanhänger und Starrdeichselanhänger (einschließlich Zentralachsanhänger) – mit Luft-

(Fortsetzung nächstes Blatt)

---

[1] Siehe hierzu § 1 Abs. 2 der 55. Ausnahmeverordnung zur StVZO:

„Abweichend von § 34 Absatz 5 Nummer 1 Buchstabe a sowie Nummer 2 Buchstabe a, b und d der Straßenverkehrs-Zulassungs-Ordnung darf das zulässige Gesamtgewicht des jeweiligen Kraftfahrzeugs unter Beachtung der Vorschriften für die Achslasten das für das jeweilige Kraftfahrzeug in § 34 Absatz 5 Nummer 1 Buchstabe a sowie Nummer 2 Buchstabe a, b und d der Straßenverkehrs-Zulassungs-Ordnung genannte höchstzulässige Gesamtgewicht jeweils um bis zu 1,00 t übersteigen, wenn es sich um ein Kraftfahrzeug mit alternativem Antrieb im Sinne der Artikel 1 und 2 Absatz 1 der Richtlinie 96/53/EG handelt und wenn das Mehrgewicht durch den alternativen Antrieb begründet ist."

reifen oder den in § 36 Absatz 8 für zulässig erklärten Gummireifen darf das zulässige Gesamtgewicht unter Beachtung der Vorschriften für die Achslasten folgende Werte nicht übersteigen:

1. Fahrzeuge mit nicht mehr als zwei Achsen
   a) Kraftfahrzeuge – ausgenommen Kraftomnibusse – und Anhänger jeweils 18,00 t
   b) Kraftomnibusse 19,50 t;
2. Fahrzeuge mit mehr als zwei Achsen – ausgenommen Kraftfahrzeuge nach Nummern 3 und 4 –
   a) Kraftfahrzeuge 25,00 t
   b) Kraftfahrzeuge mit einer Doppelachslast nach Absatz 4 Nummer 2 Buchstabe d 26,00 t
   c) Anhänger 24,00 t
   d) Kraftomnibusse, die als Gelenkfahrzeuge gebaut sind 28,00 t;
3. Kraftfahrzeuge mit mehr als drei Achsen – ausgenommen Kraftfahrzeuge nach Nummer 4 –
   a) Kraftfahrzeuge mit zwei Doppelachsen, deren Mitten mindestens 4,0 m voneinander entfernt sind 32,00 t
   b) Kraftfahrzeuge mit zwei gelenkten Achsen und mit einer Doppelachslast nach Absatz 4 Nummer 2 Buchstabe d und deren höchstzulässige Belastung, bezogen auf den Abstand zwischen den Mitten der vordersten und der hintersten Achse, 5,00 t je Meter nicht übersteigen darf, nicht mehr als 32,00 t;
4. Kraftfahrzeuge mit mehr als vier Achsen unter Beachtung der Vorschriften in Nummer 3 32,00 t.

(5a) Abweichend von Absatz 5 gelten für die zulässigen Gewichte von Kraftfahrzeugen nach § 30a Absatz 3 die im Anhang zu dieser Vorschrift genannten Bestimmungen.

(6) Bei Fahrzeugkombinationen (Züge und Sattelkraftfahrzeuge) darf das zulässige Gesamtgewicht unter Beachtung der Vorschriften für Achslasten, Anhängelasten und Einzelfahrzeuge folgende Werte nicht übersteigen:

1. Fahrzeugkombinationen mit weniger als vier Achsen 28,00 t;
2. Züge mit vier Achsen
   zweiachsiges Kraftfahrzeug mit zweiachsigem Anhänger 36,00 t;
3. zweiachsige Sattelzugmaschine mit zweiachsigem Sattelanhänger
   a) bei einem Achsabstand des Sattelanhängers von 1,3 m und mehr 36,00 t
   b) bei einem Achsabstand des Sattelanhängers von mehr als 1,8 m, wenn die Antriebsachse mit Doppelbereifung und Luftfederung oder einer als gleichwertig anerkannten Federung nach Anlage XII ausgerüstet ist, 38,00 t;
4. andere Fahrzeugkombinationen mit vier Achsen

a) mit Kraftfahrzeug nach Absatz 5 Nummer 2 Buchstabe a 35,00 t

b) mit Kraftfahrzeug nach Absatz 5 Nummer 2 Buchstabe b 36,00 t;

5. Fahrzeugkombinationen mit mehr als vier Achsen 40,00 t;

6. Sattelkraftfahrzeug, bestehend aus dreiachsiger Sattelzugmaschine mit zwei- oder dreiachsigem Sattelanhänger, das im kombinierten Verkehr im Sinne der Richtlinie 92/106/EWG des Rates vom 7. Dezember 1992 über die Festlegung gemeinsamer Regeln für bestimmte Beförderungen im kombinierten Güterverkehr zwischen Mitgliedstaaten (ABl. L 368 vom 17.12.1992, S. 38), die durch die Richtlinie 2006/103/EG (ABl. L 363 vom 20.12.2006, S. 344) geändert worden ist, einen ISO-Container von 40 Fuß befördert 44,00 t.

(7) [1] Das nach Absatz 6 zulässige Gesamtgewicht errechnet sich

1. bei Zügen aus der Summe der zulässigen Gesamtgewichte des ziehenden Fahrzeugs und des Anhängers,
2. bei Zügen mit Starrdeichselanhängern (einschließlich Zentralachsanhängern) aus der Summe der zulässigen Gesamtgewichte des ziehenden Fahrzeugs und des Starrdeichselanhängers, vermindert um den jeweils höheren Wert

   a) der zulässigen Stützlast des ziehenden Fahrzeugs oder

   b) der zulässigen Stützlast des Starrdeichselanhängers,

   bei gleichen Werten um diesen Wert,
3. bei Sattelkraftfahrzeugen aus der Summe der zulässigen Gesamtgewichte der Sattelzugmaschine und des Sattelanhängers, vermindert um den jeweils höheren Wert

   a) der zulässigen Sattellast der Sattelzugmaschine oder

   b) der zulässigen Aufliegelast des Sattelanhängers,

   bei gleichen Werten um diesen Wert.

[2] Ergibt sich danach ein höherer Wert als

28,00 t	(Absatz 6 Nummer 1),
36,00 t	(Absatz 6 Nummer 2 und 3 Buchstabe a und Nummer 4 Buchstabe b),
38,00 t	(Absatz 6 Nummer 3 Buchstabe b),
35,00 t	(Absatz 6 Nummer 4 Buchstabe a),
40,00 t	(Absatz 6 Nummer 5) oder
44,00 t	(Absatz 6 Nummer 6),

so gelten als zulässiges Gesamtgewicht 28,00 t, 36,00 t, 38,00 t, 35,00 t, 40,00 t bzw. 44,00 t.

(8) Bei Lastkraftwagen, Sattelkraftfahrzeugen und Lastkraftwagenzügen darf das Gewicht auf der oder den Antriebsachsen im grenzüberschreitenden

Verkehr nicht weniger als 25 Prozent des Gesamtgewichts des Fahrzeugs oder der Fahrzeugkombination betragen.

(9) [1] Der Abstand zwischen dem Mittelpunkt der letzten Achse eines Kraftfahrzeugs und dem Mittelpunkt der ersten Achse seines Anhängers muss mindestens 3,0 m, bei Sattelkraftfahrzeugen und bei land- und forstwirtschaftlichen Zügen sowie bei Zügen, die aus einem Zugfahrzeug und Anhänger-Arbeitsmaschinen bestehen, mindestens 2,5 m betragen. [2] Dies gilt nicht für Züge, bei denen das zulässige Gesamtgewicht des Zugfahrzeugs nicht mehr als 7,50 t oder das des Anhängers nicht mehr als 3,50 t beträgt.

(10) *(aufgehoben)*

(11) Für Hubachsen oder Lastverlagerungsachsen sind die im Anhang zu dieser Vorschrift genannten Bestimmungen anzuwenden.

§ 34a Besetzung, Beladung und Kennzeichnung von Kraftomnibussen. (1) In Kraftomnibussen dürfen nicht mehr Personen und Gepäck befördert werden, als in der Zulassungsbescheinigung Teil I Sitz- und Stehplätze eingetragen sind und die jeweilige Summe der im Fahrzeug angeschriebenen Fahrgastplätze sowie die Angaben für die Höchstmasse des Gepäcks ausweisen.

(2) [1] Auf Antrag des Verfügungsberechtigten oder auf Grund anderer Vorschriften können abweichend von den nach Absatz 1 jeweils zulässigen Platzzahlen auf die Einsatzart der Kraftomnibusse abgestimmte verminderte Platzzahlen festgelegt werden. [2] Die verminderten Platzzahlen sind in der Zulassungsbescheinigung Teil I einzutragen und im Fahrzeug an gut sichtbarer Stelle in gut sichtbarer Schrift anzuschreiben.

§ 34b[1)] Laufrollenlast und Gesamtgewicht von Gleiskettenfahrzeugen. (1) [1] Bei Fahrzeugen, die ganz oder teilweise auf endlosen Ketten oder Bändern laufen (Gleiskettenfahrzeuge), darf die Last einer Laufrolle auf ebener Fahrbahn 2,00 t nicht übersteigen. [2] Gefederte Laufrollen müssen bei Fahrzeugen mit einem Gesamtgewicht von mehr als 8 t so angebracht sein, dass die Last einer um 60 mm angehobenen Laufrolle bei stehendem Fahrzeug nicht mehr als doppelt so groß ist wie die auf ebener Fahrbahn zulässige Laufrollenlast. [3] Bei Fahrzeugen mit ungefederten Laufrollen und Gleisketten, die außen vollständig aus Gummiband bestehen, darf der Druck der Auflagefläche der Gleiskette auf die ebene Fahrbahn 0,8 N/mm² nicht übersteigen. [4] Als Auflagefläche gilt nur derjenige Teil einer Gleiskette, der tatsächlich auf einer ebenen Fahrbahn aufliegt. [5] Die Laufrollen von Gleiskettenfahrzeugen können sowohl einzeln als auch über das gesamte Laufwerk abgefedert werden. [6] Das Gesamtgewicht von Gleiskettenfahrzeugen darf 32,00 t nicht übersteigen.

(2) Gleiskettenfahrzeuge dürfen die Fahrbahn zwischen der ersten und letzten Laufrolle höchstens mit 9,00 t je Meter belasten.

§ 35 Motorleistung. Bei Lastkraftwagen sowie Kraftomnibussen einschließlich Gepäckanhänger, bei Sattelkraftfahrzeugen und Lastkraftwagenzügen muss eine Motorleistung von mindestens 5,0 kW, bei Zugmaschinen und

1) § 34b Abs. 1 Satz 6 geänd. mWv 1.8.2013 durch VO v. 26.7.2013 (BGBl. I S. 2803).

Zugmaschinenzügen – ausgenommen für land- oder forstwirtschaftliche Zwecke – von mindestens 2,2 kW je Tonne des zulässigen Gesamtgewichts des Kraftfahrzeugs und der jeweiligen Anhängelast vorhanden sein; dies gilt nicht für die mit elektrischer Energie angetriebenen Fahrzeuge sowie für Kraftfahrzeuge – auch mit Anhänger – mit einer durch die Bauart bestimmten Höchstgeschwindigkeit von nicht mehr als 25 km/h.

§ 35a[1] Sitze, Sicherheitsgurte, Rückhaltesysteme, Rückhalteeinrichtungen für Kinder, Rollstuhlnutzer und Rollstühle. (1) Der Sitz des Fahrzeugführers und sein Betätigungsraum sowie die Einrichtungen zum Führen des Fahrzeugs müssen so angeordnet und beschaffen sein, dass das Fahrzeug – auch bei angelegtem Sicherheitsgurt oder Verwendung eines anderen Rückhaltesystems – sicher geführt werden kann.

(2) Personenkraftwagen, Kraftomnibusse und zur Güterbeförderung bestimmte Kraftfahrzeuge mit einer durch die Bauart bestimmten Höchstgeschwindigkeit von mehr als 25 km/h müssen entsprechend den im Anhang zu dieser Vorschrift genannten Bestimmungen mit Sitzverankerungen, Sitzen und, soweit ihre zulässige Gesamtmasse nicht mehr als 3,5 t beträgt, an den vorderen Außensitzen zusätzlich mit Kopfstützen ausgerüstet sein.

(3) Die in Absatz 2 genannten Kraftfahrzeuge müssen mit Verankerungen zum Anbringen von Sicherheitsgurten ausgerüstet sein, die den im Anhang zu dieser Vorschrift genannten Bestimmungen entsprechen.

(4) Außerdem müssen die in Absatz 2 genannten Kraftfahrzeuge mit Sicherheitsgurten oder Rückhaltesystemen ausgerüstet sein, die den im Anhang zu dieser Vorschrift genannten Bestimmungen entsprechen.

(4a) [1] Personenkraftwagen, in denen Rollstuhlnutzer in einem Rollstuhl sitzend befördert werden, müssen mit Rollstuhlstellplätzen ausgerüstet sein. [2] Jeder Rollstuhlstellplatz muss mit einem Rollstuhl-Rückhaltesystem und einem Rollstuhlnutzer-Rückhaltesystem ausgerüstet sein. [3] Rollstuhl-Rückhaltesysteme und Rollstuhlnutzer-Rückhaltesysteme, ihre Verankerungen und Sicherheitsgurte müssen den im Anhang zu dieser Vorschrift genannten Bestimmungen entsprechen. [4] Werden vorgeschriebene Rollstuhl-Rückhaltesysteme und Rollstuhlnutzer-Rückhaltesysteme beim Betrieb des Fahrzeugs genutzt, sind diese in der vom Hersteller des Rollstuhl-Rückhaltesystems, Rollstuhlnutzer-Rückhaltesystems sowie des Rollstuhls vorgesehenen Weise zu betreiben. [5] Die im Anhang genannten Bestimmungen gelten nur für diejenigen Rollstuhlstellplätze, die nicht anstelle des Sitzplatzes für den Fahrzeugführer angeordnet sind. [6] Ist wahlweise anstelle des Rollstuhlstellplatzes der Einbau eines oder mehrerer Sitze vorgesehen, gelten die Anforderungen der Absätze 1 bis 4 und 5 bis 10 für diese Sitze unverändert. [7] Für Rollstuhl-Rückhaltesysteme und Rollstuhlnutzer-Rückhaltesysteme kann die DIN-Norm 75078-2:2015-04 als Alternative zu den im Anhang zu dieser Vorschrift genannten Bestimmungen angewendet werden.

(4b) [1] Der Fahrzeughalter hat der Zulassungsbehörde unverzüglich über den vorschriftsgemäßen Einbau oder die vorschriftsgemäße Änderung eines

---

[1] § 35a Abs. 5a eingef. mWv 1.8.2013 durch VO v. 26.7.2013 (BGBl. I S. 2803); Abs. 13 angef. mWv 30.10.2014 durch VO v. 22.10.2014 (BGBl. I S. 1635); Überschrift neu gef., Abs. 4a und 4b eingef., Abs. 13 geänd. mWv 30.6.2016 durch VO v. 17.6.2016 (BGBl. I S. 1463); Abs. 4a Satz 7 geänd. mWv 1.6.2017 durch VO v. 18.5.2017 (BGBl. I S. 1282).

Rollstuhlstellplatzes, Rollstuhl-Rückhaltesystems, Rollstuhlnutzer-Rückhaltesystems sowie deren Verankerungen und Sicherheitsgurte ein Gutachten gemäß § 19 Absatz 2 Satz 5 Nummer 1 in Verbindung mit § 21 Absatz 1 oder einen Nachweis gemäß § 19 Absatz 3 Nummer 1 bis 4 vorzulegen. [2] Auf der Grundlage des Gutachtens oder des Nachweises vermerkt die Zulassungsbehörde in der Zulassungsbescheinigung Teil I das Datum des Einbaus oder der letzten Änderung.

(5) [1] Die Absätze 2 bis 4 gelten für Kraftfahrzeuge mit einer durch die Bauart bestimmten Höchstgeschwindigkeit von mehr als 25 km/h, die hinsichtlich des Insassenraumes und des Fahrgestells den Baumerkmalen der in Absatz 2 genannten Kraftfahrzeuge gleichzusetzen sind, entsprechend. [2] Bei Wohnmobilen mit einer zulässigen Gesamtmasse von mehr als 2,5 t genügt für die hinteren Sitze die Ausrüstung mit Verankerungen zur Anbringung von Beckengurten und mit Beckengurten.

(5a) [1] Die Absätze 2 bis 4 gelten nur für diejenigen Sitze, die zum üblichen Gebrauch während der Fahrt bestimmt sind. [2] Sitze, die nicht benutzt werden dürfen, während das Fahrzeug im öffentlichen Straßenverkehr betrieben wird, sind durch ein Bilderschriftzeichen oder ein Schild mit entsprechendem Text zu kennzeichnen.

(6) [1] Die Absätze 3 und 4 gelten nicht für Kraftomnibusse, die sowohl für den Einsatz im Nahverkehr als auch für stehende Fahrgäste gebaut sind. [2] Dies sind Kraftomnibusse ohne besonderen Gepäckraum sowie Kraftomnibusse mit zugelassenen Stehplätzen im Gang und auf einer Fläche, die größer oder gleich der Fläche für zwei Doppelsitze ist.

(7) Sicherheitsgurte und Rückhaltesysteme müssen so eingebaut sein, dass ihr einwandfreies Funktionieren bei vorschriftsmäßigem Gebrauch und auch bei Benutzung aller ausgewiesenen Sitzplätze gewährleistet ist und sie die Gefahr von Verletzungen bei Unfällen verringern.

(8) [1] Auf Beifahrerplätzen, vor denen ein betriebsbereiter Airbag eingebaut ist, dürfen nach hinten gerichtete Rückhalteeinrichtungen für Kinder nicht angebracht sein. [2] Diese Beifahrerplätze müssen mit einem Warnhinweis vor der Verwendung einer nach hinten gerichteten Rückhalteeinrichtung für Kinder auf diesem Platz versehen sein. [3] Der Warnhinweis in Form eines Piktogramms kann auch einen erläuternden Text enthalten. [4] Er muss dauerhaft angebracht und so angeordnet sein, dass er für eine Person, die eine nach hinten gerichtete Rückhalteeinrichtung für Kinder einbauen will, deutlich sichtbar ist. [5] Anlage XXVIII zeigt ein Beispiel für ein Piktogramm. [6] Falls der Warnhinweis bei geschlossener Tür nicht sichtbar ist, soll ein dauerhafter Hinweis auf das Vorhandensein eines Beifahrerairbags vom Beifahrerplatz aus gut zu sehen sein.

(9) [1] Krafträder, auf denen ein Beifahrer befördert wird, müssen mit einem Sitz für den Beifahrer ausgerüstet sein. [2] Dies gilt nicht bei der Mitnahme eines Kindes unter sieben Jahren, wenn für das Kind ein besonderer Sitz vorhanden und durch Radverkleidungen oder gleich wirksame Einrichtungen dafür gesorgt ist, dass die Füße des Kindes nicht in die Speichen geraten können.

(10) [1] Sitze, ihre Lehnen und ihre Befestigungen in und an Fahrzeugen, die nicht unter die Vorschriften der Absätze 2 und 5 fallen, müssen sicheren Halt bieten und allen im Betrieb auftretenden Beanspruchungen standhalten.

[2] Klappbare Sitze und Rückenlehnen, hinter denen sich weitere Sitze befinden und die auch hinten nicht durch eine Wand von anderen Sitzen getrennt sind, müssen sich in normaler Fahr- oder Gebrauchsstellung selbsttätig verriegeln. [3] Die Entriegelungseinrichtung muss von dem dahinterliegenden Sitz aus leicht zugänglich und bei geöffneter Tür auch von außen einfach zu betätigen sein. [4] Rückenlehnen müssen so beschaffen sein, dass für die Insassen Verletzungen nicht zu erwarten sind.

(11) Abweichend von den Absätzen 2 bis 5 gelten für Verankerungen der Sicherheitsgurte und Sicherheitsgurte von dreirädrigen oder vierrädrigen Kraftfahrzeugen nach § 30a Absatz 3 die im Anhang zu dieser Vorschrift genannten Bestimmungen.

(12) In Kraftfahrzeugen integrierte Rückhalteeinrichtungen für Kinder müssen den im Anhang zu dieser Vorschrift genannten Bestimmungen entsprechen.

(13) Rückhalteeinrichtungen für Kinder bis zu einem Lebensalter von 15 Monaten, die der im Anhang zu dieser Vorschrift genannten Bestimmung entsprechen, dürfen entsprechend ihrem Verwendungszweck nur nach hinten oder seitlich gerichtet angebracht sein.

§ 35b Einrichtungen zum sicheren Führen der Fahrzeuge. (1) Die Einrichtungen zum Führen der Fahrzeuge müssen leicht und sicher zu bedienen sein.

(2) Für den Fahrzeugführer muss ein ausreichendes Sichtfeld unter allen Betriebs- und Witterungsverhältnissen gewährleistet sein.

§ 35c[1] Heizung und Lüftung. (1) Geschlossene Führerräume in Kraftfahrzeugen mit einer durch die Bauart bestimmten Höchstgeschwindigkeit von mehr als 25 km/h müssen ausreichend beheizt und belüftet werden können.

(2) Für Heizanlagen in Fahrzeugen der Klassen M, N und O und ihren Einbau gelten die im Anhang zu dieser Vorschrift genannten Bestimmungen.

(3) Während der Fahrt dürfen mit Flüssiggas (LPG) betriebene Heizanlagen in Kraftfahrzeugen und Anhängern, deren Verbrennungsheizgeräte und Gasversorgungssysteme ausschließlich für den Betrieb bei stillstehendem Fahrzeug bestimmt sind, nicht in Betrieb sein und die Ventile der Flüssiggasflaschen müssen geschlossen sein.

§ 35d Einrichtungen zum Auf- und Absteigen an Fahrzeugen. Die Beschaffenheit der Fahrzeuge muss sicheres Auf- und Absteigen ermöglichen.

[1] § 35c Abs. 2 und 3 angef. mWv 1.8.2013 durch VO v. 26.7.2013 (BGBl. I S. 2803).

§ 35e Türen. (1) Türen und Türverschlüsse müssen so beschaffen sein, dass beim Schließen störende Geräusche vermeidbar sind.

(2) Türverschlüsse müssen so beschaffen sein, dass ein unbeabsichtigtes Öffnen der Türen nicht zu erwarten ist.

(3) [1] Die Türbänder (Scharniere) von Drehtüren – ausgenommen Falttüren – an den Längsseiten von Kraftfahrzeugen mit einer durch die Bauart bestimmten Höchstgeschwindigkeit von mehr als 25 km/h müssen auf der in der Fahrtrichtung vorn liegenden Seite der Türen angebracht sein. [2] Dies gilt bei Doppeltüren für den Türflügel, der zuerst geöffnet wird; der andere Türflügel muss für sich verriegelt werden können. [3] Türen müssen bei Gefahr von jedem erwachsenen Fahrgast geöffnet werden können.

(4) Türen müssen während der Fahrt geschlossen sein.

§ 35f Notausstiege in Kraftomnibussen. [1] Notausstiege in Kraftomnibussen sind innen und außen am Fahrzeug zu kennzeichnen. [2] Notausstiege und hand- oder fremdkraftbetätigte Betriebstüren müssen sich in Notfällen bei stillstehendem oder mit einer Geschwindigkeit von maximal 5 km/h fahrendem Kraftomnibus jederzeit öffnen lassen; ihre Zugänglichkeit ist beim Betrieb der Fahrzeuge sicherzustellen. [3] Besondere Einrichtungen zum Öffnen der Notausstiege und der Betriebstüren in Notfällen (Notbetätigungseinrichtungen) müssen als solche gekennzeichnet und ständig betriebsbereit sein; an diesen Einrichtungen oder in ihrer Nähe sind eindeutige Bedienungsanweisungen anzubringen.

§ 35g Feuerlöscher in Kraftomnibussen. (1) [1] In Kraftomnibussen muss mindestens ein Feuerlöscher, in Doppeldeckfahrzeugen müssen mindestens zwei Feuerlöscher mit einer Füllmasse von jeweils 6 kg in betriebsfertigem Zustand mitgeführt werden. [2] Zulässig sind nur Feuerlöscher, die mindestens für die Brandklassen

A: Brennbare feste Stoffe (flammen- und glutbildend),

B: Brennbare flüssige Stoffe (flammenbildend) und

C: Brennbare gasförmige Stoffe (flammenbildend)

amtlich zugelassen sind.

(2) Ein Feuerlöscher ist in unmittelbarer Nähe des Fahrersitzes und in Doppeldeckfahrzeugen der zweite Feuerlöscher auf der oberen Fahrgastebene unterzubringen.

(3) Das Fahrpersonal muss mit der Handhabung der Löscher vertraut sein; hierfür ist neben dem Fahrpersonal auch der Halter des Fahrzeugs verantwortlich.

(4) [1] Die Fahrzeughalter müssen die Feuerlöscher durch fachkundige Prüfer mindestens einmal innerhalb von zwölf Monaten auf Gebrauchsfähigkeit prüfen lassen. [2] Beim Prüfen, Nachfüllen und bei Instandsetzung der Feuerlöscher müssen die Leistungswerte und technischen Merkmale, die dem jeweiligen Typ zugrunde liegen, gewährleistet bleiben. [3] Auf einem am Feuerlöscher befestigten Schild müssen der Name des Prüfers und der Tag der Prüfung angegeben sein.

§ 35h[1] Erste-Hilfe-Material in Kraftfahrzeugen. (1) In Kraftomnibussen sind Verbandkästen, die selbst und deren Inhalt an Erste-Hilfe-Material dem Normblatt DIN 13 164, Ausgabe Januar 1998 oder Ausgabe Januar 2014 entsprechen, mitzuführen, und zwar mindestens

1. ein Verbandkasten in Kraftomnibussen mit nicht mehr als 22 Fahrgastplätzen,
2. zwei Verbandkästen in anderen Kraftomnibussen.

(2) Verbandkästen in Kraftomnibussen müssen an den dafür vorgesehenen Stellen untergebracht sein; die Unterbringungsstellen sind deutlich zu kennzeichnen.

(3) [1] In anderen als den in Absatz 1 genannten Kraftfahrzeugen mit einer durch die Bauart bestimmten Höchstgeschwindigkeit von mehr als 6 km/h mit Ausnahme von Krankenfahrstühlen, Krafträdern, Zug- oder Arbeitsmaschinen in land- oder forstwirtschaftlichen Betrieben sowie anderen Zug- oder Arbeitsmaschinen, wenn sie einachsig sind, ist Erste-Hilfe-Material mitzuführen, das nach Art, Menge und Beschaffenheit mindestens dem Normblatt DIN 13 164, Ausgabe Januar 1998 oder Ausgabe Januar 2014 entspricht. [2] Das Erste-Hilfe-Material ist in einem Behältnis verpackt zu halten, das so beschaffen sein muss, dass es den Inhalt vor Staub und Feuchtigkeit sowie vor Kraft- und Schmierstoffen ausreichend schützt.

(4) Abweichend von den Absätzen 1 und 3 darf auch anderes Erste-Hilfe-Material mitgeführt werden, das bei gleicher Art, Menge und Beschaffenheit mindestens denselben Zweck zur Erste-Hilfe-Leistung erfüllt.

§ 35i Gänge, Anordnung von Fahrgastsitzen und Beförderung von Fahrgästen in Kraftomnibussen. (1) [1] In Kraftomnibussen müssen die Fahrgastsitze so angeordnet sein, dass der Gang in Längsrichtung frei bleibt. [2] Im Übrigen müssen die Anordnung der Fahrgastsitze und ihre Mindestabmessungen sowie die Mindestabmessungen der für Fahrgäste zugänglichen Bereiche der Anlage X entsprechen.

(2) [1] In Kraftomnibussen dürfen Fahrgäste nicht liegend befördert werden. [2] Dies gilt nicht für Kinder in Kinderwagen.

§ 35j Brennverhalten der Innenausstattung bestimmter Kraftomnibusse. Die Innenausstattung von Kraftomnibussen, die weder für Stehplätze ausgelegt noch für die Benutzung im städtischen Verkehr bestimmt und mit mehr als 22 Sitzplätzen ausgestattet sind, muss den im Anhang zu dieser Vorschrift genannten Bestimmungen über das Brennverhalten entsprechen.

§ 36[2] Bereifung und Laufflächen. (1) [1] Maße und Bauart der Reifen von Fahrzeugen müssen den Betriebsbedingungen, besonders der Belastung und der durch die Bauart bestimmten Höchstgeschwindigkeit des Fahrzeugs, entsprechen. [2] Sind land- oder forstwirtschaftliche Kraftfahrzeuge und Kraftfahrzeuge des Straßenunterhaltungsdienstes mit Reifen ausgerüstet, die nur eine

[1] § 35h Abs. 1 einl. Satzteil und Abs. 3 Satz 1 geänd. mWv 1.5.2014 durch VO v. 16.4.2014 (BGBl. I S. 348).

[2] § 36 Abs. 1 neu gef., bish. Abs 1a und 2 werden Abs. 2 und 3, Abs. 4, 4a und 5 eingef., bish. Abs. 2a–5 werden Abs. 6–10 mWv 1.6.2017 durch VO v. 18.5.2017 (BGBl. I S. 1282).

niedrigere Höchstgeschwindigkeit zulassen, müssen diese Fahrzeuge entsprechend § 58 für diese Geschwindigkeit gekennzeichnet sein. [3]Reifen oder andere Laufflächen dürfen keine Unebenheiten haben, die eine feste Fahrbahn beschädigen können. [4]Eiserne Reifen müssen abgerundete Kanten haben und daran verwendete Nägel müssen eingelassen sein.

(2) Luftreifen, auf die sich die im Anhang zu dieser Vorschrift genannten Bestimmungen beziehen, müssen diesen Bestimmungen entsprechen.

(3) [1]Die Räder der Kraftfahrzeuge und Anhänger müssen mit Luftreifen versehen sein, soweit nicht nachstehend andere Bereifungen zugelassen sind. [2]Als Luftreifen gelten Reifen, deren Arbeitsvermögen überwiegend durch den Überdruck des eingeschlossenen Luftinhalts bestimmt wird. [3]Luftreifen an Kraftfahrzeugen und Anhängern müssen am ganzen Umfang und auf der ganzen Breite der Lauffläche mit Profilrillen oder Einschnitten versehen sein. [4]Das Hauptprofil muss am ganzen Umfang eine Profiltiefe von mindestens 1,6 mm aufweisen; als Hauptprofil gelten dabei die breiten Profilrillen im mittleren Bereich der Lauffläche, der etwa 3/4 der Laufflächenbreite einnimmt. [5]Jedoch genügt bei Fahrrädern mit Hilfsmotor, Kleinkrafträdern und Leichtkrafträdern eine Profiltiefe von mindestens 1 mm.

(4) Reifen für winterliche Wetterverhältnisse sind Luftreifen im Sinne des Absatzes 2,

1. durch deren Laufflächenprofil, Laufflächenmischung oder Bauart vor allem die Fahreigenschaften bei Schnee gegenüber normalen Reifen hinsichtlich ihrer Eigenschaft beim Anfahren, bei der Stabilisierung der Fahrzeugbewegung und beim Abbremsen des Fahrzeugs verbessert werden, und
2. die mit dem Alpine-Symbol  (Bergpiktogramm mit Schneeflocke) nach der Regelung Nr. 117 der Wirtschaftskommission der Vereinten Nationen für Europa (UNECE) – Einheitliche Bedingungen für die Genehmigung der Reifen hinsichtlich der Rollgeräuschemissionen und der Haftung auf nassen Oberflächen und/oder des Rollwiderstandes (ABl. L 218 vom 12.8. 2016, S. 1) gekennzeichnet sind.

(4a) [1]Abweichend von § 36 Absatz 4 gelten bis zum Ablauf des 30. September 2024 als Reifen für winterliche Wetterverhältnisse auch Luftreifen im Sinne des Absatzes 2, die

1. die in Anhang II Nummer 2.2 der Richtlinie 92/23/EWG des Rates vom 31. März 1992 über Reifen von Kraftfahrzeugen und Kraftfahrzeuganhängern und über ihre Montage (ABl. L 129 vom 14.5.1992, S. 95), die zuletzt durch die Richtlinie 2005/11/EG (ABl. L 46 vom 17.2.2005, S. 42) geändert worden ist, beschriebenen Eigenschaften erfüllen (M+S Reifen) und
2. nicht nach dem 31. Dezember 2017 hergestellt worden sind.

[2]Im Falle des Satzes 1 Nummer 2 maßgeblich ist das am Reifen angegebene Herstellungsdatum.

(5) Bei Verwendung von Reifen im Sinne des Absatzes 4 oder Geländereifen für den gewerblichen Einsatz mit der Kennzeichnung „POR“, deren zulässige Höchstgeschwindigkeit unter der durch die Bauart bestimmten Höchstgeschwindigkeit des Fahrzeugs liegt, ist die Anforderung des Absatzes 1 Satz 1 hinsichtlich der Höchstgeschwindigkeit erfüllt, wenn

1. die für die Reifen zulässige Höchstgeschwindigkeit
   a) für die Dauer der Verwendung der Reifen an dem Fahrzeug durch ein Schild oder einen Aufkleber oder
   b) durch eine Anzeige im Fahrzeug, zumindest rechtzeitig vor Erreichen der für die verwendeten Reifen zulässigen Höchstgeschwindigkeit,

   im Blickfeld des Fahrzeugführers angegeben oder angezeigt wird und
2. diese Geschwindigkeit im Betrieb nicht überschritten wird.

(6) [1] An Kraftfahrzeugen – ausgenommen Personenkraftwagen – mit einem zulässigen Gesamtgewicht von mehr als 3,5 t und einer durch die Bauart bestimmten Höchstgeschwindigkeit von mehr als 40 km/h und an ihren Anhängern dürfen die Räder einer Achse entweder nur mit Diagonal- oder nur mit Radialreifen ausgerüstet sein. [2] Personenkraftwagen sowie andere Kraftfahrzeuge mit einem zulässigen Gesamtgewicht von nicht mehr als 3,5 t und einer durch die Bauart bestimmten Höchstgeschwindigkeit von mehr als 40 km/h und ihre Anhänger dürfen entweder nur mit Diagonal- oder nur mit Radialreifen ausgerüstet sein; im Zug gilt dies nur für das jeweilige Einzelfahrzeug. [3] Die Sätze 1 und 2 gelten nicht für die nach § 58 für eine Höchstgeschwindigkeit von nicht mehr als 25 km/h gekennzeichneten Anhänger hinter Kraftfahrzeugen, die mit einer Geschwindigkeit von nicht mehr als 25 km/h gefahren werden (Betriebsvorschrift). [4] Satz 2 gilt nicht für Krafträder – ausgenommen Leichtkrafträder, Kleinkrafträder und Fahrräder mit Hilfsmotor.

(7) [1] Reifenhersteller und Reifenerneuerer müssen Luftreifen für Fahrzeuge mit einer durch die Bauart bestimmten Höchstgeschwindigkeit von mehr als 40 km/h mit ihrer Fabrik- oder Handelsmarke sowie mit Angaben kennzeichnen, aus denen Reifengröße, Reifenbauart, Tragfähigkeit, Geschwindigkeitskategorie, Herstellungs- bzw. Reifenerneuerungsdatum hervorgehen. [2] Die Art und Weise der Angaben werden im Verkehrsblatt bekannt gegeben.

(8) [1] Statt Luftreifen sind für Fahrzeuge mit Geschwindigkeiten von nicht mehr als 25 km/h (für Kraftfahrzeuge ohne gefederte Triebachse jedoch nur bei Höchstgeschwindigkeiten von nicht mehr als 16 km/h) Gummireifen zulässig, die folgenden Anforderungen genügen: Auf beiden Seiten des Reifens muss eine 10 mm breite, hervorstehende und deutlich erkennbare Rippe die Grenze angeben, bis zu welcher der Reifen abgefahren werden darf; die Rippe darf nur durch Angaben über den Hersteller, die Größe und dergleichen sowie durch Aussparungen des Reifens unterbrochen sein. [2] Der Reifen muss an der Abfahrgrenze noch ein Arbeitsvermögen von mindestens 60 J haben. [3] Die Flächenpressung des Reifens darf unter der höchstzulässigen statischen Belastung 0,8 N/qmm nicht übersteigen. [4] Der Reifen muss zwischen Rippe und Stahlband beiderseits die Aufschrift tragen: „60 J". [5] Das Arbeitsvermögen von 60 J ist noch vorhanden, wenn die Eindrückung der Gummibereifung eines Rades mit Einzel- oder Doppelreifen beim Aufbringen einer Mehrlast von 1 000 kg auf die bereits mit der höchstzulässigen statischen Belastung beschwerte Bereifung um einen Mindestbetrag zunimmt, der sich nach folgender Formel errechnet:

$$f = \frac{6\,000}{P + 500};$$

dabei bedeutet f den Mindestbetrag der Zunahme des Eindrucks in Millimetern und P die höchstzulässige statische Belastung in Kilogramm. [6] Die höchstzulässige statische Belastung darf 100 N/mm der Grundflächenbreite des Reifens nicht übersteigen; sie darf jedoch 125 N/mm betragen, wenn die Fahrzeuge eine Höchstgeschwindigkeit von 8 km/h nicht überschreiten und entsprechende Geschwindigkeitsschilder (§ 58) angebracht sind. [7] Die Flächenpressung ist unter der höchstzulässigen statischen Belastung ohne Berücksichtigung der Aussparung auf der Lauffläche zu ermitteln. [8] Die Vorschriften über das Arbeitsvermögen gelten nicht für Gummireifen an Elektrokarren mit gefederter Triebachse und einer durch die Bauart bestimmten Höchstgeschwindigkeit von nicht mehr als 20 km/h sowie deren Anhänger.

(9) Eiserne Reifen mit einem Auflagedruck von nicht mehr als 125 N/mm Reifenbreite sind zulässig

1. für Zugmaschinen in land- oder forstwirtschaftlichen Betrieben, deren zulässiges Gesamtgewicht 4 t und deren durch die Bauart bestimmte Höchstgeschwindigkeit 8 km/h nicht übersteigt,
2. für Arbeitsmaschinen und Stapler (§ 3 Absatz 2 Satz 1 Nummer 1 Buchstabe a der Fahrzeug-Zulassungsverordnung[1)]), deren durch die Bauart bestimmte Höchstgeschwindigkeit 8 km/h nicht übersteigt, und für Fahrzeuge, die von ihnen mitgeführt werden,
3. hinter Zugmaschinen mit einer Geschwindigkeit von nicht mehr als 8 km/h (Betriebsvorschrift)
   a) für Möbelwagen,
   b) für Wohn- und Schaustellerwagen, wenn sie nur zwischen dem Festplatz oder Abstellplatz und dem nächstgelegenen Bahnhof oder zwischen dem Festplatz und einem in der Nähe gelegenen Abstellplatz befördert werden,
   c) für Unterkunftswagen der Bauarbeiter, wenn sie von oder nach einer Baustelle befördert werden und nicht gleichzeitig zu einem erheblichen Teil der Beförderung von Gütern dienen,
   d) für die beim Wegebau und bei der Wegeunterhaltung verwendeten fahrbaren Geräte und Maschinen bei der Beförderung von oder nach einer Baustelle,
   e) für land- oder forstwirtschaftliche Arbeitsgeräte und für Fahrzeuge zur Beförderung von land- oder forstwirtschaftlichen Bedarfsgütern, Arbeitsgeräten oder Erzeugnissen.

(10) [1] Bei Gleiskettenfahrzeugen (§ 34b Absatz 1 Satz 1) darf die Kette oder das Band (Gleiskette) keine schädlichen Kratzbewegungen gegen die Fahrbahn ausführen. [2] Die Kanten der Bodenplatten und ihrer Rippen müssen rund sein. [3] Die Rundungen metallischer Bodenplatten und Rippen müssen an den Längsseiten der Gleisketten einen Halbmesser von mindestens 60 mm haben. [4] Der Druck der durch gefederte Laufrollen belasteten Auflagefläche von Gleisketten auf die ebene Fahrbahn darf 1,5 N/qmm, bei Fahrzeugen mit ungefederten Laufrollen und Gleisketten, die außen vollständig aus Gummiband bestehen, 0,8 N/qmm nicht übersteigen. [5] Als Auflagefläche gilt nur derjenige Teil einer Gleiskette, der tatsächlich auf einer ebenen Fahrbahn

1) Nr. **250**.

aufliegt. [6] Im Hinblick auf die Beschaffenheit der Laufflächen und der Federung wird für Gleiskettenfahrzeuge und Züge, in denen Gleiskettenfahrzeuge mitgeführt werden,

1. allgemein die Geschwindigkeit auf 8 km/h,
2. wenn die Laufrollen der Gleisketten mit 40 mm hohen Gummireifen versehen sind oder die Auflageflächen der Gleisketten ein Gummipolster haben, die Geschwindigkeit auf 16 km/h,
3. wenn die Laufrollen ungefedert sind und die Gleisketten außen vollständig aus Gummiband bestehen, die Geschwindigkeit auf 30 km/h

beschränkt; sind die Laufflächen von Gleisketten gummigepolstert oder bestehen die Gleisketten außen vollständig aus Gummiband und sind die Laufrollen mit 40 mm hohen Gummireifen versehen oder besonders abgefedert, so ist die Geschwindigkeit nicht beschränkt.

§ 36a Radabdeckungen, Ersatzräder. (1) Die Räder von Kraftfahrzeugen und ihren Anhängern müssen mit hinreichend wirkenden Abdeckungen (Kotflügel, Schmutzfänger oder Radeinbauten) versehen sein.

(2) Absatz 1 gilt nicht für

1. Kraftfahrzeuge mit einer durch die Bauart bestimmten Höchstgeschwindigkeit von nicht mehr als 25 km/h,
2. die Hinterräder von Sattelzugmaschinen, wenn ein Sattelanhänger mitgeführt wird, dessen Aufbau die Räder überdeckt und die Anbringung einer vollen Radabdeckung nicht zulässt; in diesem Falle genügen Abdeckungen vor und hinter dem Rad, die bis zur Höhe der Radoberkante reichen,
3. eisenbereifte Fahrzeuge,
4. Anhänger zur Beförderung von Eisenbahnwagen auf der Straße (Straßenroller),
5. Anhänger, die in der durch § 58 vorgeschriebenen Weise für eine Höchstgeschwindigkeit von nicht mehr als 25 km/h gekennzeichnet sind,
6. land- oder forstwirtschaftliche Arbeitsgeräte,
7. die hinter land- oder forstwirtschaftlichen einachsigen Zug- oder Arbeitsmaschinen mitgeführten Sitzkarren (§ 3 Absatz 2 Satz 1 Nummer 2 Buchstabe i der Fahrzeug-Zulassungsverordnung[1]),
8. die Vorderräder von mehrachsigen Anhängern für die Beförderung von Langholz.

(3) [1] Für außen an Fahrzeugen mitgeführte Ersatzräder müssen Halterungen vorhanden sein, die die Ersatzräder sicher aufnehmen und allen betriebsüblichen Beanspruchungen standhalten können. [2] Die Ersatzräder müssen gegen Verlieren durch zwei voneinander unabhängige Einrichtungen gesichert sein. [3] Die Einrichtungen müssen so beschaffen sein, dass eine von ihnen wirksam bleibt, wenn die andere – insbesondere durch Bruch, Versagen oder Bedienungsfehler – ausfällt.

[1] Nr. **250**.

§ 37[1] Gleitschutzeinrichtungen und Schneeketten. (1) [1] Einrichtungen, die die Greifwirkung der Räder bei Fahrten außerhalb befestigter Straßen erhöhen sollen (so genannte Bodengreifer und ähnliche Einrichtungen), müssen beim Befahren befestigter Straßen abgenommen werden, sofern nicht durch Auflegen von Schutzreifen oder durch Umklappen der Greifer oder durch Anwendung anderer Mittel nachteilige Wirkungen auf die Fahrbahn vermieden werden. [2] Satz 1 gilt nicht, wenn zum Befahren befestigter Straßen Gleitschutzeinrichtungen verwendet werden, die so beschaffen und angebracht sind, dass sie die Fahrbahn nicht beschädigen können; die Verwendung kann durch die Bauartgenehmigung (§ 22a) auf Straßen mit bestimmten Decken und auf bestimmte Zeiten beschränkt werden.

(2) [1] Einrichtungen, die das sichere Fahren auf schneebedeckter oder vereister Fahrbahn ermöglichen sollen (Schneeketten), müssen so beschaffen und angebracht sein, dass sie die Fahrbahn nicht beschädigen können. [2] Schneeketten aus Metall dürfen nur bei elastischer Bereifung (§ 36 Absatz 3 und 8) verwendet werden. [3] Schneeketten müssen die Lauffläche des Reifens so umspannen, dass bei jeder Stellung des Rades ein Teil der Kette die ebene Fahrbahn berührt. [4] Die die Fahrbahn berührenden Teile der Ketten müssen kurze Glieder haben, deren Teilung etwa das Drei- bis Vierfache der Drahtstärke betragen muss. [5] Schneeketten müssen sich leicht auflegen und abnehmen lassen und leicht nachgespannt werden können.

§ 38 Lenkeinrichtung. (1) [1] Die Lenkeinrichtung muss leichtes und sicheres Lenken des Fahrzeugs gewährleisten; sie ist, wenn nötig, mit einer Lenkhilfe zu versehen. [2] Bei Versagen der Lenkhilfe muss die Lenkbarkeit des Fahrzeugs erhalten bleiben.

(2) Personenkraftwagen, Kraftomnibusse, Lastkraftwagen und Sattelzugmaschinen, mit mindestens vier Rädern und einer durch die Bauart bestimmten Höchstgeschwindigkeit von mehr als 25 km/h, sowie ihre Anhänger müssen den im Anhang zu dieser Vorschrift genannten Bestimmungen entsprechen.

(3) [1] Land- oder forstwirtschaftliche Zugmaschinen auf Rädern mit einer durch die Bauart bestimmten Höchstgeschwindigkeit von nicht mehr als 40 km/h dürfen abweichend von Absatz 1 den im Anhang zu dieser Vorschrift genannten Bestimmungen entsprechen. [2] Land- oder forstwirtschaftliche Zugmaschinen mit einer durch die Bauart bestimmten Höchstgeschwindigkeit von mehr als 40 km/h dürfen abweichend von Absatz 1 den Vorschriften über Lenkanlagen entsprechen, die nach Absatz 2 für Lastkraftwagen anzuwenden sind.

(4) [1] Selbstfahrende Arbeitsmaschinen und Stapler mit einer durch die Bauart bestimmten Höchstgeschwindigkeit von nicht mehr als 40 km/h dürfen abweichend von Absatz 1 entsprechend den Baumerkmalen ihres Fahrgestells entweder den Vorschriften, die nach Absatz 2 für Lastkraftwagen oder nach Absatz 3 Satz 1 für land- oder forstwirtschaftliche Zugmaschinen angewendet werden dürfen, entsprechen. [2] Selbstfahrende Arbeitsmaschinen und Stapler mit einer durch die Bauart bestimmten Höchstgeschwindigkeit von

[1] § 37 Abs. 2 Satz 2 geänd. mWv 1.6.2017 durch VO v. 18.5.2017 (BGBl. I S. 1282).

mehr als 40 km/h dürfen abweichend von Absatz 1 den Vorschriften, die nach Absatz 2 für Lastkraftwagen anzuwenden sind, entsprechen.

§ 38a Sicherungseinrichtungen gegen unbefugte Benutzung von Kraftfahrzeugen. (1) [1] Personenkraftwagen sowie Lastkraftwagen, Zugmaschinen und Sattelzugmaschinen mit einem zulässigen Gesamtgewicht von nicht mehr als 3,5 t – ausgenommen land- oder forstwirtschaftliche Zugmaschinen und Dreirad-Kraftfahrzeuge – müssen mit einer Sicherungseinrichtung gegen unbefugte Benutzung, Personenkraftwagen zusätzlich mit einer Wegfahrsperre ausgerüstet sein. [2] Die Sicherungseinrichtung gegen unbefugte Benutzung und die Wegfahrsperre müssen den im Anhang zu dieser Vorschrift genannten Bestimmungen entsprechen.

(2) Krafträder und Dreirad-Kraftfahrzeuge mit einem Hubraum von mehr als 50 ccm oder einer durch die Bauart bestimmten Höchstgeschwindigkeit von mehr als 45 km/h, ausgenommen Kleinkrafträder und Fahrräder mit Hilfsmotor (§ 3 Absatz 2 Satz 1 Nummer 1 Buchstabe d der Fahrzeug-Zulassungsverordnung[1)]), müssen mit einer Sicherungseinrichtung gegen unbefugte Benutzung ausgerüstet sein, die den im Anhang zu dieser Vorschrift genannten Bestimmungen entspricht.

(3) Sicherungseinrichtungen gegen unbefugte Benutzung und Wegfahrsperren an Kraftfahrzeugen, für die sie nicht vorgeschrieben sind, müssen den vorstehenden Vorschriften entsprechen.

§ 38b Fahrzeug-Alarmsysteme. [1] In Personenkraftwagen sowie in Lastkraftwagen, Zugmaschinen und Sattelzugmaschinen mit einem zulässigen Gesamtgewicht von nicht mehr als 2,00 t eingebaute Fahrzeug-Alarmsysteme müssen den im Anhang zu dieser Vorschrift genannten Bestimmungen entsprechen. [2] Fahrzeug-Alarmsysteme in anderen Kraftfahrzeugen müssen sinngemäß den vorstehenden Vorschriften entsprechen.

§ 39 Rückwärtsgang. Kraftfahrzeuge – ausgenommen einachsige Zug- oder Arbeitsmaschinen mit einem zulässigen Gesamtgewicht von nicht mehr als 400 kg sowie Krafträder mit oder ohne Beiwagen – müssen vom Führersitz aus zum Rückwärtsfahren gebracht werden können.

§ 39a Betätigungseinrichtungen, Kontrollleuchten und Anzeiger.

(1) Die in Personenkraftwagen und Kraftomnibussen sowie Lastkraftwagen, Zugmaschinen und Sattelzugmaschinen – ausgenommen land- oder forstwirtschaftliche Zugmaschinen – eingebauten Betätigungseinrichtungen, Kontrollleuchten und Anzeiger müssen eine Kennzeichnung haben, die den im Anhang zu dieser Vorschrift genannten Bestimmungen entspricht.

(2) Die in Kraftfahrzeuge nach § 30a Absatz 3 eingebauten Betätigungseinrichtungen, Kontrollleuchten und Anzeiger müssen eine Kennzeichnung haben, die den im Anhang zu dieser Vorschrift genannten Bestimmungen entspricht.

(3) Land- oder forstwirtschaftliche Zugmaschinen müssen Betätigungseinrichtungen haben, deren Einbau, Position, Funktionsweise und Kennzeich-

---

1) Nr. **250**.

nung den im Anhang zu dieser Vorschrift genannten Bestimmungen entspricht.

§ 40 Scheiben, Scheibenwischer, Scheibenwascher, Entfrostungs- und Trocknungsanlagen für Scheiben. (1) [1] Sämtliche Scheiben – ausgenommen Spiegel sowie Abdeckscheiben von lichttechnischen Einrichtungen und Instrumenten – müssen aus Sicherheitsglas bestehen. [2] Als Sicherheitsglas gilt Glas oder ein glasähnlicher Stoff, deren Bruchstücke keine ernstlichen Verletzungen verursachen können. [3] Scheiben aus Sicherheitsglas, die für die Sicht des Fahrzeugführers von Bedeutung sind, müssen klar, lichtdurchlässig und verzerrungsfrei sein.

(2) [1] Windschutzscheiben müssen mit selbsttätig wirkenden Scheibenwischern versehen sein. [2] Der Wirkungsbereich der Scheibenwischer ist so zu bemessen, dass ein ausreichendes Blickfeld für den Führer des Fahrzeugs geschaffen wird.

(3) Dreirädrige Kleinkrafträder und dreirädrige oder vierrädrige Kraftfahrzeuge mit Führerhaus nach § 30a Absatz 3 müssen mit Scheiben, Scheibenwischer, Scheibenwascher, Entfrostungs- und Trocknungsanlagen ausgerüstet sein, die den im Anhang zu dieser Vorschrift genannten Bestimmungen entsprechen.

§ 41[1)] Bremsen und Unterlegkeile. (1) [1] Kraftfahrzeuge müssen zwei voneinander unabhängige Bremsanlagen haben oder eine Bremsanlage mit zwei voneinander unabhängigen Bedienungseinrichtungen, von denen jede auch dann wirken kann, wenn die andere versagt. [2] Die voneinander unabhängigen Bedienungseinrichtungen müssen durch getrennte Übertragungsmittel auf verschiedene Bremsflächen wirken, die jedoch in oder auf derselben Bremstrommel liegen können. [3] Können mehr als zwei Räder gebremst werden, so dürfen gemeinsame Bremsflächen und (ganz oder teilweise) gemeinsame mechanische Übertragungseinrichtungen benutzt werden; diese müssen jedoch so gebaut sein, dass beim Bruch eines Teils noch mindestens zwei Räder, die nicht auf derselben Seite liegen, gebremst werden können. [4] Alle Bremsflächen müssen auf zwangsläufig mit den Rädern verbundene, nicht auskuppelbare Teile wirken. [5] Ein Teil der Bremsflächen muss unmittelbar auf die Räder wirken oder auf Bestandteile, die mit den Rädern ohne Zwischenschaltung von Ketten oder Getriebeteilen verbunden sind. [6] Dies gilt nicht, wenn die Getriebeteile (nicht Ketten) so beschaffen sind, dass ihr Versagen nicht anzunehmen und für jedes in Frage kommende Rad eine besondere Bremsfläche vorhanden ist. [7] Die Bremsen müssen leicht nachstellbar sein oder eine selbsttätige Nachstelleinrichtung haben.

(1a) Absatz 1 Satz 2 bis 6 gilt nicht für Bremsanlagen von Kraftfahrzeugen, bei denen die Bremswirkung ganz oder teilweise durch die Druckdifferenz im hydrostatischen Kreislauf (hydrostatische Bremswirkung) erzeugt wird.

(2) [1] Bei einachsigen Zug- oder Arbeitsmaschinen genügt eine Bremse (Betriebsbremse), die so beschaffen sein muss, dass beim Bruch eines Teils der Bremsanlage noch mindestens ein Rad gebremst werden kann. [2] Beträgt das zulässige Gesamtgewicht nicht mehr als 250 kg und wird das Fahrzeug von

---

[1)] § 41 Abs. 13 Nr. 3 Buchst. f geänd., Nr. 4 angef. mWv 1.8.2013 durch VO v. 26.7.2013 (BGBl. I S. 2803).

Fußgängern an Holmen geführt, so ist keine Bremsanlage erforderlich; werden solche Fahrzeuge mit einer weiteren Achse verbunden und vom Sitz aus gefahren, so genügt eine an der Zug- oder Arbeitsmaschine oder an dem einachsigen Anhänger befindliche Bremse nach § 65, sofern die durch die Bauart bestimmte Höchstgeschwindigkeit 20 km/h nicht übersteigt.

(3) [1] Bei Gleiskettenfahrzeugen, bei denen nur die beiden Antriebsräder der Laufketten gebremst werden, dürfen gemeinsame Bremsflächen für die Betriebsbremse und für die Feststellbremse benutzt werden, wenn mindestens 70 Prozent des Gesamtgewichts des Fahrzeugs auf dem Kettenlaufwerk ruht und die Bremsen so beschaffen sind, dass der Zustand der Bremsbeläge von außen leicht überprüft werden kann. [2] Hierbei dürfen auch die Bremsnocken, die Nockenwellen mit Hebel oder ähnliche Übertragungsteile für beide Bremsen gemeinsam benutzt werden.

(4) Bei Kraftfahrzeugen – ausgenommen Krafträder – muss mit der einen Bremse (Betriebsbremse) eine mittlere Vollverzögerung von mindestens 5,0 m/s^2 erreicht werden; bei Kraftfahrzeugen mit einer durch die Bauart bestimmten Höchstgeschwindigkeit von nicht mehr als 25 km/h genügt jedoch eine mittlere Vollverzögerung von 3,5 m/s^2.

(4a) Bei Kraftfahrzeugen – ausgenommen Kraftfahrzeuge nach § 30a Absatz 3 – muss es bei Ausfall eines Teils der Bremsanlage möglich sein, mit dem verbleibenden funktionsfähigen Teil der Bremsanlage oder mit der anderen Bremsanlage des Kraftfahrzeugs nach Absatz 1 Satz 1 mindestens 44 Prozent der in Absatz 4 vorgeschriebenen Bremswirkung zu erreichen, ohne dass das Kraftfahrzeug seine Spur verlässt.

(5) [1] Bei Kraftfahrzeugen – ausgenommen Krafträder – muss die Bedienungseinrichtung einer der beiden Bremsanlagen feststellbar sein; bei Krankenfahrstühlen und bei Fahrzeugen, die die Baumerkmale von Krankenfahrstühlen aufweisen, deren Geschwindigkeit aber 30 km/h übersteigt, darf jedoch die Betriebsbremse anstatt der anderen Bremse feststellbar sein. [2] Die festgestellte Bremse muss ausschließlich durch mechanische Mittel und ohne Zuhilfenahme der Bremswirkung des Motors das Fahrzeug auf der größten von ihm befahrbaren Steigung am Abrollen verhindern können. [3] Mit der Feststellbremse muss eine mittlere Verzögerung von mindestens 1,5 m/s^2 erreicht werden.

(6) (weggefallen)

(7) Bei Kraftfahrzeugen, die mit gespeicherter elektrischer Energie angetrieben werden, kann eine der beiden Bremsanlagen eine elektrische Widerstands- oder Kurzschlussbremse sein; in diesem Fall findet Absatz 1 Satz 5 keine Anwendung.

(8) [1] Betriebsfußbremsen an Zugmaschinen – ausgenommen an Gleiskettenfahrzeugen –, die zur Unterstützung des Lenkens als Einzelradbremsen ausgebildet sind, müssen auf öffentlichen Straßen so gekoppelt sein, dass eine gleichmäßige Bremswirkung gewährleistet ist, sofern sie nicht mit einem besonderen Bremshebel gemeinsam betätigt werden können. [2] Eine unterschiedliche Abnutzung der Bremsen muss durch eine leicht bedienbare Nachstelleinrichtung ausgleichbar sein oder sich selbsttätig ausgleichen.

(9) [1] Zwei- oder mehrachsige Anhänger – ausgenommen zweiachsige Anhänger mit einem Achsabstand von weniger als 1,0 m – müssen eine ausreichende, leicht nachstellbare oder sich selbsttätig nachstellende Bremsanlage

haben; mit ihr muss eine mittlere Vollverzögerung von mindestens 5,0 m/s^2 – bei Sattelanhängern von mindestens 4,5 m/s^2 – erreicht werden. [2] Bei Anhängern hinter Kraftfahrzeugen mit einer Geschwindigkeit von nicht mehr als 25 km/h (Betriebsvorschrift) genügt eine eigene mittlere Vollverzögerung von 3,5 m/s^2, wenn die Anhänger für eine Höchstgeschwindigkeit von nicht mehr als 25 km/h gekennzeichnet sind (§ 58). [3] Die Bremse muss feststellbar sein. [4] Die festgestellte Bremse muss ausschließlich durch mechanische Mittel den vollbelasteten Anhänger auch bei einer Steigung von 18 Prozent und in einem Gefälle von 18 Prozent auf trockener Straße am Abrollen verhindern können. [5] Die Betriebsbremsanlagen von Kraftfahrzeug und Anhänger müssen vom Führersitz aus mit einer einzigen Betätigungseinrichtung abstufbar bedient werden können oder die Betriebsbremsanlage des Anhängers muss selbsttätig wirken; die Bremsanlage des Anhängers muss diesen, wenn dieser sich vom ziehenden Fahrzeug trennt, auch bei einer Steigung von 18 Prozent und in einem Gefälle von 18 Prozent selbsttätig zum Stehen bringen. [6] Anhänger hinter Kraftfahrzeugen mit einer durch die Bauart bestimmten Höchstgeschwindigkeit von mehr als 25 km/h müssen eine auf alle Räder wirkende Bremsanlage haben; dies gilt nicht für die nach § 58 für eine Höchstgeschwindigkeit von nicht mehr als 25 km/h gekennzeichneten Anhänger hinter Fahrzeugen, die mit einer Geschwindigkeit von nicht mehr als 25 km/h gefahren werden.

(10) [1] Auflaufbremsen sind nur bei Anhängern zulässig mit einem zulässigen Gesamtgewicht von nicht mehr als

1. 8,00 t und einer durch die Bauart bestimmten Höchstgeschwindigkeit von nicht mehr als 25 km/h,
2. 8,00 t und einer durch die Bauart bestimmten Höchstgeschwindigkeit von nicht mehr als 40 km/h, wenn die Bremse auf alle Räder wirkt,
3. 3,50 t, wenn die Bremse auf alle Räder wirkt.

[2] Bei Sattelanhängern sind Auflaufbremsen nicht zulässig. [3] In einem Zug darf nur ein Anhänger mit Auflaufbremse mitgeführt werden; jedoch sind hinter Zugmaschinen zwei Anhänger mit Auflaufbremse zulässig, wenn

1. beide Anhänger mit Geschwindigkeitsschildern nach § 58 für eine Höchstgeschwindigkeit von nicht mehr als 25 km/h gekennzeichnet sind,
2. der Zug mit einer Geschwindigkeit von nicht mehr als 25 km/h gefahren wird,
3. nicht das Mitführen von mehr als einem Anhänger durch andere Vorschriften untersagt ist.

(11) [1] An einachsigen Anhängern und zweiachsigen Anhängern mit einem Achsabstand von weniger als 1,0 m ist eine eigene Bremse nicht erforderlich, wenn der Zug die für das ziehende Fahrzeug vorgeschriebene Bremsverzögerung erreicht und die Achslast des Anhängers die Hälfte des Leergewichts des ziehenden Fahrzeugs, jedoch 0,75 t nicht übersteigt. [2] Beträgt jedoch bei diesen Anhängern die durch die Bauart bestimmte Höchstgeschwindigkeit nicht mehr als 30 km/h, so darf unter den in Satz 1 festgelegten Bedingungen die Achslast mehr als 0,75 t, aber nicht mehr als 3,0 t betragen. [3] Soweit Anhänger nach Satz 1 mit einer eigenen Bremse ausgerüstet sein müssen, gelten die Vorschriften des Absatzes 9 entsprechend; bei Sattelanhängern muss die Wirkung der Betriebsbremse dem von der Achse oder der Achsgruppe

(§ 34 Absatz 1) getragenen Anteil des zulässigen Gesamtgewichts des Sattelanhängers entsprechen.

(12) [1] Die vorgeschriebenen Bremsverzögerungen müssen auf ebener, trockener Straße mit gewöhnlichem Kraftaufwand bei voll belastetem Fahrzeug, erwärmten Bremstrommeln und, außer bei der im Absatz 5 vorgeschriebenen Bremse, auch bei Höchstgeschwindigkeit erreicht werden, ohne dass das Fahrzeug seine Spur verlässt. [2] Die in den Absätzen 4, 6 und 7 vorgeschriebenen Verzögerungen müssen auch beim Mitführen von Anhängern erreicht werden. [3] Die mittlere Vollverzögerung wird entweder

1. nach Abschnitt 1.1.2 des Anhangs II der Richtlinie 71/320/EWG des Rates vom 26. Juli 1971 zur Angleichung der Rechtsvorschriften der Mitgliedstaaten über die Bremsanlagen bestimmter Klassen von Kraftfahrzeugen und deren Anhängern (ABl. L 202 vom 6.9.1971, S. 37), die zuletzt durch die Richtlinie 2006/96/EG (ABl. L 363 vom 20.12.2006, S. 81) geändert worden ist, oder
2. aus der Geschwindigkeit v_1 und dem Bremsweg s_1 ermittelt, wobei v_1 die Geschwindigkeit ist, die das Fahrzeug bei der Abbremsung nach einer Ansprech- und Schwellzeit von höchstens 0,6 s hat, und s_1 der Weg ist, den das Fahrzeug ab der Geschwindigkeit v_1 bis zum Stillstand des Fahrzeugs zurücklegt.

[4] Von dem in den Sätzen 1 bis 3 vorgeschriebenen Verfahren kann, insbesondere bei Nachprüfungen nach § 29, abgewichen werden, wenn Zustand und Wirkung der Bremsanlage auf andere Weise feststellbar sind. [5] Bei der Prüfung neu zuzulassender Fahrzeuge muss eine dem betriebsüblichen Nachlassen der Bremswirkung entsprechend höhere Verzögerung erreicht werden; außerdem muss eine ausreichende, dem jeweiligen Stand der Technik entsprechende Dauerleistung der Bremsen für längere Talfahrten gewährleistet sein.

(13) [1] Von den vorstehenden Vorschriften über Bremsen sind befreit

1. Zugmaschinen in land- oder forstwirtschaftlichen Betrieben, wenn ihr zulässiges Gesamtgewicht nicht mehr als 4 t und ihre durch die Bauart bestimmte Höchstgeschwindigkeit nicht mehr als 8 km/h beträgt,
2. selbstfahrende Arbeitsmaschinen und Stapler mit einer durch die Bauart bestimmten Höchstgeschwindigkeit von nicht mehr als 8 km/h und von ihnen mitgeführte Fahrzeuge,
3. hinter Zugmaschinen, die mit einer Geschwindigkeit von nicht mehr als 8 km/h gefahren werden, mitgeführte
   a) Möbelwagen,
   b) Wohn- und Schaustellerwagen, wenn sie nur zwischen dem Festplatz oder Abstellplatz und dem nächstgelegenen Bahnhof oder zwischen dem Festplatz und einem in der Nähe gelegenen Abstellplatz befördert werden,
   c) Unterkunftswagen der Bauarbeiter, wenn sie von oder nach einer Baustelle befördert werden und nicht gleichzeitig zu einem erheblichen Teil der Beförderung von Gütern dienen,
   d) beim Wegebau und bei der Wegeunterhaltung verwendete fahrbare Geräte und Maschinen bei der Beförderung von oder nach einer Baustelle,
   e) land- oder forstwirtschaftliche Arbeitsgeräte,

f) Fahrzeuge zur Beförderung von land- oder forstwirtschaftlichen Bedarfsgütern, Geräten oder Erzeugnissen, wenn die Fahrzeuge eisenbereift oder in der durch § 58 vorgeschriebenen Weise für eine Geschwindigkeit von nicht mehr als 8 km/h gekennzeichnet sind,

4. motorisierte Krankenfahrstühle.

[2] Die Fahrzeuge müssen jedoch eine ausreichende Bremse haben, die während der Fahrt leicht bedient werden kann und feststellbar ist. [3] Ungefederte land- oder forstwirtschaftliche Arbeitsmaschinen, deren Leergewicht das Leergewicht des ziehenden Fahrzeugs nicht übersteigt, jedoch höchstens 3 t erreicht, brauchen keine eigene Bremse zu haben.

(14) [1] Die nachstehend genannten Kraftfahrzeuge und Anhänger müssen mit Unterlegkeilen ausgerüstet sein. [2] Erforderlich sind mindestens

1. ein Unterlegkeil bei
   a) Kraftfahrzeugen – ausgenommen Gleiskettenfahrzeuge – mit einem zulässigen Gesamtgewicht von mehr als 4 t,
   b) zweiachsigen Anhängern – ausgenommen Sattel- und Starrdeichselanhänger (einschließlich Zentralachsanhänger) – mit einem zulässigen Gesamtgewicht von mehr als 750 kg,
2. zwei Unterlegkeile bei
   a) drei- und mehrachsigen Fahrzeugen,
   b) Sattelanhängern,
   c) Starrdeichselanhängern (einschließlich Zentralachsanhängern) mit einem zulässigen Gesamtgewicht von mehr als 750 kg.

[3] Unterlegkeile müssen sicher zu handhaben und ausreichend wirksam sein. [4] Sie müssen im oder am Fahrzeug leicht zugänglich mit Halterungen angebracht sein, die ein Verlieren und Klappern ausschließen. [5] Haken oder Ketten dürfen als Halterungen nicht verwendet werden.

(15) [1] Kraftomnibusse mit einem zulässigen Gesamtgewicht von mehr als 5,5 t sowie andere Kraftfahrzeuge mit einem zulässigen Gesamtgewicht von mehr als 9 t müssen außer mit den Bremsen nach den vorstehenden Vorschriften mit einer Dauerbremse ausgerüstet sein. [2] Als Dauerbremsen gelten Motorbremsen oder in der Bremswirkung gleichartige Einrichtungen. [3] Die Dauerbremse muss mindestens eine Leistung aufweisen, die der Bremsbeanspruchung beim Befahren eines Gefälles von 7 Prozent und 6 km Länge durch das voll beladene Fahrzeug mit einer Geschwindigkeit von 30 km/h entspricht. [4] Bei Anhängern mit einem zulässigen Gesamtgewicht von mehr als 9 t muss die Betriebsbremse den Anforderungen des Satzes 3 entsprechen, bei Sattelanhängern nur dann, wenn das um die zulässige Aufliegelast verringerte zulässige Gesamtgewicht mehr als 9 t beträgt. [5] Die Sätze 1 bis 4 gelten nicht für

1. Fahrzeuge mit einer durch die Bauart bestimmten Höchstgeschwindigkeit von nicht mehr als 25 km/h und
2. Fahrzeuge, die nach § 58 für eine Höchstgeschwindigkeit von nicht mehr als 25 km/h gekennzeichnet sind und die mit einer Geschwindigkeit von nicht mehr als 25 km/h betrieben werden.

(16) [1] Druckluftbremsen und hydraulische Bremsen von Kraftomnibussen müssen auch bei Undichtigkeit an einer Stelle mindestens zwei Räder brem-

sen können, die nicht auf derselben Seite liegen. [2] Bei Druckluftbremsen von Kraftomnibussen muss das unzulässige Absinken des Drucks im Druckluftbehälter dem Führer durch eine optisch oder akustisch wirkende Warneinrichtung deutlich angezeigt werden.

(17) Beim Mitführen von Anhängern mit Druckluftbremsanlage müssen die Vorratsbehälter des Anhängers auch während der Betätigung der Betriebsbremsanlage nachgefüllt werden können (Zweileitungsbremsanlage mit Steuerung durch Druckanstieg), wenn die durch die Bauart bestimmte Höchstgeschwindigkeit mehr als 25 km/h beträgt.

(18) [1] Abweichend von den Absätzen 1 bis 11, 12 Satz 1, 2, 3 und 5, den Absätzen 13 und 15 bis 17 müssen Personenkraftwagen, Kraftomnibusse, Lastkraftwagen, Zugmaschinen – ausgenommen land- oder forstwirtschaftliche Zugmaschinen – und Sattelzugmaschinen mit mindestens vier Rädern und einer durch die Bauart bestimmten Höchstgeschwindigkeit von mehr als 25 km/h sowie ihre Anhänger – ausgenommen Anhänger nach Absatz 10 Satz 1 Nummer 1 und 2 oder Absatz 11 Satz 2, Muldenkipper, Stapler, Elektrokarren, Autoschütter – den im Anhang zu dieser Vorschrift genannten Bestimmungen über Bremsanlagen entsprechen. [2] Andere Fahrzeuge, die hinsichtlich ihrer Baumerkmale des Fahrgestells den vorgenannten Fahrzeugen gleichzusetzen sind, müssen den im Anhang zu dieser Vorschrift genannten Bestimmungen über Bremsanlagen entsprechen. [3] Austauschbremsbeläge für die in den Sätzen 1 und 2 genannten Fahrzeuge mit einem zulässigen Gesamtgewicht von nicht mehr als 3,5 t müssen den im Anhang zu dieser Vorschrift genannten Bestimmungen entsprechen.

(19) Abweichend von den Absätzen 1 bis 11, 12 Satz 1, 2, 3 und 5, den Absätzen 13, 17 und 18 müssen Kraftfahrzeuge nach § 30a Absatz 3 den im Anhang zu dieser Vorschrift genannten Bestimmungen über Bremsanlagen entsprechen.

(20) [1] Abweichend von den Absätzen 1 bis 11, 12 Satz 1, 2, 3 und 5, den Absätzen 13, 17 bis 19 müssen land- oder forstwirtschaftliche Zugmaschinen mit einer durch die Bauart bestimmten Höchstgeschwindigkeit von nicht mehr als 40 km/h den im Anhang zu dieser Vorschrift genannten Bestimmungen über Bremsanlagen entsprechen. [2] Selbstfahrende Arbeitsmaschinen und Stapler mit einer durch die Bauart bestimmten Höchstgeschwindigkeit von nicht mehr als 40 km/h dürfen den Vorschriften über Bremsanlagen nach Satz 1 entsprechen.

§ 41a[1)] Druckgasanlagen und Druckbehälter. (1) Kraftfahrzeugtypen, die mit speziellen Ausrüstungen oder Bauteilen für die Verwendung von

1. verflüssigtem Gas (LPG) oder
2. komprimiertem Erdgas (CNG)

in ihrem Antriebssystem ausgestattet sind, müssen hinsichtlich des Einbaus dieser Ausrüstungen oder Bauteile nach den im Anhang zu dieser Vorschrift genannten Bestimmungen genehmigt sein.

(2) Spezielle Nachrüstsysteme für die Verwendung von

---

1) § 41a Abs. 6 Sätze 1 und 2 neu gef., Satz 3 geänd. mWv 1.8.2013 durch VO v. 26.7.2013 (BGBl. I S. 2803).

1. verflüssigtem Gas (LPG) oder
2. komprimiertem Erdgas (CNG)

im Antriebssystem eines Kraftfahrzeugs müssen hinsichtlich ihrer Ausführung nach der im Anhang zu dieser Vorschrift genannten Bestimmung genehmigt sein.

(3) [1] Spezielle Bauteile für die Verwendung von

1. verflüssigtem Gas (LPG) oder
2. komprimiertem Erdgas (CNG)

im Antriebssystem eines Kraftfahrzeugs müssen hinsichtlich ihrer Ausführung nach der im Anhang zu dieser Vorschrift genannten Bestimmung genehmigt sein. [2] Ferner müssen für den Einbau die Bedingungen der im Anhang zu dieser Vorschrift genannten Bestimmung erfüllt werden.

(4) [1] Hersteller von Bauteilen für Ausrüstungen nach Absatz 1 oder Nachrüstsysteme nach Absatz 2 oder von speziellen Bauteilen nach Absatz 3 müssen diesen die notwendigen Informationsunterlagen, entsprechend den im Anhang zu dieser Vorschrift genannten Bestimmungen, für den Einbau, die sichere Verwendung während der vorgesehenen Betriebsdauer und die empfohlenen Wartungen beifügen. [2] Den für den Einbau, den Betrieb und die Prüfungen verantwortlichen Personen sind diese Unterlagen bei Bedarf zur Verfügung zu stellen.

(5) [1] Halter, deren Kraftfahrzeuge mit Ausrüstungen nach Absatz 2 oder Absatz 3 ausgestattet worden sind, haben nach dem Einbau eine Gasanlagenprüfung (Gassystemeinbauprüfung) nach Anlage XVII durchführen zu lassen. [2] Gassystemeinbauprüfungen dürfen nur durchgeführt werden von

1. verantwortlichen Personen in hierfür anerkannten Kraftfahrzeugwerkstätten, sofern das Gassystem in der jeweiligen Kraftfahrzeugwerkstatt eingebaut wurde,
2. amtlich anerkannten Sachverständigen oder Prüfern für den Kraftfahrzeugverkehr,
3. Prüfingenieuren im Sinne der Anlage VIIIb Nummer 3.9.

[3] Nach der Gassystemeinbauprüfung haben Halter von Kraftfahrzeugen mit Ausrüstungen nach Absatz 3 eine Begutachtung nach § 21 zur Erlangung einer neuen Betriebserlaubnis durchführen zu lassen.

(6) [1] Halter, deren Kraftfahrzeuge mit Ausrüstungen nach den Absätzen 1 bis 3 ausgestattet sind, haben bei jeder Reparatur der Gasanlage im Niederdruckbereich eine Dichtigkeits- und Funktionsprüfung durchzuführen. [2] Bei umfangreicheren Reparaturen an der Gasanlage sowie bei deren Beeinträchtigung durch einen Brand oder einen Unfall ist eine Gasanlagenprüfung nach Anlage XVII durchzuführen. [3] Die Gasanlagenprüfungen sowie Dichtigkeits- und Funktionsprüfungen dürfen nur durchgeführt werden von

1. verantwortlichen Personen in hierfür anerkannten Kraftfahrzeugwerkstätten oder Fachkräften unter deren Aufsicht,
2. amtlich anerkannten Sachverständigen oder Prüfern für den Kraftfahrzeugverkehr,
3. Prüfingenieuren im Sinne der Anlage VIIIb Nummer 3.9.

(7) [1] Die Anerkennung der Kraftfahrzeugwerkstätten für die Durchführung der Gassystemeinbauprüfungen nach Absatz 5, der Gasanlagenprüfungen nach

Absatz 6 und der Untersuchungen nach Anlage VIII Nummer 3.1.1.2 hat nach Anlage XVIIa zu erfolgen. [2] Die Schulung der in Absatz 5 Satz 2 Nummer 2 und 3 sowie Absatz 6 Satz 3 Nummer 2 und 3 genannten Personen hat in entsprechender Anwendung der Nummern 2.5, 7.3 und 7.4 der Anlage XVIIa zu erfolgen, wobei der Umfang der erstmaligen Schulung dem einer Wiederholungsschulung entsprechen kann.

(8) [1] Druckbehälter für Druckluftbremsanlagen und Nebenaggregate müssen die im Anhang zu dieser Vorschrift genannten Bestimmungen erfüllen. [2] Sie dürfen auch aus anderen Werkstoffen als Stahl und Aluminium hergestellt werden, wenn sie den im Anhang zu dieser Vorschrift genannten Bestimmungen entsprechen und für sie die gleiche Sicherheit und Gebrauchstüchtigkeit nachgewiesen ist. [3] Druckbehälter sind entsprechend des Anhangs zu kennzeichnen.

§ 41b Automatischer Blockierverhinderer. (1) Ein automatischer Blockierverhinderer ist der Teil einer Betriebsbremsanlage, der selbsttätig den Schlupf in der Drehrichtung des Rads an einem oder mehreren Rädern des Fahrzeugs während der Bremsung regelt.

(2) [1] Folgende Fahrzeuge mit einer durch die Bauart bestimmten Höchstgeschwindigkeit von mehr als 60 km/h müssen mit einem automatischen Blockierverhinderer ausgerüstet sein:

1. Lastkraftwagen und Sattelzugmaschinen mit einem zulässigen Gesamtgewicht von mehr als 3,5 t,
2. Anhänger mit einem zulässigen Gesamtgewicht von mehr als 3,5 t; dies gilt für Sattelanhänger nur dann, wenn das um die Aufliegelast verringerte zulässige Gesamtgewicht 3,5 t übersteigt,
3. Kraftomnibusse,
4. Zugmaschinen mit einem zulässigen Gesamtgewicht von mehr als 3,5 t.

[2] Andere Fahrzeuge, die hinsichtlich ihrer Baumerkmale des Fahrgestells den in den Nummern 1 bis 4 genannten Fahrzeugen gleichzusetzen sind, müssen ebenfalls mit einem automatischen Blockierverhinderer ausgerüstet sein.

(3) Fahrzeuge mit einem automatischen Blockierverhinderer müssen den im Anhang zu dieser Vorschrift genannten Bestimmungen entsprechen.

(4) Anhänger mit einem automatischen Blockierverhinderer, aber ohne automatisch-lastabhängige Bremskraftregeleinrichtung dürfen nur mit Kraftfahrzeugen verbunden werden, die die Funktion des automatischen Blockierverhinderers im Anhänger sicherstellen.

(5) Absatz 2 gilt nicht für Anhänger mit Auflaufbremse sowie für Kraftfahrzeuge mit mehr als vier Achsen.

§ 42[1)] Anhängelast hinter Kraftfahrzeugen und Leergewicht. (1) [1] Die gezogene Anhängelast darf bei

1. Personenkraftwagen, ausgenommen solcher nach Nummer 2, und Lastkraftwagen, ausgenommen solcher nach Nummer 3, weder das zulässige Gesamtgewicht,

---

1) § 42 Abs. 1 Satz 3 neu gef., Abs. 2 Satz 2 geänd. mWv 1.8.2013 durch VO v. 26.7.2013 (BGBl. I S. 2803).

2. Personenkraftwagen, die gemäß der Definition in Anhang II der Richtlinie 70/156/EWG Geländefahrzeuge sind, weder das 1,5fache des zulässigen Gesamtgewichts,
3. Lastkraftwagen in Zügen mit durchgehender Bremsanlage weder das 1,5fache des zulässigen Gesamtgewichts

des ziehenden Fahrzeugs noch den etwa vom Hersteller des ziehenden Fahrzeugs angegebenen oder amtlich als zulässig erklärten Wert übersteigen. [2] Bei Personenkraftwagen nach Nummer 1 oder 2 darf das tatsächliche Gesamtgewicht des Anhängers (Achslast zuzüglich Stützlast) jedoch in keinem Fall mehr als 3 500 kg betragen. [3] Die Anhängelast bei Kraftfahrzeugen nach § 30a Absatz 3 und bei motorisierten Krankenfahrstühlen darf höchstens 50 Prozent der Leermasse des Fahrzeugs betragen.

(2) [1] Hinter Krafträdern und Personenkraftwagen dürfen Anhänger ohne ausreichende eigene Bremse nur mitgeführt werden, wenn das ziehende Fahrzeug Allradbremse und der Anhänger nur eine Achse hat; Krafträder gelten trotz getrennter Bedienungseinrichtungen für die Vorderrad- und Hinterradbremse als Fahrzeuge mit Allradbremse, Krafträder mit Beiwagen jedoch nur dann, wenn auch das Beiwagenrad eine Bremse hat. [2] Werden einachsige Anhänger ohne bauartbedingt ausreichende eigene Bremse mitgeführt, so darf die Anhängelast höchstens die Hälfte des um 75 kg erhöhten Leergewichts des ziehenden Fahrzeugs, aber nicht mehr als 750 kg betragen.

(2a) Die Absätze 1 und 2 gelten nicht für das Abschleppen von betriebsunfähigen Fahrzeugen.

(3) [1] Das Leergewicht ist das Gewicht des betriebsfertigen Fahrzeugs ohne austauschbare Ladungsträger (Behälter, die dazu bestimmt und geeignet sind, Ladungen aufzunehmen und auf oder an verschiedenen Trägerfahrzeugen verwendet zu werden, wie Container, Wechselbehälter), aber mit zu 90 Prozent gefüllten eingebauten Kraftstoffbehältern und zu 100 Prozent gefüllten Systemen für andere Flüssigkeiten (ausgenommen Systeme für gebrauchtes Wasser) einschließlich des Gewichts aller im Betrieb mitgeführten Ausrüstungsteile (zum Beispiel Ersatzräder und -bereifung, Ersatzteile, Werkzeug, Wagenheber, Feuerlöscher, Aufsteckwände, Planengestell mit Planenbügeln und Planenlatten oder Planenstangen, Plane, Gleitschutzeinrichtungen, Belastungsgewichte), bei anderen Kraftfahrzeugen als Kraftfahrzeugen nach § 30a Absatz 3 zuzüglich 75 kg als Fahrergewicht. [2] Austauschbare Ladungsträger, die Fahrzeuge miteinander verbinden oder Zugkräfte übertragen, sind Fahrzeugteile.

§ 43 Einrichtungen zur Verbindung von Fahrzeugen. (1) [1] Einrichtungen zur Verbindung von Fahrzeugen müssen so ausgebildet und befestigt sein, dass die nach dem Stand der Technik erreichbare Sicherheit – auch bei der Bedienung der Kupplung – gewährleistet ist. [2] Die Zuggabel von Mehrachsanhängern muss bodenfrei sein. [3] Die Zugöse dieser Anhänger muss jeweils in Höhe des Kupplungsmauls einstellbar sein; dies gilt bei anderen Kupplungsarten sinngemäß. [4] Die Sätze 2 und 3 gelten nicht für Anhänger hinter Elektrokarren mit einer durch die Bauart bestimmten Höchstgeschwindigkeit von nicht mehr als 25 km/h, wenn das zulässige Gesamtgewicht des Anhängers nicht mehr als 2 t beträgt.

(2) [1] Mehrspurige Kraftfahrzeuge mit mehr als einer Achse müssen vorn, Personenkraftwagen – ausgenommen solche, für die nach der Betriebserlaubnis eine Anhängelast nicht zulässig ist – auch hinten, eine ausreichend bemessene und leicht zugängliche Einrichtung zum Befestigen einer Abschleppstange oder eines Abschleppseils haben. [2] An selbstfahrenden Arbeitsmaschinen und Staplern darf diese Einrichtung hinten angeordnet sein.

(3) [1] Bei Verwendung von Abschleppstangen oder Abschleppseilen darf der lichte Abstand vom ziehenden zum gezogenen Fahrzeug nicht mehr als 5 m betragen. [2] Abschleppstangen und Abschleppseile sind ausreichend erkennbar zu machen, zum Beispiel durch einen roten Lappen.

(4) [1] Anhängekupplungen müssen selbsttätig wirken. [2] Nicht selbsttätige Anhängekupplungen sind jedoch zulässig,

1. an Zugmaschinen und an selbstfahrenden Arbeitsmaschinen und Staplern, wenn der Führer den Kupplungsvorgang von seinem Sitz aus beobachten kann,
2. an Krafträdern und Personenkraftwagen,
3. an Anhängern hinter Zugmaschinen in land- oder forstwirtschaftlichen Betrieben,
4. zur Verbindung von anderen Kraftfahrzeugen mit einachsigen Anhängern oder zweiachsigen Anhängern mit einem Achsabstand von weniger als 1,0 m mit einem zulässigen Gesamtgewicht von nicht mehr als 3,5 t.

[3] In jedem Fall muss die Herstellung einer betriebssicheren Verbindung leicht und gefahrlos möglich sein.

(5) Einrichtungen zur Verbindung von Fahrzeugen an zweirädrigen oder dreirädrigen Kraftfahrzeugen nach § 30a Absatz 3 und ihre Anbringung an diesen Kraftfahrzeugen müssen den im Anhang zu dieser Vorschrift genannten Bestimmungen entsprechen.

§ 44 Stützeinrichtung und Stützlast. (1) [1] An Sattelanhängern muss eine Stützeinrichtung vorhanden sein oder angebracht werden können. [2] Wenn Sattelanhänger so ausgerüstet sind, dass die Verbindung der Kupplungsteile sowie der elektrischen Anschlüsse und der Bremsanschlüsse selbsttätig erfolgen kann, müssen die Anhänger eine Stützeinrichtung haben, die sich nach dem Ankuppeln des Anhängers selbsttätig vom Boden abhebt.

(2) [1] Starrdeichselanhänger (einschließlich Zentralachsanhänger) müssen eine der Höhe nach einstellbare Stützeinrichtung haben, wenn die Stützlast bei gleichmäßiger Lastverteilung mehr als 50 kg beträgt. [2] Dies gilt jedoch nicht für Starrdeichselanhänger hinter Kraftfahrzeugen mit einem zum Anheben der Deichsel geeigneten Kraftheber. [3] Stützeinrichtungen müssen unverlierbar untergebracht sein.

(3) [1] Bei Starrdeichselanhängern (einschließlich Zentralachsanhängern) mit einem zulässigen Gesamtgewicht von nicht mehr als 3,5 t darf die vom ziehenden Fahrzeug aufzunehmende Mindeststützlast nicht weniger als 4 Prozent des tatsächlichen Gesamtgewichts des Anhängers betragen; sie braucht jedoch nicht mehr als 25 kg zu betragen. [2] Die technisch zulässige Stützlast des Zugfahrzeugs ist vom Hersteller festzulegen; sie darf – ausgenommen bei Krafträdern – nicht geringer als 25 kg sein. [3] Bei Starrdeichselanhängern (einschließlich Zentralachsanhängern) mit einem zulässigen Gesamtgewicht von

mehr als 3,5 t darf die vom ziehenden Fahrzeug aufzunehmende Mindeststützlast nicht weniger als 4 Prozent des tatsächlichen Gesamtgewichts des Anhängers betragen, sie braucht jedoch nicht mehr als 500 kg zu betragen. [4]Die maximal zulässige Stützlast darf bei diesen Anhängern – ausgenommen bei Starrdeichselanhängern (einschließlich Zentralachsanhängern), die für eine Höchstgeschwindigkeit von nicht mehr als 40 km/h gekennzeichnet sind (§ 58) und land- oder forstwirtschaftlichen Arbeitsgeräten – höchstens 15 Prozent des tatsächlichen Gesamtgewichts des Starrdeichselanhängers (einschließlich Zentralachsanhängers), aber nicht mehr als 2,00 t betragen. [5]Bei allen Starrdeichselanhängern (einschließlich Zentralachsanhängern) darf weder die für die Anhängekupplung oder die Zugeinrichtung noch die vom Hersteller des ziehenden Fahrzeugs angegebene Stützlast überschritten werden.

§ 45[1)] Kraftstoffbehälter. (1) [1]Kraftstoffbehälter müssen korrosionsfest sein. [2]Sie müssen bei doppeltem Betriebsüberdruck, mindestens aber bei einem Überdruck von 0,3 bar, dicht sein. [3]Weichgelötete Behälter müssen auch nach dem Ausschmelzen des Lotes zusammenhalten. [4]Auftretender Überdruck oder den Betriebsdruck übersteigender Druck muss sich durch geeignete Einrichtungen (Öffnungen, Sicherheitsventile und dergleichen) selbsttätig ausgleichen. [5]Entlüftungsöffnungen sind gegen Hindurchschlagen von Flammen zu sichern. [6]Am Behälter weich angelötete Teile müssen zugleich vernietet, angeschraubt oder in anderer Weise sicher befestigt sein. [7]Kraftstoff darf aus dem Füllverschluss oder den zum Ausgleich von Überdruck bestimmten Einrichtungen auch bei Schräglage, Kurvenfahrt oder Stößen nicht ausfließen.

(1a) Für den Einbau von Kraftstoffbehältern in Kraftfahrzeugen, ausgenommen solche nach § 30a Absatz 3, sind die im Anhang zu dieser Vorschrift genannten Bestimmungen anzuwenden.

(2) [1]Kraftstoffbehälter für Vergaserkraftstoff dürfen nicht unmittelbar hinter der Frontverkleidung des Fahrzeugs liegen; sie müssen so vom Motor getrennt sein, dass auch bei Unfällen eine Entzündung des Kraftstoffs nicht zu erwarten ist. [2]Dies gilt nicht für Krafträder und für Zugmaschinen mit offenem Führersitz.

(3) [1]Bei Kraftomnibussen dürfen Kraftstoffbehälter nicht im Fahrgast- oder Führerraum liegen. [2]Sie müssen so angebracht sein, dass bei einem Brand die Ausstiege nicht unmittelbar gefährdet sind. [3]Bei Kraftomnibussen müssen Behälter für Vergaserkraftstoff hinten oder seitlich unter dem Fußboden in einem Abstand von mindestens 500 mm von den Türöffnungen untergebracht sein. [4]Kann dieses Maß nicht eingehalten werden, so ist ein entsprechender Teil des Behälters mit Ausnahme der Unterseite durch eine Blechwand abzuschirmen.

(4) Für Kraftstoffbehälter in Kraftfahrzeugen nach § 30a Absatz 3 und deren Einbau sowie für den Einbau der Kraftstoffzufuhrleitungen in diesen Kraftfahrzeugen gelten die im Anhang zu dieser Vorschrift genannten Bestimmungen.

§ 46 Kraftstoffleitungen. (1) Kraftstoffleitungen sind so auszuführen, dass Verwindungen des Fahrzeugs, Bewegungen des Motors und dergleichen keinen nachteiligen Einfluss auf die Haltbarkeit ausüben.

[1)] § 45 Abs. 1a eingef., Abs. 4 neu gef. mWv 1.8.2013 durch VO v. 26.7.2013 (BGBl. I S. 2803).

(2) [1] Rohrverbindungen sind durch Verschraubung ohne Lötung oder mit hart aufgelötetem Nippel herzustellen. [2] In die Kraftstoffleitung muss eine vom Führersitz aus während der Fahrt leicht zu bedienende Absperreinrichtung eingebaut sein; sie kann fehlen, wenn die Fördereinrichtung für den Kraftstoff den Zufluss zu dem Vergaser oder zur Einspritzpumpe bei stehendem Motor unterbricht oder wenn das Fahrzeug ausschließlich mit Dieselkraftstoff betrieben wird. [3] Als Kraftstoffleitungen können fugenlose, elastische Metallschläuche oder kraftstofffeste andere Schläuche aus schwer brennbaren Stoffen eingebaut werden; sie müssen gegen mechanische Beschädigungen geschützt sein.

(3) Kraftstoffleitungen, Vergaser und alle anderen kraftstoffführenden Teile sind gegen betriebstörende Wärme zu schützen und so anzuordnen, dass abtropfender oder verdunstender Kraftstoff sich weder ansammeln noch an heißen Teilen oder an elektrischen Geräten entzünden kann.

(4) [1] Bei Kraftomnibussen dürfen Kraftstoffleitungen nicht im Fahrgast- oder Führerraum liegen. [2] Bei diesen Fahrzeugen darf der Kraftstoff nicht durch Schwerkraft gefördert werden.

§ 47[1)] Abgase. (1) Kraftfahrzeuge mit Fremdzündungsmotor oder Selbstzündungsmotor mit mindestens vier Rädern, einer zulässigen Gesamtmasse von mindestens 400 kg und einer bauartbedingten Höchstgeschwindigkeit von mindestens 50 km/h – mit Ausnahme von land- oder forstwirtschaftlichen Zug- und Arbeitsmaschinen sowie anderen Arbeitsmaschinen und Staplern –, soweit sie in den Anwendungsbereich der Richtlinie 70/220/EWG des Rates vom 20. März 1970 zur Angleichung der Rechtsvorschriften der Mitgliedstaaten über Maßnahmen gegen die Verunreinigung der Luft durch Emissionen von Kraftfahrzeugmotoren (ABl. L 76 vom 6.4.1970, S. 1), die zuletzt durch die Richtlinie 2006/96//EG (ABl. L 363 vom 20.12.2006, S. 81) geändert worden ist, fallen, müssen hinsichtlich ihres Abgasverhaltens und der Anforderungen in Bezug auf die Kraftstoffe den Vorschriften dieser Richtlinie entsprechen.

(1a) Kraftfahrzeuge, im Sinne des Artikels 2 Absatz 1 der Verordnung (EG) Nr. 715/2007 des Europäischen Parlaments und des Rates vom 20. Juni 2007 über die Typgenehmigung von Kraftfahrzeugen hinsichtlich der Emissionen von leichten Personenkraftwagen und Nutzfahrzeugen (Euro 5 und Euro 6) und über den Zugang zu Reparatur- und Wartungsinformationen für Fahrzeuge (ABl. L 171 vom 29.6.2007, S. 1), müssen hinsichtlich ihres Abgasverhaltens in den Fällen des § 13 der EG-Fahrzeuggenehmigungsverordnung[2)] oder des § 21 den Vorschriften dieser Verordnung und der Verordnung (EG) Nr. 692/2008 der Kommission vom 18. Juli 2008 zur Durchführung und Änderung der Verordnung (EG) Nr. 715/2007 des Europäischen Parlaments und des Rates vom 20. Juni 2007 über die Typgenehmigung von Kraftfahrzeugen hinsichtlich der Emissionen von leichten Personenkraftwagen und Nutzfahrzeugen (Euro 5 und Euro 6) und über den Zugang zu Reparatur- und Wartungsinformationen für Fahrzeuge (ABl. L 199 vom 28.7.2008, S. 1),

---

[1)] § 47 Abs. 1a, Abs. 3 Nr. 14 und Abs. 6a eingef., Abs. 3 Nr. 13, Abs. 3a geänd. mWv 1.6.2012 durch VO v. 10.5.2012 (BGBl. I S. 1086); Abs. 6b eingef. mWv 1.12.2017 durch VO v. 20.10.2017 (BGBl. I S. 3723); Abs. 3b und 3c eingef. mWv 1.1.2020 durch VO v. 26.11.2019 (BGBl. I S. 2015).

[2)] Nr. **255**.

geändert durch die im Anhang zu dieser Vorschrift genannten Bestimmungen, entsprechen.

(2) [1] Kraftfahrzeuge mit Selbstzündungsmotor mit oder ohne Aufbau, mit mindestens vier Rädern und einer bauartbedingten Höchstgeschwindigkeit von mehr als 25 km/h – mit Ausnahme von landwirtschaftlichen Zug- und Arbeitsmaschinen sowie anderen Arbeitsmaschinen und Staplern – soweit sie in den Anwendungsbereich der Richtlinie 72/306/EWG des Rates vom 2. August 1972 zur Angleichung der Rechtsvorschriften der Mitgliedstaaten über Maßnahmen gegen die Emission verunreinigender Stoffe aus Dieselmotoren zum Antrieb von Fahrzeugen (ABl. L 190 vom 20.8.1972, S. 1), die zuletzt durch die Richtlinie 2005/21/EG (ABl. L 61 vom 8.3.2005, S. 25) geändert worden ist, fallen, müssen hinsichtlich der Emission verunreinigender Stoffe dieser Richtlinie entsprechen. [2] Kraftfahrzeuge mit Selbstzündungsmotor, auf die sich die Anlage XVI bezieht, müssen hinsichtlich der Emission verunreinigender Stoffe (feste Bestandteile – Dieselrauch) im Abgas der Anlage XVI oder der Richtlinie 72/306/EWG entsprechen.

(3) Personenkraftwagen sowie Wohnmobile mit Fremd- oder Selbstzündungsmotoren, die den Vorschriften

1. der Anlage XXIII oder
2. des Anhangs III A der Richtlinie 70/220/EWG in der Fassung der Richtlinie 88/76/EWG (ABl. L 36 vom 9.2.1988, S. 1) oder späteren Änderungen dieses Anhangs in der Richtlinie 88/436/EWG (ABl. L 214 vom 6.8. 1988, S. 1), berichtigt durch die Berichtigung der Richtlinie 88/436/EWG (ABl. L 303 vom 8.11.1988, S. 36), oder der Richtlinie 89/491/EWG (ABl. L 238 vom 15.8.1989, S. 43) oder
3. der Richtlinie 70/220/EWG in der Fassung der Richtlinie 91/441/EWG (ABl. L 242 vom 30.8.1991, S. 1) – ausgenommen die Fahrzeuge, die die Übergangsbestimmungen des Anhangs I Nummer 8.1 oder 8.3 in Anspruch nehmen – oder
4. der Richtlinie 70/220/EWG in der Fassung der Richtlinie 93/59/EWG (ABl. L 186 vom 28.7.1993, S. 21) – ausgenommen die Fahrzeuge, die die weniger strengen Grenzwertanforderungen der Klasse II oder III des Anhangs I in den Nummern 5.3.1.4 und 7.1.1.1 oder die Übergangsbestimmungen des Anhangs I Nummer 8.3 in Anspruch nehmen – oder
5. der Richtlinie 70/220/EWG in der Fassung der Richtlinie 94/12/EG (ABl. L 100 vom 19.4.1994, S. 42) – und die Grenzwerte der Fahrzeugklasse M in Anhang I Nummer 5.3.1.4 einhalten – oder
6. der Richtlinie 96/69/EG des Europäischen Parlaments und des Rates vom 8. Oktober 1996 zur Änderung der Richtlinie 70/220/EWG zur Angleichung der Rechtsvorschriften der Mitgliedstaaten über Maßnahmen gegen die Verunreinigung der Luft durch Emissionen von Kraftfahrzeugen (ABl. L 282 vom 1.11.1996, S. 64) oder
7. der Richtlinie 98/77/EG der Kommission vom 2. Oktober 1998 zur Anpassung der Richtlinie 70/220/EWG des Rates zur Angleichung der Rechtsvorschriften der Mitgliedstaaten über Maßnahmen gegen die Verunreinigung der Luft durch Emissionen von Kraftfahrzeugen an den technischen Fortschritt (ABl. L 286 vom 23.10.1998, S. 34) oder

8. der Richtlinie 98/69/EG des Europäischen Parlaments und des Rates vom 13. Oktober 1998 über Maßnahmen gegen die Verunreinigung der Luft durch Emissionen von Kraftfahrzeugen und zur Änderung der Richtlinie 70/220/EWG des Rates (ABl. L 350 vom 28.12.1998, S. 1) oder
9. der Richtlinie 1999/102/EG der Kommission vom 15. Dezember 1999 zur Anpassung der Richtlinie 70/220/EWG des Rates über Maßnahmen gegen die Verunreinigung der Luft durch Emissionen von Kraftfahrzeugen an den technischen Fortschritt (ABl. L 334 vom 28.12.1999, S. 43) oder
10. der Richtlinie 2001/1/EG des Europäischen Parlaments und des Rates vom 22. Januar 2001 zur Änderung der Richtlinie 70/220/EWG des Rates über Maßnahmen gegen die Verunreinigung der Luft durch Emissionen von Kraftfahrzeugen (ABl. L 35 vom 6.2.2001, S. 34) oder
11. der Richtlinie 2001/100/EG des Europäischen Parlaments und des Rates vom 7. Dezember 2001 zur Änderung der Richtlinie 70/220/EWG des Rates zur Angleichung der Rechtsvorschriften der Mitgliedstaaten gegen die Verunreinigung der Luft durch Emissionen von Kraftfahrzeugen (ABl. L 16 vom 18.1.2002, S. 32) oder
12. der Richtlinie 2002/80/EG der Kommission vom 3. Oktober 2002 zur Anpassung der Richtlinie 70/220/EWG des Rates über Maßnahmen gegen die Verunreinigung der Luft durch Emissionen von Kraftfahrzeugen an den technischen Fortschritt (ABl. L 291 vom 28.10.2002, S. 20) oder
13. der Richtlinie 2003/76/EG der Kommission vom 11. August 2003 zur Änderung der Richtlinie 70/220/EWG des Rates über Maßnahmen gegen die Verunreinigung der Luft durch Emissionen von Kraftfahrzeugen (ABl. L 206 vom 15.8.2003, S. 29) oder
14. der Verordnung (EG) Nr. 715/2007 und der Verordnung (EG) Nr. 692/2008

entsprechen, gelten als schadstoffarm.

(3a) Personenkraftwagen und Wohnmobile mit Selbstzündungsmotor gelten als besonders partikelreduziert, wenn sie den Anforderungen einer der in Anlage XXVI Nummer 2 festgelegten Minderungsstufen oder den Anforderungen der Verordnung (EG) Nr. 715/2007 und der Verordnung (EG) Nr. 692/2008 der Kommission vom 18. Juli 2008 entsprechen.

(3b) Kraftfahrzeuge mit Selbstzündungsmotor mit einer technisch zulässigen Gesamtmasse bis 2 800 Kilogramm der Klasse N1 sowie Kraftfahrzeuge mit Selbstzündungsmotor ohne Begrenzung der zulässigen Gesamtmasse der Klassen M1 und M2 der Emissionsklasse „Euro 4“, die jeweils genehmigt sind entsprechend Zeile B der Grenzwerttabelle in Anhang I Abschnitt 5.3.1.4 der Richtlinie 98/69/EG des Europäischen Parlaments und des Rates vom 13. Oktober 1998 über Maßnahmen gegen die Verunreinigung der Luft durch Emissionen von Kraftfahrzeugen und zur Änderung der Richtlinie 70/220/EWG des Rates (ABl. L 350 vom 28.12.1998, S. 1), die zuletzt durch die Richtlinie 2006/96/EG des Rates vom 20. November 2006 zur Anpassung bestimmter Richtlinien im Bereich freier Warenverkehr anlässlich des Beitritts Bulgariens und Rumäniens (ABl. L 363 vom 20.12.2006, S. 81) geändert worden ist und durch die Verordnung (EG) Nr. 715/2007 des Europäischen Parlaments und des Rates vom 20. Juni 2007 über die Typgenehmigung von Kraftfahrzeugen hinsichtlich der Emissionen von leichten Personenkraftwagen und Nutzfahrzeugen (Euro 5 und Euro 6) und über den Zugang zu Reparatur- und Wartungsinformationen für Fahrzeuge (ABl. L 171 vom 29.6.2007, S. 1) aufgehoben worden ist, stoßen im praktischen Fahrbetrieb weniger als 270 Milligramm Stickoxid pro Kilometer aus, wenn sie über ein Stickoxid-Minderungssystem mit hoher Minderungsleistung verfügen, das die in der Anlage XXII festgelegten Anforderungen erfüllt.

(3c) Kraftfahrzeuge mit Selbstzündungsmotor mit einer technisch zulässigen Gesamtmasse bis 2 800 Kilogramm der Klasse N1 sowie Kraftfahrzeuge mit Selbstzündungsmotor ohne Begrenzung der zulässigen Gesamtmasse der Klassen M1 und M2 der Emissionsklasse „Euro 5", die genehmigt sind entsprechend

1. der Verordnung (EG) Nr. 715/2007 des Europäischen Parlaments und des Rates vom 20. Juni 2007 über die Typgenehmigung von Kraftfahrzeugen hinsichtlich der Emissionen von leichten Personenkraftwagen und Nutzfahrzeugen (Euro 5 und Euro 6) und über den Zugang zu Reparatur- und Wartungsinformationen für Fahrzeuge (ABl. L 171 vom 29.6.2007, S. 1), die zuletzt durch die Verordnung (EU) Nr. 459/2012 der Kommission vom 29. Mai 2012 zur Änderung der Verordnung (EG) Nr. 715/2007 des Europäischen Parlaments und des Rates und der Verordnung (EG) Nr. 692/2008 der Kommission hinsichtlich der Emissionen von leichten Personenkraftwagen und Nutzfahrzeugen (Euro 6) (ABl. L 142 vom 1.6.2012, S. 16) geändert worden ist, und
2. der Verordnung (EG) Nr. 692/2008 der Kommission vom 18. Juli 2008 zur Durchführung und Änderung der Verordnung (EG) Nr. 715/2007 des Europäischen Parlaments und des Rates über die Typgenehmigung von Kraftfahrzeugen hinsichtlich der Emissionen von leichten Personenkraftwagen und Nutzfahrzeugen (Euro 5 und Euro 6) und über den Zugang zu Reparatur- und Wartungsinformationen für Fahrzeuge (ABl. L 199 vom 28.7.2008, S. 1), die zuletzt durch die Verordnung (EU) 2018/1832 der Kommission vom 5. November 2018 zur Änderung der Richtlinie 2007/46/EG des Europäischen Parlaments und des Rates, der Verordnung (EG) Nr. 692/2008 der Kommission und der Verordnung (EU) 2017/1151 der Kommission im Hinblick auf die Verbesserung der emissionsbezogenen Typgenehmigungsprüfungen und -verfahren für leichte Personenkraftwagen und Nutzfahrzeuge, unter anderem in Bezug auf die Übereinstimmung in Betrieb befindlicher Fahrzeuge und auf Emissionen im praktischen Fahrbetrieb und zur Einführung von Einrichtungen zur Überwachung des Kraftstoff- und des Stromverbrauchs (ABl. L 301 vom 27.11.2018, S. 1) geändert worden ist,

stoßen im praktischen Fahrbetrieb weniger als 270 Milligramm Stickoxid pro Kilometer aus, wenn sie über ein Stickoxid-Minderungssystem mit hoher Minderungsleistung verfügen, das die in der Anlage XXII festgelegten Anforderungen erfüllt.

(4) [1] Personenkraftwagen sowie Wohnmobile mit einer zulässigen Gesamtmasse von nicht mehr als 2 800 kg mit Fremd- oder Selbstzündungsmotoren, die den Vorschriften der Anlage XXIV entsprechen, gelten als bedingt schadstoffarm. [2] Eine erstmalige Anerkennung als bedingt schadstoffarm ist ab 1. November 1993 nicht mehr zulässig.

(5) Personenkraftwagen und Wohnmobile mit Fremd- oder Selbstzündungsmotoren,

1. die den Vorschriften der Anlage XXV oder

(Fortsetzung nächstes Blatt)

2. mit einem Hubraum von weniger als 1400 Kubikzentimetern, die der Richtlinie 70/220/EWG in der Fassung der Richtlinie 89/458/EWG des Rates vom 18. Juli 1989 (ABl. L 226 vom 3.8.1989, S. 1)

entsprechen, gelten als schadstoffarm.

(6) Fahrzeuge oder Motoren für Fahrzeuge, die in den Anwendungsbereich der Richtlinie 88/77/EWG des Rates vom 3. Dezember 1987 zur Angleichung der Rechtsvorschriften der Mitgliedstaaten über Maßnahmen gegen die Emission gasförmiger Schadstoffe und luftverunreinigender Partikel aus Selbstzündungsmotoren zum Antrieb von Fahrzeugen und die Emission gasförmiger Schadstoffe aus mit Erdgas oder Flüssiggas betriebenen Fremdzündungsmotoren zum Antrieb von Fahrzeugen (ABl. L 36 vom 9.2.1988, S. 33), die zuletzt durch die Richtlinie 2001/27/EG (ABl. L 107 vom 18.4. 2001, S. 10) geändert worden ist, fallen, müssen hinsichtlich ihres Abgasverhaltens den Vorschriften dieser Richtlinie entsprechen.

(6a) Fahrzeuge oder Motoren für Fahrzeuge, die in den Anwendungsbereich der Richtlinie 2005/55/EG des Europäischen Parlaments und des Rates vom 28. September 2005 zur Angleichung der Rechtsvorschriften der Mitgliedstaaten über Maßnahmen gegen die Emission gasförmiger Schadstoffe und luftverunreinigender Partikel aus Selbstzündungsmotoren zum Antrieb von Fahrzeugen und die Emission gasförmiger Schadstoffe aus mit Flüssiggas oder Erdgas betriebenen Fremdzündungsmotoren zum Antrieb von Fahrzeugen (ABl. L 275 vom 20.10.2005, S. 1) fallen, müssen hinsichtlich ihres Abgasverhaltens den Vorschriften dieser Richtlinie und der Richtlinie 2005/78/EG der Kommission vom 14. November 2005 zur Durchführung der Richtlinie 2005/55/EG des Europäischen Parlaments und des Rates zur Angleichung der Rechtsvorschriften der Mitgliedstaaten über Maßnahmen gegen die Emission gasförmiger Schadstoffe und luftverunreinigender Partikel aus Selbstzündungsmotoren zum Antrieb von Fahrzeugen und die Emission gasförmiger Schadstoffe aus mit Flüssiggas oder Erdgas betriebenen Fremdzündungsmotoren zum Antrieb von Fahrzeugen und zur Änderung ihrer Anhänge I, II, III, IV und VI (ABl. L 313 vom 29.11.2005, S. 1), geändert durch die im Anhang zu dieser Vorschrift genannten Bestimmungen, entsprechen.

(6b) Fahrzeuge oder Motoren für Fahrzeuge, die in den Anwendungsbereich der Verordnung (EG) Nr. 595/2009 des Europäischen Parlaments und des Rates vom 18. Juni 2009 über die Typgenehmigung von Kraftfahrzeugen und Motoren hinsichtlich der Emissionen von schweren Nutzfahrzeugen (Euro VI) und über den Zugang zu Fahrzeugreparatur- und -wartungsinformationen, zur Änderung der Verordnung (EG) Nr. 715/2007 und der Richtlinie 2007/46/EG sowie zur Aufhebung der Richtlinien 80/1269/EWG, 2005/55/EG und 2005/78/EG (ABl. L 188 vom 18.7.2009, S. 1) fallen und Kraftfahrzeuge, die hinsichtlich der Baumerkmale ihres Fahrgestells diesen Fahrzeugen gleichzusetzen sind, müssen hinsichtlich ihres Abgasverhaltens den Vorschriften dieser Verordnung und der Verordnung (EU) Nr. 582/2011 der Kommission vom 25. Mai 2011 zur Durchführung und Änderung der Verordnung (EG) Nr. 595/2009 des Europäischen Parlaments und des Rates hinsichtlich der Emissionen von schweren Nutzfahrzeugen (Euro VI) und zur Änderung der Anhänge I und III der Richtlinie 2007/46/EG des Europäischen Parlaments und des Rates (ABl. L 167 vom 25.6.2011, S. 1), jeweils geändert durch die im Anhang zu dieser Vorschrift genannten Bestimmungen, entsprechen.

(7) Krafträder, auf die sich die Regelung Nummer 40 – Einheitliche Vorschriften für die Genehmigung der Krafträder hinsichtlich der Emission luftverunreinigender Gase aus Motoren mit Fremdzündung – des Übereinkommens über die Annahme einheitlicher Bedingungen für die Genehmigung der Ausrüstungsgegenstände und Teile von Kraftfahrzeugen und über die gegenseitige Anerkennung der Genehmigung, in Kraft gesetzt durch die Verordnung vom 14. September 1983 (BGBl. 1983 II S. 584), bezieht, müssen hinsichtlich ihres Abgasverhaltens den Vorschriften der Regelung Nr. 40, zuletzt geändert durch Verordnung zur Änderung 1 und zum Korrigendum 3 der ECE-Regelung Nr. 40 über einheitliche Vorschriften für die Genehmigung der Krafträder hinsichtlich der Emission luftverunreinigender Gase aus Motoren mit Fremdzündung vom 29. Dezember 1992 (BGBl. 1993 II S. 110), entsprechen; dies gilt auch für Krafträder mit einer Leermasse von mehr als 400 kg.

(8) Andere Krafträder als die in Absatz 7 genannten müssen hinsichtlich ihres Abgasverhaltens von Vorschriften der Regelung Nummer 47 – Einheitliche Vorschriften für die Genehmigung der Fahrräder mit Hilfsmotor hinsichtlich der Emission luftverunreinigender Gase aus Motoren mit Fremdzündung – des Übereinkommens über die Annahme einheitlicher Bedingungen für die Genehmigung der Ausrüstungsgegenstände und Teile von Kraftfahrzeugen und über die gegenseitige Anerkennung der Genehmigung, in Kraft gesetzt durch die Verordnung vom 26. Oktober 1981 (BGBl. 1981 II S. 930), entsprechen.

(8a) Kraftfahrzeuge, die in den Anwendungsbereich der Richtlinie 97/24/EG fallen, müssen hinsichtlich ihres Abgasverhaltens den Vorschriften dieser Richtlinie entsprechen.

(8b) Kraftfahrzeuge, die in den Anwendungsbereich der Achtundzwanzigsten Verordnung zur Durchführung des Bundes-Immissionsschutzgesetzes vom 11. November 1998 (BGBl. I S. 3411) fallen, müssen mit Motoren ausgerüstet sein, die hinsichtlich ihres Abgasverhaltens den Vorschriften der Achtundzwanzigsten Verordnung zur Durchführung des Bundes-Immissionsschutzgesetzes vom 11. November 1998 entsprechen.

(8c) Zugmaschinen oder Motoren für Zugmaschinen, die in den Anwendungsbereich der Richtlinie 2000/25/EG des Europäischen Parlaments und des Rates vom 22. Mai 2000 über Maßnahmen zur Bekämpfung der Emission gasförmiger Schadstoffe und luftverunreinigender Partikel aus Motoren, die für den Antrieb von land- und forstwirtschaftlichen Zugmaschinen bestimmt sind, und zur Änderung der Richtlinie 74/150/EWG des Rates (ABl. L 173 vom 12.7.2000, S. 1) fallen, müssen hinsichtlich ihres Abgasverhaltens den Vorschriften dieser Richtlinie entsprechen.

(9) [1] Technischer Dienst und Prüfstelle im Sinne der genannten Regelwerke ist die Abgasprüfstelle der TÜV-Nord Mobilität GmbH & Co. KG, Adlerstraße 7, 45307 Essen. [2] Es können auch andere Technische Prüfstellen für den Kraftfahrzeugverkehr oder von der obersten Landesbehörde anerkannte Stellen prüfen, sofern diese über die erforderlichen eigenen Mess- und Prüfeinrichtungen verfügen. [3] Der Technische Dienst ist über alle Prüfungen zu unterrichten. [4] In Zweifelsfällen ist er zu beteiligen; bei allen

Fragen der Anwendung ist er federführend. [5] Die Prüfstellen haben die verwendeten Mess- und Prüfeinrichtungen hinsichtlich der Messergebnisse und der Messgenauigkeit mit dem Technischen Dienst regelmäßig abzugleichen.

§ 47a[1)] *(aufgehoben)*

§ 47b (weggefallen)

§ 47c Ableitung von Abgasen. [1] Die Mündungen von Auspuffrohren dürfen nur nach oben, nach hinten, nach hinten unten oder nach hinten links bis zu einem Winkel von 45 Grad zur Fahrzeuglängsachse gerichtet sein; sie müssen so angebracht sein, dass das Eindringen von Abgasen in das Fahrzeuginnere nicht zu erwarten ist. [2] Auspuffrohre dürfen weder über die seitliche noch über die hintere Begrenzung der Fahrzeuge hinausragen.

§ 47d[2)] **Kohlendioxidemissionen, Kraftstoffverbrauch, Reichweite, Stromverbrauch.** (1) Für Kraftfahrzeuge, die in den Anwendungsbereich der Richtlinie 80/1268/EWG des Rates vom 16. Dezember 1980 zur Angleichung der Rechtsvorschriften der Mitgliedstaaten über den Kraftstoffverbrauch von Kraftfahrzeugen (ABl. L 375 vom 31.12.1980, S. 36), geändert durch die im Anhang zu dieser Vorschrift genannten Bestimmungen sowie in den Anwendungsbereich der Verordnung (EG) Nr. 715/2007, die durch die Verordnung (EG) Nr. 692/2008 geändert worden ist, fallen, sind die Werte für die Kohlendioxidemissionen, den Kraftstoffverbrauch, die Reichweite und den Stromverbrauch gemäß den Anforderungen dieser Vorschriften zu ermitteln.

(2) Bei Nichtvorliegen einer EG-Übereinstimmungsbescheinigung nach Anhang IX der Richtlinie 70/156/EWG sowie Anhang IX der Richtlinie 2007/46/EG sind die gemäß den Anforderungen dieser Vorschriften ermittelten Werte in einer dem Fahrzeughalter beim Kauf des Fahrzeugs zu übergebenden Bescheinigung anzugeben.

§ 47e[3)] **Genehmigung, Nachrüstung und Nachfüllen von Klimaanlagen.** Kraftfahrzeuge mit Klimaanlage, die in den Anwendungsbereich der Richtlinie 2006/40/EG des Europäischen Parlaments und des Rates vom 17. Mai 2006 über Emissionen aus Klimaanlagen in Kraftfahrzeugen und zur Änderung der Richtlinie 70/156/EWG (ABl. L 161 vom 14.6.2006, S. 12) und der Verordnung (EG) Nr. 706/2007 der Kommission vom 21. Juni 2007 zur Festlegung von Verwaltungsvorschriften für die EG-Typgenehmigung von Kraftfahrzeugen und eines harmonisierten Verfahrens für die Messung von Leckagen aus bestimmten Klimaanlagen nach der Richtlinie 2006/40/EG des Europäischen Parlaments und des Rates (ABl. L 161 vom 22.6.2007, S. 33) fallen, haben mit Wirkung vom 1. Juni 2012 den Vorschriften dieser Verordnung zu entsprechen.

[1)] § 47a aufgeh. mWv 1.6.2012 durch VO v. 10.5.2012 (BGBl. I S. 1086).
[2)] § 47d neu gef. mWv 1.6.2012 durch VO v. 10.5.2012 (BGBl. I S. 1086).
[3)] § 47e eingef. mWv 1.6.2012 durch VO v. 10.5.2012 (BGBl. I S. 1086).

§ 47f[1]) Kraftstoffe, emissionsbedeutsame Betriebsstoffe und Systeme zur Verringerung der Stickoxid-Emissionen. (1) [1] Ein Kraftfahrzeug darf nur mit den vom Hersteller in der Betriebsanleitung oder in anderen für den Fahrzeughalter bestimmten Unterlagen angegebenen Qualitäten von flüssigen, gasförmigen oder festen Kraftstoffen betrieben werden. [2] Abweichend von Satz 1 darf ein Kraftfahrzeug mit anderen Qualitäten von flüssigen, gasförmigen oder festen Kraftstoffen nur betrieben werden, sofern die Einhaltung der Anforderungen des § 38 Absatz 1 des Bundes-Immissionsschutzgesetzes an das Fahrzeug sichergestellt ist.

(2) [1] Absatz 1 gilt auch für ergänzende Betriebsstoffe, die zur Einhaltung von Emissionsvorschriften erforderlich sind. [2] Die Manipulation eines Systems zur Verringerung der Stickoxid-Emissionen und der Betrieb eines Kraftfahrzeugs und seiner Komponenten ohne ein sich verbrauchendes Reagens oder mit einem ungeeigneten sich verbrauchenden Reagens ist verboten, sofern das Fahrzeug über ein Emissionsminderungssystem verfügt, das die Nutzung eines sich verbrauchenden Reagens erfordert.

§ 48 Emissionsklassen für Kraftfahrzeuge. (1) Kraftfahrzeuge, für die nachgewiesen wird, dass die Emissionen gasförmiger Schadstoffe und luftverunreinigender Partikel oder die Geräuschemissionen den Anforderungen der in der Anlage XIV genannten Emissionsklassen entsprechen, werden nach Maßgabe der Anlage XIV in Emissionsklassen eingestuft.

(2) Partikelminderungssysteme, die für eine Nachrüstung von mit Selbstzündungsmotor angetriebenen Nutzfahrzeugen oder mobilen Maschinen und Geräten vorgesehen sind, müssen den Anforderungen der Anlage XXVI oder XXVII entsprechen und nach Maßgabe der jeweiligen Anlage geprüft, genehmigt und eingebaut werden.

§ 49 Geräuschentwicklung und Schalldämpferanlage. (1) Kraftfahrzeuge und ihre Anhänger müssen so beschaffen sein, dass die Geräuschentwicklung das nach dem jeweiligen Stand der Technik unvermeidbare Maß nicht übersteigt.

(2) [1] Kraftfahrzeuge, für die Vorschriften über den zulässigen Geräuschpegel und die Schalldämpferanlage in den nachfolgend genannten Richtlinien der Europäischen Gemeinschaften festgelegt sind, müssen diesen Vorschriften entsprechen:

1. Richtlinie 70/157/EWG des Rates vom 6. Februar 1970 zur Angleichung der Rechtsvorschriften der Mitgliedstaaten über den zulässigen Geräuschpegel und die Auspuffvorrichtung von Kraftfahrzeugen (ABl. L 42 vom 23.2.1970, S. 16), geändert durch die im Anhang zu dieser Vorschrift genannten Bestimmungen,
2. Richtlinie 74/151/EWG des Rates vom 4. März 1974 zur Angleichung der Rechtsvorschriften der Mitgliedstaaten über bestimmte Bestandteile und Merkmale von land- oder forstwirtschaftlichen Zugmaschinen auf Rädern (ABl. L 84 vom 28.3.1974, S. 25), geändert durch die im Anhang zu dieser Vorschrift genannten Bestimmungen,
3. (weggefallen)

---

[1]) § 47f eingef. mWv 1.12.2017 durch VO v. 20.10.2017 (BGBl. I S. 3723).

4. Richtlinie 97/24/EG, jeweils in der aus dem Anhang zu dieser Vorschrift ersichtlichen Fassung.

[2] Land- oder forstwirtschaftliche Zugmaschinen mit einer durch die Bauart bestimmten Höchstgeschwindigkeit von mehr als 30 km/h und selbstfahrende Arbeitsmaschinen und Stapler entsprechen der Vorschrift nach Absatz 1 auch, wenn sie den Vorschriften der Richtlinie nach Nummer 2 genügen. [3] Fahrzeuge entsprechen den Vorschriften der Richtlinie nach Nummer 2 auch, wenn sie den Vorschriften der Richtlinie nach Nummer 1 genügen.

(2a) [1] Auspuffanlagen für Krafträder sowie Austauschauspuffanlagen und Einzelteile dieser Anlagen als unabhängige technische Einheit für Krafträder dürfen im Geltungsbereich dieser Verordnung nur verwendet werden oder zur Verwendung feilgeboten oder veräußert werden, wenn sie

1. mit dem EWG-Betriebserlaubniszeichen gemäß Anhang II Nummer 3.1.3 der Richtlinie 78/1015/EWG des Rates vom 23. November 1978 zur Angleichung der Rechtsvorschriften der Mitgliedstaaten über den zulässigen Geräuschpegel und die Auspuffanlage von Krafträdern (ABl. L 349 vom 13.12.1978, S. 21), die zuletzt durch die Richtlinie 89/235/EWG (ABl. L 98 vom 11.4.1989, S. 1) geändert worden ist, oder
2. mit dem Genehmigungszeichen gemäß Kapitel 9 Anhang VI Nummer 1.3 der Richtlinie 97/24/EG
   oder
3. mit dem Markenzeichen „e" und dem Kennzeichen des Landes, das die Bauartgenehmigung erteilt hat gemäß Kapitel 9 Anhang III Nummer 2.3.2.2 der Richtlinie 97/24/EG

gekennzeichnet sind. [2] Satz 1 gilt nicht für

1. Auspuffanlagen und Austauschauspuffanlagen, die ausschließlich im Rennsport verwendet werden,
2. Auspuffanlagen und Austauschauspuffanlagen für Krafträder mit einer durch die Bauart bestimmten Höchstgeschwindigkeit von nicht mehr als 50 km/h.

(3) [1] Kraftfahrzeuge, die gemäß Anlage XIV zur Geräuschklasse G 1 gehören, gelten als geräuscharm; sie dürfen mit dem Zeichen „Geräuscharmes Kraftfahrzeug" gemäß Anlage XV gekennzeichnet sein. [2] Andere Fahrzeuge dürfen mit diesem Zeichen nicht gekennzeichnet werden. [3] An Fahrzeugen dürfen keine Zeichen angebracht werden, die mit dem Zeichen nach Satz 1 verwechselt werden können.

(4) [1] Besteht Anlass zu der Annahme, dass ein Fahrzeug den Anforderungen der Absätze 1 bis 2 nicht entspricht, so ist der Führer des Fahrzeugs auf Weisung einer zuständigen Person verpflichtet, den Schallpegel im Nahfeld feststellen zu lassen. [2] Liegt die Messstelle nicht in der Fahrtrichtung des Fahrzeugs, so besteht die Verpflichtung nur, wenn der zurückzulegende Umweg nicht mehr als 6 km beträgt. [3] Nach der Messung ist dem Führer eine Bescheinigung über das Ergebnis der Messung zu erteilen. [4] Die Kosten der Messung fallen dem Halter des Fahrzeugs zur Last, wenn eine zu beanstandende Überschreitung des für das Fahrzeug zulässigen Geräuschpegels festgestellt wird.

(5) [1] Technischer Dienst und Prüfstelle im Sinne der in den Absätzen 2 und 3 genannten Regelwerke ist das Institut für Fahrzeugtechnik beim Tech-

nischen Überwachungs-Verein Bayern Sachsen e.V., Westendstr. 199, 80686 München. [2] Es können auch andere Technische Prüfstellen für den Kraftfahrzeugverkehr oder von der obersten Landesbehörde anerkannte Stellen prüfen. [3] Der Technische Dienst ist über alle Prüfungen zu unterrichten. [4] In Zweifelsfällen ist er zu beteiligen; bei allen Fragen der Anwendung ist er federführend.

§ 49a[1)] Lichttechnische Einrichtungen, allgemeine Grundsätze.

(1) [1] An Kraftfahrzeugen und ihren Anhängern dürfen nur die vorgeschriebenen und die für zulässig erklärten lichttechnischen Einrichtungen angebracht sein. [2] Als lichttechnische Einrichtungen gelten auch Leuchtstoffe und rückstrahlende Mittel. [3] Die lichttechnischen Einrichtungen müssen vorschriftsmäßig und fest angebracht sowie ständig betriebsfertig sein. [4] Lichttechnische Einrichtungen an Kraftfahrzeugen und Anhängern, auf die sich die Richtlinie 76/756/EWG des Rates vom 27. Juli 1976 zur Angleichung der Rechtsvorschriften der Mitgliedstaaten über den Anbau der Beleuchtungs- und Lichtsignaleinrichtungen für Kraftfahrzeuge und Kraftfahrzeuganhänger (ABl. L 262 vom 27.9.1976, S. 1), die zuletzt durch die Richtlinie 2008/89/EG (ABl. L 257 vom 24.9.2008, S. 14) geändert worden ist, bezieht, müssen den technischen Vorschriften der Absätze 2, 5 und 6 und der Anhänge 3 bis 11 der ECE-Regelung Nr. 48 der Wirtschaftskommission der Vereinten Nationen für Europa (UN/ECE) – Einheitliche Bedingungen für die Genehmigung der Fahrzeuge hinsichtlich des Anbaus der Beleuchtungs- und Lichtsignaleinrichtungen (ABl. L 323 vom 6.12.2011, S. 46) entsprechen.

(2) Scheinwerfer dürfen abdeckbar oder versenkbar sein, wenn ihre ständige Betriebsfertigkeit dadurch nicht beeinträchtigt wird.

(3) Lichttechnische Einrichtungen müssen so beschaffen und angebracht sein, dass sie sich gegenseitig in ihrer Wirkung nicht mehr als unvermeidbar beeinträchtigen, auch wenn sie in einem Gerät vereinigt sind.

(4) [1] Sind lichttechnische Einrichtungen gleicher Art paarweise angebracht, so müssen sie in gleicher Höhe über der Fahrbahn und symmetrisch zur Längsmittelebene des Fahrzeugs angebracht sein (bestimmt durch die äußere geometrische Form und nicht durch den Rand ihrer leuchtenden Fläche), ausgenommen bei Fahrzeugen mit unsymmetrischer äußerer Form und bei Krafträdern mit Beiwagen. [2] Sie müssen gleichfarbig sein, gleich stark und – mit Ausnahme der Parkleuchten und der Fahrtrichtungsanzeiger – gleichzeitig leuchten. [3] Die Vorschriften über die Anbringungshöhe der lichttechnischen Einrichtungen über der Fahrbahn gelten für das unbeladene Fahrzeug.

(5) [1] Alle nach vorn wirkenden lichttechnischen Einrichtungen dürfen nur zusammen mit den Schlussleuchten und der Beleuchtungseinrichtung für amtliche Kennzeichen oder transparente amtliche Kennzeichen einschaltbar sein. [2] Dies gilt nicht für

1. Parkleuchten,
2. Fahrtrichtungsanzeiger,

[1)] § 49a Abs. 1 Satz 4, Abs. 5 Satz 1, Satz 2 Nr. 4 neu gef., Abs. 9 Satz 1 geänd. mWv 1.8.2013 durch VO v. 26.7.2013 (BGBl. I S. 2803).

3. die Abgabe von Leuchtzeichen (§ 16 Absatz 1 der Straßenverkehrs-Ordnung[1]),
4. Arbeitsscheinwerfer an
   a) land- oder forstwirtschaftlichen Zugmaschinen,
   b) land- oder forstwirtschaftlichen Arbeitsmaschinen sowie
   c) Kraftfahrzeugen der Militärpolizei, der Polizei des Bundes und der Länder, des Bundeskriminalamtes und des Zollfahndungsdienstes,
5. Tagfahrleuchten, die den im Anhang zu dieser Vorschrift genannten Bestimmungen entsprechen.

(6) In den Scheinwerfern und Leuchten dürfen nur die nach ihrer Bauart dafür bestimmten Lichtquellen verwendet werden.

(7) Für vorgeschriebene oder für zulässig erklärte Warnanstriche, Warnschilder und dergleichen an Kraftfahrzeugen und Anhängern dürfen Leuchtstoffe und rückstrahlende Mittel verwendet werden.

(8) Für alle am Kraftfahrzeug oder Zug angebrachten Scheinwerfer und Signalleuchten muss eine ausreichende elektrische Energieversorgung unter allen üblichen Betriebsbedingungen ständig sichergestellt sein.

(9) [1] Schlussleuchten, Nebelschlussleuchten, Spurhalteleuchten, Umrissleuchten, Bremsleuchten, hintere Fahrtrichtungsanzeiger, hintere nach der Seite wirkende gelbe nicht dreieckige Rückstrahler und reflektierende Mittel, hintere Seitenmarkierungsleuchten, Rückfahrscheinwerfer und Kennzeichen mit Beleuchtungseinrichtungen sowie zwei zusätzliche dreieckige Rückstrahler – für Anhänger nach § 53 Absatz 7 zwei zusätzliche Rückstrahler, wie sie für Kraftfahrzeuge vorgeschrieben sind – dürfen auf einem abnehmbaren Schild oder Gestell (Leuchtenträger) angebracht sein bei

1. Anhängern in land- oder forstwirtschaftlichen Betrieben,
2. Anhängern zur Beförderung von Eisenbahnwagen auf der Straße (Straßenroller),
3. Anhängern zur Beförderung von Booten,
4. Turmdrehkränen,
5. Förderbändern und Lastenaufzügen,
6. Abschleppachsen,
7. abgeschleppten Fahrzeugen,
8. Fahrgestellen, die zur Anbringung des Aufbaus überführt werden,
9. fahrbaren Baubuden,
10. Wohnwagen und Packwagen im Schaustellergewerbe nach § 3 Absatz 2 Satz 1 Nummer 2 Buchstabe b der Fahrzeug-Zulassungsverordnung[2]),
11. angehängten Arbeitsgeräten für die Straßenunterhaltung,
12. Nachläufern zum Transport von Langmaterial.

[2] Der Leuchtenträger muss rechtwinklig zur Fahrbahn und zur Längsmittelebene des Fahrzeugs angebracht sein; er darf nicht pendeln können.

---

1) Nr. **100**.
2) Nr. **250**.

(9a) [1] Zusätzliche Rückfahrscheinwerfer (§ 52a Absatz 2), Schlussleuchten (§ 53 Absatz 1), Bremsleuchten (§ 53 Absatz 2), Rückstrahler (§ 53 Absatz 4), Nebelschlussleuchten (§ 53d Absatz 2) und Fahrtrichtungsanzeiger (§ 54 Absatz 1) sind an Fahrzeugen oder Ladungsträgern nach Anzahl und Art wie die entsprechenden vorgeschriebenen lichttechnischen Einrichtungen fest anzubringen, wenn Ladungsträger oder mitgeführte Ladung auch nur teilweise in die in Absatz 1 Satz 4 geforderten Winkel der vorhandenen vorgeschriebenen Leuchten am Kraftfahrzeug oder Anhänger hineinragen. [2] Die elektrische Schaltung der Nebelschlussleuchten ist so auszuführen, dass am Fahrzeug vorhandene Nebelschlussleuchten abgeschaltet werden. [3] Die jeweilige Ab- und Wiedereinschaltung der Nebelschlussleuchten muss selbsttätig durch Aufstecken oder Abziehen des Steckers für die zusätzlichen Nebelschlussleuchten erfolgen.

(10) [1] Bei den in Absatz 9 Nummer 1 und § 53 Absatz 7 genannten Anhängern sowie den in § 53b Absatz 4 genannten Anbaugeräten darf der Leuchtenträger aus zwei oder – in den Fällen des § 53 Absatz 5 – aus drei Einheiten bestehen, wenn diese Einheiten und die Halterungen an den Fahrzeugen so beschaffen sind, dass eine unsachgemäße Anbringung nicht möglich ist. [2] An diesen Einheiten dürfen auch nach vorn wirkende Begrenzungsleuchten angebracht sein.

(11) Für die Bestimmung der „leuchtenden Fläche", der „Lichtaustrittsfläche" und der „Winkel der geometrischen Sichtbarkeit" gelten die Begriffsbestimmungen in Anhang I der Richtlinie 76/756/EWG.

§ 50 Scheinwerfer für Fern- und Abblendlicht. (1) Für die Beleuchtung der Fahrbahn darf nur weißes Licht verwendet werden.

(2) [1] Kraftfahrzeuge müssen mit zwei nach vorn wirkenden Scheinwerfern ausgerüstet sein, Krafträder – auch mit Beiwagen – mit einem Scheinwerfer. [2] An mehrspurigen Kraftfahrzeugen, deren Breite 1 000 mm nicht übersteigt, sowie an Krankenfahrstühlen und an Fahrzeugen, die die Baumerkmale von Krankenfahrstühlen haben, deren Geschwindigkeit aber 30 km/h übersteigt, genügt ein Scheinwerfer. [3] Bei Kraftfahrzeugen mit einer durch die Bauart bestimmten Höchstgeschwindigkeit von nicht mehr als 8 km/h genügen Leuchten ohne Scheinwerferwirkung. [4] Für einachsige Zug- oder Arbeitsmaschinen, die von Fußgängern an Holmen geführt werden, gilt § 17 Absatz 5 der Straßenverkehrs-Ordnung[1]. [5] Bei einachsigen Zugmaschinen, hinter denen ein einachsiger Anhänger mitgeführt wird, dürfen die Scheinwerfer statt an der Zugmaschine am Anhänger angebracht sein. [6] Kraftfahrzeuge des Straßendienstes, die von den öffentlichen Verwaltungen oder in deren Auftrag verwendet werden und deren zeitweise vorgebaute Arbeitsgeräte die vorschriftsmäßig angebrachten Scheinwerfer verdecken, dürfen mit zwei zusätzlichen Scheinwerfern für Fern- und Abblendlicht oder zusätzlich mit Scheinwerfern nach Absatz 4 ausgerüstet sein, die höher als 1 000 mm (Absatz 3) über der Fahrbahn angebracht sein dürfen; es darf jeweils nur ein Scheinwerferpaar einschaltbar sein. [7] Die höher angebrachten Scheinwerfer dürfen nur dann eingeschaltet werden, wenn die unteren Scheinwerfer verdeckt sind.

[1] Nr. **100**.

(3) [1] Scheinwerfer müssen einstellbar und so befestigt sein, dass sie sich nicht unbeabsichtigt verstellen können. [2] Bei Scheinwerfern für Abblendlicht darf der niedrigste Punkt der Spiegelkante nicht unter 500 mm und der höchste Punkt der leuchtenden Fläche nicht höher als 1 200 mm über der Fahrbahn liegen. [3] Satz 2 gilt nicht für

1. Fahrzeuge des Straßendienstes, die von den öffentlichen Verwaltungen oder in deren Auftrag verwendet werden,
2. selbstfahrende Arbeitsmaschinen, Stapler und land- oder forstwirtschaftliche Zugmaschinen, deren Bauart eine vorschriftsmäßige Anbringung der Scheinwerfer nicht zulässt. Ist der höchste Punkt der leuchtenden Fläche jedoch höher als 1 500 mm über der Fahrbahn, dann dürfen sie bei eingeschalteten Scheinwerfern nur mit einer Geschwindigkeit von nicht mehr als 30 km/h gefahren werden.

(4) Für das Fernlicht und für das Abblendlicht dürfen besondere Scheinwerfer vorhanden sein; sie dürfen so geschaltet sein, dass bei Fernlicht die Abblendscheinwerfer mitbrennen.

(5) [1] Die Scheinwerfer müssen bei Dunkelheit die Fahrbahn so beleuchten (Fernlicht), dass die Beleuchtungsstärke in einer Entfernung von 100 m in der Längsachse des Fahrzeugs in Höhe der Scheinwerfermitten mindestens beträgt

1. 0,25 lx bei Krafträdern mit einem Hubraum von nicht mehr als 100 cm^3,
2. 0,50 lx bei Krafträdern mit einem Hubraum über 100 cm^3,
3. 1,00 lx bei anderen Kraftfahrzeugen.

[2] Die Einschaltung des Fernlichts muss durch eine blau leuchtende Lampe im Blickfeld des Fahrzeugführers angezeigt werden; bei Krafträdern und Zugmaschinen mit offenem Führersitz kann die Einschaltung des Fernlichts durch die Stellung des Schalthebels angezeigt werden. [3] Kraftfahrzeuge mit einer durch die Bauart bestimmten Höchstgeschwindigkeit von nicht mehr als 30 km/h brauchen nur mit Scheinwerfern ausgerüstet zu sein, die den Vorschriften des Absatzes 6 Satz 2 und 3 entsprechen.

(6) [1] Paarweise verwendete Scheinwerfer für Fern- und Abblendlicht müssen so eingerichtet sein, dass sie nur gleichzeitig und gleichmäßig abgeblendet werden können. [2] Die Blendung gilt als behoben (Abblendlicht), wenn die Beleuchtungsstärke in einer Entfernung von 25 m vor jedem einzelnen Scheinwerfer auf einer Ebene senkrecht zur Fahrbahn in Höhe der Scheinwerfermitte und darüber nicht mehr als 1 lx beträgt. [3] Liegt der höchste Punkt der leuchtenden Fläche der Scheinwerfer (Absatz 3 Satz 2) mehr als 1 200 mm über der Fahrbahn, so darf die Beleuchtungsstärke unter den gleichen Bedingungen oberhalb einer Höhe von 1 000 mm 1 lx nicht übersteigen. [4] Bei Scheinwerfern, deren Anbringungshöhe 1 400 mm übersteigt, darf die Hell-Dunkel-Grenze 15 m vor dem Scheinwerfer nur halb so hoch liegen wie die Scheinwerfermitte. [5] Bei Scheinwerfern für asymmetrisches Abblendlicht darf die 1-Lux-Grenze von dem der Scheinwerfermitte entsprechenden Punkt unter einem Winkel von 15 Grad nach rechts ansteigen, sofern nicht in internationalen Vereinbarungen oder Rechtsakten nach § 21a etwas anderes bestimmt ist. [6] Die Scheinwerfer müssen die Fahrbahn so beleuchten, dass die Beleuchtungsstärke in einer Entfernung von 25 m vor den

Scheinwerfern senkrecht zum auffallenden Licht in 150 mm Höhe über der Fahrbahn mindestens die in Absatz 5 angegebenen Werte erreicht.

(6a) [1] Die Absätze 2 bis 6 gelten nicht für Mofas. [2] Diese Fahrzeuge müssen mit einem Scheinwerfer für Dauerabblendlicht ausgerüstet sein, dessen Beleuchtungsstärke in einer Entfernung von 25 m vor dem Scheinwerfer auf einer Ebene senkrecht zur Fahrbahn in Höhe der Scheinwerfermitte und darüber nicht mehr als 1 lx beträgt. [3] Der Scheinwerfer muss am Fahrzeug einstellbar und so befestigt sein, dass er sich nicht unbeabsichtigt verstellen kann. [4] Die Nennleistung der Glühlampe im Scheinwerfer muss 15 W betragen. [5] Die Sätze 1 bis 3 gelten auch für Kleinkrafträder und andere Fahrräder mit Hilfsmotor, wenn eine ausreichende elektrische Energieversorgung der Beleuchtungs- und Lichtsignaleinrichtungen nur bei Verwendung von Scheinwerfern für Dauerabblendlicht nach den Sätzen 2 und 4 sichergestellt ist.

(7) Die Beleuchtungsstärke ist bei stehendem Motor, vollgeladener Batterie und bei richtig eingestellten Scheinwerfern zu messen.

(8) Mehrspurige Kraftfahrzeuge, ausgenommen land- oder forstwirtschaftliche Zugmaschinen, Arbeitsmaschinen und Stapler, müssen so beschaffen sein, dass die Ausrichtung des Abblendlichtbündels von Scheinwerfern, die nicht höher als 1 200 mm über der Fahrbahn (Absatz 3) angebracht sind, den im Anhang zu dieser Vorschrift genannten Bestimmungen entspricht.

(9) Scheinwerfer für Fernlicht dürfen nur gleichzeitig oder paarweise einschaltbar sein; beim Abblenden müssen alle gleichzeitig erlöschen.

(10) Kraftfahrzeuge mit Scheinwerfern für Fern- und Abblendlicht, die mit Gasentladungslampen ausgestattet sind, müssen mit

1. einer automatischen Leuchtweiteregelung im Sinne des Absatzes 8,
2. einer Scheinwerferreinigungsanlage und
3. einem System, das das ständige Eingeschaltetsein des Abblendlichtes auch bei Fernlicht sicherstellt,

ausgerüstet sein.

§ 51 Begrenzungsleuchten, vordere Rückstrahler, Spurhalteleuchten. (1) [1] Kraftfahrzeuge – ausgenommen Krafträder ohne Beiwagen und Kraftfahrzeuge mit einer Breite von weniger als 1 000 mm – müssen zur Kenntlichmachung ihrer seitlichen Begrenzung nach vorn mit zwei Begrenzungsleuchten ausgerüstet sein, bei denen der äußerste Punkt der leuchtenden Fläche nicht mehr als 400 mm von der breitesten Stelle des Fahrzeugumrisses entfernt sein darf. [2] Zulässig sind zwei zusätzliche Begrenzungsleuchten, die Bestandteil der Scheinwerfer sein müssen. [3] Beträgt der Abstand des äußersten Punktes der leuchtenden Fläche der Scheinwerfer von den breitesten Stellen des Fahrzeugumrisses nicht mehr als 400 mm, so genügen in die Scheinwerfer eingebaute Begrenzungsleuchten. [4] Das Licht der Begrenzungsleuchten muss weiß sein; es darf nicht blenden. [5] Die Begrenzungsleuchten müssen auch bei Fernlicht und Abblendlicht ständig leuchten. [6] Bei Krafträdern mit Beiwagen muss eine Begrenzungsleuchte auf der äußeren Seite des Beiwagens angebracht sein. [7] Krafträder ohne Beiwagen dürfen im Scheinwerfer eine Leuchte nach Art der Begrenzungsleuchten führen; Satz 5 ist nicht anzuwenden. [8] Begrenzungsleuchten an einachsigen Zug- oder Arbeitsmaschinen sind nicht erforderlich, wenn sie von Fußgängern an Holmen geführt werden oder ihre durch die Bauart bestimmte Höchstgeschwindigkeit 30 km/h nicht übersteigt und der Abstand des äußersten Punktes der leuchtenden Fläche der Scheinwerfer von der breitesten Stelle des Fahrzeugumrisses nicht mehr als 400 mm beträgt.

(2) [1] Anhänger, deren äußerster Punkt des Fahrzeugumrisses mehr als 400 mm über den äußersten Punkt der leuchtenden Fläche der Begrenzungsleuchten des Zugfahrzeugs hinausragt, müssen an der Vorderseite durch zwei Begrenzungsleuchten kenntlich gemacht werden. [2] Andere Anhänger dürfen an der Vorderseite mit zwei Begrenzungsleuchten ausgerüstet sein. [3] An allen Anhängern dürfen an der Vorderseite zwei nicht dreieckige weiße Rückstrahler angebracht sein. [4] Der äußerste Punkt der leuchtenden Fläche der Begrenzungsleuchten und der äußerste Punkt der leuchtenden Fläche der Rückstrahler dürfen nicht mehr als 150 mm, bei land- oder forstwirtschaftlichen Anhängern nicht mehr als 400 mm, vom äußersten Punkt des Fahrzeugumrisses des Anhängers entfernt sein.

(3) [1] Der niedrigste Punkt der leuchtenden Fläche der Begrenzungsleuchten darf nicht weniger als 350 mm und ihr höchster Punkt der leuchtenden Fläche nicht mehr als 1 500 mm über der Fahrbahn liegen. [2] Lässt die Bauart des Fahrzeugs eine solche Anbringung nicht zu, so dürfen die Begrenzungsleuchten höher angebracht sein, jedoch nicht höher als 2 100 mm. [3] Bei den vorderen Rückstrahlern darf der niedrigste Punkt der leuchtenden Fläche nicht weniger als 350 mm und ihr höchster Punkt der leuchtenden Fläche nicht mehr als 900 mm über der Fahrbahn liegen. [4] Lässt die Bauart des Fahrzeugs eine solche Anbringung nicht zu, so dürfen die Rückstrahler höher angebracht sein, jedoch nicht höher als 1 500 mm.

(4) An Anhängern darf am hinteren Ende der beiden Längsseiten je eine nach vorn wirkende Leuchte für weißes Licht (Spurhalteleuchte) angebracht sein.

§ 51a Seitliche Kenntlichmachung. (1) [1] Kraftfahrzeuge – ausgenommen Personenkraftwagen – mit einer Länge von mehr als 6 m sowie Anhänger müssen an den Längsseiten mit nach der Seite wirkenden gelben, nicht dreieckigen Rückstrahlern ausgerüstet sein. [2] Mindestens je einer dieser Rückstrahler muss im mittleren Drittel des Fahrzeugs angeordnet sein; der am weitesten vorn angebrachte Rückstrahler darf nicht mehr als 3 m vom vordersten Punkt des Fahrzeugs, bei Anhängern vom vordersten Punkt der Zugeinrichtung entfernt sein. [3] Zwischen zwei aufeinanderfolgenden Rückstrahlern darf der Abstand nicht mehr als 3 m betragen. [4] Der am weitesten hinten angebrachte Rückstrahler darf nicht mehr als 1 m vom hintersten Punkt des Fahrzeugs entfernt sein. [5] Die Höhe über der Fahrbahn (höchster Punkt der leuchtenden Fläche) darf nicht mehr als 900 mm betragen. [6] Lässt die Bauart des Fahrzeugs das nicht zu, so dürfen die Rückstrahler höher angebracht sein, jedoch nicht höher als 1 500 mm. [7] Krankenfahrstühle müssen an den Längsseiten mit mindestens je einem gelben Rückstrahler ausgerüstet sein, der nicht höher als 600 mm, jedoch so tief wie möglich angebracht sein muss. [8] Diese Rückstrahler dürfen auch an den Speichen der Räder angebracht sein.

(2) Die nach Absatz 1 anzubringenden Rückstrahler dürfen abnehmbar sein

1. an Fahrzeugen, deren Bauart eine dauernde feste Anbringung nicht zulässt,
2. an land- oder forstwirtschaftlichen Bodenbearbeitungsgeräten, die hinter Kraftfahrzeugen mitgeführt werden und
3. an Fahrgestellen, die zur Vervollständigung überführt werden.

(3) [1] Die seitliche Kenntlichmachung von Fahrzeugen, für die sie nicht vorgeschrieben ist, muss Absatz 1 entsprechen. [2] Jedoch genügt je ein Rückstrahler im vorderen und im hinteren Drittel.

(4) [1] Retroreflektierende gelbe waagerechte Streifen, die unterbrochen sein können, an den Längsseiten von Fahrzeugen sind zulässig. [2] Sie dürfen nicht die Form von Schriftzügen oder Emblemen haben. [3] § 53 Absatz 10 Nummer 3 ist anzuwenden.

(5) Ringförmig zusammenhängende retroreflektierende weiße Streifen an den Reifen von Krafträdern und Krankenfahrstühlen sind zulässig.

(6) [1] Fahrzeuge mit einer Länge von mehr als 6,0 m – ausgenommen Fahrgestelle mit Führerhaus, land- oder forstwirtschaftliche Zug- und Arbeitsmaschinen und deren Anhänger sowie Arbeitsmaschinen und Stapler, die hinsichtlich der Baumerkmale ihres Fahrgestells nicht den Lastkraftwagen und Zugmaschinen gleichzusetzen sind, – müssen an den Längsseiten mit nach der Seite wirkenden gelben Seitenmarkierungsleuchten nach der Richtlinie 76/756/EWG ausgerüstet sein. [2] Für andere mehrspurige Fahrzeuge ist die entsprechende Anbringung von Seitenmarkierungsleuchten zulässig. [3] Ist die hintere Seitenmarkierungsleuchte mit der Schlussleuchte, Umrissleuchte, Nebelschlussleuchte oder Bremsleuchte zusammengebaut, kombiniert oder ineinandergebaut oder bildet sie den Teil einer gemeinsam leuchtenden Fläche mit dem Rückstrahler, so darf sie auch rot sein.

(7) [1] Zusätzlich zu den nach Absatz 1 vorgeschriebenen Einrichtungen sind Fahrzeugkombinationen mit Nachläufern zum Transport von Langmaterial über ihre gesamte Länge (einschließlich Ladung) durch gelbes retroreflektierendes Material, das mindestens dem Typ 2 des Normblattes DIN 67 520 Teil 2, Ausgabe Juni 1994, entsprechen muss, seitlich kenntlich zu machen in Form von Streifen, Bändern, Schlauch- oder Kabelumhüllungen oder in ähnlicher Ausführung. [2] Kurze Unterbrechungen, die durch die Art der Ladung oder die Konstruktion der Fahrzeuge bedingt sind, sind zulässig. [3] Die Einrichtungen sind so tief anzubringen, wie es die konstruktive Beschaffenheit der Fahrzeuge und der Ladung zulässt. [4] Abweichend von Absatz 6 sind an Nachläufern von Fahrzeugkombinationen zum Transport von Langmaterial an den Längsseiten soweit wie möglich vorne und hinten jeweils eine Seitenmarkierungsleuchte anzubringen.

§ 51b Umrissleuchten. (1) [1] Umrissleuchten sind Leuchten, die die Breite über alles eines Fahrzeugs deutlich anzeigen. [2] Sie sollen bei bestimmten Fahrzeugen die Begrenzungs- und Schlussleuchten ergänzen und die Aufmerksamkeit auf besondere Fahrzeugumrisse lenken.

(2) [1] Fahrzeuge mit einer Breite von mehr als 2,10 m müssen und Fahrzeuge mit einer Breite von mehr als 1,80 m aber nicht mehr als 2,10 m dürfen auf jeder Seite mit einer nach vorn wirkenden weißen und einer nach hinten wirkenden roten Umrissleuchte ausgerüstet sein. [2] Die Leuchten einer Fahrzeugseite dürfen zu einer Leuchte zusammengefasst sein. [3] In allen Fällen muss der Abstand zwischen den leuchtenden Flächen dieser Leuchten und der

Begrenzungsleuchte oder Schlussleuchte auf der gleichen Fahrzeugseite mehr als 200 mm betragen.

(3) [1] Umrissleuchten müssen entsprechend den im Anhang zu dieser Vorschrift genannten Bestimmungen an den Fahrzeugen angebracht sein. [2] Für Arbeitsmaschinen und Stapler gelten die Anbauvorschriften für Anhänger und Sattelanhänger.

(4) Umrissleuchten sind nicht erforderlich an

1. land- oder forstwirtschaftlichen Zug- und Arbeitsmaschinen und ihren Anhängern und
2. allen Anbaugeräten und Anhängegeräten hinter land- oder forstwirtschaftlichen Zugmaschinen.

(5) Werden Umrissleuchten an Fahrzeugen angebracht, für die sie nicht vorgeschrieben sind, müssen sie den Vorschriften der Absätze 1 bis 3 entsprechen.

(6) Umrissleuchten dürfen nicht an Fahrzeugen und Anbaugeräten angebracht werden, deren Breite über alles nicht mehr als 1,80 m beträgt.

§ 51c Parkleuchten, Park-Warntafeln. (1) Parkleuchten und Park-Warntafeln zeigen die seitliche Begrenzung eines geparkten Fahrzeugs an.

(2) [1] An Kraftfahrzeugen, Anhängern und Zügen dürfen angebracht sein:

1. eine nach vorn wirkende Parkleuchte für weißes Licht und eine nach hinten wirkende Parkleuchte für rotes Licht für jede Fahrzeugseite oder
2. eine Begrenzungsleuchte und eine Schlussleuchte oder
3. eine abnehmbare Parkleuchte für weißes Licht für die Vorderseite und eine abnehmbare Parkleuchte für rotes Licht für die Rückseite oder
4. je eine Park-Warntafel für die Vorderseite und die Rückseite des Fahrzeugs oder Zuges mit je 100 mm breiten unter 45 Grad nach außen und unten verlaufenden roten und weißen Streifen.

[2] An Fahrzeugen, die nicht breiter als 2 000 mm und nicht länger als 6 000 mm sind, dürfen sowohl die Parkleuchten nach Nummer 1 einer jeden Fahrzeugseite als auch die nach Nummer 3 zu einem Gerät vereinigt sein.

(3) [1] Die Leuchten nach Absatz 2 Satz 1 Nummer 1 und 3 und Satz 2 müssen so am Fahrzeug angebracht sein, dass der unterste Punkt der leuchtenden Fläche mehr als 350 mm und der höchste Punkt der leuchtenden Fläche nicht mehr als 1 500 mm von der Fahrbahn entfernt sind. [2] Der äußerste Punkt der leuchtenden Fläche der Leuchten darf vom äußersten Punkt des Fahrzeugumrisses nicht mehr als 400 mm entfernt sein.

(4) Die Leuchten nach Absatz 2 Satz 1 Nummer 3 müssen während des Betriebs am Bordnetz anschließbar oder mit aufladbaren Stromquellen ausgerüstet sein, die im Fahrbetrieb ständig am Bordnetz angeschlossen sein müssen.

(5) [1] Park-Warntafeln, deren wirksame Teile nur bei parkenden Fahrzeugen sichtbar sein dürfen, müssen auf der dem Verkehr zugewandten Seite des Fahrzeugs oder Zuges möglichst niedrig und nicht höher als 1 000 mm (höchster Punkt der leuchtenden Fläche) so angebracht sein, dass sie mit dem Umriss des Fahrzeugs, Zuges oder der Ladung abschließen. [2] Abweichungen

von nicht mehr als 100 mm nach innen sind zulässig. [3] Rückstrahler und amtliche Kennzeichen dürfen durch Park-Warntafeln nicht verdeckt werden.

§ 52[1)] Zusätzliche Scheinwerfer und Leuchten. (1) [1] Außer mit den in § 50 vorgeschriebenen Scheinwerfern zur Beleuchtung der Fahrbahn dürfen mehrspurige Kraftfahrzeuge mit zwei Nebelscheinwerfern für weißes oder hellgelbes Licht ausgerüstet sein, Krafträder, auch mit Beiwagen, mit nur einem Nebelscheinwerfer. [2] Sie dürfen nicht höher als die am Fahrzeug befindlichen Scheinwerfer für Abblendlicht angebracht sein. [3] Sind mehrspurige Kraftfahrzeuge mit Nebelscheinwerfern ausgerüstet, bei denen der äußere Rand der Lichtaustrittsfläche mehr als 400 mm von der breitesten Stelle des Fahrzeugumrisses entfernt ist, so müssen die Nebelscheinwerfer so geschaltet sein, dass sie nur zusammen mit dem Abblendlicht brennen können. [4] Nebelscheinwerfer müssen einstellbar und an dafür geeigneten Teilen der Fahrzeuge so befestigt sein, dass sie sich nicht unbeabsichtigt verstellen können. [5] Sie müssen so eingestellt sein, dass eine Blendung anderer Verkehrsteilnehmer nicht zu erwarten ist. [6] Die Blendung gilt als behoben, wenn die Beleuchtungsstärke in einer Entfernung von 25 m vor jedem einzelnen Nebelscheinwerfer auf einer Ebene senkrecht zur Fahrbahn in Höhe der Scheinwerfermitte und darüber bei Nennspannung an den Klemmen der Scheinwerferlampe nicht mehr als 1 lx beträgt.

(2) [1] Ein Suchscheinwerfer für weißes Licht ist zulässig. [2] Die Leistungsaufnahme darf nicht mehr als 35 W betragen. [3] Er darf nur zugleich mit den Schlussleuchten und der Kennzeichenbeleuchtung einschaltbar sein.

(3) [1] Mit einer oder mehreren Kennleuchten für blaues Blinklicht – Rundumlicht – dürfen ausgerüstet sein:

1. Kraftfahrzeuge, die dem Vollzugsdienst der Polizei, der Militärpolizei, der Bundespolizei, des Zolldienstes, des Bundesamtes für Güterverkehr oder der Bundesstelle für Flugunfalluntersuchung dienen, insbesondere Kommando-, Streifen-, Mannschaftstransport-, Verkehrsunfall-, Mordkommissionsfahrzeuge,
2. Einsatz- und Kommando-Kraftfahrzeuge der Feuerwehren und der anderen Einheiten und Einrichtungen des Katastrophenschutzes und des Rettungsdienstes,
3. Kraftfahrzeuge, die nach dem Fahrzeugschein als Unfallhilfswagen öffentlicher Verkehrsbetriebe mit spurgeführten Fahrzeugen, einschließlich Oberleitungsomnibussen, anerkannt sind,
4. Kraftfahrzeuge des Rettungsdienstes, die für Krankentransport oder Notfallrettung besonders eingerichtet und nach dem Fahrzeugschein als Krankenkraftwagen anerkannt sind.

[2] Kennleuchten für blaues Blinklicht mit einer Hauptabstrahlrichtung nach vorne oder nach hinten sind an Kraftfahrzeugen nach Satz 1 zulässig, jedoch bei mehrspurigen Fahrzeugen nur in Verbindung mit Kennleuchten für blaues Blinklicht – Rundumlicht –.

---

1) § 52 Abs. 3 Satz 1 Nr. 1, Satz 2, Abs. 3a neu gef., Abs. 11 angef. mWv 1.8.2013 durch VO v. 26.7.2013 (BGBl. I S. 2803); Abs. 3a Satz 2 geänd. mWv 1.5.2014 durch VO v. 16.4.2014 (BGBl. I S. 348).

(3a) [1] Kraftfahrzeuge des Vollzugsdienstes der Militärpolizei, der Polizeien des Bundes und der Länder sowie des Zollfahndungsdienstes dürfen folgende Kennleuchten und Signalgeber haben:

1. Anhaltesignal,
2. nach vorn wirkende Signalgeber für rote Lichtschrift sowie
3. nach hinten wirkende Signalgeber für rote oder gelbe Lichtschrift.

[2] Kraftfahrzeuge des Vollzugsdienstes des Bundesamtes für Güterverkehr dürfen mit einem nach hinten wirkenden Signalgeber für rote Lichtschrift ausgerüstet sein. [3] Die Kennleuchten für rotes Blinklicht und blaues Blinklicht dürfen nicht gemeinsam betrieben werden können. [4] Ergänzend zu den Signalgebern dürfen fluoreszierende oder retroreflektierende Folien verwendet werden.

(4) Mit einer oder, wenn die horizontale und vertikale Sichtbarkeit (geometrische Sichtbarkeit) es erfordert, mehreren Kennleuchten für gelbes Blinklicht – Rundumlicht – dürfen ausgerüstet sein:

1. Fahrzeuge, die dem Bau, der Unterhaltung oder Reinigung von Straßen oder von Anlagen im Straßenraum oder die der Müllabfuhr dienen und durch rot-weiße Warnmarkierungen (Sicherheitskennzeichnung), die dem Normblatt DIN 30 710, Ausgabe März 1990, entsprechen müssen, gekennzeichnet sind,
2. Kraftfahrzeuge, die nach ihrer Bauart oder Einrichtung zur Pannenhilfe geeignet und nach dem Fahrzeugschein als Pannenhilfsfahrzeug anerkannt sind. Die Zulassungsbehörde kann zur Vorbereitung ihrer Entscheidung die Beibringung des Gutachtens eines amtlich anerkannten Sachverständigen oder Prüfers für den Kraftfahrzeugverkehr darüber anordnen, ob das Kraftfahrzeug nach seiner Bauart oder Einrichtung zur Pannenhilfe geeignet ist. Die Anerkennung ist nur zulässig für Fahrzeuge von Betrieben, die gewerblich oder innerbetrieblich Pannenhilfe leisten, von Automobilclubs und von Verbänden des Verkehrsgewerbes und der Autoversicherer,
3. Fahrzeuge mit ungewöhnlicher Breite oder Länge oder mit ungewöhnlich breiter oder langer Ladung, sofern die genehmigende Behörde die Führung der Kennleuchten vorgeschrieben hat,
4. Fahrzeuge, die aufgrund ihrer Ausrüstung als Schwer- oder Großraumtransport-Begleitfahrzeuge ausgerüstet und nach dem Fahrzeugschein anerkannt sind. Andere Begleitfahrzeuge dürfen mit abnehmbaren Kennleuchten ausgerüstet sein, sofern die genehmigende Behörde die Führung der Kennleuchten vorgeschrieben hat.

(5) [1] Krankenkraftwagen (Absatz 3 Nummer 4) dürfen mit einer nur nach vorn wirkenden besonderen Beleuchtungseinrichtung (zum Beispiel Rot-Kreuz-Leuchte) ausgerüstet sein, um den Verwendungszweck des Fahrzeugs kenntlich zu machen. [2] Die Beleuchtungseinrichtung darf keine Scheinwerferwirkung haben.

(6) [1] An Kraftfahrzeugen, in denen ein Arzt zur Hilfeleistung in Notfällen unterwegs ist, darf während des Einsatzes ein nach vorn und nach hinten wirkendes Schild mit der in schwarzer Farbe auf gelbem Grund versehenen Aufschrift „Arzt Notfalleinsatz" auf dem Dach angebracht sein, das gelbes Blinklicht ausstrahlt; dies gilt nur, wenn der Arzt zum Führen des Schildes berechtigt ist. [2] Die Berechtigung zum Führen des Schildes erteilt auf Antrag

die Zulassungsbehörde; sie entscheidet nach Anhörung der zuständigen Ärztekammer. [3] Der Berechtigte erhält hierüber eine Bescheinigung, die während der Einsatzfahrt mitzuführen und zuständigen Personen auf Verlangen zur Prüfung auszuhändigen ist.

(7) [1] Mehrspurige Fahrzeuge dürfen mit einer oder mehreren Leuchten zur Beleuchtung von Arbeitsgeräten und Arbeitsstellen (Arbeitsscheinwerfer) ausgerüstet sein. [2] Arbeitsscheinwerfer dürfen nicht während der Fahrt benutzt werden. [3] An Fahrzeugen, die dem Bau, der Unterhaltung oder der Reinigung von Straßen oder Anlagen im Straßenraum oder der Müllabfuhr dienen, dürfen Arbeitsscheinwerfer abweichend von Satz 2 auch während der Fahrt eingeschaltet sein, wenn die Fahrt zum Arbeitsvorgang gehört. [4] Arbeitsscheinwerfer dürfen nur dann eingeschaltet werden, wenn sie andere Verkehrsteilnehmer nicht blenden.

(8) Türsicherungsleuchten für rotes Licht, die beim Öffnen der Fahrzeugtüren nach rückwärts leuchten, sind zulässig; für den gleichen Zweck dürfen auch rote rückstrahlende Mittel verwendet werden.

(9) [1] Vorzeltleuchten an Wohnwagen und Wohnmobilen sind zulässig. [2] Sie dürfen nicht während der Fahrt benutzt und nur dann eingeschaltet werden, wenn nicht zu erwarten ist, dass sie Verkehrsteilnehmer auf öffentlichen Straßen blenden.

(10) Kraftfahrzeuge nach Absatz 3 Nummer 4 dürfen mit horizontal umlaufenden Streifen in leuchtrot nach DIN 6164, Teil 1, Ausgabe Februar 1980, ausgerüstet sein.

(11) [1] Kraftfahrzeuge nach Absatz 3 Satz 1 Nummer 1, 2 und 4 dürfen zusätzlich zu Kennleuchten für blaues Blinklicht – Rundumlicht – und Kennleuchten für blaues Blinklicht mit einer Hauptabstrahlrichtung nach vorne mit einem Heckwarnsystem bestehend aus höchstens drei Paar horizontal nach hinten wirkenden Leuchten für gelbes Blinklicht ausgerüstet sein. [2] Die Kennleuchten für gelbes Blinklicht mit einer Hauptabstrahlrichtung müssen

1. nach der Kategorie X der Nummer 1.1.2 der ECE-Regelung Nr. 65 über einheitliche Bedingungen für die Genehmigung von Kennleuchten für Blinklicht für Kraftfahrzeuge und ihre Anhänger (BGBl. 1994 II S. 108) bauartgenehmigt sein,
2. synchron blinken und
3. im oberen Bereich des Fahrzeughecks symmetrisch zur Fahrzeuglängsachse angebracht werden. Die Bezugsachse der Leuchten muss parallel zur Standfläche des Fahrzeugs auf der Fahrbahn verlaufen.

[3] Das Heckwarnsystem muss unabhängig von der übrigen Fahrzeugbeleuchtung eingeschaltet werden können und darf nur im Stand oder bei Schrittgeschwindigkeit betrieben werden. [4] Der Betrieb des Heckwarnsystems ist durch eine Kontrollleuchte im Fahrerhaus anzuzeigen. [5] Es ist ein deutlich sichtbarer Hinweis anzubringen, dass das Heckwarnsystem nur zur Absicherung der Einsatzstelle verwendet werden und das Einschalten nur im Stand oder bei Schrittgeschwindigkeit erfolgen darf.

§ 52a Rückfahrscheinwerfer. (1) Der Rückfahrscheinwerfer ist eine Leuchte, die die Fahrbahn hinter und gegebenenfalls neben dem Fahrzeug ausleuchtet und anderen Verkehrsteilnehmern anzeigt, dass das Fahrzeug rückwärts fährt oder zu fahren beginnt.

(2) [1] Kraftfahrzeuge müssen hinten mit einem oder zwei Rückfahrscheinwerfern für weißes Licht ausgerüstet sein. [2] An Anhängern sind hinten ein oder zwei Rückfahrscheinwerfer zulässig. [3] Der niedrigste Punkt der leuchtenden Fläche darf nicht weniger als 250 mm und der höchste Punkt der leuchtenden Fläche nicht mehr als 1 200 mm über der Fahrbahn liegen.

(3) [1] An mehrspurigen Kraftfahrzeugen mit einem zulässigen Gesamtgewicht von mehr als 3,5 t darf auf jeder Längsseite ein Rückfahrscheinwerfer angebaut sein. [2] Der höchste Punkt der leuchtenden Fläche darf nicht mehr als 1 200 mm über der Fahrbahn liegen. [3] Diese Rückfahrscheinwerfer dürfen seitlich nicht mehr als 50 mm über den Fahrzeugumriss hinausragen.

(4) [1] Rückfahrscheinwerfer dürfen nur bei eingelegtem Rückwärtsgang leuchten können, wenn die Einrichtung zum Anlassen oder Stillsetzen des Motors sich in der Stellung befindet, in der der Motor arbeiten kann. [2] Ist eine der beiden Voraussetzungen nicht gegeben, so dürfen sie nicht eingeschaltet werden können oder eingeschaltet bleiben.

(5) Rückfahrscheinwerfer müssen, soweit nicht über eine Bauartgenehmigung eine andere Ausrichtung vorgeschrieben ist, so geneigt sein, dass sie die Fahrbahn auf nicht mehr als 10 m hinter der Leuchte beleuchten.

(6) Rückfahrscheinwerfer sind nicht erforderlich an

1. Krafträdern,
2. land- oder forstwirtschaftlichen Zug- oder Arbeitsmaschinen,
3. einachsigen Zugmaschinen,
4. Arbeitsmaschinen und Staplern,
5. Krankenfahrstühlen.

(7) Werden Rückfahrscheinwerfer an Fahrzeugen angebracht, für die sie nicht vorgeschrieben sind, müssen sie den Vorschriften der Absätze 2, 4 und 5 entsprechen.

§ 53[1)] Schlussleuchten, Bremsleuchten, Rückstrahler. (1) [1] Kraftfahrzeuge und ihre Anhänger müssen hinten mit zwei ausreichend wirkenden Schlussleuchten für rotes Licht ausgerüstet sein. [2] Krafträder ohne Beiwagen brauchen nur eine Schlussleuchte zu haben. [3] Der niedrigste Punkt der leuchtenden Fläche der Schlussleuchten darf nicht tiefer als 350 mm, bei Krafträdern nicht tiefer als 250 mm, und der höchste Punkt der leuchtenden Fläche nicht höher als 1 500 mm, bei Arbeitsmaschinen, Staplern und land- oder forstwirtschaftlichen Zugmaschinen nicht höher als 1 900 mm über der Fahrbahn liegen. [4] Wenn die Form des Aufbaus die Einhaltung dieser Maße nicht zulässt, darf der höchste Punkt der leuchtenden Fläche nicht höher als 2 100 mm über der Fahrbahn liegen. [5] Die Schlussleuchten müssen möglichst weit voneinander angebracht, der äußerste Punkt der leuchtenden Fläche darf nicht mehr als 400 mm von der breitesten Stelle des Fahrzeugumrisses ent-

[1)] § 53 Abs. 10 Satz 1 Nr. 2 geänd., Nr. 3 neu gef., Nr. 4 angef., Satz 2 eingef., bish. Satz 2 wird Satz 3 und neu gef. mWv 1.8.2013 durch VO v. 26.7.2013 (BGBl. I S. 2803).

fernt sein. [6] Mehrspurige Kraftfahrzeuge und ihre Anhänger dürfen mit zwei zusätzlichen Schlussleuchten ausgerüstet sein. [7] Vorgeschriebene Schlussleuchten dürfen an einer gemeinsamen Sicherung nicht angeschlossen sein.

(2) [1] Kraftfahrzeuge und ihre Anhänger müssen hinten mit zwei ausreichend wirkenden Bremsleuchten für rotes Licht ausgerüstet sein, die nach rückwärts die Betätigung der Betriebsbremse, bei Fahrzeugen nach § 41 Absatz 7 der mechanischen Bremse, anzeigen. [2] Die Bremsleuchten dürfen auch bei Betätigen eines Retarders oder einer ähnlichen Einrichtung aufleuchten. [3] Bremsleuchten, die in der Nähe der Schlussleuchten angebracht oder damit zusammengebaut sind, müssen stärker als diese leuchten. [4] Bremsleuchten sind nicht erforderlich an:

1. Krafträdern mit oder ohne Beiwagen mit einer durch die Bauart bestimmten Höchstgeschwindigkeit von nicht mehr als 50 km/h,
2. Krankenfahrstühlen,
3. Anhängern hinter Fahrzeugen nach den Nummern 1 und 2 und
4. Fahrzeugen mit hydrostatischem Fahrantrieb, der als Betriebsbremse anerkannt ist.

[5] Bremsleuchten an Fahrzeugen, für die sie nicht vorgeschrieben sind, müssen den Vorschriften dieses Absatzes entsprechen. [6] An Krafträdern ohne Beiwagen ist nur eine Bremsleuchte zulässig. [7] Der niedrigste Punkt der leuchtenden Fläche der Bremsleuchten darf nicht tiefer als 350 mm und der höchste Punkt der leuchtenden Fläche nicht höher als 1 500 mm über der Fahrbahn liegen. [8] An Fahrzeugen des Straßendienstes, die von öffentlichen Verwaltungen oder in deren Auftrag verwendet werden, darf der höchste Punkt der leuchtenden Fläche der Bremsleuchten höher als 1 500 mm über der Fahrbahn liegen. [9] An Arbeitsmaschinen, Staplern und land- oder forstwirtschaftlichen Zugmaschinen darf der höchste Punkt der leuchtenden Fläche nicht höher als 1 900 mm und, wenn die Form des Aufbaus die Einhaltung dieses Maßes nicht zulässt, nicht höher als 2 100 mm über der Fahrbahn liegen. [10] Mehrspurige Kraftfahrzeuge und ihre Anhänger dürfen mit zwei zusätzlichen, höher als 1 000 mm über der Fahrbahn liegenden, innen oder außen am Fahrzeug fest angebrachten Bremsleuchten ausgerüstet sein, die abweichend von Satz 6 auch höher als 1 500 mm über der Fahrbahn angebracht sein dürfen. [11] Sie müssen so weit wie möglich voneinander entfernt angebracht sein.

(3) (weggefallen)

(4) [1] Kraftfahrzeuge müssen an der Rückseite mit zwei roten Rückstrahlern ausgerüstet sein. [2] Anhänger müssen mit zwei dreieckigen roten Rückstrahlern ausgerüstet sein; die Seitenlänge solcher Rückstrahler muss mindestens 150 mm betragen, die Spitze des Dreiecks muss nach oben zeigen. [3] Der äußerste Punkt der leuchtenden Fläche der Rückstrahler darf nicht mehr als 400 mm vom äußersten Punkt des Fahrzeugumrisses und ihr höchster Punkt der leuchtenden Fläche nicht mehr als 900 mm von der Fahrbahn entfernt sein. [4] Ist wegen der Bauart des Fahrzeugs eine solche Anbringung der Rückstrahler nicht möglich, so sind zwei zusätzliche Rückstrahler erforderlich, wobei ein Paar Rückstrahler so niedrig wie möglich und nicht mehr als 400 mm von der breitesten Stelle des Fahrzeugumrisses entfernt und das andere Paar möglichst weit auseinander und höchstens 900 mm über der Fahrbahn angebracht sein muss. [5] Krafträder ohne Beiwagen brauchen nur

mit einem Rückstrahler ausgerüstet zu sein. [6] An den hinter Kraftfahrzeugen mitgeführten Schneeräumgeräten mit einer Breite von mehr als 3 m muss in der Mitte zwischen den beiden anderen Rückstrahlern ein zusätzlicher dreieckiger Rückstrahler angebracht sein. [7] Fahrräder mit Hilfsmotor dürfen mit Pedalrückstrahlern (§ 67 Absatz 6) ausgerüstet sein. [8] Dreieckige Rückstrahler sind an Kraftfahrzeugen nicht zulässig.

(5) [1] Vorgeschriebene Schlussleuchten, Bremsleuchten und Rückstrahler müssen am äußersten Ende des Fahrzeugs angebracht sein. [2] Ist dies wegen der Bauart des Fahrzeugs nicht möglich, und beträgt der Abstand des äußersten Endes des Fahrzeugs von den zur Längsachse des Fahrzeugs senkrecht liegenden Ebenen, an denen sich die Schlussleuchten, die Bremsleuchten oder die Rückstrahler befinden, mehr als 1 000 mm, so muss je eine der genannten Einrichtungen zusätzlich möglichst weit hinten und möglichst in der nach den Absätzen 1, 2 und 4 vorgeschriebenen Höhe etwa in der Mittellinie der Fahrzeugspur angebracht sein. [3] Nach hinten hinausragende fahrbare Anhängeleitern, Förderbänder und Kräne sind außerdem am Tage wie eine Ladung nach § 22 Absatz 4 der Straßenverkehrs-Ordnung[1)] kenntlich zu machen.

(6) [1] Die Absätze 1 und 2 gelten nicht für einachsige Zug- oder Arbeitsmaschinen. [2] Sind einachsige Zug- oder Arbeitsmaschinen mit einem Anhänger verbunden, so müssen an der Rückseite des Anhängers die für Kraftfahrzeuge vorgeschriebenen Schlussleuchten angebracht sein. [3] An einspurigen Anhängern hinter einachsigen Zug- oder Arbeitsmaschinen und hinter Krafträdern – auch mit Beiwagen – genügen für die rückwärtige Sicherung eine Schlussleuchte und ein dreieckiger Rückstrahler.

(7) Abweichend von Absatz 4 Satz 2 dürfen

1. land- oder forstwirtschaftliche Arbeitsgeräte, die hinter Kraftfahrzeugen mitgeführt werden und nur im Fahren eine ihrem Zweck entsprechende Arbeit leisten können,
2. eisenbereifte Anhänger, die nur für land- oder forstwirtschaftliche Zwecke verwendet werden,

mit Rückstrahlern ausgerüstet sein, wie sie nach Absatz 4 Satz 1 und 8 für Kraftfahrzeuge vorgeschrieben sind.

(7a) Anhänger, die nur für land- oder forstwirtschaftliche Zwecke eingesetzt werden, können neben den Rückstrahlern nach Absatz 4 Satz 2 auch Rückstrahler führen, wie sie für Kraftfahrzeuge vorgeschrieben sind.

(7b) Rückstrahler an hinter Kraftfahrzeugen mitgeführten land- oder forstwirtschaftlichen Bodenbearbeitungsgeräten dürfen abnehmbar sein.

(8) [1] Mit Abschleppwagen oder Abschleppachsen abgeschleppte Fahrzeuge müssen Schlussleuchten, Bremsleuchten, Rückstrahler und Fahrtrichtungsanzeiger haben. [2] Diese Beleuchtungseinrichtungen dürfen auf einem Leuchtenträger (§ 49a Absatz 9) angebracht sein; sie müssen vom abschleppenden Fahrzeug aus betätigt werden können.

(9) [1] Schlussleuchten, Bremsleuchten und rote Rückstrahler – ausgenommen zusätzliche Bremsleuchten und zusätzliche Schlussleuchten – dürfen nicht an beweglichen Fahrzeugteilen angebracht werden. [2] Das gilt nicht für

---

[1)] Nr. **100**.

lichttechnische Einrichtungen, die nach § 49a Absatz 9 und 10 abnehmbar sein dürfen.

(10) [1] Die Kennzeichnung von

1. Kraftfahrzeugen, deren durch die Bauart bestimmte Höchstgeschwindigkeit nicht mehr als 30 km/h beträgt, und ihren Anhängern mit einer dreieckigen Tafel mit abgeflachten Ecken, die der im Anhang zu dieser Vorschrift genannten Bestimmung entspricht,
2. schweren und langen Kraftfahrzeugen und Anhängern mit rechteckigen Tafeln, die der im Anhang zu dieser Vorschrift genannten Bestimmung entsprechen,
3. Fahrzeugen der Klassen M_2, M_3, O_2 und Fahrgestellen mit Fahrerhaus, unvollständigen Fahrzeugen, Sattelzugmaschinen und Fahrzeuge der Klasse N_2 mit einer Höchstmasse von nicht mehr als 7,5 t sowie Fahrzeuge der Klassen N, O_3 und O_4 mit einer Breite von nicht mehr als 2 100 mm oder mit einer Länge von nicht mehr als 6 000 mm mit weißen oder gelben auffälligen Markierungen an der Seite, mit roten oder gelben auffälligen Markierungen hinten, die den im Anhang zu dieser Vorschrift genannten Bestimmungen entsprechen, und
4. Kraftfahrzeugen, die nach § 52 Absatz 3 mit Kennleuchten für blaues Blinklicht in Form eines Rundumlichts ausgerüstet sind, mit retroreflektierenden Materialien, die den im Anhang zu dieser Vorschrift genannten Bestimmungen entsprechen,

ist zulässig. [2] An Fahrzeugen der Klassen N_2, N_3, O_3 und O_4, die in Satz 1 Nummer 3 nicht genannt sind, müssen seitlich weiße oder gelbe, hinten rote oder gelbe auffällige Markierungen, die den im Anhang zu dieser Vorschrift genannten Bestimmungen entsprechen, angebracht werden. [3] Bei den in Satz 1 Nummer 3 und Satz 2 genannten Fahrzeugen ist in Verbindung mit der Konturmarkierung Werbung auch aus andersfarbigen retroreflektierenden Materialien auf den Seitenflächen der Fahrzeuge zulässig, die den im Anhang zu dieser Vorschrift genannten Bestimmungen entspricht.

§ 53a[1)] Warndreieck, Warnleuchte, Warnblinkanlage, Warnweste.

(1) [1] Warndreiecke und Warnleuchten müssen tragbar, standsicher und so beschaffen sein, dass sie bei Gebrauch auf ausreichende Entfernung erkennbar sind. [2] Warndreiecke müssen rückstrahlend sein; Warnleuchten müssen gelbes Blinklicht abstrahlen, von der Lichtanlage des Fahrzeugs unabhängig sein und eine ausreichende Brenndauer haben. [3] Warnwesten müssen der Norm DIN EN 471:2003+A1:2007, Ausgabe März 2008 oder der Norm EN ISO 20471:2013 entsprechen. [4] Die Warneinrichtungen müssen in betriebsfertigem Zustand sein.

(2) In Kraftfahrzeugen mit Ausnahme von Krankenfahrstühlen, Krafträdern und einachsigen Zug- oder Arbeitsmaschinen müssen mindestens folgende Warneinrichtungen mitgeführt werden:

[1)] § 53a Überschr. neu gef., Abs. 1 Satz 3 eingef., bish. Satz 3 wird Satz 4, Abs. 2 Nr. 2 geänd., Nr. 3 angef. mWv 1.8.2013 durch VO v. 26.7.2013 (BGBl. I S. 2803); Abs. 1 Satz 3 geänd. mWv 1.5.2014 durch VO v. 16.4.2014 (BGBl. I S. 348).

1. in Personenkraftwagen, land- oder forstwirtschaftlichen Zug- oder Arbeitsmaschinen sowie in anderen Kraftfahrzeugen mit einem zulässigen Gesamtgewicht von nicht mehr als 3,5 t:
ein Warndreieck;
2. in Kraftfahrzeugen mit einem zulässigen Gesamtgewicht von mehr als 3,5 t:
ein Warndreieck und getrennt davon eine Warnleuchte. Als Warnleuchte darf auch eine tragbare Blinkleuchte nach § 53b Absatz 5 Satz 7 mitgeführt werden;
3. in Personenkraftwagen, Lastkraftwagen, Zug- und Sattelzugmaschinen sowie Kraftomnibussen:
eine Warnweste.

(3) [1] Warnleuchten, die mitgeführt werden, ohne dass sie nach Absatz 2 vorgeschrieben sind, dürfen abweichend von Absatz 1 von der Lichtanlage des Fahrzeugs abhängig, im Fahrzeug fest angebracht oder so beschaffen sein, dass sie bei Bedarf innen oder außen am Fahrzeug angebracht werden können. [2] Sie müssen der Nummer 20 der Technischen Anforderungen an Fahrzeugteile bei der Bauartprüfung nach § 22a der Straßenverkehrs-Zulassungs-Ordnung (Verkehrsblatt 1973 S. 558) entsprechen.

(4) [1] Fahrzeuge (ausgenommen Kraftfahrzeuge nach § 30a Absatz 3 mit Ausnahme von dreirädrigen Kraftfahrzeugen), die mit Fahrtrichtungsanzeigern ausgerüstet sein müssen, müssen zusätzlich eine Warnblinkanlage haben. [2] Sie muss wie folgt beschaffen sein:

1. Für die Schaltung muss im Kraftfahrzeug ein besonderer Schalter vorhanden sein.
2. Nach dem Einschalten müssen alle am Fahrzeug oder Zug vorhandenen Blinkleuchten gleichzeitig mit einer Frequenz von 1,5 Hz ± 0,5 Hz (90 Impulse ± 30 Impulse in der Minute) gelbes Blinklicht abstrahlen.
3. Dem Fahrzeugführer muss durch eine auffällige Kontrolleuchte nach § 39a angezeigt werden, dass das Warnblinklicht eingeschaltet ist.

(5) Warnblinkanlagen an Fahrzeugen, für die sie nicht vorgeschrieben sind, müssen den Vorschriften des Absatzes 4 entsprechen.

§ 53b Ausrüstung und Kenntlichmachung von Anbaugeräten und Hubladebühnen. (1) [1] Anbaugeräte, die seitlich mehr als 400 mm über den äußersten Punkt der leuchtenden Flächen der Begrenzungs- oder der Schlussleuchten des Fahrzeugs hinausragen, müssen mit Begrenzungsleuchten (§ 51 Absatz 1), Schlussleuchten (§ 53 Absatz 1) und Rückstrahlern (§ 53 Absatz 4) ausgerüstet sein. [2] Die Leuchten müssen so angebracht sein, dass der äußerste Punkt ihrer leuchtenden Fläche nicht mehr als 400 mm von der äußersten Begrenzung des Anbaugeräts und der höchste Punkt der leuchtenden Fläche nicht mehr als 1 500 mm von der Fahrbahn entfernt sind. [3] Der äußerste Punkt der leuchtenden Fläche der Rückstrahler darf nicht mehr als 400 mm von der äußersten Begrenzung des Anbaugeräts, der höchste Punkt der leuchtenden Fläche nicht mehr als 900 mm von der Fahrbahn entfernt sein. [4] Die Leuchten und die Rückstrahler dürfen außerhalb der Zeit, in der Beleuchtung nötig ist (§ 17 Absatz 1 der Straßenverkehrs-Ordnung[1]), abgenommen sein; sie müssen im oder am Fahrzeug mitgeführt werden.

[1] Nr. **100**.

(2) [1] Anbaugeräte, deren äußerstes Ende mehr als 1 000 mm über die Schlussleuchten des Fahrzeugs nach hinten hinausragt, müssen mit einer Schlussleuchte (§ 53 Absatz 1) und einem Rückstrahler (§ 53 Absatz 4) ausgerüstet sein. [2] Schlussleuchte und Rückstrahler müssen möglichst am äußersten Ende des Anbaugeräts und möglichst in der Fahrzeuglängsmittelebene angebracht sein. [3] Der höchste Punkt der leuchtenden Fläche der Schlussleuchte darf nicht mehr als 1 500 mm und der des Rückstrahlers nicht mehr als 900 mm von der Fahrbahn entfernt sein. [4] Schlussleuchte und Rückstrahler dürfen außerhalb der Zeit, in der Beleuchtung nötig ist (§ 17 Absatz 1 der Straßenverkehrs-Ordnung), abgenommen sein; sie müssen im oder am Fahrzeug mitgeführt werden.

(3) [1] Anbaugeräte nach Absatz 1 müssen ständig nach vorn und hinten, Anbaugeräte nach Absatz 2 müssen ständig nach hinten durch Park-Warntafeln nach § 51c oder durch Folien oder Tafeln nach DIN 11 030, Ausgabe September 1994, kenntlich gemacht werden. [2] Diese Tafeln, deren Streifen nach außen und nach unten verlaufen müssen, brauchen nicht fest am Anbaugerät angebracht zu sein.

(4) Ist beim Mitführen von Anbaugeräten eine Beeinträchtigung der Wirkung lichttechnischer Einrichtungen nicht vermeidbar, so müssen während der Dauer der Beeinträchtigung zusätzlich angebrachte lichttechnische Einrichtungen (zum Beispiel auf einem Leuchtenträger nach § 49a Absatz 9 oder 10) gleicher Art ihre Funktion übernehmen.

(5) [1] Hubladebühnen und ähnliche Einrichtungen, außer solchen an Kraftomnibussen, müssen während ihres Betriebs durch zwei Blinkleuchten für gelbes Licht mit einer Lichtstärke von nicht weniger als 50 cd und nicht mehr als 200 cd und mit gut sichtbaren rot-weißen Warnmarkierungen kenntlich gemacht werden. [2] Die Blinkleuchten und die Warnmarkierungen müssen – bezogen auf die Arbeitsstellung der Einrichtung – möglichst am hinteren Ende und soweit außen wie möglich angebracht sein. [3] Die Blinkleuchten müssen in Arbeitsstellung der Einrichtung mindestens in den Winkelbereichen sichtbar sein, die für hinten an Fahrzeugen angeordnete Fahrtrichtungsanzeiger in § 49a Absatz 1 Satz 4 gefordert werden. [4] Die Blinkleuchten müssen eine flache Abböschung haben. [5] Die Blinkleuchten müssen während des Betriebs der Einrichtung selbsttätig und unabhängig von der übrigen Fahrzeugbeleuchtung Warnblinklicht abstrahlen. [6] Die rot-weißen Warnmarkierungen müssen retroreflektierend sein und brauchen nur nach hinten zu wirken. [7] Bei Fahrzeugen, bei denen fest angebaute Blinkleuchten mit dem Verwendungszweck oder der Bauweise der Hubladebühne unvereinbar sind und bei Fahrzeugen, bei denen eine Nachrüstung mit zumutbarem Aufwand nicht möglich ist, muss mindestens eine tragbare Blinkleuchte als Sicherungseinrichtung von Hubladebühnen oder ähnlichen Einrichtungen mitgeführt, aufgestellt und zweckentsprechend betrieben werden.

§ 53c Tarnleuchten. (1) Fahrzeuge der Bundeswehr, der Bundespolizei, der Polizei und des Katastrophenschutzes dürfen zusätzlich mit den zum Tarnlichtkreis gehörenden Leuchten – Tarnscheinwerfer, Tarnschlussleuchten, Abstandsleuchten und Tarnbremsleuchten – versehen sein.

(2) Die Tarnleuchten dürfen nur einschaltbar sein, wenn die übrige Fahrzeugbeleuchtung abgeschaltet ist.

§ 53d Nebelschlussleuchten. (1) Die Nebelschlussleuchte ist eine Leuchte, die rotes Licht abstrahlt und das Fahrzeug bei dichtem Nebel von hinten besser erkennbar macht.

(2) Mehrspurige Kraftfahrzeuge, deren durch die Bauart bestimmte Höchstgeschwindigkeit mehr als 60 km/h beträgt, und ihre Anhänger müssen hinten mit einer oder zwei, andere Kraftfahrzeuge und Anhänger dürfen hinten mit einer Nebelschlussleuchte, ausgerüstet sein.

(3) [1] Der niedrigste Punkt der leuchtenden Fläche darf nicht weniger als 250 mm und der höchste Punkt nicht mehr als 1 000 mm über der Fahrbahn liegen. [2] In allen Fällen muss der Abstand zwischen den leuchtenden Flächen der Nebelschlussleuchte und der Bremsleuchte mehr als 100 mm betragen. [3] Ist nur eine Nebelschlussleuchte angebracht, so muss sie in der Mitte oder links davon angeordnet sein.

(4) [1] Nebelschlussleuchten müssen so geschaltet sein, dass sie nur dann leuchten können, wenn die Scheinwerfer für Fernlicht, für Abblendlicht oder die Nebelscheinwerfer oder eine Kombination dieser Scheinwerfer eingeschaltet sind. [2] Sind Nebelscheinwerfer vorhanden, so müssen die Nebelschlussleuchten unabhängig von diesen ausgeschaltet werden können. [3] Sind die Nebelschlussleuchten eingeschaltet, darf die Betätigung des Schalters für Fernlicht oder Abblendlicht die Nebelschlussleuchten nicht ausschalten.

(5) Eingeschaltete Nebelschlussleuchten müssen dem Fahrzeugführer durch eine Kontrollleuchte für gelbes Licht, die in seinem Blickfeld gut sichtbar angeordnet sein muss, angezeigt werden.

(6) [1] In einem Zug brauchen nur die Nebelschlussleuchten am letzten Anhänger zu leuchten. [2] Die Abschaltung der Nebelschlussleuchten am Zugfahrzeug oder am ersten Anhänger ist aber nur dann zulässig, wenn die jeweilige Ab- bzw. Wiedereinschaltung selbsttätig durch Aufstecken bzw. Abziehen des Steckers für die Anhängerbeleuchtung erfolgt.

§ 54 Fahrtrichtungsanzeiger. (1) [1] Kraftfahrzeuge und ihre Anhänger müssen mit Fahrtrichtungsanzeigern ausgerüstet sein. [2] Die Fahrtrichtungsanzeiger müssen nach dem Einschalten mit einer Frequenz von 1,5 Hz ± 0,5 Hz (90 Impulse ± 30 Impulse in der Minute) zwischen hell und dunkel sowie auf derselben Fahrzeugseite – ausgenommen an Krafträdern mit Wechselstromlichtanlage – in gleicher Phase blinken. [3] Sie müssen so angebracht und beschaffen sein, dass die Anzeige der beabsichtigten Richtungsänderung unter allen Beleuchtungs- und Betriebsverhältnissen von anderen Verkehrsteilnehmern, für die ihre Erkennbarkeit von Bedeutung ist, deutlich wahrgenommen werden kann. [4] Fahrtrichtungsanzeiger brauchen ihre Funktion nicht zu erfüllen, solange sie Warnblinklicht abstrahlen.

(1a) [1] Die nach hinten wirkenden Fahrtrichtungsanzeiger dürfen nicht an beweglichen Fahrzeugteilen angebracht werden. [2] Die nach vorn wirkenden Fahrtrichtungsanzeiger und die zusätzlichen seitlichen Fahrtrichtungsanzeiger dürfen an beweglichen Fahrzeugteilen angebaut sein, wenn diese Teile nur eine Normallage (Betriebsstellung) haben. [3] Die Sätze 1 und 2 gelten nicht für Fahrtrichtungsanzeiger, die nach § 49a Absatz 9 und 10 abnehmbar sein dürfen.

(2) [1] Sind Fahrtrichtungsanzeiger nicht im Blickfeld des Führers angebracht, so muss ihre Wirksamkeit dem Führer sinnfällig angezeigt werden; dies gilt nicht für Fahrtrichtungsanzeiger an Krafträdern und für seitliche Zusatzblinkleuchten. [2] Fahrtrichtungsanzeiger dürfen die Sicht des Fahrzeugführers nicht behindern.

(3) Als Fahrtrichtungsanzeiger sind nur Blinkleuchten für gelbes Licht zulässig.

(4) Erforderlich als Fahrtrichtungsanzeiger sind

1. an mehrspurigen Kraftfahrzeugen
   paarweise angebrachte Blinkleuchten an der Vorderseite und an der Rückseite. Statt der Blinkleuchten an der Vorderseite dürfen Fahrtrichtungsanzeiger am vorderen Teil der beiden Längsseiten angebracht sein. An Fahrzeugen mit einer Länge von nicht mehr als 4 m und einer Breite von nicht mehr als 1,60 m genügen Fahrtrichtungsanzeiger an den beiden Längsseiten. An Fahrzeugen, bei denen der Abstand zwischen den einander zugekehrten äußeren Rändern der Lichtaustrittsflächen der Blinkleuchten an der Vorderseite und an der Rückseite mehr als 6 m beträgt, müssen zusätzliche Fahrtrichtungsanzeiger an den beiden Längsseiten angebracht sein,
2. an Krafträdern
   paarweise angebrachte Blinkleuchten an der Vorderseite und an der Rückseite. Der Abstand des inneren Randes der Lichtaustrittsfläche der Blinkleuchten muss von der durch die Längsachse des Kraftrades verlaufenden senkrechten Ebene bei den an der Rückseite angebrachten Blinkleuchten mindestens 120 mm, bei den an der Vorderseite angebrachten Blinkleuchten mindestens 170 mm und vom Rand der Lichtaustrittsfläche des Scheinwerfers mindestens 100 mm betragen. Der untere Rand der Lichtaustrittsfläche von Blinkleuchten an Krafträdern muss mindestens 350 mm über der Fahrbahn liegen. Wird ein Beiwagen mitgeführt, so müssen die für die betreffende Seite vorgesehenen Blinkleuchten an der Außenseite des Beiwagens angebracht sein,
3. an Anhängern
   paarweise angebrachte Blinkleuchten an der Rückseite. Beim Mitführen von zwei Anhängern genügen Blinkleuchten am letzten Anhänger, wenn die Anhänger hinter einer Zugmaschine mit einer durch die Bauart bestimmten Höchstgeschwindigkeit von nicht mehr als 25 km/h mitgeführt werden oder wenn sie für eine Höchstgeschwindigkeit von nicht mehr als 25 km/h in der durch § 58 vorgeschriebenen Weise gekennzeichnet sind,
4. an Kraftomnibussen, die für die Schülerbeförderung besonders eingesetzt sind,
   an der Rückseite zwei zusätzliche Blinkleuchten, die so hoch und so weit außen wie möglich angeordnet sein müssen,
5. an mehrspurigen Kraftfahrzeugen und Sattelanhängern – ausgenommen Arbeitsmaschinen, Stapler und land- oder forstwirtschaftliche Zugmaschinen und deren Anhänger – mit einem zulässigen Gesamtgewicht von mehr als 3,5 t an den Längsseiten im vorderen Drittel zusätzliche Blinkleuchten,

deren Lichtstärke nach hinten mindestens 50 cd und höchstens 200 cd beträgt. Für diese Fahrzeuge ist die Anbringung zusätzlicher Fahrtrichtungsanzeiger nach Nummer 1 nicht erforderlich.

(5) Fahrtrichtungsanzeiger sind nicht erforderlich an

1. einachsigen Zugmaschinen,
2. einachsigen Arbeitsmaschinen,
3. offenen Krankenfahrstühlen,
4. Leichtkrafträdern, Kleinkrafträdern und Fahrrädern mit Hilfsmotor,
5. folgenden Arten von Anhängern:
   a) eisenbereiften Anhängern, die nur für land- oder forstwirtschaftliche Zwecke verwendet werden;
   b) angehängten land- oder forstwirtschaftlichen Arbeitsgeräten, soweit sie die Blinkleuchten des ziehenden Fahrzeugs nicht verdecken;
   c) einachsigen Anhängern hinter Krafträdern;
   d) Sitzkarren (§ 3 Absatz 2 Satz 1 Nummer 2 Buchstabe i der Fahrzeug-Zulassungsverordnung[1]).

(6) Fahrtrichtungsanzeiger an Fahrzeugen, für die sie nicht vorgeschrieben sind, müssen den vorstehenden Vorschriften entsprechen.

§ 54a Innenbeleuchtung in Kraftomnibussen. (1) Kraftomnibusse müssen eine Innenbeleuchtung haben; diese darf die Sicht des Fahrzeugführers nicht beeinträchtigen.

(2) Die für Fahrgäste bestimmten Ein- und Ausstiege müssen ausreichend ausgeleuchtet sein, solange die jeweilige Fahrgasttür nicht geschlossen ist.

§ 54b Windsichere Handlampe. In Kraftomnibussen muss außer den nach § 53a Absatz 1 erforderlichen Warneinrichtungen eine von der Lichtanlage des Fahrzeugs unabhängige windsichere Handlampe mitgeführt werden.

§ 55[2] Einrichtungen für Schallzeichen. (1) [1] Kraftfahrzeuge müssen mindestens eine Einrichtung für Schallzeichen haben, deren Klang gefährdete Verkehrsteilnehmer auf das Herannahen eines Kraftfahrzeugs aufmerksam macht, ohne sie zu erschrecken und andere mehr als unvermeidbar zu belästigen. [2] Ist mehr als eine Einrichtung für Schallzeichen angebracht, so muss sichergestellt sein, dass jeweils nur eine Einrichtung betätigt werden kann. [3] Die Umschaltung auf die eine oder andere Einrichtung darf die Abgabe einer Folge von Klängen verschiedener Grundfrequenzen nicht ermöglichen.

(2) [1] Als Einrichtungen für Schallzeichen dürfen Hupen und Hörner angebracht sein, die einen Klang mit gleichbleibenden Grundfrequenzen (auch harmonischen Akkord) erzeugen, der frei von Nebengeräuschen ist. [2] Die Lautstärke darf in 7 m Entfernung von dem Anbringungsort der Schallquelle am Fahrzeug und in einem Höhenbereich von 500 mm bis 1 500 mm über der Fahrbahn an keiner Stelle 105 dB(A) übersteigen. [3] Die Messungen sind

---

[1] Nr. **250**.

[2] § 55 Abs. 3 Satz 3 aufgeh., Abs. 3a eingef., Abs. 4 neu gef. mWv 1.8.2013 durch VO v. 26.7. 2013 (BGBl. I S. 2803).

auf einem freien Platz mit möglichst glatter Oberfläche bei Windstille durchzuführen; Hindernisse (Bäume, Sträucher u.a.), die durch Widerhall oder Dämpfung stören können, müssen von der Schallquelle mindestens doppelt so weit entfernt sein wie der Schallempfänger.

(2a) Abweichend von den Absätzen 1 und 2 müssen Kraftfahrzeuge nach § 30a Absatz 3 Einrichtungen für Schallzeichen haben, die den im Anhang zu dieser Vorschrift genannten Bestimmungen entsprechen.

(3) [1] Kraftfahrzeuge, die auf Grund des § 52 Absatz 3 Kennleuchten für blaues Blinklicht führen, müssen mit mindestens einer Warneinrichtung mit einer Folge von Klängen verschiedener Grundfrequenz (Einsatzhorn) ausgerüstet sein. [2] Ist mehr als ein Einsatzhorn angebracht, so muss sichergestellt sein, dass jeweils nur eines betätigt werden kann.

(3a) [1] Kraftfahrzeuge, die auf Grund des § 52 Absatz 3a mit Anhaltesignal und mit Signalgebern für rote Lichtschrift ausgerüstet sind, dürfen neben der in Absatz 3 vorgeschriebenen Warneinrichtung, dem Einsatzhorn, mit einer zusätzlichen Warneinrichtung, dem Anhaltehorn, ausgerüstet sein. [2] Es muss sichergestellt sein, dass das Anhaltehorn nur in Verbindung mit dem Anhaltesignal und dem Signalgeber für rote Lichtschrift aktiviert werden kann. [3] Es darf nicht möglich sein, die Warneinrichtungen gemeinsam zu betreiben.

(4) [1] Ausschließlich die in den Absätzen 1 bis 3a beschriebenen Einrichtungen für Schallzeichen sowie Sirenen dürfen an Kraftfahrzeugen, mit Ausnahme von Kraftfahrzeugen nach Absatz 3a Satz 1, angebracht sein. [2] Nur die in Satz 1 der Absätze 3 und 3a genannten Kraftfahrzeuge dürfen mit dem Einsatzhorn oder zusätzlich mit dem Anhaltehorn ausgerüstet sein.

(5) Absatz 1 gilt nicht für eisenbereifte Kraftfahrzeuge mit einer durch die Bauart bestimmten Höchstgeschwindigkeit von nicht mehr als 8 km/h und für einachsige Zug- oder Arbeitsmaschinen, die von Fußgängern an Holmen geführt werden.

(6) [1] Mofas müssen mit mindestens einer helltönenden Glocke ausgerüstet sein. [2] Radlaufglocken und andere Einrichtungen für Schallzeichen sind nicht zulässig.

§ 55a Elektromagnetische Verträglichkeit. (1) [1] Personenkraftwagen, Kraftomnibusse, Lastkraftwagen, Zugmaschinen und Sattelzugmaschinen mit mindestens vier Rädern und einer durch die Bauart bestimmten Höchstgeschwindigkeit von mehr als 25 km/h – ausgenommen land- oder forstwirtschaftliche Zugmaschinen, Muldenkipper, Flurförderzeuge, Elektrokarren und Autoschütter – sowie ihre Anhänger müssen den im Anhang zu dieser Vorschrift genannten Bestimmungen über die elektromagnetische Verträglichkeit entsprechen. [2] Satz 1 gilt entsprechend für andere Fahrzeuge, die hinsichtlich ihrer Baumerkmale des Fahrgestells und ihrer elektrischen Ausrüstung den genannten Fahrzeugen gleichzusetzen sind, sowie für Bauteile und selbstständige technische Einheiten, die zum Einbau in den genannten Fahrzeugen bestimmt sind.

(2) Kraftfahrzeuge nach § 30a Absatz 3 sowie zum Einbau in diese Fahrzeuge bestimmte selbstständige technische Einheiten müssen den im Anhang zu dieser Vorschrift genannten Bestimmungen über die elektromagnetische Verträglichkeit entsprechen.

§ 56 Spiegel und andere Einrichtungen für indirekte Sicht. (1) Kraftfahrzeuge müssen nach Maßgabe der Absätze 2 bis 3 Spiegel oder andere Einrichtungen für indirekte Sicht haben, die so beschaffen und angebracht sind, dass der Fahrzeugführer nach rückwärts, zur Seite und unmittelbar vor dem Fahrzeug – auch beim Mitführen von Anhängern – alle für ihn wesentlichen Verkehrsvorgänge beobachten kann.

(2) Es sind erforderlich

1. bei Personenkraftwagen sowie Lastkraftwagen, Zugmaschinen und Sattelzugmaschinen mit einer zulässigen Gesamtmasse von nicht mehr als 3,5 t Spiegel oder andere Einrichtungen für indirekte Sicht, die in den im Anhang zu dieser Vorschrift genannten Bestimmungen für diese Fahrzeuge als vorgeschrieben bezeichnet sind; die vorgeschriebenen sowie vorhandene gemäß Anhang III Nummer 2.1.1 der im Anhang zu dieser Vorschrift genannten Richtlinie zulässige Spiegel oder andere Einrichtungen für indirekte Sicht müssen den im Anhang zu dieser Vorschrift genannten Bestimmungen entsprechen;
2. bei Lastkraftwagen, Zugmaschinen, Sattelzugmaschinen und Fahrzeugen mit besonderer Zweckbestimmung nach Anhang II Buchstabe A Nummer 5.6 und 5.7 der Richtlinie 70/156/EWG mit einer zulässigen Gesamtmasse von mehr als 3,5 t sowie bei Kraftomnibussen Spiegel oder andere Einrichtungen für indirekte Sicht, die in den im Anhang zu dieser Vorschrift genannten Bestimmungen für diese Fahrzeuge als vorgeschrieben bezeichnet sind;

die vorgeschriebenen sowie vorhandenen gemäß Anhang III Nummer 2.1.1 der im Anhang zu dieser Vorschrift genannten Richtlinie zulässigen Spiegel oder andere Einrichtungen für indirekte Sicht müssen den im Anhang zu dieser Vorschrift genannten Bestimmungen entsprechen;

3. bei Lastkraftwagen, Zugmaschinen, Sattelzugmaschinen, selbstfahrenden Arbeitsmaschinen, die den Baumerkmalen von Lastkraftwagen hinsichtlich des Fahrgestells entsprechen, und Fahrzeugen mit besonderer Zweckbestimmung nach Anhang II Buchstabe A Nummer 5.7 und 5.8 der Richtlinie 2007/46/EG mit einer zulässigen Gesamtmasse von mehr als 3,5 t, die ab dem 1. Januar 2000 bis zum 25. Januar 2007 erstmals in den Verkehr gekommen sind, Spiegel oder andere Einrichtungen für indirekte Sicht, die in den im Anhang zu dieser Vorschrift genannten Bestimmungen für diese Fahrzeuge als vorgeschrieben bezeichnet sind; diese Spiegel oder andere Einrichtungen für indirekte Sicht müssen den im Anhang zu dieser Vorschrift oder im Anhang zu den Nummern 1 und 2 genannten Bestimmungen entsprechen;
4. bei land- oder forstwirtschaftlichen Zugmaschinen mit einer durch die Bauart bestimmten Höchstgeschwindigkeit von nicht mehr als 40 km/h Spiegel, die den im Anhang zu dieser Vorschrift genannten Bestimmungen entsprechen müssen,
5. bei Kraftfahrzeugen nach Artikel 1 der Richtlinie 2002/24/EG Spiegel, die den im Anhang zu dieser Vorschrift genannten Bestimmungen entsprechen müssen.

(2a) Bei land- oder forstwirtschaftlichen Zugmaschinen mit einer durch die Bauart bestimmten Höchstgeschwindigkeit von mehr als 40 km/h sowie bei

Arbeitsmaschinen und Staplern ist § 56 Absatz 2 in der am 29. März 2005 geltenden Fassung anzuwenden.

(3) Nicht erforderlich sind Spiegel bei einachsigen Zugmaschinen, einachsigen Arbeitsmaschinen, offenen Elektrokarren mit einer durch die Bauart bestimmten Höchstgeschwindigkeit von nicht mehr als 25 km/h sowie mehrspurigen Kraftfahrzeugen mit einer durch die Bauart bestimmten Höchstgeschwindigkeit von nicht mehr als 25 km/h und mit offenem Führerplatz, der auch beim Mitführen von unbeladenen oder beladenen Anhängern nach rückwärts Sicht bietet.

§ 57 Geschwindigkeitsmessgerät und Wegstreckenzähler. (1) [1] Kraftfahrzeuge müssen mit einem im unmittelbaren Sichtfeld des Fahrzeugführers liegenden Geschwindigkeitsmessgerät ausgerüstet sein. [2] Dies gilt nicht für

1. mehrspurige Kraftfahrzeuge mit einer durch die Bauart bestimmten Höchstgeschwindigkeit von nicht mehr als 30 km/h sowie
2. mit Fahrtschreiber oder Kontrollgerät (§ 57a) ausgerüstete Kraftfahrzeuge, wenn die Geschwindigkeitsanzeige im unmittelbaren Sichtfeld des Fahrzeugführers liegt.

(2) [1] Bei Geschwindigkeitsmessgeräten muss die Geschwindigkeit in Kilometer je Stunde angezeigt werden. [2] Das Geschwindigkeitsmessgerät muss den im Anhang zu dieser Vorschrift genannten Bestimmungen entsprechen.

(3) [1] Das Geschwindigkeitsmessgerät darf mit einem Wegstreckenzähler verbunden sein, der die zurückgelegte Strecke in Kilometern anzeigt. [2] Die vom Wegstreckenzähler angezeigte Wegstrecke darf von der tatsächlich zurückgelegten Wegstrecke ± 4 Prozent abweichen.

§ 57a[1)] Fahrtschreiber und Kontrollgerät. (1) [1] Mit einem nach dem Mess- und Eichgesetz in Verkehr gebrachten Fahrtschreiber sind auszurüsten

1. Kraftfahrzeuge mit einem zulässigen Gesamtgewicht von 7,5 t und darüber,
2. Zugmaschinen mit einer Motorleistung von 40 kW und darüber, die nicht ausschließlich für land- oder forstwirtschaftliche Zwecke eingesetzt werden,
3. zur Beförderung von Personen bestimmte Kraftfahrzeuge mit mehr als acht Fahrgastplätzen.

[2] Dies gilt nicht für

1. Kraftfahrzeuge mit einer durch die Bauart bestimmten Höchstgeschwindigkeit von nicht mehr als 40 km/h,
2. Kraftfahrzeuge der Bundeswehr, es sei denn, dass es sich um Kraftfahrzeuge der Bundeswehrverwaltung oder um Kraftomnibusse handelt,
3. Kraftfahrzeuge der Feuerwehren und der anderen Einheiten und Einrichtungen des Katastrophenschutzes,
4. Fahrzeuge, die in § 18 Absatz 1 der Fahrpersonalverordnung[2)] vom 27. Juni 2005 (BGBl. I S. 1882), die zuletzt durch die Artikel 1, 4 und 5 der

[1)] § 57a Abs. 1 Satz 1 einl. Satzteil geänd. mWv 1.1.2015 durch VO v. 11.12.2014 (BGBl. I S. 2010).

[2)] Nr. **575**.

Verordnung vom 22. Januar 2008 (BGBl. I S. 54) geändert worden ist, genannt sind,

5. Fahrzeuge, die in Artikel 3 Buchstabe d bis g und i der Verordnung (EG) Nr. 561/2006[1)] des Europäischen Parlaments und des Rates vom 15. März 2006 (ABl. L 102 vom 11.4.2006, S. 1), die durch die Verordnung (EG) Nr. 1073/2009 (ABl. L 300 vom 14.11.2009, S. 88) geändert worden ist, genannt sind.

(1a) Der Fahrtschreiber sowie alle lösbaren Verbindungen der Übertragungseinrichtungen müssen plombiert sein.

(2) [1] Der Fahrtschreiber muss vom Beginn bis zum Ende jeder Fahrt ununterbrochen in Betrieb sein und auch die Haltezeiten aufzeichnen. [2] Die Schaublätter – bei mehreren miteinander verbundenen Schaublättern (Schaublattbündel) das erste Blatt – sind vor Antritt der Fahrt mit dem Namen der Führer sowie dem Ausgangspunkt und Datum der ersten Fahrt zu bezeichnen; ferner ist der Stand des Wegstreckenzählers am Beginn und am Ende der Fahrt oder beim Einlegen und bei der Entnahme des Schaublatts vom Kraftfahrzeughalter oder dessen Beauftragten einzutragen; andere, durch Rechtsvorschriften weder geforderte noch erlaubte Vermerke auf der Vorderseite des Schaublatts sind unzulässig. [3] Es dürfen nur Schaublätter mit Prüfzeichen verwendet werden, die für den verwendeten Fahrtschreibertyp zugeteilt sind. [4] Die Schaublätter sind zuständigen Personen auf Verlangen jederzeit vorzulegen; der Kraftfahrzeughalter hat sie ein Jahr lang aufzubewahren. [5] Auf jeder Fahrt muss mindestens ein Ersatzschaublatt mitgeführt werden.

(3) [1] Die Absätze 1 bis 2 gelten nicht, wenn das Fahrzeug an Stelle eines vorgeschriebenen Fahrtschreibers mit einem Kontrollgerät im Sinne des Anhangs I oder des Anhangs I B der Verordnung (EWG) Nr. 3821/85 ausgerüstet ist. [2] In diesem Fall ist das Kontrollgerät nach Maßgabe des Absatzes 2 zu betreiben; bei Verwendung eines Kontrollgerätes nach Anhang I B der Verordnung (EWG) Nr. 3821/85 muss die Fahrerkarte nicht gesteckt werden. [3] Im Falle des Einsatzes von Kraftomnibussen im Linienverkehr bis 50 Kilometer kann anstelle des Namens der Führer das amtliche Kennzeichen oder die Betriebsnummer des jeweiligen Fahrzeugs auf den Ausdrucken und Schaublättern eingetragen werden. [4] Die Daten des Massespeichers sind vom Kraftfahrzeughalter alle drei Monate herunterzuladen; § 2 Absatz 5 der Fahrpersonalverordnung gilt entsprechend. [5] Wird bei Fahrzeugen zur Güterbeförderung mit einer zulässigen Gesamtmasse von mindestens 12 t oder bei Fahrzeugen zur Personenbeförderung mit mehr als acht Sitzplätzen außer dem Fahrersitz und einer zulässigen Gesamtmasse von mehr als 10 t, die ab dem 1. Januar 1996 erstmals zum Verkehr zugelassen wurden und bei denen die Übermittlung der Signale an das Kontrollgerät ausschließlich elektrisch erfolgt, das Kontrollgerät ausgetauscht, so muss dieses durch ein Gerät nach Anhang I B der Verordnung (EWG) Nr. 3821/85 ersetzt werden. [6] Ein Austausch des Kontrollgerätes im Sinne des Satzes 5 liegt nur dann vor, wenn das gesamte System bestehend aus Registriereinheit und Geschwindigkeitsgeber getauscht wird.

(4) Weitergehende Anforderungen in Sondervorschriften bleiben unberührt.

---

1) Nr. **565**.

§ 57b[1] **Prüfung der Fahrtschreiber und Kontrollgeräte.** (1) [1] Halter, deren Kraftfahrzeuge mit einem Fahrtschreiber nach § 57a Absatz 1 oder mit einem Kontrollgerät nach der Verordnung (EWG) Nr. 3821/85 ausgerüstet sein müssen, haben auf ihre Kosten die Fahrtschreiber oder die Kontrollgeräte nach Maßgabe des Absatzes 2 und der Anlagen XVIII und XVIIIa darauf prüfen zu lassen, dass Einbau, Zustand, Messgenauigkeit und Arbeitsweise vorschriftsmäßig sind. [2] Bestehen keine Bedenken gegen die Vorschriftsmäßigkeit, so hat der Hersteller oder die Werkstatt auf oder neben dem Fahrtschreiber oder dem Kontrollgerät gut sichtbar und dauerhaft ein Einbauschild anzubringen. [3] Das Einbauschild muss plombiert sein, es sei denn, dass es sich nicht ohne Vernichtung der Angaben entfernen lässt. [4] Der Halter hat dafür zu sorgen, dass das Einbauschild die vorgeschriebenen Angaben enthält, plombiert sowie vorschriftsmäßig angebracht und weder verdeckt noch verschmutzt ist.

(2) [1] Die Prüfungen sind mindestens einmal innerhalb von zwei Jahren seit der letzten Prüfung durchzuführen. [2] Dabei endet die Frist für die Überprüfung erst mit Ablauf des Monats, in dem vor zwei Jahren die letzte Überprüfung erfolgte. [3] Außerdem müssen die Prüfungen nach jedem Einbau, jeder Reparatur der Fahrtschreiber- oder Kontrollgeräteanlage, jeder Änderung der Wegdrehzahl oder Wegimpulszahl und nach jeder Änderung des wirksamen Reifenumfanges des Kraftfahrzeugs sowie bei Kontrollgeräten nach Anhang I B der Verordnung (EWG) Nr. 3821/85 auch dann, wenn die UTC-Zeit von der korrekten Zeit um mehr als 20 Minuten abweicht oder wenn sich das amtliche Kennzeichen des Kraftfahrzeuges geändert hat, durchgeführt werden.

(3) [1] Die Prüfungen dürfen nur durch einen nach Maßgabe der Anlage XVIIIc hierfür amtlich anerkannten Fahrtschreiber- oder Kontrollgerätehersteller durch von diesen beauftragte Kraftfahrzeugwerkstätten und durch nach Maßgabe der Anlage XVIIId anerkannte Kraftfahrzeugwerkstätten durchgeführt werden. [2] Die Prüfungen dürfen nur an Prüfstellen vorgenommen werden, die den in Anlage XVIIIb festgelegten Anforderungen entsprechen.

(4) [1] Wird der Fahrtschreiber oder das Kontrollgerät vom Fahrzeughersteller eingebaut, so hat dieser, sofern er hierfür nach Anlage XVIIIc amtlich anerkannt ist, die Einbauprüfung nach Maßgabe der Anlage XVIIIa durchzuführen und das Gerät zu kalibrieren. [2] Die Einbauprüfung und Kalibrierung kann abweichend von Satz 1 auch durch einen hierfür anerkannten Fahrzeugimporteur durchgeführt werden. [3] Die Einbauprüfung darf nur an einer Prüfstelle durchgeführt werden, die den in Anlage XVIIIb festgelegten Anforderungen entspricht.

§ 57c[2] **Ausrüstung von Kraftfahrzeugen mit Geschwindigkeitsbegrenzern und ihre Benutzung.** (1) Geschwindigkeitsbegrenzer sind Einrichtungen, die im Kraftfahrzeug in erster Linie durch die Steuerung der Kraftstoffzufuhr zum Motor die Fahrzeughöchstgeschwindigkeit auf den eingestellten Wert beschränken.

---

[1] § 57b Abs. 2 Satz 2 eingef., bish. Satz 2 wird Satz 3 mWv 1.8.2013 durch VO v. 26.7.2013 (BGBl. I S. 2803).

[2] § 57c Abs. 2 Nr. 1 neu gef. mWv 1.8.2013 durch VO v. 26.7.2013 (BGBl. I S. 2803).

(2) [1] Alle Kraftomnibusse sowie Lastkraftwagen, Zugmaschinen und Sattelzugmaschinen mit einer zulässigen Gesamtmasse von jeweils mehr als 3,5 t müssen mit einem Geschwindigkeitsbegrenzer ausgerüstet sein. [2] Der Geschwindigkeitsbegrenzer ist bei

1. Kraftomnibussen auf eine Höchstgeschwindigkeit einschließlich aller Toleranzen von 100 km/h (V_{set} + Toleranzen ≤ 100 km/h),
2. Lastkraftwagen, Zugmaschinen und Sattelzugmaschinen auf eine Höchstgeschwindigkeit – einschließlich aller Toleranzen – von 90 km/h (v_{set} + Toleranzen ≤ 90 km/h) einzustellen.

(3) Mit einem Geschwindigkeitsbegrenzer brauchen nicht ausgerüstet zu sein:

1. Kraftfahrzeuge, deren durch die Bauart bestimmte tatsächliche Höchstgeschwindigkeit nicht höher als die jeweils in Absatz 2 Satz 2 in Verbindung mit Absatz 4 genannte Geschwindigkeit ist,
2. Kraftfahrzeuge der Bundeswehr, der Bundespolizei, der Einheiten und Einrichtungen des Katastrophenschutzes, der Feuerwehren, der Rettungsdienste und der Polizei,
3. Kraftfahrzeuge, die für wissenschaftliche Versuchszwecke auf der Straße oder zur Erprobung im Sinne des § 19 Absatz 6 eingesetzt werden, und
4. Kraftfahrzeuge, die ausschließlich für öffentliche Dienstleistungen innerhalb geschlossener Ortschaften eingesetzt werden oder die überführt werden (zum Beispiel vom Aufbauhersteller zum Betrieb oder für Wartungs- und Reparaturarbeiten).

(4) Die Geschwindigkeitsbegrenzer müssen den im Anhang zu dieser Vorschrift genannten Bestimmungen über Geschwindigkeitsbegrenzer entsprechen.

(5) Der Geschwindigkeitsbegrenzer muss so beschaffen sein, dass er nicht ausgeschaltet werden kann.

§ 57d[1] Einbau und Prüfung von Geschwindigkeitsbegrenzern.

(1) [1] Geschwindigkeitsbegrenzer dürfen in Kraftfahrzeuge nur eingebaut und geprüft werden von hierfür amtlich anerkannten

1. Fahrzeugherstellern,
2. Herstellern von Geschwindigkeitsbegrenzern oder
3. Beauftragten der Hersteller

sowie durch von diesen ermächtigten Werkstätten. [2] Darüber hinaus dürfen die in § 57b Absatz 3 genannten Stellen diese Prüfungen durchführen.

(2) [1] Halter, deren Kraftfahrzeuge mit einem Geschwindigkeitsbegrenzer nach § 57c Absatz 2 ausgerüstet sind, haben auf ihre Kosten die Geschwindigkeitsbegrenzer nach jedem Einbau, jeder Reparatur, jeder Änderung der Wegdrehzahl oder des wirksamen Reifenumfanges des Kraftfahrzeugs oder der Kraftstoff-Zuführungseinrichtung durch einen Berechtigten nach Absatz 1 prüfen und bescheinigen zu lassen, dass Einbau, Zustand und Arbeitsweise vorschriftsmäßig sind. [2] Die Bescheinigung über die Prüfung muss mindestens folgende Angaben enthalten:

---

[1] § 57d Abs. 1 und 3 neu gef. mWv 1.8.2013 durch VO v. 26.7.2013 (BGBl. I S. 2803).

1. Name, Anschrift oder Firmenzeichen der Berechtigten nach Absatz 1,
2. die eingestellte Geschwindigkeit v_{set},
3. Wegdrehzahl des Kraftfahrzeugs,
4. wirksamer Reifenumfang des Kraftfahrzeugs,
5. Datum der Prüfung und
6. die letzten acht Zeichen der Fahrzeug-Identifizierungsnummer des Kraftfahrzeugs.

[3] Der Fahrzeugführer hat die Bescheinigung über die Prüfung des Geschwindigkeitsbegrenzers mitzuführen und auf Verlangen zuständigen Personen zur Prüfung auszuhändigen. [4] Die Sätze 1 und 3 gelten nicht für Fahrzeuge mit roten Kennzeichen oder mit Kurzzeitkennzeichen.

(3) Wird der Geschwindigkeitsbegrenzer von einem Fahrzeughersteller eingebaut, der Inhaber einer Allgemeinen Betriebserlaubnis nach § 20 ist, kann dieser die nach Absatz 2 erforderliche Bescheinigung ausstellen.

(4) Für die Anerkennung der Fahrzeughersteller, der Hersteller von Geschwindigkeitsbegrenzern oder von Beauftragten der Hersteller sind die oberste Landesbehörde, die von ihr bestimmten oder die nach Landesrecht zuständigen Stellen zuständig.

(5) Die Anerkennung kann Fahrzeugherstellern, Herstellern von Geschwindigkeitsbegrenzern oder Beauftragten der Hersteller erteilt werden:
1. zur Vornahme des Einbaus und der Prüfung nach Absatz 2,
2. zur Ermächtigung von Werkstätten, die den Einbau und die Prüfungen vornehmen.

(6) Die Anerkennung wird erteilt, wenn
1. der Antragsteller, bei juristischen Personen die nach Gesetz oder Satzung zur Vertretung berufenen Personen, die Gewähr für zuverlässige Ausübung der dadurch verliehenen Befugnisse bietet,
2. der Antragsteller, falls er die Prüfungen selbst vornimmt, nachweist, dass er über die erforderlichen Fachkräfte sowie über die notwendigen, dem Stand der Technik entsprechenden Prüfgeräte und sonstigen Einrichtungen und Ausstattungen verfügt,
3. der Antragsteller, falls er die Prüfungen und den Einbau durch von ihm ermächtigte Werkstätten vornehmen lässt, nachweist, dass er durch entsprechende Überwachungs- und Weisungsbefugnisse sichergestellt hat, dass bei den Werkstätten die Voraussetzungen nach Nummer 2 vorliegen und die Durchführung des Einbaus und der Prüfungen ordnungsgemäß erfolgt.

(7) Wird die Anerkennung nach Absatz 5 Nummer 2 ausgesprochen, so haben der Fahrzeughersteller, der Hersteller von Geschwindigkeitsbegrenzern oder die Beauftragten der Hersteller der Anerkennungsbehörde und den zuständigen obersten Landesbehörden die ermächtigten Werkstätten mitzuteilen.

(8) Die Anerkennung ist nicht übertragbar; sie kann mit Nebenbestimmungen verbunden werden, die sicherstellen, dass der Einbau und die Prüfungen ordnungsgemäß durchgeführt werden.

(9) [1] Die oberste Landesbehörde, die von ihr bestimmten oder die nach Landesrecht zuständigen Stellen üben die Aufsicht über die Inhaber der

Anerkennung aus. [2] Die Aufsichtsbehörde kann selbst prüfen oder durch von ihr bestimmte Sachverständige prüfen lassen, ob insbesondere die Voraussetzungen für die Anerkennung gegeben sind, ob der Einbau und die Prüfungen ordnungsgemäß durchgeführt und ob die sich sonst aus der Anerkennung oder den Nebenbestimmungen ergebenden Pflichten erfüllt werden.

§ 58[1)] **Geschwindigkeitsschilder.** (1) Ein Geschwindigkeitsschild gibt die zulässige Höchstgeschwindigkeit des betreffenden Fahrzeugs in Kilometer je Stunde an.

(2) [1] Das Schild muss kreisrund mit einem Durchmesser von 200 mm sein und einen schwarzen Rand haben. [2] Die Ziffern sind auf weißem Grund in schwarzer fetter Engschrift entsprechend Anlage V Seite 4 in einer Schriftgröße von 120 mm auszuführen.

(2a) [1] Geschwindigkeitsschilder dürfen retroreflektierend sein. [2] Retroreflektierende Geschwindigkeitsschilder müssen dem Normblatt DIN 74069, Ausgabe Mai 1989, entsprechen, sowie auf der Vorderseite das DIN-Prüf- und Überwachungszeichen mit der zugehörigen Registernummer tragen.

(3) Mit Geschwindigkeitsschildern müssen gekennzeichnet sein

1. mehrspurige Kraftfahrzeuge mit einer durch die Bauart bestimmten Höchstgeschwindigkeit von nicht mehr als 60 km/h,
2. Anhänger mit einer durch die Bauart bestimmten Höchstgeschwindigkeit von weniger als 100 km/h,
3. Anhänger mit einer eigenen mittleren Bremsverzögerung von weniger als 2,5 m/s^2.

(4) [1] Absatz 3 gilt nicht für

1. die in § 36 Absatz 10 Satz 6 zweiter Halbsatz bezeichneten Gleiskettenfahrzeuge,
2. land- oder forstwirtschaftliche Zugmaschinen mit einer durch die Bauart bestimmten Höchstgeschwindigkeit von nicht mehr als 32 km/h,
3. land- oder forstwirtschaftliche Arbeitsgeräte, die hinter Kraftfahrzeugen mitgeführt werden.

[2] Die Vorschrift des § 36 Absatz 1 Satz 2 bleibt unberührt.

(5) [1] Die Geschwindigkeitsschilder müssen an beiden Längsseiten und an der Rückseite des Fahrzeugs angebracht werden. [2] An land- oder forstwirtschaftlichen Zugmaschinen und ihren Anhängern genügt ein Geschwindigkeitsschild an der Fahrzeugrückseite; wird es wegen der Art des Fahrzeugs oder seiner Verwendung zeitweise verdeckt oder abgenommen, so muss ein Geschwindigkeitsschild an der rechten Längsseite vorhanden sein.

§ 59 Fabrikschilder, sonstige Schilder, Fahrzeug-Identifizierungsnummer. (1) [1] An allen Kraftfahrzeugen und Anhängern muss an zugänglicher Stelle am vorderen Teil der rechten Seite gut lesbar und dauerhaft ein Fabrikschild mit folgenden Angaben angebracht sein:

1. Hersteller des Fahrzeugs;

---

1) § 58 Abs. 2a Satz 2 geänd. mWv 1.8.2013 durch VO v. 26.7.2013 (BGBl. I S. 2803); Abs. 4 Satz 1 Nr. 1 geänd. mWv 1.6.2017 durch VO v. 18.5.2017 (BGBl. I S. 1282).

2. Fahrzeugtyp;

3. Baujahr (nicht bei zulassungspflichtigen Fahrzeugen);

4. Fahrzeug-Identifizierungsnummer;

5. zulässiges Gesamtgewicht;

6. zulässige Achslasten (nicht bei Krafträdern).

[2] Dies gilt nicht für die in § 53 Absatz 7 bezeichneten Anhänger.

(1a) Abweichend von Absatz 1 ist an Personenkraftwagen, Kraftomnibussen, Lastkraftwagen und Sattelzugmaschinen mit mindestens vier Rädern und einer durch die Bauart bestimmten Höchstgeschwindigkeit von mehr als 25 km/h sowie ihren Anhängern zur Güterbeförderung ein Schild gemäß den im Anhang zu dieser Vorschrift genannten Bestimmungen anzubringen; an anderen Fahrzeugen – ausgenommen Kraftfahrzeuge nach § 30a Absatz 3 – darf das Schild angebracht sein.

(1b) Abweichend von Absatz 1 ist an zweirädrigen oder dreirädrigen Kraftfahrzeugen nach § 30a Absatz 3 ein Schild entsprechend den im Anhang zu dieser Vorschrift genannten Bestimmungen anzubringen.

(2) [1] Die Fahrzeug-Identifizierungsnummer nach der Norm DIN ISO 3779, Ausgabe Februar 1977, oder nach der Richtlinie 76/114/EWG des Rates vom 18. Dezember 1975 zur Angleichung der Rechtsvorschriften der Mitgliedstaaten über Schilder, vorgeschriebene Angaben, deren Lage und Anbringungsart an Kraftfahrzeugen und Kraftfahrzeuganhängern (ABl. L 24 vom 30.1.1976, S. 1), die zuletzt durch die Richtlinie 2006/96/EG (ABl. L 363 vom 20.12.2006, S. 81) geändert worden ist, muss 17 Stellen haben; andere Fahrzeug-Identifizierungsnummern dürfen nicht mehr als 14 Stellen haben. [2] Sie muss unbeschadet des Absatzes 1 an zugänglicher Stelle am vorderen Teil der rechten Seite des Fahrzeugs gut lesbar am Rahmen oder an einem ihn ersetzenden Teil eingeschlagen oder eingeprägt sein. [3] Wird nach dem Austausch des Rahmens oder des ihn ersetzenden Teils der ausgebaute Rahmen oder Teil wieder verwendet, so ist

1. die eingeschlagene oder eingeprägte Fahrzeug-Identifizierungsnummer dauerhaft so zu durchkreuzen, dass sie lesbar bleibt,

2. die Fahrzeug-Identifizierungsnummer des Fahrzeugs, an dem der Rahmen oder Teil wieder verwendet wird, neben der durchkreuzten Nummer einzuschlagen oder einzuprägen und

3. die durchkreuzte Nummer der Zulassungsbehörde zum Vermerk auf dem Brief und der Karteikarte des Fahrzeugs zu melden, an dem der Rahmen oder Teil wieder verwendet wird.

[4] Satz 3 Nummer 3 ist entsprechend anzuwenden, wenn nach dem Austausch die Fahrzeug-Identifizierungsnummer in einen Rahmen oder einen ihn ersetzenden Teil eingeschlagen oder eingeprägt wird, der noch keine Fahrzeug-Identifizierungsnummer trägt.

(3) [1] Ist eine Fahrzeug-Identifizierungsnummer nicht vorhanden oder lässt sie sich nicht mit Sicherheit feststellen, so kann die Zulassungsbehörde eine Nummer zuteilen. [2] Absatz 2 gilt für diese Nummer entsprechend.

§ 59a Nachweis der Übereinstimmung mit der Richtlinie 96/53/EG.

(1) [1] Fahrzeuge, die in Artikel 1 der Richtlinie 96/53/EG des Rates vom 25. Juli 1996 zur Festlegung der höchstzulässigen Abmessungen für bestimmte Straßenfahrzeuge im innerstaatlichen und grenzüberschreitenden Verkehr in der Gemeinschaft sowie zur Festlegung der höchstzulässigen Gewichte im grenzüberschreitenden Verkehr (ABl. L 235 vom 17.9.1996, S. 59), die durch die Richtlinie 2002/7/EG (ABl. L 67 vom 9.3.2002, S. 47) geändert worden ist, genannt sind und mit dieser Richtlinie übereinstimmen, müssen mit einem Nachweis dieser Übereinstimmung versehen sein. [2] Der Nachweis muss den im Anhang zu dieser Vorschrift genannten Bestimmungen entsprechen.

(2) Die auf dem Nachweis der Übereinstimmung angeführten Werte müssen mit den am einzelnen Fahrzeug tatsächlich gemessenen übereinstimmen.

§§ 60 und 60a (weggefallen)

§ 61 Halteeinrichtungen für Beifahrer sowie Fußstützen und Ständer von zweirädrigen Kraftfahrzeugen. (1) Zweirädrige Kraftfahrzeuge, auf denen ein Beifahrer befördert werden darf, müssen mit einem Haltesystem für den Beifahrer ausgerüstet sein, das den im Anhang zu dieser Vorschrift genannten Bestimmungen entspricht.

(2) Zweirädrige Kraftfahrzeuge müssen für den Fahrer und den Beifahrer beiderseits mit Fußstützen ausgerüstet sein.

(3) Jedes zweirädrige Kraftfahrzeug muss mindestens mit einem Ständer ausgerüstet sein, der den im Anhang zu dieser Vorschrift genannten Bestimmungen entspricht.

§ 61a Besondere Vorschriften für Anhänger hinter Fahrrädern mit Hilfsmotor. [1] Anhänger hinter Fahrrädern mit Hilfsmotor werden bei Anwendung der Bau- und Betriebsvorschriften wie Anhänger hinter Fahrrädern behandelt, wenn

1. die durch die Bauart bestimmte Höchstgeschwindigkeit des ziehenden Fahrzeugs 25 km/h nicht überschreitet oder
2. die Anhänger vor dem 1. April 1961 erstmals in den Verkehr gekommen sind.

[2] Auf andere Anhänger hinter Fahrrädern mit Hilfsmotor sind die Vorschriften über Anhänger hinter Kleinkrafträdern anzuwenden.

§ 62 Elektrische Einrichtungen von elektrisch angetriebenen Kraftfahrzeugen. Elektrische Einrichtungen von elektrisch angetriebenen Kraftfahrzeugen müssen so beschaffen sein, dass bei verkehrsüblichem Betrieb der Fahrzeuge durch elektrische Einwirkung weder Personen verletzt noch Sachen beschädigt werden können.

3. Andere Straßenfahrzeuge

§ 63 Anwendung der für Kraftfahrzeuge geltenden Vorschriften. [1] Die Vorschriften über Abmessungen, Achslast, Gesamtgewicht und Bereifung von Kraftfahrzeugen und ihren Anhängern (§§ 32, 34, 36 Absatz 1) gelten für andere Straßenfahrzeuge entsprechend. [2] Für die Nachprüfung der Achslasten gilt § 31c mit der Abweichung, dass der Umweg zur Waage nicht mehr als 2 km betragen darf.

§ 63a[1)] Beschreibung von Fahrrädern. (1) Ein Fahrrad ist ein Fahrzeug mit mindestens zwei Rädern, das ausschließlich durch die Muskelkraft auf ihm befindlicher Personen mit Hilfe von Pedalen oder Handkurbeln angetrieben wird.

(2) [1] Als Fahrrad gilt auch ein Fahrzeug im Sinne des Absatzes 1, das mit einer elektrischen Trethilfe ausgerüstet ist, die mit einem elektromotorischen Hilfsantrieb mit einer größten Nenndauerleistung von 0,25 kW ausgestattet ist, dessen Unterstützung sich mit zunehmender Fahrzeuggeschwindigkeit progressiv verringert und beim Erreichen einer Geschwindigkeit von 25 km/h oder wenn der Fahrer mit dem Treten oder Kurbeln einhält, unterbrochen wird. [2] Die Anforderungen des Satzes 1 sind auch dann erfüllt, wenn das Fahrrad über einen Hilfsantrieb im Sinne des Satzes 1 verfügt, der eine Beschleunigung des Fahrzeugs auf eine Geschwindigkeit von bis zu 6 km/h, auch ohne gleichzeitiges Treten oder Kurbeln des Fahrers, ermöglicht (Anfahr- oder Schiebehilfe).

§ 64 Lenkeinrichtung, sonstige Ausrüstung und Bespannung.

(1) [1] Fahrzeuge müssen leicht lenkbar sein. [2] § 35a Absatz 1, Absatz 10 Satz 1 und 4 und § 35d Absatz 1 sind entsprechend anzuwenden, soweit nicht die Beschaffenheit der zu befördernden Güter eine derartige Ausrüstung der Fahrzeuge ausschließt.

(2) [1] Die Bespannung zweispänniger Fuhrwerke, die (nur) eine Deichsel (in der Mitte) haben, mit nur einem Zugtier ist unzulässig, wenn die sichere und schnelle Einwirkung des Gespannführers auf die Lenkung des Fuhrwerks nicht gewährleistet ist; dies kann durch Anspannung mit Kumtgeschirr oder mit Sielen mit Schwanzriemen oder Hinterzeug, durch Straffung der Steuerkette und ähnliche Mittel erreicht werden. [2] Unzulässig ist die Anspannung an den Enden der beiden Ortscheite (Schwengel) der Bracke (Waage) oder nur an einem Ortscheit der Bracke, wenn diese nicht mit einer Kette oder dergleichen festgelegt ist. [3] Bei Pferden ist die Verwendung sogenannter Zupfleinen (Stoßzügel) unzulässig.

§ 64a Einrichtungen für Schallzeichen. [1] Fahrräder und Schlitten müssen mit mindestens einer helltönenden Glocke ausgerüstet sein; ausgenommen sind Handschlitten. [2] Andere Einrichtungen für Schallzeichen dürfen an diesen Fahrzeugen nicht angebracht sein. [3] An Fahrrädern sind auch Radlaufglocken nicht zulässig.

§ 64b Kennzeichnung. An jedem Gespannfahrzeug – ausgenommen Kutschwagen, Personenschlitten und fahrbare land- oder forstwirtschaftliche Arbeitsgeräte – müssen auf der linken Seite Vorname, Zuname und Wohnort (Firma und Sitz) des Besitzers in unverwischbarer Schrift deutlich angegeben sein.

[1)] § 63a eingef. mWv 1.6.2017 durch VO v. 18.5.2017 (BGBl. I S. 1282).

§ 65 Bremsen. (1) [1] Alle Fahrzeuge müssen eine ausreichende Bremse haben, die während der Fahrt leicht bedient werden kann und ihre Wirkung erreicht, ohne die Fahrbahn zu beschädigen. [2] Fahrräder müssen zwei voneinander unabhängige Bremsen haben. [3] Bei Handwagen und Schlitten sowie bei land- oder forstwirtschaftlichen Arbeitsmaschinen, die nur im Fahren Arbeit leisten können (zum Beispiel Pflüge, Drillmaschinen, Mähmaschinen), ist eine Bremse nicht erforderlich.

(2) Als ausreichende Bremse gilt jede am Fahrzeug fest angebrachte Einrichtung, welche die Geschwindigkeit des Fahrzeugs zu vermindern und das Fahrzeug festzustellen vermag.

(3) Sperrhölzer, Hemmschuhe und Ketten dürfen nur als zusätzliche Hilfsmittel und nur dann verwendet werden, wenn das Fahrzeug mit einer gewöhnlichen Bremse nicht ausreichend gebremst werden kann.

§ 66 Rückspiegel. [1] Lastfahrzeuge müssen einen Spiegel für die Beobachtung der Fahrbahn nach rückwärts haben. [2] Dies gilt nicht, wenn eine zweckentsprechende Anbringung des Rückspiegels an einem Fahrzeug technisch nicht möglich ist, ferner nicht für land- oder forstwirtschaftliche Maschinen.

§ 66a Lichttechnische Einrichtungen. (1) [1] Während der Dämmerung, der Dunkelheit oder wenn die Sichtverhältnisse es sonst erfordern, müssen die Fahrzeuge

1. nach vorn mindestens eine Leuchte mit weißem Licht,
2. nach hinten mindestens eine Leuchte mit rotem Licht in nicht mehr als 1 500 mm Höhe über der Fahrbahn

führen; an Krankenfahrstühlen müssen diese Leuchten zu jeder Zeit fest angebracht sein. [2] Beim Mitführen von Anhängern genügt es, wenn der Zug wie ein Fahrzeug beleuchtet wird; jedoch muss die seitliche Begrenzung von Anhängern, die mehr als 400 mm über die Leuchten des vorderen Fahrzeugs hinausragen, durch mindestens eine Leuchte mit weißem Licht kenntlich gemacht werden. [3] Für Handfahrzeuge gilt § 17 Absatz 5 der Straßenverkehrs-Ordnung[1)].

(2) [1] Die Leuchten müssen möglichst weit links und dürfen nicht mehr als 400 mm von der breitesten Stelle des Fahrzeugumrisses entfernt angebracht sein. [2] Paarweise verwendete Leuchten müssen gleich stark leuchten, nicht mehr als 400 mm von der breitesten Stelle des Fahrzeugumrisses entfernt und in gleicher Höhe angebracht sein.

(3) Bei bespannten land- oder forstwirtschaftlichen Fahrzeugen, die mit Heu, Stroh oder anderen leicht brennbaren Gütern beladen sind, genügt eine nach vorn und hinten gut sichtbare Leuchte mit weißem Licht, die auf der linken Seite anzubringen oder von Hand mitzuführen ist.

(4) [1] Alle Fahrzeuge müssen an der Rückseite mit zwei roten Rückstrahlern ausgerüstet sein. [2] Diese dürfen nicht mehr als 400 mm (äußerster Punkt der leuchtenden Fläche) von der breitesten Stelle des Fahrzeugumrisses entfernt sowie höchstens 900 mm (höchster Punkt der leuchtenden Fläche) über der Fahrbahn in gleicher Höhe angebracht sein. [3] Die Längsseiten der Fahrzeuge

---

1) Nr. **100**.

müssen mit mindestens je einem gelben Rückstrahler ausgerüstet sein, die nicht höher als 600 mm, jedoch so tief wie möglich angebracht sein müssen.

(5) Zusätzliche nach der Seite wirkende gelbe rückstrahlende Mittel sind zulässig.

(6) Leuchten und Rückstrahler dürfen nicht verdeckt oder verschmutzt sein; die Leuchten dürfen nicht blenden.

§ 67[1]) Lichttechnische Einrichtungen an Fahrrädern. (1) [1] Fahrräder dürfen nur dann im öffentlichen Straßenverkehr in Betrieb genommen werden, wenn sie mit den vorgeschriebenen und bauartgenehmigten lichttechnischen Einrichtungen ausgerüstet sind. [2] Für abnehmbare Scheinwerfer und Leuchten gilt Absatz 2 Satz 4. [3] Fahrräder müssen für den Betrieb des Scheinwerfers und der Schlussleuchte mit einer Lichtmaschine, einer Batterie oder einem wieder aufladbaren Energiespeicher oder einer Kombination daraus als Energiequelle ausgerüstet sein. [4] Alle lichttechnischen Einrichtungen, mit Ausnahme von Batterien und wieder aufladbaren Energiespeichern, müssen den Anforderungen des § 22a genügen. [5] Die Nennspannung der Energiequelle muss verträglich mit der Spannung der verwendeten aktiven lichttechnischen Einrichtungen sein.

(2) [1] Als lichttechnische Einrichtungen gelten auch Leuchtstoffe und rückstrahlende Mittel. [2] Die lichttechnischen Einrichtungen müssen vorschriftsmäßig im Sinne dieser Verordnung und während ihres Betriebs fest angebracht, gegen unabsichtliches Verstellen unter normalen Betriebsbedingungen gesichert sowie ständig einsatzbereit sein. [3] Lichttechnische Einrichtungen dürfen nicht verdeckt sein. [4] Scheinwerfer, Leuchten und deren Energiequelle dürfen abnehmbar sein, müssen jedoch während der Dämmerung, bei Dunkelheit oder wenn die Sichtverhältnisse es sonst erfordern, angebracht werden. [5] Lichttechnische Einrichtungen dürfen zusammengebaut, ineinander gebaut oder kombiniert sein, mit Ausnahme von Fahrtrichtungsanzeigern. [6] Lichttechnische Einrichtungen dürfen sich in ihrer Wirkung gegenseitig nicht beeinflussen. [7] Fahrräder mit einer Breite über 1 000 mm müssen nach vorne und hinten gerichtete, paarweise horizontal angebrachte Rückstrahler sowie mindestens zwei weiße Scheinwerfer und zwei rote Schlussleuchten aufweisen, die mit einem seitlichen Abstand von maximal 200 mm paarweise zur Außenkante angebracht sein müssen. [8] Abweichend davon müssen Fahrräder, die breiter als 1 800 mm sind, den Anbauvorschriften der Regelung Nr. 48 der Wirtschaftskommission der Vereinten Nationen für Europa über einheitliche Bedingungen für die Genehmigung von Fahrzeugen hinsichtlich des Anbaus der Beleuchtungs- und Lichtsignaleinrichtungen (ABl. L 265 vom 30.9.2016, S. 125) für Personenkraftwagen entsprechen.

(3) [1] Fahrräder müssen mit einem oder zwei nach vorn wirkenden Scheinwerfern für weißes Abblendlicht ausgerüstet sein. [2] Der Scheinwerfer muss so eingestellt sein, dass er andere Verkehrsteilnehmer nicht blendet. [3] Blinkende Scheinwerfer sind unzulässig. [4] Fahrräder müssen mit mindestens einem nach vorn wirkenden weißen Rückstrahler ausgerüstet sein. [5] Scheinwerfer dürfen zusätzlich mit Tagfahrlicht- und Fernlichtfunktion für weißes Licht mit einer

[1]) § 67 neu gef. mWv 1.6.2017 durch VO v. 18.5.2017 (BGBl. I S. 1282).

maximalen Lichtstärke und Lichtverteilung der Tagfahrlichtfunktion nach der Regelung Nr. 87 der Wirtschaftskommission der Vereinten Nationen für Europa (UN/ECE) – Einheitliche Bedingungen für die Genehmigung von Leuchten für Tagfahrlicht für Kraftfahrzeuge (ABl. L 164 vom 30.6.2010, S. 46) ausgerüstet sein. [6] Die Umschaltung zwischen den Lichtfunktionen muss automatisch erfolgen oder von Hand mit Bedienteilen entsprechend der Lageanordnung nach der Regelung Nr. 60 der Wirtschaftskommission der Vereinten Nationen für Europa (UNECE) – Einheitliche Vorschriften für die Genehmigung zweirädriger Krafträder und Fahrräder mit Hilfsmotor hinsichtlich der vom Fahrzeugführer betätigten Bedienteile und der Kennzeichnung von Bedienteilen, Kontrollleuchten und Anzeigevorrichtungen (ABl. L 297 vom 15.10.2014, S. 23).

(4) [1] Fahrräder müssen an der Rückseite mit mindestens

1. einer Schlussleuchte für rotes Licht,
2. einem roten nicht dreieckigen Rückstrahler der Kategorie „Z" ausgerüstet sein.

[2] Schlussleuchte und Rückstrahler dürfen in einem Gerät verbaut sein. [3] Schlussleuchten dürfen zusätzlich mit einer Bremslichtfunktion für rotes Licht mit einer Lichtstärke und Lichtverteilung der Bremslichtfunktion entsprechend der Regelung Nr. 50 der Wirtschaftskommission der Vereinten Nationen für Europa (UNECE) – Einheitliche Bedingungen für die Genehmigung von Begrenzungsleuchten, Schlussleuchten, Bremsleuchten, Fahrtrichtungsanzeigern und Beleuchtungseinrichtungen für das hintere Kennzeichenschild für Fahrzeuge der Klasse L (ABl. L 97 vom 29.3.2014, S. 1) ausgerüstet sein. [4] Blinkende Schlussleuchten sind unzulässig.

(5) [1] Fahrradpedale müssen mit nach vorn und nach hinten wirkenden gelben Rückstrahlern ausgerüstet sein. [2] Die Längsseiten eines Fahrrades müssen nach jeder Seite mit

1. ringförmig zusammenhängenden retroreflektierenden weißen Streifen an den Reifen oder Felgen oder in den Speichen des Vorderrades und des Hinterrades oder
2. Speichen an jedem Rad, alle Speichen entweder vollständig weiß retroreflektierend oder mit Speichenhülsen an jeder Speiche, oder
3. mindestens zwei um 180 Grad versetzt angebrachten, nach der Seite wirkenden gelben Speichenrückstrahlern an den Speichen des Vorderrades und des Hinterrades

kenntlich gemacht sein.

[1] Zusätzlich zu der Mindestausrüstung mit einer der Absicherungsarten dürfen Sicherungsmittel aus den anderen Absicherungsarten angebracht sein. [2] Werden mehr als zwei Speichenrückstrahler an einem Rad angebracht, so sind sie am Radumfang gleichmäßig zu verteilen. [3] Zusätzliche nach der Seite wirkende bauartgenehmigte gelbe rückstrahlende Mittel sind zulässig. [4] Nach vorne und nach hinten wirkende Fahrtrichtungsanzeiger, genehmigt nach der Regelung Nr. 50 der Wirtschaftskommission der Vereinten Nationen für Europa (UNECE) – Einheitliche Bedingungen für die Genehmigung von Begrenzungsleuchten, Schlussleuchten, Bremsleuchten, Fahrtrichtungsanzeigern und Beleuchtungseinrichtungen für das hintere Kennzeichenschild für Fahrzeuge der Klasse L (ABl. L 97 vom 29.3.2014, S. 1) und angebaut nach

der Regelung Nr. 74 der Wirtschaftskommission der Vereinten Nationen für Europa (UN/ECE) – Einheitliche Bedingungen für die Genehmigung von Fahrzeugen der Klasse L 1 hinsichtlich des Anbaus der Beleuchtungs- und Lichtsignaleinrichtungen (ABl. L 166 vom 18.6.2013, S. 88) sowie Anordnung der Bedienteile nach der Regelung Nr. 60 der Wirtschaftskommission der Vereinten Nationen für Europa (UNECE) – Einheitliche Vorschriften für die Genehmigung zweirädriger Krafträder und Fahrräder mit Hilfsmotor hinsichtlich der vom Fahrzeugführer betätigten Bedienteile und der Kennzeichnung von Bedienteilen, Kontrollleuchten und Anzeigevorrichtungen (ABl. L 297 vom 15.10.2014, S. 23), sind nur bei mehrspurigen Fahrrädern oder solchen mit einem Aufbau, der Handzeichen des Fahrers ganz oder teilweise verdeckt, zulässig.

(6) [1] Schlussleuchte und Scheinwerfer dürfen nur gemeinsam einzuschalten sein, wenn sie mit Hilfe einer Lichtmaschine betrieben werden. [2] Bei eingeschalteter Standlichtfunktion darf auch die Schlussleuchte allein leuchten. [3] In den Scheinwerfern und Leuchten dürfen nur die nach ihrer Bauart dafür bestimmten Leuchtmittel verwendet werden.

(7) [1] Bei Fahrrädern mit elektrischer Tretunterstützung kann die Versorgung der Beleuchtungsanlage über eine Kopplung an den Energiespeicher für den Antrieb erfolgen, wenn

1. nach entladungsbedingter Abschaltung des Unterstützungsantriebs noch eine ununterbrochene Stromversorgung der Beleuchtungsanlage über mindestens zwei Stunden gewährleistet ist oder
2. der Antriebsmotor als Lichtmaschine übergangsweise benutzt werden kann, um auch weiterhin die Lichtanlage mit Strom zu versorgen.

[2] Satz 1 gilt nicht für Fahrräder mit elektrischer Tretunterstützung, die vor dem 1. Januar 2019 in Verkehr gebracht werden.

(8) Für lichttechnische Einrichtungen am Fahrrad gelten folgende Anbauhöhen

Lichttechnische Einrichtung	Minimale Höhe [mm]	Maximale Höhe [mm]
Scheinwerfer für Abblendlicht	400	1 200
Rückstrahler vorne	400	1 200
Hinten: Schlussleuchte, Rückstrahler	250	1 200

§ 67a[1)] Lichttechnische Einrichtungen an Fahrradanhängern.

(1) [1] An Fahrradanhängern dürfen nur die vorgeschriebenen und bauartgenehmigten lichttechnischen Einrichtungen angebracht sein. [2] Lichttechnische Einrichtungen dürfen nicht verdeckt sein.

(2) Fahrradanhänger müssen mindestens mit folgenden lichttechnischen Einrichtungen ausgerüstet sein:

1. nach vorn wirkend:

1) § 67a eingef. mWv 1.6.2017 durch VO v. 18.5.2017 (BGBl. I S. 1282).

a) bei einer Breite des Anhängers von mehr als 600 mm mit zwei paarweise angebauten weißen Rückstrahlern mit einem maximalen Abstand von 200 mm zur Außenkante,

b) bei einer Breite des Anhängers von mehr als 1 000 mm zusätzlich mit einer Leuchte für weißes Licht auf der linken Seite,

2. nach hinten wirkend:

a) mit einer Schlussleuchte für rotes Licht auf der linken Seite, falls mehr als 50 Prozent der sichtbaren leuchtenden Fläche der Schlussleuchte des Fahrrads durch den Anhänger verdeckt wird oder falls der Anhänger mehr als 600 mm breit ist und

b) mit zwei roten Rückstrahlern der Kategorie „Z" mit einem maximalen Abstand von 200 mm zur Außenkante,

3. nach beiden Seiten wirkend:

a) mit ringförmig zusammenhängenden retroreflektierenden weißen Streifen an Reifen oder Felgen oder Rädern oder

b) mit weiß retroreflektierenden Speichen (jede Speiche) oder Speichenhülsen (an jeder Speiche) an jedem Rad oder

c) mit mindestens zwei um 180 Grad versetzt angebrachten, nach der Seite wirkenden gelben Speichenrückstrahlern an den Speichen jedes Rades.

(3) Anhänger, die nicht breiter als 1 000 mm sind, dürfen mit einer Leuchte für weißes Licht nach vorne ausgerüstet werden.

(4) Unabhängig von der Breite dürfen Anhänger mit

1. einer weiteren Leuchte für rotes Licht nach hinten auf der rechten Seite oder
2. Fahrtrichtungsanzeigern, genehmigt nach der Regelung Nr. 50 der Wirtschaftskommission der Vereinten Nationen für Europa (UNECE) – Einheitliche Bedingungen für die Genehmigung von Begrenzungsleuchten, Schlussleuchten, Bremsleuchten, Fahrtrichtungsanzeigern und Beleuchtungseinrichtungen für das hintere Kennzeichenschild für Fahrzeuge der Klasse L (ABl. L 97 vom 29.3.2014, S. 1) und angebaut nach der Regelung Nr. 74 der Wirtschaftskommission der Vereinten Nationen für Europa (UN/ECE) – Einheitliche Bedingungen für die Genehmigung von Fahrzeugen der Klasse L 1 hinsichtlich des Anbaus der Beleuchtungs- und Lichtsignaleinrichtungen (ABl. L 166 vom 18.6.2013, S. 88), oder
3. zwei weiteren zusätzlichen roten nicht dreieckigen Rückstrahlern nach hinten wirkend mit einem maximalen Abstand von 200 mm zur Außenkante

ausgerüstet werden.

(5) Lichttechnische Einrichtungen dürfen zusammengebaut, ineinander gebaut oder kombiniert sein, mit Ausnahme von Fahrtrichtungsanzeigern.

(6) Absatz 2 gilt nicht für Fahrradanhänger, die vor dem 1. Januar 2018 in Verkehr gebracht werden.

C. Durchführungs-, Bußgeld- und Schlussvorschriften

§ 68 Zuständigkeiten. (1) Diese Verordnung wird von den nach Landesrecht zuständigen Behörden ausgeführt.

(2) [1] Örtlich zuständig ist, soweit nichts anderes vorgeschrieben ist, die Behörde des Wohnorts, mangels eines solchen des Aufenthaltsorts des Antragstellers oder Betroffenen, bei juristischen Personen, Handelsunternehmen oder Behörden die Behörde des Sitzes oder des Orts der beteiligten Niederlassung oder Dienststelle. [2] Anträge können mit Zustimmung der örtlich zuständigen Behörde von einer gleichgeordneten auswärtigen Behörde behandelt und erledigt werden. [3] Die Verfügungen der Behörde (Sätze 1 und 2) sind im Inland wirksam. [4] Verlangt die Verkehrssicherheit ein sofortiges Eingreifen, so kann anstelle der örtlich zuständigen Behörde jede ihr gleichgeordnete Behörde mit derselben Wirkung Maßnahmen auf Grund dieser Verordnung vorläufig treffen.

(3) [1] Die Zuständigkeiten der Verwaltungsbehörden und höheren Verwaltungsbehörden auf Grund dieser Verordnung, werden für die Dienstbereiche der Bundeswehr, der Bundespolizei, der Bundesanstalt Technisches Hilfswerk und der Polizei durch deren Dienststellen nach Bestimmung der Fachminister wahrgenommen. [2] Für den Dienstbereich der Polizei kann die Zulassung von Kraftfahrzeugen und ihrer Anhänger nach Bestimmung der Fachminister durch die nach Absatz 1 zuständigen Behörden vorgenommen werden.

§ 69 (weggefallen)

§ 69a[1)] Ordnungswidrigkeiten. (1) Ordnungswidrig im Sinne des § 62 Absatz 1 Nummer 7 des Bundes-Immissionsschutzgesetzes handelt, wer vorsätzlich oder fahrlässig entgegen § 47f Absatz 1, auch in Verbindung mit Absatz 2 Satz 1, oder entgegen § 47f Absatz 2 Satz 2 ein Kraftfahrzeug betreibt.

(2) Ordnungswidrig im Sinne des § 24 des Straßenverkehrsgesetzes[2)] handelt, wer vorsätzlich oder fahrlässig

1. entgegen § 17 Absatz 1 einem Verbot, ein Fahrzeug in Betrieb zu setzen, zuwiderhandelt oder Beschränkungen nicht beachtet,

1a. entgegen § 19 Absatz 5 Satz 1 ein Fahrzeug in Betrieb nimmt oder als Halter dessen Inbetriebnahme anordnet oder zulässt,

2. einer vollziehbaren Anordnung oder Auflage nach § 29 Absatz 7 Satz 5 in Verbindung mit Satz 4 zuwiderhandelt,

3. bis 6. (weggefallen)

[1)] § 69a Abs. 2 Nr. 1a eingef., Abs. 5 Nr. 5b aufgeh. mWv 1.6.2012 durch VO v. 10.5.2012 (BGBl. I S. 1086); Abs. 3 Nr. 3 und 19, Abs. 5 Nr. 5a geänd. mWv 1.8.2013 durch VO v. 26.7.2013 (BGBl. I S. 2803); Abs. 3 Nr. 7 geänd. mWv 30.10.2014 durch VO v. 22.10.2014 (BGBl. I S. 1635); Abs. 3 Nr. 7 geänd. mWv 30.6.2016 durch VO v. 17.6.2016 (BGBl. I S. 1463); Abs. 3 Nr. 8, Abs. 4 Nr. 7a geänd., Abs. 4 Nr. 8 neu gef., Nr. 9 angef., Abs. 5 Nr. 5 neu gef. mWv 1.6.2017 durch VO v. 18.5.2017 (BGBl. I S. 1282); Abs. 1 neu gef. mWv 1.12.2017 durch VO v. 20.10.2017 (BGBl. I S. 3723).

[2)] Nr. **10**.

7. entgegen § 22a Absatz 2 Satz 1 oder Absatz 6 ein Fahrzeugteil ohne amtlich vorgeschriebenes und zugeteiltes Prüfzeichen zur Verwendung feilbietet, veräußert, erwirbt oder verwendet, sofern nicht schon eine Ordnungswidrigkeit nach § 23 des Straßenverkehrsgesetzes vorliegt,
8. gegen eine Vorschrift des § 21a Absatz 3 Satz 1 oder § 22a Absatz 5 Satz 1 oder Absatz 6 über die Kennzeichnung von Ausrüstungsgegenständen oder Fahrzeugteilen mit Prüfzeichen oder gegen ein Verbot nach § 21a Absatz 3 Satz 2 oder § 22a Absatz 5 Satz 2 oder Absatz 6 über die Anbringung von verwechslungsfähigen Zeichen verstößt,
9. gegen eine Vorschrift über Mitführung und Aushändigung
   a) bis f) (weggefallen)
   g) eines Abdrucks oder einer Ablichtung einer Erlaubnis, Genehmigung, eines Auszugs einer Erlaubnis oder Genehmigung, eines Teilegutachtens oder eines Nachweises nach § 19 Absatz 4 Satz 1,
   h) (weggefallen)
   i) der Urkunde über die Einzelgenehmigung nach § 22a Absatz 4 Satz 2

   verstößt,
10. bis 13b. (weggefallen)
14. einer Vorschrift des § 29 Absatz 1 Satz 1 in Verbindung mit den Nummern 2.1, 2.2, 2.6, 2.7 Satz 2 oder 3, den Nummern 3.1.1, 3.1.2 oder 3.2.2 der Anlage VIII über Hauptuntersuchungen oder Sicherheitsprüfungen zuwiderhandelt,
15. einer Vorschrift des § 29 Absatz 2 Satz 1 über Prüfplaketten oder Prüfmarken in Verbindung mit einem SP-Schild, des § 29 Absatz 5 über den ordnungsgemäßen Zustand der Prüfplaketten oder der Prüfmarken in Verbindung mit einem SP-Schild, des § 29 Absatz 7 Satz 5 über das Betriebsverbot oder die Betriebsbeschränkung oder des § 29 Absatz 8 über das Verbot des Anbringens verwechslungsfähiger Zeichen zuwiderhandelt,
16. einer Vorschrift des § 29 Absatz 10 Satz 1 oder 2 über die Aufbewahrungs- und Aushändigungspflicht für Untersuchungsberichte oder Prüfprotokolle zuwiderhandelt,
17. einer Vorschrift des § 29 Absatz 11 oder 13 über das Führen oder Aufbewahren von Prüfbüchern zuwiderhandelt,
18. einer Vorschrift des § 29 Absatz 1 Satz 1 in Verbindung mit Nummer 3.1.4.2 Satz 2 Halbsatz 2 der Anlage VIII über die Behebung der geringen Mängel oder Nummer 3.1.4.3 Satz 2 Halbsatz 2 über die Behebung der erheblichen Mängel oder die Wiedervorführung zur Nachprüfung der Mängelbeseitigung zuwiderhandelt,
19. entgegen § 29 Absatz 1 Satz 1 in Verbindung mit Nummer 4.3 Satz 5 der Anlage VIII, Nummer 8.1.1 Satz 2 oder Nummer 8.2.1 Satz 2 der Anlage VIIIc die Maßnahmen nicht duldet oder die vorgeschriebenen Aufzeichnungen nicht vorlegt.

(3) Ordnungswidrig im Sinne des § 24 des Straßenverkehrsgesetzes handelt ferner, wer vorsätzlich oder fahrlässig ein Kraftfahrzeug oder ein Kraftfahr-

zeug mit Anhänger (Fahrzeugkombination) unter Verstoß gegen eine der folgenden Vorschriften in Betrieb nimmt:

1. des § 30 über allgemeine Beschaffenheit von Fahrzeugen;

1a. des § 30c Absatz 1 und 4 über vorstehende Außenkanten, Frontschutzsysteme;

1b. des § 30d Absatz 3 über die Bestimmungen für Kraftomnibusse oder des § 30d Absatz 4 über die technischen Einrichtungen für die Beförderung von Personen mit eingeschränkter Mobilität in Kraftomnibussen;

1c. des § 31d Absatz 2 über die Ausrüstung ausländischer Kraftfahrzeuge mit Sicherheitsgurten, des § 31d Absatz 3 über die Ausrüstung ausländischer Kraftfahrzeuge mit Geschwindigkeitsbegrenzern oder deren Benutzung oder des § 31d Absatz 4 Satz 1 über die Profiltiefe der Reifen ausländischer Kraftfahrzeuge;

2. des § 32 Absatz 1 bis 4 oder 9, auch in Verbindung mit § 31d Absatz 1, über Abmessungen von Fahrzeugen und Fahrzeugkombinationen;

3. der §§ 32a, 42 Absatz 2 Satz 1 über das Mitführen von Anhängern, des § 33 über das Schleppen von Fahrzeugen, des § 43 Absatz 1 Satz 1 bis 3, Absatz 2 Satz 1, Absatz 3, 4 Satz 1 oder 3 über Einrichtungen zur Verbindung von Fahrzeugen oder des § 44 Absatz 1, 2 Satz 1 oder Absatz 3 über Stützeinrichtungen und Stützlast von Fahrzeugen;

3a. des § 32b Absatz 1, 2 oder 4 über Unterfahrschutz;

3b. des § 32c Absatz 2 über seitliche Schutzvorrichtungen;

3c. des § 32d Absatz 1 oder 2 Satz 1 über Kurvenlaufeigenschaften;

4. des § 34 Absatz 3 Satz 3 über die zulässige Achslast oder das zulässige Gesamtgewicht bei Fahrzeugen oder Fahrzeugkombinationen, des § 34 Absatz 8 über das Gewicht auf einer oder mehreren Antriebsachsen, des § 34 Absatz 9 Satz 1 über den Achsabstand, des § 34 Absatz 11 über Hubachsen oder Lastverlagerungsachsen, jeweils auch in Verbindung mit § 31d Absatz 1, des § 34b über die Laufrollenlast oder das Gesamtgewicht von Gleiskettenfahrzeugen oder des § 42 Absatz 1 oder Absatz 2 Satz 2 über die zulässige Anhängelast;

5. des § 34a Absatz 1 über die Besetzung, Beladung und Kennzeichnung von Kraftomnibussen;

6. des § 35 über die Motorleistung;

7. des § 35a Absatz 1 über Anordnung oder Beschaffenheit des Sitzes des Fahrzeugführers, des Betätigungsraums oder der Einrichtungen zum Führen des Fahrzeugs für den Fahrer, der Absätze 2, 3, 4, 5 Satz 1 oder Absatz 7 über Sitze und deren Verankerungen, Kopfstützen, Sicherheitsgurte und deren Verankerungen oder über Rückhaltesysteme, des Absatzes 4a über Rollstuhlstellplätze, Rollstuhl-Rückhaltesysteme, Rollstuhlnutzer-Rückhaltesysteme, Verankerungen und Sicherheitsgurte, des Absatzes 8 Satz 1 über die Anbringung von nach hinten gerichteten Rückhalteeinrichtungen für Kinder auf Beifahrersitzen, vor denen ein betriebsbereiter Airbag eingebaut ist, oder Satz 2 oder 4 über die Warnung vor der Verwendung von nach hinten gerichteten Rückhalteeinrichtungen für Kinder auf Beifahrersitzen mit Airbag, des Absatzes 9 Satz 1 über einen Sitz für den Beifahrer auf Krafträdern oder des Ab-

satzes 10 über die Beschaffenheit von Sitzen, ihrer Lehnen und ihrer Befestigungen sowie der selbsttätigen Verriegelung von klappbaren Sitzen und Rückenlehnen und der Zugänglichkeit der Entriegelungseinrichtung oder des Absatzes 11 über Verankerungen der Sicherheitsgurte und Sicherheitsgurte von dreirädrigen oder vierrädrigen Kraftfahrzeugen oder des Absatzes 13 über die Pflicht zur nach hinten oder seitlich gerichteten Anbringung von Rückhalteeinrichtungen für Kinder bis zu einem Alter von 15 Monaten;

7a. des § 35b Absatz 1 über die Beschaffenheit der Einrichtungen zum Führen von Fahrzeugen oder des § 35b Absatz 2 über das Sichtfeld des Fahrzeugführers;

7b. des § 35c über Heizung und Belüftung, des § 35d über Einrichtungen zum Auf- und Absteigen an Fahrzeugen, des § 35e Absatz 1 bis 3 über Türen oder des § 35f über Notausstiege in Kraftomnibussen;

7c. des § 35g Absatz 1 oder 2 über Feuerlöscher in Kraftomnibussen oder des § 35h Absatz 1 bis 3 über Erste-Hilfe-Material in Kraftfahrzeugen;

7d. des § 35i Absatz 1 Satz 1 oder 2, dieser in Verbindung mit Nummer 2 Satz 2, 4, 8 oder 9, Nummer 3.1 Satz 1, Nummer 3.2 Satz 1 oder 2, Nummer 3.3, 3.4 Satz 1 oder 2 oder Nummer 3.5 Satz 2, 3 oder 4 der Anlage X, über Gänge oder die Anordnung von Fahrgastsitzen in Kraftomnibussen oder des § 35i Absatz 2 Satz 1 über die Beförderung liegender Fahrgäste ohne geeignete Rückhalteeinrichtungen;

8. des § 36 Absatz 1 Satz 1 oder 3 bis 4, Absatz 3 Satz 1 oder 3 bis 5, Absatz 5 Satz 1 oder Absatz 6 oder 2 über Bereifung, des § 36 Absatz 10 Satz 1 bis 4 über Gleisketten von Gleiskettenfahrzeugen oder Satz 6 über deren zulässige Höchstgeschwindigkeit, des § 36a Absatz 1 über Radabdeckungen oder Absatz 3 über die Sicherung von außen am Fahrzeug mitgeführten Ersatzrädern oder des § 37 Absatz 1 Satz 1 über Gleitschutzeinrichtungen oder Absatz 2 über Schneeketten;

9. des § 38 über Lenkeinrichtungen;

10. des § 38a über die Sicherung von Kraftfahrzeugen gegen unbefugte Benutzung;

10a. des § 38b über Fahrzeug-Alarmsysteme;

11. des § 39 über Einrichtungen zum Rückwärtsfahren;

11a. des § 39a über Betätigungseinrichtungen, Kontrollleuchten und Anzeiger;

12. des § 40 Absatz 1 über die Beschaffenheit von Scheiben, des § 40 Absatz 2 über Anordnung und Beschaffenheit von Scheibenwischern oder des § 40 Absatz 3 über Scheiben, Scheibenwischer, Scheibenwascher, Entfrostungs- und Trocknungsanlagen von dreirädrigen Kleinkrafträdern und dreirädrigen und vierrädrigen Kraftfahrzeugen mit Führerhaus;

13. des § 41 Absatz 1 bis 13, 15 Satz 1, 3 oder 4, Absatz 16 oder 17 über Bremsen oder des § 41 Absatz 14 über Ausrüstung mit Unterlegkeilen, ihre Beschaffenheit und Anbringung;

13a. des § 41a Absatz 8 über die Sicherheit und Kennzeichnung von Druckbehältern;

13b. des § 41b Absatz 2 über die Ausrüstung mit automatischen Blockierverhinderern oder des § 41b Absatz 4 über die Verbindung von Anhängern mit einem automatischen Blockierverhinderer mit Kraftfahrzeugen;

14. des § 45 Absatz 1 oder 2 Satz 1 über Kraftstoffbehälter oder des § 46 über Kraftstoffleitungen;

15. des § 47c über die Ableitung von Abgasen;

16. (weggefallen)

17. des § 49 Absatz 1 über die Geräuschentwicklung;

18. des § 49a Absatz 1 bis 4, 5 Satz 1, Absatz 6, 8, 9 Satz 2, Absatz 9a oder 10 Satz 1 über die allgemeinen Bestimmungen für lichttechnische Einrichtungen;

18a. des § 50 Absatz 1, 2 Satz 1, 6 Halbsatz 2 oder Satz 7, Absatz 3 Satz 1 oder 2, Absatz 5, 6 Satz 1, 3, 4 oder 6, Absatz 6a Satz 2 bis 5 oder Absatz 9 über Scheinwerfer für Fern- oder Abblendlicht oder Absatz 10 über Schweinwerfer mit Gasentladungslampen;

18b. des § 51 Absatz 1 Satz 1, 4 bis 6, Absatz 2 Satz 1, 4 oder Absatz 3 über Begrenzungsleuchten oder vordere Rückstrahler;

18c. des § 51a Absatz 1 Satz 1 bis 7, Absatz 3 Satz 1, Absatz 4 Satz 2, Absatz 6 Satz 1 oder Absatz 7 Satz 1 oder 3 über die seitliche Kenntlichmachung von Fahrzeugen oder des § 51b Absatz 2 Satz 1 oder 3, Absatz 5 oder 6 über Umrissleuchten;

18d. des § 51c Absatz 3 bis 5 Satz 1 oder 3 über Parkleuchten oder Park-Warntafeln;

18e. des § 52 Absatz 1 Satz 2 bis 5 über Nebelscheinwerfer, des § 52 Absatz 2 Satz 2 oder 3 über Suchscheinwerfer, des § 52 Absatz 5 Satz 2 über besondere Beleuchtungseinrichtungen an Krankenkraftwagen, des § 52 Absatz 7 Satz 2 oder 4 über Arbeitsscheinwerfer oder des § 52 Absatz 9 Satz 2 über Vorzeltleuchten an Wohnwagen oder Wohnmobilen;

18f. des § 52a Absatz 2 Satz 1 oder 3, Absatz 4, 5 oder 7 über Rückfahrscheinwerfer;

18g. des § 53 Absatz 1 Satz 1, 3 bis 5 oder 7 über Schlussleuchten, des § 53 Absatz 2 Satz 1, 5 oder 6 über Bremsleuchten, des § 53 Absatz 4 Satz 1 bis 4 oder 6 über Rückstrahler, des § 53 Absatz 5 Satz 1 oder 2 über die Anbringung von Schlussleuchten, Bremsleuchten und Rückstrahlern, des § 53 Absatz 5 Satz 3 über die Kenntlichmachung von nach hinten hinausragenden Geräten, des § 53 Absatz 6 Satz 2 über Schlussleuchten an Anhängern hinter einachsigen Zug- oder Arbeitsmaschinen, des § 53 Absatz 8 über Schlussleuchten, Bremsleuchten, Rückstrahler und Fahrtrichtungsanzeiger an abgeschleppten betriebsunfähigen Fahrzeugen oder des § 53 Absatz 9 Satz 1 über das Verbot der Anbringung von Schlussleuchten, Bremsleuchten oder Rückstrahlern an beweglichen Fahrzeugteilen;

19. des § 53a Absatz 1, 2 Satz 1, Absatz 3 Satz 2, Absatz 4 oder 5 über Warndreiecke, Warnleuchten, Warnblinkanlagen und Warnwesten oder des § 54b über die zusätzliche Mitführung einer Handlampe in Kraftomnibussen;

19a. des § 53b Absatz 1 Satz 1 bis 3, 4 Halbsatz 2, Absatz 2 Satz 1 bis 3, 4 Halbsatz 2, Absatz 3 Satz 1, Absatz 4 oder 5 über die Ausrüstung oder Kenntlichmachung von Anbaugeräten oder Hubladebühnen;

19b. des § 53c Absatz 2 über Tarnleuchten;

19c. des § 53d Absatz 2 bis 5 über Nebelschlussleuchten;

20. des § 54 Absatz 1 Satz 1 bis 3, Absatz 1a Satz 1, Absatz 2, 3, 4 Nummer 1 Satz 1, 4, Nummer 2, 3 Satz 1, Nummer 4 oder Absatz 6 über Fahrtrichtungsanzeiger;

21. des § 54a über die Innenbeleuchtung in Kraftomnibussen;

22. des § 55 Absatz 1 bis 4 über Einrichtungen für Schallzeichen;

23. des § 55a über die Elektromagnetische Verträglichkeit;

24. des § 56 Absatz 1 in Verbindung mit Absatz 2 über Spiegel oder andere Einrichtungen für indirekte Sicht;

25. des § 57 Absatz 1 Satz 1 oder Absatz 2 Satz 1 über das Geschwindigkeitsmessgerät, des § 57a Absatz 1 Satz 1, Absatz 1a oder 2 Satz 1 über Fahrtschreiber;

25a. des § 57a Absatz 3 Satz 2 über das Betreiben des Kontrollgeräts;

25b. des § 57c Absatz 2 oder 5 über die Ausrüstung oder Benutzung der Geschwindigkeitsbegrenzer;

26. des § 58 Absatz 2 oder 5 Satz 1, jeweils auch in Verbindung mit § 36 Absatz 1 Satz 2, oder Absatz 3 oder 5 Satz 2 Halbsatz 2 über Geschwindigkeitsschilder an Kraftfahrzeugen oder Anhängern oder des § 59 Absatz 1 Satz 1, Absatz 1a, 1b, 2 oder 3 Satz 2 über Fabrikschilder oder Fahrzeug-Identifizierungsnummern;

26a. des § 59a über den Nachweis der Übereinstimmung mit der Richtlinie 96/53/EG;

27. des § 61 Absatz 1 über Halteeinrichtungen für Beifahrer oder Absatz 3 über Ständer von zweirädrigen Kraftfahrzeugen;

27a. des § 61a über Anhänger hinter Fahrrädern mit Hilfsmotor oder

28. des § 62 über die Beschaffenheit von elektrischen Einrichtungen der elektrisch angetriebenen Kraftfahrzeuge.

(4) Ordnungswidrig im Sinne des § 24 des Straßenverkehrsgesetzes handelt ferner, wer vorsätzlich oder fahrlässig ein anderes Straßenfahrzeug als ein Kraftfahrzeug oder einen Kraftfahrzeuganhänger oder wer vorsätzlich oder fahrlässig eine Kombination solcher Fahrzeuge unter Verstoß gegen eine der folgenden Vorschriften in Betrieb nimmt:

1. des § 30 über allgemeine Beschaffenheit von Fahrzeugen;
2. des § 63 über Abmessungen, Achslast, Gesamtgewicht und Bereifung sowie die Wiegepflicht;
3. des § 64 Absatz 1 über Lenkeinrichtungen, Anordnung und Beschaffenheit der Sitze, Einrichtungen zum Auf- und Absteigen oder des § 64 Absatz 2 über die Bespannung von Fuhrwerken;
4. des § 64a über Schallzeichen an Fahrrädern oder Schlitten;
5. des § 64b über die Kennzeichnung von Gespannfahrzeugen;

6. des § 65 Absatz 1 über Bremsen oder des § 65 Absatz 3 über Bremshilfsmittel;
7. des § 66 über Rückspiegel;
7a. des § 66a über lichttechnische Einrichtungen,
8. des § 67 über lichttechnische Einrichtungen an Fahrrädern oder
9. des § 67a über lichttechnische Einrichtungen an Fahrradanhängern.

(5) Ordnungswidrig im Sinne des § 24 des Straßenverkehrsgesetzes handelt schließlich, wer vorsätzlich oder fahrlässig

1. als Inhaber einer Allgemeinen Betriebserlaubnis für Fahrzeuge gegen eine Vorschrift des § 20 Absatz 3 Satz 3 über die Ausfüllung von Fahrzeugbriefen verstößt,
2. entgegen § 31 Absatz 1 ein Fahrzeug oder einen Zug miteinander verbundener Fahrzeuge führt, ohne zur selbstständigen Leitung geeignet zu sein,
3. entgegen § 31 Absatz 2 als Halter eines Fahrzeugs die Inbetriebnahme anordnet oder zulässt, obwohl ihm bekannt ist oder bekannt sein muss, dass der Führer nicht zur selbstständigen Leitung geeignet oder das Fahrzeug, der Zug, das Gespann, die Ladung oder die Besetzung nicht vorschriftsmäßig ist oder dass die Verkehrssicherheit des Fahrzeugs durch die Ladung oder die Besetzung leidet,
4. entgegen § 31a Absatz 2 als Halter oder dessen Beauftragter im Fahrtenbuch nicht vor Beginn der betreffenden Fahrt die erforderlichen Angaben einträgt oder nicht unverzüglich nach Beendigung der betreffenden Fahrt Datum und Uhrzeit der Beendigung mit seiner Unterschrift einträgt,

4a. entgegen § 31a Absatz 3 ein Fahrtenbuch nicht aushändigt oder nicht aufbewahrt,

4b. entgegen § 31b mitzuführende Gegenstände nicht vorzeigt oder zur Prüfung nicht aushändigt,

4c. gegen eine Vorschrift des § 31c Satz 1 oder 4 Halbsatz 2 über Pflichten zur Feststellung der zugelassenen Achslasten oder über das Um- oder Entladen bei Überlastung verstößt,

4d. als Fahrpersonal oder Halter gegen eine Vorschrift des § 35g Absatz 3 über das Vertrautsein mit der Handhabung von Feuerlöschern oder als Halter gegen eine Vorschrift des § 35g Absatz 4 über die Prüfung von Feuerlöschern verstößt,

5. entgegen § 36 Absatz 7 Satz 1 einen Luftreifen nicht, nicht vollständig oder nicht in der vorgeschriebenen Weise kennzeichnet,

5a. entgegen § 41a Absatz 5 Satz 1 eine Gassystemeinbauprüfung, entgegen Absatz 5 Satz 3 eine Begutachtung oder entgegen Absatz 6 Satz 2 eine Gasanlagenprüfung nicht durchführen lässt,

5b. *(aufgehoben)*

5c. (weggefallen)

5d. entgegen § 49 Absatz 2a Satz 1 Auspuffanlagen, Austauschauspuffanlagen oder Einzelteile dieser Austauschauspuffanlagen als unabhängige technische Einheiten für Krafträder verwendet oder zur Verwendung feilbietet oder veräußert oder entgegen § 49 Absatz 4 Satz 1 den Schallpegel im Nahfeld nicht feststellen lässt,

5e. entgegen § 49 Absatz 3 Satz 2, auch in Verbindung mit § 31e Satz 2, ein Fahrzeug kennzeichnet oder entgegen § 49 Absatz 3 Satz 3, auch in Verbindung mit § 31e Satz 2, ein Zeichen anbringt,

5f. entgegen § 52 Absatz 6 Satz 3 die Bescheinigung nicht mitführt oder zur Prüfung nicht aushändigt,

6. als Halter oder dessen Beauftragter gegen eine Vorschrift des § 57a Absatz 2 Satz 2 Halbsatz 2 oder 3 oder Satz 3 über die Ausfüllung und Verwendung von Schaublättern oder als Halter gegen eine Vorschrift des § 57a Absatz 2 Satz 4 über die Vorlage und Aufbewahrung von Schaublättern verstößt,

6a. als Halter gegen eine Vorschrift des § 57a Absatz 3 Satz 2 in Verbindung mit Artikel 14 der Verordnung (EWG) Nr. 3821/85 über die Aushändigung, Aufbewahrung oder Vorlage von Schaublättern verstößt,

6b. als Halter gegen eine Vorschrift des § 57b Absatz 1 Satz 1 über die Pflicht, Fahrtschreiber oder Kontrollgeräte prüfen zu lassen, oder des § 57b Absatz 1 Satz 4 über die Pflichten bezüglich des Einbauschildes verstößt,

6c. als Kraftfahrzeugführer entgegen § 57a Absatz 2 Satz 2 Halbsatz 1 Schaublätter vor Antritt der Fahrt nicht bezeichnet oder entgegen Halbsatz 3 mit Vermerken versieht, entgegen Satz 3 andere Schaublätter verwendet, entgegen Satz 4 Halbsatz 1 Schaublätter nicht vorlegt oder entgegen Satz 5 ein Ersatzschaublatt nicht mitführt,

6d. als Halter entgegen § 57d Absatz 2 Satz 1 den Geschwindigkeitsbegrenzer nicht prüfen lässt,

6e. als Fahrzeugführer entgegen § 57d Absatz 2 Satz 3 eine Bescheinigung über die Prüfung des Geschwindigkeitsbegrenzers nicht mitführt oder nicht aushändigt,

7. gegen die Vorschrift des § 70 Absatz 3a über die Mitführung oder Aufbewahrung sowie die Aushändigung von Urkunden über Ausnahmegenehmigungen verstößt oder

8. entgegen § 71 vollziehbaren Auflagen nicht nachkommt, unter denen eine Ausnahmegenehmigung erteilt worden ist.

§ 69b (weggefallen)

§ 70[1] **Ausnahmen.** (1) Ausnahmen können genehmigen

1. die höheren Verwaltungsbehörden in bestimmten Einzelfällen oder allgemein für bestimmte einzelne Antragsteller von den Vorschriften der §§ 32, 32d, 33, 34 und 36, auch in Verbindung mit § 63, ferner der §§ 52 und 65, bei Elektrokarren und ihren Anhängern auch von den Vorschriften des § 41 Absatz 9 und der §§ 53, 58 und 59,

[1] § 70 Abs. 1 Nr. 1 und Abs. 2 geänd. mWv 1.8.2013 durch VO v. 26.7.2013 (BGBl. I S. 2803); Abs. 1 Nr. 3 und 4 sowie Abs. 1a geänd. mWv 30.10.2014 durch VO v. 22.10.2014 (BGBl. I S. 1635).

2. die zuständigen obersten Landesbehörden oder die von ihnen bestimmten oder nach Landesrecht zuständigen Stellen von allen Vorschriften dieser Verordnung in bestimmten Einzelfällen oder allgemein für bestimmte einzelne Antragsteller; sofern die Ausnahmen erhebliche Auswirkungen auf das Gebiet anderer Länder haben, ergeht die Entscheidung im Einvernehmen mit den zuständigen Behörden dieser Länder,
3. das Bundesministerium für Verkehr und digitale Infrastruktur von allen Vorschriften dieser Verordnung, sofern nicht die Landesbehörden nach den Nummern 1 und 2 zuständig sind – allgemeine Ausnahmen ordnet es durch Rechtsverordnung ohne Zustimmung des Bundesrates nach Anhören der zuständigen obersten Landesbehörden an –,
4. das Kraftfahrt-Bundesamt mit Ermächtigung des Bundesministeriums für Verkehr und digitale Infrastruktur bei Erteilung oder in Ergänzung einer Allgemeinen Betriebserlaubnis oder Bauartgenehmigung,
5. das Kraftfahrt-Bundesamt für solche Lagerfahrzeuge, für die durch Inkrafttreten neuer oder geänderter Vorschriften die Allgemeine Betriebserlaubnis nicht mehr gilt. In diesem Fall hat der Inhaber der Allgemeinen Betriebserlaubnis beim Kraftfahrt-Bundesamt einen Antrag unter Beifügung folgender Angaben zu stellen:
   a) Nummer der Allgemeinen Betriebserlaubnis mit Angabe des Typs und der betroffenen Ausführung(en),
   b) genaue Beschreibung der Abweichungen von den neuen oder geänderten Vorschriften,
   c) Gründe, aus denen ersichtlich ist, warum die Lagerfahrzeuge die neuen oder geänderten Vorschriften nicht erfüllen können,
   d) Anzahl der betroffenen Fahrzeuge mit Angabe der Fahrzeugidentifizierungs-Nummern oder -Bereiche, gegebenenfalls mit Nennung der Typ- und/oder Ausführungs-Schlüsselnummern,
   e) Bestätigung, dass die Lagerfahrzeuge die bis zum Inkrafttreten der neuen oder geänderten Vorschriften geltenden Vorschriften vollständig erfüllen,
   f) Bestätigung, dass die unter Buchstabe d aufgeführten Fahrzeuge sich in Deutschland oder in einem dem Kraftfahrt-Bundesamt im Rahmen des Typgenehmigungsverfahrens benannten Lager befinden.

(1a) Genehmigen die zuständigen obersten Landesbehörden oder die von ihnen bestimmten Stellen Ausnahmen von den Vorschriften der §§ 32, 32d Absatz 1 oder § 34 für Fahrzeuge oder Fahrzeugkombinationen, die auf neuen Technologien oder Konzepten beruhen und während eines Versuchszeitraums in bestimmten örtlichen Bereichen eingesetzt werden, so unterrichten diese Stellen das Bundesministerium für Verkehr und digitale Infrastruktur im Hinblick auf Artikel 4 Absatz 5 Satz 2 der Richtlinie 96/53/EG mit einer Abschrift der Ausnahmegenehmigung.

(2) Vor der Genehmigung einer Ausnahme von den §§ 32, 32d, 33, 34 und 36 und einer allgemeinen Ausnahme von § 65 sind die obersten Straßenbaubehörden der Länder und, wo noch nötig, die Träger der Straßenbaulast zu hören.

(3) Der örtliche Geltungsbereich jeder Ausnahme ist festzulegen.

(3a) [1] Durch Verwaltungsakt für ein Fahrzeug genehmigte Ausnahmen von den Bau- oder Betriebsvorschriften sind vom Fahrzeugführer durch eine Urkunde nachzuweisen, die bei Fahrten mitzuführen und zuständigen Personen auf Verlangen zur Prüfung auszuhändigen ist. [2] Bei einachsigen Zugmaschinen und Anhängern in land- oder forstwirtschaftlichen Betrieben sowie land- oder forstwirtschaftlichen Arbeitsgeräten und hinter land- oder forstwirtschaftlichen einachsigen Zug- oder Arbeitsmaschinen mitgeführten Sitzkarren, wenn sie nur für land- oder forstwirtschaftliche Zwecke verwendet werden, und von der Zulassungspflicht befreiten Elektrokarren genügt es, dass der Halter eine solche Urkunde aufbewahrt; er hat sie zuständigen Personen auf Verlangen zur Prüfung auszuhändigen.

(4) [1] Die Bundeswehr, die Polizei, die Bundespolizei, die Feuerwehr und die anderen Einheiten und Einrichtungen des Katastrophenschutzes sowie der Zolldienst sind von den Vorschriften dieser Verordnung befreit, soweit dies zur Erfüllung hoheitlicher Aufgaben unter gebührender Berücksichtigung der öffentlichen Sicherheit und Ordnung dringend geboten ist. [2] Abweichungen von den Vorschriften über die Ausrüstung mit Kennleuchten, über Warneinrichtungen mit einer Folge von Klängen verschiedener Grundfrequenz (Einsatzhorn) und über Sirenen sind nicht zulässig.

(5) [1] Die Landesregierungen werden ermächtigt, durch Rechtsverordnung zu bestimmen, dass abweichend von Absatz 1 Nummer 1 anstelle der höheren Verwaltungsbehörden und abweichend von Absatz 2 anstelle der obersten Straßenbaubehörden andere Behörden zuständig sind. [2] Sie können diese Ermächtigung auf oberste Landesbehörden übertragen.

§ 71 Auflagen bei Ausnahmegenehmigungen. Die Genehmigung von Ausnahmen von den Vorschriften dieser Verordnung kann mit Auflagen verbunden werden; der Betroffene hat den Auflagen nachzukommen.

§ 72[1)] Übergangsbestimmungen. (1) Für Fahrzeuge sowie für Systeme, Bauteile und selbstständige technische Einheiten für diese Fahrzeuge, die vor dem 5. Mai 2012 erstmals in den Verkehr gekommen sind, gelten die zum Zeitpunkt ihrer Zulassung geltenden Vorschriften einschließlich der für diese Fahrzeuge erlassenen Nachrüstvorschriften fort.

(2) Zu den nachstehend bezeichneten Vorschriften gelten folgende Bestimmungen:

1. § 29 (Untersuchung der Kraftfahrzeuge und Anhänger)
   ist anzuwenden ab dem 1. Juli 2012. Bis zu diesem Datum gilt § 29 in der vor dem 1. Juli 2012 geltenden Fassung. Anlässlich von Hauptuntersuchungen sind die auf den vorderen Kennzeichen nach den bis einschließlich 31. Dezember 2009 geltenden Vorschriften des § 47a Absatz 3

[1)] § 72 bish. Wortlaut wird Abs. 1, Abs. 2 angef. mWv 1.6.2012 durch VO v. 10.5.2012 (BGBl. I S. 1086); Abs. 2 Nr. 1a–1d, 6a–6d eingef., bish. Nr. 6a wird Nr. 6e mWv 1.8.2013 durch VO v. 26.7.2013 (BGBl. I S. 2803); Abs. 1 und Abs. 2 Nr. 6b geänd. mWv 1.5.2014 durch VO v. 16.4. 2014 (BGBl. I S. 348); Abs. 2 Nr. 1b geänd. mWv 30.6.2016 durch VO v. 17.6.2016 (BGBl. I S. 1463); Abs. 2 Nr. 1b geänd., Nr. 1d eingef., bish. Nr. 1d wird Nr. 1e mWv 1.6.2017 durch VO v. 18.5.2017 (BGBl. I S. 1282); Abs. 2 Nr. 3a eingef. mWv 1.12.2017 durch VO v. 20.10.2017 (BGBl. I S. 3723).

und 5 angebrachten Plaketten von den die Hauptuntersuchung durchführenden Personen zu entfernen.

1a. § 33 (Schleppen von Fahrzeugen)
Vor dem 1. August 2013 erteilte Ausnahmegenehmigungen gelten bis zu ihrer Befristung weiter.

1b. § 35a Absatz 2, 3, 4 und 5a (Sitzverankerungen, Sitze, Kopfstützen, Verankerungen für Sicherheitsgurte sowie Sicherheitsgurte oder Rückhaltesysteme)
Für Kraftfahrzeuge, die vor dem 1. November 2013 eine nationale Typgenehmigung oder Einzelgenehmigung erhalten haben und vor dem 1. Januar 2014 erstmals in den Verkehr kommen, bleibt § 35a Absatz 2, 3 und 4 in der bisher geltenden Fassung anwendbar. § 35a Absatz 4a in Verbindung mit Absatz 4b ist ab dem 1. September 2016 für alle Personenkraftwagen anzuwenden, bei denen ein Einbau, Umbau oder eine Nachrüstung mit Rollstuhlstellplätzen, Rollstuhl-Rückhaltesystemen oder Rollstuhlnutzer-Rückhaltesystemen erfolgt.35a Absatz 4a Satz 7 in Verbindung mit Absatz 4b ist bis einschließlich 31. August 2017 abweichend erfüllt, wenn ersatzweise zur DIN-Norm 75078-2:2015-04 die DIN-Norm 75078-2:1999 angewendet wird.

1c. § 35c Absatz 2 (Heizanlagen in Fahrzeugen der Klassen M, N und O)
gilt spätestens für Fahrzeuge und ihre Heizanlagen, die ab dem 1. August 2013 genehmigt werden. Für Fahrzeuge und ihre Heizanlagen, die vor dem 1. August 2013 genehmigt wurden, bleibt § 35c in der bisher geltenden Fassung anwendbar.

1d. § 36 Absatz 4a tritt am 1. Oktober 2024 außer Kraft.

1e. § 45 Absatz 1a (Einbau des Kraftstoffbehälters)
gilt nicht für den serienmäßigen Einbau in reihenweise gefertigte Fahrzeuge, für die eine Allgemeine Betriebserlaubnis erteilt worden ist und die vor dem 1. Januar 1990 erstmals in den Verkehr gekommen sind.

2. § 47 Absatz 1a (Abgasemissionen von leichten Personenkraftwagen und Nutzfahrzeugen (Euro 5 und Euro 6))
ist hinsichtlich der Vorschriften der Verordnungen (EG) Nr. 715/2007 und der Verordnung (EG) Nr. 692/2008 für erstmals in den Verkehr kommende Fahrzeuge mit einer Einzelgenehmigung ab dem 1. Juni 2012 entsprechend der in der Verordnung (EG) Nr. 692/2008 in Anhang I, Anlage 6, Tabelle 1, Spalte 7 („Einführungszeitpunkt Neufahrzeuge“) genannten Termine anzuwenden.

3. § 47 Absatz 6a (Abgasemissionen schwerer Nutzfahrzeuge nach Richtlinie 2005/55/EG)
ist hinsichtlich der Vorschriften der Richtlinien 2005/55/EG und 2005/78/EG für erstmals in den Verkehr kommende Fahrzeuge mit einer Einzelgenehmigung ab dem 1. Juni 2012 entsprechend den in Artikel 2 Absatz 6 und 8 genannten Terminen anzuwenden. Des Weiteren gelten für diese Fahrzeuge:

a) Die Anforderungen zur Gewährleistung der vollen Wirkung der Vorkehrungen für die Minderung der NO_x-Emissionen, gemäß der Nummern 6.5.3, 6.5.4 und 6.5.5 der Richtlinie 2006/51/EG, sind ab dem 1. Juni 2012 für von diesem Tage an erstmals in den Verkehr kommende Fahrzeuge anzuwenden.

b) Die Änderungen der Richtlinie 2008/74/EG sind ab dem 1. Juni 2012 für von diesem Tage an erstmals in den Verkehr kommende Fahrzeuge anzuwenden.

3a. § 47 Absatz 6b (Abgasemissionen schwerer Nutzfahrzeuge, Euro VI) ist hinsichtlich der Vorschriften der Verordnung (EG) Nr. 595/2009 und der Verordnung (EU) Nr. 582/2011 für erstmals in den Verkehr kommende Fahrzeuge mit einer Einzelgenehmigung ab dem 1. Dezember 2017 anzuwenden. Des Weiteren gelten für diese Fahrzeuge hinsichtlich der Überwachungsanforderungen für Reagensqualität und -verbrauch sowie der OBD-Schwellenwerte für NO_x und Partikel die in der Verordnung (EU) Nr. 582/2011, Anhang I, Anlage 9, Tabelle 1, unter „Letztes Zulassungsdatum" genannten Termine.

4. § 47 Absatz 8c (Abgasemissionen von land- oder forstwirtschaftlichen Zugmaschinen)
ist für Fahrzeuge, die mit einer Einzelgenehmigung erstmals in den Verkehr kommen, wie folgt anzuwenden:

a) Spätestens ab den in Artikel 4 Absatz 3 der Richtlinie 2000/25/EG genannten Terminen. Bei Fahrzeugen, die mit Motoren ausgerüstet sind, deren Herstellungsdatum vor den in Artikel 4 Absatz 3 der Richtlinie 2000/25/EG genannten Terminen liegt, wird für jede Kategorie der Zeitpunkt für erstmals in den Verkehr kommende Fahrzeuge um zwei Jahre verlängert. Diese Verlängerung der Termine gilt für Fahrzeuge mit einer Einzelgenehmigung, Allgemeinen Betriebserlaubnis oder EG-Typgenehmigung.

b) Spätestens ab dem 1. Juni 2012 entsprechend der in Artikel 4 Absatz 2 und 3 der Richtlinie 2000/25/EG in der Fassung der Richtlinie 2005/13/EG genannten Termine. Die in Artikel 4 Absatz 5 und 6 der Richtlinie 2000/25/EG in der Fassung der Richtlinie 2005/13/EG genannten Verlängerungen der Termine um zwei Jahre gelten für Fahrzeuge mit einer Einzelgenehmigung, Allgemeinen Betriebserlaubnis oder EG-Typgenehmigung.

Für land- und forstwirtschaftliche Zugmaschinen, die vor den genannten Terminen erstmals in den Verkehr kamen, bleibt § 47 Absatz 8c in der vor dem 1. Juni 2012 geltenden Fassung anwendbar.

5. § 47d (Kohlendioxidemissionen, Kraftstoffverbrauch, Reichweite, Stromverbrauch)
ist für Fahrzeuge, die mit einer Einzelgenehmigung erstmals in den Verkehr kommen, anzuwenden. Für Fahrzeuge, die vor dem 1. Juni 2012 erstmals in den Verkehr gekommen sind, ist § 47d einschließlich der Übergangsbestimmungen in § 72 Absatz 2 in der vor dem 1. Juni 2012 geltenden Fassung anzuwenden. Die Vorschriften der Richtlinie 2004/3/EG treten am 17. Mai 2012 in Kraft. Die Vorschriften der Richtlinie 80/1268/EWG, geändert durch die im Anhang zu dieser Vorschrift genannten Bestimmungen der Buchstaben a bis e, treten mit Wirkung vom 2. Januar 2013 außer Kraft.

6. § 47e (Genehmigung, Nachrüstung und Nachfüllen von Klimaanlagen)
ist wie folgt anzuwenden:

a) In Fahrzeuge, für die eine Typgenehmigung ab dem 1. Januar 2011 erteilt wurde, darf ab dem 1. Juni 2012 eine Klimaanlage, die darauf ausgelegt ist, fluorierte Treibhausgase mit einem global warming potential-Wert (GWP-Wert)[1] über 150 zu enthalten, nicht mehr nachträglich eingebaut werden.

b) Klimaanlagen, die in Fahrzeuge eingebaut sind, für die ab dem 1. Januar 2011 eine Typgenehmigung erteilt wurde, dürfen nicht mit fluorierten Treibhausgasen mit einem GWP-Wert von über 150 befüllt werden. Mit Wirkung vom 1. Januar 2017 dürfen Klimaanlagen in sämtlichen Fahrzeugen nicht mehr mit fluorierten Treibhausgasen mit einem GWP-Wert über 150 befüllt werden; hiervon ausgenommen ist das Nachfüllen von diese Gase enthaltenden Klimaanlagen, die vor diesem Zeitpunkt in Fahrzeuge eingebaut worden sind.

c) Fahrzeuge mit einer Einzelgenehmigung, die ab dem 1. Januar 2017 erstmals in den Verkehr gebracht werden sollen, ist die Zulassung zu verweigern, wenn deren Klimaanlagen mit einem fluorierten Treibhausgas mit einem GWP-Wert über 150 befüllt sind. Bei Fahrzeugen mit einer Einzelgenehmigung, die vor dem 1. Januar 2017 erstmals in den Verkehr kommen sollen und deren Klimaanlagen mit einem fluorierten Treibhausgas mit einem GWP-Wert über 150 befüllt sind, findet der Nachweis der Leckagerate gemäß Artikel 7 der Verordnung (EG) Nr. 706/2007 keine Anwendung.

6a. § 49a Absatz 1 Satz 4 (geometrische Sichtbarkeit)
tritt in Kraft am 1. November 2013 für die von diesem Tage an erstmals in den Verkehr kommenden Fahrzeuge. Fahrzeuge, die vor diesem Termin erstmals in den Verkehr gekommen sind, dürfen § 49a Absatz 1 Satz 4 in der vor dem 1. August 2013 geltenden Fassung entsprechen.

6b. § 53 Absatz 10 Satz 1 Nummer 3 (Kennzeichnung von Fahrzeugen mit Konturmarkierungen)
Auf Fahrzeuge, die bis zum 1. November 2013 gekennzeichnet werden, bleibt § 53 Absatz 10 Satz 1 Nummer 3 in der bisher geltenden Fassung anwendbar.

6c. § 53 Absatz 10 Satz 2 (auffällige Markierungen)
Für Fahrzeuge, die vor dem 10. Juli 2011 erstmals in den Verkehr gekommen sind, kann Absatz 10 Satz 1 Nummer 3 mit der zugehörigen Übergangsvorschrift angewendet werden.

6d. § 53a Absatz 2 Nummer 3 (Warnwesten)
ist spätestens ab dem 1. Juli 2014 anzuwenden.

6e. § 57a Absatz 1 (Fahrtschreiber)
tritt außer Kraft am 1. Januar 2013 für erstmals in den Verkehr kommende Kraftfahrzeuge.

7. Anlage VIII (Untersuchung der Fahrzeuge) ist ab dem 1. Juli 2012 anzuwenden. Abweichend von Satz 1

a) können Fahrzeughalter, die bis zum 1. Juni 1998 nach Nummer 4.1 in Verbindung mit Nummer 6 der Anlage VIII in der vor diesem Zeitpunkt geltenden Fassung

aa) von der Pflicht zur Vorführung ihrer Fahrzeuge zu Hauptuntersuchungen bei einem Sachverständigen oder Prüfer befreit waren

---

[1] **Amtl. Anm.:** Treibhauspotenzial-Wert.

und diese selbst durchführten, auch weiterhin entsprechend diesen Vorschriften Hauptuntersuchungen an ihren Fahrzeugen im eigenen Betrieb durchführen. Für das Anerkennungsverfahren und die Aufsicht gilt Nummer 6 der Anlage VIII in der vor dem 1. Juni 1998 geltenden Fassung, oder

bb) Zwischenuntersuchungen und Bremsensonderuntersuchungen bis zum 1. Dezember 1999 und ab diesem Datum Sicherheitsprüfungen an ihren Fahrzeugen im eigenen Betrieb durchführen, wenn sie hierfür nach Anlage VIIIc anerkannt sind,

b) können Untersuchungen durch Kraftfahrzeugwerkstätten, die bis zum 1. Juni 1998 nach den Vorschriften von Nummer 4.3 in Verbindung mit Nummer 6 der Anlage VIII in der vor diesem Zeitpunkt geltenden Fassung anerkannt waren, auch weiterhin entsprechend diesen Vorschriften durchgeführt werden. Für das Anerkennungsverfahren und die Aufsicht gilt Nummer 6 der Anlage VIII in der vor dem 1. Juni 1998 geltenden Fassung,

c) ist bei der Durchführung der Sicherheitsprüfungen an Fahrzeugen, die ab dem 1. April 2006 erstmals in den Verkehr kamen, ab dem 1. Juli 2012 die Einhaltung der Vorgaben in der Form von Systemdaten und

aa) für Fahrzeuge der Klasse M_2, M_3, N_2 und N_3 entsprechend Anlage XXIX, die ab dem 1. Januar 2014 erstmals in den Verkehr kommen und

bb) für Fahrzeuge der Klasse O_4 entsprechend Anlage XXIX, die ab dem 1. Januar 2015 erstmals in den Verkehr kommen,

die Einhaltung der Vorgaben nach Nummer 2 Anlage VIIIe zu prüfen.

8. Anlage VIIIa (Durchführung der Hauptuntersuchung)
ist ab dem 1. Juli 2012 anzuwenden. Ausgenommen von den Vorschriften der Nummer 1 Satz 4 und der Nummer 2 und 3 gilt für Fahrzeuge, die

a) vor dem 1. April 2006 erstmals in den Verkehr kamen, Anlage VIIIa in der bis zu diesem Datum geltenden Fassung,

b) vom 1. April 2006 bis zum 30. Juni 2012 erstmals in den Verkehr kommen, Anlage VIIIa in der vor dem 1. Juli 2012 geltenden Fassung.

Abweichend von Satz 1 sind die Vorschriften

a) von Nummer 4.3 und 4.4 für Fahrzeuge der Klasse M_1 und N_1 sowie von Nummer 4.1 für Fahrzeuge der Klasse M_2, M_3, N_2 und N_3 entsprechend Anlage XXIX, die ab dem 1. Januar 2013 erstmals in den Verkehr kommen, ab diesem Datum,

b) von Nummer 4.2 für Fahrzeuge der Klasse M_1 und N_1 sowie von Nummer 4.3 und 4.4 für Fahrzeuge der Klasse M_2, M_3, N_2 und N_3 entsprechend Anlage XXIX, die ab dem 1. Januar 2014 erstmals in den Verkehr kommen, ab diesem Datum und

c) von Nummer 4.2 für Fahrzeuge der Klasse M_2, M_3, N_2 und N_3 sowie von den Nummern 4.1 bis 4.4 für Fahrzeuge der Klasse O entsprechend Anlage XXIX, die ab dem 1. Januar 2015 erstmals in den Verkehr kommen, ab diesem Datum

jeweils spätestens anzuwenden.

9. Anlage VIIId (Untersuchungsstellen zur Durchführung von Hauptuntersuchungen, Sicherheitsprüfungen, Untersuchungen der Abgase und wiederkehrenden Gasanlagenprüfungen)
   ist ab dem 1. Juli 2012 anzuwenden. Bis zu diesem Datum gilt Anlage VIIId in der vor dem 1. Juli 2012 geltenden Fassung. Abweichend von Satz 1 ist eine Ausstattung mit Einrichtung zur Prüfung über die elektronische Fahrzeugschnittstelle nach Nummer 25 der Tabelle zu Nummer 3 der Anlage VIIId ab dem 1. Januar 2013 vorzunehmen.
10. Anlage VIIIe (Bereitstellung von Vorgaben für die Durchführung von Hauptuntersuchungen und Sicherheitsprüfungen; Auswertung von Erkenntnissen)
   ist ab dem 1. Juli 2012 anzuwenden.

§ 73 Technische Festlegungen. [1] Soweit in dieser Verordnung auf DIN- oder ISO-Normen Bezug genommen wird, sind diese im Beuth Verlag GmbH, Burggrafenstraße 6, 10787 Berlin, VDE-Bestimmungen auch im VDE-Verlag, Bismarckstr. 33, 10625 Berlin, erschienen. [2] Sie sind beim Deutschen Patent- und Markenamt in München archivmäßig gesichert niedergelegt.

Anlagen I bis VII

(weggefallen)

Anlage VIII[1)]

(§ 29 Absatz 1 bis 4, 7, 9, 11 und 13)

Untersuchung der Fahrzeuge

1	**Art und Gegenstand der Hauptuntersuchungen und Sicherheitsprüfungen, Ausnahmen**
1.1	Die untersuchungspflichtigen Kraftfahrzeuge und Anhänger unterliegen Hauptuntersuchungen und Sicherheitsprüfungen nach Maßgabe der folgenden Vorschriften.
1.2	H a u p t u n t e r s u c h u n g e n
1.2.1	Bei einer Hauptuntersuchung werden die Fahrzeuge nach Maßgabe der Vorschriften der Anlage VIIIa sowie den im Verkehrsblatt im Benehmen mit den zuständigen obersten Landesbehörden dazu bekannt gemachten Richtlinien auf ihre Verkehrssicherheit, ihre Umweltverträglichkeit sowie auf Einhaltung der für sie geltenden Bau- und Wirkvorschriften untersucht.
1.2.1.1	Bei der Untersuchung der Umweltverträglichkeit von Kraftfahrzeugen, die mit Fremdzündungsmotor oder Selbstzündungsmotor angetrieben werden, sind die Abgase a) nach Nummer 6.8.2.2 der Anlage VIIIa bei Kraftfahrzeugen, die mit einem On-Board-Diagnosesystem ausgerüstet sind, das den im Anhang zu § 47 genannten Bestimmungen entspricht, oder b) nach Nummer 6.8.2.1 der Anlage VIIIa bei Kraftfahrzeugen, die nicht mit einem Diagnosesystem nach Buchstabe a ausgerüstet sind, zu untersuchen.
1.2.1.2	Vom Untersuchungspunkt Motormanagement-/Abgasreinigungssystem der Anlage VIIIa Nummer 6.8.2 sind ausgenommen:
1.2.1.2.1	Kraftfahrzeuge mit
1.2.1.2.1.1	Fremdzündungsmotor, die eine bauartbedingte Höchstgeschwindigkeit von weniger als 50 km/h haben oder die vor dem 1. Juli 1969 erstmals in den Verkehr gekommen sind oder die drei Räder und eine zulässige Gesamtmasse von weniger als 400 kg haben,
1.2.1.2.1.2	Kompressionszündungsmotor, die weniger als vier Räder oder eine bauartbedingte Höchstgeschwindigkeit von nicht mehr als 25 km/h haben oder die vor dem 1. Januar 1977 erstmals in den Verkehr gekommen sind,
1.2.1.2.2	Krafträder sowie dreirädrige und vierrädrige Kraftfahrzeuge der Klassen L3e, L4e, L5e und L7e nach Abschnitt 2 der Anlage XXIX, die vor dem 1. Januar 1989 in den Verkehr gekommen sind,
1.2.1.2.3	land- und forstwirtschaftliche Zugmaschinen,
1.2.1.2.4	selbstfahrende Arbeitsmaschinen, die nicht den Baumerkmalen von Lastkraftwagen hinsichtlich des Antriebsmotors und des Fahrgestells entsprechen, und Stapler.
1.3	S i c h e r h e i t s p r ü f u n g e n
1.3.1	Die Sicherheitsprüfung hat eine Sicht-, Wirkungs- und Funktionsprüfung des Fahrgestells und Fahrwerks, der Verbindungseinrichtung, Lenkung, Reifen, Räder und Bremsanlage des Fahrzeugs nach der hierzu im Verkehrsblatt mit Zustimmung der obersten Landesbehörden bekannt gemachten Richtlinie zu umfassen.

[1)] Anl. VIII geänd. mWv 1.6.2012 durch VO v. 10.5.2012 (BGBl. I S. 1086); geänd. mWv 1.8. 2013 durch VO v. 26.7.2013 (BGBl. I S. 2803); geänd. mWv 30.10.2014 durch VO v. 22.10.2014 (BGBl. I S. 1635); geänd. mWv 1.10.2017 durch VO v. 23.3.2017 (BGBl. I S. 522).

2 **Zeitabstände der Hauptuntersuchungen und Sicherheitsprüfungen**

2.1 Die Fahrzeuge sind mindestens in folgenden regelmäßigen Zeitabständen einer Hauptuntersuchung und einer Sicherheitsprüfung zu unterziehen; die Zeitabstände für Sicherheitsprüfungen beziehen sich hierbei auf die zuletzt durchgeführte Hauptuntersuchung:

	Art des Fahrzeugs	Art der Untersuchung und Zeitabstand	
		Hauptuntersuchung Monate	Sicherheitsprüfung Monate
2.1.1	Krafträder	24	–
2.1.2	Personenkraftwagen sowie Krankenkraftwagen und Behinderten-Transportfahrzeuge mit nicht mehr als acht Fahrgastplätzen		
2.1.2.1	Personenkraftwagen allgemein		
2.1.2.1.1	bei erstmals in den Verkehr gekommenen Personenkraftwagen für die erste oder bei Personenkraftwagen nach Nummer 2.2 bei Wechsel des Halters innerhalb der ersten sieben Monate nach Erstzulassung und durchgeführter Hauptuntersuchung für die zweite Hauptuntersuchung	36	–
2.1.2.1.2	für die weiteren Hauptuntersuchungen	24	–
2.1.2.2	Personenkraftwagen zur Personenbeförderung nach dem Personenbeförderungsgesetz oder nach § 1 Nummer 4 Buchstabe d, g und i der Freistellungs-Verordnung	12	–
2.1.2.3	Krankenkraftwagen und Behinderten-Transportfahrzeuge mit nicht mehr als acht Fahrgastplätzen	12	–
2.1.3	Kraftomnibusse und andere Kraftfahrzeuge mit mehr als acht Fahrgastplätzen		
2.1.3.1	bei erstmals in den Verkehr gekommenen Fahrzeugen in den ersten zwölf Monaten	12	–
2.1.3.2	für die weiteren Untersuchungen von zwölf bis 36 Monate vom Tag der Erstzulassung an	12	6
2.1.3.3	für die weiteren Untersuchungen	12	3/6/9
2.1.4	Kraftfahrzeuge, die zur Güterbeförderung bestimmt sind, selbstfahrende Arbeitsmaschinen, Zugmaschinen sowie Kraftfahrzeuge, die nicht unter 2.1.1 bis 2.1.3 oder 2.1.6 fallen		
2.1.4.1	mit einer bauartbestimmten Höchstgeschwindigkeit von nicht mehr als 40 km/h oder einer zulässigen Gesamtmasse ≤ 3,5 t	24	–
2.1.4.2	mit einer zulässigen Gesamtmasse > 3,5 t ≤ 7,5 t	12	–
2.1.4.3	mit einer zulässigen Gesamtmasse > 7,5 t ≤ 12 t		
2.1.4.3.1	bei erstmals in den Verkehr gekommenen Fahrzeugen in den ersten 36 Monaten	12	–
2.1.4.3.2	für die weiteren Untersuchungen	12	6
2.1.4.4	mit einer zulässigen Gesamtmasse > 12 t		
2.1.4.4.1	bei erstmals in den Verkehr gekommenen Fahrzeugen in den ersten 24 Monaten	12	–
2.1.4.4.2	für die weiteren Untersuchungen	12	6
2.1.5	Anhänger, einschließlich angehängte Arbeitsmaschinen und Wohnanhänger		
2.1.5.1	mit einer zulässigen Gesamtmasse ≤ 0,75 t oder ohne eigene Bremsanlage		

2.1.5.1.1	bei erstmals in den Verkehr gekommenen Fahrzeugen für die erste Hauptuntersuchung	36	–
2.1.5.1.2	für die weiteren Hauptuntersuchungen	24	–
2.1.5.2	die entsprechend § 58 für eine zulässige Höchstgeschwindigkeit von nicht mehr als 40 km/h gekennzeichnet sind oder mit einer zulässigen Gesamtmasse > 0,75 t ≤ 3,5 t	24	–
2.1.5.3	mit einer zulässigen Gesamtmasse > 3,5 t ≤ 10 t	12	–
2.1.5.4	mit einer zulässigen Gesamtmasse > 10 t		
2.1.5.4.1	bei erstmals in den Verkehr gekommenen Fahrzeugen in den ersten 24 Monaten	12	–
2.1.5.4.2	für die weiteren Untersuchungen	12	6
2.1.6	Wohnmobile		
2.1.6.1	mit einer zulässigen Gesamtmasse ≤ 3,5 t		
2.1.6.1.1	bei erstmals in den Verkehr gekommenen Fahrzeugen für die erste Hauptuntersuchung	36	–
2.1.6.1.2	für die weiteren Hauptuntersuchungen	24	–
2.1.6.2	mit einer zulässigen Gesamtmasse > 3,5 t ≤ 7,5 t		
2.1.6.2.1	bei erstmals in den Verkehr gekommenen Fahrzeugen in den ersten 72 Monaten	24	–
2.1.6.2.2	für die weiteren Hauptuntersuchungen	12	–
2.1.6.3	mit einer zulässigen Gesamtmasse > 7,5 t	12	–

2.2 Wenn untersuchungspflichtige Fahrzeuge ohne Gestellung eines Fahrers gewerbsmäßig vermietet werden, ohne dass sie für den Mieter zugelassen sind, beträgt die Frist für die Hauptuntersuchung in allen Fällen zwölf Monate; davon ausgenommen beträgt die Frist für die Hauptuntersuchung an Personenkraftwagen nach Nummer 2.1.2.1 und an Lastkraftwagen mit einer zulassigen Gesamtmasse ≤ 3,5 t nach Nummer 2.1.4.1 24 Monate, wenn diese für eine Mindestdauer von 36 Monaten von einem Mieter gemietet werden. An Kraftfahrzeugen nach Nummer 2.1.3 sind Sicherheitsprüfungen in Zeitabständen von drei, sechs und neun Monaten und an Kraftfahrzeugen, selbstfahrenden Arbeitsmaschinen, Zugmaschinen und Wohnmobilen nach den Nummern 2.1.4.3, 2.1.4.4 und 2.1.6.3 sowie Anhängern, einschließlich angehängten Arbeitsmaschinen nach Nummer 2.1.5.4, in einem Abstand von sechs Monaten nach der letzten Hauptuntersuchung durchführen zu lassen.

2.3 Die Frist für die nächste Hauptuntersuchung beginnt mit dem Monat und Jahr der letzten Hauptuntersuchung. Bei Fahrzeugen, die erstmals in den Verkehr kommen, beginnt die Frist für die nächste Hauptuntersuchung mit dem Monat und Jahr der Zuteilung eines amtlichen Kennzeichens, jedoch nicht bei der Zuteilung eines Kurzzeitkennzeichens. Bei Fahrzeugen, die wieder zum Verkehr zugelassen werden oder die vorher außerhalb des Geltungsbereichs dieser Verordnung zum Verkehr zugelassen waren, beginnt die Frist mit dem Monat und Jahr der Begutachtung nach § 21 oder einer Hauptuntersuchung (§ 14 Absatz 2 Fahrzeug-Zulassungsverordnung). Sie endet mit Ablauf des durch die Prüfplakette nachgewiesenen Monats und Jahres. Bei Fahrzeugen mit einer EG-Typgenehmigung, die vorher außerhalb des Geltungsbereichs dieser Verordnung zum Verkehr zugelassen waren, ist § 7 Absatz 1 der Fahrzeug-Zulassungsverordnung anzuwenden.

2.4 Die Frist für die Durchführung der Sicherheitsprüfung beginnt mit dem Monat und Jahr der letzten Hauptuntersuchung. Die Sicherheitsprüfung darf in dem unmittelbar vor dem durch die Prüfmarke in Verbindung mit dem SP-Schild ausgewiesenen Monat durchgeführt werden, ohne dass sich die nach Nummer 2.1 oder Nummer 2.2 vorgeschriebenen Zeitabstände für die nächste vorgeschriebene Sicherheitsprüfung ändern. Bei Fahrzeugen, die wieder zum Verkehr zugelassen werden oder die vorher außerhalb des Geltungsbereichs dieser Verordnung zum Verkehr zugelassen waren, beginnt die Frist mit dem Monat und Jahr der Begutachtung nach § 21. Bei Fahrzeugen mit einer EG-Typgenehmigung, die außerhalb des Geltungsbereichs dieser Verordnung zum Verkehr zugelassen waren, ist § 7 Absatz 1 der Fahrzeug-Zulassungsverordnung entsprechend anzuwenden. Die Frist endet mit Ablauf des durch die Prüfmarke in Verbindung mit dem SP-Schild nachgewiesenen Monats und Jahres. Diese Frist darf um höchstens einen Monat überschritten werden, wenn die mit der Prüfung beauftragte Stelle trotz rechtzeitig erteilten Auftrags die Sicherheitsprüfung nicht bis zum Ablauf der Frist nach Satz 5 durchführen konnte und dies in dem Prüfprotokoll bestätigt. Wird die Frist zur Durchführung einer Sicherheitsprüfung überschritten und liegt keine Bestätigung nach Satz 6 vor, ist eine Hauptuntersuchung verbunden mit einer Sicherheitsprüfung im Umfang von Nummer 2.3 der Anlage VIIIa durchzuführen.

2.5 Wird bei einer Hauptuntersuchung festgestellt, dass der durch die Prüfmarke in Verbindung mit dem SP-Schild ausgewiesene Monat zur Vorführung des Fahrzeugs zur Sicherheitsprüfung nicht den Fristen der Nummern 2.1 und 2.2 in Verbindung mit Nummer 2.4 entspricht, ist eine neue Prüfmarke zuzuteilen und dies im Untersuchungsbericht zu vermerken.

2.6 Wäre eine Hauptuntersuchung oder Sicherheitsprüfung bei Fahrzeugen, für die ein Saisonkennzeichen zugeteilt ist, außerhalb des Betriebszeitraums durchzuführen, so ist die Hauptuntersuchung oder Sicherheitsprüfung im ersten Monat des nächsten Betriebszeitraums durchführen zu lassen. Waren außerhalb des Betriebszeitraums sowohl eine Hauptuntersuchung als auch eine Sicherheitsprüfung durchzuführen, so ist eine Hauptuntersuchung verbunden mit einer Sicherheitsprüfung im Umfang von Nummer 2.3 der Anlage VIIIa durchführen zu lassen.

2.7 Die Untersuchungspflicht ruht während der Zeit, in der Fahrzeuge durch einen entsprechenden Vermerk der Zulassungsbehörde in der Zulassungsbescheinigung Teil I und durch Entstempelung des Kennzeichens außer Betrieb gesetzt worden sind. War vor oder in dieser Zeit eine Hauptuntersuchung oder eine Sicherheitsprüfung durchzuführen, so ist die Hauptuntersuchung oder Sicherheitsprüfung bei Wiederinbetriebnahme des Fahrzeugs durchführen zu lassen. Waren in dieser Zeit sowohl eine Hauptuntersuchung als auch eine Sicherheitsprüfung durchzuführen, so ist eine Hauptuntersuchung verbunden mit einer Sicherheitsprüfung im Umfang von Nummer 2.3 der Anlage VIIIa durchführen zu lassen.

3 Durchführung der Hauptuntersuchungen und Sicherheitsprüfungen, Nachweise

3.1 Hauptuntersuchungen

3.1.1 Hauptuntersuchungen sind von einem amtlich anerkannten Sachverständigen oder Prüfer für den Kraftfahrzeugverkehr (im Folgenden als aaSoP bezeichnet) oder von einer amtlich anerkannten Überwachungsorganisation nach Anlage VIIIb durch einen von ihr betrauten Prüfingenieur (im Folgenden als PI bezeichnet) durchführen zu lassen.

3.1.1.1 Die Untersuchung des Motormanagement-/Abgasreinigungssystems der Kraftfahrzeuge nach Nummer 1.2.1.1 in Verbindung mit Nummer 6.8.2 der Anlage VIIIa kann als eigenständiger Teil der Hauptuntersuchungen von einer dafür nach Nummer 1 der Anlage VIIIc anerkannten Kraftfahrzeugwerkstatt durchgeführt werden; die Durchführung ist auf einem mit fälschungserschwerenden Merkmalen zu versehenden Nachweis, der dem vom Bundesministerium für Verkehr und digitale Infrastruktur mit Zustimmung der obersten Landesbehörden im Verkehrsblatt bekannt gemachten Muster entspricht, zu bescheinigen. Diese Untersuchung darf frühestens zwei Monate vor der Durchführung der Hauptuntersuchung durchgeführt werden. Der Nachweis ist dem aaSoP oder PI auszuhändigen, der die Kontrollnummer der in Satz 1 genannten Kraftfahrzeugwerkstatt sowie gegebenenfalls die Mängelnummer nach Nummer 3.1.4.6 in den Untersuchungsbericht überträgt und die von ihr im Nachweis aufgeführten Mängel bei der Hauptuntersuchung berücksichtigt.

3.1.1.2 Die Untersuchung der Gasanlagen für Antriebssysteme von Kraftfahrzeugen nach Nummer 1.2.1 in Verbindung mit Anlage VIIIa Nummer 6.8.5 kann als eigenständiger Teil der Hauptuntersuchung von einer dafür nach Anlage XVIIa anerkannten Kraftfahrzeugwerkstatt durchgeführt werden (wiederkehrende Gasanlagenprüfung). Die Durchführung der Untersuchung ist auf einem Nachweis nach Nummer 2.4 der Anlage XVII zu bescheinigen. Die Untersuchung darf höchstens zwölf Monate vor dem durch die Prüfplakette angegebenen Monat für die nächste vorgeschriebene Hauptuntersuchung durchgeführt werden. Wurde innerhalb dieses Zeitraums eine Gassystemeinbauprüfung nach § 41a Absatz 5 oder eine Gasanlagenprüfung nach § 41a Absatz 6 durchgeführt, tritt diese an die Stelle der Untersuchung nach Satz 1. Der Nachweis über die durchgeführte Untersuchung oder Prüfung ist dem aaSoP oder PI auszuhändigen, der die Kontrollnummer der in Satz 1 genannten Kraftfahrzeugwerkstatt in den Untersuchungsbericht überträgt und die von ihr im Nachweis aufgeführten Mängel bei der Hauptuntersuchung berücksichtigt.

3.1.2 Der Halter oder sein Beauftragter haben das Fahrzeug spätestens bis zum Ablauf des Monats, der durch die Prüfplakette nach Maßgabe des § 29 Absatz 2 und die Eintragungen im Fahrzeugschein oder im Nachweis nach § 4 Absatz 5 der Fahrzeug-Zulassungsverordnung sowie im Untersuchungsbericht nachgewiesen ist, beim aaSoP oder PI zur Hauptuntersuchung vorzuführen.

3.1.3 Kann bei der Vorführung zur Hauptuntersuchung eine nach Nummer 2.1 vorgeschriebene Sicherheitsprüfung nicht nachgewiesen werden, ist eine Hauptuntersuchung verbunden mit einer Sicherheitsprüfung im Umfang von Nummer 2.3 der Anlage VIIIa durchzuführen.

3.1.4 Stellt der aaSoP oder PI bei der Hauptuntersuchung oder bei einer Nachprüfung nach Nummer 3.1.4.3 Satz 2

3.1.4.1 keine Mängel fest, so hat er für das Fahrzeug eine Prüfplakette nach § 29 Absatz 3 zuzuteilen,

3.1.4.2 geringe Mängel fest, so sind diese im Untersuchungsbericht einzutragen. Er kann für das Fahrzeug, außer bei Untersuchungen nach Nummer 3.1.3, eine Prüfplakette nach Maßgabe des § 29 Absatz 3 Satz 3 zuteilen; der Halter hat die Mängel unverzüglich, spätestens jedoch innerhalb eines Monats, beheben zu lassen,

3.1.4.3 erhebliche Mängel fest, so sind diese im Untersuchungsbericht einzutragen. Er darf für das Fahrzeug keine Prüfplakette zuteilen; der Halter hat alle Mängel unverzüglich beheben zu lassen und das Fahrzeug zur Nachprüfung der Mängelbeseitigung unter Vorlage des Untersuchungsberichts spätestens bis zum Ablauf von einem Monat nach dem Tag der Hauptuntersuchung wieder vorzuführen. Sind bei der Nachprüfung nicht alle Mängel behoben oder werden zusätzliche Mängel festgestellt, darf die Prüfplakette nicht zugeteilt werden und das Fahrzeug ist innerhalb der in Satz 2 genannten Frist erneut zur Nachprüfung vorzuführen; der aaSoP oder PI hat die nicht behobenen oder die zusätzlich festgestellten Mängel im Untersuchungsbericht zu vermerken. Wird bei der Nachprüfung der Untersuchungsbericht nicht vorgelegt oder wird das Fahrzeug später als ein Monat nach dem Tag der Hauptuntersuchung wieder vorgeführt, so hat der aaSoP oder PI statt der Nachprüfung der Mängelbeseitigung eine neue Hauptuntersuchung durchzuführen. Dabei ist eine bis zu zwei Monate zuvor durchgeführte Abgasuntersuchung nach Nummer 6.8.2 der Anlage VIIIa zu berücksichtigen,

3.1.4.4 Mängel fest, die das Fahrzeug verkehrsunsicher machen, so sind diese im Untersuchungsbericht einzutragen; er hat die vorhandene Prüfplakette zu entfernen und unverzüglich die Zulassungsbehörde zu benachrichtigen; § 5 Absatz 3 der Fahrzeug-Zulassungsverordnung ist anzuwenden,

3.1.4.5 Mängel fest, die vor Abschluss der Untersuchung, längstens während eines Kalendertages beseitigt werden, so sind diese unter Angabe der Uhrzeit ebenfalls im Untersuchungsbericht einzutragen. Die sofortige Mängelbeseitigung ist durch die Bezeichnung der Mängel in Verbindung mit einer eindeutigen Bestätigung der untersuchenden Person unter Angabe der Uhrzeit zu bescheinigen. Die Vorschriften über die Zuteilung einer Prüfplakette nach § 29 Absatz 3 bleiben hiervon unberührt.

3.1.4.6 Mängel nicht selbst fest, sondern werden in nach Nummer 1 der Anlage VIIIc anerkannten Kraftfahrzeugwerkstätten bei der Durchführung der Untersuchung des Motormanagement-/Abgasreinigungssystems im Rahmen des eigenständigen Teils der Hauptuntersuchung nach Nummer 3.1.1.1 Mängel festgestellt, die vor Abschluss der Untersuchung des Motormanagement-/Abgasreinigungssystems, längstens innerhalb eines Kalendertages beseitigt werden, so sind diese in Form einer Mängelnummer auf dem Nachweis einzutragen und vom aaSoP oder PI im Untersuchungsbericht zu übernehmen. Die sofortige Mängelbeseitigung ist in Verbindung mit einer eindeutigen Bestätigung der verantwortlichen Person zu bescheinigen. Die Vorschriften über die Zuteilung einer Prüfplakette nach § 29 Absatz 3 bleiben hiervon unberührt.

3.1.5 Untersuchungsberichte über Hauptuntersuchungen sind fälschungserschwerend auszuführen oder müssen einen HU-Code aufweisen.

3.1.5.1 Die Untersuchungsberichte müssen mindestens folgende Angaben enthalten:

3.1.5.1.1 die Untersuchungsart,

3.1.5.1.2 das Kennzeichen des untersuchten Fahrzeugs und das Länderkennzeichen „D",

3.1.5.1.3 den Monat und das Jahr, in dem das Fahrzeug erstmalig in den Verkehr gekommen ist,

3.1.5.1.4 den Hersteller des Fahrzeugs einschließlich seines Codes oder seiner Schlüsselnummer,

3.1.5.1.5 die Fahrzeugklasse oder die Fahrzeugart sowie den Fahrzeugtyp, die zulässige Gesamtmasse und die Variante und Version oder die Ausführung einschließlich ihrer Codes oder Schlüsselnummern,

3.1.5.1.6 die vollständige Fahrzeug-Identifizierungsnummer,

3.1.5.1.7 den Monat und das Jahr der zuletzt durchgeführten Hauptuntersuchung,

3.1.5.1.8 den Stand des Wegstreckenzählers bei Kraftfahrzeugen,

3.1.5.1.9 das Datum und den Ort der Durchführung der Hauptuntersuchung,

3.1.5.1.10 die Uhrzeit des Endes der Untersuchung sowie bei Untersuchungen nach Nummer 3.1.4.5 die Uhrzeit der Feststellung der Mängelbeseitigung,

3.1.5.1.11 den Namen und die Anschrift der untersuchenden Stelle,

3.1.5.1.12 die Unterschrift mit Prüfstempel und Kennnummer des für die Untersuchung Verantwortlichen sowie die Angaben nach Nummer 3.5 der Anlage VIIId,

3.1.5.1.13 den Monat und das Jahr des Ablaufs der Frist für die nächste Hauptuntersuchung und Sicherheitsprüfung,

3.1.5.1.14 anlässlich der Hauptuntersuchung festgestellte Mängel und ihre Einstufung,

3.1.5.1.15 Dokumentation der gemessenen Bezugswerte (Referenzwerte, Druckwerte, Betätigungskräfte) oder, wenn diese nicht vorliegen, die Bremswerte der Betriebs- und Feststellbremse und die daraus ermittelten Abbremsungen,

3.1.5.1.16 die Entscheidung über die Zuteilung der Prüfplakette,

3.1.5.1.17 die Anordnung der Wiedervorführpflicht,

3.1.5.1.18 Entgelte/Gebühren,

3.1.5.1.19 die Kontrollnummer der anerkannten Kraftfahrzeugwerkstatt, wenn diese die Untersuchung nach Nummer 1.2.1.1 durchgeführt hat und das Datum der Untersuchung,

3.1.5.1.20 für Krafträder: Messdrehzahl und Standgeräuschvergleichswert von Standgeräuschmessungen.

3.1.5.2 Folgende Daten müssen gelöscht werden, es sei denn, dass der Löschung gesetzliche Aufbewahrungsvorschriften entgegenstehen:

3.1.5.2.1 Zweitschriften der Untersuchungsberichte nach § 29 Absatz 10 Satz 3 auch bei elektronischer Speicherung nach der in Nummer 3.1.5.2.2 Satz 2 genannten Zeitdauer oder

3.1.5.2.2 die unter den Nummern 3.1.5.1.2, 3.1.5.1.6 und 3.1.5.1.12 aufgeführten Daten unverzüglich nach der Speicherung der Zweitschriften der Untersuchungsberichte. Die Zeitdauer umfasst den für das Fahrzeug vorgeschriebenen Zeitabstand der Hauptuntersuchungen, gerechnet vom Monat der Ausstellung des Untersuchungsberichts, verlängert um drei Monate.

3.1.5.3 Dem Untersuchungsbericht ist der Nachweis über die Durchführung der Untersuchung der Abgase nach Nummer 3.1.1.1 beizufügen oder es sind alle erforderlichen Angaben einschließlich des angewendeten Prüfverfahrens in den Untersuchungsbericht zu übernehmen.

3.1.6 Im Untersuchungsbericht können auch Hinweise der aaSoP oder PI aufgenommen werden, durch die auf sich in der Zukunft abzeichnende Mängel durch Verschleiß, Korrosion oder andere Umstände hingewiesen wird. Darüber hinausgehende Angaben sind zulässig.

3.2 Sicherheitsprüfungen

3.2.1 Sicherheitsprüfungen sind von hierfür nach Anlage VIIIc anerkannten Kraftfahrzeugwerkstätten oder von aaSoP oder PI durchführen zu lassen.

3.2.2 Der Halter hat das Fahrzeug nach Maßgabe der Nummern 2.1 und 2.2 in Verbindung mit Nummer 2.4 spätestens bis zum Ablauf der dort angegebenen Fristen in einer hierfür anerkannten Kraftfahrzeugwerkstatt oder beim aaSoP oder PI zur Sicherheitsprüfung vorzuführen.

3.2.3 Werden bei der Sicherheitsprüfung oder bei der Nachprüfung nach Nummer 3.2.3.2 Satz 2 am Fahrzeug

3.2.3.1 keine Mängel festgestellt, so ist dies im Prüfprotokoll zu bescheinigen und eine Prüfmarke nach Maßgabe der Anlage IXb zuzuteilen,

3.2.3.2 Mängel festgestellt, so sind diese im Prüfprotokoll einzutragen. Der Halter hat die Mängel unverzüglich beheben zu lassen und das Fahrzeug zur Nachprüfung der Mängelbeseitigung unter Vorlage des Prüfprotokolls spätestens bis zum Ablauf von einem Monat nach dem Tag der Sicherheitsprüfung einer anerkannten Kraftfahrzeugwerkstatt oder einem aaSoP oder PI vorzuführen; Nummer 3.1.4.3 Satz 3 ist entsprechend anzuwenden, wenn Mängel nicht behoben sind oder zusätzlich festgestellt werden. Wird das Fahrzeug später als in dem vorgeschriebenen Zeitraum zur Nachprüfung wieder vorgeführt, so ist statt der Nachprüfung der Mängelbeseitigung eine neue Sicherheitsprüfung durchzuführen. Die Behebung der Mängel ist im Prüfprotokoll zu bescheinigen und eine Prüfmarke nach Maßgabe der Anlage IXb zuzuteilen,

3.2.3.2.1 Mängel festgestellt, jedoch sofort behoben, so sind diese auch im Prüfprotokoll einzutragen, ihre sofortige Behebung ist zu bescheinigen und eine Prüfmarke nach Maßgabe der Anlage IXb zuzuteilen,

3.2.3.3 Mängel festgestellt, die zu einer unmittelbaren Verkehrsgefährdung führen können, so hat

3.2.3.3.1 die anerkannte Kraftfahrzeugwerkstatt nach Nummer 3.2.3.2.1 zu verfahren oder die Prüfmarke zu entfernen und die Zulassungsbehörde unverzüglich zu benachrichtigen; § 5 Absatz 3 der Fahrzeug-Zulassungsverordnung ist anzuwenden,

3.2.3.3.2 der aaSoP oder PI die vorhandene Prüfmarke und Prüfplakette zu entfernen, wenn nicht nach Nummer 3.2.3.2.1 verfahren wird, und unverzüglich die Zulassungsbehörde zu benachrichtigen; § 5 Absatz 3 der Fahrzeug-Zulassungsverordnung ist anzuwenden.

3.2.4 Eine Hauptuntersuchung, die zum Zeitpunkt einer Sicherheitsprüfung durchgeführt wird, kann die Sicherheitsprüfung nicht ersetzen.

3.2.5 Prüfprotokolle über Sicherheitsprüfungen sind nach einem vom Bundesministerium für Verkehr und digitale Infrastruktur im Benehmen mit den obersten Landesbehörden im Verkehrsblatt bekannt gemachten Muster fälschungserschwerend auszuführen.

3.2.5.1 Die Prüfprotokolle müssen mindestens folgende Angaben enthalten:

3.2.5.1.1 die Prüfungsart,

3.2.5.1.2 das Kennzeichen des untersuchten Fahrzeugs,

3.2.5.1.3 Monat und Jahr, in dem das Fahrzeug erstmalig in den Verkehr gekommen ist,

3.2.5.1.4 den Hersteller des Fahrzeugs einschließlich seines Codes oder seiner Schlüsselnummer,

3.2.5.1.5 die Fahrzeugklasse oder Fahrzeugart sowie den Fahrzeugtyp und die Variante und Version oder die Ausführung einschließlich ihrer Codes oder Schlüsselnummern,

3.2.5.1.6 die vollständige Fahrzeug-Identifizierungsnummer,

3.2.5.1.7 den Monat und das Jahr der zuletzt durchgeführten Hauptuntersuchung,

3.2.5.1.8 den Stand des Wegstreckenzählers bei Kraftfahrzeugen,

3.2.5.1.9 das Datum und die Uhrzeit der Sicherheitsprüfung,

3.2.5.1.10 den Namen, die Anschrift und den Prüfort oder die Kontrollnummer der prüfenden Stelle,

3.2.5.1.11 die Unterschrift des für die Prüfung Verantwortlichen der anerkannten Werkstatt oder die Unterschrift mit Prüfstempel und Kennnummer des für die Prüfung verantwortlichen aaSoP oder PI sowie die Angaben nach Nummer 3.5 der Anlage VIIId,

3.2.5.1.12 den Monat und das Jahr des Ablaufs der Frist für die nächste Sicherheitsprüfung,

3.2.5.1.13 Entgelte, Gebühren,

3.2.5.1.14 anlässlich der Sicherheitsprüfung festgestellte Mängel,

3.2.5.1.15 Dokumentation der gemessenen Bezugswerte (Referenzwerte, Druckwerte, Betätigungskräfte) oder, wenn diese nicht vorliegen, die Bremswerte der Betriebs- und Feststellbremse und die daraus ermittelten Abbremsungen,

3.2.5.1.16 die Entscheidung über die Zuteilung der Prüfmarke,

3.2.5.1.17 die Anordnung der Wiedervorführpflicht.

3.2.5.2 Folgende Daten müssen gelöscht werden, es sei denn, dass der Löschung gesetzliche Aufbewahrungsfristen entgegenstehen:

3.2.5.2.1 Zweitschriften der Prüfprotokolle nach § 29 Absatz 10 Satz 3 auch bei elektronischer Speicherung nach der in Nummer 3.2.5.2.2 Satz 2 genannten Zeitdauer oder

3.2.5.2.2 die unter den Nummern 3.2.5.1.2, 3.2.5.1.6 und 3.2.5.1.11 aufgeführten Daten unverzüglich nach der Speicherung der Zweitschriften der Prüfprotokolle. Die Zeitdauer umfasst den für das Fahrzeug vorgeschriebenen Zeitabstand der Sicherheitsprüfungen, gerechnet vom Monat der Ausstellung des Prüfprotokolls, verlängert um drei Monate.

3.2.5.3 das Jahr, in dem das Fahrzeug erstmalig in den Verkehr gekommen ist,

3.2.5.4 den Hersteller des Fahrzeugs einschließlich seiner Schlüsselnummer,

3.2.5.5 die Fahrzeugart und den Fahrzeugtyp einschließlich Schlüsselnummern,

3.2.5.6 die Fahrzeug-Identifizierungsnummer (mindestens die letzten sieben Zeichen),

3.2.5.7 den Monat und das Jahr der zuletzt durchgeführten Hauptuntersuchung,

3.2.5.8 den Stand des Wegstreckenzählers bei Kraftfahrzeugen,

3.2.5.9 das Datum und die Uhrzeit der Sicherheitsprüfung,

3.2.5.10 den Namen, die Anschrift und den Prüfort oder die Kontrollnummer der prüfenden Stelle,

3.2.5.11 die Unterschrift des für die Prüfung Verantwortlichen der anerkannten Werkstatt oder die Unterschrift mit Prüfstempel und Kennnummer des für die Prüfung verantwortlichen aaSoP oder PI,

3.2.5.12 den Monat und das Jahr des Ablaufs der Frist für die nächste Sicherheitsprüfung,

3.2.5.13 Angaben über die anlässlich der Sicherheitsprüfung festgestellten Mängel,

3.2.5.14 Bremswerte der Betriebs- und Feststellbremse, soweit möglich,

3.2.5.15 Entscheidung über die Zuteilung der Prüfmarke,

3.2.5.16 Anordnung der Wiedervorführpflicht.

4 Untersuchungsstellen zur Durchführung von Hauptuntersuchungen und Untersuchungen der Abgase sowie Sicherheitsprüfungen und wiederkehrenden Gasanlagenprüfungen

4.1 Hauptuntersuchungen und Untersuchungen der Abgase der Kraftfahrzeuge nach Nummer 3.1.1.1 sowie Sicherheitsprüfungen und wiederkehrende Gasanlagenprüfungen dürfen von den hierzu berechtigten Personen nur an den Untersuchungsstellen durchgeführt werden, die die Vorschriften der Anlage VIIId erfüllen. Die Untersuchungsstellen der Technischen Prüfstellen und der amtlich anerkannten Überwachungsorganisationen sind der zuständigen obersten Landesbehörde oder den von ihr bestimmten oder nach Landesrecht zuständigen Stellen unter Angabe der Ausstattungsmerkmale gemäß Anlage VIIId sowie der zu untersuchenden und prüfenden Fahrzeugarten zu melden. Darüber hinaus sind die Prüfstellen und auf Anforderung die anderen Untersuchungsstellen zur Anerkennung zu melden.

4.2 Die Hauptuntersuchungen durch aaSoP der Technischen Prüfstellen sollen in der Regel in deren Prüfstellen nach Nummer 2.1 der Anlage VIIId, die Hauptuntersuchungen durch die amtlich anerkannten Überwachungsorganisationen sollen in der Regel in Prüfstützpunkten nach Nummer 2.2 der Anlage VIIId oder auf Prüfplätzen nach Nummer 2.3 der Anlage VIIId durchgeführt werden.

4.3 Die zuständige oberste Landesbehörde oder die von ihr bestimmten oder nach Landesrecht zuständigen Stellen oder die zuständige Anerkennungsstelle können selbst prüfen oder durch von ihr bestimmte sachverständige Personen oder Stellen prüfen lassen, ob die für die Untersuchungsstellen geltenden Vorschriften eingehalten sind. Technische Prüfstellen und amtlich anerkannte Überwachungsorganisationen müssen die erstmalige Überprüfung jeweils für ihren Bereich selbst durchführen, wenn die nach § 10 Absatz 1 des Kraftfahrsachverständigengesetzes zuständige Stelle oder die nach Nummer 1 der Anlage VIIIb zuständige Anerkennungsstelle sie dazu beauftragt hat; Nummer 4.1 bleibt unberührt. Die regelmäßig wiederkehrende Prüfung von Prüfstützpunkten nach Nummer 2.2 der Anlage VIIId erfolgt hierbei mindestens alle drei Jahre durch die in Nummer 1.1 Satz 1 der Anlage VIIIc genannten Stellen. Die mit der Prüfung beauftragten Personen sind befugt, Grundstücke und Geschäftsräume, die zur gemeldeten Untersuchungsstelle gehören, während der Geschäfts- und Betriebszeiten zu betreten, dort Prüfungen und Besichtigungen vorzunehmen und die vorgeschriebenen Aufzeichnungen einzusehen. Der Inhaber der Untersuchungsstelle hat diese Maßnahmen zu dulden, soweit erforderlich die beauftragten Personen dabei zu unterstützen und auf Verlangen die vorgeschriebenen Aufzeichnungen vorzulegen. Der Inhaber der Untersuchungsstelle hat die Kosten der Prüfung zu tragen.

4.4 Die nach Nummer 4.3 Satz 3 zuständigen Stellen führen einen Nachweis über die durchgeführten Überprüfungen der Prüfstützpunkte und teilen die Ergebnisse, insbesondere Abweichungen von Nummer 3 der Anlage VIIId, den dort tätigen Technischen Prüfstellen und Überwachungsorganisationen mit.

Anlage VIIIa[1)]
(zu § 29 Absatz 1 und 3, Anlage VIII Nummer 1.2)

Durchführung der Hauptuntersuchung

1 Durchführung und Gegenstand der Hauptuntersuchung

Bei der Durchführung der Hauptuntersuchung (HU) hat der amtlich anerkannte Sachverständige oder Prüfer für den Kraftfahrzeugverkehr (im Folgenden als aaSoP bezeichnet) oder der von einer amtlich anerkannten Überwachungsorganisation betraute Prüfingenieur (im Folgenden als PI bezeichnet) die Einhaltung

1. der für diese Untersuchung geltenden Vorschriften des § 29 und der Anlage VIII sowie
2. der dazu im Verkehrsblatt vom Bundesministerium für Verkehr und digitale Infrastruktur im Benehmen mit den zuständigen obersten Landesbehörden bekannt gemachten Richtlinien

oder, soweit solche nicht vorliegen,

3. diesbezüglicher Vorgaben nach Nummer 2 der Anlage VIIIe für die Pflicht- und Ergänzungsuntersuchungen

zu überprüfen.

Zusätzlich müssen bei der Durchführung der HU Prüfhinweise befolgt werden, die vom „Arbeitskreis Erfahrungsaustausch in der technischen Fahrzeugüberwachung nach § 19 Absatz 3 und § 29 StVZO" (AKE) erarbeitet, bereitgestellt und den betroffenen Fahrzeugherstellern oder -importeuren mitgeteilt wurden.

Die Durchführung der HU erstreckt sich auf das Fahrzeug mit den unter den Nummern 6.1 bis 6.10 aufgeführten Bauteilen und Systemen. Bei Fahrzeugen mit eigener Bremsanlage hat die HU zum Beginn zur Konditionierung und Prüfung der Fahrzeuge eine kurze Fahrt mit einer Geschwindigkeit von mindestens 8 km/h zu beinhalten.

2 Umfang der Hauptuntersuchung

Die Entscheidung, ob zusätzlich zur Pflichtuntersuchung auch eine Ergänzungsuntersuchung durchzuführen ist, liegt im pflichtgemäßen Ermessen des aaSoP oder PI; jedoch muss unter Beachtung von Nummer 1

2.1 die Hauptuntersuchung mindestens die unter den Nummer 6.1 bis 6.10 vorgeschriebene Pflichtuntersuchungen umfassen. Wurde die Untersuchung

---

1) Anl. VIIIa neu gef. mWv 1.6.2012 durch VO v. 10.5.2012 (BGBl. I S. 1086); geänd. mWv 1.8.2013 durch VO v. 26.7.2013 (BGBl. I S. 2803); geänd. mWv 30.10.2014 durch VO v. 22.10. 2014 (BGBl. I S. 1635); geänd. mWv 1.12.2017 durch VO v. 20.10.2017 (BGBl. I S. 3723).

2.1.1 des Motormanagement-/Abgasreinigungssystems nach Nummer 3.1.1.1 der Anlage VIII oder

2.1.2 der Gasanlagen im Antriebssystem nach Nummer 3.1.1.2 der Anlage VIII

jeweils als eigenständiger Teil durchgeführt, verringert sich für den aaSoP oder PI der Umfang der von ihm durchzuführenden Pflichtuntersuchungen um diese eigenständigen Teile,

2.2 der aaSoP oder PI zusätzlich Ergänzungsuntersuchungen durchführen, wenn auf Grund des Zustandes oder des Alters des Fahrzeugs, Bauteils oder Systems die Vermutung besteht, dass bei den entsprechenden Untersuchungspunkten eine über die Pflichtuntersuchung hinausgehende vertiefte Untersuchung erforderlich ist. Dabei sind die unter den Nummern 6.1 bis 6.10 jeweils zu treffenden Ergänzungsuntersuchungen dann zu erweitern, wenn dies zur Feststellung der Verkehrssicherheit, Umweltverträglichkeit und Vorschriftsmäßigkeit des Fahrzeugs erforderlich ist, sowie bei Überschreitungen des Vorführtermins zur HU um mehr als zwei Monate. Dies gilt in gleicher Weise, wenn unzulässige technische Änderungen am Fahrzeug, an Bauteilen oder Systemen vermutet werden,

2.3 an einem Fahrzeug, für das eine vorgeschriebene Sicherheitsprüfung (SP) nicht nachgewiesen werden kann, zusätzlich eine SP durchgeführt werden. Der Umfang der HU mindert sich dabei um die Prüfpunkte der zusätzlich durchgeführten SP. In diesem Fall ist vom aaSoP oder PI zusätzlich das Prüfprotokoll über die SP zu erstellen. Die Vorschriften der Nummer 3.2.2 der Anlage VIII gelten entsprechend.

3 Beurteilung der bei Hauptuntersuchungen festgestellten Mängel und deren Weitergabe

3.1 Werden bei HU an Fahrzeugen Mängel nach Nummer 3.1.4 der Anlage VIII festgestellt, sind diese vom aaSoP oder PI zu beurteilen. Dies gilt auch, wenn die Untersuchung des Motormanagement-/Abgasreinigungssystems als eigenständiger Teil nach Maßgabe von Nummer 3.1.1.1 der Anlage VIII durchgeführt wurde. Die Beurteilung und die Zuordnung der Mängel müssen nach der hierzu im Verkehrsblatt vom Bundesministerium für Verkehr und digitale Infrastruktur im Benehmen mit den zuständigen obersten Landesbehörden bekannt gemachten Richtlinie vorgenommen werden. Die Anwendung der Richtlinie einschließlich der ordnungsgemäßen Beurteilung der Fahrzeuge durch die aaSoP/PI haben die Technischen Prüfstellen und Überwachungsorganisationen sicherzustellen.

3.2 Die bei den HU festgestellten Mängel und/oder festgestellte Ausbauten von sicherheits- oder umweltrelevanten Fahrzeugeinrichtungen sowie Rückrüstungen oder Hochrüstungen der Fahrzeuge bezogen auf einen zum Zeitpunkt des erstmals in den Verkehr kommenden Vorschriftenstandes sind von den Technischen Prüfstellen und amtlich anerkannten Überwachungsorganisationen der Zentralen Stelle nach Anlage VIIIe und einer hierzu im Verkehrsblatt vom Bundesministerium für Verkehr und digitale Infrastruktur im Benehmen mit den zuständigen obersten Landesbehörden bekannt gemachten Richtlinie mindestens halbjährlich zu melden.

4 Untersuchungskriterien

Das Fahrzeug ist hinsichtlich der Ausführung, des Zustandes, der Funktion und der Wirkung seiner Bauteile und Systeme zu untersuchen.

4.1 Die Untersuchung der Ausführung hat visuell und/oder elektronisch – auch über die elektronische Fahrzeugschnittstelle – auf

4.1.1 eine vorgegebene Gestaltung,

4.1.2 eine vorgegebene Anbringung/Anzahl,

4.1.3 eine vorgegebene Schaltung (Verbauprüfung),

4.1.4 eine erforderliche Kennzeichnung (Identifizierung)

zu erfolgen.

4.2 Die Untersuchung des Zustandes hat visuell und/oder manuell und/oder elektronisch – auch über die elektronische Fahrzeugschnittstelle – auf

4.2.1 Beschädigung, Korrosion und Alterung,

4.2.2 übermäßigen Verschleiß und übermäßiges Spiel,

4.2.3 sachgemäße Befestigung, Sicherung, Montage und Verlegung,

4.2.4 Freigängigkeit und Leichtgängigkeit

zu erfolgen.

4.3 Die Untersuchung der Funktion hat visuell und/oder manuell und/oder elektronisch – auch über die elektronische Fahrzeugschnittstelle – zu erfolgen. Dabei ist zu prüfen, ob nach der Betätigung von Pedalen, Hebeln, Schaltern oder sonstigen Bedienungseinrichtungen, die einen Vorgang auslösen, dieser Vorgang zeitlich und funktionell richtig abläuft.

4.4 Die Untersuchung der Wirkung ist eine messtechnische Untersuchung – die auch Rechenvorgänge impliziert – eines Bauteils oder Systems auf Einhalten oder Erreichen von vorgegebenen Grenzwerten; sie kann auch über die elektronische Fahrzeugschnittstelle erfolgen.

5 Anforderungen an die Durchführung der Untersuchung

Die Durchführung der Untersuchung hat zerstörungsfrei und ohne Ausbau von Fahrzeugeinrichtungen und -teilen zu erfolgen.

Bei Untersuchungen über die elektronische Fahrzeugschnittstelle ist sicherzustellen, dass

5.1 keine der im elektronischen Ergebnisspeicher abgelegten Einträge geändert oder gelöscht,

5.2 keine neuen Einträge im elektronischen Ergebnisspeicher vorgenommen,

5.3 die implementierten Diagnosefunktionen nicht beeinträchtigt

und

5.4 keine sonstigen negativen Beeinträchtigungen der Fahrzeuge oder Fahrzeugeinrichtungen durch die Untersuchung vorgenommen

werden können.

6 Untersuchung

Untersuchungspunkt (Bauteil, System)	Untersuchungskriterium Pflichtuntersuchungen	Untersuchungskriterium Ergänzungsuntersuchungen (Beispiele)
6.1 Bremsanlage		
Gesamtanlage	• Einhaltung von Vorgaben • Betriebsbremswirkung • Feststellbremswirkung • Gleichmäßigkeit • Funktion der Dauerbremsanlage – *Auffälligkeiten* • Abstufbarkeit/Zeitverhalten – *Auffälligkeiten* • Löseverhalten	• Hilfsbremswirkung • Funktion des automatischen Blockierverhinderers • Dichtheit
Einrichtungen zur Energiebeschaffung	• Füllzeit – *Auffälligkeiten*	
Einrichtungen zur Energiebevorratung	• Zustand – *Auffälligkeiten* • Funktion der Entwässerungseinrichtung	• Zustand • Ausführung

Untersuchungspunkt (Bauteil, System)	Untersuchungskriterium	
	Pflichtuntersuchungen	Ergänzungsuntersuchungen (Beispiele)
Betätigungs- und Übertragungseinrichtungen	• Zustand – *Auffälligkeiten*	• Zustand
Auflaufeinrichtung	• Zustand – *Auffälligkeiten* • Funktion	• Zustand • Ausführung
Steuer- und Regeleinrichtungen (Ventile)	• Zustand – *Auffälligkeiten* *bei Druckluftbremsanlagen:* • Einstellung und Funktion des automatisch lastabhängigen Bremskraftreglers • Funktion der Abreißsicherung • Funktion der selbsttätigen Bremsung • Funktion des Löseventils am Anhänger • Funktion der Drucksicherung (bei nicht SP-pflichtigen Fahrzeugen)	• Zustand • Ausführung • Funktion des Bremskraftverstärkers • Funktion der Drucksicherung
Radbremse/Zuspanneinrichtung	• Zustand – *Auffälligkeiten* • Funktion	• Zustand • Funktion der Nachstelleinrichtung • Einstellung • Ausführung
Prüfeinrichtungen und Prüfanschlüsse	• Zustand – *Auffälligkeiten*	• Zustand
Kontroll- und Warneinrichtungen	• Funktion	

6.2 Lenkanlage

Gesamtanlage	• Einhaltung von Vorgaben	
Betätigungseinrichtungen	• Zustand – *Auffälligkeiten* • Ausführung – *Zulässigkeit* • Funktion der Lenkanlage	• Zustand • Lenkkräfte – *Auffälligkeit, Zulässigkeit*
Übertragungseinrichtungen	• Zustand – *Auffälligkeiten*	• Zustand • Einstellung

Untersuchungspunkt (Bauteil, System)	Untersuchungskriterium	
	Pflichtuntersuchungen	Ergänzungsuntersuchungen (Beispiele)
Lenkhilfe	• Funktion	• Zustand • Dichtheit
Lenkungsdämpfer	• Zustand	

6.3 Sichtverhältnisse

Gesamtsystem	• Einhaltung von Vorgaben	
Scheiben	• Zustand – *Auffälligkeiten* • Beeinträchtigung des Sichtfeldes •	• Zustand • Ausführung – *Zulässigkeit* •
Rückspiegel	• Zustand – *Auffälligkeiten* • Ausführung, Anzahl – *Zulässigkeit*	• Zustand • Beeinträchtigung der Sicht
Scheibenwischer	• Zustand – *Auffälligkeiten* • Funktion	• Zustand
Scheibenwaschanlage	• Funktion	

6.4 Lichttechnische Einrichtungen und andere Teile der elektrischen Anlage

Gesamtsystem	• Einhaltung von Vorgaben	

6.4.1 Aktive lichttechnische Einrichtungen

Scheinwerfer und Leuchten	• Zustand – *Auffälligkeiten* • Ausführung – *Zulässigkeit* • Anzahl – *Zulässigkeit* • Funktion • Einstellung der Scheinwerfer	• Zustand • Prüfzeichen • Blinkfrequenz von Fahrtrichtungsanzeiger und Warnblinkanlage • Anbaumaße und Sichtwinkel – *Zulässigkeit*

6.4.2 Passive lichttechnische Einrichtungen

Rückstrahler und retroreflektierende Einrichtungen	• Zustand – *Auffälligkeiten* • Ausführung – *Zulässigkeit* • Anzahl – *Zulässigkeit*	• Zustand • Prüfzeichen • Anbaumaße und Sichtwinkel – *Zulässigkeit*

6.4.3 Andere Teile der elektrischen Anlage

elektrische Leitungen	• Zustand – *Auffälligkeiten*	• Zustand • Verlegung, Absicherung
Batterien	• Zustand – *Auffälligkeiten*	• Zustand

Untersuchungspunkt (Bauteil, System)	Untersuchungskriterium	
	Pflichtuntersuchungen	Ergänzungsuntersuchungen (Beispiele)
elektrische Verbindungseinrichtungen	• Zustand – *Auffälligkeiten* • Ausführung – *Zulässigkeit* • Anzahl – *Zulässigkeit*	• Zustand • Funktion (Kontaktbelegung)
Kontroll- und Warneinrichtungen	• Funktion	
andere Teile	• Zustand – *Auffälligkeiten*	• Zustand

6.5 Achsen, Räder, Reifen, Aufhängungen

Gesamtsystem	• Einhaltung von Vorgaben	
Achsen	• Zustand – *Auffälligkeiten*	• Zustand • Art und Qualität der Reparaturausführung
Aufhängung	• Zustand – *Auffälligkeiten* • Ausführung – *Zulässigkeit* (Kraftrad)	• Zustand
Federn, Stabilisator	• Zustand – *Auffälligkeiten*	• Zustand • Ausführung – *Zulässigkeit*
pneumatische und hydropneumatische Federung	• Zustand – *Auffälligkeiten*	• Zustand • Funktion und Einstellung der Ventile
Schwingungsdämpfer/ Achsdämpfung	• Zustand – *Auffälligkeiten* Ausführung *Zulässigkeit*	• Zustand
Räder	• Zustand – *Auffälligkeiten* • Ausführung – *Zulässigkeit*	• Zustand
Reifen	• Zustand – *Auffälligkeiten* • Ausführung – *Zulässigkeit*	• Zustand

6.6 Fahrgestell, Rahmen, Aufbau; daran befestigte Teile

Gesamtsystem	• Einhaltung von Vorgaben	
Rahmen/tragende Teile	• Zustand – *Auffälligkeiten*	• Zustand
Aufbau	• Zustand	• Zustand

Untersuchungspunkt (Bauteil, System)	Untersuchungskriterium	
	Pflichtuntersuchungen	Ergänzungsuntersuchungen (Beispiele)
	– *Auffälligkeiten* • Ausführung – *Zulässigkeit/Befestigung*	
Unterfahrschutz/seitliche Schutzvorrichtung	• Zustand – *Auffälligkeiten* • Ausführung – *Zulässigkeit*	• Zustand
mechanische Verbindungseinrichtungen	• Zustand – *Auffälligkeiten*	• Zustand • Ausführung – *Zulässigkeit* • Funktion
Stützeinrichtungen	• Zustand – *Auffälligkeiten*	• Zustand • Funktion
Reserveradhalterung	• Zustand – *Auffälligkeiten* • Ausführung – *Zulässigkeit*	• Zustand • Funktion
Heizung (nicht elektrisch und nicht mit Motorkühlmittel als Wärmequelle)	• Zustand – *Auffälligkeiten* • Ausführung	• Zustand • Prüf- bzw. Austauschfristen • Funktion
Kraftradverkleidung	• Zustand – *Auffälligkeiten* • Ausführung – *Zulässigkeit*	• Zustand
andere Teile	• Zustand – *Auffälligkeiten*	• Zustand • Ausführung – *Zulässigkeit*
Antrieb	• Zustand – *Auffälligkeiten*	• Zustand

6.7 Sonstige Ausstattungen

6.7.1 Ausstattungen für aktive und passive Sicherheit

Sicherheitsgurte oder andere Rückhaltesysteme	• Einhaltung von Vorgaben • Zustand – *Auffälligkeiten* • Anzahl, Anbringung – *Zulässigkeit*	• Ausführung – *Zulässigkeit* • Funktion
Airbag	• Einhaltung von Vorgaben	• Einhaltung der vom Hersteller vorgegebenen Austauschfrist
Überrollschutz	• Einhaltung von Vorgaben	

Untersuchungspunkt (Bauteil, System)	Untersuchungskriterium Pflichtuntersuchungen	Ergänzungsuntersuchungen (Beispiele)
fahrdynamische Systeme mit Eingriff in die Brems-/Lenkanlage	• Einhaltung von Vorgaben	
sonstige Ausstattungen	• Einhaltung von Vorgaben	

6.7.2 Weitere Ausstattungen

Untersuchungspunkt (Bauteil, System)	Pflichtuntersuchungen	Ergänzungsuntersuchungen (Beispiele)
Sicherung gegen unbefugte Benutzung/ Diebstahlsicherung/ Alarmanlage	• Ausführung – *Zulässigkeit* • Funktion	• Zustand
Unterlegkeile	• Zustand – *Auffälligkeiten* • Ausführung, Anzahl, Anbringung – *Zulässigkeit*	• Zustand
Einrichtungen für Schallzeichen	• Ausführung – *Zulässigkeit* • Funktion	• Zustand
Warndreieck/Warnleuchte/Warnweste, Verbandskasten	• Ausführung – *Zulässigkeit*	• Zustand
Geschwindigkeitsmessgerät	• Ausführung – *Zulässigkeit* • Funktion	• Genauigkeit
Fahrtschreiber/Kontrollgerät	• Vorhandensein von Einbauschild und Verplombung • Einhaltung der Prüffrist	• Zustand • Funktion
Geschwindigkeitsbegrenzer	• Einhaltung von Vorgaben • Ausführung, Einbau – *Zulässigkeit* • Vorhandensein von Prüfbescheinigung bzw. Verplombung • Funktion, falls durchführbar	• Zustand • Manipulationssicherheit • Funktion
Geschwindigkeitsschild(er)	• Zustand – *Auffälligkeiten* • Ausführung, Anzahl, Anbringung – *Zulässigkeit*	• Zustand
weitere sicherheitsrelevante Ausstattungen	• Einhaltung von Vorgaben	

Untersuchungspunkt (Bauteil, System)	Untersuchungskriterium	
	Pflichtuntersuchungen	Ergänzungsuntersuchungen (Beispiele)

6.8 Umweltbelastung

6.8.1 Geräusche

6.8.1.1 Fahrzeuge allgemein

Schalldämpferanlage	• Zustand – *Auffälligkeiten* • Ausführung – *Zulässigkeit* • Geräuschentwicklung – *Auffälligkeiten*	• Zustand • Messung Standgeräusch
Motor/Antrieb/Aufbau/Kapselung	• Geräuschentwicklung – *Auffälligkeiten*	• Zustand • Messung Fahrgeräusch

6.8.1.2 Krafträder

Schalldämpferanlage	• Zustand – *Auffälligkeiten* • Ausführung – *Zulässigkeit, Kennzeichnung der Auspuffanlage* • Geräuschentwicklung *Auffälligkeiten*	• Zustand • Messung Standgeräusch bei nicht nachgewiesener Zulässigkeit • Messung Standgeräusch
Motor/Antrieb/Aufbau/Kapselung	• Geräuschentwicklung *Auffälligkeiten*	• Zustand • Messung Fahrgeräusch

6.8.2 Abgase

6.8.2.1 Kraftfahrzeuge ohne On-Board-Diagnosesystem (Anlage VIII Nummer 1.2.1.1 Buchstabe b)

schadstoffrelevante Bauteile/Abgasanlage	• Zustand – *Auffälligkeiten* • Ausführung *Zulässigkeit*	
Abgasreinigungssystem	• Abgasverhalten – *Zulässigkeit*	

6.8.2.2 Kraftfahrzeuge mit On-Board-Diagnosesystem (Anlage VIII Nummer 1.2.1.1 Buchstabe a)

schadstoffrelevante Bauteile/Abgasanlage	• Zustand – *Auffälligkeiten* • Ausführung – *Zulässigkeit*	
Motormanagement-/Abgasreinigungssysteme	• Abgasverhalten – *Zulässigkeit* • OBD-Daten (Modus 01) – *Zulässigkeit*	• OBD-Fehlercodes (Modus 03) – *Zulässigkeit*

	Untersuchungspunkt (Bauteil, System)	Untersuchungskriterium	
		Pflichtuntersuchungen	Ergänzungsuntersuchungen (Beispiele)
6.8.3	Elektromagnetische Verträglichkeit		
	Zündanlage/andere elektrische und elektronische Einrichtungen	• Zustand – *Auffälligkeiten*	
6.8.4	Verlust von Flüssigkeiten		
	Motor/Antrieb/Lenkanlage/Tank/Kraftstoffleitungen/Bremsanlage/Klimaanlage/Batterie	• Zustand – *Auffälligkeiten* • Ausführung – *Zulässigkeit*	• Zustand • Dichtheit
6.8.5	Gasanlagen im Antriebssystem von Kraftfahrzeugen		
	gesamte Gasanlage	• Zustand – *Auffälligkeiten* • Ausführung – *Zulässigkeit* • Dichtheit	• Zustand • Kennzeichnungen der Bauteile
6.8.6	Wasserstoffanlagen im Antriebssystem von Kraftfahrzeugen		
	gesamte Wasserstoffanlage	• Einhaltung von Vorgaben	
6.8.7	Elektrischer Antrieb von Kraftfahrzeugen		
	gesamter elektrischer Antrieb	• Einhaltung von Vorgaben	
6.8.8	Hybridantrieb von Kraftfahrzeugen		
	gesamter Antrieb	• Einhaltung von Vorgaben	
6.9	Zusätzliche Untersuchungen an Kraftfahrzeugen, die zur gewerblichen Personenbeförderung eingesetzt sind		
	einzelne Systeme	• Einhaltung von Vorgaben	
6.9.1	Kraftfahrzeuge zur Personenbeförderung mit mehr als acht Fahrgastsitzplätzen		
	Gesamtsystem	• Einhaltung von Vorgaben	
	Ein-, Aus- und Notausstiege	• Zustand – *Auffälligkeiten* • Ausführung, Anzahl – *Zulässigkeit* • Funktion der Reversiereinrichtung	• Zustand • Funktion
	Hebeeinrichtungen/Hublifte, fremdkraftbetätigte Rampen	• Zustand – *Auffälligkeiten* • Funktion	• Zustand • Funktion
	Bodenbelag und Trittstufen	• Zustand – *Auffälligkeiten* • Ausführung	• Zustand

Untersuchungspunkt (Bauteil, System)	Untersuchungskriterium	
	Pflichtuntersuchungen	Ergänzungsuntersuchungen (Beispiele)
Platz für Fahrer und Begleitpersonal	• Zustand – *Auffälligkeiten* • Ausführung	• Zustand
Sitz-/Steh-/Liegeplätze, Durchgänge	• Zustand – *Auffälligkeiten* • Ausführung, Anzahl – *Zulässigkeit*	• Zustand • Übereinstimmung mit Angaben auf Schild
Festhalteeinrichtungen, Rückhalteeinrichtungen	• Zustand – *Auffälligkeiten* • Ausführung, Anzahl, Anbringung – *Zulässigkeit* • Funktion	• Ausführung – *Zulässigkeit*
Fahrgastverständigungssystem	• Funktion	• Zustand
Innenbeleuchtung	• Funktion	• Zustand
Ziel-/Streckenschild, Liniennummer	• Ausführung	• Funktion der Beleuchtungseinrichtung • Zustand
Unternehmeranschrift	• Ausführung	
Feuerlöscher	• Einhaltung der Prüffrist	• Zustand
Brand-/Rauchmelder	• Funktion	• Zustand
Verbandkästen einschließlich Inhalt und Unterbringung	• Zustand – *Auffälligkeiten* • Ausführung	• Zustand

6.9.2 Taxi

Gesamtsystem	• Einhaltung von Vorgaben	
Taxischild/Beleuchtungseinrichtung	• Ausführung	• Zustand • Funktion
Fahrzeugfarbe	• Ausführung – *Zulässigkeit*	
Unternehmeranschrift	• Ausführung	
Fahrpreisanzeiger	• Ausführung • Verplombung	• Zustand
Alarmeinrichtung	• Ausführung – *Zulässigkeit* • Funktion	• Zustand

6.9.3 Krankenkraftwagen

Kennzeichnung	• Ausführung, Anbringung – *Zulässigkeit*	• Zustand
Inneneinrichtung	• Ausführung	• Zustand

Untersuchungspunkt (Bauteil, System)	Untersuchungskriterium	
	Pflichtuntersuchungen	Ergänzungsuntersuchungen (Beispiele)
6.10 Identifizierung und Einstufung des Fahrzeugs		
Fahrzeug-Identifizierungsnummer	• Zustand – *Auffälligkeiten* • Ausführung – Übereinstimmung mit den Fahrzeugdokumenten	• Zustand
Fabrikschild	• Ausführung, Anbringung – *Zulässigkeit*	• Übereinstimmung mit den Fahrzeugdokumenten
Nachweis der Übereinstimmung mit der Richtlinie 96/53/EG	• Zustand – *Auffälligkeiten* • Ausführung – *Auffälligkeiten*	• Übereinstimmung mit den tatsächlichen Maßen
amtliches Kennzeichen (vorne und hinten)	• Zustand • Ausführung	
Fahrzeugdokumente	• Übereinstimmung der Angaben mit den tatsächlichen Verhältnissen	

Anlage VIIIb[1)]
(Anlage VIII Nummer 3.1 und 3.2)

Anerkennung von Überwachungsorganisationen

1 **Allgemeines**

Die Anerkennung von Überwachungsorganisationen zur Durchführung von Hauptuntersuchungen, Abgasuntersuchungen und Sicherheitsprüfungen (im Folgenden als HU und SP bezeichnet) sowie Abnahmen (§ 19 Absatz 3 Satz 1 Nummer 3 oder 4) obliegt der zuständigen obersten Landesbehörde oder den von ihr bestimmten oder nach Landesrecht zuständigen Stellen (Anerkennungsbehörden).

2 **Voraussetzungen für die Anerkennung**

Die Anerkennung kann erteilt werden, wenn

2.1 die Überwachungsorganisation eine geeignete Stelle im Anerkennungsgebiet unterhält, die die für alle von der Anerkennungs- und Aufsichtsbehörde zu überwachenden Vorgänge notwendigen Unterlagen bereithält und bei der der technische Leiter oder sein Vertreter nach Nummer 5 im Geltungsbereich dieser Verordnung erreichbar ist,

2.1a die Prüfingenieure, die in der Überwachungsorganisation tätig werden sollen, von keiner anderen Überwachungsorganisation betraut sind,

2.1b sie für die gesamte Überwachungsorganisation ein Qualitätsmanagementsystem unterhält, das mindestens den Anforderungen der DIN EN ISO/JEC 17020:2012 entspricht,

1) Anl. VIIIb geänd. mWv 1.6.2012 durch VO v. 10.5.2012 (BGBl. I S. 1086); geänd. mWv 1.8.2013 durch VO v. 26.7.2013 (BGBl. I S. 2803); geänd. mWv 30.10.2014 durch VO v. 22.10.2014 (BGBl. I S. 1635); geänd. mWv 30.6.2016 durch VO v. 17.6.2016 (BGBl. I S. 1463).

deren Erfüllung gegenüber der Deutschen Akkreditierungsstelle nachzuweisen ist; die Anerkennungsbehörde kann bis zum 31. Dezember 2020 von den Nummern 6.2.6 und 6.2.7 DIN EN ISO/IEC 17020:2012 abweichende Anforderungen zulassen, die durch das Bundesministerium für Verkehr und digitale Infrastruktur im Benehmen mit den zuständigen obersten Landesbehörden bestimmt und im Verkehrsblatt öffentlich bekannt gemacht werden; soweit eine Überwachungsorganisation von diesen abweichenden Anforderungen Gebrauch macht, weist sie die Einhaltung dieser abweichenden sowie der sonstigen sich aus DIN EN ISO/IEC 17020:2012 ergebenden Anforderungen gegenüber der Deutschen Akkreditierungsstelle nach; die Deutsche Akkreditierungsstelle bestätigt der Überwachungsorganisation die Erfüllung der Anforderungen durch eine Bescheinigung,

2.2 die nach Gesetz, Vertrag oder Satzung zur Vertretung der Überwachungsorganisation berufenen Personen persönlich zuverlässig sind,

2.3 auf Grund der personellen und sachlichen Ausstattung zu erwarten ist, dass die Überwachungsorganisation die HU und SP sowie die Abnahmen ordnungsgemäß, gleichmäßig nach Maßgabe der geltenden Vorschriften und Vorgaben durchführen wird, und sie sich verpflichtet, Sammlung, Auswertung und Austausch der Ergebnisse und Prüferfahrungen sowie qualitätssichernde Maßnahmen innerhalb der Überwachungsorganisation sicherzustellen und gemeinsam mit anderen Überwachungsorganisationen und den Technischen Prüfstellen die gewonnenen Erkenntnisse regelmäßig im „Arbeitskreis Erfahrungsaustausch in der technischen Fahrzeugüberwachung nach § 19 Absatz 3 und § 29 StVZO (AKE)" nach der vom Bundesministerium für Verkehr und digitale Infrastruktur im Benehmen mit den zuständigen obersten Landesbehörden bekannt gemachten Richtlinien auszutauschen,

2.4 die Überwachungsorganisation durch Einrichtung eines innerbetrieblichen Revisionsdienstes sicherstellt, dass die Ergebnisse für die Innenrevision und die Aufsichtsbehörde so gesammelt und ausgewertet werden, dass jederzeit die Untersuchungs- und Prüfqualität für einen beliebigen Zeitraum innerhalb der letzten drei Jahre nachvollzogen werden kann, und dass die Ergebnisse mit denjenigen anderer Überwachungsorganisationen und denen der Technischen Prüfstellen einwandfrei vergleichbar sind,

2.5 die Überwachungsorganisation sicherstellt, dass die mit der Durchführung der HU und SP sowie der Abnahmen betrauten Personen an mindestens fünf Tagen pro Jahr an regelmäßigen Fortbildungen teilnehmen, die den Anforderungen des vom Bundesministerium für Verkehr und digitale Infrastruktur mit Zustimmung der obersten Landesbehörden im Verkehrsblatt bekannt gegebenen Aus- und Fortbildungsplans entsprechen,

2.6 für die mit der Durchführung der HU und SP sowie der Abnahmen betrauten Personen eine ausreichende Haftpflichtversicherung zur Deckung aller im Zusammenhang mit den HU und SP sowie der Abnahmen entstehenden Ansprüchen besteht und aufrechterhalten wird und die Überwachungsorganisation das Land, in dem sie tätig wird, von allen Ansprüchen Dritter wegen Schäden freistellt, die durch die zur Vertretung der Überwachungsorganisation berufenen Personen, den technischen Leiter, dessen Vertreter oder die mit der Durchführung der HU und SP sowie der Abnahmen betrauten Personen in Ausübung der ihnen übertragenen Aufgaben verursacht werden, und dafür den Abschluss einer entsprechenden Versicherung nachweist und aufrechterhält,

2.6a die Überwachungsorganisation mindestens über eine auch zur Fortbildung und zum Erfahrungsaustausch geeignete Prüfstelle im jeweiligen Anerkennungsgebiet verfügt; mit Zustimmung der zuständigen Anerkennungsbehörde kann darauf in ihrem Anerkennungsgebiet verzichtet werden, und

2.7 dadurch das Prüfangebot durch das Netz der Technischen Prüfstellen zu angemessenen Bedingungen für die Fahrzeughalter (zum Beispiel hinsichtlich der Anfahrtswege und der Gebühren) nicht gefährdet ist; Nummer 2.1.2 der Anlage VIIId ist zu berücksichtigen.

3 Anforderungen an Prüfingenieure (PI)

Die Überwachungsorganisation darf ihr angehörende Personen mit der Durchführung der HU und SP betrauen, wenn diese

3.1 mindestens 23 Jahre alt sind,

3.2 geistig und körperlich geeignet sowie zuverlässig sind,

3.3 die Fahrerlaubnis für Kraftfahrzeuge sämtlicher Klassen, außer Klassen D und D1, besitzen und gegen sie kein Fahrverbot nach § 25 des Straßenverkehrsgesetzes oder § 44 des Strafgesetzbuchs besteht oder der Führerschein nach § 94 der Strafprozessordnung in Verwahrung genommen, sichergestellt oder beschlagnahmt ist,

3.4 als Vorbildung ein Studium des Maschinenbaufachs, des Kraftfahrzeugbaufachs oder der Elektrotechnik an einer im Geltungsbereich dieser Verordnung gelegenen oder an einer als gleichwertig anerkannten Hochschule oder öffentlichen oder staatlich anerkannten Fachhochschule erfolgreich abgeschlossen haben,

3.5 an einer mindestens sechs Monate dauernden Ausbildung teilgenommen haben, die den Anforderungen des Aus- und Fortbildungsplans entspricht, der vom Bundesministerium für Verkehr und digitale Infrastruktur mit Zustimmung der obersten Landesbehörden im Verkehrsblatt bekannt gegeben wird; die Dauer der Ausbildung kann bis auf drei Monate verkürzt werden, wenn eine mindestens dreijährige hauptberufliche Tätigkeit als Kraftfahrzeugsachverständiger nachgewiesen wird,

3.6 ihre fachliche Eignung durch eine Prüfung entsprechend den Vorschriften der §§ 2 bis 14 der Verordnung zur Durchführung des Kraftfahrsachverständigengesetzes vom 24. Mai 1972 (BGBl. I S. 854), die zuletzt durch Artikel 2 der Verordnung vom 7. Januar 2011 (BGBl. I S. 3) geändert worden ist, in der jeweils geltenden Fassung nachgewiesen haben; § 2 Absatz 1 Satz 2 letzter Halbsatz des Kraftfahrsachverständigengesetzes gilt entsprechend; die Anmeldung zur Prüfung kann nur durch die Überwachungsorganisation erfolgen, die sie nach Nummer 3.5 ausgebildet hat oder sie mit der Durchführung der HU, SP und Abnahmen nach Bestehen der Prüfungen betrauen will; abweichend von § 2 Absatz 3 Nummer 3 der genannten Verordnung kann anstelle des Leiters einer Technischen Prüfstelle für den Kraftfahrzeugverkehr der technische Leiter einer Überwachungsorganisation in den Prüfungsausschuss berufen werden,

3.6a von keiner anderen Überwachungsorganisation betraut sind,

3.6b hauptberuflich als Kraftfahrzeugsachverständige tätig sind,

3.7 und wenn die nach Nummer 1 zuständige Anerkennungsbehörde zugestimmt hat. Die §§ 9 bis 17 des Berufsqualifikationsfeststellungsgesetzes sind entsprechend anzuwenden.

3.8 (weggefallen)

3.9 Die mit der Durchführung der HU und SP betrauten Personen werden im Sinne dieser Verordnung als Prüfingenieure bezeichnet.

3.10 Erfüllen die mit der Durchführung von HU oder SP betrauten Personen mehr als zwei Jahre nicht mehr die Anerkennungsvoraussetzungen oder gehören mehr als zwei Jahre keiner Technischen Prüfstelle oder Überwachungsorganisation an, so ist eine Ausbildung nach Nummer 3.5 und eine Prüfung nach Nummer 3.6 abzulegen.

4 Abnahmen nach § 19 Absatz 3 Nummer 3 und 4

4.1 Die Überwachungsorganisation darf Personen, die nach Nummer 3 mit der Durchführung der HU und SP betraut werden, außerdem mit der Durchführung von Abnahmen nach § 19 Absatz 3 Satz 1 Nummer 3 und 4 betrauen, wenn

4.1.1 sie für diese Abnahmen an einer mindestens zwei Monate dauernden besonderen Ausbildung teilgenommen,

4.1.2 sie die fachliche Eignung für die Durchführung von Abnahmen im Rahmen der Prüfung nach Nummer 3.6 nachgewiesen haben, und

4.1.3 wenn die nach Nummer 1 zuständige Anerkennungsbehörde zugestimmt hat.

5 Technischer Leiter und Vertreter

Die Überwachungsorganisation hat einen technischen Leiter und einen Vertreter des technischen Leiters zu bestellen, die den Anforderungen nach den Nummern 3 und 4 genügen müssen. Der technische Leiter hat sicherzustellen, dass die HU und SP sowie die Abnahmen ordnungsgemäß und gleichmäßig durchgeführt werden; er darf hierzu an die mit der Durchführung der HU und SP sowie der Abnahmen betrauten Personen fachliche Weisungen erteilen. Die Aufsichtsbehörde darf dem technischen Leiter fachliche Weisungen erteilen. Die Bestellungen bedürfen der Bestätigung durch die Aufsichtsbehörde. Sie können widerrufen werden, wenn der technische Leiter oder sein Vertreter die von der Aufsichtsbehörde erteilten fachlichen Weisungen nicht beachtet oder sonst keine Gewähr mehr dafür bietet, dass er seine Aufgaben ordnungsgemäß erfüllen wird. Der technische Leiter und sein Vertreter dürfen im Rahmen ihrer Bestellung auch HU,

SP und Abnahmen durchführen. Er hat der Aufsichtsbehörde jährlich und zusätzlich auf konkrete Anforderung hin einen Bericht über die Einhaltung der qualitätssichernden Maßnahmen vorzulegen. Der Bericht muss Aufschluss über die durchgeführten Qualitätskontrollen und die eingeleiteten Maßnahmen geben, sofern diese auf Grund eines Verstoßes erforderlich waren.

6 Weitere Anforderungen an die Überwachungsorganisation

6.1 Die HU und SP sowie die Abnahmen sind im Namen und für Rechnung der Überwachungsorganisation durchzuführen. Der PI darf von Zahl und Ergebnis der durchgeführten HU und SP sowie Abnahmen nicht wirtschaftlich abhängig sein. Der Nachweis über das Abrechnungs- und das Vergütungssystem der Überwachungsorganisation ist der Aufsichtsbehörde auf Verlangen mitzuteilen.

6.2 Die von den Fahrzeughaltern zu entrichtenden Entgelte für die HU, SP und Abnahmen sind von der Überwachungsorganisation in eigener Verantwortung für den Bereich der jeweils örtlich zuständigen Technischen Prüfstelle einheitlich festzulegen. Wird eine HU in Verbindung mit einem vorliegenden Nachweis über eine durchgeführte Untersuchung nach Nummer 3.1.1.1 der Anlage VIII durch eine anerkannte Kraftfahrzeugwerkstatt durchgeführt, ist dafür ein eigenständiges Entgelt entsprechend Satz 1 festzulegen. Die Entgelte sind der zuständigen Aufsichtsbehörde rechtzeitig vor ihrer Einführung mitzuteilen.

6.3 Die nach Nummer 6.2 festgelegten Entgelte sind von der Überwachungsorganisation in ihren Prüfstellen und, soweit die HU und SP sowie die Abnahmen in einem Prüfstützpunkt vorgenommen werden, in diesem nach Maßgabe der Preisangabenverordnung in der jeweils geltenden Fassung, bekannt zu machen. Ein vereinbartes Entgelt für die Untersuchung nach Nummer 3.1.1.1 der Anlage VIII durch die anerkannte Kraftfahrzeugwerkstatt ist von ihr gesondert bekannt zu machen und zusätzlich zum Entgelt nach Nummer 6.2 Satz 3 vom Fahrzeughalter zu erheben. Eine eventuell nach Nummer 6.4 vereinbarte Vergütung für die Gestattung von HU, SP und Abnahmen in den Räumen des Prüfstützpunktes sowie für die Benutzung von Einrichtungen und Geräten oder die Inanspruchnahme von Personal ist gesondert bekannt zu machen und muss zusätzlich zu dem Entgelt nach Nummer 6.2 von den Fahrzeughaltern erhoben werden. Das Entgelt nach Nummer 6.2 einschließlich Umsatzsteuer ist auf allen Ausfertigungen der Untersuchungs- und Abnahmeberichte sowie der Prüfprotokolle anzugeben.

6.4 Über die Gestattung von HU, SP und Abnahmen in den Prüfstützpunkten und Prüfplätzen einschließlich der Bekanntgabe der Entgelte nach Nummer 6.3 sowie über die Benutzung von deren Einrichtungen und Geräten oder über die Inanspruchnahme von deren Personal sind von der Überwachungsorganisation mit den Inhabern der Prüfstützpunkte und Prüfplätze Verträge abzuschließen. Aus diesen Verträgen muss sich ergeben, ob für die Gestattung von HU, SP und Abnahmen in den Räumen des Prüfstützpunktes sowie für die Benutzung von Einrichtungen und Geräten oder für die Inanspruchnahme von Personal vom Inhaber eine Vergütung und gegebenenfalls in welcher Höhe erhoben wird; für Prüfplätze gilt Nummer 6.3 Satz 2 hinsichtlich der Vereinbarung einer solchen Vergütung entsprechend. Diese Verträge sind der Aufsichtsbehörde auf Verlangen vorzulegen.

6.5 Im Rahmen der Innenrevision hat die Überwachungsorganisation insbesondere sicherzustellen, dass die Qualität von HU, SP und Abnahmen durch eine zu hohe Zahl von Einzelprüfungen nicht beeinträchtigt wird.

6.6 Zur Vermeidung von Interessenkollisionen dürfen die Überwachungsorganisationen, ihre Inhaber, ihre Gesellschafter und ihre nach Gesetz, Vertrag oder Satzung zur Vertretung der Überwachungsorganisation berufenen Personen sowie die mit der Durchführung von HU, SP oder Abnahmen betrauten PI weder direkt noch indirekt mit Herstellung, Handel, Leasing, Wartung und Reparatur von Fahrzeugen und Fahrzeugteilen befasst sein.

6.7 Die von der Überwachungsorganisation zur Durchführung von HU und SP erhobenen personenbezogenen Daten dürfen nur zum Zwecke des Nachweises einer ordnungsgemäßen Untersuchung und Prüfung im Sinne der Nummer 2.4 verarbeitet oder genutzt werden. Eine Verarbeitung oder Nutzung für andere Zwecke ist nur mit schriftlicher Einwilligung des Betroffenen zulässig. Wird die Einwilligungserklärung zusammen mit anderen Erklärungen abgegeben, ist sie besonders hervorzuheben. Der

Betroffene ist bei der Erteilung der Einwilligung darauf hinzuweisen, dass er sie jederzeit mit Wirkung für die Zukunft widerrufen kann.

7 **Übergangsvorschriften**

Soweit Überwachungsorganisationen bis zum 1. Oktober 2008 zur Durchführung von HU, SP und Abnahmen nach § 19 Absatz 3 Satz 1 Nummer 3 und 4 anerkannt sind, bleiben diese Anerkennungen bestehen. Die Nummern 2 bis 6 sind entsprechend anzuwenden; Nummer 6.6 gilt in der bis zum 1. Oktober 2008 geltenden Fassung entsprechend. Für bis zum 1. Oktober 2008 anerkannte Überwachungsorganisationen findet Nummer 2.1b ab dem 1. April 2011 Anwendung.

8 Die Anerkennung einer Überwachungsorganisation erfolgt unter dem Vorbehalt des Widerrufs und der nachträglichen Aufnahme, Änderung oder Ergänzung einer Auflage. Sie kann von der zuständigen Anerkennungsbehörde insbesondere widerrufen werden, wenn die Überwachungsorganisation ihre Pflichten nicht ordnungsgemäß wahrnimmt. Sie ist zu widerrufen, wenn die Anerkennungsbehörde auf Grund nachträglich eingetretener Tatsachen berechtigt wäre, die Anerkennung nicht zu erlassen.

9 **Aufsicht über anerkannte Überwachungsorganisationen**

9.1 Die oberste Landesbehörde oder die von ihr bestimmten oder nach Landesrecht zuständigen Stellen üben die Aufsicht über die Inhaber der Anerkennungen aus. Die Aufsichtsbehörde oder die zuständigen Stellen können selbst prüfen oder durch von ihnen bestimmte Beauftragte prüfen lassen, ob insbesondere

9.1.1 die Voraussetzungen für die Anerkennung noch gegeben sind,

9.1.2 die HU und SP sowie die Abnahmen ordnungsgemäß durchgeführt und die sich sonst aus der Anerkennung oder aus Auflagen ergebenden Pflichten erfüllt werden,

9.1.3 ob und in welchem Umfang von der Anerkennung Gebrauch gemacht worden ist.

9.2 Die mit der Prüfung beauftragten Personen sind befugt, Grundstücke und Geschäftsräume des Inhabers der Anerkennung während der Geschäfts- und Betriebszeiten zu betreten, dort Prüfungen und Besichtigungen vorzunehmen und die vorgeschriebenen Aufzeichnungen einzusehen. Ferner ist vom Inhaber der Anerkennung sicherzustellen, dass die mit der Aufsicht beauftragten Personen sämtliche Untersuchungsstellen betreten dürfen. Der Inhaber der Anerkennung hat diese Maßnahmen zu ermöglichen; er hat die Kosten der Prüfung zu tragen.

9.3 Die Überwachungsorganisation hat auf Verlangen der Aufsichtsbehörde für das betreffende Anerkennungsgebiet einen Beauftragten zu bestellen. Dieser ist Ansprechpartner der Anerkennungsbehörde und Aufsichtsbehörde. Er muss Erklärungen mit Wirkung für und gegen die Überwachungsorganisation abgeben und entgegennehmen können. Er muss weiter die Möglichkeit haben, Angaben, Aufzeichnungen und Nachweise über die von der Überwachungsorganisation im Anerkennungsgebiet durchgeführten HU, SP und Abnahmen zu machen und der Aufsichtsbehörde auf Verlangen vorzulegen. Mit Zustimmung der zuständigen Anerkennungsbehörde kann der Beauftragte auch für den Bereich mehrerer Anerkennungsgebiete ganz oder teilweise bestellt werden.

Anlage VIIIc[1)]
(Anlage VIII Nummer 3.1.1.1 und 3.2)

Anerkennung von Kraftfahrzeugwerkstätten zur Durchführung von Sicherheitsprüfungen und/oder Untersuchungen der Abgase sowie Schulung der verantwortlichen Personen und Fachkräfte

1 **Allgemeines**

1.1 Die Anerkennung von Kraftfahrzeugwerkstätten zur Durchführung von Sicherheitsprüfungen (im Folgenden als SP bezeichnet) und/oder Untersuchungen der Abgase (im Folgenden als AU bezeichnet) und/oder Untersuchungen der Abgase an Krafträdern (im Folgenden als AUK bezeichnet) obliegt der zuständigen obersten Landesbehörde oder den von ihr bestimmten oder nach Landesrecht zuständigen Stellen (Anerkennungsstellen). Diese können die Befugnis auf die örtlich und fachlich zuständigen Kraftfahrzeuginnungen übertragen.

1.2 Für das Verfahren der Anerkennung und des Widerrufs von Kraftfahrzeugwerkstätten zur Durchführung von SP und/oder AU und/oder AUK wird vom Bundesministerium für Verkehr und digitale Infrastruktur mit Zustimmung der zuständigen obersten Landesbehörden eine Richtlinie im Verkehrsblatt bekannt gemacht.

1.3 Für die nach Nummer 2.6 vorgeschriebenen Schulungen und Wiederholungsschulungen wird vom Bundesministerium für Verkehr und digitale Infrastruktur mit Zustimmung der zuständigen obersten Landesbehörden eine Richtlinie im Verkehrsblatt bekannt gemacht.

2 **Allgemeine Voraussetzungen für die Anerkennung von Kraftfahrzeugwerkstätten**

Die Anerkennung wird erteilt, wenn

2.1 der Antragsteller, bei juristischen Personen die nach Gesetz oder Satzung zur Vertretung berufenen Personen sowie die für die SP und/oder die AU und/oder die AUK verantwortlichen Personen persönlich zuverlässig sind. Der Antragsteller, die zur Vertretung berufenen Personen sowie verantwortliche Personen für die Durchführung der SP und/oder AU und/oder AUK müssen ein Führungszeugnis sowie für die Durchführung der SP zusätzlich einen Auszug aus dem Fahreignungsregister vorlegen.

2.2 der Antragsteller durch Vorlage einer Bescheinigung der örtlich zuständigen Handwerkskammer die Eintragung in der Handwerksrolle nachweist, dass er selbst oder eine in der Betriebsstätte fest angestellte Person die Voraussetzungen nach der Handwerksordnung zur selbstständigen gewerblichen Verrichtung solcher Arbeiten erfüllt, die zur Behebung der bei der SP und/oder der AU und/oder der AUK festgestellten Mängel erforderlich sind,

2.3 der Antragsteller nachweist, dass er eine oder mehrere für die Durchführung der SP und/oder der AU und/oder der AUK verantwortliche(n) Person(en) bestellt. Zur Unterzeichnung der Prüfprotokolle und/oder Nachweise ist (sind) nur die verantwortliche(n) Person(en) berechtigt; Prüfprotokolle und/oder Nachweise sind unmittelbar nach Durchführung der SP und/oder der AU und/oder der AUK zu unterzeichnen. Zusätzlich sind die Nachweise mit einem Nachweis-Siegel und einer Prägenummer zu versehen. Die Durchführung der SP und/oder der AU und/oder der AUK kann auch von Fachkräften unter der Aufsicht der verantwortlichen Personen erfolgen. Die verantwortliche(n) Person(en) und Fachkräfte müssen vom Antragsteller namentlich benannt werden,

2.4 der Antragsteller nachweist, dass die für die Durchführung der SP und/oder der AU und/oder der AUK verantwortliche(n) Person(en) und die Fachkräfte über

---

[1)] Anl. VIIIc geänd. mWv 1.6.2012 durch VO v. 10.5.2012 (BGBl. I S. 1086); geänd. mWv 1.5. 2014 durch VO v. 5.11.2013 (BGBl. I S. 3920); geänd. mWv 30.10.2014 durch VO v. 22.10.2014 (BGBl. I S. 1635).

eine entsprechende Vorbildung und ausreichende Erfahrungen auf dem Gebiet der Kraftfahrzeugtechnik verfügen. Für die Durchführung

2.4.1 der Sicherheitsprüfung (SP) müssen Nachweise erbracht werden,

2.4.1.1 dass Fachkräfte eine Abschlussprüfung im anerkannten Ausbildungsberuf

2.4.1.1.1 Kraftfahrzeugmechaniker,

2.4.1.1.2 Kraftfahrzeugelektriker,

2.4.1.1.3 Automobilmechaniker,

2.4.1.1.4 Kraftfahrzeug-Mechatroniker,

2.4.1.1.5 Mechaniker für Karosserieinstandhaltungstechnik,

2.4.1.1.6 Karosserie- und Fahrzeugbauer,

2.4.1.1.7 Karosserie- und Fahrzeugbaumechaniker,

2.4.1.1.8 Metallbauer, Fachrichtung Fahrzeugbau,

2.4.1.1.9 Metallbauer, Fachrichtung Nutzfahrzeugbau,

2.4.1.1.10 Landmaschinenmechaniker,

2.4.1.1.11 Mechaniker für Land- und Baumaschinentechnik,

2.4.1.2 dass verantwortliche Personen eine Meisterprüfung im

2.4.1.2.1 Kraftfahrzeugmechaniker-Handwerk,

2.4.1.2.2 Kraftfahrzeugelektriker-Handwerk,

2.4.1.2.3 Kraftfahrzeugtechniker-Handwerk,

2.4.1.2.4 Karosserie- und Fahrzeugbauer-Handwerk,

2.4.1.2.5 Metallbauer-Handwerk, Schwerpunkt Nutzfahrzeugbau,

2.4.1.2.6 Landmaschinenmechaniker-Handwerk
erfolgreich bestanden haben;

2.4.2 der Untersuchung der Abgase (AU) müssen Nachweise erbracht werden,

2.4.2.1 dass Fachkräfte eine Abschlussprüfung im anerkannten Ausbildungsberuf

2.4.2.1.1 Kraftfahrzeugmechaniker,

2.4.2.1.2 Kraftfahrzeugelektriker,

2.4.2.1.3 Kraftfahrzeug-Mechatroniker,

2.4.2.1.4 Automobilmechaniker,

2.4.2.2 dass verantwortliche Personen eine Meisterprüfung im

2.4.2.2.1 Kraftfahrzeugmechaniker-Handwerk,

2.4.2.2.2 Kraftfahrzeugelektriker-Handwerk,

2.4.2.2.3 Kraftfahrzeugtechniker-Handwerk, Schwerpunkt Fahrzeugsystemtechnik
erfolgreich bestanden haben;

2.4.3 der Untersuchung der Abgase an Krafträdern müssen Nachweise erbracht werden,

2.4.3.1 dass Fachkräfte eine Abschlussprüfung im anerkannten Ausbildungsberuf

2.4.3.1.1 Kraftfahrzeugmechaniker,

2.4.3.1.2 Kraftfahrzeugelektriker,

2.4.3.1.3 Kraftfahrzeug-Mechatroniker,

2.4.3.1.4 Zweiradmechaniker,

2.4.3.1.5 Zweiradmechaniker, Fachrichtung Motorrad-Technik,

2.4.3.2 dass verantwortliche Personen eine Meisterprüfung im

2.4.3.2.1 Kraftfahrzeugmechaniker-Handwerk,

2.4.3.2.2 Kraftfahrzeugelektriker-Handwerk,

2.4.3.2.3 Kraftfahrzeugtechniker-Handwerk, Schwerpunkt Fahrzeugsystemtechnik,

2.4.3.2.4 Zweiradmechaniker-Handwerk
erfolgreich bestanden haben;

2.5 der Antragsteller nachweist, dass die für die Durchführung der SP und/oder AU und/oder AUK verantwortliche(n) Person(en) und die Fachkräfte eine Meisterprüfung oder eine Abschlussprüfung im anerkannten Ausbildungsberuf für die unter Nummer 2.4 genannten Berufe erfolgreich bestanden haben. Diesen Prüfungsabschlüssen steht gleich der Dipl.-Ing., Dipl.-Ing. (FH), Ing. (grad.), Bachelor, Master oder der staatlich geprüfte Techniker jeweils der Fachrichtung Maschinenbau, Fahrzeugtechnik, Elektrotechnik oder Luft- und Raumfahrttechnik/Luftfahrzeugtechnik, sofern der Betreffende nachweislich im Kraftfahrzeugbereich (Untersuchung, Prüfung, Wartung oder Reparatur) tätig ist und eine mindestens dreijährige Tätigkeit oder eine Abschlussprüfung in den unter Nummer 2.4.1.1, Nummer 2.4.2.1 oder Nummer 2.4.3.1 genannten Ausbildungsberufen nachgewiesen werden kann.

2.6 der Antragsteller oder die für die Durchführung der SP und/oder der AU und/oder der AUK verantwortliche(n) Person(en) und die Fachkräfte darüber hinaus eine dem jeweiligen Stand der Technik der zu prüfenden Fahrzeuge entsprechende Schulung nach Nummer 7 erfolgreich abgeschlossen haben. Die Frist für die Wiederholungsschulungen beträgt maximal 36 Monate, beginnend mit dem Monat und Jahr, in dem erfolgreich eine Abschlussprüfung nach einer erstmaligen Schulung oder einer Wiederholungsschulung abgelegt wurde. Wird die Frist um mehr als zwei Monate überschritten, ist statt einer Wiederholungsschulung eine erstmalige Schulung durchzuführen,

2.7 der Antragsteller nachweist, dass alle von ihm benannten Untersuchungsstellen den Anforderungen der Anlage VIIId entsprechen,

2.8 der Antragsteller nachweist, dass für alle von ihm benannten Untersuchungsstellen Dokumentationen der Betriebsorganisationen erstellt sind, die interne Regeln enthalten, nach denen eine ordnungsgemäße Durchführung der SP und/oder der AU und/oder der AUK sichergestellt ist. Die Dokumentationen müssen mindestens den Anforderungen der nach Nummer 1.2 bekannt gemachten Richtlinie entsprechen,

2.9 der Antragsteller bestätigt, dass für die mit der Durchführung der SP und/oder der AU und/oder der AUK betrauten verantwortliche(n) Person(en) und Fachkräfte eine ausreichende Haftpflichtversicherung zur Deckung aller im Zusammenhang mit den SP und/oder den AU und/oder den AUK entstehenden Ansprüchen besteht, dies auf Verlangen nachweist und erklärt, dass er diese Versicherung aufrechterhalten wird,

2.10 der Antragsteller sowie die im Anerkennungsverfahren beteiligten Stellen nach Nummer 1.1 Satz 2 das Land, in dem er tätig wird und für das der Antragsteller anerkannt ist, von allen Ansprüchen Dritter wegen Schäden freistellt, die im Zusammenhang mit den SP und/oder den AU und/oder den AUK von ihm oder den von ihm beauftragten verantwortlichen Personen und Fachkräften verursacht werden, und dafür den Abschluss einer entsprechenden Versicherung bestätigt, dies auf Verlangen nachweist und erklärt, dass er diese Versicherung aufrechterhalten wird.

3 Nebenbestimmungen

3.1 Die Anerkennung kann mit Nebenbestimmungen verbunden werden, die erforderlich sind, um sicherzustellen, dass die SP und/oder die AU und/oder die AUK ordnungsgemäß durchgeführt werden. Die Anerkennung ist nicht übertragbar.

3.2 Die Anerkennung ist auf die jeweiligen Untersuchungs-/Prüfungsarten sowie auf bestimmte Arten, Fabrikate oder Typen von Fahrzeugen zu beschränken, wenn die Voraussetzungen nach Nummer 2 nur für diese Arten, Fabrikate oder Typen nachgewiesen sind.

4 Rücknahme der Anerkennung

Die Anerkennung ist zurückzunehmen, wenn bei ihrer Erteilung eine der Voraussetzungen nach Nummer 2 nicht vorgelegen hat. Von der Rücknahme kann abgesehen werden, wenn der Mangel nicht mehr besteht.

5 **Widerruf der Anerkennung**

Die Anerkennung ist zu widerrufen, wenn nachträglich eine der Voraussetzungen nach Nummer 2 weggefallen ist. Sie ist teilweise oder völlig zu widerrufen, wenn gröblich gegen die Vorschriften zur Durchführung der SP und/oder der AU und/oder der AUK verstoßen wurde, wenn die SP und/oder die AU und/oder die AUK nicht ordnungsgemäß durchgeführt wurden oder wenn gegen die Auflagen der Anerkennung gröblich verstoßen wurde. Sie kann widerrufen werden, wenn von ihr innerhalb von mindestens sechs Monaten kein Gebrauch gemacht worden ist oder der Antragsteller auf die Anerkennung verzichtet. Ist die Anerkennung zeitlich befristet und wird keine Verlängerung der Geltungsdauer beantragt, erlischt sie mit deren Ablauf.

6 **Aufsicht über anerkannte Kraftfahrzeugwerkstätten**

6.1 Die Anerkennungsstelle übt die Aufsicht aus. Sie kann selbst prüfen oder prüfen lassen,

6.1.1 ob die SP und/oder die AU und/oder die AUK ordnungsgemäß durchgeführt, dokumentiert und nachgewiesen sind sowie die sich sonst aus der Anerkennung ergebenden Pflichten erfüllt werden,

6.1.2 in welchem Umfang von der Anerkennung Gebrauch gemacht worden ist.

6.2 Nummer 8.1.1 findet Anwendung.

7 **Schulung der verantwortlichen Personen und Fachkräfte**

7.1 Die Schulung nach Nummer 2.6 kann durchgeführt werden

7.1.1 für SP durch Hersteller von SP-pflichtigen Kraftfahrzeugen oder Kraftfahrzeugimporteure, wenn sie SP-pflichtige Kraftfahrzeuge importieren und wenn sie eine eigene Kundendienstorganisation haben sowie Hersteller von Bremsanlagen für SP-pflichtige Kraftfahrzeuge und Anhänger, sowie von diesen ermächtigte geeignete Stellen,

7.1.2 für AU durch Hersteller von AU-pflichtigen Kraftfahrzeugen oder Kraftfahrzeugimporteure, wenn sie AU-pflichtige Kraftfahrzeuge importieren und wenn sie eine eigene Kundendienstorganisation haben sowie Kraftfahrzeugmotorenhersteller, Hersteller von Gemischaufbereitungssystemen mit eigener Kundendienstorganisation, sofern sie Erstausrüstung liefern, sowie von diesen ermächtigte geeignete Stellen,

7.1.3 für AUK durch Hersteller von AUK-pflichtigen Kraftfahrzeugen oder Kraftfahrzeugimporteure, wenn sie AUK-pflichtige Kraftfahrzeuge importieren und wenn sie eine eigene Kundendienstorganisation haben, sowie von diesen ermächtigte geeignete Stellen,

7.1.4 vom Bundesinnungsverband des Kraftfahrzeughandwerks ermächtigte Stellen.

7.2 Schulungsstätten sind entsprechend der örtlichen Zuständigkeit den zuständigen obersten Landesbehörden oder den von ihnen bestimmten oder nach Landesrecht zuständigen Stellen sowie dem Bundesinnungsverband des Kraftfahrzeughandwerks in 53040 Bonn, Postfach 15 01 62, unaufgefordert zu melden; dies gilt entsprechend für die Einstellung der Schulungstätigkeit. Der Bundesinnungsverband des Kraftfahrzeughandwerks erfasst zentral die Schulungsstätten und übersendet den zuständigen obersten Landesbehörden und dem Bundesministerium für Verkehr und digitale Infrastruktur jeweils zu Beginn eines Jahres eine aktuelle Zusammenfassung aller Schulungsstätten, aufgegliedert nach SP-, AU- und AUK-Schulungsstätten.

7.3 Die Schulungen, die vorgeschriebenen Wiederholungsschulungen, die Schulungsinhalte sowie die Schulungsstätten müssen der nach Nummer 1.3 bekannt gemachten Richtlinie entsprechen.

8 **Aufsicht über das Anerkennungsverfahren und die Schulungen**

8.1 Die Aufsicht über die Anerkennungsstellen und das Anerkennungsverfahren obliegt der zuständigen obersten Landesbehörde, den von ihr bestimmten oder nach Landesrecht zuständigen Stellen jeweils für ihren Zuständigkeitsbereich. Die Aufsichtsbehörde kann selbst prüfen oder durch die Anerkennungsstelle prüfen lassen, ob die Voraussetzungen für die Anerkennung noch gegeben sind und die sich sonst aus der Anerkennung oder den Nebenbestimmungen ergebenden Pflichten erfüllt werden. Diese Prüfung ist mindestens alle drei Jahre durchzuführen.

8.1.1 Die mit der Prüfung beauftragten Personen sind befugt, Grundstücke und Geschäftsräume des Inhabers der Anerkennung während der Geschäfts- und Betriebszeiten zu betreten, dort Prüfungen und Besichtigungen vorzunehmen und die vorgeschriebenen Aufzeichnungen einzusehen. Der Inhaber der Anerkennung hat diese Maßnahmen zu dulden, soweit erforderlich die beauftragten Personen dabei zu unterstützen und auf Verlangen die vorgeschriebenen Aufzeichnungen vorzulegen. Er hat die Kosten der Prüfung zu tragen.

8.2 Die Aufsicht über die Schulungen obliegt der zuständigen obersten Landesbehörde, den von ihr bestimmten oder nach Landesrecht zuständigen Stellen jeweils für ihren Zuständigkeitsbereich. Die Aufsichtsbehörde kann selbst prüfen oder durch die von ihr bestimmten oder nach Landesrecht zuständigen Stellen prüfen lassen, ob die für die Schulungsstätten geltenden Vorschriften eingehalten sind und die sich sonst aus der Ermächtigung oder den Nebenbestimmungen ergebenden Pflichten erfüllt werden. Sie können die Befugnis zur Prüfung auf den Bundesinnungsverband des Kraftfahrzeughandwerks übertragen. Diese Prüfung ist mindestens alle drei Jahre durchzuführen.

8.2.1 Die mit der Prüfung beauftragten Personen sind befugt, Grundstücke und Geschäftsräume der Schulungsstätten während der Geschäfts- und Betriebszeiten zu betreten, dort Prüfungen und Besichtigungen vorzunehmen und die vorgeschriebenen Aufzeichnungen einzusehen. Der Inhaber oder der Leiter der Schulungsstätte hat diese Maßnahmen zu dulden, soweit erforderlich die beauftragten Personen dabei zu unterstützen und auf Verlangen die vorgeschriebenen Aufzeichnungen vorzulegen. Die Schulungsstätte hat die Kosten der Prüfung zu tragen.

9 Schlussbestimmungen

9.1 Veränderungen bei anerkannten Kraftfahrzeugwerkstätten, die ihre Anerkennung beeinflussen können, sind von ihr der Anerkennungsstelle unaufgefordert mitzuteilen. Zuwiderhandlungen können zum Widerruf der Anerkennung führen.

9.2 Veränderungen bei Schulungsstätten, die Einfluss auf die Schulung haben, sind den in Nummer 7.2 genannten Stellen unaufgefordert zu melden. Bei Zuwiderhandlungen können die in Nummer 8.2 genannten Stellen die Durchführungen von Schulungen untersagen.

Anlage VIIId[1)]

(Anlage VIII Nummer 4)

Untersuchungsstellen zur Durchführung von Hauptuntersuchungen, Sicherheitsprüfungen, Untersuchungen der Abgase und wiederkehrenden Gasanlagenprüfungen

1 Zweck und Anwendungsbereich

1.1 Hauptuntersuchungen, Sicherheitsprüfungen, Untersuchungen der Abgase, Untersuchungen der Abgase von Krafträdern und wiederkehrende Gasanlagenprüfungen (im Folgenden als HU, SP, AU, AUK und GWP bezeichnet) sind unter gleichen Voraussetzungen und nach gleichen technischen Standards durchzuführen.

1.2 Die nachstehenden Vorschriften gelten für Untersuchungsstellen, an denen HU und/oder SP und/oder AU und/oder AUK und/oder GWP durchgeführt werden.

2 Untersuchungsstellen

An Untersuchungsstellen werden HU und/oder SP und/oder AU und/oder AUK und/oder GWP durchgeführt. Sie werden wie folgt unterteilt:

---

1) Anl. VIIId geänd. mWv 1.6.2012 durch VO v. 10.5.2012 (BGBl. I S. 1086); geänd. mWv 1.8.2013 durch VO v. 26.7.2013 (BGBl. I S. 2803); geänd. mWv 30.10.2014 durch VO v. 22.10.2014 (BGBl. I S. 1635).

2.1 **Prüfstellen**

2.1.1 **Prüfstellen allgemein**

An Prüfstellen werden regelmäßig HU, SP, AU, AUK und GWP von amtlich anerkannten Sachverständigen oder Prüfern oder Prüfingenieuren, im Folgenden als aaSoP oder PI bezeichnet, durchgeführt. Prüfstellen müssen sich während der Durchführung der Untersuchungen und Prüfungen in der ausschließlichen Verfügungsgewalt der Technischen Prüfstellen oder amtlich anerkannten Überwachungsorganisationen befinden.

2.1.2 **Prüfstellen von Technischen Prüfstellen**

2.1.2.1 Die Technischen Prüfstellen unterhalten zur Gewährleistung eines flächendeckenden Untersuchungsangebots ihre Prüfstellen an so vielen Orten, dass die Mittelpunkte der im Einzugsbereich liegenden Ortschaften nicht mehr als 25 km Luftlinie von den Prüfstellen entfernt sind. In besonderen Fällen können die in Nummer 4.1 der Anlage VIII genannte(n) Stelle(n) Abweichungen zulassen oder einen kürzeren Abstand festlegen.

2.2 **Prüfstützpunkte**

An Prüfstützpunkten werden unter Inanspruchnahme der technischen Einrichtungen einer in die Handwerksrolle eingetragenen Kraftfahrzeugwerkstatt oder eines entsprechenden Fachbetriebs, dazu zählen auch Kraftfahrzeugwerkstätten zur Betreuung eines Fuhrparks, der entsprechend Nummer 2.2 der Anlage VIIIc geeignet und rechtlich befugt ist, festgestellte Mängel nach Maßgabe von Nummer 3.1.4.5 der Anlage VIII zu beheben, HU und/oder SP und/oder AU und/oder AUK und/oder GWP durchgeführt.

2.3 **Prüfplätze**

Auf Prüfplätzen dürfen nur Fahrzeuge des eigenen Fuhrparks, dazu zählen alle Fahrzeuge eines Halters oder Betreibers, oder land- und forstwirtschaftliche Fahrzeuge mit $V_{max/zul} \leq 40$ km/h untersucht und/oder geprüft werden.

2.4 **Anerkannte Kraftfahrzeugwerkstätten zur Durchführung von SP und/oder AU und/oder AUK und/oder GWP**

SP und/oder AU und/oder AUK und/oder GWP dürfen durch dafür anerkannte Kraftfahrzeugwerkstätten in den im Anerkennungsbescheid bezeichneten Betriebsstätten oder Zweigstellen durchgeführt werden.

3 **Ausstattung und bauliche Gegebenheiten von Untersuchungsstellen, Mess- und Prüfgeräte**

3.1 Die Mindestanforderungen an Untersuchungsstellen ergeben sich aus der Tabelle am Ende dieser Anlage.

3.2 Die Einhaltung der für die eingesetzten Mess-/Prüfgeräte geltenden Vorschriften oder Herstellervorgaben für die Kalibrierung sind von der Inhaberin oder vom Inhaber oder von der Nutzerin oder vom Nutzer der Untersuchungsstelle sicherzustellen. Werden die Vorschriften nicht eingehalten, ist die Durchführung von HU, SP, AU, AUK und GWP bis zur Wiederherstellung des ordnungsgemäßen Zustandes unzulässig.

3.3 Die Messgeräte nach den Nummern 20, 21 und 22 der Tabelle müssen über Einrichtungen verfügen oder mit Einrichtungen verbunden sein, die die zur Identifizierung erforderlichen Daten der zu untersuchenden Kraftfahrzeuge nach den nach den Nummern 6.8.2.1 und 6.8.2.2 der Anlage VIIIa einschließlich der ermittelten Messwerte aufnehmen, speichern und bei Untersuchungen nach Nummer 3.1.1.1 der Anlage VIII in Form eines Nachweises ausdrucken. Die eingesetzte Softwareversion der Messgeräte muss zu Prüfungszwecken angezeigt werden können.

3.4 Die zulässigen Softwareversionen für Messgeräte nach Nummer 3.3 und das Datum, ab dem diese Softwareversionen spätestens anzuwenden sind, sowie Richtlinien über Anforderungen an Mess- und Prüfgeräte, für die keine eichrechtlichen Vorschriften bestehen, werden vom Bundesministerium für Verkehr und digitale Infrastruktur mit Zustimmung der zuständigen obersten Landesbehörden im Verkehrsblatt veröffentlicht.

3.5 Die erforderlichen Vorgaben nach Anlage VIIIe für Einrichtungen nach Nummer 25 der Tabelle müssen dem jeweils aktuellen Stand entsprechen. Die Vorgaben müssen spätestens sechs Wochen nach Bereitstellung durch die Zentrale Stelle bei den Untersuchungen und Prüfungen angewendet werden. Es ist sicherzustellen, dass die jeweils angewendete Software der Einrichtung nach Nummer 25 der Tabelle mit dem letzten Aktualisierungsstand gekennzeichnet und auf dem Untersuchungsbericht und Prüfprotokoll (§ 29 Absatz 9) angegeben wird.

4 Abweichungen

4.1 An Prüfstützpunkten und Prüfplätzen ist eine ständige Ausstattung mit den nach Nummer 3.1 vorgeschriebenen und in der Tabelle unter den Nummern 5, 6, 10, 12 bis 15 und 17 bis 26 aufgeführten Prüfgeräten dann entbehrlich, wenn sichergestellt ist, dass die für die jeweiligen Untersuchungen/Prüfungen notwendigen Geräte von den durchführenden Personen mitgeführt und bei HU, SP, AU, AUK und GWP eingesetzt werden.

4.2 Von der nach Nummer 3.1 vorgeschriebenen Ausstattung mit Mess- und Prüfgeräten sind Abweichungen an Untersuchungsstellen zulässig, wenn an diesen nur bestimmte Fahrzeugarten untersucht oder geprüft werden. Die zulässigen Abweichungen ergeben sich aus der Tabelle am Ende dieser Anlage; sie sind der zuständigen Anerkennungsstelle nach Nummer 4 der Anlage VIII oder Nummer 1.1 der Anlage VIIIc zu melden.

5 Schlussbestimmungen

Veränderungen bei Untersuchungsstellen, welche ihre Anerkennung beeinflussen können, sind der Anerkennungsstelle nach Nummer 4.1 der Anlage VIII oder Nummer 1.1 der Anlage VIIIc unaufgefordert mitzuteilen. Bei Zuwiderhandlung gegen die Nummern 1 bis 4 kann die Untersuchungs- und/oder Prüftätigkeit in den betreffenden Untersuchungsstellen untersagt werden.

Ausstattung und bauliche Gegebenheiten von Untersuchungsstellen, Mess- und Prüfgeräte zu Nummer 3

	1	2	3	4	5	6	7
Untersuchungsstellen/Anforderungen	Prüfstellen	Prüfstützpunkte	Prüfplätze	Anerkannte Kraftfahrzeugwerkstätten zur Durchführung von			
				SP	AU	AUK	GWP
1. Grundstück	Lage und Größe müssen ordnungsgemäße HU/AU/SP an zu erwartender Zahl von Fahrzeugen gewährleisten.	Muss so beschaffen sein, dass Störungen im öffentlichen Verkehrsraum durch den Betrieb nicht entstehen.	Geeigneter Platz zur Durchführung einer HU/AU/SP an mindestens einem Fahrzeug muss vorhanden sein.	Mindestgröße ergibt sich aus 2.	Mindestgröße ergibt sich aus 2.	Mindestgröße ergibt sich aus 2.	Mindestgröße ergibt sich aus 2.
2. Bauliche Anforderungen	Prüfhalle muss festeingebaute Prüfeinrichtungen überdecken. Ihre Abmessungen richten sich nach der Anzahl der Prüfgassen und deren Ausrüstung. Die Länge und Höhe wird durch den Einbau der jeweiligen Prüfgeräte und die Abmessungen der zu untersuchenden Fahrzeuge bestimmt.	Ausreichend bemessene Halle oder überdachter Platz in Abhängigkeit von den zu untersuchenden Fahrzeugen (z.B. nur Fahrzeuge bis zu einer bestimmten zul. Gesamtmasse).	–	Ausreichend bemessene Halle oder überdachter Platz, wo ein Lastkraftwagenzug geprüft werden kann.	Ausreichend bemessene Halle oder geschlossener Prüfraum. Die Größe richtet sich nach der Art der zu untersuchenden Kraftfahrzeuge entsprechend der Anerkennung (z.B. nur Fahrzeuge bis zu einer bestimmten zul. Gesamtmasse).	Geeigneter und geschlossener Prüfraum, wo mindestens ein Kraftrad untersucht werden kann.	Ausreichend bemessene Halle oder überdachter Platz in Abhängigkeit von den zu untersuchenden Fahrzeugen (z.B. nur Fahrzeuge bis zu einer bestimmten zul. Gesamtmasse).
3. Grube, Hebebühnen oder Rampe mit ausreichender Länge und Beleuchtungsmöglichkeit sowie mit Einrichtung zum Freiheben der Achsen oder Spieldetektoren	X	X Jedoch entbehrlich, sofern nur Krafträder untersucht werden.	X Jedoch entbehrlich, sofern nur Kraftrader oder Fahrzeuge mit $V_{max/zul.} \leq 40$ km/h untersucht werden.	X	–	–	X Jedoch ohne Einrichtung zum Freiheben der Achsen oder Spieldetektoren.
4. Ortsfester Bremsprüfstand	X	X*1)	X*1)	X*1)	–	–	–

		1	2	3	4	5	6	7
Untersuchungsstellen/Anforderungen		Prüfstellen	Prüfstützpunkte	Prüfplätze	Anerkannte Kraftfahrzeugwerkstätten zur Durchführung von			
					SP	AU	AUK	GWP
5.	Schreibendes Bremsmessgerät	X*2)	X*2)	X*2)	X*2)	–	–	–
6.	Prüfgerät zur Funktionsprüfung von Druckluftbremsanlagen	X*3)	X*3)	X*3)	X*3)	–	–	–
7.	Druckluftbeschaffungsanlage ausreichender Größe und Leistung	–	–	–	X	–	–	–
8.	Füll- und Entlüftergerät sowie Pedalstütze (Prüfung) für Hydraulikbremsanlagen	–	–	–	X*4)	–	–	–
9.	Mess- und Prüfgeräte							
9.1	zur Prüfung einzelner Bremsaggregate und Bremsventile	–	–	–	X*5)	–	–	–
9.2	zur Prüfung des Luftpressers	–	–	–	X*5)	–	–	–
10.	Bandmaß oder anderes Langenmessmittel (≥ 20 m), Zeitmesser	X	X	X	Nur Zeitmesser	–	–	–
11.	Scheinwerfereinstellprüfgerät und ebene Fläche für die Aufstellung des Fahrzeugs	X	X	X*6)	–	–	–	–
12.	Prüfgerät für die elektrischen Verbindungseinrichtungen zwischen Kraftfahrzeug und Anhänger	X	X	X	–	–	–	–

	1	2	3	4	5	6	7
Untersuchungsstellen/Anforderungen	Prüfstellen	Prüfstützpunkte	Prüfplätze	Anerkannte Kraftfahrzeugwerkstätten zur Durchführung von			
				SP	AU	AUK	GWP
13. Lehren für die Überprüfungvon Zugösen und Bolzen der Anhängerkupplung, Zugsattelzapfen, Sattelkupplungen, Kupplungskugeln	X*7) X*7) X*7) X	X*7) X*7) X*7) X	X*7) X*7) X*7) X	X*7) X*7) X*7) X	–	–	–
14. Messgeräte zur Messung der Spitzenkraft nach Anhang V der Richtlinie 2001/85/EG	X*8)	X*8)	X*8)	X*8)	–	–	–
15. Prüfgerät zur Funktionsprüfung von Geschwindigkeitsbegrenzern	X*9)	X*9)	X*9)	–	–	–	–
16. Ausstattung mit Spezialwerkzeugen nach Art der zu erledigenden Montagearbeiten	–	–	–	X	–	–	–
17. Messgerät zur Ermittlung der Temperatur des Motors	X	X	X	–	X	X	–
18. Geräte zur Prüfung von Schließwinkeln, Zündzeitpunkt und Motordrehzahl	X*10)	X*10)	X*10)	–	X*10)	X*11)	–
19. CO-Abgasmessgerät oder Abgasmessgerät für Fremdzündungsmotoren	X*10)	X*10)	X*10)	–	X*10)	X	–
20. Abgasmessgerät für Fremdzündungsmotoren	X	X	X*12)	–	X*13)	–	–
21. Abgasmessgerät für Kompressionszündungsmotoren	X	X	X*12)	–	X*14)	X*15)	–

		1	2	3	4	5	6	7
Untersuchungsstellen/Anforderungen		Prüfstellen	Prüfstützpunkte	Prüfplätze	Anerkannte Kraftfahrzeugwerkstätten zur Durchführung von			
					SP	AU	AUK	GWP
22.	Prüf- und Diagnosegerät zur Prüfung von OBD-Kfz	X	X	X*12)	–	X	–	–
23.	Messgerät für Geräuschmessung	X	X	X	–	–	–	–
24.	Prüfmittel für die Gasanlagenprüfung: Lecksuchspray für die zu prüfenden Betriebsgase (LPG, CNG) zum Auffinden von Gasundichtigkeiten	X*16)	X*16)	X*16)	–	–	–	X
25.	Einrichtungen für die Systemdatenprüfung und/oder Prüfungen über die elektronische Fahrzeugschnittstelle	X	X	X	X*17)	–	–	–
26.	Fußkraftmessgerät (Bremsanlagen)	X*19)	X*18)	X*18)	X*18)	–	–	–

* **Amtl. Anm.:** Abweichungen nach 4.2:

*1) **Amtl. Anm.:** Ausstattung nicht erforderlich, wenn ausschließlich Fahrzeuge mit $V_{max/zul.} \leq 40$ km/h geprüft werden oder die nicht auf Bremsenprüfstand geprüft werden konnen.

*2) **Amtl. Anm.:** Ausstattung nicht erforderlich, wenn ausschließlich Fahrzeuge untersucht werden, bei denen für die Bremsprüfung ein schreibendes Bremsmessgerät nicht erforderlich ist oder Einrichtungen nach 25 vorhanden sind.

*3) **Amtl. Anm.:** Ausstattung nur erforderlich, wenn Fahrzeuge mit Druckluftbremsanlagen untersucht und geprüft werden.

*4) **Amtl. Anm.:** Ausstattung nur erforderlich, wenn Fahrzeuge mit Hydraulikbremsanlagen geprüft werden; Beschränkung in Anerkennung aufnehmen.

*5) **Amtl. Anm.:** Entfällt, wenn die aufgeführten Teile nicht instand gesetzt, sondern nur ausgetauscht werden.

*6) **Amtl. Anm.:** Ausstattung entbehrlich, wenn nur Kraftfahrzeuge mit $V_{max/zul.} \leq 40$ km/h untersucht werden und eine senkrechte Prüffläche und ebene Fläche für die Aufstellung des Fahrzeugs vorhanden ist.

*7) **Amtl. Anm.:** Ausstattung nur erforderlich, wenn Lastkraftwagen, Sattelzugmaschinen, Zugmaschinen, selbstfahrende Arbeitsmaschinen, Kraftomnibusse, Anhänger und Sattelanhänger untersucht und geprüft werden.

*8) **Amtl. Anm.:** Ausstattung nur erforderlich, wenn Kraftomnibusse mit mehr als 22 Fahrgastplätzen untersucht und geprüft werden.

*9) **Amtl. Anm.:** Jedoch entbehrlich, sofern nur Kraftfahrzeuge untersucht werden, die nicht mit Geschwindigkeitsbegrenzern ausgerüstet sind.

*10) **Amtl. Anm.:** Jedoch entbehrlich, sofern nur Kraftfahrzeuge untersucht werden, die unter den Anwendungsbereich der Nummer 1.2.1.1 Buchstabe a der Anlage VIII fallen.

*11) **Amtl. Anm.:** Geräte zur Prüfung von Schließwinkel und Zündzeitpunkt entbehrlich; bordeigene Drehzahlmessgeräte an Krafträdern sind zulässig.

*12) **Amtl. Anm.:** Jedoch entbehrlich, sofern nur Kraftfahrzeuge mit $V_{max/zul.} \leq 40$ km/h oder die nach Nummer 1.2.1.2 Anlage VIII von der Durchführung der AU befreit sind untersucht werden.

*13) **Amtl. Anm.:** Jedoch entbehrlich, sofern nur Kraftfahrzeuge untersucht werden, die mit Kompressionszündungsmotor angetrieben werden.

*14) **Amtl. Anm.:** Jedoch entbehrlich, sofern nur Kraftfahrzeuge untersucht werden, die mit Fremdzündungsmotor angetrieben werden.

*15) **Amtl. Anm.:** Jedoch entbehrlich, sofern nur Krafträder untersucht werden, die mit Fremdzündungsmotor angetrieben werden.

*16) **Amtl. Anm.:** Ausstattung nur erforderlich, wenn GWP durchgeführt werden.

*17) **Amtl. Anm.:** Ausstattung nur für die Prüfung über die elektronische Schnittstelle erforderlich.

*18) **Amtl. Anm.:** Ausstattung nur erforderlich, wenn Einrichtungen nach 25 nicht vorhanden sind.

*19) **Amtl. Anm.:** Ausstattung erforderlich für Prüfstellen der Technischen Prüfstellen.

Anlage VIIIe[1)]
(zu Anlage VIIIa Nummer 1 und 3 sowie Anlage VIIIb Nummer 2.3)

Bereitstellung von Vorgaben für die Durchführung von Hauptuntersuchungen und Sicherheitsprüfungen; Auswertung von Erkenntnissen

1 Zweck und Anwendungsbereich

Vorgaben im Sinne dieser Anlage sind Systemdaten oder Prüfdaten nach Nummer 1, Ziffer 3 der Anlage VIIIa für die ordnungsgemäße Durchführung von Hauptuntersuchungen (HU) und Sicherheitsprüfungen (SP).

2 Erstellung, Aufbereitung und Überprüfung von Vorgaben

2.1 Vorgaben werden von den Herstellern und Importeuren von Fahrzeugen, Fahrzeugsystemen oder -bauteilen speziell für die wiederkehrende Fahrzeugüberwachung angegeben und von der Zentralen Stelle nach Nummer 4 auf der Grundlage der bei der Homologation oder der Vorlage der Genehmigungsunterlagen oder nach deren Genehmigung entsprechend den Vorschriften der Verordnungen (EG) Nr. 715/2007 und (EG) Nr. 692/2008, jeweils geändert durch die Verordnung (EG) Nr. 566/2011 sowie der Verordnung (EG) Nr. 595/2009 mitzuteilenden technischen Informationen erarbeitet.

Die von den Herstellern und Importeuren angegebenen Vorgaben werden an die Zentrale Stelle übermittelt und von dieser für die Durchführung von HU und SP aufbereitet. Die Angabe der Systeme und die Art der Weitergabe der Vorgaben müssen der dazu im Verkehrsblatt vom Bundesministerium für Verkehr und digitale Infrastruktur im Benehmen mit den zuständigen obersten Landesbehörden bekannt gemachten Richtlinie entsprechen.

2.2 Liegen keine oder unzureichende Vorgaben vor, werden diese im Benehmen mit den Herstellern oder Importeuren von der Zentralen Stelle erarbeitet und aufbereitet. Keine ausreichenden Vorgaben liegen immer dann vor, wenn damit auf Grund vorliegender Erkenntnisse oder Prüferfahrungen eine Aussage nach den Nummern 1.2.1 und 1.3.1 der Anlage VIII über die Verkehrssicherheit, Umweltverträglichkeit oder Vorschriftsmäßigkeit des Fahrzeugs nicht möglich ist.

2.3 Wird bei der Durchführung der HU oder SP an einem Fahrzeug festgestellt, dass eine Untersuchung nach den Vorgaben (Nummer 2.1 oder 2.2) nicht praktikabel ist, sind diese vom „Arbeitskreis Erfahrungsaustausch in der technischen Fahrzeugüberwachung nach § 19 Absatz 3 und § 29 StVZO" (AKE) zu prüfen, zu ändern und den Herstellern oder Importeuren im Rahmen des Benehmensprozesses über die Zentrale Stelle mitzuteilen.

3 Weitergabe von Vorgaben

3.1 Die von der Zentralen Stelle vorgehaltenen Vorgaben nach Nummer 2 werden auf Anfrage den Technischen Prüfstellen und amtlich anerkannten Überwachungsorganisationen gegen eine in der Gebührenordnung für Maßnahmen im Straßenverkehr geregelte Gebühr oder Entgelt in gleicher Höhe zur Verfügung gestellt.

3.2 Die Zentrale Stelle leitet dem Bundesinnungsverband des Kraftfahrzeughandwerks die für die Durchführung von SP notwendigen Vorgaben zu, die dieser den nach Anlage VIIIc zur Durchführung von SP anerkannten Kraftfahrzeugwerkstätten zur Verfügung stellt. Die Weitergabe der Vorgaben an die nach Anlage VIIIc anerkannten Kraftfahrzeugwerkstätten muss entsprechend den Bestimmungen der in Nummer 2.1 genannten Richtlinien erfolgen.

3.3 Andere Stellen mit amtlicher Anerkennung, die ebenfalls zur Durchführung von HU und/oder SP anerkannt sind oder Untersuchungen nach der Richtlinie 2009/40/EG des Europäischen Parlaments und des Rates vom 6. Mai 2009 über die technische Überwachung der Kraftfahrzeuge und Kraftfahrzeuganhänger (ABl. L 141 vom 6.6.2009, S. 12), die durch die Richtlinie 2010/48/EU (ABl. L 173 vom 8.7.2010, S. 47) geändert

---

[1)] Anl. VIIIe eingef. mWv 1.6.2012 durch VO v. 10.5.2012 (BGBl. I S. 1086); geänd. mWv 30.10.2014 durch VO v. 22.10.2014 (BGBl. I S. 1635).

worden ist, durchführen, erhalten die Vorgaben ebenfalls auf Anfrage zu einem nicht diskriminierenden Entgelt. Dies gilt in gleicher Weise für die Lieferung von Vorgaben an anerkannte Prüfstützpunkte zur Vorbereitung der Fahrzeuge auf die HU und erforderliche Nachuntersuchungen.

4 Zentrale Stelle zur Erstellung, Aufbereitung, Überprüfung und Weitergabe von Vorgaben

4.1 Die Technischen Prüfstellen sowie die amtlich anerkannten Überwachungsorganisationen tragen und betreiben zu diesem Zwecke die in der Bundesrepublik Deutschland ansässige Zentrale Stelle. Die Geschäftsordnung der Zentralen Stelle ist dem Bundesministerium für Verkehr und digitale Infrastruktur zur Prüfung vorzulegen und unterliegt hinsichtlich der Regelungen betreffs des Kontrollbeirats nach Nummer 6 seiner Zustimmung. Die Zustimmung bedarf des Benehmens der zuständigen obersten Landesbehörden.

4.2 Die Zentrale Stelle darf keinen auf Gewinn abzielenden Geschäftsbetrieb ausüben. Erzielte Gewinne dürfen nur zweckgebunden und für die Weiterentwicklung der regelmäßigen technischen Überwachung der Fahrzeuge verwendet werden.

5 Aufsicht über die Zentrale Stelle

Die zuständigen obersten Landesbehörden oder die von ihnen bestimmten oder nach Landesrecht zuständigen Stellen üben die Aufsicht über die Zentrale Stelle aus. Die Aufsichtsbehörden können selbst prüfen oder den Kontrollbeirat nach Nummer 6 prüfen lassen, ob insbesondere

5.1 die nach dieser Anlage geforderten Voraussetzungen erfüllt sind,

5.2 die der Zentralen Stelle gesetzlich übertragenen Aufgaben ordnungsgemäß und vorschriftsmäßig erfüllt und dass die datenschutzrechtlichen Vorschriften eingehalten werden.

Die mit der Prüfung beauftragten Personen sind befugt, Grundstücke und Geschäftsräume der Zentralen Stelle während der Geschäfts- und Betriebszeiten zu betreten, dort Prüfungen und Besichtigungen vorzunehmen und Aufzeichnungen einzusehen.

Die Zentrale Stelle hat die Maßnahmen zu ermöglichen; sie hat die Kosten der Prüfung zu tragen. Die Zentrale Stelle hat auf Verlangen der Aufsichtsbehörden einen Beauftragten zu bestellen. Dieser ist Ansprechpartner der Aufsichtsbehörden. Er muss Erklärungen mit Wirkung für und gegen die Zentrale Stelle abgeben und entgegennehmen können. Er muss weiter die Möglichkeit haben, auf Verlangen Angaben, Aufzeichnungen und Nachweise der Zentralen Stelle den mit der Prüfung beauftragten Personen vorzulegen.

6 Kontrolle über die Zentrale Stelle

Von der Zentralen Stelle wird zur Kontrolle über die ordnungsgemäße Weitergabe der Vorgaben und Verwaltung der eingegangenen Gebühren oder Entgelte sowie Ausgaben ein Kontrollbeirat eingesetzt. Der Kontrollbeirat setzt sich zusammen aus:

6.1 einem Vertreter des Bundesministeriums für Verkehr und digitale Infrastruktur,

6.2 dem Vorsitzenden des AKE

und

6.3 zwei Vertretern der Länder, die von den zuständigen obersten Landesbehörden dazu bestimmt werden.

7 Entwicklung von Vorgaben

7.1 Technischer Beirat

Für die Weiterentwicklung der regelmäßigen Untersuchung der Fahrzeuge und die Entwicklung von Vorgaben zur Anpassung insbesondere an den technischen Fortschritt sowie im Hinblick auf eine effiziente und qualitativ hochwertige Durchführung von HU und SP wird von der Zentralen Stelle ein Technischer Beirat eingesetzt. Der Technische Beirat hat eine beratende Funktion.

7.2 Forschung

Zur Überprüfung vorhandener oder zur Erarbeitung neuer Vorgaben kann nach Anhörung des Technischen Beirats und/oder des AKE die Zentrale Stelle durch externe Einrichtungen Forschungsvorhaben durchführen lassen oder selbst durchführen. Derartige Vorhaben bedürfen der Zustimmung durch den Kontrollbeirat.

8 Zweck und Inhalt der Datenübermittlungen, Einschränkungen und Bedingungen

8.1 Übermittlung der Vorgaben an die Zentrale Stelle

Die Hersteller und Importeure von Fahrzeugen, Fahrzeugsystemen oder -bauteilen übermitteln die Vorgaben nach Nummer 2 unter Angabe der vollständigen Fahrzeug-Identifizierungsnummer an die Zentrale Stelle.

8.2 Bereitstellung von Vorgaben, Prüfhinweisen und Angaben über Hoch- und Rückrüstungen der Fahrzeuge durch die Zentrale Stelle

Die Zentrale Stelle bereitet die Vorgaben, Prüfhinweise und Angaben über Hoch- und Rückrüstungen der Fahrzeuge mit dem Bezug zur vollständigen Fahrzeug-Identifizierungsnummer aktuell für die Anwendung bei der regelmäßigen technischen Überwachung der Fahrzeuge auf und übermittelt diese auf Anfrage an die in Nummer 3 genannten Stellen.

8.3 Übermittlung der Feststellungen bei der technischen Überwachung der Fahrzeuge an die Zentrale Stelle

Die Technischen Prüfstellen und amtlich anerkannten Überwachungsorganisationen übermitteln die nach Nummer 3.2 der Anlage VIIIa getroffenen Feststellungen mit dem Bezug zur vollständigen Fahrzeug-Identifizierungsnummer, jedoch ohne Angaben zum Fahrzeughalter, zum Kennzeichen der Fahrzeuge und zur untersuchenden Person halbjährlich an die Zentrale Stelle, die diese auswertet und erforderlichenfalls die nach Nummer 8.2 bereitzustellenden Angaben aktualisiert.

8.4 Übermittlung bestimmter Angaben an das Kraftfahrt-Bundesamt und Bereitstellung der Angaben für andere Stellen

8.4.1 Angaben zur Erstellung einer Fahrleistungsstatistik

8.4.1.1 Zur Erstellung einer Fahrleistungsstatistik für Deutschland übermittelt die Zentrale Stelle die bei den HU festgestellten und nachfolgend aufgeführten Daten der einzelnen Fahrzeuge halbjährlich dem Kraftfahrt-Bundesamt:

8.4.1.1.1 vierstellige KBA-Herstellerschlüsselnummer,
8.4.1.1.2 dreistellige KBA-Typschlüsselnummer,
8.4.1.1.3 drei- oder fünfstellige Versionsvariantenschlüsselnummer,
8.4.1.1.4 vierstellige Fahrzeugklasse und -aufbauart,
8.4.1.1.5 Monat und Jahr der Erstzulassung,
8.4.1.1.6 Monat und Jahr der HU,
8.4.1.1.7 Stand des Wegstreckenzählers bei Kraftfahrzeugen und, soweit vorhanden, bei Anhängern.

8.4.1.2 Soweit technische Daten zum vorgeführten Fahrzeug aus den Schlüsselnummern nicht abgeleitet werden können, dürfen durch die Zentrale Stelle folgende zusätzliche Angaben übermittelt werden:

8.4.1.2.1 zulässige Gesamtmasse (kg),
8.4.1.2.2 Nennleistung (kW),
8.4.1.2.3 Hubvolumen (cm^3),
8.4.1.2.4 Höchstgeschwindigkeit (km/h),
8.4.1.2.5 Energie- und Antriebsart,
8.4.1.2.6 Emissionsklasse.

Darüber hinaus übermittelt die Zentrale Stelle an das Kraftfahrt-Bundesamt zu jedem einzelnen Fahrzeug die seit der vorangegangenen HU verstrichene Zeit in Tagen sowie die in dieser Zeit gefahrenen Kilometer.

8.4.2 Angaben zur Erstellung einer Mängelstatistik und Veröffentlichung der Statistik

Zur Erstellung einer Statistik über die bei den HU festgestellten Mängel nach Nummer 3.1.4 der Anlage VIII übermittelt die Zentrale Stelle dem Kraftfahrt-Bundesamt halbjährlich zusätzlich zu den Angaben nach Nummer 8.4.1 die Mängelfeststellungen bezogen auf die in den Nummern 6.1 bis 6.10 der Anlage VIIIa aufgeführten Hauptgruppen der in den Fahrzeugen verbauten Bauteile und Systeme in nicht personenbezogener Form.
Zusätzlich übermittelt die Zentrale Stelle die Bezeichnungen der Untersuchungsstellen nach Nummer 2 der Anlage VIIId, in denen die HU durchgeführt wurden, sowie die Namen der Bundesländer, in denen die Untersuchungsstellen ihren Sitz haben.

Das Kraftfahrt-Bundesamt erstellt aus den vorstehenden Angaben eine Statistik mit der Zuordnung zu den in den Nummern 2.1.1 bis 2.1.6 der Anlage VIII genannten Fahrzeugarten und veröffentlicht diese in nicht personenbezogener Form jährlich.

8.4.3 Übermittlung an andere Stellen

Das Kraftfahrt-Bundesamt übermittelt die nach Nummer 8.4.2 zu erstellende Statistik in nicht personenbezogener Form

8.4.3.1 halbjährlich dem „Arbeitskreis Erfahrungsaustausch in der technischen Fahrzeugüberwachung nach § 19 Absatz 3 und § 29 StVZO" (AKE), der diese auswertet und erforderlichenfalls Vorschläge zur Änderung der maßgeblichen Vorschriften erarbeitet,

8.4.3.2 auf Anfrage dem Bundesministerium für Verkehr und digitale Infrastruktur zur Fortschreibung der maßgeblichen Vorschriften und halbjährlich den zuständigen obersten Landesbehörden zur Wahrnehmung ihrer Aufsichtspflichten über Technische Prüfstellen und amtlich anerkannte Überwachungsorganisationen.

8.5 Übermittlung von Angaben zur Entwicklung von Fahrzeugen

Die bei der regelmäßigen technischen Überwachung festgestellten Mängel sowie Hoch- und Rückrüstungen an den Fahrzeugen sind für die Neuentwicklung und für Verbesserungen im Verkehr befindlicher Fahrzeuge zu nutzen. Dazu übermittelt die Zentrale Stelle den Herstellern und Importeuren von Fahrzeugen, Fahrzeugsystemen oder -bauteilen diese Erkenntnisse jeweils für ihre Produkte auf Anfrage. Sofern diese Angaben mit dem Bezug auf die Fahrzeug-Identifizierungsnummer übermittelt werden, muss die Zentrale Stelle durch geeignete Maßnahmen sicherstellen, dass die Fahrzeug-Identifizierungsnummer um mindestens 3 Ziffern am Ende gekürzt ist.

8.6 Übermittlung von Angaben zum Zweck der Unfallforschung

Für die Überprüfung der Ausstattung mit elektronisch gesteuerten sicherheitsrelevanten Fahrzeugsystemen verunfallter und stark beschädigter Fahrzeuge am Unfallort kann die Zentrale Stelle auf Anfrage der Bundesanstalt für Straßenwesen Angaben nach Nummer 8.2 für einzelne Fahrzeuge übermitteln. Die Anfragen dürfen nur den Bezug zur Fahrzeug-Identifizierungsnummer, zur vierstelligen KBA-Herstellerschlüsselnummer und zur dreistelligen KBA-Typschlüsselnummer enthalten.

8.7 Verhinderung des Missbrauchs personenbezogener Daten

Die in den Nummern 8.1 bis 8.6 vorgegebenen Daten dürfen nur ihrer Zweckbestimmung entsprechend und nur an die jeweils genannten Stellen übermittelt werden.

Bei der Übermittlung von Daten, die im Bezug zur ungekürzten Fahrzeug-Identifizierungsnummer stehen, ist von den übermittelnden und empfangenden Stellen durch geeignete Maßnahmen sicherzustellen, dass

8.7.1 ein Zugriff unberechtigter Personen auf diese Daten nicht erfolgen kann,

8.7.2 sowohl die Daten als auch deren Übermittlung gegen Missbrauch geschützt sind.

8.8 Erläuterungen

Erläuterungen zur einheitlichen Anwendung der Vorschriften werden in einer Richtlinie vom Bundesministerium für Verkehr und digitale Infrastruktur im Benehmen mit den zuständigen obersten Landesbehörden bekannt gegeben.

Anlage IX[1)]
(zu § 29 Absatz 2, 3, 5 bis 8)

Prüfplakette für die Untersuchung von Kraftfahrzeugen und Anhängern

Vorgeschriebene Abmessungen der Prüfplakette:

Durchmesser	35 mm
Schrifthöhe der Ziffern bei den Monatszahlen	4 mm
Schrifthöhe der Ziffern bei der Jahreszahl	5 mm
Höhe des ebenen Strichs über und unter den Zahlen 1 bis 12	3 mm
Strichdicke	0,7 mm

Ergänzungsbestimmungen

1. Die Prüfplakette muss so beschaffen sein, dass sie für die Dauer ihrer Gültigkeit den Beanspruchungen beim Betrieb des Fahrzeugs standhält. Die Beschriftung der Prüfplakette – ausgenommen die Umrandung sowie die schwarzen Felder des Abschnitts zwischen den Zahlen 11 bis 1 – muss nach ihrer Anbringung mindestens 0,10 mm erhaben sein; sie ist nach dem Schriftmuster der Normschrift DIN 1451 in Schwarz auf farbigem Grund auszuführen. Die Farbe des Untergrunds ist nach dem Kalenderjahr zu bestimmen, in dem das Fahrzeug zur nächsten Hauptuntersuchung vorgeführt werden muss (Durchführungsjahr). Sie ist für das Durchführungsjahr

2008	blau
2009	gelb
2010	braun
2011	rosa
2012	grün
2013	orange.

[1)] Anlage IX geänd. mWv 1.10.2017 durch VO v. 23.3.2017 (BGBl. I S. 522).

Die Farben wiederholen sich für die folgenden Durchführungsjahre jeweils in dieser Reihenfolge. Die Farbtöne der Beschriftung und des Untergrunds sind dem Farbregister RAL 840 HR, herausgegeben vom RAL Deutsches Institut für Gütesicherung und Kennzeichnung e.V., Siegburger Straße 39, 53757 St. Augustin, zu entnehmen, und zwar ist als Farbton zu wählen für

schwarz	RAL 9005
braun	RAL 8004
rosa	RAL 3015
grün	RAL 6018
gelb	RAL 1012
blau	RAL 5015
orange	RAL 2000.

2. Die Jahreszahl wird durch die letzten beiden Ziffern des Durchführungsjahres im Mittelkreis angegeben; sie ist in Engschrift auszuführen.

3. Die einstelligen Monatszahlen am Rand der Plakette sind in Mittelschrift, die zweistelligen in Engschrift auszuführen.

4. Das Plakettenfeld muss in zwölf gleiche Teile (Zahlen 1 bis 12 entgegen dem Uhrzeigersinn dargestellt) geteilt sein. Der Abschnitt (60°) ist durch die Zahlen 11, 12 und 1 unterbrochen. Die oberste Zahl bezeichnet den Durchführungsmonat des Jahres, dessen letzten beiden Ziffern sich im Mittelkreis befinden.

5. (weggefallen)

Anlage IXa[1)]

(aufgehoben)

[1)] Anl. IXa aufgeh. mWv 1.6.2012 durch VO v. 10.5.2012 (BGBl. I S. 1086).

Anlage IXb
(§ 29 Absatz 2 bis 8)

Prüfmarke und SP-Schild für die Durchführung von Sicherheitsprüfungen

1 Vorgeschriebene Beschaffenheit

1.1 Muster

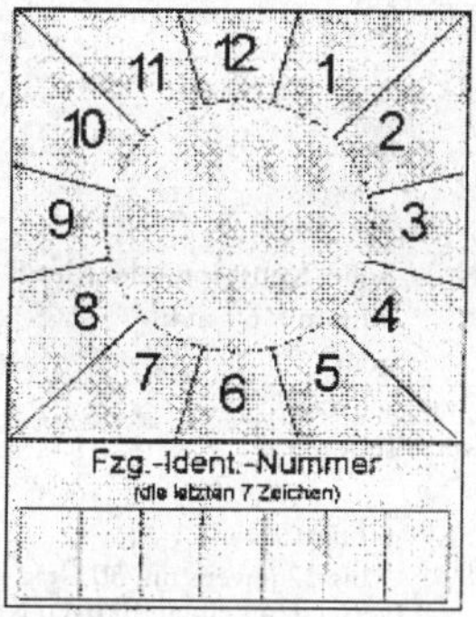

SP-Schild

Prüfmarke

1.2	Abmessungen und Gestaltung	
1.2.1	Prüfmarke	
1.2.1.1	Allgemeines	
	Material:	Folie oder Festkörper aus Kunststoff
	Kantenlänge der Prüfmarke:	24,5 mm × 24,5 mm
	Strichfarben:	schwarz
	Schriftart:	Helvetica medium
	Schriftfarbe:	schwarz.
1.2.1.2	Grundkörper von Prüfmarken, die als Festkörper ausgebildet sind	
	Durchmesser:	35 mm
	Höhe:	3 mm
	Farbe:	grau
	Umrandung:	keine.
1.2.1.3	Fläche des Pfeiles:	
	Kantenlänge des Pfeilschaftes:	17,3 mm × 17,3 mm
	Kantenlänge der Pfeilspitze:	Basislinie: 17,3 mm Seitenlinien: 12,2 mm
	Farbe:	jeweils entsprechend dem Kalenderjahr, in dem die nächste Sicherheitsprüfung durchgeführt werden muss (Durchführungsjahr). Sie ist für das Durchführungsjahr 1999 – rosa 2000 – grün 2001 – orange 2002 – blau 2003 – gelb 2004 – braun.

		Die Farben wiederholen sich für die folgenden Kalenderjahre jeweils in dieser Reihenfolge.
	Strichstärke der Umrandung:	0,7 mm
	Anordnung Text „SP“:	vertikal zentriert, Buchstabenunterkante 10 mm unter der Pfeilspitze
	Schrifthöhe Text „SP“:	4 mm
	Anordnung Jahreszahl:	vertikal und horizontal zentriert
	Schrifthöhe Jahreszahl:	5 mm.
1.2.1.4	Restfläche:	
	Farbe:	grau
	Umrandung:	keine.
1.2.2	SP-Schild	
1.2.2.1	Allgemeines	
	Material:	Folie, Kunststoff oder Metall
	Kantenlänge (Höhe × Breite):	80 mm × 60 mm
	Grundfarbe:	grau
	Strichfarben:	schwarz
	Schriftfarben:	schwarz.
1.2.2.2	Quadrat Monatsangabe	
	Kantenlänge:	60 mm
	Anordnung der Monatszahlen:	1 bis 12 jeweils um 30 Grad im Uhrzeigersinn versetzt, an einem fiktiven Kreisring von 40 mm Durchmesser außen angesetzt
	Schriftart:	Helvetica medium, zweistellige Zahlen in Engschrift
	Schrifthöhe:	5 mm
	Linien zwischen den Monatszahlen:	sechs jeweils fiktiv durch den Mittelpunkt des Quadrates verlaufende, um 30 Grad versetzte Linien
	Strichstärke:	0,5 mm.
1.2.2.3	Kreisfläche	
	Beschaffenheit:	Damit die Prüfmarke von dem SP-Schild abgelöst werden kann, ohne dieses zu zerstören, sollte die Kreisfläche mindestens 1 mm positiv erhaben sein.
	Anordnung Mittelpunkt:	auf den Mittelpunkt des Quadrates (Monatsangabe) zentriert
	Innendurchmesser:	35 mm
	Umrandung:	keine
	Grundfarbe:	grau.
1.2.2.4	Feld, „Fzg.-Ident.-Nummer“	
	Anordnung:	je 2 mm Abstand zur seitlichen und unteren Außenkante
	Kantenlänge (Höhe × Breite):	12 mm × 56 mm
	Einzelfelder (Höhe × Breite):	7 Felder, 12 mm × 8 mm
	Strichstärke:	0,5 mm
	Schrift:	Helvetica medium
	Schrifthöhe („Fzg.- Ident.-Nummer“):	3 mm
	Schrifthöhe („die letzten 7 Zeichen“):	2 mm.

Bei Ausführung des SP-Schildes als Folie muss das Feld nach der Beschriftung mit einer zusätzlichen Schutzfolie gesichert werden.

1.2.3 Farbtöne der Beschriftung und des Untergrundes

Farbregister RAL 840 HR, herausgegeben vom RAL Deutsches Institut für Gütesicherung und Kennzeichnung e.V., Siegburger Straße 39, 53757 St. Augustin.

Als Farbton ist zu verwenden:	schwarz	– RAL 9005
	braun	– RAL 8004
	rosa	– RAL 3015
	grün	– RAL 6018
	gelb	– RAL 1012
	blau	– RAL 5015
	orange	– RAL 2000
	grau	– RAL 7035.

1.2.4 Dauerbeanspruchung

Prüfmarke und SP-Schild müssen so beschaffen sein, dass sie für die Dauer ihrer Gültigkeit den Beanspruchungen beim Betrieb des Fahrzeugs standhalten.

2 Ergänzungsbestimmungen

2.1 Fälschungssicherheit

Damit Fälschungen erschwert und nachweisbar werden, sind durch den Hersteller bestimmte Merkmale und zusätzlich eine Herstellerkennzeichnung einzubringen, die über die gesamte Lebensdauer der Prüfmarke wirksam und erkennbar bleiben.

2.1.1 Prüfmarken in Folienausführung

Es sind unsichtbare Schriftmerkmale und zusätzlich eine Herstellerkennzeichnung, die ohne Hilfsmittel nicht erkennbar sind, einzuarbeiten. Die Erkennbarkeit muss durch die Verwendung von mit Black-light-Röhren (300 – 400 nm) ausgerüsteten Prüflampen gegeben sein. Die verwendeten Schriften der Kennzeichnung müssen in nicht fälschbarer Microschrift ausgeführt sein. In die Kennzeichnung sind der Hersteller und das Produktjahr in Form einer Zahlenkombination einzubringen. Die Zeichen haben eine maximale Höhe von 2 mm und eine maximale Strichstärke von 0,75 mm. Es sind Flächensymbole einzuarbeiten.

2.1.2 Prüfmarken in Festkörperausführung

Die Umrandung des Pfeiles, der Text „SP“ und die Jahreszahl müssen mindestens 0,3 mm positiv erhaben sein. Auf der Rückseite der Prüfmarke muss eine zusätzliche Kennzeichnung aufgebracht werden. In die Kennzeichnung sind der Hersteller und das Produktjahr in Form einer Zahlenkombination einzubringen.

Dies gilt nicht, wenn die Prüfmarken die Anforderungen nach Nummer 2.1.1 erfüllen.

2.2 Übertragungssicherheit

2.2.1 Allgemeines

Bei Prüfmarken oder SP-Schildern aus Folie muss zur Gewährleistung der Übertragungssicherheit der Untergrund vor dem Aufbringen frei von Staub, Fett, Klebern, Folien oder sonstigen Rückständen sein.

2.2.2 Entfernung von Prüfmarken

Es muss gewährleistet sein, dass sich Prüfmarken bei ordnungsgemäßer Anbringung nicht unzerstört entfernen lassen. Der Zerstörungsgrad der Prüfmarken muss so groß sein, dass eine Wiederverwendung auch unter Korrekturen nicht möglich ist. Es darf nicht möglich sein, aus zwei abgelösten (entfernten) Prüfmarken eine Ähnlichkeitsfälschung herzustellen.

2.3 Echtheitserkennbarkeit im Anlieferungszustand

Die Verarbeiter von Prüfmarken (Zulassungsbehörden, Technische Prüfstellen, Überwachungsorganisationen, anerkannte Kfz-Werkstätten) müssen im Anlieferungszustand die systembedingte Echtheit erkennen können. Dies wird durch ein genau definiertes und gekennzeichnetes Schutzpapier auf der Rückseite der Prüfmarken oder durch die auf der Rückseite der Festkörper aufgebrachten fälschungserschwerenden Schriftmerkmale nach Nummer 2.1.2 Absatz 1 sichergestellt.

In der Sichtfläche der Prüfmarke ist eine nicht aufdringliche und das Gesamtbild nicht störende fälschungserschwerende Produktkennzeichnung eingebracht.

Die Prüfmarken sind in übersichtlich zählbaren Behältnissen verpackt.

2.4 Anbringung der Prüfmarken und SP-Schilder

Die individuelle Beschriftung des SP-Schildes mit der Fahrzeug-Identifizierungsnummer erfolgt mit einem dokumentenechten Permanentschreiber. Diese Beschriftung ist durch eine Schutzfolie zu sichern. Beim Ablösen der Schutzfolie muss sich das Feld „Fzg.-Ident.-Nummer" so zerstören, dass eine Wiederverwendung auch unter Korrekturen nicht möglich ist. Bei Ausführung des SP-Schildes als Festkörper aus Kunststoff oder Metall können die Zeichen auch positiv oder negativ erhaben aufgebracht werden; eine zusätzliche Schutzfolie ist dann entbehrlich.

Das SP-Schild ist gut sichtbar am Fahrzeugheck in Fahrtrichtung hinten links anzubringen. Die Anbringungshöhe ist so zu wählen, dass sich die Oberkante des SP-Schildes mindestens 300 mm und maximal 1 800 mm über der Fahrbahn befindet. Die rechte Kante des SP-Schildes darf nicht mehr als 800 mm vom äußersten Punkt des hinteren Fahrzeugumrisses entfernt sein. Davon kann nur abgewichen werden, wenn die Bauart des Fahrzeugs diese Anbringung nicht zulässt.

Die Prüfmarke ist auf der Kreisfläche oder in dem Haltering des SP-Schildes so anzubringen, dass die Pfeilspitze auf den Monat zeigt, in dem das Fahrzeug zur nächsten Sicherheitsprüfung nach den Vorschriften der Anlage VIII vorzuführen ist.

2.5 Bezug von Prüfmarken

Die Hersteller von Prüfmarken beliefern ausschließlich die Zulassungsbehörden, die Technischen Prüfstellen, die Überwachungsorganisationen und die für die Anerkennung von Werkstätten zur Durchführung von Sicherheitsprüfungen zuständigen Stellen. Die Anerkennungsstellen nach Nummer 1.1 Anlage VIIIc beliefern die zur Durchführung von Sicherheitsprüfungen anerkannten Werkstätten. Die zuständige oberste Landesbehörde oder die von ihr bestimmten oder nach Landesrecht zuständigen Stellen können Abweichendes bestimmen.

Anlage X
(zu § 35e Absatz 4, §§ 35f, 35i)

Fahrgasttüren, Notausstiege, Gänge und Anordnung von Fahrgastsitzen in Kraftomnibussen

1 Einteilung der Kraftomnibusse

Es werden unterschieden

1.1 Kraftomnibusse mit Stehplätzen

1.1.1 mit mehr als 16 Fahrgastplätzen

1.1.2 mit bis zu 16 Fahrgastplätzen

1.2 Kraftomnibusse ohne Stehplätze

1.2.1 mit mehr als 16 Fahrgastplätzen

1.2.2 mit bis zu 16 Fahrgastplätzen

2 Gänge und Innenraumhöhe über Plattformen

Gang ist der Bereich im Innenraum von Kraftomnibussen, der mehr als 400 mm von den Fahrgasttüren entfernt ist. Er muss den Fahrgästen den Zugang zu jedem Sitz/jeder Sitzreihe ermöglichen.

Der Gang umfasst nicht den bis zu 300 mm tiefen Raum vor einem Sitz/einer Sitzreihe, der für die Füße der sitzenden Fahrgäste bestimmt ist, sowie den Raum vor der letzten Sitzreihe oder Sitzbank, der nur von denjenigen Fahrgästen benutzt wird, die diese Sitze einnehmen.

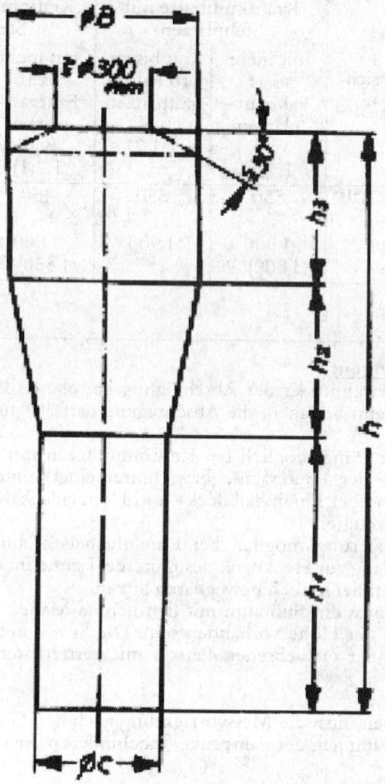

Der Gang muss so ausgelegt sein, dass der freie Durchlass der nebenstehend abgebildeten Messvorrichtung möglich ist.
Sitze im Bereich der vorderen Fahrgasttüren (§ 35b Abs. 2) dürfen zur Prüfung weggeklappt werden, soweit dies einfach und ohne großen Kraftaufwand möglich und die Betätigungsart klar ersichtlich ist.
Die Messvorrichtung muss bei der Prüfung senkrecht geführt werden.

Die Abmessungen der Messvorrichtung sind der Tabelle zu entnehmen. Die Innenraumhöhe über Plattformen muss der für den Gang geforderten Mindesthöhe (Gesamthöhe der Messvorrichtung) entsprechen.

Abmessungen der Messvorrichtung [mm]		Kraftomnibusse mit Stehplätzen		Kraftomnibusse ohne Stehplätze	
		mit mehr als 16 Fahrgastplätzen (vgl. 1.1.1)	mit bis zu 16 Fahrgastplätzen (vgl. 1.1.2)	mit mehr als 16 Fahrgastplätzen (vgl. 1.2.1)	mit bis zu 16 Fahrgastplätzen (vgl. 1.2.2)
Höhe des unteren Zylinders	h_1	900	900	900	900
Höhe des Kegelstumpfes	h_2	500	500	500 (350)*3)	300
Höhe des oberen Zylinders	h_3	500 (400)*2)	500	400	300
Durchmesser des unteren Zylinders	C	350	350	300 (220)*4)	300

Abmessungen der Messvorrichtung [mm]		Kraftomnibusse mit Stehplätzen		Kraftomnibusse ohne Stehplätze	
		mit mehr als 16 Fahrgastplätzen (vgl. 1.1.1)	mit bis zu 16 Fahrgastplätzen (vgl. 1.1.2)	mit mehr als 16 Fahrgastplätzen (vgl. 1.2.1)	mit bis zu 16 Fahrgastplätzen (vgl. 1.2.2)
Durchmesser des oberen Zylinders	B*1)	550	550	450	450
Gesamthöhe der Messvorrichtung	h	1 900 (1 800)*2)	1 900	1 800 (1 650)*3)	1 500

*** Amtl. Anm.: <u>Erläuterungen:</u>**

*1) **Amtl. Anm.:** Der Durchmesser der Abschrägung am oberen Ende des Zylinders muss mindestens 300 mm betragen, die Abschrägung darf 30° nicht überschreiten.

*2) **Amtl. Anm.:** Reduzierung möglich bei Kraftomnibussen mit Heckmotor für den Teil des Gangs hinter der Hinterachse bzw. hinter einer hinter dieser Achse befindlichen Fahrgasttür und bei Eineinhalbdeck- und Doppeldeck-Kraftomnibussen für den zweistöckigen Fahrzeugteil.

*3) **Amtl. Anm.:** Reduzierung möglich bei Eineinhalbdeck- und Doppeldeck-Kraftomnibussen für den Gang zur Heckbank des Unterdecks und im Oberdeck.

*4) **Amtl. Anm.:** 220 mm bei seitlich bewegbaren Sitzen.

Bei ausgefahrenen Sitzen muss ein Fußraum mit den lichten Maßen von 350 mm in der Breite und 200 mm in der Höhe vorhanden sein. Die Sitze müssen sich auch in belastetem Zustand von einer erwachsenen Person mit vertretbarem Kraftaufwand verstellen lassen.

Bei Gelenk-Kraftomnibussen muss die Messvorrichtung auch den Gelenkabschnitt in allen möglichen Betriebsstellungen der Fahrzeuge unbehindert passieren können.

3 **Fahrgastsitze**

3.1 **Sitzmaße**

Die Abmessungen für jeden Sitzplatz müssen den in der nachfolgenden Aufstellung und in der Skizze zusammengefassten Abmessungen entsprechen. Alle Maße beziehen sich auf unbelastete Sitz- und Lehnenpolster.

Breite des Sitzpolsters auf jeder Seite – gemessen ab einer durch die Mitte des betreffenden Sitzes verlaufenden Vertikalebene	F ≧	200 mm für Einzelsitze und für Sitzbänke für zwei oder mehr Fahrgäste
Breite des verfügbaren Raumes – gemessen in einer Horizontalebene entlang der Rückenlehne des Sitzes in einer Höhe zwischen 270 und 650 mm über dem Sitzpolster	G ≧ G ≧	250 mm für Einzelsitze 225 mm für Sitzbänke für zwei oder mehr Fahrgäste
Höhe des Sitzpolsters bezogen auf den Boden unter den Füßen des Fahrgastes – gemessen vom Boden bis zu einer horizontalen Ebene, die die Oberfläche des höchsten Punktes des Sitzpolsters berührt	I =	400 ... 500 mm bei Radkästen ist eine Verringerung bis auf 350 mm möglich.

Tiefe des Sitzpolsters – Abstand zwischen zwei Vertikalebenen, die die Vorderkante des Sitzpolsters berühren – gemessen in einer horizontalen Ebene, die die Oberfläche des höchsten Punktes des Sitzpolsters berührt	K ≧ 350 mm

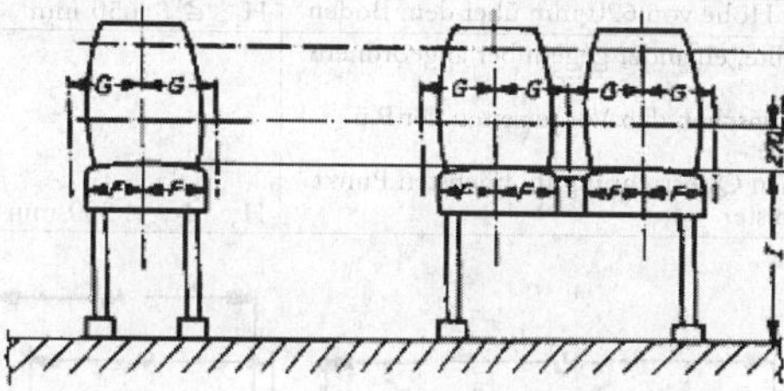

Einzelsitz

Durchgehender Sitz (Sitzbänke für zwei oder mehr Fahrgäste) Die Rückenlehnen dürfen auch einteilig ausgeführt sein.

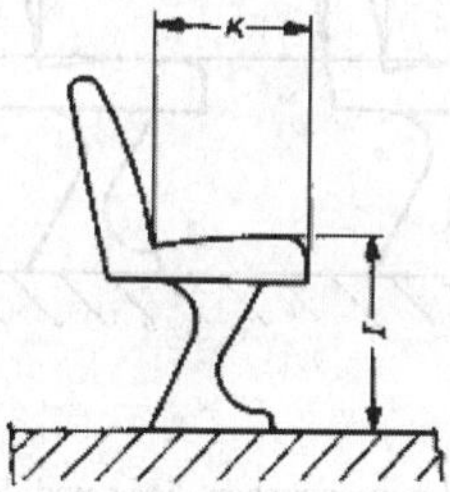

Tiefe des Sitzpolsters (K)
Höhe des Sitzpolsters (I)

3.2 **Freiraum**

Um dem Fahrgast die nötige Bewegungsfreiheit zu gewährleisten, muss der Bereich über dem unbelasteten Sitzpolster eine freie Höhe von 900 mm aufweisen. Außerdem muss der Abstand gemessen vom Boden

a) im Bereich oberhalb der Sitzfläche,

b) im Bereich oberhalb der Rückenlehne und

c) im Bereich oberhalb des Fußraums des sitzenden Fahrgastes (bis 300 mm vor der Vorderkante des Sitzes)

mindestens 1 350 mm betragen.
In den Bereich oberhalb des Fußraums darf die Rückenlehne eines Sitzes hineinragen. Geringfügige Einschränkungen des Freiraums (zum Beispiel für Leitungskanäle) sind zulässig.

3.3 **Zwischenabstand der Sitze**

Unbelastete Sitz- und Lehnenpolster müssen den nachfolgend angegebenen Maßen entsprechen; dabei muss in einer durch die Mitte des einzelnen Sitzplatzes verlaufenden Vertikalebene gemessen werden

gleichgerichtete Sitze: Abstand zwischen der Vorderseite der Rückenlehne eines Sitzes und der Rückseite der Rückenlehne davor – gemessen in der Horizontalen und in jeder Höhe zwischen der Oberfläche des Sitzpolsters und einer Höhe von 620 mm über dem Boden	H_1 ≧ 650 mm
quergestellte, einander gegenüber angeordnete Sitze: Abstand zwischen den Vorderseiten der Rückenlehnen – gemessen in Querrichtung im höchsten Punkt der Sitzpolster	H_2 ≧ 1 300 mm

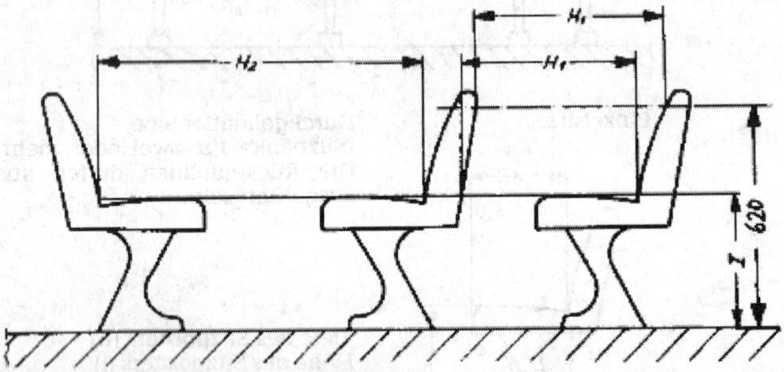

3.4 **Sitze hinter Trennwänden**

Bei Sitzen hinter einer festen Trennwand muss zwischen dieser und der Vorderseite der Rückenlehne – gemessen in einer horizontalen Ebene, die die Oberfläche des nächsten Punktes des Sitzpolsters berührt – ein freier Abstand von mindestens 630 mm vorhanden sein.

Im Bereich vom Boden bis zu einer Ebene, die 150 mm höher ist, muss der Abstand zwischen der Trennwand und dem Sitz mindestens 350 mm betragen (siehe Abbildung). Dieser Freiraum kann durch Einrichtung einer Nische in der Trennwand oder durch Rückwärtsverlagerung des Unterteils des Sitzes oder durch eine Kombination dieser beiden Möglichkeiten geschaffen werden. Wird ein Freiraum unter dem Sitz vorgesehen, so soll dieser aufwärts über die 150-mm-Ebene hinaus entlang der den vorderen Rand des Sitzaufbaus berührenden und unmittelbar unterhalb der Vorderkante des Sitzpolsters verlaufenden geneigten Ebene weitergeführt werden.

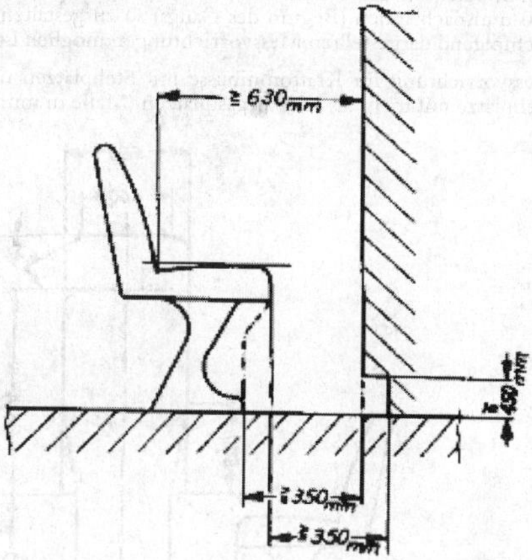

3.5 **Sitze in Längsrichtung**

Sitze in Längsrichtung sind zulässig. Für die Sitze, wie Sitz- und Lehnenpolster, sind dieselben Mindestabmessungen, wie in Nummer 3.1 angegeben und dargestellt anzuwenden. Der Freiraum über den Sitzen ist gemäß Nummer 3.2 einzuhalten.
Am Beginn und Ende von Sitzbänken sowie nach jeweils zwei Sitzen müssen Armlehnen oder sonstige Halteeinrichtungen angebracht werden, die keine scharfen Kanten aufweisen und abgepolstert sind.

4 **Abmessungen der Fahrgasttüren und des Bereichs bis zum Beginn des Gangs**

4.1 **Die Fahrgasttüren müssen die nachfolgend angegebenen Mindestabmessungen haben.**

Geringfügige Abrundungen oder Einschränkungen an den oberen Ecken sind zulässig.

4.1.1 **Lichte Weite**

a) 650 mm bei Einzeltüren,

b) 1 200 mm bei Doppeltüren.

Diese Abmessungen dürfen um bis zu 100 mm in Höhe von Handgriffen oder Handläufen unterschritten werden. Bei Kraftomnibussen mit bis zu 16 Fahrgastplätzen ist eine Verminderung um bis zu 250 mm zulässig an Stellen, bei denen Radkästen in den Freiraum eindringen oder der Türantrieb angeordnet ist.

4.1.2 **Lichte Höhe**

a) 1 800 mm bei Kraftomnibussen mit Stehplätzen,

b) 1 650 mm bei Kraftomnibussen ohne Stehplätze mit mehr als 16 Fahrgastplätzen,

c) 1 500 mm bei Kraftomnibussen ohne Stehplätze mit bis zu 16 Fahrgastplätzen.

4.2 Der Bereich ab der Seitenwand, in die die Fahrgasttüren eingebaut sind, ist bis zu 400 mm nach innen (Beginn des Gangs) so zu gestalten, dass der freie Durchlass der nachfolgend dargestellten Messvorrichtungen möglich ist.

4.2.1 Messvorrichtung für Kraftomnibusse mit Stehplätzen und für Kraftomnibusse ohne Stehplätze mit mehr als 16 Fahrgastplätzen (Maße in mm)

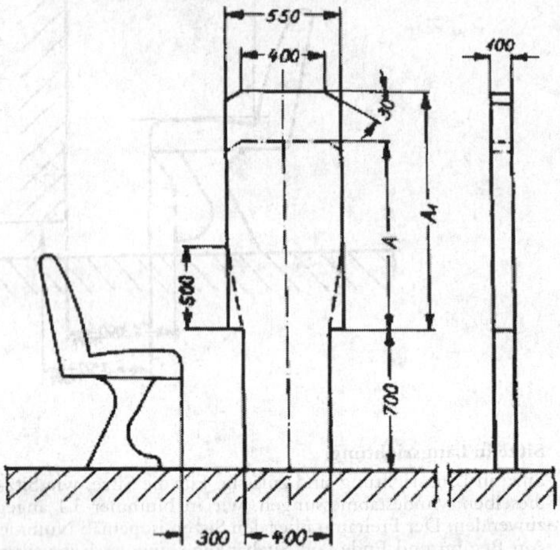

Im Falle der Benutzung der Messvorrichtung mit A = 1 100 mm und A_1 = 1 200 mm bei Kraftomnibussen nach Nummer 1.1 und 1.2.1 kann alternativ ein konischer Übergang mit 500 mm Höhe und der Breite 400 mm auf 550 mm gewählt werden.

Maße für A und A_1 [mm]	Kraftomnibusse mit Stehplätzen (vgl. 1.1.1 und 1.1.2)	Kraftomnibusse ohne Stehplätze mit mehr als 16 Fahrgastplätzen (vgl. 1.2.1)
A A_1[1]	1 100 1 200[2]	950 1 100

[1] **Amtl. Anm.:** Maß A1 400 mm hinter der Türöffnung (siehe 4.3)
[2] **Amtl. Anm.:** Reduzierung auf 1 100 mm bei Eineinhalbdeck- und Doppeldeck-Kraftomnibussen für den zweistöckigen Fahrzeugteil möglich.

4.2.2 Messvorrichtung für Kraftomnibusse ohne Stehplätze mit bis zu 16 Fahrgastplätzen (Maße in mm)

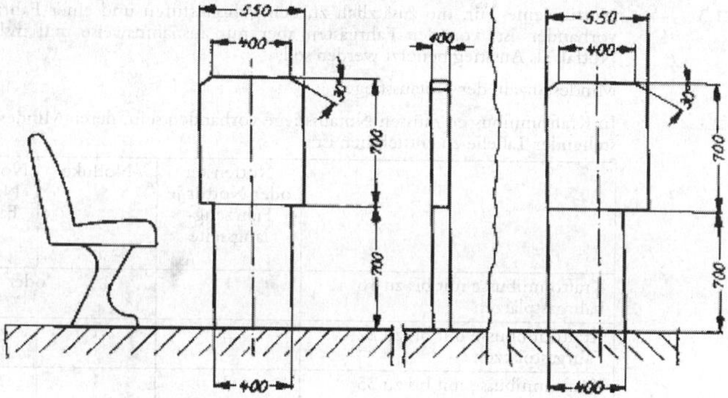

Verschieben der unteren Platte nach rechts oder links innerhalb der Außenkanten der oberen Platte möglich

Beispiel für eine verschobene untere Platte: es ist die bei Verschiebung nach links maximal zulässige Stellung dargestellt

4.3 Die jeweilige Messvorrichtung muss aufrecht stehend von der Ausgangsposition aus parallel zur Türöffnung geführt werden, bis die erste Stufe erreicht ist. Die Ausgangsposition ist die Stelle, wo die dem Fahrzeuginneren zugewandte Seite der Messvorrichtung die äußerste Kante der Tür berührt. Danach ist sie rechtwinklig zur wahrscheinlichen Bewegungsrichtung einer den Einstieg benutzenden Person zu bewegen. Wenn die Mittellinie der Messvorrichtung 400 mm von der Ausgangsposition zurückgelegt hat, ist bei Kraftomnibussen mit Stehplätzen und bei Kraftomnibussen ohne Stehplätze mit mehr als 16 Fahrgastplätzen die Höhe der oberen Platte vom Maß A auf das Maß A1 zu vergrößern. Bei Kraftomnibussen ohne Stehplätze mit bis zu 16 Fahrgastplätzen ist $A_1 = A$ (= 700 mm).

Wenn die Messvorrichtung mehr als 400 mm zurücklegen muss, um den Fußboden (Gang) zu erreichen, ist sie so lange weiter vertikal und rechtwinklig zur wahrscheinlichen Bewegungsrichtung einer den Einstieg benutzenden Person fortzubewegen, bis die Messvorrichtung den Fußboden (Gang) berührt.

Ob die Bedingungen des Zugangs von der senkrechten Ebene der Messvorrichtung zum Gang hin eingehalten werden, ist mit Hilfe der für den Gang maßgebenden zylindrischen Messvorrichtung (siehe Nummer 2) zu prüfen. Dabei ist die Ausgangsposition für die zylindrische Messvorrichtung die Stelle, wo sie die Messvorrichtung nach Nummer 4 berührt.

Der freie Durchgangsspielraum für die Messvorrichtung darf den Bereich bis 300 mm vor einem Sitz und bis zur Höhe des höchsten Punktes des Sitzpolsters nicht beanspruchen.

Sitze im Bereich der vorderen Fahrgasttüren (§ 35b Absatz 2) dürfen zur Prüfung weggeklappt werden, soweit dies einfach und ohne großen Kraftaufwand möglich und die Betätigungsart klar ersichtlich ist.

5 Notausstiege

5.1 Notausstiege können sein:

5.1.1 Notfenster, ein von den Fahrgästen nur im Notfall als Ausstieg zu benutzendes Fenster, das nicht unbedingt verglast sein muss;

5.1.2 Notluke, eine Dachöffnung, die nur im Notfall dazu bestimmt ist, von den Fahrgästen als Ausstieg benutzt zu werden;

5.1.3 Nottür, eine Tür, die zusätzlich zu den Fahrgasttüren und einer Fahrzeugführertür vorhanden ist, von den Fahrgästen aber nur ausnahmsweise und insbesondere im Notfall als Ausstieg benutzt werden soll.

5.2 Mindestanzahl der Notausstiege

5.2.1 In Kraftomnibussen müssen Notausstiege vorhanden sein, deren Mindestanzahl nachstehender Tabelle zu entnehmen ist:

	Notfenster oder Nottür je Fahrzeug-längsseite	Notluke	Notfenster oder Nottür an der Fahrzeugvor-der- oder -rückseite
Kraftomnibusse mit bis zu 16 Fahrgastplätzen	1	1 oder 1	
Kraftomnibusse mit bis zu 22 Fahrgastplätzen	2	1	1
Kraftomnibusse mit bis zu 35 Fahrgastplätzen	2	1	1
Kraftomnibusse mit bis zu 50 Fahrgastplätzen	3	1	1
Kraftomnibusse mit bis zu 80 Fahrgastplätzen	3	2	2
Kraftomnibusse mit mehr als 80 Fahrgastplätzen	4	2	2

Alle weiteren Fenster und Türen (ausgenommen die Fahrgast- und Fahrzeugführertüren), die die Voraussetzungen für Notausstiege erfüllen, gelten ebenfalls als Notausstiege und sind gemäß § 35f Absatz 2 deutlich zu kennzeichnen.

5.2.2 Sonderbestimmungen

5.2.2.1 Bei Kraftomnibussen, die als Gelenkfahrzeug gebaut sind, ist jedes starre Teil des Fahrzeugs im Hinblick auf die Mindestanzahl der vorzusehenden Notausstiege als ein Einzelfahrzeug anzusehen; dabei ist die Anzahl der Fahrgastplätze vor und hinter dem Gelenk zugrunde zu legen. Für die Mindestanzahl der Notfenster und der Nottüren in der Fahrzeugvorder- oder -rückseite ist die Gesamtzahl der Fahrgastplätze des Kraftomnibusses maßgebend.

5.2.2.2 Bei Kraftomnibussen, die als sogenannte Eineinhalbdeck-Kraftomnibusse oder Doppeldeck-Kraftomnibusse gebaut sind (Beförderung der Fahrgäste auf zwei Ebenen), ist jedes Fahrzeugdeck im Hinblick auf die Mindestanzahl der vorzusehenden Notausstiege als ein Einzelfahrzeug anzusehen; dabei ist die Anzahl der Fahrgastplätze je Fahrzeugdeck zugrunde zu legen.
Für die Mindestanzahl der Notluken im Fahrzeugdach ist die Gesamtzahl der Fahrgastplätze des Kraftomnibusses maßgebend.

5.2.2.3 Können bei Kraftomnibussen nach Nummer 5.2.2.2 Notfenster oder Nottüren an der Fahrzeugvorder- oder -rückseite des Unterdecks aus konstruktiven Gründen nicht angebracht werden, sind für die Fahrgäste im Unterdeck ersatzweise andere Fluchtmöglichkeiten für den Notfall vorzusehen (zum Beispiel Luken im Zwischendeck, ausreichend bemessene Zugänge vom Unterdeck zum Oberdeck).

5.3 Mindestabmessungen der Notausstiege

5.3.1 Die verschiedenen Arten der Notausstiege müssen folgende Mindestabmessungen haben:

	Höhe	Breite	Fläche	Bemerkungen
Notfenster	–	–	0,4 m^2	In die Öffnungen muss ein Rechteck von 0,5 m Höhe und 0,7 m Breite hineinpassen[1)]
Notluke	–	–	0,4 m^2	
Nottür	1,25 m	0,55 m	–	–

5.3.2 Notfenster mit einer Fläche von 0,8 m^2, in die ein Rechteck von 0,5 m Höhe und 1,4 m Breite hineinpasst, gelten im Sinne von Nummer 5.2.1 als zwei Notausstiege.

5.4 Anordnung und Zugänglichkeit der Notausstiege

5.4.1 Notfenster und Notluken sind in Längsrichtung der Kraftomnibusse gleichmäßig zu verteilen; ihre Anordnung ist auf die Lage der Fahrgastplätze abzustimmen.

5.4.2 Notfenster, Notluken und Nottüren müssen gut zugänglich sein. Der direkte Raum vor ihnen darf nur so weit eingeschränkt sein, dass für erwachsene Fahrgäste der ungehinderte Zugang zu den Notausstiegen gewährleistet ist.

5.5 Bauliche Anforderungen an Notausstiege

5.5.1 Notfenster

5.5.1.1 Notfenster müssen sich leicht und schnell öffnen, zerstören oder entfernen lassen.

5.5.1.2 Bei Notfenstern, die durch Zerschlagen der Scheiben (auch Doppelscheiben) geöffnet werden, müssen die Scheiben aus Einscheiben-Sicherheitsglas (vorgespanntes Glas) hergestellt sein. Für jedes dieser Notfenster muss eine Einschlagvorrichtung (zum Beispiel Nothammer) vorhanden sein.

5.5.1.3 Notfenster mit Scharnieren oder mit Auswerfeinrichtung müssen sich nach außen öffnen lassen.

5.5.2 Notluken

5.5.2.1 Notluken müssen sich von innen und von außen leicht und schnell öffnen oder entfernen lassen.

5.5.2.2 Notluken aus Einscheiben-Sicherheitsglas (vorgespanntes Glas) sind zulässig; in diesem Fall muss für jede der Notluken innen im Fahrzeug eine Einschlagvorrichtung (zum Beispiel Nothammer) vorhanden sein.

5.5.3 Nottüren

5.5.3.1 Nottüren dürfen weder als fremdkraftbetätigte Türen noch als Schiebetüren ausgeführt sein.

5.5.3.2 Die Nottüren müssen sich nach außen öffnen lassen und so beschaffen sein, dass selbst bei Verformung des Fahrzeugaufbaus durch einen Aufprall – ausgenommen einen Aufprall auf die Nottüren – nur eine geringe Gefahr des Verklemmens besteht.

5.5.3.3 Die Nottüren müssen sich von innen und von außen leicht öffnen lassen.

5.5.3.4 Dem Fahrzeugführer muss sinnfällig angezeigt werden, wenn Nottüren, die außerhalb seines direkten Einflussbereichs und Sichtfeldes liegen, geöffnet oder nicht vollständig geschlossen sind.

5.5.4 Eine Verriegelung der Notfenster, Notluken und Nottüren (zum Beispiel für das Parken) ist zulässig; es muss dann jedoch sichergestellt sein, dass sie stets von innen durch den normalen Öffnungsmechanismus zu öffnen sind.

[1)] **Amtl. Anm.:** Für ein Notfenster in der Fahrzeugrückseite gelten die Bedingungen als erfüllt, wenn Öffnungen von 0,35 m Höhe und 1,55 m Breite bei Ausrundungsradien von 25 cm vorhanden sind.

Anlagen XI und XIa
(zu § 47a)
(weggefallen)

Anlage XIb
(zu § 47a Absatz 2 und § 47b Absatz 2)

(weggefallen)

Anlage XII
(§ 34 Absatz 4 Nummer 2 Buchstabe d, Absatz 5 Nummer 2 Buchstabe b und Nummer 3 Buchstabe b, Absatz 6 Nummer 3 Buchstabe b)

Bedingungen für die Gleichwertigkeit von Luftfederungen und bestimmten anderen Federungssystemen an der (den) Antriebsachse(n) des Fahrzeugs

1 **Definition der Luftfederung**

Ein Federungssystem gilt als luftgefedert, wenn die Federwirkung zu mindestens 75 Prozent durch pneumatische Vorrichtungen erzeugt wird.

2 **Gleichwertigkeit mit der Luftfederung**

Ein Federungssystem wird als der Luftfederung gleichwertig anerkannt, wenn es folgende Voraussetzungen erfüllt:

2.1 Während des kurzzeitigen freien niederfrequenten vertikalen Schwingungsvorgangs der gefederten Masse senkrecht über der Antriebsachse oder einer Achsgruppe dürfen die gemessene Frequenz und Dämpfung der Federung unter Höchstlast die unter den Nummern 2.2 bis 2.5 festgelegten Grenzwerte nicht überschreiten.

2.2 Jede Achse muss mit hydraulischen Dämpfern ausgerüstet sein. Bei Doppelachsen müssen die hydraulischen Dämpfer so angebracht sein, dass die Schwingung der Achsgruppe auf ein Mindestmaß reduziert wird.

2.3 Das mittlere Dämpfungsverhältnis D muss über 20 Prozent der kritischen Dämpfung der Federung im Normalzustand, das heißt mit funktionstüchtigen hydraulischen Dämpfern, betragen.

2.4 Wenn alle hydraulischen Dämpfer entfernt oder außer Funktion gesetzt sind, darf das Dämpfungsverhältnis der Federung nicht mehr als 50 Prozent des mittleren Dämpfungsverhältnisses D betragen.

2.5 Die Frequenz der gefederten Masse über der Antriebsachse oder der Achsgruppe während eines kurzzeitigen freien vertikalen Schwingungsvorgangs darf 2,0 Hz nicht überschreiten.

2.6 Unter Nummer 3 werden die Frequenz und die Dämpfung der Federung definiert. Unter Nummer 4 werden die Prüfverfahren zur Ermittlung der Frequenz- und der Dämpfungswerte beschrieben.

3 **Definition von Frequenz und Dämpfung**

In dieser Definition wird von einer gefederten Masse M Kilogramm (kg) über einer Antriebsachse oder einer Achsgruppe ausgegangen. Die Achse oder die Achsgruppe hat einen vertikalen Gesamtdruck zwischen Straßenoberfläche und gefederter Masse von K Newton/Meter (N/m) und einen Gesamtdämpfungskoeffizienten von C Newton pro Meter und Sekunde (N/ms). Z ist der Weg der gefederten Masse in vertikaler Richtung. Die Bewegungsgleichung für die freie Schwingung der gefederten Masse lautet:

$$M \frac{d^2 Z}{dt^2} + C \frac{d Z}{dt} + KZ = 0$$

Die Frequenz der Schwingung der gefederten Masse F rad/s ist:

$$F = \sqrt{\frac{K}{M} - \frac{C^2}{4M^2}}$$

Die Dämpfung ist kritisch, wenn C = Co ist, wobei

$$Co = 2\sqrt{KM}$$

ist.
Das Dämpfungsverhältnis als Bruchteil des kritischen Wertes ist C/Co.
Die kurzzeitige freie vertikale Schwingung der gefederten Masse ergibt die in Abbildung 2 dargestellte gedämpfte Sinuskurve. Die Frequenz lässt sich durch Messung der für sämtliche zu beobachtenden Schwingungszyklen benötigten Zeit ermitteln. Die Dämpfung wird durch Messung der aufeinanderfolgenden Schwingungspeaks, die in derselben Richtung auftreten, ermittelt. Wenn die Amplitudenpeaks des ersten und des zweiten Schwingungszyklus A_1 und A_2 sind, beträgt das Dämpfungsverhältnis D

$$D = \frac{C}{Co} = \frac{1}{2\pi} \ln \frac{A_1}{A_2}$$

Dabei ist ln der natürliche Logarithmus des Amplitudenverhältnisses.

4 **Prüfverfahren**

Um im Test das Dämpfungsverhältnis D, das Dämpfungsverhältnis bei entfernten hydraulischen Dämpfern sowie die Frequenz F der Federung bestimmen zu können, muss das beladene Fahrzeug entweder

a) mit geringer Geschwindigkeit (5 km/h ± 1 km/h) über eine Schwelle von 80 mm Höhe mit dem in Abbildung 1 gezeigten Profil gefahren werden; auf Frequenz und Dämpfung ist die kurzzeitige Schwingung zu untersuchen, die sich ergibt, nachdem die Räder an der Antriebsachse die Schwelle wieder verlassen haben; oder

b) am Fahrgestell heruntergezogen werden, so dass die Antriebsachslast das Anderthalbfache des höchsten statischen Wertes beträgt. Danach wird die auf das Fahrzeug wirkende Zugkraft plötzlich aufgehoben und die daraus resultierende Schwingung untersucht; oder

c) am Fahrgestell hochgezogen werden, so dass die gefederte Masse um 80 mm über die Antriebsachse angehoben wird. Danach wird die auf das Fahrzeug wirkende Zugkraft plötzlich aufgehoben und die daraus resultierende Schwingung untersucht; oder

d) anderen Verfahren unterzogen werden, sofern ihre Gleichwertigkeit vom Hersteller gegenüber der zuständigen technischen Behörde zufriedenstellend nachgewiesen wurde.

Das Fahrzeug sollte zwischen Antriebsachse und Fahrgestell senkrecht über der Achse mit einem Schwingungsschreiber versehen werden. Anhand der Zeitspanne zwischen der ersten und der zweiten Kompressionsspitze lassen sich einerseits die Frequenz F und andererseits das Amplitudenverhältnis und damit dann die Dämpfung ermitteln. Bei Doppelantriebsachsen sollten Schwingungsschreiber zwischen jeder Antriebsachse und dem Fahrgestell senkrecht über diesen Achsen angebracht werden.

Abbildung 1
Schwelle für Federprüfungen

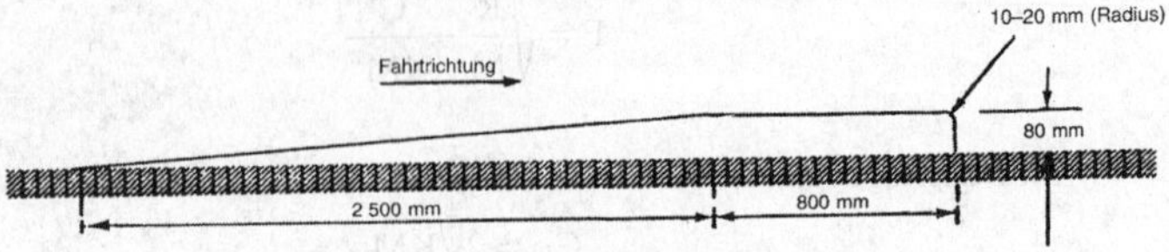

Abbildung 2
Gedämpfte Sinuskurve bei einer kurzzeitigen freien Schwingung

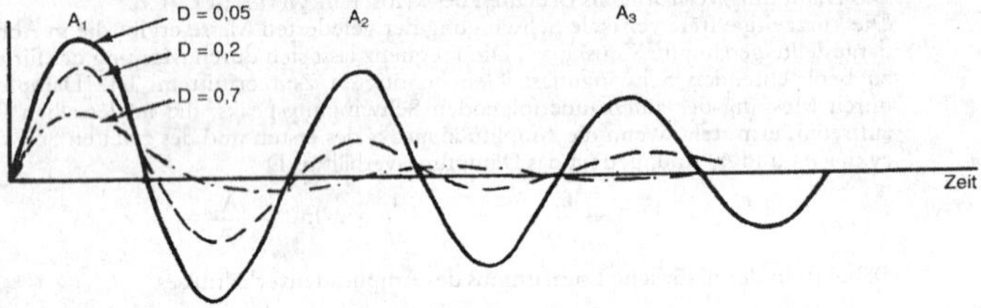

Anlage XIII
(§ 34a Absatz 3)

Zulässige Zahl von Sitzplätzen und Stehplätzen in Kraftomnibussen

(1) Anwendungsbereich
Diese Anlage gilt für Kraftomnibusse, wenn sie nicht im Gelegenheitsverkehr nach § 46 des Personenbeförderungsgesetzes eingesetzt sind.

(2) Berechnung der zulässigen Zahl von Sitzplätzen und Stehplätzen

a) Bei der Berechnung der zulässigen Zahl der Plätze sind unter Berücksichtigung des Leergewichts, des zulässigen Gesamtgewichts und der zulässigen Achslasten des Fahrzeugs folgende Durchschnittswerte anzusetzen:
1. 68 kg als Personengewicht,
2. 544 kg/qm als spezifischer Belastungswert für Stehplatzflächen,
3. 100 kg/cbm als spezifischer Belastungswert für Gepäckräume,
4. 75 kg/qm als spezifischer Belastungswert für Dachgepäckflächen.

b) Das für die Gepäckbeförderung zu berücksichtigende Gewicht kann sowohl ganz als auch in einem im Fahrzeugschein festgelegten Anteil zusätzlich zu der nach Abschnitt a zulässigen Zahl der Plätze für die Personenbeförderung nutzbar gemacht werden, wenn der entsprechende Gepäckraum beim Betrieb der Kraftomnibusse nicht für die Gepäckbeförderung genutzt wird.

Anlage XIV[1)]
(zu § 48)

Emissionsklassen für Kraftfahrzeuge

1 Anwendungsbereich

Diese Anlage gilt für alle zur Teilnahme am Straßenverkehr bestimmten Kraftfahrzeuge. Sie gilt nicht für Personenkraftwagen im Sinne der EG-Fahrzeugklasse M_1 nach Anlage XXIX.

2 Begriffsbestimmungen

2.1 Schadstoffklassen

Die Emissionen der gasförmigen Schadstoffe Kohlenmonoxid, Kohlenwasserstoffe und Stickoxide sowie die luftverunreinigenden Partikel sind Grundlage für die Schadstoffklassen.

2.2 Geräuschklassen

Die Geräuschemissionen sind Grundlage für die Geräuschklassen.

2.3 EEV Klassen

Optionale Emissionsanforderungen sind Grundlage für die EEV Klassen.

2.4 Partikelminderungsklassen

Die Emission der luftverunreinigenden Partikel ist Grundlage für die Partikelminderungsklassen.

3 Emissionsklassen

3.1 Schadstoffklassen

3.1.1 Schadstoffklasse S 1

Zur Schadstoffklasse S 1 gehören Kraftfahrzeuge, die

1. in den Anwendungsbereich der Richtlinie 88/77/EWG des Rates vom 3. Dezember 1987 (ABl. L 36 vom 9.2.1988, S. 33) in der Fassung der Richtlinie 91/542/EWG des Rates vom 1. Oktober 1991 (ABl. L 295 vom 25.10.1991, S. 1) fallen, den Vorschriften der Richtlinie entsprechen und die bei den Emissionen der gasförmigen Schadstoffe und luftverunreinigenden Partikel die in Zeile A der Tabelle im Abschnitt 8.3.1.1 des Anhangs I der Richtlinie genannten Grenzwerte nicht überschreiten oder
2. in den Anwendungsbereich der Richtlinie 70/220/EWG in der Fassung der Richtlinie 93/59/EWG (ABl. L 186 vom 28.7.1993, S. 21) fallen, den Vorschriften der Richtlinie entsprechen und die im Anhang I im Abschnitt 5.3.1 der Richtlinie genannte Prüfung Typ I (Prüfung der durchschnittlichen Auspuffemissionen nach einem Kaltstart) nachweisen oder
3. in den Anwendungsbereich der Richtlinie 70/220/EWG in der Fassung der Richtlinie 94/12/EG (ABl. L 100 vom 19.4.1994, S. 42) fallen, den Vorschriften der Richtlinie entsprechen und die bei den Emissionen der gasförmigen Schadstoffe und luftverunreinigenden Partikel die für die Gruppen I, II und III vorgeschriebenen Grenzwerte der Tabelle im Abschnitt 5.3.1.4 des Anhangs I der Richtlinie nicht überschreiten oder
4. in den Anwendungsbereich der Richtlinie 70/220/EWG in der Fassung der Richtlinie 96/44/EG (ABl. L 210 vom 20.8.1996, S. 25) fallen, den Vorschriften der Richtlinie entsprechen und die bei den Emissionen der gasförmigen Schadstoffe und luftverunreinigenden Partikel die für die Gruppen I, II und III vorgeschriebenen Grenzwerte der Tabelle im Abschnitt 5.3.1.4 des Anhangs I der Richtlinie nicht überschreiten oder
5. in den Anwendungsbereich der Richtlinie 70/220/EWG in der Fassung der Richtlinie 96/69/EG fallen, den Vorschriften der Richtlinie entsprechen und die bei den Emissionen der gasförmigen Schadstoffe und luftverunreinigenden Partikel die für die

[1)] Anl. XIV geänd. mWv 1.6.2012 durch VO v. 10.5.2012 (BGBl. I S. 1086).

Gruppen II und III vorgeschriebenen Grenzwerte der Tabelle im Abschnitt 5.3.1.4 des Anhangs I der Richtlinie nicht überschreiten oder

6. in den Anwendungsbereich der Richtlinie 70/220/EWG in der Fassung der Richtlinie 98/77/EG fallen, den Vorschriften der Richtlinie entsprechen und die bei den Emissionen der gasförmigen Schadstoffe und luftverunreinigenden Partikel die für die Gruppen II und III vorgeschriebenen Grenzwerte der Tabelle im Abschnitt 5.3.1.4 des Anhangs I der Richtlinie nicht überschreiten oder
7. mit Motoren ausgerüstet sind, die der Richtlinie 97/68/EG des Europäischen Parlaments und des Rates vom 16. Dezember 1997 zur Angleichung der Rechtsvorschriften der Mitgliedstaaten über Maßnahmen zur Bekämpfung der Emission von gasförmigen Schadstoffen und luftverunreinigenden Partikeln aus Verbrennungsmotoren für mobile Maschinen und Geräte (ABl. L 59 vom 27.2.1998, S. 1) entsprechen und die bei den Emissionen der gasförmigen Schadstoffe und luftverunreinigenden Partikel die in der Tabelle im Abschnitt 4.2.1 des Anhangs I der Richtlinie genannten Grenzwerte nicht überschreiten oder
8. mit Motoren ausgerüstet sind, die der ECE-Regelung Nummer 96, in Kraft gesetzt durch die Verordnung vom 11. Oktober 1996 (BGBl. 1996 II S. 2555), zuletzt geändert durch die Änderung 1 – Verordnung vom 16. Oktober 1998 – (BGBl. 1998 II S. 2738) über einheitliche Bedingungen für die Genehmigung der Motoren mit Selbstzündung für land- und forstwirtschaftliche Zugmaschinen hinsichtlich der Emissionen von Schadstoffen aus dem Motor entsprechen oder
9. mit Motoren ausgerüstet sind, die der Richtlinie 2000/25/EG entsprechen und die bei den Emissionen die in der Tabelle im Abschnitt 4.2.1 des Anhangs I der Richtlinie 97/68/EG genannten Grenzwerte nicht überschreiten.

Der Anwendungsbereich und die Anforderungen der in Nummer 1 genannten Richtlinie können auf alle Kraftfahrzeuge nach Nummer 1 (Anwendungsbereich) ausgedehnt werden.

3.1.2 Schadstoffklasse S 2

Zur Schadstoffklasse S 2 gehören Kraftfahrzeuge, die

1. in den Anwendungsbereich der Richtlinie 88/77/EWG in der Fassung der Richtlinie 91/542/EWG (ABl. L 295 vom 25.10.1991, S. 1) fallen, den Vorschriften der Richtlinie entsprechen und die bei den Emissionen der gasförmigen Schadstoffe und luftverunreinigenden Partikel die in Zeile B der Tabelle im Abschnitt 8.3.1.1 des Anhangs I der Richtlinie genannten Grenzwerte nicht überschreiten oder
2. in den Anwendungsbereich der Richtlinie 96/1/EG des Europäischen Parlaments und des Rates vom 22. Januar 1996 zur Änderung der Richtlinie 88/77/EWG zur Angleichung der Rechtsvorschriften der Mitgliedstaaten über Maßnahmen gegen die Emission gasförmiger Schadstoffe und luftverunreinigender Partikel aus Dieselmotoren zum Antrieb von Fahrzeugen (ABl. L 40 vom 12.2.1996, S. 1) fallen, den Vorschriften der Richtlinie entsprechen und die bei den Emissionen der gasförmigen Schadstoffe und luftverunreinigenden Partikel die in Zeile B der Tabelle im Abschnitt 6.2.1 des Anhangs I der Richtlinie nicht überschreiten oder
3. in den Anwendungsbereich der Richtlinie 70/220/EWG in der Fassung der Richtlinie 94/12/EG (ABl. L 100 vom 19.4.1994, S. 42) fallen, den Vorschriften der Richtlinie entsprechen und die bei den Emissionen der gasförmigen Schadstoffe und luftverunreinigenden Partikel die für die Klasse M mit einer zulässigen Gesamtmasse von nicht mehr als 2 500 kg vorgeschriebenen Grenzwerte der Tabelle im Abschnitt 5.3.1.4 des Anhangs I der Richtlinie nicht überschreiten oder
4. in den Anwendungsbereich der Richtlinie 70/220/EWG in der Fassung der Richtlinie 96/44/EG (ABl. L 210 vom 20.8.1996, S. 25) fallen, den Vorschriften der Richtlinie entsprechen und die bei den Emissionen der gasförmigen Schadstoffe und luftverunreinigenden Partikel die für die Klasse M mit einer zulässigen Gesamtmasse von nicht mehr als 2 500 kg vorgeschriebenen Grenzwerte der Tabelle im Abschnitt 5.3.1.4 des Anhangs I der Richtlinie nicht überschreiten oder
5. in den Anwendungsbereich der Richtlinie 70/220/EWG in der Fassung der Richtlinie 96/69/EG fallen, den Vorschriften der Richtlinie entsprechen und die bei den Emissionen der gasförmigen Schadstoffe und luftverunreinigenden Partikel die für

die Gruppe I vorgeschriebenen Grenzwerte der Tabelle im Abschnitt 5.3.1.4 des Anhangs I der Richtlinie nicht überschreiten oder

6. in den Anwendungsbereich der Richtlinie 70/220/EWG in der Fassung der Richtlinie 98/77/EG fallen, den Vorschriften der Richtlinie entsprechen und die bei den Emissionen der gasförmigen Schadstoffe und luftverunreinigenden Partikel die für die Gruppe I vorgeschriebenen Grenzwerte der Tabelle im Abschnitt 5.3.1.4 des Anhangs I der Richtlinie nicht überschreiten oder
7. in den Anwendungsbereich der Richtlinie 70/220/EWG in der Fassung der Richtlinie 98/69/EG fallen, den Vorschriften der Richtlinie entsprechen und bei den Emissionen der gasförmigen Schadstoffe und luftverunreinigenden Partikel die für die Gruppen II und III vorgeschriebenen Grenzwerte unter A (2 000) der Tabelle im Abschnitt 5.3.1.4 des Anhangs I der Richtlinie nicht überschreiten oder
8. mit Motoren ausgerüstet sind, die der Richtlinie 97/68/EG entsprechen und die bei den Emissionen der gasförmigen Schadstoffe und luftverunreinigenden Partikel die in der Tabelle im Abschnitt 4.2.3 des Anhangs I der Richtlinie genannten Grenzwerte nicht überschreiten oder
9. in den Anwendungsbereich der Richtlinie 70/220/EWG in der Fassung der Richtlinie 1999/102/EG fallen, den Vorschriften der Richtlinie entsprechen und bei den Emissionen der gasförmigen Schadstoffe und luftverunreinigenden Partikel die für die Gruppen II und III vorgeschriebenen Grenzwerte unter A (2 000) der Tabelle im Abschnitt 5.3.1.4 des Anhangs I der Richtlinie nicht überschreiten oder
10. in den Anwendungsbereich der Richtlinie 70/220/EWG in der Fassung der Richtlinie 2001/1/EG fallen, den Vorschriften der Richtlinie entsprechen und bei den Emissionen der gasförmigen Schadstoffe und luftverunreinigenden Partikel die für die Gruppen II und III vorgeschriebenen Grenzwerte unter A (2 000) der Tabelle im Abschnitt 5.3.1.4 des Anhangs I der Richtlinie nicht überschreiten oder
11. in den Anwendungsbereich der Richtlinie 70/220/EWG in der Fassung der Richtlinie 2001/100/EG fallen, den Vorschriften der Richtlinie entsprechen und bei den Emissionen der gasförmigen Schadstoffe und luftverunreinigenden Partikel die für die Gruppen II und III vorgeschriebenen Grenzwerte unter A (2 000) der Tabelle im Abschnitt 5.3.1.4 des Anhangs I der Richtlinie nicht überschreiten oder
12. mit Motoren ausgerüstet sind, die der Richtlinie 2000/25/EG entsprechen und die bei den Emissionen die in der Tabelle im Abschnitt 4.2.3 des Anhangs I der Richtlinie 97/68/EG genannten Grenzwerte nicht überschreiten.

Der Anwendungsbereich und die Anforderungen der in Nummer 1 genannten Richtlinie können auf alle Kraftfahrzeuge nach Nummer 1 (Anwendungsbereich) ausgedehnt werden.

Fahrzeuge, die die Anforderungen der Schadstoffklasse S 2 erfüllen, erfüllen auch die Anforderungen der Schadstoffklasse S 1.

3.1.3 Schadstoffklasse S 3

Zur Schadstoffklasse S 3 gehören Fahrzeuge, die

1. in den Anwendungsbereich der Richtlinie 70/220/EWG in der Fassung der Richtlinie 98/69/EG fallen, den Vorschriften der Richtlinie entsprechen und bei den Emissionen der gasförmigen Schadstoffe und luftverunreinigenden Partikel die für die Gruppe I vorgeschriebenen Grenzwerte unter A (2 000) der Tabelle im Abschnitt 5.3.1.4 des Anhangs I der Richtlinie nicht überschreiten oder
2. in den Anwendungsbereich der Richtlinie 70/220/EWG in der Fassung der Richtlinie 98/69/EG fallen, den Vorschriften der Richtlinie entsprechen und bei den Emissionen der gasförmigen Schadstoffe und luftverunreinigenden Partikel die für die Gruppen II und III vorgeschriebenen Grenzwerte unter B (2 005) der Tabelle im Abschnitt 5.3.1.4 des Anhangs I der Richtlinie nicht überschreiten oder
3. in den Anwendungsbereich der Richtlinie 70/220/EWG in der Fassung der Richtlinie 1999/102/EG fallen, den Vorschriften der Richtlinie entsprechen und bei den Emissionen der gasförmigen Schadstoffe und luftverunreinigenden Partikel die für die Gruppe I vorgeschriebenen Grenzwerte unter A (2 000) der Tabelle im Abschnitt 5.3.1.4 des Anhangs I der Richtlinie nicht überschreiten oder

4. in den Anwendungsbereich der Richtlinie 70/220/EWG in der Fassung der Richtlinie 1999/102/EG fallen, den Vorschriften der Richtlinie entsprechen und bei den Emissionen der gasförmigen Schadstoffe und luftverunreinigenden Partikel die für die Gruppen II und III vorgeschriebenen Grenzwerte unter B (2005) der Tabelle im Abschnitt 5.3.1.4 des Anhangs I der Richtlinie nicht überschreiten oder
5. in den Anwendungsbereich der Richtlinie 70/220/EWG in der Fassung der Richtlinie 2001/1/EG fallen, den Vorschriften der Richtlinie entsprechen und bei den Emissionen der gasförmigen Schadstoffe und luftverunreinigenden Partikel die für die Gruppe I vorgeschriebenen Grenzwerte unter A (2000) der Tabelle im Abschnitt 5.3.1.4 des Anhangs I der Richtlinie nicht überschreiten oder
6. in den Anwendungsbereich der Richtlinie 70/220/EWG in der Fassung der Richtlinie 2001/1/EG fallen, den Vorschriften der Richtlinie entsprechen und bei den Emissionen der gasförmigen Schadstoffe und luftverunreinigenden Partikel die für die Gruppen II und III vorgeschriebenen Grenzwerte unter B (2005) der Tabelle im Abschnitt 5.3.1.4 des Anhangs I der Richtlinie nicht überschreiten oder
7. in den Anwendungsbereich der Richtlinie 70/220/EWG in der Fassung der Richtlinie 2001/100/EG fallen, den Vorschriften der Richtlinie entsprechen und bei den Emissionen der gasförmigen Schadstoffe und luftverunreinigenden Partikel die für die Gruppe I vorgeschriebenen Grenzwerte unter A (2000) der Tabelle im Abschnitt 5.3.1.4 des Anhangs I der Richtlinie nicht überschreiten oder
8. in den Anwendungsbereich der Richtlinie 70/220/EWG in der Fassung der Richtlinie 2001/100/EG fallen, den Vorschriften der Richtlinie entsprechen und bei den Emissionen der gasförmigen Schadstoffe und luftverunreinigenden Partikel die für die Gruppen II und III vorgeschriebenen Grenzwerte unter B (2005) der Tabelle im Abschnitt 5.3.1.4 des Anhangs I der Richtlinie nicht überschreiten oder
9. in den Anwendungsbereich der Richtlinie 88/77/EWG in der Fassung der Richtlinie 1999/96/EG (ABl. L 44 vom 16.2.2000, S. 1) fallen, den Vorschriften der Richtlinie entsprechen und die bei den Emissionen der gasförmigen Schadstoffe und luftverunreinigenden Partikel die unter A (2000) der Tabellen 1 und 2 im Abschnitt 6.2.1 des Anhangs I der Richtlinie genannten Grenzwerte nicht überschreiten oder
10. in den Anwendungsbereich der Richtlinie 88/77/EWG in der Fassung der Richtlinie 2001/27/EG (ABl. L 107 vom 18.4.2001, S. 10) fallen, den Vorschriften der Richtlinie entsprechen und die bei den Emissionen der gasförmigen Schadstoffe und luftverunreinigenden Partikel die unter A (2000) der Tabellen 1 und 2 im Abschnitt 6.2.1 des Anhangs I der Richtlinie genannten Grenzwerte nicht überschreiten oder
11. in den Anwendungsbereich der Richtlinie 2005/55/EG oder deren jeweils danach geänderten und im Amtsblatt der Europäischen Gemeinschaften veröffentlichten Fassungen fallen, den Vorschriften der Richtlinie entsprechen und bei den Emissionen der gasförmigen Schadstoffe und luftverunreinigenden Partikel die unter A (2000) der Tabellen 1 und 2 im Abschnitt 6.2.1 des Anhangs I der Richtlinie genannten Grenzwerte nicht überschreiten.

Fahrzeuge, die die Anforderungen der Schadstoffklasse S 3 erfüllen, erfüllen auch die Anforderungen der Schadstoffklasse S 2.

3.1.4 Schadstoffklasse S 4

Zur Schadstoffklasse S 4 gehören Fahrzeuge, die

1. in den Anwendungsbereich der Richtlinie 70/220/EWG in der Fassung der Richtlinie 98/69/EG fallen, den Vorschriften der Richtlinie entsprechen und die bei den Emissionen der gasförmigen Schadstoffe und luftverunreinigenden Partikel die für die Gruppe I vorgeschriebenen Grenzwerte unter B (2005) der Tabelle im Abschnitt 5.3.1.4 des Anhangs I der Richtlinie nicht überschreiten oder
2. in den Anwendungsbereich der Richtlinie 70/220/EWG in der Fassung der Richtlinie 1999/102/EG fallen, den Vorschriften der Richtlinie entsprechen und bei den Emissionen der gasförmigen Schadstoffe und luftverunreinigenden Partikel die für die Gruppe I vorgeschriebenen Grenzwerte unter B (2005) der Tabelle im Abschnitt 5.3.1.4 des Anhangs I der Richtlinie nicht überschreiten oder

3. in den Anwendungsbereich der Richtlinie 70/220/EWG in der Fassung der Richtlinie 2001/1/EG fallen, den Vorschriften der Richtlinie entsprechen und bei den Emissionen der gasförmigen Schadstoffe und luftverunreinigenden Partikel die für die Gruppe I vorgeschriebenen Grenzwerte unter B (2005) der Tabelle im Abschnitt 5.3.1.4 des Anhangs I der Richtlinie nicht überschreiten oder
4. in den Anwendungsbereich der Richtlinie 70/220/EWG in der Fassung der Richtlinie 2001/100/EG fallen, den Vorschriften der Richtlinie entsprechen und bei den Emissionen der gasförmigen Schadstoffe und luftverunreinigenden Partikel die für die Gruppe I vorgeschriebenen Grenzwerte unter B (2005) der Tabelle im Abschnitt 5.3.1.4 des Anhangs I der Richtlinie nicht überschreiten oder
5. in den Anwendungsbereich der Richtlinie 88/77/EWG in der Fassung der Richtlinie 1999/96/EG (ABl. L 44 vom 16.2.2000, S. 1) fallen, den Vorschriften der Richtlinie entsprechen und die bei den Emissionen der gasförmigen Schadstoffe und luftverunreinigenden Partikel die unter B 1 (2005) der Tabellen 1 und 2 im Abschnitt 6.2.1 des Anhangs I der Richtlinie genannten Grenzwerte nicht überschreiten oder
6. in den Anwendungsbereich der Richtlinie 88/77/EWG in der Fassung der Richtlinie 2001/27/EG (ABl. L 107 vom 18.4.2001, S. 10) fallen, den Vorschriften der Richtlinie entsprechen und die bei den Emissionen der gasförmigen Schadstoffe und luftverunreinigenden Partikel die unter B 1 (2005) der Tabellen 1 und 2 im Abschnitt 6.2.1 des Anhangs I der Richtlinie genannten Grenzwerte nicht überschreiten oder
7. in den Anwendungsbereich der Richtlinie 2005/55/EG oder deren jeweils danach geänderten und im Amtsblatt der Europäischen Gemeinschaften veröffentlichten Fassungen fallen, den Vorschriften der Richtlinie entsprechen und bei den Emissionen der gasförmigen Schadstoffe und luftverunreinigenden Partikel die unter B 1 (2005) der Tabellen 1 und 2 im Abschnitt 6.2.1 des Anhangs I der Richtlinie genannten Grenzwerte nicht überschreiten.

Fahrzeuge, die die Anforderungen der Schadstoffklasse S 4 erfüllen, erfüllen auch die Anforderungen der Schadstoffklasse S 3.

3.1.5 Schadstoffklasse S 5

Zur Schadstoffklasse S 5 gehören Fahrzeuge, die

1. in den Anwendungsbereich der Richtlinie 88/77/EWG in der Fassung der Richtlinie 1999/96/EG fallen, den Vorschriften der Richtlinie entsprechen und die bei den Emissionen der gasförmigen Schadstoffe und luftverunreinigenden Partikel die unter B 2 (2008) der Tabellen 1 und 2 im Abschnitt 6.2.1 des Anhangs I der Richtlinie genannten Grenzwerte nicht überschreiten oder
2. in den Anwendungsbereich der Richtlinie 88/77/EWG in der Fassung der Richtlinie 2001/27/EG fallen, den Vorschriften der Richtlinie entsprechen und die bei den Emissionen der gasförmigen Schadstoffe und luftverunreinigenden Partikel die unter B 2 (2008) der Tabellen 1 und 2 im Abschnitt 6.2.1 des Anhangs I der Richtlinie genannten Grenzwerte nicht überschreiten oder
3. in den Anwendungsbereich der Richtlinie 2005/55/EG oder deren jeweils danach geänderten und im Amtsblatt der Europäischen Gemeinschaften veröffentlichten Fassungen fallen, den Vorschriften der Richtlinie entsprechen und bei den Emissionen der gasförmigen Schadstoffe und luftverunreinigenden Partikel die unter B 2 (2008) der Tabellen 1 und 2 im Abschnitt 6.2.1 des Anhangs I der Richtlinie genannten Grenzwerte nicht überschreiten oder
4. in den Anwendungsbereich der Verordnung (EG) Nr. 715/2007 fallen, den Vorschriften der Verordnung entsprechen und bei den Emissionen der gasförmigen Schadstoffe und luftverunreinigenden Partikel die in der Tabelle 1 im Anhang I der Verordnung genannten Grenzwerte nicht überschreiten.

Fahrzeuge, die die Anforderungen der Schadstoffklasse S 5 erfüllen, erfüllen auch die Anforderungen der Schadstoffklasse S 4.

3.1.6 Schadstoffklasse S 6

Zur Schadstoffklasse S 6 gehören Fahrzeuge, die

1. in den Anwendungsbereich der Verordnung (EG) Nr. 715/2007 des Europäischen Parlaments und des Rates vom 20. Juni 2007 über die Typgenehmigung von Kraftfahrzeugen hinsichtlich der Emissionen von leichten Personenkraftwagen und Nutzfahrzeugen (Euro 5 und Euro 6) und über den Zugang zu Reparatur- und Wartungsinformationen für Fahrzeuge (ABl. L 171 vom 29.6.2007, S. 1) und der Verordnung (EG) Nr. 692/2008 der Kommission vom 18. Juli 2008 zur Durchführung und Änderung der Verordnung (EG) Nr. 715/2007 (ABl. L 199 vom 28.7.2008, S. 1) fallen, den Vorschriften der Verordnung entsprechen und bei den Emissionen der gasförmigen Schadstoffe und luftverunreinigenden Partikel die in der Tabelle 2 im Anhang I der Verordnung genannten Grenzwerte nicht überschreiten oder
2. in den Anwendungsbereich der Verordnung (EG) Nr. 595/2009 des Europäischen Parlaments und des Rates vom 18. Juni 2009 über die Typgenehmigung von Kraftfahrzeugen und Motoren hinsichtlich der Emissionen von schweren Nutzfahrzeugen (Euro VI) und über den Zugang zu Fahrzeugreparatur- und -wartungsinformationen, zur Änderung der Verordnung (EG) Nr. 715/2007 und der Richtlinie 2007/46/EG sowie zur Aufhebung der Richtlinien 80/1269/EWG, 2005/55/EG und 2005/76/EG (ABl. L 188 vom 18.7.2009, S. 1) fallen, den Vorschriften der Verordnung entsprechen und bei den Emissionen der gasförmigen Schadstoffe und luftverunreinigenden Partikel die im Anhang I der Verordnung genannten Grenzwerte nicht überschreiten.

Fahrzeuge, die die Anforderungen der Schadstoffklasse S 6 erfüllen, erfüllen auch die Anforderungen der Schadstoffklasse S 5.

3.2 Geräuschklassen

3.2.1 Geräuschklasse G 1

Zur Geräuschklasse G 1 gehören Kraftfahrzeuge, die

1. der Richtlinie 92/97/EWG des Rates vom 10. November 1992 zur Änderung der Richtlinie 70/157/EWG zur Angleichung der Rechtsvorschriften der Mitgliedstaaten über den zulässigen Geräuschpegel und die Auspuffvorrichtung von Kraftfahrzeugen (ABl. L 371 vom 19.12.1992, S. 1) oder
2. der Richtlinie 96/20/EG der Kommission vom 27. März 1996 zur Anpassung der Richtlinie 70/157/EWG des Rates über den zulässigen Geräuschpegel und die Auspuffvorrichtung von Kraftfahrzeugen an den technischen Fortschritt (ABl. L 92 vom 13.4.1996, S. 23) oder
3. der Richtlinie 1999/101/EG der Kommission vom 15. Dezember 1999 zur Anpassung der Richtlinie 70/157/EWG des Rates über den zulässigen Geräuschpegel und die Auspuffvorrichtung von Kraftfahrzeugen an den technischen Fortschritt (ABl. L 334 vom 28.12.1999, S. 41) oder
4. der Anlage XXI

entsprechen.
Der Anwendungsbereich und die Anforderungen der vorgenannten Richtlinie können auf alle Kraftfahrzeuge nach Nummer 1 ausgedehnt werden.

3.3 EEV Klassen

3.3.1 EEV Klasse 1

Zur EEV Klasse 1 gehören Kraftfahrzeuge, die

1. in den Anwendungsbereich der Richtlinie 88/77/EWG in der Fassung der Richtlinie 1999/96/EG fallen, den Vorschriften der Richtlinie entsprechen und die bei den Emissionen der gasförmigen Schadstoffe und luftverunreinigenden Partikel die unter C (EEV) der Tabellen 1 und 2 im Abschnitt 6.2.1 des Anhangs I der Richtlinie genannten Grenzwerte nicht überschreiten oder
2. in den Anwendungsbereich der Richtlinie 88/77/EWG in der Fassung der Richtlinie 2001/27/EG fallen, den Vorschriften der Richtlinie entsprechen und die bei den Emissionen der gasförmigen Schadstoffe und luftverunreinigenden Partikel die unter C (EEV) der Tabellen 1 und 2 im Abschnitt 6.2.1 des Anhangs I der Richtlinie genannten Grenzwerte nicht überschreiten oder

3. in den Anwendungsbereich der Richtlinie 2005/55/EG oder deren jeweils danach geänderten und im Amtsblatt der Europäischen Gemeinschaften veröffentlichten Fassungen fallen, den Vorschriften der Richtlinie entsprechen und bei den Emissionen der gasförmigen Schadstoffe und luftverunreinigenden Partikel die unter C (EEV) der Tabellen 1 und 2 im Abschnitt 6.2.1 des Anhangs I der Richtlinie genannten Grenzwerte nicht überschreiten.

Fahrzeuge, die die Anforderungen der Klasse EEV 1 erfüllen, erfüllen auch die Anforderungen der Schadstoffklasse S 5.

3.4 Partikelminderungsklassen

3.4.1 Partikelminderungsklasse PMK 01

Zur Partikelminderungsklasse PMK 01 gehören Kraftfahrzeuge, die zur Schadstoffklasse S 1 Nummer 2, 3 oder 4 gehören, nicht bereits die Grenzwerte für die Gruppe I der Tabelle im Abschnitt 5.3.1.4 des Anhangs I der dort genannten Richtlinie einhalten und mit einem im Sinne der Nummer 6.2 der Anlage XXVI genehmigten Partikelminderungssystem ausgerüstet worden sind, das sicherstellt, dass der Grenzwert für die Partikelmasse von 0,170 g/km nicht überschritten wird.

3.4.2 Partikelminderungsklasse PMK 0

Zur Partikelminderungsklasse PMK 0 gehören Kraftfahrzeuge, die zur

1. Schadstoffklasse S 1 Nummer 1 gehören und mit einem nach Nummer 8 der Anlage XXVII genehmigten Partikelminderungssystem ausgerüstet worden sind, das sicherstellt, dass der Grenzwert für die Partikelmasse von 0,150 g/kWh bei der ESC-Prüfung nach Nummer 1.3.1 Anhang III der Richtlinie 2005/55/EG in der Fassung der Richtlinie 2005/78/EG (ABl. L 313 vom 29.11.2005, S. 1) nicht überschritten wird oder
2. Schadstoffklasse S 1 Nummer 2, 3, 4, 5 oder 6 gehören und mit einem im Sinne von Nummer 6.2 der Anlage XXVI genehmigten Partikelminderungssystem ausgerüstet worden sind, das sicherstellt, dass der Grenzwert für die Partikelmasse von 0,100 g/km nicht überschritten wird oder
3. Schadstoffklasse S 1 Nummer 7, 8 oder 9 gehören und mit einem nach Nummer 8 der Anlage XXVII genehmigten Partikelminderungssystem ausgerüstet worden sind, das sicherstellt, dass der Grenzwert für die Partikelmasse von 0,200 g/kWh bei der NRSC-Prüfung nach Nummer 3 Anhang III der Richtlinie 97/68/EG in der Fassung der Richtlinie 2004/26/EG (ABl. L 225 vom 25.6.2004, S. 3) nicht überschritten wird oder
4. Schadstoffklasse S 2

gehören.

3.4.3 Partikelminderungsklasse PMK 1

Zur Partikelminderungsklasse PMK 1 gehören Kraftfahrzeuge, die zur

1. Schadstoffklasse S 1 Nummer 1 oder Schadstoffklasse S 2 Nummer 1 oder 2 gehören und mit einem nach Nummer 8 der Anlage XXVII genehmigten Partikelminderungssystem ausgerüstet worden sind, das sicherstellt, dass der Grenzwert für die Partikelmasse von 0,100 g/kWh bei der ESC-Prüfung nach Nummer 1.3.1 Anhang III der Richtlinie 2005/55/EG in der Fassung der Richtlinie 2005/78/EG (ABl. L 313 vom 29.11.2005, S. 1) nicht überschritten wird oder
2. Schadstoffklasse S 1 Nummer 2, 3, 4, 5, 6 oder Schadstoffklasse S 2 Nummer 3, 4, 5, 6, 7, 9, 10 oder 11 gehören und mit einem im Sinne von Nummer 6.2 der Anlage XXVI genehmigten Partikelminderungssystem ausgerüstet worden sind, das sicherstellt, dass der Grenzwert für die Partikelmasse von 0,050 g/km nicht überschritten wird oder
3. Schadstoffklasse S 1 Nummer 7, 8, 9 oder Schadstoffklasse S 2 Nummer 8 oder 12 gehören und mit einem nach Nummer 8 der Anlage XXVII genehmigten Partikelminderungssystem ausgerüstet worden sind, das sicherstellt, dass der Grenzwert für die Partikelmasse von 0,100 g/kWh bei der NRSC-Prüfung nach Nummer 3 Anhang III der Richtlinie 97/68/EG in der Fassung der Richtlinie 2004/26/EG (ABl. L 225 vom 25.6.2004, S. 3) nicht überschritten wird oder

4. Schadstoffklasse S 3

gehören.

3.4.4 Partikelminderungsklasse PMK 2

Zur Partikelminderungsklasse PMK 2 gehören Kraftfahrzeuge, die zur

1. Schadstoffklasse S 1 Nummer 1, Schadstoffklasse S 2 Nummer 1 oder 2 oder Schadstoffklasse S 3 Nummer 9 oder 10 gehören und mit einem nach Nummer 8 der Anlage XXVII genehmigten Partikelminderungssystem ausgerüstet worden sind, das sicherstellt, dass der Grenzwert für die Partikelmasse von 0,020 g/kWh bei der ESC-Prüfung nach Nummer 1.3.1 und 0,030 g/kWh bei der ETC-Prüfung nach Nummer 1.3.3 Anhang III der Richtlinie 2005/55/EG in der Fassung der Richtlinie 2005/78/EG nicht überschritten wird oder
2. Schadstoffklasse S 1 Nummer 2, 3, 4, 5, 6, Schadstoffklasse S 2 Nummer 3, 4, 5, 6, 7, 9, 10 oder 11 oder Schadstoffklasse S 3 Nummer 1, 2, 3, 4, 5, 6, 7 oder 8 gehören und mit einem im Sinne von Nummer 6.2 der Anlage XXVI genehmigten Partikelminderungssystem ausgerüstet worden sind, das sicherstellt, dass der Grenzwert für die Partikelmasse von 0,025 g/km nicht überschritten wird oder
3. Schadstoffklasse S 1 Nummer 7, 8, 9 oder Schadstoffklasse S 2 Nummer 8 oder 12 gehören und mit einem nach Nummer 8 der Anlage XXVII genehmigten Partikelminderungssystem ausgerüstet worden sind, das sicherstellt, dass der Grenzwert für die Partikelmasse von 0,025 g/kWh bei der NRTC-Prüfung nach Nummer 4 Anhang III der Richtlinie 97/68/EG in der Fassung der Richtlinie 2004/26/EG nicht überschritten wird oder
4. Schadstoffklasse S 4 oder S 5

gehören.

3.4.5 Partikelminderungsklasse PMK 3

Zur Partikelminderungsklasse PMK 3 gehören Kraftfahrzeuge, die zur

1. Schadstoffklasse S 2 Nummer 3, 4, 5, 6, 7, 9, 10 oder 11 oder Schadstoffklasse S 3 Nummer 1, 2, 3, 4, 5, 6, 7 oder 8 oder Schadstoffklasse S 4 Nummer 1, 2, 3 oder 4 gehören und mit einem im Sinne von Nummer 6.2 der Anlage XXVI genehmigten Partikelminderungssystem ausgerüstet worden sind, das sicherstellt, dass der Grenzwert für die Partikelmasse von 0,0125 g/km nicht überschritten wird oder
2. EEV Klasse 1

gehören.

3.4.6 Partikelminderungsklasse PMK 4

Zur Partikelminderungsklasse PMK 4 gehören Kraftfahrzeuge, die zur Schadstoffklasse S 2 Nummer 3, 4, 5, 6, 7, 9, 10 oder 11 oder Schadstoffklasse S 3 Nummer 1, 2, 3, 4, 5, 6, 7 oder 8 oder Schadstoffklasse S 4 Nummer 1, 2, 3 oder 4 gehören und mit einem im Sinne von Nummer 6 der Anlage XXVI genehmigten Partikelminderungssystem ausgerüstet worden sind, das sicherstellt, dass der Grenzwert für die Partikelmasse von 0,005 g/km nicht überschritten wird.

Anlage XV
(zu § 49 Absatz 3)

Zeichen „Geräuscharmes Kraftfahrzeug"

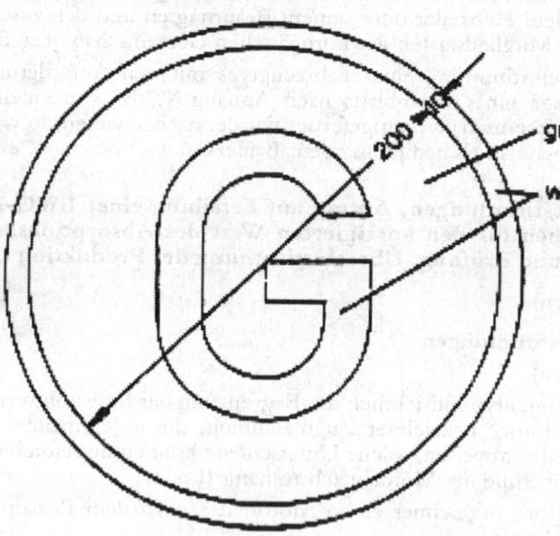

Maße in mm

Buchstabe „G" hinsichtlich Schriftart und -größe gemäß DIN 1451, Teil 2, Ausgabe Februar 1986 (Bezugsquelle siehe § 73). Schriftgröße h = 125 mm. Die Farbtöne sind dem Farbtonregister RAL 840 HR des RAL Deutsches Institut für Gütersicherung und Kennzeichnung e. V., Siegburger Straße 39, 53757 St. Augustin, zu entnehmen, und zwar ist als Farbton zu wählen für weiß: RAL 9001 und für grün: RAL 6001. Die Farben dürfen nicht retroreflektierend sein.
Ergänzungsbestimmung:
Das Zeichen ist an der Fahrzeugvorderseite sichtbar und fest anzubringen; es darf zusätzlich auch an der Fahrzeugrückseite angebracht sein.

Anlage XVI
(zu § 47 Absatz 2 Satz 2)

Maßnahmen gegen die Emission verunreinigender Stoffe aus Dieselmotoren zum Antrieb von land- oder forstwirtschaftlichen Zugmaschinen

Allgemeines

1 **Anwendungsbereich**

Diese Anlage gilt, soweit in den Anhängen I bis X nichts anderes bestimmt ist, für land- oder forstwirtschaftliche Zugmaschinen mit Dieselmotor (Kompressionszündungsmotor). Im Sinne dieser Anlage sind land- oder forstwirtschaftliche Zugmaschinen alle Kraftfahrzeuge auf Rädern oder Raupenketten mit wenigstens zwei Achsen, deren Funktion im Wesentlichen in der Zugleistung besteht und die besonders zum Ziehen, Schieben, Tragen oder zur Betätigung bestimmter Geräte, Maschinen oder Anhänger eingerichtet sind, die zur Verwendung in land- oder forstwirtschaftlichen Betrieben bestimmt sind.

(2) (weggefallen)

3 **Anwendung der Vorschriften auf land- oder forstwirtschaftliche luftbereifte Zugmaschinen mit zwei Achsen und einer bauartbedingten Höchstgeschwindigkeit zwischen 6 km/h und 25 km/h im Rahmen der Richtlinien der Europäischen Gemeinschaften**

3.1 Bei Anträgen auf Genehmigung auf Grund von Richtlinien der Europäischen Gemeinschaften hat das Kraftfahrt-Bundesamt das Formblatt nach Anhang X auszufüllen und je eine Abschrift dem Hersteller oder seinem Beauftragten und den zuständigen Verwaltungen der anderen Mitgliedstaaten der Europäischen Gemeinschaften zu übersenden.

3.2 Wird die Übereinstimmung eines Fahrzeugtyps mit den Anforderungen dieser Anlage durch die Vorlage eines Formblatts nach Anhang X, das von einem Mitgliedstaat der Europäischen Gemeinschaften ausgefertigt wurde, nachgewiesen, so wird der Fahrzeugtyp gemäß § 21a Absatz 1a als bedingungsgemäß anerkannt.

Anhang I[1]) Begriffsbestimmungen, Antrag auf Erteilung einer EWG-Betriebserlaubnis, Kennzeichen für den korrigierten Wert des Absorptionskoeffizienten, Vorschriften und Prüfung, Übereinstimmung der Produktion

1 (weggefallen)

2 Begriffsbestimmungen

2.1 (weggefallen)

2.2 „Zugmaschinentyp hinsichtlich der Begrenzung der Emission verunreinigender Stoffe aus dem Motor" bezeichnet Zugmaschinen, die untereinander keine wesentlichen Unterschiede aufweisen; solche Unterschiede können insbesondere die Merkmale der Zugmaschine und des Motors nach Anhang II sein.

2.3 „Dieselmotor" bezeichnet einen Motor, der nach dem Prinzip der Kompressionszündung arbeitet.

2.4 „Kaltstarteinrichtung" bezeichnet eine Einrichtung, die nach ihrer Einschaltung die dem Motor zugeführte Kraftstoffmenge vorübergehend vergrößert und die dazu dient, das Anlassen des Motors zu erleichtern.

2.5 „Trübungsmessgerät" bezeichnet ein Gerät, das dazu dient, die Absorptionskoeffizienten der von den Zugmaschinen emittierten Auspuffgase stetig zu messen.

3 Antrag auf Erteilung der EWG-Betriebserlaubnis

3.1 Der Antrag auf Erteilung einer Betriebserlaubnis ist vom Zugmaschinenhersteller oder seinem Beauftragten einzureichen.

3.2 Dem Antrag sind folgende Unterlagen in dreifacher Ausfertigung beizufügen.

3.2.1 Beschreibung der Motorbauart, die alle Angaben nach Anhang II enthält.

3.2.2 Zeichnungen des Brennraums und des Kolbenbodens.

3.3 Ein Motor und seine Ausrüstungsteile nach Anhang II für den Einbau in die zu genehmigende Zugmaschine sind der für die Durchführung der Prüfungen nach Punkt 5 zuständigen Behörde zur Verfügung zu stellen. Auf Antrag des Herstellers kann die Prüfung jedoch, wenn die für die Durchführung der Prüfungen zuständige Behörde dies zulässt, an einer Zugmaschine durchgeführt werden, die für den zu genehmigenden Zugmaschinentyp repräsentativ ist.

3.A EWG-Betriebserlaubnis

Dem Formblatt für die Erteilung der EWG-Betriebserlaubnis ist ein Formblatt nach dem Muster des Anhangs X beizufügen.

4 Kennzeichen für den korrigierten Wert des Absorptionskoeffizienten

4.1–4.3 (weggefallen)

4.4 An jeder Zugmaschine, die einem nach dieser Richtlinie genehmigten Typ entspricht, ist sichtbar und an gut zugänglicher Stelle, die im Anhang zum EWG-Betriebserlaub-

---

[1]) **Amtl. Anm.:** Der Wortlaut der Anhänge entspricht dem der Regelung Nr. 24 der UN-Wirtschaftskommission für Europa; insbesondere ist die Gliederung in Punkte die Gleiche; entspricht einem Punkt der Regelung Nr. 24 kein solcher in der vorliegenden Richtlinie, so wird seine Zahl in Klammern zum Vermerk aufgeführt.

nisbogen nach Anhang X anzugeben ist, ein rechteckiges Kennzeichen mit dem korrigierten Wert des Absorptionskoeffizienten anzubringen, der bei der Erteilung der Betriebserlaubnis während der Prüfung bei freier Beschleunigung erhalten wurde, angegeben in m^{-1}, und der bei der Genehmigung nach dem in Nummer 3.2 des Anhangs IV beschriebenen Verfahren festgestellt wurde.

4.5 Das Kennzeichen muss deutlich lesbar und unverwischbar sein.

4.6 Anhang IX enthält ein Muster dieses Kennzeichens.

5 Vorschriften und Prüfungen

5.1 Allgemeines

Die Teile, die einen Einfluss auf die Emission verunreinigender Stoffe haben können, müssen so entworfen, gebaut und angebracht sein, dass die Zugmaschine unter normalen Betriebsbedingungen trotz der Schwingungen, denen sie ausgesetzt ist, den technischen Vorschriften dieser Richtlinie entspricht.

5.2 Vorschriften über die Kaltstarteinrichtungen

5.2.1 Die Kaltstarteinrichtung muss so beschaffen sein, dass sie weder eingeschaltet werden noch in Betrieb bleiben kann, wenn der Motor unter normalen Betriebsbedingungen läuft.

5.2.2 Nummer 5.2.1 gilt nicht, wenn mindestens eine der folgenden Bedingungen erfüllt wird:

5.2.2.1 Wenn bei eingeschalteter Kaltstarteinrichtung der Absorptionskoeffizient durch die Motorabgase bei gleichbleibenden Drehzahlen – gemessen nach dem Verfahren des Anhangs III – die in Anhang VI angegebenen Grenzwerte nicht überschreitet.

5.2.2.2 Wenn die dauernde Einschaltung der Kaltstarteinrichtung innerhalb einer angemessenen Frist den Stillstand des Motors zur Folge hat.

5.3 Vorschriften über die Emission verunreinigender Stoffe

5.3.1 Die Messung der Emission verunreinigender Stoffe aus einer Zugmaschine des Typs, der zur Erteilung der EWG-Betriebserlaubnis vorgeführt wurde, ist nach den beiden Verfahren der Anhänge III und IV durchzuführen, wobei der eine Anhang die Prüfungen bei gleichbleibenden Drehzahlen und der andere die Prüfungen bei freier Beschleunigung betrifft[1)].

5.3.2 Der nach dem Verfahren des Anhangs III gemessene Wert der Emission verunreinigender Stoffe darf die in Anhang VI angegebenen Grenzwerte nicht überschreiten.

5.3.3 Für Motoren mit Abgasturboladern darf der bei freier Beschleunigung gemessene Wert des Absorptionskoeffizienten höchstens gleich dem Größtwert sein, der nach Anhang VI für den Nennwert des Luftdurchsatzes vorgesehen ist, der dem höchsten bei den Prüfungen bei gleichbleibenden Drehzahlen gemessenen Absorptionskoeffizienten, erhöht um 0,5 m^{-1}, entspricht.

5.4 Gleichwertige Messgeräte sind zulässig. Wird ein anderes Gerät als ein Gerät nach Anhang VII benützt, so ist seine Gleichwertigkeit für den betreffenden Motor nachzuweisen.

6 (weggefallen)

7 Übereinstimmung der Produktion

7.1 Jede Zugmaschine der Serie muss dem genehmigten Zugmaschinentyp hinsichtlich der Bauteile entsprechen, die einen Einfluss auf die Emission verunreinigender Stoffe aus dem Motor haben können.

7.2 (weggefallen)

7.3 Im Allgemeinen ist die Übereinstimmung der Produktion hinsichtlich der Begrenzung der Emission verunreinigender Stoffe aus dem Dieselmotor auf Grund der Beschreibung im Anhang zum EWG-Betriebserlaubnisbogen nach Anhang X zu überprüfen.

---

1) **Amtl. Anm.:** Die Prüfung bei freier Beschleunigung wird insbesondere durchgeführt, um einen Bezugswert für diejenigen Behörden zu erhalten, die dieses Verfahren für die Nachprüfung der in Betrieb befindlichen Fahrzeuge benützen.

7.3.1 Bei der Nachprüfung einer aus der Serie entnommenen Zugmaschine ist wie folgt zu verfahren:

7.3.1.1 Eine noch nicht eingefahrene Zugmaschine ist der Prüfung in freier Beschleunigung nach Anhang IV zu unterziehen. Die Zugmaschine gilt als mit dem genehmigten Typ übereinstimmend, wenn der festgestellte Wert des Absorptionskoeffizienten den im Kennzeichen angegebenen Wert um nicht mehr als 0,5 m^{-1} überschreitet.

7.3.1.2 Wenn der bei der Prüfung nach Nummer 7.3.1.1 festgestellte Wert den im Kennzeichen angegebenen Wert um mehr als 0,5 m^{-1} überschreitet, ist eine Zugmaschine des betreffenden Typs oder deren Motor einer Prüfung bei verschiedenen gleichbleibenden Drehzahlen nach Anhang III zu unterziehen. Der Emissionswert darf die Grenzwerte nach Anhang VI nicht überschreiten.

Anhang II. Hauptmerkmale der Zugmaschine und des Motors und Angaben über die Durchführung der Prüfungen[1)]

1 **Beschreibung des Motors**
1.1 Marke: ……………………………………………………………
1.2 Typ: ……………………………………………………………
1.3 Arbeitsweise: Viertakt/Zweitakt[2)]
1.4 Bohrung: …………………………… mm
1.5 Hub: …………………………… mm
1.6 Zahl der Zylinder: ……………………
1.7 Hubraum: …………………………… cm^3
1.8 Kompressionsverhältnis[3)]: ……………………………………………
1.9 Art der Kühlung: ……………………………………………………
1.10 Aufladung mit/ohne[2)] Beschreibung des Systems: ……………………
……………………………………………………………………
1.11 Luftfilter: Zeichnungen oder Marken und Typen: ………………………
……………………………………………………………………
2 **Zusätzliche Einrichtungen zur Verminderung der Abgastrübung**
(falls vorhanden und nicht unter einem anderen Punkt erfasst)
Beschreibung und Skizzen: ……………………………………………
3 **Kraftstoff-Speisesystem**
3.1 Beschreibung und Skizzen der Ansaugleitungen nebst Zubehör (Vorwärmer, Ansaugschalldämpfer usw.): ……………………………
3.2 Kraftstoffzufuhr: ……………………………………………………
3.2.1 Kraftstoffpumpe: ……………………………………………………
Druck[3)] …………… oder charakteristisches Diagramm[3)] ……………
3.2.2 Einspritzvorrichtung: ………………………………………………
3.2.2.1 Pumpe
3.2.2.1.1 Marke(n): ……………………………………………………
3.2.2.1.2 Typ(en): ……………………………………………………
3.2.2.1.3 Einspritzmenge: …………… mm^3 je Hub bei …………… U/min der Pumpe[1)] bei Vollförderung oder charakteristisches Diagramm[2) 1)]: ……………
……………………………………………………………………
Angabe des verwendeten Verfahrens: am Motor/auf dem Pumpenprüfstand[2)]
3.2.2.1.4 Einspritzzeitpunkt: …………………………………………
3.2.2.1.4.1 Verstellkurve des Spritzverstellers: ……………………………
3.2.2.1.4.2 Einstellung des Einspritzzeitpunkts: ……………………………
3.2.2.2 Einspritzleitungen
3.2.2.2.1 Länge: ……………………………………………………

[1)] **Amtl. Anm.:** Für nicht herkömmliche Motoren oder Systeme sind vom Hersteller entsprechende Angaben zu machen.
[2)] **Amtl. Anm.:** Nichtzutreffendes streichen.
[3)] **Amtl. Anm.:** Toleranz angeben.

3.2.2.2.2	Lichter Durchmesser:	
3.2.2.3	Einspritzdüse(n):	
3.2.2.3.1	Marke(n):	
3.2.2.3.2	Typ(en):	
3.2.2.3.3	Einspritzdruck: .... bar[1)] oder Einspritzdiagramm[2) 1)]:	
3.2.2.4	Regler	
3.2.2.4.1	Marke(n):	
3.2.2.4.2	Typ(en):	
3.2.2.4.3	Drehzahl bei Beginn der Abregelung bei Last:	U/min
3.2.2.4.4	Größte Drehzahl ohne Last:	U/min
3.2.2.4.5	Leerlaufdrehzahl:	U/min
3.3	Kaltstarteinrichtung	
3.3.1	Marke(n):	
3.3.2	Typ(en):	
3.3.3	Beschreibung:	
4	**Ventile**	
4.1	Maximale Ventilhübe und Öffnungs- sowie Schließwinkel, bezogen auf die Totpunkte:	
4.2	Prüf- und/oder Einstellspiel[2)]:	
5	**Auspuffanlage**	
5.1	Beschreibung und Skizzen:	
5.2	Mittlerer Gegendruck bei größter Leistung:	mm WS/ Pascal (Pa)
6	**Kraftübertragung**	
6.1	Trägheitsmoment des Motorschwungrades:	
6.2	Zusätzliches Trägheitsmoment, wenn das Getriebe sich in Leerlaufstellung befindet:	
7	**Zusätzliche Angaben über die Prüfbedingungen**	
7.1	Verwendetes Schmiermittel	
7.1.1	Marke(n):	
7.1.2	Typ(en): .... (Wenn dem Kraftstoff ein Schmiermittel zugesetzt ist, muss der Prozentanteil des Öls angegeben werden)	
8	**Kenndaten des Motors**	
8.1	Drehzahl im Leerlauf:	U/min[3)]
8.2	Drehzahl bei Höchstleistung:	U/min[3)]
8.3	Leistung an den sechs Messpunkten nach Punkt 2.1 des Anhangs III	
8.3.1	Leistung des Motors auf dem Prüfstand: (nach BSI-CUNA-DIN-GOST-IGM-ISO-SAE- usw. Norm)	

[1)] **Amtl. Anm.:** Für nicht herkömmliche Motoren oder Systeme sind vom Hersteller entsprechende Angaben zu machen.

[2)] **Amtl. Anm.:** Nichtzutreffendes streichen.

[3)] **Amtl. Anm.:** Toleranz angeben.

8.3.2 Leistung an den Rädern der Zugmaschine

Drehzahl (n) U/min	Leistung kW
1.	....
2.	....
3.	....
4.	....
5.	....
6.	....

Anhang III. Prüfung bei gleichbleibenden Drehzahlen

1 Einleitung

1.1 Dieser Anhang beschreibt das Verfahren für die Durchführung der Prüfung des Motors bei verschiedenen gleichbleibenden Drehzahlen bei 80 Prozent der Volllast.

1.2 Die Prüfung kann entweder an einer Zugmaschine oder an einem Motor vorgenommen werden.

2 Messverfahren

2.1 Die Trübung der Abgase ist bei gleichbleibender Drehzahl bei 80 Prozent der Volllast des Motors zu messen. Es sind sechs Messungen vorzunehmen, die gleichmäßig zwischen der Höchstleistungsdrehzahl des Motors und der größeren der folgenden Motordrehzahlen aufzuteilen sind:

– 55 Prozent der Höchstleistungsdrehzahl,

– 1 000 U/min.

Die äußeren Messpunkte müssen an den Enden des vorstehend angegebenen Messbereichs liegen.

2.2 Für Dieselmotoren mit Ladeluftgebläse, das beliebig eingeschaltet werden kann, und bei denen die Einschaltung des Ladeluftgebläses selbsttätig eine Erhöhung der Einspritzmenge mit sich bringt, sind die Messungen mit und ohne Aufladung durchzuführen.
Für jede Drehzahl gilt der jeweils erhaltene größere Wert als Messwert.

3 Prüfbedingungen

3.1 Zugmaschinen oder Motor

3.1.1 Der Motor oder die Zugmaschine ist in gutem mechanischen Zustand vorzuführen. Der Motor muss eingelaufen sein.

3.1.2 Der Motor ist mit der Ausrüstung nach Anhang II zu prüfen.

3.1.3 Der Motor muss nach den Angaben des Herstellers und nach Anhang II eingestellt sein.

3.1.4 Die Auspuffanlage darf kein Leck aufweisen, das eine Verdünnung der Abgase zur Folge hat.

3.1.5 Der Motor muss sich unter den nach Angaben des Herstellers normalen Betriebsbedingungen befinden.
Insbesondere müssen das Kühlwasser und das Öl die vom Hersteller angegebene normale Temperatur haben.

3.2 Kraftstoff

Als Kraftstoff ist der Bezugskraftstoff nach den technischen Daten des Anhangs V zu benützen.

3.3. Prüfraum

3.3.1 Die absolute Temperatur T in Kelvin des Prüfraums und der atmosphärische Druck H in Torr sind festzustellen. Dann ist der Faktor F zu ermitteln, der wie folgt bestimmt ist:

$$F = \left(\frac{750}{H_i}\right)^{0,65} \times \left(\frac{T}{298}\right)^{0,5}$$

3.3.2 Eine Prüfung ist nur anzuerkennen, wenn $0{,}98 \leq F \leq 1{,}02$ ist.

3.4 Entnahme- und Messgeräte

Der Absorptionskoeffizient der Abgase ist mit einem Trübungsmessgerät zu bestimmen, das den Vorschriften des Anhangs VII entspricht und das nach Anhang VIII aufgebaut ist.

4 Grenzwerte

4.1 Für jede der sechs Drehzahlen, bei denen Messungen der Absorptionskoeffizienten nach Nummer 2.1 vorgenommen werden, wird der Nennwert des Luftdurchsatzes G in Liter/Sekunde nach den folgenden Formeln berechnet:

– für Zweitaktmotoren $G = \frac{V_n}{60}$

– für Viertaktmotoren $G = \frac{V_n}{120}$

V: Hubraum des Motors in Liter,
n: Drehzahl in Umdrehungen/Minute.

4.2 Für jede Drehzahl darf der Absorptionskoeffizient der Abgase den Grenzwert nach der Tabelle in Anhang VI nicht überschreiten. Entspricht der Luftdurchsatzwert keinem der in dieser Tabelle angegebenen Werte, so gilt der durch lineare Interpolation ermittelte Grenzwert.

Anhang IV. Prüfung bei freier Beschleunigung

1 Prüfbedingungen

1.1 Die Prüfung ist an einer Zugmaschine oder an einem Motor vorzunehmen, der der Prüfung nach Anhang III unterzogen wurde.

1.1.1 Wird die Prüfung an einem Motor auf dem Prüfstand durchgeführt, so hat sie möglichst bald nach der Prüfung der Trübung bei gleichbleibenden Drehzahlen zu erfolgen. Insbesondere müssen das Kühlwasser und das Öl die vom Hersteller angegebene normale Temperatur haben.

1.1.2 Wird die Prüfung an einer stillstehenden Zugmaschine durchgeführt, so ist der Motor zuvor durch eine Straßenfahrt auf normale Betriebsbedingungen zu bringen. Die Prüfung hat möglichst bald nach Beendigung der Straßenfahrt zu erfolgen.

1.2 Der Brennraum darf nicht durch einen länger dauernden Leerlauf vor der Prüfung abgekühlt oder verschmutzt werden.

1.3 Es gelten die Prüfbedingungen nach den Nummern 3.1, 3.2 und 3.3 des Anhangs III.

1.4 Für die Entnahme- und Messgeräte gelten die Bedingungen nach Nummer 3.4 des Anhangs III.

2 **Durchführung der Prüfungen**

2.1 Wird die Prüfung auf einem Prüfstand vorgenommen, so ist der Motor von der Bremse zu lösen; diese ist entweder durch die sich drehenden Teile des Getriebes in Leerlaufstellung oder durch eine Schwungmasse, die diesen Teilen möglichst genau entspricht, zu ersetzen.

2.2 Wird die Prüfung an einer Zugmaschine durchgeführt, so muss sich das Getriebe in Leerlaufstellung befinden und die Kupplung eingerückt sein.

2.3 Bei Leerlauf des Motors ist das Fahrpedal schnell und stoßfrei so durchzutreten, dass die größte Fördermenge der Einspritzpumpe erzielt wird. Diese Stellung ist beizubehalten, bis die größte Drehzahl des Motors erreicht wird und der Regler abregelt. Sobald diese Drehzahl erreicht ist, wird das Gaspedal losgelassen, bis der Motor wieder auf Leerlauf geht und das Trübungsmessgerät sich wieder im entsprechenden Zustand befindet.

2.4 Der Vorgang nach Nummer 2.3 ist mindestens sechsmal zu wiederholen um die Auspuffanlage zu reinigen und um gegebenenfalls die Geräte nachstellen zu können. Die Höchstwerte der Trübung sind bei jeder der aufeinanderfolgenden Beschleunigungen festzuhalten, bis man konstante Werte erhält. Die Werte, die während des Leerlaufs des Motors nach jeder Beschleunigung auftreten, sind nicht zu berücksichtigen. Die abgelesenen Werte gelten als konstant, wenn vier aufeinanderfolgende Werte innerhalb einer Bandbreite von 0,25 m^{-1} liegen und dabei keine stetige Abnahme festzustellen ist. Der festzuhaltende Absorptionskoeffizient X_M ist das arithmetische Mittel dieser vier Werte.

2.5 Für Motoren mit Ladeluftgebläse gelten folgende besondere Vorschriften:

2.5.1 Für Motoren mit Ladeluftgebläse, das mit dem Motor mechanisch gekuppelt oder von diesem mechanisch angetrieben wird und das auskuppelbar ist, sind zwei vollständige Messreihen mit vorhergehenden Beschleunigungen durchzuführen, wobei das Ladeluftgebläse einmal eingekuppelt und das andere Mal ausgekuppelt ist. Als Messergebnis ist der höhere Wert der beiden Messreihen festzuhalten.

2.5.2 Für Motoren mit Ladeluftgebläse, die durch Nebenschluss (Bypass) vom Führersitz aus abgeschaltet werden können, ist die Prüfung mit und ohne Nebenschluss durchzuführen. Als Messergebnis ist der höhere Wert der beiden Messreihen festzuhalten.

3 **Ermittlung des korrigierten Werts des Absorptionskoeffizienten**

3.1 **Bezeichnungen**

X_M Wert des Absorptionskoeffizienten, gemessen bei freier Beschleunigung nach Nummer 2.4;

X_L korrigierter Wert des Absorptionskoeffizienten bei freier Beschleunigung;

S_M Wert des Absorptionskoeffizienten, gemessen bei gleichbleibender Drehzahl (Nummer 2.1 des Anhangs III), der dem bei gleichem Luftdurchsatz vorgeschriebenen Grenzwert am nächsten kommt;

S_L Wert des Absorptionskoeffizienten, der nach Nummer 4.2 des Anhangs III für den Luftdurchsatz vorgeschrieben ist, der dem Messpunkt entspricht, der zum Wert S_M führte;

L effektive Länge des Lichtstrahls im Trübungsmessgerät.

3.2 Sind die Absorptionskoeffizienten in m^{-1} und die effektive Länge des Lichtstrahls in Meter ausgedrückt, so ist der korrigierte Wert X_L der kleinere der beiden nachfolgenden Ausdrücke:

$$X'_L = \frac{S_L}{S_M} \times X_M \quad \text{oder} \quad X''_L = X_M + 0{,}5$$

Anhang V. Technische Daten des Bezugskraftstoffs für die Prüfung zur Erteilung der Betriebserlaubnis und für die Nachprüfung der Übereinstimmung der Produktion

	Grenzwerte und Einheiten	Verfahren
Dichte 15/4 °C	0,830 ± 0,005	ASTM D 1 298-67
Siedeverlauf		ASTM D 86-67
50 %	min. 245 °C	
90 %	330 ± 10 °C	
Siedeende	max. 370 °C	
Cetanzahl	54 ± 3	ASTM D 976-66
kinematische Viskosität bei 100 °F	3 ± 0,5 cSt	ASTM D 445-65
Schwefelgehalt	0,4 ± 0,1 Gew. %	ASTM D 129-64
Flammpunkt	min. 55 °C	ASTM D 93-71
Trübungspunkt	max. –7 °C	ASTM D 2 500-66
Anilinpunkt	69 °C ± 5 °C	ASTM D 611-64
Kohlenstoffanteil für 10 % Rückstand	max. 0,2 Gew. %	ASTM D 524-64
Aschegehalt	max. 0,01 Gew. %	ASTM D 482-63
Wassergehalt	max. 0,05 Gew. %	ASTM D 95-70
Kupferlamellenkorrosion bei 100 °C	max. 1	ASTM D 130-68
unterer Heizwert	{ 10 250 ± 100 kcal/kg 18 450 ± 180 BTU/lb }	ASTM D 2-68 (Ap. VI)
Säurezahl	null mg KOH/g	ASTM D 974-64

Anmerkung: Der Kraftstoff darf nur durch direkte Destillation gewonnen werden; er braucht nicht entschwefelt zu sein; er darf keinerlei Zusatzstoffe enthalten.

Anhang VI. Grenzwerte für die Prüfung bei gleichbleibenden Drehzahlen

Nennwerte des Luftdurchsatzes G Liter/Sekunde	Absorptionskoeffizient k m^{-1}
≦ 42	2,26
45	2,19
50	2,08
55	1,985
60	1,90
65	1,84
70	1,775
75	1,72
80	1,665
85	1,62
90	1,575
95	1,535
100	1,495
105	1,465
110	1,425
115	1,395
120	1,37
125	1,345
130	1,32
135	1,30
140	1,27

Nennwerte des Luftdurchsatzes G Liter/Sekunde	Absorptionskoeffizient k m^{-1}
145	1,25
150	1,225
155	1,205
160	1,19
165	1,17
170	1,155
175	1,14
180	1,125
185	1,11
190	1,095
195	1,08
≧ 200	1,065

Anmerkung: Die vorstehenden Werte sind auf 0,01 oder 0,005 gerundet; dies bedeutet jedoch nicht, dass die Messungen mit dieser Genauigkeit durchgeführt werden müssen.

Anhang VII Eigenschaften der Trübungsmessgeräte

1 Anwendungsbereich

In diesem Anhang sind die Bedingungen festgelegt, denen die Trübungsmessgeräte entsprechen müssen, die für Prüfungen nach den Anhängen III und IV benutzt werden.

2 Grundsätzliche Vorschriften für die Trübungsmessgeräte

2.1 Das zu messende Gas muss sich in einer Kammer befinden, deren Innenflächen nicht reflektierend sind.

2.2 Die effektive Länge der Lichtabsorptionsstrecke ist unter Berücksichtigung des möglichen Einflusses von Schutzeinrichtungen für die Lichtquelle und für die Fotozelle zu bestimmen. Diese effektive Länge ist auf dem Gerät anzugeben.

2.3 Die Anzeigeeinrichtung des Trübungsmessgeräts muss zwei Skalen haben. Die eine muss absolute Einheiten der Lichtabsorption von 0 bis $\infty (m^{-1})$ aufweisen, die andere muss linear von 0 bis 100 geteilt sein; beide Skalen müssen sich von dem Wert 0 für den gesamten Lichtstrom bis zu dem Größtwert der Skalen für die vollständige Lichtundurchlässigkeit erstrecken.

3 Bauvorschriften

3.1 Allgemeines

Trübungsmessgeräte müssen so beschaffen sein, dass die Rauchkammer mit Rauch gleichmäßiger Trübung gefüllt ist, wenn sie bei gleichbleibenden Drehzahlen betrieben werden.

3.2 Rauchkammer und Gehäuse des Trübungsmessgeräts

3.2.1 Das auf die Fotozelle fallende Streulicht, das von inneren Reflektionen oder von Lichtstreuung herrührt, muss auf ein Mindestmaß beschränkt sein (zum Beispiel durch eine mattschwarze Oberfläche der inneren Flächen und eine geeignete allgemeine Anordnung).

3.2.2 Die optischen Eigenschaften müssen gewährleisten, dass der Wert für Streuung und Reflektion zusammen eine Einheit der linearen Skala nicht überschreitet, wenn die Rauchkammer durch Rauch mit einem Absorptionskoeffizienten von etwa 1,7 m^{-1} gefüllt ist.

3.3 Lichtquelle

Die Lichtquelle muss aus einer Glühlampe bestehen, deren Farbtemperatur zwischen 2 800 und 3 250 K liegt.

3.4 Empfänger

3.4.1 Der Empfänger muss aus einer Fotozelle bestehen, deren spektrale Empfindlichkeit der Hellempfindlichkeitskurve des menschlichen Auges angepasst ist (Höchstempfindlichkeit im Bereich 550/570 nm, weniger als 4 Prozent dieser Höchstempfindlichkeit unter 430 nm und über 680 nm).

3.4.2 Der elektrische Kreis einschließlich der Anzeigeeinrichtung muss so beschaffen sein, dass der von der Fotozelle gelieferte Strom eine lineare Funktion der Stärke des empfangenen Lichts innerhalb des Betriebstemperaturbereichs der Fotozelle ist.

3.5 Skalen

3.5.1 Der Absorptionskoeffizient k ist aus der Formel $\Phi = \Phi_o \cdot e^{-kL}$ zu berechnen, wobei L die effektive Länge der Lichtabsorptionsstrecke, Φ_o der eintretende Lichtstrom und Φ der austretende Lichtstrom sind. Kann die effektive Länge L eines Trübungsmessgerätetyps nicht unmittelbar von dessen Geometrie her bestimmt werden, so ist die effektive Länge L

– entweder nach dem in Nummer 4 beschriebenen Verfahren
– oder durch Vergleich mit einem anderen Trübungsmessgerätetyp, dessen effektive Länge bekannt ist, zu bestimmen.

3.5.2 Der Zusammenhang zwischen der linearen Skala mit der Teilung 0 bis 100 und dem Absorptionskoeffizienten k ist durch die Formel

$$k = -\frac{1}{L}\log_e\left(1-\frac{N}{100}\right)$$

gegeben. Dabei bedeutet N einen Ablesewert auf der linearen Skala und k den entsprechenden Wert des Absorptionskoeffizienten.

3.5.3 Die Anzeigeeinrichtung des Trübungsmessgeräts muss es ermöglichen, einen Absorptionskoeffizienten von 1,7 m^{-1} mit einer Genauigkeit von 0,025 m^{-1} abzulesen.

3.6 Einstellung und Prüfung des Messgeräts

3.6.1 Der elektrische Kreis der Fotozelle und der Anzeigeeinrichtung muss einstellbar sein, um den Zeiger auf 0 bringen zu können, wenn der Lichtstrom durch die mit reiner Luft gefüllte Rauchkammer oder eine Kammer mit gleichen Eigenschaften geht.

3.6.2 Bei ausgeschalteter Lampe und offenem oder kurzgeschlossenem elektrischem Kreis muss die Anzeige auf der Skala für den Absorptionskoeffizienten ∞ betragen, und nach Wiedereinschalten des Kreises muss die Anzeige bei ∞ bleiben.

3.6.3 Es ist die folgende Nachprüfung durchzuführen: In die Rauchkammer wird ein Filter eingeführt, der ein Gas mit einem bekannten Absorptionskoeffizienten k darstellt, der, nach Nummer 3.5.1 gemessen, zwischen 1,6 m^{-1} und 1,8 m^{-1} beträgt. Der Wert k muss mit einer Genauigkeit von 0,025 m^{-1} bekannt sein. Die Nachprüfung besteht darin, festzustellen, ob dieser Wert um nicht mehr als 0,05 m^{-1} von dem vom Anzeigegerät abgelesenen Wert abweicht, wenn der Filter zwischen Lichtquelle und Fotozelle gebracht wird.

3.7 Ansprechzeit des Trübungsmessgeräts

3.7.1 Die Ansprechzeit des elektrischen Messkreises, angegeben als die Zeit, innerhalb derer der Zeiger 90 Prozent des Skalenendwerts erreicht, wenn ein vollständig lichtundurchlässiger Schirm vor die Fotozelle gebracht wird, muss zwischen 0,9 und 1,1 Sekunden liegen.

3.7.2 Die Dämpfung des elektrischen Messkreises muss so sein, dass das erste Überschwingen über die schließlich konstante Anzeige nach jeder plötzlichen Änderung des Eingangswerts (zum Beispiel Einbringen des Prüffilters) nicht mehr als 4 Prozent dieses Werts in Einheiten der linearen Skala beträgt.

3.7.3 Die Ansprechzeit des Trübungsmessgeräts, bedingt durch physikalische Erscheinungen in der Rauchkammer, ist die Zeit, die zwischen dem Beginn des Eintritts der Gase in das Messgerät und der vollständigen Füllung der Rauchkammer vergeht; sie darf 0,4 Sekunden nicht überschreiten.

3.7.4 Diese Vorschriften gelten nur für Trübungsmessgeräte, die für Trübungsmessungen bei freier Beschleunigung benützt werden.

3.8 Druck des zu messenden Gases und der Spülluft

3.8.1 Der Druck der Abgase in der Rauchkammer darf vom Umgebungsdruck um nicht mehr als 735 Pa abweichen.

3.8.2 Die Druckschwankungen des zu messenden Gases und der Spülluft dürfen keine größere Veränderung des Absorptionskoeffizienten als 0,05 m^{-1} bei einem zu messenden Gas hervorrufen, das einen Absorptionskoeffizienten von 1,7 m^{-1} hat.

3.8.3 Das Trübungsmessgerät muss mit geeigneten Einrichtungen für die Messung des Drucks in der Rauchkammer versehen sein.

3.8.4 Die Grenzen der zulässigen Druckschwankungen des Gases und der Spülluft in der Rauchkammer sind vom Hersteller des Geräts anzugeben.

3.9 Temperatur des zu messenden Gases

3.9.1 Die Temperatur des zu messenden Gases muss an jedem Punkt der Rauchkammer zwischen 70 °C und einer vom Hersteller des Trübungsmessgeräts angegebenen Höchsttemperatur liegen, sodass die Ablesungen in diesem Temperaturbereich um nicht mehr als 0,1 m^{-1} schwanken, wenn die Kammer mit einem Gas gefüllt ist, das einen Absorptionskoeffizienten von 1,7 m^{-1} hat.

3.9.2 Das Trübungsmessgerät muss mit geeigneten Einrichtungen für die Temperaturmessung in der Rauchkammer versehen sein.

4 Effektive Länge „L" des Trübungsmessgeräts

4.1 Allgemeines

4.1.1 In einigen Trübungsmessgerätetypen weisen die Gase zwischen der Lichtquelle und der Fotozelle oder zwischen den transparenten Teilen, die die Lichtquelle und die Fotozelle schützen, keine gleichmäßige Trübung auf. In solchen Fällen ist die tatsächliche Länge L jene einer Gassäule mit einheitlicher Trübung, die zu der gleichen Lichtabsorption führt wie jene, die festgestellt wird, wenn das Gas normal durch das Trübungsmessgerät geht.

4.1.2 Die effektive Länge der Lichtabsorptionsstrecke erhält man, indem man die Anzeige N des normal arbeitenden Trübungsmessgeräts mit der Anzeige N_0 des Trübungsmessgeräts vergleicht, das derart geändert ist, dass das Prüfgas eine genau definierte Länge L_0 füllt.

4.1.3 Für die Berichtigung des Nullpunkts sind rasch aufeinander folgende Vergleichsanzeigen zu verwenden.

4.2 Verfahren für die Ermittlung der effektiven Länge L

4.2.1 Die Prüfgase müssen Abgase mit konstanter Trübung oder absorbierende Gase sein, deren Dichte nahezu jener der Abgase entspricht.

4.2.2 Bei dem Trübungsmessgerät ist eine Säule der Länge L_0 genau zu bestimmen, die einheitlich mit Prüfgas gefüllt werden kann und deren Grundflächen nahezu senkrecht zur Richtung der Lichtstrahlen sind. Diese Länge L_0 sollte nicht erheblich von der angenommenen effektiven Länge des Trübungsmessgeräts abweichen.

4.2.3 Die Durchschnittstemperatur der Prüfgase in der Rauchkammer ist zu messen.

4.2.4 Falls erforderlich, darf ein zur Dämpfung der Schwingungen genügend großes Beruhigungsgefäß kompakter Bauweise in die Entnahmeleitungen so nahe wie möglich bei der Entnahmesonde eingebaut werden. Auch eine Kühleinrichtung ist zulässig. Durch den Einbau des Beruhigungsgefäßes und des Kühlers darf die Zusammensetzung der Abgase nicht wesentlich beeinflusst werden.

4.2.5 Die Prüfung zur Bestimmung der effektiven Länge besteht darin, dass man eine Probe der Prüfgase zunächst durch das normal arbeitende Trübungsmessgerät und anschließend durch das gleiche Gerät führt, das nach Nummer 4.1.2 geändert wurde.

4.2.5.1 Die von dem Trübungsmessgerät abgegebenen Werte sind während der Prüfung mit einem schreibenden Gerät aufzuzeichnen, dessen Ansprechzeit höchstens gleich derjenigen des Trübungsmessgeräts ist.

4.2.5.2 Bei normal arbeitenden Trübungsmessgeräten gibt die lineare Skala den Wert N an, und die Anzeige der mittleren Temperatur der Gase ist T in Kelvin.

4.2.5.3 Bei bekannter Länge L_0, gefüllt mit demselben Prüfgas, gibt die lineare Skala den Wert N_0 an, und die Anzeige der mittleren Temperatur der Gase ist T_0 in Kelvin.

4.2.6 Die effektive Länge wird dann

$$L = L_0 \frac{T}{T_0} \frac{\log\left(1 - \frac{N}{100}\right)}{\log\left(1 - \frac{N_0}{100}\right)}$$

4.2.7 Die Prüfung muss mit mindestens vier Prüfgasen so wiederholt werden, dass sie zu Werten führt, die auf der linearen Skala in regelmäßigen Abständen zwischen 20 und 80 liegen.

4.2.8 Die effektive Länge L des Trübungsmessgeräts ist das arithmetische Mittel der effektiven Längen, die nach Nummer 4.2.6 mit einem jeden der Prüfgase erhalten werden.

Anhang VIII. Aufbau und Verwendung des Trübungsmessgeräts

1 Geltungsbereich

In diesem Anhang sind der Aufbau und die Verwendung der Trübungsmessgeräte festgelegt, die für Prüfungen nach den Anhängen III und IV benützt werden.

2 Teilstrom-Trübungsmessgerät

2.1 Aufbau für die Prüfungen bei gleichbleibenden Drehzahlen

2.1.1 Das Verhältnis des Querschnitts der Sonde zum Querschnitt des Auspuffrohrs muss mindestens 0,05 betragen. Der im Auspuffrohr am Eingang der Sonde gemessene Gegendruck darf nicht mehr als 735 Pa betragen.

2.1.2 Die Sonde muss aus einem Rohr bestehen, bei dem ein Ende nach vorn offen ist und das in der Achse des Auspuffrohrs oder des möglicherweise erforderlichen Verlängerungsrohrs liegt. Sie muss sich an einer Stelle befinden, an der die Verteilung des Rauches annähernd gleichmäßig ist. Dazu muss die Sonde möglichst nahe am Ende des Auspuffrohrs oder gegebenenfalls in einem Verlängerungsrohr so angebracht werden, dass das Ende der Sonde in einem gradlinigen Teil liegt, der – wenn D der Durchmesser des Auspuffrohrendes ist – eine Länge von mindestens 6 D in Strömungsrichtung vor dem Entnahmepunkt und 3 D hinter diesem Punkt hat. Wird ein Verlängerungsrohr verwendet, so darf an der Verbindungsstelle keine Fremdluft eintreten.

2.1.3 Der Druck im Auspuffrohr und der Druckabfall in den Entnahmeleitungen müssen so sein, dass die Sonde eine Probe entnimmt, die einer Probe bei isokinetischer Entnahme im wesentlichen gleichwertig ist.

2.1.4 Falls erforderlich, darf ein zur Dämpfung der Schwingungen genügend großes Beruhigungsgefäß kompakter Bauweise in die Entnahmeleitung so nahe wie möglich bei der Entnahmesonde eingebaut werden. Auch eine Kühleinrichtung ist zulässig. Durch den Einbau des Beruhigungsgefäßes und des Kühlers darf die Zusammensetzung der Abgase nicht wesentlich beeinflusst werden.

2.1.5 Eine Drosselklappe oder ein anderes Mittel zur Druckerhöhung des entnommenen Gases kann in das Auspuffrohr in einem Abstand von mindestens 3 D in Strömungsrichtung hinter der Entnahmesonde eingebaut werden.

2.1.6 Die Leitungen zwischen der Sonde, der Kühleinrichtung, dem Beruhigungsgefäß (falls erforderlich) und dem Trübungsmessgerät müssen so kurz wie möglich sein und die Bedingungen für den Druck und die Temperatur nach Nummer 3.8 und Nummer 3.9 des Anhangs VII erfüllen. Die Leitung muss vom Entnahmepunkt zum Trübungsmessgerät ansteigend verlegt sein; scharfe Knicke, an denen sich Ruß ansammeln könnte, sind zu vermeiden. Wenn im Trübungsmessgerät kein Nebenschlussventil (Bypass-Ventil) enthalten ist, muss ein solches davor eingebaut werden.

2.1.7 Während der Prüfung ist sicherzustellen, dass die Vorschriften des Anhangs VII Nummer 3.8 über den Druck und die Vorschriften des Anhangs VII Nummer 3.9 über die Temperatur in der Messkammer eingehalten sind.

2.2 Aufbau für die Prüfungen bei freier Beschleunigung

2.2.1 Das Verhältnis des Querschnitts der Sonde zum Querschnitt des Auspuffrohrs muss mindestens 0,05 betragen. Der im Auspuffrohr am Eingang der Sonde gemessene Gegendruck darf nicht mehr als 735 Pa betragen.

2.2.2 Die Sonde muss aus einem Rohr bestehen, bei dem ein Ende nach vorn offen ist und das in der Achse des Auspuffrohrs oder des möglicherweise erforderlichen Verlängerungsrohrs liegt. Sie muss sich in einer Stelle befinden, an der die Verteilung des Rauchs annähernd gleichmäßig ist. Dazu muss die Sonde möglichst nahe am Ende des Auspuffrohrs oder gegebenenfalls in einem Verlängerungsrohr so angebracht werden, dass das Ende der Sonde in einem gradlinigen Teil liegt, der – wenn D der Durchmesser des Auspuffrohrendes ist – eine Länge von mindestens 6 D in Strömungsrichtung vor dem Entnahmepunkt und 3 D hinter diesem Punkt hat. Wird ein Verlängerungsrohr verwendet, so darf an der Verbindungsstelle keine Fremdluft eintreten.

2.2.3 Bei der Probeentnahme muss der Druck der Probe am Trübungsmessgerät bei allen Motordrehzahlen innerhalb der Grenzwerte nach Nummer 3.8.2 des Anhangs VII liegen. Dies ist durch Feststellung des Drucks der Probe bei Leerlauf sowie bei Höchstdrehzahl im unbelasteten Zustand zu prüfen. Je nach den Eigenschaften des Trübungsmessgeräts kann der Druck der Probe durch einen Druckminderer oder eine Drosselklappe im Auspuffrohr oder im Verlängerungsrohr geregelt werden. Unabhängig vom Verfahren darf der im Auspuffrohr am Eingang der Sonde gemessene Gegendruck nicht mehr als 735 Pa betragen.

2.2.4 Die Verbindungsleitungen zum Trübungsmessgerät müssen so kurz wie möglich sein. Die Leitung muss vom Entnahmepunkt zum Trübungsmessgerät ansteigend verlegt sein; scharfe Knicke, an denen sich Ruß ansammeln könnte, sind zu vermeiden. Dem Trübungsmessgerät darf ein Nebenschlussventil (Bypass-Ventil) vorgeschaltet werden, um es vom Abgasstrom trennen zu können, wenn nicht gemessen wird.

3 Vollstrom-Trübungsmessgerät

Für die Prüfungen bei gleichbleibenden Drehzahlen sowie bei freier Beschleunigung gilt lediglich:

3.1 Die Verbindungsleitungen zwischen dem Auspuff und dem Trübungsmessgerät dürfen keine Fremdluft einlassen.

3.2 Die Verbindungsleitungen zum Trübungsmessgerät müssen, wie bei den Teilstrom-Trübungsmessgeräten, so kurz wie möglich sein. Die Leitungen müssen vom Auspuff bis zum Trübungsmessgerät ansteigend verlegt sein; scharfe Knicke, an denen sich Ruß ansammeln könnte, sind zu vermeiden. Dem Trübungsmessgerät darf ein Nebenschlussventil (Bypass-Ventil) vorgeschaltet werden, um es vom Abgasstrom trennen zu können, wenn nicht gemessen wird.

3.3 Vor dem Trübungsmessgerät ist eine Kühleinrichtung zulässig.

Anhang IX. Muster des Kennzeichens für den korrigierten Wert des Absorptionskoeffizienten

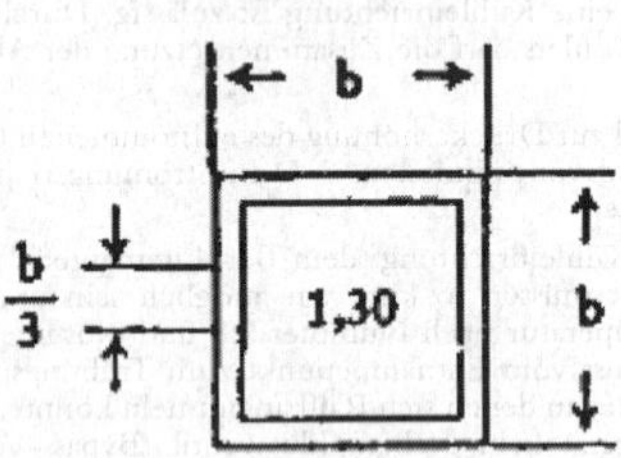

Mindestmaß von b = 5,6 mm

Das gezeigte Kennzeichen bedeutet, dass der korrigierte Wert des Absorptionskoeffizienten 1,30 m^{-1} beträgt.

Anhang X

Name der Behörde

Anhang zum EWG-Betriebserlaubnisbogen hinsichtlich der Emission verunreinigender Stoffe aus Dieselmotoren

(Artikel 4 Absatz 2 und Artikel 10 der Richtlinie 74/150/EWG des Rates vom 4. März 1974 zur Angleichung der Rechtsvorschriften der Mitgliedstaaten über die Betriebserlaubnis für land- oder forstwirtschaftliche Zugmaschinen auf Rädern)

Nummer der EWG-Betriebserlaubnis für den Zugmaschinentyp[1]: ....

Nummer der Genehmigung[1]: ....

1. Fabrikmarke (Firmenbezeichnung): ....
2. Typ und Handelsbezeichnung: ....
   ....
3. Name und Anschrift des Herstellers: ....
4. Gegebenenfalls Name und Anschrift des Beauftragten des Herstellers:
   ....
5. Emissionswerte

5.1 bei gleichbleibenden Drehzahlen

Drehzahl U/min	Nennwert des Luftdurchsatzes G (l/s)	Grenzwerte der Absorption (m^{-1})	Gemessener Absorptionswert (m^{-1})
1.	....	....	....
2.	....	....	....
3.	....	....	....
4.	....	....	....
5.	....	....	....
6.	....	....	....

5.2 bei freier Beschleunigung

5.2.1 gemessener Absorptionswert: .... m^{-1}

5.2.2 korrigierter Absorptionswert: .... m^{-1}

6. Marke und Typ des Trübungsmessgeräts: ....
7. Motor zur Erteilung der Betriebserlaubnis vorgeführt am: ....
8. Prüfstelle: ....
9. Datum des von der Prüfstelle ausgefertigten Prüfprotokolls: ....
10. Nummer des von der Prüfstelle ausgefertigten Prüfprotokolls: ....
11. Die Betriebserlaubnis hinsichtlich der Emission verunreinigender Stoffe aus dem Motor wird erteilt/versagt[1]
12. Anbringungsstelle des Kennzeichens für den korrigierten Wert des Absorptionskoeffizienten am Fahrzeug:
    ....
13. Ort: ....
14. Datum: ....
15. Unterschrift: ....

---

[1] **Amtl. Anm.:** Nichtzutreffendes streichen.

16. Folgende Unterlagen sind beigefügt, die die vorgenannte Nummer der EWG-Betriebserlaubnis oder der Genehmigung tragen:
1 Ausfertigung des Anhangs II, vollständig ausgefüllt, mit den angegebenen Zeichnungen und Skizzen.
...............Fotografie(n) des Motors.

Anlage XVII[1)]
(zu § 41a Absatz 5 und 6)

Gassystemeinbauprüfungen und sonstige Gasanlagenprüfungen

1 **Art und Gegenstand der Prüfung**

Gasanlagenprüfungen nach dem Einbau (Gassystemeinbauprüfungen) und sonstige Gasanlagenprüfungen im Sinne des § 41a Absatz 6 sind nach Maßgabe der folgenden Bestimmungen durchzuführen. Der ordnungsgemäße Zustand der Gasanlagen ist dabei nach Maßgabe der vom Bundesministerium für Verkehr und digitale Infrastruktur im Verkehrsblatt mit Zustimmung der obersten Landesbehörden bekannt gemachten Richtlinien zu untersuchen.

2 **Durchführung der Prüfungen, Nachweise**

2.1 Die Prüfungen sind von hierfür nach Anlage XVIIa anerkannten Kraftfahrzeugwerkstätten oder amtlich anerkannten Sachverständigen oder Prüfern für den Kraftfahrzeugverkehr (im Folgenden als aaSoP bezeichnet) oder den von einer amtlich anerkannten Überwachungsorganisation betrauten Prüfingenieuren (im Folgenden als PI bezeichnet) durchzuführen.

2.2 Der Halter hat das Kraftfahrzeug zur Durchführung der Prüfung in einer hierfür anerkannten Kraftfahrzeugwerkstatt oder bei einem aaSoP oder PI vorzuführen.

2.3 Werden bei der Prüfung der Gasanlage

2.3.1 keine Mängel festgestellt, so ist dies in einem Nachweis zu bescheinigen,

2.3.2 Mängel festgestellt, so sind diese in einen Nachweis einzutragen. Der Halter hat die Mängel unverzüglich beheben zu lassen und das Kraftfahrzeug spätestens nach einem Monat zu einer erneuten Prüfung unter Vorlage des Nachweises vorzuführen.

2.4 Nachweise über Prüfungen sind nach einem vom Bundesministerium für Verkehr und digitale Infrastruktur mit Zustimmung der obersten Landesbehörden im Verkehrsblatt bekannt gemachten Muster fälschungserschwerend auszuführen oder mit fälschungserschwerenden Merkmalen (Nachweis-Siegel mit Prägenummer) zu versehen und müssen mindestens folgende Angaben enthalten:

a) Art der Prüfung,
b) Jahr, in dem das Fahrzeug erstmals in den Verkehr gekommen ist,
c) Hersteller des Fahrzeugs einschließlich seiner Schlüsselnummer,
d) Fahrzeugart und Fahrzeugtyp einschließlich Schlüsselnummern,
e) Fahrzeug-Identifizierungsnummer (mindestens die letzten 7 Zeichen),
f) Datum der Durchführung der Prüfung,
g) Name, Anschrift und Prüfort der prüfenden Stelle,
h) Ergebnisse der Einzelprüfungen,
i) Ergebnis der Gesamtprüfung,
j) bei Gassystemeinbauprüfungen zusätzlich die in den Fahrzeugdokumenten zu ändernden Angaben als Empfehlung für die Zulassungsbehörde,
k) Unterschrift der für die Prüfung verantwortlichen Person, Kontrollnummer der Kraftfahrzeugwerkstatt und, soweit vorhanden, Nachweis-Siegel mit Prägenummer oder Unterschrift mit Prüfstempel und Kennnummer des für die Prüfung verantwortlichen aaSoP oder PI mit Angaben über die bei der Prüfung festgestellten Mängel,

---

[1)] Anl. XVII geänd. mWv 30.10.2014 durch VO v. 22.10.2014 (BGBl. I S. 1635).

l) Anordnung der Wiedervorführpflicht.

2.5 Der Nachweis ist unmittelbar nach Durchführung der Prüfung zu unterzeichnen. Er ist dem Fahrzeughalter auszuhändigen.

3 Untersuchungsstelle zur Durchführung von Prüfungen

3.1 Die Prüfungen dürfen nur an Untersuchungsstellen durchgeführt werden, die den in Anlage VIIId Nummer 3 genannten Anforderungen entsprechen.

3.2 Die zuständige oberste Landesbehörde oder die von ihr bestimmten oder nach Landesrecht zuständigen Stellen oder die zuständige Anerkennungsstelle können selbst überprüfen oder durch von ihr bestimmte sachverständige Personen oder Stellen überprüfen lassen, ob die für die Untersuchungsstellen geltenden Vorschriften eingehalten sind. Die mit den Prüfungen beauftragten Personen sind befugt, Grundstücke und Geschäftsräume, die zur Untersuchungsstelle gehören, während der Geschäfts- und Betriebszeiten zu betreten, dort Überprüfungen und Besichtigungen vorzunehmen. Der Inhaber der Untersuchungsstelle oder der Nutzer der Untersuchungsstelle hat diese Maßnahmen zu dulden und, soweit erforderlich, die beauftragten Personen zu unterstützen. Der Inhaber oder der Nutzer hat die Kosten der Überprüfung zu tragen.

Anlage XVIIa[1]
(zu § 41a Absatz 7 und Anlage VIII Nummer 3.1.1.2)

Anerkennung von Kraftfahrzeugwerkstätten zur Durchführung von Gassystemeinbauprüfungen oder von wiederkehrenden und sonstigen Gasanlagenprüfungen sowie Schulung der verantwortlichen Personen und Fachkräfte

1 Allgemeines

1.1 Die Anerkennung von Kraftfahrzeugwerkstätten zur Durchführung von Gassystemeinbauprüfungen oder wiederkehrenden Gasanlagenprüfungen und sonstigen Gasanlagenprüfungen im Sinne des § 41a Absatz 6 obliegt der zuständigen obersten Landesbehörde oder den von ihr bestimmten oder nach Landesrecht zuständigen Stellen (Anerkennungsstellen). Diese können die Befugnis auf die örtlich und fachlich zuständigen Kraftfahrzeuginnungen übertragen.

1.2 Auf das Verfahren der Anerkennung von Kraftfahrzeugwerkstätten zur Durchführung von Gassystemeinbauprüfungen oder wiederkehrenden und sonstigen Gasanlagenprüfungen und auf die Dokumentation der durchgeführten Prüfungen findet die vom Bundesministerium für Verkehr und digitale Infrastruktur mit Zustimmung der zuständigen obersten Landesbehörden im Verkehrsblatt bekannt gemachte Richtlinie Anwendung.

2 Allgemeine Voraussetzungen für die Anerkennung von Kraftfahrzeugwerkstätten

Die Anerkennung wird erteilt, wenn

2.1 der Antragsteller, bei juristischen Personen die nach Gesetz oder Satzung zur Vertretung berufenen Personen sowie die für die Durchführung von Prüfungen verantwortlichen Personen persönlich zuverlässig sind. Ein Führungszeugnis und ein Auszug aus dem Fahreignungsregister sind jeweils vorzulegen,

2.2 der Antragsteller durch Vorlage einer Bescheinigung der örtlich zuständigen Handwerkskammer mit seiner Eintragung in der Handwerksrolle nachweist, dass er selbst oder eine in der Betriebsstätte fest angestellte Person die Voraussetzungen nach der Handwerksordnung zur selbstständigen gewerblichen Verrichtung solcher Arbeiten erfüllt, die zur Behebung der bei Prüfungen festgestellten Mängel erforderlich sind,

2.3 der Antragsteller nachweist, dass er eine oder mehrere für die Durchführung von Prüfungen verantwortliche Personen bestellt hat. Die Durchführung der Prüfung kann auch von Fachkräften unter der Aufsicht einer verantwortlichen Person erfolgen. Die verantwortlichen Personen und Fachkräfte müssen vom Antragsteller namentlich benannt werden,

---

[1] Anl. XVIIa geänd. mWv 1.5.2014 durch VO v. 5.11.2013 (BGBl. I S. 3920); geänd. mWv 30.10.2014 durch VO v. 22.10.2014 (BGBl. I S. 1635).

2.4 der Antragsteller nachweist, dass die für die Durchführung von Prüfungen verantwortlichen Personen und die Fachkräfte über eine entsprechende Vorbildung und ausreichende Erfahrungen auf dem Gebiet der Kraftfahrzeugtechnik verfügen. Dazu müssen Nachweise darüber erbracht werden, dass

2.4.1 Fachkräfte eine Abschlussprüfung im anerkannten Ausbildungsberuf

a) Kraftfahrzeugmechaniker,

b) Kraftfahrzeugelektriker,

c) Automobilmechaniker,

d) Kraftfahrzeug-Mechatroniker,

e) Mechaniker für Karosserieinstandhaltungstechnik,

f) Karosserie- und Fahrzeugbauer,

g) Karosserie- und Fahrzeugbaumechaniker

erfolgreich abgeschlossen haben,

2.4.2 verantwortliche Personen eine Meisterprüfung im

a) Kraftfahrzeugmechaniker-Handwerk,

b) Kraftfahrzeugelektriker-Handwerk,

c) Kraftfahrzeugtechniker-Handwerk,

d) Karosserie- und Fahrzeugbauer-Handwerk

erfolgreich bestanden haben. Diesen Prüfungsabschlüssen stehen gleich der Dipl.-Ing., Dipl.-Ing. (FH), Ing. (grad.) oder der staatlich geprüfte Techniker der Fachrichtung Maschinenbau, Fahrzeugtechnik, Elektrotechnik oder Luft- und Raumfahrttechnik/Luftfahrzeugtechnik, sofern der Betreffende nachweislich im Kraftfahrzeugbereich (Untersuchung, Prüfung, Wartung oder Reparatur) tätig ist und eine mindestens dreijährige Tätigkeit oder eine Abschlussprüfung in den unter Nummer 2.4.1 genannten Ausbildungsberufen nachgewiesen werden kann,

2.5 der Antragsteller oder die für die Durchführung von Prüfungen verantwortlichen Personen und die Fachkräfte darüber hinaus an einer dem jeweiligen Stand der Technik der zu prüfenden Gasanlagen entsprechenden Schulung nach Nummer 7 teilgenommen und diese mit einer erfolgreichen Prüfung abgeschlossen haben,

2.6 der Antragsteller nachweist, dass er über mindestens eine Untersuchungsstelle verfügt, die die in Anlage VIIId Nummer 3 genannten Anforderungen erfüllt,

2.7 der Antragsteller nachweist, dass für jede von ihm benannte Untersuchungsstelle eine Dokumentation der Betriebsorganisation erstellt wird, die interne Regeln enthält, nach denen eine ordnungsgemäße Durchführung und Nachweisführung der Prüfungen sichergestellt ist. Die Dokumentation muss mindestens der nach Nummer 1.2 bekannt gemachten Richtlinie entsprechen,

2.8 der Antragsteller bestätigt, dass für die mit der Durchführung der Prüfung betrauten verantwortlichen Personen und Fachkräfte eine ausreichende Haftpflichtversicherung zur Deckung aller im Zusammenhang mit den Prüfungen entstehenden Ansprüchen besteht, dies auf Verlangen nachweist und erklärt, dass er diese Versicherung aufrechterhalten wird,

2.9 der Antragsteller sowie die im Anerkennungsverfahren beteiligten Stellen nach Nummer 1.1 Satz 2 das Land, in dem sie tätig werden und für das der Antragsteller anerkannt wird, von allen Ansprüchen Dritter wegen Schäden freistellt, die im Zusammenhang mit den Prüfungen von ihm oder den von ihm beauftragten verantwortlichen Personen und Fachkräften verursacht werden, und dafür den Abschluss einer entsprechenden Versicherung bestätigt, dies auf Verlangen nachweist und erklärt, dass er diese Versicherung aufrechterhalten wird.

3 Nebenbestimmungen

3.1 Die Anerkennung kann mit Nebenbestimmungen verbunden werden, die erforderlich sind, um sicherzustellen, dass die Prüfungen ordnungsgemäß durchgeführt werden. Die Anerkennung ist nicht übertragbar.

3.2 Die Anerkennung ist auf bestimmte Arten von Gasanlagen zu beschränken, wenn die Voraussetzungen nach Nummer 2 nur für diese Arten nachgewiesen sind.

4 **Rücknahme der Anerkennung**

Die Anerkennung ist zurückzunehmen, wenn bei ihrer Erteilung eine der Voraussetzungen nach Nummer 2 nicht vorgelegen hat. Von der Rücknahme kann abgesehen werden, wenn der Mangel nicht mehr besteht.

5 **Widerruf der Anerkennung**

Die Anerkennung ist zu widerrufen, wenn nachträglich eine der Voraussetzungen nach Nummer 2 weggefallen ist. Sie ist teilweise oder völlig zu widerrufen, wenn gröblich gegen die Vorschriften zur Durchführung der Prüfungen verstoßen wurde, wenn die Prüfungen nicht ordnungsgemäß durchgeführt wurden oder wenn gegen die Auflagen der Anerkennung gröblich verstoßen wurde. Sie kann widerrufen werden, wenn von ihr innerhalb von mindestens sechs Monaten kein Gebrauch gemacht worden ist.

6 **Aufsicht über anerkannte Kraftfahrzeugwerkstätten**

6.1 Die Anerkennungsstelle übt die Aufsicht über die anerkannten Kraftfahrzeugwerkstätten aus. Sie kann selbst überprüfen oder überprüfen lassen,

6.1.1 ob die Prüfungen ordnungsgemäß durchgeführt, dokumentiert und nachgewiesen werden und ob die sich sonst aus der Anerkennung ergebenden Pflichten erfüllt werden,

6.1.2 in welchem Umfang von der Anerkennung Gebrauch gemacht worden ist.

6.2 Nummer 8.1 ist entsprechend anzuwenden.

7 **Schulung der verantwortlichen Personen und Fachkräfte**

7.1 Zur Durchführung der Schulungen nach Nummer 2.5 sind berechtigt:

a) Kraftfahrzeughersteller,

b) Kraftfahrzeugimporteure, die entweder selbst Inhaber einer allgemeinen Betriebserlaubnis für Kraftfahrzeugtypen oder durch Vertrag mit einem ausländischen Kraftfahrzeughersteller alleinvertriebsberechtigt im Geltungsbereich der Straßenverkehrs-Zulassungs-Ordnung sind, sofern sie eine eigene Kundendienstorganisation haben,

c) geeignete Stellen, die von einem der vorgenannten Kraftfahrzeughersteller oder Kraftfahrzeugimporteure beauftragt worden sind,

d) Hersteller von Gasanlagen, die Inhaber einer Teilegenehmigung für mindestens eine Gesamtanlage sind,

e) Importeure von Gasanlagen, die entweder selbst Inhaber einer Teilegenehmigung für mindestens eine Gesamtanlage sind oder die durch Vertrag mit einem ausländischen Hersteller von Gasanlagen, der Inhaber einer Teilegenehmigung für mindestens eine Gesamtanlage ist, alleinvertriebsberechtigt im Geltungsbereich der Straßenverkehrs-Zulassungs-Ordnung sind, sofern sie eine eigene Kundendienstorganisation haben,

f) Stellen, die vom Bundesinnungsverband des Kraftfahrzeughandwerks in 53040 Bonn, Postfach 15 01 62, zur Durchführung von Schulungen ermächtigt worden sind, und

g) Stellen, die von der zuständigen obersten Landesbehörde oder der von ihr bestimmten oder nach Landesrecht zuständigen Stelle zur Durchführung von Schulungen anerkannt worden sind.

7.2 Die Schulungsstätten sind den zuständigen obersten Landesbehörden oder den von ihnen bestimmten oder nach Landesrecht zuständigen Stellen sowie dem Bundesinnungsverband des Kraftfahrzeughandwerks in 53040 Bonn, Postfach 15 01 62, unaufgefordert zu melden; dies gilt entsprechend für die Einstellung der Schulungstätigkeit. Der Bundesinnungsverband des Kraftfahrzeughandwerks erfasst zentral die Schulungsstätten und übersendet den zuständigen obersten Landesbehörden und dem Bundesministerium für Verkehr und digitale Infrastruktur jeweils zu Beginn eines Jahres eine aktuelle Zusammenfassung aller Schulungsstätten.

7.3 Die Schulung muss jeweils innerhalb von drei Jahren wiederholt und erneut mit einer erfolgreichen Prüfung abgeschlossen werden. Die Frist beginnt jeweils mit dem Monat und Jahr, in dem erfolgreich eine Prüfung nach einer erstmaligen Schulung oder einer Wiederholungsschulung abgelegt wurde. Nach Ablauf der Frist ist erneut eine erstmalige Schulung und Prüfung abzulegen.

7.4 Die Schulungen und Wiederholungsschulungen, Schulungsinhalte sowie Schulungsstätten müssen die Anforderungen der vom Bundesministerium für Verkehr und digitale

Infrastruktur mit Zustimmung der zuständigen obersten Landesbehörden im Verkehrsblatt bekannt gemachten Richtlinie erfüllen.

8 **Aufsicht über das Anerkennungsverfahren und die Schulungen**

8.1 Die Aufsicht über die Anerkennungsstellen und das Anerkennungsverfahren obliegt der zuständigen obersten Landesbehörde oder den von ihr bestimmten oder nach Landesrecht zuständigen Stellen. Die Aufsichtsbehörde kann selbst überprüfen oder durch die Anerkennungsstelle überprüfen lassen, ob die Voraussetzungen für die Anerkennung noch gegeben sind und die sich sonst aus der Anerkennung oder den Nebenbestimmungen ergebenden Pflichten erfüllt werden. Diese Überprüfung ist mindestens alle drei Jahre durchzuführen.

8.2 Die Aufsicht über die Schulungen obliegt der zuständigen obersten Landesbehörde oder den von ihr bestimmten oder den nach Landesrecht zuständigen Stellen. Die Aufsichtsbehörde kann selbst überprüfen oder durch die von ihr bestimmten oder nach Landesrecht zuständigen Stellen überprüfen lassen, ob die für die Schulungsstätten geltenden Vorschriften eingehalten sind und die sich sonst aus der Ermächtigung oder den Nebenbestimmungen ergebenden Pflichten erfüllt werden. Sie können die Befugnis zur Überprüfung auf den Bundesinnungsverband des Kraftfahrzeughandwerks übertragen. Diese Überprüfung ist mindestens alle drei Jahre durchzuführen.

8.3 Die mit der Überprüfung beauftragten Personen sind befugt, Grundstücke und Geschäftsräume

a) des Inhabers der Anerkennung oder

b) der Schulungsstätte

während der Geschäfts- und Betriebszeiten zu betreten, dort Überprüfungen und Besichtigungen vorzunehmen und die vorgeschriebenen Aufzeichnungen einzusehen. Der Inhaber der Anerkennung oder der Inhaber oder Leiter der Schulungsstätte hat diese Maßnahmen zu dulden, soweit erforderlich die beauftragten Personen dabei zu unterstützen und auf Verlangen die vorgeschriebenen Aufzeichnungen vorzulegen. Der Inhaber der Anerkennung oder die Schulungsstätte hat die Kosten der Überprüfung zu tragen.

9 **Schlussbestimmungen**

9.1 Veränderungen bei anerkannten Kraftfahrzeugwerkstätten, die ihre Anerkennung beeinflussen können, sind von ihr der Anerkennungsstelle unaufgefordert mitzuteilen. Zuwiderhandlungen können zum Widerruf der Anerkennung nach Nummer 5 führen.

9.2 Veränderungen bei Schulungsstätten, die Einfluss auf die Schulung haben, sind den in Nummer 7.2 genannten Stellen unaufgefordert zu melden. Bei Zuwiderhandlungen können die in Nummer 8.2 genannten Stellen die Durchführungen von Schulungen untersagen.

Anlage XVIII[1])
(zu § 57b Absatz 1)

Prüfung der Fahrtschreiber und Kontrollgeräte

1 **Voraussetzungen für die Prüfung von Fahrtschreibern und Kontrollgeräten**

1.1 Fahrtschreiber und Kontrollgeräte müssen nach Maßgabe des Herstellers eingebaut sein. Fahrtschreiber und Kontrollgeräte müssen im Kraftfahrzeug so angebracht sein, dass für den Fahrer alle notwendigen Funktionen vom Fahrersitz aus zugänglich sind.

1.2 Zum Zwecke des Einbaus müssen Kontrollgeräte nach Anhang I B der Verordnung (EWG) Nr. 3821/85 in nicht aktiviertem Zustand geliefert worden sein, wobei alle in Kapitel III Abschnitt 20 des Anhangs I B der Verordnung (EWG) Nr. 3821/85 aufgeführten Kalibrierungsparameter auf geeignete und gültige Standardwerte eingestellt sein müssen. Liegt kein bestimmter Wert vor, müssen Buchstaben-Parameter auf „?“ und numerische Parameter auf „0“ gesetzt sein. Das Kontrollgerät muss vor der Aktivierung kalibrierfähig sein.

1) Anl. XVIII geänd. mWv 1.8.2013 durch VO v. 26.7.2013 (BGBl. I S. 2803).

1.3 Während des Einbaus müssen alle bekannten Parameter voreingestellt worden sein.

1.4 Das eingebaute Kontrollgerät muss spätestens am endgültigen Einbaustandort aktiviert worden sein.

1.5 Gegebenenfalls erforderliche Koppelungen zwischen dem Weg- und/oder Geschwindigkeitsgeber und der Fahrzeugeinheit müssen automatisch während der Aktivierung des Kontrollgeräts stattfinden. Die Aktivierung des Kontrollgeräts wird durch das erstmalige Einstecken einer Werkstattkarte in eine der beiden Kartenschnittstellen automatisch ausgelöst.

1.6 Nach dem Einbau muss eine Kalibrierung erfolgt sein. Bei der Erstkalibrierung, die innerhalb von zwei Wochen nach dem Einbau oder nach der Zuteilung des amtlichen Kennzeichens für das Kraftfahrzeug erfolgt sein muss, je nachdem, welches Ereignis zuletzt eintritt, muss das amtliche Kennzeichen des Kraftfahrzeugs eingegeben worden sein.

2 Datensicherung bei Reparatur oder Austausch des Kontrollgeräts nach Anhang I B der Verordnung (EWG) Nr. 3821/85

Wird im Rahmen einer Prüfung ein defektes digitales Kontrollgerät repariert oder ausgetauscht, so hat das Unternehmen, das die Prüfung durchführt, die im Speicher des defekten Geräts befindlichen Daten auf einen Datenträger zu kopieren und hierüber eine Bescheinigung nach dem Muster im Anhang zu dieser Anlage auszustellen. Die kopierten Daten sind bis zur Weitergabe an den Berechtigten, längstens jedoch für die Dauer von zwei Jahren zu speichern und nach der Weitergabe oder nach Fristablauf unverzüglich zu löschen. Ist ein Kopieren der Daten nicht möglich, so ist hierüber ebenfalls eine Bescheinigung nach dem Muster im Anhang zu dieser Anlage auszustellen. Das Unternehmen hat eine Kopie der nach Satz 1 oder Satz 3 ausgestellten Bescheinigungen für die Dauer eines Jahres in Papierform aufzubewahren.

3 Art und Gegenstand der Prüfung

Bei Kraftfahrzeugen, die mit Fahrtschreibern oder Kontrollgeräten nach § 57b Absatz 1 ausgerüstet sind, ist bei der Einbauprüfung und allen weiteren Prüfungen der Fahrtschreiber und Kontrollgeräte die Einhaltung der Bestimmungen der Verordnung (EWG) Nr. 3821/85 festzustellen.

4 Durchführung der Prüfung, Nachweise

4.1 Prüfungen nach § 57b Absatz 1 sind nach Maßgabe der Anlage XVIIIa durchzuführen.

4.2 Das nach Abschluss der Prüfung anzubringende Einbauschild muss folgende Angaben enthalten:

a) Name, Anschrift oder Firmenzeichen des anerkannten Fahrtschreiber- oder Kontrollgeräteherstellers oder der von diesem beauftragten Kraftfahrzeugwerkstatt oder Name, Anschrift oder Firmenzeichen des anerkannten Fahrzeugherstellers, des anerkannten Fahrzeugimporteurs oder der anerkannten Kraftfahrzeugwerkstatt,

b) Wegimpulszahl des Kraftfahrzeugs in der Form „w = ... Imp/km" bei elektronischem Fahrtschreiber oder Kontrollgerät,
Wegdrehzahl des Kraftfahrzeugs in der Form „w =... U/km" bei mechanischem Fahrtschreiber oder Kontrollgerät,

c) Konstante des Kontrollgeräts in der Form „k = ... Imp/km",

d) tatsächlicher Reifenumfang in der Form „L = ... mm",

e) Reifengröße,

f) Datum der Bestimmung der Wegimpulszahl des Kraftfahrzeugs und der Messung des tatsächlichen Reifenumfangs,

g) Fahrzeug-Identifizierungsnummer 17-stellig (bei Kontrollgeräten nach Anhang I der Verordnung (EWG) Nr. 3821/85 genügen die letzten acht Zeichen),

und bei Verwendung eines Adapters zusätzlich folgende Angaben:

h) Fahrzeugteil, in das der Adapter eingebaut wird,

i) Fahrzeugteil, in das der Weg- oder Geschwindigkeitsgeber eingebaut wird, wenn er nicht an das Getriebe angeschlossen ist,

j) Farbe des Kabels zwischen dem Adapter und dem Fahrzeugteil, das seine Eingangsimpulse bereitstellt, und

k) Seriennummer des eingebetteten Weg- oder Geschwindigkeitsgebers des Adapters.

4.3 Über jede durchgeführte Prüfung ist ein Nachweis zu führen. In dem Nachweis sind anzugeben:

a) bei Prüfungen nach § 57b Absatz 1 Halter, Hersteller, Fahrzeug-Identifizierungsnummer (bei Kontrollgeräten nach Anhang I der Verordnung (EWG) Nr. 3821/85 genügen die letzten acht Zeichen) sowie amtliches Kennzeichen des betreffenden Kraftfahrzeugs, das Ergebnis der Prüfung und das Datum der Anbringung des Einbauschilds,

b) bei Einbauprüfungen im Sinne des § 57b Absatz 4 die Fahrzeug-Identifizierungsnummer (bei Kontrollgeräten nach Anhang I der Verordnung (EWG) Nr. 3821/85 genügen die letzten acht Zeichen) des betreffenden Kraftfahrzeugs, das Ergebnis der Prüfung und das Datum der Anbringung des Einbauschilds.

Der Prüfnachweis ist von dem Unternehmen, das die Prüfung durchgeführt hat, drei Jahre lang aufzubewahren und zuständigen Personen auf Verlangen zur Prüfung vorzulegen.

5 Plombierung

5.1 Folgende Geräteteile müssen plombiert werden:

a) jeder Anschluss, sofern es bei einer Trennung der Verbindung zu nicht nachweisbaren Änderungen oder nicht feststellbaren Datenverlusten kommen würde, und

b) das Einbauschild, es sei denn, es ist so angebracht, dass es sich nicht ohne Vernichtung der Angaben entfernen lässt.

5.2 Die genannten Plombierungen dürfen entfernt werden:

a) in Notfällen,

b) um einen Geschwindigkeitsbegrenzer oder ein anderes der Sicherheit im Straßenverkehr dienendes Gerät einzubauen, zu justieren oder zu reparieren, sofern das Kontrollgerät auch dann noch zuverlässig und ordnungsgemäß arbeitet und von einem anerkannten Fahrtschreiber- oder Kontrollgerätehersteller, einer von diesem beauftragten Werkstatt oder von einer anerkannten Werkstatt unmittelbar nach dem Einbau des Geschwindigkeitsbegrenzers oder des anderen der Sicherheit im Straßenverkehr dienenden Geräts, spätestens jedoch sieben Tage nach der Entfernung, wieder plombiert wird,

c) zur Prüfung der Funktion des Geschwindigkeitsbegrenzers im Rahmen der Hauptuntersuchung nach § 29 durch den amtlich anerkannten Sachverständigen oder Prüfer oder Prüfingenieur; die Plombierung ist durch den amtlich anerkannten Sachverständigen oder Prüfer oder Prüfingenieur unmittelbar nach Abschluss der Funktionsprüfung des Geschwindigkeitsbegrenzers wieder herzustellen.

5.3 Jede Verletzung der Plombierung muss Gegenstand einer schriftlichen Begründung sein. Die Begründung ist für die Dauer von drei Jahren aufzubewahren und den zuständigen Personen auf Verlangen zur Prüfung vorzulegen.

Anhang
(zu Anlage XVIII)

Muster
für eine Bescheinigung über das Herunterladen von Daten/über die Unmöglichkeit des Herunterladens von Daten

Vorbemerkung

Wird bei einem Kraftfahrzeug das Kontrollgerät ausgetauscht oder besteht die Möglichkeit, dass nach einer Reparatur nicht mehr auf die im Massenspeicher gespeicherten Daten zugegriffen werden kann, ist das betroffene Transportunternehmen davon in Kenntnis zu setzen, dass die im Kontrollgerät gespeicherten Daten entweder heruntergeladen worden sind und diesem Unternehmen auf Verlangen zur Verfügung gestellt werden, oder dass die im Kontrollgerät gespeicherten Daten nicht heruntergeladen werden konnten. Dies hat durch die Ausstellung einer Bescheinigung nach dem beigefügten Muster zu erfolgen. Bescheinigungen können in „Heftform" und nach Bedarf in zwei- oder dreifacher Ausfertigung erstellt werden. Sie sind in der Überschrift mit der Länderkennzahl 1 für Deutschland und einer fortlaufenden Nummerierung zu versehen, die durch Schrägstrich von der Länderkennzahl abzugrenzen ist. Das Original ist zusammen mit der Rechnung für die ausgeführten Arbeiten dem Fahrer auszuhändigen oder kann dem Transportunternehmen per Post zugeleitet werden. Eine Ausfertigung verbleibt im Heft und wird bei dem Unternehmen, das die Bescheinigung ausgestellt hat, zur Prüfung durch die zuständige Behörde verwahrt. Die Bescheinigung ist zu unterschreiben und mit einem Firmenstempel zu versehen.

Muster
Bescheinigung Nummer: 1/XXXX
Kontrollgerät nach Anhang I B der Verordnung (EWG) Nr. 3821/85
Bescheinigung über das Herunterladen von Daten/über die Unmöglichkeit des Herunterladens von Daten[1]

1 Das Kontrollgerät, das nachfolgend unter Nummer 2 beschrieben ist und im Fahrzeug mit dem amtlichen Kennzeichen: ……………… eingebaut war/ist[1], wurde ausgetauscht/repariert[1] am: (Datum)………………

Angaben zum Kontrollgerät

2 Hersteller:……………………………………………………………………………………………
Modell:……………… Seriennummer:………………

3 Die im Kontrollgerät gespeicherten Daten[1]

a) **wurden heruntergeladen** und können zur Verfügung gestellt werden (siehe nachfolgende Bemerkungen)

b) **konnten nicht heruntergeladen werden** und sind daher nicht verfügbar,

– weil……………………………………………………………………………………………

– folgende Versuche zur Reparatur des Kontrollgeräts, die ein Herunterladen der Daten ermöglichen sollten, wurden unternommen:……………………………………………

Bemerkungen

(a) Heruntergeladene Daten können nur dem betroffenen Transportunternehmen zur Verfügung gestellt werden, das heißt dem Unternehmen, das sich mittels einer Unternehmenskarte in das Kontrollgerät eingeloggt hat.

(b) Nur Daten, die sich auf das betroffene Transportunternehmen beziehen, können diesem Unternehmen zur Verfügung gestellt werden.

(c) Für den Zugriff auf die Daten ist ein Berechtigungsnachweis erforderlich.

(d) Die Daten werden nur auf Antrag übermittelt. Der Antrag ist schriftlich an die unten genannte Adresse des Unternehmens zu richten, das die Daten zur Übermittlung bereithält. In dem Antrag ist anzugeben, wie die Daten übermittelt werden sollen (zum Beispiel per Einschreiben, E-Mail etc.).

(e) Die Daten werden nur für einen Zeitraum von zwei Jahren ab dem unter Nummer 1 genannten Tag aufbewahrt und nach Ablauf dieses Zeitraums vernichtet.

(f) Für die Übermittlung der Daten wird ein Entgelt in Höhe von Euro ……………… erhoben.

Unternehmen, das die Daten zur Übermittlung bereithält:

Datum, Unterschrift, Firmenstempel

Anlage XVIIIa[2]
(zu § 57b Absatz 1)

Durchführung der Prüfungen von Fahrtschreibern und Kontrollgeräten

1 **Allgemeines**

Prüfungen der Fahrtschreiber und Kontrollgeräte sind nach den Vorschriften dieser Anlage unter Beachtung der gegebenenfalls dazu im Verkehrsblatt – Amtsblatt des Bundesministeriums für Verkehr und digitale Infrastruktur der Bundesrepublik Deutschland – veröffentlichten Richtlinien durchzuführen.

2 **Prüfungsfälle**

2.1 Prüfungen von Fahrtschreibern und Kontrollgeräten nach § 57b sind durchzuführen

a) nach dem Einbau,

---

[1] **Amtl. Anm.:** Nichtzutreffendes streichen.
[2] Anl. XVIIIa geänd. mWv 30.10.2014 durch VO v. 22.10.2014 (BGBl. I S. 1635).

b) mindestens einmal innerhalb von zwei Jahren nach der letzten Prüfung,

c) nach jeder Reparatur an der Fahrtschreiber- oder Kontrollgeräteanlage,

d) nach jeder Änderung der Wegdrehzahl/Wegimpulszahl des Kraftfahrzeugs und

e) nach jeder Änderung des wirksamen Reifenumfangs des Kraftfahrzeugs, die sich aus der Änderung der Reifengröße ergibt.

2.2 An Kontrollgeräten nach Anhang I B der Verordnung (EWG) Nr. 3821/85 sind zusätzlich Prüfungen durchzuführen

a) nach jeder Änderung des amtlichen Kennzeichens des Kraftfahrzeugs oder

b) wenn die UTC-Zeit von der korrekten Zeit um mehr als 20 Minuten abweicht.

3 Durchführung der Prüfung

3.1 Einbauprüfungen, Nachprüfungen und Reparaturen von Fahrtschreibern und Kontrollgeräten nach Anhang I der Verordnung (EWG) Nr. 3821/85

3.1.1 Einbau, Funktionsprobe und Nachprüfung (bei Prüfungen nach Nummer 2.1).

3.1.1.1 Der Fahrtschreiber oder das Kontrollgerät ist in das Fahrzeug einzubauen sowie mechanisch und elektrisch anzuschließen.

3.1.1.2 Es ist eine Funktionsprobefahrt durchzuführen (entfällt bei Rollenprüfstand).

3.1.1.3 Die Anlage ist an den lösbaren mechanischen oder elektrischen Verbindungen mit Plombenzeichen zu plombieren.

3.1.1.4 Bei Nachprüfungen des eingebauten Fahrtschreibers oder Kontrollgeräts in den Fällen der Nummer 2.1 Buchstabe b bis e wird die angeglichene Wegdrehzahl geprüft und im Einbauschild unter w eingetragen; bei Fahrtschreibern oder Kontrollgeräten mit elektronischer Angleichung der Gerätekonstante an die Wegimpulszahl des Fahrzeugs wird die Wegimpulszahl geprüft und im Einbauschild unter w eingetragen.

3.1.2 Angleichung des Fahrtschreibers oder des Kontrollgeräts an das Kraftfahrzeug

3.1.2.1 Die Gerätekonstante auf dem Einbauschild ist festzustellen.

3.1.2.2 Das Wegdrehzahl- oder Wegimpulsmessgerät ist am Fahrzeug anzuschließen, danach ist das Fahrzeug abzurollen.

3.1.2.3 Die Wegdrehzahl/Wegimpulszahl w ist auf einer geeigneten ebenen Prüfstrecke von mindestens 40 m festzustellen; ersatzweise kann eine 20 m lange Messstrecke bei Verwendung eines elektronischen Wegimpulszahlmessgeräts gewählt werden.

3.1.2.4 Die Messung der Wegdrehzahl/Wegimpulszahl w kann auch auf einem für diese Zwecke geeigneten Rollenprüfstand durchgeführt werden (w = Anzahl der Umdrehungen oder Impulse des Geräteanschlusses am Fahrzeug bezogen auf eine Wegstrecke von 1 km).

3.1.2.5 Bei Fahrtschreibern und Kontrollgeräten mit mechanischer Angleichung ist die Wegdrehzahl w an Gerätekonstante k innerhalb ± 2% so anzugleichen, dass das Gerät im eingebauten Zustand die Fehlergrenze nach Anhang I Kapitel III Buchstabe f Nummer 2 der Verordnung (EWG) Nr. 3821/85 einhalten kann. Die Angleichung ist mittels Zwischengetriebe vorzunehmen und auf Einhaltung der Fehlergrenzen zu überprüfen. Bei Fahrtschreibern oder Kontrollgeräten mit elektronischer Angleichung der Gerätekonstante an die Wegimpulszahl des Fahrzeugs sind ebenfalls die Fehlergrenzen nach Anhang I Kapitel III Buchstabe f Nummer 2 der Verordnung (EWG) Nr. 3821/85 einzuhalten.

3.1.2.6 Die Messung des Fahrzeugs ist wie folgt vorzunehmen:

a) mit unbeladenem Fahrzeug in fahrbereitem Zustand nur mit einem Fahrer besetzt,

b) mit verkehrssicheren Fahrzeugreifen und dem vom Fahrzeughersteller empfohlenen Innendruck,

c) durch nachfolgend beschriebene Bewegung des Fahrzeugs:
Das Fahrzeug muss sich mit eigener Motorkraft geradlinig auf ebenem Gelände und mit einer Geschwindigkeit von 50 ± 5 km/h fortbewegen. Die Messstrecke muss mindestens 1 000 m betragen.
Die Prüfung kann auch mit anderen Methoden, wie zum Beispiel auf einem Prüfstand durchgeführt werden, sofern eine vergleichbare Genauigkeit gewährleistet ist.

3.1.2.7 Der nach Nummer 3.1.2.6 Buchstabe a und b zu berücksichtigende Normalzustand des Fahrzeugs kann aus anderen betrieblichen Zuständen des Fahrzeugs durch Korrektur der zugehörigen Messwerte rechnerisch angenähert sein (vgl. die Korrekturwerte bzw. die Korrekturtabellen der Fahrtschreiberhersteller).

3.1.2.8 Die Antriebswelle ist auf gute Verlegung und einwandfreien Lauf zu prüfen.

3.1.3 Untersuchung des Fahrtschreibers oder des Kontrollgeräts auf Eigenfehler (bei Prüfungen nach Nummer 2.1 Buchstabe a bis c)

3.1.3.1 Das Schaublatt ist mit den Fahrzeugdaten und Datum auszufüllen und in den Fahrtschreiber oder in das Kontrollgerät einzulegen.

3.1.3.2 Der Fahrtschreiber oder das Kontrollgerät ist als separate Komponente mit einem Prüfgerät zu kontrollieren; dabei dürfen die Abweichungen höchstens betragen:

a) zurückgelegte Wegstrecke:
± 1 %, bezogen auf 1 000 m,

b) Geschwindigkeit:
± 3 km/h (gilt bis Messbereich 125 km/h),

c) Zeit:
± 2 Minuten pro Tag oder
± 10 Minuten nach sieben Tagen.

3.1.3.3 Es ist ein Prüfdiagramm wie folgt zu erstellen:

a) Es sind drei Messpunkte nach Geschwindigkeitsanzeige anzufahren (zum Beispiel 40, 80, 120 für Messbereich 125 km/h).

b) Leitliniendiagramm
Es ist kurzzeitig bis zum Endpunkt hochzufahren und das Prüfgerät ist nach ca. 60 Sekunden auszuschalten = zeitlose Abfalllinie.

c) Es ist wieder bis zum Endpunkt hochzufahren und danach in drei Stufen mit jeweils 60 Sekunden Verharrung auf jeden Messpunkt abwärts zu schreiben.

d) Das Prüfschaublatt ist durch ein Auswertgerät mit Lupe zu kontrollieren.
Bei nichtauswertbarem Aufschrieb muss der Fahrtschreiber oder das Kontrollgerät instand gesetzt werden; anschließend ist die Überprüfung nach Nummer 3.1.3 zu wiederholen.

3.1.3.4 Die Prüfung nach Nummer 3.1.3 entfällt beim Einbau, wenn die Prüfung bereits vom Gerätehersteller vorgenommen wurde und nicht länger als ein Jahr zurückliegt.

3.2 Einbauprüfungen, Nachprüfungen und Reparaturen von Kontrollgeräten nach Anhang I B der Verordnung (EWG) Nr. 3821/85

3.2.1 Bei neuen oder reparierten Kontrollgeräten wird die ordnungsgemäße Arbeitsweise und die Genauigkeit der Anzeigen und Aufzeichnungen innerhalb der in den Nummern 3.2.5.1 und 3.2.5.2 festgelegten Fehlergrenzen durch die vom Hersteller oder der Werkstatt vorgenommene Plombierung bestätigt und muss beim Einbau oder der Eingabe des Fahrzeugkennzeichens nicht nochmals überprüft werden, sondern es sind lediglich die Prüfungen nach Nummer 3.2.3 Buchstabe c bis f durchzuführen.

3.2.2 Einbauprüfung

Beim Einbau in ein Fahrzeug muss die Gesamtanlage (einschließlich Kontrollgerät) den Vorschriften über die in den Nummern 3.2.5.1 und 3.2.5.2 festgelegten Fehlergrenzen entsprechen.

3.2.3 Regelmäßige Nachprüfung

Regelmäßige Nachprüfungen müssen bei jedem der unter Nummer 2 aufgeführten Prüfungsfälle erfolgen. Überprüft werden mindestens:

a) die ordnungsgemäße Arbeitsweise des Kontrollgeräts einschließlich der Datenspeicherung auf den Kontrollgerätkarten,

b) die Einhaltung der in den Nummern 3.2.5.1 und 3.2.5.2 aufgeführten Fehlergrenzen des Geräts in eingebautem Zustand,

c) das Vorhandensein des Prüfzeichens auf dem Kontrollgerät,

d) das Vorhandensein des Einbauschilds,

e) die Unversehrtheit der Plombierung des Geräts und der anderen Einbauteile,

f) die Reifengröße und der tatsächliche Reifenumfang.

Bestandteil der Überprüfung muss eine Kalibrierung nach Nummer 3.3 sein.

3.2.4 Messung der Anzeigefehler

Die Messung der Anzeigefehler beim Einbau und während der Benutzung wird unter folgenden Bedingungen, die als normale Prüfbedingungen anzusehen sind, durchgeführt:

a) unbeladenes Fahrzeug in fahrbereitem Zustand,

b) Reifendrücke gemäß Angaben des Herstellers,

c) Reifenabnutzung innerhalb der zulässigen Grenzen der Straßenverkehrs-Zulassungs-Ordnung,

d) Bewegung des Fahrzeugs:
Das Fahrzeug muss sich mit eigener Motorkraft geradlinig auf ebenem Gelände und mit einer Geschwindigkeit von 50 ± 5 km/h fortbewegen. Die Messstrecke muss mindestens 1 000 m betragen.
Die Prüfung kann auch mit anderen Methoden, wie zum Beispiel auf einem Prüfstand durchgeführt werden, sofern eine vergleichbare Genauigkeit gewährleistet ist.

3.2.5 Fehlergrenzen

3.2.5.1 Messung der zurückgelegten Wegstrecke

3.2.5.1.1 Die Messung kann erfolgen:

a) als Kumulierung der Vorwärts- und der Rückwärtsfahrt oder

b) nur beim Vorwärtsfahren.

3.2.5.1.2 Das Kontrollgerät muss Wegstrecken von 0 bis 9 999 999,9 km messen können.

3.2.5.1.3 Die simuliert gemessene Wegstrecke muss innerhalb folgender Fehlergrenzen liegen (Strecken von mindestens 1 000 m):

a) ± 1 Prozent vor dem Einbau,

b) ± 2 Prozent beim Einbau und bei den regelmäßigen Nachprüfungen,

c) ± 4 Prozent während des Betriebs.

3.2.5.1.4 Die Wegstreckenmessung hat auf mindestens 0,1 km genau zu erfolgen.

3.2.5.2 Geschwindigkeitsmessung

3.2.5.2.1 Das Kontrollgerät muss Geschwindigkeiten von 0 bis 220 km/h messen können.

3.2.5.2.2 Zur Gewährleistung einer zulässigen Fehlergrenze der angezeigten Geschwindigkeit im Betrieb von ± 6 km/h und unter der Berücksichtigung

a) einer Fehlergrenze von ± 2 km/h für Eingangsabweichung (Reifenabweichung),

b) einer Fehlergrenze von ± 1 km/h beim Einbau oder der regelmäßigen Nachprüfung

darf das Kontrollgerät bei Geschwindigkeiten zwischen 20 und 180 km/h und bei Wegimpulszahlen des Fahrzeugs zwischen 4 000 bis 25 000 Imp/km die Geschwindigkeit innerhalb einer Fehlergrenze von ± 1 km/h (bei konstanter Geschwindigkeit) messen. Auf Grund der Auflösung der Datenspeicherung ergibt sich eine weitere zulässige Fehlergrenze von 0,5 km/h für die im Kontrollgerät gespeicherte Geschwindigkeit.

3.2.5.2.3 Die Geschwindigkeitsmessung muss auf mindestens 1 km/h genau erfolgen.

3.2.6 Die Prüfabläufe und die Erstellung des Prüfdiagramms müssen nach den Vorgaben des Kontrollgeräteherstellers erfolgen.

3.3 Kalibrierung

Bei der Kalibrierung müssen folgende Vorgänge ausgeführt werden:

a) Koppelung des Weg- und/oder Geschwindigkeitsgebers mit der Fahrzeugeinheit,

b) digitale Angleichung der Konstante des Kontrollgeräts (k) an die Wegimpulszahl (w) des Fahrzeugs (Kraftfahrzeuge mit mehreren Hinterachsuntersetzungen müssen mit einer Umschalteinrichtung ausgerüstet sein, durch die die verschiedenen Untersetzungsverhältnisse automatisch auf die Wegimpulszahl gebracht werden, für die das Gerät abgestimmt wurde),

c) Kontrolle und gegebenenfalls Einstellung der aktuellen Uhrzeit (UTC-Zeit), gegebenenfalls die Einstellung des aktuellen Kilometerstands (Gerätetausch),

d) Aktualisierung der im Massenspeicher gespeicherten Kenndaten des Weg- und/oder Geschwindigkeitsgebers,

e) Aktualisierung oder Bestätigung der anderen dem Kontrollgerät bekannten Parameter wie:

aa) Fahrzeugkennung:

aaa) Fahrzeugkennzeichen,

bbb) Fahrzeug-Identifizierungsnummer,

ccc) zulassender Mitgliedstaat (Country Code);

bb) Fahrzeugmerkmale:

aaa) Wegimpulszahl (w),

bbb) Konstante (k),

ccc) Reifenumfang (L),

ddd) Reifengröße,

eee) UTC-Zeit,

fff) aktueller Kilometerstand,

ggg) Wert der gesetzlich vorgeschriebenen Abregelgeschwindigkeit des Fahrzeugs.

Nach der Kalibrierung muss ein Ausdruck der technischen Daten am Kontrollgerät sowie ein Download der Werkstattkartendaten erstellt werden. Das Kalibrierungsprotokoll muss zusammen mit dem Prüfnachweis für drei Jahre aufbewahrt werden.

Anlage XVIIIb[1)]
(zu § 57b Absatz 3 und 4)

Prüfstellen für die Durchführung von Prüfungen der Fahrtschreiber und Kontrollgeräte

1 Allgemeines

1.1 Prüfungen der Fahrtschreiber und Kontrollgeräte sind unter gleichen Voraussetzungen und nach gleichen technischen Standards durchzuführen.

1.2 Prüfungen der Fahrtschreiber und Kontrollgeräte dürfen nur an Stellen durchgeführt werden, an denen die in dieser Anlage beschriebenen Einrichtungen, Ausstattungen und Unterlagen für die Durchführung der Prüfungen vorhanden sind (Prüfstellen).

1.3 Die Einhaltung der für die eingesetzten Mess-/Prüfgeräte geltenden Vorschriften ist von dem Betreiber der Prüfungsstelle sicherzustellen. Werden die Vorschriften nicht eingehalten, ist die Durchführung von Prüfungen der Fahrtschreiber und Kontrollgeräte bis zur Wiederherstellung des ordnungsgemäßen Zustands unzulässig.

2 Einrichtungen und Ausstattungen

In Abhängigkeit von den durchzuführenden Prüfungen der Fahrtschreiber und Kontrollgeräte müssen ständig vorhanden sein:

2.1 Grundausstattung:

a) Grube, Hebebühne oder Rampe,

b) geeigneter Rollenprüfstand oder entsprechend genaue Messeinrichtung,

c) geeignete Prüfgeräte für Geschwindigkeits- und Wegstreckenmessungen sowie für den entsprechenden Aufschrieb,

d) geeignetes Wegdrehzahlmessgerät,

e) Auswertegerät mit Lupe für Schaublattprüfungen,

---

1) Anl. XVIIIb geänd. mWv 1.8.2013 durch VO v. 26.7.2013 (BGBl. I S. 2803); geänd. mWv 30.10.2014 durch VO v. 22.10.2014 (BGBl. I S. 1635).

f) Uhrenprüfgerät,

g) Prüfschablonen,

h) Plombiereinrichtung und Plombierungszeichen,

i) Reifenfüllanlage mit geeichtem Reifenluftdruckmessgerät,

j) Werkzeuge und weitere Messgeräte nach Weisung des Fahrtschreiber- oder Kontrollgeräteherstellers.

2.2 Zusatzausstattung für Prüfungen an Kontrollgeräten nach Anhang I B der Verordnung (EWG) Nr. 3821/85:

a) eine Werkstattkarte nach Anhang I B der Verordnung (EWG) Nr. 3821/85,

b) eine Einrichtung zum Herunterladen der Kontrollgerätedaten und beim Gerätetausch zur Weitergabe der Massenspeicherdaten an den Fahrzeughalter,

c) ein geeignetes Prüfgerät zur Programmierung der Geräteparameter nach Anhang I B der Verordnung (EWG) Nr. 3821/85,

d) eine Einrichtung für die elektronische Archivierung und Sicherung der Prüfungsdaten zu den durchgeführten Prüfungen.

Die gespeicherten Prüfungsdaten, die Plombiereinrichtungen, die Werkstattkarten sowie die Formulare zur Bestätigung über die Unmöglichkeit des Herunterladens der Daten sind durch geeignete Maßnahmen gegen unberechtigten Zugriff und Diebstahl zu schützen.

2.3 Zur laufenden Unterrichtung der für die Durchführung der Prüfung eingesetzten verantwortlichen Fachkräfte sind die nachfolgend aufgeführten Unterlagen bereit und auf dem aktuellen Stand zu halten:

a) die für die Durchführung von Prüfungen der Fahrtschreiber und Kontrollgeräte einschlägigen Vorschriften der Straßenverkehrs-Zulassungs-Ordnung in der jeweils aktuellen Fassung,

b) die im Verkehrsblatt – Amtsblatt des Bundesministeriums für Verkehr und digitale Infrastruktur der Bundesrepublik Deutschland – veröffentlichten Richtlinien, die für die Durchführung der Prüfung erforderlich sind,

c) Technische Daten und Prüfanleitungen der in Frage kommenden Fahrtschreiber und Kontrollgeräte und

d) eine Übersicht über die erfolgte Schulung der zur Prüfung eingesetzten Fachkräfte unter Angabe der Art der Schulung und des Datums, bis zu dem die Schulung der jeweiligen Fachkraft spätestens erneut durchgeführt werden muss.

Anlage XVIIIc[1]
(zu § 57b Absatz 3 und 4)

Anerkennung von Fahrtschreiber- oder Kontrollgeräteherstellern und von Fahrzeugherstellern oder Fahrzeugimporteuren zur Durchführung von Prüfungen

1 Allgemeines

1.1 Die Anerkennung von Fahrtschreiber- oder Kontrollgeräteherstellern für die Durchführung von Prüfungen allgemein sowie von Fahrzeugherstellern oder Fahrzeugimporteuren zur Durchführung von Einbauprüfungen der Fahrtschreiber und Kontrollgeräte obliegt der obersten Landesbehörde oder den von ihr bestimmten oder nach Landesrecht zuständigen Stellen.

1.2 Die Anerkennung kann erteilt werden

a) zur Vornahme der Prüfungen durch den Antragsteller selbst,

b) für Kontrollgerätehersteller auch zur Beauftragung von Kraftfahrzeugwerkstätten, die die Prüfungen vornehmen.

---

[1] Anl. XVIIIc geänd. mWv 1.5.2014 durch VO v. 5.11.2013 (BGBl. I S. 3920); geänd. mWv 11.3.2015 durch VO v. 9.3.2015 (BGBl. I S. 243).

Lässt der Antragsteller die Prüfungen durch von ihm beauftragte Kraftfahrzeugwerkstätten vornehmen, muss er nachweisen, dass er durch entsprechende Überwachungs- und Weisungsbefugnisse sichergestellt hat, dass bei den Werkstätten die Voraussetzungen der Anlage XVIIIb und der Anlage XVIIId Nummer 2 und 3 vorliegen und die Durchführung der Prüfungen ordnungsgemäß erfolgt. Eine Kraftfahrzeugwerkstatt, die bereits für die Prüfung von Kontrollgeräten und Fahrtschreibern nach Anhang I der Verordnung (EWG) Nr. 3821/85 ermächtigt ist, kann, sofern sie die notwendigen Bedingungen an Ausrüstung, Schulung und Sicherheit erfüllt, zur Durchführung der Prüfungen von Kontrollgeräten nach Anhang I B der Verordnung (EWG) Nr. 3821/85 vom bisherigen Fahrtschreiber- oder Kontrollgerätehersteller beauftragt werden. Sofern eine Kraftfahrzeugwerkstatt eine Erweiterung beantragt, ist diese nur zu erteilen, wenn die Voraussetzungen für eine Prüfberechtigung für Kontrollgeräte nach Anhang I und Anhang I B der Verordnung (EWG) Nr. 3821/85 erfüllt sind. Der Hersteller darf keine Werkstatt beauftragen, die bereits selbst von einer Anerkennungsstelle nach Anlage XVIIId anerkannt ist oder deren Anerkennung wegen Missachtung einschlägiger Vorschriften dauerhaft entzogen wurde.

1.3 Für die Anerkennung muss der Fahrtschreiber- oder Kontrollgerätehersteller nachweisen, dass er Inhaber einer allgemeinen Bauartgenehmigung für Fahrtschreiber nach § 22a dieser Verordnung oder einer EG-Bauartgenehmigung für Kontrollgeräte nach der Verordnung (EWG) Nr. 3821/85 ist.

1.4 Fahrzeugimporteure können wie Fahrzeughersteller im Sinne dieser Anlage für die Einbauprüfung anerkannt werden, wenn sie an Fahrzeugen, die außerhalb des Geltungsbereichs der Straßenverkehrs-Zulassungs-Ordnung hergestellt worden sind, für den jeweiligen Fahrzeughersteller die Einbauprüfung vornehmen.

2 Allgemeine Voraussetzungen

2.1 Voraussetzung für eine Anerkennung ist, dass der Antragsteller, bei juristischen Personen die nach Gesetz oder Satzung zur Vertretung befugten Personen sowie die für die Durchführung von Prüfungen der Fahrtschreiber und Kontrollgeräte verantwortlichen Fachkräfte persönlich zuverlässig sind. Ein Führungszeugnis und ein Auszug aus dem Fahreignungsregister sind jeweils vorzulegen.

2.2 Die Anerkennung zur Durchführung der Prüfungen durch den Antragsteller kann erteilt werden, wenn er nachweist, dass er die Anforderungen der Anlage XVIIId, ausgenommen Nummer 2.2, erfüllt und über mindestens eine Prüfstelle nach Anlage XVIIIb verfügt.

3 Nebenbestimmungen

Die Anerkennung kann mit Auflagen verbunden werden, die erforderlich sind, um sicherzustellen, dass die Prüfungen ordnungsgemäß durchgeführt werden und dass die Sicherheit nach Maßgabe der Anlage 10 des Anhangs I B der Verordnung (EWG) Nr. 3821/85 gewährleistet ist.

4 Rücknahme der Anerkennung

Die Anerkennung ist zurückzunehmen, wenn bei ihrer Erteilung eine der in Nummer 2 genannten Voraussetzungen nicht vorgelegen hat. Von der Rücknahme kann abgesehen werden, wenn der Mangel nicht mehr besteht.

5 Widerruf der Anerkennung

Die Anerkennung ist zu widerrufen, wenn nachträglich eine der in Nummer 2 genannten Voraussetzungen weggefallen ist. Sie ist auch dann zu widerrufen, wenn der Antragsteller vorsätzlich oder grob fahrlässig gegen die Vorschriften zur Durchführung der Prüfungen verstoßen hat, wenn die Prüfungen nicht ordnungsgemäß durchgeführt wurden, die Sicherheit nach Anlage 10 des Anhangs I B der Verordnung (EWG) Nr. 3821/85 nicht gewährleistet ist oder wenn die mit der Anerkennung verbundenen Auflagen nicht eingehalten worden sind. Die Anerkennung kann widerrufen werden, wenn von ihr innerhalb von sechs Monaten kein Gebrauch gemacht worden ist.

6 Aufsicht

6.1 Die Anerkennungsstelle übt die Aufsicht über die anerkannten Unternehmen aus. Mindestens alle 2 Jahre prüft sie oder lässt prüfen,

a) ob die sich aus der Anerkennung ergebenden Pflichten, insbesondere hinsichtlich der getroffenen Sicherheitsmaßnahmen und des Umganges mit Werkstattkarten, erfüllt werden,

b) ob die durchgeführten Prüfungen, Kalibrierungen und Einbauten der Fahrtschreiber und Kontrollgeräte durch den Antragsteller ordnungsgemäß durchgeführt, dokumentiert und nachgewiesen worden sind und

c) in welchem Umfang von der Anerkennung Gebrauch gemacht worden ist.

Bei mindestens 10 Prozent der anerkannten Unternehmen müssen die Prüfungen unangekündigt durchgeführt werden. Die Prüfungen sind zu dokumentieren.

6.2 Die mit der Prüfung beauftragten Personen sind befugt, Grundstücke und Geschäftsräume des Inhabers der Anerkennung während der Geschäfts- und Betriebszeiten zu betreten, dort Prüfungen und Besichtigungen vorzunehmen und die vorgeschriebenen Aufzeichnungen einzusehen. Der Inhaber der Anerkennung hat diese Maßnahmen zu dulden, soweit erforderlich die beauftragten Personen dabei zu unterstützen und auf Verlangen die vorgeschriebenen Aufzeichnungen vorzulegen. Er hat die Kosten der Prüfung zu tragen.

7 **Schlussbestimmungen**

Die zur Durchführung der Prüfung anerkannten Fahrtschreiber- oder Kontrollgerätehersteller sowie die anerkannten Fahrzeughersteller und Importeure haben alle Veränderungen, die ihre Anerkennung beeinflussen können, der Anerkennungsstelle unverzüglich und unaufgefordert mitzuteilen.

Anlage XVIIId[1)]
(zu § 57b Absatz 3 und 4)

Anerkennung von Kraftfahrzeugwerkstätten zur Durchführung von Prüfungen sowie Schulung der mit der Prüfung beauftragten Fachkräfte

1 **Allgemeines**

1.1 Die Anerkennung von Kraftfahrzeugwerkstätten zur Durchführung von Prüfungen der Fahrtschreiber und Kontrollgeräte obliegt der zuständigen obersten Landesbehörde oder den von ihr bestimmten oder nach Landesrecht zuständigen Stellen (Anerkennungsstelle). Diese können die Befugnis auf die örtlich und fachlich zuständigen Kraftfahrzeuginnungen übertragen. Die Anerkennungsstelle darf keine Werkstatt anerkennen, die bereits von einem anerkannten Fahrtschreiber- oder Kontrollgerätehersteller nach Anlage XVIIIc beauftragt ist oder deren Anerkennung wegen Missachtung einschlägiger Vorschriften dauerhaft entzogen wurde.

1.2 Für die nach Nummer 2.5 vorgeschriebenen Schulungen und Wiederholungsschulungen und für das Verfahren der Anerkennung von Kraftfahrzeugwerkstätten wird eine Richtlinie im Verkehrsblatt – Amtsblatt des Bundesministeriums für Verkehr und digitale Infrastruktur der Bundesrepublik Deutschland – veröffentlicht.

1.3 Die Anerkennung nach Nummer 1.1 und die Erfüllung der in Nummer 2 bestimmten persönlichen Voraussetzungen sind Grundlage für die Zuteilung der Werkstattkarten. Die Werkstattkarte wird jeweils mit den Daten der Kraftfahrzeugwerkstatt sowie der für die Durchführung der Prüfung verantwortlichen Fachkraft personalisiert. Bei Wegfall der Prüfberechtigung der Kraftfahrzeugwerkstatt oder einer verantwortlichen Fachkraft oder beim Ausscheiden einer verantwortlichen Fachkraft aus dem Unternehmen sowie bei Nichteinhaltung der in Nummer 2.5 festgelegten Nachschulungsfrist sind die betroffenen Werkstattkarten durch die Kraftfahrzeugwerkstatt an die ausgebende Stelle zurückzugeben.

[1)] Anl. XVIIId geänd. mWv 1.5.2014 durch VO v. 5.11.2013 (BGBl. I S. 3920); geänd. mWv 30.10.2014 durch VO v. 22.10.2014 (BGBl. I S. 1635); geänd. mWv 11.3.2015 durch VO v. 9.3. 2015 (BGBl. I S. 243).

2 Persönliche Voraussetzungen für die Anerkennung von Kraftfahrzeugwerkstätten

2.1 Der Antragsteller, bei juristischen Personen, die nach Gesetz oder Satzungen zur Vertretung berufenen Personen, sowie die für die Durchführung von Prüfungen der Fahrtschreiber und Kontrollgeräte verantwortlichen Fachkräfte müssen persönlich zuverlässig sein und ein Führungszeugnis und einen Auszug aus dem Fahreignungsregister vorlegen.

2.2 Der Antragsteller muss durch die Vorlage einer Bescheinigung der örtlich zuständigen Handwerkskammer die Eintragung in die Handwerksrolle nachweisen, dass er selbst oder der Betriebsleiter somit die Voraussetzungen nach der Handwerksordnung zur selbstständigen gewerblichen Verrichtung solcher Arbeiten erfüllt, die zur Behebung der bei der Durchführung von Prüfungen der Fahrtschreiber und Kontrollgeräte festgestellten Mängel erforderlich sind.

2.3 Der Antragsteller muss nachweisen, dass er für die Durchführung von Prüfungen der Fahrtschreiber und Kontrollgeräte verantwortliche Fachkräfte beschäftigt. Diese müssen vom Antragsteller namentlich benannt werden.

2.4 Der Antragsteller muss nachweisen, dass die für die Durchführung von Prüfungen der Fahrtschreiber und Kontrollgeräte verantwortlichen Fachkräfte über eine entsprechende Vorbildung und ausreichende Erfahrungen auf dem Gebiet der Kraftfahrzeugtechnik verfügen, wobei die verantwortlichen Fachkräfte

a) eine erfolgreiche Abschlussprüfung in einem der folgenden Ausbildungsberufe nachweisen müssen:
   - aa) Kraftfahrzeugmechaniker,
   - bb) Kraftfahrzeugelektriker,
   - cc) Automobilmechaniker,
   - dd) Kfz-Mechatroniker,
   - ee) Mechaniker für Karosserieinstandhaltungstechnik,
   - ff) Karosserie- und Fahrzeugbauer,
   - gg) Karosserie- und Fahrzeugbaumechaniker,
   - hh) Metallbauer, Fachrichtung Fahrzeugbau,
   - ii) Metallbauer, Fachrichtung Nutzfahrzeugbau,
   - jj) Landmaschinenmechaniker,
   - kk) Land- und Baumaschinenmechaniker oder

b) eine erfolgreiche Meisterprüfung in einem der folgenden Berufe nachweisen müssen:
   - aa) Kraftfahrzeugmechaniker-Handwerk,
   - bb) Kraftfahrzeugelektriker-Handwerk,
   - cc) Kraftfahrzeugtechniker-Handwerk,
   - dd) Karosserie- und Fahrzeugbauer-Handwerk,
   - ee) Metallbauer-Handwerk (Fachrichtung Fahrzeugbau),
   - ff) Metallbauer-Handwerk (Schwerpunkt Nutzfahrzeugbau),
   - gg) Landmaschinenmechaniker-Handwerk oder

c) als Dipl.-Ing., Dipl.-Ing. (FH) oder Ing. (grad.) der Fachrichtung Maschinenbau, Fahrzeugtechnik, Elektrotechnik oder Luft- und Raumfahrttechnik/Luftfahrzeugtechnik nachweisen müssen:
   - aa) eine mindestens dreijährige Tätigkeit im Kraftfahrzeugbereich (Untersuchung, Prüfung, Wartung und Reparatur) oder
   - bb) eine Abschlussprüfung in den vorgenannten Ausbildungsberufen.

2.5 Die für die Durchführung von Prüfungen der Fahrtschreiber und Kontrollgeräte verantwortlichen Fachkräfte müssen darüber hinaus eine dem jeweiligen Stand der Technik der zu prüfenden Fahrtschreiber und Kontrollgeräte entsprechende Schulung nach Maßgabe der Nummer 8 erfolgreich abgeschlossen haben, wobei die Frist für die Wiederholungsschulungen maximal 36 Monate beträgt, beginnend mit dem Monat und Jahr, in dem erfolgreich eine Abschlussprüfung nach einer erstmaligen Schulung oder einer Wiederholungsschulung abgelegt wurde. Wird die Frist um mehr als zwei Monate überschritten, ist statt einer Wiederholungsschulung eine erstmalige Schulung durchzuführen.

2.6 Der Antragsteller muss nachweisen, dass die von ihm benannte Prüfstelle den Anforderungen der Anlage XVIIIb entspricht.

2.7 Die Anerkennung ist nicht übertragbar.

3 Handhabung der Werkstattkarte

3.1 Die Kraftfahrzeugwerkstatt und die zur Führung der Geschäfte bestimmte Person sind für die ordnungsgemäße Nutzung der Werkstattkarte verantwortlich. Sie hat die verantwortlichen Fachkräfte hierüber jährlich zu belehren. Die Belehrung ist schriftlich festzuhalten.

3.2 Die Kraftfahrzeugwerkstatt hat sicherzustellen, dass die Werkstattkarte nicht missbräuchlich oder durch unbefugte Personen verwendet wird. Sie darf nur von der verantwortlichen Fachkraft, auf die sie ausgestellt ist, verwendet werden. Sie ist innerhalb der Werkstatt sicher und gegen unbefugte Zugriffe geschützt aufzubewahren und darf außerhalb der Werkstatt nur zum ordnungsgemäßen Gebrauch mitgeführt werden, soweit dies in konkreten Einzelfällen notwendig ist. Verlust oder Diebstahl der Werkstattkarte sind der ausgebenden Behörde oder Stelle unverzüglich anzuzeigen. Gleiches gilt, wenn die verantwortliche Fachkraft unter Mitnahme der Werkstattkarte ihr Arbeitsverhältnis auflöst und die Kraftfahrzeugwerkstatt die Karte nicht beschaffen kann. Die Kraftfahrzeugwerkstatt hat nachzuweisen, dass es ihr nicht möglich ist, die Werkstattkarte zurückzuerlangen.

3.3 Die Kraftfahrzeugwerkstatt führt zu Kontrollzwecken einen kontinuierlichen Nachweis über die jeweilige Verwendung der ihren verantwortlichen Fachkräften erteilten Werkstattkarten. Zu diesem Zweck sind die im Speicherchip der Werkstattkarten vorhandenen Daten regelmäßig auf einen Datenträger zu kopieren. Die Daten sind mindestens drei Jahre zu speichern.

4 Nebenbestimmungen

Die Anerkennung kann mit Auflagen verbunden werden, die erforderlich sind, um sicherzustellen, dass die Prüfungen ordnungsgemäß durchgeführt werden und dass die Sicherheit nach Maßgabe der Anlage 10 des Anhangs I B der Verordnung (EWG) Nr. 3821/85 gewährleistet ist.

5 Rücknahme der Anerkennung

Die Anerkennung ist zurückzunehmen, wenn bei ihrer Erteilung eine der in Nummer 2 genannten Voraussetzungen nicht vorgelegen hat. Von der Rücknahme kann abgesehen werden, wenn der Mangel nicht mehr besteht.

6 Widerruf der Anerkennung

Die Anerkennung ist zu widerrufen, wenn eine der in Nummer 2 genannten Voraussetzungen weggefallen ist. Sie ist auch dann zu widerrufen, wenn die Kraftfahrzeugwerkstatt vorsätzlich oder grob fahrlässig gegen die Vorschriften zur Durchführung der Prüfungen verstoßen hat, wenn die Prüfungen nicht ordnungsgemäß durchgeführt wurden, die Sicherheit nach Anlage 10 des Anhangs I B der Verordnung (EWG) Nr. 3821/85 nicht gewährleistet ist oder wenn die mit der Anerkennung verbundenen Auflagen nicht eingehalten worden sind. Die Anerkennung kann widerrufen werden, wenn von ihr innerhalb von sechs Monaten kein Gebrauch gemacht worden ist.

7 Aufsicht

7.1 Die Anerkennungsstelle übt die Aufsicht über die anerkannten Kraftfahrzeugwerkstätten aus. Mindestens alle 2 Jahre prüft sie oder lässt prüfen,

a) ob die sich aus der Anerkennung ergebenden Pflichten, insbesondere hinsichtlich der getroffenen Sicherheitsmaßnahmen und des Umganges mit Werkstattkarten, erfüllt werden,

b) ob die durchgeführten Prüfungen, Kalibrierungen und Einbauten der Fahrtschreiber und Kontrollgeräte durch den Antragsteller ordnungsgemäß durchgeführt, dokumentiert und nachgewiesen worden sind,

c) in welchem Umfang von der Anerkennung Gebrauch gemacht worden ist und

d) ob die in Nummer 8 vorgeschriebenen Schulungen durchgeführt werden.

Bei mindestens 10 Prozent der anerkannten Kraftfahrzeugwerkstätten müssen die Prüfungen unangekündigt durchgeführt werden. Die Prüfungen sind zu dokumentieren.

7.2 Die mit der Prüfung beauftragten Personen sind befugt, Grundstücke und Geschäftsräume des Inhabers der Anerkennung während der Geschäfts- und Betriebszeiten zu betreten, dort Prüfungen und Besichtigungen vorzunehmen und die vorgeschriebenen Aufzeichnungen einzusehen. Der Inhaber der Anerkennung hat diese Maßnahmen zu dulden, soweit erforderlich die beauftragten Personen dabei zu unterstützen und auf Verlangen die vorgeschriebenen Aufzeichnungen vorzulegen. Er hat die Kosten der Prüfung zu tragen.

8 Schulung der verantwortlichen Fachkräfte

8.1 Die Schulung nach Nummer 2.5 kann durchgeführt werden durch

a) Hersteller für Fahrtschreiber oder Kontrollgeräte,

b) von einem Hersteller für Fahrtschreiber oder Kontrollgeräte autorisierte und für solche Schulungen geeignete Stellen oder

c) vom Bundesinnungsverband des Kraftfahrzeughandwerks autorisierte und für solche Schulungen geeignete Bildungsstätten des Handwerks.

8.2 Schulungsstätten sind den örtlich zuständigen obersten Landesbehörden oder den von ihnen bestimmten oder nach Landesrecht zuständigen Stellen unaufgefordert zu melden; dies gilt auch für die Einstellung der Schulungstätigkeit.

8.3 Die Schulungen, die vorgeschriebenen Wiederholungsschulungen, die Schulungsinhalte sowie die Schulung der Schulungsstätten müssen der nach Nummer 1.2 bekannt gemachten Richtlinie entsprechen. Die Schulungen müssen geräte- und herstellerübergreifend durchgeführt werden.

8.4 Die in den Schulungen für Geräte nach Anhang I B der Verordnung (EWG) Nr. 3821/85 verwendeten Kontrollgeräte und Karten sind mit speziellen Test-Keys auszurüsten, um Sicherheitsrisiken wie beispielsweise einen Diebstahl und eine damit verbundene unbefugte Weiterverwendung von Schulungskarten auszuschließen.

9 Aufsicht über das Anerkennungsverfahren und die Schulungen

9.1 Die Aufsicht über die Anerkennungsstellen und das Anerkennungsverfahren obliegt der zuständigen obersten Landesbehörde oder den von ihr bestimmten oder nach Landesrecht zuständigen Stellen. Nummer 7.2 ist entsprechend anzuwenden.

9.2 Die Aufsicht über die Schulungen obliegt der zuständigen obersten Landesbehörde oder den von ihr bestimmten oder nach Landesrecht zuständigen Stellen.
Die mit der Prüfung beauftragten Personen sind befugt, Grundstücke und Geschäftsräume der Schulungsstätten während der Geschäfts- und Betriebszeiten zu betreten, dort Prüfungen und Besichtigungen vorzunehmen und die vorgeschriebenen Aufzeichnungen einzusehen. Der Inhaber oder Leiter der Schulungsstätte hat diese Maßnahmen zu dulden, soweit erforderlich die beauftragten Personen dabei zu unterstützen und auf Verlangen die vorgeschriebenen Aufzeichnungen vorzulegen. Die Schulungsstätte hat die Kosten der Prüfung zu tragen.

10 Schlussbestimmungen

10.1 Veränderungen bei anerkannten Kraftfahrzeugwerkstätten, die ihre Anerkennung beeinflussen können, sind von ihnen der Anerkennungsstelle unaufgefordert mitzuteilen.

10.2 Veränderungen bei Schulungsstätten, die Einfluss auf die Durchführung der Schulungen haben können, sind den nach Nummer 8.2 zuständigen Stellen unaufgefordert zu melden.

Anlage XIX[1)]
(§ 19 Absatz 3 Nummer 4)

Teilegutachten

1 Teilegutachten/Technischer Dienst oder Prüfstelle

1.1 Ein Teilegutachten ist das Gutachten eines Technischen Dienstes oder einer Prüfstelle über die Vorschriftsmäßigkeit eines Fahrzeugs bei bestimmungsgemäßem Ein- oder Anbau der begutachteten Teile. Ein Teilegutachten muss den Verwendungsbereich der begutachteten Teile und notwendige Hinweise für die Abnahme des Anbaus durch den amtlich anerkannten Sachverständigen oder Prüfer für den Kraftfahrzeugverkehr oder durch einen Kraftfahrzeugsachverständigen oder Angestellten nach Nummer 4 der Anlage VIIIb sowie Auflagen und Einschränkungen enthalten.

1.2 Technischer Dienst oder Prüfstelle ist ein entsprechend der Norm DIN EN 45 001 (Ausgabe Mai 1990) anerkanntes oder nach den Normen DIN EN 45 001 (Ausgabe Mai 1990) und DIN EN 45 002 (Ausgabe Mai 1990) akkreditiertes Prüflaboratorium. Sie können Teilegutachten nach Abschnitt 1.1 auf Grund von Prüfungen und Prüfungsarten erstellen, für die sie akkreditiert oder anerkannt sind.

1.3 Die Technischen Dienste und Prüfstellen haben bei der Erstellung von Teilegutachten den im Verkehrsblatt mit Zustimmung der zuständigen obersten Landesbehörden bekannt gemachten „Beispielkatalog über Änderungen an Fahrzeugen und ihre Auswirkungen auf die Betriebserlaubnis von Fahrzeugen" zugrunde zu legen.

1.4 Die Technischen Dienste und Prüfstellen haben die von ihnen erstellten Teilegutachten dem Kraftfahrt-Bundesamt nach dessen Vorgaben für eine zentrale Erfassung zur Verfügung zu stellen.

2 Qualitätssicherungssystem

2.1 Die Gültigkeit und die Erstellung eines Teilegutachtens nach Nummer 1.1 setzen den Nachweis des Herstellers dieser Teile darüber voraus, dass er in Bezug auf die Produktion dieser Teile in seiner Fertigung ein Qualitätssicherungssystem unterhält, das der harmonisierten Norm DIN EN ISO 9002 (Ausgabe August 1994) oder einem gleichwertigen Standard entspricht. Das Teilegutachten muss auf das Vorliegen eines entsprechenden Nachweises hinweisen. Als Hersteller im Sinn des Satzes 1 gilt die Person oder Stelle, die gegenüber dem jeweiligen Technischen Dienst für alle Belange des Teilegutachtens gemäß § 19 in Verbindung mit Anlage XIX sowie für die Sicherstellung der Übereinstimmung der Produktion verantwortlich ist.

2.2 Der unter Nummer 2.1 genannte Nachweis kann dadurch erbracht werden, dass dieses Qualitätssicherungssystem durch eine benannte Stelle gemäß dem Modul D (QS-Produktion) des Beschlusses des Rates vom 13. Dezember 1990 über die in den technischen Harmonisierungsrichtlinien zu verwendenden Module für die verschiedenen Phasen der Konformitätsbewertungsverfahren (90/683/EWG) (ABl. L 380 vom 31.12.1990, S. 13) zertifiziert ist und überwacht wird.
Stellen, die die Einrichtung und die Anwendung von Qualitätssicherungssystemen nach 2.1 zertifizieren und überwachen, müssen gemäß den Normen EN 45 012 (Ausgabe September 1989) und EN 45 002 (Ausgabe Mai 1990) akkreditiert sein (Zertifizierungsstelle für Qualitätssicherungssysteme).
Unberührt bleibt die Akkreditierung von Zertifizierungsstellen, die durch einen anderen Mitgliedstaat erteilt ist.

Anlage XX

(weggefallen)

---

1) Anl. XIX geänd. mWv 1.11.2012 durch VO v. 19.10.2012 (BGBl. I S. 2232).

Anlage XXI
(§ 49 Absatz 3)

Kriterien für lärmarme Kraftfahrzeuge

1 Allgemeines

Lärmarme Kraftfahrzeuge sind Fahrzeuge, bei denen alle lärmrelevanten Einzelquellen dem Stand moderner Lärmminderungstechnik entsprechen.

2 Lastkraftwagen

2.1 Geräuschgrenzwerte

Der Stand moderner Lärmminderungstechnik ist für Lastkraftwagen mit einem zulässigen Gesamtgewicht von mehr als 2,8 t dann gegeben, wenn folgende nach Leistungsklassen unterschiedliche Grenzwerte eingehalten oder unterschritten werden:

Tabelle 1

	Motorleistung		
	weniger als 75 kW	von 75 kW bis weniger als 150 kW	150 kW oder mehr
Fahrgeräusch	77 dB(A)	78 dB(A)	80 dB(A)
Motorbremsgeräusch[1]	77 dB(A)	78 dB(A)	80 dB(A)
Druckluftgeräusch[1]	72 dB(A)	72 dB(A)	72 dB(A)
Rundumgeräusch[2]	77 dB(A)	78 dB(A)	80 dB(A)

Während einer Einführungszeit bis zum 31. Dezember 1987 gelten auch Fahrzeuge als lärmarm, deren Geräuschemissionen die Werte der Tabelle 1 um bis zu 2 dB(A) überschreiten.

Lastkraftwagen mit lärmrelevanten Zusatzaggregaten wie zum Beispiel Pumpen, Standheizung, Klimaanlagen, Mülltrommeln gelten nur dann als lärmarm, wenn durch eine Zusatzprüfung festgestellt wird, dass auch diese Lärmquellen dem Stand moderner Lärmminderungstechnik entsprechen. Dies gilt in der Regel als erfüllt, wenn das Geräusch der Zusatzaggregate in deren lautestem Betriebszustand nicht lauter als 65 dB(A) in 7 m Abstand ist und keinen ton- oder impulshaltigen Geräuschcharakter aufweist. Für Zusatzaggregate kann der Stand moderner Lärmminderungstechnik durch Einzelrichtlinien festgelegt werden.

2.2 Geräuschmessverfahren

2.2.1 Fahrgeräusch

Das Fahrgeräusch wird auf der Messstrecke nach Abbildung 1 bei beschleunigter Vorbeifahrt in 7,5 m seitlicher Entfernung von der Fahrspurmitte nach der in § 49 Absatz 2 Nummer 1 genannten Richtlinie mit folgender Abweichung ermittelt: Ein nach der in § 49 Absatz 2 Nummer 1 genannten Richtlinie notwendiges Hochschalten der Gänge aus X/2 ist in dem Gang zu beenden, in dem die höchstzulässige Motordrehzahl (zum Beispiel Abregeldrehzahl) erstmals bei Überfahren der Linie BB' nicht mehr erreicht wird.

2.2.2 Motorbremsgeräusch

Die Messung wird auf der Messstrecke nach Abbildung 1 beidseitig am beladenen Fahrzeug vorgenommen. Dabei ist diejenige Getriebestufe einzulegen, in der die Geschwindigkeit des Fahrzeugs bei Nennleistungsdrehzahl des Motors am nächsten bei 40 km/h liegt. Aus der der Nennleistungsdrehzahl entsprechenden Geschwindigkeit heraus wird die Motorbremse bei Überqueren der Linie AA' voll eingeschaltet und der höchste A-Schallpegel an den Messorten während der Vorbeifahrt zwischen den Linien AA' und BB' gemessen.

---

[1] **Amtl. Anm.:** Sofern entsprechende Bremseinrichtungen vorhanden sind.
[2] **Amtl. Anm.:** Entfällt bei elektrischem Antrieb.

Abbildung 1
Markierung der Messstrecke für das Messen des Fahrgeräuschs

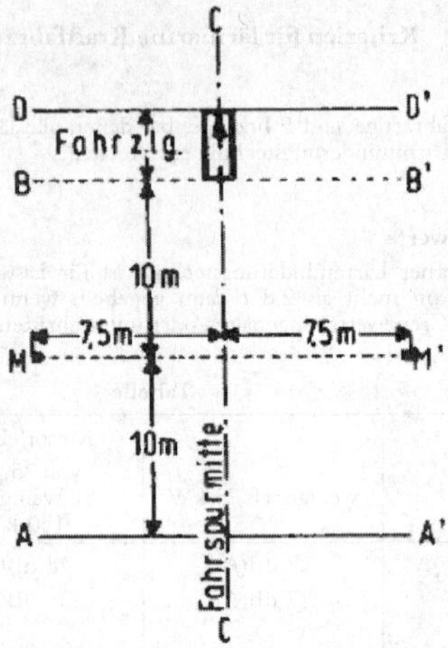

2.2.3 **Rundumgeräusch**

Die Messung erfolgt am stehenden Fahrzeug gemäß Abbildung 2 an acht Messpunkten in 7 m Entfernung vom Fahrzeugumriss und in 1,2 m Höhe.

Vor der Messung ist der Motor auf normale Betriebstemperatur zu bringen. Die Messung soll bei folgender Betriebsbedingung ausgeführt werden:

Der Gasfußhebel ist stoßweise so weit zu betätigen, dass die Abregeldrehzahl jeweils kurz erreicht wird (Beschleunigungsstoß).

Für jeden der acht Messpunkte wird der höchste hierbei auftretende A-Schallpegel ermittelt.

Lässt sich aus motortechnischen Gründen keine bestimmte Abregeldrehzahl erreichen, ist die Messung wie folgt durchzuführen.

Die Drehzahl wird zunächst auf 3/4 der Nennleistungsdrehzahl konstant gehalten und dann so schnell wie möglich auf Leerlaufdrehzahl abgesenkt.

Für jeden der acht Messpunkte wird der höchste A-Schallpegel ermittelt, der während einer kurzen Einhaltung der oben angegebenen konstanten Drehzahl und der Zeit für den Drehzahlabfall auftritt. Bei Anwendung dieses Messverfahrens sind die Grenzwerte für das Rundumgeräusch gegenüber den Werten aus der Tabelle 1 um 5 dB(A) niedriger anzusetzen.

Abbildung 2
Lage der Messpunkte für das Messen des Rundumgeräuschs

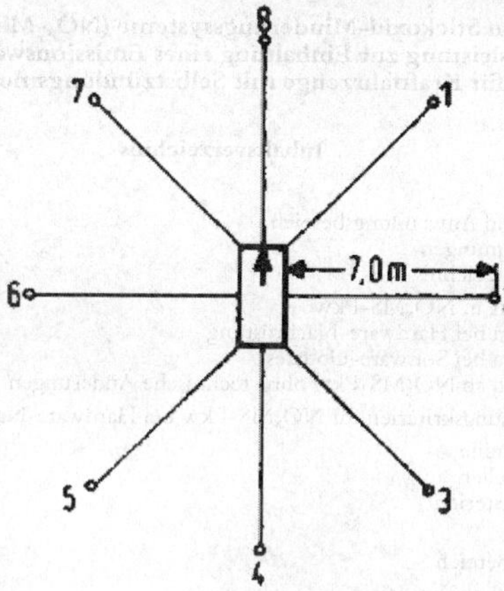

2.2.4 Druckluftgeräusche

Die Messung erfolgt am stehenden Fahrzeug in den Messpunkten 2 und 6 gemäß Abbildung 2.

Ermittelt werden die höchsten A-Schallpegel des Druckregler-Abblasgeräuschs und des Entlüftungsgeräuschs nach Betätigen der Betriebs- und Feststellbremse.

Das Druckregler-Abblasgeräusch wird bei Leerlauf des Motors ermittelt.

Das Entlüftungsgeräusch wird beim Betätigen der Betriebs- und Feststellbremse ermittelt, wobei vor jeder Messung die Druckluftanlage auf den höchsten Betriebsdruck zu bringen ist und der Motor abgestellt wird.

2.2.5 Auswertung der Ergebnisse

Die Messungen werden für alle Messpunkte zweimal ausgeführt.

Zur Berücksichtigung der Ungenauigkeiten der Messgeräte gilt der am Gerät abgelesene, um 1 dB(A) verringerte Wert als Messergebnis. Die Messergebnisse werden als gültig angesehen, wenn der Unterschied der am gleichen Messpunkt vorgenommenen Messungen 2 dB(A) nicht übersteigt. Als Prüfergebnis gilt das höchste Messergebnis aller unter Nummer 2.2.1 bis 2.2.4 jeweils beschriebenen Messpunkte. Übersteigt dieser Wert den zulässigen Grenzwert um 1 dB(A), so sind für den entsprechenden Messpunkt zwei weitere Messungen durchzuführen. Hierbei müssen drei der vier Messergebnisse innerhalb der vorgeschriebenen Grenzwerte liegen.

2.2.6 Sonstiges

Hinsichtlich der Messgeräte und aller akustischen Randbedingungen bei der Messung gelten die Vorschriften der in § 49 Absatz 2 Nummer 1 genannten Richtlinie.

Anlage XXII[1)]
(zu § 47 Absatz 3b und 3c)

Anforderungen an Stickoxid-Minderungssysteme (NO_x-Minderungssysteme) mit hoher Minderungsleistung zur Einhaltung eines Emissionswerts von weniger als 270 mg/km NO_x für Kraftfahrzeuge mit Selbstzündungsmotor (NO_xMS-Pkw)

Inhaltsverzeichnis

[1)] Anlage XXII eingef. mWv 1.1.2020 durch VO v. 26.11.2019 (BGBl. I S. 2015).

1 Allgemeines

1.1 Gegenstand und Anwendungsbereich

Diese Anlage regelt die Anforderungen an Stickoxid-Minderungssysteme (NO_x-Minderungssysteme) mit hoher Minderungsleistung für Kraftfahrzeuge mit Selbstzündungsmotor, die weniger als 270 mg/km Stickoxid ausstoßen, wobei diese Minderungsleistung erreicht wird

1. durch technische Änderung mittels einer Hardware-Nachrüstung oder eines Software-Updates (technische Änderung) oder
2. ohne technische Änderung bereits im Ausgangszustand.

Diese Anlage findet Anwendung auf Kraftfahrzeuge mit Selbstzündungsmotoren, die

1. folgender Fahrzeugklasse angehören:
   a) Klasse N1 mit einer technisch zulässigen Gesamtmasse bis 2 800 Kilogramm oder
   b) Klassen M1 oder M2, jeweils ohne Begrenzung der zulässigen Gesamtmasse und
2. folgender Emissionsklasse angehören:
   a) „Euro 4“, die genehmigt sein muss entsprechend Zeile B der Grenzwerttabelle in Anhang I Abschnitt 5.3.1.4 der Richtlinie 98/69/EG des Europäischen Parlaments und des Rates vom 13. Oktober 1998 über Maßnahmen gegen die Verunreinigung der Luft durch Emissionen von Kraftfahrzeugen und zur Änderung der Richtlinie 70/220/EWG des Rates (ABl. L 350 vom 28.12.1998, S. 1), die zuletzt durch die Richtlinie 2006/96/EG des Rates vom 20. November 2006 zur Anpassung bestimmter Richtlinien im Bereich freier Warenverkehr anlässlich des Beitritts Bulgariens und Rumäniens (ABl. L 363 vom 20.12.2006, S. 81) geändert worden ist und durch die Verordnung (EG) Nr. 715/2007 des Europäischen Parlaments und des Rates vom 20. Juni 2007 über die Typgenehmigung von Kraftfahrzeugen hinsichtlich der Emissionen von leichten Personenkraftwagen und Nutzfahrzeugen

(Euro 5 und Euro 6) und über den Zugang zu Reparatur- und Wartungsinformationen für Fahrzeuge (ABl. L 171 vom 29.6.2007, S. 1) aufgehoben worden ist, oder

b) „Euro 5", die genehmigt sein muss entsprechend der Verordnung (EG) Nr. 715/2007 des Europäischen Parlaments und des Rates vom 20. Juni 2007 über die Typgenehmigung von Kraftfahrzeugen hinsichtlich der Emissionen von leichten Personenkraftwagen und Nutzfahrzeugen (Euro 5 und Euro 6) und über den Zugang zu Reparatur- und Wartungsinformationen für Fahrzeuge (ABl. L 171 vom 29.6.2007, S. 1), die zuletzt durch die Verordnung (EU) Nr. 459/2012 der Kommission vom 29. Mai 2012 zur Änderung der Verordnung (EG) Nr. 715/2007 des Europäischen Parlaments und des Rates und der Verordnung (EG) Nr. 692/2008 der Kommission hinsichtlich der Emissionen von leichten Personenkraftwagen und Nutzfahrzeugen (Euro 6) (ABl. L 142 vom 1.6.2012, S. 16) geändert worden ist, und der Verordnung (EG) Nr. 692/2008 der Kommission vom 18. Juli 2008 zur Durchführung und Änderung der Verordnung (EG) Nr. 715/2007 des Europäischen Parlaments und des Rates über die Typgenehmigung von Kraftfahrzeugen hinsichtlich der Emissionen von leichten Personenkraftwagen und Nutzfahrzeugen (Euro 5 und Euro 6) und über den Zugang zu Reparatur- und Wartungsinformationen für Fahrzeuge (ABl. L 199 vom 28.7.2008, S. 1), die zuletzt durch die Verordnung (EU) 2018/1832 der Kommission vom 5. November 2018 zur Änderung der Richtlinie 2007/46/EG des Europäischen Parlaments und des Rates, der Verordnung (EG) Nr. 692/2008 der Kommission und der Verordnung (EU) 2017/1151 der Kommission im Hinblick auf die Verbesserung der emissionsbezogenen Typgenehmigungsprüfungen und -verfahren für leichte Personenkraftwagen und Nutzfahrzeuge, unter anderem in Bezug auf die Übereinstimmung in Betrieb befindlicher Fahrzeuge und auf Emissionen im praktischen Fahrbetrieb und zur Einführung von Einrichtungen zur Überwachung des Kraftstoff- und des Stromverbrauchs (ABl. L 301 vom 27.11.2018, S. 1) geändert worden ist.

1.2 Begriffsbestimmungen

Stickoxid-Minderungssystem (NO_x-Minderungssystem):

Ein System zur Abgasnachbehandlung, das der Verringerung der Stickoxidemissionen dient.

NO_xMS-Pkw:

Stickoxid-Minderungssystem mit hoher Minderungsleistung zur Unterschreitung des Emissionswertes von 270 mg/km Stickoxid, wobei die Minderungsleistung erreicht wird

1. durch technische Änderung
   a) mittels Hardware-Nachrüstung oder
   b) mittels Software-Updates oder
2. ohne technische Änderung bereits im Ausgangszustand.

Einbau:

Die Durchführung der technischen Änderung, sowohl durch Einbau der Hardware-Nachrüstung als auch durch Installation des Software-Updates. Die Regelungen der §§ 19 und 22 zum Einbau von Teilen gelten entsprechend für die Installation von Software-Updates.

Stickoxid-Minderungssystem-Familie (NO_xMS-Pkw-Familie):

Familie aller NO_xMS-Pkw, die in ihrer Funktion als technisch identisch nach den Übereinstimmungskriterien für NO_xMS-Pkw nach Nummer 3 angesehen werden.

Fahrzeugemissionstyp:

Fahrzeugtyp, dem eine eigene Typgenehmigung nach den nach einer der in Nummer 1.1 aufgeführten Vorschriften sowie eine eigene Genehmigungsnummer erteilt worden sind.

Partikelminderungssystem (PMS):

Eine Abgasnachbehandlung zur Verringerung der Partikelemission durch mechanische oder aerodynamische Separation der Partikel aus dem Abgasstrom oder durch Diffusions- oder Trägheitseffekte oder durch die Kombination von Diffusions- und Trägheitseffekten. Motorspezifische Änderungen an Bauteilen, an elektronischen Bauteilen und an elektronischen Komponenten zählen nicht zu den Partikelminderungssystemen.

Reagens:

Ein Stoff, der im Fahrzeug mitgeführt und auf Veranlassung des Stickoxid-Minderungssystems in das Abgasnachbehandlungssystem eingeleitet wird, um dort durch chemische Reaktion eine

Reduzierung der Stickoxid-Emissionen zu bewirken. Kraftstoffe zählen nicht zu den Reagenzien.

Ausgangssystem:

Das vor Einbau des NO_xMS-Pkw im Fahrzeug vorhandene System zur innermotorischen Emissionsreduzierung und Abgasnachbehandlung, bestehend aus dem ursprünglich (typ-)genehmigten System sowie aus einem möglicherweise bereits nachgerüsteten PMS.

Hersteller:

Ein Anbieter von Hardware-Nachrüstsystemen oder Software-Updates, welcher für die Belange der Allgemeinen Betriebserlaubnis (ABE), die seine Produkte betreffen, zuständig ist.

Fahrzeughersteller:

Inhaber der Typgenehmigung hinsichtlich der Fahrzeugemissionen oder des Gesamtfahrzeugs.

PEMS-Prüffamilie:

Eine PEMS-Prüffamilie besteht aus Fahrzeugen mit ähnlichen Emissionsmerkmalen.

1.3 Abkürzungsverzeichnis

ABE	Allgemeine Betriebserlaubnis
AGR	Abgasrückführung
AU	Abgasuntersuchung
°C	Grad Celsius
cm^3	Kubikzentimeter
CO_2	Kohlendioxid (Kohlenstoffdioxid)
CO_2-alt	CO_2-Ergebnis bei Messung im Zustand vor der technischen Änderung
CO_2-neu	CO_2-Ergebnis bei Messung nach Einbau des NO_xMS-Pkw
E_{CO2}	CO_2-Erhöhungsfaktor
EG	Europäische Gemeinschaft
EU	Europäische Union
ft^3	cubic-feet (Kubikfuß)
g/ft^3	Gramm pro cubic-feet (Kubikfuß)
g/m^3	Gramm pro Kubikmeter
g/km	Gramm pro Kilometer
GPS	Globales Positionierungssystem
Gwb	Gleichwertigkeitsbescheinigung
h	Hour (Stunde)
K	Kelvin
KBA	Kraftfahrt-Bundesamt
km	Kilometer
km/h	Kilometer pro Stunde
kW	Kilowatt
m	Meter
m^3	Kubikmeter
mg/km	Milligramm pro Kilometer
ml	Milliliter

mm	Millimeter
NC	NO_x-Control
NH_3	Ammoniak
NO_xMS-Pkw	Stickoxid-Minderungssystem mit hoher Minderungsleistung zur Einhaltung eines Emissionswerts von weniger als 270 mg/km NO_x für Kraftfahrzeuge mit Selbstzündungsmotor
NO_x	Stickoxide
NO_x-Minderungssystem	Stickoxid-Minderungssystem
OBD	On-Board-Diagnose
PEMS	Portable-Emission-Measurement-System
PM	Partikelmasse
PMS	Partikelminderungssystem
PN	Partikelanzahl
Pt	Platin
RDE	Real Driving Emissions (Emissionen im praktischen Fahrbetrieb)
s	Sekunde
StVZO	Straßenverkehrs-Zulassungs-Ordnung
UN	United Nations (Vereinte Nationen)
v	Geschwindigkeit (km/h)
VO	Verordnung
WLTP	Worldwide harmonized Light vehicles Test Procedure (Weltweit harmonisiertes Prüfverfahren für leichte Kraftfahrzeuge)

2 Anforderungen an NO_xMS-Pkw

2.1 Anforderungen bei Hardware-Nachrüstung

Der Hersteller eines Hardware-Nachrüstsystems muss als Antragsteller auf Erteilung einer ABE durch die in den Nummern 7 und 8 beschriebenen Prüfungen und Bewertungen nachweisen, dass die Funktionsfähigkeit des NO_xMS-Pkw bei bestimmungsgemäßem Betrieb des Kraftfahrzeugs dauerhaft gewährleistet ist. Der Hersteller muss überdies bestätigen, dass das Hardware-Nachrüstsystem so konstruiert, gebaut und verbaubar ist, dass unter normalen Einsatzbedingungen eine angemessene Beständigkeit gegen Korrosion und mechanische Beanspruchung gewährleistet ist.

Die technische Änderung durch eine Hardware-Nachrüstung muss gewährleisten, dass das NO_xMS-Pkw im betriebswarmen Zustand des Kraftfahrzeugs bei Umgebungs- und Reagenstemperaturen von bis zu 266 K (–7 °C) wirksam funktionsfähig ist. Diese Funktionsfähigkeit ist vom Hersteller zu bestätigen. Ein Fahrzeug gilt als „betriebswarm“, wenn sich nach der Aufwärmphase alle Kühl- und Schmiermitteltemperaturen und der Schmiermitteldruck stabilisiert haben.

Vorrichtungen und Einrichtungen, die den Wirkungsgrad des Hardware-Nachrüstsystems vermindern oder die in dieser Anlage enthaltenen Anforderungen umgehen, sind nicht zulässig. Die Einhaltung der technischen Anforderungen dieser Anlage ist durch den Hersteller zu bestätigen.

Der Hersteller muss bestätigen, dass die Funktionsfähigkeit des Hardware-Nachrüstsystems bei bestimmungsgemäßem Betrieb über eine Kilometerleistung von 100 000 km oder über eine Lebensdauer von bis zu fünf Jahren – je nachdem, welches Kriterium zuerst erreicht wird – gewährleistet ist. Darüber hinaus hat der Hersteller die Funktionsfähigkeit des Hardware-Nachrüstsystems durch eine Bestätigung darüber, dass die in Nummer 10 festgelegten Überwachungsmaßnahmen durchgeführt worden sind, zu belegen.

Es gelten für Hardware-Nachrüstsysteme die Anforderungen nach Nummer 13.

Ein vorhandenes PMS kann erhalten bleiben. Durch den Einbau des Hardware-Nachrüstsystems darf das Systemverhalten dieses Original-PMS im Hinblick auf Überwachungsfunktionen, Partikelrückhaltewirkung und Regenerationsverhalten nicht verschlechtert werden. Der Hersteller hat zu bestätigen, dass eine solche Verschlechterung nicht eintritt. Für ein NO_xMS-Pkw, mit dem ein vorhandenes PMS ausgetauscht wird oder ein bislang nicht vorhandenes PMS nachgerüstet wird, gelten die Anforderungen nach den Nummern 13.5 und 13.6.

Im Fahrzeug vorhandene OBD- und NC-Systeme sowie Warn- und Aufforderungssysteme nach Nummer 13.7.1 müssen erhalten bleiben oder gegen gleichwertige Systeme ausgetauscht werden.

Ein reagensgestütztes Hardware-Nachrüstsystem muss mit den Anzeige-, Warn- und Aufforderungssystemen nach Nummer 13.7.2 versehen sein, um sicherzustellen, dass das Reagens in ausreichender Quantität und Qualität vorhanden ist. Optische Warn- und Kontrollleuchten sowie Anzeiger sind entsprechend der Regelung Nr. 121 der Wirtschaftskommission der Vereinten Nationen für Europa (UNECE) – Einheitliche Bedingungen für die Genehmigung von Fahrzeugen hinsichtlich der Anordnung und Kennzeichnung der Handbetätigungseinrichtungen, Kontrollleuchten und Anzeiger, Änderungsserie 01 (ABl. L 5 vom 8.1.2016, S. 9) so auszuführen, dass Sicherheitsrisiken durch Ablenkung des Fahrers von der Fahraufgabe und durch Fehler bei der Wahl der Betätigungseinrichtungen verringert werden und dass sie den Bestimmungen in Absatz 5.2.4 dieser UN-Regelung genügen. Der Hersteller muss die Manipulationssicherheit der Warn- und Aufforderungssysteme gemäß Nummer 13.7 sowie das Betriebsverhalten und die Sicherheit gemäß Nummer 13.2 hinsichtlich der Vorrichtungen nach Nummer 13.7.2 gegenüber der Genehmigungsbehörde bestätigen und nachweisen.

Das Hardware-Nachrüstsystem muss über einen NH_3-Sperrkatalysator nach Nummer 13.8 verfügen, der eine erhöhte NH_3-Emission verhindert.

Die Beschreibung des Hardware-Nachrüstsystems erfolgt durch den Hersteller in einem Beschreibungsbogen, der den Vorgaben des Anhangs I entspricht.

2.2 Anforderungen bei Software-Updates

Der Hersteller eines Software-Updates muss als Antragsteller auf Erteilung einer ABE durch die in den Nummern 7 und 8 beschriebenen Prüfungen und Bewertungen nachweisen, dass die Funktionsfähigkeit des NO_xMS-Pkw bei bestimmungsgemäßem Betrieb des Kraftfahrzeugs dauerhaft gewährleistet ist und dass die Vorschriften für die Eingriffssicherheit des elektronischen Systems gemäß 2.3 aus Anhang I der Verordnung (EG) 692/2008 eingehalten werden.

Die technische Änderung durch ein Software-Update muss gewährleisten, dass das NO_xMS-Pkw im betriebswarmen Zustand des Kraftfahrzeugs bei Umgebungs- und Reagenstemperaturen von bis zu 266 K (–7 °C) wirksam funktionsfähig ist. Diese Funktionsfähigkeit ist vom Hersteller zu bestätigen. Ein Fahrzeug gilt als „betriebswarm", wenn sich nach der Aufwärmphase alle Kühl- und Schmiermitteltemperaturen und der Schmiermitteldruck stabilisiert haben.

Es gelten für Software-Updates die Anforderungen nach Nummer 13, mit Ausnahme der Nummern 13.5, 13.6, 13.7.2 und 13.8 bis 13.11.

2.3 Anforderungen an NO_xMS-Pkw ohne technische Änderungen

Der Fahrzeughersteller muss als Antragsteller auf Erteilung der Erlaubnis zur Ausstellung von Gleichwertigkeitsbescheinigungen durch die in den Nummern 7 und 8 beschriebenen Prüfungen und Bewertungen bei Fahrzeugen ohne technische Änderungen nachweisen, dass bei Fahrzeugen des Verwendungsbereiches der Gleichwertigkeitsbescheinigung der Emissionswert bereits im Ausgangszustand des Fahrzeugs unterschritten wird.

3 Übereinstimmungskriterien für NO_xMS-Pkw bei Hardware-Nachrüstung

Die für ein NO_xMS-Pkw mit Hardware-Nachrüstung erteilte ABE kann weitere Systeme (in anderen Konfigurationen oder für andere Anwendungen) umfassen, sofern diese Systeme

1. hinsichtlich der Merkmale nach den Absätzen 14, 15 und 16 der Regelung Nr. 132 der Wirtschaftskommission der Vereinten Nationen für Europa (UNECE) – Einheitliche Bedingungen für die Genehmigung emissionsmindernder Einrichtungen zur Nachrüstung (REC) für mit Selbstzündungsmotoren ausgerüstete schwere Nutzfahrzeuge, land- und forstwirtschaftliche Zugmaschinen und nicht für den Straßenverkehr bestimmte mobile Maschinen und Geräte, Änderungsserie 01 (ABl. L 109 vom 27.4.2018, S. 100) nicht von dem nach Nummer 7 geprüften System abweichen und
2. im Beschreibungsbogen der Genehmigung aufgeführt sind.

Umfasst eine ABE weitere Systeme, so ist in dieser ABE eines der in den PEMS-Prüffamilien nach Nummer 4.1 geprüften Systeme als Stammsystem zu definieren.

4 PEMS-Prüffamilie

Für die Durchführung der Prüfung des NO_xMS-Pkw gemäß Nummer 7 können Fahrzeugemissionstypen in PEMS-Prüffamilien zusammengefasst werden. Innerhalb der jeweiligen PEMS-Prüffamilien ist ein repräsentatives Fahrzeug zu bestimmen, an dem die Prüfung durchgeführt werden soll (Messfahrzeug).

Die Prüfung ist für jede PEMS-Prüffamilie mit dem jeweiligen Messfahrzeug gemäß Nummer 4.3 durchzuführen. Die Definition des Verwendungsbereiches erfolgt nach Nummer 5.

Für die Einbeziehung von Fahrzeugemissionstypen in die PEMS-Prüffamilie müssen die Anforderungen der Nummern 4.1 und 4.2 erfüllt sein.

4.1 Fahrzeughersteller

Für jeden Fahrzeughersteller ist eine eigene PEMS-Prüffamilie zu definieren.

Mit Zustimmung der Genehmigungsbehörde kann die PEMS-Prüffamilie auf Fahrzeugemissionstypen mehrerer Fahrzeughersteller ausgeweitet werden, sofern der Antragsteller nachweist, dass die verwendeten Antriebssysteme baugleich sind.

4.2 Technische Kriterien

Bei den Fahrzeugemissionstypen einer PEMS-Prüffamilie müssen die folgenden technischen Kriterien übereinstimmen:

- Zylinderanzahl und -anordnung
- Ansaugsystem (natürlich ansaugend, mechanisch aufgeladen oder turbogeladen)
- Einspritzsystem
- Gesamtzylinderhubvolumen (1 000 cm^3 Differenz zwischen dem kleinsten und dem größten Gesamtzylinderhubvolumen der PEMS-Prüffamilie)
- Wirkprinzip der schadstoffreduzierenden Maßnahmen
- Ausgangssystem, z.B.:
  - – Abgasrückführung – Hochdruck oder Niederdruck
  - – Abgasrückführung – gekühlt oder ungekühlt
  - – PMS
  - – NO_x-Speicherkatalysator
  - – SCR-Katalysator
- Emissionsklasse

Abweichungen von den vorgenannten Kriterien sind vorab durch die Genehmigungsbehörde zu genehmigen.

4.3 Messfahrzeug

Die Durchführung der Prüfung des NO_xMS-Pkw gemäß Nummer 7 erfolgt pro Ausgangssystem und Emissionsklasse nach Nummer 1.1 für ein repräsentatives Fahrzeug aus der nach Nummer 4.1 definierten PEMS-Prüffamilie (Messfahrzeug). Die Repräsentativität eines Messfahrzeugs wird durch folgende Kriterien bestimmt:

1. Das verbaute NO_xMS-Pkw muss in Verbindung mit dem Antriebsmotor des Messfahrzeugs die größte Raumgeschwindigkeit (bis zu +20 %) bezogen auf die stickoxidmindernde Komponente des NO_xMS-Pkw innerhalb der geplanten PEMS-Prüffamilie aufweisen.
2. Erfüllen mehrere Fahrzeuge der PEMS-Prüffamilie dieses Kriterium, so ist das Fahrzeug auszuwählen, welches eine überdurchschnittlich hohe Marktpräsenz innerhalb des geplanten Verwendungsbereiches aufweist.

Die Genehmigungsbehörde bestätigt die Auswahl des Messfahrzeugs oder definiert ein anderes Fahrzeug aus der PEMS-Prüffamilie nach Nummer 4.1 als Messfahrzeug. Darüber hinaus kann die Genehmigungsbehörde bei Zweifeln an der Repräsentativität des ausgewählten Messfahrzeugs zusätzliche Messfahrzeuge festlegen.

5 Verwendungsbereich

Der Verwendungsbereich für das NO_xMS-Pkw besteht aus der Summe der Fahrzeugemissionstypen, für deren PEMS-Prüffamilien eine erfolgreiche Prüfung nach Nummer 7 mit den Bewertungskriterien nach Nummer 8 vorliegt. Der Hersteller hat sicherzustellen, dass alle Kombinationen von technischen Änderungen an Fahrzeugen des Verwendungsbereiches die technischen Anforderungen dieser Anlage erfüllen.

Der Verwendungsbereich ist gemäß Anhang II zu dokumentieren.

Im Genehmigungsverfahren wird ein genehmigter Typ eines NO_xMS-Pkw festgelegt, bei dem die maßgeblichen Merkmale des Katalysatorträgers den Anforderungen der UN-Regelung Nr. 132 Absatz 15.1 Buchstabe d und e entsprechen.

6 Kraftstoff/Kraftstoffqualität

Die zur Prüfung der NO_xMS-Pkw heranzuziehenden Messungen erfolgen mit handelsüblichen Kraftstoffen, die der Richtlinie 98/70/EG des Europäischen Parlaments und des Rates vom 13. Oktober 1998 über die Qualität von Otto- und Dieselkraftstoffen und zur Änderung der Richtlinie 93/12/EWG des Rates (ABl. L 350 vom 28.12.1998, S. 58; L 124 vom 25.5.2000, S. 66; L 265 vom 5.9.2014, S. 36), die zuletzt durch die Verordnung (EU) 2018/1999 (ABl. L 328 vom 21.12.2018, S. 1) geändert worden ist, entsprechen.

7 Prüfung des NO_xMS-Pkw

7.1 Einbau des zu prüfenden NO_xMS-Pkw

Das zu prüfende NO_xMS-Pkw muss gemäß den Vorgaben des Herstellers im Fahrzeug verbaut sein und den spezifizierten Einbau- und Installationsvorschriften nach Nummer 14.1 entsprechen.

7.2 Messfahrten und Prüfablauf

Die Messdurchführung, inklusive Messfahrt und deren Auswertung, basiert auf dem RDE Paket 3 (Verordnung (EU) 2017/1154) in Verbindung mit Verordnung (EU) 2017/1151 Anhang IIIA in der jeweils gültigen Fassung und den in den Nummern 7.2 und 7.3 dieser Anlage festgelegten Abweichungen von den vorgenannten Verordnungen.

Es gelten die Allgemeinen Anforderungen gemäß der Verordnung (EU) 2017/1151 Anhang IIIA Nummer 4 (Nutzungsverhalten).

Die Messtechnik entspricht der Verordnung (EU) 2017/1151 Anhang IIIA, Anlage 1 und 2. Auf die Messung der Partikelanzahl kann in den Fällen verzichtet werden, in denen laut der Einschätzung des Technischen Dienstes keine negative Beeinflussung der PN zu erwarten ist.

Die Prüfung erfolgt durch einen Technischen Dienst.

7.2.1 Randbedingungen

7.2.1.1 Fahrzeugnutzlast und Prüfmasse

Die Grundnutzlast des Fahrzeugs umfasst den Fahrer sowie die Prüfausrüstung einschließlich der Anbringungsteile und der Energieversorgungseinrichtungen.

Zu Prüfungszwecken kann künstliche Nutzlast hinzugefügt werden, solange die Gesamtmasse der Grundnutzlast und der künstlichen Nutzlast 50 % der Summe der „Masse der Fahrgäste" und der „Nutzlast" gemäß den Definitionen in Artikel 2 Absatz 19 und 21 der Verordnung (EU) Nr. 1230/2012 nicht überschreitet.

7.2.1.2 Umgebungsbedingungen

Die Prüfung ist unter den folgenden Umgebungsbedingungen durchzuführen:

- Höhenlage-Bedingung: Höhe höchstens 700 m über dem Meeresspiegel.
- Normale Temperaturbedingungen: mindestens 278 K (5 °C) und höchstens 303 K (30 ° C).

Die Prüfung kann auch durchgeführt werden, wenn während der Messfahrt ausschließlich oder zeitweilig die folgenden erweiterten Temperaturbedingungen vorliegen:

- Erweiterte Temperaturbedingungen 1: höher als 303 K (30 °C) und höchstens 308 K (35 °C).
- Erweiterte Temperaturbedingungen 2: mindestens 270 K (-3 °C) und kleiner als 278 K (5 °C).

Liegen während der Messfahrt in einem bestimmten Zeitraum solche erweiterten Temperaturbedingungen vor, so sind die Schadstoffemissionswerte, die für diesen bestimmten Zeitraum nach der Verordnung (EU) 2017/1151 Anhang IIIA Anlage 4 berechnet worden sind, durch die folgenden Faktoren zu dividieren, bevor sie im Hinblick auf die Einhaltung der technischen Anforderungen bewertet werden:

– Bei erweiterten Temperaturbedingungen 1: Faktor 1,6.

– Bei erweiterten Temperaturbedingungen 2: Faktor 2,0.

Diese Bestimmung gilt nicht für die Kohlendioxidemissionen.

Wird ein Teil der Prüfung oder die gesamte Prüfung außerhalb der Höhenlage-Bedingung oder der normalen oder erweiterten Temperaturbedingungen durchgeführt, so ist die Prüfung ungültig.

7.2.2 Fahrzeugkonditionierung – Prüfung bei Start mit kaltem Motor

Vor der Messfahrt gemäß Nummer 7.2 ist das Fahrzeug mindestens 6 h mit geschlossenen Türen und geschlossener Motorhaube bei ausgeschaltetem Motor und ohne externe Energiezufuhr in einer Höhe von höchstens 700 m über dem Meeresspiegel und im Temperaturbereich von mindestens 270 K (-3 °C) bis höchstens 308 K (35 °C) abzustellen. Extreme Witterungsbedingungen (starke Schneefälle, Sturm, Hagel) und übermäßige Staubmengen sollten vermieden werden. Vor dem Beginn der Prüfung sind das Fahrzeug und die Ausrüstung in Bezug auf Schäden und Warnsignale, die auf Störungen hindeuten, zu überprüfen.

7.2.3 Dynamische Bedingungen

Die dynamischen Bedingungen umfassen den Einfluss der Straßenneigung, des Gegenwindes, der Fahrdynamik (Beschleunigungen, Verzögerungen) sowie von Nebenverbrauchern auf den Energieverbrauch und die Emissionen des Prüffahrzeugs. Die Nachprüfung der Normalität der dynamischen Bedingungen erfolgt nach Abschluss der Prüfung anhand der aufgezeichneten PEMS-Daten. Diese Nachprüfung folgt den Vorgaben des nachfolgenden Absatzes:

Erweist sich die Messfahrt im Zuge der Nachprüfungen gemäß den Anforderungen an die Messfahrt nach Nummer 7.2.5 und den Umgebungsbedingungen nach Nummer 7.2.1.2 als gültig, so muss das in der Verordnung (EU) 2017/1151 Anhang IIIA Anlage 7a festgelegte Verfahren der Prüfbedingungen angewendet werden. Anhand der in der Verordnung (EU) 2017/1151 Anhang IIIA Anlage 7a beschriebenen Verfahren ist zu überprüfen, ob die Fahrdynamik während des Stadt-, Landstraßen- und Autobahn-Anteils zu groß oder zu gering ist.

Sofern die Dynamikbedingungen außerhalb der definierten Kriterien liegen, ist die Messfahrt ungültig.

7.2.4 Zustand und Betrieb des Fahrzeugs

7.2.4.1 Nebenverbraucher

Der Betrieb der Klimaanlage und der sonstigen Nebenverbraucher muss dem möglichen Betrieb durch den Verbraucher unter normalen Fahrbedingungen auf der Straße entsprechen.

7.2.4.2 Fahrzeuge mit einem System mit periodischer Regenerierung

„System mit periodischer Regenerierung" ist gemäß der Definition in der Verordnung (EU) 2017/1151 Anhang IIIA Artikel 2 Absatz 6 zu verstehen.

Tritt eine periodische Regenerierung während einer Prüfung auf, so wird die Prüfung für ungültig erklärt und wiederholt.

7.2.5 Anforderungen an die Messfahrt

7.2.5.1 Allgemeine Anforderungen

Die Dauer der Messfahrt muss zwischen 90 und 120 Minuten betragen.

Ausgangs- und Endpunkt dürfen sich in ihrer Höhe über dem Meeresspiegel um nicht mehr als 100 m unterscheiden.

Ausgangs- und Endpunkt des kombinierten Stadt- und Landstraßen-Anteils dürfen sich in ihrer Höhe über dem Meeresspiegel um nicht mehr als 150 m unterscheiden.

7.2.5.2 Fahrstreckenanteile und Durchführung der Messfahrt

Die Anteile der Messfahrt in der Stadt, auf Landstraßen und auf Autobahnen, gekennzeichnet durch die momentanen Geschwindigkeiten gemäß Nummer 7.2.5.3, sind in Prozent der Gesamtfahrstrecke auszudrücken. Die Messfahrt muss zu etwa 34 % aus Stadtbetrieb, zu etwa 33 % aus Landstraßenbetrieb und zu etwa 33 % aus Autobahnbetrieb bestehen. „Etwa" bezeichnet dabei einen Bereich von ± 10 Prozentpunkten um die angegebenen Prozentwerte. Die Messfahrt in der Stadt darf jedoch nie weniger als 29 % der Gesamtfahrstrecke ausmachen.

Die Mindeststrecke für den Stadt-, Landstraßen- sowie den Autobahnbetrieb beträgt jeweils 16 km.

Die Messfahrt muss in der Stadt beginnen und auf Landstraßen und Autobahnen fortgesetzt werden. Der jeweilige Fahranteil in der Stadt, auf Landstraßen und auf Autobahnen muss ohne Unterbrechung durch einen anderen Fahranteil erfolgen. Der Betrieb auf Landstraßen kann durch kurzzeitigen Stadtbetrieb unterbrochen werden, wenn die Messfahrt durch städtische Gebiete hindurchführt. Der Betrieb auf Autobahnen kann, etwa beim Passieren von Mautstellen oder von Abschnitten mit Baustellen, durch kurzzeitigen Stadt- oder Landstraßenbetrieb unterbrochen werden.

Der Landstraßenanteil endet beim letzten Stopp, bevor durchgehend (> 30 s) Geschwindigkeiten von über 90 km/h auftreten.

7.2.5.3 Geschwindigkeiten

Der Stadtbetrieb ist gekennzeichnet durch Fahrzeuggeschwindigkeiten von höchstens 60 km/h.

Der Landstraßenbetrieb ist gekennzeichnet durch Fahrzeuggeschwindigkeiten von mindestens 60 km/h und höchstens 90 km/h.

Der Autobahnbetrieb ist durch Geschwindigkeiten von über 90 km/h gekennzeichnet.

Die Fahrzeuggeschwindigkeit darf normalerweise 145 km/h nicht überschreiten. Eine Überschreitung der Höchstgeschwindigkeit um einen Toleranzwert von 15 km/h ist zulässig, wenn der entsprechende Anteil 3 % der Gesamtdauer der Autobahnfahrt nicht überschreitet.

Lokale Geschwindigkeitsbegrenzungen bleiben bei einer Messfahrt unbeschadet sonstiger rechtlicher Folgen in Kraft. Verstöße gegen lokale Geschwindigkeitsbegrenzungen führen als solche nicht dazu, dass die Ergebnisse einer Messfahrt ungültig werden.

7.2.5.4 Stadtanteil

Beim städtischen Anteil der Fahrstrecke sollte die Durchschnittsgeschwindigkeit (unter Einrechnung der Haltezeiten) zwischen 15 km/h bis 40 km/h liegen. Die Haltezeiten, gekennzeichnet durch eine Fahrzeuggeschwindigkeit von weniger als 1 km/h, müssen 6 bis 30 % der Gesamtdauer des Stadtbetriebs ausmachen. Der Stadtbetrieb muss mehrere Haltezeiten von mindestens 10 s umfassen. Jedoch dürfen einzelne Haltezeiten 300 aufeinanderfolgende Sekunden nicht überschreiten; ansonsten muss die Messfahrt für ungültig erklärt werden.

7.2.5.5 Autobahnanteil

Die Geschwindigkeitsspanne bei der Autobahnfahrt muss einen Bereich zwischen 90 km/h und mindestens 110 km/h in geeigneter Weise abdecken. Die Fahrzeuggeschwindigkeit muss mindestens 5 Minuten lang über 100 km/h betragen.

7.2.6 Anforderungen an den Betrieb

Auf den Betrieb sind die Anforderungen der Verordnung (EU) 2017/1151 Anhang IIIA Nummer 7 anzuwenden.

7.2.7 Kaltstart

Der Kaltstartzeitraum ist der Zeitraum nach dem ersten Start des Verbrennungsmotors bis zu dem Zeitpunkt, an dem der Verbrennungsmotor 5 Minuten lang gelaufen ist. Wird die Temperatur des Kühlmittels bestimmt, so endet der Kaltstartzeitraum, wenn das Kühlmittel zum ersten Mal 343 K (70 °C) erreicht hat, jedoch nicht später als zu dem Zeitpunkt, an dem der Verbrennungsmotor seit dem ersten Motorstart 5 Minuten lang gelaufen ist.

Die Durchschnittsgeschwindigkeit (einschließlich der Haltephasen) während der Kaltstartphase muss zwischen 15 und 40 km/h betragen. Die Höchstgeschwindigkeit während der Kaltstartphase darf 60 km/h nicht überschreiten.

7.2.8 Schmieröl, Kraftstoff und Reagens

Der Kraftstoff, das Schmiermittel und (falls zutreffend) das Reagens für die Messfahrt gemäß Nummer 7.2 müssen den Vorschriften des Herstellers und des Fahrzeugherstellers für den Betrieb des Fahrzeugs durch den Kunden entsprechen.

7.3 Emissionen und Bewertung der Messfahrt

Die Prüfung ist gemäß Nummer 7.2 unter Einhaltung der dort festgelegten Anforderungen durchzuführen.

Dabei ist es nicht zulässig, die Daten verschiedener Messfahrten zu kombinieren oder die Daten einer Messfahrt zu verändern oder zu löschen.

Nach Feststellung der Gültigkeit einer Messfahrt gemäß den Anforderungen an die Messfahrt nach Nummer 7.2.5, an die Umgebungsbedingungen nach Nummer 7.2.1.2 und an die dynamischen Bedingungen nach Nummer 7.2.3 sind die Emissionsergebnisse nach Nummer 7.3.1 zu berechnen.

Der Kaltstart ist gemäß Nummer 7.2.7 definiert. Gasförmige Schadstoffe beim Kaltstart sind Teil der üblichen Bewertung.

7.4 Berechnung des Emissionsergebnisses

Die Emissionsergebnisse werden jeweils separat für die komplette Messfahrt einerseits sowie für den Stadtanteil zusammen mit dem Landstraßenanteil andererseits nach den Vorgaben der Verordnung (EU) 2017/1151 Anhang IIIA Anlage 4 berechnet und ausgewiesen. Zur Bestimmung eines distanzspezifischen Mittelwertes werden die kumulierten Emissionsmassen für den Stadt- und Landstraßenanteil der Messfahrt sowie für die Gesamtmessfahrt inklusive des Autobahnanteils bestimmt und auf die kumulierten Fahrstrecken der jeweiligen Anteile bezogen. Die Trennung der Fahrstreckenanteile erfolgt gemäß Nummer 7.2.5.2.

8 Bewertungskriterien für NO_xMS-Pkw

Das Messfahrzeug muss bei Messungen gemäß Nummer 7 in Bezug auf die Stickoxidemissionen (NO_x) einen Emissionswert von 270 mg/km NO_x unterschreiten. Dieser Nachweis ist für die Kombination von Stadt- und Landstraßenanteil der Messfahrt sowie für die gesamte Messfahrt gesondert zu führen.

9 Messtechnik

9.1 Messtechnische Ausrüstung

Die Ausrüstung des Messfahrzeugs sowie die technischen Anforderungen an die Messtechnik müssen den Vorgaben der Verordnung (EU) 2017/1151 Anhang IIIA Anlage 1 und 2 entsprechen.

9.2 Validierung der Messtechnik

Für die Messungen gemäß Nummer 7 darf nur ein Messsystem eingesetzt werden, welches nachweislich innerhalb der letzten drei Monate vor der Messung nach Nummer 7 gemäß den Vorgaben der Verordnung (EU) 2017/1151 Anhang IIIA Anlage 3 validiert wurde.

10 Überwachungsmaßnahmen

Ein geprüftes und genehmigtes NO_xMS-Pkw mit Hardware-Nachrüstung muss den Dauerhaltbarkeitskriterien nach Nummer 2.1 entsprechen.

10.1 Dauerhaltbarkeitsnachweis durch den Hersteller

Den Nachweis zur Dauerhaltbarkeit erbringt der Hersteller durch wiederkehrende Messungen an im Feld befindlichen NO_xMS-Pkw. Hierzu wird für jede Emissionsklasse mindestens ein im Feld befindliches nachgerüstetes Fahrzeug, welches dem Verwendungsbereich der Genehmigung entstammt, jährlich ab dem Zeitpunkt der Genehmigungserteilung über einen Zeitraum von fünf Jahren im Betrieb durch einen Technischen Dienst vermessen. Die Prüfungen erfolgen gemäß Nummer 7. Der Hersteller meldet der Genehmigungsbehörde jährlich die Ergebnisse der Prüfung. Die Auswahl der zu überprüfenden Fahrzeuge hinsichtlich der Kriterien Emissionsklasse, Ausgangssystem, Fahrzeuggruppe sowie Kilometerleistung/Lebensdauer des

NO_xMS-Pkw erfolgt in Absprache mit der Genehmigungsbehörde. Die Kilometerleistung pro Jahr soll mindestens 7 000 km betragen.

10.2 Bestätigungsprüfungen durch die Genehmigungsbehörde

Die Genehmigungsbehörde kann selbst Prüfungen zur Bestätigung der Unterschreitung des Emissionswertes von 270 mg/km NO_x durchführen. Die Bestätigungsprüfung ist gemäß Nummer 7 durchzuführen. Das zu überprüfende Fahrzeug darf nicht älter als sieben Jahre nach Erstzulassung sein oder muss eine Gesamtfahrleistung von unter 240 000 km aufweisen.

10.3 Übereinstimmungsfaktor

Die Ergebnisse der von der Genehmigungsbehörde durchgeführten Bestätigungsprüfung gemäß Nummer 10.2 sind gemäß der in Nummer 7 genannten Anforderungen durch die Genehmigungsbehörde zu bewerten. Dabei darf der in Nummer 8 genannte Emissionswert um maximal 15 % überschritten werden.

11 Allgemeine Betriebserlaubnis für Hardware-Nachrüstung oder Software-Updates

Der Einbau eines NO_xMS-Pkw in ein zugelassenes Kraftfahrzeug ist möglich, wenn das betreffende NO_xMS-Pkw eine ABE für Stickoxid-Minderungssysteme mit hoher Minderungsleistung besitzt. Voraussetzung für die Erteilung der ABE für Stickoxid-Minderungssysteme mit hoher Minderungsleistung ist, dass das NO_xMS-Pkw die Anforderungen für eine ABE nach § 22 erfüllt und die Einhaltung der Vorgaben dieser Anlage nachgewiesen ist. Einzelheiten über den Verwendungsbereich des NO_xMS-Pkw sowie Einbau- und Betriebsanweisungen ergeben sich aus der ABE.

Der Antrag auf Erteilung einer ABE für NO_xMS-Pkw mit erhöhter Minderungsleistung ist gemäß Anhang III zu erstellen und an die Genehmigungsbehörde zu richten.

12 Aufhebung der Allgemeinen Betriebserlaubnis für NO_xMS-Pkw

Stellt die Genehmigungsbehörde fest, dass die Voraussetzungen für die Genehmigung gemäß Nummer 11 nicht mehr gegeben sind oder erfüllt werden, so ist die ABE für NO_xMS-Pkw zu widerrufen oder zurückzunehmen. Die ABE nach § 22 bleibt bei bereits umgerüsteten Fahrzeugen von einer Aufhebung unberührt, wenn die Anforderungen des § 22 weiterhin erfüllt sind.

13 Zusätzliche Anforderungen zur Erteilung einer Allgemeinen Betriebserlaubnis für NO_xMS-Pkw

13.1 Einhaltung der Typgenehmigungsvorschriften

Der Hersteller bestätigt, dass nach Einbau des NO_xMS-Pkw die Vorschriften, welche zum Zeitpunkt der Typgenehmigung des Fahrzeugtyps zugrunde lagen, für den jeweiligen Fahrzeugtyp aus dem Verwendungsbereich nach Nummer 5 eingehalten werden.

13.2 Betriebsverhalten und Sicherheit

Durch den Einbau des NO_xMS-Pkw dürfen keine Beeinträchtigungen des Betriebsverhaltens eintreten. Insbesondere § 30 ist zu beachten.

13.3 Geräuschverhalten

Der Hersteller hat den Nachweis zu erbringen, dass durch den Einbau des NO_xMS-Pkw keine Verschlechterung des Geräuschverhaltens eintritt. Werden bei Hardware-Nachrüstungen serienmäßig vorhandene Schalldämpfer außerhalb der emissionsreduzierenden Komponenten weiterverwendet und entspricht das Gesamtvolumen aller nachgerüsteten und ausgetauschten Substrate im NO_xMS-Pkw mindestens dem Gesamtvolumen der serienmäßig verwendeten Substrate, ist kein weiterer Nachweis erforderlich.

13.4 Elektromagnetische Verträglichkeit

Werden elektronische Bauteile, Steuergeräte, Sensoren und Aktuatoren im NO_xMS-Pkw verwendet, so muss für sie (auch im Verbund) gemäß den Bestimmungen der Verordnung (EG) Nr. 661/2009

1. eine Genehmigung nach der Regelung Nr. 10 der Wirtschaftskommission der Vereinten Nationen für Europa (UNECE) – Einheitliche Bedingungen für die Genehmigung der Fahrzeuge hinsichtlich der elektromagnetischen Verträglichkeit, Änderungsserie 05 (ABl. L 254 vom 20.9.2012, S. 1) vorliegen oder

2. ein Prüfbericht über die Erfüllung der Anforderungen der UN-Regelung Nr. 10 mit Gültigkeit für das umzurüstende Fahrzeug vorliegen.

13.5 Austausch vorhandener PMS/Nachrüstung bislang nicht vorhandener PMS

Wird durch den Einbau des NO_xMS-Pkw ein zuvor verbautes, wanddurchströmtes PMS ausgetauscht, muss der Hersteller nachweisen, dass das ursprüngliche Systemverhalten insbesondere im Hinblick auf vorhandene Überwachungsfunktionen und das Regenerationsverhalten erhalten bleibt und sich somit keine negativen Auswirkungen auf die Funktionalität und Sicherheit des ausgetauschten PMS ergeben. Alternativ können die ursprünglichen Überwachungs- und Regenerationsstrategien durch geeignete neue ersetzt werden. Ergibt die Prüfung der Nachweise hinsichtlich der Kompatibilität der ursprünglichen Überwachungs- und Regenerationsstrategien oder der Einführung neuer geeigneter Maßnahmen (geänderte Strategien) durch den Technischen Dienst oder durch die Genehmigungsbehörde, dass die Einhaltung der Anforderungen nicht ausreichend beurteilt werden kann, so hat der Hersteller weitere Nachweise vorzulegen, z.B. auf der Grundlage von weitergehenden Prüfungen.

Ferner hat der Hersteller den Nachweis zu führen, dass das Volumen des nachgerüsteten PMS (als Bestandteil des NO_xMS-Pkw) dem Volumen des ursprünglichen PMS ± 30 % entspricht. Zudem muss die durchströmte Substratoberfläche der durchströmten Substratoberfläche des ursprünglichen PMS ± 30 % entsprechen.

Ein nachgerüstetes PMS muss über mindestens ein Überwachungssystem verfügen, welches den Beladungszustand des PMS überwacht und den Fahrer entsprechend informiert.

13.6 Anforderungen an das PMS als Bestandteil des NO_xMS-Pkw

Für das im Austausch für ein bereits verbautes PMS eingebaute oder nachgerüstete PMS muss der Hersteller geeignete Nachweise erbringen, dass das verwendete System und dessen Systemeigenschaften einer der folgenden Vorgaben entsprechen:

a) Regelung Nr. 103 der Wirtschaftskommission der Vereinten Nationen für Europa (UN/ECE) – Einheitliche Bestimmungen für die Genehmigung von Austauschkatalysatoren für Kraftfahrzeuge (ABl. L 158 vom 19.6.2007, S. 106) für die Genehmigung von emissionsmindernden Einrichtungen für den Austausch für Kraftfahrzeuge;

b) für Fahrzeuge der Emissionsklasse „Euro 4" wahlweise Vorgaben zur Partikelminderungsstufe PM 5 in Anlage XXVI;

c) UK Clean Vehicle Retrofit Accreditation Scheme.

Sollte ein ausgetauschtes oder nachgerüstetes PMS externe Regenerationen oder Reinigungen benötigen, so ist der Fahrer darüber zu informieren (z.B. über eine Warnlampe oder eine Klartextanzeige).

13.7 Warn- und Aufforderungssysteme bei reagensgestützten Hardware-Nachrüstsystemen

13.7.1 Vorhandene OBD- und NC-Systeme sowie Warn- und Aufforderungssysteme

OBD- und NC-Systeme sowie Warn- und Aufforderungssysteme, die im Ausgangssystem vorhanden waren, müssen hinsichtlich ihrer Funktionalität uneingeschränkt erhalten bleiben oder im Falle eines Austauschs durch gleichwertige Systeme ersetzt werden. Der Nachweis, dass diese Anforderungen erfüllt sind, erfolgt durch Bestätigung des Herstellers.

13.7.2 Anzeige-, Warn- und Aufforderungssysteme für NO_xMS-Pkw

Das NO_xMS-Pkw muss mindestens über folgende Systeme verfügen:

a) Anzeige des Reagens-Füllstands und der Warnmeldung gemäß der Absätze 2 und 3 der Anlage 6 der Regelung Nr. 83 der Wirtschaftskommission der Vereinten Nationen für Europa (UN/ECE) – Einheitliche Bedingungen für die Genehmigung der Fahrzeuge hinsichtlich der Emission von Schadstoffen aus dem Motor entsprechend den Kraftstofferfordernissen des Motors, Änderungsserie 07 (ABl. L 42 vom 15.2.2012, S. 1) sowie Anzeige bei Totalausfall des Stickoxid-Minderungssystems;

b) Warnsystem für den Fahrer, wenn bei einer Umgebungstemperatur von ≤ 266 K (–7 °C) keine Reagens-Dosierung auftritt;

c) Aufforderungssystem, welches ein manipulationssicheres, deutliches, optisches oder akustisches Dauersignal abgibt;

d) Aufforderungssystem gemäß Anlage 6 der UN-Regelung Nr. 83, welches mindestens eine der folgenden Methoden vorsieht:
- die Methode „kein Neustart des Motors nach Countdown",
- das System „Anlasssperre nach Kraftstoff-Betankung",
- die Methode „Kraftstoff-Tanksperre",
- das Verfahren „Leistungsdrosselung", welches vorsieht, dass die Motorleistung für den Fahrer spürbar gedrosselt und die Höchstgeschwindigkeit des Fahrzeugs erheblich herabgesetzt wird; für diesen Fall ist eine Verhinderung des Motorneustarts nicht obligatorisch.

Die Aufforderungssysteme gemäß den Buchstaben c und d müssen spätestens dann aktiviert werden, wenn

1. hinsichtlich des Füllstandes des Reagens-Behälters oder der Qualität des Reagens die Kriterien der Anlage 6 der UN-Regelung Nr. 83 zur Aktivierung erfüllt sind oder
2. ein Totalausfall des Stickoxid-Minderungssystems eintritt.

Für den Fall, dass die Alternativmethode gemäß Abschnitt 6 der Anlage 6 gewählt wird, gelten die OBD-Schwellwerte der Emissionsklasse „Euro 6" gemäß Anhang XI der Verordnung (EG) Nr. 692/2008 in der Fassung der Verordnung (EU) 2017/1151.

13.8 NH_3-Emissionen bei reagensgestützten Hardware-Nachrüstsystemen

Zur Vermeidung von NH_3-Emissionen ist das NO_xMS-Pkw mit einem NH_3-Sperr-Katalysator auszurüsten. Der Sperrkatalysator muss ein Mindestvolumen von 400 ml pro 100 kW Motorleistung aufweisen. Die Platin (Pt)-Beladung muss 106 g/m^3 bis 177 g/m^3 (3 g/ft^3 bis 5 g/ft^3) betragen. Der Hersteller hat zu bestätigen und nachzuweisen, dass diese Anforderungen an den Sperrkatalysator und an die Beladung eingehalten werden. Alternative Beladungen des Sperrkatalysators sind möglich, wenn der Hersteller ihre Wirkungsgleichheit nachweist.

13.9 Sekundäremissionen

Der Hersteller muss nachweisen, dass die im NO_xMS-Pkw verwendeten Materialien und Verfahren keine zusätzliche Gefahr für die Gesundheit und die Umwelt darstellen, und er muss einen Nachweis über Sekundäremissionen gemäß der UN-Regelung Nr. 132 erbringen. Die erforderlichen Nachweise sind zu erbringen gemäß Absatz 8.6 der UN-Regelung Nr. 132. Nicht zur Anwendung kommt Absatz 8.6.2 der UN-Regelung Nr. 132.

Kann der Hersteller nachweisen, dass sein verwendeter Katalysator (Trägerkörper inklusive Beschichtung) aus dem Teileportfolio eines Fahrzeugherstellers stammt, muss er keinen Nachweis über Sekundäremissionen erbringen.

13.10 Änderungen an emissionsrelevanten Bauteilen und Systemkomponenten

Sind für eine Hardware-Nachrüstung zusätzliche Maßnahmen an emissionsrelevanten Bauteilen und/oder Systemkomponenten wie beispielsweise eine Änderung der AGR-Regelung zur weiteren einwandfreien Funktionalität notwendig, muss der Hersteller diese gemäß Anhang III beschreiben. Zudem müssen diese zusätzlichen Maßnahmen in die Prüfungen des Technischen Dienstes einbezogen werden.

13.11 Einbau- und Installationsanweisungen sowie Halterinformationen

Bei Hardware-Nachrüstungen muss der Hersteller schriftliche Einbau- und Installationsanweisungen in deutscher Sprache für den Einbau des NO_xMS-Pkw sowie Betriebs- und Wartungsanweisungen zum Einsatz des nachgerüsteten Fahrzeugs für den Halter des Fahrzeugs bereitstellen. In den Betriebsanweisungen ist der Halter des Fahrzeugs vom Hersteller darüber zu informieren, dass sich durch die Nachrüstung mit dem NO_xMS-Pkw eine Erhöhung der CO_2-Emissionen und damit des Kraftstoffverbrauchs des Fahrzeugs ergeben kann, die nachweislich unter 6 % liegen.

Bei Software-Updates ist der Halter des Fahrzeugs vom Hersteller schriftlich über die Erhöhung der CO_2-Emissionen zu informieren.

13.12 Eingriff in die Motorsteuerung, in das OBD-System und in Kommunikationsschnittstellen

Es handelt sich dann um einen Eingriff, wenn Änderungen oder Ergänzungen der Hard- oder Software an vorhandenen elektronischen Motorsteuergeräten, am OBD-System und an den Kommunikationsschnittstellen erfolgen, einschließlich der Beaufschlagung von Signalen. Ein Abruf von Signalen und Informationen bzw. die temporäre Beaufschlagung von Signalen zur Erfüllung der Anforderungen der Nummer 13.7.2 Buchstabe d ist dann kein Eingriff, wenn die Funktionalität vorhandener elektronischer Motorsteuergeräte, des OBD-Systems und der Kommunikationsschnittstellen nicht beeinträchtigt wird.

In der Regel ist das nachgerüstete Stickoxid-Minderungssystem inklusive der Anzeige-, Warn- und Aufforderungssysteme als autarkes System ohne Eingriff in die vorhandene Motorsteuerung oder in das OBD-System auszulegen. Sieht der Hersteller einen Eingriff in die vorhandene Motorsteuerung oder in das OBD-System vor, so hat er eine schriftliche Freigabe des Fahrzeugherstellers für diesen Eingriff einzuholen. Der Fahrzeughersteller hat zusammen mit der Erteilung der Freigabe eine Erklärung abzugeben, dass die Eigenschaften des Nachrüstsystems bei nachträglichen Softwareänderungen nicht beeinflusst werden.

13.13 Ermittlung der Änderung der CO_2-Emissionen

13.13.1 Testverfahren und Bewertung der Messergebnisse

Die Ermittlung der CO_2-Emissionen ist in Anlehnung an die Verordnung (EG) Nr. 715/2007 (WLTP 1 bis 3) von einem vom Hersteller beauftragten Technischen Dienst durchzuführen. Wegen der zu erwartenden erhöhten Laufleistung der zur Prüfung verwendeten Fahrzeuge wird die mögliche Änderung der CO_2-Emissionen nicht durch einen Vergleich mit dem bei der Typgenehmigung gemessenen Typprüfwert ermittelt. Es ist jeweils eine Eingangsmessung der CO_2-Emissionen des Fahrzeugs vor der technischen Änderung (Ermittlung CO_2-alt) und eine Ausgangsmessung der CO_2-Emissionen des Fahrzeugs nach Einbau des NO_xMS-Pkw (Ermittlung CO_2-neu) durchzuführen. Bei den Messungen sind die Fahrwiderstandswerte zu verwenden, die der ursprünglichen Emissionsgenehmigung zugrunde lagen. Sollten diese Fahrwiderstandswerte nicht verfügbar sein, können alternativ die in der oben genannten Verordnung (EG) Nr. 715/2007 enthaltenen Tabellenwerte verwendet werden.

Der Test ist so durchzuführen, dass Eingangs- und Ausgangsmessungen möglichst identische Rahmenbedingungen hinsichtlich Fahrzeugkonditionierung, Filterbeladung, Regenerationsvorgängen, Ki-Faktoren, Fahrkurve mittig etc. aufweisen.

Die Bewertung der Messergebnisse erfolgt über die Berechnung eines CO_2-Erhöhungsfaktors (E_{CO2}), wobei die CO_2-Werte mit vier Nachkommastellen in die Berechnung eingehen:

$E_{CO2} = CO_2\text{-neu}/CO_2\text{-alt}$

Dabei muss der Erhöhungsfaktor $E_{CO2} < 1{,}06$ sein.

Sollte $E_{CO2} \geq 1{,}06$ sein, so kann auf Wunsch des Herstellers mit demselben Fahrzeug eine weitere Prüfung (Ein- und Ausgangsmessung) durchgeführt werden. Der Erhöhungsfaktor E_{CO2} wird dann aus den Mittelwerten der zwei Prüfergebnisse CO_2-alt und CO_2-neu ermittelt. Sollte weiterhin $E_{CO2} \geq 1{,}06$ sein, kann eine dritte Prüfung entsprechend der zweiten Prüfung durchgeführt werden, wobei sich dann E_{CO2} aus dem Mittelwert der drei Prüfergebnisse CO_2-alt und CO_2-neu ergibt. Sollte weiterhin $E_{CO2} \geq 1{,}06$ sein, so gilt die Messung als nicht bestanden und eine Genehmigung der Hardware-Nachrüstung bzw. des Software-Updates kann nicht erfolgen.

13.13.2 Verwendungsbereich

Die Änderung der CO_2-Emissionen ist für jeden Verwendungsbereich nach Nummer 5 zu ermitteln. Dabei ist das Testfahrzeug so zu wählen, dass es im Verwendungsbereich möglichst den ungünstigsten Fall (worst case) hinsichtlich E_{CO2} darstellt. Das Testfahrzeug ist somit nicht zwingend identisch mit dem Messfahrzeug nach Nummer 4.3. Die Wahl des Testfahrzeugs ist mit der Genehmigungsbehörde abzustimmen.

14 Einbau und Abnahme des NO_xMS-Pkw bei technischen Änderungen

14.1 Einbau

Die technische Änderung durch Einbau eines genehmigten NO_xMS-Pkw ist von einer Kraftfahrzeugwerkstatt durchzuführen, die für die Durchführung der Abgasuntersuchung nach Anlage VIIIc anerkannt ist (AU-Kraftfahrzeugwerkstatt). Abweichend davon kann die technische Änderung auch von einer anderen Stelle durchgeführt werden, in diesem Fall gilt Nummer 14.2 Buchstabe b oder c.

Das Kraftfahrzeug muss sich vor dem Einbau des NO_xMS-Pkw in einem technisch einwandfreien Zustand befinden. Sofern erforderlich, sind vor dem Einbau des NO_xMS-Pkw Mängel zu beseitigen, die das Erreichen der durch die ABE des NO_xMS-Pkw nachgewiesenen Minderung oder die Dauerhaltbarkeit in Frage stellen.

14.2 Abnahme

Der ordnungsgemäße Einbau aller Teile und die einwandfreie Funktion des NO_xMS-Pkw sind bei Hardware-Nachrüstungen oder Software-Updates auf einer dem Anhang IV entsprechenden Abnahmebescheinigung für NO_xMS-Pkw zu bestätigen, und zwar

a) von der anerkannten AU-Kraftfahrzeugwerkstatt, sofern diese die technische Änderung selbst vorgenommen hat,

b) von einem amtlich anerkannten Sachverständigen oder Prüfer für den Kraftfahrzeugverkehr oder von einem Prüfingenieur nach Anlage VIIIb oder

c) von einem Technischen Dienst gemäß § 13 Absatz 3 EG-Fahrzeuggenehmigungsverordnung[1)].

Die Abnahmebescheinigung muss alle in Anhang IV aufgeführten Angaben enthalten. Sie dient zur Vorlage bei der Zulassungsbehörde durch den Fahrzeughalter.

15 Vorgehensweise bei Gleichwertigkeitsbescheinigungen des Fahrzeugherstellers bei NO_xMS-Pkw ohne technische Änderungen

Erfüllen Fahrzeuge die Anforderungen eines NO_xMS-Pkw ohne technische Änderung gemäß Nummer 2.3, so erteilt die Genehmigungsbehörde nach Prüfung der Nachweise dem Fahrzeughersteller die Erlaubnis, für diese Fahrzeuge auf die jeweilige Fahrzeug-Identifizierungsnummer bezogene Gleichwertigkeitsbescheinigungen in einer von der Genehmigungsbehörde vorgegebenen Form auszustellen. Der Antrag auf Erteilung der Erlaubnis zur Ausstellung von Gleichwertigkeitsbescheinigungen ist schriftlich durch den Fahrzeughersteller bei der Genehmigungsbehörde zu stellen.

Grundlage für die Erlaubnis zur Ausstellung von Gleichwertigkeitsbescheinigungen ist der Technische Bericht eines vom Hersteller beauftragten Technischen Dienstes, in dem

1. das NO_xMS-Pkw beschrieben ist,
2. die nach den technischen Anforderungen dieser Anlage durchzuführenden Prüfungen dokumentiert sind und
3. bestätigt wird, dass die entsprechenden Bestimmungen eingehalten werden.

Die Dokumentation zum Verwendungsbereich muss die in Anhang II Buchstabe a bis h genannten Informationen enthalten.

Auf der Grundlage einer auf die Fahrzeug-Identifizierungsnummer bezogenen Gleichwertigkeitsbescheinigung trägt die nach Landesrecht zuständige Verwaltungsbehörde in die Zulassungsbescheinigung Teil I im Feld 22 „Bemerkungen" auf Antrag des Fahrzeughalters folgenden Text ein:

„NO_xMS-Pkw mit hoher Minderungsleistung (gem. Gwb Fahrzeughersteller, Datum)".

Stellt die Genehmigungsbehörde fest, dass die Voraussetzungen für die Erlaubnis zur Ausstellung von Gleichwertigkeitsbescheinigungen nicht mehr gegeben sind oder nicht mehr erfüllt werden, so hat sie die Erlaubnis zur Ausstellung von Gleichwertigkeitsbescheinigungen zu widerrufen oder zurückzunehmen.

Anhang I
(zu Nummer 2)

Beschreibungsbogen/Informations-Dokument

Der Beschreibungsbogen (Informations-Dokument) ist entsprechend Anhang 1 (Annex 1) der Regelung Nr. 132 der Wirtschaftskommission der Vereinten Nationen für Europa (UNECE) – Ein-

[1)] Nr. **255**.

heitliche Bedingungen für die Genehmigung emissionsmindernder Einrichtungen zur Nachrüstung (REC) für mit Selbstzündungsmotoren ausgerüstete schwere Nutzfahrzeuge, land- und forstwirtschaftliche Zugmaschinen und nicht für den Straßenverkehr bestimmte mobile Maschinen und Geräte, Änderungsserie 01 (ABl. L 109 vom 27.4.2018, S. 100) auszufüllen.

Anhang II
(zu Nummer 5)

Verwendungsbereich

Die Dokumentation zum Verwendungsbereich muss mindestens folgende Informationen enthalten:

a) Fahrzeughersteller,

b) Handelsbezeichnung des Fahrzeugs,

c) Typgenehmigungsnummer und Erweiterungsstand der Fahrzeuggenehmigung,

d) Baujahr von/bis,

e) Motor: Baumusterbezeichnung des Fahrzeugherstellers oder Typbezeichnung aus der Typgenehmigung hinsichtlich der Emissionen,

f) Hubraum/Einzelzylinderhubraum,

g) Motor-Nennleistung,

h) Emissionsklasse,

i) Schalldämpfer ersetzt: ja/nein,

j) PMS nachgerüstet: ja/nein,

k) PMS ausgetauscht: ja/nein,

l) Typbezeichnung des NO_xMS-Pkw inkl. PMS (falls zutreffend),

m) prozentuale Abweichung der Raumgeschwindigkeit der Motor/NO_xMS-Pkw-Kombination im Vergleich zur geprüften Kombination.

Anhang III
(zu Nummer 11)

Antrag auf Erteilung einer Allgemeinen Betriebserlaubnis für ein NO_xMS-Pkw bei einer Hardware-Nachrüstung oder bei einem Software-Update

1. Der Antrag auf Erteilung einer ABE für ein NO_xMS-Pkw ist schriftlich bei der Genehmigungsbehörde durch den Hersteller zu stellen; sonstige Formerfordernisse bestehen nicht. Der Antrag muss gleichzeitig den Antrag auf Erteilung einer ABE für Fahrzeugteile nach § 22 enthalten, es sei denn, eine solche ABE ist bereits anderweitig erteilt worden.
2. Gemeinsam mit dem Antrag auf Erteilung einer ABE für NO_xMS-Pkw sind die folgenden Angaben/Nachweise/Bestätigungen durch den Hersteller einzureichen:
   a) Bestätigung, dass die Dauerhaltbarkeitsanforderungen nach Nummer 2 erfüllt werden und Überwachungsmaßnahmen nach Nummer 10.1 durchgeführt werden,
   b) Bestätigung der Einhaltung der Typgenehmigungsvorschriften nach Nummer 13.1,
   c) Nachweise über die Geräuschemissionen nach Nummer 13.3 (falls zutreffend),
   d) Nachweise über die elektromagnetische Verträglichkeit nach Nummer 13.4,
   e) Bestätigung des Austauschs vorhandener PMS oder des Einbaus nicht vorhandener PMS nach Nummer 13.5 (falls zutreffend),
   f) Bestätigung vorhandener OBD- und NC-Systeme sowie vorhandener Warn- und Aufforderungssysteme nach Nummer 13.7.1,
   g) Bestätigung vorhandener Vorrichtungen nach den Nummern 13.7.2 und 13.8 und Nachweis darüber,
   h) Nachweise über Sekundäremissionen nach Nummer 13.9,
   i) Angaben über Änderungen an emissionsrelevanten Bauteilen und/oder Systemkomponenten (falls zutreffend) nach Nummer 13.10,

j) Einbau- und Installationsanweisungen sowie Betriebs- und Wartungsanweisungen nach Nummer 13.11,

k) Nachweis über CO_2-Emissionen nach Nummer 13.13,

l) Erklärung zur technischen Änderung (Hardware-Nachrüstung oder Software-Update), mit der die Minderungsleistung erreicht wurde.

3. Der Hersteller muss die verwaltungsrechtlichen und technischen Anforderungen für die Erteilung einer ABE nach § 22 erfüllen und zur Erlangung einer ABE für NO_xMS-Pkw die erforderlichen Unterlagen nach Vorgabe der Genehmigungsbehörde vorlegen.

4. Grundlage für die Erteilung der ABE ist der Technische Bericht eines vom Hersteller beauftragten Technischen Dienstes, in dem

a) das NO_xMS-Pkw beschrieben ist,

b) die nach den technischen Anforderungen dieser Anlage durchzuführenden Prüfungen dokumentiert sind und

c) bestätigt wird, dass die entsprechenden Bestimmungen eingehalten werden.

Anhang IV
(zu Nummer 14.2)

Bescheinigung der Abnahme des ordnungsgemäßen Einbaus eines NO_xMS-Pkw (Hardware-Nachrüstung oder Software-Update) zur Vorlage bei der Zulassungsbehörde

1. Bestätigung des ordnungsgemäßen Einbaus

1.1 Vor dem Einbau des NO_xMS-Pkw ist der technisch einwandfreie Zustand des Kraftfahrzeugs gemäß Nummer 14.1 festgestellt/hergestellt worden.

1.2 In das in Nummer 2 beschriebene Kraftfahrzeug wurde das in Nummer 3 benannte NO_xMS-Pkw eingebaut; der ordnungsgemäße Einbau aller Teile und die einwandfreie Funktion des NO_xMS-Pkw werden hiermit bestätigt. Die Anforderungen des NO_xMS-Pkw-Herstellers an das Fahrzeug werden eingehalten.

2. Angaben zum Kraftfahrzeug

2.1 Amtliches Kennzeichen:

2.2 Name und Anschrift des Fahrzeughalters:

2.3 Fahrzeughersteller:

2.4 Typ:

2.5 Motortyp:

2.6 Motornennleistung:

2.7 Fahrzeug-Identifizierungsnummer:

2.8 Datum der Erstzulassung:

2.9 Stand des Wegstreckenzählers:

3. Angaben zum NO_xMS-Pkw

3.1 Hersteller:

3.2 Typ/Ausführung:

3.3 Genehmigungsnummer der Allgemeinen Betriebserlaubnis:

3.4 Abdruck der Allgemeinen Betriebserlaubnis nach § 22.

4. Angaben zu den Fahrzeugpapieren:

Mit dem Einbau eines in Nummer 3 beschriebenen NO_xMS-Pkw erfüllt das Kraftfahrzeug die Anforderungen zur Einhaltung des Emissionswerts von weniger als 270 mg/km NO_x für die Kraftfahrzeuge mit Selbstzündungsmotor der Emissionsklassen „Euro 4" und „Euro 5". In der Zulassungsbescheinigung Teil I im Feld 22 „Bemerkungen" ist das Fahrzeug wie folgt zu kennzeichnen:

„NO_xMS-Pkw mit hoher Minderungsleistung, Typ, KBA (ABE-Nr. eintragen), ab (Einbaudatum eintragen)".

Ausführende Stelle: (Name, Anschrift und ggf. Kontrollnummer der nach Anlage VIIIc StVZO anerkannten AU-Kraftfahrzeugwerkstatt).

Ort, Datum, Unterschrift und ggf. Prüfstempel mit Kennnummer der verantwortlichen Person, die den ordnungsgemäßen Einbau aller Teile und die einwandfreie Funktion des NO_xMS-Pkw bestätigt.

Anlage XXIII
(zu § 47)

Maßnahmen gegen die Verunreinigung der Luft durch Gase und Partikel von Kraftfahrzeugen mit Fremdzündungsmotoren und Selbstzündungsmotoren (Definition schadstoffarmer Personenkraftwagen)

1 Vorschriften zur Erlangung der Betriebserlaubnis

1.1 Anwendungsbereich

Diese Anlage regelt die zulässigen Emissionen luftverunreinigender Gase und Partikel von

1. Personenkraftwagen sowie
2. Wohnmobilen mit einer zulässigen Gesamtmasse von nicht mehr als 2 800 kg mit Fremdzündungsmotoren (Ottomotoren) und Selbstzündungsmotoren (Dieselmotoren), mit mindestens vier Rädern, einer zulässigen Gesamtmasse von mindestens 400 kg und einer bauartbedingten Höchstgeschwindigkeit von mindestens 50 km/h.

1.2 Begriffsbestimmungen

a) Abgasemissionen: Luftverunreinigende Stoffe, die vom Motor über die Auslassöffnung durch die Auspuffanlage in die Atmosphäre abgegeben werden.

b) Bezugsmasse: Leermasse zuzüglich 136 kg.

c) Emissionsmindernde Bauteile: Bauteile, die zum Zwecke der Emissionsminderung luftverunreinigender Gase und Partikel in das Fahrzeug eingebaut werden.

d) Emissionsrelevante Bauteile: Bauteile des Fahrzeugs, die direkten oder indirekten Einfluss auf die Abgas-, Verdunstungs- und Kurbelgehäuseemissionen haben.

e) Fahrzeuglebensdauer im Sinne dieser Anlage ist eine Fahrstrecke von 80 000 km oder eine Nutzungszeit von fünf Jahren.

f) Fahrzeugtyp umfasst Fahrzeuge, die sich in ihrer Konstruktion und Bauweise nicht wesentlich unterscheiden.

g) Gesamtmasse ist die vom Hersteller vorgeschriebene höchstzulässige Masse des Fahrzeugs.

h) Kraftstoffsystem ist die Gesamtheit aller kraftstoffführenden Teile wie Kraftstofftank(s), Kraftstoffpumpe, Kraftstoffleitungen, Vergaser oder Einspritzanlagen. Es umfasst alle dazugehörenden Öffnungen sowie alle Komponenten zur Verhinderung oder Verminderung der Verdunstungsemissionen.

i) Kurbelgehäuse ist die Gesamtheit aller Räume, die im Motor oder außerhalb des Motors vorhanden sind und die durch innere und äußere Verbindungen an den Ölsumpf angeschlossen sind.

j) Kurbelgehäuseemissionen sind Gase oder Dämpfe, die aus irgendeinem Teil des Kurbelgehäuses in die Atmosphäre entweichen können.

k) Leermasse ist die Masse des fahrbereiten Fahrzeugs ohne Fahrer, Passagiere oder Ladung, mit vollem Kraftstofftank und sonstigen vollen Betriebsstoff-Vorratsbehältern, mit serienmäßigem Bordwerkzeug und mit serienmäßigem Reserverad.

l) Luftverunreinigende Gase sind Kohlenmonoxid (CO), Summe der Kohlenwasserstoffe (CH; ausgedrückt als $CH_{1,85}$) und Summe der Stickoxide (NO_x; ausgedrückt als NO_2).

m) Luftverunreinigende Partikel sind Abgasbestandteile, die bei einer Temperatur von höchstens 52 °C im verdünnten Abgas mit Filtern entsprechend Nummer 3 abgeschieden werden.

n) Tankatmungsverluste: Verdunstungsemissionen aus dem (den) Kraftstofftank(s), die durch die Schwankungen der Umgebungstemperaturen entstehen.

o) Verdunstungsemissionen: Verdunstungsemissionen bezeichnen die von einem Kraftfahrzeug an die Atmosphäre abgegebenen Kohlenwasserstoffe, die keine Abgas- und Kurbelgehäuseemissionen sind. Sie ergeben sich aus der Addition von Tankatmungsverlusten, Emissionen während der Heißabstellphase und Emissionen während des Fahrzeugbetriebs (Fahrkurve I).

p) Verschlechterungsfaktor (dimensionslos) für die Abgasemissionen:
f_v = Abgasemissionen bei 80 000 km dividiert durch die Abgasemissionen bei 6 400 km.

q) Verschlechterungswert (in g/Test) für die Verdunstungsemissionen:
f_D = Verdunstungsemissionswert bei 80 000 km minus dem Verdunstungswert bei 6 400 km.

1.3 Anforderungen

Der Hersteller hat durch geeignete Maßnahmen sicherzustellen, dass die Fahrzeuge während ihrer gesamten Lebensdauer möglichst niedrige Emissionen luftverunreinigender Gase und Partikel haben. Die Wirksamkeit der Minderungsmaßnahmen muss im gesamten Geschwindigkeitsbereich sichergestellt sein. Der Hersteller hat nachzuweisen und sicherzustellen, dass die in Nummer 1.7 aufgeführten Grenzwerte für luftverunreinigende Gase und Partikel über eine Fahrstrecke von 80 000 km oder eine Betriebsdauer von fünf Jahren (je nachdem, was zuerst erreicht wird) bei ordnungsgemäßer Wartung, die dem mit dem Antrag auf Erteilung der Betriebserlaubnis vorzulegenden Wartungsplan entsprechen soll, und bei Betrieb des Fahrzeugs mit unverbleitem Kraftstoff eingehalten werden.

Die Funktionsfähigkeit der emissionsmindernden und emissionsrelevanten Bauteile muss während der Fahrzeuglebensdauer und in den auftretenden Geschwindigkeitsbereichen durch die in den Nummern 1.7 und 1.8 näher beschriebenen Einzelprüfungen nachgewiesen werden:

1. Prüfung der gas- und partikelförmigen Emissionen von Prüffahrzeugen entsprechend Nummer 1.7 (Typprüfung) durch den Technischen Dienst. Dies wird ergänzt durch die nach Nummer 1.4.2 ermittelten Verschlechterungsfaktoren.
2. Regelmäßige Kontrolle der Einhaltung der Vorschriften in der Produktion entsprechend Nummer 1.8.2.1 (Serienprüfung) durch den Hersteller, ergänzt durch stichprobenartig von der Genehmigungsbehörde angeordnete Serienprüfungen nach Nummer 1.8.2.2 durch den Technischen Dienst.

1.4 Antrag auf Erteilung der Betriebserlaubnis

1.4.1 Dem Antrag auf Erteilung der Betriebserlaubnis für Abgas- und Verdunstungsemissionsverhalten sind vom Hersteller oder seinem Beauftragten die in Nummer 2.2 aufgeführten Unterlagen und Erklärungen beizufügen.

Die für einen Fahrzeugtyp erteilte Betriebserlaubnis für Abgas- und Verdunstungsemissionsverhalten kann auf Antrag des Herstellers auf andere Fahrzeugtypen ausgedehnt werden. Der Hersteller legt der Genehmigungsbehörde die zur Beurteilung erforderlichen Unterlagen vor. Die Behörde entscheidet darüber auf der Grundlage der in Nummer 2.1 beschriebenen Kriterien.

1.4.2 Der Hersteller hat alle Prüfdaten der Genehmigungsbehörde vorzulegen, die gemäß den in Nummer 4 beschriebenen Prüfvorschriften über die Lebensdauer des Fahrzeugs ermittelt wurden. Durch diese Daten soll der Hersteller nachweisen, dass die emissionsmindernden und

-relevanten Bauteile der Prüffahrzeuge ihre Funktion zur Einhaltung der geltenden Abgasgrenzwerte über die Lebensdauer der Fahrzeuge beibehalten. Wird ein Dauerlauf (Nummer 4) durchgeführt, müssen alle Wartungsarbeiten dokumentiert und vorgelegt werden.

Der Hersteller hat ferner nachzuweisen, dass die Einrichtungen zur Minderung der Verdunstungsemissionen in einer Weise ausgeführt sind, dass dadurch die geltenden Verdunstungsemissionsgrenzwerte über die Lebensdauer des Fahrzeugs eingehalten werden.

Auf Antrag des Herstellers kann die Genehmigungsbehörde auf den Nachweis der Einhaltung der Emissionsgrenzwerte im Rahmen eines Dauerlaufs verzichten, wenn der Hersteller glaubhaft macht, dass das Prüffahrzeug die geltenden Grenzwerte für luftverunreinigende Gase und Partikel über die Lebensdauer einhält. Bei Nichtvorlage des im Dauerlauf ermittelten jeweiligen Verschlechterungsfaktors ist für die Entscheidung über die Einhaltung der Grenzwerte ein Verschlechterungsfaktor bei den Abgasemissionen von 1,3 und ein Verschlechterungswert bei den Verdunstungsemissionen von 0,3 g/Test heranzuziehen.

Bei einer Jahresproduktion von weniger als 10 000 Fahrzeugen je Fahrzeugtyp einschließlich der Fahrzeugtypen, auf die die Genehmigung ausgedehnt ist, gelten folgende Verschlechterungsfaktoren bzw. -werte, sofern keine im Dauerlauf ermittelten Verschlechterungsfaktoren vorgelegt werden:

Abgasreinigungssystem	Verschlechterungsfaktor				wert
	CH	CO	NO_x	Partikel	Verdunstungsemission
1. Fremdzündungsmotor mit Oxidationskatalysator	1,3	1,2	1,0	–	0,0
2. Fremdzündungsmotor ohne Katalysator	1,3	1,2	1,0	–	0,0
3. Fremdzündungsmotor mit Dreiwegekatalysator	1,3	1,2	1,1	–	0,0
4. Dieselmotoren	1,0	1,1	1,0	1,2	–

1.4.3 Die Genehmigungsbehörde prüft vor Einleitung des nachstehend unter den Nummern 1.5 bis 1.7 beschriebenen Genehmigungsverfahrens die Vollständigkeit und Plausibilität der vom Hersteller vorgelegten Anmeldeunterlagen.

1.5 Genehmigungsverfahren

Die Genehmigungsbehörde wählt die Prüffahrzeuge anhand der mit dem Antrag eingereichten Unterlagen aus.

Die ausgewählten Prüffahrzeuge sind dem Technischen Dienst vorzuführen, der mit der Durchführung der in Nummer 3 beschriebenen Prüfungen beauftragt ist. Die Prüfungen finden beim Technischen Dienst statt. Auf Antrag des Herstellers können die Prüfungen beim Hersteller durchgeführt werden, falls die bei ihm erzielten Prüfergebnisse keine systematischen Abweichungen von denen des Technischen Dienstes zeigen.

Die Merkmale, nach denen die Ausdehnung der Betriebserlaubnis für Abgas- und Verdunstungsemissionsverhalten auf weitere Fahrzeugtypen vorgenommen wird, sind in Nummer 2.1 beschrieben. In diesem Fall werden von der Genehmigungsbehörde zwei Prüffahrzeuge nach folgenden Kriterien ausgewählt:

a) Prüffahrzeug:
Fahrzeugtyp, der die höchsten Emissionen erwarten lässt.

b) Prüffahrzeug:
Nicht notwendig für die Ermittlung der Verdunstungsemissionen. Fahrzeugtyp, der die höchste Prüfmasse aufweist.

Besitzen davon mehrere Fahrzeugtypen eine gleiche Prüfmasse, wird unter diesen Fahrzeugtypen ein Prüffahrzeug ausgewählt, das auf der Straße bei 80 km/h den höchsten Fahrwiderstand aufweist. Weisen davon mehrere Fahrzeugtypen gleichen Fahrwiderstand auf, dann wird unter diesen Fahrzeugtypen ein Prüffahrzeug ausgewählt, das den größten Hubraum aufweist.

Weisen davon wiederum mehrere Fahrzeugtypen den gleichen Hubraum auf, dann wird unter diesen Fahrzeugtypen ein Prüffahrzeug ausgewählt, das das höchste Gesamtübersetzungsverhältnis des Antriebsstrangs aufweist. Lässt der so ausgewählte Fahrzeugtyp gleichzeitig die höchsten Emissionen erwarten, und ist er damit bereits als erstes Prüffahrzeug bestimmt, dann wird bei der Auswahl des zweiten Prüffahrzeugs weiter entsprechend des obigen Kriterienkatalogs verfahren.

Ist auch danach das ausgewählte zweite Prüffahrzeug mit dem ersten Prüffahrzeug identisch, wählt die Genehmigungsbehörde ein anderes Prüffahrzeug aus.

Falls die so ausgewählten Prüffahrzeuge das Abgasemissionsverhalten der beantragten Fahrzeugtypen nicht ausreichend repräsentieren, kann die Genehmigungsbehörde ein weiteres Prüffahrzeug auswählen.

Die Prüfung der Abgasemissionen im Rahmen des Verfahrens zur Erteilung einer Betriebserlaubnis umfasst Fahrtests der Fahrkurven I und II auf dem Fahrleistungsprüfstand. Dabei ist die Masse der in den Abgasen enthaltenen gas- und partikelförmigen Luftverunreinigungen zu ermitteln. Anschließend wird die Prüfung gemäß § 47a durchgeführt.

Die Prüfung der Verdunstungsemissionen im Rahmen des Verfahrens zur Erteilung einer Betriebserlaubnis wird bei Fahrzeugen mit Fremdzündung durchgeführt. Dabei werden die Tankatmungsverluste und die Verdunstungsemissionen während des Heißabstellens ermittelt.

Zeigen die an einem Prüffahrzeug gewonnenen Prüfergebnisse, dass die unter Nummer 1.7 genannten Grenzwerte für luftverunreinigende Gase und Partikel nicht eingehalten werden, kann der Hersteller eine Wiederholung der nicht bestandenen Prüfung für das Prüffahrzeug beantragen. In diesem Falle werden für die Erteilung der Betriebserlaubnis lediglich die Ergebnisse der Wiederholungsprüfung herangezogen.

Die bei den Prüfungen ermittelten Werte für die Abgas- und Verdunstungsemissionen sind der Genehmigungsbehörde mitzuteilen.

Die Genehmigungsbehörde entscheidet anhand der vom Technischen Dienst gemessenen Emissionswerte unter Berücksichtigung der Verschlechterungsfaktoren und -werte, ob die unter Nummer 1.7 genannten Grenzwerte für luftverunreinigende Gase und Partikel eingehalten werden. Dazu werden die gemessenen Abgas- und Partikelemissionswerte mit den jeweiligen Verschlechterungsfaktoren multipliziert; zu dem gemessenen Verdunstungsemissionswert wird der Verschlechterungswert addiert.

1.6 Änderungen an genehmigten Fahrzeugtypen und des Wartungsplans

Beabsichtigt der Hersteller emissionsrelevante oder -mindernde Bauteile zu ändern, so hat er dies der Genehmigungsbehörde mitzuteilen. Die Behörde entscheidet, ob eine erneute Prüfung erforderlich ist. Beabsichtigte Änderungen des Wartungsplans emissionsrelevanter und -mindernder Bauteile sind ebenfalls der Genehmigungsbehörde zur Genehmigung vorzulegen.

1.7 Prüfungen

1.7.1 Die Prüfungen sind nach Abschnitt 3 durchzuführen. Fahrzeuge, für die gemäß Nummer 1.5 eine Betriebserlaubnis beantragt wird, müssen über ihre Lebensdauer folgende Grenzwerte für die Emissionen der gasförmigen Luftverunreinigungen Kohlenmonoxid, Kohlenwasserstoffe und Stickoxide einhalten:

1.7.1.1 Fahrkurve I nach Nummer 3.8

Kohlenmonoxid (CO):	2,1 g/km
Kohlenwasserstoffe (CH):	0,25 g/km
Stickoxide (NO_x):	0,62 g/km

1.7.1.2 Fahrkurve II nach Nummer 3.8

Die Wirksamkeit der Minderungsmaßnahme muss bei höheren Geschwindigkeiten erhalten bleiben. Dies gilt auch als nachgewiesen, wenn beim Test nach Fahrkurve II folgende Grenzwerte eingehalten werden[1]:

Stickoxide (NO_x): 0,76 g/km

1.7.2 Fahrzeuge mit Selbstzündungsmotor müssen über ihre Lebensdauer zusätzlich Grenzwerte für die Emissionen der partikelförmigen Luftverunreinigungen einhalten.

Fahrkurve I nach Nummer 3.8

Partikel: 0,124 g/km

1.7.3 Fahrzeuge mit Fremdzündungsmotor müssen über ihre Lebensdauer zusätzlich folgenden Grenzwert für Verdunstungsemissionen einhalten.

Verdunstungstest nach Nummer 3

Kohlenwasserstoff (CH): 2,0 g/Test

1.7.4 Emissionen gasförmiger Luftverunreinigungen aus dem Kurbelgehäuse von Fahrzeugen mit Fremdzündung (Ottomotoren).

Aus dem Entlüftungssystem des Kurbelgehäuses dürfen keine Emissionen gasförmiger Luftverunreinigungen (Kohlenwasserstoffe) entweichen.

1.8 Überprüfung der Einhaltung der Vorschriften in der Produktion und während der Fahrzeuglebensdauer

1.8.1 Allgemeines

Die in Nummer 1.7 aufgeführten Grenzwerte für luftverunreinigende Gase und Partikel müssen über die Fahrzeuglebensdauer bei ordnungsgemäßer Wartung und bei Betrieb des Fahrzeugs mit unverbleitem Kraftstoff eingehalten werden. Die Funktionsfähigkeit der emissionsmindernden und emissionsrelevanten Bauteile muss während der Fahrzeuglebensdauer gegeben sein. Die Einhaltung dieser Bestimmungen ist bei der Durchführung der nachfolgend beschriebenen Serienprüfungen und bei einer Überprüfung des Emissionsverhaltens im Verkehr befindlicher Fahrzeuge nachzuweisen und sicherzustellen.

1.8.2 Übereinstimmung der Produktion (Serienprüfung)

1.8.2.1 Serienprüfung durch den Hersteller

Der Hersteller entnimmt in eigener Verantwortung nach statistischen Auswahlkriterien eine Stichprobe der produzierten Fahrzeuge eines Fahrzeugtyps in folgendem Umfang: Bei einer Jahresproduktion pro Fahrzeugtyp von

a) ≥ 20 000 – 1 Promille der Produktion
b) ≥ 2 000 < 20 000 – fünf Fahrzeuge pro Quartal
c) < 2 000 – vier Fahrzeuge pro Jahr.

Bei einer Jahresproduktion von weniger als 100 Fahrzeugen je Fahrzeugtyp entfällt der Nachweis der Serienprüfung durch den Hersteller.

Die aus der Produktion entnommenen Fahrzeuge sind der Prüfung der Abgasemissionen nach den Fahrkurven I und II sowie nach § 47a zu unterziehen.

Die Emissionen gas- und partikelförmiger Luftverunreinigungen dürfen die Grenzwerte nach Nummer 1.7 unter Berücksichtigung der Verschlechterungsfaktoren und -werte nicht überschreiten.

Die Serienproduktion gilt als vorschriftsmäßig, wenn

a) mehr als 70 Prozent der Fahrzeuge der Stichprobe unterhalb der zulässigen Grenzwerte unter Berücksichtigung der Verschlechterungsfaktoren und -werte liegen und

b) die geprüfte Stichprobe folgende Bedingungen erfüllt:

$$\bar{x} + k \cdot S \leq L$$

---

[1] **Amtl. Anm.:** Kriterien für einen gleichwertigen Nachweis werden nach Zustimmung der Länder im Verkehrsblatt veröffentlicht.

$\bar{x}$: jeweiliges arithmetisches Mittel der Emissionen gas- und partikelförmiger Luftverunreinigungen

L: zulässiger Grenzwert unter Berücksichtigung der jeweiligen Verschlechterungsfaktoren und -werte

S: Standardabweichung $S^2 = \sum_{i=1}^{n} \frac{(x_i - \bar{x})^2}{n-1}$

n: Zahl der Prüfungen

x_i: Messwert der Emissionen gasförmiger Luftverunreinigungen

n	2	3	4	5	6	7
k	0,973	0,613	0,489	0,421	0,376	0,342
n	8	9	10	11	12	13
k	0,317	0,296	0,279	0,265	0,253	0,242
n	14	15	16	17	18	19
k	0,233	0,224	0,216	0,210	0,203	0,198

wenn n≥20, $k = \frac{0,860}{\sqrt{n}}$

Der Hersteller muss bei der von ihm durchgeführten Prüfung auf Übereinstimmung der Produktion (Serienprüfung) der Genehmigungsbehörde folgende Daten auf Verlangen vorlegen:

a) Zahl der produzierten Fahrzeuge eines Fahrzeugtyps

b) Zahl der geprüften Fahrzeuge eines Fahrzeugtyps

c) Bezeichnung und Beschreibung der geprüften Fahrzeuge

d) vollständige Auflistung der Emissionsergebnisse der einzelnen geprüften Fahrzeuge und der verwendeten Prüfeinrichtungen.

Die vorgelegten Dokumente sind mit Datum, Ort der Prüfung und Kilometerstand des Prüffahrzeugs durch den vom Hersteller benannten verantwortlichen Prüfstandsleiter zu kennzeichnen. Der Hersteller versichert, dass die übermittelten Emissionswerte nach seinem besten Wissen das mittlere Emissionsverhalten der Serie repräsentieren.

1.8.2.2 Serienprüfung durch den Technischen Dienst

Die Genehmigungsbehörde kann in begründeten Fällen gleichermaßen Stichprobenprüfungen zur Überwachung des Emissionsverhaltens der Fahrzeuge aus der Produktion durch den Technischen Dienst durchführen lassen. Die Prüfungen werden beim Technischen Dienst durchgeführt.

Das (die) aus der Serie entnommene(n) Fahrzeug(e) ist (sind) der Prüfung der Abgasemissionen nach Fahrkurve I und II sowie nach § 47a zu unterziehen.

Die Genehmigungsbehörde kann zusätzlich die Prüfung der Verdunstungsemissionen nach Nummer 3.6.2 vornehmen lassen.

Werden die genannten Grenzwerte von diesem (diesen) Fahrzeug(en) der ersten Stichprobe nicht eingehalten, so steht es dem Hersteller frei, Stichprobenmessungen an weiteren aus der Produktion entnommenen Fahrzeugen zu verlangen, wobei die Stichprobe das (die) ursprünglich geprüfte(n) Fahrzeug(e) enthalten muss. Die Fahrzeuge sind den gleichen Prüfungen zu unterziehen. Die Größe der Stichprobe bestimmt der Hersteller. Die Auswahl der Fahrzeuge erfolgt durch die Genehmigungsbehörde. Der Hersteller hat in diesem Fall die Kosten für die erweiterte Prüfung zu tragen.

Die Serienprüfung gilt als vorschriftsmäßig, wenn die geprüfte Stichprobe die in Nummer 1.8.2.1 genannten Bedingungen erfüllt.

1.9 (weggefallen)

1.10 Genehmigungsbehörde

Genehmigungsbehörde im Sinne dieser Anlage ist das Kraftfahrt-Bundesamt, Fördestraße 16, 24944 Flensburg. Dies gilt nicht für das Verfahren nach § 21. Das Kraftfahrt-Bundesamt kann Aufgaben im Rahmen des Genehmigungsverfahrens auf den Technischen Dienst übertragen.

1.11 Mitteilung über die Prüfung

Nach der Prüfung hat das Kraftfahrt-Bundesamt (Genehmigungsbehörde) das Formblatt über die Mitteilung nach Abschnitt 6 auszufüllen. Es hat eine Abschrift dieser Mitteilung dem Hersteller oder seinem Beauftragten zu übersenden.

Die Angaben der Mitteilung nach Abschnitt 6 können von der Genehmigungsbehörde veröffentlicht werden.

1.12 Anerkennung von Prüfungen in anderen Staaten

Prüfungen, denen ein Fahrzeugtyp in einem anderen Staat unterzogen worden ist, werden anerkannt, wenn der Hersteller oder sein Beauftragter die Durchführung gleichwertiger Prüfungen nachweist und diese bei einer Genehmigungsbehörde oder einer amtlichen Prüfstelle durchgeführt wurden. Der Nachweis muss durch die Vorlage der in dem anderen Staat erteilten Betriebserlaubnis sowie der zugehörigen vollständigen Antragsunterlagen, die der Genehmigungsbehörde des anderen Staates vorzulegen waren, erfolgen; zu fremdsprachlichen Unterlagen sind deutsche Übersetzungen beizufügen. Über die Anerkennung der Gleichwertigkeit der Prüfungen in einem anderen Staat entscheidet die Genehmigungsbehörde in Absprache mit dem Technischen Dienst.

2 Kriterien für die Ausdehnung der Betriebserlaubnis, Beschreibung des Fahrzeugs, Hauptmerkmale des Motors, Wartungsplan

2.1 Kriterien für die Ausdehnung der Betriebserlaubnis

2.1.1 Fahrzeuge mit gleichartiger Abgasemissionscharakteristik müssen in folgenden konstruktiven Merkmalen übereinstimmen:

a) Abstand von Mittelpunkt zu Mittelpunkt der Zylinderbohrungen

b) Anordnung, Zahl der Zylinder und Ausführung des Zylinderblockes (zum Beispiel luft- oder wassergekühlt, 4-Zylinder-Reihenmotor, V 6-Motor usw.)

c) Lage der Ein- und Auslassventile (oder -öffnungen)

d) Luftansaugverfahren (zum Beispiel Abgaslader)

e) Typ des Ladeluftkühlers

f) Brennverfahren

g) Art des Abgasnachbehandlungssystems

h) Zündanlage

i) Gemischaufbereitungssystem

Die Kriterien können nach folgenden Merkmalen weiter spezifiziert werden, wenn Genehmigungsbehörde oder Hersteller dies für erforderlich halten:

a) Bohrung und Hub

b) Oberflächen-Volumenverhältnis des Brennraums (bei Kolbenstellung oberer Totpunkt)

c) Ansaugsystem und Abgaskrümmer

d) Größe der Einlass- und Auslassventile

e) Kraftstoffsystem

f) Steuerzeiten der Nockenwelle

g) Zündungs- und Einspritzeinstellwerte

2.1.2 Fahrzeuge mit gleichartiger Verdunstungsemissionscharakteristik müssen in folgenden konstruktiven Merkmalen übereinstimmen:

a) Kraftstoffrückhaltevorrichtung (zum Beispiel Adsorptionsfalle, Luftfilter, Kurbelgehäuse)

b) Kraftstofftank (zum Beispiel Werkstoff und Form)

c) Kraftstoffleitung und Fördersystem

d) Gemischaufbereitung

2.2 Beschreibung des Fahrzeugs, Hauptmerkmale des Motors, der emissionsmindernden und -relevanten Bauteile des Fahrzeugtyps, für den die Betriebserlaubnis beantragt wird

2.2.1 Fahrzeugbeschreibung, Hauptmerkmale des Motors und Angaben über die Durchführung der Prüfung sind gemäß den Anhängen I und II vorzulegen.

2.2.2 Zusätzliche Angaben, soweit nicht in Anhang I oder II beschrieben:

2.2.2.1 Auflistung und Beschreibung aller Einstellgrößen von Bauteilen, die die Emissionen beeinflussen.

Angaben der vom Hersteller empfohlenen Einstellwerte und der zulässigen Toleranzen von Bauteilen, die die Emissionen beeinflussen.

Beschreibung der Feststellvorrichtungen, die den vom Hersteller empfohlenen Einstellbereich festlegen und eine unbefugte Verstellung verhindern.

Angaben zur Einstellung der Feststellvorrichtungen und zu den dazugehörenden Toleranzen.

2.2.2.2 Nachweis, wie die unbefugte Verstellung emissionsrelevanter Einstellgrößen bei den im Verkehr befindlichen Fahrzeugen wirksam verhindert wird.

2.2.2.3 Nachweis, wie durch geeignete konstruktive Maßnahmen die Fahrzeuge mit Ottomotoren ausschließlich mit unverbleitem Kraftstoff betankt werden können. Dieser Nachweis gilt als erbracht, wenn der Tankeinfüllstutzen so konstruiert ist, dass das Fahrzeug nur mit einem Zapfhahn mit einem äußeren Durchmesser der Endöffnung von nicht mehr als 2,134 cm und einem geraden Mundstück von mindestens 6,34 cm Länge betankt werden kann.

2.2.3 Wartungsplan mit detaillierter Beschreibung und Auflistung der regelmäßig durchzuführenden Wartungsarbeiten an den emissionsrelevanten und emissionsmindernden Bauteilen.

2.2.4 Muster eines Wartungsbuchs, das zum Lieferumfang des Fahrzeugs zählt, und mit dem die ordnungsgemäßen Wartungsarbeiten der emissionsrelevanten und -mindernden Bauteile durch Werkstatt und Fahrzeughalter dokumentiert werden kann. Das Wartungsbuch soll auch den Wartungsplan enthalten.

Der Nachweis über die Durchführung der ordnungsgemäßen Wartungsarbeiten kann auch anderweitig geführt werden.

2.3 **Wartungsplan für die emissionsmindernden und -relevanten Bauteile**

Die ordnungsgemäße Durchführung der Wartungsarbeiten in den vorgesehenen Intervallen ist die Voraussetzung für die Gewährleistungspflicht des Herstellers für die emissionsrelevanten und -mindernden Bauteile.

Als ordnungsgemäße Wartung gilt, wenn die vom Hersteller vorgeschriebenen Arbeiten entsprechend seinen Spezifikationen beim vorgeschriebenen Kilometerstand (+ 2 000 km) oder zum vorgeschriebenen Zeitpunkt (± drei Monate) durchgeführt und von der Werkstatt dokumentiert werden, und wenn gegebenenfalls erforderliche Ersatzteile verwendet werden, die den Spezifikationen des Herstellers entsprechen. Als ordnungsgemäße Wartung gilt auch, wenn der Fahrzeughalter zur Behebung einer Notlage unvorschriftsmäßige Arbeiten durchführen lässt, vorausgesetzt der Fahrzeughalter bringt das Fahrzeug innerhalb eines angemessenen Zeitraums wieder in den vorschriftsmäßigen Zustand.

3 **Durchführung der Prüfungen der gas- und partikelförmigen luftverunreinigenden Emissionen**

3.1 **Einleitung**

Dieser Anhang beschreibt die Verfahren und die Einrichtungen, die erforderlich sind, um die Einhaltung der für die Erteilung der Betriebserlaubnis von Fahrzeugen erlassenen Emissionsvorschriften prüfen zu können. Darüber hinausgehende Vorschriften zur Durchführung der Dauerlaufprüfung sind in Abschnitt 4 beschrieben.

3.2 **Übersicht über die Prüfungen**

Die unter den Nummern 3.2.1 und 3.2.3 beschriebenen Prüfabläufe für die Bestimmung der Abgas- bzw. Verdunstungsemissionen sind schematisch in Figur 1 bis 3 dargestellt.

Die Umgebungstemperaturen für das Testfahrzeug während der gesamten Testfolge sollen nicht tiefer als 20 °C und nicht höher als 30 °C liegen. Das Fahrzeug soll während aller Phasen der Testfolge annähernd eben stehen.

3.2.1 **Vorbereitung**

Vor der Durchführung der Emissionsmessungen sind die Prüffahrzeuge in einheitlicher Weise zu konditionieren, um die Reproduzierbarkeit der Ergebnisse sicherzustellen. Die Konditionierung besteht aus einer Fahrt auf einem Fahrleistungsprüfstand sowie einer Abstellphase bei definierter Umgebungstemperatur.

3.2.2 **Prüfung der Abgasemissionen**

Die Prüfung der Abgasemissionen im Rahmen des Verfahrens zur Erteilung einer Betriebserlaubnis umfasst zwei Fahrtests auf einem Fahrleistungsprüfstand, während der die Mengen luftverunreinigender Gase und Partikel ermittelt werden. Bei den Fahrzeugen werden die Kohlenmonoxid-, Kohlenwasserstoff- und Stickoxidemissionen, bei Fahrzeugen mit Selbstzündungsmotoren (Dieselmotoren) zusätzlich die Partikelemissionen ermittelt. Die beiden Fahrtests werden im Folgenden als Fahrkurve I und Fahrkurve II bezeichnet und sind in Nummer 3.8 beschrieben. Nach dem Abschluss der Fahrtests wird die Prüfung nach § 47a durchgeführt.

Figur 1

Prüfablauf für Fahrzeuge mit Fremdzündungsmotoren

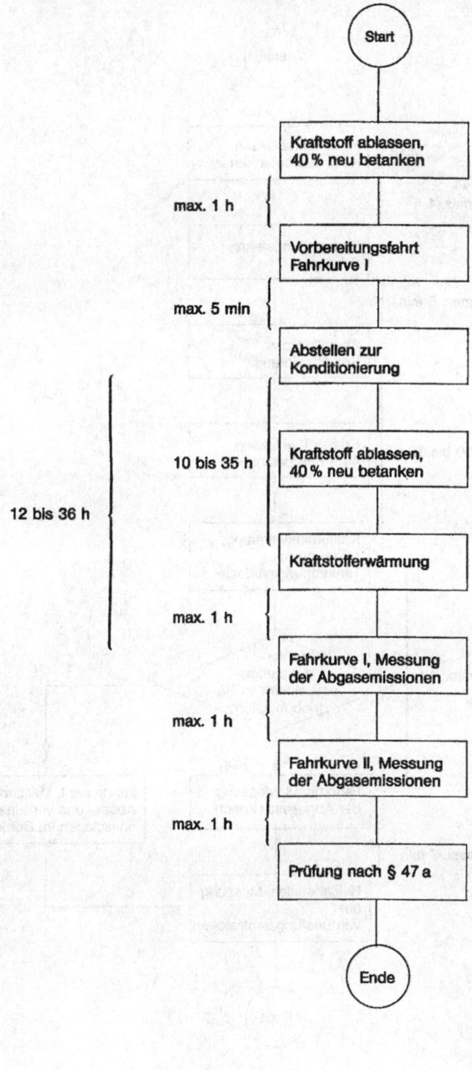

Figur 2

Prüfablauf für Fahrzeuge mit Fremdzündungsmotoren

Verdunstungsemissionen

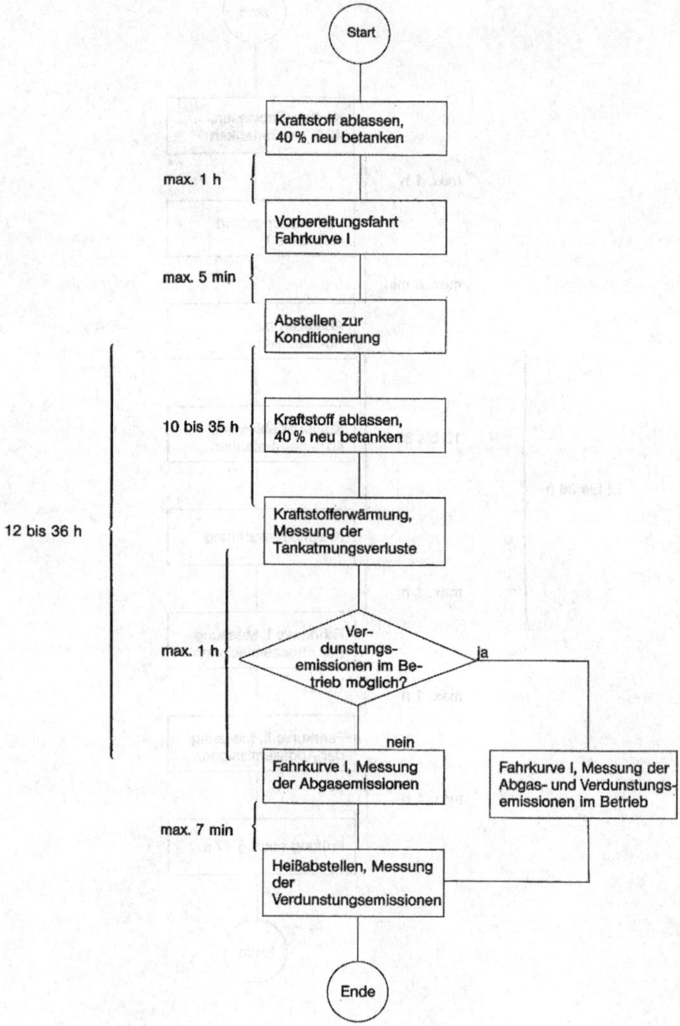

Figur 3

Prüfablauf für Fahrzeuge mit Selbstzündungsmotoren

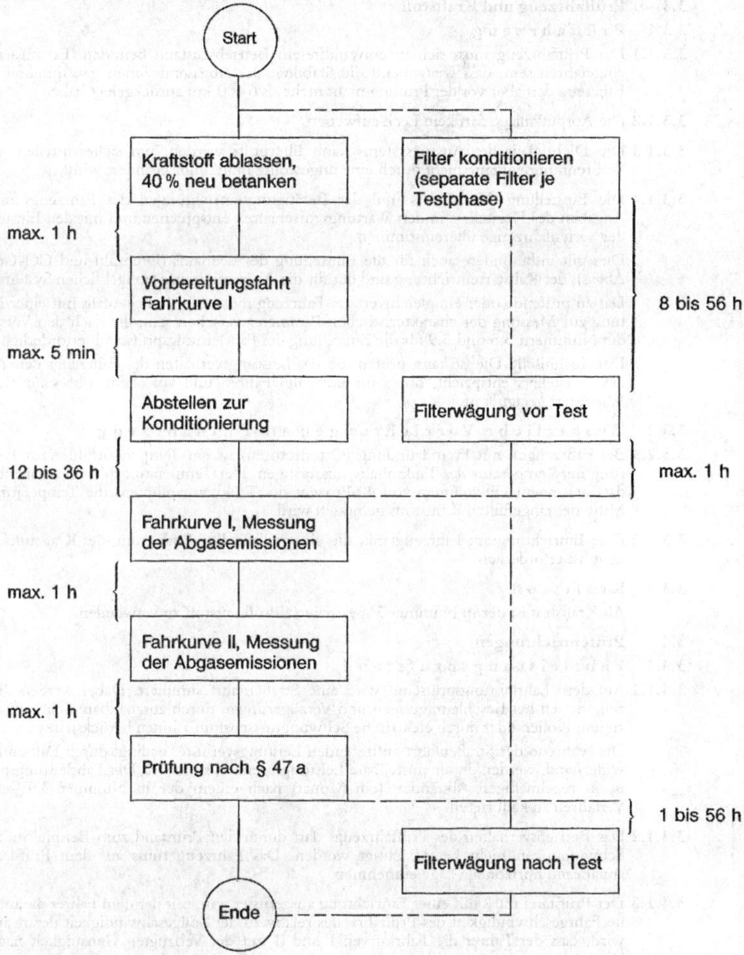

3.2.3 Prüfung der Verdunstungsemissionen

Die Prüfung der Verdunstungsemissionen im Rahmen des Verfahrens zur Erteilung der Betriebserlaubnis wird bei Fahrzeugen mit Ottomotoren durchgeführt. Dabei werden die Tankatmungsverluste und die Verdunstungsemissionen während des Heißabstellens in einer gasdichten Messkammer ermittelt. Zwischen diesen beiden Prüfungen muss eine Prüfung der

Abgasemissionen in der Fahrkurve I erfolgen. Falls erforderlich, werden zusätzlich die Verdunstungsemissionen während dieses Fahrbetriebs durch Messfallen ermittelt.

3.3 Prüffahrzeug und Kraftstoff

3.3.1 Prüffahrzeug

3.3.1.1 Das Prüffahrzeug muss sich in einwandfreiem Betriebszustand befinden. Es muss insoweit eingefahren sein, dass weitgehend die Stabilität der Abgasemissionen gewährleistet ist. Das Fahrzeug darf aber vor der Prüfung nicht mehr als 6 400 km zurückgelegt haben.

3.3.1.2 Die Auspuffanlage darf kein Leck aufweisen.

3.3.1.3 Die Dichtigkeit des Ansaugsystems kann überprüft werden, um sicherzustellen, dass der Verbrennungsvorgang nicht durch eine ungewollte Luftzufuhr geändert wird.

3.3.1.4 Die Einstellung des Motors und der Betätigungseinrichtungen des Fahrzeugs muss den Angaben des Herstellers in den Wartungsvorschriften entsprechen und mit den Einstellungen der Serienfahrzeuge übereinstimmen.

Dies gilt insbesondere auch für die Einstellung des Leerlaufs (Drehzahl und CO-Gehalt im Abgas), der Kaltstarteinrichtung und der für die Abgasreinigung maßgeblichen Systeme.

Das zu prüfende oder ein gleichwertiges Fahrzeug muss erforderlichenfalls mit einer Einrichtung zur Messung der charakteristischen Parameter versehen sein, die nach den Vorschriften der Nummern 3.5 und 3.9 für die Einstellung des Fahrleistungsprüfstands erforderlich sind.

Der Technische Dienst kann prüfen, ob das Leistungsverhalten des Fahrzeugs den Angaben des Herstellers entspricht, ob es für normales Fahren und vor allem, ob es für Kalt- und Warmstart geeignet ist.

3.3.2 Zusätzliche Vorrichtungen am Prüffahrzeug

3.3.2.1 Bei Fahrzeugen mit Fremdzündung (Ottomotoren) ist ein Temperaturfühler zur Registrierung der Temperatur des Tankinhalts anzubringen. Der Temperaturfühler ist so anzubringen, dass bei einem Füllvolumen von 40 Prozent des Tanknennvolumens die Temperatur in der Mitte des eingefüllten Kraftstoffs gemessen wird.

3.3.2.2 Eine Einrichtung am Fahrzeugtank, die eine vollständige Entleerung des Kraftstoffs ermöglicht, ist erforderlich.

3.3.3 Kraftstoff

Als Kraftstoff ist der in Nummer 5 spezifizierte Prüfkraftstoff zu verwenden.

3.4 Prüfeinrichtungen

3.4.1 Fahrleistungsprüfstand

3.4.1.1 Auf dem Fahrleistungsprüfstand wird eine Straßenfahrt simuliert. Dabei werden die Fahrzeugmassen bei Beschleunigungen und Verzögerungen durch zuschaltbare Schwungscheiben an den Rollen oder durch elektrische Schwungmassensimulationen berücksichtigt.

Die während der Straßenfahrt auftretenden Leistungsverluste, bedingt durch Luft- und Rollwiderstand, werden durch einstellbare Leistungsbremsen simuliert. Der Fahrleistungsprüfstand ist in regelmäßigen Abständen (ein Monat) nach einem der in Nummer 3.9 genannten Verfahren zu kalibrieren.

3.4.1.2 Das Betriebsverhalten des Prüffahrzeugs darf durch den Prüfstand zum Beispiel infolge von Schwingungen nicht beeinträchtigt werden. Das Fahrzeug muss auf dem Prüfstand eine annähernd horizontale Lage einnehmen.

3.4.1.3 Der Prüfstand muss mit einer Einrichtung ausgerüstet sein, mit der dem Fahrer die momentane Fahrgeschwindigkeit des Prüffahrzeugs relativ zu der Sollgeschwindigkeit derart angezeigt wird, dass der Fahrer die Fahrkurven I und II mit der verlangten Genauigkeit nachfahren kann.

(Fortsetzung nächstes Blatt)

3.4.1.4 Die Einrichtungen, mit denen die Schwungmasse und die Fahrwiderstände simuliert werden, müssen bei Prüfständen mit zwei Rollen von der vorderen Rolle angetrieben werden, sofern nicht beide Rollen gekoppelt sind.

3.4.1.5 Die Fahrzeuggeschwindigkeit muss entsprechend der Umdrehungsgeschwindigkeit der Prüfstandsrolle bestimmt werden. Sie muss bei Geschwindigkeiten über 10 km/h auf ± 1 km/h genau gemessen werden. Mit der Einrichtung zur Geschwindigkeitsmessung muss eine Einrichtung gekoppelt sein, mit der die auf dem Prüfstand zurückgelegte Fahrstrecke ermittelt wird.

3.4.1.6 Bei dem Fahrleistungsprüfstand muss die Einstellung der auf der Straße aufgenommenen Leistung bei 80, 60 und 40 km/h auf ± 5 Prozent und bei 20 km/h auf ± 10 Prozent genau angeglichen werden. Der Wert muss positiv sein.

3.4.1.7 Die Gesamtschwungmasse muss bekannt sein und der Schwungmassenklasse für die Prüfung auf ± 20 kg entsprechen.

3.4.1.8 Kühlgebläse

Während der Fahrprüfungen ist ein Kühlgebläse mit konstanter Drehzahl so aufzustellen, dass dem Fahrzeug bei geöffneter Motorhaube Kühlluft in geeigneter Weise zugeführt wird. Bei Fahrzeugen mit Frontmotor ist das Gebläse in einem Abstand von 300 mm mitten vor dem Fahrzeug aufzustellen. Bei Fahrzeugen mit Heckmotor (oder wenn eine besondere Konstruktion die obige Anordnung unzweckmäßig macht) ist das Kühlgebläse so anzuordnen, dass es ausreichend Luft zur Aufrechterhaltung der Fahrzeugkühlung liefert. Die Gebläsekapazität soll normalerweise 2,50 m^3/s nicht überschreiten. Wenn jedoch der Hersteller nachweisen kann, dass eine zusätzliche Kühlung erforderlich ist, um eine repräsentative Prüfung durchführen zu können, kann die Gebläsekapazität erhöht werden oder es können zusätzliche Gebläse verwendet werden, wenn dies zuvor vom Technischen Dienst genehmigt wurde.

3.4.2 Abgas- und Partikelentnahmeeinrichtung

3.4.2.1 Mit den in Nummer 3.10 beschriebenen Auffangeinrichtungen müssen die luftverunreinigenden Gase und Partikel in den Abgasen gemessen werden. Dabei wird das Entnahmesystem mit konstantem Volumen (CVS) verwendet. Dazu müssen die Abgase des Fahrzeugs kontinuierlich mit der Umgebungsluft unter kontrollierten Bedingungen verdünnt werden. Um die emittierten Mengen mit diesen CVS-Verfahren messen zu können, müssen zwei Bedingungen erfüllt sein: Das Gesamtvolumen der Mischung aus Abgasen und Verdünnungsluft muss gemessen und eine anteilige Probe dieses Volumens muss kontinuierlich für die Analyse aufgefangen werden.
Die emittierte Partikelmenge wird bestimmt, indem aus einem anteiligen Teilstrom über die gesamte Dauer des Tests die Partikel auf geeigneten Filtern abgeschieden werden und die Menge gravimetrisch bestimmt wird (siehe Nummer 3.4.4.2).
Die emittierten Mengen luftverunreinigender Gase werden aus den Konzentrationen in der Probe unter Berücksichtigung der Konzentration dieser Gase in der Umgebungsluft und aus der Durchflussmenge während der Prüfdauer bestimmt.

3.4.2.2 Der Durchfluss durch die Geräte muss groß genug sein, um unter allen Bedingungen eine Wasserdampfkondensation, die bei einer Prüfung auftreten könnte, entsprechend den Vorschriften in Nummer 3.10 zu verhindern.

3.4.2.3 Die schematische Darstellung des Entnahmesystems ist in der nachstehenden Abbildung, Figur 4 dargestellt. In Nummer 3.10 werden Beispiele von CVS-Entnahmesystemen beschrieben, die die Bedingungen dieses Abschnitts erfüllen.

3.4.2.4 Die Luft/Abgas-Mischung muss in den Entnahmesonden homogen sein.

3.4.2.5 Die Sonden müssen eine repräsentive Probe verdünnter Abgase entnehmen.

Figur 4

Schema eines Probenahme- und Analysesystems zur Bestimmung gasförmiger Emissionen bei Pkw mit Ottomotoren

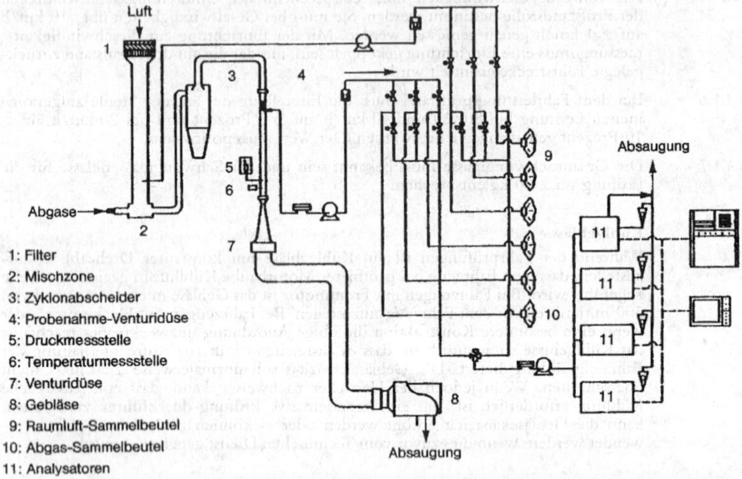

3.4.2.6 Die Entnahmeeinrichtung muss gasdicht sein. Sie muss so beschaffen sein und aus solchen Werkstoffen bestehen, dass die Konzentrationen der Abgasbestandteile in den verdünnten Abgasen nicht beeinflusst werden. Beeinflusst ein Geräteteil (Wärmetauscher, Ventilator usw.) die Konzentration eines luftverunreinigenden Gases in den verdünnten Gasen, so muss die Probe dieses Gases vor diesem Teil entnommen werden, wenn die Beeinflussung nicht ausgeschaltet werden kann.

3.4.2.7 Hat das zu prüfende Fahrzeug eine Auspuffanlage, die mehrere Endrohre aufweist, so sind diese Rohre so nahe wie möglich am Fahrzeug miteinander zu verbinden.

3.4.2.8 Bei angeschlossener Entnahmeeinrichtung dürfen die Druckschwankungen am (an den) Endrohr(en) sich um nicht mehr als ± 1,25 kPa gegenüber den Druckschwankungen ändern, die während der Fahrkurven auf dem Prüfstand gemessen wurden, wenn das (die) Auspuffendrohr(e) nicht mit der Entnahmeeinrichtung verbunden ist (sind). Eine Entnahmeeinrichtung, mit dem diese Druckunterschiede auf ± 0,25 kPa gesenkt werden können, ist dann zu verwenden, wenn der Hersteller unter Nachweis der Notwendigkeit einer solchen Verringerung dies schriftlich von der Genehmigungsbehörde verlangt. Der Gegendruck muss im Auspuffendrohr möglichst am äußeren Ende oder einem Verlängerungsrohr mit gleichem Durchmesser gemessen werden.

3.4.2.9 Die einzelnen Ventile zur Weiterleitung der Gasproben müssen Schnellschaltventile sein.

3.4.2.10 Die Gasproben sind in genügend großen Beuteln aufzufangen. Diese Beutel müssen aus Werkstoffen bestehen, die den Gehalt an luftverunreinigenden Gasen 20 Minuten nach dem Auffangen um nicht mehr als ± 2 Prozent verändern.

3.4.3 Einrichtung zur Ermittlung der Verdunstungsemissionen

Die Einrichtung zur Ermittlung der Verdunstungsemissionen besteht aus den nachfolgend beschriebenen Komponenten.

3.4.3.1 Gasdichte Hülle

Durch eine gasdichte Hülle wird eine rechteckige Messkammer gebildet, in welcher das zu prüfende Fahrzeug steht. Der freie Zugang zum Fahrzeug muss von allen Seiten gewährleistet sein. Im verschlossenen Zustand muss die Kammer gasdicht sein gemäß Prüfung nach Nummer 3.12. Die innere Oberfläche der Hülle muss für Kohlenwasserstoffe undurchlässig sein. Mindestens eine Fläche muss aus flexiblem undurchlässigem Material bestehen, um aus Temperaturschwankungen resultierende kleinere Druckschwankungen durch Volumenveränderungen ausgleichen zu können. Bei der Gestaltung der Wände ist eine gute Wärmeverteilung anzustreben. Wird die Kammer gekühlt, so darf die Temperatur der inneren Wandoberfläche 20 °C an keiner Stelle unterschreiten.

3.4.3.2 Kohlenwasserstoffanalysator

Die Kohlenwasserstoffkonzentration in der Kammer wird mit Hilfe eines Flammen-Ionisations-Detektors (FID) bestimmt. Der nicht verbrannte Teil des Probengasstroms muss in die Kammer zurückgeführt werden. Die Anforderungen an die Genauigkeit des Geräts und die Kalibrierung werden in Nummer 3.11 beschrieben. Der FID muss mit Einrichtungen zur kontinuierlichen Aufzeichnung oder Speicherung der Messdaten ausgerüstet sein.

3.4.3.3 Tankbeheizung, Temperaturmessung

Die Beheizung des Kraftstofftanks erfolgt durch eine in der Heizleistung verstellbare Wärmequelle. Geeignet ist beispielsweise eine Heizmatte mit einer Leistung von 2 000 W. Die Einstellung der Heizleistung kann manuell oder automatisch erfolgen. Die Wärmezuführung muss gleichmäßig an die Tankwandungen unterhalb des Kraftstoffspiegels erfolgen.

Die Einrichtung zur Tankbeheizung muss die gleichmäßige Erwärmung des Kraftstoffs im Tank von 16 °C um 14 K innerhalb von 60 Minuten ermöglichen. Die Kraftstofftemperatur ist etwa in der Mitte des im Tank befindlichen Kraftstoffvolumens zu messen.

Die Raumtemperatur wird an zwei Stellen von Temperaturgebern erfasst, die so geschaltet sein müssen, dass ein Mittelwert angezeigt wird. Die Messstellen befinden sich etwa 10 cm entfernt von der vertikalen Mittellinie jeder Seitenwand in einer Höhe von 90 ± 10 cm.

Die Temperaturen müssen während der Verdunstungsmessungen in Abständen von je einer Minute aufgezeichnet oder gespeichert werden. Die Messgenauigkeit einschließlich der Aufzeichnung muss ± 1,5 K betragen. Das Aufzeichnungs- oder Speichersystem muss die Zeiten mit einer Auflösung von ± 15 s und die Temperaturen mit einer Auflösung von ± 0,4 K wiedergeben können.

3.4.3.4 Gebläse

Durch Verwendung eines Gebläses oder mehrerer Gebläse muss erreicht werden können, dass

a) die CH-Konzentration in der Kammer vor einer Messung auf die Umgebungskonzentration gesenkt wird,

b) eine gleichmäßige Temperatur- und CH-Verteilung in der Kammer während der Messung erreicht wird.

Das zu prüfende Fahrzeug darf dabei keiner direkten Strömung ausgesetzt werden.

3.4.3.5 CH-Sammelstellen

Mit den CH-Sammelstellen – soweit diese gemäß Nummer 3.6.2.2 Buchstabe m erforderlich sind – müssen die beim Betrieb nach Fahrkurve I entstehenden Verdunstungsemissionen aufgefangen werden können.

3.4.4 Analysegeräte

3.4.4.1 Allgemeine Vorschriften

3.4.4.1.1 Die Analyse der luftverunreinigenden Gase und Partikel ist mit folgenden Geräten durchzuführen:

a) Kohlenmonoxid (CO) und Kohlendioxid (CO_2):
Nichtdispersiver Infrarot-Absorptionsanalysator (NDIR);

b) Kohlenwasserstoffe (CH) – Fahrzeuge mit Fremdzündungsmotor:

Flammenionisations-Detektor (FID) propankalibriert, ausgedrückt in Kohlenstoffatom-Äquivalent (C_1);

c) Kohlenwasserstoffe (CH) – Fahrzeuge mit Dieselmotor:
Flammenionisations-Detektor mit Ventilen, Rohrleitungen usw. beheizt auf 190 °C ± 10 °C (HFID); propankalibriert, ausgedrückt in Kohlenstoffatom-Äquivalent (C_1);

d) Stickoxide (NO_x):
Chemilumineszens-Analysator (CLA) mit NO_x/NO-Konverter;

e) Partikel:
Gravimetrische Bestimmung der abgeschiedenen Partikel. Die Partikel werden an jeweils zwei im Probengasstrom hintereinander angeordneten Filtern abgeschieden. Die abgeschiedene Partikelmenge soll je Filterpaar zwischen 2 und 5 mg liegen. Die Filteroberfläche soll aus einem Material bestehen, das hydrophob und gegen die Abgasbestandteile inert ist (PTFE oder gleichwertiges Material).

3.4.4.1.2 **Messgenauigkeit**

Die Analysatoren müssen einen Messbereich mit der erforderlichen Genauigkeit aufweisen, der für Messungen der jeweiligen Gaskonzentration in den Abgasproben geeignet ist. Der Messfehler darf nicht mehr als ± 3 Prozent betragen, wobei der tatsächliche Wert der Kalibriergase unberücksichtigt bleibt.
Bei Konzentrationen von weniger als 100 ppm darf der Messfehler nicht mehr als ± 3 ppm betragen. Die Analyse der Umgebungsluftprobe wird mit dem gleichen Analysator und mit dem gleichen Messbereich wie die entsprechende Probe der verdünnten Abgase durchgeführt.
Die Wägung der abgeschiedenen Partikel muss eine Genauigkeit von 1 mg gewährleisten.

3.4.4.1.3 **Gastrocknungsanlage**

Vor dem Analysator darf keine Gastrocknungsanlage verwendet werden, sofern nicht nachgewiesen wird, dass sie sich nicht nachweisbar auf den Gehalt der luftverunreinigenden Gase des verdünnten Abgasstroms auswirkt.

3.4.4.2 **Besondere Vorschriften für Dieselmotoren**

Es ist eine beheizte Entnahmeleitung im Verdünnungstunnel für die kontinuierliche Analyse der Kohlenwasserstoffe (CH) mit einem beheizten Flammenionisations-Detektor (HFID) und Registriergerät zu verwenden. Die durchschnittliche Konzentration der gemessenen Kohlenwasserstoffe wird durch Integration bestimmt. Während der gesamten Prüfung muss die Temperatur dieser Leitung auf 190 °C eingestellt sein. Die Leitung muss mit einem beheizten Filter mit einem 99-prozentigen Wirkungsgrad für die Teilchen > 0,3 µm versehen sein, mit dem die Partikel aus dem für die Analyse verwendeten kontinuierlichen Gasstrom herausgefiltert werden. Die Ansprechzeit des Entnahmesystems (von der Sonde bis zum Eintritt in den Analysator) muss weniger als 4 Sekunden betragen.
Der beheizte Flammenionisations-Detektor (HFID) muss mit einem System für konstanten Durchfluss versehen werden, um die Entnahme einer repräsentativen Probe zu gewährleisten, sofern nicht Durchflussschwankungen im CFV-System (Critical Flow Venturi – siehe Nummer 3.10) kompensiert werden.
Die Partikel-Probenahmeeinheit besteht aus Verdünnungstunnel, Probenahmesonde, Filtereinheit, Teilstrompumpe, Durchflussregelung und -messeinrichtung. Der Partikel-Probenahmeteilstrom wird jeweils über zwei hintereinander angeordnete Filter gezogen. Nach Abschluss der Partikelentnahme ist auf eine parallel angeordnete Filtereinheit umzuschalten. Die Entnahmesonde für den Partikel-Probengasstrom muss im Verdünnungskanal derart angeordnet sein, dass ein repräsentativer Probengasstrom des homogenen Luft/Abgas-Gemisches entnommen werden kann und dass an der Entnahmestelle die Temperatur des Luft/Abgas-Gemisches 52 °C nicht überschreitet. Die Temperatur des Probengasstroms darf über die Länge der Entnahmeleitung (Entnahmesonde-Durchflussmessgeräte) um nicht mehr als ± 3 K, der Durchfluss um nicht mehr als ± 5 Prozent schwanken. Die Masse der während der Testphase abgeschiedenen Partikel wird durch Differenzwägung ermittelt.

3.4.4.3 Kalibrierung

Jeder Analysator muss so oft wie nötig und auf jeden Fall im Monat vor der Prüfung und der Überprüfung der Übereinstimmung der Produktion kalibriert werden. In Nummer 3.11 wird das Kalibrierverfahren für die in Nummer 3.4.4.1 genannten Analysatortypen beschrieben.

3.4.5 Volumenmessung

3.4.5.1 Das Verfahren zur Messung des Gesamtvolumens der verdünnten Abgase, das beim CVS-System verwendet wird, muss eine Genauigkeit von ± 2 Prozent aufweisen.

3.4.5.2 Kalibrierung des CVS-Systems

Das Volumenmessgerät des CVS-Systems muss in einer Weise und in so kurzen Zeitabständen kalibriert werden, dass die erforderliche Genauigkeit gewährleistet und erhalten bleibt. Nummer 3.11 zeigt ein Beispiel für ein Kalibrierverfahren, mit dem die erforderliche Genauigkeit erzielt wird. Bei diesem Verfahren wird für das CVS-System ein dynamisches Durchflussmessgerät verwendet, das für die auftretenden hohen Durchsätze geeignet ist. Die Genauigkeit des Gerätes muss bescheinigt sein und einer nationalen oder internationalen Norm entsprechen.

3.4.6 Gase

3.4.6.1 Reine Gase

Die für die Kalibrierung und für den Einsatz der Geräte verwendeten reinen Gase müssen folgende Bedingungen erfüllen:

a) gereinigter Stickstoff (Reinheit ≤ 1 ppm C, ≤ 1 ppm CO, ≤ 400 ppm CO_2, ≤ 0,1 ppm NO),

b) gereinigte synthetische Luft (Reinheit ≤ 1 ppm C, ≤ 1 ppm CO, ≤ 400 ppm CO_2, ≤ 0,1 ppm NO) Sauerstoffgehalt zwischen 18 und 21 Volumenprozent,

c) gereinigter Sauerstoff (Reinheit ≤ 99,5 Volumenprozent O_2),

d) gereinigter Wasserstoff (und wasserstoffhaltiges Gemisch) (Reinheit ≤ 1 ppm C, ≤ 400 ppm CO_2).

3.4.6.2 Prüfgase

Die für die Kalibrierung verwendeten Gasgemische müssen die nachstehend genannte chemische Zusammensetzung haben:

a) C_3H_8 und gereinigte synthetische Luft

b) CO und gereinigter Stickstoff

c) CO_2 und gereinigter Stickstoff

d) NO und gereinigter Stickstoff
(der NO_2-Anteil im Kalibriergas darf 5 Prozent des NO-Gehalts nicht überschreiten).

Die tatsächliche Konzentration eines Prüfgases muss auf ± 2 Prozent mit dem Nennwert übereinstimmen. Dies muss durch regelmäßige Vergleiche mit nationalen oder internationalen Standards sichergestellt werden.

Die in Nummer 3.11 vorgeschriebenen Konzentrationen der Prüfgase dürfen auch mit einem Gas-Mischdosierer durch Verdünnung mit gereinigtem Stickstoff oder mit gereinigter synthetischer Luft erzielt werden. Das Mischgerät muss so genau arbeiten, dass die Konzentration der verdünnten Prüfgase auf ± 2 Prozent bestimmt werden kann.

3.4.7 Zusätzliche Messgeräte

3.4.7.1 Temperatur

Die Temperaturen müssen, sofern nichts anderes bestimmt ist, auf ± 1,5 K genau gemessen werden.

3.4.7.2 Druck

Der Luftdruck muss auf ± 0,1 kPa genau gemessen werden.

3.4.7.3 Absolute Feuchte

Die absolute Feuchte muss auf ± 5 Prozent genau bestimmt werden.

3.4.8 Abgasentnahmesystem

Das Abgasentnahmesystem muss mit der in Nummer 3.11.4 beschriebenen Methode geprüft werden. Die höchstzulässige Abweichung zwischen eingeführter und gemessener Gasmenge darf 5 Prozent betragen.

3.5 Vorbereitung der Prüfungen

3.5.1 Anpassung der äquivalenten Schwungmassen an die translatorisch bewegten Massen des Fahrzeugs

Es wird eine Schwungmasse verwendet, mit der eine Gesamtträgheit der umlaufenden Massen erzielt wird, die der Bezugsmasse des Fahrzeugs gemäß den nachstehenden Werten entspricht. Wenn die zugehörige Schwungmasse am Prüfstand nicht verfügbar ist, muss die nächsthöhere Masse verwendet werden (die Differenz zur Bezugsmasse darf nicht höher als 120 kg sein).

Bezugsmasse des Fahrzeugs Pr (kg)	Äquivalente Schwungmasse I (kg)
Pr ≤ 480	450
480 < Pr ≤ 540	510
540 < Pr ≤ 600	570
600 < Pr ≤ 650	625
650 < Pr ≤ 700	680
700 < Pr ≤ 780	740
780 < Pr ≤ 820	800
820 < Pr ≤ 880	850
880 < Pr ≤ 940	910
940 < Pr ≤ 990	960
990 < Pr ≤ 1 050	1 020
1 050 < Pr ≤ 1 110	1 080
1 110 < Pr ≤ 1 160	1 130
1 160 < Pr ≤ 1 220	1 190
1 220 < Pr ≤ 1 280	1 250
1 280 < Pr ≤ 1 330	1 300
1 330 < Pr ≤ 1 390	1 360
1 390 < Pr ≤ 1 450	1 420
1 450 < Pr ≤ 1 500	1 470
1 500 < Pr ≤ 1 560	1 530
1 560 < Pr ≤ 1 620	1 590
1 620 < Pr ≤ 1 670	1 640
1 670 < Pr ≤ 1 730	1 700
1 730 < Pr ≤ 1 790	1 760
1 790 < Pr ≤ 1 870	1 810
1 870 < Pr ≤ 1 980	1 930
1 980 < Pr ≤ 2 100	2 040
2 100 < Pr ≤ 2 210	2 150
2 210 < Pr ≤ 2 320	2 270
2 320 < Pr ≤ 2 440	2 380
2 440 < Pr ≤ 2 610	2 490
2 610 < Pr ≤ 2 830	2 720
2 830 < Pr	2 940

3.5.2 Einstellung der Bremse auf dem Prüfstand

Die Bremsleistung ist nach dem in Nummer 3.9 beschriebenen Verfahren einzustellen. Das angewendete Verfahren und die ermittelten Werte (äquivalente Schwungmasse, Einstellkennwert) sind im Prüfbericht anzugeben.

3.5.3 Vorbereitung der Messeinrichtungen

Die verwendeten Analysatoren sind entsprechend den in Nummer 3.11 erläuterten Vorschriften zu kalibrieren.

3.5.4 Vorbereitung des Fahrzeugs

3.5.4.1 Nach Ankunft des Fahrzeugs im Prüffeld werden die folgenden Testvorbereitungen durchgeführt. Die Umgebungstemperatur des Fahrzeugs muss zwischen 20 und 30 °C liegen.

a) Der/die Kraftstoffbehälter wird/werden entleert und mit dem vorgeschriebenen Volumen Prüfkraftstoff befüllt. Das System zur Begrenzung der Verdunstungsemissionen muss sich im Normalzustand befinden, das heißt weder frisch gereinigt noch voll beladen sein.

b) Innerhalb einer Stunde nach der Betankung soll das Fahrzeug zur Vorkonditionierung die Fahrkurve I (ohne Parkphase und dritte Fahrphase) nach Nummer 3.8 auf einem Fahrleistungsprüfstand absolvieren.

c) Nach Ermessen des Technischen Dienstes oder auf Verlangen des Herstellers mit Zustimmung des Technischen Dienstes kann in Ausnahmefällen der Vorgang der Vorkonditionierung erweitert werden, wenn es zur Stabilisierung des Emissionsverhaltens erforderlich ist. In dem Fall kann die Fahrkurve jeweils nach einer Standzeit von einer Stunde bis zu dreimal wiederholt werden.

d) Innerhalb von fünf Minuten nach Abschluss der Vorkonditionierung werden die Fahrzeuge vom Fahrleistungsprüfstand zu einem Abstellplatz gebracht. Die Umgebungstemperatur muss zwischen 20 und 30 °C liegen.

e) Fahrzeuge mit Fremdzündungsmotoren (Ottomotoren) müssen dort zwischen zehn und 35 Stunden verbleiben, bis die Vorbereitungen zur Prüfung der Tankatmungsverluste gemäß Nummer 3.6.2.2 beginnen. Innerhalb einer Stunde nach Beendigung dieses Vorgangs müssen die Prüfungen zur Ermittlung der durchschnittlichen Abgasemissionen im Fahrbetrieb beginnen.

f) Fahrzeuge mit Selbstzündungsmotoren (Dieselmotoren) müssen dort zwischen zwölf und 36 Stunden verbleiben, bis die Prüfung der durchschnittlichen Abgasemissionen im Fahrbetrieb gemäß Nummer 3.6.3 beginnen.

3.5.4.2 Zur Schonung der Reifen während der Fahrprüfungen kann der Reifendruck in den Antriebsrädern auf bis zu 310 kPa erhöht werden. Der Reifendruck ist im Prüfprotokoll zu vermerken.

3.6 Emissionsprüfungen

3.6.1 Allgemeine Vorschriften

3.6.1.1 Die Umgebungstemperatur des Fahrzeugs muss während der nachfolgend genannten Prüfungen zwischen 20 und 30 °C liegen. Die absolute Luftfeuchte (H) im Prüfraum oder der Ansaugluft des Motors muss folgender Bedingung genügen:

$5{,}5\ g \leq H \leq 12{,}2\ g\ H_2O/kg$ trockener Luft.

3.6.1.2 Das Fahrzeug muss während der Prüfung annähernd horizontal stehen, um eine abnormale Kraftstoffverteilung zu vermeiden.

3.6.2 Fahrzeuge mit Fremdzündungsmotoren

3.6.2.1 Allgemeines zum Prüfablauf

Die Fahrzeugvorbereitung wurde mit dem Abstellen des Fahrzeugs bei einer Umgebungstemperatur zwischen 20 und 30 °C zur Konditionierung für die Emissionsprüfungen abgeschlossen. Mindestens zehn und höchstens 35 Stunden nach dem Abstellen des Fahrzeugs beginnt die Messung der Tankatmungsverluste im Rahmen der Prüfung der Verdunstungsemissionen. Die Tankatmung tritt auf als Folge der Temperaturänderung des Kraftstoffs. Bei der Prüfung wird der Kraftstoff im Tank gemäß den folgenden Anweisungen um 14 K erwärmt. Auch an Fahrzeugen, die nicht einer Prüfung der Verdunstungsemissionen unterzogen werden sollen, ist die Kraftstofferwärmung durchzuführen, um evtl. Rückwirkungen des Verdunstungsemissions-Minderungssystems auf die Abgasemissionen zu berücksichtigen. Bei solchen Fahrzeugen kann dann auf die Prüfkammer und die CH-Konzentrationsmessungen verzichtet werden. Die Verdunstungsmessungen werden nach dem Durchfahren der Fahrkurve I abgeschlossen mit der Prüfung der Verdunstung beim Heißabstellen.

Fahrzeuge, an denen die Verdunstungsemissionen bestimmt werden sollen, müssen die Abgasgrenzwerte einhalten.

3.6.2.2 **Prüfung der Tankatmungsverluste**

a) Die Messkammer ist unmittelbar vor der Prüfung mehrere Minuten zu spülen.

b) Das/die Gebläse zum Durchmischen der Kammer ist/sind einzuschalten.

c) Der/die Kraftstoffbehälter des Prüffahrzeugs wird/werden entleert und mit dem Prüfkraftstoff nach Abschnitt 5 befüllt. Das Füllvolumen soll 40 Prozent des Tankvolumens betragen. Die Temperatur des Kraftstoffs muss vor dem Einfüllen zwischen 10 und 16 °C liegen. Der/die Tank(s) ist/sind zunächst unverschlossen zu lassen.

d) Bei Fahrzeugen mit mehreren Tanks müssen alle Tanks wie nachfolgend beschrieben in gleicher Weise aufgeheizt werden. Die Temperaturen der Tanks müssen auf ± 1,5 K übereinstimmen.

e) Das Prüffahrzeug ist mit abgestelltem Motor in die Messkammer zu bringen, Fenster und Kofferraumdeckel sind zu öffnen, Tanktemperaturfühler sind anzuschließen, und ggf. ist die Erwärmungseinrichtung für den Kraftstoff anzuschließen. Die Temperaturen des Kraftstoffs und der Raumluft sind von nun an aufzuzeichnen bzw. zu registrieren.

f) Der Kraftstoff kann künstlich bis auf die Temperatur des Messbeginns (16 ± 1 °C) erwärmt werden.

g) Sobald der Kraftstoff 14 °C erreicht hat,
- ist der Tank zu schließen
- ist das Gebläse auszuschalten, falls nicht schon früher geschehen
- ist die Messkammer gasdicht zu schließen.

h) Sobald der Kraftstoff 16 ± 1 °C erreicht hat,
- ist die CH-Konzentration in der Messkammer zu messen (Anfangswert für die Auswertung)
- ist mit einer linearen, 60 ± 2 Minuten dauernden Erwärmung zu beginnen.

i) Die zulässige Abweichung von der Solltemperatur beträgt während des Erwärmungsvorgangs ± 1,5 K.

k) Wenn 60 ± 2 Minuten nach der Anfangsmessung und dem Erwärmungsbeginn die Kraftstofftemperatur um 14 ± 0,5 K zugenommen hat, ist die CH-Konzentration in der Kammer zu messen (Endwert für die Auswertung).

l) Nach dem Öffnen der Kammer und Lösen aller Anschlüsse für die vorgenannte Messprozedur ist das Fahrzeug mit abgestelltem Motor aus der Messkammer zu entfernen und für die anschließende Prüfung vorzubereiten.

m) Eine Bestimmung der Verdunstungsemissionen im Fahrbetrieb ist nur erforderlich, wenn nach Prüfung der technischen Gegebenheiten nicht ausgeschlossen werden kann, dass derartige Emissionen im Fahrbetrieb auftreten. Die Messung im Fahrbetrieb erfolgt mittels CH-Sammelfallen, die an allen Öffnungen des Kraftstoffsystems angebracht werden. Die Fallen müssen vorher gewogen worden sein. Nach Beendigung der ersten beiden Phasen (Abstellen zur Zehn-Minuten-Pause) der Fahrkurve I, in der wie nachstehend beschrieben die Abgasemissionen geprüft werden, sind die Fallen innerhalb einer Minute abzunehmen, zu verschließen und innerhalb einer Stunde zu wägen. Die Verdunstungsemissionen im Fahrbetrieb ergeben sich aus der Massendifferenz der Fallen vor und nach den ersten beiden Phasen der Fahrkurve I.

3.6.2.3 **Prüfung der Abgasemissionen**

3.6.2.3.1 **Allgemeines**

Die Prüfung gemäß Fahrkurve I und II wird auf dem Rollenprüfstand durchgeführt. Der Fahrgeschwindigkeitsverlauf über der Zeit ist aufzuzeichnen, um die Gültigkeit der Prüfstandsprüfung beurteilen zu können. Die Geschwindigkeit und die zurückgelegte Strecke werden anhand der Umdrehungen derselben Prüfstandsrolle oder -welle gemessen. Die während der Sammelzeit der einzelnen Probengasmengen zurückgelegten Fahrstrecken sind getrennt zu ermitteln.

Die Motor- und Fahrzeugtemperaturen werden dabei durch Gebläse auf den bei Straßenfahrbetrieb üblicherweise auftretenden Temperaturen gehalten.
Fahrzeuge mit Vierradantrieb werden im Zweiradantrieb geprüft. Bei Fahrzeugen mit ständigem Vierradantrieb wird ein Satz Antriebsräder zeitweise ausgeschaltet.
Aus dem mit Umgebungsluft verdünnten Abgas wird ein proportionaler Teilstrom entnommen und den Sammelbeuteln zugeführt.
Während des Durchfahrens der Fahrkurve I wird der Probengasstrom nacheinander in drei Sammelbeutel geleitet, wobei der erste Sammelbeutel die Abgasprobe während der ersten 505 Sekunden des Kaltstarttests, der zweite Sammelbeutel die Abgasprobe während des restlichen Teils des Kaltstarttests und der dritte Beutel die Abgasprobe während der 505 Sekunden nach dem Warmstart aufnimmt.
Während des Durchfahrens der Fahrkurve II wird der Probengasstrom in einen Sammelbeutel geleitet. Der Inhalt der Probenbeutel wird anschließend auf die Konzentrationen an Kohlenmonoxid, Kohlendioxid, Kohlenwasserstoffe und Stickoxide analysiert. Um den Einfluss der Umgebungsluftkonzentrationen berücksichtigen zu können, werden parallel jeweils Umgebungsluftproben gezogen. Die Berechnung der streckenbezogenen Emissionsmengen erfolgt nach Nummer 3.13.

3.6.2.3.2 Vorbereitungen auf die Prüffahrten

a) Das Fahrzeug muss mit den Antriebsrädern ohne Anlassen des Motors auf die Rolle des Fahrleistungsprüfstands gebracht werden.

b) Die Motorraumabdeckung ist zu öffnen und das Kühlgebläse in Position zu bringen.

c) Mit den Proben-Umschaltventilen in Wartestellung sind die geleerten Sammelbeutel für die verdünnten Abgas- und Umgebungsluftproben anzuschließen.

d) Die CVS-Anlage (Entnahmesystem mit konstantem Volumen) muss spätestens jetzt eingeschaltet werden, ebenso die Probenpumpen. Die Temperatur des Abgas-Luft-Gemisches an der Probenentnahmestelle ist von jetzt an aufzuzeichnen. Das Kühlgebläse ist einzuschalten. Ein evtl. vorhandener Wärmetauscher in der CVS-Anlage muss auf seine Betriebstemperatur vorgeheizt worden sein.

f) Die Probengas-Durchflussmengen sind auf die gewünschten Werte, mindestens jedoch auf 5 l/min einzustellen.

g) Das Abgasrohr ist gasdicht an das (die) Abgasendrohr(e) des Fahrzeugs anzuschließen.

h) Das Gasdurchflussmessgerät und die Umschaltventile sind so einzustellen, dass der Abgasprobenstrom in den ersten Beutel für die erste Phase sowie der Umgebungsluftprobenstrom in seinen entsprechenden Beutel gelangt.
Durch Betätigung des Zündschlüssels wird sofort anschließend der Startvorgang eingeleitet.

3.6.2.3.3 Durchfahren der Fahrkurve I

Mit dem Prüffahrzeug ist die Fahrkurve I unter Berücksichtigung der dort niedergelegten Bestimmungen zu durchfahren. Besondere Vorschriften sind nachfolgend aufgeführt.

a) Anlassen des Motors
Der Motor muss gemäß den Empfehlungen des Herstellers in der Betriebsanleitung angelassen werden.
Die erste, 20 Sekunden dauernde Leerlaufphase der Fahrkurve I beginnt, sobald der Motor anspringt. 15 Sekunden nachdem der Motor angesprungen ist, ist der Gang einzulegen. Falls erforderlich, zum Beispiel bei Fahrzeugen mit automatischem Getriebe, kann die Bremse betätigt werden, um die Antriebsräder am vorzeitigen Drehen zu hindern. Wenn der Motor nach zehn Sekunden Durchdrehzeit nicht angesprungen ist, muss der Startvorgang abgebrochen werden. Ist der Fehlstart auf einen Bedienungsfehler zurückzuführen, kann die Prüfung mit erneutem Kaltstart fortgesetzt werden. Beruht der Fehlstart auf einem Fahrzeugfehler, ist die Prüfung abzubrechen und für ungültig zu erklären.

b) Stehenbleiben des Motors
Wenn der Motor während eines Leerlaufs stehenbleibt, ist er sofort wieder zu starten und die Prüfung ist fortzusetzen. Außerhalb einer Leerlaufphase ist der

Fahrprogrammzeiger anzuhalten bis die Fahrkurve fortgesetzt werden kann. Springt der Motor nicht innerhalb einer Minute wieder an, wird die Prüfung abgebrochen.
Wenn in der Betriebsanleitung ein Anlassverfahren für warmen Motor vom Hersteller nicht vorgeschrieben ist, dann ist der Motor (Motoren mit Startautomatik und mit manuellem Choke) anzulassen, indem das Gaspedal etwa um die Hälfte heruntergedrückt und der Motor durchgedreht wird bis er anspringt.

c) Ende der ersten Phase der Fahrkurve I
Mit dem Ende der Verzögerung zum Zeitpunkt 505 Sekunden nach Beginn der Fahrkurve I endet die erste Phase der Fahrkurve I. Von diesem Zeitpunkt an müssen der Probengasstrom und die Umgebungsluftprobe in die jeweils nachfolgenden Sammelbeutel geleitet werden.
Vor dem Beginn der bei 511 Sekunden anschließenden Beschleunigung ist die Zahl der in der ersten Phase gemessenen Rollen- bzw. Wellenumdrehungen festzuhalten, der Zähler ist dann auf Null zu stellen oder es muss auf einen zweiten Zähler umgeschaltet werden.

d) Abstellen nach der zweiten Phase der Fahrkurve I
Der Motor ist zwei Sekunden nach dem Ende der letzten Verzögerung, also bei 1 369 Sekunden abzustellen. Fünf Sekunden, nachdem der Motor zu laufen aufgehört hat, sind die Proben-Umschaltventile auf Wartestellung zu schalten. Das Kühlgebläse ist sofort abzuschalten, die Motorhaube ist zu schließen. Die CVS-Anlage ist abzuschalten oder das Abgasrohr ist vom Endrohr (den Endrohren) des Fahrzeugs zu trennen. Die Zahl der in der zweiten Phase gemessenen Rollen- bzw. Wellenumdrehungen des Fahrleistungsprüfstands ist festzuhalten, der Zähler ist dann auf Null zu stellen oder es muss auf einen dritten Zähler umgeschaltet werden.

e) Vorbereitung und Durchführung der dritten Phase der Fahrkurve I
Vor der dritten Phase sind die vorbereitenden Arbeiten gemäß Nummer 3.6.2.3.2 Buchstabe b bis h zu wiederholen, die Arbeit nach Nummer 3.6.2.3.2 Buchstabe h muss innerhalb von neun bis elf Minuten nach dem Ende der Probensammlung der zweiten Phase durchgeführt werden.
Nach dem Ende der Verzögerung zum Zeitpunkt 505 Sekunden nach dem Beginn der dritten Phase sind die Probenumschaltventile auf Wartestellung zu schalten. Die Zahl der gemessenen Rollen- bzw. Wellenumdrehungen ist festzuhalten. Der Motor kann jetzt abgestellt werden.

f) Sobald wie möglich müssen jeweils die Abgas- und Umgebungsluftproben aus den einzelnen Phasen der Analysenanlage zugeführt werden, das heißt gegebenenfalls schon vor dem Abschluss der gesamten Fahrkurve. Zwischen dem Ende der jeweiligen Sammelphase und der Ablesung der zugehörigen stabilen Analysenwerte auf allen Analysatoren darf nicht mehr als 20 Minuten vergehen.

g) Für Prüffahrzeuge, die der vollständigen Prüfung der Abgasemissionen unterzogen werden, schließt sich die Fahrkurve II an. Es ist weiter nach Nummer 3.6.2.3.4 zu verfahren.
Für Prüffahrzeuge, die der Prüfung der Verdunstungsemissionen unterzogen werden, schließt sich der Heißabstelltest an. Es ist weiter nach Nummer 3.6.2.4 zu verfahren.

3.6.2.3.4 Durchfahren der Fahrkurve II

Bei der Prüfung der Abgasemissionen in der Fahrkurve II ist der in Nummer 3.8 beschriebene Geschwindigkeits-Zeit-Ablauf zweimal zu durchfahren, wobei der erste Durchlauf der Konditionierung des Fahrzeugs dient, und die Emissionsmengen lediglich im zweiten Durchlauf bestimmt werden.
Der Ablauf der Prüfung ist wie folgt:

a) Die vorbereitenden Arbeiten gemäß Nummer 3.6.2.3.2 Buchstabe a bis g sind durchzuführen. Die Proben-Umschaltventile verbleiben in Wartestellung. (Es sind lediglich je ein Beutel für das Probengas und ein Beutel für die Umgebungsluftprobe erforderlich.)

b) Das Fahrzeug ist gemäß Empfehlungen des Herstellers zu starten. Bezüglich des Nicht-Anspringens bzw. Stehenbleibens des Motors gelten die Bestimmungen in Nummer 3.6.2.3.3 Buchstabe a und b.

c) Die Fahrkurve II ist entsprechend Nummer 3.8 zum ersten Mal zu durchfahren.

d) Wenn der Stillstand des Fahrzeugs am Ende des ersten Durchlaufs der Fahrkurve II erreicht wird, stehen 17 Sekunden zur Verfügung bis der zweite Durchlauf beginnt. Der Zähler zur Ermittlung der Fahrstrecke ist auf Null zu stellen.

e) Zwei Sekunden, bevor die erste Beschleunigung in dem zweiten Durchlauf beginnt, müssen die Proben-Umschaltventile auf den Probengas- und den Umgebungsluftprobenbeutel geschaltet werden.

f) Die Fahrkurve II ist entsprechend Nummer 3.8 zum zweiten Mal zu durchfahren.

g) Zwei Sekunden, nachdem das Fahrzeug den Stillstand am Ende der Fahrkurve II erreicht hat, sind die Umschaltventile auf Wartestellung zu schalten. Die Zahl der gemessenen Rollen- bzw. Wellenumdrehungen ist festzuhalten. Der Motor kann abgestellt werden.

h) Die Konzentrationen der Abgasbestandteile CO, CO_2, CH, NO_x müssen innerhalb von 20 Minuten ermittelt werden.

i) Die Berechnung der Menge der emittierten Luftverunreinigungen je Fahrkilometer erfolgt nach Nummer 3.13.

3.6.2.4 Prüfung der Verdunstungsemissionen beim Heißabstellen

Mit der Bestimmung der Verdunstungsemissionen während eines 60-minütigen Heißabstellens nach der Fahrkurve I wird die Prüfung des Verdunstungsemissionsverhaltens beendet.

a) Vor dem Ende der Fahrt nach der Fahrkurve I muss die Messkammer mehrere Minuten gespült worden sein.

b) Nach Beendigung der Fahrkurve I ist die Motorhaube zu schließen, und es sind alle Verbindungen vom Fahrzeug zum Prüfstand zu lösen. Das Fahrzeug ist dann unter möglichst geringer Betätigung des Fahrpedals zur Messkammer zu fahren. Vor der Messkammer ist der Motor abzustellen; der Zeitpunkt der Motorabstellung ist zu notieren. Das Fahrzeug muss dann antriebslos in die Messkammer gebracht werden.

c) Das/die Gebläse zum Durchmischen der Kammer muss/müssen eingeschaltet werden, bevor das Fahrzeug in die Messkammer kommt.

d) Fenster und Kofferraumdeckel des Fahrzeugs müssen jetzt offen sein.

e) Die Temperatur der Raumluft ist von nun an aufzuzeichnen.

f) Innerhalb von zwei Minuten nach dem Abstellen des Motors und innerhalb von sieben Minuten nach dem Ende der Fahrkurve I muss die Messkammer gasdicht verschlossen werden.

g) Die CH-Konzentration in der Messkammer wird mit dem FID (Analysator mit Flammenionisations-Detektor) gemessen und von nun an fortlaufend registriert. Der kurz nach dem Schließen der Messkammer gemessene Wert der CH-Konzentration bildet den Anfangswert für die Auswertung nach Abschnitt 3.12.

h) Das Fahrzeug muss 60 Minuten (± 0,5 Minuten) innerhalb der Messkammer stehen. Am Ende der 60 Minuten (± 0,5 Minuten) dauernden Prüfzeit wird die CH-Konzentration in der Messkammer bestimmt. Dieser Wert bildet den Endwert für die Auswertung nach Nummer 3.12.

i) Die Prüfung der Verdunstungsemissionen ist damit abgeschlossen.

3.6.3 Fahrzeuge mit Selbstzündungsmotoren (Dieselmotoren)

3.6.3.1 Allgemeines zum Prüfablauf

Die Fahrzeugvorbereitung wird mit dem Abstellen des Fahrzeugs bei einer Umgebungstemperatur zwischen 20 und 30 °C zur Konditionierung für die Emissionsprüfungen abgeschlossen. Mindestens zwölf und höchstens 36 Stunden nach dem Abstellen des Fahrzeugs beginnt die Prüfung der Abgasemissionen in der Fahrkurve I.

3.6.3.2 Prüfung der Abgasemissionen von Fahrzeugen mit Selbstzündungsmotoren (Dieselmotoren)

Es gelten die Ausführungen, die in Nummer 3.6.2.3 für die Prüfung der Abgasemissionen von Fahrzeugen mit Fremdzündungsmotoren (Ottomotoren) gemacht worden sind, mit den folgenden Ergänzungen und Abänderungen (siehe Figur 5).

3.6.3.2.1 **Allgemeines**

Das Abgas wird in einem Verdünnungstunnel mit Umgebungsluft vermischt. Zur Partikelmessung wird ein proportionaler Teilstrom über eine Sonde entnommen. Die Partikel werden aus dem Abgas-Luft-Probenstrom zur nachfolgenden Wägung abgeschieden.

Die sechs Filter sind in der Partikelprobenleitung derart angeordnet, dass sie drei parallele Filterpaare bilden, das heißt in jedem Verzweigungsteil sind zwei Filter in Richtung des Probengasstroms hintereinander geschaltet. In jeder Verzweigung müssen gleiche Strömungsverhältnisse herrschen. Schnellschaltventile sind derart anzuordnen, dass die Filterpaare nacheinander mit dem Probengasstrom beaufschlagt werden können. Die zeitliche Abfolge der Beaufschlagung entspricht der in Nummer 3.6.2.3.1 beschriebenen Probenzuführung für die drei Phasen der Fahrkurve I.

Die CH-Konzentration wird im verdünnten Abgas mit einem beheizten FID (HFID) fortlaufend gemessen, registriert und integriert. Das Probengas wird über eine separate Sonde entnommen.

Die Probeentnahme für die Sammelbeutel zum Zwecke der anschließenden Konzentrationsmessungen entspricht dem in Nummer 3.6.2.3.1 beschriebenen Verfahren.

Figur 5

Schema eines Probenahme- und Analysesystems zur Bestimmung gas- und partikelförmiger Emissionen bei Pkw mit Dieselmotoren

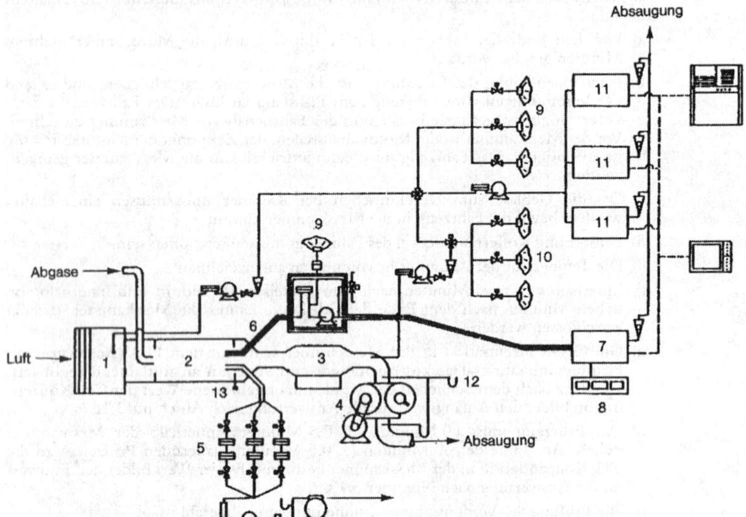

1: Filter
2: Verdünnungstunnel
3: Wärmetauscher
4: Roots-Gebläse
5: Partikel-Entnahmesystem
6: Beheiztes Kohlenwasserstoff-Entnahmesystem
7: Beheizter Flammen-Ionisations-Detektor
8: Integrator
9: Raumluft-Sammelbeutel
10: Abgas-Sammelbeutel
11: Analysatoren
12: Druckmessstelle
13: Temperaturmessstelle

3.6.3.2.2 Vorbereitungen auf die Prüffahrten

Der Ablauf entspricht dem in Nummer 3.6.2.3.2 für Fahrzeuge mit Fremdzündungsmotoren (Ottomotoren) beschriebenen Verfahren mit folgenden Ergänzungen:

zu d) Die Aufzeichnungs- bzw. Registriereinrichtungen des beheizten FID (HFID) ist einzuschalten.

zu f) Der Probengasstrom für den beheizten FID (HFID) muss mindestens 2 l/min betragen.

Während der Prüfung ist die Durchflussmenge durch die Partikelfilter so einzustellen, dass die Durchflussmenge auf ± 5 Prozent konstant bleibt. Die mittlere Temperatur und der Druck am Einlass des Durchflussmessgeräts sind aufzuzeichnen. Wenn die Durchflussmenge sich wegen einer zu hohen Filterbeladung unzulässig verändert, muss die Prüfung abgebrochen werden. Bei der Wiederholung muss eine geringere Durchflussrate eingestellt oder ein größerer Filter verwendet werden (gegebenenfalls beides).

3.6.3.2.3 Durchfahren der Fahrkurve I

Die Bestimmungen aus Nummer 3.6.2.3.3 gelten mit folgenden Ergänzungen oder Änderungen.

zu c) Von dem Zeitpunkt 505 Sekunden an wird das zweite Partikelfilterpaar beaufschlagt. An der Aufzeichnungseinrichtung für die Kohlenwasserstoffkonzentrationsmessung ist eine Markierung vorzunehmen, derzufolge die erste und zweite Phase identifiziert werden können. Die Integration der CH-Werte erfolgt getrennt nach den einzelnen Sammelphasen.

zu d) Ebenfalls fünf Sekunden, nachdem der Motor zu laufen aufgehört hat, ist die Aufzeichnung der CH-Konzentration entsprechend zu markieren, ist die Integration über die zweite Phase zu beenden und ist der Probenstrom-Durchfluss durch das zweite Partikelfilterpaar zu beenden.

Die bisher beaufschlagten beiden Partikelfilterpaare sind vorsichtig aus ihren jeweiligen Halterungen zu nehmen und zur nachfolgenden Wägung jede für sich in je eine Petrischale zu legen. Die Probenschalen sind abzudecken.

zu e) Die für die Durchführung und Beendigung der CH-Messung sowie der Partikelabscheidung in der dritten Phase erforderlichen Schritte sind in Anlehnung an die zu den Buchstaben c und d beschriebenen Ergänzungen durchzuführen.

zu f) Sobald wie möglich, keinesfalls jedoch später als eine Stunde nach der Beendigung der dritten Phase der Fahrkurve I, sind die sechs Partikelfilter für die Wägung zu konditionieren.

3.6.3.2.4 Durchfahren der Fahrkurve II

Es gelten die Bestimmungen und der Ablauf nach Nummer 3.6.2.3.4. Eine Messung der Partikelemissionen ist nicht erforderlich.

3.6.4 Prüfung gemäß § 47a

Nach Abschluss der Prüfung der Abgasemissionen in den Fahrkurven I und II durchlaufen die Prüffahrzeuge die Prüfung gemäß § 47a.

3.7 Gas-, Partikelentnahme, Analyse

3.7.1 Probenahme

3.7.1.1 Prüfung nach Fahrkurve I

Die Entnahme beginnt, wie nach Nummer 3.6.2.4 festgelegt, gleichzeitig mit dem Anlassen des Fahrzeugmotors. In getrennten Beuteln bzw. Filterpaaren werden während der

a) Kaltstart-Übergangsphase (505 Sekunden nach Kaltstartbeginn)

b) Kaltstart-stabilisierten Phase (von der 506. Sekunde bis zum Abstellen)

c) Warmstart-Übergangsphase (505 Sekunden nach Warmstartbeginn) der Fahrkurve I die dazugehörigen Abgas- und Partikelproben entnommen. Die Entnahme endet nach der dritten Phase mit laufendem Motor. Parallel zu jedem Abgasprobenbeutel werden Beutel mit Umgebungsluftproben gefüllt.

3.7.1.2 Prüfung nach Fahrkurve II

Die Probennahme beginnt und endet mit laufendem Fahrzeugmotor. Während der gesamten Fahrtdauer gelangt die Abgas- und die Umgebungsluft in je einen Probenbeutel.

3.7.2 Analyse

3.7.2.1 Die Analyse der in den Beuteln enthaltenen Gase ist so bald wie möglich nach Beendigung der einzelnen Phasen der Prüfung durchzuführen; das unverdünnte Abgas in den Probenbeuteln muss innerhalb von 20 Minuten nach Phasenende analysiert werden. Die erforderlichen Partikelfilter sind wenigstens acht, höchstens 56 Stunden in einer offenen, gegen Staubeinfall geschützten Schale vor dem Test in einer klimatisierten Kammer zu konditionieren (Temperatur, Feuchte). Nach dieser Konditionierung werden die leeren Filter gewogen und bis zur Verwendung aufbewahrt.
Frühestens eine Stunde vor Beginn der Prüfung werden Filter der Kammer entnommen.
Die beladenen Partikelfilter müssen spätestens eine Stunde nach dem Ende der Abgasprüfung in die Kammer gebracht, dort zwischen einer und 56 Stunden konditioniert und anschließend gewogen werden.

3.7.2.2 Vor jeder Probenanalyse wird der Nullpunkt des jeweiligen Analysators mit dem jeweiligen Prüfgas eingestellt.

3.7.2.3 Die Kalibrierkurven der Analysatoren werden dann mit Prüfgasen eingestellt, deren Nennkonzentrationen zwischen 70 und 100 Prozent des Skalenendwerts liegen.

3.7.2.4 Anschließend wird die Nullstellung des Analysators erneut überprüft. Weicht der abgelesene Wert um mehr als 2 Prozent des Skalenendwerts von dem Wert ab, der bei der in Nummer 3.7.2.2 vorgeschriebenen Einstellung erzielt wurde, so ist der Vorgang zu wiederholen.

3.7.2.5 Anschließend sind die Proben zu analysieren.

3.7.2.6 Nach der Analyse werden Nullstellung und Einstellwerte mit den gleichen Gasen überprüft. Weichen diese Werte um nicht mehr als 2 Prozent von denen ab, die nach der in Nummer 3.7.2.3 vorgeschriebenen Einstellung erzielt wurden, so können die Ergebnisse der Analyse für die Berechnung der Prüfungswerte herangezogen werden.

3.7.2.7 Bei allen in diesem Abschnitt beschriebenen Vorgängen müssen die Durchflussmengen und Drücke der verschiedenen Gase die gleichen sein wie bei der Kalibrierung der Analysatoren.

3.7.2.8 Die Konzentration der Kohlenwasserstoffe aus Motoren mit Selbstzündung wird am beheizten FID über die Dauer der Testphasen registriert und integriert. Nach Nummer 3.13 wird die emittierte Menge an Kohlenwasserstoffen bestimmt.

3.7.3 Bestimmung der Menge der emittierten luftverunreinigenden Gase und Partikel

3.7.3.1 Maßgebliches Volumen

Das maßgebliche Volumen ist auf die Normalbedingungen 101,33 kPa und 273,2 K zu korrigieren.

3.7.3.2 Gesamtmasse der emittierten luftverunreinigenden Gase und Partikel

Die Masse m der vom Fahrzeug während der Prüfung emittierten gasförmigen Luftverunreinigungen wird für die einzelnen Testphasen durch das Produkt aus Volumenkonzentration und dem entsprechenden Gasvolumen basierend auf den nachstehenden Dichtewerten nach den vorgenannten Bezugsbedingungen berechnet:

a) für Kohlenmonoxid (CO): $d = 1{,}25\ kg/m^3$

b) für Kohlenwasserstoffe ($CH_{1,85}$): $d = 0{,}619\ kg/m^3$

c) für Stickoxide (NO_2): $d = 2{,}05\ kg/m^3$

Die Masse m der vom Fahrzeug während der Prüfung emittierten Partikel wird für die einzelnen Testphasen aus der gewogenen Partikelmasse auf den Filterpaaren ermittelt. Mindestens 95 Prozent der Partikel müssen sich auf dem ersten Filter befin-

den. Unter diesen Bedingungen ist es ausreichend, die Massenbelegung des ersten Filters für die Berechnung der emittierten Partikelmasse heranzuziehen.
Nummer 3.13 enthält die entsprechenden Berechnungsmethoden für die Bestimmung der Massen der emittierten luftverunreinigenden Gase und Partikel.

3.8 Fahrkurven zur Bestimmung der durchschnittlichen Emissionsmengen

3.8.1 Allgemeines

Das Prüffahrzeug durchfährt auf dem Fahrleistungsprüfstand die nachfolgend grafisch und tabellarisch beschriebenen Fahrkurven I und II, um die in den Abgasen enthaltenen gasförmigen und festen Luftverunreinigungen bestimmen zu können.

3.8.2 Zulässige Abweichungen

Die Abweichungen von der vorgeschriebenen Geschwindigkeit zu einem beliebigen Zeitpunkt der Fahrkurven sind wie folgt begrenzt:
Die Abweichung nach oben liegt um 3,2 km/h höher als die höchste Geschwindigkeit zum betreffenden Zeitpunkt ± 1 Sekunde.
Die Abweichung nach unten liegt um 3,2 km/h tiefer als die niedrigste Geschwindigkeit zum betreffenden Zeitpunkt ± 1 Sekunde.
Geschwindigkeitsabweichungen, die diese Toleranzen übersteigen, sind nur zulässig, wenn sie jeweils weniger als zwei Sekunden dauern. Geschwindigkeiten, die niedriger sind als vorgeschrieben, sind nur zulässig, falls das Fahrzeug dabei die höchste verfügbare Leistung abgibt.

3.8.3 Verwendung des Getriebes

Bei Fahrzeugen mit Handschaltgetriebe werden die Schaltpunkte beim Durchfahren der Fahrkurve nach den Angaben des Herstellers festgelegt.
Diese müssen den Empfehlungen des Herstellers an den Kunden sowie dem üblichen Fahrverhalten eines Fahrers entsprechen und das Nachfahren der Fahrkurven ermöglichen. Die Wahl der Schaltpunkte ist vom Technischen Dienst zu genehmigen.
Werden vom Hersteller keine Schaltpunkte angegeben, werden diese vom Technischen Dienst ausgewählt.
Fahrzeuge mit Automatikgetriebe sind in der höchsten Fahrstufe (drive) zu fahren.

3.8.4 Weitere Hinweise zum Durchfahren der Fahrkurven

3.8.4.1 Die Fahrkurven sind unter Einhaltung der vorgeschriebenen Toleranzen bei möglichst geringer Bewegung des Fahrpedals zu durchfahren. Unter Beachtung der angegebenen Schaltpunkte muss dabei stetig beschleunigt oder verzögert werden.

3.8.4.2 Ein Schaltvorgang muss so schnell wie möglich erfolgen; das Fahrpedal darf während des Gangwechsels nicht betätigt werden.

3.8.4.3 Falls die durch die Fahrkurve vorgegebenen Beschleunigungswerte nicht erreicht werden, muss das Fahrzeug so lange mit Volllast beschleunigt werden, bis der vorgeschriebene Geschwindigkeitswert der Fahrkurve erreicht wird.

3.8.4.4 Bei den Leerlaufphasen der Fahrkurve muss der Gang eingelegt und der Motor ausgekuppelt sein. Dies gilt nicht für die erste Leerlaufphase der Fahrkurve. Bei Fahrzeugen mit Automatikgetriebe muss die Fahrstufe drive gewählt und die Bremse betätigt sein.

3.8.4.5 Die Verzögerungsphasen der Fahrkurve werden bei eingelegtem Gang, eingekuppeltem Motor und entlastetem Fahrpedal durchfahren. Konstante Verzögerungen lassen sich gegebenenfalls durch Gebrauch der Fahrzeugbremse einhalten. Wird bis auf Stillstand verzögert, so ist bei 24 km/h auszukuppeln.

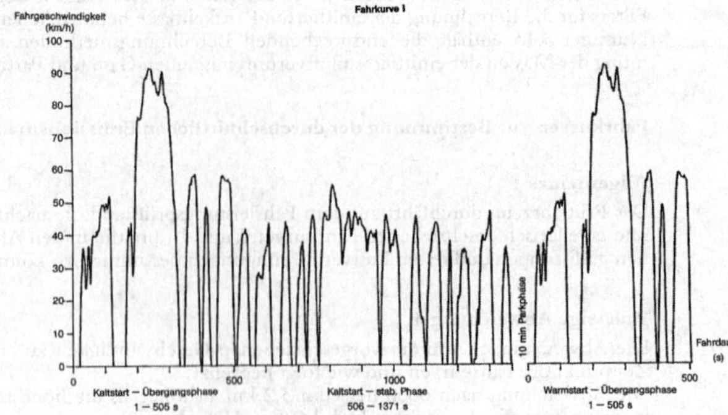
Fahrkurve I
Fahrgeschwindigkeit (km/h)
100
90
80
70
60
50
40
30
20
10
0
10 min Parkphase
Fahrdauer (s)
0
500
1000
0
500
Kaltstart – Übergangsphase
1 – 505 s
Kaltstart – stab. Phase
506 – 1371 s
Warmstart – Übergangsphase
1 – 505 s

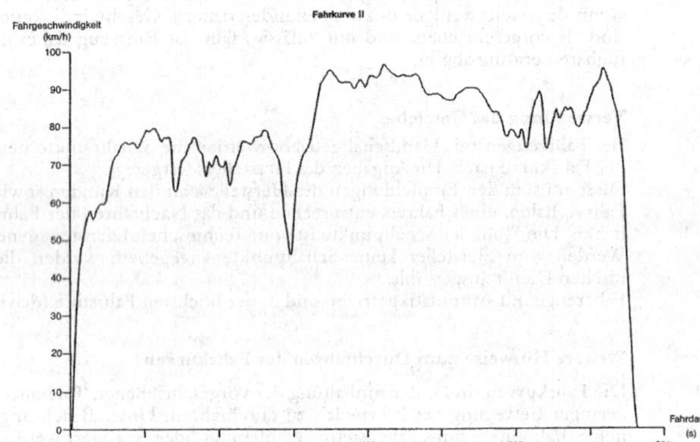
Fahrkurve II
Fahrgeschwindigkeit (km/h)
100
90
80
70
60
50
40
30
20
10
0
Fahrdauer (s)
0
200
400
600
800

Tabelle zur Fahrkurve I

Fahrdauer (t) in (s) – Fahrgeschwindigkeit (v) in (km/h)

t	v	t	v	t	v	t	v	t	v	t	v	t	v
0	0,0	20	0,0	40	24,0	60	38,9	80	41,4	100	48,8	120	24,8
1	0,0	21	4,8	41	24,5	61	39,6	81	42,0	101	49,4	121	19,5
2	0,0	22	9,5	42	24,9	62	40,1	82	43,0	102	49,7	122	14,2
3	0,0	23	13,8	43	25,7	63	40,2	83	44,3	103	49,9	123	8,9
4	0,0	24	18,5	44	27,5	64	39,6	84	46,0	104	49,7	124	3,5
5	0,0	25	23,0	45	30,7	65	39,4	85	47,2	105	46,9	125	0,0
6	0,0	26	27,2	46	34,0	66	39,8	86	48,0	106	48,0	126	0,0
7	0,0	27	27,8	47	36,5	67	39,9	87	48,4	107	48,1	127	0,0
8	0,0	28	29,1	48	36,9	68	39,8	88	48,9	108	48,6	128	0,0
9	0,0	29	33,3	49	36,5	69	39,6	89	49,4	109	49,4	129	0,0
10	0,0	30	34,9	50	36,4	70	39,6	90	49,4	110	50,2	130	0,0
11	0,0	31	36,0	51	34,3	71	40,4	91	49,1	111	51,2	131	0,0
12	0,0	32	36,2	52	30,6	72	41,2	92	48,9	112	51,8	132	0,0
13	0,0	33	35,6	53	27,5	73	41,4	93	48,8	113	52,1	133	0,0
14	0,0	34	34,6	54	25,4	74	40,9	94	48,9	114	51,8	134	0,0
15	0,0	35	33,6	55	25,4	75	40,1	95	49,6	115	51,0	135	0,0
16	0,0	36	32,8	56	28,5	76	40,2	96	48,9	116	46,0	136	0,0
17	0,0	37	31,9	57	31,9	77	40,9	97	48,1	117	40,7	137	0,0
18	0,0	38	27,4	58	34,8	78	41,8	98	47,5	118	35,4	138	0,0
19	0,0	39	24,0	59	37,3	79	41,8	99	48,0	119	30,1	139	0,0
t	v	t	v	t	v	t	v	t	v	t	v	t	v
140	0,0	160	0,0	180	41,5	200	67,8	220	80,5	240	91,2	260	87,1
141	0,0	161	0,0	181	43,8	201	70,0	221	81,4	241	91,2	261	86,6
142	0,0	162	0,0	182	42,6	202	72,6	222	82,1	242	90,9	262	85,9
143	0,0	163	0,0	183	38,6	203	74,0	223	82,9	243	90,9	263	85,3
144	0,0	164	5,3	184	36,5	204	75,3	224	84,0	244	90,9	264	84,7
145	0,0	165	10,6	185	31,2	205	76,4	225	85,6	245	90,9	265	83,8
146	0,0	166	15,9	186	28,5	206	76,4	226	87,1	246	90,9	266	84,3
147	0,0	167	21,2	187	27,7	207	76,1	227	87,9	247	90,9	267	83,7
148	0,0	168	26,6	188	29,1	208	76,0	228	88,4	248	90,6	268	83,5

149	0,0	169	31,9	189	29,9	209	75,6	229	88,5	249	90,3	269	83,2
150	0,0	170	35,7	190	32,2	210	75,6	230	88,4	250	89,8	270	82,9
151	0,0	171	39,1	191	35,7	211	75,6	231	87,9	251	88,7	271	83,0
152	0,0	172	41,5	192	39,4	212	75,6	232	87,9	252	87,9	272	83,4
153	0,0	173	42,5	193	43,9	213	75,6	233	88,2	253	87,2	273	83,8
154	0,0	174	41,4	194	49,1	214	76,0	234	88,7	254	86,9	274	84,5
155	0,0	175	40,4	195	53,9	215	76,3	235	89,3	255	86,4	275	85,3
156	0,0	176	39,8	196	58,3	216	77,1	236	89,6	256	86,3	276	86,1
157	0,0	177	40,2	197	60,0	217	78,1	237	90,3	257	86,7	277	86,9
158	0,0	178	40,6	198	63,2	218	79,0	238	90,6	258	86,9	278	88,4
159	0,0	179	40,9	199	65,2	219	79,7	239	91,1	259	87,1	279	89,2
t	v	t	v	t	v	t	v	t	v	t	v	t	v
280	89,5	300	79,0	320	44,3	340	0,0	360	49,6	380	58,7	400	0,0
281	90,1	301	78,2	321	39,9	341	0,0	361	50,9	381	58,6	401	0,0
282	90,1	302	77,4	322	34,6	342	0,0	362	51,7	382	57,9	402	0,0
283	89,8	303	76,0	323	32,3	343	0,0	363	52,3	383	56,5	403	4,2
284	88,8	304	74,2	324	30,7	344	0,0	364	54,1	384	54,9	404	9,5
285	87,7	305	72,4	325	29,8	345	0,0	365	55,5	385	53,9	405	14,5
286	86,3	306	70,5	326	27,4	346	0,0	366	55,7	386	50,5	406	20,1
287	84,5	307	68,6	327	24,9	347	1,6	367	56,2	387	46,7	407	25,4
288	82,9	308	66,8	328	20,1	348	6,9	368	56,0	388	41,4	408	30,7
289	82,9	309	64,9	329	17,4	349	12,2	369	55,5	389	37,0	409	36,0
290	82,9	310	62,0	330	12,9	350	17,5	370	55,8	390	32,7	410	40,2
291	82,2	311	59,5	331	7,6	351	22,9	371	57,1	391	28,2	411	41,2
292	80,6	312	56,6	332	2,3	352	27,8	372	57,9	392	23,3	412	44,3
293	80,5	313	54,4	333	0,0	353	32,2	373	57,9	393	19,3	413	46,7
294	80,6	314	52,3	334	0,0	354	36,2	374	57,9	394	14,0	414	48,3
295	80,5	315	50,7	335	0,0	355	38,1	375	57,9	395	8,7	415	48,4
296	79,8	316	49,2	336	0,0	356	40,6	376	57,9	396	3,4	416	48,3
297	79,7	317	49,1	337	0,0	357	42,8	377	57,9	397	0,0	417	47,8
298	79,7	318	48,3	338	0,0	358	45,2	378	58,1	398	0,0	418	47,2
299	79,7	319	46,7	339	0,0	359	48,3	379	58,6	399	0,0	419	46,3

t	v	t	v	t	v	t	v	t	v	t	v	t	v
420	45,1	440	0,0	460	54,1	480	56,6	500	21,2	520	25,7	540	40,6
421	40,2	441	0,0	461	56,0	481	56,3	501	16,6	521	28,5	541	40,2
422	34,9	442	0,0	462	56,5	482	56,5	502	11,6	522	30,6	542	40,2
423	29,6	443	0,0	463	57,3	483	56,6	503	6,4	523	32,3	543	40,2
424	24,3	444	0,0	464	58,1	484	57,1	504	1,6	524	33,8	544	39,3
425	19,0	445	0,0	465	57,9	485	56,6	505	0,0	525	35,4	545	37,2
426	13,7	446	0,0	466	58,1	486	56,3	506	0,0	526	37,0	546	31,9
427	8,4	447	0,0	467	58,3	487	56,3	507	0,0	527	38,3	547	26,6
428	3,1	448	5,3	468	57,9	488	56,3	508	0,0	528	39,4	548	21,2
429	0,0	449	10,6	469	57,5	489	56,0	509	0,0	529	40,1	549	15,9
430	0,0	450	15,9	470	57,9	490	55,7	510	0,0	530	40,2	550	10,6
431	0,0	451	21,2	471	57,9	491	55,8	511	1,9	531	40,2	551	5,3
432	0,0	452	26,6	472	57,3	492	53,9	512	5,6	532	40,2	552	0,0
433	0,0	453	31,0	473	57,1	493	51,5	513	8,9	533	40,2	553	0,0
434	0,0	454	37,2	474	57,0	494	48,4	514	10,5	534	40,2	554	0,0
435	0,0	455	42,5	475	56,6	495	45,1	515	13,7	535	40,2	555	0,0
436	0,0	456	44,7	476	56,6	496	41,0	516	15,4	536	41,2	556	0,0
437	0,0	457	46,8	477	56,6	497	36,2	517	16,9	537	41,5	557	0,0
438	0,0	458	50,7	478	56,6	498	31,9	518	19,2	538	41,8	558	0,0
439	0,0	459	53,1	479	56,6	499	26,6	519	22,5	539	41,2	559	0,0

t	v	t	v	t	v	t	v	t	v	t	v	t	v
560	0,0	580	28,5	600	34,8	620	0,0	640	0,0	660	41,2	680	0,0
561	0,0	581	28,2	601	35,4	621	0,0	641	0,0	661	41,8	681	0,0
562	0,0	582	27,4	602	36,0	622	0,0	642	0,0	662	43,9	682	0,0
563	0,0	583	27,2	603	36,2	623	0,0	643	0,0	663	43,1	683	0,0
564	0,0	584	26,7	604	36,2	624	0,0	644	0,0	664	42,3	684	0,0
565	0,0	585	27,4	605	36,2	625	0,0	645	0,0	665	42,5	685	0,0
566	0,0	586	27,5	606	36,5	626	0,0	646	3,2	666	42,6	686	0,0
567	0,0	587	27,4	607	38,1	627	0,0	647	7,2	667	42,6	687	0,0
568	0,0	588	26,7	608	40,4	628	0,0	648	12,6	668	41,8	688	0,0
569	5,3	589	26,6	609	41,8	629	0,0	649	16,4	669	41,0	689	0,0
570	10,6	590	26,6	610	42,6	630	0,0	650	20,1	670	38,0	690	0,0
571	15,9	591	26,7	611	43,5	631	0,0	651	22,5	671	34,4	691	0,0

572	20,9	592	27,4	612	42,0	632	0,0	652	24,6	672	29,8	692	0,0
573	23,5	593	28,3	613	36,7	633	0,0	653	28,2	673	26,4	693	0,0
574	25,7	594	29,8	614	31,4	634	0,0	654	31,5	674	23,3	694	2,3
575	27,4	595	30,9	615	26,1	635	0,0	655	33,8	675	18,7	695	5,3
576	27,4	596	32,5	616	20,8	636	0,0	656	35,7	676	14,0	696	7,1
577	21,4	597	33,8	617	15,4	637	0,0	657	37,5	677	9,3	697	10,5
578	28,2	598	34,0	618	10,1	638	0,0	658	39,4	678	5,6	698	14,8
579	28,5	599	34,1	619	4,8	639	0,0	659	40,7	679	3,2	699	18,2
t	v	t	v	t	v	t	v	t	v	t	v	t	v
700	21,7	720	24,1	740	41,0	760	15,1	780	44,3	800	45,1	820	50,9
701	23,5	721	19,3	741	42,6	761	10,0	781	45,1	801	45,9	821	50,7
702	26,4	722	14,5	742	43,6	762	4,8	782	45,5	802	48,3	822	49,2
703	26,9	723	10,0	743	44,4	763	2,4	783	46,5	803	49,9	823	48,3
704	26,6	724	7,2	744	44,9	764	2,4	784	46,5	804	51,5	824	48,1
705	26,6	725	4,8	745	45,5	765	0,8	785	46,5	805	53,1	825	48,1
706	29,3	726	3,4	746	46,0	766	0,0	786	46,3	806	53,1	826	48,1
707	30,9	727	0,8	747	46,0	767	4,8	787	45,9	807	54,1	827	48,1
708	32,3	728	0,8	748	45,5	768	10,1	788	45,5	808	54,7	828	47,6
709	34,6	729	5,1	749	45,4	769	15,4	789	45,5	809	55,2	829	47,5
710	36,2	730	10,5	750	45,1	770	20,8	790	45,5	810	55,0	830	47,5
711	36,2	731	15,4	751	44,3	771	25,4	791	45,4	811	54,7	831	47,2
712	35,6	732	20,1	752	43,1	772	28,2	792	44,4	812	54,7	832	46,5
713	36,5	733	22,5	753	41,0	773	29,6	793	44,3	813	54,6	833	45,4
714	37,5	734	25,7	754	37,8	774	31,4	794	44,3	814	54,1	834	44,6
715	37,8	735	29,0	755	34,6	775	33,3	795	44,3	815	53,3	835	43,5
716	36,2	736	31,5	756	30,6	776	35,4	796	44,3	816	53,1	836	41,0
717	34,8	737	34,6	757	26,6	777	37,3	797	44,3	817	52,3	837	38,1
718	33,0	738	37,2	758	24,0	778	40,2	798	44,3	818	51,5	838	35,4
719	29,0	739	39,4	759	20,1	779	42,6	799	44,4	819	51,3	839	33,0
t	v	t	v	t	v	t	v	t	v	t	v	t	v
840	30,9	860	46,7	880	46,8	900	43,3	920	36,4	940	40,2	960	3,2
841	30,9	861	46,8	881	46,7	901	42,8	921	37,7	941	39,6	961	8,5
842	32,3	862	46,7	882	46,5	902	42,6	922	38,6	942	39,6	962	13,8
843	33,6	863	45,2	883	45,9	903	42,6	923	38,9	943	38,8	963	19,2

t	v	t	v	t	v	t	v	t	v	t	v	t	v
844	34,4	864	44,3	884	45,2	904	42,6	924	39,3	944	39,4	964	24,5
845	35,4	865	43,5	885	45,1	905	42,3	925	40,1	945	40,4	965	28,2
846	36,4	866	41,5	886	45,1	906	42,2	926	40,4	946	41,2	966	29,9
847	37,3	867	40,2	887	44,4	907	42,2	927	40,6	947	40,4	967	32,2
848	38,6	868	39,4	888	43,8	908	41,7	928	40,7	948	38,6	968	34,0
849	40,2	869	39,9	889	42,8	909	41,2	929	41,0	949	35,4	969	35,4
850	41,8	870	40,4	890	43,5	910	41,2	930	40,6	950	32,3	970	37,0
851	42,8	871	41,0	891	44,3	911	41,7	931	40,2	951	27,2	971	39,4
852	42,8	872	41,4	892	44,7	912	41,5	932	40,3	952	21,9	972	42,3
853	43,1	873	42,2	893	45,1	913	41,0	933	40,2	953	16,6	973	44,3
854	43,5	874	43,3	894	44,7	914	39,6	934	39,8	954	11,3	974	45,2
855	43,8	875	44,3	895	45,1	915	37,8	935	39,4	955	6,0	975	45,7
856	44,7	876	44,7	896	45,1	916	35,7	936	39,1	956	0,6	976	45,9
857	45,2	877	45,7	897	45,1	917	34,8	937	39,1	957	0,0	977	45,9
858	46,3	878	46,7	898	44,6	918	34,8	938	39,4	958	0,0	978	45,9
859	46,5	879	47,0	899	44,1	919	34,9	939	40,2	959	0,0	979	44,6
t	v	t	v	t	v	t	v	t	v	t	v	t	v
980	44,3	1000	37,8	1020	12,2	1040	0,0	1060	32,2	1080	29,0	1100	0,0
981	43,8	1001	38,6	1021	6,9	1041	0,0	1061	35,1	1081	24,1	1101	0,2
982	43,1	1002	39,6	1022	1,6	1042	0,0	1062	37,0	1082	19,8	1102	1,0
983	42,6	1003	39,9	1023	0,0	1043	0,0	1063	38,6	1083	17,9	1103	2,6
984	41,8	1004	40,4	1024	0,0	1044	0,0	1064	39,9	1084	17,1	1104	5,8
985	41,4	1005	41,0	1025	0,0	1045	0,0	1065	41,2	1085	16,1	1105	11,1
986	40,6	1006	41,2	1026	0,0	1046	0,0	1066	42,6	1086	15,3	1106	16,1
987	38,6	1007	41,0	1027	0,0	1047	0,0	1067	43,1	1087	14,6	1107	20,6
988	35,4	1008	40,2	1028	0,0	1048	0,0	1068	44,1	1088	14,0	1108	22,5
989	34,6	1009	38,8	1029	0,0	1049	0,0	1069	44,9	1089	13,8	1109	23,3
990	34,6	1010	38,1	1030	0,0	1050	0,0	1070	45,5	1090	14,2	1110	25,7
991	35,1	1011	37,3	1031	0,0	1051	0,0	1071	45,1	1091	14,5	1111	29,1
992	36,2	1012	36,9	1032	0,0	1052	0,0	1072	44,3	1092	14,0	1112	32,2
993	37,0	1013	36,2	1033	0,0	1053	1,9	1073	43,5	1093	13,8	1113	33,6
994	36,7	1014	35,4	1034	0,0	1054	6,4	1074	43,5	1094	12,9	1114	34,1
995	36,7	1015	34,8	1035	0,0	1055	11,7	1075	42,3	1095	11,3	1115	34,3
996	37,0	1016	33,0	1036	0,0	1056	17,1	1076	39,4	1096	8,0	1116	34,4
997	36,5	1017	28,2	1037	0,0	1057	22,4	1077	36,2	1097	6,8	1117	34,9

998	36,5	1018	22,9	1038	0,0	1058	27,4	1078	34,6	1098	4,2	1118	36,2
999	36,5	1019	17,5	1039	0,0	1059	29,8	1079	33,2	1099	1,6	1119	37,0

t	v	t	v	t	v	t	v	t	v	t	v	t	v
1120	38,3	1140	41,8	1160	0,0	1180	32,2	1200	10,5	1220	34,6	1240	9,7
1121	39,4	1141	41,0	1161	0,0	1181	26,9	1201	15,8	1221	35,1	1241	6,4
1122	40,2	1142	39,6	1162	0,0	1182	21,6	1202	19,3	1222	35,4	1242	4,0
1123	40,1	1143	37,8	1163	0,0	1183	16,3	1203	20,8	1223	35,2	1243	1,1
1124	39,9	1144	34,6	1164	0,0	1184	10,9	1204	20,9	1224	34,9	1244	0,0
1125	40,2	1145	32,2	1165	0,0	1185	5,6	1205	20,3	1225	34,6	1245	0,0
1126	40,9	1146	28,2	1166	0,0	1186	0,3	1206	20,6	1226	34,6	1246	0,0
1127	41,5	1147	25,7	1167	0,0	1187	0,0	1207	21,1	1227	34,4	1247	0,0
1128	41,8	1148	22,5	1168	0,0	1188	0,0	1208	21,1	1228	32,3	1248	0,0
1129	42,5	1149	17,2	1169	3,4	1189	0,0	1209	22,5	1229	31,4	1249	0,0
1130	42,8	1150	11,9	1170	8,7	1190	0,0	1210	24,9	1230	30,9	1250	0,0
1131	43,3	1151	6,6	1171	14,0	1191	0,0	1211	27,4	1231	31,5	1251	0,0
1132	43,5	1152	1,3	1172	19,3	1192	0,0	1212	29,9	1232	31,9	1252	1,6
1133	43,5	1153	0,0	1173	24,6	1193	0,0	1213	31,7	1233	32,2	1253	1,6
1134	43,5	1154	0,0	1174	29,9	1194	0,0	1214	33,8	1234	31,4	1254	1,6
1135	43,3	1155	0,0	1175	34,0	1195	0,0	1215	34,6	1235	28,2	1255	1,6
1136	43,1	1156	0,0	1176	37,0	1196	0,0	1216	35,1	1236	24,9	1256	1,6
1137	43,1	1157	0,0	1177	37,8	1197	0,3	1217	35,1	1237	20,9	1257	2,6
1138	42,6	1158	0,0	1178	37,0	1198	2,4	1218	34,6	1238	16,1	1258	4,8
1139	42,5	1159	0,0	1179	36,2	1199	5,6	1219	34,1	1239	12,9	1259	6,4

t	v	t	v	t	v	t	v	t	v	t	v	t	v
1260	8,0	1280	39,4	1300	45,5	1320	0,0	1340	13,0	1360	26,6		
1261	10,1	1281	38,6	1301	46,7	1321	0,0	1341	18,3	1361	24,9		
1262	12,9	1282	37,8	1302	46,8	1322	0,0	1342	21,2	1362	22,5		
1263	16,1	1283	37,8	1303	46,7	1323	0,0	1343	24,3	1363	17,7		
1264	16,9	1284	37,8	1304	45,1	1324	0,0	1344	27,0	1364	12,9		
1265	15,3	1285	37,8	1305	39,8	1325	0,0	1345	29,5	1365	8,4		
1266	13,7	1286	37,8	1306	34,4	1326	0,0	1346	31,4	1366	4,0		
1267	12,2	1287	37,8	1307	29,1	1327	0,0	1347	32,7	136	0,0		
1268	14,2	1288	38,6	1308	23,8	1328	0,0	1348	34,3	1368	0,0		
1269	17,7	1289	38,8	1309	18,5	1329	0,0	1349	35,2	1369	0,0		

1270	22,5	1290	39,4	1310	13,2	1330	0,0	1350	35,6	1370	0,0
1271	27,4	1291	39,8	1311	7,9	1331	0,0	1351	36,0	1371	0,0
1272	31,4	1292	40,2	1312	2,6	1332	0,0	1352	35,4		
1273	33,8	1293	40,9	1313	0,0	1333	0,0	1353	34,8		
1274	35,1	1294	41,2	1314	0,0	1334	0,0	1354	34,0		
1275	35,7	1295	41,4	1315	0,0	1335	0,0	1355	33,0		
1276	37,0	1296	41,8	1316	0,0	1336	0,0	1356	32,2		
1277	38,0	1297	42,2	1317	0,0	1337	0,0	1357	31,5		
1278	38,8	1298	43,5	1318	0,0	1338	2,4	1358	29,8		
1279	39,4	1299	44,7	1319	0,0	1339	7,7	1359	28,2		

Tabelle zur Fahrkurve II

Fahrdauer (t) in (s) – Fahrgeschwindigkeit (v) in (km/h)

t	v	t	v	t	v	t	v	t	v	t	v	t	v
0	0,0	20	52,9	40	59,3	60	71,6	80	75,4	100	78,0	120	77,3
1	0,0	21	53,9	41	59,5	61	72,0	81	75,4	101	78,5	121	76,7
2	0,0	22	54,8	42	59,5	62	72,2	82	75,6	102	79,0	122	76,2
3	3,2	23	55,6	43	59,5	63	72,4	83	75,7	103	79,1	123	76,1
4	7,8	24	56,1	44	59,5	64	72,5	84	75,7	104	79,0	124	76,4
5	13,0	25	56,4	45	59,5	65	73,0	85	75,9	105	79,0	125	76,9
6	18,1	26	57,4	46	59,5	66	73,5	86	75,7	106	78,8	126	77,0
7	23,3	27	57,7	47	59,6	67	74,0	87	75,6	107	78,8	127	77,2
8	27,8	28	57,6	48	60,0	68	74,4	88	75,4	108	79,0	128	77,0
9	31,5	29	56,7	49	60,4	69	74,8	89	74,8	109	79,1	129	77,0
10	35,0	30	56,1	50	62,1	70	75,3	90	74,4	110	79,3	130	77,0
11	38,6	31	55,5	51	63,2	71	75,4	91	74,3	111	79,4	131	77,2
12	41,5	32	55,6	52	64,3	72	75,6	92	74,4	112	79,6	132	77,2
13	43,6	33	55,9	53	65,4	73	75,7	93	74,8	113	79,6	133	77,2
14	46,0	34	56,4	54	66,6	74	75,9	94	75,4	114	79,6	134	77,0
15	48,1	35	57,4	55	67,8	75	76,1	95	75,7	115	79,4	135	76,1
16	48,2	36	58,0	56	69,0	76	75,9	96	76,2	116	79,0	136	74,0
17	49,3	37	58,2	57	69,9	77	75,7	97	76,7	117	78,6	137	69,6
18	50,6	38	58,7	58	70,7	78	75,6	98	77,2	118	78,1	138	66,2
19	51,8	39	59,0	59	71,2	79	75,4	99	77,5	119	77,8	139	63,5
t	v	t	v	t	v	t	v	t	v	t	v	t	v
140	63,0	160	75,3	180	69,3	200	69,8	220	69,3	240	75,6	260	79,0
141	62,7	161	75,4	181	67,8	201	69,5	221	69,5	241	75,4	261	79,0
142	62,7	162	75,6	182	66,7	202	69,5	222	69,8	242	75,3	262	79,0
143	62,9	163	75,7	183	66,7	203	69,3	223	70,6	243	75,4	263	79,0
144	63,5	164	76,5	184	67,7	204	69,1	224	71,2	244	75,6	264	78,8
145	64,5	165	77,0	185	69,0	205	69,1	225	71,9	245	75,9	265	78,6
146	65,9	166	77,2	186	69,9	206	69,3	226	72,5	246	76,4	266	77,5
147	67,5	167	77,2	187	70,6	207	69,8	227	73,0	247	77,0	267	76,7
148	69,3	168	77,0	188	70,1	208	70,6	228	73,6	248	77,2	268	76,4

149	70,3	169	76,9	189	69,6	209	70,7	229	74,8	249	77,2	269	75,9
150	70,9	170	76,1	190	69,1	210	69,9	230	75,4	250	77,2	270	75,1
151	71,2	171	75,1	191	69,3	211	68,5	231	75,9	251	77,2	271	74,3
152	71,4	172	74,3	192	69,8	212	66,7	232	76,2	252	77,2	272	74,0
153	71,7	173	73,8	193	70,6	213	65,4	233	76,1	253	77,3	273	73,6
154	71,9	174	73,5	194	71,2	214	64,3	234	76,1	254	77,5	274	73,3
155	72,2	175	73,2	195	71,7	215	64,3	235	75,9	255	77,5	275	73,0
156	72,7	176	73,0	196	72,2	216	64,8	236	75,9	256	77,3	276	72,7
157	73,5	177	72,8	197	72,0	217	65,9	237	75,9	257	78,1	277	72,4
158	73,8	178	72,4	198	71,4	218	67,5	238	75,7	258	78,6	278	71,9
159	74,4	179	70,7	199	70,6	219	68,7	239	75,6	259	79,0	279	71,6
t	v	t	v	t	v	t	v	t	v	t	v	t	v
280	71,1	300	53,7	320	74,8	340	92,1	360	92,3	380	90,4	400	91,8
281	69,9	301	57,2	321	75,3	341	92,6	361	92,0	381	90,1	401	92,5
282	68,8	302	60,3	322	75,7	342	93,0	362	91,8	382	90,1	402	93,0
283	67,5	303	62,9	323	76,7	343	93,3	363	91,7	383	90,1	403	93,3
284	64,5	304	64,6	324	77,7	344	93,4	364	91,7	384	90,2	404	93,3
285	62,1	305	66,1	325	78,8	345	93,9	365	91,5	385	90,7	405	93,3
286	60,3	306	67,2	326	79,9	346	94,4	366	91,5	386	91,2	406	93,3
287	57,6	307	68,2	327	80,9	347	94,6	367	91,5	387	91,5	407	93,3
288	55,8	308	68,8	328	82,0	348	94,7	368	91,7	388	91,8	408	93,3
289	54,7	309	69,6	329	83,1	349	94,9	369	91,7	389	92,1	409	93,1
290	53,5	310	70,4	330	84,3	350	94,9	370	91,7	390	92,3	410	93,0
291	52,2	311	71,2	331	85,4	351	94,7	371	91,7	391	92,3	411	92,8
292	51,0	312	71,9	332	86,5	352	94,6	372	91,7	392	92,0	412	92,8
293	49,2	313	72,4	333	87,6	353	94,2	373	91,7	393	91,7	413	93,0
294	47,6	314	72,7	334	88,8	354	93,9	374	91,7	394	91,5	414	93,1
295	46,3	315	73,0	335	89,7	355	93,6	375	91,7	395	91,0	415	93,3
296	46,1	316	73,2	336	90,7	356	93,4	376	91,7	396	90,5	416	93,4
297	46,0	317	73,6	337	91,5	357	93,3	377	91,5	397	90,2	417	93,9
298	47,4	318	74,0	338	91,7	358	93,1	378	91,3	398	90,7	418	94,7
299	50,5	319	74,1	339	91,8	359	92,6	379	90,9	399	91,2	419	95,0

t	v	t	v	t	v	t	v	t	v	t	v	t	v
420	95,5	440	93,1	460	93,3	480	88,6	500	88,0	520	88,1	540	90,1
421	96,2	441	93,1	461	93,4	481	88,4	501	87,8	521	88,3	541	90,1
422	96,3	442	93,1	462	93,4	482	88,3	502	87,5	522	88,4	542	90,1
423	96,3	443	93,1	463	93,6	483	88,3	503	87,3	523	88,6	543	90,1
424	96,2	444	93,1	464	93,8	484	88,3	504	87,3	524	88,8	544	90,1
425	95,8	445	93,3	465	93,8	485	88,3	505	87,2	525	88,8	545	90,1
426	95,5	446	93,4	466	93,8	486	88,3	506	87,0	526	88,9	546	90,1
427	95,2	447	93,4	467	93,6	487	88,3	507	87,0	527	89,1	547	89,9
428	95,0	448	93,6	468	93,4	488	88,4	508	87,0	528	89,2	548	89,9
429	94,9	449	93,6	469	93,3	489	88,4	509	86,8	529	89,4	549	89,9
430	94,7	450	93,6	470	93,0	490	88,4	510	86,8	530	89,6	550	89,7
431	94,4	451	93,4	471	92,5	491	88,4	511	86,8	531	89,7	551	89,4
432	94,2	452	93,3	472	91,8	492	88,4	512	86,8	532	89,9	552	89,1
433	94,1	453	93,3	473	91,7	493	88,4	513	86,8	533	90,1	553	88,8
434	93,9	454	93,3	474	91,0	494	88,6	514	86,8	534	90,1	554	88,6
435	93,9	455	93,3	475	90,2	495	88,6	515	86,8	535	90,1	555	88,4
436	93,8	456	93,3	476	90,1	496	88,4	516	86,8	536	90,1	556	88,3
437	93,6	457	93,3	477	89,7	497	88,3	517	87,0	537	90,1	557	87,8
438	93,4	458	93,1	478	89,2	498	88,3	518	87,2	538	90,1	558	87,5
439	93,3	459	93,1	479	88,8	499	88,1	519	87,6	539	90,1	559	87,2
t	v	t	v	t	v	t	v	t	v	t	v	t	v
560	87,0	580	82,2	600	77,7	620	79,9	640	74,8	660	82,0	680	81,2
561	86,5	581	81,5	601	77,2	621	81,4	641	74,3	661	82,2	681	80,6
562	85,9	582	80,9	602	77,0	622	82,8	642	74,0	662	82,7	682	80,1
563	85,7	583	80,2	603	76,9	623	83,9	643	74,0	663	83,1	683	79,9
564	85,4	584	79,3	604	76,7	624	84,7	644	74,4	664	83,6	684	79,8
565	85,1	585	78,3	605	77,0	625	85,2	645	75,3	665	83,9	685	79,6
566	84,6	586	77,5	606	77,7	626	86,2	646	76,4	666	84,4	686	79,6
567	84,3	587	77,3	607	78,8	627	86,8	647	77,5	667	84,9	687	79,9
568	83,9	588	77,2	608	79,0	628	87,0	648	78,5	668	84,7	688	80,4
569	83,8	589	77,2	609	78,8	629	87,5	649	79,6	669	84,6	689	80,7
570	83,6	590	77,3	610	78,6	630	88,0	650	80,7	670	84,1	690	81,4
571	83,6	591	77,8	611	77,2	631	88,6	651	81,5	671	84,1	691	82,2

572	83,6	592	78,6	612	75,7	632	89,1	652	82,2	672	84,3	692	83,0
573	83,6	593	78,8	613	74,3	633	89,1	653	83,1	673	84,4	693	83,5
574	83,8	594	79,0	614	74,1	634	88,4	654	83,9	674	84,7	694	83,6
575	83,6	595	79,0	615	74,1	635	87,6	655	84,4	675	84,7	695	83,8
576	83,6	596	78,8	616	74,3	636	86,2	656	83,8	676	84,3	696	84,3
577	83,5	597	78,8	617	75,4	637	84,4	657	83,0	677	83,8	697	85,1
578	83,0	598	78,6	618	76,9	638	80,7	658	82,2	678	83,1	698	85,7
579	82,7	599	78,1	619	78,8	639	77,5	659	82,0	679	82,2	699	86,4
t	v	t	v	t	v	t	v	t	v	t	v	t	v
700	87,2	720	94,6	740	78,0	760	5,3						
701	87,6	721	94,1	741	76,5	761	3,2						
702	88,1	722	93,4	742	75,3	762	1,1						
703	88,4	723	92,8	743	73,3	763	0,0						
704	89,2	724	92,1	744	71,1	764	0,0						
705	89,9	725	91,8	745	68,3	765	0,0						
706	90,2	726	91,3	746	63,0								
707	90,2	727	90,9	747	57,7								
708	90,7	728	90,4	748	52,4								
709	90,9	729	89,2	749	47,1								
710	91,2	730	87,8	750	43,1								
711	91,5	731	87,0	751	39,4								
712	91,7	732	86,4	752	34,5								
713	92,1	733	85,5	753	31,3								
714	92,8	734	85,1	754	27,9								
715	93,6	735	84,4	755	24,2								
716	94,6	736	83,6	756	19,9								
717	95,0	737	82,5	757	15,6								
718	95,2	738	81,2	758	11,2								
719	95,0	739	79,6	759	8,0								

3.9 Fahrleistungsprüfstand

3.9.1 Verfahren zur Kalibrierung des Fahrleistungsprüfstands

3.9.1.1 Allgemeines

Dieser Abschnitt beschreibt das Verfahren zur Bestimmung der von einem Fahrleistungsprüfstand aufgenommenen Leistung. Diese umfasst die durch die Reibung und die von der Bremse aufgenommene Leistung. Der Fahrleistungsprüfstand wird auf eine Geschwindigkeit angetrieben, die größer ist als die höchste Prüfgeschwindigkeit. Dann wird der Antrieb abgestellt; die Drehgeschwindigkeit der angetriebenen Rolle verringert sich. Die kinetische Energie der Rollen wird von der Bremse und der Reibung aufgebraucht. Hierbei wird die unterschiedliche innere Reibung der Rollen bei belastetem und unbelastetem Zustand nicht berücksichtigt. Ebenfalls unberücksichtigt bleibt die Reibung der hinteren Rolle, wenn sie leerläuft.

3.9.1.2 Kalibrierung der Leistungsanzeige in Abhängigkeit von der aufgenommenen Leistung

Die Leistungsanzeige muss bei den Geschwindigkeiten 80 km/h, 60 km/h, 40 km/h und 20 km/h kalibriert werden.

Nachstehend wird der Vorgang für die Geschwindigkeit 80 km/h beschrieben. Die Kalibrierung ist für die übrigen genannten Geschwindigkeiten zu wiederholen, wobei die Anfangs- und Endgeschwindigkeiten sinngemäß zu wählen sind.

Messung der Drehgeschwindigkeit der Rolle, falls nicht schon erfolgt. Dazu kann ein fünftes Rad, ein Drehzahlmesser oder eine andere Einrichtung verwendet werden.

Das Fahrzeug wird auf den Prüfstand gebracht oder es wird eine andere Methode benutzt, um den Prüfstand in Gang zu setzen.

Verwendung eines Schwungrades oder eines anderen Schwungmassensystems für die entsprechende Schwungmassenklasse.

Der Prüfstand wird auf eine Geschwindigkeit von 80 km/h gebracht.

Aufzeichnung der angezeigten Leistung (Pi).

Erhöhung der Geschwindigkeit auf 97 km/h.

Lösung der Einrichtung zum Antrieb des Prüfstands.

Aufzeichnung der Verzögerungszeit des Prüfstands von 88 km/h auf 72 km/h.

Einstellen der Bremsbelastung auf einen anderen Wert.

Wiederholung der beschriebenen Vorgänge so lange, bis der Leistungsbereich auf der Straße abgedeckt ist.

Berechnung der aufgenommenen Leistung nach folgender Formel:

$$P_a = \frac{M_1 (v_1^2 - v_2^2)}{2\,000t}$$

hierbei bedeuten:

P_a: aufgenommene Leistung in kW

M_1: äquivalente Schwungmasse in kg (unberücksichtigt bleibt die Schwungmasse der leerlaufenden hinteren Rolle)

v_1: Anfangsgeschwindigkeit in m/s (88 km/h = 24,4 m/s)

v_2: Endgeschwindigkeit in m/s (72 km/h = 20 m/s)

t: Zeit für die Verzögerung der Rolle von 88 km/h auf 72 km/h.

Diagramm der angezeigten Leistung bei 80 km/h in Abhängigkeit von der aufgenommenen Leistung bei der gleichen Geschwindigkeit:

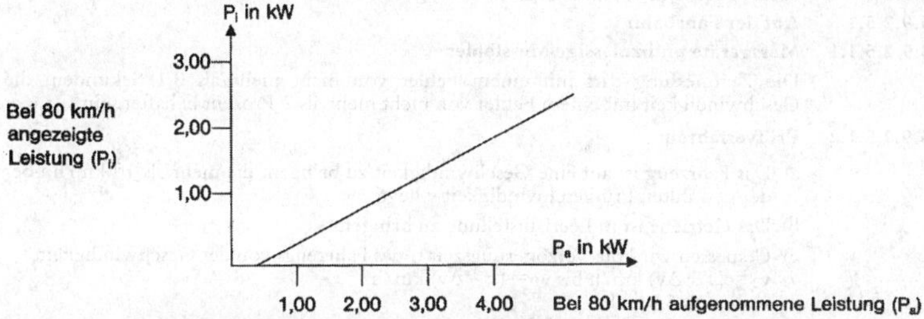

3.9.2 Fahrwiderstand eines Fahrzeugs

3.9.2.1 Allgemeines

Mit den nachstehend beschriebenen Verfahren soll der Fahrwiderstand eines Fahrzeugs, das mit konstanter Geschwindigkeit auf der Straße fährt, gemessen und dieser Widerstand bei einer Prüfung auf dem Fahrleistungsprüfstand gemäß den Bedingungen nach Nummer 3.9.1.2 simuliert werden. Der Technische Dienst kann andere Verfahren zur Bestimmung des Fahrwiderstands zulassen.[1)]

3.9.2.2 Beschreibung der Fahrbahn

Die Fahrbahn muss horizontal und lang genug sein, um die nachstehend genannten Messungen durchführen zu können. Die Neigung muss auf ± 0,1 Prozent konstant sein und darf 1,5 Prozent nicht überschreiten.

3.9.2.3 Meteorologische Bedingungen

Während der Prüfung darf die durchschnittliche Windgeschwindigkeit 3 m/s nicht überschreiten bei Windböen von weniger als 5 m/s. Außerdem muss die Windkomponente in Querrichtung zur Fahrbahn weniger als 2 m/s betragen. Die Windgeschwindigkeit ist 0,7 m über der Fahrbahn zu messen.
Die Straße muss trocken sein.
Die Luftdichte während der Prüfung darf um nicht mehr als ± 7,5 Prozent von den Bezugsbedingungen P = 100 kPa und t = 293,2 K abweichen.

3.9.2.4 Zustand und Vorbereitung des Prüffahrzeugs

3.9.2.4.1 Das Fahrzeug muss sich in normalem Fahr- und Einstellungszustand befinden. Es ist zu prüfen, ob das Fahrzeug hinsichtlich der nachgenannten Punkte den Angaben des Herstellers für die betreffende Verwendung entspricht:

a) Räder, Zierkappen, Reifen (Marke, Typ, Druck)
b) Geometrie der Vorderachse
c) Einstellung der Bremsen (Beseitigung von Störeinflüssen)
d) Schmierung der Vorder- und Hinterachse
e) Einstellung der Radaufhängung und des Fahrzeugniveaus
f) usw.

3.9.2.4.2 Das Fahrzeug ist mindestens bis zu seiner Bezugsmasse zu beladen. Das Fahrzeugniveau muss so eingestellt sein, dass sich der Beladungsschwerpunkt in der Mitte zwischen den „R"-Punkten der äußeren Vordersitze und auf einer durch diese Punkte verlaufenden Geraden befindet.

3.9.2.4.3 Bei Prüfungen auf der Fahrbahn sind die Fenster zu schließen. Eventuelle Abdeckungen für Klimaanlagen, Scheinwerfer usw. müssen sich in den Stellungen befinden, die sich bei ausgeschalteten Einrichtungen ergeben.

3.9.2.4.4 Unmittelbar vor der Prüfung muss das Fahrzeug auf geeignete Weise auf normale Betriebstemperatur gebracht werden.

[1)] **Amtl. Anm.:** Die Anforderungen werden im Verkehrsblatt veröffentlicht.

3.9.2.5 Messverfahren für die Energieänderung beim Auslaufversuch

3.9.2.5.1 Auf der Fahrbahn

3.9.2.5.1.1 Messgeräte und zulässige Messfehler

Die Zeitmessung darf mit einem Fehler von nicht mehr als 0,1 Sekunden, die Geschwindigkeit mit einem Fehler von nicht mehr als 2 Prozent behaftet sein.

3.9.2.5.1.2 Prüfverfahren

a) Das Fahrzeug ist auf eine Geschwindigkeit zu bringen, die mehr als 10 km/h über der gewählten Prüfgeschwindigkeit v liegt.

b) Das Getriebe ist in Leerlaufstellung zu bringen.

c) Gemessen wird die Verzögerungszeit t_1 des Fahrzeugs von der Geschwindigkeit $v_2 = (v + \Delta v)$ km/h bis $v_1 = (v - \Delta v)$ km/h, wobei Δv 5 km/h.

d) Durchführung der gleichen Prüfung in der anderen Richtung zur Bestimmung von t_2.

e) Bestimmung des Mittelwerts T_1 aus t_1 und t_2.

f) Diese Prüfung ist so oft zu wiederholen, dass die statistische Genauigkeit (p) für den Mittelwert

$$T = \frac{1}{N}\sum_{i=1}^{n} T_i$$

gleich oder kleiner 2 % ist ($p \leq 2\,\%$)

Die statistische Genauigkeit wird definiert durch:

$$p = \frac{t \cdot s}{\sqrt{n}} \cdot \frac{100}{T}$$

dabei bedeuten:

t: Koeffizient entsprechend nachstehender Tabelle

n: Anzahl der Prüfungen

s: Standardabweichung,

$$s = \sqrt{\sum_{i=1}^{n} \frac{(T_i - T)^2}{n-1}}$$

n	4	5	6	7	8	9
t	3,2	2,8	2,6	2,5	2,4	2,3
$\frac{t}{\sqrt{n}}$	1,6	1,25	1,06	0,94	0,85	0,77

n	10	11	12	13	14	15
t	2,3	2,2	2,2	2,2	2,2	2,2
$\frac{t}{\sqrt{n}}$	0,73	0,66	0,64	0,61	0,59	0,57

g) Berechnung der Leistung nach der Formel:

$$P = \frac{M \cdot v \cdot \Delta v}{500\,T}$$

dabei bedeuten:

P: Leistung in kW

v: Prüfgeschwindigkeit in m/s

Δv: Abweichung von der Geschwindigkeit v in m/s
M: Bezugsmasse in kg
T: Zeit in Sekunden

3.9.2.5.2 Auf dem Prüfstand

3.9.2.5.2.1 Messgeräte und zulässige Messfehler

Es sind die gleichen Geräte wie bei der Prüfung auf der Fahrbahn zu verwenden.

3.9.2.5.2.2 Prüfverfahren

a) Das Fahrzeug wird auf den Fahrleistungsprüfstand gebracht.
b) Der Reifendruck (kalt) der Antriebsräder ist auf den für den Prüfstand erforderlichen Wert zu bringen.
c) Einstellen der äquivalenten Schwungmasse I des Prüfstands. Fahrzeug und Prüfstand sind durch ein geeignetes Verfahren auf Betriebstemperatur zu bringen.
d) Durchführung der beschriebenen Maßnahmen nach Nummer 3.9.2.5.1.2 Buchstabe a bis c, f und g, wobei in der Formel g M durch I ersetzt wird.
e) Einstellen der Prüfstandsbremse nach Nummer 3.9.1.

3.9.2.5.3 Andere gleichwertige Messverfahren für die Energieänderung beim Auslaufversuch können nach Zustimmung des Technischen Dienstes angewandt werden.

3.9.2.6 Messverfahren für das Drehmoment bei konstanter Geschwindigkeit

3.9.2.6.1 Auf der Fahrbahn

3.9.2.6.1.1 Messgeräte und zulässige Messfehler

a) Das Drehmoment muss mit einem Messgerät einer Genauigkeit von 2 Prozent gemessen werden,
b) die Geschwindigkeit muss auf 2 Prozent genau bestimmt werden.

3.9.2.6.1.2 Prüfverfahren

a) Das Fahrzeug ist auf die gewählte konstante Geschwindigkeit V zu bringen.
b) Das Drehmoment C(t) und die Geschwindigkeit sind während der Dauer von mindestens zehn Sekunden mit einem Instrument der Klasse 1000 gemäß ISO-Norm Nummer 970 aufzuzeichnen.
c) Die Veränderungen des Drehmoments C(t) und der Geschwindigkeit in Abhängigkeit von der Zeit dürfen in jeder Sekunde der Aufzeichnungszeit 5 Prozent nicht überschreiten.
d) Das maßgebliche Drehmoment C_{t1} ist das mittlere Drehmoment, ermittelt nach folgender Formel:

$$C_{t_1} = \frac{1}{\Delta t} \cdot \int_t^{t+\Delta t} C(t)\,dt$$

e) Durchführung der Prüfung in der anderen Fahrtrichtung zur Bestimmung von C_{t2}.
f) Ermittlung des Mittelwerts C_t aus den beiden Werten für das Drehmoment C_{t1} und C_{t2}.

3.9.2.6.2 Auf dem Prüfstand

3.9.2.6.2.1 Messgeräte und zulässige Messfehler

Es sind die gleichen Geräte wie bei der Prüfung auf der Fahrbahn zu verwenden.

3.9.2.6.2.2 Prüfverfahren

a) Durchführung der unter Nummer 3.9.2.5.2.2 Buchstabe a bis d beschriebenen Maßnahmen.
b) Durchführung der unter Nummer 3.9.2.6.1.2 Buchstabe a bis d beschriebenen Maßnahmen.

c) Einstellung der Prüfstandbremse nach Nummer 3.9.1.

3.9.3 Überprüfung der Gesamtschwungmassen des Fahrleistungsprüfstands bei elektrischer Simulation

3.9.3.1 Allgemeines

Mit dem nachfolgend beschriebenen Verfahren soll nachgeprüft werden, ob die Gesamtschwungmasse des Fahrleistungsprüfstands die tatsächlichen Werte in den verschiedenen Phasen der Fahrkurve ausreichend simuliert.

3.9.3.2 Prinzip

3.9.3.2.1 Aufstellung der Arbeitsgleichung

Die an der (den) Rolle(n) auftretenden Kräfte lassen sich durch folgende Gleichung ausdrücken:

$$F = I \cdot \gamma = I_M \cdot \gamma + F_I$$

hierbei bedeuten:

F: Kraft an der (den) Rolle(n)

I: Gesamtschwungmasse des Prüfstandes (äquivalente Schwungmasse des Fahrzeugs)

I_M: Schwungmasse der mechanischen Massen des Prüfstands

g: Tangentialbeschleunigung am Umfang der Rolle

F_I: Schwungmassenkraft

Anmerkung: Diese Formel wird unter Nummer 3.9.3.5.3 für Prüfstände mit mechanisch simulierten Schwungmassen erläutert.

Die Gesamtschwungmasse wird durch folgende Formel ausgedrückt:

$$I = I_M + \frac{F_I}{\gamma}$$

hierbei kann

I_M mit herkömmlichen Methoden berechnet oder gemessen werden,

F_I auf dem Prüfstand gemessen werden,

γ aus der Umfanggeschwindigkeit der Rollen berechnet werden.

Die Gesamtschwungmasse „I" wird bei einer Beschleunigungs- oder Verzögerungsprüfung ermittelt, die gleich oder größer ist als die bei einer Fahrkurve gemessenen Werte.

3.9.3.2.2 Zulässiger Fehler bei der Berechnung der Gesamtschwungmasse

Mit den Prüf- und Berechnungsverfahren muss die Gesamtschwungmasse I mit einem relativen Fehler (Δ I/I) von weniger als 2 Prozent ermittelt werden können.

3.9.3.3 Vorschriften

3.9.3.3.1 Die simulierte Gesamtschwungmasse I muss die gleiche bleiben wie der theoretische Wert der äquivalenten Schwungmasse (siehe Nummer 3.5.1), und zwar in folgenden Grenzen:

a) ± 5 Prozent des theoretischen Werts für jeden Momentanwert,

b) ± 2 Prozent des theoretischen Werts für den Mittelwert, der für jeden Vorgang der Fahrkurve berechnet wird.

3.9.3.3.2 Die in Nummer 3.9.3.3.1 Buchstabe a genannten Grenzen werden beim Hochfahren eine Sekunde lang und bei Fahrzeugen mit Handschaltgetriebe beim Gangwechsel zwei Sekunden lang um jeweils + 50 Prozent geändert.

3.9.3.4 Kontrollverfahren

3.9.3.4.1 Die Kontrolle wird bei jeder Prüfung während der gesamten Dauer einer Fahrkurve durchgeführt.

Werden jedoch die Vorschriften unter Nummer 3.9.3.3 erfüllt und liegen die momentanen Beschleunigungswerte mindestens um den Faktor drei unter oder über den Werten, die bei der Fahrkurve auftreten, ist die oben beschriebene Kontrolle nicht erforderlich.

3.9.3.5 Technische Anmerkung

Erläuterung zur Aufstellung der Arbeitsgleichungen.

3.9.3.5.1 Kräftegleichgewicht auf der Straße

$$CR = k_1 \cdot \varphi r_1 \cdot \frac{dQ_1}{dt} + k_2\, \varphi r_2 \cdot \frac{dQ_2}{dt} + k_3 M\gamma \cdot r_1 + k_3 F_s r_1$$

3.9.3.5.2 Kräftegleichgewicht auf dem Prüfstand mit mechanisch simulierten Schwungmassen

$$Cm = k_1 \cdot \varphi r_1 \cdot \frac{dQ_1}{dt} + k_3 \cdot \frac{\varphi Rm \cdot dWm}{Rm\ dt} \cdot r_1 + k_3 F_s r_1$$

$$= k_1\, \gamma r_1 \frac{dQ_1}{dt} + k_3 \cdot I \cdot \gamma \cdot r_1 + k_3 F_s r_1$$

3.9.3.5.3 Kräftegleichgewicht auf dem Prüfstand mit nicht mechanisch (elektrisch) simulierten Schwungmassen

$$Ce = k_1 \varphi r_1 \frac{dQ_1}{dt} + k_3 \left(\frac{\varphi Re \cdot dWe}{Re \cdot dt} r_1 + \frac{C_1}{Re} r_1 \right) + k_3 F_s r_1$$

$$= k_1\, \varphi r_1 \frac{dQ_1}{dt} + k_3 (I_M \cdot \gamma + F_1)\, r_1 + k_3 F_s r_1$$

In diesen Formeln bedeuten:

CR:	Motordrehmoment auf der Straße
Cm:	Motordrehmoment auf dem Prüfstand mit mechanisch simulierten Schwungmassen
Ce:	Motordrehmoment auf dem Prüfstand mit elektrisch simulierten Schwungmassen
φr_1	Trägheitsmoment des Fahrzeugantriebs bezogen auf die Antriebsräder
φr_2	Trägheitsmoment der nicht angetriebenen Räder
φRm:	Trägheitsmoment des Prüfstands mit mechanisch simulierten Schwungmassen
φRe:	Mechanisches Trägheitsmoment des Prüfstands mit elektrisch simulierten Schwungmassen
M:	Masse des Fahrzeugs auf der Fahrbahn
I:	äquivalente Schwungmasse des Prüfstands mit mechanisch simulierten Schwungmassen
I_M:	mechanische Schwungmasse eines Prüfstands mit elektrisch simulierten Schwungmassen
F_s:	resultierende Kraft bei konstanter Geschwindigkeit
C_1:	resultierendes Drehmoment der elektrisch simulierten Schwungmassen
F_1:	resultierende Kraft der elektrisch simulierten Schwungmassen
$\frac{dQ_1}{dt}$:	Winkelbeschleunigung der Antriebsräder
$\frac{dQ_2}{dt}$:	Winkelbeschleunigung der nicht angetriebenen Räder
$\frac{dWm}{dt}$:	Winkelbeschleunigung des Prüfstands mit mechanischen Schwungmassen
$\frac{dWe}{dt}$:	Winkelbeschleunigung des Prüfstands mit elektrischen Schwungmassen
γ:	lineare Beschleunigung

r_1: Reifenradius der Antriebsräder unter Last
r_2: Reifenradius der nicht angetriebenen Räder unter Last
Rm: Rollenradius des Prüfstands mit mechanischen Schwungmassen
Re: Rollenradius des Prüfstands mit elektrischen Schwungmassen
k_1: Koeffizient, der von der Getriebeübersetzung und den verschiedenen Schwungmassen der Kraftübertragung sowie vom „Wirkungsgrad" abhängig ist
k_2: Übersetzungsverhältnis der Kraftübertragung $\cdot \frac{r_1}{r_2} \cdot$ „Wirkungsgrad"
k_3: Übersetzungsverhältnis der Kraftübertragung · „Wirkungsgrad"

Unter der Annahme, dass die beiden Prüfstandtypen (siehe die Nummern 3.9.3.5.2 und 3.9.3.5.3) die gleichen Merkmale aufweisen, erhält man folgende vereinfachte Formel:

$$k_3(I_M \cdot \gamma + F_1)r_1 = k_3 I \cdot \gamma \cdot r_1$$

hierbei ist

$$I = I_M + \frac{F_1}{\gamma}$$

3.10 Beschreibung der Gas- und Partikelentnahmesysteme

3.10.1 Einleitung

Es gibt mehrere Typen von Entnahmesystemen, welche die Vorschriften nach Nummer 3.4.2 erfüllen können. Die unter Nummer 3.10.3 beschriebenen Systeme entsprechen diesen Vorschriften. Andere Entnahmesysteme können verwendet werden, wenn sie den wesentlichen Kriterien für Entnahmesysteme mit variabler Verdünnung genügen.
Der Technische Dienst muss im Gutachten das Entnahmesystem angeben, das für die Prüfung verwendet wird.

3.10.2 Kriterien für das System mit variabler Verdünnung beim Messen gas- und partikelförmiger Luftverunreinigungen im Abgas

3.10.2.1 Anwendungsbereich

Angabe der Funktionsmerkmale eines Abgasentnahmesystems, das zur Messung der tatsächlichen Mengen emittierter gasförmiger Luftverunreinigungen aus Fahrzeugabgasen nach den Bestimmungen dieser Verordnung verwendet wird.
Das Entnahmesystem mit variabler Verdünnung zur Bestimmung der Massenemissionen muss drei Bedingungen erfüllen:

a) Die Abgase des Fahrzeugs müssen fortlaufend unter festgelegten Bedingungen mit Umgebungsluft verdünnt werden.
b) Das Gesamtvolumen des Gemisches aus Abgasen und Verdünnungsluft muss genau gemessen werden.
c) Es ist fortlaufend ein Teilstrom aus verdünntem Abgas und Verdünnungsluft für Analysenzwecke zu entnehmen.

Die Menge der gasförmigen Luftverunreinigungen wird nach den anteilmäßigen Probenkonzentrationen und den während der Prüfdauer gemessenen Gesamtvolumen bestimmt. Die Probenkonzentrationen werden entsprechend dem Gehalt gasförmiger Luftverunreinigungen der Umgebungsluft korrigiert.

3.10.2.2 Erläuterungen des Verfahrens

Figur 4 zeigt eine schematische Darstellung des Entnahmesystems.
Die Abgase des Fahrzeugs sind mit genügend Umgebungsluft so zu verdünnen, dass im Entnahme- und Messsystem kein Kondenswasser auftritt.
Das Abgasentnahmesystem muss so konzipiert sein, dass die mittleren volumetrischen CO_2-, CO-, CH und NO_x-Konzentrationen, die in den während der Prüfung emittierten Abgasen enthalten sind, gemessen werden können.
Das Abgas/Luft-Gemisch muss an den Entnahmesonden homogen sein (siehe Nummer 3.10.2.3.1).

An den Sonden muss eine repräsentative Probe der verdünnten Abgase entnommen werden können.
Das Gerät muss die Messung des Gesamtvolumens der verdünnten Abgase des zu prüfenden Fahrzeugs ermöglichen.
Das Entnahmesystem muss gasdicht sein. Bauart und Werkstoff des Entnahmesystems müssen eine Beeinflussung der Konzentration der Luftverunreinigungen im verdünnten Abgas verhindern. Falls die Konzentration einer gasförmigen Luftverunreinigung oder der Partikel in dem verdünnten Gas durch ein Teil des Entnahmesystems (Wärmetauscher, Zyklon-Abscheider, Gebläse usw.) verändert wird, so muss diese Luftverunreinigung vor diesem Teil entnommen werden, falls dieser Fehler nicht anders behoben werden kann.
Hat das zu prüfende Fahrzeug mehrere Auspuffrohre, so sind diese durch ein Sammelrohr so nahe wie möglich am Fahrzeug zu verbinden.
Die Gasproben sind in ausreichend großen Entnahmebeuteln aufzufangen, damit die Gasentnahme während der Entnahmezeit nicht beeinträchtigt wird. Die Beutel müssen aus einem Material bestehen, das die Konzentrationen der gasförmigen Luftverunreinigungen in den Abgasen nicht beeinflusst (siehe Nummer 3.10.2.3.4.4).
Das Entnahmesystem mit variabler Verdünnung muss so beschaffen sein, dass das Abgas ohne wesentliche Auswirkungen auf den Gegendruck im Auspuffendrohr entnommen werden kann (siehe Nummer 3.10.2.3.1).

3.10.2.3 Besondere Vorschriften

3.10.2.3.1 Einrichtungen zur Abgasentnahme und -verdünnung

Das Verbindungsrohr zwischen dem (den) Auspuffrohr(en) und der Mischkammer muss möglichst kurz sein; es darf in keinem Fall

– den statischen Druck an den Endrohren des Prüffahrzeugs um mehr als ± 0,75 kPa bei 50 km/h oder ± 125 kPa während der gesamten Prüfdauer gegenüber dem statischen Druck, der ohne Verbindungsrohr am Auspuffendrohr gemessen wurde, verändern. Der Druck muss im Endrohr oder in einem Verlängerungsrohr mit gleichem Durchmesser gemessen werden, und zwar möglichst am äußersten Ende;
– die Art der Abgase verändern oder beeinflussen.

Es ist eine Mischkammer vorzusehen, in der die Abgase des Fahrzeugs und die Verdünnungsluft so zusammengeführt werden, dass an der Probeentnahmestelle ein homogenes Gemisch vorliegt.
In diesem Bereich darf die Homogenität des Gemischs um höchstens ± 2 Prozent vom Mittelwert aus mindestens fünf gleichmäßig über den Durchmesser des Gasstroms verteilten Punkten abweichen. Der Druck in der Mischkammer darf vom Luftdruck um höchstens ± 0,25 kPa abweichen, um die Auswirkung auf die Bedingungen an den Endrohren möglichst gering zu halten und den Druckabfall in einer Konditionierungseinrichtung für die Verdünnungsluft zu begrenzen.

3.10.2.3.2 Hauptdurchsatzpumpe

Die Förderkapazität der Pumpe muss ausreichend sein, um eine Wasserkondensation zu verhindern. Dies kann im Allgemeinen dadurch sichergestellt werden, dass die CO_2-Konzentration der verdünnten Abgase im Probebeutel auf einem Wert von weniger als 3 Volumenprozent gehalten wird.

3.10.2.3.3 Volumenmessung

Das Volumenmessgerät muss eine Kalibriergenauigkeit von ± 2 Prozent unter allen Betriebsbedingungen beibehalten. Kann das Gerät Temperaturschwankungen des verdünnten Abgasgemisches am Messpunkt nicht ausgleichen, so muss ein Wärmetauscher benutzt werden, um die Temperatur auf ± 6 K der vorgesehenen Betriebstemperatur zu halten. Falls erforderlich, kann zum Schutz des Volumenmessgeräts ein Zyklon-Abscheider vorgesehen werden.
Ein Temperaturfühler ist unmittelbar vor dem Volumenmessgerät anzubringen. Das Temperaturmessgerät muss eine Genauigkeit von ± 1 K und eine Ansprechzeit von 0,1 s bei 62 Prozent einer Temperaturänderung (gemessen in Silikonöl) haben.
Druckmessungen während der Prüfung müssen eine Genauigkeit von ± 0,4 kPa aufweisen.
Die Messung des Druckes, bezogen auf den Luftdruck, ist vor und – falls erforderlich – hinter dem Durchflussmessgerät vorzunehmen.

3.10.2.3.4 Gasentnahme

3.10.2.3.4.1 Verdünntes Gas

Die Probe des verdünnten Abgases ist vor der Hauptdurchsatzpumpe, jedoch nach der Konditionierungseinrichtung (sofern vorhanden) zu entnehmen.

Der Durchfluss darf um nicht mehr als ± 2 Prozent vom Mittelwert abweichen.

Die Durchflussmenge muss mindestens 5 l/min und darf höchstens 0,2 Prozent der Durchflussmenge des verdünnten Abgases betragen.

3.10.2.3.4.2 Verdünnungsluft

Eine Probe der Verdünnungsluft ist bei konstantem Durchfluss in unmittelbarer Nähe der Umgebungsluft (nach dem Filter, wenn vorhanden) zu entnehmen.

Das Gas darf nicht durch Abgase aus der Mischzone verunreinigt werden.

Die Durchflussmenge der Verdünnungsluftprobe muss ungefähr derjenigen des verdünnten Abgases (≥ 5 l/min) entsprechen.

3.10.2.3.4.3 Entnahmeverfahren

Die bei der Entnahme verwendeten Werkstoffe müssen so beschaffen sein, dass die Konzentration der gasförmigen Luftverunreinigungen nicht verändert wird.

Es können Filter zum Abscheiden von Partikeln aus der Probe vorgesehen werden.

Mit Hilfe von Pumpen sind die Proben in die Sammelbeutel zu fördern.

Zur Gewährleistung der erforderlichen Durchflussmenge der Probe sind Durchflussregler und -messer zu verwenden.

Zwischen den Dreiweg-Ventilen und den Sammelbeuteln können gasdichte Schnellkupplungen verwendet werden, die auf der Beutelseite automatisch abschließen. Es können auch andere Verbindungen zur Weiterleitung der Proben zum Analysengerät benutzt werden (zum Beispiel Dreiweg-Absperrhähne).

Bei den verschiedenen Ventilen zur Weiterleitung der Gasproben sind Schnellschalt- und Schnellregelventile zu verwenden.

3.10.2.3.4.4 Aufbewahrung der Proben

Die Gasproben sind in ausreichend großen Probenbeuteln (ca. 150 l) aufzufangen, um die Durchflussmenge der Proben nicht zu verringern. Diese Beutel müssen aus einem Material hergestellt sein, das die Konzentration der Gasprobe innerhalb von 20 Minuten nach Ende der Probeentnahme um nicht mehr als ± 2 Prozent verändert.

3.10.2.4 Zusätzliches Entnahmegerät zur Prüfung von Fahrzeugen mit Dieselmotoren

Abweichend zur Gasentnahme bei Fahrzeugen mit Ottomotoren (Fremdzündung) befinden sich die Probenahmestellen zur Entnahme der Kohlenwasserstoff- und Partikelproben in einem Verdünnungstunnel.

Zur Verminderung von Wärmeverlusten im Abgas vom Auspuffendrohr bis zum Eintritt in den Verdünnungstunnel darf die hierfür verwendete Rohrleitung höchstens 3,6 m bzw. 6,1 m, falls thermisch isoliert, lang sein. Ihr Innendurchmesser darf höchstens 105 mm betragen.

Im Verdünnungstunnel, einem geraden aus elektrisch leitendem Material bestehenden Rohr müssen turbulente Strömungsverhältnisse herrschen (Reynoldszahlen >> 4 000), damit das verdünnte Abgas an den Entnahmestellen homogen und die Entnahme repräsentativer Gas- und Partikelproben gewährleistet ist. Der Verdünnungstunnel muss einen Durchmesser von mindestens 200 mm haben. Das System muss geerdet sein.

Das Partikel-Probenahmesystem besteht aus einer Entnahmesonde im Verdünnungstunnel, drei Filtereinheiten, bestehend aus jeweils zwei hintereinander angeordneten Filtern, auf die der Probengasstrom einer Testphase umgeschaltet werden kann.

Die Partikelentnahmesonde muss folgendermaßen beschaffen sein:

Sie muss in Nähe der Tunnelmittellinie, ungefähr zehn Tunneldurchmesser stromabwärts vom Abgaseintritt eingebaut sein und einen Innendurchmesser von mindestens 12 mm haben.

Der Abstand von der Probenahmespitze bis zum Filterhalter muss mindestens fünf Sondendurchmesser, jedoch höchstens 1 020 mm betragen.

Die Messeinheit des Probengasstroms besteht aus Pumpen, Gasmengenreglern und Durchflussmessgeräten.

Das Kohlenwasserstoff-Probenahmesystem besteht aus beheizter Entnahmesonde, -leitung, -filter, -pumpe.

Die Entnahmesonde muss im gleichen Abstand vom Abgaseintritt wie die Partikelentnahmesonde so eingebaut sein, dass eine gegenseitige Beeinflussung der Probenahmen vermieden wird. Sie muss einen Mindestinnendurchmesser von 4,5 mm haben.
Alle beheizten Teile müssen durch das Heizsystem auf einer Temperatur von 190 °C + 10 °C gehalten werden.
Ist ein Ausgleich der Durchflussschwankungen nicht möglich, so sind Wärmetauscher und ein Temperaturregler nach Nummer 2.3.3.1 erforderlich, um einen konstanten Durchfluss durch das System und somit die Proportionalität des Durchflusses der Probe sicherzustellen.

3.10.3 Beschreibung der Systeme

3.10.3.1 Entnahmesystem mit variabler Verdünnung und Verdrängerpumpe (PDP-CVS-System) (Figur 5)

3.10.3.1.1 Das Entnahmesystem mit konstantem Volumen und Verdrängerpumpe (PDP-CVS) erfüllt die in Nummer 3.4.2 aufgeführten Bedingungen, indem die durch die Pumpe fließende Gasmenge bei konstanter Temperatur und konstantem Druck ermittelt wird. Zur Messung des Gesamtvolumens wird die Zahl der Umdrehungen der kalibrierten Verdrängerpumpe gezählt. Das Probengas erhält man durch Entnahme bei konstanter Durchflussmenge mit einer Pumpe, einem Durchflussmesser und einem Durchflussregelventil.
Figur 5 zeigt das Schema eines solchen Entnahmesystems. Da gültige Ergebnisse mit unterschiedlichen Versuchsanordnungen erzielt werden können, braucht die Anlage nicht ganz genau dem Schema zu entsprechen. Es können zusätzliche Teile verwendet werden, wie zum Beispiel Instrumente, Ventile, Magnetventile und Schalter, um zusätzliche Daten zu erhalten und die Funktionen der einzelnen Teile der Anlage zu koordinieren.
Zur Sammeleinrichtung gehören:

1. Ein Filter (1) für die Verdünnungsluft, der – soweit erforderlich – vorgeheizt werden kann. Dieser Filter besteht aus einer Aktivkohleschicht zwischen zwei Lagen Papier; er dient zur Senkung und Stabilisierung der Kohlenwasserstoffkonzentration der umgebenden Emissionen in der Verdünnungsluft;
2. eine Mischkammer (2), in der Abgase und Luft homogen gemischt werden;
3. ein Wärmetauscher (3), dessen Kapazität groß genug ist, um während der gesamten Prüfdauer die Temperatur des Luft/Abgas-Gemisches, das unmittelbar vor der Verdrängerpumpe gemessen wird, innerhalb von ± 6 K der vorgesehenen Temperatur zu halten. Dieses Gerät darf den Gehalt gasförmiger Luftverunreinigungen der später für die Analyse entnommenen verdünnten Abgase nicht verändern;
4. ein Temperaturregler zum Vorheizen des Wärmetauschers vor der Prüfung und zur Einhaltung der Temperatur während der Prüfung innerhalb von 6 K der vorgesehenen Temperatur;
5. eine Verdrängerpumpe (PDP) (4) zur Weiterleitung einer konstanten Durchflussmenge des Luft/Abgas-Gemisches. Die Kapazität der Pumpe muss groß genug sein, um eine Wasserkondensation in der Anlage unter allen Bedingungen zu vermeiden, die sich bei einer Prüfung einstellen können. Dazu wird normalerweise eine Verdrängerpumpe verwendet, mit
   a) einer Kapazität, die der doppelten maximalen Abgas-Durchflussmenge entspricht, die bei den Beschleunigungsphasen der Fahrkurven erzeugt wird oder die
   b) ausreicht, um die CO_2-Konzentration der verdünnten Abgase im Entnahmebeutel unterhalb von 3 Volumenprozent zu halten;
6. ein Temperaturmessgerät (Genauigkeit ± 1 K), das unmittelbar vor der Verdrängerpumpe angebracht wird. Mit diesem Gerät muss die Temperatur des verdünnten Abgasgemisches während der Prüfung kontinuierlich überwacht werden können;
7. ein Druckmesser (12) (Genauigkeit ± 0,4 kPa), der direkt vor der Verdrängerpumpe angebracht wird und das Druckgefälle zwischen dem Gasgemisch und der Umgebungsluft aufzeichnet;

8. ein weiterer Druckmesser (12) (Genauigkeit ± 0,4 kPa), der so angebracht wird, dass die Druckdifferenz zwischen Ein- und Auslass der Pumpe aufgezeichnet wird;
9. Entnahmesonden, mit denen konstante Proben der Verdünnungsluft und des verdünnten Abgas/Luft-Gemisches entnommen werden können;
10. Filter (5) zum Abscheiden von Partikeln aus den für die Analyse entnommenen Gasen;
11. Pumpen zur Entnahme einer konstanten Durchflussmenge der Verdünnungsluft sowie des verdünnten Abgas/Luft-Gemisches während der Prüfung;
12. Durchflussregler, welche die Durchflussmenge bei der Gasentnahme während der Prüfung durch die Entnahmesonden konstant halten; diese Durchflussmenge muss so groß sein, dass am Ende der Prüfung Proben von ausreichender Größe für die Analyse (≥ 5 l/min) verfügbar sind;
13. Durchflussmesser zur Einstellung und Überwachung einer konstanten Gasprobenmenge während der Prüfung;
14. Schnellschaltventile zur Weiterleitung der konstanten Gasprobenmenge entweder in die Entnahmebeutel oder in die Atmosphäre;
15. gasdichte Schnellkupplungen zwischen den Schnellschaltventilen und den Entnahmebeuteln. Die Kupplung muss auf der Beutelseite automatisch abschließen. Es können auch andere Mittel verwendet werden, um die Probe in den Analysator zu bringen (zum Beispiel Dreiweg-Absperrhähne);
16. Beutel (9, 10) zum Auffangen der Proben verdünnter Abgase und der Verdünnungsluft während der Prüfung. Sie müssen groß genug sein, um den Gasproben-Durchfluss nicht zu verringern. Sie müssen aus einem Material hergestellt sein, das weder die Messungen selbst noch die chemische Zusammensetzung der Gasproben beeinflusst (beispielsweise Polyethen/Polyamid- oder Polyfluorkohlenstoff-Verbundfolien);
17. ein Digitalzähler zur Aufzeichnung der Zahl der Umdrehungen der Verdrängerpumpe während der Prüfung.

3.10.3.1.2 Zusätzliche Geräte für die Prüfung von Fahrzeugen mit Dieselmotoren

Für die Prüfung der Fahrzeuge mit Dieselmotor sind die in Figur 5 dargestellten Geräte zu verwenden:

Verdünnungstunnel

beheiztes Kohlenwasserstoff-Probenahmesystem

a) Entnahmesonde im Verdünnungstunnel
b) Filter
c) Entnahmeleitung
d) Mehrwegventil
e) Pumpe, Durchflussmessgeräte, Durchflussregler
f) Flammen-Ionisations-Detektor (HFID)
g) Integrations- und Aufzeichnungsgeräte für die momentanen Kohlenwasserstoffkonzentrationen
h) Schnellkupplung für die Analyse der Probe der Umgebungsluft mit dem HFID

Partikel-Probenahmesystem

i) Entnahmesonde im Verdünnungstunnel
j) Filtereinheit, bestehend aus zwei hintereinander angeordneten Filtereinheiten; Umschaltvorrichtung für weitere parallel angeordnete Filterpaare
k) Entnahmeleitung
l) Pumpen, Durchflussregler, Durchflussmessgeräte

3.10.3.2 Verdünnungssystem mit Venturi-Rohr und kritischer Strömung (CFV-CVS-System) (Figur 4)

3.10.3.2.1 Die Verwendung eines Venturi-Rohrs mit kritischer Strömung im Rahmen des Entnahmeverfahrens mit konstantem Volumen basiert auf den Grundsätzen der Strömungslehre unter den Bedingungen der kritischen Strömung. Die Durchflussmenge am Venturi-Rohr (7) wird während der gesamten Prüfung fortlaufend überwacht, berechnet und integriert.

Die Verwendung eines weiteren Probenahme-Venturi-Rohrs (4) gewährleistet die proportionale Entnahme der Gasproben. Da Druck und Temperatur am Eintritt beider Venturi-Rohre gleich sind, ist das Volumen der Gasentnahme proportional zum Gesamtvolumen des erzeugten Gemisches aus verdünnten Abgasen. Das System erfüllt somit die in diesem Anhang festgelegten Bedingungen.

Figur 4 zeigt das Schema eines solchen Entnahmesystems. Da gültige Ergebnisse mit unterschiedlichen Versuchsanordnungen erzielt werden können, braucht die Anlage nicht ganz genau dem Schema zu entsprechen. Es können zusätzliche Teile verwendet werden, wie zum Beispiel Instrumente, Ventile, Magnetventile und Schalter, um zusätzliche Daten zu erhalten und die Funktionen der einzelnen Teile der Anlage zu koordinieren.

Zur Sammeleinrichtung gehören:

1. Ein Filter (1) für die Verdünnungsluft, der – soweit erforderlich – vorbeheizt werden kann. Dieser Filter besteht aus einer Aktivkohleschicht zwischen zwei Lagen Papier; er dient zur Senkung und Stabilisierung der Kohlenwasserstoffkonzentration der umgebenden Emissionen in der Verdünnungsluft;
2. eine Mischkammer (2), in der Abgase und Luft homogen gemischt werden;
3. ein Zyklon-Abscheider (3) zum Abscheiden von Partikeln;
4. Entnahmesonden, mit denen Proben der Verdünnungsluft und der verdünnten Abgase entnommen werden können;
5. ein Entnahme-Venturi-Rohr (4) mit kritischer Strömung, mit dem anteilmäßige Proben verdünnter Abgase an der Entnahmesonde entnommen werden können;
6. Filter zum Abscheiden von Partikeln aus den für die Analyse entnommenen Gasen;
7. Pumpen zum Sammeln eines Teils der Luft und der verdünnten Abgase in den Beuteln während der Prüfung;
8. Durchflussregler, um die Durchflussmenge bei der Gasentnahme während der Prüfung durch die Entnahmesonde konstant zu halten. Diese Durchflussmenge muss so groß sein, dass am Ende der Prüfung Proben von ausreichender Größe für die Analyse verfügbar sind (55 l/min);
9. Durchflussmesser zur Einstellung und Überwachung der Durchflussmenge während der Prüfung;
10. Schnellschaltventile zur Weiterleitung der konstanten Gasprobenmenge entweder in die Entnahmebeutel oder in die Atmosphäre;
11. gasdichte Schnellkupplungen zwischen den Schnellschaltventilen und den Entnahmebeuteln. Die Kupplung muss auf der Beutelseite automatisch abschließen. Es können auch andere Mittel verwendet werden, um die Probe in den Analysator zu bringen (zum Beispiel Dreiweg-Absperrhähne);
12. Beutel (9, 10) zum Auffangen der Proben verdünnter Abgase und Verdünnungsluft während der Prüfung. Die Beutel müssen groß genug sein, um den Gasprobendurchfluss nicht zu verringern. Sie müssen aus einem Material hergestellt sein, das weder die Messungen selbst noch die chemische Zusammensetzung der Gasproben beeinflusst (zum Beispiel Polyethen/Polyamid- oder Polyfluorkohlenstoff-Verbundfolien);
13. ein Druckmesser (5) mit einer Genauigkeit von ± 0,4 kPa;
14. ein Temperaturmessgerät (6) mit einer Genauigkeit von ± 1 K und einer Ansprechzeit von 0,1 Sekunden bei 62 Prozent einer Temperaturänderung (gemessen in Silikonöl);
15. ein Venturi-Rohr mit kritischer Messströmung (7) zur Messung der Durchflussmenge der verdünnten Abgase;
16. ein Gebläse (8) mit ausreichender Leistung, um das gesamte Volumen der verdünnten Gase anzusaugen.

Das Entnahmesystem CFV-CVS muss eine ausreichend große Kapazität haben, damit eine Wasserkondensation im Gerät unter allen Bedingungen vermieden wird, die sich bei einer Prüfung einstellen können. Dazu wird normalerweise ein Gebläse verwendet mit einer Kapazität, die der doppelten der maximalen Abgasdurchflussmenge entspricht, die bei den Beschleunigungsphasen der Fahrkurve erzeugt wird oder die ausreicht, um die CO_2-Konzentration der verdünnten Abgase im Entnahmebeutel unterhalb von 3 Volumenprozent zu halten.

3.10.3.2.2 Zusätzliche Geräte für die Prüfung von Fahrzeugen mit Dieselmotor

Für die Prüfung der Fahrzeuge mit Dieselmotor sind die in Figur 5 dargestellten Geräte zu verwenden (siehe Nummer 3.10.3.1). Ist ein Ausgleich der Durchflussschwankungen nicht möglich, so sind ein Wärmetauscher (3) und ein Temperaturregler erforderlich, um einen konstanten Durchfluss durch das Probenahme-Venturi-Rohr und somit die Proportionalität des Durchflusses durch die Entnahmesonde sicherzustellen.

3.10.4 Ermittlung der Massenemissionen

Der CO-, CO_2-, NO_x- und CH-Massenausstoß während der verschiedenen Testphasen der Fahrkurven I und II wird bestimmt, indem deren mittlere volumetrische Konzentrationen der in Beuteln gesammelten verdünnten Abgase gemessen werden.
Der CH-Massenausstoß von Fahrzeugen mit Dieselmotor wird demgegenüber mit einem kontinuierlich registrierenden beheizten Flammen-Ionisations-Detektor bestimmt. Die mittlere volumetrische Konzentration wird durch Integration über die Dauer der Testphasen ermittelt (siehe Nummer 3.1.3).
Die kontinuierliche Messung der CO-, CO_2-, und NO_x-Konzentrationen des verdünnten Abgases können gleichermaßen zur Bestimmung des Massenausstoßes während der einzelnen Testphasen herangezogen werden, sofern der dabei ermittelte Massenausstoß von den in den Beuteln ermittelten Werten um nicht mehr als ± 3 Prozent abweicht.

3.11 Kalibrierverfahren für die Geräte

3.11.1 Erstellung der Kalibrierkurve des Analysators

Jeder normalerweise verwendete Messbereich muss nach Nummer 3.4.4.3 nach dem nachstehend festgelegten Verfahren kalibriert werden.
Die Kalibrierkurve wird durch mindestens fünf Kalibrierpunkte festgelegt, die in möglichst gleichem Abstand anzuordnen sind. Die Nennkonzentration des Prüfgases der höchsten Konzentration muss mindestens 80 Prozent des Skalenendwerts betragen.
Die Kalibrierkurve wird nach der Methode der „kleinsten Quadrate" berechnet. Ist der resultierende Grad des Polynoms größer als drei, so muss die Zahl der Kalibrierpunkte zumindest so groß wie der Grad dieses Polynoms plus zwei sein.
Die Kalibrierkurve darf um nicht mehr als 2 Prozent vom Nennwert eines jeden Kalibriergases abweichen.
Der Chemilumineszenz-Analysator muss in der Stellung „NO_x" kalibriert werden.
Es können auch andere Verfahren (Rechner, elektronische Messbereichsumschaltung usw.) angewendet werden, wenn dem Technischen Dienst zufriedenstellend nachgewiesen wird, dass sie eine gleichwertige Genauigkeit bieten.

3.11.1.1 Verlauf der Kalibrierung

Anhand des Verlaufs der Kalibrierkurve und der Kalibrierpunkte kann die einwandfreie Durchführung der Kalibrierung überprüft werden. Es sind die verschiedenen Kennwerte des Analysators anzugeben, insbesondere:

a) die Skaleneinteilung
b) die Empfindlichkeit
c) der Nullpunkt
d) der Zeitpunkt der Kalibrierung.

3.11.1.2 Überprüfung der Kalibrierkurve

Jeder normalerweise verwendete Messbereich muss vor jeder Analyse wie folgt überprüft werden:
Die Kalibrierung wird mit einem Nullgas und einem Prüfgas überprüft, dessen Nennwert in etwa der verdünnten Abgaszusammensetzung entspricht.
Beträgt für die beiden betreffenden Punkte die Differenz zwischen dem theoretischen Wert und dem bei der Überprüfung erzielten Wert nicht mehr als ± 5 Prozent des

Skalenwerts, so dürfen die Einstellkennwerte neu justiert werden. Andernfalls muss eine neue Kalibrierkurve nach Nummer 3.11.1 erstellt werden.

Nach der Überprüfung werden das Nullgas und das gleiche Prüfgas für eine erneute Überprüfung verwendet. Die Analyse ist gültig, wenn die Differenz zwischen beiden Messungen weniger als 2 Prozent beträgt.

3.11.2 Überprüfung der Wirksamkeit des NO_x-Konverters

Es ist die Wirksamkeit des Konverters für die Umwandlung von NO_2 in NO zu überprüfen.

Diese Überprüfung kann mit einem Ozonisator entsprechend dem Prüfungsaufbau nach Figur 6 und dem nachstehend beschriebenen Verfahren durchgeführt werden.

Der Analysator wird in dem am häufigsten verwendeten Messbereich nach den Anweisungen des Herstellers mit dem Nullgas und Kalibriergas (letzteres muss einen NO-Gehalt aufweisen, der etwa 80 Prozent des Skalenendwerts entspricht, die NO_2-Konzentration im Gasgemisch darf nicht mehr als 5 Prozent der NO-Konzentration betragen) kalibriert. Der NO_x-Analysator muss auf NO-Betrieb eingestellt werden, so dass das Kalibriergas nicht in den Konverter gelangt. Die angezeigte Konzentration ist aufzuzeichnen.

Durch ein T-Verbindungsstück wird dem Gasstrom kontinuierlich Sauerstoff oder synthetische Luft zugeführt, bis die angezeigte Konzentration etwa 10 Prozent geringer ist als die angezeigte Kalibrierkonzentration.

Figur 6

Schaltschema für NO_2-NO-Konverterprüfung

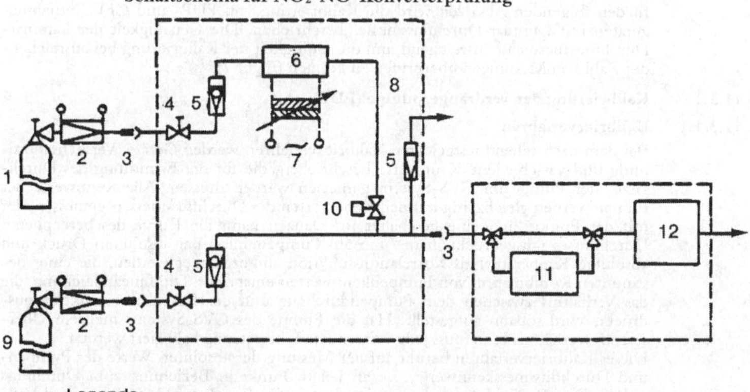

Legende:

1: Sauerstoff/Luft-Vorrat
2: Flaschendruckminderer
3: Schnellkupplung
4: Regelventil
5: Strömungsmesser
6: Ozonisator
7: Regelbare Spannungsquelle
8: Bypass
9: NO-Prüfgas
10: Magnetventil
11: NO_2/NO-Konverter
12: Chemilumineszenzdetektor

Die angezeigte Konzentration (c) ist aufzuzeichnen. Während dieses ganzen Vorgangs muss der Ozonisator ausgeschaltet sein.

Anschließend wird der Ozonisator eingeschaltet und so eingeregelt, dass die angezeigte NO-Konzentration auf 20 Prozent (Minimum 10 Prozent) der angegebenen Kalibrierkonzentration sinkt. Die angezeigte Konzentration (d) ist aufzuzeichnen.

Der Analysator wird dann auf den Betriebszustand NO_x geschaltet, und das Gasgemisch, bestehend aus NO, NO_2, O_2 und N_2, strömt nur durch den Konverter. Die angezeigte Konzentration (a) ist aufzuzeichnen.
Danach wird der Ozonisator ausgeschaltet. Das Gasgemisch strömt durch den Konverter in den Messteil. Die angezeigte Konzentration (b) ist aufzuzeichnen.
Bei noch immer ausgeschaltetem Ozonisator wird auch die Zufuhr von Sauerstoff und synthetischer Luft unterbrochen. Der vom Analysator angezeigte NO_x-Wert darf dann den Kalibrierwert um nicht mehr als 5 Prozent übersteigen.
Der Wirkungsgrad (Z) des NO_2-Konverters wird wie folgt berechnet:

$$\eta(\%) = 1 + \frac{a-b}{c-d} \cdot 100$$

Der so erhaltene Wert darf nicht kleiner als 95 Prozent sein. Der Wirkungsgrad ist mindestens einmal pro Woche zu überprüfen.

3.11.3 Kalibrierung des Entnahmesystems mit konstantem Volumen (CVS-System)

Das CVS-System wird mit einem Präzisions-Durchflussmesser und einem Durchflussregler kalibriert. Der Durchfluss im System wird bei verschiedenen Druckwerten gemessen, ebenso werden die Regelkennwerte des Systems ermittelt; danach wird das Verhältnis zwischen letzteren und den Durchflüssen ermittelt.
Es können mehrere Typen von Durchflussmessern verwendet werden (zum Beispiel kalibriertes Venturi-Rohr, Laminar-Durchflussmesser, kalibrierter Flügelrad-Durchflussmesser), vorausgesetzt, es handelt sich um ein dynamisches Messgerät, und die Vorschriften nach Nummer 3.11.3.1 werden erfüllt.
In den folgenden Absätzen wird die Kalibrierung von PDP- und CFV-Entnahmegeräten mit Laminar-Durchflussmesser beschrieben. Die Genauigkeit der Laminar-Durchflussmesser ist ausreichend, um die Gültigkeit der Kalibrierung bei ausreichender Zahl von Messungen überprüfen zu können (Figur 7).

3.11.3.1 Kalibrierung der Verdrängerpumpe (PDP)

3.11.3.1.1 Kalibrierverfahren

Bei dem nachstehend festgelegten Kalibrierverfahren werden Geräte, Versuchsanordnung und verschiedene Kennwerte beschrieben, die für die Ermittlung des Durchsatzes der Pumpe im CVS-System gemessen werden müssen. Alle Kennwerte der Pumpe werden gleichzeitig mit den Kennwerten des Durchflussmessers gemessen, der mit der Pumpe in Reihe geschaltet ist. Danach kann die Kurve des berechneten Durchflusses (ausgedrückt in m^3/min am Pumpeneinlass bei absolutem Druck und absoluter Temperatur) als Korrelationsfunktion aufgezeichnet werden, die einer bestimmten Kombination von Pumpenkennwerten entspricht. Die Lineargleichung, die das Verhältnis zwischen dem Pumpendurchsatz und der Korrelationsfunktion ausdrückt, wird sodann aufgestellt. Hat die Pumpe des CVS-Systems mehrere Übersetzungsverhältnisse, so muss jede verwendete Übersetzung kalibriert werden.
Dieses Kalibrierverfahren beruht auf der Messung der absoluten Werte der Pumpen- und Durchflussmesskennwerte, die an jedem Punkt in Beziehung zum Durchfluss stehen. Drei Bedingungen müssen eingehalten werden, damit Genauigkeit und Vollständigkeit der Kalibrierkurve garantiert sind:

a) Die Pumpendrücke müssen an den Anschlussstellen der Pumpe selbst gemessen werden und nicht an den äußeren Rohrleitungen, die am Pumpenein- und -auslass angeschlossen sind. Die Druckanschlüsse am oberen und unteren Punkt der vorderen Antriebsplatte sind den tatsächlichen Drücken ausgesetzt, die im Pumpeninnenraum vorhanden sind und so die absoluten Druckdifferenzen widerspiegeln;
b) während des Kalibrierens muss eine konstante Temperatur aufrechterhalten werden. Der Laminar-Durchflussmesser ist gegen Schwankungen der Einlasstemperatur empfindlich, die eine Streuung der gemessenen Werte verursachen. Temperaturschwankungen von ± 1 K sind zulässig, sofern sie allmählich innerhalb eines Zeitraums von mehreren Minuten auftreten;
c) alle Anschlussrohrleitungen zwischen dem Durchflussmesser und der CVS-Pumpe müssen dicht sein.

Bei der Prüfung zur Bestimmung der Abgasemissionen kann durch Messung dieser Pumpenkennwerte der Durchfluss aus der Kalibriergleichung berechnet werden.

Figur 7
Schematische Darstellung einer Kalibriervorrichtung für CVS-Geräte

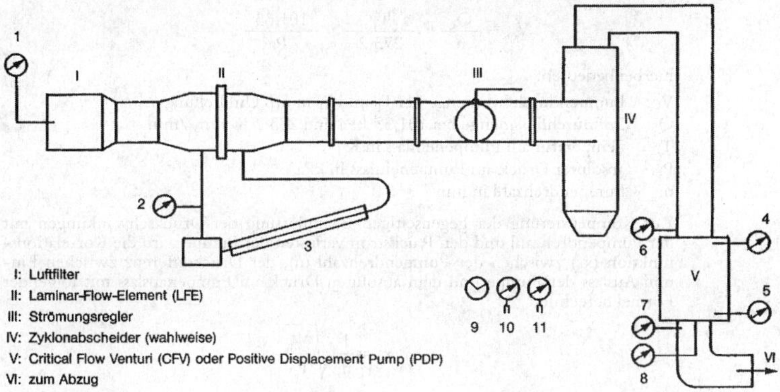

1: Thermometer „ETI"
2: Manometer „EPI"
3: Mikromanometer „EDP"
4: Thermometer „PTI"
5: Thermometer „PIO"
6: Manometer „PPI"
7: Manometer „PPO"
8: Umdrehungszähler
9: Zeitnahme
10: Barometer „P_B"
11: Thermometer „T"

Figur 7 zeigt ein Beispiel für eine Kalibriervorrichtung. Änderungen sind zulässig, sofern sie vom Technischen Dienst als gleichwertig anerkannt werden. Bei Verwendung der in Figur 7 beschriebenen Einrichtung müssen folgende Daten den angegebenen Genauigkeitstoleranzen genügen:

Luftdruck (korrigiert) (P_B)	± 0,03	kPa
Umgebungstemperatur (T)	± 0,3	K
Lufttemperatur am LFE-Eintritt (ETI)	± 0,15	K
Unterdruck vor LFE (EPI)	± 0,01	kPa
Druckabfall durch LFE-Düse (EDP)	± 0,001	kPa
Lufttemperatur am Einlass der PDP-CVS-Pumpe (PTI)	± 0,3	K
Lufttemperatur am Auslass der PDP-CVS-Pumpe (PTO)	± 0,3	K
Unterdruck am Einlass der CVS-Pumpe (PPI)	± 0,022	kPa
Druckhöhe am Auslass der CVS-Pumpe (PPO)	± 0,022	kPa
Pumpendrehzahl während der Prüfung (n)	± 1	Umdrehung
Dauer der Prüfung (t) (bei mind. 120 s)	± 0,05	s

Ist der Aufbau nach Figur 7 durchgeführt, so ist das Durchflussregelventil voll zu öffnen. Die PDP-CVS-Pumpe muss 20 Minuten in Betrieb sein, bevor die Kalibrierung beginnt.
Das Durchflussregelventil wird teilweise geschlossen, damit der Unterdruck am Pumpeneinlass höher wird (ca. 1 kPa) und auf diese Weise mindestens eine Zahl von sechs Messpunkten für die gesamte Kalibrierung verfügbar ist. Das System muss sich innerhalb von drei Minuten stabilisieren, danach sind die Messungen zu wiederholen.

3.11.3.1.2 Analyse der Ergebnisse

Die Luftdurchflussmenge Q_s an jedem Prüfpunkt wird nach den Angaben des Herstellers aus den Messwerten des Durchflussmessers in m^3/min ermittelt (Normalbedingungen).

Die Luftdurchflussmenge wird dann auf den Pumpendurchsatz V_o in m^3 je Umdrehung bei absoluter Temperatur und absolutem Druck am Pumpeneinlass umgerechnet.

$$V_O = \frac{Q_S}{n} \cdot \frac{T_P}{273,2} \cdot \frac{101,33}{P_P}$$

hierbei bedeuten:

V_O: Pumpendurchflussmenge bei T_P und P_P in m^3/Umdrehung
Q_S: Luftdurchflussmenge bei 101,33 kPa und 273,2 K in m^3/min
T_P: Temperatur am Pumpeneinlass in K
P_P: absoluter Druck am Pumpeneinlass in kPa
n: Pumpendrehzahl in min^{-1}

Zur Kompensierung der gegenseitigen Beeinflussung der Druckschwankungen mit der Pumpendrehzahl und den Rückströmverlusten der Pumpe wird die Korrelationsfunktion (x_o) zwischen der Pumpendrehzahl (n), der Druckdifferenz zwischen Ein- und Auslass der Pumpe und dem absoluten Druck am Pumpenauslass mit folgender Formel berechnet:

$$x_o = \frac{1}{n} \cdot \sqrt{\frac{\Delta P_p}{P_e}}$$

hierbei bedeuten:

x_O: Korrelationsfunktion
ΔP_P: Druckdifferenz zwischen Pumpeneinlass und Pumpenauslass (kPa)
P_e: absoluter Druck am Pumpenauslass (PPO + P_B) (kPa)

Mit der Methode der kleinsten Quadrate wird eine lineare Angleichung vorgenommen, um nachstehende Kalibriergleichungen zu erhalten
$V_O = D_O - M\ (x_o)$
$n = A - B\ (\Delta P_p)$
D_O, M, A und B sind Konstanten für die Steigung der Geraden und für die Achsabschnitte (Ordinaten).
Hat das CVS-System mehrere Übersetzungen, so muss für jede Übersetzung eine Kalibrierung vorgenommen werden. Die für diese Übersetzung erzielten Kalibrierkurven müssen in etwa parallel sein, und die Ordinatenwerte D_o müssen größer werden, wenn der Durchsatzbereich der Pumpe kleiner wird. Bei sorgfältiger Kalibrierung müssen die mit Hilfe der Gleichung berechneten Werte innerhalb von ± 0,5 Prozent des gemessenen Werts V_o liegen. Die Werte M sollten je nach Pumpe verschieden sein. Die Kalibrierung muss bei Inbetriebnahme der Pumpe und nach jeder größeren Wartung vorgenommen werden.

3.11.3.2 Kalibrierung des Venturi-Rohrs mit kritischer Strömung (CFV)

Bei der Kalibrierung des CFV-Venturi-Rohrs bezieht man sich auf die Durchflussgleichung für ein Venturi-Rohr mit kritischer Strömung:

$$Q_S = \frac{K_v \cdot P}{\sqrt{T}}$$

dabei bedeuten:

Q_s: Durchflussmenge
K_v: Kalibrierkoeffizient
P: absoluter Druck in kPa
T: absolute Temperatur in K

Die Gasdurchflussmenge ist eine Funktion des Eintrittsdrucks und der Eintrittstemperatur.
Das nachstehend beschriebene Kalibrierverfahren ermittelt den Wert des Kalibrierkoeffizienten bei gemessenen Werten für Druck, Temperatur und Luftdurchsatz.
Bei der Kalibrierung der elektronischen Geräte des CFV-Venturi-Rohrs ist das vom Hersteller empfohlene Verfahren anzuwenden.
Bei den Messungen für die Kalibrierung des Durchflusses des Venturi-Rohrs mit kritischer Strömung müssen die nachstehend genannten Parameter den angegebenen Genauigkeitstoleranzen genügen:

Luftdruck (korrigiert) (P_B)	± 0,03	kPa
Lufttemperatur am LFE-Eintritt (ETI)	± 0,15	K
Unterdruck von LFE (EPI)	± 0,01	kPa
Druckabfall durch LFE-Düse (EDP)	± 0,001	kPa
Luftdurchflussmenge (Q_s)	± 0,5	%
Unterdruck am CFV-Eintritt (PPI)	± 0,02	kPa
Temperatur am Venturi-Rohr-Eintritt (T_v)	± 0,2	K

Die Geräte sind entsprechend Figur 7 aufzubauen und auf Dichtheit zu überprüfen. Jede undichte Stelle zwischen Durchflussmessgerät und Venturi-Rohr mit kritischer Strömung würde die Genauigkeit der Kalibrierung stark beeinträchtigen.
Das Durchflussregelventil ist voll zu öffnen, das Gebläse ist einzuschalten und das System muss stabilisiert werden. Es sind die von allen Geräten angezeigten Werte aufzuzeichnen.
Die Einstellung des Durchflussregelventils ist zu verändern, und es sind mindestens acht Messungen im kritischen Durchflussbereich des Venturi-Rohrs durchzuführen:
Die bei der Kalibrierung aufgezeichneten Messwerte sind für die nachstehenden Berechnungen zu verwenden. Die Luftdurchflussmenge Q_s an jedem Messpunkt ist aus den Messwerten des Durchflussmessers nach dem vom Hersteller angegebenen Verfahren zu bestimmen.
Es sind die Werte des Kalibrierkoeffizienten K_v für jeden Messpunkt zu berechnen:

$$K_V = \frac{Q_S \cdot \sqrt{T_V}}{P_V}$$

dabei bedeuten:

Q_s: Durchflussmenge in m^3/min bei 273,2 K und 101,33 kPa
T_v: Temperatur am Eintritt des Venturi-Rohrs in K
P_v: absoluter Druck am Eintritt des Venturi-Rohrs in kPa

Es ist eine Kurve K_v in Abhängigkeit vom Druck am Eintritt des Venturi-Rohrs aufzunehmen. Bei Schallgeschwindigkeit ist K_v fast konstant. Fällt der Druck (das heißt bei wachsendem Unterdruck), nimmt K_v oberhalb eines bestimmten Eingangs-Unterdrucks ab. Die hieraus resultierenden Veränderungen von K_v sind nicht zu berücksichtigen. Bei einer Mindestanzahl von acht Messpunkten im kritischen Bereich sind der Mittelwert von K_v und die Standardabweichung zu berechnen. Beträgt die Standardabweichung des Mittelwerts von K_v mehr als 0,3 Prozent, so müssen Korrekturmaßnahmen getroffen werden.

3.11.4 Überprüfung des Gesamtsystems

Zur Überprüfung der Übereinstimmung mit den Vorschriften der Nummer 3 wird die Gesamtgenauigkeit des CVS-Entnahmesystems und der Analysengeräte ermittelt, indem eine bekannte Menge eines luftverunreinigenden Gases in das System eingeführt wird, wenn dieses wie für eine normale Prüfung in Betrieb ist; danach wird die Analyse durchgeführt und die Masse der Schadstoffe nach den Formeln der Anlage berechnet, wobei jedoch als Propandichte der Wert von 1,967 kg/m^3 unter Normalbedingungen zugrunde gelegt wird. Nachstehend werden zwei ausreichend genaue Verfahren beschrieben.

3.11.4.1 Die Messung eines konstanten Durchflusses eines reinen Gases (CO oder C_3H_8) ist mit einer Messblende für kritische Strömung durchzuführen.
Durch eine kalibrierte Messblende für kritische Strömung wird eine bekannte Menge reinen Gases (CO oder C_3H_8) in das CVS-System eingeführt. Ist der Eintrittsdruck groß genug, so ist die von der Messblende eingestellte Durchflussmenge unabhängig vom Austrittsdruck der Messblende (Bedingungen für kritische Strömung). Übersteigen die festgestellten Abweichungen 5 Prozent, so ist die Ursache festzustellen und zu beseitigen. Das CVS-System wird wie für eine Prüfung der Abgasemissionen fünf bis zehn Minuten lang betrieben. Die in einem Beutel aufgefangenen Gase werden mit einem normalen Gerät analysiert und die erzielten Ergebnisse mit der bereits bekannten Konzentration der Gasproben verglichen.

3.11.4.2 Überprüfung des CVS-Systems durch gravimetrische Bestimmung eines reinen Gases (CO oder C_3H_8).
Die Überprüfung des CVS-Systems mit dem gravimetrischen Verfahren ist wie folgt durchzuführen:
Es ist eine kleine mit Kohlenmonoxid oder Propan gefüllte Flasche zu verwenden, deren Masse auf ± 0,01 g zu ermitteln ist. Danach wird das CVS-System fünf bis zehn Minuten lang wie für eine normale Prüfung zur Bestimmung der Abgasemissionen betrieben, wobei CO oder Propan in das System eingeführt wird. Die eingeführte Menge reinen Gases wird durch Messung der Massendifferenz der Flasche ermittelt. Danach werden die in einem normalerweise für die Abgasanalyse verwendeten Beutel aufgefangenen Gase analysiert. Die Ergebnisse werden sodann mit den zuvor berechneten Konzentrationswerten verglichen.

3.12 Kalibrierung der Messkammer und Berechnung der Verdunstungsemissionen

3.12.1 Kalibrierung der gasdichten Kammer zur Ermittlung der Verdunstungsemissionen

Der Vorgang der Kalibrierung besteht aus drei Abschnitten:

a) Bestimmung des Kammervolumens
b) Bestimmung der Hintergrundkonzentrationen in der Kammer
c) Prüfung der Kammer auf Dichtheit

3.12.1.1 Bestimmung des Kammervolumens

Vor der Inbetriebnahme muss das Kammervolumen wie folgt bestimmt werden:

a) Sorgfältiges Ausmessen der inneren Länge, Weite und Höhe der Kammer (unter Beachtung der Unregelmäßigkeiten) zur Berechnung des inneren Volumens.
b) Überprüfung des Kammervolumens nach Nummer 3.12.1.3. Falls die daraus berechnete Propanmasse nicht mit der Genauigkeit von mindestens 2 Prozent mit der zudosierten Masse übereinstimmt, ist das Kammervolumen zu korrigieren.

3.12.1.2 Bestimmung der Hintergrundkonzentration in der Kammer

Vor der Inbetriebnahme und danach mindestens einmal jährlich sowie nach jeder Maßnahme, die die Stabilität der Hintergrundkonzentration beeinflussen könnte, ist wie folgt zu verfahren:
Die CH-Messungen sind mit dem in Nummer 3 spezifizierten FID durchzuführen.
Durchlüften der Kammer mit Umgebungsluft, bis sich eine konstante CH-Konzentration eingestellt hat.
Inbetriebnahme der (des) für die Durchmischung des Kammervolumens erforderlichen Gebläse(s).
Verschließen der Kammer. Messung und Aufzeichnung der Temperatur, des Drucks und der CH-Konzentration in der Kammer. Dies sind die Ausgangswerte für die Berechnung der Hintergrundkonzentration.
Der Kammerinhalt soll vier Stunden fortlaufend ohne Entnahme eines Probengasstroms durchmischt werden.
Wiederholung der Messungen. Dies sind die Endwerte für die Berechnung der Hintergrundkonzentration der Messkammer.
Die Differenz beider Werte muss kleiner als 0,4 g sein. Liegen die Werte darüber, müssen die Störeinflüsse beseitigt werden.

3.12.1.3 Prüfung der Kammer auf Dichtheit

Vor der Inbetriebnahme der Kammer und danach mindestens einmal monatlich muss die Kammer wie folgt auf Dichtheit überprüft werden:

Durchlüften der Kammer mit Umgebungsluft, bis sich eine konstante CH-Konzentration in der Kammer eingestellt hat.

Inbetriebnahme der (des) für die Durchmischung des Kammervolumens vorgesehenen Gebläse(s).

Verschließen der Kammer, Messung und Aufzeichnung der Werte für die Temperatur, den Druck und die CH-Konzentration in der Kammer. Dies sind die Eingangswerte für die Rechnung zur Kammerkalibrierung.

Einbringen einer auf mindestens 0,5 Prozent genau bestimmten Menge reinen Propans. Die Propanmenge kann durch Volumenstrommessung oder durch Wägung ermittelt werden.

Nach mindestens fünf Minuten Durchmischung werden CH-Konzentration, Temperatur und Druck in der Kammer gemessen und aufgezeichnet. Dies sind die Endwerte für die Rechnung zur Kammerkalibrierung und gleichzeitig die Ausgangswerte für die Rechnungen zur Prüfung der Dichtheit der Kammer.

Der Kammerinhalt soll vier Stunden ohne Entnahme eines Probengasstroms durchmischt werden.

Messung und Aufzeichnung der Werte für die Temperatur, den Druck und die CH-Konzentration in der Kammer. Dies sind die Endwerte für die Rechnung zur Prüfung der Dichtheit der Kammer.

Die berechnete Endmenge darf um nicht mehr als 4 Prozent von der berechneten Anfangsmenge abweichen.

3.12.2 Berechnung der Verdunstungsemissionen

3.12.2.1 Kalibrierung

Mit dem in Nummer 3.12.1 beschriebenen Verfahren lässt sich die zeitliche Änderung der Kohlenwasserstoffmenge in der Prüfkammer wie folgt berechnen:

$$M_{CH} = 17{,}6 \cdot V \cdot 10^{-4} \left(\frac{C_{CHf} \cdot P_f}{T_F} - \frac{C_{CHi} \cdot P_i}{T_i} \right)$$

dabei bedeuten:

M_{CH}: zeitliche Änderung der Kohlenwasserstoffmenge in der Prüfkammer in g

C_{CH}: gemessene Kohlenwasserstoffkonzentration in der Prüfkammer in ppm C_1-Äquivalente

i: Eingangswert

f: Endwert

P: Druck in kPa

T: Temperatur in der Kammer in K

V: Kammervolumen in m³

3.12.2.2 Berechnung der Verdunstungsemissionen nach Nummer 3.6

Die in den Nummern 3.6.2.2 und 3.6.2.4 beschriebene Prüfung der Tankatmungsverluste und der Verdunstungsemissionen beim Heißabstellen ermittelt die emittierte Kohlenwasserstoffmenge mithilfe folgender Gleichung:

$$M_{CH} = k \cdot V \cdot 10^{-4} \left(\frac{C_{CHf} \cdot P_1}{T_F} - \frac{C_{CHi} \cdot P_i}{T_i} \right)$$

dabei bedeuten:

M_{CH}: zeitliche Änderung der Kohlenwasserstoffmenge in der Prüfkammer in g
C_{CH}: gemessene Kohlenwasserstoffkonzentration in der Prüfkammer in ppm C_1-Äquivalente
V: Kammervolumen abzüglich des Fahrzeugvolumens (geöffnete Fenster, geöffneter Kofferraum). Wurde das Fahrzeugvolumen nicht bestimmt, ist ein Volumen 1,42 m^3 zu verwenden.
k: 1,2 (12 + H/C)
H/C-Verhältnis der Kohlenwasserstoffe für Tankatmungsverluste = 2,33
H/C-Verhältnis der Kohlenwasserstoffe für Heißabstellphase = 2,20

Die gesamte Verdunstungsemission in g/Test ergibt sich durch Addition der

a) Tankatmungsverluste
b) Emissionen während der Heißabstellphase
c) Emissionen während des Fahrzeugbetriebs.

3.13 Berechnung der emittierten Mengen gas- und partikelförmiger Luftverunreinigungen

3.13.1 Allgemeines

Die während der Prüfung in der Fahrkurve I emittierten Massen gasförmiger und fester luftverunreinigender Stoffe werden mit nachstehender Gleichung berechnet:

$$M_i = 0{,}43 \frac{m_{iCT} + m_{iS}}{S_{CT} + S_S} + 0{,}57 \frac{m_{iHT} + m_{iS}}{S_{CT} + S_S}$$

dabei bedeuten:

M_i: während der Fahrkurve I emittierte Menge der Komponente i in g/km
m_{iCT}: während der Fahrkurve I in der Phase 1 emittierte Menge der Komponente i in g
m_{iHT}: während der Fahrkurve I in der Phase 3 emittierte Menge der Komponente i in g
m_{iS}: während der Fahrkurve I in der Phase 2 emittierte Menge der Komponente i in g
S_{CT}: während der Fahrkurve I gemessene Fahrstrecke der Phase 1 in km
S_{HT}: während der Fahrkurve I gemessene Fahrstrecke der Phase 3 in km
S_S: während der Fahrkurve I gemessene Fahrstrecke der Phase 2 (Stabilisierungsphase) in km

Die während der Prüfung in der Fahrkurve II emittierten Massen gasförmiger Luftverunreinigungen werden mit nachstehender Gleichung berechnet:

$$M_i = \frac{m_{iHW}}{S_{HW}}$$

dabei bedeuten:

M_i: während der Fahrkurve II emittierte Menge der Komponente i in g/km
m_{iHW}: während der Fahrkurve II emittierte Menge der Komponente i in g
S_{HW}: während der Fahrkurve II gemessene Fahrstrecke in km

Die in den einzelnen Testphasen emittierten Massen luftverunreinigender Gase werden nach folgender Gleichung berechnet:

$$m_i = V_{verd} \cdot \rho_i C_i \cdot 10^{-6} \cdot k_H$$

dabei bedeuten:

m_i: emittierte Menge der gasförmigen Luftverunreinigung i in g/Testphase
V_{verd}: Volumen der verdünnten Abgase korrigiert auf Normalbedingungen (273,2 K, 101,33 kPa) in l/Testphase
ρ_i: rel. Dichte der gasförmigen Luftverunreinigung unter Normalbedingungen (273,2 K, 101,33 kPa)

k_H: Feuchtigkeitskorrekturfaktor für die Berechnung der emittierten Stickoxidmengen (bei CH und CO keine Feuchtekorrektur zulässig)

C_i: Konzentration der gasförmigen Luftverunreinigung in den verdünnten Abgasen, ausgedrückt in ppm und korrigiert mit deren Konzentration in der Verdünnungsluft.

3.13.2 **Volumenbestimmungen**

3.13.2.1 Berechnung des Volumens bei einem Entnahmesystem mit Venturi-Rohr zur Messung des konstanten Durchflusses.

Es sind Kennwerte, mit denen das Volumen des Durchflusses ermittelt werden kann, kontinuierlich aufzuzeichnen, das Gesamtvolumen während der Prüfdauer ist daraus zu berechnen.

3.13.2.2 Berechnungen des Volumens bei einem Entnahmesystem mit Verdrängerpumpe. Das bei den Entnahmesystemen mit Verdrängerpumpe gemessene Volumen der verdünnten Abgase ist mit folgender Formel zu berechnen:

$$V = V_o \cdot N$$

hierbei bedeuten:

V: Volumen der verdünnten Abgase (vor der Korrektur) in l/Testphase

V_o: von der Verdrängerpumpe gefördertes Gasvolumen unter Prüfbedingungen in l/Umdrehung

N: Zahl der Umdrehungen der Pumpe während der Prüfung

3.13.2.3 Korrektur des Volumens der verdünnten Abgase auf Normalbedingungen. Das Volumen der verdünnten Abgase wird durch folgende Formel auf Normalbedingungen korrigiert:

$$V_{mix} = V \cdot K_1 \cdot \frac{P_B - P_1}{T_p}$$

hierbei bedeuten:

$$K_1 = \frac{273{,}2\ K}{101{,}33\ kPa} = 2{,}6961\ (K \cdot kPa^{-1})$$

P_B: Luftdruck im Prüfraum in kPa

P_1: Druckdifferenz zwischen dem Unterdruck am Einlass der Verdrängerpumpe und dem Umgebungsdruck in kPa

T_p: Mittlere Temperatur in K der verdünnten Abgase beim Eintritt in die Verdrängerpumpe während der Prüfung.

3.13.3 **Berechnung der korrigierten Konzentration luftverunreinigender Gase im Auffangbeutel**

$$C_i = C_e - C_d\left(1 - \frac{1}{DF}\right)$$

hierbei bedeuten:

C_i: Konzentration des luftverunreinigenden Gases i in den verdünnten Abgasen, ausgedrückt in ppm und korrigiert mit dessen Konzentration in der Verdünnungsluft

C_e: Gemessene Konzentration des luftverunreinigenden Gases i in den verdünnten Abgasen, ausgedrückt in ppm

C_d: Gemessene Konzentration des luftverunreinigenden Gases i in der Verdünnungsluft, ausgedrückt in ppm

DF: Verdünnungsfaktor

Der Verdünnungsfaktor wird wie folgt berechnet:

$$DF = \frac{13{,}4}{C_{CO_2} + (C_{CH} + C_{CO}) \cdot 10^{-4}}$$

hierbei bedeuten:

C_{CO2}: CO_2-Konzentration in den verdünnten Abgasen im Auffangbeutel, ausgedrückt in Volumprozent

C_{CH}: CH-Konzentration in den verdünnten Abgasen im Auffangbeutel, ausgedrückt in ppm Kohlenstoffäquivalent

C_{CO}: CO-Konzentration in den verdünnten Abgasen im Auffangbeutel, ausgedrückt in ppm.

3.13.4 Berechnung des Feuchtekorrekturfaktors für NO

Um die Auswirkungen der Feuchte auf die für die Stickoxide erzielten Ergebnisse zu korrigieren, ist folgende Formel anzuwenden:

$$k_H = \frac{1}{1 - 0{,}0329\ (H - 10{,}71)}$$

wobei

$$H = \frac{6{,}211 \cdot R_a \cdot P_d}{P_B - (P_d \cdot R_a) \cdot 10^{-2}}$$

In diesen Formeln bedeuten:

H: Absolute Feuchte, ausgedrückt in Gramm Wasser pro Kilogramm trockener Luft

R_a: Relative Feuchte der Umgebungsluft, ausgedrückt in Prozent

P_d: Sättigungsdampfdruck bei Umgebungstemperatur, ausgedrückt in kPa

P_B: Luftdruck im Prüfraum, ausgedrückt in kPa.

3.13.5 Bestimmung der mittleren CH-Konzentration bei Selbstzündungsmotoren

Zur Bestimmung der Masse der CH-Emissionen für Dieselmotoren wird die mittlere CH-Konzentration mit Hilfe folgender Formel berechnet:

$$C_e = \frac{\int_{t_1}^{t_2} C_{CH} \cdot dt}{t_2 - t_1}$$

hierbei bedeuten:

$\int_{t_1}^{t_2} C_{CH} \cdot dt$ Integral der vom beheizten HFID-Analysator während der Prüfzeit $(t_2 - t_1)$ aufgezeichneten Werte

C_e: CH-Konzentration, gemessen in den verdünnten Abgasen in ppm

C_e: ersetzt direkt C_{CH} in allen entsprechenden Gleichungen

4 Ermittlung des Verschlechterungsfaktors und des Verschlechterungswerts

4.1 Allgemeines

Die Verschlechterungsfaktoren für die Abgasemissionen und der Verschlechterungswert für die Verdunstungsemissionen werden in einem Dauerlauf über 80 000 km ermittelt. Der Dauerlauf, der für die normalen Fahrbedingungen repräsentativ sein soll, ist nach einem definierten Fahrprogramm auf der Straße oder auf einem den normalen Witterungsbedingungen ausgesetzten Fahrleistungsprüfstand durchzuführen.

Zum Nachweis, dass die emissionsmindernden und -relevanten Bauteile der Prüffahrzeuge ihre Funktion zur Einhaltung der Abgas- und Verdunstungsemissionsgrenzwerte über die Lebensdauer der Fahrzeuge beibehalten, kann auf Antrag des Herstellers im Einvernehmen mit dem Technischen Dienst statt des nachfolgend definierten Dauerlaufs ein anderes gleichwertiges Testverfahren zugelassen werden.[1)]

4.2 Durchführung der Dauerlaufprüfung

4.2.1 Auswahl der Dauerlauffahrzeuge

Für den Dauerlauftest ist ein Fahrzeug des Fahrzeugtyps auszuwählen. Für den Fall der Ausdehnung der Betriebserlaubnis auf weitere Fahrzeugtypen ist ein Fahrzeug desjenigen Fahrzeugtyps auszuwählen, das nach Angaben des Herstellers die höchsten Zulassungs-/Verkaufszahlen erwarten lässt.

Hält die Genehmigungsbehörde diesen Fahrzeugtyp nicht für repräsentativ, so kann sie ein weiteres Prüffahrzeug bestimmen.

Bevor der Hersteller mit der Dauerlaufprüfung beginnt, muss die Genehmigungsbehörde der Wahl der Prüffahrzeuge zustimmen. Der Antrag ist mit den Angaben über das Prüffahrzeug zu versehen.

4.2.2 Zugang während der Prüfung

Der Genehmigungsbehörde ist während des Dauerlaufs jederzeit Zugang zu dem Prüfgebäude bzw. Prüfgelände zu gewähren. Außerdem sind der Genehmigungsbehörde auf Verlangen alle Prüfungsunterlagen jederzeit vorzulegen.

4.2.3 Fahrbetrieb und Prüfungen

Der Fahrbetrieb wird auf einem im Freien liegenden Fahrleistungsprüfstand durchgeführt, der nach den Anforderungen für die Abgasprüfungen eingestellt ist. Dabei ist das Fahrprogramm nach Nummer 4.2.3.1 zu absolvieren.

Mit Erlaubnis der Genehmigungsbehörde kann der Fahrbetrieb auch auf einer festgelegten Rundstrecke durchgeführt werden.

4.2.3.1 Fahrprogramm

Das Fahrprogramm besteht aus elf Zyklen zu je 6 km (Figur 8).

Während der ersten neun Zyklen muss innerhalb des Zyklus viermal angehalten werden, mit einem Leerlaufbetrieb von jeweils 15 Sekunden. Es ist normal zu beschleunigen und zu verzögern. Zudem ist innerhalb jedes Zyklus fünfmal zu verzögern – von der Zyklusgeschwindigkeit auf 32 km/h – und wieder leicht zu beschleunigen bis auf die Zyklusgeschwindigkeit. Der zehnte Zyklus wird mit einer konstanten Geschwindigkeit von 89 km/h gefahren. Der elfte Zyklus beginnt mit einer Beschleunigung mit Vollgas aus dem Stillstand auf 113 km/h. Auf halber Strecke erfolgt eine Normalbremsung bis zum Stillstand mit einer anschließenden Leerlaufphase von 15 Sekunden, gefolgt von einer zweiten Beschleunigung mit Vollgas.

Anschließend ist das Fahrprogramm sofort von vorne zu beginnen.

---

1) **Amtl. Anm.:** Beurteilungskriterien werden im Verkehrsblatt veröffentlicht.

Figur 8

Programm für den Fahrbetrieb

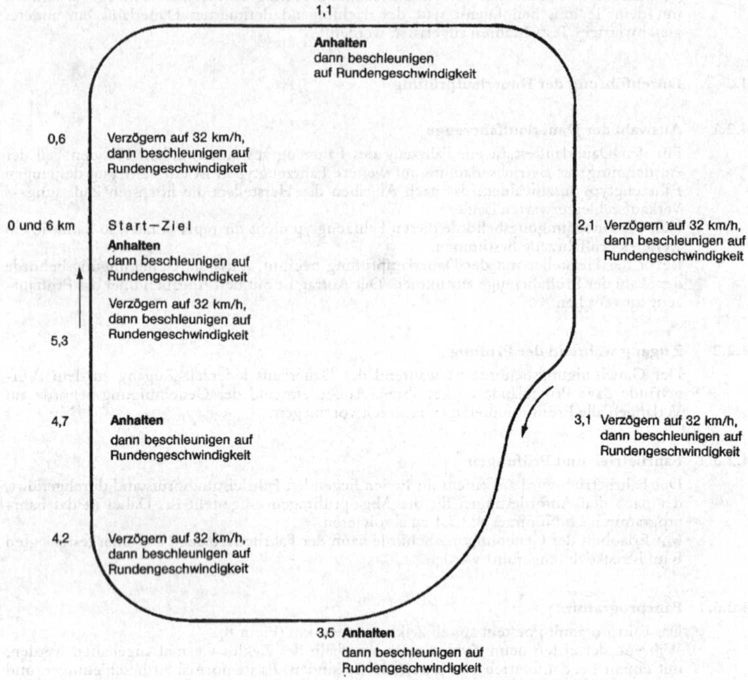

Das Programm besteht grundsätzlich aus elf Zyklen zu je 6 km; die Zyklusgeschwindigkeit für jeden Zyklus ist in folgender Tabelle angegeben:

Zyklus	Zyklusgeschwindigkeit in km/h
1	64
2	48
3	64
4	64
5	56
6	48
7	56
8	72
9	56
10	89
11	113

Zur Durchführung des Dauerbetriebs muss handelsüblicher Kraftstoff nach DIN 51 607, der in seinen Eigenschaften typisch für den in der Bundesrepublik erhältlichen Kraftstoff ist, verwendet werden. Eine Analyse des Kraftstoffs ist durchzuführen und der Genehmigungsbehörde vorzulegen.

Im Neuzustand und nach jeweils 10 000 ± 400 km sind während des Dauerlauftests Abgasprüfungen nach Nummer 3.6 und nach Bedarf Verdunstungsprüfungen nach Nummer 3.6 durchzuführen. Der Fahrzeughersteller hat einen begonnenen Dauerlauf bis zum Kilometerstand 80 000 km durchzuführen. Die Prüfergebnisse jeder Prüfung sind der Genehmigungsbehörde unter Beilage der Fahrprotokolle unverzüglich zuzustellen. Falls ein Emissionsmesswert über den Abgas- bzw. Verdunstungsemissionsgrenzwerten liegt, kann der Dauerlauf abgebrochen werden. Die Genehmigungsbehörde ist in diesem Fall sofort mit der Angabe von Gründen für das Überschreiten zu informieren.

4.2.4 Wartung der Prüffahrzeuge

Die Wartung der emissionsrelevanten und emissionsmindernden Bauteile während des Dauerlaufs soll mit den Empfehlungen des Herstellers für den Fahrzeugtyp übereinstimmen. Die Wartungsarbeiten dürfen jedoch den vom Hersteller im Wartungsplan aufgeführten Umfang nicht überschreiten und nicht in kürzeren Intervallen durchgeführt werden.

Jede während des Dauerlaufs durchgeführte außerplanmäßige Wartung ist der Genehmigungsbehörde sofort mitzuteilen. Die Genehmigungsbehörde entscheidet innerhalb von sieben Tagen, ob der Dauerlauf fortgeführt wird.

In den vom Hersteller vorgeschriebenen Zeitabständen ist das Wechseln von Motor- und Getriebeöl, Öl-, Kraftstoff- und Luftfilter zulässig.

4.3 Berechnung

4.3.1 Berechnung des Verschlechterungsfaktors

Nach Beendigung des Dauerlaufs sind alle Ergebnisse der Abgasmessungen zusammenzustellen. Alle gemessenen Abgaswerte müssen unterhalb der Abgasgrenzwerte liegen. Mit Hilfe der Methoden der kleinsten Fehlerquadrate wird für jeden Schadstoff getrennt die Regressionsgerade berechnet; diese Funktion dient zur Berechnung der Emissionswerte bei 80 000 km und 6 400 km. Der Quotient der Emission bei 80 000 km und 6 400 km ist der Verschlechterungsfaktor. Liegt der Quotient unter 1,00, so wird der Verschlechterungsfaktor mit 1,00 festgesetzt. Der Verschlechterungsfaktor ist auf zwei Stellen nach dem Komma genau für jeden Schadstoff anzugeben.

4.3.2 Berechnung des Verschlechterungswerts

Nach Beendigung des Dauerlaufs sind alle Ergebnisse der Verdunstungsmessungen zusammenzustellen. Mit Hilfe der Methode der kleinsten quadrate wird die Regressionsgerade berechnet; diese Funktion dient zur Berechnung der Emissionswerte bei 80 000 km und 6 400 km.

Der Verschlechterungswert für die Verdunstungsemissionen berechnet sich durch Subtraktion der Verdunstungsemissionen bei 6 400 km von denen bei 80 000 km. Der Verdunstungsemissionswert ist auf zwei Stellen nach dem Komma anzugeben.

4.4 Schlussbericht

Nach Abschluss der Arbeiten sind der Genehmigungsbehörde alle Ergebnisse des Dauerlaufs vorzulegen. Diesen Ergebnissen muss eine Erklärung beigelegt werden, dass der Dauerlauf nach den Vorschriften dieser Anlage durchgeführt worden ist.

5. Prüfkraftstoffspezifikation

5.1. Technische Daten des Prüfkraftstoffs für die Prüfung der Fahrzeuge mit Fremdzündungsmotor
Typ: Super, unverbleit

Anforderungen		Prüfung nach
ROZ	min. 96,0	DIN 51 756
MOZ	min. 86,0	DIN 51 756
Dichte bei 15 °C	min. 0,750 kg/l max. 0,770	DIN 51 757
Dampfdruck nach Reid	min. 0,56 bar max. 0,64	DIN 51 754
Siedeverlauf		DIN 51 751
Siedebeginn	min. 24 °C max. 40	
10 Vol.-%-Punkt	min. 42 °C max. 58	
50 Vol.-%-Punkt	min. 90 °C max. 110	
90 Vol.-%-Punkt	min. 150 °C max. 170	
Siedeende	min. 185 °C max. 205 °C	
Rückstand	max. 2 Vol.-%	
Kohlenwasserstoffanalyse (FIA)		DIN EN 10
Olefine	max. 15 Vol.-%	
Aromaten	max. 45 Vol.-%	
Gesättigte Kohlenwasserstoffe	Rest	
Oxidationsstabilität	min. 480 Minuten	DIN EN 9
Abdampfrückstand	max. 4 mg/100 ml	DIN EN 5
Schwefelgehalt	max. 0,04 Gew.-%	DIN EN 41 oder DIN 51 400
Bleigehalt	max. 0,010 g/l	DIN 51 769 Gaschromatographie

Der Kraftstoff darf keine phosphorhaltigen Additive enthalten. Die Anforderungen an den Siedeverlauf beinhalten insgesamt verdampfte Mengen.

5.2. Technische Daten des Prüfkraftstoffs für die Prüfung der Fahrzeuge mit Selbstzündungsmotor
Typ: Dieselkraftstoff

Anforderungen		Prüfung nach
Dichte bei 15 °C	min. 0,835 kg/l max. 0,845 kg/l	DIN 51 757
Cetanzahl	min. 48 max. 54	DIN 51 773
Siedeverlauf		DIN 51 751
50 Vol.-%-Punkt	min. 245 °C	
90 Vol.-%-Punkt	min. 320 °C max. 350 °C	
Siedeende	max. 370 °C	
Viskosität bei 20 °C	min. 3 mm²/s max. 5 mm²/s	DIN 51 561
Schwefelgehalt	min. 0,10 Gew.-% max. 0,30 Gew.-%	DIN EN 41
Flammpunkt	min. 55 °C	DIN 51 755
Grenzwert der Filtrierbarkeit	max. − 5 °C	DIN 51 428

Anforderungen		Prüfung nach
Koksrückstand nach Conradson	max. 0,1 Gew.-%	DIN 51 551
Asche	max. 0,01 Gew.-%	DIN EN 7
Wassergehalt	max. 0,05 Gew.-%	DIN 51 777
Kupferkorrosion	max. 1–50 A 3	DIN 51 769
Neutralisationszahl	max. 0,2 mg KOH/g	DIN 51 558

Die Anforderungen an den Siedeverlauf beinhalten insgesamt verdampfte Mengen.

5.3. Prüfkraftstoff für die Prüfung von Flüssiggasfahrzeugen mit Fremdzündungsmotor

Bei Kraftfahrzeugen mit Flüssiggasantrieb ist als Prüfkraftstoff Flüssiggas nach DIN 51 622 Ausgabe 1973 zu verwenden.

6. Formblatt: Mitteilung über die Betriebserlaubnis Muster

Maximalformat: A4

Nummer der Betriebserlaubnis ....

1. Fahrzeugart ....

2.1 Fabrik- oder Handelsmarke des Fahrzeugs

....

2.2 Fahrzeugtyp ....

....

....

3. Fahrzeugtypen, auf die die Betriebserlaubnis ausgedehnt wird

....

4. Name und Anschrift des Herstellers

....

5. Gegebenenfalls Name und Anschrift des Beauftragten des Herstellers

....

6. Massen der genehmigten Fahrzeugtypen in fahrbereitem Zustand

....

6.1 Bezugsmassen der geprüften Fahrzeuge

....

7. Technisch zulässige Gesamtmassen der Fahrzeuge

....

8. Getriebe ....

8.1 Anzahl der Gänge bzw. Schaltstufen ....

8.2 Übersetzungsverhältnisse aller Fahrzeuge ....

8.3 Leistung der geprüften Fahrzeuge ....

9. Datum und Nummer der Prüfbescheinigung ....

10. Ergebnisse der Prüfungen ....

10.1 Fahrkurve I ....

10.2 Fahrkurve II ....

10.3 § 47a ....

10.4 Verdunstungsmessung ....

10.5 Dauertest (Verschlechterungsfaktor/-wert) ....

11. Ort und Datum ....

12. Unterschrift ....

Anhang I. Fahrzeugbeschreibung gemäß Anlage XXIII Fahrzeugtyp[1)]

0. Allgemeines

0.1 Fabrikmarke:

0.2 Typ und Handelsbezeichnung:

0.3 Art:

0.4 Klasse des Fahrzeugs:

0.5 Name und Anschrift des Herstellers:

0.6 Name und Anschrift des Beauftragten des Herstellers (ggf.):

1. Allgemeine Baumerkmale des Fahrzeugs

1.2 Angetriebene Räder:

2. Abmessungen und Gewichte

2.6 Leermasse:
Bezugsmasse:

2.7 Technisch zulässige Gesamtmasse:

3. Antriebsmaschine (s. Anhang II)

4. Kraftübertragung

4.3 Schaltgetriebe:

– Bauart

– automatisch/mechanisch

4.5 Übersetzungsverhältnis:
1. Gang
2. Gang
3. Gang
4. Gang
5. Gang
Übersetzungsverhältnis des Achsgetriebes

4.12 Schaltpunkte (mechanisches Getriebe) zwischen den einzelnen Gängen in km/h:

6. Aufhängung

6.1 Normalbereifung

– Abmessungen:

– Dynamischer Rollumfang (nach DIN bzw. WdK):

Anlagen:

1. Lichtbilder und/oder Zeichnungen einer repräsentativen Fahrzeugausführung
2. Beschreibung des Motors nach Anhang II einschließlich der dort geforderten Anlagen
3. Lichtbilder des Motors und des Motorraums
4. ff. (ggf. weitere Anlagen auflisten)

---

1) **Amtl. Anm.:** Bei Vorlage einer Abgasgenehmigung nach Nummer 1.12 der Anlage XXIII für den vorgestellten Fahrzeugtyp Angabe der entsprechenden Genehmigungsnummer.

Anhang II. Hauptmerkmale des Motors und Angaben über die Durchführung der Prüfungen gemäß Anlage XXIII

1	**Beschreibung des Motors**	
1.1	Marke[1]	
1.2	Typ[1]	
1.3	Arbeitsweise: Fremdzündung/Selbstzündung, mit Viertakt/Zweitakt[2]	
1.4	Bohrung	
1.5	Hub	
1.6	Zahl und Anordnung der Zylinder und Zündfolge	
1.7	Hubraum	
1.8	Verdichtungsverhältnis[3]	
1.9	Zeichnungen der Brennräume und Kolben	
1.10	Kühlsystem	Art des Kühlsystems (Wasser, Luft)
1.11	Aufladung, Art, Kurzbeschreibung	ggf. Typ, Antrieb und/oder Ladedruck, Ladeluftkühlung
1.12	Ansaugsystem	(Beschreibung, Einrichtung zur Anpassung der Luftvorwärmung an Außentemperatur)
	Ansaugkrümmer	Zeichnung mit Hauptabmessungen
	Luftfilter Marke Typ	Zeichnung mit Hauptabmessungen
	Ansaugschalldämpfer Marke Typ	ggf.
1.13	Kurbelgehäuseentlüftung	Beschreibung und Skizzen einschließlich der Charakteristik der Drosselstelle(n)
2	**Zusätzliche Einrichtungen zur Abgasreinigung**	
	Beschreibung und Skizzen (mit Angabe aller wesentlichen Daten einschließlich Regelbereiche) sowie Kennzeichnung	z.B. Sekundärluftzufuhr Leerlaufsteller Drehzahlschaltgerät Taktventil O_2-Sonde Lambda-Steuergerät Katalysator Abgasrückführung Partikelfilter Warneinrichtung für Wartung/Fehlfunktionen Verdunstungsemissionsrelevante Bauteile
3	**Ansaug- und Kraftstoffsystem**	
3.1	Beschreibung und Skizzen der Ansaugleitung nebst Zubehör	z.B. Drosselklappendämpfer, Vorwärmer, zusätzliche Luftanschlüsse

---

[1] **Amtl. Anm.:** Bei Vorlage einer Abgasgenehmigung entsprechend Nummer 1.12 der Anlage XXIII auch Angabe der für den jeweiligen Markt vorgesehenen Bezeichnung.

[2] **Amtl. Anm.:** Nichtzutreffendes streichen.

[3] **Amtl. Anm.:** Toleranz angeben.

3.2	Kraftstoffzufuhr	ggf. Angaben über Schubabschaltung und Leerlaufregelung
3.2.1	durch Vergaser	
	Zahl der Vergaser	Angabe der Art
3.2.1.1	Marke	Hersteller
3.2.1.2	Typ	Typangabe
3.2.1.3	Einstellelemente[1)]	(bei elektronischem Vergaser: z.B. Steuergerät, Temperatursensoren, Drosselklappenansteller usw.)
	Leerlaufeinstellung und Eingriffssicherung	Beschreibung und Skizzen
3.2.1.3.1	Düsen	Angaben über Düsenbestückung, Durchmesserangaben
3.2.1.3.2	Lufttrichter	Durchmesser
3.2.1.3.3	Füllstand in der Schwimmerkammer	Höhe des Füllstands unter Angabe der Prüfbedingungen
3.2.1.3.4	Gewicht des Schwimmers	Gewichtsangabe
3.2.1.3.5	Schwimmernadel	Durchmesser
3.2.1.4	Starthilfe	handbedient oder automatisch
	Einstellung der Schließanlage[2)]	Angabe über die Justierung
3.2.1.5	Kraftstoffpumpe	Druckangabe oder Kennlinie[2)]
3.2.2	Durch Einspritzeinrichtung Beschreibung des Systems	z.B. K-Jetronic und ggf. Luftmengenmesser[3)] Steuergerät[3)] Mengenteiler[3)] Warmlaufregler[3)] Thermozeitschalter[3)] Kaltstartventil[3)] Kraftstoff-Förderpumpe (Typ angeben) Systemdruck (Druck angeben)[2)] Eingriffssicherung[4)] Taktventil
	Arbeitsweise	z.B. Einspritzung in den Ansaugkrümmer/Vorkammer/Wirbelkammer, Direkteinspritzung
3.2.2.1	Einspritzpumpe	falls nicht in Nummer 3.2.2 enthalten
3.2.2.1.1	Marke	ggf.
3.2.2.1.2	Typ	ggf.
3.2.2.1.3	Einspritzmenge mm³ je Hub bei min⁻¹ der Pumpe[5) 2)] oder Kennlinie[5) 2)] Kalibrierverfahren: auf dem Prüfstand/am Motor[5)]	
3.2.2.1.4	Einspritzzeitpunkt	ggf.
3.2.2.1.5	Einspritzkurve	ggf.
3.2.2.2	Einspritzdüse	Kennzeichnung
3.2.2.3	Regler	

[1)] **Amtl. Anm.:** Bei nicht herkömmlichen Motortypen und Systemen sind vom Hersteller Angaben zu machen, die den nachstehend geforderten gleichwertig sind.
[2)] **Amtl. Anm.:** Toleranz angeben.
[3)] **Amtl. Anm.:** Kennzeichnung angeben
[4)] **Amtl. Anm.:** Beschreibung und Skizzen
[5)] **Amtl. Anm.:** Nichtzutreffendes streichen.

3.2.2.3.2	Typ	
3.2.2.3.3	Abregeldrehzahl unter Last	min^{-1}
3.2.2.3.4	Höchstdrehzahl ohne Last	min^{-1}
3.2.2.3.5	Leerlaufdrehzahl:	
3.2.2.4	Kaltstarteinrichtung:	
3.2.2.4.1	Marke:	
3.2.2.4.2	Typ:	
3.2.2.4.3	Beschreibung:	
3.2.2.5	Starthilfe:	
3.2.2.5.1	Marke:	
3.2.2.5.2	Typ:	
3.2.2.5.3	Beschreibung:	
4	**Ventilsteuerzeiten oder gleichwertige Daten**	
4.1	Maximale Ventilhübe und Öffnungs- sowie Schließwinkel oder gleichwertige Merkmale anderer Steuerungen bezogen auf den oberen Totpunkt	Angabe von Ventilhub Angabe von Einlass/Auslass vor/nach OT
4.2	Bezugs- und/oder Einstellbereiche[1]	Angabe von Einlass/Auslass-Spiel
5	**Zündung**	
5.1	Art der Zündsysteme Beschreibung	 z.B. Transistor-Zündanlage
5.1.1	Marke	ggf.
5.1.2	Typ	ggf.
5.1.3	Zündverstellkurve[2) 3)]	Zeichnung (bei zusätzlichen Maßnahmen zur Zündverstellung Verstellbereich)
5.1.4	Zündzeitpunkt[3]	Angabe der Randbedingungen
5.1.5	Unterbrecherkontaktabstand und Schließwinkel	ggf. Angaben über Kontaktabstand und Art der Regelung
6	**Schalldämpferanlage**	
6.1	Beschreibung und Skizzen	Zeichnungen von Schalldämpfer und Katalysator sowie Schema der Gesamtanlage mit Hauptabmessungen der Bauteile
7	**Zusätzliche Angaben über die Prüfbedingungen**	
7.1	Zündkerzen	
7.1.1	Marke	
7.1.2	Typ	Angaben über Hersteller Typ Kennzeichnung
7.1.3	Elektrodenabstand	
7.2	Zündspule	
7.2.1	Marke	
7.2.2	Typ	
7.3	Zündkondensator	
7.3.1	Marke	falls vorhanden
7.3.2	Typ	

[1] **Amtl. Anm.:** Nichtzutreffendes streichen.
[2] **Amtl. Anm.:** Bei kennfeldgesteuerten Zündungen Zündkennfeld oder charakteristische Punkte.
[3] **Amtl. Anm.:** Toleranz angeben.

8	**Motorleistung** (vom Hersteller anzugeben)	
8.1	Leerlaufdrehzahl[1]	
8.2	Kohlenmonoxidgehalt im Abgas bei Leerlauf nach Angabe des Herstellers (Vol.-%)	CO-Angaben in % ggf. vor und nach Katalysator, ggf. Referenzwert gem. § 47a angeben
8.3	Nennleistungsdrehzahl[1]	
8.4	Nennleistung	Leistung in kW (Messmethode angeben)
9	**Verwendete Schmiermittel**	
9.1	Marke	
9.2	Typ	
10	**Information über Startvorgang**	
11	**Austausch der O_2-Sonde** nach km	ggf.
	Austausch des Katalysators nach km	ggf.

Anlage XXIV
(zu § 47)

Maßnahmen gegen die Verunreinigung der Luft durch Gase von Kraftfahrzeugen mit Fremd- und Selbstzündungsmotoren (Definition bedingt schadstoffarmer Personenkraftwagen)

1 Bedingungen für die Einstufung als bedingt schadstoffarmes Kraftfahrzeug

1.1 Anwendungsbereich

Diese Anlage regelt die Anforderungen hinsichtlich der Emissionen luftverunreinigender Gase, die

1. Personenkraftwagen sowie
2. Wohnmobile mit einer zulässigen Gesamtmasse von nicht mehr als 2 800 kg

mit Fremdzündungsmotoren (Ottomotoren) oder Selbstzündungsmotoren (Dieselmotoren) mit mindestens vier Rädern, höchstens neun Sitzplätzen einschließlich des Führersitzes, einer zulässigen Gesamtmasse von mindestens 400 kg und einer bauartbedingten Höchstgeschwindigkeit von mindestens 50 km/h erfüllen müssen, um als bedingt schadstoffarm anerkannt zu werden. Sie gilt auch für Personenkraftwagen sowie Wohnmobile mit einer zulässigen Gesamtmasse von nicht mehr als 2 800 kg mit nachträglich eingebauten Abgasreinigungssystemen (Umrüstung) zur Verringerung der Emissionen luftverunreinigender Gase.

1.2 Definition

1.2.1 Bedingt schadstoffarme Personenkraftwagen der Stufe A

Als bedingt schadstoffarme Personenkraftwagen der Stufe A gelten:

a) Personenkraftwagen mit Fremdzündungsmotoren, wenn sie bei reihenweiser Fertigung die Anforderungen nach Nummer 1.5.1.1, im Falle der Umrüstung zusätzlich die Anforderungen nach Nummer 1.5.1.2 erfüllen,

b) Personenkraftwagen mit Flüssiggasanlagen, wenn sie im Flüssiggasbetrieb die Anforderungen nach den Nummern 1.5.1.1 und 1.5.1.2 erfüllen,

c) Personenkraftwagen mit Selbstzündungsmotoren, wenn sie die Anforderungen nach Nummer 1.5.1.1 erfüllen.

---

[1] **Amtl. Anm.:** Toleranz angeben.

1.2.2 **Bedingt schadstoffarme Personenkraftwagen der Stufe B**

Als bedingt schadstoffarme Personenkraftwagen der Stufe B gelten:

a) Personenkraftwagen, wenn sie durch Einbau von Abgasreinigungssystemen die Anforderungen nach Nummer 1.5.2.1 erfüllen; bereits im Verkehr befindliche Fahrzeuge müssen zusätzlich den Anforderungen nach Nummer 1.5.2.2 genügen,

b) Personenkraftwagen mit Flüssiggasanlagen, wenn sie im Flüssiggasbetrieb die Anforderungen nach den Nummern 1.5.2.1 und 1.5.2.2 erfüllen.

1.2.3 **Bedingt schadstoffarme Personenkraftwagen der Stufe C**

Als bedingt schadstoffarme Personenkraftwagen der Stufe C gelten Personenkraftwagen mit Motoren mit einem Hubraum von weniger als 1 400 cm^3,

a) wenn sie die Anforderungen nach Nummer 1.5.3 erfüllen,

b) wenn sie als Fahrzeuge mit Flüssiggasanlagen im Flüssiggasbetrieb die Anforderungen nach Nummer 1.5.3 in Verbindung mit Nummer 1.5.2.2 erfüllen.

1.3 **Anforderungen**

Die Funktionsfähigkeit der emissionsmindernden und emissionsrelevanten Bauteile muss durch die in Nummer 1.5 näher beschriebenen Prüfungen nachgewiesen werden; der Antragsteller muss glaubhaft machen, dass die Funktionsfähigkeit dieser Bauteile über eine angemessene Lebensdauer bei bestimmungsgemäßem Betrieb gewährleistet ist. Die Abgasreinigungssysteme dürfen nicht mit Einrichtungen ausgerüstet sein, die diese Systeme außer Funktion setzen.

Dies gilt nicht für Einrichtungen, die zum störungsfreien Betrieb des Fahrzeugs zwingend erforderlich sind. Einrichtungen zur Umschaltung zwischen Benzin- und Flüssiggasbetrieb sind in Fahrzeugen mit Flüssiggasanlagen zulässig. Bei reihenweise gefertigten Kraftfahrzeugen, die mit einem Abgasreinigungssystem ausgerüstet sind und für deren Betrieb unverbleiter Kraftstoff erforderlich ist, muss der Tankeinfüllstutzen so beschaffen sein, dass diese Fahrzeuge ausschließlich mit unverbleitem Kraftstoff betankt werden können. Diese Bedingung gilt als erfüllt, wenn diese Fahrzeuge mit einem Zapfhahn mit einem äußeren Durchmesser der Endöffnung von mehr als 2,134 cm nicht betankt werden können.

Bei umgerüsteten Kraftfahrzeugen, für deren Betrieb unverbleiter Kraftstoff erforderlich ist, muss ein entsprechender Hinweis in der Nähe des Tankeinfüllstutzens an gut sichtbarer Stelle angebracht sein.

1.4 **Antrag auf Erteilung einer Allgemeinen Betriebserlaubnis und Nachweis über Schadstoffverringerungen auf der Grundlage bereits erteilter Allgemeiner Betriebserlaubnisse**

1.4.1 Für Kraftfahrzeuge kann der Fahrzeughersteller oder sein Beauftragter den Antrag auf Erteilung einer Allgemeinen Betriebserlaubnis oder auf Erteilung eines Nachtrags zur Allgemeinen Betriebserlaubnis des Fahrzeugs unter Beifügung der in Nummer 2.1 aufgeführten Unterlagen und Erklärungen stellen.

1.4.2 Sollen durch nachträglichen Einbau von Abgasreinigungssystemen die Emissionen luftverunreinigender Gase von Kraftfahrzeugen verringert werden, so ist, soweit nicht nach Nummer 1.4.1 verfahren wird, für die Abgasreinigungssysteme eine Allgemeine Betriebserlaubnis für Fahrzeugteile nach § 22 erforderlich. Der Antrag kann entweder vom Fahrzeughersteller oder vom Hersteller des Abgasreinigungssystems oder von deren Beauftragten unter Beifügung der in Nummer 2.2 aufgeführten Unterlagen und Erläuterungen gestellt werden.

1.4.3 Für bereits im Verkehr befindliche Kraftfahrzeuge mit Fremdzündungsmotoren, die die Anforderungen nach Nummer 1.5.1.1 ohne Umrüstung erfüllen, kann der Fahrzeughersteller oder sein Beauftragter aufgrund der für den Fahrzeugtyp erteilten Allgemeinen Betriebserlaubnis nachweisen, dass das Kraftfahrzeug als bedingt schadstoffarm nach Stufe A oder C gilt. Außerdem muss er bestätigen, dass die reihenweise gefertigten Fahrzeuge diese Anforderungen unter Berücksichtigung der Nummer 1.5 einhalten.

1.4.4 Für bereits im Verkehr befindliche Kraftfahrzeuge mit Selbstzündungsmotor, die die Anforderungen nach Nummer 1.5.1.1 erfüllen, kann der Fahrzeughersteller oder sein Beauftragter auf Grund der für den Fahrzeugtyp erteilten Allgemeinen

Betriebserlaubnis und gegebenenfalls nachträglich durchgeführter Prüfungen nachweisen, dass das Kraftfahrzeug als bedingt schadstoffarm nach Stufe A oder C gilt. Außerdem muss er bestätigen, dass die reihenweise gefertigten Fahrzeuge diese Anforderungen unter Berücksichtigung der Nummer 1.5 erfüllen.

1.4.5 Die Vorschriften der Nummern 1.4.1 bis 1.4.4 gelten für Fahrzeuge, die auf Grund einer Betriebserlaubnis nach § 21 erstmals in den Verkehr kommen oder gekommen sind und für in diese Fahrzeuge eingebaute Abgasreinigungssysteme entsprechend.

1.5 **Prüfungen**

Die Prüfungen sind nach Nummer 3 durchzuführen.

1.5.1 **Stufe A**

Für Kraftfahrzeuge mit Fremd- oder Selbstzündungsmotoren und für Abgasreinigungssysteme, für die nach den Nummern 1.4.1, 1.4.2 oder 1.4.5 eine Betriebserlaubnis für die Anerkennung nach Stufe A beantragt wird, gelten bei der Typprüfung folgende Anforderungen:

1.5.1.1 Grenzwerte für gasförmige Schadstoffe, gemessen nach Europa-Fahrzyklus des Anhangs I der Richtlinie 83/351/EWG des Rates vom 16. Juni 1983 zur Änderung der Richtlinie 70/220/EWG über die Angleichung der Rechtsvorschriften der Mitgliedstaaten über Maßnahmen gegen die Verunreinigung der Luft durch Abgase von Kraftfahrzeugmotoren mit Fremdzündung (ABl. L 197 vom 20.7. 1983, S. 1):

Bezugsmasse Pr (kg)	Summe $CH + NO_x$ (g/Test)	NO_x (g/Test)
Pr ≤ 1 250	12,75	6
Pr > 1 250	15	6

Bei erstmals in den Verkehr kommenden Kraftfahrzeugen müssen die CO-Typprüfgrenzwerte nach der Richtlinie 83/351/EWG oder der ECE-Regelung Nr. 15/04 bzw. nach der Richtlinie 78/665/EWG der Kommission vom 14. Juli 1978 zur Anpassung der Richtlinie 70/220/EWG des Rates über die Angleichung der Rechtsvorschriften der Mitgliedstaaten über Maßnahmen gegen die Verunreinigung der Luft durch Abgase von Kraftfahrzeugmotoren mit Fremdzündung an den technischen Fortschritt (ABl. L 223 vom 14.8.1978, S. 48) oder der ECE-Regelung Nr. 15/03 und bei den anderen Kraftfahrzeugen der für den jeweiligen Fahrzeugtyp auf Grund der Genehmigung geltende CO-Typprüfgrenzwert eingehalten werden.

Bei Kraftfahrzeugen mit Flüssiggasanlagen, die wahlweise mit Flüssiggas oder Benzin betrieben werden können, müssen die vorgenannten Schadstoffgrenzwerte nur im Flüssiggasbetrieb eingehalten werden; im Benzinbetrieb müssen mindestens die für den Fahrzeugtyp geltenden Typprüfgrenzwerte eingehalten werden.

1.5.1.2 **Kraftstoffverbrauch und Betriebsverhalten**

Für Kraftfahrzeuge mit Fremdzündungsmotoren, deren Schadstoffemissionen durch Umrüstung nachträglich vermindert werden, ist zusätzlich folgendes im Vergleich zum Prüffahrzeug ohne Umrüstung nachzuweisen:

1.5.1.2.1 Der nach DIN 70 030 ermittelte Kraftstoffverbrauch darf um nicht mehr als 5 Prozent ansteigen, wobei die arithmetischen Mittelwerte aus den beiden Verbrauchsmessungen verglichen werden. Dabei sind Verbrauchsnachteile durch geringere Oktanzahlen des unverbleiten Benzins (1 Prozent je Oktanzahl) vom Messergebnis abzuziehen.

1.5.1.2.2 Das Betriebsverhalten darf sich bei den üblichen Betriebstemperaturen des Fahrzeugs nicht verschlechtern, wobei die Beurteilung wie folgt auf dem Rollenprüfstand vorzunehmen ist:

1.5.1.2.2.1 Betriebsverhalten bei Normaltemperatur
Betriebsverhalten beim Startvorgang
Betätigung des Starters (zehn Sekunden maximal)
Dauer der Pausen zwischen den Startversuchen 15 Sekunden
Bei Anspringen des Motors 60 Sekunden Leerlauf unter Beachtung der Betriebsanleitung (Kick-down, Einstellung der Starterklappe)
Betriebsverhalten während der Warmlaufphase
Durchfahren eines Fahrzyklus in Anlehnung an die Prüfung Typ I des Anhangs I der Richtlinie 83/351/EWG des Rates der Anlage XIV mit einer zusätzlichen Beschleunigungsphase im dritten Abschnitt des Fahrzyklus von 40 km/h auf 100 km/h im höchst möglichen Gang. Die Prüfung umfasst drei Zyklen und ist ohne Unterbrechung durchzuführen.

1.5.1.2.2.2 Betriebsverhalten bei niedriger Temperatur
Betriebsverhalten in der Kältekammer auf dem Rollenprüfstand bei –10 °C Luft- und Motoröltemperatur, sofern durch das Abgasreinigungssystem eine Verschlechterung des Betriebsverhaltens bei niedrigen Temperaturen zu erwarten ist. Das Betriebsverhalten ist beim Startvorgang und während der Warmlaufphase entsprechend Nummer 1.5.1.2.2.1 zu überprüfen.

1.5.1.2.3 Falls der Fahrzeughersteller schriftlich die Gewährleistung für einwandfreies Betriebsverhalten des Fahrzeugtyps übernimmt, kann auf die Prüfungen nach Nummer 1.5.1.2.2 verzichtet werden.

1.5.1.2.4 Die Nummern 1.5.1.2.1 und 1.5.1.2.2.2 sind auf Fahrzeuge mit Flüssiggasanlagen nicht anzuwenden.

1.5.2 Stufe B

Für Kraftfahrzeuge mit Fremdzündungsmotoren und für Abgasreinigungssysteme, für die nach den Nummern 1.4.1, 1.4.2 oder 1.4.5 eine Betriebserlaubnis für die Anerkennung nach Stufe B beantragt wird, gelten bei der Typprüfung folgende Anforderungen:

1.5.2.1 Grenzwerte für gasförmige Schadstoffe, gemessen nach Europa-Fahrzyklus des Anhangs I der Richtlinie 83/351/EWG des Rates:
Die NO_x-Emission des Prüffahrzeugs mit eingebautem Abgasreinigungssystem muss um mindestens 30 Prozent geringer sein als die NO_x-Emission des Prüffahrzeugs ohne Abgasreinigungssystem.
Zusätzlich muss das Prüffahrzeug mit eingebautem Abgasreinigungssystem den für diesen Fahrzeugtyp nach Richtlinie 78/665/EWG bzw. 77/102/EWG der Kommission vom 30. November 1976 zur Anpassung der Richtlinie des Rates 70/220/EWG vom 20. März 1970 zur Angleichung der Rechtsvorschriften der Mitgliedstaaten über Maßnahmen gegen die Verunreinigung der Luft durch Abgase von Kraftfahrzeugmotoren mit Fremdzündungsmotor an den technischen Fortschritt (ABl. L 32 vom 3.2.1977, S. 32) oder nach ECE-Regelung Nr. 15/03 bzw. 15/02 geltenden NO_x-Typprüfgrenzwert um mindestens 30 Prozent unterschreiten; gehört das Prüffahrzeug zu einem nach Richtlinie 83/351/EWG oder nach ECE-Regelung Nr. 15/04 genehmigten Fahrzeugtyp, so muss die NO_x-Emission des Prüffahrzeugs mit eingebautem Abgasreinigungssystem den für diesen Fahrzeugtyp nach der Richtlinie 78/665/EWG oder nach ECE-Regelung Nr. 15/03 bestimmten NO_x-Typprüfgrenzwert um mindestens 30 Prozent unterschreiten.
Weiterhin dürfen die CH- und CO-Emissionen bei Durchführung nur je einer Prüfung vor und nach Einbau des Abgasreinigungssystems nach Einbau höchstens um 5 Prozent ansteigen, andernfalls ist anhand von je drei Messungen nachzuweisen, dass die CH- und CO-Emissionen nicht signifikant ansteigen.
Außerdem müssen beim Prüffahrzeug vor Einbau des Abgasreinigungssystems die für den jeweiligen Fahrzeugtyp geltenden Typprüfgrenzwerte für die entsprechenden Schadstoffe eingehalten werden.
Bei Kraftfahrzeugen mit Flüssiggasanlagen, die wahlweise mit Flüssiggas oder Benzin betrieben werden können, müssen die vorgenannten Anforderungen nur im Flüssiggasbetrieb eingehalten werden; im Benzinbetrieb müssen mindestens die für den Fahrzeugtyp geltenden Typprüfgrenzwerte eingehalten werden.

1.5.2.2 **Kraftstoffverbrauch und Betriebsverhalten**

Für im Verkehr befindliche Kraftfahrzeuge, die die Anforderungen nach Nummer 1.5.2.1 nach Einbau eines Abgasreinigungssystems erfüllen, ist ferner im Vergleich zum Prüffahrzeug ohne Abgasreinigungssystem nachzuweisen, dass hinsichtlich des Kraftstoffverbrauchs und des Betriebsverhaltens die Anforderungen nach Nummer 1.5.1.2 eingehalten werden.

Hierbei sind bei Fahrzeugen mit Flüssiggasanlagen die Nummern 1.5.1.2.1 und 1.5.1.2.2.2 nicht anzuwenden.

1.5.3 **Stufe C**

Für Kraftfahrzeuge mit Fremd- oder Selbstzündungsmotoren und für Abgasreinigungssysteme, für die nach den Nummern 1.4.1, 1.4.2 oder 1.4.5 eine Betriebserlaubnis für die Anerkennung nach Stufe C beantragt wird, gelten bei der Typprüfung folgende Anforderungen:

1.5.3.1 Grenzwerte für gasförmige Schadstoffe, gemessen nach Europa-Fahrzyklus des Anhangs I der Richtlinie 83/351/EWG des Rates:

Hubraum (cm³)	CO (g/Test)	Summe $CH + NO_x$ (g/Test)	NO_x (g/Test)
weniger als 1 400	38,25	12,75	6

Im Übrigen gelten die Vorschriften der Abschnitte 1.5.1.1 bis 1.5.1.2.

1.5.4 Bestehen Anhaltspunkte, dass Kraftfahrzeuge die Anforderungen der Nummer 1.3 Sätze 2 und 3 nicht erfüllen, so kann der Technische Dienst Vergleichsmessungen durchführen, mit denen das Emissionsverhalten auch bei höheren Geschwindigkeiten überprüft wird.

1.5.5 Serienprüfungen durch den Technischen Dienst

1.5.5.1 Bei serienmäßig hergestellten, bedingt schadstoffarmen Fahrzeugen kann die Genehmigungsbehörde nach § 20 Prüfungen zur Überwachung des Emissionsverhaltens der Fahrzeuge aus der Produktion durch den Technischen Dienst durchführen lassen.

Zur Beurteilung der Übereinstimmung der Produktion sind die für den betroffenen Fahrzeugtyp erforderlichen Abgasprüfungen nach Nummer 1.5 durchzuführen, wobei die für die jeweiligen Prüfungen geltenden Grenzwerte um 20 Prozent überschritten werden dürfen.

1.5.5.2 Bei Abgasreinigungssystemen zum nachträglichen Einbau kann die Genehmigungsbehörde nach § 22 Prüfungen zur Überwachung der Übereinstimmung der Produktion durch den Technischen Dienst durchführen lassen.

Werden von der Genehmigungsbehörde Abgasprüfungen der Abgasreinigungssysteme in Verbindung mit einem bestimmten Fahrzeugtyp gefordert, so gelten hierfür die Schadstoffgrenzwerte nach Nummer 1.5.5.1 entsprechend.

1.6 (weggefallen)

1.7 **Genehmigungsbehörde**

Genehmigungsbehörde im Sinne dieser Anlage – ausgenommen Nummer 1.4.5 – ist das Kraftfahrt-Bundesamt, Fördestraße 16, 24944 Flensburg.

1.8 **Anerkennung von Prüfungen anderer Staaten**

Prüfungen, denen ein Fahrzeugtyp in einem EG-Mitgliedstaat oder einem anderen europäischen Land, mit dem ein gegenseitiges Übereinkommen besteht, unterzogen worden ist, werden anerkannt, wenn Prüfungen bei einer dortigen Genehmigungsbehörde oder einer amtlichen Prüfstelle durchgeführt wurden und hierbei nach den Prüfbedingungen dieser Anlage verfahren wurde. Die Anforderungen dieser Anlage müssen erfüllt sein. Der Nachweis muss durch die Vorlage des Prüfberichts und der vollständigen Antragsunterlagen nach Anhang I bis III bei der Genehmigungsbehörde erfolgen; zu fremdsprachlichen Unterlagen sind deutsche Übersetzungen beizufügen. Die Genehmigungsbehörde erteilt aufgrund der vorgelegten Antragsunterlagen und Prüfergebnisse eine Genehmigung unter der Auflage, dass der Antragsteller die sich aus dieser Anlage ergebenden Verpflichtungen einhält.

2 **Beschreibung des Kraftfahrzeugs, Hauptmerkmale des Motors, der emissionsmindernden und emissionsrelevanten Bauteile des Fahrzeugtyps, für den die Betriebserlaubnis beantragt wird, sowie Beschreibung des Abgasreinigungssystems in Verbindung mit dem betreffenden Fahrzeugtyp, Prüfberichte**

2.1 Für die Allgemeine Betriebserlaubnis für Kraftfahrzeuge sind zusammen mit dem Prüfbericht des Technischen Dienstes die Fahrzeugbeschreibung, die Hauptmerkmale des Motors und Angaben über die Durchführung der Prüfungen nach den Anhängen I und II vorzulegen.

2.2 Für die Allgemeine Betriebserlaubnis für Abgasreinigungssysteme, die nachträglich in Kraftfahrzeuge eingebaut werden, sind die Angaben und der Prüfbericht nach Anhang III vorzulegen.

3 **Durchführung der Prüfungen**

3.1 Die Prüfungen zur Ermittlung der gasförmigen Emissionen sind in Anlehnung an den Anhang I der Richtlinie 83/351/EWG des Rates, Prüfung Typ I, unter Verwendung der dort vorgeschriebenen Prüf- und Messeinrichtungen durchzuführen.

3.2 Die Messung des Kraftstoffverbrauchs ist nach DIN 70 030 Teil 1 Ausgabe 78 oder nach Richtlinie 80/1268/EWG durchzuführen, und es sind dabei die dort vorgeschriebenen Messeinrichtungen zu verwenden.

3.3 Bei der Prüfung von im Verkehr befindlichen Kraftfahrzeugen, die nachträglich mit Abgasreinigungssystemen ausgerüstet werden, ist weiterhin zu beachten:

3.3.1 **Vorbereitung der Kraftfahrzeuge**

Die Fahrzeuge und insbesondere die Motoren müssen sich in einwandfreiem Zustand befinden, das heißt sie müssen nach den Anweisungen des Fahrzeugherstellers gewartet und eingestellt sein.

3.3.2 **Prüfung und Einstellung des Motors**

Vor Versuchsbeginn sind neue Zündkerzen und gegebenenfalls Unterbrecherkontakte einzubauen. Weiterhin sind die nachstehend aufgeführten Merkmale des Motors zu überprüfen und gegebenenfalls nach den Angaben des Fahrzeugherstellers einzustellen:

Kompressionsdruck
Ventilspiel
Zündzeitpunkt
gegebenenfalls Schließwinkel
Leerlaufdrehzahl
CO-Gehalt im Leerlauf
Dichtheit der Auspuffanlage
Startautomatik, gegebenenfalls Batterie.

3.3.3 **Überprüfung der Einbau- und Einstellanweisung beim nachträglichen Einbau des Abgasreinigungssystems**

Der Einbau und die Einstellung des Abgasreinigungssystems sind vom Antragsteller in Gegenwart des Technischen Dienstes anhand der mitgelieferten Einbau- und Einstellanleitung am Prüffahrzeug vorzunehmen; gegebenenfalls sind die Einbau- und Einstellanleitungen zu korrigieren.

3.4 **Kraftstoff**

Bei Kraftfahrzeugen mit Fremdzündungsmotoren und Abgasreinigungssystemen, die den Betrieb mit unverbleitem Benzin erfordern, ist der Prüfkraftstoff nach Anlage XXIII Nummer 5.1 zu verwenden. Bei Kraftfahrzeugen mit Fremdzündungsmotoren, die für den Flüssiggasbetrieb umgerüstet wurden, ist Flüssiggas nach Anlage XXIII Nummer 5.3 zu verwenden.
Bei Kraftfahrzeugen mit Fremdzündungsmotoren und Abgasreinigungssystemen, die mit verbleitem Benzin betrieben werden können, ist der Prüfkraftstoff nach Anhang VI der Richtlinie 83/351/EWG des Rates zu verwenden.
Bei Kraftfahrzeugen mit Selbstzündungsmotoren ist der Prüfkraftstoff nach Anlage XXIII Nummer 5.2 zu verwenden.

Anhang I. Fahrzeugbeschreibung gemäß Anlage XXIV

Fahrzeugtyp:

0. Allgemeines

0.1 Fabrikmarke: ....

0.2 Typ und Handelsbezeichnung: ....

0.3 Art: ....

0.4 Klasse des Fahrzeugs: ....

0.5 Name und Anschrift des Herstellers: ....

0.6 Name und Anschrift des Beauftragten des Herstellers (ggf.): ....

1. Allgemeine Baumerkmale des Fahrzeugs

1.2 Angetriebene Räder: ....

2. Abmessungen und Gewichte

2.6 Leermasse: ....

Bezugsmasse: ....

2.7 Technisch zulässige Gesamtmasse: ....

3. Antriebsmaschine

(s. Anhang II)

4. Kraftübertragung

4.3 Schaltgetriebe: ....

– Bauart ....

– automatisch/mechanisch ....

4.5 Übersetzungsverhältnis: ....

1. Gang ....

2. Gang ....

3. Gang ....

4. Gang ....

5. Gang ....

Übersetzungsverhältnis des Achsgetriebes:

6. Aufhängung

6.1 Normalbereifung ....

– Abmessungen: ....

– Dynamischer Rollumfang (nach DIN bzw. WdK): ....

Anlagen:

1. Lichtbilder und/oder Zeichnungen einer repräsentativen Fahrzeugausführung
2. Beschreibung des Motors nach Anhang II einschließlich der dort geforderten Anlagen
3. Lichtbilder des Motors und des Motorraums
4. ff. (ggf. weitere Anlagen auflisten)

Anhang II. Hauptmerkmale des Motors und Angaben über die Durchführung der Prüfungen[1] gemäß Anlage XXIV

1	**Beschreibung des Motors**		
1.1	Marke		
1.2	Typ		
1.3	Arbeitsweise: Fremdzündung/Selbstzündung, mit Viertakt/Zweitakt[2]		
1.4	Bohrung		
1.5	Hub		
1.6	Zahl und Anordnung der Zylinder und Zündfolge		
1.7	Hubraum		
1.8	Verdichtungsverhältnis[3]		
1.9	Zeichnungen der Brennräume und Kolben		
1.10	Kühlsystem	Art des Kühlsystems (Wasser, Luft)	
1.11	Aufladung, Art, Kurzbeschreibung	ggf. Typ, Antrieb und/oder Ladedruck, Ladeluftkühlung	
1.12	Ansaugsystem	(Beschreibung, Einrichtung zur Anpassung der Luftvorwärmung an Außentemperatur)	
	Ansaugkrümmer	Zeichnung mit Hauptabmessungen	
	Luftfilter Marke Typ	Zeichnung mit Hauptabmessungen	
	Ansaugschalldämpfer Marke Typ	ggf.	
1.13	Kurbelgehäuseentlüftung	Beschreibung und Skizzen einschließlich der Charakteristik der Drosselstelle(n)	
2	**Zusätzliche Einrichtungen zur Abgasreinigung**		
	Beschreibung und Skizzen (mit Angabe aller wesentlichen Daten einschließlich Regelbereiche) sowie Kennzeichnung	z.B.	Sekundärluftzufuhr Leerlaufsteller Drehzahlschaltgerät Katalysator Abgasrückführung Partikelfilter Warneinrichtung für Wartung/Fehlfunktionen
3	**Ansaug- und Kraftstoffsystem**		
3.1	Beschreibung und Skizzen der Ansaugleitung nebst Zubehör	z.B.	Drosselklappendämpfer, Vorwärmer, zusätzliche Luftanschlüsse
3.2	Kraftstoffzufuhr	ggf. Angaben über Schubabschaltung und Leerlaufregelung	
3.2.1	durch Vergaser Zahl der Vergaser	Angabe der Art	
3.2.1.1	Marke	Hersteller	
3.2.1.2	Typ	Typangabe	

[1] **Amtl. Anm.:** Bei nicht herkömmlichen Motortypen und Systemen sind vom Hersteller Angaben zu machen, die den nachstehend geforderten gleichwertig sind.
[2] **Amtl. Anm.:** Nichtzutreffendes streichen.
[3] **Amtl. Anm.:** Toleranz angeben.

3.2.1.3	Einstellelemente[1]	(bei elektronischem Vergaser: z.B. Steuergerät, Temperatursensoren, Drosselklappenansteller usw.)
	Leerlaufeinstellung und Eingriffssicherung	Beschreibung und Skizzen
3.2.1.3.1	Düsen	Angaben über Düsenbestückung, Durchmesserangaben
3.2.1.3.2	Lufttrichter	Durchmesser
3.2.1.3.3	Füllstand in der Schwimmerkammer	Höhe des Füllstands unter Angabe der Prüfbedingungen
3.2.1.3.4	Gewicht des Schwimmers	Gewichtsangabe
3.2.1.3.5	Schwimmernadel	Durchmesser
3.2.1.4	Starthilfe Einstellung der Schließanlage[2]	handbedient oder automatisch Angabe über die Justierung
3.2.1.5	Kraftstoffpumpe	Druckangabe oder Kennlinie[2]
3.2.2	Durch Einspritzeinrichtung Beschreibung des Systems	z.B. K-Jetronic und ggf. Luftmengenmesser[3] Steuergerät[3] Mengenteiler[3] Warmlaufregler[3] Thermozeitschalter[3] Kaltstartventil[3] Kraftstoff-Förderpumpe (Typ angeben) Systemdruck (Druck angeben)[2] Eingriffssicherung[4]
	Arbeitsweise	z.B. Einspritzung in den Ansaugkrümmer/Vorkammer/Wirbelkammer; Direkteinspritzung
3.2.2.1	Einspritzpumpe	falls nicht in 3.2.2 enthalten
3.2.2.1.1	Marke	ggf.
3.2.2.1.2	Typ	ggf.
3.2.2.1.3	Einspritzmenge mm³ je Hub bei min⁻¹ der Pumpe[5) 2)] oder Kennlinie[5) 2)] Kalibrierverfahren: auf dem Prüfstand/am Motor[5]	
3.2.2.1.4	Einspritzzeitpunkt	ggf.
3.2.2.1.5	Einspritzkurve	ggf.
3.2.2.2	Einspritzdüse	Kennzeichnung
3.2.2.3	Regler	
3.2.2.3.2	Typ	
3.2.2.3.3	Abregeldrehzahl unter Last	min^{-1}
3.2.2.3.4	Höchstdrehzahl ohne Last	min^{-1}
3.2.2.3.5	Leerlaufdrehzahl:	
3.2.2.4	Kaltstarteinrichtung:	
3.2.2.4.1	Marke:	
3.2.2.4.2	Typ:	

[1] **Amtl. Anm.:** Bei nicht herkömmlichen Motortypen und Systemen sind vom Hersteller Angaben zu machen, die den nachstehend geforderten gleichwertig sind.
[2] **Amtl. Anm.:** Toleranz angeben.
[3] **Amtl. Anm.:** Kennzeichnung angeben
[4] **Amtl. Anm.:** Beschreibung und Skizzen
[5] **Amtl. Anm.:** Nichtzutreffendes streichen.

3.2.2.4.3	Beschreibung:	
3.2.2.5	Starthilfe:	
3.2.2.5.1	Marke:	
3.2.2.5.2	Typ:	
3.2.2.5.3	Beschreibung:	
4	**Ventilsteuerzeiten oder gleichwertige Daten**	
4.1	Maximale Ventilhübe und Öffnungs- sowie Schließwinkel oder gleichwertige Merkmale anderer Steuerungen bezogen auf den oberen Totpunkt	Angabe von Ventilhub Angabe von Einlass/Auslass vor/nach OT
4.2	Bezugs- und/oder Einstellbereiche[1)]	Angabe von Einlass/Auslass-Spiel
5	**Zündung**	
5.1	Art des Zündsystems Beschreibung	z.B. Transistor-Zündanlage
5.1.1	Marke	ggf.
5.1.2	Typ	ggf.
5.1.3	Zündverstellkurve[2) 3)]	Zeichnung (bei zusätzlichen Maßnahmen zur Zündverstellung Verstellbereich)
5.1.4	Zündzeitpunkt[3)]	Angabe der Randbedingungen
5.1.5	Unterbrecherkontaktabstand und Schließwinkel	ggf. Angaben über Kontaktabstand und Art der Regelung
6	**Schalldämpferanlage**	
6.1	Beschreibung und Skizzen	Zeichnungen von Schalldämpfer und Katalysator sowie Schema der Gesamtanlage mit Hauptabmessungen der Bauteile
7	**Zusätzliche Angaben über die Prüfbedingungen**	
7.1	Zündkerzen	
7.1.1	Marke	
7.1.2	Typ	Angaben über Hersteller Typ Kennzeichnung
7.1.3	Elektrodenabstand	
7.2	Zündspule	
7.2.1	Marke	
7.2.2	Typ	
7.3	Zündkondensator	
7.3.1	Marke	falls vorhanden
7.3.2	Typ	
8	**Motorleistung** (vom Hersteller anzugeben)	
8.1	Leerlaufdrehzahl[3)]	
8.2	Kohlenmonoxidgehalt im Abgas bei Leerlauf nach Angabe des Herstellers (Vol. %)	CO-Angaben in % ggf. vor und nach Katalysator ggf. Referenzwert gem. § 47a angeben
8.3	Nennleistungsdrehzahl[3)]	
8.4	Nennleistung (kW, Messmethode)	

[1)] **Amtl. Anm.:** Nichtzutreffendes streichen.

[2)] **Amtl. Anm.:** Bei kennfeldgesteuerten Zündungen Zündkennfeld oder charakteristische Punkte.

[3)] **Amtl. Anm.:** Toleranz angeben.

9	**Verwendete Schmiermittel**	
9.1	Marke	
9.2	Typ	
10	**Austausch des Katalysators**	
	nach km	ggf.

Anhang III. Erforderliche Unterlagen für den Antrag auf Erteilung einer Allgemeinen Betriebserlaubnis nach § 22 für Abgasreinigungssysteme

1. **Prüfbericht**
   Der Technische Dienst bestätigt in seinem Prüfbericht, dass der geprüfte Fahrzeugtyp nach Einbau des Abgasreinigungssystems die Anforderungen nach Anlage XXIV erfüllt und der Fahrzeugtyp somit als bedingt schadstoffarm entsprechend der Stufe A, B oder C gilt.
   Der Prüfbericht muss enthalten:
   Beschreibung des Prüffahrzeugs
   - Fahrzeug
     - Hersteller
     - Typ
     - Ausführung
     - ABE-Nummer, ggf. Nachtrag
     - Erstzulassung
     - Fahrzeug-Identifizierungsnummer
     - Kilometerstand
   - Motor
     - Hersteller
     - Typ
     - Ausführung
     - Hubraum
     - Leistung/Drehzahl
     - Gemischbildungssystem
   - Abgasreinigungssystem
     - Art
     - Hersteller
     - Typ und Kennzeichnung
     - Prüfergebnisse

   Angabe der Fahrzeugtypen, auf die die Genehmigung ggf. ausgedehnt werden kann.

2. Zeichnungen und Stücklisten für die eindeutige Beschreibung des Abgasreinigungssystems, Abbildungen und Texte der Einbau- und Einstellanleitung, Beschreibung aller Änderungen von Teilen und Einstellungen, die nach dem Einbau des Abgasreinigungssystems vorgenommen werden müssen, ggf. Angaben über Auflagen für den Betrieb (z.B. unverbleiter Kraftstoff).

3. Ggf. Angabe der geänderten Sollwerte für die Prüfung nach § 47a.

4. Eine Bestätigung des Antragstellers, dass das Abgasreinigungssystem bei bestimmungsgemäßer Verwendung das Betriebsverhalten des Fahrzeugs nach Nummer 1.5.1.2.2 bzw. in Verbindung mit Nummer 1.5.2.2 nicht verschlechtert.

5. Bestätigung des Antragstellers, dass die Funktionsfähigkeit des Abgasreinigungssystems über eine angemessene Lebensdauer bei bestimmungsgemäßer Verwendung gewährleistet ist.

Anlage XXV
(zu § 47)

Maßnahmen gegen die Verunreinigung der Luft durch Gase von Kraftfahrzeugen mit Fremd- oder Selbstzündungsmotoren
(Definition schadstoffarmer Personenkraftwagen gemäß Europa-Norm)

1 Anwendungsbereich

Diese Anlage regelt die zulässigen Emissionen luftverunreinigender Gase von Personenkraftwagen und Wohnmobilen mit Fremd- oder mit Selbstzündungsmotoren, mit mindestens vier Rädern, höchstens neun Sitzplätzen einschließlich des Führersitzes, einer zulässigen Gesamtmasse von mindestens 400 kg und höchstens 2 500 kg, einer bauartbedingten Höchstgeschwindigkeit von mindestens 50 km/h und einem Hubraum ab 1 400 ccm.

2 Text gestrichen

3 Anforderungen

Im Sinne dieser Anlage gelten Kraftfahrzeuge mit Fremd- oder Selbstzündungsmotoren als schadstoffarm, wenn sie die technischen Anforderungen der Anhänge I bis VI der Richtlinie 83/351/EWG erfüllen, soweit in den nachfolgenden Nummern 4 und 5 nichts anderes bestimmt ist.

4 Grenzwerte

4.1 Abweichend von Anhang I der Richtlinie 83/351/EWG des Rates gelten folgende Änderungen:

4.1.1 Folgende Nummer 3.2.4 ist einzufügen:
Beschreibung der Maßnahmen, mit denen sichergestellt werden soll, dass Fahrzeuge mit Fremdzündungsmotoren nur mit unverbleitem Benzin nach den Bestimmungen der Richtlinie 85/210/EWG des Rates vom 20. März 1985 zur Angleichung der Rechtsvorschriften der Mitgliedstaaten über den Bleigehalt von Benzin (ABl. L 96 vom 3.4. 1985, S. 25) versorgt werden können. Diese Bestimmung kann beispielsweise als erfüllt betrachtet werden, wenn nachgewiesen wird, dass der Einfüllstutzen des Tanks so beschaffen ist, dass er das Auffüllen mit einem Benzinzapfventil unmöglich macht, dessen Einführstutzen einen Außendurchmesser von mehr als 2,1 cm hat.

4.1.2 Anstelle von Nummer 5.2.1.1.4 gilt:
Vorbehaltlich der Bestimmungen nach den Nummern 5.2.1.1.4.2 und 5.2.1.1.5 ist die Prüfung dreimal durchzuführen. Die festgestellte Kohlenmonoxidmasse, die Summe der Massen der Kohlenwasserstoffe und Stickoxide und die Stickoxidmasse müssen für die entsprechenden Fahrzeugklassen unter den nachstehenden Werten liegen:

Hubraum C (in ccm)	Kohlenmonoxidmasse L1 (g je Prüfung)	Summe der Massen der Kohlenwasserstoffe und Stickoxide L2 (g je Prüfung)	Stickoxidmasse L3 (g je Prüfung)
C > 2 000	25	6,5	3,5
1 400 < C ≤ 2 000	30	8	–

Kraftfahrzeuge mit einem Motor mit Kompressionszündung und einem Hubraum ab 1 400 ccm müssen den entsprechenden Grenzwerten der Hubraumklasse zwischen 1 400 ccm und 2 000 ccm genügen.

4.1.3 In den Nummern 5.2.1.1.4.1, 5.2.1.1.4.2, 5.2.1.1.5.1 und 5.2.1.1.5.2 ist nach dem Ausdruck „Summe der Massen (Emissionen) der Kohlenwasserstoffe und Stickoxide" zu ergänzen „sowie die Masse (Emission) der Stickoxide".

4.1.4 In Nummer 7.1.1.1 gelten als zulässige Grenzwerte:

Hubraum	Kohlenmonoxid-masse	Summe der Massen der Kohlenwasser-stoffe und Stickoxi-de	Stickoxidmasse
C (in ccm)	L1 (g je Prüfung)	L2 (g je Prüfung)	L3 (g je Prüfung)
C > 2 000	30	8,1	4,4
1 400 < C ≤ 2 000	36	10	–

Kraftfahrzeuge mit einem Motor mit Kompressionszündung und einem Hubraum ab 1 400 ccm müssen den entsprechenden Grenzwerten der Hubraumklasse zwischen 1 400 ccm und 2 000 ccm genügen.

4.1.5 In Nummer 7.1.1.2 gilt als Definition für L der folgende Text:
L: Grenzwert nach Nummer 7.1.1.1 für Kohlenmonoxidemissionen, die Summe der Emissionen von Kohlenwasserstoffen und Stickoxiden sowie die Stickoxidemissionen

4.1.6 Die Nummer 8 gilt nicht.

4.2 Ergänzend gilt:

4.2.1 Fahrzeuge mit Fremdzündungsmotoren müssen so ausgelegt sein, dass sie mit unverbleitem Benzin nach der Richtlinie 85/210/EWG betrieben werden können.

4.2.2 Bei Kraftfahrzeugen mit Flüssiggasantrieb ist als Bezugskraftstoff Flüssiggas nach DIN 51 622, Ausgabe November 1973, zu verwenden, dessen Gehalt an Propan 95 Prozent ± 3 Prozent beträgt. Bei Kraftfahrzeugen mit Flüssiggasanlagen, die wahlweise mit Flüssiggas oder Benzin betrieben werden können, müssen die vorgenannten Schadstoffgrenzwerte auch im Benzinbetrieb eingehalten werden.
Die Norm ist im Beuth Verlag GmbH, Burggrafenstraße 6, 10787 Berlin, erschienen und beim Deutschen Patentamt archivmäßig gesichert niedergelegt.

4.2.3 Die Funktionsfähigkeit der emissionsmindernden und emissionsrelevanten Bauteile muss durch Prüfungen gemäß Nummer 3 nachgewiesen werden; der Antragsteller muss glaubhaft machen, dass die Funktion dieser Bauteile über eine angemessene Lebensdauer bei bestimmungsgemäßem Betrieb gewährleistet ist.
Die Abgasreinigungssysteme dürfen nicht mit Einrichtungen ausgerüstet sein, die diese Systeme außer Funktion setzen.
Dies gilt nicht für Einrichtungen, die zum störungsfreien Betrieb des Fahrzeugs zwingend erforderlich sind. Einrichtungen zur Umschaltung zwischen Benzin- und Flüssiggasbetrieb sind in Fahrzeugen mit Flüssiggasanlagen zulässig.

4.2.4 Bestehen Anhaltspunkte, dass Kraftfahrzeuge die Anforderungen der Nummer 4.2.3 nicht erfüllen, so kann der Technische Dienst Vergleichsmessungen durchführen, mit denen das Emissionsverhalten auch bei höheren Geschwindigkeiten überprüft wird.

5 **In Anhang III ist der Abschnitt 3.1.7 nicht anzuwenden.**

6 **In Anhang VI gilt als Abschnitt 1 Folgendes:**
Es sind die Prüfkraftstoffe entsprechend den Spezifikationen nach Nummer 5 der Anlage XXIII zu verwenden.

Anlage XXVI
(zu § 47 Absatz 3a)

Maßnahmen gegen die Verunreinigung der Luft durch Partikel von Kraftfahrzeugen mit Selbstzündungsmotor

Inhaltsverzeichnis

1 Allgemeines

1.1 Anwendungsbereich

Diese Anlage regelt die Anforderungen an das Abgasverhalten von Personenkraftwagen und Wohnmobilen mit Selbstzündungsmotor, die

1. durch Nachrüstung mit einem Partikelminderungssystem oder
2. ab dem Tage, an dem sie erstmals für den Verkehr zugelassen werden nach § 47 Absatz 3a als besonders partikelreduziert gelten. Im Sinne dieser Vorschrift gelten als
   a) Personenkraftwagen: Kraftfahrzeuge der Klasse M_1 nach Anhang II Abschnitt A Nummer 1
   b) Wohnmobile: Kraftfahrzeuge nach Anhang II Abschnitt A Nummer 5.1

der Richtlinie 70/156/EWG, die mit Selbstzündungsmotor angetrieben und mit Dieselkraftstoff nach der Richtlinie 98/70/EG des Europäischen Parlaments und des Rates vom 13. Oktober 1998 über die Qualität von Otto- und Dieselkraftstoffen und zur Änderung der Richtlinie 93/12/EWG des Rates (ABl. L 350 vom 28.12.1998, S. 58), die zuletzt durch die Richtlinie 2009/30/EG (ABl. L 140 vom 5.6.2009, S. 88) geändert worden ist, betrieben werden.

Diese Anlage regelt auch die Anforderungen an die Partikelminderungssysteme, die für die Nachrüstung der Kraftfahrzeuge vorgesehen sind.

Die Anforderungen dieser Anlage können sinngemäß auch für Nutzfahrzeuge der Klasse N_1, die unter den Anwendungsbereich des § 47 Absatz 1 fallen, angewendet werden. Der Verwendungsbereich genehmigter Partikelminderungssysteme für Personenkraftwagen oder Wohnmobile kann dabei auf die entsprechenden Nutzfahrzeuge der Klasse N_1 erweitert werden. Die Einhaltung der Anforderungen nach Nummer 4 dieser Anlage ist nachzuweisen. Für die Zuordnung der Partikelminderungsklasse gilt Anlage XIV Nummer 3.4.

1.2 Begriffsbestimmungen und Abkürzungen

Beladungszustand:
Konstanter Partikelbeladungszustand des Partikelminderungssystems unter bestimmten Fahrzuständen ohne externe Regenerationsmaßnahmen.

Bypassverhältnis:
Verhältnis aus freiem geometrischen Querschnitt, durch den ein Teilabgasstrom konstruktionsbedingt ungereinigt das Partikelminderungssystem teilweise oder ganz umgehen kann, bezogen auf den gesamten Filtereintrittsquerschnitt.

Geregeltes Partikelminderungssystem:
Partikelminderungssystem, das einen nach Nummer 5.3 ermittelten gravimetrischen Partikelrückhaltegrad von mindestens 90 Prozent besitzt.

K_i-Faktor:
Verhältnis jedes limitierten Schadstoffs „n“ zwischen der gemittelten Gesamtemission von periodisch regenerierenden Systemen während der Regeneration und der gemittelten Gesamtemission von periodisch regenerierenden Systemen während der gesamten Partikelbeladungsphase ohne Regeneration aus dem NEFZ.

Kontinuierlich regenerierendes Partikelminderungssystem:
Partikelminderungssystem, bei dem nicht durch veränderte Motorsteuerungsparameter, Zusatzsysteme oder Motorvolllastbetriebspunkte eine Regeneration eingeleitet wird. Die kontinuierliche Regeneration eines Partikelminderungssystems findet in bestimmten Abgastemperaturbereichen kontinuierlich von selbst statt.

NEFZ:
Neuer Europäischer Fahrzyklus nach Anhang III Anlage 1 der Richtlinie 70/220/EWG in der Fassung der Richtlinie 98/69/EWG.

Ungeregeltes Partikelminderungssystem:
Partikelminderungssystem, das einen nach Nummer 3.8.2 ermittelten gravimetrischen Partikelrückhaltegrad zwischen 30 Prozent und < 90 Prozent besitzt.

Partikelminderungssystem:
Eine Abgasnachbehandlung zur Verringerung der Partikelemission durch mechanische und/oder aerodynamische Separation sowie durch Diffusions- und/oder Trägheitseffekte. Motorspezifische Änderungen an elektronischen Bauteilen und elektronischen Komponenten zählen nicht zu den Partikelminderungssystemen.

Partikelminderungssystemfamilie:
Familie aller Partikelminderungssysteme, die in ihrer Funktion als technisch identisch gemäß den Übereinstimmungskriterien in Nummer 4.1 angesehen werden.
Periodisch regenerierendes Partikelminderungssystem:
Partikelminderungssystem, bei dem eine periodische Regeneration über Zusatzeinrichtungen (zum Beispiel elektrische Beheizung, Additiv, geänderte Motorparameter) eingeleitet wird. Während der Regeneration können die Emissionsgrenzwerte überschritten werden. Diese sind über den K_i-Faktor zu berücksichtigen. Rückhaltegrad:
Verhältnis von zurückgehaltener Partikelmasse durch das Partikelminderungssystem zu der Partikelmasse im Ausgangszustand des Fahrzeugs, gemessen im NEFZ.
„Worst-Case-Regeneration":
Regeneration eines ungeregelten Partikelminderungssystems bei maximaler Partikelbeladung nach einem Dauerlauf von 4 000 km unter geringster Abgaskühlung durch den Motor sowie hohem Sauerstoffüberschuss im Abgas. Die „Worst-Case-Regeneration" dient zum Beweis der thermischen Stabilität des Partikelminderungssystems.
Abkürzungen:

η:	Rückhaltegrad
f_a:	Wichtungsfaktor der Partikelemission im Zustand I
f_b:	Wichtungsfaktor der Partikelemission im Zustand II
f_c:	Wichtungsfaktor der Partikelemission im Zustand III
f_D:	Anzahl der Zyklen zwischen zwei Regenerationen
f_d:	Anzahl der für die Regeneration erforderlichen Zyklen
M_{pi}:	gewichtete Gesamtemission (g/km) bei geregelten Partikelminderungssystemen
M_{si}:	über mehrere Zyklen (NEFZ) gemessene gemittelte Emission ohne Regeneration (g/km)
M_{ri}:	Emission während der Regeneration (NEFZ)
N_g:	nachgerüsteter Zustand
P_I:	arithmetisch gemittelte Partikelemission im Zustand I
P_{II}:	arithmetisch gemittelte Partikelemission im Zustand II
P_{III}:	arithmetisch gemittelte Partikelemission im Zustand III
P_{IVT2}:	arithmetisch gemittelte Partikelemissionen im Zustand IV, gemessen in Teil 2 des NEFZ
P_{IV}:	arithmetisch gemittelte Partikelemission im Zustand IV
PMS:	Partikelminderungssystem
P_{Ng}:	arithmetisch gemittelte Partikelemission im nachgerüsteten Zustand bei ungeregelten Systemen
P_{NgFe}:	Partikelemission für ungeregeltes System einer Familie, gemessen nach Anhang I Nummer 1.2 Buchstabe e
P_{NgFg}:	Partikelemission für offenes System einer Familie, gemessen nach Anhang I Nummer 1.2 Buchstabe g
P_{NFG}:	Partikelgesamtemission im nachgerüsteten Zustand für geschlossenes System einer Familie, gemessen nach Anhang I Nummer 2.2 Buchstabe e
P_S:	arithmetisch gemittelte Partikelemission im Ausgangszustand (ohne PMS)
V_F:	Volumen des Partikelminderungssystems
V_H:	Hubvolumen des Motors

2 **Definitionen der Minderungsstufen**

Personenkraftwagen oder Wohnmobile mit Selbstzündungsmotor gelten als besonders partikelreduziert,

2.1 sofern sie nach der Zuteilung eines amtlichen Kennzeichens mit einem Partikelminderungssystem ausgerüstet worden sind (Nachrüstungsstand) als

2.1.1 Stufe PM 01, wenn sie die im Anhang zur Vorschrift des § 47 Absatz 1 aufgeführten Bestimmungen nach den Buchstaben m, n oder o erfüllen, nicht bereits die Grenzwerte für die Gruppe I der Tabelle in Nummer 5.3.1.4 des Anhangs I einhalten und mit einem nach Nummer 6.2.3 genehmigten Partikelminderungssystem ausgerüstet worden sind, das sicherstellt, dass der Grenzwert für die Partikelmasse von 0,170 g/km nicht überschritten wird;

2.1.2 Stufe PM 0, wenn

a) sie den Anforderungen des § 47 Absatz 3 Nummer 3 oder 4 entsprechen oder

b) sie bei mehr als sechs Sitzplätzen einschließlich des Fahrersitzes oder bei einer zulässigen Gesamtmasse von mehr als 2 500 kg den Anforderungen des § 47 Absatz 3 Nummer 6 oder 7 entsprechen und dabei nur die Grenzwerte für die Gruppe II oder III der Tabelle in Nummer 5.3.1.4 des Anhangs I eingehalten werden

und mit einem nach Nummer 6.2.3 genehmigten Partikelminderungssystem ausgerüstet worden sind, das sicherstellt, dass der Grenzwert für die Partikelmasse von 0,100 g/km nicht überschritten wird;

2.1.3 Stufe PM 1, wenn

a) sie den Anforderungen des § 47 Absatz 3 Nummer 3, 4, 5, 6 oder 7 entsprechen, in den Fahrzeugpapieren nicht bereits als schadstoffarm D3 oder D4 beschrieben sind oder

b) sie bei einer zulässigen Gesamtmasse von mehr als 2 500 kg den Anforderungen des § 47 Absatz 3 Nummer 8, 9, 10, 11, 12 oder 13 entsprechen und dabei nur die Grenzwerte nach Zeile A für die Gruppen II oder III der Tabelle in Nummer 5.3.1.4 des Anhangs I eingehalten werden

und mit einem nach Nummer 6.2.3 genehmigten Partikelminderungssystem ausgerüstet worden sind und das sicherstellt, dass der Grenzwert für die Partikelmasse von 0,050 g/km nicht überschritten wird;

2.1.4 Stufe PM 2, wenn

a) sie den Anforderungen des § 47 Absatz 3 Nummer 5 oder einer der danach folgenden Nummern entsprechen, in den Fahrzeugpapieren nicht bereits als schadstoffarm D4, Euro 3 und D4 oder Euro 4 beschrieben sind oder

b) sie bei einer zulässigen Gesamtmasse von mehr als 2 500 kg den Anforderungen nach § 47 Absatz 3 Nummer 8 oder einer der danach folgenden Nummern entsprechen und dabei nur die Grenzwerte nach Zeile B für die Gruppe II oder III der Tabelle in Nummer 5.3.1.4 des Anhangs I eingehalten werden

und mit einem nach Nummer 6.2.3 genehmigten Partikelminderungssystem ausgerüstet worden sind und das sicherstellt, dass der Grenzwert für die Partikelmasse von 0,025 g/km nicht überschritten wird;

2.1.5 Stufe PM 3, wenn sie den Anforderungen des § 47 Absatz 3 Nummer 5, 6, 7, 8, 9, 10, 11, 12 oder 13 entsprechen und mit einem nach Nummer 6.2.3 genehmigten Partikelminderungssystem ausgerüstet worden sind und das sicherstellt, dass der Grenzwert für die Partikelmasse von 0,0125 g/km nicht überschritten wird;

2.1.6 Stufe PM 4, wenn sie den Anforderungen des § 47 Absatz 3 Nummer 8, 9, 10, 11, 12 oder 13 entsprechen und mit einem nach Nummer 6.2.3 genehmigten Partikelminderungssystem ausgerüstet worden sind und das sicherstellt, dass der Grenzwert für die Partikelmasse von 0,005 g/km nicht überschritten wird;

2.2 sofern sie ab dem Tage, an dem sie erstmals für den Verkehr zugelassen werden (Erstausrüstungsstand) als

2.2.1 Stufe PM 5, wenn

a) sie den Anforderungen des § 47 Absatz 3 Nummer 8, 9, 10, 11, 12 oder 13 entsprechen, die Grenzwerte L_1, L_3, L_{2+3} nach Zeile A oder Zeile B Fahrzeugklasse M oder bei einer zulässigen Gesamtmasse von mehr als 2 500 kg die für die Gruppe II oder III der Tabelle in Nummer 5.3.1.4 des Anhangs I der Richtlinie 70/220/EWG in der jeweils genannten Fassung einhalten und

b) bei der Partikelmasse als Grenzwert L_4 den Wert von 0,005 g/km nicht überschreiten und die Voraussetzungen für die Genehmigung nach Nummer 6.1 oder 6.2 erfüllt sind.

3 Anforderungen an ungeregelte Partikelminderungssysteme

Der Antragsteller, der die Betriebserlaubnis für ein Partikelminderungssystem nach Anhang IV beantragt, muss durch die in Nummer 3.2 beschriebenen Prüfungen belegen und bestätigen, dass die Funktionsfähigkeit dieses Systems bei bestimmungsgemäßem Betrieb über eine Lebensdauer von bis zu fünf Jahren oder bis zu einer Kilometerleistung von 80 000 km – je nachdem, welches Kriterium zuerst erreicht wird – gewährleistet ist. Die Partikelminderungssysteme dürfen nicht mit Einrichtungen versehen sein, die diese Systeme außer Funktion setzen.

3.1 Übereinstimmungskriterien für ungeregelte Partikelminderungssysteme

Das ungeregelte Partikelminderungssystem darf in folgenden Merkmalen nicht abweichen:

a) Rückhalteart, Arbeitsweise, Minderungsmaterial (Metall, Keramik),

b) Minderungskonstruktion des Filtermaterials (Platten, Geflecht, gewickelt, minimale Zellen-/Material-/ Vliesdichte, maximale Porosität, Porendurchmesser, Taschen-/Kugelanzahl, Oberflächenrauhigkeit, Draht-/Kugel-/Faserdurchmesser),

c) Mindestbeschichtung des Partikelminderungssystems (g/ft^3),

d) Canning/Verpackung (Lagerung/Halterung des Trägers),

e) Volumen ± 20 Prozent,

f) Regenerationstyp (periodisch oder kontinuierlich),

g) Regenerationsstrategie (katalytische, thermische, elektrothermische Regeneration),

h) Art der Additivierung (falls vorhanden),

i) Typ des Additivs (falls vorhanden),

j) Bypassverhältnis,

k) mit oder ohne vorgeschaltetem Oxidationskatalysator.

Weiterverwendung des/der vorhandenen Oxidationskatalysator(s/en):

Dem Minderungssystem vorgeschaltete Oxidationskatalysatoren können bei der Nachrüstung im Einzelfall weiter verwendet werden, wenn diese nachweislich:

a) nicht älter als fünf Jahre sind,

b) nicht länger als 80 000 km im Fahrzeug verbaut waren (Nachweis der Laufleistung über Serviceheft und Wegstreckenzähler) und

c) nicht mit sichtbaren Mängeln behaftet sind oder

d) der Hersteller des Partikelminderungssystems im Rahmen der unter Nummer 6.2.3 geforderten Betriebserlaubnis nachweist, dass die entsprechend geforderten Grenzwerte auch ohne den/die serienmäßigen Oxidationskatalysator(en) eingehalten werden (Betriebserlaubnis muss Nachweis enthalten).

Wird keiner der vorgenannten Nachweise erbracht, sind die Oxidationskatalysatoren vor der Nachrüstung mit dem Partikelminderungssystem zu erneuern.

3.2 Prüfung des ungeregelten Partikelminderungssystems

Für die Begutachtung des Partikelminderungssystems nach Nummer 3.1 muss zum Beweis der Funktionstüchtigkeit im späteren Feldeinsatz ein Dauerlauf nach Nummer 3.3 von mindestens 4 000 km durchgeführt werden. Der Dauerlauf dient dem Nachweis der Funktionstüchtigkeit und der Stabilität des Systems sowie dessen Wirkungsgrad.

Das dazu verwendete Kraftfahrzeug muss den Anforderungen der Stufe PM 2 entsprechen; bei Kraftfahrzeugen mit einer zulässigen Gesamtmasse von mehr als 2 500 kg den Anforderungen der Stufe PM 1. Die Partikelemission des Dauerlauffahrzeugs im Ausgangszustand darf im NEFZ 0,030 g/km nicht unterschreiten. Sofern kein Dauerlauffahrzeug mit entsprechender Partikelemission zur Verfügung steht, sind die Stufen bei 2 000 km bzw. 4 000 km um das Verhältnis der vorgeschriebenen Partikelmasse von 0,030 g/km zu der tatsächlichen Fahrzeugemission zu verlängern (Beispiel: bei 0,020 g/km verschieben sich die Messungen von 2 000 km auf 3 000 km und von 4 000 km auf 6 000 km).

Das für den Dauerlauf ausgewählte Kraftfahrzeug muss nicht vom selben Fahrzeughersteller wie der angestrebte Verwendungsbereich sein. Der Verwendungsbereich eines Systems umfasst einen Motorleistungsbereich zwischen 65 Prozent und 130 Prozent, bezogen auf die Motorleistung des Prüffahrzeugs.

Als Prüfzyklus für die Abgasmessungen auf dem Rollenprüfstand ist der NEFZ mit inner- und außerstädtischem Anteil (Teil 1 und Teil 2) nach Anhang III Anlage 1 der Richtlinie 70/220/EWG in der Fassung der Richtlinie 98/69/EWG anzuwenden.

3.3 Durchführung des Dauerlaufs

Der Dauerlauf ist über eine Fahrstrecke von mindestens 4 000 km durchzuführen. Auf Wunsch des Antragstellers kann vor Beginn des Dauerlaufs eine Fahrzeuginspektion durch den mit der Begutachtung beauftragten technischen Dienst sowie das Auslesen des OBD-Systems vorgenommen werden.

3.3.1 Die Streckenakkumulation kann auf dem Rollenprüfstand durch Wiederholung des innerstädtischen Anteils des NEFZ (Teil 1) durchgeführt werden.

3.3.2 Die Streckenakkumulation auf dem Rollenprüfstand kann im NEFZ mit inner- (Teil 1) und außerstädtischem (Teil 2, reduziert) Anteil durchgeführt werden. Dabei darf im Teil 2 des NEFZ eine Fahrgeschwindigkeit von 70 km/h und eine maximale Abgastemperatur von 300 °C unmittelbar vor dem Minderungssystem nicht überschritten werden.

3.3.3 Alternativ kann die in der Prüfdokumentation ausführlich zu beschreibende Dauerlaufstrecke von der begutachtenden Stelle so gewählt werden, dass sie einem realistischen innerstädtischen Fahrprofil entspricht. Dabei muss die Durchschnittsgeschwindigkeit zwischen 25 bis 35 km/h, die maximale Geschwindigkeit unter 70 km/h, der zeitliche Leerlaufanteil nicht unter 7 Prozent und der zeitliche Geschwindigkeitsanteil zwischen 50 bis 70 km/h unter 10 Prozent (nicht am Ende des Dauerlaufs gefahren) liegen. Die maximale Abgastemperatur unmittelbar vor und nach dem Partikelminderungssystem muss ohne externe Regeneration im Mittel immer unter 300 °C, die Motordrehzahl unterhalb von 60 Prozent der Nenndrehzahl liegen. Während des ganzen Dauerlaufs sind Fahrzeuggeschwindigkeit, Weg, Motordrehzahl und Differenzdruck zwischen Ein- und Ausgang des Partikelminderungssystems in der Prüfdokumentation mit aufzunehmen.

3.4 Prüfungen im Dauerlauf

Die Abgasmessungen mit eingebautem ungeregeltem Partikelminderungssystem werden nach Anhang I Nummer 1.1

a) vor Dauerlaufstart (Grundvermessung, Zustand I),

b) nach mindestens 2 000 km (Zustand II) und

c) nach mindestens 4 000 km (Zustand III) und

d) nach der „Worst-Case-Regeneration" (Zustand IV)

durchgeführt.

Vor und nach dem Dauerlauf wird das Fahrzeug zur späteren Bestimmung der Partikelminderungseffizienz im Ausgangszustand ohne Partikelminderungssystem vermessen.

Der Hersteller kann jeweils nach den 2 000 km- und den 4 000 km-Messungen zusätzliche Abgasmessungen im Ausgangszustand beantragen. Nach dem Wiedereinbau des Systems ist in diesem Falle die Abgasmessung zu wiederholen. Der dabei jeweils höchste Abgaswert ist für die Bestimmung des Rückhaltegrads heranzuziehen. Die Abweichung der Abgasmessungen mit Partikelminderungssystem vor/nach Ein-/Ausbau darf 15 Prozent nicht überschreiten.

3.5 Abgasuntersuchung

Sollen ungeregelte Partikelminderungssysteme Verwendung finden, sind zusätzlich Abgasuntersuchungen nach Nummer 3.2 der Anlage XIa mit Ermittlung des Spitzenwertes für die Rauchgastrübung durchzuführen.

3.6 „Worst-Case-Regeneration" nach dem Dauerlauf

Zur Absicherung der thermischen Stabilität im späteren Feldeinsatz von nachgerüsteten Fahrzeugen wird nach den 4 000-km-Abgasmessungen und nach der Abgasuntersuchung eine „Worst-Case-Regeneration" durchgeführt.

Die thermische „Worst-Case-Regeneration" wird mit dem Prüffahrzeug auf dem Rollenprüfstand über die Motorlast eingeleitet (zügiger Lastwechsel von unterer Teillast nach Vollast). Nach Erkennen der Zündung der Partikel im Minderungssystem wird der Leerlaufpunkt über Motorschub angefahren. Das Prüffahrzeug verbleibt so lange im Leerlauf, bis kein Rußabbrand im Rückhaltesystem mehr stattfindet. Sofern unter den vorgenannten Betriebsbedingungen nicht spätestens nach zehn Minuten Abgastemperaturen von 600 °C aufgetreten sind, ist der „Worst-Case-Test" zu beenden.

Bei Fahrzeugen oberhalb einer Motorleistung von 160 kW kann die Einleitung der „Worst-Case-Regeneration" auf der Straße erfolgen.

Sofern keine thermische Regeneration eingeleitet werden konnte, ist eine Regeneration des Partikelminderungssystems nach Herstellervorgaben im Fahrzeugbetrieb durchzuführen.

In allen Fällen werden anschließend Abgasmessungen durchgeführt. Die dabei arithmetisch gemittelte Partikelemission darf um nicht mehr als 15 Prozent von der Partikelemission P_{Ng} abweichen.

Darüber hinaus muss der Hersteller nachweisen und bestätigen, dass die verbrannte Partikelmasse und die dabei aufgetretenen Abgastemperaturen bezüglich der Haltbarkeit des Systems als unkritisch anzusehen sind.

3.7 Abgasmessungen während des Dauerlaufs

3.7.1 Ermittlung der Partikelemission im NEFZ:

Die Abgasemissionswerte im Ausgangszustand (P_S), Zustand I (Grundvermessung) (P_I), Zustand II (P_{II}), Zustand III (P_{III}) und Zustand IV (P_{IV}) ergeben sich jeweils als Mittelwert aus jeweils zwei, sofern die Messungen nicht mehr als 15 Prozent voneinander abweichen, ansonsten drei Messungen im NEFZ.

3.7.2 Ermittlung der gasförmigen Emissionen (NO_x, CO, HC) und des Kraftstoffverbrauchs in CO_2:

- Arithmetisches Mittel aus NEFZ im Ausgangszustand ohne Minderungssystem (HC_S, CO_S, NO_{xS}) und (CO_{2S});
- Arithmetisches Mittel aus NEFZ im nachgerüsteten Zustand mit Minderungssystem ($HC_{(I,II,III)}$, $CO_{(I,II,III)}$, $NO_{x\,(I,II,III)}$ und $CO_{2\,(I,II,III)}$). Die Emissionen während der „Worst-Case-Regeneration" werden nicht berücksichtigt.

3.8 Bewertung des ungeregelten Partikelminderungssystems

Die Prüfung des Partikelminderungssystems für das System gilt als bestanden, wenn folgende Kriterien erfüllt sind:

3.8.1 Die Partikelemission mit $P_{Ng} = (f_a \cdot P_I + f_b \cdot P_{II} + f_c \cdot P_{III}) / (f_a + f_b + f_c)$ mit $f_a = 1$; $f_b = 2$ und $f_c = 4$ muss unter dem Grenzwert von 0,025 g/km liegen; bei Kraftfahrzeugen mit einer zulässigen Gesamtmasse von mehr als 2 500 kg unter dem Grenzwert von 0,050 g/km.

3.8.2 Der Rückhaltegrad $\eta = 1 - (P_{Ng} / P_S)$ muss mindestens 0,3 (= 30 Prozent) erreichen mit $P_S = (P_{S1} + P_{S2}) / 2$.

3.8.3 Der Rückhaltegrad während der Rußoxidation $\eta_R = 1 - (P_{IVT2}/P_{ST2})$ aus den jeweiligen Messungen P_{IV} aus dem Teil 2 des NEFZ (außerstädtischer Anteil) muss mindestens 0,3 (= 30 Prozent) erreichen.

3.8.4 Die gemessene Partikelemission P_{IV} muss kleiner sein als $1{,}15 \cdot P_{Ng}$.

3.8.5 Die limitierten Schadstoffe müssen im Ausgangszustand und im nachgerüsteten Zustand die Grenzwerte der ursprünglichen homologierten Schadstoffklasse unterschreiten.

3.8.6 Bei den Trübungsmessungen nach Anhang I Nummer 1.1 dürfen im Ausgangszustand und im nachgerüsteten Zustand die Herstellertrübungskoeffizienten nicht überschritten werden.

4 Anforderungen an ein ungeregeltes Partikelminderungssystem zur Bildung einer Fahrzeugfamilie

Fahrzeugfamilien können mit ungeregelten Partikelminderungssystemen unterschiedlicher Größe (Volumen) unter Einhaltung der Übereinstimmungskriterien nach Nummer 3.1 gebildet werden.

4.1 Übereinstimmungskriterien für Fahrzeugfamilien

4.1.1 Für die Festlegung des Verwendungsbereichs eines baugleichen Partikelminderungssystems nach Nummer 3.1, aber mit unterschiedlichen Volumina, für verschiedene Fahrzeugtypen, dürfen sich die Versuchsträger in den Merkmalen nach Nummer 4.1.2 nicht unterscheiden. Die obere und untere Grenze des Verwendungsbereichs eines Systems wird je Fahrzeughersteller durch Vermessen zweier unterschiedlicher Prüffahrzeuge nach Nummer 4.2 auf dem Rollenprüfstand bestimmt.

4.1.2 Die zur Familie gehörenden Fahrzeugtypen sowie die Prüffahrzeuge selbst müssen in folgenden Kriterien übereinstimmen:

– Fahrzeughersteller (Verwenden andere Fahrzeughersteller den gleichen Antriebsmotor des geprüften Fahrzeugherstellers, so können, falls alle übrigen Anforderungen erfüllt sind, auch diese Fahrzeugtypen in den Verwendungsbereich mit aufgenommen werden.)
– Saugmotor, aufgeladener Motor
– Schadstoffklassen:
  - Klasse 0: Euro 1
  - Klasse I: Euro 1, Euro 2
  - Klasse II: D3, Euro 3
  - Klasse III: D4, Euro 4
– Einbauort in den Abgasstrang (Anschluss Auspuffkrümmer bis Eintritt PMS ± 300 mm vom Dauerlauffahrzeug). Dabei ist vom Antragsteller zu bestätigen, dass auch für die im Verwendungsbereich genannten Kraftfahrzeuge das Temperaturprofil bei Durchführung eines Dauerlaufs nach Nummer 3.3 um nicht mehr als 30 °C – bezogen auf das Basisfahrzeug für den Dauerlauf – nach unten abweicht.

4.2 Auswahl der Prüffahrzeuge

Die Prüffahrzeuge für einen gewählten Verwendungsbereich müssen folgende Kriterien erfüllen:

4.2.1 Prüffahrzeug I:
– maximale Leistung im Verwendungsbereich
– größtes Filtervolumen (V_{FI})
– höchste Schwungmassenklasse
– häufig verbaute Getriebekonfiguration
– hohe häufig auftretende Rollenlast

4.2.2 Prüffahrzeug II:
– niedrigste Leistung im Verwendungsbereich
– kleinstes Filtervolumen (V_{FII})
– kleinste Schwungmassenklasse
– häufig verbaute Getriebekonfiguration
– geringste häufig auftretende Rollenlast

Sollen innerhalb der Klasse I die Schadstoffklassen Euro 1 und Euro 2 für Kraftfahrzeuge eines Herstellers durch die Prüfungen abgedeckt werden, so muss eines der Prüffahrzeuge Euro 1 und das andere Euro 2 abdecken.

4.3 Prüfkriterien des Verwendungsbereichs innerhalb einer Familie nach Anhang I Nummer 1.2

Die Prüffahrzeuge müssen eine Laufleistung von mindestens 15 000 km aufweisen. Die Prüffahrzeuge müssen im Ausgangszustand und im nachgerüsteten Zustand bei allen limitierten Emissionen die Werte ihrer ursprünglich homologierten Grenzwertstufe einhalten. Die Verschlechterungsfaktoren sind nicht anzuwenden.

Der Umbau am Prüffahrzeug muss dem beantragten späteren Ausgangsstand der Umrüstung entsprechen.

Fahrzeuge mit „On-Board-Diagnose" dürfen durch den Einbau des Nachrüstsystems in ihrer Überwachungsfunktion nicht eingeschränkt werden. Das elektronische Motorsteuergerät (zum Beispiel für Einspritzung, Luftmassenmesser, Abgasminderung) darf durch die Nachrüstung nicht verändert werden.

4.4 Prüf- und Messablauf auf dem Rollenprüfstand

4.4.1 Die Fahrzeuge werden durch 2 × 10 NEFZ (220 km) konditioniert (siehe Anhang I Nummer 1.2).

4.4.2 Ermittlung aller limitierten Schadstoffe im NEFZ für:

a) Ausgangszustand;
arithmetisches Mittel aus zwei bis drei Abgasmessungen für jede Schadstoffkomponente

b) Nachrüststand;
arithmetisches Mittel aus zwei bis drei Abgasmessungen für jede Schadstoffkomponente.

4.4.3 Ermittlung des Kraftstoffverbrauchs (CO_2) im NEFZ für:

a) Kraftstoffverbrauch (Ausgangszustand);
arithmetisches Mittel aus zwei bis drei Abgasmessungen

b) Kraftstoffverbrauch (Nachrüststand);
arithmetisches Mittel aus zwei bis drei Abgasmessungen.

4.5 Bewertung der ungeregelten Partikelminderungssysteme für den Verwendungsbereich innerhalb einer Fahrzeugfamilie

Die Prüfung eines Partikelminderungssystems für den Verwendungsbereich einer Fahrzeugfamilie gilt als bestanden, wenn folgende Kriterien erfüllt sind:

4.5.1 Partikelemission

4.5.1.1 Die Partikelemission P_{NgFe} im nachgerüsteten Zustand muss unter dem Grenzwert der entsprechenden Minderungsstufe PM 1, PM 2, PM 3, PM 4, PM 5 liegen. P_{NgFe} (Anhang I Nummer 1.2 Buchstabe e) ergibt sich als Mittelwert aus maximal drei Messungen im NEFZ nach der Systemvorbereitung.

4.5.1.2 Der Rückhaltegrad $\eta_{NgFe} = 1 - (P_{NgFe} / ((P_{S1F} + P_{S2F}) /2)$ muss im nachgerüsteten Zustand mindestens 0,3 (= 30 Prozent) betragen.

4.5.1.3 P_{NgFg} darf nicht größer sein als 1,15 · P_{NgFe}. P_{NgFg} (Anhang I Nummer 1.2 Buchstabe g) ergibt sich als Mittelwert aus maximal drei Messungen im NEFZ nach Systemstabilität.

4.5.1.4 Bei den Trübungsmessungen nach Anhang I Nummer 1.2 dürfen im Ausgangszustand und im nachgerüsteten Zustand die Herstellertrübungskoeffizienten nicht überschritten werden.

4.5.2 Der gemittelte Kraftstoffverbrauch im nachgerüsteten Zustand darf den Kraftstoffverbrauch im Ausgangszustand um nicht mehr als 4 Prozent übersteigen.

4.5.3 Die limitierten Schadstoffe müssen im Ausgangszustand und im nachgerüsteten Zustand die Grenzwerte der ursprünglichen homologierten Schadstoffklasse unterschreiten.

5 Anforderungen an periodisch regenerierende Partikelminderungssysteme

Der Antragsteller, der die Betriebserlaubnis für ein Partikelminderungssystem nach Anhang IV beantragt, muss durch die in Anhang I Nummer 2 beschriebene Prüfung belegen und bestätigen, dass die Funktionsfähigkeit dieses Systems bei bestimmungsgemäßem Betrieb über eine Lebensdauer von bis zu fünf Jahren oder bis zu einer Kilometerleistung von 80 000 km – je nachdem, welches Kriterium zuerst erreicht wird – gewährleistet ist. Die Partikelminderungssysteme dürfen nicht mit Einrichtungen versehen sein, die diese Systeme außer Funktion setzen.

5.1 Übereinstimmungskriterien für geregelte Partikelminderungssysteme

Es gelten die Übereinstimmungskriterien entsprechend ECE-Regelung Nr. 83 über einheitliche Bedingungen für die Genehmigung der Fahrzeuge hinsichtlich der Emission von Schadstoffen aus dem Motor entsprechend den Kraftstofferfordernissen des Motors, Anhang 13, Nummer 2.1 (VkBl. 2005 S. 767).

5.2 Prüfung und Bewertung des geregelten Partikelminderungssystems

Bei periodisch regenerierenden Systemen muss die Partikelemission M_{Pi} bei allen Messungen, ermittelt gemäß ECE-R 83, Anhang 13, Nummer 3.3, unter dem Grenzwert von 0,005 g/km liegen mit $M_{Pi} = [(Msi \cdot fD) + (Mri \cdot fd)] / (fD + fd)$.

5.3 Bei geregelten Systemen muss der Rückhaltegrad $\eta_{Ng} = 1 - (M_{Pi} / P_{S1})$ im nachgerüsteten Zustand mindestens 0,9 (= 90 Prozent) betragen.

5.4 Die Ermittlung des K_i-Faktors bei periodisch regenerierenden Systemen erfolgt nach ECE-R 83 mit $K_i = M_{pi} / M_{si}$.

5.5 Die limitierten Schadstoffe (CO, HC, NO_x) dürfen unter Berücksichtigung des K_i-Faktors bei allen Abgasmessungen mit PMS (Ausnahme: während der periodischen Regeneration) die Grenzwerte der jeweiligen Stufe nicht überschreiten. Die mittlere Emission errechnet sich jeweils aus dem Produkt der Emissionen gemessen im Zyklus ohne Regeneration mit dem K_i-Faktor.

5.6 Der gemittelte Kraftstoffverbrauch ($CO_{2\ Ng}$) darf den Kraftstoffverbrauch im Ausgangszustand ($CO_{2\ S}$) um nicht mehr als 4 Prozent übersteigen.

5.7 Der gemittelte Trübungskoeffizient im Zustand P_{Ngh} (Anhang I Nummer 2.1 Buchstabe h) darf den Herstellergrenzwert nicht überschreiten.

5.8 Anforderungen an ein geregeltes Partikelminderungssystem zur Bildung einer Fahrzeugfamilie

Fahrzeugfamilien können mit geregelten Partikelminderungssystemen gemäß der Übereinstimmungskriterien nach ECE-R 83 Anhang 13 Nummer 2.1 gebildet werden. Der Nachweis der Funktionsfähigkeit innerhalb der Familie gilt als erbracht, wenn die Anforderungen nach Nummern 5.2 und 5.3 unter Berücksichtigung des K_i-Faktors nach Nummer 5.4, gemessen nach Anhang I Nummer 2.2, erfüllt sind.

6 Genehmigung

6.1 Neue Kraftfahrzeuge

6.1.1 EG-Typgenehmigung oder Allgemeine Betriebserlaubnis

Bei erstmals für den Verkehr zuzulassenden Kraftfahrzeugen mit Selbstzündungsmotor, die die Anforderungen nach Nummer 2.2 erfüllen, hat der Fahrzeughersteller oder sein Beauftragter auf der Grundlage der für den Fahrzeugtyp erteilten EG-Typgenehmigung oder Allgemeinen Betriebserlaubnis gegenüber der Genehmigungsbehörde eine Erklärung darüber abzugeben, dass die von ihm reihenweise gefertigten Kraftfahrzeuge als besonders partikelreduziert nach Stufe PM 5 gelten und er die Bescheinigung nach Anhang II nur ausstellt, wenn unter Berücksichtigung der für die Stufe PM 5 geltenden Grenzwerte weiterhin alle Bestimmungen der Richtlinie 70/220/EWG eingehalten werden.

6.1.2 Betriebserlaubnis für Einzelfahrzeuge

Bei Kraftfahrzeugen, die mit einer Betriebserlaubnis nach § 21 für den Verkehr zugelassen werden sollen, hat der mit der Begutachtung beauftragte amtlich anerkannte Sachverständige festzustellen, ob das Kraftfahrzeug den Anforderungen der Stufe PM 5 genügt. Es können auch Bescheinigungen nach Anhang II herangezogen werden. Ist das der Fall, hat er zudem nach pflichtgemäßem Ermessen zu beurteilen und gegebenenfalls mit einer Bescheinigung entsprechend Anhang III zu bestätigen, dass nicht zu erwarten ist, dass sich das Abgasverhalten des Kraftfahrzeugs bei bestimmungsgemäßem Betrieb in einem Zeitraum von bis zu fünf Jahren oder bis zu einer Kilometerleistung von 100 000 km, je nachdem, welches Kriterium zuerst erreicht wird, wesentlich verschlechtern wird.

6.2 Für den Verkehr zugelassene Kraftfahrzeuge

6.2.1 EG-Typgenehmigung oder Allgemeine Betriebserlaubnis

Für den Verkehr zugelassene Kraftfahrzeuge mit Selbstzündungsmotor, die die Anforderungen nach Nummer 2.2 ohne Nachrüstung erfüllen, hat der Fahrzeughersteller oder sein Beauftragter auf der Grundlage der für den Fahrzeugtyp erteilten EG-Typgenehmigung oder der Allgemeinen Betriebserlaubnis gegenüber der Genehmigungsbehörde eine Erklärung darüber abzugeben, dass die von ihm reihenweise gefertigten Kraftfahrzeuge als besonders partikelreduziert nach Stufe PM 5 gelten und er die Bescheinigung nach Anhang II nur ausstellt, wenn unter Berücksichtigung des für die Stufe PM 5 geltenden Grenzwerts bisher alle Bestimmungen der Richtlinie 70/220/EWG eingehalten wurden und auch weiterhin eingehalten werden.

6.2.2 Betriebserlaubnis für Einzelfahrzeuge

Bei Kraftfahrzeugen, die mit einer Betriebserlaubnis nach § 21 für den Verkehr zugelassen worden sind, hat der mit der Begutachtung beauftragte amtlich anerkannte Sachverständige festzustellen, ob das Kraftfahrzeug den Anforderungen der Stufe PM 5 genügt. Es können auch Bescheinigungen nach Anhang II herangezogen werden. Ist das der Fall, hat er zudem nach pflichtgemäßem Ermessen zu beurteilen und gegebenenfalls mit einer Bescheinigung entsprechend Anhang III zu bestätigen, dass nicht zu erwarten ist, dass sich das Abgasverhalten des Kraftfahrzeugs bei bestimmungsgemäßem Betrieb in einem Zeitraum von bis zu fünf Jahren oder bis zu einer Kilometerleistung von 100 000 km, je nachdem, welches Kriterium zuerst erreicht wird, wesentlich verschlechtern wird.

6.2.3 **Partikelminderungssystem für die Nachrüstung**

Sollen durch Einbau von Partikelminderungssystemen die Emissionen luftverunreinigender Partikel von bereits für den Verkehr zugelassenen Kraftfahrzeugen verringert werden, so ist für das Partikelminderungssystem eine

a) Betriebserlaubnis für Fahrzeugteile nach § 22 oder

b) Systemgenehmigung für das Fahrzeug nach den Bestimmungen der Richtlinie 70/220/EWG oder nach der ECE-R 83 erforderlich.

Im Falle von Buchstabe a muss die Betriebserlaubnis für das Partikelminderungssystem die Einhaltung einer der Partikelminderungsstufen PM 01 bis PM 4 nach den Bestimmungen dieser Anlage nachweisen. Einzelheiten über die Verwendung des Partikelminderungssystems und des Einbaus ergeben sich aus der Betriebserlaubnis. Wird im Falle von Buchstabe b für einen Fahrzeugtyp, der für die Nachrüstung mit einem Partikelminderungssystem vorgesehen ist, durch die Systemgenehmigung nach den Bestimmungen der Richtlinie 70/220/EWG oder nach der ECE-R 83 bereits nachgewiesen, dass die Anforderungen nach Nummer 2.2.1 bei Ausrüstung mit dem Partikelminderungssystem eingehalten werden, gelten die Kraftfahrzeuge dieses Typs bei nachträglicher Ausrüstung mit dem Partikelminderungssystem als besonders partikelreduziert nach Stufe PM 4. Hinsichtlich der Weiterverwendung des Oxidationskatalysators gelten die Bestimmungen nach Nummer 3.1. Die Teile für die Nachrüstung des Kraftfahrzeugs einschließlich der Montageanweisungen sind vom Fahrzeughersteller bereitzustellen. Der Hersteller stellt eine Bescheinigung nach Anhang II aus. Diese ist mit den Teilenummern des Nachrüstsatzes und den Montagebedingungen zu ergänzen und der Abnahmebescheinigung nach Anhang V beizufügen.

7 **Genehmigungsbehörde**

7.1 Genehmigungsbehörde im Sinne dieser Anlage ist das Kraftfahrt-Bundesamt, Fördestraße 16, 24944 Flensburg. Dies gilt nicht im Falle des Verfahrens nach § 21.

7.2 Partikelminderungssysteme aus anderen Mitgliedstaaten der Europäischen Gemeinschaft oder der Türkei oder einem EFTA-Staat, der Vertragspartei des EWR-Abkommens ist, für die Nachrüstung von Kraftfahrzeugen mit Dieselmotor werden anerkannt, wenn dasselbe Niveau für die Partikelminderung gewährleistet wird, das diese Anlage beinhaltet.

8 **Rücknahme der Genehmigung**

Eine Genehmigung ist zurückzunehmen, wenn festgestellt wird, dass die Voraussetzungen für die Genehmigung nicht mehr gegeben sind oder erfüllt werden oder der Inhaber der Genehmigung gegen die Pflichten aus der Genehmigung verstoßen hat.

9 **Zusätzliche Anforderungen**

9.1 **Betriebsverhalten**

Durch den Einbau des Partikelminderungssystems dürfen keine Beeinträchtigungen des Betriebsverhaltens und keine zusätzlichen Gefährdungen der Fahrzeugsicherheit eintreten.

9.2 **Geräuschverhalten**

Partikelminderungssysteme dürfen keine negativen Auswirkungen auf das Geräuschverhalten erwarten lassen.

9.3 **Additivierung**

Handelt es sich um ein additiv unterstütztes Partikelminderungssystem, so ist eine Unbedenklichkeitserklärung des Umweltbundesamtes bezüglich des Systems in Verbindung mit dem verwendeten Additiv der mit der Begutachtung beauftragten Stelle vorzulegen.

9.4 Elektromagnetische Verträglichkeit

Werden elektronische Bauteile und/oder Steuergeräte verwendet, so müssen diese den Bestimmungen des § 55a entsprechen.

10 Einbau und Abnahme der Nachrüstung mit einem genehmigten Partikelminderungssystem

10.1 Einbau

10.1.1 Die Nachrüstung mit einem genehmigten Partikelminderungssystem ist von einer für die Durchführung der Abgasuntersuchung an Kraftfahrzeugen mit Kompressionszündungsmotor nach Anlage VIIIc Nummer 1 in Verbindung mit Anlage VIII Nummer 3.1.1.1 anerkannten AU-Kraftfahrzeugwerkstatt durchzuführen. Abweichend von Satz 1 kann die Nachrüstung auch von einer anderen Stelle durchgeführt werden. In diesem Falle gilt Nummer 10.2 Buchstabe b.

10.1.2 Das nachzurüstende Kraftfahrzeug muss sich in einem technisch einwandfreien Zustand befinden. Sofern erforderlich, sind vor der Nachrüstung Mängel zu beseitigen, die das Erreichen der durch die Betriebserlaubnis des Partikelminderungssystems nachgewiesenen Partikelminderung oder die Dauerhaltbarkeit in Frage stellen.

10.2 Abnahme

Der ordnungsgemäße Einbau aller Teile und die einwandfreie Funktion des Partikelminderungssystems sind

a) von der anerkannten AU-Kraftfahrzeugwerkstatt, sofern diese die Nachrüstung selbst vorgenommen hat, auf einer dem Anhang V entsprechenden Abnahmebescheinigung für Partikelminderungssysteme zur Vorlage bei der Zulassungsbehörde oder

b) durch einen amtlich anerkannten Sachverständigen oder Prüfer für den Kraftfahrzeugverkehr oder durch einen Kraftfahrzeugsachverständigen oder Angestellten nach den Bestimmungen der Anlage VIIIb auf einer Abnahmebescheinigung im Sinne von Anhang V

zu bestätigen.

Anhang I

(zu Nummer 3.4, 4.3, 4.4.1, 4.5.1 oder 5 der Anlage XXVI)

Übersicht über Prüfabläufe

1. Ungeregelte Partikelminderungssysteme

1.1. Partikelminderungssystem:

Ausgangszustand S_1:

a) Konditionierung: 3 × Teil 2 des NEFZ

b) Abgasmessung: 2 – 3 × NEFZ (kalt)

c) Abgasuntersuchung (AU) Trübungskoeffizient Serie

Einbau Partikelminderungssystem

Zustand I (Grundvermessung):

d) Konditionierung: 3 × Teil 2 des NEFZ

e) Abgasmessung: 2 – 3 × NEFZ (kalt)

2 000 km Dauerlauf

Zustand II:

f) Konditionierung: 3 × Teil 2 des NEFZ

g) Abgasmessung: 2 – 3 × NEFZ (kalt)

2 000 km Dauerlauf bis 4 000 km gesamt

Zustand III:

h) Konditionierung: 3 × Teil 2 des NEFZ

i) Abgasmessung: 2 – 3 × NEFZ (kalt)
k) AU Trübungskoeffizient Nachrüstung

„Worst-Case-Regeneration“

Zustand IV (thermisch gealterter Zustand):
l) Konditionierung: 3 × Teil 2 des NEFZ
m) Abgasmessung: 2 – 3 × NEFZ (kalt)

Ausbau Partikelminderungssystem

Ausgangszustand S_2:
n) Konditionierung: 3 × Teil 2 des NEFZ
o) Abgasmessung: 2 – 3 × NEFZ (kalt)
p) AU Trübungskoeffizient Serie

1.2. Verwendungsbereich für Fahrzeugfamilien

Ausgangszustand S_{1F}:
a) Konditionierung: 3 × Teil 2 des NEFZ
b) Abgasmessung: 2 – 3 × NEFZ (kalt)
c) AU Trübungskoeffizient Serie

Einbau des Partikelminderungssystems

Nachrüstzustand N_{gF}:
d) Systemvorbereitung: 10 × NEFZ
e) Abgasmessung: 2 – 3 NEFZ (kalt)
f) Systemstabilität: 10 × NEFZ
g) Abgasmessung: 2 – 3 × NEFZ (kalt)
h) AU Trübungskoeffizient Nachrüstung

Ausbau des Partikelminderungssystems

Ausgangszustand S_{2F}:
i) Konditionierung: 3 × Teil 2 des NEFZ
k) Abgasmessung: 2 – 3 × NEFZ (kalt)

2. Geregelte Partikelminderungssysteme

2.1. Partikelminderungssystem:

Ausgangszustand S_{1G}:
a) Konditionierung: 3 × Teil 2 des NEFZ
b) Abgasmessung: 2 – 3 × NEFZ (kalt)
c) AU Trübungskoeffizient Serie

Einbau Partikelminderungssystem

Zustand I_G (Grundvermessung):
d) Konditionierung: 3 × Teil 2 des NEFZ
e) Bestimmung des K_i-Faktors (Prüfung nach ECE-R 83)
f) Abgasmessung während der Regeneration
g) Abgasmessung: 2 – 3 × NEFZ (kalt) ohne Regeneration
h) AU Trübungskoeffizient Serie

Ausbau des Partikelminderungssystems

Ausgangszustand S_{2G}:
i) Konditionierung: 3 × Teil 2 des NEFZ

k) Abgasmessung: 2 – 3 × NEFZ (kalt)

2.2. Verwendungsbereich für Fahrzeugfamilien
Herstellervorschläge zur Vorkonditionierung
Ausgangszustand S_{FG}:

a) Konditionierung: 3 × Teil 2 des NEFZ
b) Abgasmessung: 2 – 3 × NEFZ (kalt)
c) AU Trübungskoeffizient Serie

Einbau des Partikelminderungssystems

Nachrüstzustand P_{NFG}:

d) Konditionierung: 7 × NEFZ
e) Abgasmessung: 2 – 3 × NEFZ (kalt)
f) AU Trübungskoeffizient Nachrüstung

Anhang II
(zu Nummer 6.1.1, 6.2.1 oder 6.2.3 Buchstabe b der Anlage XXVI)

Bescheinigung des Inhabers der EG-Typgenehmigung oder Allgemeinen Betriebserlaubnis für das Kraftfahrzeug nach Anlage XXVI Nummer 6.1.1, 6.2.1 oder 6.2.3 Buchstabe b

Fahrzeughersteller:
Inhaber der EG-Typgenehmigung/Allgemeinen Betriebserlaubnis:
Nummer der EG-Typgenehmigung/Allgemeinen Betriebserlaubnis:

1	2	3	4	5
Typ und Ausführung[1)]	Typ Schlüsselnummer	Emissions-Schlüsselnummer	Genehmigung des Partikelminderungssystems	Eintragung der Partikelminderungsstufe

Es wird bescheinigt, dass die aufgeführten Fahrzeugtypen und Ausführungen die Anforderungen der in Spalte 5 eingetragenen Partikelminderungsstufe nach Anlage XXVI zu § 47 Absatz 3a einhalten und in den Fahrzeugpapieren im Feld „Bemerkungen" entsprechend gekennzeichnet werden dürfen. Für die Kennzeichnung gelten die Vorgaben in Anlage III oder V.
Gegenüber der Genehmigungsbehörde ist die nach Anlage XXVI Nummer 6.1.1, 6.2.1 und/oder 6.2.3 Buchstabe b geforderte Erklärung abgegeben worden.

Datum ……………………………………

Unterschrift: ……………………………………

(Genehmigungsinhaber oder für die Ausstellung der Fahrzeugpapiere ermächtigter Vertreter)

1) **Amtl. Anm.:** Anstelle Typ und Ausführung müssen die Fahrzeug-Identifizierungsnummer angegeben werden, wenn nicht alle Kraftfahrzeuge die Bedingungen erfüllen.

Anhang III

(zu Nummer 6.1.2, 6.2.2 oder 6.2.3 der Anlage XXVI)

Bescheinigung zu § 21 Betriebserlaubnis für Einzelfahrzeuge nach Anlage XXVI Nummer 6.1.2, 6.2.2 oder 6.2.3

Fahrzeughersteller:
Fahrzeug-Identifizierungsnummer:

1	2	3	4
Typ-Schlüsselnummer	Emissions-Schlüsselnummer	Genehmigung des Partikelminderungssystems	Eintragung der Partikelminderungsstufe

Es wird bescheinigt, dass das oben beschriebene Fahrzeug/die oben beschriebenen Fahrzeuge die Anforderungen der in Spalte 4 eingetragenen Partikelminderungsstufe nach Anlage XXVI zu § 47 Absatz 3a einhält/einhalten und in den Fahrzeugpapieren im Feld „Bemerkungen" bei Einhaltung der

– Partikelminderungsstufen PM 01 bis PM 4: entsprechend den Vorgaben in Anhang V

– Partikelminderungsstufe PM 5: als „Stufe PM 5 ab Tag Erstzul."

gekennzeichnet werden darf/dürfen. Verwendete Unterlagen für die jeweilige Bewertung wie Bescheinigungen nach Anhang II, Anhang V oder Allgemeine Betriebserlaubnisse nach § 22 sind zu nennen.

Es ist nicht zu erwarten, dass sich das Abgasverhalten des Fahrzeugs bei bestimmungsgemäßem Betrieb in einem Zeitraum von bis zu fünf Jahren oder bis zu einer Kilometerleistung von 100 000 km, je nachdem, welches Kriterium zuerst erreicht wird, wesentlich verschlechtern wird.

Technischer Dienst: ....

Datum, Unterschrift: ....

Anhang IV

(zu Nummer 3 oder 5 der Anlage XXVI)

Antrag auf Erteilung einer Betriebserlaubnis für Fahrzeugteile nach § 22 für Partikelminderungssysteme und erforderliche Unterlagen

1. Es ist ein formloser Antrag auf Erteilung einer Allgemeinen Betriebserlaubnis für ein Partikelminderungssystem bei der Genehmigungsbehörde zu stellen.

2. Der Antragsteller muss die verwaltungsrechtlichen und technischen Anforderungen für die Erteilung einer Allgemeinen Betriebserlaubnis nach § 20 in Verbindung mit § 22 erfüllen und die erforderlichen Unterlagen nach Vorgabe der Genehmigungsbehörde vorlegen.

3. Grundlage für die Erteilung ist der Technische Bericht eines akkreditierten Technischen Dienstes, in dem das Partikelminderungssystem beschrieben ist, die nach Anlage XXVI durchzuführenden Prüfungen dokumentiert sind und bestätigt wird, dass die entsprechenden Bestimmungen der Anlage XXVI eingehalten werden.

4. Im Genehmigungsverfahren wird ein genehmigter Typ eines Partikelminderungssystems hinsichtlich der Form und Abmessung des Trägers festgelegt. Nachträgliche Änderungen an der Trägerlänge und dem -querschnitt sind im Rahmen einer Erweiterung mit maximalen Abweichungen bis zu ± 10 Prozent möglich. Durch diese Änderungen darf das Volumen bis zu maximal 10 Prozent vergrößert werden. Eine Verringerung des ursprünglichen Volumens ist unzulässig.

Anhang V

(zu Nummer 10.2 der Anlage XXVI)

Abnahmebescheinigung über den ordnungsgemäßen Einbau eines genehmigten Partikelminderungssystems zur Vorlage bei der Zulassungsbehörde

1. Bestätigung des ordnungsgemäßen Einbaus

1.1 Vor dem Einbau des Partikelminderungssystems ist der technisch einwandfreie Zustand des Kraftfahrzeugs festgestellt/hergestellt[1] worden.

1.2 Das unter Nummer 2 beschriebene Kraftfahrzeug wurde mit dem unter Nummer 3 benannten Partikelminderungssystem ausgerüstet; der ordnungsgemäße Einbau aller Teile und die einwandfreie Funktion des Partikelminderungssystems werden hiermit bestätigt.

1.3 Die Erneuerung des eingebauten Oxidationskatalysators war

– nicht erforderlich.[1]

– erforderlich und ist vorgenommen worden.[1]

2. Angaben zum Kraftfahrzeug

2.1 Amtliches Kennzeichen:

2.2 Name und Anschrift des Fahrzeughalters:

2.3 Fahrzeughersteller:

2.4 Typ:

2.5 Fahrzeug-Identifizierungsnummer:

2.6 Datum der Erstzulassung:

2.7 Stand des Wegstreckenzählers:

3. Angaben zum Partikelminderungssystem (PMS)

3.1 Hersteller des PMS:

3.2 Typ/Ausführung:

3.3 Genehmigungsnummer:

3.3.1 Abdruck der ABE für das PMS nach § 22 StVZO[1],

3.3.2 Abdruck der ABE nach § 21 StVZO für das Einzelfahrzeug[1] oder

3.3.3 Herstellerbescheinigung[1] ist beigefügt.

4. Angaben zu den Fahrzeugpapieren:

4.1 Durch die Ausrüstung mit dem unter Nummer 3 beschriebenen Partikelminderungssystem erfüllt das Kraftfahrzeug die Anforderungen der nachfolgend aufgeführten Partikelminderungsstufe und ist in den Fahrzeugpapieren im Feld „Bemerkungen" wie folgt zu kennzeichnen:

– „Stufe PM 01 nachger. m. Typ: (eintragen); KBA (Nr. eintragen), ab (Datum)"[1]

– „Stufe PM 0 nachger. m. Typ: (eintragen); KBA (Nr. eintragen), ab (Datum)"[1]

– „Stufe PM 1 nachger. m. Typ: (eintragen); KBA (Nr. eintragen), ab (Datum)"[1]

– „Stufe PM 2 nachger. m. Typ: (eintragen); KBA (Nr. eintragen), ab (Datum)"[1]

– „Stufe PM 3 nachger. m. Typ: (eintragen); KBA (Nr. eintragen), ab (Datum)"[1]

– „Stufe PM 4 nachger. m. Typ: (eintragen); KBA (Nr. eintragen), ab (Datum)"[1]

Ausführende Stelle: ....

(Name, Anschrift, Kontrollnummer der anerkannten AU-Werkstatt)

....

Ort, Datum, Unterschrift der verantwortlichen Person nach § 29 Absatz 12 oder § 47a Absatz 3 StVZO

---

[1] **Amtl. Anm.:** Nichtzutreffendes ist zu streichen.

Anlage XXVII
(zu § 48 Absatz 2 und Anlage XIV Nummer 3.4)

Maßnahmen gegen die Verunreinigung der Luft durch Partikel von Nutzfahrzeugen sowie von mobilen Maschinen und Geräten mit Selbstzündungsmotor

Inhaltsverzeichnis

1 Allgemeines

1.1 Anwendungsbereich

Diese Anlage regelt die Anforderungen an Partikelminderungssysteme, die für eine Nachrüstung von mit Selbstzündungsmotor angetriebenen Nutzfahrzeugen oder mobilen Maschinen und Geräten, für die oder deren Motor § 47 Absatz 6 oder Absatz 8b gilt, vorgesehen sind. Im Sinne dieser Vorschrift gelten als Nutzfahrzeuge

a) Kraftfahrzeuge der Klasse M, ausgenommen Personenkraftwagen (M_1)

b) Kraftfahrzeuge der Klasse N

nach Anhang II Abschnitt A und Abschnitt C der Richtlinie 70/156/EWG die mit Selbstzündungsmotor angetrieben und mit Dieselkraftstoff nach der Richtlinie 98/70/EG betrieben werden.

1.2 Begriffsbestimmungen und Abkürzungen

Beladungszustand:
Konstanter Partikelbeladungszustand des Partikelminderungssystems unter bestimmten Fahrzuständen ohne externe Regenerationsmaßnahmen.

ESC-Prüfzyklus:
Prüfzyklus – bestehend aus 13 stationären Prüfphasen – nach Anhang III Anlage 1 der Richtlinie 2005/55/EG in der Fassung der Richtlinie 2006/51/EG (ABl. L 152 vom 7.6.2006, S. 11).

ELR-Prüfzyklus:
Prüfzyklus – bestehend aus einer Folge von Belastungsschritten bei gleich bleibenden Drehzahlen – nach Anhang III Anlage 1 der Richtlinie 2005/55/EG in der Fassung der Richtlinie 2006/51/EG.

ETC-Prüfzyklus:
Prüfzyklus – bestehend aus instationären, wechselnden Phasen – nach Anhang III Anlage 2 der Richtlinie 2005/55/EG in der Fassung der Richtlinie 2006/51/EG.

NRSC-Zyklus:
Stationärer Test für mobile Maschinen und Geräte nach Anhang III Nummer 3 der Richtlinie 97/68/EG in der Fassung der Richtlinie 2004/26/EG.

NRTC:
Dynamischer Test für mobile Maschinen und Geräte nach Anhang III Nummer 4 der Richtlinie 97/68/EG in der Fassung der Richtlinie 2004/26/EG.

Partikelminderungssystem (PMS):
Eine Abgasnachbehandlung zur Verringerung der Partikelemission durch mechanische und/oder aerodynamische Separation sowie durch Diffusions- und/oder Trägheitseffekte. Motorspezifische Änderungen an Bauteilen und elektronischen Bauteilen und elektronischen Komponenten zählen nicht zu den Partikelminderungssystemen. Sind jedoch für die Nachrüstung mit dem PMS zusätzliche Maßnahmen an emissionsrelevanten Bauteilen und/oder Systemkomponenten wie beispielsweise eine Änderung der Abgasrückführungs(AGR)-Regelung zur weiteren einwandfreien Funktion notwendig, muss hierfür eine Freigabe durch den Motorenhersteller vorliegen.

Geregeltes Partikelminderungssystem:

Partikelminderungssystem, das einen nach Nummer 5 oder Nummer 6 ermittelten gravimetrischen Partikelrückhaltegrad von mindestens 90 Prozent besitzt.

Kontinuierliche Regeneration:

Regenerationsprozess eines Nachbehandlungssystems, der dauerhaft oder wenigstens einmal pro Prüfzyklus abläuft.

Ungeregeltes Partikelminderungssystem:

Partikelminderungssystem, welches einen nach Nummer 5 oder Nummer 6 ermittelten gravimetrischen Partikelrückhaltegrad von mindestens 50 Prozent besitzt. Für Motoren mit einem Hubraum von unter 0,75 dm^3 je Zylinder und einer Nennleistungsdrehzahl von über 3 000 min^{-1} gilt ein Partikelrückhaltegrad von mindestens 30 Prozent.

Partikelminderungssystemfamilie:

Familie aller Partikelminderungssysteme, die in ihrer Funktion als technisch identisch nach den Übereinstimmungskriterien für Systemfamilien in Nummer 7.1 angesehen werden.

Periodisch regenerierendes Partikelminderungssystem:

Partikelminderungssystem, bei dem eine periodische Regeneration wiederkehrend in weniger als 100 Stunden Motorbetrieb abläuft.

Rückhaltegrad:

Verhältnis von zurückgehaltener Partikelmasse durch das Partikelminderungssystem zu der Partikelmasse im Ausgangszustand des Fahrzeugs, gemessen im ESC-Prüfzyklus für PMK 0 und PMK 1 und im ETC-Prüfzyklus für PMK 2 bzw. im NRSC-Zyklus für PMK 0, PMK 1 und NRTC-Zyklus für PMK 2 und berechnet nach der Formel in Nummer 5.1 oder Nummer 6.1.

Abkürzungen:

η:	Rückhaltegrad
M_{pi}:	gewichtete Gesamtemission (g/kWh) bei geregelten Partikelminderungssystemen
M_{ri}:	Emission während der Regeneration
M_{si}:	über mehrere Zyklen gemessene gemittelte Emission ohne Regeneration (g/kWh)
MGas:	Emission der gasförmigen Komponenten
PT:	Partikelemission
PT_{Ng}:	arithmetisch gemittelte Partikelemission im nachgerüsteten Zustand nach Nummer 4.1 oder Nummer 6
PT_S:	arithmetisch gemittelte Partikelemission des Motors ohne Partikelminderungssystem aus zwei Zykluswerten des jeweils anzuwendenden Zyklus
V_F:	Volumen des Partikelminderungssystems
V_H:	Hubvolumen des Motors

2 **Definitionen der Partikelminderungsklassen**

Mit einem Partikelminderungssystem nachgerüstete Nutzfahrzeuge gehören zur Partikelminderungsklasse

a) PMK 01, wenn sie die in Nummer 3.4.1,

b) PMK 0, wenn sie die in Nummer 3.4.2 unter Abschnitt 1, 2 oder 3,

c) PMK 1, wenn sie die in Nummer 3.4.3 unter Abschnitt 1, 2 oder 3,

d) PMK 2, wenn sie die in Nummer 3.4.4 unter Abschnitt 1, 2 oder 3,

e) PMK 3, wenn sie die in Nummer 3.4.5 unter Abschnitt 1,

f) PMK 4, wenn sie die in Nummer 3.4.6

der Anlage XIV beschriebenen Anforderungen einhalten.

3 **Anforderungen an Partikelminderungssysteme**

Der Antragsteller muss durch die in den Nummern 4 und 5 oder 6 beschriebenen Prüfungen belegen und bestätigen, dass die Funktionsfähigkeit des Systems bei bestimmungsgemäßem Betrieb in

a) Nutzfahrzeugen über eine Kilometerleistung von 80 000 km bei Motoren mit einem Hubraum von unter 0,75 dm^3 je Zylinder und einer Nennleistungsdrehzahl von über

3 000 min^{-1}, ansonsten von 200 000 km oder über eine Lebensdauer von bis zu sechs Jahren – je nachdem, welches Kriterium zuerst erreicht wird –,

b) mobilen Maschinen oder Geräten über 4 000 Betriebsstunden oder über eine Lebensdauer von bis zu sechs Jahren – je nachdem, welches Kriterium zuerst erreicht wird –

gewährleistet ist. Die Partikelminderungssysteme dürfen nicht mit Einrichtungen ausgerüstet sein, die diese Systeme außer Funktion setzen; ansonsten gelten die Anforderungen nach Nummer 3.2.

3.1 Übereinstimmungskriterien

Das Partikelminderungssystem darf in folgenden Merkmalen nicht abweichen:

a) Rückhalteart und Arbeitsweise Minderungsmaterial (Metall, Keramik),

b) Minderungskonstruktion des Filtermaterials (Platten, Geflecht, gewickelt, Zellen-/Material-/Vliesdichte, Porosität, Porendurchmesser, Taschen-/Schaufel-/Kugelanzahl, Oberflächenrauigkeit, Draht-/Kugel-/ Faserdurchmesser),

c) Mindestbeschichtung des Partikelminderungssystems bzw. vorgeschalteter Katalysatoren (g/ft^3),

d) Canning/Verpackung (Lagerung/Halterung des Trägers),

e) Volumen ± 30 Prozent,

f) Regenerationstyp (periodisch oder kontinuierlich),

g) Regenerationsstrategie (katalytische, thermische, elektrothermische Regeneration),

h) Art der Additivierung/des Dosiersystems (falls vorhanden),

i) Typ des Additivs (falls vorhanden),

j) Anbringungsgegebenheiten (max. + 0,5 m Anbringungsdifferenz zwischen Turboladerausgang (Turbine) und Einlass Partikelminderungssystem),

k) mit oder ohne vorgeschaltetem Oxidationskatalysator.

Weiterverwendung des oder der vorhandenen Oxidationskatalysator(en):
Dem Minderungssystem vorgeschaltete Oxidationskatalysatoren können bei der Nachrüstung im Einzelfall weiter verwendet werden, wenn diese nachweislich:

a) nicht älter als fünf Jahre sind,

b) bei Motoren mit einem Hubraum von unter 0,75 dm^3 je Zylinder und einer Nennleistungsdrehzahl von über 3 000 min^{-1} nicht länger als 80 000 km, ansonsten 150 000 km im Fahrzeug verbaut waren (Nachweis der Laufleistung über Serviceheft und Wegstreckenzähler) und

c) nicht mit sichtbaren Mängeln behaftet sind oder

d) der Hersteller des Partikelminderungssystems im Rahmen der unter Nummer 8 geforderten Betriebserlaubnis nachweist, dass die entsprechend geforderten Grenzwerte auch ohne den/die serienmäßigen Oxidationskatalysator(en) eingehalten werden (Betriebserlaubnis muss Nachweis enthalten).

Wird keiner der vorgenannten Nachweise erbracht, sind die Oxidationskatalysatoren vor der Nachrüstung mit dem Partikelminderungssystem zu erneuern.
Zur Prüfung des Partikelminderungssystems auf dem Motorenprüfstand muss das System mindestens in einem Abstand von 2 m zum Ausgang des Turboladers (Turbine) angebracht werden. Kann der Antragsteller nachweisen, dass innerhalb seines späteren Verwendungsbereichs ein kürzerer Abstand als maximaler Abstand zu betrachten ist, kann die Leitungslänge entsprechend gekürzt werden. Isolationen oder Ähnliches sind nur zulässig, wenn diese auch im späteren Fahrzeugeinsatz Verwendung finden.

3.2 Aktive Einrichtungen

Sind im oder mit dem PMS Einrichtungen vorhanden und verbaut, die dazu führen, dass unter bestimmten Voraussetzungen die für das System nach Nummer 2 bestimmten Grenzwerte nicht mehr eingehalten werden, so muss der Antragsteller nachweisen,

a) unter welchen Bedingungen solche Einrichtungen aktiviert/deaktiviert werden,

b) dass sie lediglich zum Schutze des PMS oder des Motors und/oder der Regeneration des PMS dienen und nicht dauerhaft aktiviert werden,

c) dass nach einer Aktivierung die Einrichtung nach spätestens zwei für das System nach Nummer 2 bestimmten Prüfzyklen derart deaktiviert wird, dass der ursprüngliche

Zustand wieder hergestellt ist. Der Nachweis muss in einem Dauerlauf, der mindestens fünf Aktivierungen/Deaktivierungen beinhaltet, erbracht werden,

d) dass die vorgegebenen Dauerhaltbarkeitskriterien eingehalten werden und

e) dass der Fahrer über die Aktivierung einer solchen Einrichtung informiert wird.

3.3 Kraftstoff

3.3.1 Kraftstoffqualität

Die zur Prüfung der Partikelminderungssysteme heranzuziehenden Messungen erfolgen mit handelsüblichen Kraftstoffen nach Nummer 1.1.

3.3.2 Kraftstoffverbrauch

Der auf den jeweilig anzuwendenden Prüfzyklus bezogene spezifische Kraftstoffverbrauch darf im nachgerüsteten Zustand maximal 4 Prozent über dem spezifischen Verbrauch im nicht nachgerüsteten Zustand liegen. Die Messungen zur Bestimmung des Kraftstoffverbrauchs erfolgen parallel zu den Messungen nach Nummer 4.1 für kontinuierlich regenerierende Systeme oder nach Nummer 6.2.1 für periodisch regenerierende Systeme.

4 Prüfung eines Partikelminderungssystems

Der Ablauf der Prüfung erfolgt nach den Vorgaben von Anhang I.

Für die Begutachtung des Partikelminderungssystems muss zum Beweis der Funktionstüchtigkeit im späteren Feldeinsatz ein Dauerlauf von mindestens 100 ETC-Prüfzyklen bzw. 50 NRTC-Zyklen durchgeführt werden. Der Dauerlauf dient dem Nachweis der Funktionstüchtigkeit und der Stabilität des Systems sowie dessen Wirkungsgrad. Die Messung der gasförmigen Emissionen sowie die der Partikel sollte mindestens in jedem fünften Prüfzyklus durchgeführt werden. Die Prüfung des Partikelminderungssystems erfolgt system- oder familiengebunden für den jeweiligen Verwendungsbereich, das heißt je Verwendungsbereich erfolgt eine Systemprüfung.

Darüber hinaus wird durch den Dauerlauf der Nachweis erbracht, ob es sich um ein kontinuierlich oder periodisch regenerierendes Partikelminderungssystem handelt.

Kann der Antragsteller nachweisen, dass ein für Fahrzeuge der Klasse M, ausgenommen M_1, oder der Klasse N geprüftes Partikelminderungssystem baugleich Verwendung an Selbstzündungsmotoren zum Einsatz in mobilen Maschinen und Geräten Verwendung findet und der Familien-Prüfmotor nach Nummer 4.2 sowie die Übereinstimmungskriterien nach Nummer 7.1.2 ebenso für solche Anwendungen repräsentativ sind, kann der Anwendungsbereich auch auf Selbstzündungsmotoren zum Einsatz in mobilen Maschinen und Geräten erweitert werden. Eine umgekehrte Erweiterung ist nicht möglich.

4.1 Nachweis der kontinuierlichen Regeneration

Der Nachweis für einen kontinuierlich ablaufenden Regenerationsprozess gilt als erbracht, wenn über einen Zeitraum von mindestens 25 Prüfzyklen eine geeignete Bewertungsgröße am Partikelminderungssystem als konstant betrachtet werden kann. Als geeignete Bewertungsgrößen sind die Partikelemission sowie der Abgasgegendruck anzusehen. Diese Größen gelten bei einer Varianz unter 15 Prozent über 25 Prüfzyklen als konstant im Sinne dieser Prüfvorschrift. Die Messung des Abgasgegendrucks erfolgt hierbei kontinuierlich, die Messung der Partikelemission mindestens in jedem fünften Prüfzyklus.

Die Varianz berechnet sich wie folgt:

$$\text{Varianz} = \frac{\text{Standardabweichung } X(n)}{\text{Mittelwert } X(n)}$$

mit:

$$\text{Standardabweichung} = \sqrt{\frac{n\sum x^2 - \left(\sum x^2\right)}{n^2}}$$

und:

$$\text{Mittelwert} = (x_1 + x_2 + \ldots + x_n)/n$$

mit

n = Anzahl der Messwerte
x = jeweiliger Einzelmesswert

4.2 Auswahl des Familien-Prüfmotors

Der für die Prüfungen ausgewählte Motor sollte aus einer dem späteren Verwendungsbereich entsprechenden Motorenfamilie stammen.

Der Prüfmotor für den gewählten Verwendungsbereich muss folgende Kriterien erfüllen:

– 100 Prozent bis 60 Prozent Leistung des Stamm-Motors im Verwendungsbereich (Stamm-Motor einer Motorenfamilie nach Anhang I Nummer 8.2 bzw. Anhang I Nummer 7 der in Nummer 7.1.2 genannten Richtlinien),
– kleinstes angewendetes Filtervolumen (VFI) für den gewählten Prüfmotor entsprechend der späteren Verwendung.

Als Prüfzyklus für die Abgasmessungen von Motoren für Nutzfahrzeuge auf dem Motorenprüfstand ist in allen Fällen der angepasste ESC-Prüfzyklus nach Anhang V und für PMK 2 auch der ETC-Prüfzyklus anzuwenden. Für Motoren für mobile Maschinen und Geräte ist für PMK 0 und PMK 1 der NRSC-Zyklus und für PMK 2 der NRTC-Zyklus anzuwenden. Die Messung der gasförmigen Emissionen sowie die der Partikel soll mindestens in jedem fünften Prüfzyklus innerhalb der Messungen zum Nachweis des Regenerationsverhaltens erfolgen.

4.3 Prüfung des Regenerationsverhaltens bei ungeregelten Systemen

Ungeregelte Partikelminderungssysteme nach Nummer 1.2 sind einer weiteren Prüfung zum Nachweis des Regenerationsverhaltens zu unterziehen.

Diese Prüfung erfolgt über eine Systembeladung bis zum Erreichen eines konstanten Abgasgegendrucks oder über eine Zeitdauer von höchstens 100 Stunden. Der Abgasgegendruck gilt als konstant, wenn frühestens nach 50 Stunden innerhalb eines Zeitraums von 30 Minuten der Abgasgegendruck innerhalb eines Bereichs von 4 mbar liegt. Die Prüfpunkte des Beladungs-Zyklus sind so zu wählen, dass eine maximale Abgastemperatur von 180 °C vor dem Partikelminderungssystem nicht überschritten wird. Die Beladung erfolgt vorzugsweise durch Anfahren einer konstanten Drehzahl im Bereich zwischen 50 Prozent bis 75 Prozent der Nenndrehzahl des Prüfmotors.

Nach Erreichung der Systembeladung oder nach höchstens 100 Stunden wird eine Regeneration eingeleitet. Diese kann beispielsweise durch das Anfahren der Prüfphase 8 im angepassten ESC-Prüfzyklus nach Anhang V veranlasst werden. Nach Abschluss der Regeneration sind Abgasmessungen in mindestens drei ESC-Prüfzyklen nach Anhang V und/oder drei ETC-Prüfzyklen bzw. drei NRSC- oder NRTC-Zyklen durchzuführen. Die dabei gemessenen Abgaswerte dürfen um nicht mehr als 15 Prozent für die gasförmigen Emissionen und 20 Prozent für die Emissionen der Partikelmasse von den gemessenen Abgaswerten vor dem Beladungs-Dauerlauf abweichen.

Der Hersteller muss bestätigen, dass die bei der Regeneration eintretenden Temperaturen maximal als unkritisch einzustufen sind.

Alternativ zum Beladungs-Dauerlauf kann der Hersteller ein bereits grenzbeladenes Partikelminderungssystem zur Regenerations-Prüfung vorstellen.

4.4 Prüfung der Rauchgastrübung im ELR-Prüfzyklus

Die Prüfung der Rauchgastrübung ist nach den Bestimmungen von Anhang III Anlage 1 Nummer 3 in Verbindung mit Nummer 6 der Richtlinie 2005/55/EG in der Fassung der Richtlinie 2006/51/EG (ABl. L 152 vom 7.6.2006, S. 11) durchzuführen. Im Anhang I ist festgelegt, wann diese Prüfung erfolgen muss.

5 Bewertungskriterien für kontinuierlich regenerierende Partikelminderungssysteme

Der Ablauf der Prüfung erfolgt nach den Vorgaben von Anhang I. Die Systemprüfung des Partikelminderungssystems gilt als bestanden, wenn folgende Kriterien erfüllt sind:

5.1 Rückhaltegrad

Der Rückhaltegrad η muss im nachgerüsteten Zustand

a) bei ungeregelten Systemen für Motoren mit einem Hubraum von unter 0,75 dm^3 je Zylinder und einer Nennleistungsdrehzahl von über 3 000 min^{-1} mindestens 0,3 (= 30 Prozent), ansonsten mindestens 0,5 (= 50 Prozent),

b) bei geregelten Systemen mindestens 0,9 (= 90 Prozent)

erreichen.
Der Rückhaltegrad η berechnet sich wie folgt: $\eta = 1 - (PT_{Ng}/PT_S)$.

5.2 **Limitierte Schadstoffe**

Die limitierten Schadstoffe (CO, HC, NO_x) müssen im Ausgangszustand und im nachgerüsteten Zustand die Grenzwerte der ursprünglich homologierten Schadstoffklasse einhalten. Das NO_2/NO_x-Verhältnis ist für den Ausgangs- und Nachrüstzustand zu dokumentieren und im Prüfbericht anzugeben.
Die Bestimmung der NO_2- und NO_x-Massenemissionen ist durch simultane Messung zu bestimmen. Die Messung kann durch jeweils einen NO_2- und NO_x-Analysator oder durch einen kombinierten NO_2-/NO_x-Analysator erfolgen.

5.3 **Rauchgastrübung**

Die nach Anhang III Anlage 1 Nummer 3 in Verbindung mit Nummer 6 der Richtlinie 2005/55/EG ermittelte Rauchgastrübung darf im Ausgangszustand und im nachgerüsteten Zustand den Wert von 0,8 m^{-1} nicht überschreiten.

6 **Bewertungskriterien für periodisch regenerierende Partikelminderungssysteme**

Der Ablauf der Prüfung erfolgt nach den Vorgaben von Anhang I.
Die Systemprüfung des Partikelminderungssystems gilt als bestanden, wenn folgende Kriterien erfüllt sind:
Für periodisch regenerierende Systeme wird die Partikelemission wie folgt bestimmt:

$$PT = (n1 \times PT{,}n1 + n2 \times PT{,}n2)/(n1 + n2)$$

mit:

n1 = Anzahl der angepassten ESC-Prüfzyklen nach Anhang V (PMK 0, PMK 1)/ETC-Prüfzyklus (PMK 2) zwischen zwei Regenerationen

n2 = Anzahl der angepassten ESC-Prüfzyklen nach Anhang V (PMK 0, PMK 1)/ETC-Prüfzyklus (PMK 2) während der Regeneration (Minimum jeweils 1 Prüfzyklus)

PT,n1 = Emission während der Beladung (arithmetischer Mittelwert aus der Messung zu Beginn der Beladung und aus der Messung zum Ende der Beladung; es sind auch mehr Messungen zulässig)

PT,n2 = Emission während der Regeneration

Für eine periodisch regenerierende Abgasnachbehandlung müssen die Emissionen mindestens in drei angepasste ESC-Prüfzyklen nach Anhang V (einmal zu Beginn, einmal zu Ende der Beladung und einmal während der Regeneration) bestimmt werden. Der Regenerationsprozess muss wenigstens einmal während eines angepassten ESC-Prüfzyklus nach Anhang V auftreten. Die Messungen können innerhalb des Dauerlaufs nach Nummer 4.1 erfolgen.
Werden mehr als zwei Messungen zwischen den Regenerationsphasen zur Emissionsbestimmung herangezogen, müssen diese weiteren Messungen in äquidistanten Abständen erfolgen und per arithmetischer Mittelwertbildung zusammengefasst werden.
Der Hersteller muss angeben, unter welchen Bedingungen (Beladung, Temperatur, Gegendruck, Zeitdauer usw.) die Regeneration im Normalfall auftritt. Für die Messungen während der Regeneration kann der Antragsteller ein grenzbeladenes System zur Messung beistellen.
Während der Regenerationsphasen dürfen die jeweiligen heranzuziehenden Grenzwerte überschritten werden.

6.1 **Rückhaltegrad**

Der Rückhaltegrad η muss im nachgerüsteten Zustand

a) bei ungeregelten Systemen für Motoren mit einem Hubraum von unter 0,75 dm^3 je Zylinder und einer Nennleistungsdrehzahl von über 3 000 min^{-1} mindestens 0,3 (= 30 Prozent), ansonsten mindestens 0,5 (= 50 Prozent),

b) bei geregelten Systemen mindestens 0,9 (= 90 Prozent)

erreichen.
Der Rückhaltegrad η berechnet sich wie folgt: $\eta = 1 - (PT/PT_S)$.

6.2 Limitierte Schadstoffe

Die limitierten Schadstoffe (CO, HC, NO_x) müssen unter Berücksichtigung der Berechnung in Nummer 6.2.1 im Ausgangszustand und im nachgerüsteten Zustand die Grenzwerte der ursprünglich homologierten Schadstoffklasse einhalten. Das NO_2-/NO_x-Verhältnis ist entsprechend Nummer 5.2 für den Ausgangs- und Nachrüstzustand zu dokumentieren und im Prüfbericht anzugeben.

6.2.1 Gewichtete gasförmige Emissionen

Für periodisch regenerierende Systeme wird die Emission der gasförmigen Komponenten wie folgt bestimmt:

MGas = (n1 × MGas,n1 + n2 × MGas,n2)/(n1 + n2)

mit:

n1 =	Anzahl der angepassten ESC-Prüfzyklen nach Anhang V (PMK 0, PMK 1)/ETC-Prüfzyklus (PMK 2) zwischen zwei Regenerationen
n2 =	Anzahl der angepassten ESC-Prüfzyklen nach Anhang V (PMK 0, PMK 1)/ETC-Prüfzyklus (PMK 2) während der Regeneration (Minimum jeweils 1 Prüfzyklus)
MGas,n1 =	Emission während der Beladung (arithmetischer Mittelwert aus der Messung zu Beginn der Beladung und aus der Messung zum Ende der Beladung; es sind auch mehr Messungen zulässig)
MGas,n2 =	Emission während der Regeneration

6.3 Rauchgastrübung

Die nach Anhang III Anlage 1 Nummer 3 in Verbindung mit Nummer 6 der Richtlinie 2005/55/EG ermittelte Rauchgastrübung darf im Ausgangszustand und im nachgerüsteten Zustand den Wert von 0,8 m^{-1} nicht überschreiten.

7 Anforderungen an Partikelminderungssysteme zur Bildung einer Systemfamilie

Systemfamilien können mit Partikelminderungssystemen unterschiedlicher Größe (Volumen) unter Einhaltung der Übereinstimmungskriterien nach Nummer 7.1 gebildet werden.

7.1 Übereinstimmungskriterien für Systemfamilien

7.1.1 Für die Festlegung des Verwendungsbereichs eines baugleichen Partikelminderungssystems, mit unterschiedlichen Volumina, für verschiedene Motoren oder Fahrzeugtypen, dürfen sich die Versuchsträger in den Merkmalen nach Nummer 3 nicht unterscheiden. Die Grenze des Verwendungsbereichs eines Systems wird je Motoren- bzw. Fahrzeughersteller durch Vermessen eines Prüfmotors nach Nummer 4.2 auf dem Motorenprüfstand bestimmt.

7.1.2 Der Verwendungsbereich einer PMS-Systemfamilie erstreckt sich über die mit dem jeweiligen Prüfmotor nach Nummer 4.2 abgedeckte Motorenfamilie nach der Richtlinie 2005/55/EG oder der Richtlinie 97/68/EG in der Fassung der Richtlinie 2004/26/EG (ABl. L 225 vom 25.6.2004, S. 3) eines Motorenherstellers. Kann der Antragsteller nachweisen, dass weitere Motorenfamilien des durch den Prüfmotor abgedeckten Verwendungsbereichs eines Herstellers oder Motorenfamilien weiterer Hersteller hinsichtlich der Familienbildungskriterien identisch sind, kann der Verwendungsbereich auf diese Motorenfamilien ausgeweitet werden. Für die Ausweitung des Verwendungsbereichs gelten als Familienbildungskriterien ± 15 Prozent des Einzelzylinderhubvolumens sowie das Ansaugverfahren (Turbo-/Saugmotor).

7.2 Anforderungen an den Prüfmotor

Der Prüfmotor muss im Serienzustand und im nachgerüsteten Zustand bei allen limitierten Emissionen die Werte der ursprünglich homologierten Grenzwertstufe einhalten.

Der Umbau am Prüfmotor muss dem beantragten späteren Serienstand der Umrüstung entsprechen.

Fahrzeuge mit „On-Board-Diagnose" dürfen durch den Einbau des Nachrüstsystems in ihrer Überwachungsfunktion nicht eingeschränkt werden. Das elektronische Motorsteuergerät (z.B. für Einspritzung, Luftmassenmesser, Abgasminderung) darf durch die Nachrüstung nicht verändert werden.

Hat der Prüfmotor keine Abgasrückführung (AGR), darf der Verwendungsbereich auf Motoren mit AGR nur dann ausgeweitet werden, wenn der Antragsteller nachweisen kann, dass das Partikelminderungssystem keinen negativen Einfluss auf die limitierten gasförmigen Schadstoffkomponenten nimmt. Liegt eine entsprechende Freigabe des Motorenherstellers vor, ist kein Nachweis erforderlich.

7.3 **Prüf- und Messablauf auf dem Motorenprüfstand**

Im Anhang I ist der Prüfablauf für ungeregelte und geregelte Partikelminderungssysteme dargestellt.

7.4 **Bewertung der Partikelminderungssysteme für den Verwendungsbereich innerhalb einer Motoren-/ Fahrzeugfamilie**

Die Prüfung eines Partikelminderungssystems für den Verwendungsbereich gilt als bestanden, wenn folgende Kriterien erfüllt sind:

7.4.1 **Partikelemission**

Die Partikelemission im nachgerüsteten Zustand muss unter dem Grenzwert der entsprechenden Minderungsstufe PMK 0, PMK 1 oder PMK 2 liegen.

7.4.2 **Rückhaltegrad**

Der Rückhaltegrad η muss im nachgerüsteten Zustand

a) bei ungeregelten Systemen für Motoren mit einem Hubraum von unter 0,75 dm^3 je Zylinder und einer Nennleistungsdrehzahl von über 3 000 min^{-1} mindestens 0,3 (= 30 Prozent), ansonsten mindestens 0,5 (= 50 Prozent),

b) bei geregelten Systemen mindestens 0,9 (= 90 Prozent)

erreichen.

7.4.3 **Rauchgastrübung**

Die nach Anhang III Anlage 1 Nummer 3 in Verbindung mit Nummer 6 der Richtlinie 2005/55/EG ermittelte Rauchgastrübung darf im Ausgangszustand und im nachgerüsteten Zustand den Wert von 0,8 m^{-1} nicht überschreiten.

7.4.4 **Limitierte gasförmige Komponenten**

Die limitierten gasförmigen Komponenten müssen im Serienzustand und im nachgerüsteten Zustand die Grenzwerte der ursprünglich homologierten Schadstoffklasse unterschreiten.

8 **Genehmigung**

Sollen durch Einbau von Partikelminderungssystemen die Emissionen luftverunreinigender Partikel von bereits für den Verkehr zugelassenen Kraftfahrzeugen verringert werden, so ist für das Partikelminderungssystem eine

a) Betriebserlaubnis für Fahrzeugteile nach § 22 oder

b) Genehmigung im Rahmen einer Betriebserlaubnis für das Fahrzeug nach § 21

erforderlich.

Im Falle von Buchstabe a muss die Betriebserlaubnis für das Partikelminderungssystem die Einhaltung einer der Partikelminderungsklassen PMK 0, PMK 1 oder PMK 2 nach den Bestimmungen dieser Anlage nachweisen. Einzelheiten über die Verwendung des Partikelminderungssystems und des Einbaus ergeben sich aus der Betriebserlaubnis.

Im Falle von Buchstabe b hat der mit der Begutachtung beauftragte amtlich anerkannte Sachverständige festzustellen, ob das Kraftfahrzeug den Anforderungen der Partikelminderungsklasse PMK 0, PMK 1 oder PMK 2 genügt. Er hat zudem nach pflichtgemäßem Ermessen zu beurteilen und gegebenenfalls mit einer Bescheinigung entsprechend Anhang II zu bestätigen, dass nicht zu erwarten ist, dass sich das Abgasverhalten des Kraftfahrzeugs bei bestimmungsgemäßem Betrieb in der entsprechenden, in Nummer 3 vorgegebenen Laufleistungszeit nicht wesentlich verschlechtern wird.

9 **Genehmigungsbehörde**

9.1 Genehmigungsbehörde im Sinne dieser Anlage ist das Kraftfahrt-Bundesamt, Fördestraße 16, 24944 Flensburg. Dies gilt nicht für das Verfahren nach § 21.

9.2 Partikelminderungssysteme aus anderen Mitgliedstaaten der Europäischen Gemeinschaft oder der Türkei oder einem EFTA-Staat, der Vertragspartei des EWR-Abkommens ist, für die Nachrüstung von Kraftfahrzeugen mit Dieselmotor werden anerkannt, wenn dieselbe Ebene für die Partikelminderung gewährleistet wird, den diese Anlage beinhaltet.

10 Rücknahme der Genehmigung

Eine Genehmigung ist zurückzunehmen, wenn festgestellt wird, dass die Voraussetzungen für die Genehmigung nicht mehr gegeben sind oder erfüllt werden oder der Inhaber der Genehmigung gegen die Pflichten aus der Genehmigung grob verstoßen hat.

11 Zusätzliche Anforderungen

11.1 Betriebsverhalten

Durch den Einbau des Partikelminderungssystems dürfen keine Beeinträchtigungen des Betriebsverhaltens und keine zusätzlichen Gefährdungen der Fahrzeugsicherheit eintreten.

11.2 Geräuschverhalten

Der Antragsteller muss nachweisen, dass durch die Nachrüstung eines Partikelminderungssystems keine Verschlechterung des Geräuschverhaltens zu erwarten ist. Bei zusätzlich zu der serienmäßigen Schalldämpfungsanlage angebrachten Partikelminderungssystemen kann auf eine Geräuschmessung verzichtet werden.

11.3 Additivierung

Handelt es sich um ein additiv unterstütztes Partikelminderungssystem, so ist eine Unbedenklichkeitserklärung des Umweltbundesamtes bezüglich des Systems in Verbindung mit dem verwendeten Additiv der mit der Begutachtung beauftragten Stelle vorzulegen.

11.4 Elektromagnetische Verträglichkeit

Werden elektronische Bauteile und/oder Steuergeräte verwendet, so müssen diese den Bestimmungen des § 55a entsprechen.

12 Einbau und Abnahme der Nachrüstung mit einem genehmigten Partikelminderungssystem

12.1 Einbau

12.1.1 Die Nachrüstung mit einem genehmigten Partikelminderungssystem ist von einer für die Durchführung der Abgasuntersuchung an Kraftfahrzeugen mit Kompressionszündungsmotor nach Anlage VIIIc Nummer 1 in Verbindung mit Anlage VIIIa Nummer 3.1.1.1 anerkannten AU-Kraftfahrzeugwerkstatt durchzuführen. Abweichend von Satz 1 kann die Nachrüstung auch von einer anderen Stelle durchgeführt werden. In diesem Falle gilt Nummer 12.2 Buchstabe b.

12.1.2 Das nachzurüstende Kraftfahrzeug muss sich in einem technisch einwandfreien Zustand befinden. Sofern erforderlich sind vor der Nachrüstung Mängel zu beseitigen, die das Erreichen des durch die Betriebserlaubnis des Partikelminderungssystems nachgewiesene Partikelminderung oder die Dauerhaltbarkeit in Frage stellen.

12.2 Abnahme

Der ordnungsgemäße Einbau aller Teile und die einwandfreie Funktion des Partikelminderungssystems sind

a) von der anerkannten AU-Kraftfahrzeugwerkstatt, sofern diese die Nachrüstung selbst vorgenommen hat, auf einer dem Anhang IV entsprechenden Abnahmebescheinigung für Partikelminderungssysteme zur Vorlage bei der Zulassungsbehörde oder

b) durch einen amtlich anerkannten Sachverständigen oder Prüfer für den Kraftfahrzeugverkehr oder durch einen Kraftfahrzeugsachverständigen oder Angestellten nach den Bestimmungen der Anlage VIIIb auf einer Abnahmebescheinigung im Sinne von Anhang IV

zu bestätigen.

Anhang I

(zu Nummer 4, 5 oder 6)

Übersicht über Prüfabläufe

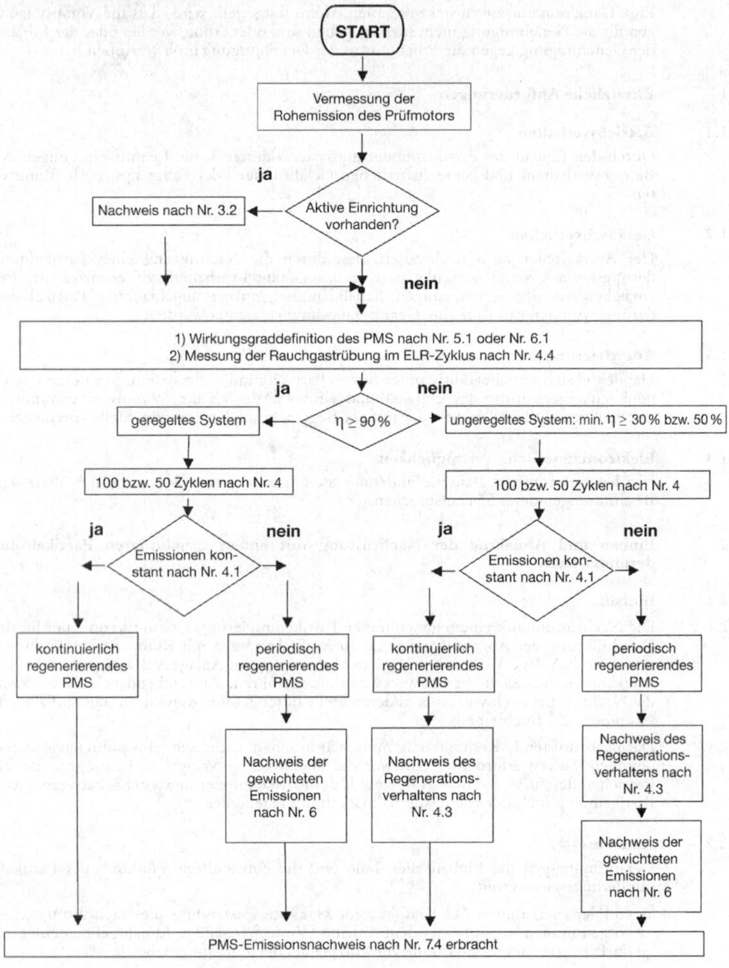

Anhang II

(zu Nummer 8 Buchstabe b)

Bescheinigung zu § 21 Betriebserlaubnis für Einzelfahrzeuge nach Anlage XXVII

Fahrzeughersteller:
Fahrzeug-Identifizierungsnummer:

1	2	3	4
Typ-Schlüsselnummer	Emissions-Schlüssel-nummer	Genehmigung des Partikelminderungs-systems	Eintragung der Par-tikelminderungsklasse

Es wird bescheinigt, dass das oben beschriebene Fahrzeug/die oben beschriebenen Fahrzeuge die Anforderungen der in Spalte 4 eingetragenen Partikelminderungsklasse nach Anlage XIV zu § 48 in Verbindung mit Anlage XXVII einhält/einhalten und in den Fahrzeugpapieren im Feld „Bemerkungen" entsprechend den Vorgaben in Anhang V gekennzeichnet werden dürfen.
Verwendete Unterlagen für die jeweilige Bewertung, wie Bescheinigungen nach Anhang IV oder Allgemeine Betriebserlaubnisse nach § 22, sind zu nennen.
Es ist nicht zu erwarten, dass sich das Abgasverhalten des Fahrzeugs bei bestimmungsgemäßem Betrieb in einem Zeitraum von bis zu fünf Jahren oder bis zu einer Kilometerleistung von 80 000 km bei Motoren mit einem Hubraum unter 0,75 dm^3 je Zylinder und einer Nennleistungsdrehzahl von über 3 000 m^{-1}, ansonsten von 200 000 km, je nachdem, welches Kriterium zuerst erreicht wird, wesentlich verschlechtern wird.

Technischer Dienst: ....
Datum, Unterschrift: ....

Anhang III

(zu den Nummern 3 und 8 Buchstabe a)

Antrag auf Erteilung einer Betriebserlaubnis für Fahrzeugteile nach § 22 für Partikelminderungssysteme und erforderliche Unterlagen

1. Es ist ein formloser Antrag auf Erteilung einer Allgemeinen Betriebserlaubnis für ein Partikelminderungssystem bei der Genehmigungsbehörde zu stellen.
2. Der Antragsteller muss die verwaltungsrechtlichen und technischen Anforderungen für die Erteilung einer Allgemeinen Betriebserlaubnis nach § 20 in Verbindung mit § 22 erfüllen und die erforderlichen Unterlagen nach Vorgabe der Genehmigungsbehörde vorlegen.
3. Grundlage für die Erteilung ist der Technische Bericht eines akkreditierten Technischen Dienstes, in dem das Partikelminderungssystem beschrieben ist, die nach Anlage XXVII durchzuführenden Prüfungen dokumentiert sind und bestätigt wird, dass die entsprechenden Bestimmungen der Anlage XXVII eingehalten werden.
4. Im Genehmigungsverfahren wird ein genehmigter Typ eines Partikelminderungssystems hinsichtlich der Form und Abmessung des Trägers festgelegt. Nachträgliche Änderungen an der Trägerlänge und dem -querschnitt sind im Rahmen einer Erweiterung mit maximalen Abweichungen bis zu ± 10 Prozent möglich. Durch diese Änderungen darf das Volumen bis zu maximal 10 Prozent vergrößert werden. Eine Verringerung des ursprünglichen Volumens ist unzulässig.

Anhang IV

(zu Nummer 12.2)

Abnahmebescheinigung über den ordnungsgemäßen Einbau eines genehmigten Partikelminderungssystems zur Vorlage bei der Zulassungsbehörde

1. Bestätigung des ordnungsgemäßen Einbaus

1.1 Vor dem Einbau des Partikelminderungssystems ist der technisch einwandfreie Zustand des Kraftfahrzeugs festgestellt/hergestellt[1] worden.

1.2 Das unter Nummer 2 beschriebene Kraftfahrzeug wurde mit dem unter Nummer 3 benannten Partikelminderungssystem ausgerüstet; der ordnungsgemäße Einbau aller Teile und die einwandfreie Funktion des Partikelminderungssystems werden hiermit bestätigt.

1.3 Die Erneuerung des eingebauten Oxidationskatalysators war
- nicht erforderlich[1]
- erforderlich und ist vorgenommen worden[1]

2. Angaben zum Kraftfahrzeug

2.1 Amtliches Kennzeichen:

2.2 Name und Anschrift des Fahrzeughalters:

2.3 Fahrzeughersteller:

2.4 Typ:

2.5 Fahrzeug-Identifizierungsnummer:

2.6 Datum der Erstzulassung:

2.7 Stand des Wegstreckenzählers:

3. Angaben zum Partikelminderungssystem (PMS)

3.1 Hersteller des PMS:

3.2 Typ/Ausführung:

3.3 Genehmigungsnummer:

3.3.1 Abdruck der ABE für das PMS nach § 22 StVZO[1]

3.3.2 Abdruck der ABE nach § 21 StVZO für das Einzelfahrzeug[1]

4. Angaben zu den Fahrzeugpapieren:

4.1 Durch die Ausrüstung mit dem unter Nummer 3 beschriebenen Partikelminderungssystem erfüllt das Kraftfahrzeug die Anforderungen der nachfolgend aufgeführten Partikelminderungsklasse und ist in den Fahrzeugpapieren im Feld „Bemerkungen" wie folgt zu kennzeichnen:
- „PMK 0 nachger. m. Typ: (eintragen); KBA (Nr. eintragen), ab (Datum)"[1]
- „PMK 1 nachger. m. Typ: (eintragen); KBA (Nr. eintragen), ab (Datum)"[1]
- „PMK 2 nachger. m. Typ: (eintragen); KBA (Nr. eintragen), ab (Datum)"[1]

Ausführende Stelle: ....
....

(Name, Anschrift, Kontrollnummer der anerkannten AU-Werkstatt)

Ort, Datum, Unterschrift der nach § 29 Absatz 12 oder § 47a Absatz 3 StVZO für die Untersuchung der Abgase verantwortlichen Person ....
....

[1] **Amtl. Anm.**: Nichtzutreffendes ist zu streichen.

Anhang V

(zu Nummer 4.2, 4.3 oder 6)

Angepasster ESC-Zyklus

1 ESC-Zyklus zur Bestimmung der Partikelemission bei periodisch regenerierenden Systemen

1.1 Zur Bestimmung der Partikelemission bei periodisch regenerierenden Systemen wird ein ESC-Zyklus mit folgenden Stufen- und Sammelzeiten herangezogen:

Prüfphase	Motordrehzahl	Teillastverhältnis	Dauer der Prüfphase	PM-Sammelzeit
1	Leerlauf	–	240 sec	210 sec
2	A	100	120 sec	90 sec
3	B	50	120 sec	90 sec
4	B	75	120 sec	90 sec
5	A	50	120 sec	90 sec
6	A	75	120 sec	90 sec
7	A	25	120 sec	90 sec
8	B	100	120 sec	90 sec
9	B	25	120 sec	90 sec
10	C	100	120 sec	90 sec
11	C	25	120 sec	90 sec
12	C	75	120 sec	90 sec
13	C	50	120 sec	90 sec

1.2 Die Bestimmung der effektiven Wichtungsfaktoren entfällt bei der Beurteilung von periodisch regenerierenden Systemen nach Nummer 6.

Anlage XXVIII
(§ 35a Absatz 8)

Beispiel für einen Warnhinweis vor der Verwendung einer nach hinten gerichteten Rückhalteeinrichtung für Kinder auf Beifahrerplätzen mit Airbag

Anmerkungen: Das Piktogramm ist rot.

Sitz, Kindersitz und Umrandung des Airbags sind schwarz.
Das Wort Airbag und der Airbag sind weiß.
Der Durchmesser des Piktogramms beträgt mindestens 60 mm.

Anlage XXIX
(zu § 20 Absatz 3a Satz 4)

EG-Fahrzeugklassen

Abschnitt 1. Kraftfahrzeuge mit mindestens vier Rädern und einer bauartbedingten Höchstgeschwindigkeit von mehr als 25 km/h und ihre Anhänger, jeweils soweit nicht unter Abschnitt 2 oder Abschnitt 3 gesondert aufgeführt, sowie selbstfahrende Arbeitsmaschinen und Anhänger-Arbeitsmaschinen[1]

In den nachstehenden Begriffsbestimmungen ist unter „zulässiger Gesamtmasse" die vom Hersteller angegebene „technisch zulässige Gesamtmasse in beladenem Zustand" zu verstehen.

1

Klasse M: Für die Personenbeförderung ausgelegte und gebaute Kraftfahrzeuge mit mindestens vier Rädern.

Klasse M_1: Für die Personenbeförderung ausgelegte und gebaute Kraftfahrzeuge mit höchstens acht Sitzplätzen außer dem Fahrersitz.

Klasse M_2: Für die Personenbeförderung ausgelegte und gebaute Kraftfahrzeuge mit mehr als acht Sitzplätzen außer dem Fahrersitz und einer zulässigen Gesamtmasse bis zu 5 Tonnen.

Klasse M_3: Für die Personenbeförderung ausgelegte und gebaute Kraftfahrzeuge mit mehr als acht Sitzplätzen außer dem Fahrersitz und einer zulässigen Gesamtmasse von mehr als 5 Tonnen.

2

Klasse N: Für die Güterbeförderung ausgelegte und gebaute Kraftfahrzeuge mit mindestens vier Rädern.

Klasse N_1: Für die Güterbeförderung ausgelegte und gebaute Kraftfahrzeuge mit einer zulässigen Gesamtmasse bis zu 3,5 Tonnen.

Klasse N_2: Für die Güterbeförderung ausgelegte und gebaute Kraftfahrzeuge mit einer zulässigen Gesamtmasse von mehr als 3,5 Tonnen bis zu 12 Tonnen.

Klasse N_3: Für die Güterbeförderung ausgelegte und gebaute Kraftfahrzeuge mit einer zulässigen Gesamtmasse von mehr als 12 Tonnen.

Im Fall eines Zugfahrzeugs, das zur Verbindung mit einem Sattelanhänger oder Zentralachsanhänger bestimmt ist, besteht die für die Klasseneinteilung des Fahrzeugs maßgebliche Masse aus der Summe der fahrfertigen Masse des Zugfahrzeugs, der Stützlast entsprechenden Masse, die von dem Sattel- oder Zentralachsanhänger auf das Zugfahrzeug übertragen wird, und gegebenenfalls der Höchstmasse der Ladung des Zugfahrzeugs.

3

Klasse O: Anhänger (einschließlich Sattelanhänger).

Klasse O_1: Anhänger mit einer zulässigen Gesamtmasse bis zu 0,75 Tonnen.

Klasse O_2: Anhänger mit einer zulässigen Gesamtmasse von mehr als 0,75 Tonnen bis zu 3,5 Tonnen.

---

[1] **Amtl. Anm.:**) Klasseneinteilung nach Anhang II der Richtlinie 70/156/EWG des Rates vom 6. Februar 1970 zur Angleichung der Rechtsvorschriften der Mitgliedstaaten über die Betriebserlaubnis für Kraftfahrzeuge und Kraftfahrzeuganhänger (ABl. L 42 vom 23.2.1970, S. 1) in der Fassung der Richtlinie 2001/116/EG der Kommission vom 20. Dezember 2001 zur Anpassung der Richtlinie 70/156/EWG des Rates zur Angleichung der Rechtsvorschriften der Mitgliedstaaten über die Betriebserlaubnis für Kraftfahrzeuge und Kraftfahrzeuganhänger an den technischen Fortschritt (ABl. L 18 vom 21.1.2002, S. 1).

Klasse O_3: Anhänger mit einer zulässigen Gesamtmasse von mehr als 3,5 Tonnen bis zu 10 Tonnen.

Klasse O_4: Anhänger mit einer zulässigen Gesamtmasse von mehr als 10 Tonnen.

Im Fall eines Sattelanhängers oder Zentralachsanhängers ist die für die Klasseneinteilung maßgebliche Höchstmasse gleich der von der oder den Achsen des Anhängers auf den Boden übertragenen Last, wenn der Anhänger mit dem Zugfahrzeug verbunden ist und bis zum zulässigen Höchstwert beladen ist.

4 Geländefahrzeuge (Symbol G)

4.1 Fahrzeuge der Klasse N_1 mit einer zulässigen Gesamtmasse von nicht mehr als 2 Tonnen und Fahrzeuge der Klasse M_1 gelten als Geländefahrzeuge, wenn sie wie folgt ausgestattet sind:

– mit mindestens einer Vorderachse und mindestens einer Hinterachse, die so ausgelegt sind, dass sie gleichzeitig angetrieben werden können, wobei der Antrieb einer Achse abschaltbar sein kann;
– mit mindestens einer Differenzialsperre oder mindestens einer Einrichtung, die eine ähnliche Wirkung gewährleistet; als Einzelfahrzeug müssen sie eine Steigung von 30 Prozent überwinden können, nachgewiesen durch Berechnung.

Außerdem müssen sie mindestens fünf der folgenden sechs Anforderungen erfüllen:

– der vordere Überhangwinkel muss mindestens 25 Grad betragen,
– der hintere Überhangwinkel muss mindestens 20 Grad betragen,
– der Rampenwinkel muss mindestens 20 Grad betragen,
– die Bodenfreiheit unter der Vorderachse muss mindestens 180 mm betragen,
– die Bodenfreiheit unter der Hinterachse muss mindestens 180 mm betragen,
– die Bodenfreiheit zwischen den Achsen muss mindestens 200 mm betragen.

4.2 Fahrzeuge der Klasse N_1 mit einer zulässigen Gesamtmasse von mehr als 2 Tonnen sowie Fahrzeuge der Klassen N_2 und M_2 und der Klasse M_3 mit einer zulässigen Gesamtmasse von nicht mehr als 12 Tonnen gelten als Geländefahrzeuge, wenn alle Räder gleichzeitig angetrieben werden können, wobei der Antrieb einer Achse abschaltbar sein kann, oder wenn die drei folgenden Anforderungen erfüllt sind:

– Mindestens eine Vorderachse und mindestens eine Hinterachse sind so ausgelegt, dass sie gleichzeitig angetrieben werden können, wobei der Antrieb einer Achse abschaltbar sein kann,
– es ist mindestens eine Differenzialsperre oder mindestens eine Einrichtung vorhanden, die eine ähnliche Wirkung gewährleistet,
– als Einzelfahrzeug müssen sie eine Steigung von 25 Prozent überwinden können, nachgewiesen durch Berechnung.

4.3 Fahrzeuge der Klasse M_3 mit einer zulässigen Gesamtmasse von mehr als 12 Tonnen und Fahrzeuge der Klasse N_3 gelten als Geländefahrzeuge, wenn alle Räder gleichzeitig angetrieben werden können, wobei der Antrieb einer Achse abschaltbar sein kann, oder wenn die folgenden Anforderungen erfüllt sind:

– Mindestens 50 Prozent der Räder sind angetrieben,
– es ist mindestens eine Differenzialsperre oder mindestens eine Einrichtung vorhanden, die eine ähnliche Wirkung gewährleistet,
– als Einzelfahrzeug muss das Fahrzeug eine Steigung von 25 Prozent überwinden können, nachgewiesen durch Berechnung,

und mindestens vier der folgenden sechs Anforderungen erfüllt sind:

– der vordere Überhangwinkel muss mindestens 25 Grad betragen,
– der hintere Überhangwinkel muss mindestens 25 Grad betragen,
– der Rampenwinkel muss mindestens 25 Grad betragen,
– die Bodenfreiheit unter der Vorderachse muss mindestens 250 mm betragen,
– die Bodenfreiheit zwischen den Achsen muss mindestens 300 mm betragen,
– die Bodenfreiheit unter der Hinterachse muss mindestens 250 mm betragen.

4.4 Belastungs- und Prüfbedingungen

4.4.1 Fahrzeuge der Klasse N_1 mit einer zulässigen Gesamtmasse von nicht mehr als zwei Tonnen und Fahrzeuge der Klasse M_1 müssen fahrbereit sein, das heißt mit Kühlflüssigkeit, Schmiermitteln, Kraftstoff, Werkzeug und Ersatzrad versehen sowie mit dem Fahrer besetzt sein. (Die Masse des Fahrers wird mit 75 kg veranschlagt – davon entfallen nach der ISO-Norm 2416-1992 68 kg auf die Masse des Insassen und 7 kg auf die Masse des Gepäcks –, der Kraftstoffbehälter ist zu 90 Prozent und die andere Flüssigkeiten enthaltenden Systeme – außer für Wasser genutzte Systeme – sind zu 100 Prozent des vom Hersteller angegebenen Fassungsvermögens gefüllt.)

4.4.2 Andere als die unter Nummer 4.4.1 genannten Fahrzeuge müssen mit der vom Hersteller angegebenen technisch zulässigen Gesamtmasse beladen sein.

4.4.3 Die Prüfung der geforderten Steigfähigkeit (25 Prozent und 30 Prozent) erfolgt durch einfache Berechnungen. In Grenzfällen kann der technische Dienst jedoch verlangen, dass ein Fahrzeugtyp einem praktischen Fahrversuch unterzogen wird.

4.4.4 Bei der Messung des vorderen und hinteren Überhangwinkels und des Rampenwinkels werden die Unterfahrschutzeinrichtungen nicht berücksichtigt.

4.5 Definitionen und Skizzen der Bodenfreiheit. (Definitionen für den vorderen und hinteren Überhangwinkel und den Rampenwinkel gemäß ISO-Norm 612-1978 Nummer 6.10, 6.11 und 6.9.)

4.5.1 Die „Bodenfreiheit zwischen den Achsen" ist der kleinste Abstand zwischen der Standebene und dem niedrigsten festen Punkt des Fahrzeugs. Mehrachsaggregate gelten als eine einzige Achse.

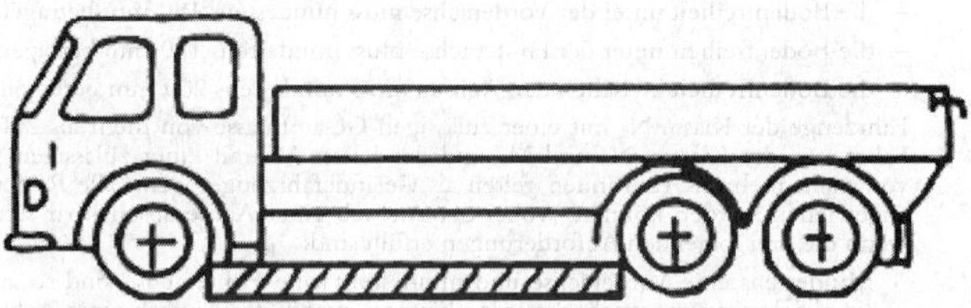

4.5.2 Die „Bodenfreiheit unter einer Achse" ist durch die Scheitelhöhe eines Kreisbogens bestimmt, der durch die Mitte der Aufstandsfläche der Reifen einer Achse (der Innenreifen bei Zwillingsreifen) geht und den niedrigsten Festpunkt zwischen den Rädern berührt. Kein starres Teil des Fahrzeugs darf in den gestrichelten Kreisabschnitt der Zeichnung hineinragen. Gegebenenfalls ist die Bodenfreiheit mehrerer Achsen in der Reihenfolge ihrer Anordnung anzugeben, beispielsweise 280/250/250.

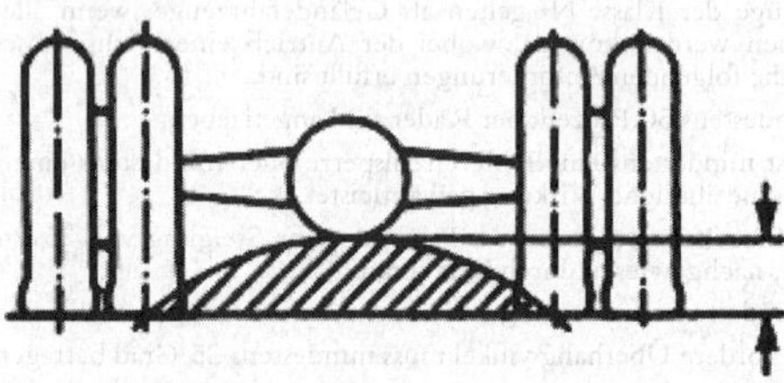

4.6 Kombinierte Bezeichnung

Das Symbol „G" wird mit dem Symbol „M" oder „N" kombiniert. So wird beispielsweise ein Fahrzeug der Klasse N_1, das als Geländefahrzeug verwendet werden kann, mit N_1G bezeichnet.

5 Fahrzeuge mit besonderer Zweckbestimmung: Fahrzeuge der Klasse M, N oder O zur Personen- oder Güterbeförderung mit einer speziellen Funktion, für die der Aufbau oder die Ausrüstung entsprechend angepasst werden muss.

5.1 Wohnmobil: Fahrzeug der Klasse M mit besonderer Zweckbestimmung, das so konstruiert ist, dass es die Unterbringung von Personen erlaubt und mindestens die folgende Ausrüstung umfasst:

a) Tisch und Sitzgelegenheiten,

b) Schlafgelegenheiten, die u.U. tagsüber als Sitze dienen können,

c) Kochgelegenheit und

d) Einrichtungen zur Unterbringung von Gepäck und sonstigen Gegenständen.

Diese Ausrüstungsgegenstände sind im Wohnbereich fest anzubringen, mit Ausnahme des Tischs, der leicht entfernbar sein kann.

5.2 Beschussgeschützte Fahrzeuge: Fahrzeuge, die zum Schutz der beförderten Insassen bzw. Güter kugelsicher gepanzert sind.

5.3 Krankenwagen: Kraftfahrzeuge der Klasse M, die zur Beförderung Kranker oder Verletzter ausgerüstet sind.

5.4 Leichenwagen: Kraftfahrzeuge der Klasse M, die zur Beförderung von Leichen ausgerüstet sind.

5.5 Wohnanhänger: siehe ISO-Norm 3833-1977, Begriff Nummer 3.2.1.3.

5.6 Mobilkrane: Fahrzeuge mit besonderer Zweckbestimmung der Klasse N_3, die nicht für die Güterbeförderung geeignet und mit einem Kran mit einem zulässigen Lastmoment bis 400 kNm ausgerüstet sind.

5.7 Sonstige Fahrzeuge mit besonderer Zweckbestimmung: Fahrzeuge im Sinne der Nummer 5 mit Ausnahme von Fahrzeugen nach den Nummern 5.1 bis 5.6.

Abschnitt 2. Zwei-, drei- und vierrädrige Kraftfahrzeuge[1)]

Klasse L1e: zweirädrige Kleinkrafträder mit einer bauartbedingten Höchstgeschwindigkeit von bis zu 45 km/h und einem Hubraum von bis zu 50 cm^3 im Falle von Verbrennungsmotoren oder einer maximalen Nenndauerleistung von bis zu 4 kW im Falle von Elektromotoren;

Klasse L2e: dreirädrige Kleinkrafträder mit einer bauartbedingten Höchstgeschwindigkeit von bis zu 45 km/h und einem Hubraum von bis zu 50 cm^3 im Falle von Fremdzündungsmotoren oder einer maximalen Nutzleistung von bis zu 4 kW im Falle anderer Verbrennungsmotoren oder einer maximalen Nenndauerleistung von bis zu 4 kW im Falle von Elektromotoren;

Klasse L3e: Krafträder, das heißt zweirädrige Kraftfahrzeuge ohne Beiwagen mit einem Hubraum von mehr als 50 cm^3 im Falle von Verbrennungsmotoren und/oder einer bauartbedingten Höchstgeschwindigkeit von mehr als 45 km/h;

Klasse L4e: Krafträder mit Beiwagen;

Klasse L5e: dreirädrige Kraftfahrzeuge, das heißt mit drei symmetrisch angeordneten Rädern ausgestattete Kraftfahrzeuge mit einem Hubraum von mehr als 50 cm^3 im Falle von Verbrennungsmotoren und/oder einer bauartbedingten Höchstgeschwindigkeit von mehr als 45 km/h;

Klasse L6e: vierrädrige Leichtkraftfahrzeuge mit einer Leermasse von bis zu 350 kg, ohne Masse der Batterien im Falle von Elektrofahrzeugen, mit einer bauartbedingten Höchstgeschwindigkeit von bis zu 45 km/h und einem Hubraum von bis zu 50 cm^3 im Falle von Fremdzündungsmotoren oder einer maximalen Nutzleistung von bis zu 4 kW im Falle anderer Verbrennungsmotoren oder einer maximalen Nenndauerleistung von bis zu 4 kW im Falle von Elektromotoren. Diese Fahrzeuge müssen den technischen Anforderungen für dreirädrige Kleinkrafträder der Klasse L2e genügen, sofern in den Einzelrichtlinien nichts anderes vorgesehen ist;

[1)] **Amtl. Anm.:** Klasseneinteilung gemäß Richtlinie 2002/24/EG des Europäischen Parlaments und des Rates vom 18. März 2002 über die Typgenehmigung für zweirädrige oder dreirädrige Kraftfahrzeuge und zur Aufhebung der Richtlinie 92/61/EWG des Rates (ABl. L 124 vom 9.5. 2002, S. 1).

Klasse L7e: vierrädrige Kraftfahrzeuge, die nicht unter Klasse L6e fallen, mit einer Leermasse von bis zu 400 kg (550 kg im Falle von Fahrzeugen zur Güterbeförderung), ohne Masse der Batterien im Falle von Elektrofahrzeugen, und mit einer maximalen Nutzleistung von bis zu 15 kW. Diese Fahrzeuge gelten als dreirädrige Kraftfahrzeuge und müssen den technischen Anforderungen für dreirädrige Kraftfahrzeuge der Klasse L5e genügen, sofern in den Einzelrichtlinien nichts anderes vorgesehen ist.

Diese Einteilung gilt nicht für die nachstehend genannten Fahrzeuge:

1. Fahrzeuge mit einer bauartbedingten Höchstgeschwindigkeit von bis zu 6 km/h;
2. durch Fußgänger geführte Fahrzeuge;
3. Fahrzeuge, die zur Benutzung durch körperlich behinderte Personen bestimmt sind;
4. Fahrzeuge, die für den sportlichen Wettbewerb auf der Straße oder im Gelände bestimmt sind;
5. land- oder forstwirtschaftliche Zugmaschinen;
6. selbstfahrende Arbeitsmaschinen;
7. für Freizeitzwecke konzipierte Geländefahrzeuge mit drei symmetrisch angeordneten Rädern (ein Vorderrad und zwei Hinterräder);
8. Fahrräder mit Trethilfe, die mit einem elektromotorischen Hilfsantrieb mit einer maximalen Nenndauerleistung von 0,25 kW ausgestattet sind, dessen Unterstützung sich mit zunehmender Fahrzeuggeschwindigkeit progressiv verringert und beim Erreichen einer Geschwindigkeit von 25 km/h oder früher, wenn der Fahrer im Treten einhält, unterbrochen wird.

Abschnitt 3. Land- oder forstwirtschaftliche Zugmaschinen mit einer bauartbedingten Höchstgeschwindigkeit von mindestens 6 km/h, ihre Anhänger und die von ihnen gezogenen auswechselbaren Maschinen[1]

1

Klasse T: Zugmaschinen auf Rädern

Klasse T1: Zugmaschinen auf Rädern mit einer bauartbedingten Höchstgeschwindigkeit bis 40 km/h, einer Spurweite der dem Fahrer am nächsten liegenden Achse – bei Zugmaschinen mit umkehrbarem Fahrerplatz (Sitz und Lenkrad sind umkehrbar) gilt die Achse, die mit den Reifen mit dem größten Durchmesser ausgerüstet ist, als dem Fahrer am nächsten liegende Achse – von mindestens 1 150 mm, einer Leermasse in fahrbereitem Zustand von mehr als 600 kg und einer Bodenfreiheit bis 1 000 mm.

Klasse T2: Zugmaschinen auf Rädern mit einer bauartbedingten Höchstgeschwindigkeit bis 40 km/h, einer Mindestspurweite von weniger als 1 150 mm, einer Leermasse in fahrbereitem Zustand von mehr als 600 kg und einer Bodenfreiheit bis 600 mm. Beträgt der Quotient aus der Höhe des Schwerpunkts der Zugmaschine (nach ISO-Norm 789-6:1982) über dem Boden und der mittleren Mindestspurweite der Achsen jedoch mehr als 0,90, so ist die bauartbedingte Höchstgeschwindigkeit auf 30 km/h begrenzt.

Klasse T3: Zugmaschinen auf Rädern mit einer bauartbedingten Höchstgeschwindigkeit bis 40 km/h und einer Leermasse in fahrbereitem Zustand bis 600 kg.

Klasse T4: Zugmaschinen auf Rädern mit besonderer Zweckbestimmung mit einer bauartbedingten Höchstgeschwindigkeit bis 40 km/h (T4.1: Stelzradzugmaschinen, T4.2: überbreite Zugmaschinen, T4.3: Zugmaschinen mit geringer Bodenfreiheit).

Klasse T5: Zugmaschinen auf Rädern mit einer bauartbedingten Höchstgeschwindigkeit über 40 km/h.

[1] **Amtl. Anm.:** Klasseneinteilung gemäß Richtlinie 2003/37/EG des Europäischen Parlaments und des Rates vom 26. Mai 2003 über die Typgenehmigung für land- oder forstwirtschaftliche Zugmaschinen, ihre Anhänger und die von ihnen gezogenen auswechselbaren Maschinen sowie für Systeme, Bauteile und selbstständige technische Einheiten dieser Fahrzeuge und zur Aufhebung der Richtlinie 74/150/EWG (ABl. L 171 vom 9.7.2003, S. 1).

2

Klasse C: Zugmaschinen auf Gleisketten
Zugmaschinen auf Gleisketten, die über die Gleisketten angetrieben und gelenkt werden und deren Klassen C1 bis C5 analog zu den Klassen T1 bis T5 definiert sind.

3

Klasse R: Anhänger

Klasse R1: Anhänger, bei denen die Summe der technisch zulässigen Massen je Achse bis zu 1 500 kg beträgt.

Klasse R2: Anhänger, bei denen die Summe der technisch zulässigen Massen je Achse mehr als 1 500 kg und bis zu 3 500 kg beträgt.

Klasse R3: Anhänger, bei denen die Summe der technisch zulässigen Massen je Achse mehr als 3 500 kg und bis zu 21 000 kg beträgt.

Klasse R4: Anhänger, bei denen die Summe der technisch zulässigen Massen je Achse mehr als 21 000 kg beträgt.

Ferner wird jede Klasse von Anhängern je nach der Höchstgeschwindigkeit, für die sie ausgelegt ist, mit dem Buchstaben „a" oder „b" gekennzeichnet:

- Buchstabe „a" für Anhänger mit einer bauartbedingten Höchstgeschwindigkeit kleiner oder gleich 40 km/h;
- Buchstabe „b" für Anhänger mit einer bauartbedingten Höchstgeschwindigkeit über 40 km/h.

Beispiel: Bei einem Anhänger der Klasse Rb3 beträgt die Summe der technisch zulässigen Massen je Achse mehr als 3 500 kg und bis zu 21 000 kg, und er ist für die Beförderung durch eine Zugmaschine der Klasse T5 ausgelegt.

4

Klasse S: Gezogene auswechselbare Maschinen

Klasse S1: Gezogene auswechselbare Maschinen für den Einsatz in der Land- oder Forstwirtschaft, bei denen die Summe der technisch zulässigen Massen je Achse bis zu 3 500 kg beträgt.

Klasse S2: Gezogene auswechselbare Maschinen für den Einsatz in der Land- und Forstwirtschaft, bei denen die Summe der technisch zulässigen Massen je Achse mehr als 3 500 kg beträgt.

Ferner wird jede Klasse von gezogenen auswechselbaren Maschinen je nach der Höchstgeschwindigkeit, für die sie ausgelegt ist, mit dem Buchstaben „a" oder „b" gekennzeichnet:

- Buchstabe „a" für gezogene auswechselbare Maschinen mit einer bauartbedingten Höchstgeschwindigkeit kleiner oder gleich 40 km/h,
- Buchstabe „b" für gezogene auswechselbare Maschinen mit einer bauartbedingten Höchstgeschwindigkeit über 40 km/h.

Beispiel: Bei einer gezogenen auswechselbaren Maschine der Klasse Sb2 beträgt die Summe der technisch zulässigen Massen je Achse mehr als 3 500 kg, und sie ist für die Beförderung durch eine Zugmaschine der Klasse T5 ausgelegt.
Die Einteilung gilt nicht für speziell zum Einsatz in der Forstwirtschaft bestimmte Maschinen wie Seilschlepper (Skidder) und Rückezüge (Forwarder) nach ISO-Norm 6814:2000, für Forstmaschinen auf Fahrgestell für Erdbaumaschinen nach ISO-Norm 6165:2001 und für auswechselbare Maschinen, die im öffentlichen Straßenverkehr von einem anderen Fahrzeug in vollständig angehobener Stellung mitgeführt werden.

Anhang[1)]

Zur Vorschrift des/der	sind folgende Bestimmungen anzuwenden:	
§ 30a Absatz 1a	Kapitel 7	der Richtlinie 97/24/EG des Europäischen Parlaments und des Rates vom 17. Juni 1997 über bestimmte Bauteile und Merkmale von zweirädrigen oder dreirädrigen Kraftfahrzeugen (ABl. L 226 vom 18.8.1997, S. 1), geändert durch die a) Berichtigung vom 17. Juni 1997 (ABl. L 65 vom 5.3.1998, S. 35).
§ 30a Absatz 3	Anhang I, Anlage 1, Anhang II, Anlage 1, Anlage 2 mit Unterlage 1, Anlage 3	der Richtlinie 95/1/EG des Europäischen Parlaments und des Rates vom 2. Februar 1995 über die bauartbedingte Höchstgeschwindigkeit sowie das maximale Drehmoment und die maximale Nutzleistung des Motors von zweirädrigen oder dreirädrigen Kraftfahrzeugen (ABl. L 52 vom 8.3.1995, S. 1).
§ 30c Absatz 2	Anhang I, Nr. 1, 2, 5 und 6, Anhang II	der Richtlinie 74/483/EWG des Rates vom 17. September 1974 zur Angleichung der Rechtsvorschriften der Mitgliedstaaten über die vorstehenden Außenkanten bei Kraftfahrzeugen (ABl. L 266 vom 2.10.1974, S. 4), geändert durch a) Richtlinie 79/488/EWG der Kommission vom 18. April 1979 (ABl. L 128 vom 26.5.1979, S. 1), b) Richtlinie 87/354/EWG des Rates vom 25. Juni 1987 (ABl. L 192 vom 11.7.1987, S. 43).
§ 30c Absatz 3	Kapitel 3 Anhänge I und II	der Richtlinie 97/24/EG des Europäischen Parlaments und des Rates vom 17. Juni 1997 über bestimmte Bauteile und Merkmale von zweirädrigen oder dreirädrigen Kraftfahrzeugen (ABl. L 226 vom 18.8.1997, S. 1).
§ 30c Absatz 4	Anhang I	der Richtlinie 2005/66/EG des Europäischen Parlaments und des Rates vom 26. Oktober 2005 über die Verwendung von Frontschutzsystemen an Fahrzeugen und zur Änderung der Richtlinie 70/156/EWG des Rates (ABl. L 309 vom 25.11.2005, S. 37), Entscheidung der Kommission vom 20. März 2006 über die ausführlichen technischen Vorschriften für die Durchführung der in der Richtlinie 2005/66/EG des Europäischen Parlaments und des Rates über die Verwendung von Frontschutzsystemen an Kraftfahrzeugen genannten Prüfungen (ABl. L 140 vom 29.5.2006, S. 33).
§ 30d Absatz 1, 2, 3	Anhänge I bis VI, VIII, IX	der Richtlinie 2001/85/EG des Europäischen Parlaments und des Rates vom 20. November 2001 über besondere Vorschriften für Fahrzeuge der Personenbeförderung mit mehr als acht Sitzplätzen außer dem Fahrersitz und zur Änderung der Richtlinien 70/156/EWG und 97/27/EG (ABl. L 42 vom 13.2.2002, S. 1).

1) Anh. geänd. mWv 1.6.2012 durch VO v. 10.5.2012 (BGBl. I S. 1086); geänd. mWv 1.8.2013 durch VO v. 26.7.2013 (BGBl. I S. 2803); geänd. mWv 30.10.2014 durch VO v. 22.10.2014 (BGBl. I S. 1635); geänd. mWv 30.6.2016 durch VO v. 17.6.2016 (BGBl. I S. 1463); geänd. mWv 1.6.2017 durch VO v. 18.5.2017 (BGBl. I S. 1282); geänd. mWv 1.12.2017 durch VO v. 20.10.2017 (BGBl. I S. 3723).

Zur Vorschrift des/der	sind folgende Bestimmungen anzuwenden:	
§ 30d Absatz 4	Anhang VII	der Richtlinie 2001/85/EG des Europäischen Parlaments und des Rates vom 20. November 2001 über besondere Vorschriften für Fahrzeuge zur Personenbeförderung mit mehr als acht Sitzplätzen außer dem Fahrersitz und zur Änderung der Richtlinien 70/156/EWG und 97/27/EG (ABl. L 42 vom 13.2.2002, S. 1).
§ 32b Absatz 4	Anhang II	der Richtlinie 2000/40/EG des Europäischen Parlaments und des Rates vom 26. Juni 2000 zur Angleichung der Rechtsvorschriften der Mitgliedstaaten über den vorderen Unterfahrschutz von Kraftfahrzeugen und zur Änderung der Richtlinie 70/156/EWG des Rates (ABl. L 203 vom 10.8.2000, S. 9).
§ 32c Absatz 4	Anhang	der Richtlinie 89/297/EWG des Rates vom 13. April 1989 zur Angleichung der Rechtsvorschriften der Mitgliedstaaten über seitliche Schutzvorrichtungen (Seitenschutz) bestimmter Kraftfahrzeuge und Kraftfahrzeuganhänger (ABl. L 124 vom 5.5.1989, S. 1).
§ 34 Absatz 5a	Anhang Nummer 3.2 bis 3.2.3.4.2	der Richtlinie 93/93/EWG des Rates vom 29. Oktober 1993 über Massen und Abmessungen von zweirädrigen und dreirädrigen Kraftfahrzeugen (ABl. L 311 vom 14.12.1993, S. 76).
§ 34 Absatz 11	Anhang IV	der Richtlinie 97/27/EG des Europäischen Parlaments und des Rates vom 22. Juli 1997 über die Massen und Abmessungen bestimmter Klassen von Kraftfahrzeugen und Kraftfahrzeuganhängern und zur Änderung der Richtlinie 70/156/EWG (ABl. L 233 vom 25.8.1997, S. 1), geändert durch die a) Richtlinie 2003/19/EG der Kommission vom 21. März 2003 (ABl. L 79 vom 26.3.2003, S. 6).
§ 35a Absatz 2	Anhang I, Abschnitt 6, Anhang II, III und IV	der Richtlinie 74/408/EWG des Rates vom 22. Juli 1974 zur Angleichung der Rechtsvorschriften der Mitgliedstaaten über die Innenausstattung der Kraftfahrzeuge (Widerstandsfähigkeit der Sitze und ihrer Verankerung) (ABl. L 221 vom 12.8.1974, S. 1), geändert durch die a) Richtlinie 81/577/EWG des Rates vom 20. Juli 1981 (ABl. L 209 vom 29.7.1981, S. 34), b) Richtlinie 96/37/EG der Kommission vom 17. Juni 1996 (ABl. L 186 vom 25.7.1996, S. 28, ABl. L 214 vom 23.8.1996, S. 27, ABl. L 221 vom 31.8.1996, S. 71), c) Richtlinie 2005/39/EG (ABl. L 255 vom 30.9.2005, S. 143),
§ 35a Absatz 3, 6 und 7	Anhang I, Abschnitt 1, 4 und 5 Anhang II und III	der Richtlinie 76/115/EWG des Rates vom 18. Dezember 1975 zur Angleichung der Rechtsvorschriften der Mitgliedstaaten über die Verankerungen der Sicherheitsgurte in Kraftfahrzeugen (ABl. L 24 vom 30.1.1976, S. 6), geändert durch die a) Richtlinie 81/575/EWG des Rates vom 20. Juli 1981 (ABl. L 209 vom 29.7.1981, S. 30),

Zur Vorschrift des/der	sind folgende Bestimmungen anzuwenden:	
		b) Richtlinie 82/318/EWG der Kommission vom 2. April 1982 (ABl. L 139 vom 19.5.1982, S. 9), c) Richtlinie 90/629/EWG der Kommission vom 30. Oktober 1990 (ABl. L 341 vom 6.12.1990, S. 14), d) Richtlinie 96/38/EG der Kommission vom 17. Juni 1996 (ABl. L 187 vom 26.7.1996, S. 95, ABl. L 76 vom 18.3.1997, S. 35), e) Richtlinie 2005/41/EG (ABl. L 255 vom 30.9.2005, S. 149).
§ 35a Absatz 4, 6, 7 und 12	Anhang I, Abschnitt 1 und 3, Anhänge XV und XVII	der Richtlinie 77/541/EWG des Rates vom 28. Juni 1977 zur Angleichung der Rechtsvorschriften der Mitgliedstaaten über Sicherheitsgurte und Haltesysteme für Kraftfahrzeuge (ABl. L 220 vom 29.8.1977, S. 95), geändert durch die a) Beitrittsakte vom 24. Mai 1979 (ABl. L 291 vom 19.11.1979, S. 110), b) Richtlinie 81/576/EWG des Rates vom 20. Juli 1981 (ABl. L 209 vom 29.7.1981, S. 32), c) Richtlinie 82/319/EWG der Kommission vom 2. April 1982 (ABl. L 139 vom 19.5.1982, S. 17, ABl. L 209 vom 17.7.1982, S. 48), d) Beitrittsakte vom 11. Juni 1985 (ABl. L 302 vom 15.11.1985, S. 211), e) Richtlinie 87/354/EWG des Rates vom 25. Juni 1987 (ABl. L 192 vom 11.7.1987, S. 43), f) Richtlinie 90/628/EWG der Kommission vom 30. Oktober 1990 (ABl. L 341 vom 6.12.1990, S. 1), g) EWR-Abkommen vom 2. Mai 1992 (ABl. L 1 vom 3.1.1994, S. 1), h) Richtlinie 96/36/EG der Kommission vom 17. Juni 1996 (ABl. L 178 vom 17.7.1996, S. 15), i) Richtlinie 2000/3/EG der Kommission vom 22. Februar 2000 (ABl. L 53 vom 25.2.2000, S. 1), j) Richtlinie 2005/40/EG (ABl. L 255 vom 30.9.2005, S. 146).
§ 35a Absatz 4a	Anhang XI Anlage 3	der Verordnung (EU) Nr. 214/2014 der Kommission vom 25. Februar 2014 zur Änderung der Anhänge II, IV, XI, XII und XVIII der Richtlinie 2007/46/EG des Europäischen Parlaments und des Rates zur Schaffung eines Rahmens für die Genehmigung von Kraftfahrzeugen und Kraftfahrzeuganhängern sowie von Systemen, Bauteilen und selbstständigen technischen Einheiten für diese Fahrzeuge (ABl. L 69 vom 8.3.2014, S. 3).

Zur Vorschrift des/der	sind folgende Bestimmungen anzuwenden:	
§ 35a Absatz 11	Kapitel 11 Anhang I bis IV und VI	der Richtlinie 97/24/EG des Europäischen Parlaments und des Rates vom 17. Juni 1997 über bestimmte Bauteile und Merkmale von zweirädrigen oder dreirädrigen Kraftfahrzeugen (ABl. L 226 vom 18.8.1997, S. 1).
§ 35a Absatz 13	Artikel 2 Absatz 1 Buchstabe c Doppelbuchstabe ii	Richtlinie 91/671/EWG des Rates vom 16. Dezember 1991 über die Gurtanlegepflicht und die Pflicht zur Benutzung von Kinderrückhalteeinrichtungen in Kraftfahrzeugen (ABl. L 373 vom 31.12.1991, S. 26), der zuletzt durch Artikel 1 Absatz 2 der Durchführungsrichtlinie 2014/37/EU vom 27. Februar 2014 (ABl. L 59 vom 28.2.2014, S. 32) geändert worden ist, hinsichtlich der ECE-Regelung Nr. 129 über einheitliche Bedingungen für die Genehmigung von verbesserten Kinderrückhalteeinrichtungen zur Nutzung in Kraftfahrzeugen (ABl. L 97 vom 29.3.2014, S. 21).
§ 35c Absatz 2	Anhänge II bis IX	der Richtlinie 2001/56/EG des Europäischen Parlaments und des Rates vom 27. September 2001 über Heizanlagen für Kraftfahrzeuge und Kraftfahrzeuganhänger und zur Änderung der Richtlinie 70/156/EWG des Rates sowie zur Aufhebung der Richtlinie 78/548/ EWG des Rates (ABl. L 292 vom 9.11.2001, S. 21), geändert durch die a) Richtlinie 2004/78/EG (ABl. L 153 vom 30.4.2004, S. 104), b) Berichtigung der Richtlinie 2004/78/EG (ABl. L 231 vom 30.6.2004, S. 69), c) Richtlinie 2006/119/EG (ABl. L 330 vom 28.11. 2006, S. 12).
§ 35j	Anhänge IV bis VI	der Richtlinie 95/28/EG des Europäischen Parlaments und des Rates vom 24. Oktober 1995 über das Brennverhalten von Werkstoffen der Innenausstattung bestimmter Kraftfahrzeugklassen (ABl. L 281 vom 23.11. 1995, S. 1).
§ 36 Absatz 2	Anhänge II und IV	der Richtlinie 92/23 EWG des Rates vom 31. März 1992 über Reifen von Kraftfahrzeugen und Kraftfahrzeuganhängern und über ihre Montage (ABl. L 129 vom 14.5.1992, S. 95),
	Abschnitte 1, 2, 3 und 6, Anhänge 3 bis 7	der Revision 1 der ECE-Regelung Nr. 30 über einheitliche Bedingungen für die Genehmigung der Luftreifen für Kraftfahrzeuge und Anhänger vom 9. März 1995 (BGBl. 1995 II S. 228),
	Abschnitte 1, 2, 3 und 6, Anhänge 3 bis 8	der ECE-Regelung Nr. 54 über einheitliche Bedingungen für die Genehmigung von Luftreifen für Nutzfahrzeuge und ihre Anhänger vom 20. Juni 1986 (BGBl. 1986 II S. 718),
	Abschnitte 1, 2, 3 und 6, Anhänge 3 bis 9	der ECE-Regelung Nr. 75 über einheitliche Bedingungen für die Genehmigung der Luftreifen für Krafträder vom 25. Februar 1992 (BGBl. 1992 II S. 184),
	Kapitel 1 Anhang II Anhang III (ohne Anlagen)	der Richtlinie 97/24/EG des Europäischen Parlaments und des Rates vom 17. Juni 1997 über bestimmte Bauteile und Merkmale von zweirädrigen oder dreirädrigen Kraftfahrzeugen (ABl. L 226 vom 18.8.1997, S. 1),
	Abschnitte 1, 2, 4 und 6, Anhänge 3 bis 7	der Ergänzung 8 zur Änderungsserie 02 der Regelung Nr. 117 der Wirtschaftskommission der Vereinten Nationen für Europa (UNECE) – Einheitliche Bedingun-

Zur Vorschrift des/der	sind folgende Bestimmungen anzuwenden:	
		gen für die Genehmigung der Reifen hinsichtlich der Rollgeräuschemissionen und der Haftung auf nassen Oberflächen und/oder des Rollwiderstandes (ABl. L 218 vom 12.8.2016, S. 1),
	Abschnitte 1, 2, 3 und 7, Anhänge 3, 4, 5, 6, 7 und 8	der Regelung Nr. 109 der Wirtschaftskommission der Vereinten Nationen für Europa (UNECE) – Einheitliche Bedingungen für die Genehmigung der Herstellung runderneuerter Luftreifen für Nutzfahrzeuge und ihre Anhänger (ABl. L 181 vom 4.7.2006, S. 3).
§ 38 Absatz 2	Anhänge I, III, IV, V	der Richtlinie 70/311/EWG des Rates vom 8. Juni 1970 zur Angleichung der Rechtsvorschriften der Mitgliedstaaten über die Lenkanlagen von Kraftfahrzeugen und Kraftfahrzeuganhängern (ABl. L 133 vom 18.6.1970, S. 10), geändert durch die a) Berichtigung der Richtlinie 70/311/EWG (ABl. L 196 vom 3.9.1970, S. 14), b) Beitrittsakte vom 22. Januar 1972 (ABl. L 73 vom 27.3.1972, S. 116), c) Richtlinie 92/62/EWG vom 2. Juli 1992 (ABl. L 199 vom 18.7.1992, S. 33).
§ 38 Absatz 3	Anhang	der Richtlinie 75/321/EWG des Rates vom 20. Mai 1975 zur Angleichung der Rechtsvorschriften der Mitgliedstaaten über die Lenkanlage von land- oder forstwirtschaftlichen Zugmaschinen auf Rädern (ABl. L 147 vom 9.6.1975, S. 24), geändert durch die a) Richtlinie 82/890/EWG vom 17. Dezember 1982 (ABl. L 378 vom 31.12.1982, S. 45), b) Berichtigung der Richtlinie 82/890/EWG (ABl. L 118 vom 6.5.1988, S. 42), c) Richtlinie 88/411/EWG vom 21. Juni 1988 (ABl. L 200 vom 26.7.1988, S. 30), d) Richtlinie 97/54/EG vom 23. September 1997 (ABl. L 277 vom 10.10.1997, S. 24), e) Richtlinie 98/39/EG vom 5. Juni 1998 (ABl. L 170 vom 16.6.1998, S. 15).
§ 38a Absatz 1	Anhänge IV und V	der Richtlinie 74/61/EWG des Rates vom 17. Dezember 1973 zur Angleichung der Rechtsvorschriften der Mitgliedstaaten über die Sicherungseinrichtung gegen unbefugte Benutzung von Kraftfahrzeugen (ABl. L 38 vom 11.2.1974, S. 22), geändert durch die Richtlinie 95/56/EG der Kommission vom 8. November 1995 (ABl. L 286 vom 29.11.1995, S. 1).
§ 38a Absatz 2	Anhänge I und II	der Richtlinie 93/33/EWG des Rates vom 14. Juni 1993 über die Sicherungseinrichtung gegen unbefugte Benutzung von zweirädrigen oder dreirädrigen Kraftfahrzeugen (ABl. L 188 vom 29.7.1993, S. 32), geändert durch die a) Richtlinie 1999/23/EG der Kommission vom 9. April 1999 (ABl. L 104 vom 21.4.1999, S. 13).

Zur Vorschrift des/der	sind folgende Bestimmungen anzuwenden:	
§ 38b	Anhang VI	der Richtlinie 74/61/EWG des Rates vom 17. Dezember 1973 zur Angleichung der Rechtsvorschriften der Mitgliedstaaten über die Sicherungseinrichtung gegen unbefugte Benutzung von Kraftfahrzeugen (ABl. L 38 vom 11.2.1974, S. 22), geändert durch die a) Richtlinie 95/56/EG der Kommission vom 8. November 1995 (ABl. L 286 vom 29.11.1995, S. 1), b) Berichtigung der Richtlinie 95/56/EG (ABl. L 103 vom 3.4.1998, S. 38).
§ 39a Absatz 1	Anhänge I bis IV	der Richtlinie 78/316/EWG des Rates vom 21. Dezember 1977 zur Angleichung der Rechtsvorschriften der Mitgliedstaaten über die Innenausstattung der Kraftfahrzeuge (Kennzeichnung der Betätigungseinrichtungen, Kontrollleuchten und Anzeiger) (ABl. L 81 vom 28.3.1978, S. 3), geändert durch die a) Richtlinie 93/91/EWG der Kommission vom 29. Oktober 1993 (ABl. L 284 vom 19.11.1993, S. 25), b) Richtlinie 94/53/EG der Kommission vom 15. November 1994 (ABl. L 299 vom 22.11.1994, S. 26).
§ 39a Absatz 2	Anhang I	der Richtlinie 93/29/EWG des Rates vom 14. Juni 1993 über die Kennzeichnung der Betätigungseinrichtungen, Kontrollleuchten und Anzeiger von zweirädrigen oder dreirädrigen Kraftfahrzeugen (ABl. L 188 vom 29.7.1993, S. 1).
§ 39a Absatz 3	Anhänge II bis IV	der Richtlinie 86/415/EWG des Rates vom 24. Juli 1986 über Einbau, Position, Funktionsweise und Kennzeichnung der Betätigungseinrichtungen von land- oder forstwirtschaftlichen Zugmaschinen auf Rädern (ABl. L 240 vom 26.8.1986, S. 1), geändert durch die Richtlinie 97/54/EG des Europäischen Parlaments und des Rates vom 23. September 1997 (ABl. L 277 vom 10.10.1997, S. 24).
§ 40 Absatz 3	Kapitel 12, Anhang I (ohne Anlagen) Anhang II, Anlage 1 und 2	der Richtlinie 97/24/EG des Europäischen Parlaments und des Rates vom 17. Juni 1997 über bestimmte Bauteile und Merkmale von zweirädrigen oder dreirädrigen Kraftfahrzeugen (ABl. L 226 vom 18.8.1997, S. 1).
§ 41 Absatz 18 § 41b	Anhänge I bis VIII, X bis XII und XV	der Richtlinie 71/320/EWG des Rates vom 26. Juli 1971 zur Angleichung der Rechtsvorschriften der Mitgliedstaaten über die Bremsanlagen bestimmter Klassen von Kraftfahrzeugen und deren Anhängern (ABl. L 202 vom 6.9.1971, S. 37), geändert durch die a) Richtlinie 74/132/EWG der Kommission vom 11. Februar 1974 (ABl. L 74 vom 19.3.1974, S. 7), b) Richtlinie 75/524/EWG der Kommission vom 25. Juli 1975, (ABl. L 236 vom 8.9.1975, S. 3), c) Richtlinie 79/489/EWG der Kommission vom 18. April 1979 (ABl. L 128 vom 26.5.1979, S. 12),

Zur Vorschrift des/der	sind folgende Bestimmungen anzuwenden:	
		d) Richtlinie 85/647/EWG der Kommission vom 23. Dezember 1985 (ABl. L 380 vom 31.12.1985, S. 1), e) Richtlinie 88/194/EWG der Kommission vom 24. März 1988 (ABl. L 92 vom 9.4.1988, S. 47), f) Richtlinie 91/422/EWG der Kommission vom 15. Juli 1991 (ABl. L 233 vom 22.8.1991, S. 21), g) Richtlinie 98/12/EG der Kommission vom 27. Januar 1998 (ABl. L 81 vom 18.3.1998, S. 1).
§ 41 Absatz 19	Anhang	der Richtlinie 93/14/EWG des Rates vom 5. April 1993 über Bremsanlagen für zweirädrige oder dreirädrige Kraftfahrzeuge (ABl. L 121 vom 15.5.1993, S. 1).
§ 41 Absatz 20	Anhänge I bis IV	der Richtlinie 76/432/EWG des Rates vom 6. April 1976 zur Angleichung der Rechtsvorschriften der Mitgliedstaaten über die Bremsanlagen von land- und forstwirtschaftlichen Zugmaschinen auf Rädern (ABl. L 122 vom 8.5.1976, S. 1), geändert durch die a) Richtlinie 82/890/EWG des Rates vom 17. Dezember 1982 (ABl. L 378 vom 31.12.1982, S. 45), b) Berichtigung der Richtlinie 82/890/EWG (ABl. L 118 vom 6.5.1988, S. 42), c) Richtlinie 96/63/EG der Kommission vom 30. September 1996 (ABl. L 253 vom 5.10.1996, S. 13), d) Richtlinie 97/54/EG des Europäischen Parlaments und des Rates vom 23. September 1997 (ABl. L 277 vom 10.10.1997, S. 24).
§ 41a Absatz 1 Nummer 1 und Absatz 4 Satz 1	Teil II	der ECE-Regelung Nr. 67 über einheitliche Bedingungen für die I. Genehmigung der speziellen Ausrüstung von Kraftfahrzeugen, in deren Antriebssystem verflüssigte Gase verwendet werden; II. Genehmigung eines Fahrzeugs, das mit der speziellen Ausrüstung für die Verwendung von verflüssigten Gasen in seinem Antriebssystem ausgestattet ist, in Bezug auf den Einbau dieser Ausrüstung vom 1. Juni 1987 in der Fassung der Änderungsserie 01 (Verkehrsblatt 2002 S. 339).
§ 41a Absatz 1 Nummer 2 und Absatz 4 Satz 1	Teil II	der ECE-Regelung Nr. 110 über einheitliche Bedingungen für die Genehmigung der I. speziellen Bauteile von Kraftfahrzeugen, in deren Antriebssystem komprimiertes Erdgas (CNG) verwendet wird; II. Fahrzeuge hinsichtlich des Einbaus spezieller Bauteile eines genehmigten Typs für die Verwendung von komprimiertem Erdgas (CNG) in ihrem Antriebssystem vom 18. Dezember 2000 (Verkehrsblatt 2002 S. 339).

Zur Vorschrift des/der		sind folgende Bestimmungen anzuwenden:
§ 41a Absatz 2 und Absatz 4 Satz 1		ECE-Regelung Nr. 115 über einheitliche Bedingungen für die Genehmigung der I. speziellen Nachrüstsysteme für Flüssiggas (LPG) zum Einbau in Kraftfahrzeuge zur Verwendung von Flüssiggas in ihrem Antriebssystem; II. speziellen Nachrüstsysteme für komprimiertes Erdgas (CNG) zum Einbau in Kraftfahrzeuge zur Verwendung von komprimiertem Erdgas in ihrem Antriebssystem vom 30. Oktober 2003 (Verkehrsblatt 2004 S. 5).
§ 41a Absatz 3 Satz 1 Nummer 1 und Absatz 4 Satz 1	Teil I	der ECE-Regelung Nr. 67 über einheitliche Bedingungen für die I. Genehmigung der speziellen Ausrüstung von Kraftfahrzeugen, in deren Antriebssystem verflüssigte Gase verwendet werden; II. Genehmigung eines Fahrzeugs, das mit der speziellen Ausrüstung für die Verwendung von verflüssigten Gasen in seinem Antriebssystem ausgestattet ist, in Bezug auf den Einbau dieser Ausrüstung vom 1. Juni 1987 in der Fassung der Änderungsserie 01 (Verkehrsblatt 2002 S. 339).
§ 41a Absatz 3 Satz 1 Nummer 2 und Absatz 4 Satz 1	Teil I	der ECE-Regelung Nr. 110 über einheitliche Bedingungen für die Genehmigung der I. speziellen Bauteile von Kraftfahrzeugen, in deren Antriebssystem komprimiertes Erdgas (CNG) verwendet wird; II. Fahrzeuge hinsichtlich des Einbaus spezieller Bauteile eines genehmigten Typs für die Verwendung von komprimiertem Erdgas (CNG) in ihrem Antriebssystem vom 18. Dezember 2000 (Verkehrsblatt 2002 S. 339).
§ 41a Absatz 3 Satz 2 und Absatz 4 Satz 1		ECE-Regelung Nr. 115 über einheitliche Bedingungen für die Genehmigung der I. speziellen Nachrüstsysteme für Flüssiggas (LPG) zum Einbau in Kraftfahrzeuge zur Verwendung von Flüssiggas in ihrem Antriebssystem; II. speziellen Nachrüstsysteme für komprimiertes Erdgas (CNG) zum Einbau in Kraftfahrzeuge zur Verwendung von komprimiertem Erdgas in ihrem Antriebssystem vom 30. Oktober 2003 (Verkehrsblatt 2004 S. 5).
§ 41a Absatz 8		Richtlinie 87/404/EWG des Rates vom 25. Juni 1987 zur Angleichung der Rechtsvorschriften der Mitgliedstaaten für einfache Druckbehälter (ABl. L 220 vom 8.8.1987, S. 48, ABl. L 31 vom 2.2. 1990, S. 46), geändert durch die a) Richtlinie 90/488/EWG des Rates vom 17. September 1990 (ABl. L 270 vom 2.10.1990, S. 25), b) Richtlinie 93/68/EWG des Rates vom 22. Juli 1993 (ABl. L 220 vom 30.8.1993, S. 1).

Zur Vorschrift des/der	sind folgende Bestimmungen anzuwenden:	
§ 43 Absatz 5	Kapitel 10 Anhang I, Anlage 1 bis 3	der Richtlinie 97/24/EG des Europäischen Parlaments und des Rates vom 17. Juni 1997 über bestimmte Bauteile und Merkmale von zweirädrigen oder dreirädrigen Kraftfahrzeugen (ABl. L 226 vom 18.8.1997, S. 1).
§ 45 Absatz 1a	Anhang I Nummer 5.4 bis 5.8 sowie die Anlagen 1 und 2	der Richtlinie 70/221/EWG des Rates vom 20. März 1970 über die Behälter für flüssigen Kraftstoff und den Unterfahrschutz von Kraftfahrzeugen und Kraftfahrzeuganhängern (ABl. L 76 vom 6.4.1970, S. 23), geändert durch die a) Richtlinie 79/490/EWG (ABl. L 128 vom 26.5.1979, S. 22), b) Richtlinie 81/333/EWG (ABl. L 131 vom 18.5.1981, S. 4), c) Richtlinie 97/19/EWG (ABl. L 125 vom 16.5.1997, S. 1), d) Richtlinie 2000/8/EG (ABl. L 106 vom 3.5.2000, S. 7).
§ 45 Absatz 4	Kapitel 6 Anhang I, Anlage 1, Anhang II (ohne Anlagen)	der Richtlinie 97/24/EG des Europäischen Parlaments und des Rates vom 17. Juni 1997 über bestimmte Bauteile und Merkmale von zweirädrigen oder dreirädrigen Kraftfahrzeugen (ABl. L 226 vom 18.8.1997, S. 1).
§ 45 Absatz 4 (Forts.)	b) Kapitel 6 Anhang I Anlage 1 Anhang II (ohne Anlagen)	der Richtlinie 97/24/EG des Europäischen Parlaments und des Rates vom 17. Juni 1997 über bestimmte Bauteile und Merkmale von zweirädrigen oder dreirädrigen Kraftfahrzeugen (ABl. L 226 vom 18.8.1997, S. 1).
§ 47 Absatz 1	Artikel 1 bis 7 Anhänge	der Richtlinie 70/220/EWG des Rates vom 20. März 1970 zur Angleichung der Rechtsvorschriften der Mitgliedstaaten über Maßnahmen gegen die Verunreinigung der Luft durch Emissionen von Kraftfahrzeugmotoren (ABl. L 76 vom 6.4.1970, S. 1), geändert durch die a) Beitrittsakte vom 22. Januar 1972 (ABl. L 73 vom 27.3.1972, S. 115), b) Richtlinie 74/290/EWG des Rates vom 28. Mai 1974 (ABl. L 159 vom 15.6.1974, S. 61), c) Richtlinie 77/102/EWG der Kommission vom 30. November 1976 (ABl. L 32 vom 3.2.1977, S. 32), d) Richtlinie 78/665/EWG der Kommission vom 14. Juli 1978 (ABl. L 223 vom 14.8.1978, S. 48), e) Richtlinie 83/351/EWG des Rates vom 16. Juni 1983 (ABl. L 197 vom 20.7.1983, S. 1), f) Richtlinie 88/76/EWG des Rates vom 3. Dezember 1987 (ABl. L 36 vom 9.2.1988, S. 1), g) Richtlinie 88/436/EWG des Rates vom 16. Juni 1988 (ABl. L 214 vom 6.8.1988, S. 1), h) Berichtigung der Richtlinie 88/436/EWG (ABl. L 303 vom 8.11.1988, S. 36),

Zur Vorschrift des/der	sind folgende Bestimmungen anzuwenden:
	i) Richtlinie 89/491/EWG der Kommission vom 17. Juli 1989 (ABl. L 238 vom 15.8.1989, S. 43), j) Richtlinie 89/458/EWG des Rates vom 18. Juli 1989 (ABl. L 226 vom 3.8.1989, S. 1), k) Berichtigung der Richtlinie 89/458/EWG (ABl. L 270 vom 19.9.1989, S. 16), l) Richtlinie 91/441/EWG des Rates vom 26. Juni 1991 (ABl. L 242 vom 30.8.1991, S. 1), m) Richtlinie 93/59/EWG des Rates vom 28. Juni 1993 (ABl. L 186 vom 28.7.1993, S. 21), n) Richtlinie 94/12/EG des Europäischen Parlaments und des Rates vom 23. März 1994 (ABl. L 100 vom 19.4.1994, S. 42), o) Richtlinie 96/44/EG der Kommission vom 1. Juli 1996 (ABl. L 210 vom 20.8.1996, S. 25), p) Richtlinie 96/69/EG des Europäischen Parlaments und des Rates vom 8. Oktober 1996 (ABl. L 282 vom 1.11.1996, S. 64), q) Berichtigung vom 8. Oktober 1996 (ABl. L 83 vom 25.3.1997, S. 23), r) Richtlinie 98/77/EG der Kommission vom 2. Oktober 1998 (ABl. L 286 vom 23.10.1998, S. 34), s) Richtlinie 98/69/EG des Europäischen Parlaments und des Rates vom 13. Oktober 1998 (ABl. L 350 vom 28.12.1998, S. 1), t) Berichtigung vom 21. April 1999 (ABl. L 104 vom 21.4.1999, S. 31), u) Richtlinie 1999/102/EG der Kommission vom 15. Dezember 1999 (ABl. L 334 vom 28.12.1999, S. 43), v) Richtlinie 2001/1/EG des Europäischen Parlaments und des Rates vom 22. Januar 2001 (ABl. L 35 vom 6.2.2001, S. 34), w) Richtlinie 2001/100/EG des Europäischen Parlaments und des Rates vom 7. Dezember 2001 (ABl. L 16 vom 18.1.2002, S. 32), x) Richtlinie 2002/80/EG der Kommission vom 3. Oktober 2002 (ABl. L 291 vom 28.10.2002, S. 20), y) Richtlinie 2003/76/EG der Kommission vom 11. August 2003 (ABl. L 206 vom 15.8.2003, S. 29).
§ 47 Absatz 1a	Die Verordnung (EG) Nr. 715/2007 des Europäischen Parlaments und des Rates vom 20. Juni 2007 über die Typgenehmigung von Kraftfahrzeugen hinsichtlich der Emissionen von leichten Personenkraftwagen und Nutzfahrzeugen (Euro 5 und Euro 6) und über den Zugang

Zur Vorschrift des/der	sind folgende Bestimmungen anzuwenden:
	zu Reparatur- und Wartungsinformationen für Fahrzeuge (ABl. L 171 vom 29.6.2007, S. 1), geändert durch a) die Verordnung (EG) Nr. 692/2008 der Kommission vom 18. Juli 2008 zur Durchführung und Änderung der Verordnung (EG) Nr. 715/2007 (ABl. L 199 vom 28.7.2008, S. 1), b) die Verordnung (EG) Nr. 566/2011 der Kommission vom 8. Juni 2011 zur Änderung der Verordnung (EG) Nr. 715/2007 des Europäischen Parlaments und des Rates und der Verordnung (EG) Nr. 692/2008 der Kommission über Zugang zu Reparatur- und Wartungsinformationen für Fahrzeuge (ABl. L 158 vom 16.6.2011, S. 1), c) die Verordnung (EG) Nr. 595/2009 des Europäischen Parlaments und des Rates vom 18. Juni 2009 (ABl. L 188 vom 18.7.2009, S. 1), d) die Verordnung (EU) Nr. 459/2012 der Kommission vom 29. Mai 2012 (ABl. L 142 vom 1.6.2012, S. 16),
	und die Verordnung (EG) Nr. 692/2008 der Kommission vom 18. Juli 2008 zur Durchführung und Änderung der Verordnung (EG) Nr. 715/2007 (ABl. L 199 vom 28.7.2008, S. 1), geändert durch a) die Verordnung (EG) Nr. 566/2011 der Kommission vom 8. Juni 2011 zur Änderung der Verordnung (EG) Nr. 715/2007 des Europäischen Parlaments und des Rates und der Verordnung (EG) Nr. 692/2008 der Kommission über Zugang zu Reparatur- und Wartungsinformationen für Fahrzeuge (ABl. L 158 vom 16.6.2011, S. 1), b) die Berichtigung der Verordnung (EG) Nr. 692/2008 (ABl. L 336 vom 21.12.2010, S. 68), c) die Verordnung (EU) Nr. 459/2012 der Kommission vom 29. Mai 2012 (ABl. L 142 vom 1.6.2012, S. 16), d) die Verordnung (EU) Nr. 630/2012 der Kommission vom 12. Juli 2012 (ABl. L 182 vom 13.7.2012, S. 14), e) die Verordnung (EU) Nr. 143/2013 der Kommission vom 19. Februar 2013 (ABl. L 47 vom 20.2.2013, S. 51), f) die Verordnung (EU) Nr. 171/2013 der Kommission vom 26. Februar 2013 (ABl. L 55 vom 27.2.2013, S. 9), g) die Verordnung (EU) Nr. 195/2013 der Kommission vom 7. März 2013 (ABl. L 65 vom 8.3.2013, S. 1), h) die Verordnung (EU) Nr. 519/2013 der Kommission vom 21. Februar 2013 (ABl. L 158 vom 10.6.2013, S. 74), i) die Verordnung (EU) Nr. 136/2014 der Kommission vom 11. Februar 2014 (ABl. L 43 vom 13.2.2014, S. 12),

Zur Vorschrift des/der	sind folgende Bestimmungen anzuwenden:	
		j) die Verordnung (EU) 2015/45 der Kommission vom 14. Januar 2015 (ABl. L 9 vom 15.1.2015, S. 1).
§ 47 Absatz 2	a) Artikel 1 bis 6 Anhänge I bis X	der Richtlinie 72/306/EWG des Rates vom 2. August 1972 zur Angleichung der Rechtsvorschriften der Mitgliedstaaten über Maßnahmen gegen die Emission verunreinigender Stoffe aus Dieselmotoren zum Antrieb von Fahrzeugen (ABl. L 190 vom 20.8.1972, S. 1), geändert durch die Richtlinie 89/491/EWG der Kommission vom 17. Juli 1989 (ABl. L 238 vom 15.8.1989, S. 43),
	b) Artikel 1 bis 6 Anhänge I bis VIII	der Richtlinie 72/306/EWG des Rates vom 2. August 1972 zur Angleichung der Rechtsvorschriften der Mitgliedstaaten über Maßnahmen gegen die Emission verunreinigender Stoffe aus Dieselmotoren zum Antrieb von Fahrzeugen (ABl. L 190 vom 20.8.1972, S. 1), geändert durch die Richtlinie 97/20/EG der Kommission vom 18. April 1997 (ABl. L 125 vom 16.5.1997, S. 21),
	c) Artikel 1 bis 5 Anhang	der Richtlinie 2005/21/EG der Kommission vom 7. März 2005 zur Anpassung der Richtlinie 72/306/EWG des Rates zur Angleichung der Rechtsvorschriften der Mitgliedstaaten über Maßnahmen gegen die Emission verunreinigender Stoffe aus Dieselmotoren zum Antrieb von Fahrzeugen (ABl. L 61 vom 8.3.2005, S. 25).
§ 47 Absatz 6	Artikel 1 bis 7 Anhänge	der Richtlinie 88/77/EWG des Rates vom 3. Dezember 1987 zur Angleichung der Rechtsvorschriften der Mitgliedstaaten über Maßnahmen gegen die Emission gasförmiger Schadstoffe und luftverunreinigender Partikel aus Selbstzündungsmotoren zum Antrieb von Fahrzeugen und die Emission gasförmiger Schadstoffe aus mit Erdgas oder Flüssiggas betriebenen Selbstzündungsmotoren zum Antrieb von Fahrzeugen (ABl. L 36 vom 9.2.1988, S. 33), geändert durch die a) Richtlinie 91/542/EWG des Rates vom 1. Oktober 1991 (ABl. L 295 vom 25.10.1991, S. 1), b) Beschluss 94/1/EGKS, EG des Rates und der Kommission vom 13. Dezember 1993 (ABl. L 1 vom 3.1.1994, S. 1, 274), c) Beschluss 94/2/EGKS, EG des Rates und der Kommission vom 13. Dezember 1993 (ABl. L 1 vom 3.1.1994, S. 571, 583), d) Richtlinie 96/1/EG des Europäischen Parlaments und des Rates vom 22. Januar 1996 (ABl. L 40 vom 12.2.1996, S. 1), e) Richtlinie 1999/96/EG des Europäischen Parlaments und des Rates vom 13. Dezember 1999 (ABl. L 44 vom 16.2.2000, S. 1), f) Richtlinie 2001/27/EG der Kommission vom 10. April 2001 (ABl. L 107 vom 18.4.2001, S. 10), g) Berichtigung vom 6. Oktober 2001 (ABl. L 266 vom 6.10.2001, S. 15).

Zur Vorschrift des/der	sind folgende Bestimmungen anzuwenden:
§ 47 Absatz 6a	Die Richtlinie 2005/55/EG des Europäischen Parlaments und des Rates vom 28. September 2005 zur Angleichung der Rechtsvorschriften der Mitgliedstaaten über Maßnahmen gegen die Emission gasförmiger Schadstoffe und luftverunreinigender Partikel aus Selbstzündungsmotoren zum Antrieb von Fahrzeugen und die Emission gasförmiger Schadstoffe aus mit Flüssiggas oder Erdgas betriebenen Fremdzündungsmotoren zum Antrieb von Fahrzeugen (ABl. L 275 vom 20.10.2005, S. 1), geändert durch a) die Richtlinie 2006/51/EG der Kommission vom 6. Juni 2006 zur Änderung, zwecks Anpassung an den technischen Fortschritt, von Anhang I der Richtlinie 2005/55/EG des Europäischen Parlaments und des Rates sowie der Anhänge IV und V der Richtlinie 2005/78/EG hinsichtlich der Anforderungen an Überwachungssysteme emissionsmindernder Einrichtungen zum Einbau in Fahrzeuge und hinsichtlich der Ausnahmen für Gasmotoren (ABl. L 152 vom 7.6. 2006, S. 11), b) die Richtlinie 2008/74/EG der Kommission vom 18. Juli 2008 zur Änderung der Richtlinie 2005/55/EG des Europäischen Parlaments und des Rates und der Richtlinie 2005/78/EG in Bezug auf die Typgenehmigung von Kraftfahrzeugen hinsichtlich der Emissionen von leichten Personenkraftwagen und Nutzfahrzeugen (Euro 5 und Euro 6) und des Zugangs zu Reparatur- und Wartungsinformationen für Fahrzeuge (ABl. L 192 vom 19.7.2008, S. 51)
und	die Richtlinie 2005/78/EG der Kommission vom 14. November 2005 zur Durchführung der Richtlinie 2005/55/EG des Europäischen Parlaments und des Rates zur Angleichung der Rechtsvorschriften der Mitgliedstaaten über Maßnahmen gegen die Emission gasförmiger Schadstoffe und luftverunreinigender Partikel aus Selbstzündungsmotoren zum Antrieb von Fahrzeugen und die Emission gasförmiger Schadstoffe aus mit Flüssiggas oder Erdgas betriebenen Fremdzündungsmotoren zum Antrieb von Fahrzeugen und zur Änderung ihrer Anhänge I, II, III, IV und VI (ABl. L 313 vom 29.11. 2005, S. 1), geändert durch a) die Richtlinie 2006/51/EG der Kommission vom 6. Juni 2006 zur Änderung, zwecks Anpassung an den technischen Fortschritt, von Anhang I der Richtlinie 2005/55/EG des Europäischen Parlaments und des Rates sowie der Anhänge IV und V der Richtlinie 2005/78/EG hinsichtlich der Anforderungen an Überwachungssysteme emissionsmindernder Einrichtungen zum Einbau in Fahrzeuge und hinsichtlich der Ausnahmen für Gasmotoren (ABl. L 152 vom 7.6. 2006, S. 11), b) die Richtlinie 2008/74/EG der Kommission vom 18. Juli 2008 zur Änderung der Richtlinie 2005/55/EG des Europäischen Parlaments und des Rates und der Richtlinie 2005/78/EG in Bezug auf die Typgenehmigung von Kraftfahrzeugen hinsichtlich der

Zur Vorschrift des/der	sind folgende Bestimmungen anzuwenden:	
		Emissionen von leichten Personenkraftwagen und Nutzfahrzeugen (Euro 5 und Euro 6) und des Zugangs zu Reparatur- und Wartungsinformationen für Fahrzeuge (ABl. L 192 vom 19.7.2008, S. 51).
§ 47 Absatz 6b		Die Verordnung (EG) Nr. 595/2009 des Europäischen Parlaments und des Rates vom 18. Juni 2009 über die Typgenehmigung von Kraftfahrzeugen und Motoren hinsichtlich der Emissionen von schweren Nutzfahrzeugen (Euro VI) und über den Zugang zu Fahrzeugreparatur- und -wartungsinformationen, zur Änderung der Verordnung (EG) Nr. 715/2007 und der Richtlinie 2007/46/EG sowie zur Aufhebung der Richtlinien 80/1269/EWG, 2005/55/EG und 2005/78/EG (ABl. L 188 vom 18.7.2009, S. 1), geändert durch a) die Berichtigung der Verordnung (EG) Nr. 595/2009 (ABl. L 200 vom 31.7.2009, S. 52), b) die Verordnung (EU) Nr. 582/2011 der Kommission vom 25. Mai 2011 (ABl. L 167 vom 25.6.2011, S. 1), c) die Verordnung (EU) Nr. 133/2014 der Kommission vom 31. Januar 2014 (ABl. L 47 vom 18.2.2014, S. 1) und die Verordnung (EU) Nr. 582/2011 der Kommission vom 25. Mai 2011 zur Durchführung und Änderung der Verordnung (EG) Nr. 595/2009 des Europäischen Parlaments und des Rates hinsichtlich der Emissionen von schweren Nutzfahrzeugen (Euro VI) und zur Änderung der Anhänge I und III der Richtlinie 2007/46/EG des Europäischen Parlaments und des Rates (ABl. L 167 vom 25.6.2011, S. 1), geändert durch: a) die Verordnung (EU) Nr. 64/2012 der Kommission vom 23. Januar 2012 (ABl. L 28 vom 31.1.2012, S. 1), b) die Verordnung (EU) Nr. 519/2013 der Kommission vom 21. Februar 2013 (ABl. L 158 vom 10.6.2013, S. 74), c) die Verordnung (EU) Nr. 133/2014 der Kommission vom 31. Januar 2014 (ABl. L 47 vom 18.2.2014, S. 1), d) die Verordnung (EU) Nr. 136/2014 der Kommission vom 11. Februar 2014 (ABl. L 43 vom 13.2.2014, S. 12), e) die Verordnung (EU) Nr. 627/2014 der Kommission vom 12. Juni 2014 (ABl. L 174 vom 13.6.2014, S. 28), f) die Berichtigung der Verordnung (EU) Nr. 627/2014 (ABl. L 239 vom 15.9.2015, S. 190).
§ 47 Absatz 8a	Kapitel 5	der Richtlinie 97/24/EG des Europäischen Parlaments und des Rates vom 17. Juni 1997 über bestimmte Bauteile und Merkmale von zweirädrigen oder dreirädrigen Kraftfahrzeugen (ABl. L 226 vom 18.8.1997, S. 1), geändert durch die a) Berichtigung vom 17. Juni 1997 (ABl. L 65 vom 5.3.1998, S. 35),

Zur Vorschrift des/der	sind folgende Bestimmungen anzuwenden:
	b) Richtlinie 2002/51/EG des Europäischen Parlaments und des Rates vom 19. Juli 2002 (ABl. L 252 vom 20.9.2002, S. 20), c) Richtlinie 2003/77/EG der Kommission vom 11. August 2003 (ABl. L 211 vom 21.8.2003, S. 24), d) Richtlinie 2005/30/EG der Kommission vom 22. April 2005 zur Änderung der Richtlinien 97/24/EG und 2002/24/EG des Europäischen Parlaments und des Rates über die Typgenehmigung für zweirädrige oder dreirädrige Kraftfahrzeuge im Hinblick auf die Anpassung an den technischen Fortschritt (ABl. L 106 vom 27.4.2005, S. 17), e) Richtlinie 2006/72/EG der Kommission vom 18. August 2006 zur Änderung der Richtlinie 97/24/EG des Europäischen Parlaments und des Rates über bestimmte Bauteile und Merkmale von zweirädrigen oder dreirädrigen Kraftfahrzeugen zwecks Anpassung an den technischen Fortschritt (ABl. L 227 vom 19.8.2006, S. 43), f) Richtlinie 2006/120/EG der Kommission vom 27. November 2006 zur Berichtigung und Änderung der Richtlinie 2005/30/EG zur Änderung der Richtlinien 97/24/EG und 2002/24/EG des Europäischen Parlaments und des Rates über die Typgenehmigung für zweirädrige oder dreirädrige Kraftfahrzeuge zwecks Anpassung an den technischen Fortschritt (ABl. L 330 vom 28.11.2006, S. 16), g) Richtlinie 2009/108/EG der Kommission vom 17. August 2009 (ABl. L 213 vom 18.8.2009, S. 10), h) Richtlinie 2013/60/EU der Kommission vom 27. November 2013 (ABl. L 329 vom 10.12.2013, S. 15), i) Berichtigung der Richtlinie 2013/60/EU (ABl. L 305 vom 21.11.2015, S. 51).
§ 47 Absatz 8c	Richtlinie 2000/25/EG des Europäischen Parlaments und des Rates vom 22. Mai 2000 über Maßnahmen zur Bekämpfung der Emissionen gasförmiger Schadstoffe und luftverunreinigender Partikel aus Motoren, die für den Antrieb von land- und forstwirtschaftlichen Zugmaschinen bestimmt sind, und zur Änderung der Richtlinie 74/150/EWG des Rates (ABl. L 173 vom 12.7.2000, S. 1), geändert durch die a) Richtlinie 2005/13/EG der Kommission vom 21. Februar 2005 zur Änderung der Richtlinie 2000/25/EG des Europäischen Parlaments und des Rates über Maßnahmen zur Bekämpfung der Emission gasförmiger Schadstoffe und luftverunreinigender Partikel aus Motoren, die für den Antrieb von land- oder forstwirtschaftlichen Zugmaschinen bestimmt sind, und zur Änderung von Anhang I der Richtlinie 2003/37/EG des Europäischen Parlaments und des Rates betreffend die Typgenehmigung für land- oder forstwirtschaftliche Zugmaschinen (ABl. L 55 vom 1.3.2005, S. 35),

Zur Vorschrift des/der	sind folgende Bestimmungen anzuwenden:	
		b) Richtlinie 2010/22/EU der Kommission vom 15. März 2010 zur Anpassung der Richtlinien 80/720/EWG, 86/298/EWG, 86/415/EWG und 87/402/EWG des Rates sowie der Richtlinien 2000/25/EG und 2003/37/EG des Europäischen Parlaments und des Rates über die Typgenehmigung für land- oder forstwirtschaftliche Zugmaschinen an den technischen Fortschritt (ABl. L 91 vom 10.4.2010, S. 1), c) Richtlinie 2011/72/EU des Europäischen Parlaments und des Rates vom 14. September 2011 (ABl. L 246 vom 23.9.2011, S. 1), d) Berichtigung der Richtlinie 2011/72/EU (ABl. L 254 vom 30.9.2011, S. 22), e) Richtlinie 2011/87/EU des Europäischen Parlaments und des Rates vom 16. November 2011 (ABl. L 301 vom 18.11.2011, S. 1), f) Richtlinie 2013/15/EU des Rates vom 13. Mai 2013 (ABl. L 158 vom 10.6.2013, S. 172), g) Richtlinie 2014/43/EU der Kommission vom 18. März 2014 (ABl. L 82 vom 20.3.2014, S. 12).
§ 47d	Artikel 1 bis 5 Anhänge I und II	der Richtlinie 80/1268/EWG des Rates vom 16. Dezember 1980 über die Kohlendioxidemissionen und über den Kraftstoffverbrauch von Kraftfahrzeugen (ABl. L 375 vom 31.12.1980, S. 36), geändert durch die a) Richtlinie 89/491/EWG der Kommission vom 17. Juli 1989 (ABl. L 238 vom 15.8.1989, S. 43), b) Richtlinie 93/116/EG der Kommission vom 17. Dezember 1993 (ABl. L 329 vom 30.12.1993, S. 39), c) Berichtigung vom 15. Februar 1994 (ABl. L 42 vom 15.2.1994, S. 27), d) Richtlinie 1999/100/EG der Kommission vom 15. Dezember 1999 zur Anpassung der Richtlinie 80/1268/EWG über die Kohlendioxidemissionen und den Kraftstoffverbrauch von Kraftfahrzeugen an den technischen Fortschritt (ABl. L 334 vom 28.12.1999, S. 36), e) Berichtigung vom 15.12.1999 (ABl. L 163 vom 4.7.2000, S. 38), f) Richtlinie 2004/3/EG des Europäischen Parlaments und des Rates vom 11. Februar 2004 zur Änderung der Richtlinien 70/156/EWG und 80/1268/EWG des Rates im Hinblick auf die Messung der Kohlendioxidemissionen und des Kraftstoffverbrauchs von Fahrzeugen der Klasse N_1 (ABl. L 49 vom 19.2.2004, S. 36).
	Artikel 5 Absatz 3e	der Verordnung (EG) Nr. 715/2007 des Europäischen Parlaments und des Rates vom 20. Juni 2007 über die Typgenehmigung von Kraftfahrzeugen hinsichtlich der Emissionen von leichten Personenkraftwagen und Nutzfahrzeugen (Euro 5 und Euro 6) und über den Zugang zu Reparatur- und Wartungsinformationen für Fahrzeuge (ABl. L 171 vom 29.6.2007, S. 1) und

Zur Vorschrift des/der	sind folgende Bestimmungen anzuwenden:	
	Artikel 3 Absatz 3 Anhang XII	der Verordnung (EG) Nr. 692/2008 der Kommission vom 18. Juli 2008 zur Durchführung und Änderung der Verordnung (EG) Nr. 715/2007 (ABl. L 199 vom 28.7. 2008, S. 1).
§ 47e		Richtlinie 2006/40/EG des Europäischen Parlaments und des Rates vom 17. Mai 2006 über Emissionen aus Klimaanlagen in Kraftfahrzeugen und zur Änderung der Richtlinie 70/156/EWG (ABl. L 161 vom 14.6.2006, S. 12)
	und	Verordnung (EG) Nr. 706/2007 der Kommission vom 21. Juni 2007 zur Festlegung von Verwaltungsvorschriften für die EG-Typgenehmigung von Kraftfahrzeugen und eines harmonisierten Verfahrens für die Messung von Leckagen aus bestimmten Klimaanlagen nach der Richtlinie 2006/40/EG des Europäischen Parlaments und des Rates (ABl. L 161 vom 22.6.2007, S. 33).
§ 49 Absatz 2 Nummer 1	Artikel 1 bis 5 Anhänge I bis IV	der Richtlinie 70/157/EWG des Rates vom 6. Februar 1970 zur Angleichung der Rechtsvorschriften der Mitgliedstaaten über den zulässigen Geräuschpegel und die Auspuffvorrichtung von Kraftfahrzeugen (ABl. L 42 vom 23.2.1970, S. 16), geändert durch die a) Beitrittsakte vom 22. Januar 1972 (ABl. L Nr. 73 vom 27.3.1972, S. 115), b) Richtlinie 73/350/EWG der Kommission vom 7. November 1973 (ABl. L 321 vom 22.11.1973, S. 33), c) Richtlinie 77/212/EWG des Rates vom 8. März 1977 (ABl. L 66 vom 12.3.1977, S. 33), d) Richtlinie 81/334/EWG der Kommission vom 13. April 1981 (ABl. L 131 vom 18.5.1981, S. 6), e) Richtlinie 84/372/EWG der Kommission vom 3. Juli 1984 (ABl. L 196 vom 26.7.1984, S. 47), f) Richtlinie 84/424/EWG des Rates vom 3. September 1984 (ABl. L 238 vom 6.9.1984, S. 31), g) Beitrittsakte vom 11. Juni 1985 (ABl. L 302 vom 15.11.1985, S. 211), h) Richtlinie 87/354/EWG des Rates vom 25. Juni 1985 (ABl. L 192 vom 11.7.1987, S. 43), i) Richtlinie 89/491/EWG der Kommission vom 17. Juli 1989 (ABl. L 238 vom 15.8.1989, S. 43), j) Richtlinie 92/97/EWG des Rates vom 10. November 1992 (ABl. L 371 vom 19.12.1992, S. 1), k) Beschluss 94/1/EGKS, EG des Rates und der Kommission vom 13. Dezember 1993 (ABl. L 1 vom 3.1.1994, S. 1, 264), l) Beschluss 94/2/EGKS, EG des Rates und der Kommission vom 13. Dezember 1993 (ABl. L 1 vom 3.1.1994, S. 571, 583),

Zur Vorschrift des/der	sind folgende Bestimmungen anzuwenden:	
		m) Richtlinie 96/20/EG der Kommission vom 27. März 1996 (ABl. L 92 vom 13.4.1996, S. 23), n) Richtlinie 1999/101/EG der Kommission vom 15. Dezember 1999 (ABl. L 334 vom 28.12.1999, S. 41), o) Richtlinie 2007/34/EG der Kommission vom 14. Juni 2007 (ABl. L 155 vom 15.6.2007, S. 49), p) Richtlinie 2013/15/EU des Rates vom 13. Mai 2013 (ABl. L 158 vom 10.6.2013, S. 172).
§ 49 Absatz 2 Nummer 2	Artikel 1 bis 6 Anhang I bis VI	der Richtlinie 74/151/EWG des Rates vom 4. März 1974 zur Angleichung der Rechtsvorschriften über bestimmte Bestandteile und Merkmale von land- oder forstwirtschaftlichen Zugmaschinen auf Rädern (ABl. L 84 vom 28.3.1974, S. 25), geändert durch die a) Richtlinie 82/890/EWG des Rates vom 17. Dezember 1982 (ABl. L 378 vom 31.12.1982, S. 45), b) Berichtigung der Richtlinie 82/890/EWG (ABl. L 118 vom 6.5.1988, S. 42), c) Richtlinie 88/410/EWG der Kommission vom 21. Juni 1988 (ABl. L 200 vom 26.7.1988, S. 27).
§ 49 Absatz 2 Nummer 4	Kapitel 9	der Richtlinie 97/24/EG des Europäischen Parlaments und des Rates vom 17. Juni 1997 über bestimmte Bauteile und Merkmale von zweirädrigen oder dreirädrigen Kraftfahrzeugen (ABl. L 226 vom 18.8.1997, S. 1), geändert durch die a) Berichtigung vom 17. Juni 1997 (ABl. L 65 vom 5. März 1998, S. 35), b) Berichtigung vom 17. Juni 1997 (ABl. L 244 vom 3. September 1998, S. 20).
§ 49a Absatz 5 Satz 2 Nummer 5		ECE-Regelung Nr. 87 über einheitliche Bedingungen für die Genehmigung von Tagfahrleuchten für Kraftfahrzeuge (BGBl. 1995 II S. 36).
§ 50 Absatz 8 § 51b	Anhang II	der Richtlinie 76/756/EWG des Rates vom 27. Juli 1976 zur Angleichung der Rechtsvorschriften der Mitgliedstaaten über den Anbau der Beleuchtungs- und Lichtsignaleinrichtungen für Kraftfahrzeuge und Kraftfahrzeuganhänger (ABl. L 262 vom 27.9.1976, S. 1), geändert durch die a) Richtlinie 80/233/EWG der Kommission vom 21. November 1979 (ABl. L 51 vom 25.2.1980, S. 8), b) Richtlinie 82/244/EWG der Kommission vom 17. März 1982 (ABl. L 109 vom 22.4.1982, S. 31), c) Richtlinie 83/276/EWG des Rates vom 26. Mai 1983 (ABl. L 151 vom 9.6.1983, S. 47),

Zur Vorschrift des/der	sind folgende Bestimmungen anzuwenden:	
		d) Richtlinie 84/8/EWG der Kommission vom 14. Dezember 1983 (ABl. L 9 vom 12.1.1984, S. 24), e) Richtlinie 91/663/EWG der Kommission vom 10. Dezember 1991 (ABl. L 366 vom 31.12.1991, S. 17), f) Berichtigung der Richtlinie 91/663/EWG (ABl. L 172 vom 27.6.1992, S. 87), g) Richtlinie 97/28/EG der Kommission vom 11. Juni 1997 (ABl. L 171 vom 30.6.1997, S. 1).
§ 53 Absatz 10 Nummer 1		ECE-Regelung Nr. 69 über einheitliche Bedingungen für die Genehmigung von Tafeln zur hinteren Kennzeichnung von bauartbedingt langsamfahrenden Kraftfahrzeugen und ihrer Anhänger vom 6. Juli 1994 (BGBl. 1994 II S. 1023).
§ 53 Absatz 10 Nummer 2		ECE-Regelung Nr. 70 über einheitliche Bedingungen für die Genehmigung von Tafeln zur hinteren Kennzeichnung schwerer und langer Fahrzeuge vom 27. Juni 1994 (BGBl. 1994 II S. 970).
§ 53 Absatz 10 Satz 1 Nummer 3 und Satz 2		ECE-Regelung Nr. 48 der Wirtschaftskommission der Vereinten Nationen für Europa (UN/ECE) – Einheitliche Bedingungen für die Genehmigung der Fahrzeuge hinsichtlich des Anbaus der Beleuchtungs- und Lichtsignaleinrichtungen (ABl. L 323 vom 6.12.2011, S. 46).
§ 53 Absatz 10 Satz 1 Nummer 4 und Satz 3		ECE-Regelung Nr. 104 über einheitliche Bedingungen für die Genehmigung retroreflektierender Markierungen für Fahrzeuge der Klassen M, N und O (BGBl. 1998 II S. 1134).
§ 55 Absatz 2a	Anhänge I und II (jeweils ohne Anlagen)	der Richtlinie 93/30/EWG des Rates vom 14. Juni 1993 über die Einrichtungen für Schallzeichen von zweirädrigen oder dreirädrigen Kraftfahrzeugen (ABl. L 188 vom 29.7.1993, S. 11).
§ 55a Absatz 1	Anhänge I, IV bis IX	der Richtlinie 72/245/EWG des Rates vom 20. Juni 1972 zur Angleichung der Rechtsvorschriften der Mitgliedstaaten über die Funkentstörung von Kraftfahrzeugmotoren mit Fremdzündung (ABl. L 152 vom 6.7.1972, S. 15), geändert durch die Richtlinie 95/54/EG der Kommission vom 31. Oktober 1995 (ABl. L 266 vom 8.11.1995, S. 1).
§ 55a Absatz 2	Kapitel 8 Anhänge I bis VII	der Richtlinie 97/24/EG des Europäischen Parlaments und des Rates vom 17. Juni 1997 über bestimmte Bauteile und Merkmale von zweirädrigen oder dreirädrigen Kraftfahrzeugen (ABl. L 226 vom 18.8.1997, S. 1).
§ 56 Absatz 2 Nummer 1 und 2	Anhang I Nr. 1, Anhang II, Anhang III	der Richtlinie 2003/97/EG des Europäischen Parlaments und des Rates vom 10. November 2003 zur Angleichung der Rechtsvorschriften der Mitgliedstaaten für die Typgenehmigung von Einrichtungen für indirekte Sicht und von mit solchen Einrichtungen ausgestatteten Fahrzeugen sowie zur Änderung der Richtlinie 70/156/EWG und zur Aufhebung der Richtlinie 71/127/EWG (ABl. L 25 vom 29.1.2004, S. 1), geändert durch die a) Richtlinie 2005/27/EG der Kommission vom 29. März 2005 zur Änderung der Richtlinie 2003/97/EG des Europäischen Parlaments und des Rates über die Angleichung der Rechtsvorschriften der

Zur Vorschrift des/der	sind folgende Bestimmungen anzuwenden:	
		Mitgliedstaaten für die Typgenehmigung von Einrichtungen für indirekte Sicht und von mit solchen Einrichtungen ausgestatteten Fahrzeugen im Hinblick auf die Anpassung an den technischen Fortschritt (ABl. L 81 vom 30.3.2005, S. 44).
§ 56 Absatz 2 Nummer 3		Richtlinie 2007/38/EG des Europäischen Parlaments und des Rates vom 11. Juli 2007 über die Nachrüstung von in der Gemeinschaft zugelassenen schweren Lastkraftwagen mit Spiegeln (ABl. L 184 vom 14.7.2007, S. 25).
§ 56 Absatz 2 Nummer 4	Anhang	der Richtlinie 74/346/EWG des Rates vom 25. Juni 1974 zur Angleichung der Rechtsvorschriften der Mitgliedstaaten über die Rückspiegel von land- oder forstwirtschaftlichen Zugmaschinen auf Rädern (ABl. L 191 vom 15.7.1974, S. 1), geändert durch die a) Richtlinie 82/890/EWG des Rates vom 17. Dezember 1982 (ABl. L 378 vom 31.12.1982, S. 45, ABl. L 118 vom 6.5.1988, S. 42), b) Richtlinie 97/54/EG des Europäischen Parlaments und des Rates vom 23. September 1997 (ABl. L 277 vom 10.10.1997, S. 24), c) Richtlinie 98/40/EG der Kommission vom 8. Juni 1998 (ABl. L 171 vom 17.6.1998, S. 28, L 351 vom 29.12.1998, S. 42).
§ 56 Absatz 2 Nummer 5	Kapitel 4, Anhang I, Anhang II, Anlage 1 und 2 und Anhang III (ohne Anlagen)	der Richtlinie 97/24/EG des Europäischen Parlaments und des Rates vom 17. Juni 1997 über bestimmte Bauteile und Merkmale von zweirädrigen oder dreirädrigen Kraftfahrzeugen (ABl. L 226 vom 18.8.1997, S. 1).
§ 57 Absatz 2	a) Anhang II (ohne Anlagen) b) Anhang (ohne Anlagen)	der Richtlinie 75/443/EWG des Rates vom 26. Juni 1975 zur Angleichung der Rechtsvorschriften der Mitgliedstaaten über den Rückwärtsgang und das Geschwindigkeitsmessgerät in Kraftfahrzeugen (ABl. L 196 vom 26.7.1975, S. 1), geändert durch die a) Richtlinie 97/39/EG der Kommission vom 24. Juni 1997 (ABl. L 177 vom 5.7.1997, S. 15), der Richtlinie 2000/7/EG des Europäischen Parlaments und des Rates vom 20. März 2000 über den Geschwindigkeitsmesser von zweirädrigen oder dreirädrigen Kraftfahrzeugen (ABl. L 106 vom 3.5.2000, S. 1).
§ 57c Absatz 4	Anhang I und III	der Richtlinie 92/24/EWG des Rates vom 31. März 1992 zur Angleichung der Rechtsvorschriften der Mitgliedstaaten über Geschwindigkeitsbegrenzungseinrichtungen und vergleichbare Geschwindigkeitsbegrenzungssysteme (ABl. L 129 vom 14.5.1992, S. 154).
§ 59 Absatz 1a	Anhang	der Richtlinie 76/114/EWG des Rates vom 18. Dezember 1975 zur Angleichung der Rechtsvorschriften der Mitgliedstaaten über Schilder, vorgeschriebene Angaben, deren Lage und Anbringungsart an Kraftfahrzeugen und Kraftfahrzeuganhängern (ABl. L 24 vom 30.1.1976, S. 1), geändert durch die

Zur Vorschrift des/der	sind folgende Bestimmungen anzuwenden:	
		a) Richtlinie 78/507/EWG der Kommission vom 19. Mai 1978, (ABl. L 155 vom 13.6.1978, S. 31), b) Beitrittsakte vom 24. Mai 1979 (ABl. L 291 vom 19.11.1979, S. 110), c) Berichtigung der Richtlinie 76/114/EWG (ABl. L 329 vom 25.11.1982, S. 31), d) Beitrittsakte vom 11. Juni 1985 (ABl. L 302 vom 15.11.1985, S. 211), e) Richtlinie 87/354/EWG des Rates vom 25. Juni 1987, (ABl. L 192 vom 11.7.1987, S. 43).
§ 59 Absatz 1b	Anhang	der Richtlinie 93/34/EWG des Rates vom 14. Juni 1993 über vorgeschriebene Angaben an zweirädrigen oder dreirädrigen Kraftfahrzeugen (ABl. L 188 vom 29.7.1993, S. 38), geändert durch die Richtlinie 1999/25/EG der Kommission vom 9. April 1999 (ABl. L 104 vom 21.4.1999, S. 19).
§ 59a	Artikel 6	der Richtlinie 96/53/EG des Rates vom 25. Juli 1996 zur Festlegung der höchstzulässigen Abmessungen für bestimmte Straßenfahrzeuge im innerstaatlichen und grenzüberschreitenden Verkehr in der Gemeinschaft sowie zur Festlegung der höchstzulässigen Gewichte im grenzüberschreitenden Verkehr (ABl. L 235 vom 17.9.1996, S. 59), geändert durch die Richtlinie 2002/7/EG (ABl. L 67 vom 9.3.2002, S. 47).
§ 61 Absatz 1	Anhang (ohne Anlagen)	der Richtlinie 93/32/EWG des Rates vom 14. Juni 1993 über die Halteeinrichtung für Beifahrer von zweirädrigen Kraftfahrzeugen (ABl. L 188 vom 29.7.1993, S. 28), geändert durch die Richtlinie 1999/24/EG der Kommission vom 9. April 1999 (ABl. L 104 vom 21.4.1999, S. 16).
§ 61 Absatz 3	Anhang (ohne Anlagen)	der Richtlinie 93/31/EWG des Rates vom 14. Juni 1993 über den Ständer von zweirädrigen Kraftfahrzeugen (ABl. L 188 vom 29.7.1993, S. 19), geändert durch die a) Richtlinie 2000/72/EG der Kommission vom 22. November 2000 (ABl. L 300 vom 29.11.2000, S. 18).

Muster 1 bis 2c (wegefallen)

Muster 2d
(§ 20)

Vorbemerkungen

Ausgestaltung der Datenbestätigung

1. Trägermaterial
Die Datenbestätigung muss fälschungserschwerend gestaltet sein. Zu diesem Zweck muss für den Druck Papier verwendet werden, das entweder durch farbige grafische Darstellung geschützt ist oder das Herstellerzeichen als Wasserzeichen enthält.
Die Datenbestätigung hat das Format DIN A4. Sie kann zweiseitig bedruckt sein oder aus zwei Seiten bestehen, die jeweils einseitig bedruckt sind. Die Anfügung weiterer Seiten ist zulässig, wenn der Schreibraum im Feld (22) und/oder im Feld (22a) nicht ausreicht. Auf jeder weiteren Seite sind die Angaben entsprechend der Kopfzeile der Seite 2 des Musters anzugeben.

2. Aufbau und Inhalt der Datenbestätigung
Aufbau und Inhalt der Datenbestätigung müssen dem Muster 2d entsprechen. Abweichungen sind nur zulässig, wenn die Datenbestätigung den Regelungen betreffend die Übereinstimmungsbescheinigung gemäß der Richtlinie 2007/46/EG, der Richtlinie 2002/24/EG des Europäischen Parlaments und des Rates vom 18. März 2002 über die Typgenehmigung für zweirädrige oder dreirädrige Kraftfahrzeuge und zur Aufhebung der Richtlinie 92/61/EWG des Rates (ABl. L 124 vom 9.5.2002, S. 1), der Richtlinie 2003/37/EG des Europäischen Parlaments und des Rates vom 26. Mai 2003 über die Typgenehmigung für land- oder forstwirtschaftliche Zugmaschinen, ihre Anhänger und die von ihnen gezogenen auswechselbaren Maschinen sowie für Systeme, Bauteile und selbstständige technische Einheiten dieser Fahrzeuge und zur Aufhebung der Richtlinie 74/150/EWG (ABl. L 171 vom 9.7.2003, S. 1) in ihrer jeweils geltenden Fassung entspricht. Hierbei müssen jedoch der Kopf der ersten Seite sowie der Folgeseiten und die Bescheinigung der Angaben durch den Ausstellungsberechtigten im Wesentlichen dem Muster der Datenbestätigung entsprechen.

Datenbestätigung
für das nachfolgend beschriebene Fahrzeug zum Zwecke der Vorlage

- bei der Zulassungsbehörde für die Zulassung des Fahrzeugs, soweit ein Gutachten/Zusatzgutachten für die Zulassung nicht erforderlich ist[1)]

oder

- beim amtlich anerkannten Sachverständigen in den Fällen, in denen für die Erteilung der Betriebserlaubnis ein Gutachten/Zusatzgutachten erforderlich ist.[1)]

Feld[2)]	Teil II[3)]	Bezeichnung		Daten[2)]
D.1	X	Marke		
D.2	X	Typ		
		Variante		
		Version		
D.3	X	Handelsbezeichnung(en)		
E	X	Fahrzeug-Identifizierungsnummer		
F.1		Technisch zulässige Gesamtmasse in kg		
F.2		Im Zulassungsmitgliedstaat zulässige Gesamtmasse in kg		
G		Masse des in Betrieb befindlichen Fahrzeugs in kg (Leermasse)		
J	X	Fahrzeugklasse		
K	X	Nummer der EG-Typgenehmigung oder ABE		
L		Anzahl der Achsen		
O		Technisch zulässige Anhängelast in kg	O.1 gebremst in kg	
			O.2 ungebremst in kg	
P.1	X	Hubraum in cm^3		
P.2		Nennleistung in kW		
P.4		Nenndrehzahl bei min^{-1}		
P.3	X	Kraftstoffart oder Energiequelle		
Q		Leistungsgewicht in kW/kg (nur bei Krädern)		
R	X	Farbe des Fahrzeugs		
S.1		Sitzplätze einschließlich Fahrersitz		

[1)] **Amtl. Anm.:** Ob ein Gutachten/Teilgutachten erforderlich ist, ergibt sich aus der Bescheinigung der Angaben durch die Ausstellungsberechtigten.

[2)] **Amtl. Anm.:** Für die Ausfüllung ist der Leitfaden zur Zulassungsbescheinigung Teil I und II zu beachten.

[3)] **Amtl. Anm.:** Soweit für das Fahrzeug eine Zulassungsbescheinigung Teil II ausgefüllt wurde, kann auf die Angabe der mit „X" gekennzeichneten Felder in der Datenbestätigung verzichtet werden.

S.2		Stehplätze		
T		Höchstgeschwindigkeit in km/h		
U.1		Standgeräusch in dB (A)		
U.2		Drehzahl in min^{-1} zu U.1		
U.3		Fahrgeräusch in dB (A)		
V.7		CO_2 (in g/km)		
V.9		Für die EG-Typgenehmigung maßgebliche Schadstoffklasse		
(2)	X	Hersteller-Kurzbezeichnung		
(2.1)	X	Code zu (2)		
(2.2)	X	Code zu (D.2) mit Prüfziffer	Typ/Variante/Variation	
			Prüfziffer	
(3)	X	Prüfziffer zur Fahrzeug-Identifizierungsnummer		
(4)	X	Art des Aufbaus		
(5)	X	Bezeichnung der Fahrzeugklasse und des Aufbaus		
(6)	X	Datum zu K		
(7.1)		Technisch zulässige maximale Achslast/ Masse je Achsgruppe in kg:	Achse 1	
(7.2)			Achse 2	
(7.3)			Achse 3	
(8.1)		Zulässige maximale Achslast im Zulassungsmitgliedstaat in kg	Achse 1	
(8.2)			Achse 2	
(8.3)			Achse 3	
(9)		Anzahl der Antriebsachsen		

Fortsetzung[1]:	**Datenbestätigung für das Fahrzeug**
(2) Hersteller-Kurzbezeichnung **E Fahrzeug-Identifizierungsnummer**	

Feld	Teil II	Bezeichnung		Daten
(10)	X	Code zu P.3		
(11)	X	Code zu R		
(12)		Rauminhalt des Tanks bei Tankfahrzeugen in m^3		
(13)		Stützlast in kg		
(14)		Bezeichnung der nationalen Emissionsklasse		
(14.1)		Code zu V.9 oder (14)		
(15.1)		Bereifung – Achse 1		
(15.2)		Bereifung – Achse 2		
(15.3)		Bereifung – Achse 3		
(18)		Länge in mm		
(19)		Breite in mm		
(20)		Höhe in mm		
(22)		Bemerkungen und Ausnahmen *[Hinweis: Es sind nur solche Angaben einzutragen, die nach dem Leitfaden vorgesehen sind]*		
(22a)		*[Hinweis: Raum für weitere Angaben des Genehmigungsinhabers zur technischen Fahrzeugbeschreibung, die nicht in die Zulassungsbescheinigung übernommen werden]*		
(23)	X	Raum für interne Vermerke des Herstellers	*[Hinweis: Bei Ausstellung einer Zulassungsbescheinigung Teil II ist zwingend anzugeben:* *Zulassungsbescheinigung Teil II ausgegeben am: ....* *.... mit der Nummer: ....* *ansonsten weitere interne Herstellerangaben, z.B. Fahrzeug-Identifizierungsnummer als Barcode möglich]*	

Bescheinigung der Angaben durch den Ausstellungsberechtigten[2]:

- Die Richtigkeit der vorstehenden Angaben wird heute bescheinigt.
- Die Übereinstimmung mit der unter Feld K und (6) angegebenen ABE und dem gleichnamigen Typ ggf. nebst Variante/Version bzw. Ausführung wird bestätigt.
- Für die Zulassung ist ein Gutachten/Teilgutachten erforderlich.

[1] **Amtl. Anm.:** Jede Fortsetzungsseite ist als solche zu kennzeichnen und mit den Angaben (2) Hersteller-Kurzbezeichnung und E Fahrzeug-Identifizierungsnummer des Fahrzeugs zu versehen.

[2] **Amtl. Anm.:** Nichtzutreffendes bitte streichen.

Datum

Firma

Unterschrift i.V. (xxxx)

Muster 3 bis 13 (weggefallen)

202. Zweite Verordnung über Ausnahmen von straßenverkehrsrechtlichen Vorschriften[1]

Vom 28. Februar 1989
(BGBl. I S. 481)

FNA 9232-10

geänd. durch Art. 2 Abs. 3 Zehnte VO zur Änd. straßenverkehrsrechtl. Vorschriften v. 23.7.1990 (BGBl. I S. 1489), Art. 1 ÄndVO v. 18.5.1992 (BGBl. I S. 989), Art. 7 § 2 VO über die Zulassung von Personen zum Straßenverkehr und zur Änd. straßenverkehrsrechtl. Vorschriften v. 18.8.1998 (BGBl. I S. 2214), Art. 3 Fahrerlaubnis-ÄndVO v. 7.8.2002 (BGBl. I S. 3267), Art. 8 StVR-NeuordnungsVO v. 25.4.2006 (BGBl. I S. 988), Art. 1 Zweite ÄndVO v. 13.6.2013 (BGBl. I S. 1609) und Art. 1 Dritte ÄndVO v. 30.11.2018 (BGBl. I S. 2245)

Auf Grund des § 6 Abs. 1 Nr. 1 und Nr. 3 in Verbindung mit Abs. 3 des Straßenverkehrsgesetzes[2] in der im Bundesgesetzblatt Teil III, Gliederungsnummer 9231-1, veröffentlichten bereinigten Fassung, Nummer 1 geändert durch Artikel 1 Nr. 3 des Gesetzes vom 13. Mai 1986 (BGBl. I S. 700), Nummer 3 zuletzt geändert durch Gesetz vom 6. April 1980 (BGBl. I S. 413), Absatz 3 eingefügt durch § 70 Abs. 1 Nr. 3 des Gesetzes vom 15. März 1974 (BGBl. I S. 721) und geändert Artikel 22 Nr. 3 der Verordnung vom 26. November 1986 (BGBl. I S. 2089), nach Anhörung der zuständigen obersten Landesbehörden wird verordnet:

§ 1[3] **[Zugmaschinen]** (1) [1] Zugmaschinen mit einer durch die Bauart bestimmten Höchstgeschwindigkeit von nicht mehr als 60 km/h und Anhänger hinter diesen Zugmaschinen sind von der Zulassungspflicht nach § 3 Abs. 1 Satz 1 der Fahrzeug-Zulassungsverordnung[4] ausgenommen, wenn sie

1. auf örtlichen Brauchtumsveranstaltungen,
2. für nicht gewerbsmäßig durchgeführte Altmaterialsammlungen oder Landschaftssäuberungsaktionen,
3. zu Feuerwehreinsätzen oder Feuerwehrübungen,
4. von Feldgeschworenen im Rahmen ihrer Tätigkeit oder
5. auf den An- oder Abfahrten zu Einsätzen nach den Nummern 1 bis 4

verwendet werden. [2] Dies gilt nur, wenn für jede eingesetzte Zugmaschine ein eigenes Kennzeichen zugeteilt ist.

---

[1] Die Erste VO über Ausnahmen von den Vorschriften der Straßenverkehrsordnung vom 20. Juli 1981 (BGBl. I S. 669) ist mit Ablauf des 31. Juli 1983 außer Kraft getreten.

[2] Nr. **10**.

[3] § 1 Abs. 1 Satz 1 u. Abs. 4 Nrn. 2 u. 3 neu gef., Abs. 1a eingef., Abs. 3 geänd. mWv 30.5. 1992 durch VO v. 18.5.1992 (BGBl. I S. 989); Abs. 1 Satz 1 geänd., Abs.e 2 neu gef. mWv 1.9. 2002 durch VO v. 7.8.2002 (BGBl. I S. 3267); Abs. 1 Satz 1 geänd., Satz 2 neu gef. mWv 1.3.2007 durch VO v. 25.4.2006 (BGBl. I S. 988); Abs. 1a Satz 3 und Abs. 2 geänd., Abs. 3 neu gef. mWv 27.6.2013 durch VO v. 13.6.2013 (BGBl. I S. 1609); Abs. 1 Satz 1 Nr. 3 geänd., Nr. 4 neu gef., Nr. 5 angef., abschl. Satzteil angef., Abs. 1a Satz 4 neu gef., Abs. 2 geänd. mWv 7.12.2018 durch VO v. 30.11.2018 (BGBl. I S. 2245).

[4] Nr. **250**.

(1a) [1] Abweichend von § 19 Abs. 2 der Straßenverkehrs-Zulassungs-Ordnung[1)] erlischt für Fahrzeuge, die mit An- oder Aufbauten versehen sind, bei der Verwendung nach Absatz 1 Satz 1 Nr. 1 die Betriebserlaubnis nicht, wenn die Verkehrssicherheit dieser Fahrzeuge auf solchen Veranstaltungen nicht beeinträchtigt wird. [2] Abweichend von den §§ 32 und 34 der Straßenverkehrs-Zulassungs-Ordnung dürfen bei der Verwendung von Fahrzeugen nach Absatz 1 Satz 1 Nr. 1 die zulässigen Abmessungen, Achslasten und Gesamtgewichte überschritten werden, wenn durch das Gutachten eines amtlich anerkannten Sachverständigen oder Prüfers für den Kraftfahrzeugverkehr bescheinigt wird, daß keine Bedenken gegen die Verkehrssicherheit des Fahrzeugs auf solchen Veranstaltungen bestehen. [3] Abweichend von § 17 Abs. 1 Satz 2 der Straßenverkehrs-Ordnung[2)] und § 49a Abs. 1 Satz 1 der Straßenverkehrs-Zulassungs-Ordnung dürfen an Fahrzeugen bei der Verwendung nach Absatz 1 Satz 1 Nr. 1 die vorgeschriebenen oder für zulässig erklärten lichttechnischen Einrichtungen verdeckt und zusätzliche lichttechnische Einrichtungen angebracht sein, wenn die Benutzung der Beleuchtung nach § 17 Abs. 1 Satz 1 der Straßenverkehrs-Ordnung nicht erforderlich ist. [4] Eine Änderung der Fahrzeugpapiere nach § 13 Absatz 1 der Fahrzeug-Zulassungsverordnung ist nicht erforderlich.

(2) Abweichend von § 6 Abs. 1 der Fahrerlaubnis-Verordnung[3)] berechtigt die Fahrerlaubnis der Klasse L oder T auch zum Führen von Zugmaschinen und Anhängern im Sinne von Absatz 1 Satz 1 Nummer 1, 2 und 3 sowie Nummer 5 in den Fällen von Absatz 1 Satz 1 Nummer 1, 2 oder 3, bei Klasse L jedoch nur bis zu einer durch die Bauart bestimmten Höchstgeschwindigkeit der Zugmaschine von nicht mehr als 40 km/h, wenn die Zugmaschinen und Anhänger gemäß dieser Vorschrift eingesetzt werden und der Fahrzeugführer das 18. Lebensjahr vollendet hat.

(3) Abweichend von § 21 Absatz 2 Satz 4 der Straßenverkehrs-Ordnung dürfen beim Einsatz von Fahrzeugen nach Absatz 1 Satz 1 auf örtlichen Brauchtumsveranstaltungen, nicht jedoch auf den An- und Abfahrten, Personen auf Anhängern befördert werden, wenn deren Ladefläche eben, tritt- und rutschfest ist, für jeden Sitz- und Stehplatz eine ausreichende Sicherung gegen Verletzungen und Herunterfallen des Platzinhabers besteht und die Aufbauten sicher gestaltet und am Anhänger fest angebracht sind.

(4) Die Ausnahmen nach den Absätzen 1 bis 3 gelten nur, wenn

1. für jedes der eingesetzten Fahrzeuge eine Kraftfahrzeughaftpflichtversicherung besteht, die die Haltung für Schäden abdeckt, die auf den Einsatz der Fahrzeuge im Rahmen der Absätze 1 bis 3 zurückzuführen sind,
2. die Fahrzeuge mit einer Geschwindigkeit von nicht mehr als 25 km/h, auf den örtlichen Brauchtumsveranstaltungen nur mit Schrittgeschwindigkeit, gefahren werden und
3. die Fahrzeuge bei der Verwendung nach Absatz 1 Satz 1 Nr. 2 einschließlich An- und Abfahrten für eine Geschwindigkeit von nicht mehr als 25 km/h nach § 58 der Straßenverkehrs-Zulassungs-Ordnung gekennzeichnet sind.

---

1) Nr. **200**.
2) Nr. **100**.
3) Nr. **300**.

§ 2[1] *(aufgehoben)*

§ 3[2] *(aufgehoben)*

§§ 4 und 5[3] *(aufgehoben)*

§ 6[4] **[Inkrafttreten]** Diese Verordnung tritt am Tage nach der Verkündung[5] in Kraft.

---

[1] § 2 aufgeh. mWv 1.1.1999 durch VO v. 18.8.1998 (BGBl. I S. 2214).
[2] § 3 aufgeh. mWv 1.8.1990 durch VO v. 23.7.1990 (BGBl. I S. 1489).
[3] §§ 4 und 5 aufgeh. mWv 1.1.1999 durch VO v. 18.8.1998 (BGBl. I S. 2214).
[4] § 6 aufgeh., bish. § 7 wird 6 mWv 30.5.1992 durch VO v. 18.5.1992 (BGBl. I S. 989); 2. Halbsatz aufgeh. mWv 1.1.1999 durch VO v. 18.8.1998 (BGBl. I S. 2214).
[5] Verkündet am 21.3.1989.

210/6. Sechste Verordnung über Ausnahmen von den Vorschriften der Straßenverkehrs-Zulassungs-Ordnung (Sechste Ausnahmeverordnung zur StVZO)

Vom 17. Juli 1962
(BGBl. I S. 450)

FNA 9232-1-6

geänd. durch Art. 2 StVZOÄndVO v. 8.5.1968 (BGBl. I S. 360), Art. 3 StVZOÄndVO v. 21.7. 1969 (BGBl. I S. 845), Art. 3 StVZOÄndVO v. 16.11.1970 (BGBl. I S. 1615), Art. 4 StVZOÄnd-VO v. 13.7.1971 (BGBl. I S. 979), Art. 5 StVZOÄndVO v. 20.6.1973 (BGBl. I S. 638), Art. 2 Achte StVZOÄndVO v. 16.11.1984 (BGBl. I S. 1371), Art. 408 Siebente Zuständigkeitsanpassungs-VO v. 29.10.2001 (BGBl. I S. 2785), Art. 4 Sechsunddreißigste StVRÄndVO v. 22.10.2003 (BGBl. I S. 2085) und Art. 3 StVR-NeuordnungsVO v. 25.4.2006 (BGBl. I S. 988)

Auf Grund des § 6 Abs. 1 und des § 27 Abs. 3 Satz 3 des Straßenverkehrsgesetzes[1] wird nach Anhören der zuständigen obersten Landesbehörden verordnet:

§ 1 Abweichend von *§ 5 der Straßenverkehrs-Zulassungs-Ordnung (StVZO)*[2] bildet das Mitführen von zulassungsfreien Gerätewagen hinter Zugmaschinen oder selbstfahrenden Arbeitsmaschinen in Lohndreschbetrieben keinen Zug im Sinne der Vorschriften über die Fahrerlaubnis.

§ 2[3] Abweichend von § 3 Abs. 1 der Fahrzeug-Zulassungsverordnung[4] genügt bei Gerätewagen in Lohndreschbetrieben, wenn sie nur für Zwecke dieser Betriebe verwendet und mit einer Geschwindigkeit von nicht mehr als 25 km/h hinter Zugmaschinen oder selbstfahrenden Arbeitsmaschinen mitgeführt werden, die entsprechende Anwendung des § 4 Abs. 1 und 5 Satz 1 der Fahrzeug-Zulassungsverordnung; § 3 Abs. 2 Satz 1 Nr. 2 Buchstabe a und Satz 2 der Fahrzeug-Zulassungsverordnung gelten entsprechend.

§ 3[5] § 33 StVZO[6] gilt nicht für Kraftfahrzeuge, die den Vorschriften über Bau und Ausrüstung von Anhängern entsprechen und bei denen dies aus einer vom Kraftfahrzeugführer mitgeführten Bescheinigung der Zulassungsbehörde oder eines amtlich anerkannten Sachverständigen für den Kraftfahrzeugverkehr oder aus dem nach § 4 Abs. 5 der Fahrzeug-Zulassungsverordnung[4] mitzuführenden oder aufzubewahrenden Nachweis ersichtlich ist.

---

[1] Nr. **10**.

[2] § 5 der StVZO wurde durch Art. 2 VO über die Zulassung von Personen zum Straßenverkehr und zur Änderung straßenverkehrsrechtlicher Vorschriften v. 18.8.1998 (BGBl. I S. 2214) aufgehoben.

[3] § 2 geänd. mWv 7.11.2001 durch VO v. 29.10.2001 (BGBl. I S. 2785); geänd. mWv 1.3.2007 durch VO v. 25.4.2006 (BGBl. I S. 988).

[4] Nr. **250**.

[5] § 3 geänd. mWv 1.11.2003 durch VO v. 22.10.2003 (BGBl. I S. 2085); Abs. geänd. mWv 1.3. 2007 durch VO v. 25.4.2006 (BGBl. I S. 988).

[6] Nr. **200**.

§ 4 Abweichend von § 49a Abs. 1 Satz 1 und § 50 Abs. 4 StVZO[1] dürfen bei Fernlichtschaltung auch die besonderen Abblendscheinwerfer Fernlicht ausstrahlen.

§§ 5, 6 *(aufgehoben bzw. gegenstandslos)*

§ 7 Diese Verordnung tritt am Tage nach ihrer Verkündung[2] in Kraft, § 10[3] jedoch mit Wirkung vom 1. Juli 1962.

---

[1] Nr. **200**.
[2] Verkündet am 25.7.1962.
[3] Gemeint ist § 10 der ursprünglichen Fassung; diese ist bei der Neufassung v. 20 6. 1973 weggefallen.

210/15. Fünfzehnte Verordnung über Ausnahmen von den Vorschriften der Straßenverkehrs-Zulassungs-Ordnung (Fünfzehnte Ausnahmeverordnung zur StVZO)

Vom 28. Februar 1967
(BGBl. I S. 263)

BGBl. III /FNA 9232–1–15

geänd. durch Art. 2 Dreizehnte Verordnung zur Änderung straßenverkehrsrechtlicher Vorschriften v. 24.4.1992 (BGBl. S. 965), Art. 2 Achtundzwanzigste Verordnung zur Änderung straßenverkehrsrechtlicher Vorschriften v. 20.5.1998 (BGBl. I S. 1051), Art. 6 Zweiunddreißigste Verordnung zur Änderung straßenverkehrsrechtlicher Vorschriften (32. ÄndVStVR) v. 20.7.2000 (BGBl. I S. 1090), Art. 4 Sechsunddreißigste Verordnung zur Änderung straßenverkehrsrechtlicher Vorschriften (36. ÄndVStVR) v. 22.10.2003 (BGBl. I S. 2085) und Art. 4 StVR-NeuordnungsVO v. 25.4.2006 (BGBl. I S. 988)

Auf Grund des § 6 Abs. 1 und des § 27 Abs. 3 des Straßenverkehrsgesetzes wird nach Anhören der zuständigen obersten Landesbehörden verordnet:

§ 1[1)] (1), (2) *(aufgehoben)*

(3) [1] Abweichend von § 29 Abs. 1 der Straßenverkehrs-Zulassungs-Ordnung dürfen an Fahrzeugen der auf Grund des Nordatlantikvertrags errichteten internationalen militärischen Hauptquartiere, soweit die Fahrzeuge ihren regelmäßigen Standort im Geltungsbereich dieser Verordnung haben, auch nach § 16 Abs. 1 des Kraftfahrsachverständigengesetzes vom 22. Dezember 1971 (BGBl. I S. 2086), zuletzt geändert durch Artikel 12 Abs. 80 des Gesetzes vom 14. September 1994 (BGBl. I S. 2325), für den Bereich der Bundeswehr anerkannte Sachverständige oder Prüfer für den Kraftfahrzeugverkehr die Hauptuntersuchungen und Sicherheitsprüfungen durchführen. [2] Abweichend von Nummer 3.2.1 der Anlage VIII der Straßenverkehrs-Zulassungs-Ordnung dürfen Sicherheitsprüfungen an diesen Fahrzeugen auch von geeigneten Werkstätten der Bundeswehr durchgeführt werden.

§ 2 Diese Verordnung tritt am Tage nach ihrer Verkündung[2)] in Kraft.

[1)] § 1 Abs. 2 Satz 2 geänd. durch VO v. 24.4.1992 (BGBl. I S. 965), Abs. 3 neu gef. durch VO v. 20.5.1998 (BGBl. I S. 1051); Abs. 2 Satz 1 Halbsatz 2 angef. mWv 1.8.2000 durch VO v. 20.7. 2000 (BGBl. I S. 1090); Abs. 2 Satz 2 geänd. mWv 1.11.2003 durch VO v. 22.10.2003 (BGBl. I S. 2085); Abs. 1 und 2 aufgeh., Abs. 3 Satz 1 geänd. mWv 1.3.2007 durch VO v. 25.4.2006 (BGBl. I S. 988).

[2)] Verkündet am 9. März 1967.

210/15. Fünfzehnte Verordnung über Ausnahmen von den Vorschriften der Straßenverkehrs-Zulassungs-Ordnung (Fünfzehnte Ausnahmeverordnung zur StVZO)

Vom 28. Februar 1967
(BGBl. I S. 263)
BGBl. III/FNA 9232-1-15

[illegible] Art. 2 [illegible] Verordnung [illegible] Vorschriften [illegible] (BGBl. I S. 2[illegible]), Art. 2 [illegible] Verordnung [illegible] 20.5.1998 (BGBl. I S. 1051), Art. [illegible] Verordnung [illegible] zur Änderung straßenverkehrsrechtlicher Vorschriften [illegible] 2000 (BGBl. I S. 1090), Art. 4 [illegible] Verordnung zur Änderung straßenverkehrsrechtlicher Vorschriften [illegible] v. 22.10.2003 (BGBl. I S. 2085) und Art. 4 [illegible] v. [illegible] 2006 (BGBl. I S. [illegible])

Auf Grund des § 6 Abs. [illegible] und des § 27 Abs. 1 [illegible] Straßenverkehrsgesetzes wird nach Anhören der zuständigen obersten Landesbehörden verordnet:

§ 1[1] (1), (2) *(aufgehoben)*

(3) Abweichend von § 29 Abs. 1 der Straßenverkehrs-Zulassungs-Ordnung dürfen an Fahrzeugen, die auf Grund des Nordatlantikvertrages errichteten internationalen militärischen Hauptquartiere, sowie die Fahrzeuge ihrer Mitglieder, die ihren Standort im Geltungsbereich dieser Verordnung haben, auch nach § 16 Abs. 3 des Kraftfahrsachverständigengesetzes vom 22. Dezember 1971 (BGBl. I S. 2086), zuletzt geändert durch Artikel 22 Abs. 8 des Gesetzes vom 24. September 1994 (BGBl. I S. [illegible]), [illegible] amtlich anerkannte Sachverständige oder Prüfer für den Kraftfahrzeugverkehr die Hauptuntersuchungen und Sicherheitsprüfungen durchführen. Abweichend von Nummer 4.2.1 der Anlage VIII der Straßenverkehrs-Zulassungs-Ordnung dürfen Sicherheitsprüfungen an diesen Fahrzeugen auch von geeigneten Werkstätten der Bundeswehr durchgeführt werden.

§ 2 Diese Verordnung tritt am Tage nach ihrer Verkündung[2] in Kraft.

---

[1] § 1 Abs. 2 Satz 2 geänd. durch VO v. [illegible] (BGBl. I S. [illegible]); Abs. 3 eingef. durch VO v. [illegible] 1992 (BGBl. I S. [illegible]); Abs. 2 Satz 1 [illegible] geänd. mWv [illegible] 2000 durch VO v. [illegible] 2000 (BGBl. I S. 1090); Abs. 2 Satz 2 geänd. mWv [illegible] 2003 durch VO v. 22.10.2003 (BGBl. I S. 2085); Abs. 1 und 2 aufgeh., Abs. 3 Satz 2 geänd. mWv [illegible] 2007 durch VO v. [illegible] 2006 (BGBl. I S. 988).

[2] Verkündet am [illegible] 1967.

210/23. Dreiundzwanzigste Verordnung über Ausnahmen von den Vorschriften der Straßenverkehrs-Zulassungs-Ordnung (23. Ausnahmeverordnung zur StVZO)

Vom 13. März 1974
(BGBl. I S. 744)

FNA 9232-1-23

geänd. durch Art. 5 StVR-NeuVO v. 25.4.2006 (BGBl. I S. 988) und Art. 24 Erstes G über die Bereinigung von Bundesrecht im Zuständigkeitsbereich des Bundesministeriums für Verkehr, Bau und Stadtentwicklung v. 19.9.2006 (BGBl. I S. 2146)

Auf Grund des § 6 Abs. 1 des Straßenverkehrsgesetzes[1] in der Fassung der Bekanntmachung vom 19. Dezember 1952 (Bundesgesetzbl. I S. 837), zuletzt geändert durch das Einführungsgesetz zum Strafgesetzbuch vom 2. März 1974 (Bundesgesetzbl. I S. 469), wird nach Anhören der zuständigen obersten Landesbehörden verordnet:

§§ 1, 2[2] *(aufgehoben)*

§ 3 Abweichend von § 53 Abs. 4 Satz 4 StVZO[3] sind an Fahrzeugen, die vor dem 1. April 1974 erstmals in den Verkehr gekommen sind, zwei zusätzliche Rückstrahler nicht erforderlich, wenn eine höhere Anbringung der vorgeschriebenen Rückstrahler bei der Erteilung der Betriebserlaubnis genehmigt und eine Auflage über die Anbringung eines zweiten Paares Rückstrahler nicht gemacht worden ist.

§ 4 (1) Abweichend von § 53a Abs. 4 StVZO[3] in Verbindung mit § 54 Abs. 3 StVZO darf bei Fahrzeugen, die vor dem 1. Januar 1970 erstmals in den Verkehr gekommen sind, das Warnblinklicht auch durch die vorhandenen Blinkleuchten für rotes Licht abgestrahlt werden.

(2) An solchen Fahrzeugen darf das Warnblinklicht an der Rückseite anstatt durch die Blinkleuchten für rotes Licht durch zwei zusätzlich angebrachte Leuchten für gelbes Licht abgestrahlt werden.

§ 5[4] *(aufgehoben)*

§ 6 Diese Verordnung tritt am Tage nach ihrer Verkündung in Kraft.[5]

---

[1] Nr. **10**.
[2] §§ 1 und 2 aufgeh. mWv 1.3.2007 durch VO v. 25.4.2006 (BGBl. I S. 988).
[3] Nr. **200**.
[4] § 5 aufgeh. mWv 1.10.2006 durch VO v. 19.9.2006 (BGBl. I S. 2146).
[5] Verkündet am 21.3.1974.

210/23. Dreiundzwanzigste Verordnung über Ausnahmen von den Vorschriften der Straßenverkehrs-Zulassungs-Ordnung (23. Ausnahmeverordnung zur StVZO)

Vom 13. März 1974
(BGBl. I S. 744)
FNA 9232-1-23

geänd. durch Art. 5 [illegible] v. 25.4.2006 (BGBl. I S. 988) und Art. 24 Erste VO über die Bereinigung von Bundesrecht im Zuständigkeitsbereich des Bundesministeriums für Verkehr, Bau und Stadtentwicklung v. 19.9.2006 (BGBl. I S. 2146)

Auf Grund des § 6 Abs. 1 des Straßenverkehrsgesetzes[1] in der Fassung der Bekanntmachung vom 19. Dezember 1952 (Bundesgesetzbl. I S. 837), zuletzt geändert durch das Einführungsgesetz zum Strafgesetzbuch vom 2. März 1974 (Bundesgesetzbl. I S. 469), wird nach Anhörung der zuständigen obersten Landesbehörden verordnet:

§§ 1, 2[2] *(aufgehoben)*

§ 3 Abweichend von § 53 Abs. 4 Satz 4 StVZO[3] sind an Fahrzeugen, die vor dem 1. April 1974 erstmals in den Verkehr gekommen sind, zwei zusätzliche Rückstrahler nicht erforderlich, wenn eine höhere Anbringung der vorgeschriebenen Rückstrahler bei der Erteilung der Betriebserlaubnis genehmigt und eine Auflage über die Anbringung eines zweiten Paares Rückstrahler nicht gemacht worden ist.

§ 4 (1) Abweichend von § 53a Abs. 4 StVZO[3] in Verbindung mit § 54 Abs. 3 StVZO darf bei Fahrzeugen, die vor dem 1. Januar 1970 erstmals in den Verkehr gekommen sind, das Warnblinklicht auch durch die vorhandenen Blinkleuchten für rotes Licht abgestrahlt werden.

(2) An solchen Fahrzeugen darf das Warnblinklicht an der Rückseite anstatt durch die Blinkleuchten für rotes Licht durch zwei zusätzlich angebrachte Leuchten für gelbes Licht abgestrahlt werden.

§ 5[4] *(aufgehoben)*

§ 6 Diese Verordnung tritt am Tage nach ihrer Verkündung in Kraft.[5]

---

[1] Nr. 10.
[2] §§ 1 und 2 aufgeh. m. W. v. 1. 3. 2007 durch VO v. 25. 4. 2006 (BGBl. I S. 988).
[3] Nr. 200.
[4] § 5 aufgeh. m. W. v. 1. 10. 2006 durch VO v. 19. 9. 2006 (BGBl. I S. 2146).
[5] Verkündet am 21. 3. 1974.

210/25. Fünfundzwanzigste Verordnung über Ausnahmen von den Vorschriften der Straßenverkehrs-Zulassungs-Ordnung (25. Ausnahmeverordnung zur StVZO)

Vom 1. Juli 1976
(BGBl. I S. 1778)

FNA 9232-1-25

geänd. durch Art. 4 Achte Verordnung zur Änderung der Straßenverkehrs-Zulassungs-Ordnung v. 16.11.1984 (BGBl. I S. 1371), Art. 6 StVR-NeuordnungsVO v. 25.4.2006 (BGBl. I S. 988) und Art. 13 Abs. 29 LSV-Neuordnungsgesetz v. 12.4.2012 (BGBl. I S. 579)

Auf Grund des § 6 Abs. 1 Nr. 3 sowie des Absatzes 3 des Straßenverkehrsgesetzes[1] in der Fassung der Bekanntmachung vom 19. Dezember 1952 (Bundesgesetzbl. I S. 837), zuletzt geändert durch § 13 Abs. 3 des Gesetzes über die Beförderung gefährlicher Güter vom 6. August 1975 (Bundesgesetzbl. I S. 2121), wird nach Anhören der zuständigen obersten Landesbehörden verordnet:

§ 1[2] (1) Abweichend von § 19 Abs. 2 StVZO[3] erlischt die Betriebserlaubnis nicht, wenn an Kraftfahrzeugen eine Vorrichtung zum Schutz der Fahrzeuginsassen bei seitlichem Umstürzen oder rückwärtigem Überschlagen (Umsturzschutzvorrichtung) im Sinne von Abschnitt 3.1 § 33 Absatz 2 der Vorschriften für Sicherheit und Gesundheitsschutz für die landwirtschaftliche Unfallversicherung angebracht wird.

(2) Dies gilt nur, wenn

1. der Hersteller der Vorrichtung dem Halter unter Berücksichtigung des § 3 dieser Verordnung bescheinigt, daß nach dem Gutachten eines amtlich anerkannten Sachverständigen für den Kraftfahrzeugverkehr die Vorrichtung und ihre Eignung für Fahrzeuge des vom Halter verwendeten Typs den Vorschriften der StVZO entspricht,
2. die Anbringung vom Hersteller der Vorrichtung oder in einer von diesem ermächtigten Werkstatt vorgenommen wird,
3. die Werkstatt in der Bescheinigung nach Nummer 1 den Namen des Fahrzeughalters und die Fahrgestellnummer des Fahrzeugs einträgt sowie die Bescheinigung dem Halter aushändigt und
4. der Halter die Bescheinigung zuständigen Personen auf Verlangen zur Prüfung aushändigt oder die Anbringung der Vorrichtung in den Fahrzeugpapieren vermerkt ist.

---

[1] Nr. **10**.

[2] § 1 Abs. 2 Nr. 4 geänd. mWv 1.3.2007 durch VO v. 25.4.2006 (BGBl. I S. 988); Abs. 1 geänd. mWv 1.1.2013 durch G v. 12.4.2012 (BGBl. I S. 579).

[3] Nr. **200**.

§ 2[1] [1] Abweichend von § 19 Abs. 2 StVZO[2] erlischt bei Kraftfahrzeugen, die in anderen Fällen als nach § 1 durch Anbringen einer Umsturzschutzvorrichtung im Sinne von Abschnitt 3.1 § 33 Absatz 2 der Vorschriften für Sicherheit und Gesundheitsschutz für die landwirtschaftliche Unfallversicherung verändert worden sind, die Betriebserlaubnis erst nach Ablauf von sechs Monaten seit Anbringung der Vorrichtung. [2] Voraussetzung ist, daß bis zur Erteilung der neuen Betriebserlaubnis der Halter zuständigen Personen den Zeitpunkt der Anbringung der Vorrichtung nachweist, zum Beispiel durch eine Bescheinigung der ausführenden Werkstatt.

§§ 3, 4[3] *(aufgehoben bzw. gegenstandslos)*

§ 5 Diese Verordnung tritt am Tage nach der Verkündung[4] in Kraft.

---

[1] § 2 Satz 1 geänd. mWv 1.1.2013 durch G v. 12.4.2012 (BGBl. I S. 579).
[2] Nr. **200**.
[3] § 3 aufgeh. mWv 1.12.1984 durch VO v. 16.11.1984 (BGBl. I S. 1371).
[4] Verkündet am 8.7.1976.

210/35. Fünfunddreißigste Verordnung über Ausnahmen von den Vorschriften der Straßenverkehrs-Zulassungs-Ordnung (35. Ausnahmeverordnung zur StVZO)

Vom 22. April 1988
(BGBl. I S. 562)

FNA 9232-1-35

geänd. durch Art. 2 Zehnte Verordnung zur Änderung straßenverkehrsrechtlicher Vorschriften v. 23.7.1990 (BGBl. I S. 1489), Art. 2 Dreizehnte Verordnung zur Änderung straßenverkehrsrechtlicher Vorschriften v. 24.4.1992 (BGBl. I S. 965) und Art. 3 48. VO zur Änd. straßenverkehrsrechtlicher Vorschriften v. 26.7.2013 (BGBl. I S. 2803)

Auf Grund des § 6 Abs. 1 Nr. 3 Buchstabe a in Verbindung mit Abs. 3 des Straßenverkehrsgesetzes in der im Bundesgesetzblatt Teil III, Gliederungsnummer 9231-1, veröffentlichten bereinigten Fassung, die Eingangsworte in Nummer 3 zuletzt geändert durch § 37 Abs. 2 des Gesetzes vom 24. August 1965 (BGBl. I S. 927) und Absatz 3 eingefügt durch § 70 Abs. 1 Nr. 3 des Gesetzes vom 15. März 1974 (BGBl. I S. 721), wird nach Anhören der zuständigen obersten Landesbehörden verordnet:

§ 1[1)] (1) Abweichend von § 32 Absatz 1 Nummer 1 der Straßenverkehrs-Zulassungs-Ordnung[2)] darf bei land- oder forstwirtschaftlichen Zugmaschinen und ihren Anhängern die Breite über alles bis zu 3,00 m betragen, wenn sich die größere Breite allein aus der Ausrüstung dieser Fahrzeuge ergibt

1. mit Doppelbereifung oder
2. mit Gleisketten, die die Anforderungen der §§ 34b und 36 Absatz 5 der Straßenverkehrs-Zulassungs-Ordnung erfüllen oder
3. mit Breitreifen, die bei einer Referenzgeschwindigkeit von 10 km/h die für das Erreichen der jeweils zulässigen Achslast erforderliche Reifentragfähigkeit bei einem Innendruck von nicht mehr als 1,5 bar besitzen;

dabei muss eine sichere Straßenfahrt durch die Einstellung des hierzu erforderlichen Reifeninnendruckes gewährleistet sein.

(2) [1] Die größere Breite ist wie folgt kenntlich zu machen:

1. bei einer Breite von nicht mehr als 2,75 m ist eine besondere Kenntlichmachung nicht erforderlich,
2. bei einer Breite von mehr als 2,75 m ist eine Kenntlichmachung nach vorn und nach hinten auf jeder Seite durch Park-Warntafeln nach § 51c der Straßenverkehrs-Zulassungs-Ordnung oder Warntafeln nach DIN 11 030, Ausgabe September 1994, erforderlich; diese müssen mit dem seitlichen Umriss des Fahrzeugs abschließen; Abweichungen bis zu 100 mm nach

1) § 1 Abs. 2 Sätze 2 und 3 eingef durch VO v. 23.7.1990 (BGBl. I S. 1489); Abs. 1 und 2 Satz 1 neu gef., Abs. 3 Satz 1 geänd. mWv 1.8.2013 durch VO v. 26.7.2013 (BGBl. I S. 2803).

2) Nr. **200**.

innen sind zulässig; die Streifen auf den Tafeln müssen nach außen und unten weisen.

[2] Bei Zügen, bei denen Zugmaschine und Anhänger breiter als 2,75 m sind, genügt eine Warntafel auf jeder Seite vorn an der Zugmaschine und eine Warntafel auf jeder Seite hinten am Anhänger. [3] Bei Zügen mit unterschiedlich breiten Fahrzeugen müssen am schmaleren Fahrzeug die Warntafeln entsprechend dem seitlichen Umriß des breitesten Fahrzeugs angebracht sein.

(3) [1] Ragen die Reifen seitlich mehr als 400 mm über den äußersten Punkt der leuchtenden Fläche der Begrenzungsleuchten oder Schlußleuchten hinaus, so sind in den Fällen des § 17 Abs. 1 der Straßenverkehrs-Ordnung[1)] zusätzliche Begrenzungsleuchten und/oder Schlußleuchten sowie jeweils Rückstrahler erforderlich, deren äußerste Punkte der leuchtenden Flächen nicht mehr als 400 mm von der breitesten Stelle des Fahrzeugumrisses entfernt sein dürfen. [2] Diese Beleuchtungseinrichtungen dürfen klappbar oder abnehmbar sein.

(4) Abweichend von § 36a Abs. 1 der Straßenverkehrs-Zulassungs-Ordnung brauchen in den Fällen des Absatzes 1 keine zusätzlichen Radabdeckungen vorhanden zu sein, wenn die Zugmaschine oder der Zug mit einer Geschwindigkeit von nicht mehr als 25 km/h gefahren wird.

§ 2[2)] *(aufgehoben)*

§ 3[3)] *(aufgehoben)*

§ 4 Diese Verordnung tritt am Tage nach der Verkündung[4)] in Kraft.

[1)] Nr. **100**.
[2)] § 2 aufgeh. durch VO v. 24.4.1992 (BGBl. I S. 965).
[3)] § 3 aufgeh. mWv 1.8.2013 durch VO v. 26.7.2013 (BGBl. I S. 2803).
[4)] Verkündet am 29. April 1988.

210/39. Neununddreißigste Verordnung über Ausnahmen von den Vorschriften der Straßenverkehrs-Zulassungs-Ordnung (39. Ausnahmeverordnung zur StVZO)

Vom 27. Juni 1991
(BGBl. I S. 1431)

BGBl. III/FNA 9232-1-39

geänd. durch Art. 2 Fünfzehnte Verordnung zur Änderung straßenverkehrsrechtlicher Vorschriften v. 23.6.1993 (BGBl. I S. 1024)

Auf Grund des § 6 Abs. 1 Nr. 3 Buchstabe a in Verbindung mit Abs. 3 des Straßenverkehrsgesetzes in der im Bundesgesetzblatt Teil III, Gliederungsnummer 9231-1, veröffentlichten bereinigten Fassung, die Eingangsworte in Nummer 3 zuletzt geändert durch § 37 Abs. 2 des Gesetzes vom 24. August 1965 (BGBl. I S. 927) sowie Absatz 3 eingefügt durch § 70 Abs. 1 Nr. 3 des Gesetzes vom 15. März 1974 (BGBl. I S. 721) und geändert gemäß Artikel 22 Nr. 3 der Verordnung vom 26. November 1986 (BGBl. I S. 2089), verordnet der Bundesminister für Verkehr nach Anhörung der zuständigen obersten Landesbehörden:

§ 1 [1] Abweichend von § 32 Abs. 1 Nr. 1 Buchstabe a der Straßenverkehrs-Zulassungs-Ordnung in der Fassung der Bekanntmachung vom 28. September 1988 (BGBl. I S. 1793), die zuletzt durch Artikel 2 der Verordnung vom 16. Mai 1991 (BGBl. I S. 1134) geändert worden ist, in Verbindung mit der in Anlage I Kapitel XI Sachgebiet B Abschnitt III Nr. 2 Abs. 37 des Einigungsvertrages vom 31. August 1990 (BGBl. 1990 II S. 885, 1102) aufgeführten Maßgabe bleiben nach den bisherigen Vorschriften der Deutschen Demokratischen Republik erteilte Ausnahmegenehmigungen hinsichtlich der höchstzulässigen Breite bis 31. Dezember 1997 gültig. [2] Dies gilt nur, wenn die Fahrzeuge in dem in Artikel 3 des Einigungsvertrages genannten Gebiet bis spätestens zum 30. Juni 1991 erstmals in den Verkehr gekommen sind und ihre Breite nicht mehr als 2,70 m, bei land- oder forstwirtschaftlichen Arbeitsmaschinen und -geräten, sofern diese Maschinen oder Geräte in dem in Artikel 1 Abs. 1 des Einigungsvertrages genannten Gebiet und dem Land Berlin benutzt werden, nicht mehr als 3,50 m beträgt.

§ 2[1)] *(aufgehoben)*

§ 3 [1] Abweichend von § 57a Abs. 1 der Straßenverkehrs-Zulassungs-Ordnung in Verbindung mit der in Anlage I Kapitel XI Sachgebiet B Abschnitt III Nr. 2 Abs. 43 des Einigungsvertrages aufgeführten Maßgabe brauchen Kraftfahrzeuge im Sinne des Artikels 20a Satz 2 der Verordnung (EWG) Nr. 3821/85 des Rates vom 20. Dezember 1985 über das Kontrollgerät im Stra-

---

1) § 2 aufgeh. durch VO v. 23.6.1993 (BGBl. I S. 1024).

ßenverkehr (ABl. EG Nr. L 370 S. 8), der durch Artikel 3 der Verordnung (EWG) Nr. 3572/90 des Rates vom 4. Dezember 1990 zur Änderung bestimmter Richtlinien, Entscheidungen und Verordnungen auf dem Gebiet des Straßen-, Eisenbahn- und Binnenschiffsverkehrs aufgrund der Herstellung der deutschen Einheit (ABl. EG Nr. L 353 S. 13) eingefügt worden ist, nicht mit Fahrtschreibern ausgerüstet zu sein. [2] § 4 der Kontrollmittel-Verordnung vom 16. Mai 1991 (BGBl. I S. 1134) bleibt unberührt.

§ 4 Diese Verordnung tritt mit Wirkung vom 1. Juli 1991 in Kraft.

210/40. Vierzigste Verordnung über Ausnahmen von den Vorschriften der Straßenverkehrs-Zulassungs-Ordnung (40. Ausnahmeverordnung zur StVZO)

Vom 20. Dezember 1991

(BGBl. I S. 2392)

BGBl. III/FNA 9232-1-40

geänd. durch Art. 2 Dreizehnte Verordnung zur Änderung straßenverkehrsrechtlicher Vorschriften v. 24.4.1992 (BGBl. I S. 965), Verordnung zur Änderung der 40. Ausnahmeverordnung zur StVZO v. 14.12.1995 (BGBl. I S. 1846) und Art. 4 Einunddreißigste Verordnung zur Änderung straßenverkehrsrechtlicher Vorschriften (31. ÄndVStVR) v. 23.3.2000 (BGBl. I S. 310, ber. S. 706)

Auf Grund des § 6 Abs. 1 Nr. 3 Buchstabe a in Verbindung mit Abs. 3 des Straßenverkehrsgesetzes in der im Bundesgesetzblatt Teil III, Gliederungsnummer 9231-1, veröffentlichten bereinigten Fassung, die Eingangsworte in Nummer 3 zuletzt geändert durch § 37 Abs. 2 des Gesetzes vom 24. August 1965 (BGBl. I S. 927) sowie Absatz 3 eingefügt durch § 70 Abs. 1 Nr. 3 des Gesetzes vom 15. März 1974 (BGBl. I S. 721) und geändert gemäß Artikel 22 Nr. 3 der Verordnung vom 26. November 1986 (BGBl. I S. 2089), verordnet der Bundesminister für Verkehr nach Anhörung der zuständigen obersten Landesbehörden:

§ 1[1] [1] Abweichend von § 53 Abs. 2 Satz 1 der Straßenverkehrs-Zulassungs-Ordnung sind Einrichtungen und Schaltungen zulässig, die das Aufleuchten der Bremsleuchten bewirken, wenn eine Betriebsbremsung zu erwarten ist. [2] Dies gilt nur, wenn

1. diese Einrichtungen und Schaltungen die in der Anlage aufgeführten Anforderungen erfüllen und
2. für diese Einrichtungen und Schaltungen eine Betriebserlaubnis für Fahrzeugteile nach § 22 der Straßenverkehrs-Zulassungs-Ordnung erteilt worden ist.

§ 2[2] *(aufgehoben)*

§ 3[3] [1] Diese Verordnung tritt am Tage nach der Verkündung[4] in Kraft. [2] § 1 tritt am 1. Januar 2006 für neu in den Verkehr kommende Fahrzeuge außer Kraft.

---

[1] § 1 tritt am 1. Januar 2006 gemäß § 3 Satz 2 für neu in den Verkehr kommende Fahrzeuge außer Kraft.

[2] § 2 aufgeh. durch VO v. 24.4.1992 (BGBl. I S. 965).

[3] § 3 Satz 2 geänd. durch VO v. 14.12.1995 (BGBl. I S. 1846) und mWv 1.4.2000 durch VO v. 23.3.2000 (BGBl. I S. 310).

[4] Verkündet am 31. Dezember 1991.

Anlage
(zu § 1 Satz 2)

Anforderungen an Bremsvorwarnsysteme

1. Definition
Bremsvorwarnsysteme sind Einrichtungen und Schaltungen, die das Aufleuchten der Bremsleuchten auch bewirken, wenn eine Betriebsbremsung zu erwarten ist.

2. Anforderungen an die Funktion

2.1 Das Bremsvorwarnsystem aktiviert die Bremsleuchten nur dann, wenn die Rückstellgeschwindigkeit der Fahrzeugbeschleunigungseinrichtung oder die Geschwindigkeit, mit der der Fahrer seinen Fuß in Richtung „lösen" (Leerlaufstellung) bewegt, 0,3 m/s oder mehr beträgt. Erfolgt die Aktivierung der Bremsleuchten über die Kraftstoffzumeßeinrichtung, so darf deren Schließzeit – Vollgas 100 % bis Leerlauf – nicht mehr als 200 ms dauern.

2.2 Die Rückstellgeschwindigkeit wird für folgende Stellungen „A" der Fahrzeugbeschleunigungseinrichtung ermittelt:

2.2.1 Voller Betätigungsweg,

2.2.2 halber Betätigungsweg,

2.2.3 Betätigungsweg, der einer Fahrgeschwindigkeit von 50 km/h im mittleren Drehzahlbereich entspricht.

2.3 Zur Bestimmung der Rückstellgeschwindigkeit sind Geräte zu verwenden, die

2.3.1 eine definierte Entlastung der in Stellung „A" festgehaltenen Fahrzeugbeschleunigungseinrichtung ermöglichen,

2.3.2 es erlauben, die Rückstellgeschwindigkeit mit einer Genauigkeit von ± 10 % zu bestimmen.

2.4 Das Bremsvorwarnsystem darf die normale Funktion der Fahrzeugbeschleunigungseinrichtung oder der Kraftstoffzumeßeinrichtung nicht beeinträchtigen.

2.5 Das Bremsvorwarnsystem darf abschaltbar sein.

2.6 Die vorgeschriebene Aktivierung der Bremsleuchten durch die Betätigungseinrichtung der Betriebsbremsanlage muß sichergestellt bleiben.

2.7 Das Bremsvorwarnsystem muß so beschaffen sein, daß bei bestimmungsgemäßer Betätigung eines handgeschaltenen Getriebes oder beim Zurücknehmen bzw. Abschalten einer Geschwindigkeitsregelanlage die Bremsleuchten nicht aktiviert werden. Erfolgt die Aktivierung der Bremsleuchten über die Kraftstoffzumeßeinrichtung, so ist sicherzustellen, daß die Bremsleuchten nicht aufleuchten durch:

- Schubabschaltung,
- Einsetzen von Drehzahlbegrenzern,
- Betrieb/Abschalten von Kaltstarteinrichtungen,
- andere auf die Motorsteuerung wirkende Einrichtungen (z.B. Automatikgetriebesteuerungen).

2.8 Das Ausgangssignal (z.B. Spannung) des Bremsvorwarnsystems muß 1 s ± 0,25 s nach Aktivierung selbsttätig aufgehoben werden.

3. Anforderungen an die Betriebssicherheit

3.1 Das Bremsvorwarnsystem muß ausreichend gegen Korrosion und Verschmutzung geschützt sein (insbesondere die Fahrpedalsysteme).

3.2 Elektromagnetische Felder dürfen das Bremsvorwarnsystem nicht beeinflussen.

3.3 Das Bremsvorwarnsystem darf andere elektrische, elektronische oder mechanische Systeme im Fahrzeug nicht stören.

3.4 Das Bremsvorwarnsystem muß gegen leichtes und nicht kontrollierbares Verändern gesichert sein.

3.5 Das Bremsvorwarnsystem muß von - 20 °C bis + 85 °C betriebsfähig sein.

210/42. Zweiundvierzigste Verordnung über Ausnahmen von den Vorschriften der Straßenverkehrs-Zulassungs-Ordnung (42. Ausnahmeverordnung zur StVZO)

Vom 22. Dezember 1992
(BGBl. I S. 2479)

FNA 9232-1-42

geänd. durch Art. 2 Fünfzehnte StVRÄndVO v. 23.6.1993 (BGBl. I S. 1024), Art. 2 Neunzehnte StVRÄndVO v. 25.10.1994 (BGBl. I S. 3127) und Art. 7 StVR-NeuordnungsVO v. 25.4.2006 (BGBl. I S. 988)

Auf Grund des § 6 Abs. 1 Nr. 3 Buchstabe a in Verbindung mit Abs. 3 des Straßenverkehrsgesetzes[1] in der im Bundesgesetzblatt Teil III, Gliederungsnummer 9231-1, veröffentlichten bereinigten Fassung, die Eingangsworte in Absatz 1 Nr. 3 zuletzt geändert durch § 37 Abs. 2 des Gesetzes vom 24. August 1965 (BGBl. I S. 927) sowie Absatz 3 eingefügt durch § 70 Abs. 1 Nr. 3 des Gesetzes vom 15. März 1974 (BGBl. I S. 721) und geändert gemäß Artikel 22 Nr. 3 der Verordnung vom 26. November 1986 (BGBl. I S. 2089), verordnet der Bundesminister für Verkehr nach Anhörung der zuständigen obersten Landesbehörden:

§ 1[2] [1] Abweichend von § 19 Abs. 2 der Straßenverkehrs-Zulassungs-Ordnung[3] erlischt die Betriebserlaubnis nicht, wenn an Fahrzeugen, die vor dem 1. Januar 1992 erstmals in den Verkehr gekommen sind, seitliche Schutzvorrichtungen nach § 32c der Straßenverkehrs-Zulassungs-Ordnung angebracht werden. [2] Dies gilt nur, wenn

1. für die seitlichen Schutzvorrichtungen anstelle einer Betriebserlaubnis nach § 22 der Straßenverkehrs-Zulassungs-Ordnung ein Teilegutachten eines amtlich anerkannten Sachverständigen für den Kraftfahrzeugverkehr über die Vorschriftsmäßigkeit eines Fahrzeugs bei ordnungsgemäßem Anbau der Schutzvorrichtungen vorliegt; § 22 Abs. 1 Satz 2 erster Halbsatz gilt entsprechend,
2. das Teilegutachten durch den Leiter der Technischen Prüfstelle nach § 12 des Kraftfahrsachverständigengesetzes[4] vom 22. Dezember 1971 (BGBl. I S. 2086), zuletzt geändert durch Artikel 4 Nr. 13 des Gesetzes vom 8. Juni 1989 (BGBl. I S. 1026), gegengezeichnet ist, sofern es nach Inkrafttreten dieser Verordnung erstellt wird,
3. dem Teilegutachten sowie dem Abdruck oder der Ablichtung davon eine hinreichend genaue Beschreibung des Anbaus der seitlichen Schutzvorrich-

---

[1] Nr. **10**.

[2] § 1 Satz 1 geänd. mWv 1.11.1994 durch VO v. 25.10.1994 (BGBl. I S. 3127); Satz 2 Nr. 7 geänd. mWv 1.3.2007 durch VO v. 25.4.2006 (BGBl. I S. 988).

[3] Nr. **200**.

[4] Nr. **660**.

tungen für den Fahrzeugtyp oder die Fahrzeugtypen oder die Fahrzeugart oder die Fahrzeugarten beigegeben ist,

4. der Anbau durch einen amtlich anerkannten Sachverständigen oder Prüfer für den Kraftfahrzeugverkehr (§ 22 Abs. 1 Satz 2 zweiter Halbsatz der Straßenverkehrs-Zulassungs-Ordnung) abgenommen worden ist,
5. der ordnungsgemäße Anbau auf dem Teilegutachten oder einem Abdruck oder einer Ablichtung davon oder einer Bestätigung über das Teilegutachten unter Angabe des Fahrzeugherstellers und -typs sowie der Fahrzeug-Identifizierungsnummer durch den Abnehmenden bestätigt worden ist,
6. die Abnahme spätestens bis zum Tage der nächsten nach dem Anbau vorgeschriebenen Hauptuntersuchung (§ 29 der Straßenverkehrs-Zulassungs-Ordnung) erfolgt und bestätigt ist und
7. der Fahrzeugführer das Teilegutachten, den Abdruck, die Ablichtung davon oder einer Bestätigung über das Teilegutachten einschließlich der Bestätigung nach Nummer 6 mitführt und zuständigen Personen auf Verlangen zur Prüfung aushändigt oder der Anbau der seitlichen Schutzvorrichtungen in den Fahrzeugpapieren vermerkt ist.

§ 2[1)] [1] Abweichend von § 13 Abs. 1 der Fahrzeug-Zulassungsverordnung[2)] sind Änderungen der Leermasse durch den Anbau der seitlichen Schutzvorrichtungen nicht melde- oder eintragungspflichtig. [2] Auf das Ausmaß der Änderungen ist im Teilegutachten deutlich sichtbar hinzuweisen.

§ 3 Abweichend von § 22 Abs. 1 Satz 2 zweiter Halbsatz der Straßenverkehrs-Zulassungs-Ordnung[3)] darf die Anbauabnahme nach § 1 Nr. 4 auch durch eine nach Abschnit 4.2 der Anlage VIII zur Straßenverkehrs-Zulassungs-Ordnung amtlich anerkannte Überwachungsorganisation durchgeführt werden, wenn sie

1. mindestens ein Jahr Hauptuntersuchungen durchgeführt hat,
2. für die Anbauabnahme von seitlichen Schutzvorrichtungen nur Personen einsetzt, die besonders geschult sind, und
3. der Aufsichtsbehörde nach Abschnitt 7.8 der Anlage VIII zur Straßenverkehrs-Zulassungs-Ordnung benannt worden ist.

§ 4[4)] *(aufgehoben)*

§ 5 Diese Verordnung tritt am Tage nach der Verkündung[5)] in Kraft.

[1)] § 2 Satz 1 neu gef. mWv 1.3.2007 durch VO v. 25.4.2006 (BGBl. I S. 988).
[2)] Nr. **250**.
[3)] Nr. **200**.
[4)] § 4 aufgeh. mWv 1.7.1993 durch VO v. 23.6.1993 (BGBl. I S. 1024).
[5)] Verkündet am 31.12.1992.

210/43. Dreiundvierzigste Verordnung über Ausnahmen von den Vorschriften der Straßenverkehrs-Zulassungs-Ordnung (43. Ausnahmeverordnung zur StVZO)

Vom 18. März 1993
(BGBl. I S. 361)

BGBl. III/FNA 9232-1-43

geänd. durch Art. 4 Einunddreißigste Verordnung zur Änderung straßenverkehrsrechtlicher Vorschriften (31. ÄndVStVR) v. 23.3.2000 (BGBl. I S. 310, ber. S. 706)

Auf Grund des § 6 Abs. 1 Nr. 3 Buchstabe a in Verbindung mit Abs. 3 des Straßenverkehrsgesetzes in der im Bundesgesetzblatt Teil III, Gliederungsnummer 9231-1, veröffentlichten bereinigten Fassung, die Eingangsworte in Absatz 1 Nr. 3 zuletzt geändert durch § 37 Abs. 2 des Gesetzes vom 24. August 1965 (BGBl. I S. 927), Absatz 3 eingefügt durch § 70 Abs. 1 Nr. 3 des Gesetzes vom 15. März 1974 (BGBl. I S. 721) und geändert gemäß Artikel 22 Nr. 3 der Verordnung vom 26. November 1986 (BGBl. I S. 2089), verordnet das Bundesministerium für Verkehr nach Anhörung der zuständigen obersten Landesbehörden:

§ 1[1] Abweichend von § 53 Abs. 2 der Straßenverkehrs-Zulassungs-Ordnung darf an Kraftfahrzeugen – ausgenommen Krafträder – und ihren Anhängern eine zusätzliche zentrale Bremsleuchte angebaut sein, wenn

1. ihre Lichtstärke mindestens 25 Candela, aber nicht mehr als 80 Candela beträgt,
2. sie in einer amtlich genehmigten Bauart (§ 22a Abs. 1 Nr. 14 der Straßenverkehrs-Zulassungs-Ordnung) ausgeführt ist oder auf Grund vergleichbarer Anforderungen eines anderen Mitgliedstaates der Europäischen Gemeinschaften an Bauart und Beschaffenheit genehmigt wurde und mindestens die gleiche Schutzwirkung aufweist,
3. sie symmetrisch zur Fahrzeuglängsmittelebene innen oder außen am Fahrzeug fest angebracht ist und ihre untere Begrenzung der leuchtenden Fläche über den oberen Begrenzungen der leuchtenden Flächen der vorgeschriebenen Bremsleuchten liegt und
4. nicht bereits zusätzliche paarweise Bremsleuchten nach § 53 Abs. 2 Satz 10 der Straßenverkehrs-Zulassungs-Ordnung angebracht sind.

§ 2 Diese Verordnung tritt am Tage der Verkündung[2] in Kraft.

[1] § 1 geänd. mWv 1.4.2000 durch G v. 23.3.2000 (BGBl. I S. 310).
[2] Verkündet am 27. März 1993.

210/47. Siebenundvierzigste Verordnung über Ausnahmen von den Vorschriften der Straßenverkehrs-Zulassungs-Ordnung (47. Ausnahmeverordnung zur StVZO)

Vom 20. Mai 1994
(BGBl. I S. 1094)

FNA 9232-1-47

geänd. durch Art. 2 Neunzehnte Verordnung zur Änderung straßenverkehrsrechtlicher Vorschriften v. 25.10.1994 (BGBl. I S. 3127), Art. 1 Verordnung zur Änderung der 47. Ausnahmeverordnung zur StVZO v. 18.7.1995 (BGBl. I S. 936) und Art. 1 Zweite Verordnung zur Änderung der 47. Ausnahmeverordnung zur StVZO v. 19.12.1996 (BGBl. I S. 2158)

Auf Grund

- des § 6 Abs. 1 Nr. 3 Buchstabe a in Verbindung mit Abs. 3 des Straßenverkehrsgesetzes in der im Bundesgesetzblatt Teil III, Gliederungsnummer 9231-1, veröffentlichten bereinigten Fassung, die Eingangsworte in Absatz 1 Nr. 3 zuletzt geändert durch § 37 Abs. 2 des Gesetzes vom 24. August 1965 (BGBl. I S. 927) sowie Absatz 3 eingefügt durch § 70 Abs. 1 Nr. 3 des Gesetzes vom 15. März 1974 (BGBl. I S. 721) und geändert gemäß Artikel 22 Nr. 3 der Verordnung vom 26. November 1986 (BGBl. I S. 2089), verordnet das Bundesministerium für Verkehr,
- des § 6 Abs. 1 Nr. 3 Buchstabe d, Nr. 5a und 7 und Abs. 2a des Straßenverkehrsgesetzes, Absatz 1 Nr. 3 Buchstabe d geändert durch Artikel 1 Nr. 5 des Gesetzes vom 6. April 1980 (BGBl. I S. 413), Absatz 1 Nr. 5a eingefügt durch § 70 Abs. 1 Nr. 1 des Gesetzes vom 15. März 1974 (BGBl. I S. 721) und Absatz 2a eingefügt gemäß Artikel 22 der Verordnung vom 26. November 1986 (BGBl. I S. 2089), verordnen das Bundesministerium für Verkehr und das Bundesministerium für Umwelt, Naturschutz und Reaktorsicherheit

nach Anhörung der zuständigen obersten Landesbehörden:

§ 1[1] *(aufgehoben)*

§ 2[2] Abweichend von § 49 Abs. 2a Satz 1 der Straßenverkehrs-Zulassungs-Ordnung dürfen Auspuffanlagen, die mit der Betriebserlaubnis des Kraftrades (§§ 20, 21 der Straßenverkehrs-Zulassungs-Ordnung) genehmigt wurden, auch ohne EWG-Betriebserlaubniszeichen verwendet oder zur Verwendung feilgeboten und veräußert werden.

§ 3 Diese Verordnung tritt mit Wirkung vom 1. April 1994 in Kraft.

---

[1] § 1 aufgeh. durch VO v. 25.10.1994 (BGBl. I S. 3127).

[2] § 2 geänd. durch VO v. 18.7.1995 (BGBl. I S. 936) und durch VO v. 19.12.1996 (BGBl. I S. 2158).

210/52. Zweiundfünfzigste Verordnung über Ausnahmen von den Vorschriften der Straßenverkehrs-Zulassungs-Ordnung (52. Ausnahmeverordnung zur StVZO)

Vom 13. August 1996
(BGBl. I S. 1319)

FNA 9232-1-52

geänd. durch Verordnung zur Änderung der 52. Ausnahmeverordnung zur StVZO v. 18.2.1998 (BGBl. I S. 390)

Auf Grund

– des § 6 Abs. 1 Nr. 3 Buchstabe a in Verbindung mit Abs. 3 des Straßenverkehrsgesetzes[1] in der im Bundesgesetzblatt Teil III, Gliederungsnummer 9231-1, veröffentlichen bereinigten Fassung, die Eingangsworte in Absatz 1 Nr. 3 zuletzt geändert durch § 37 Abs. 2 des Gesetzes vom 24. August 1995 (BGBl. I S. 927) sowie Absatz 3 eingefügt durch § 70 Abs. 1 Nr. 3 des Gesetzes vom 15. März 1974 (BGBl. I S. 721) und geändert gemäß Artikel 22 Nr. 3 der Verordnung vom 26. November 1986 (BGBl. I S. 2089), verordnet das Bundesministerium für Verkehr,

– des § 6 Abs. 1 Nr. 3 Buchstabe d, Nr. 5a und Abs. 2a in Verbindung mit Abs. 3 des Straßenverkehrsgesetzes[1], Absatz 1 Nr. 3 Buchstabe d geändert durch Artikel 1 Nr. 5 des Gesetzes vom 6. April 1980 (BGBl. I S. 413), Absatz 1 Nr. 5a eingefügt durch § 70 Abs. 1 Nr. 1 des Gesetzes vom 15. März 1974 (BGBl. I S. 721) und Absatz 2a eingefügt gemäß Artikel 22 der Verordnung vom 26. November 1986 (BGBl. I S. 2089), verordnen des Bundesministerium für Verkehr und das Bundesministerium für Umwelt, Naturschutz und Reaktorsicherheit

nach Anhörung der zuständigen obersten Landesbehörden:

§ 1[2] [1] Abweichend von § 47 Abs. 3 Nr. 4 der Straßenverkehrs-Zulassungs-Ordnung[3] gelten Kraftfahrzeuge auch dann als schadstoffarm im Sinne der Richtlinie 70/220/EWG in der Fassung der Richtlinie 93/59/EWG des Rates vom 28. Juni 1993 (ABl. EG Nr. L 186 S. 21), wenn sie

a) vor dem 1. Oktober 1995 oder

b) bei mehr als sechs Sitzplätzen einschließlich des Fahrersitzes oder einer Gesamtmasse von mehr als 2 500 kg und einer Bezugsmasse von mehr als 1 250 kg vor dem 1. Oktober 1998

erstmals in den Verkehr gekommen sind und nach dem 1. Januar 1996 nachträglich mit einem Abgasreinigungssystem versehen worden sind. [2] Dies gilt nur, wenn

---

[1] Nr. **10**.
[2] § 1 Satz 1 geänd. durch VO v. 18.2.1998 (BGBl. I S. 390).
[3] Nr. **200**.

1. das Abgasreinigungssystem
   a) mit einer Betriebserlaubnis für Fahrzeugteile nach § 22 der Straßenverkehrs-Zulassungs-Ordnung genehmigt ist oder
   b) im Rahmen einer Betriebserlaubnis für das Fahrzeug nach § 21 der Straßenverkehrs-Zulassungs-Ordnung genehmigt ist oder
   c) durch ein Teilegutachten nach § 19 Abs. 3 Nr. 4 der Straßenverkehrs-Zulassungs-Ordnung für unbedenklich erklärt und die Abnahme nach dieser Vorschrift unverzüglich durchgeführt und bestätigt worden ist,
2. Im Rahmen einer Abgasprüfung nach Anhang I Nr. 5.3.1 in Verbindung mit Anhang II der Richtlinie 70/220/EWG in der Fassung der Richtlinie 93/59/EWG des Rates vom 28. Juni 1993 (ABl. EG Nr. L 186) nachgewiesen worden ist, daß die mit dem eingebauten Abgasreinigungssystem ermittelten Abgaswerte, multipliziert mit dem entsprechenden Verschlechterungsfaktor nach Nummer 5.3.5.2 des Anhangs I, die in Nummer 7.1.1 genannten Grenzwerte für die Fahrzeugklasse M nicht übersteigen,
3. die Dauerhaltbarkeit des Abgasreinigungssystems für mindestens 2 Jahre oder 80 000 km gewährleistet ist,
4. die Nachrüstung keine nachteiligen Auswirkungen, insbesondere auf das Betriebsverhalten, die Betriebssicherheit, den Kraftstoffverbrauch und das Geräuschverhalten des Kraftfahrzeugs, hat und
5. alle für die Nachrüstung mit dem Abgasreinigungssystem erforderlichen Teile ordnungsgemäß eingebaut sind und die einwandfreie Funktion des Abgasreinigungssystems von einer für die Durchführung der Abgasuntersuchung nach § 47a der Straßenverkehrs-Zulassungs-Ordnung in Verbindung mit Anlage VIIIa Nr. 3.1.2 oder 3.2 anerkannten Kraftfahrzeugwerkstatt, sofern diese die Nachrüstung selbst durchgeführt hat oder durch einen amtlich anerkannten Sachverständigen oder Prüfer für den Kraftfahrzeugverkehr oder durch einen Kraftfahrzeugsachverständigen oder Angestellten nach Abschnitt 7.4a der Anlage VIII bestätigt worden ist.

§ 2 Diese Verordnung tritt am Tage nach der Verkündung[1] in Kraft.

[1] Verkündet am 20.8.1996.

210/53. Dreiundfünfzigste Verordnung über Ausnahmen von den Vorschriften der Straßenverkehrs-Zulassungs-Ordnung (53. Ausnahmeverordnung zur StVZO)

Vom 2. Juli 1997
(BGBl. I S. 1665)

FNA 9232–1–53

geänd. durch Art. 4 48. VO zur Änd. straßenverkehrsrechtlicher Vorschriften v. 26.7.2013 (BGBl. I S. 2803)

Auf Grund des § 6 Abs. 1 Nr. 3 Buchstabe a in Verbindung mit Abs. 3 des Straßenverkehrsgesetzes in der im Bundesgesetzblatt Teil III, Gliederungsnummer 9231-1, veröffentlichten bereinigten Fassung, die Eingangsworte in Absatz 1 Nr. 3 zuletzt geändert durch § 37 Abs. 2 des Gesetzes vom 24. August 1965 (BGBl. I S. 927) sowie Absatz 3 eingefügt durch § 70 Abs. 1 Nr. 3 des Gesetzes vom 15. März 1974 (BGBl. I S. 721) und geändert gemäß Artikel 22 Nr. 3 der Verordnung vom 26. November 1986 (BGBl. I S. 2089), verordnet das Bundesministerium für Verkehr nach Anhörung der zuständigen obersten Landesbehörden:

§ 1[1)] (1) [1] Abweichend von § 34 Abs. 5 Nr. 1 der Straßenverkehrs-Zulassungs-Ordnung darf das zulässige Gesamtgewicht von Anhängern mit nicht mehr als zwei Achsen unter Beachtung der Vorschriften für die Achslasten 20,00 t und abweichend von § 34 Abs. 6 Nr. 6 der Straßenverkehrs-Zulassungs-Ordnung darf das zulässige Gesamtgewicht bei Fahrzeugkombinationen (Züge und Sattelkraftfahrzeuge) mit mehr als vier Achsen unter Beachtung der Vorschriften für Achslasten und Einzelfahrzeuge 44,00 t nicht überschreiten. [2] Satz 1 gilt nur für Fahrzeuge, die für diese Achslasten und Gesamtgewichte zugelassen sind bei Fahrten im Kombinierten Verkehr

1. Schiene/Straße zwischen Be- oder Entladestelle und nächstgelegenem geeigneten Bahnhof; im begleitenden Kombinierten Verkehr (Rollende Landstraße) zwischen Be- oder Entladestelle und einem höchstens 150 km Luftlinie entfernten geeigneten Bahnhof,
2. Binnenwasserstraße/Straße zwischen Be- oder Entladestelle und einem höchstens 150 km Luftlinie entfernten Binnenhafen und
3. See/Straße (mit einer Seestrecke von mehr als 100 km Luftlinie) zwischen Be- oder Entladestelle und einem höchstens 150 km Luftlinie entfernten Seehafen.

(2) Kombinierter Verkehr im Sinne des Absatzes 1 sind Güterbeförderungen, bei denen der Lastkraftwagen, der Anhänger, der Sattelanhänger mit oder ohne Zugmaschine, der Wechselbehälter oder der Container von mindestens 20 Fuß Länge die Zu- und Ablaufstrecke auf der Straße und den

[1)] § 1 Abs. 2 neu gef., Abs. 3 geänd. mWv 1.8.2013 durch VO v. 26.7.2013 (BGBl. I S. 2803).

übrigen Teil der Strecke auf der Schiene oder auf einer Binnenwasserstraße oder auf See zurücklegt.

(3) Bei der Verwendung eines Fahrzeuges nach Absatz 1 ist bei der Anfuhr eine Reservierungsbestätigung nach § 17 Absatz 1 der Verordnung über den grenzüberschreitenden Güterkraftverkehr und den Kabotageverkehr[1] vom 28. Dezember 2011 (BGBl. 2012 I S. 42) und bei der Abfuhr ein von der Eisenbahnverwaltung abgestempelter Frachtbrief oder ein Beförderungspapier für den Bahntransport oder eine Bescheinigung des Schiffahrttreibenden über die Benutzung eines Binnen- oder Seeschiffs mitzuführen und zuständigen Personen auf Verlangen zur Prüfung auszuhändigen.

§ 2 Diese Verordnung tritt am Tage nach der Verkündung[2] in Kraft.

[1] Nr. 480.
[2] Verkündet am 10. Juli 1997.

210/54. Vierundfünfzigste Verordnung über Ausnahmen von den Vorschriften der Straßenverkehrs-Zulassungs-Ordnung (54. Ausnahmeverordnung zur StVZO)

Vom 10. Dezember 1998
(BGBl. I S. 3651)
FNA 9232-1-54

Auf Grund des § 6 Abs. 1 Nr. 3 Buchstabe a, in Verbindung mit Absatz 3 des Straßenverkehrsgesetzes[1)] in der im Bundesgesetzblatt Teil III, Gliederungsnummer 9231-1, veröffentlichten bereinigten Fassung, die Eingangsworte in Absatz 1 Nr. 3, zuletzt geändert durch § 37 Abs. 2 des Gesetzes vom 24. August 1965 (BGBl. I S. 927) sowie Absatz 3, eingefügt durch § 70 Abs. 1 Nr. 3 des Gesetzes vom 15. März 1974 (BGBl. I S. 721) und geändert gemäß Artikel 22 Nr. 3 der Verordnung vom 26. November 1986 (BGBl. I S. 2089), jeweils in Verbindung mit Artikel 56 des Zuständigkeitsanpassungs-Gesetzes vom 18. März 1975 (BGBl. I S. 705) und dem Organisationserlaß vom 27. Oktober 1998 (BGBl. I S. 3288), verordnet das Bundesministerium für Verkehr, Bau und Wohnungswesen nach Anhörung der zuständigen obersten Landesbehörden:

§ 1 [1] Abweichend von § 22 Abs. 2 der Straßenverkehrs-Zulassungs-Ordnung[2)] braucht der Inhaber einer Allgemeinen Betriebserlaubnis bei einem Ident- und Nachradbau nicht den Abdruck oder die Ablichtung der Betriebserlaubnis oder den Auszug davon beizufügen. [2] Dies gilt nur, wenn im „Verkaufskatalog", der in den Vertriebs-/Verkaufsstellen dieser Räder verwendet wird, für die Zuordnung der Räder (Typ und Ausführung) zu den entsprechenden Fahrzeugen (Typ und Ausführung) ein identischer Abdruck des in der Allgemeinen Betriebserlaubnis dieser Räder enthaltenen Verwendungsbereichs enthalten ist. [3] Im Sinne dieser Verordnung ist das

1. Identrad ein Rad, das unter Verwendung derselben Fertigungseinrichtungen produziert wurde, wie das vom Fahrzeughersteller serienmäßig angebaute Rad; das Identrad unterscheidet sich vom serienmäßig angebauten Rad nur durch das fehlende Warenzeichen und/oder die fehlende Teilenummer des Fahrzeugherstellers und der zusätzlichen Genehmigungsnummer des Kraftfahrtbundesamtes,
2. Nachbaurad ein Stahlscheibenrad, das dem serienmäßig angebauten und mit der Betriebserlaubnis des Fahrzeuges genehmigten Rad nachgebaut ist; es entspricht in allen Maßen, Werkstoff und Standfestigkeit dem vom Fahrzeughersteller in Serie angebauten Rad.

(2) [1] Abweichend von § 19 Abs. 4 der Straßenverkehrs-Zulassungs-Ordnung braucht der Führer eines Fahrzeugs, an dem ein Ident- oder Nachbaurad

---

1) Nr. **10**.
2) Nr. **200**.

oder mehrere angebaut wurde(n), nicht den Abdruck oder die Ablichtung der betreffenden Betriebserlaubnis oder eines Nachtrags dazu oder eines Auszugs dieser Erlaubnis mit den wesentlichen Angaben für die Verwendung dieses Teils mitzuführen. [2] Dies gilt nur, wenn für diese Räder eine Allgemeine Betriebserlaubnis nach § 22 der Straßenverkehrs-Zulassungs-Ordnung erteilt worden ist.

§ 2 Diese Verordnung tritt am Tage nach der Verkündung in Kraft.[1)]

[1)] Verkündet am 18. Dezember 1998.

220. Verordnung über Ausnahmen von straßenverkehrsrechtlichen Vorschriften (Leichtmofa-Ausnahmeverordnung)[1]

Vom 26. März 1993
(BGBl. I S. 394)

FNA 9231-1-8

geänd. durch Art. 7 Verordnung über die Zulassung von Personen zum Straßenverkehr und zur Änderung straßenverkehrsrechtlicher Vorschriften v. 18.8.1998 (BGBl. I S. 2214)

Auf Grund

- des § 6 Abs. 1 Nr. 1, 1a Buchstabe a und Nr. 3 Buchstabe a in Verbindung mit Abs.3 des Straßenverkehrsgesetzes in der im Bundesgesetzblatt Teil III, Gliederungsnummer 9231–1, veröffentlichten bereinigten Fassung, Absatz 1 Nr. 1 geändert und Nummer 1a eingefügt durch Artikel 1 Nr. 3 des Gesetzes vom 13. Mai 1986 (BGBl. I S.700) und Absatz 3 eingefügt durch § 70 Abs. 1 Nr. 3 des Gesetzes vom 15. März 1974 (BGBl. I S.721), verordnet das Bundesministerium für Verkehr,
- des § 6 Abs. 1 Nr. 3 Buchstabe d und Nr. 5a jeweils in Verbindung mit Abs. 2a und 3 des Straßenverkehrsgesetzes in der im Bundesgesetzblatt Teil III, Gliederungsnummer 9231–1, veröffentlichten bereinigten Fassung, zuletzt geändert gemäß Artikel 22 der Zuständigkeitsanpassungs–Verordnung vom 26. November 1986 (BGBl. I S. 2089) sowie Nummer 5a und Absatz 3 eingefügt durch § 70 Abs. 1 des Gesetzes vom 15. März 1974 (BGBl. I S. 721), verordnen das Bundesministerium für Verkehr und das Bundesministerium für Umwelt, Naturschutz und Reaktorsicherheit nach Anhörung der zuständigen obersten Landesbehörden:

§ 1[2] [Ausnahmen von Vorschriften der StVZO] [1] Mofas, die den in der Anlage aufgeführten Merkmalen entsprechen (Leichtmofas), dürfen abweichen von § 50 Abs. 6a und § 53 der Straßenverkehrs-Zulassungs-Ordnung lichttechnische Einrichtungen haben, wie sie für Fahrräder nach § 67 der Straßenverkehrs-Zulassungs-Ordnung vorgeschrieben sind. [2] Dies gilt nur, wenn die in der Anlage Nummer 1.7 genannten Auflagen erfüllt sind.

§ 2 [Keine Schutzhelmpflicht] Abweichend von § 21a Abs. 2 der Straßenverkehrs-Ordnung brauchen die Führer der Leichtmofas während der Fahrt keinen Schutzhelm zu tragen.

§ 3 [Inkrafttreten] Diese Verordnung tritt mit Wirkung vom 28. Februar 1993 in Kraft.

---

[1] Siehe auch Richtlinie für Leichtkrafträder, Kleinkrafträder und Fahrräder mit Hilfsmotor hinsichtlich der Maßnahmen zur Einhaltung der zulässigen Höchstgeschwindigkeit vom 11.3.1986 (VkBl. S. 191, zuletzt geändert VkBl. 1989 S. 435 Nr. 110).

[2] § 1 neu gef. durch VO v. 18.8.1998 (BGBl. I S. 2214).

Anlage

Merkmale der Leichtmofas

1	Fahrrad-Merkmale	
1.1	Leergewicht:	nicht mehr als 30 kg
1.2	Felgendurchmesser für Vorder- und Hinterrad:	mindestens 559 mm (entspricht 26 Zoll), aber nicht mehr als 640 mm (entspricht 28 Zoll)
1.3	Reifenbreite:	nicht mehr als 47 mm (entspricht 1,75 Zoll)
1.4	Länge der Tretkurbel:	mehr als 169 mm
1.5	Fahrweg im größten Gang je Kurbelumdrehung:	mehr als 4,4 m
1.6	Abstand Oberkante Sitzrohrmuffe bis Mitte Tretlagerachse:	mehr als 530 mm
1.7	Lichttechnische Einrichtungen:	müssen in amtlich genehmigter Bauart ausgeführt sein; folgende Auflagen müssen erfüllt sein: a) Ein Antrieb der Lichtmaschine, der auch nur eine kurzzeitige Unterbrechung der Stromerzeugung nicht erwarten läßt. b) Eine Schaltung,die selbsttätig bei geringer Geschwindigkeit von Lichtmaschinen- auf Batteriebetrieb umschaltet (Standbeleuchtung). c) Ein Großflächen-Rückstrahler, der mit dem Buchstaben "Z" gekennzeichnet ist. d) Ein Scheinwerfer, der der Nummer 23 Abs. 5 Ziffer 2 der Technischen Anforderungen an Fahrzeugteile bei der Bauartprüfung nach § 22a StVZO (VkBl. 1983 S. 617) entspricht.
1.8	Abweichungen von den Merkmalen 1.2 bis 1.6:	andere Werte sind zugelassen, wenn diese die Benutzung des Leichtmofas als Fahrrad (Pedalantrieb) auf ebener Strecke von mindestens 10 km Länge in einer Zeit von höchstens 30 Minuten bei einer höchsten Leistungsabgabe zwischen 80 und 100 Watt sicherstellen
2	Mofa-Merkmale	
2.1	Hubraum:	nicht mehr als 30 cm^3
2.2	Leistung:	nicht mehr als 0,5 kW
2.3	Durch die Bauart bestimmte Höchstgeschwindigkeit:	nicht mehr als 20 km/h
2.4	Bremsen:	es gilt § 41 StVZO
2.5	Übersetzung zwischen Kurbelwelle und Antriebsrad:	keine Änderungsmöglichkeit
2.6	Leistungscharakteristik:	derart ausgelegt, daß oberhalb einer Geschwindigkeit, die nicht mehr als 24 km/h betragen darf, keine Überschußleistung zum Antrieb des Fahrzeugs abgegeben werden kann
2.7	maximaler Geräuschpegel bei Vorbeifahrt in 7,5 m Entfernung mit Höchstgeschwindigkeit:	65 dB (A)

225. Verordnung über die Teilnahme von Elektrokleinstfahrzeugen am Straßenverkehr (Elektrokleinstfahrzeuge-Verordnung – eKFV) [1)2)]

Vom 6. Juni 2019
(BGBl. I S. 756)

FNA 9232-17

§ 1 Anwendungsbereich. (1) Elektrokleinstfahrzeuge im Sinne dieser Verordnung sind Kraftfahrzeuge mit elektrischem Antrieb und einer bauartbedingten Höchstgeschwindigkeit von nicht weniger als 6 km/h und nicht mehr als 20 km/h, die folgende Merkmale aufweisen:

1. Fahrzeug ohne Sitz oder selbstbalancierendes Fahrzeug mit oder ohne Sitz,
2. eine Lenk- oder Haltestange von mindestens 500 mm für Kraftfahrzeuge mit Sitz und von mindestens 700 mm für Kraftfahrzeuge ohne Sitz,
3. eine Nenndauerleistung von nicht mehr als 500 Watt, oder von nicht mehr als 1400 Watt, wenn mindestens 60 Prozent der Leistung zur Selbstbalancierung verwendet werden. Die Nenndauerleistung ist nach dem Verfahren gemäß DIN EN 15194:2018-11[3)] oder den Anforderungen der Regelung Nr. 85 der Wirtschaftskommission der Vereinten Nationen für Europa (UNECE) – Einheitliche Bedingungen für die Genehmigung von Verbrennungsmotoren oder elektrischen Antriebssystemen für den Antrieb von Kraftfahrzeugen der Klassen M und N hinsichtlich der Messung der Nutzleistung und der höchsten 30-Minuten-Leistung elektrischer Antriebssysteme (ABl. L 323 vom 7.11.2014, S. 52) zu bestimmen,
4. eine Gesamtbreite von nicht mehr als 700 mm, eine Gesamthöhe von nicht mehr als 1400 mm und eine Gesamtlänge von nicht mehr als 2000 mm und
5. eine maximale Fahrzeugmasse ohne Fahrer von nicht mehr als 55 kg.

(2) Ein Elektrokleinstfahrzeug ist selbstbalancierend, wenn es mit einer integrierten elektronischen Balance-, Antriebs-, Lenk- und Verzögerungstechnik ausgestattet ist, durch die es eigenständig in Balance gehalten wird.

(3) Elektrokleinstfahrzeuge im Sinne der Absätze 1 und 2 dürfen nur nach Maßgabe der folgenden Vorschriften auf öffentlichen Straßen verwendet werden.

§ 2 Anforderungen an das Inbetriebsetzen. (1) [1]Ein Elektrokleinstfahrzeug darf auf öffentlichen Straßen nur in Betrieb gesetzt werden, wenn

---

[1)] **Amtl. Anm.:** Notifiziert gemäß Richtlinie (EU) 2015/1535 des Europäischen Parlaments und des Rates vom 9. September 2015 über ein Informationsverfahren auf dem Gebiet der technischen Vorschriften und der Vorschriften für die Dienste der Informationsgesellschaft (ABl. L 241 vom 17.9. 2015, S. 1).

[2)] Verkündet als Art. 1 VO v. 6.6.2019 (BGBl. I S. 756); Inkrafttreten gem. Art. 5 dieser VO am 15.6.2019.

[3)] **Amtl. Anm.:** Die Norm „DIN EN 15194 Fahrräder – Elektromotorisch unterstützte Räder – EPAC; Deutsche Fassung EN 15194:2017" ist beim Beuth Verlag GmbH, Berlin, zu beziehen.

1. es einem Typ entspricht, für den eine Allgemeine Betriebserlaubnis erteilt worden ist, oder für das Fahrzeug eine Einzelbetriebserlaubnis erteilt worden ist,
2. es eine gültige Versicherungsplakette für Elektrokleinstfahrzeuge nach § 29a der Fahrzeug-Zulassungsverordnung[1] führt,
3. es entsprechend § 59 Absatz 1 Satz 1, Absatz 1a erster Halbsatz, Absatz 1b oder 2 der Straßenverkehrs-Zulassungs-Ordnung[2] mit einer Fahrzeug-Identifizierungsnummer sowie einem Fabrikschild mit folgenden Maßgaben gekennzeichnet ist:
   a) als Fahrzeugtyp muss auf dem Fabrikschild „Elektrokleinstfahrzeug" angegeben sein,
   b) anstelle der in § 59 Absatz 1 Satz 1 Nummer 5 und 6 der Straßenverkehrs-Zulassungs-Ordnung[2] genannten Angaben muss auf dem Fabrikschild die bauartbedingte Höchstgeschwindigkeit und die Genehmigungsnummer der Allgemeinen Betriebserlaubnis oder der Einzelbetriebserlaubnis für das Fahrzeug angegeben sein, und
4. es
   a) den Anforderungen an die Verzögerungseinrichtung nach § 4,
   b) den Anforderungen an die lichttechnischen Einrichtungen nach § 5 Absatz 1 Satz 1 und Absatz 3,
   c) den Anforderungen an die Einrichtung für Schallzeichen nach § 6 Satz 1 sowie
   d) den sonstigen Sicherheitsanforderungen nach § 7 entspricht.

[2] Die Datenbestätigung nach § 20 Absatz 3a Satz 1 bis 3 der Straßenverkehrs-Zulassungs-Ordnung[2] oder die Bescheinigung über die Einzelbetriebserlaubnis muss für eine Inbetriebnahme aufbewahrt und zuständigen Personen auf Verlangen zur Prüfung ausgehändigt werden.

(2) [1] Für Elektrokleinstfahrzeuge richtet sich die Erteilung

1. einer Allgemeinen Betriebserlaubnis nach den Anforderungen des § 20 der Straßenverkehrs-Zulassungs-Ordnung[2],
2. einer Einzelbetriebserlaubnis nach den Anforderungen des § 21 der Straßenverkehrs-Zulassungs-Ordnung[2].

[2] Die in Satz 1 bezeichneten Erlaubnisse werden erteilt, wenn das Fahrzeug die Anforderungen des § 1 Absatz 1 und der §§ 4 bis 7 erfüllt.

(3) [1] Für die Wirksamkeit der Allgemeinen Betriebserlaubnis oder der Einzelbetriebserlaubnis gilt § 19 Absatz 2 und 3 der Straßenverkehrs-Zulassungs-Ordnung. [2] Ist die Betriebserlaubnis nach § 19 Absatz 2 Satz 2 der Straßenverkehrs-Zulassungs-Ordnung erloschen, so darf das Elektrokleinstfahrzeug nicht auf öffentlichen Straßen in Betrieb gesetzt werden.

(4) Der Halter darf die Inbetriebnahme eines Elektrokleinstfahrzeugs auf öffentlichen Straßen nicht anordnen oder zulassen, wenn das Elektrokleinstfahrzeug die Voraussetzungen nach Absatz 1 nicht erfüllt oder die Betriebs-

---

[1] Nr. **250**.
[2] Nr. **200**.

erlaubnis nach Absatz 3 Satz 2 in Verbindung mit § 19 Absatz 2 Satz 2 der Straßenverkehrs-Zulassungs-Ordnung erloschen ist.

§ 3 Berechtigung zum Führen. Zum Führen eines Elektrokleinstfahrzeugs sind Personen berechtigt, die das 14. Lebensjahr vollendet haben.

§ 4 Anforderungen an die Verzögerungseinrichtung. (1) Ein Elektrokleinstfahrzeug muss mit zwei voneinander unabhängigen Bremsen im Sinne des § 65 Absatz 1 Satz 1 der Straßenverkehrs-Zulassungs-Ordnung[1)] ausgerüstet sein, die

1. das Fahrzeug bis zum Stillstand abbremsen können,
2. bis zur Maximalgeschwindigkeit wirken,
3. mindestens einen Verzögerungswert von 3,5 m/s^2 erreichen und
4. jeweils einzeln bei Ausfall der jeweils anderen Bremse eine Mindestverzögerung von 44 Prozent der Bremswirkung nach Nummer 3 erreichen, ohne dass das Kraftfahrzeug seine Spur verlässt.

(2) Ein drei- oder vierrädriges Elektrokleinstfahrzeug muss mit einer fest angebrachten Einrichtung ausgerüstet sein, die das Elektrokleinstfahrzeug festzustellen vermag.

§ 5 Anforderungen an die lichttechnischen Einrichtungen. (1) [1]Ein Elektrokleinstfahrzeug muss mit lichttechnischen Einrichtungen ausgerüstet sein, die den Anforderungen des § 67 Absatz 1 Satz 3 und 5, Absatz 2 Satz 2 bis 7, Absatz 3, Absatz 4 Satz 1 und 4, Absatz 6 Satz 3 der Straßenverkehrs-Zulassungs-Ordnung[1)] entsprechen und in einer amtlich genehmigten Bauart gemäß § 22a Absatz 1 Nummer 22 der Straßenverkehrs-Zulassungs-Ordnung[1)] ausgeführt sind, soweit in den nachfolgenden Bestimmungen nichts Abweichendes geregelt ist. [2]Die lichttechnischen Einrichtungen dürfen abnehmbar sein. [3]Als lichttechnische Einrichtungen gelten auch Leuchtstoffe und rückstrahlende Mittel. [4]Schlussleuchte und Rückstrahler dürfen in einem Gerät verbaut sein. [5]Schlussleuchten dürfen zusätzlich mit einer Bremslichtfunktion für rotes Licht mit einer Lichtstärke und Lichtverteilung der Bremslichtfunktion entsprechend der Regelung Nr. 50 der Wirtschaftskommission der Vereinten Nationen für Europa (UNECE) – Einheitliche Bedingungen für die Genehmigung von Begrenzungsleuchten, Schlussleuchten, Bremsleuchten, Fahrtrichtungsanzeigern und Beleuchtungseinrichtungen für das hintere Kennzeichenschild für Fahrzeuge der Klasse L (ABl. L 97 vom 29.3.2014, S. 1) ausgerüstet sein.

(2) Die Versorgung der Beleuchtungsanlage kann über eine Kopplung an den Energiespeicher für den Antrieb erfolgen.

(3) [1]Die seitliche Kennzeichnung hat mit gelben Rückstrahlern nach beiden Seiten wirkend gemäß Nummer 18 der Technischen Anforderungen an Fahrzeugteile bei der Bauartprüfung nach § 22a StVZO vom 5. Juli 1973 (VkBl. S. 558), die zuletzt durch die Bekanntmachung vom 23. Februar 1994 (VkBl. S. 233) geändert worden ist, oder mit ringförmig zusammenhängenden retroreflektierenden weißen Streifen an den Reifen oder Felgen des Vorderrades und

[1)] Nr. **200**.

des Hinterrades zu erfolgen. [2] Bei einachsigen Elektrokleinstfahrzeugen reicht die Kennzeichnung der außenliegenden Räder.

(4) [1] Bei Elektrokleinstfahrzeugen ist die Ausrüstung mit nach vorne und nach hinten wirkenden Fahrtrichtungsanzeigern entsprechend § 67 Absatz 5 Satz 6 der Straßenverkehrs-Zulassungs-Ordnung[1)] zulässig. [2] Zusätzlich

1. dürfen auch die hinteren Fahrtrichtungsanzeiger mit der Lenkung mitschwenken,
2. darf der Abstand vom hintersten Punkt des Fahrzeugs zu den Fahrtrichtungsanzeigern mehr als 300 mm betragen,
3. darf die maximale Anbauhöhe der vorderen und hinteren Fahrtrichtungsanzeiger 1400 mm betragen,
4. darf bei den hinteren Fahrtrichtungsanzeigern die minimale Anbauhöhe 150 mm betragen, wenn der Vertikalwinkel der geometrischen Sichtbarkeit mindestens 25 Grad über der Horizontalen beträgt.

§ 6 Anforderungen an die Einrichtung für Schallzeichen. [1] Elektrokleinstfahrzeuge müssen mit mindestens einer helltönenden Glocke, die den Anforderungen des § 64a der Straßenverkehrs-Zulassungs-Ordnung[1)] entspricht, ausgerüstet sein. [2] Es dürfen auch andere Einrichtungen für Schallzeichen angebracht sein, die der Regelung Nr. 28 der Wirtschaftskommission der Vereinten Nationen für Europa (UN/ECE) – Einheitliche Vorschriften für die Genehmigung der Vorrichtungen für Schallzeichen und der Kraftfahrzeuge hinsichtlich ihrer Schallzeichen (ABl. L 323 vom 6.12.2011, S. 33) – Teil II, für Fahrzeugklasse L3 mit einer Leistung von nicht mehr als 7 kW, sowie dem Anhang II der delegierten Verordnung (EU) Nr. 3/2014 der Kommission vom 24. Oktober 2013 zur Ergänzung der Verordnung (EU) Nr. 168/2013 des Europäischen Parlaments und des Rates hinsichtlich der Anforderungen an die funktionale Sicherheit von Fahrzeugen für die Genehmigung von zwei- oder dreirädrigen und vierrädrigen Fahrzeugen entsprechen.

§ 7 Sonstige Sicherheitsanforderungen. Elektrokleinstfahrzeuge müssen

1. die Tests entsprechend den Prüfanforderungen und Anforderungen an die Fahrdynamik nach der Anlage zu dieser Verordnung erfüllen,
2. den Anforderungen der Regelung Nr. 10 der Wirtschaftskommission der Vereinten Nationen für Europa (UN/ECE) – Einheitliche Bedingungen für die Genehmigung der Fahrzeuge hinsichtlich der elektromagnetischen Verträglichkeit (ABl. L 254 vom 20.9.2012, S. 1) entsprechen,
3. den Maßnahmen zum Schutz vor Manipulation gemäß DIN EN 15194:2018-11 entsprechen,
4. einen wirksamen Schutz gegen das direkte Berühren aller spannungsführenden Bauteile aufweisen,
5. gegen unbeabsichtigtes Verstellen aller Bedien- und Bauteile gesichert sein,
6. sowohl im Betriebszustand als auch im gegebenenfalls abweichenden Transportzustand so beschaffen und ausgerüstet sein, dass sie sicher sind, ihr verkehrsüblicher Betrieb niemanden schädigt oder mehr als unvermeidbar

---

[1)] Nr. **200**.

gefährdet, behindert oder belästigt und der Fahrer insbesondere bei Unfällen vor Verletzungen möglichst geschützt ist sowie das Ausmaß und die Folgen von Verletzungen möglichst gering bleiben,

7. so beschaffen sein, dass sich das Bedienelement zur Steuerung der Motorleistung (zum Beispiel ein Drehgriff oder Knopf) innerhalb einer Sekunde selbständig in Nullstellung zurückstellt, wenn der Fahrer es loslässt. Abweichend davon muss sich der Fahrzeugantrieb bei selbstbalancierenden Fahrzeugen innerhalb einer Sekunde automatisch deaktivieren, wenn sich der Fahrer nicht auf dem Fahrzeug befindet. Dazu müssen selbstbalancierende Fahrzeuge mit einem System zur Zustandserkennung ausgerüstet sein, das erkennt, ob sich der Fahrer auf dem Fahrzeug befindet,
8. so beschaffen sein, dass ihre Batterien den Sicherheitsanforderungen des Kapitels 4.2.3 der DIN EN 15194:2018-11 entsprechen,
9. so beschaffen sein, dass vorhandene Standflächen aufgrund ihrer rutschhemmenden Oberfläche ausreichend Halt bieten.

§ 8 Personenbeförderung und Anhängerbetrieb. Die Personenbeförderung sowie der Anhängerbetrieb sind für Elektrokleinstfahrzeuge nicht gestattet.

§ 9 Anwendung der Straßenverkehrs-Ordnung. Wer ein Elektrokleinstfahrzeug im Straßenverkehr führt, unterliegt den Vorschriften der Straßenverkehrs-Ordnung[1)] nach Maßgabe der nachfolgenden §§ 10 bis 13.

§ 10 Zulässige Verkehrsflächen. (1) [1] Innerhalb geschlossener Ortschaften dürfen Elektrokleinstfahrzeuge nur baulich angelegte Radwege, darunter auch gemeinsame Geh- und Radwege (Zeichen 240 der Anlage 2 zur Straßenverkehrs-Ordnung[1)]) und die dem Radverkehr zugeteilte Verkehrsfläche getrennter Rad- und Gehwege (Zeichen 241 der Anlage 2 zur Straßenverkehrs-Ordnung), sowie Radfahrstreifen (Zeichen 237 in Verbindung mit Zeichen 295 der Anlage 2 zur Straßenverkehrs-Ordnung[1)]) und Fahrradstraßen (Zeichen 244.1 der Anlage 2 zur Straßenverkehrs-Ordnung) befahren. [2] Wenn solche nicht vorhanden sind, darf auf Fahrbahnen oder in verkehrsberuhigten Bereichen (Zeichen 325.1 der Anlage 3 zur Straßenverkehrs-Ordnung) gefahren werden. [3] Anlage 3 laufende Nummer 22 Nummer 2 der Straßenverkehrs-Ordnung findet keine Anwendung.

(2) [1] Außerhalb geschlossener Ortschaften dürfen Elektrokleinstfahrzeuge nur baulich angelegte Radwege, darunter auch gemeinsame Geh- und Radwege (Zeichen 240 der Anlage 2 zur Straßenverkehrs-Ordnung) und die dem Radverkehr zugeteilte Verkehrsfläche getrennter Rad- und Gehwege (Zeichen 241 der Anlage 2 zur Straßenverkehrs-Ordnung), sowie Radfahrstreifen (Zeichen 237 in Verbindung mit Zeichen 295 der Anlage 2 zur Straßenverkehrs-Ordnung[1)]), Fahrradstraßen (Zeichen 244.1 der Anlage 2 zur Straßenverkehrs-Ordnung) und Seitenstreifen befahren. [2] Wenn solche nicht vorhanden sind, darf auf Fahrbahnen gefahren werden.

(3) [1] Für das Befahren von anderen Verkehrsflächen können die Straßenverkehrsbehörden abweichend von Absatz 1 und 2 Ausnahmen für bestimmte

---

[1)] Nr. **100**.

Einzelfälle oder allgemein für bestimmte Antragsteller zulassen. [2] Eine allgemeine Zulassung von Elektrokleinstfahrzeugen auf solchen Verkehrsflächen kann durch Anordnung des Zusatzzeichens

„Elektrokleinstfahrzeuge frei"

bekannt gegeben werden.

§ 11 Allgemeine Verhaltensregeln. (1) Wer ein Elektrokleinstfahrzeug führt, muss einzeln hintereinander fahren, darf sich nicht an fahrende Fahrzeuge anhängen und nicht freihändig fahren.

(2) Mit Elektrokleinstfahrzeugen darf von dem Gebot, auf Fahrbahnen mit mehreren Fahrstreifen möglichst weit rechts zu fahren, nicht abgewichen werden.

(3) Sind an einem Elektrokleinstfahrzeug keine Fahrtrichtungsanzeiger vorhanden, so muss wer ein Elektrokleinstfahrzeug führt, die Richtungsänderung so rechtzeitig und deutlich durch Handzeichen ankündigen, dass andere Verkehrsteilnehmer ihr Verhalten daran ausrichten können.

(4) [1] Wer ein Elektrokleinstfahrzeug auf Radverkehrsflächen führt, muss auf den Radverkehr Rücksicht nehmen und erforderlichenfalls die Geschwindigkeit an den Radverkehr anpassen. [2] Wer ein Elektrokleinstfahrzeug führt, muss schnellerem Radverkehr das Überholen ohne Behinderung ermöglichen. [3] Auf gemeinsamen Geh- und Radwegen (Zeichen 240 der Anlage 2 zur Straßenverkehrs-Ordnung[1)]) haben Fußgänger Vorrang und dürfen weder behindert noch gefährdet werden. [4] Erforderlichenfalls muss die Geschwindigkeit an den Fußgängerverkehr angepasst werden.

(5) Für das Abstellen von Elektrokleinstfahrzeugen gelten die für Fahrräder geltenden Parkvorschriften entsprechend.

§ 12 Besonderheiten bei angeordneten Verkehrsverboten nach der Straßenverkehrs-Ordnung. (1) Ist ein Verbot für Fahrzeuge aller Art (Zeichen 250 der Anlage 2 zur Straßenverkehrs-Ordnung[1)]) angeordnet, so dürfen Elektrokleinstfahrzeuge dort geschoben werden.

[1)] Nr. **100**.

(2) Ist ein Verbot für Kraftwagen (Zeichen 251 der Anlage 2 zur Straßenverkehrs-Ordnung[1)]), ein Verbot für Krafträder (Zeichen 255 der Anlage 2 zur Straßenverkehrs-Ordnung), ein Verbot für Kraftfahrzeuge (Zeichen 260 der Anlage 2 zur Straßenverkehrs-Ordnung) oder ein Verbot der Einfahrt (Zeichen 267 der Anlage 2 zur Straßenverkehrs-Ordnung) angeordnet, so dürfen Elektrokleinstfahrzeuge dort nur fahren oder einfahren, wenn dies durch das Zusatzzeichen „Elektrokleinstfahrzeuge frei" erlaubt ist.

(3) Ist ein Verbot für den Radverkehr (Zeichen 254 der Anlage 2 zur Straßenverkehrs-Ordnung) angeordnet, so gilt dies auch für Elektrokleinstfahrzeuge.

§ 13 Lichtzeichen. [1] Elektrokleinstfahrzeuge unterfallen der Lichtzeichenregelung des § 37 Absatz 2 Nummer 5 und 6 der Straßenverkehrs-Ordnung[1)]. [2] Dabei kommt das Sinnbild „Radverkehr" zur Anwendung.

§ 14 Ordnungswidrigkeiten. Ordnungswidrig im Sinne des § 24 Absatz 1 Satz 1 des Straßenverkehrsgesetzes[2)] handelt, wer vorsätzlich oder fahrlässig
1. entgegen § 2 Absatz 1 Satz 1 oder Absatz 3 Satz 2 ein Elektrokleinstfahrzeug in Betrieb setzt,
2. entgegen § 2 Absatz 1 Satz 2 eine dort genannte Bestätigung oder Bescheinigung nicht oder nicht rechtzeitig aushändigt,
3. entgegen § 2 Absatz 4 die Inbetriebnahme anordnet oder zulässt,
4. entgegen § 8 eine Person befördert oder einen Anhänger betreibt,
5. entgegen § 10 Absatz 1 Satz 1 oder Absatz 2 Satz 1 eine andere Verkehrsfläche befährt,
6. entgegen § 11 Absatz 1 nicht richtig fährt, sich an ein fahrendes Fahrzeug anhängt oder freihändig fährt,
7. entgegen § 11 Absatz 3 eine Richtungsänderung nicht ankündigt,
8. entgegen § 11 Absatz 4 Satz 2 schnellerem Radverkehr das Überholen nicht ermöglicht oder
9. entgegen § 11 Absatz 4 Satz 3 einen Fußgänger behindert oder gefährdet.

§ 15 Übergangsbestimmungen. (1) [1] Genehmigungen, die bis zum Außerkrafttreten der Mobilitätshilfenverordnung vom 16. Juli 2009 (BGBl. I S. 2097) erteilt wurden, bleiben gültig. [2] Genehmigungen auf Basis der außer Kraft gesetzten Mobilitätshilfenverordnung dürfen nicht geändert werden.

(2) Für Elektrokleinstfahrzeuge, für die eine gültige Genehmigung durch eine Straßenverkehrsbehörde auf Grundlage anderer Vorschriften erteilt wurde und die den Anforderungen dieser Verordnung entsprechen, sind die Vorschriften dieser Verordnung nach ihrem Inkrafttreten maßgeblich.

(3) Versicherungskennzeichen, die auf Grundlage der Mobilitätshilfenverordnung vom 16. Juli 2009 (BGBl. I S. 2097) erteilt wurden, bleiben für das jeweilige Verkehrsjahr gültig.

[1)] Nr. **100**.
[2)] Nr. **10**.

(4) [1] Das Bundesministerium für Verkehr und digitale Infrastruktur überprüft die vorliegende Verordnung hinsichtlich ihrer Wirksamkeit, Zielsetzung und Auswirkungen auf die Verkehrssicherheit, basierend insbesondere auf den Ergebnissen einer wissenschaftlichen Begleitung. [2] Auf der Grundlage dieser Evaluierung wird das Bundesministerium für Verkehr und digitale Infrastruktur gegebenenfalls bis zum 1. September 2023 einen Vorschlag für die Änderung dieser Verordnung vorlegen.

Anlage
(zu § 7 Nummer 1)

Prüfanforderungen und Anforderungen an die Fahrdynamik

1. Allgemeine Prüfbedingungen

1.1 Die Prüfungen sind auf einer Fahrbahn mit ebener, trockener und griffiger Beton- oder Asphaltoberfläche durchzuführen. In Längsrichtung darf die Prüfstrecke keine größere Steigung als 1 % und keine größere Schrägneigung als 3 % aufweisen.

1.2 Die Umgebungstemperatur muss zwischen 0 °C und 45 °C liegen.

1.3 Die Prüfungen dürfen nur stattfinden, wenn die Ergebnisse nicht vom Wind beeinflusst werden.

1.4 Bei den Prüfungen muss der Akkuladestand des Fahrzeugs mindestens 75 % betragen.

1.5 Bei Luftreifen ist vor den Prüfungen der vom Hersteller für den normalen Betrieb vorgesehene Fülldruck einzustellen.

1.6 Die Masse des Fahrzeugs muss der Masse in fahrbereitem Zustand entsprechen.

1.7 Bei den Prüfungen ist ein Fahrer mit einer Masse von 70 kg bis 100 kg vorzusehen.

2. Prüfverfahren

2.1 Bauartbedingte Höchstgeschwindigkeit

2.1.1 Zur Ermittlung der bauartbedingten Höchstgeschwindigkeit muss das zu prüfende Fahrzeug über eine Strecke von mindestens 50 m mit maximaler Antriebsleistung gefahren werden. Dabei ist die gefahrene Höchstgeschwindigkeit zu ermitteln. Die Prüfung ist im Anschluss in die entgegengesetzte Richtung der Strecke zu wiederholen.

2.1.2 Die Höchstgeschwindigkeit des Fahrzeugs wird in km/h durch eine ganze Zahl ausgedrückt, die dem arithmetischen Mittel der bei zwei aufeinanderfolgenden Prüfungen in jeweils beiden Fahrtrichtungen ermittelten Geschwindigkeitswerte, die nicht mehr als 10 % voneinander abweichen dürfen, am nächsten kommt. Liegt das arithmetische Mittel genau in der Mitte zwischen zwei ganzen Zahlen, so wird aufgerundet.

2.1.3 Die bei den Prüfungen ermittelte Höchstgeschwindigkeit darf von der angegebenen bauartbedingten Höchstgeschwindigkeit nicht mehr als 10 % abweichen.

2.1.4 Wenn das Elektrokleinstfahrzeug über einen eigenen Geschwindigkeitsmesser mit Anzeige verfügt, so kann dieser hierbei auf seine Genauigkeit der Anzeige überprüft werden. Wenn er eine Genauigkeit von maximal 10 % Toleranz nach oben und 0 % nach unten aufweist, kann dieser fahrzeugeigene Geschwindigkeitsmesser für alle weiteren Fahrtests verwendet werden, bei denen die Fahrzeuggeschwindigkeit relevant ist.

2.2 Verzögerung

2.2.1 Das Fahrzeug wird auf der Prüfstrecke mit der bauartbedingten Höchstgeschwindigkeit geradeaus gefahren. An einem festgelegten Punkt wird mit allen Verzögerungseinrichtungen gleichzeitig schnellstmöglich bis zum Stillstand maximal verzögert, solange dies ohne Sturzgefährdung (z.B. durch ein blockierendes Vorderrad bei Einspurfahrzeugen) möglich ist. Bei Sturzgefährdung muss die aufgebrachte Bremskraft entsprechend reduziert werden, damit das Fahrzeug während des Bremsvorgangs sturzfrei beherrschbar bleibt.

2.2.2 Der benötigte Anhalteweg wird auf zwei Nachkommastellen in Metern gemessen.

2.2.3 Die Messung ist in mindestens fünf aufeinanderfolgenden Prüfungen zu wiederholen.

2.2.4 Mit der nachfolgenden Formel wird die erreichte Durchschnittsverzögerung berechnet. Die Verzögerung des Fahrzeugs wird in m/s² durch eine Dezimalzahl mit einer Nachkommastelle ausgedrückt.

$$a = \frac{v^2}{2s}$$

a = Durchschnittsverzögerung [m/s²]
v = Ausgangsgeschwindigkeit [m/s]
s = Anhalteweg [m]

Der Wert für die jeweilige Verzögerung wird auf die erste Stelle nach dem Komma gerundet.

2.2.5 Zur Überprüfung der Mindestverzögerung bei Ausfall einer Bremseinrichtung wird:

a) bei unabhängig voneinander bedienbaren Bremsen der obige Fahrversuch wiederholt, jedoch mit dem Unterschied, dass jeweils nur eine Bremse jeweils in mindestens drei aufeinanderfolgenden Prüfungen betätigt wird;

b) bei kombinierten Bremseinrichtungen je eine der Bremsen geeignet außer Funktion gesetzt und der obige Fahrversuch wiederholt.

2.3 **Fahrdynamik**

2.3.1 Ergänzend zu Nummer 1.1 muss die Fahrbahn für die Fahrdynamikprüfungen jeweils die in den nachfolgenden Prüfungen beschriebenen Fahrbahnelemente aufweisen.

2.3.2 In den Prüfungen sind die Fahrbahnelemente jeweils mit der bauartbedingten Höchstgeschwindigkeit und mit einer Geschwindigkeit von 8 ± 2 km/h zu befahren. Zusätzlich sind die Fahrbahnelemente bei den Prüfungen 1 und 2 (je nur an den Auffahrstufen) und 4 (mit direktem Kontakt des in Fahrtrichtung vorderen Rades an die Auffahrstufe/ Bordsteinkante) jeweils aus dem Stillstand anzufahren.

2.3.3 Das Fahrzeug muss bei jeder Prüfung das jeweilige Fahrbahnelement vollständig überfahren und dabei jederzeit für den Fahrenden beherrschbar bleiben. Die vom Fahrenden gewünschte Fahrtrichtung muss beibehalten werden, wobei eine maximale Abweichung zwischen der Soll- und der Ist-Trajektorie von 20 Grad zulässig ist. Selbstbalancierende Fahrzeuge müssen während den Prüfungen die Balance einhalten und dürfen insbesondere nicht plötzlich die Selbstbalancefunktion deaktivieren.

2.3.4 **Prüfung 1 (Vertiefung)**

2.3.4.1 Aufbau des Fahrbahnelements:

Eine Vertiefung zur Fahrebene mit den Maßen von mindestens 100 cm x 100 cm x 5 cm (L x B x H) mit senkrechten Wänden und einer Ausfahrrampe im Winkel von 45 Grad.

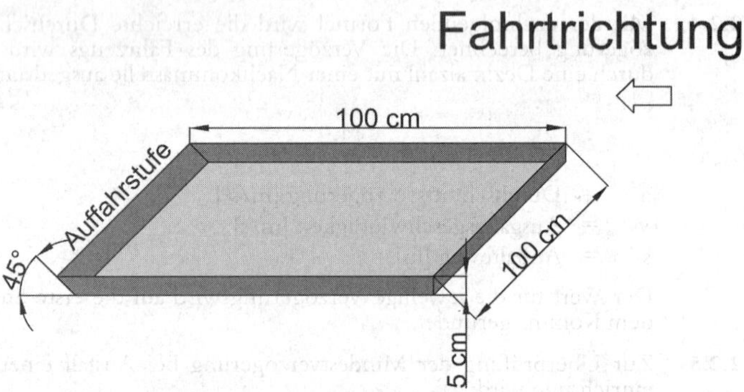

Bild 1: Vertiefung (rechts) mit Ausfahrrampe (links)

2.3.4.2 Mit dem zu prüfenden Fahrzeug ist die Vertiefung gerade über die Kante in Richtung Rampe parallel zur eingezeichneten Fahrtrichtung zu durchfahren. Bei einem mehrspurigen zu prüfenden Fahrzeug ist die Versuchsfahrt zusätzlich mit nur einer Spur durch die Vertiefung zu wiederholen.

2.3.5 Prüfung 2 (Ab- und Auffahrstufe)

2.3.5.1 Aufbau des Fahrbahnelements:

Eine Ab- und Auffahrstufe mit 2 cm Höhendifferenz zur Fahrebene (Größe 100 cm x 100 cm).

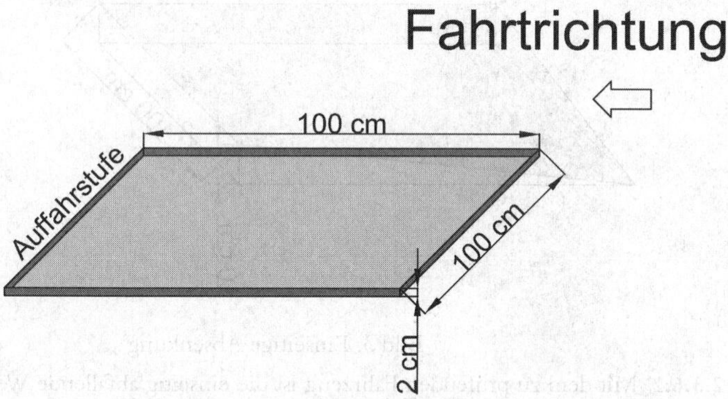

Bild 2: Ab- und Auffahrstufe (von rechts nach links)

2.3.5.2 Mit dem zu prüfenden Fahrzeug ist die Vertiefung gerade über die Kante in Richtung Auffahrstufe parallel zur eingezeichneten Fahrtrichtung zu durchfahren. Bei einem mehrspurigen zu prüfenden Fahrzeug ist die Versuchsfahrt zusätzlich mit nur einer Spur durch die Vertiefung zu wiederholen.

2.3.6 Prüfung 3 (Einseitige Absenkung)

2.3.6.1 Aufbau des Fahrbahnelements:

Eine Wegstrecke, auf der die Fahrebene in Fahrtrichtung linksseitig auf einer Länge von 100 cm um 10 cm abfällt bzw. rechtsseitig ansteigt (einseitige Absenkung bzw. Auffahrt).

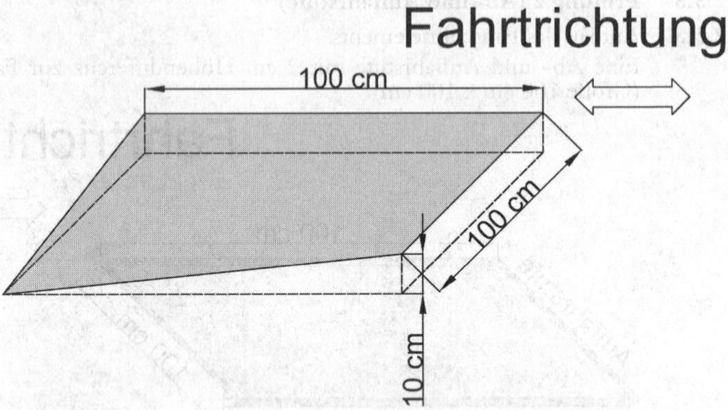

Bild 3: Einseitige Absenkung

2.3.6.2 Mit dem zu prüfenden Fahrzeug ist die einseitig abfallende Wegstrecke ab- und aufwärts parallel zur eingezeichneten Fahrtrichtung zu befahren. Das Kantenprofil des Fahrbahnelements mit einer Höhe von 10 cm muss dabei nicht überfahren werden.

2.3.7 Prüfung 4 (Bordsteinprofil)

2.3.7.1 Aufbau des Fahrbahnelements:

Eine Bordsteinkante mit Profil wie in Bild 4 dargestellt und einem Höhenunterschied zwischen Fahrbahnniveau und Bordsteinoberkante von 3 cm.

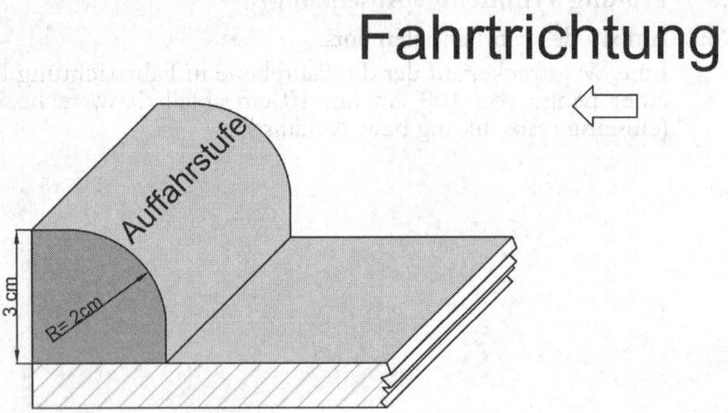

Bild 4: Bordsteinprofil

2.3.7.2 Mit dem zu prüfenden Fahrzeug ist die Bordsteinkante aufwärts unter einem Winkel von 90 Grad und unter einem Winkel von 45 Grad zu überfahren.

2.4 Antriebsdeaktivierung

2.4.1 Das Fahrzeug wird auf der Prüfstrecke mit Schrittgeschwindigkeit gefahren. Die fahrende Person steigt bei dieser Geschwindigkeit gezielt vom Fahrzeug ab und nimmt die Hände von der Lenk- oder Haltestange.

2.4.2 Es muss erkennbar sein, dass der Fahrzeugantrieb innerhalb von 1,0 s nach dem Absteigen automatisch deaktiviert wird und das Fahrzeug nicht motorisch betrieben weiter- oder losrollt.

2.4.3 Bei selbstbalancierenden Fahrzeugen wird zusätzlich folgender Test durchgeführt:

2.4.3.1 Der Prüfer steht neben dem Fahrzeug und schaltet das Fahrzeug in den fahrbereiten Zustand. Dann nimmt der Prüfer die Hände vom Fahrzeug und lässt es los.

2.4.3.2 Der Fahrzeugantrieb darf nicht aktiviert werden und das Fahrzeug darf nicht losfahren.

250. Verordnung über die Zulassung von Fahrzeugen zum Straßenverkehr (Fahrzeug-Zulassungsverordnung – FZV)[1)]

Vom 3. Februar 2011

(BGBl. I S. 139)

FNA 9232-14

geänd. durch Art. 1 Erste ÄndVO v. 4.4.2011 (BGBl. I S. 549), Art. 15 G zur Durchführung der VO (EG) Nr. 4/2009 und zur Neuordnung bestehender Aus- und Durchführungsbestimmungen auf dem Gebiet des internationalen Unterhaltsverfahrensrechts v. 23.5.2011 (BGBl. I S. 898), Art. 17 G zur Durchführung der VO (EG) Nr. 4/2009 und zur Neuordnung bestehender Aus- und Durchführungsbestimmungen auf dem Gebiet des internationalen Unterhaltsverfahrensrechts v. 23.5.2011 (BGBl. I S. 898), Art. 5 Mautrecht-NeuregelungsG v. 12.7.2011 (BGBl. I S. 1378), Art. 2 Abs. 119 G zur Änd. von Vorschriften über Verkündung und Bekanntmachungen sowie der ZPO, des EGZPO und der AO v. 22.12.2011 (BGBl. I S. 3044), Art. 1 VO zur Änd. der Fahrzeug-Zulassungsverordnung, anderer straßenverkehrsrechtlicher Vorschriften und der Kraftfahrzeug-Pflichtversicherungsverordnung v. 13.1.2012 (BGBl. I S. 103), Art. 3 47. VO zur Änd. straßenverkehrsrechtl. Vorschriften v. 10.5.2012 (BGBl. I S. 1086), Art. 1 Erste VO zur Änd. der Fahrzeug-ZulassungsVO und and. straßenverkehrsrechtl. Vorschriften v. 19.10.2012 (BGBl. I S. 2232), Art. 2 Abs. 15 G zur Fortentwicklung des Meldewesens v. 3.5.2013 (BGBl. I S. 1084, geänd. durch G v. 20.11.2014, BGBl. I S. 1738), Art. 2a VO zur Änd. fahrpersonalrechtlicher, güterkraftverkehrsrechtlicher und zulassungsrechtlicher Vorschriften v. 22.5.2013 (BGBl. I S. 1395), Art. 1 Zweite ÄndVO v. 25.6.2013 (BGBl. I S. 1849), Art. 25 G zur Förderung der elektronischen Verwaltung sowie zur Änd. weiterer Vorschriften v. 25.7.2013 (BGBl. I S. 2749), Art. 1 Erste VO zur Änd. der Fahrzeug-Zulassungsverordnung und der Gebührenordnung für Maßnahmen im Straßenverkehr v. 8.10.2013 (BGBl. I S. 3772, geänd. durch G v. 30.10.2014, BGBl. I S. 1666), Art. 1 Zweite VO zur Änd. der Fahrzeug-ZulassungsVO und anderer straßenverkehrsrechtlicher Vorschriften v. 30.10.2014 (BGBl. I S. 1666), Art. 1 50. VO zur Änd. straßenverkehrsrechtlicher Vorschriften v. 15.9.2015 (BGBl. I S. 1573), Art. 9 Abs. 18 G zur Neuorganisation der Zollverwaltung v. 3.12.2015 (BGBl. I S. 2178), Art. 16 WSV-ZuständigkeitsanpassungsVO v. 2.6.2016 (BGBl. I S. 1257), Art. 21 Abs. 5 G zur Modernisierung des Besteuerungsverfahrens v. 18.7.2016 (BGBl. I S. 1679), Art. 1, Art. 2 Dritte VO zur Änd. der Fahrzeug-ZulassungsVO und anderer straßenverkehrsrechtlicher Vorschriften v. 23.3.2017 (BGBl. I S. 522), Art. 1 Zweite VO zur Änd. der Fahrzeug-ZulassungsVO und der GebührenO für Maßnahmen im Straßenverkehr v. 31.7.2017 (BGBl. I S. 3090), Art. 1, Art. 2 Vierte VO zur Änd. der Fahrzeug-ZulassungsVO und anderer straßenverkehrsrechtlicher Vorschriften v. 22.3.2019 (BGBl. I S. 382), Art. 3 VO über die Teilnahme von Elektrokleinstfahrzeugen am Straßenverkehr und zur Änd. weiterer straßenverkehrsrechtlicher Vorschriften v. 6.6.2019 (BGBl. I S. 756), Art. 5 Abs. 9 G zur Einführung einer Karte für Unionsbürger und Angehörige des Europäischen Wirtschaftsraums mit Funktion zum elektronischen Identitätsnachweis sowie zur Änd. des PersonalausweisG und weiterer Vorschriften[2)] v. 21.6.2019 (BGBl. I S. 846), Art. 7a VO zur Änd. fahrlehrerrechtl. und anderer straßenverkehrsrechtl. VOen v. 2.10.2019 (BGBl. I S. 1416) und Art. 4 Achtes G zur Änd. des BundesfernstraßenG und zur Änd. weiterer Vorschriften v. 29.6.2020 (BGBl. I S. 1528)

Das Bundesministerium für Verkehr, Bau und Stadtentwicklung verordnet auf Grund des

– § 6 Absatz 1 Nummer 2 Buchstabe a bis d, f, j bis l, p und s bis v, Nummer 7 und Nummer 12 Buchstabe b und des § 47 des Straßenverkehrsgesetzes[3)] in der Fassung der Bekanntmachung vom 5. März 2003 (BGBl. I S. 310, 919),

---

[1)] **Amtl. Anm.:** Diese Verordnung dient der Umsetzung der Richtlinie 1999/37/EG des Rates vom 29. April 1999 über Zulassungsdokumente für Fahrzeuge (ABl. L 138 vom 1.6.1999, S. 57), die durch die Richtlinie 2003/127/EG (ABl. L 10 vom 16.1.2004, S. 29) geändert worden ist.

[2)] Die Änd. des Inkrafttretens dieses G durch Art. 154a G v. 20.11.2019 (BGBl. I S. 1626) ist unbeachtlich, da das G bei Erlass des ÄndG bereits in Kraft getreten war.

[3)] Nr. **10**.

von denen § 6 Absatz 1 Nummer 2 Buchstabe b und p durch Artikel 1 Nummer 2 Buchstabe a des Gesetzes vom 3. Mai 2005 (BGBl. I S. 1221) und § 47 zuletzt durch Artikel 2 Nummer 2 des Gesetzes vom 14. August 2006 (BGBl. I S. 1958) geändert worden sind,

– § 6 Absatz 1 Nummer 5c in Verbindung mit Absatz 2a des Straßenverkehrsgesetzes[1] in der Fassung der Bekanntmachung vom 5. März 2003 (BGBl. I S. 310, 919), von denen § 6 Absatz 2a durch Artikel 2 Nummer 4 des Gesetzes vom 14. August 2006 (BGBl. I S. 1958) geändert worden ist, gemeinsam mit dem Bundesministerium für Umwelt, Naturschutz und Reaktorsicherheit,

– § 6 Absatz 1 Nummer 8 bis 11 in Verbindung mit Absatz 2 des Straßenverkehrsgesetzes[1] in der Fassung der Bekanntmachung vom 5. März 2003 (BGBl. I S. 310, 919), von denen § 6 Absatz 2 durch Artikel 2 Nummer 4 des Gesetzes vom 14. August 2006 (BGBl. I S. 1958) geändert worden ist, gemeinsam mit dem Bundesministerium des Innern und

– § 7 des Pflichtversicherungsgesetzes[2] vom 5. April 1965 (BGBl. I S. 213), der zuletzt durch Artikel 1 Nummer 5 des Gesetzes vom 10. Dezember 2007 (BGBl. I S. 2833) geändert worden ist, im Einvernehmen mit dem Bundesministerium der Justiz und dem Bundesministerium für Wirtschaft und Technologie:

Inhaltsübersicht[3]

Abschnitt 1. Allgemeine Regelungen

Abschnitt 2. Zulassungsverfahren

---

[1] Nr. **10**.

[2] Nr. **600**.

[3] Inhaltsübersicht geänd. mWv 1.11.2012 durch VO v. 19.10.2012 (BGBl. I S. 2232); nichtamtl. angepasst an Änd. mWv 30.6.2013 durch VO v. 25.6.2013 (BGBl. I S. 1849); geänd. mWv 1.11.2013 und mWv 1.1.2015 durch VO v. 8.10.2013 (BGBl. I S. 3772); geänd. mWv 1.4.2015 durch VO v. 30.10.2014 (BGBl. I S. 1666); geänd. mWv 26.9.2015 durch VO v. 15.9.2015 (BGBl. I S. 1573); geänd. mWv 4.6.2016 durch VO v. 2.6.2016 (BGBl. I S. 1257); geänd. und nichtamtl. angepasst an Änd. mWv 1.10.2017 durch VO v. 23.3.2017 (BGBl. I S. 522); geänd. mWv 1.1.2018 durch VO v. 31.7.2017 (BGBl. I S. 3090); geänd. mWv 1.10.2019 durch VO v. 22.3.2019 (BGBl. I S. 382); geänd. mWv 15.6.2019 durch VO v. 6.6.2019 (BGBl. I S. 756).

Abschnitt 1. Allgemeine Regelungen

§ 1 Anwendungsbereich. Diese Verordnung ist anzuwenden auf die Zulassung von Kraftfahrzeugen mit einer bauartbedingten Höchstgeschwindigkeit von mehr als 6 km/h und die Zulassung ihrer Anhänger.

§ 2[1)] Begriffsbestimmungen. Im Sinne dieser Verordnung ist oder sind

1. Kraftfahrzeuge: nicht dauerhaft spurgeführte Landfahrzeuge, die durch Maschinenkraft bewegt werden;
2. Anhänger: zum Anhängen an ein Kraftfahrzeug bestimmte und geeignete Fahrzeuge;
3. Fahrzeuge: Kraftfahrzeuge und ihre Anhänger;

[1)] § 2 Nr. 4 Buchst. b und c neu gef. mWv 1.4.2015 durch VO v. 30.10.2014 (BGBl. I S. 1666); Nr. 25 neu gef. mWv 1.10.2017 durch VO v. 23.3.2017 (BGBl. I S. 522); Nr. 17 geänd. mWv 1.1. 2018 durch VO v. 31.7.2017 (BGBl. I S. 3090).

4. EG-Typgenehmigung: die von einem Mitgliedstaat der Europäischen Union in Anwendung
   a) der Richtlinie 2007/46/EG des Europäischen Parlaments und des Rates vom 5. September 2007 zur Schaffung eines Rahmens für die Genehmigung von Kraftfahrzeugen und Kraftfahrzeuganhängern sowie von Systemen, Bauteilen und selbständigen technischen Einheiten für diese Fahrzeuge (ABl. L 263 vom 9.10.2007, S. 1) in der jeweils geltenden Fassung,
   b) der Richtlinie 2002/24/EG des Europäischen Parlaments und des Rates vom 18. März 2002 über die Typgenehmigung für zweirädrige oder dreirädrige Kraftfahrzeuge und zur Aufhebung der Richtlinie 92/61/EWG des Rates (ABl. L 124 vom 9.5.2002, S. 1) in der jeweils geltenden Fassung oder der Verordnung (EU) Nr. 168/2013 des Europäischen Parlaments und des Rates vom 5. Februar 2013 über die Genehmigung und Marktüberwachung von zwei- oder dreirädrigen und vierrädrigen

(Fortsetzung nächstes Blatt)

Fahrzeugen (ABl. L 60 vom 2.3.2013, S. 52) in der jeweils geltenden Fassung und

c) der Richtlinie 2003/37/EG des Europäischen Parlaments und des Rates vom 26. Mai 2003 über die Typgenehmigung für land- oder forstwirtschaftliche Zugmaschinen, ihre Anhänger und die von ihnen gezogenen auswechselbaren Maschinen sowie für Systeme, Bauteile und selbständige technische Einheiten dieser Fahrzeuge und zur Aufhebung der Richtlinie 74/150/EWG (ABl. L 171 vom 9.7.2003, S. 1) in der jeweils geltenden Fassung oder der Verordnung (EU) Nr. 167/2013 des Europäischen Parlaments und des Rates vom 5. Februar 2013 über die Genehmigung und Marktüberwachung von land- und forstwirtschaftlichen Fahrzeugen (ABl. L 60 vom 2.3.2013, S. 1) in der jeweils geltenden Fassung

erteilte Bestätigung, dass der zur Prüfung vorgestellte Typ eines Fahrzeugs, eines Systems, eines Bauteils oder einer selbstständigen technischen Einheit die einschlägigen Vorschriften und technischen Anforderungen erfüllt;

5. nationale Typgenehmigung: die behördliche Bestätigung, dass der zur Prüfung vorgestellte Typ eines Fahrzeugs, eines Systems, eines Bauteils oder einer selbstständigen technischen Einheit den geltenden Bauvorschriften entspricht; sie ist eine Betriebserlaubnis im Sinne des Straßenverkehrsgesetzes[1] und eine Allgemeine Betriebserlaubnis im Sinne der Straßenverkehrs-Zulassungs-Ordnung[2];
6. Einzelgenehmigung: die behördliche Bestätigung, dass das betreffende Fahrzeug, System, Bauteil oder die selbstständige technische Einheit den geltenden Bauvorschriften entspricht; sie ist eine Betriebserlaubnis im Sinne des Straßenverkehrsgesetzes und eine Einzelbetriebserlaubnis im Sinne der Straßenverkehrs-Zulassungs-Ordnung;
7. Übereinstimmungsbescheinigung: die vom Hersteller ausgestellte Bescheinigung, dass ein Fahrzeug, ein System, ein Bauteil oder eine selbstständige technische Einheit zum Zeitpunkt seiner/ihrer Herstellung einem nach der jeweiligen EG-Typgenehmigungsrichtlinie genehmigten Typ entspricht;
8. Datenbestätigung: die vom Inhaber einer nationalen Typgenehmigung für Fahrzeuge ausgestellte Bescheinigung, dass das Fahrzeug zum Zeitpunkt seiner Herstellung dem genehmigten Typ und den ausgewiesenen Angaben über die Beschaffenheit entspricht;
9. Krafträder: zweirädrige Kraftfahrzeuge mit oder ohne Beiwagen, mit einem Hubraum von mehr als 50 cm^3 im Falle von Verbrennungsmotoren, und/oder mit einer bauartbedingten Höchstgeschwindigkeit von mehr als 45 km/h;
10. Leichtkrafträder: Krafträder mit einer Nennleistung von nicht mehr als 11 kW und im Falle von Verbrennungsmotoren mit einem Hubraum von mehr als 50 cm^3, aber nicht mehr als 125 cm^3;
11. Kleinkrafträder: zweirädrige Kraftfahrzeuge oder dreirädrige Kraftfahrzeuge mit einer bauartbedingten Höchstgeschwindigkeit von nicht mehr als 45 km/h und folgenden Eigenschaften:

---

[1] Nr. **10**.
[2] Nr. **200**.

a) zweirädrige Kleinkrafträder:
mit Verbrennungsmotor, dessen Hubraum nicht mehr als 50 cm^3 beträgt, oder mit Elektromotor, dessen maximale Nenndauerleistung nicht mehr als 4 kW beträgt;

b) dreirädrige Kleinkrafträder:
mit Fremdzündungsmotor, dessen Hubraum nicht mehr als 50 cm^3 beträgt, mit einem anderen Verbrennungsmotor, dessen maximale Nutzleistung nicht mehr als 4 kW beträgt, oder mit einem Elektromotor, dessen maximale Nenndauerleistung nicht mehr als 4 kW beträgt;

12. vierrädrige Leichtkraftfahrzeuge: vierrädrige Kraftfahrzeuge mit einer Leermasse von nicht mehr als 350 kg, ohne Masse der Batterien bei Elektrofahrzeugen, mit einer bauartbedingten Höchstgeschwindigkeit von nicht mehr als 45 km/h, mit Fremdzündungsmotor, dessen Hubraum nicht mehr als 50 cm^3 beträgt, oder mit einem anderen Verbrennungsmotor, dessen maximale Nennleistung nicht mehr als 4 kW beträgt, oder mit einem Elektromotor, dessen maximale Nennleistung nicht mehr als 4 kW beträgt;
13. motorisierte Krankenfahrstühle: einsitzige, nach der Bauart zum Gebrauch durch körperlich behinderte Personen bestimmte Kraftfahrzeuge mit Elektroantrieb, einer Leermasse von nicht mehr als 300 kg einschließlich Batterien jedoch ohne Fahrer, einer zulässigen Gesamtmasse von nicht mehr als 500 kg, einer bauartbedingten Höchstgeschwindigkeit von nicht mehr als 15 km/h und einer Breite über alles von maximal 110 cm;
14. Zugmaschinen: Kraftfahrzeuge, die nach ihrer Bauart überwiegend zum Ziehen von Anhängern bestimmt und geeignet sind;
15. Sattelzugmaschinen: Zugmaschinen für Sattelanhänger;
16. land- oder forstwirtschaftliche Zugmaschinen: Kraftfahrzeuge, deren Funktion im Wesentlichen in der Erzeugung einer Zugkraft besteht und die besonders zum Ziehen, Schieben, Tragen und zum Antrieb von auswechselbaren Geräten für land- oder forstwirtschaftliche Arbeiten oder zum Ziehen von Anhängern in land- oder forstwirtschaftlichen Betrieben bestimmt und geeignet sind, auch wenn sie zum Transport von Lasten im Zusammenhang mit land- oder forstwirtschaftlichen Arbeiten eingerichtet oder mit Beifahrersitzen ausgestattet sind;
17. selbstfahrende Arbeitsmaschinen: Kraftfahrzeuge, die nach ihrer Bauart und ihren besonderen, mit dem Fahrzeug fest verbundenen Einrichtungen zur Verrichtung von Arbeiten, jedoch nicht zur Beförderung von Personen oder Gütern bestimmt und geeignet sind; unter den Begriff fallen auch selbstfahrende Futtermischwagen mit einer bauartbedingten Höchstgeschwindigkeit von nicht mehr als 25 km/h;
18. Stapler: Kraftfahrzeuge, die nach ihrer Bauart für das Aufnehmen, Heben, Bewegen und Positionieren von Lasten bestimmt und geeignet sind;
19. Sattelanhänger: Anhänger, die mit einem Kraftfahrzeug so verbunden sind, dass sie teilweise auf diesem aufliegen und ein wesentlicher Teil ihres Gewichts oder ihrer Ladung von diesem getragen wird;
20. land- oder forstwirtschaftliche Arbeitsgeräte: Geräte zum Einsatz in der Land- und Forstwirtschaft, die dazu bestimmt sind, von einer Zugmaschine gezogen zu werden und die die Funktion der Zugmaschine verändern oder erweitern; sie können auch mit einer Ladeplattform ausgestattet sein, die

für die Aufnahme der zur Ausführung der Arbeiten erforderlichen Geräte und Vorrichtungen oder die für die zeitweilige Lagerung der bei der Arbeit erzeugten und benötigten Materialien konstruiert und gebaut ist; unter den Begriff fallen auch Fahrzeuge, die dazu bestimmt sind von einer Zugmaschine gezogen zu werden und dauerhaft mit einem Gerät ausgerüstet oder für die Bearbeitung von Materialien ausgelegt sind, wenn das Verhältnis zwischen der technisch zulässigen Gesamtmasse und der Leermasse dieses Fahrzeugs weniger als 3,0 beträgt;

21. Sitzkarren: einachsige Anhänger, die nach ihrer Bauart nur bestimmt und geeignet sind, einer Person das Führen einer einachsigen Zug- oder Arbeitsmaschine von einem Sitz aus zu ermöglichen;
22. Oldtimer: Fahrzeuge, die vor mindestens 30 Jahren erstmals in Verkehr gekommen sind, weitestgehend dem Originalzustand entsprechen, in einem guten Erhaltungszustand sind und zur Pflege des kraftfahrzeugtechnischen Kulturgutes dienen;
23. Probefahrt: die Fahrt zur Feststellung und zum Nachweis der Gebrauchsfähigkeit des Fahrzeugs;
24. Prüfungsfahrt: die Fahrt zur Durchführung der Prüfung des Fahrzeugs durch einen amtlich anerkannten Sachverständigen oder Prüfer für den Kraftfahrzeugverkehr oder Prüfingenieur einer amtlich anerkannten Überwachungsorganisation einschließlich der Fahrt des Fahrzeugs zum Prüfungsort und zurück;
25. Überführungsfahrt: die Fahrt zur Überführung des Fahrzeugs an einen anderen Ort, auch zur Durchführung von Um- oder Aufbauten.

§ 3[1)] Notwendigkeit einer Zulassung. (1) [1] Fahrzeuge dürfen auf öffentlichen Straßen nur in Betrieb gesetzt werden, wenn sie zum Verkehr zugelassen sind. [2] Die Zulassung wird auf Antrag erteilt, wenn das Fahrzeug einem genehmigten Typ entspricht oder eine Einzelgenehmigung erteilt ist und eine dem Pflichtversicherungsgesetz[2)] entsprechende Kraftfahrzeug-Haftpflichtversicherung besteht. [3] Die Zulassung erfolgt durch Zuteilung eines Kennzeichens, Abstempelung der Kennzeichenschilder und Ausfertigung einer Zulassungsbescheinigung.

(2) [1] Ausgenommen von den Vorschriften über das Zulassungsverfahren sind

1. folgende Kraftfahrzeugarten:
   a) selbstfahrende Arbeitsmaschinen und Stapler,
   b) einachsige Zugmaschinen, wenn sie nur für land- oder forstwirtschaftliche Zwecke verwendet werden,
   c) Leichtkrafträder,
   d) zwei- oder dreirädrige Kleinkrafträder,
   e) motorisierte Krankenfahrstühle,
   f) vierrädrige Leichtkraftfahrzeuge,

[1)] § 3 Abs. 1 Satz 3 geänd. mWv 1.7.2012 durch VO v. 13.1.2012 (BGBl. I S. 103); Abs. 2 Satz 1 Nr. 1 Buchst. g geänd., Nr. 2 Buchst. e und g neu gef. mWv 1.11.2012 durch VO v. 19.10.2012 (BGBl. I S. 2232); Abs. 2 Satz 1 Nr. 1 Buchst. g neu gef. mWv 15.6.2019 durch VO v. 6.6.2019 (BGBl. I S. 756).

[2)] Nr. **600**.

g) Elektrokleinstfahrzeuge im Sinne des § 1 Absatz 1 der Elektrokleinstfahrzeuge-Verordnung[1] vom 6. Juni 2019 (BGBl. I S. 756) in der jeweils eltenden Fassung,

2. folgende Arten von Anhängern:

a) Anhänger in land- oder forstwirtschaftlichen Betrieben, wenn die Anhänger nur für land- oder forstwirtschaftliche Zwecke verwendet und mit einer Geschwindigkeit von nicht mehr als 25 km/h hinter Zugmaschinen oder selbstfahrenden Arbeitsmaschinen mitgeführt werden,

b) Wohnwagen und Packwagen im Schaustellergewerbe, die von Zugmaschinen mit einer Geschwindigkeit von nicht mehr als 25 km/h mitgeführt werden,

c) fahrbare Baubuden, die von Kraftfahrzeugen mit einer Geschwindigkeit von nicht mehr als 25 km/h mitgeführt werden,

d) Arbeitsmaschinen,

e) Spezialanhänger zur Beförderung von Sportgeräten, Tieren für Sportzwecke oder Rettungsbooten des Rettungsdienstes oder Katastrophenschutzes, wenn die Anhänger ausschließlich für solche Beförderungen verwendet werden,

f) einachsige Anhänger hinter Krafträdern, Kleinkrafträdern und motorisierten Krankenfahrstühlen,

g) Anhänger für den Einsatzzweck der Feuerwehren und des Katastrophenschutzes,

h) land- oder forstwirtschaftliche Arbeitsgeräte,

i) hinter land- oder forstwirtschaftlichen einachsigen Zug- oder Arbeitsmaschinen mitgeführte Sitzkarren.

[2] Anhänger im Sinne des Satzes 1 Nummer 2 Buchstabe a bis c sind nur dann von den Vorschriften über das Zulassungsverfahren ausgenommen, wenn sie für eine Höchstgeschwindigkeit von nicht mehr als 25 km/h in der durch § 58 der Straßenverkehrs-Zulassungs-Ordnung[2] vorgeschriebenen Weise gekennzeichnet sind.

(3) Auf Antrag können die nach Absatz 2 von den Vorschriften über das Zulassungsverfahren ausgenommenen Fahrzeuge zugelassen werden.

(4) Der Halter darf die Inbetriebnahme eines nach Absatz 1 zulassungspflichtigen Fahrzeugs nicht anordnen oder zulassen, wenn das Fahrzeug nicht zugelassen ist.

§ 4[3] Voraussetzungen für eine Inbetriebsetzung zulassungsfreier Fahrzeuge. (1) Die von den Vorschriften über das Zulassungsverfahren ausgenommenen Fahrzeuge nach § 3 Absatz 2 Satz 1 Nummer 1 Buchstabe a bis f und Nummer 2 Buchstabe a bis g und land- oder forstwirtschaftliche Arbeitsgeräte mit einer zulässigen Gesamtmasse von mehr als 3 t dürfen auf öffentlichen

---

[1] Nr. **225**.
[2] Nr. **200**.
[3] § 4 Abs. 4 Satz 2 geänd. mWv 8.4.2011 durch VO v. 4.4.2011 (BGBl. I S. 549); Abs. 1 Satz 1 und Abs. 5 Satz 1 geänd. mWv 15.6.2019 durch VO v. 6.6.2019 (BGBl. I S. 756).

Straßen nur in Betrieb gesetzt werden, wenn sie einem genehmigten Typ entsprechen oder eine Einzelgenehmigung erteilt ist.

(2) [1] Folgende Fahrzeuge nach Absatz 1 dürfen auf öffentlichen Straßen nur in Betrieb gesetzt werden, wenn sie zudem ein Kennzeichen nach § 8 führen:

1. Kraftfahrzeuge nach § 3 Absatz 2 Satz 1 Nummer 1 Buchstabe a und b mit einer bauartbedingten Höchstgeschwindigkeit von mehr als 20 km/h,
2. Kraftfahrzeuge nach § 3 Absatz 2 Satz 1 Nummer 1 Buchstabe c,
3. Anhänger nach § 3 Absatz 2 Satz 1 Nummer 2 Buchstabe d und e, die nicht für eine Höchstgeschwindigkeit von nicht mehr als 25 km/h in der durch § 58 der Straßenverkehrs-Zulassungs-Ordnung[1)] vorgeschriebenen Weise gekennzeichnet sind.

[2] Auf die Zuteilung des Kennzeichens finden die Bestimmungen über die Kennzeichenzuteilung im Zulassungsverfahren mit Ausnahme der Vorschriften über die Zulassungsbescheinigung Teil II entsprechend Anwendung.

(3) [1] Kraftfahrzeuge nach § 3 Absatz 2 Satz 1 Nummer 1 Buchstabe d bis f dürfen auf öffentlichen Straßen nur in Betrieb gesetzt werden, wenn sie zudem ein gültiges Versicherungskennzeichen nach § 26 führen. [2] Besteht keine Versicherungspflicht, müssen sie ein Kennzeichen nach § 8 führen. [3] Im Falle des Satzes 2 finden auf die Zuteilung des Kennzeichens die Bestimmungen über die Kennzeichenzuteilung im Zulassungsverfahren mit Ausnahme der Vorschriften über die Zulassungsbescheinigung Teil II entsprechend Anwendung.

(4) [1] Kraftfahrzeuge nach § 3 Absatz 2 Satz 1 Nummer 1 Buchstabe a und b mit einer bauartbedingten Höchstgeschwindigkeit von nicht mehr als 20 km/h muss der Halter zum Betrieb auf öffentlichen Straßen zudem mit seinem Vornamen, Namen und Wohnort oder der Bezeichnung seiner Firma und deren Sitz kennzeichnen; die Angaben sind dauerhaft und deutlich lesbar auf der linken Seite des Fahrzeugs anzubringen. [2] Motorisierte Krankenfahrstühle nach § 3 Absatz 2 Satz 1 Nummer 1 Buchstabe e müssen zum Betrieb auf öffentlichen Straßen zudem mit einer Kennzeichnungstafel nach der ECE-Regelung Nummer 69 über einheitliche Bedingungen für die Genehmigung von Tafeln zur hinteren Kennzeichnung von bauartbedingt langsam fahrenden Kraftfahrzeugen und ihrer Anhänger (VkBl. 2003 S. 229) gekennzeichnet sein, die an der Fahrzeugrückseite oben anzubringen ist.

(5) [1] Werden Fahrzeuge nach § 3 Absatz 2 Satz 1 Nummer 1 Buchstabe a bis f und Nummer 2, für die eine Zulassungsbescheinigung Teil I nicht ausgestellt wurde, auf öffentlichen Straßen geführt oder mitgeführt, ist die Übereinstimmungsbescheinigung, die Datenbestätigung oder die Bescheinigung über die Einzelgenehmigung mitzuführen und zuständigen Personen auf Verlangen zur Prüfung auszuhändigen. [2] Bei einachsigen Zugmaschinen nach § 3 Absatz 2 Satz 1 Nummer 1 Buchstabe b und Anhängern nach § 3 Absatz 2 Satz 1 Nummer 2 Buchstabe a, c, d, g und h genügt es, wenn im Falle des Satzes 1 die Übereinstimmungsbescheinigung, die Datenbestätigung oder die Bescheinigung über die Einzelgenehmigung nach Satz 1 aufbewahrt und zuständigen Personen auf Verlangen zur Prüfung ausgehändigt wird.

(6) Der Halter darf die Inbetriebnahme eines Fahrzeugs auf öffentlichen Straßen nicht anordnen oder zulassen, wenn das Fahrzeug

---

1) Nr. **200**.

1. einem genehmigten Typ nach Absatz 1 nicht entspricht oder eine Einzelgenehmigung nach Absatz 1 nicht erteilt ist oder
2. ein Kennzeichen nach Absatz 2 Satz 1, Absatz 3 Satz 2 oder ein Versicherungskennzeichen nach Absatz 3 Satz 1 nicht führt.

§ 5[1] Beschränkung und Untersagung des Betriebs von Fahrzeugen.

(1) Erweist sich ein Fahrzeug als nicht vorschriftsmäßig nach dieser Verordnung, der Straßenverkehrs-Zulassungs-Ordnung[2] oder der Elektrokleinstfahrzeuge-Verordnung[3], kann die nach Landesrecht zuständige Behörde (Zulassungsbehörde) dem Eigentümer oder Halter eine angemessene Frist zur Beseitigung der Mängel setzen oder den Betrieb des Fahrzeugs auf öffentlichen Straßen beschränken oder untersagen.

(2) [1] Ist der Betrieb eines Fahrzeugs, für das ein Kennzeichen zugeteilt ist, untersagt, hat der Eigentümer oder Halter das Fahrzeug unverzüglich nach Maßgabe des § 14 außer Betrieb setzen zu lassen oder der Zulassungsbehörde nachzuweisen, dass die Gründe für die Beschränkung oder Untersagung des Betriebs nicht oder nicht mehr vorliegen. [2] Der Halter darf die Inbetriebnahme eines Fahrzeugs nicht anordnen oder zulassen, wenn der Betrieb des Fahrzeugs nach Absatz 1 untersagt ist oder die Beschränkung nicht eingehalten werden kann.

(3) [1] Besteht Anlass zu der Annahme, dass ein Fahrzeug nicht vorschriftsmäßig nach dieser Verordnung, der Straßenverkehrs-Zulassungs-Ordnung oder der Elektrokleinstfahrzeuge-Verordnung ist, so kann die Zulassungsbehörde anordnen, dass

1. ein von ihr bestimmter Nachweis über die Vorschriftsmäßigkeit oder ein Gutachten eines amtlich anerkannten Sachverständigen, Prüfers für den Kraftfahrzeugverkehr oder Prüfingenieurs einer amtlich anerkannten Überwachungsorganisation nach Anlage VIIIb der Straßenverkehrs-Zulassungs-Ordnung vorgelegt oder
2. das Fahrzeug vorgeführt

wird. [2] Wenn nötig, kann die Zulassungsbehörde mehrere solcher Anordnungen treffen.

(Fortsetzung nächstes Blatt)

---

[1] § 5 Abs. 3 Nr. 1 geänd. mWv 8.4.2011 durch VO v. 4.4.2011 (BGBl. I S. 549); Abs. 1 geänd. mWv 1.1.2015 durch VO v. 8.10.2013 (BGBl. I S. 3772); Abs. 2 Satz 1 geänd. mWv 1.10.2017 durch VO v. 23.3.2017 (BGBl. I S. 522); Abs. 1 und 3 Satz 1 geänd. mWv 15.6.2019 durch VO v. 6.6.2019 (BGBl. I S. 756).

[2] Nr. **200**.

[3] Nr. **225**.

Abschnitt 2. Zulassungsverfahren

§ 6[1)] Antrag auf Zulassung. (1) [1] Die Zulassung eines Fahrzeugs ist bei der nach § 46 örtlich zuständigen Zulassungsbehörde zu beantragen. [2] Im Antrag sind zur Speicherung in den Fahrzeugregistern folgende Halterdaten nach § 33 Absatz 1 Satz 1 Nummer 2 des Straßenverkehrsgesetzes[2)] anzugeben und auf Verlangen nachzuweisen:

1. bei natürlichen Personen:
   Familienname, Geburtsname, Vornamen, vom Halter für die Zuteilung oder die Ausgabe des Kennzeichens angegebener Ordens- oder Künstlername, Datum und Ort der Geburt, Geschlecht und Anschrift des Halters;
2. bei juristischen Personen und Behörden:
   Name oder Bezeichnung und Anschrift;
3. bei Vereinigungen:
   benannter Vertreter mit den Angaben entsprechend Nummer 1 und gegebenenfalls Name der Vereinigung.

[3] Bei beruflich selbstständigen Haltern sind außerdem die Daten nach § 33 Absatz 2 des Straßenverkehrsgesetzes über Beruf oder Gewerbe anzugeben und auf Verlangen nachzuweisen.

(2) [1] Mit dem Antrag ist die Zulassungsbescheinigung Teil II vorzulegen. [2] Wenn diese noch nicht vorhanden ist, ist nach § 12 zu beantragen, dass diese ausgefertigt wird.

(3) [1] Bei erstmaliger Zulassung (Erstzulassung) ist der Nachweis, dass das Fahrzeug einem Typ entspricht, für den eine EG-Typgenehmigung vorliegt, durch Vorlage der Übereinstimmungsbescheinigung zu führen. [2] Der Nachweis nach Satz 1 gilt als geführt, wenn die Daten der Übereinstimmungsbescheinigung zu diesem Fahrzeug von der Zulassungsbehörde unter Angabe der Fahrzeug-Identifizierungsnummer aus

1. der Zentralen Datenbank der Übereinstimmungsbescheinigungen des Kraftfahrt-Bundesamtes oder,
2. soweit sie in der in Nummer 1 bezeichneten Datenbank nicht vorliegen, aus der Datenbank der Übereinstimmungsbescheinigungen eines anderen Mitgliedstaats der Europäischen Union

abgerufen worden sind. [3] Der Nachweis, dass das Fahrzeug einem Typ entspricht, für den eine nationale Typgenehmigung vorliegt, ist durch Vorlage der Zulassungsbescheinigung Teil II, in der eine Typ- sowie Varianten-/Versionsschlüsselnummer nach § 20 Absatz 3a Satz 6 der Straßenverkehrs-Zulassungs-Ordnung[3)] eingetragen ist, oder durch die nach § 20 Absatz 3a Satz 1 der Straßenverkehrs-Zulassungs-Ordnung vorgeschriebene Datenbestätigung zu

---

[1)] § 6 Abs. 1 Satz 2 Nr. 3 und Abs. 4 Nr. 4 Buchst. d geänd. und Nr. 5 angef. mWv 1.7.2012 durch VO v. 13.1.2012 (BGBl. I S. 103); Abs. 4 Nr. 1 aufgeh., bish. Nr. 2–5 werden Nr. 1–4 mWv 1.11. 2012 durch VO v. 19.10.2012 (BGBl. I S. 2232); Abs. 8 geänd. mWv 11.11.2014 durch VO v. 30.10. 2014 (BGBl. I S. 1666); Abs. 3 Satz 1 geänd., Satz 2 eingef., bish. Sätze 2–4 werden Sätze 3–5 mWv 1.10.2019 durch VO v. 22.3.2019 (BGBl. I S. 382); Abs. 3 Satz 2 neu gef. mWv 2.11.2019 durch VO v. 2.10.2019 (BGBl. I S. 1416).

[2)] Nr. **10**.

[3)] Nr. **200**.

führen. [4]Der Nachweis, dass für das Fahrzeug eine Einzelgenehmigung vorliegt, ist durch Vorlage der entsprechenden Bescheinigung zu führen. [5]Für Fahrzeuge, die von der Zulassungspflicht ausgenommen sind, ist die Übereinstimmungsbescheinigung oder die Datenbestätigung oder die Bescheinigung über die Einzelgenehmigung vorzulegen.

(4) Im Antrag sind zur Speicherung in den Fahrzeugregistern folgende Fahrzeugdaten anzugeben und auf Verlangen nachzuweisen:

1. die Verwendung des Fahrzeugs als Taxi, als Mietwagen, zur Vermietung an Selbstfahrer, im freigestellten Schülerverkehr, als Kraftomnibus oder Oberleitungsomnibus im Linienverkehr oder eine sonstige Verwendung, soweit sie nach § 13 Absatz 2 dieser Verordnung oder einer sonstigen auf § 6 des Straßenverkehrsgesetzes beruhenden Rechtsvorschrift der Zulassungsbehörde anzuzeigen oder in der Zulassungsbescheinigung Teil I einzutragen ist;
2. Name und Anschrift des Verfügungsberechtigten über die Zulassungsbescheinigung Teil II, sofern eine solche ausgefertigt worden ist;
3. folgende Daten zur Kraftfahrzeug-Haftpflichtversicherung:
   a) Name und Anschrift oder Schlüsselnummer des Versicherers,
   b) Nummer des Versicherungsscheins oder der Versicherungsbestätigung und
   c) Beginn des Versicherungsschutzes oder
   d) die Angabe, dass der Halter von der gesetzlichen Versicherungspflicht befreit ist;
4. Name und Anschrift des Empfangsbevollmächtigten im Sinne des § 46 Absatz 2 Satz 2 oder Name und Anschrift des gesetzlichen oder benannten Vertreters.

(5) In Fällen des innergemeinschaftlichen Erwerbs neuer Kraftfahrzeuge im Sinne des § 1b Absatz 2 und 3 des Umsatzsteuergesetzes sind die folgenden Angaben, soweit diese der Zulassungsbehörde nicht bereits vorliegen, zur Übermittlung an die zuständigen Finanzbehörden zu machen und auf Verlangen nachzuweisen:

1. Name und Anschrift des Antragstellers sowie das für ihn nach § 21 der Abgabenordnung zuständige Finanzamt,
2. Name und Anschrift des Lieferers,
3. Tag der ersten Inbetriebnahme,
4. Kilometerstand am Tag der Lieferung,
5. Fahrzeugart, Fahrzeughersteller (Marke), Fahrzeugtyp und Fahrzeug-Identifizierungssnummer und
6. Verwendungszweck.

(6) [1]Sofern das Fahrzeug aus einem Staat, der nicht Mitgliedstaat der Europäischen Union oder nicht anderer Vertragsstaat des Abkommens über den Europäischen Wirtschaftsraum ist, eingeführt oder aus dem Besitz der im Bundesgebiet stationierten ausländischen Streitkräfte, der im Bundesgebiet errichteten internationalen militärischen Hauptquartiere oder ihrer Mitglieder erworben wurde, ist mit dem Antrag der Verzollungsnachweis vorzulegen. [2]Wird dieser nicht vorgelegt, hat die Zulassungsbehörde das zuständige Hauptzollamt über die Zulassung zu unterrichten.

(7) Außerdem sind zur Speicherung in den Fahrzeugregistern folgende Fahrzeugdaten anzugeben und auf Verlangen nachzuweisen, sofern sie nicht in den mit dem Antrag vorzulegenden Dokumenten enthalten sind:

1. Fahrzeugklasse und Art des Aufbaus;
2. Marke, Typ, Variante, Version und Handelsbezeichnung des Fahrzeugs sowie, wenn für das Fahrzeug eine EG-Typgenehmigung oder eine nationale Typgenehmigung erteilt worden ist, die Nummer und das Datum der Erteilung der Genehmigung, soweit diese Angaben feststellbar sind;
3. Fahrzeug-Identifizierungsnummer;

(Fortsetzung nächstes Blatt)

4. bei Personenkraftwagen: die vom Hersteller auf dem Fahrzeug angebrachte Farbe;
5. Datum der Erstzulassung oder ersten Inbetriebnahme des Fahrzeugs;
6. bei Zuteilung eines neuen Kennzeichens nach Entstempelung oder Abhandenkommen des bisherigen Kennzeichens das bisherige Kennzeichen;
7. zur Beschaffenheit und Ausrüstung des Fahrzeugs:
   a) Kraftstoffart oder Energiequelle,
   b) Höchstgeschwindigkeit in km/h,
   c) Hubraum in cm^3,
   d) technisch zulässige Gesamtmasse in kg, Masse des in Betrieb befindlichen Fahrzeugs (Leermasse) in kg, Stützlast in kg, technisch zulässige Anhängelast – gebremst und ungebremst – in kg, technisch zulässige maximale Achslast/Masse je Achsgruppe in kg und bei Krafträdern das Leistungsgewicht in kW/kg,
   e) Zahl der Achsen und der Antriebsachsen,
   f) Zahl der Sitzplätze einschließlich Fahrersitz und der Stehplätze,
   g) Rauminhalt des Tanks bei Tankfahrzeugen in m^3,
   h) Nennleistung in kW und Nenndrehzahl in min^{-1},
   i) Abgaswert CO_2 in g/km,
   j) Länge, Breite und Höhe jeweils als Maße über alles in mm,
   k) eine Größenbezeichnung der Bereifung je Achse, die in der EG-Typgenehmigung, nationalen Typgenehmigung oder Einzelgenehmigung bezeichnet oder in dem zum Zwecke der Erteilung einer Einzelgenehmigung nach § 21 der Straßenverkehrs-Zulassungs-Ordnung erstellten Gutachten als vorschriftsmäßig bescheinigt wurde, und
   l) Standgeräusch in dB (A) mit Drehzahl bei min^{-1} und Fahrgeräusch in dB (A).

(8) Das Fahrzeug ist vor Erstellung der Zulassungsbescheinigung Teil II gemäß § 12 Absatz 1 Satz 3 und vor der Zulassung von der Zulassungsbehörde zu identifizieren.

§ 7[1)] Zulassung im Inland nach vorheriger Zulassung in einem anderen Staat. (1) [1] Bei Fahrzeugen, für die eine EG-Typgenehmigung vorliegt und die bereits in einem anderen Mitgliedstaat der Europäischen Union oder in einem anderen Vertragsstaat des Abkommens über den Europäischen Wirtschaftsraum in Betrieb waren, ist vor der Zulassung eine Untersuchung nach § 29 der Straßenverkehrs-Zulassungs-Ordnung[2)] durchzuführen, wenn bei Anwendung der Anlage VIII Abschnitt 2 der Straßenverkehrs-Zulassungs-Ordnung zwischenzeitlich eine Untersuchung hätte stattfinden müssen. [2] Satz 1 gilt nicht, wenn eine Untersuchung im Sinne der Richtlinie 2009/40/EG des Europäischen Parlaments und des Rates vom 6. Mai 2009 über die technische Überwachung der Kraftfahrzeuge und Kraftfahrzeuganhänger (Neufassung) (ABl. L 141 vom 6.6.2009, S. 12) in der jeweils geltenden

[1)] § 7 Abs. 1 neu gef., Abs. 3 geänd. mWv 1.11.2012 durch VO v. 19.10.2012 (BGBl. I S. 2232); Abs. 2 Satz 6 angef. mWv 1.1.2018 durch VO v. 31.7.2017 (BGBl. I S. 3090).

[2)] Nr. **200**.

Fassung in einem anderen Mitgliedstaat der Europäischen Union oder in einem anderen Vertragsstaat des Abkommens über den Europäischen Wirtschaftsraum, in dem das Fahrzeug in Betrieb war, nachgewiesen wird. [3] Hinsichtlich der Frist für die nächste Hauptuntersuchung gilt Abschnitt 2 der Anlage VIII der Straßenverkehrs-Zulassungs-Ordnung. [4] Der Antragsteller hat nachzuweisen, wann das Fahrzeug in einem Mitgliedstaat der Europäischen Union oder in einem anderen Vertragsstaat des Abkommens über den Europäischen Wirtschaftsraum erstmals in Betrieb genommen worden ist. [5] Kann dieser Nachweis nicht erbracht werden, ist vor der Zulassung eine Untersuchung nach § 29 der Straßenverkehrs-Zulassungs-Ordnung durchzuführen.

(2) [1] Die Zulassungsbehörde hat die ausländische Zulassungsbescheinigung einzuziehen und mindestens sechs Monate aufzubewahren. [2] Sie hat das Kraftfahrt-Bundesamt über die Einziehung umgehend, mindestens jedoch innerhalb eines Monats, elektronisch zu unterrichten. [3] Ausführungsregelungen zur Datenübermittlung gibt das Kraftfahrt-Bundesamt in entsprechenden Standards im Verkehrsblatt bekannt. [4] Auf Verlangen der zuständigen ausländischen Behörde ist die eingezogene Zulassungsbescheinigung über das Kraftfahrt-Bundesamt zurückzusenden. [5] Sofern die ausländische Zulassungsbescheinigung aus zwei Teilen besteht, kann bei Fehlen des Teils II das Fahrzeug nur zugelassen werden, wenn über das Kraftfahrt-Bundesamt die Bestätigung der zuständigen ausländischen Behörde über die frühere Zulassung eingeholt wurde. [6] Die Nummer der ausländischen Zulassungsbescheinigung oder die Nummern von deren Teilen I und II sind zur Speicherung im Zentralen Fahrzeugregister mit dem Antrag auf Zulassung nachzuweisen.

(3) Bei Fahrzeugen, für die eine EG-Typgenehmigung vorliegt und die in einem Staat außerhalb der Europäischen Union oder des Europäischen Wirtschaftsraums in Betrieb waren, ist vor der Zulassung in jedem Fall eine Untersuchung nach § 29 der Straßenverkehrs-Zulassungs-Ordnung durchzuführen.

§ 8[1)] Zuteilung von Kennzeichen. (1) [1] Die Zulassungsbehörde teilt dem Fahrzeug ein Kennzeichen zu, um eine Identifizierung des Halters zu ermöglichen. [2] Das Kennzeichen besteht aus einem Unterscheidungszeichen (ein bis drei Buchstaben) für den Verwaltungsbezirk, in dem das Fahrzeug zugelassen ist, und einer auf das einzelne Fahrzeug bezogenen Erkennungsnummer. [3] Die Zeichenkombination der Erkennungsnummer sowie die Kombination aus Unterscheidungszeichen und Erkennungsnummer dürfen nicht gegen die guten Sitten verstoßen. [4] Die Erkennungsnummer bestimmt sich nach Anlage 2. [5] Das für die Zuteilung vorgesehene Kennzeichen ist dem Antragsteller auf Wunsch vor der Zuteilung mitzuteilen. [6] Fahrzeuge der Bundes- und Landesorgane, der Bundesministerien, der Bundesfinanzverwaltung, der Bundespolizei, der Wasserstraßen- und Schifffahrtsverwaltung des Bundes, der Bundesanstalt Technisches Hilfswerk, der Bundeswehr, des Diplomatischen

---

[1)] § 8 Abs. 1a eingef. mWv 1.7.2012 durch VO v. 13.1.2012 (BGBl. I S. 103); Abs. 1 neu gef., Abs. 2 eingef., bish. Abs. 2 wird Abs. 3 und geänd. mWv 1.11.2012 durch VO v. 19.10.2012 (BGBl. I S. 2232); Abs. 1 Satz 5 eingef., bish. Satz 5 wird Satz 6, Abs. 2 Satz 1 geänd. mWv 1.4. 2015 durch VO v. 30.10.2014 (BGBl. I S. 1666); Abs. 1 Satz 6 geänd. mWv 4.6.2016 durch VO v. 2.6.2016 (BGBl. I S. 1257); Abs. 1a Satz 6 neu gef., Satz 7 eingef., bish. Satz 7 wird Satz 8 mWv 1.10.2017 durch VO v. 23.3.2017 (BGBl. I S. 522); Abs. 1 Satz 1 geänd. mWv 1.1.2018 durch VO v. 31.7.2017 (BGBl. I S. 3090).

Corps und bevorrechtigter Internationaler Organisationen können besondere Kennzeichen nach Anlage 3 erhalten; die Erkennungsnummern dieser Fahrzeuge bestehen nur aus Zahlen; die Zahlen dürfen nicht mehr als sechs Stellen haben.

(1a) [1] Bei der Zulassung von zwei Fahrzeugen auf den gleichen Halter oder der Zuteilung des Kennzeichens für zwei zulassungsfreie kennzeichenpflichtige Fahrzeuge des gleichen Halters wird im Rahmen des Absatzes 1 Satz 1 auf dessen Antrag für diese Fahrzeuge ein Wechselkennzeichen zugeteilt, sofern die Fahrzeuge in die gleiche Fahrzeugklasse M1, L oder O1 gemäß Anlage XXIX der Straßenverkehrs-Zulassungs-Ordnung[1)] fallen und Kennzeichenschilder gleicher Anzahl und Abmessungen an den Fahrzeugen verwendet werden können. [2] Wechselkennzeichen dürfen nicht als Saisonkennzeichen, rote Kennzeichen, Kurzzeitkennzeichen oder Ausfuhrkennzeichen ausgeführt werden. [3] Das Wechselkennzeichen besteht aus einem den Fahrzeugen gemeinsamen Kennzeichenteil und dem jeweiligen fahrzeugbezogenen Teil. [4] Absatz 1 Satz 2 bis 4 gilt mit der Maßgabe, dass

1. Unterscheidungszeichen und der bis auf die letzte Ziffer gleiche Teil der Erkennungsnummer den gemeinsamen Kennzeichenteil bilden und
2. die letzte Ziffer der Erkennungsnummer den jeweiligen fahrzeugbezogenen Teil bildet.

[5] Ein Wechselkennzeichen darf zur selben Zeit nur an einem der Fahrzeuge geführt werden. [6] Ein Fahrzeug, für das ein Wechselkennzeichen zugeteilt ist, darf auf öffentlichen Straßen nur

1. in Betrieb gesetzt oder
2. abgestellt

werden, wenn an ihm das Wechselkennzeichen vollständig mit dem gemeinsamen Kennzeichenteil und seinem fahrzeugbezogenen Teil angebracht ist. [7] Der Halter darf

1. die Inbetriebnahme eines Fahrzeugs oder
2. dessen Abstellen

auf öffentlichen Straßen nur anordnen oder zulassen, wenn die Voraussetzungen nach Satz 6 vorliegen. [8] § 16 Absatz 1 bleibt unberührt.

(2) [1] Die Unterscheidungszeichen der Verwaltungsbezirke werden auf Antrag der Länder vom Bundesministerium für Verkehr und digitale Infrastruktur festgelegt oder aufgehoben. [2] Die Buchstabenkombination des Unterscheidungszeichens darf nicht gegen die guten Sitten verstoßen. [3] Es kann auch die Festlegung von mehr als einem Unterscheidungszeichen für einen Verwaltungsbezirk beantragt werden. [4] Für die am 1. November 2012 bestehenden Verwaltungsbezirke dürfen nur die Unterscheidungszeichen beantragt werden, die bis zum 25. Oktober 2012 vergeben worden sind. [5] Die Festlegung und Aufhebung der Unterscheidungszeichen wird im Bundesanzeiger veröffentlicht. [6] Kennzeichen, deren Unterscheidungszeichen aufgehoben sind, dürfen bis zur Außerbetriebsetzung des betroffenen Fahrzeugs weitergeführt werden.[2)]

[1)] Nr. **200**.

[2)] Siehe hierzu auch die Übersicht über die Unterscheidungszeichen für die Kennzeichnung von Kraftfahrzeugen v. 18.3.2016 (VkBl S. 266) v. 18.3.2016 (VkBl S. 266).

(3) Die Zulassungsbehörde kann das zugeteilte Kennzeichen von Amts wegen oder auf Antrag ändern und hierzu die Vorführung des Fahrzeugs anordnen.

§ 9[1)] Besondere Kennzeichen. (1) [1] Auf Antrag wird für ein Fahrzeug, für das ein Gutachten nach § 23 der Straßenverkehrs-Zulassungs-Ordnung[2)] vorliegt, ein Oldtimerkennzeichen zugeteilt. [2] Dieses Kennzeichen besteht aus einem Unterscheidungszeichen und einer Erkennungsnummer nach § 8 Absatz 1. [3] Es führt als Oldtimerkennzeichen den Kennbuchstaben „H" als amtlichen Zusatz hinter der Erkennungsnummer, der von der Zulassungsbehörde auch in der Zulassungsbescheinigung Teil I und Teil II zu vermerken ist. [4] Die Zulassungsbehörde kann im Einzelfall bei der Berechnung des in § 2 Nummer 22 geforderten Mindestzeitraums bestimmte vor dem Zeitpunkt des erstmaligen Inverkehrbringens liegende Zeiten, in denen das Fahrzeug außerhalb des öffentlichen Straßenverkehrs in Betrieb genommen wurde, anrechnen.

(2) [1] Bei Fahrzeugen, deren Halter von der Kraftfahrzeugsteuer befreit ist, ist abweichend von § 10 Absatz 1 ein Kennzeichen mit grüner Beschriftung auf weißem Grund zuzuteilen (grünes Kennzeichen); ausgenommen hiervon sind:

1. Fahrzeuge von Behörden,
2. Fahrzeuge des Personals von diplomatischen und konsularischen Vertretungen,
3. Kraftomnibusse und Personenkraftwagen mit acht oder neun Sitzplätzen einschließlich Fahrersitz sowie Anhänger, die hinter diesen Fahrzeugen mitgeführt werden, wenn das Fahrzeug überwiegend im Linienverkehr eingesetzt wird,
4. Leichtkrafträder und Kleinkrafträder,
5. Fahrzeuge von schwerbehinderten Personen im Sinne des § 3a Absatz 1 und 2 des Kraftfahrzeugsteuergesetzes[3)],
6. besonders emissionsreduzierte Kraftfahrzeuge im Sinne des Kraftfahrzeugsteuergesetzes und
7. *(aufgehoben)*
8. Fahrzeuge mit einem Wechselkennzeichen nach § 8 Absatz 1a.

[2] Ein grünes Kennzeichen ist auch für Anhänger zuzuteilen, wenn dies für Zwecke der Sonderregelung für Kraftfahrzeuganhänger gemäß § 10 des Kraftfahrzeugsteuergesetzes beantragt wird. [3] Die Zuteilung ist in der Zulassungsbescheinigung Teil I zu vermerken.

[1)] § 9 Abs. 2 Nr. 6 und 7 geänd., Nr. 8 angef. mWv 1.7.2012 durch VO v. 13.1.2012 (BGBl. I S. 103); Abs. 1 Satz 4 angef., Abs. 2 Satz 1 Nr. 6 geänd., Nr. 7 aufgeh., Satz 3 aufgeh., bish. Satz 4 wird Satz 3, Abs. 3 Satz 5 eingef., bish. Sätze 5–7 werden Sätze 6–8 mWv 1.11.2012 durch VO v. 19.10.2012 (BGBl. I S. 2232); Abs. 3 Satz 3 neu gef., Satz 4 aufgeh., bish. Sätze 5–8 werden Sätze 4–7 mWv 1.11.2013 durch VO v. 8.10.2013 (BGBl. I S. 3772); Abs. 3 Sätze 4–6 neu gef., Satz 8 angef. mWv 1.10.2017 durch VO v. 23.3.2017 (BGBl. I S. 522); Abs. 1 Sätze 2–4, Abs. 3 Sätze 2–4 neu gef. mWv 1.1.2018 durch VO v. 31.7.2017 (BGBl. I S. 3090).

[2)] Nr. **200**.

[3)] Nr. **870**.

(3) [1] Auf Antrag wird einem Fahrzeug ein Saisonkennzeichen zugeteilt. [2] Es besteht aus einem Unterscheidungszeichen und einer Erkennungsnummer nach § 8 Absatz 1 und führt die Angabe eines Betriebszeitraums als amtlichen Zusatz hinter der Erkennungsnummer. [3] Der Betriebszeitraum wird auf volle Monate bemessen; er muss mindestens zwei Monate und darf höchstens elf Monate umfassen und ist von der Zulassungsbehörde auch in der Zulassungsbescheinigung Teil I und Teil II in Klammern hinter dem Kennzeichen, in den Fällen des § 9 Absatz 1 Satz 2 oder § 9a Absatz 2 Satz 2 hinter dem jeweiligen Kennbuchstaben, zu vermerken. [4] Auch grüne Kennzeichen nach Absatz 2 können als Saisonkennzeichen zugeteilt werden. [5] Das Fahrzeug darf auf öffentlichen Straßen nur während des angegebenen Betriebszeitraums

1. in Betrieb genommen oder
2. abgestellt

werden. [6] Der Halter darf

1. die Inbetriebnahme eines Fahrzeugs oder
2. dessen Abstellen

auf öffentlichen Straßen nur anordnen oder zulassen, wenn die Voraussetzungen nach Satz 5 vorliegen. [7] Saisonkennzeichen gelten außerhalb des Betriebszeitraums bei Fahrten zur Abmeldung und bei Rückfahrten nach Abstempelung des Kennzeichens als ungestempelte Kennzeichen im Sinne des § 10 Absatz 4. [8] Die §§ 16 und 16a bleiben unberührt.

§ 9a[1) 2)] Kennzeichnung elektrisch betriebener Fahrzeuge. (1) Auf Antrag wird für ein Fahrzeug im Sinne des § 2 Nummer 1 des Elektromobilitätsgesetzes[3)] ein Kennzeichen für elektrisch betriebene Fahrzeuge zugeteilt; für ein Fahrzeug im Sinne des § 2 Nummer 3 des Elektromobilitätsgesetzes jedoch nur, wenn dieses die Anforderungen des § 3 Absatz 2 in Verbindung mit § 5 Absatz 2 des Elektromobilitätsgesetzes erfüllt.

(2) [1] Das Kennzeichen nach Absatz 1 ist das nach § 8 Absatz 1, auch in Verbindung mit § 9 Absatz 2 und 3, zugeteilte Kennzeichen. [2] Es führt den Kennbuchstaben „E“ als amtlichen Zusatz hinter der Erkennungsnummer, der von der Zulassungsbehörde auch in der Zulassungsbescheinigung Teil I und Teil II zu vermerken ist. [3] Wird ein Wechselkennzeichen nach § 8 Absatz 1a zugeteilt, ist der Kennbuchstabe „E“ auf dem fahrzeugbezogenen Teil anzubringen.

(3) Mit dem Antrag nach Absatz 1 ist nachzuweisen, dass es sich um ein dort bezeichnetes Fahrzeug handelt.

(4) [1] Bei einem Fahrzeug im Sinne des Absatzes 1, das nach den Vorschriften seines Herkunftsstaates, der nicht die Bundesrepublik Deutschland ist, zur Teilnahme am Straßenverkehr berechtigt ist, erfolgt die Kennzeichnung durch eine Plakette nach Anlage 3a, die an der Rückseite des Fahrzeuges gut sichtbar anzubringen ist. [2] Die Plakette wird auf Antrag von einer vom Antragsteller aufgesuchten Zulassungsbehörde ausgegeben. [3] Mit dem Antrag ist einer der folgenden Nachweise vorzulegen:

---

1) § 9a eingef. mWv 26.9.2015 durch VO v. 15.9.2015 (BGBl. I S. 1573); Abs. 2 neu gef. mWv 1.1.2018 durch VO v. 31.7.2017 (BGBl. I S. 3090).

2) Zur Anwendbarkeit siehe § 50 Abs. 10.

3) Nr. **40**.

1. die Zulassungsbescheinigung Teil I,
2. die Übereinstimmungsbescheinigung oder
3. eine sonstige zum Nachweis geeignete Unterlage.

[4] In die Plakette ist von der Zulassungsbehörde im dafür vorgesehenen Sichtfeld mit lichtechtem Stift das Kennzeichen des jeweiligen Fahrzeuges einzutragen.

(5) Im Ausland erteilte Kennzeichen für elektrisch betriebene Fahrzeuge oder für elektrisch betriebene Fahrzeuge erteilte Plaketten stehen inländischen Kennzeichen oder Plaketten für elektrisch betriebene Fahrzeuge gleich.

§ 10[1)] Ausgestaltung und Anbringung der Kennzeichen. (1) [1] Unterscheidungszeichen und Erkennungsnummern sind mit schwarzer Beschriftung auf weißem schwarz gerandetem Grund auf ein Kennzeichenschild aufzubringen. [2] § 9 Absatz 2, § 16 Absatz 1 und § 17 Absatz 1 bleiben unberührt.

(2) [1] Kennzeichenschilder dürfen nicht spiegeln, verdeckt oder verschmutzt sein; sie dürfen nicht zusätzlich mit Glas, Folien oder ähnlichen Abdeckungen versehen sein, es sei denn, die Abdeckung ist Gegenstand der Genehmigung nach den in Absatz 6 genannten Vorschriften. [2] Form, Größe und Ausgestaltung einschließlich Beschriftung müssen den Mustern, Abmessungen und Angaben in Anlage 4 entsprechen. [3] Kennzeichenschilder müssen reflektierend sein und dem Normblatt DIN 74069, Ausgabe Mai 2016, Abschnitt 1 bis 8, entsprechen sowie auf der Vorderseite das DIN-Prüf- und Überwachungszeichen mit der zugehörigen Registernummer tragen; hiervon ausgenommen sind Kennzeichenschilder an Fahrzeugen der Bundeswehr gemäß Anlage 4 Abschnitt 3 sowie Kennzeichenschilder an Fahrzeugen der im Bundesgebiet errichteten internationalen militärischen Hauptquartiere.

(3) [1] Das Kennzeichenschild mit zugeteiltem Kennzeichen muss der Zulassungsbehörde zur Abstempelung durch eine Stempelplakette vorgelegt werden. [2] Die Stempelplakette enthält das farbige Wappen des Landes, dem die Zulassungsbehörde angehört, die Bezeichnung des Landes und der Zulassungsbehörde und eine eindeutige Druckstücknummer, die für jede Stempelplakette nur einmal vergeben sein darf. [3] Die Stempelplakette muss einen verdeckt angebrachten Sicherheitscode bergen, der erst durch Freilegen unumkehrbar sichtbar gemacht werden kann. [4] Die Stempelplakette muss so beschaffen sein und so befestigt werden, dass sie bei einem Entfernen zerstört wird. [5] Die Stempelplakette einschließlich Druckstücknummer und Sicherheitscode muss die Anforderungen des Abschnitts B der Anlage 4a erfüllen. [6] Ist die Stempelplakette auf einem Plakettenträger angebracht, richtet sich die Ausgestaltung des Plakettenträgers nach Abschnitt C der Anlage 4a. [7] Stem-

---

1) § 10 Abs. 13 angef. mWv 8.4.2011 durch VO v. 4.4.2011 (BGBl. I S. 549); Abs. 5 Satz 2 eingef., bish. Satz 2 wird Satz 3, Abs. 12 Satz 1 geänd. mWv 1.7.2012 durch VO v. 13.1.2012 (BGBl. I S. 103); Abs. 4 Satz 1 geänd. und Satz 2 angef., Abs. 6 Satz 1 neu gef., Satz 3 eingef., bish. Satz 3 wird Satz 4, Abs. 13 Satz 1 einl. Satzteil geänd. mWv 1.11.2012 durch VO v. 19.10. 2012 (BGBl. I S. 2232); Abs. 3 Satz 2 geänd., Satz 3 neu gef., Sätze 4 und 5 angef. mWv 1.1.2015 durch VO v. 8.10.2013 (BGBl. I S. 3772); Abs. 11 Satz 2 geänd. mWv 1.4.2015 durch VO v. 30.10.2014 (BGBl. I S. 1666); Abs. 2 Satz 3, Abs. 3 Satz 5 geänd., Sätze 6 und 7 angef., Abs. 4 Satz 1 geänd., Abs. 11 Satz 3 neu gef., Satz 4 angef., Abs. 12 Satz 1 geänd. mWv 1.10.2017 durch VO v. 23.3.2017 (BGBl. I S. 522).

pelplakette und Plakettenträger müssen dem Normblatt DIN 74069, Ausgabe Mai 2016, entsprechen.

(4) [1] Fahrten, die im Zusammenhang mit dem Zulassungsverfahren stehen, insbesondere Fahrten zur Anbringung der Stempelplakette sowie Fahrten zur Durchführung einer Hauptuntersuchung oder einer Sicherheitsprüfung dürfen innerhalb des Zulassungsbezirks und eines angrenzenden Bezirks mit ungestempelten Kennzeichen durchgeführt werden, wenn die Zulassungsbehörde vorab ein solches zugeteilt hat oder eine Reservierung nach § 14 Absatz 1 Satz 4 besteht und die Fahrten von der Kraftfahrzeug-Haftpflichtversicherung erfasst sind. [2] Rückfahrten nach Entfernung der Stempelplakette dürfen mit dem bisher zugeteilten Kennzeichen bis zum Ablauf des Tages der Außerbetriebsetzung des Fahrzeugs durchgeführt werden, wenn sie von der Kraftfahrzeug-Haftpflichtversicherung erfasst sind.

(5) [1] Kennzeichen müssen an der Vorder- und Rückseite des Kraftfahrzeugs vorhanden und fest angebracht sein. [2] Bei Wechselkennzeichen im Sinne des § 8 Absatz 1a sind der gemeinsame Kennzeichenteil und der fahrzeugbezogene Teil jeweils fest anzubringen. [3] Bei einachsigen Zugmaschinen genügt die Anbringung an der Vorderseite, bei Anhängern und bei Krafträdern die Anbringung an deren Rückseite.

(6) [1] Die Anbringung und Sichtbarkeit des hinteren Kennzeichens muss entsprechen:

1. bei Fahrzeugen (Kraftfahrzeugen und ihren Anhängern) nach Maßgabe der Richtlinie 2007/46/EG sowie Fahrzeugen, die nach den Baumerkmalen ihres Fahrgestells diesen Fahrzeugen gleichzusetzen sind, den Anforderungen der Verordnung (EU) Nr. 1003/2010 der Kommission vom 8. November 2010 über die Typgenehmigung der Anbringungsstelle und der Anbringung der hinteren amtlichen Kennzeichen an Kraftfahrzeugen und Kraftfahrzeuganhängern und zur Durchführung der Verordnung (EG) Nr. 661/2009 des Europäischen Parlaments und des Rates über die Typgenehmigung von Kraftfahrzeugen, Kraftfahrzeuganhängern und von Systemen, Bauteilen und selbstständigen technischen Einheiten für diese Fahrzeuge hinsichtlich ihrer allgemeinen Sicherheit (ABl. L 291 vom 9.11.2010, S. 22) in der jeweils geltenden Fassung,
2. bei Fahrzeugen (zwei- oder dreirädrige Kraftfahrzeuge) nach Maßgabe der Richtlinie 2002/24/EG sowie Fahrzeugen, die nach den Baumerkmalen ihres Fahrgestells diesen Fahrzeugen gleichzusetzen sind, den Anforderungen der Richtlinie 2009/62/EG des Europäischen Parlaments und des Rates vom 13. Juli 2009 über die Anbringungsstelle des amtlichen Kennzeichens an der Rückseite von zweirädrigen oder dreirädrigen Kraftfahrzeugen (ABl. L 198 vom 30.7.2009, S. 20) in der jeweils geltenden Fassung und
3. bei Fahrzeugen nach Maßgabe der Richtlinie 2003/37/EG sowie Fahrzeugen, die nach den Baumerkmalen ihres Fahrgestells diesen Fahrzeugen gleichzusetzen sind, den Anforderungen der Richtlinie 2009/63/EG des Europäischen Parlaments und des Rates vom 13. Juli 2009 über bestimmte Bestandteile und Merkmale von land- oder forstwirtschaftlichen Zugmaschinen auf Rädern (ABl. L 214 vom 19.8.2009, S. 23) in der jeweils geltenden Fassung,

4. bei allen anderen als den unter den Nummern 1 bis 3 genannten Fahrzeugen wahlweise den Anforderungen von Nummer 1 oder Nummer 3.

[2] Hintere Kennzeichen müssen eine Beleuchtungseinrichtung haben, die den technischen Vorschriften der Richtlinie 76/760/EWG des Rates vom 27. Juli 1976 zur Angleichung der Rechtsvorschriften der Mitgliedstaaten über Beleuchtungseinrichtungen für das hintere Kennzeichen von Kraftfahrzeugen und Kraftfahrzeuganhängern (ABl. L 262 vom 27.9.1976, S. 85) oder der ECE-Regelung Nummer 4 über einheitliche Vorschriften für die Genehmigung der Beleuchtungseinrichtungen für das hintere Kennzeichenschild von Kraftfahrzeugen (mit Ausnahme von Krafträdern) und ihren Anhängern (VkBl. 2004 S. 613) in der jeweils geltenden Fassung entspricht und die das ganze Kennzeichen auf 20 m lesbar macht. [3] Für Krafträder gilt die Richtlinie 97/24/EG des Europäischen Parlaments und des Rates vom 17. Juni 1997 über bestimmte Bauteile und Merkmale von zweirädrigen oder dreirädrigen Kraftfahrzeugen (ABl. L 226 vom 18.8.1997, S. 1) oder die ECE-Regelung Nr. 53 über einheitliche Bedingungen für die Genehmigung von Krafträdern hinsichtlich des Anbaus der Beleuchtungs- und Lichtsignaleinrichtungen (VkBl. 2005 S. 778) in der jeweils geltenden Fassung. [4] Die Beleuchtungseinrichtung darf kein Licht unmittelbar nach hinten austreten lassen.

(7) [1] Das vordere Kennzeichen darf bis zu einem Vertikalwinkel von 30 Grad gegen die Fahrtrichtung geneigt sein; der untere Rand darf nicht weniger als 200 mm über der Fahrbahn liegen und die sonst vorhandene Bodenfreiheit des Fahrzeugs nicht verringern. [2] Vorderes und hinteres Kennzeichen müssen in einem Winkelbereich von je 30 Grad beiderseits der Fahrzeuglängsachse stets auf ausreichende Entfernung lesbar sein.

(8) Anhänger nach § 3 Absatz 2 Satz 1 Nummer 2 Buchstabe a bis c, f und g sowie Anhänger nach § 3 Absatz 2 Satz 1 Nummer 2 Buchstabe d und e, die ein eigenes Kennzeichen nach § 4 nicht führen müssen, haben an der Rückseite ein Kennzeichen zu führen, das der Halter des Zugfahrzeugs für eines seiner Zugfahrzeuge verwenden darf; eine Abstempelung ist nicht erforderlich.

(9) [1] Wird das hintere Kennzeichen durch einen Ladungsträger oder mitgeführte Ladung teilweise oder vollständig verdeckt, so muss am Fahrzeug oder am Ladungsträger das Kennzeichen wiederholt werden. [2] Eine Abstempelung ist nicht erforderlich. [3] Bei Fahrzeugen, an denen nach § 49a Absatz 9 der Straßenverkehrs-Zulassungs-Ordnung[1)] Leuchtenträger zulässig sind, darf das hintere Kennzeichen auf dem Leuchtenträger angebracht sein.

(10) [1] Außer dem Kennzeichen darf nur das Unterscheidungszeichen für den Zulassungsstaat nach Artikel 37 in Verbindung mit Anhang 3 des Übereinkommens vom 8. November 1968 über den Straßenverkehr (BGBl. 1977 II S. 809) am Fahrzeug angebracht werden. [2] Für die Bundesrepublik Deutschland ist dies der Großbuchstabe „D".

(11) [1] Zeichen und Einrichtungen aller Art, die zu Verwechslungen mit Kennzeichen oder dem Unterscheidungszeichen nach Absatz 10 führen oder deren Wirkung beeinträchtigen können, dürfen an Fahrzeugen nicht angebracht werden. [2] Über die Anbringung der Zeichen „CD" für Fahrzeuge von Angehörigen diplomatischer Vertretungen und „CC" für Fahrzeuge von

---

1) Nr. **200**.

Angehörigen konsularischer Vertretungen entscheidet das Bundesministerium für Verkehr und digitale Infrastruktur. [3]Die Zeichen „CD" und „CC" dürfen an einem Fahrzeug auf öffentlichen Straßen nur geführt werden, wenn die Berechtigung in der Zulassungsbescheinigung Teil I eingetragen ist. [4]Der Halter darf die Inbetriebnahme eines Fahrzeugs auf öffentlichen Straßen nur anordnen oder zulassen, wenn die Voraussetzungen nach Satz 3 vorliegen.

(12) [1]Unbeschadet des Absatzes 4 dürfen Fahrzeuge auf öffentlichen Straßen nur in Betrieb gesetzt werden, wenn das zugeteilte Kennzeichen auf einem Kennzeichenschild nach Absatz 1, 2 Satz 1, 2 und 3 Halbsatz 1, Absatz 5 Satz 1 und 2 sowie Absatz 6 bis 8 und 9 Satz 1 ausgestaltet, angebracht und beleuchtet ist und die Stempelplakette nach Absatz 3 vorhanden ist und keine verwechslungsfähigen oder beeinträchtigenden Zeichen und Einrichtungen nach Absatz 11 Satz 1 am Fahrzeug angebracht sind. [2]Der Halter darf die Inbetriebnahme eines Fahrzeugs nicht anordnen oder zulassen, wenn die Voraussetzungen nach Satz 1 nicht vorliegen.

(13) [1]Abweichend von Absatz 2 Satz 1 und Absatz 6 Satz 2 bis 4 dürfen nach § 22a Absatz 1 Nummer 21 der Straßenverkehrs-Zulassungs-Ordnung bauartgenehmigte Beleuchtungseinrichtungen für hintere transparente Kennzeichen oder Beleuchtungseinrichtungen, die mit dem Kennzeichen eine Einheit bilden oder bei der sich das Kennzeichen hinter einer durchsichtigen, lichtleitenden Abschlussscheibe befindet,

1. weißes Licht nach hinten abstrahlen oder

2. mit einer Abschlussscheibe vor dem Kennzeichen versehen sein,

soweit jeweils die Nummern 22 und 22a der Technischen Anforderungen an Fahrzeugteile bei der Bauartprüfung nach § 22a StVZO vom 5. Juli 1973 (VkBl. 1973 S. 558), die zuletzt durch die Bekanntmachung vom 21. Juli 2006 (VkBl. 2006 S. 645) geändert worden sind, eingehalten werden. [2]Die bauartgenehmigte Beleuchtungseinrichtung muss mit dem amtlich zugeteilten Prüfzeichen gekennzeichnet sein.

§ 11[1)] Zulassungsbescheinigung Teil I. (1) [1]Die Zulassungsbescheinigung Teil I wird nach den Vorgaben der Anlage 5 ausgefertigt. [2]Sie ist mit einer sichtbaren Markierung mit der Aufschrift „Nur für internetbasierte Zulassungsverfahren freilegen. Dokument nur unbeschädigt gültig." zu versehen. [3]Die sichtbare Markierung trägt zudem eine Druckstücknummer, die für jede Zulassungsbescheinigung Teil I nur einmal vergeben sein darf. [4]Die sichtbare Markierung muss ferner die darunterliegende Markierung mit der Aufschrift „Dokument nicht mehr gültig" und einen Sicherheitscode so verdecken, dass die darunterliegende Markierung und der Sicherheitscode nur durch Freilegung unumkehrbar sichtbar gemacht werden können.

(2) [1]Sind für denselben Halter mehrere Anhänger zugelassen, kann zusätzlich von der Zulassungsbehörde auf Antrag ein Verzeichnis der für den Halter zugelassenen Anhänger ausgestellt werden. [2]Aus dem Verzeichnis müssen Name, Vorname und Anschrift des Halters sowie Marke, Fahrzeugklasse und Art des Aufbaus, Leermasse, zulässige Gesamtmasse und bei Sattelanhängern auch

[1)] § 11 Abs. 1 Satz 2 und Abs. 5 geänd. mWv 1.7.2012 durch VO v. 13.1.2012 (BGBl. I S. 103); Abs. 1 neu gef., Abs. 2 eingef., bish. Abs. 2–6 werden Abs. 3–7 und neuer Abs. 6 geänd. mWv 1.1. 2015 durch VO v. 8.10.2013 (BGBl. I S. 3772, geänd. durch G v. 30.10.2014, BGBl. I S. 1666); Abs. 1 und Abs. 3 Satz 1 neu gef. mWv 1.10.2019 durch VO v. 22.3.2019 (BGBl. I S. 382).

die Stützlast, die Fahrzeug-Identifizierungsnummer, das Datum der ersten Zulassung und das Kennzeichen der Anhänger ersichtlich sein.

(3) [1] Das Kraftfahrt-Bundesamt stellt der Zulassungsbehörde

1. die Daten der Übereinstimmungsbescheinigung im automatisierten Abrufverfahren aus einer in § 6 Absatz 3 Satz 2 genannten Datenbank oder
2. Typdaten, soweit keine Daten nach Nummer 1 vorliegen,

zur Verfügung, damit die Zulassungsbehörde die Zulassungsbescheinigung Teil I maschinell ausfüllen kann. [2] Das Kraftfahrt-Bundesamt hat diese Typdaten zu erstellen, soweit es über die erforderlichen Angaben verfügt und der Aufwand für die Erstellung angemessen ist.

(4) Für Fahrzeuge der Bundeswehr können von der Zentralen Militärkraftfahrtstelle Zulassungsbescheinigungen Teil I nach dem Muster in Anlage 6 ausgefertigt werden.

(5) [1] Die Anerkennung als schadstoffarmes Fahrzeug nach § 47 Absatz 3 der Straßenverkehrs-Zulassungs-Ordnung[1)] und Einstufung des Fahrzeugs in eine der Emissionsklassen nach § 48 der Straßenverkehrs-Zulassungs-Ordnung sind unter Angabe des Datums in der Zulassungsbescheinigung Teil I zu vermerken, wenn der Zulassungsbehörde die entsprechenden Voraussetzungen nachgewiesen werden. [2] Die Zulassungsbehörde kann in Zweifelsfällen die Vorlage eines Gutachtens eines amtlich anerkannten Sachverständigen für den Kraftfahrzeugverkehr darüber fordern, in welche Emissionsklasse das Fahrzeug einzustufen ist.

(6) Die Zulassungsbescheinigung Teil I oder das entsprechende Anhängerverzeichnis nach Absatz 2 ist vom jeweiligen Fahrer des Kraftfahrzeugs mitzuführen und zuständigen Personen auf Verlangen zur Prüfung auszuhändigen.

(7) Wird nach Ausstellung einer neuen Zulassungsbescheinigung Teil I für eine in Verlust geratene Bescheinigung diese wieder aufgefunden, hat der Halter oder Eigentümer sie unverzüglich der zuständigen Zulassungsbehörde abzuliefern.

§ 12[2)] Zulassungsbescheinigung Teil II. (1) [1] Mit dem Antrag auf Ausfertigung einer Zulassungsbescheinigung Teil II ist der Zulassungsbehörde die Verfügungsberechtigung über das Fahrzeug nachzuweisen. [2] In begründeten Einzelfällen kann die Zulassungsbehörde beim Kraftfahrt-Bundesamt anfragen, ob das Fahrzeug im Zentralen Fahrzeugregister eingetragen, ein Suchvermerk vorhanden oder ob bereits eine Zulassungsbescheinigung Teil II ausgegeben worden ist. [3] Die Sätze 1 und 2 sind auch anzuwenden, wenn die Ausfüllung eines Vordrucks der Zulassungsbescheinigung Teil II beantragt wird, ohne dass das Fahrzeug zugelassen werden soll. [4] Für Fahrzeuge, die im Ausland zugelassen sind oder waren, ist das Ausfüllen eines Vordrucks einer Zulassungsbescheinigung Teil II nur im Zusammenhang mit der Zulassung des Fahrzeugs zulässig.

---

1) Nr. **200**.

2) § 12 Abs. 1 Satz 4 angef. mWv 8.4.2011 durch VO v. 4.4.2011 (BGBl. I S. 549); Abs. 3 neu gef., Abs. 5 Sätze 2 und 3 eingef., bish. Satz 2 wird Satz 4 mWv 1.10.2017 durch VO v. 23.3.2017 (BGBl. I S. 522); Abs. 2 neu gef., Abs. 3 eingef., bish. Abs. 3–6 werden Abs. 4–7, neuer Abs. 5 Satz 6 geänd. mWv 1.1.2018 durch VO v. 31.7.2017 (BGBl. I S. 3090); Abs. 2 Satz 2 geänd., Abs. 3 Satz 2 eingef., bish. Sätze 2–4 werden Sätze 3–5, neuer Satz 4 neu gef., neuer Satz 5 geänd. mWv 1.10.2019 durch VO v. 22.3.2019 (BGBl. I S. 382).

(2) [1]Die Zulassungsbescheinigung Teil II wird nach den Vorgaben der Anlage 7 ausgefertigt. [2]Sie ist mit einer sichtbaren Markierung versehen; neben der sichtbaren Markierung befindet sich der Hinweis „Nur zur Nutzung des Sicherheitscodes im internetbasierten Zulassungsverfahren freilegen. Dokument nur unbeschädigt gültig.“ [3]Mit der sichtbaren Markierung werden die darunterliegende Markierung mit der Aufschrift „Dokument nicht mehr gültig“ und ein Sicherheitscode der Zulassungsbescheinigung Teil II verdeckt.

(3) [1]Die Ausfüllung einer Zulassungsbescheinigung Teil II oder deren erstmalige Ausfertigung durch die Zulassungsbehörde ist nur zulässig bei Vorlage

1. der Übereinstimmungsbescheinigung,
2. der Datenbestätigung oder
3. der Bescheinigung über die Einzelgenehmigung des Fahrzeugs.

[2]Der Vorlage der Übereinstimmungsbescheinigung steht es gleich, wenn ihre Daten von der Zulassungsbehörde unter Angabe der Fahrzeug-Identifizierungsnummer aus einer in § 6 Absatz 3 Satz 2 genannten Datenbank abgerufen worden sind. [3]Wurden die Angaben über die Beschaffenheit des Fahrzeugs und über dessen Übereinstimmung mit dem genehmigten Typ noch nicht durch den Hersteller eingetragen, hat die Zulassungsbehörde diese Eintragungen vorzunehmen. [4]Für eine maschinelle Ausfüllung gilt § 11 Absatz 3 entsprechend. [5]Die Zulassungsbehörde vermerkt die Ausfertigung der Zulassungsbescheinigung Teil II unter Angabe der betreffenden Nummer auf der Übereinstimmungsbescheinigung, wenn diese vorgelegt wurde, oder der Datenbestätigung.

(4) Die Vordrucke der Zulassungsbescheinigung Teil II werden vom Kraftfahrt-Bundesamt

1. auf Antrag an die Zulassungsbehörden oder
2. auf schriftlichen Antrag zum Zwecke der Ausfüllung an
   a) die Inhaber einer EG-Typgenehmigung für Fahrzeuge,
   b) die Inhaber einer nationalen Typgenehmigung für Fahrzeuge oder
   c) die von den Personen nach Nummer 1 oder 2 bevollmächtigten Vertreter

ausgegeben.

(5) [1]Der Verlust eines Vordrucks der Zulassungsbescheinigung Teil II ist vom jeweiligen Empfänger dem Kraftfahrt-Bundesamt anzuzeigen. [2]Der Verlust einer ausgefertigten Zulassungsbescheinigung Teil II ist der zuständigen Zulassungsbehörde anzuzeigen, die das Kraftfahrt-Bundesamt hiervon unterrichtet. [3]Das Kraftfahrt-Bundesamt bietet die in Verlust geratene Bescheinigung auf Antrag im Verkehrsblatt mit einer Frist zur Vorlage bei der Zulassungsbehörde auf. [4]Eine neue Zulassungsbescheinigung Teil II darf erst nach Ablauf der Frist ausgefertigt werden. [5]Wird die in Verlust geratene Zulassungsbescheinigung Teil II wieder aufgefunden, ist diese unverzüglich bei der Zulassungsbehörde abzuliefern. [6]Absatz 7 Satz 2 ist entsprechend anzuwenden.

(6) [1]Sind in einer Zulassungsbescheinigung Teil II die für die Eintragungen der Zulassung bestimmten Felder ausgefüllt oder ist diese beschädigt, ist eine neue Bescheinigung auszustellen. [2]Eine neue Bescheinigung ist ferner auf Antrag stets dann auszustellen, wenn sich die Angaben des Halters geändert haben und diese Angaben ganz oder teilweise einem gesetzlichen Offenbarungsverbot unterliegen. [3]Die das Offenbarungsverbot begründenden Tatsachen sind auf Verlangen nachzuweisen. [4]Die Zulassungsbehörde hat die alte

Bescheinigung zu entwerten und sie unter Eintragung der Nummer der neuen Bescheinigung dem Antragsteller zurückzugeben.

(7) [1] Die Zulassungsbehörde entscheidet keine privatrechtlichen Sachverhalte. [2] Zur Vorlage der Zulassungsbescheinigung Teil II ist neben dem Halter und dem Eigentümer bei Aufforderung durch die Zulassungsbehörde jeder verpflichtet, in dessen Gewahrsam sich die Bescheinigung befindet. [3] Die Zulassungsbehörde hat demjenigen, der ihr die Zulassungsbescheinigung Teil II vorgelegt hat oder der von ihm bestimmten Stelle oder Person, diese wieder auszuhändigen.

§ 13[1)] Mitteilungspflichten bei Änderungen. (1) [1] Folgende Änderungen von Fahrzeug- oder Halterdaten sind der Zulassungsbehörde zum Zwecke der Änderung der Fahrzeugregister und der Zulassungsbescheinigung unter Vorlage der Zulassungsbescheinigung Teil I, des Anhängerverzeichnisses und bei Änderungen nach Nummer 1 bis 3 auch der Zulassungsbescheinigung Teil II unverzüglich mitzuteilen:

1. Änderungen von Angaben zum Halter, wobei bei alleiniger Änderung der Anschrift die Zulassungsbescheinigung Teil II nicht vorzulegen ist,
2. Änderung der Fahrzeugklasse nach Anlage XXIX der Straßenverkehrs-Zulassungs-Ordnung[2)],
3. Änderung von Hubraum, Nennleistung, Kraftstoffart oder Energiequelle,
4. Erhöhung der bauartbedingten Höchstgeschwindigkeit,
5. Verringerung der bauartbedingten Höchstgeschwindigkeit, wenn diese fahrerlaubnisrelevant oder zulassungsrelevant ist,
6. Änderung der zulässigen Achslasten, der Gesamtmasse, der Stützlast oder der Anhängelast,
7. Erhöhung der Fahrzeugabmessungen, ausgenommen bei Personenkraftwagen und Krafträdern,
8. Änderung der Sitz- oder Stehplatzzahl bei Kraftomnibussen,
9. Änderungen der Abgas- oder Geräuschwerte, sofern sie sich auf die Kraftfahrzeugsteuer oder Verkehrsbeschränkungen auswirken,
10. Änderungen, die eine Ausnahmegenehmigung nach § 47 erfordern, und
11. Änderungen, deren unverzügliche Eintragung in die Zulassungsbescheinigung auf Grund eines Vermerks im Sinne des § 19 Absatz 4 Satz 2 der Straßenverkehrs-Zulassungs-Ordnung erforderlich ist.

[2] Andere Änderungen von Fahrzeug- oder Halterdaten sind der Zulassungsbehörde bei deren nächster Befassung mit der Zulassungsbescheinigung mitzuteilen. [3] Verpflichtet zur Mitteilung ist der Halter und, wenn er nicht zugleich der Eigentümer ist, auch dieser. [4] Die Verpflichtung besteht, bis der

---

[1)] § 13 Abs. 3 Satz 3 aufgeh., bish. Satz 4 wird Satz 3, Abs. 4 Sätze 1 und 2 neu gef. mWv 1.11. 2012 durch VO v. 19.10.2012 (BGBl. I S. 2232); Abs. 1a eingef. mWv 1.8.2013 durch G v. 25.7.2013 (BGBl. I S. 2749); Abs. 1 Satz 1 Nr. 1 neu gef., Satz 2 eingef., bish. Sätze 2–6 werden Sätze 3–7, Abs. 3 neu gef. mWv 1.1.2015 durch VO v. 8.10.2013 (BGBl. I S. 3772, geänd. durch G v. 30.10. 2014, BGBl. I S. 1666); Abs. 1 neu gef., Abs. 2 Sätze 1 und 2 geänd., Abs. 3 Satz 3 eingef., bish. Sätze 3–5 werden Sätze 4–6, Abs. 4 Sätze 7 und 8 angef., Abs. 5 Satz 2 aufgeh. mWv 1.10.2017 durch VO v. 23.3.2017 (BGBl. I S. 522); Abs. 1 Satz 1 einl. Satzteil, Nr. 9, Abs. 3 Satz 1 Nr. 1 und 2 und Satz 5 geänd., Abs. 4 neu gef. mWv 1.10.2019 durch VO v. 22.3.2019 (BGBl. I S. 382).

[2)] Nr. **200**.

Behörde durch einen der Verpflichteten die Änderungen mitgeteilt worden sind. [5] Kommen die nach Satz 3 Verpflichteten ihrer Mitteilungspflicht nicht nach, kann die Zulassungsbehörde für die Zeit bis zur Erfüllung der Verpflichtung den Betrieb des Fahrzeugs auf öffentlichen Straßen untersagen. [6] Der Halter darf die Inbetriebnahme eines Fahrzeugs, dessen Betrieb nach Satz 5 untersagt wurde, nicht anordnen oder zulassen.

(1a) Der Mitteilungspflicht nach Absatz 1 Satz 1 Nummer 1 wird auch genügt, wenn diese Änderungen über eine Meldebehörde mitgeteilt werden, sofern bei der Meldebehörde ein solches Verfahren eröffnet ist.

(2) [1] Wer einen Personenkraftwagen verwendet

1. für eine Personenbeförderung, die dem Personenbeförderungsgesetz[1)] unterliegt,
2. für eine Beförderung durch oder für Kindergartenträger zwischen Wohnung und Kindergarten oder durch oder für Schulträger zum und vom Unterricht oder
3. für eine Beförderung von behinderten Menschen zu und von ihrer Betreuung dienenden Einrichtungen

hat dies vor Beginn und nach Beendigung der Verwendung der zuständigen Zulassungsbehörde unverzüglich schriftlich oder elektronisch anzuzeigen. [2] Wer ein Fahrzeug ohne Gestellung eines Fahrers gewerbsmäßig vermietet (Mietfahrzeug für Selbstfahrer), hat dies nach Beginn des Gewerbebetriebs der zuständigen Zulassungsbehörde unverzüglich schriftlich oder elektronisch anzuzeigen, wenn nicht das Fahrzeug für den Mieter zugelassen wird. [3] Zur Eintragung der Verwendung des Fahrzeugs im Sinne des Satzes 1 oder des Satzes 2 ist der Zulassungsbehörde unverzüglich die Zulassungsbescheinigung Teil I vorzulegen.

(3) [1] Verlegt der Halter seinen Wohnsitz oder Sitz in einen anderen Zulassungsbezirk, hat er unverzüglich

1. bei der für den neuen Wohnsitz oder Sitz zuständigen Zulassungsbehörde die Zuteilung eines neuen Kennzeichens, einer neuen Zulassungsbescheinigung Teil I und die Änderung der Angaben in der Zulassungsbescheinigung Teil II zu beantragen oder
2. der für den neuen Wohnsitz oder Sitz zuständigen Zulassungsbehörde mitzuteilen, dass das bisherige Kennzeichen weitergeführt werden soll, und die Zulassungsbescheinigung Teil I zur Änderung vorzulegen.

[2] Kommt er diesen Pflichten nicht nach, kann die Zulassungsbehörde für die Zeit bis zur Erfüllung der Pflichten den Betrieb des Fahrzeugs auf öffentlichen Straßen untersagen. [3] Der Halter darf die Inbetriebnahme eines Fahrzeugs, dessen Betrieb nach Satz 2 untersagt ist, nicht anordnen oder zulassen. [4] Im Falle des Satzes 1 Nummer 1 teilt die für den neuen Wohnsitz oder Sitz zuständige Zulassungsbehörde nach Vorlage der Zulassungsbescheinigung und der bisherigen Kennzeichen zur Entstempelung dem Fahrzeug ein neues Kennzeichen zu. [5] Im Falle des Satzes 1 Nummer 2 ändert die für den neuen Wohnsitz oder Sitz zuständige Zulassungsbehörde die Zulassungsbescheinigung Teil I. [6] Absatz 1 Satz 1 Nummer 1 bleibt unberührt.

---

1) Nr. **400**.

(4) [1] Tritt ein Wechsel in der Person des Halters ein, hat der bisherige Halter oder Eigentümer dies unverzüglich der Zulassungsbehörde zum Zweck der Änderung der Fahrzeugregister mitzuteilen; die Mitteilung ist entbehrlich, wenn der Erwerber seinen Pflichten nach Satz 3 bereits nachgekommen ist. [2] Die Mitteilung muss das Kennzeichen des Fahrzeugs, Namen, Vornamen und vollständige Anschrift des Erwerbers sowie dessen Bestätigung, dass die Zulassungsbescheinigung übergeben wurde, enthalten. [3] Der Erwerber hat unverzüglich nach Halterwechsel der für seinen Wohnsitz oder Sitz zuständigen Zulassungsbehörde die neuen Halterdaten nach § 33 Absatz 1 Satz 1 Nummer 2 und Absatz 2 des Straßenverkehrsgesetzes[1)] und die Fahrzeugdaten nach § 6 Absatz 4 mitzuteilen und auf Verlangen nachzuweisen, unter Vorlage des Versicherungsnachweises nach § 23 die Ausfertigung einer neuen Zulassungsbescheinigung Teil I zu beantragen und die Zulassungsbescheinigung Teil II zur Änderung vorzulegen (Umschreibung). [4] Sofern dem Fahrzeug bisher ein Kennzeichen einer anderen Zulassungsbehörde zugeteilt war, hat der Erwerber unverzüglich nach Halterwechsel die Zuteilung eines neuen Kennzeichens zu beantragen oder mitzuteilen, dass das bisherige Kennzeichen weitergeführt werden soll. [5] Kommt der bisherige Halter oder Eigentümer seiner Mitteilungspflicht nach Satz 1 nicht nach oder wird das Fahrzeug nicht unverzüglich umgemeldet oder außer Betrieb gesetzt oder erweisen sich die mitgeteilten Daten des neuen Halters oder Eigentümers als nicht zutreffend, kann die Zulassungsbehörde die Zulassungsbescheinigung im Verkehrsblatt mit einer Frist von vier Wochen zur Vorlage bei ihr aufbieten. [6] Mit erfolglosem Ablauf des Aufgebots endet die Zulassung des Fahrzeugs. [7] Die Zulassungsbehörde teilt das Ende der Zulassung dem bisherigen Halter oder Eigentümer mit. [8] Abweichend von Satz 5 kann die Zulassungsbehörde auch eine Anordnung nach Absatz 1 Satz 5 erlassen. [9] Im Falle einer Anordnung nach Satz 8 gilt Absatz 1 Satz 6 entsprechend.

(5) Die Absätze 1, 3 und 4 gelten nicht für außer Betrieb gesetzte Fahrzeuge.

(6) [1] Wird ein zugelassenes Fahrzeug im Ausland erneut zugelassen und erhält die zuständige Zulassungsbehörde durch das Kraftfahrt-Bundesamt hierüber eine Mitteilung, ist das Fahrzeug durch die Zulassungsbehörde außer Betrieb zu setzen. [2] Die Mitteilung erfolgt in elektronischer Form nach den vom Kraftfahrt-Bundesamt herausgegebenen und im Verkehrsblatt veröffentlichten Standards.

§ 14[2)] Außerbetriebsetzung, Wiederzulassung. (1) [1] Soll ein zugelassenes Fahrzeug oder ein zulassungsfreies Fahrzeug, dem ein Kennzeichen zugeteilt ist, außer Betrieb gesetzt werden, hat der Halter dies bei der örtlich zuständigen Zulassungsbehörde nach § 46 Absatz 2

1. bei zugelassenen Fahrzeugen unter Vorlage der Zulassungsbescheinigung Teil I und, soweit vorhanden, der Anhängerverzeichnisse,

---

[1)] Nr. **10**.

[2)] § 14 neu gef. mWv 1.10.2017 durch VO v. 23.3.2017 (BGBl. I S. 522); Abs. 1 Satz 1 einl. Satzteil geänd., Satz 2 eingef., bish. Sätze 2–5 werden Sätze 3–6, neue Sätze 5 und 6 geänd., Abs. 2 Satz 1 geänd., Satz 2 eingef., bish. Sätze 2–4 werden Sätze 3–5, neuer Satz 4 geänd. mWv 1.10.2019 durch VO v. 22.3.2019 (BGBl. I S. 382).

2. bei zulassungsfreien Fahrzeugen unter Vorlage des Nachweises über die Zuteilung des Kennzeichens oder der Zulassungsbescheinigung Teil I,

zu beantragen und die Kennzeichen zur Entstempelung vorzulegen. [2] Legt ein Dritter alle nach Satz 1 erforderlichen Unterlagen vor, gilt er als von dem Halter bevollmächtigt, die Außerbetriebsetzung des Fahrzeugs zu beantragen. [3] Bei Wechselkennzeichen ist der fahrzeugbezogene Teil, der die Stempelplakette trägt und, wenn mit diesem Kennzeichen kein weiteres Fahrzeug zugelassen bleibt, auch der gemeinsame Kennzeichenteil zur Entstempelung vorzulegen. [4] Die Zulassungsbehörde vermerkt die Außerbetriebsetzung des Fahrzeugs unter Angabe des Datums auf der Zulassungsbescheinigung Teil I und, soweit vorhanden, auf den Anhängerverzeichnissen und händigt die vorgelegten Unterlagen sowie die entstempelten Kennzeichenschilder wieder aus. [5] Der Halter kann sich das Kennzeichen zum Zweck der Wiederzulassung des nach den Sätzen 1 bis 4 außer Betrieb gesetzten Fahrzeugs für eine Dauer von längstens zwölf Monaten, gerechnet ab dem Tag der Außerbetriebsetzung, reservieren lassen und erhält dafür eine schriftliche oder elektronische Bestätigung. [6] Satz 5 gilt nicht, wenn das Kennzeichen nach § 13 Absatz 3 Satz 1 Nummer 2 oder Absatz 4 Satz 4 in einem anderen Zulassungsbezirk weitergeführt wurde und dort außer Betrieb gesetzt wird.

(2) [1] Soll ein nach Absatz 1 Satz 1 bis 3 außer Betrieb gesetztes Fahrzeug auf denselben Halter oder einen neuen Halter wieder zum Verkehr zugelassen (Wiederzulassung) oder ein solches zulassungsfreies kennzeichenpflichtiges Fahrzeug wieder in Betrieb genommen werden, ist die Zulassungsbescheinigung Teil I und Teil II vorzulegen, § 6, auch in Verbindung mit § 4 Absatz 2 Satz 2, gilt entsprechend. [2] Abweichend von Satz 1 ist die Vorlage der Zulassungsbescheinigung Teil II bei einer Wiederzulassung auf denselben Halter nicht erforderlich. [3] Das Fahrzeug muss vor der Wiederzulassung oder der erneuten Inbetriebnahme einer Hauptuntersuchung nach § 29 der Straßenverkehrs-Zulassungs-Ordnung[1)] unterzogen werden, wenn bei Anwendung der Anlage VIII Nummer 2 der Straßenverkehrs-Zulassungs-Ordnung zwischenzeitlich eine Untersuchung hätte stattfinden müssen. [4] Satz 3 gilt entsprechend für eine Sicherheitsprüfung nach § 29 der Straßenverkehrs-Zulassungs-Ordnung. [5] Sind die Fahrzeugdaten und Halterdaten im Zentralen Fahrzeugregister bereits gelöscht worden und kann die Übereinstimmungsbescheinigung, die Datenbestätigung oder die Bescheinigung über die Einzelgenehmigung des unveränderten Fahrzeugs nicht anderweitig erbracht werden, ist § 21 der Straßenverkehrs-Zulassungs-Ordnung entsprechend anzuwenden.

§ 15[2)] Verwertungsnachweis. (1) [1] Ist ein Fahrzeug der Klasse M1, N1 oder L5e einer anerkannten Stelle nach § 4 Absatz 1 der Altfahrzeug-Verordnung[3)] zur Verwertung überlassen worden, hat der Halter oder Eigentümer dieses Fahrzeug unter Vorlage eines Verwertungsnachweises nach dem Muster in Anlage 8 zur Speicherung in den Fahrzeugregistern bei der Zulassungsbehörde außer Betrieb setzen zu lassen. [2] Die Zulassungsbehörde überprüft die Richtigkeit und Vollständigkeit der Angaben zum Fahrzeug und zum Halter im Verwertungsnachweis und gibt diesen zurück.

(2) [1] Absatz 1 gilt entsprechend, wenn das Fahrzeug zur Entsorgung in einem anderen Mitgliedstaat der Europäischen Union oder einem anderen Vertragsstaat des Abkommens über den Europäischen Wirtschaftsraum verbleibt. [2] In diesem Fall tritt

---

1) Nr. **200**.
2) § 15 neu gef. mWv 1.10.2017 durch VO v. 23.3.2017 (BGBl. I S. 522).
3) Nr. **880**.

an die Stelle des Verwertungsnachweises der nach Artikel 5 Absatz 3 und 5 der Richtlinie 2000/53/EG des Europäischen Parlaments und des Rates vom 18. September 2000 über Altfahrzeuge (ABl. L 269 vom 21.10.2000, S. 34) in Verbindung mit der Entscheidung der Kommission vom 19. Februar 2002 über Mindestanforderungen für den gemäß Artikel 5 Absatz 3 der Richtlinie 2000/53/EG des Europäischen Parlaments und des Rates über Altfahrzeuge ausgestellten Verwertungsnachweis (ABl. L 50 vom 21.2.2002, S. 94) ausgestellte Verwertungsnachweis.

(3) [1] Kommt der Halter oder Eigentümer seinen Verpflichtungen nach Absatz 1 oder 2 nicht nach, hat die Zulassungsbehörde die Zulassungsbescheinigung im Verkehrsblatt mit einer Frist von vier Wochen zur Vorlage bei ihr aufzubieten. [2] Mit erfolglosem Ablauf des Aufgebots endet die Zulassung des Fahrzeugs. [3] Die Zulassungsbehörde teilt das Ende der Zulassung dem bisherigen Halter oder Eigentümer mit.

(4) Verbleibt ein Fahrzeug der Klasse M1, N1 oder L5e zur Entsorgung in einem Drittstaat, so hat der Halter oder Eigentümer des Fahrzeugs dies gegenüber der Zulassungsbehörde zu erklären und das Fahrzeug außer Betrieb setzen zu lassen.

(5) Im Übrigen hat der Halter oder Eigentümer des Fahrzeugs gegenüber der Zulassungsbehörde bei einem Antrag auf Außerbetriebsetzung des Fahrzeugs zu erklären, dass das Fahrzeug nicht als Abfall zu entsorgen ist.

(6) Eine Zulassung, Wiederzulassung oder Zuteilung eines Kennzeichens ist abzulehnen, wenn die Zulassungsbehörde Kenntnis davon hat, dass das Fahrzeug

1. einer anerkannten Stelle nach § 4 Absatz 1 der Altfahrzeug-Verordnung zur Verwertung überlassen oder
2. in einem anderen Mitgliedstaat der Europäischen Union oder in einem anderen Vertragsstaat des Abkommens über den Europäischen Wirtschaftsraum als Altfahrzeug gemäß der Richtlinie 2000/53/EG behandelt

wurde.

Abschnitt 2a.[1)] Internetbasierte Zulassung

§ 15a[2)] Zulässigkeit internetbasierter Zulassungsverfahren. (1) Die Zulassung von Fahrzeugen, einschließlich der Vornahme von Zulassungsänderungen und der Kennzeichenzuteilung für zulassungsfreie Fahrzeuge, sowie ihre Außerbetriebsetzung kann nach Maßgabe dieses Abschnittes internetbasiert durchgeführt werden (internetbasierte Zulassungsverfahren).

(2) [1] Das Kraftfahrt-Bundesamt und die Zulassungsbehörden haben bei internetbasierten Zulassungsverfahren, insbesondere bei der Erstellung, Speicherung und Übermittlung der Druckstücknummern und Sicherheitscodes von Stempelplaketten und der Zulassungsbescheinigung Teil I sowie des Sicherheitscodes der Zulassungsbescheinigung Teil II, dem jeweiligen Stand der Technik entsprechende und nach den Artikeln 24, 25 und 32 der Verordnung (EU) 2016/679 des Europäischen Parlaments und des Rates vom 27. April 2016 zum Schutz natürlicher Personen bei der Verarbeitung personenbezogener Daten, zum freien Datenverkehr und zur Aufhebung der Richtlinie 95/46/EG (Datenschutz-Grundverordnung) (ABl. L 119 vom 4.5.2016, S. 1; L 314 vom 22.11.2016, S. 72; L 127 vom 23.5.2018, S. 2) in der

---

1) Abschnitt 2a (§§ 15a–15l) neu gef. mWv 1.10.2019 durch VO v. 22.3.2019 (BGBl. I S. 382).

2) Abschnitt 2a (§§ 15a–15l) neu gef. mWv 1.10.2019 durch VO v. 22.3.2019 (BGBl. I S. 382); § 15a Abs. 3 Satz 1 neu gef. mWv 2.11.2019 durch VO v. 2.10.2019 (BGBl. I S. 1416).

jeweils geltenden Fassung erforderliche technische und organisatorische Maßnahmen zur Sicherstellung des Datenschutzes und der Datensicherheit zu treffen, die insbesondere die Vertraulichkeit und Unversehrtheit der Daten gewährleisten. [2] Dies gilt auch bei der Nutzung öffentlich zugänglicher Netze, insbesondere hinsichtlich der Anwendung sicherer Verschlüsselungs- und Authentifizierungsverfahren. [3] Die Sätze 1 und 2 gelten hinsichtlich der Erstellung, Speicherung und Übermittlung der Druckstücknummern und Sicherheitscodes von Stempelplaketten und der Zulassungsbescheinigung Teil I sowie des Sicherheitscodes der Zulassungsbescheinigung Teil II für hiermit von den in Satz 1 genannten Behörden beauftragte Einrichtungen entsprechend.

(3) [1] Soweit für internetbasierte Verfahren auf informationstechnische Systembestandteile zurückgegriffen wird, die einen Zugang zu den beim Kraftfahrt-Bundesamt gespeicherten Daten ermöglichen, sind die vom Kraftfahrt-Bundesamt festgelegten und im Bundesanzeiger sowie nachrichtlich im Verkehrsblatt veröffentlichten Standards

1. für die Datenübermittlung und
2. für die Mindestsicherheitsanforderungen an die beteiligten informationstechnischen Systeme

einzuhalten. [2] Protokolldaten sind durch geeignete Vorkehrungen gegen zweckfremde Verwendung sowie gegen sonstigen Missbrauch zu schützen und nach sechs Monaten automatisiert zu löschen. [3] Ergibt sich in dieser Frist der Bedarf für eine längere Speicherung zum Zwecke der Datenschutzkontrolle oder Datensicherheit, hat die Löschung unverzüglich nach Fortfall dieses Bedarfs zu erfolgen.

(4) Es wird vermutet, dass der Stand der Technik eingehalten ist, wenn die im Bundesanzeiger bekannt gemachten Technischen Richtlinien des Bundesamtes für Sicherheit in der Informationstechnik eingehalten werden.

Unterabschnitt 1.[1] Gemeinsame Regelungen für internetbasierte Zulassungsverfahren

§ 15b[2)3)] **Portal.** (1) [1] Ein nach dieser Verordnung erforderlicher Antrag ist, wenn er elektronisch gestellt wird, über das von der Zulassungsbehörde hierfür eingerichtete informationstechnische System (Portal) zu stellen. [2] Stellt der Halter einen solchen internetbasierten Antrag, werden die in das Portal der Zulassungsbehörde eingegebenen und von diesem Portal erstellten Daten

1. in die manuelle Bearbeitung und Entscheidung der Zulassungsbehörde übertragen, ohne dass die Zulassungsbehörde dabei an das Ergebnis der maschinellen Vorprüfung im Portal gebunden ist, oder
2. nach maschineller Prüfung im Portal zusammen mit der vollständig durch eine automatische Einrichtung des Portals der Zulassungsbehörde erlassenen Entscheidung (automatisierte Entscheidung) nach deren Abruf oder spätestens nach Ende von deren Bereitstellungsdauer an die internen informationstechnischen Verfahren der Zulassungsbehörde übermittelt.

---

[1] Abschnitt 2a (§§ 15a–15l) neu gef. mWv 1.10.2019 durch VO v. 22.3.2019 (BGBl. I S. 382).

[2] Abschnitt 2a (§§ 15a–15l) neu gef. mWv 1.10.2019 durch VO v. 22.3.2019 (BGBl. I S. 382); § 15b Abs. 2 Satz 2 und 3 geänd. mWv 2.11.2019 durch VO v. 2.10.2019 (BGBl. I S. 1416).

[3] Die zum 1.11.2019 in Kraft tretende Änderung durch Art. 5 Abs. 9 G v. 21.6.2019 (BGBl. I S. 846) ist nicht durchführbar mangels Übereinstimmung des Wortlauts.

[3]Die Übermittlung der Daten nach Satz 1 erfolgt elektronisch über ein vom Kraftfahrt-Bundesamt eingerichtetes Verfahren. [4]Die im Portal der Zulassungsbehörde zu dem jeweiligen Dialog gespeicherten Daten sind nach ihrer Übermittlung nach Satz 1 unverzüglich oder nach einem Abbruch des Vorgangs spätestens nach 30 Minuten zu löschen.

(2) [1]Nach Maßgabe des § 15a Absatz 3 erfolgen

1. die Datenübermittlung nach Absatz 1 Satz 2 sowie
2. die Datenübermittlung
   a) zur Verifizierung der elektronischen Versicherungsbestätigung,
   b) für die Kraftfahrzeugsteuerrückstandsprüfung,
   c) für die Infrastrukturabgabenrückstandsprüfung und
   d) zur Verifizierung der Bankverbindung.

[2]Verfahren, die mit der beantragten Amtshandlung in Zusammenhang stehen, ohne hierfür Voraussetzung zu sein, sind nicht an die Standards für die Datenübermittlung nach § 15a Absatz 3 Satz 1 Nummer 1, jedoch an die Standards für die Mindestsicherheitsanforderungen an die beteiligten informationstechnischen Systeme nach § 15a Absatz 3 Satz 1 Nummer 2 gebunden. [3]Werden im Fall des Satzes 2 die Standards für die Datenübermittlung nach § 15a Absatz 3 Satz 1 Nummer 1 nicht beachtet, ist durch die Zulassungsbehörde sicherzustellen, dass diese Verfahren im Zusammenhang mit der elektronischen Antragstellung nach Absatz 1 Satz 1 verwendet werden können.

§ 15c[1)] Antrag. (1) [1]Ein elektronischer Antrag setzt eine sichere Identifizierung des Halters

1. anhand eines elektronischen Identitätsnachweises nach § 18 des Personalausweisgesetzes, nach § 12 des eID-Karte-Gesetzes oder nach § 78 Absatz 5 des Aufenthaltsgesetzes oder
2. anhand sonstiger geeigneter technischer Verfahren mit gleichwertiger Sicherheit für die Identifizierung

voraus. [2]Die Gleichwertigkeit der Sicherheit von Verfahren ist gegeben, wenn das Verfahren einem vom Bundesamt für Sicherheit in der Informationstechnik festgestellten und im Bundesanzeiger bekannt gegebenen Verfahren genügt. [3]Die für den Antrag erforderlichen Angaben sind, soweit elektronisch auslesbar, aus dem zur Identifizierung verwendeten Verfahren zu übernehmen.

(2) [1]Die vom Halter eingegebenen Daten werden durch das Portal der Zulassungsbehörde maschinell verifiziert und verarbeitet. [2]Dabei werden die eingegebenen Daten mit den im Zentralen Fahrzeugregister gespeicherten Daten abgeglichen und durch ein automatisiertes Programm im Portal der Zulassungsbehörde auf das Vorliegen der Voraussetzungen geprüft. [3]Führt die Verifizierung und Verarbeitung zu einem Ergebnis, das einer antragsgemäßen

(Fortsetzung nächstes Blatt)

[1)] Abschnitt 2a (§§ 15a–15l) neu gef. mWv 1.10.2019 durch VO v. 22.3.2019 (BGBl. I S. 382); § 15c Abs. 1 Satz 1 neu gef. mWv 2.11.2019 durch VO v. 2.10.2019 (BGBl. I S. 1416).

Entscheidung entgegenstünde, ist dies im internetbasierten Dialog dem Halter anzuzeigen. [4] Der Halter kann in diesem Fall

1. die Angaben bis zu dreimal korrigieren, worauf jeweils eine erneute Verifizierung und Verarbeitung erfolgt,
2. den internetbasierten Dialog zur internetbasierten Antragstellung abbrechen oder
3. mit den unveränderten Angaben den Antrag elektronisch stellen.

(3) [1] Soweit Amtshandlungen gebührenpflichtig sind, sind die Gebühren durch den Halter vor der Antragstellung zu entrichten. [2] Die Entrichtung der Gebühren ist bei der Antragstellung nachzuweisen.

§ 15d[1)] **Sicherheitscodes.** (1) Für die Bearbeitung von Anträgen in internetbasierten Zulassungsverfahren werden, soweit erforderlich,

1. die Sicherheitscodes der Stempelplaketten nach § 10 Absatz 3 Satz 3,
2. der Sicherheitscode der Zulassungsbescheinigung Teil I nach § 11 Absatz 1 Satz 4,
3. der Sicherheitscode der Zulassungsbescheinigung Teil II nach § 12 Absatz 2 Satz 3

erfasst und nach § 15c Absatz 2 verifiziert.

(2) [1] Um den Sicherheitscode der Stempelplaketten als Nachweis der Entstempelung sichtbar zu machen, darf der Halter die den Sicherheitscode verdeckende Schicht der Stempelplaketten auf den Kennzeichenschildern entfernen. [2] Um den Sicherheitscode der Zulassungsbescheinigung Teil I als Nachweis des Besitzes der Zulassungsbescheinigung Teil I sichtbar zu machen, darf der Halter die Markierung mit der Aufschrift „Nur für internetbasierte Zulassungsverfahren freilegen. Dokument nur unbeschädigt gültig." entfernen, wodurch der Schriftzug „Dokument nicht mehr gültig" in der Zulassungsbescheinigung Teil I sichtbar wird. [3] Um den Sicherheitscode der Zulassungsbescheinigung Teil II als Nachweis des Besitzes der Zulassungsbescheinigung Teil II sichtbar zu machen, darf der Halter die Markierung „Nur zur Nutzung des Sicherheitscodes im internetbasierten Zulassungsverfahren freilegen. [4] Dokument nur unbeschädigt gültig." entfernen, wodurch der Schriftzug „Dokument nicht mehr gültig" in der Zulassungsbescheinigung Teil II sichtbar wird.

(3) Ein Kennzeichenschild, bei dessen Stempelplakette der Sicherheitscode sichtbar ist, gilt als ungestempeltes Kennzeichen im Sinne des § 10 Absatz 4 Satz 1, auch in Verbindung mit Absatz 12.

§ 15e[1)] **Nachweis der Hauptuntersuchungen und Sicherheitsprüfungen nach § 29 der Straßenverkehrs-Zulassungs-Ordnung.** (1) [1] Der Nachweis der Frist für die nächste Hauptuntersuchung oder die nächste Sicherheitsprüfung nach § 29 der Straßenverkehrs-Zulassungs-Ordnung[2)] erfolgt für die internetbasierte Zulassung oder deren Änderung

1. durch den Abruf des Ablaufs der Frist für die nächste Hauptuntersuchung oder die nächste Sicherheitsprüfung aus dem Zentralen Fahrzeugregister oder

---

[1)] Abschnitt 2a (§§ 15a–15l) neu gef. mWv 1.10.2019 durch VO v. 22.3.2019 (BGBl. I S. 382).
[2)] Nr. **200**.

2. durch Verifizierung der Prüfziffer des Berichts über die letzte Hauptuntersuchung oder des Protokolls der letzten Sicherheitsprüfung.

[2] Für die Anbringung von Prüfplaketten und Prüfmarken gilt § 29 Absatz 2 Satz 3 bis 5 der Straßenverkehrs-Zulassungs-Ordnung. [3] Die Zuteilung durch die Zulassungsbehörde erfolgt durch Versand zusammen mit Stempelplaketten nach § 15i Absatz 4 Nummer 1.

(2) Die für die Durchführung von Hauptuntersuchungen oder Sicherheitsprüfungen nach § 29 der Straßenverkehrs-Zulassungs-Ordnung berechtigten Personen können für die Zwecke internetbasierter Zulassungsverfahren Prüfziffern generieren und auf ihren Untersuchungsberichten oder Prüfprotokollen aufbringen, wenn

1. die jeweilige Technische Prüfstelle,
2. die amtlich anerkannte Überwachungsorganisation,
3. die anerkannte Kraftfahrzeugwerkstatt, soweit sie Sicherheitsprüfungen durchführt, oder
4. jede andere Stelle, der die berechtigte Person angehört,

sicherstellt, dass die Aufbringung der Prüfziffer unterschiedslos jedermann angeboten wird; die Öffentlichkeit ist vom Anbieter in geeigneter Weise darüber zu unterrichten.

(3) [1] Die Prüfziffer ist eine nach einem Prüfziffernverfahren generierte Zeichenfolge. [2] Für die Generierung dieser Prüfziffer werden folgende Daten aus der jeweiligen Hauptuntersuchung oder Sicherheitsprüfung verwendet:

1. die Fahrzeug-Identifizierungsnummer,
2. Monat und Jahr der Erstzulassung,
3. das Datum der Hauptuntersuchung oder der Sicherheitsprüfung,
4. Monat und Jahr des Ablaufs der Frist für die nächste Hauptuntersuchung oder die nächste Sicherheitsprüfung,
5. die Entscheidung über die Zuteilung der Prüfplakette nach einer Hauptuntersuchung oder der Prüfmarke nach einer Sicherheitsprüfung,
6. die Schlüsselnummer der Technischen Prüfstelle, der amtlich anerkannten Überwachungsorganisation oder der mit der Datenübermittlung beauftragten Gemeinschaftseinrichtung der anerkannten Kraftfahrzeugwerkstätten.

[3] Die Generierung der Prüfziffer sowie Maßnahmen zur Sicherung des Verfahrens haben nach Maßgabe der vom Kraftfahrt-Bundesamt festgelegten Standards zu erfolgen.

(4) [1] Zur Verifizierung der Prüfziffer im Sinne des Absatzes 1 Satz 1 Nummer 2 sind folgende Daten in das Portal der Zulassungsbehörde einzugeben:

1. die Prüfziffer,
2. das Datum der Hauptuntersuchung oder der Sicherheitsprüfung,
3. Monat und Jahr des Ablaufs der Frist für die nächste Hauptuntersuchung oder die nächste Sicherheitsprüfung,
4. die Technische Prüfstelle, die amtlich anerkannte Überwachungsorganisation oder die mit der Datenübermittlung beauftragte Gemeinschaftseinrichtung der anerkannten Kraftfahrzeugwerkstätten.

[2]Die Verifizierung hat durch das Portal der Zulassungsbehörde nach Maßgabe der Anlage 8a zu erfolgen.

(5) Nach erfolgter Zulassung übermittelt die Zulassungsbehörde folgende Daten zur Speicherung im Zentralen Fahrzeugregister an das Kraftfahrt-Bundesamt:

1. der Nachweis der Hauptuntersuchung oder der Sicherheitsprüfung mittels Prüfziffer nach Absatz 1 Satz 1 Nummer 2,
2. das Datum der Hauptuntersuchung oder der Sicherheitsprüfung nach Absatz 4 Satz 1 Nummer 2,
3. Monat und Jahr des Ablaufs der Frist für die nächste Hauptuntersuchung oder die nächste Sicherheitsprüfung nach Absatz 4 Satz 1 Nummer 3,
4. die Schlüsselnummer der Technischen Prüfstelle, der amtlich anerkannten Überwachungsorganisation oder der mit der Datenübermittlung beauftragten Gemeinschaftseinrichtung der anerkannten Kraftfahrzeugwerkstätten nach Absatz 4 Satz 1 Nummer 4.

(6) Erfolgt die nach § 29a der Straßenverkehrs-Zulassungs-Ordnung vorgeschriebene Übermittlung für die nach Absatz 4 nachgewiesene Hauptuntersuchung oder Sicherheitsprüfung nicht rechtzeitig, unterrichtet das Kraftfahrt-Bundesamt die Zulassungsbehörde.

§ 15f[1)] Bekanntgabe, Wirksamkeit und Vorbehalt der Nachprüfung.

(1) Die Zulassungsbehörde gibt die das internetbasierte Zulassungsverfahren abschließende Entscheidung bekannt

1. im Fall der manuellen Bearbeitung und Entscheidung der Zulassungsbehörde nach § 15b Absatz 1 Satz 2 Nummer 1 durch Übersendung eines schriftlichen Bescheides,
2. im Fall der automatisierten Entscheidung nach § 15b Absatz 1 Satz 2 Nummer 2
   a) durch die Bereitstellung der Entscheidung in Form eines schreibgeschützten elektronischen Dokuments in einem üblichen Format im Portal der Zulassungsbehörde zum Abruf durch den Halter für die Dauer von 30 Minuten unmittelbar nach Abschluss des maschinellen Prüfungsvorgangs,
   b) falls der Abruf nach Buchstabe a nicht erfolgt ist, durch Übersendung des Ausdrucks des elektronischen Dokuments an den Halter.

(2) Die Zulassung oder ihre Änderung ist wirksam

1. in den Fällen des Absatzes 1 Nummer 1 oder Nummer 2 Buchstabe b am dritten Tag, der dem Tag folgt, am dem die Zulassungsbehörde den Bescheid oder den Ausdruck abgesandt hat,
2. im Fall des Absatzes 1 Nummer 2 Buchstabe a am Tag des Abrufes.

(3) [1]Eine automatisierte Entscheidung nach § 15b Absatz 1 Satz 2 Nummer 2 steht einen Monat beginnend mit dem Tag, an dem die Zulassung oder ihre Änderung nach Absatz 2 wirksam wird, unter dem Vorbehalt der Nachprüfung, Aufhebung und Neuentscheidung durch die Zulassungsbehörde. [2]Die Zulassungsbehörde hat zu gewährleisten, dass

---

1) Abschnitt 2a (§§ 15a–15l) neu gef. mWv 1.10.2019 durch VO v. 22.3.2019 (BGBl. I S. 382).

1. durch Stichproben eine hinreichende Anzahl automatisierter Entscheidungen zur manuellen Nachprüfung ausgewählt wird und, falls die Entscheidungen automatisiert ausgewählt werden, in regelmäßig festgesetzten Zeitabständen Entscheidungen auch manuell ausgewählt werden und
2. die Arbeitsweise der automatischen Einrichtung einsehbar gemacht werden kann und überprüfbar ist.

(4) Ist die Bekanntgabe einer automatisierten Entscheidung nach Absatz 1 Nummer 2 Buchstabe a erfolgt, werden die Daten aus dem Portal der Zulassungsbehörde zusätzlich zu § 15b Absatz 1 Satz 2 Nummer 2 über das vom Kraftfahrt-Bundesamt eingerichtete Verfahren auch unmittelbar an das Kraftfahrt-Bundesamt zur Speicherung im Zentralen Fahrzeugregister übermittelt.

Unterabschnitt 2[1]. Internetbasierte Außerbetriebsetzung

§ 15g[1] Antrag auf Außerbetriebsetzung. (1) Der Halter eines zugelassenen Fahrzeugs oder eines zulassungsfreien Fahrzeugs, dem ein Kennzeichen zugeteilt ist, kann die Außerbetriebsetzung einschließlich der Kennzeichenreservierung nach § 14 Absatz 1, auch in Verbindung mit § 15 Absatz 1 bis 5, nach dem Verfahren des Unterabschnitts 1 beantragen (internetbasierte Außerbetriebsetzung), wenn die abgestempelten Kennzeichenschilder die Anforderungen des § 10 Absatz 3 Satz 2 bis 5 und die Zulassungsbescheinigung Teil I die Anforderungen des § 11 Absatz 1 erfüllen.

(2) [1]Die Vorlage der Zulassungsbescheinigung Teil I und der Kennzeichenschilder nach § 14 Absatz 1 Satz 1 wird ersetzt durch die Erfassung und Verifizierung

1. des Kennzeichens,
2. der Sicherheitscodes der Stempelplaketten nach § 15d Absatz 1 Nummer 1 und
3. des Sicherheitscodes der Zulassungsbescheinigung Teil I nach § 15d Absatz 1 Nummer 2.

[2]Bei Wechselkennzeichen nach § 8 Absatz 1a gilt Satz 1 Nummer 2 mit der Maßgabe, dass zusätzlich der Sicherheitscode der Stempelplakette des gemeinsamen Kennzeichenteils erfasst werden muss, wenn kein weiteres Fahrzeug zugelassen bleibt.

(3) Die Vorlage eines Verwertungsnachweises nach § 15 Absatz 1 oder 2, wenn ein solcher ausgestellt wurde, wird ersetzt durch die Erfassung

1. des Datums der Ausstellung des Verwertungsnachweises und
2. der Betriebsnummer des inländischen Demontagebetriebes oder im Fall des § 15 Absatz 2 des Staates, in dem die Verwertungsanlage ihren Sitz hat.

(4) [1]Beantragt ein Dritter die Außerbetriebsetzung des Fahrzeugs, gilt er als vom Halter hierzu bevollmächtigt, wenn die Sicherheitscodes der Stempelplaketten nach Absatz 2 Satz 1 Nummer 2, auch in Verbindung mit Absatz 2 Satz 2, und der Sicherheitscode der Zulassungsbescheinigung Teil I nach Absatz 2 Satz 1 Nummer 3 erfasst werden. [2]Im Fall des Satzes 1 gilt § 15c Absatz 1 mit

[1] Abschnitt 2a (§§ 15a–15l) neu gef. mWv 1.10.2019 durch VO v. 22.3.2019 (BGBl. I S. 382).

der Maßgabe, dass die sichere Identifizierung des Dritten erfolgen muss und die Halterdaten einzugeben sind.

§ 15h[1] Außerbetriebsetzung. (1) [1] Liegen die Voraussetzungen für die Außerbetriebsetzung nach maschineller Prüfung durch das Portal der Zulassungsbehörde vor, wird das Fahrzeug in einer automatisierten Entscheidung nach § 15b Absatz 1 Satz 2 Nummer 2 außer Betrieb gesetzt. [2] Abweichend von § 15f Absatz 1 Nummer 2 Buchstabe b erfolgt die Bekanntgabe der automatisierten Entscheidung, falls diese nicht aus dem Portal der Zulassungsbehörde abgerufen wird, durch

1. Versendung einer De-Mail-Nachricht im Sinne des § 3a Absatz 2 Satz 4 Nummer 3 des Verwaltungsverfahrensgesetzes, wenn der Halter in seinem elektronischen Antrag ein auf seinen Namen eingerichtetes De-Mail-Konto benennt,
2. sonstige sichere Verfahren im Sinne des § 3a Absatz 2 Satz 4 Nummer 4 des Verwaltungsverfahrensgesetzes, wenn der Halter einen solchen elektronischen Kommunikationsweg eröffnet, oder
3. durch Übersendung des Ausdrucks des elektronischen Dokuments

und ist die Außerbetriebsetzung abweichend von § 15f Absatz 2 Nummer 1 am Tag der Absendung des Ausdrucks wirksam. [3] Scheitert die maschinelle Prüfung der Voraussetzungen für die Außerbetriebsetzung, erfolgt die Entscheidung nach § 15b Absatz 1 Satz 2 Nummer 1 und ist im Fall einer antragsgemäßen Entscheidung die Außerbetriebsetzung abweichend von § 15f Absatz 2 Nummer 1 am Tag der Absendung des schriftlichen Bescheides wirksam.

(2) Der Vermerk über die Außerbetriebsetzung in der Zulassungsbescheinigung Teil I und die Aushändigung der entstempelten Kennzeichenschilder nach § 14 Absatz 1 Satz 4 werden durch die Verarbeitung der freigelegten Sicherheitscodes nach § 15d Absatz 1 Nummer 1 und 2 ersetzt.

(3) Ist der Antrag durch eine bevollmächtigte Person gestellt worden, teilt die Zulassungsbehörde dem bisherigen Halter persönlich das Datum der Wirksamkeit der Außerbetriebsetzung durch Übersendung eines schriftlichen Hinweises mit.

Unterabschnitt 3[1]. Internetbasierte Erstzulassung, Wiederzulassung und Änderung bei Halter- und Wohnsitzwechsel

§ 15i[1] Gemeinsame Regelungen für die Zulassung und Änderungen.

(1) Der Halter kann die Zulassung oder deren Änderung elektronisch beantragen, wenn

1. er eine natürliche Person ist,
2. er nicht nach § 2 Absatz 1 des Pflichtversicherungsgesetzes[2] von der Versicherungspflicht befreit ist,
3. das Fahrzeug nicht nach § 3 Absatz 2 von den Vorschriften über das Zulassungsverfahren ausgenommen ist,

---

[1] Abschnitt 2a (§§ 15a–15l) neu gef. mWv 1.10.2019 durch VO v. 22.3.2019 (BGBl. I S. 382).
[2] Nr. **600**.

4. das Kennzeichen als allgemeines Kennzeichen nach § 8 Absatz 1 Satz 1 bis 4 und Anlage 4 Abschnitt 2 zugeteilt werden soll,
5. der Halter den Besitz der Zulassungsbescheinigung Teil I durch Erfassung ihres Sicherheitscodes nach § 15d Absatz 1 Nummer 2 und den Besitz der Zulassungsbescheinigung Teil II durch Erfassung ihres Sicherheitscodes nach § 15d Absatz 1 Nummer 3 nachweisen kann und
6. keine Änderungen der Fahrzeugdaten im Sinne des § 13 Absatz 1 im Vergleich zu den bisher erfassten Daten oder bei Erstzulassung im Vergleich zu den Daten der Übereinstimmungsbescheinigung erfolgt sind.

(2) Bei der Antragstellung nach Absatz 1 hat der Halter zusätzlich zu den Angaben nach Absatz 1 die folgenden Daten in das Portal der Zulassungsbehörde einzugeben:
1. das bisherige Kennzeichen, die Fahrzeug-Identifizierungsnummer, den Sicherheitscode der Zulassungsbescheinigung Teil I nach § 15d Absatz 1 Nummer 2 und den Sicherheitscode der Zulassungsbescheinigung Teil II nach § 15d Absatz 1 Nummer 3,
2. die Nummer der elektronischen Versicherungsbestätigung,
3. die Daten zur Erteilung des SEPA-Lastschrift-Mandats für den Einzug der Kraftfahrzeugsteuer und, wenn vorhanden, ein Merkmal zur beabsichtigten Beantragung einer Kraftfahrzeugsteuervergünstigung,
4. die im Sinne des § 9 Absatz 3 des Infrastrukturabgabengesetzes[1)] erforderlichen Daten zur elektronischen Erteilung des SEPA-Lastschrift-Mandats für den Einzug der Infrastrukturabgabe,
5. den Monat und das Jahr des Ablaufs der Frist für die nächste Hauptuntersuchung und, falls zutreffend, der Frist für die nächste Sicherheitsprüfung sowie, wenn der Nachweis nicht nach § 15e Absatz 1 Satz 1 Nummer 1 elektronisch vorliegt, die weiteren Angaben nach § 15e Absatz 4 Satz 1.

(3) [1] Die eingegebenen Daten werden durch das Portal der Zulassungsbehörde nach Maßgabe der Anlage 8b maschinell verifiziert und verarbeitet. [2] Die Entscheidung erfolgt nach § 15b Absatz 1 Satz 2 Nummer 1. [3] Nach Wirksamkeit der Zulassungsentscheidung werden
1. die Daten nach Anlage 8b Satz 1 Nummer 5 von der Zulassungsbehörde an die für die Ausübung der Verwaltung der Kraftfahrzeugsteuer zuständige Behörde in einem einheitlichen Datensatz nach § 36 Absatz 1 und 3 zusammen mit den Zulassungsdaten übermittelt,
2. die Daten nach Anlage 8b Satz 1 Nummer 6 von der Zulassungsbehörde an die Infrastrukturabgabebehörde übermittelt.

(4) Für die internetbasierte Zulassung oder deren Änderung gelten § 3 Absatz 1 Satz 3, § 10 Absatz 3 Satz 1 und § 14 Absatz 2 Satz 1 mit den folgenden Maßgaben:
1. Die Vorlage der Kennzeichenschilder nach § 10 Absatz 3 Satz 1 und ihre Abstempelung nach § 3 Absatz 1 Satz 3 werden durch das Aufbringen der Stempelplaketten auf den Plakettenträgern nach § 10 Absatz 3 Satz 6 und deren Übersendung mit Vorgaben über die zulässigen Abmessungen und die

---
1) Nr. **780**.

Schriftart der Kennzeichenschilder sowie Hinweisen über die Verwendung dieser Unterlagen an den Halter ersetzt.

2. Die Zulassung des Fahrzeugs erfolgt unter Zuteilung des Kennzeichens durch Übersendung eines schriftlichen Bescheides nach § 15f Absatz 1 Nummer 1.
3. Die Zulassungsbescheinigung Teil I und die Zulassungsbescheinigung Teil II sind dem Halter zu übersenden.

(5) [1] Der Halter ist verpflichtet, einen von der Zulassungsbehörde übersandten Plakettenträger unverzüglich an der dafür vorgegebenen Stelle auf einem vorgegebenen Kennzeichenschild fest anzubringen. [2] Ein Plakettenträger darf nur auf einem Kennzeichenschild mit dem zugehörigen zugeteilten Kennzeichen angebracht werden. [3] Ein internetbasiert zugelassenes Fahrzeug darf auf öffentlichen Straßen nur in Betrieb gesetzt werden, wenn die dafür übersandten Plakettenträger auf den Kennzeichenschildern mit dem zugeteilten Kennzeichen fest angebracht worden sind. [4] Der Halter darf die Inbetriebnahme eines internetbasiert zugelassenen Fahrzeugs nur anordnen oder zulassen, wenn die Voraussetzungen des Satzes 3 vorliegen. [5] Wird ein internetbasiert zugelassenes Fahrzeug entgegen Satz 3 oder entgegen § 10 Absatz 2 Satz 2 in Betrieb gesetzt, kann die Zulassungsbehörde die Kennzeichenschilder einziehen. [6] Die Einziehung ist unabhängig von der Vorwerfbarkeit oder der Verfolgung als Ordnungswidrigkeit.

§ 15j[1)] Internetbasierte Erstzulassung. (1) Der Halter kann die Zulassung eines Fahrzeugs, das noch nicht zugelassen war (Erstzulassung), nach dem Verfahren des Unterabschnitts 1 in Verbindung mit § 15i nach Maßgabe der folgenden Absätze beantragen.

(2) Nicht erforderlich sind

1. der Nachweis des Besitzes der Zulassungsbescheinigung Teil I abweichend von § 15i Absatz 1 Nummer 5 in Verbindung mit Absatz 2 Nummer 1,
2. die Eingabe des Kennzeichens abweichend von § 15i Absatz 2 Nummer 1 und
3. die Eingabe des Monats und des Jahres des Ablaufs der Frist für die nächste Hauptuntersuchung und für die nächste Sicherheitsprüfung abweichend von § 15i Absatz 2 Nummer 5.

(3) § 6 Absatz 2 Satz 1 und Absatz 3 Satz 1 gilt mit den folgenden Maßgaben:

1. Die Vorlage der Zulassungsbescheinigung Teil II nach § 6 Absatz 2 Satz 1 wird durch die Erfassung und Verifizierung ihres Sicherheitscodes nach § 15d Absatz 1 Nummer 3 ersetzt.
2. Die Vorlage der Übereinstimmungsbescheinigung nach § 6 Absatz 3 Satz 1 wird durch die Verifizierung der Angaben mittels der zentralen Datei der für die Prüfung der Zulassungsfähigkeit erforderlichen fahrzeugbezogenen Daten des Kraftfahrt-Bundesamtes ersetzt.

(4) Zusätzlich zum Ergebnis der automatisierten Vorprüfung prüft die Zulassungsbehörde das Vorliegen von Hindernissen für die Erstzulassung auf Grund technischer Vorschriften.

[1)] Abschnitt 2a (§§ 15a–15l) neu gef. mWv 1.10.2019 durch VO v. 22.3.2019 (BGBl. I S. 382).

§ 15k[1] Internetbasierte Wiederzulassung. (1) Der Halter kann die Zulassung eines Fahrzeugs, das nach § 14 Absatz 2 wieder zugelassen werden soll, nach dem Verfahren des Unterabschnitts 1 in Verbindung mit § 15i nach Maßgabe der folgenden Absätze beantragen (internetbasierte Wiederzulassung).

(2) Das Fahrzeug darf zum Zeitpunkt des Zulassungsantrages nicht länger als sieben Jahre außer Betrieb gesetzt gewesen sein.

(3) Für die Wiederzulassung gilt § 14 Absatz 2 Satz 1 mit den folgenden Maßgaben:

1. Die Vorlage der zur Außerbetriebsetzung verwendeten Zulassungsbescheinigung Teil I nach § 14 Absatz 2 Satz 1 wird durch die Erfassung und Verifizierung ihres Sicherheitscodes nach § 15d Absatz 1 Nummer 2 ersetzt.
2. Die Vorlage der Zulassungsbescheinigung Teil II nach § 14 Absatz 2 Satz 1 wird, vorbehaltlich des Absatzes 4, durch die Erfassung und Verifizierung ihres Sicherheitscodes nach § 15d Absatz 1 Nummer 3 ersetzt.

(4) Bei einer Wiederzulassung auf denselben Halter sind nicht erforderlich

1. der Nachweis des Besitzes der Zulassungsbescheinigung Teil II abweichend von § 15i Absatz 1 Nummer 5 und
2. die Ausstellung der Zulassungsbescheinigung Teil II abweichend von § 15i Absatz 4 Satz 1 Nummer 3.

(5) [1] Es ist anzugeben, dass für das Fahrzeug kein Verwertungsnachweis ausgestellt worden ist. [2] Diese Angabe wird durch das Portal der Zulassungsbehörde im Verfahren nach § 15i Absatz 3 Satz 1 in Verbindung mit Anlage 8b Nummer 2 maschinell verifiziert und verarbeitet.

(6) Zusätzlich zum Ergebnis der automatisierten Vorprüfung prüft die Zulassungsbehörde das Vorliegen von Hindernissen für die Wiederzulassung auf Grund technischer Vorschriften.

§ 15l Internetbasierte Änderung bei Halter- oder Wohnsitzwechsel, sofortige Inbetriebnahme. (1) Der Halter kann die Änderung der Zulassung bei

1. einem Wechsel des Wohnsitzes oder des Sitzes des Halters im Sinne des § 13 Absatz 1 Satz 1 Nummer 1, auch in Verbindung mit Absatz 3 Satz 1 oder
2. einem Wechsel des Halters im Sinne des § 13 Absatz 4 Satz 3

nach dem Verfahren des Unterabschnitts 1 in Verbindung mit § 15i nach Maßgabe der folgenden Absätze beantragen (internetbasierte Änderung bei Halter- oder Wohnsitzwechsel).

(2) § 13 Absatz 1 gilt mit den folgenden Maßgaben:

1. Die Vorlage der Zulassungsbescheinigung Teil I nach § 13 Absatz 1 wird durch die Erfassung und Verifizierung ihres Sicherheitscodes nach § 15d Absatz 1 Nummer 2 ersetzt.
2. Die Vorlage der Zulassungsbescheinigung Teil II nach § 13 Absatz 11 wird, vorbehaltlich des Absatzes 3 Satz 2, durch die Erfassung und Verifizierung ihres Sicherheitscodes nach § 15d Absatz 1 Nummer 3 ersetzt.

---

[1] Abschnitt 2a (§§ 15a–15l) neu gef. mWv 1.10.2019 durch VO v. 22.3.2019 (BGBl. I S. 382).

(3) [1] Verlegt der Halter seinen Wohnsitz oder Sitz innerhalb des bisherigen Zulassungsbezirks oder in einen anderen Zulassungsbezirk, sind die Angaben nach § 15i Absatz 2 Nummer 2 bis 4 nicht erforderlich. [2] Soll in den Fällen des Satzes 1 das bisherige Kennzeichen weitergeführt werden, sind auch nicht erforderlich

1. der Nachweis des Besitzes der Zulassungsbescheinigung Teil II abweichend von § 15i Absatz 1 Nummer 5 und
2. die Ausstellung der Zulassungsbescheinigung Teil II abweichend von § 15i Absatz 4 Satz 1 Nummer 3.

(4) Soll das bisherige Kennzeichen weitergeführt werden, gelten die folgenden Maßgaben:

1. Liegen nach maschineller Prüfung durch das Portal der Zulassungsbehörde alle Voraussetzungen für die Änderung der Zulassung vor, erfolgt die antragsgemäße Entscheidung abweichend von § 15i Absatz 3 Satz 2 automatisiert nach § 15b Absatz 1 Satz 2 Nummer 2. In der Entscheidung sind sämtliche Angaben aus der Zulassungsbescheinigung Teil I wiederzugeben.
2. Scheitert die maschinelle Prüfung der Zulassungsvoraussetzungen, erfolgt die Entscheidung nach § 15b Absatz 1 Satz 2 Nummer 1.
3. Die Zuteilung eines neuen Kennzeichens nach § 15i Absatz 1 Nummer 4 in Verbindung mit Absatz 4 Nummer 2 und das Aufbringen der Stempelplaketten auf den Plakettenträger sowie deren Übersendung nach § 15i Absatz 4 Nummer 1 wird durch die in der Zulassungsentscheidung erlaubte Weiterführung des bisherigen Kennzeichens und der Stempelplaketten nach § 13 Absatz 3 Satz 1 Nummer 2 und § 13 Absatz 4 Satz 4 ersetzt.
4. Bis zum Empfang der nach § 15i Absatz 4 Satz 1 Nummer 3 zu übersendenden Zulassungsbescheinigung Teil I, längstens jedoch für die Dauer von zehn Tagen nach dem Abruf der automatisierten Zulassungsentscheidung nach § 15f Absatz 1 Nummer 2 Buchstabe a, genügt das Mitführen und die Aushändigung der Zulassungsentscheidung in unmittelbar lesbarer Form den Anforderungen des § 11 Absatz 6 für eine Inbetriebnahme des Fahrzeugs.

(5) Im Fall des Wechsels des Halters teilt die Zulassungsbehörde dem bisherigen Halter das Datum der Wirksamkeit der Änderung der Zulassung auf den neuen Halter durch Übersendung eines schriftlichen Hinweises mit.

Abschnitt 3. Zeitweilige Teilnahme am Straßenverkehr

§ 16[1)] Prüfungsfahrten, Probefahrten und Überführungsfahrten mit rotem Kennzeichen. (1) [1] Ein Fahrzeug darf, wenn es vorbehaltlich der Sätze 3 und 4 nicht zugelassen ist, auch ohne eine EG-Typgenehmigung, nationale Typgenehmigung oder Einzelgenehmigung zu Prüfungs-, Probe- oder Über-

[1)] § 16 Abs. 3a eingef. mWv 1.6.2012 durch VO v. 10.5.2012 (BGBl. I S. 1086); Abs. 2 Sätze 1 und 2 neu gef., Satz 3 eingef., bish. Sätze 3–8 werden Sätze 4–9, Abs. 4 und Abs. 6 geänd. mWv 1.11. 2012 durch VO v. 19.10.2012 (BGBl. I S. 2232); Überschrift neu gef., Abs. 1 Satz 1 neu gef., Abs. 2 aufgeh., bish. Abs. 3 und 3a werden Abs. 2 und 3 und neuer Abs. 2 Satz 1 geänd., Abs. 4 geänd., Abs. 5 Satz 1 neu gef., Satz 3 geänd. mWv 1.4.2015 durch VO v. 30.10.2014 (BGBl. I S. 1666); Abs. 1 neu gef. mWv 1.10.2017 durch VO v. 23.3.2017 (BGBl. I S. 522).

führungsfahrten in Betrieb gesetzt werden, wenn eine dem Pflichtversicherungsgesetz[1] entsprechende Kraftfahrzeug-Haftpflichtversicherung besteht und das Fahrzeug unbeschadet des § 16a ein Kennzeichen mit roter Beschriftung auf weißem rot gerandetem Grund (rotes Kennzeichen) führt. [2]Dies gilt auch für notwendige Fahrten zum Tanken und zur Außenreinigung anlässlich solcher Fahrten nach Satz 1 sowie für notwendige Fahrten zum Zwecke der Reparatur oder Wartung der betreffenden Fahrzeuge. [3]Ein Fahrzeug, dem nach § 9 Absatz 3 ein Saisonkennzeichen zugeteilt ist, darf außerhalb des Betriebszeitraums nach den Sätzen 1 und 2 in Betrieb gesetzt werden, wenn das Saisonkennzeichen nicht gleichzeitig geführt wird. [4]Ein Fahrzeug, dem nach § 8 Absatz 1a ein Wechselkennzeichen zugeteilt ist, darf nach den Sätzen 1 und 2 in Betrieb gesetzt werden, wenn das Wechselkennzeichen weder vollständig noch in Teilen gleichzeitig geführt wird. [5]§ 31 Absatz 2 der Straßenverkehrs-Zulassungs-Ordnung[2] bleibt unberührt.

(2) [1]Rote Kennzeichen und besondere Fahrzeugscheinhefte für Fahrzeuge mit roten Kennzeichen nach Anlage 9 können durch die örtlich zuständige Zulassungsbehörde zuverlässigen Kraftfahrzeugherstellern, Kraftfahrzeugteileherstellern, Kraftfahrzeugwerkstätten und Kraftfahrzeughändlern befristet oder widerruflich zur wiederkehrenden betrieblichen Verwendung, auch an unterschiedlichen Fahrzeugen, zugeteilt werden. [2]Ein rotes Kennzeichen besteht aus einem Unterscheidungszeichen und einer Erkennungsnummer jeweils nach § 8 Absatz 1, jedoch besteht die Erkennungsnummer nur aus Ziffern und beginnt mit „06". [3]Für jedes Fahrzeug ist eine gesonderte Seite des Fahrzeugscheinheftes zu dessen Beschreibung zu verwenden; die Angaben zum Fahrzeug sind vollständig und in dauerhafter Schrift vor Antritt der ersten Fahrt einzutragen. [4]Das Fahrzeugscheinheft ist bei jeder Fahrt mitzuführen und zuständigen Personen auf Verlangen auszuhändigen. [5]Über jede Prüfungs-, Probe- oder Überführungsfahrt sind fortlaufende Aufzeichnungen zu führen, aus denen das verwendete Kennzeichen, das Datum der Fahrt, deren Beginn und Ende, der Fahrzeugführer mit dessen Anschrift, die Fahrzeugklasse und der Hersteller des Fahrzeugs, die Fahrzeug-Identifizierungsnummer und die Fahrtstrecke ersichtlich sind. [6]Die Aufzeichnungen sind ein Jahr lang aufzubewahren; sie sind zuständigen Personen auf Verlangen jederzeit zur Prüfung auszuhändigen. [7]Nach Ablauf der Frist, für die das Kennzeichen zugeteilt worden ist, ist das Kennzeichen mit dem dazugehörigen Fahrzeugscheinheft der Zulassungsbehörde unverzüglich zurückzugeben.

(3) [1]Rote Kennzeichen können durch die örtlich zuständige Zulassungsbehörde auch Technischen Prüfstellen sowie anerkannten Überwachungsorganisationen nach Anlage VIIIb der Straßenverkehrs-Zulassungs-Ordnung für die Durchführung von Prüfungsfahrten im Rahmen der Hauptuntersuchungen, Sicherheitsprüfungen, Begutachtungen nach § 23 der Straßenverkehrs-Zulassungs-Ordnung und Untersuchungen oder Begutachtungen im Rahmen des § 5 widerruflich zur wiederkehrenden betrieblichen Verwendung an unterschiedlichen Fahrzeugen zugeteilt werden. [2]Das rote Kennzeichen besteht aus einem Unterscheidungszeichen und einer Erkennungsnummer jeweils nach § 8 Absatz 1, jedoch besteht die Erkennungsnummer nur aus Ziffern und beginnt mit „05".

---

[1] Nr. **600**.
[2] Nr. **200**.

(4) Mit dem Antrag auf Zuteilung eines roten Kennzeichens sind vom Antragsteller zum Zwecke der Speicherung in den Fahrzeugregistern seine in § 6 Absatz 1 Satz 2 bezeichneten Daten und die in § 6 Absatz 4 Nummer 3 bezeichneten Daten zur Kraftfahrzeug-Haftpflichtversicherung mitzuteilen und auf Verlangen nachzuweisen.

(5) [1] Rote Kennzeichen sind nach § 10 in Verbindung mit Anlage 4 Abschnitt 1 und 7 auszugestalten und anzubringen. [2] Sie brauchen jedoch nicht fest angebracht zu sein. [3] Fahrzeuge mit roten Kennzeichen dürfen im Übrigen nur nach Maßgabe des § 10 Absatz 12 Satz 1 in Betrieb genommen werden. [4] Der Halter darf die Inbetriebnahme eines Fahrzeugs nicht anordnen oder zulassen, wenn die Voraussetzungen nach Satz 1 und 3 nicht vorliegen.

(6) Die §§ 29 und 57b der Straßenverkehrs-Zulassungs-Ordnung finden keine Anwendung.

§ 16a[1)] Probefahrten und Überführungsfahrten mit Kurzzeitkennzeichen. (1) [1] Ein Fahrzeug darf, wenn es vorbehaltlich des Satzes 2 nicht zugelassen ist, zu Probe- oder Überführungsfahrten in Betrieb gesetzt werden, wenn

1. es einem genehmigten Typ entspricht oder eine Einzelgenehmigung erteilt ist,
2. gültige Nachweise über eine bestandene Hauptuntersuchung und Sicherheitsprüfung, soweit diese nach § 29 der Straßenverkehrs-Zulassungs-Ordnung[2)] erforderlich sind, vorliegen,
3. eine dem Pflichtversicherungsgesetz[3)] entsprechende Kraftfahrzeug-Haftpflichtversicherung besteht und
4. es ein Kurzzeitkennzeichen führt.

[2] Ein Fahrzeug, dem nach § 9 Absatz 3 ein Saisonkennzeichen zugeteilt ist, darf nach Satz 1 außerhalb des Betriebszeitraums in Betrieb gesetzt werden, wenn das Saisonkennzeichen nicht gleichzeitig geführt wird. [3] § 31 Absatz 2 der Straßenverkehrs-Zulassungs-Ordnung bleibt unberührt. [4] § 57b der Straßenverkehrs-Zulassungs-Ordnung ist nicht anzuwenden.

(2) [1] Auf Antrag hat die örtlich zuständige Zulassungsbehörde oder die für den Standort des Fahrzeugs zuständige Zulassungsbehörde ein Kurzzeitkennzeichen nach den Absätzen 3 und 4 zuzuteilen und einen auf den Antragsteller ausgestellten Fahrzeugschein für Fahrzeuge mit Kurzzeitkennzeichen nach Absatz 5 auszufertigen. [2] Mit dem Antrag auf Zuteilung eines Kurzzeitkennzeichens hat der Antragsteller

1. die Angaben über den Fahrzeughalter nach § 6 Absatz 1 Satz 2,
2. die Daten zur Kraftfahrzeug-Haftpflichtversicherung nach § 6 Absatz 4 Nummer 3 sowie das Ende des Versicherungsschutzes,
3. die Angaben über einen Empfangsbevollmächtigten nach § 6 Absatz 4 Nummer 4,

---

[1)] § 16a eingef. mWv 1.4.2015 durch VO v. 30.10.2014 (BGBl. I S. 1666); neu gef. mWv 1.10. 2017 durch VO v. 23.3.2017 (BGBl. I S. 522); Abs. 4 Satz 2 geänd. mWv 1.1.2018 durch VO v. 31.7. 2017 (BGBl. I S. 3090); Abs. 2 Satz 2 Nr. 5 geänd. mWv 1.10.2019 durch VO v. 22.3.2019 (BGBl. I S. 382).

[2)] Nr. **200**.

[3)] Nr. **600**.

4. die Fahrzeugdaten nach § 6 Absatz 7 Nummer 1 und 3,
5. die Daten zur Typgenehmigung oder Einzelgenehmigung unter entsprechender Anwendung des § 6 Absatz 3 und 7 Nummer 2 sowie des § 14 Absatz 2 Satz 5 und
6. den Ablauf der Frist für die nächste Hauptuntersuchung und Sicherheitsprüfung, soweit diese nach § 29 der Straßenverkehrs-Zulassungs-Ordnung erforderlich sind,

zur Speicherung in den Fahrzeugregistern mitzuteilen und auf Verlangen nachzuweisen.

(3) [1] Ein Kurzzeitkennzeichen darf

1. nur für die Durchführung von Fahrten im Sinne des Absatzes 1 unter Beachtung der Beschränkungen nach den Absätzen 6 und 7 und
2. nur an dem Fahrzeug, für das es zugeteilt worden ist,

verwendet werden. [2] Kurzzeitkennzeichen sind nach § 10, ausgenommen Absatz 3 Satz 2, 3 und 5 bis 7, in Verbindung mit Anlage 4 Abschnitt 1 und 6 auszugestalten und anzubringen. [3] Sie brauchen jedoch nicht fest angebracht zu sein. [4] Fahrzeuge mit Kurzzeitkennzeichen dürfen im Übrigen nur nach Maßgabe des § 10 Absatz 12 Satz 1 in Betrieb genommen werden. [5] Der Halter darf die Inbetriebnahme eines Fahrzeugs nur anordnen oder zulassen, wenn die Voraussetzungen nach Satz 1 bis 4 vorliegen.

(4) [1] Das Kurzzeitkennzeichen besteht aus einem Unterscheidungszeichen und einer Erkennungsnummer jeweils nach Maßgabe des § 8 Absatz 1, jedoch besteht die Erkennungsnummer nur aus Ziffern und beginnt mit „03“ oder „04“. [2] Das Kennzeichenschild für das Kurzzeitkennzeichen enthält außerdem ein Ablaufdatum, das längstens auf fünf Tage ab der Zuteilung zu bemessen ist. [3] Nach Ablauf der Gültigkeit des Kurzzeitkennzeichens darf das Fahrzeug auf öffentlichen Straßen nicht mehr in Betrieb gesetzt werden. [4] Der Halter darf im Falle des Satzes 3 die Inbetriebnahme des Fahrzeugs nicht anordnen oder zulassen.

(5) [1] Der Fahrzeugschein für Fahrzeuge mit Kurzzeitkennzeichen ist nach dem Muster der Anlage 10 auszufertigen. [2] Die Beschränkungen nach den Absätzen 6 und 7 sind im Fahrzeugschein zu vermerken. [3] Der Fahrzeug-

(Fortsetzung nächstes Blatt)

schein ist bei jeder Fahrt mitzuführen und zuständigen Personen auf Verlangen zur Prüfung auszuhändigen.

(6) Liegen die Voraussetzungen nach Absatz 1 Satz 1 Nummer 1 nicht vor, dürfen abweichend von Absatz 1 nur Fahrten, die in unmittelbarem Zusammenhang mit der Erlangung einer neuen Betriebserlaubnis stehen, im Bezirk der Zulassungsbehörde, die für den Standort des Fahrzeugs zuständig ist, oder einem angrenzenden Bezirk und zurück durchgeführt werden.

(7) [1] Liegen die Voraussetzungen nach Absatz 1 Satz 1 Nummer 2 nicht vor oder liegt der Ablauf der Frist für die nächste Hauptuntersuchung oder Sicherheitsprüfung nach § 29 der Straßenverkehrs-Zulassungs-Ordnung vor dem Ablauf der Gültigkeit des Kurzzeitkennzeichens, dürfen abweichend von Absatz 1 ohne einen Nachweis der durchgeführten Hauptuntersuchung und Sicherheitsprüfung nur Fahrten zu einer Untersuchungsstelle im Bezirk der Zulassungsbehörde, die für den Standort des Fahrzeugs zuständig ist, oder einem angrenzenden Bezirk und zurück durchgeführt werden. [2] Wird dem Fahrzeug nach Nummer 3.1.4.2, 3.1.4.3 oder 3.2.3.2 der Anlage VIII der Straßenverkehrs-Zulassungs-Ordnung bei der Hauptuntersuchung und Sicherheitsprüfung nach § 29 der Straßenverkehrs-Zulassungs-Ordnung keine Mängelfreiheit bescheinigt, dürfen abweichend von Absatz 1 auch Fahrten zur unmittelbaren Reparatur festgestellter Mängel in einer geeigneten Einrichtung im Bezirk der Zulassungsbehörde, die für den Standort des Fahrzeugs zuständig ist, oder einem angrenzenden Bezirk und zurück durchgeführt werden. [3] Auf Fahrzeuge, die nach Nummer 3.1.4.4 oder 3.2.3.3 der Anlage VIII der Straßenverkehrs-Zulassungs-Ordnung als verkehrsunsicher oder verkehrsgefährdend eingestuft wurden, sind die Sätze 1 und 2 nicht anzuwenden.

(8) Absatz 1 Satz 1 Nummer 1 und 2 und die Absätze 6 und 7 gelten nicht für Fahrzeuge, für die eine Übereinstimmungsbescheinigung für unvollständige Fahrzeuge ausgestellt wurde, soweit deren Betriebs- und Verkehrssicherheit durch einen von der Zulassungsbehörde bestimmten Nachweis oder durch ein entsprechendes Gutachten eines amtlich anerkannten Sachverständigen oder Prüfers für den Kraftfahrzeugverkehr oder Prüfingenieurs einer amtlich anerkannten Überwachungsorganisation nach Anlage VIIIb der Straßenverkehrs-Zulassungs-Ordnung belegt wird.

§ 17[1)] Fahrten zur Teilnahme an Veranstaltungen für Oldtimer.

(1) [1] Oldtimer, die an Veranstaltungen teilnehmen, die der Darstellung von Oldtimer-Fahrzeugen und der Pflege des kraftfahrzeugtechnischen Kulturgutes dienen, benötigen hierfür sowie für Anfahrten zu und Abfahrten von solchen Veranstaltungen keine Betriebserlaubnis und keine Zulassung, wenn sie ein rotes Oldtimerkennzeichen führen. [2] Dies gilt auch für Probefahrten und Überführungsfahrten sowie für Fahrten zum Zwecke der Reparatur oder Wartung der betreffenden Fahrzeuge. [3] § 31 Absatz 2 der Straßenverkehrs-Zulassungs-Ordnung[2)] bleibt unberührt.

[1)] § 17 Abs. 2 Satz 1 geänd. mWv 1.11.2012 durch VO v. 19.10.2012 (BGBl. I S. 2232); Abs. 2 Satz 1 geänd. mWv 1.4.2015 durch VO v. 30.10.2014 (BGBl. I S. 1666).

[2)] Nr. **200**.

(2) [1] Für die Zuteilung und Verwendung der roten Oldtimerkennzeichen findet § 16 Absatz 2 bis 5 entsprechend mit der Maßgabe Anwendung, dass ein Fahrzeugscheinheft für rote Oldtimerkennzeichen nach dem Muster der Anlage 10a ausgegeben wird und dass das Kennzeichen nur an den Fahrzeugen verwendet werden darf, für die es ausgegeben worden ist. [2] Das rote Oldtimerkennzeichen besteht aus einem Unterscheidungszeichen und einer Erkennungsnummer jeweils nach § 8 Absatz 1, jedoch besteht die Erkennungsnummer nur aus Ziffern und beginnt mit „07". [3] Es ist nach § 10 in Verbindung mit Anlage 4 Abschnitt 1 und 7 auszugestalten und anzubringen. [4] Fahrzeuge mit rotem Oldtimerkennzeichen dürfen im Übrigen nur nach Maßgabe des § 10 Absatz 12 in Betrieb genommen werden. [5] Der Halter darf die Inbetriebnahme eines Fahrzeugs nicht anordnen oder zulassen, wenn die Voraussetzungen nach Satz 4 nicht vorliegen.

(3) Unberührt bleiben Erlaubnis- und Genehmigungspflichten, soweit sie sich aus anderen Vorschriften, insbesondere aus § 29 Absatz 2 der Straßenverkehrs-Ordnung[1)], ergeben.

§ 18 Fahrten im internationalen Verkehr. Für Fahrzeuge, für die ein Kennzeichen zugeteilt ist, wird auf Antrag ein Internationaler Zulassungsschein nach Artikel 4 und Anlage B des Internationalen Abkommens vom 24. April 1926 über Kraftfahrzeugverkehr (RGBl. 1930 II S. 1233) ausgestellt.

§ 19[2)] Fahrten zur dauerhaften Verbringung eines Fahrzeugs in das Ausland. (1) Soll ein zulassungspflichtiges nicht zugelassenes Kraftfahrzeug oder ein zulassungsfreies und kennzeichenpflichtiges Kraftfahrzeug, dem kein Kennzeichen zugeteilt ist, mit eigener Triebkraft oder ein Anhänger hinter einem Kraftfahrzeug dauerhaft in einen anderen Staat verbracht werden, sind die Vorschriften dieser Verordnung vorbehaltlich der §§ 16 und 16a, soweit dies von dem ausländischen Staat zugelassen ist, mit folgender Maßgabe anzuwenden:

1. Das Fahrzeug darf nur zugelassen werden, wenn durch Vorlage einer Versicherungsbestätigung im Sinne der Anlage 11 Nummer 3 nachgewiesen ist, dass eine Haftpflichtversicherung nach dem Gesetz über die Haftpflichtversicherung für ausländische Kraftfahrzeuge und Kraftfahrzeuganhänger besteht und wenn der nächste Termin zur Durchführung der Untersuchung nach § 29 der Straßenverkehrs-Zulassungs-Ordnung[3)] nach dem Ablauf der Zulassung gemäß Nummer 2 liegt; ansonsten ist eine solche Untersuchung durchzuführen.
2. Die Zulassung ist auf die Dauer der nach Nummer 1 nachgewiesenen Haftpflichtversicherung, längstens auf ein Jahr, zu befristen. Unberührt bleibt die Befugnis der Zulassungsbehörde, durch Befristung der Zulassung

---

[1)] Nr. **100**.

[2)] § 19 Abs. 2 geänd., Abs. 4 Satz 4 eingef., bish. Satz 4 wird Satz 5 mWv 1.11.2012 durch VO v. 19.10.2012 (BGBl. I S. 2232); Abs. 1 einl. Satzteil geänd., Nr. 3 Satz 4 neu gef. mWv 1.10.2017 durch VO v. 23.3.2017 (BGBl. I S. 522); Abs. 1 Nr. 3 Satz 2 neu gef., Satz 4 eingef., Abs. 4 Satz 4 geänd. mWv 1.1.2018 durch VO v. 31.7.2017 (BGBl. I S. 3090).

[3)] Nr. **200**.

und durch Auflagen sicherzustellen, dass das Fahrzeug in angemessener Zeit den Geltungsbereich dieser Verordnung verlässt.

3. An die Stelle des Kennzeichens tritt das Ausfuhrkennzeichen. Es besteht aus dem Unterscheidungszeichen nach § 8 Absatz 1 Satz 2 und einer Erkennungsnummer. Die Erkennungsnummer besteht aus einer ein- bis vierstelligen Zahl und einem nachfolgenden Buchstaben. Das Kennzeichenschild enthält außerdem das Ablaufdatum der Zulassung. Das Kennzeichen ist nach § 10, ausgenommen Absatz 3 Satz 2, 3 und 5 bis 7, in Verbindung mit Anlage 4 Abschnitt 1 und 8 auszugestalten und anzubringen. Fahrzeuge mit Ausfuhrkennzeichen dürfen nur nach Maßgabe des § 10 Absatz 12 in Betrieb gesetzt werden. Der Halter darf die Inbetriebnahme eines Fahrzeugs nicht anordnen oder zulassen, wenn die Voraussetzungen nach Satz 5 nicht vorliegen.
4. Die Zulassungsbescheinigung Teil I ist auf die Ausfuhr des Fahrzeugs zu beschränken und mit dem Datum des Ablaufs der Gültigkeitsdauer der Zulassung zu versehen. Zusätzlich kann ein Internationaler Zulassungsschein nach Maßgabe des § 18, auf dem das Datum des Ablaufs der Gültigkeitsdauer der Zulassung vermerkt ist, ausgestellt werden. Nach Ablauf der Gültigkeitsdauer der Zulassung darf das Fahrzeug auf öffentlichen Straßen nicht mehr in Betrieb gesetzt werden. Der Halter darf im Falle des Satzes 3 die Inbetriebnahme eines Fahrzeugs nicht anordnen oder zulassen.

(2) Bei der Zuteilung eines Ausfuhrkennzeichens sind der Zulassungsbehörde zur Speicherung in den Fahrzeugregistern neben den in § 6 Absatz 1 Satz 2 bezeichneten Halterdaten die in § 6 Absatz 4 Nummer 3 bezeichneten Daten zur Kraftfahrzeug-Haftpflichtversicherung und das Ende des Versicherungsverhältnisses sowie die zur Ausstellung der Zulassungsbescheinigung erforderlichen Fahrzeugdaten und bei Personenkraftwagen die vom Hersteller aufgebrachte Farbe des Fahrzeugs mitzuteilen und auf Verlangen nachzuweisen.

(3) Der Führer eines Kraftfahrzeugs hat die Zulassungsbescheinigung Teil I nach Absatz 1 Nummer 4 mitzuführen und zuständigen Personen auf Verlangen zur Prüfung auszuhändigen.

(4) [1] Soll ein zugelassenes oder ein zulassungsfreies und kennzeichenpflichtiges Fahrzeug mit einem Ausfuhrkennzeichen in einen anderen Staat verbracht werden, ist die Zuteilung dieses Kennzeichens unter Vorlage der Zulassungsbescheinigung und der nach § 8 zugeteilten Kennzeichen zur Entstempelung zu beantragen. [2] Die bisherige Zulassungsbescheinigung Teil I ist einzuziehen. [3] Die Zulassungsbescheinigung Teil II ist fortzuschreiben. [4] § 12 Absatz 5 ist entsprechend anzuwenden. [5] Die Absätze 1 bis 3 sind entsprechend anzuwenden.

Abschnitt 4. Teilnahme ausländischer Fahrzeuge am Straßenverkehr

§ 20[1)] Vorübergehende Teilnahme am Straßenverkehr im Inland.

(1) [1] In einem anderen Mitgliedstaat der Europäischen Union oder einem anderen Vertragsstaat des Abkommens über den Europäischen Wirtschaftsraum zugelassene Fahrzeuge dürfen vorübergehend am Verkehr im Inland teilnehmen, wenn für sie von einer zuständigen Stelle des anderen Mitgliedstaates oder des anderen Vertragsstaates eine gültige Zulassungsbescheinigung ausgestellt und im Inland kein regelmäßiger Standort begründet ist. [2] Die Zulassungsbescheinigung muss mindestens die Angaben enthalten, die im Fahrzeugscheinheft für Fahrzeuge mit rotem Kennzeichen nach Anlage 9 vorgesehen sind. [3] Zulassungsbescheinigungen nach Satz 1, die den Anforderungen des Satzes 2 genügen und ausschließlich zum Zwecke der Überführung eines Fahrzeugs ausgestellt werden, werden vom Bundesministerium für Verkehr und digitale Infrastruktur im Verkehrsblatt bekannt gemacht. [4] Satz 1 gilt nicht für ein Fahrzeug, das sich zum Zeitpunkt der Zulassung durch den anderen Mitgliedstaat oder anderen Vertragsstaat im Inland befunden hat.

(1a) In einem anderen Mitgliedstaat der Europäischen Union oder einem anderen Vertragsstaat des Abkommens über den Europäischen Wirtschaftsraum zulassungsfreie Anhänger dürfen vorübergehend am Verkehr im Inland teilnehmen, wenn sie von einem Zugfahrzeug gezogen werden, das im selben Mitgliedstaat oder im selben Vertragsstaat zugelassen ist und im Inland kein regelmäßiger Standort begründet ist.

(2) [1] In einem Drittstaat zugelassene Fahrzeuge dürfen vorübergehend am Verkehr im Inland teilnehmen, wenn für sie von einer zuständigen ausländischen Stelle eine gültige Zulassungsbescheinigung oder ein Internationaler Zulassungsschein nach Artikel 4 und Anlage B des Internationalen Abkommens vom 24. April 1926 über Kraftfahrzeugverkehr ausgestellt ist und im Inland kein regelmäßiger Standort begründet ist. [2] Die Zulassungsbescheinigung muss mindestens die nach Artikel 35 des Übereinkommens vom 8. November 1968 über den Straßenverkehr[2)] erforderlichen Angaben enthalten. [3] Satz 1 gilt nicht für ein Fahrzeug, das sich zum Zeitpunkt der Zulassung durch den Drittstaat im Inland befunden hat.

(3) Ausländische Fahrzeuge dürfen vorübergehend am Verkehr im Inland nur teilnehmen, wenn sie betriebs- und verkehrssicher sind.

(4) Ist die Zulassungsbescheinigung nicht in deutscher Sprache abgefasst und entspricht sie nicht der Richtlinie 1999/37/EG oder dem Artikel 35 des Übereinkommens vom 8. November 1968 über den Straßenverkehr, muss sie mit einer von einem Berufskonsularbeamten oder Honorarkonsul der Bundesrepublik Deutschland im Ausstellungsstaat bestätigten Übersetzung oder mit einer Übersetzung durch einen international anerkannten Automobilklub

---

1) § 20 Abs. 6 Satz 1 geänd. mWv 1.11.2012 durch VO v. 19.10.2012 (BGBl. I S. 2232); Abs. 1 Sätze 2 und 3 sowie Abs. 4 geänd. mWv 1.4.2015 durch VO v. 30.10.2014 (BGBl. I S. 1666); Abs. 1 Satz 4 angef., Abs. 1a eingef., Abs. 2 Satz 3 angef. mWv 1.10.2017 durch VO v. 23.3.2017 (BGBl. I S. 522).

2) Nr. **35**.

des Ausstellungsstaates oder durch eine vom Bundesministerium für Verkehr und digitale Infrastruktur bestimmte Stelle verbunden sein.

(5) Der Führer des Kraftfahrzeugs hat die ausländische Zulassungsbescheinigung nach Absatz 1 oder 2 sowie die nach Absatz 4 erforderliche Übersetzung oder den Internationalen Zulassungsschein nach Absatz 2 mitzuführen und zuständigen Personen auf Verlangen zur Prüfung auszuhändigen.

(6) [1] Als vorübergehend im Sinne der Absätze 1 und 2 gilt ein Zeitraum bis zu einem Jahr. [2] Die Frist beginnt

1. bei Zulassungsbescheinigungen mit dem Tag des Grenzübertritts und
2. bei internationalen Zulassungsscheinen nach dem Internationalen Abkommen vom 24. April 1926 über Kraftfahrzeugverkehr mit dem Ausstellungstag.

§ 21[1)] Kennzeichen und Unterscheidungszeichen. (1) [1] In einem anderen Staat zugelassene Kraftfahrzeuge müssen an der Vorder- und Rückseite ihre heimischen Kennzeichen führen, die Artikel 36 und Anhang 2 des Übereinkommens vom 8. November 1968 über den Straßenverkehr[2)], soweit dieses Abkommen anwendbar ist, sonst Artikel 3 Abschnitt II Nummer 1 des Internationalen Abkommens vom 24. April 1926 über Kraftfahrzeugverkehr entsprechen müssen. [2] Krafträder benötigen nur ein Kennzeichen an der Rückseite. [3] In einem anderen Staat zugelassene Anhänger oder Anhänger im Sinne des § 20 Absatz 1a müssen an der Rückseite ihr heimisches Kennzeichen nach Satz 1 oder, wenn ein solches nicht zugeteilt oder ausgegeben ist, das Kennzeichen des ziehenden Kraftfahrzeugs führen.

(2) [1] In einem anderen Staat zugelassene Fahrzeuge müssen außerdem das Unterscheidungszeichen des Zulassungsstaates führen, das Artikel 5 und Anlage C des Internationalen Abkommens vom 24. April 1926 über Kraftfahrzeugverkehr oder Artikel 37 in Verbindung mit Anhang 3 des Übereinkommens vom 8. November 1968 über den Straßenverkehr entsprechen muss. [2] Bei Fahrzeugen, die in einem anderen Mitgliedstaat der Europäischen Union oder einem anderen Vertragsstaat des Abkommens über den Europäischen Wirtschaftsraum zugelassen sind und entsprechend Artikel 3 in Verbindung mit dem Anhang der Verordnung (EG) Nr. 2411/1998 des Rates vom 3. November 1998 über die Anerkennung des Unterscheidungszeichens des Zulassungsmitgliedstaats von Kraftfahrzeugen und Kraftfahrzeuganhängern im innergemeinschaftlichen Verkehr (ABl. L 299 vom 10.11.1998, S. 1) am linken Rand des Kennzeichens das Unterscheidungszeichen des Zulassungsstaates führen, ist die Anbringung eines Unterscheidungszeichens nach Satz 1 nicht erforderlich.

§ 22 Beschränkung und Untersagung des Betriebs ausländischer Fahrzeuge. [1] Erweist sich ein ausländisches Fahrzeug als nicht vorschriftsmäßig, ist § 5 anzuwenden; muss der Betrieb des Fahrzeugs untersagt werden, wird die im Ausland ausgestellte Zulassungsbescheinigung oder der Internationale Zulassungsschein an die ausstellende Stelle zurückgesandt. [2] Hat der Eigentümer oder Halter des Fahrzeugs keinen Wohn- oder Aufenthaltsort im

---

1) § 21 Abs. 1 Satz 3 geänd. mWv 1.10.2017 durch VO v. 23.3.2017 (BGBl. I S. 522).
2) Nr. **35**.

Inland, ist für Maßnahmen nach Satz 1 jede Verwaltungsbehörde nach § 46 Absatz 1 zuständig.

Abschnitt 5. Überwachung des Versicherungsschutzes der Fahrzeuge

§ 23[1)] Versicherungsnachweis. (1) [1] Der Nachweis nach § 3 Absatz 1 Satz 2, § 16 Absatz 1 Satz 1 oder § 16a Absatz 1 Satz 1 Nummer 3, dass eine dem Pflichtversicherungsgesetz[2)] entsprechende Kraftfahrzeug-Haftpflichtversicherung besteht, ist bei der Zulassungsbehörde durch eine Versicherungsbestätigung zu erbringen. [2] Eine Versicherungsbestätigung ist auch zu erbringen, wenn das Fahrzeug nach Außerbetriebsetzung nach Maßgabe des § 14 Absatz 6 wieder zum Verkehr zugelassen werden soll.

(2) [1] Die Versicherungsbestätigung ist, ausgenommen bei Ausfuhrkennzeichen, vom Versicherer durch eine Gemeinschaftseinrichtung der Versicherer an die Zulassungsbehörde elektronisch zu übermitteln oder zum Abruf im automatisierten Verfahren durch die Zulassungsbehörde bereitzuhalten. [2] Das zulässige Datenformat wird vom Kraftfahrt-Bundesamt im Bundesanzeiger sowie zusätzlich im Verkehrsblatt veröffentlicht. [3] Die Versicherungsbestätigung muss folgende Daten zur Kraftfahrzeug-Haftpflichtversicherung enthalten:

1. den Namen und die Anschrift oder die Schlüsselnummer des Versicherers,
2. die Nummer des Versicherungsscheins oder der Versicherungsbestätigung und
3. den Namen und die Anschrift des Versicherungsnehmers.

[4] Darüber hinaus darf die Versicherungsbestätigung folgende Daten enthalten, wenn deren Übermittlung an die Zulassungsbehörde zur Überwachung des Versicherungsschutzes der Fahrzeuge im Einzelfall erforderlich ist:

1. den Namen und die Anschrift des Halters, falls dieser nicht mit dem Versicherungsnehmer identisch ist, oder der Hinweis, dass das Fahrzeug auf einen nicht namentlich benannten Halter zugelassen werden darf,
2. den Verwendungszweck nach § 6 Absatz 4 Nummer 1,
3. den Beginn des Versicherungsschutzes, soweit dieser nicht ab dem Tag der Zulassung gewährt werden soll,
4. die Angabe, für welche Kennzeichenarten die Versicherungsbestätigung gelten soll,
5. bei Saisonkennzeichen dessen maximaler Gültigkeitszeitraum,
6. bei Kurzzeitkennzeichen den Gültigkeitszeitraum,
7. bei roten Kennzeichen das Datum des Endes des Versicherungsschutzes,

---

[1)] § 23 Abs. 3 Satz 3 geänd. mWv 1.4.2012 durch G v. 22.12.2011 (BGBl. I S. 3044); Abs. 1 Satz 2 geänd., Abs. 2 neu gef., Abs. 3 aufgeh., bish. Abs. 4 wird Abs. 3 und neu gef. mWv 1.11. 2012 durch VO v. 19.10.2012 (BGBl. I S. 2232); Abs. 1 Satz 2 geänd. mWv 1.1.2015 durch VO v. 8.10.2013 (BGBl. I S. 3772, geänd. durch G v. 30.10.2014, BGBl. I S. 1666); Abs. 1 Satz 1 geänd. mWv 1.4.2015 durch VO v. 30.10.2014 (BGBl. I S. 1666); Abs. 1 Satz 1 geänd. mWv 1.10.2017 durch VO v. 23.3.2017 (BGBl. I S. 522).

[2)] Nr. **600**.

8. die Fahrzeugbeschreibung,
9. das Kennzeichen des Fahrzeugs und
10. die Angabe, ob der Versicherungsschutz auch für Fahrten mit ungestempelten Kennzeichen und für Rückfahrten nach Entstempelung gelten soll.

(3) [1] Ein Halter, der nach § 2 Absatz 1 Nummer 5 des Pflichtversicherungsgesetzes der Versicherungspflicht nicht unterliegt, hat den Nachweis darüber durch Vorlage einer Bescheinigung zu erbringen. [2] Der Nachweis kann auch entsprechend Absatz 2 Satz 1 elektronisch erfolgen. [3] Das zulässige Datenformat wird vom Kraftfahrt-Bundesamt im Bundesanzeiger sowie zusätzlich im Verkehrsblatt veröffentlicht. [4] Die Bescheinigung muss folgende Daten enthalten:

1. die Angabe, dass der Halter nach § 2 Absatz 1 Nummer 5 des Pflichtversicherungsgesetzes der Versicherungspflicht nicht unterliegt,
2. den Namen und die Anschrift der Einrichtung, die für den Haftpflichtschadenausgleich zuständig ist, sowie den Namen der Deckung erhaltenden juristischen Person,
3. die Art des Fahrzeugs,
4. den Hersteller des Fahrgestells,
5. die Fahrzeug-Identifizierungsnummer und
6. das Kennzeichen des Fahrzeugs, soweit dieses der für den Haftpflichtschadenausgleich zuständigen Einrichtung bekannt ist.

§ 24[1)] Mitteilungspflichten der Zulassungsbehörde. (1) Die Zulassungsbehörde hat den Versicherer zum Zwecke der Gewährleistung des Versicherungsschutzes im Rahmen der Kraftfahrzeug-Haftpflichtversicherung über

1. die Zuteilung des Kennzeichens, bei mit einem Wechselkennzeichen zugelassenen Fahrzeug ein Hinweis darauf,
2. Änderungen der Anschrift des Halters,
3. den Zugang einer Bestätigung über den Abschluss einer neuen Versicherung,
4. den Zugang einer Anzeige über die Außerbetriebsetzung,
5. die Änderung der Fahrzeugklasse,
6. das Ablaufdatum der Reservierung des Kennzeichens bei Außerbetriebsetzung, bei Wechselkennzeichen zusätzlich ein Hinweis auf das dem Wechselkennzeichen zugehörige andere Kennzeichen und
7. die Verwendung des Fahrzeugs nach § 6 Absatz 4 Nummer 1.[2)]

zu unterrichten und hierfür die in § 35 genannten Daten, soweit erforderlich, zu übermitteln.

(2) Die Mitteilung ist grundsätzlich elektronisch nach Maßgabe des § 35 Absatz 3 und den vom Kraftfahrt-Bundesamt herausgegebenen und im Bun-

[1)] § 24 Abs. 2 geänd. mWv 1.4.2012 durch G v. 22.12.2011 (BGBl. I S. 3044); Abs. 1 Nr. 1 und 6 geänd. mWv 1.7.2012 durch VO v. 13.1.2012 (BGBl. I S. 103); Abs. 1 Nr. 5 geänd., Nr. 6 neu gef., Nr. 7 angef. mWv 1.2.2013 durch VO v. 19.10.2012 (BGBl. I S. 2232).

[2)] Zeichensetzung amtlich.

desanzeiger sowie zusätzlich im Verkehrsblatt veröffentlichten Standards zu übermitteln.

§ 25[1)] Maßnahmen und Pflichten bei fehlendem Versicherungsschutz. (1) [1] Der Versicherer kann zur Beendigung seiner Haftung nach § 117 Absatz 2 des Versicherungsvertragsgesetzes[2)] der zuständigen Zulassungsbehörde Anzeige erstatten, wenn eine dem Pflichtversicherungsgesetz entsprechende Kraftfahrzeug-Haftpflichtversicherung nicht oder nicht mehr besteht. [2] Die Anzeige ist vom Versicherer entsprechend § 23 Absatz 2 Satz 1 zu übermitteln. [3] Sie muss folgende Daten enthalten:

1. den Namen und die Anschrift des Versicherers,
2. die Schlüsselnummer des Versicherers,
3. den Namen und die Anschrift des Versicherungsnehmers,
4. das Kennzeichen des Fahrzeugs,
5. die Fahrzeug-Identifizierungsnummer,
6. die Angabe, ob das Versicherungsverhältnis nicht oder nicht mehr besteht.

[4] Darüber hinaus darf die Anzeige folgende Daten enthalten, wenn deren Übermittlung an die Zulassungsbehörde zur Prüfung dieser Anzeige im Einzelfall erforderlich ist:

1. die Nummer des Versicherungsscheines,
2. den Namen und die Anschrift des Halters, falls dieser nicht mit dem Versicherungsnehmer identisch ist,
3. die Kennzeichenart.

[5] Das zulässige Datenformat wird vom Kraftfahrt-Bundesamt im Bundesanzeiger sowie zusätzlich im Verkehrsblatt veröffentlicht. [6] Eine Anzeige ist zu unterlassen, wenn der Zulassungsbehörde die Versicherungsbestätigung über den Abschluss einer neuen dem Pflichtversicherungsgesetz entsprechenden Kraftfahrzeug-Haftpflichtversicherung zugegangen ist und dies dem Versicherer nach § 24 Absatz 1 Nummer 3 mitgeteilt worden ist. [7] Eine Versicherungsbestätigung für die Zuteilung eines Kurzzeitkennzeichens gilt gleichzeitig auch als Anzeige zur Beendigung der Haftung. [8] Satz 7 gilt entsprechend, wenn in der Versicherungsbestätigung für die Zuteilung eines roten Kennzeichens ein befristeter Versicherungsschutz ausgewiesen ist oder wenn die Zuteilung des roten Kennzeichens befristet ist.

(2) [1] Die Zulassungsbehörde hat dem Versicherer auf dessen Anzeige nach Absatz 1 Satz 1 das Datum des Eingangs der Anzeige mitzuteilen. [2] § 24 Absatz 2 gilt entsprechend.

(3) Besteht für ein Fahrzeug, für das ein Kennzeichen zugeteilt ist, keine dem Pflichtversicherungsgesetz[3)] entsprechende Kraftfahrzeug-Haftpflichtversicherung, so hat der Halter unverzüglich das Fahrzeug nach Maßgabe des § 14 Absatz 1, auch in Verbindung mit Absatz 2, außer Betrieb setzen zu lassen.

[1)] § 25 Abs. 1 Sätze 1 und 2 neu gef., Sätze 3–5 eingef., bish. Sätze 3–5 werden Sätze 6–8, neuer Satz 8 geänd. mWv 1.11.2012 durch VO v. 19.10.2012 (BGBl. I S. 2232); Abs. 3 geänd. mWv 1.1. 2015 durch VO v. 8.10.2013 (BGBl. I S. 3772).

[2)] Nr. **640**.

[3)] Nr. **600**.

(4) [1] Erfährt die Zulassungsbehörde durch eine Anzeige nach Absatz 1 oder auf andere Weise, dass für das Fahrzeug keine dem Pflichtversicherungsgesetz entsprechende Kraftfahrzeug-Haftpflichtversicherung besteht, so hat sie unverzüglich das Fahrzeug außer Betrieb zu setzen. [2] Eine Anzeige zu einer Versicherung, für die bereits eine Mitteilung nach § 24 Absatz 1 Nummer 3 oder 4 abgesandt wurde, löst keine Maßnahmen der Zulassungsbehörde nach Satz 1 aus.

(5) Die Absätze 3 und 4 gelten nicht für Kurzzeitkennzeichen, bei denen das Ablaufdatum überschritten ist.

§ 26[1)] Versicherungskennzeichen. (1) [1] Durch das Versicherungskennzeichen wird für die Kraftfahrzeuge im Sinne des § 4 Absatz 3 Satz 1 in Verbindung mit § 3 Absatz 2 Satz 1 Nummer 1 Buchstabe d bis f nachgewiesen, dass für das jeweilige Kraftfahrzeug eine dem Pflichtversicherungsgesetz[2)] entsprechende Kraftfahrzeug-Haftpflichtversicherung besteht. [2] Nach Abschluss eines Versicherungsvertrages und Zahlung der Prämie überlässt der Versicherer dem Halter auf Antrag das Versicherungskennzeichen zusammen mit einer Bescheinigung hierüber für das jeweilige Verkehrsjahr. [3] Verkehrsjahr ist jeweils der Zeitraum vom 1. März eines Jahres bis zum Ablauf des Monats Februar des nächsten Jahres. [4] Zur Speicherung im Zentralen Fahrzeugregister hat der Antragsteller dem Versicherer die in § 33 Absatz 1 Satz 1 Nummer 2 des Straßenverkehrsgesetzes[3)] bezeichneten Halterdaten, die Angaben zu Fahrzeugklasse, Art des Aufbaus und Marke des Fahrzeugs sowie die Fahrzeug-Identifizierungsnummer mitzuteilen und auf Verlangen nachzuweisen. [5] Das Versicherungskennzeichen und die Bescheinigung verlieren ihre Gültigkeit mit Ablauf des Verkehrsjahres. [6] Der Fahrzeugführer hat die Bescheinigung über das Versicherungskennzeichen mitzuführen und zuständigen Personen auf Verlangen zur Prüfung auszuhändigen.

(2) [1] Das Versicherungskennzeichen besteht aus einem Schild, das eine zur eindeutigen Identifizierung des Kraftfahrzeugs geeignete Erkennungsnummer und das Zeichen des zuständigen Verbandes der Kraftfahrtversicherer oder, wenn kein Verband zuständig ist, das Zeichen des Versicherers trägt sowie das Verkehrsjahr angibt, für welches das Versicherungskennzeichen gelten soll. [2] Die Erkennungsnummer setzt sich aus nicht mehr als drei Ziffern und nicht mehr als drei Buchstaben zusammen. [3] Die Ziffern sind in einer Zeile über den Buchstaben anzugeben. [4] Das Verkehrsjahr ist durch die Angabe des Kalenderjahrs zu bezeichnen, in welchem es beginnt. [5] Der zuständige Verband der Kraftfahrtversicherer oder, wenn kein Verband zuständig ist, das Kraftfahrt-Bundesamt teilt mit Genehmigung des Bundesministeriums für Verkehr und digitale Infrastruktur den Versicherern die Erkennungsnummern zu.

(3) [1] Der Versicherer hat dem Kraftfahrt-Bundesamt die Halterdaten nach § 33 Absatz 1 Satz 1 Nummer 2 des Straßenverkehrsgesetzes und die in § 30 Absatz 4 genannten Fahrzeugdaten unverzüglich mitzuteilen. [2] Die Mitteilung kann auch über eine Gemeinschaftseinrichtung der Versicherer erfolgen.

---

1) § 26 Abs. 3 Satz 3 geänd. mWv 1.4.2012 durch G v. 22.12.2011 (BGBl. I S. 3044); Abs. 2 Satz 5 geänd. mWv 1.4.2015 durch VO v. 30.10.2014 (BGBl. I S. 1666).

2) Nr. **600**.

3) Nr. **10**.

[3] Ausführungsregeln zur Datenübermittlung gibt das Kraftfahrt-Bundesamt in entsprechenden Standards im Bundesanzeiger sowie zusätzlich im Verkehrsblatt bekannt[1)].

§ 27[2)] Ausgestaltung und Anbringung des Versicherungskennzeichens. (1) [1] Die Beschriftung der Versicherungskennzeichen ist im Verkehrsjahr 2006 blau auf weißem Grund, im Verkehrsjahr 2007 grün auf weißem Grund und im Verkehrsjahr 2008 schwarz auf weißem Grund; die Farben wiederholen sich in den folgenden Verkehrsjahren jeweils in dieser Reihenfolge und Zusammensetzung. [2] Der Rand hat dieselbe Farbe wie die Schriftzeichen. [3] Versicherungskennzeichen können erhaben sein. [4] Sie dürfen nicht spiegeln und weder verdeckt noch verschmutzt sein. [5] Form, Größe und Ausgestaltung des Versicherungskennzeichens müssen dem Muster und den Angaben in Anlage 12 entsprechen.

(2) [1] Versicherungskennzeichen nach Absatz 1 müssen reflektierend sein. [2] Die Rückstrahlwerte müssen Abschnitt 5.3.4 des Normblattes DIN 74069, Ausgabe Mai 2016, entsprechen.

(3) [1] Das Versicherungskennzeichen ist an der Rückseite des Kraftfahrzeugs möglichst unter der Schlussleuchte fest anzubringen. [2] Das Versicherungskennzeichen darf bis zu einem Vertikalwinkel von 30 Grad in Fahrtrichtung geneigt sein. [3] Der untere Rand des Versicherungskennzeichens darf nicht weniger als 200 mm über der Fahrbahn liegen. [4] Versicherungskennzeichen müssen hinter dem Kraftfahrzeug in einem Winkelbereich von je 45 Grad beiderseits der Fahrzeuglängsachse auf eine Entfernung von mindestens 15 m lesbar sein.

(4) [1] Wird ein Anhänger mitgeführt, so ist die Erkennungsnummer des Versicherungskennzeichens an der Rückseite des Anhängers so zu wiederholen, dass sie in einem Winkelbereich von je 45 Grad beiderseits der Fahrzeuglängsachse bei Tageslicht auf eine Entfernung von mindestens 15 m lesbar ist; die Farben der Schrift und ihres Untergrundes müssen denen des Versicherungskennzeichens des ziehenden Kraftfahrzeugs entsprechen. [2] Eine Einrichtung zur Beleuchtung des Versicherungskennzeichens am ziehenden Kraftfahrzeug und der Erkennungsnummer am Anhänger ist zulässig, jedoch nicht erforderlich.

(5) [1] Außer dem Versicherungskennzeichen darf nur das Unterscheidungszeichen des Zulassungsstaates nach Artikel 37 in Verbindung mit Anhang 3 des Übereinkommens vom 8. November 1968 über den Straßenverkehr[3)] am Kraftfahrzeug angebracht werden. [2] Für die Bundesrepublik Deutschland ist dies der Großbuchstabe „D".

---

1) Siehe hierzu u.a. die Bekanntmachung der Standards für die Übermittlung von Mitteilungen an die Zentralen Register beim Kraftfahrt-Bundesamt (hier: Zentrales Fahrzeugregister, Zulassungsbehörden und Versicherer) – SDÜ-ZFZR-MIT – v. 17. Juli 2013 (BAnz AT 25.7.2013 B6):

„Diese Ausführungsregeln wurden in den „Standards für die Übermittlung von Mitteilungen an die Zentralen Register beim Kraftfahrt-Bundesamt – Zentrales Fahrzeugregister, Zulassungsbehörden; – SDÜ-ZFZR-MIT-Fz" vom 25. Juli 2008 (eBAnz AT95 2008 B1) sowie in den „Standards für die Übermittlung von Mitteilungen an die Zentralen Register beim Kraftfahrt-Bundesamt – Zentrales Fahrzeugregister, Versicherer; – SDÜ-ZFZR-MIT-Vkz" vom 12. Februar 2009 (eBAnz AT22 2009 B1) festgelegt."

2) § 27 Abs. 2 Satz 2 geänd. mWv 1.10.2017 durch VO v. 23.3.2017 (BGBl. I S. 522).

3) Nr. **35**.

(6) Zeichen und Einrichtungen aller Art, die zu Verwechslungen mit dem Versicherungskennzeichen oder dem Unterscheidungszeichen nach Absatz 5 führen oder seine Wirkung beeinträchtigen können, dürfen an Fahrzeugen nicht angebracht werden.

(7) Kraftfahrzeuge, die nach § 4 Absatz 3 Satz 1 ein Versicherungskennzeichen führen müssen, dürfen auf öffentlichen Straßen nur in Betrieb gesetzt werden, wenn das Versicherungskennzeichen entsprechend den Absätzen 1 bis 3 ausgestaltet und angebracht ist und verwechslungsfähige oder beeinträchtigende Zeichen und Einrichtungen nach Absatz 6 am Fahrzeug nicht angebracht sind.

§ 28 Rote Versicherungskennzeichen. [1] Fahrten im Sinne des § 16 Absatz 1 dürfen mit Kraftfahrzeugen im Sinne des § 4 Absatz 3 Satz 1 vorbehaltlich § 4 Absatz 1 auch mit roten Versicherungskennzeichen nach dem Muster in Anlage 12 unternommen werden. [2] § 26 Absatz 2 und 3 ist entsprechend mit der Maßgabe anzuwenden, dass der Buchstabenbereich der Erkennungsnummer mit dem Buchstaben Z beginnt. [3] Das Kennzeichen ist nach § 27 in Verbindung mit Anlage 12 auszugestalten und anzubringen. [4] Es braucht am Kraftfahrzeug nicht fest angebracht zu sein. [5] Kraftfahrzeuge mit einem roten Versicherungskennzeichen dürfen im Übrigen nur nach Maßgabe des § 27 Absatz 7 in Betrieb gesetzt werden. [6] Der Versicherer hat dem Kraftfahrt-Bundesamt die Halterdaten nach § 33 Absatz 1 Satz 1 Nummer 2 des Straßenverkehrsgesetzes[1)] und die in § 30 Absatz 5 genannten Fahrzeugdaten unverzüglich mitzuteilen.

§ 29 Maßnahmen bei vorzeitiger Beendigung des Versicherungsverhältnisses. [1] Endet das Versicherungsverhältnis vor dem Ablauf des Verkehrsjahrs, das auf dem Versicherungskennzeichen angegeben ist, hat der Versicherer den Halter zur unverzüglichen Rückgabe des Versicherungskennzeichens und der darüber ausgehändigten Bescheinigung aufzufordern. [2] Kommt der Halter der Aufforderung nicht nach, hat der Versicherer hiervon die nach § 46 zuständige Behörde in Kenntnis zu setzen. [3] Die Behörde zieht das Versicherungskennzeichen und die Bescheinigung ein.

§ 29a[2)] Versicherungsplakette. (1) Durch die Versicherungsplakette wird für die Kraftfahrzeuge im Sinne des § 1 Absatz 1 der Elektrokleinstfahrzeuge-Verordnung[3)] in Verbindung mit § 3 Absatz 2 Satz 1 Nummer 1 Buchstabe g nachgewiesen, dass für das jeweilige Kraftfahrzeug eine dem Pflichtversicherungsgesetz[4)] entsprechende Kraftfahrzeug-Haftpflichtversicherung besteht.

(2) Die Regelungen über das Versicherungskennzeichen nach den §§ 26 und 27 sind mit folgenden Maßgaben entsprechend anzuwenden:

1. Abweichend von § 26 Absatz 1 Satz 6 genügt es, wenn die Bescheinigung über die Versicherungsplakette für eine Inbetriebnahme aufbewahrt und zuständigen Personen auf Verlangen zur Prüfung ausgehändigt wird.
2. Abweichend von § 26 Absatz 2 besteht die Versicherungsplakette anstelle eines Schildes aus einem Aufkleber, der eine dauerhafte Verklebung auf der

---

[1)] Nr. **10**.
[2)] § 29a eingef. mWv 15.6.2019 durch VO v. 6.6.2019 (BGBl. I S. 756).
[3)] Nr. **225**.
[4)] Nr. **600**.

Fahrzeugoberfläche gewährleistet und zusätzlich mit einem fälschungserschwerenden Hologramm ausgestattet ist.

3. Abweichend von § 27 Absatz 1 Satz 5 müssen Form, Größe und Ausgestaltung der Versicherungsplakette dem Muster und den Angaben in Anlage 13 entsprechen.

(3) [1] Die Versicherungsplakette ist an der Rückseite des Fahrzeugs möglichst unter der Schlussleuchte fest anzubringen. [2] Die Versicherungsplakette darf bis zu einem Vertikalwinkel von 30 Grad in Fahrtrichtung geneigt sein. [3] Der untere Rand der Versicherungsplakette darf nicht weniger als 50 mm über der Fahrbahn liegen. [4] Versicherungsplaketten müssen hinter dem Fahrzeug auf eine Entfernung von mindestens 8 m in der Fahrzeuglängsachse lesbar sein.

(4) Kraftfahrzeuge im Sinne des § 1 Absatz 1 der Elektrokleinstfahrzeuge-Verordnung dürfen auf öffentlichen Straßen nur in Betrieb gesetzt werden, wenn die Versicherungsplakette nach Absatz 2 und 3 entsprechend ausgestaltet und angebracht ist und verwechslungsfähige oder beeinträchtigende Zeichen und Einrichtungen aller Art am Fahrzeug nicht angebracht sind.

(5) [1] Fahrten im Sinne des § 16 Absatz 1 dürfen mit Kraftfahrzeugen im Sinne des § 1 Absatz 1 der Elektrokleinstfahrzeuge-Verordnung vorbehaltlich§ 2 Absatz 1 der Elektrokleinstfahrzeuge-Verordnung auch mit roten Versicherungsplaketten nach dem Muster in Anlage 13 unternommen werden. [2] Absatz 2 in Verbindung mit § 26 Absatz 2 und 3 ist entsprechend mit der Maßgabe anzuwenden, dass der Buchstabenbereich der Erkennungsnummer mit dem Buchstaben Z beginnt. [3] Die rote Versicherungsplakette ist nach Absatz 2 und 3 in Verbindung mit § 27 und Anlage 13 auszugestalten und anzubringen. [4] Sie braucht am Elektrokleinstfahrzeug jedoch nicht fest angebracht zu sein. [5] Elektrokleinstfahrzeuge mit einer roten Versicherungsplakette dürfen im Übrigen nur nach Maßgabe des Absatzes 4 in Betrieb gesetzt werden. [6] Der Versicherer hat dem Kraftfahrt-Bundesamt die Halterdaten nach § 33 Absatz 1 Satz 1 Nummer 2 des Straßenverkehrsgesetzes[1)] und die in § 30 Absatz 5 genannten Fahrzeugdaten unverzüglich mitzuteilen.

(6) [1] Endet das Versicherungsverhältnis vor dem Ablauf des Verkehrsjahrs, das auf der Versicherungsplakette angegeben ist, hat der Versicherer den Halter zur unverzüglichen Entfernung der Versicherungsplakette, zur Vorlage eines Nachweises über diese Entfernung und zur Rückgabe der ausgehändigten Bescheinigung aufzufordern. [2] Kommt der Halter der Aufforderung nicht nach, hat der Versicherer hiervon die nach § 46 zuständige Behörde in Kenntnis zu setzen. [3] Die Behörde entfernt die Versicherungsplakette und zieht die Bescheinigung ein.

(7) Eigenversicherer gemäß § 2 Absatz 1 Nummer 1 bis 4 des Pflichtversicherungsgesetzes und juristische Personen gemäß § 2 Absatz 1 Nummer 5 des Pflichtversicherungsgesetzes sind berechtigt, die Versicherungsplakette entsprechend den vorstehenden Vorgaben auszustellen.

[1)] Nr. **10**.

Abschnitt 6. Fahrzeugregister

§ 30[1] **Speicherung der Fahrzeugdaten im Zentralen Fahrzeugregister.** (1) Bei Fahrzeugen, denen ein Kennzeichen zugeteilt ist, sind im Zentralen Fahrzeugregister folgende Fahrzeugdaten zu speichern:

1. die der Zulassungsbehörde nach § 6 Absatz 4 Nummer 1, 2 und 4 und Absatz 7 mitzuteilenden Fahrzeugdaten sowie die errechnete Nutzlast des Fahrzeugs (technisch zulässige Gesamtmasse minus Masse des in Betrieb befindlichen Fahrzeugs),
2. weitere Angaben, soweit deren Eintragung in den Fahrzeugdokumenten vorgeschrieben oder zulässig ist,
3. das Unterscheidungszeichen und die Erkennungsnummer des zugeteilten Kennzeichens und das Datum der Zuteilung, bei Zuteilung eines Kennzeichens als Saisonkennzeichen zusätzlich der Betriebszeitraum, bei Zuteilung eines Wechselkennzeichens, eines Oldtimerkennzeichens oder eines Kennzeichens für elektrisch betriebene Fahrzeuge zusätzlich ein Hinweis darauf,
4. das Unterscheidungszeichen und die Erkennungsnummer von durch Ausnahmegenehmigung zugeteilten weiteren Kennzeichen und das Datum der jeweiligen Zuteilung,
5. Monat und Jahr des auf die Ausfertigung der Zulassungsbescheinigung folgenden Ablaufs der Frist für die nächste Hauptuntersuchung oder Sicherheitsprüfung nach § 29 der Straßenverkehrs-Zulassungs-Ordnung[2],

5a. bei Verwendung des Nachweisverfahrens der Hauptuntersuchung oder Sicherheitsprüfung mittels Verifizierung der Prüfziffer nach § 15c Absatz 1 Satz 1 Nummer 2 die nach § 15c Absatz 5 von den Zulassungsbehörden übermittelten Daten,

6. bei Zuteilung eines grünen Kennzeichens ein Hinweis darauf sowie das Datum der Zuteilung,
7. das Datum
   a) der Außerbetriebsetzung des Fahrzeugs, bei mit einem Wechselkennzeichen zugelassenen Fahrzeug ein Hinweis darauf, dass es sich um ein Wechselkennzeichen handelt,
   b) der Entstempelung des Kennzeichens, wobei im Falle der internetbasierten Außerbetriebsetzung das Datum der abschließenden Bearbeitung

---

[1] § 30 Abs. 1 Nr. 3 geänd., Nr. 7 neu gef. mWv 1.7.2012 durch VO v. 13.1.2012 (BGBl. I S. 103); Abs. 1 Nr. 1 und 19 Buchst. a geänd., Nr. 5 und 25 neu gef. mWv 1.11.2012; Abs. 1 Nr. 7 neu gef., Nr. 10 geänd. mWv 1.2.2013 durch VO v. 19.10.2012 (BGBl. I S. 2232); Abs. 1 Nr. 7 Buchst. b und 14 geänd., Nr. 14a eingef. mWv 1.1.2015 durch VO v. 8.10.2013 (BGBl. I S. 3772); Abs. 2 einl. Satzteil geänd., Abs. 2a eingef. mWv 1.4.2015 durch VO v. 30.10.2014 (BGBl. I S. 1666); Abs. 1 Nr. 5 neu gef., Nr. 5a eingef., Nr. 15 geänd., Nr. 27 neu gef., Abs. 2a Nr. 1 geänd., Nr. 2 eingef., bish. Nr. 2–4 werden Nr. 3–5, neue Nr 4 und 5 Buchst. a geänd. mWv 1.10.2017 durch VO v. 23.3.2017 (BGBl. I S. 522); Abs. 1 Nr. 3, 11 und 27 geänd., Nr. 14 neugef., Nr. 28 und 29 angef., Abs. 3 Nr. 3 und Abs. 9 Satz 1 Buchst. e neu gef. mWv 1.1.2018 durch VO v. 31.7.2017 (BGBl. I S. 3090); Abs. 1 Nr. 29 einl. Satzteil, Buchst. g und h geänd., Buchst. i angef. mWv 30.3.2019 durch VO v. 22.3.2019 (BGBl. I S. 382); Abs. 4 einl. Satzteil, Nr. 1, Abs. 5 einl. Satzteil, Abs. 9 Satz 1 Buchst. d und Satz 2 geänd. mWv 15.6.2019 durch VO v. 6.6.2019 (BGBl. I S. 756).

[2] Nr. **200**.

des Antrags auf Außerbetriebsetzung in der Zulassungsbehörde an Stelle des Datums der Entstempelung zu speichern ist, bei mit einem Wechselkennzeichen zugelassenen Fahrzeug auch das Datum der Entstempelung des fahrzeugbezogenen Teils und

c) des Ablaufs der Reservierung des Kennzeichens,

8. die Art der Typgenehmigung oder Einzelgenehmigung,
9. die Emissionsklasse, in die das Fahrzeug eingestuft ist und die Grundlage dieser Einstufung,
10. die Kennziffer des Zulassungsbezirks einschließlich der Gemeindekennziffer sowie die Kennziffer früherer Zulassungsbezirke,
11. die Nummer und der Sicherheitscode der Zulassungsbescheinigung Teil II bei Fahrzeugen, für die dieser Teil ausgefertigt wurde, sowie ein Hinweis über den Verbleib der Zulassungsbescheinigung Teil II bei Außerbetriebsetzung des Fahrzeugs,
12. die Nummern früherer Zulassungsbescheinigungen Teil II und Hinweise über deren Verbleib,
13. soweit eine Aufbietung der Zulassungsbescheinigungen Teil II erfolgt ist, ein Hinweis darauf,
14. die von der Zulassungsbehörde aufgebrachte Nummer, die Vordrucknummer, der Sicherheitscode und die Druckstücknummer der Markierung der Zulassungsbescheinigung Teil I,

14a. die Sicherheitscodes und die Druckstücknummern der Stempelplaketten,

15. das Datum der Aushändigung und Hinweis über die Rückgabe oder Einziehung der Zulassungsbescheinigung Teil I, wobei im Falle der internetbasierten Wiederzulassung das Datum der Aushändigung entfällt,
16. Hinweise über die Ausstellung einer Zulassungsbescheinigung Teil I als Zweitschrift sowie eines Anhängerverzeichnisses und das Datum der Ausstellung,
17. bei Ausstellung eines Internationalen Zulassungsscheins ein Hinweis darauf und das Datum der Ausstellung,
18. eine Vormerkung zur Inanspruchnahme nach dem Bundesleistungsgesetz, dem Verkehrssicherstellungsgesetz oder dem Verkehrsleistungsgesetz,
19. folgende Daten zur Kraftfahrzeug-Haftpflichtversicherung:

a) die der Zulassungsbehörde nach § 6 Absatz 4 Nummer 3 mitzuteilenden Daten,

b) das Datum des Eingangs der Versicherungsbestätigung,

c) Hinweise auf ein Nichtbestehen oder eine Beendigung des Versicherungsverhältnisses, die Anzeige hierüber sowie das Datum des Eingangs der Anzeige bei der Zulassungsbehörde,

d) bei Maßnahmen der Zulassungsbehörde auf Grund des Nichtbestehens oder der Beendigung des Versicherungsverhältnisses ein Hinweis darauf und

e) den Namen und die Anschrift oder die Schlüsselnummer der früheren Versicherer und jeweils die Daten zu diesen Versicherungen nach Maßgabe der Buchstaben a bis d,

20. fahrzeugbezogene und halterbezogene Ausnahmegenehmigungen sowie Auflagen oder Hinweise auf solche Genehmigungen und Auflagen,
21. Hinweise über
    a) Fahrzeugmängel,
    b) Maßnahmen zur Mängelbeseitigung,
    c) erhebliche Schäden am Fahrzeug aus einem Verkehrsunfall,
    d) die Eintragung der Außerbetriebsetzung des Fahrzeugs in die Zulassungsbescheinigung Teil I,
    e) die Berechtigung zum Betrieb des Fahrzeugs trotz eines Verkehrsverbots,
    f) Verstöße gegen die Vorschriften über die Kraftfahrzeugsteuer,
22. Hinweise über die Untersagung oder Beschränkung des Betriebs des Fahrzeugs,
23. Angaben zum Ort, an dem das sichergestellte Fahrzeug abgestellt ist,
24. das Datum des Eingangs der Anzeige bei der Zulassungsbehörde über die Veräußerung des Fahrzeugs und das Datum der Veräußerung,
25. bei Verlegung des Wohnsitzes des Halters in den Bezirk einer anderen Zulassungsbehörde und Zuteilung eines neuen Kennzeichens: das neue Kennzeichen dieses Zulassungsbezirks und das Datum der Zuteilung,
26. folgende Daten über frühere Angaben und Ereignisse:
    a) Kennzeichen,
    b) Fahrzeug-Identifizierungsnummern,
    c) Marke und Typ des Fahrzeugs,
    d) Hinweise über Änderungen in der Beschaffenheit und Ausrüstung des Fahrzeugs sowie das jeweilige Datum der Änderung,
    e) Hinweise über den Grund der sonstigen Änderungen und das jeweilige Datum der Änderung,
27. folgende Daten über den Verwertungsnachweis und die Abgabe von Erklärungen nach § 15:
    a) das Datum der Ausstellung des Verwertungsnachweises sowie
       aa) die Betriebsnummer des inländischen Demontagebetriebes oder
       bb) im Falle des § 15 Absatz 2 der Staat, in dem die Verwertungsanlage ihren Sitz hat,

       oder
    b) ein Hinweis auf die Angabe, dass das Fahrzeug zum Zwecke der Entsorgung in einem Drittstaat verbleibt, oder
    c) ein Hinweis auf die Angabe, dass das Fahrzeug nicht als Abfall entsorgt wird,
28. die Nummer der früheren ausländischen Zulassungsbescheinigung oder die Nummern von deren Teilen I und II, soweit diese jeweils vorhanden sind,
29. bei erstmaliger Zulassung eines Fahrzeugs, wobei eine Zulassung außerhalb der Europäischen Union vor weniger als drei Monaten nicht zu berücksichtigen ist, folgende Daten zur Beschaffenheit des Fahrzeugs, sofern das

Fahrzeug einem Typ entspricht, für den eine EG-Typgenehmigung vorliegt, die auf Basis der Verordnung (EG) Nr. 715/2007 des Europäischen Parlaments und des Rates vom 20. Juni 2007 über die Typgenehmigung von Kraftfahrzeugen hinsichtlich der Emissionen von leichten Personenkraftwagen und Nutzfahrzeugen (Euro 5 und Euro 6) und über den Zugang zu Reparatur- und Wartungsinformationen für Fahrzeuge (ABl. L 171 vom 29.6.2007, S. 1) in Verbindung mit der Verordnung (EU) 2017/1151 der Kommission vom 1. Juni 2017 zur Ergänzung der Verordnung (EG) Nr. 715/2007 des Europäischen Parlaments und des Rates über die Typgenehmigung von Kraftfahrzeugen hinsichtlich der Emissionen von leichten Personenkraftwagen und Nutzfahrzeugen (Euro 5 und Euro 6) und über den Zugang zu Fahrzeugreparatur- und -wartungsinformationen, zur Änderung der Richtlinie 2007/46/EG des Europäischen Parlaments und des Rates, der Verordnung (EG) Nr. 692/2008 der Kommission sowie der Verordnung (EU) Nr. 1230/2012 der Kommission und zur Aufhebung der Verordnung (EG) Nr. 692/2008 der Kommission (ABl. L 175 vom 7.7.2017, S. 1) erteilt worden ist:

a) Radstand,

b) Spurweite,

c) Elektrischer Energieverbrauch in Wh/km,

d) Code der Ökoinnovation(en),

e) CO_2-Einsparung durch Ökoinnovation(en) in g/km,

f) Prüfmasse des Fahrzeugs in kg nach dem weltweit harmonisierten Prüfverfahren für leichte Nutzfahrzeuge (WLTP Prüfmasse),

g) Abweichungsfaktor,

h) Differenzierungsfaktor und

i) Fahrzeugfamilie.

(2) Bei der Zuteilung von roten Kennzeichen sind im Zentralen Fahrzeugregister folgende Fahrzeugdaten zu speichern:

1. das Unterscheidungszeichen und die Erkennungsnummer,
2. Hinweis auf die Zuteilung und das Datum der Zuteilung sowie die Dauer der Gültigkeit des Kennzeichens,
3. das Datum der Rückgabe oder Entziehung des Kennzeichens,
4. folgende Daten zur Kraftfahrzeug-Haftpflichtversicherung:
   a) die der Zulassungsbehörde nach § 16 Absatz 4 mitzuteilenden Daten zur Kraftfahrzeug-Haftpflichtversicherung,
   b) die nach Absatz 1 Nummer 19 Buchstabe b bis e zu speichernden Daten.

(2a) Bei der Zuteilung von Kurzzeitkennzeichen sind im Zentralen Fahrzeugregister folgende Fahrzeugdaten zu speichern:

1. die nach § 16a Absatz 2 Satz 2 Nummer 3 bis 6 mitzuteilenden Fahrzeugdaten,
2. das Unterscheidungszeichen und die Erkennungsnummer,
3. Hinweis auf die Zuteilung und das Datum der Zuteilung des Kennzeichens sowie die Dauer der Gültigkeit des Kennzeichens,
4. die nach § 16a Absatz 5 Satz 2 zu vermerkenden Beschränkungen,

5. folgende Daten zur Kraftfahrzeug-Haftpflichtversicherung:
   a) die der Zulassungsbehörde nach § 16a Absatz 2 Satz 2 Nummer 2 mitzuteilenden Daten zur Kraftfahrzeug-Haftpflichtversicherung,
   b) die nach Absatz 1 Nummer 19 Buchstabe b bis e zu speichernden Daten.

(3) Bei Fahrzeugen, denen ein Ausfuhrkennzeichen zugeteilt ist, sind im Zentralen Fahrzeugregister folgende Fahrzeugdaten zu speichern:

1. die der Zulassungsbehörde nach § 19 Absatz 2 mitzuteilenden Fahrzeugdaten,
2. das Unterscheidungszeichen und die Erkennungsnummer sowie
   a) das Datum der Zuteilung des Kennzeichens und
   b) das Datum des Ablaufs der Gültigkeit der Zulassung des Fahrzeugs mit diesem Kennzeichen im Geltungsbereich dieser Verordnung,
3. die Nummer und der Sicherheitscode der Zulassungsbescheinigung Teil II, falls solche vorhanden waren, und Hinweise zum Verbleib der Zulassungsbescheinigung Teil II,
4. folgende Daten zur Kraftfahrzeug-Haftpflichtversicherung:
   a) die der Zulassungsbehörde nach § 19 Absatz 2 mitzuteilenden Daten zur Kraftfahrzeug-Haftpflichtversicherung,
   b) die nach Absatz 1 Nummer 19 Buchstabe b bis e zu speichernden Daten.

(4) Bei Fahrzeugen mit Versicherungskennzeichen oder Versicherungsplakette sind im Zentralen Fahrzeugregister folgende Fahrzeugdaten zu speichern:

1. die dem Versicherer nach § 26 Absatz 1 Satz 4, auch in Verbindung mit § 29a Absatz 2, mitzuteilenden Fahrzeugdaten,
2. die Erkennungsnummer,
3. der Beginn des Versicherungsschutzes,
4. der Zeitpunkt der Beendigung des Versicherungsverhältnisses gemäß § 3 Nummer 5 des Pflichtversicherungsgesetzes[1],
5. folgende Daten zur Kraftfahrzeug-Haftpflichtversicherung:
   a) den Namen und die Anschrift oder die Schlüsselnummer des Versicherers,
   b) die Nummer des Versicherungsscheins oder der Versicherungsbestätigung.

(5) Bei Ausgabe roter Versicherungskennzeichen oder roter Versicherungsplaketten sind im Zentralen Fahrzeugregister folgende Fahrzeugdaten zu speichern:

1. die Erkennungsnummer,
2. der Beginn des Versicherungsschutzes,
3. der Zeitpunkt der Beendigung des Versicherungsverhältnisses nach § 3 Nummer 5 des Pflichtversicherungsgesetzes,
4. folgende Daten zur Kraftfahrzeug-Haftpflichtversicherung:
   a) den Namen und die Anschrift oder die Schlüsselnummer des Versicherers,
   b) die Nummer des Versicherungsscheins oder der Versicherungsbestätigung.

---

[1] Nr. **600**.

(6) Im Zentralen Fahrzeugregister sind auch die durch Ausnahmegenehmigung ohne Zuordnung zu einem bestimmten Fahrzeug zugeteilten Kennzeichen zu speichern sowie jeweils das Datum der Zuteilung und die Stelle, die über die Verwendung bestimmt.

(7) Soweit vom Kraftfahrt-Bundesamt für bestimmte Daten eine Schlüsselnummer festgelegt wird, ist auch diese im Zentralen Fahrzeugregister zu speichern.

(8) Im Zentralen Fahrzeugregister ist ferner das Datum der Änderung der in den Absätzen 1 bis 7 bezeichneten Fahrzeugdaten zu speichern.

(9) [1] Im Zentralen Fahrzeugregister sind Hinweise auf Diebstahl oder sonstiges Abhandenkommen

a) eines Fahrzeugs,
b) eines gestempelten Kennzeichens oder roten Kennzeichens,
c) eines gestempelten Ausfuhrkennzeichens oder Kurzzeitkennzeichens, dessen jeweilige Gültigkeit noch nicht abgelaufen ist,
d) eines gültigen Versicherungskennzeichens oder einer gültigen Versicherungsplakette,
e) einer ausgefertigten Zulassungsbescheinigung Teil I oder Teil II

zu speichern. [2] Jeweils zusätzlich sind das Datum des Diebstahls oder des sonstigen Abhandenkommens sowie Hinweise darauf zu speichern, dass nach dem abhandengekommenen Gegenstand gefahndet wird und dass im Falle des Verlustes eines Kennzeichens im Sinne des Satzes 1 Buchstabe b bis d oder einer Versicherungsplakette diese nicht vor deren Wiederauffinden, sonst nicht vor Ablauf von zehn Jahren seit Fahndungsbeginn wieder zugeteilt werden dürfen. [3] Bei Diebstahl oder sonstigem Abhandenkommen von nicht ausgefertigten Zulassungsbescheinigungen (Teil I und Teil II) ist jeweils die Dokumentennummer zu speichern. [4] Wurde in den Vordruck für die Zulassungsbescheinigung Teil II bereits durch den Hersteller eine Fahrzeug-Identifizierungsnummer eingetragen, ist auch diese zu speichern.

§ 31[1)] Speicherung der Fahrzeugdaten im örtlichen Fahrzeugregister.

(1) Bei Fahrzeugen, denen ein Kennzeichen zugeteilt ist, sind im örtlichen Fahrzeugregister folgende Fahrzeugdaten zu speichern:

1. die der Zulassungsbehörde nach § 6 Absatz 4 Nummer 1, 2 und 4 und Absatz 7 mitzuteilenden Fahrzeugdaten,
2. weitere Angaben, soweit deren Eintragung in der Zulassungsbescheinigung vorgeschrieben oder zulässig ist,

---

1) § 31 Abs. 1 Nr. 3 geänd., Nr. 7 neu gef. mWv 1.7.2012 durch VO v. 13.1.2012 (BGBl. I S. 103); Abs. 1 Nr. 1 und 19 Buchst. a, Abs. 7 Satz 2 geänd., Abs. 1 Nr. 5 und 25 neu gef. mWv 1.11.2012; Abs. 1 Nr. 7 neu gef. mWv 1.2.2013 durch VO v. 19.10.2012 (BGBl. I S. 2232); Abs. 1 Nr. 7 Buchst. b und Nr. 14 geänd., Nr. 14a eingef. mWv 1.1.2015 durch VO v. 8.10.2013 (BGBl. I S. 3772); Abs. 2 einl. Satzteil geänd., Abs. 2a eingef. mWv 1.4.2015 durch VO v. 30.10.2014 (BGBl. I S. 1666); Abs. 1 Nr. 5 neu gef., Nr. 15 geänd., Nr. 27 neu gef., Abs. 2a Nr. 1 geänd., Nr. 2 eingef., bish. Nr. 2–4 werden Nr. 3–5, neue Nr. 4 und 5 Buchst. a und b geänd. mWv 1.10.2017 durch VO v. 23.3.2017 (BGBl. I S. 522); Abs. 1 Nr. 3 und 14a geänd., Nr. 14 und Abs. 7 Satz 1 Buchst. e neu gef. mWv 1.1. 2018 durch VO v. 31.7.2017 (BGBl. I S. 3090); Abs. 7 Satz 1 Buchst. d und Satz 2 geänd. mWv 15.6. 2019 durch VO v. 6.6.2019 (BGBl. I S. 756).

3. das Unterscheidungskennzeichen und die Erkennungsnummer des zugeteilten Kennzeichens und das Datum der Zuteilung, bei Zuteilung eines Kennzeichens als Saisonkennzeichen zusätzlich der Betriebszeitraum, bei Zuteilung eines Wechselkennzeichens, eines Oldtimerkennzeichens oder eines Kennzeichens für elektrisch betriebene Fahrzeuge zusätzlich ein Hinweis darauf,
4. das Unterscheidungszeichen und die Erkennungsnummer von durch Ausnahmegenehmigung zugeteilten weiteren Kennzeichen sowie das Datum der jeweiligen Zuteilung,
5. Monat und Jahr des auf die Ausfertigung der Zulassungsbescheinigung folgenden Ablaufs der Frist für die nächste Hauptuntersuchung oder Sicherheitsprüfung nach § 29 der Straßenverkehrs-Zulassungs-Ordnung[1],
6. bei Zuteilung eines grünen Kennzeichens ein Hinweis darauf sowie das Datum der Zuteilung,
7. das Datum
   a) der Außerbetriebsetzung des Fahrzeugs, bei mit einem Wechselkennzeichen zugelassenen Fahrzeug ein Hinweis darauf, dass es sich um ein Wechselkennzeichen handelt,
   b) der Entstempelung des Kennzeichens, wobei im Falle der internetbasierten Außerbetriebsetzung das Datum der abschließenden Bearbeitung des Antrags auf Außerbetriebsetzung an Stelle des Datums der Entstempelung zu speichern ist, bei mit einem Wechselkennzeichen zugelassenen Fahrzeug auch das Datum der Entstempelung des fahrzeugbezogenen Teils und
   c) des Ablaufs der Reservierung des Kennzeichens,
8. die Art der Typgenehmigung oder Einzelgenehmigung,
9. die Emissionsklasse, in die das Fahrzeug eingestuft ist und die Grundlage dieser Einstufung,
10. die Kennziffer des Zulassungsbezirks einschließlich der Gemeindekennziffer,
11. die Nummer der Zulassungsbescheinigung Teil II bei Fahrzeugen, für die dieser Teil ausgefertigt wurde, sowie ein Hinweis über den Verbleib der Zulassungsbescheinigung Teil II bei Außerbetriebsetzung des Fahrzeugs,
12. die Nummer der früheren Zulassungsbescheinigung Teil II und ein Hinweis auf deren Verbleib bei Ausfertigung einer neuen Zulassungsbescheinigung Teil II,
13. soweit eine Aufbietung der Zulassungsbescheinigung Teil II erfolgt ist, ein Hinweis darauf,
14. die von der Zulassungsbehörde aufgebrachte Nummer, die Vordrucknummer und die Druckstücknummer der Markierung der Zulassungsbescheinigung Teil I,

14a. die Druckstücknummern der Stempelplaketten,

[1] Nr. **200**.

15. das Datum der Aushändigung und Rückgabe oder Einziehung der Zulassungsbescheinigung Teil I, wobei im Falle der internetbasierten Wiederzulassung das Datum der Aushändigung entfällt,
16. Hinweise über die Ausstellung einer Zulassungsbescheinigung Teil I als Zweitschrift sowie eines Anhängerverzeichnisses und das Datum der Ausstellung,
17. bei Ausstellung eines Internationalen Zulassungsscheins ein Hinweis darauf und das Datum der Ausstellung,
18. eine Vormerkung zur Inanspruchnahme nach dem Bundesleistungsgesetz, dem Verkehrssicherstellungsgesetz oder dem Verkehrsleistungsgesetz,
19. folgende Daten zur Kraftfahrzeug-Haftpflichtversicherung:
    a) die der Zulassungsbehörde nach § 6 Absatz 4 Nummer 3 mitzuteilenden Daten,
    b) das Datum des Eingangs der Versicherungsbestätigung,
    c) Hinweise auf ein Nichtbestehen oder eine Beendigung des Versicherungsverhältnisses, die Anzeige hierüber sowie das Datum des Eingangs der Anzeige bei der Zulassungsbehörde,
    d) bei Maßnahmen der Zulassungsbehörde auf Grund des Nichtbestehens oder der Beendigung des Versicherungsverhältnisses ein Hinweis darauf und
    e) den Namen und die Anschrift oder die Schlüsselnummer der früheren Versicherer und jeweils die Daten zu diesen Versicherungen nach Maßgabe der Buchstaben a bis d,
20. fahrzeugbezogene und halterbezogene Ausnahmegenehmigungen sowie Auflagen oder Hinweise auf solche Genehmigungen und Auflagen,
21. Hinweise über
    a) Fahrzeugmängel,
    b) Maßnahmen zur Mängelbeseitigung,
    c) erhebliche Schäden am Fahrzeug aus einem Verkehrsunfall,
    d) die Eintragung der Außerbetriebsetzung des Fahrzeugs in die Zulassungsbescheinigung Teil I,
    e) die Berechtigung zum Betrieb des Fahrzeugs trotz eines Verkehrsverbots,
    f) Verstöße gegen die Vorschriften über die Kraftfahrzeugsteuer,
22. Hinweise über die Untersagung oder Beschränkung des Betriebs des Fahrzeugs,
23. Angaben zum Ort, an dem das sichergestellte Fahrzeug abgestellt ist,
24. das Datum des Eingangs der Anzeige bei der Zulassungsbehörde über die Veräußerung des Fahrzeugs und das Datum der Veräußerung,
25. bei Verlegung des Wohnsitzes des Halters in den Bezirk einer anderen Zulassungsbehörde und Zuteilung eines neuen Kennzeichens: das neue Kennzeichen dieses Zulassungsbezirks und das Datum der Zuteilung,
26. folgende Daten über frühere Angaben und Ereignisse:
    a) bei Zuteilung eines neuen Kennzeichens das bisherige,
    b) bei Änderung der Fahrzeug-Identifizierungsnummer die bisherige,

27. folgende Daten über den Verwertungsnachweis und die Abgabe von Erklärungen nach § 15:
    a) das Datum der Ausstellung des Verwertungsnachweises sowie
        aa) die Betriebsnummer des inländischen Demontagebetriebes oder
        bb) im Falle des § 15 Absatz 2 der Staat, in dem die Verwertungsanlage ihren Sitz hat,

    oder
    b) ein Hinweis auf die Angabe, dass das Fahrzeug zum Zwecke der Entsorgung in einem Drittstaat verbleibt, oder
    c) ein Hinweis auf die Angabe, dass das Fahrzeug nicht als Abfall entsorgt wird.

(2) Bei der Zuteilung von roten Kennzeichen sind im örtlichen Fahrzeugregister folgende Fahrzeugdaten zu speichern:
1. Unterscheidungszeichen und Erkennungsnummer,
2. Hinweis auf die Zuteilung und das Datum der Zuteilung sowie die Dauer der Gültigkeit des Kennzeichens,
3. das Datum der Rückgabe oder Entziehung des Kennzeichens,
4. folgende Daten zur Kraftfahrzeug-Haftpflichtversicherung:
    a) die der Zulassungsbehörde nach § 16 Absatz 4 mitzuteilenden Daten zur Kraftfahrzeug-Haftpflichtversicherung,
    b) die nach Absatz 1 Nummer 19 Buchstabe b bis e zu speichernden Daten.

(2a) Bei der Zuteilung von Kurzzeitkennzeichen sind im Zentralen Fahrzeugregister folgende Fahrzeugdaten zu speichern:
1. die nach § 16a Absatz 2 Satz 2 Nummer 3 bis 6 mitzuteilenden Fahrzeugdaten,
2. das Unterscheidungszeichen und die Erkennungsnummer,
3. Hinweis auf die Zuteilung und das Datum der Zuteilung des Kennzeichens sowie die Dauer der Gültigkeit des Kennzeichens,
4. die nach § 16a Absatz 5 Satz 2 zu vermerkenden Beschränkungen,
5. folgende Daten zur Kraftfahrzeug-Haftpflichtversicherung:
    a) die der Zulassungsbehörde nach § 16a Absatz 2 Satz 2 Nummer 2 mitzuteilenden Daten zur Kraftfahrzeug-Haftpflichtversicherung,
    b) die nach Absatz 1 Nummer 19 Buchstabe b bis e zu speichernden Daten.

(3) Bei Fahrzeugen, denen ein Ausfuhrkennzeichen zugeteilt ist, sind im örtlichen Fahrzeugregister folgende Fahrzeugdaten zu speichern:
1. die der Zulassungsbehörde nach § 19 Absatz 2 mitzuteilenden Fahrzeugdaten,
2. Unterscheidungszeichen und Erkennungsnummer sowie
    a) das Datum der Zuteilung des Kennzeichens und
    b) das Datum des Ablaufs der Gültigkeit der Zulassung des Fahrzeugs mit diesem Kennzeichen im Geltungsbereich dieser Verordnung,
3. die Nummer der Zulassungsbescheinigung Teil II, falls eine solche vorhanden war, und Hinweise zu deren Verbleib,

4. folgende Daten zur Kraftfahrzeug-Haftpflichtversicherung:
   a) die der Zulassungsbehörde nach § 19 Absatz 2 mitzuteilenden Daten zur Kraftfahrzeug-Haftpflichtversicherung,
   b) die nach Absatz 1 Nummer 21 Buchstabe b bis e zu speichernden Daten.

(4) Im örtlichen Fahrzeugregister sind auch die durch Ausnahmegenehmigung ohne Zuordnung zu einem bestimmten Fahrzeug zugeteilten Kennzeichen zu speichern sowie jeweils das Datum der Zuteilung und die Stelle, die über die Verwendung bestimmt.

(5) Soweit vom Kraftfahrt-Bundesamt für bestimmte Daten eine Schlüsselnummer festgelegt wird, ist auch diese im örtlichen Fahrzeugregister zu speichern.

(6) Im örtlichen Fahrzeugregister ist ferner das Datum der Änderung der in den Absätzen 1 bis 5 bezeichneten Fahrzeugdaten zu speichern.

(7) [1] Im örtlichen Fahrzeugregister sind Hinweise über Diebstahl oder sonstiges Abhandenkommen

a) eines Fahrzeugs,
b) eines gestempelten Kennzeichens oder roten Kennzeichens,
c) eines gestempelten Ausfuhrkennzeichens oder Kurzzeitkennzeichens, dessen jeweilige Gültigkeit noch nicht abgelaufen ist,
d) eines gültigen Versicherungskennzeichens oder einer gültigen Versicherungsplakette und
e) einer ausgefertigten Zulassungsbescheinigung (Teil I oder Teil II)

zu speichern. [2] Jeweils zusätzlich sind das Datum des Diebstahls oder des sonstigen Abhandenkommens sowie Hinweise darauf zu speichern, dass nach dem abhandengekommenen Gegenstand gefahndet wird und dass im Falle des Verlustes eines Kennzeichens im Sinne des Satzes 1 Buchstabe b bis d oder einer Versicherungsplakette diese nicht vor deren Wiederauffinden, sonst nicht vor Ablauf von zehn Jahren seit Fahndungsbeginn wieder zugeteilt werden dürfen. [3] Bei Diebstahl oder sonstigem Abhandenkommen von nicht ausgefertigten Zulassungsbescheinigungen Teil I und Teil II ist jeweils die Dokumentennummer zu speichern. [4] Wurde in den Vordruck für die Zulassungsbescheinigung Teil II bereits durch den Hersteller eine Fahrzeug-Identifizierungsnummer eingetragen, ist auch diese zu speichern.

(8) Sofern die bisher nicht obligatorisch zu speichernden Daten nach Absatz 1 Nummer 4, 5, 13, 15 bis 17, 20 und 21 bis 27 und Absatz 2 bis 7 noch nicht im örtlichen Fahrzeugregister gespeichert sind, brauchen sie auch weiterhin nicht gespeichert werden.

§ 32[1)] Speicherung der Halterdaten in den Fahrzeugregistern.

(1) [1] Die der Zulassungsbehörde nach § 6 Absatz 1 Satz 2 mitzuteilenden Halterdaten und die nach § 13 Absatz 4 Satz 2 mitzuteilenden Daten des Erwerbers sowie die dem Kraftfahrt-Bundesamt nach § 26 Absatz 3, auch in Verbindung mit § 29a Absatz 2, mitzuteilenden Halterdaten sind zu speichern

---

1) § 32 Abs. 1 Satz 1 Nr. 1 Buchst. d und Nr. 2 Buchst. d neu gef. mWv 1.4.2015 durch VO v. 30.10.2014 (BGBl. I S. 1666); Abs. 1 Satz 1 einl. Satzteil und Nr. 1 Buchst. e geänd. mWv 15.6.2019 durch VO v. 6.6.2019 (BGBl. I S. 756).

1. im Zentralen Fahrzeugregister
   a) bei Fahrzeugen, denen ein Kennzeichen nach § 8 zugeteilt ist,
   b) bei Fahrzeugen, denen ein Ausfuhrkennzeichen zugeteilt ist,
   c) bei der Zuteilung von roten Kennzeichen,
   d) bei Fahrzeugen, denen ein Kurzzeitkennzeichen zugeteilt ist und
   e) bei Fahrzeugen mit Versicherungskennzeichen oder Versicherungsplakette und
2. im örtlichen Fahrzeugregister
   a) bei Fahrzeugen, denen ein Kennzeichen nach § 8 zugeteilt ist,
   b) bei Fahrzeugen, denen ein Ausfuhrkennzeichen zugeteilt ist,
   c) bei der Zuteilung von roten Kennzeichen und
   d) bei Fahrzeugen, denen ein Kurzzeitkennzeichen zugeteilt ist.

[2] In den Fahrzeugregistern ist ferner das Datum der Änderung der Halterdaten zu speichern.

(2) Im Zentralen und im örtlichen Fahrzeugregister sind über beruflich selbstständige Halter, denen ein Kennzeichen nach § 8 zugeteilt wird, die Daten über Beruf oder Gewerbe zu speichern.

(3) Im Zentralen und im örtlichen Fahrzeugregister sind die Daten der früheren Halter und die Anzahl der früheren Halter eines Fahrzeugs zu speichern.

§ 33[1)] Übermittlung von Daten an das Kraftfahrt-Bundesamt.

(1) [1] Die Zulassungsbehörde hat dem Kraftfahrt-Bundesamt zur Speicherung im Zentralen Fahrzeugregister die nach § 30 zu speichernden Fahrzeugdaten sowie die nach § 32 zu speichernden Halterdaten zu übermitteln. [2] Außerdem hat die Zulassungsbehörde dem Kraftfahrt-Bundesamt zur Aktualisierung des Zentralen Fahrzeugregisters jede Änderung der Daten und das Datum der Änderung sowie die Löschung der Daten und das Datum der Löschung im örtlichen Fahrzeugregister zu übermitteln.

(2) Nimmt eine andere als die für das Kennzeichen zuständige Zulassungsbehörde die Außerbetriebsetzung des Fahrzeugs vor, so hat sie dem Kraftfahrt-Bundesamt die Außerbetriebsetzung anzuzeigen und außerdem zur Aktualisierung des Zentralen Fahrzeugregisters zu übermitteln:
1. das Datum der Außerbetriebsetzung,
2. das Kennzeichen und einen Hinweis über dessen Entstempelung und bei einem Wechselkennzeichen einen Hinweis darauf, dass es sich um ein Wechselkennzeichen handelt,
3. die Fahrzeug-Identifizierungsnummer,
4. die Marke des Fahrzeugs,
5. die Nummer der Zulassungsbescheinigung Teil II und einen Hinweis über deren Verbleib.

---

1) § 33 Abs. 3 Satz 2 geänd. mWv 1.4.2012 durch G v. 22.12.2011 (BGBl. I S. 3044); Abs. 2 Nr. 2 geänd. mWv 1.7.2012 durch VO v. 13.1.2012 (BGBl. I S. 103).

(3)[1] [1]Die Datenübermittlung nach den Absätzen 1 und 2 erfolgt im Wege der Datenfernübertragung durch Direkteinstellung, mindestens jedoch arbeitstäglich im Wege der Dateienübertragung. [2]Ausführungsregeln zur Datenübermittlung werden vom Kraftfahrt-Bundesamt im Bundesanzeiger und zusätzlich im Verkehrsblatt veröffentlicht.

§ 34[2] Übermittlung und Speicherung der Daten über Hauptuntersuchungen und Sicherheitsprüfungen im Zentralen Fahrzeugregister.

(1) [1]Folgende Daten über Hauptuntersuchungen und Sicherheitsprüfungen sind im Zentralen Fahrzeugregister zu speichern:

1. Schlüsselnummer der Technischen Prüfstelle, der anerkannten Überwachungsorganisation oder der mit der Datenübermittlung beauftragten Gemeinschaftseinrichtung der anerkannten Kraftfahrzeugwerkstätten,
2. bei Sicherheitsprüfungen, die von einer anerkannten Kraftfahrzeugwerkstatt durchgeführt wurden: die Kontrollnummer der anerkannten Kraftfahrzeugwerkstatt,
3. Fahrzeug-Identifizierungsnummer,
4. Hersteller-Schlüsselnummer,
5. Herstellerbezeichnung,
6. Monat und Jahr der Erstzulassung,
7. Kennzeichen des Fahrzeugs,
8. Nummer des Untersuchungsberichts oder des Prüfprotokolls,
9. Angabe über die Untersuchung als Hauptuntersuchung oder Sicherheitsprüfung,
10. Untersuchungsart als Erst- oder Nachuntersuchung oder Prüfungsart als Erst- oder Nachprüfung,
11. Datum der Durchführung und Uhrzeit des Endes der Hauptuntersuchung oder der Sicherheitsprüfung,
12. Entscheidung über die Zuteilung der Prüfplakette nach einer Hauptuntersuchung oder Prüfmarke nach einer Sicherheitsprüfung,
13. bei bestandener Hauptuntersuchung: Monat und Jahr des Ablaufs der Frist für die nächste Hauptuntersuchung und, soweit erforderlich, für die nächste Sicherheitsprüfung,
14. bei bestandener Sicherheitsprüfung: Monat und Jahr des Ablaufs der Frist für die nächste Sicherheitsprüfung,
15. Ergebnis

---

[1] Siehe hierzu u.a. die Bekanntmachung der Standards für die Übermittlung von Mitteilungen an die Zentralen Register beim Kraftfahrt-Bundesamt (hier: Zentrales Fahrzeugregister, Zulassungsbehörden und Versicherer) – SDÜ-ZFZR-MIT – v. 17. Juli 2013 (BAnz AT 25.7.2013 B6): „Diese Ausführungsregeln wurden in den „Standards für die Übermittlung von Mitteilungen an die Zentralen Register beim Kraftfahrt-Bundesamt – Zentrales Fahrzeugregister, Zulassungsbehörden; – SDÜ-ZFZR-MIT-Fz" vom 25. Juli 2008 (eBAnz AT95 2008 B1) sowie in den „Standards für die Übermittlung von Mitteilungen an die Zentralen Register beim Kraftfahrt-Bundesamt – Zentrales Fahrzeugregister, Versicherer; – SDÜ-ZFZR-MIT-Vkz" vom 12. Februar 2009 (eBAnz AT22 2009 B1) festgelegt."

[2] § 34 aufgeh. mWv 1.1.2015 durch VO v. 8.10.2013 (BGBl. I S. 3772); wieder eingef. mWv 1.10.2017, Abs. 2 Satz 1 einl. Satzteil geänd. mWv 20.5.2018 durch VO v. 23.3.2017 (BGBl. I S. 522).

a) der Hauptuntersuchung mit der Angabe „ohne festgestellte Mängel“, „geringe Mängel“, „erhebliche Mängel“ oder „verkehrsunsicher“ oder

b) der Sicherheitsprüfung mit der Angabe „ohne festgestellte Mängel“, „Mängel“ oder „unmittelbar verkehrsgefährdende Mängel“.

[2] Die Übermittlung der Daten durch die zur Durchführung von Hauptuntersuchungen oder Sicherheitsprüfungen nach § 29 berechtigten Personen an das Kraftfahrt-Bundesamt erfolgt nach Maßgabe des § 15a Absatz 3. [3] Soweit nach Satz 1 Nummer 15 als Ergebnis der Hauptuntersuchung die Angabe „verkehrsunsicher“ oder der Sicherheitsprüfung die Angabe „unmittelbar verkehrsgefährdende Mängel“ übermittelt wird und dem Fahrzeug ein Kennzeichen zugeteilt ist, teilt das Kraftfahrt-Bundesamt dies der Zulassungsbehörde mit.

(2) [1] Folgende weitere Daten über Hauptuntersuchungen sind im Zentralen Fahrzeugregister zu speichern:

1. Unterscheidungszeichen des Zulassungsstaates,
2. Fahrzeugklasse oder Fahrzeugart,
3. Fahrzeugtyp einschließlich Schlüsselnummer,
4. Variante und Version oder Ausführung einschließlich ihrer Codes oder Schlüsselnummern,
5. Stand des Wegstreckenzählers bei Kraftfahrzeugen und, soweit vorhanden, bei Anhängern,
6. für das Fahrzeug in Deutschland zulässige Gesamtmasse,
7. Monat und Jahr der dieser Hauptuntersuchung vorangegangenen Hauptuntersuchung,
8. Ort der Hauptuntersuchung oder Schlüsselnummer des Ortes,
9. Art der Untersuchungsstelle als Prüfstelle, Prüfstützpunkt oder Prüfplatz,
10. Bundesland, in dem die Hauptuntersuchung durchgeführt wurde,
11. Dokumentation der gemessenen Bremswerte mit den Angaben zu Referenzwerten, Druckwerten, Betätigungskräften oder, wenn diese nicht vorliegen, die Bremswerte der Betriebs- und Feststellbremse und die daraus ermittelten Abbremsungen,
12. Wiedervorführpflicht, soweit angeordnet,
13. Entgelte und Gebühren,
14. Kennnummer des für die Hauptuntersuchung verantwortlichen amtlich anerkannten Sachverständigen oder Prüfers oder des mit der Hauptuntersuchung betrauten Prüfingenieurs,
15. für Krafträder: Messdrehzahl und Standgeräuschvergleichswert von Standgeräuschmessungen, soweit Messwerte erhoben wurden,
16. im Falle von Mängeln, die vor Abschluss der Untersuchung, längstens jedoch während eines Kalendertages beseitigt wurden: zusätzlich das Ergebnis vor Mängelbeseitigung mit der Angabe „geringe Mängel“, „erhebliche Mängel“ oder „verkehrsunsicher“ sowie die Uhrzeit der Feststellung der Mängelbeseitigung,
17. bei Durchführung der Untersuchung der Umweltverträglichkeit durch eine anerkannte Kraftfahrzeugwerkstatt: Kontrollnummer der anerkannten Kraftfahrzeugwerkstatt sowie das Datum der Untersuchung,

18. bei der Hauptuntersuchung festgestellte Mängel und ihre Einstufung einschließlich der Mängelcodes aus der für die Hauptuntersuchung verwendeten Version des Mangelbaums,
19. Versionsnummer des verwendeten Mangelbaums,
20. Hinweise über sich in der Zukunft durch Verschleiß, Korrosion oder andere Umstände abzeichnende Mängel, soweit vorhanden.

[2] Die Übermittlung erfolgt nach Maßgabe des § 15a Absatz 3.

§ 35[1)] Übermittlung von Daten an die Versicherer. (1) Die Zulassungsbehörde darf dem Versicherer zur Durchführung des Versicherungsvertrags übermitteln:

1. bei Fahrzeugen, denen ein Kennzeichen zugeteilt ist, folgende Daten:
   a) das Kennzeichen und das Datum der Zuteilung, bei Zuteilung eines Kennzeichens als Saisonkennzeichen zusätzlich den Betriebszeitraum, bei Wechselkennzeichen oder Kennzeichen für elektrisch betriebene Fahrzeuge zusätzlich ein Hinweis auf deren Zuteilung,
   b) die Fahrzeugklasse, die Art des Aufbaus sowie die Schlüsselnummer des Herstellers, den Typ, sowie die Variante und die Version des Fahrzeugs,
   c) die Fahrzeug-Identifizierungsnummer, die Nennleistung und bei Krafträdern zusätzlich den Hubraum,
   d) bei natürlichen Personen den Familiennamen, die Vornamen und die Anschrift des Halters, bei juristischen Personen den Namen oder die Bezeichnung und die Anschrift, bei Vereinigungen den Familiennamen, die Vornamen und die Anschrift des benannten Vertreters sowie erforderlichenfalls den Namen der Vereinigung,
   e) einen Hinweis über das Vorliegen eines Versicherer- und Halterwechsels,
   f) das Datum des Eingangs einer Anzeige über das Nichtbestehen oder die Beendigung des Versicherungsverhältnisses,
   g) einen Hinweis über die Einleitung von Maßnahmen und Angaben zum Verbleib des Fahrzeugs oder Kennzeichens, jedoch nur nach Eingang einer Anzeige im Sinne des Buchstaben f,
   h) das Datum der Außerbetriebsetzung des Fahrzeugs und das Ablaufdatum der Reservierung des Kennzeichens bei Außerbetriebsetzung,
   i) den Namen und die Anschrift oder Schlüsselnummer des Versicherers,
   j) die Nummer des Versicherungsscheins oder der Versicherungsbestätigung,
   k) einen Hinweis über den Eingang der Versicherungsbestätigung über eine neue Versicherung,
   l) den Beginn des Versicherungsschutzes sowie
   m) Verwendung des Fahrzeugs nach § 6 Absatz 4 Nummer 1.

[1)] § 35 Abs. 1 Nr. 1 Buchst. a geänd. mWv 1.7.2012 durch VO v. 13.1.2012 (BGBl. I S. 103); Abs. 1 Nr. 1 Buchst. d neu gef., Buchst. g, h, k und l geänd., Buchst. m angef. mWv 1.11.2012 durch VO v. 19.10.2012 (BGBl. I S. 2232); Abs. 1 Nr. 2 Buchst. d und e geänd., Buchst. f angef. mWv 1.4.2015 durch VO v. 30.10.2014 (BGBl. I S. 1666); Abs. 1 Nr. 1 Buchst. a geänd. mWv 30.3.2019 durch VO v. 22.3.2019 (BGBl. I S. 382).

2. bei der Zuteilung von roten Kennzeichen oder Kurzzeitkennzeichen folgende Daten:
   a) das Unterscheidungszeichen und die Erkennungsnummer des Kennzeichens sowie das Datum der Zuteilung,
   b) die Gültigkeitsdauer des Kennzeichens,
   c) den Familiennamen, die Vornamen und die Anschrift des Halters, falls dieser nicht mit dem Versicherungsnehmer identisch ist,
   d) die in Nummer 1 Buchstabe e, f, g und h bezeichneten Daten,
   e) das Ende des Versicherungsschutzes und
   f) bei Kurzzeitkennzeichen auch die Angaben zu Fahrzeug-Identifizierungsnummer, Fahrzeugklasse und Art des Aufbaus,
3. bei Fahrzeugen, denen ein Ausfuhrkennzeichen zugeteilt ist, folgende Daten:
   a) das Unterscheidungszeichen und die Erkennungsnummer des Kennzeichens und das Datum der Zuteilung sowie
   b) die in Nummer 1 Buchstabe b, c, d und h bezeichneten Daten und das Ende des Versicherungsverhältnisses.

(2) Die Übermittlung der Daten erfolgt aus Anlass:
1. der Zuteilung des Kennzeichens,
2. des Vorliegens einer neuen Versicherungsbestätigung,
3. des Versicherer- oder Halterwechsels,
4. des Wohnsitz- oder Sitzwechsels des Halters, wenn die Zulassungsbehörde die Daten durch Direkteinstellung nach § 33 Absatz 3 ändert, ansonsten nur in den Fällen, in denen der Wechsel in den Bereich einer anderen Zulassungsbehörde erfolgt,
5. der Außerbetriebsetzung des Fahrzeugs sowie
6. des Eingangs einer Anzeige wegen Nichtbestehens oder Beendigung des Versicherungsverhältnisses oder der hierauf beruhenden Maßnahmen.

(3) [1] Die Übermittlung der Daten nach den Absätzen 1 und 2 erfolgt grundsätzlich elektronisch und darf zu den dort genannten Zwecken auch über das Kraftfahrt-Bundesamt durch eine Gemeinschaftseinrichtung der Versicherer erfolgen. [2] Das Kraftfahrt-Bundesamt ist berechtigt, die Daten hierfür zu speichern und trägt die Verantwortung für die Richtigkeit und Vollständigkeit der Übermittlung an die Gemeinschaftseinrichtung. [3] Eine gesetzliche Verpflichtung des Kraftfahrt-Bundesamtes zur Übermittlung der Daten wird dadurch nicht begründet.

§ 36[1)] Mitteilungen an die für die Kraftfahrzeugsteuerverwaltung zuständigen Behörden. (1) Die Zulassungsbehörde teilt der nach § 1 der Kraftfahrzeugsteuer-Durchführungsverordnung[2)] für die Ausübung der Verwaltung

[1)] § 36 Überschr., Abs. 1 und 3 neu gef. mWv 30.6.2013 durch VO v. 25.6.2013 (BGBl. I S. 1849); Abs. 3 Satz 1 geänd. mWv 1.1.2017 durch G v. 18.7.2016 (BGBl. I S. 1679); Abs. 1 Nr. 1 geänd. mWv 1.10.2017 durch VO v. 23.3.2017 (BGBl. I S. 522); Abs. 1 einl. Satzteil geänd. mWv 1.1.2018 durch VO v. 31.7.2017 (BGBl. I S. 3090).

[2)] Nr. **872**.

der Kraftfahrzeugsteuer zuständigen Behörde zur Durchführung des Kraftfahrzeugsteuerrechts mit:

1. bei zulassungspflichtigen Fahrzeugen, denen ein Kennzeichen zugeteilt ist, die in § 6 Absatz 1 Satz 2, Absatz 4 Nummer 2 und Absatz 7 Nummer 1 bis 3, 5, 6, 7 Buchstabe a bis f, h bis j und l, § 30 Absatz 1 Nummer 2, 3, 6, 7 Buchstabe b, Nummer 8 bis 10, 15, 20, 21 Buchstabe f, Nummer 26 Buchstabe a und b, Absatz 3 Nummer 2 Buchstabe b und Absatz 8 sowie die in § 5 Absatz 2 Nummer 3 der Kraftfahrzeugsteuer-Durchführungsverordnung bezeichneten Daten;
2. bei Zuteilung von roten Kennzeichen die nach § 30 Absatz 2 Nummer 1 bis 3 und § 32 Absatz 1 Satz 1 Nummer 2 zu speichernden Daten sowie die Änderung dieser Daten und das Datum der Änderung.

(2) Die Zulassungsbehörde teilt dem zur Durchführung des Umsatzsteuerrechts nach § 21 der Abgabenordnung zuständigen Finanzamt die in § 6 Absatz 5 bezeichneten Daten mit.

(3) [1] Die in den Absätzen 1 und 2 genannten Daten sind nach Maßgabe des § 5 Absatz 3 der Kraftfahrzeugsteuer-Durchführungsverordnung grundsätzlich elektronisch zu übermitteln. [2] Die elektronische Übermittlung der Daten erfolgt über das Kraftfahrt-Bundesamt nach Maßgabe der vom Kraftfahrt-Bundesamt im Einvernehmen mit dem Bundesministerium der Finanzen im Bundesanzeiger und zusätzlich im Verkehrsblatt veröffentlichten Standards. [3] Das Kraftfahrt-Bundesamt darf die übermittelten Daten ausschließlich zu dem Zweck speichern, um die Übermittlung der Daten an die für die Ausübung der Verwaltung der Kraftfahrzeugsteuer zuständige Behörde nach Absatz 1 zu ermöglichen. [4] Es ist verpflichtet, die Daten unverzüglich an die genannte Behörde zu übermitteln und im unmittelbaren Anschluss an die Übermittlung zu löschen. [5] Die Verarbeitung oder Nutzung der Daten zu anderen Zwecken durch das Kraftfahrt-Bundesamt ist nicht zulässig.

§ 36a[1] *(aufgehoben)*

§ 37[2] Übermittlung von Daten an Stellen zur Durchführung des Bundesleistungsgesetzes, des Verkehrssicherstellungsgesetzes, des Verkehrsleistungsgesetzes und von Maßnahmen des Katastrophenschutzes.

(1) Die Zulassungsbehörde darf bei Fahrzeugen, denen ein Kennzeichen zugeteilt ist,

1. für die Zwecke des Bundesleistungsgesetzes den nach § 5 des Bundesleistungsgesetzes bestimmten Anforderungsbehörden,
2. für die Zwecke des Verkehrssicherstellungsgesetzes den nach § 19 des Verkehrssicherstellungsgesetzes bestimmten Behörden,
3. für die Zwecke des Verkehrsleistungsgesetzes dem Bundesamt für Güterverkehr sowie
4. für die Zwecke des Katastrophenschutzes den nach den von den Ländern für Maßnahmen des Katastrophenschutzes erlassenen Gesetzen zuständigen Stellen

---

[1] § 36a eingef. mWv 30.6.2013 durch VO v. 25.6.2013 (BGBl. I S. 1849); aufgeh. mWv 1.10.2017 durch VO v. 23.3.2017 (BGBl. I S. 522).

[2] § 37 Abs. 2 abschl. Satzteil geänd. mWv 1.1.2018 durch VO v. 31.7.2017 (BGBl. I S. 3090).

auf entsprechende Anforderung die nach § 31 Absatz 1 gespeicherten Fahrzeugdaten sowie die nach § 32 Absatz 1 Satz 1 Nummer 2 und Satz 2 gespeicherten Halterdaten übermitteln.

(2) Das Kraftfahrt-Bundesamt darf bei Fahrzeugen, denen ein Kennzeichen zugeteilt ist,

1. für die Zwecke des Bundesleistungsgesetzes den nach § 5 des Bundesleistungsgesetzes bestimmten Anforderungsbehörden und den diesen vorgesetzten Behörden,
2. für die Zwecke des Verkehrssicherstellungsgesetzes den nach § 19 des Verkehrssicherstellungsgesetzes bestimmten Behörden,
3. für die Zwecke des Verkehrsleistungsgesetzes dem Bundesamt für Güterverkehr sowie
4. für die Zwecke des Katastrophenschutzes den nach den von den Ländern für Maßnahmen des Katastrophenschutzes erlassenen Gesetzen zuständigen Stellen und den diesen vorgesetzten Behörden

auf entsprechende Anforderung die nach § 30 Absatz 1 gespeicherten Fahrzeugdaten, mit Ausnahme der Sicherheitscodes der Zulassungsbescheinigung Teil I und Teil II sowie der Stempelplaketten, sowie die nach § 32 Absatz 1 Satz 1 Nummer 1 und Satz 2 gespeicherten Halterdaten übermitteln.

§ 38[1)] Übermittlungen des Kraftfahrt-Bundesamtes an die Zulassungsbehörden. (1) [1] Ist einem Fahrzeug von einer Zulassungsbehörde ein neues Kennzeichen oder ein Ausfuhrkennzeichen zugeteilt worden, dem bereits von einer anderen Zulassungsbehörde ein Kennzeichen des anderen Zulassungsbezirks zugeteilt worden war, oder wird ein Fahrzeug mit dem Kennzeichen des anderen Zulassungsbezirks bei einer anderen Zulassungsbehörde weitergeführt, übermittelt das Kraftfahrt-Bundesamt der für die Zuteilung des bisherigen Kennzeichens zuständigen Zulassungsbehörde und, sofern das bisherige Kennzeichen im Sinne des § 13 Absatz 3 Satz 1 Nummer 2 oder des § 13 Absatz 4 Satz 4 von einer anderen Zulassungsbehörde weitergeführt wurde, auch dieser anderen Zulassungsbehörde, folgende Daten:

1. die Fahrzeug-Identifizierungsnummer des Fahrzeugs,
2. die Fahrzeugklasse des Fahrzeugs,
3. die Marke des Fahrzeugs,
4. die Nummer der Zulassungsbescheinigung Teil II und
5. die Zuteilung oder Weiterführung des bisherigen Kennzeichens.

[2] Im Falle des Satzes 1 Nummer 5 wird Folgendes übermittelt:

1. bei der Zuteilung eines neuen Kennzeichens
   a) das bisherige Kennzeichen,
   b) das neue Kennzeichen und
   c) das Datum der Zuteilung des neuen Kennzeichens,
2. bei der Weiterführung des bisherigen Kennzeichens
   a) das Kennzeichen und

[1)] § 38 Abs. 1 neu gef. mWv 1.1.2015 durch VO v. 8.10.2013 (BGBl. I S. 3772); Abs. 3 geänd. mWv 1.1.2018 durch VO v. 31.7.2017 (BGBl. I S. 3090).

b) das Datum, seit wann das Kennzeichen bei der neu zuständigen Zulassungsbehörde weitergeführt wird.

(2) Ist ein Fahrzeug außer Betrieb gesetzt, so übermittelt das Kraftfahrt-Bundesamt, wenn dieser Umstand im Zentralen Fahrzeugregister vermerkt ist, der zuständigen Zulassungsbehörde zur Aktualisierung des örtlichen Registers diesen Vermerk.

(3) Das Kraftfahrt-Bundesamt übermittelt ferner an die jeweils zuständige Zulassungsbehörde die im Zentralen Fahrzeugregister enthaltenen Angaben über Diebstahl oder sonstiges Abhandenkommen von Fahrzeugen, Kennzeichen, ausgefertigten Zulassungsbescheinigungen Teil II und gespeicherten ausländischen Zulassungsbescheinigungen sowie über das Wiederauffinden solcher Fahrzeuge, Kennzeichen und Zulassungsbescheinigungen, es sei denn, dem Kraftfahrt-Bundesamt ist bekannt, dass die Zulassungsbehörde hierüber unterrichtet ist.

(4) Wird dem Zentralen Fahrzeugregister ein Fahrzeug als zum Verkehr zugelassen gemeldet, dessen Fahrzeug-Identifizierungsnummer, Nummer der Zulassungsbescheinigung Teil II oder Kennzeichen im Zentralen Fahrzeugregister bereits zu einem anderen im Verkehr befindlichen Fahrzeug gespeichert ist, so teilt das Kraftfahrt-Bundesamt diesen Umstand der Zulassungsbehörde, die das Fahrzeug gemeldet hat, zur Prüfung des Sachverhaltes mit.

(5) Die Datenübermittlungen nach den Absätzen 1 und 2 sind entbehrlich, wenn die Zulassungsbehörde, für die die Daten bestimmt sind, die in § 33 vorgeschriebene Datenübermittlung im Wege der Datenfernübertragung durch Direkteinstellung vornimmt.

§ 39[1)] Abruf im automatisierten Verfahren. (1) Zur Übermittlung durch Abruf im automatisierten Verfahren aus dem Zentralen Fahrzeugregister nach § 36 Absatz 1 des Straßenverkehrsgesetzes[2)] dürfen folgende Daten bereitgehalten werden:

1. für Anfragen unter Verwendung des Kennzeichens, der Fahrzeug-Identifizierungsnummer, der Nummer der Zulassungsbescheinigung (bei Teil I der Vordrucknummer oder der von der Zulassungsbehörde aufgebrachten Nummer), der Nummer einer ausländischen Zulassungsbescheinigung oder des Familiennamens, Vornamens, Ordens- oder Künstlernamens, Geburtsnamens, Datums und Ortes der Geburt oder im Falle einer juristischen Person, Behörde oder Vereinigung des Namens oder der Bezeichnung des Halters erforderlichenfalls in Verbindung mit der Anschrift des Halters die in den §§ 30 und 34 genannten Fahrzeugdaten, mit Ausnahme der Sicherheits-

---

[1)] § 39 Abs. 5a eingef. mWv 18.6.2011 durch G v. 23.5.2011 (BGBl. I S. 898); Abs. 5a einl. Satzteil und Satz 2 geänd. mWv 1.1.2013 durch G v. 23.5.2011 (BGBl. I S. 898); Abs. 5 Sätze 1 und 3 geänd. mWv 19.7.2011 durch G v. 12.7.2011 (BGBl. I S. 1378); Abs. 1 Nr. 1, Abs. 2 Nr. 1, Abs. 4 Satz 1 geänd. mWv 1.11.2012; Abs. 6b eingef. mWv 1.2.2013 durch VO v. 19.10.2012 (BGBl. I S. 2232); Abs. 3 Nr. 1 wird geänd. mWv 1.11.2013 durch VO v. 8.10.2013 (BGBl. I S. 3772); Abs. 4 Satz 1, Abs. 5 Satz 1 und Abs. 5a Satz 1 geänd. mWv 1.4.2015 durch VO v. 30.10.2014 (BGBl. I S. 1666); Abs. 2 einl. Satzteil geänd., Nr. 1 Buchst. a neu gef. mWv 1.10.2017 durch VO v. 23.3.2017 (BGBl. I S. 522); Abs. 1 Nr. 1, Abs. 2 einl. Satzteil, Nr. 1 einl. Satzteil und Buchst. a geänd., Abs. 8 angef. mWv 1.1.2018 durch VO v. 31.7.2017 (BGBl. I S. 3090); Abs. 2 einl. Satzteil geänd. mWv 30.3.2019 durch VO v. 22.3.2019 (BGBl. I S. 382); Abs. 1 Nr. 2 Buchst. b und Abs. 2 Nr. 2 Buchst. b geänd. mWv 15.6.2019 durch VO v. 6.6.2019 (BGBl. I S. 756); Abs. 3a eingef. mWv 1.1.2021 durch G v. 29.6.2020 (BGBl. I S. 1528).

[2)] Nr. **10**.

codes der Zulassungsbescheinigung Teil I und Teil II sowie der Stempelplaketten, und die in § 32 genannten Halterdaten,

2. für Anfragen unter Verwendung eines Teils des Kennzeichens:
   a) die mit dem angefragten Teil des Kennzeichens übereinstimmenden Kennzeichen,
   b) Daten über die Fahrzeugklasse, die Marke, die Handelsbezeichnung, den Typ und bei Personenkraftwagen die Farbe des Fahrzeugs sowie das Datum der ersten Zulassung; bei Fahrzeugen mit Versicherungskennzeichen oder Versicherungsplakette außerdem der Beginn und das Ende des Versicherungsverhältnisses.

(2) Zur Übermittlung durch Abruf im automatisierten Verfahren aus dem Zentralen Fahrzeugregister nach § 36 Absatz 2 Satz 1 Nummer 1, 2 und 2a, Absatz 2a Nummer 1, Absatz 2h und 3 des Straßenverkehrsgesetzes dürfen folgende Daten bereitgehalten werden:

1. für Anfragen unter Verwendung des Kennzeichens, der Fahrzeug-Identifizierungsnummer, der Nummer der Zulassungsbescheinigung (bei Teil I der Vordrucknummer oder der von der Zulassungsbehörde aufgebrachten Nummer), der Nummer einer ausländischen Zulassungsbescheinigung oder des Familiennamens, Vornamens, Ordens- oder Künstlernamens, Geburtsnamens, Datums und Ortes der Geburt oder im Falle einer juristischen Person, Behörde oder Vereinigung des Namens oder der Bezeichnung des Halters erforderlichenfalls in Verbindung mit der Anschrift des Halters:
   a) die in § 30 Absatz 1 Nummer 1 bis 3, 5 bis 17 und 19 Buchstabe c, Nummer 20 und 21 Buchstabe a bis e sowie Nummer 25 bis 27, Absatz 2 Nummer 1 bis 4, Absatz 2a Nummer 1 bis 4, Absatz 3 Nummer 1 bis 4, Absatz 4 Nummer 1 bis 5, Absatz 5 Nummer 1 bis 4 und Absatz 7 bis 9 genannten Fahrzeugdaten, mit Ausnahme der Sicherheitscodes der Zulassungsbescheinigung Teil I und Teil II sowie der Stempelplaketten, und
   b) die in § 32 Absatz 1 und 3 genannten Halterdaten,
2. für Anfragen unter Verwendung eines Teils des Kennzeichens:
   a) die mit dem angefragten Teil des Kennzeichens übereinstimmenden Kennzeichen,
   b) die Fahrzeugklasse, die Marke, die Handelsbezeichnung, den Typ und bei Pkw die Farbe des Fahrzeugs sowie das Datum der ersten Zulassung; bei Fahrzeugen mit Versicherungskennzeichen oder Versicherungsplakette außerdem der Beginn und das Ende des Versicherungsverhältnisses.

(3) Zur Übermittlung durch Abruf im automatisierten Verfahren aus dem Zentralen Fahrzeugregister nach § 36 Absatz 2 Satz 1 Nummer 1a des Straßenverkehrsgesetzes dürfen für Anfragen unter Verwendung des Kennzeichens oder der Fahrzeug-Identifizierungsnummer folgende Daten bereitgehalten werden:

1. das Kennzeichen, das Datum der Zuteilung des Kennzeichens, bei Saisonkennzeichen zusätzlich der Betriebszeitraum und das Datum der Außerbetriebsetzung des Fahrzeugs sowie die nach § 30 Absatz 1 Nummer 1 und 20 und Absatz 3 Nummer 1 zu speichernden Fahrzeugdaten und
2. die in § 32 Absatz 1 und 3 genannten Halterdaten.

(3a) Zur Übermittlung durch Abruf im automatisierten Verfahren aus dem Zentralen Fahrzeugregister nach § 36 Absatz 2j des Straßenverkehrsgesetzes dürfen für Anfragen unter Verwendung der Fahrzeug-Identifizierungsnummer und des Kennzeichens folgende Daten für das Bundesamt für Wirtschaft und Ausfuhrkontrolle bereitgehalten werden:

1. die in § 32 Absatz 1 und 3 genannten aktuellen und früheren Halterdaten und die Anzahl der früheren Halter,
2. die in § 30 Absatz 1 Nummer 1 in Verbindung mit § 6 Absatz 7 Nummer 2, 5 und 7 Buchstabe a, § 30 Absatz 1 Nummer 7 Buchstabe a und b sowie § 30 Absatz 1 Nummer 2 und 26 Buchstabe d und e genannten Fahrzeugdaten.

(Fortsetzung nächstes Blatt)

(4) [1] Zur Übermittlung durch Abruf im automatisierten Verfahren aus dem Zentralen Fahrzeugregister nach § 36 Absatz 2b des Straßenverkehrsgesetzes dürfen die nach § 32 Absatz 1 in Verbindung mit § 6 Absatz 7 Nummer 1 und 7 Buchstabe c bis e gespeicherten Halterdaten und die nach § 30 Absatz 1 Nummer 9 gespeicherten Fahrzeugdaten bereitgehalten werden, soweit sie für die Ermittlung des Schuldners und der Höhe der Mautgebühr nach dem Fernstraßenbauprivatfinanzierungsgesetz in der Fassung der Bekanntmachung vom 6. Januar 2006 (BGBl. I S. 49) in der jeweils geltenden Fassung erforderlich sind. [2] Die Daten nach Satz 1 werden für den mit der Erhebung der Mautgebühr nach dem Fernstraßenbauprivatfinanzierungsgesetz beliehenen Privaten zum Abruf bereitgehalten. [3] Gleiches gilt für Daten, soweit sie für die Ermittlung des Schuldners und der Höhe der Mautgebühr nach Gesetzen der Länder über den gebührenfinanzierten Neu- und Ausbau von Straßen erforderlich sind.

(5) [1] Die Übermittlung nach § 36 Absatz 2c des Straßenverkehrsgesetzes von Fahrzeugdaten und Daten von Fahrzeugkombinationen, die für die Erhebung der Maut nach dem Bundesfernstraßenmautgesetz[1] in der jeweils geltenden Fassung maßgeblich sind, ist durch Abruf im automatisierten Verfahren zulässig. [2] Satz 1 gilt auch für die in Ziffer 33 des Fahrzeugscheins oder Ziffer 22 der Zulassungsbescheinigung Teil I eingetragenen Fahrzeugdaten und Daten von Fahrzeugkombinationen, die im Zentralen Fahrzeugregister erfasst sind. [3] Die Daten nach Satz 1 werden bereitgehalten für das Bundesamt für Güterverkehr und eine sonstige öffentliche Stelle, die mit der Erhebung der Autobahnmaut beauftragt ist.

(5a) [1] Zur Übermittlung durch Abruf im automatisierten Verfahren dürfen aus dem Zentralen Fahrzeugregister nach § 36 Absatz 2d und 2e des Straßenverkehrsgesetzes die in Absatz 2 Nummer 1 Buchstabe a und b genannten Daten für Anfragen unter Verwendung folgender Angaben bereitgehalten werden:

1. im Fall einer natürlichen Person Familienname, Vornamen, Ordens- oder Künstlername, Geburtsname, Datum und Ort der Geburt oder
2. im Fall einer juristischen Person, Behörde oder Vereinigung der Name oder die Bezeichnung des Halters, gegebenenfalls in Verbindung mit der Anschrift des Halters.

[2] Die in Satz 1 genannten Daten werden bereitgehalten für die zentrale Behörde (§ 4 des Auslandsunterhaltsgesetzes) sowie für den Gerichtsvollzieher.

(6) [1] Zur Übermittlung durch Abruf im automatisierten Verfahren aus dem Zentralen Fahrzeugregister nach § 36 Absatz 3a des Straßenverkehrsgesetzes für Maßnahmen zur Gewährleistung des Versicherungsschutzes im Rahmen der Kraftfahrzeug-Haftpflichtversicherung dürfen die nach § 32 Absatz 1 zu speichernden Halterdaten und die in § 30 Absatz 1 Nummer 19, Absatz 2 Nummer 4, Absatz 3 Nummer 4, Absatz 4 Nummer 5 und Absatz 5 Nummer 4 genannten Daten zur Kraftfahrzeug-Haftpflichtversicherung bereitgehalten werden. [2] Die in Satz 1 genannten Daten werden bereitgehalten für

---

[1] Nr. **810**.

die nach § 8a Absatz 1 Satz 1 des Pflichtversicherungsgesetzes[1] eingerichtete Auskunftsstelle.

(6a) Die Übermittlung nach § 36 Absatz 3b des Straßenverkehrsgesetzes von Fahrzeugdaten nach § 30 Absatz 1 Nummer 1 bis 3, 6 bis 10, 15, 20, 21 Buchstabe d und f, Nummer 24, 25, 26 Buchstabe d und e, Absatz 2 Nummer 1 bis 3, Absatz 3 Nummer 2 und Absätze 7 und 8 darf durch Abruf im automatisierten Verfahren erfolgen.

(6b) Die Übermittlung nach § 36 Absatz 3c des Straßenverkehrsgesetzes von Fahrzeugdaten nach § 30 Absatz 1 Nummer 1 bis 3, 6, 20, 26 Buchstabe d und e und Absatz 3 Nummer 1 und 2 darf durch Abruf im automatisierten Verfahren erfolgen.

(7) Zur Übermittlung durch Abruf im automatisierten Verfahren aus den örtlichen Fahrzeugregistern nach § 36 Absatz 2 Satz 2 des Straßenverkehrsgesetzes dürfen folgende Daten bereitgehalten werden:

1. für Anfragen unter Verwendung des Kennzeichens oder der Fahrzeug-Identifizierungsnummer:
   a) die nach § 32 Absatz 1 zu speichernden Halterdaten und
   b) die nach § 31 Absatz 1 Nummer 1, 3, 5 bis 17, 19 bis 27, Absatz 2 Nummer 1 bis 4 und Absatz 3 Nummer 1 bis 4 zu speichernden Fahrzeugdaten,
2. für Anfragen unter Verwendung eines Teils des Kennzeichens: die in Absatz 2 Nummer 2 bezeichneten Daten,
3. für Anfragen unter Verwendung des Familiennamens, Vornamens, Ordens- oder Künstlernamens, Geburtsnamens, Datums und Ortes der Geburt oder im Falle einer juristischen Person, Behörde oder Vereinigung des Namens oder der Bezeichnung des Halters oder unter Verwendung der Anschrift des Halters die in Nummer 1 bezeichneten Daten.

(8) [1] Abrufe im automatisierten Verfahren sollen von den abrufberechtigten Stellen über Kopfstellen erfolgen. [2] Die Einzelheiten zur netztechnischen Anbindung werden vom Kraftfahrt-Bundesamt festgelegt und im Bundesanzeiger sowie nachrichtlich im Verkehrsblatt veröffentlicht. [3] Eine Speicherung der Anfrage- und Auskunftsdaten bei den Kopfstellen erfolgt ausschließlich zum Zweck der Weiterübermittlung. [4] Nach erfolgter Weiterübermittlung haben die Kopfstellen diese gespeicherten Daten unverzüglich, bei elektronischer Speicherung automatisiert, zu löschen. [5] § 40 bleibt unberührt.

§ 39a[2] Automatisiertes Anfrage- und Auskunftsverfahren. [1] Die technische Abwicklung des automatisierten Anfrage- und Auskunftsverfahrens nach § 36a des Straßenverkehrsgesetzes[3] hat nach einem vom Kraftfahrt-Bundesamt im Bundesanzeiger und nachrichtlich im Verkehrsblatt veröffentlichten Standard zu erfolgen. [2] Vor der Veröffentlichung sind die zuständigen obersten Landesbehörden anzuhören.

---

[1] Nr. **600**.
[2] § 39a eingef. mWv 1.11.2013 durch VO v. 8.10.2013 (BGBl. I S. 3772).
[3] Nr. **10**.

§ 40 Sicherung des Abrufverfahrens gegen Missbrauch. (1) [1] Die übermittelnde Stelle darf einen Abruf nach § 36 des Straßenverkehrsgesetzes[1)] nur zulassen, wenn dessen Durchführung unter Verwendung

1. einer Kennung des zum Abruf berechtigten Nutzers und

2. eines Passwortes

erfolgt. [2] Nutzer im Sinne des Satzes 1 Nummer 1 kann eine natürliche Person oder eine Dienststelle sein. [3] Bei Abruf über ein sicheres, geschlossenes Netz kann die Kennung nach Satz 1 Nummer 1 auf Antrag des Netzbetreibers als einheitliche Kennung für die an dieses Netz angeschlossenen Nutzer erteilt werden, sofern der Netzbetreiber selbst abrufberechtigt ist. [4] Die Verantwortung für die Sicherheit des Datennetzwerks und die Zulassung ausschließlich berechtigter Nutzer trägt bei Anwendung des Satzes 3 der Netzbetreiber. [5] Ist der Nutzer im Sinne des Satzes 1 Nummer 1 keine natürliche Person, so hat er sicherzustellen, dass zu jedem Abruf die jeweils abrufende natürliche Person festgestellt werden kann. [6] Der Nutzer oder die abrufende Person haben vor dem ersten Abruf ein eigenes Passwort zu wählen und dieses jeweils spätestens nach einem von der übermittelnden Stelle vorgegebenen Zeitraum zu ändern.

(2) [1] Die übermittelnde Stelle hat durch ein selbsttätiges Verfahren zu gewährleisten, dass keine Abrufe erfolgen können, sobald die Kennung nach Absatz 1 Satz 1 Nummer 1 oder das Passwort mehr als zweimal hintereinander unrichtig übermittelt wurde. [2] Die abrufende Stelle hat Maßnahmen zum Schutz gegen unberechtigte Nutzungen des Abrufsystems zu treffen.

(3) [1] Die übermittelnde Stelle hat sicherzustellen, dass die Aufzeichnungen nach § 36 Absatz 6 des Straßenverkehrsgesetzes über die Abrufe selbsttätig erfolgen und dass der Abruf bei nicht ordnungsgemäßer Aufzeichnung unterbrochen wird. [2] Der Aufzeichnung unterliegen auch versuchte Abrufe, die unter Verwendung von fehlerhaften Kennungen mehr als einmal vorgenommen werden. [3] Satz 1 gilt entsprechend für die weiteren Aufzeichnungen nach § 36 Absatz 7 des Straßenverkehrsgesetzes.

(4) [1] Die Übermittlung durch ein automatisiertes Anfrage- und Auskunftsverfahren beim Kraftfahrt-Bundesamt nach § 36a des Straßenverkehrsgesetzes ist zulässig, wenn sie unter Verwendung einer Kennung der zum Empfang der Daten berechtigten Behörde erfolgt. [2] Der Empfänger hat sicherzustellen, dass die übermittelten Daten nur bei den zum Empfang bestimmten Endgeräten empfangen werden. [3] Die übermittelnde Stelle hat durch ein selbsttätiges Verfahren zu gewährleisten, dass eine Übermittlung nicht vorgenommen wird, wenn die Kennung nicht oder unrichtig angegeben wurde. [4] Sie hat versuchte Anfragen ohne Angabe der richtigen Kennung sowie die Angabe einer fehlerhaften Kennung zu protokollieren. [5] Sie hat ferner im Zusammenwirken mit der anfragenden Stelle jedem Fehlversuch nachzugehen und die Maßnahmen zu ergreifen, die zur Sicherung des ordnungsgemäßen Verfahrens notwendig sind. [6] Die übermittelnde Stelle hat sicherzustellen, dass die Aufzeichnungen nach § 36a Satz 2 des Straßenverkehrsgesetzes selbsttätig erfolgen und die Übermittlung bei nicht ordnungsgemäßer Aufzeichnung unterbrochen wird.

---

1) Nr. **10**.

§ 41 Aufzeichnung der Abrufe im automatisierten Verfahren.

(1) [1] Der Anlass des Abrufs ist von der abrufenden Stelle unter Verwendung folgender Schlüsselzahlen zu übermitteln:

1: Zulassung von Fahrzeugen,

2: bei Überwachung des Straßenverkehrs: keine oder nicht vorschriftsmäßige Papiere oder Verdacht auf Fälschung der Papiere oder des Kennzeichens oder sonstige verkehrsrechtliche Beanstandungen oder verkehrsbezogene Anlässe,

3: Nichtbeachten der polizeilichen Anhalteaufforderung oder Verkehrsunfallflucht,

4: Feststellungen bei aufgefundenen oder verkehrsbehindernd abgestellten Fahrzeugen,

5: Verdacht des Diebstahls oder der missbräuchlichen Benutzung eines Fahrzeugs,

6: Grenzkontrolle,

7: Gefahrenabwehr,

8: Verfolgung von Straftaten oder Verkehrsordnungswidrigkeiten,

9: Fahndung, Grenzfahndung, Kontrollstelle und

0: sonstige Anlässe.

[2] Bei Verwendung der Schlüsselzahlen 8 bis 0 ist ein auf den bestimmten Anlass bezogenes Aktenzeichen oder eine Tagebuchnummer zusätzlich zu übermitteln, falls dies beim Abruf angegeben werden kann. [3] Sonst ist jeweils in Kurzform bei der Verwendung der Schlüsselzahl 8 die Art der Straftat oder die Art der Verkehrsordnungswidrigkeit und bei Verwendung der Schlüsselzahlen 9 und 0 die Art der Maßnahme oder des Ereignisses zu bezeichnen.

(2) [1] Zur Feststellung der für den Abruf verantwortlichen Person sind der übermittelnden Stelle die Dienstnummer, Nummer des Dienstausweises, ein Namenskurzzeichen unter Angabe der Organisationseinheit oder andere Hinweise mitzuteilen, die unter Hinzuziehung von Unterlagen bei der abrufenden Stelle diese Feststellung ermöglichen. [2] Als Hinweis im Sinne von Satz 1 gilt insbesondere

1. das nach Absatz 1 Satz 2 übermittelte Aktenzeichen oder die Tagebuchnummer, sofern die Tatsache des Abrufs unter Bezeichnung der hierfür verantwortlichen Person aktenkundig gemacht wird, oder
2. der Funkrufname, sofern dieser zur nachträglichen Feststellung der für den Abruf verantwortlichen Person geeignet ist.

(3) Für die nach § 36 Absatz 7 des Straßenverkehrsgesetzes[1)] vorgeschriebenen weiteren Aufzeichnungen gilt § 36 Absatz 6 Satz 2 bis 4 des Straßenverkehrsgesetzes entsprechend.

§ 42[2)] Abruf im automatisierten Verfahren durch ausländische Stellen. [1] Zur Übermittlung durch Abruf im automatisierten Verfahren aus dem Zentralen Fahrzeugregister nach § 37a des Straßenverkehrsgesetzes[1)] unter

---

[1)] Nr. **10**.

[2)] § 42 Satz 1 Nr. 1 und 2 neu gef. mWv 1.11.2012 durch VO v. 19.10.2012 (BGBl. I S. 2232).

Verwendung des Kennzeichens oder der Fahrzeug-Identifizierungsnummer dürfen:

1. für Verwaltungsmaßnahmen nach § 37 Absatz 1 Buchstabe a des Straßenverkehrsgesetzes die in § 39 Absatz 2 Nummer 1 Buchstabe a genannten Daten und
2. für Maßnahmen wegen Zuwiderhandlungen und Straftaten, zur Abwehr von Gefahren für die öffentliche Sicherheit sowie zur Überwachung des Versicherungsschutzes nach § 37 Absatz 1 Buchstabe b bis d und Absatz 1a des Straßenverkehrsgesetzes die in § 39 Absatz 2 Nummer 1 Buchstabe a und b genannten Daten

bereitgehalten werden. [2] Die §§ 40 und 41 gelten entsprechend.

§ 43 Übermittlungssperren. (1) [1] Übermittlungssperren gegenüber Dritten nach § 41 des Straßenverkehrsgesetzes[1)] dürfen nur durch die für die Zulassungsbehörde zuständige oberste Landesbehörde oder die von ihr bestimmten oder nach Landesrecht zuständigen Stellen angeordnet werden; die Zulassungsbehörde vermerkt die Sperre unverzüglich im örtlichen Fahrzeugregister. [2] Das Gleiche gilt für eine Änderung der Sperre. [3] Wird die Sperre aufgehoben, ist der Sperrvermerk von der Zulassungsbehörde unverzüglich zu löschen.

(2) [1] Übermittlungssperren gegenüber Dritten sind von der sperrenden Behörde oder der Zulassungsbehörde dem Kraftfahrt-Bundesamt mitzuteilen. [2] Das Kraftfahrt-Bundesamt vermerkt die Sperre unverzüglich im Zentralen Fahrzeugregister. [3] Die Änderung oder Aufhebung der Sperre ist von der sperrenden Behörde oder der Zulassungsbehörde dem Kraftfahrt-Bundesamt mitzuteilen. [4] Für die Änderung der Sperre gilt Satz 2 entsprechend. [5] Wird die Aufhebung der Sperre dem Kraftfahrt-Bundesamt gemeldet, so ist der Sperrvermerk unverzüglich zu löschen.

(3) [1] Übermittlungsersuchen, die sich auf gesperrte Daten beziehen, sind von der Zulassungsbehörde oder vom Kraftfahrt-Bundesamt an die Behörde weiterzuleiten, die die Sperre angeordnet hat. [2] Die Zulassungsbehörde erteilt die Auskunft, wenn die für die Anordnung der Sperre zuständige Behörde ihr mitteilt, dass die Sperre für dieses Übermittlungsersuchen aufgehoben wird.

§ 44[2)] Löschung der Daten im Zentralen Fahrzeugregister. (1) Bei Fahrzeugen mit Kennzeichen nach § 8 sind die Daten im Zentralen Fahrzeugregister vorbehaltlich des Absatzes 5 sieben Jahre, nachdem das Fahrzeug außer Betrieb gesetzt wurde, zu löschen.

(2) [1] Die bei der Ausgabe von roten Kennzeichen im Zentralen Fahrzeugregister gespeicherten Daten sind vorbehaltlich des Absatzes 5 sieben Jahre nach Rückgabe oder Entstempelung des Kennzeichens zu löschen. [2] Die bei der Ausgabe von Kurzzeitkennzeichen im Zentralen Fahrzeugregister gespeicherten Daten sind sieben Jahre nach Ablauf der Gültigkeit des Kennzeichens zu löschen.

[1)] Nr. **10**.

[2)] § 44 Abs. 2 Satz 2 angef., Abs. 6 Satz 1 geänd. mWv 1.11.2012 durch VO v. 19.10.2012 (BGBl. I S. 2232); Abs. 4 und 5 geänd. mWv 15.6.2019 durch VO v. 6.6.2019 (BGBl. I S. 756).

(3) Bei Fahrzeugen mit Ausfuhrkennzeichen sind die Daten im Zentralen Fahrzeugregister vorbehaltlich des Absatzes 5 sieben Jahre nach Ablauf der Gültigkeit der Zulassung zu löschen.

(4) Bei Fahrzeugen mit Versicherungskennzeichen oder Versicherungsplakette sind die Daten im Zentralen Fahrzeugregister vorbehaltlich des Absatzes 5 sieben Jahre nach dem Ende des Verkehrsjahres zu löschen.

(5) Die Angaben über Diebstahl oder sonstiges Abhandenkommen des Fahrzeugs, des Kennzeichens im Sinne der Absätze 1 bis 4, der Versicherungsplakette oder der Zulassungsbescheinigung Teil II sind bei deren Wiederauffinden, sonst nach Ende der Fahndungsmaßnahmen zu löschen.

(6) [1]Die Daten über Kennzeichen nach § 30 Absatz 6 sind im Zentralen Fahrzeugregister spätestens ein Jahr nach Rückgabe oder Entziehung des jeweiligen Kennzeichens zu löschen. [2]Bei Diebstahl oder sonstigem Abhandenkommen des Kennzeichens gilt Absatz 5 entsprechend.

§ 45 Löschung der Daten im örtlichen Fahrzeugregister. (1) [1]Bei Fahrzeugen mit Kennzeichen nach § 8 sind die Daten im örtlichen Fahrzeugregister vorbehaltlich des Absatzes 4 spätestens ein Jahr nach Eingang der vom Kraftfahrt-Bundesamt nach § 38 Absatz 1 oder Absatz 2 übersandten Mitteilung zu löschen. [2]Die in § 33 Absatz 1 Satz 2 des Straßenverkehrsgesetzes[1)] bezeichneten Daten sind nach Zuteilung des Kennzeichens für den neuen Halter, sonst spätestens ein Jahr nach Eingang der vom Kraftfahrt-Bundesamt nach § 38 Absatz 1 oder Absatz 2 übersandten Mitteilung zu löschen.

(2) Die bei der Zuteilung von roten Kennzeichen oder von Kurzzeitkennzeichen im örtlichen Fahrzeugregister gespeicherten Daten sind vorbehaltlich des Absatzes 4 spätestens ein Jahr nach der Rückgabe, der Entziehung oder dem Ablaufdatum des Kennzeichens zu löschen.

(3) Bei Fahrzeugen mit Ausfuhrkennzeichen sind die Daten im örtlichen Fahrzeugregister vorbehaltlich des Absatzes 4 spätestens ein Jahr nach Ablauf der Gültigkeit der Zulassung zu löschen.

(4) Es sind zu löschen

1. die Angaben über Diebstahl oder sonstiges Abhandenkommen des Fahrzeugs, des Kennzeichens oder der Zulassungsbescheinigung Teil II bei deren Wiederauffinden, sonst spätestens nach Ende der Fahndungsmaßnahmen,
2. die Fahrzeug-Identifizierungsnummer, das Kennzeichen, frühere Kennzeichen sowie die in § 31 Absatz 1 Nummer 19 Buchstabe a, b und e, Absatz 2 Nummer 4 Buchstabe a und Absatz 3 Nummer 4 Buchstabe a bezeichneten Daten drei Jahre nachdem die Versicherungsbestätigung, in der diese Daten jeweils enthalten sind, ihre Geltung verloren hat,
3. die Angaben über den früheren Halter nach § 32 Absatz 3 ein Jahr nach Zuteilung des Kennzeichens für den neuen Halter oder bei Diebstahl oder sonstigem Abhandenkommen von Fahrzeug oder Kennzeichen zum gleichen Zeitpunkt wie die Angaben nach Nummer 1.

(5) [1]Die Daten über Kennzeichen nach § 31 Absatz 1 Nummer 4 und Absatz 4 sind im örtlichen Fahrzeugregister spätestens ein Jahr nach Rückgabe

---

[1)] Nr. **10**.

oder Entziehung des Kennzeichens zu löschen. [2] Bei Diebstahl oder sonstigem Abhandenkommen des Kennzeichens gilt Absatz 4 Nummer 1.

(6) Sofern die Zulassungsbehörde die Datenhaltung des örtlichen Fahrzeugregisters dem Zentralen Fahrzeugregister übertragen hat, ist § 44 anzuwenden.

§ 45a[1)] Zentrale Datenbank der Übereinstimmungsbescheinigungen.

(1) [1] Das Kraftfahrt-Bundesamt führt eine Zentrale Datenbank der Übereinstimmungsbescheinigungen für solche Fahrzeuge, für die durch den Hersteller oder auf seine Veranlassung eine Zulassungsbescheinigung Teil II ausgefüllt worden ist oder ausgefüllt werden soll. [2] Diese Datenbank wird für folgende Zwecke geführt:

1. für den Nachweis im Zulassungsverfahren, dass das Fahrzeug einem genehmigten Typ entspricht, und für die maschinelle Weiterverarbeitung der Angaben über das Fahrzeug, insbesondere die maschinelle Ausfüllung der Zulassungsbescheinigung,
2. für die Prüfung von Fahrzeugeigenschaften, die nach dem oder auf Grund des Rechts der Europäischen Union einzuhalten sind,
3. für die unionsrechtlich vorgeschriebene Überwachung und Meldung der fahrzeugspezifischen CO_2-Emissionen,
4. für die Bestimmung der fahrzeugbezogenen Energieeffizienzklasse nach der Pkw-Energieverbrauchskennzeichnungsverordnung[2)] vom 28. Mai 2004 (BGBl. I S. 1037), die zuletzt durch Artikel 330 der Verordnung vom 31. August 2015 (BGBl. I S. 1474) geändert worden ist, in der jeweils geltenden Fassung,
5. für statistische Aufbereitungen nach Maßgabe des Absatzes 3 und
6. für die Durchführung von Abgastests und anderen Maßnahmen im Rahmen der Marktüberwachung.

(2) [1] Die Zentrale Datenbank der Übereinstimmungsbescheinigungen enthält die von den Herstellern von Fahrzeugen nach Absatz 4, 4a und 5 übermittelten Daten mit Bezug auf die Fahrzeug-Identifizierungsnummern. [2] Das Kraftfahrt-Bundesamt ist befugt, diese Daten für die Führung der Datenbank und für die Zwecke nach Absatz 1 zu erheben, zu speichern und zu verwenden.

(3) [1] Das Kraftfahrt-Bundesamt darf die Daten nach Absatz 2 nach statistischen Gesichtspunkten auswerten, um Gruppierungen der Fahrzeugtypen zu bestimmen, die für Zwecke der amtlichen Statistik oder für wirtschaftliche Zwecke Dritter verwendet werden können. [2] Die Vorschriften des Bundesstatistikgesetzes finden Anwendung.

(4) Die Hersteller von Fahrzeugen, die Inhaber einer EG-Typgenehmigung sind, oder deren bevollmächtigte Vertreter müssen dem Kraftfahrt-Bundesamt unter Angabe der Fahrzeug-Identifizierungsnummer die nach Maßgabe der jeweils geltenden Vorschriften der Europäischen Union in die Übereinstimmungsbescheinigungen einzutragenden Daten jeder ausgestellten Übereinstimmungsbescheinigung unverzüglich übermitteln,

1. wenn sie für diese Fahrzeuge eine Zulassungsbescheinigung Teil II ausfüllen oder

---

[1)] § 45a eingef. mWv 1.10.2019 und Abs. 2 Satz 1 geänd., Abs. 4a eingef. mWv 1.9.2020 durch VO v. 22.3.2019 (BGBl. I S. 382).

[2)] Nr. **80**.

2. sobald auf ihre Veranlassung hin eine Zulassungsbescheinigung Teil II für diese Fahrzeuge ausgestellt werden soll.

(4a) [1]Die Hersteller von Fahrzeugen, die Inhaber einer EG-Typgenehmigung sind, oder deren bevollmächtigte Vertreter prüfen für jedes Fahrzeug, für das sie eine Übereinstimmungsbescheinigung ausstellen, deren Daten nach Absatz 4 zu übermitteln sind, ob aufgrund von anderen als in den Schlüsselnummern abgebildeten technischen Gegebenheiten ein rechtliches Verbot für die erstmalige Zulassung dieses Fahrzeugs bestehen wird. [2]Diese Prüfung nehmen sie ab dem Zeitpunkt des Inkrafttretens einer Rechtsvorschrift vor, die eine technische Regelung enthält, die zu einem Verbot der erstmaligen Zulassung führen kann. [3]Der Verpflichtete nach Satz 1 hat dem Kraftfahrt-Bundesamt die unter ein solches Verbot fallenden Fahrzeuge spätestens 30 Werktage vor dem Zeitpunkt des Wirksamwerdens des Verbots unter Angabe der Fahrzeug-Identifizierungsnummer und des letzten zulässigen Erstzulassungsdatums mitzuteilen. [4]Stellt der Verpflichtete nach Satz 1 einen Antrag auf Genehmigung einer auslaufenden Serie, kann er die Mitteilung nach Satz 3 auch erst gemeinsam mit diesem Antrag vornehmen, spätestens jedoch 15 Tage vor dem Zeitpunkt des Wirksamwerdens des Verbots. [5]In diesem Fall bezieht sich die Mitteilung auf alle Fahrzeug-Identifizierungsnummern für Fahrzeuge, für die die auslaufende Serie beantragt und genehmigt wird. [6]Darüber hinaus meldet der Verpflichtete nach Satz 1 die ihm bekannten Fahrzeug-Identifizierungsnummern für Fahrzeuge, die ebenfalls unter das Verbot der erstmaligen Zulassung fallen können. [7]Die Mitteilungen nach den Sätzen 2 bis 6 sind mit einer Erklärung zu versehen, dass dem Verpflichteten keine weiteren Fahrzeuge bekannt sind, die unter das Verbot der erstmaligen Zulassung fallen können.

(5) Die Hersteller von Fahrzeugen, die Inhaber einer EG-Typgenehmigung sind, oder deren bevollmächtigte Vertreter können die nach Maßgabe der jeweils geltenden Vorschriften der Europäischen Union in die Übereinstimmungsbescheinigungen einzutragenden Daten jeder ausgestellten Übereinstimmungsbescheinigung für Fahrzeuge, für die eine Verpflichtung nach Absatz 4 nicht besteht, an das Kraftfahrt-Bundesamt zur Speicherung in der Zentralen Datenbank der Übereinstimmungsbescheinigungen übermitteln.

(6) Das Kraftfahrt-Bundesamt bestimmt die technischen Standards für die Datenübermittlung unter Berücksichtigung von Festlegungen für den internationalen Datenaustausch und veröffentlicht diese im Bundesanzeiger sowie nachrichtlich im Verkehrsblatt.

(7) [1]Das Kraftfahrt-Bundesamt schließt durch geeignete technische und organisatorische Maßnahmen aus, dass die Zentrale Datenbank der Übereinstimmungsbescheinigungen mit dem Zentralen Fahrzeugregister verknüpft werden kann; das Gleiche gilt für die Zulassungsbehörden in Ansehung ihrer örtlichen Fahrzeugregister. [2]Die Daten werden zehn Jahre nach ihrer Übermittlung in diese Datenbank gelöscht.

(8) Die Zulassungsbehörden sind befugt, unter Verwendung der Fahrzeug-Identifizierungsnummer die Daten nach Absatz 2 zur Erfüllung ihrer Aufgaben für die in Absatz 1 Nummer 1 und 2 genannten Zwecke automatisiert abzurufen und sie in den Fahrzeugregistern zu speichern und zu verwenden.

Abschnitt 7. Durchführungs- und Schlussvorschriften

§ 46[1)] Zuständigkeiten. (1) [1] Diese Verordnung wird von den nach Landesrecht zuständigen unteren Verwaltungsbehörden ausgeführt. [2] Die zuständigen obersten Landesbehörden oder die von ihnen bestimmten oder nach Landesrecht zuständigen Stellen können den Verwaltungsbehörden Weisungen auch für den Einzelfall erteilen oder die erforderlichen Maßnahmen selbst treffen.

(2) [1] Örtlich zuständig ist, soweit nichts anderes vorgeschrieben ist, die Behörde des Wohnorts, bei mehreren Wohnungen des Ortes der Hauptwohnung im Sinne des Bundesmeldegesetzes, mangels eines solchen des Aufenthaltsortes des Antragstellers oder Betroffenen, bei juristischen Personen, Gewerbetreibenden und Selbständigen mit festem Betriebssitz oder Behörden die Behörde des Sitzes oder des Ortes der beteiligten Niederlassung oder Dienststelle. [2] Besteht im Inland kein Wohnsitz, kein Sitz, keine Niederlassung oder keine Dienststelle, so ist die Behörde des Wohnorts oder des Aufenthaltsorts eines Empfangsbevollmächtigten zuständig. [3] Örtlich zuständige Behörde im Sinne des § 25 ist die Behörde, die das Kennzeichen zugeteilt hat, es sei denn, dass im Falle des § 13 Absatz 3 Satz 1 Nummer 2 die für den neuen Wohnsitz oder

(Fortsetzung nächstes Blatt)

[1)] § 46 Abs. 2 Satz 1 geänd. mWv 8.4.2011 durch VO v. 4.4.2011 (BGBl. I S. 549); Abs. 2 Satz 2 geänd. mWv 1.11.2012 durch VO v. 19.10.2012 (BGBl. I S. 2232); Abs. 2 Satz 1 geänd. mWv 1.11. 2015 durch G v. 3.5.2013 (BGBl. I S. 1084, geänd. durch G v. 20.11.2014, BGBl. I S. 1738); Abs. 2 Satz 2 geänd. mWv 1.10.2017 durch VO v. 23.3.2017 (BGBl. I S. 522); Abs. 2 Satz 3 eingef., bish. Sätze 3 und 4 werden Sätze 4 und 5 mWv 1.1.2018 durch VO v. 31.7.2017 (BGBl. I S. 3090).

neuen Sitz zuständige Behörde die Zulassungsbescheinigung Teil I bereits nach § 13 Absatz 3 Satz 4 berichtigt hat. [4]Anträge können mit Zustimmung der örtlich zuständigen Verwaltungsbehörde von einer gleichgeordneten auswärtigen Behörde, mit Zustimmung der zuständigen obersten Landesbehörden oder der von ihnen bestimmten oder nach Landesrecht zuständigen Stellen auch in einem anderen Land, behandelt und erledigt werden. [5]Verlangt die Verkehrssicherheit ein sofortiges Eingreifen, so kann an Stelle der örtlich zuständigen Behörde jede ihr gleichgeordnete Behörde mit derselben Wirkung Maßnahmen auf Grund dieser Verordnung vorläufig treffen.

(3) [1]Die Zuständigkeiten der Verwaltungsbehörden auf Grund dieser Verordnung werden für die Dienstbereiche der Bundeswehr, der Bundespolizei, der Bundesanstalt Technisches Hilfswerk und der Polizeien der Länder durch deren Dienststellen nach Bestimmung der Fachminister wahrgenommen. [2]Die Zuständigkeiten der Verwaltungsbehörden in Bezug auf die Kraftfahrzeuge und Anhänger der auf Grund des Nordatlantikvertrags errichteten internationalen militärischen Hauptquartiere, soweit die Fahrzeuge ihren regelmäßigen Standort im Geltungsbereich dieser Verordnung haben, werden durch die Dienststellen der Bundeswehr nach Bestimmung des Bundesministers der Verteidigung wahrgenommen. [3]Für den Dienstbereich der Polizeien der Länder kann die Zulassung von Kraftfahrzeugen und ihrer Anhänger nach Bestimmung der Fachminister durch die nach Absatz 1 zuständigen Behörden vorgenommen werden.

§ 47[1)] Ausnahmen. (1) Die zuständigen obersten Landesbehörden oder die von ihnen bestimmten oder nach Landesrecht zuständigen Stellen können Ausnahmen von den Vorschriften der Abschnitte 1 bis 5 dieser Verordnung, jedoch nicht von § 12 Absatz 1 und 3 Satz 1 und § 8 Absatz 1a, in bestimmten Einzelfällen oder allgemein für bestimmte einzelne Antragsteller genehmigen; sofern die Ausnahmen erhebliche Auswirkungen auf das Gebiet anderer Länder haben, ergeht die Entscheidung im Einvernehmen mit den zuständigen Behörden dieser Länder.

(2) Der örtliche Geltungsbereich jeder Ausnahme ist festzulegen.

(3) Sind in der Ausnahmegenehmigung Auflagen oder Bedingungen festgesetzt, so ist die Ausnahmegenehmigung vom Fahrzeugführer bei Fahrten mitzuführen und zuständigen Personen auf Verlangen zur Prüfung auszuhändigen.

(4) Die Bundeswehr, die Polizei, die Bundespolizei, die Feuerwehr, das Technische Hilfswerk und die anderen Einheiten und Einrichtungen des Katastrophenschutzes sowie der Zolldienst sind von den Vorschriften dieser Verordnung befreit, soweit dies zur Erfüllung hoheitlicher Aufgaben unter gebührender Berücksichtigung der öffentlichen Sicherheit und Ordnung dringend geboten ist.

[1)] § 47 Abs. 1 Nr. 1 geänd. mWv 8.4.2011 durch VO v. 4.4.2011 (BGBl. I S. 549); Abs. 1 Satz 1 Nr. 1 geänd. mWv 1.7.2012 durch VO v. 13.1.2012 (BGBl. I S. 103); Abs. 1 neu gef. mWv 1.1.2015 durch VO v. 8.10.2013 (BGBl. I S. 3772, geänd. durch G v. 30.10.2014, BGBl. I S. 1666); Abs. 1 Nr. 3 geänd. mWv 1.4.2015 durch VO v. 30.10.2014 (BGBl. I S. 1666); Abs. 1 geänd. mWv 1.1.2018 durch VO v. 31.7.2017 (BGBl. I S. 3090).

§ 48[1] Ordnungswidrigkeiten. Ordnungswidrig im Sinne des § 24 des Straßenverkehrsgesetzes[2] handelt, wer vorsätzlich oder fahrlässig

1. entgegen
   a) § 3 Absatz 1 Satz 1, § 4 Absatz 1, § 8 Absatz 1a Satz 6 Nummer 1, § 9 Absatz 3 Satz 5 Nummer 1 oder § 10 Absatz 12 Satz 1,
   b) § 16 Absatz 5 Satz 3 in Verbindung mit § 10 Absatz 12 Satz 1, § 16a Absatz 3 Satz 4 in Verbindung mit § 10 Absatz 12 Satz 1, § 17 Absatz 2 Satz 4 in Verbindung mit § 10 Absatz 12 Satz 1 oder § 19 Absatz 1 Nummer 3 Satz 6 in Verbindung mit § 10 Absatz 12 Satz 1,
   c) § 15i Absatz 5 Satz 3, § 16a Absatz 4 Satz 3, § 19 Absatz 1 Nummer 4 Satz 3, § 27 Absatz 7 oder § 29a Absatz 4 oder
   d) § 28 Satz 5 in Verbindung mit § 27 Absatz 7,

   ein Fahrzeug in Betrieb setzt,
2. entgegen § 3 Absatz 4, § 4 Absatz 6, § 5 Absatz 2 Satz 2, § 8 Absatz 1a Satz 7 Nummer 1, § 9 Absatz 3 Satz 6 Nummer 1, § 10 Absatz 11 Satz 4 oder Absatz 12 Satz 2, § 13 Absatz 1 Satz 6, auch in Verbindung mit Absatz 4 Satz 8, oder Absatz 3 Satz 3, § 15i Absatz 5 Satz 4, § 16 Absatz 5 Satz 4, § 16a Absatz 3 Satz 5 oder Absatz 4 Satz 4, § 17 Absatz 2 Satz 5 oder § 19 Absatz 1 Nummer 3 Satz 7 oder Nummer 4 Satz 4 die Inbetriebnahme eines Fahrzeugs auf öffentlichen Straßen anordnet oder zulässt,
3. entgegen § 4 Absatz 2 Satz 1 oder Absatz 3 Satz 1 oder 2 ein Kennzeichen an einem Fahrzeug nicht führt,
4. entgegen § 4 Absatz 4 ein Kraftfahrzeug oder einen Krankenfahrstuhl nicht, nicht richtig oder nicht vollständig kennzeichnet,
5. entgegen § 4 Absatz 5 Satz 1, § 11 Absatz 6 oder § 16 Absatz 2 Satz 4, auch in Verbindung mit § 17 Absatz 2 Satz 1, § 16a Absatz 5 Satz 3, § 20 Absatz 5 oder § 26 Absatz 1 Satz 6 ein dort genanntes Dokument nicht mitführt oder auf Verlangen nicht aushändigt,
6. entgegen § 4 Absatz 5 Satz 2, § 16 Absatz 2 Satz 6 oder § 29a Absatz 2 Nummer 1 ein dort genanntes Dokument nicht aufbewahrt oder auf Verlangen nicht aushändigt,
7. einer vollziehbaren Anordnung oder Auflage nach § 5 Absatz 1 oder § 13 Absatz 1 Satz 5, auch in Verbindung mit Absatz 4 Satz 7, oder Absatz 3 Satz 2 zuwiderhandelt,

---

[1] § 48 Nr. 1 Buchst. a geänd., Nr. 8a eingef., Nr. 9 neu gef. mWv 1.7.2012 durch VO v. 13.1.2012 (BGBl. I S. 103); Nr. 1 Buchst. c, Nr. 2, 5 und 16 geänd., Nr. 15a und 15b eingef. mWv 1.11.2012 durch VO v. 19.10.2012 (BGBl. I S. 2232); Nr. 5, 10 und 12 geänd., Nr. 11 neu gef. mWv 1.1.2015 durch VO v. 8.10.2013 (BGBl. I S. 3772, geänd. durch G v. 30.10.2014, BGBl. I S. 1666); Nr. 1 Buchst. b und c, Nr. 2, 5, 6 und 15–18 geänd. mWv 1.4.2015 durch VO v. 30.10.2014 (BGBl. I S. 1666); Nr. 1, 2, 8, 9 und 14 neu gef., Nr. 5, 7, 13 und 18 geänd., Nr. 9a, 9b, 14a und 18a eingef., Nr. 15a, 15b und 16 aufgeh. mWv 1.10.2017 durch VO v. 23.3.2017 (BGBl. I S. 522); Nr. 1 Buchst. b, Nr. 2, 10 und 11 geänd. mWv 1.1.2018 durch VO v. 31.7.2017 (BGBl. I S. 3090); Nr. 1 Buchst. c, Nr. 2, 12, 14 und 14a geänd. mWv 1.10.2019 durch VO v. 22.3.2019 (BGBl. I S. 382); Nr. 1 Buchst. c und Nr. 6 geänd. mWv 15.6.2019 durch VO v. 6.6.2019 (BGBl. I S. 756).

[2] Nr. **10**.

8. entgegen
   a) § 5 Absatz 2 oder § 25 Absatz 3 oder
   b) § 15 Absatz 1 Satz 1, auch in Verbindung mit Absatz 2 Satz 1,

   ein Fahrzeug nicht oder nicht ordnungsgemäß außer Betrieb setzen lässt,
8a. entgegen § 8 Absatz 1a Satz 5 ein Wechselkennzeichen zur selben Zeit an mehr als einem Fahrzeug führt,
9. entgegen § 8 Absatz 1a Satz 6 Nummer 2 oder § 9 Absatz 3 Satz 5 Nummer 2 ein Fahrzeug abstellt,
9a. das Abstellen eines Fahrzeugs entgegen § 8 Absatz 1a Satz 7 Nummer 2 oder § 9 Absatz 3 Satz 6 Nummer 2 anordnet oder zulässt,
9b. entgegen § 10 Absatz 11 Satz 3 ein Kennzeichen führt,
10. entgegen § 11 Absatz 7 oder § 12 Absatz 5 Satz 5 eine Bescheinigung nicht abliefert,
11. *Entgegen*[1] § 12 Absatz 5 Satz 1 oder 2 oder § 13 Absatz 2 Satz 1 oder 2 eine Anzeige nicht, nicht richtig, nicht vollständig oder nicht rechtzeitig erstattet,
12. entgegen § 13 Absatz 1 Satz 1 bis 4, Absatz 3 Satz 1 oder Absatz 4 Satz 1 erster Halbsatz, Satz 3 oder 4 eine Mitteilung nicht, nicht richtig, nicht vollständig oder nicht rechtzeitig macht,
13. entgegen § 13 Absatz 2 Satz 3 ein dort genanntes Dokument nicht vorlegt,
14. entgegen § 15i Absatz 5 Satz 1 einen Plakettenträger nicht, nicht rechtzeitig oder nicht ordnungsgemäß anbringt,
14a. entgegen § 15i Absatz 5 Satz 2 einen Plakettenträger anbringt,
15. entgegen § 16 Absatz 2 Satz 3 eine Eintragung nicht, nicht richtig, nicht vollständig oder nicht rechtzeitig fertigt,
15a.–16. *(aufgehoben)*
17. entgegen § 16 Absatz 2 Satz 5 eine Aufzeichnung nicht, nicht richtig, nicht vollständig oder nicht rechtzeitig fertigt,
18. entgegen § 16 Absatz 2 Satz 7 ein Kennzeichen und ein Fahrzeugscheinheft nicht rechtzeitig der Zulassungsbehörde zurückgibt,
18a. entgegen § 16a Absatz 3 Satz 1 ein Kurzzeitkennzeichen verwendet oder
19. entgegen § 21 Absatz 1 Satz 1 oder Absatz 2 Satz 1 an einem in einem anderen Staat zugelassenen Kraftfahrzeug oder Anhänger ein Kennzeichen oder ein Unterscheidungszeichen nicht oder nicht wie dort vorgeschrieben führt.

§ 49 Verweis auf technische Regelwerke. (1) [1]DIN-Normen, EN-Normen oder ISO-Normen, auf die in dieser Verordnung verwiesen wird, sind im Beuth Verlag GmbH, Berlin, erschienen. [2]Sie sind beim Deutschen Patent- und Markenamt in München archivmäßig gesichert niedergelegt.

---

[1] Richtig wohl: „entgegen".

(2) [1]RAL-Farben, auf die in dieser Verordnung Bezug genommen wird, sind dem Farbregister RAL 840-HR entnommen. [2]Das Farbregister wird vom RAL Deutsches Institut für Gütesicherung und Kennzeichnung e.V., Siegburger Straße 39, 53757 St. Augustin, herausgegeben und ist dort erhältlich.

§ 50[1)] Übergangs- und Anwendungsbestimmungen. (1) Fahrzeuge, die nach § 18 Absatz 2 der Straßenverkehrs-Zulassungs-Ordnung[2)] in der bis zum 28. Februar 2007 geltenden Fassung der Zulassungspflicht oder dem Zulassungsverfahren nicht unterworfen waren und die vor dem 1. März 2007 erstmals in Verkehr kamen, bleiben weiterhin zulassungsfrei, war für diese Fahrzeuge auch keine Betriebserlaubnis erforderlich, bedürfen sie keiner Genehmigung nach § 2 Nummer 4 bis 6.

(2) Kennzeichen, die vor dem 1. März 2007 nach Maßgabe der Straßenverkehrs-Zulassungs-Ordnung zugeteilt worden sind, bleiben gültig.

(2a) [1]Unterscheidungszeichen nach Maßgabe der Anlage 1 Nummer 1 in der bis zum 31. Oktober 2012 geltenden Fassung dieser Verordnung gelten als beantragt und festgelegt im Sinne des § 8 Absatz 2 Satz 1 und 5. [2]Abweichend von § 8 Absatz 2 Satz 4 darf ein neues Unterscheidungszeichen auf Antrag für einen am 1. November 2012 bestehenden Verwaltungsbezirk festgelegt werden, wenn für diesen bis zum Ablauf des 25. Oktober 2012 noch kein den gesamten Verwaltungsbezirk umfassendes Unterscheidungszeichen vergeben worden ist. [3]Unterscheidungszeichen nach Maßgabe der Anlage 1 Nummer 2 in der bis zum 31. Oktober 2012 geltenden Fassung dieser Verordnung gelten als aufgehoben im Sinne des § 8 Absatz 2 Satz 1 und 5.[3)]

(3) Folgende Fahrzeugdokumente gelten als Fahrzeugdokumente im Sinne dieser Verordnung fort:

1. vor dem 1. März 2007 ausgefertigte Fahrzeugscheine und Anhängerscheine, die
   a) den Mustern 2, 2a, 2b, 3 und 3a der Straßenverkehrs-Zulassungs-Ordnung in der im Bundesgesetzblatt Teil III, Gliederungsnummer 9232-1, veröffentlichten bereinigten Fassung,
   b) den Mustern 2a, 2b und 3 der Straßenverkehrs-Zulassungs-Ordnung in der Fassung der Verordnung vom 21. Juli 1969 (BGBl. I S. 845),

---

[1)] § 50 Abs. 1, Abs. 3 Satz 1 einl. Satzteil und Nr. 1 einl. Satzteil, 6 und Satz 2 und Abs. 5 Satz 1 geänd., Abs. 2a eingef., Abs. 3 Satz 1 Nr. 7 und 8 sowie Abs. 8 angef., Abs. 4 aufgeh. mWv 1.11.2012 durch VO v. 19.10.2012 (BGBl. I S. 2232); Abs. 2a Satz 2 eingef., bish. Satz 2 wird Satz 3 mWv 7.6. 2013 durch VO v. 22.5.2013 (BGBl. I S. 1395); Abs. 9 angef. mWv 30.6.2013 durch VO v. 25.6.2013 (BGBl. I S. 1849); Abs. 3 Satz 1 Nr. 8 geänd., Nr. 9 angef. und Abs. 4 neu eingef. mWv 1.1.2015 durch VO v. 8.10.2013 (BGBl. I S. 3772); Abs. 9 Satz 2 geänd., Abs. 3 Satz 1 Nr. 7 neu gef., Nr. 7a eingef., Satz 2 aufgeh. mWv 1.4.2015 durch VO v. 30.10.2014 (BGBl. I S. 1666); Überschrift neu gef. und Abs. 10 angef. mWv 26.9.2015 durch VO v. 15.9.2015 (BGBl. I S. 1573); Abs. 3 Nr. 9 geänd., Nr. 10 und 11 angef., Abs. 8 und 9 aufgeh. mWv 1.10.2017 durch VO v. 23.3.2017 (BGBl. I S. 522); Abs. 3 Nr. 4–6 geänd., Nr. 7 eingef., bish. Nr. 7 und 7a werden Nr. 10 und 11 und jeweils geänd., Nr. 12 angef. mWv 1.1.2018 durch VO v. 31.7.2017 (BGBl. I S. 3090); Abs. 3 Nr. 12 geänd., Nr. 13–15 angef. mWv 1.10.2019 durch VO v. 22.3.2019 (BGBl. I S. 382).

[2)] Nr. **200**.

[3)] Siehe hierzu auch die Übersicht über die Unterscheidungszeichen für die Kennzeichnung von Kraftfahrzeugen v. 5.7.2018 (VkBl S. 619) v. 18.3.2016 (VkBl S. 266).

c) den Mustern 2a und 2b der Straßenverkehrs-Zulassungs-Ordnung in der Fassung der Bekanntmachung vom 15. November 1974 (BGBl. I S. 3193) und

d) den Mustern 2a und 2b der Straßenverkehrs-Zulassungs-Ordnung in der Fassung der Bekanntmachung vom 28. September 1988 (BGBl. I S. 1793) entsprechen;

2. Fahrzeugbriefe, die durch eine Zulassungsbehörde bis zum 30. September 2005 ausgefertigt worden sind; ein Umtausch in eine Zulassungsbescheinigung Teil II ist erforderlich, wenn der Fahrzeugschein nach bisher gültigen Mustern durch eine Zulassungsbescheinigung Teil I ersetzt wird;
3. Fahrzeugscheine, die durch die Bundeswehr bis zum 30. September 2005 ausgefertigt worden sind;
4. Zulassungsbescheinigungen Teil I (Fahrzeugscheine), die dem Muster 2a der Straßenverkehrs-Zulassungs-Ordnung in der Fassung der Verordnung vom 24. September 2004 (BGBl. I S. 2374) entsprechen und ab 1. Oktober 2005 bis 31. März 2008 ausgefertigt worden sind;
5. Zulassungsbescheinigungen Teil II (Fahrzeugbriefe), die dem Muster 2b der Straßenverkehrs-Zulassungs-Ordnung in der Fassung der Verordnung vom 24. September 2004 (BGBl. I S. 2374) entsprechen und ab 1. Oktober 2005 bis 31. März 2008 ausgefertigt worden sind;
6. Zulassungsbescheinigungen Teil I (Fahrzeugscheine) der Bundeswehr, die dem Muster 2c der Straßenverkehrs-Zulassungs-Ordnung in der Fassung der Verordnung vom 24. September 2004 (BGBl. I S. 2374) entsprechen und ab 1. Oktober 2005 bis 31. März 2008 ausgefertigt worden sind;
7. Zulassungsbescheinigungen Teil I, die den Mustern in Anlage 5 und Anlage 6 in der bis zum 31. Oktober 2012 geltenden Fassung dieser Verordnung entsprechen und bis zum 30. Juni 2013 ausgefertigt worden sind;
8. Fahrzeugscheine und Fahrzeugscheinhefte für Fahrzeuge mit roten Oldtimerkennzeichen nach § 17, die in der bis zum 31. Oktober 2012 geltenden Fassung dieser Verordnung ausgefertigt worden sind;
9. Zulassungsbescheinigungen Teil I, die dem Muster in Anlage 5 in der bis zum 1. Januar 2015 geltenden Fassung dieser Verordnung entsprechen,
10. Zulassungsbescheinigungen Teil I, die dem Muster in Anlage 5 in der bis zum 30. September 2017 geltenden Fassung dieser Verordnung entsprechen und bis zum 19. Mai 2018 ausgefertigt worden sind,
11. Fahrzeugscheine für Fahrzeuge mit Kurzzeitkennzeichen, die dem Muster in Anlage 10 in der bis zum 30. September 2017 geltenden Fassung dieser Verordnung entsprechen und bis zum 19. Mai 2018 ausgefertigt worden sind.

10.[1] Zulassungsbescheinigungen Teil I, die den Mustern in Anlage 5 und Anlage 6 in der bis zum 31. März 2015 geltenden Fassung dieser Verordnung entsprechen;

11.[1] Zulassungsbescheinigungen Teil II, die dem Muster in Anlage 7 in der bis zum 31. März 2015 geltenden Fassung dieser Verordnung entsprechen;

[1] Zählung amtlich.

12. Zulassungsbescheinigungen Teil II, die dem Muster der Anlage 7 in der bis zum 31. Dezember 2017 geltenden Fassung dieser Verordnung entsprechen; Vordrucke für Zulassungsbescheinigungen, die diesem Muster entsprechen, dürfen noch bis zum 31. März 2018 aufgebraucht werden,
13. Zulassungsbescheinigungen Teil I, die dem Muster in Anlage 5 in der bis zum 30. September 2017 geltenden Fassung dieser Verordnung entsprechen und bis zum 19. Mai 2018 ausgefertigt worden sind,
14. Fahrzeugscheine für Fahrzeuge mit Kurzzeitkennzeichen, die dem Muster in Anlage 10 in der bis zum 30. September 2017 geltenden Fassung dieser Verordnung entsprechen und bis zum 19. Mai 2018 ausgefertigt worden sind,
15. Zulassungsbescheinigungen Teil I, die dem Muster in Anlage 5 in der bis zum 30. September 2019 geltenden Fassung dieser Verordnung entsprechen und bis zum 30. September 2020 ausgefertigt worden sind.

(4) Stempelplaketten, mit denen Kennzeichenschilder vor dem 1. Januar 2015 abgestempelt worden sind, bleiben gültig.

(5) [1] Die Vorschriften über die Speicherung der Daten nach § 30 Absatz 1 Nummer 1 in Verbindung mit § 6 Absatz 4 Nummer 1 und 2, nach § 30 Absatz 1 Nummer 1 in Verbindung mit § 6 Absatz 7 Nummer 2 hinsichtlich der Nummer und des Datums der Erteilung der Genehmigung, nach § 30 Absatz 1 Nummer 1 in Verbindung mit § 6 Absatz 7 Nummer 7 Buchstabe d hinsichtlich der zulässigen Anhängelast und des Leistungsgewichts bei Krafträdern, Buchstabe h hinsichtlich der Nenndrehzahl sowie Buchstabe i bis l, der Daten nach § 30 Absatz 1 Nummer 2 und 5 sowie Nummer 6 hinsichtlich des Datums der Zuteilung, Nummer 7 Buchstabe b, Nummer 15 bis 17 und 19 Buchstabe b und d sowie Nummer 20 bis 24 und der auf das Kurzzeitkennzeichen bezogenen Daten nach § 30 Absatz 2 jeweils im Zentralen Fahrzeugregister sind ab dem 1. September 2008 anzuwenden. [2] Eine Nacherfassung dieser Daten für Fahrzeuge, die zu diesem Zeitpunkt bereits in Verkehr waren, erfolgt nicht.

(6) Die Vorschriften über die Übermittlung der in Absatz 5 genannten Daten an das Zentrale Fahrzeugregister sind ab dem 1. September 2008 anzuwenden.

(7) § 47 Absatz 1 Nummer 2 ist ab dem 1. September 2008 anzuwenden.

(Fortsetzung nächstes Blatt)

(8), (9) *(aufgehoben)*

(10) § 9a und Anlage 3a sind mit Ablauf des 31. Dezember 2026 nicht mehr anzuwenden.

§ 51[1)] Inkrafttreten, Außerkrafttreten. [1] Im Übrigen tritt diese Verordnung am Tag nach der Verkündung[2)] in Kraft. [2] Gleichzeitig tritt die Fahrzeug-Zulassungsverordnung vom 25. April 2006 (BGBl. I S. 988), die zuletzt durch Artikel 4 Absatz 17 des Gesetzes vom 29. Juli 2009 (BGBl. I S. 2258) geändert worden ist, außer Kraft.

Anlage 1[3)] *(aufgehoben)*

Anlage 2[4)]
(zu § 8 Absatz 1 Satz 4)

Ausgestaltung, Einteilung und Zuteilung der Buchstaben- und Zahlengruppen für die Erkennungsnummern der Kennzeichen

1. Zuteilung von Buchstaben
   Mit Ausnahme der Umlaute Ä, Ö und Ü können alle übrigen Buchstaben des Alphabets jeweils entweder allein oder als Kombination von zwei Buchstaben in der Erkennungsnummer zugeteilt werden.
2. Einteilung der Erkennungsnummern; Zuteilung kurzer Erkennungsnummern
   a) A 1 – A 999 bis Z 1 – Z 999
   b) AA 1 – AA 99 bis ZZ 1 – ZZ 99
   c) AA 100 – AA 999 bis ZZ 100 – ZZ 999
   d) A 1000 – A 9999 bis Z 1000 – Z 9999
   e) AA 1000 – AA 9999 bis ZZ 1000 – ZZ 9999

[1)] § 51 Satz 1 aufgeh., Sätze 2 und 3 werden Sätze 1 und 2 mWv 18.6.2011 durch G v. 23.5.2011 (BGBl. I S. 898).
[2)] Verkündet am 10.2.2011.
[3)] Anl. 1 aufgeh. mWv 1.11.2012 durch VO v. 19.10.2012 (BGBl. I S. 2232).
Jetzt abgedruckt als nichtamtlicher Anhang zur FZV im Anschluss an Anlage 12.
[4)] Anl. 2 geänd. mWv 8.4.2011 durch VO v. 4.4.2011 (BGBl. I S. 549); geänd. mWv 1.7.2012 durch VO v. 13.1.2012 (BGBl. I S. 103).

Anlage 3[1]
(zu § 8 Absatz 1 Satz 6)

Unterscheidungszeichen der Fahrzeuge der Bundes- und Landesorgane, der Bundesministerien, der Bundesfinanzverwaltung, der Bundespolizei, der Wasserstraßen- und Schifffahrtsverwaltung des Bundes, der Bundesanstalt Technisches Hilfswerk, der Bundeswehr, des Diplomatischen Corps und bevorrechtigter Internationaler Organisationen

1. Unterscheidungszeichen Bund

BD	Dienstfahrzeuge des Bundestages, des Bundesrates, des Bundespräsidialamtes, der Bundesregierung, der Bundesministerien, der Bundesfinanzverwaltung und des Bundesverfassungsgerichts (Zulassungsbehörde Berlin; Zulassungsbehörde Bonn, Stadt; für BD 16 Kfz-Zulassungsstelle bei der „Generalzolldirektion"– Dienstort Offenbach)
BG	Dienstfahrzeuge der Bundespolizei (Kfz-Zulassungsstelle beim „Beschaffungsamt des Bundesministeriums des Innern" in Bonn als zentrale Zulassungsbehörde) (noch gültig, wird nicht mehr zugeteilt)
BP	Dienstfahrzeuge der Bundespolizei (Kfz-Zulassungsstelle beim „Beschaffungsamt des Bundesministeriums des Innern" in Bonn als zentrale Zulassungsbehörde)
BW	Bundes-Wasserstraßen- und Schifffahrtsverwaltung (Generaldirektion Wasserstraßen und Schifffahrt)
THW	Dienstfahrzeuge der Bundesanstalt Technisches Hilfswerk (Kfz-Zulassungsstelle beim „Beschaffungsamt des Bundesministeriums des Innern" in Bonn als zentrale Zulassungsbehörde)
Y	Dienstfahrzeuge der Bundeswehr (Zentrale Militärkraftfahrtstelle – ZMK, Hardter Straße 9, 41179 Mönchengladbach/Rheindahlen)
X	Dienstfahrzeuge der auf Grund des Nordatlantikvertrages errichteten internationalen militärischen Hauptquartiere, die ihren regelmäßigen Standort im Inland haben (Zentrale Militärkraftfahrtstelle – ZMK, Hardter Straße 9, 41179 Mönchengladbach/Rheindahlen)

2. Unterscheidungszeichen Länder

B	Berlin Senat und Abgeordnetenhaus (Zulassungsbehörde Berlin)
BBL	Brandenburg Landesregierung, Landtag und Polizei (Zulassungsbehörde Potsdam, Stadt; für die Polizei Innenministerium Zentraldienst der Polizei Brandenburg)
BWL	Baden-Württemberg Landesregierung, Landtag und Polizei (Zulassungsbehörde Stuttgart, Stadt; für die Polizei Innenministerium Baden-Württemberg – Landespolizeipräsidium)
BYL	Bayern Landesregierung und Landtag (Zulassungsbehörde München, Stadt)
HB	Freie Hansestadt Bremen Senat und Bürgerschaft (Zulassungsbehörde Bremen, Stadt)
HEL	Hessen Landesregierung und Landtag (Zulassungsbehörde Wiesbaden, Stadt)
HH	Freie und Hansestadt Hamburg Senat und Bürgerschaft

[1] Anl. 3 geänd. mWv 1.11.2012 durch VO v. 19.10.2012 (BGBl. I S. 2232); geänd. mWv 1.1.2016 durch G v. 3.12.2015 (BGBl. I S. 2178); geänd. mWv 4.6.2016 durch VO v. 2.6.2016 (BGBl. I S. 1257); geänd. mWv 1.10.2017 durch VO v. 23.3.2017 (BGBl. I S. 522).

	(Zulassungsbehörde Hamburg, Stadt)
LSA	Sachsen-Anhalt Landesregierung, Landtag und Polizei (Zulassungsbehörde Magdeburg, Stadt)
LSN	Sachsen Landesregierung und Landtag (Zulassungsbehörde Dresden, Stadt)
MVL	Mecklenburg-Vorpommern Landesregierung (einschließlich Landespolizei) und Landtag (Zulassungsbehörde Schwerin, Stadt)
NL	Niedersachsen Landesregierung und Landtag (Zulassungsbehörde Hannover, Stadt)
NRW	Nordrhein-Westfalen Landesregierung, Landtag und Polizei (Zulassungsbehörde Düsseldorf, Stadt; für die Polizei Landesamt für Zentrale Polizeiliche Dienste des Landes NRW, Duisburg)
RPL	Rheinland-Pfalz Landesregierung, Landtag und Polizei (Zulassungsbehörde Mainz, Stadt)
SAL	Saarland Landesregierung, Landtag und Polizei (Zulassungsbehörde Stadt Saarbrücken, Stadt und Regionalverband; für die Polizei Landespolizeipräsidium – Direktion LPP 4 Zentrale Dienste – LPP 4.8 Kraftfahrzeugtechnik)
SH	Schleswig-Holstein Landesregierung, Landtag und Polizei (Zulassungsbehörde Kiel, Stadt)
THL	Thüringen Landesregierung und Landtag (Zulassungsbehörde Erfurt, Stadt)

3. Unterscheidungszeichen des Diplomatischen Corps und bevorrechtigter Internationaler Organisationen

0; B oder BN	Diplomatischen Vertretungen oder Internationalen Organisationen und in Abhängigkeit vom Status der bevorrechtigten Person (Zulassungsbehörde Berlin, Zulassungsbehörde Bonn, Stadt)
Unterscheidungszeichen des Verwaltungsbezirkes am Sitz des Konsulats	Berufskonsularische Vertretungen und in Abhängigkeit vom Status der bevorrechtigten Person (Zulassungsbehörde am Sitz des Konsulats)

4. Sonderkennzeichen für Dienstkraftwagen des Präsidenten des Deutschen Bundestages

1-1	Dienstkraftwagen des Präsidenten des Deutschen Bundestages (Zulassungsbehörde Berlin)

Anlage 3a[1]
(zu § 9a Absatz 4)

Plakettenmuster für elektrisch betriebene Fahrzeuge[2]

Durchmesser 80 mm, schwarz umrandet (RAL 9005), Strichdicke der Umrandung 1,5 mm,

Schrift:	E, Höhe 35 mm, DIN 1451, Mittelschrift 138 pt (RAL 9005), Kippfarbe als sichtbares Echtheitsmerkmal, Schriftfeld (60 x 20 mm, RAL 9010 reinweiß, schwarz umrandet, Konturlinie 0,5 mm) zum Eintrag des Fahrzeugkennzeichens mittels lichtechtem Stift Individualisierungsmerkmal Durchmesser 20 mm,
Plakettenfarbe:	blau RAL 5017 Verkehrsblau nach Register RAL 840-HR,
Siegelfeld:	rund, 2/3 Kreis, reinweiß RAL 9010, schwarz umrandet, Konturlinie 0,5 mm, Siegeldruck rund, Durchmesser 20 mm.

1) Anl. 3a eingef. mWv 26.9.2015 durch VO v. 15.9.2015 (BGBl. I S. 1573).
2) Zur Anwendbarkeit siehe § 50 Abs. 10.

Anlage 4[1)]
(zu § 10 Absatz 2, § 16 Absatz 5 Satz 1, § 16a Absatz 3 Satz 2, § 17 Absatz 2, § 19 Absatz 1 Nummer 3)

Ausgestaltung der Kennzeichen

Abschnitt 1. Gemeinsame Vorschriften

1. Abmessungen

Die Maße der Kennzeichenschilder betragen für:

a) einzeilige Kennzeichen: Größtmaß der Breite: 520 mm, Höhe: 110 mm

b) zweizeilige Kennzeichen: Größtmaß der Breite: 340 mm, bei zwei- und dreirädrigen Kraftfahrzeugen 280 mm, Höhe: 200 mm

c) Kraftradkennzeichen: Mindest-/Größtmaß der Breite: 180mm/220mm, Höhe: 200 mm

d) verkleinerte zweizeilige Kennzeichen: Größtmaß der Breite: 255 mm, Höhe: 130 mm.

Verkleinerte zweizeilige Kennzeichen dürfen nur für Leichtkrafträder sowie für Fahrzeuge nach § 10 Absatz 6 Nummer 3 zugeteilt werden.

2. Schrift

2.1 Beschriftung (fälschungserschwerende Schrift – FE-Schrift –)

Die Beschriftung muss den Schriftmustern „Schrift für Kfz-Kennzeichen" entsprechen. Die Schriftmuster können bei der Bundesanstalt für Straßenwesen, Postfach 10 01 50, 51401 Bergisch Gladbach, bezogen werden. Der waagerechte Abstand der Beschriftung einschließlich der Plaketten zum schwarzen, grünen oder roten Rand, zum Euro-Feld oder zum Feld, in dem der Betriebszeitraum oder das Ablaufdatum angegeben ist, muss auf beiden Seiten gleich sein. Bei der Fertigung der Kennzeichen dürfen die nachstehenden Toleranzen nicht über- oder unterschritten werden.

2.1.1 einzeilige und zweizeilige Kennzeichen:

a) Schrifthöhe + 2,0 mm bis – 1,0 mm,

b) Strichbreite der Beschriftung ± 1,0 mm,

c) Strichbreite des Randes + 2,0 mm bis – 1,0 mm

2.1.2 Kraftradkennzeichen und verkleinerte zweizeilige Kennzeichen:

a) Schrifthöhe + 1,0 mm bis – 0,5 mm,

b) Strichbreite der Beschriftung ± 0,5 mm,

c) Strichbreite des Randes + 1,0 mm bis – 0,5 mm

[1)] Anl. 4 geänd. mWv 8.4.2011 durch VO v. 4.4.2011 (BGBl. I S. 549); geänd. mWv 1.7.2012 durch VO v. 13.1.2012 (BGBl. I S. 103); geänd. mWv 1.11.2012 durch VO v. 19.10.2012 (BGBl. I S. 2232); geänd. mWv 1.4.2015 durch VO v. 30.10.2014 (BGBl. I S. 1666); geänd. mWv 1.10. 2017 durch VO v. 23.3.2017 (BGBl. I S. 522).

2.2 Schriftarten

2.2.1 Mittelschrift 75 mm

2.2.2 Engschrift 75 mm

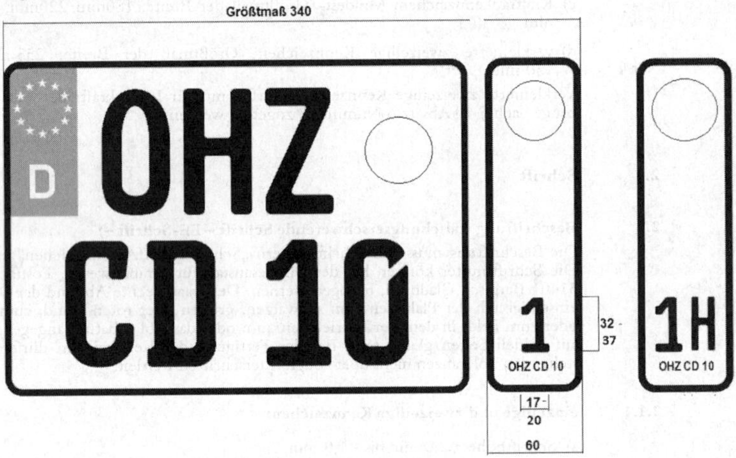

2.2.3 verkleinerte Mittelschrift 49 mm (nur für verkleinerte zweizeilige Kennzeichen und Kraftradkennzeichen)

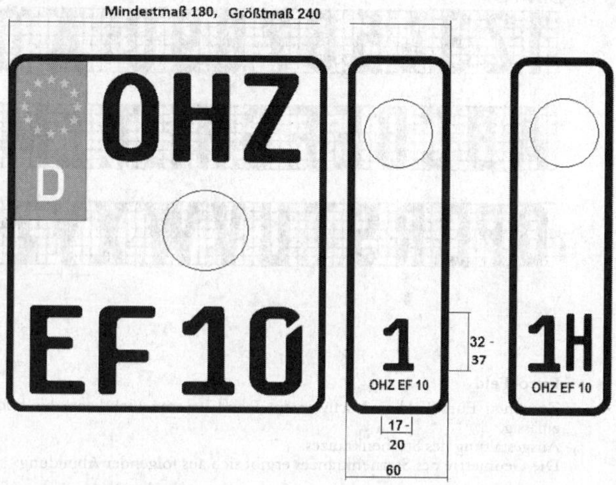

2.3 abweichende Schrift für Kennzeichen der Bundeswehr sowie für Versicherungskennzeichen:

Die Beschriftung erfolgt nach dem anliegenden Schriftmuster der Normvorschrift DIN 1451 (nach dem Hilfsnetz hergestellt), und zwar grundsätzlich für Buchstaben und Zahlen in fetter Mittelschrift. Reicht die vorgesehene Höchstlänge des Kennzeichens hierfür nicht aus oder lässt die etwa vorgeschriebene oder die vom Hersteller vorgesehene Anbringungsstelle für Kennzeichen dies nicht zu, so darf fette Engschrift verwendet werden. Bei Umlauten darf die vorgesehene Schrifthöhe nicht überschritten werden. Der waagerechte Abstand der Beschriftung einschließlich Plaketten zum schwarzen, blauen oder grünen Rand muss auf beiden Seiten gleich sein.

2.3.1 fette Mittelschrift

DIN 1451

2.3.2 **fette Engschrift**
DIN 1451

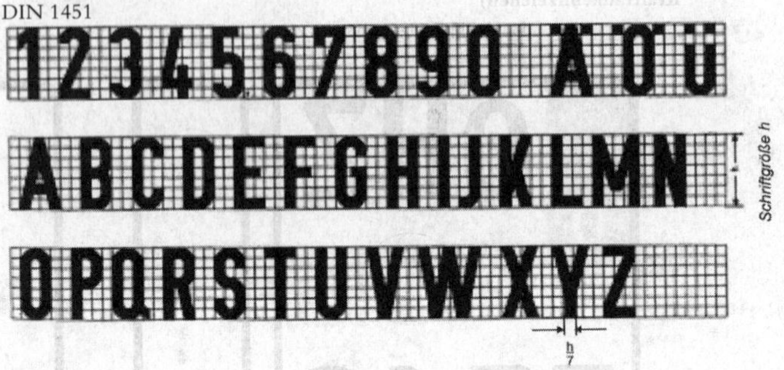

3. **Euro-Feld**

Zwischen Euro-Feld und schwarzem Rand ist eine Lichtkante bis höchstens 2,0 mm zulässig.
Ausgestaltung des Sternenkranzes:
Die Geometrie des Sternenkranzes ergibt sich aus folgender Abbildung:

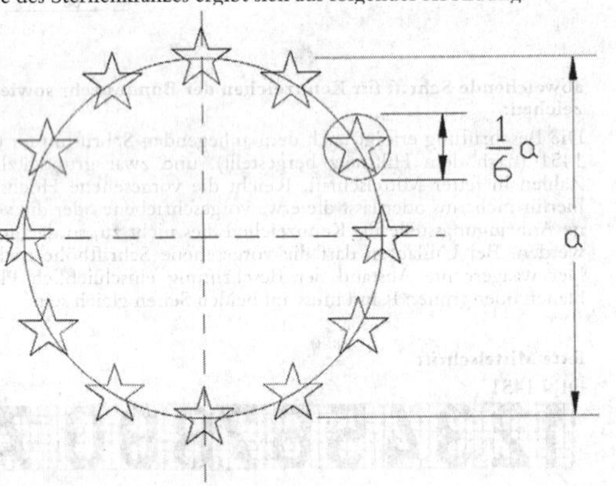

Der Durchmesser des Sternenkranzes entspricht dem Sechsfachen des Durchmessers des einzelnen Sterns. Die Ausführung des Erkennungsbuchstabens „D" erfolgt nach DIN 1451 Teil 2.

3.1 einzeiliges Kennzeichen

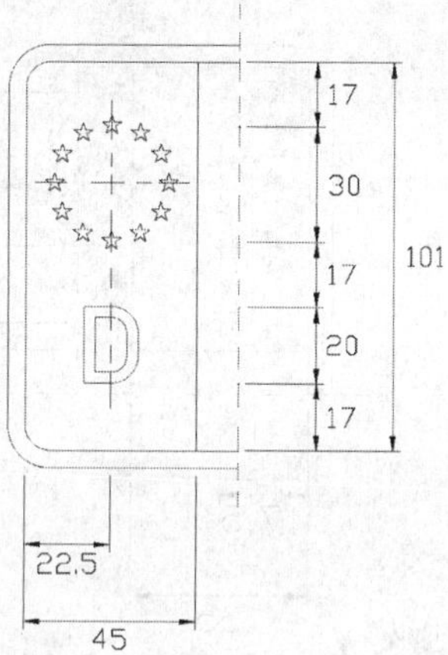

3.2 zweizeiliges Kennzeichen und Kraftradkennzeichen

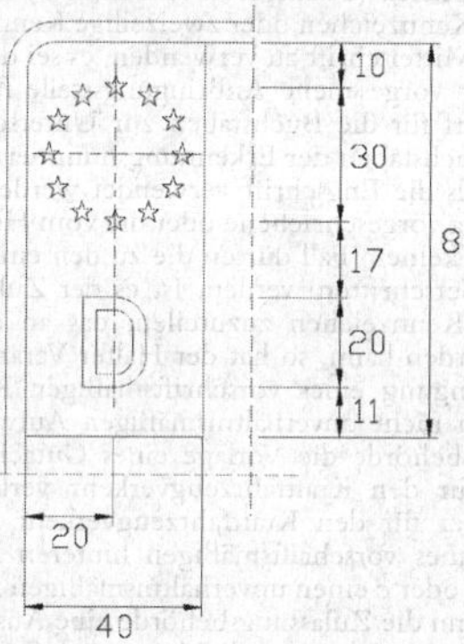

3.3 **verkleinertes zweizeiliges Kennzeichen**

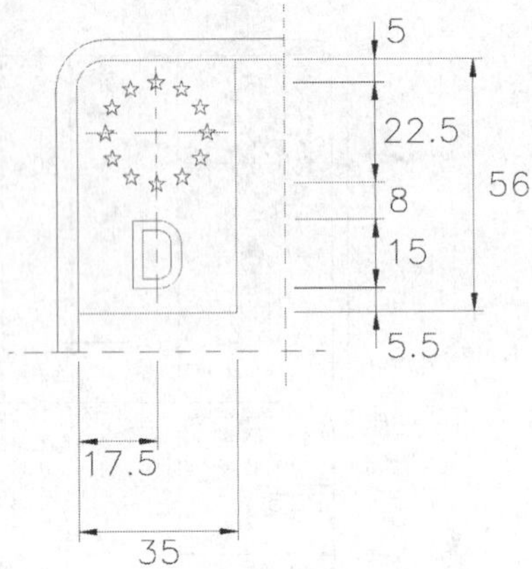

4. **Ergänzungsbestimmungen**

Mehr als acht Stellen (Buchstaben und Ziffern) auf einem Kennzeichen sind unzulässig. Für einzeilige Kennzeichen oder zweizeilige Kennzeichen nach Nummer 1 Satz 1 Buchstabe b ist die Mittelschrift zu verwenden, es sei denn, die etwa vorgeschriebene oder die vom Hersteller vorgesehene Anbringungsstelle für Kennzeichen lässt dies nicht zu. In diesem Fall darf für die Buchstaben zur Unterscheidung des Verwaltungsbezirks und/oder für die Buchstaben der Erkennungsnummer und/oder die Zahlen der Erkennungsnummer jeweils die Engschrift verwendet werden. Das Kennzeichen darf nicht größer sein als die etwa vorgeschriebene oder die vom Hersteller vorgesehene Anbringungsstelle dies zulässt. In keinem Fall dürfen die zu den einzelnen Kennzeichenarten angegebenen Größtmaße überschritten werden. Ist es der Zulassungsbehörde nicht möglich, für ein Fahrzeug ein Kennzeichen zuzuteilen, das an der am Fahrzeug vorgesehenen Stelle angebracht werden kann, so hat der Halter Veränderungen am Fahrzeug vorzunehmen, die die Anbringung eines vorschriftsmäßigen Kennzeichens ermöglichen, sofern die Veränderungen nicht unverhältnismäßigen Aufwand erfordern; in Zweifelsfällen kann die Zulassungsbehörde die Vorlage eines Gutachtens eines amtlich anerkannten Sachverständigen für den Kraftfahrzeugverkehr verlangen. Stellt ein amtlich anerkannter Sachverständiger für den Kraftfahrzeugverkehr fest, dass an einem Kraftfahrzeug die Anbringung eines vorschriftsmäßigen hinteren Kennzeichens nach Nummer 1 Satz 1 Buchstabe a, b oder c einen unverhältnismäßigen Aufwand erfordert oder technisch nicht möglich ist, kann die Zulassungsbehörde eine Ausnahme zum Führen eines verkleinerten zweizeiligen Kennzeichens nach Nummer 1 Satz 1 Buchstabe d genehmigen; dies gilt nicht, wenn durch nachträgliche Änderungen oder den Anbau von Zubehör die Anbringung eines vorschriftsmäßigen Kennzeichens nicht mehr möglich ist.

5. **Anerkennung von Prüfungen aus anderen Mitgliedstaaten der Europäischen Union und des Europäischen Wirtschaftsraumes**

Es werden auch Prüfungen der Kennzeichenschilder anerkannt, die von den zuständigen Prüfstellen anderer Mitgliedstaaten der Europäischen Union oder anderer Vertragsstaaten des Abkommens über den Europäischen Wirtschaftsraum entsprechend § 10 Absatz 2 Satz 3 durchgeführt und bescheinigt werden.

6. **Plaketten**

In den auf den Kennzeichen vorgesehenen Feldern sind Plaketten anzubringen

a) *(aufgehoben)*

b) nach § 29 Absatz 2 der Straßenverkehrs-Zulassungs-Ordnung auf dem hinteren Kennzeichen oben,

c) nach § 10 Absatz 3 auf dem vorderen und hinteren Kennzeichen jeweils unten.

Bei zweizeiligen Kennzeichen dürfen die Plaketten unter dem Euro-Feld angebracht werden.
Auf dem Kraftradkennzeichen sind die Plaketten nach Satz 1 Buchstabe b in der Mitte links, auch unter dem Euro-Feld, und nach Satz 1 Buchstabe c in der Mitte rechts anzubringen.
Auf verkleinerten zweizeiligen Kennzeichen dürfen die Plaketten nach Satz 1 Buchstabe c auch oben zwischen dem Unterscheidungszeichen und der Plakette nach Satz 1 Buchstabe b angebracht werden.

Abschnitt 2. Allgemeine Kennzeichen

1. **einzeiliges Kennzeichen**

* Mindestmaß 8 mm
** 8 mm bis 10 mm

2. **zweizeiliges Kennzeichen**

* Mindestmaß 8 mm

** 8 mm bis 10 mm

*** bei zwei- und dreirädrigen Kraftfahrzeugen 280 mm

2a. Kraftradkennzeichen

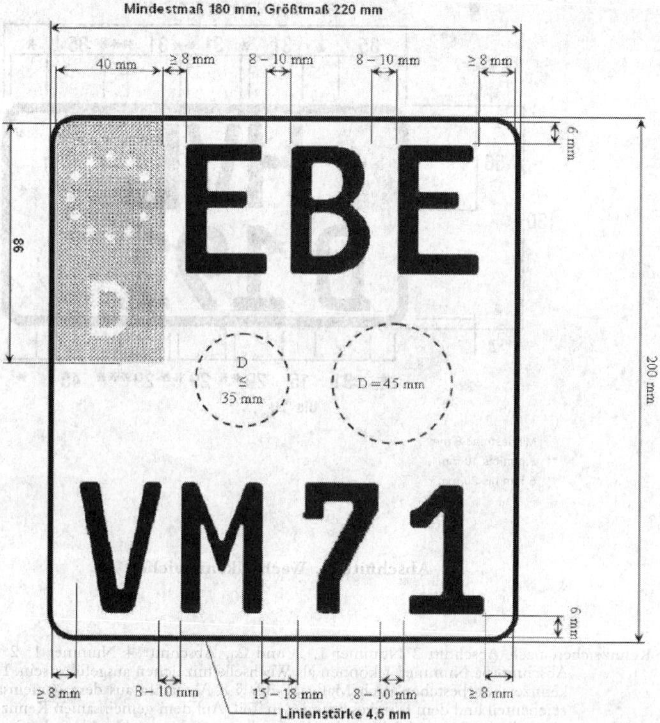

3. **verkleinertes zweizeiliges Kennzeichen**

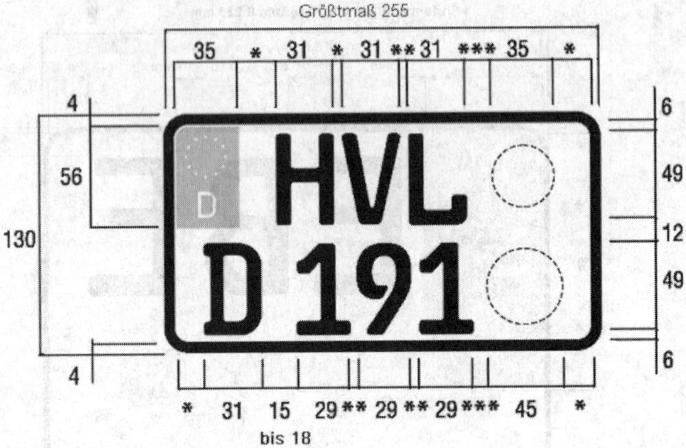

* Mindestmaß 8 mm
** 8 mm bis 10 mm
*** 5 mm bis 20 mm

Abschnitt 2a. Wechselkennzeichen

Kennzeichen nach Abschnitt 2 Nummer 1, 2 und 2a, Abschnitt 4 Nummer 1, 2 und 2a und Abschnitt 5a Nummer 1 können als Wechselkennzeichen ausgeführt sein. Die Wechselkennzeichen bestehen nach Maßgabe des § 8 Absatz 1a aus dem gemeinsamen Kennzeichenteil und dem fahrzeugbezogenen Teil. Auf dem gemeinsamen Kennzeichenteil ist oberhalb der Stempelplakette, bei Kraftradkennzeichen rechts neben der Stempelplakette die Kennzeichnung „W" (Schrifthöhe 20 mm, Schriftbreite 25 mm) anzubringen. Auf dem fahrzeugbezogenen Teil ist unter der letzten Ziffer der Erkennungsnummer die Beschriftung des gemeinsamen Kennzeichenteils in schwarzer Schrift mit einer sich bei Ablösung selbstzerstörenden Sicherheitsfolie aufzuführen.

1. **einzeiliges Kennzeichen**

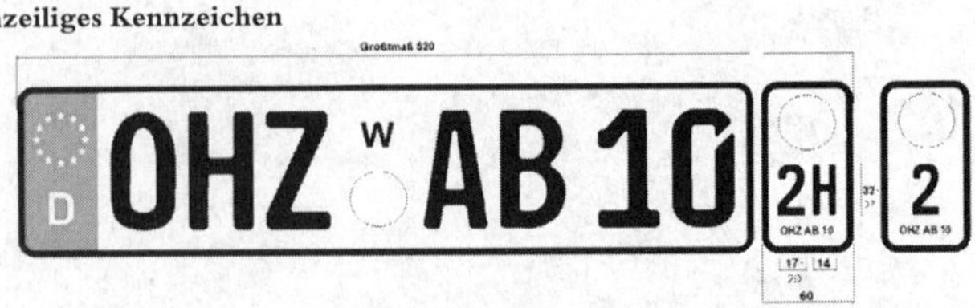

2. **zweizeiliges Kennzeichen**

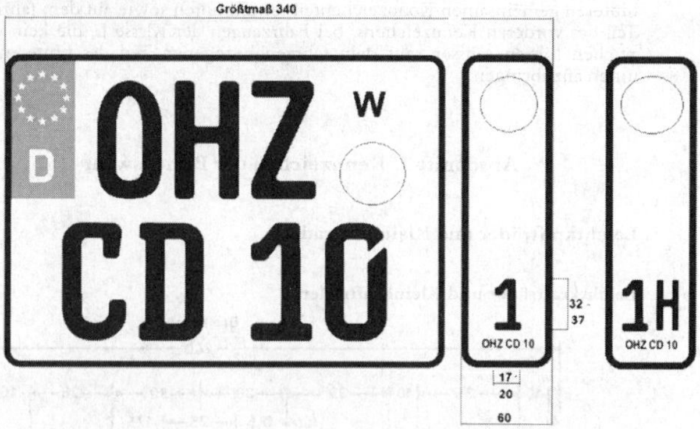

3. **Kraftradkennzeichen**

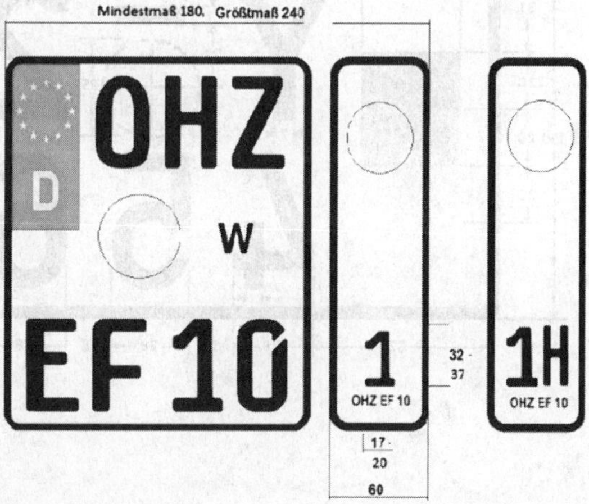

4. **Ergänzungsbestimmungen**

Mehr als acht Stellen (Buchstaben des Unterscheidungszeichens sowie Buchstaben und Ziffern der Erkennungsnummer – ohne Kennzeichnung „W") auf dem gemeinsamen Kennzeichenteil und dem fahrzeugbezogenen Teil zusammen sind unzulässig. Abschnitt 4 Nummer 4 Satz 1 bis 4 gilt für Oldtimerkennzeichen als Wechselkennzeichen und in Verbindung mit Abschnitt 5a Nummer 1 auch für Kennzeichen für Elektrofahrzeuge als Wechselkennzeichen entsprechend. Bei Oldtimerkennzeichen ist der Kennbuchstabe „H" und bei Kennzeichen für Elektrofahrzeuge der Kennbuchstabe „E" jeweils der letzten Ziffer der Erkennungsnummer auf dem fahrzeugbezogenen Teil des Wechselkennzeichens anzufügen. Die Plakette nach Abschnitt 1 Nummer 6 Satz 1 Buchstabe b ist auf dem fahrzeugbezogenen Teil des hinteren Kennzeichens oben anzubringen. Die

Plakette nach Abschnitt 1 Nummer 6 Satz 1 Buchstabe c ist auf dem vorderen und hinteren gemeinsamen Kennzeichenteil jeweils unten sowie auf dem fahrzeugbezogenen Teil des vorderen Kennzeichens, bei Fahrzeugen der Klasse L, die kein vorderes Kennzeichen führen müssen, auf dem fahrzeugbezogenen Teil des hinteren Kennzeichens unten anzubringen.

Abschnitt 3. Kennzeichen der Bundeswehr

1. Leichtkrafträder und Kleinkrafträder

1.1 Leichtkrafträder und Kleinkrafträder

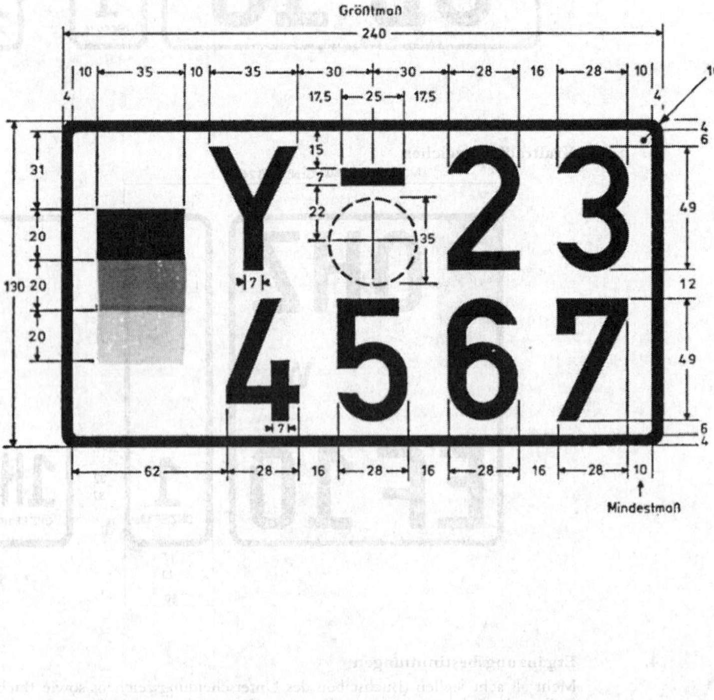

1.2 Kleinkrafträder

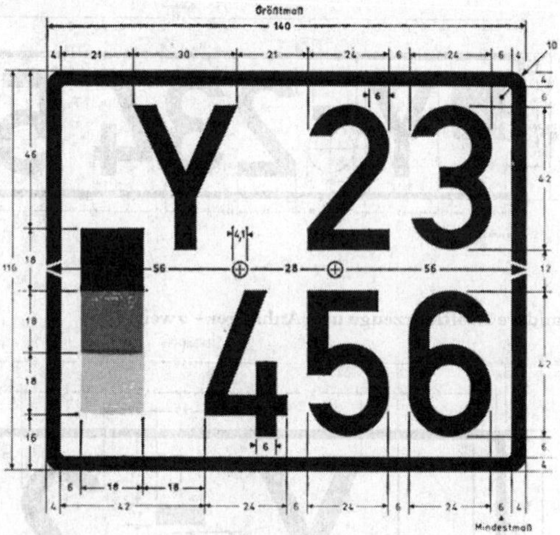

2. andere Krafträder

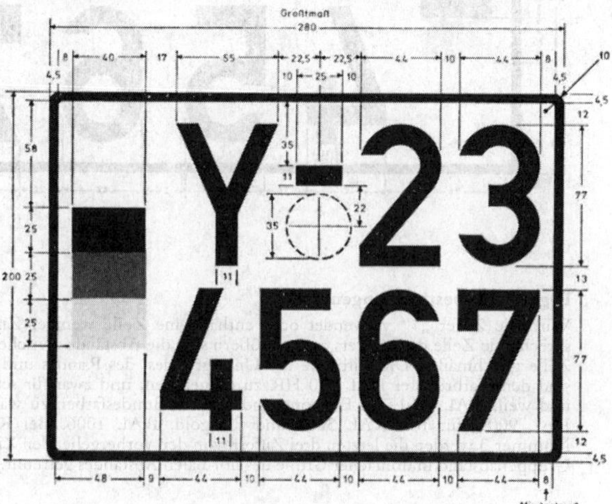

3. **andere Kraftfahrzeuge und Anhänger – einzeilig**

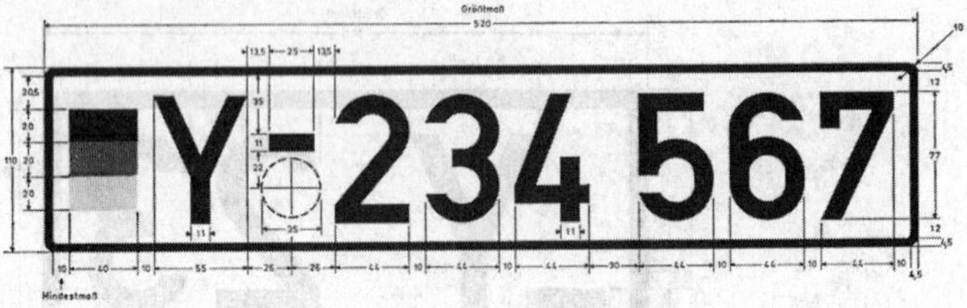

4. **andere Kraftfahrzeuge und Anhänger – zweizeilig**

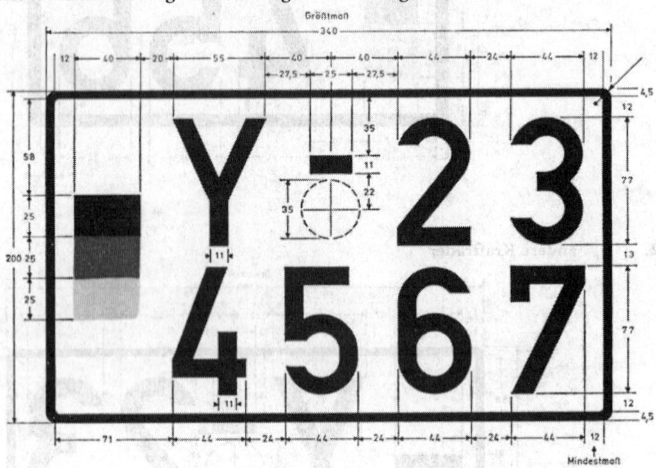

5. **Ergänzungsbestimmungen**

Wird die Ziffer „1" verwendet oder enthält eine Zeile weniger Ziffern als die entsprechende Zeile des Musters, so vergrößern sich die Abstände zwischen den Ziffern der Zeile gleichmäßig. Die Farbtöne des Untergrundes, des Randes und der Beschriftung sind dem Farbregister RAL 840 HR zu entnehmen, und zwar für schwarz RAL 9005 und weiß RAL 9001. Als Farbtöne sind bei den Bundesfarben zu wählen für schwarz: RAL 9005, für rot: RAL 3002 und für gold: RAL 1006. Bei Kennzeichen nach Nummer 3 werden die letzten drei Ziffern von den vorhergehenden Ziffern durch einen Gruppenabstand in dreifacher Größe des normalen Abstandes getrennt.

Abschnitt 4. Oldtimerkennzeichen

1. **einzeiliges Kennzeichen**

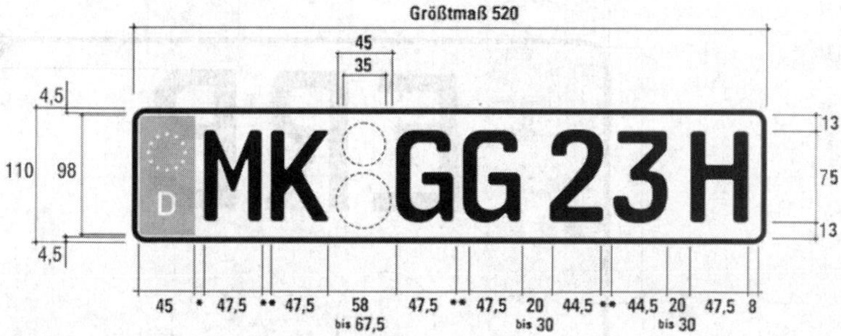

* Mindestmaß 8 mm
** 8 mm bis 10 mm

2. **zweizeiliges Kennzeichen**

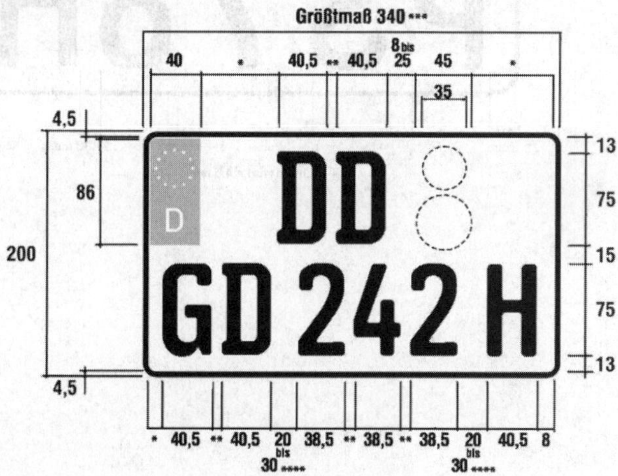

* Mindestmaß 8 mm
** 8 mm bis 10 mm
*** bei zwei- und dreirädrigen Kraftfahrzeugen 280 mm
**** bei zwei- und dreirädrigen Kraftfahrzeugen 15 mm bis 30 mm

2a. **Kraftradkennzeichen**

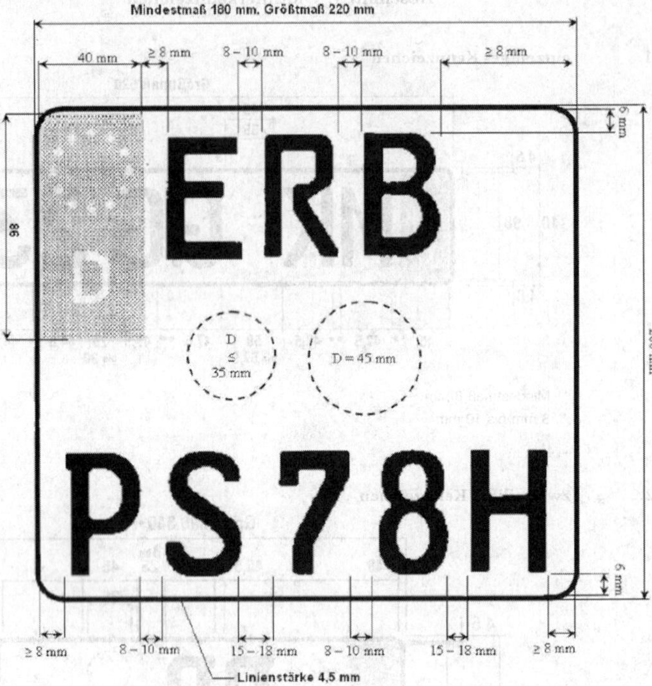

3. **verkleinertes zweizeiliges Kennzeichen**

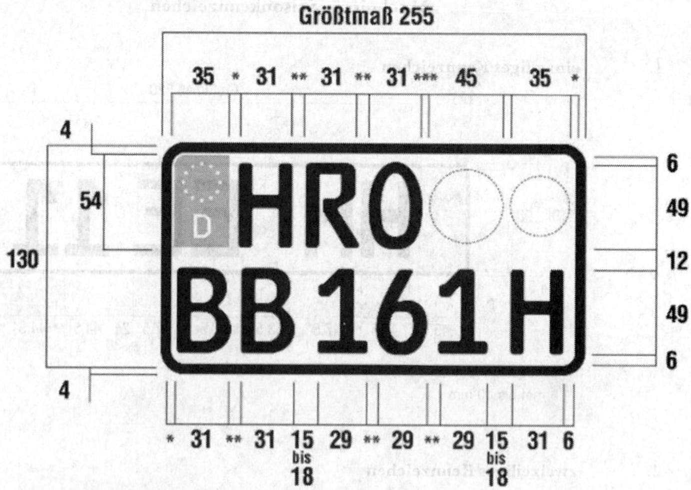

* Mindestmaß 6 mm

** 8 mm bis 10 mm

*** 5 mm bis 20 mm

4. **Ergänzungsbestimmungen**

Der Kennbuchstabe „H" ist der Erkennungsnummer ohne Leerzeichen in gleicher Schriftart anzufügen. Mehr als

a) sieben Stellen (Buchstaben des Unterscheidungszeichens sowie Buchstaben und Ziffern der Erkennungsnummer – ohne Kennbuchstaben „H") auf einem Kennzeichen nach Nummer 1,

b) fünf Stellen in der Erkennungsnummer (Buchstaben und Ziffern – ohne Kennbuchstaben „H") auf einem Kennzeichen nach Nummer 2 mit einem Größtmaß von 340 mm oder auf einem Kennzeichen nach Nummer 3 oder

c) vier Stellen in der Erkennungsnummer (Buchstaben und Ziffern – ohne Kennbuchstaben „H") auf einem Kennzeichen nach Nummer 2 mit einem Größtmaß von 280 mm oder einem Kennzeichen nach Nummer 2a

sind unzulässig. Für Kennzeichen nach den Nummern 1 und 2 ist die Mittelschrift zu verwenden, es sei denn, die etwa vorgeschriebene oder die vom Hersteller vorgesehene Anbringungsstelle für Kennzeichen lässt dies nicht zu. In diesem Fall darf für die Buchstaben zur Unterscheidung des Verwaltungsbezirks und für die Buchstaben der Erkennungsnummer und die Zahlen der Erkennungsnummer jeweils die Engschrift verwendet werden. Für Oldtimerkennzeichen als Saisonkennzeichen gilt Abschnitt 5a Nummer 2 bis 6 entsprechend.

Abschnitt 5. Saisonkennzeichen

1. **einzeiliges Kennzeichen**

* Mindestmaß 8 mm

** 8 mm bis 10 mm

2. **zweizeiliges Kennzeichen**

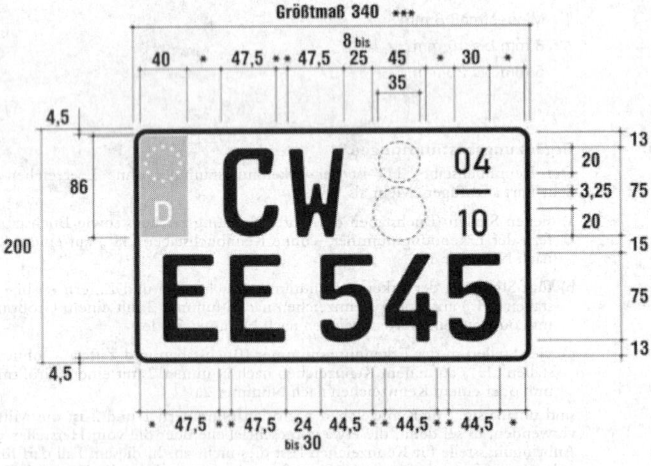

* Mindestmaß 8 mm

** 8 mm bis 10 mm

*** bei zwei- und dreirädrigen Kraftfahrzeugen 280 mm

2a. **Kraftradkennzeichen**

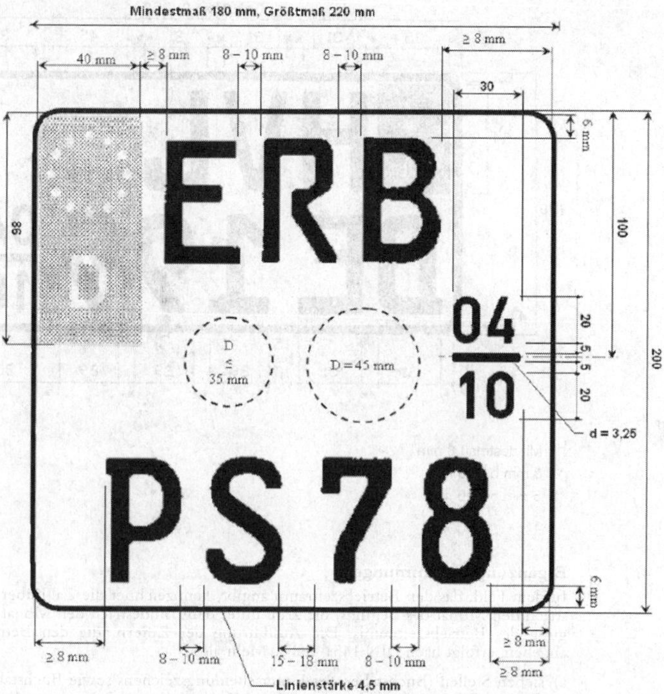

3. **verkleinertes zweizeiliges Kennzeichen**

* Mindestmaß 8 mm

** 8 mm bis 10 mm

*** 5 mm bis 20 mm

4. **Ergänzungsbestimmungen:**

In dem Feld, das den Betriebszeitraum angibt, kennzeichnet die Zahl über dem Bindestrich den Monat des Beginns, die Zahl unter dem Bindestrich den Monat der Beendigung des Betriebszeitraums. Die Ausführung der Ziffern, die den Betriebszeitraum angeben, erfolgt nach DIN 1451 Teil 2. Mehr als

a) sieben Stellen (Buchstaben des Unterscheidungszeichens sowie Buchstaben und Ziffern der Erkennungsnummer) auf einem Kennzeichen nach Nummer 1 oder

b) fünf Stellen in der Erkennungsnummer (Buchstaben und Ziffern) auf einem Kennzeichen nach Nummer 2, 2a oder 3

sind unzulässig. Auf einem Kennzeichen nach Nummer 3 dürfen die Plaketten entsprechend Abschnitt 4 Nummer 4 Satz 5 angebracht werden.

Abschnitt 5a. Kennzeichen für Elektrofahrzeuge

1. Die Kennzeichen sind entsprechend Abschnitt 4, jedoch mit dem Kennbuchstaben „E“ auszuführen.

2. **einzeiliges Saisonkennzeichen**

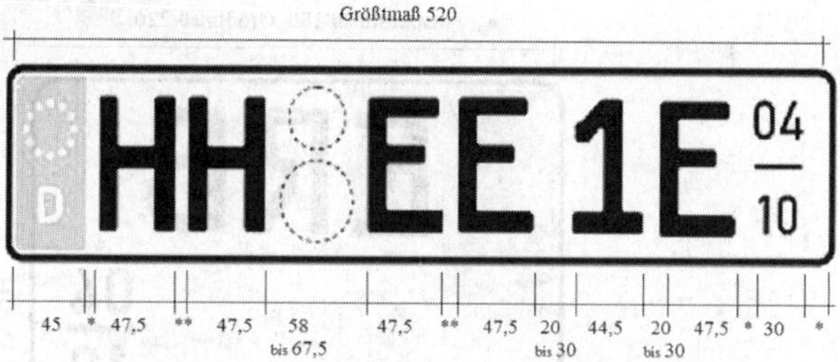

* Mindestmaß 8 mm

** 8 mm bis 10 mm

Die übrigen Abmessungen entsprechen denen der Saisonkennzeichen gemäß Abschnitt 5 Nummer 1.

3. **zweizeiliges Saisonkennzeichen**

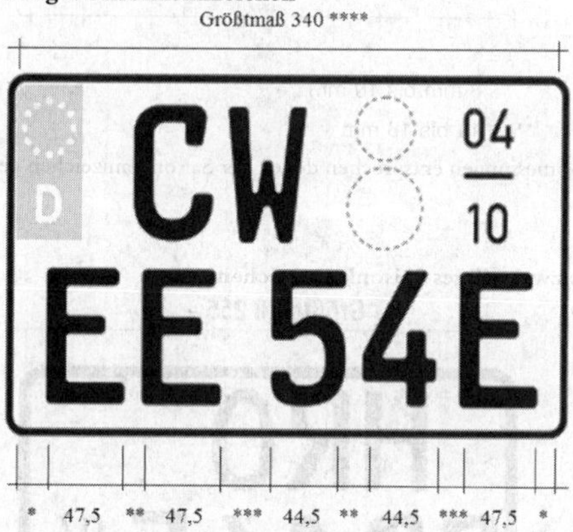

* Mindestmaß 8 mm

** 8 mm bis 10 mm

*** 20 bis 30 mm, bei zwei- und dreirädrigen Kraftfahrzeugen 15 mm bis 30 mm

**** bei zwei- und dreirädrigen Kraftfahrzeugen 280 mm

Die übrigen Abmessungen entsprechen denen der Saisonkennzeichen gemäß Abschnitt 5 Nummer 2.

4. Kraftradkennzeichen als Saisonkennzeichen

Mindestmaß 180, Größtmaß 220

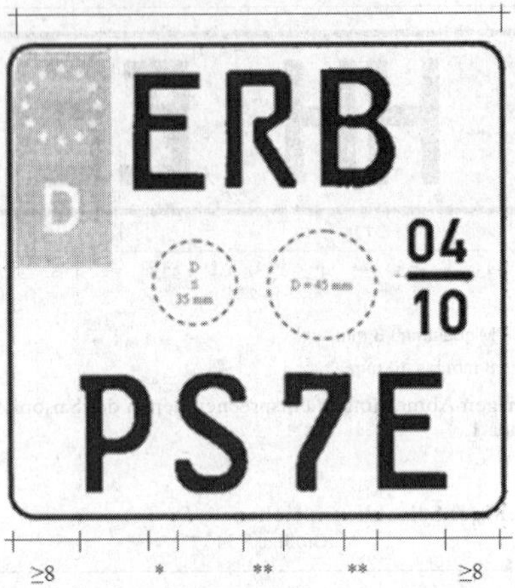

* 8 mm bis 10 mm

** 14 bis 18 mm

Die übrigen Abmessungen entsprechen denen der Saisonkennzeichen gemäß Abschnitt 5 Nummer 2a.

5. verkleinertes zweizeiliges Saisonkennzeichen

* 8 mm bis 10 mm

** 15 mm bis 18 mm

*** Mindestmaß 8 mm

Die übrigen Abmessungen entsprechen denen der Saisonkennzeichen gemäß Abschnitt 5 Nummer 3.

6. **Ergänzungsbestimmungen**

Der Kennbuchstabe „E“ ist der Erkennungsnummer ohne Leerzeichen in gleicher Schriftart anzufügen. Mehr als

a) sechs Stellen (Buchstaben des Unterscheidungszeichens sowie Buchstaben und Ziffern der Erkennungsnummer – ohne Kennbuchstabe „E“) auf einem Kennzeichen nach Nummer 2,

b) fünf Stellen in der Erkennungsnummer (Buchstaben und Ziffern – ohne Kennbuchstabe „E“) auf einem Kennzeichen nach Nummer 3 mit einem Größtmaß von 340 mm oder

c) vier Stellen in der Erkennungsnummer (Buchstaben und Ziffern – ohne Kennbuchstabe „E“) auf einem Kennzeichen nach Nummer 3 mit einem Größtmaß von 280 mm oder einem Kennzeichen nach den Nummern 4 oder 5

sind unzulässig. Für Kennzeichen nach den Nummern 2 bis 5 gilt Abschnitt 5 Nummer 4 Satz 1 und 2 entsprechend.

Abschnitt 6. Kurzzeitkennzeichen

1. **einzeiliges Kennzeichen**

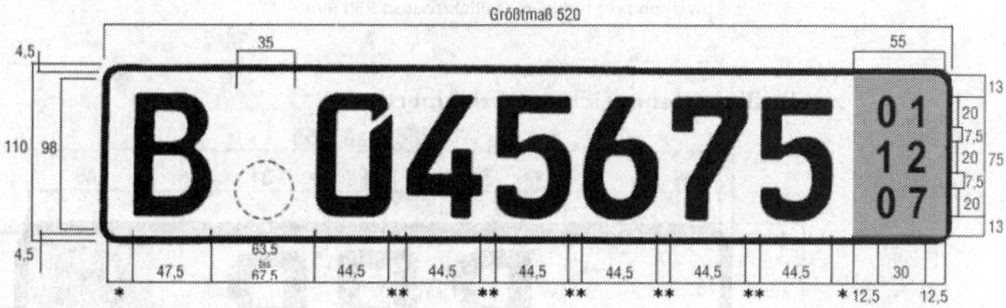

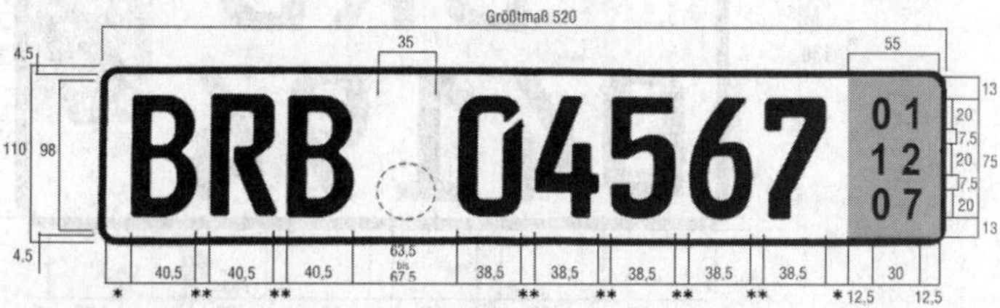

* Mindestmaß 8 mm

** 8 mm bis 10 mm

2. **zweizeiliges Kennzeichen**

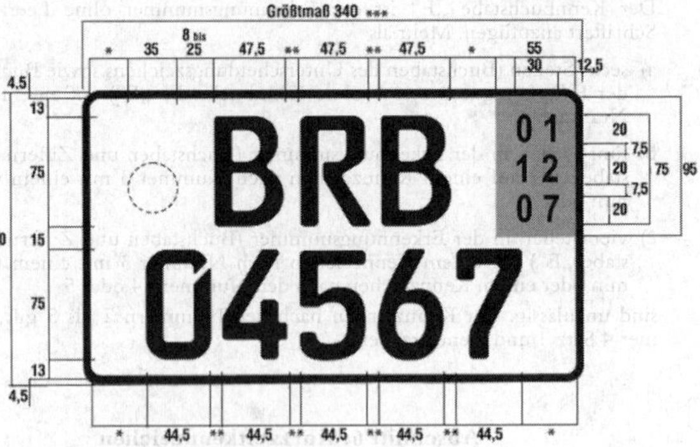

* Mindestmaß 8 mm

** 8 mm bis 10 mm

*** bei zwei- und dreirädrigen Kraftfahrzeugen 280 mm

3. **zweizeiliges Kennzeichen (verkleinert)**

* Mindestmaß 6 mm

** 8 mm bis 10 mm

*** 5 mm bis 20 mm

4. **Ergänzungsbestimmungen**

Die Ausführung der Ziffern, die das Ablaufdatum angeben, erfolgt nach DIN 1451 Teil 2.

Für Kennzeichen nach den Nummern 1 und 2 ist die Mittelschrift zu verwenden, es sei denn, die etwa vorgeschriebene oder die vom Hersteller vorgesehene Anbringungsstelle für Kennzeichen lässt dies nicht zu. In diesem Fall darf für die Buchstaben zur Unterscheidung des Verwaltungsbezirks und die Zahlen der Erkennungsnummer jeweils die Engschrift verwendet werden. § 10 Absatz 3 Satz 1 und 4 ist mit folgenden Maßgaben anzuwenden:

a) Es sind Stempelplaketten mit dem Dienststempel der Zulassungsbehörde mit einem Durchmesser von 35 mm mit blauem Untergrund (nach DIN 6171-1, blau – Euro-Feld) zu verwenden.

b) Die Plaketten sind wie folgt anzubringen:

aa) bei den Kennzeichen nach Nummer 1 zwischen dem Unterscheidungszeichen und der Erkennungsnummer jeweils unten;

bb) bei den Kennzeichen nach den Nummern 2 und 3 neben dem Unterscheidungszeichen jeweils oben links; bei Kennzeichen nach Nummer 2 mit dreistelligen Unterscheidungszeichen dürfen die Plaketten neben der Erkennungsnummer unter dem Feld, das das Ablaufdatum angibt, angebracht werden.

c) Die Vorschrift bezüglich der Plakette nach Abschnitt 1 Nummer 6 Satz 1 Buchstabe b ist nicht anzuwenden.

In dem Feld, das das Ablaufdatum angibt, kennzeichnet die obere Zahl den Tag, die mittlere Zahl den Monat und die untere Zahl das Jahr des Ablaufdatums. Die Farbe dieses Feldes ist gelb mit schwarzer Beschriftung.

5. Ergänzungen zum Normblatt DIN 74069, Ausgabe Mai 2016

Auf die Prüfung nach den Abschnitten 6 und 7 des Normblattes DIN 74069, Ausgabe Mai 2016, wird verzichtet. Die Registernummer, die der Hersteller des Kennzeichens bei der turnusmäßigen Prüfung seiner Erzeugnisse von der Überwachungsstelle erhalten hat, muss verwendet werden.

Abschnitt 7. Rote Kennzeichen zur wiederkehrenden Verwendung und rote Oldtimerkennzeichen

Die Kennzeichen sind entsprechend Abschnitt 2, jedoch in roter Schrift und rotem Rand auszuführen. Die Vorschrift bezüglich der Plakette nach Abschnitt 1 Nummer 6 Satz 1 Buchstabe b ist nicht anzuwenden.

Abschnitt 8. Ausfuhrkennzeichen

1. einzeiliges Kennzeichen

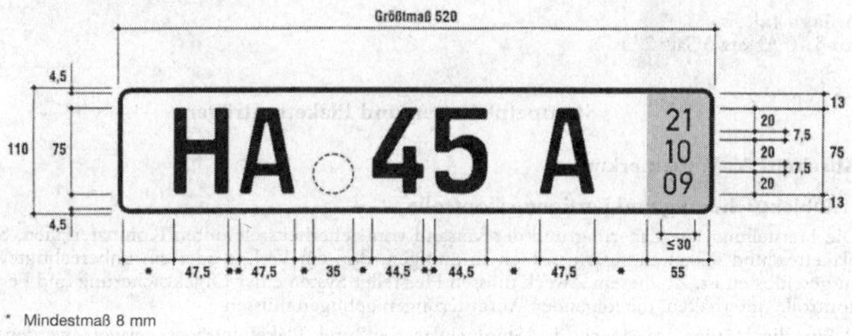

* Mindestmaß 8 mm
** 8 mm bis 10 mm

2. **zweizeiliges Kennzeichen**

* Mindestmaß 8 mm
** 8 mm bis 10 mm
*** bei zwei- und dreirädrigen Kraftfahrzeugen 280 mm

3. **Ergänzungsbestimmungen:**
Die Vorschriften bezüglich der verkleinerten Mittelschrift (Abschnitt 1 Nummer 2.2.3), des Euro-Feldes (Abschnitt 1 Nummer 3) sowie der Plakette (Abschnitt 1 Satz 1 Nummer 6 Satz 1 Buchstabe b) sind nicht anzuwenden. Das Feld mit dem Ablaufdatum besteht aus einem roten Untergrund mit schwarzer Beschriftung. Die obere Zahl kennzeichnet den Tag, die mittlere Zahl den Monat und die untere Zahl das Jahr, in welchem die Gültigkeit der Zulassung im Geltungsbereich dieser Verordnung endet. Der rote Untergrund darf nicht retroreflektierend sein. Zur Abstempelung des Kennzeichens sind Stempelplaketten nach § 10 Absatz 3 Satz 1 und 4, jedoch mit dem Dienstsiegel der Zulassungsbehörde mit einem Durchmesser von 35 mm mit rotem Untergrund (RAL 2002) zu verwenden.

Anlage 4a[1)]
(zu § 10 Absatz 3 Satz 2 bis 7)

Stempelplaketten und Plakettenträger

Abschnitt A. Vorbemerkungen

1. Objektsicherung und Fertigungskontrolle

Die Herstellung, die Lagerung und der Versand von sicherheitsrelevanten Rohmaterialien, Stempelplaketten und Plakettenträgern müssen so erfolgen, dass ein Verlust oder ein unberechtigter Zugriff ausgeschlossen ist. Zu diesem Zweck müssen Hersteller Systeme der Objektsicherung und Fertigungskontrolle unterhalten, die folgenden Anforderungen genügen müssen:

a) Für die Räume, in denen die Stempelplaketten und Plakettenträger gelagert werden, ist ein erhöhter mechanischer Einbruchschutz vorzusehen. Die Widerstandszeitwerte für Mauerwerk, Türen und Fenster sind so zu wählen, dass auch beim Einsatz üblicher maschinenbewegter Werkzeuge ausreichend Zeit für ein polizeiliches Einschreiten bleibt. Es ist eine Einbruchmeldeanlage

[1)] Anl. 4a eingef. mWv 1.1.2015 durch VO v. 8.10.2013 (BGBl. I S. 3772); neu gef. mWv 1.10. 2017 durch VO v. 23.3.2017 (BGBl. I S. 522); geänd. mWv 30.3.2019 durch VO v. 22.3.2019 (BGBl. I S. 382).

nach dem neuesten Stand der Technik sowie ein Zugangskontrollsystem mit Dokumentationseinrichtung vorzusehen. Die Entnahme und Einlagerung ist jeweils von zwei Beschäftigten zu quittieren. Durch organisatorische Maßnahmen ist sicherzustellen, dass nicht nur die gefertigten Stempelplaketten und Plakettenträger, sondern außerhalb der Arbeitszeit auch alle Halb- und Zwischenerzeugnisse in diesem gesicherten Lager verwahrt werden.

b) Die Herstellung, der Druck, die Zählung und die Verpackung der Stempelplaketten und Plakettenträger dürfen nur in Räumlichkeiten mit eingeschränkter Zugangsberechtigung erfolgen. Es ist ein Zugangskontrollsystem mit Dokumentationseinrichtung zu installieren.

c) Mit der Lagerung und Verarbeitung dürfen nur Personen betraut werden, die eine besondere Verpflichtungserklärung im sorgfältigen und kontrollierten Umgang mit den Produkten abgegeben haben.

d) Es ist ein Registrierungssystem einzurichten, das eine lückenlose Verfolgung jeder einzelnen Stempelplakette anhand der angebrachten Druckstücknummerierung sicherstellt.

e) Die Bestellung und der Versand der Stempelplaketten und der Plakettenträger an die Zulassungsbehörden müssen so erfolgen, dass jederzeit ein Ermitteln des Verbleibs möglich ist und die Besteller und Empfänger innerhalb der Zulassungsbehörde registriert sind.

f) Es dürfen keine Tatsachen vorliegen, die den Gewerbetreibenden, die vertretungsberechtigten oder mit der Leitung des Betriebes oder einer Zweigniederlassung beauftragten Personen sowie die mit der Lagerung und Verarbeitung von Stempelplaketten und Plakettenträgern betrauten Personen für die Herstellung und Lieferung von Stempelplaketten und Plakettenträgern als unzuverlässig erscheinen lassen. Unzuverlässig im Sinne des Satzes 1 ist eine Person insbesondere dann, wenn sie wiederholt die Pflichten gröblich verletzt hat, die ihr nach dieser Verordnung obliegen.

Die Unternehmen haben eine Sicherheitserklärung abzugeben, in der sie die Einhaltung der vorgenannten Anforderungen gegenüber dem Kraftfahrt-Bundesamt bestätigen. Das Kraftfahrt-Bundesamt bewertet die Einhaltung und erteilt dem Unternehmen die Befugnis, Stempelplaketten und Plakettenträger an die Zulassungsbehörden zu liefern. Ein Widerruf erfolgt, wenn das Unternehmen gegen einzelne Sicherheitsbestimmungen verstößt; die verwaltungsverfahrensrechtlichen Vorschriften über Rücknahme und Widerruf bleiben im Übrigen unberührt. Für die Bewertung und die Überwachung haben die Unternehmen den mit der Überwachung betrauten Mitarbeitern des Kraftfahrt-Bundesamtes während der Geschäfts- und Betriebszeiten Zutritt zu ihren Grundstücken, Geschäftsräumen und Betriebsstätten zu gewähren und dort Besichtigungen, Prüfungen und Einsicht in die vorgeschriebenen Aufzeichnungen zu ermöglichen.

2. Technische Anforderungen an Stempelplaketten und Plakettenträger

Die Stempelplakette und der Plakettenträger müssen den Anforderungen der DIN 74069, Ausgabe Mai 2016, entsprechen.

Abschnitt B. Stempelplaketten

1. Ausgestaltung der Stempelplaketten

a) Druckstücknummer der Stempelplakette

Die Druckstücknummer ist in maschinenlesbarer und unmittelbar lesbarer Form darzustellen. Der maschinenlesbaren Form genügt ein DataMatrix-Code (5 x 5 mm). Die Druckstücknummer der Stempelplakette besteht aus acht Zeichen und ist als Klarschriftnummer mit der Schrift Arial-Bold 4 Punkt – schwarz – rechts neben dem Wappen oder senkrecht links neben dem Wappen in der Schrift Arial-Bold 6 Punkt – schwarz – jeweils 11 mm mittig zentriert auf der waagerechten Durchmesserlinie vom äußeren Rand darzustellen. Der Abstand des DataMatrix-Codes und die Anordnung der Klarschriftnummer über dieser Codierung beträgt zum Randstrich 6 mm. Verwendung finden als Zeichen Großbuchstaben des deutschen Alphabets von A bis Z, ohne Umlaute und Sonderzeichen, und Ziffern von 0 bis 9. Das erste Zeichen ist ein Großbuchstabe, über den die die Stempelplakette herstellende Institution eineindeutig ableitbar ist. Die Zeichen zwei bis sieben sind fortlaufend aufsteigend zu verteilen. Das achte Zeichen ist eine Prüfziffer, berechnet aus den Zeichen eins bis sieben. Die Berechnung der Prüfziffer erfolgt nach einem Verfahren, welches nach dem Modulus klassifiziert, der der jeweiligen Berechnungsmethode zugrunde liegt. Eine weitere Unterscheidung ist nach den Gewichtungsfolgen und den Modifikationen möglich.

b) Sicherheitscode der Stempelplakette

Der Sicherheitscode muss nach Freilegung unmittelbar und deutlich lesbar sein sowie zusätzlich in maschinenlesbarer Form dargestellt werden und darf weder aus der Druckstücknummer hervorgehen noch aus dieser ableitbar sein. Der maschinenlesbaren Form genügt ein DataMatrix-Code.

Der DataMatrix-Code hat eine Mindestgröße von 6 x 6 mm. Als Schriftart ist Arial-Bold 9 Punkt – schwarz – zu verwenden. Der Sicherheitscode der Stempelplakette besteht aus drei Zeichen. Verwendung finden als Zeichen Groß- und Kleinbuchstaben des deutschen Alphabets von A bis Z und a bis z – ohne die Zeichen I, i, l, O und o –, ohne Umlaute und Sonderzeichen, und Ziffern von 0 bis 9. Die Zeichen sind unter Ausschöpfung aller Kombinationen zufällig zu verteilen.

2. Schematische Abbildungen der Stempelplakette

a) Die schematische Darstellung der Stempelplakette enthält das farbige Wappen des Landes, die Bezeichnung des Landes, die Bezeichnung der Zulassungsbehörde und die Druckstücknummer:

aa) Die Maße der Stempelplakette und des Druckes ergeben sich wie folgt:

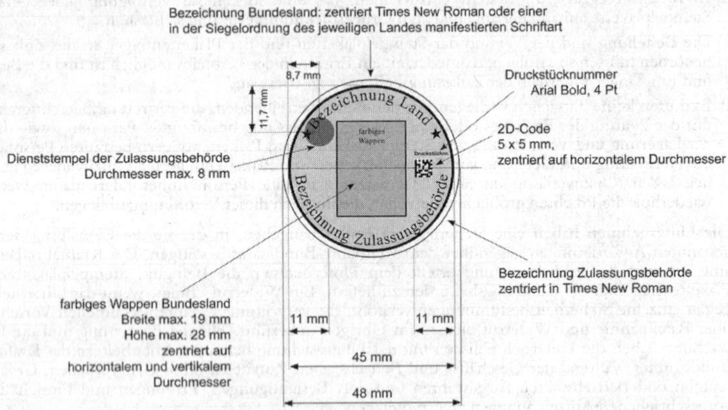

Abbildung 1: Bemaßung der Stempelplakette

oder wahlweise nach Maßgabe der Nummer 1 Buchstabe a dieses Abschnitts wie folgt:

(Fortsetzung nächstes Blatt)

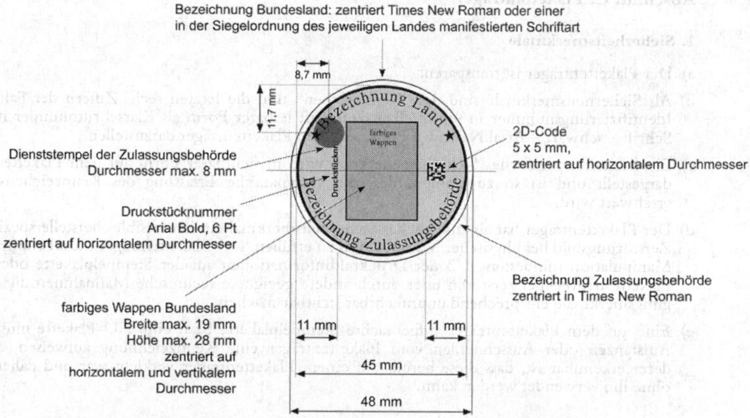

Abbildung 2: Bemaßung der Stempelplakette

bb) Das farbige Wappen des Landes ist bis maximal 28 x 19 mm (Höhe x Breite) darzustellen. Die Bezeichnung des Landes ist zentriert über dem Wappen in der Schrift Times New Roman oder in einer in der Siegelordnung des jeweiligen Landes manifestierten Schriftart darzustellen. Der Abstand zum umlaufenden schwarzen Randstrich beträgt 1 mm. Die Bezeichnung der Zulassungsbehörde ist in der Schrift Times New Roman unter dem Wappen zentriert anzuordnen. Der Abstand zum umlaufenden schwarzen Randstrich beträgt 1 mm, Randstrich 0,7 mm.

cc) Hintergrund
Der Hintergrund ist in der Farbe silbergrau auszuführen und beinhaltet ein fälschungserschwerendes Muster, eine Herstellerkennzeichnung und einen Dienststempel der Zulassungsbehörde mit einem maximalen Durchmesser von 8 mm in der Bemaßung als Alleinstellungsmerkmal nach den landesrechtlichen Vorschriften. Das Layout ist herstellerindividuell. Das Farbklima ist herstellerindividuell insoweit, als das Muster, die Herstellerkennzeichnung und der Dienststempel in einem zum silbergrauen Hintergrund der Plakette eindeutig unterscheidbaren helleren Silbergrau oder Grau ausgeführt sein müssen. DIN 5340 (Bezugssehweite) ist zu berücksichtigen.

b) Stempelplakette mit sichtbarem Sicherheitscode

aa) Der DataMatrix-Code hat eine Mindestgröße von 6 x 6 mm. Als Schriftart für den Sicherheitscode ist für die Klarschriftnummer Arial-Bold mindestens 9 Punkt – schwarz – zu verwenden. Die Anordnung kann über, unter oder neben dem DataMatrix-Code auf einer eigenen Fläche zusammen mit der Klarschriftnummerierung erfolgen. Die beschriebene Fläche kann eine produktionsabhängige Bemessung und Kantenradien aufweisen und ist als Schicht unter dem Wappen angeordnet.

bb) Die Stempelplakette hat folgende Sicherheitsmerkmale zu erfüllen:

aaa) Bei physischer Manipulation muss mindestens 1/3 der Druckbildinformationen auf der Stempelplakette irreversibel zerstört werden oder durch andere geeignete technische Maßnahmen die Freilegungsmerkmale entsprechend unumkehrbar sichtbar werden. Näheres ist in der DIN 5340 (Bezugssehweite) geregelt.

bbb) Herstellerspezifische UV-Kennzeichnung mit UV-Chargennummer als zwei nicht sichtbare, echtheitserkennbare Merkmale.

Abschnitt C. Plakettenträger

1. Sicherheitsmerkmale

a) Der Plakettenträger ist transparent.

b) Als Sicherheitsmerkmale sind das „Kennzeichen" und die letzten sechs Ziffern der Fahrzeug-Identifizierungsnummer in unmittelbar dauerhaft lesbarer Form als Klarschriftnummer mit der Schrift – schwarz – Arial Narrow 6 Punkt auf dem Plakettenträger darzustellen.

c) Ein herstellerspezifisches Sicherheitsmerkmal wird in sichtbarer Form auf dem Plakettenträger dargestellt und ist so zu wählen, dass die automatische Erfassung des Kennzeichens nicht erschwert wird.

d) Der Plakettenträger hat als zusätzliches Sicherheitsmerkmal ein irreversibles herstellerspezifisches Zerstörungsbild bei physischer Manipulation zu erfüllen. Der Plakettenträger muss bei physischer Manipulation mindestens 1/3 der Druckbildinformationen auf der Stempelplakette oder HU-Plakette irreversibel zerstören oder durch andere geeignete technische Maßnahmen die Freilegungsmerkmale entsprechend unumkehrbar sichtbar machen.

e) Eine auf dem Plakettenträger aufgebrachte Stempelplakette bzw. eine HU-Plakette muss beim Ausstanzen oder Ausschneiden vom Plakettenträger eine Kennzeichnung aufweisen, anhand derer erkennbar ist, dass diese bereits auf einem Plakettenträger verklebt war und daher nicht ohne ihn verwendet werden kann.

2. Schematische Abbildungen der Plakettenträger

a) Plakettenträger für die Stempelplakette
Die schematische Darstellung des Plakettenträgers enthält die Stempelplakette nach Abschnitt B und die auf dem Plakettenträger aufgebrachten Merkmale „Kennzeichen", „verkürzte Fahrzeug-Identifizierungsnummer" und das herstellerspezifische Sicherheitsmerkmal.

aa) Die Maße des Plakettenträgers ergeben sich wie folgt:

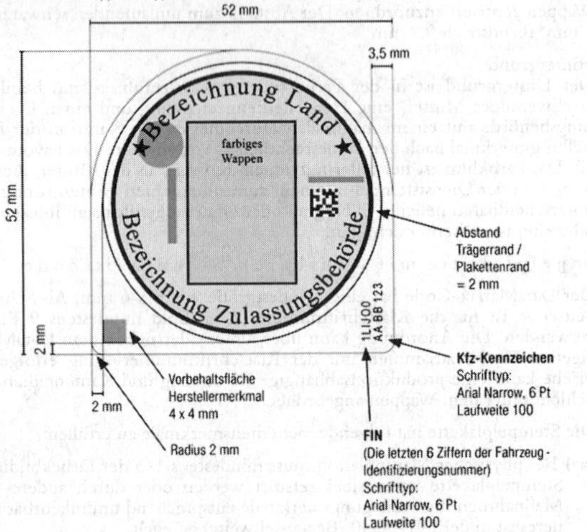

Abbildung 3: Bemaßung des Plakettenträgers

bb) Der Abstand zwischen dem umlaufenden schwarzen Randstrich der Stempelplakette und dem umlaufenden äußeren Rand des Plakettenträgers in der oberen Hälfte des Plakettenträgers beträgt maximal 3,5 mm.

cc) Das Kennzeichen ist in der rechten unteren Ecke des Plakettenträgers senkrecht – beginnend 2 mm vom äußeren unteren Rand und 2 mm vom äußeren rechten Rand des Plakettenträgers – darzustellen.

dd) Die verkürzte Fahrzeug-Identifizierungsnummer ist in der rechten unteren Ecke des Plakettenträgers senkrecht – beginnend 2 mm vom äußeren unteren Rand und links neben dem Kennzeichen – darzustellen.

ee) Das herstellerspezifische Sicherheitsmerkmal ist in der linken unteren Ecke des Plakettenträgers so darzustellen, dass es in einer Vorbehaltsfläche von 4 x 4 mm auf den Schnittpunkten der Rechteckdiagonalen zu platzieren ist.

ff) Plakettenträger mit beispielhaftem Zerstörungsbild:

Abbildung 4: Plakettenträger mit Zerstörungsbild

b) Plakettenträger für die HU-Plakette
Die schematische Darstellung des HU-Plakettenträgers enthält die HU-Plakette nach Anlage IX der Straßenverkehrs-Zulassungs-Ordnung (zu § 29 Absatz 2, 3, 5 bis 8) und die auf dem Plakettenträger aufgebrachten Merkmale „Kennzeichen" und „verkürzte Fahrzeug-Identifizierungsnummer" und das herstellerspezifische Merkmal.

aa) Die Maße des HU-Plakettenträgers ergeben sich wie folgt:

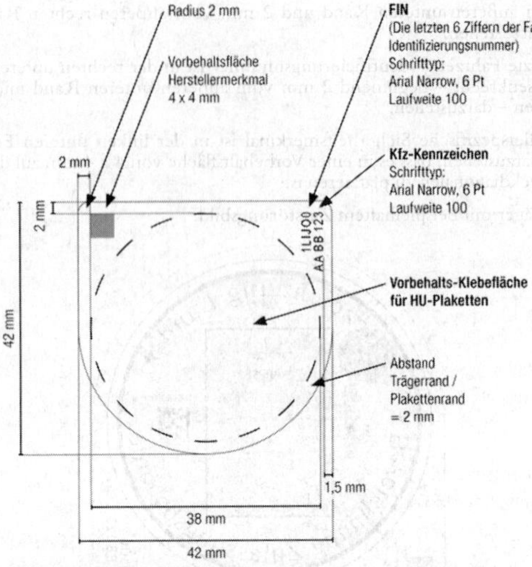

Abbildung 5: Bemaßung des HU-Plakettenträgers

bb) Das Kennzeichen ist in der rechten oberen Ecke des Plakettenträgers senkrecht – endend 2 mm vom äußeren oberen Rand und 1,5 mm vom äußeren rechten Rand des Plakettenträgers – darzustellen.

cc) Die verkürzte Fahrzeug-Identifizierungsnummer ist in der rechten oberen Ecke des Plakettenträgers senkrecht – endend 2 mm vom äußeren oberen Rand und links vom eingedruckten „Kennzeichen" nach Doppelbuchstabe bb vom äußeren rechten Rand des Plakettenträgers – darzustellen.

dd) Das herstellerspezifische Sicherheitsmerkmal ist in der linken oberen Ecke des Plakettenträgers so darzustellen, dass es in einer Vorbehaltsfläche von 4 x 4 mm auf den Schnittpunkten der Rechteckdiagonalen zu platzieren ist.

ee) Plakettenträger mit beispielhaftem Zerstörungsbild:

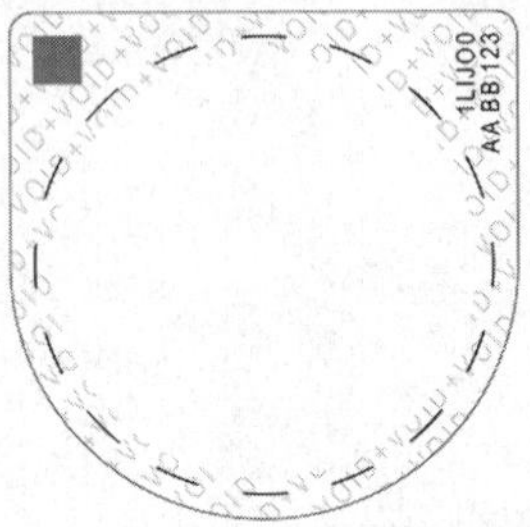

Abbildung 6: HU-Plakettenträger mit Zerstörungsbild

Anlage 5[1]
(zu § 11 Absatz 1)

Zulassungsbescheinigung Teil I

Vorbemerkungen

1. Ausgestaltung der Zulassungsbescheinigung Teil I:

Trägermaterial:	Neobond (150 g/m²), Farbe weiß
Format:	Breite 210 mm, Höhe 105 mm, zweimal faltbar auf DIN A7, zweiseitig bedruckt.

In das Trägermaterial eingearbeitet sind die folgenden fälschungserschwerenden Sicherheitsmerkmale:
- Wasserzeichen (Motiv: „Stilisierter Adler" – gesetzlich geschützt für die Bundesdruckerei),
- Melierfasern, teilweise fluoreszierend,
- Planchetten, fluoreszierend,
- Sicherheitsreagenzien als Schutz gegen chemische Rasurmanipulationen.

2. Sicherheitsmerkmale:

Der Druck auf dem Trägermaterial weist folgende fälschungserschwerende Sicherheitsmerkmale auf:
- mehrfarbiger Guillochenschutzunterdruck (zweistufig verarbeitet) mit Irisverlauf und integrierten Mikroschriften auf beiden Seiten,
- Fluoreszenzaufdruck vorderseitig (Motiv: Bundesadler mit zweigeteilter Linienstruktur), unsichtbar (unter UV-Licht fluoreszierend),
- Textfarbe dunkelgrün (unter UV-Licht grün fluoreszierend), Integration von Mikroschriftelementen im Formulartext,
- optisch-variables Element in Form eines Kinegrams (Motiv: „Sonne 40" – gesetzlich geschützt für die Bundesdruckerei) auf der Rückseite des Dokuments einschließlich eines maschinell prüfbaren Merkmals; das Kinegramm wird durch die Vordrucknummerierung teilweise überdruckt. Die Vordrucknummerierung wird dunkelblau (unter UV-Licht gelb-grün fluoreszierend) aufgebracht,
- fortlaufende Nummer auf der Vorderseite, die durch die Zulassungsbehörde bei der Ausstellung eingetragen wird, wobei die Einmaligkeit der Nummer sicherzustellen ist.

3. Objektsicherung und Fertigungskontrolle:

Die Herstellung, die Lagerung und der Versand von Rohmaterialien und Vordrucken muss so erfolgen, dass ein Verlust oder ein unberechtigter Zugriff ausgeschlossen ist. Zu diesem Zweck müssen Papierhersteller, Druckereien und Verlage Systeme der Objektsicherung und Fertigungskontrolle unterhalten, die folgenden Anforderungen genügen müssen:

a) Für die Räume, in denen die Vordrucke gelagert werden, ist ein erhöhter mechanischer Einbruchschutz vorzusehen. Die Widerstandszeitwerte für Mauerwerk, Türen und Fenster sind so zu wählen, dass auch beim Einsatz üblicher maschinenbewegter Werkzeuge ausreichend Zeit für ein polizeiliches Einschreiten bleibt. Es ist eine Einbruchmeldeanlage nach neuester Richtlinie vorzusehen sowie ein Zugangskontrollsystem mit Dokumentationseinrichtung. Die Entnahme und Einlagerung ist jeweils von zwei Beschäftigten zu quittieren. Durch organisatorische Maßnahmen ist sicherzustellen, dass nicht nur die von der Bundesdruckerei angelieferten Vordrucke, sondern außerhalb der Arbeitszeit auch alle Halb- und Zwischenerzeugnisse in diesem gesicherten Lager verwahrt werden.

---

[1] Anl. 5 geänd. mWv 1.11.2012 durch VO v. 19.10.2012 (BGBl. I S. 2232); geänd. mWv 1.1.2015 durch VO v. 8.10.2013 (BGBl. I S. 3772, geänd. durch G v. 30.10.2014, BGBl. I S. 1666); geänd. mWv 1.4.2015 durch VO v. 30.10.2014 (BGBl. I S. 1666); geänd. mWv 1.10.2017 durch VO v. 23.3. 2017 (BGBl. I S. 522); geänd. mWv 1.10.2019 durch VO v. 22.3.2019 (BGBl. I S. 382).

b) Die Verarbeitung der Vordrucke in der Druckerei (Herstellung der Eindrucke, schneiden, zählen und verpacken) darf nur in Räumlichkeiten mit eingeschränkter Zugangsberechtigung erfolgen. Es ist ein Zugangskontrollsystem mit Dokumentationseinrichtung zu installieren.

c) Mit der Lagerung und Verarbeitung dürfen nur zuverlässige Personen betraut werden, die eine besondere Verpflichtungserklärung im sorgfältigen und kontrollierten Umgang mit den Vordrucken abgegeben haben.

d) Es ist ein Registrierungssystem einzurichten, das eine lückenlose Verfolgung und Verbleibskontrolle jedes einzelnen Vordrucks anhand der von der Bundesdruckerei angebrachten Nummerierung sicherstellt.

e) Der Versand der Vordrucke an die Zulassungsbehörden muss so erfolgen, dass jederzeit eine Verbleibsermittlung möglich ist und der Empfänger innerhalb der Zulassungsbehörde registriert wird.

Die Unternehmen geben eine Sicherheitserklärung ab, in der sie die Einhaltung der vorgenannten Anforderungen gegenüber dem Kraftfahrt-Bundesamt bestätigen. Das Kraftfahrt-Bundesamt ermächtigt nach Prüfung die Bundesdruckerei, diesen Unternehmen Vordrucke der Zulassungsbescheinigung Teil I zu liefern. Ein Widerruf erfolgt, wenn die Unternehmen gegen einzelne Sicherheitsbestimmungen verstoßen.

Vorderseite

Zulassungsbescheinigung Teil I

(Fahrzeugschein)

Nr.

Europäische Gemeinschaft (D) **Bundesrepublik Deutschland**

Свидетелство за регистрация - Част I / Permiso de circulación. Parte I / Osvědčení o registraci – Část I /Registreringsattest. Del I / Registreerimistunnistus. Osa I / Άδεια κυκλοφορίας/Πιστοποιητικό Εγγραφής Μέρος I / Registration certificate. Part I / Certificat d'immatriculation. Partie I / Prometna dozvola I / Carta di circolazione. Parte I / Reģistrācijas apliecība. I. daļa / Registracijos liudijimas. I dalis / Forgalmi engedély. I. Rész / Ċertifikat ta' Reġistrazzjoni. L-I Parti / Kentekenbewijs. Deel I / Dowód Rejestracyjny. Część I / Certificado de matrícula. Parte I / Certificat de înmatriculare Partea I / Osvedčenie o evidencii. Časť I / Prometno dovoljenje. Del I / Rekisteröintitodistus. Osa I / Registreringsbeviset. Del I

A Amtliches Kennzeichen

C.1.1 Name oder Firmenname

C.1.2 Vorname(n)

C.1.3 Anschrift

X Nächste HU (Monat und Jahr):

I Datum:

C.4c Der Inhaber der Zulassungsbescheinigung wird nicht als Eigentümer des Fahrzeugs ausgewiesen.

B	2.1	2.2
J	4	
E	3	
D.1		
D.2		
D.3		
2		
5		
V.9		
14		
P.3		
10	14.1	P.1
22		

L	9	P.2 P.4	T	
18	19			
20	G			
12	13	Q		
V.7	F.1	F.2		
7.1	7.2	7.3		
8.1	8.2	8.3		
U.1	U.2	U.3		
O.1	O.2	S.1	S.2	
15.1				
15.2				
15.3				
R	11			
K				
6	17	16		
21				

Rückseite

(Raum für weitere amtlich zugelassene Eintragungen)

X Weitere HU:

H

Unterschrift

Zur Beachtung!

Die Angaben müssen ständig den tatsächlichen Verhältnissen entsprechen. Änderungen sind der zuständigen Zulassungsbehörde nach Maßgabe der für die Fahrzeugzulassung geltenden Rechtsvorschriften anzuzeigen.

Bei Veräußerung des Fahrzeugs sind dem Erwerber gegen Empfangsbescheinigung die Zulassungsbescheinigung Teil I und Teil II auszuhändigen. Die Empfangsbescheinigung muss den Namen und die Anschrift des Erwerbers vollständig enthalten und ist vom Veräußerer unverzüglich der Zulassungsbehörde vorzulegen.

Unterlassung der vorgeschriebenen Meldepflichten (Abmeldung, Umschreibung bei Erwerb oder Umzug in einen anderen Zulassungsbezirk, Meldung anderer Veränderungen) kann durch Geldbußen geahndet werden.

Definition der Felder:

Feld	Bezeichnung
B	Datum der Erstzulassung des Fahrzeugs
D.1	Marke
D.2	Typ/Variante/Version
D.3	Handelsbezeichnung(en)
E	Fahrzeug-Identifizierungsnummer
F.1	Technisch zulässige Gesamtmasse in kg
F.2	Im Zulassungsmitgliedstaat zulässige Gesamtmasse in kg
G	Masse des in Betrieb befindlichen Fahrzeugs in kg (Leermasse)
H	Gültigkeitsdauer
I	Datum dieser Zulassung
J	Fahrzeugklasse
K	Nummer der EG-Typgenehmigung oder ABE
L	Anzahl der Achsen
O.1	Technisch zulässige Anhängelast gebremst in kg
O.2	Technisch zulässige Anhängelast ungebremst in kg
P.1	Hubraum in cm^3
P.2/P.4	Nennleistung in kW/Nenndrehzahl bei min^{-1}
P.3	Kraftstoffart oder Energiequelle
Q	Leistungsgewicht in kW/kg (nur bei Krafträdern)
R	Farbe des Fahrzeugs
S.1	Sitzplätze einschließlich Fahrersitz
S.2	Stehplätze
T	Höchstgeschwindigkeit in km/h
U.1	Standgeräusch in dB (A)
U.2	Drehzahl in min^{-1} zu U.1
U.3	Fahrgeräusch in dB (A)
V.7	CO_2(in g/km) kombinierter Wert
V.9	Für die EG-Typgenehmigung maßgebliche Schadstoffklasse
(2)	Hersteller-Kurzbezeichnung
(2.1)	Code zu (2)
(2.2)	Code zu D.2 mit Prüfziffer
(3)	Prüfziffer zur Fahrzeug-Identifizierungsnummer
(4)	Art des Aufbaus
(5)	Bezeichnung der Fahrzeugklasse und des Aufbaus
(6)	Datum zu K
(7)	Technisch zulässige maximale Achslast/Masse je Achsgruppe in kg (7.1) Achse 1 bis (7.3) Achse 3
(8)	Zulässige maximale Achslast im Zulassungsmitgliedstaat in kg (8.1) Achse 1 bis (8.3) Achse 3
(9)	Anzahl der Antriebsachsen
(10)	Code zu P.3
(11)	Code zu R
(12)	Rauminhalt des Tanks bei Tankfahrzeugen in m^3
(13)	Stützlast in kg
(14)	Bezeichnung der nationalen Emissionsklasse
(14.1)	Code zu V.9 oder (14)
(15)	Bereifung (15.1) auf Achse 1 bis (15.3) auf Achse 3
(16)	Nummer der Zulassungsbescheinigung Teil II
(17)	Merkmal zur Betriebserlaubnis
(18)	Länge in mm
(19)	Breite in mm ohne Spiegel und Anbauteile
(20)	Höhe in mm
(21)	Sonstige Vermerke
(22)	Bemerkungen und Ausnahmen

BUNDESDRUCKEREI 2014

Hinweis zu Feld (15.1) bis (15.3):
Andere als die angegebenen Bereifungen können im Rahmen der gültigen Typ- oder Einzelgenehmigung am Fahrzeug angebracht werden. Ein zusätzliches Gutachten und die Änderung oder Neuausstellung der Zulassungsbescheinigung Teil I ist hierfür nicht erforderlich.

ZBI

4. Markierung:

a) Die Markierungen mit dem verdeckten Sicherheitscode nach § 11 Absatz 1 Satz 2 bis 4 sind im linken Drittel der Rückseite und dort in der unteren Hälfte rechts, oberhalb der Behördenbezeichnung und Unterschrift, anzubringen.

b) Die Druckstücknummer ist nach Nummer 5 darzustellen.

c) Schematische Abbildungen:
Die Markierungen müssen gemäß nachfolgender Abbildung nach vorgegebenen Maßen und farblicher Darstellung gestaltet sein:

aa) Format:

aaa) Breite 30 mm, Höhe 20 mm, Eckradien 1 mm oder

bbb) Breite 35 mm, Höhe 25 mm, Eckradien 1 mm.

bb) Farbe:
Mittiges Beschriftungsfeld silbergrau mit 4 mm umlaufendem, farbigem Rand (Verkehrsgrün, RAL 6024).

cc) Zusätzlich muss ein herstellerspezifisches, unsichtbares Kennzeichen in der Nähe der Druckstücknummer angebracht werden. Die sichtbare Markierung soll als fälschungserschwerende Sicherheitsabdeckung gewährleisten, dass die auf ihr angebrachte Druckstücknummer und der 2D-Code beim Freilegen oder einer Manipulation unwiderruflich zerstört werden. Durch das Entfernen der sichtbaren Abdeckung ist

aaa) ein irreversibles 2-farbiges Farbmuster (Schraffur Verkehrsblau RAL 5017/Verkehrsweiß RAL 9016, 45 Grad nach rechts geneigt, Strichstärke 1 mm) oder

bbb) ein irreversibles 1-farbiges Farbmuster (Verkehrsgrün, RAL 6024)

freigelegt und die Manipulation oder gewollte Öffnung erkennbar.

Abbildung zur sichtbaren Markierung:

Abbildung zur darunterliegenden Markierung mit Sicherheitscode nach Sichtbarmachung:

5. Druckstücknummer der Zulassungsbescheinigung Teil I:

Die Druckstücknummer ist in maschinenlesbarer und unmittelbar lesbarer Form darzustellen. Der maschinenlesbaren Form genügt ein 2D-Code in Form des DataMatrix-Codes. Die Zusammensetzung der Druckstücknummer erfolgt entsprechend der Vorgaben aus Anlage 4a Nummer 1. Der 2D-Code hat eine Mindestgröße von 5 x 5 mm. Als Schriftart ist Arial-Bold mindestens 4 Punkt – schwarz – und für die Klarschriftnummer die Schriftart Arial-Bold mindestens 7 Punkt – schwarz – zu verwenden.

6. Sicherheitscode der Zulassungsbescheinigung Teil I:

Der Sicherheitscode muss unmittelbar lesbar sein und ist zusätzlich in maschinenlesbarer Form darzustellen. Der maschinenlesbaren Form genügt ein 2D-Code in Form des DataMatrix-Codes und der Sicherheitscode darf weder aus der Druckstücknummer hervorgehen noch aus dieser ableitbar sein. Der Sicherheitscode der Zulassungsbescheinigung Teil I besteht aus sieben Zeichen. Im Übrigen erfolgt die Zusammensetzung des Sicherheitscodes entsprechend der Vorgaben aus Anlage 4a Nummer 2. Der 2D-Code hat eine Mindestgröße von 5 x 5 mm. Für die Klarschriftnummer ist die Schriftart Arial-Bold mindestens 8 Punkt – schwarz – zu verwenden, für die Schrift „Außer Betrieb gesetzt“ Arial-Bold 5 Punkt – schwarz –. Der Sicherheitscode kann nicht durch Durchleuchten erkannt werden.

Anlage 6[1]
(zu § 11 Absatz 4)

Zulassungsbescheinigung Teil I für Fahrzeuge der Bundeswehr[2] [3]

Vorbemerkungen

Format: Breite 210 mm, Höhe 8 1/3 Zoll (207 mm)
Es gelten die Nummern 1 und 2 der Vorbemerkungen der Anlage 5

---

[1] Anl. 6 geänd. mWv 1.11.2012 durch VO v. 19.10.2012 (BGBl. I S. 2232); geänd. mWv 1.4. 2015 durch VO v. 30.10.2014 (BGBl. I S. 1666); geänd. mWv 1.10.2017 durch VO v. 23.3.2017 (BGBl. I S. 522).

[2] Auf der Vorderseite der Zulassungsbescheinigung Teil I für Fahrzeuge der Bundeswehr werden
- vor den Wörtern „Permiso de circulación Parte I“ die Wörter „Свидетелството за регистрация – Част I/“,
- nach den Wörtern „Certificat d'immatriculation partie I/“ die Wörter „Prometna dozvola I/“,
- nach den Wörtern „Certificado de Matrícula Parte I/“ die Wörter „Certificat de înmatriculare Partea I/“

eingefügt mWv 1.4.2015 durch VO v. 30.10.2014 (BGBl. I S. 1666).

[3] Die Rückseite des Muster der Zulassungsbescheinigung Teil I wird wie folgt geändert:

aa) Neben dem Platz für das Dienstsiegel wird in der Zeile für die Unterschrift die Angabe „i.A.“ eingefügt.

bb) Die Definition der Felder wird wie folgt geändert:

aaa) Der Position „(19) Breite in mm“ werden die Wörter „ohne Spiegel und Anbauteile“ angefügt.

bbb) Die Position 91 wird wie folgt gefasst:
(91) Versorgungsnummer Fahrzeug

ccc) Die Position 94 wird wie folgt gefasst:
(94) Einsatzmasse in kg

ddd) Folgende Positionen werden angefügt:
(98) Versorgungsnummer des Rüstsatzes
(99) zulässige Zuggesamtmasse in kg

cc) In der Spalte „Veränderungsgründe“ wird in den Positionen „Stilllegung wegen Langzeitkonservierung“ und „Reaktivierung nach Langzeitkonservierung“ jeweils das Wort „Langzeitkonservierung“ durch das Wort „Langzeitlagerung“ ersetzt.

mWv 1.11.2012 durch VO v. 19.10.2012 (BGBl. I S. 2232).

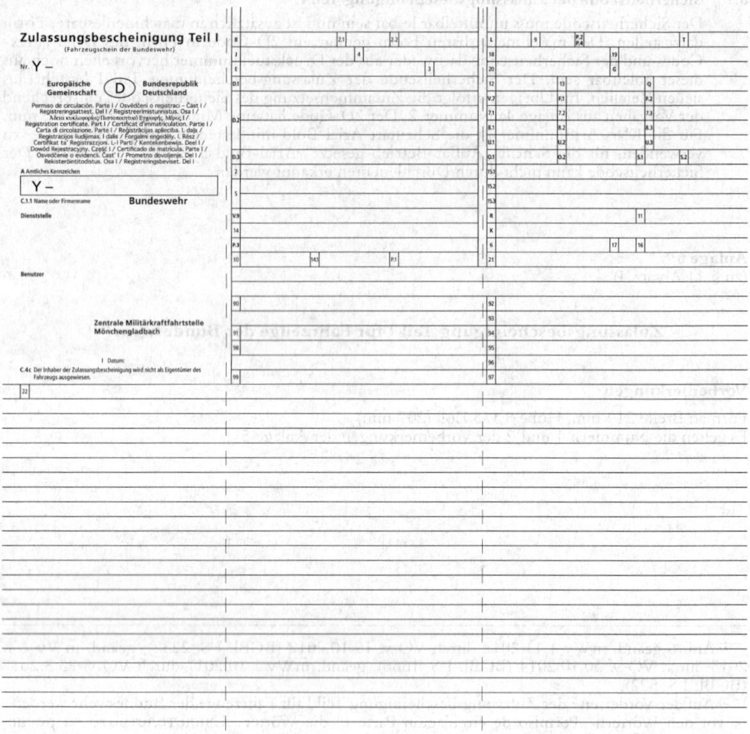

Zulassungsbescheinigung Teil I
(Fahrzeugschein der Bundeswehr)

Nr. Y –

Europäische Gemeinschaft (D) **Bundesrepublik Deutschland**

Permiso de circulación. Parte I / Osvědčení o registraci – Část I / Registreringsattest. Del I / Registreerimistunnistus. Osa I / Άδεια κυκλοφορίας/Πιστοποιητικό Εγγραφής. Μέρος I / Registration certificate. Part I / Certificat d'immatriculation. Partie I / Carta di circolazione. Parte I / Reģistrācijas apliecība. I. daļa / Registracijos liudijimas. I dalis / Forgalmi engedély. I. Rész / Certifikat ta' Registrazzjoni. L-I Parti / Kentekenbewijs. Deel I / Dowód Rejestracyjny. Część I / Certificado de matrícula. Parte I / Osvedčenie o evidencii. Časť I / Prometno dovoljenje. Del I / Rekisteröintitodistus. Osa I / Registreringsbeviset. Del I

A Amtliches Kennzeichen

Y –

C.1.1 Name oder Firmenname **Bundeswehr**

Dienststelle

Benutzer

Zentrale Militärkraftfahrtstelle Mönchengladbach

I Datum:

C.4c Der Inhaber der Zulassungsbescheinigung wird nicht als Eigentümer des Fahrzeugs ausgewiesen.

22

8 | 2.1 | 2.2 | L | 9 | P.2 P.4 | T
J | 4 | 18 | 19
E | 3 | 20 | G
D.1 | 12 | 13 | Q
V.7 | F.1 | F.2
D.2 | 7.1 | 7.2 | 7.3
8.1 | 8.2 | 8.3
U.1 | U.2 | U.3
D.3 | O.1 | O.2 | S.1 | S.2
2 | 15.1
5 | 15.2 | 15.3
V.9 | R | 11
14 | K
P.3 | 6 | 17 | 16
10 | 14.1 | P.1 | 21
90 | 92
93
91 | 94
98 | 95
96
99 | 97

(Raum für weitere amtlich zugelassene Eintragungen)

H
[Datum]

☐ Außerbetriebsetzung

Zentrale Militärkraftfahrtstelle

Unterschrift

Definition der Felder:

Feld	Bezeichnung
B	Datum der Erstzulassung des Fahrzeugs
D.1	Marke
D.2	Typ/Variante/Version
D.3	Handelsbezeichnung(en)
E	Fahrzeug-Identifizierungsnummer
F.1	Technisch zulässige Gesamtmasse in kg
F.2	im Zulassungsmitgliedstaat zulässige Gesamtmasse in kg
G	Masse des in Betrieb befindlichen Fahrzeugs in kg (Leermasse)
H	Gültigkeitsdauer
I	Datum dieser Zulassung
J	Fahrzeugklasse
K	Nummer der EG-Typgenehmigung oder ABE
L	Anzahl der Achsen
O.1	Technisch zulässige Anhängelast gebremst in kg
O.2	Technisch zulässige Anhängelast ungebremst in kg
P.1	Hubraum in cm^3
P.2/P.4	Nennleistung in kW/Nenndrehzahl bei min^{-1}
P.3	Kraftstoffart oder Energiequelle
Q	Leistungsgewicht in kW/kg (nur bei Krafträdern)
R	Farbe des Fahrzeugs
S.1	Sitzplätze einschließlich Fahrersitz
S.2	Stehplätze
T	Höchstgeschwindigkeit in km/h
U.1	Standgeräusch in dB (A)
U.2	Drehzahl in min^{-1} zu U.1
U.3	Fahrgeräusch in dB (A)
V.7	CO_2 (in g/km) kombinierter Wert
V.9	Für die EG-Typgenehmigung maßgebliche Schadstoffklasse
(2)	Hersteller-Kurzbezeichnung
(2.1)	Code zu (2)
(2.2)	Code zu D.2 mit Prüfziffer
(3)	Prüfziffer zur Fahrzeug-Identifizierungsnummer
(4)	Art des Aufbaus
(5)	Bezeichnung der Fahrzeugklasse und des Aufbaus
(6)	Datum zu K
(7)	Technisch zulässige maximale Achslast/Masse je Achsgruppe in kg (7.1) Achse 1 bis (7.3) Achse 3
(8)	Zulässige maximale Achslast im Zulassungsmitgliedstaat in kg (8.1) Achse 1 bis (8.3) Achse 3
(9)	Anzahl der Antriebsachsen
(10)	Code zu P.3
(11)	Code zu R
(12)	Rauminhalt des Tanks bei Tankfahrzeugen in m^3
(13)	Stützlast in kg
(14)	Bezeichnung der nationalen Emissionsklasse
(14.1)	Code zu V.9 oder (14)
(15)	Bereifung (15.1) auf Achse 1 bis (15.3) auf Achse 3
(16)	Nummer der Zulassungsbescheinigung Teil II
(17)	Merkmal zur Betriebserlaubnis
(18)	Länge in mm
(19)	Breite in mm
(20)	Höhe in mm
(21)	Sonstige Vermerke
(22)	Bemerkungen und Ausnahmen
(90)	Mustergutachten Bw
(91)	Versorgungsnummer
(92)	Nutzlast in kg
(93)	Besonders zugelassene Plätze
(94)	Einleitungsbremse in bar
(95)	Zweileitungsbremse in bar
(96)	Anhängekupplung DIN 740 . – Form und Größe
(97)	Anhängekupplung Prüfzeichen

Hinweis zu Feld (15.1) bis (15.3):
Andere als die angegebenen Bereifungen können im Rahmen der gültigen Typ- oder Einzelgenehmigung am Fahrzeug angebracht werden. Ein zusätzliches Gutachten und die Änderung oder Neuausstellung der Zulassungsbescheinigung Teil I ist hierfür nicht erforderlich.

BUNDESDRUCKEREI 2006 · 987654321 · Bw-2673/V-05.05

ZBI 000000000

Zulassungsrechtliche Veränderungsmeldung für das umseitig beschriebene Fahrzeug

Dienststelle (Postanschrift)

Dienststellennummer mit Prüfziffer

An
Zentrale Militärkraftfahrtstelle
Hardter Straße 9
41179 Mönchengladbach

Nebenstehend angekreuzte Veränderung(en) wird (werden) gemeldet.

Datum der Meldung | Datum der Veränderung

Unterschrift, Name, Dienstgrad, Dienststellung

	Veränderungsgründe gemäß ZDv 43/2, Kapitel 2
☐	Lieferung aus dem Depotbestand
☐	Rücklieferung in den Depotbestand
☐	Rückführung aus der Haupt-/Depotinstandsetzung
☐	Materialausgleich/Versetzung
☐	Kommandierung/Leihabgabe
☐	Aufhebung der Kommandierung/Leihabgabe
☐	Verlegung und/oder Umbenennung der Dienststelle
☐	Stilllegung wegen Langzeitkonservierung
☐	Reaktivierung nach Langzeitkonservierung
☐	Stilllegung wegen Nutzung als Ausbildungsgerät
☐	Reaktivierung nach der Nutzung als Ausbildungsgerät
☐	Aussonderung/Abgabe aus dem Bereich der Bundeswehr
☐	Technische Änderung (zusätzliche Angaben unter „Anmerkungen")
☐	Sonstiges (zusätzl. Angaben unter „Anmerkungen")

Anmerkungen

Bearbeitungsvermerke der ZMK

Anlage 7[1]
(zu § 12 Absatz 2)

Zulassungsbescheinigung Teil II

Vorbemerkungen

1. Ausgestaltung der Zulassungsbescheinigung Teil II

Trägermaterial: Neobond (150 g/m^2), Farbe weiß
Format: Breite 210 mm, Höhe 12 Zoll (304,8 mm), einseitig bedruckt

In das Trägermaterial eingearbeitet sind die folgenden fälschungserschwerenden Sicherheitsmerkmale:
– Wasserzeichen (Motiv: „Stilisierter Adler" – gesetzlich geschützt für die Bundesdruckerei),
– Melierfasern, teilweise fluoreszierend,
– Planchetten, fluoreszierend,
– Sicherheitsreagenzien als Schutz gegen chemische Rasurmanipulationen.

2. Sicherheitsmerkmale:

Der Druck auf dem Trägermaterial weist folgende fälschungserschwerende Sicherheitsmerkmale auf:
– mehrfarbiger Guillochenschutzunterdruck (zweifarbig verarbeitet) mit Irisverlauf und integrierten Mikroschriften auf der Vorderseite,
– Rückseite einfarbig eingefärbt,
– Fluoreszenzaufdruck vorderseitig (Motiv: Bundesadler mit zweigeteilter Linienstruktur), unsichtbar (unter UV-Licht fluoreszierend),
– Textfarbe dunkelgrün (unter UV-Licht grün fluoreszierend), Integration von Mikroschriftelementen im Formulartext,
– Vordrucknummerierung dunkelblau (unter UV-Licht gelb-grün fluoreszierend).

3. Markierung

a) Die sichtbare Markierung stellt eine fälschungserschwerende Sicherheitsabdeckung des darunterliegenden Sicherheitscodes der Zulassungsbescheinigung Teil II und des Hinweises „Dokument nicht mehr gültig" dar. Die Sicherheitsabdeckung wird auf die Zulassungsbescheinigung Teil II in dem freien Feld unter dem Feld „Datum (I)" angebracht. Rechts daneben wird folgender Hinweis vorgedruckt: „Nur zur Nutzung des Sicherheitscodes im internetbasierten Zulassungsverfahren freilegen. Dokument nur unbeschädigt gültig.". Dokument nur unbeschädigt gültig." Für die Schrift „Dokument nicht mehr gültig" ist die Schriftart Arial-Bold, mindestens 7 Punkt – schwarz – zu verwenden.

b) Schematische Abbildungen:
Die sichtbare Markierung muss gemäß nachfolgender Abbildung nach vorgegebenen Maßen und farblicher Darstellung gestaltet sein:

aa) Format:
Breite 37 mm, Höhe 28 mm, Eckradien 1 mm.

bb) Farbe:
Umlaufender farbiger Rand (Verkehrsgrün, RAL 6024), 3 mm (links, rechts) bzw. 4 mm (oben, unten).

cc) Zusätzlich muss ein herstellerspezifisches Sicherheitsmerkmal mit sichtbaren und unsichtbaren Elementen angebracht werden. Die fälschungserschwerende Sicherheitsabdeckung muss so beschaffen sein, dass sie beim Freilegen oder bei einer Manipulation unwiderruflich zerstört wird. Bei Entfernung der sichtbaren Markierung wird

aaa) ein irreversibles einfarbiges Farbmuster, 45 Grad Winkelung, Strichstärke 2 mm (Verkehrsgrün, RAL 6024) oder

---

[1] Anl. 7 geänd. mWv 1.4.2015 durch VO v. 30.10.2014 (BGBl. I S. 1666); geänd. mWv 1.1.2018 durch VO v. 31.7.2017 (BGBl. I S. 3090); geänd. mWv 30.3.2019 durch VO v. 22.3.2019 (BGBl. I S. 382).

bbb) ein irreversibles zweifarbiges Farbmuster, 45 Grad Winkelung, Strichstärke 2 mm (Schraffur Verkehrsblau, RAL 5017/Verkehrsweiß, RAL 9016)

freigelegt und die Freilegung oder Manipulation erkennbar.

Abbildung der sichtbaren Markierung:[1)]

Abbildung der freigelegten Markierung mit Sicherheitscode der Zulassungsbescheinigung Teil II:[1)]

Abbildung der manipulierten Markierung:[1)]

4. Sicherheitscode der Zulassungsbescheinigung Teil II:

Der Sicherheitscode muss unmittelbar lesbar sein und ist zusätzlich in maschinenlesbarer Form darzustellen. Der maschinenlesbaren Form genügt ein 2D-Code in Form des DataMatrix-Codes. Der Sicherheitscode der Zulassungsbescheinigung Teil II besteht aus zwölf alphanumerischen Zeichen.

[1)] **Amtl. Anm.:** Die Markierung wird auf der Zulassungsbescheinigung Teil II um 90 Grad gedreht angebracht.

Verwendung finden als Zeichen Groß- und Kleinbuchstaben des deutschen Alphabets von A bis Z, ohne Umlaute und Sonderzeichen, sowie Ziffern von 0 bis 9. Das erste Zeichen ermöglicht die Unterscheidung der jeweiligen Funktion der Nachweisnummer. Die Zeichen zwei bis elf sind unter Ausschöpfung aller Kombinationen zufällig zu verteilen. Das zwölfte Zeichen ist eine Prüfziffer, berechnet aus den Zeichen eins bis elf. Die Berechnung der Prüfziffer erfolgt nach dem Modulus-11-Verfahren. Der 2D-Code hat eine Mindestgröße von 5 x 5 mm. Für die Klarschriftnummer ist die Schriftart OCR-B mindestens 8 Punkt – schwarz – zu verwenden. Der Sicherheitscode darf nicht bei vorder- oder rückseitiger Durchleuchtung erkannt werden.

Abbildung der Zulassungsbescheinigung Teil II mit sichtbarer Markierung

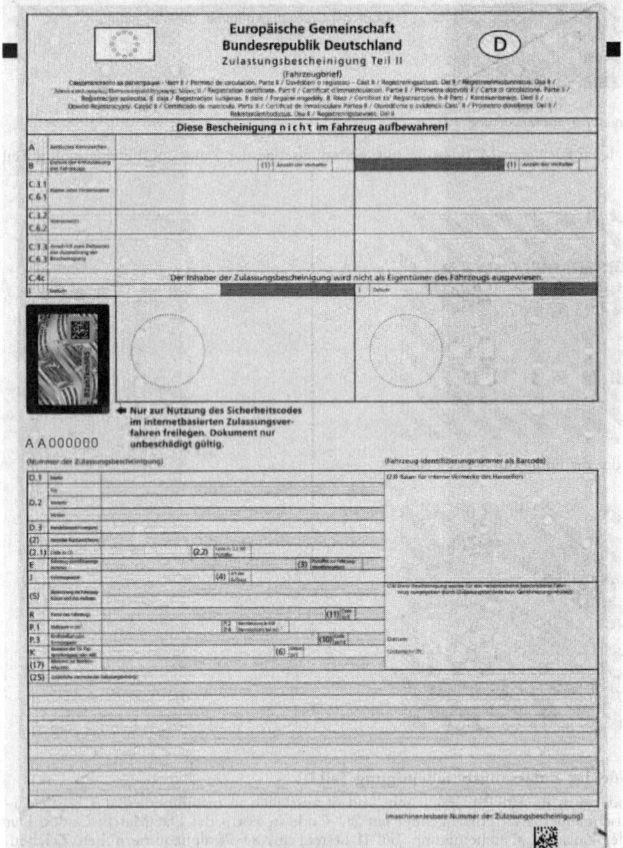
Europäische Gemeinschaft
Bundesrepublik Deutschland
Zulassungsbescheinigung Teil II
(Fahrzeugbrief)
D
Diese Bescheinigung n i c h t im Fahrzeug aufbewahren!
Der Inhaber der Zulassungsbescheinigung wird nicht als Eigentümer des Fahrzeugs ausgewiesen.
Nur zur Nutzung des Sicherheitscodes im internetbasierten Zulassungsverfahren freilegen. Dokument nur unbeschädigt gültig.
A A 000000
(Nummer der Zulassungsbescheinigung)
(Fahrzeug-Identifizierungsnummer als Barcode)
(maschinenlesbare Nummer der Zulassungsbescheinigung)

Abbildung der Zulassungsbescheinigung Teil II mit freigelegter Markierung

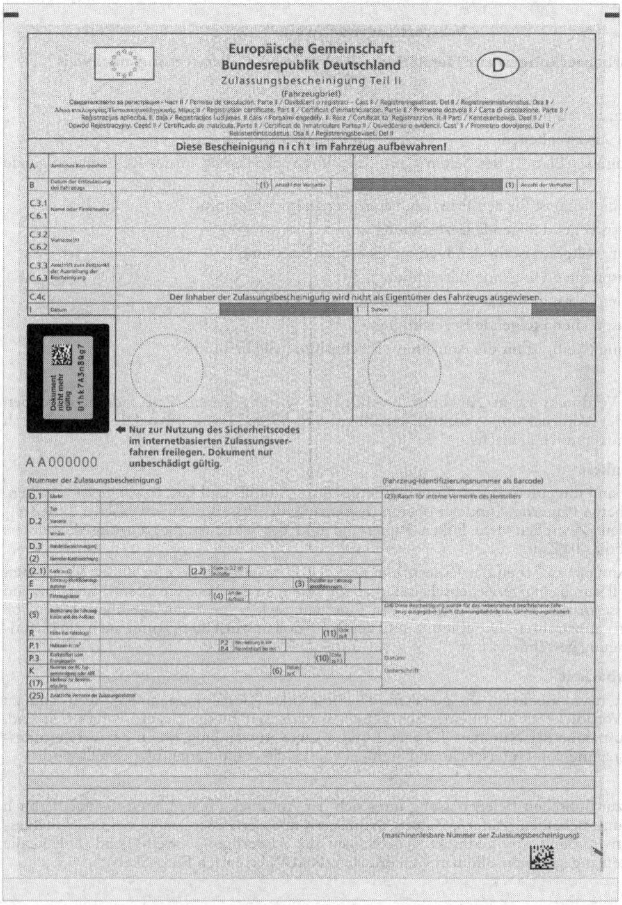
Europäische Gemeinschaft
Bundesrepublik Deutschland
Zulassungsbescheinigung Teil II
(Fahrzeugbrief)
D

Diese Bescheinigung nicht im Fahrzeug aufbewahren!

Der Inhaber der Zulassungsbescheinigung wird nicht als Eigentümer des Fahrzeugs ausgewiesen.

Dokument nicht mehr gültig

B1hk7A3n8q7

Nur zur Nutzung des Sicherheitscodes im internetbasierten Zulassungsverfahren freilegen. Dokument nur unbeschädigt gültig.

A A 000000

(Nummer der Zulassungsbescheinigung)

(Fahrzeug-Identifizierungsnummer als Barcode)

(maschinenlesbare Nummer der Zulassungsbescheinigung)

Anlage 8[1)]
(zu § 15)

Verwertungsnachweis

Abschnitt 1. Vorbemerkungen zur Herstellung des Vordrucks „Verwertungsnachweis“

1. Allgemeines

Der Verwertungsnachweis besteht aus einem Satz mit vier Ausfertigungen (Blättern).

Jedes Blatt besteht aus zwei Seiten.

Die erste Ausfertigung (Blatt 1) der Seiten 1 bis 2 des Vordrucks enthält in der Kopfzeile folgende Bezeichnung:

„Diese Ausfertigung (rosa) ist für den Fahrzeughalter/-eigentümer bestimmt."

Blatt 2 enthält entsprechend folgende Bezeichnung:

„Diese Ausfertigung (altgold) ist für den Demontagebetrieb bestimmt."

Blatt 3 enthält entsprechend folgende Bezeichnung:

„Diese Ausfertigung (blau) ist für die Schredderanlage bestimmt."

Blatt 4 enthält entsprechend folgende Bezeichnung:

„Diese Ausfertigung (weiß) ist für die Annahme-/Rücknahmestelle bestimmt."

2. Format

Ein Muster des Vordrucks ist in Abschnitt 2 verkleinert wiedergegeben. Zur ordnungsgemäßen Verwendung ist der Vordruck im Verhältnis 84:100 zu vergrößern. Das Format DIN A4 ist durch gestrichelte Linien kenntlich gemacht.

3. Passergenauigkeit

Sämtliche Blätter sind mit einem Passer für computergestützte Ausfüll- und Lesevorgänge zu versehen. Zwischen dem oberen Papierrand und der oberen Begrenzung des Passers ist ein zweifacher 1/6-Zoll-Abstand zu wählen. Zwischen dem linken Papierrand und der seitlichen Begrenzung des Passers beträgt der Abstand 8/10 Zoll.

Der senkrechte Abstand zwischen der Passermarke und den Eintragungsfeldern ist in der Maßeinheit 1/6 Zoll (2/6 Zoll durchgängige Zeilenschaltung) auszuführen. In der Waagerechten ist der Abstand zwischen der Passermarke und dem Beginn der Eintragungsfelder in der Maßeinheit 1/10 Zoll (Bewegungsschrift) auszuführen. Die Kämme sind auf 2/10 Zoll auszurichten, damit auch eine handschriftliche Eintragung gewährleistet ist.

4. Maschinenlesbarkeit

Der Vordruck ist maschinenlesbar zu gestalten. Die folgenden Gestaltungsempfehlungen sind zu beachten, wenn Vordrucke als allgemeines Schriftgut zur optischen Belegerfassung vorgesehen sind. Sie finden mit Ausnahme der Nummer 4.2 Satz 2 und 3 keine Anwendung, wenn der Verwertungsnachweis mit Ausnahme von Unterschrift und Stempel vollständig computergestützt erstellt wird.

4.1. Farben

Bei Vordrucken zur optischen Belegerfassung muss sich der Aufdruck (Text, Linien, Raster) farblich vom Ausfülltext unterscheiden. Ziffern, Zahlen, Nummern und der Passer sollten bei maschinenlesbaren Vordrucken in Blindfarbe gedruckt sein. Bis auf die Ausfertigung „weiß" sind deshalb die Blätter in der unten angegebenen Blindfarbe zu drucken (RAL-Werte nach Euro-Skala):

Blatt 1 (Ausfertigung für den Halter)	rosa	100 % Yellow und 85 % Magenta
Blatt 2 (Ausfertigung für den Demontagebetrieb)	altgold	100 % Yellow und 45 % Magenta
Blatt 3 (Ausfertigung für die Schredderanlage)	blau	55 % Magenta und 100 % Cyan
Blatt 4 (Ausfertigung für die Annahme-/Rücknahmestelle)	weiß.	

[1)] Anl. 8 geänd. mWv 1.10.2017 durch VO v. 23.3.2017 (BGBl. I S. 522); geänd. mWv 30.3.2019 durch VO v. 22.3.2019 (BGBl. I S. 382).

4.2. Schriften

Beim handschriftlichen Ausfüllen sollten neben den Ziffern nur Großbuchstaben verwendet werden. Für Schreibmaschinen- und Druckschrift sind mindestens Schrifthöhen mit einer Versalhöhe von ca. 2,1 mm bis 3,2 mm, für Handblockschrift von ca. 5 mm einzuhalten. Alle Schriften, außer Kursiv- und Serifenschriften, sind geeignet für die optische Zeichenerkennung. Die Begrenzungslinien für Eintragungsfelder, Linien, Schriften und die Rasterflächen sind in den oben genannten Farben als sogenannte Blindfarbe ohne Verunreinigungen auszuführen. Die Rasterflächen dürfen 60 % vom Volltonwert nicht überschreiten. Die maschinell zu lesenden Bereiche müssen weiß sein.

5. Leimung

Wird eine Verleimung der Vordrucksätze vorgenommen, so hat diese am Kopf zu erfolgen. Trennleisten mit Mikroperforation sind zulässig.

6. Papierqualität

Die jeweiligen Oberblätter (Blatt 1) sind auf Papier zu drucken mit einem Gewicht von 80 g/m^2. Die jeweiligen Mittelblätter (Blätter 2 und 3) sind auf einem Papier mit 53 g/m^2 zu drucken. Die jeweiligen Unterblätter (Blatt 4) sind auf Papier mit 80 g/m^2 zu drucken.

Abschnitt 2. Muster

Passer für EDV Seite ① von ② Verwertungsnachweis (VN)

Verwertungsnachweis

Auszufüllen vom Demontagebetrieb

Datum lfd. Nr.

Betriebsnummer [1] Kfz-Kennzeichen

Blatt 1:
Diese Ausfertigung (rosa) ist für den Fahrzeughalter/-eigentümer bestimmt. Zutreffendes bitte ankreuzen ☒ oder ausfüllen!

1	Angaben zum Fahrzeughalter/-eigentümer	Auszufüllen v. Annahme-/Rücknahmestelle bzw. Demontagebetrieb

1.1 Name, Vorname, Geburtsdatum / Firma / Körperschaft

1.2 Straße Hausnr.

1.3 PLZ Ort

1.4 Staatsangehörigkeit

1.5 Angaben zum Fahrzeughalter/-eigentümer ganz oder teilweise nicht verfügbar ☐

2	Angaben zum Fahrzeug	Auszufüllen v. Annahme-/Rücknahmestelle bzw. Demontagebetrieb

2.1 Fahrzeugklasse Fahrzeugmarke Fahrzeugmodell

2.2 Fahrzeug-Ident.-Nr. letztes amtliches Kennzeichen

2.3 Tag der ersten Zulassung Fahrzeugleergewicht gemäß § 2 Abs. 1 Nr. 23 AltfahrzeugV Unterscheidungszeichen

2.4 Angaben zum Fahrzeug ganz oder teilweise nicht verfügbar ☐

3	Angaben zur Annahme-/Rücknahmestelle	Angaben entfallen, wenn das Fahrzeug unmittelbar bei einem Demontagebetrieb abgegeben wird.	Auszufüllen v. Annahme-/Rücknahmestelle

3.1 Name

3.2 Straße Hausnr.

3.3 PLZ Ort

3.4 Telefon Fax

3.5 Anerkannt von: Name

3.6 Straße Hausnr.

3.7 PLZ Ort

3.8 Telefon Fax

3.9 Datum der letztmaligen Bescheinigung Ablaufdatum der Bescheinigung

3.10 Zeigt die Annahme-/Rücknahmestelle der Zulassungsbehörde an, dass das Fahrzeug endgültig aus dem Verkehr gezogen wird?

☐ ja ☐ nein

Erfolgt die Anzeige durch die Annahme-/Rücknahmestelle, verpflichtet sich der Unterzeichner, dies innerhalb einer Woche durchzuführen und den Verwertungsnachweis danach unverzüglich dem Fahrzeughalter/-eigentümer zu übersenden.

Ort, Datum Stempel, Unterschrift

[1] von der zuständigen Behörde erteilte Nummer gemäß § 28 der Nachweisverordnung

Wenn handschriftlich ausgefüllt wird, neben Ziffern bitte nur Großbuchstaben verwenden!

BARCODEFELD 75 x 15 mm

☐ Passer für EDV   Seite ② von ②   Verwertungsnachweis (VN)

Verwertungsnachweis

Auszufüllen vom Demontagebetrieb

Datum   lfd. Nr.

Betriebsnummer [1]   Kfz-Kennzeichen

Blatt 1:
Diese Ausfertigung (rosa) ist für den Fahrzeughalter/-eigentümer bestimmt.   Zutreffendes bitte ankreuzen ☒ oder ausfüllen!

Wenn handschriftlich ausgefüllt wird, neben Ziffern bitte nur Großbuchstaben verwenden!

4 Angaben zum Demontagebetrieb | Auszufüllen vom Demontagebetrieb

4.1 Name

4.2 Straße   Hausnr.

4.3 Land [2]   PLZ   Ort

4.4 Telefon   Fax

4.5 Anerkannt durch Sachverständigen: Name

4.6 Straße   Hausnr.

4.7 Land [2]   PLZ   Ort

4.8 Telefon   Fax

4.9 Datum der letztmaligen Bescheinigung   Ablaufdatum der Bescheinigung

4.10 Für den Demontagebetrieb zuständige Genehmigungsbehörde

4.11 Straße   Hausnr.

4.12 PLZ   Ort

4.13 Zeigt der Demontagebetrieb der Zulassungsbehörde an, dass das Fahrzeug endgültig aus dem Verkehr gezogen wird?

☐ ja   ☐ nein

Erfolgt die Anzeige durch den Demontagebetrieb, verpflichtet sich der Unterzeichner, dies innerhalb einer Woche durchzuführen und den Verwertungsnachweis danach unverzüglich dem Fahrzeughalter/-eigentümer zu übersenden.

Ort, Datum   Stempel, Unterschrift

5 Angaben zum Verbleib des Fahrzeugs | Auszufüllen vom Letzthalter

Ich bestätige, das Kraftfahrzeug dem o. a. Betrieb nach § 4 Abs. 1 AltfahrzeugV überlassen zu haben.

Ort, Datum   Stempel, Unterschrift

BARCODEFELD 75 x 15 mm

[1] von der zuständigen Behörde erteilte Nummer gemäß § 28 der Nachweisverordnung

[2] Unterscheidungszeichen im internationalen Kfz-Verkehr, z.B. NL, F, B, A

Anlage 8a[1]
(zu § 15e Absatz 4)

Verifizierung der Prüfziffer

Die Verifizierung der Prüfziffer des Untersuchungsberichts oder Prüfprotokolls für den Nachweis einer Hauptuntersuchung oder Sicherheitsprüfung nach § 29 der Straßenverkehrs-Zulassungs-Ordnung[2] in internetbasierten Zulassungsverfahren nach § 15e Absatz 1 Satz 1 Nummer 2 erfolgt durch das Portal der Zulassungsbehörde in folgender Art und Weise:

1. Im Portal der Zulassungsbehörde ist ein Datensatz zu erzeugen, in dem die in § 15e Absatz 4 Satz 1 Nummer 2 bis 4 genannten Daten zusammengefasst und folgende Daten automatisiert hinzugefügt werden:
   a) Antragsnummer, die aus der statistischen Kennziffer der Zulassungsbehörde einschließlich ihrer Zusatzziffer und dem Antragsdatum generiert wird,
   b) Fahrzeug-Identifizierungsnummer,
   c) Monat und Jahr der Erstzulassung,
   d) Zuteilung der Prüfplakette nach einer Hauptuntersuchung oder Prüfmarke nach einer Sicherheitsprüfung,
   e) Schlüsselnummer der Technischen Prüfstelle, der anerkannten Überwachungsorganisation oder der mit der Datenübermittlung beauftragten Gemeinschaftseinrichtung der anerkannten Kraftfahrzeugwerkstätten.
2. Aus dem nach Nummer 1 erzeugten Datensatz wird durch das Kraftfahrt-Bundesamt eine Prüfziffer nach dem Verfahren des § 15e Absatz 3 errechnet.
3. Die nach Nummer 2 errechnete Prüfziffer wird mit der nach § 15e Absatz 3 Satz 1 Nummer 1 übermittelten Prüfziffer abgeglichen. Stimmen beide Prüfziffern vollständig überein, gilt der vorgeschriebene Nachweis als erbracht.

Anlage 8b[3]
(zu § 15i Absatz 3)

Verifizierung und Verarbeitung der Daten für internetbasierte Zulassungsverfahren

1. Für den internetbasierten Antrag auf Erstzulassung wird die Zuständigkeit der Zulassungsbehörde verifiziert und werden die Fahrzeug-Identifizierungsnummer und der Sicherheitscode der Zulassungsbescheinigung Teil II nach § 15d Absatz 1 Nummer 3 mit den Daten des Datenbanksystems des Zentralen Fahrzeugregisters abgeglichen. Die Zulassungsfähigkeit des Fahrzeugs im Sinne des § 6 Absatz 3 Satz 1 wird anhand der Angaben in der zentralen Datei der für die Prüfung der Zulassungsfähigkeit erforderlichen fahrzeugbezogenen Daten geprüft und das Ergebnis an das Portal der Zulassungsbehörde übermittelt.
2. Für den internetbasierten Antrag auf Wiederzulassung oder Änderung der Zulassung bei Wechsel des Wohnsitzes oder des Sitzes des Halters oder bei Wechsel des Halters werden das bisherige Kennzeichen, die Fahrzeug-Identifizierungsnummer, der Sicherheitscode der Zulassungsbescheinigung Teil I nach § 15d Absatz 1 Nummer 2 und der Sicherheitscode der Zulassungsbescheinigung Teil II nach § 15d Absatz 1 Nummer 3 mit den im Zentralen Fahrzeugregister gespeicherten Daten abgeglichen. Die Zuständigkeit der Zulassungsbehörde wird verifiziert, und die in den §§ 30 und 32 genannten Daten werden aus dem Zentralen Fahrzeugregister an das Portal der Zulassungsbehörde übermittelt. Die nach § 15c Absatz 1 und § 15i Absatz 2 in das Portal der Zulassungsbehörde eingegebenen Daten werden mit den nach Satz 2 übermittelten Daten aus dem Zentralen Fahrzeugregister abgeglichen.

---

[1] Anl. 8a eingef. mWv 1.10.2017 durch VO v. 23.3.2017 (BGBl. I S. 522); geänd. mWv 1.10.2019 durch VO v. 22.3.2019 (BGBl. I S. 382).
[2] Nr. **200**.
[3] Anl. 8b neu gef. mWv 1.10.2019 durch VO v. 22.3.2019 (BGBl. I S. 382).

3. Die Nummer der elektronischen Versicherungsbestätigung wird mit der von der Gemeinschaftseinrichtung der Versicherer betriebenen Datenbank abgeglichen, und von dort werden die Daten nach § 23 Absatz 2 an das Portal der Zulassungsbehörde übermittelt.
4. Die Daten für die Erteilung des SEPA-Lastschrift-Mandats zum Einzug der Kraftfahrzeugsteuer werden in einem Verfahren der für die Ausübung der Verwaltung der Kraftfahrzeugsteuer zuständigen Behörde verifiziert.
5. Das Portal der Zulassungsbehörde erzeugt den für den Einzug der Kraftfahrzeugsteuer erforderlichen Datensatz. Dem Halter wird durch das Portal der Zulassungsbehörde die Möglichkeit gegeben, eine Bestätigung über die Erteilung des SEPA-Lastschrift-Mandats zu erstellen und diese zu speichern oder auszudrucken.
6. Die Daten für die Erteilung des SEPA-Lastschrift-Mandats zum Einzug der Infrastrukturabgabe können in einem Verfahren der Infrastrukturabgabebehörde verifiziert werden.
7. Das Portal der Zulassungsbehörde erzeugt den für den Einzug der Infrastrukturabgabe erforderlichen Datensatz. Dem Halter wird durch das Portal der Zulassungsbehörde die Möglichkeit gegeben, eine Bestätigung über die Erteilung des SEPA-Lastschrift-Mandats zu erstellen und diese zu speichern oder auszudrucken.
8. Für den Nachweis des Ablaufs der Frist für die nächste Hauptuntersuchung oder die nächste Sicherheitsprüfung nach § 29 der Straßenverkehrs-Zulassungs-Ordnung gilt § 15e.
9. Mit den Daten über den Halter nach § 15c Absatz 1 und 2 wird vom Portal der Zulassungsbehörde eine automatisierte Abfrage bei der für die Ausübung der Verwaltung der Kraftfahrzeugsteuer zuständigen Behörde über Kraftfahrzeugsteuerrückstände im Sinne des § 13 Absatz 2 des Kraftfahrzeugsteuergesetzes durchgeführt.
10. Mit den Daten über den Halter nach § 15c Absatz 1 und 2 wird vom Portal der Zulassungsbehörde eine automatisierte Abfrage bei der Infrastrukturabgabebehörde über Infrastrukturabgabenrückstände im Sinne des § 9 Absatz 5 des Infrastrukturabgabengesetzes durchgeführt.
11. Mit den Daten über den Halter nach § 15c Absatz 1 und 2 kann vom Portal der Zulassungsbehörde eine automatisierte Abfrage bei der Datenbank, die die nach Landesrecht zuständige Behörde über Rückstände aus Gebühren oder Auslagen aus vorangegangenen Zulassungsvorgängen führt, durchgeführt werden, soweit dies landesrechtlich im Einklang mit § 6a Absatz 8 des Straßenverkehrsgesetzes[1] vorgesehen ist.

Die verifizierten und erstellten Daten werden den Antragsdaten im Portal der Zulassungsbehörde hinzugefügt.

[1] Nr. **10**.

Anlage 9[1)]
(zu § 16 Absatz 2 Satz 1)

Fahrzeugscheinheft für Fahrzeuge mit rotem Kennzeichen

Breite 74 mm, Höhe 105 mm, Farbe hellrot, schwarzer Druck (Typendruck). Mehrseitig, auf Seite 3 und den folgenden Seiten derselbe Vordruck wie auf Seite 2. Mit Ausnahme von Seite 1 darf jede Seite Angaben über nur ein Fahrzeug enthalten. Geringfügige Abweichungen vom vorgeschriebenen Muster sind zulässig, insbesondere können zusätzliche Hinweise zur Verwendung aufgedruckt werden.

Seite 1

Fahrzeugscheinheft
für Fahrzeuge mit rotem Kennzeichen

gültig vom bis

....

....

Das vorstehende rote Kennzeichen ist

Vorname, Name, Firma

Postleitzahl, Wohnort/Firmensitz, Straße und Hausnummer

für die nachfolgend beschriebenen Fahrzeuge zu Prüfungs-, Probe- und Überführungsfahrten zugeteilt worden.
Dieses Heft gilt nur, wenn die nachfolgende Beschreibung für das jeweilige Fahrzeug vom Inhaber in dauerhafter Schrift ausgefüllt und unterschrieben ist.

Ort, Datum

Name der Zulassungsbehörde

Unterschrift

Seite 2

1	Fahrzeugklasse und Art des Aufbaus
2	Hersteller-Kurzbezeichnung (Marke)
3	Fahrzeug-Identifizierungsnummer
4	Hubraum in cm^3 Nennleistung in kW Leermasse in kg (nur bei Krafträdern)
5	Datum der Erstzulassung des Fahrzeugs (soweit nicht bekannt Baujahr)
6	Zulässige Gesamtmasse in kg
7	Zulässige max. Achslast in kg Achse 1 Achse 4 Achse 2 Achse 5 Achse 3
8	Höchstgeschwindigkeit in km/h

Ort, Datum

Unterschrift des Inhabers und Bestätigung der Vorschriftsmäßigkeit des Fahrzeugs

Anlage 10[2)]
(zu § 16a Absatz 5 Satz 1)

Fahrzeugschein für Fahrzeuge mit Kurzzeitkennzeichen

Für die Ausgestaltung, die Sicherheitsmerkmale, die Objektsicherung und die Fertigungskontrolle ist Anlage 5 Nummern 1 bis 3 entsprechend anzuwenden.

[1)] Anl. 9 neu gef. mWv 1.4.2015 durch VO v. 30.10.2014 (BGBl. I S. 1666).
[2)] Anl. 10 neu gef. mWv 1.4.2015 durch VO v. 30.10.2014 (BGBl. I S. 1666); geänd. mWv 1.10. 2017 durch VO v. 23.3.2017 (BGBl. I S. 522).

Vorderseite

Fahrzeugschein für Fahrzeuge mit Kurzzeitkennzeichen

Nr.

Europäische Gemeinschaft (D) Bundesrepublik Deutschland

Temporary registration certificate

H Gültig bis:

A Amtliches Kennzeichen

C.1.1 Name oder Firmenname

C.1.2 Vorname(n)

C.1.3 Anschrift

X Nächste HU (Monat und Jahr):

I Datum:

C.4c Der Inhaber des Fahrzeugscheins wird nicht als Eigentümer des Fahrzeugs ausgewiesen.

B	2.1	2.2	L	9	P.2 P.4		T
J	4		18		19		
E	3		20		G		
D.1			12	13		Q	
D.2			V.7	F.1		F.2	
			7.1	7.2		7.3	
			8.1	8.2		8.3	
			U.1	U.2		U.3	
D.3			O.1	O.2	S.1		S.2
2			15.1				
5			15.2				
			15.3				
V.9			R		11		
14			K				
P.3			6		17	16	
10	14.1	P.1	21				
22							

(Fortsetzung nächstes Blatt)

Rückseite

(Raum für weitere amtlich zugelassene Eintragungen)

X Weitere HU:

Unterschrift

Zur Beachtung!

Die Angaben müssen ständig den tatsächlichen Verhältnissen entsprechen. Änderungen sind der zuständigen Zulassungsbehörde nach Maßgabe der für die Fahrzeugzulassung geltenden Rechtsvorschriften anzuzeigen.

Definition der Felder:

Feld	Bezeichnung
B	Datum der Erstzulassung des Fahrzeugs
D.1	Marke
D.2	Typ/Variante/Version
D.3	Handelsbezeichnung(en)
E	Fahrzeug-Identifizierungsnummer
F.1	Technisch zulässige Gesamtmasse in kg
F.2	Im Zulassungsmitgliedstaat zulässige Gesamtmasse in kg
G	Masse des in Betrieb befindlichen Fahrzeugs in kg (Leermasse)
H	Gültigkeitsdauer
I	Datum dieser Zulassung
J	Fahrzeugklasse
K	Nummer der EG-Typgenehmigung oder ABE
L	Anzahl der Achsen
O.1	Technisch zulässige Anhängelast gebremst in kg
O.2	Technisch zulässige Anhängelast ungebremst in kg
P.1	Hubraum in cm^3
P.2/P.4	Nennleistung in kW/Nenndrehzahl bei min^{-1}
P.3	Kraftstoffart oder Energiequelle
Q	Leistungsgewicht in kW/kg (nur bei Krafträdern)
R	Farbe des Fahrzeugs
S.1	Sitzplätze einschließlich Fahrersitz
S.2	Stehplätze
T	Höchstgeschwindigkeit in km/h
U.1	Standgeräusch in dB (A)
U.2	Drehzahl in min^{-1} zu U.1
U.3	Fahrgeräusch in dB (A)
V.7	CO_2(in g/km) kombinierter Wert
V.9	Für die EG-Typgenehmigung maßgebliche Schadstoffklasse
(2)	Hersteller-Kurzbezeichnung
(2.1)	Code zu (2)
(2.2)	Code zu D.2 mit Prüfziffer
(3)	Prüfziffer zur Fahrzeug-Identifizierungsnummer
(4)	Art des Aufbaus
(5)	Bezeichnung der Fahrzeugklasse und des Aufbaus
(6)	Datum zu K
(7)	Technisch zulässige maximale Achslast/Masse je Achsgruppe in kg (7.1) Achse 1 bis (7.3) Achse 3
(8)	Zulässige maximale Achslast im Zulassungsmitgliedstaat in kg (8.1) Achse 1 bis (8.3) Achse 3
(9)	Anzahl der Antriebsachsen
(10)	Code zu P.3
(11)	Code zu R
(12)	Rauminhalt des Tanks bei Tankfahrzeugen in m^3
(13)	Stützlast in kg
(14)	Bezeichnung der nationalen Emissionsklasse
(14.1)	Code zu V.9 oder (14)
(15)	Bereifung (15.1) auf Achse 1 bis (15.3) auf Achse 3
(16)	Nummer der Zulassungsbescheinigung Teil II
(17)	Merkmal zur Betriebserlaubnis
(18)	Länge in mm
(19)	Breite in mm ohne Spiegel und Anbauteile
(20)	Höhe in mm
(21)	Sonstige Vermerke
(22)	Bemerkungen und Ausnahmen

Hinweis zu Feld (15.1) bis (15.3):
Andere als die angegebenen Bereifungen können im Rahmen der gültigen Typ- oder Einzelgenehmigung am Fahrzeug angebracht werden. Ein zusätzliches Gutachten und die Änderung oder Neuausstellung des Fahrzeugscheins ist hierfür nicht erforderlich.

BUNDESDRUCKEREI 2016

Anlage 10a[1)]
(zu § 17 Absatz 2 Satz 1)

Fahrzeugscheinheft für Oldtimerfahrzeuge mit roten Kennzeichen

Seite 1

Fahrzeugscheinheft für Oldtimerfahrzeuge mit roten Kennzeichen nach § 17 FZV
Das vorstehende Kennzeichen ist
Vorname, Name, Firma
Straße und Hausnummer
Postleitzahl, Wohnort/Firmensitz für die in der Auflistung beschriebenen Fahrzeuge zu den in den nachfolgenden Hinweisen genannten Zwecken zugeteilt worden.
Ort, Datum
Name der Zulassungsbehörde
Unterschrift

Seiten 2 ff.

lfd Nr.	Fahrzeugklasse	Fahrzeughersteller	FIN	Hubraum	Erstzulassung	Zul. Gesamtmasse in kg	Zul. max. Achslast in kg			max. km/h
							Vorne	Mitte	Hinten	

letzte Seite

Hinweise Rote Kennzeichen zur wiederkehrenden Verwendung für Oldtimer-Fahrzeuge
Zwecke Das rote Kennzeichen zur wiederkehrenden Verwendung wurde aufgrund der Vorschriften des § 17 der Fahrzeug-Zulassungsverordnung (FZV)[2)] zugeteilt für: a) Probefahrten: Fahrten zur Feststellung und zum Nachweis der Gebrauchsfähigkeit des Fahrzeugs b) Überführungsfahrten: Fahrten, die in der Hauptsache der Überführung des Fahrzeugs an einen anderen Ort dienen c) An- und Abfahrten sowie Teilnahme an Veranstaltungen, die der Darstellung von Oldtimer-Fahrzeugen und der Pflege des kraftfahrzeugtechnischen Kulturgutes dienen d) Fahrten zum Zwecke der Wartung und der Reparatur des Fahrzeugs

[1)] Anl. 10a eingef. mWv 1.11.2012 durch VO v. 19.10.2012 (BGBl. I S. 2232).
[2)] Nr. **250**.

Anlage 11[1)]
(zu § 23 Absatz 3)

Versicherungsbestätigung bei Ausfuhrkennzeichen

Bestätigung über eine dem Gesetz über die Haftpflichtversicherung für ausländische Kraftfahrzeuge und Kraftfahrzeuganhänger entsprechende Haftpflichtversicherung: Format DIN A6, Farbe: Untergrund gelb, Druck schwarz, drei Ausfertigungen
Die Bestätigung enthält die Daten zur Kraftfahrzeug-Haftpflichtversicherung, zum Kennzeichen, zur Fahrzeugbeschreibung und zum Versicherungsnehmer sowie zusätzlich das Datum des Endes des Versicherungsschutzes.

Anlage 12
(zu § 27 Absatz 1 Satz 4)

Versicherungskennzeichen für Kleinkrafträder, motorisierte Krankenfahrstühle und vierrädrige Leichtkraftfahrzeuge

1. Versicherungskennzeichen

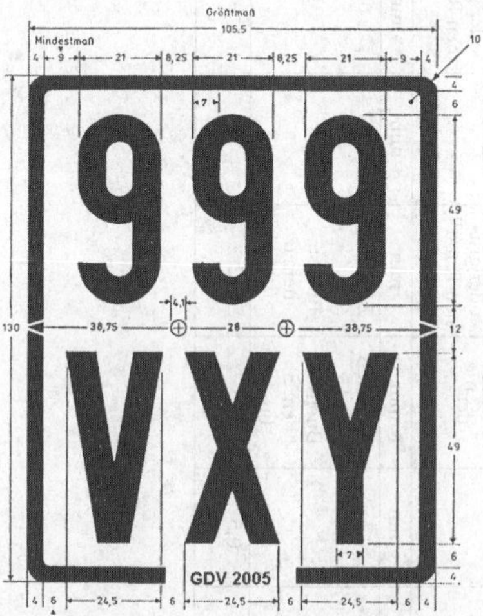

Enthält eine Zeile nur eine oder zwei Ziffern oder einen oder zwei Buchstaben, so sind Zahlen und Buchstaben in der Mitte der Zeile anzubringen. Der Abstand vom Rand ist entsprechend zu vergrößern; die übrigen Abstände dürfen nur bis zum angegebenen Höchstmaß vergrößert werden.

2. Schrift

Schriftart und -größe nach DIN 1451 (Anlage 4 Abschnitt 1 Nummer 2.3.1 und 2.3.2).

---

1) Anl. 11 neu gef. mWv 1.11.2012 durch VO v. 19.10.2012 (BGBl. I S. 2232).

3. Maße

Art der Beschriftung	Schrifthöhe	Strichstärke	Waagerechter Abstand der Buchstaben oder Ziffern voneinander[1]	Waagerechter Abstand der Beschriftung vom schwarzen, blauen oder grünen Rand[2] mindestens	Senkrechter Abstand der Ziffern und Buchstaben voneinander	Senkrechter Abstand der Beschriftung vom schwarzen, blauen oder grünen Rand	Länge des Trennungsstrichs	Breite des schwarzen, blauen oder grünen Randes	Höhe des Kennzeichens einschließlich schwarzem, blauem oder grünem Rand	Breite des Kennzeichens einschließlich schwarzem, blauem oder grünem Rand
	mm	mm	mm	mm	mm	mm	mm	mm	mm	mm
a) des Kennzeichens	49	7	Ziffern: 8 bis 15 Buchstaben: 5 bis 1	Ziffern: 9 Buchstaben: 6	12	6	–	4	130	105,5
b) des unteren Randes	4	0,57	1[3]	2	–	–	2	–	–	–

[1] **Amtl. Anm.:** Der Abstand der Buchstaben oder Ziffern untereinander muss gleich sein.
[2] **Amtl. Anm.:** Der waagerechte Abstand der Beschriftung vom schwarzen, blauen oder grünen Rand muss auf beiden Seiten gleich sein.
[3] **Amtl. Anm.:** Zwischen den Buchstaben- und Zahlengruppen (Jahreszahl) ist ein Gruppenabstand in dreifacher Größe des normalen Abstandes freizulassen.

4. Ergänzungsbestimmungen

Die Ecken des Versicherungskennzeichens müssen mit einem Halbmesser von 10 mm abgerundet sein. Die Beschriftung des Kennzeichens darf nicht mehr als 1,5 mm über die Grundfläche hervortreten. Die Beschriftung erfolgt nach dem Schriftmuster der Normschrift DIN 1451 (nach dem Hilfsnetz hergestellt; Anlage 4 Buchstabe B Ziffer 3), und zwar in fetter Mittelschrift, beim Zusammentreffen von mehr als 2 Buchstaben oder mehr als 2 Ziffern in fetter Engschrift. Der Buchstabe Q darf nicht verwendet werden. Die Farbtöne des Randes und der Beschriftung sind dem Farbregister RAL 840 HR zu entnehmen, und zwar für schwarz RAL 9005, blau RAL 5012 und grün RAL 6010; der Farbton des Untergrundes des Kennzeichens ist weiß (ws) nach DIN 6171 Teil 1: 03.89, Tabelle 3. Bei Verwendung von Stahlblech muss die Blechstärke mindestens 0,35 mm, bei Aluminiumblech mindestens 0,50 mm betragen. Wird anderes Material verwendet, so muss es eine entsprechende Festigkeit besitzen.

Anlage 13[1)]
(zu § 29a Absatz 2 Nummer 3)

Versicherungsplakette für Elektrokleinstfahrzeuge

1. Schematische Darstellung

Enthält eine Zeile nur eine oder zwei Ziffern oder einen oder zwei Buchstaben, so sind Zahlen und Buchstaben in der Mitte der Zeile anzubringen. Der Abstand vom Rand ist entsprechend zu vergrößern; die übrigen Abstände dürfen nur bis zum angegebenen Höchstmaß vergrößert werden.

2.

Die Beschriftung erfolgt nach dem Schriftmuster „Schrift für Kfz-Kennzeichen" (fälschungserschwerende Schrift – FE-Schrift). Die Beschriftung muss den Schriftmustern „Schrift für Kfz-Kennzeichen" entsprechen. Die Schriftmuster können bei der Bundesanstalt für Straßenwesen, Postfach 10 01 50, 51401 Bergisch Gladbach, bezogen werden.

---

1) Anl. 13 angef. mWv 15.6.2019 durch VO v. 6.6.2019 (BGBl. I S. 756).

3. Maße der Beschriftung und des Randes

Art der Beschriftung	Schrifthöhe	Schriftbreite	Waagrechter Abstand der Ziffern und Buchstaben voneinander	Waagrechter Abstand der Beschriftung vom schwarzen, blauen oder grünen Rand mindestens	Senkrechter Abstand der Ziffern und Buchstaben voneinander	Senkrechter Abstand der Beschriftung vom schwarzen, blauen oder grünen Rand	Breite des schwarzen, blauen oder grünen Randes	Höhe des Rahmens einschließlich schwarzem, blauem oder grünem Rand	Breite des Rahmens einschließlich schwarzem, blauem oder grünem Rand	Außenradius an allen 4 Ecken
	mm	mm	mm	mm	mm	mm	mm	mm	mm	mm
der Plakette	24,5	Ziffern: 10,5 Buchstaben: 12,3	Ziffern: 4,1 Buchstaben: 3,0	Ziffern: 4,5 Buchstaben: 3,0	6,0	3,0	2,0	65,0	52,8	5,0
des unteren Randes	1,5	0,9	mindestens 0,1	mindestens 0,5	–	–	–	–	–	–
Allgemeintoleranzen nach ISO 2768-1 – Toleranzklasse c (grob)										

4. Farben

Die Farbtöne des Randes und der Beschriftung sind dem Farbregister RAL 840 HR zu entnehmen, und zwar für schwarz RAL 9005, blau RAL 5012 und grün RAL 6010. Der Farbton des Untergrundes der Plakette ist weiß nach DIN 6171 Teil 1: 03.89, Tabelle 3.

5. Ergänzungsbestimmungen

Das verwendete Material muss eine hinreichende Festigkeit sowie Witterungsbeständigkeit des Aufklebers gewährleisten. Die Plakette samt ihrer vollflächigen Verklebung muss so beschaffen sein, dass diese beim Abziehen reißt, oder es müssen durch Augenschein deutlich erkennbare Veränderungen des Folienkörpers nach einem Entfernen aufgetreten sein, so dass dieser nicht wiederverwendbar wird. Das fälschungserschwerende Merkmal ist in Gestalt eines transparenten diffraktiven Hologrammmotivs, das dauernd fest mit der Folie verbunden ist und die Lesbarkeit der Versicherungsplaketten-Beschriftung nicht beeinträchtigt, vorzusehen. Das verwendete Motiv soll dabei die Anmutung eines Glasbruchs haben. Das Hologramm ist in Form eines durchgehenden Streifens linksbündig am rechten Rand der Versicherungsplakette transparent auszugestalten. Dieser Streifen ist unterlegt mit dem hellgrauen Schriftzug „Elektrokleinstfahrzeug", der von rechts oben nach rechts unten, sowohl vertikal als auch horizontal mittig zwischen den Rahmeninnenseiten platziert, verlaufen soll. Der Schriftzug „Elektrokleinstfahrzeug" ist in der Schriftart Arial in Schrifthöhe 2 mm auszuführen. Zusätzlich muss zwischen den beiden Zeilen der Zahlen-Buchstaben-Kombination der Versicherungsplakette rechtsbündig in Form eines transparenten Hologramms der Schriftzug „GDV" gefolgt von der jeweiligen Jahreszahl des Versicherungsjahres angebracht sein. Der Schriftzug „GDV" sowie die Jahreszahl sind in der Schriftart „Euro Plate" bzw. FE-Schrift (fälschungserschwerende Schrift) in Schrifthöhe 4 mm auszuführen.

Schematische Darstellung des Hologramms:

Anhang

Übersicht über die Unterscheidungszeichen der Verwaltungsbezirke für die Kennzeichnung von Kraftfahrzeugen gemäß § 8 Absatz 2 Fahrzeug-Zulassungsverordnung

Stand: 01.07. 2018

1. Festgelegte Unterscheidungszeichen Kreis

A	Augsburg[1]
AA	Ostalbkreis
AB	Aschaffenburg[1]
ABG	Altenburger Land
ABI	Anhalt-Bitterfeld
AC	Aachen
AE	Vogtlandkreis
AH	Borken
AIB	München[2]
	Rosenheim[2]
AIC	Aichach-Friedberg
AK	Altenkirchen (Westerwald)
ALF	Hildesheim
ALZ	Aschaffenburg
AM	Amberg, Stadt[1]
	auslaufend Kreis, Abwicklung: Zulassungsbehörde Kreis Amberg-Sulzbach
AN	Ansbach[1]
ANA	Erzgebirgskreis
ANG	Uckermark
ANK	Vorpommern-Greifswald
AÖ	Altötting
AP	Weimarer Land
APD	Weimarer Land
ARN	Ilm-Kreis
ART	Kyffhäuserkreis
AS	Amberg-Sulzbach
ASL	Salzlandkreis
ASZ	Erzgebirgskreis
AT	Mecklenburgische Seenplatte

[1] **Amtl. Anm.:** Stadt- und Landkreis führen das gleiche Unterscheidungszeichen. Die Festlegung der Gruppen oder Nummerngruppen der Erkennungsnummer nach Anlage 2 der Fahrzeug-Zulassungsverordnung für deren Behörden oder zusätzliche Verwaltungsstellen erfolgt durch die zuständige oberste Landesbehörde oder die nach Landesrecht zuständige Stelle. Die Festlegung ist dem Kraftfahrt-Bundesamt rechtzeitig anzuzeigen.

[2] **Amtl. Anm.:** amtlicher Hinweis: Das Unterscheidungszeichen wird durch mehrere Verwaltungsbezirke verwaltet. Die Festlegung der Gruppen oder Nummerngruppen der Erkennungsnummer nach Anlage 2 der Fahrzeug-Zulassungsverordnung, die in den jeweiligen Verwaltungsbezirken durch die dort zuständigen Behörden oder zusätzliche Verwaltungsstellen ausgegeben werden, erfolgt durch die zuständige oberste Landesbehörde oder die nach Landesrecht zuständige Stelle.

AU	Erzgebirgskreis
AUR	Aurich
AW	Ahrweiler
AZ	Alzey-Worms
AZE	Anhalt-Bitterfeld
B	Berlin
BA	Bamberg[1]
BAD	Baden-Baden, Stadt
BAR	Barnim
BB	Böblingen
BBG	Salzlandkreis
BC	Biberach
BCH	Neckar-Odenwald-Kreis
BE	Warendorf
BED	Mittelsachsen
BER	Barnim
BF	Steinfurt
BGD	Berchtesgadener Land
BGL	Berchtesgadener Land
BH	Ortenaukreis[2]
	Rastatt[2]
BI	Bielefeld, Stadt
BID	Marburg-Biedenkopf
BIN	Mainz-Bingen
BIR	Birkenfeld
BIT	Eifelkreis Bitburg-Prüm
BIW	Bautzen
BK	Börde[3]

[1] **Amtl. Anm.:** Stadt- und Landkreis führen das gleiche Unterscheidungszeichen. Die Festlegung der Gruppen oder Nummerngruppen der Erkennungsnummer nach Anlage 2 der Fahrzeug-Zulassungsverordnung für deren Behörden oder zusätzliche Verwaltungsstellen erfolgt durch die zuständige oberste Landesbehörde oder die nach Landesrecht zuständige Stelle. Die Festlegung ist dem Kraftfahrt-Bundesamt rechtzeitig anzuzeigen.

[2] **Amtl. Anm.:** amtlicher Hinweis: Das Unterscheidungszeichen wird durch mehrere Verwaltungsbezirke verwaltet. Die Festlegung der Gruppen oder Nummerngruppen der Erkennungsnummer nach Anlage 2 der Fahrzeug-Zulassungsverordnung, die in den jeweiligen Verwaltungsbezirken durch die dort zuständigen Behörden oder zusätzliche Verwaltungsstellen ausgegeben werden, erfolgt durch die zuständige oberste Landesbehörde oder die nach Landesrecht zuständige Stelle.

[3] **Amtl. Anm.:** amtlicher Hinweis: Das Unterscheidungszeichen wird durch mehrere Verwaltungsbezirke verwaltet. Die Festlegung der Gruppen oder Nummerngruppen der Erkennungsnummer nach Anlage 2 der Fahrzeug-Zulassungsverordnung, die in den jeweiligen Verwaltungsbezirken durch die dort zuständigen Behörden oder zusätzliche Verwaltungsstellen ausgegeben werden, erfolgt durch die zuständige oberste Landesbehörde oder die nach Landesrecht zuständige Stelle in Sachsen-Anhalt im Einvernehmen mit der obersten Landesbehörde oder der nach Landesrecht zuständigen Stelle in Baden-Württemberg.

	Rems-Murr-Kreis[1]
	Schwäbisch Hall[2]
BKS	Bernkastel-Wittlich
BL	Zollernalbkreis
BLB	Siegen-Wittgenstein
BLK	Burgenlandkreis
BM	Rhein-Erft-Kreis
BN	Bonn, Stadt
BNA	Leipzig
BO	Bochum, Stadt
BÖ	Börde
BOG	Straubing-Bogen
BOH	Borken
BOR	Borken
BOT	Bottrop, Stadt
BRA	Wesermarsch
BRB	Brandenburg, Stadt auslaufend Kreis, Abwicklung: Zulassungsbehörde Kreis Potsdam-Mittelmark
BRG	Jerichower Land
BRK	Bad Kissingen
BRL	Goslar
BRV	Rotenburg (Wümme)
BS	Braunschweig, Stadt
BSB	Osnabrück
BSK	Oder-Spree
BT	Bayreuth[3]
BTF	Anhalt-Bitterfeld
BÜD	Wetteraukreis
BÜR	Paderborn

[1] **Amtl. Anm.:** amtlicher Hinweis: Das Unterscheidungszeichen wird durch mehrere Verwaltungsbezirke verwaltet. Die Festlegung der Gruppen oder Nummerngruppen der Erkennungsnummer nach Anlage 2 der Fahrzeug-Zulassungsverordnung, die in den jeweiligen Verwaltungsbezirken durch die dort zuständigen Behörden oder zusätzliche Verwaltungsstellen ausgegeben werden, erfolgt durch die zuständige oberste Landesbehörde oder die nach Landesrecht zuständige Stelle in Baden-Württemberg im Einvernehmen mit der obersten Landesbehörde oder der nach Landesrecht zuständigen Stelle in Sachsen-Anhalt.

[2] **Amtl. Anm.:** amtlicher Hinweis: Das Unterscheidungszeichen wird durch mehrere Verwaltungsbezirke verwaltet. Die Festlegung der Gruppen oder Nummerngruppen der Erkennungsnummer nach Anlage 2 der Fahrzeug-Zulassungsverordnung [Nr. **250**], die in den jeweiligen Verwaltungsbezirken durch die dort zuständigen Behörden oder zusätzliche Verwaltungsstellen ausgegeben werden, erfolgt durch die zuständige oberste Landesbehörde oder die nach Landesrecht zuständige Stelle in Baden-Württemberg im Einvernehmen mit der obersten Landesbehörde oder der nach Landesrecht zuständigen Stelle in Sachsen-Anhalt.

[3] **Amtl. Anm.:** Stadt- und Landkreis führen das gleiche Unterscheidungszeichen. Die Festlegung der Gruppen oder Nummerngruppen der Erkennungsnummer nach Anlage 2 der Fahrzeug-Zulassungsverordnung für deren Behörden oder zusätzliche Verwaltungsstellen erfolgt durch die zuständige oberste Landesbehörde oder die nach Landesrecht zuständige Stelle. Die Festlegung ist dem Kraftfahrt-Bundesamt rechtzeitig anzuzeigen.

BUL	Amberg-Sulzbach[1)] Schwandorf[1)]
BÜS	Konstanz, Gemeinde Büsingen am Hochrhein
BÜZ	Rostock, Landkreis
BZ	Bautzen
C	Chemnitz, Stadt auslaufend Kreis, Abwicklung: Zulassungsbehörde Zwickau
CA	Oberspreewald-Lausitz
CAS	Recklinghausen
CB	Cottbus[2)]
CE	Celle
CHA	Cham
CLP	Cloppenburg
CLZ	Goslar
CO	Zulassungsstelle Coburg, Zweckverband
COC	Cochem-Zell
COE	Coesfeld
CR	Schwäbisch Hall
CUX	Cuxhaven
CW	Calw
D	Düsseldorf, Stadt
DA	Darmstadt[3)]
DAH	Dachau
DAN	Lüchow-Dannenberg
DAU	Vulkaneifel
DBR	Rostock, Landkreis
DD	Dresden, Stadt[4)]
DE	Dessau-Roßlau, Stadt
DEG	Deggendorf
DEL	Delmenhorst, Stadt
DGF	Dingolfing-Landau
DH	Diepholz

[1)] **Amtl. Anm.:** amtlicher Hinweis: Das Unterscheidungszeichen wird durch mehrere Verwaltungsbezirke verwaltet. Die Festlegung der Gruppen oder Nummerngruppen der Erkennungsnummer nach Anlage 2 der Fahrzeug-Zulassungsverordnung, die in den jeweiligen Verwaltungsbezirken durch die dort zuständigen Behörden oder zusätzliche Verwaltungsstellen ausgegeben werden, erfolgt durch die zuständige oberste Landesbehörde oder die nach Landesrecht zuständige Stelle.

[2)] **Amtl. Anm.:** Stadt- und Landkreis führen das gleiche Unterscheidungszeichen. Die Festlegung der Gruppen oder Nummerngruppen der Erkennungsnummer nach Anlage 2 der Fahrzeug-Zulassungsverordnung für deren Behörden oder zusätzliche Verwaltungsstellen erfolgt durch die zuständige oberste Landesbehörde oder die nach Landesrecht zuständige Stelle. Die Festlegung ist dem Kraftfahrt-Bundesamt rechtzeitig anzuzeigen.

[3)] **Amtl. Anm.:** Stadt- und Landkreis führen das gleiche Unterscheidungszeichen. Die zuständige oberste Landesbehörde oder die nach Landesrecht zuständige Stelle stellt durch geeignete verwaltungsinterne Maßnahmen sicher, dass eine Doppelvergabe desselben Kennzeichens ausgeschlossen ist.

[4)] **Amtl. Anm.:** amtlicher Hinweis: Die Stadt und die Landespolizei Sachsen führen das gleiche Unterscheidungszeichen. Die Festlegung der Gruppen oder Nummerngruppen der Erkennungsnummer nach Anlage 2 der Fahrzeug-Zulassungsverordnung für deren Behörden oder zusätzlichen Verwaltungsstellen erfolgt durch die zuständige oberste Landesbehörde oder die nach Landesrecht zuständige Stelle.

DI	Darmstadt-Dieburg
DIL	Lahn-Dill-Kreis
DIN	Wesel
DIZ	Rhein-Lahn-Kreis
DKB	Ansbach
DL	Mittelsachsen
DLG	Dillingen a.d. Donau
DM	Mecklenburgische Seenplatte
DN	Düren
DO	Dortmund, Stadt
DON	Donau-Ries in Donauwörth
DU	Duisburg, Stadt
DUD	Göttingen
DÜW	Bad Dürkheim
DW	Sächsische Schweiz-Osterzgebirge
DZ	Nordsachsen
E	Essen, Stadt
EA	Eisenach, Stadt
EB	Nordsachsen
EBE	Ebersberg
EBN	Haßberge
EBS	Bayreuth[1]
	Forchheim[1]
	Kulmbach[1]
ECK	Rendsburg-Eckernförde
ED	Erding
EE	Elbe-Elster
EF	Erfurt, Stadt
	auslaufend Kreis, Abwicklung: Zulassungsbehörde Sömmerda
EG	Rottal-Inn
EH	Oder-Spree
EI	Eichstätt
EIC	Eichsfeld
EIL	Mansfeld-Südharz
EIN	Northeim
EIS	Saale-Holzland-Kreis
EL	Emsland
EM	Emmendingen
EMD	Emden, Stadt
EMS	Rhein-Lahn-Kreis

[1] **Amtl. Anm.:** amtlicher Hinweis: Das Unterscheidungszeichen wird durch mehrere Verwaltungsbezirke verwaltet. Die Festlegung der Gruppen oder Nummerngruppen der Erkennungsnummer nach Anlage 2 der Fahrzeug-Zulassungsverordnung, die in den jeweiligen Verwaltungsbezirken durch die dort zuständigen Behörden oder zusätzliche Verwaltungsstellen ausgegeben werden, erfolgt durch die zuständige oberste Landesbehörde oder die nach Landesrecht zuständige Stelle.

EN	Ennepe-Ruhr-Kreis
ER	Erlangen, Stadt[1]
	auslaufend Kreis, Abwicklung: Zulassungsbehörde Erlangen-Höchstadt
ERB	Odenwaldkreis
ERH	Erlangen-Höchstadt
ERK	Heinsberg
ERZ	Erzgebirgskreis
ES	Esslingen
ESB	Amberg-Sulzbach[2]
	Bayreuth[2]
	Neustadt a.d. Waldnaab[2]
	Nürnberger Land[2]
ESW	Werra-Meißner-Kreis
EU	Euskirchen
EW	Barnim
F	Frankfurt/Main, Stadt
FB	Wetteraukreis in Friedberg Hessen
FD	Fulda
FDB	Aichach-Friedberg
FDS	Freudenstadt
FEU	Ansbach
FF	Frankfurt (Oder), Stadt
FFB	Fürstenfeldbruck
FG	Mittelsachsen
FI	Elbe-Elster
FKB	Waldeck-Frankenberg
FL	Flensburg
FLÖ	Mittelsachsen
FN	Bodenseekreis
FO	Forchheim
FOR	Spree-Neiße
FR	Freiburg im Breisgau, Stadt[2]
	Breisgau-Hochschwarzwald[2]
FRG	Freyung-Grafenau
FRI	Friesland
FRW	Märkisch-Oderland
FS	Freising[2]
	Moosburg[2]

[1] **Amtl. Anm.:** Stadt- und Landkreis führen das gleiche Unterscheidungszeichen. Die Festlegung der Gruppen oder Nummerngruppen der Erkennungsnummer nach Anlage 2 der Fahrzeug-Zulassungsverordnung für deren Behörden oder zusätzliche Verwaltungsstellen erfolgt durch die zuständige oberste Landesbehörde oder die nach Landesrecht zuständige Stelle. Die Festlegung ist dem Kraftfahrt-Bundesamt rechtzeitig anzuzeigen.

[2] **Amtl. Anm.:** amtlicher Hinweis: Das Unterscheidungszeichen wird durch mehrere Verwaltungsbezirke verwaltet. Die Festlegung der Gruppen oder Nummerngruppen der Erkennungsnummer nach Anlage 2 der Fahrzeug-Zulassungsverordnung, die in den jeweiligen Verwaltungsbezirken durch die dort zuständigen Behörden oder zusätzliche Verwaltungsstellen ausgegeben werden, erfolgt durch die zuständige oberste Landesbehörde oder die nach Landesrecht zuständige Stelle.

FT	Frankenthal (Pfalz), Stadt
	auslaufend Kreis, Abwicklung: Zulassungsbehörde Bad Dürkheim und Rhein-Pfalz-Kreis
FTL	Sächsische Schweiz-Osterzgebirge
FÜ	Fürth[1]
FÜS	Ostallgäu
FW	Oder-Spree
FZ	Schwalm-Eder-Kreis
G	Gera, Stadt
	auslaufend Kreis, Abwicklung: Zulassungsbehörde Greiz
GA	Altmarkkreis Salzwedel
GAN	Northeim
GAP	Garmisch-Partenkirchen
GC	Zwickau
GD	Ostalbkreis
GDB	Nordwestmecklenburg
GE	Gelsenkirchen, Stadt
GEL	Kleve
GEO	Haßberge[2]
	Schweinfurt[2]
GER	Germersheim
GF	Gifhorn
GG	Groß-Gerau
GHA	Leipzig
GHC	Wittenberg
GI	Gießen
GK	Heinsberg
GL	Rheinisch-Bergischer-Kreis
GLA	Recklinghausen
GM	Oberbergischer Kreis
GMN	Vorpommern-Rügen
GN	Main-Kinzig-Kreis
GNT	Jerichower Land
GÖ	Göttingen[1]
GOA	Rhein-Hunsrück-Kreis
GOH	Rhein-Lahn-Kreis
GP	Göppingen
GR	Görlitz

[1] **Amtl. Anm.:** Stadt- und Landkreis führen das gleiche Unterscheidungszeichen. Die Festlegung der Gruppen oder Nummerngruppen der Erkennungsnummer nach Anlage 2 der Fahrzeug-Zulassungsverordnung für deren Behörden oder zusätzliche Verwaltungsstellen erfolgt durch die zuständige oberste Landesbehörde oder die nach Landesrecht zuständige Stelle. Die Festlegung ist dem Kraftfahrt-Bundesamt rechtzeitig anzuzeigen.

[2] **Amtl. Anm.:** amtlicher Hinweis: Das Unterscheidungszeichen wird durch mehrere Verwaltungsbezirke verwaltet. Die Festlegung der Gruppen oder Nummerngruppen der Erkennungsnummer nach Anlage 2 der Fahrzeug-Zulassungsverordnung, die in den jeweiligen Verwaltungsbezirken durch die dort zuständigen Behörden oder zusätzliche Verwaltungsstellen ausgegeben werden, erfolgt durch die zuständige oberste Landesbehörde oder die nach Landesrecht zuständige Stelle.

GRA	Freyung-Grafenau
GRH	Meißen
GRI	Rottal-Inn
GRM	Leipzig
GRZ	Greiz
GS	Goslar
GT	Gütersloh
GTH	Gotha
GÜ	Rostock, Landkreis
GUB	Spree-Neiße
GUN	Weißenburg-Gunzenhausen
GV	Rhein-Kreis Neuss
GVM	Nordwestmecklenburg
GW	Vorpommern-Greifswald
GZ	Günzburg
H	Hannover[1)]
HA	Hagen, Stadt
HAB	Bad Kissingen
HAL	Halle, Stadt
HAM	Hamm, Stadt
HAS	Haßberge
HB	Freie Hansestadt Bremen[1)]
HBN	Hildburghausen
HBS	Harz
HC	Mittelsachsen
HCH	Freudenstadt[2)]
	Zollernalbkreis[2)]
HD	Heidelberg, Stadt[2)]
	Rhein-Neckar-Kreis[2)]
HDH	Heidenheim
HDL	Börde
HE	Helmstedt
HEB	Nürnberger Land
HEF	Hersfeld-Rotenburg
HEI	Dithmarschen
HER	Herne, Stadt
HET	Mansfeld-Südharz
HF	Herford
HG	Hochtaunuskreis

[1)] **Amtl. Anm.:** Stadt- und Landkreis führen das gleiche Unterscheidungszeichen. Die Festlegung der Gruppen oder Nummerngruppen der Erkennungsnummer nach Anlage 2 der Fahrzeug-Zulassungsverordnung für deren Behörden oder zusätzliche Verwaltungsstellen erfolgt durch die zuständige oberste Landesbehörde oder die nach Landesrecht zuständige Stelle. Die Festlegung ist dem Kraftfahrt-Bundesamt rechtzeitig anzuzeigen.

[2)] **Amtl. Anm.:** amtlicher Hinweis: Das Unterscheidungszeichen wird durch mehrere Verwaltungsbezirke verwaltet. Die Festlegung der Gruppen oder Nummerngruppen der Erkennungsnummer nach Anlage 2 der Fahrzeug-Zulassungsverordnung, die in den jeweiligen Verwaltungsbezirken durch die dort zuständigen Behörden oder zusätzliche Verwaltungsstellen ausgegeben werden, erfolgt durch die zuständige oberste Landesbehörde oder die nach Landesrecht zuständige Stelle.

HGN	Ludwigslust-Parchim
HGW	Hansestadt Greifswald
HH	Freie und Hansestadt Hamburg
HHM	Burgenlandkreis
HI	Hildesheim
HIG	Eichsfeld
HIP	Roth
HK	Heidekreis
HL	Hansestadt Lübeck
HM	Hameln-Pyrmont
HMÜ	Göttingen
HN	Heilbronn[1)]
HO	Hof[1)]
HOG	Kassel
HOH	Haßberge
HOL	Holzminden
HOM	Saarpfalz-Kreis außer Stadt St. Ingbert (IGB)
HOR	Freudenstadt
HÖS	Erlangen-Höchstadt
HOT	Zwickau
HP	Bergstraße
HR	Schwalm-Eder-Kreis
HRO	Hansestadt Rostock HS Heinsberg
HSK	Hochsauerlandkreis
HST	Hansestadt Stralsund, Stadt[1)] auslaufend Kreis, Abwicklung: Zulassungsbehörde Vorpommern-Rügen
HU	Hanau[2)] Main-Kinzig-Kreis[2)]
HV	Stendal
HVL	Havelland
HWI	Hansestadt Wismar
HX	Höxter
HY	Bautzen
HZ	Harz[3)]
IGB	St. Ingbert, Stadt
IK	Ilm-Kreis

[1)] **Amtl. Anm.:** Stadt- und Landkreis führen das gleiche Unterscheidungszeichen. Die Festlegung der Gruppen oder Nummerngruppen der Erkennungsnummer nach Anlage 2 der Fahrzeug-Zulassungsverordnung für deren Behörden oder zusätzliche Verwaltungsstellen erfolgt durch die zuständige oberste Landesbehörde oder die nach Landesrecht zuständige Stelle. Die Festlegung ist dem Kraftfahrt-Bundesamt rechtzeitig anzuzeigen.

[2)] **Amtl. Anm.:** amtlicher Hinweis: Das Unterscheidungszeichen wird durch mehrere Verwaltungsbezirke verwaltet. Die Festlegung der Gruppen oder Nummerngruppen der Erkennungsnummer nach Anlage 2 der Fahrzeug-Zulassungsverordnung, die in den jeweiligen Verwaltungsbezirken durch die dort zuständigen Behörden oder zusätzliche Verwaltungsstellen ausgegeben werden, erfolgt durch die zuständige oberste Landesbehörde oder die nach Landesrecht zuständige Stelle.

[3)] **Amtl. Anm.:** Hinweis des Herausgebers: das Unterscheidungszeichen HZ ist gleichzeitig auslaufendes Unterscheidungszeichen für den ehemaligen Verwaltungsbezirk Herzberg mit Abwicklung durch die Zulassungsbehörde des Kreises Elbe-Elster

IL	Ilm-Kreis
ILL	Neu-Ulm
IN	Ingolstadt, Stadt auslaufend Kreis, Abwicklung: Zulassungsbehörde Eichstätt
IZ	Steinburg
J	Jena, Stadt auslaufend Kreis, Abwicklung: Zulassungsbehörde Saale-Holzland-Kreis
JE	Wittenberg
JL	Jerichower Land
JÜL	Düren
K	Köln, Stadt
KA	Karlsruhe[1]
KB	Waldeck-Frankenberg
KC	Kronach
KE	Kempten (Allgäu), Stadt[1] auslaufend Kreis, Abwicklung: Zulassungsbehörde Oberallgäu
KEH	Kelheim
KEL	Ortenaukreis
KEM	Bayreuth[2] Tirschenreuth[2]
KF	Kaufbeuren, Stadt auslaufend Kreis, Abwicklung: Zulassungsbehörde Ostallgäu
KG	Bad Kissingen
KH	Bad Kreuznach
KI	Kiel
KIB	Donnersbergkreis
KK	Viersen
KL	Kaiserslautern[1]
KLE	Kleve
KLZ	Altmarkkreis Salzwedel
KM	Bautzen
KN	Konstanz
KO	Koblenz, Stadt auslaufend Kreis, Abwicklung: Zulassungsbehörde Kreis Mayen-Koblenz
KÖN	Rhön-Grabfeld

[1] **Amtl. Anm.:** Stadt- und Landkreis führen das gleiche Unterscheidungszeichen. Die Festlegung der Gruppen oder Nummerngruppen der Erkennungsnummer nach Anlage 2 der Fahrzeug-Zulassungsverordnung für deren Behörden oder zusätzliche Verwaltungsstellen erfolgt durch die zuständige oberste Landesbehörde oder die nach Landesrecht zuständige Stelle. Die Festlegung ist dem Kraftfahrt-Bundesamt rechtzeitig anzuzeigen.

[2] **Amtl. Anm.:** amtlicher Hinweis: Das Unterscheidungszeichen wird durch mehrere Verwaltungsbezirke verwaltet. Die Festlegung der Gruppen oder Nummerngruppen der Erkennungsnummer nach Anlage 2 der Fahrzeug-Zulassungsverordnung, die in den jeweiligen Verwaltungsbezirken durch die dort zuständigen Behörden oder zusätzliche Verwaltungsstellen ausgegeben werden, erfolgt durch die zuständige oberste Landesbehörde oder die nach Landesrecht zuständige Stelle.

KÖT	Anhalt-Bitterfeld
KÖZ	Cham
KR	Krefeld, Stadt
KRU	Günzburg
KS	Kassel[1)]
KT	Kitzingen
KU	Kulmbach
KÜN	Hohenlohekreis
KUS	Kusel
KW	Dahme-Spreewald
KY	Ostprignitz-Ruppin
KYF	Kyffhäuserkreis
L	Leipzig[2)3)]
LA	Landshut[2)]
LAN	Dingolfing-Landau
LAU	Nürnberger Land
LB	Ludwigsburg
LBS	Saale-Orla-Kreis
LBZ	Ludwigslust-Parchim
LC	Dahme-Spreewald
LD	Landau in der Pfalz, Stadt
	auslaufend Kreis, Abwicklung: Zulassungsbehörde Kreis Südliche Weinstraße
LDK	Lahn-Dill-Kreis in Wetzlar, Kreis
LDS	Dahme-Spreewald
LEO	Böblingen
LER	Leer
LEV	Leverkusen, Stadt
LF	Altötting[4)]
	Berchtesgadener Land[4)]
	Traunstein[4)]
LG	Lüneburg
LH	Coesfeld[4)]
	Unna[4)]

[1)] **Amtl. Anm.:** Stadt- und Landkreis führen das gleiche Unterscheidungszeichen. Die zuständige oberste Landesbehörde oder die nach Landesrecht zuständige Stelle stellt durch geeignete verwaltungsinterne Maßnahmen sicher, dass eine Doppelvergabe desselben Kennzeichens ausgeschlossen ist.

[2)] **Amtl. Anm.:** Stadt- und Landkreis führen das gleiche Unterscheidungszeichen. Die Festlegung der Gruppen oder Nummerngruppen der Erkennungsnummer nach Anlage 2 der Fahrzeug-Zulassungsverordnung für deren Behörden oder zusätzliche Verwaltungsstellen erfolgt durch die zuständige oberste Landesbehörde oder die nach Landesrecht zuständige Stelle. Die Festlegung ist dem Kraftfahrt-Bundesamt rechtzeitig anzuzeigen.

[3)] **Amtl. Anm.:** Hinweis des Herausgebers: das Unterscheidungszeichen L ist gleichzeitig auslaufendes Unterscheidungszeichen für den Verwaltungsbezirk Lahn-Dill-Kreis mit Abwicklung durch die Zulassungsbehörden der Kreise Gießen und Lahn-Dill-Kreis

[4)] **Amtl. Anm.:** amtlicher Hinweis: Das Unterscheidungszeichen wird durch mehrere Verwaltungsbezirke verwaltet. Die Festlegung der Gruppen oder Nummerngruppen der Erkennungsnummer nach Anlage 2 der Fahrzeug-Zulassungsverordnung, die in den jeweiligen Verwaltungsbezirken durch die dort zuständigen Behörden oder zusätzliche Verwaltungsstellen ausgegeben werden, erfolgt durch die zuständige oberste Landesbehörde oder die nach Landesrecht zuständige Stelle.

LI	Lindau (Bodensee)
LIB	Elbe-Elster
LIF	Lichtenfels
LIP	Lippe
LL	Landsberg am Lech
LM	Limburg-Weilburg
LN	Dahme-Spreewald
LÖ	Lörrach
LÖB	Görlitz
LOS	Oder-Spree
LP	Soest
LR	Ortenaukreis
LRO	Rostock, Landkreis
LSZ	Unstrut-Hainich-Kreis
LU	Ludwigshafen am Rhein auslaufend Kreis, Abwicklung: Zulassungsbehörde Rhein-Pfalz-Kreis
LÜN	Unna
LUP	Ludwigslust-Parchim
LWL	Ludwigslust-Parchim
M	München[1]
MA	Mannheim, Stadt auslaufend Kreis, Abwicklung: Zulassungsbehörde Rhein-Neckar-Kreis
MAB	Erzgebirgskreis
MAI	Kelheim[2] Landshut[2]
MAK	Wunsiedel i. Fichtelgebirge
MAL	Landshut[2] Straubing-Bogen[2]
MB	Miesbach
MC	Mecklenburgische Seenplatte
MD	Magdeburg, Stadt
ME	Mettmann
MED	Dithmarschen
MEG	Schwalm-Eder-Kreis
MEI	Meißen
MEK	Erzgebirgskreis
MEL	Osnabrück

---

[1] **Amtl. Anm.:** Stadt- und Landkreis führen das gleiche Unterscheidungszeichen. Die Festlegung der Gruppen oder Nummerngruppen der Erkennungsnummer nach Anlage 2 der Fahrzeug-Zulassungsverordnung für deren Behörden oder zusätzliche Verwaltungsstellen erfolgt durch die zuständige oberste Landesbehörde oder die nach Landesrecht zuständige Stelle. Die Festlegung ist dem Kraftfahrt-Bundesamt rechtzeitig anzuzeigen.

[2] **Amtl. Anm.:** amtlicher Hinweis: Das Unterscheidungszeichen wird durch mehrere Verwaltungsbezirke verwaltet. Die Festlegung der Gruppen oder Nummerngruppen der Erkennungsnummer nach Anlage 2 der Fahrzeug-Zulassungsverordnung, die in den jeweiligen Verwaltungsbezirken durch die dort zuständigen Behörden oder zusätzliche Verwaltungsstellen ausgegeben werden, erfolgt durch die zuständige oberste Landesbehörde oder die nach Landesrecht zuständige Stelle.

MER	Saalekreis
MET	Rhön-Grabfeld
MG	Mönchengladbach, Stadt
MGH	Main-Tauber-Kreis
MGN	Schmalkalden-Meiningen
MH	Mülheim a.d. Ruhr, Stadt
MHL	Unstrut-Hainich-Kreis
MI	Minden-Lübbecke
MIL	Miltenberg
MK	Märkischer Kreis
MKK	Main-Kinzig-Kreis
ML	Mansfeld-Südharz
MM	Memmingen, Stadt[1]
	auslaufend Kreis, Abwicklung: Zulassungsbehörde Unterallgäu
MN	Unterallgäu
MO	Wesel
MOD	Ostallgäu
MOL	Märkisch-Oderland
MON	Aachen[2]
	Düren[2]
MOS	Neckar-Odenwald-Kreis
MQ	Saalekreis
MR	Marburg-Biedenkopf
MS	Münster, Stadt
MSE	Mecklenburgische Seenplatte
MSH	Mansfeld-Südharz
MSP	Main-Spessart
MST	Mecklenburgische Seenplatte
MTK	Main-Taunus-Kreis
MTL	Leipzig
MÜ	Mühldorf am Inn
MÜB	Bayreuth[2]
	Hof[2]
MÜR	Mecklenburgische Seenplatte
MW	Mittelsachsen
MY	Mayen-Koblenz
MYK	Mayen-Koblenz
MZ	Mainz[1]

[1] **Amtl. Anm.:** Stadt- und Landkreis führen das gleiche Unterscheidungszeichen. Die Festlegung der Gruppen oder Nummerngruppen der Erkennungsnummer nach Anlage 2 der Fahrzeug-Zulassungsverordnung für deren Behörden oder zusätzliche Verwaltungsstellen erfolgt durch die zuständige oberste Landesbehörde oder die nach Landesrecht zuständige Stelle. Die Festlegung ist dem Kraftfahrt-Bundesamt rechtzeitig anzuzeigen.

[2] **Amtl. Anm.:** amtlicher Hinweis: Das Unterscheidungszeichen wird durch mehrere Verwaltungsbezirke verwaltet. Die Festlegung der Gruppen oder Nummerngruppen der Erkennungsnummer nach Anlage 2 der Fahrzeug-Zulassungsverordnung, die in den jeweiligen Verwaltungsbezirken durch die dort zuständigen Behörden oder zusätzliche Verwaltungsstellen ausgegeben werden, erfolgt durch die zuständige oberste Landesbehörde oder die nach Landesrecht zuständige Stelle.

MZG	Merzig-Wadern
N	Nürnberg, Stadt[1]
	Nürnberger Land[1]
NAB	Amberg-Sulzbach[1]
	Schwandorf[1]
NAI	Hof
NAU	Havelland
NB	Neubrandenburg, Stadt[2]
	auslaufend Kreis, Abwicklung: Zulassungsbehörde Mecklenburg-Strelitz
ND	Neuburg-Schrobenhausen
NDH	Nordhausen
NE	Rhein-Kreis Neuss
NEA	Neustadt a.d. Aisch-Bad Windsheim
NEB	Burgenlandkreis
NEC	Zulassungsstelle Coburg, Zweckverband
NEN	Schwandorf
NES	Rhön-Grabfeld
NEW	Neustadt a.d. Waldnaab
NF	Nordfriesland
NH	Sonneberg
NI	Nienburg (Weser)
NK	Neunkirchen Saar
NM	Neumarkt i.d. Opf.
NMB	Burgenlandkreis
NMS	Neumünster
NÖ	Donau-Ries
NOH	Grafschaft Bentheim
NOL	Görlitz
NOM	Northeim
NOR	Aurich
NP	Ostprignitz-Ruppin
NR	Neuwied
NT	Esslingen
NU	Neu-Ulm
NVP	Vorpommern-Rügen
NW	Neustadt an der Weinstraße
	auslaufend Kreis, Abwicklung: Zulassungsbehörde Bad Dürkheim
NWM	Nordwestmecklenburg

[1] **Amtl. Anm.:** amtlicher Hinweis: Das Unterscheidungszeichen wird durch mehrere Verwaltungsbezirke verwaltet. Die Festlegung der Gruppen oder Nummerngruppen der Erkennungsnummer nach Anlage 2 der Fahrzeug-Zulassungsverordnung, die in den jeweiligen Verwaltungsbezirken durch die dort zuständigen Behörden oder zusätzliche Verwaltungsstellen ausgegeben werden, erfolgt durch die zuständige oberste Landesbehörde oder die nach Landesrecht zuständige Stelle.

[2] **Amtl. Anm.:** Stadt- und Landkreis führen das gleiche Unterscheidungszeichen. Die Festlegung der Gruppen oder Nummerngruppen der Erkennungsnummer nach Anlage 2 der Fahrzeug-Zulassungsverordnung für deren Behörden oder zusätzliche Verwaltungsstellen erfolgt durch die zuständige oberste Landesbehörde oder die nach Landesrecht zuständige Stelle. Die Festlegung ist dem Kraftfahrt-Bundesamt rechtzeitig anzuzeigen.

NY	Görlitz
NZ	Mecklenburgische Seenplatte
OA	Oberallgäu
OAL	Ostallgäu
OB	Oberhausen, Stadt
OBB	Miltenberg
OBG	Stendal
OC	Börde
OCH	Würzburg
OD	Stormarn
OE	Olpe
OF	Offenbach am Main[1]
OG	Ortenaukreis
OH	Ostholstein
OHA	Göttingen
ÖHR	Hohenlohekreis
OHV	Oberhavel
OHZ	Osterholz
OK	Börde
OL	Oldenburg (Oldenburg)[2]
OP	Leverkusen, Stadt
OPR	Ostprignitz-Ruppin
OS	Osnabrück[2]
OSL	Oberspreewald-Lausitz
OVI	Schwandorf
OVL	Vogtlandkreis
OVP	Vorpommern-Greifswald
OZ	Nordsachsen
P	Potsdam, Stadt
	auslaufend Kreis, Abwicklung: Zulassungsbehörde Kreis Potsdam-Mittelmark
PA	Passau[2]
PAF	Pfaffenhofen a.d. Ilm
PAN	Rottal-Inn
PAR	Kelheim[3]
	Neumarkt i.d. Opf.[3]
PB	Paderborn

[1] **Amtl. Anm.:** Stadt- und Landkreis führen das gleiche Unterscheidungszeichen. Die zuständige oberste Landesbehörde oder die nach Landesrecht zuständige Stelle stellt durch geeignete verwaltungsinterne Maßnahmen sicher, dass eine Doppelvergabe desselben Kennzeichens ausgeschlossen ist.

[2] **Amtl. Anm.:** Stadt- und Landkreis führen das gleiche Unterscheidungszeichen. Die Festlegung der Gruppen oder Nummerngruppen der Erkennungsnummer nach Anlage 2 der Fahrzeug-Zulassungsverordnung für deren Behörden oder zusätzliche Verwaltungsstellen erfolgt durch die zuständige oberste Landesbehörde oder die nach Landesrecht zuständige Stelle. Die Festlegung ist dem Kraftfahrt-Bundesamt rechtzeitig anzuzeigen.

[3] **Amtl. Anm.:** amtlicher Hinweis: Das Unterscheidungszeichen wird durch mehrere Verwaltungsbezirke verwaltet. Die Festlegung der Gruppen oder Nummerngruppen der Erkennungsnummer nach Anlage 2 der Fahrzeug-Zulassungsverordnung, die in den jeweiligen Verwaltungsbezirken durch die dort zuständigen Behörden oder zusätzliche Verwaltungsstellen ausgegeben werden, erfolgt durch die zuständige oberste Landesbehörde oder die nach Landesrecht zuständige Stelle.

PCH	Ludwigslust-Parchim
PE	Peine
PEG	Bayreuth[1]
	Forchheim[1]
	Nürnberger Land[1]
PF	Pforzheim, Stadt[1]
	Enzkreis[1]
PI	Pinneberg
PIR	Sächsische Schweiz-Osterzgebirge
PL	Vogtlandkreis
PLÖ	Plön
PM	Potsdam-Mittelmark
PN	Saale-Orla-Kreis
PR	Prignitz
PRÜ	Eifelkreis Bitburg-Prüm
PS	Pirmasens, Stadt[1]
	Südwestpfalz[1]
PW	Vorpommern-Greifswald
PZ	Uckermark
QFT	Saalekreis
QLB	Harz
R	Regensburg[2]
RA	Rastatt
RC	Vogtlandkreis
RD	Rendsburg-Eckernförde
RDG	Vorpommern-Rügen
RE	Recklinghausen
REG	Regen
REH	Hof[1]
	Wunsiedel im Fichtelgebirge[1]
REI	Berchtesgadener Land
RG	Meißen
RH	Roth
RI	Schaumburg
RID	Kelheim
RIE	Meißen
RL	Mittelsachsen
RM	Mecklenburgische Seenplatte
RN	Havelland

---

[1] **Amtl. Anm.:** amtlicher Hinweis: Das Unterscheidungszeichen wird durch mehrere Verwaltungsbezirke verwaltet. Die Festlegung der Gruppen oder Nummerngruppen der Erkennungsnummer nach Anlage 2 der Fahrzeug-Zulassungsverordnung, die in den jeweiligen Verwaltungsbezirken durch die dort zuständigen Behörden oder zusätzliche Verwaltungsstellen ausgegeben werden, erfolgt durch die zuständige oberste Landesbehörde oder die nach Landesrecht zuständige Stelle.

[2] **Amtl. Anm.:** Stadt- und Landkreis führen das gleiche Unterscheidungszeichen. Die Festlegung der Gruppen oder Nummerngruppen der Erkennungsnummer nach Anlage 2 der Fahrzeug-Zulassungsverordnung für deren Behörden oder zusätzliche Verwaltungsstellen erfolgt durch die zuständige oberste Landesbehörde oder die nach Landesrecht zuständige Stelle. Die Festlegung ist dem Kraftfahrt-Bundesamt rechtzeitig anzuzeigen.

RO	Rosenheim[1]
ROD	Cham[2]
	Schwandorf[2]
ROF	Hersfeld-Rotenburg
ROK	Donnersbergkreis
ROL	Kelheim[2]
	Landshut[2]
ROS	Rostock, Landkreis
ROT	Ansbach
ROW	Rotenburg (Wümme)
RP	Rhein-Pfalz-Kreis
RS	Remscheid, Stadt
RSL	Dessau-Roßlau, Stadt
RT	Reutlingen
RU	Saalfeld-Rudolstadt
RÜD	Rheingau-Taunus-Kreis
RÜG	Vorpommern-Rügen
RV	Ravensburg
RW	Rottweil
RZ	Herzogtum Lauenburg
S	Stuttgart, Stadt
SAB	Trier-Saarburg
SAD	Schwandorf
SAN	Hof[2]
	Kronach[2]
	Kulmbach[2]
SAW	Altmarkkreis Salzwedel
SB	Saarbrücken, Stadt und Stadtverband außer Völklingen, Stadt (VK)
SBG	Vorpommern-Greifswald
SBK	Salzlandkreis
SC	Schwabach, Stadt
	auslaufend Kreis, Abwicklung: Zulassungsbehörde Roth
SCZ	Saale-Orla-Kreis
SDH	Kyffhäuserkreis
SDL	Stendal
SDT	Uckermark
SE	Segeberg
SEB	Sächsische Schweiz-Osterzgebirge

[1] **Amtl. Anm.:** Stadt- und Landkreis führen das gleiche Unterscheidungszeichen. Die Festlegung der Gruppen oder Nummerngruppen der Erkennungsnummer nach Anlage 2 der Fahrzeug-Zulassungsverordnung für deren Behörden oder zusätzliche Verwaltungsstellen erfolgt durch die zuständige oberste Landesbehörde oder die nach Landesrecht zuständige Stelle. Die Festlegung ist dem Kraftfahrt-Bundesamt rechtzeitig anzuzeigen.

[2] **Amtl. Anm.:** amtlicher Hinweis: Das Unterscheidungszeichen wird durch mehrere Verwaltungsbezirke verwaltet. Die Festlegung der Gruppen oder Nummerngruppen der Erkennungsnummer nach Anlage 2 der Fahrzeug-Zulassungsverordnung, die in den jeweiligen Verwaltungsbezirken durch die dort zuständigen Behörden oder zusätzliche Verwaltungsstellen ausgegeben werden, erfolgt durch die zuständige oberste Landesbehörde oder die nach Landesrecht zuständige Stelle.

SEE	Märkisch-Oderland
SEF	Neustadt a.d. Aisch-Bad Windsheim
SEL	Wunsiedel i. Fichtelgebirge
SFB	Oberspreewald-Lausitz
SFT	Salzlandkreis
SG	Solingen, Stadt
SGH	Mansfeld-Südharz
SHA	Schwäbisch Hall
SHG	Schaumburg
SHK	Saale-Holzland-Kreis
SHL	Suhl, Stadt auslaufend Kreis, Abwicklung: Zulassungsbehörde Hildburghausen
SI	Siegen-Wittgenstein
SIG	Sigmaringen
SIM	Rhein-Hunsrück-Kreis
SK	Saalekreis
SL	Schleswig-Flensburg
SLE	Düren[1)] Euskirchen[1)]
SLF	Saalfeld-Rudolstadt
SLK	Salzlandkreis
SLN	Altenburger Land
SLS	Saarlouis
SLÜ	Main-Kinzig-Kreis
SLZ	Wartburgkreis
SM	Schmalkalden-Meiningen
SMÜ	Augsburg
SN	Schwerin, Stadt[2)] auslaufend Kreis, Abwicklung: Zulassungsbehörde Ludwigslust-Parchim
SO	Soest
SOB	Neuburg-Schrobenhausen
SOG	Weilheim-Schongau
SOK	Saale-Orla-Kreis
SÖM	Sömmerda
SON	Sonneberg
SP	Speyer Stadt auslaufend Kreis, Abwicklung:

[1)] **Amtl. Anm.:** amtlicher Hinweis: Das Unterscheidungszeichen wird durch mehrere Verwaltungsbezirke verwaltet. Die Festlegung der Gruppen oder Nummerngruppen der Erkennungsnummer nach Anlage 2 der Fahrzeug-Zulassungsverordnung, die in den jeweiligen Verwaltungsbezirken durch die dort zuständigen Behörden oder zusätzliche Verwaltungsstellen ausgegeben werden, erfolgt durch die zuständige oberste Landesbehörde oder die nach Landesrecht zuständige Stelle.

[2)] **Amtl. Anm.:** Stadt- und Landkreis führen das gleiche Unterscheidungszeichen. Die Festlegung der Gruppen oder Nummerngruppen der Erkennungsnummer nach Anlage 2 der Fahrzeug-Zulassungsverordnung für deren Behörden oder zusätzliche Verwaltungsstellen erfolgt durch die zuständige oberste Landesbehörde oder die nach Landesrecht zuständige Stelle. Die Festlegung ist dem Kraftfahrt-Bundesamt rechtzeitig anzuzeigen.

	Zulassungsbehörde Rhein-Pfalz-Kreis
SPB	Spree-Neiße
SPN	Spree-Neiße
SR	Straubing[1]
SRB	Märkisch-Oderland
SRO	Saale-Holzland-Kreis
ST	Steinfurt
STA	Starnberg
STB	Ludwigslust-Parchim
STD	Stade
STE	Lichtenfels
STL	Erzgebirgskreis
SU	Rhein-Sieg-Kreis
SUL	Amberg-Sulzbach
SÜW	Südliche Weinstraße
SW	Schweinfurt[1]
SWA	Rheingau-Taunus-Kreis
SY	Diepholz
SZ	Salzgitter, Stadt
SZB	Erzgebirgskreis
TBB	Main-Tauber-Kreis
TDO	Nordsachsen
TE	Steinfurt
TET	Rostock, Landkreis
TF	Teltow-Fläming
TG	Nordsachsen
TIR	Tirschenreuth
TO	Nordsachsen
TÖL	Bad Tölz-Wolfratshausen
TP	Uckermark
TR	Trier, Stadt und Trier-Saarburg
TS	Traunstein
TÜ	Tübingen
TUT	Tuttlingen
UE	Uelzen
UEM	Vorpommern-Greifswald
UER	Vorpommern-Greifswald
UFF	Neustadt a.d. Aisch-Bad Windsheim
UH	Unstrut-Hainich-Kreis

[1] **Amtl. Anm.:** Stadt- und Landkreis führen das gleiche Unterscheidungszeichen. Die Festlegung der Gruppen oder Nummerngruppen der Erkennungsnummer nach Anlage 2 der Fahrzeug-Zulassungsverordnung für deren Behörden oder zusätzliche Verwaltungsstellen erfolgt durch die zuständige oberste Landesbehörde oder die nach Landesrecht zuständige Stelle. Die Festlegung ist dem Kraftfahrt-Bundesamt rechtzeitig anzuzeigen.

UL	Ulm, Stadt[1)]
	Alb-Donaukreis[1)]
UM	Uckermark
UN	Unna
USI	Hochtaunuskreis
V	Vogtlandkreis
VAI	Ludwigsburg
VB	Vogelsbergkreis
VEC	Vechta
VER	Verden
VG	Vorpommern-Greifswald
VIB	Landshut[1)]
	Rottal-Inn[1)]
VIE	Viersen
VIT	Regen
VK	Völklingen, Stadt
VOH	Neustadt a.d. Waldnaab
VR	Vorpommern-Rügen
VS	Schwarzwald-Baar-Kreis
W	Wuppertal, Stadt
WA	Waldeck-Frankenberg
WAF	Warendorf
WAK	Wartburgkreis
WAN	Herne, Stadt
WAT	Bochum, Stadt
WB	Wittenberg
WBS	Eichsfeld
WDA	Zwickau
WE	Weimar, Stadt
	auslaufend Kreis, Abwicklung: Zulassungsbehörde Weimarer Land
WEL	Limburg-Weilburg
WEN	Weiden i.d. OPf., Stadt
WER	Augsburg[1)]
	Dillingen a.d. Donau[1)]
WES	Wesel
WF	Wolfenbüttel
WHV	Wilhelmshaven, Stadt
WI	Wiesbaden, Stadt
WIL	Bernkastel-Wittlich
WIS	Nordwestmecklenburg
WIT	Ennepe-Ruhr-Kreis
WIZ	Werra-Meißner-Kreis

[1)] **Amtl. Anm.:** amtlicher Hinweis: Das Unterscheidungszeichen wird durch mehrere Verwaltungsbezirke verwaltet. Die Festlegung der Gruppen oder Nummerngruppen der Erkennungsnummer nach Anlage 2 der Fahrzeug-Zulassungsverordnung, die in den jeweiligen Verwaltungsbezirken durch die dort zuständigen Behörden oder zusätzliche Verwaltungsstellen ausgegeben werden, erfolgt durch die zuständige oberste Landesbehörde oder die nach Landesrecht zuständige Stelle.

WK	Ostprignitz-Ruppin
WL	Harburg
WLG	Vorpommern-Greifswald
WM	Weilheim-Schongau
WMS	Börde
WN	Rems-Murr-Kreis
WND	St. Wendel
WO	Worms, Stadt
WOB	Wolfsburg, Stadt
WOH	Kassel
WOL	Freudenstadt[1]
	Ortenaukreis[1]
WOR	Bad-Tölz-Wolfratshausen[1]
	München[1]
	Starnberg[1]
WOS	Freyung-Grafenau
WR	Harz
WRN	Mecklenburgische Seenplatte
WS	Rosenheim
WSF	Burgenlandkreis
WST	Ammerland
WSW	Görlitz
WT	Waldshut
WTL	Osnabrück
WTM	Wittmund
WÜ	Würzburg[2]
WUG	Weißenburg-Gunzenhausen
WÜM	Cham
WUN	Wunsiedel im Fichtelgebirge
WUR	Leipzig
WW	Westerwald
WZ	Wetzlar, Stadt
WZL	Börde
Z	Zwickau
ZE	Anhalt-Bitterfeld
ZEL	Cochem-Zell
ZI	Görlitz
ZIG	Schwalm-Eder-Kreis
ZP	Erzgebirgskreis

[1] **Amtl. Anm.:** amtlicher Hinweis: Das Unterscheidungszeichen wird durch mehrere Verwaltungsbezirke verwaltet. Die Festlegung der Gruppen oder Nummerngruppen der Erkennungsnummer nach Anlage 2 der Fahrzeug-Zulassungsverordnung, die in den jeweiligen Verwaltungsbezirken durch die dort zuständigen Behörden oder zusätzliche Verwaltungsstellen ausgegeben werden, erfolgt durch die zuständige oberste Landesbehörde oder die nach Landesrecht zuständige Stelle.

[2] **Amtl. Anm.:** Stadt- und Landkreis führen das gleiche Unterscheidungszeichen. Die Festlegung der Gruppen oder Nummerngruppen der Erkennungsnummer nach Anlage 2 der Fahrzeug-Zulassungsverordnung für deren Behörden oder zusätzliche Verwaltungsstellen erfolgt durch die zuständige oberste Landesbehörde oder die nach Landesrecht zuständige Stelle. Die Festlegung ist dem Kraftfahrt-Bundesamt rechtzeitig anzuzeigen.

ZR	Greiz
ZW	Südwestpfalz[1)
	Zweibrücken, Stadt[1)
ZZ	Burgenlandkreis

2. Aufgehobene Unterscheidungszeichen, die bis zur Außerbetriebsetzung des betroffenen Fahrzeugs weitergeführt werden dürfen

	Abwicklung durch Zulassungsbehörde des Kreises
AL	Märkischer Kreis
ALS	Vogelsbergkreis
AR	Hochsauerlandkreis
ASD	Emsland
BEI	Eichstätt
BEL	Potsdam-Mittelmark
BR	Karlsruhe
BRI	Hochsauerlandkreis
BU	Region Hannover
BZA	Südliche Weinstraße
DS	Schwarzwald-Baar-Kreis
DT	Lippe
EHI	Alb-Donau-Kreis
EIH	Eichstätt
ESA	Wartburgkreis
EUT	Ostholstein
FAL	Heidekreis
FH	Main-Taunus-Kreis
GEM	Main-Spessart
GRS	Oberhavel
HÜN	Fulda
HUS	Nordfriesland
HW	Gütersloh
HZ	Elbe-Elster
IS	Märkischer Kreis
JB	Teltow-Fläming
JEV	Friesland
KAR	Main-Spessart
L	Gießen und Lahn-Dill-Kreis
LAT	Vogelsbergkreis
LE	Lippe
LIN	Emsland
LK	Minden-Lübbecke
LOH	Main-Spessart
LS	Märkischer Kreis

[1) **Amtl. Anm.:** amtlicher Hinweis: Das Unterscheidungszeichen wird durch mehrere Verwaltungsbezirke verwaltet. Die Festlegung der Gruppen oder Nummerngruppen der Erkennungsnummer nach Anlage 2 der Fahrzeug-Zulassungsverordnung, die in den jeweiligen Verwaltungsbezirken durch die dort zuständigen Behörden oder zusätzliche Verwaltungsstellen ausgegeben werden, erfolgt durch die zuständige oberste Landesbehörde oder die nach Landesrecht zuständige Stelle.

	Abwicklung durch Zulassungsbehörde des Kreises
LÜD	Märkischer Kreis
LUK	Teltow-Fläming
MAR	Main-Spessart
MEP	Emsland
MES	Hochsauerlandkreis
MT	Westerwald
MÜL	Breisgau-Hochschwarzwald
MÜN	Reutlingen
NEU	Breisgau-Hochschwarzwald
NIB	Nordfriesland
NRÜ	Region Hannover
OLD	Ostholstein
OR	Oberhavel
OTT	Cuxhaven
OTW	Neunkirchen
PER	Prignitz
PK	Prignitz
RY	Stadt Mönchengladbach
SÄK	Waldshut
SF	Oberallgäu
SFA	Heidekreis
SLG	Sigmaringen
SNH	Rhein-Neckar-Kreis
SOL	Heidekreis
SPR	Region Hannover
STH	Schaumburg
STO	Konstanz
TÖN	Nordfriesland
TT	Bodenseekreis
ÜB	Bodenseekreis
VL	Schwarzwald-Baar-Kreis
VOF	Passau und Deggendorf
WAR	Höxter
WD	Gütersloh
WEB	Westerwald
WEG	Passau
WEM	Cuxhaven
WG	Ravensburg
ZS	Teltow-Fläming

3. Reservierte Unterscheidungszeichen

	Reserviert für einen Zulassungsbezirk des Bundeslandes	**bis**
AF	Freistaat Bayern	30. 04. 2021

251. Verordnung über Ausnahmen von den Vorschriften der Fahrzeug-Zulassungsverordnung (FZV-Ausnahmeverordnung – FZVAusnV)

Vom 20. August 2020
(BGBl. I S. 1968)

FNA 9232-14-1

Auf Grund des § 6 Absatz 1 Nummer 2 Buchstabe b und Nummer 8 in Verbindung mit § 6 Absatz 2 jeweils in Verbindung mit Absatz 3 des Straßenverkehrsgesetzes[1]) in der Fassung der Bekanntmachung vom 5. März 2003 (BGBl. I S. 310, 919), von denen § 6 Absatz 1 Nummer 2 Buchstabe b durch Artikel 1 Nummer 2 Buchstabe a Doppelbuchstabe aa des Gesetzes vom 3. Mai 2005 (BGBl. I S. 1221) und § 6 Absatz 2 durch Artikel 325 Nummer 1 der Verordnung vom 19. Juni 2020 (BGBl. I S. 1328) geändert worden sind, verordnen das Bundesministerium für Verkehr und digitale Infrastruktur und das Bundesministerium des Innern, für Bau und Heimat nach Anhörung der zuständigen obersten Landesbehörden:

§ 1 Versicherungskennzeichen. (1) Versicherungskennzeichen nach § 26 der Fahrzeug-Zulassungsverordnung[2]) dürfen sich abweichend von § 27 der Fahrzeug-Zulassungsverordnung in Verbindung mit Anlage 12 zu § 27 Absatz 1 Satz 5 der Fahrzeug-Zulassungsverordnung aus einer Kennzeichenfolie und der dazugehörigen Trägerplatte zusammensetzen, wenn die Maßgaben der Absätze 2 bis 6 erfüllt sind.

(2) [1] Der Versicherer, der das Kennzeichen ausgibt, muss gewährleisten, dass die Festigkeit des Verbundes aus der Kennzeichenfolie und der dazugehörigen Trägerplatte den Anforderungen gemäß Nummer 4 Satz 7 der Anlage 12 zu § 27 Absatz 1 Satz 5 der Fahrzeug-Zulassungsverordnung entspricht. [2] Dies ist durch das Gutachten eines für Bauteilprüfung geeigneten Sachverständigen nachzuweisen.

(3) [1] Die Beschriftung der Kennzeichenfolie erfolgt nach dem Schriftmuster „Schrift für Kfz-Kennzeichen“ (fälschungserschwerende Schrift – FE-Schrift). [2] Die Beschriftung muss den Schriftmustern „Schrif für Kfz-Kennzeichen“ entsprechen. [3] Die Schriftmuster können bei der Bundesanstalt für Straßenwesen, Postfach 10 0.50.51401 Bergisch Gladbach, bezogen werden. [4] Form, Größe und Ausgestaltung der Kennzeichenfolie müssen dem Muster und den Angaben der Anlage entsprechen.

(4) [1] Der Versicherer, der das Kennzeichen ausgibt, muss gewährleisten, dass der Verbund aus der Kennzeichenfolie und der dazugehörigen Trägerplatte eine hinreichende Witterungsbeständigkeit aufweist. [2] Durch das Gutachten eines für Bauteilprüfung geeigneten Sachverständigen ist nachzuweisen, dass das verwendete Material entsprechende Eigenschaften aufweist.

(5) Die Kennzeichenfolie samt ihrer vollflächigen Verklebung auf der Trägerplatte muss so beschaffen sein, dass diese beim Abziehen reißt, oder es

---

[1]) Nr. **10**.
[2]) Nr. **250**.

müssen durch Augenschein deutlich erkennbare Veränderungen der Kennzeichenfolie nach einem Entfernen aufgetreten sein, so dass diese nicht wiederverwendbar wird.

(6) [1] Es ist ein fälschungserschwerendes Merkmal in Form eines transparenten diffraktiven Hologrammmotivs vorzusehen, das dauernd fest mit der Kennzeichenfolie verbunden ist und die Lesbarkeit der Beschriftung der Kennzeichenfolie nicht beeinträchtigt. [2] Das Motiv des Hologramms soll die Anmutung eines Glasbruchs haben. [3] Das Hologramm ist in Form eines durchgehenden Streifens linksbündig am rechten Rand des Versicherungskennzeichens transparent auszugestalten. [4] Dieser Streifen ist unterlegt mit dem hellgrauen Schriftzug „VERSICHERUNGSKENNZEICHEN", der von rechts oben nach rechts unten, sowohl vertikal als auch horizontal mittig zwischen den Rahmeninnenseiten platziert, verlaufen soll. [5] Der Schriftzug „VERSICHERUNGSKENNZEICHEN" ist in der Schriftart Arial Fett in Schrifthöhe 4 Millimeter in Großbuchstaben auszuführen. [6] Zusätzlich muss zwischen den beiden Zeilen der Zahlen-Buchstaben-Kombination rechtsbündig in Form eines transparenten Hologramms der Schriftzug „GDV", gefolgt von der jeweiligen Jahreszahl des Versicherungsjahres, nach dem Schriftmuster „Schrift für Kfz-Kennzeichen" (fälschungserschwerende Schrift – FE-Schrift) in einer Schrifthöhe von 8 Millimetern angebracht sein. [7] Auf der Kennzeichenfolie muss zudem ein verdecktes Sicherheitsmerkmal nach Wahl des Herstellers der Kennzeichenfolie vorhanden sein; es ist so zu wählen, dass die automatische Erfassung des Kennzeichens nicht erschwert wird.

(7) Im Übrigen bleiben die Regelungsinhalte der Anlage 12 zu § 27 Absatz 1 Satz 5 der Fahrzeug-Zulassungsverordnung unberührt.

§ 2 Inkrafttreten, Außerkrafttreten. [1] Diese Verordnung tritt am 1. März 2021 in Kraft. [2] Sie tritt am 29. Februar 2024 außer Kraft.

Anlage

Kennzeichenfolie auf Trägerplatte als Versicherungskennzeichen für Kleinkrafträder, motorisierte Krankenfahrstühle und vierrädrige Leichtkraftfahrzeuge

1. Schematische Darstellung mit Maßen der Beschriftung

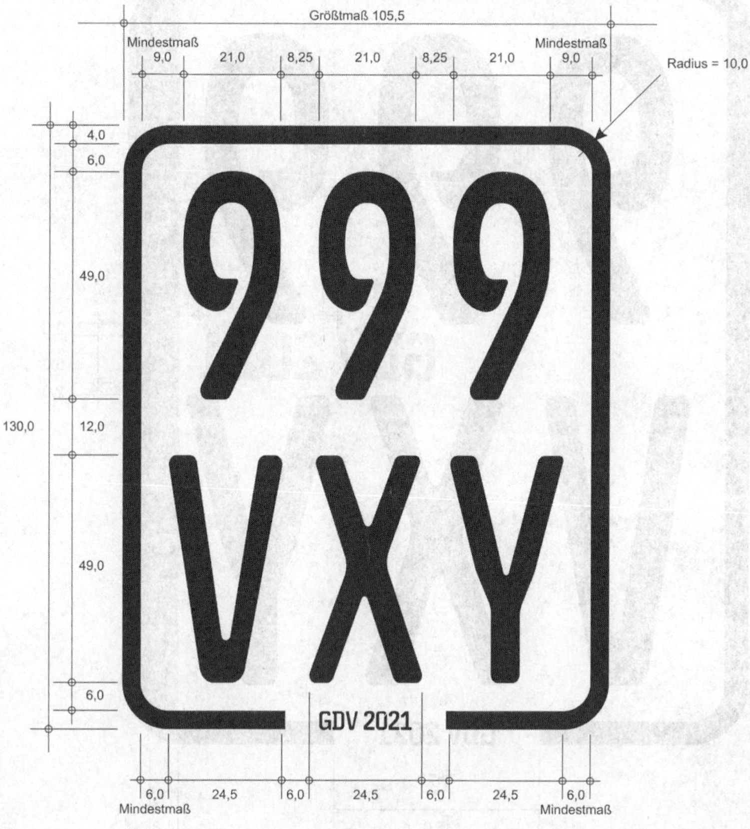

2. Schematische Darstellung des Hologramms

255. Verordnung über die EG-Genehmigung für Kraftfahrzeuge und ihre Anhänger sowie für Systeme, Bauteile und selbstständige technische Einheiten für diese Fahrzeuge (EG-Fahrzeuggenehmigungsverordnung – EG-FGV)[1)]

Vom 3. Februar 2011

(BGBl. I S. 126)

FNA 9231-1-20

geänd. durch Art. 27 G über die Neuordnung des Geräte- und Produktsicherheitsrechts v. 8.11. 2011 (BGBl. I S. 2178), Art. 4 Erste VO zur Änd. der Fahrzeug-ZulassungsVO und anderer straßenverkehrsrechtlicher Vorschriften v. 19.10.2012 (BGBl. I S. 2232) und Art. 7 Dritte VO zur Änd. der Fahrzeug-ZulassungsVO und anderer straßenverkehrsrechtlicher Vorschriften v. 23.3.2017 (BGBl. I S. 522)

Auf Grund

– des § 6 Absatz 1 Nummer 2 Buchstabe a bis c, e bis k, t bis v und Nummer 7 und Absatz 3a des Straßenverkehrsgesetzes[2)] in der Fassung der Bekanntmachung vom 5. März 2003 (BGBl. I S. 310, 919), von denen § 6 Absatz 1 Nummer 2 Buchstabe b durch Artikel 1 Nummer 2 Buchstabe a Doppelbuchstabe aa des Gesetzes vom 3. Mai 2005 (BGBl. I S. 1221) geändert und § 6 Absatz 3a durch Artikel 1 Nummer 1 des Gesetzes vom 22. Dezember 2008 (BGBl. I S. 2965) eingefügt worden sind, verordnet das Bundesministerium für Verkehr, Bau und Stadtentwicklung,

– des § 6 Absatz 1 Nummer 5a und 7 in Verbindung mit Absatz 2a des Straßenverkehrsgesetzes[2)] in der Fassung der Bekanntmachung vom 5. März 2003 (BGBl. I S. 310, 919) verordnen das Bundesministerium für

---

[1)] **Amtl. Anm.:** Diese Verordnung dient der Umsetzung folgender Rechtsakte:

1. Richtlinie 2007/46/EG des Europäischen Parlaments und des Rates vom 5. September 2007 zur Schaffung eines Rahmens für die Genehmigung von Kraftfahrzeugen und Kraftfahrzeuganhängern sowie von Systemen, Bauteilen und selbständigen technischen Einheiten für diese Fahrzeuge (ABl. L 263 vom 9.10.2007, S. 1);
2. Richtlinie 2002/24/EG des Europäischen Parlaments und des Rates vom 18. März 2002 über die Typgenehmigung für zweirädrige oder dreirädrige Kraftfahrzeuge und zur Aufhebung der Richtlinie 92/61/EWG des Rates (ABl. L 124 vom 9.5.2002, S. 1), die zuletzt durch die Richtlinie 2005/30/EG (ABl. L 106 vom 27.4.2005, S. 17) geändert worden ist;
3. Richtlinie 2003/37/EG des Europäischen Parlaments und des Rates vom 26. Mai 2003 über die Typgenehmigung für land- oder forstwirtschaftliche Zugmaschinen, ihre Anhänger und die von ihnen gezogenen auswechselbaren Maschinen sowie für Systeme, Bauteile und selbständige technische Einheiten dieser Fahrzeuge und zur Aufhebung der Richtlinie 74/150/EG (ABl. L 171 vom 9.7.2003, S. 1), die zuletzt durch die Richtlinie 2005/67/EG (ABl. L 273 vom 19.10.2005, S. 17) geändert worden ist.

Die Verpflichtung aus der Richtlinie 98/34/EG des Europäischen Parlaments und des Rates vom 22. Juni 1998 über ein Informationsverfahren auf dem Gebiet der Normen und technischen Vorschriften und der Vorschriften für die Dienste der Informationsgesellschaft (ABl. L 204 vom 21.7. 1998, S. 37), die zuletzt durch die Richtlinie 2006/96/EG (ABl. L 363 vom 20.12.2006, S. 81) geändert worden ist, sind beachtet worden.

[2)] Nr. **10**.

Verkehr, Bau und Stadtentwicklung und das Bundesministerium für Umwelt, Naturschutz und Reaktorsicherheit,

– des § 6 Absatz 1 Nummer 10 in Verbindung mit Absatz 2 des Straßenverkehrsgesetzes[1)] in der Fassung der Bekanntmachung vom 5. März 2003 (BGBl. I S. 310, 919) verordnen das Bundesministerium für Verkehr, Bau und Stadtentwicklung und das Bundesministerium des Innern:

Inhaltsübersicht[2)]

---

1) Nr. **10**.
2) Inhaltsübers. geänd. mWv 1.11.2012 durch VO v. 19.10.2012 (BGBl. I S. 2232).

Kapitel 1. Allgemeines

§ 1 Anwendungsbereich. Diese Verordnung gilt für die Genehmigung von

1. Kraftfahrzeugen und Kraftfahrzeuganhängern sowie von Systemen, Bauteilen und selbstständigen technischen Einheiten für diese Fahrzeuge nach der Richtlinie 2007/46/EG des Europäischen Parlaments und des Rates vom 5. September 2007 zur Schaffung eines Rahmens für die Genehmigung von Kraftfahrzeugen und Kraftfahrzeuganhängern sowie von Systemen, Bauteilen und selbständigen technischen Einheiten für diese Fahrzeuge (ABl. L 263 vom 9.10.2007, S. 1) in ihrer jeweils geltenden Fassung,
2. zwei-, drei- und vierrädrigen Kraftfahrzeugen sowie Systemen, selbstständigen technischen Einheiten und Bauteilen nach der Richtlinie 2002/24/EG des Europäischen Parlaments und des Rates vom 18. März 2002 über die Typgenehmigung für zweirädrige oder dreirädrige Kraftfahrzeuge und zur Aufhebung der Richtlinie 92/61/EWG des Rates (ABl. L 124 vom 9.5.2002, S. 1) in ihrer jeweils geltenden Fassung,
3. land- oder forstwirtschaftliche Zugmaschinen, ihre Anhänger und die von ihnen gezogenen auswechselbaren Maschinen sowie für Systeme, Bauteile und selbstständige technische Einheiten nach der Richtlinie 2003/37/EG des Europäischen Parlaments und des Rates vom 26. Mai 2003 über land- oder forstwirtschaftliche Zugmaschinen, ihre Anhänger und die von ihnen gezogenen auswechselbaren Maschinen sowie für Systeme, Bauteile und selbstständige technische Einheiten (ABl. L 171 vom 9.7.2003, S. 1) in ihrer jeweils geltenden Fassung.

§ 2 Genehmigungsbehörde. (1) Genehmigungsbehörde für Typgenehmigungen und Genehmigungen für den Verkauf, das Anbieten zum Verkauf oder die Inbetriebnahme von Teilen oder Ausrüstungen, von denen ein erhebliches Risiko für das einwandfreie Funktionieren von Systemen ausgehen kann, die für die Sicherheit des Fahrzeugs oder für seine Umweltwerte von wesentlicher Bedeutung sind (Autorisierung von Teilen oder Ausrüstungen), ist das Kraftfahrt-Bundesamt.

(2) Genehmigungsbehörde für Einzelgenehmigungen sind die nach Landesrecht zuständigen Stellen.

Kapitel 2. Genehmigung für Kraftfahrzeuge mit mindestens vier Rädern und ihre Anhänger sowie deren Systeme, Bauteile und selbstständige technische Einheiten

Abschnitt 1. Anwendungsbereich und EG-Typgenehmigung

§ 3 Anwendungsbereich und Voraussetzungen. (1) Für die Genehmigung von

1. Kraftfahrzeugen mit mindestens vier Rädern und mit einer bauartbedingten Höchstgeschwindigkeit von mehr als 25 km/h und ihren Anhängern (Fahrzeuge), die in einer oder in mehreren Stufen zur Teilnahme am Straßenverkehr konstruiert und gebaut werden, sowie
2. Systemen, Bauteilen und selbstständigen technischen Einheiten

nach der Richtlinie 2007/46/EG sind die Bestimmungen dieser Richtlinie anzuwenden.

(2) Die Bestimmungen der Richtlinie 2007/46/EG gelten nicht für die Typgenehmigung oder die Einzelgenehmigung folgender Fahrzeuge:

1. land- oder forstwirtschaftliche Zugmaschinen im Sinne des Kapitels 4 und Anhänger, die speziell dafür konstruiert und gebaut sind, von einer solchen Zugmaschine gezogen zu werden;
2. vierrädrige Kraftfahrzeuge im Sinne des Kapitels 3;
3. Gleiskettenfahrzeuge;
4. Prototypen von Fahrzeugen, die unter der Verantwortung eines Herstellers zur Durchführung eines speziellen Testprogramms auf der Straße betrieben werden, sofern sie speziell für diesen Zweck konstruiert und gebaut wurden.

(3) [1] Die Typgenehmigung oder Einzelgenehmigung nach der Richtlinie 2007/46/EG kann für folgende Fahrzeuge erteilt werden:

1. Fahrzeuge, die hauptsächlich für den Einsatz auf Baustellen, in Steinbrüchen, in Häfen oder auf Flughäfen konstruiert und gebaut sind;
2. Fahrzeuge, die für den Einsatz durch die Streitkräfte, den Katastrophenschutz, die Feuerwehr und die Ordnungskräfte konstruiert und gebaut sind, und
3. selbstfahrende Arbeitsmaschinen, sofern diese Fahrzeuge in der Lage sind, die Anforderungen dieser Richtlinie zu erfüllen.

[2] Die Anwendung der Richtlinie 2006/42/EG des Europäischen Parlaments und des Rates vom 17. Mai 2006 über Maschinen und zur Änderung der Richtlinie 95/16/EG (ABl. L 157 vom 9.6.2006, S. 24) bleibt unberührt.

(4) Die Einzelgenehmigung nach der Richtlinie 2007/46/EG kann für Fahrzeuge, die ausschließlich für Straßenrennen bestimmt sind, erteilt werden.

(5) [1] Die Genehmigung wird dem Hersteller oder einem anderen Verfügungsberechtigten auf Antrag erteilt. [2] Ein außerhalb des Gebietes, in dem der Vertrag zur Gründung der Europäischen Wirtschaftsgemeinschaft oder das Abkommen über den Europäischen Wirtschaftsraum gilt, ansässiger Hersteller hat für die Zwecke dieser Verordnung einen in diesem Gebiet ansässigen Bevollmächtigten zu benennen, der ihn bei der Genehmigungsbehörde vertritt.

(6) Für die Begriffsbestimmungen gilt Artikel 3 der Richtlinie 2007/46/EG.

§ 4 Erteilung der EG-Typgenehmigung. (1) [1] Für das Antragsverfahren gelten die Artikel 6 und 7 der Richtlinie 2007/46/EG. [2] Der Antragsteller hat der Genehmigungsbehörde zu erklären, dass für denselben Typ in einem anderen Mitgliedstaat eine EG-Typgenehmigung nicht beantragt worden ist.

(2) Die Vorlage der EG-Typgenehmigungsbögen für Systeme, selbstständige technische Einheiten und Bauteile entfällt, soweit die betreffenden EG-Typgenehmigungen bereits vom Kraftfahrt-Bundesamt erteilt wurden.

(3) [1] Mit dem Antrag kann ein Prüfbericht eines benannten Technischen Dienstes vorgelegt werden, der Angaben über die Erfüllung der Bedingungen zur Erteilung der Typgenehmigung enthält. [2] Das Kraftfahrt-Bundesamt kann anordnen, dass für den Fahrzeugtyp, für den eine EG-Typgenehmigung beantragt wird, ein entsprechendes Fahrzeug bei ihm oder beim Hersteller vorzuführen ist.

(4) Die EG-Typgenehmigung darf nur erteilt werden, wenn die Voraussetzungen für den zu genehmigenden Fahrzeugtyp oder die zu genehmigenden Systeme, Bauteile oder selbstständigen technischen Einheiten nach Artikel 8 Absatz 1 der Richtlinie 2007/46/EG vorliegen und nach Artikel 8 Absatz 2 der Richtlinie 2007/46/EG die Erfüllung der spezifischen Bestimmungen der Artikel 9 und 10 sichergestellt ist und die erforderlichen Prüfverfahren ordnungsgemäß und mit zufriedenstellendem Ergebnis durchgeführt wurden und der Antragsteller nachweist, dass er nach Anhang X der Richtlinie 2007/46/EG über ein wirksames System zur Überwachung der Übereinstimmung der Produktion verfügt, um zu gewährleisten, dass die herzustellenden Fahrzeuge, Systeme, Bauteile und selbstständigen technischen Einheiten jeweils mit dem genehmigten Typ übereinstimmen.

(5) Die EG-Typgenehmigung kann mit Nebenbestimmungen versehen werden.

§ 5 Änderung der EG-Typgenehmigung. [1] Der Inhaber der EG-Typgenehmigung hat das Kraftfahrt-Bundesamt unverzüglich über jede Änderung zu den Angaben, die in den Beschreibungsunterlagen enthalten sind, zu unterrichten. [2] Hat der Inhaber der Genehmigung einen benannten Technischen Dienst beauftragt, kann das Kraftfahrt-Bundesamt im Benehmen mit dem Technischen Dienst darüber entscheiden, ob die Änderung Auswirkungen auf die Beschreibungsunterlagen hat. [3] Hat die Änderung Auswirkungen auf die Beschreibungsunterlagen, so erfolgt die notwendige Revision oder

Erweiterung der EG-Typgenehmigung nur auf Antrag. [4] Das Kraftfahrt-Bundesamt nimmt die Änderungen der Beschreibungsunterlagen und des Genehmigungsbogens nach den Artikeln 14 bis 16 der Richtlinie 2007/46/EG vor.

§ 6 Übereinstimmungsbescheinigung und Kennzeichnung. (1) [1] Für jedes dem genehmigten Typ entsprechende Fahrzeug hat der Inhaber der EG-Typgenehmigung eine Übereinstimmungsbescheinigung nach Artikel 18 in Verbindung mit Anhang IX der Richtlinie 2007/46/EG auszustellen und dem Fahrzeug beizufügen. [2] Die Übereinstimmungsbescheinigung muss nach Artikel 18 Absatz 3 der Richtlinie 2007/46/EG fälschungssicher sein.

(2) Der Inhaber einer EG-Typgenehmigung für ein Bauteil oder eine selbstständige technische Einheit hat alle in Übereinstimmung mit dem genehmigten Typ hergestellten Bauteile oder selbstständigen technischen Einheiten nach Artikel 19 der Richtlinie 2007/46/EG zu kennzeichnen und, soweit die EG-Typgenehmigung Verwendungsbeschränkungen oder besondere Einbauvorschriften nach Artikel 10 Absatz 4 der Richtlinie 2007/46/EG enthält, jedem Bauteil oder jeder selbstständigen technischen Einheit ausführliche Angaben über die Beschränkungen mitzuliefern und etwa erforderliche Vorschriften über den Einbau beizufügen.

§ 7[1)] Erlöschen der EG-Typgenehmigung, Folgemaßnahmen.

(1) [1] Die EG-Typgenehmigung für Fahrzeuge erlischt, wenn neue Anforderungen eines für das genehmigte Fahrzeug geltenden Rechtsakts im Sinne des Artikels 3 Nummer 1 der Richtlinie 2007/46/EG für die Zulassung, den Verkauf oder die Inbetriebnahme neuer Fahrzeuge verbindlich werden und eine Änderung der Genehmigung nicht möglich ist. [2] Sie erlischt auch bei endgültiger Einstellung der Produktion des genehmigten Typs eines Fahrzeugs. [3] Der Hersteller hat die Einstellung der Produktion dem Kraftfahrt-Bundesamt mitzuteilen.

(2) [1] Muss der Genehmigungsinhaber bereits verkaufte, zugelassene oder in Betrieb genommene Fahrzeuge nach Artikel 32 der Richtlinie 2007/46/EG zurückrufen, weil von einem oder mehreren Systemen oder Bauteilen oder von einer oder mehreren selbstständigen technischen Einheiten, mit denen diese Fahrzeuge ausgerüstet sind, unabhängig davon, ob sie nach dieser Verordnung ordnungsgemäß genehmigt sind, ein erhebliches Risiko für die Verkehrssicherheit, die Gesundheit oder die Umwelt ausgeht, hat er dies unverzüglich dem Kraftfahrt-Bundesamt zu melden. [2] Die Meldung ist entbehrlich, wenn er bereits eine Meldung nach § 6 Absatz 4 des Produktsicherheitsgesetzes vom 8. November 2011 (BGBl. I S. 2178, 2179), an das Kraftfahrt-Bundesamt abgegeben hat. [3] Führt der Hersteller keine wirksamen Abhilfemaßnahmen im Sinne des Artikels 32 Absatz 2 und 3 der Richtlinie 2007/46/EG durch, kann das Kraftfahrt-Bundesamt Abhilfemaßnahmen anordnen oder die EG-Typgenehmigung ganz oder teilweise widerrufen oder zurücknehmen. [4] Maßnahmen nach dem Geräte- und Produktsicherheitsgesetz bleiben unberührt.

---

1) § 7 Abs. 2 Satz 2 geänd. mWv 1.12.2011 durch G v. 8.11.2011 (BGBl. I S. 2178).

§ 8 Besondere Verfahren. (1) Die den Mitgliedstaaten nach Artikel 20 Absatz 1, 2 und 4 der Richtlinie 2007/46/EG obliegenden Aufgaben werden für die Bundesrepublik Deutschland vom Kraftfahrt-Bundesamt wahrgenommen.

(2) Das Kraftfahrt-Bundesamt kann für Fahrzeuge aus auslaufenden Serien im Sinne des Artikels 27 der Richtlinie 2007/46/EG Ausnahmen erteilen, die die Zulassung, den Verkauf und die Inbetriebnahme in einer begrenzten Stückzahl weiterhin erlauben, obwohl die Fahrzeuge einem Fahrzeugtyp entsprechen, dessen EG-Typgenehmigung nicht mehr wirksam ist.

Abschnitt 2. Kleinserien-Typgenehmigung

§ 9 Erteilung der EG-Kleinserien-Typgenehmigung. (1) Für Fahrzeuge wird eine EG-Kleinserien-Typgenehmigung nach Artikel 22 der Richtlinie 2007/46/EG erteilt, wenn die in der Anlage zum Anhang IV Teil I der Richtlinie 2007/46/EG genannten Anforderungen erfüllt und die in Anhang XII Teil A Abschnitt 1 genannten höchstzulässigen Stückzahlen nicht überschritten werden.

(2) Für das Genehmigungsverfahren gelten die §§ 4, 5, 7 und 8 entsprechend.

§ 10 Übereinstimmungsbescheinigung. Für die Ausstellung der Übereinstimmungsbescheinigung ist § 6 Absatz 1 und 2 mit der Maßgabe anzuwenden, dass die nach Artikel 18 Absatz 6 der Richtlinie 2007/46/EG geforderten Zusätze einzutragen sind.

§ 11[1)] Erteilung der nationalen Kleinserien-Typgenehmigung.

(1) [1] Für Fahrzeuge wird eine nationale Kleinserien-Typgenehmigung nach Artikel 23 der Richtlinie 2007/46/EG erteilt, wenn die in Anhang IV oder Anhang XI der Richtlinie 2007/46/EG genannten Anforderungen erfüllt und die in Anlage XII Teil A Abschnitt 2 der Richtlinie 2007/46/EG genannten höchstzulässigen Stückzahlen nicht überschritten werden. [2] Der Einhaltung einzelner in Anhang IV oder Anhang XI der Richtlinie 2007/46/EG genannter Vorschriften bedarf es nicht, wenn das Fahrzeug die entsprechenden Bestimmungen der Straßenverkehrs-Zulassungs-Ordnung erfüllt.

(2) [1] Für das Genehmigungsverfahren finden die §§ 4, 5, 7 und 8 Absatz 2 entsprechend Anwendung. [2] Beim Antrag ist die Notwendigkeit der Anwendung entsprechender Anforderungen der Straßenverkehrs-Zulassungs-Ordnung nach Absatz 1 Satz 2 an Stelle der in Anhang IV oder Anhang XI der Richtlinie 2007/46/EG genannten Vorschriften darzulegen.

(3) Abweichungen von den technischen Angaben, die das Kraftfahrt-Bundesamt bei Erteilung der nationalen Kleinserien-Typgenehmigung durch Bescheid in Schriftform oder elektronischer Form für den genehmigten Typ festgelegt hat, sind dem Inhaber der Typgenehmigung nur gestattet, wenn diese durch einen entsprechenden Nachtrag ergänzt worden ist oder wenn das Kraftfahrt-Bundesamt auf Antrag festgestellt hat, dass für die vorgesehene Änderung eine Nachtragserlaubnis nicht erforderlich ist.

---

1) § 11 Abs. 3 geänd. mWv 1.10.2017 durch VO v. 23.3.2017 (BGBl. I S. 522).

(4) [1] Auf Antrag desjenigen, der ein Fahrzeug in einem anderen Mitgliedstaat verkaufen, zulassen oder in Betrieb nehmen will, fertigt das Kraftfahrt-Bundesamt eine Kopie des Typgenehmigungsbogens einschließlich der Beschreibungsunterlagen aus. [2] Auf Antrag des Herstellers übermittelt es den Genehmigungsbehörden der vom Hersteller angegebenen Mitgliedstaaten eine Kopie des Typgenehmigungsbogens und der zugehörigen Anlagen.

§ 12 Datenbestätigung. (1) [1] Der Inhaber einer nationalen Kleinserien-Typgenehmigung für Fahrzeuge ist verpflichtet, für jedes dem Typ entsprechende Fahrzeug eine Datenbestätigung nach Muster 2d der Straßenverkehrs-Zulassungs-Ordnung[1)] auszufüllen und dem Fahrzeug beizufügen. [2] Die Datenbestätigung nach Satz 1 ist entbehrlich, wenn

1. das Kraftfahrt-Bundesamt für den Fahrzeugtyp Typdaten zur Verfügung gestellt hat und
2. der Inhaber der Typgenehmigung durch Eintragung der vom Kraftfahrt-Bundesamt für den Abruf der Typdaten zugeteilten Typ- sowie Varianten-/Versionsschlüsselnummer in der Zulassungsbescheinigung Teil II bestätigt hat, dass das genannte Fahrzeug mit den Typdaten, die dieser Schlüsselnummer entsprechen, übereinstimmt.

(2) Für Fahrzeuge, die für die Bundeswehr zugelassen werden sollen, braucht die Datenbestätigung abweichend von Absatz 1 Satz 1 nur für eine Fahrzeugserie ausgestellt zu werden, wenn der Inhaber der nationalen Typgenehmigung die Fahrzeug-Identifizierungsnummer jedes einzelnen Fahrzeugs der Fahrzeugserie der Zentralen Militärkraftfahrtstelle mitteilt.

Abschnitt 3. Einzelgenehmigung

§ 13 Einzelgenehmigung für Fahrzeuge. (1) [1] Für ein Fahrzeug wird eine Einzelgenehmigung nach Artikel 24 der Richtlinie 2007/46/EG erteilt, wenn die in Anhang IV oder Anhang XI der Richtlinie 2007/46/EG genannten Vorschriften erfüllt werden. [2] Der Einhaltung einzelner der in Anhang IV oder Anhang XI der Richtlinie 2007/46/EG genannten Vorschriften bedarf es nicht, wenn das Fahrzeug die entsprechenden Bestimmungen der Straßenverkehrs-Zulassungs-Ordnung[1)] erfüllt.

(2) [1] Sollen für ein Kraftfahrzeug der Klasse M_1 jährlich mehr als 20 vom Hundert der in Anhang XII Teil A Nummer 2 der Richtlinie 2007/46/EG genannten höchstzulässigen Stückzahlen von neuen Kraftfahrzeugen eines gleichen Typs zugelassen oder in Betrieb genommen werden, muss eine EG-Kleinserien-Typgenehmigung nach § 9, eine nationale Kleinserien-Typgenehmigung nach § 11 oder eine EG-Typgenehmigung nach § 4 beantragt werden. [2] Im Antrag hat der Antragsteller zu erklären, welche Anzahl gleichartiger Fahrzeuge genehmigt werden soll und dass die maximal mögliche Stückzahl nach Satz 1 nicht überschritten wird. [3] Die Sätze 1 und 2 finden keine Anwendung für die Einzelgenehmigung von Kraftfahrzeugen eines Herstellers, der bereits Inhaber einer Typgenehmigung ist, wenn

a) diese Fahrzeuge die Anforderungen der Anhänge IV oder XI der Richtlinie 2007/46/EG erfüllen und für sie bereits eine Typgenehmigung beantragt

[1)] Nr. **200**.

worden ist und die zuständige Genehmigungsbehörde die Beantragung bestätigt, oder

b) es sich um Fahrzeuge nach Artikel 24 Absatz 8 der Richtlinie 2007/46/EG handelt.

(3) [1] Mit dem Antrag auf Erteilung der Einzelgenehmigung nach Artikel 24 der Richtlinie 2007/46/EG ist der Genehmigungsbehörde das auf Kosten des Antragstellers erstellte Gutachten einer amtlich anerkannten Sachverständigen oder eines amtlich anerkannten Sachverständigen, die oder der einer Technischen Prüfstelle für den Kraftfahrzeugverkehr angehört, oder eines Technischen Dienstes, der für die Begutachtung von Gesamtfahrzeugen benannt ist, vorzulegen. [2] Das Gutachten muss einen Genehmigungsbogen nach Anhang VI der Richtlinie 2007/46/EG enthalten. [3] Der Genehmigungsbogen muss mindestens die Angaben enthalten, die notwendig sind, um die Zulassungsbescheinigung Teil I und Teil II vollständig auszufüllen. [4] Dem Genehmigungsbogen ist eine Anlage beizufügen, aus der die technischen Vorschriften hervorgehen, nach denen das Fahrzeug genehmigt werden soll. [5] In dem Antrag ist die Notwendigkeit der Anwendung entsprechender Anforderungen der Straßenverkehrs-Zulassungs-Ordnung nach Absatz 1 Satz 2 an Stelle der in Anhang IV oder Anhang XI der Richtlinie 2007/46/EG genannten Vorschriften stichhaltig darzulegen. [6] Die Genehmigungsbehörde kann eine Nachprüfung des Gutachtens veranlassen.

(4) [1] Im Gutachten für die Einzelgenehmigung hat die oder der amtlich anerkannte Sachverständige oder der Technische Dienst zu bescheinigen, dass das Fahrzeug richtig beschrieben und vorschriftsmäßig ist. [2] Für die im Gutachten zusammengefassten Ergebnisse müssen Prüfprotokolle vorliegen, aus denen hervorgeht, dass die notwendigen Prüfungen durchgeführt und die geforderten Ergebnisse erreicht wurden. [3] Auf Anforderung sind die Prüfprotokolle der Genehmigungs- oder der zuständigen Aufsichtsbehörde vorzulegen. [4] Die Aufbewahrungsfrist für die Gutachten und Prüfprotokolle beträgt zehn Jahre.

(5) [1] Der Leiter der Technischen Prüfstelle und der Leiter des benannten Technischen Dienstes sind für die Sicherstellung der gleichmäßigen Qualität aller Tätigkeiten des befugten Personenkreises verantwortlich. [2] Sie haben der zuständigen Aufsichtsbehörde jährlich sowie zusätzlich auf konkrete Anforderung hin einen Qualitätssicherungsbericht vorzulegen. [3] Der Bericht muss in transparenter Form Aufschluss über die durchgeführten Qualitätskontrollen und die eingeleiteten Qualitätsmaßnahmen geben, sofern diese auf Grund eines Verstoßes erforderlich waren. [4] Der Leiter der Technischen Prüfstelle und der Leiter des benannten Technischen Dienstes haben sicherzustellen, dass fehlerhafte Begutachtungen, auf Grund derer ein Fahrzeug in Verkehr gebracht wurde oder werden soll, von dem ein erhebliches Risiko für die Verkehrssicherheit, die öffentliche Gesundheit oder die Umwelt ausgeht, nach Feststellung unverzüglich der zuständigen Genehmigungsbehörde und der zuständigen Aufsichtsbehörde gemeldet werden.

(6) Die Genehmigungsbehörde kann die Genehmigung ganz oder teilweise widerrufen oder zurücknehmen, insbesondere wenn festgestellt wird, dass

1. das im Gutachten beschriebene Fahrzeug mit dem genehmigten Sachverhalt nicht übereinstimmt oder

2. trotz der Genehmigung vom Fahrzeug ein erhebliches Risiko für die Verkehrssicherheit, die öffentliche Gesundheit oder die Umwelt ausgeht.

Abschnitt 4. EG-Autorisierung für risikobehaftete Teile und Ausrüstungen

§ 14 Erteilung, Änderung, Widerruf, Rücknahme und Erlöschen der Autorisierung. (1) [1] Für Teile oder Ausrüstungen nach Anhang XIII der Richtlinie 2007/46/EG kann auf Antrag vom Kraftfahrt-Bundesamt eine Autorisierung nach Artikel 31 der Richtlinie 2007/46/EG erteilt werden, wenn die in Artikel 31 Absatz 4 der Richtlinie 2007/46/EG genannten Anforderungen erfüllt werden. [2] Die Autorisierung wird dem Hersteller nach Artikel 31 Absatz 5 und 7 bis 10 der Richtlinie 2007/46/EG erteilt und durch eine Bescheinigung nachgewiesen.

(2) Der Hersteller hat sicherzustellen, dass alle Teile oder Ausrüstungen, für die in Anwendung dieses Artikels eine Autorisierung erteilt wurde, entsprechend gekennzeichnet sind.

(3) [1] Der Hersteller hat dem Kraftfahrt-Bundesamt jede Änderung, die sich auf die Bedingungen auswirkt, unter denen die Bescheinigung nach Absatz 1 ausgestellt wurde, unverzüglich mitzuteilen. [2] Das Kraftfahrt-Bundesamt entscheidet dann, ob die Bescheinigung geändert oder neu ausgestellt werden muss und ob neue Prüfungen erforderlich sind. [3] Der Hersteller ist dafür verantwortlich, dass die Teile und Ausrüstungen jederzeit unter den Bedingungen hergestellt werden, auf Grund derer die Bescheinigung ausgestellt wurde.

(4) Das Kraftfahrt-Bundesamt kann die Autorisierung ganz oder teilweise widerrufen oder zurücknehmen, insbesondere wenn festgestellt wird, dass

1. Teile oder Ausrüstungen mit einer Bescheinigung nach Absatz 1 nicht mit dem autorisierten Teil oder der Ausrüstung übereinstimmen oder
2. von Teilen oder Ausrüstungen ein erhebliches Risiko für die Verkehrssicherheit, die öffentliche Gesundheit oder die Umwelt ausgeht, obwohl sie mit einer Kennzeichnung nach Absatz 2 versehen sind, oder
3. der Hersteller nicht über ein wirksames System zur Überwachung der Übereinstimmung der Produktion nach Artikel 31 Absatz 9 der Richtlinie 2007/46/EG verfügt oder dieses System nicht mehr in der vorgesehenen Weise anwendet.

Kapitel 3. EG-Typgenehmigung für zweirädrige oder dreirädrige Kraftfahrzeuge

§ 15 Anwendungsbereich und Voraussetzungen. (1) Für die Genehmigung von

1. zwei-, drei- und vierrädrigen Kraftfahrzeugen sowie
2. Systemen, selbstständigen technischen Einheiten und Bauteilen

nach der Richtlinie 2002/24/EG sind die Bestimmungen dieser Richtlinie anzuwenden.

(2) Die Bestimmungen der Richtlinie 2002/24/EG gelten nicht für

1. Fahrzeuge mit einer durch die Bauart bestimmten Höchstgeschwindigkeit von nicht mehr als 6 km/h;
2. durch Fußgänger geführte Fahrzeuge;
3. Fahrzeuge, die zur Benutzung durch körperlich behinderte Personen bestimmt sind;
4. Fahrzeuge, die für den sportlichen Wettbewerb auf der Straße oder im Gelände bestimmt sind;
5. land- oder forstwirtschaftliche Zugmaschinen;
6. selbstfahrende Arbeitsmaschinen;
7. für Freizeitzwecke konzipierte Geländefahrzeuge mit drei symmetrisch angeordneten Rädern, wobei diese ein Vorderrad und zwei Hinterräder umfassen;
8. Fahrräder mit Trethilfe, die mit einem elektromotorischen Hilfsantrieb mit einer maximalen Nenndauerleistung von 0,25 Kilowatt ausgestattet sind, dessen Unterstützung sich mit zunehmender Fahrzeuggeschwindigkeit progressiv verringert und beim Erreichen einer Geschwindigkeit von 25 km/h oder früher, wenn der Fahrer im Treten einhält, unterbrochen wird;
9. selbstständige technische Einheiten oder Bauteile für die unter den Nummern 1 bis 8 genannten Fahrzeuge.

(3) Die Genehmigung nach Absatz 1 wird dem Hersteller auf Antrag erteilt.

(4) Für die Begriffsbestimmungen gilt Artikel 2 der Richtlinie 2002/24/EG.

§ 16[1] Erteilung und Änderung der EG-Typgenehmigung. (1) Für das Antragsverfahren gilt Artikel 3 in Verbindung mit Artikel 11 der Richtlinie 2002/24/EG.

(2) Der Antragsteller hat dem Kraftfahrt-Bundesamt zu erklären, dass für denselben Typ in einem anderen Mitgliedstaat eine EG-Typgenehmigung nicht beantragt worden ist.

(3) [1] Mit dem Antrag kann ein Prüfbericht eines benannten Technischen Dienstes vorgelegt werden, der Angaben nach Maßgabe des Artikels 4 Absatz 1 der Richtlinie 2002/24/EG über die Erfüllung der Bedingungen zur Erteilung der Typgenehmigung enthält. [2] Das Kraftfahrt-Bundesamt kann anordnen, dass für den Fahrzeugtyp, für den eine EG-Typgenehmigung beantragt wird, ein entsprechendes Fahrzeug bei ihm oder beim Hersteller vorzuführen ist.

(4) [1] Der Antragsteller hat gegenüber dem Kraftfahrt-Bundesamt das Vorhandensein eines wirksamen Systems zur Überwachung der Übereinstimmung der Produktion nach Anhang VI der Richtlinie 2002/24/EG nachzuweisen. [2] Die hierfür notwendige Überprüfung kann durch das Kraftfahrt-Bundesamt erfolgen; sie kann auch durch eine akkreditierte Zertifizierungsstelle oder die Behörde eines anderen Mitgliedstaates vorgenommen werden, wenn diese vom Kraftfahrt-Bundesamt hierzu beauftragt wurden. [3] Den nach

[1] § 16 Abs. 4 Satz 2 Halbs. 2 und Satz 3 Nr. 2 geänd. mWv 1.11.2012 durch VO v. 19.10.2012 (BGBl. I S. 2232).

Satz 1 erforderlichen Nachweis kann der Antragsteller auch durch Vorlage eines ordnungsgemäßen Zertifikats über das Vorhandensein eines Qualitätsmanagementsystems nach EN ISO 9002-1994, EN ISO 9001-2000 oder eines gleichwertigen Standards erbringen, das

1. vom Kraftfahrt-Bundesamt als Zertifizierungsstelle,
2. von einer durch die Akkreditierungsstelle akkreditierten Zertifizierungsstelle oder
3. von einer durch die zuständige Stelle eines anderen Mitgliedstaates akkreditierten Zertifizierungsstelle, die von der EG-Typgenehmigungsbehörde dieses Mitgliedstaates anerkannt wird,

ausgestellt ist. [4] Die Zertifizierung nach Satz 3 Nummer 3 wird nur unter der Voraussetzung der Gegenseitigkeit anerkannt.

(5) Das Kraftfahrt-Bundesamt kann die Überprüfung nach Anhang VI der Richtlinie 2002/24/EG durchführen oder durch eine Zertifizierungsstelle nach Absatz 4 Satz 3 Nummer 2 durchführen lassen.

(6) [1] Die EG-Typgenehmigung darf nur erteilt werden, wenn die Voraussetzungen nach Artikel 4 Absatz 1 der Richtlinie 2002/24/EG vorliegen und der Antragsteller über ein wirksames System zur Überwachung der Übereinstimmung der Produktion nach Anhang VI der Richtlinie 2002/24/EG verfügt, um zu gewährleisten, dass die herzustellenden Fahrzeuge, Systeme, selbstständigen technischen Einheiten und Bauteile jeweils mit dem genehmigten Typ übereinstimmen. [2] Hinsichtlich Inhalt und Form der EG-Typgenehmigung gilt Artikel 5 der Richtlinie 2002/24/EG.

(7) Für das weitere Verfahren der Erteilung findet § 4 Absatz 2 und 5 entsprechende Anwendung.

(8) [1] Der Inhaber der EG-Typgenehmigung hat das Kraftfahrt-Bundesamt über jede Änderung zu den Angaben, die im Beschreibungsbogen enthalten sind, zu unterrichten. [2] Hat der Inhaber der EG-Typgenehmigung einen Technischen Dienst mit der Unterrichtung beauftragt, kann dieser im Einvernehmen mit dem Kraftfahrt-Bundesamt darüber entscheiden, ob die Änderung Auswirkungen auf den EG-Typgenehmigungsbogen hat. [3] Hat die Änderung Auswirkungen auf den EG-Typgenehmigungsbogen, so bedarf es für die notwendige Änderung oder Erweiterung der EG-Typgenehmigung eines Antrags an das Kraftfahrt-Bundesamt. [4] Das Kraftfahrt-Bundesamt nimmt die Änderungen des EG-Typgenehmigungsbogens nach Maßgabe des Artikels 9 Absatz 3 und 4 der Richtlinie 2002/24/EG vor.

§ 17 Übereinstimmungsbescheinigung und Kennzeichnung. (1) [1] Für jedes dem genehmigten Typ entsprechende Fahrzeug hat der Inhaber der EG-Typgenehmigung eine Übereinstimmungsbescheinigung nach Anhang IV Teil A der Richtlinie 2002/24/EG auszustellen und diese dem Fahrzeug beizufügen. [2] Die Übereinstimmungsbescheinigung muss nach Artikel 7 Absatz 1 der Richtlinie 2002/24/EG fälschungssicher sein. [3] Für jede selbstständige technische Einheit oder jedes Bauteil, bei dem es sich nicht um ein Originalteil aus der Baureihe des genehmigten Fahrzeugtyps handelt, das aber dem genehmigten Typ entspricht, hat der Inhaber der EG-Typgenehmigung für diese Teile eine Übereinstimmungsbescheinigung nach Anhang IV Teil B der Richtlinie 2002/24/EG auszustellen und diese der selbstständigen technischen Einheit oder dem Bauteil beizufügen; dies gilt nicht, wenn die

Anbringung des Typgenehmigungszeichens nach der in Anhang I der Richtlinie 2002/24/EG genannten jeweiligen Einzelrichtlinie vorgeschrieben ist.

(2) Der Inhaber einer EG-Typgenehmigung für eine selbstständige technische Einheit oder ein Bauteil hat alle in Übereinstimmung mit dem genehmigten Typ hergestellten selbstständigen technischen Einheiten oder Bauteile nach Artikel 7 Absatz 4 der Richtlinie 2002/24/EG zu kennzeichnen.

(3) Der Inhaber einer EG-Typgenehmigung, die für eine selbstständige technische Einheit oder ein Bauteil Verwendungsbeschränkungen nach Artikel 7 Absatz 3 der Richtlinie 2002/24/EG enthält, hat nach Artikel 7 Absatz 5 der Richtlinie 2002/24/EG mit jeder hergestellten selbstständigen technischen Einheit oder jedem Bauteil ausführliche Angaben über die Beschränkungen und etwa erforderliche Vorschriften über den Einbau mitzuliefern.

(4) Der Inhaber einer EG-Typgenehmigung für eine selbstständige technische Einheit, bei der es sich nicht um ein Originalteil aus der Baureihe des genehmigten Fahrzeugtyps handelt, hat nach Artikel 7 Absatz 6 der Richtlinie 2002/24/EG jeder hergestellten selbstständigen technischen Einheit ausführliche Angaben über die Zuordnung zu den Fahrzeugen, für die die Verwendung vorgesehen ist, beizufügen.

(5) Hinsichtlich der Ausführung des Typgenehmigungszeichens gilt Artikel 8 der Richtlinie 2002/24/EG.

§ 18 Erlöschen der EG-Typgenehmigung, Folgemaßnahmen. [1] Die EG-Typgenehmigung erlischt, wenn eine oder mehrere der EG-Typgenehmigungen nach den in Anhang I der Richtlinie 2002/24/EG genannten Einzelrichtlinien ungültig werden, die Bestandteil des betreffenden Beschreibungsbogens sind. [2] Sie erlischt auch bei endgültiger Einstellung der Produktion des genehmigten Typs eines Fahrzeugs, einer selbstständigen technischen Einheit oder eines Bauteils.

§ 19 Besondere Verfahren. (1) Die den Mitgliedstaaten nach Artikel 15 Absatz 3 und 4 sowie Artikel 16 der Richtlinie 2002/24/EG obliegenden Aufgaben werden für die Bundesrepublik Deutschland vom Kraftfahrt-Bundesamt wahrgenommen.

(2) [1] Für Fahrzeuge, Systeme, selbstständige technische Einheiten und Bauteile, die in Kleinserien oder für die Bundeswehr, die Polizei, die Bundespolizei, den Zolldienst, die Feuerwehr und die anderen Einheiten und Einrichtungen des Katastrophenschutzes im Sinne des Artikels 15 Absatz 3 Buchstabe a der Richtlinie 2002/24/EG hergestellt werden, können Allgemeine Betriebserlaubnisse nach § 20 der Straßenverkehrs-Zulassungs-Ordnung[1)] erteilt werden. [2] Das Kraftfahrt-Bundesamt kann für Fahrzeuge, für die in einem anderen Mitgliedstaat eine Typgenehmigung nach Artikel 15 Absatz 3 Buchstabe a der Richtlinie 2002/24/EG erteilt worden ist, auf Antrag diese Typgenehmigung für die Zulassung im Inland anerkennen. [3] Im Übrigen gilt Artikel 15 Absatz 3 Buchstabe a der Richtlinie 2002/24/EG.

(3) Auf Antrag kann das Kraftfahrt-Bundesamt für Fahrzeuge aus auslaufenden Serien im Sinne des Artikels 16 Absatz 1 und 2 der Richtlinie 2002/

[1)] Nr. **200**.

24/EG die Zulassung, den Verkauf und die Inbetriebnahme trotz nicht mehr gültiger Typgenehmigung erlauben.

(4) [1] Für Fahrzeuge, Systeme, selbstständige technische Einheiten oder Bauteile im Sinne des Artikels 16 Absatz 3 der Richtlinie 2002/24/EG kann eine EG-Typgenehmigung erteilt werden. [2] Die Vorschriften der §§ 15 bis 18 sind entsprechend anzuwenden. [3] Im Übrigen gilt Artikel 16 Absatz 3 der Richtlinie 2002/24/EG.

Kapitel 4. EG-Typgenehmigung für land- oder forstwirtschaftliche Zugmaschinen, ihre Anhänger und die von ihnen gezogenen auswechselbaren Maschinen sowie für Systeme, Bauteile und selbstständige technische Einheiten dieser Fahrzeuge

§ 20 Anwendungsbereich und Voraussetzungen. (1) Für die Genehmigung von

1. Zugmaschinen, Anhängern oder gezogenen auswechselbaren Maschinen, die zum Einsatz in der Land- oder Forstwirtschaft bestimmt sind, unabhängig davon, ob sie in einer oder in mehreren Stufen gefertigt werden, sowie
2. Systemen, selbstständigen technischen Einheiten und Bauteilen

nach der Richtlinie 2003/37/EG sind die Bestimmungen dieser Richtlinie anzuwenden.

(2) Die Bestimmungen der Richtlinie 2003/37/EG gelten nicht für

1. Fahrzeuge mit einer durch die Bauart bestimmten Höchstgeschwindigkeit von weniger als 6 km/h;
2. speziell zum Einsatz in der Forstwirtschaft bestimmte Maschinen wie Seilschlepper (Skidder) und Rückezüge (Forwarder) nach ISO-Norm 6814:2000;
3. Forstmaschinen auf Fahrgestell für Erdbaumaschinen nach ISO-Norm 6165:2001;
4. auswechselbare Maschinen, die im öffentlichen Straßenverkehr von einem anderen Fahrzeug in vollständig angehobener Stellung mitgeführt werden (Anbaugeräte).

(3) Die Genehmigung nach Absatz 1 wird dem Hersteller auf Antrag erteilt.

(4) Für die Begriffsbestimmungen gilt Artikel 2 der Richtlinie 2003/37/EG.

§ 21[1)] Erteilung und Änderung der EG-Typgenehmigung. (1) Für das Antragsverfahren gilt Artikel 3 in Verbindung mit Artikel 12 der Richtlinie 2003/37/EG.

(2) Der Antragsteller hat dem Kraftfahrt-Bundesamt nach Artikel 3 Absatz 4 der Richtlinie 2003/37/EG zu erklären, dass für denselben Typ in

1) § 21 Abs. 4 Satz 2 Halbs. 2 und Satz 3 Nr. 2, Abs. 7 geänd. mWv 1.11.2012 durch VO v. 19.10.2012 (BGBl. I S. 2232).

einem anderen Mitgliedstaat eine EG-Typgenehmigung nicht beantragt worden ist.

(3) [1] Mit dem Antrag kann ein Prüfbericht eines benannten Technischen Dienstes vorgelegt werden, der Angaben nach Maßgabe des Artikels 4 Absatz 1 der Richtlinie 2003/37/EG über die Erfüllung der Bedingungen zur Erteilung der Typgenehmigung enthält. [2] Das Kraftfahrt-Bundesamt kann anordnen, dass für den Fahrzeugtyp, für den eine EG-Typgenehmigung beantragt wird, ein entsprechendes Fahrzeug bei ihm oder beim Hersteller vorzuführen ist.

(4) [1] Der Antragsteller hat gegenüber dem Kraftfahrt-Bundesamt nach dessen näherer Bestimmung das Vorhandensein eines wirksamen Systems zur Überwachung der Übereinstimmung der Produktion nach Anhang IV der Richtlinie 2003/37/EG nachzuweisen. [2] Die hierfür notwendige Überprüfung kann durch das Kraftfahrt-Bundesamt erfolgen; sie kann auch durch eine akkreditierte Zertifizierungsstelle oder die Behörde eines anderen Mitgliedstaates vorgenommen werden, wenn diese vom Kraftfahrt-Bundesamt hierzu beauftragt wurden. [3] Den nach Satz 1 erforderlichen Nachweis kann der Antragsteller auch durch Vorlage eines ordnungsgemäßen Zertifikats über das Vorhandensein eines Qualitätsmanagementsystems entsprechend EN ISO 9001-2000 oder eines gleichwertigen Standards erbringen, das

1. vom Kraftfahrt-Bundesamt als Zertifizierungsstelle,
2. von einer durch die Akkreditierungsstelle akkreditierten Zertifizierungsstelle oder
3. von einer durch die zuständige Stelle eines anderen Mitgliedstaates akkreditierten Zertifizierungsstelle, die von der EG-Typgenehmigungsbehörde dieses Mitgliedstaates anerkannt wird,

ausgestellt ist. [4] Die Zertifizierung nach Satz 3 Nummer 3 wird nur unter der Voraussetzung der Gegenseitigkeit anerkannt.

(5) Das Kraftfahrt-Bundesamt kann die Überprüfung nach Anhang IV der Richtlinie 2003/37/EG durchführen oder durch eine Zertifizierungsstelle nach Absatz 4 Satz 3 Nummer 2 durchführen lassen.

(6) Die EG-Typgenehmigung darf nur erteilt werden, wenn die Voraussetzungen nach Artikel 4 Absatz 1 der Richtlinie 2003/37/EG vorliegen und der Antragsteller über ein wirksames System zur Sicherstellung der Übereinstimmung der Produktion nach Anhang IV der Richtlinie 2003/37/EG verfügt, um zu gewährleisten, dass die herzustellenden Fahrzeuge, Systeme, selbstständigen technischen Einheiten und Bauteile jeweils mit dem genehmigten Typ übereinstimmen.

(7) Für das weitere Verfahren der Erteilung findet § 4 Absatz 2 und 5 entsprechend Anwendung.

(8) [1] Der Inhaber der EG-Typgenehmigung hat das Kraftfahrt-Bundesamt über jede Änderung der Angaben, die in den Beschreibungsunterlagen enthalten sind, zu unterrichten. [2] Hat der Inhaber der EG-Typgenehmigung einen Technischen Dienst mit der Unterrichtung beauftragt, kann dieser im Einvernehmen mit dem Kraftfahrt-Bundesamt darüber entscheiden, ob die Änderung Auswirkungen auf den EG-Typgenehmigungsbogen hat. [3] Hat die Änderung Auswirkungen auf den EG-Typgenehmigungsbogen, so bedarf es für die notwendige Änderung oder Erweiterung der EG-Typgenehmigung

eines Antrags an das Kraftfahrt-Bundesamt. [4] Das Kraftfahrt-Bundesamt nimmt die Änderungen nach Maßgabe des Artikels 5 der Richtlinie 2003/37/EG vor.

§ 22 Übereinstimmungsbescheinigung und Kennzeichnung. (1) [1] Für jedes dem genehmigten Typ entsprechende Fahrzeug hat der Inhaber der EG-Typgenehmigung eine Übereinstimmungsbescheinigung nach Anhang III der Richtlinie 2003/37/EG auszustellen und diese dem Fahrzeug beizufügen. [2] Die Übereinstimmungsbescheinigung muss nach den Anforderungen in Anhang III der Richtlinie 2003/37/EG fälschungssicher sein.

(2) [1] Der Inhaber einer EG-Typgenehmigung für ein Bauteil oder eine selbstständige technische Einheit hat alle in Übereinstimmung mit dem genehmigten Typ hergestellten Bauteile oder selbstständigen technischen Einheiten nach Artikel 6 Absatz 3 der Richtlinie 2003/37/EG zu kennzeichnen und, soweit die EG-Typgenehmigung Verwendungsbeschränkungen nach Artikel 4 Absatz 1 Buchstabe c der Richtlinie 2003/37/EG enthält, jedem hergestellten Bauteil oder jeder hergestellten selbstständigen technischen Einheit ausführliche Angaben über die Beschränkungen und etwa erforderliche Vorschriften über den Einbau beizufügen. [2] Stellt das Kraftfahrt-Bundesamt fest, dass Fahrzeuge, Systeme, selbstständige technische Einheiten oder Bauteile nicht mit dem genehmigten Typ übereinstimmen, trifft es nach Artikel 16 Absatz 2 in Verbindung mit Artikel 13 der Richtlinie 2003/37/EG die erforderlichen Maßnahmen, um die Übereinstimmung der Produktion mit dem genehmigten Typ erneut sicherzustellen.

§ 23 Erlöschen der EG-Typgenehmigung, Folgemaßnahmen. [1] Die EG-Typgenehmigung erlischt, wenn eine oder mehrere der EG-Typgenehmigungen nach den in Anhang II Kapitel B der Richtlinie 2003/37/EG aufgeführten Einzelrichtlinien ungültig werden, die Bestandteil des zugrunde liegenden Beschreibungsbogens sind. [2] Sie erlischt auch bei endgültiger Einstellung der Produktion des genehmigten Typs eines Fahrzeugs, eines Systems, einer selbstständigen technischen Einheit oder eines Bauteils.

§ 24 Besondere Verfahren. (1) Die den Mitgliedstaaten nach Artikel 8 Absatz 2 der Richtlinie 2003/37/EG obliegenden Aufgaben werden für die Bundesrepublik Deutschland vom Kraftfahrt-Bundesamt wahrgenommen.

(2) [1] Für Fahrzeuge, die in Kleinserien im Sinne des Artikels 9 der Richtlinie 2003/37/EG oder für die Bundeswehr, die Polizei, die Bundespolizei, den Zolldienst, die Feuerwehr und die anderen Einheiten und Einrichtungen des Katastrophenschutzes im Sinne des Artikels 8 Absatz 1 der Richtlinie 2003/37/EG hergestellt werden, können Allgemeine Betriebserlaubnisse nach § 20 der Straßenverkehrs-Zulassungs-Ordnung[1)] erteilt werden. [2] Das Kraftfahrt-Bundesamt kann für Fahrzeuge, für die in einem anderen Mitgliedstaat eine Typgenehmigung nach Artikel 9 der Richtlinie 2003/37/EG erteilt worden ist, auf Antrag diese Typgenehmigung für die Zulassung im Inland anerkennen.

(3) Auf Antrag kann das Kraftfahrt-Bundesamt für Fahrzeuge aus auslaufenden Serien im Sinne des Artikels 10 der Richtlinie 2003/37/EG die

---

1) Nr. **200**.

Zulassung, den Verkauf und die Inbetriebnahme von Fahrzeugen trotz nicht mehr gültiger Typgenehmigung nach Maßgabe des Artikels 10 der Richtlinie 2003/37/EG erlauben.

(4) [1] Für Fahrzeuge, Systeme, selbstständige technische Einheiten oder Bauteile im Sinne des Artikels 11 der Richtlinie 2003/37/EG kann nach Maßgabe des Artikels 11 Buchstabe a, c, d und e der Richtlinie 2003/37/EG eine EG-Typgenehmigung erteilt werden. [2] Die Vorschriften der §§ 20 bis 22 sind entsprechend anzuwenden.

Kapitel 5. Gemeinsame Vorschriften

§ 25 Sicherstellung der Übereinstimmung der Produktion, Widerruf und Rücknahme. (1) Stellt das Kraftfahrt-Bundesamt fest, dass Fahrzeuge, Systeme, Bauteile und selbstständige technische Einheiten nicht mit dem genehmigten Typ übereinstimmen, kann es die erforderlichen Maßnahmen nach den für den jeweiligen Typ anwendbaren Richtlinien 2007/46/EG, 2002/24/EG und 2003/37/EG anordnen, um die Übereinstimmung der Produktion mit dem genehmigten Typ sicherzustellen.

(2) Das Kraftfahrt-Bundesamt kann zur Beseitigung aufgetretener Mängel und zur Gewährleistung der Vorschriftsmäßigkeit auch bereits im Verkehr befindlicher Fahrzeuge, selbstständiger technischer Einheiten oder Bauteile nachträglich Nebenbestimmungen anordnen.

(3) Das Kraftfahrt-Bundesamt kann die Typgenehmigung ganz oder teilweise widerrufen oder zurücknehmen, insbesondere wenn festgestellt wird, dass

1. Fahrzeuge mit einer Übereinstimmungsbescheinigung oder selbstständige technische Einheiten oder Bauteile mit einer vorgeschriebenen Kennzeichnung nicht mit dem genehmigten Typ übereinstimmen,
2. von Fahrzeugen, selbstständigen technischen Einheiten oder Bauteilen ein erhebliches Risiko für die Verkehrssicherheit, die öffentliche Gesundheit oder die Umwelt ausgeht,
3. der Hersteller nicht über ein wirksames System der Überwachung der Übereinstimmung der Produktion verfügt oder dieses System nicht in der vorgesehenen Weise anwendet oder
4. der Inhaber der Typgenehmigung gegen die mit der Typgenehmigung verbundenen Auflagen verstößt.

§ 26 EG-Typgenehmigungen aus anderen Mitgliedstaaten. (1) [1] In den anderen Mitgliedstaaten nach

1. der Richtlinie 2007/46/EG,
2. der Richtlinie 2002/24/EG oder
3. der Richtlinie 2003/37/EG

erteilte EG-Typgenehmigungen und Autorisierungen gelten auch im Inland. [2] Die nach Artikel 23 der Richtlinie 2007/46/EG erteilten nationalen Kleinserien-Typgenehmigungen anderer Mitgliedstaaten gelten im Inland, wenn sie nach Maßgabe des Artikels 23 Absatz 6 der Richtlinie 2007/46/EG vom Kraftfahrt-Bundesamt anerkannt sind. [3] Die nach Artikel 24 der Richtlinie

2007/46/EG erteilten Einzelgenehmigungen anderer Mitgliedstaaten gelten im Inland nach Maßgabe des Artikels 24 Absatz 6 oder 7 der Richtlinie 2007/46/EG.

(2) [1] Stellt das Kraftfahrt-Bundesamt fest, dass Fahrzeuge, Systeme, selbstständige technische Einheiten oder Bauteile nicht mit dem genehmigten Typ übereinstimmen, kann es die zuständigen Stellen des Mitgliedstaates, in dem die EG-Typgenehmigung erteilt wurde, um eine Prüfung nach einer der in Absatz 1 Satz 1 genannten Richtlinie ersuchen. [2] Dies gilt auch für Teile und Ausrüstungen, die nicht mit der nach Artikel 31 der Richtlinie 2007/46/EG bescheinigten Autorisierung übereinstimmen.

(3) [1] Stellt das Kraftfahrt-Bundesamt fest, dass Fahrzeuge, Systeme, selbstständige technische Einheiten oder Bauteile des genehmigten Typs die Sicherheit des Straßenverkehrs gefährden, kann es deren Veräußerung zur Verwendung im Straßenverkehr im Inland für die Dauer von höchstens sechs Monaten untersagen und teilt dies den übrigen Mitgliedstaaten und der Kommission der Europäischen Gemeinschaften unter Angabe der Gründe für seine Entscheidung umgehend mit. [2] Absatz 2 Satz 2 gilt entsprechend.

(4) [1] Die Zulassungsbehörde kann die Zulassung von Fahrzeugen, die unter Absatz 3 fallen, versagen. [2] Sind die betreffenden Fahrzeuge zugelassen oder in den Verkehr gekommen, kann die Zulassungsbehörde nach § 5 der Fahrzeug-Zulassungsverordnung[1)] verfahren. [3] Verbote oder Beschränkungen für neue Fahrzeuge dürfen die Dauer von sechs Monaten nicht überschreiten.

§ 27 Zulassung und Veräußerung. (1) [1] Neue Fahrzeuge, selbstständige technische Einheiten oder Bauteile, für die eine Übereinstimmungsbescheinigung nach Anhang IX der Richtlinie 2007/46/EG, nach Anhang IV der Richtlinie 2002/24/EG oder nach Anhang III der Richtlinie 2003/37/EG vorgeschrieben ist, dürfen im Inland zur Verwendung im Straßenverkehr nur feilgeboten, veräußert oder in den Verkehr gebracht werden, wenn sie mit einer gültigen Übereinstimmungsbescheinigung versehen sind. [2] Dies gilt nicht für Fahrzeuge im Sinne des Artikels 8 der Richtlinie 2003/37/EG.

(2) [1] Selbstständige technische Einheiten oder Bauteile, die nach Artikel 19 der Richtlinie 2007/46/EG gekennzeichnet werden müssen, dürfen zur Verwendung im Straßenverkehr nur feilgeboten, veräußert oder in den Verkehr gebracht werden, wenn sie den Anforderungen der in Anhang IV in Verbindung mit Artikel 3 Nummer 1 der Richtlinie 2007/46/EG genannten Rechtsakte genügen und entsprechend gekennzeichnet sind. [2] Selbstständige technische Einheiten oder Bauteile, die nach Artikel 7 Absatz 4 der Richtlinie 2002/24/EG gekennzeichnet werden müssen, dürfen zur Verwendung im Straßenverkehr nur feilgeboten, veräußert oder in den Verkehr gebracht werden, wenn sie den Anforderungen der in Anhang I der Richtlinie 2002/24/EG genannten Einzelrichtlinien genügen und entsprechend gekennzeichnet sind. [3] Sofern für selbstständige technische Einheiten oder Bauteile, die in den Anwendungsbereich der Richtlinie 2002/24/EG fallen, die jeweilige Einzelrichtlinie oder Einzelverordnung auch die Anbringung eines Typgenehmigungszeichens vorschreibt, ist die Übereinstimmungsbescheinigung nach Absatz 1 entbehrlich. [4] Selbstständige technische Einheiten oder Bautei-

1) Nr. **250**.

le, die nach Artikel 6 Absatz 3 der Richtlinie 2003/37/EG entsprechend gekennzeichnet werden müssen, dürfen zur Verwendung im Straßenverkehr nur feilgeboten, veräußert oder in den Verkehr gebracht werden, wenn sie den Anforderungen der in Anhang II der Richtlinie 2003/37/EG genannten Einzelrichtlinien genügen und entsprechend gekennzeichnet sind.

(3) [1] Neue Fahrzeuge, für die eine nationale Kleinserien-Typgenehmigung nach Artikel 23 der Richtlinie 2007/46/EG erteilt wurde, dürfen im Inland zur Verwendung im Straßenverkehr nur feilgeboten, veräußert oder in den Verkehr gebracht werden, wenn sie mit einem gültigen Typgenehmigungsbogen nach Artikel 23 Absatz 5, 6 und 7 der Richtlinie 2007/46/EG oder einer Datenbestätigung nach § 12 versehen sind. [2] § 12 Absatz 1 Satz 2 findet Anwendung.

(4) Neue Fahrzeuge, für die eine Einzelgenehmigung nach Artikel 24 der Richtlinie 2007/46/EG erteilt wurde, dürfen im Inland zur Verwendung im Straßenverkehr nur feilgeboten, veräußert oder in den Verkehr gebracht werden, wenn sie mit einem gültigen Einzelgenehmigungsbogen nach Artikel 24 Absatz 5 der Richtlinie 2007/46/EG versehen sind.

(5) Teile oder Ausrüstungen nach Anhang XIII der Richtlinie 2007/46/EG dürfen zur Verwendung im Straßenverkehr nur feilgeboten, veräußert, in den Verkehr gebracht oder in Betrieb genommen werden, wenn für diese eine Autorisierung nach Artikel 31 der Richtlinie 2007/46/EG erteilt wurde und durch eine Bescheinigung nachgewiesen wird.

§ 28 Informationen des Herstellers. (1) Technische Informationen des Herstellers zu Angaben, die in der Richtlinie 2007/46/EG oder in den in Anhang IV der Richtlinie 2007/46/EG aufgeführten Rechtsakten vorgesehen sind, dürfen nicht von den Angaben abweichen, die von der Genehmigungsbehörde genehmigt worden sind.

(2) [1] Wenn ein Rechtsakt nach Absatz 1 dies ausdrücklich vorsieht, hat der Hersteller den Nutzern alle relevanten Informationen und erforderlichen Anweisungen, aus denen alle für ein Fahrzeug, ein Bauteil oder eine selbstständige technische Einheit geltenden besonderen Nutzungsbedingungen oder Nutzungseinschränkungen zu ersehen sind, zur Verfügung zu stellen. [2] Das Fahrzeug, das Bauteil oder die selbstständige technische Einheit darf nur feilgeboten, veräußert oder in den Verkehr gebracht werden, wenn die nach Satz 1 zur Verfügung gestellten Informationen und Anweisungen beigefügt sind.

§ 29 Zusammenarbeit mit den anderen Mitgliedstaaten der Europäischen Union und mit der Kommission der Europäischen Gemeinschaften. (1) [1] Das Kraftfahrt-Bundesamt übermittelt den Genehmigungsbehörden der anderen Mitgliedstaaten nach den Richtlinien nach § 1 die erforderlichen Unterlagen für jeden Typ eines Fahrzeugs, eines Systems, einer selbstständigen technischen Einheit oder eines Bauteils, für den es die EG-Typgenehmigung erteilt, verweigert, geändert, widerrufen oder zurückgenommen sowie Ausnahmeregelungen zugelassen hat. [2] Satz 1 gilt entsprechend im Falle des Erlöschens einer EG-Typgenehmigung nach § 7 Absatz 2, § 18 Absatz 3 und § 23 Absatz 3.

(2) Die Genehmigungsbehörde leistet Amtshilfe, wenn die zuständigen Stellen der anderen Mitgliedstaaten der Europäischen Union oder die Kommission der Europäischen Gemeinschaften unter Berufung auf die Richtlinien 2007/46/EG, 2002/24/EG oder 2003/37/EG oder die in Anhang IV der Richtlinie 2007/46/EG, Anhang I der Richtlinie 2002/24/EG und Anhang II Kapitel B der Richtlinie 2003/37/EG aufgeführten Rechtsakte hierum ersuchen.

(3) [1] Das Kraftfahrt-Bundesamt nimmt Anfragen anderer Mitgliedstaaten zu erteilten Einzelgenehmigungen entgegen und leitet sie zur zuständigen Genehmigungsbehörde weiter. [2] Anfragen der Genehmigungsbehörden zu Einzelgenehmigungen, die durch andere Mitgliedstaaten erteilt wurden, können dem Kraftfahrt-Bundesamt zur Weiterleitung an die zuständige ausländische Genehmigungsbehörde übersandt werden.

Kapitel 6.[1)] Anerkennung von Technischen Diensten

§ 30 Anerkennung und Anerkennungsstelle. (1) Stellen, die die Aufgaben von Technischen Diensten nach den Richtlinien 2007/46/EG, 2002/24/EG oder 2003/37/EG oder den in Anhang IV der Richtlinie 2007/46/EG, Anhang I der Richtlinie 2002/24/EG und Anhang II Kapitel B der Richtlinie 2003/37/EG aufgeführten Rechtsakten oder nach den für diese als gleichwertig anerkannten Regelungen wahrnehmen, müssen nach der jeweiligen Richtlinie anerkannt und als solche gegenüber der Kommission der Europäischen Gemeinschaften und den zuständigen Stellen der anderen Mitgliedstaaten benannt sein.

(2) Die Aufgaben der Anerkennungsstelle nimmt das Kraftfahrt-Bundesamt in Anlehnung an die Norm DIN EN ISO/IEC 17011:2004 wahr.

§ 31 Verfahren der Anerkennung der Technischen Dienste. (1) [1] Der Antrag auf Anerkennung mit den erforderlichen Unterlagen ist schriftlich zu stellen. [2] Es sind die Formblätter und Muster zu verwenden, die vom Kraftfahrt-Bundesamt dafür vorgesehen sind und die von ihm auf Anforderung zur Verfügung gestellt werden.

(2) [1] Die Anerkennung ist zu erteilen, wenn der Antragsteller die Gewähr dafür bietet, dass für die beantragte Prüfzuständigkeit die ordnungsgemäße Wahrnehmung der Prüfaufgaben nach den allgemeinen Kriterien nach den Normen DIN EN ISO/IEC 17025:2005, DIN EN ISO/IEC 17020:2004 oder ISO/IEC 17021:2006 und nach den erforderlichen kraftfahrzeugspezifischen Kriterien an die Personal- und Sachausstattung erfolgen wird. [2] Das Kraftfahrt-Bundesamt kann näher bestimmen, auf welche Weise der Antragsteller den Nachweis, dass die Voraussetzungen des Satzes 1 erfüllt sind, zu erbringen hat.

(3) [1] Die Anerkennung wird durch einen schriftlichen Bescheid bekannt gegeben, aus dem sich Art und Umfang der Prüfzuständigkeiten der benannten Stelle ergeben. [2] Der Bescheid kann mit Nebenbestimmungen versehen

[1)] Kap. 6 Überschr. geänd. mWv 1.11.2012 durch VO v. 19.10.2012 (BGBl. I S. 2232).

werden, um die ordnungsgemäße Wahrnehmung der Prüfaufgaben durch die Stelle zu gewährleisten.

§ 32 Änderung der Anerkennung. (1) Die anerkannte Stelle hat dem Kraftfahrt-Bundesamt jede Änderung der Angaben, die in den Antragsunterlagen nach § 31 Absatz 1 enthalten sind, unverzüglich mitzuteilen.

(2) [1]Die Anerkennung kann durch Erteilung eines Änderungsbescheides geändert werden. [2]Für das Änderungsverfahren gilt § 31.

§ 33 Erlöschen, Widerruf und Rücknahme der Anerkennung. (1) Die Anerkennung erlischt mit Ablauf einer festgesetzten Frist oder bei Einstellung des Betriebs der benannten Stelle.

(2) Die Anerkennung kann insbesondere dann widerrufen werden, wenn die nach § 31 zu fordernden Kriterien nicht erfüllt sind, wenn Nebenbestimmungen nicht eingehalten werden oder wenn die Prüfaufgaben nicht ordnungsgemäß wahrgenommen werden.

(3) Die Anerkennung kann insbesondere dann zurückgenommen werden, wenn die nach § 31 zu fordernden Kriterien zum Zeitpunkt des Erlasses des Anerkennungsbescheides nicht erfüllt waren.

§ 34 Überwachung der anerkannten Stellen. [1]Das Kraftfahrt-Bundesamt kann jederzeit die Erfüllung der Anerkennungskriterien, die Einhaltung der Nebenbestimmungen und die Beachtung der mit der Anerkennung verbundenen Pflichten bei den nach § 30 Absatz 1 benannten Technischen Diensten überprüfen oder überprüfen lassen. [2]Gegebenenfalls haben Technische Dienste dies auch für die von ihnen zu beaufsichtigenden Prüfungen sicherzustellen. [3]Die mit der Überprüfung beauftragten Personen sind befugt, Grundstücke und Geschäftsräume der anerkannten Stelle während der Geschäfts- und Betriebszeiten zu betreten, dort Prüfungen und Besichtigungen vorzunehmen und in die vorgeschriebenen Aufzeichnungen Einsicht zu nehmen. [4]Der Inhaber der Anerkennung hat die Maßnahmen zu ermöglichen. [5]Technische Dienste der Kategorie B nach Artikel 41 Absatz 3 der Richtlinie 2007/46/EG haben dies auch für die Einrichtungen des Herstellers oder des Dritten sicherzustellen, in denen die zu beaufsichtigenden Prüfungen stattfinden.

§ 35[1)] *(aufgehoben)*

§ 36 Freistellungsklausel. Die anerkannte oder akkreditierte Stelle hat die Bundesrepublik Deutschland und die Länder von allen Ansprüchen Dritter wegen Schäden freizustellen, die durch die Ausübung der mit der Anerkennung übertragenen Befugnisse verursacht werden.

[1)] § 35 aufgeh. mWv 1.11.2012 durch VO v. 19.10.2012 (BGBl. I S. 2232).

Kapitel 7. Durchführungs- und Schlussvorschriften

§ 37 Ordnungswidrigkeiten. (1) Ordnungswidrig im Sinne des § 24 Absatz 1 Satz 1 des Straßenverkehrsgesetzes[1] handelt, wer vorsätzlich oder fahrlässig entgegen § 27 Absatz 1 Satz 1, Absatz 2 Satz 1, 2 oder 4, Absatz 3 Satz 1, Absatz 4, 5 oder § 28 Absatz 2 Satz 2 ein Fahrzeug, eine selbstständige technische Einheit, ein Bauteil, ein Teil oder eine Ausrüstung feilbietet, veräußert oder in den Verkehr bringt.

(2) Ordnungswidrig im Sinne des § 23 Absatz 2 des Straßenverkehrsgesetzes handelt, wer vorsätzlich oder fahrlässig eine Handlung nach Absatz 1 begeht, indem er ein Fahrzeug, eine selbstständige technische Einheit, ein Bauteil, ein Teil oder eine Ausrüstung gewerbsmäßig feilbietet.

§ 38 Harmonisierte Normen. [1] Soweit in dieser Verordnung auf DIN-, EN- oder ISO/IEC-Normen Bezug genommen wird, sind diese im Beuth-Verlag GmbH, Berlin, erschienen. [2] Sie sind beim Deutschen Patent- und Markenamt in München archivmäßig gesichert niedergelegt.

§ 39 Übergangsvorschriften. (1) Die Bestimmungen der Richtlinie 2007/46/EG sind wie folgt anzuwenden:

1. Die Erteilung der EG-Typgenehmigungen für Fahrzeugtypen erfolgt ab den in Anhang XIX der Richtlinie 2007/46/EG genannten Terminen. Für die Erteilung nationaler Genehmigungen bis zu diesem Zeitpunkt findet Artikel 44 Absatz 1 der Richtlinie 2007/46/EG Anwendung.
2. Auf Antrag des Herstellers werden bis zu den in Spalte 3 Zeilen 6 und 9 der Tabelle des Anhangs XIX der Richtlinie 2007/46/EG genannten Terminen für die Fahrzeugklasse M_2 oder M_3 weiterhin nationale Typgenehmigungen anstelle der EG-Typgenehmigung erteilt, sofern für die Fahrzeuge sowie für die Systeme, Bauteile und selbstständigen technischen Einheiten dieser Fahrzeuge eine Typgenehmigung nach den in Anhang IV Teil I dieser Richtlinie aufgeführten Rechtsakten erteilt wurde.
3. EG-Typgenehmigungen, die vor dem 29. April 2009 für einen Fahrzeugtyp der Klasse M_1 nach der Richtlinie 70/156/EWG des Rates vom 6. Februar 1970 zur Angleichung der Rechtsvorschriften der Mitgliedstaaten über die Betriebserlaubnis für Kraftfahrzeuge und Kraftfahrzeuganhänger (ABl. L 42 vom 23.2.1970, S. 1), die zuletzt durch die Verordnung Nr. 715/2007 des Europäischen Parlaments und des Rates vom 20. Juni 2007 (ABl. L 171 vom 29.6.2007, S. 1) geändert worden ist, in ihrer jeweils geltenden Fassung erteilt wurden, bleiben, einschließlich vorgenommener Erweiterungen, weiterhin gültig, soweit sie nicht aus anderen Gründen erloschen sind. Ihre Erweiterung ist zulässig.
4. EG-Typgenehmigungen, die vor dem 29. April 2009 für ein System, ein Bauteil oder eine selbstständige technische Einheit erteilt wurden, bleiben, einschließlich vorgenommener Erweiterungen, weiterhin gültig, soweit sie nicht aus anderen Gründen erloschen sind. Ihre Erweiterung ist zulässig.

---

[1] Nr. **10**.

(2) [1] Vor dem 9. November 2003 erteilte EG-Typgenehmigungen für Fahrzeuge, Systeme, technische Einheiten und Bauteile nach der Richtlinie 92/61/EWG des Rates vom 30. Juni 1992 über die Betriebserlaubnis für zweirädrige oder dreirädrige Kraftfahrzeuge (ABl. L 225 vom 18.6.1999, S. 72), die durch die Richtlinie 2002/24/EG aufgehoben worden ist, bleiben, soweit sie nicht vorher aus anderen Gründen erlöschen, weiterhin gültig. [2] Ab dem 9. November 2004 müssen jedoch alle vom Hersteller ausgestellten Übereinstimmungsbescheinigungen dem Muster nach Anhang IV der Richtlinie 2002/24/EG entsprechen.

(3) Allgemeine Bauartgenehmigungen nach § 22 oder § 22a der Straßenverkehrs-Zulassungs-Ordnung[1)] für Fahrzeugteile, die in den Anwendungsbereich einer Einzelrichtlinie nach Anhang I der Richtlinie 2002/24/EG fallen, sind, soweit sie nicht vorher aus anderen Gründen erlöschen, noch vier Jahre ab dem Zeitpunkt gültig, an dem die Einzelrichtlinie in Kraft getreten ist.

(4) Für Fahrzeuge der Klassen T1, T2 und T3 nach Anhang II Kapitel A der Richtlinie 2003/37/EG des Europäischen Parlaments und des Rates vom 26. Mai 2003 über die Typgenehmigung für land- oder forstwirtschaftliche Zugmaschinen, ihre Anhänger und die von ihnen gezogenen auswechselbaren Maschinen sowie für Systeme, Bauteile und selbstständige technische Einheiten dieser Fahrzeuge und zur Aufhebung der Richtlinie 74/150/EWG (ABl. L 171 vom 9.7.2003, S. 1), die zuletzt durch die Richtlinie 2005/67/EG der Kommission vom 18. Oktober 2005 (ABl. L 273 vom 19.10.2005, S. 17) geändert worden ist, ist § 27

1. ab dem 1. Juli 2005 für neue Fahrzeugtypen,
2. ab dem 1. Juli 2009 für alle Neufahrzeuge

anzuwenden.

(5) Für Fahrzeuge der anderen als der in Absatz 4 genannten Klassen nach Anhang II Kapitel A der Richtlinie 2003/37/EG ist § 27

1. drei Jahre nach dem Inkrafttreten der letzten noch zu verabschiedenden Einzelrichtlinie für neue Fahrzeugtypen,
2. sechs Jahre nach dem Inkrafttreten der letzten noch zu verabschiedenden Einzelrichtlinie für alle Neufahrzeuge

anzuwenden.

(6) EG-Typgenehmigungen, die für Fahrzeugtypen vor dem 1. Juli 2005 nach der Richtlinie 74/150/EWG des Rates vom 4. März 1974 zur Angleichung der Rechtsvorschriften der Mitgliedstaaten über die Betriebserlaubnis für land- oder forstwirtschaftliche Zugmaschinen auf Rädern (ABl. L 84 vom 28.3.1974, S. 10), die zuletzt durch die Richtlinie 2001/3/EG der Kommission vom 8. Januar 2001 (ABl. L 28 vom 30.1.2001, S. 1) geändert worden ist, erteilt worden sind, bleiben einschließlich der im Rahmen der Typabgrenzungsmerkmale nach Anhang II Kapitel A der Richtlinie 74/150/EWG auch nach dem 1. Juli 2005 vorgenommenen Erweiterungen weiterhin gültig, soweit sie nicht vorher aus anderen Gründen erlöschen.

(7) Vor dem 1. Juli 2005 nach § 20 der Straßenverkehrs-Zulassungs-Ordnung erteilte Allgemeine Betriebserlaubnisse für Fahrzeugtypen der Klas-

---

[1)] Nr. **200**.

sen T1, T2 und T3 im Sinne des Anhangs II Kapitel A der Richtlinie 2003/37/EG bleiben einschließlich der auch nach dem 1. Juli 2005 vorgenommenen Erweiterungen bis zum 30. Juni 2009 gültig, soweit sie nicht vorher aus anderen Gründen erlöschen.

§ 40 Inkrafttreten, Außerkrafttreten. [1] Diese Verordnung tritt am Tag nach der Verkündung[1)] in Kraft. [2] Gleichzeitig tritt die EG-Fahrzeuggenehmigungsverordnung vom 21. April 2009 (BGBl. I S. 872, 873) außer Kraft.

---

1) Verkündet am 10.2.2011.

260. Verordnung über die Prüfung und Genehmigung der Bauart von Fahrzeugteilen sowie deren Kennzeichnung (Fahrzeugteileverordnung – FzTV)

Vom 12. August 1998
(BGBl. I S. 2142)

FNA 9232-11

geänd. durch 31. Verordnung zur Änderung straßenverkehrsrechtlicher Vorschriften (31. ÄndVStVR) v. 23.3.2000 (BGBl. I S. 310, ber. S. 706), Art. 6 36. StVRÄndVO v. 22.10.2003 (BGBl. I S. 2085), Art. 5 Erste VO zur Änd. der Fahrzeug-ZulassungsVO und and. straßenverkehrsrechtl. Vorschriften v. 19.10.2012 (BGBl. I S. 2232), Art. 2 48. VO zur Änd. straßenverkehrsrechtlicher Vorschriften v. 26.7.2013 (BGBl. I S. 2803) und Art. 171 G zum Abbau verzichtbarer Anordnungen der Schriftform im Verwaltungsrecht des Bundes v. 29.3.2017 (BGBl. I S. 626)

Nichtamtliche Inhaltsübersicht

Auf Grund des § 6 Abs. 1 Nr. 3 Buchstabe b und Abs. 3 des Straßenverkehrsgesetzes[1] in der im Bundesgesetzblatt Teil III, Gliederungsnummer 9231-1, veröffentlichten bereinigten Fassung, die Eingangsworte in Absatz 1 Nr. 3 zuletzt geändert durch Artikel 1 Nr. 10 Buchstabe a Doppelbuchstabe ee Dreifachbuchstabe aaa des Gesetzes vom 24. April 1998 (BGBl. I S. 747), Absatz 3 eingefügt durch § 70 Abs. 1 Nr. 3 des Gesetzes vom 15. März 1974 (BGBl. I S. 721) und geändert gemäß Artikel 22 Nr. 3 der Verordnung vom 26. November 1986 (BGBl. I S. 2089), verordnet das Bundesministerium für Verkehr, hinsichtlich § 6 Abs. 3 nach Anhörung der zuständigen obersten Landesbehörden:

Abschnitt 1. Allgemeines

§ 1 Arten der Genehmigung von Fahrzeugteilen. (1) Die in § 22a Abs. 1 der Straßenverkehrs-Zulassungs-Ordnung[2] vorgeschriebene Genehmigung der Bauart von Fahrzeugteilen kann für die Bauart eines Typs (Allgemeine Bauartgenehmigung) oder eines einzelnen Fahrzeugteils (Bauartgenehmigung im Einzelfall – Einzelgenehmigung –) erteilt werden.

(2) Der in § 22a Abs. 1 der Straßenverkehrs-Zulassungs-Ordnung vorgeschriebenen Genehmigung steht die Genehmigung gleich, die ein anderer Staat für die Bauart eines der in § 22a Abs. 1 der Straßenverkehrs-Zulassungs-Ordnung genannten Fahrzeugteils unter Beachtung der mit der Bundesrepublik Deutschland vereinbarten Bedingungen erteilt hat.

Abschnitt 2. Allgemeine Bauartgenehmigung und Prüfzeichen

§ 2 Zulässigkeit der Bauartgenehmigung. (1) [1] Für reihenweise zu fertigende oder gefertigte Fahrzeugteile kann die Bauartgenehmigung dem Hersteller nach einer auf seine Kosten vorgenommenen Prüfung allgemein erteilt werden, wenn er die Gewähr für eine zuverlässige Ausübung der durch die Bauartgenehmigung verliehenen Befugnisse bietet. [2] Bei Herstellung eines Typs durch mehrere Beteiligte kann diesen die Bauartgenehmigung gemeinsam erteilt werden. [3] Für Fahrzeugteile, die im Ausland hergestellt worden sind, kann die Bauartgenehmigung erteilt werden

1. dem Hersteller oder seinem Beauftragten, wenn die Fahrzeugteile in einem Vertragsstaat des Abkommens über den Europäischen Wirtschaftsraum hergestellt worden sind,
2. dem Beauftragten des Herstellers, wenn die Fahrzeugteile zwar nicht in einem Vertragsstaat des Abkommens über den Europäischen Wirtschaftsraum hergestellt worden sind, sie aber in das Inland aus einem Vertragsstaat des Abkommens über den Europäischen Wirtschaftsraum eingeführt wurden,
3. in anderen Fällen dem Händler, der seine Berechtigung zum alleinigen Vertrieb der Fahrzeugteile im Inland nachweist.

---

[1] Nr. **10**.
[2] Nr. **200**.

§ 5[1] Prüfstellen. (1) [1] Für die Prüfung sind Prüfstellen zuständig. [2] Prüfstelle ist

1. eine der in Anlage 2 Teil 1 genannten für die Prüfung bestimmter Fahrzeugteile zuständigen Prüfstellen nach der vor dem 19. November 1998 geltenden Fassung der Fahrzeugteileverordnung,
2. die Technische Prüfstelle der ehemaligen Deutschen Demokratischen Republik in Dresden entsprechend Anlage 2 Teil 1 dieser Verordnung nach Anlage I Kapitel XI Sachgebiet B Abschnitt III Nr. 5 des Einigungsvertrages (BGBl. 1990 II S. 885,1103),
3. ein nach § 30 der EG-Fahrzeuggenehmigungsverordnung[2] anerkannter Technischer Dienst.

(2) Abweichend von Absatz 1 werden auch Prüfungen anerkannt, die von den zuständigen Prüfstellen eines Vertragsstaates des Abkommens über den Europäischen Wirtschaftsraum durchgeführt und bescheinigt sind und mit denen die nach dieser Verordnung vorgeschriebenen Anforderungen gleichermaßen dauerhaft erreicht werden.

§ 6 Aufgaben der Prüfstelle. (1) [1] Die Prüfstelle hat zu prüfen, ob die Fahrzeugteile den Anforderungen entsprechen, die zur Einhaltung der Bestimmungen über den Bau und Betrieb von Fahrzeugen und Fahrzeugteilen zu stellen sind. [2] Bei Fahrzeugteilen, die auch in eingebautem Zustand geprüft werden müssen, bestimmt die Prüfstelle das Nähere über die Durchführung.

(2) [1] Die Prüfstelle hat über die Ergebnisse der Prüfungen ein Gutachten anzufertigen und zwei Ausfertigungen mit den geprüften und bestätigten Unterlagen dem Kraftfahrt-Bundesamt zu übersenden; eine Ausfertigung der geprüften und bestätigten Unterlagen verbleibt bei der Prüfstelle. [2] Form und Gliederung der Gutachteninhalte bestimmt das Kraftfahrt-Bundesamt.

(3) Das Kraftfahrt-Bundesamt kann Ergänzungen zur Prüfung anordnen, insbesondere vom Antragsteller weitere sachdienliche Muster und Unterlagen anfordern oder bestimmen, daß Fahrzeugteile auch in eingebautem Zustand zu prüfen sind.

§ 7[3] Prüfzeichen. (1) [1] Das Prüfzeichen besteht aus einer Wellenlinie von drei Perioden, einem oder zwei Kennbuchstaben, einer Nummer und, soweit erforderlich, zusätzlichen Zeichen. [2] Der Kennbuchstabe bezeichnet die Art der Fahrzeugteile nach folgender Aufstellung:

D	für Sicherheitsglas und Folien zur Aufbringung auf Scheiben von Fahrzeugen
E	für Fahrtschreiber
F	für Auflaufbremsen und Teile davon
G	*(aufgehoben)*
K	für lichttechnische Einrichtungen
L	für Gleitschutzeinrichtungen

---

[1] § 5 Abs. 1 Satz 2 Nr. 3 neu gef., Nr. 4 und 5 aufgeh. mWv 1.11.2012 durch VO v. 19.10.2012 (BGBl. I S. 2232).

[2] Nr. **255**.

[3] § 7 Abs. 1 Satz 2 geänd. mWv 1.8.2013 durch VO v. 26.7.2013 (BGBl. I S. 2803).

[4] In den Fällen des Satzes 3 Nr. 1 und 2 muß der Beauftragte seinen Sitz in einem Vertragsstaat des Abkommens über den Europäischen Wirtschaftsraum haben. [5] In den Fällen des Satzes 3 Nr. 3 muß der Händler im Inland ansässig sein.

(2) [1] Der Antragsteller nach Absatz 1 hat gegenüber dem Kraftfahrt-Bundesamt den Nachweis zu erbringen, daß in bezug auf die Übereinstimmung der reihenweise gefertigten Fahrzeugteile mit dem genehmigten Typ ein ausreichendes Qualitätssicherungssystem zugrunde liegt. [2] Dieses liegt auch vor, wenn es den Grundsätzen der harmonisierten Norm EN ISO 9002 oder einem gleichwertigen Standard entspricht; §§ 19, 20 und 21 des Artikels 1 der Zwanzigsten Verordnung zur Änderung straßenverkehrsrechtlicher Vorschriften (Verordnung über die EG-Typgenehmigung für Fahrzeuge und Fahrzeugteile) vom 9. Dezember 1994 (BGBl. I S. 3755), geändert durch Artikel 2 der Verordnung vom 12. August 1997 (BGBl. I S. 2051), in der jeweils geltenden Fassung, sind entsprechend anzuwenden.

§ 3[1)] Anträge auf Bauartgenehmigung und Prüfung. (1) [1] Der Antrag auf Erteilung einer Bauartgenehmigung ist schriftlich oder elektronisch unter Angabe der Typbezeichnung beim Kraftfahrt-Bundesamt zu stellen. [2] Dem Antrag ist das Gutachten der Prüfstelle nach § 6 beizufügen.

(2) [1] Abweichend von Absatz 1 kann der Antrag an das Kraftfahrt-Bundesamt über die zuständige Prüfstelle nach § 5 mit dem an die Prüfstelle gerichteten Antrag auf Prüfung eingereicht werden. [2] Dem an die Prüfstelle zu richtenden Antrag auf Prüfung sind für die jeweiligen Fahrzeugteile Muster und Unterlagen nach Anlage 1 beizufügen. [3] Weitere sachdienliche Muster und Unterlagen sind der Prüfstelle auf Anforderung zur Verfügung zu stellen.

(3) Bei Prüfungen im Genehmigungsverfahren nach § 7 Abs. 2 sind dem Antrag auf Bauartgenehmigung die in den Bedingungen für das jeweilige Genehmigungsverfahren vorgeschriebenen Unterlagen und Muster beizufügen.

§ 4[2)] Erteilung der Bauartgenehmigung. (1) [1] Das Kraftfahrt-Bundesamt erteilt die Bauartgenehmigung schriftlich oder elektronisch. [2] In der Bauartgenehmigung werden der genehmigte Typ, das zugeteilte Prüfzeichen sowie Nebenbestimmungen (§ 36 des Verwaltungsverfahrensgesetzes) und, soweit erforderlich, Ausnahmen von den Bestimmungen der Straßenverkehrs-Zulassungs-Ordnung[3)] festgelegt.

(2) Abweichungen vom genehmigten Typ sind nur zulässig, wenn die Bauartgenehmigung durch einen entsprechenden Nachtrag ergänzt worden ist oder wenn das Kraftfahrt-Bundesamt auf Anfrage schriftlich oder elektronisch erklärt, daß für die vorgesehene Änderung eine Nachtragsgenehmigung nicht erforderlich ist.

[1)] § 3 Abs. 1 Satz 1 geänd. mWv 5.4.2017 durch G v. 29.3.2017 (BGBl. I S. 626).
[2)] § 4 Abs. 1 Satz 1 und Abs. 2 geänd. mWv 5.4.2017 durch G v. 29.3.2017 (BGBl. I S. 626).
[3)] Nr. **200**.

M für Einrichtungen zur Verbindung von Fahrzeugen
R für Reifen
S für Heizungen
W für Warneinrichtungen mit einer Folge von Klängen verschiedener Grundfrequenzen (Einsatzhorn).

[3] Werden Fahrzeugteile aus zwei unterschiedlichen Arten gemeinsam genehmigt, so enthält das Prüfzeichen beide Kennbuchstaben. [4] Das Prüfzeichen wird vom Kraftfahrt-Bundesamt nach dem Muster in Anlage 3 zugeteilt.

(2) [1] Ist das Genehmigungsverfahren unter Bedingungen durchgeführt worden, die von der Bundesrepublik Deutschland mit anderen Staaten vereinbart worden sind, so ist für das entsprechende Fahrzeugteil ein Prüfzeichen zuzuteilen. [2] Dieses Fahrzeugteil darf weder von einer anderen Vertragspartei aufgrund der gleichen Bedingungen genehmigt, noch darf ihm ein Prüfzeichen zugeteilt worden sein. [3] Das Prüfzeichen besteht aus einem Kreis, in dessen Innerem sich der Buchstabe „E" und die Kennzahl 1 für die Bundesrepublik Deutschland befinden, sowie aus der Genehmigungsnummer. [4] Letztere muß außerhalb des Kreises angebracht sein. [5] Im übrigen bestimmt das Kraftfahrt-Bundesamt aufgrund der internationalen Vereinbarungen, wie das Prüfzeichen anzuordnen ist. [6] Es ergänzt das Prüfzeichen unter Beachtung der internationalen Vereinbarungen, wenn dieses erforderlich ist, um Mißverständnisse zu vermeiden.

(3) Prüfzeichen, die vor dem 19. November 1998 aufgrund von Bauartgenehmigungen zugeteilt wurden und Kennbuchstaben nach Anlage 2 Teil 2 enthalten, dürfen bis zum Erlöschen der jeweiligen Bauartgenehmigung weiterhin angebracht werden und gelten unverändert fort; dies gilt auch für den Unterscheidungsbuchstaben E für Fahrtschreiber, geprüft durch die Landeseichdirektion Nordrhein-Westfalen in Köln.

(4) Das zugeteilte Prüfzeichen ist auf jedem dem genehmigten Typ entsprechenden Fahrzeugteil in der vorgeschriebenen Anordnung gut lesbar, dauerhaft und jederzeit feststellbar anzubringen; dies gilt auch für das entsprechend der Bauartgenehmigung an- oder eingebaute Fahrzeugteil.

§ 8 Verwahrung und Rückgabe der Muster und Unterlagen. (1) [1] Ist die Bauartgenehmigung erteilt worden, so ist je eine Ausfertigung der nach § 3 eingereichten und von der Prüfstelle geprüften und bestätigten Unterlagen beim Kraftfahrt-Bundesamt zu verwahren. [2] Waren nach Anlage 1 zwei oder mehr Muster einzureichen, so hat die Prüfstelle je zwei Muster des genehmigten Fahrzeugteils mit dem Prüfzeichen zu versehen. [3] Ein mit dem Prüfzeichen versehenes Muster ist bei der Prüfstelle zu verwahren, das andere und etwa vorgelegte weitere Muster sowie nicht mehr benötigte Unterlagen sind dem Antragsteller zurückzugeben. [4] Die Prüfstelle hat dem Kraftfahrt-Bundesamt auf Verlangen das dem Hersteller zurückzugebende Muster vorzulegen. [5] In diesem Fall versieht das Kraftfahrt-Bundesamt das Muster mit dem durch die Bauartgenehmigung zugeteilten Prüfzeichen und gibt es dem Antragsteller zurück. [6] Mit Zustimmung des Kraftfahrt-Bundesamtes kann davon abgesehen werden, ein Muster bei der Prüfstelle aufzubewahren. [7] In diesen Fällen hat der Antragsteller auf Verlangen des Kraftfahrt-Bundesamtes oder der Prüfstelle ein Muster oder Teile davon aufzubewahren und dem

Kraftfahrt-Bundesamt oder der Prüfstelle auf Anforderung zur Verfügung zu stellen.

(2) Ist der Antrag auf Erteilung der Bauartgenehmigung abgelehnt worden, so sind die Muster und auf Antrag auch die sonstigen Unterlagen dem Antragsteller erst dann auszuhändigen, wenn die Ablehnung unanfechtbar geworden ist.

§ 9 Übereinstimmung der Produktion. (1) [1] Das Kraftfahrt-Bundesamt kann die in den einzelnen Produktionsstätten angewandten Verfahren zur Kontrolle der Übereinstimmung der Produktion (Qualitätssicherungssysteme) überprüfen. [2] Ist ein nach § 2 Abs. 2 Satz 2 zertifiziertes Qualitätssicherungssystem nachgewiesen, so gilt dies nur in begründeten Fällen.

(2) [1] Das Kraftfahrt-Bundesamt kann ohne vorherige Ankündigung während der üblichen Geschäftszeiten bei Inhabern der Genehmigung prüfen oder prüfen lassen, ob Fahrzeugteile, deren Bauart amtlich genehmigt ist und die das zugeteilte Prüfzeichen tragen, mit den amtlichen Bauartgenehmigungen übereinstimmen und ob Fahrzeugteile, die in amtlich genehmigter Bauart ausgeführt sein müssen, in Ausführungen feilgeboten werden, an denen das vorgeschriebene Prüfzeichen fehlt oder unbefugt angebracht ist (Produktprüfung). [2] Es kann zu diesem Zweck auch Proben entnehmen oder entnehmen lassen. [3] In den Fällen des § 2 Abs. 1 Satz 4 kann das Kraftfahrt-Bundesamt die Erteilung der Bauartgenehmigung davon abhängig machen, daß die zur Produktprüfung nach Satz 1 notwendigen Maßnahmen ermöglicht werden.

(3) [1] Die Kosten der Überprüfung nach Absatz 1 Satz 1 trägt der Inhaber der Genehmigung, wenn ein Verstoß gegen die Vorschriften des § 2 Abs. 2 festgestellt wird. [2] Die Kosten der Proben nach Absatz 2, ihrer Entnahme, ihres Versandes und der Prüfung trägt der Inhaber der Genehmigung, wenn ein Verstoß gegen die Vorschriften über die Bauartgenehmigung oder die Prüfzeichen festgestellt wird.

§ 10 Nachträgliche Nebenbestimmungen, Widerruf, Rücknahme und Erlöschen der Allgemeinen Bauartgenehmigung. (1) Das Kraftfahrt-Bundesamt kann zur Beseitigung aufgetretener Mängel und zur Gewährleistung der Vorschriftsmäßigkeit auch bereits im Verkehr befindlicher Fahrzeugteile nachträglich Nebenbestimmungen anordnen.

(2) Die Allgemeine Bauartgenehmigung erlischt bei Rückgabe, nach Ablauf einer etwa festgesetzten Frist und dann, wenn sie den Rechtsvorschriften nicht mehr entspricht und dies durch die zuständige Stelle festgestellt worden ist.

(3) Das Kraftfahrt-Bundesamt kann die Allgemeine Bauartgenehmigung ganz oder teilweise widerrufen oder zurücknehmen, insbesondere wenn festgestellt wird, daß

1. Fahrzeugteile mit einem vorgeschriebenen Prüfzeichen nicht mit dem genehmigten Typ übereinstimmen,
2. Fahrzeugteile, obwohl sie mit einem gültigen Prüfzeichen versehen sind, die Sicherheit des Straßenverkehrs gefährden,

3. der Inhaber der Allgemeinen Bauartgenehmigung nicht über ein vorgeschriebenes Qualitätssicherungssystem verfügt oder dieses nicht mehr in der vorgeschriebenen Weise anwendet oder
4. Nebenbestimmungen nicht eingehalten werden.

(4) [1] Das Kraftfahrt-Bundesamt ist unverzüglich vom Inhaber der Allgemeinen Bauartgenehmigung zu benachrichtigen, wenn die reihenweise Fertigung oder der Vertrieb des genehmigten Fahrzeugteils endgültig eingestellt, innerhalb eines Jahres nach Erteilung der Allgemeinen Bauartgenehmigung nicht aufgenommen oder länger als ein Jahr eingestellt wird. [2] Die Aufnahme der Fertigung oder des Vertriebs ist nach Unterbrechung oder Aufschub dem Kraftfahrt-Bundesamt unaufgefordert innerhalb eines Monats mitzuteilen.

(5) Ist die Allgemeine Bauartgenehmigung erloschen, kann das Kraftfahrt-Bundesamt die Veräußerung der aufgrund einer solchen Genehmigung hergestellten Fahrzeugteile zur Verwendung im Straßenverkehr im Geltungsbereich dieser Verordnung untersagen und hierüber die für die Zulassung und Überwachung zuständigen Stellen unterrichten.

Abschnitt 3. Bauartgenehmigung im Einzelfall – Einzelgenehmigung

§ 11 Antrag auf Einzelgenehmigung. [1] Gehört eines der in § 22a Abs. 1 der Straßenverkehrs-Zulassungs-Ordnung[1)] genannten Fahrzeugteile nicht zu einem genehmigten Typ, so kann eine Einzelgenehmigung unter Vorlage des Gutachtens eines amtlich anerkannten Sachverständigen für den Kraftfahrzeugverkehr oder der Prüfstelle (§ 5) bei der nach § 68 der Straßenverkehrs-Zulassungs-Ordnung zuständigen Verwaltungsbehörde (Zulassungsbehörde) beantragt werden. [2] § 6 Abs. 1 ist entsprechend anzuwenden.

§ 12 Prüfung durch die Verwaltungsbehörde (Zulassungsbehörde).

(1) Die Zulassungsbehörde ist an das Gutachten des amtlich anerkannten Sachverständigen für den Kraftfahrzeugverkehr oder der Prüfstelle nicht gebunden.

(2) [1] Die Zulassungsbehörde trifft die zur Prüfung etwa erforderlichen weiteren Maßnahmen. [2] Sie kann hierzu die Vorführung des Fahrzeugteils sowie die Vorlage eines weiteren Gutachtens verlangen und ähnliche Anordnungen erlassen.

§ 13 Erteilung der Einzelgenehmigung. [1] Die Verwaltungsbehörde (Zulassungsbehörde) erteilt die Einzelgenehmigung, indem sie auf dem Gutachten des amtlich anerkannten Sachverständigen für den Kraftfahrzeugverkehr oder der Prüfstelle unter Angabe von Ort und Datum vermerkt: „Einzelgenehmigung erteilt". [2] Etwaige Beschränkungen oder Ausnahmen von den Bestimmungen der Straßenverkehrs-Zulassungs-Ordnung[1)] sind in den Vermerk aufzunehmen. [3] Wird das Fahrzeugteil an einem Kraftfahrzeug oder Kraftfahrzeuganhänger verwendet, so ist die Einzelgenehmigung in den Fahr-

[1)] Nr. **200**.

zeugbrief und in den Fahrzeugschein einzutragen und in den etwa ausgestellten Anhängerverzeichnissen kenntlich zu machen.

§ 14 Widerruf, Rücknahme und Erlöschen der Einzelgenehmigung.

(1) Die Einzelgenehmigung erlischt bei Rückgabe, nach Ablauf einer etwa festgesetzten Frist, bei Rücknahme oder Widerruf durch die nach § 68 der Straßenverkehrs-Zulassungs-Ordnung[1] zuständige Verwaltungsbehörde (Zulassungsbehörde), ferner dann, wenn sie den jeweils geltenden Rechtsvorschriften nicht mehr entspricht und dies durch die zuständige Stelle festgestellt worden ist.

(2) Die Einzelgenehmigung kann widerrufen werden, wenn sich herausstellt, daß das Fahrzeugteil den Erfordernissen der Verkehrssicherheit nicht entspricht.

(3) Nach dem Erlöschen der Einzelgenehmigung ist der Genehmigungsvermerk (§ 13) der Zulassungsbehörde zur Löschung unaufgefordert vorzulegen, nötigenfalls von dieser einzuziehen.

Abschnitt 4. Bestandsschutz

§ 15 Bisherige Genehmigungen. [1] Allgemeine Bauartgenehmigungen und Einzelgenehmigungen, die vor dem 19. November 1998 erteilt worden sind, bleiben gültig. [2] Die §§ 10 und 14 gelten sinngemäß.

Abschnitt 5. Schlußvorschriften

§ 16 Inkrafttreten, Außerkrafttreten. (1) Diese Verordnung tritt am 19. November 1998 in Kraft.

(2) Mit dem Inkrafttreten dieser Verordnung tritt die Fahrzeugteileverordnung in der im Bundesgesetzblatt Teil III, Gliederungsnummer 9232-6, veröffentlichten bereinigten Fassung, zuletzt geändert durch die Verordnung vom 20. Dezember 1993 (BGBl. I S. 2241), außer Kraft.

---

[1] Nr. **200**.

Anlage 1[1)]
(zu § 3 Abs. 2)

Bei Antrag auf Erteilung der Allgemeinen Bauartgenehmigung einzureichende Muster und Unterlagen

Teileart	Anzahl der Muster Bemerkungen	Unterlagen
1. Heizungen (§ 35c StVZO)	2 Muster; die Prüfstelle kann zusätzliche Muster zur Prüfung anfordern.	Je vierfach 1. ein Nachweis darüber, daß die Dichtheit des Heizraummantels durch eine Druckprobe mit 3 bar – bei Wärmetauschern mit 2 bar – geprüft worden ist, 2. eine Erklärung des Herstellers, daß sämtliche Heizmäntel und Wärmetauscher während der Fertigung einer Druckprobe mit dem Prüfdruck unterzogen werden, 3. ein Nachweis darüber, daß der für Heizmäntel und Wärmetauscher verwendete Baustoff bei den im Betrieb auftretenden Höchsttemperaturen ausreichend beständig ist, 4. eine ausführliche und leicht verständliche Bedienungsanweisung und – im Falle der Nachrüstung – Einbauanleitung.
2. Sicherheitsglas einschließlich Folien zur Aufbringung auf Scheiben von Fahrzeugen (§ 40 Abs. 1 StVZO)		
2.1 Einscheiben-Sicherheitsglas (Windschutzscheiben)	18 plane Scheiben 1 100 mm × 500 mm, 12 zylindrisch gebogene Windschutzscheiben mit einer Stichhöhe von ca. 100 mm,	

1) Anl. 1 geänd. mWv 1.4.2000 durch G v. 23.3.2000 (BGBl. I S. 310); geänd. mWv 1.11.2003 durch VO v. 31.10.2003 (BGBl. I S. 2085); geänd. mWv 1.8.2013 durch VO v. 26.7.2013 (BGBl. I S. 2803).

Teileart	Anzahl der Muster Bemerkungen	Unterlagen
	12 sphärisch gebogene Windschutzscheiben mit einer Stichhöhe von ca. 100 mm in einer Richtung und mindestens 6 mm in der dazu senkrechten Richtung.	
2.2 Einscheiben-Sicherheitsglas (andere als Windschutzscheiben)	35 plane Scheiben 300 mm × 300 mm, 15 plane Scheiben 1 100 mm × 500 mm, 15 plane Scheiben 800 mm × 800 mm, 15 zylindrisch gebogene Heckscheiben mit einer Stichhöhe von ca. 100 mm, 15 sphärisch gebogene Heckscheiben mit einer Stichhöhe von ca. 100 mm in einer Richtung und mindestens 6 mm in der dazu senkrechten Richtung.	
2.3 Normales Verbund-Sicherheitsglas (Windschutzscheiben)	50 Plane Scheiben 300 mm × 300 mm mit feinjustierten Kanten, 12 Teilstücke von ca. 300 mm × 300 mm aus dem Teil geringster Krümmung von Windschutzscheiben herausschneiden, 3 Teilstücke von ca. 300 mm × 300 mm aus dem Teil größter Krümmung von Windschutzscheiben herausschneiden, 20 plane Scheiben 1 100 mm × 500 mm mit feinjustierten Kanten, 6 zylindrisch gebogene Windschutzscheiben mit einer Stichhöhe von ca. 100 mm, 6 sphärisch gebogene Windschutzscheiben mit einer Stichhöhe von ca. 100 mm in einer Richtung und mindestens 6 mm in der dazu senkrechten Richtung.	
2.4 Normales Verbund-Sicherheitsglas (andere als Windschutzscheiben)	50 plane Scheiben 300 mm × 300 mm mit feinjustierten Kanten, 20 plane Scheiben 1 100 mm × 500 mm mit feinjustierten Kanten,	

Teileart	Anzahl der Muster Bemerkungen	Unterlagen
	6 zylindrisch gebogene Heckscheiben mit einer Stichhöhe von ca. 100 mm, 6 sphärisch gebogene Heckscheiben mit einer Stichhöhe von ca. 100 mm in einer Richtung und mindestens 6 mm in der dazu senkrechten Richtung.	
2.5 Vorbehandeltes Verbund-Sicherheitsglas (Windschutzscheiben)	60 plane Scheiben 300 mm × 300 mm mit feinjustierten Kanten, 12 Teilstücke von ca. 300 mm × 300 mm aus dem Teil geringster Krümmung von Windschutzscheiben herausschneiden, 3 Teilstücke von ca. 300 mm × 300 mm aus dem Teil größter Krümmung von Windschutzscheiben herausschneiden, 30 plane Scheiben 1 100 mm × 500 mm mit feinjustierten Kanten, 20 zylindrisch gebogene Windschutzscheiben mit einer Stichhöhe von ca. 100 mm, 20 sphärisch gebogene Windschutzscheiben mit einer Stichhöhe von ca. 100 mm in einer Richtung und mindestens 6 mm in der dazu senkrechten Richtung.	
2.6 Glasähnliche Stoffe (harte Kunststoffe)	Je nach Anwendungsfall 6 plane Proben 570 mm × 1 170 mm, 40 plane Proben 300 mm × 300 mm, 1 plane Probe 25 mm × 300 mm, 5 plane Proben 100 mm × 356 mm, 16 plane Proben 25 mm × 180 mm, 3 plane Proben 40 mm × 130 mm, 4 plane Proben 100 mm × 100 mm oder 46 Fertigteile und folgende gleichartig gefertigte Proben	

Teileart		Anzahl der Muster Bemerkungen	Unterlagen
		1 plane Probe 25 mm × 300 mm, 5 plane Proben 100 mm × 356 mm, 16 plane Proben 25 mm × 180 mm, 3 plane Proben 40 mm × 130 mm, 4 plane Proben 100 mm × 100 mm.	
2.7	Glasähnliche Stoffe (weiche Kunststoffe)	30 plane Proben 300 mm × 300 mm, 5 plane Proben 1 000 mm × 500 mm.	
2.8	Doppelscheiben (aus bauartgenehmigten Einzelscheiben)	Für jede Dicke und Sicherheitsglasart sowie für jede Kombination und Verbindungsart sind je 10 Scheiben zur Prüfung vorzulegen.	
2.9	Folien	5 Proben 356 mm × 100 mm, 6 Proben 300 mm × 300 mm, 10 Proben 1 170 mm × 570 mm, 6 Proben 1 200 mm × 600 mm.	
3.	Auflaufbremsen, ausgenommen Übertragungseinrichtungen (§ 41 Abs. 10 StVZO)	1 Muster; die Prüfstelle kann zusätzliche Muster zur Prüfung anfordern. Die Muster müssen der Serie entsprechen; sie sind ohne Farbbehandlung vorzulegen.	Angaben über das Anhänger-Gesamtgewicht, für das die Bremse zugelassen werden soll, ferner folgende Unterlagen in dreifacher Ausfertigung: 1. Beschreibung der Wirkungsweise der Bremsanlage für jeden Typ und jede Größe, Angabe der vorgesehenen Höchstgeschwindigkeit (Betriebsvorschrift), 2. entsprechend dem beantragten Genehmigungsumfang, 2.1 maßstäbliche Zeichnungen der Auflaufeinrichtung, aus der der Typ, die Ausführung(en), die Abmessungen und die Werkstoffe der einzelnen Bauteile ersichtlich sind, Angabe der stati-

Teileart	Anzahl der Muster Bemerkungen	Unterlagen
		schen Stützlast, des vorgesehenen Auflaufwegs und der Wegübersetzung, 2.2 maßstäbliche Zeichnung(en) der Radbremsen, aus der der Typ, die Ausführung (en), die Abmessungen und die Werkstoffe der einzelnen Bauteile ersichtlich sind, Angabe des vorgesehenen Reifenhalbmessers.
4. Einrichtungen zur Verbindung von Fahrzeugen (§ 43 Abs. 1 StVZO)	1 Muster; die Prüfstelle kann zusätzliche Muster zur Prüfung anfordern. Die Muster müssen der Serie entsprechen; sie sind ohne Farbbehandlung vorzulegen.	Angaben über die Typbezeichnung der zu prüfenden Einrichtung und über die zulässigen Gesamtgewichte der Fahrzeuge, die durch die Einrichtungen miteinander verbunden werden sollen, sowie Angabe des D-Wertes und ggf. des zulässigen Gesamtgewichts des Starrdeichselanhängers, bzw. des V-Wertes, der statischen Stütz- bzw. Sattellast und der vorgesehenen Fahrgeschwindigkeit (Betriebsvorschrift), ferner folgende Unterlagen in dreifacher Ausfertigung: 1. Beschreibung der Einrichtung und ihrer Wirkungsweise für jeden Typ und jede Größe mit Angabe von Hersteller und Typbezeichnung, 2. maßstäbliche Zusammenstellungszeichnung für jeden Typ, jede Größe und jede Ausführung mit den Hauptmaßen, Zeichnungen der einzelnen Bauteile und Angaben über die verwendeten Werkstoffe, 3. Zeugnis des Herstellers über die Prüfung der Eigenschaften des Werkstoffs entsprechend der vom Kraftfahrt-Bundesamt anerkannten besonderen Bedingungen, wenn für

Teileart	Anzahl der Muster Bemerkungen	Unterlagen
		tragende Bauteile der Verbindungseinrichtung weder Stahl noch Stahlguß verwendet werden.
5. Lichtquellen (§ 49a Abs. 6 § 67 Abs. 10 StVZO und § 22 Abs. 4 und 5 der StVO)		Zeichnungen in dreifacher Ausfertigung über die Vorder- und Seitenansicht im Maßstab 2 zu 1.
5.1 Lichtquellen allgemein	15 Muster	
5.2 Lichtquellen für asymmetrisches Abblendlicht	5 Muster	
6. Scheinwerfer für Fernlicht und für Abblendlicht sowie für Fern- und Abblendlicht (§ 50 StVZO) Fahrradscheinwerfer (§ 67 Abs. 3 und 11 StVZO)	2 Muster	Zeichnung(en) in dreifacher Ausfertigung einschließlich Schnittdarstellung und Vorderansicht der Abschlußscheibe.
6.1 Scheinwerfer mit Abschlußscheibe aus Glas	2 Muster	
6.2 Scheinwerfer mit Abschlußscheibe aus Kunststoff	2 Muster; das Kraftfahrt-Bundesamt kann erforderlichenfalls zusätzliche Muster anfordern.	
7. Begrenzungsleuchten (§ 51 Abs. 1 und 2, § 53b Abs. 1 StVZO) Spurhalteleuchten (§ 51 Abs. 4 StVZO) Seitenmarkierungsleuchten (§ 51a Abs. 6 StVZO) Parkleuchten (§ 51c Abs. 1 bis 4 StVZO) Umrißleuchten (§ 51b StVZO) Nebelscheinwerfer (§ 52 Abs. 1 StVZO) Kennleuchten für blaues, rotes und gelbes Blinklicht (§ 52 Abs. 3, 3a und 4 StVZO) Rückfahrscheinwerfer (§ 52a StVZO) Schlußleuchten (§ 53 Abs. 1 und 6, § 53b Abs. 1 und 2, § 67 Abs. 4, 5 und 11 StVZO) Bremsleuchten (§ 53 Abs. 2 StVZO) Nebelschlußleuchten	jeweils 2 Muster	Unterlagen jeweils in dreifacher Ausfertigung (Erläuterungen, Zeichnungen, Ein- oder Anbauanweisungen für die Verbraucher), aus denen eindeutig hervorgeht, in welcher Lage die Fahrzeugteile am Fahrzeug angebracht werden sollen (Abstand und Ausrichtung zur Fahrzeuglängsmittelebene und zur Fahrbahnoberfläche).

Teileart		Anzahl der Muster Bemerkungen	Unterlagen
	(§ 53d StVZO) Fahrtrichtungsanzeiger und Blinkleuchten § 53b Abs. 5 und § 54 StVZO) Leuchten zur Sicherung hinausragender Ladung (§ 22 Abs. 4 und 5 der StVO)		
8.	Rückstrahler (§ 51 Abs. 2, § 51a Abs. 1, 53 Abs. 4, 6 und 7, § 53b Abs. 1 und 2, § 66a Abs. 4, § 67 Abs. 3, 4 und 6 StVZO, § 22 Abs. 4 StVO)	10 Muster	Unterlagen jeweils in dreifacher Ausfertigung (Erläuterungen, Zeichnungen, Ein- oder Anbauanweisungen für die Verbraucher), aus denen eindeutig hervorgeht, in welcher Lage die Fahrzeugteile am Fahrzeug angebracht werden sollen (Abstand und Ausrichtung zur Fahrzeuglängsmittelebene und zur Fahrbahnoberfläche).
9.	Warndreiecke sowie Blinkleuchten und Warnleuchten zur Sicherung haltender Fahrzeuge (§ 53a Abs. 1 und 3, § 53b Abs. 5 StVZO)		Zeichnung(en) in dreifacher Ausfertigung.
9.1	Warndreiecke	3 Muster	
9.2	Blinkleuchten und Warnleuchten	4 Muster, davon zwei mit Hilfsvorrichtungen, die die fortlaufende Messung der an der Lichtquelle (z.B. Glühlampe) liegenden Spannung während des Betriebs in einfacher Weise sowie die Messung der Batteriespannung bei Geräten mit eigener Spannungsquelle ermöglichen.	
9.3	Blinkleuchten und Warnleuchten mit nicht regenerierbaren Spannungsquellen	für jedes Muster nach 9.2 zusätzliche Spannungsquellen der für die Verwendung beabsichtigten Art in der erforderlichen Anzahl (mindestens zwei).	
10.	Beleuchtungseinrichtungen für amtliche Kennzeichen (§ 10 Abs. 6 Satz 2 FZV) Beleuchtungseinrichtungen für transparente amtliche Kennzeichen (§ 10 FZV)	2 Muster	Zeichnung(en) in dreifacher Ausfertigung, aus der die Lage der Leuchte(n) zum Kennzeichen eindeutig hervorgeht; das Muster der zu prüfenden Beleuchtungseinrichtung muß mit dem Muster des zu beleuchtenden Kennzeichens fest verbunden sein.

Teileart		Anzahl der Muster Bemerkungen	Unterlagen
11.	Sicherheitsgurte in Kraftfahrzeugen (§ 35a Abs. 4 StVZO)	Muster, Zeichnungen und Beschreibungen sind nach der von der Prüfstelle anzuwendenden Vorschrift und den darin enthaltenen Bestimmungen über den Antrag beizufügen.	
12.	Gleitschutzeinrichtungen (§ 37 Abs. 1 StVZO)	2 Muster; die Prüfstelle kann zusätzliche Muster zur Prüfung anfordern.	Folgende Unterlagen in je dreifacher Ausfertigung: 1. Zeichnung(en) der Gleitschutzeinrichtung, aus der die Abmessungen aller Einzelteile sowie der gesamten Einrichtung und die Art der Verschlüsse ersichtlich sind und, soweit erforderlich, Beschreibung unterschiedlicher Größen, 2. Stückliste aller zur Gleitschutzeinrichtung gehörenden Einzelteile mit vollständiger, normgerechter Werkstoffangabe, 3. Beschreibung der Gleitschutzeinrichtung, 4. Montageanleitung, 5. Größenbezeichnungen der Reifen, auf die sich der Verwendungsbereich erstrecken soll, 6. Fotografien der auf ein Rad montierten Gleitschutzeinrichtung, auf denen die Radinnenseite, die Radaußenseite und die Lauffläche erkennbar sind.
13.	Retroreflektierende Streifen an Reifen oder in den Speichen von Fahrrädern (§ 67 Abs. 7 StVZO)	2 Muster; die Prüfstelle kann erforderlichenfalis zusätzliche Reifen mit aufgebrachten Streifen oder Streifen für die Speichen als Muster anfordern.	Zeichnung(en) in dreifacher Ausfertigung.
14.	Park-Warntafeln (§ 51c Abs. 1, 2 und 5 sowie § 53b StVZO) Warnmarkierungen für Hubladebühnen (§ 53b Abs. 5 StVZO)		Zeichnung(en) in dreifacher Ausfertigung.
14.1	Park-Warntafeln	2 Muster; bei aufgebrachten retroreflektierenden Folien zusätzlich 9 Muster der Folien, Mindestgröße 40 mm × 100 mm.	

Teileart		Anzahl der Muster Bemerkungen	Unterlagen
14.2	Warnmarkierungen für Hubladebühnen	9 Muster der aufzubringenden retroreflektierenden Materialien, Mindestgröße 40 mm × 100 mm.	
15.	Lichtmaschinen für Fahrräder (§ 67 Abs. 1 StVZO)	2 Muster	Zeichnung(en) und Beschreibung der Wirkungsweise in dreifacher Ausfertigung.
16.	*(aufgehoben)*		
17.	Reifen (§ 36 Abs. 1a StVZO)	Muster, Zeichnungen und Beschreibungen sind nach der von der Prüfstelle angewandten Vorschrift und den darin festgelegten Bestimmungen über den Antrag beizufügen.	
18.	Fahrtschreiber (§ 57a StVZO)	Muster, Zeichnungen und Beschreibungen sind nach der von der Prüfstelle angewandten Vorschrift und den darin enthaltenen Bestimmungen über den Antrag beizufügen.	
19.	Warneinrichtungen mit einer Folge von Klängen verschiedener Grundfrequenz (§ 55 Abs. 3 und 3a StVZO)	2 Muster	Zeichnung(en) und Beschreibung der Wirkungsweise in zweifacher Ausfertigung.

Anlage 2 Teil 1[1)]
(zu § 5 Abs. 1 Satz 2 Nr. 1 und 2, § 7 Abs. 3)

Zuständige Prüfstellen für bestimmte Fahrzeugteile und ihre bisher zugeteilten Kennbuchstaben

bisher zugeteilter Kennbuchstabe	Prüfstelle	Teileart, für die die Prüfstellen bisher zuständig waren
D	Materialprüfungsamt Nordrhein-Westfalen 44285 Dortmund	– Sicherheitsglas einschließlich Folien zur Aufbringung auf Scheiben von Fahrzeugen
E	TÜV NORD Mobilität GmbH & Co. KG IFM – Institut für Fahrzeugtechnik und Mobilität Am TÜV 1 30519 Hannover	– Fahrtschreiber
F	RWTÜV Fahrzeug GmbH Adlerstraße 7 45307 Essen	– Auflaufbremsen – Einrichtungen zur Verbindung von Fahrzeugen
G	Staatliche Materialprüfungsanstalt an der Universität Stuttgart Postfach 801140 70511 Stuttgart	– Sicherheitsgurte – Rückhalteeinrichtungen für Kinder in Kraftfahrzeugen

1) Anl. 2 Teil 1 geänd. mWv 1.8.2013 durch VO v. 26.7.2013 (BGBl. I S. 2803).

K	Lichttechnisches Institut der Universität Karlsruhe Prüfstelle für Lichttechnische Einrichtungen an Fahrzeugen Kaiserstraße 12 76128 Karlsruhe	– lichttechnische Einrichtungen
L	Prüfungskommission für Gleitschutzeinrichtungen beim Kraftfahrt-Bundesamt 24932 Flensburg	– Gleitschutzeinrichtungen
M	TÜV AUTOMOTIVE GMBH Unternehmensgruppe TUV Süddeutschland Bereich München Daimlerstraße 11 85748 Garching	– Einrichtungen zur Verbindung von Fahrzeugen – Auflaufbremsen – Warneinrichtungen mit einer Folge von Klängen verschiedener Grundfrequenzen – Einsatzhorn
N	DEKRA Typprüfstelle/Technischer Dienstder DEKRA Automobil AG Bernhardstraße 62 01187 Dresden	– Heizungen – Gleitschutzeinrichtungen – Scheiben aus Sicherheitsglas – Auflaufbremsen – Einrichtungen zur Verbindung von Fahrzeugen – Warneinrichtungen mit einer Folge von Klängen verschiedener Grundfrequenzen – Einsatzhorn – Sicherheitsgurte – Rückhalteeinrichtungen für Kinder in Kraftfahrzeugen – Fahrtschreiber und Kontrollgeräte
S	Prüfstelle für Fahrzeugteile im Forschungsinstitut für Kraftfahrwesen und Fahrzeugmotoren Pfaffenwaldring 12 70569 Stuttgart	– Heizungen

Anlage 2 Teil 2
(zu § 7 Abs. 3)

Kennbuchstaben, die nicht mehr zugeteilt werden

weiterhin gültiger Kennbuchstabe, der nicht mehr zugeteilt wird	Prüfstelle	Teileart, für die die Prüfstelle zuständig war; Grund für die aufgehobene Zuständigkeit
A	Technische Prüfstelle für den Kraftfahrzeugverkehr des TÜV Berlin-Brandenburg e. V.	Beiwagen von Krafträdern;
T	alle anderen Technischen Prüfstellen für den Kraftfahrzeugverkehr	Beiwagen müssen nicht mehr in amtlich genehmigter Bauart nach § 22a Abs. 1 StVZO ausgeführt sein.
B	Physikalisch-Technische Bundesanstalt in Braunschweig	Fahrtschreiber; die Zuständigkeit wurde auf die Landeseichdirektion Nordrhein-Westfalen übertragen (Kennbuchstabe E).
C	Technische Prüfstelle für den Kraftfahrzeugverkehr an der Technischen Universität Berlin in Berlin-Charlottenburg	– Heizungen – Auflaufbremsen – Einrichtungen zur Verbindung von Fahrzeugen; Übernahme durch DEKRA e.V.

Anlage 3
(zu § 7 Abs. 1)

Muster für das Prüfzeichen

1. 

Beispiel für ein Genehmigungszeichen an einer lichttechnischen Einrichtung

2. 

Beispiel für ein Genehmigungszeichen an einer Auflaufeinrichtung mit Zugeinrichtung

3. 

Beispiel für ein Genehmigungszeichen an einer zusätzlichen zentralen Bremsleuchte der Kategorie „S3“

280. Verordnung über technische Kontrollen von Nutzfahrzeugen auf der Straße (TechKontrollV)[1]

Vom 21. Mai 2003
(BGBl. I S. 774)

FNA 9231-1-15

geänd. durch Art. 1 ÄndVO v. 18.12.2003 (BGBl. I S. 3095), Art. 93 G zur Umbenennung des BGS in Bundespolizei v. 21.6.2005 (BGBl. I S. 1818), Art. 2 VO zur Änd. güterkraftverkehrsrechtlicher Vorschriften v. 29.6.2005 (BGBl. I S. 1947), Art. 469 Neunte ZuständigkeitsanpassungsVO v. 31.10.2006 (BGBl. I S. 2407), Art. 1 ÄndVO v. 19.12.2011 (BGBl. I S. 2835), Art. 472 Zehnte ZuständigkeitsanpassungsVO v. 31.8.2015 (BGBl. I S. 1474), Art. 4 VO zur Änd. fahrpersonalrechtlicher und straßenverkehrsrechtlicher Vorschriften v. 8.8.2017 (BGBl. I S. 3158) und Art. 1 ÄndVO v. 8.5.2018 (BGBl. I S. 544)

Auf Grund des § 6 Abs. 1 Nr. 20 des Straßenverkehrsgesetzes[2] in der Fassung der Bekanntmachung vom 5. März 2003 (BGBl. I S. 310) und des § 17 des Güterkraftverkehrsgesetzes[3] vom 22. Juni 1998 (BGBl. I S. 1485), von denen
– § 6 Abs. 1 durch Artikel 244 der Verordnung vom 29. Oktober 2001 (BGBl. I S. 2785) geändert und § 6 Abs. 1 Nr. 20 durch Artikel 1 des Gesetzes vom 11. September 2002 (BGBl. I S. 3574) eingefügt worden ist,
– § 17 durch Artikel 251 Nr. 1 der Verordnung vom 29. Oktober 2001 (BGBl. I S. 2785) geändert worden ist,
verordnet das Bundesministerium für Verkehr, Bau- und Wohnungswesen:

§ 1 Anwendungsbereich. (1) Die Vorschriften dieser Verordnung gelten für die technische Kontrolle von Nutzfahrzeugen, die am Straßenverkehr teilnehmen oder aus einem Drittland in Deutschland einfahren.

(2) Auf Grund anderer Rechtsvorschriften durchzuführende Kontrollen von Nutzfahrzeugen, die nicht unter Absatz 1 fallen, bleiben unberührt.

§ 2[4] Begriffsbestimmungen. Im Sinne dieser Verordnung bezeichnet der Begriff:

1. „Nutzfahrzeug": ein Kraftfahrzeug samt zugehörigem Anhänger oder Sattelanhänger, das der Beförderung von Gütern oder Fahrgästen dient und der Fahrzeugklasse M_2, M_3, N_2, N_3, O_3, O_4 des Anhangs II der Richtlinie 2007/46/EG des Europäischen Parlaments und des Rates vom 5. September 2007 zur Schaffung eines Rahmens für die Genehmigung von Kraftfahrzeugen und Kraftfahrzeuganhängern sowie von Systemen, Bauteilen

---

[1] **Amtl. Anm.:** Diese Verordnung dient der Umsetzung der Richtlinie 2000/30/EG des Europäischen Parlaments und des Rates vom 6. Juni 2000 über die technische Unterwegskontrolle von Nutzfahrzeugen, die in der Gemeinschaft am Straßenverkehr teilnehmen (ABl. EG Nr. L 203 S. 1), in deutsches Recht.

[2] Nr. **10**.

[3] Nr. **450**.

[4] § 2 Nr. 1 und 3 geänd. mWv 1.1.2012 durch VO v. 19.12.2011 (BGBl. I S. 2835); Nr. 1 und 3 neu gef., Nr. 2 und 4 geänd., Nr. 5–8 angef. mWv 20.5.2018 durch VO v. 8.5.2018 (BGBl. I S. 544).

und selbstständigen technischen Einheiten für diese Fahrzeuge (Rahmenrichtlinie) (ABl. L 263 vom 9.10.2007, S. 1) oder der Fahrzeugklasse T_b nach Artikel 4 Nummer 1 Buchstabe b der Verordnung (EU) Nr. 167/2013 des Europäischen Parlaments und des Rates vom 5. Februar 2013 über die Genehmigung und Marktüberwachung von land- und forstwirtschaftlichen Fahrzeugen (ABl. L 60 vom 2.3.2013, S. 1), die zuletzt durch die Delegierte Verordnung (EU) 2016/1788 (ABl. L 277 vom 13.10.2016, S. 1) geändert worden ist, angehört,

2. „Kontrolle": die von den Behörden nicht angekündigte und somit unerwartete, auf öffentlichen Straßen oder hierfür durch die nach § 3 Absatz 1 zuständigen Behörden gesondert bestimmten Flächen durchgeführte Überwachung, Prüfung oder Untersuchung eines Nutzfahrzeugs hinsichtlich seines technischen Zustands nach den Maßgaben des § 5 durch die zuständigen Behörden,
3. „Prüfpunkt": die technische Ausrüstung und Beschaffenheit der Nutzfahrzeuge, die kontrolliert werden sollen und die Sicherung der mit ihnen beförderten Ladung; die Prüfpunkte sind in den Anhängen II, III Abschnitt II und im Anhang IV der Richtlinie 2014/47/EU des Europäischen Parlaments und des Rates vom 3. April 2014 über die technische Unterwegskontrolle der Verkehrs- und Betriebssicherheit von Nutzfahrzeugen, die in der Union am Straßenverkehr teilnehmen, und zur Aufhebung der Richtlinie 2000/30/EG (ABl. L 127 vom 29.4.2014, S. 134; L 197 vom 4.7.2014, S. 87) aufgelistet,
4. „Mitgliedstaaten": solche, die Mitgliedstaaten der Europäischen Union oder Vertragsstaaten des Abkommens über den Europäischen Wirtschaftsraum sind,
5. „Sichtprüfung": Inaugenscheinnahme auch im Zusammenhang mit Betätigung der betreffenden Einrichtungen,
6. „geringe Mängel": solche ohne bedeutende Auswirkung auf die Fahrzeugsicherheit oder auf die Umwelt sowie andere geringfügige Unregelmäßigkeiten,
7. „erhebliche Mängel": solche, die die Fahrzeugsicherheit oder die Umwelt beeinträchtigen oder durch die andere Verkehrsteilnehmer gefährdet werden können oder andere bedeutende Unregelmäßigkeiten,
8. „gefährliche Mängel": solche, die eine direkte und unmittelbare Gefahr für die Straßenverkehrssicherheit darstellen oder die Umwelt beeinträchtigen.

§ 3[1)] Zuständigkeiten. (1) Die Kontrollen führen die nach Bundes- und Landesrecht zuständigen Behörden durch.

(2) Die zuständigen Behörden können amtlich anerkannte Sachverständige und Prüfer für den Kraftfahrzeugverkehr nach dem Kraftfahrsachverständigengesetz[2)], Prüfingenieure nach Anlage VIIIb Nummer 3.9 der Straßenverkehrs-Zulassungs-Ordnung[3)] oder die für die Durchführung von Sicherheitsprüfungen anerkannten Kraftfahrzeugwerkstätten aus gegebenem Anlass beauftragen, an den technischen Kontrollen ganz oder teilweise mitzuwirken.

[1)] § 3 Abs. 2 und 3 geänd. mWv 20.5.2018 durch VO v. 8.5.2018 (BGBl. I S. 544).
[2)] Nr. **660**.
[3)] Nr. **200**.

(3) Das Bundesamt für Güterverkehr wird als die für die Bundesrepublik Deutschland zuständige Kontaktstelle bestimmt, die im Rahmen dieser Verordnung die Informationen und die Amtshilfe unter den Mitgliedstaaten und deren Behörden und das Berichtswesen mit der Kommission der Europäischen Union entsprechend der §§ 8 bis 10 durchführt.

§ 4[1)] Häufigkeit der Kontrollen. (1) Die zuständigen Behörden stellen sicher, dass in ihrem sachlichen und örtlichen Zuständigkeitsbereich ein ausreichender Anteil an Nutzfahrzeugen den in dieser Verordnung vorgesehenen Kontrollen unterworfen wird, um zu prüfen, ob die technischen Vorschriften in den Zeiträumen zwischen den nach § 29 der Straßenverkehrs-Zulassungs-Ordnung[2)] oder der Richtlinie 2014/45/EU des Europäischen Parlaments und des Rates vom 3. April 2014 über die regelmäßige technische Überwachung von Kraftfahrzeugen und Kraftfahrzeuganhängern und zur Aufhebung der Richtlinie 2009/40/EG (ABl. L 127 vom 29.4.2014, S. 51; L 334 vom 22.12.2015, S. 66) vorgeschriebenen Untersuchungen der Nutzfahrzeuge eingehalten werden.

(2) [1] Ausreichend ist ein repräsentativer Anteil an den im jeweiligen Land zugelassenen Nutzfahrzeugen und dem Verkehrsaufkommen mit Nutzfahrzeugen. [2] Die Zahlen über den jeweiligen Bestand der Nutzfahrzeuge und das Verkehrsaufkommen mit Nutzfahrzeugen in den Ländern werden alle zwei Jahre zum 30. Juni für die vorangegangenen zwei Jahre den Ländern durch das Bundesamt für Güterverkehr in Abstimmung mit dem Kraftfahrt-Bundesamt zur Verfügung gestellt.

§ 5[3)] Kontrollen auf der Straße. (1) Die Auswahl eines Fahrzeugs für die Kontrolle und die Durchführung der Kontrollen erfolgt

1. in Ausführung von Artikel 3 der Verordnung (EG) Nr. 1100/2008 des Europäischen Parlaments und des Rates vom 22. Oktober 2008 über den Abbau von Grenzkontrollen der Mitgliedstaaten im Straßen- und Binnenschiffsverkehr (kodifizierte Fassung) (ABl. L 304 vom 14.11.2008, S. 63) und Artikel 1 der Verordnung (EWG) Nr. 3912/92 des Rates vom 17. Dezember 1992 über innerhalb der Gemeinschaft durchgeführte Kontrollen im Straßen- und Binnenschiffsverkehr von in einem Drittland registrierten oder zum Verkehr zugelassenen Verkehrsmitteln (ABl. L 395 vom 31.12. 1992, S. 6),
2. ohne Unterscheidung hinsichtlich der Staatsangehörigkeit des Fahrers oder des Staates, in dem das Nutzfahrzeug zugelassen oder in Betrieb genommen wurde,
3. verdachtsunabhängig oder wenn der Verdacht besteht, dass von dem Fahrzeug eine Gefahr für die Straßenverkehrssicherheit oder die Umwelt ausgeht oder – sobald und soweit möglich – durch Ermitteln von Fahrzeugen, die von Unternehmen mit einem hohen Risikoprofil im Sinne des Artikels 6 der Richtlinie 2014/47/EU betrieben werden.

---

1) § 4 Abs. 2 Satz 4 geänd. mWv 8.7.2005 durch VO v. 29.6.2005 (BGBl. I S. 1947); Abs. 1 geänd. mWv 1.1.2012 durch VO v. 19.12.2011 (BGBl. I S. 2835); Abs. 1 und 2 Satz 2 geänd., Abs. 2 Sätze 3 und 4 aufgeh. mWv 20.5.2018 durch VO v. 8.5.2018 (BGBl. I S. 544).

2) Nr. **200**.

3) § 5 neu gef. mWv 20.5.2018 durch VO v. 8.5.2018 (BGBl. I S. 544).

(2) Das System der Kontrollen umfasst anfängliche technische Unterwegskontrollen nach den Absätzen 3 und 4 und gründlichere technische Unterwegskontrollen nach Absatz 5.

(3) [1] Jede anfängliche technische Unterwegskontrolle beinhaltet:

1. eine Prüfung des letzten für das Nutzfahrzeug erstellten Kontrollberichts über eine Kontrolle nach der Richtlinie 2014/47/EU einschließlich der Prüfung, ob die dort festgestellten Mängel behoben worden sind,
2. eine Prüfung der letzten Prüfbescheinigung nach der Richtlinie 2014/45/EU,
3. eine Sichtprüfung des technischen Zustandes des Nutzfahrzeugs.

[2] Der Kontrollbericht nach Nummer 1 und die Prüfbescheinigung nach Nummer 2 sind zum Zweck der Kontrolle im Fahrzeug mitzuführen.

(4) Zusätzlich zu den im Absatz 3 genannten Prüfarten kann die anfängliche technische Unterwegskontrolle Folgendes beinhalten:

1. Sichtprüfung der Sicherung der Ladung des Fahrzeugs in Übereinstimmung mit § 22 Absatz 1 der Straßenverkehrs-Ordnung[1)] und Anhang III Abschnitt II der Richtlinie 2014/47/EU,
2. technische Prüfung von im Anhang II der Richtlinie 2014/47/EU aufgeführten Positionen nach jeder für zweckmäßig erachteten Methode.

(5) [1] Wird bei der anfänglichen technischen Unterwegskontrolle festgestellt, dass bestimmte in Anhang II der Richtlinie 2014/47/EU aufgeführte Positionen nicht überprüft werden können, eine solche Prüfung aber für notwendig gehalten wird, wird das Fahrzeug oder sein Anhänger einer gründlicheren Unterwegskontrolle unterzogen. [2] Bei der gründlicheren Unterwegskontrolle werden insbesondere die Sicherheit der Brems- und Lenkanlage, der Reifen, der Räder, des Fahrgestells und die Umweltbelastung berücksichtigt.

(6) [1] Die gründlichere technische Unterwegskontrolle wird in einer Untersuchungsstelle nach Anlage VIIId der Straßenverkehrs-Zulassungs-Ordnung[2)], unter Einsatz einer mobilen Kontrolleinheit oder in einer speziellen Einrichtung für Unterwegskontrollen durchgeführt. [2] Soll die gründlichere Kontrolle in einer Prüfstelle oder in einer speziellen Einrichtung für Unterwegskontrollen durchgeführt werden, sind die Kontrollen so rasch wie möglich in einer der am nächsten gelegenen nutzbaren Prüfstellen oder Einrichtungen durchzuführen. [3] Mobile Kontrolleinheiten und spezielle Einrichtungen für Unterwegskontrollen müssen über geeignete Ausstattungen zur Durchführung einer gründlicheren Kontrolle verfügen, insbesondere zur Beurteilung des Zustandes der Bremsen und der Bremswirkung, der Lenkung und der Aufhängung des Fahrzeugs und der vom Fahrzeug ausgehenden Umweltbelastung. [4] Die Prüfer und deren Beauftragte, die die gründlichere Kontrolle durchführen, müssen die Mindestanforderungen an die Qualifikation und Ausbildung nach Artikel 13 und Anhang IV der Richtlinie 2014/45/EU erfüllen.

[1)] Nr. **100**.
[2)] Nr. **200**.

(7) Wenn aus dem Bericht über eine Kontrolle nach der Richtlinie 2014/47/EU oder aus einer Prüfbescheinigung nach der Richtlinie 2014/45/EU hervorgeht, dass eine der in Anhang II aufgeführten Positionen während der vorangegangenen drei Monate bereits Gegenstand einer Kontrolle war, wird bei der Kontrolle auf die erneute Überprüfung verzichtet, es sei denn, der Zustand stimmt mit dem Ergebnis des Berichts oder der Prüfbescheinigung nicht überein oder es liegt ein offensichtlicher Mangel vor.

§ 6[1)] Kontrollbericht. [1] Die zuständigen Behörden oder deren Beauftragte haben einen Kontrollbericht nach dem Muster des Anhangs IV der Richtlinie 2014/47/EU zu fertigen, wenn ein erheblicher oder gefährlicher Mangel festgestellt oder eine gründlichere technische Unterwegskontrolle durchgeführt wurde. [2] Eine Ausfertigung des Kontrollberichts erhält der Fahrer des geprüften Nutzfahrzeugs.

§ 7[2)] Bewertung von Mängeln und Folgemaßnahmen. (1) [1] Die bei der Kontrolle festgestellten Mängel werden nach der im Anhang II der Richtlinie 2014/47/EU vorgenommenen Bewertung in eine der Gruppen: geringe Mängel, erhebliche Mängel oder gefährliche Mängel eingestuft. [2] Weist ein Fahrzeug Mängel auf, die in mehrere Mängelgruppen fallen, so wird es in die Gruppe eingeordnet, die dem schwerwiegendsten Mangel entspricht. [3] Ein Fahrzeug mit mehreren Mängeln innerhalb der gleichen Prüfbereiche der technischen Unterwegskontrolle nach Anhang II Nummer 1 der Richtlinie 2014/47/EU wird in die nächsthöhere Mängelgruppe eingestuft, wenn davon auszugehen ist, dass das Zusammenwirken dieser Mängel eine größere Gefährdung der Straßenverkehrssicherheit oder der Umwelt bewirkt.

(2) [1] Werden bei der Überprüfung eines Fahrzeugs erhebliche oder gefährliche Mängel festgestellt, kann die Benutzung des Fahrzeugs bis zur Beseitigung der Mängel vorläufig untersagt werden. [2] Sind gefährliche Mängel festgestellt worden, darf eine vorläufige Nutzung des Fahrzeugs allein zu dem Zweck der Beseitigung der Mängel gestattet werden, wenn bei dem Betrieb des Fahrzeugs keine unmittelbaren Gefahren für die Sicherheit der Insassen oder anderer Verkehrsteilnehmer oder für die Umwelt bestehen. [3] Bei Mängeln, die nicht unverzüglich beseitigt werden müssen, bestimmt die zuständige Behörde eine angemessene Frist, binnen derer die Mängel beseitigt werden müssen. [4] Die Befugnis zur vorläufigen Weiternutzung des Fahrzeugs kann mit Bedingungen und Auflagen verbunden werden.

(3) Unbeschadet des Absatzes 2 können von der zuständigen Behörde bei erheblichen oder gefährlichen Mängeln folgende Maßnahmen veranlasst werden:

1. Übermittlung des Kontrollberichts an die zuständige Zulassungsbehörde, damit diese über Anordnungen nach § 5 der Fahrzeug-Zulassungs-Verordnung[3)] entscheiden kann,
2. die Verweigerung der Einfahrt des Nutzfahrzeugs, das in einem Drittland zugelassen ist, in die Bundesrepublik Deutschland.

[1)] § 6 Satz 1 geänd. mWv 1.1.2012 durch VO v. 19.12.2011 (BGBl. I S. 2835); Satz 1 neu gef. mWv 20.5.2018 durch VO v. 8.5.2018 (BGBl. I S. 544).

[2)] § 7 neu gef. mWv 20.5.2018 durch VO v. 8.5.2018 (BGBl. I S. 544).

[3)] Nr. **250**.

§ 8[1] Informationen unter den Mitgliedstaaten. Die obersten Landesbehörden oder die von ihnen beauftragten Stellen teilen jährlich zum 30. Juni dem Bundesamt für Güterverkehr zur Durchführung der Informationen unter den Mitgliedstaaten mit, welche Behörde in ihrem Land für die Durchführung der Kontrollen zuständig und wer Ansprechpartner ist.

§ 9[2] Aufgaben der nationalen Kontaktstelle; Zusammenarbeit zwischen den Behörden der Mitgliedstaaten. (1) [1] Das Bundesamt für Güterverkehr nimmt die Aufgaben als nationale Kontaktstelle im Sinne dieser Verordnung wahr. [2] Meldungen, Mitteilungen und Ersuchen nach den Absätzen 2 bis 5 richten die zuständigen Behörden der Länder unmittelbar an die nationale Kontaktstelle.

(2) [1] Werden an einem nicht in Deutschland zugelassenen Fahrzeug erhebliche oder gefährliche Mängel festgestellt, die zu einer Einschränkung oder einem Verbot der Nutzung des Fahrzeugs führen, hat die zuständige Behörde das Ergebnis der Kontrolle an die nationale Kontaktstelle mit den Angaben des Kontrollberichts gemäß Anhang IV der Richtlinie 2014/47/EU zu übermitteln. [2] Die nationale Kontaktstelle unterrichtet die Kontaktstelle des Mitgliedstaats, in dem das Fahrzeug zugelassen ist, über das Ergebnis der Kontrolle, indem sie dieser die Angaben des Kontrollberichts gemäß Anhang IV der Richtlinie 2014/47/EU übermittelt. [3] Weitere Maßnahmen nach dieser Verordnung bleiben unberührt.

(3) Neben der Meldung nach Absatz 1 kann die nationale Kontaktstelle die zuständige Behörde des Mitgliedstaats, in dem das Fahrzeug zugelassen ist, über die Kontaktstelle jenes Mitgliedstaats ersuchen, gegenüber dem Zuwiderhandelnden oder dem Transportunternehmen geeignete Maßnahmen, insbesondere die erneute Durchführung der Prüfung im Rahmen der technischen Überwachung des Fahrzeugs, zu ergreifen.

(4) Die nationale Kontaktstelle ist zuständige Behörde im Sinne des § 8a Absatz 1 des Verwaltungsverfahrensgesetzes bei der Durchführung der Richtlinie 2014/47/EU.

(5) Wird der nationalen Kontaktstelle durch die Kontaktstelle eines Mitgliedstaats ein erheblicher oder gefährlicher Mangel an einem in Deutschland zugelassenen Fahrzeug entsprechend Absatz 2 gemeldet oder ersucht diese Kontaktstelle um angemessene Maßnahmen entsprechend Absatz 3, so unterrichtet die nationale Kontaktstelle hiervon die nach dieser Verordnung zuständige Behörde des Landes, in dem das Fahrzeug zugelassen ist, welche die erforderlichen Maßnahmen ergreift.

---

[1] § 8 Überschrift, Satz 1 geänd. mWv 1.1.2004 durch VO v. 18.12.2003 (BGBl. I S. 3095); Satz 2 aufgeh. mWv 20.5.2018 durch VO v. 8.5.2018 (BGBl. I S. 544).

[2] § 9 neu gef. mWv 20.5.2018 durch VO v. 8.5.2018 (BGBl. I S. 544).

§ 10[1)] Berichtswesen. (1) [1] Die nach Bundes- und Landesrecht zuständigen Behörden übermitteln dem Bundesamt für Güterverkehr jeweils für zwei Kalenderjahre spätestens zwei Monate nach deren Ablauf einen nach dem Muster in Anlage 3 für ihren Bereich erstellten Bericht über die Anwendung dieser Verordnung mit folgenden Angaben:

1. Anzahl der kontrollierten Nutzfahrzeuge, aufgeschlüsselt nach den Fahrzeugklassen und nach dem Zulassungsland gemäß des Anhangs V (Übersichtstabelle) der Richtlinie 2014/47/EU,
2. Anzahl der festgestellten Mängel zu den Prüfpunkten des Anhangs IV Nummer 10 der Richtlinie 2014/47/EU, aufgeschlüsselt nach den Fahrzeugklassen und nach dem Zulassungsland gemäß des Anhangs V (Ergebnisse der gründlicheren Kontrollen) der Richtlinie 2014/47/EU.

[2] Das Musterformular ist in elektronischem Format für jedes Zulassungsland zu erstellen und dem Bundesamt für Güterverkehr ausschließlich per De-Mail oder E-Mail zu übermitteln.

(2) [1] Das Bundesamt für Güterverkehr erstellt auf Grund der Berichte nach Absatz 1 einen für Deutschland zusammengefassten Bericht und übersendet diesen dem Bundesministerium für Verkehr und digitale Infrastruktur zur Weiterleitung an die Kommission der Europäischen Union. [2] Der Bericht wird den obersten Verkehrsbehörden der Länder übermittelt.

§ 11[2)] Kontrollen des Bundesamtes für Güterverkehr, der Bundespolizei und der Zollverwaltung. Diese Verordnung wird entsprechend angewendet durch:

1. das Bundesamt für Güterverkehr gemäß § 11 Abs. 2 Nr. 3 Buchstabe m des Güterkraftverkehrsgesetzes[3)],
2. die Bundespolizei bei Einfahrten von Nutzfahrzeugen aus einem Drittland nach Deutschland im Rahmen seiner Gefahrenabwehr und
3. den Grenzzolldienst bei Kontrollen an den Grenzübergängen und im grenznahen Raum.

§ 12 Inkrafttreten. Diese Verordnung tritt am ersten Tage des dritten auf die Verkündung folgenden Kalendermonats in Kraft.

Der Bundesrat hat zugestimmt.

Anlage 1 und 2[4)] *(aufgehoben)*

[1)] § 10 Abs. 1 Nr. 2 geänd. mWv 1.1.2004 durch VO v. 18.12.2003 (BGBl. I S. 3095); Abs. 2 geänd. mWv 8.11.2006 durch VO v. 31.10.2006 (BGBl. I S. 2407); Abs. 1 Nr. 1 geänd. mWv 1.1. 2012 durch VO v. 19.12.2011 (BGBl. I S. 2835); Abs. 2 geänd. mWv 8.9.2015 durch VO v. 31.8. 2015 (BGBl. I S. 1474); Abs. 1 neu gef. mWv 18.8.2017 durch VO v. 8.8.2017 (BGBl. I S. 3158); Abs. 1 Nr. 1 und 2 und Abs. 2 Satz 1 geänd., Satz 2 angef., Abs. 3 aufgeh. mWv 20.5.2018 durch VO v. 8.5.2018 (BGBl. I S. 544).

[2)] § 11 Überschr. u. Nr. 2 geänd. mWv 1.7.2005 durch G v. 21.6.2005 (BGBl. I S. 1818); Nr. 1 neu gef. mWv 8.7.2005 durch VO v. 29.6.2005 (BGBl. I S. 1947).

[3)] Nr. **450**.

[4)] Anl. 1 und 2 aufgeh. mWv 1.1.2012 durch VO v. 19.12.2011 (BGBl. I S. 2835).

8 **Anlage 3**[1)]
(zu § 10 Abs. 1)

Muster des Formulars für den Bericht an das Bundesamt für Güterverkehr über die Anzahl der kontrollierten Nutzfahrzeuge und über Verstöße und Maßnahmen bei festgestellten technischen Mängeln

Berichterstattendes Land: .... Bundespolizei/Zollverwaltung: ....
Zulassungsstaat: .... Zeitraum: von .... bis ....

Fahrzeug-klasse	N_2		N_3		O_3		O_4		M_2		M_3		T_b		Andere Fahrzeug-klassen		Insgesamt	
	Anzahl kontrollierter Fahrzeuge	Anzahl von Untersagungen der Weiterfahrt	Anzahl kontrollierter Fahrzeuge	Anzahl von Untersagungen der Weiterfahrt	Anzahl kontrollierter Fahrzeuge	Anzahl von Untersagungen der Weiterfahrt	Anzahl kontrollierter Fahrzeuge	Anzahl von Untersagungen der Weiterfahrt	Anzahl kontrollierter Fahrzeuge	Anzahl von Untersagungen der Weiterfahrt	Anzahl kontrollierter Fahrzeuge	Anzahl von Untersagungen der Weiterfahrt	Anzahl kontrollierter Fahrzeuge	Anzahl von Untersagungen der Weiterfahrt	Anzahl kontrollierter Fahrzeuge	Anzahl von Untersagungen der Weiterfahrt	Anzahl kontrollierter Fahrzeuge	Anzahl von Untersagungen der Weiterfahrt
Gesamt																		
Mängel im Einzelnen																		
	Kontrolliert	Nicht vorschriftsmäßig	Kontrolliert	Nicht vorschriftsmäßig	Kontrolliert	Nicht vorschriftsmäßig	Kontrolliert	Nicht vorschriftsmäßig	Kontrolliert	Nicht vorschriftsmäßig	Kontrolliert	Nicht vorschriftsmäßig	Kontrolliert	Nicht vorschriftsmäßig	Kontrolliert	Nicht vorschriftsmäßig	Kontrolliert	Nicht vorschriftsmäßig
(0) Identifizierung																		
(1) Bremsanlage																		
(2) Lenkung																		
(3) Sicht																		

[1)] Anlage 3 neu gef. mWv 20.5.2018 durch VO v. 8.5.2018 (BGBl. I S. 544).

Fahrzeug-klasse	N_2		N_3		O_3		O_4		M_2		M_3		T_b		Andere Fahrzeug-klassen		Insgesamt	
(4) Lichtanlage und Elektrik																		
(5) Achsen, Räder, Reifen, Aufhängung																		
(6) Fahrgestell und am Fahrgestell befestigte Teile																		
(7) Sonstige Geräte einschließlich Fahrtenschreiber und Geschwindigkeitsbegrenzer																		
(8) Umweltbelastung durch Emissionen und Austritt von Kraftstoff und/oder Öl																		
(9) Zusatztests für M_2/M_3																		
(10) Ladungssicherung																		

300. Verordnung über die Zulassung von Personen zum Straßenverkehr (Fahrerlaubnis-Verordnung – FeV) [1)2)]

Vom 13. Dezember 2010

(BGBl. I S. 1980)

FNA 9231-1-19

geänd. durch Art. 1 Fünfte VO zur Änd. der FeV und anderer straßenverkehrsrechtlicher Vorschriften v. 17.12.2010 (BGBl. I S. 2279), Art. 1 Sechste VO zur Änd. der FeV und anderer straßenverkehrsrechtlicher Vorschriften v. 7.1.2011 (BGBl. I S. 3, geänd. durch VO v. 10.1.2013, BGBl. I S. 35), Art. 1, 2 Siebte VO zur Änd. der FeV und anderer straßenverkehrsrechtlicher Vorschriften v. 26.6. 2012 (BGBl. I S. 1394, geänd. durch VO v. 10.1.2013, BGBl. I S. 35), Art. 1, 2 Achte VO zur Änd. der FeV und anderer straßenverkehrsrechtlicher Vorschriften v. 10.1.2013 (BGBl. I S. 35), Art. 2 Abs. 14 G zur Fortentwicklung des Meldewesens v. 3.5.2013 (BGBl. I S. 1084, geänd. durch G v. 20.11.2014, BGBl. I S. 1738), Art. 1, 2 Neunte VO zur Änd. der FeV und anderer straßenverkehrsrechtlicher Vorschriften v. 5.11.2013 (BGBl. I S. 3920, geänd. durch ÄndVO v. 16.4.2014, BGBl. I S. 348), Art. 1 Zehnte VO zur Änd. der FeV und anderer straßenverkehrsrechtlicher Vorschriften v. 16.4.2014 (BGBl. I S. 348), Art. 1 Erste ÄndVO v. 16.12.2014 (BGBl. I S. 2213), Art. 1 Zweite ÄndVO v. 2.10.2015 (BGBl. I S. 1674), Art. 2 Erste VO zur Änd. der Berufskraftfahrer-Qualifikations-VO und anderer straßenverkehrsrechtlicher Vorschriften v. 19.12.2016 (BGBl. I S. 2920), Art. 1, 2 Elfte VO zur Änd. der Fahrerlaubnis-VO und anderer straßenverkehrsrechtlicher Vorschriften v. 21.12.2016 (BGBl. I S. 3083), Art. 4 52. VO zur Änd. straßenverkehrsrechtlicher Vorschriften v. 18.5.2017 (BGBl. I S. 1282), Art. 2 VO zur Änd. fahrpersonalrechtlicher und straßenverkehrsrechtlicher Vorschriften v. 8.8.2017 (BGBl. I S. 3158), Art. 1 Zwölfte VO zur Änderung der Fahrerlaubnis-VO und anderer straßenverkehrsrechtlicher Vorschriften v. 14.8.2017 (BGBl. I S. 3232), Art. 2 56. StrafrechtsänderungsG v. 30.9.2017 (BGBl. I S. 3532), Art. 4 53. VO zur Änd. straßenverkehrsrechtlicher Vorschriften v. 6.10.2017 (BGBl. I S. 3549), Art. 4 VO zur Neuf. fahrlehrerrechtlicher Vorschriften und zur Änd. anderer straßenverkehrsrechtlicher Vorschriften v. 2.1.2018 (BGBl. I S. 2), Art. 1 Dritte ÄndVO v. 3.5.2018 (BGBl. I S. 566), Art. 1, 2 13. VO zur Änd. der Fahrerlaubnis-VO und anderer straßenverkehrsrechtlicher Vorschriften v. 11.3.2019 (BGBl. I S. 218), Art. 2 VO über die Teilnahme von Elektrokleinstfahrzeugen am Straßenverkehr und zur Änd. weiterer straßenverkehrsrechtlicher Vorschriften v. 6.6.2019 (BGBl. I S. 756), Art. 5 Abs. 7 G zur Einführung einer Karte für Unionsbürger und Angehörige des Europäischen Wirtschaftsraums mit Funktion zum elektronischen Identitätsnachweis sowie zur Änd. des PersonalausweisG und weiterer Vorschriften[3)] v. 21.6. 2019 (BGBl. I S. 846), Art. 1 Vierte VO zur Änd. der Fahrerlaubnis-VO v. 4.7.2019 (BGBl. I S. 1056), Art. 4 VO zur Änd. fahrlehrerrechtl. und anderer straßenverkehrsrechtl. VOen v. 2.10.2019 (BGBl. I S. 1416), Art. 3 G zur Änd. des StraßenverkehrsG und weiterer straßenverkehrsrechtl. Vorschriften v. 5.12.2019 (BGBl. I S. 2008), Art. 1 Vierzehnte Verordnung zur Änderung der Fahrerlaubnis-

---

[1)] Bei der Angabe der Ermächtigungsgrundlagen in der Eingangsformel der 54. VO zur Änd. straßenverkehrsrechtlicher Vorschriften v. 20.4.2020 (BGBl. I S. 814) wurde § 26a Abs. 1 Nr. 3 StVG (Nr. **10**) als Grundlage für die Anordnung von Fahrverboten nicht aufgeführt.

Laut Antwort auf eine Kleine Anfrage (BT.-Drs. 19/23215 v. 8.10.2020, S. 5) führt dieser Verstoß gegen das Zitiergebot des Art. 80 Abs. 1 Satz 3 GG nach Einschätzung des BMVI und des BMI zur Nichtigkeit von Art. 3 der genannten VO, der die Änderungen der BußgeldkatalogVO enthält. Das BMVI habe sich mit den Ländern auf eine Nichtanwendung der Änderungen der BKatV verständigt.

Ob ein Verstoß gegen das Zitiergebot zur Nichtigkeit der gesamten Verordnung oder nur zur Nichtigkeit der von den angegebenen Rechtsgrundlagen nicht gedeckten Einzelbestimmungen führt, ist umstritten; die meisten Änderungen der BKatV betreffen keine Fahrverbote und sind von den angegebenen Ermächtigungsgrundlagen umfasst. Bis zu einer verbindlichen Klärung wird die von den zuständigen Ministerien mit Zustimmung des Bundesrates erlassene und im BGBl. I verkündete Änderungsverordnung im Wortlaut der geänderten Vorschriften weiterhin berücksichtigt. Bei den von den in der ÄndVO genannten Ermächtigungsgrundlagen nicht gedeckten Fahrverbots-Anordnungen erfolgt ein Hinweis auf die Problematik.

[2)] Die Änderung durch G v. 16.3.2020 (BGBl. I S. 497) tritt erst **mWv 1.3.2022** und ist im Text noch nicht berücksichtigt.

[3)] Die Änd. des Inkrafttretens dieses G durch Art. 154a G v. 20.11.2019 (BGBl. I S. 1626) ist unbeachtlich, da das G bei Erlass des ÄndG bereits in Kraft getreten war.

Verordnung und anderer straßenverkehrsrechtlicher Vorschriften v. 23.12.2019 (BGBl. I S. 2937), Art. 4 G zur Stärkung der Entscheidungsbereitschaft bei der Organspende v. 16.3.2020 (BGBl. I S. 497), Art. 4 54. VO zur Änd. straßenverkehrsrechtlicher Vorschriften v. 20.4.2020 (BGBl. I S. 814), Art. 1 und 2 VO über die Ausbildung und Prüfung auf Kraftfahrzeugen mit Automatikgetriebe und zur Änd. weiterer Vorschriften der Fahrerlaubnis-VO v. 16.11.2020 (BGBl. I S. 2704) und Art. 3 VO zur Ablösung der Berufskraftfahrer-Qualifikations-VO und zur Änd. anderer straßenverkehrsrechtlicher Vorschriften v. 9.12.2020 (BGBl. I S. 2905)

Das Bundesministerium für Verkehr, Bau und Stadtentwicklung verordnet auf Grund des

– § 6 Absatz 1 Nummer 1, Nummer 3 Buchstabe c und Nummer 7, § 6e Absatz 1, § 30c Absatz 1 sowie § 63 des Straßenverkehrsgesetzes[1)] in der Fassung der Bekanntmachung vom 5. März 2003 (BGBl. I S. 310, 919), von denen § 6 Absatz 1 Nummer 1 zuletzt durch Artikel 1 Nummer 2 des Gesetzes vom 17. Juli 2009 (BGBl. I S. 2021), § 6e und § 30c durch Artikel 2 Nummer 4 des Gesetzes vom 14. August 2006 (BGBl. I S. 1958) und § 63 durch Artikel 2 Nummer 3 des Gesetzes vom 14. August 2006 (BGBl. I S. 1958) geändert worden ist,
– § 6 Absatz 1 Nummer 1 Buchstabe f in Verbindung mit Absatz 2a des Straßenverkehrsgesetzes in der Fassung der Bekanntmachung vom 5. März 2003 (BGBl. I S. 310, 919), von denen § 6 Absatz 2a durch Artikel 2 Nummer 4 des Gesetzes vom 14. August 2006 (BGBl. I S. 1958) geändert worden ist, gemeinsam mit dem Bundesministerium für Umwelt, Naturschutz und Reaktorsicherheit:

Inhaltsübersicht[2)]

[1)] Nr. **10**.

[2)] Inhaltsübersicht geänd. mWv 19.1.2013 durch VO v. 7.1.2011 (BGBl. I S. 3); nichtamtlich geänd. mWv 30.6.2012 und amtlich geänd. mWv 19.1.2013 durch VO v. 26.6.2012 (BGBl. I S. 1394); geänd. mWv 15.1.2013 und mWv 19.1.2013durch VO v. 10.1.2013 (BGBl. I S. 35); geänd. mWv 1.5.2014 durch VO v. 5.11.2013 (BGBl. I S. 3920); geänd. mWv 1.5.2014 durch VO v. 16.4.2014 (BGBl. I S. 348); geänd. mWv 21.10.2015 durch VO v. 2.10.2015 (BGBl. I S. 1674); geänd. mWv 28.12.2016 und nichtamtlich geänd. mWv 1.1.2017 durch VO v. 21.12.2016 (BGBl. I S. 3083); geänd. mWv 24.8.2017 durch VO v. 14.8.2017 (BGBl. I S. 3232); geänd. mWv 4.1.2018 durch VO v. 2.1.2018 (BGBl. I S. 2); geänd. mWv 19.3.2019 durch VO v. 11.3.2019 (BGBl. I S. 218); geänd. mWv 31.12.2019 durch VO v. 23.12.2019 (BGBl. I S. 2937); nichtamtlich geänd. mWv 31.12.2019 durch VO v. 23.12.2019 (BGBl. I S. 2937); geänd. mWv 1.4.2021 durch VO v. 16.11.2020 (BGBl. I S. 2704).

(Fortsetzung nächstes Blatt)

Anlage 8.	Allgemeiner Führerschein, Dienstführerschein, Führerschein zur Fahrgastbeförderung (zu § 25 Absatz 1, § 26 Absatz 1, § 48 Absatz 3)
Anlage 8a.	Muster des Vorläufigen Nachweises der Fahrerlaubnis (VNF) (zu § 22 Absatz 4 Satz 7)
Anlage 8b.	Muster der Prüfungsbescheinigung zum „Begleiteten Fahren ab 17 Jahre" (zu § 48a)
Anlage 8c.	Muster eines Internationalen Führerscheins nach dem Internationalen Abkommen über Kraftfahrzeugverkehr vom 24. April 1926 (zu § 25b Absatz 2)
Anlage 8d.	Muster eines Internationalen Führerscheins nach dem Übereinkommen über den Straßenverkehr vom 8. November 1968 (zu § 25b Absatz 3)
Anlage 8e.	Umtausch vor dem 19. Januar 2013 ausgestellter Führerscheine (zu § 24a Absatz 2 Satz 1)
Anlage 9.	Verwendung von Schlüsselzahlen für Eintragungen in den Führerschein (zu § 25 Absatz 3)
Anlage 10.	Dienstfahrerlaubnisse der Bundeswehr (zu den §§ 26 und 27)
Anlage 11.	Staatenliste zu den Sonderbestimmungen für Inhaber einer ausländischen Fahrerlaubnis (zu § 31)

(Fortsetzung nächstes Blatt)

I. Allgemeine Regelungen für die Teilnahme am Straßenverkehr

§ 1 Grundregel der Zulassung. Zum Verkehr auf öffentlichen Straßen ist jeder zugelassen, soweit nicht für die Zulassung zu einzelnen Verkehrsarten eine Erlaubnis vorgeschrieben ist.

§ 2 Eingeschränkte Zulassung. (1) [1]Wer sich infolge körperlicher oder geistiger Beeinträchtigungen nicht sicher im Verkehr bewegen kann, darf am Verkehr nur teilnehmen, wenn Vorsorge getroffen ist, dass er andere nicht gefährdet. [2]Die Pflicht zur Vorsorge, namentlich durch das Anbringen geeigneter Einrichtungen an Fahrzeugen, durch den Ersatz fehlender Gliedmaßen mittels künstlicher Glieder, durch Begleitung oder durch das Tragen von Abzeichen oder Kennzeichen, obliegt dem Verkehrsteilnehmer selbst oder einem für ihn Verantwortlichen.

(2) [1]Körperlich Behinderte können ihre Behinderung durch gelbe Armbinden an beiden Armen oder andere geeignete, deutlich sichtbare, gelbe Abzeichen mit drei schwarzen Punkten kenntlich machen. [2]Die Abzeichen dürfen nicht an Fahrzeugen angebracht werden. [3]Wesentlich sehbehinderte Fußgänger können ihre Behinderung durch einen weißen Blindenstock, die Begleitung durch einen Blindenhund im weißen Führgeschirr und gelbe Abzeichen nach Satz 1 kenntlich machen.

(3) Andere Verkehrsteilnehmer dürfen die in Absatz 2 genannten Kennzeichen im Straßenverkehr nicht verwenden.

§ 3[1)] Einschränkung und Entziehung der Zulassung. (1) [1]Erweist sich jemand als ungeeignet oder nur noch bedingt geeignet zum Führen von Fahrzeugen oder Tieren, hat die Fahrerlaubnisbehörde ihm das Führen zu untersagen, zu beschränken oder die erforderlichen Auflagen anzuordnen. [2]Nach der

[1)] § 3 Abs. 1 Satz 2 geänd. mWv 28.12.2016 durch VO v. 21.12.2016 (BGBl. I S. 3083).

Untersagung, auf öffentlichen Straßen ein Mofa nach § 4 Absatz 1 Satz 2 Nummer 1 oder ein Kraftfahrzeug nach § 4 Absatz 1 Satz 2 Nummer 1b zu führen, ist die Prüfbescheinigung nach § 5 Absatz 4 Satz 1 unverzüglich der entscheidenden Behörde abzuliefern oder bei Beschränkungen oder Auflagen zur Eintragung vorzulegen. [3] Die Verpflichtung zur Ablieferung oder Vorlage der Prüfbescheinigung besteht auch, wenn die Entscheidung angefochten worden ist, die zuständige Behörde jedoch die sofortige Vollziehung ihrer Verfügung angeordnet hat.

(2) Rechtfertigen Tatsachen die Annahme, dass der Führer eines Fahrzeugs oder Tieres zum Führen ungeeignet oder nur noch bedingt geeignet ist, finden die Vorschriften der §§ 11 bis 14 entsprechend Anwendung.

II. Führen von Kraftfahrzeugen

1. Allgemeine Regelungen

§ 4[1)] Erlaubnispflicht und Ausweispflicht für das Führen von Kraftfahrzeugen. (1) [1] Wer auf öffentlichen Straßen ein Kraftfahrzeug führt, bedarf der Fahrerlaubnis. [2] Ausgenommen sind

1. einspurige Fahrräder mit Hilfsmotor – auch ohne Tretkurbeln –, wenn ihre Bauart Gewähr dafür bietet, dass die Höchstgeschwindigkeit auf ebener Bahn nicht mehr als 25 km/h beträgt (Mofas); besondere Sitze für die Mitnahme von Kindern unter sieben Jahren dürfen jedoch angebracht sein,

1a. Elektrokleinstfahrzeuge nach § 1 Absatz 1 der Elektrokleinstfahrzeuge-Verordnung[2)],

1b. zweirädrige Kraftfahrzeuge der Klasse L1e-B und dreirädrige Kraftfahrzeuge der Klassen L2e-P und L2e-U nach Artikel 4 Absatz 2 Buchstabe a und b der Verordnung (EU) Nr. 168/2013 des Europäischen Parlaments und des Rates vom 15. Januar 2013 über die Genehmigung und Marktüberwachung von zwei- oder dreirädrigen und vierrädrigen Fahrzeugen (ABl. L 60 vom 2.3.2013, S. 52) oder nicht EU-typgenehmigte Fahrzeuge mit den jeweils gleichen technischen Eigenschaften, wenn ihre Bauart Gewähr dafür bietet, dass die Höchstgeschwindigkeit auf ebener Bahn auf höchstens 25 km/h beschränkt ist,

2. motorisierte Krankenfahrstühle (einsitzige, nach der Bauart zum Gebrauch durch körperlich behinderte Personen bestimmte Kraftfahrzeuge mit Elektroantrieb, einer Leermasse von nicht mehr als 300 kg einschließlich Batterien jedoch ohne Fahrer, einer zulässigen Gesamtmasse von

(Fortsetzung nächstes Blatt)

[1)] § 4 Abs. 2 Satz 1 geänd. mWv 19.1.2013 durch VO v. 7.1.2011 (BGBl. I S. 3); Abs. 1 Satz 2 Nr. 1b eingef. mWv 1.5.2014 durch VO v. 16.4.2014 (BGBl. I S. 348); Abs. 3 angef. mWv 21.10. 2015 durch VO v. 2.10.2015 (BGBl. I S. 1674); Abs. 1 Satz 2 Nr. 1 geänd., Nr. 1b neu gef. mWv 28.12.2016 durch VO v. 21.12.2016 (BGBl. I S. 3083); Abs. 1 Satz 2 Nr. 1b geänd., Abs. 2 Satz 2 neu gef. mWv 19.3.2019 durch VO v. 11.3.2019 (BGBl. I S. 218); Abs. 1 Satz 2 Nummer 1a neu gef. mWv 15.6.2019 durch VO v. 6.6.2019 (BGBl. I S. 756).

[2)] Nr. **225**.

nicht mehr als 500 kg, einer bauartbedingten Höchstgeschwindigkeit von nicht mehr als 15 km/h und einer Breite über alles von maximal 110 cm),

3. Zugmaschinen, die nach ihrer Bauart für die Verwendung land- oder forstwirtschaftlicher Zwecke bestimmt sind, selbstfahrende Arbeitsmaschinen, Stapler und andere Flurförderzeuge jeweils mit einer durch die Bauart bestimmten Höchstgeschwindigkeit von nicht mehr als 6 km/h sowie einachsige Zug- und Arbeitsmaschinen, die von Fußgängern an Holmen geführt werden.

(2) [1]Die Fahrerlaubnis ist durch eine gültige amtliche Bescheinigung (Führerschein) nachzuweisen. [2]Beim Führen eines Kraftfahrzeuges ist ein dafür gültiger Führerschein mitzuführen und zuständigen Personen auf Verlangen zur Prüfung auszuhändigen. [3]Der Internationale Führerschein oder der nationale ausländische Führerschein und eine mit diesem nach § 29 Absatz 2 Satz 2 verbundene Übersetzung ist mitzuführen und zuständigen Personen auf Verlangen zur Prüfung auszuhändigen.

(3) [1]Abweichend von Absatz 2 Satz 1 kann die Fahrerlaubnis auch durch eine andere Bescheinigung als den Führerschein nachgewiesen werden, soweit dies ausdrücklich bestimmt oder zugelassen ist. [2]Absatz 2 Satz 2 gilt für eine Bescheinigung im Sinne des Satzes 1 entsprechend.

§ 5[1)] Sonderbestimmungen für das Führen von Mofas und geschwindigkeitsbeschränkten Kraftfahrzeugen. (1) [1]Wer auf öffentlichen Straßen ein Mofa (§ 4 Absatz 1 Satz 2 Nummer 1) oder ein Kraftfahrzeug, das den Bestimmungen des § 4 Absatz 1 Satz 2 Nummer 1b entspricht, führt, muss in einer Prüfung nachgewiesen haben, dass er

1. ausreichende Kenntnisse der für das Führen eines Kraftfahrzeugs maßgebenden gesetzlichen Vorschriften hat und
2. mit den Gefahren des Straßenverkehrs und den zu ihrer Abwehr erforderlichen Verhaltensweisen vertraut ist.

[2]Die Prüfung muss nicht ablegen, wer eine Fahrerlaubnis nach § 4 oder eine zum Führen von Kraftfahrzeugen im Inland berechtigende ausländische Erlaubnis besitzt. [3]Die zuständige oberste Landesbehörde oder die von ihr bestimmte oder nach Landesrecht zuständige Stelle bestimmt die prüfende Stelle.

(2) [1]Der Bewerber wird zur Prüfung zugelassen, wenn er von einem zur Ausbildung berechtigten Fahrlehrer entsprechend den Mindestanforderungen der Anlage 1 ausgebildet worden ist und hierüber der prüfenden Stelle eine Bescheinigung nach dem Muster in Anlage 2 vorlegt. [2]Ein Fahrlehrer ist zu der Ausbildung berechtigt, wenn er die Fahrlehrerlaubnis der Klasse A besitzt. [3]§ 1 Absatz 4 Satz 1 des Fahrlehrergesetzes[2)] gilt entsprechend. [4]Der Fahrlehrer darf die Ausbildungsbescheinigung nur ausstellen, wenn er eine Ausbildung durchgeführt hat, die den Mindestanforderungen der Anlage 1 entspricht.

(3) [1]Die zuständige oberste Landesbehörde oder die von ihr bestimmte oder nach Landesrecht zuständige Stelle kann als Träger der Ausbildung im Sinne

---

[1)] § 5 Überschrift neu gef., Abs. 1 Satz 1 einl. Satzteil geänd. mWv 1.5.2014 durch VO v. 16.4.2014 (BGBl. I S. 348); Abs. 4 Satz 1 geänd. mWv 1.1.2015 durch VO v. 16.12.2014 (BGBl. I S. 2213); Überschr., Abs. 1 Satz 1 einl. Satzteil, Abs. 2 Satz 2, Abs. 3 Sätze 1 und 2 sowie Abs. 4 Sätze 1 und 2 geänd., Abs. 5 neu gef. mWv 28.12.2016 durch VO v. 21.12.2016 (BGBl. I S. 3083).

[2)] Nr. **330**.

des Absatzes 2 Satz 1 öffentliche Schulen oder private Ersatzschulen anerkennen. [2] In diesem Fall hat der Bewerber der prüfenden Stelle eine Ausbildungsbescheinigung einer nach Satz 1 anerkannten Schule vorzulegen, aus der hervorgeht, dass er an einem anerkannten Ausbildungskurs in der Schule teilgenommen hat.

(4) [1] Die prüfende Stelle hat über die bestandene Prüfung eine Prüfbescheinigung zum Führen von Mofas und zwei- und dreirädriger Kraftfahrzeuge bis 25 km/h nach Anlage 2 auszufertigen. [2] Die Bescheinigung ist beim Führen eines Mofas nach § 4 Absatz 1 Satz 2 Nummer 1 oder eines Kraftfahrzeugs nach § 4 Absatz 1 Satz 2 Nummer 1b mitzuführen und zuständigen Personen auf Verlangen zur Prüfung auszuhändigen. [3] Für die Inhaber einer Fahrerlaubnis gilt § 4 Absatz 2 Satz 2 entsprechend.

(5) Wer die Prüfung noch nicht abgelegt hat, darf ein Mofa nach § 4 Absatz 1 Satz 2 Nummer 1 oder ein Kraftfahrzeug nach § 4 Absatz 1 Satz 2 Nummer 1b auf öffentlichen Straßen führen, wenn er von einem zur Ausbildung berechtigten Fahrlehrer beaufsichtigt wird; der Fahrlehrer gilt als Führer des Fahrzeugs.

§ 6[1)] Einteilung der Fahrerlaubnisklassen. (1) [1] Die Fahrerlaubnis wird in folgenden Klassen erteilt:

Klasse AM:
- leichte zweirädrige Kraftfahrzeuge der Klasse L1e-B nach Artikel 4 Absatz 2 Buchstabe a der Verordnung (EU) Nr. 168/2013 des Europäischen Parlaments und des Rates vom 15. Januar 2013 über die Genehmigung und Marktüberwachung von zwei- oder dreirädrigen und vierrädrigen Fahrzeugen (ABl. L 60 vom 2.3.2013, S. 52),
- dreirädrige Kleinkrafträder der Klasse L2e nach Artikel 4 Absatz 2 Buchstabe b der Verordnung (EU) Nr. 168/2013 des Europäischen Parlaments und des Rates vom 15. Januar 2013 über die Genehmigung und Marktüberwachung von zwei- oder dreirädrigen und vierrädrigen Fahrzeugen (ABl. L 60 vom 2.3.2013, S. 52),
- leichte vierrädrige Kraftfahrzeuge der Klasse L6e nach Artikel 4 Absatz 2 Buchstabe f der Verordnung (EU) Nr. 168/2013 des Europäischen Parlaments und des Rates vom 15. Januar 2013 über die Genehmigung und Marktüberwachung von zwei- oder dreirädrigen und vierrädrigen Fahrzeugen (ABl. L 60 vom 2.3.2013, S. 52).

Klasse A1:
- Krafträder (auch mit Beiwagen) mit einem Hubraum von bis zu 125 cm^3, einer Motorleistung von nicht mehr als 11 kW,

---

[1)] § 6 Abs. 1–3 neu gef. mWv 19.1.2013 durch VO v. 7.1.2011 (BGBl. I S. 3, geänd. durch VO v. 10.1.2013, BGBl. I S. 35); Abs. 1 und Abs. 5 Nr. 1 geänd. mWv 30.6.2012, Abs. 1 und Abs. 3 Nr. 6 geänd. mWv 19.1.2013 durch VO v. 26.6.2012 (BGBl. I S. 1394); Abs. 3 Nr. 11 geänd., Abs. 6 neu gef., Abs. 7 aufgeh. mWv 19.1.2013 durch VO v. 10.1.2013 (BGBl. I S. 35); Abs. 3 Satz 2 angef. mWv 1.5.2014 durch VO v. 16.4.2014 (BGBl. I S. 348); Abs. 1 Satz 1 geänd. mWv 21.10.2015 durch VO v. 2.10.2015 (BGBl. I S. 1674); Abs. 1 Satz 1, Abs. 3 Satz 1 Nr. 6, 9 und 10 geänd., Abs. 3a, 4a und Abs. 6 Satz 2 eingef., bish. Satz 2 wird Satz 3 mWv 28.12.2016 durch VO v. 21.12.2016 (BGBl. I S. 3083); Abs. 1 Satz 1, Abs. 3 Satz 1 Nr. 9 geänd., Abs. 6 Satz 1 neu gef. mWv 24.8.2017 durch VO v. 14.8.2017 (BGBl. I S. 3232); Abs. 6 Satz 2 geänd. mWv 24.5.2018 durch VO v. 3.5.2018 (BGBl. I S. 566); Abs. 3a geänd., Abs. 3b eingef., Abs. 6 neu gef. mWv 16.7.2019 durch VO v. 4.7.2019 (BGBl. I S. 1056).

bei denen das Verhältnis der Leistung zum Gewicht 0,1 kW/kg nicht übersteigt,
– dreirädrige Kraftfahrzeuge mit symmetrisch angeordneten Rädern und einem Hubraum von mehr als 50 cm^3 bei Verbrennungsmotoren oder einer bauartbedingten Höchstgeschwindigkeit von mehr als 45 km/h und mit einer Leistung von bis zu 15 kW.

Klasse A2: Krafträder (auch mit Beiwagen) mit
a) einer Motorleistung von nicht mehr als 35 kW und
b) einem Verhältnis der Leistung zum Gewicht von nicht mehr als 0,2 kW/kg,
die nicht von einem Kraftrad mit einer Leistung von über 70 kW Motorleistung abgeleitet sind.

Klasse A: – Krafträder (auch mit Beiwagen) mit einem Hubraum von mehr als 50 cm^3 oder mit einer durch die Bauart bestimmten Höchstgeschwindigkeit von mehr als 45 km/h und
– dreirädrige Kraftfahrzeuge mit einer Leistung von mehr als 15 kW und dreirädrige Kraftfahrzeuge mit symmetrisch angeordneten Rädern und einem Hubraum von mehr als 50 cm^3 bei Verbrennungsmotoren oder einer bauartbedingten Höchstgeschwindigkeit von mehr als 45 km/h und mit einer Leistung von mehr als 15 kW.

Klasse B:[1] Kraftfahrzeuge – ausgenommen Kraftfahrzeuge der Klassen AM, A1, A2 und A – mit einer zulässigen Gesamtmasse von nicht mehr als 3 500 kg, die zur Beförderung von nicht mehr als acht Personen außer dem Fahrzeugführer ausgelegt und gebaut sind (auch mit Anhänger mit einer zulässigen Gesamtmasse von nicht mehr als 750 kg oder mit Anhänger über 750 kg zulässiger Gesamtmasse, sofern 3 500 kg zulässige Gesamtmasse der Kombination nicht überschritten wird).

Klasse BE: Fahrzeugkombinationen, die aus einem Zugfahrzeug der Klasse B und einem Anhänger oder Sattelanhänger bestehen, sofern die zulässige Gesamtmasse des Anhängers oder Sattelanhängers 3 500 kg nicht übersteigt.

Klasse C1: Kraftfahrzeuge, ausgenommen Kraftfahrzeuge der Klassen AM, A1, A2, A, D1 und D, mit einer zulässigen Gesamtmasse von mehr als 3 500 kg, aber nicht mehr als 7 500 kg, und die zur Beförderung von nicht mehr als acht Personen außer dem Fahrzeugführer ausgelegt und gebaut sind (auch mit Anhänger mit einer zulässigen Gesamtmasse von nicht mehr als 750 kg).

Klasse C1E: Fahrzeugkombinationen, die aus einem Zugfahrzeug
– der Klasse C1 und einem Anhänger oder Sattelanhänger mit einer zulässigen Gesamtmasse von mehr als 750 kg bestehen, sofern die zulässige Gesamtmasse der Fahrzeugkombination 12 000 kg nicht übersteigt,

---

[1] Siehe zu Abweichungen die Vierte VO über Ausnahmen von den Vorschriften der FeV v. 22.12. 2014 (BGBl. I S. 2432), aufgeh. durch VO v. 4.7.2019 (BGBl. I S. 1056).

– der Klasse B und einem Anhänger oder Sattelanhänger mit einer zulässigen Masse von mehr als 3 500 kg bestehen, sofern die zulässige Masse der Fahrzeugkombination 12 000 kg nicht übersteigt.

Klasse C: Kraftfahrzeuge, ausgenommen Kraftfahrzeuge der Klassen AM, A1, A2, A, D1 und D, mit einer zulässigen Gesamtmasse von mehr als 3 500 kg, die zur Beförderung von nicht mehr als acht Personen außer dem Fahrzeugführer ausgelegt und gebaut sind (auch mit Anhänger mit einer zulässigen Gesamtmasse von nicht mehr als 750 kg).

Klasse CE: Fahrzeugkombinationen, die aus einem Zugfahrzeug der Klasse C und Anhängern oder einem Sattelanhänger mit einer zulässigen Gesamtmasse von mehr als 750 kg bestehen.

Klasse D1: Kraftfahrzeuge, ausgenommen Kraftfahrzeuge der Klassen AM, A1, A2, A, die zur Beförderung von nicht mehr als 16 Personen außer dem Fahrzeugführer ausgelegt und gebaut sind und deren Länge nicht mehr als 8 m beträgt (auch mit Anhänger mit einer zulässigen Gesamtmasse von nicht mehr als 750 kg).

Klasse D1E: Fahrzeugkombinationen, die aus einem Zugfahrzeug der Klasse D1 und einem Anhänger mit einer zulässigen Gesamtmasse von mehr als 750 kg bestehen.

Klasse D: Kraftfahrzeuge, ausgenommen Kraftfahrzeuge der Klassen AM, A1, A2, A, die zur Beförderung von mehr als acht Personen außer dem Fahrzeugführer ausgelegt und gebaut sind (auch mit Anhänger mit einer zulässigen Gesamtmasse von nicht mehr als 750 kg).

Klasse DE: Fahrzeugkombinationen, die aus einem Zugfahrzeug der Klasse D und einem Anhänger mit einer zulässigen Gesamtmasse von mehr als 750 kg bestehen.

Klasse T: Zugmaschinen mit einer durch die Bauart bestimmten Höchstgeschwindigkeit von nicht mehr als 60 km/h und selbstfahrende Arbeitsmaschinen oder selbstfahrende Futtermischwagen mit einer durch die Bauart bestimmten Höchstgeschwindigkeit von nicht mehr als 40 km/h, die jeweils nach ihrer Bauart zur Verwendung für land- oder forstwirtschaftliche Zwecke bestimmt sind und für solche Zwecke eingesetzt werden (jeweils auch mit Anhängern).

Klasse L: Zugmaschinen, die nach ihrer Bauart zur Verwendung für land- oder forstwirtschaftliche Zwecke bestimmt sind und für solche Zwecke eingesetzt werden, mit einer durch die Bauart bestimmten Höchstgeschwindigkeit von nicht mehr als 40 km/h und Kombinationen aus diesen Fahrzeugen und Anhängern, wenn sie mit einer Geschwindigkeit von nicht mehr als 25 km/h geführt werden, sowie selbstfahrende Arbeitsmaschinen, selbstfahrende Futtermischwagen, Stapler und andere Flurförderzeuge jeweils mit einer durch die Bauart bestimmten Höchstgeschwindigkeit von nicht mehr als 25 km/h und Kombinationen aus diesen Fahrzeugen und Anhängern.

[2] Die zulässige Gesamtmasse einer Fahrzeugkombination errechnet sich aus der Summe der zulässigen Gesamtmasse der Einzelfahrzeuge ohne Berücksichtigung von Stütz- und Aufliegelasten. [3] Die Erlaubnis kann auf einzelne Fahrzeugarten dieser Klassen beschränkt werden. [4] Beim Abschleppen eines Kraftfahrzeugs genügt die Fahrerlaubnis für die Klasse des abschleppenden Fahrzeugs.

(2) Zugmaschinen der Klasse T mit einer durch die Bauart bestimmten Höchstgeschwindigkeit von mehr als 40 km/h dürfen nur von Inhabern einer Fahrerlaubnis der Klasse T geführt werden, die das 18. Lebensjahr vollendet haben; dies gilt nicht bei der Rückfahrt von der praktischen Befähigungsprüfung, sofern der Inhaber der Fahrerlaubnis dabei von einem Fahrlehrer begleitet wird, sowie bei Fahrproben nach § 42 im Rahmen von Aufbauseminaren und auf Grund von Anordnungen nach § 46.

(3) [1] Außerdem berechtigt

1. die Fahrerlaubnis der Klasse A zum Führen von Fahrzeugen der Klassen AM, A1 und A2,
2. die Fahrerlaubnis der Klasse A2 zum Führen von Fahrzeugen der Klassen A1 und AM,
3. die Fahrerlaubnis der Klasse A1 zum Führen von Fahrzeugen der Klasse AM,
4. die Fahrerlaubnis der Klasse B zum Führen von Fahrzeugen der Klassen AM und L,
5. die Fahrerlaubnis der Klasse C zum Führen von Fahrzeugen der Klasse C1,
6. die Fahrerlaubnis der Klasse CE zum Führen von Fahrzeugen der Klassen C1E, BE und T sowie DE, sofern er zum Führen von Fahrzeugen der Klasse D berechtigt ist,
7. die Fahrerlaubnis der Klasse C1E zum Führen von Fahrzeugen der Klassen BE sowie D1E, sofern der Inhaber zum Führen von Fahrzeugen der Klasse D1 berechtigt ist,
8. die Fahrerlaubnis der Klasse D zum Führen von Fahrzeugen der Klasse D1,
9. die Fahrerlaubnis der Klasse D1E zum Führen von Fahrzeugen der Klasse BE,
10. die Fahrerlaubnis der Klasse DE zum Führen von Fahrzeugen der Klassen D1E und BE,
11. die Fahrerlaubnis der Klasse T zum Führen von Fahrzeugen der Klassen AM und L.

[2] Satz 1 Nummer 1 gilt nicht für eine Fahrerlaubnis der Klasse A, die unter Verwendung der Schlüsselzahl 79.03 oder 79.04 erteilt worden ist.

(3a) Die Fahrerlaubnis der Klasse B berechtigt auch zum Führen von dreirädrigen Kraftfahrzeugen im Inland, im Falle eines Kraftfahrzeugs mit einer Motorleistung von mehr als 15 kW jedoch nur, soweit der Inhaber der Fahrerlaubnis mindestens 21 Jahre alt ist.

(3b) Die Fahrerlaubnis der Klasse B berechtigt im Inland, sofern der Inhaber diese seit mindestens zwei Jahren besitzt, auch zum Führen von Fahrzeugen

– die ganz oder teilweise mit

a) Strom,

b) Wasserstoff,

c) Erdgas, einschließlich Biomethan, gasförmig (komprimiertes Erdgas – CNG) und flüssig (Flüssigerdgas – LNG),

d) Flüssiggas (LPG),

e) mechanischer Energie aus bordeigenen Speichern/bordeigenen Quellen, einschließlich Abwärme,

alternativ angetrieben werden,

– mit einer Gesamtmasse von mehr als 3 500 kg, jedoch nicht mehr als 4 250 kg,

– für die Güterbeförderung und

– ohne Anhänger,

sofern

– die 3 500 kg überschreitende Masse ausschließlich dem zusätzlichen Gewicht des Antriebssystems gegenüber dem Antriebssystem eines Fahrzeugs mit denselben Abmessungen, das mit einem herkömmlichen Verbrennungsmotor mit Fremd- oder Selbstzündung ausgestattet ist, geschuldet ist und

– die Ladekapazität gegenüber diesem Fahrzeug nicht erhöht ist.

(4) Fahrerlaubnisse der Klassen C, C1, CE oder C1E berechtigen im Inland auch zum Führen von Kraftomnibussen – gegebenenfalls mit Anhänger – mit einer entsprechenden zulässigen Gesamtmasse und ohne Fahrgäste, wenn die Fahrten lediglich zur Überprüfung des technischen Zustands des Fahrzeugs dienen.

(4a) [1] Eine Fahrerlaubnis der Klasse C1 berechtigt auch zum Führen von Fahrzeugen mit einer zulässigen Gesamtmasse von mehr als 3 500 kg, aber nicht mehr als 7 500 kg, und die zur Beförderung von nicht mehr als acht Personen außer dem Fahrzeugführer ausgelegt und gebaut sind mit insbesondere folgender, für die Genehmigung der Fahrzeugtypen maßgeblicher, besonderer Zweckbestimmung:

1. Einsatzfahrzeuge der Feuerwehr,
2. Einsatzfahrzeuge der Polizei,
3. Einsatzfahrzeuge der nach Landesrecht anerkannten Rettungsdienste,
4. Einsatzfahrzeuge des Technischen Hilfswerks,
5. Einsatzfahrzeuge sonstiger Einheiten des Katastrophenschutzes,
6. Krankenkraftwagen,
7. Notarzteinsatz- und Sanitätsfahrzeuge,
8. Beschussgeschützte Fahrzeuge,
9. Post-, Funk- und Fernmeldefahrzeuge,
10. Spezialisierte Verkaufswagen,
11. Rollstuhlgerechte Fahrzeuge,
12. Leichenwagen und
13. Wohnmobile.

[2] Satz 1 gilt für die Fahrerlaubnis der Klassen C1E, C und CE entsprechend.

(5) Unter land- oder forstwirtschaftliche Zwecke im Rahmen der Fahrerlaubnis der Klassen T und L fallen

1. Betrieb von Landwirtschaft, Forstwirtschaft, Weinbau, Gartenbau, Obstbau, Gemüsebau, Baumschulen, Tierzucht, Tierhaltung, Fischzucht, Teichwirtschaft, Fischerei, Imkerei, Jagd sowie den Zielen des Natur- und Umweltschutzes dienende Landschaftspflege,
2. Park-, Garten-, Böschungs- und Friedhofspflege,
3. landwirtschaftliche Nebenerwerbstätigkeit und Nachbarschaftshilfe von Landwirten,
4. Betrieb von land- und forstwirtschaftlichen Lohnunternehmen und andere überbetriebliche Maschinenverwendung,
5. Betrieb von Unternehmen, die unmittelbar der Sicherung, Überwachung und Förderung der Landwirtschaft überwiegend dienen,
6. Betrieb von Werkstätten zur Reparatur, Wartung und Prüfung von Fahrzeugen sowie Probefahrten der Hersteller von Fahrzeugen, die jeweils im Rahmen der Nummern 1 bis 5 eingesetzt werden, und
7. Winterdienst.

(6) [1] Fahrerlaubnisse, die bis zum Ablauf des 15. Juli 2019 erteilt worden sind (Fahrerlaubnisse alten Rechts) bleiben im Umfang der bisherigen Berechtigungen, wie er sich aus der Anlage 3 ergibt, bestehen und erstrecken sich vorbehaltlich der Bestimmungen in § 76 auf den Umfang der ab dem 16. Juli 2019 geltenden Fahrerlaubnisse nach Absatz 1. [2] Auf Antrag wird Inhabern von Fahrerlaubnissen alten Rechts ein neuer Führerschein mit Umstellung auf die neuen Fahrerlaubnisklassen entsprechend Satz 1 ausgefertigt.

§ 6a[1)] Fahrerlaubnis der Klasse B mit der Schlüsselzahl 96. (1) [1] Die Fahrerlaubnis der Klasse B kann mit der Schlüsselzahl 96 erteilt werden für Fahrzeugkombinationen bestehend aus einem Kraftfahrzeug der Klasse B und einem Anhänger mit einer zulässigen Gesamtmasse von mehr als 750 kg, sofern die zulässige Gesamtmasse der Fahrzeugkombination 3 500 kg überschreitet, aber 4 250 kg nicht übersteigt. [2] Die Schlüsselzahl 96 darf nur zugeteilt werden, wenn der Bewerber bereits die Fahrerlaubnis der Klasse B besitzt oder die Voraussetzungen für deren Erteilung erfüllt hat; in diesem Fall darf die Schlüsselzahl 96 frühestens mit der Fahrerlaubnis für die Klasse B zugeteilt werden.

(2) Das Mindestalter für die Erteilung der Fahrerlaubnis der Klasse B mit der Schlüsselzahl 96 beträgt 18 Jahre, im Fall des Begleiteten Fahrens ab 17 Jahre nach § 48a 17 Jahre.

(3) [1] Für die Eintragung der Schlüsselzahl 96 in die Fahrerlaubnis der Klasse B bedarf es einer Fahrerschulung. [2] Die Inhalte der Fahrerschulung ergeben sich aus Anlage 7a.

(4) Beim Antrag auf Eintragung der Schlüsselzahl 96 in die Klasse B ist vor deren Eintragung der Nachweis einer Fahrerschulung nach dem Muster nach Anlage 7a beizubringen.

[1)] § 6a eingef. mWv 19.1.2013 durch VO v. 7.1.2011 (BGBl. I S. 3).

§ 6b[1)] Fahrerlaubnis der Klasse B mit der Schlüsselzahl 196. (1) [1]Die Fahrerlaubnis der Klasse B kann mit der Schlüsselzahl 196 erteilt werden für Krafträder (auch mit Beiwagen) mit einem Hubraum von bis zu 125 cm^3, einer Motorleistung von nicht mehr als 11 kW, bei denen das Verhältnis der Leistung zum Gewicht 0,1 kW/kg nicht übersteigt. [2]Die Schlüsselzahl 196 darf nur zugeteilt werden, wenn der Teilnehmer bereits seit mindestens fünf Jahren die Fahrerlaubnis der Klasse B besitzt. [3]Die Regelungen der Anlage 3 bleiben unberührt. [4]Die Berechtigung nach Satz 1 gilt nur im Inland.

(2) Das Mindestalter für die Erteilung der Fahrerlaubnis der Klasse B mit der Schlüsselzahl 196 beträgt 25 Jahre.

(3) [1]Für die Eintragung der Schlüsselzahl 196 in die Fahrerlaubnis der Klasse B bedarf es einer Fahrerschulung. [2]Die Inhalte der Fahrerschulung ergeben sich aus der Anlage 7b.

(4) Beim Antrag auf Eintragung der Schlüsselzahl 196 in die Klasse B ist vor deren Eintragung der Nachweis einer Fahrerschulung nach dem Muster nach Anlage 7b beizubringen.

(5) Der Zeitraum zwischen dem Abschluss der Fahrerschulung und der Eintragung der Schlüsselzahl 196 darf ein Jahr nicht überschreiten.

(6) [1]Die Auswirkungen der Absätze 1 bis 5 werden von der Bundesanstalt für Straßenwesen evaluiert. [2]Mit der Evaluierung wird insbesondere die Wirkung im Hinblick auf die Verkehrssicherheit untersucht. [3]Die Bundesanstalt für Straßenwesen legt das Ergebnis der Evaluierung bis zum 1. Juli 2022 dem Bundesministerium für Verkehr und digitale Infrastruktur vor. [4]Für Zwecke der Evaluation dürfen personenbezogene Daten der Teilnehmer nach Maßgabe des Bundesdatenschutzgesetzes erhoben und verwendet werden. [5]Die Daten sind spätestens am 31. Dezember 2023 zu löschen oder so zu anonymisieren oder zu pseudonymisieren, dass ein Personenbezug nicht mehr hergestellt werden kann.

2. Voraussetzungen für die Erteilung einer Fahrerlaubnis

§ 7[2)] Ordentlicher Wohnsitz im Inland. (1) [1]Eine Fahrerlaubnis darf nur erteilt werden, wenn der Bewerber seinen ordentlichen Wohnsitz in der Bundesrepublik Deutschland hat. [2]Dies wird angenommen, wenn der Bewerber wegen persönlicher und beruflicher Bindungen oder – bei fehlenden beruflichen Bindungen – wegen persönlicher Bindungen, die enge Beziehungen zwischen ihm und dem Wohnort erkennen lassen, gewöhnlich, das heißt während mindestens 185 Tagen im Jahr, im Inland wohnt. [3]Ein Bewerber, dessen persönliche Bindungen im Inland liegen, der sich aber aus beruflichen Gründen in einem oder mehreren anderen Staaten aufhält, hat seinen ordentlichen Wohnsitz im Sinne dieser Vorschrift im Inland, sofern er regelmäßig hierhin zurückkehrt. [4]Die Voraussetzung entfällt, wenn sich der Bewerber zur Ausführung eines Auftrags von bestimmter Dauer in einem solchen Staat aufhält.

(2) Bewerber, die bislang ihren ordentlichen Wohnsitz im Inland hatten und die sich ausschließlich zum Zwecke des Besuchs einer Hochschule oder Schule in einem anderen Mitgliedstaat der Europäischen Union oder einem anderen

[1)] § 6b eingef. mWv 31.12.2019 durch VO v. 23.12.2019 (BGBl. I S. 2937).
[2)] § 7 Abs. 1 Satz 3 geänd. mWv 19.3.2019 durch VO v. 11.3.2019 (BGBl. I S. 218).

Vertragsstaat des Abkommens über den Europäischen Wirtschaftsraum aufhalten, behalten ihren ordentlichen Wohnsitz im Inland.

(3) [1]Bewerber, die bislang ihren ordentlichen Wohnsitz in einem anderen Mitgliedstaat der Europäischen Union oder einem anderen Vertragsstaat des Abkommens über den Europäischen Wirtschaftsraum hatten und die sich ausschließlich wegen des Besuchs einer Hochschule oder Schule im Inland aufhalten, begründen keinen ordentlichen Wohnsitz im Inland. [2]Ihnen wird die Fahrerlaubnis erteilt, wenn die Dauer des Aufenthalts mindestens sechs Monate beträgt.

§ 8 Ausschluss des Vorbesitzes einer Fahrerlaubnis der beantragten Klasse. Eine Fahrerlaubnis der beantragten Klasse darf nur erteilt werden, wenn der Bewerber keine in einem Mitgliedstaat der Europäischen Union oder einem anderen Vertragsstaat des Abkommens über den Europäischen Wirtschaftsraum erteilte Fahrerlaubnis (EU- oder EWR-Fahrerlaubnis) dieser Klasse besitzt.

§ 9[1] Voraussetzung des Vorbesitzes einer Fahrerlaubnis anderer Klassen. (1) Eine Fahrerlaubnis der Klassen C1, C, D1 oder D darf nur erteilt werden, wenn der Bewerber bereits die Fahrerlaubnis der Klasse B besitzt oder die Voraussetzungen für deren Erteilung erfüllt hat; in diesem Fall darf die Fahrerlaubnis für die höhere Klasse frühestens mit der Fahrerlaubnis der Klasse B erteilt werden.

(2) Eine Fahrerlaubnis der Klasse BE, C1E, CE, D1E oder DE darf nur erteilt werden, wenn der Bewerber bereits die Fahrerlaubnis für das ziehende Fahrzeug besitzt oder die Voraussetzungen für deren Erteilung erfüllt hat; in diesem Fall darf die Fahrerlaubnis der Klasse BE, C1E, CE, D1E oder DE frühestens mit der Fahrerlaubnis für das ziehende Fahrzeug erteilt werden.

(3) Absatz 1 gilt auch im Fall des § 69a Absatz 2 des Strafgesetzbuches.

§ 10[2] Mindestalter. (1) [1]Das für die Erteilung einer Fahrerlaubnis maßgebliche Mindestalter bestimmt sich nach der folgenden Tabelle:

lfd. Nr.	Klasse	Mindestalter	Auflagen
1[3]	AM	a) 16 Jahre, b) 15 Jahre in den Ländern, die von der Ermächtigung nach	Bis zum Erreichen des nach Buchstabe a vorgesehenen Mindestalters ist die Fahr-

[1] § 9 neu gef. mWv 19.1.2013 durch VO v. 7.1.2011 (BGBl. I S. 3).

[2] § 10 neu gef. mWv 19.1.2013 durch VO v. 7.1.2011 (BGBl. I S. 3); Abs. 1 geänd., Abs. 2 neu gef. mWv 19.1.2013 durch VO v. 26.6.2012 (BGBl. I S. 1394); Abs. 1 Tabelle Nr. 8 und 9 neu gef. mWv 19.1.2013 durch VO v. 10.1.2013 (BGBl. I S. 35); Abs. 1 Tabelle Nr. 9 Buchst. b Spalte 3 geänd., Satz 2 angef. mWv 1.5.2014 durch VO v. 16.4.2014 (BGBl. I S. 348); Abs. 2 und 4 geänd. mWv 1.1.2015 durch VO v. 16.12.2014 (BGBl. I S. 2213); Abs. 1 Satz 1 Nr. 7 und 9 geänd. mWv 21.10.2015 durch VO v. 2.10.2015 (BGBl. I S. 1674); Abs. 1 Nr. 9 Spalte 3 Buchst. e geänd., Buchst. f angef., Spalte 4 Nr. 2 neu gef., Abs. 2 geänd. mWv 22.12.2016 durch VO v. 19.12.2016 (BGBl. I S. 2920); Abs. 1 Satz 1 und Abs. 2 geänd. mWv 28.12.2016 durch VO v. 21.12.2016 (BGBl. I S. 3083); Abs. 3 Satz 2 neu gef. mWv 15.6.2019 durch VO v. 6.6.2019 (BGBl. I S. 756); Abs. 1 Satz 1 Tabelle Nr. 1 neu gef. mWv 12.12.2019 durch G v. 5.12.2019 (BGBl. I S. 2008); Abs. 1 Satz 1 Nr. 7 Buchst. b Doppelbuchst. aa, Nr. 9 Buchst. b, Buchst. c Doppelbuchst. aa und bb geänd. mWv 17.12.2020 durch VO v. 9.12.2020 (BGBl. I S. 2905).

[3] Siehe hierzu ua §§ 1 und 2 Dritte VO über Ausnahmen von den Vorschriften der FeV: →

lfd. Nr.	Klasse	Mindestalter	Auflagen
		§ 6 Absatz 5a StVG Gebrauch gemacht haben.	erlaubnis mit der Auflage zu versehen, dass von ihr nur in den Ländern, die von der Ermächtigung des § 6 Absatz 5a StVG Gebrauch gemacht haben, Gebrauch gemacht werden darf. Die Auflage entfällt, wenn der Fahrerlaubnisinhaber das Mindestalter nach Buchstabe a erreicht hat.
2	A1	16 Jahre	
3	A2	18 Jahre	
4	A	a) 24 Jahre für Krafträder bei direktem Zugang, b) 21 Jahre für dreirädrige Kraftfahrzeuge mit einer Leistung von mehr als 15 kW oder c) 20 Jahre für Krafträder bei einem Vorbesitz der Klasse A2 von mindestens zwei Jahren.	
5	B, BE	a) 18 Jahre b) 17 Jahre aa) bei der Teilnahme am Begleiteten Fahren ab 17 nach § 48a, bb) bei Erteilung der Fahrerlaubnis während oder nach Abschluss einer Berufsausbildung in aaa) dem staatlich anerkannten Ausbildungsberuf „Berufs-	Bis zum Erreichen des nach Buchstabe a vorgeschriebenen Mindestalters ist die Fahrerlaubnis mit den Auflagen zu versehen, dass von ihr nur bei Fahrten im Inland und im Fall des Buchstaben b Doppelbuchstabe bb darüber hinaus nur im Rahmen des Ausbildungsverhältnisses Gebrauch gemacht werden darf. Die Auflagen entfallen, wenn der Fahrerlaubnisinhaber das Min-

(Fortsetzung der Anm. von voriger Seite)

„**§ 1 [Abweichung]** (1) Abweichend von § 10 Absatz 1 Nummer 1 der Fahrerlaubnis-Verordnung wird für das Land Brandenburg, das Land Mecklenburg-Vorpommern, den Freistaat Sachsen, das Land Sachsen-Anhalt und den Freistaat Thüringen das Mindestalter für die Erteilung der Fahrerlaubnisklasse AM auf 15 Jahre festgesetzt; § 11 Absatz 3 Satz 1 Nummer 2 der Fahrerlaubnis-Verordnung ist insoweit nicht anzuwenden.

(2) [1] Über die Fahrerlaubnis ist eine Bescheinigung nach dem Muster der Anlage auszustellen, die bis drei Monate nach Vollendung des 16. Lebensjahres zum Nachweis der Fahrberechtigung dient. [2] Die Bescheinigung ist mitzuführen und zur Überwachung des Straßenverkehrs berechtigten Personen auf Verlangen auszuhändigen. [3] Mit Erreichen des Mindestalters nach § 10 Absatz 1 Nummer 1 der Fahrerlaubnis-Verordnung händigt die Fahrerlaubnisbehörde dem Fahrerlaubnisinhaber auf Antrag einen Führerschein nach Anlage 8 Muster 1 der Fahrerlaubnis-Verordnung aus.

§ 2 [Inkrafttreten] [1] Diese Verordnung tritt am 1. Mai 2013 in Kraft. [2] Sie tritt mit Ablauf des 30. April 2020 außer Kraft."

lfd. Nr.	Klasse	Mindestalter	Auflagen
		kraftfahrer / Berufskraftfahrerin", bbb) dem staatlich anerkannten Ausbildungsberuf „Fachkraft im Fahrbetrieb" oder ccc) einem staatlich anerkannten Ausbildungsberuf, in dem vergleichbare Fertigkeiten und Kenntnisse zum Führen von Kraftfahrzeugen auf öffentlichen Straßen vermittelt werden.	destalter nach Buchstabe a erreicht hat.
6	C1, C1E	18 Jahre	
7	C, CE	a) 21 Jahre, b) 18 Jahre nach aa) erfolgter Grundqualifikation nach § 2 Absatz 1 Nummer 1 des Berufskraftfahrerqualifikationsgesetzes vom 26. November 2020 (BGBl. I S. 2575) in der jeweils geltenden Fassung, bb) für Personen während oder nach Abschluss einer Berufsausbildung nach aaa) dem staatlich anerkannten Ausbildungsberuf „Berufskraftfahrer / Berufskraftfahrerin", bbb) dem staatlich anerkannten Ausbildungsberuf „Fachkraft im Fahrbetrieb" oder ccc) einem staatlich anerkannten Ausbildungsberuf, in dem vergleichbare Fertigkeiten und Kenntnisse zum Führen von Kraftfahrzeugen auf öffentlichen Straßen vermittelt werden.	Im Falle des Buchstaben b Doppelbuchstabe bb ist die Fahrerlaubnis mit den Auflagen zu versehen, dass von ihr nur bei Fahrten im Inland und im Rahmen des Ausbildungsverhältnisses Gebrauch gemacht werden darf. Die Auflagen entfallen, wenn der Inhaber der Fahrerlaubnis das 21. Lebensjahr vollendet oder die Berufsausbildung nach Buchstabe b Doppelbuchstabe bb vor Vollendung des 21. Lebensjahres erfolgreich abgeschlossen hat.

lfd. Nr.	Klasse	Mindestalter	Auflagen
8	D1, D1E	a) 21 Jahre, b) 18 Jahre für Personen während oder nach Abschluss einer Berufsausbildung nach aa) dem staatlich anerkannten Ausbildungsberuf „Berufskraftfahrer/Berufskraftfahrerin“, bb) dem staatlich anerkannten Ausbildungsberuf „Fachkraft im Fahrbetrieb“ oder cc) einem staatlich anerkannten Ausbildungsberuf, in dem vergleichbare Fertigkeiten und Kenntnisse zur Durchführung von Fahrten mit Kraftfahrzeugen auf öffentlichen Straßen vermittelt werden.	Bis zum Erreichen des nach Buchstabe a vorgeschriebenen Mindestalters ist die Fahrerlaubnis mit den Auflagen zu versehen, dass von ihr nur 1. bei Fahrten im Inland und 2. im Rahmen des Ausbildungsverhältnisses Gebrauch gemacht werden darf. Die Auflage nach Nummer 1 entfällt, wenn der Fahrerlaubnisinhaber das Mindestalter nach Buchstabe a erreicht hat. Die Auflage nach Nummer 2 entfällt, wenn der Fahrerlaubnisinhaber das Mindestalter nach Buchstabe a erreicht oder die Ausbildung nach Buchstabe b abgeschlossen hat.
9	D, DE	a) 24 Jahre, b) 23 Jahre nach beschleunigter Grundqualifikation durch Ausbildung und Prüfung nach § 2 Absatz 2 des Berufskraftfahrerqualifikationsgesetzes, c) 21 Jahre aa) nach erfolgter Grundqualifikation nach § 2 Absatz 1 Nummer 1 des Berufskraftfahrerqualifikationsgesetzes oder bb) nach beschleunigter Grundqualifikation durch Ausbildung und Prüfung nach § 2 Absatz 2 des Berufskraftfahrerqualifikationsgesetzes im Linienverkehr bis 50 km, d) 20 Jahre für Personen während oder nach Abschluss einer Berufsausbildung nach aa) dem staatlich anerkannten Ausbildungsberuf „Berufskraftfahrer/Berufskraftfahrerin“, bb) dem staatlich anerkannten Ausbildungsberuf „Fachkraft im Fahrbetrieb“ oder	1. Im Falle des Buchstaben c Doppelbuchstabe bb ist die Fahrerlaubnis mit der Auflage zu versehen, dass von ihr nur bei Fahrten zur Personenbeförderung im Linienverkehr im Sinne der §§ 42 und 43 des Personenbeförderungsgesetzes Gebrauch gemacht werden darf, sofern die Länge der jeweiligen Linie nicht mehr als 50 Kilometer beträgt. Die Auflage entfällt, wenn der Inhaber der Fahrerlaubnis das 23. Lebensjahr vollendet hat. 2. In den Fällen der Buchstaben d bis f ist die Fahrerlaubnis mit den Auflagen zu versehen, dass von ihr nur 2.1 bei Fahrten im Inland, 2.2 im Rahmen des Ausbildungsverhältnisses und 2.3 bei Fahrten zur Personenbeförderung im Sinne der §§ 42 und 43 des Personenbeför-

lfd. Nr.	Klasse	Mindestalter	Auflagen
		cc) einem staatlich anerkannten Ausbildungsberuf, in dem vergleichbare Fertigkeiten und Kenntnisse zur Durchführung von Fahrten mit Kraftfahrzeugen auf öffentlichen Straßen vermittelt werden, e) 18 Jahre für Personen während oder nach Abschluss einer Berufsausbildung nach Buchstabe d im Linienverkehr bis 50 km, f) 18 Jahre für Personen während oder nach Abschluss einer Berufsausbildung nach Buchstabe d bei Fahrten ohne Fahrgäste.	derungsgesetzes, soweit die Länge der jeweiligen Linie nicht mehr als 50 Kilometer beträgt oder bei Fahrten ohne Fahrgäste, Gebrauch gemacht werden darf. Die Auflage nach Nummer 2.1 entfällt, wenn der Fahrerlaubnisinhaber entweder das 24. Lebensjahr vollendet oder die Berufsausbildung abgeschlossen und das 21. Lebensjahr vollendet hat. Die Auflage nach Nummer 2.2 entfällt, wenn der Fahrerlaubnisinhaber entweder das 24. Lebensjahr vollendet oder die Berufsausbildung abgeschlossen hat. Die Auflage nach Nummer 2.3 entfällt, wenn der Fahrerlaubnisinhaber das 20. Lebensjahr vollendet hat.
10	T	16 Jahre	
11	L	16 Jahre	

[2] Abweichend von den Nummern 7 und 9 der Tabelle in Satz 1 beträgt im Inland das Mindestalter für das Führen von Fahrzeugen der Klasse C 18 Jahre und der Klasse D 21 Jahre im Falle

1. von Einsatzfahrzeugen der Feuerwehr, der Polizei, der nach Landesrecht anerkannten Rettungsdienste, des Technischen Hilfswerks und sonstiger Einheiten des Katastrophenschutzes, sofern diese Fahrzeuge für Einsatzfahrten oder vom Vorgesetzten angeordnete Übungsfahrten sowie Schulungsfahrten eingesetzt werden, und
2. von Fahrzeugen, die zu Reparatur- oder Wartungszwecken in gewerbliche Fahrzeugwerkstätten verbracht und dort auf Anweisung eines Vorgesetzten Prüfungen auf der Straße unterzogen werden.

(2) Die erforderliche körperliche und geistige Eignung ist vor erstmaliger Erteilung einer Fahrerlaubnis, die nach Absatz 1 Nummer 5 Buchstabe b Doppelbuchstabe bb, Nummer 7 Buchstabe b, Nummer 8 Buchstabe b, Nummer 9 Buchstabe b, c, d, e oder f, auch in Verbindung mit Absatz 1 Satz 2 Nummer 2 erworben wird, durch Vorlage eines medizinisch-psychologischen Gutachtens nachzuweisen.

(3) [1] Das Mindestalter für das Führen eines Kraftfahrzeugs, für das eine Fahrerlaubnis nicht erforderlich ist, beträgt 15 Jahre. [2] Dies gilt nicht für das Führen

a) eines Elektrokleinstfahrzeugs nach § 4 Absatz 1 Satz 2 Nummer 1a,

b) eines motorisierten Krankenfahrstuhls nach § 4 Absatz 1 Satz 2 Nummer 2 mit einer durch die Bauart bestimmten Höchstgeschwindigkeit von nicht mehr als 10 km/h durch behinderte Menschen.

(Fortsetzung nächstes Blatt)

(4) Wird ein Kind unter sieben Jahren auf einem Mofa nach § 4 Absatz 1 Satz 2 Nummer 1 oder auf einem Kleinkraftrad nach § 4 Absatz 1 Satz 2 Nummer 1b mitgenommen, muss der Fahrzeugführer mindestens 16 Jahre alt sein.

§ 11[1)] Eignung. (1) [1]Bewerber um eine Fahrerlaubnis müssen die hierfür notwendigen körperlichen und geistigen Anforderungen erfüllen. [2]Die Anforderungen sind insbesondere nicht erfüllt, wenn eine Erkrankung oder ein Mangel nach Anlage 4 oder 5 vorliegt, wodurch die Eignung oder die bedingte Eignung zum Führen von Kraftfahrzeugen ausgeschlossen wird. [3]Außerdem dürfen die Bewerber nicht erheblich oder nicht wiederholt gegen verkehrsrechtliche Vorschriften oder Strafgesetze verstoßen haben, sodass dadurch die Eignung ausgeschlossen wird. [4]Bewerber um die Fahrerlaubnis der Klasse D oder D1 und der Fahrerlaubnis zur Fahrgastbeförderung gemäß § 48 müssen auch die Gewähr dafür bieten, dass sie der besonderen Verantwortung bei der Beförderung von Fahrgästen gerecht werden. [5]Der Bewerber hat diese durch die Vorlage eines Führungszeugnisses nach § 30 Absatz 5 Satz 1 des Bundeszentralregistergesetzes nachzuweisen.

(2) [1]Werden Tatsachen bekannt, die Bedenken gegen die körperliche oder geistige Eignung des Fahrerlaubnisbewerbers begründen, kann die Fahrerlaubnisbehörde zur Vorbereitung von Entscheidungen über die Erteilung oder Verlängerung der Fahrerlaubnis oder über die Anordnung von Beschränkungen oder Auflagen die Beibringung eines ärztlichen Gutachtens durch den Bewerber anordnen. [2]Bedenken gegen die körperliche oder geistige Eignung bestehen insbesondere, wenn Tatsachen bekannt werden, die auf eine Erkrankung oder einen Mangel nach Anlage 4 oder 5 hinweisen. [3]Die Behörde bestimmt in der Anordnung auch, ob das Gutachten von einem

1. für die Fragestellung (Absatz 6 Satz 1) zuständigen Facharzt mit verkehrsmedizinischer Qualifikation,
2. Arzt des Gesundheitsamtes oder einem anderen Arzt der öffentlichen Verwaltung,
3. Arzt mit der Gebietsbezeichnung „Arbeitsmedizin" oder der Zusatzbezeichnung „Betriebsmedizin",
4. Arzt mit der Gebietsbezeichnung „Facharzt für Rechtsmedizin" oder
5. Arzt in einer Begutachtungsstelle für Fahreignung, der die Anforderungen nach Anlage 14 erfüllt,

erstellt werden soll. [4]Die Behörde kann auch mehrere solcher Anordnungen treffen. [5]Der Facharzt nach Satz 3 Nummer 1 soll nicht zugleich der den Betroffenen behandelnde Arzt sein.

(3) [1]Die Beibringung eines Gutachtens einer amtlich anerkannten Begutachtungsstelle für Fahreignung (medizinisch-psychologisches Gutachten) kann zur Klärung von Eignungszweifeln für die Zwecke nach Absatz 1 und 2 angeordnet werden,

---

[1)] § 11 Abs. 10 Satz 2 angef. mWv 1.1.2011 durch VO v. 17.12.2010 (BGBl. I S. 2279); Abs. 1 Satz 5 angef., Abs. 3 Satz 1 Nr. 5 neu gef. mWv 30.6.2012 durch VO v. 26.6.2012 (BGBl. I S. 1394); Abs. 3 Satz 2 und Abs. 10 Satz 2 geänd. mWv 1.5.2014 durch VO v. 5.11.2013 (BGBl. I S. 3920); Abs. 5 geänd. mWv 1.5.2014 durch VO v. 16.4.2014 (BGBl. I S. 348); Abs. 10 Satz 1 Nr. 2 geänd., Nr. 3 eingef., bish. Nr. 3 wird Nr. 4 mWv 28.12.2016 durch VO v. 21.12.2016 (BGBl. I S. 3083); Abs. 10 Nr. 4 geänd. mWv 24.8.2017 durch VO v. 14.8.2017 (BGBl. I S. 3232).

1. wenn nach Würdigung der Gutachten gemäß Absatz 2 oder Absatz 4 ein medizinisch-psychologisches Gutachten zusätzlich erforderlich ist,
2. zur Vorbereitung einer Entscheidung über die Befreiung von den Vorschriften über das Mindestalter,
3. bei erheblichen Auffälligkeiten, die im Rahmen einer Fahrerlaubnisprüfung nach § 18 Absatz 3 mitgeteilt worden sind,
4. bei einem erheblichen Verstoß oder wiederholten Verstößen gegen verkehrsrechtliche Vorschriften,
5. bei einer erheblichen Straftat, die im Zusammenhang mit dem Straßenverkehr steht, oder bei Straftaten, die im Zusammenhang mit dem Straßenverkehr stehen,
6. bei einer erheblichen Straftat, die im Zusammenhang mit der Kraftfahreignung steht, insbesondere wenn Anhaltspunkte für ein hohes Aggressionspotenzial bestehen oder die erhebliche Straftat unter Nutzung eines Fahrzeugs begangen wurde,
7. bei Straftaten, die im Zusammenhang mit der Kraftfahreignung stehen, insbesondere wenn Anhaltspunkte für ein hohes Aggressionspotenzial bestehen,
8. wenn die besondere Verantwortung bei der Beförderung von Fahrgästen nach Absatz 1 zu überprüfen ist oder
9. bei der Neuerteilung der Fahrerlaubnis, wenn
   a) die Fahrerlaubnis wiederholt entzogen war oder
   b) der Entzug der Fahrerlaubnis auf einem Grund nach den Nummern 4 bis 7 beruhte.

[2]Unberührt bleiben medizinisch-psychologische Begutachtungen nach § 2a Absatz 4 und 5 und § 4 Absatz 10 Satz 4 des Straßenverkehrsgesetzes[1] sowie § 10 Absatz 2 und den §§ 13 und 14 in Verbindung mit den Anlagen 4 und 5 dieser Verordnung.

(Fortsetzung nächstes Blatt)

[1] Nr. **10**.

(4) Die Beibringung eines Gutachtens eines amtlich anerkannten Sachverständigen oder Prüfers für den Kraftfahrzeugverkehr kann zur Klärung von Eignungszweifeln für die Zwecke nach Absatz 2 angeordnet werden,

1. wenn nach Würdigung der Gutachten gemäß Absatz 2 oder Absatz 3 ein Gutachten eines amtlich anerkannten Sachverständigen oder Prüfers zusätzlich erforderlich ist oder
2. bei Behinderungen des Bewegungsapparates, um festzustellen, ob der Behinderte das Fahrzeug mit den erforderlichen besonderen technischen Hilfsmitteln sicher führen kann.

(5) Für die Durchführung der ärztlichen und der medizinisch-psychologischen Untersuchung sowie für die Erstellung der entsprechenden Gutachten gelten die in der Anlage 4a genannten Grundsätze.

(6) [1] Die Fahrerlaubnisbehörde legt unter Berücksichtigung der Besonderheiten des Einzelfalls und unter Beachtung der Anlagen 4 und 5 in der Anordnung zur Beibringung des Gutachtens fest, welche Fragen im Hinblick auf die Eignung des Betroffenen zum Führen von Kraftfahrzeugen zu klären sind. [2] Die Behörde teilt dem Betroffenen unter Darlegung der Gründe für die Zweifel an seiner Eignung und unter Angabe der für die Untersuchung in Betracht kommenden Stelle oder Stellen mit, dass er sich innerhalb einer von ihr festgelegten Frist auf seine Kosten der Untersuchung zu unterziehen und das Gutachten beizubringen hat; sie teilt ihm außerdem mit, dass er die zu übersendenden Unterlagen einsehen kann. [3] Der Betroffene hat die Fahrerlaubnisbehörde darüber zu unterrichten, welche Stelle er mit der Untersuchung beauftragt hat. [4] Die Fahrerlaubnisbehörde teilt der untersuchenden Stelle mit, welche Fragen im Hinblick auf die Eignung des Betroffenen zum Führen von Kraftfahrzeugen zu klären sind und übersendet ihr die vollständigen Unterlagen, soweit sie unter Beachtung der gesetzlichen Verwertungsverbote verwendet werden dürfen. [5] Die Untersuchung erfolgt auf Grund eines Auftrags durch den Betroffenen.

(7) Steht die Nichteignung des Betroffenen zur Überzeugung der Fahrerlaubnisbehörde fest, unterbleibt die Anordnung zur Beibringung des Gutachtens.

(8) [1] Weigert sich der Betroffene, sich untersuchen zu lassen, oder bringt er der Fahrerlaubnisbehörde das von ihr geforderte Gutachten nicht fristgerecht bei, darf sie bei ihrer Entscheidung auf die Nichteignung des Betroffenen schließen. [2] Der Betroffene ist hierauf bei der Anordnung nach Absatz 6 hinzuweisen.

(9) Unbeschadet der Absätze 1 bis 8 haben die Bewerber um die Erteilung oder Verlängerung einer Fahrerlaubnis der Klassen C, C1, CE, C1E, D, D1, DE oder D1E zur Feststellung ihrer Eignung der Fahrerlaubnisbehörde einen Nachweis nach Maßgabe der Anlage 5 vorzulegen.

(10) [1] Hat der Betroffene an einem Kurs teilgenommen, um festgestellte Eignungsmängel zu beheben, genügt in der Regel zum Nachweis der Wiederherstellung der Eignung statt eines erneuten medizinisch-psychologischen Gutachtens eine Teilnahmebescheinigung, wenn

1. der betreffende Kurs nach § 70 anerkannt ist,
2. auf Grund eines medizinisch-psychologischen Gutachtens einer Begutachtungsstelle für Fahreignung die Teilnahme des Betroffenen an dieser Art von

Kursen als geeignete Maßnahme angesehen wird, seine Eignungsmängel zu beheben,

3. der Betroffene nicht Inhaber einer Fahrerlaubnis ist und
4. die Fahrerlaubnisbehörde der Kursteilnahme nach Nummer 2 vor Kursbeginn zugestimmt hat.

[2] Wurde die Beibringung eines Gutachtens einer amtlich anerkannten Begutachtungsstelle für Fahreignung nach § 4 Absatz 10 Satz 4 des Straßenverkehrsgesetzes oder nach § 11 Absatz 3 Nummer 4 bis 7 angeordnet, findet Satz 1 keine Anwendung.

(11) [1] Die Teilnahmebescheinigung muss

1. den Familiennamen und Vornamen, den Tag und Ort der Geburt und die Anschrift des Seminarteilnehmers,
2. die Bezeichnung des Seminarmodells und
3. Angaben über Umfang und Dauer des Seminars

enthalten. [2] Sie ist vom Seminarleiter und vom Seminarteilnehmer unter Angabe des Ausstellungsdatums zu unterschreiben. [3] Die Ausstellung der Teilnahmebescheinigung ist vom Kursleiter zu verweigern, wenn der Teilnehmer nicht an allen Sitzungen des Kurses teilgenommen oder die Anfertigung von Kursaufgaben verweigert hat.

§ 12[1)] Sehvermögen. (1) Zum Führen von Kraftfahrzeugen sind die in der Anlage 6 genannten Anforderungen an das Sehvermögen zu erfüllen.

(2) [1] Bewerber um eine Fahrerlaubnis der Klassen AM, A1, A2, A, B, BE, L oder T haben sich einem Sehtest zu unterziehen. [2] Der Sehtest wird von einer amtlich anerkannten Sehteststelle unter Einhaltung der DIN 58220 Teil 6, Ausgabe September 2013, durchgeführt. [3] Die Sehteststelle hat sich vor der Durchführung des Sehtests von der Identität des Antragstellers durch Einsicht in den Personalausweis oder Reisepass oder in ein sonstiges Ausweisdokument zu überzeugen. [4] Der Sehtest ist bestanden, wenn die zentrale Tagessehschärfe mit oder ohne Sehhilfe mindestens den in Anlage 6 Nummer 1.1 genannten Wert erreicht. [5] Ergibt der Sehtest eine geringere Sehleistung, darf der Antragsteller den Sehtest mit Sehhilfen oder mit verbesserten Sehhilfen wiederholen.

(3) [1] Die Sehteststelle stellt dem Antragsteller eine Sehtestbescheinigung nach Anlage 6 Nummer 1.1 aus. [2] In ihr ist anzugeben, ob der Sehtest bestanden und ob er mit Sehhilfen durchgeführt worden ist. [3] Sind bei der Durchführung des Sehtests sonst Zweifel an ausreichendem Sehvermögen für das Führen von Kraftfahrzeugen aufgetreten, hat die Sehteststelle sie auf der Sehtestbescheinigung zu vermerken.

(4) Ein Sehtest ist nicht erforderlich, wenn ein Zeugnis oder ein Gutachten eines Augenarztes vorgelegt wird und sich daraus ergibt, dass der Antragsteller die Anforderungen nach Anlage 6 Nummer 1.1 erfüllt.

(5) Besteht der Bewerber den Sehtest nicht, hat er sich einer augenärztlichen Untersuchung des Sehvermögens nach Anlage 6 Nummer 1.2 zu unterziehen und hierüber der Fahrerlaubnisbehörde ein Zeugnis des Augenarztes einzureichen.

[1)] § 12 Abs. 2 Satz 1 geänd. mWv 19.1.2013 durch VO v. 7.1.2011 (BGBl. I S. 3); Abs. 2 Satz 2 geänd. mWv 24.8.2017 durch VO v. 14.8.2017 (BGBl. I S. 3232); Abs. 2 Satz 3 und Abs. 3 Satz 1 geänd. mWv 18.9.2019 durch VO v. 11.3.2019 (BGBl. I S. 218).

(6) Bewerber um die Erteilung oder Verlängerung einer Fahrerlaubnis der Klassen C, C1, CE, C1E, D, D1, DE oder D1E haben sich einer Untersuchung des Sehvermögens nach Anlage 6 Nummer 2 zu unterziehen und hierüber der Fahrerlaubnisbehörde eine Bescheinigung des Arztes nach Anlage 6 Nummer 2.1 oder ein Zeugnis des Augenarztes nach Anlage 6 Nummer 2.2 einzureichen.

(7) Sehtestbescheinigung, Zeugnis oder Gutachten dürfen bei Antragstellung nicht älter als zwei Jahre sein.

(8) [1] Werden Tatsachen bekannt, die Bedenken begründen, dass der Fahrerlaubnisbewerber die Anforderungen an das Sehvermögen nach Anlage 6 nicht erfüllt oder dass andere Beeinträchtigungen des Sehvermögens bestehen, die die Eignung zum Führen von Kraftfahrzeugen beeinträchtigen, kann die Fahrerlaubnisbehörde zur Vorbereitung der Entscheidung über die Erteilung oder Verlängerung der Fahrerlaubnis oder über die Anordnung von Beschränkungen oder Auflagen die Beibringung eines augenärztlichen Gutachtens anordnen. [2] § 11 Absatz 5 bis 8 gilt entsprechend, § 11 Absatz 6 Satz 4 jedoch mit der Maßgabe, dass nur solche Unterlagen übersandt werden dürfen, die für die Beurteilung, ob Beeinträchtigungen des Sehvermögens bestehen, die die Eignung zum Führen von Kraftfahrzeugen beeinträchtigen, erforderlich sind.

§ 13 Klärung von Eignungszweifeln bei Alkoholproblematik. [1] Zur Vorbereitung von Entscheidungen über die Erteilung oder Verlängerung der Fahrerlaubnis oder über die Anordnung von Beschränkungen oder Auflagen ordnet die Fahrerlaubnisbehörde an, dass

1. ein ärztliches Gutachten (§ 11 Absatz 2 Satz 3) beizubringen ist, wenn Tatsachen die Annahme von Alkoholabhängigkeit begründen, oder
2. ein medizinisch-psychologisches Gutachten beizubringen ist, wenn
   a) nach dem ärztlichen Gutachten zwar keine Alkoholabhängigkeit, jedoch Anzeichen für Alkoholmissbrauch vorliegen oder sonst Tatsachen die Annahme von Alkoholmissbrauch begründen,
   b) wiederholt Zuwiderhandlungen im Straßenverkehr unter Alkoholeinfluss begangen wurden,
   c) ein Fahrzeug im Straßenverkehr bei einer Blutalkoholkonzentration von 1,6 Promille oder mehr oder einer Atemalkoholkonzentration von 0,8 mg/l oder mehr geführt wurde,
   d) die Fahrerlaubnis aus einem der unter den Buchstaben a bis c genannten Gründe entzogen war oder
   e) sonst zu klären ist, ob Alkoholmissbrauch oder Alkoholabhängigkeit nicht mehr besteht.

[2] Im Falle des Satzes 1 Nummer 2 Buchstabe b sind Zuwiderhandlungen, die ausschließlich gegen § 24c des Straßenverkehrsgesetzes[1)] begangen worden sind, nicht zu berücksichtigen.

[1)] Nr. **10**.

§ 14[1)] Klärung von Eignungszweifeln im Hinblick auf Betäubungsmittel und Arzneimittel. (1) [1] Zur Vorbereitung von Entscheidungen über die Erteilung oder die Verlängerung der Fahrerlaubnis oder über die Anordnung von Beschränkungen oder Auflagen ordnet die Fahrerlaubnisbehörde an, dass ein ärztliches Gutachten (§ 11 Absatz 2 Satz 3) beizubringen ist, wenn Tatsachen die Annahme begründen, dass

1. Abhängigkeit von Betäubungsmitteln im Sinne des Betäubungsmittelgesetzes in der Fassung der Bekanntmachung vom 1. März 1994 (BGBl. I S. 358), das zuletzt durch Artikel 1 der Verordnung vom 11. Mai 2011 (BGBl. I S. 821) geändert worden ist, in der jeweils geltenden Fassung oder von anderen psychoaktiv wirkenden Stoffen,
2. Einnahme von Betäubungsmitteln im Sinne des Betäubungsmittelgesetzes oder
3. missbräuchliche Einnahme von psychoaktiv wirkenden Arzneimitteln oder anderen psychoaktiv wirkenden Stoffen

vorliegt. [2] Die Beibringung eines ärztlichen Gutachtens kann angeordnet werden, wenn der Betroffene Betäubungsmittel im Sinne des Betäubungsmittelgesetzes widerrechtlich besitzt oder besessen hat. [3] Die Beibringung eines medizinisch-psychologischen Gutachtens kann angeordnet werden, wenn gelegentliche Einnahme von Cannabis vorliegt und weitere Tatsachen Zweifel an der Eignung begründen.

(2) Die Beibringung eines medizinisch-psychologischen Gutachtens ist für die Zwecke nach Absatz 1 anzuordnen, wenn

1. die Fahrerlaubnis aus einem der in Absatz 1 genannten Gründe durch die Fahrerlaubnisbehörde oder ein Gericht entzogen war,
2. zu klären ist, ob der Betroffene noch abhängig ist oder – ohne abhängig zu sein – weiterhin die in Absatz 1 genannten Mittel oder Stoffe einnimmt, oder
3. wiederholt Zuwiderhandlungen im Straßenverkehr nach § 24a des Straßenverkehrsgesetzes[2)] begangen wurden. § 13 Nummer 2 Buchstabe b bleibt unberührt.

§ 15[3)] Fahrerlaubnisprüfung. (1) Der Bewerber um eine Fahrerlaubnis hat seine Befähigung in einer theoretischen und einer praktischen Prüfung nachzuweisen.

(2) Beim Erwerb einer Fahrerlaubnis der Klasse L bedarf es nur einer theoretischen, bei der Erweiterung der Klasse B auf die Klasse BE, der Klasse C1 auf die Klasse C1E, der Klasse D auf die Klasse DE und der Klasse D1 auf die Klasse D1E bedarf es jeweils nur einer praktischen Prüfung.

(3) [1] Bei der Erweiterung der Klasse A1 auf Klasse A2 oder der Klasse A2 auf Klasse A bedarf es jeweils nur einer praktischen Prüfung, soweit der Bewerber zum Zeitpunkt der Erteilung der jeweiligen Fahrerlaubnis für

---

[1)] § 14 Abs. 1 Satz 1 Nr. 1 geänd. mWv 30.6.2012 durch VO v. 26.6.2012 (BGBl. I S. 1394).

[2)] Nr. **10**.

[3)] § 15 neu gef. mWv 19.1.2013 durch VO v. 7.1.2011 (BGBl. I S. 3); Abs. 3 geänd. mWv 19.1. 2013 durch VO v. 26.6.2012 (BGBl. I S. 1394); Abs. 3 Satz 2 angef., bish. Wortlaut wird Satz 1 mWv 19.1.2013 durch VO v. 10.1.2013 (BGBl. I S. 35); Abs. 3 Satz 3 angef., Abs. 4 neu gef. mWv 1.5.2014 durch VO v. 16.4.2014 (BGBl. I S. 348).

1. die Fahrerlaubnis der Klasse A2 seit mindestens zwei Jahren Inhaber der Fahrerlaubnis der Klasse A1 und
2. die Fahrerlaubnis der Klasse A seit mindestens zwei Jahren Inhaber einer Fahrerlaubnis der Klasse A2

ist (Aufstieg). [2] Die Vorschriften über die Ausbildung sind nicht anzuwenden. [3] Satz 1 gilt nicht für eine Fahrerlaubnis der Klasse A1, die unter Verwendung der Schlüsselzahl 79.03 oder 79.04 erteilt worden ist.

(4) [1] Bewerber um eine Fahrerlaubnis der Klasse A2, die nach Maßgabe des § 6 Absatz 6 in Verbindung mit Anlage 3 Inhaber einer Fahrerlaubnis der Klasse A1 sind, wird die Fahrerlaubnis der Klasse A2 unter der Voraussetzung erteilt, dass sie ihre Befähigung in einer praktischen Prüfung nachgewiesen haben (Aufstieg). [2] Die Vorschriften über die Ausbildung sind nicht anzuwenden. [3] Satz 1 gilt nicht für eine Fahrerlaubnis der Klasse A1, die unter Verwendung der Schlüsselzahl 79.03 oder 79.04 erteilt worden ist.

(5) Die Prüfungen werden von einem amtlich anerkannten Sachverständigen oder Prüfer für den Kraftfahrzeugverkehr abgenommen.

§ 16[1)] Theoretische Prüfung. (1) In der theoretischen Prüfung hat der Bewerber nachzuweisen, dass er

1. ausreichende Kenntnisse der für das Führen von Kraftfahrzeugen maßgebenden gesetzlichen Vorschriften sowie der umweltbewussten und energiesparenden Fahrweise hat und
2. mit den Gefahren des Straßenverkehrs und den zu ihrer Abwehr erforderlichen Verhaltensweisen vertraut ist und
3. grundlegende mechanische und technische Zusammenhänge, die für die Straßenverkehrssicherheit von Bedeutung sind, kennt.

(2) [1] Die Prüfung erfolgt anhand von Fragen, die in unterschiedlicher Form und mit Hilfe unterschiedlicher Medien gestellt werden können. [2] Der Prüfungsstoff, die Form der Prüfung, der Umfang der Prüfung, die Zusammenstellung der Fragen, die Durchführung und die Bewertung der Prüfung ergeben sich aus Anlage 7 Teil 1. [3] Bei Änderung eines bereits erteilten Prüfauftrages für die Klassen A1, A2 oder A durch die nach Landesrecht zuständige Behörde wird eine bereits fristgerecht abgelegte und bestandene theoretische Prüfung in einer der genannten Klassen anerkannt.

(3) [1] Der Sachverständige oder Prüfer bestimmt die Zeit und den Ort der theoretischen Prüfung. [2] Sie darf frühestens drei Monate vor Erreichen des Mindestalters abgenommen werden. [3] Der Sachverständige oder Prüfer hat sich vor der Prüfung durch Einsicht in den Personalausweis oder Reisepass oder in ein sonstiges Ausweisdokument von der Identität des Bewerbers zu überzeugen. [4] Bestehen Zweifel an der Identität, darf die Prüfung nicht durchgeführt werden. [5] Der Fahrerlaubnisbehörde ist davon Mitteilung zu machen. [6] Der Bewerber hat vor der Prüfung dem Sachverständigen oder Prüfer einen Ausbildungsnachweis nach dem aus Anlage 3 der Durchführungsverordnung zum

[1)] § 16 Abs. 3 Satz 6 geänd. mWv 30.6.2012 durch VO v. 26.6.2012 (BGBl. I S. 1394); Abs. 3 Satz 3 geänd. mWv 24.8.2017 durch VO v. 14.8.2017 (BGBl. I S. 3232); Abs. 3 Satz 6 geänd., Satz 8 aufgeh., bish. Satz 9 wird Satz 8 mWv 4.1.2018 durch VO v. 2.1.2018 (BGBl. I S. 2); Abs. 1 Nr. 2 geänd., Nr. 3 angef., Abs. 2 Satz 2 geänd., Satz 3 angef. mWv 19.3.2019 durch VO v. 11.3.2019 (BGBl. I S. 218); Abs. 3 Satz 6 neu gef., Satz 8 geänd. mWv 1.1.2020 durch VO v. 2.10.2019 (BGBl. I S. 1416).

Fahrlehrergesetz[1] ersichtlichen Muster vorzulegen; ersatzweise kann die Bestätigung, dass die vorgeschriebenen Ausbildungsinhalte absolviert wurden und der Abschluss der Ausbildung festgestellt ist, auch elektronisch unter Angabe des Datums des Abschlusses der Ausbildung durch den Inhaber der Fahrschule oder die zur Leitung des Ausbildungsbetriebes bestellte Person gegenüber der Technischen Prüfstelle erfolgen. [7] Der Abschluss der Ausbildung darf nicht länger als zwei Jahre zurückliegen. [8] Ergibt sich dies nicht aus dem Ausbildungsnachweis oder der elektronischen Bestätigung, darf die Prüfung nicht durchgeführt werden.

§ 17[2] Praktische Prüfung. (1) [1] In der praktischen Prüfung hat der Bewerber nachzuweisen, dass er über die zur sicheren Führung eines Kraftfahrzeugs, gegebenenfalls mit Anhänger, im Verkehr erforderlichen technischen Kenntnisse und über ausreichende Kenntnisse einer umweltbewussten und energiesparenden Fahrweise verfügt sowie zu ihrer praktischen Anwendung fähig ist. [2] Bewerber um eine Fahrerlaubnis der Klassen D, D1, DE oder D1E müssen darüber hinaus ausreichende Fahrfertigkeiten nachweisen. [3] Der Bewerber hat ein der Anlage 7 entsprechendes Prüfungsfahrzeug für die Klasse bereitzustellen, für die er seine Befähigung nachweisen will. [4] Darüber hinaus hat er die für die Durchführung der Prüfung notwendigen Materialien bereitzustellen. [5] Die praktische Prüfung darf erst nach Bestehen der theoretischen Prüfung und frühestens einen Monat vor Erreichen des Mindestalters abgenommen werden. [6] Die praktische Prüfung für die Erweiterung der Klasse A1 auf die Klasse A2 oder der Klasse A2 auf die Klasse A darf frühestens einen Monat vor Ablauf der Frist von zwei Jahren nach Erteilung der Fahrerlaubnis der Klasse A1 oder A2 oder bei Erreichen des in § 10 Absatz 1 genannten Mindestalters abgenommen werden.

(2) Der Prüfungsstoff, die Prüfungsfahrzeuge, die Prüfungsdauer, die Durchführung der Prüfung und ihre Bewertung richten sich nach Anlage 7 Teil 2.

(3) [1] Der Bewerber hat die praktische Prüfung am Ort seiner Hauptwohnung oder am Ort seiner schulischen oder beruflichen Ausbildung, seines Studiums oder seiner Arbeitsstelle abzulegen. [2] Sind diese Orte nicht Prüforte, ist die Prüfung nach Bestimmung durch die Fahrerlaubnisbehörde an einem nahe gelegenen Prüfort abzulegen. [3] Die Fahrerlaubnisbehörde kann auch zulassen, dass der Bewerber die Prüfung an einem anderen Prüfort ablegt.

(4) [1] Die Prüfung findet grundsätzlich innerhalb und außerhalb geschlossener Ortschaften statt. [2] Das Nähere regelt Anlage 7. [3] Der innerörtliche Teil der praktischen Prüfung ist in geschlossenen Ortschaften (Zeichen 310 der Straßenverkehrs-Ordnung[3]) durchzuführen, die auf Grund des Straßennetzes, der vorhandenen Verkehrszeichen und -einrichtungen sowie der Verkehrsdichte

---

[1] Nr. **335**.

[2] § 17 Abs. 6 Satz 3 angef. mWv 15.1.2013 durch VO v. 10.1.2013 (BGBl. I S. 35); Abs. 1 Satz 5 angef. mWv 19.1.2013 durch VO v. 26.6.2012 (BGBl. I S. 1394); Abs. 6 neu gef. mWv 19.1.2013 durch VO v. 10.1.2013 (BGBl. I S. 35); Abs. 6 Satz 2 geänd. mWv 1.5.2014 durch VO v. 16.4.2014 (BGBl. I S. 348); Abs. 6 Satz 2 neu gef. mWv 21.10.2015 durch VO v. 2.10.2015 (BGBl. I S. 1674); Abs. 5 Satz 2 geänd. mWv 24.8.2017 durch VO v. 14.8.2017 (BGBl. I S. 3232); Abs. 5 Sätze 5 und 6 geänd. mWv 4.1.2018 durch VO v. 2.1.2018 (BGBl. I S. 2); Abs. 1 Satz 4 eingef., bish. Sätze 4 und 5 werden Sätze 5 und 6 mWv 19.3.2019 durch VO v. 11.3.2019 (BGBl. I S. 218); Abs. 5 Satz 5 neu gef. mWv 1.1.2020 durch VO v. 2.10.2019 (BGBl. I S. 1416); Abs. 6 aufgeh. mWv 1.4.2021 durch VO v. 16.11.2020 (BGBl. I S. 2704).

[3] Nr. **100**.

und -struktur die Prüfung der wesentlichen Verkehrsvorgänge ermöglichen (Prüfort). [4] Die Prüforte werden von der zuständigen obersten Landesbehörde, der von ihr bestimmten oder der nach Landesrecht zuständigen Stelle festgelegt. [5] Der außerörtliche Teil der praktischen Prüfung ist außerhalb geschlossener Ortschaften in der Umgebung des Prüfortes möglichst unter Einschluss von Autobahnen durchzuführen und muss die Prüfung aller wesentlichen Verkehrsvorgänge auch bei höheren Geschwindigkeiten ermöglichen.

(5) [1] Der Sachverständige oder Prüfer bestimmt die Zeit, den Ausgangspunkt und den Verlauf der praktischen Prüfung im Prüfort und seiner Umgebung. [2] Der Sachverständige oder Prüfer hat sich vor der Prüfung durch Einsicht in den Personalausweis oder Reisepass oder in ein sonstiges Ausweisdokument von der Identität des Bewerbers zu überzeugen. [3] Bestehen Zweifel an der Identität, darf die Prüfung nicht durchgeführt werden. [4] Der Fahrerlaubnisbehörde ist davon Mitteilung zu machen. [5] Der Bewerber hat vor der Prüfung dem Sachverständigen oder Prüfer einen Ausbildungsnachweis nach dem aus Anlage 3 der Durchführungsverordnung zum Fahrlehrergesetz[1)] ersichtlichen Muster vorzulegen; ersatzweise kann die Bestätigung, dass die vorgeschriebenen Ausbildungsinhalte absolviert wurden und der Abschluss der Ausbildung festgestellt ist, auch elektronisch unter Angabe des Datums des Abschlusses der Ausbildung durch den Inhaber der Fahrschule oder die zur Leitung des Ausbildungsbetriebes bestellte Person gegenüber der Technischen Prüfstelle erfolgen. [6] § 16 Absatz 3 Satz 7 und 8 findet entsprechende Anwendung.

§ 17a[2)] Beschränkung auf Fahrzeuge mit Automatikgetriebe.

(1) [1] Wird die Prüfungsfahrt auf einem Kraftfahrzeug mit Automatikgetriebe durchgeführt, ist die Fahrerlaubnis auf das Führen von Kraftfahrzeugen mit Automatikgetriebe zu beschränken. [2] Dies gilt nicht bei den Fahrerlaubnissen der Klassen AM und T sowie bei den Klassen BE, C1, C1E, C, CE, D1, D1E, D und DE, wenn der Bewerber bereits Inhaber einer auf einem Kraftfahrzeug mit Schaltgetriebe erworbenen Fahrerlaubnis der Klasse B, BE, C1, C1E, C, CE, D1, D1E, D oder DE ist.

(2) [1] Die Beschränkung im Sinne des Absatzes 1 Satz 1 ist auf Antrag aufzuheben, wenn der Inhaber der Fahrerlaubnis dem Sachverständigen oder Prüfer in einer praktischen Prüfung nachweist, dass er zur sicheren, verantwortungsvollen und umweltbewussten Führung eines Kraftfahrzeuges mit Schaltgetriebe befähigt ist. [2] Die Vorschriften über die Ausbildung nach der Fahrschüler-Ausbildungsordnung sind in diesem Fall nicht anzuwenden. [3] Die Beschränkung auf das Führen von Kraftfahrzeugen mit Automatikgetriebe der Fahrerlaubnis der Klasse B ist auch aufzuheben, wenn der Inhaber einer Fahrerlaubnis der Klasse B der nach Landesrecht zuständigen Behörde durch Vorlage einer Bescheinigung nach Anlage 7 der Fahrschüler-Ausbildungsordnung[3)] nachweist, dass er zur sicheren, verantwortungsvollen und umweltbewussten Führung eines Kraftfahrzeuges der Klasse B mit Schaltgetriebe befähigt ist. [4] Satz 3 findet keine Anwendung, wenn die Beschränkung im Sinne des Absatzes 1 Satz 1 auf Grund von Eignungsmängeln für das Führen von Kraftfahrzeugen mit Schaltgetriebe erfolgt ist.

[1)] Nr. **335**.
[2)] § 17a eingef. mWv 1.4.2021 durch VO v. 16.11.2020 (BGBl. I S. 2704).
[3)] Nr. **360**.

(3) [1] Abweichend von Absatz 1 Satz 1 entfällt die Beschränkung auf das Führen von Kraftfahrzeugen mit Automatikgetriebe der Fahrerlaubnis der Klasse B, wenn der Bewerber durch Vorlage einer Bescheinigung nach Anlage 7 der Fahrschüler-Ausbildungsordnung dem Sachverständigen oder Prüfer oder der nach Landesrecht zuständigen Behörde nachweist, dass er zur sicheren, verantwortungsvollen und umweltbewussten Führung eines Kraftfahrzeuges mit Schaltgetriebe der Klasse B befähigt ist. [2] Gegenüber der Technischen Prüfstelle kann der Nachweis ersatzweise auch elektronisch unter Angabe des Datums der Aushändigung des in Satz 1 genannten Nachweises über die praktische Ausbildung zum Führen von Fahrzeugen mit Schaltgetriebe der Klasse B durch den Inhaber der Fahrschule oder die zur Leitung des Ausbildungsbetriebes bestellte Person erfolgen.

(4) Der Nachweis über die Befähigung zur sicheren, verantwortungsvollen und umweltbewussten Führung eines Kraftfahrzeuges mit Schaltgetriebe der Klasse B erfolgt durch die Schlüsselzahl 197 in Spalte 12 der die Klasse B betreffenden Zeile des Führerscheins.

(5) [1] Als Kraftfahrzeug mit Automatikgetriebe gilt ein Kraftfahrzeug, das ohne Schaltgetriebe ausgestattet ist. [2] Als Kraftfahrzeug mit Schaltgetriebe gilt ein Kraftfahrzeug, das

1. über ein Kupplungspedal verfügt, das der Fahrer jeweils beim Anfahren oder beim Anhalten des Fahrzeuges sowie beim Gangwechsel bedienen muss, oder
2. im Fall der Klassen A1, A2 und A über einen von Hand zu bedienenden Kupplungshebel verfügt, den der Fahrer jeweils beim Anfahren oder beim Anhalten des Fahrzeuges sowie beim Gangwechsel bedienen muss.

§ 18[1)] Gemeinsame Vorschriften für die theoretische und die praktische Prüfung. (1) [1] Bei Täuschungshandlungen gilt die Prüfung als nicht bestanden. [2] Eine nicht bestandene Prüfung darf nicht vor Ablauf eines angemessenen Zeitraums (in der Regel nicht weniger als zwei Wochen, bei einem Täuschungsversuch mindestens sechs Wochen) wiederholt werden.

(2) [1] Die praktische Prüfung muss innerhalb von zwölf Monaten nach Bestehen der theoretischen Prüfung abgelegt werden. [2] Andernfalls verliert die theoretische Prüfung ihre Gültigkeit. [3] Der Zeitraum zwischen Abschluss der praktischen Prüfung oder – wenn keine praktische Prüfung erforderlich ist – zwischen Abschluss der theoretischen Prüfung und der Aushändigung des Führerscheins darf zwei Jahre nicht überschreiten. [4] Andernfalls verliert die gesamte Prüfung ihre Gültigkeit.

(3) Stellt der Sachverständige oder Prüfer Tatsachen fest, die bei ihm Zweifel über die körperliche oder geistige Eignung des Bewerbers begründen, hat er der Fahrerlaubnisbehörde Mitteilung zu machen und den Bewerber hierüber zu unterrichten.

§ 19[2)] Schulung in Erster Hilfe. (1) [1] Bewerber um eine Fahrerlaubnis müssen an einer Schulung in Erster Hilfe teilnehmen, die mindestens neun

---

1) § 18 Abs. 1 Satz 1 eingef., bish. Wortlaut wird Satz 2 mWv 30.6.2012 durch VO v. 26.6.2012 (BGBl. I S. 1394); Abs. 1 Satz 1 geänd. mWv 15.1.2013 durch VO v. 10.1.2013 (BGBl. I S. 35); Abs. 1 Satz 2 geänd. mWv 1.5.2014 durch VO v. 16.4.2014 (BGBl. I S. 348).

2) § 19 neu gef. mWv 21.10.2015 durch VO v. 2.10.2015 (BGBl. I S. 1674).

Unterrichtseinheiten zu je 45 Minuten umfasst. [2]Die Schulung soll dem Antragsteller durch theoretischen Unterricht und durch praktische Übungen gründliches Wissen und praktisches Können in der Ersten Hilfe vermitteln.

(2) [1]Der Nachweis über die Teilnahme an einer Schulung in Erster Hilfe wird durch die Bescheinigung einer für solche Schulungen amtlich anerkannten Stelle oder eines Trägers der öffentlichen Verwaltung, insbesondere der Bundeswehr, der Polizei oder der Bundespolizei, geführt. [2]Im Falle der Erweiterung oder der Neuerteilung einer Fahrerlaubnis ist auf einen Nachweis zu verzichten, wenn der Bewerber zuvor bereits an einer Schulung in Erster Hilfe im Sinne des Absatzes 1 teilgenommen hat.

(3) Des Nachweises über die Teilnahme an einer Schulung in Erster Hilfe im Sinne des Absatzes 1 bedarf insbesondere nicht, wer

1. ein Zeugnis über die bestandene ärztliche oder zahnärztliche Staatsprüfung oder den Nachweis über eine im Ausland erworbene abgeschlossene ärztliche oder zahnärztliche Ausbildung,
2. ein Zeugnis über eine abgeschlossene Ausbildung in einem bundesrechtlich geregelten Gesundheitsfachberuf im Sinne des Artikels 74 Absatz 1 Nummer 19 des Grundgesetzes, in einem der auf Grund des Berufsbildungsgesetzes staatlich anerkannten Ausbildungsberufe Medizinischer, Zahnmedizinischer, Tiermedizinischer oder Pharmazeutisch-kaufmännischer Fachangestellter/Medizinische, Zahnmedizinische, Tiermedizinische oder Pharmazeutisch-kaufmännische[1)] Fachangestellte oder in einem landesrechtlich geregelten Helferberuf des Gesundheits- und Sozialwesens oder
3. eine Bescheinigung über die Ausbildung als Schwesternhelferin, Pflegediensthelfer, über eine Sanitätsausbildung oder rettungsdienstliche Ausbil-

(Fortsetzung nächstes Blatt)

[1)] Zeichensetzung nichtamtlich ergänzt.

dung oder die Ausbildung als Rettungsschwimmer mit der Befähigung für das Deutsche Rettungsschwimmer-Abzeichen in Silber oder Gold

vorlegt.

§ 20[1)] **Neuerteilung einer Fahrerlaubnis.** (1) [1] Für die Neuerteilung einer Fahrerlaubnis nach vorangegangener Entziehung oder nach vorangegangenem Verzicht gelten die Vorschriften für die Ersterteilung. [2] § 15 findet vorbehaltlich des Absatzes 2 keine Anwendung.

(2) Die Fahrerlaubnisbehörde ordnet eine Fahrerlaubnisprüfung an, wenn Tatsachen vorliegen, die die Annahme rechtfertigen, dass der Bewerber die nach § 16 Absatz 1 und § 17 Absatz 1 erforderlichen Kenntnisse und Fähigkeiten nicht mehr besitzt.

(3) Unberührt bleibt die Anordnung einer medizinisch-psychologischen Untersuchung nach § 11 Absatz 3 Satz 1 Nummer 9.

(4) Die Neuerteilung einer Fahrerlaubnis nach vorangegangener Entziehung kann frühestens sechs Monate vor Ablauf einer Sperre

1. nach § 2a Absatz 5 Satz 3 oder § 4 Absatz 10 Satz 1 des Straßenverkehrsgesetzes[2)] oder
2. nach § 69 Absatz 1 Satz 1 in Verbindung mit § 69a Absatz 1 Satz 1 oder § 69a Absatz 1 Satz 3 in Verbindung mit Satz 1 des Strafgesetzbuches[3)]

bei der nach Landesrecht zuständigen Behörde beantragt werden.

3. Verfahren bei der Erteilung einer Fahrerlaubnis

§ 21[4)] **Antrag auf Erteilung einer Fahrerlaubnis.** (1) [1] Der Antrag auf Erteilung einer Fahrerlaubnis ist bei der nach Landesrecht zuständigen Behörde oder Stelle oder der Fahrerlaubnisbehörde schriftlich oder in elektronischer Form zu stellen. [2] Der Bewerber hat auf Verlangen dieser Behörden oder Stellen persönlich zu erscheinen. [3] Der Bewerber hat folgende Daten mitzuteilen und auf Verlangen nachzuweisen:

1. die in § 2 Absatz 6 des Straßenverkehrsgesetzes[2)] bezeichneten Personendaten sowie die Daten über den ordentlichen Wohnsitz im Inland einschließlich der Anschrift, Staatsangehörigkeit und Art des Ausweisdokumentes und
2. die ausbildende Fahrschule.

(2) [1] Der Bewerber hat weiter anzugeben, ob er bereits eine Fahrerlaubnis aus einem anderen Staat besitzt oder besessen hat oder ob er sie bei einer anderen Behörde eines solchen Staates beantragt hat. [2] Beantragt der Inhaber einer Fahrerlaubnis aus einem solchen Staat eine Erweiterung der Fahrerlaubnis auf eine andere Klasse, ist dieser Antrag hinsichtlich der vorhandenen Klassen

---

[1)] § 20 Abs. 3 und 4 aufgeh., bish. Abs. 5 wird Abs. 3 mWv 1.1.2011 durch VO v. 17.12.2010 (BGBl. I S. 2279); Abs. 4 angef. mWv 28.12.2016 durch VO v. 21.12.2016 (BGBl. I S. 3083).

[2)] Nr. **10**.

[3)] Nr. **670**.

[4)] § 21 Abs. 3 Satz 1 Nr. 3 und 5 geänd. mWv 19.1.2013 durch VO v. 7.1.2011 (BGBl. I S. 3); Abs. 3 Satz 1 Nr. 5 geänd., Nr. 6 angef. mWv 30.6.2012 durch VO v. 26.6.2012 (BGBl. I S. 1394); Abs. 3 Satz 1 Nr. 5 neu gef. mWv 21.10.2015 durch VO v. 2.10.2015 (BGBl. I S. 1674); Abs. 1 Satz 3 Nr. 1 geänd., Abs. 4 angef. mWv 28.12.2016 durch VO v. 21.12.2016 (BGBl. I S. 3083); Abs. 3 Satz 1 Nr. 2 geänd. mWv 24.8.2017 durch VO v. 14.8.2017 (BGBl. I S. 3232); Abs. 1 Satz 1 und Abs. 2 Sätze 1 und 2 geänd. mWv 19.3.2019 durch VO v. 11.3.2019 (BGBl. I S. 218).

als Antrag auf Erteilung der deutschen Fahrerlaubnis gemäß den §§ 30 und 31 zu werten. [3]Der Bewerber hat in jedem Fall eine Erklärung abzugeben, dass er mit der Erteilung der beantragten Fahrerlaubnis auf eine möglicherweise bereits vorhandene Fahrerlaubnis dieser Klasse aus einem solchen Staat verzichtet.

(3) [1]Dem Antrag sind folgende Unterlagen beizufügen:

1. ein amtlicher Nachweis über Ort und Tag der Geburt,
2. ein Lichtbild, das den Bestimmungen der Passverordnung vom 19. Oktober 2007 (BGBl. I S. 2386), die zuletzt durch Artikel 1 der Verordnung vom vom 3. März 2015 (BGBl. I S. 218) geändert worden ist, entspricht,
3. bei einem Antrag auf Erteilung einer Fahrerlaubnis der Klassen AM, A1, A2, A, B, BE,,[1)] L oder T eine Sehtestbescheinigung nach § 12 Absatz 3 oder ein Zeugnis oder ein Gutachten nach § 12 Absatz 4 oder ein Zeugnis nach § 12 Absatz 5,
4. bei einem Antrag auf Erteilung einer Fahrerlaubnis der Klassen C, C1, CE, C1E, D, D1, DE oder D1E ein Zeugnis oder Gutachten über die körperliche und geistige Eignung nach § 11 Absatz 9 und eine Bescheinigung oder ein Zeugnis über das Sehvermögen nach § 12 Absatz 6,
5. ein Nachweis über die Schulung in Erster Hilfe,
6. bei einem Antrag auf Erteilung einer Fahrerlaubnis der Klassen D, D1, DE und D1E ein Führungszeugnis nach § 30 Absatz 5 Satz 1 des Bundeszentralregistergesetzes.

[2]Die Fahrerlaubnisbehörde kann Ausnahmen von der in Satz 1 Nummer 2 vorgeschriebenen Gestaltung des Lichtbildes zulassen.

(4) Die Erteilung einer Fahrerlaubnis kann frühestens sechs Monate vor Erreichen des für die jeweilige Fahrerlaubnisklasse nach § 10 vorgeschriebenen Mindestalters bei der nach Landesrecht zuständigen Behörde beantragt werden.

§ 22[2)] Verfahren bei der Behörde und der Technischen Prüfstelle.

(1) Die nach Landesrecht zuständige Behörde oder Stelle und die Fahrerlaubnisbehörde können durch Einholung von Auskünften aus dem Melderegister die Richtigkeit und Vollständigkeit der vom Bewerber mitgeteilten Daten überprüfen.

(2) [1]Die Fahrerlaubnisbehörde hat zu ermitteln, ob Bedenken gegen die Eignung des Bewerbers zum Führen von Kraftfahrzeugen bestehen und er bereits im Besitz einer Fahrerlaubnis ist oder war. [2]Sie hat dazu auf seine Kosten eine Auskunft aus dem Fahreignungsregister und dem Zentralen Fahrerlaubnisregister einzuholen. [3]Sie kann außerdem auf seine Kosten – in der Regel über das Kraftfahrt-Bundesamt – eine Auskunft aus den entsprechenden ausländischen Registern einholen und verlangen, dass der Bewerber die Erteilung eines Führungszeugnisses zur Vorlage bei der Fahrerlaubnisbehörde nach den Vorschriften des Bundeszentralregistergesetzes beantragt. [4]Bestehen Anhaltspunkte, dass die Angaben über den Vorbesitz einer ausländischen Fahrerlaubnis

---

[1)] Zeichensetzung amtlich.

[2)] § 22 Abs. 2a und 2b eingef. mWv 1.1.2011 durch VO v. 17.12.2010 (BGBl. I S. 2279); Abs. 2 Satz 2 geänd. mWv 1.5.2014 durch VO v. 5.11.2013 (BGBl. I S. 3920); Abs. 4 Satz 7 geänd. mWv 21.10.2015 durch VO v. 2.10.2015 (BGBl. I S. 1674); Abs. 2a Satz 1 und Abs. 2b Satz 1 geänd. mWv 19.3.2019 durch VO v. 11.3.2019 (BGBl. I S. 218); Abs. 4 Satz 6 aufgeh., bish. Satz 7 wird Satz 6 mWv 1.1.2020 durch VO v. 2.10.2019 (BGBl. I S. 1416).

nicht zutreffen, kann die Behörde abweichend von Satz 3 einen ausländischen Registerauszug durch den Bewerber auf dessen Kosten beibringen lassen. [5] Werden Tatsachen bekannt, die Bedenken gegen die Eignung des Bewerbers begründen, verfährt die Fahrerlaubnisbehörde nach den §§ 11 bis 14.

(2a) [1] Eine Fahrerlaubnis ist nicht zu erteilen, wenn dem Bewerber zuvor in einem anderen Staat eine Fahrerlaubnis vorläufig oder rechtskräftig von einem Gericht oder sofort vollziehbar oder bestandskräftig von einer Verwaltungsbehörde entzogen worden ist. [2] Satz 1 gilt nicht, soweit die Gründe für die Entziehung nicht mehr bestehen.

(2b) [1] Zum Nachweis, dass die Gründe für die Entziehung nach Absatz 2a nicht mehr bestehen, hat der Bewerber eine Bescheinigung der Stelle, welche die frühere Fahrerlaubnis im betreffenden Staat erteilt hatte, bei der nach Landesrecht zuständigen Behörde vorzulegen. [2] Absatz 2 bleibt unberührt.

(3) Liegen alle Voraussetzungen für die Erteilung der Fahrerlaubnis vor, hat die Fahrerlaubnisbehörde den Führerschein ausfertigen zu lassen und auszuhändigen.

(4) [1] Muss der Bewerber noch die nach § 15 erforderliche Prüfung ablegen, hat die Fahrerlaubnisbehörde die zuständige Technische Prüfstelle für den Kraftfahrzeugverkehr mit der Prüfung zu beauftragen und ihr den vorbereiteten Führerschein (§ 25) ohne Angabe des Datums der Erteilung der beantragten Klasse unmittelbar zu übersenden. [2] Der Sachverständige oder Prüfer prüft, ob der Bewerber zum Führen von Kraftfahrzeugen, gegebenenfalls mit Anhänger, der beantragten Klasse befähigt ist. [3] Der Sachverständige oder Prüfer oder sonst die Fahrerlaubnisbehörde händigt, wenn die Prüfung bestanden ist, den Führerschein nach dem Einsetzen des Aushändigungsdatums aus. [4] Er darf nur ausgehändigt werden, wenn die Identität des Bewerbers zweifelsfrei feststeht. [5] Hat der Sachverständige oder Prüfer den Führerschein ausgehändigt, teilt er dies der Fahrerlaubnisbehörde unter Angabe des Aushändigungsdatums mit. [6] Die Fahrerlaubnis wird durch die Aushändigung des Führerscheins oder, wenn der Führerschein nicht vorliegt, ersatzweise durch eine nur im Inland als Nachweis der Fahrerlaubnis geltende befristete Prüfungsbescheinigung nach Anlage 8a erteilt.

(5) Die Technische Prüfstelle soll den Prüfauftrag an die Fahrerlaubnisbehörde zurückgeben, wenn

1. die theoretische Prüfung nicht innerhalb von zwölf Monaten nach Eingang des Prüfauftrags bestanden ist,
2. die praktische Prüfung nicht innerhalb von zwölf Monaten nach Bestehen der theoretischen Prüfung bestanden ist oder
3. in den Fällen, in denen keine theoretische Prüfung erforderlich ist, die praktische Prüfung nicht innerhalb von zwölf Monaten nach Eingang des Prüfauftrags bestanden ist.

§ 22a[1)] Abweichendes Verfahren bei Elektronischem Prüfauftrag und Vorläufigem Nachweis der Fahrerlaubnis. (1) [1] Abweichend von § 22 Absatz 4 Satz 1 kann die Fahrerlaubnisbehörde mit Zustimmung der zuständigen

[1)] § 22a eingef. mWv 21.10.2015 durch VO v. 2.10.2015 (BGBl. I S. 1674); Abs. 2 Nr. 3 geänd. mWv 28.12.2016 durch VO v. 21.12.2016 (BGBl. I S. 3083); Abs. 2 Nr. 3 geänd. mWv 1.6.2020 durch G v. 5.12.2019 (BGBl. I S. 2008).

obersten Landesbehörde von dem Übersenden eines vorbereiteten Führerscheines an die zuständige Technische Prüfstelle für den Kraftfahrzeugverkehr nach Maßgabe der folgenden Vorschriften absehen. [2]Soweit nachstehend nichts anderes bestimmt ist, bleiben die allgemeinen Vorschriften unberührt.

(2) Die Fahrerlaubnisbehörde übermittelt der zuständigen Technischen Prüfstelle für den Kraftfahrzeugverkehr zur Durchführung der Prüfung folgende Daten in Bezug auf den Bewerber:

1. Prüfauftragsnummer,
2. Ausstellungsdatum des Prüfauftrages,
3. Name, Vorname, Geburtsdatum, Anschrift, Geburtsort, Geschlecht, Staatsangehörigkeit, Art des Ausweisdokumentes sowie, soweit angegeben, die E-Mail-Adresse,
4. eine digitale Kopie des Lichtbildes für den Führerschein,
5. Angaben zum Vorbesitz von Fahrerlaubnisklassen,
6. Prüfauftragsart (Ersterteilung, Erweiterung, Umschreibung, Neuerteilung),
7. beantragte Fahrerlaubnisklassen,
8. Auflagen und Beschränkungen zu den beantragten Fahrerlaubnisklassen,
9. Mindestalter,
10. Angaben zur theoretischen Prüfung,
11. Angaben zur praktischen Prüfung,
12. Angabe, ob der Bewerber auf das Ausstellen eines Vorläufigen Nachweises der Fahrerlaubnis verzichtet hat.

(3) [1]Der Sachverständige oder Prüfer hat im Falle einer bestandenen Prüfung abweichend von § 22 Absatz 4 Satz 3 dem Bewerber einen Vorläufigen Nachweis der Fahrerlaubnis nach Anlage 8a unter Einsetzen des Aushändigungsdatums auszuhändigen. [2]§ 22 Absatz 4 Satz 4 und 5 ist mit der Maßgabe anzuwenden, dass das Ergebnis der Prüfung, die jeweils erteilte Fahrerlaubnisklasse und das Ausgabedatum des Vorläufigen Nachweises der Fahrerlaubnis der Fahrerlaubnisbehörde unter Angabe der Daten nach Absatz 2 Nummer 1 und 3 elektronisch übermittelt wird.

(4) [1]Ist der Bewerber bereits im Besitz eines Führerscheines oder eines Vorläufigen Nachweises der Fahrerlaubnis und soll die Fahrerlaubnis auf weitere Klassen erweitert werden, darf nach bestandener Prüfung der Vorläufige Nachweis der Fahrerlaubnis nur ausgehändigt werden, wenn der Bewerber dem Sachverständigen oder Prüfer seinen bisherigen Führerschein oder den ihm zuvor erteilten Vorläufigen Nachweis der Fahrerlaubnis zur Weiterleitung an die Fahrerlaubnisbehörde übergibt. [2]Die Fahrerlaubnisbehörde hat den neuen Führerschein mit den erteilten Klassen dem Bewerber alsbald auszuhändigen, zu übersenden oder übersenden zu lassen.

(5) [1]Der Bewerber kann in seinem Antrag nach § 21 erklären, dass er für alle beantragten Fahrerlaubnisklassen auf das Ausstellen eines Vorläufigen Nachweises der Fahrerlaubnis verzichtet. [2]Im Falle eines Verzichtes hat der Sachverständige oder Prüfer lediglich das Ergebnis der Prüfung der Fahrerlaubnisbehörde zu übermitteln und dem Bewerber eine Bestätigung darüber auszuhändigen. [3]Ist der Bewerber bereits im Besitz eines Führerscheines oder eines Vorläufigen Nachweises der Fahrerlaubnis, erhält er den Führerschein mit den zusätzlich erteilten Fahrerlaubnisklassen nur gegen Rückgabe des bisherigen

Führerscheines oder des Vorläufigen Nachweises der Fahrerlaubnis durch die Fahrerlaubnisbehörde ausgehändigt.

(6) [1]Der Bewerber kann in seinem Antrag nach § 21 erklären, dass er den Führerschein unmittelbar nach der bestandenen Prüfung benötigt. [2]Die Fahrerlaubnisbehörde hat im Falle einer Erklärung nach Satz 1 den Führerschein bereits mit der Erteilung des Prüfauftrages an die Technische Prüfstelle herstellen zu lassen und diesen dem Bewerber, soweit alle übrigen Voraussetzungen für die Erteilung der Fahrerlaubnis vorliegen, auszuhändigen, zu übersenden oder übersenden zu lassen. [3]Absatz 5 Satz 2 und 3 gilt entsprechend.

(Fortsetzung nächstes Blatt)

(7) Der Vorläufige Nachweis der Fahrerlaubnis gilt als Nachweis im Sinne des § 4 Absatz 3 Satz 1 und nur im Inland; er ist bis zur Aushändigung des Führerscheines, längstens für drei Monate ab dem Tag seiner Aushändigung, gültig.

§ 23[1)] Geltungsdauer der Fahrerlaubnis, Beschränkungen und Auflagen. (1) [1]Die Fahrerlaubnis der Klassen AM, A1, A2, A, B, BE, L und T wird unbefristet erteilt. [2]Die Fahrerlaubnis der Klassen C1, C1E, C, CE, D1, D1E, D und DE wird längstens für fünf Jahre erteilt. [3]Grundlage für die Bemessung der Geltungsdauer ist das Datum des Tages, an dem die Fahrerlaubnisbehörde den Auftrag zur Herstellung des Führerscheins erteilt.

(2) [1]Ist der Bewerber nur bedingt zum Führen von Kraftfahrzeugen geeignet, kann die Fahrerlaubnisbehörde die Fahrerlaubnis soweit wie notwendig beschränken oder unter den erforderlichen Auflagen erteilen. [2]Die Beschränkung kann sich insbesondere auf eine bestimmte Fahrzeugart oder ein bestimmtes Fahrzeug mit besonderen Einrichtungen erstrecken.

§ 24[2)] Verlängerung von Fahrerlaubnissen. (1) [1]Die Geltungsdauer der Fahrerlaubnis der Klassen C, C1, CE, C1E, D, D1, DE und D1E wird auf Antrag des Inhabers jeweils um die in § 23 Absatz 1 Satz 2 angegebenen Zeiträume verlängert, wenn

1. der Inhaber seine Eignung nach Maßgabe der Anlage 5 und die Erfüllung der Anforderungen an das Sehvermögen nach Anlage 6 nachweist und
2. keine Tatsachen vorliegen, die die Annahme rechtfertigen, dass eine der sonstigen aus den §§ 7 bis 19 ersichtlichen Voraussetzungen für die Erteilung der Fahrerlaubnis fehlt.

[2]Grundlage der Bemessung der Geltungsdauer der verlängerten Fahrerlaubnis ist das Datum des Tages, an dem die zu verlängernde Fahrerlaubnis endet. [3]Die Verlängerung der Klassen D, D1, DE und D1E kann nur dann über die Vollendung des 50. Lebensjahres hinaus erfolgen, wenn der Antragsteller zusätzlich seine Eignung nach Maßgabe der Anlage 5 Nummer 2 nachweist.

(2) Absatz 1 Satz 1 und 3 und § 23 Absatz 1 Satz 3 sind auch bei der Erteilung einer Fahrerlaubnis der entsprechenden Klasse anzuwenden, wenn die Geltungsdauer der vorherigen Fahrerlaubnis dieser Klasse bei Antragstellung abgelaufen ist.

(3) Die Absätze 1 und 2 sind auch anzuwenden, wenn der Inhaber der Fahrerlaubnis seinen ordentlichen Wohnsitz in einen nicht zur Europäischen Union oder zum Abkommen über den Europäischen Wirtschaftsraum gehörenden Staat verlegt hat.

(4) Die Verlängerung einer Fahrerlaubnis kann frühestens sechs Monate vor Ablauf ihrer Geltungsdauer bei der nach Landesrecht zuständigen Behörde beantragt werden.

[1)] § 23 Abs. 1 Satz 1 geänd. mWv 19.1.2013 durch VO v. 7.1.2011 (BGBl. I S. 3); Abs. 1 Satz 2 neu gef. mWv 28.12.2016 durch VO v. 21.12.2016 (BGBl. I S. 3083).

[2)] § 24 Abs. 4 angef. mWv 28.12.2016 durch VO v. 21.12.2016 (BGBl. I S. 3083).

§ 24a[1)] Gültigkeit von Führerscheinen. (1) [1]Die Gültigkeit der ab dem 19. Januar 2013 ausgestellten Führerscheine ist auf 15 Jahre befristet. [2]Die Vorschriften des § 23 Absatz 1 bleiben unberührt.

(2) [1]Ein Führerschein, der vor dem 19. Januar 2013 ausgestellt worden ist, ist bis zu dem Zeitpunkt umzutauschen, der sich aus der Anlage 8e ergibt. [2]Nach Ablauf der sich aus Satz 1 in Verbindung mit der Anlage 8e ergebenden Frist verliert der Führerschein seine Gültigkeit.

(3) [1]Bei der erstmaligen Befristung eines Führerscheins ist Grundlage für die Bemessung der Gültigkeit das Datum des Tages, an dem die Fahrerlaubnisbehörde den Auftrag zur Herstellung des Führerscheins erteilt. [2]Grundlage der Bemessung der Gültigkeit eines bereits verlängerten Führerscheins ist das Datum des Tages, an dem die vorangegangene Befristung endet. [3]Satz 2 gilt auch, wenn die Gültigkeit des Führerscheins bei Antragstellung noch gegeben oder bereits abgelaufen ist. [4]Abweichend von den Sätzen 2 und 3 ist bei der Ausstellung eines Ersatzdokuments und bei der Ausfertigung eines neuen Führerscheins wegen Erweiterung oder Verlängerung der Fahrerlaubnis oder wegen Änderung der Angaben auf dem Führerschein Satz 1 anzuwenden.

(4) [1]Die Gültigkeit eines Führerscheins, der ab dem 1. Januar 1999 als Kartenführerschein ausgestellt worden ist, kann durch die nach Landesrecht zuständige Behörde durch die Anbringung eines mit einer bestimmten Frist versehenen Gültigkeitsaufklebers mit Sicherheitsdesign der Bundesdruckerei nachträglich befristet werden, soweit der Antragsteller dies zusammen mit der Erteilung eines neuen Führerscheins beantragt und zum Zeitpunkt der Antragstellung keine Gründe gegen die sofortige Ausstellung eines neuen Führerscheins bestehen. [2]Ein nach Satz 1 befristeter Führerschein dient nur im Inland als Nachweis der Fahrberechtigung. [3]Er verliert seine Gültigkeit mit Zustellung des neuen Führerscheins, Ablauf der Frist oder wenn der Gültigkeitsaufkleber entfernt oder beschädigt wurde.

§ 25[2)] Ausfertigung des Führerscheins. (1) [1]Der Führerschein wird nach Muster 1 der Anlage 8 ausgefertigt. [2]Er darf nur ausgestellt werden, wenn der Antragsteller

1. seinen ordentlichen Wohnsitz im Sinne des § 7 Absatz 1 oder 2 in der Bundesrepublik Deutschland hat,
2. zu dem in § 7 Absatz 3 genannten Personenkreis gehört oder
3. seinen ordentlichen Wohnsitz in einem Staat hat, der nicht Mitgliedstaat der Europäischen Union oder Vertragsstaat des Abkommens über den Europäischen Wirtschaftsraum ist und im Besitz einer deutschen Fahrerlaubnis ist.

(2) [1]Bei einer Erweiterung oder Verlängerung der Fahrerlaubnis oder Änderungen der Angaben auf dem Führerschein ist ein neuer Führerschein auszufer-

---

[1)] § 24a eingef. mWv 19.1.2013 durch VO v. 10.1.2013 (BGBl. I S. 35); Abs. 3 Sätze 2 und 3 angef. mWv 1.5.2014 durch VO v. 16.4.2014 (BGBl. I S. 348); Abs. 3 Satz 2 geänd., Satz 4 sowie Abs. 4 angef. mWv 28.12.2016 durch VO v. 21.12.2016 (BGBl. I S. 3083); Abs. 2 neu gef. mWv 19.3.2019 durch VO v. 11.3.2019 (BGBl. I S. 218).

[2)] § 25 Abs. 3a eingef. mWv 19.1.2013 durch VO v. 7.1.2011 (BGBl. I S. 3); Abs. 2 Satz 2 neu gef. mWv 19.1.2013 durch VO v. 26.6.2012 (BGBl. I S. 1394); Abs. 4 Satz 2 geänd. mWv 1.5.2014 durch VO v. 5.11.2013 (BGBl. I S. 3920); Abs. 5 Sätze 2–4 eingef., bish. Sätze 2 und 3 werden Sätze 5 und 6 mWv 28.12.2016 durch VO v. 21.12.2016 (BGBl. I S. 3083); Abs. 5 Satz 4 geänd. mWv 24.8.2017 durch VO v. 14.8.2017 (BGBl. I S. 3232).

tigen. [2]Bei einer Erweiterung der Fahrerlaubnis auf eine andere Klasse ist auf dem Führerschein der Tag zu vermerken, an dem die EU- oder EWR-Fahrerlaubnis für die bisher vorhandenen Klassen erteilt worden ist.

(3) Bei Eintragungen auf dem Führerschein, die nicht bereits im Muster vorgesehen sind, insbesondere auf Grund von Beschränkungen und Auflagen, sind die in Anlage 9 festgelegten Schlüsselzahlen zu verwenden.

(3a) [1]Ist die Gültigkeit des Führerscheins abgelaufen, hat der Inhaber einen neuen Führerschein zu beantragen, es sei denn, er verzichtet auf die Fahrerlaubnis. [2]Absatz 4 Satz 2 gilt entsprechend.

(4) [1]Ist ein Führerschein abhandengekommen oder vernichtet worden, hat der bisherige Inhaber den Verlust unverzüglich anzuzeigen und sich ein Ersatzdokument ausstellen zu lassen, sofern er nicht auf die Fahrerlaubnis verzichtet. [2]Wird ein Ersatzführerschein für einen abhandengekommenen ausgestellt, hat sich die Fahrerlaubnisbehörde auf Kosten des Antragstellers durch die Einholung einer Auskunft aus dem Zentralen Fahrerlaubnisregister und aus dem Fahreignungsregister zu vergewissern, dass der Antragsteller die entsprechende Fahrerlaubnis besitzt. [3]Sie kann außerdem – in der Regel über das Kraftfahrt-Bundesamt – auf seine Kosten eine Auskunft aus den entsprechenden ausländischen Registern einholen.

(5) [1]Bei der Aushändigung eines neuen Führerscheins ist der bisherige Führerschein einzuziehen oder ungültig zu machen. [2]Auf Wunsch des Inhabers der Fahrerlaubnis kann dieser den bisherigen Führerschein behalten. [3]Hierzu ist der Führerschein durch die nach Landesrecht zuständige Behörde sichtbar und dauerhaft zu entwerten. [4]Im Falle der Vorlage eines nach dem 1. Januar 1999 als Kartenführerschein ausgestellten Führerscheins ist der Führerschein durch eine Lochung in der unteren rechten Ecke der Vorderseite zu entwerten. [5]Er verliert mit Aushändigung des neuen Führerscheins seine Gültigkeit. [6]Wird der bisherige Führerschein nach Aushändigung des neuen wieder aufgefunden, ist er unverzüglich der zuständigen Fahrerlaubnisbehörde abzuliefern.

§ 25a[1)] Antrag auf Ausstellung eines Internationalen Führerscheins.

(1) [1]Kraftfahrzeugführer erhalten auf Antrag den Internationalen Führerschein, wenn sie das 18. Lebensjahr vollendet haben und die nach § 6 Absatz 1 für das Führen des Fahrzeugs erforderliche EU- oder EWR-Fahrerlaubnis nach einem ab dem 1. Januar 1999 zu verwendenden Muster oder eine ausländische Erlaubnis zum Führen von Kraftfahrzeugen gemäß § 29 nachweisen. [2]§ 29 Absatz 2 Satz 2 ist entsprechend anzuwenden. [3]Ein internationaler Führerschein nach § 25b Absatz 3 darf nur ausgestellt werden, wenn der Inhaber seinen ordentlichen Wohnsitz im Inland oder in einem Staat hat, der keine Vertragspartei des Übereinkommens über den Straßenverkehr[2)] vom 8. November 1968 ist.

(2) Dem Antrag sind ein Lichtbild, das den Bestimmungen der Passverordnung entspricht, und der Führerschein beizufügen.

[1)] § 25a Abs. 1 Satz 3 angef. mWv 1.1.2011 durch VO v. 17.12.2010 (BGBl. I S. 2279); Abs. 1 Satz 1 geänd. mWv 1.5.2014 durch VO v. 16.4.2014 (BGBl. I S. 348).

[2)] Nr. **35**.

§ 25b[1] **Ausstellung des Internationalen Führerscheins.** (1) Internationale Führerscheine müssen nach den Anlagen 8c und 8d in deutscher Sprache mit lateinischen Druck- oder Schriftzeichen ausgestellt werden.

(2) Beim Internationalen Führerschein nach Artikel 7 und Anlage E des Internationalen Abkommens über Kraftfahrzeugverkehr vom 24. April 1926 (RGBl. 1930 II S. 1233) ergeben sich die entsprechenden Fahrerlaubnisklassen und deren Beschränkungen aus Nummer 5 der Vorbemerkungen zu Anlage 8c.

(2a) [1] Erfolgt die Ausstellung des Internationalen Führerscheins nach Anlage 8b auf Grund eines Führerscheins, der zwischen dem 1. Januar 1999 und dem 18. Januar 2013 ausgefertigt wurde, ergeben sich die entsprechenden Fahrerlaubnisklassen und deren Beschränkungen aus Nummer 6 der Vorbemerkungen zu Anlage 8c. [2] Weitere Beschränkungen der Fahrerlaubnis sind zu übernehmen.

(3) [1] Beim Internationalen Führerschein nach Artikel 41 und Anhang 7 des Übereinkommens über den Straßenverkehr[2] vom 8. November 1968 (BGBl. 1977 II S. 809) ergeben sich die entsprechenden Fahrerlaubnisklassen und deren Beschränkungen aus Nummer 5 der Vorbemerkungen zu Anlage 8d. [2] Weitere Beschränkungen der Fahrerlaubnis sind zu übernehmen.

(3a) [1] Erfolgt die Ausstellung des Internationalen Führerscheins nach Anlage 8d auf Grund eines Führerscheins, der zwischen dem 1. Januar 1999 und dem 18. Januar 2013 ausgefertigt wurde, ergeben sich die entsprechenden Fahrerlaubnisklassen und deren Beschränkungen aus Nummer 6 der Vorbemerkungen zu Anlage 8d. [2] Weitere Beschränkungen der Fahrerlaubnis sind zu übernehmen.

(4) [1] Die Gültigkeitsdauer Internationaler Führerscheine nach Anlage 8c beträgt ein Jahr, solcher nach Anlage 8d drei Jahre, jeweils vom Zeitpunkt ihrer Ausstellung. [2] Die Gültigkeitsdauer darf nicht über die Gültigkeitsdauer des nationalen Führerscheins hinausgehen; dessen Nummer muss auf dem Internationalen Führerschein vermerkt sein.

4. Sonderbestimmungen für das Führen von Dienstfahrzeugen

§ 26[3] **Dienstfahrerlaubnis.** (1) [1] Die von den Dienststellen der Bundeswehr, der Bundespolizei und der Polizei (§ 73 Absatz 4) erteilten Fahrerlaubnisse berechtigen nur zum Führen von Dienstfahrzeugen (Dienstfahrerlaubnisse). [2] Bei Erteilung der Dienstfahrerlaubnis darf auf die Vorlage des Führungszeugnisses nach § 11 Absatz 1 Satz 5 verzichtet werden. [3] Über die Dienstfahrerlaubnis der Bundeswehr wird ein Führerschein nach Muster 2 der Anlage 8, über die der Bundespolizei und der Polizei ein Führerschein nach Muster 3 der Anlage 8 ausgefertigt (Dienstführerschein). [4] Die Dienstfahrerlaubnis der Bundeswehr wird in den aus Muster 2 der Anlage 8 ersichtlichen Klassen erteilt.

---

[1] § 25b Abs. 3 und Abs. 4 Satz 2 neu gef. mWv 1.1.2011 durch VO v. 17.12.2010 (BGBl. I S. 2279); Abs. 2 und 3 neu gef., Abs. 2a und 3a eingef. mWv 19.1.2013 durch VO v. 7.1.2011 (BGBl. I S. 3); Abs. 2a Satz 2 angef., Abs. 3 Satz 1 geänd. und Satz 2 angef., Abs. 3a Satz 1 geänd. mWv 1.5.2014 durch VO v. 16.4.2014 (BGBl. I S. 348); Abs. 1 und 2 sowie Abs. 2a–4 jeweils Satz 1 geänd. mWv 21.10.2015 durch VO v. 2.10.2015 (BGBl. I S. 1674).

[2] Nr. **35**.

[3] § 26 Abs. 1 neuer Satz 2 eingef. bish. Sätze 2 bis 4 werden Sätze 3 bis 5, Satz 6 angef., Abs. 2 Satz 3 geänd. mWv 30.6.2012 durch VO v. 26.6.2012 (BGBl. I S. 1394); Abs. 1 Satz 5 geänd., Satz 6 eingef., bish. Satz 6 wird Satz 7 mWv 19.3.2019 durch VO v. 11.3.2019 (BGBl. I S. 218).

[5]Der Umfang der Berechtigung zum Führen von Dienstfahrzeugen der Bundeswehr ergibt sich aus Anlage 10, wenn die Dienstfahrerlaubnis der Bundeswehr bis zum Ablauf des 18. Januar 2013 erteilt worden ist. [6]Wenn die Dienstfahrerlaubnis der Bundeswehr ab dem 19. Januar 2013 erteilt worden ist, ergibt sich der Umfang der Berechtigung zum Führen von Dienstfahrzeugen der Bundeswehr aus § 6. [7]Der Dienstführerschein der Bundeswehr ist nur in Verbindung mit dem Dienstausweis gültig.

(2) [1]Der Inhaber der Dienstfahrerlaubnis darf von ihr nur während der Dauer des Dienstverhältnisses Gebrauch machen. [2]Bei Beendigung des Dienstverhältnisses ist der Dienstführerschein einzuziehen. [3]Wird das Dienstverhältnis wieder begründet, darf ein Dienstführerschein ausgehändigt werden, sofern die Dienstfahrerlaubnis noch gültig ist. [4]Ist sie nicht mehr gültig, kann die Dienstfahrerlaubnis unter den Voraussetzungen des § 24 Absatz 1 neu erteilt werden.

(3) Bei der erstmaligen Beendigung des Dienstverhältnisses nach der Erteilung oder Neuerteilung der betreffenden Klasse der Dienstfahrerlaubnis ist dem Inhaber auf Antrag zu bescheinigen, für welche Klasse von Kraftfahrzeugen ihm die Erlaubnis erteilt war.

§ 27[1)] Verhältnis von allgemeiner Fahrerlaubnis und Dienstfahrerlaubnis. (1) [1]Beantragt der Inhaber einer Dienstfahrerlaubnis während der Dauer des Dienstverhältnisses die Erteilung einer allgemeinen Fahrerlaubnis, sind folgende Vorschriften nicht anzuwenden:

1. § 11 Absatz 9 über die ärztliche Untersuchung und § 12 Absatz 6 über die Untersuchung des Sehvermögens, es sei denn, dass in entsprechender Anwendung der Regelungen in den §§ 23 und 24 eine Untersuchung erforderlich ist,
2. § 12 Absatz 2 über den Sehtest,
3. § 15 über die Befähigungsprüfung,
4. § 19 über die Schulung in Erster Hilfe,
5. die Vorschriften über die Ausbildung.

[2]Dasselbe gilt bei Vorlage einer Bescheinigung nach § 26 Absatz 3. [3]Die Klasse der auf Grund einer bis zum Ablauf des 18. Januar 2013 erteilten Dienstfahrerlaubnis der Bundeswehr zu erteilenden allgemeinen Fahrerlaubnis ergibt sich aus Anlage 10. [4]Die Klasse der aufgrund einer ab dem 19. Januar 2013 erteilten Dienstfahrerlaubnis der Bundeswehr zu erteilenden allgemeinen Fahrerlaubnis ergibt sich aus § 6. [5]Auf dem Führerschein ist in Feld 10 der Tag zu vermerken, an dem die Dienstfahrerlaubnis für die betreffende Klasse erteilt worden ist. [6]Wenn die Geltungsdauer der betreffenden Klasse der Dienstfahrerlaubnis befristet ist, wird die im Dienstführerschein vermerkte Geltungsdauer in Feld 11 der betreffenden Klassen eingetragen.

(1a) Abweichend von Absatz 1 Satz 1 Nummer 3 ordnet die Fahrerlaubnisbehörde in dem Fall des § 26 Absatz 3 eine Fahrerlaubnisprüfung an, wenn Tatsachen vorliegen, die die Annahme rechtfertigen, dass der Bewerber die

---

[1)] § 27 Abs. 1 Satz 1 Nr. 4 neu gef. mWv 21.10.2015 durch VO v. 2.10.2015 (BGBl. I S. 1674); Abs. 1 Satz 3 geänd., Sätze 4–6 angef., Abs. 1a eingef. mWv 19.3.2019 durch VO v. 11.3.2019 (BGBl. I S. 218).

nach § 16 Absatz 1 und § 17 Absatz 1 erforderlichen Kenntnisse und Fähigkeiten nicht mehr besitzt.

(2) [1] Wird dem Inhaber einer allgemeinen Fahrerlaubnis eine Dienstfahrerlaubnis derselben oder einer entsprechenden Klasse erteilt, kann die Dienstfahrerlaubnisbehörde Absatz 1 Satz 1 entsprechend anwenden. [2] Dies gilt auch bei der Erteilung einer Dienstfahrerlaubnis der Bundeswehr in einer von § 6 Absatz 1 abweichenden Klasse, soweit die in Absatz 1 Satz 1 genannten Voraussetzungen auch Voraussetzungen für die Erteilung der Dienstfahrerlaubnis sind.

(3) [1] Die Fahrerlaubnisbehörde teilt der Dienststelle, die die Dienstfahrerlaubnis erteilt hat, die unanfechtbare Versagung der allgemeinen Fahrerlaubnis sowie deren unanfechtbare oder vorläufig wirksame Entziehung einschließlich der Gründe der Entscheidung unverzüglich mit. [2] Die Dienststelle teilt der zuständigen Fahrerlaubnisbehörde die unanfechtbare Versagung der Dienstfahrerlaubnis sowie deren unanfechtbare oder vorläufig wirksame Entziehung einschließlich der Gründe der Entscheidung unverzüglich mit, sofern die Versagung oder die Entziehung auf den Vorschriften des Straßenverkehrsgesetzes[1)] beruhen. [3] Für die Wahrnehmung der Aufgaben nach diesem Absatz können an Stelle der genannten Dienststellen auch andere Stellen bestimmt werden. [4] Für den Bereich der Bundeswehr nimmt die Zentrale Militärkraftfahrtstelle die Aufgaben wahr.

(4) Die Dienstfahrerlaubnis erlischt mit der Entziehung der allgemeinen Fahrerlaubnis.

5. Sonderbestimmungen für Inhaber ausländischer Fahrerlaubnisse

§ 28[2)] Anerkennung von Fahrerlaubnissen aus Mitgliedstaaten der Europäischen Union oder einem anderen Vertragsstaat des Abkommens über den Europäischen Wirtschaftsraum. (1) [1] Inhaber einer gültigen EU- oder EWR-Fahrerlaubnis, die ihren ordentlichen Wohnsitz im Sinne des § 7 Absatz 1 oder 2 in der Bundesrepublik Deutschland haben, dürfen – vorbehaltlich der Einschränkungen nach den Absätzen 2 bis 4 – im Umfang ihrer Berechtigung Kraftfahrzeuge im Inland führen. [2] Auflagen zur ausländischen Fahrerlaubnis sind auch im Inland zu beachten. [3] Auf die Fahrerlaubnisse finden die Vorschriften dieser Verordnung Anwendung, soweit nichts anderes bestimmt ist.

(2) [1] Der Umfang der Berechtigung der jeweiligen Fahrerlaubnisklassen ergibt sich aus dem Beschluss (EU) 2016/1945 der Kommission vom 14. Oktober 2016 über Äquivalenzen zwischen Führerscheinklassen (ABl. L 302 vom 9.11. 2016, S. 62). [2] Die Berechtigung nach Absatz 1 gilt nicht für Fahrerlaubnis-

---

[1)] Nr. **10**.

[2)] § 28 Abs. 4 Satz 1 Nr. 4 und 5 geänd., Nr. 6 angef. und Abs. 5 Satz 2 geänd. mWv 1.1.2011 durch VO v. 17.12.2010 (BGBl. I S. 2279); Abs. 2 Satz 3 geänd., Satz 4 aufgeh. mWv 19.1.2013 durch VO v. 7.1.2011 (BGBl. I S. 3); Abs. 4 Satz 1 Nr. 5 und 6 geänd., Nr. 7 und 8 angef. mWv 30.6.2012 durch VO v. 26.6.2012 (BGBl. I S. 1394); Abs. 4 Satz 1 Nr. 7 neu gef. mWv 15.1.2013 durch VO v. 10.1.2013 (BGBl. I S. 35); Abs. 4 Satz 3 geänd. mWv 1.5.2014 durch VO v. 5.11.2013 (BGBl. I S. 3920); Abs. 2 Sätze 1 und 3, Abs. 4 Satz 1 Nr. 7 und 8 geänd., Nr. 9 angef., Satz 2 geänd., Satz 4 angef. mWv 1.5.2014 durch VO v. 16.4.2014 (BGBl. I S. 348); Abs. 2 Satz 1 geänd. mWv 1.1.2015 durch VO v. 16.12.2014 (BGBl. I S. 2213); Abs. 3 Satz 3 geänd. mWv 28.12.2016 durch VO v. 21.12. 2016 (BGBl. I S. 3083); Abs. 2 Satz 1 geänd. mWv 24.8.2017 durch VO v. 14.8.2017 (BGBl. I S. 3232).

klassen, für die die Entscheidung der Kommission keine entsprechenden Klassen ausweist. [3] Für die Berechtigung zum Führen von Fahrzeugen der Klassen L und T gilt § 6 Absatz 3 entsprechend.

(3) [1] Die Vorschriften über die Geltungsdauer von Fahrerlaubnissen der Klassen C, C1, CE, C1E, D, D1, DE und D1E in § 23 Absatz 1 gelten auch für die entsprechenden EU- und EWR-Fahrerlaubnisse. [2] Grundlage für die Berechnung der Geltungsdauer ist das Datum der Erteilung der ausländischen Fahrerlaubnis. [3] Wäre danach eine solche Fahrerlaubnis ab dem Zeitpunkt der Verlegung des ordentlichen Wohnsitzes in die Bundesrepublik Deutschland nicht mehr gültig, weil seit der Erteilung mehr als fünf Jahre verstrichen sind, besteht die Berechtigung nach Absatz 1 Satz 1 noch sechs Monate, gerechnet von der Begründung des ordentlichen Wohnsitzes im Inland an. [4] Für die

(Fortsetzung nächstes Blatt)

Erteilung einer deutschen Fahrerlaubnis ist § 30 in Verbindung mit § 24 Absatz 1 entsprechend anzuwenden.

(4) [1] Die Berechtigung nach Absatz 1 gilt nicht für Inhaber einer EU- oder EWR-Fahrerlaubnis,

1. die lediglich im Besitz eines Lernführerscheins oder eines anderen vorläufig ausgestellten Führerscheins sind,
2. die ausweislich des Führerscheins oder vom Ausstellungsmitgliedstaat herrührender unbestreitbarer Informationen zum Zeitpunkt der Erteilung ihren ordentlichen Wohnsitz im Inland hatten, es sei denn, dass sie als Studierende oder Schüler im Sinne des § 7 Absatz 2 die Fahrerlaubnis während eines mindestens sechsmonatigen Aufenthalts erworben haben,
3. denen die Fahrerlaubnis im Inland vorläufig oder rechtskräftig von einem Gericht oder sofort vollziehbar oder bestandskräftig von einer Verwaltungsbehörde entzogen worden ist, denen die Fahrerlaubnis bestandskräftig versagt worden ist oder denen die Fahrerlaubnis nur deshalb nicht entzogen worden ist, weil sie zwischenzeitlich auf die Fahrerlaubnis verzichtet haben,
4. denen auf Grund einer rechtskräftigen gerichtlichen Entscheidung keine Fahrerlaubnis erteilt werden darf,
5. solange sie im Inland, in dem Staat, der die Fahrerlaubnis erteilt hatte, oder in dem Staat, in dem sie ihren ordentlichen Wohnsitz haben, einem Fahrverbot unterliegen oder der Führerschein nach § 94 der Strafprozessordnung[1)] beschlagnahmt, sichergestellt oder in Verwahrung genommen ist,
6. die zum Zeitpunkt des Erwerbs der ausländischen EU- oder EWR-Fahrerlaubnis Inhaber einer deutschen Fahrerlaubnis waren,
7. deren Fahrerlaubnis aufgrund einer Fahrerlaubnis eines Drittstaates, der nicht in der Anlage 11 aufgeführt ist, prüfungsfrei umgetauscht worden ist, oder deren Fahrerlaubnis aufgrund eines gefälschten Führerscheins eines Drittstaates erteilt wurde,
8. die zum Zeitpunkt der Erteilung einer Fahrerlaubnis eines Drittstaates, die in eine ausländische EU- oder EWR-Fahrerlaubnis umgetauscht worden ist, oder zum Zeitpunkt der Erteilung der EU- oder EWR-Fahrerlaubnis auf Grund einer Fahrerlaubnis eines Drittstaates ihren Wohnsitz im Inland hatten, es sei denn, dass sie die ausländische Erlaubnis zum Führen eines Kraftfahrzeuges als Studierende oder Schüler im Sinne des § 7 Absatz 2 in eine ausländische EU- oder EWR-Fahrerlaubnis während eines mindestens sechsmonatigen Aufenthalts umgetauscht haben, oder
9. die den Vorbesitz einer anderen Klasse voraussetzt, wenn die Fahrerlaubnis dieser Klasse nach den Nummern 1 bis 8 im Inland nicht zum Führen von Kraftfahrzeugen berechtigt.

[2] In den Fällen des Satzes 1 kann die Behörde einen feststellenden Verwaltungsakt über die fehlende Berechtigung erlassen. [3] Satz 1 Nummer 3 und 4 ist nur anzuwenden, wenn die dort genannten Maßnahmen im Fahreignungsregister eingetragen und nicht nach § 29 des Straßenverkehrsgesetzes[2)] getilgt sind. [4] Satz 1 Nummer 9 gilt auch, wenn sich das Fehlen der Berechtigung nicht unmittelbar aus dem Führerschein ergibt.

[1)] Nr. **675**.
[2)] Nr. **10**.

(5) [1] Das Recht, von einer EU- oder EWR-Fahrerlaubnis nach einer der in Absatz 4 Nummer 3 und 4 genannten Entscheidungen im Inland Gebrauch zu machen, wird auf Antrag erteilt, wenn die Gründe für die Entziehung oder die Sperre nicht mehr bestehen. [2] Absatz 4 Satz 3 sowie § 20 Absatz 1 und 3 gelten entsprechend.

§ 29[1)] Ausländische Fahrerlaubnisse. (1) [1] Inhaber einer ausländischen Fahrerlaubnis dürfen im Umfang ihrer Berechtigung im Inland Kraftfahrzeuge führen, wenn sie hier keinen ordentlichen Wohnsitz nach § 7 haben. [2] Für die Berechtigung zum Führen von Fahrzeugen der Klassen AM, L und T gilt § 6 Absatz 3 entsprechend. [3] Begründet der Inhaber einer in einem anderen Mitgliedstaat der Europäischen Union oder einem anderen Vertragsstaat des Abkommens über den Europäischen Wirtschaftsraum erteilten Fahrerlaubnis einen ordentlichen Wohnsitz im Inland, richtet sich seine weitere Berechtigung zum Führen von Kraftfahrzeugen nach § 28. [4] Begründet der Inhaber einer in einem anderen Staat erteilten Fahrerlaubnis einen ordentlichen Wohnsitz im Inland, besteht die Berechtigung noch sechs Monate. [5] Die Fahrerlaubnisbehörde kann die Frist auf Antrag bis zu sechs Monate verlängern, wenn der Antragsteller glaubhaft macht, dass er seinen ordentlichen Wohnsitz nicht länger als zwölf Monate im Inland haben wird. [6] Auflagen zur ausländischen Fahrerlaubnis sind auch im Inland zu beachten.

(2) [1] Die Fahrerlaubnis ist durch einen gültigen nationalen oder Internationalen Führerschein nach Artikel 7 und Anlage E des Internationalen Abkommens über Kraftfahrzeugverkehr vom 24. April 1926, Artikel 24 und Anlage 10 des Übereinkommens über den Straßenverkehr vom 19. September 1949 (Vertragstexte der Vereinten Nationen 1552 S. 22) oder nach Artikel 41 und Anhang 7 des Übereinkommens über den Straßenverkehr[2)] vom 8. November 1968 in Verbindung mit dem zugrunde liegenden nationalen Führerschein nachzuweisen. [2] Ausländische nationale Führerscheine, die nicht in deutscher Sprache abgefasst sind, die nicht in einem anderen Mitgliedstaat der Europäischen Union oder einem anderen Vertragsstaat des Abkommens über den Europäischen Wirtschaftsraum oder der Schweiz ausgestellt worden sind oder die nicht dem Anhang 6 des Übereinkommens über den Straßenverkehr vom 8. November 1968 entsprechen, müssen mit einer Übersetzung verbunden sein, es sei denn, die Bundesrepublik Deutschland hat auf das Mitführen der Übersetzung verzichtet. [3] Die Übersetzung muss von einem international anerkannten Automobilklub des Ausstellungsstaates oder einer vom Bundesministerium für Verkehr und digitale Infrastruktur bestimmten Stelle gefertigt sein.

(3) [1] Die Berechtigung nach Absatz 1 gilt nicht für Inhaber ausländischer Fahrerlaubnisse,

---

[1)] § 29 Abs. 2 Sätze 1 und 3 neu gef. mWv 1.1.2011, Abs. 3 Nr. 1a eingef. mWv 1.7.2011 durch VO v. 17.12.2010 (BGBl. I S. 2279); Abs. 3 Nr. 1a geänd. [mit fehlerhafter Änderungsanweisung] mWv 19.1.2013 durch VO v. 7.1.2011 (BGBl. I S. 3, geänd. BGBl. I 2013 S. 66); Abs. 3 Satz 1 Nr. 1a neu gef. mWv 30.6.2012 durch VO v. 26.6.2012 (BGBl. I S. 1394); Abs. 2 Satz 3 geänd. mWv 15.1.2013 durch VO v. 10.1.2013 (BGBl. I S. 35); Abs. 3 Satz 3 geänd. mWv 1.5.2014 durch VO v. 5.11.2013 (BGBl. I S. 3920); Abs. 1 Satz 2 eingef., bish. Sätze 2–5 werden Sätze 3–6, Abs. 2 Satz 3 und Abs. 3 Satz 2 geänd. mWv 1.5.2014 durch VO v. 16.4.2014 (BGBl. I S. 348).

[2)] Nr. **35**.

1. die lediglich im Besitz eines Lernführerscheins oder eines anderen vorläufig ausgestellten Führerscheins sind,

1a. die das nach § 10 Absatz 1 für die Erteilung einer Fahrerlaubnis vorgeschriebene Mindestalter noch nicht erreicht haben und deren Fahrerlaubnis nicht von einem anderen Mitgliedstaat der Europäischen Union oder einem anderen Vertragsstaat des Abkommens über den Europäischen Wirtschaftsraum erteilt worden ist,

2. die zum Zeitpunkt der Erteilung der ausländischen Erlaubnis zum Führen von Kraftfahrzeugen eines Staates, der nicht ein Mitgliedstaat der Europäischen Union oder ein anderer Vertragsstaat des Abkommens über den Europäischen Wirtschaftsraum ist, ihren ordentlichen Wohnsitz im Inland hatten,

2a. die ausweislich des EU- oder EWR-Führerscheins oder vom Ausstellungsmitgliedstaat der Europäischen Union oder des Vertragsstaates des Europäischen Wirtschaftsraums herrührender unbestreitbarer Informationen zum Zeitpunkt der Erteilung ihren ordentlichen Wohnsitz im Inland hatten, es sei denn, dass sie als Studierende oder Schüler im Sinne des § 7 Absatz 2 die Fahrerlaubnis während eines mindestens sechsmonatigen Aufenthalts erworben haben,

3. denen die Fahrerlaubnis im Inland vorläufig oder rechtskräftig von einem Gericht oder sofort vollziehbar oder bestandskräftig von einer Verwaltungsbehörde entzogen worden ist, denen die Fahrerlaubnis bestandskräftig versagt worden ist oder denen die Fahrerlaubnis nur deshalb nicht entzogen worden ist, weil sie zwischenzeitlich auf die Fahrerlaubnis verzichtet haben,

4. denen auf Grund einer rechtskräftigen gerichtlichen Entscheidung keine Fahrerlaubnis erteilt werden darf oder

5. solange sie im Inland, in dem Staat, der die Fahrerlaubnis erteilt hatte oder in dem Staat, in dem sie ihren ordentlichen Wohnsitz haben, einem Fahrverbot unterliegen oder der Führerschein nach § 94 der Strafprozessordnung[1] beschlagnahmt, sichergestellt oder in Verwahrung genommen worden ist.

[2] In den Fällen des Satzes 1 kann die Behörde einen feststellenden Verwaltungsakt über die fehlende Berechtigung erlassen. [3] Satz 1 Nummer 3 und 4 ist auf eine EU- oder EWR-Fahrerlaubnis nur anzuwenden, wenn die dort genannten Maßnahmen im Fahreignungsregister eingetragen und nicht nach § 29 des Straßenverkehrsgesetzes[2] getilgt sind.

(4) Das Recht, von einer ausländischen Fahrerlaubnis nach einer der in Absatz 3 Nummer 3 und 4 genannten Entscheidungen im Inland Gebrauch zu machen, wird auf Antrag erteilt, wenn die Gründe für die Entziehung nicht mehr bestehen.

§ 29a[3] Fahrerlaubnisse von in Deutschland stationierten Angehörigen der Streitkräfte der Vereinigten Staaten von Amerika und Kanadas.

[1] In Deutschland stationierte Mitglieder der Streitkräfte der Vereinigten Staaten von Amerika oder Kanadas oder des zivilen Gefolges dieser Streitkräfte und deren jeweilige Angehörige sind berechtigt, mit einem im Entsendestaat aus-

[1] Nr. **675**.
[2] Nr. **10**.
[3] § 29a eingef. mWv 21.10.2015 durch VO v. 2.10.2015 (BGBl. I S. 1674).

gestellten Führerschein zum Führen privater Kraftfahrzeuge in dem Entsendestaat solche Fahrzeuge im Bundesgebiet zu führen, wenn sie

1. eine gültige Bescheinigung nach Artikel 9 Absatz 2 des Zusatzabkommens zu dem Abkommen zwischen den Parteien des Nordatlantikvertrages über die Rechtsstellung ihrer Truppen hinsichtlich der in der Bundesrepublik Deutschland stationierten ausländischen Truppen innehaben und
2. zum Zeitpunkt der Erteilung der Bescheinigung nach Nummer 1 berechtigt waren, im Entsendestaat private Kraftfahrzeuge zu führen.

[2] Die Bescheinigung ist beim Führen von Kraftfahrzeugen mitzuführen und zuständigen Personen auf Verlangen zur Prüfung auszuhändigen. [3] Eine Verlängerung der Bescheinigung durch die Truppenbehörden bleibt unberührt.

§ 30[1)] Erteilung einer Fahrerlaubnis an Inhaber einer Fahrerlaubnis aus einem Mitgliedstaat der Europäischen Union oder einem anderen Vertragsstaat des Abkommens über den Europäischen Wirtschaftsraum. (1) [1] Beantragt der Inhaber einer EU- oder EWR-Fahrerlaubnis, die zum Führen von Kraftfahrzeugen im Inland berechtigt oder berechtigt hat, die Erteilung einer Fahrerlaubnis für die entsprechende Klasse von Kraftfahrzeugen, sind folgende Vorschriften nicht anzuwenden:

1. § 11 Absatz 9 über die ärztliche Untersuchung und § 12 Absatz 6 über die Untersuchung des Sehvermögens, es sei denn, dass in entsprechender Anwendung der Regelungen in den §§ 23 und 24 eine Untersuchung erforderlich ist,
2. § 12 Absatz 2 über den Sehtest,
3. § 15 über die Befähigungsprüfung,
4. § 19 über die Schulung in Erster Hilfe,
5. die Vorschriften über die Ausbildung.

[2] Für die Berechtigung zum Führen von Fahrzeugen der Klassen AM, L und T gilt § 6 Absatz 3 entsprechend. [3] Ist die ausländische Fahrerlaubnis auf das Führen von Kraftfahrzeugen ohne Kupplungspedal oder im Falle von Fahrzeugen der Klassen A, A1 oder A2 ohne Schalthebel beschränkt, ist die Fahrerlaubnis auf das Führen derartiger Fahrzeuge zu beschränken. [4] § 17a Absatz 1 und 2 ist entsprechend anzuwenden.

(2) [1] Läuft die Geltungsdauer einer EU- oder EWR-Fahrerlaubnis der Klassen AM, A1, A2, A, B, BE oder B1, die zum Führen von Kraftfahrzeugen im Inland berechtigt hat, nach Begründung des ordentlichen Wohnsitzes in der Bundesrepublik Deutschland ab, findet Absatz 1 entsprechend Anwendung; handelt es sich um eine Fahrerlaubnis der Klassen C oder D oder einer Unter- oder Anhängerklasse, wird die deutsche Fahrerlaubnis in entsprechender Anwendung von § 24 Absatz 2 erteilt. [2] Satz 1 findet auch Anwendung, wenn die Geltungsdauer bereits vor Begründung des ordentlichen Wohnsitzes abgelaufen ist. [3] In diesem Fall hat die Fahrerlaubnisbehörde jedoch eine Auskunft nach

---

[1)] § 30 Abs. 2 Satz 1 geänd. mWv 19.1.2013 durch VO v. 7.1.2011 (BGBl. I S. 3); Abs. 1 Sätze 2 und 3 angef. mWv 30.6.2012 durch VO v. 26.6.2012 (BGBl. I S. 1394); Abs. 4 Satz 2 angef. mWv 15.1.2013, Abs. 1 Satz 2 geänd. mWv 19.1.2013 durch VO v. 10.1.2013 (BGBl. I S. 35); Abs. 1 Satz 1 Nr. 4 neu gef. mWv 21.10.2015 durch VO v. 2.10.2015 (BGBl. I S. 1674); Abs. 1 Satz 2 eingef., bish. Sätze 2 und 3 werden Sätze 3 und 4 mWv 19.3.2019 durch VO v. 11.3.2019 (BGBl. I S. 218); Abs. 1 Satz 4 geänd. mWv 1.4.2021 durch VO v. 16.11.2020 (BGBl. I S. 2704).

§ 22 Absatz 2 Satz 3 einzuholen, die sich auch darauf erstreckt, warum die Fahrerlaubnis nicht vor der Verlegung des ordentlichen Wohnsitzes in die Bundesrepublik Deutschland verlängert worden ist.

(3) [1] Der Führerschein ist nur gegen Abgabe des ausländischen Führerscheins auszuhändigen. [2] Außerdem hat der Antragsteller sämtliche weitere Führerscheine abzuliefern, soweit sie sich auf die EU- oder EWR-Fahrerlaubnis beziehen, die Grundlage der Erteilung der entsprechenden deutschen Fahrerlaubnis ist. [3] Die Fahrerlaubnisbehörde sendet die Führerscheine unter Angabe der Gründe über das Kraftfahrt-Bundesamt an die Behörde zurück, die sie jeweils ausgestellt hatte.

(4) [1] Auf dem Führerschein ist in Feld 10 der Tag zu vermerken, an dem die ausländische Fahrerlaubnis für die betreffende Klasse erteilt worden war. [2] Auf dem Führerschein ist zu vermerken, dass der Erteilung der Fahrerlaubnis eine Fahrerlaubnis zugrunde gelegen hat, die in einem Mitgliedstaat der Europäischen Union oder einem anderen Vertragsstaat des Abkommens über den Europäischen Wirtschaftsraum ausgestellt worden war.

(5) Absatz 3 gilt nicht für entsandte Mitglieder fremder diplomatischer Missionen im Sinne des Artikels 1 Buchstabe b des Wiener Übereinkommens vom 18. April 1961 über diplomatische Beziehungen (BGBl. 1964 II S. 957) in der jeweils geltenden Fassung und entsandte Mitglieder berufskonsularischer Vertretungen im Sinne des Artikels 1 Absatz 1 Buchstabe g des Wiener Übereinkommens vom 24. April 1963 über konsularische Beziehungen (BGBl. 1969 II S. 1585) in der jeweils geltenden Fassung sowie die zu ihrem Haushalt gehörenden Familienmitglieder.

§ 30a[1)] Weitergeltung einer deutschen Fahrerlaubnis und Rücktausch von Führerscheinen. (1) [1] Wird ein auf Grund einer deutschen Fahrerlaubnis ausgestellter Führerschein in einen Führerschein eines anderen Staates umgetauscht, bleibt die Fahrerlaubnis unverändert bestehen. [2] Bei einem Rücktausch in einen deutschen Führerschein sind in diesem die noch gültigen Fahrerlaubnisklassen unverändert zu dokumentieren.

(2) [1] Der Führerschein ist nur gegen Abgabe des ausländischen Führerscheins auszuhändigen. [2] Die nach Landesrecht zuständige Behörde (Fahrerlaubnisbehörde) sendet den Führerschein unter Angabe der Gründe über das Kraftfahrt-Bundesamt an die Behörde zurück, die sie jeweils ausgestellt hatte, sofern es sich um einen EU- oder EWR-Führerschein handelt oder wenn mit dem betreffenden Staat eine entsprechende Vereinbarung besteht. [3] In den anderen Fällen nimmt sie den Führerschein in Verwahrung. [4] Er darf nur gegen Abgabe des auf seiner Grundlage ausgestellten inländischen Führerscheins wieder ausgehändigt werden. [5] In begründeten Fällen kann die Fahrerlaubnisbehörde davon absehen, den ausländischen Führerschein in Verwahrung zu nehmen oder ihn an die ausländische Stelle zurückzuschicken. [6] Verwahrte Führerscheine können nach drei Jahren vernichtet werden.

[1)] § 30a eingef. mWv 30.6.2012 durch VO v. 26.6.2012 (BGBl. I S. 1394); Überschrift, Abs. 1 Satz 1, Abs. 2 Satz 2 geänd., Sätze 3–6 angef. mWv 19.3.2019 durch VO v. 11.3.2019 (BGBl. I S. 218).

§ 31[1] Erteilung einer Fahrerlaubnis an Inhaber einer Fahrerlaubnis aus einem Staat außerhalb des Abkommens über den Europäischen Wirtschaftsraum. (1) [1]Beantragt der Inhaber einer Fahrerlaubnis, die in einem in Anlage 11 aufgeführten Staat und in einer in der Anlage 11 aufgeführten Klasse erteilt worden ist und die zum Führen von Kraftfahrzeugen im Inland berechtigt oder dazu berechtigt hat, die Erteilung einer Fahrerlaubnis für die entsprechende Klasse von Kraftfahrzeugen, sind folgende Vorschriften nicht anzuwenden:

1. § 11 Absatz 9 über die ärztliche Untersuchung und § 12 Absatz 6 über die Untersuchung des Sehvermögens, es sei denn, dass in entsprechender Anwendung der Regelungen in den §§ 23 und 24 eine Untersuchung erforderlich ist,
2. § 12 Absatz 2 über den Sehtest,
3. § 15 über die Befähigungsprüfung nach Maßgabe der Anlage 11,
4. § 19 über die Schulung in Erster Hilfe,
5. die Vorschriften über die Ausbildung.

[2]Für die Berechtigung zum Führen von Fahrzeugen der Klassen AM, L und T gilt § 6 Absatz 3 entsprechend. [3]Dies gilt auch, wenn die Berechtigung nur auf Grund von § 29 Absatz 3 Nummer 1a nicht bestanden hat. [4]Ist die ausländische Fahrerlaubnis auf das Führen von Kraftfahrzeugen ohne Kupplungspedal (oder Schalthebel bei Fahrzeugen der Klassen A, A1 oder A2) beschränkt, ist die Fahrerlaubnis auf das Führen von Kraftfahrzeugen ohne Kupplungspedal (oder Schalthebel bei Fahrzeugen der Klassen A, A1 oder A2) zu beschränken. [5]§ 17a Absatz 1 und 2 ist entsprechend anzuwenden. [6]Beantragt der Inhaber einer Fahrerlaubnis, die in einem in Anlage 11 aufgeführten Staat, aber in einer in Anlage 11 nicht aufgeführten Klasse erteilt worden ist und die zum Führen von Kraftfahrzeugen im Inland berechtigt oder dazu berechtigt hat, die Erteilung einer Fahrerlaubnis für die entsprechende Klasse von Kraftfahrzeugen, ist Absatz 2 entsprechend anzuwenden.

(1a) Abweichend von Absatz 1 Satz 1 Nummer 3 ordnet die Fahrerlaubnisbehörde eine Fahrerlaubnisprüfung an, wenn Tatsachen vorliegen, die die Annahme rechtfertigen, dass der Bewerber die nach § 16 Absatz 1 und § 17 Absatz 1 erforderlichen Kenntnisse und Fähigkeiten nicht mehr besitzt.

(2) Beantragt der Inhaber einer Fahrerlaubnis aus einem nicht in Anlage 11 aufgeführten Staat unter den Voraussetzungen des Absatzes 1 Satz 1 und 2 die Erteilung einer Fahrerlaubnis für die entsprechende Klasse von Kraftfahrzeugen, sind die Vorschriften über die Ausbildung nicht anzuwenden.

(3) [1]Der Antragsteller hat den Besitz der ausländischen Fahrerlaubnis durch den nationalen Führerschein nachzuweisen. [2]Außerdem hat er seinem Antrag

[1] § 31 Abs. 1 Satz 2 eingef., bish. Sätze 2–4 werden Sätze 3–5, Abs. 2 geänd. mWv 1.7.2011 durch VO v. 17.12.2010 (BGBl. I S. 2279); Abs. 1 Satz 3 geänd. mWv 19.1.2013 durch VO v. 7.1.2011 (BGBl. I S. 3); Abs. 1 Satz 1 Nr. 4 neu gef. mWv 21.10.2015 durch VO v. 2.10.2015 (BGBl. I S. 1674); Abs. 1 Satz 2 eingef., bish. Sätze 2–5 werden Sätze 3–6, Abs. 1a eingef. mWv 19.3.2019 durch VO v. 11.3.2019 (BGBl. I S. 218); Abs. 1 Satz 5 geänd. mWv 1.4.2021 durch VO v. 16.11.2020 (BGBl. I S. 2704).

auf Erteilung einer inländischen Fahrerlaubnis eine Erklärung des Inhalts beizugeben, dass seine ausländische Fahrerlaubnis noch gültig ist. [3]Die Fahrerlaubnisbehörde ist berechtigt, die Richtigkeit der Erklärung zu überprüfen.

(4) [1]Auf einem auf Grund des Absatzes 1 Satz 1 ausgestellten Führerschein ist zu vermerken, dass der Erteilung der Fahrerlaubnis eine Fahrerlaubnis zugrunde gelegen hat, die nicht in einem Mitgliedstaat der Europäischen Union oder einem anderen Vertragsstaat des Abkommens über den Europäischen Wirtschaftsraum ausgestellt worden war. [2]Der auf Grund des Absatzes 1 oder 2 ausgestellte Führerschein ist nur gegen Abgabe des ausländischen Führerscheins auszuhändigen. [3]Die Fahrerlaubnisbehörde sendet ihn über das

(Fortsetzung nächstes Blatt)

Kraftfahrt-Bundesamt an die Stelle zurück, die ihn ausgestellt hat, wenn mit dem betreffenden Staat eine entsprechende Vereinbarung besteht. [4]In den anderen Fällen nimmt sie den Führerschein in Verwahrung. [5]Er darf nur gegen Abgabe des auf seiner Grundlage ausgestellten inländischen Führerscheins wieder ausgehändigt werden. [6]In begründeten Fällen kann die Fahrerlaubnisbehörde davon absehen, den ausländischen Führerschein in Verwahrung zu nehmen oder ihn an die ausländische Stelle zurückzuschicken. [7]Verwahrte Führerscheine können nach drei Jahren vernichtet werden.

(5) [1]Absatz 1 gilt auch für den in § 30 Absatz 5 genannten Personenkreis, sofern Gegenseitigkeit besteht. [2]Der Vermerk nach Absatz 4 Satz 1 ist einzutragen. [3]Absatz 4 Satz 2 bis 7 findet keine Anwendung.

6. Fahrerlaubnis auf Probe

§ 32[1)] Ausnahmen von der Probezeit. [1]Ausgenommen von den Regelungen über die Probezeit nach § 2a des Straßenverkehrsgesetzes[2)] sind Fahrerlaubnisse der Klassen AM, L und T. [2]Bei erstmaliger Erweiterung einer Fahrerlaubnis der Klassen AM, L oder T auf eine der anderen Klassen ist die Fahrerlaubnis der Klasse, auf die erweitert wird, auf Probe zu erteilen.

§ 33 Berechnung der Probezeit bei Inhabern von Dienstfahrerlaubnissen und Fahrerlaubnissen aus Staaten außerhalb des Abkommens über den Europäischen Wirtschaftsraum. (1) [1]Bei erstmaliger Erteilung einer allgemeinen Fahrerlaubnis an den Inhaber einer Dienstfahrerlaubnis ist die Zeit seit deren Erwerb auf die Probezeit anzurechnen. [2]Hatte die Dienststelle vor Ablauf der Probezeit den Dienstführerschein nach § 26 Absatz 2 eingezogen, beginnt mit der Erteilung einer allgemeinen Fahrerlaubnis eine neue Probezeit, jedoch nur im Umfang der Restdauer der vorherigen Probezeit.

(2) Begründet der Inhaber einer Fahrerlaubnis aus einem Staat außerhalb des Europäischen Wirtschaftsraums seinen ordentlichen Wohnsitz im Inland und wird ihm die deutsche Fahrerlaubnis nach § 31 erteilt, wird bei der Berechnung der Probezeit der Zeitraum nicht berücksichtigt, in welchem er im Inland zum Führen von Kraftfahrzeugen nicht berechtigt war.

§ 34 Bewertung der Straftaten und Ordnungswidrigkeiten im Rahmen der Fahrerlaubnis auf Probe und Anordnung des Aufbauseminars. (1) Die Bewertung der Straftaten und Ordnungswidrigkeiten im Rahmen der Fahrerlaubnis auf Probe erfolgt nach Anlage 12.

(2) [1]Die Anordnung der Teilnahme an einem Aufbauseminar nach § 2a Absatz 2 des Straßenverkehrsgesetzes[2)] erfolgt schriftlich unter Angabe der Verkehrszuwiderhandlungen, die zu der Anordnung geführt haben; dabei ist eine angemessene Frist zu setzen. [2]Die schriftliche Anordnung ist bei der Anmeldung zu einem Aufbauseminar dem Kursleiter vorzulegen.

§ 35 Aufbauseminare. (1) [1]Das Aufbauseminar ist in Gruppen mit mindestens sechs und höchstens zwölf Teilnehmern durchzuführen. [2]Es besteht

---

[1)] § 32 Sätze 1 und 2 geänd. mWv 19.1.2013 durch VO v. 7.1.2011 (BGBl. I S. 3).
[2)] Nr. **10**.

aus einem Kurs mit vier Sitzungen von jeweils 135 Minuten Dauer in einem Zeitraum von zwei bis vier Wochen; jedoch darf an einem Tag nicht mehr als eine Sitzung stattfinden. [3] Zusätzlich ist zwischen der ersten und der zweiten Sitzung eine Fahrprobe durchzuführen, die der Beobachtung des Fahrverhaltens des Seminarteilnehmers dient. [4] Die Fahrprobe soll in Gruppen mit drei Teilnehmern durchgeführt werden, wobei die reine Fahrzeit jedes Teilnehmers 30 Minuten nicht unterschreiten darf. [5] Dabei ist ein Fahrzeug zu verwenden, das – mit Ausnahme der Anzahl der Türen – den Anforderungen des Abschnitts 2.2 der Anlage 7 entspricht. [6] Jeder Teilnehmer an der Fahrprobe soll möglichst ein Fahrzeug der Klasse führen, mit dem vor allem die zur Anordnung der Teilnahme an dem Aufbauseminar führenden Verkehrszuwiderhandlungen begangen worden sind.

(2) [1] In den Kursen sind die Verkehrszuwiderhandlungen, die bei den Teilnehmern zur Anordnung der Teilnahme an dem Aufbauseminar geführt haben, und die Ursachen dafür zu diskutieren und daraus ableitend allgemein die Probleme und Schwierigkeiten von Fahranfängern zu erörtern. [2] Durch Gruppengespräche, Verhaltensbeobachtung in der Fahrprobe, Analyse problematischer Verkehrssituationen und durch weitere Informationsvermittlung soll ein sicheres und rücksichtsvolles Fahrverhalten erreicht werden. [3] Dabei soll insbesondere die Einstellung zum Verhalten im Straßenverkehr geändert, das Risikobewusstsein gefördert und die Gefahrenerkennung verbessert werden.

(3) Für die Durchführung von Einzelseminaren nach § 2b Absatz 1 des Straßenverkehrsgesetzes[1)] gelten die Absätze 1 und 2 mit der Maßgabe, dass die Gespräche in vier Sitzungen von jeweils 60 Minuten Dauer durchzuführen sind.

§ 36[2)] Besondere Aufbauseminare nach § 2b Absatz 2 Satz 2 des Straßenverkehrsgesetzes. (1) Inhaber von Fahrerlaubnissen auf Probe, die wegen Zuwiderhandlungen nach § 315c Absatz 1 Nummer 1 Buchstabe a, den §§ 316, 323a des Strafgesetzbuches[3)] oder den §§ 24a, 24c des Straßenverkehrsgesetzes[1)] an einem Aufbauseminar teilzunehmen haben, sind, auch wenn sie noch andere Verkehrszuwiderhandlungen begangen haben, einem besonderen Aufbauseminar zuzuweisen.

(2) Ist die Fahrerlaubnis wegen einer innerhalb der Probezeit begangenen Zuwiderhandlung nach § 315c Absatz 1 Nummer 1 Buchstabe a, den §§ 316, 323a des Strafgesetzbuches[3)] oder den §§ 24a, 24c des Straßenverkehrsgesetzes entzogen worden, darf eine neue Fahrerlaubnis unbeschadet der übrigen Voraussetzungen nur erteilt werden, wenn der Antragsteller nachweist, dass er an einem besonderen Aufbauseminar teilgenommen hat.

(3) [1] Das besondere Aufbauseminar ist in Gruppen mit mindestens zwei und höchstens zwölf Teilnehmern durchzuführen. [2] Es besteht aus einem Kurs mit einem Vorgespräch und drei Sitzungen von jeweils 180 Minuten Dauer in einem Zeitraum von zwei bis vier Wochen sowie der Anfertigung von Kursaufgaben zwischen den Sitzungen. [3] An einem Tag darf nicht mehr als eine Sitzung stattfinden.

[1)] Nr. **10**.
[2)] § 36 Abs. 3 Satz 1 geänd. mWv 1.1.2015 durch VO v. 16.12.2014 (BGBl. I S. 2213).
[3)] Nr. **670**.

(4) [1] In den Kursen sind die Ursachen, die bei den Teilnehmern zur Anordnung der Teilnahme an einem Aufbauseminar geführt haben, zu diskutieren und Möglichkeiten für ihre Beseitigung zu erörtern. [2] Wissenslücken der Kursteilnehmer über die Wirkung des Alkohols und anderer berauschender Mittel auf die Verkehrsteilnehmer sollen geschlossen und individuell angepasste Verhaltensweisen entwickelt und erprobt werden, um insbesondere Trinkgewohnheiten zu ändern sowie Trinken und Fahren künftig zuverlässig zu trennen. [3] Durch die Entwicklung geeigneter Verhaltensmuster sollen die Kursteilnehmer in die Lage versetzt werden, einen Rückfall und weitere Verkehrszuwiderhandlungen unter Alkoholeinfluss oder dem Einfluss anderer berauschender Mittel zu vermeiden. [4] Zusätzlich ist auf die Problematik der wiederholten Verkehrszuwiderhandlungen einzugehen.

(5) Für die Durchführung von Einzelseminaren nach § 2b Absatz 1 des Straßenverkehrsgesetzes gelten die Absätze 3 und 4 mit der Maßgabe, dass die Gespräche in drei Sitzungen von jeweils 90 Minuten Dauer durchzuführen sind.

(6) [1] Die besonderen Aufbauseminare dürfen nur von Kursleitern durchgeführt werden, die von der zuständigen obersten Landesbehörde oder der von ihr bestimmten oder der nach Landesrecht zuständigen Stelle oder von dem für die in § 26 genannten Dienstbereiche jeweils zuständigen Fachminister oder von ihm bestimmten Stellen anerkannt worden sind. [2] Die amtliche Anerkennung als Kursleiter darf nur erteilt werden, wenn der Bewerber folgende Voraussetzungen erfüllt:

1. Abschluss eines Hochschulstudiums als Diplom-Psychologe oder eines gleichwertigen Master-Abschlusses in Psychologie,
2. Nachweis einer verkehrspsychologischen Ausbildung an einer Universität oder gleichgestellten Hochschule oder bei einer Stelle, die sich mit der Begutachtung oder Wiederherstellung der Kraftfahreignung befasst,
3. Kenntnisse und Erfahrungen in der Untersuchung und Begutachtung der Eignung von Kraftfahrern, die Zuwiderhandlungen gegen Vorschriften über das Führen von Kraftfahrzeugen unter Einfluss von Alkohol oder anderen berauschenden Mitteln begangen haben,
4. Ausbildung und Erfahrung als Kursleiter in Kursen für Kraftfahrer, die Zuwiderhandlungen gegen Vorschriften über das Führen von Kraftfahrzeugen unter Einfluss von Alkohol oder anderen berauschenden Mitteln begangen haben,
5. Vorlage eines sachgerechten, auf wissenschaftlicher Grundlage entwickelten Seminarkonzepts und
6. Nachweis geeigneter Räumlichkeiten sowie einer sachgerechten Ausstattung.

[3] Außerdem dürfen keine Tatsachen vorliegen, die Bedenken gegen die Zuverlässigkeit des Kursleiters begründen. [4] Die Anerkennung kann mit Auflagen, insbesondere hinsichtlich der Aufsicht über die Durchführung der Aufbauseminare sowie der Teilnahme an Fortbildungsmaßnahmen, verbunden werden.

(7) Die Aufsicht obliegt den nach Absatz 6 Satz 1 für die Anerkennung zuständigen Behörden oder Stellen; diese können sich hierbei geeigneter Personen oder Stellen bedienen.

§ 37 Teilnahmebescheinigung. (1) [1] Über die Teilnahme an einem Aufbauseminar nach § 35 oder § 36 ist vom Seminarleiter eine Bescheinigung zur Vorlage bei der Fahrerlaubnisbehörde auszustellen. [2] Die Bescheinigung muss

1. den Familiennamen und Vornamen, den Tag der Geburt und die Anschrift des Seminarteilnehmers,
2. die Bezeichnung des Seminarmodells und
3. Angaben über Umfang und Dauer des Seminars

enthalten. [3] Sie ist vom Seminarleiter und vom Seminarteilnehmer unter Angabe des Ausstellungsdatums zu unterschreiben.

(2) Die Ausstellung einer Teilnahmebescheinigung ist vom Kursleiter zu verweigern, wenn der Seminarteilnehmer nicht an allen Sitzungen des Kurses und an der Fahrprobe teilgenommen oder bei einem besonderen Aufbauseminar nach § 36 die Anfertigung von Kursaufgaben verweigert hat.

(3) [1] Die für die Durchführung von Aufbauseminaren erhobenen personenbezogenen Daten dürfen nur für diesen Zweck verarbeitet und genutzt werden und sind sechs Monate nach Abschluss der jeweiligen Seminare mit Ausnahme der Daten zu löschen, die für Maßnahmen der Qualitätssicherung oder Aufsicht erforderlich sind. [2] Diese Daten sind zu sperren und spätestens bis zum Ablauf des fünften des auf den Abschluss der jeweiligen Seminare folgenden Jahres zu löschen.

§ 38 Verkehrspsychologische Beratung. [1] In der verkehrspsychologischen Beratung soll der Inhaber der Fahrerlaubnis veranlasst werden, Mängel in seiner Einstellung zum Straßenverkehr und im verkehrssicheren Verhalten zu erkennen und die Bereitschaft zu entwickeln, diese Mängel abzubauen. [2] Die Beratung findet in Form eines Einzelgesprächs statt; sie kann durch eine Fahrprobe ergänzt werden, wenn der Berater dies für erforderlich hält. [3] Der Berater soll die Ursachen der Mängel aufklären und Wege zu ihrer Beseitigung aufzeigen. [4] Das Ergebnis der Beratung ist nur für den Betroffenen bestimmt und nur diesem mitzuteilen. [5] Der Betroffene erhält jedoch eine Bescheinigung über die Teilnahme zur Vorlage bei der Fahrerlaubnisbehörde; diese Bescheinigung muss eine Bezugnahme auf die Bestätigung nach § 71 Absatz 2 enthalten.

§ 39[1)] Anordnung der Teilnahme an einem Aufbauseminar und weiterer Maßnahmen bei Inhabern einer Dienstfahrerlaubnis. [1] Bei Inhabern von Dienstfahrerlaubnissen, die keine allgemeine Fahrerlaubnis besitzen, sind für die Anordnung von Maßnahmen nach § 2a Absatz 2, 3 bis 5 des Straßenverkehrsgesetzes[2)] innerhalb der Probezeit die in § 26 Absatz 1 genannten Dienststellen zuständig. [2] Die Zuständigkeit bestimmt der zuständige Fachminister, soweit sie nicht landesrechtlich geregelt wird. [3] Besitzen die Betroffenen daneben eine allgemeine Fahrerlaubnis, ausgenommen die Klassen AM, L und T, treffen die Anordnungen ausschließlich die nach Landesrecht zuständigen Verwaltungsbehörden.

---

1) § 39 Satz 3 geänd. mWv 19.1.2013 durch VO v. 26.6.2012 (BGBl. I S. 1394).
2) Nr. **10**.

7.[1] Fahreignungs-Bewertungssystem

§ 40[2] Bezeichnung und Bewertung nach dem Fahreignungs-Bewertungssystem. Dem Fahreignungs-Bewertungssystem sind die in Anlage 13 bezeichneten Zuwiderhandlungen mit der dort jeweils festgelegten Bewertung zu Grunde zu legen.

§ 41[3] Maßnahmen der nach Landesrecht zuständigen Behörde.

(1) Die Ermahnung des Inhabers einer Fahrerlaubnis nach § 4 Absatz 5 Satz 1 Nummer 1 des Straßenverkehrsgesetzes[4], seine Verwarnung nach § 4 Absatz 5 Satz 1 Nummer 2 des Straßenverkehrsgesetzes und der jeweils gleichzeitige Hinweis auf die freiwillige Teilnahme an einem Fahreignungsseminar erfolgen schriftlich unter Angabe der begangenen Verkehrszuwiderhandlungen.

(2) Die Anordnung eines Verkehrsunterrichts nach § 48 der Straßenverkehrs-Ordnung[5] bleibt unberührt.

§ 42[6] Fahreignungsseminar. (1) [1] Das Fahreignungsseminar besteht aus einer verkehrspädagogischen und aus einer verkehrspsychologischen Teilmaßnahme. [2] Die Teilmaßnahmen sind durch gegenseitige Information der jeweiligen Seminarleiter aufeinander abzustimmen.

(2) [1] Die verkehrspädagogische Teilmaßnahme zielt auf die Vermittlung von Kenntnissen zum Risikoverhalten, die Verbesserung der Gefahrenkognition, die Anregung zur Selbstreflexion und die Entwicklung von Verhaltensvarianten ab. [2] Sie umfasst zwei Module zu je 90 Minuten entsprechend der Anlage 16. [3] Neben den dort genannten Lehr- und Lernmethoden und Medien dürfen auch Methoden und Medien eingesetzt werden, die den gleichen Lernerfolg gewährleisten. [4] Über die Geeignetheit der Methoden und Medien entscheidet die nach Landesrecht zuständige Behörde, die zur Bewertung ein unabhängiges wissenschaftliches Gutachten einer für die Bewertung geeigneten Stelle einholen kann. [5] Die verkehrspädagogische Teilmaßnahme kann als Einzelmaßnahme oder in Gruppen mit bis zu sechs Teilnehmern durchgeführt werden.

(3) Modul 1 der verkehrspädagogischen Teilmaßnahme umfasst folgende Bausteine:

1. Einzelbaustein „Seminarüberblick",
2. teilnehmerbezogene Darstellung der individuellen Fahrerkarriere und Sicherheitsverantwortung,
3. teilnehmerbezogene Darstellung der individuellen Mobilitätsbedeutung,
4. Darstellung der individuellen Mobilitätsbedeutung als Hausaufgabe,
5. Einzelbaustein „Erläuterung des Fahreignungs-Bewertungssystems",

---

[1] Abschnitt II Unterabschnitt 7 Überschrift neu gef. mWv 1.5.2014 durch VO v. 5.11.2013 (BGBl. I S. 3920).

[2] § 40 neu gef. mWv 1.5.2014 durch VO v. 5.11.2013 (BGBl. I S. 3920).

[3] § 41 Überschrift geänd., Abs. 1 neu gef., Abs. 2 und 3 aufgeh., bish. Abs. 4 wird Abs. 2 mWv 1.5.2014 durch VO v. 5.11.2013 (BGBl. I S. 3920).

[4] Nr. **10**.

[5] Nr. **100**.

[6] § 42 neu gef. mWv 1.5.2014 durch VO v. 5.11.2013 (BGBl. I S. 3920).

6. tatbezogene Bausteine zu Verkehrsregeln und Rechtsfolgen bei Zuwiderhandlungen mit folgenden Varianten:
   a) Geschwindigkeit,
   b) Abstand,
   c) Vorfahrt und Abbiegen,
   d) Überholen,
   e) Ladung,
   f) Telefonieren im Fahrzeug,
   g) Alkohol und andere berauschende Mittel,
   h) Straftaten,
7. Festigungsbaustein „Übung zur Klärung der individuellen Mobilitätssituation" und
8. Hausaufgabenbaustein „Übung zur Selbstbeobachtung".

(4) Modul 2 der verkehrspädagogischen Teilmaßnahme umfasst folgende Bausteine:

1. Auswertung der Hausaufgaben,
2. tatbezogene Bausteine zu Risikoverhalten und Unfallfolgen und
3. Festigungsbaustein „individuelle Sicherheitsverantwortung".

(5) [1] Die Auswahl der tatbezogenen Bausteine nach den Absätzen 3 und 4 wird vom Seminarleiter in Abhängigkeit von den in den individuellen Fahrerkarrieren dargestellten Verkehrszuwiderhandlungen vorgenommen. [2] Modul 2 der verkehrspädagogischen Teilmaßnahme darf frühestens nach Ablauf von einer Woche nach Abschluss des Moduls 1 begonnen werden.

(6) [1] Die verkehrspsychologische Teilmaßnahme zielt darauf ab, dem Teilnehmer Zusammenhänge zwischen auslösenden und aufrechterhaltenden Bedingungen des regelwidrigen Verkehrsverhaltens aufzuzeigen. [2] Sie soll beim Teilnehmer Reflexionsbereitschaft erzeugen und Veränderungsbereitschaft schaffen. [3] Sie umfasst zwei Sitzungen zu je 75 Minuten und ist als Einzelmaßnahme durchzuführen.

(7) [1] Sitzung 1 der verkehrspsychologischen Teilmaßnahme dient der Verhaltensanalyse, der Entwicklung eines funktionalen Bedingungsmodells und der Erarbeitung von Lösungsstrategien. [2] Sie umfasst

1. die Erarbeitung der auslösenden und aufrechterhaltenden inneren und äußeren Bedingungen der Verkehrszuwiderhandlungen als Verhaltensanalyse,
2. die Erarbeitung der Funktionalität des Fehlverhaltens in Form einer Mittel-Zweck-Relation,
3. die Aktivierung persönlicher Stärken und Unterstützungsmöglichkeiten sowie Motivationsarbeit,
4. die Ausarbeitung schriftlicher Zielvereinbarungen, diese umfassen
   a) die Spezifikation des Zielverhaltens in Form von Lösungsstrategien,
   b) die Festlegung der Verstärker, Belohnungen und positiven Konsequenzen und
   c) die Festlegung der zu erreichenden Schritte und

5. die Hausaufgaben „Selbstbeobachtung des Verhaltens in kritischen Situationen" und „Erprobung des neuen Zielverhaltens".

(8) [1] Sitzung 2 der verkehrspsychologischen Teilmaßnahme dient der Festigung der Lösungsstrategien. [2] Sie umfasst

1. die Besprechung der Erfahrungen aus der Selbstbeobachtung,
2. die Besprechung der Einhaltung der Zielvereinbarungen,
3. die Erarbeitung und Weiterentwicklung von Verhaltensstrategien und
4. die Aktivierung persönlicher Stärken und Unterstützungsmöglichkeiten sowie Motivationsarbeit.

(9) Mit Sitzung 2 der verkehrspsychologischen Teilmaßnahme darf frühestens nach Ablauf von drei Wochen nach Abschluss von Sitzung 1 begonnen werden.

§ 43[1)] Überwachung der Fahreignungsseminare nach § 42 und der Einweisungslehrgänge nach § 46 Absatz 2 Satz 1 Nummer 4 des Fahrlehrergesetzes. (1) [1] Die nach Landesrecht zuständige Behörde hat die Durchführung der Fahreignungsseminare auf die Einhaltung von folgenden Kriterien zu prüfen:

1. das Vorliegen der Voraussetzungen für die Seminarerlaubnis
   a) Verkehrspädagogik nach § 46 Absatz 2 des Fahrlehrergesetzes[2)] oder
   b) Verkehrspsychologie nach § 4a Absatz 4 des Straßenverkehrsgesetzes[3)],
2. das Vorliegen des Nachweises der Fortbildung nach § 4a Absatz 7 des Straßenverkehrsgesetzes oder § 53 Absatz 2 des Fahrlehrergesetzes,
3. die räumliche und sachliche Ausstattung,
4. die Aufzeichnungen über die Seminarteilnehmer in Gestalt von Name, Vorname, Geburtsdatum und Anschrift sowie deren Unterschriften auf der Teilnehmerliste je Modul oder Sitzung und
5. die anonymisierte Dokumentation der durchgeführten Seminare, die Folgendes umfasst:
   a) für die verkehrspädagogische Teilmaßnahme
      aa) das Datum, die Dauer und den Ort der durchgeführten Module,
      bb) die Anzahl der Teilnehmer,
      cc) die Kurzdarstellungen der Fahrerkarrieren,
      dd) die eingesetzten Bausteine und Medien,
      ee) die Hausaufgaben und
      ff) die Seminarverträge,
   b) für die verkehrspsychologische Teilmaßnahme
      aa) das Datum, die Dauer und den Ort der durchgeführten Sitzungen,
      bb) die auslösenden und aufrechterhaltenden Bedingungen der Verkehrszuwiderhandlungen,

---

1) § 43 neu gef. mWv 1.5.2014 durch VO v. 5.11.2013 (BGBl. I S. 3920); Überschrift neu gef., Abs. 1 Satz 1 Nr. 1 Buchst. a geänd., Nummer 2 neu gef., Abs. 2 Satz 1 einl. Satzteil, Nr. 1 und 2 geänd. mWv 4.1.2018 durch VO v. 2.1.2018 (BGBl. I S. 2).

2) Nr. **330**.

3) Nr. **10**.

cc) die Funktionalität des Problemverhaltens,
dd) die erarbeiteten Lösungsstrategien,
ee) die persönlichen Stärken des Teilnehmers,
ff) die Zielvereinbarungen und
gg) den Seminarvertrag.

[2] Die nach Landesrecht zuständige Behörde kann die Einhaltung weiterer gesetzlicher Bestimmungen in die Überwachung einbeziehen.

(2) [1] Die nach Landesrecht zuständige Behörde hat die Durchführung der Einweisungslehrgänge nach § 46 Absatz 2 Satz 1 Nummer 4 des Fahrlehrergesetzes auf die Einhaltung von folgenden Kriterien zu prüfen:

1. das Vorliegen der Voraussetzungen für die Anerkennung von Einweisungslehrgängen nach § 47 Absatz 1 des Fahrlehrergesetzes,
2. die Einhaltung des Ausbildungsprogramms nach § 47b Absatz 1 Satz 2 Nummer 1 des Fahrlehrergesetzes,
3. die Dokumentation der durchgeführten Einweisungslehrgänge, die Folgendes umfasst:
   a) die Vornamen und Familiennamen des Lehrgangsleiters und der eingesetzten Lehrkräfte,
   b) die Vornamen und Familiennamen und die Geburtsdaten der Teilnehmer,
   c) die Kurzdarstellung des Verlaufs des Lehrgangs einschließlich der Inhalte und eingesetzten Methoden,
   d) das Datum, die Dauer und den Ort der durchgeführten Kurse und
   e) die Anwesenheit der Teilnehmer bei allen Kursen.

[2] Die nach Landesrecht zuständige Behörde kann die Einhaltung weiterer gesetzlicher Bestimmungen in die Überwachung einbeziehen.

§ 43a[1)] Anforderungen an Qualitätssicherungssysteme für das Fahreignungsseminar. Macht die nach Landesrecht zuständige Behörde von der Möglichkeit der Qualitätssicherungssysteme nach § 4a Absatz 8 Satz 6 des Straßenverkehrsgesetzes[2)] oder § 51 Absatz 6 des Fahrlehrergesetzes[3)][4)] Gebrauch, hat sie ein Qualitätssicherungssystem für die verkehrspsychologische Teilmaßnahme anzuerkennen oder ein Qualitätssicherungssystem für die verkehrspädagogische Teilmaßnahme zu genehmigen, wenn

1. der Antragsteller oder bei juristischen Personen die vertretungsberechtigten Personen über die für den Betrieb des Qualitätssicherungssystems erforderliche Zuverlässigkeit verfügen,
2. die finanzielle und organisatorische Leistungsfähigkeitdes Trägers des Qualitätssicherungssystems gewährleistet ist,
3. Verfahren zur Qualitätssicherung vorgesehen und dokumentiert sind, die sicherstellen, dass

---

[1)] § 43a eingef. mWv 1.5.2014 durch VO v. 16.4.2014 (BGBl. I S. 348); einl. Satzteil geänd. mWv 4.1.2018 durch VO v. 2.1.2018 (BGBl. I S. 2).

[2)] Nr. **10**.

[3)] Nr. **330**.

[4)] Richtig wohl: „§ 51 Absatz 7 des Fahrlehrergesetzes (Nr. **330**)".

a) wenigstens alle zwei Jahre eine Prüfung der Erfüllung der Anforderungen nach Anlage 17 bei dem Anbieter von Fahreignungsseminaren oder von Einweisungslehrgängen vor Ort durchgeführt wird,

b) das zur Prüfung nach Buchstabe a eingesetzte Personal über die erforderliche Fachkunde, Unabhängigkeit und Zuverlässigkeit verfügt, um sachgerecht beurteilen zu können, ob die Anforderungen nach Anlage 17 erfüllt werden,

c) der Anbieter von Fahreignungsseminaren oder von Einweisungslehrgängen aus dem Qualitätssicherungssystem ausgeschlossen wird, wenn er die gesetzlichen Anforderungen für die Durchführung von Fahreignungsseminaren oder Einweisungslehrgängen nicht mehr erfüllt und der Mangel nicht unverzüglich beseitigt wird,

d) der Antragsteller der nach Landesrecht zuständigen Behörde die Aufnahme eines Anbieters von Fahreignungsseminaren oder von Einweisungslehrgängen in das Qualitätssicherungssystem und dessen Ausschluss oder Ausscheiden aus dem Qualitätssicherungssystem nebst der dafür wesentlichen Gründe unverzüglich mitteilt,

e) bei der Durchführung der Qualitätssicherung die geltenden Datenschutzbestimmungen nach den Landesdatenschutzgesetzen sowie landesrechtliche, bereichsspezifische Datenschutzvorschriften und, soweit der Datenschutz nicht durch Landesrecht geregelt ist, nach dem Bundesdatenschutzgesetz sowie bundesrechtliche, bereichsspezifische Datenschutzvorschriften eingehalten werden,

f) eine Dokumentation der Durchführung der Qualitätssicherung erfolgt und

g) die nach Landesrecht zuständige Behörde jederzeit Einsicht in die Dokumentation über die Durchführung der Qualitätssicherung nehmen kann,

und

4. mindestens eine der folgenden Maßnahmen vorgesehen und dokumentiert ist, die der Erhaltung des Qualitätsniveaus des Fahreignungsseminars dienen:

a) ergänzende Fortbildungen,

b) Auswertungen der Seminardurchführungen,

c) institutionalisierter fachlicher Austausch oder

d) eine der den vorgenannten Maßnahmen gleichwertige Maßnahme.

§ 44[1)] Teilnahmebescheinigung. (1) [1] Nach Abschluss des Fahreignungsseminars ist vom Seminarleiter der abschließenden Teilmaßnahme eine Bescheinigung nach dem Muster der Anlage 18 zur Vorlage bei der nach Landesrecht zuständigen Behörde auszustellen. [2] Die Bescheinigung ist von den Seminarleitern beider Teilmaßnahmen und vom Seminarteilnehmer unter Angabe des Ausstellungsdatums zu unterschreiben.

(2) Die Ausstellung einer Teilnahmebescheinigung ist vom Seminarleiter zu verweigern, wenn der Seminarteilnehmer

---

[1)] § 44 neu gef. mWv 1.5.2014 durch VO v. 5.11.2013 (BGBl. I S. 3920; geänd. durch VO v. 16.4.2014 (BGBl. I S. 348); Abs. 1 neu gef. mWv 1.5.2014 durch VO v. 16.4.2014 (BGBl. I S. 348).

1. nicht an allen Sitzungen des Seminars teilgenommen hat,
2. eine offene Ablehnung gegenüber den Zielen der Maßnahme zeigt oder
3. den Lehrstoff und Lernstoff nicht aktiv mitgestaltet.

§ 45[1] *(aufgehoben)*

8. Entziehung oder Beschränkung der Fahrerlaubnis, Anordnung von Auflagen

§ 46 Entziehung, Beschränkung, Auflagen. (1) [1] Erweist sich der Inhaber einer Fahrerlaubnis als ungeeignet zum Führen von Kraftfahrzeugen, hat ihm die Fahrerlaubnisbehörde die Fahrerlaubnis zu entziehen. [2] Dies gilt insbesondere, wenn Erkrankungen oder Mängel nach den Anlagen 4, 5 oder 6 vorliegen oder erheblich oder wiederholt gegen verkehrsrechtliche Vorschriften oder Strafgesetze verstoßen wurde und dadurch die Eignung zum Führen von Kraftfahrzeugen ausgeschlossen ist.

(2) [1] Erweist sich der Inhaber einer Fahrerlaubnis noch als bedingt geeignet zum Führen von Kraftfahrzeugen, schränkt die Fahrerlaubnisbehörde die Fahrerlaubnis so weit wie notwendig ein oder ordnet die erforderlichen Auflagen an. [2] Bei Inhabern ausländischer Fahrerlaubnisse schränkt die Fahrerlaubnisbehörde das Recht, von der ausländischen Fahrerlaubnis im Inland Gebrauch zu machen, so weit wie notwendig ein oder ordnet die erforderlichen Auflagen an. [3] Die Anlagen 4, 5 und 6 sind zu berücksichtigen.

(3) Werden Tatsachen bekannt, die Bedenken begründen, dass der Inhaber einer Fahrerlaubnis zum Führen eines Kraftfahrzeugs ungeeignet oder bedingt geeignet ist, finden die §§ 11 bis 14 entsprechend Anwendung.

(4) [1] Die Fahrerlaubnis ist auch zu entziehen, wenn der Inhaber sich als nicht befähigt zum Führen von Kraftfahrzeugen erweist. [2] Rechtfertigen Tatsachen eine solche Annahme, kann die Fahrerlaubnisbehörde zur Vorbereitung der Entscheidung über die Entziehung die Beibringung eines Gutachtens eines amtlich anerkannten Sachverständigen oder Prüfers für den Kraftfahrzeugverkehr anordnen. [3] § 11 Absatz 6 bis 8 ist entsprechend anzuwenden.

(5) Bei einer ausländischen Fahrerlaubnis hat die Entziehung die Wirkung einer Aberkennung des Rechts, von der Fahrerlaubnis im Inland Gebrauch zu machen.

(6) [1] Mit der Entziehung erlischt die Fahrerlaubnis. [2] Bei einer ausländischen Fahrerlaubnis erlischt das Recht zum Führen von Kraftfahrzeugen im Inland.

§ 47[2] **Verfahrensregelungen.** (1) [1] Nach der Entziehung sind von einer deutschen Behörde ausgestellte nationale und internationale Führerscheine unverzüglich der entscheidenden Behörde abzuliefern oder bei Beschränkungen oder Auflagen zur Eintragung vorzulegen. [2] Die Verpflichtung zur Ablie-

[1] § 45 aufgeh. mWv 1.5.2014 durch VO v. 5.11.2013 (BGBl. I S. 3920).

[2] § 47 Abs. 2 Sätze 1, 2 und 5 und Abs. 3 Satz 1 geänd. mWv 1.1.2011 durch VO v. 17.12.2010 (BGBl. I S. 2279); Abs. 2 Satz 2 neu gef., Sätze 6 und 7 angef. mWv 30.6.2012 durch VO v. 26.6. 2012 (BGBl. I S. 1394).

ferung oder Vorlage des Führerscheins besteht auch, wenn die Entscheidung angefochten worden ist, die zuständige Behörde jedoch die sofortige Vollziehung ihrer Verfügung angeordnet hat.

(2) [1] Nach der Entziehung oder der Feststellung der fehlenden Fahrberechtigung oder bei Beschränkungen oder Auflagen sind ausländische und im Ausland ausgestellte internationale Führerscheine unverzüglich der entscheidenden Behörde vorzulegen; Absatz 1 Satz 2 gilt entsprechend. [2] Nach einer Entziehung oder der Feststellung der fehlenden Fahrberechtigung wird auf dem Führerschein vermerkt, dass von der Fahrerlaubnis im Inland kein Gebrauch gemacht werden darf. [3] Dies soll in der Regel durch die Anbringung eines roten, schräg durchgestrichenen „D" auf einem dafür geeigneten Feld des Führerscheins, im Falle eines EU-Kartenführerscheins im Feld 13, und bei internationalen Führerscheinen durch Ausfüllung des dafür vorgesehenen Vordrucks erfolgen. [4] Im Falle von Beschränkungen oder Auflagen werden diese in den Führerschein eingetragen. [5] Die entscheidende Behörde teilt die Aberkennung der Fahrberechtigung oder der Feststellung der fehlenden Fahrberechtigung in Deutschland der Behörde, die den Führerschein ausgestellt hat, über das Kraftfahrt-Bundesamt mit. [6] Erfolgt die Entziehung durch die erteilende oder eine sonstige zuständige ausländische Behörde, sind ausländische und im Ausland ausgestellte internationale Führerscheine unverzüglich der Fahrerlaubnisbehörde vorzulegen und dort in Verwahrung zu nehmen. [7] Die Fahrerlaubnisbehörde sendet die Führerscheine über das Kraftfahrt- Bundesamt an die entziehende Stelle zurück.

(3) [1] Ist dem Betroffenen nach § 31 eine deutsche Fahrerlaubnis erteilt worden, ist er aber noch im Besitz des ausländischen Führerscheins, ist auf diesem die Entziehung oder die Feststellung der fehlenden Fahrberechtigung zu vermerken. [2] Der Betroffene ist verpflichtet, der Fahrerlaubnisbehörde den Führerschein zur Eintragung vorzulegen.

9. Sonderbestimmungen für das Führen von Taxen, Mietwagen und Krankenkraftwagen sowie von Personenkraftwagen im Linienverkehr und bei gewerbsmäßigen Ausflugsfahrten und Ferienziel-Reisen

§ 48[1)] Fahrerlaubnis zur Fahrgastbeförderung. (1) Einer zusätzlichen Erlaubnis (Fahrerlaubnis zur Fahrgastbeförderung) bedarf, wer einen Krankenkraftwagen führt, wenn in dem Fahrzeug entgeltlich oder geschäftsmäßig Fahrgäste befördert werden, oder wer ein Kraftfahrzeug führt, wenn in dem Fahrzeug Fahrgäste befördert werden und für diese Beförderung eine Genehmigung nach dem Personenbeförderungsgesetz[2)] erforderlich ist.

(2) Der Fahrerlaubnis zur Fahrgastbeförderung bedarf es nicht für

---

[1)] § 48 Abs. 4 Nr. 2 neu gef., Nr. 2a eingef. mWv 30.6.2012 durch VO v. 26.6.2012 (BGBl. I S. 1394); Abs. 2 Nr. 4 geänd., Nr. 5 angef., Abs. 3 Satz 2 geänd. mWv 1.5.2014 durch VO v. 16.4. 2014 (BGBl. I S. 348); Abs. 4 Nr. 6 geänd. mWv 21.10.2015 durch VO v. 2.10.2015 (BGBl. I S. 1674); Abs. 4 Nr. 2a und Abs. 5 Nr. 3 neu gef. mWv 28.12.2016 durch VO v. 21.12.2016 (BGBl. I S. 3083); Abs. 4 Nr. 7 geänd., Abs. 6 Satz 2 aufgeh. mWv 24.8.2017 durch VO v. 14.8.2017 (BGBl. I S. 3232); Abs. 2 Nr. 4 geänd., Nr. 5 aufgeh., Abs. 3 Satz 2 geänd. mWv 19.3.2019 durch VO v. 11.3. 2019 (BGBl. I S. 218).

[2)] Nr. **400**.

1. Krankenkraftwagen der Bundeswehr, der Bundespolizei, der Polizei sowie der Truppe und des zivilen Gefolges der anderen Vertragsstaaten des Nordatlantikpaktes,
2. Krankenkraftwagen des Katastrophenschutzes, wenn sie für dessen Zweck verwendet werden,
3. Krankenkraftwagen der Feuerwehren und der nach Landesrecht anerkannten Rettungsdienste,
4. Kraftfahrzeuge, mit Ausnahme von Taxen, wenn der Kraftfahrzeugführer im Besitz der Klasse D oder D1 ist.

(3) [1] Die Erlaubnis ist durch einen Führerschein nach Muster 4 der Anlage 8 nachzuweisen (Führerschein zur Fahrgastbeförderung). [2] Er ist bei der Fahrgastbeförderung neben der nach einem ab dem 1. Januar 1999 aufgrund der Fahrerlaubnis-Verordnung in der jeweils geltenden Fassung zu verwendenden Muster ausgestellten EU- oder EWR-Fahrerlaubnis mitzuführen und zuständigen Personen auf Verlangen zur Prüfung auszuhändigen.

(4) Die Fahrerlaubnis zur Fahrgastbeförderung ist zu erteilen, wenn der Bewerber

1. die nach § 6 für das Führen des Fahrzeugs erforderliche EU- oder EWR-Fahrerlaubnis besitzt,
2. das 21. Lebensjahr – bei Beschränkung der Fahrerlaubnis auf Krankenkraftwagen das 19. Lebensjahr – vollendet hat,

2a. durch Vorlage eines nach Maßgabe des § 30 Absatz 5 Satz 1 des Bundeszentralregistergesetzes ausgestellten Führungszeugnisses und durch eine auf Kosten des Antragstellers eingeholte aktuelle Auskunft aus dem Fahreignungsregister nachweist, dass er die Gewähr dafür bietet, dass er der besonderen Verantwortung bei der Beförderung von Fahrgästen gerecht wird,

3. seine geistige und körperliche Eignung gemäß § 11 Absatz 9 in Verbindung mit Anlage 5 nachweist,
4. nachweist, dass er die Anforderungen an das Sehvermögen gemäß § 12 Absatz 6 in Verbindung mit Anlage 6 Nummer 2 erfüllt,
5. nachweist, dass er eine EU- oder EWR-Fahrerlaubnis der Klasse B oder eine entsprechende Fahrerlaubnis aus einem in Anlage 11 aufgeführten Staat seit mindestens zwei Jahren – bei Beschränkung der Fahrerlaubnis auf Krankenkraftwagen seit mindestens einem Jahr – besitzt oder innerhalb der letzten fünf Jahre besessen hat,
6. – falls die Erlaubnis für Krankenkraftwagen gelten soll – einen Nachweis über die Teilnahme an einer Schulung in Erster Hilfe nach § 19 beibringt und
7. – falls die Erlaubnis für Taxen gelten soll – in einer Prüfung nachweist, dass er die erforderlichen Ortskenntnisse in dem Gebiet besitzt, in dem Beförderungspflicht besteht. Der Nachweis kann durch eine Bescheinigung einer geeigneten Stelle geführt werden, die die zuständige oberste Landesbehörde, die von ihr bestimmte Stelle oder die nach Landesrecht zuständige Stelle bestimmt. Die Fahrerlaubnisbehörde kann die Ortskundeprüfung auch selbst durchführen.

(5) [1]Die Fahrerlaubnis zur Fahrgastbeförderung wird für eine Dauer von nicht mehr als fünf Jahren erteilt. [2]Sie wird auf Antrag des Inhabers jeweils bis zu fünf Jahren verlängert, wenn

1. er seine geistige und körperliche Eignung gemäß § 11 Absatz 9 in Verbindung mit Anlage 5 nachweist,
2. er nachweist, dass er die Anforderungen an das Sehvermögen gemäß § 12 Absatz 6 in Verbindung mit Anlage 6 Nummer 2 erfüllt und
3. er durch Vorlage der Unterlagen nach Absatz 4 Nummer 2a nachweist, dass er die Gewähr dafür bietet, dass er der besonderen Verantwortung bei der Beförderung von Fahrgästen gerecht wird.

(6) Wird ein Taxiführer in einem anderen Gebiet tätig als in demjenigen, für das er die erforderlichen Ortskenntnisse nachgewiesen hat, muss er diese Kenntnisse für das andere Gebiet nachweisen.

(7) [1]Die §§ 21, 22 und 24 Absatz 1 Satz 1, Absatz 2 und 3 sind entsprechend anzuwenden. [2]Die Verlängerung der Fahrerlaubnis zur Fahrgastbeförderung kann nur dann über die Vollendung des 60. Lebensjahres hinaus erfolgen, wenn der Antragsteller zusätzlich seine Eignung nach Maßgabe der Anlage 5 Nummer 2 nachweist.

(8) Der Halter eines Fahrzeugs darf die Fahrgastbeförderung nicht anordnen oder zulassen, wenn der Führer des Fahrzeugs die erforderliche Erlaubnis zur Fahrgastbeförderung nicht besitzt oder die erforderlichen Ortskenntnisse nicht nachgewiesen hat.

(9) [1]Begründen Tatsachen Zweifel an der körperlichen und geistigen Eignung des Fahrerlaubnisinhabers oder an der Gewähr der besonderen Verantwortung bei der Beförderung von Fahrgästen des Inhabers einer Fahrerlaubnis zur Fahrgastbeförderung, finden die §§ 11 bis 14 entsprechende Anwendung. [2]Auf Verlangen der Fahrerlaubnisbehörde hat der Inhaber der Erlaubnis seine Ortskenntnisse erneut nachzuweisen, wenn Tatsachen Zweifel begründen, ob er diese Kenntnisse noch besitzt. [3]Bestehen Bedenken an der Gewähr für die besondere Verantwortung bei der Beförderung von Fahrgästen, kann von der Fahrerlaubnisbehörde ein medizinisch-psychologisches Gutachten einer amtlich anerkannten Begutachtungsstelle für Fahreignung angeordnet werden.

(10) [1]Die Erlaubnis ist von der Fahrerlaubnisbehörde zu entziehen, wenn eine der aus Absatz 4 ersichtlichen Voraussetzungen fehlt. [2]Die Erlaubnis erlischt mit der Entziehung sowie mit der Entziehung der in Absatz 4 Nummer 1 genannten Fahrerlaubnis. [3]§ 47 Absatz 1 ist entsprechend anzuwenden.

10. Begleitetes Fahren ab 17 Jahre

§ 48a[1)] Voraussetzungen. (1) [1] Im Falle des § 10 Absatz 1 laufende Nummer 5 Buchstabe b Doppelbuchstabe aa findet § 11 Absatz 3 Satz 1 Nummer 2 keine Anwendung. [2] § 74 Absatz 2 findet entsprechend Anwendung.

(2) [1] Die Fahrerlaubnis ist für die Fahrerlaubnisklassen B und BE mit der Auflage zu versehen, dass von ihr nur dann Gebrauch gemacht werden darf, wenn der Fahrerlaubnisinhaber während des Führens des Kraftfahrzeugs von mindestens einer namentlich benannten Person, die den Anforderungen der Absätze 5 und 6 genügt, begleitet wird (begleitende Person). [2] Die Auflage entfällt, wenn der Fahrerlaubnisinhaber das Mindestalter nach § 10 Absatz 1 Nummer 5 Buchst. a erreicht hat.

(3) [1] Für das Verfahren bei der Erteilung einer Fahrerlaubnis für das Führen von Kraftfahrzeugen in Begleitung gelten die §§ 22 und 22a mit folgenden Maßgaben:

1. Über die Fahrerlaubnis ist eine Prüfungsbescheinigung nach dem Muster der Anlage 8b auszustellen, die bis drei Monate nach Vollendung des 18. Lebensjahres im Inland zum Nachweis im Sinne des § 4 Absatz 3 Satz 1 dient.
2. Die Prüfungsbescheinigung tritt an die Stelle des Führerscheines oder des Vorläufigen Nachweises der Fahrerlaubnis.
3. In der Prüfungsbescheinigung sind die zur Begleitung vorgesehenen Personen namentlich aufzuführen. Auf Antrag können weitere begleitende Personen namentlich auf der Prüfungsbescheinigung nachträglich durch die Fahrerlaubnisbehörde eingetragen werden.
4. Im Falle des § 22a Absatz 1 Satz 1 ist auf das Übersenden einer vorbereiteten Prüfungsbescheinigung zu verzichten.
5. Zusätzlich zu den nach § 22a Absatz 2 zu übermittelnden Daten übermittelt die Fahrerlaubnisbehörde die in die Prüfungsbescheinigung aufzunehmenden Angaben zu den Begleitpersonen.
6. Ist der Bewerber bereits im Besitz einer Fahrerlaubnis der Klasse AM, der Klasse A1, der Klasse L oder der Klasse T, ist abweichend von § 22a Absatz 4 der Führerschein nicht bei Aushändigung der Prüfungsbescheinigung zurückzugeben. In die Prüfungsbescheinigung sind die Klasse AM und die Klasse L nicht aufzunehmen.
7. Ist der Bewerber noch nicht im Besitz einer Fahrerlaubnis der Klasse AM oder der Klasse L, kann er in seinem Antrag nach § 21 erklären, dass er für die genannten Fahrerlaubnisklassen einen Führerschein erhalten möchte. In der Prüfungsbescheinigung sind diese Klassen nicht aufzunehmen.

[2] Die Prüfungsbescheinigung ist im Fahrzeug mitzuführen und zur Überwachung des Straßenverkehrs berechtigten Personen auf Verlangen auszuhändigen.

[1)] § 48a Abs. 1 Satz 1 neu gef., Abs. 3 Satz 4 angef. und Abs. 5 Satz 1 Nr. 3 und Satz 2 geänd. mWv 1.1.2011 durch VO v. 17.12.2010 (BGBl. I S. 2279); Abs. 7 geänd. mWv 19.1.2013 durch VO v. 7.1. 2011 (BGBl. I S. 3); Abs. 1 neu gef., Abs. 7 geänd. mWv 19.1.2013 durch VO v. 26.6.2012 (BGBl. I S. 1394, geänd. durch VO v. 10.1.2013, BGBl. I S. 35); Abs. 2 Satz 2 geänd. mWv 19.1.2013 durch VO v. 10.1.2013 (BGBl. I S. 35); Abs. 5 Satz 1 Nr. 3 und Satz 2 geänd. mWv 1.5.2014 durch VO v. 5.11.2013 (BGBl. I S. 3920); Abs. 5 Satz 1 Nr. 3 geänd. mWv 1.5.2014 durch VO v. 16.4.2014 (BGBl. I S. 348); Abs. 3 neu gef. mWv 21.10.2015 durch VO v. 2.10.2015 (BGBl. I S. 1674); Abs. 2 Satz 1 geänd. mWv 19.3.2019 durch VO v. 11.3.2019 (BGBl. I S. 218).

(4) [1] Die begleitende Person soll dem Fahrerlaubnisinhaber

1. vor Antritt einer Fahrt und
2. während des Führens des Fahrzeugs, soweit die Umstände der jeweiligen Fahrsituation es zulassen,

ausschließlich als Ansprechpartner zur Verfügung stehen, um ihm Sicherheit beim Führen des Kraftfahrzeugs zu vermitteln. [2] Zur Erfüllung ihrer Aufgabe soll die begleitende Person Rat erteilen oder kurze Hinweise geben.

(5) [1] Die begleitende Person

1. muss das 30. Lebensjahr vollendet haben,
2. muss mindestens seit fünf Jahren Inhaber einer gültigen Fahrerlaubnis der Klasse B oder einer entsprechenden deutschen, einer EU/EWR- oder schweizerischen Fahrerlaubnis sein; die Fahrerlaubnis ist durch einen gültigen Führerschein nachzuweisen, der während des Begleitens mitzuführen und zur Überwachung des Straßenverkehrs berechtigten Personen auf Verlangen auszuhändigen ist,
3. darf zum Zeitpunkt der Beantragung der Fahrerlaubnis im Fahreignungsregister mit nicht mehr als einem Punkt belastet sein.

[2] Die Fahrerlaubnisbehörde hat bei Beantragung der Fahrerlaubnis oder bei Beantragung der Eintragung weiterer zur Begleitung vorgesehener Personen zu prüfen, ob diese Voraussetzungen vorliegen; sie hat die Auskunft nach Nummer 3 beim Fahreignungsregister einzuholen.

(6) [1] Die begleitende Person darf den Inhaber einer Prüfungsbescheinigung nach Absatz 3 nicht begleiten, wenn sie

1. 0,25 mg/l oder mehr Alkohol in der Atemluft oder 0,5 Promille oder mehr Alkohol im Blut oder eine Alkoholmenge im Körper hat, die zu einer solchen Atem- oder Blutalkoholkonzentration führt,
2. unter der Wirkung eines in der Anlage zu § 24a des Straßenverkehrsgesetzes[1)] genannten berauschenden Mittels steht.

[2] Eine Wirkung im Sinne des Satzes 1 Nummer 2 liegt vor, wenn eine in der Anlage zu § 24a des Straßenverkehrsgesetzes genannte Substanz im Blut nachgewiesen wird. [3] Satz 1 Nummer 2 gilt nicht, wenn die Substanz aus der bestimmungsgemäßen Einnahme eines für einen konkreten Krankheitsfall verschriebenen Arzneimittels herrührt.

(7) Mit Erreichen des Mindestalters nach § 10 Absatz 1 Nummer 5 Buchstabe a händigt die Fahrerlaubnisbehörde dem Fahrerlaubnisinhaber auf Antrag einen Führerschein nach Muster 1 der Anlage 8 aus.

§ 48b[2)] Evaluation. Die für Zwecke der Evaluation erhobenen personenbezogenen Daten der teilnehmenden Fahranfänger und Begleiter sind spätestens am 31. Dezember 2015 zu löschen oder so zu anonymisieren oder zu pseudonymisieren, dass ein Personenbezug nicht mehr hergestellt werden kann.

[1)] Nr. **10**.

[2)] § 48b neu gef. mWv 1.1.2011 durch VO v. 17.12.2010 (BGBl. I S. 2279).

III. Register

1. Zentrales Fahrerlaubnisregister und örtliche Fahrerlaubnisregister

§ 49[1] Speicherung der Daten im Zentralen Fahrerlaubnisregister.

(1) Im Zentralen Fahrerlaubnisregister sind nach § 50 Absatz 1 des Straßenverkehrsgesetzes[2] folgende Daten zu speichern:

1. Familiennamen, Geburtsnamen, sonstige frühere Namen, soweit dazu eine Eintragung vorliegt, Vornamen, Ordens- oder Künstlernamen, Doktorgrad, Geschlecht, Tag und Ort der Geburt und Hinweise auf Zweifel an der Identität nach § 59 Absatz 1 Satz 5 des Straßenverkehrsgesetzes,
2. die erteilten Fahrerlaubnisklassen,
3. der Tag der Erteilung und des Erlöschens der jeweiligen Fahrerlaubnisklasse und die zuständige Behörde,
4. der Grund des Erlöschens einer Fahrerlaubnis oder Fahrerlaubnisklasse,
5. der Tag des Beginns und des Ablaufs der Probezeit nach § 2a des Straßenverkehrsgesetzes,
6. die Dauer der Probezeit einschließlich der Restdauer nach vorzeitiger Beendigung der Probezeit und den Beginn und das Ende einer Hemmung der Probezeit,
7. der Tag des Ablaufs der Gültigkeit befristet erteilter Fahrerlaubnisse, der Tag der Verlängerung einer Fahrerlaubnis und die Behörde, die die Fahrerlaubnis verlängert hat,
8. Auflagen, Beschränkungen und Zusatzangaben zur Fahrerlaubnis oder einzelnen Klassen nach Anlage 9,
9. die Nummer der Fahrerlaubnis, bestehend aus dem vom Kraftfahrt-Bundesamt zugeteilten Behördenschlüssel der Fahrerlaubnisbehörde und einer fortlaufenden Nummer für die Erteilung einer Fahrerlaubnis durch diese Behörde und einer Prüfnummer (Fahrerlaubnisnummer),
10. die Nummer des Führerscheins, bestehend aus der Fahrerlaubnisnummer und der fortlaufenden Nummer des über die Fahrerlaubnis ausgestellten Führerscheins (Führerscheinnummer), oder die Nummer des Vorläufigen Nachweises der Fahrerlaubnis oder der befristeten Prüfungsbescheinigung, bestehend aus der Fahrerlaubnisnummer und einer angefügten Null,
11. die Behörde, die den Führerschein, den Ersatzführerschein, den Vorläufigen Nachweis der Fahrerlaubnis oder die befristete Prüfungsbescheinigung ausgestellt hat,
12. die Führerscheinnummer oder die Nummer des Vorläufigen Nachweises der Fahrerlaubnis oder der befristeten Prüfungsbescheinigung, der Verbleib bisheriger Führerscheine, sofern die Führerscheine nicht amtlich einge-

---

[1] § 49 Abs. 1 Nr. 11 neu gef. mWv 19.1.2013 durch VO v. 26.6.2012 (BGBl. I S. 1394); Abs. 1 Nr. 15 geänd. mWv 1.5.2014 durch VO v. 5.11.2013 (BGBl. I S. 3920); Abs. 1 neu gef. mWv 1.1.2015 durch VO v. 16.12.2014 (BGBl. I S. 2213); Abs. 1 Nr. 10, 11 und 12 geänd. mWv 21.10.2015 durch VO v. 2.10.2015 (BGBl. I S. 1674); Abs. 1 Nr. 14 geänd. mWv 19.3.2019 durch VO v. 11.3.2019 (BGBl. I S. 218).

[2] Nr. **10**.

zogen oder vernichtet wurden, und ein Hinweis, ob der Führerschein zur Einziehung, Beschlagnahme oder Sicherstellung ausgeschrieben ist,

13. der Tag des Beginns und des Ablaufs der Gültigkeit des Führerscheins,
14. die Bezeichnung des Staates, in dem der Inhaber einer deutschen Fahrerlaubnis seinen Wohnsitz genommen hat und in dem diese Fahrerlaubnis umgetauscht wurde unter Angabe des Tages des Umtausches,
15. die Nummer und der Tag der Ausstellung eines internationalen Führerscheins, die Geltungsdauer und die Behörde, die diesen Führerschein ausgestellt hat,
16. der Tag der Erteilung einer Fahrerlaubnis zur Fahrgastbeförderung, die Art der Berechtigung, der räumliche Geltungsbereich, der Tag des Ablaufs der Geltungsdauer, die Nummer des Führerscheins zur Fahrgastbeförderung, die Behörde, die diese Fahrerlaubnis erteilt hat, und der Tag der Verlängerung,
17. der Hinweis auf eine Eintragung im Fahreignungsregister über eine bestehende Einschränkung des Rechts, von der Fahrerlaubnis Gebrauch zu machen, sowie
18. die Behörde, die die Fahrerlaubnisakte führt.

(2) Bei Dienstfahrerlaubnissen der Bundeswehr werden nur die in Absatz 1 Nummer 1 genannten Daten, die Klasse der erteilten Fahrerlaubnis, der Tag des Beginns und Ablaufs der Probezeit und die Fahrerlaubnisnummer gespeichert.

§ 50[1)] Übermittlung der Daten vom Kraftfahrt-Bundesamt an die Fahrerlaubnisbehörden nach § 2c des Straßenverkehrsgesetzes. [1]Das Kraftfahrt-Bundesamt unterrichtet die zuständige Fahrerlaubnisbehörde von Amts wegen, wenn über den Inhaber einer Fahrerlaubnis auf Probe Entscheidungen in das Fahreignungsregister eingetragen werden, die zu Anordnungen nach § 2a Absatz 2, 4 und 5 des Straßenverkehrsgesetzes[2)] führen können. [2]Hierzu übermittelt es folgende Daten:

1. aus dem Zentralen Fahrerlaubnisregister
   a) die in § 49 Absatz 1 Nummer 1 bezeichneten Personendaten,
   b) den Tag des Beginns und des Ablaufs der Probezeit,
   c) die erteilende Fahrerlaubnisbehörde,
   d) die Fahrerlaubnisnummer,
   e) den Hinweis, dass es sich bei der Probezeit um die Restdauer einer vorherigen Probezeit handelt unter Angabe der Gründe,
   f) die Gültigkeit des Führerscheins,
2. aus dem Fahreignungsregister den Inhalt der Eintragungen über die innerhalb der Probezeit begangenen Straftaten und Ordnungswidrigkeiten.

[1)] § 50 Satz 2 Nr. 1 Buchst. f angef. mWv 19.1.2013 durch VO v. 26.6.2012 (BGBl. I S. 1394); Satz 1 und Satz 2 Nr. 2 geänd. mWv 1.5.2014 durch VO v. 5.11.2013 (BGBl. I S. 3920).

[2)] Nr. **10**.

§ 51[1] Übermittlung von Daten aus dem Zentralen Fahrerlaubnisregister nach den §§ 52 und 55 des Straßenverkehrsgesetzes. (1) Übermittelt werden dürfen

1. im Rahmen des § 52 Absatz 1 Nummer 1 bis 2 des Straßenverkehrsgesetzes[2] für Maßnahmen wegen Straftaten oder Ordnungswidrigkeiten nur
   a) Familiennamen, Geburtsnamen, sonstige frühere Namen, soweit dazu eine Eintragung vorliegt, Vornamen, Ordens- oder Künstlernamen, Doktorgrad, Geschlecht, Tag und Ort der Geburt und Hinweise auf Zweifel an der Identität nach § 59 Absatz 1 Satz 5 des Straßenverkehrsgesetzes,
   b) die erteilten Fahrerlaubnisklassen,
   c) der Tag der Erteilung und des Erlöschens der jeweiligen Fahrerlaubnisklasse und die zuständige Behörde,
   d) der Tag des Beginns und des Ablaufs der Probezeit nach § 2a des Straßenverkehrsgesetzes,
   e) der Tag des Ablaufs der Gültigkeit befristet erteilter Fahrerlaubnisse, der Tag der Verlängerung der Fahrerlaubnis und die Behörde, die die Fahrerlaubnis verlängert hat,
   f) Auflagen, Beschränkungen und Zusatzangaben zur Fahrerlaubnis oder einzelnen Fahrerlaubnisklassen nach Anlage 9,
   g) die Nummer der Fahrerlaubnis, bestehend aus dem vom Kraftfahrt-Bundesamt zugeteilten Behördenschlüssel der Fahrerlaubnisbehörde und einer fortlaufenden Nummer für die Erteilung einer Fahrerlaubnis durch diese Behörde und einer Prüfnummer (Fahrerlaubnisnummer),
   h) die Nummer des Führerscheins oder die Nummer des Vorläufigen Nachweises der Fahrerlaubnis oder der befristeten Prüfungsbescheinigung, bestehend aus der Fahrerlaubnisnummer und der fortlaufenden Nummer des über die Fahrerlaubnis ausgestellten Führerscheins (Führerscheinnummer), oder die Nummer der befristeten Prüfungsbescheinigung, bestehend aus der Fahrerlaubnisnummer und einer angefügten Null,
   i) die Behörde, die den Führerschein, den Ersatzführerschein, den Vorläufigen Nachweis der Fahrerlaubnis oder die befristete Prüfungsbescheinigung ausgestellt hat,
   j) die Führerscheinnummer oder die Nummer des Vorläufigen Nachweises der Fahrerlaubnis oder der befristeten Prüfungsbescheinigung, der Verbleib bisheriger Führerscheine, sofern die Führerscheine nicht amtlich eingezogen oder vernichtet wurden, und ein Hinweis, ob der Führerschein zur Einziehung, Beschlagnahme oder Sicherstellung ausgeschrieben ist,

(Fortsetzung nächstes Blatt)

---

[1] § 51 Abs. 1 Nr. 2 geänd. mWv 19.1.2013 durch VO v. 26.6.2012 (BGBl. I S. 1394); Abs. 1 neu gef., Abs. 2 geänd. mWv 1.1.2015 durch VO v. 16.12.2014 (BGBl. I S. 2213); Abs. 1 Nr. 1 Buchst. h, i und j geänd. mWv 21.10.2015 durch VO v. 2.10.2015 (BGBl. I S. 1674).

[2] Nr. **10**.

k) Tag des Beginns und des Ablaufs der Gültigkeit des Führerscheins,

l) die Bezeichnung des Staates, in dem der Inhaber einer deutschen Fahrerlaubnis seinen Wohnsitz genommen hat und in dem diese Fahrerlaubnis registriert oder umgetauscht wurde unter Angabe des Tages der Registrierung oder des Umtausches,

m) die Nummer und der Tag der Ausstellung eines internationalen Führerscheins, die Geltungsdauer und die Behörde, die diesen Führerschein ausgestellt hat,

n) der Tag der Erteilung einer Fahrerlaubnis zur Fahrgastbeförderung, die Art der Berechtigung, der räumliche Geltungsbereich, der Tag des Ablaufs der Geltungsdauer, die Nummer des Führerscheins zur Fahrgastbeförderung, die Behörde, die diese Fahrerlaubnis erteilt hat, und der Tag der Verlängerung,

o) der Hinweis auf eine Eintragung im Fahreignungsregister über eine bestehende Einschränkung des Rechts, von der Fahrerlaubnis Gebrauch zu machen,

p) bei Dienstfahrerlaubnissen der Bundeswehr nur
   aa) Familiennamen, Geburtsnamen, sonstige frühere Namen, soweit dazu eine Eintragung vorliegt, Vornamen, Ordens- oder Künstlernamen, Doktorgrad, Geschlecht, Tag und Ort der Geburt und Hinweise auf Zweifel an der Identität nach § 59 Absatz 1 Satz 5 des Straßenverkehrsgesetzes,
   bb) die erteilten Fahrerlaubnisklassen,
   cc) der Tag des Beginns und Ablaufs der Probezeit,
   dd) die Fahrerlaubnisnummer,

2. im Rahmen des § 52 Absatz 1 Nummer 3 des Straßenverkehrsgesetzes für Verwaltungsmaßnahmen die nach Nummer 1 zu übermittelnden Daten sowie
   a) der Grund des Erlöschens einer Fahrerlaubnis oder Fahrerlaubnisklasse,
   b) die Dauer der Probezeit einschließlich der Restdauer nach vorzeitiger Beendigung der Probezeit und den Beginn und das Ende einer Hemmung der Probezeit,
   c) die Behörde, die die Fahrerlaubnisakte im Sinne des § 61 Absatz 1 Satz 3 des Straßenverkehrsgesetzes führt,

3. im Rahmen des § 52 Absatz 2 des Straßenverkehrsgesetzes für Verkehrs- und Grenzkontrollen und für Straßenkontrollen nur die nach Nummer 1 Buchstabe a, b, c, e, f, g, h, i, j, k, m, n und o zu übermittelnden Daten,

4. im Rahmen des § 55 Absatz 1 Nummer 1 bis 3 des Straßenverkehrsgesetzes für Maßnahmen ausländischer Behörden nur die nach Nummer 1 Buchstabe a bis o zu übermittelnden Daten.

(2) Die Daten dürfen gemäß Absatz 1 Nummer 4 in das Ausland für Verwaltungsmaßnahmen auf dem Gebiet des Straßenverkehrs den Straßenverkehrsbehörden, für die Verfolgung von Zuwiderhandlungen gegen Rechtsvorschriften auf dem Gebiet des Straßenverkehrs oder für die Verfolgung von Straftaten den Polizei- und Justizbehörden unmittelbar übermittelt werden, wenn nicht der Empfängerstaat mitgeteilt hat, dass andere Behörden zuständig sind.

§ 52[1] Abruf im automatisierten Verfahren aus dem Zentralen Fahrerlaubnisregister durch Stellen im Inland nach § 53 des Straßenverkehrsgesetzes. (1) Zur Übermittlung aus dem Zentralen Fahrerlaubnisregister dürfen durch Abruf im automatisierten Verfahren

1. im Rahmen des § 52 Absatz 1 Nummer 1 bis 2 des Straßenverkehrsgesetzes[2] für Maßnahmen wegen Straftaten oder Ordnungswidrigkeiten nur
   a) Familiennamen, Geburtsnamen, sonstige frühere Namen, soweit dazu eine Eintragung vorliegt, Vornamen, Ordens- oder Künstlernamen, Doktorgrad, Geschlecht, Tag und Ort der Geburt und Hinweise auf Zweifel an der Identität nach § 59 Absatz 1 Satz 5 des Straßenverkehrsgesetzes,
   b) die erteilten Fahrerlaubnisklassen,
   c) der Tag der Erteilung und des Erlöschens der jeweiligen Fahrerlaubnisklasse und die zuständige Behörde,
   d) der Tag des Beginns und des Ablaufs der Probezeit nach § 2a des Straßenverkehrsgesetzes,
   e) der Tag des Ablaufs der Gültigkeit befristet erteilter Fahrerlaubnisse, der Tag der Verlängerung und die Behörde, die die Fahrerlaubnis verlängert hat,
   f) Auflagen, Beschränkungen und Zusatzangaben zur Fahrerlaubnis oder einzelnen Klassen nach Anlage 9,
   g) die Nummer der Fahrerlaubnis, bestehend aus dem vom Kraftfahrt-Bundesamt zugeteilten Behördenschlüssel der Fahrerlaubnisbehörde und einer fortlaufenden Nummer für die Erteilung einer Fahrerlaubnis durch diese Behörde und einer Prüfnummer (Fahrerlaubnisnummer),
   h) die Nummer des Führerscheins, bestehend aus der Fahrerlaubnisnummer und der fortlaufenden Nummer des über die Fahrerlaubnis ausgestellten Führerscheins (Führerscheinnummer), oder die Nummer des Vorläufigen Nachweises der Fahrerlaubnis oder der befristeten Prüfungsbescheinigung, bestehend aus der Fahrerlaubnisnummer und einer angefügten Null,
   i) die Behörde, die den Führerschein, den Ersatzführerschein, den Vorläufigen Nachweis der Fahrerlaubnis oder die befristete Prüfungsbescheinigung ausgestellt hat,
   j) die Führerscheinnummer oder die Nummer des Vorläufigen Nachweises der Fahrerlaubnis oder der befristeten Prüfungsbescheinigung, der Verbleib bisheriger Führerscheine, sofern die Führerscheine nicht amtlich eingezogen oder vernichtet wurden, und ein Hinweis, ob der Führerschein zur Einziehung, Beschlagnahme oder Sicherstellung ausgeschrieben ist,
   k) Tag des Beginns und des Ablaufs der Gültigkeit des Führerscheins,

---

[1] § 52 Abs. 1 neu gef. mWv 30.6.2012 durch VO v. 26.6.2012 (BGBl. I S. 1394); Abs. 1 Nr. 1 und 3 geänd. mWv 19.1.2013 durch VO v. 26.6.2012 (BGBl. I S. 1394); Abs. 1 neu gef. mWv 1.1. 2015 durch VO v. 16.12.2014 (BGBl. I S. 2213); Abs. 1 Nr. 1 Buchst. h, i und j geänd. mWv 21.10.2015 durch VO v. 2.10.2015 (BGBl. I S. 1674); Abs. 3 Nr. 4 geänd., Nr. 5 angef. mWv 1.1. 2017 durch VO v. 21.12.2016 (BGBl. I S. 3083).

[2] Nr. **10**.

l) die Nummer und der Tag der Ausstellung eines internationalen Führerscheins, die Geltungsdauer und die Behörde, die diesen Führerschein ausgestellt hat,

m) der Tag der Erteilung einer Fahrerlaubnis zur Fahrgastbeförderung, die Art der Berechtigung, der räumliche Geltungsbereich, der Tag des Ablaufs der Geltungsdauer, die Nummer des Führerscheins zur Fahrgastbeförderung, die Behörde, die diese Fahrerlaubnis erteilt hat, und der Tag der Verlängerung,

n) der Hinweis auf eine Eintragung im Fahreignungsregister über eine bestehende Einschränkung des Rechts, von der Fahrerlaubnis Gebrauch zu machen,

2. im Rahmen des § 52 Absatz 1 Nummer 3 des Straßenverkehrsgesetzes für Verwaltungsmaßnahmen nur die nach Nummer 1 zu übermittelnden Daten sowie

a) der Grund des Erlöschens einer Fahrerlaubnis oder Fahrerlaubnisklasse,

b) die Dauer der Probezeit einschließlich der Restdauer nach vorzeitiger Beendigung der Probezeit und den Beginn und das Ende einer Hemmung der Probezeit,

c) die Bezeichnung des Staates, in dem der Inhaber einer deutschen Fahrerlaubnis seinen Wohnsitz genommen hat und in dem diese Fahrerlaubnis registriert oder umgetauscht wurde unter Angabe des Tages der Registrierung oder des Umtausches,

d) die Behörde, die die Fahrerlaubnisakte im Sinne des § 50 Absatz 3 des Straßenverkehrsgesetzes führt,

e) bei Dienstfahrerlaubnissen der Bundeswehr nur

aa) Familiennamen, Geburtsnamen, sonstige frühere Namen, soweit dazu eine Eintragung vorliegt, Vornamen, Ordens- oder Künstlernamen, Doktorgrad, Geschlecht, Tag und Ort der Geburt und Hinweise auf Zweifel an der Identität nach § 59 Absatz 1 Satz 5 des Straßenverkehrsgesetzes,

bb) die Klasse der erteilten Fahrerlaubnis,

cc) der Tag des Beginns und Ablaufs der Probezeit,

dd) die Fahrerlaubnisnummer,

3. im Rahmen des § 52 Absatz 2 des Straßenverkehrsgesetzes für Verkehrs- und Grenzkontrollen und für Straßenkontrollen nur die nach Nummer 1 bereit zu haltenden Daten bereit gehalten werden.

(2) Der Abruf darf nur unter Verwendung der Angaben zur Person, der Fahrerlaubnisnummer oder der Führerscheinnummer erfolgen.

(3) Die Daten nach Absatz 1 Nummer 1 werden zum Abruf bereitgehalten für

1. die Bußgeldbehörden, die für die Verfolgung von Verkehrsordnungswidrigkeiten zuständig sind,
2. das Bundeskriminalamt und die Bundespolizei,
3. die mit den Aufgaben nach § 2 des Bundespolizeigesetzes betrauten Stellen der Zollverwaltung und die Zollfahndungsdienststellen,
4. die Polizeibehörden der Länder,

5. Gerichte und Staatsanwaltschaften.

(4) Die Daten nach Absatz 1 Nummer 2 werden zum Abruf für die Fahrerlaubnisbehörden bereitgehalten.

(5) Die Daten nach Absatz 1 Nummer 3 werden zum Abruf bereitgehalten für

1. die Bundespolizei,
2. die mit den Aufgaben nach § 2 des Bundespolizeigesetzes betrauten Stellen der Zollverwaltung und die Zollfahndungsdienststellen,
3. das Bundesamt für Güterverkehr,
4. die Polizeibehörden der Länder.

§ 53 Automatisiertes Anfrage- und Auskunftsverfahren beim Zentralen Fahrerlaubnisregister nach § 54 des Straßenverkehrsgesetzes.

(1) Übermittelt werden dürfen nur die Daten nach § 51 unter den dort genannten Voraussetzungen.

(2) [1] Die übermittelnde Stelle darf die Übermittlung nur zulassen, wenn deren Durchführung unter Verwendung einer Kennung der zum Empfang der übermittelten Daten berechtigten Behörde erfolgt. [2] Der Empfänger hat sicherzustellen, dass die übermittelten Daten nur bei den zum Empfang bestimmten Endgeräten empfangen werden.

(3) [1] Die übermittelnde Stelle hat durch ein selbsttätiges Verfahren zu gewährleisten, dass eine Übermittlung nicht erfolgt, wenn die Kennung nicht oder unrichtig angegeben wurde. [2] Sie hat versuchte Anfragen ohne Angabe der richtigen Kennung sowie die Angabe einer fehlerhaften Kennung zu protokollieren. [3] Sie hat ferner im Zusammenwirken mit der anfragenden Stelle jedem Fehlversuch nachzugehen und die Maßnahmen zu ergreifen, die zur Sicherung des ordnungsgemäßen Verfahrens notwendig sind.

(4) Die übermittelnde Stelle hat sicherzustellen, dass die Aufzeichnungen nach § 54 Satz 2 des Straßenverkehrsgesetzes[1)] selbsttätig vorgenommen werden und die Übermittlung bei nicht ordnungsgemäßer Aufzeichnung unterbrochen wird.

§ 54 Sicherung gegen Missbrauch. (1) [1] Die übermittelnde Stelle darf den Abruf im automatisierten Verfahren aus dem Zentralen Fahrerlaubnisregister nach § 53 des Straßenverkehrsgesetzes[1)] nur zulassen, wenn dessen Durchführung unter Verwendung

1. einer Kennung des zum Abruf berechtigten Nutzers und
2. eines Passwortes

erfolgt. [2] Nutzer im Sinne des Satzes 1 Nummer 1 kann eine natürliche Person oder eine Dienststelle sein. [3] Bei Abruf über ein sicheres, geschlossenes Netz kann die Kennung nach Satz 1 Nummer 1 auf Antrag des Netzbetreibers als einheitliche Kennung für die an dieses Netz angeschlossenen Nutzer erteilt werden, sofern der Netzbetreiber selbst abrufberechtigt ist. [4] Die Verantwortung für die Sicherheit des Netzes und die Zulassung ausschließlich berechtigter Nutzer trägt bei Anwendung des Satzes 3 der Netzbetreiber. [5] Ist

[1)] Nr. **10**.

der Nutzer im Sinne des Satzes 1 Nummer 1 keine natürliche Person, so hat er sicherzustellen, dass zu jedem Abruf die jeweils abrufende natürliche Person festgestellt werden kann. [6]Der Nutzer oder die abrufende Person haben vor dem ersten Abruf ein eigenes Passwort zu wählen und dieses jeweils spätestens nach einem von der übermittelnden Stelle vorgegebenen Zeitraum zu ändern.

(2) [1]Die übermittelnde Stelle hat durch ein selbsttätiges Verfahren zu gewährleisten, dass keine Abrufe erfolgen können, sobald die Kennung nach Absatz 1 Satz 1 Nummer 1 oder das Passwort mehr als zweimal hintereinander unrichtig übermittelt wurde. [2]Die abrufende Stelle hat Maßnahmen zum Schutz gegen unberechtigte Nutzungen des Abrufsystems zu treffen.

(3) [1]Die übermittelnde Stelle hat sicherzustellen, dass die Aufzeichnungen nach § 53 Absatz 3 des Straßenverkehrsgesetzes über die Abrufe selbsttätig vorgenommen werden und dass der Abruf bei nicht ordnungsgemäßer Aufzeichnung unterbrochen wird. [2]Der Aufzeichnung unterliegen auch versuchte Abrufe, die unter Verwendung von fehlerhaften Kennungen mehr als einmal vorgenommen wurden. [3]Satz 1 gilt entsprechend für die weiteren Aufzeichnungen nach § 53 Absatz 4 des Straßenverkehrsgesetzes.

§ 55 Aufzeichnung der Abrufe. (1) [1]Der Anlass des Abrufs ist unter Verwendung folgender Schlüsselzeichen zu übermitteln:

A. Überwachung des Straßenverkehrs

B. Grenzkontrollen

C. Verwaltungsmaßnahmen auf dem Gebiet des Straßenverkehrs, soweit sie die Berechtigung zum Führen von Kraftfahrzeugen betreffen

D. Ermittlungsverfahren wegen Straftaten

E. Ermittlungsverfahren wegen Verkehrsordnungswidrigkeiten

F. Sonstige Anlässe.

[2]Bei Verwendung der Schlüsselzeichen D, E und F ist ein auf den bestimmten Anlass bezogenes Aktenzeichen oder eine Tagebuchnummer zusätzlich zu übermitteln, falls dies beim Abruf angegeben werden kann. [3]Ansonsten ist jeweils in Kurzform bei der Verwendung des Schlüsselzeichens D oder E die Art der Straftat oder der Verkehrsordnungswidrigkeit oder bei Verwendung des Schlüsselzeichens F die Art der Maßnahme oder des Ereignisses zu bezeichnen.

(2) [1]Zur Feststellung der für den Abruf verantwortlichen Person sind der übermittelnden Stelle die Dienstnummer, die Nummer des Dienstausweises, ein Namenskurzzeichen unter Angabe der Organisationseinheit oder andere Hinweise mitzuteilen, die unter Hinzuziehung von Unterlagen bei der abrufenden Stelle diese Feststellung ermöglichen. [2]Als Hinweise im Sinne von Satz 1 gelten insbesondere:

1. das nach Absatz 1 übermittelte Aktenzeichen oder die Tagebuchnummer, sofern die Tatsache des Abrufs unter Bezeichnung der hierfür verantwortlichen Person aktenkundig gemacht wird,
2. der Funkrufname, sofern dieser zur nachträglichen Feststellung der für den Abruf verantwortlichen Person geeignet ist.

(3) Für die nach § 53 Absatz 4 des Straßenverkehrsgesetzes[1)] vorgeschriebenen weiteren Aufzeichnungen ist § 53 Absatz 3 Satz 2 und 3 des Straßenverkehrsgesetzes entsprechend anzuwenden.

§ 56[2)] Abruf im automatisierten Verfahren aus dem Zentralen Fahrerlaubnisregister durch Stellen im Ausland nach § 56 des Straßenverkehrsgesetzes. (1) Zur Übermittlung aus dem Zentralen Fahrerlaubnisregister dürfen durch Abruf im automatisierten Verfahren

1. im Rahmen des § 55 Absatz 1 Nummer 1 des Straßenverkehrsgesetzes[1)] für Verwaltungsmaßnahmen nur die nach § 49 Absatz 1 Nummer 1 bis 3, 5 bis 11 und 12 bis 15 gespeicherten Daten,
2. im Rahmen des § 55 Absatz 1 Nummer 2 und 3 des Straßenverkehrsgesetzes für Maßnahmen wegen Straftaten oder Zuwiderhandlungen nur die nach § 49 Absatz 1 Nummer 1 bis 3, 5 bis 11 und 13 und 15 gespeicherten Daten

bereitgehalten werden.

(2) § 51 Absatz 2 (Empfänger der Daten), § 52 Absatz 2 (für den Abruf zu verwendende Daten), § 54 (Sicherung gegen Missbrauch) und § 55 (Aufzeichnung der Abrufe) sind entsprechend anzuwenden.

§ 57[3)] Speicherung der Daten in den örtlichen Fahrerlaubnisregistern.

Über Fahrerlaubnisinhaber sowie über Personen, denen ein Verbot erteilt wurde, ein Fahrzeug zu führen, sind im örtlichen Fahrerlaubnisregister nach § 50 des Straßenverkehrsgesetzes[1)] folgende Daten zu speichern:

1. Familiennamen, Geburtsnamen, sonstige frühere Namen, Vornamen, Ordens- oder Künstlernamen, Doktorgrad, Tag und Ort der Geburt, Anschrift, Geschlecht, Staatsangehörigkeit und Art des Ausweisdokumentes sowie, soweit angegeben, die E-Mail-Adresse,
2. die Klassen der erteilten Fahrerlaubnis,
3. der Tag der Erteilung der jeweiligen Fahrerlaubnisklasse sowie die erteilende Behörde,
4. der Tag des Beginns und des Ablaufs der Probezeit gemäß § 2a des Straßenverkehrsgesetzes,
5. der Tag des Ablaufs der Gültigkeit befristet erteilter Fahrerlaubnisse sowie der Tag der Verlängerung,
6. Auflagen, Beschränkungen und Zusatzangaben zur Fahrerlaubnis oder einzelnen Klassen gemäß Anlage 9,
7. die Fahrerlaubnisnummer oder bei nach bisherigem Recht erteilten Fahrerlaubnissen die Listennummer,
8. die Führerscheinnummer,

[1)] Nr. **10**.

[2)] § 56 Abs. 1 Nr. 1 und 2 geänd. mWv 19.1.2013 durch VO v. 26.6.2012 (BGBl. I S. 1394).

[3)] § 57 Nr. 25 neu gef. mWv 1.5.2014 durch VO v. 5.11.2013 (BGBl. I S. 3920); Nr. 1 neu gef. mWv 28.12.2016 durch VO v. 21.12.2016 (BGBl. I S. 3083); Nr. 1 geänd. mWv 1.6.2020 durch G v. 5.12.2019 (BGBl. I S. 2008).

9. der Tag der Ausstellung des Führerscheins oder eines Ersatzführerscheins sowie die Behörde, die den Führerschein oder den Ersatzführerschein ausgestellt hat,
10. die Führerscheinnummer, der Tag der Ausstellung und der Verbleib bisheriger Führerscheine, sofern die Führerscheine nicht amtlich eingezogen oder vernichtet wurden, sowie ein Hinweis, ob der Führerschein zur Einziehung, Beschlagnahme oder Sicherstellung ausgeschrieben ist,
11. (weggefallen)
12. die Bezeichnung des Staates, in dem der Inhaber einer deutschen Fahrerlaubnis seinen Wohnsitz genommen hat und in dem diese Fahrerlaubnis registriert oder umgetauscht wurde unter Angabe des Tages der Registrierung oder des Umtausches,
13. die Nummer und der Tag der Ausstellung eines internationalen Führerscheins, die Geltungsdauer sowie die Behörde, die diesen Führerschein ausgestellt hat,
14. der Tag der Erteilung einer Fahrerlaubnis zur Fahrgastbeförderung, die Art der Berechtigung, der Tag des Ablaufs der Geltungsdauer, die Nummer des Führerscheins zur Fahrgastbeförderung sowie der Tag der Verlängerung,
15. Hinweise zum Verbleib ausländischer Führerscheine, auf Grund derer die deutsche Fahrerlaubnis erteilt wurde,
16. der Tag der unanfechtbaren Versagung der Fahrerlaubnis, der Tag der Bestandskraft der Entscheidung, die entscheidende Stelle, der Grund der Entscheidung und das Aktenzeichen,
17. der Tag der vorläufigen, sofort vollziehbaren sowie der rechts- oder bestandskräftigen Entziehung der Fahrerlaubnis, der Tag der Rechts- oder Bestandskraft der Entscheidung, die entscheidende Stelle, der Grund der Entscheidung und der Tag des Ablaufs einer etwaigen Sperre,
18. der Tag der vorläufigen, sofort vollziehbaren sowie der rechts- und bestandskräftigen Aberkennung des Rechts, von einer ausländischen Fahrerlaubnis Gebrauch zu machen, der Tag der Rechts- oder Bestandskraft, die entscheidende Stelle, der Grund der Entscheidung und der Tag des Ablaufs einer etwaigen Sperre,
19. der Tag des Zugangs der Erklärung über den Verzicht auf die Fahrerlaubnis bei der Fahrerlaubnisbehörde und dem Erklärungsempfänger,
20. der Tag der Neuerteilung einer Fahrerlaubnis oder der Erteilung des Rechts, von einer ausländischen Fahrerlaubnis wieder Gebrauch zu machen, nach vorangegangener Entziehung oder Aberkennung oder vorangegangenem Verzicht, sowie die erteilende Behörde,
21. der Tag der Rechtskraft der Anordnung einer Sperre nach § 69a Absatz 1 Satz 3 des Strafgesetzbuches, die anordnende Stelle und der Tag des Ablaufs,
22. der Tag des Verbots, ein Fahrzeug zu führen, die entscheidende Stelle, der Tag der Rechts- oder Bestandskraft der Entscheidung sowie der Tag der Wiederzulassung,

23. der Tag des Widerrufs oder der Rücknahme der Fahrerlaubnis, die entscheidende Stelle sowie der Tag der Rechts- oder Bestandskraft der Entscheidung,
24. der Tag der Beschlagnahme, Sicherstellung und Verwahrung des Führerscheins nach § 94 der Strafprozessordnung[1)], die anordnende Stelle sowie der Tag der Aufhebung dieser Maßnahmen und der Rückgabe des Führerscheins,
25. der Tag und die Art von Maßnahmen nach dem Fahreignungs-Bewertungssystem, die Teilnahme an einem Fahreignungsseminar und der Tag der Beendigung des Fahreignungsseminars sowie der Tag der Ausstellung der Teilnahmebescheinigung,
26. der Tag und die Art von Maßnahmen bei Inhabern einer Fahrerlaubnis auf Probe, die gesetzte Frist, die Teilnahme an einem Aufbauseminar, die Art des Seminars, der Tag seiner Beendigung, der Tag der Ausstellung der Teilnahmebescheinigung sowie die Teilnahme an einer verkehrspsychologischen Beratung und der Tag der Ausstellung der Teilnahmebescheinigung.

§ 58 Übermittlung von Daten aus den örtlichen Fahrerlaubnisregistern. (1) Für die Verfolgung von Straftaten, zur Vollstreckung und zum Vollzug von Strafen dürfen im Rahmen des § 52 Absatz 1 Nummer 1 des Straßenverkehrsgesetzes[2)] nur die nach § 57 Nummer 1 bis 10 und 12 bis 15 gespeicherten Daten übermittelt werden.

(2) Für die Verfolgung von Ordnungswidrigkeiten und die Vollstreckung von Bußgeldbescheiden und ihren Nebenfolgen dürfen im Rahmen des § 52 Absatz 1 Nummer 2 des Straßenverkehrsgesetzes nur die nach § 57 Nummer 1 bis 10 und 12 bis 15 gespeicherten Daten übermittelt werden.

(3) Für

1. die Erteilung, Verlängerung, Entziehung oder Beschränkung einer Fahrerlaubnis,
2. die Aberkennung oder Einschränkung des Rechts, von einer ausländischen Fahrerlaubnis Gebrauch zu machen,
3. das Verbot, ein Fahrzeug zu führen,
4. die Anordnung von Auflagen zu einer Fahrerlaubnis

dürfen die Fahrerlaubnisbehörden einander im Rahmen des § 52 Absatz 1 Nummer 3 des Straßenverkehrsgesetzes nur die nach § 57 Nummer 1 bis 10 und 12 bis 15 gespeicherten Daten übermitteln.

(4) Für Verkehrs- und Grenzkontrollen dürfen im Rahmen des § 52 Absatz 2 des Straßenverkehrsgesetzes nur die nach § 57 Nummer 1, 2, 4 bis 10 und 12 gespeicherten Daten übermittelt werden.

(5) [1] Die Daten nach den Absätzen 1, 2 und 4 dürfen für die dort genannten Zwecke aus dem örtlichen Fahrerlaubnisregister im automatisierten Verfahren abgerufen werden. [2] § 52 Absatz 2, 3 und 5, §§ 53, 54 und 55 Absatz 1 bis 3 sind entsprechend anzuwenden.

---

1) Nr. **675**.
2) Nr. **10**.

2.[1] Fahreignungsregister

§ 59[2] Speicherung von Daten im Fahreignungsregister. (1) Im Fahreignungsregister sind im Rahmen von § 28 Absatz 3 des Straßenverkehrsgesetzes[3] folgende Daten zu speichern:

1. Familiennamen, Geburtsnamen, sonstige frühere Namen, soweit hierzu Eintragungen vorliegen, Vornamen, Ordens- oder Künstlernamen, Doktorgrad, Geschlecht, Tag und Ort der Geburt, Anschrift des Betroffenen, Staatsangehörigkeit sowie Hinweise auf Zweifel an der Identität gemäß § 28 Absatz 5 des Straßenverkehrsgesetzes,
2. die entscheidende Stelle, der Tag der Entscheidung, die Geschäftsnummer oder das Aktenzeichen, die mitteilende Stelle und der Tag der Mitteilung,
3. Ort, Tag und Zeit der Tat, die Angabe, ob die Tat in Zusammenhang mit einem Verkehrsunfall steht, die Art der Verkehrsteilnahme sowie die Fahrzeugart,
4. der Tag des ersten Urteils oder bei einem Strafbefehl der Tag der Unterzeichnung durch den Richter sowie der Tag der Rechtskraft oder Unanfechtbarkeit, der Tag der Maßnahme nach den §§ 94 und 111a der Strafprozessordnung[4],
5. bei Entscheidungen wegen einer Straftat oder einer Ordnungswidrigkeit die rechtliche Bezeichnung der Tat unter Angabe der angewendeten Vorschriften, bei sonstigen Entscheidungen die Art, die Rechtsgrundlagen sowie bei verwaltungsbehördlichen Entscheidungen nach § 28 Absatz 3 Nummer 4, 5, 6, und 8 des Straßenverkehrsgesetzes der Grund der Entscheidung,
6. die Haupt- und Nebenstrafen, die nach § 59 des Strafgesetzbuches vorbehaltene Strafe, das Absehen von Strafe, die Maßregeln der Besserung und Sicherung, die Erziehungsmaßregeln, die Zuchtmittel oder die Jugendstrafe, die Geldbuße und das Fahrverbot, auch bei Gesamtstrafenbildung für die einbezogene Entscheidung,
7. die vorgeschriebene Einstufung als
   a) Straftat mit Entziehung der Fahrerlaubnis oder mit isolierter Sperre mit drei Punkten,
   b) Straftat ohne Entziehung der Fahrerlaubnis und ohne isolierte Sperre oder als besonders verkehrssicherheitsbeeinträchtigende Ordnungswidrigkeit mit zwei Punkten oder
   c) verkehrssicherheitsbeeinträchtigende Ordnungswidrigkeit mit einem Punkt

   und die entsprechende Kennziffer,

---

[1] Überschrift zu Abschnitt III Unterabschnitt 2 geänd. mWv 1.5.2014 durch VO v. 5.11.2013 (BGBl. I S. 3920).

[2] § 59 Abs. 1 Nr. 9 neu gef. mWv 1.1.2011 durch VO v. 17.12.2010 (BGBl. I S. 2279); Abs. 1 Nr. 9 geänd. mWv 30.6.2012 durch VO v. 26.6.2012 (BGBl. I S. 1394); Überschrift neu gef., Abs. 1 einl. Satzteil, Nr. 5, 8 und 14 geänd., Nr. 7, 12 und 13 neu gef. mWv 1.5.2014 durch VO v. 5.11.2013 (BGBl. I S. 3920); Abs. 4 Satz 1 geänd. mWv 1.5.2014 durch VO v. 16.4.2014 (BGBl. I S. 348); Abs. 1 Nr. 10 geänd. mWv 1.1.2017 durch VO v. 21.12.2016 (BGBl. I S. 3083); Abs. 2 einl. Satzteil geänd. mWv 4.1.2018 durch VO v. 2.1.2018 (BGBl. I S. 2).

[3] Nr. **10**.

[4] Nr. **675**.

8. die Fahrerlaubnisdaten unter Angabe der Fahrerlaubnisnummer, der Art der Fahrerlaubnis, der Fahrerlaubnisklassen, der erteilenden Behörde und des Tages der Erteilung, soweit sie im Rahmen von Entscheidungen wegen Straftaten oder Ordnungswidrigkeiten dem Fahreignungsregister mitgeteilt sind,
9. bei einer Versagung, Entziehung oder Aberkennung des Rechts, von der Fahrerlaubnis im Inland Gebrauch zu machen, oder einer Feststellung über die fehlende Fahrberechtigung durch eine Fahrerlaubnisbehörde der Grund der Entscheidung und die entsprechende Kennziffer sowie den Tag des Ablaufs der Sperrfrist,
10. bei einem Verzicht auf die Fahrerlaubnis der Tag des Zugangs der Verzichtserklärung bei der zuständigen Behörde sowie der Tag des Ablaufs der Sperrfrist,
11. bei einem Fahrverbot der Hinweis auf § 25 Absatz 2a Satz 1 des Straßenverkehrsgesetzes und der Tag des Fristablaufs sowie bei einem Verbot oder einer Beschränkung, ein fahrerlaubnisfreies Fahrzeug zu führen, der Tag des Ablaufs oder der Aufhebung der Maßnahme,
12. bei der Teilnahme an einem Fahreignungsseminar, einem Aufbauseminar, einem besonderen Aufbauseminar oder einer verkehrspsychologischen Beratung die rechtliche Grundlage, der Tag der Beendigung des Seminars, der Tag der Ausstellung der Teilnahmebescheinigung und der Tag, an dem die Bescheinigung der zuständigen Behörde vorgelegt wurde,
13. der Punktabzug auf Grund der freiwilligen Teilnahme an einem Fahreignungsseminar,
14. bei Maßnahmen nach § 2a Absatz 2 Satz 1 Nummer 1 und 2 und § 4 Absatz 5 Satz 1 Nummer 1 und 2 des Straßenverkehrsgesetzes die Behörde, der Tag und die Art der Maßnahme sowie die gesetzte Frist, die Geschäftsnummer oder das Aktenzeichen.

(2) Über Entscheidungen und Erklärungen im Rahmen des § 59 Absatz 2 des Fahrlehrergesetzes[1)] werden gespeichert:

1. die Angaben zur Person nach Absatz 1 Nummer 1 mit Ausnahme des Hinweises auf Zweifel an der Identität,
2. die Angaben zur Entscheidung nach Absatz 1 Nummer 2,
3. Ort und Tag der Tat,
4. der Tag der Unanfechtbarkeit, sofortigen Vollziehbarkeit oder Rechtskraft der Entscheidung, des Ruhens oder des Erlöschens der Fahrlehrerlaubnis oder der Tag der Abgabe der Erklärung,
5. die Angaben zur Entscheidung nach Absatz 1 Nummer 5,
6. die Höhe der Geldbuße,
7. die Angaben zur Fahrlehrerlaubnis in entsprechender Anwendung des Absatzes 1 Nummer 8,
8. bei einer Versagung der Fahrlehrerlaubnis der Grund der Entscheidung,
9. der Hinweis aus dem Zentralen Fahrerlaubnisregister bei Erteilung einer Fahrlehrerlaubnis nach vorangegangener Versagung, Rücknahme und vorangegangenem Widerruf.

---

1) Nr. **330**.

(3) [1] Enthält eine strafgerichtliche Entscheidung sowohl registerpflichtige als auch nicht registerpflichtige Teile, werden in Fällen der Tateinheit (§ 52 des Strafgesetzbuches) nur die registerpflichtigen Taten sowie die Folgen mit dem Hinweis aufgenommen, dass diese sich auch auf nicht registerpflichtige Taten beziehen. [2] In Fällen der Tatmehrheit (§ 53 des Strafgesetzbuches und § 460 der Strafprozessordnung) sind die registerpflichtigen Taten mit ihren Einzelstrafen und einem Hinweis einzutragen, dass diese in einer Gesamtstrafe aufgegangen sind; ist auf eine einheitliche Jugendstrafe (§ 31 des Jugendgerichtsgesetzes) erkannt worden, wird nur die Verurteilung wegen der registerpflichtigen Straftaten, nicht aber die Höhe der Jugendstrafe eingetragen. [3] Die Eintragung sonstiger Folgen bleibt unberührt.

(4) [1] Enthält eine Entscheidung wegen einer Ordnungswidrigkeit sowohl registerpflichtige als auch nicht registerpflichtige Teile, werden in Fällen der Tateinheit (§ 19 des Gesetzes über Ordnungswidrigkeiten[1]) nur die registerpflichtigen Taten sowie die Folgen mit dem Hinweis eingetragen, dass sich die Geldbuße auch auf nicht registerpflichtige Taten bezieht. [2] In Fällen der Tatmehrheit (§ 20 des Gesetzes über Ordnungswidrigkeiten) sind nur die registerpflichtigen Teile einzutragen.

§ 60[2] Übermittlung von Daten nach § 30 des Straßenverkehrsgesetzes. (1) Für Maßnahmen wegen Straftaten oder Ordnungswidrigkeiten werden gemäß § 30 Absatz 1 Nummer 1 und 2 des Straßenverkehrsgesetzes[3] die auf Grund des § 28 Absatz 3 Nummer 1 bis 3 des Straßenverkehrsgesetzes nach § 59 Absatz 1 dieser Verordnung gespeicherten Daten und – soweit Kenntnis über den Besitz von Fahrerlaubnissen und Führerscheinen sowie über die Berechtigung zum Führen von Kraftfahrzeugen erforderlich ist – die auf Grund des § 28 Absatz 3 Nummer 1 bis 9 des Straßenverkehrsgesetzes nach § 59 Absatz 1 dieser Verordnung gespeicherten Daten übermittelt.

(2) [1] Für Verwaltungsmaßnahmen nach dem Straßenverkehrsgesetz oder dieser Verordnung werden gemäß § 30 Absatz 1 Nummer 3 des Straßenverkehrsgesetzes die auf Grund des § 28 Absatz 3 des Straßenverkehrsgesetzes nach § 59 Absatz 1 dieser Verordnung gespeicherten Daten übermittelt. [2] Für Verwaltungsmaßnahmen nach der Straßenverkehrs-Zulassungs-Ordnung wegen der Zustimmung der zuständigen Behörden zur Betrauung mit der Durchführung der Untersuchungen nach § 29 der Straßenverkehrs-Zulassungs-Ordnung[4] (Nummer 3.7 der Anlage VIIIb der Straßenverkehrs-Zulassungs-Ordnung) werden gemäß § 30 Absatz 1 Nummer 3 des Straßenverkehrsgesetzes die auf Grund des § 28 Absatz 3 Nummer 1 bis 9 des Straßenverkehrsgesetzes nach § 59 Absatz 1 dieser Verordnung gespeicherten Daten übermittelt. [3] Für Verwaltungsmaßnahmen nach der Straßenverkehrs-Zulassungs-Ordnung wegen

1. der Anerkennung von Kraftfahrzeugwerkstätten zur Durchführung von Sicherheitsprüfungen nach Anlage VIIIc der Straßenverkehrs-Zulassungs-Ordnung,

[1] Nr. **680**.

[2] § 60 Abs. 1, Abs. 2 Satz 2, Abs. 3 Satz 1 abschl. Satzteil, Abs. 4 und Absatz 6 geänd., Abs. 5 neu gef. mWv 1.5.2014 durch VO v. 5.11.2013 (BGBl. I S. 3920).

[3] Nr. **10**.

[4] Nr. **200**.

2. der Anerkennung von Überwachungsorganisationen nach Anlage VIIIb der Straßenverkehrs-Zulassungs-Ordnung,
3. der Anerkennung von Kraftfahrzeugwerkstätten zur Durchführung von Abgasuntersuchungen nach Anlage VIIIc der Straßenverkehrs-Zulassungs-Ordnung und für die Zuteilung von roten Kennzeichen nach § 16 Absatz 3 oder § 17 der Fahrzeug-Zulassungsverordnung[1)]

werden gemäß § 30 Absatz 1 Nummer 3 des Straßenverkehrsgesetzes die auf Grund des § 28 Absatz 3 Nummer 1 bis 3 des Straßenverkehrsgesetzes nach § 59 Absatz 1 dieser Verordnung gespeicherten Daten übermittelt.

(3) [1] Für Verwaltungsmaßnahmen

1. nach dem Fahrlehrergesetz[2)] oder den auf Grund dieses Gesetzes erlassenen Rechtsvorschriften,
2. nach dem Kraftfahrsachverständigengesetz[3)] oder den auf Grund dieses Gesetzes erlassenen Rechtsvorschriften,
3. nach dem Gesetz über das Fahrpersonal im Straßenverkehr oder den auf Grund dieses Gesetzes erlassenen Rechtsvorschriften

werden gemäß § 30 Absatz 2 des Straßenverkehrsgesetzes die auf Grund des § 28 Absatz 3 Nummer 1 bis 9 des Straßenverkehrsgesetzes nach § 59 Absatz 1 – für Verwaltungsmaßnahmen nach Nummer 1 zusätzlich nach § 59 Absatz 2 – dieser Verordnung gespeicherten Daten übermittelt. [2] Für Verwaltungsmaßnahmen

1. auf Grund der gesetzlichen Bestimmungen über die Notfallrettung und den Krankentransport,
2. nach dem Personenbeförderungsgesetz[4)] oder den auf Grund dieses Gesetzes erlassenen Rechtsvorschriften,
3. nach dem Güterkraftverkehrsgesetz[5)] oder den auf Grund dieses Gesetzes erlassenen Rechtsvorschriften,
4. nach dem Gesetz über die Beförderung gefährlicher Güter[6)] oder den auf Grund dieses Gesetzes erlassenen Rechtsvorschriften

werden gemäß § 30 Absatz 2 des Straßenverkehrsgesetzes die auf Grund des § 28 Absatz 3 Nummer 1 bis 3 des Straßenverkehrsgesetzes nach § 59 Absatz 1 dieser Verordnung gespeicherten Daten übermittelt.

(4) Für Verkehrs- und Grenzkontrollen gemäß § 30 Absatz 3 des Straßenverkehrsgesetzes werden die auf Grund des § 28 Absatz 3 Nummer 1, sofern die Entziehung der Fahrerlaubnis, eine isolierte Sperre oder ein Fahrverbot angeordnet wurde, Nummer 2, 3 Buchstabe a Doppelbuchstabe aa, Buchstabe b und Nummer 4 bis 9 des Straßenverkehrsgesetzes nach § 59 Absatz 1 dieser Verordnung gespeicherten Daten übermittelt.

(5) Für luftverkehrsrechtliche Maßnahmen nach § 30 Absatz 4 des Straßenverkehrsgesetzes, schiffsverkehrsrechtliche Maßnahmen nach § 30 Absatz 4a des Straßenverkehrsgesetzes und eisenbahnverkehrsrechtliche Maß-

---

1) Nr. **250**.
2) Nr. **330**.
3) Nr. **660**.
4) Nr. **400**.
5) Nr. **450**.
6) Nr. **500**.

nahmen nach § 30 Absatz 4b des Straßenverkehrsgesetzes werden die auf Grund des § 28 Absatz 3 Nummer 1 bis 9 des Straßenverkehrsgesetzes nach § 59 Absatz 1 dieser Verordnung gespeicherten Daten übermittelt.

(6) Im Rahmen des § 30 Absatz 7 des Straßenverkehrsgesetzes werden die auf Grund des § 28 Absatz 3 Nummer 1 bis 9 des Straßenverkehrsgesetzes nach § 59 Absatz 1 dieser Verordnung gespeicherten Daten

1. für Verwaltungsmaßnahmen auf dem Gebiet des Straßenverkehrs den Straßenverkehrsbehörden und
2. für die Verfolgung von Zuwiderhandlungen gegen Rechtsvorschriften auf dem Gebiet des Straßenverkehrs oder für die Verfolgung von Straftaten den Polizei- und Justizbehörden

unmittelbar übermittelt, wenn nicht der Empfängerstaat mitgeteilt hat, dass andere Behörden zuständig sind.

§ 61[1)] Abruf im automatisierten Verfahren nach § 30a des Straßenverkehrsgesetzes. (1) Zur Übermittlung nach § 30a Absatz 1 und 3 des Straßenverkehrsgesetzes[2)] durch Abruf im automatisierten Verfahren dürfen folgende Daten bereitgehalten werden:

1. Familiennamen, Geburtsnamen, sonstige frühere Namen, soweit hierzu Eintragungen vorliegen, Vornamen, Ordens- oder Künstlernamen, Doktorgrad, Geschlecht, Tag und Ort der Geburt, Anschrift des Betroffenen, Staatsangehörigkeit sowie Hinweise auf Zweifel an der Identität gemäß § 28 Absatz 5 des Straßenverkehrsgesetzes,
2. die Tatsache, ob über die betreffende Person Eintragungen vorhanden sind,
3. die Eintragungen über Ordnungswidrigkeiten mit den Angaben über
   a) die entscheidende Stelle, den Tag der Entscheidung und die Geschäftsnummer oder das Aktenzeichen, die mitteilende Stelle und den Tag der Mitteilung, den Tag der Rechtskraft,
   b) Ort, Tag und Zeit der Tat, die Angabe, ob die Tat im Zusammenhang mit einem Verkehrsunfall steht, die Art der Verkehrsteilnahme sowie die Fahrzeugart,
   c) die rechtliche Bezeichnung der Tat unter Angabe der anzuwendenden Vorschriften, die Höhe der Geldbuße und das Fahrverbot,
   d) bei einem Fahrverbot den Hinweis auf § 25 Absatz 2a Satz 1 des Straßenverkehrsgesetzes und den Tag des Fristablaufs,
   e) die Fahrerlaubnis nach § 59 Absatz 1 Nummer 8,
   f) die vorgeschriebene Einstufung als besonders verkehrssicherheitsbeeinträchtigende Ordnungswidrigkeit mit zwei Punkten oder als verkehrssicherheitsbeeinträchtigende Ordnungswidrigkeit mit einem Punkt und die entsprechende Kennziffer,
4. die Angaben über die Fahrerlaubnis (Klasse, Art und etwaige Beschränkungen) sowie

---

1) § 61 Abs. 1 Nr. 4 Buchst. f neu gef. mWv 1.1.2011 durch VO v. 17.12.2010 (BGBl. I S. 2279); Abs. 1 Nr. 3 Buchst. f neu gef., Nr. 4 Buchst. h geänd. und abschl. Satzteil angef., Nr. 5 und 6 angef., Abs. 3 neu gef., Abs. 4 und 5 aufgeh., Abs. 7 geänd. mWv 1.5.2014 durch VO v. 5.11.2013 (BGBl. I S. 3920).

2) Nr. **10**.

a) die unanfechtbare Versagung einer Fahrerlaubnis, einschließlich der Ablehnung der Verlängerung einer befristeten Fahrerlaubnis,

b) die rechtskräftige Anordnung einer Fahrerlaubnissperre und der Tag des Ablaufs der Sperrfrist,

c) die rechtskräftige oder vorläufige Entziehung einer Fahrerlaubnis und der Tag des Ablaufs der Sperrfrist,

d) die unanfechtbare oder sofort vollziehbare Entziehung oder Rücknahme sowie der unanfechtbare oder sofort vollziehbare Widerruf einer Fahrerlaubnis,

e) das Bestehen eines rechtskräftigen Fahrverbots unter Angabe des Tages des Ablaufs des Verbots,

f) die rechtskräftige Aberkennung des Rechts, von einer ausländischen Fahrerlaubnis Gebrauch zu machen, und der Tag des Ablaufs der Sperrfrist sowie die Feststellung über die fehlende Fahrberechtigung,

g) die Beschlagnahme, Sicherstellung oder Verwahrung des Führerscheins nach § 94 der Strafprozessordnung[1] und

h) der Verzicht auf eine Fahrerlaubnis,

jeweils mit den Angaben über die Geschäftsnummer oder das Aktenzeichen, die mitteilende Stelle und den Tag der Mitteilung, die Rechtsgrundlagen sowie den Angaben über die Fahrerlaubnis nach § 59 Absatz 1 Nummer 8 und darüber hinaus bei Buchstaben a bis g die entscheidende Stelle, den Tag der Entscheidung sowie den Grund der Maßnahme oder bei Buchstabe h den Tag des Zugangs des Verzichts bei der zuständigen Behörde,

5. die Eintragungen nach § 28 Absatz 3 Nummer 1 und 2 des Straßenverkehrsgesetzes über Entscheidungen der Strafgerichte mit den Angaben über

a) die entscheidende Stelle, den Tag des ersten Urteils oder bei Strafbefehlen den Tag der Unterzeichnung durch den Richter, die Geschäftsnummer oder das Aktenzeichen, die mitteilende Stelle und den Tag der Mitteilung, den Tag der Rechtskraft,

b) Ort, Tag und Zeit der Tat, die Angaben, ob die Tat im Zusammenhang mit einem Verkehrsunfall steht, die Art der Verkehrsteilnahme sowie die Fahrzeugart,

c) die rechtliche Bezeichnung der Tat unter Angabe der angewendeten Vorschriften, die Haupt- und Nebenstrafe, die nach § 59 des Strafgesetzbuches vorbehaltene Strafe, das Absehen von Strafe, die Maßregeln der Besserung und Sicherung, die Erziehungsmaßregeln, die Zuchtmittel und die Jugendstrafe, die Geldstrafe, die rechtskräftige oder vorläufige Entziehung der Fahrerlaubnis und den Tag des Ablaufs der Sperrfrist, die Anordnung einer Fahrerlaubnissperre und den Tag des Ablaufs der Sperrfrist, das Bestehen eines rechtskräftigen Fahrverbots unter Angabe des Ablaufs des Verbots sowie die vorgeschriebene Einstufung als Straftat mit Entziehung der Fahrerlaubnis oder mit isolierter Sperre mit drei Punkten oder als Straftat ohne Entziehung der Fahrerlaubnis und ohne isolierte Sperre mit zwei Punkten und die entsprechende Kennziffer,

---

[1] Nr. **675**.

d) bei einem Fahrverbot den Hinweis auf § 25 Absatz 2a Satz 1 des Straßenverkehrsgesetzes oder § 44 Absatz 3 Satz 1 des Strafgesetzbuches und den Tag des Fristablaufs,

e) die Angaben über die Fahrerlaubnis nach § 59 Absatz 1 Nummer 8,

6. die Eintragungen nach § 28 Absatz 3 Nummer 9 des Straßenverkehrsgesetzes über Entscheidungen der Justizbehörden bei Beschlagnahme, Sicherstellung oder Verwahrung des Führerscheins oder über die vorläufige Entziehung des Führerscheins nach § 94 oder § 111a der Strafprozessordnung mit den Angaben über die entscheidende Stelle, den Tag der Maßnahme und die Geschäftsnummer oder das Aktenzeichen, die mitteilende Stelle und den Tag der Mitteilung und Angaben über die Fahrerlaubnis nach § 59 Absatz 1 Nummer 8.

(2) Der Abruf darf nur unter Verwendung der Angaben zur Person erfolgen.

(3) § 60 Absatz 1 bis 5 findet entsprechende Anwendung.

(4), (5) *(aufgehoben)*

(6) Wegen der Sicherung gegen Missbrauch ist § 54 und wegen der Aufzeichnungen der Abrufe § 55 anzuwenden.

(7) Im Rahmen von § 30 Absatz 7 des Straßenverkehrsgesetzes dürfen die in § 30a Absatz 5 des Straßenverkehrsgesetzes genannten Daten aus dem Fahreignungsregister durch Abruf im automatisierten Verfahren den in § 60 Absatz 6 genannten Stellen in einem Mitgliedstaat der Europäischen Union oder in einem anderen Vertragsstaat des Abkommens über den Europäischen Wirtschaftsraum übermittelt werden.

§ 62[1)] Automatisiertes Anfrage- und Auskunftsverfahren nach § 30b des Straßenverkehrsgesetzes. (1) Die Übermittlung der Daten nach § 60 ist auch in einem automatisierten Anfrage- und Auskunftsverfahren zulässig.

(2) § 53 ist anzuwenden.

§ 63 Vorzeitige Tilgung. (1) Wurde die Fahrerlaubnis durch eine Fahrerlaubnisbehörde ausschließlich wegen körperlicher oder geistiger Mängel oder wegen fehlender Befähigung entzogen oder aus den gleichen Gründen versagt, ist die Eintragung mit dem Tag der Erteilung der neuen Fahrerlaubnis zu tilgen.

(2) Eintragungen von gerichtlichen Entscheidungen über die vorläufige Entziehung der Fahrerlaubnis, von anfechtbaren Entscheidungen der Fahrerlaubnisbehörden sowie von Maßnahmen nach § 94 der Strafprozessordnung[2)] sind zu tilgen, wenn die betreffenden Entscheidungen aufgehoben wurden.

§ 64[3)] Identitätsnachweis. (1)[4)] Als Identitätsnachweis bei Auskünften nach § 30 Absatz 8 oder § 58 des Straßenverkehrsgesetzes[5)] werden anerkannt

---

[1)] § 62 Abs. 1 geänd. mWv 1.5.2014 durch VO v. 5.11.2013 (BGBl. I S. 3920).

[2)] Nr. **675**.

[3)] § 64 Abs. 1 Nr. 2 und 3 geänd., Nr. 4 angef. mWv 1.5.2014 durch VO v. 5.11.2013 (BGBl. I S. 3920); Abs. 1 Nr. 4 geänd. mWv 1.11.2019 durch G v. 21.6.2019 (BGBl. I S. 846).

[4)] Siehe hierzu auch die Erste AusnahmeVO zur FahrerlaubnisVO v. 15.4.2011 (BGBl. I S. 650), aufgeh. durch VO v. 5.11.2013 (BGBl. I S. 3920) (Anerkennung des elektronischen Identitätsnachweises nach § 18 PAuswG v. 18.6.2009 (BGBl. I S. 1346), zuletzt geänd. durch G v. 3.12.2020 (BGBl. I S. 2744) als Identitätsnachweis).

[5)] Nr. **10**.

1. die amtliche Beglaubigung der Unterschrift,
2. die Ablichtung des Personalausweises oder des Passes,
3. bei persönlicher Antragstellung der Personalausweis, der Pass oder der behördliche Dienstausweis oder
4. bei elektronischer Antragstellung der elektronische Identitätsnachweis nach § 18 des Personalausweisgesetzes, § 12 des eID-Karte-Gesetzes oder nach § 78 Absatz 5 des Aufenthaltsgesetzes.

(2) Für die Auskunft an einen beauftragten Rechtsanwalt ist die Vorlage einer entsprechenden Vollmachtserklärung oder einer Fotokopie hiervon erforderlich.

IV.[1] Anerkennung und Begutachtung für bestimmte Aufgaben

§ 65 Ärztliche Gutachter. [1]Der Facharzt hat seine verkehrsmedizinische Qualifikation (§ 11 Absatz 2 Satz 3 Nummer 1), die sich aus den maßgeblichen landesrechtlichen Vorschriften ergibt, auf Verlangen der Fahrerlaubnisbehörde nachzuweisen. [2]Der Nachweis erfolgt durch die Vorlage eines Zeugnisses der zuständigen Ärztekammer. [3]Abweichend von Satz 1 und 2 reicht auch eine mindestens einjährige Zugehörigkeit zu einer Begutachtungsstelle für Fahreignung (Anlage 14) aus.

§ 66[2] Träger von Begutachtungsstellen für Fahreignung. (1) Träger von Begutachtungsstellen für Fahreignung und ihre Begutachtungsstellen bedürfen der amtlichen Anerkennung durch die nach Landesrecht zuständige Behörde.

(2) Die Anerkennung wird auf schriftlichen Antrag des Trägers für den Träger und seine Begutachtungsstellen erteilt, wenn die Voraussetzungen der Anlage 14 sowie der Richtlinie über die Anforderungen an Träger von Begutachtungsstellen für Fahreignung (§ 66 FeV) und deren Begutachtung durch die Bundesanstalt für Straßenwesen vom 27. Januar 2014 (VkBl. S. 110), die zuletzt durch Verlautbarung vom 11. März 2020 (VkBl. S. 217) geändert worden ist, vorliegen.

(3) Die Anerkennung kann mit Nebenbestimmungen, insbesondere mit Auflagen verbunden werden, um die ordnungsgemäße Tätigkeit des Trägers und seiner Begutachtungsstellen sicherzustellen.

(4) [1]Die Anerkennung ist auf längstens zehn Jahre zu befristen. [2]Sie wird auf Antrag für jeweils höchstens zehn Jahre verlängert. [3]Für eine Verlängerung sind die Voraussetzungen nach Absatz 2 vorbehaltlich der Bestimmungen der Anlage 14 Nummer 8 erneut nachzuweisen.

(5) Die Anerkennung ist zurückzunehmen, wenn bei ihrer Erteilung eine der Voraussetzungen nach Absatz 2 nicht vorgelegen hat und keine Ausnahme erteilt worden ist; davon kann abgesehen werden, wenn der Mangel nicht mehr besteht.

(6) Die Anerkennung ist zu widerrufen, wenn nachträglich eine der Voraussetzungen nach Absatz 2 weggefallen ist, die medizinisch-psychologische Be-

---

[1] Abschnitt IV Überschrift neu gef. mWv 1.5.2014 durch VO v. 16.4.2014 (BGBl. I S. 348).

[2] § 66 neu gef. mWv 1.5.2014 durch VO v. 16.4.2014 (BGBl. I S. 348); Abs. 7 Satz 1 geänd. mWv 28.12.2016 durch VO v. 21.12.2016 (BGBl. I S. 3083); Abs. 2 geänd. mWv 10.12.2020 durch VO v. 16.11.2020 (BGBl. I S. 2704).

gutachtung wiederholt nicht ordnungsgemäß durchgeführt wird oder wenn sonst ein grober Verstoß gegen die Pflichten aus der Anerkennung oder gegen Auflagen vorliegt.

(7) [1] Bei Zweifeln, ob die Voraussetzungen nach Absatz 2 vorliegen oder bei Verstößen gegen Auflagen nach Absatz 3, kann die nach Landesrecht zuständige Behörde eine Begutachtung aus besonderem Anlass anordnen. [2] Der Träger ist verpflichtet, die hierdurch entstehenden Kosten zu tragen, wenn die nach Absatz 2 erforderlichen Voraussetzungen nicht oder nicht vollständig vorliegen. [3] Gleiches gilt, wenn sich ein Verdacht nicht bestätigt, der Träger aber durch unsachgemäßes Verhalten eine Maßnahme der Behörde veranlasst hat.

(8) Widerspruch und Anfechtungsklage gegen eine Anordnung nach Absatz 5 oder 6 haben keine aufschiebende Wirkung.

§ 67[1)] Sehteststelle. (1) Sehteststellen bedürfen – unbeschadet der Absätze 4 und 5 – der amtlichen Anerkennung durch die zuständige oberste Landesbehörde oder durch die von ihr bestimmte oder nach Landesrecht zuständige Stelle.

(2) Die Anerkennung kann erteilt werden, wenn

1. der Antragsteller, bei juristischen Personen die nach Gesetz oder Satzung zur Vertretung berufenen Personen, zuverlässig sind und
2. der Antragsteller nachweist, dass er über die erforderlichen Fachkräfte und über die notwendigen der DIN 58220 Teil 6, Ausgabe September 2013, entsprechenden Sehtestgeräte verfügt und dass eine regelmäßige ärztliche Aufsicht über die Durchführung des Sehtests gewährleistet ist.

(3) [1] Die Anerkennung kann mit Nebenbestimmungen, insbesondere mit Auflagen verbunden werden, um sicherzustellen, dass die Sehtests ordnungsgemäß durchgeführt werden. [2] Sie ist zurückzunehmen, wenn bei ihrer Erteilung eine der Voraussetzungen nach Absatz 2 nicht vorgelegen hat; davon kann abgesehen werden, wenn der Mangel nicht mehr besteht. [3] Die Anerkennung ist zu widerrufen, wenn nachträglich eine der Voraussetzungen nach Absatz 2 weggefallen ist, wenn der Sehtest wiederholt nicht ordnungsgemäß durchgeführt oder wenn sonst gegen die Pflichten aus der Anerkennung oder gegen Auflagen grob verstoßen worden ist. [4] Die oberste Landesbehörde oder die von ihr bestimmte oder nach Landesrecht zuständige Stelle übt die Aufsicht über die Inhaber der Anerkennung aus. [5] Die die Aufsicht führende Stelle kann selbst prüfen oder durch einen von ihr bestimmten Sachverständigen prüfen lassen, ob die Voraussetzungen für die Anerkennung noch gegeben sind, ob die Sehtests ordnungsgemäß durchgeführt und ob die sich sonst aus der Anerkennung oder den Auflagen ergebenden Pflichten erfüllt werden. [6] Die Sehteststelle hat der die Aufsicht führenden Stelle auf Verlangen Angaben über Zahl und Ergebnis der durchgeführten Sehtests zu übermitteln.

(4) [1] Betriebe von Augenoptikern gelten als amtlich anerkannt; sie müssen gewährleisten, dass die Voraussetzungen des Absatzes 2, ausgenommen die ärztliche Aufsicht, gegeben sind. [2] Die Anerkennung kann durch die oberste Landesbehörde oder die von ihr bestimmte oder nach Landesrecht zuständige Stelle nachträglich mit Auflagen verbunden werden, um sicherzustellen, dass die Sehtests ordnungsgemäß durchgeführt werden. [3] Die Anerkennung ist im

[1)] § 67 Abs. 2 Nr. 2 geänd. mWv 24.8.2017 durch VO v. 14.8.2017 (BGBl. I S. 3232).

Einzelfall nach Maßgabe des Absatzes 3 Satz 3 zu widerrufen. [4] Hinsichtlich der Aufsicht ist Absatz 3 Satz 4 und 5 entsprechend anzuwenden. [5] Die oberste Landesbehörde kann die Befugnisse auf die örtlich zuständige Augenoptikerinnung oder deren Landesverbände nach Landesrecht übertragen.

(5) [1] Außerdem gelten

1. Begutachtungsstellen für Fahreignung (§ 66),
2. der Arzt des Gesundheitsamtes oder ein anderer Arzt der öffentlichen Verwaltung und
3. die Ärzte mit der Gebietsbezeichnung „Arbeitsmedizin" und die Ärzte mit der Zusatzbezeichnung „Betriebsmedizin"

als amtlich anerkannte Sehteststelle. [2] Absatz 4 ist anzuwenden.

§ 68[1)] Stellen für die Schulung in Erster Hilfe[2)]. (1) [1] Stellen, die Schulungen in Erster Hilfe für den Erwerb einer Fahrerlaubnis durchführen, bedürfen der amtlichen Anerkennung durch die für das Fahrerlaubniswesen oder das Gesundheitswesen zuständige oberste Landesbehörde oder durch die von ihr bestimmte oder nach Landesrecht zuständige Stelle. [2] Einer Anerkennung nach Satz 1 bedarf es nicht für Stellen, die ein Unfallversicherungsträger nach einer von ihm nach § 15 Absatz 1, auch in Verbindung mit Absatz 1a, des Siebten Buches Sozialgesetzbuch erlassenen Unfallverhütungsvorschrift über Grundsätze der Prävention für die Ausbildung zur Ersten Hilfe ermächtigt hat und vom Unfallversicherungsträger öffentlich bekannt gemacht sind. [3] Schulungen einer der in Satz 2 genannten Ausbildungsstellen können für die Zwecke dieser Verordnung durch die oberste Landesbehörde oder die von ihr bestimmte oder nach Landesrecht zuständige Stelle für ihren jeweiligen Zuständigkeitsbereich untersagt werden, wenn die Ausbildungsstelle wiederholt die Pflichten aus der durch den Träger der Unfallversicherung erteilten Ermächtigung verletzt hat. [4] Die zuständige Behörde gibt die in Satz 1 genannten Stellen öffentlich bekannt.

(2) [1] Die Anerkennung ist zu erteilen, wenn

1. keine Tatsachen vorliegen, die den Antragsteller, bei juristischen Personen die nach dem Gesetz oder der Satzung zur Vertretung berechtigten Personen, und das Ausbildungspersonal für die Schulung in Erster Hilfe als unzuverlässig erscheinen lassen und
2. die Befähigung für das Ausbildungspersonal nachgewiesen ist sowie geeignete Ausbildungsräume und die notwendigen Lehrmittel für den theoretischen Unterricht und die praktischen Übungen zur Verfügung stehen.

[2] Die nach Absatz 1 zuständige oberste Landesbehörde oder die von ihr bestimmte oder nach Landesrecht zuständige Stelle kann zur Vorbereitung ihrer Entscheidung die Beibringung eines Gutachtens einer fachlich geeigneten Stelle oder Person darüber anordnen, ob die Voraussetzungen für die Anerkennung gegeben sind. [3] Die Anerkennung kann befristet und mit Auflagen, ins-

---

[1)] § 68 Abs. 1 Sätze 2–4 angef. mWv 1.1.2015 durch VO v. 16.4.2014 (BGBl. I S. 348); Überschrift neu gef., Abs. 1 Satz 1 geänd., Satz 2 neu gef., Sätze 3 und 4 geänd., Abs. 2 Satz 1 Nr. 1 geänd., Satz 3 neu gef., Sätze 5 und 7 geänd., Satz 8 sowie Abs. 3 angef. mWv 21.10.2015 durch VO v. 2.10.2015 (BGBl. I S. 1674).

[2)] Siehe hierzu u.a.: Richtlinie für die Anerkennung der Eignung einer Stelle für die Schulung in Erster Hilfe im Sinne des § 68 der Fahrerlaubnis-Verordnung v. 20.10.2015 (VkBl S. 680, ber. 2020 S. 92) v. 20.1.2015 (VkBl S. 680).

besondere hinsichtlich der Fortbildung der mit der Schulung befassten Personen, verbunden werden, um die ordnungsgemäßen Schulungen sicherzustellen. [4] Die Anerkennung ist zurückzunehmen, wenn bei ihrer Erteilung eine der Voraussetzungen nach Satz 1 nicht vorgelegen hat; davon kann abgesehen werden, wenn der Mangel nicht mehr besteht. [5] Die Anerkennung ist zu widerrufen, wenn nachträglich eine der Voraussetzungen nach Satz 1 weggefallen ist, wenn die Schulungen wiederholt nicht ordnungsgemäß durchgeführt worden sind oder wenn sonst gegen die Pflichten aus der Anerkennung oder gegen Auflagen gröblich verstoßen worden ist. [6] Die für das Fahrerlaubniswesen oder das Gesundheitswesen zuständige oberste Landesbehörde oder die von ihr bestimmte oder nach Landesrecht zuständige Stelle übt die Aufsicht über die Inhaber der Anerkennung aus. [7] Die die Aufsicht führende Stelle kann selbst prüfen oder durch von ihr bestimmte Sachverständige prüfen lassen, ob die Voraussetzungen für die Anerkennung noch gegeben sind, ob die Schulungen ordnungsgemäß durchgeführt und ob die sich sonst aus der Anerkennung oder den Auflagen ergebenden Pflichten erfüllt werden. [8] Satz 7 gilt auch für die Stellen nach Absatz 1 Satz 2.

(3) Die Unfallversicherungsträger und die nach Absatz 2 Satz 7 Aufsicht führenden Stellen unterrichten sich gegenseitig über Untersagungen nach Absatz 1 Satz 3 sowie Rücknahmen und Widerrufe nach Absatz 2 Satz 4 und 5.

§ 69 Stellen zur Durchführung der Fahrerlaubnisprüfung. (1) Die Durchführung der Fahrerlaubnisprüfung obliegt den amtlich anerkannten Sachverständigen oder Prüfern für den Kraftfahrzeugverkehr bei den Technischen Prüfstellen für den Kraftfahrzeugverkehr nach dem Kraftfahrsachverständigengesetz[1)] im Sinne der §§ 10 und 14 des Kraftfahrsachverständigengesetzes sowie den amtlich anerkannten Prüfern und Sachverständigen im Sinne des § 16 des Kraftfahrsachverständigengesetzes.

(2) Die Fahrerlaubnisprüfung ist nach Anlage 7 durchzuführen.

(3) Die für die Durchführung der Fahrerlaubnisprüfung erhobenen personenbezogenen Daten sind nach Ablauf des fünften Kalenderjahres nach Erledigung des Prüfauftrags zu löschen.

§ 70[2)] Träger von Kursen zur Wiederherstellung der Kraftfahreignung. (1) [1] Träger, die Kurse zur Wiederherstellung der Kraftfahreignung von alkohol- oder drogenauffälligen Kraftfahrern durchführen, werden von der nach Landesrecht zuständigen Behörde für den Zweck des § 11 Absatz 10 anerkannt. [2] In die Kurse dürfen nur Personen aufgenommen werden, die den Anforderungen des § 11 Absatz 10 entsprechen und nicht Inhaber einer Fahrerlaubnis sind.

(2) Die Anerkennung wird auf schriftlichen Antrag des Trägers für seine Stellen, seine Kurse zur Wiederherstellung der Kraftfahreignung von alkohol- oder drogenauffälligen Kraftfahrern und seine Kursleiter erteilt, wenn die Voraussetzungen der Anlage 15 und der Richtlinie über die Anforderungen an Träger von Kursen zur Wiederherstellung der Kraftfahreignung (§ 70 FeV) und deren Begutachtung durch die Bundesanstalt für Straßenwesen vom 27. Januar

---

[1)] Nr. **660**.

[2)] § 70 neu gef. mWv 1.5.2014 durch VO v. 16.4.2014 (BGBl. I S. 348); Abs. 2 geänd. mWv 10.12.2020 durch VO v. 16.11.2020 (BGBl. I S. 2704).

2014 (VkBl. S. 110), die zuletzt durch Verlautbarung vom 11. März 2020 (VkBl. S. 215) geändert worden ist, vorliegen.

(3) Die Anerkennung kann mit Nebenbestimmungen, insbesondere mit Auflagen verbunden werden, um den vorgeschriebenen Bestand und die ordnungsgemäße Tätigkeit des Trägers und seiner Stellen zu gewährleisten.

(4) [1] Die Anerkennung ist auf längstens zehn Jahre zu befristen. [2] Sie wird auf Antrag für jeweils höchstens zehn Jahre verlängert. [3] Für die Verlängerung sind die Voraussetzungen nach Absatz 2 vorbehaltlich der Bestimmungen der Anlage 15 Nummer 7 erneut nachzuweisen.

(5) Die Anerkennung ist zurückzunehmen, wenn bei ihrer Erteilung eine der Voraussetzungen nach Absatz 2 nicht vorgelegen hat und keine Ausnahme erteilt worden ist; davon kann abgesehen werden, wenn der Mangel nicht mehr besteht.

(6) Die Anerkennung ist zu widerrufen, wenn nachträglich eine der Voraussetzungen nach Absatz 2 weggefallen ist, wenn die Wirksamkeit der Kurse nach dem Ergebnis eines nach dem Stand der Wissenschaft durchgeführten Bewertungsverfahrens (Evaluation) nicht nachgewiesen ist, die Kurse nicht ordnungsgemäß durchgeführt werden oder wenn sonst ein grober Verstoß gegen die Pflichten aus der Anerkennung oder gegen Auflagen vorliegt.

(7) § 66 Absatz 7 und 8 gilt entsprechend.

§ 71[1)] Verkehrspsychologische Beratung. (1) Für die Durchführung der verkehrspsychologischen Beratung nach § 2a Absatz 7 des Straßenverkehrsgesetzes[2)] gelten die Personen im Sinne dieser Vorschrift als amtlich anerkannt, die eine Bestätigung nach Absatz 2 der Sektion Verkehrspsychologie im Berufsverband Deutscher Psychologinnen und Psychologen e.V. besitzen.

(2) Die Sektion Verkehrspsychologie im Berufsverband Deutscher Psychologinnen und Psychologen e.V. hat die Bestätigung auszustellen, wenn der Berater folgende Voraussetzungen nachweist:

1. Abschluss eines Hochschulstudiums als Diplom-Psychologe oder eines gleichwertigen Master-Abschlusses in Psychologie,
2. eine verkehrspsychologische Ausbildung an einer Universität oder gleichgestellten Hochschule oder einer Stelle, die sich mit der Begutachtung oder Wiederherstellung der Kraftfahreignung befasst, oder an einem Ausbildungsseminar, das vom Berufsverband Deutscher Psychologinnen und Psychologen e.V. veranstaltet wird,
3. Erfahrungen in der Verkehrspsychologie
   a) durch mindestens dreijährige Begutachtung von Kraftfahrern an einer Begutachtungsstelle für Fahreignung oder mindestens dreijährige Durchführung von Aufbauseminaren oder von Kursen zur Wiederherstellung der Kraftfahreignung oder
   b) im Rahmen einer mindestens fünfjährigen freiberuflichen verkehrspsychologischen Tätigkeit, welche durch Bestätigungen von Behörden oder Begutachtungsstellen für Fahreignung oder durch die Dokumentation von zehn Therapiemaßnahmen für verkehrsauffällige Kraftfahrer, die mit einer

[1)] § 71 Abs. 1 und Abs. 4a Sätze 1 und 2 geänd. mWv 1.5.2014 durch VO v. 5.11.2013 (BGBl. I S. 3920).
[2)] Nr. **10**.

positiven Begutachtung abgeschlossen wurden, erbracht werden kann, oder

c) im Rahmen einer dreijährigen freiberuflichen verkehrspsychologischen Tätigkeit mit Zertifizierung als klinischer Psychologe/Psychotherapeut entsprechend den Richtlinien des Berufsverbandes Deutscher Psychologinnen und Psychologen e.V. oder durch eine vergleichbare psychotherapeutische Tätigkeit und

4. Teilnahme an einem vom Berufsverband Deutscher Psychologinnen und Psychologen e.V. anerkannten Qualitätssicherungssystem, soweit der Berater nicht bereits in ein anderes, vergleichbares Qualitätssicherungssystem einbezogen ist. Erforderlich sind mindestens:

   a) Nachweis einer Teilnahme an einem Einführungsseminar über Verkehrsrecht von mindestens 16 Stunden,

   b) regelmäßiges Führen einer standardisierten Beratungsdokumentation über jede Beratungssitzung,

   c) regelmäßige Kontrollen und Auswertung der Beratungsdokumente und

   d) Nachweis der Teilnahme an einer Fortbildungsveranstaltung oder Praxisberatung von mindestens 16 Stunden innerhalb jeweils von zwei Jahren.

(3) [1] Der Berater hat der Sektion Verkehrspsychologie des Berufsverbandes Deutscher Psychologinnen und Psychologen e.V. alle zwei Jahre eine Bescheinigung über die erfolgreiche Teilnahme an der Qualitätssicherung vorzulegen. [2] Die Sektion hat der nach Absatz 5 zuständigen Behörde oder Stelle unverzüglich mitzuteilen, wenn die Bescheinigung innerhalb der vorgeschriebenen Frist nicht vorgelegt wird oder sonst die Voraussetzungen nach Absatz 2 nicht mehr vorliegen oder der Berater die Beratung nicht ordnungsgemäß durchgeführt oder sonst gegen die Pflichten aus der Anerkennung oder gegen Auflagen gröblich verstoßen hat.

(4) [1] Die Anerkennung ist zurückzunehmen, wenn eine der Voraussetzungen im Zeitpunkt ihrer Bestätigung nach Absatz 2 nicht vorgelegen hat; davon kann abgesehen werden, wenn der Mangel nicht mehr besteht. [2] Die Anerkennung ist zu widerrufen, wenn nachträglich eine der Voraussetzungen nach Absatz 2 weggefallen ist, die verkehrspsychologische Beratung nicht ordnungsgemäß durchgeführt wird oder wenn sonst gegen die Pflichten aus der Anerkennung oder gegen Auflagen gröblich verstoßen wird.

(4a) [1] Die Anerkennung ist außerdem zurückzunehmen, wenn die persönliche Zuverlässigkeit nach § 2a Absatz 7 Satz 8 Nummer 1 des Straßenverkehrsgesetzes, im Zeitpunkt der Bestätigung nach Absatz 2 nicht vorgelegen hat, insbesondere weil dem Berater die Fahrerlaubnis wegen wiederholter Verstöße gegen verkehrsrechtliche Vorschriften oder Straftaten entzogen wurde oder Straftaten im Zusammenhang mit der Tätigkeit begangen wurden; davon kann abgesehen werden, wenn der Mangel nicht mehr besteht. [2] Die Anerkennung ist zu widerrufen, wenn nachträglich die persönliche Zuverlässigkeit (§ 2a Absatz 7 Satz 8 Nummer 1 des Straßenverkehrsgesetzes) weggefallen ist.

(5) [1] Zuständig für die Rücknahme und den Widerruf der Anerkennung der verkehrspsychologischen Berater ist die zuständige oberste Landesbehörde oder die von ihr bestimmte oder die nach Landesrecht zuständige Stelle. [2] Diese führt auch die Aufsicht über die verkehrspsychologischen Berater; sie kann sich hierbei geeigneter Personen oder Stellen bedienen.

§ 71a[1)] Träger von unabhängigen Stellen für die Bestätigung der Eignung von eingesetzten psychologischen Testverfahren und -geräten.

(1) [1]Die Eignung von psychologischen Testverfahren und -geräten, die Träger von Begutachtungsstellen für die Feststellung der Fahreignung sowie Ärzte mit der Gebietsbezeichnung „Arbeitsmedizin" oder der Zusatzbezeichnung „Betriebsmedizin" zur Erstellung von Gutachten nach Anlage 5 einsetzen, muss von Trägern unabhängiger Stellen bestätigt werden. [2]Die Träger unabhängiger Stellen haben die Eignung der eingesetzten psychologischen Testverfahren und -geräte nach dem allgemein anerkannten Stand der Wissenschaft und nach Maßgabe der vom Bundesministerium für Verkehr und digitale Infrastruktur im Benehmen mit den zuständigen Obersten Landesbehörden erlassenen „Richtlinie zur Bestätigung der Eignung der Testverfahren und -geräte und der Eignung der Kurse zur Wiederherstellung der Kraftfahreignung" vom 31. März 2017 (VkBl. S. 227 ff.), die zuletzt durch Verlautbarung vom 10. Februar 2020 (VkBl. S. 164) geändert worden ist, zu prüfen.

(2) [1]Der Träger einer unabhängigen Stelle bedarf für seine Tätigkeit nach Absatz 1 der amtlichen Anerkennung durch die nach Landesrecht zuständigen Behörden in dem Bundesland, in dem er seinen Sitz hat. [2]Hat der Träger einer unabhängigen Stelle seinen Sitz außerhalb der Bundesrepublik Deutschland, kann er die amtliche Anerkennung in einem Bundesland seiner Wahl beantragen.

(3) [1]Der Träger der unabhängigen Stelle hat die amtliche Anerkennung schriftlich zu beantragen. [2]Die amtliche Anerkennung wird erteilt, wenn der Träger der unabhängigen Stelle die Voraussetzungen der Anlage 14a erfüllt und sich dies von der Bundesanstalt für Straßenwesen nach § 72 bestätigen lässt.

(4) Die amtliche Anerkennung kann mit Nebenbestimmungen, insbesondere mit Auflagen verbunden werden, um die ordnungsgemäße Tätigkeit des Trägers der unabhängigen Stelle sicherzustellen.

(5) [1]Die amtliche Anerkennung ist auf 15 Jahre zu befristen. [2]Sie wird auf Antrag um höchstens 15 Jahre verlängert. [3]Die Verlängerung kann mehrmals beantragt werden. [4]Für jede Verlängerung hat der Träger der unabhängigen Stelle die Voraussetzungen der Anlage 14a gesondert nachzuweisen.

(6) Die nach Landesrecht zuständige Behörde widerruft die amtliche Anerkennung, wenn

1. nachträglich eine Anerkennungsvoraussetzung weggefallen ist oder
2. der Träger gegen die Pflichten aus der anerkannten Tätigkeit oder gegen die erteilten Auflagen oder sonstige Nebenbestimmungen gröblich verstößt.

(7) Entstehen nach Erteilung der amtlichen Anerkennung der nach Landesrecht zuständigen Behörde ernsthafte Bedenken, ob der Träger der unabhängigen Stelle die Voraussetzungen nach Anlage 14a weiterhin erfüllt, kann die nach Landesrecht zuständige Behörde anordnen, dass der Träger der unabhängigen Stelle binnen einer angemessenen Frist ein Gutachten der Bundesanstalt für Straßenwesen beizubringen hat, dass er die Voraussetzungen nach Anlage 14a erfüllt.

[1)] § 71a eingef. mWv 24.8.2017 durch VO v. 14.8.2017 (BGBl. I S. 3232); Abs. 1 Satz 2 geänd. mWv 31.12.2019 durch VO v. 23.12.2019 (BGBl. I S. 2937); Abs. 1 Satz 2 geänd. mWv 10.12.2020 durch VO v. 16.11.2020 (BGBl. I S. 2704).

(8) Der Träger der unabhängigen Stelle hat die Kosten zu tragen, die der nach Landesrecht zuständigen Behörde entstehen, wenn

1. die Anerkennungsvoraussetzungen nicht oder nicht vollständig vorliegen oder
2. er durch unsachgemäßes Verhalten eine Maßnahme der Behörde veranlasst hat.

(9) Widerspruch und Anfechtungsklage gegen eine Anordnung nach den Absätzen 6 oder 7 haben keine aufschiebende Wirkung.

§ 71b[1)] Träger von unabhängigen Stellen für die Bestätigung der Eignung von Kursen zur Wiederherstellung der Kraftfahreignung. [1]Die Eignung von Kursen, die Träger von Kursen zur Wiederherstellung der Kraftfahreignung durchführen, muss von Trägern unabhängiger Stellen bestätigt werden. [2]Für Träger von unabhängigen Stellen für die Bestätigung der Eignung von Kursen zur Wiederherstellung der Kraftfahreignung gelten die Vorschriften des § 71a entsprechend, die Absätze 3 und 5 jedoch mit der Maßgabe, dass sich die Voraussetzungen der Anerkennung nach Anlage 15a richten.

§ 72[2)] Begutachtung. (1) [1]Die

1. Träger von Begutachtungsstellen für Fahreignung nach § 66,
2. Technischen Prüfstellen nach § 69 in Verbindung mit den §§ 10 und 14 des Kraftfahrsachverständigengesetzes[3)],
3. Träger, die Kurse zur Wiederherstellung der Kraftfahreignung nach § 70 durchführen,
4. Träger unabhängiger Stellen für die Bestätigung der Eignung von eingesetzten psychologischen Testverfahren und -geräten nach § 71a,
5. Träger unabhängiger Stellen für die Bestätigung der Eignung von Kursen zur Wiederherstellung der Kraftfahreignung nach § 71b

müssen sich hinsichtlich der Erfüllung der jeweiligen für sie geltenden fachlichen Anforderungen von der Bundesanstalt für Straßenwesen (Bundesanstalt) begutachten lassen. [2]Die Begutachtung umfasst die Erstbegutachtung, die regelmäßige Begutachtung sowie die Begutachtung aus besonderem Anlass. [3]Bei Trägern von Begutachtungsstellen für Fahreignung umfasst dies auch die Gutachtenüberprüfung.

(2) Grundlagen für die Begutachtung nach Absatz 1 sind

1. die Richtlinie über die Anforderungen an Träger von Begutachtungsstellen für Fahreignung (§ 66 FeV) und deren Begutachtung durch die Bundesanstalt für Straßenwesen vom 27. Januar 2014 (VkBl. S. 110), die zuletzt durch Verlautbarung vom 11. März 2020 (VkBl. S. 217) geändert worden ist,
2. die Richtlinie über die Anforderungen an Technische Prüfstellen (§ 69 in Verbindung mit den §§ 10 und 14 des Kraftfahrsachverständigengesetzes) und deren Begutachtung durch die Bundesanstalt für Straßenwesen vom

---

[1)] § 71b eingef. mWv 24.8.2017 durch VO v. 14.8.2017 (BGBl. I S. 3232).

[2)] § 72 neu gef. mWv 1.5.2014 durch VO v. 16.4.2014 (BGBl. I S. 348); Abs. 1 Satz 1 Nr. 4 und 5 angef., Abs. 2 Nr. 3 geänd., Nr. 4 und 5 angef. mWv 24.8.2017 durch VO v. 14.8.2017 (BGBl. I S. 3232); Abs. 2 Nr. 1, 2 und 3 geänd. mWv 10.12.2020 durch VO v. 16.11.2020 (BGBl. I S. 2704).

[3)] Nr. **665**.

27. Januar 2014 (VkBl. S. 110), die zuletzt durch Verlautbarung vom 28. Mai 2020 (VkBl. S. 326) geändert worden ist,

3. die Richtlinie über die Anforderungen an Träger von Kursen zur Wiederherstellung der Kraftfahreignung (§ 70 FeV) und deren Begutachtung durch die Bundesanstalt für Straßenwesen vom 27. Januar 2014 (VkBl. S. 110), die zuletzt durch Verlautbarung vom 11. März 2020 (VkBl. S. 215) geändert worden ist,
4. die in der Anlage 14a Absatz 2 festgelegten Anforderungen an die Träger unabhängiger Stellen für die Bestätigung der Eignung der eingesetzten psychologischen Testverfahren und -geräte nach § 71a,
5. die in der Anlage 15a Absatz 2 festgelegten Anforderungen an die Träger unabhängiger Stellen für die Bestätigung der Eignung der Kurse zur Wiederherstellung der Kraftfahreignung nach § 71b.

(3) Das unter Berücksichtigung der Stellungnahme einer der unter Absatz 1 genannten Stellen gefertigte Gutachten der Bundesanstalt für Straßenwesen mit den Ergebnissen der Begutachtungen wird diesen Stellen sowie den für die amtliche Anerkennung oder für die Aufsicht der nach Landesrecht zuständigen Behörden übersandt.

V. Durchführungs-, Bußgeld-, Übergangs- und Schlussvorschriften

§ 73[1)] Zuständigkeiten. (1) [1]Diese Verordnung wird, soweit nicht die obersten Landesbehörden oder die höheren Verwaltungsbehörden zuständig sind oder diese Verordnung etwas anderes bestimmt, von den nach Landesrecht zuständigen unteren Verwaltungsbehörden oder den Behörden, denen durch Landesrecht die Aufgaben der unteren Verwaltungsbehörde zugewiesen werden (Fahrerlaubnisbehörden), ausgeführt. [2]Die zuständigen obersten Landesbehörden und die höheren Verwaltungsbehörden können diesen Behörden Weisungen auch für den Einzelfall erteilen.

(2) [1]Örtlich zuständig ist, soweit nichts anderes vorgeschrieben ist, die Behörde des Ortes, in dem der Antragsteller oder Betroffene seine Wohnung, bei mehreren Wohnungen seine Hauptwohnung, hat (§ 12 Absatz 2 des Melderechtsrahmengesetzes in der Fassung der Bekanntmachung vom 19. April 2002 (BGBl. I S. 1342), das zuletzt durch Artikel 3 Absatz 1 des Gesetzes vom 18. Juni 2009 (BGBl. I S. 1346) geändert worden ist,[2)] in der jeweils geltenden Fassung), mangels eines solchen die Behörde des Aufenthaltsortes, bei juristischen Personen, Handelsunternehmen oder Behörden die Behörde des Sitzes oder des Ortes der beteiligten Niederlassung oder Dienststelle. [2]Anträge können mit Zustimmung der örtlich zuständigen Behörde von einer gleichgeordneten auswärtigen Behörde behandelt und erledigt werden. [3]Die Verfügungen der Behörde nach Satz 1 und 2 sind im gesamten Inland wirksam, es sei denn,

---

[1)] § 73 Abs. 2 Satz 1 geänd. mWv 1.11.2015 durch G v. 3.5.2013 (BGBl. I S. 1084, geänd. durch G v. 20.11.2014, BGBl. I S. 1738; Änd. mangels Übereinstimmung mit dem Wortlaut der FeV v. 13.12. 2010 nicht ausführbar).

[2)] Die Änderung durch G v. 3.5.2013 (BGBl. I S. 1084, geänd. durch G v. 20.11.2014, BGBl. I S. 1738) ist mangels Übereinstimmung des zu ersetzenden Textes mit dem Wortlaut der FeV nicht ausführbar. Ersetzt werden sollten wohl in Abs. 2 Satz 1 die Wörter „§ 12 Absatz 2 des Melderechtsrahmengesetzes in der Fassung der Bekanntmachung vom 19. April 2002 (BGBl. I S. 1342), das zuletzt durch Artikel 3 Absatz 1 des Gesetzes vom 18. Juni 2009 (BGBl. I S. 1346) geändert worden ist," durch die Wörter „§ 21 Absatz 2 des Bundesmeldegesetzes".

der Geltungsbereich wird durch gesetzliche Regelung oder durch behördliche Verfügung eingeschränkt. [4] Verlangt die Verkehrssicherheit ein sofortiges Eingreifen, kann anstelle der örtlich zuständigen Behörde jede ihr gleichgeordnete Behörde mit derselben Wirkung Maßnahmen auf Grund dieser Verordnung vorläufig treffen.

(3) Hat der Betroffene keinen Wohn- oder Aufenthaltsort im Inland, ist für Maßnahmen, die das Recht zum Führen von Kraftfahrzeugen betreffen, jede untere Verwaltungsbehörde (Absatz 1) zuständig.

(4) Die Zuständigkeiten der Verwaltungsbehörden, der höheren Verwaltungsbehörden und der obersten Landesbehörden werden für die Dienstbereiche der Bundeswehr, der Bundespolizei und der Polizei durch deren Dienststellen nach Bestimmung der Fachministerien wahrgenommen.

§ 74[1] Ausnahmen. (1) Die nach Landesrecht zuständigen Behörden können in bestimmten Einzelfällen oder allgemein für bestimmte einzelne Antragsteller Ausnahmen von den Vorschriften dieser Verordnung genehmigen.

(2) Ausnahmen vom Mindestalter setzen die Zustimmung des gesetzlichen Vertreters voraus.

(3) Die Genehmigung von Ausnahmen von den Vorschriften dieser Verordnung kann mit Auflagen verbunden werden.

(4) [1] Über erteilte Ausnahmegenehmigungen oder angeordnete Auflagen stellt die entscheidende Verwaltungsbehörde eine Bescheinigung aus, sofern die Ausnahme oder Auflage nicht im Führerschein vermerkt wird. [2] Die Bescheinigung hat das Format DIN A5 und die Farbe rosa, der Umfang beträgt 1 Blatt, ein beidseitiger Druck ist möglich. [3] Das Trägermaterial besteht aus Sicherheitspapier mit einer Stärke von 90 g/m², ohne optische Aufheller, in das die folgenden fälschungserschwerenden Sicherheitsmerkmale eingearbeitet sind:

1. als Wasserzeichen das gesetzlich für die Bundesdruckerei geschützte Motiv: „Bundesadler“,
2. nur unter UV-Licht sichtbar gelb und blau fluoreszierende Melierfasern,
3. chemische Reagenzien.

[4] Der Vordruck weist auf der Vorderseite eine fortlaufende Vordrucknummerierung auf. [5] Die Bescheinigung ist beim Führen von Kraftfahrzeugen mitzuführen und zuständigen Personen auf Verlangen zur Prüfung auszuhändigen.

(5) Die Bundeswehr, die Polizei, die Bundespolizei, die Feuerwehr und die anderen Einheiten und Einrichtungen des Katastrophenschutzes sowie der Zolldienst sind von den Vorschriften dieser Verordnung befreit, soweit dies zur Erfüllung hoheitlicher Aufgaben unter gebührender Berücksichtigung der öffentlichen Sicherheit und Ordnung dringend geboten ist.

§ 75[2] Ordnungswidrigkeiten. Ordnungswidrig im Sinne des § 24 des Straßenverkehrsgesetzes[3] handelt, wer vorsätzlich oder fahrlässig

---

[1] § 74 Abs. 1 Nr. 2 geänd. mWv 1.5.2014 durch VO v. 16.4.2014 (BGBl. I S. 348); Abs. 4 Sätze 2–4 eingef., bish. Satz 2 wird Satz 5 mWv 21.10.2015 durch VO v. 2.10.2015 (BGBl. I S. 1674); Abs. 1 neu gef. mWv 28.12.2016 durch VO v. 21.12.2016 (BGBl. I S. 3083).

[2] § 75 Nr. 9 geänd., Nr. 15 angef. (laut Änderungsanweisung im BGBl. I wird die nicht vorhandene Nr. 15 „wie folgt gefasst“) mWv 1.1.2011 durch VO v. 17.12.2010 (BGBl. I S. 2279); Nr. 9 geänd. mWv 19.1.2013 durch VO v. 26.6.2012 (BGBl. I S. 1394); Nr. 14 geänd. mWv 1.1.2015 durch VO v. 16.12.2014 (BGBl. I S. 2213); Nr. 5 und 6 geänd. mWv 28.12.2016 durch VO v. 21.12. →

1. entgegen § 2 Absatz 1 am Verkehr teilnimmt oder jemanden als für diesen Verantwortlicher am Verkehr teilnehmen lässt, ohne in geeigneter Weise Vorsorge getroffen zu haben, dass andere nicht gefährdet werden,
2. entgegen § 2 Absatz 3 ein Kennzeichen der in § 2 Absatz 2 genannten Art verwendet,
3. entgegen § 3 Absatz 1 ein Fahrzeug oder Tier führt oder einer vollziehbaren Anordnung oder Auflage zuwiderhandelt,
4. einer Vorschrift des § 4 Absatz 2 Satz 2 oder 3, § 5 Absatz 4 Satz 2 oder 3, § 25 Absatz 4 Satz 1, § 48 Absatz 3 Satz 2 oder § 74 Absatz 4 Satz 5 über die Mitführung, Aushändigung von Führerscheinen, deren Übersetzung sowie Bescheinigungen und der Verpflichtung zur Anzeige des Verlustes und Beantragung eines Ersatzdokuments zuwiderhandelt,
5. entgegen § 5 Absatz 1 Satz 1 ein Mofa nach § 4 Absatz 1 Satz 2 Nummer 1, ein Kraftfahrzeug nach § 4 Absatz 1 Satz 2 Nummer 1b oder einen motorisierten Krankenfahrstuhl führt, ohne die dazu erforderliche Prüfung abgelegt zu haben,
6. entgegen § 5 Absatz 2 Satz 2 oder 3 eine Ausbildung durchführt, ohne die dort genannte Fahrlehrerlaubnis zu besitzen oder entgegen § 5 Absatz 2 Satz 4 eine Ausbildungsbescheinigung ausstellt,
7. entgegen § 10 Absatz 3 ein Kraftfahrzeug, für dessen Führung eine Fahrerlaubnis nicht erforderlich ist, vor Vollendung des 15. Lebensjahres führt,
8. entgegen § 10 Absatz 4 ein Kind unter sieben Jahren auf einem Mofa (§ 4 Absatz 1 Satz 2 Nummer 1) mitnimmt, obwohl er noch nicht 16 Jahre alt ist,
9. einer vollziehbaren Auflage nach § 10 Absatz 1 Nummer 5, 7, 8 und 9, § 23 Absatz 2 Satz 1, § 28 Absatz 1 Satz 2, § 29 Absatz 1 Satz 6, § 46 Absatz 2, § 48a Absatz 2 Satz 1 oder § 74 Absatz 3 zuwiderhandelt,
10. einer Vorschrift des § 25 Absatz 5 Satz 6, des § 30 Absatz 3 Satz 2, des § 47 Absatz 1, auch in Verbindung mit Absatz 2 Satz 1 sowie Absatz 3 Satz 2, oder des § 48 Absatz 10 Satz 3 in Verbindung mit § 47 Absatz 1 über die Ablieferung oder die Vorlage eines Führerscheins zuwiderhandelt,
11. (weggefallen)
12. entgegen § 48 Absatz 1 ein dort genanntes Kraftfahrzeug ohne Erlaubnis führt oder entgegen § 48 Absatz 8 die Fahrgastbeförderung anordnet oder zulässt,
13. entgegen § 48a Absatz 3 Satz 2 die Prüfungsbescheinigung nicht mitführt oder aushändigt.

§ 76[1]) Übergangsrecht. Zu den nachstehend bezeichneten Vorschriften gelten folgende Bestimmungen:

(Fortsetzung der Anm. von voriger Seite)
2016 (BGBl. I S. 3083); Nr. 4, 9 und 10 geänd. mWv 24.8.2017 durch VO v. 14.8.2017 (BGBl. I S. 3232); Nr. 9 und 13 geänd., Nr. 14 und 15 aufgeh. mWv 24.5.2018 durch VO v. 3.5.2018 (BGBl. I S. 566).

[3]) Nr. **10**.

[1]) § 76 Nr. 9 geänd., Nr. 11a neu gef. und Nr. 13a eingef. mWv 1.1.2011 durch VO v. 17.12.2010 (BGBl. I S. 2279); Nr. 8 Überschr. geänd., Satz 1 bish. Buchst. b aufgeh., bish. Buchst. c wird Buchst b mWv 19.1.2013 durch VO v. 7.1.2011 (BGBl. I S. 3, geänd. durch VO v. 10.1.2013, BGBl. I S. 35); Nr. 12 geänd. mWv 30.6.2012 , Nr. 13 Sätze 1 und 2 geänd. mWv 19.1.2013 durch VO v. 26.6.2012 →

1. (weggefallen)
2. § 4 Absatz 1 Nummer 2 (Krankenfahrstühle)
   Inhaber einer Prüfbescheinigung für Krankenfahrstühle nach § 5 Absatz 4 dieser Verordnung in der bis zum 1. September 2002 geltenden Fassung sind berechtigt, motorisierte Krankenfahrstühle mit einer durch die Bauart bestimmten Höchstgeschwindigkeit von mehr als 10 km/h nach § 4 Absatz 1 Satz 2 Nummer 2 dieser Verordnung in der bis zum 1. September 2002 geltenden Fassung und nach § 76 Nummer 2 dieser Verordnung in der bis zum 1. September 2002 geltenden Fassung zu führen. Wer einen motorisierten Krankenfahrstuhl mit einer durch die Bauart bestimmten Höchstgeschwindigkeit von nicht mehr als 10 km/h nach § 4 Absatz 1 Satz 2 Nummer 2 dieser Verordnung in der bis zum 1. September 2002 geltenden Fassung führt, der bis zum 1. September 2002 erstmals in den Verkehr gekommen ist, bedarf keiner Fahrerlaubnis oder Prüfbescheinigung nach § 5 Absatz 4 dieser Verordnung in der bis zum 1. September 2002 geltenden Fassung.
3. § 5 Absatz 1 (Prüfung für das Führen von Mofas nach § 4 Absatz 1 Satz 2 Nummer 1 oder eines Kraftfahrzeugs nach § 4 Absatz 1 Satz 2 Nummer 1b) gilt nicht für Führer der in § 4 Absatz 1 Satz 2 Nummer 1 und 1b bezeichneten Fahrzeuge, die vor dem 1. April 1980 das 15. Lebensjahr vollendet haben.
4. § 5 Absatz 2 (Berechtigung eines Fahrlehrers zur Ausbildung für Kraftfahrzeuge nach § 4 Absatz 1 Satz 2 Nummer 1 und 1b)
   Zur Ausbildung ist auch ein Fahrlehrer berechtigt, der eine Fahrlehrerlaubnis der bisherigen Klasse 3 oder eine ihr entsprechende Fahrlehrerlaubnis besitzt, diese vor dem 1. Oktober 1985 erworben und vor dem 1. Oktober 1987 an einem mindestens zweitägigen, vom Deutschen Verkehrssicherheitsrat durchgeführten Einführungslehrgang teilgenommen hat.
5. § 5 Absatz 4 und Anlagen 1 und 2 (Prüfbescheinigung für Mofas/Krankenfahrstühle)
   Prüfbescheinigungen für Mofas und Krankenfahrstühle, die nach den bis zum 1. September 2002 vorgeschriebenen Mustern ausgefertigt worden sind, bleiben gültig. Prüfbescheinigungen für Mofas, die nach den bis zum 31. Dezember 2016 vorgeschriebenen Mustern ausgefertigt worden sind, bleiben gültig.

(Fortsetzung der Anm. von voriger Seite)
(BGBl. I S. 1394, geänd. durch VO v. 10.1.2013, BGBl. I S. 35); Nr. 6, 7 und 10 neu gef., Nr. 11a geänd., Nr. 11b eingef. mWv 19.1.2013 durch VO v. 10.1.2013 (BGBl. I S. 35); Nr. 16 Satz 1 geänd. mWv 12.11.2013 durch VO v. 5.11.2013 (BGBl. I S. 3920); Nr. 11 eingef., Nr. 11a und 17 neu gef., Nr. 13 Satz 1 geänd. mWv 1.5.2014, Nr. 16 aufgeh. mWv 1.1.2015 durch VO v. 16.4.2014 (BGBl. I S. 348); Nr. 11a neu gef. mWv 1.1.2015 durch VO v. 16.12.2014 (BGBl. I S. 2213); Nr. 3 geänd., Nr. 11a und 11b eingef., bish. Nr. 11a und 11b werden Nr. 11c und 11d, Nr. 12a und 12b eingef., Nr. 15 neu gef., Nr. 18 und 19 angef. mWv 21.10.2015 durch VO v. 2.10.2015 (BGBl. I S. 1674); Nr. 3 und 4 neu gef., Nr. 6a sowie Nr. 8a–8d eingef., bish. Nr. 8a wird Nr. 8e, Nr. 9 Satz 13 und Nr. 17 geänd., Nr. 12c eingef. mWv 28.12.2016, Nr. 5 Satz 2 angef. mWv 1.1.2017 durch VO v. 21.12.2016 (BGBl. I S. 3083); Nr. 8a–8e neu gef., Nr. 8f und 8g eingef., Nr. 9 Satz 3 geänd., Nr. 12c neu gef. mWv 24.8.2017 durch VO v. 14.8.2017 (BGBl. I S. 3232); Nr. 17 geänd. mWv 24.5.2018 durch VO v. 3.5.2018 (BGBl. I S. 566); Nr. 11a aufgeh., bish. Nr. 11b wird Nr. 11a und geänd., bish. Nr. 11c und Nr. 11d werden Nr. 11b und Nr. 11c mWv 19.3.2019 durch VO v. 11.3.2019 (BGBl. I S. 218); Nr. 20 angef. mWv 12.12.2019 durch G v. 5.12.2019 (BGBl. I S. 2008); Nr. 8a geänd., Nr. 17 Satz 3 neu gef. und Satz 4 geänd. mWv 31.12.2019 durch VO v. 23.12.2019 (BGBl. I S. 2937); Nr. 11 neu gef. mWv 1.4.2021 durch VO v. 16.11.2020 (BGBl. I S. 2704).

6. § 6 Absatz 1 zur Klasse A1
Als Krafträder der Klasse A1 gelten auch
a) Krafträder mit einem Hubraum von nicht mehr als 50 cm^3 und einer durch die Bauart bestimmten Höchstgeschwindigkeit von mehr als 40 km/h, wenn sie bis zum 31. Dezember 1983 erstmals in den Verkehr gekommen sind (Kleinkrafträder bisherigen Rechts) und
b) Krafträder mit einem Hubraum von nicht mehr als 125 cm^3 und einer Nennleistung von nicht mehr als 11 kW, wenn sie bis zum 18. Januar 2013 erstmals in den Verkehr gekommen sind.

6a. § 6 Absatz 1 zu Klasse A2
Inhaber einer ab dem 19. Januar 2013 bis zum Ablauf des 27. Dezember 2016 erteilten Berechtigung zum Führen von Krafträdern (auch mit Beiwagen) mit einer Motorleistung von nicht mehr als 35 kW, bei denen das Verhältnis der Leistung zum Gewicht 0,2 kW/kg nicht übersteigt, sind im Inland auch zum Führen von Krafträdern berechtigt, deren Leistung von über 70 kW Motorleistung abgeleitet ist.

7. § 6 Absatz 1 zu Klasse A
Inhaber einer Fahrerlaubnis der Klasse A (beschränkt) nach § 6 Absatz 2 dieser Verordnung in der bis zum 18. Januar 2013 geltenden Fassung dürfen
a) Krafträder der Klasse A2 und
b) nach Ablauf von zwei Jahren nach der Erteilung Kraftfahrzeuge der Klasse A

führen.

8. § 6 Absatz 1 zu Klasse AM
Als zweirädrige Kleinkrafträder und Fahrräder mit Hilfsmotor gelten auch
a) Krafträder mit einem Hubraum von nicht mehr als 50 cm^3 und einer durch die Bauart bestimmten Höchstgeschwindigkeit von mehr als 45 km/h und nicht mehr als 50 km/h, wenn sie bis zum 31. Dezember 2001 erstmals in den Verkehr gekommen sind,
b) Kleinkrafträder und Fahrräder mit Hilfsmotor im Sinne der Vorschriften der Deutschen Demokratischen Republik, wenn sie bis zum 28. Februar 1992 erstmals in den Verkehr gekommen sind.

Wie Fahrräder mit Hilfsmotor werden beim Vorliegen der sonstigen Voraussetzungen des § 6 Absatz 1 behandelt
a) Fahrzeuge mit einem Hubraum von mehr als 50 cm^3, wenn sie vor dem 1. September 1952 erstmals in den Verkehr gekommen sind und die durch die Bauart bestimmte Höchstleistung ihres Motors 0,7 kW (1 PS) nicht überschreitet,
b) Fahrzeuge mit einer durch die Bauart bestimmten Höchstgeschwindigkeit von mehr als 40 km/h, wenn sie vor dem 1. Januar 1957 erstmals in den Verkehr gekommen sind und das Gewicht des betriebsfähigen Fahrzeugs mit dem Hilfsmotor, jedoch ohne Werkzeug und ohne den Inhalt des Kraftstoffbehälters – bei Fahrzeugen, die für die Beförderung von Lasten eingerichtet sind, auch ohne Gepäckträger – 33 kg nicht übersteigt; diese Gewichtsgrenze gilt nicht bei zweisitzigen Fahrzeugen (Tandems) und Fahrzeugen mit drei Rädern.

8a. § 6 Absatz 1 zu Klasse AM:
Inhaber einer Fahrerlaubnis der Klasse AM, die bis zum Ablauf des 23. August 2017 erteilt wurde, sind auch berechtigt, vierrädrige Kraftfahrzeuge

der Klasse L6e mit CI-Motor mit einem Hubraum von mehr als 500 cm^3 und dreirädrige Kleinkrafträder mit einer Leermasse von mehr als 270 kg und zweirädrige Kleinkrafträder mit Beiwagen zu führen.

8b. § 6 Absatz 1 zu Klasse C1:
Inhaber einer Fahrerlaubnis der Klasse C1, die bis zum Ablauf des 18. Januar 2013 erteilt wurde, sind auch berechtigt, Kraftfahrzeuge zu führen, die
a) eine zulässige Gesamtmasse von mehr als 3 500 kg, höchstens aber eine Gesamtmasse von 7 500 kg haben und
b) zur Beförderung von höchstens acht Personen, den Fahrzeugführer ausgenommen, ausgelegt und gebaut sind.

Hinter Kraftfahrzeugen dieser Klasse darf ein Anhänger mit einer zulässigen Gesamtmasse von höchstens 750 kg mitgeführt werden. Nicht gestattet ist das Führen von Kraftfahrzeugen der Klassen AM, A1, A2 und A.

Inhaber einer Fahrerlaubnis der Klasse C1, die ab dem 19. Januar 2013 und bis zum Ablauf des 27. Dezember 2016 erteilt wurde, sind auch berechtigt, im Inland Kraftfahrzeuge zu führen, die
a) eine zulässige Gesamtmasse von mehr als 3 500 kg, höchstens aber eine Gesamtmasse von 7 500 kg haben und
b) zur Beförderung von höchstens acht Personen, den Fahrzeugführer ausgenommen, ausgelegt und gebaut sind.

Hinter Kraftfahrzeugen dieser Klasse darf ein Anhänger mit einer zulässigen Gesamtmasse von höchstens 750 kg mitgeführt werden. Nicht gestattet ist das Führen von Kraftfahrzeugen der Klassen AM, A1, A2 und A.

8c. § 6 Absatz 1 zu Klasse C:
Inhaber einer Fahrerlaubnis der Klasse C, die bis zum Ablauf des 18. Januar 2013 erteilt wurde, sind auch berechtigt, Kraftfahrzeuge zu führen, die
a) eine zulässige Gesamtmasse von mehr als 3 500 kg haben und
b) zur Beförderung von nicht mehr als acht Personen, den Fahrzeugführer ausgenommen, ausgelegt und gebaut sind.

Hinter Kraftfahrzeugen dieser Klasse darf ein Anhänger mit einer zulässigen Gesamtmasse von höchstens 750 kg mitgeführt werden. Nicht gestattet ist das Führen von Kraftfahrzeugen der Klassen AM, A1, A2 und A.

Inhaber einer Fahrerlaubnis der Klasse C, die ab dem 19. Januar 2013 bis zum Ablauf des 27. Dezember 2016 erteilt wurde, sind auch berechtigt, im Inland Kraftfahrzeuge zu führen, die
a) eine zulässige Gesamtmasse von mehr als 3 500 kg haben und
b) die zur Beförderung von nicht mehr als acht Personen, den Fahrzeugführer ausgenommen, ausgelegt und gebaut sind.

Hinter Kraftfahrzeugen dieser Klasse darf ein Anhänger mit einer zulässigen Gesamtmasse von höchstens 750 kg mitgeführt werden. Nicht gestattet ist das Führen von Kraftfahrzeugen der Klassen AM, A1, A2 und A.

8d. § 6 Absatz 1 zu Klasse D1:
Inhaber einer Fahrerlaubnis der Klasse D1, die bis zum Ablauf des 18. Januar 2013 erteilt wurde, sind auch berechtigt, Kraftfahrzeuge zu führen, die zur Beförderung von mehr als acht, aber nicht mehr als 16 Personen, den Fahrzeugführer ausgenommen, ausgelegt und gebaut sind.

Hinter Kraftfahrzeugen dieser Klasse darf ein Anhänger mit einer zulässigen Gesamtmasse von höchstens 750 kg mitgeführt werden. Nicht gestattet ist das Führen von Kraftfahrzeugen der Klassen AM, A1, A2 und A.

Inhaber einer Fahrerlaubnis der Klasse D1, die ab dem 19. Januar 2013 bis zum Ablauf des 27. Dezember 2016 erteilt wurde, sind auch berechtigt, im Inland Kraftfahrzeuge, zu führen,

a) die zur Beförderung von mehr als 8, aber nicht mehr als 16 Personen, den Fahrzeugführer ausgenommen, ausgelegt und gebaut sind und

b) deren Länge nicht mehr als 8 m beträgt.

Hinter Kraftfahrzeugen dieser Klasse darf ein Anhänger mit einer zulässigen Gesamtmasse von höchstens 750 kg mitgeführt werden. Nicht gestattet ist das Führen von Kraftfahrzeugen der Klassen AM, A1, A2 und A.

8e. § 6 Absatz 3 zu Klasse CE:
Inhaber einer Fahrerlaubnis der Klasse CE, die bis zum Ablauf des 18. Januar 2013 erteilt wurde, sind auch berechtigt, Kraftfahrzeuge der Klasse D1E zu führen, sofern sie zum Führen von Kraftfahrzeugen der Klasse D1 berechtigt sind.
Inhaber einer Fahrerlaubnis der Klasse CE, die ab dem 19. Januar 2013 bis zum Ablauf des 27. Dezember 2016 erteilt wurde, sind auch berechtigt, im Inland Kraftfahrzeuge der Klasse D1E zu führen, sofern sie zum Führen von Kraftfahrzeugen der Klasse D1 berechtigt sind.

8f. § 6 Absatz 3 zu Klasse D1E:
Inhaber einer Fahrerlaubnis der Klasse D1E, die bis zum Ablauf des 18. Januar 2013 erteilt wurde, sind auch berechtigt, Kraftfahrzeuge der Klasse C1E zu führen, sofern sie zum Führen von Kraftfahrzeugen der Klasse C1 berechtigt sind.
Inhaber einer Fahrerlaubnis der Klasse D1E, die ab dem 19. Januar 2013 bis zum Ablauf des 27. Dezember 2016 erteilt wurde, sind auch berechtigt, im Inland Kraftfahrzeuge der Klasse C1E zu führen, sofern sie zum Führen von Kraftfahrzeugen der Klasse C1 berechtigt sind.

8g. § 6 Absatz 3 zu Klasse DE:
Inhaber einer Fahrerlaubnis der Klasse DE, die bis zum Ablauf des 18. Januar 2013 erteilt wurde, sind auch berechtigt, Kraftfahrzeuge der Klasse C1E zu führen, sofern sie zum Führen von Kraftfahrzeugen der Klasse C1 berechtigt sind.
Inhaber einer Fahrerlaubnis der Klasse DE, die ab dem 19. Januar 2013 bis zum Ablauf des 27. Dezember 2016 erteilt wurde, sind auch berechtigt, im Inland Kraftfahrzeuge der Klasse C1E zu führen, sofern sie zum Führen von Kraftfahrzeugen der Klasse C1 berechtigt sind.

9. § 11 Absatz 9, § 12 Absatz 6, §§ 23, 24, 48 und Anlage 5 und 6 (ärztliche Wiederholungsuntersuchungen und Sehvermögen bei Inhabern von Fahrerlaubnissen alten Rechts)
Inhaber einer Fahrerlaubnis der Klasse 3 oder einer ihr entsprechenden Fahrerlaubnis, die bis zum 31. Dezember 1998 erteilt worden ist, brauchen sich, soweit sie keine in Klasse CE fallenden Fahrzeugkombinationen führen, keinen ärztlichen Untersuchungen zu unterziehen. Bei einer Umstellung ihrer Fahrerlaubnis werden die Klassen C1 und C1E nicht befristet. Zusätzlich wird die Klasse CE mit Beschränkung auf bisher in Klasse 3 fallende Züge zugeteilt. Die Fahrerlaubnis dieser Klasse wird bis zu dem Tag befristet, an dem der Inhaber das 50. Lebensjahr vollendet. Für die Verlängerung der Fahrerlaubnis nach Ablauf der Geltungsdauer ist § 24 entsprechend anzuwenden. Fahrerlaubnisinhaber, die bis zum 31. Dezember 1998 das 50. Lebensjahr vollenden, müssen bei der Umstellung der Fahr-

erlaubnis für den Erhalt der beschränkten Klasse CE ihre Eignung nach Maßgabe von § 11 Absatz 9 und § 12 Absatz 6 in Verbindung mit den Anlagen 5 und 6 nachweisen. Wird die bis zum 31. Dezember 1998 erteilte Fahrerlaubnis nicht umgestellt, darf der Inhaber ab Vollendung des 50. Lebensjahres keine in Klasse CE fallende Fahrzeugkombinationen mehr führen. Für die Erteilung einer Fahrerlaubnis dieser Klasse ist anschließend § 24 Absatz 2 entsprechend anzuwenden. Für Fahrerlaubnisinhaber, die bis zum 31. Dezember 1999 das 50. Lebensjahr vollendet haben, tritt Satz 7 am 1. Januar 2001 in Kraft. Bei der Umstellung einer bis zum 31. Dezember 1998 erteilten Fahrerlaubnis der Klasse 2 oder einer entsprechenden Fahrerlaubnis wird die Fahrerlaubnis der Klassen C und CE bis zu dem Tag befristet, an dem der Inhaber das 50. Lebensjahr vollendet. Für die Verlängerung der Fahrerlaubnis und die Erteilung nach Ablauf der Geltungsdauer ist § 24 entsprechend anzuwenden. Fahrerlaubnisinhaber, die bis zum 31. Dezember 1998 das 50. Lebensjahr vollenden, müssen bei der Umstellung der Fahrerlaubnis ihre Eignung nach Maßgabe von § 11 Absatz 9 und § 12 Absatz 6 in Verbindung mit den Anlagen 5 und 6 nachweisen. Wird die bis zum 31. Dezember 1998 erteilte Fahrerlaubnis nicht umgestellt, darf der Inhaber ab Vollendung des 50. Lebensjahres keine Fahrzeuge oder Fahrzeugkombinationen der Klassen C oder CE mehr führen, § 6 Absatz 3 Nummer 6 bleibt unberührt. Für die Erteilung einer Fahrerlaubnis dieser Klassen ist anschließend § 24 Absatz 2 entsprechend anzuwenden. Für Fahrerlaubnisinhaber, die bis zum 31. Dezember 1999 das 50. Lebensjahr vollendet haben, tritt Satz 13 am 1. Januar 2001 in Kraft. Bescheinigungen über die ärztliche Untersuchung oder Zeugnisse über die augenärztliche Untersuchung des Sehvermögens, die nach den bis zum Ablauf des 14. Juni 2007 vorgeschriebenen Mustern ausgefertigt worden sind, bleiben zwei Jahre gültig. Bescheinigungen über die ärztliche Untersuchung oder Zeugnisse über die augenärztliche Untersuchung des Sehvermögens, die den Mustern der Anlagen 5 und 6 in der bis zum Ablauf des 14. Juni 2007 geltenden Fassung entsprechen, dürfen bis zum 1. September 2007 weiter ausgefertigt werden.

10. §§ 15 bis 18 (Fahrerlaubnisprüfung)
Ab dem 19. Januar 2013 werden Fahrerlaubnisprüfungen nur noch nach den ab diesem Tag geltenden Vorschriften durchgeführt. Bewerbern, die den Antrag auf Erteilung der Fahrerlaubnis bis zum Ablauf des 18. Januar 2013 stellen und die bis zu diesem Tag das bis dahin geltende Mindestalter erreicht haben, wird die Fahrerlaubnis unter den bis zum Ablauf des 18. Januar 2013 geltenden Voraussetzungen erteilt. Wird die beantragte Fahrerlaubnis bis zum Ablauf des 18. Januar 2013 nicht erteilt, wird der Antrag wie folgt umgedeutet:

Antrag auf Klasse	in Antrag auf Klasse
M	AM
S	AM
A (beschränkt)	A2

Wird die beantragte Fahrerlaubnis nicht bis zum Ablauf des 18. Januar 2013 erteilt, gelten für eine ab dem 19. Januar 2013 erteilte Fahrerlaubnis die Mindestalterregelungen in der bis zum Ablauf des 18. Januar 2013 geltenden Fassung. Bewerbern, die den Antrag auf Erteilung der Fahrerlaubnis bis zum Ablauf des 18. Januar 2013 stellen, das bis dahin geltende Mindestalter jedoch erst nach diesem Zeitpunkt erreichen, wird die Fahrerlaubnis in den neuen Klassen erteilt, die den beantragten nach der Gegenüberstellung in der dem Satz 3 folgenden Tabelle entsprechen. Eine theoretische Prüfung, die der Bewerber bis zum Ablauf des 18. Januar 2013 für eine der Klassen alten Rechts abgelegt hat, bleibt ein Jahr auch für die in der dem Satz 3 folgenden Tabelle genannte entsprechende neue Klasse gültig.

11. § 17a Absatz 1 und 2 (Aufhebung der Beschränkung)
Auf Antrag wird eine bis zum Ablauf des 18. Januar 2013 erfolgte Beschränkung der Fahrerlaubnis der Klassen BE, C1, C1E, C, CE, D1, D1E, D und DE auf Fahrzeuge ohne Schaltgetriebe aufgehoben, sofern der Inhaber die Fahrerlaubnis der Klasse B auf einem Fahrzeug mit Schaltgetriebe erworben hat.

(Fortsetzung nächstes Blatt)

11a. § 19 (Weitergeltung von Bescheinigungen über Erste Hilfe)
Bescheinigungen über die Teilnahme an einer Ausbildung in Erster Hilfe gelten unbefristet bei einem Antrag auf Erteilung einer Fahrerlaubnis als Nachweis im Sinne des § 21 Absatz 3 Nummer 5.

11b. §§ 20 und 24 Absatz 2 (Neuerteilung der Fahrerlaubnis nach Entziehung einer oder Verzicht auf eine Fahrerlaubnis, erneute Erteilung einer auf Grund des Ablaufs der Geltungsdauer erloschenen Fahrerlaubnis)
Personen, denen eine Fahrerlaubnis entzogen worden ist oder die einen Verzicht auf ihre Fahrerlaubnis erklärt haben, wird im Rahmen der Neuerteilung nach § 20 vorbehaltlich der Bestimmungen des Satzes 4 sowie der Nummer 9 die Fahrerlaubnis im Umfang der Anlage 3 erteilt. Personen, deren Fahrerlaubnis auf Grund des Ablaufs der Geltungsdauer erloschen ist, wird im Rahmen der Neuerteilung nach § 24 Absatz 2 vorbehaltlich der Bestimmungen des Satzes 4 sowie der Nummer 9 die Fahrerlaubnis im Umfang der Anlage 3 erneut erteilt. Wurde vor dem 1. Januar 2015 eine Fahrerlaubnis neu erteilt, wird auf Antrag vorbehaltlich der Bestimmungen des Satzes 4 sowie der Nummer 9 die Fahrerlaubnis im Umfang der Anlage 3 erteilt. Die Fahrerlaubnisbehörde ordnet eine Fahrerlaubnisprüfung an, wenn Tatsachen vorliegen, die die Annahme rechtfertigen, dass der Bewerber die nach § 16 Absatz 1 und § 17 Absatz 1 erforderlichen Kenntnisse und Fähigkeiten nicht mehr besitzt.

11c. § 22 (Verfahren bei der Behörde und der Technischen Prüfstelle)
Sofern Führerscheine bis zum Ablauf des 18. Januar 2013 ausgestellt worden sind, können diese auch ab dem 19. Januar 2013 ausgehändigt werden, sofern die Fahrerlaubnis bis zum Ablauf des 18. Januar 2013 erworben wurde.

12. § 22 Absatz 2, § 25 Absatz 4 (Einholung von Auskünften)
Sind die Daten des Betreffenden noch nicht im Zentralen Fahrerlaubnisregister gespeichert, können die Auskünfte nach § 22 Absatz 2 Satz 2 und § 25 Absatz 4 Satz 1 aus den örtlichen Fahrerlaubnisregistern eingeholt werden.

12a. § 22 Absatz 4 Satz 7 und Anlage 8a (Vorläufiger Nachweis der Fahrerlaubnis)
Ein Vorläufiger Nachweis der Fahrerlaubnis darf bis zum 1. April 2016 nach dem bis zum Ablauf des 20. Oktober 2015 geltenden Muster ausgestellt werden.

12b. § 22a Absatz 2 Nummer 4, auch in Verbindung mit § 48a Absatz 3, ist erst ab dem 1. April 2016 anzuwenden.

12c. § 23 Absatz 1 (Geltungsdauer der Fahrerlaubnis)
Die Geltungsdauer einer Fahrerlaubnis der Klassen C1 und C1E, die ab dem 1. Januar 1999 und bis zum Ablauf des 27. Dezember 2016 erteilt wurde, endet mit Vollendung des 50. Lebensjahres des Inhabers.

13. § 25 Absatz 1 und Anlage 8, § 26 Absatz 1 und Anlage 8, § 48 Absatz 3 und Anlage 8 (Führerscheine, Fahrerlaubnis zur Fahrgastbeförderung)
Führerscheine, die nach den bis zum 1. Mai 2015 vorgeschriebenen Mustern oder nach den Vorschriften der Deutschen Demokratischen Republik, auch solche der Nationalen Volksarmee, ausgefertigt worden sind, bleiben gültig. Bis zum 18. Januar 2013 erteilte Fahrerlaubnisse zur Fahrgastbeförderung in Kraftomnibussen, Taxen, Mietwagen, Kranken-

kraftwagen oder Personenkraftwagen, mit denen Ausflugsfahrten oder Ferienziel-Reisen (§ 48 Personenbeförderungsgesetz[1]) durchgeführt werden und entsprechende Führerscheine bleiben bis zum Ablauf ihrer bisherigen Befristung gültig. Die Regelung in Nummer 9 bleibt unberührt.

13a. § 29 (Ausländische Fahrerlaubnisse)
Ein Internationaler Führerschein, der bis zum 31. Dezember 2010 nach Artikel 41 und Anhang 7 des Übereinkommens über den Straßenverkehr vom 8. November 1968 in der bis zum 31. Dezember 2010 geltenden Fassung im Ausland ausgestellt wurde, berechtigt im Rahmen seiner Gültigkeitsdauer zum Führen von Kraftfahrzeugen im Inland.

14. § 48 Absatz 3 (Weitergeltung der bisherigen Führerscheine zur Fahrgastbeförderung)
Führerscheine zur Fahrgastbeförderung, die nach den bis zum 1. September 2002 vorgeschriebenen Mustern ausgefertigt sind, bleiben gültig. Führerscheine zur Fahrgastbeförderung, die dem Muster 4 der Anlage 8 in der bis zum 1. September 2002 geltenden Fassung entsprechen, dürfen bis zum 31. Dezember 2002 weiter ausgefertigt werden.

15. Anlage 8b (Prüfungsbescheinigung zum „Begleiteten Fahren ab 17 Jahre")
Eine Prüfungsbescheinigung zum „Begleiteten Fahren ab 17 Jahre" darf bis zum 1. April 2016 nach dem bis zum Ablauf des 20. Oktober 2015 geltenden Muster der Anlage 8a ausgestellt werden.

16. *(aufgehoben)*

17. §§ 66 und 70 (Anerkennung von Trägern von Begutachtungsstellen für Fahreignung und Trägern, die Kurse zur Wiederherstellung der Kraftfahreignung nach § 70 durchführen)
Die bestehenden Anerkennungen von Begutachtungsstellen für Fahreignung nach § 66 und Kursen zur Wiederherstellung der Kraftfahreignung nach § 70 müssen bis zum Ablauf des 31. Dezember 2018 den geänderten Vorschriften angepasst werden; davon ausgenommen sind die Regelungen nach Anlage 14 Absatz 2 Nummer 7 und Anlage 15 Absatz 2 Nummer 6. Bis zu diesem Zeitpunkt ist der Anerkennungsbehörde ein Gutachten der Bundesanstalt vorzulegen, dass die ab dem 1. Mai 2014 geltenden Anforderungen gemäß der Anlage 14 Absatz 2 Nummer 8 und der Anlage 15 Absatz 2 Nummer 7 erfüllt werden. Die Bestätigung durch eine unabhängige Stelle nach Anlage 14 Absatz 2 Nummer 7 ist spätestens bis zum 25. Juni 2021 nachzuweisen. Die Bestätigung durch eine unabhängige Stelle nach Anlage 15 Absatz 2 Nummer 6 ist spätestens drei Jahre, nachdem erstmals eine unabhängige Stelle nach § 71b Satz 2 in Verbindung mit § 71a Absatz 2 Satz 1 anerkannt worden ist, nachzuweisen. Das Bundesministerium für Verkehr und digitale Infrastruktur gibt die erstmaligen Anerkennungen mit Datum im Verkehrsblatt bekannt. Die Bestätigung nach Anlage 5 Nummer 2 Satz 2 muss bis zum Ablauf der in Satz 3 genannten Frist vorliegen.

18. § 68 (Anerkennung von Stellen für die Unterweisung in lebensrettenden Sofortmaßnahmen und für die Schulung in Erster Hilfe)
Nach den bis zum Ablauf des 20. Oktober 2015 anerkannte Stellen für die Unterweisungen in lebensrettenden Sofortmaßnahmen können bis zum

---

[1] Nr. **400**.

Ablauf des 31. Dezember 2015 Unterweisungen in lebensrettenden Sofortmaßnahmen durchführen.

19. § 74 Absatz 4 (Ausnahmegenehmigungen)
Ausnahmegenehmigungen dürfen bis zum Ablauf des 31. Dezember 2015 auf dem bis zum Ablauf des 20. Oktober 2015 zulässigen Trägermaterial ausgestellt werden.

20. Bescheinigungen, die nach § 1 Absatz 2 der Dritten Verordnung über Ausnahmen von den Vorschriften der Fahrerlaubnis-Verordnung[1] vom 22. April 2013 (BGBl. I S. 940) ausgestellt worden sind, gelten noch bis zum Ablauf ihrer Geltungsdauer fort. Mit Erreichen des Mindestalters nach § 10 Absatz 1 Satz 1 Nummer 1 der Fahrerlaubnis-Verordnung händigt die Fahrerlaubnisbehörde dem Fahrerlaubnisinhaber auf Antrag einen Führerschein nach Anlage 8 Muster 1 der Fahrerlaubnis-Verordnung aus. In Ländern, die von der Ermächtigung nach § 6 Absatz 5a des Straßenverkehrsgesetzes[2] Gebrauch gemacht haben, findet die Dritte Verordnung über Ausnahmen von den Vorschriften der Fahrerlaubnis-Verordnung keine Anwendung mehr.

§ 77 Verweis auf technische Regelwerke. [1] Soweit in dieser Verordnung auf DIN-, EN- oder ISO/IEC-Normen Bezug genommen wird, sind diese im Beuth Verlag GmbH, 10772 Berlin, erschienen. [2] Sie sind beim Deutschen Patentamt archivmäßig gesichert niedergelegt.

§ 78 Inkrafttreten. [1] Diese Verordnung tritt am Tag nach der Verkündung[3] in Kraft. [2] Gleichzeitig tritt die Fahrerlaubnis-Verordnung vom 18. August 1998 (BGBl. I S. 2214), die zuletzt durch Artikel 3 der Verordnung vom 5. August 2009 (BGBl. I S. 2631) geändert worden ist, außer Kraft.

---

1) Nr. **310/3**.
2) Nr. **10**.
3) Verkündet am 17.12.2010.

Anlage 1[1)]
(zu § 5 Absatz 2)

Mindestanforderungen an die Ausbildung von Bewerbern um eine Prüfbescheinigung für Mofas und zwei- und dreirädrige Kraftfahrzeuge bis 25 km/h nach § 5 Absatz 2 durch Fahrlehrer

Bewerber um eine Mofa-Prüfbescheinigung müssen eine theoretische und praktische Ausbildung durchlaufen.

1. Theoretische Ausbildung

1.1 Die theoretische Ausbildung muss mindestens sechs Doppelstunden zu je 90 Minuten umfassen.

1.2 Die Ausbildungsbescheinigung (§ 5 Absatz 2) kann erteilt werden, wenn der Bewerber nicht mehr als eine Doppelstunde versäumt hat.

1.3 Die Bewerber sind zu Lerngruppen zusammenzufassen, die nicht mehr als 20 Teilnehmer haben dürfen.

1.4 Die theoretische Ausbildung ist als Kurs durchzuführen, der für alle Teilnehmer einer Lerngruppe gleichzeitig beginnt und endet. Der Kurs ist getrennt vom theoretischen Unterricht für Bewerber um eine Fahrerlaubnis durchzuführen. Kommt ein solcher Kurs wegen zu geringer Teilnehmerzahl nicht zustande, können die Bewerber am theoretischen Unterricht für die Klassen A, A1, A2 oder AM teilnehmen.

1.5 Ziel des Kurses ist es, verkehrsgerechtes und rücksichtsvolles Verhalten im Straßenverkehr zu erreichen. Die theoretische Ausbildung soll beim Kursteilnehmer
– zu sicherheitsbetonten Einstellungen und Verhaltensweisen führen,
– verantwortungsbewusstes Handeln im Straßenverkehr fördern und
– das Entstehen verkehrsgefährdender Verhaltensweisen verhindern.

1.6 Der Kurs muss die in Anlage 1 zur Fahrschüler-Ausbildungsordnung[2)] enthaltenen Sachgebiete für den theoretischen Unterricht umfassen, soweit diese für das Führen von Mofas maßgebend sind. Dabei sind in Kursen auch die Auswirkungen technischer Manipulationen am Mofa auf die Sicherheit und die Umwelt sowie die damit verbundenen Rechtsfolgen für den Fahrer zu verdeutlichen.

1.7 Die Auseinandersetzung mit dem Verhalten im Straßenverkehr muss die Erlebniswelt von jugendlichen Kursteilnehmern einbeziehen.

1.8 Die Verkehrsvorschriften sind anhand praktischer Beispiele zu begründen und einsichtig zu machen.

2. Praktische Ausbildung

2.1 Die praktische Ausbildung muss mindestens eine Doppelstunde zu 90 Minuten umfassen, wenn Bewerber einzeln ausgebildet werden.

2.2 Werden Bewerber in einer Gruppe unterrichtet, muss die praktische Ausbildung der Gruppe mindestens zwei Doppelstunden zu je 90 Minuten umfassen.

2.3 Die Gruppe darf nicht mehr als vier Teilnehmer haben; für bis zu zwei Teilnehmer muss für die gesamte Dauer der praktischen Ausbildung ein Mofa zur Verfügung stehen.

2.4 Ziel der praktischen Ausbildung ist es, die sichere Beherrschung eines Mofas zu erreichen.

2.5 Es sind mindestens folgende Übungen zur Fahrzeugbeherrschung durchzuführen:
– Handhabung des Mofas,
– Anfahren und Halten,
– Geradeausfahren mit Schrittgeschwindigkeit,

(Fortsetzung nächstes Blatt)

[1)] Anl. 1 geänd. mWv 19.1.2013 durch VO v. 26.6.2012 (BGBl. I S. 1394); geänd. mWv 1.1.2017 durch VO v. 21.12.2016 (BGBl. I S. 3083).

[2)] Nr. **360**.

– Fahren eines Kreises,
– Wenden,
– Abbremsen,
– Ausweichen.

2.6 Die Übungen sind außerhalb öffentlicher Straßen oder auf verkehrsarmen Flächen durchzuführen.

Anlage 2[1)]
(zu § 5 Absatz 2 und 4)

Ausbildungs- und Prüfbescheinigungen für Mofas und zwei- und dreirädrige Kraftfahrzeuge bis 25 km/h

a) Ausbildungsbescheinigung für Mofas und zwei- und dreirädrige Kraftfahrzeuge bis 25 km/h

Ausbildungsbescheinigung

über die Teilnahme an einer Ausbildung

gemäß § 5 Absatz 2 der Fahrerlaubnis-Verordnung.

Name .... Vornamen ....

Geburtsdatum ....

Anschrift ....

hat an einem Ausbildungskurs entsprechend den Mindestanforderungen der Anlage 1 zur Fahrerlaubnis-Verordnung teilgenommen. Der Kurs hat mindestens sechs Doppelstunden (zu je 90 Minuten) theoretische Ausbildung und mindestens eine Doppelstunde praktische Ausbildung im Einzelunterricht bzw. zwei Doppelstunden praktische Ausbildung im Gruppenunterricht*) umfasst.

Stempel der Fahrschule/Schule Datum ....

....
(Unterschrift des Fahrlehrers/Lehrers) (Unterschrift des Bewerbers)

....
(Unterschrift des Fahrschulinhabers oder verantwortlichen Leiters des Ausbildungsbetriebes)

*) Nichtzutreffendes streichen

[1)] Anl. 2 geänd. mWv 1.1.2015 durch VO v. 16.12.2014 (BGBl. I S. 2213); geänd. mWv 1.1. 2017 durch VO v. 21.12.2016 (BGBl. I S. 3083); geänd. mWv 24.8.2017 durch VO v. 14.8.2017 (BGBl. I S. 3232).

b) Prüfbescheinigung zum Führen von Mofas und zwei- und dreirädrigen Kraftfahrzeugen bis 25 km/h

Farbe: dunkelgrau; Breite 140 mm, Höhe 105 mm, einmal faltbar auf Format DIN A7; Typendruck

(Vordere Außenseite)

Prüfbescheinigung

zum Führen von

Mofas und zwei- und dreirädrigen

Kraftfahrzeugen bis 25 km/h

(Hintere Außenseite)

wird hiermit gemäß § 5 Absatz 4 der Fahrerlaubnis-Verordnung bescheinigt, dass er/sie die zum Führen von Mofas und von zwei- und dreirädrigen Kraftfahrzeugen bis 25 km/h erforderlichen Kenntnisse der Verkehrsvorschriften nachgewiesen hat und mit den Gefahren des Straßenverkehrs und den zu ihrer Abwehr erforderlichen Verhaltensweisen vertraut ist.

.................................., den ....

....

....

Bescheinigende Stelle

Stempel ....

Unterschrift

(Linke Innenseite)

Familienname

....

Vornamen

....

Geburtsdatum

....

Anschrift

....

....

(Rechte Innenseite)

Lichtbild

Stempel

....

Unterschrift

Anlage 3[1)]
(zu § 6 Absatz 6)

Umstellung von Fahrerlaubnissen alten Rechts und Umtausch von Führerscheinen nach bisherigen Mustern

Bei der Umstellung von Fahrerlaubnissen alten Rechts auf die neuen Klassen und den Umtausch von Führerscheinen nach den bisherigen Mustern werden folgende Klassen zugeteilt und im Führerschein bestätigt:

A. Fahrerlaubnisse und Führerscheine nach den Vorschriften der Bundesrepublik Deutschland

I. Fahrerlaubnisse nach der Straßenverkehrs-Zulassungs-Ordnung (Erteilungsdatum bis zum 31. Dezember 1998)

Lfd. Nr.	Fahrerlaubnisklasse (alt)	Datum der Erteilung der Fahrerlaubnis	Fahrerlaubnisklassen (neu)	Zuteilung nur auf Antrag Klasse (Schlüsselzahlen gemäß Anlage 9)	Weitere Berechtigungen oder Einschränkungen: Klasse und Schlüsselzahl gemäß Anlage 9[2)]
1	1	vor dem 1. 12. 54	A, A2, A1, AM, B, L		L 174, 175
2	1	im Saarland nach dem 30. 11. 54 und vor dem 1. 10. 60	A, A2, A1, AM, B, L		L 174, 175
3	1	nach dem 30. 11. 54 und vor dem 1. 1. 89	A, A2, A1, AM, L		L 174, 175
4	1	nach dem 31. 12. 88	A, A2, A1, AM, L		L 174
5	1a	vor dem 1. 1. 89	A, A2, A1, AM, L[3)]		L 174, 175
6	1a	nach dem 31. 12. 88	A, A2, A1, AM, L[3)]		L 174
7	1 beschränkt auf Leichtkrafträder	nach dem 31. 3. 80 und vor dem 1. 4. 86	A1, AM, L		L 174, 175, A1 79.05
8	1b	vor dem 1. 1. 89	A1, AM, L		L 174, 175, A1 79.05
9	1b	nach dem 31. 12. 88	A1, AM, L		L 174, A1 79.05

[1)] Anl. 3 neu gef. mWv 19.1.2013 durch VO v. 10.1.2013 (BGBl. I S. 35); geänd. mWv 1.5.2014 durch VO v. 16.4.2014 (BGBl. I S. 348); geänd. mWv 28.12.2016 durch VO v. 21.12.2016 (BGBl. I S. 3083); geänd. mWv 24.8.2017 durch VO v. 14.8.2017 (BGBl. I S. 3232); geänd. mWv 19.3.2019 durch VO v. 11.3.2019 (BGBl. I S. 218).

[2)] **Amtl. Anm.:** Bei Verzicht auf die Klasse A2 wird die Schlüsselzahl 79.05 eingetragen, sofern die Klasse A1 zugeteilt ist.

[3)] **Amtl. Anm.:** Bei der Umstellung einer Fahrerlaubnis der Klasse 1a wird als Datum der Erteilung der Klasse A das Datum der Erteilung der Klasse 1a eingetragen.

Lfd. Nr.	Fahrerlaubnisklasse (alt)	Datum der Erteilung der Fahrerlaubnis	Fahrerlaubnisklassen (neu)	Zuteilung nur auf Antrag Klasse (Schlüsselzahlen gemäß Anlage 9)	Weitere Berechtigungen oder Einschränkungen: Klasse und Schlüsselzahl gemäß Anlage 9
10	2	vor dem 1.12.54	A, A2, A1, AM, B, BE, C1, C1E, C, CE, L, T		C 172, BE 79.06
11	2	im Saarland nach dem 30.11.54 und vor dem 1.10.60	A, A2, A1, AM, B, BE, C1, C1E, C, CE, L, T		C 172, BE 79.06
12	2	vor dem 1.4.80	A, A1, AM, B, BE, C1, C1E, C, CE, L, T		C 172, A1 79.05, A 79.03, A 79.04, BE 79.06
13	2	nach dem 31.3.80	A, A1, AM, B, BE, C1, C1E, C, CE, L, T		C 172, A1 79.03, A1 79.04, A 79.03, A 79.04, BE 79.06
14	2 beschränkt auf Kombinationen nach Art eines Sattelkraftfahrzeugs oder eines Lastkraftwagens mit drei Achsen	nach dem 31.12.85	A, A1, AM, B, BE, C1, C1E, C, CE, L	T[1]	C 172, A1 79.03, A1 79.04, A 79.03, A 79.04, BE 79.06, CE 79 (L ≤ 3)
15	3 (a+b)	vor dem 1.12.54	A, A2, A1, AM, B, BE, C1, C1E, CE, L	T[1]	C1 171, L 174, 175, BE 79.06, CE 79 (C1E > 12 000 kg, L ≤ 3)
16	3	im Saarland nach dem 30.11.54 und vor dem 1.10.60	A, A2, A1, AM, B, BE, C1, C1E, CE, L	T[1]	C1 171, L 174, 175, BE 79.06, CE 79 (C1E > 12 000 kg, L ≤ 3)
17	3	vor dem 1.4.80	A, A1, AM, B, BE, C1, C1E, CE, L	T[1]	C1 171, L 174, 175, A1 79.05, A 79.03, A 79.04, BE 79.06, CE 79 (C1E > 12 000 kg, L ≤ 3)

[1] **Amtl. Anm.:** Erfolgt die Zuteilung der Klasse T nur auf Antrag, wird diese nur in der Land- oder Forstwirtschaft tätigen Personen zugeteilt.

Lfd. Nr.	Fahrerlaubnisklasse (alt)	Datum der Erteilung der Fahrerlaubnis	Fahrerlaubnisklassen (neu)	Zuteilung nur auf Antrag Klasse (Schlüsselzahlen gemäß Anlage 9)	Weitere Berechtigungen oder Einschränkungen: Klasse und Schlüsselzahl gemäß Anlage 9
18	3	nach dem 31.3.80 und vor dem 1.1.89	A, A1, AM, B, BE, C1, C1E, CE, L	T[1]	C1 171, L 174, 175, A1 79.03, A1 79.04, A 79.03, A 79.04, BE 79.06, CE 79 (C1E > 12 000 kg, L ≤ 3)
19	3	nach dem 31.12.88	A, A1, AM, B, BE, C1, C1E, CE, L	T[1]	C1 171, L 174, A1 79.03, A1 79.04, A 79.03, A 79.04, BE 79.06, CE 79 (C1E > 12 000 kg, L ≤ 3)
20	4	vor dem 1.12.54	A, A2, A1, AM, B, L		L 174, 175
21	4	im Saarland nach dem 30.11.54 und vor dem 1.10.60	A, A2, A1, AM, B, L		L 174, 175
22	4	vor dem 1.4.80	A1, AM, L		L 174, 175, A1 79.05
23	4	nach dem 31.3.80 und vor dem 1.1.89	AM, L		L 174, 175
24	4	nach dem 31.12.88	AM, L		L 174
25	5	vor dem 1.4.80	AM, L		L 174, 175
26	5	nach dem 31.3.80 und vor dem 1.1.89	AM, L		L 174, 175
27	5	nach dem 31.12.88	L		L 174

[1] **Amtl. Anm.:** Erfolgt die Zuteilung der Klasse T nur auf Antrag, wird diese nur in der Land- oder Forstwirtschaft tätigen Personen zugeteilt.

II. Fahrerlaubnisse nach der Fahrerlaubnis-Verordnung (Erteilungsdatum vom 1. Januar 1999 bis zum 18. Januar 2013)

Lfd. Nr.	Fahrerlaubnisklasse (alt)	Fahrerlaubnisklassen (neu)	Weitere Berechtigungen oder Einschränkungen: Klasse und Schlüsselzahl gemäß Anlage 9[1]
1	A1	A1, AM	A1 79.05
2	A (beschränkt)	A[2], A2, A1, AM	
3	A	A, A2, A1, AM	
4	B	A, A1, AM, B, L	A1 79.03, A1 79.04, A 79.03, A 79.04
5	BE	A, A1, AM, B, BE, L	A1 79.03, A1 79.04, A 79.03, A 79.04, BE 79.06
6	C1	A, A1, AM, B, C1, L	A1 79.03, A1 79.04, A 79.03, A 79.04
7	C1E	A, A1, AM, B, BE, C1, C1E, L	A1 79.03, A1 79.04, A 79.03, A 79.04, BE 79.06
8	C	A, A1, AM, B, C1, C, L	A1 79.03, A1 79.04, A 79.03, A 79.04
9	CE	A, A1, AM, B, BE, C1, C1E, C, CE, L, T	A1 79.03, A1 79.04, A 79.03, A 79.04, BE 79.06
10	D1	A, A1, AM, B, D1, L	A1 79.03, A1 79.04, A 79.03, A 79.04
11	D1E	A, A1, AM, B, BE, D1, D1E, L	A1 79.03, A1 79.04, A 79.03, A 79.04, BE 79.06
12	D	A, A1, AM, B, D1, D, L	A1 79.03, A1 79.04, A 79.03, A 79.04
13	DE	A, A1, AM, B, BE, D1, D1E, D, DE, L	A1 79.03, A1 79.04, A 79.03, A 79.04, BE 79.06
14	M	AM	
15	L	L	
16	S	AM	
17	T	AM, L, T	

III. Fahrerlaubnisse nach der Fahrerlaubnis-Verordnung (Erteilungsdatum vom 19. Januar 2013 bis zum Ablauf des 27. Dezember 2016)

Fahrerlaubnisklasse	Weitere Berechtigungen
B	194

[1] **Amtl. Anm.:** Bei Verzicht auf die Klasse A2 wird die Schlüsselzahl 79.05 eingetragen, sofern die Klasse A1 zugeteilt ist.

[2] **Amtl. Anm.:** Die Zuteilung der Klasse A erfolgt nur, sofern der Antragsteller zuvor mindestens zwei Jahren im Besitz einer Fahrerlaubnis der Klasse A (beschränkt) war.

B. Fahrerlaubnisse und Führerscheine nach den Vorschriften der Deutschen Demokratischen Republik (auf der Basis der Verkehrsblattverlautbarung vom 27. Juni 1994)

I. Vor dem 3. Oktober 1990 ausgestellte Führerscheine

Lfd. Nr.	DDR-Fahrerlaubnisklasse	Datum der Erteilung der Fahrerlaubnis	Fahrerlaubnisklassen (neu)	Zuteilung nur auf Antrag Klasse (Schlüsselzahlen gemäß Anlage 9)	Weitere Berechtigungen oder Einschränkungen: Klasse und Schlüsselzahl gemäß Anlage 9[1]
1	A	vor dem 1.12.54	A, A2, A1, AM, B, L		L 174, 175
2	A	nach dem 30.11.54 und vor dem 1.1.89	A, A2, A1, AM, L		L 174, 175
3	A	nach dem 31.12.88	A, A2, A1, AM, L		L 174
4	B (beschränkt auf Kraftwagen mit nicht mehr als 250 cm^3 Hubraum, Elektrokarren – auch mit Anhänger – sowie maschinell angetriebene Krankenfahrstühle)	vor dem 1.12.54	A, A2, A1, AM, B, L		L 174, 175
5	B (beschränkt)	nach dem 30.11.54 und vor dem 1.4.80	A, A1, AM, B, L		L 174, 175, A1 79.05, A 79.03, A 79.04
6	B (beschränkt)	nach dem 31.3.80 und vor dem 1.1.89	A, A1, AM, B, L		L 174, 175, A1 79.03, A1 79.04, A 79.03, A 79.04
7	B (beschränkt)	nach dem 31.12.88	A, A1, AM, B, L		L 174, A1 79.03, A1 79.04, A 79.03, A 79.04
8	B	vor dem 1.12.54	A, A2, A1, AM, B, BE, C, C1E, CE, L	T[2]	C1 171, L 174, A1 79.05, BE 79.06, CE 79 (C1E > 12 000 kg, L ≤ 3)

[1] **Amtl. Anm.:** Bei Verzicht auf die Klasse A2 wird die Schlüsselzahl 79.05 eingetragen, sofern die Klasse A1 zugeteilt ist.

[2] **Amtl. Anm.:** Erfolgt die Zuteilung der Klasse T nur auf Antrag, wird diese nur in der Land- oder Forstwirtschaft tätigen Personen zugeteilt.

Lfd. Nr.	DDR-Fahrerlaubnisklasse	Datum der Erteilung der Fahrerlaubnis	Fahrerlaubnisklassen (neu)	Zuteilung nur auf Antrag Klasse (Schlüsselzahlen gemäß Anlage 9)	Weitere Berechtigungen oder Einschränkungen: Klasse und Schlüsselzahl gemäß Anlage 9
9	B	nach dem 30.11.54 und vor dem 1.4.80	A, A1, AM, B, BE, C1, C1E, CE, L	T[1)]	C1 171, L 174, 175, A1 79.05, A 79.03, A 79.04, BE 79.06, CE 79 (C1E > 12 000 kg, L ≤ 3)
10	B	nach dem 31.3.80 und vor dem 1.1.89	A, A1, AM, B, BE, C1, C1E, CE, L	T[1)]	C1 171, L 174, 175, A1 79.03, A1 79.04, A 79.03, A 79.04, BE 79.06, CE 79 (C1E > 12 000 kg, L ≤ 3)
11	B	nach dem 31.12.88	A, A1, AM, B, BE, C1, C1E, CE, L	T[1)]	C1 171, L 174, A1 79.03, A1 79.04, A 79.03, A 79.04, BE 79.06, CE 79 (C1E > 12 000 kg, L ≤ 3)
12	C	vor dem 1.12.54	A, A2, A1, AM, B, BE, C1, C1E, C, CE, L	T[1)]	C1 171, L 174, 175, BE 79.06, CE 79 (C1E > 12 000 kg, L ≤ 3)
13	C	nach dem 30.11.54 und vor dem 1.4.80	A, A1, AM, B, BE, C1, C1E, C, CE, L	T[1)]	C 172, A1 79.05, A 79.03, A 79.04, BE 79.06, CE 79 (C1E > 12 000 kg, L ≤ 3)
14	C	nach dem 31.3.80	A, A1, AM, B, BE, C1, C1E, C, CE, L	T[1)]	C 172, A1 79.03, A1 79.04, A 79.03, A 79.04, BE 79.06, CE 79 (C1E > 12 000 kg, L ≤ 3)
15	D		A, A1, AM, B, BE, C1, C1E, C, L, T		L 174, A1 79.03, A1 79.04, A 79.03, A 79.04, BE 79.06

[1)] **Amtl. Anm.:** Erfolgt die Zuteilung der Klasse T nur auf Antrag, wird diese nur in der Land- oder Forstwirtschaft tätigen Personen zugeteilt.

Lfd. Nr.	DDR-Fahrerlaubnisklasse	Datum der Erteilung der Fahrerlaubnis	Fahrerlaubnisklassen (neu)	Zuteilung nur auf Antrag Klasse (Schlüsselzahlen gemäß Anlage 9)	Weitere Berechtigungen oder Einschränkungen: Klasse und Schlüsselzahl gemäß Anlage 9
16	BE	vor dem 1.1.89	A, A1, AM, B, BE, C1, C1E, CE, L	T[1)]	C1 171, L 174, 175, A1 79.03, A1 79.04, A 79.03, A 79.04, BE 79.06, CE 79 (C1E > 12 000 kg, L ≤ 3)
17	BE	nach dem 31.12.88	A, A1, AM, B, BE, C1, C1E, CE, L	T[1)]	C1 171, L 174, A1 79.03, A1 79.04, A 79.03, A 79.04, BE 79.06, CE 79 (C1E > 12 000 kg, L ≤ 3)
18	CE		A, A1, AM, B, BE, C1, C1E, C, CE, L, T		C 172, A1 79.03, A1 79.04, A 79.03, A 79.04, BE 79.06
19	DE		A, A1, AM, B, BE, C1, C1E, L, T		A1 79.03, A1 79.04, A 79.03, A 79.04, BE 79.06
20	M	vor dem 1.12.54	A, A2, A1, AM, B, L		L 174, 175
21	M	nach dem 30.11.54 und vor dem 1.4.80	A1, AM, L		L 174, 175, A1 79.05
22	M	nach dem 31.3.80 und vor dem 1.1.89	AM, L		L 174, 175
23	M	nach dem 31.12.88	AM, L		L 174
24	T	vor dem 1.4.80	AM, L		L 174, 175
25	T	nach dem 31.3.80 und vor dem 1.1.89	L		L 174, 175
26	T	nach dem 31.12.88	L		L 174

1) **Amtl. Anm.:** Erfolgt die Zuteilung der Klasse T nur auf Antrag, wird diese nur in der Land- oder Forstwirtschaft tätigen Personen zugeteilt.

II. Vor dem 1. Juni 1982 ausgestellte Führerscheine

Lfd. Nr.	DDR-Fahrerlaubnisklasse	Datum der Erteilung der Fahrerlaubnis	Fahrerlaubnisklassen (neu)	Zuteilung nur auf Antrag Klasse (Schlüsselzahlen gemäß Anlage 9)	Weitere Berechtigungen oder Einschränkungen: Klasse und Schlüsselzahl gemäß Anlage 9[1)]
1	1	vor dem 1.12.54	A, A2, A1, AM, B, L		L 174, 175
2	1	nach dem 30.11.54	A, A2, A1, AM, L		L 174, 175
3	2	vor dem 1.12.54	A, A2, A1, AM, B, L		L 174, 175
4	2	nach dem 30.11.54 und vor dem 1.4.80	A, A1, AM, B, L		L 174, 175, A1 79.05, A 79.03, A 79.04
5	2	nach dem 31.3.80	A, A1, AM, B, L		L 174, 175, A1 79.03, A1 79.04, A 79.03, A 79.04
6	3	vor dem 1.12.54	A, A2, A1, AM, B, L		L 174, 175
7	3	nach dem 30.11.54 und vor dem 1.4.80	A1, AM, L		L 174, 175, A1 79.05
8	3	nach dem 31 .3. 80	AM, L		L 174, 175
9	4	vor dem 1.12.54	A, A2, A1, AM, B, BE, C1, C1E, CE, L	T[2)]	C1 171, L 174, 175, BE 79.06, CE 79 (C1E > 12 000 kg, L ≤ 3)
10	4	nach dem 30.11.54 und vor dem 1.4.80	A, A1, AM, B, BE, C1, C1E, CE, L	T[2)]	C1 171, L 174, 175, A1 79.05, A 79.03, A 79.04, BE 79.06, CE 79 (C1E > 12 000 kg, L ≤ 3)
11	4	nach dem 31.3.80	A, A1, AM, B, BE, C1, C1E, CE, L	T[2)]	C1 171, L 174, 175, A1 79.03, A1 79.04, A 79.03, A 79.04, BE 79.06, CE 79 (C1E > 12 000 kg, L ≤ 3)
12	5	vor dem 1.12.54	A, A2, A1, AM, B, BE, C1, C1E, C, CE, L, T		C 172, BE 79.06

[1)] **Amtl. Anm.:** Bei Verzicht auf die Klasse A2 wird die Schlüsselzahl 79.05 eingetragen, sofern die Klasse A1 zugeteilt ist.
[2)] **Amtl. Anm.:** Erfolgt die Zuteilung der Klasse T nur auf Antrag, wird diese nur in der Land- oder Forstwirtschaft tätigen Personen zugeteilt.

Lfd. Nr.	DDR-Fahrerlaubnisklasse	Datum der Erteilung der Fahrerlaubnis	Fahrerlaubnisklassen (neu)	Zuteilung nur auf Antrag Klasse (Schlüsselzahlen gemäß Anlage 9)	Weitere Berechtigungen oder Einschränkungen: Klasse und Schlüsselzahl gemäß Anlage 9
13	5	nach dem 30.11.54 und vor dem 1.4.80	A, A1, AM, B, BE, C1, C1E, C, CE, L, T		C 172, A1 79.05, A 79.03, A 79.04, BE 79.06
14	5	nach dem 31.3.80	A, A1, AM, B, BE, C1, C1E, C, CE, L, T		C 172, A1 79.03, A1 79.04, A 79.03, A 79.04, BE 79.06

III. Vor dem 1. April 1957 ausgestellte Führerscheine

Lfd. Nr.	DDR-Fahrerlaubnisklasse	Datum der Erteilung der Fahrerlaubnis	Fahrerlaubnisklassen (neu)	Zuteilung nur auf Antrag Klasse (Schlüsselzahlen gemäß Anlage 9)	Weitere Berechtigungen oder Einschränkungen: Klasse und Schlüsselzahl gemäß Anlage 9[1]
1	1		A, A2, A1, AM, B, L		L 174, 175
2	2		A, A2, A1, AM, B, BE, C1, C1E, C, CE, L, T		C 172, BE 79.06
3	3		A, A2, A1, AM, B, BE, C1, C1E, C, CE, L	T[2]	C1 171, L 174, 175, BE 79.06, CE 79 (C1E > 12 000 kg, L ≤ 3)
4	4		A, A2, A1, AM, B, L		L 174, 175

[1] **Amtl. Anm.:** Bei Verzicht auf die Klasse A2 wird die Schlüsselzahl 79.05 eingetragen, sofern die Klasse A1 zugeteilt ist.
[2] **Amtl. Anm.:** Erfolgt die Zuteilung der Klasse T nur auf Antrag, wird diese nur in der Land- oder Forstwirtschaft tätigen Personen zugeteilt.

IV. Vor dem 1. Juni 1982 ausgestellte Fahrerlaubnisscheine

Lfd. Nr.	DDR-Fahrerlaubnisklasse	Datum der Erteilung der Fahrerlaubnis	Fahrerlaubnisklassen (neu)	Zuteilung nur auf Antrag Klasse (Schlüsselzahlen gemäß Anlage 9)	Weitere Berechtigungen oder Einschränkungen: Klasse und Schlüsselzahl gemäß Anlage 9[1]
1	Langsam fahrende Fahrzeuge	vor dem 1.4.80	A1, AM, L		L 174, 175, A1 79.05
2	Langsam fahrende Fahrzeuge	nach dem 31.3.80	AM, L		L 174, 175
3	Kleinkrafträder	vor dem 1.4.80	A1, AM, L		L 174, 175, A1 79.05
4	Kleinkrafträder	nach dem 31.3.80	AM, L		L 174, 175

C. *(aufgehoben)*

[1] **Amtl. Anm.:** Bei Verzicht auf die Klasse A2 wird die Schlüsselzahl 79.05 eingetragen, sofern die Klasse A1 zugeteilt ist.

Anlage 4[1)]
(zu den §§ 11, 13 und 14)

Eignung und bedingte Eignung zum Führen von Kraftfahrzeugen

Vorbemerkung

1. Die nachstehende Aufstellung enthält häufiger vorkommende Erkrankungen und Mängel, die die Eignung zum Führen von Kraftfahrzeugen längere Zeit beeinträchtigen oder aufheben können. Nicht aufgenommen sind Erkrankungen, die seltener vorkommen oder nur kurzzeitig andauern (z.B. grippale Infekte, akute infektiöse Magen-/Darmstörungen, Migräne, Heuschnupfen, Asthma).

2. Grundlage der im Rahmen der §§ 11, 13 oder 14 vorzunehmenden Beurteilung, ob im Einzelfall Eignung oder bedingte Eignung vorliegt, ist in der Regel ein ärztliches Gutachten (§ 11 Absatz 2 Satz 3), in besonderen Fällen ein medizinisch-psychologisches Gutachten (§ 11 Absatz 3) oder ein Gutachten eines amtlich anerkannten Sachverständigen oder Prüfers für den Kraftfahrzeugverkehr (§ 11 Absatz 4).

3. Die nachstehend vorgenommenen Bewertungen gelten für den Regelfall. Kompensationen durch besondere menschliche Veranlagung, durch Gewöhnung, durch besondere Einstellung oder durch besondere Verhaltenssteuerungen und -umstellungen sind möglich. Ergeben sich im Einzelfall in dieser Hinsicht Zweifel, kann eine medizinisch-psychologische Begutachtung angezeigt sein.

[1)] Anl. 4 geänd. mWv 1.7.2011 durch VO v. 17.12.2010 (BGBl. I S. 2279); geänd. mWv 19.1.2013 durch VO v. 7.1.2011 (BGBl. I S. 3); geänd. mWv 30.6.2012 durch VO v. 26.6.2012 (BGBl. I S. 1394); geänd. mWv 1.5.2014 durch VO v. 16.4.2014 (BGBl. I S. 348); geänd. mWv 28.12.2016 durch VO v. 21.12.2016 (BGBl. I S. 3083); geänd. mWv 24.8.2017 durch VO v. 14.8.2017 (BGBl. I S. 3232); geänd. mWv 24.5.2018 durch VO v. 3.5.2018 (BGBl. I S. 566); geänd. mWv 10.12.2020 durch VO v. 16.11.2020 (BGBl. I S. 2704).

	Krankheiten, Mängel	Eignung oder bedingte Eignung		Beschränkungen/Auflagen bei bedingter Eignung	
		Klassen A, A1, A2, B, BE, AM, L, T	Klassen C, C1, CE, C1E, D, D1, DE, D1E, FzF	Klassen A, A1, A2, B, BE, AM, L, T	Klassen C, C1, CE, C1E, D, D1, DE, D1E, FzF
1.	**Mangelndes Sehvermögen** siehe Anlage 6				
2.	hochgradige Schwerhörigkeit (Hörverlust von 60 % und mehr), ein- oder beidseitig sowie Gehörlosigkeit, ein- oder beidseitig	ja, wenn nicht gleichzeitig andere schwerwiegende Mängel (z.B. Sehstörungen, Gleichgewichtsstörungen) vorliegen	ja, wenn nicht gleichzeitig andere schwerwiegende Mängel (z.B. Sehstörungen, Gleichgewichtsstörungen) vorliegen	–	Fachärztliche Eignungsuntersuchung. Regelmäßige ärztliche Kontrollen. Vorherige Bewährung von drei Jahren Fahrpraxis auf Kfz der Klasse B. Bei Vorliegen einer hochgradigen Hörstörung muss – soweit möglich – die Versorgung und das Tragen einer adäquaten Hörhilfe nach dem aktuellen Stand der medizinisch-technisch und audiologisch-technischen Kenntnisse erfolgen.
3.	**Bewegungsbehinderungen**	ja	ja	ggf. Beschränkung auf bestimmte Fahrzeugarten oder Fahrzeuge, ggf. mit besonderen technischen Vorrichtungen gemäß ärztlichem Gutachten, evtl. zusätzlich medizinisch-psychologisches Gutachten und/oder Gutachten eines amtlich anerkannten Sachverständigen oder Prüfers. Auflage: regelmäßige ärztliche Kontrolluntersuchungen; können entfallen, wenn Behinderung sich stabilisiert hat.	
4.	**Herz- und Gefäßkrankheiten**				
4.1.1	Herzrhythmusstörungen mit anfallsweiser Bewusstseinstrübung oder Bewusstlosigkeit	nein	nein	–	–
4.1.2	– nach erfolgreicher Behandlungdurch Arzneimittel oder Herzschrittmacher	ja, kardiologische Untersuchung	ja, kardiologische Untersuchung	Kontrollen gemäß Begutachtungsleitlinien	Kontrollen gemäß Begutachtungsleitlinien
4.2	Hypertonie (zu hoher Blutdruck)				
4.2.1	Erhöhter Blutdruck mit zerebraler Symptomatik und/oder Sehstörungen	nein	nein	–	–

	Krankheiten, Mängel	Eignung oder bedingte Eignung		Beschränkungen/Auflagen bei bedingter Eignung	
		Klassen A, A1, A2, B, BE, AM, L, T	Klassen C, C1, CE, C1E, D, D1, DE, D1E, FzF	Klassen A, A1, A2, B, BE, AM, L, T	Klassen C, C1, CE, C1E, D, D1, DE, D1E, FzF
4.2.2	Blutdruckwerte > 180 mmHg systolisch und/oder > 110 mmHg diastolisch	in der Regel ja, fachärztliche Untersuchung	Einzelfallentscheidung fachärztliche Untersuchung	regelmäßige ärztliche Kontrollen	regelmäßige ärztliche Kontrollen
4.3	Hypotonie (zu niedriger Blutdruck)				
4.3.1	In der Regel kein Krankheitswert	ja	ja	–	–
4.4	Akutes Koronarsyndrom (Herzinfarkt)				
4.4.1	EF > 35 Prozent	ja bei komplikationslosem Verlauf, Kardiologische Untersuchung	Fahreignung kann sechs Wochen nach dem Ereignis gegeben sein, kardiologische Untersuchung	–	–
4.4.2	EF ≤ 35 Prozent oder akute dekompensierte Herzinsuffizienz im Rahmen eines akuten Herzinfarktes	Fahreignung kann vier Wochen nach dem Ereignis gegeben sein	in der Regel nein, kardiologische Untersuchung	–	–
4.5	Herzleistungsschwäche durch angeborene oder erworbene Herzfehler oder sonstige Ursachen				
4.5.1	NYHA I (Herzerkrankung ohne körperliche Limitation)	ja, fachärztliche Untersuchung	ja, wenn EF > 35 Prozent fachärztliche Untersuchung	–	jährlich kardiologische Kontrolluntersuchungen
4.5.2	NYHA II (leichte Einschränkung der körperlichen Leistungsfähigkeit)	ja, fachärztliche Untersuchung	ja, wenn EF > 35 Prozent fachärztliche Untersuchung	–	jährlich kardiologische Kontrolluntersuchungen
4.5.3	NYHA III (Beschwerden bei geringer körperlicher Belastung)	ja (wenn stabil), fachärztliche Untersuchung	nein	–	–
4.5.4	NYHA IV (Beschwerden in Ruhe)	nein	nein	–	–
4.6	Periphere arterielle Verschlusskrankheit				
4.6.1	– bei Ruheschmerz	nein	nein	–	–
4.6.2	– nach Intervention	Fahreignung nach 24 Stunden	Fahreignung nach einer Woche, fachärztliche (internistische/chirurgische) Untersuchung	–	–

	Krankheiten, Mängel	Eignung oder bedingte Eignung		Beschränkungen/Auflagen bei bedingter Eignung	
		Klassen A, A1, A2, B, BE, AM, L, T	Klassen C, C1, CE, C1E, D, D1, DE, D1E, FzF	Klassen A, A1, A2, B, BE, AM, L, T	Klassen C, C1, CE, C1E, D, D1, DE, D1E, FzF
4.6.3	– nach Operation	Fahreignung nach einer Woche	Fahreignung nach vier Wochen, fachärztliche (internistische/chirurgische) Untersuchung	–	–
4.6.4	Aortenaneurysma – asymptomatisch	keine Einschränkung, fachärztliche (internistische/chirurgische) Untersuchung	keine Einschränkung bei einem Aortendurchmesser bis 5,5 cm. Keine Fahreignung bei einem Aortendurchmesser > 5,5 cm, fachärztliche (internistische/chirurgische) Untersuchung und Kontrollen des Aneurysmadurchmessers	–	–
4.6.5	Aortenaneurysma – nach erfolgreicher Operation/Intervention	Fahreignung zwei bis vier Wochen nach dem Eingriff, fachärztliche (internistische/chirurgische) Untersuchung	Fahreignung drei Monate nach dem Eingriff, fachärztliche (internistische/chirurgische) Untersuchung	–	Kontrollen des Aneurysmadurchmessers
5.	**Diabetes mellitus (Zuckerkrankheit)**				
5.1	Neigung zu schweren Stoffwechselentgleisungen	nein	nein	–	–
5.2	Bei erstmaliger Stoffwechselentgleisung oder neuer Einstellung	ja, nach Einstellung	ja, nach Einstellung	–	–
5.3	Bei ausgeglichener Stoffwechsellage unter der Therapie mit oralen Antidiabetika mit niedrigem Hypoglykämierisiko	ja	ja, bei guter Stoffwechselführung ohne Unterzuckerung über drei Monate	–	regelmäßige ärztliche Kontrollen
5.4	Bei medikamentöser Therapie mit hohem Hypoglykämierisiko (z.B. Insulin)	ja, bei ungestörter Hypoglykämiewahrnehmung	ja, bei guter Stoffwechselführung ohne schwere Unterzuckerung über drei Monate und ungestörter Hypoglykämiewahrnehmung	–	fachärztliche Begutachtung alle drei Jahre, regelmäßige ärztliche Kontrollen
5.5	Wiederholt auftretende schwere Hypoglykämien im Wachzustand	für die Dauer von drei Monaten nach dem letzten Ereignis nicht geeignet.	Keine wiederholt schwere Hypoglykämie in den letzten zwölf Monaten.	regelmäßige ärztliche Kontrollen	regelmäßige ärztliche Kontrollen

	Krankheiten, Mängel	Eignung oder bedingte Eignung		Beschränkungen/Auflagen bei bedingter Eignung	
		Klassen A, A1, A2, B, BE, AM, L, T	Klassen C, C1, CE, C1E, D, D1, DE, D1E, FzF	Klassen A, A1, A2, B, BE, AM, L, T	Klassen C, C1, CE, C1E, D, D1, DE, D1E, FzF
		Eine stabile Stoffwechsellage und eine ungestörte Hypoglykämiewahrnehmung sind sicherzustellen, fachärztliche Begutachtung	Unter besonders günstigen Umständen ggf. auch kürzere Frist möglich. Der Zeitraum bis zur Wiedererlangung der Fahreignung beträgt mindestens drei Monate, fachärztliche Begutachtung		
5.6	Bei Komplikationen siehe auch Nummer 1, 4, 6, 10				
6.	**Krankheiten des Nervensystems**				
6.1	Erkrankungen und Folgen von Verletzungen des Rückenmarks	ja abhängig von der Symptomatik	nein	bei fortschreitendem Verlauf Nachuntersuchungen	–
6.2	Erkrankungen der neuromuskulären Peripherie	ja abhängig von der Symptomatik	nein	bei fortschreitendem Verlauf Nachuntersuchungen	–
6.3	Parkinsonsche Krankheit	ja bei leichten Fällen und erfolgreicher Therapie	nein	Nachuntersuchungen in Abständen von ein, zwei und vier Jahren	–
6.4	Kreislaufabhängige Störungen der Hirntätigkeit	ja nach erfolgreicher Therapie und Abklingen des akuten Ereignisses ohne Rückfallgefahr	nein	Nachuntersuchungen in Abständen von ein, zwei und vier Jahren	–
6.5	Zustände nach Hirnverletzungen und Hirnoperationen, angeborene und frühkindliche erworbene Hirnschäden				
6.5.1	Schädelhirnverletzungen oder Hirnoperationen ohne Substanzschäden	ja in der Regel nach drei Monaten	ja in der Regel nach drei Monaten	bei Rezidivgefahr nach Operationen von Hirnkrankheiten Nachuntersuchung	bei Rezidivgefahr nach Operationen von Hirnkrankheiten Nachuntersuchung
6.5.2	Substanzschäden durch Verletzungen oder Operationen	ja unter Berücksichtigung von Störungen der Motorik, chron.-hirnorganischer Psychosyndrome und hirnorganischer Wesensänderungen	ja unter Berücksichtigung von Störungen der Motorik, chron.-hirnorganischer Psychosyndrome und hirnorganischer Wesensänderungen	bei Rezidivgefahr nach Operationen von Hirnkrankheiten Nachuntersuchung	bei Rezidivgefahr nach Operationen von Hirnkrankheiten Nachuntersuchung

	Krankheiten, Mängel	Eignung oder bedingte Eignung		Beschränkungen/Auflagen bei bedingter Eignung	
		Klassen A, A1, A2, B, BE, AM, L, T	Klassen C, C1, CE, C1E, D, D1, DE, D1E, FzF	Klassen A, A1, A2, B, BE, AM, L, T	Klassen C, C1, CE, C1E, D, D1, DE, D1E, FzF
6.5.3	Angeborene oder frühkindliche Hirnschäden siehe Nummer 6.5.2				
6.6	Epilepsie	ausnahmsweise ja, wenn kein wesentliches Risiko von Anfallsrezidiven mehr besteht, z.B. ein Jahr anfallsfrei	ausnahmsweise ja, wenn kein wesentliches Risiko von Anfallsrezidiven mehr besteht, z.B. fünf Jahre anfallsfrei ohne Therapie	Nachuntersuchungen	Nachuntersuchungen
7.	**Psychische (geistige) Störungen**				
7.1	Organische Psychosen				
7.1.1	akut	nein	nein	–	–
7.1.2	nach Abklingen	ja abhängig von der Art und Prognose des Grundleidens, wenn bei positiver Beurteilung des Grundleidens keine Restsymptome und kein 7.2	ja abhängig von der Art und Prognose des Grundleidens, wenn bei positiver Beurteilung des Grundleidens keine Restsymptome und kein 7.2	in der Regel Nachuntersuchung	in der Regel Nachuntersuchung
7.2	chronische hirnorganische Psychosyndrome				
7.2.1	leicht	ja abhängig von Art und Schwere	ausnahmsweise ja	Nachuntersuchung	Nachuntersuchung
7.2.2	schwer	nein	nein	–	–
7.3	schwere Altersdemenz und schwere Persönlichkeitsveränderungen durch pathologische Alterungsprozesse	nein	nein	–	–
7.4	schwere Intelligenzstörungen/geistige Behinderung				
7.4.1	leicht	ja wenn keine Persönlichkeitsstörung	ja wenn keine Persönlichkeitsstörung	–	–
7.4.2	schwer	ausnahmsweise ja, wenn keine Persönlichkeitsstörung (Untersuchung der Persönlichkeitsstruktur und des individuellen Leistungsvermögens)	ausnahmsweise ja, wenn keine Persönlichkeitsstörung (Untersuchung der Persönlichkeitsstruktur und des individuellen Leistungsvermögens)	–	–
7.5	Affektive Psychosen				
7.5.1	bei allen Manien und sehr schweren Depressionen	nein	nein	–	–

	Krankheiten, Mängel	Eignung oder bedingte Eignung		Beschränkungen/Auflagen bei bedingter Eignung	
		Klassen A, A1, A2, B, BE, AM, L, T	Klassen C, C1, CE, C1E, D, D1, DE, D1E, FzF	Klassen A, A1, A2, B, BE, AM, L, T	Klassen C, C1, CE, C1E, D, D1, DE, D1E, FzF
7.5.2	nach Abklingen der manischen Phase und der relevanten Symptome einer sehr schweren Depression	ja wenn nicht mit einem Wiederauftreten gerechnet werden muss, ggf. unter medikamentöser Behandlung	ja bei Symptomfreiheit	regelmäßige Kontrollen	regelmäßige Kontrollen
7.5.3	bei mehreren manischen oder sehr schweren depressiven Phasen mit kurzen Intervallen	nein	nein	–	–
7.5.4	nach Abklingen der Phasen	ja wenn Krankheitsaktivität geringer und mit einer Verlaufsform in der vorangegangenen Schwere nicht mehr gerechnet werden muss	nein	regelmäßige Kontrollen	–
7.6	Schizophrene Psychosen				
7.6.1	akut	nein	nein	–	–
7.6.2	nach Ablauf	ja wenn keine Störungen nachweisbar sind, die das Realitätsurteil erheblich beeinträchtigen	ausnahmsweise ja, nur unter besonders günstigen Umständen	–	–
7.6.3	bei mehreren psychotischen Episoden	ja	ausnahmsweise ja, nur unter besonders günstigen Umständen	regelmäßige Kontrollen	regelmäßige Kontrollen
8.	**Alkohol**				
8.1	Missbrauch (Das Führen von Fahrzeugen und ein die Fahrsicherheit beeinträchtigender Alkoholkonsum kann nicht hinreichend sicher getrennt werden.)	nein	nein	–	–
8.2	nach Beendigung des Missbrauchs	ja wenn die Änderung des Trinkverhaltens gefestigt ist	ja wenn die Änderung des Trinkverhaltens gefestigt ist	–	–
8.3	Abhängigkeit	nein	nein	–	–

	Krankheiten, Mängel	Eignung oder bedingte Eignung		Beschränkungen/Auflagen bei bedingter Eignung	
		Klassen A, A1, A2, B, BE, AM, L, T	Klassen C, C1, CE, C1E, D, D1, DE, D1E, FzF	Klassen A, A1, A2, B, BE, AM, L, T	Klassen C, C1, CE, C1E, D, D1, DE, D1E, FzF
8.4	nach Abhängigkeit (Entwöhnungsbehandlung)	ja wenn Abhängigkeit nicht mehr besteht und in der Regel ein Jahr Abstinenz nachgewiesen ist	ja wenn Abhängigkeit nicht mehr besteht und in der Regel ein Jahr Abstinenz nachgewiesen ist	–	–
9.	**Betäubungsmittel, andere psychoaktiv wirkende Stoffe und Arzneimittel**				
9.1	Einnahme von Betäubungsmitteln im Sinne des Betäubungsmittelgesetzes (ausgenommen Cannabis)	nein	nein	–	–
9.2	Einnahme von Cannabis				
9.2.1	Regelmäßige Einnahme von Cannabis	nein	nein	–	–
9.2.2	Gelegentliche Einnahme von Cannabis	ja wenn Trennung von Konsum und Fahren und kein zusätzlicher Gebrauch von Alkohol oder anderen psychoaktiv wirkenden Stoffen, keine Störung der Persönlichkeit, kein Kontrollverlust	ja wenn Trennung von Konsum und Fahren und kein zusätzlicher Gebrauch von Alkohol oder anderen psychoaktiv wirkenden Stoffen, keine Störung der Persönlichkeit, kein Kontrollverlust	–	–
9.3	Abhängigkeit von Betäubungsmitteln im Sinne des Betäubungsmittelgesetzes oder von anderen psychoaktiv wirkenden Stoffen	nein	nein	–	–
9.4	missbräuchliche Einnahme (regelmäßig übermäßiger Gebrauch) von psychoaktiv wirkenden Arzneimitteln und anderen psychoaktiv wirkenden Stoffen	nein	nein	–	–
9.5	nach Entgiftung und Entwöhnung	ja nach einjähriger Abstinenz	ja nach einjähriger Abstinenz	regelmäßige Kontrollen	regelmäßige Kontrollen
9.6	Dauerbehandlung mit Arzneimitteln				
9.6.1	Vergiftung	nein	nein	–	–
9.6.2	Beeinträchtigung der Leistungsfähigkeit zum Führen von Kraftfahrzeugen unter das erforderliche Maß	nein	nein	–	–
10.	**Nierenerkrankungen**				
10.1	schwere Niereninsuffizienz mit erheblicher Beeinträchtigung	nein	nein	–	–
10.2	Niereninsuffizienz in Dialysebehandlung	ja	ausnahmsweise ja	ständige ärztliche Betreuung und Kontrolle, Nachuntersuchung	ständige ärztliche Betreuung und Kontrolle, Nachuntersuchung

	Krankheiten, Mängel	Eignung oder bedingte Eignung		Beschränkungen/Auflagen bei bedingter Eignung	
		Klassen A, A1, A2, B, BE, AM, L, T	Klassen C, C1, CE, C1E, D, D1, DE, D1E, FzF	Klassen A, A1, A2, B, BE, AM, L, T	Klassen C, C1, CE, C1E, D, D1, DE, D1E, FzF
10.3	erfolgreiche Nierentransplantation mit normaler Nierenfunktion	wenn keine Komplikationen oder Begleiterkrankungen ja	ja	ärztliche Betreuung und Kontrolle, jährliche Nachuntersuchung	ärztliche Betreuung und Kontrolle, jährliche Nachuntersuchung
10.4	bei Komplikationen oder Begleiterkrankungen siehe auch Nummer 1, 4 und 5				
11.	**Verschiedenes**				
11.1	Organtransplantation Die Beurteilung richtet sich nach den Beurteilungsgrundsätzen zu den betroffenen Organen				
11.2	Tagesschläfrigkeit				
11.2.1	Messbare auffällige Tagesschläfrigkeit	nein	nein		
11.2.2	Nach Behandlung	ja wenn keine messbare auffällige Tagesschläfrigkeit mehr vorliegt	ja wenn keine messbare auffällige Tagesschläfrigkeit mehr vorliegt	ärztliche Begutachtung, regelmäßige ärztliche Kontrollen	ärztliche Begutachtung, regelmäßige ärztliche Kontrollen
11.2.3	obstruktives Schlafapnoe Syndrom (OSAS) mittelschwer/schwer (mittelschwer: Apnoe-Hypopnoe-Index zwischen 15 und 29 pro Stunde; schwer: Apnoe-Hypopnoe-Index von mind. 30 pro Stunde)	ja unter geeigneter Therapie und wenn keine messbare auffällige Tagesschläfrigkeit mehr vorliegt	ja unter geeigneter Therapie und wenn keine messbare auffällige Tagesschläfrigkeit mehr vorliegt	ärztliche Begutachtung, regelmäßige ärztliche Kontrollen in Abständen von höchstens drei Jahren	ärztliche Begutachtung, regelmäßige ärztliche Kontrollen in Abständen von höchstens einem Jahr
11.3	Schwere Lungen- und Bronchialerkrankungen mit schweren Rückwirkungen auf die Herz-Kreislauf-Dynamik	nein	nein		
11.4	Störung des Gleichgewichtssinnes	in der Regel nein	in der Regel nein	im Einzelfall entsprechend den Begutachtungsleitlinien zur Kraftfahreignung	im Einzelfall entsprechend den Begutachtungsleitlinien zur Kraftfahreignung zur Kraftfahreignung

Anlage 4a[1)]
(zu § 11 Absatz 5)

Grundsätze für die Durchführung der Untersuchungen und die Erstellung der Gutachten

Grundlage für die Beurteilung der Eignung zum Führen von Kraftfahrzeugen sind die Begutachtungsleitlinien zur Kraftfahreignung vom 27. Januar 2014 (VkBl. S. 110) in der Fassung vom 28. Oktober 2019 (VkBl. S. 775).

1. Die Untersuchung ist unter Beachtung folgender Grundsätze durchzuführen:

a) Die Untersuchung ist anlassbezogen und unter Verwendung der von der Fahrerlaubnisbehörde zugesandten Unterlagen über den Betroffenen vorzunehmen. Der Gutachter hat sich an die durch die Fahrerlaubnisbehörde vorgegebene Fragestellung zu halten.

b) Gegenstand der Untersuchung sind nicht die gesamte Persönlichkeit des Betroffenen, sondern nur solche Eigenschaften, Fähigkeiten und Verhaltensweisen, die für die Kraftfahreignung von Bedeutung sind (Relevanz zur Kraftfahreignung).

c) Die Untersuchung darf nur nach anerkannten wissenschaftlichen Grundsätzen vorgenommen werden.

d) Vor der Untersuchung hat der Gutachter den Betroffenen über Gegenstand und Zweck der Untersuchung aufzuklären.

e) Über die Untersuchung sind Aufzeichnungen anzufertigen.

f) In den Fällen der §§ 13 und 14 ist Gegenstand der Untersuchung auch das voraussichtliche künftige Verhalten des Betroffenen, insbesondere ob zu erwarten ist, dass er nicht oder nicht mehr ein Kraftfahrzeug unter Einfluss von Alkohol oder Betäubungsmitteln oder Arzneimitteln führen wird. Hat Abhängigkeit von Alkohol oder Betäubungsmitteln oder Arzneimitteln vorgelegen, muss sich die Untersuchung darauf erstrecken, dass eine stabile Abstinenz besteht. Bei Alkoholmissbrauch, ohne dass Abhängigkeit vorhanden war oder ist, muss sich die Untersuchung darauf erstrecken, ob der Betroffene den Konsum von Alkohol einerseits und das Führen von Kraftfahrzeugen im Straßenverkehr andererseits zuverlässig voneinander trennen kann. Dem Betroffenen kann die Fahrerlaubnis nur dann erteilt werden, wenn sich bei ihm ein grundlegender Wandel in seiner Einstellung zum Führen von Kraftfahrzeugen unter Einfluss von Alkohol oder Betäubungsmitteln oder Arzneimitteln vollzogen hat. Es müssen zum Zeitpunkt der Erteilung der Fahrerlaubnis Bedingungen vorhanden sein, die einen Rückfall als unwahrscheinlich erscheinen lassen. Das Gutachten kann auch geeignete Kurse zur Wiederherstellung der Kraftfahreignung empfehlen. Die Empfehlung darf nur gegenüber Personen erfolgen, die zum Zeitpunkt der Begutachtung nicht Inhaber einer Fahrerlaubnis sind.

g) In den Fällen des § 2a Absatz 4 Satz 1 und Absatz 5 Satz 5 oder des § 4 Absatz 10 Satz 4 des Straßenverkehrsgesetzes[2)] oder des § 11 Absatz 3 Nummer 4 bis 9 dieser Verordnung ist Gegenstand der Untersuchung auch die Erwartung an das voraussichtliche künftige Verhalten des Betroffenen, dass er nicht mehr erheblich oder wiederholt gegen verkehrsrechtliche Bestimmungen oder gegen Strafgesetze verstoßen wird. Es sind die Bestimmungen von Buchstabe f Satz 4 bis 6 entsprechend anzuwenden.

2. Das Gutachten ist unter Beachtung folgender Grundsätze zu erstellen:

a) Das Gutachten muss in allgemeinverständlicher Sprache abgefasst sowie nachvollziehbar und nachprüfbar sein. Die Nachvollziehbarkeit betrifft die logische Ordnung (Schlüssigkeit) des Gutachtens. Sie erfordert die Wiedergabe aller wesentlichen Befunde und die Darstellung der zur Beurteilung führenden Schlussfolgerungen. Die Nachprüfbarkeit betrifft die Wissenschaftlichkeit der Begutachtung. Sie erfordert, dass die Untersuchungsverfahren, die zu den Befunden geführt haben, angegeben und, soweit die Schlussfolgerungen auf Forschungsergebnisse gestützt sind, die Quellen genannt werden. Das Gutachten braucht aber nicht im Einzelnen die wissenschaftlichen Grundlagen für die Erhebung und Interpretation der Befunde wiederzugeben.

[1)] Anl. 4a eingef. mWv 1.5.2014 durch VO v. 16.4.2014 (BGBl. I S. 348); geänd. mWv 28.12.2016 durch VO v. 21.12.2016 (BGBl. I S. 3083); geänd. mWv 24.8.2017 durch VO v. 14.8.2017 (BGBl. I S. 3232); geänd. mWv 24.5.2018 durch VO v. 3.5.2018 (BGBl. I S. 566); geänd. mWv 31.12.2019 durch VO v. 23.12.2019 (BGBl. I S. 2937); geänd. mWv 10.12.2020 durch VO v. 16.11.2020 (BGBl. I S. 2704).

[2)] Nr. **10**.

b) Das Gutachten muss in allen wesentlichen Punkten insbesondere im Hinblick auf die gestellten Fragen (§ 11 Absatz 6) vollständig sein. Der Umfang eines Gutachtens richtet sich nach der Befundlage. Bei eindeutiger Befundlage wird das Gutachten knapper, bei komplizierter Befundlage ausführlicher erstattet.

c) Im Gutachten muss dargestellt und unterschieden werden zwischen der Vorgeschichte und dem gegenwärtigen Befund.

3. Bei Abgabe einer Urinabgabe können als Alternative zur Sichtkontrolle auch dem Stand der Wissenschaft und Technik entsprechende Verfahren zur eindeutigen Zuordnung des Urins zu der zu untersuchenden Person verwendet werden.

4. Die medizinisch-psychologische Untersuchung kann unter Hinzuziehung eines beeidigten oder öffentlich bestellten und vereidigten Dolmetschers oder Übersetzers, der von der Begutachtungsstelle für Fahreignung bestellt wird, durchgeführt werden. Die Kosten trägt die zu untersuchende Person.

5. Wer

a) mit Unternehmen oder sonstigen Institutionen vertraglich verbunden ist, die

aa) Personen hinsichtlich der typischen Fragestellungen in der Begutachtung von Begutachtungsstellen für Fahreignung im Sinne des § 66 zur Klärung von Zweifeln an der Kraftfahreignung in Gruppen oder einzeln beraten, behandeln, betreuen oder auf die Begutachtung vorbereiten oder

bb) Kurse zur Wiederherstellung der Kraftfahreignung anbieten, oder

b) solche Maßnahmen in eigener Person anbietet,

darf keine Personen zur Klärung von Zweifeln an der Kraftfahreignung in Begutachtungsstellen für Fahreignung untersuchen oder begutachten.

6. Befunde, die bei der Fahreignungsbegutachtung berücksichtigt werden, müssen folgende Anforderungen erfüllen:

a) beigestellte Befunde müssen im Original vorliegen und vom Aussteller unterzeichnet sein;

b) soweit für die Feststellung der Eignung die Vorlage von Abstinenzbelegen erforderlich ist, dürfen hierfür ausschließlich Belege von Stellen anerkannt werden, in denen die nach Stand der Wissenschaft und Technik erforderlichen Rahmenbedingungen der Abstinenzkontrolle wie Terminvergabe, Identitätskontrolle und Probenentnahme gewährleistet sind; dies kann angenommen werden, wenn die Befunderhebung und Befundauswertung verantwortlich von

aa) einem Facharzt mit verkehrsmedizinischer Qualifikation, der nicht zugleich der den Betroffenen behandelnde Arzt sein darf,

bb) einem Arzt des Gesundheitsamtes oder anderen Arzt der öffentlichen Verwaltung,

cc) einem Arzt mit der Gebietsbezeichnung „Facharzt für Rechtsmedizin",

dd) einem Arzt mit der Gebietsbezeichnung „Arbeitsmedizin" oder der Zusatzbezeichnung „Betriebsmedizin",

ee) einem Arzt in einer Begutachtungsstelle für Fahreignung,

ff) einem Arzt/Toxikologen in einem für forensisch-toxikologische Zwecke akkreditierten Labor

durchgeführt wurde.

Anlage 5[1)]
(zu § 11 Absatz 9, § 48 Absatz 4 und 5)

Eignungsuntersuchungen für Bewerber und Inhaber der Klassen C, C1, D, D1 und der zugehörigen Anhängerklassen E sowie der Fahrerlaubnis zur Fahrgastbeförderung

1. Bewerber um die Erteilung oder Verlängerung einer Fahrerlaubnis der Klassen C, C1, CE, C1E, D, D1, DE, D1E sowie der Fahrerlaubnis zur Fahrgastbeförderung müssen sich untersuchen lassen, ob Erkrankungen vorliegen, die die Eignung oder die bedingte Eignung ausschließen. Sie haben hierüber einen Nachweis gemäß dem Muster dieser Anlage vorzulegen.

2. Bewerber um die Erteilung oder Verlängerung einer Fahrerlaubnis der Klassen D, D1, DE, D1E sowie einer Fahrerlaubnis zur Fahrgastbeförderung müssen außerdem besondere Anforderungen hinsichtlich:

   a) Belastbarkeit,

   b) Orientierungsleistung,

   c) Konzentrationsleistung,

   d) Aufmerksamkeitsleistung,

   e) Reaktionsfähigkeit

   erfüllen.
   Die Eignung der zur Untersuchung dieser Merkmale eingesetzten psychologischen Testverfahren muss von einer unabhängigen Stelle für die Bestätigung der Eignung der eingesetzten psychologischen Testverfahren und -geräte nach § 71a bestätigt worden sein; die eingesetzten psychologischen Testverfahren sind im Gutachten zu benennen. Der Nachweis über die Erfüllung der Anforderungen nach Satz 1 ist unter Beachtung der Grundsätze nach Anlage 4a durch Beibringung eines betriebs- oder arbeitsmedizinischen Gutachtens nach § 11 Absatz 2 Satz 3 Nummer 3 oder eines Gutachtens einer amtlich anerkannten Begutachtungsstelle für Fahreignung zu führen

   – von Bewerbern um die Erteilung einer Fahrerlaubnis der Klassen D, D1, DE, D1E und der Fahrerlaubnis zur Fahrgastbeförderung,

   – von Bewerbern um die Verlängerung einer Fahrerlaubnis der Klassen D, D1, DE und D1E ab Vollendung des 50. Lebensjahres,

   – von Bewerbern um die Verlängerung einer Fahrerlaubnis zur Fahrgastbeförderung ab Vollendung des 60. Lebensjahres.

3. Die Nachweise nach Nummer 1 und 2 dürfen bei Antragstellung nicht älter als ein Jahr sein.

[1)] Anl. 5 geänd. mWv 1.5.2014 durch VO v. 16.4.2014 (BGBl. I S. 348); geänd. mWv 24.8.2017 durch VO v. 14.8.2017 (BGBl. I S. 3232); geänd. mWv 24.5.2018 durch VO v. 3.5.2018 (BGBl. I S. 566).

Muster

Bescheinigung über die ärztliche Untersuchung
von Bewerbern um die Erteilung oder Verlängerung einer Fahrerlaubnis der Klassen C, C1, CE, C1E, D, D1, DE, D1E oder der Fahrerlaubnis zur Fahrgastbeförderung für Taxen, Mietwagen, Krankenkraftwagen oder Personenkraftwagen im Linienverkehr oder bei gewerbsmäßigen Ausflugsfahrten oder Ferienziel-Reisen nach § 11 Absatz 9 und § 48 Absatz 4 und 5 der Fahrerlaubnis-Verordnung

Teil I (verbleibt beim Arzt)

1. **Personalien des Bewerbers**
Familienname, Vorname ______________________
Tag der Geburt ______________________
Ort der Geburt ______________________
Wohnort ______________________
Straße/Hausnummer ______________________

2. **Hinweis für den untersuchenden Arzt:**
Die Bescheinigung nach Teil II soll der Fahrerlaubnisbehörde vor Erteilung der Fahrerlaubnis Kenntnisse darüber verschaffen, ob bei dem Bewerber Beeinträchtigungen des körperlichen oder geistigen Leistungsvermögens vorliegen, die Bedenken gegen seine Eignung zum Führen von Kraftfahrzeugen begründen und gegebenenfalls Anlass für eine weitergehende Untersuchung vor Erteilung der Fahrerlaubnis geben.
Hierfür reicht in der Regel eine orientierende Untersuchung (sogenanntes „screening“) der im Folgenden genannten Bereiche aus; in Zweifelsfällen ist die Konsultation anderer Ärzte nicht ausgeschlossen.

3. **Vorgeschichte**
☐ keine die Fahrfähigkeit einschränkende Krankheiten oder Unfälle durchgemacht
☐ falls ja, welche: ______________________
____

4. **Daten**
Größe ________ (cm) ________. Gewicht ________ (kg).
RR ________ / ________ mmHg Puls ________ Schläge in der Minute
Urin E ________ Z ________ Sed
Flüstersprache R ________ m L ________ m

5. **Allgemeiner Gesundheitszustand**
☐ gut
☐ falls nicht ausreichend, nähere Erläuterung:
____
____

6. **Körperbehinderungen**
☐ keine die Fahrfähigkeit einschränkende Behinderung
☐ falls ja, welche: ______________________
____

7. **Herz/Kreislauf**
☐ kein Anzeichen für Herz-/Kreislaufstörungen
☐ falls ja, welche: ______________________
____

8. **Blut**
☐ keine Anzeichen einer schweren Bluterkrankung
☐ falls ja, welche: ______________________
____

9. **Erkrankungen der Niere**
☐ keine Anzeichen einer schweren Insuffizienz
☐ falls ja, welche: ______________________________

10. **Endokrine Störungen**
☐ keine Anzeichen einer Zuckerkrankheit
☐ Zuckerkrankheit – falls bekannt: mit/ohne Insulinbehandlung
☐ keine Anzeichen für sonstige endokrine Störungen
☐ falls ja, welche: ______________________________

11. **Nervensystem**
☐ keine Anzeichen für Störungen
☐ falls ja, welche: ______________________________

12. **Psychische Erkrankungen/Sucht (Alkohol, Drogen, Arzneimittel)**
☐ keine Anzeichen einer Geistes- oder Suchterkrankung
☐ falls ja, welche: ______________________________

13. **Gehör**
☐ keine Anzeichen für eine schwere Störung des Hörvermögens
☐ falls ja, welche: ______________________________

14. **Erkrankungen mit erhöhter Tagesschläfrigkeit (z.B. Schlafstörungen)**
☐ keine Anzeichen für Erkrankung mit erhöhter Tagesschläfrigkeit
☐ falls ja, welche: ______________________________

Muster

Bescheinigung über die ärztliche Untersuchung von Bewerbern um die Erteilung oder Verlängerung einer Fahrerlaubnis der Klassen C, C1, CE, C1E, D, D1, DE, D1E oder der Fahrerlaubnis zur Fahrgastbeförderung für Taxen, Mietwagen, Krankenkraftwagen oder Personenkraftwagen im Linienverkehr oder bei gewerbsmäßigen Ausflugsfahrten oder Ferienziel-Reisen nach § 11 Absatz 9 und § 48 Absatz 4 und 5 der Fahrerlaubnis-Verordnung

Teil II (dem Bewerber auszuhändigen)

Aufgrund der Angaben des Untersuchten

Familienname, Vorname ______________________
Tag der Geburt ______________________
Ort der Geburt ______________________
Wohnort ______________________
Straße/Hausnummer ______________________

und der von mir in dem nach Teil I vorgesehenen Umfang erhobenen Befunde empfehle ich vor Erteilung der Fahrerlaubnis

☐ keine weitergehende Untersuchung, da keine Beeinträchtigungen des körperlichen oder geistigen Leistungsvermögens festgestellt werden konnten,

☐ eine weitergehende Untersuchung wegen (Angabe der entsprechenden Befunde):

____
____
____
____
____

Name und Anschrift des Arztes ______________________ Datum und Unterschrift ______________________

Anlage 6[1)]
(zu den §§ 12, 48 Absatz 4 und 5)

Anforderungen an das Sehvermögen

1. Klassen A, A1, A2, B, BE, AM, L und T

1.1 Sehtest (§ 12 Absatz 2)

Der Sehtest (§ 12 Absatz 2) ist bestanden, wenn die zentrale Tagessehschärfe mit oder ohne Sehhilfen mindestens beträgt: 0,7/0,7. Über den Sehtest ist eine Sehtestbescheinigung gemäß dem Muster dieser Anlage zu erstellen.

1.2 Augenärztliche Untersuchung (§ 12 Absatz 5)

Besteht der Bewerber den Sehtest nicht, ist eine augenärztliche Untersuchung erforderlich. Bei dieser Untersuchung ist unter anderem auf Sehschärfe, Gesichtsfeld, Dämmerungs- oder Kontrastsehen, Blendempfindlichkeit, Diplopie sowie andere Störungen der Sehfunktion zu achten, die ein sicheres Fahren in Frage stellen können. Es müssen folgende Mindestanforderungen erfüllt sein:

1.2.1 Zentrale Tagessehschärfe

Fehlsichtigkeiten müssen – soweit möglich und verträglich – korrigiert werden. Dabei dürfen folgende Sehschärfenwerte nicht unterschritten werden:

Sehschärfe des besseren Auges oder beidäugige Sehschärfe: 0,5.

1.2.2 Übrige Sehfunktionen

Gesichtsfeld:

Normales Gesichtsfeld eines Auges oder ein gleichwertiges beidäugiges Gesichtsfeld mit einem horizontalen Durchmesser von mindestens 120 Grad, insbesondere muss das zentrale Gesichtsfeld bis 20 Grad normal sein. Insgesamt sollte das Gesichtsfeld jedes Auges an mindestens 100 Orten geprüft werden. Ergeben sich unklare Defekte oder steht nicht zweifelsfrei fest, dass die Mindestanforderungen erfüllt werden, so hat eine Nachprüfung an einem manuellen Perimeter nach Goldmann mit der Marke III/4 zu erfolgen.

Beweglichkeit:

Bei Beidäugigkeit sind Augenzittern sowie Schielen ohne Doppeltsehen im zentralen Blickfeld bei normaler Kopfhaltung zulässig. Doppeltsehen außerhalb eines zentralen Blickfeldbereichs von 20 Grad im Durchmesser ist zulässig. Bei Einäugigkeit ausreichende Beweglichkeit des funktionstüchtigen Auges.

1.3 Die Erteilung der Fahrerlaubnis darf in Ausnahmefällen in Betracht gezogen werden, wenn die Anforderungen an das Gesichtsfeld oder die Sehschärfe nicht erfüllt werden. In diesen Fällen muss der Fahrzeugführer einer augenärztlichen Begutachtung unterzogen werden, um sicherzustellen, dass keine anderen Störungen von Sehfunktionen vorliegen. Dabei müssen auch Kontrastsehen oder Dämmerungssehen und Blendempfindlichkeit geprüft und berücksichtigt werden. Daneben sollte der Fahrzeugführer oder Bewerber eine praktische Fahrprobe erfolgreich absolvieren.

1.4 Nach dem Verlust des Sehvermögens auf einem Auge oder bei neu aufgetretener Diplopie muss ein geeigneter Zeitraum (mindestens drei Monate) eingehalten werden, während dessen das Führen von Kraftfahrzeugen nicht erlaubt ist. Danach darf erst nach augenärztlicher Untersuchung und Beratung wieder ein Kraftfahrzeug geführt werden.

1.5 Besteht eine fortschreitende Augenkrankheit, ist eine regelmäßige augenärztliche Untersuchung und Beratung erforderlich.

[1)] Anl. 6 und Muster geänd. mWv 1.7.2011 durch VO v. 17.12.2010 (BGBl. I S. 2279); geänd. mWv 19.1.2013 durch VO v. 7.1.2011 (BGBl. I S. 3); geänd. mWv 30.6.2012 durch VO v. 26.6.2012 (BGBl. I S. 1394); geänd. mWv 15.1.2013 durch VO v. 10.1.2013 (BGBl. I S. 35); geänd. mWv 1.5. 2014 durch VO v. 16.4.2014 (BGBl. I S. 348); geänd. mWv 18.9.2019 durch VO v. 11.3.2019 (BGBl. I S. 218).

2. Klassen C, C1, CE, C1E, D, D1, DE, D1E und der Fahrerlaubnis zur Fahrgastbeförderung (§ 12 Absatz 6, § 48 Absatz 4 Nummer 4 und Absatz 5 Nummer 2)

Bewerber um die Erteilung oder Verlängerung der Fahrerlaubnis müssen die nachfolgenden Mindestanforderungen an das Sehvermögen erfüllen:

2.1 Untersuchung durch einen Augenarzt, einen Arzt mit der Gebietsbezeichnung „Arbeitsmedizin", einen Arzt mit der Zusatzbezeichnung „Betriebsmedizin", einen Arzt bei einer Begutachtungsstelle für Fahreignung, einen Arzt des Gesundheitsamtes oder einen anderen Arzt der öffentlichen Verwaltung.

Über die Untersuchung ist eine Bescheinigung gemäß dem Muster dieser Anlage zu erstellen.

2.1.1 Zentrale Tagessehschärfe

Feststellung unter Einhaltung der DIN 58220, Ausgabe Januar 1997.

Fehlsichtigkeiten müssen – soweit möglich und verträglich – korrigiert werden. Dabei dürfen folgende Sehschärfenwerte nicht unterschritten werden: Sehschärfe auf jedem Auge 0,8 und beidäugig 1,0.

Die Korrektur mit Gläsern von mehr als plus 8,0 Dioptrien (sphärisches Äquivalent) ist nicht zulässig; dies gilt nicht für intraokulare Linsen oder Kontaktlinsen.

2.1.2 Übrige Sehfunktionen

Normales **Farbensehen** (geprüft mit einem geeigneten Test, beispielsweise Tafeln nach Ishihara oder Velhagen).

Normales **Gesichtsfeld**, geprüft mit einem automatischen Halbkugelperimeter, das mit einer überschwelligen Prüfmethodik das Gesichtsfeld bis 70 Grad nach beiden Seiten und bis 30 Grad nach oben und unten untersucht. Insgesamt sollte das Gesichtsfeld jedes Auges an mindestens 100 Orten geprüft werden. Alternativ kann eine Prüfung mit einem manuellen Perimeter nach Goldmann mit mindestens vier Prüfmarken (z.B. III/4, I/4, I/2 und I/1) an jeweils mindestens zwölf Orten pro Prüfmarke erfolgen.

Stereosehen, geprüft mit einem geeigneten Test (z.B. Random-Dot-Teste).

Ausreichendes Kontrast- oder Dämmerungssehen, geprüft mit einem standardisierten anerkannten Prüfverfahren.

2.2 Augenärztliche Untersuchung

Können die Voraussetzungen bei der Untersuchung nach Nummer 2.1 nicht zweifelsfrei festgestellt werden, ist zusätzlich eine augenärztliche Untersuchung erforderlich.

Sind nur die Anforderungen an das normale Farbensehen nicht erfüllt, ist eine zusätzliche augenärztliche Untersuchung entbehrlich, wenn das Farbensehen bereits Gegenstand einer früheren augenärztlichen Untersuchung war und hierbei die Anforderungen bei nicht normalem Farbensehen nach den Nummern 2.2.2 und 2.2.3 erfüllt wurden.

Über die nach Satz 1 erforderliche Untersuchung ist ein Zeugnis gemäß dem Muster dieser Anlage zu erstellen. Es müssen folgende Mindestanforderungen erfüllt sein:

2.2.1 Zentrale Tagessehschärfe

Fehlsichtigkeiten müssen – soweit möglich und verträglich – korrigiert werden. Dabei dürfen folgende Sehschärfenwerte nicht unterschritten werden: Sehschärfe des besseren Auges oder beidäugige Sehschärfe: 0,8, Sehschärfe des schlechteren Auges: 0,5.

Werden diese Werte nur mit Korrektur erreicht, soll die Sehschärfe ohne Korrektur auf keinem Auge weniger als 0,05 betragen.

Die Korrektur mit Gläsern von mehr als plus 8,0 Dioptrien (sphärisches Äquivalent) ist nicht zulässig; dies gilt nicht für intraokulare Linsen oder Kontaktlinsen.

In Einzelfällen kann unter Berücksichtigung von Fahrerfahrung und Fahrzeugnutzung der Visus des schlechteren Auges für die Klassen C, CE, C1, C1E unter 0,5 liegen, ein Wert von 0,1 darf nicht unterschritten werden. Ein augenärztliches Gutachten ist in diesen Fällen erforderlich.

2.2.2 Übrige Sehfunktionen

Gesichtsfeld:

Normales Gesichtsfeld beider Augen, wenigstens normales binokulares Gesichtsfeld mit einem horizontalen Durchmesser von mindestens 140 Grad, insbesondere muss das zentrale

Gesichtsfeld bis 30 Grad normal sein. Insgesamt sollte das Gesichtsfeld jedes Auges an mindestens 100 Orten geprüft werden. Ergeben sich unklare Defekte oder steht nicht zweifelsfrei fest, dass die Mindestanforderungen erfüllt werden, so hat eine Nachprüfung an einem manuellen Perimeter nach Goldmann mit der Marke III/4 zu erfolgen.

Beweglichkeit und Stereosehen:

Ausschluss bei Doppeltsehen im Gebrauchsblickfeld (d.h. 25 Grad Aufblick, 30 Grad Rechts- und Linksblick, 40 Grad Abblick). Ausschluss bei Schielen ohne konstantes binokulares Einfachsehen.

Farbensehen: Bei Rotblindheit oder Rotschwäche mit einem Anomalquotienten unter 0,5 ist eine Aufklärung des Betroffenen über die mögliche Gefährdung erforderlich.

Kontrast- oder Dämmerungssehen, Blendempfindlichkeit:

Ausreichendes Kontrast- oder Dämmerungssehen geprüft mit einem standardisierten anerkannten Prüfverfahren einschließlich Prüfung der Blendempfindlichkeit.

2.2.3 Sonderregelung für Inhaber einer bis zum 31. Dezember 1998 erteilten Fahrerlaubnis

Hinsichtlich des Sehvermögens gelten für Inhaber einer bis zum 31. Dezember 1998 erteilten Fahrerlaubnis folgende Anforderungen (in dieser Gliederungsnummer sind alle Paragraphen ohne Gesetzesangaben solche der Straßenverkehrs-Zulassungs-Ordnung in der bis zum 31. Dezember 1998 geltenden Fassung):

Mindestanforderungen an die zentrale Tagessehschärfe und die übrigen Sehfunktionen (§ 9a Absatz 5)

2.2.3.1 Mindestanforderungen an die zentrale Tagessehschärfe

2.2.3.1.1 Liegt die zentrale Tagessehschärfe unterhalb von 1,0/1,0, so muss sie durch Sehhilfen so weit wie möglich dem Sehvermögen des Normalsichtigen angenähert werden.

2.2.3.1.2 Für Inhaber einer Fahrerlaubnis reichen folgende Mindestwerte für die zentrale Tagessehschärfe aus, wenn feststeht, dass das Wahrnehmungsvermögen des Betroffenen trotz verminderten Sehvermögens zum sicheren Führen eines Kraftfahrzeugs der Klasse/Art noch ausreicht:

Bei Fahrerlaubnisinhabern der	Klassen 1, 1a, 1b, 3, 4, 5[1)]	Klasse 2	Fahrerlaubnis zur Fahrgastbeförderung
Bei Beidäugigkeit	0,4/0,2	0,7/0,2[1)]	0,7/0,5[2)]
Bei Einäugigkeit[3)]	0,6	0,7	0,7[2)]

2.2.3.2 Mindestanforderungen an die übrigen Sehfunktionen

2.2.3.2.1

Bei Inhabern der	Klassen 1, 1a, 1b, 3, 4, 5	Klasse 2, Fahrerlaubnis zur Fahrgastbeförderung
Gesichtsfeld	normales Gesichtsfeld eines Auges oder gleichwertiges beidäugiges Gesichtsfeld	normale Gesichtsfelder beider Augen[4)]
Beweglichkeit	Bei Beidäugigkeit: Augenzittern sowie Begleit- und Lähmungsschielen ohne Doppeltsehen im zentralen Blickfeld bei Kopfgeradehaltung	Normale Beweglichkeit beider Augen[4)]; zeitweises Schielen unzulässig

[1)] **Amtl. Anm.:** Nachweis ausreichenden Wahrnehmungsvermögens bereits bei Sehschärfe unter 0,5 auf dem schlechteren Auge erforderlich.

[2)] **Amtl. Anm.:** Sehschärfe unter 0,5 auf dem schlechteren Auge oder Einäugigkeit nur zulässig bei Beschränkung der Fahrerlaubnis zur Fahrgastbeförderung auf Taxen und Mietwagen.

[3)] **Amtl. Anm.:** Als einäugig gilt auch, wer auf einem Auge eine Sehschärfe von weniger als 0,2 besitzt.

[4)] **Amtl. Anm.:** Bei zulässiger Einäugigkeit gelten die Mindestanforderungen für die Klassen 1, 1a, 1b, 3, 4, 5.

	zulässig. Bei Augenzittern darf die Erkennungszeit für die einzelnen Sehzeichen nicht mehr als eine Sekunde betragen. Bei Einäugigkeit: Normale Augenbeweglichkeit, kein Augenzittern.	
Stereosehen	keine Anforderungen	normales Stereosehen[1]
Farbensehen	keine Anforderungen	Rotblindheit oder Rotschwäche mit einem Anomalquotienten unter 0,5 – bei Fahrerlaubnis zur Fahrgastbeförderung: unzulässig – bei Klasse 2: Aufklärung des Betroffenen über die durch die Störung des Farbensehens mögliche Gefährdung ausreichend

2.2.3.2.2 Wenn wegen Zweifeln an ausreichendem Sehvermögen eine augenärztliche Begutachtung stattfindet, sollte die Untersuchung auch die Dämmerungssehschärfe und die Blendungsempfindlichkeit umfassen. Werden dabei Mängel festgestellt, so ist der Betroffene auf die Gefahren durch geminderte Dämmerungssehschärfe und erhöhte Blendungsempfindlichkeit beim Fahren in der Dämmerung und in der Nacht hinzuweisen.

2.3 Nach einer neu eingetretenen relevanten Einschränkung des Sehvermögens muss ein geeigneter Anpassungszeitraum eingehalten werden, während dessen das Führen von Kraftfahrzeugen nicht erlaubt ist. Danach darf erst nach augenärztlicher Untersuchung und Beratung wieder ein Kraftfahrzeug geführt werden.

2.4 Besteht eine fortschreitende Augenkrankheit, ist eine regelmäßige augenärztliche Untersuchung und Beratung erforderlich.

[1] **Amtl. Anm.:** Bei zulässiger Einäugigkeit: keine Anforderungen.

Muster
Sehtestbescheinigung
(Anlage 6 Nummer 1.1 der Fahrerlaubnis-Verordnung)
von Bewerbern um die Erteilung einer Fahrerlaubnis der Klassen AM, A1, A2, A, B, BE, L oder T

Nr.	Amtlich anerkannte Sehteststelle:

Name: ______________________ Vorname: ______________________

geboren am: ______________________

Der Sehtest wurde durchgeführt			
ohne Sehhilfe	☐	Identität nachgewiesen	☐
mit Sehhilfe	☐	Ausweisdokument Nr.:	

Ergebnis des Sehtests:

Die entsprechende zentrale Tagessehschärfe beträgt:	rechts	links	Der Sehtest	
0,7 oder mehr	☐	☐	ist bestanden	☐
weniger	☐	☐	ist nicht bestanden	☐

Sonstige Zweifel an ausreichendem Sehvermögen
gemäß Anlage 6 der Fahrerlaubnis-Verordnung ☐

Art der Zweifel:

____

____

Ist der Sehtest bestanden, so fügen Sie bitte diese Bescheinigung dem Antrag auf Erteilung der Fahrerlaubnis bei; die Bescheinigung bleibt zwei Jahre gültig. Ist der Sehtest nicht bestanden oder trotz Sehhilfe oder verbesserter Sehhilfe erneut nicht bestanden oder bestehen sonst Zweifel am ausreichenden Sehvermögen, so müssen Sie eine augenärztliche Untersuchung durchführen lassen (§ 12 Absatz 5 der Fahrerlaubnis-Verordnung).

______________________, den ______________

____
Unterschrift des Sehtesters

(Fortsetzung nächstes Blatt)

Muster

Bescheinigung über die ärztliche Untersuchung
(Anlage 6 Nummer 2.1 der Fahrerlaubnis-Verordnung)

von Bewerbern um die Erteilung oder Verlängerung einer Fahrerlaubnis der Klassen C, C1, CE, C1E, D, D1, DE, D1E oder der Fahrerlaubnis zur Fahrgastbeförderung für Taxen, Mietwagen, Krankenkraftwagen oder Personenkraftwagen im Linienverkehr oder bei gewerbsmäßigen Ausflugsfahrten oder Ferienziel-Reisen nach § 12 Absatz 6 und § 48 Absatz 4 Nummer 4 und Absatz 5 Nummer 2 der Fahrerlaubnis-Verordnung

– Vorderseite –

Teil 1 (verbleibt beim Arzt)

1. **Angaben über den untersuchenden Arzt**
Name, Facharztbezeichnung, ggf. Gebiets- oder Zusatzbezeichnung des Arztes, ggf. Angabe über Tätigkeit bei einer Begutachtungsstelle für Fahreignung oder über Stellung als Arzt der öffentlichen Verwaltung, Anschrift

2. **Personalien des Bewerbers**
Familienname, Vornamen: ....
Tag der Geburt: ....
Ort der Geburt: ....
Wohnort: ....
Straße/Hausnummer: ....

3. **Untersuchungsbefund vom** ....
Zentrale Tagessehschärfe nach DIN 58220 ....
Farbensehen ....
Gesichtsfeld ....
Stereosehen ....
Kontrast- oder Dämmerungssehen ....

Aufgrund der oben angeführten Untersuchung wurden die Anforderungen nach Anlage 6 Nummer 2.1 der Fahrerlaubnis-Verordnung

☐ erreicht, ohne Sehhilfe
☐ erreicht, mit Sehhilfe
☐ nicht erreicht

Eine augenärztliche Zusatzuntersuchung nach Anlage 6 Nummer 2.2 der Fahrerlaubnis-Verordnung ist erforderlich:

☐ ja ☐ nein

Muster

Bescheinigung über die ärztliche Untersuchung
(Anlage 6 Nummer 2.1 der Fahrerlaubnis-Verordnung)

von Bewerbern um die Erteilung oder Verlängerung einer Fahrerlaubnis der Klassen C, C1, CE, C1E, D, D1, DE, D1E oder der Fahrerlaubnis zur Fahrgastbeförderung für Taxen, Mietwagen, Krankenkraftwagen oder Personenkraftwagen im Linienverkehr oder bei gewerbsmäßigen Ausflugsfahrten oder Ferienziel-Reisen nach § 12 Absatz 6 und § 48 Absatz 4 Nummer 4 und Absatz 5 Nummer 2 der Fahrerlaubnis-Verordnung

Teil 2 (dem Bewerber auszuhändigen)

Name des Arztes, Facharztbezeichnung, ggf. Gebiets- oder Zusatzbezeichnung des Arztes, ggf. Angabe über Tätigkeit bei einer Begutachtungsstelle für Fahreignung oder über Stellung als Arzt der öffentlichen Verwaltung, Anschrift

Familienname, Vornamen des Bewerbers: ....
Tag der Geburt: ....
Ort der Geburt: ....
Wohnort: ....
Straße/Hausnummer: ....
Nummer des Personalausweises: ....

Untersuchungsbefund vom .... über
– Zentrale Tagessehschärfe nach DIN 58220
– Farbensehen
– Kontrast- oder Dämmerungssehen
– Gesichtsfeld
– Stereosehen

Aufgrund der von mir nach Teil 1 erhobenen Befunde wurden die in Anlage 6 Nummer 2.1 der Fahrerlaubnis-Verordnung geforderten Anforderungen

☐ erreicht, ohne Sehhilfe
☐ erreicht, mit Sehhilfe
☐ nicht erreicht

Eine augenärztliche Zusatzuntersuchung nach Anlage 6 Nummer 2.2 der Fahrerlaubnis-Verordnung ist erforderlich:
☐ ja ☐ nein

Das Zeugnis ist zwei Jahre gültig.
Die Identität des Untersuchten wurde geprüft.

.... , den ....

Stempel und Unterschrift des Arztes mit den oben stehenden beruflichen Angaben

Muster

Zeugnis über die augenärztliche Untersuchung
(Anlage 6 Nummer 2.2 der Fahrerlaubnis-Verordnung)

von Bewerbern um die Erteilung oder Verlängerung einer Fahrerlaubnis der Klassen C, C1, CE, C1E, D, D1, DE, D1E oder der Fahrerlaubnis zur Fahrgastbeförderung für Taxen, Mietwagen, Krankenkraftwagen oder Personenkraftwagen im Linienverkehr oder bei gewerbsmäßigen Ausflugsfahrten oder Ferienziel-Reisen nach § 12 Absatz 6 und § 48 Absatz 4 Nummer 4 und Absatz 5 Nummer 2 der Fahrerlaubnis-Verordnung

– Vorderseite –

Teil 1 (verbleibt beim Arzt)

1. **Name und Anschrift des Augenarztes**

2. **Personalien des Bewerbers**
   Familienname, Vornamen: ....
   Tag der Geburt: ....
   Ort der Geburt: ....
   Wohnort: ....
   Straße/Hausnummer: ....

3. **Untersuchungsbefund vom** ....
   Zentrale Tagessehschärfe nach DIN 58220 ....
   Farbensehen ....
   Gesichtsfeld ....
   Stereosehen ....
   Kontrast- oder Dämmerungssehen ....

Aufgrund der oben angeführten Untersuchung wurden die Anforderungen nach Anlage 6 Nummer 2.2 der Fahrerlaubnis-Verordnung

☐ erreicht, ohne Sehhilfe
☐ erreicht, mit Sehhilfe
☐ nicht erreicht

Auflagen/Beschränkungen erforderlich:

☐ nein
☐ ja, ________________________

Muster

**Zeugnis über die augenärztliche Untersuchung
(Anlage 6 Nummer 2.2 der Fahrerlaubnis-Verordnung)**

von Bewerbern um die Erteilung oder Verlängerung einer Fahrerlaubnis der Klassen C, C1, CE, C1E, D, D1, DE, D1E oder der Fahrerlaubnis zur Fahrgastbeförderung für Taxen, Mietwagen, Krankenkraftwagen oder Personenkraftwagen im Linienverkehr oder bei gewerbsmäßigen Ausflugsfahrten oder Ferienziel-Reisen nach § 12 Absatz 6 und § 48 Absatz 4 Nummer 4 und Absatz 5 Nummer 2 der Fahrerlaubnis-Verordnung

Teil 2 (dem Bewerber auszuhändigen)
Name des Augenarztes, Anschrift

Familienname, Vornamen des Bewerbers: ....
Tag der Geburt: ....
Ort der Geburt: ....
Wohnort: ....
Straße/Hausnummer: ....
Nummer des Personalausweises: ....

Untersuchungsbefund vom .... über
– Zentrale Tagessehschärfe nach DIN 58220
– Farbensehen
– Gesichtsfeld
– Stereosehen
– Kontrast- oder Dämmerungssehen

Aufgrund der von mir nach Teil 1 erhobenen Befunde wurden die in Anlage 6 Nummer 2.2 der Fahrerlaubnis-Verordnung geforderten Anforderungen

☐ erreicht, ohne Sehhilfe
☐ erreicht, mit Sehhilfe
☐ nicht erreicht

Auflagen/Beschränkungen erforderlich

☐ nein
☐ ja, ______________________

Das Zeugnis ist 2 Jahre gültig.
Die Identität des Untersuchten wurde geprüft.

........................., den ....

Stempel und Unterschrift des Augenarztes

Anlage 7[1)]
(zu § 16 Absatz 2, § 17 Absatz 2 und 3)

Fahrerlaubnisprüfung

1. Theoretische Prüfung

Einzelheiten der theoretischen Prüfung ergeben sich auch aus der Prüfungsrichtlinie für die theoretische Fahrerlaubnisprüfung in der jeweils geltenden Fassung, die vom Bundesministerium für Verkehr und digitale Infrastruktur im Benehmen mit den zuständigen obersten Landesbehörden im Verkehrsblatt bekannt gemacht wird.

1.1 Prüfungsstoff

Gegenstand der Prüfung sind Kenntnisse in den Sachgebieten des Anhangs II Abschnitt A Nummer 2 bis 4 der Richtlinie 2006/126/EG des Europäischen Parlaments und des Rates vom 20. Dezember 2006 über den Führerschein (Neufassung) (ABl. L 403 vom 30.12.2006, S. 18; L 169 vom 28.6.2016, S. 18) in der Fassung der Richtlinie (EU) 2018/933 der Kommission vom 29. Juni 2018 zur Berichtigung der deutschen Fassung der Richtlinie 2006/126/EG des Europäischen Parlaments und des Rates über den Führerschein (ABl. L 165 vom 2.7.2018, S. 35) und in den folgenden Sachgebieten:

1. Gefahrenlehre
2. Verhalten im Straßenverkehr
3. Vorfahrt, Vorrang
4. Verkehrszeichen
5. Umweltschutz
6. Vorschriften über den Betrieb der Fahrzeuge
7. Technik
8. Eignung und Befähigung von Kraftfahrern.

Der Prüfungsstoff bildet die Grundlage für den Fragenkatalog. Der Fragenkatalog ist Teil der Prüfungsrichtlinie nach Nummer 1.

1.2 Form und Umfang der Prüfung, Zusammenstellung der Fragen, Bewertung der Prüfung

1.2.1 Allgemeines

Jede Prüfung enthält Fragen aus dem Grundstoff und dem Zusatzstoff des Fragenkatalogs. Der Grundstoff beinhaltet den für alle Klassen geltenden Prüfungsstoff, der Zusatzstoff den Stoff, der sich aus den besonderen Anforderungen der jeweiligen Klasse ergibt. Bei einer Prüfung für mehrere Klassen wird der Grundstoff nur einmal geprüft. Bei der Prüfung zur Erweiterung einer Fahrerlaubnis wird der Grundstoff in reduziertem Umfang erneut mitgeprüft. Nach Abschluss der Prüfung können aus Gründen der Qualitätssicherung und der Weiterentwicklung der theoretischen Fahrerlaubnisprüfung zusätzliche Fragen oder Aufgaben zur Bearbeitung vorgelegt werden. Die Ergebnisse dieser Fragen oder Aufgaben werden bei der Prüfungsbewertung nicht berücksichtigt. Die Teilnahme an dieser Erprobung erfolgt freiwillig und anonym.

1.2.2 Wertigkeit der Fragen und Zusammenstellungen der Fragen

Die Fragen werden entsprechend ihrem Inhalt und dessen Bedeutung für die Verkehrssicherheit, den Umweltschutz und die Energieeinsparung mit zwei bis fünf Punkten bewertet. Die Wertigkeit ist im Fragenkatalog bei jeder Frage angegeben.

Die Anzahl der Fragen je Klasse, die Anzahl der Punkte und die zulässige Fehlerpunktzahl ergeben sich aus den folgenden Tabellen:

Ersterwerb

[1)] Anl. 7 neu gef. mWv 19.1.2013 durch VO v. 10.1.2013 (BGBl. I S. 35); geänd. mWv 1.5.2014 durch VO v. 16.4.2014 (BGBl. I S. 348); geänd. mWv 1.10.2016 und mWv 28.12.2016 durch VO v. 21.12.2016 (BGBl. I S. 3083); geänd. mWv 18.8.2017 durch VO v. 8.8.2017 (BGBl. I S. 3158); geänd. mWv 24.8.2017 und mWv 1.11.2017 durch VO v. 14.8.2017 (BGBl. I S. 3232); geänd. mWv 19.3.2019 und mWv 1.1.2021 durch VO v. 11.3.2019 (BGBl. I S. 218); geänd. mWv 31.12.2019 durch VO v. 23.12.2019 (BGBl. I S. 2937); geänd. mWv 10.12.2020 sowie mWv 1.4.2021 durch VO v. 16.11.2020 (BGBl. I S. 2704).

Klasse	Zahl der Fragen	Summe der Punkte	Zulässige Fehlerpunkte
AM, A1, A2, A, B, L, T	30	110	10[1]
Mofa	20	69	7

Erweiterung

Klasse	Zahl der Fragen	Summe der Punkte	Zulässige Fehlerpunkte
AM, A1, A2, A, B, L, T	20	72	6
C	37	128	10[1]
C1, CE	30	105	10[1]
D	40	138	10[1]
D1	35	121	10[1]

1.2.3 Bewertung der Prüfung

Die theoretische Prüfung ist nicht bestanden, wenn die unter Nummer 1.2.2 bei den einzelnen Klassen jeweils aufgeführte Zahl der zulässigen Fehlerpunkte überschritten oder zwei Fragen mit Wertigkeit 5 falsch beantwortet worden sind.

Eine nicht bestandene theoretische Prüfung ist in vollem Umfang zu wiederholen.

1.3 Durchführung der Prüfung

Die theoretische Prüfung ist in deutscher Sprache abzulegen und erfolgt anhand von Fragen. Die Bewerber können Audio-Unterstützung in deutscher Sprache über Kopfhörer erhalten. Bei Prüfung von Gehörlosen ist ein Gehörlosen-Dolmetscher zuzulassen.

Abweichend von Satz 1 kann die Prüfung auch in folgenden Fremdsprachen abgelegt werden:

a) Englisch,

b) Französisch,

c) Griechisch,

d) Italienisch,

e) Polnisch,

f) Portugiesisch,

g) Rumänisch,

h) Russisch,

i) Kroatisch,

j) Spanisch,

k) Türkisch,

l) Hocharabisch.

2. Praktische Prüfung

Einzelheiten der praktischen Prüfung ergeben sich auch aus der Prüfungsrichtlinie für die praktische Fahrerlaubnisprüfung in der jeweils geltenden Fassung, die vom Bundesministerium für Verkehr und digitale Infrastruktur im Benehmen mit den zuständigen obersten Landesbehörden im Verkehrsblatt bekannt gemacht wird.

2.1 Prüfungsstoff

Die Prüfung setzt sich wie folgt zusammen:

2.1.1 Fahrtechnische Vorbereitung der Fahrt.

2.1.2 Abfahrtkontrolle (nur bei den Klassen C, C1, D, D1 und T).

Handfertigkeiten (nur bei den Klassen D und D1).

2.1.3 Verbinden und Trennen von Fahrzeugen (nur bei den Klassen BE, CE, C1E, DE, D1E und T).

[1] **Amtl. Anm.:** Es sei denn, zwei Fragen mit Wertigkeit 5 falsch beantwortet.

2.1.4 Grundlage für die Durchführung der Grundfahraufgaben ist der Fahraufgabenkatalog. Der Fahraufgabenkatalog ist Teil der Prüfungsrichtlinie nach Nummer 2.

2.1.5 Grundlage für die Durchführung der Prüfungsfahrt ist der Fahraufgabenkatalog. Der Fahraufgabenkatalog ist Teil der Prüfungsrichtlinie nach Nummer 2.

2.1.6 Fahrtechnischer Abschluss der Fahrt

2.2 Prüfungsfahrzeuge

Für die Klassen B, C1, C, D1 und D sind nur linksgelenkte Fahrzeuge zulässig.

Nach Beginn der Prüfung sind Änderungen am Prüfungsfahrzeug hinsichtlich Ausstattung und Ladung unzulässig. Ein Fahrzeugwechsel während der Prüfungsfahrt ist nur bei einem unvorhersehbaren Defekt am Prüfungsfahrzeug zulässig.

Als Prüfungsfahrzeuge sind zu verwenden:

2.2.1 Für Klasse A:

Krafträder ohne Beiwagen der Klasse A

a) Motorleistung mindestens 50 kW und

b) Hubraum mindestens 600 cm³, wobei eine Unterschreitung des Mindesthubraums um 5 cm³ zulässig ist,

c) Leermasse von mindestens 180 kg, wobei eine Unterschreitung um 5 kg zulässig ist,

d) mit Elektromotor Verhältnis Leistung/Leermasse mindestens 0,25 kW/kg.

2.2.2 Für Klasse A2:

Krafträder ohne Beiwagen

a) Motorleistung mindestens 20 kW, jedoch nicht mehr als 35 kW,

b) Verhältnis Leistung/Leermasse von nicht mehr als 0,2 kW/kg,

c) mit Verbrennungsmotor Hubraum mindestens 250 cm³

d) mit Elektromotor: Verhältnis Leistung/Leermasse mindestens 0,15 kW/kg.

2.2.3 Für Klasse A1:

Krafträder der Klasse A1 ohne Beiwagen

a) Motorleistung bis zu 11 kW,

b) Verhältnis von Leistung zu Leermasse von nicht mehr als 0,1 kW/kg,

c) durch die Bauart bestimmte Höchstgeschwindigkeit mindestens 90 km/h,

d) mit Verbrennungsmotor Hubraum mindestens 120 cm³, wobei eine Unterschreitung des Hubraums um 5 cm³ zulässig ist,

e) mit Elektromotor Verhältnis Leistung/Leermasse mindestens 0,08 kW/kg.

2.2.4 Für Klasse B:

Personenkraftwagen

a) durch die Bauart bestimmte Höchstgeschwindigkeit mindestens 130 km/h,

b) mindestens vier Sitzplätze und

c) mindestens zwei Türen auf der rechten Seite, welche unabhängig voneinander zu öffnen und zu schließen sind.

2.2.5 Für Klasse BE:

Fahrzeugkombinationen bestehend aus einem Prüfungsfahrzeug der Klasse B und einem Anhänger gemäß § 30a Absatz 2 Satz 1 StVZO[1)] mit mehr als 4 250 kg, die als Kombination nicht der Klasse B zuzurechnen sind,

a) Länge der Fahrzeugkombination mindestens 7,5 m,

b) zulässige Gesamtmasse des Anhängers mindestens 1 300 kg,

c) tatsächliche Gesamtmasse des Anhängers mindestens 800 kg,

d) Aufbau des Anhängers kastenförmig oder vergleichbar, Breite und Höhe mindestens wie das Zugfahrzeug, und

---

[1)] Nr. **200**.

e) Sicht nach hinten nur über die Außenspiegel oder andere zugelassene Einrichtungen für indirekte Sicht.

2.2.6 Für Klasse C:

Fahrzeuge der Klasse C

a) Mindestlänge 8 m,

b) Mindestbreite 2,4 m,

c) zulässige Gesamtmasse mindestens 12 000 kg,

d) tatsächliche Gesamtmasse mindestens 10 000 kg,

e) durch die Bauart bestimmte Höchstgeschwindigkeit mindestens 80 km/h,

f) mit Anti-Blockier-System (ABS),

g) mit Fahrtenschreiber,

h) Aufbau kastenförmig oder vergleichbar, mindestens so breit und so hoch wie das Führerhaus, und

i) Sicht nach hinten nur über Außenspiegel oder andere zugelassene Einrichtungen für indirekte Sicht.

2.2.7 Für Klasse CE:

a) Fahrzeugkombinationen bestehend aus einem Prüfungsfahrzeug der Klasse C mit selbsttätiger Kupplung und einem Anhänger mit eigener Lenkung oder mit einem Starrdeichselanhänger mit Tandem-/Doppelachse

   aa) Länge der Fahrzeugkombination mindestens 14 m,

   bb) zulässige Gesamtmasse der Fahrzeugkombination mindestens 20 000 kg,

   cc) tatsächliche Gesamtmasse der Fahrzeugkombination mindestens 15 000 kg,

   dd) Zweileitungs-Bremsanlage,

   ee) durch die Bauart bestimmte Höchstgeschwindigkeit der Fahrzeugkombination mindestens 80 km/h,

   ff) Anhänger mit Anti-Blockier-System (ABS),

   gg) Länge des Anhängers mindestens 7,5 m,

   hh) Mindestbreite des Anhängers 2,4 m,

   ii) Aufbau des Anhängers kastenförmig oder vergleichbar, mindestens so breit und so hoch wie das Führerhaus des Zugfahrzeugs, und

   jj) Sicht nach hinten nur über Außenspiegel oder andere zugelassene Einrichtungen für indirekte Sicht

   oder

b) Sattelkraftfahrzeuge

   aa) Länge mindestens 14 m,

   bb) Mindestbreite der Sattelzugmaschine und des Sattelanhängers 2,4 m,

   cc) zulässige Gesamtmasse mindestens 20 000 kg,

   dd) tatsächliche Gesamtmasse mindestens 15 000 kg,

   ee) durch die Bauart bestimmte Höchstgeschwindigkeit mindestens 80 km/h,

   ff) Sattelzugmaschine und Sattelanhänger mit Anti-Blockier-System (ABS),

   gg) mit Fahrtenschreiber,

   hh) Aufbau kastenförmig oder vergleichbar, mindestens so breit und so hoch wie das Führerhaus, und

   ii) Sicht nach hinten nur über Außenspiegel oder andere zugelassene Einrichtungen für indirekte Sicht.

2.2.8 Für Klasse C1:

Fahrzeuge der Klasse C1

a) Länge mindestens 5 m,

b) zulässige Gesamtmasse mindestens 5 500 kg,

c) durch die Bauart bestimmte Höchstgeschwindigkeit mindestens 80 km/h,

d) mit Anti-Blockier-System (ABS),

e) mit Fahrtenschreiber,

f) Aufbau kastenförmig oder vergleichbar, mindestens so breit und so hoch wie das Führerhaus, und

g) Sicht nach hinten nur über Außenspiegel oder andere zugelassene Einrichtungen für indirekte Sicht.

2.2.9 Für Klasse C1E:

Fahrzeugkombinationen bestehend aus einem Prüfungsfahrzeug der Klasse C1 und einem Anhänger

a) Länge der Fahrzeugkombination mindestens 9 m,

b) durch die Bauart bestimmte Höchstgeschwindigkeit der Fahrzeugkombination mindestens 80 km/h,

c) zulässige Gesamtmasse des Anhängers mindestens 1 300 kg,

d) tatsächliche Gesamtmasse des Anhängers mindestens 800 kg,

e) Anhänger mit eigener Bremsanlage,

f) Aufbau des Anhängers kastenförmig oder vergleichbar, mindestens so hoch und etwa so breit wie das Führerhaus des Zugfahrzeugs (der Aufbau kann geringfügig weniger breit sein), und

g) Sicht nach hinten nur über Außenspiegel oder andere zugelassene Einrichtungen für indirekte Sicht.

2.2.10 Für Klasse D:

Fahrzeuge der Klasse D

a) Länge mindestens 10 m,

b) Mindestbreite 2,4 m,

c) durch die Bauart bestimmte Höchstgeschwindigkeit mindestens 80 km/h,

d) mit Anti-Blockier-System (ABS) und

e) mit Fahrtenschreiber.

2.2.11 Für Klasse DE:

Fahrzeugkombinationen bestehend aus einem Prüfungsfahrzeug der Klasse D und einem Anhänger

a) Länge der Fahrzeugkombination mindestens 13,5 m,

b) Mindestbreite des Anhängers 2,4 m,

c) durch die Bauart bestimmte Höchstgeschwindigkeit der Fahrzeugkombination mindestens 80 km/h,

d) zulässige Gesamtmasse des Anhängers mindestens 1 300 kg,

e) tatsächliche Gesamtmasse des Anhängers mindestens 800 kg,

f) Anhänger mit eigener Bremsanlage,

g) Aufbau des Anhängers kastenförmig oder vergleichbar, mindestens 2 m breit und hoch, und

h) Sicht nach hinten nur über Außenspiegel oder andere zugelassene Einrichtungen für indirekte Sicht.

2.2.12 Für Klasse D1:

Fahrzeuge der Klasse D1

a) Länge mindestens 5 m, maximale Länge 8 m,

b) durch die Bauart bestimmte Höchstgeschwindigkeit mindestens 80 km/h,

c) zulässige Gesamtmasse mindestens 4 000 kg,

d) mit Anti-Blockier-System (ABS) und

e) mit Fahrtenschreiber.

2.2.13 Für Klasse D1E:

Fahrzeugkombinationen bestehend aus einem Prüfungsfahrzeug der Klasse D1 und einem Anhänger

a) Länge der Fahrzeugkombination mindestens 8,5 m,

b) durch die Bauart bestimmte Höchstgeschwindigkeit der Fahrzeugkombination mindestens 80 km/h,

c) zulässige Gesamtmasse des Anhängers mindestens 1 300 kg,

d) tatsächliche Gesamtmasse des Anhängers mindestens 800 kg,

e) Anhänger mit eigener Bremsanlage,

f) Aufbau des Anhängers kastenförmig oder vergleichbar, mindestens 2 m breit und hoch, und

g) Sicht nach hinten nur über Außenspiegel oder andere zugelassene Einrichtungen für indirekte Sicht.

2.2.14 Für Klasse AM:

Zweirädrige Kleinkrafträder oder Fahrräder mit Hilfsmotor mit einer durch die Bauart bestimmten Höchstgeschwindigkeit von mindestens 40 km/h.

2.2.15 Für Klasse T:

Fahrzeugkombinationen bestehend aus einer Zugmaschine der Klasse T und einem Anhänger

a) durch die Bauart bestimmte Höchstgeschwindigkeit der Zugmaschine mehr als 32 km/h,

b) Höchstgeschwindigkeit der Fahrzeugkombination mehr als 32 km/h,

c) Zweileitungs-Bremsanlage,

d) Anhänger mit mindestens geschlossener Ladefläche (Fahrgestell ohne geschlossenen Boden nicht zulässig),

e) Länge des Anhängers bei Verwendung eines Starrdeichselanhängers mindestens 4,5 m und

f) Länge der Fahrzeugkombination mindestens 7,5 m.

2.2.16 Weitere Anforderungen an die Prüfungsfahrzeuge

Unter Länge des Fahrzeugs ist der Abstand zwischen serienmäßiger vorderer Stoßstange und hinterer Begrenzung des Aufbaus zu verstehen. Nicht zur Fahrzeuglänge zählen Anbauten wie Seilwinden, Wasserpumpen, Rangierkupplungen, zusätzlich angebrachte Stoßstangenhörner, Anhängekupplungen, Skiträger oder ähnliche Teile und Einrichtungen.

Die Prüfungsfahrzeuge müssen ausreichende Sitzplätze für den amtlich anerkannten Sachverständigen oder Prüfer für den Kraftfahrzeugverkehr, den Fahrlehrer und den Bewerber bieten; das gilt nicht bei Fahrzeugen der Klassen A, A1, A2, AM und T. Es muss gewährleistet sein, dass der amtlich anerkannte Sachverständige oder Prüfer alle für den Ablauf der praktischen Prüfung wichtigen Verkehrsvorgänge beobachten kann.

Bei der Prüfung auf Prüfungsfahrzeugen der Klassen A, A1, A2, AM und T muss eine Funkanlage zur Verfügung stehen, die es mindestens gestattet, den Bewerber während der Prüfungsfahrt anzusprechen (einseitiger Führungsfunk). Das gilt nicht für Prüfungsfahrzeuge der Klasse T, wenn auf diesen geeignete Plätze für den amtlich anerkannten Sachverständigen oder Prüfer und den Fahrlehrer vorhanden sind.

Prüfungsfahrzeuge der Klassen B, C, C1, D und D1 müssen mit akustisch oder optisch kontrollierbaren Einrichtungen zur Betätigung der Pedale (Doppelbedienungseinrichtungen) ausgerüstet sein.

Prüfungsfahrzeuge der Klasse B müssen ferner mit einem zusätzlichen Innenspiegel sowie mit zwei rechten Außenspiegeln, gegebenenfalls in integrierter Form, oder einem gleichwertigen Außenspiegel ausgerüstet sein.

Prüfungsfahrzeuge der Klassen BE, C, C1, D und D1 müssen mit je einem zusätzlichen rechten und linken Außenspiegel ausgestattet sein, soweit die Spiegel für den Fahrer dem Fahrlehrer keine ausreichende Sicht nach hinten ermöglichen.

2.2.17 Die Kennzeichnung der zu Prüfungsfahrten verwendeten Kraftfahrzeuge als Schulfahrzeuge (§ 5 Absatz 4 der Durchführungsverordnung zum Fahrlehrergesetz[1]) vom 2. Januar 2018

---

[1] Nr. **335**.

(BGBl. I S. 2)) muss entfernt sein. Alle vom Fahrzeughersteller lieferbaren Ausstattungen und Systeme sind grundsätzlich unter Berücksichtigung der Anlage 12 der Prüfungsrichtlinie zugelassen. Dies gilt auch für den nachträglichen Einbau gleicher oder ähnlicher Produkte.

2.2.18 Bei Prüfungen der Klasse A, A1, A2 und AM dürfen nur Fahrzeuge verwendet werden, für die eine Helmtragepflicht besteht.

2.2.19 Prüfungsfahrzeuge für Bewerber mit körperlicher Behinderung

Soll aufgrund einer körperlichen Behinderung die Fahrerlaubnis nur für bestimmte Fahrzeugarten oder nur für angepasste Fahrzeuge erteilt werden, so ist die Prüfung unter Berücksichtigung der wesentlichen Anforderungen auf einem solchen Fahrzeug durchzuführen.

2.3 Prüfungsdauer und Mindestfahrzeit

Die Prüfungsdauer und die Fahrzeit[1)] betragen mindestens

bei	Prüfungsdauer insgesamt	davon Fahrzeit[1)]
Klasse A	70 Minuten	30 Minuten
	60 Minuten Aufstieg[2)]	30 Minuten
Klasse A2	70 Minuten Direkteinstieg	30 Minuten
	60 Minuten Aufstieg[2)]	30 Minuten
Klasse A1	70 Minuten	30 Minuten
Klasse B	55 Minuten	30 Minuten
Klasse BE	55 Minuten	30 Minuten
Klasse C	85 Minuten	50 Minuten
Klasse CE	85 Minuten	50 Minuten
Klasse C1	85 Minuten	50 Minuten
Klasse C1E	85 Minuten	50 Minuten
Klasse D	85 Minuten	50 Minuten
Klasse DE	80 Minuten	50 Minuten
Klasse D1	85 Minuten	50 Minuten
Klasse D1E	80 Minuten	50 Minuten
Klasse AM	55 Minuten	30 Minuten
Klasse T	70 Minuten	35 Minuten,

falls der Bewerber nicht schon vorher gezeigt hat, dass er den Anforderungen der Prüfung nicht gewachsen ist.

Bei der Aufhebung der Beschränkung einer Fahrerlaubnis auf das Führen von Kraftfahrzeugen mit Automatikgetriebe (§ 17a Absatz 2) verkürzt sich die Dauer der praktischen Prüfung um 10 Minuten.

2.4 Prüfungsstrecke

Etwa die Hälfte der Fahrzeit soll für Prüfungsstrecken außerhalb geschlossener Ortschaften, möglichst auch unter Einschluss der Autobahnen oder Kraftfahrstraßen mit Fahrbahnen für eine Richtung, die durch Mittelstreifen oder sonstige bauliche Einrichtungen getrennt sind und mindestens zwei Fahrstreifen je Richtung haben, verwendet werden. Abweichend hiervon sind Prüfungen für die Klasse AM überwiegend innerhalb geschlossener Ortschaften durchzuführen. Die Prüfung für die Klasse T kann auch an Orten durchgeführt werden, die nicht Prüforte im Sinn von § 17 Absatz 4 sind.

2.5 Bewertung der Prüfung

2.5.1 Für die Durchführung der praktischen Prüfung sind

a) die fahrtechnische Vorbereitung der Fahrt (2.1.1), die Grundfahraufgaben (2.1.4) und die Prüfungsfahrt (2.1.5),

---

1) **Amtl. Anm.:** Fahrzeit ohne Grundfahraufgaben, ohne Sicherheits-/Abfahrtkontrolle/Handfertigkeiten, ohne Verbinden und Trennen und ohne Vor- und Nachbereitung (z.B. Bekanntgabe des Ergebnisses). Die aufgeführte reine Fahrzeit entspricht EU-Vorgaben.

2) **Amtl. Anm.:** Nur bei Erweiterung von der Klasse A1 auf die Klasse A2 und von der Klasse A2 zur Klasse A (stufenweiser Zugang bei jeweils zweijährigem Vorbesitz und Erweiterung auf die nächsthöhere Klasse).

b) die Abfahrtkontrolle und die Handfertigkeiten (2.1.2) und

c) das Verbinden und Trennen von Fahrzeugen (2.1.3)

jeweils getrennte Prüfungsteile, die jeweils getrennt voneinander bewertet werden. Bereits bestandene Prüfungsteile sind nicht zu wiederholen.

2.5.2 Zum Nichtbestehen der Prüfung führen:

a) Fehler, die zur sofortigen Beendigung der Prüfung führen oder

b) die Wiederholung oder Häufung von leichten oder schweren Fehlern, die als Einzelfehler in der Regel noch nicht zum Nichtbestehen führen.

2.5.3 **Verhalten des Fahrlehrers**

Versucht der Fahrlehrer den amtlich anerkannten Sachverständigen oder Prüfer zu täuschen oder macht das Verhalten des Fahrlehrers die Beurteilung des Bewerbers bei der Prüfungsfahrt unmöglich, so ist diese als nicht bestanden zu beenden.

2.5.4 **Vorzeitige Beendigung der Prüfungsfahrt**

Die Prüfungsfahrt soll beendet werden, sobald sich herausstellt, dass der Bewerber den Anforderungen der Prüfung nicht gerecht wird.

2.6 **Prüfungsergebnis**

Der Sachverständige oder Prüfer unterrichtet den Bewerber am Ende der Prüfung über das Prüfungsergebnis und stellt ihm eine schriftliche Leistungsrückmeldung mit Empfehlungen zum Fahrkompetenzerwerb zur Verfügung.

Anlage 7a[1]
(zu § 6a Absatz 3 und 4)

Fahrerschulung

1. Allgemeines

Voraussetzung für die Erteilung der Fahrerlaubnis mit der Schlüsselzahl 96 ist die erfolgreiche Teilnahme an einer Fahrerschulung von mindestens sieben Stunden nach Anhang V der Richtlinie 2006/126/EG. Ziel der Schulung ist die Befähigung zum sicheren, verantwortungsvollen und umweltbewussten Führen einer entsprechenden Fahrzeugkombination.

2. Qualifikation für die Durchführung von Fahrerschulungen

Die Fahrerschulung hat in einer Fahrschule zu erfolgen, deren Inhaber im Besitz einer Fahrschulerlaubnis der Klasse BE nach § 17 Absatz 2 des Fahrlehrergesetzes ist. Ein Fahrlehrer ist zur Fahrerschulung berechtigt, wenn er die Fahrlehrerlaubnis der Klasse BE nach § 1 des Fahrlehrergesetzes besitzt.

3. Schulungsstoff

Gegenstand der Schulung sind die Kenntnisse, Fähigkeiten und Verhaltensweisen nach Anhang II Nummer 2 und 7 und Anhang V der Richtlinie 2006/126/EG.

3.1 Der Umfang der theoretischen Schulung umfasst mindestens 2,5 Stunden. Der theoretische Schulungsstoff umfasst Kenntnisse in den folgenden Sachgebieten der Nummer 2 und der Anlage V der Richtlinie 2006/126/EG:

3.1.1 Straßenverkehrsvorschriften,

3.1.2 Fahrzeugführer,

3.1.3 Straße,

3.1.4 Andere Verkehrsteilnehmer,

3.1.5 Allgemeine Vorschriften und Verschiedenes,

3.1.6 Vorsichtsmaßnahmen beim Verlassen des Fahrzeugs,

3.1.7 Mechanische Zusammenhänge, die für die Straßenverkehrssicherheit von Bedeutung sind,

3.1.8 Sicherheitsausrüstung der Fahrzeuge,

3.1.9 Regeln für die umweltfreundliche Benutzung des Fahrzeugs,

3.1.10 Fahrzeugdynamik,

3.1.11 Sicherheitskriterien,

3.1.12 Zugfahrzeug und Anhänger (Kupplungsmechanismus),

3.1.13 richtiges Beladen und

3.1.14 Sicherheitszubehör.

3.2 Praktischer Übungsstoff

Auf die Übungen nach Anhang V der Richtlinie 2006/126/EG entfallen mindestens 3,5 Stunden, die sowohl außerhalb des öffentlichen Straßenraums als auch auf öffentlichen Straßen durchgeführt werden können. Die Schulung darf in einer Gruppe durchgeführt werden, wobei eine Gruppe nicht mehr als acht Teilnehmer haben darf und für bis zu vier Teilnehmer für die gesamte Dauer der praktischen Übungen ein Schulungsfahrzeug zur Verfügung stehen muss. Die Schulung in einer Gruppe darf nicht auf öffentlichen Straßen durchgeführt werden. Die Übungen setzen sich wie folgt zusammen:

3.2.1 Beschleunigen,

---

[1] Anl. 7a eingef. mWv 19.1.2013 durch VO v. 7.1.2011 (BGBl. I S. 3); geänd. mWv 19.1.2013 durch VO v. 10.1.2013 (BGBl. I S. 35); geänd. mWv 4.1.2018 durch VO v. 2.1.2018 (BGBl. I S. 2).

3.2.2 Verzögern,

3.2.3 Wenden,

3.2.4 Bremsen,

3.2.5 Anhalteweg,

3.2.6 Spurwechsel,

3.2.7 Bremsen und Ausweichen,

3.2.8 deutliches Verringern der Geschwindigkeit bei vorhersehbarem Seitenwind an Brücken, Waldschneisen und beim Überholen von Lkw,

3.2.9 Abkuppeln und Ankuppeln und

3.2.10 Einparken.

3.3 Fahrpraktische Übungen

Auf die fahrpraktischen Übungen entfallen auf jeden Teilnehmer mindestens eine Stunde. Dabei sind auf öffentlichen Straßen die Fähigkeiten und Verhaltensweisen nach den folgenden Sachgebieten des Anhangs II Nummer 7 der Richtlinie 2006/126/EG unter Beweis zu stellen:

3.3.1 Vorbereitung und Kontrolle der eingesetzten Fahrzeugkombination auf Verkehrs- und Betriebssicherheit,

3.3.2 Spezielle Fahrübungen, die für die Straßenverkehrssicherheit der unter Nummer 1 genannten Fahrzeugkombinationen von Bedeutung sind, wie rückwärts eine Kurve entlang fahren und

3.3.3 Verhaltensweisen im Verkehr, wie z.B. anfahren, auf geraden Straßen fahren, fahren in Kurven, an Kreuzungen und Einmündungen heranfahren und sie überqueren, Richtung wechseln einschließlich nach links und rechts abbiegen oder die Fahrbahn wechseln, Auffahrt auf oder Ausfahrt von Autobahnen oder ähnlichen Straßen, überholen oder vorbeifahren, spezielle Teile der Straße wie Kreisverkehr, Eisenbahnübergänge, Straßenbahn- und Bushaltestellen, Fußgängerübergänge, lange Steigungen oder beim Verlassen des Fahrzeugs die erforderlichen Vorsichtsmaßnahmen treffen.

4. Schulungsfahrzeuge

Als Schulungsfahrzeug ist eine Fahrzeugkombination bestehend aus einem Kraftfahrzeug der Klasse B mit einem Anhänger mit einer zulässigen Gesamtmasse von mehr als 750 kg, deren Gesamtmasse über der zulässigen Gesamtmasse der Fahrzeugkombination von 3 500 kg liegt und mit

a) einer Länge der Fahrzeugkombination von mindestens 7,5 m,

b) einem Aufbau des Anhängers kastenförmig oder damit vergleichbar, mindestens 1,2 m Breite und 1,5 m Höhe und

c) einer Sicht nach hinten nur über Außenspiegel

zu verwenden. Schulungsfahrzeuge müssen mit akustisch oder optisch kontrollierbaren Einrichtungen zur Betätigung der Pedale (Doppelbedienungseinrichtungen) ausgerüstet sein. Die Fahrzeugkombination darf nicht der Klasse B zuzuordnen sein. Sie dürfen ein Schild mit der Aufschrift „FAHRSCHULE" entsprechend § 5 Absatz 4 der Durchführungsverordnung zum Fahrlehrergesetz führen.

5. Schulungsstrecke für die fahrpraktischen Übungen

Etwa die Hälfte Fahrzeit der fahrpraktischen Übungen nach Nummer 3.3 soll für Fahrstrecken außerhalb geschlossener Ortschaften, möglichst auch unter Einschluss der Autobahnen oder Kraftfahrstraßen mit Fahrbahnen für eine Richtung, die durch Mittelstreifen oder sonstige bauliche Einrichtungen getrennt sind und mindestens zwei Fahrstreifen je Richtung haben, verwendet werden.

6. Abschluss der Schulung

Für die erfolgreiche Teilnahme an der Fahrerschulung hat der Teilnehmer während der fahrpraktischen Übungen nach Nummer 3.3 seine Fähigkeit und Verhaltensweisen nach Anlage 7a unter Beweis zu stellen. Nach Abschluss der Fahrerschulung hat der Inhaber der

Fahrschule oder der verantwortliche Leiter dem Teilnehmer eine Bescheinigung nach Nummer 7 über die erfolgreiche Teilnahme auszustellen.

7. Muster einer Bestätigung über die erfolgreiche Teilnahme an der Fahrerschulung

Teilnahmebescheinigung
zur Vorlage bei der Fahrerlaubnisbehörde

Name, Vorname

....

geboren am .... in ....

hat vom .... bis ....

erfolgreich an einer Fahrerschulung (Anlage 7a zu § 6a Absatz 3 und 4 FeV) teilgenommen.

Ort

Ausgehändigt am .... (Datum)

(Stempel und Unterschrift der Fahrschulinhaberin/ des Fahrschulinhabers oder der verantwortlichen Leiterin/ des verantwortlichen Leiters)[1]	(Unterschrift der Fahrerlaubnisinhaberin/ des Fahrerlaubnisinhabers)

Anlage 7b[2]
(zu § 6b Absatz 3 und 4)

Fahrerschulung für das Führen von Krafträdern der Klasse A1

1. Allgemeines
Voraussetzung für die Erteilung der Fahrerlaubnis mit der Schlüsselzahl 196 ist die erfolgreiche Teilnahme an einer Fahrerschulung von mindestens neun Unterrichtseinheiten von jeweils 90 Minuten. Ziel der Schulung ist die Befähigung zum sicheren, verantwortungsvollen und umweltbewussten Führen eines Kraftrades der Klasse A1.

2. Qualifikation für die Durchführung von Fahrerschulungen
Die Fahrerschulung hat in einer Fahrschule zu erfolgen, deren Inhaber im Besitz einer Fahrschulerlaubnis der Klasse A nach § 17 Absatz 2 des Fahrlehrergesetzes ist. Ein Fahrlehrer ist zur Fahrerschulung berechtigt, wenn er die Fahrlehrerlaubnis der Klasse A nach § 1 des Fahrlehrergesetzes besitzt.

3. Schulungsstoff
3.1 Theoretischer Schulungsstoff
Der Umfang der ausschließlich klassenspezifischen theoretischen Schulung beträgt mindestens vier Unterrichtseinheiten. Der theoretische Schulungsstoff umfasst mindestens die Inhalte der Anlage 2.1 der Fahrschüler-Ausbildungsordnung.

---

[1] Klammer fehlt im BGBl. I.
[2] Anlage 7b eingef. mWv 31.12.2019 durch VO v. 23.12.2019 (BGBl. I S. 2937).

3.2 Praktischer Übungsstoff

Auf die fahrpraktischen Übungen entfallen mindestens fünf Unterrichtseinheiten in mindestens den Sachgebieten nach Anlage 3 Nummer 17.2 und Anlage 4 Nummer 1 und 2 der Fahrschüler-Ausbildungsordnung. Die gleichzeitige praktische Schulung von mehreren Teilnehmern ist unzulässig.

4. Schulungsfahrzeuge

Als Schulungsfahrzeug ist ein Kraftrad nach Anlage 7 Nummer 2.2.3 zu verwenden. Für das Schulungsfahrzeug muss eine geeignete technische Einrichtung zur Verfügung stehen, die es dem Fahrlehrer ermöglicht, mit dem Teilnehmer zu kommunizieren.

5. Abschluss der Schulung

Für die erfolgreiche Teilnahme an der Fahrerschulung hat der Teilnehmer während der fahrpraktischen Übungen seine Fähigkeit und Verhaltensweisen zum Führen von Krafträdern der Klasse A1 unter Beweis zu stellen. Nach Abschluss der Fahrerschulung hat der Inhaber der Fahrschule oder die verantwortliche Leitung des Ausbildungsbetriebes dem Teilnehmer eine Bescheinigung nach Nummer 6 über die erfolgreiche Teilnahme auszustellen.

6. Muster einer Bestätigung über die erfolgreiche Teilnahme an der Fahrerschulung:

Teilnahmebescheinigung
zur Vorlage bei der Fahrerlaubnisbehörde

Name, Vorname

....

geboren am .... in ....

hat vom .... bis ....

erfolgreich an einer Fahrerschulung (Anlage 7b zu § 6b Absatz 3 und 4 FeV) teilgenommen.

Führerscheinnummer ....

Ort ....

Ausgehändigt am ....

....

(Stempel und Unterschrift der Fahrschulinhaberin/des Fahrschulinhabers oder der verantwortlichen Leitung)	(Unterschrift der Fahrerlaubnisinhaberin/des Fahrerlaubnisinhabers)

Anlage 8[1)]
(zu § 25 Absatz 1, § 26 Absatz 1, § 48 Absatz 3)

Allgemeiner Führerschein, Dienstführerschein, Führerschein zur Fahrgastbeförderung

I. Allgemeiner Führerschein

1. Vorbemerkungen

Führerscheine werden als Kunststoffkarten nach Anhang I der Richtlinie 2006/126/EG hergestellt und im Auftrag der Fahrerlaubnisbehörde durch den vom Kraftfahrt-Bundesamt bestimmten und zertifizierten Hersteller zentral gefertigt. Hersteller ist die Bundesdruckerei GmbH. Die Herstellung, Personalisierung und Lieferung der Führerscheine erfolgt auf der Grundlage eines Rahmenvertrages zwischen dem Kraftfahrt-Bundesamt und der Bundesdruckerei GmbH. Näheres wird durch Verwaltungsvorschrift geregelt. Der Führerschein besteht aus zwei Seiten.

2. Beschreibung des Führerscheins

2.1. Seite 1 (Vorderseite)

Seite 1 enthält:

a) Die Bezeichnung „FÜHRERSCHEIN" sowie deren Wiederholung in den Sprachen der Mitgliedstaaten der Europäischen Union als Unterdruck auf dem Führerschein.

b) Die Aufschrift „BUNDESREPUBLIK DEUTSCHLAND" sowie das Zeichen der Europäischen Union (zwölf goldene Sterne in einem blauen Rechteck), in welches das Nationalitätszeichen D eingefügt ist.

c) Folgende Daten zum Inhaber des Führerscheins und zu seiner Fahrerlaubnis entsprechend der auf dem Führerschein aufgebrachten Nummerierung; Nummer 8 (Wohnort) ist nicht vorhanden, da die Angabe nach der Richtlinie 2006/126/EG fakultativ ist und im deutschen Führerschein nicht ausgewiesen wird:

1. Name, Doktorgrad
2. Vorname
3. Geburtsdatum und -ort

4a. Ausstellungsdatum gemäß § 24a

4b. Datum des Ablaufs der Gültigkeit

4c. Name der Ausstellungsbehörde

5. Nummer des Führerscheins, die sich aus dem Behördenschlüssel der Fahrerlaubnisbehörde, einer von dieser fortlaufend zu vergebenden Fahrerlaubnisnummer sowie einer Prüfziffer und der Nummer der Ausfertigung des Dokuments zusammensetzt.
6. Lichtbild des Inhabers
7. Unterschrift des Inhabers
9. Sämtliche, auch durch andere eingeschlossene Fahrerlaubnisklassen, die der Inhaber besitzt.

2.2. Seite 2 (Rückseite)

Seite 2 enthält:

a) folgende Daten zur Fahrerlaubnis des Inhabers entsprechend der auf dem Führerschein aufgebrachten Nummerierung:

9. Sämtliche, auch durch andere eingeschlossene Fahrerlaubnisklassen, die der Inhaber besitzt. Nicht erteilte Klassen werden durch einen Strich entwertet.
10. Das Datum der Erteilung der Fahrerlaubnis der jeweiligen Fahrerlaubnisklasse. Das Erteilungsdatum einzelner oder mehrerer Fahrerlaubnisklassen kann auch im Feld 14 unter Angabe der Nummer 10 eingetragen sein. In diesen Fällen wird in der Spalte 10 mittels „*)" darauf verwiesen.
11. Das Gültigkeitsdatum befristet erteilter Fahrerlaubnisklassen.

[1)] Anl. 8 geänd. mWv 19.1.2013 durch VO v. 26.6.2012 (BGBl. I S. 1394); geänd. mWv 19.1. 2013 durch VO v. 10.1.2013 (BGBl. I S. 35); geänd. mWv 1.5.2014 durch VO v. 16.4.2014 (BGBl. I S. 348); geänd. mWv 24.8.2017 durch VO v. 14.8.2017 (BGBl. I S. 3232).

12. Beschränkungen und Zusatzangaben (einschließlich Auflagen) zu den erteilten Fahrerlaubnisklassen in verschlüsselter Form gemäß Anlage 9. Beschränkungen und Zusatzangaben (einschließlich Auflagen), die nur für eine Fahrerlaubnisklasse gelten, werden in der Zeile der jeweiligen Klasse vermerkt. Solche, die für alle Fahrerlaubnisklassen gelten, werden in der letzten Zeile der Spalte ausgewiesen.
13. Ein Feld für Eintragungen anderer Mitgliedstaaten nach Wohnsitznahme des Inhabers in diesem Staat.
14. Ein Feld für die Eintragung des Erteilungsdatums der Fahrerlaubnis für eine oder mehrere Klassen (s. Nummer 10).

b) Die Erläuterungen zum Inhalt der Felder 1 bis 4c, 5 sowie 10 bis 12.

3. Muster des Führerscheins (Muster 1)

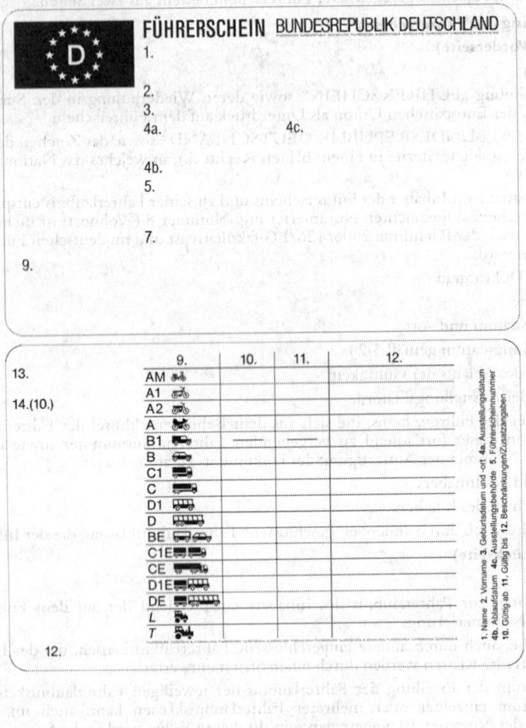

II. Muster des Dienstführerscheins der Bundeswehr (Muster 2)

Farbe: hellgrau; dreifach gefaltet, Breite 4 × 74 mm, Höhe 105 mm; Typdruck

Vorderseite

Gültigkeit/Verlängerung

DSt/aaS/aaPNr	
ausgefertigt am	
Klasse(n)	
gültig bis	
DSt/aaS/aaPNr	
ausgefertigt am	
Klasse(n)	
gültig bis	
DSt/aaS/aaPNr	
ausgefertigt am	
Klasse(n)	
gültig bis	

Klassen der Dienstfahrerlaubnis

Klassen A, A2, A1, AM, B, BE, D, DE, D1, D1E, L und T:
gemäß § 6 Abs. 1 Fahrerlaubnis – Verordnung

Klasse C: Kraftfahrzeuge - ausgenommen Krafträder - mit einer zulässigen Gesamtmasse von mehr als 3.500 kg und mit nicht mehr als acht Sitzplätzen außer dem Führersitz sowie zusätzlich mit nicht mehr als acht Personen auf besonders zugelassenen Plätzen (auch mit Anhängern mit einer zulässigen Gesamtmasse von nicht mehr als 750 kg)

Klasse C1: Kraftfahrzeuge - ausgenommen Krafträder - mit einer zulässigen Gesamtmasse von mehr als 3.500 kg aber nicht mehr als 7.500 kg und mit nicht mehr als acht Sitzplätzen außer dem Führersitz sowie zusätzlich mit nicht mehr als acht Personen auf besonders zugelassenen Plätzen (auch mit Anhängern mit einer zulässigen Gesamtmasse von nicht mehr als 750 kg)

Klasse E:
(in Verbindung mit den Klassen C, C1 oder G):
Kraftfahrzeuge der Klassen C, C1 oder G mit Anhängern mit einer zulässigen Gesamtmasse von mehr als 750 kg

Klasse F: Voll- und Halbkettenfahrzeuge (auch mit Anhängern)

Klasse G: Gepanzerte / Geschützte Radfahrzeuge (Sonderkraftfahrzeuge) (auch mit Anhängern mit einer zulässigen Gesamtmasse von nicht mehr als 750 kg)

Klasse P: Kraftfahrzeuge der Klasse C, G oder C1 zur Mitnahme von mehr als acht Personen auf besonders zugelassenen Plätzen, soweit der Fahrer im Besitz der Klasse C, G oder C1 ist

Auflagen, Beschränkungen und weitere amtliche Eintragungen:

Bundesrepublik Deutschland

Dienstführerschein der Bundeswehr

-Nur zum Führen von Dienstfahrzeugen-

Fahrerlaubnisnummer

Y

Rückseite

Name, Vorname

Geburtsort

Personenkennziffer

ausgestellt durch

Zentrale Militärkraftfahrtstelle

Identifikation durch Truppen- bzw. Dienstausweis

am

Unterschrift

Unterschrift des Inhabers

A A2 A1 AM B BE C CE C1 C1E D DE D1 D1E F G GE L P T

Klasse(n) / gültig bis

Unterschrift aaS/aaP

Datum der Aushändigung | aaS/aaPNr u. LfdNr

A A2 A1 AM B BE C CE C1 C1E D DE D1 D1E F G GE L P T

Ausbildungsstelle
Y

Unterschrift aaS/aaP

Datum der Aushändigung | aaS/aaPNr u. LfdNr

A A2 A1 AM B BE C CE C1 C1E D DE D1 D1E F G GE L P T

Ausbildungsstelle
Y

Unterschrift aaS/aaP

Datum der Aushändigung | aaS/aaPNr u. LfdNr

A A2 A1 AM B BE C CE C1 C1E D DE D1 D1E F G GE L P T

Ausbildungsstelle
Y

Unterschrift aaS/aaP

Datum der Aushändigung | aaS/aaPNr u. LfdNr

Gültigkeit/Verlängerung

DSt/aaS/aaPNr	
ausgefertigt am	
Klasse(n)	
gültig bis	
DSt/aaS/aaPNr	
ausgefertigt am	
Klasse(n)	
gültig bis	
DSt/aaS/aaPNr	
ausgefertigt am	
Klasse(n)	
gültig bis	

III. Muster des Dienstführerscheins der Bundespolizei und der Polizei (Muster 3)

Material: Neobond – 200 g/m²

- 4 –

1. Name
2. Vorname
3. Geburtsdatum und –ort
4a. Ausstelldatum
4b. Ablaufdatum
4c. Ausstellbehörde
5. Führerscheinnummer
9. Fahrerlaubnisklasse
10. Erteilungsdatum
11. gültig bis
12. Beschränkungen/ Zusatzangaben

(Wappen)*)

Dienstführerschein

gemäß § 26 Fahrerlaubnis-Verordnung

Nur gültig zum Führen von Dienstkraftfahrzeugen für die Dauer des Dienstverhältnisses

*) gegebenenfalls

- 2 -

1.

2.
3.

4a.
4b.
4c.

5.

Im Auftrag

6. Bild

Unterschrift des Inhabers

- 3 –

9.	10.	11.
AM		
A1		
A2		
A		
B1	---------	-----------
B		
C1		
C		
D1		
D		
BE		
C1E		
CE		
D1E		
DE		
L		
T		

12.

IV. Muster für den Führerschein zur Fahrgastbeförderung (Muster 4)

Farbe: hellgelb; Breite 74 mm, Höhe 105 mm; Typendruck; vierseitig

Vorbemerkungen

1. Anstelle der Streichung der nicht zutreffenden Berechtigungen können die zutreffenden Berechtigungen allein eingetragen werden; dann entfällt der Hinweis „*) Nichtzutreffendes streichen".
2. Geringfügige Abweichungen vom vorgeschriebenen Muster sind zulässig, soweit Besonderheiten des Verfahrens, insbesondere der Einsatz maschineller Datenverarbeitung, dies erfordern.

(Vordere Außenseite)

Führerschein
zur Fahrgastbeförderung

Name
....
Vorname
....
Geburtsdatum und -ort
....
Anschrift
....
....

ist berechtigt,
– ein Taxi *)
– einen Mietwagen *)
– einen Krankenkraftwagen *)
– einen Personenkraftwagen im Linienverkehr (§§ 42, 43 des Personenbeförderungsgesetzes) oder bei gewerbsmäßigen Ausflugsfahrten oder Ferienziel-Reisen (§ 48 des Personenbeförderungsgesetzes) *)
zu führen, wenn darin Fahrgäste befördert werden.

*) Nichtzutreffendes streichen

(Hintere Außenseite)

gültig bis ....

...., den ....

Stempel

....
Name der Fahrerlaubnisbehörde

....
Unterschrift

(Linke Innenseite)

Dieser Führerschein gilt nur in Verbindung mit dem Führerschein der Klasse ....
und verliert seine Geltung mit Ablauf des ....
Er ist beim Fahren mit Fahrgästen mitzuführen und zuständigen Personen auf Verlangen zur Prüfung auszuhändigen.

...., den ....

Stempel

....
Name der Fahrerlaubnisbehörde

Nr. ....

....
Unterschrift

(Rechte Innenseite)

Verlängerung der Geltungsdauer und sonstige Eintragungen

gültig bis ....

...., den ....

Stempel

....
Name der Fahrerlaubnisbehörde

....
Unterschrift

gültig bis ....

...., den ....

Stempel

....
Name der Fahrerlaubnisbehörde

....
Unterschrift

Anlage 8a[1)]
(zu § 22 Absatz 4 Satz 7)

Muster des Vorläufigen Nachweises der Fahrerlaubnis (VNF)

Vorbemerkungen

Farbe:	rosa
Format:	DIN A5
Umfang:	1 Blatt, einseitiger Druck
Trägermaterial:	Sicherheitspapier in einer Stärke von 90 g/m² ohne optische Aufheller

In das Trägermaterial sind die folgenden fälschungserschwerenden Sicherheitsmerkmale eingearbeitet:

1. als Wasserzeichen das gesetzlich für die Bundesdruckerei geschützte Motiv „Bundesadler",
2. nur unter UV-Licht sichtbare gelb und blau fluoreszierende Melierfasern,
3. chemische Reagenzien.

Der Vordruck weist eine fortlaufende Vordrucknummerierung auf.

Abweichungen vom nachstehenden Muster sind zulässig soweit Besonderheiten des Verfahrens, insbesondere der Einsatz maschineller Datenverarbeitung, dies erfordern.

---

1) Anl. 8a eingef. mWv 21.10.2015 durch VO v. 2.10.2015 (BGBl. I S. 1674); geänd. mWv 28.12.2016 durch VO v. 21.12.2016 (BGBl. I S. 3083).

Vorläufiger Nachweis der Fahrerlaubnis (VNF)	**Vordrucknummerierung**

Diese Bescheinigung dient anstelle des Führerscheins befristet zum Nachweis der Fahrerlaubnis im Inland. Sie ist nur gültig in Verbindung mit einem amtlichen Lichtbildausweis. Beim Führen von Kraftfahrzeugen ist sie mitzuführen und zuständigen Personen bei Kontrollen auf Verlangen zur Prüfung auszuhändigen.

....

Unterschrift der Fahrerlaubnisinhaberin/des Fahrerlaubnisinhabers

Diese Bescheinigung ist bis zur Aushändigung des Führerscheins, längstens jedoch bis zum ________ gültig; soweit die Bescheinigung maschinell ausgefüllt ist, ist sie auch ohne Unterschrift der ausstellenden Behörde gültig.

Führerschein-Nr. (soweit vorhanden):

Fahrerlaubnisbehörde:

Ort:

Ausstellungsdatum:

Ausgehändigt durch die Fahrerlaubnisbehörde/den amtlich anerkannten Sachverständigen oder Prüfer für den Kraftfahrzeugverkehr* am: ________________

____ (Stempel)

(Unterschrift und Stempel der Fahrerlaubnisbehörde/des amtlich anerkannten Sachverständigen oder Prüfers für den Kraftfahrzeugverkehr)*

Name, Vorname:

geboren am: in:

ist berechtigt, Kraftfahrzeuge folgender Klasse/n zu führen**:

Klasse	Erteilungsdatum	Klassenbezogene Beschränkung/Auflagen/Zusatzangaben gem. Anlage 9 FeV
AM		
A1		
A2		
A		
B		
C1		
C		
D1		
D		
BE		
C1E		
CE		
D1E		
DE		
L		
T		

Allgemeingültige Beschränkungen/Auflagen/Zusatzangaben:

* Nichtzutreffendes ist zu streichen.

** Nicht erteilte Klassen sind durch einen Strich entwertet.

Anlage 8b[1)]
(zu § 48a)

Muster der Prüfungsbescheinigung zum „Begleiteten Fahren ab 17 Jahre“

Vorbemerkungen

Farbe:	rosa
Format:	DIN A5
Umfang:	1 Blatt, einseitiger Druck
Trägermaterial:	Sicherheitspapier in einer Stärke von 90 g/m^2 ohne optische Aufheller

In das Trägermaterial sind die folgenden fälschungserschwerenden Sicherheitsmerkmale eingearbeitet:

1. als Wasserzeichen das gesetzlich für die Bundesdruckerei geschützte Motiv „Bundesadler“,
2. nur unter UV-Licht sichtbare gelb und blau fluoreszierende Melierfasern,
3. chemische Reagenzien.

Der Vordruck weist eine fortlaufende Vordrucknummerierung auf.

Abweichungen vom Muster sind zulässig soweit Besonderheiten des Verfahrens, insbesondere der Einsatz maschineller Datenverarbeitung, dies erfordern.

1) Frühere Anl. 8a wird Anl. 8b und neu gef. mWv 21.10.2015 durch VO v. 2.10.2015 (BGBl. I S. 1674).

Prüfungsbescheinigung zum „Begleiteten Fahren ab 17 Jahre"	**Vordrucknummerierung**

Diese Bescheinigung dient anstelle des Führerscheins befristet zum Nachweis der Fahrerlaubnis im Inland. Sie ist nur gültig in Verbindung mit einem amtlichen Lichtbildausweis. Beim Führen von Kraftfahrzeugen ist sie mitzuführen und zuständigen Personen bei Kontrollen auf Verlangen zur Prüfung auszuhändigen.

....

Unterschrift der Fahrerlaubnisinhaberin/des Fahrerlaubnisinhabers

Diese Bescheinigung ist bis zur Aushändigung des Führerscheins, längstens jedoch bis zum ______ gültig; soweit die Bescheinigung maschinell ausgefüllt ist, ist sie auch ohne Unterschrift der ausstellenden Behörde gültig.

Führerschein-Nr. (soweit vorhanden):
Fahrerlaubnisbehörde:
Ort:
Ausstellungsdatum:

Ausgehändigt durch die Fahrerlaubnisbehörde/den amtlich anerkannten Sachverständigen oder Prüfer für den Kraftfahrzeugverkehr* am: ______

______ (Stempel)

(Unterschrift und Stempel der Fahrerlaubnisbehörde/des amtlich anerkannten Sachverständigen oder Prüfers für den Kraftfahrzeugverkehr)*

Name, Vorname:
geboren am: in:
ist berechtigt, Kraftfahrzeuge folgender Klasse/n zu führen**:

Klasse	Erteilungsdatum	Klassenbezogene Beschränkung/Auflagen/Zusatzangaben gem. Anlage 9 FeV
B		
BE		
B96		
AM***		
L***		

Allgemeingültige Beschränkungen/Auflagen/Zusatzangaben:

* Nichtzutreffendes ist zu streichen.
** Nicht erteilte Klassen sind durch einen Strich entwertet.
*** Nur auszufüllen, wenn kein Führerschein vorhanden ist oder kein Führerschein ausgehändigt werden soll.

Namentlich benannte Personen

Name	Vorname	Geburtsdatum

Anlage 8c[1)]
(zu § 25b Absatz 2)

Muster eines Internationalen Führerscheins nach dem Internationalen Abkommen über Kraftfahrzeugverkehr vom 24. April 1926[2)]

Vorbemerkungen

1. Der Internationale Führerschein nach Artikel 7 und Anhang E des Internationalen Abkommens über Kraftfahrzeugverkehr vom 24. April 1926 ist ein Heft in Form DIN A6 (148 mm × 105 mm) mit grauem Umschlag und 36 weißen Innenseiten. Die Seite 37 ist zum Herausklappen eingerichtet.
2. Die Vorder- und Rückseite des ersten Umschlagblattes und die Seiten 3 bis 35 und 37 sind nachstehend wiedergegeben. Die Seiten 36 und 38 bleiben frei.
3. Ausfertigungen dieses Internationalen Führerscheins nach Muster 7 der Verordnung über internationalen Kraftfahrzeugverkehr in der Fassung vom 1. Januar 1964 sind weiterhin gültig.
4. Die Fahrzeugklassen werden wie folgt definiert:
   A Kraftfahrzeuge, deren Gesamtgewicht bestehend aus dem Leergewicht und der bei der Zulassung für zulässig erklärten größten Belastung 3 500 kg nicht übersteigt,
   B Kraftfahrzeuge, deren wie oben gebildetes Gesamtgewicht 3 500 kg übersteigt,
   C Krafträder mit und ohne Beiwagen.
5. Bei der Ausstellung des Internationalen Führerscheins nach § 25b Absatz 2 sind folgende Klassen bzw. Beschränkungen zu erteilen:

deutsche Fahrerlaubnisklasse	internationale Fahrerlaubnisklasse	Beschränkungen
A1	C, A	C ≤ 125 cm^3 C ≤ 11 kW C ≤ 0,1 kW/kg A: dreirädrige Kfz ≤ 15 kW
A2	C	C ≤ 35 kW C ≤ 0,2 kW/kg
A	C, A	A: nur dreirädrige Kfz
B	A	
C1	B	B ≤ 7 500 kg
C	B	
D1	B	B: nur Kraftomnibusse, Anzahl Plätze außer dem Führersitz ≤ 16
D	B	B: nur Kraftomnibusse

6. Bei der Ausstellung des Internationalen Führerscheins nach § 25b Absatz 2a sind folgende Klassen bzw. Beschränkungen zu erteilen:

deutsche Fahrerlaubnisklasse	internationale Fahrerlaubnisklasse	Beschränkungen
A1	C	C ≤ 125 cm^3 C ≤ 11 kW
A beschränkt	C	C ≤ 35 kW C ≤ 0,2 kW/kg

[1)] Frühere Anl. 8b geänd. mWv 19.1.2013 durch VO v. 7.1.2011 (BGBl. I S. 3); geänd. mWv 19.1.2013 durch VO v. 26.6.2012 (BGBl. I S. 1394); geänd. mWv 1.5.2014 durch VO v. 16.4.2014 (BGBl. I S. 348); bish. Anl. 8b wird Anl. 8c mWv 21.10.2015 durch VO v. 2.10.2015 (BGBl. I S. 1674).

[2)] Die Änderung der früheren Anlage 8b durch VO v. 26.6.2012 (BGBl. I S. 1394):
a) In der Liste der Vertragsstaaten werden die Wörter „Peru," und „Portugal," gestrichen.
b) In der Fußnote werden die Wörter „vom 2. Februar 2007" durch die Wörter „vom 31.12.2010" ersetzt.
kann hier nicht wiedergegeben werden.

deutsche Fahrerlaubnis-klasse	internationale Fahr-erlaubnisklasse	Beschränkungen
A	C	
B	A	
C1	B	B ≤ 7 500 kg
C	B	
D1	B	B: nur Kraftomnibusse ≤ 8 m, Anzahl Plätze außer dem Führersitz ≤ 16
D	B	B: nur Kraftomnibusse

Darüber hinaus kann die Fahrerlaubnisbehörde weitere Beschränkungen, die sich aus der unterschiedlichen Definition der Fahrerlaubnisklassen, der Bestandsschutzregelungen sowie eignungsbedingter Einschränkungen ergeben, eintragen.

(Vorderseite des ersten Umschlagblattes)

DEUTSCHLAND
Internationaler Kraftfahrzeugverkehr

Internationaler Führerschein

Internationales Abkommen vom 24. April 1926

Ausstellung des Scheins

Ort:

Tag: ....

Stempel der Behörde

....
(Unterschrift)

(Rückseite des ersten Umschlagblattes)

Dieser Schein ist in den Gebieten aller nachstehend angegebenen Vertragsstaaten ein Jahr vom Ausstellungstag an gültig.

Liste der Vertragsstaaten:*)

Ägypten, Argentinien, Chile, Indien, Irak, Irland, Island, Libanon, Liechtenstein, Mexiko, Niederlande, Peru, Portugal, Spanien, Sri Lanka, Syrien, Thailand, Türkei, Vatikanstadt, Vereinigtes Königreich.

Dieser Schein entbindet den Inhaber in keiner Weise von der Verpflichtung, sich in jedem Lande, in dem er ein Fahrzeug führt, vollständig nach den daselbst geltenden Gesetzen und Bestimmungen über Niederlassung und Ausübung eines Berufes zu richten.

Gültig für Fahrten im Ausland gemäß den Bestimmungen des Internationalen Abkommens über Kraftfahrzeugverkehr vom 24. April 1926.

Valable pour voyages à l'étranger, conformément aux dispositions de la Convention Internationale relative à la Circulation Automobile du 24 Avril 1926.

*) Nach dem BGBl. II, Fundstellennachweis B, vom 2. Februar 2007

Angaben über den Führer

Lichtbild

Stempel der Behörde

Name .... (1)

Vorname .... (2)

Ort der Geburt .... (3)

Tag der Geburt .... (4)

Wohnort .... (5)

Siehe Seite 37

3

....
(Name des Landes)

Ausschließung

Dem (Namen und Vornamen) ....
der vorstehend durch die Behörde von (Land) ....
einen Internationalen Führerschein erhalten hat, wird das Recht,
Kraftfahrzeuge auf dem Gebiet des (Land) ....
zu führen, aberkannt, weil ....
....
....

Stempel der Behörde

Ort: ....
Tag: ....
....
(Unterschrift)

Angaben über den Führer

Für Lichtbild siehe hier oben (Seite 3)

Name .... (1)
Vorname .... (2)
Ort der Geburt .... (3)
Tag der Geburt .... (4)
Wohnort .... (5)

4

....
(Name des Landes)

Ausschließung

Dem (Namen und Vornamen) ....
der vorstehend durch die Behörde von (Land) ....
einen Internationalen Führerschein erhalten hat, wird das Recht,
Kraftfahrzeuge auf dem Gebiet des (Land) ....
zu führen, aberkannt, weil ....
....
....

Stempel der Behörde

Ort: ....
Tag: ....
....
(Unterschrift)

Angaben über den Führer

Für Lichtbild siehe hier oben (Seite 3)

Name .... (1)
Vorname .... (2)
Ort der Geburt .... (3)
Tag der Geburt .... (4)
Wohnort .... (5)

5

....

(Nom du pays)

Exclusion

M. (nom et prénoms) ....

autorisé ci-dessus par l'autorité de (pays) ....

est déchu du droit de conduire sur le territoire de (pays) ....

.... en raison de ....

....

....

....

Cachet de l'autorité

Lieu: ....

Date: ....

....

(Signature)

Indications relatives au conducteur

Pour la photographie, voir ci-dessus (page 3)

Nom .... (1)

Prénoms .... (2)

Lieu de naissance .... (3)

Date de naissance .... (4)

Domicile .... (5)

6

....

(Nom du pays)

Exclusion

M. (nom et prénoms) ....

autorisé ci-dessus par l'autorité de (pays) ....

est déchu du droit de conduire sur le territoire de (pays) ....

.... en raison de ....

....

....

....

Cachet de l'autorité

Lieu: ....

Date: ....

....

(Signature)

Indications relatives au conducteur

Pour la photographie, voir ci-dessus (page 3)

Nom .... (1)

Prénoms .... (2)

Lieu de naissance .... (3)

Date de naissance .... (4)

Domicile .... (5)

7

(Name of country)

Exclusion

M. (surname and other names) ....

authorised as above by the authority of (country) ....

.... is deprived of the right to drive

in (country) ....

by reason of ....

....

....

Seal of authority

Place: ....

Date: ....

....
(Signature)

Particulars concerning the driver

For the photograph, see above (page 3)

Surname .... (1)

Other names .... (2)

Place of birth .... (3)

Date of birth .... (4)

Home address .... (5)

8

(Name of country)

Exclusion

M. (surname and other names) ....

authorised as above by the authority of (country) ....

.... is deprived of the right to drive

in (country) ....

by reason of ....

....

....

Seal of authority

Place: ....

Date: ....

....
(Signature)

Particulars concerning the driver

For the photograph, see above (page 3)

Surname .... (1)

Other names .... (2)

Place of birth .... (3)

Date of birth .... (4)

Home address .... (5)

9

....
(اسم الدولة)

إلغاء التصريح

حضرة (الاسم واللقب) ....
المصرح له أعلاه من (اسم الدولة) ....
قد ألغى تصريحه للقيادة على أراضي (اسم الدولة) ....
للأسباب ....
....
....

ختم السلطة

المكان ....
التاريخ ....
....
للأسباب

بيانات خاصة بالسائق
عن الصورة الفوتوغرافية أنظر صفحة 3

الاسم .... (1)
اللقب .... (2)
محل الميلاد .... (3)
تاريخ الميلاد .... (4)
السكنى .... (5)

10

....
(Име на държавата)

ЛИШАВАНЕ ОТЪ ПРАВО ЗА КАРАНЕ НА АВТОМОБИЛЪ

Г. (име и презиме) ....
комуто разрешено отъ властьта на (държавата) ....
да кара автомобилъ, се лишава отъ правото да управлява такъвъ върху територията на (държавата) ....
по причина на ....
....
....

Печать на властьта

Мѣ сто: ....
Дата: ....
....
(*Подписъ*)

СВЕДЕНИЯ ЗА ШОФЬОРА

За фотографията вижъ по горѣ (стр. 3)

Име .... (1)
Презиме .... (2)
Мѣ сторождение .... (3)
Дата на раждането .... (4)
Мѣ стожителстъо .... (5)

11

....
(Landets navn)

Fratagelse af Førerretten

Hr. (Efternavn og Fornavne) ....

som ifolge foranstaaende har faaet Førerbevis af Myndig-hederne (Land) ....

fratages Retten til at føre Motorkøretøj i (Land) ....

.... paa Grund af ....

....

....

Vedkommende Myndigheds-Stempel

Sted: ....

Dato: ....

....
(Underskrift)

Oplysninger angaaende Føreren

Til Fotografi, se foran (Side 3)

Efternavn .... (1)

Fornavne .... (2)

Fødested .... (3)

Fødselsaar og -dato .... (4)

Bopæl .... (5)

12

....
(Nombre del país)

Inhabilitación

D. (nombre y apellidos) ....

autorizado por este permiso expedido en (país) ....

queda inhabilitado para conducir en territorio de (país) ....

.... por ....

....

....

....

Sella de la autoridad

Lugar: ....

Fecha: ....

....
(Firma)

Filiación del Conductor

Para la fotografía, véase página 3

Nombre .... (1)

Apellidos .... (2)

Lugar de nacimiento .... (3)

Fecha de nacimiento .... (4)

Domicilio .... (5)

13

....
(Riigi nimetus)

Kõrvaldamine

Härra (nimi ja eesnimi) ....

kes ülalpool selleks õigustatud .... (riigi)

ametivõimu poolt, on kaotanud juhtimise õiguse ....

.... riigi territooriumi!

....

....

.... põhjusel.

Ametivoima kinnik

Koht: ....

Kuupäev: ....

....
(Allkiri)

Andmed juhi kohta

Päevapildi koht, vaata ülal (lehek. 3)

Nimi .... (1)

Eesnimed .... (2)

Sündimise koht .... (3)

Sündimise aeg .... (4)

Elukoht .... (5)

14

....
(Ὄνομα τῆς χώρας)

ΑΠΑΓΟΡΕΥΣΙΣ

Ὁ Κ. (ὄνομα καί ἐπώνυμον) ....

ἔχων ὡς ἀνωτέρω ἄδειαν παρά τῆς Ἀρχῆς τοῦ (κράτους) ....

.... ἀπαγορεύεται νά ὁδηγῆ τό αὐτοκίνητον

ἐπί τοῦ ἐδάφους τοῦ (κράτους) ....

....

....

....

Σφραγίς τῆς Ἀρχῆς

Τόπος ....

Ἡμερομηνία ....

....
(Ὑπογραφή)

ΣΧΕΤΙΚΑΙ ΕΝΔΕΙΞΕΙΣ ΠΕΡΙ ΤΟΥ ΟΔΗΓΟΥ

Διά τήν φωτογραφίαν, βλέτε ὡς ἄνω (σελίς 3)

Ὄνομα .... (1)

Ἐπώνυμον .... (2)

Τόπος γεννήσεως .... (3)

Ἡμερομηνία γεννήσεως .... (4)

Κατοικία .... (5)

15

....
(Az ország neve)

Kizárás

.... (Vezeték és keresztnév)

aki engedélyt .... (országon)

nyert a vezetésre .... (ország)

területén eltiltatott ....

....

....

.... miatt.

A hatóság pecsétjø

Hely: ....

Kelet: ....

....
(Aláírás)

A vezetőre vonatkozó adatok

A fénykép részére lásd a 3. oldalt

Vezetéknév .... (1)

Keresztnév .... (2)

Születési hely .... (3)

Születési év .... (4)

Lakhely .... (5)

....
(Ainm na Tíre)

Cosc

Baintear de (sloinne agus ainmneacha cile) ....

.... do húdaruíodh mar adeirtear thuas ag

údarás (tír) .... a cheart chun tiomána

i (tír) .... toisc gur ....

....

....

....

Sèala an udaraís

Ait: ....

Dáta: ....

....
(Sighniú)

Eolas mar gheall ar an tiomanai

Tá an Ghriandealbh ar leathanach 3

Sloinne .... (1)

Ainmneacha eile .... (2)

Ait Bheireatais .... (3)

Dáta Bheireatais .... (4)

Ait Chomhnuithe .... (5)

....

(Nome del paese)

Esclusione

Il signor (cognome e nome) ....

autorizzato come sopra dalla autorità di (paese) ....

è decaduto dal diritto di condurre nel territorio di (paese)

....

in conseguenza di ....

....

....

Bollo dell autorità

Luogo: ....

Data: ....

....

(Firma)

Indicazioni relative al conducente

Per la fotografia vedere sopra (pag. 3)

Nome .... (1)

Cognome .... (2)

Luogo di nascita .... (3)

Data di nascita .... (4)

Domicilio .... (5)

18

....

(Uzvārds valsts)

Izslegsana

(Uzvārds un vārdi) ....

kungam, kam (valsts) .... iestādes ir devuśas

atļauju .... ir atņemtas vadīšanas,

tiesības (valsts) .... teritorijā sekošu iemeslu dēļ

....

....

....

Lestādes zimogs

Vieta: ....

Diena: ....

....

(Paraksis)

Zinas par vaditāju

Fotografiju skaties augstāk (3. l. p.)

Uzvārds .... (1)

Vārdi .... (2)

Dzimšanas vieta .... (3)

Dzimšanas diena .... (4)

Dzives vieta .... (5)

19

....
(valstybės pavadinimas)

Išimtis

P. (pavardė ir vardas) ....

kuriam .... valstybės, kaip aukščiau pažymėta, yra leista valdyti automobilis, tos teisės neturi .... valstybėje, nes ....

....

....

(Įstaigos antspaudas)

Vieta: ....

Data: ....

....
(Parašas)

Žinios apie valdytoją

Fotografiją žiūr. aukščiau (3 pusl.)

Pavardė .... (1)

Vardas .... (2)

Gimimo vieta .... (3)

Gimimo data .... (4)

Gyvenam. vieta .... (5)

20

....
(naam van het land)

Uitsluiting

Voor (naam en voornamen) ....

hierboven toegelaten door het bevoegd gezag van .... (land) is het recht om een motorrijtuig te besturen op het grondgebied van .... (land) vervallen op ground van ....

....

....

(Stempel van het bevoedge gezag)

Plaats: ....

Dagteekening: ....

....
(Onderteekening)

Gegevens omtrent den bestuurder

Voor de photographie, zie hierboven (bla. 3)

Naam .... (1)

Voornamen .... (2)

Geboorteplaats .... (3)

Datum van geboorte .... (4)

Woonplaats .... (5)

21

....
(Landets navn)

Fratagelse av retten til a være förer

Herr (navn og fornavn) ....

som ifölge foranstående er godkjent som förer av myndighet (land) .... er fratatt retten til å före motorvogn innen (lands) .... område på grunn av

....

....

....

(Myndig-stempel hatens)

Sted: ....

Datum: ....

....
(Underskrift)

Oplysninger om föreren

Apen plass til fotografi som på side 3

Navn .... (1)

Fornavn .... (2)

Födested .... (3)

Födselsdato .... (4)

Bosted .... (5)

22

....
(Nazwa kraju)

Wykluczenie

P. (nazwisko i imię) ....

uprawniony powyżej wladze (kraju) ....

zostal pozbawiony prawa prowadzenia na obszarze (kraju) .... z powodu ....

....

....

....

(Pieczeč wladzy)

Miejsce: ....

Data: ....

....
(Podpis)

Dane dotyczące kierowcy

Fotografiję patrz poprzednio (str. 3)

Nazwisko .... (1)

Imię .... (2)

Miejsce urodzenia .... (3)

Data urodzenia .... (4)

Miejsce zamieszkania .... (5)

23

....
(Nome do pais)

Exclusão

O Sr. (nome e appellidos) ....

autorizado conforme dêste consta pela autoridade de (pais) .... fica privado do direito de conduzir

no territorio de (pais) ....

pelo motivo de ....

....

....

Selle da autoridade

Logar: ....

Data: ....

....
(Assignatura)

Indicações relativas ao conductor

Para a fotografia, vez o que se diz na pag. 3

Nome .... (1)

Appellidos .... (2)

Logar do nascimento .... (3)

Data do nascimento .... (4)

Domicilio .... (5)

24

....
(Numelc tarei)

Excludere

D. (numele si pronumel) ....

autorizat mai sus de autoritatea din (Tara) ....

este decăzut din dreptul de-a conduce pe teritoriul (Tara) .... din cauza că ....

....

....

....

Sigiliul autorităţei

Locul: ....

Data: ....

....
(Semnătura)

Indicaţiuni relative la conducător

Pentru fotografie, vedeti pagina 3-a

Numele .... (1)

Pronumele .... (2)

Locul naşterei .... (3)

Data naşterei .... (4)

Domiciliul .... (5)

25

....

(наименование страны)

ИСКЛЮЧЕНИЕ

Г. (фамилия и имена) ....

допущенный, как выше указано, властями (страна) ....

....

лишен права управления на территории (страна) ....

на основании ....

....

....

Печать властей

Место: ....

Дата: ....

....

(*Подпись*)

СВЕДЕНИЯ О ВОДИТЕЛЕ

О фотографии смотри выше (страница 3)

Фамилия .... (1)

Имена .... (2)

Место рождения .... (3)

Дата рождения .... (4)

Место жительства .... (5)

26

....

(Ime zemlje)

Isključenje

G. (ime i prezime) ....

koji je dobio prednje odobrenje od strane vlasti (zemlja) .... nema pravo voznje na teritorije (zemlja) .... usled ....

....

....

....

Pečat vlasti

Mesto: ....

Datum: ....

....

(Potpis)

Podacti koji se odnose na vozioca

Za fotografije vidi gore (strana 3)

Ime .... (1)

Prezime .... (2)

Mesto rodjenja .... (3)

Datum rodjenja .... (4)

Mesto-življenja .... (5)

27

....
(Landets namn)

Frankännande av rätten att vara automobilförare

Herr (tillnamn och förnamn) ....

som jämlikt ovanstående erhållit bemyndigande av ....

.... (myndighet) i (land) ....

frånkännes rätten att föra automobil inom (land) ....

.... till följd av ....

....

....

Myndighets sigill eller stämpel

Ort: ....

Tid: ....

....
(Underskrift)

Upplysningar rörande föraren

Fotografie se ovan (sid. 3)

Tillnamn .... (1)

Förnamn .... (2)

Födelseort .... (3)

Födelsedag .... (4)

Bostad .... (5)

28

....
(Jméno zeme)

Vyloučení řidíče

Pan (jméno a přijmení) ....

jemuž bylo uděleno výše uvedené povolení úřadem ....

.... (země) .... jest zbaven

oprávnění řiditi automobil na území ....

z toho důvodu, že ....

....

....

Uredni razitko

Misto: ....

Datum: ....

....
(Podpis)

Udaje o řidiči

Fotografie, viz str. 3

Jméno .... (1)

Přijmeni .... (2)

Rodiště .... (3)

Den narození .... (4)

Bydliště .... (5)

29

A

Kraftfahrzeuge, deren Gesamtgewicht (Artikel 7) 3 500 kg nicht übersteigt.

Automobiles dont le poids en charge (art. 7) n'excède pas 3.500 kg.

Motor vehicles of which the laden weight (art. 7) does not exceed 3,500 kg.

Automóviles cuyo peso, cargados, (art. 7) no excede de 3.500 kilos.

Automobili il cui peso a carico (art. 7) non excede i 3.500 kg.

Automobiles cujo peso, cargados, (art. 7) não excede 3.500 kg.

Automobiliai, kurie prikrauti sveria (str. 7) ne daugiu, kaip 3.500 kg.

Motorrijtuigen, die beladen een gewicht hebben van niet meer dan 3.500 kilogrammen (art. 7).

Mótar-fheithicli ná bíonn os cionn 3,500 cilograma (airtiogal 7) meáchainte ionta agus iao fé ualach.

Automobiler, hvis storste Vægt med ful Last ikke overstiger 3.500 kg. (Art. 7).

Automobiler som i belastet tilstand ikke veier over 3.500 kg.

Automobiler, vilkas vikt med last (art. 7) icke överskrider 3.500 kg.

30

Automobiilid, millede raskus täie koormaga (art. 7) ei ületab 3.500 kilogr.

Automobili, kuru svars ar kravu (7. pants) neparsniedz 3.500 kg.

Samochody, których calkowita waga (art. 7) nie przekracza 3.500 kg.

Olyan gépjárómüvek, melyek elegysulya (l. a 7. cikket) 3.500 kg-ot meg nem halad.

Automobile a căror greutate, complect încărcate (art. 7) nu depăsesc 3.500 kg.

Automobili čija težina kad su natovareni ne premaša 3.500 kilograma (člań 7).

Автомобили, чиято тяжесть, натоварени, (чл. 7) не надминава 3.500 килограма.

Αύτοκίνητα τών όποίων τό βάρος μετά τού φορτίου τών (άρθρον 7) δέν ύπερβαίνει τά 3.500 χιλ.

السيارات التي لا يزيد وزنها وهي محملة (المادة 7) عن 3500 كيلوجرام.

Автомобили, вес которых с нагрузкой (ст. 7) не превышает 3.500 килограммов.

Automobily které plně zatížené neváží více než 3.500 kg.

31

B

Kraftfahrzeuge, deren Gesamtgewicht (Artikel 7) 3 500 kg übersteigt.

Automobiles dont le poids en charge (art. 7) excède 3.500 kg.

Motor vehicles of which the laden weight (art. 7) exceeds 3,500 kg.

Automóviles cuyo peso, cargados, (art. 7) excede de 3.500 kilos.

Automobili il cui peso a carico (art. 7) eccede i 3.500 kg.

Automobiles cujo peso, cargados, (art. 7) excede 3.500 kg.

Automobiliai, kurie prikrauti sveria (str. 7) daugiu, kaip 3.500 kg.

Motorrijtuigen, die beladen een gewicht hebben van meer dan 3.500 kilogrammen (art. 7).

Mótar-fheithicli go mbíonn os cionn 3,500 cilograma (airtiogal 7) meáchainte ionta agus iao fé ualach.

Automobiler, hvis storste Vægt med ful Last overstiger 3.500 kg.

Automobiler som i belastet tilstand veier over 3,500 kg.

Automobiler, vilkas vikt med last (art. 7) överskrider 3.500 kg.

Automobiilid, millede raskus täie koormaga (art. 7) ületab 3.500 kilogr.

32

Automobili, kuru svars ar kravu (7. pants) pārsniedz 3.500 kg.

Samochody, których calkowita waga (art. 7) przekracza 3.500 kg.

Olyan gépjárómüvek, melyek elegysulya (l. a 7. cikket) nagyobb, mint 3.500 kg.

Automobile a căror greutate, complect incărcate (art. 7) depăsesc 3.500 kg.

Automobili čija težina kad su natovareni premaša 3.500 kilograma (člań 7).

Автомобили, чиято тяжесть, натоварени, (чл. 7) надминава 3.500 килограма.

Αὐτοκίνητα τῶν ὁποίων τὸ βάρος μετὰ τοῦ φορτίου τῶν (ἄρθρον 7) ὑπερβαίνει τὰ 3.500 χιλ.

السيارات التي يزيد وزنها وهي محملة (المادة 7) عن 3500 كيلوجرام.

Автомобили, вес которых с нагрузкой (ст. 7) превышает 3.500 килограммов.

Automobily které plně zatížené váží více než 3.500 kg.

33

C

Kraftfahrräder, mit und ohne Beiwagen.

Motocyclettes, avec ou sans side-car.

Motor-cycles, with or without side-car.

Motocicletas con o sin cochecillo lateral.

Motocicli, con o senza carrozzino laterale.

Motocycletas com ou sem side-car.

Motociklai su šoniniu vežimeliu ar ir be jo.

Motorrijwielen met of zonder zijspan.

Mótar-rothair go dtaobh-charr no ina ėamuis.

Motorcykler med eller uden Sidevogn.

Motorcykler, med eller uten side-vogn.

Motorcyklar med eller utan sidovagn.

Mototsüklid külje korviga või ilma.

Motorrati, ar vai bez blakus ratiem.

Motocykle z bocznemi wózkami lub bez nich.

Motorkerékpár oldalkocsival, vagy nélkül.

Motocyclete, cu sau fără atas (side-car).

34

Motocikli, sa prikolicama ili bez njih.

Мотоциклети съ или безъ кошъ.

Δίκυκλα ποδήλατα αὐτοκίνητα μετά κινητῆρος μετα ἡ ἄνευ πλαγίου καθίσματος.

الموتوسيكلات ذات المقعد الجانبي الإضافي (سيدكار) أو بدونه.

Мотоциклы с коляской или без такавой.

Motocykl s přívěsným vozíkem nebo bez něho.

35

A	B	C
Stempel der Behörde	Stempel der Behörde	Stempel der Behörde

(1) ....

(2) ....

(3) ....

(4) ....

(5) ....

37

Anlage 8d[1)]
(zu § 25b Absatz 3)

Muster eines Internationalen Führerscheins nach dem Übereinkommen über den Straßenverkehr vom 8. November 1968

Vorbemerkungen

1. Der Internationale Führerschein nach Artikel 41 und Anhang 7 des Übereinkommens über den Straßenverkehr vom 8. November 1968 ist ein Heft in Form DIN A6 (148 mm × 105 mm) mit grauem Umschlag und acht weißen Innenseiten.
2. Die Vorder- und Rückseite des ersten Umschlagblattes und die Seiten 1 bis 7 sind nachstehend wiedergegeben. Die Seite 8 bleibt frei.
3. Die Fußnoten (Erläuterungen) und die zu ihnen gehörenden Zahlen im Text des Musters sind in den Vordruck nicht zu übernehmen.
4. Die Fahrzeugklassen bzw. -unterklassen sind wie folgt definiert:

A1 Krafträder mit einem Hubraum von nicht mehr als 125 cm^3 und einer Motorleistung von nicht mehr als 11 kW (Leichtkrafträder),

A Krafträder,

B Kraftfahrzeuge, die nicht der Klasse A angehören, mit einer zulässigen höchsten Gesamtmasse von nicht mehr als 3 500 kg, bei denen die Zahl der Sitzplätze, ausgenommen der Fahrersitz, nicht mehr als acht beträgt; oder Kraftfahrzeuge der Klasse B mit einem Anhänger, dessen Gesamtmasse höchstens 750 kg beträgt; oder Kraftfahrzeuge der Klasse B mit einem Anhänger, dessen Gesamtmasse 750 kg, jedoch nicht die Leermasse des Kraftfahrzeugs übersteigt, wenn die Summe der zulässigen Gesamtmasse von Kraftfahrzeug und Anhänger 3 500 kg nicht überschreitet,

C1 Kraftfahrzeuge, die nicht der Klasse D angehören, mit einer zulässigen Gesamtmasse von mehr als 3 500 kg, aber nicht mehr als 7 500 kg; oder Kraftfahrzeuge der Unterklasse C1 mit einem Anhänger, dessen zulässige Gesamtmasse 750 kg nicht übersteigt,

C Kraftfahrzeuge, die nicht der Klasse D angehören, mit einer zulässigen höchsten Gesamtmasse von mehr als 3 500 kg; oder Kraftfahrzeuge der Klasse C mit einem Anhänger, dessen zulässige Gesamtmasse 750 kg nicht überschreitet,

D1 Kraftfahrzeuge zur Personenbeförderung mit mehr als acht, aber nicht mehr als 16 Sitzplätzen außer dem Fahrersitz; oder Kraftfahrzeuge der Unterklasse D1 mit einem Anhänger, dessen zulässige Gesamtmasse 750 kg nicht übersteigt,

D Kraftfahrzeuge zur Personenbeförderung mit mehr als acht Sitzplätzen, den Fahrersitz ausgenommen; oder Kraftfahrzeuge der Klasse D mit einem Anhänger, dessen zulässige Gesamtmasse 750 kg nicht überschreitet,

BE Kraftfahrzeuge der Klasse B mit einem Anhänger, dessen zulässige Gesamtmasse 750 kg und die Leermasse des Kraftfahrzeugs überschreitet; oder Kraftfahrzeuge der Klasse B mit einem Anhänger, dessen zulässige Gesamtmasse 750 kg überschreitet, wenn die Summe der höchsten zulässigen Gesamtmasse der so verbundenen Fahrzeuge 3 500 kg übersteigt,

C1E Kraftfahrzeuge der Unterklasse C1 mit einem Anhänger, dessen zulässige Gesamtmasse 750 kg übersteigt, jedoch nicht die Leermasse des Kraftfahrzeugs, wenn die Summe der zulässigen Gesamtmasse der so verbundenen Fahrzeuge 12 000 kg nicht übersteigt,

CE Kraftfahrzeuge der Klasse C mit einem Anhänger, dessen zulässige Gesamtmasse 750 kg übersteigt,

---

1) Frühere Anl. 8c geänd. mWv 1.1.2011 durch VO v. 17.12.2010 (BGBl. I S. 2279); geänd. mWv 19.1.2013 durch VO v. 7.1.2011 (BGBl. I S. 3); geänd. mWv 1.5.2014 durch VO v. 16.4. 2014 (BGBl. I S. 348); bish. Anl. 8c wird Anl. 8d mWv 21.10.2015 durch VO v. 2.10.2015 (BGBl. I S. 1674).

D1E Kraftfahrzeuge der Unterklasse D1 mit einem Anhänger, der nicht der Personenbeförderung dient und dessen zulässige Gesamtmasse 750 kg übersteigt, nicht jedoch die Leermasse des Kraftfahrzeugs, wenn die Summe der zulässigen Gesamtmasse der so verbundenen Fahrzeuge 12 000 kg nicht übersteigt (s. auch § 25b Absatz 3),

DE Kraftfahrzeuge der Klasse D mit einem Anhänger, dessen zulässige Gesamtmasse 750 kg übersteigt.

5. Bei der Ausstellung des Internationalen Führerscheins nach § 25b Absatz 3 sind folgende Klassen bzw. Beschränkungen zu erteilen:

deutsche Fahrerlaubnisklasse	internationale Fahrerlaubnisklasse	Beschränkungen
A1	A1, B	A1 ≤ 0,1 kW/kg B: dreirädrige Kfz ≤ 15 kW
A2	A	A ≤ 35 kW A ≤ 0,2 kW/kg
A	A, B	B: nur dreirädrige Kfz
B	B	
C1	C1	
C	C	
D1	D1	D1 ≤ 8 m
D	D	
BE	BE	BE: Anhanger ≤ 3 500 kg
C1E	C1E	
CE	CE	
D1E	D1E	
DE	DE	

6. Bei der Ausstellung des Internationalen Führerscheins nach § 25b Absatz 3a sind folgende Klassen bzw. Beschränkungen zu erteilen:

deutsche Fahrerlaubnisklasse	internationale Fahrerlaubnisklasse	Beschränkungen
A1	A1	
A beschränkt	A	A ≤ 35 kW A ≤ 0,2 kW/kg
A	A	
B	B	
C1	C1	
C	C	
D1	D1	
D	D	
BE	BE	
C1E	C1E	
CE	CE	
D1E	D1E	D1E: Anhänger darf nicht zur Personenbeförderung benutzt werden
DE	DE	

Darüber hinaus kann die Fahrerlaubnisbehörde weitere Beschränkungen, die sich aus der unterschiedlichen Definition der Fahrerlaubnisklassen, der Bestandsschutzregelungen sowie eignungsbedingter Einschränkungen ergeben, eintragen.

„(Vorderseite des ersten Umschlagblattes)

BUNDESREPUBLIK DEUTSCHLAND

D

Internationaler Kraftfahrzeugverkehr

Internationaler Führerschein

Nr. ____________

Übereinkommen über den Straßenverkehr
vom 8. November 1968

Gültig bis ____________________ [1)]

Ausgestellt durch ____________________

in ____________________

am ____________________

Nummer des nationalen Führerscheins ____________________

3)

____________________ [2)]

1) Drei Jahre nach dem Ausstellungsdatum oder Tag des Erlöschens der Gültigkeit des nationalen Führerscheins, wobei der frühere Zeitpunkt maßgebend ist.

2) Unterschrift der ausstellenden Behörde.

3) Siegel oder Stempel der ausstellenden Behörde.

(Rückseite des ersten Umschlagblattes)

Dieser Führerschein ist nicht gültig für den Verkehr im Hoheitsgebiet der Bundesrepublik Deutschland.

Er ist gültig in den Hoheitsgebieten aller anderen Vertragsparteien, wenn er zusammen mit dem entsprechenden nationalen Führerschein vorgelegt wird. Die Fahrzeugklassen, für die er gültig ist, sind am Schluss des Heftes angegeben.

1)

Dieser Führerschein verliert seine Gültigkeit auf dem Territorium einer anderen Vertragspartei, wenn der Besitzer dort seinen ordentlichen Wohnsitz nimmt.

1) Raum für etwaige Eintragungen der Liste der Vertragsstaaten.

Angaben zur Person des Führers

Name ____________________ 1.
Vornamen ____________________ 2.
Geburtsort ____________________ 3.
Geburtsdatum ____________________ 4.
Wohnort ____________________ 5.

FAHRZEUGKLASSEN UND UNTERKLASSEN, FÜR DIE DER FÜHRERSCHEIN GILT, MIT DEN DAZUGEHÖRIGEN BEZEICHNUNGEN	
Klasse / Piktogramm	Unterklasse / Piktogramm
A	A1
B	B1
C	C1
D	D1
BE	
CE	C1E
DE	D1E

Einschränkende Auflagen [1)]

____

____

1

1) Z. B. „Muss Sehhilfe tragen".

Particulars concerning the driver

Surname ____________________ 1.
Given name, other names ____________________ 2.
Place of birth ____________________ 3.
Date of birth ____________________ 4.
Place of normal residence: ____________________ 5.

CATEGORIES AND SUBCATEGORIES OF VEHICLES, WITH THE CORRESPONDING CODES, FOR WHICH THE PERMIT IS VALID	
Category code/Pictogram	Subcategory code/Pictogram
A	A1
B	B1
C	C1
D	D1
BE	
CE	C1E
DE	D1E

Restrictive conditions of use

2

ЗАПИСИ, ОТНОСЯЩИЕСЯ К ВОДИТЕЛЮ

Фамилия: ______________________ 1.
Имя, другие имена: ______________________ 2.
Место рождения: ______________________ 3.
Дата рождения: ______________________ 4.
Обычное местожительство: ______________________ 5.

КАТЕГОРИИ И ПОДКАТЕГОРИИ ТРАНСПОРТНЫХ СРЕДСТВ С УКАЗАНИЕМ СООТВЕТСТВУЮЩИХ КОДОВ, НА УПРАВЛЕНИЕ КОТОРЫМИ ВЫДАНО УДОСТОВЕРЕНИЕ	
Код категории/Пиктограмма	Код подкатегории/ Пиктограмма
A	A1
B	B1
C	C1
D	D1
BE	
CE	C1E
DE	D1E

УСЛОВИЯ, ОГРАНИЧИВАЮЩИЕ ИСПОЛЬЗОВАНИЕ

3

INDICACIONES RELATIVAS AL CONDUCTOR

Apellidos ______________________ 1.
Nombres ______________________ 2.
Lugar de nacimiento ______________________ 3.
Fecha de nacimiento ______________________ 4.
Lugar de residencia normal ______________________ 5.

CATEGORÍAS Y SUBCATEGORÍAS DE VEHÍCULOS, CON LOS CÓDIGOS CORRESPONDIENTES, PARA LAS CUALES ES VÁLIDO EL PERMISO	
Código de la categoría/pictograma	Código de la subcategoría/pictograma
A	A1
B	B1
C	C1
D	D1
BE	
CE	C1E
DE	D1E

CONDICIONES RESTRICTIVAS

4

5

Indications relatives au conducteur

Nom ______________________ 1.
Prénoms ______________________ 2.
Lieu de naissance ______________________ 3.
Date de naissance ______________________ 4.
Domicile ______________________ 5.

CATEGORIES ET SOUS-CATEGORIES DE VEHICULES, AVEC LES CODES CORRESPONDANTS, POUR LESQUELLES LE PERMIS EST VALABLE	
Code de la catégorie / Pictogramme	Code de la sous-catégorie/ Pictogramme
A	A1
B	B1
C	C1
D	D1
BE	
CE	C1E
DE	D1E

Conditions restrictives d'utilisation

6

1. ______________________________
2. ______________________________
3. ______________________________
4. ______________________________
5. ______________________________

CACHET	CACHET
A	A1
B	B1
C	C1
D	D1
BE	
CE	C1E
DE	D1E

Photographie

Signature du titulaire ______________

Exclusions:
Le titulaire est déchu
du droit de conduire
sur le territoire de ______________ jusqu'au ______________
A ______________ le ______________

Le titulaire est déchu
du droit de conduire
sur le territoire de ______________ jusqu'au ______________
A ______________ le ______________

7

Anlage 8e[1)]
(zu § 24a Absatz 2 Satz 1)

Umtausch vor dem 19. Januar 2013 ausgestellter Führerscheine

I. Führerscheine, die bis einschließlich 31. Dezember 1998 ausgestellt worden sind:

Geburtsjahr des Fahrerlaubnisinhabers	Tag, bis zu dem der Führerschein umgetauscht sein muss
Vor 1953	19. Januar 2033
1953 bis 1958	19. Januar 2022
1959 bis 1964	19. Januar 2023
1965 bis 1970	19. Januar 2024
1971 oder später	19. Januar 2025

II. Führerscheine, die ab 1. Januar 1999 ausgestellt worden sind:*

Ausstellungsjahr	Tag, bis zu dem der Führerschein umgetauscht sein muss
1999 bis 2001	19. Januar 2026
2002 bis 2004	19. Januar 2027
2005 bis 2007	19. Januar 2028
2008	19. Januar 2029
2009	19. Januar 2030
2010	19. Januar 2031
2011	19. Januar 2032
2012 bis 18. Januar 2013	19. Januar 2033

* Fahrerlaubnisinhaber, deren Geburtsjahr vor 1953 liegt, müssen den Führerschein bis zum 19. Januar 2033 umtauschen, unabhängig vom Ausstellungsjahr des Führerscheins.

Anlage 9[2)]
(zu § 25 Absatz 3)

Verwendung von Schlüsselzahlen für Eintragungen in den Führerschein

A. Vorbemerkungen

Beschränkungen, Auflagen und Zusatzangaben sind in Form von Schlüsselzahlen in Feld 12 im Führerschein einzutragen. Beziehen sie sich auf einzelne Fahrerlaubnisklassen, sind sie in Feld 12 in der Zeile der betreffenden Fahrerlaubnisklasse einzutragen. Solche, die für alle erteilten Fahrerlaubnisklassen gelten,

(Fortsetzung nächstes Blatt)

[1)] Anlage 8e eingef. mWv 19.3.2019 durch VO v. 11.3.2019 (BGBl. I S. 218); geänd. mWv 16.7. 2019 durch VO v. 4.7.2019 (BGBl. I S. 1056).

[2)] Anl. 9 neu gef. mWv 19.1.2013 durch VO v. 10.1.2013 (BGBl. I S. 35); geänd. mWv 1.5.2014 durch VO v. 16.4.2014 (BGBl. I S. 348); geänd. mWv 1.1.2015 durch VO v. 16.12.2014 (BGBl. I S. 2213); geänd. mWv 21.10.2015 durch VO v. 2.10.2015 (BGBl. I S. 1674); geänd. mWv 22.12.2016 durch VO v. 19.12.2016 (BGBl. I S. 2920); geänd. mWv 28.12.2016 und mWv 1.1.2017 durch VO v. 21.12.2016 (BGBl. I S. 3083); geänd. mWv 24.8.2017 durch VO v. 14.8.2017 (BGBl. I S. 3232); geänd. mWv 19.3.2019 durch VO v. 11.3.2019 (BGBl. I S. 218); geänd. mWv 16.7.2019 durch VO v. 4.7.2019 (BGBl. I S. 1056); geänd. mWv 12.12.2019 durch G v. 5.12.2019 (BGBl. I S. 2008).; geänd. mWv 31.12.2019 durch VO v. 23.12.2019 (BGBl. I S. 2937); geänd. mWv 1.4.2021 durch VO v. 16.11.2020 (BGBl. I S. 2704); geänd. mWv 17.12.2020 durch VO v. 9.12.2020 (BGBl. I S. 2905).

sind in der letzten Zeile des Feldes 12 unter den Spalten 9 bis 12 zu vermerken. Die harmonisierten Schlüsselzahlen der Europäischen Union bestehen aus zwei Ziffern (Hauptschlüsselzahlen). Unterschlüsselungen bestehen aus einer Hauptschlüsselzahl (erster Teil) und aus zwei Ziffern und/oder Buchstaben (zweiter Teil). Erster und zweiter Teil sind durch einen Punkt getrennt. Der zweite Teil kann bei bestimmten Verschlüsselungen weitere Ziffern/Buchstaben enthalten. Nationale Schlüsselungen bestehen aus drei Ziffern. Sie gelten nur im Inland. Die einzutragenden Schlüsselzahlen müssen die Beschränkungen, Auflagen und Zusatzangaben vollständig erfassen. Für die Hauptschlüsselzahlen 44, 50, 51, 70, 71 und 79 ist die Verwendung von Unterschlüsselungen obligatorisch. Häufungen sind durch Komma und Alternativen durch Schrägstrich zu trennen. Harmonisierte Schlüsselzahlen sind vor den nationalen aufzuführen. Bei der Ausstellung eines Führerscheins ist der Inhaber über die Bedeutung der eingetragenen Schlüsselzahlen zu informieren.

B. Liste der Schlüsselzahlen

I. Schlüsselzahlen der Europäischen Union

Lfd. Nr.	Schlüsselzahl	
1	01	Korrektur des Sehvermögens und/oder Augenschutz
2	01.01	Brille
3	01.02	Kontaktlinse(n)
4	01.03	Schutzbrille*
5	01.05	Augenschutz
6	01.06	Brille oder Kontaktlinsen
7	01.07	Spezifische optische Hilfe
8	02	Hörhilfe/Kommunikationshilfe
9	03	Prothese/Orthese der Gliedmaßen
10	03.01	Prothese/Orthese der Arme
11	03.02	Prothese/Orthese der Beine
12–20		*(aufgehoben)*
21	10	Angepasste Schaltung
22	10.02	Automatische Wahl des Getriebeganges
23	10.04	Angepasste Schalteinrichtungen
24	15	Angepasste Kupplung
25	15.01	Angepasstes Kupplungspedal
26	15.02	Handkupplung
27	15.03	Automatische Kupplung
28	15.04	Maßnahme, um eine Blockierung oder Betätigung des Kupplungspedals zu verhindern
29	20	Angepasste Bremsmechanismen
30	20.01	Angepasstes Bremspedal
31	20.03	Bremspedal, geeignet für Betätigung mit dem linken Fuß
32	20.04	Bremspedal mit Gleitschiene
33	20.05	Bremspedal (Kipppedal)
34	20.06	Mit der Hand betätigte Bremse
35	20.07	Bremsbetätigung mit maximaler Kraft von … N(*) (z.B.: ‚20.07(300N)')

Lfd. Nr.	Schlüsselzahl	
36	20.09	Angepasste Feststellbremse
37	20.12	Maßnahme, um eine Blockierung oder Betätigung des Bremspedals zu verhindern
38	20.13	Mit dem Knie betätigte Bremse
39	20.14	Durch Fremdkraft unterstützte Bremsanlage
40	25	Angepasste Beschleunigungsmechanismen
41	25.01	Angepasstes Gaspedal
42	25.03	Gaspedal (Kippedal)
43	25.04	Handgas
44	25.05	Mit dem Knie betätigter Gashebel
45	25.06	Durch Fremdkraft unterstützte Betätigung des Gaspedals/-hebels
46	25.08	Gaspedal links
47	25.09	Maßnahme, um eine Blockierung oder Betätigung des Gaspedals zu verhindern
48		*(aufgehoben)*
49	31	Anpassungen und Sicherungen der Pedale
50	31.01	Extrasatz Parallelpedale
51	31.02	Pedale auf der gleichen (oder fast gleichen) Ebene
52	31.03	Maßnahme, um eine Blockierung oder Betätigung des Gas- und des Bremspedals zu verhindern, wenn Pedale nicht mit dem Fuß betätigt werden
53	31.04	Bodenerhöhung
54	32	Kombinierte Beschleunigungs- und Betriebsbremsvorrichtungen
55	32.01	Gas und Betriebsbremse als kombinierte, mit einer Hand betätigte Vorrichtung
56	32.02	Gas und Betriebsbremse als kombinierte, mit Fremdkraft betätigte Vorrichtung
57	33	Kombinierte Betriebsbrems-, Beschleunigungs- und Lenkvorrichtungen
58	33.01	Gas, Betriebsbremse und Lenkung als kombinierte, mit Fremdkraft mit einer Hand betätigte Vorrichtung
59	33.02	Gas, Betriebsbremse und Lenkung als kombinierte, mit Fremdkraft mit zwei Händen betätigte Vorrichtung
60	35	Angepasste Bedienvorrichtungen (Schalter für Licht, Scheibenwischer/-waschanlage, akustisches Signal, Fahrtrichtungsanzeiger usw.)
61	35.02	Gebrauch der Bedienvorrichtung möglich, ohne Lenkvorrichtung loszulassen
62	35.03	Gebrauch der Bedienvorrichtung mit der linken Hand möglich, ohne Lenkvorrichtung loszulassen
63	35.04	Gebrauch der Bedienvorrichtung mit der rechten Hand möglich, ohne Lenkvorrichtung loszulassen
64	35.05	Gebrauch der Bedienvorrichtung möglich, ohne Lenkvorrichtung und Beschleunigungs- und Bremsvorrichtungen loszulassen
65	40	Angepasste Lenkung
66	40.01	Lenkung mit maximaler Kraft von … N(*) (z.B.: ‚40.01(140N)')
67	40.05	Angepasstes Lenkrad (mit verbreitertem/verstärktem Lenkradteil; verkleinertem Durchmesser usw.)

Lfd. Nr.	Schlüsselzahl
68	40.06 Angepasste Position des Lenkrads
69	40.09 Fußlenkung
70	40.11 Assistenzeinrichtung am Lenkrad
71	40.14 Andersartig angepasstes, mit einer Hand/einem Arm bedientes Lenksystem
72	40.15 Andersartig angepasstes, mit zwei Händen/Armen bedientes Lenksystem
73	42 Angepasste Einrichtung für die Sicht nach hinten/zur Seite
74	42.01 Angepasste Einrichtung für die Sicht nach hinten
75	42.03 Zusätzliche Innenvorrichtung zur Erweiterung der Sicht zur Seite
76	42.05 Einrichtung für die Sicht in den toten Winkel
77	43 Sitzposition des Fahrzeugführers
78	43.01 Höhe des Fahrersitzes für normale Sicht und in normalem Abstand zum Lenkrad und zu den Pedalen
79	43.02 Der Körperform angepasster Sitz
80	43.03 Fahrersitz mit Seitenstützen zur Verbesserung der Stabilität
81	43.04 Fahrersitz mit Armlehne
82	43.06 Angepasster Sicherheitsgurt
83	43.07 Sicherheitsgurte mit Unterstützung zur Verbesserung der Stabilität
84	44 Anpassungen an Krafträdern (obligatorische Verwendung von Untercodes)
85	44.01 Einzeln gesteuerte Bremsen
86	44.02 Angepasste Vorderradbremse
87	44.03 Angepasste Hinterradbremse
88	44.04 Angepasste Beschleunigungsvorrichtung
89	44.05 Angepasste Handschaltung und Handkupplung*
90	44.06 Angepasster Rückspiegel*
91	44.07 Angepasste Kontrolleinrichtungen*
92	44.08 Sitzhöhe muss im Sitzen die Berührung des Bodens mit beiden Füßen gleichzeitig sowie das Balancieren des Kraftrades beim Anhalten und Stehen ermöglichen
93	44.09 Maximale Betätigungskraft der Vorderradbremse … N(*) (z.B. ‚44.09(140N)')
94	44.10 Maximale Betätigungskraft der Hinterradbremse … N(*) (z.B. ‚44.10(240N)')
95	44.11 Angepasste Fußraste
96	44.12 Angepasster Handgriff
97	45 Kraftrad nur mit Seitenwagen
98	46 Nur dreirädrige Kraftfahrzeuge
99	47 Beschränkt auf Fahrzeuge mit mehr als zwei Rädern, die vom Fahrer beim Anfahren, Anhalten und Stehen nicht im Gleichgewicht ausbalanciert werden müssen
100	50 Beschränkung auf ein bestimmtes Fahrzeug/eine bestimmte Fahrgestellnummer (Angabe der Fahrzeugidentifizierungsnummer)
101	51 Nur ein bestimmtes Fahrzeug (amtliches Kennzeichen)*

Lfd. Nr.	Schlüsselzahl	
102	61	Beschränkung auf Fahrten bei Tag (z.B. eine Stunde nach Sonnenaufgang und eine Stunde vor Sonnenuntergang)
103	62	Beschränkung auf Fahrten in einem Umkreis von … km vom Wohnsitz oder innerorts in …/innerhalb der Region …
104	63	Fahren ohne Beifahrer
105	64	Beschränkt auf Fahrten mit einer zulässigen Höchstgeschwindigkeit von nicht mehr als … km/h
106	65	Fahren nur mit Beifahrer, der im Besitz eines Führerscheins von mindestens der gleichwertigen Klasse sein muss
107	66	Ohne Anhänger
108	67	Fahren auf Autobahnen nicht erlaubt
109	68	Kein Alkohol
110	69	Beschränkt auf Fahrzeuge mit einer alkoholempfindlichen Wegfahrsperre gemäß EN 50436
111	70	Umtausch des Führerscheins Nummer …, ausgestellt durch … (EU/UN-Unterscheidungszeichen, im Falle eines Drittlandes, z.B. „70.0123456789.NL“)
112	71	Duplikat des Führerscheins Nummer … (EU/UN-Unterscheidungszeichen, im Falle eines Drittlandes, z.B. „71.987654321.HR“)
113		*(aufgehoben)*
114	73	Nur für vierrädrige Kraftfahrzeuge der Klasse B (B1)
115–118		*(aufgehoben)*
119	78	Nur Fahrzeuge mit Automatikgetriebe
120	79 (…)	Nur Fahrzeuge, die den in Klammern angegebenen Spezifikationen entsprechen, bei Anwendung von Artikel 13 der Richtlinie 2006/126/EG
121	79 (C1E > 12 000 kg, L ≤ 3)	Beschränkung der Klasse CE auf Grund der aus der bisherigen Klasse 3 resultierenden Berechtigung zum Führen von dreiachsigen Zügen mit Zugfahrzeug der Klasse C1 und mehr als 12 000 kg Gesamtmasse und von Zügen mit Zugfahrzeug der Klasse C1 und zulassungsfreien Anhängern, wobei die Gesamtmasse mehr als 12 000 kg betragen kann und von dreiachsigen Zügen aus einem Zugfahrzeug der Klasse C1 und einem Anhänger, bei denen die zulässige Gesamtmasse des Anhängers die Leermasse des Zugfahrzeugs übersteigt (nicht durch C1E abgedeckter Teil). Die vorgenannten Berechtigungen gelten nicht für Sattelzüge mit einer zulässigen Gesamtmasse von mehr als 7,5 t. Der Buchstabe L steht in dieser Schlüsselung für die Anzahl der Achsen.
122	79 (S1 ≤ 25/7 500 kg)	Begrenzung der Klassen D und DE auf Kraftomnibusse mit 24 Fahrgastplätzen oder maximal 7 500 kg zulässiger Gesamtmasse, auch mit Anhänger. Die Angabe S1 steht in dieser Schlüsselung für die Anzahl der Sitzplätze, einschließlich Fahrersitz.
123	79 (L ≤ 3)	Beschränkung der Klasse CE auf Kombinationen von nicht mehr als drei Achsen. Der Buchstabe L steht in dieser Schlüsselung für die Anzahl der Achsen.
124	79.01	Nur zweirädrige Fahrzeuge mit oder ohne Beiwagen
125	79.02	Nur dreirädrige Fahrzeuge der Klasse AM oder vierrädrige Leichtfahrzeuge der Klasse AM
126	79.03	Nur dreirädrige Fahrzeuge

Lfd. Nr.	Schlüsselzahl	
127	79.04	Nur Fahrzeugkombinationen aus dreirädrigen Fahrzeugen und einem Anhänger mit einer zulässigen Gesamtmasse von höchstens 750 kg
128	79.05	Krafträder der Klasse A1 mit einem Leistungsgewicht von mehr als 0,1 kW/kg
129	79.06	Fahrzeuge (Fahrzeugkombination) der Klasse BE, sofern die zulässige Gesamtmasse des Anhängers 3 500 kg übersteigt
130	80	Nur für Inhaber einer Fahrerlaubnis für dreirädrige Kraftfahrzeuge der Klasse A, die das 24. Lebensjahr noch nicht vollendet haben
131	81	Nur für Inhaber einer Fahrerlaubnis für zweirädrige Krafträder der Klasse A, die das 21. Lebensjahr noch nicht vollendet haben
132	*(aufgehoben)*	
133	95	Kraftfahrerin/Kraftfahrer, die/der Inhaberin/Inhaber eines Befähigungsnachweises ist und die Befähigungspflicht nach dem Gesetz über die Grundqualifikation und Weiterbildung der Kraftfahrerinnen und Kraftfahrer bestimmter Kraftfahrzeuge für den Güterkraft- oder Personenverkehr bis zum … erfüllt [zum Beispiel: 95 (01.01.14)]
134	96	Fahrzeugkombinationen aus Fahrzeugen der Klasse B und einem Anhänger mit einer zulässigen Gesamtmasse von mehr als 750 kg, sofern die zulässige Gesamtmasse einer derartigen Kombination mehr als 3 500 kg, jedoch nicht mehr als 4 250 kg beträgt.
135	97	Berechtigt nicht zum Führen eines Fahrzeugs der Klasse C1, das in den Geltungsbereich der Verordnung (EWG) Nr. 3821/85 des Rates fällt

* **Amtl. Anm.:** Die Schlüsselzahlen 01.03, 44.05 bis 44.07 und 51 dürfen nur bei der Umstellung von Fahrerlaubnissen, die bis zum 31. Dezember 2016 erteilt worden sind, verwendet werden.

Ia. Äquivalenz für entfallene Schlüsselzahlen der Europäischen Union

Lfd. Nr.	Entfallene Schlüsselzahl		Bei Ausstellung eines neuen Führerscheins einzutragende Schlüsselzahl
1	05.01	Nur bei Tageslicht	61
2	05.02	In einem Umkreis von … km des Wohnsitzes oder innerorts/innerhalb der Region …	62
3	05.03	Ohne Beifahrer/Sozius	63
4	05.04	Beschränkt auf eine höchstzulässige Geschwindigkeit von nicht mehr als … km/h	64
5	05.05	Nur mit Beifahrer, der im Besitz der Fahrerlaubnis ist	65
6	05.06	Ohne Anhänger	66
7	05.07	Nicht gültig auf Autobahnen	67
8	05.08	Kein Alkohol	68
9	30	Angepasste kombinierte Brems- und Beschleunigungsmechanismen	32, ggf. in Kombination mit 20 und/oder 25
10	72	Nur Fahrzeuge der Klasse A mit einem Hubraum von höchstens 125 cm^3 und einer Motorleistung von höchstens 11 kW (A1)	79.05
11	74	Nur Fahrzeuge der Klasse C mit einer zulässigen Gesamtmasse von höchstens 7 500 kg (C1)	entfällt

Lfd. Nr.	Entfallene Schlüsselzahl		Bei Ausstellung eines neuen Führerscheins einzutragende Schlüsselzahl
12	75	Nur Fahrzeuge der Klasse D mit höchstens 16 Sitzplätzen außer dem Fahrersitz (D1)	entfällt
13	76	Nur Fahrzeuge der Klasse C mit einer zulässigen Gesamtmasse von höchstens 7 500 kg (C1), die einen Anhänger mit einer zulässigen Gesamtmasse von mindestens 750 kg mitführen, sofern die zulässige Gesamtmasse der Fahrzeugkombination 12 000 kg und die zulässige Gesamtmasse des Anhängers die Leermasse des Zugfahrzeugs nicht übersteigen (C1E)	entfällt
14	77	Nur Fahrzeuge der Kategorie D mit höchstens 16 Sitzplätzen außer dem Fahrersitz (D1), die einen Anhänger mit einer zulässigen Gesamtmasse von mehr als 750 kg mitführen, sofern a) die zulässige Gesamtmasse der Fahrzeugkombination 12 000 kg und die zulässige Gesamtmasse des Anhängers die Leermasse des Zugfahrzeugs nicht übersteigen und b) der Anhänger nicht zur Personenbeförderung verwendet wird (D1E)	entfällt
15	90	Codes, die in Kombination mit Codes für an dem Fahrzeug vorgenommene Anpassungen verwendet werden	entfällt

II. nationale Schlüsselzahlen

Lfd. Nr.	Schlüsselzahl	
1	104	Muss ein gültiges ärztliches Attest mitführen
2	171*	Klasse C1, gültig auch für Kraftfahrzeuge der Klasse D mit einer zulässigen Gesamtmasse von nicht mehr als 7 500 kg, jedoch ohne Fahrgäste
3	172*	Klasse C, gültig auch für Kraftfahrzeuge der Klasse D, jedoch ohne Fahrgäste
4	174*	Klasse L, gültig auch zum Führen von Zugmaschinen mit einer durch die Bauart bestimmten Höchstgeschwindigkeit von nicht mehr als 40 km/h, auch mit einachsigem Anhänger (wobei Achsen mit einem Abstand von weniger als 1 m voneinander als eine Achse gelten) sowie Kombinationen aus diesen Zugmaschinen und Anhängern, wenn sie mit einer Geschwindigkeit von nicht mehr als 25 km/h geführt werden
5	175*	Klasse L, auch gültig zum Führen von Kraftfahrzeugen mit einer durch die Bauart bestimmten Höchstgeschwindigkeit von nicht mehr als 25 km/h und zum Führen von Kraftfahrzeugen mit Ausnahme der zu den Klassen A, A1, A2 und AM gehörenden mit einem Hubraum von nicht mehr als 50 cm^3
6	176	Auflage: Bis zur Vollendung des 18. Lebensjahres nur für Fahrten im Inland und im Rahmen des Ausbildungsverhältnisses in dem staatlich anerkannten Ausbildungsberuf „Berufskraftfahrer/Berufskraftfahrerin" oder „Fachkraft im Fahrbetrieb" oder einem staatlich anerkannten Ausbildungsberuf, in dem vergleichbare Fertigkeiten und Kenntnisse zum Führen von Kraftfahrzeugen auf öffentlichen Straßen vermittelt werden
7	177	Beschränkungen, Nebenbestimmungen und Zusatzangaben nach mitzuführendem Anhang zum Führerschein

* **Amtl. Anm.:** Die Schlüsselzahlen 171 bis 175, 178 und 179 dürfen nur bei der Umstellung von Fahrerlaubnissen, die bis zum 31. Dezember 1998 und in den Fällen des § 76 Nummer 11c erteilt worden sind, verwendet werden.

Lfd. Nr.	Schlüsselzahl	
8	178*	Auflage zur Klasse D oder D1: Nur Fahrten im Linienverkehr
9	179*	Auflage: Klasse D1 nur für Fahrten, bei denen überwiegend Familienangehörige befördert werden
10	180	(weggefallen)
11	181	Klasse T, nur gültig für Kraftfahrzeuge der Klasse S (seit dem 19.1.2013 AM)
12	182**	Auflagen zu den Klassen D1, D1E, D und DE: Bis zur Vollendung des 21. Lebensjahres nur Fahrten im Inland und im Rahmen des Ausbildungsverhältnisses in dem staatlich anerkannten Ausbildungsberuf „Berufskraftfahrer/Berufskraftfahrerin" oder „Fachkraft im Fahrbetrieb" oder einem staatlich anerkannten Ausbildungsberuf, in dem vergleichbare Fertigkeiten und Kenntnisse zum Führen von Kraftfahrzeugen auf öffentlichen Straßen vermittelt werden. Die Auflagen, nur im Rahmen des Ausbildungsverhältnisses von der Fahrerlaubnis Gebrauch zu machen, entfallen nach Abschluss der Ausbildung auch vor Vollendung des 21. Lebensjahres.
13	183	(weggefallen)
14	184	Auflagen: Bis zur Vollendung des 18. Lebensjahres Kraftfahrzeuge der Klasse B (und, sofern in der Prüfungsbescheinigung nicht durchgestrichen, der Klasse BE) und der Klasse B mit der Schlüsselzahl 96 1. nur in Begleitung einer in der Prüfungsbescheinigung nach Anlage 8b namentlich benannten Person und 2. nur, wenn die in der Prüfungsbescheinigung nach Anlage 8b namentlich benannte Person a) Inhaber einer gültigen Fahrerlaubnis der Klasse B oder einer entsprechenden deutschen, einer EU/EWR- oder schweizerischen Fahrerlaubnis ist; die Fahrerlaubnis ist durch einen gültigen Führerschein nachzuweisen, der während des Begleitens mitzuführen und zur Überwachung des Straßenverkehrs berechtigten Personen auf Verlangen auszuhändigen ist, b) nicht 0,25 mg/l oder mehr Alkohol in der Atemluft oder 0,5 Promille oder mehr Alkohol im Blut oder eine Alkoholmenge im Körper hat, die zu einer solchen Atem- oder Blutalkoholkonzentration führt, und c) nicht unter der Wirkung eines in der Anlage zu § 24a des Straßenverkehrsgesetzes[0)] genannten berauschenden Mittels steht. Nummer 2 Buchstabe c gilt nicht, wenn die Substanz aus der bestimmungsgemäßen Einnahme eines für einen konkreten Krankheitsfall verschriebenen Arzneimittels herrührt.
15	185	Auflagen zu den Klassen C und CE: Bis zur Vollendung des 21. Lebensjahres nur 1. bei Fahrten im Inland und 2. im Rahmen des Ausbildungsverhältnisses in dem staatlich anerkannten Ausbildungsberuf „Berufskraftfahrer/Berufskraftfahrerin" oder „Fachkraft im Fahrbetrieb" oder einem staatlich anerkannten Ausbildungsberuf, in dem vergleichbare Fertigkeiten und Kenntnisse zum Führen von Kraftfahrzeugen auf öffentlichen Straßen vermittelt werden. Die Auflagen nach Nummer 1 und 2 entfallen, auch vor Vollendung des 21. Lebensjahres, wenn der Fahrerlaubnisinhaber die Berufsausbildung abgeschlossen hat.
16	186	Auflagen zu den Klassen D1 und D1E: Bis zur Vollendung des 21. Lebensjahres nur 1. bei Fahrten im Inland und

* **Amtl. Anm.:** Die Schlüsselzahlen 171 bis 175, 178 und 179 dürfen nur bei der Umstellung von Fahrerlaubnissen, die bis zum 31. Dezember 1998 und in den Fällen des § 76 Nummer 11c erteilt worden sind, verwendet werden.

** **Amtl. Anm.:** Die Schlüsselzahl 182 darf nur bei der Umstellung von Fahrerlaubnissen, die bis zum 18. Januar 2013 und in den Fällen des § 76 Nummer 11c erteilt worden sind, verwendet werden.

[0)] Nr. **100**.

Lfd. Nr.	Schlüsselzahl	
		2. im Rahmen des Ausbildungsverhältnisses in dem staatlich anerkannten Ausbildungsberuf „Berufskraftfahrer/Berufskraftfahrerin" oder „Fachkraft im Fahrbetrieb" oder einem staatlich anerkannten Ausbildungsberuf, in dem vergleichbare Fertigkeiten und Kenntnisse zum Führen von Kraftfahrzeugen auf öffentlichen Straßen vermittelt werden. Die Auflage nach Nummer 1 entfällt, wenn der Fahrerlaubnisinhaber das 21. Lebensjahr vollendet hat. Die Auflage nach Nummer 2 entfällt, wenn der Fahrerlaubnisinhaber das 21. Lebensjahr vollendet oder die Berufsausbildung abgeschlossen hat.
17	187	Auflagen zu den Klassen D und DE: Bis zur Vollendung des 24. Lebensjahres nur 1. bei Fahrten im Inland, 2. im Rahmen des Ausbildungsverhältnisses in dem staatlich anerkannten Ausbildungsberuf „Berufskraftfahrer/Berufskraftfahrerin" oder „Fachkraft im Fahrbetrieb" oder einem staatlich anerkannten Ausbildungsberuf, in dem vergleichbare Fertigkeiten und Kenntnisse zum Führen von Kraftfahrzeugen auf öffentlichen Straßen vermittelt werden und 3. bei Fahrten zur Personenbeförderung im Linienverkehr nach den §§ 42 und 43 Personenbeförderungsgesetz[1] bei Linienlängen von bis zu 50 Kilometern oder bei Fahrten ohne Fahrgäste. Die Auflage nach Nummer 1 entfällt, wenn der Fahrerlaubnisinhaber das 21. Lebensjahr vollendet und die Berufsausbildung abgeschlossen hat. Die Auflage nach Nummer 2 entfällt, wenn der Fahrerlaubnisinhaber die Berufsausbildung abgeschlossen hat. Die Auflage nach Nummer 3 entfällt, wenn der Fahrerlaubnisinhaber das 20. Lebensjahr vollendet hat.
18	188	Auflage zu der Klasse C: Bis zur Vollendung des 21. Lebensjahres nur im Inland und nur bei Einsatzfahrten oder vom Vorgesetzten angeordneten Übungsfahrten und Schulungsfahrten mit Einsatzfahrzeugen der Feuerwehr, der Polizei, der nach Landesrecht anerkannten Rettungsdienste, des Technischen Hilfswerks und sonstiger Einheiten des Katastrophenschutzes.
19	189	Auflage zu der Klasse D: Bis zur Vollendung des 24. Lebensjahres nur im Inland und nur bei Einsatzfahrten oder vom Vorgesetzten angeordneten Übungsfahrten und Schulungsfahrten mit Einsatzfahrzeugen der Feuerwehr, der Polizei, der nach Landesrecht anerkannten Rettungsdienste, des Technischen Hilfswerks und sonstiger Einheiten des Katastrophenschutzes.
20	190	Auflage zu der Klasse C: Bis zur Vollendung des 21. Lebensjahres nur im Inland und nur für das Führen von Fahrzeugen, die zu Reparatur- oder Wartungszwecken in gewerbliche Fahrzeugwerkstätten verbracht und dort auf Anweisung eines Vorgesetzten Prüfungen auf der Straße unterzogen werden.
21	191	Auflage zu der Klasse D: Bis zur Vollendung des 24. Lebensjahres nur im Inland und nur für das Führen von Fahrzeugen, die zu Reparatur- oder Wartungszwecken in gewerbliche Fahrzeugwerkstätten verbracht und dort auf Anweisung eines Vorgesetzten Prüfungen auf der Straße unterzogen werden.
22		*(aufgehoben)*
23	193	Auflagen zu den Klassen D und DE: Bis zur Vollendung des 23. Lebensjahres nur bei Fahrten zur Personenbeförderung im Linienverkehr nach den §§ 42 und 43 PBefG bei Linienlängen von bis zu 50 Kilometer nach beschleunigter Grundqualifikation nach § 2 Absatz 2 BKrFQG.

[1] Nr. **400**.

Lfd. Nr.	Schlüsselzahl	
24	194	Klasse B berechtigt im Inland a) bis zur Vollendung des 21. Lebensjahres zum Führen von dreirädrigen Kraftfahrzeugen der Klasse A1 b) nach Vollendung des nach Buchstabe a vorgeschriebenen Mindestalters zum Führen von dreirädrigen Kraftfahrzeugen der Klasse A
25	195	Auflage zu der Klasse AM: Bis zur Vollendung des 16. Lebensjahres nur in den Ländern, die von der Ermächtigung des § 6 Absatz 5a StVG[1] Gebrauch gemacht haben.
26	196	Im Inland Krafträder (auch mit Beiwagen) mit einem Hubraum von bis zu 125 cm^3, einer Motorleistung von nicht mehr als 11 kW, bei denen das Verhältnis der Leistung zum Gewicht 0,1 kW/kg nicht übersteigt.
27	197	Prüfung wurde auf einem Kraftfahrzeug mit Automatikgetriebe abgelegt und eine praktische Ausbildung zum Führen von Fahrzeugen der Klasse B mit Schaltgetriebe wurde absolviert (§ 17a FeV).

IIa. Entfallene nationale Schlüsselzahlen

Lfd. Nr.	Entfallene Schlüsselzahl	
1	192	Berechtigt abweichend von § 6 Absatz 1 der Fahrerlaubnis-Verordnung zum Führen von Fahrzeugen der Fahrerlaubnisklasse B, deren zulässige Gesamtmasse 3 500 kg übersteigt, jedoch nicht mehr als 4 250 kg beträgt, soweit 1. die Fahrzeuge a) elektrisch betrieben und b) im Bereich Gütertransport eingesetzt sind und 2. der Inhaber der Fahrerlaubnis an einer zusätzlichen Fahrzeugeinweisung teilgenommen hat.

[1] Nr. **10**.

Anlage 10[1)]
(zu den §§ 26 und 27)

Dienstfahrerlaubnis der Bundeswehr

a) bis zum Ablauf des 31. Dezember 1998 erteilt

Lfd. Nr.	Dienstfahrer-laubnisklasse	Berechtigung auch zum Führen von Dienstfahr-zeugen der Klassen	Zu erteilende allgemeine Fahr-erlaubnisklassen	Zuteilung nur auf An-trag Klasse (Schlüsselzah-len gemäß Anlage 9)	Weitere Berechtigungen oder Einschränkungen: Klasse und Schlüsselzahl ge-mäß Anlage 9[2)]
1	A	A2, A1, AM, L	A, A2, A1, AM, L		
2	A1	A2, A1, AM, L	A, A2, A1, AM, L		
3	A2	A1, AM, L	A1, AM, L		A1 79.05
4	B	AM, L	A, A1, AM, B, BE, C1, C1E, L		A1 79.03, A1 79.04, A 79.03, A 79.04, BE 79.06
5	C – 7,5 t	C1, L	A, A1, AM, B, BE, C1, C1E, CE, L	T[3)]	C1 171, A1 79.03, A1 79.04, A 79.03, A 79.04, BE 79.06, CE 79 (C1E > 12 000 kg, L ≤ 3)
6	C vor dem 1.10.1995 er-teilt	C1, L, T	A, A1, AM, B, BE, C1, C1E, C, CE, L, T		C 172, A1 79.03, A1 79.04, A 79.03, A 79.04, BE 79.06, CE 79 (C1E > 12 000 kg, L ≤ 3)
7	C nach dem 30.9.1995 er-teilt	C1, L	A, A1, AM, B, BE, C1, C1E, C, CE, L	T[3)]	C 172, A1 79.03, A1 79.04, A 79.03, A 79.04, BE 79.06, CE 79 (C1E > 12 000 kg, L ≤ 3)
8	D vor dem 1.10.1988 er-teilt	C1, C, L, T	A, A1, AM, B, BE, C1, C1E, C, L, T		A1 79.03, A1 79.04, A 79.03, A 79.04, BE 79.06
9	D nach dem 30.9.1988 er-teilt	C1, C	D1, D1E, D, DE		
10	D – LKW	C1, C1E, C, CE, L, T	A, A1, AM, B, BE, C1, C1E, C, CE		C 172, A1 79.03, A1 79.04, A 79.03, A 79.04, BE 79.06, CE 79 (C1E > 12 000 kg, L ≤ 3)
11	C – 7,5 t E	B, BE, C1, C1E, CE, L	A, A1, AM, B, BE, C1, C1E, CE, L	T[3)]	C1 171, A1 79.03, A1 79.04, A 79.03, A 79.04, BE 79.06, CE 79 (C1E > 12 000 kg, L ≤ 3)

[1)] Anlage 10 neu gef. mWv 19.3.2019 durch VO v. 11.3.2019 (BGBl. I S. 218).

[2)] **Amtl. Anm.:** Amtliche Anmerkung: Bei Verzicht auf die Klasse A2 wird die Schlüsselzahl 79.05 eingetragen, sofern die Klasse A1 zugeteilt ist.

[3)] **Amtl. Anm.:** Amtliche Anmerkung: Erfolgt die Zuteilung der Klasse T nur auf Antrag, wird diese nur in der Land- oder Forstwirtschaft tätigen Personen zugeteilt.

Lfd. Nr.	Dienstfahrer-laubnisklasse	Berechtigung auch zum Führen von Dienstfahr-zeugen der Klassen	Zu erteilende allgemeine Fahr-erlaubnisklassen	Zuteilung nur auf Antrag Klasse (Schlüssel-zahlen gemäß Anlage 9)	Weitere Berechtigungen oder Einschränkungen: Klasse und Schlüsselzahl gemäß Anlage 9
12	CE	B, BE, C1, C1E, L, T	A, A1, AM, B, BE, C1, C1E, C, CE, L, T		C 172, A1 79.03, A1 79.04, A 79.03, A 79.04, BE 79.06

b) ab dem 1. Januar 1999 und bis zum Ablauf des 18. Januar 2013 erteilt

Lfd. Nr.	Dienstfahrer-laubnisklasse	Berechtigung auch zum Führen von Dienstfahr-zeugen der Klasse(n)	Zu erteilende allgemeine Fahr-erlaubnisklasse (n)	Zuteilung nur auf Antrag Klasse (Schlüssel-zahlen gemäß Anlage 9)	Weitere Berechtigungen oder Einschränkungen: Klasse und Schlüsselzahl gemäß Anlage 9[1)]
1	A	A2, A1, AM	A, A2, A1, AM		
2	A1	AM	A1, AM		A1 79.05
3	AY	A1, AM, L	A1, AM, L		
4	B	A1, AM, L	A, A1, AM, B, L		A1 79.03, A1 79.04, A 79.03, A 79.04
5	BE	A1, AM, L	A, A1, AM, B, BE, L		A1 79.03, A1 79.04, A 79.03, A 79.04, BE 79.06
6	C1	A1, AM, B, L	A, A1, AM, B, C1, L		A1 79.03, A1 79.04, A 79.03, A 79.04
7	C1E	A1, AM, B, BE, L	A, A1, AM, B, BE, C1, C1E, L		A1 79.03, A1 79.04, A 79.03, A 79.04, BE 79.06
8	C	A1, AM, B, C1, L	A, A1, AM, B, C1, C, L		A1 79.03, A1 79.04, A 79.03, A 79.04
9	CE	A1, AM, B, BE, C1, C1E, C, L	A, A1, AM, B, BE, C1, C1E, C, CE, L, T		A1 79.03, A1 79.04, A 79.03, A 79.04, BE 79.06
10	D1	Keine	A, A1, AM, B, D1, L		A1 79.03, A1 79.04, A 79.03, A 79.04
11	D1E	Keine	A, A1, AM, B, BE, D1, D1E, L		A1 79.03, A1 79.04, A 79.03, A 79.04, BE 79.06
12	D	A1, AM, B, C1, C, D1, L	A, A1, AM, B, D1, D, L		A1 79.03, A1 79.04, A 79.03, A 79.04
13	DE	A1, AM, B, BE, C1, C1E, C, CE, D1, D1E, L	A, A1, AM, B, BE, D1, D1E, D, DE, L		A1 79.03, A1 79.04, A 79.03, A 79.04, BE 79.06
14	L	L	L		
15	M	AM	AM		

[1)] **Amtl. Anm.:** Amtliche Anmerkung: Bei Verzicht auf die Klasse A2 wird die Schlüsselzahl 79.05 eingetragen, sofern die Klasse A1 zugeteilt ist.

Lfd. Nr.	Dienstfahrerlaubnisklasse	Berechtigung auch zum Führen von Dienstfahrzeugen der Klasse(n)	Zu erteilende allgemeine Fahrerlaubnisklasse (n)	Zuteilung nur auf Antrag Klasse (Schlüsselzahlen gemäß Anlage 9)	Weitere Berechtigungen oder Einschränkungen: Klasse und Schlüsselzahl gemäß Anlage 9
16	T	AM, L	AM, T, L		

Anlage 11[1)]
(zu § 31)

Staatenliste zu den Sonderbestimmungen für Inhaber einer ausländischen Fahrerlaubnis[2)]

Ausstellungsstaat	Klasse(n)	theoretische Prüfung	praktische Prüfung
Andorra	alle	nein	nein
Bosnien und Herzegowina	A1, A, B	nein	nein
Französisch-Polynesien	alle	nein	nein
Guernsey	alle	nein	nein
Insel Man	alle	nein	nein
Israel	B	nein	nein
Japan	alle	nein	nein
Jersey	alle	nein	nein
Republik Nordmazedonien	alle	nein	nein
Monaco	alle	nein	nein
Namibia*[16)]	A1, A, B, BE, C1*[17)], C1E, C*[17)], CE	nein	nein
Neukaledonien	alle	nein	nein
Neuseeland	1, 6*[10)]	nein	nein
Republik Korea	1, 2*[1)]	nein	nein
San Marino	alle	nein	nein
Schweiz	alle	nein	nein
Serbien	alle*[18)]	nein	nein
Singapur	alle	nein	nein
Südafrika	alle	nein	nein
Fahrerlaubnisse, die im tatsächlichen Herrschaftsbereich der Behörden in Taiwan*[2)] erteilt wurden	B/BE*[1)]	nein	nein
Fahrerlaubnisse aus den Australischen Territorien*[11)]:			
– Australian Capital Territory	C*[12)], R*[12)]	nein*[7)]	nein

[1)] Anl. 11 geänd. mWv 1.1.2011 durch VO v. 17.12.2010 (BGBl. I S. 2279); geänd. mWv 30.6.2012 durch VO v. 26.6.2012 (BGBl. I S. 1394); geänd. mWv 19.1.2013 durch VO v. 26.6.2012 (BGBl. I S. 1394, geänd. BGBl. I 2013 S. 66); geänd. mWv 19.1.2013 durch VO v. 10.1.2013 (BGBl. I S. 35); geänd. mWv 1.5.2014 durch VO v. 16.4.2014 (BGBl. I S. 348); geänd. mWv 21.10.2015 durch VO v. 2.10.2015 (BGBl. I S. 1674); geänd. mWv 28.12.2016 durch VO v. 21.12.2016 (BGBl. I S. 3083); geänd. mWv 24.8.2017 durch VO v. 14.8.2017 (BGBl. I S. 3232); geänd. mWv 19.3.2019 durch VO v. 11.3. 2019 (BGBl. I S. 218); geänd. mWv 31.12.2019 durch VO v. 23.12.2019 (BGBl. I S. 2937).

[2)] Laut Änderungsanweisung durch VO v. 10.1.2013 (BGBl. I S. 35) wird die Fußnote 18 aufgehoben. Diese Änderung kann nicht eingearbeitet werden, da keine Fußnote 18 existiert.

Ausstellungsstaat	Klasse(n)	theoretische Prüfung	praktische Prüfung
– New South Wales	C, R	nein*7)	nein
– Northern Territory	C*12), R*12)	nein*7)	nein
– Queensland	C*13), R*13)	nein*7)	nein
– South Australia	C*13), R*13)	nein	nein
– Tasmania	C*13), R*13)	nein	nein
– Victoria	C*14), CAR, R*14)	nein	nein
– Western Australia	C*12), R	nein*7)	nein
Pkw-Fahrerlaubnisse der US-Bundesstaaten und US-amerikanischen Außengebiete*1):			
– Alabama	D	nein	nein
– Arizona	G, D, 2	nein	nein
– Arkansas	D	nein	nein
– Colorado	C, R	nein	nein
– Connecticut	D, 1, 2	ja	nein
– Delaware	D	nein	nein
– District of Columbia	D	ja	nein
– Florida	E	ja	nein
– Idaho	D	nein	nein
– Illinois	D	nein	nein
– Indiana	Operator License, Chauffeur License*3), Public Passenger Chauffeur License*3), Commercial Driver License, Probationary Operator's License	ja*7)	nein
– Iowa	C (Noncommercial Operator's License)*4), A (Commercial Driver's License)*3), B (Commercial Driver's License)*3), C (Commercial Driver's License)*3), D (Noncommercial Chauffeur Driver's License mit Endorsement 1, 2 oder 3)*3), Intermediate Driver's License	nein	nein
– Kansas	C	nein	nein
– Kentucky	D	nein	nein
– Louisiana	E	nein	nein
– Maryland	C (Full License und Provisional License)	nein	nein
– Massachusetts	D	nein	nein
– Michigan	operator	nein	nein
– Minnesota	D	ja*7)	nein
– Mississippi	operator, R	ja	nein
– Missouri	F	ja	nein
– Nebraska	O	ja	nein
– New Mexico	D	nein	nein
– North Carolina	C	ja	nein
– Ohio	D	nein	nein
– Oklahoma	D	nein	nein
– Oregon	C*7)	ja	nein
– Pennsylvania	C	nein	nein
– Puerto Rico	3	nein	nein
– South Carolina	D	nein	nein
– South Dakota	1 und 2	nein	nein
– Tennessee	D	ja	nein
– Texas	C*15), A*3), B*3)	nein*7)	nein

Ausstellungsstaat	Klasse(n)	theoretische Prüfung	praktische Prüfung
– Utah	D	nein	nein
– Virginia	D, M[*5)], A[*3)], B[*3)], C[*3)]	nein	nein
– Washington State	Driver License[*8)] Intermediate Driver License[*9)]	nein	nein
– West Virginia	E	nein	nein
– Wisconsin	D	nein	nein
– Wyoming	C	nein	nein
Fahrerlaubnisse der Kanadischen Provinzen[*1)]:			
– Alberta	5	nein	nein
– British Columbia	5, 6, 7 (Novice Driver's Licence)[*7)] [*10)]	nein	nein
– Manitoba	5[*6)], 4 Stage F[*3)], 3 Stage F[*3)], 2 Stage F[*3)], 1 Stage F[*3)]	nein	nein
– New Brunswick	5, 7 Stufe 2	nein	nein
– Newfoundland	5	nein	nein
– Northwest Territories	5	nein	nein
– Nova Scotia	5	nein	nein
– Ontario	G	nein	nein
– Prince Edward Island	5	nein	nein
– Québec	5	nein	nein
– Saskatchewan	1 und 5	nein	nein
– Yukon	5	nein	nein

[*1)] **Amtl. Anm.:** Soweit in der Spalte „Klasse(n)" nicht „alle", sondern nur eine bestimmte Klasse oder bestimmte Klassen genannt sind, erfolgt aufgrund dieser Klasse(n) nur die Erteilung der Klasse B.

[*2)] **Amtl. Anm.:** Deutschland unterhält keine diplomatischen Beziehungen zu Taiwan.

[*3)] **Amtl. Anm.:** Beinhaltet Pkw-Klasse.

[*4)] **Amtl. Anm.:** In den Fällen, in denen die Klasse C mit Beschränkung mit der Schlüsselnummer 2 versehen ist, ist die Erteilung einer deutschen Fahrerlaubnis nach § 31 nicht zulässig (Lernführerschein).

[*5)] **Amtl. Anm.:** In den Fällen, in denen die Klasse M mit Code 6 versehen ist, ist eine prüfungsfreie Erteilung einer deutschen Fahrerlaubnis nicht möglich (nur Motorradführerschein).

[*6)] **Amtl. Anm.:** In den Fällen, in denen eine Klasse 5 Stage L oder Stage A vorliegt, ist die Erteilung einer deutschen Fahrerlaubnis nach § 31 nicht zulässig (Lernführerschein).

[*7)] **Amtl. Anm.:** Der Nachweis des Sehvermögens gemäß § 12 ist weiterhin erforderlich.

[*8)] **Amtl. Anm.:** Sofern die „Driver License" keinen Hinweis auf spezielle Fahrzeuge enthält, handelt es sich um eine Pkw-Fahrerlaubnis.

[*9)] **Amtl. Anm.:** Nur für Inhaber, die das 18. Lebensjahr vollendet haben. Kein Umtausch einer „Instruction Permit".

[*10)] **Amtl. Anm.:** Die Umschreibung der Klasse 6 erfolgt in eine deutsche Fahrerlaubnis der Klasse A2, sofern der Inhaber das 24. Lebensjahr noch nicht vollendet hat. Im Übrigen wird die Klasse A erteilt.

[*11)] **Amtl. Anm.:** Die australische Klasse C und CAR (Victoria) entspricht der deutschen Klasse B und die australische Klasse R der deutschen Klasse A.

[*12)] **Amtl. Anm.:** Auch „Provisional Licence". Kein Umtausch einer „Learner Licence".

[*13)] **Amtl. Anm.:** Auch „Provisional Licence P2". Kein Umtausch einer „Learner Permit" bzw. „Learner Licence".

[*14)] **Amtl. Anm.:** Auch „Probationary Licence P2". Kein Umtausch einer „Learner Permit".

[*15)] **Amtl. Anm.:** Auch „Provisional License". Kein Umtausch einer „Instruction Permit".

[*16)] **Amtl. Anm.:** Voraussetzung ist, dass das Erteilungsdatum der namibischen Fahrerlaubnis mindestens zwei Jahre vor Antragstellung liegt.

[*17)] **Amtl. Anm.:** Die Fahrerlaubnisklassen C1 und C aus Namibia berechtigen auch zum Führen von Bussen. Eine Umschreibung dieser Fahrerlaubnisklassen in die deutsche Fahrerlaubnisklassen D1 bzw. D kann jedoch nicht erfolgen. Die Fahrerlaubnisklasse C1 aus Namibia berechtigt zum Führen von Fahrzeugen mit einer zulässigen Masse von nicht mehr als 16 000 kg. Bei der Umschreibung in Deutschland wird jedoch nur eine Fahrerlaubnis der Klasse C1 erteilt, auch wenn diese nur zum Führen von Fahrzeugen mit einer zulässigen Masse von nicht mehr als 7 500 kg berechtigt.

[*18)] **Amtl. Anm.:** Keine Fahrerlaubnisse auf Probe.

Anlage 12[1)]
(zu § 34)

Bewertung der Straftaten und Ordnungswidrigkeiten im Rahmen der Fahrerlaubnis auf Probe (§ 2a des Straßenverkehrsgesetzes)

A. Schwerwiegende Zuwiderhandlungen

1. Straftaten, soweit sie nicht bereits zur Entziehung der Fahrerlaubnis geführt haben:

1.1 Straftaten nach dem Strafgesetzbuch

Unerlaubtes Entfernen vom Unfallort (§ 142)
Fahrlässige Tötung (§ 222)[2)]
Fahrlässige Körperverletzung (§ 229)[2)]
Nötigung (§ 240)
Gefährliche Eingriffe in den Straßenverkehr (§ 315b)
Gefährdung des Straßenverkehrs (§ 315c)
Verbotene Kraftfahrzeugrennen (§ 315d Absatz 1 Nummer 2 und 3, Absatz 2, 4 und 5 StGB)
Trunkenheit im Verkehr (§ 316)
Vollrausch (§ 323a)
Unterlassene Hilfeleistung (§ 323c)

1.2 Straftaten nach dem Straßenverkehrsgesetz

Führen oder Anordnung oder Zulassen des Führens eines Kraftfahrzeugs ohne Fahrerlaubnis, trotz Fahrverbots oder trotz Verwahrung, Sicherstellung oder Beschlagnahme des Führerscheins (§ 21)

2. Ordnungswidrigkeiten nach den §§ 24, 24a und § 24c des Straßenverkehrsgesetzes und weiterer straßenverkehrsrechtlicher Vorschriften:

2.1

Verstöße gegen die Vorschriften der Straßenverkehrs-Ordnung[3)] über

das Rechtsfahrgebot	(§ 2 Absatz 2)
die Geschwindigkeit	(§ 3 Absatz 1, 2a, 3 und 4, § 41 Absatz 2, Anlage 3 zu § 42 Absatz 2)
den Abstand	(§ 4 Absatz 1, Anlage 2 zu § 41 Absatz 1)
das Überholen	(§ 5, Anlage 2 zu § 41 Absatz 1)
die Vorfahrt	(§ 8 Absatz 2, Anlage 2 zu § 41 Absatz 2)
das Abbiegen, Wenden und Rückwärtsfahren	(§ 9)
die Pflichten des Fahrzeugführers bei stockendem Verkehr auf einer Autobahn oder Außerortsstraße in Bezug auf das Bilden einer vorschriftsmäßigen Gasse sowie in Bezug auf das unberechtigte Nutzen einer freien Gasse	(§ 11 Absatz 2)
die Benutzung von Autobahnen und Kraftfahrstraßen	(§ 2 Absatz 1, § 18 Absatz 2 bis 5, Absatz 7, Anlage 3 zu § 42 Absatz 2)

[1)] Anl. 12 geänd. mWv 1.1.2011 durch VO v. 17.12.2010 (BGBl. I S. 2279); geänd. mWv 1.5.2014 durch VO v. 5.11.2013 (BGBl. I S. 3920); geänd. mWv 28.12.2016 durch VO v. 21.12.2016 (BGBl. I S. 3083); geänd. mWv 13.10.2017 durch G v. 30.9.2017 (BGBl. I S. 3532); geänd. mWv 19.10.2017 durch VO v. 6.10.2017 (BGBl. I S. 3549); geänd. mWv 28.4.2020 durch VO v. 20.4.2020 (BGBl. I S. 814).

[2)] **Amtl. Anm.:** Für die Einordnung einer fahrlässigen Tötung oder fahrlässigen Körperverletzung in Abschnitt A oder B ist die Einordnung des der Tat zugrunde liegenden Verkehrsverstoßes maßgebend.

[3)] Nr. **100**.

das Verhalten an Bahnübergängen	(§ 19 Absatz 1 und 2, Anlage 1 zu § 40 Absatz 7, Anlage 2 zu § 41 Absatz 1)
das Verhalten an öffentlichen Verkehrsmitteln und Schulbussen	(§ 20 Absatz 2, 3 und 4, Anlage 2 zu § 41 Absatz 1)
die sonstigen Pflichten des Fahrzeugführers in Bezug auf den Betrieb eines elektronischen Gerätes	(§ 23 Absatz 1a)
das Verhalten an Fußgängerüberwegen	(§ 26, Anlage 2 zu § 41 Absatz 1)
übermäßige Straßenbenutzung	(§ 29)
das Verhalten an Wechsellichtzeichen, Dauerlichtzeichen und Zeichen 206 (Halt! Vorfahrt gewähren!) sowie gegenüber Haltzeichen von Polizeibeamten	(§ 36, § 37 Absatz 2, 3, Anlage 2 zu § 41 Absatz 1)
das Verhalten bei blauem Blinklicht zusammen mit dem Einsatzhorn	(§ 38 Absatz 1 Satz 2)

2.2 Verstöße gegen die Vorschriften der Fahrzeug-Zulassungsverordnung[1] über den Gebrauch oder das Gestatten des Gebrauchs von Fahrzeugen ohne die erforderliche Zulassung (§ 3 Absatz 1) oder ohne dass sie einem genehmigten Typ entsprechen oder eine Einzelgenehmigung erteilt ist (§ 4 Absatz 1)

2.3 Verstöße gegen § 24a oder § 24c des Straßenverkehrsgesetzes[2] (Alkohol, berauschende Mittel)

2.4 Verstöße gegen die Vorschriften der Fahrerlaubnis-Verordnung über das Befördern von Fahrgästen ohne die erforderliche Fahrerlaubnis zur Fahrgastbeförderung oder das Anordnen oder Zulassen solcher Beförderungen (§ 48 Absatz 1 oder 8)

2.5 Verstöße gegen die Vorschriften der Fahrerlaubnis-Verordnung über das Führen von Kraftfahrzeugen in Begleitung, wenn der Fahrerlaubnisinhaber entgegen einer vollziehbaren Auflage ein Kraftfahrzeug ohne Begleitung führt (Begleitetes Fahren ab 17 Jahre – § 48a Absatz 2)

B. Weniger schwerwiegende Zuwiderhandlungen

1. Straftaten, soweit sie nicht bereits zur Entziehung der Fahrerlaubnis geführt haben:

1.1 Straftaten nach dem Strafgesetzbuch

Fahrlässige Tötung (§ 222)[3]

Fahrlässige Körperverletzung (§ 229)[3]

Sonstige Straftaten, soweit im Zusammenhang mit dem Straßenverkehr begangen und nicht in Abschnitt A aufgeführt

1.2 Straftaten nach dem Straßenverkehrsgesetz

Kennzeichenmissbrauch (§ 22)

2. Ordnungswidrigkeiten nach § 24 des Straßenverkehrsgesetzes,
soweit nicht in Abschnitt A aufgeführt.

---

[1] Nr. **250**.
[2] Nr. **10**.
[3] **Amtl. Anm.:** Für die Einordnung einer fahrlässigen Tötung oder fahrlässigen Körperverletzung in Abschnitt A oder B ist die Einordnung des der Tat zugrunde liegenden Verkehrsverstoßes maßgebend.

Anlage 13[1)]
(zu § 40)

Bezeichnung und Bewertung der im Rahmen des Fahreignungs-Bewertungssystems zu berücksichtigenden Straftaten und Ordnungswidrigkeiten

Im Fahreignungsregister sind nachfolgende Entscheidungen zu speichern und im Fahreignungs-Bewertungssystem wie folgt zu bewerten:

1. mit drei Punkten folgende Straftaten, soweit die Entziehung der Fahrerlaubnis oder eine isolierte Sperre angeordnet worden ist:

laufende Nummer	Straftat	Vorschriften
1.1	Fahrlässige Tötung	§ 222 StGB
1.2	Fahrlässige Körperverletzung	§ 229 StGB
1.3	Nötigung	§ 240 StGB
1.3a	Gefährliche Eingriffe in den Bahn-, Schiffs- und Luftverkehr	§ 315 StGB
1.4	Gefährliche Eingriffe in den Straßenverkehr	§ 315b StGB
1.5	Gefährdung des Straßenverkehrs	§ 315c StGB
1.6	Verbotene Kraftfahrzeugrennen	§ 315d Absatz 1 Nummer 2 und 3, Absatz 2, 4 und 5 StGB
1.7	Unerlaubtes Entfernen vom Unfallort	§ 142 StGB
1.8	Trunkenheit im Verkehr	§ 316 StGB
1.9	Vollrausch	§ 323a StGB
1.10	Unterlassene Hilfeleistung	§ 323c StGB
1.11	Führen oder Anordnen oder Zulassen des Führens eines Kraftfahrzeugs ohne Fahrerlaubnis, trotz Fahrverbots oder trotz Verwahrung, Sicherstellung oder Beschlagnahme des Führerscheins	§ 21 StVG
1.12	Kennzeichenmissbrauch	§ 22 StVG

2. mit zwei Punkten

2.1. folgende Straftaten, soweit sie nicht von Nummer 1 erfasst sind:

laufende Nummer	Straftat	Vorschriften
2.1.1	Fahrlässige Tötung, soweit ein Fahrverbot angeordnet worden ist und die Tat im Zusammenhang mit dem Führen eines Kraftfahrzeugs oder unter Verletzung der Pflichten eines Kraftfahrzeugführers begangen wurde	§ 222 StGB
2.1.2	Fahrlässige Körperverletzung, soweit ein Fahrverbot angeordnet worden ist und die Tat im Zusammenhang mit dem Führen eines Kraftfahrzeugs oder unter Verletzung der Pflichten eines Kraftfahrzeugführers begangen wurde	§ 229 StGB
2.1.3	Nötigung, soweit ein Fahrverbot angeordnet worden ist und die Tat im Zusammenhang mit dem Führen eines Kraftfahrzeugs oder unter Verletzung der Pflichten eines Kraftfahrzeugführers begangen wurde	§ 240 StGB
2.1.3a	Gefährliche Eingriffe in den Bahn-, Schiffs- und Luftverkehr, sofern ein Fahrverbot angeordnet worden ist und die Tat im Zusammenhang	§ 315 StGB

[1)] Anl. 13 neu gef. mWv 1.5.2014 durch VO v. 16.4.2014 (BGBl. I S. 348); geänd. mWv 1.6.2017 durch VO v. 18.5.2017 (BGBl. I S. 1282); geänd. mWv 24.8.2017 durch VO v. 14.8.2017 (BGBl. I S. 3232); geänd. mWv 13.10.2017 durch G v. 30.9.2017 (BGBl. I S. 3532); geänd. mWv 19.10.2017 durch VO v. 6.10.2017 (BGBl. I S. 3549); geänd. mWv 28.4.2020 durch VO v. 20.4.2020 (BGBl. I S. 814).

laufende Nummer	Straftat	Vorschriften
	mit dem Führen eines Kraftfahrzeugs oder unter Verletzung der Pflichten eines Kraftfahrzeugführers begangen wurde	
2.1.4	Gefährliche Eingriffe in den Straßenverkehr	§ 315b StGB
2.1.5	Gefährdung des Straßenverkehrs	§ 315c StGB
2.1.6	Verbotene Kraftfahrzeugrennen	§ 315d Absatz 1 Nummer 2 und 3, Absatz 2, 4 und 5 StGB
2.1.7	Unerlaubtes Entfernen vom Unfallort	§ 142 StGB
2.1.8	Trunkenheit im Verkehr	§ 316 StGB
2.1.9	Vollrausch, soweit ein Fahrverbot angeordnet worden ist und die Tat im Zusammenhang mit dem Führen eines Kraftfahrzeugs oder unter Verletzung der Pflichten eines Kraftfahrzeugführers begangen wurde	§ 323a StGB
2.1.10	Unterlassene Hilfeleistung, soweit ein Fahrverbot angeordnet worden ist und die Tat im Zusammenhang mit dem Führen eines Kraftfahrzeugs oder unter Verletzung der Pflichten eines Kraftfahrzeugführers begangen wurde	§ 323c StGB
2.1.11	Führen oder Anordnen oder Zulassen des Führens eines Kraftfahrzeugs ohne Fahrerlaubnis, trotz Fahrverbots oder trotz Verwahrung, Sicherstellung oder Beschlagnahme des Führerscheins	§ 21 StVG
2.1.12	Kennzeichenmissbrauch, soweit ein Fahrverbot angeordnet worden ist und die Tat im Zusammenhang mit dem Führen eines Kraftfahrzeugs oder unter Verletzung der Pflichten eines Kraftfahrzeugführers begangen wurde	§ 22 StVG

2.2. folgende besonders verkehrssicherheitsbeeinträchtigende Ordnungswidrigkeiten:

laufende Nummer	Ordnungswidrigkeit	laufende Nummer der Anlage zur Bußgeldkatalog-Verordnung (BKat)[1]
2.2.1	Kraftfahrzeug geführt mit einer Atemalkoholkonzentration von 0,25 mg/l oder mehr oder mit einer Blutalkoholkonzentration von 0,5 Promille oder mehr oder mit einer Alkoholmenge im Körper, die zu einer solchen Atem- oder Blutalkoholkonzentration führt	241, 241.1, 241.2
2.2.2	Kraftfahrzeug unter der Wirkung eines in der Anlage zu § 24a Absatz 2 des Straßenverkehrsgesetzes genannten berauschenden Mittels geführt	242, 242.1, 242.2
2.2.3	Zulässige Höchstgeschwindigkeit überschritten	9.1 bis 9.3, 11.1 bis 11.3 jeweils in Verbindung mit 11.1.6 bis 11.1.10 der Tabelle 1 des Anhangs (11.1.6 nur innerhalb geschlossener Ortschaften), 11.2.5 bis 11.2.10 der Tabelle 1 des Anhangs (11.2.5 nur innerhalb geschlossener Ortschaften) oder 11.3.6 bis 11.3.10 der Tabelle 1 des Anhangs (11.3.6 nur innerhalb geschlossener Ortschaften)

[1] **Amtl. Anm.:** Bußgeldkatalog

laufende Nummer	Ordnungswidrigkeit	laufende Nummer der Anlage zur Bußgeldkatalog-Verordnung (BKat)
2.2.4	Erforderlichen Abstand von einem vorausfahrenden Fahrzeug nicht eingehalten	12.6 in Verbindung mit 12.6.3, 12.6.4 oder 12.6.5 der Tabelle 2 des Anhangs sowie 12.7 in Verbindung mit 12.7.3, 12.7.4 oder 12.7.5 der Tabelle 2 des Anhangs
2.2.5	Überholvorschriften nicht eingehalten	19.1.1, 19.1.2, 21.1, 21.2
2.2.5a	Bei stockendem Verkehr auf einer Autobahn oder Außerortsstraße für die Durchfahrt von Polizei- oder Hilfsfahrzeugen keine vorschriftsmäßige Gasse gebildet	50, 50.1, 50.2, 50.3
2.2.5b	Unberechtigt mit einem Fahrzeug auf einer Autobahn oder Außerortsstraße eine freie Gasse für die Durchfahrt von Polizei- oder Hilfsfahrzeugen (§ 11 Absatz 2 StVO) benutzt	50a, 50a.1, 50a.2, 50a.3
2.2.6	Auf der durchgehenden Fahrbahn von Autobahnen oder Kraftfahrstraßen gewendet, rückwärts oder entgegen der Fahrtrichtung gefahren	83.3
2.2.7	Als Fahrzeugführer Bahnübergang unter Verstoß gegen die Wartepflicht oder trotz geschlossener Schranke oder Halbschranke überquert	89b.2, 244
2.2.8	Als Kraftfahrzeugführer rotes Wechsellichtzeichen oder rotes Dauerlichtzeichen nicht befolgt bei Gefährdung, mit Sachbeschädigung oder bei schon länger als einer Sekunde andauernder Rotphase eines Wechsellichtzeichens	132.1, 132.2, 132.3, 132.3.1, 132.3.2
2.2.8a	Einem Einsatzfahrzeug, das blaues Blinklicht zusammen mit dem Einsatzhorn verwendet hatte, nicht sofort freie Bahn geschaffen	135, 135.1, 135.2
2.2.8b	Beim Führen eines Kraftfahrzeugs elektronisches Gerät rechtswidrig benutzt mit Gefährdung oder mit Sachbeschädigung	246.2, 246.3

3. mit einem Punkt folgende verkehrssicherheitsbeeinträchtigende Ordnungswidrigkeiten:

3.1. folgende Verstöße gegen die Vorschriften des Straßenverkehrsgesetzes:

laufende Nummer	Verstöße gegen die Vorschriften	laufende Nummer des BKat[1]
3.1.1	des § 24c des Straßenverkehrsgesetzes	243

3.2. folgende Verstöße gegen die Vorschriften der Straßenverkehrs-Ordnung:

laufende Nummer	Verstöße gegen die Vorschriften über	laufende Nummer des BKat[1]
3.2.1	die Straßenbenutzung durch Fahrzeuge	4.1, 4.2, 5a, 5a.1, 6
3.2.2	die Geschwindigkeit	8.1, 9, 10, 11 in Verbindung mit 11.1.3, 11.1.4, 11.1.5, 11.1.6 der Tabelle 1 des Anhangs (11.1.6 nur außerhalb geschlossener Ortschaften), 11.2.2, 11.2.3, 11.2.4, 11.2.5 der Tabelle 1 des Anhangs (11.2.2 nur innerhalb,

[1] **Amtl. Anm.:** Bußgeldkatalog

laufende Nummer	Verstöße gegen die Vorschriften über	laufende Nummer des BKat
		11.2.5 nur außerhalb geschlossener Ortschaften), 11.3.4, 11.3.5, 11.3.6 der Tabelle 1 des Anhangs (11.3.6 nur außerhalb geschlossener Ortschaften)
3.2.3	den Abstand	12.5 in Verbindung mit 12.5.1, 12.5.2, 12.5.3, 12.5.4 oder 12.5.5 der Tabelle 2 des Anhangs, 12.6 in Verbindung mit 12.6.1 oder 12.6.2 der Tabelle 2 des Anhangs, 12.7 in Verbindung mit 12.7.1 oder 12.7.2 der Tabelle 2 des Anhangs, 15
3.2.4	das Überholen	17, 18, 19, 19.1, 153a, 21, 22
3.2.5	die Vorfahrt	34
3.2.6	das Abbiegen, Wenden und Rückwärtsfahren	39.1, 41, 42.1, 44, 45
3.2.7	Park- oder Halteverbote mit Behinderung von Rettungsfahrzeugen	51b.3, 53.1
3.2.7a	Unzulässiges Halten in „zweiter Reihe“	51a.1, 51a.2, 51a.3
3.2.7b	Unzulässiges Parken auf Geh- und Radwegen oder Radschnellwegen	52a.1, 52a.2, 52a.2.1, 52a.3, 52a.4
3.2.7c	Unzulässiges Halten auf Schutzstreifen für den Radverkehr	54a.1, 54a.2, 54a.3
3.2.7d	Unzulässiges Parken in „zweiter Reihe“	58.1, 58.1.1, 58.1.2, 58.2, 58.2.1
3.2.8	das Liegenbleiben von Fahrzeugen	66
3.2.9	die Beleuchtung	76
3.2.10	die Benutzung von Autobahnen und Kraftfahrstraßen	79, 80.1, 82, 83.1, 83.2, 85, 87a, 88
3.2.11	das Verhalten an Bahnübergängen	89, 89a, 89b.1, 136, 245
3.2.12	das Verhalten an öffentlichen Verkehrsmitteln und Schulbussen	92.1, 92.2, 93, 95.1, 95.2
3.2.13	die Personenbeförderung, die Sicherungspflichten	99.1, 99.2
3.2.14	die Ladung	102.1, 102.1.1, 102.2.1, 104
3.2.15	die sonstigen Pflichten des Fahrzeugführers	108, 246.1, 247
3.2.16	das Verhalten am Fußgängerüberweg	113
3.2.17	die übermäßige Straßenbenutzung	116
3.2.18	Verkehrshindernisse	123
3.2.19	das Verhalten gegenüber Zeichen oder Haltgebot eines Polizeibeamten sowie an Wechsellichtzeichen, Dauerlichtzeichen und Grünpfeil	129, 132, 132a, 132a.1, 132a.2, 132a.3, 132a.3.1, 132a.3.2, 133.1, 133.2, 133.3.1, 133.3.2
3.2.20	Vorschriftzeichen	150, 151.1, 151.2, 152, 152.1
3.2.21	Richtzeichen	157.3, 159b
3.2.22	andere verkehrsrechtliche Anordnungen	164

laufende Nummer	Verstöße gegen die Vorschriften über	laufende Nummer des BKat
3.2.23	Auflagen	166

3.3. folgende Verstöße gegen die Vorschriften der Fahrerlaubnis-Verordnung:

laufende Nummer	Verstöße gegen die Vorschriften über	laufende Nummer des BKat[1]
3.3.1	die Fahrerlaubnis zur Fahrgastbeförderung	171, 172
3.3.2	das Führen von Kraftfahrzeugen ohne Begleitung	251a

3.4. folgende Verstöße gegen die Vorschriften der Fahrzeug-Zulassungsverordnung:

laufende Nummer	Verstöße gegen die Vorschriften über	laufende Nummer des BKat[1]
3.4.1	die Zulassung	175
3.4.2	ein Betriebsverbot und Beschränkungen	253

3.5. folgende Verstöße gegen die Vorschriften der Straßenverkehrs-Zulassungs-Ordnung:

laufende Nummer	Verstöße gegen die Vorschriften über	laufende Nummer des BKat[1]
3.5.1	die Untersuchung der Kraftfahrzeuge und Anhänger	186.1.3, 186.1.4, 186.2.3, 187a
3.5.2	die Verantwortung für den Betrieb der Fahrzeuge	189.1.1, 189.1.2, 189.2.1, 189.2.2, 189.3.1, 189.3.2, 189a.1, 189a.2
3.5.3	die Abmessungen von Fahrzeugen und Fahrzeugkombinationen	192, 193
3.5.4	die Kurvenlaufeigenschaften von Fahrzeugen	195, 196

(Fortsetzung nächstes Blatt)

[1] **Amtl. Anm.:** Bußgeldkatalog

laufende Nummer	Verstöße gegen die Vorschriften über	laufende Nummer des BKat
3.5.5	die Achslast, das Gesamtgewicht, die Anhängelast hinter Kraftfahrzeugen	198 und 199 jeweils in Verbindung mit 198.1.2 bis 198.1.7, 199.1.2 bis 199.1.6, 198.2.4 oder 199.2.4, 198.2.5 oder 199.2.5, 198.2.6 oder 199.2.6 der Tabelle 3 des Anhangs
3.5.6	die Besetzung von Kraftomnibussen	201, 202
3.5.7	Bereifung und Laufflächen	212, 213, 213a
3.5.8	die sonstigen Pflichten für den verkehrssicheren Zustand des Fahrzeugs	214.1, 214.2, 214a.1, 214a.2
3.5.9	die Stützlast	217
3.5.10	den Geschwindigkeitsbegrenzer	223, 224
3.5.11	Auflagen	233

3.6. folgende Verstöße gegen die Vorschriften der Gefahrgutverordnung Straße, Eisenbahn und Binnenschifffahrt (GGVSEB):

laufende Nummer	Beschreibung der Zuwiderhandlung	gesetzliche Grundlage
3.6.1	Als tatsächlicher Verlader Versandstücke, die gefährliche Güter enthalten, und unverpackte gefährliche Gegenstände nicht durch geeignete Mittel gesichert, die in der Lage sind, die Güter im Fahrzeug oder Container zurückzuhalten, sowie, wenn gefährliche Güter zusammen mit anderen Gütern befördert werden, nicht alle Güter in den Fahrzeugen oder Containern so gesichert oder verpackt, dass das Austreten gefährlicher Güter verhindert wird.	Unterabschnitt 7.5.7.1 ADR i.V.m. § 37 Absatz 1 Nummer 21 Buchstabe a GGVSEB
3.6.2	Als Fahrzeugführer Versandstücke, die gefährliche Güter enthalten, und unverpackte gefährliche Gegenstände nicht durch geeignete Mittel gesichert, die in der Lage sind, die Güter im Fahrzeug oder Container zurückzuhalten, sowie, wenn gefährliche Güter zusammen mit anderen Gütern befördert werden, nicht alle Güter in den Fahrzeugen oder Containern so gesichert oder verpackt, dass das Austreten gefährlicher Güter verhindert wird.	Unterabschnitt 7.5.7.1 ADR i.V.m. § 37 Absatz 1 Nummer 21 Buchstabe a GGVSEB
3.6.3	Als Beförderer und in der Funktion als Halter des Fahrzeugs entgegen § 19 Absatz 2 Nummer 15 GGVSEB dem Fahrzeugführer die erforderliche Ausrüstung zur Durchführung der Ladungssicherung nicht übergeben.	Unterabschnitt 7.5.7.1 ADR i.V.m. § 37 Absatz 1 Nummer 6 Buchstabe o GGVSEB

Anlage 14[1)]
(zu§ 66 Absatz 2)

Voraussetzungen für die amtliche Anerkennung als Träger von Begutachtungsstellen für Fahreignung

(1) Bei Antragstellung, die von einer zur Vertretung des Trägers berechtigten Person unterzeichnet sein muss, sind folgende Unterlagen beizufügen:

1. Nachweise über die Rechtsform des Trägers, Name der juristischen Person,
2. Informationen über die Organisation und die Leitung des Trägers (Organigramm und Angaben der Schlüsselpositionen in der Leitung des Trägers, Befugnisse und Zuständigkeiten), seine Tätigkeiten und seine Beziehungen zu einer übergeordneten Organisation,
3. Anschriften aller Begutachtungsstellen im Zuständigkeitsbereich der jeweiligen Anerkennungsbehörde,
4. soweit bereits eine andere Anerkennung erteilt wurde, eine Aufstellung über bereits vorliegende Anerkennungsbescheide unter Angabe der Anerkennungsbehörde, Aktenzeichen und Datum der Anerkennung; Kopien der Bescheide sind auf Aufforderung vorzulegen.

(2) Die Anerkennung wird erteilt oder verlängert, wenn

1. die finanzielle und organisatorische Leistungsfähigkeit des Trägers gewährleistet ist,
2. die personelle Ausstattung mit einer ausreichen den Anzahl von medizinischen und psychologischen Gutachtern sichergestellt ist,
   a) Anforderungen an den medizinischen Gutachter:
      aa) Arzt mit mindestens zweijähriger klinischer Tätigkeit oder Facharzt (insbesondere innere Medizin, Psychiatrie, Neurologie),
      bb) zusätzlich mindestens einjährige Praxis in der Begutachtung der Eignung von Kraftfahrern in einer Begutachtungsstelle für Fahreignung,
   b) Anforderungen an den psychologischen Gutachter:
      aa) Diplom oder ein gleichwertiger Master-Abschluss in der Psychologie und mindestens zweijährige praktische Berufstätigkeit (in der Regel in der klinischen Psychologie, Arbeitspsychologie),
      bb) zusätzlich mindestens einjährige Praxis in der Begutachtung der Eignung von Kraftfahrern in einer Begutachtungsstelle für Fahreignung,
      cc) Hospitation an einem vollständigen Kurs zur Wiederherstellung der Kraftfahreignung (§ 70) bei fehlenden Kenntnissen und Erfahrungen in der Durchführung dieser Kurse,
3. der Träger für alle Gutachter die Erfüllung der Anforderungen an die jährliche Weiterbildung gemäß der Richtlinie nach § 72 Absatz 2 Nummer 1 nachweist,
4. ein amtlich anerkannter Sachverständiger oder Prüfer für den Kraftfahrzeugverkehr zur Verfügung steht,
5. die sachliche Ausstattung mit den notwendigen Räumlichkeiten und Geräten sichergestellt ist,
6. der Träger von Begutachtungsstellen für Fahreignung nicht zugleich Träger von Maßnahmen der Fahrausbildung oder von Kursen zur Wiederherstellung der Kraftfahreignung ist, und keine Maßnahmen der Verhaltens- und Einstellungsänderung zur Vorbereitung auf eine Begutachtung der Fahreignung durchführt,
7. die Eignung der eingesetzten psychologischen Testverfahren und -geräte von einer geeigneten unabhängigen Stelle bestätigt worden ist,
8. der Träger von Begutachtungsstellen für Fahreignung die Erfüllung der Anforderungen der Richtlinie nach § 72 Absatz 2 Nummer 1 durch ein Gutachten der Bundesanstalt nachweist (im Rahmen der Erstbegutachtung beschränkt sich dieser Nachweis auf die Erfüllung der Anforderungen in Bezug auf die Dokumentation des Qualitätsmanagements und die räumliche, sachliche und personelle Ausstattung); sofern der Träger bereits vollumfänglich anerkannt ist, ist in

[1)] Anl. 14 neu gef. mWv 1.5.2014 durch VO v. 16.4.2014 (BGBl. I S. 348); geänd. mWv 24.8. 2017 durch VO v. 14.8.2017 (BGBl. I S. 3232).

der Regel kein neues Gutachten vorzulegen, es reicht das letzte vorliegende Gutachten der Bundesanstalt aus,

9. die Teilnahme des Trägers an einem regelmäßigen und bundesweiten Erfahrungsaustausch unter Leitung der Bundesanstalt sichergestellt wird,
10. die wirtschaftliche Unabhängigkeit der Gutachter vom Ergebnis der Begutachtungen gewährleistet ist und
11. der Antragsteller, bei juristischen Personen die nach Gesetz oder Satzung zur Vertretung berufenen Personen, die für die Tätigkeit erforderliche Zuverlässigkeit aufweisen.

Anlage 14a[1)]
(zu § 71a Absatz 3)

Voraussetzungen für die amtliche Anerkennung als Träger einer unabhängigen Stelle für die Bestätigung der Eignung der eingesetzten psychologischen Testverfahren und -geräte und für die Begutachtung dieser Träger durch die Bundesanstalt für Straßenwesen

(1) Der Antrag nach § 71a Absatz 3 ist von einer zur Vertretung des Trägers der unabhängigen Stelle berechtigten Person zu unterzeichnen. Dem Antrag sind folgende Unterlagen beizufügen:

1. Nachweis über die Rechtsform des Trägers, Name der juristischen Person,
2. Informationen über die Organisation und die Leitung des Trägers (Organigramm und Angaben der Schlüsselpositionen in der Leitung des Trägers, Befugnisse und Zuständigkeiten), seine Tätigkeiten und, sofern vorhanden, seine Beziehungen zu einer übergeordneten Organisation,
3. Dokumentation eines aufgabenbezogenen Qualitätsmanagements.

(2) Die Bundesanstalt für Straßenwesen hat zu prüfen, ob der Träger der unabhängigen Stelle die nachfolgend genannten Anforderungen erfüllt:

1. Die unabhängige Stelle muss über mindestens zwei Gutachter verfügen. Die Anzahl der für sie tätigen Gutachter hat die unabhängige Stelle anhand einer Aufstellung nachzuweisen. Die Gutachter können die Begutachtungen von psychologischen Testverfahren und -geräten in einem Anstellungsverhältnis oder auf Honorarbasis durchführen. Änderungen beim Bestand der Gutachter sind vom Träger der unabhängigen Stelle der Bundesanstalt für Straßenwesen zu melden.
2. Die unabhängige Stelle und die dort tätigen Gutachter müssen insbesondere von den durch die Prüfung der Testverfahren und -geräte betroffenen Parteien unabhängig sein. Der Träger der unabhängigen Stelle hat eine Selbstverpflichtungserklärung vorzulegen, in der er versichert, dass für die Prüfung von Testverfahren und -geräten im Einzelfall keine Gutachter eingesetzt werden, die
   a) an Entwicklungen und am Vertrieb des zu begutachtenden psychologischen Testverfahrens und Testgerätes beteiligt waren oder sind,
   b) eine vertragliche oder anderweitige rechtliche oder wirtschaftliche Beziehung zum Hersteller des Testgeräts oder zum Entwickler des Testverfahrens unterhalten oder in den vergangenen 2 Jahren unterhielten oder
   c) eine vertragliche oder anderweitige rechtliche oder wirtschaftliche Beziehung zu Trägern von Begutachtungsstellen für Fahreignung haben, die die zu begutachtenden *psychologische*[2)] Testverfahren oder Testgeräte einsetzen.
3. Die Gutachter müssen über verfahrensbezogene fachliche Kompetenz in psychologischer Diagnostik verfügen. Jeder Gutachter muss insbesondere nachweisen können
   a) eine mindestens zweijährige Erfahrung in der Anwendung psychologischer, insbesondere fahreignungsrelevanter Testverfahren, nachzuweisen durch den beruflichen Lebenslauf, Arbeitszeugnisse und sonstige Referenzen, sowie
   b) Veröffentlichungen zu einschlägigen Themen in wissenschaftlichen Fachzeitschriften oder Fachbüchern.

[1)] Anl. 14a eingef. mWv 24.8.2017 durch VO v. 14.8.2017 (BGBl. I S. 3232).
[2)] Richtig wohl: „psychologischen".

Anlage 15[1)]
(zu § 70 Absatz 2)

Voraussetzungen für die amtliche Anerkennung als Träger von Kursen zur Wiederherstellung der Kraftfahreignung

(1) Bei Antragstellung, die von einer zur Vertretung des Trägers berechtigten Person unterzeichnet sein muss, sind folgende Unterlagen beizufügen:

1. Nachweise über die Rechtsform des Trägers, Bezeichnung der juristischen Person,
2. Informationen über die Organisation und die Leitung des Trägers (Organigramm und Angaben der Schlüsselpositionen in der Leitung des Trägers, Befugnisse und Zuständigkeiten), seine Tätigkeiten und seine Beziehungen zu einer übergeordneten Organisation,
3. Anschriften aller Stellen, in denen Kurse zur Wiederherstellung der Kraftfahreignung durchgeführt werden sollen, im Zuständigkeitsbereich der jeweiligen Anerkennungsbehörde,
4. soweit bereits eine andere Anerkennung erteilt wurde, eine Aufstellung über bereits vorliegende Anerkennungsbescheide unter Angabe der Anerkennungsbehörde, Aktenzeichen und Datum der Anerkennung. Kopien der Bescheide sind auf Aufforderung vorzulegen.

(2) Die Anerkennung wird erteilt oder verlängert, wenn

1. die finanzielle und organisatorische Leistungsfähigkeit des Trägers gewährleistet ist,
2. die personelle und sachlich-räumliche Ausstattung sichergestellt ist,
3. Kursleiter
   a) den Abschluss eines Hochschulstudiums als Diplom-Psychologe oder einen gleichwertigen Master-Abschluss in Psychologie,
   b) eine verkehrspsychologische Ausbildung an einer Universität oder gleichgestellten Hochschule oder bei einer Stelle, die sich mit der Begutachtung oder Wiederherstellung der Kraftfahreignung befasst,
   c) Kenntnisse und Erfahrungen in der Untersuchung und Begutachtung der Eignung von Kraftfahrern und
   d) eine Ausbildung als Leiter von Kursen zur Wiederherstellung der Kraftfahreignung

   nachweisen,
4. Kursleiter die Voraussetzungen zur Aufrechterhaltung der Kursleiterqualifikation gemäß den Anforderungen der Richtlinie nach § 72 Absatz 2 Nummer 3 erfüllen,
5. der Träger von Kursen zur Wiederherstellung der Kraftfahreignung nicht zugleich Träger von Maßnahmen der Fahrausbildung oder Träger von Begutachtungsstellen für Fahreignung ist,
6. die wissenschaftliche Grundlage und die Geeignetheit der Kurse von einer geeigneten unabhängigen Stelle bestätigt worden ist,
7. der Träger von Kursen zur Wiederherstellung der Kraftfahreignung die Erfüllung der Anforderungen der Richtlinie nach § 72 Absatz 2 Nummer 3 durch ein Gutachten der Bundesanstalt nachweist (im Rahmen der Erstbegutachtung beschränkt sich dieser Nachweis auf die Erfüllung der Anforderungen in Bezug auf die Dokumentation des Qualitätsmanagements und die räumliche, sachliche und personelle Ausstattung); sofern der Träger bereits anerkannt ist, ist in der Regel kein neues Gutachten vorzulegen, es reicht das letzte vorliegende Gutachten der Bundesanstalt aus.

(3) Die Wirksamkeit von Kursen zur Wiederherstellung der Kraftfahreignung muss spätestens nach 6 Jahren in einem nach dem Stand der Wissenschaft durchgeführten Bewertungsverfahren (Evaluation) nachgewiesen werden. Die Kurse zur Wiederherstellung der Kraftfahreignung sind nach ihrer ersten Evaluation regelmäßig, spätestens alle 10 Jahre, erneut zu evaluieren.

[1)] Anl. 15 neu gef. mWv 1.5.2014 durch VO v. 16.4.2014 (BGBl. I S. 348); geänd. mWv 24.8. 2017 durch VO v. 14.8.2017 (BGBl. I S. 3232).

Anlage 15a[1)]
(zu § 71b)

Voraussetzungen für die amtliche Anerkennung als Träger einer unabhängigen Stelle für die Bestätigung der Geeignetheit von Kursen zur Wiederherstellung der Kraftfahreignung und für die Begutachtung dieser Träger durch die Bundesanstalt für Straßenwesen

(1) [1] Der Antrag nach § 71b ist von einer zur Vertretung des Trägers der unabhängigen Stelle berechtigten Person zu unterzeichnen. [2] Dem Antrag sind folgende Unterlagen beizufügen:

1. Nachweis über die Rechtsform des Trägers, Name der juristischen Person,
2. Informationen über die Organisation und die Leitung des Trägers (Organigramm und Angaben der Schlüsselpositionen in der Leitung des Trägers, Befugnisse und Zuständigkeiten), seine Tätigkeiten und, sofern vorhanden, seine Beziehungen zu einer übergeordneten Organisation,
3. Dokumentation eines aufgabenbezogenen Qualitätsmanagements.

(2) Die Bundesanstalt für Straßenwesen hat zu prüfen, ob der Träger der unabhängigen Stelle die nachfolgend genannten Anforderungen erfüllt:

1. Die unabhängige Stelle muss über mindestens zwei Gutachter verfügen. Die Anzahl der für sie tätigen Gutachter hat die unabhängige Stelle anhand einer Aufstellung nachzuweisen. Die Gutachter können die Begutachtungen von Kursen zur Wiederherstellung der Kraftfahreignung in einem Anstellungsverhältnis oder auf Honorarbasis durchführen. Änderungen beim Bestand der Gutachter sind vom Träger der unabhängigen Stelle der Bundesanstalt für Straßenwesen zu melden.
2. Die unabhängige Stelle und die dort tätigen Gutachter müssen insbesondere von den durch die Prüfung und die Eignung der Kurse betroffenen Parteien unabhängig sein. Der Träger der unabhängigen Stelle hat eine Selbstverpflichtungserklärung vorzulegen, in der er versichert, dass für die Prüfung der wissenschaftlichen Grundlage und die Eignung der Kurse im Einzelfall keine Gutachter eingesetzt werden, die
   a) an Entwicklungen oder am Vertrieb der zu begutachtenden Kurse zur Wiederherstellung der Kraftfahreignung beteiligt waren oder sind,
   b) eine vertragliche oder anderweitige rechtliche oder wirtschaftliche Beziehung zum Entwickler des Kurses zur Wiederherstellung der Kraftfahreignung unterhalten oder in den vergangenen 2 Jahren unterhalten haben oder
   c) eine vertragliche oder anderweitige rechtliche oder wirtschaftliche Beziehung zu einem Träger von Kursen zur Wiederherstellung der Kraftfahreignung unterhalten, die die zu begutachtenden wissenschaftlichen Grundlagen und Kurse einsetzen.
3. Die Gutachter müssen über verfahrensbezogene fachliche Kompetenz in klinischer oder pädagogischer Psychologie verfügen. Jeder Gutachter muss insbesondere nachweisen können
   a) eine mindestens zweijährige Erfahrung in der Anwendung psychologischer Interventionsverfahren zur Behandlung und Beurteilung von substanzbezogenen Problemen oder abweichendem Verhalten bei Erwachsenen, nachzuweisen durch den beruflichen Lebenslauf, Arbeitszeugnisse und sonstige Referenzen, sowie
   b) Veröffentlichungen zu einschlägigen Themen in Fachzeitschriften oder Fachbüchern.

[1)] Anl. 15a eingef. mWv 24.8.2017 durch VO v. 14.8.2017 (BGBl. I S. 3232).

Anlage 16[1)]
(zu § 42 Absatz 2)

Rahmenlehrplan für die Durchführung der verkehrspädagogischen Teilmaßnahme des Fahreignungsseminars

Modul 1

1. Baustein „Seminarüberblick“

<table>
<tr><th></th><th>Lehr-Lernziele
Der Seminarteilnehmer kann …</th><th>Lehr-Lerninhalte</th><th>Lehr-Lern-methoden</th><th>Medien/Materia-lien</th></tr>
<tr><td>1.1</td><td>… den organisatorischen Ablauf des Fahreignungsseminars beschreiben.</td><td>– Anzahl der Teilmaßnahmen und Module
– Zeitliche Vorgaben zu den Teilmaßnahmen, zu den Modulen und zur Gesamtmaßnahme</td><td rowspan="5">Lehrvortrag</td><td rowspan="5">Folien-Präsentation/Film
Merkblatt „Seminarüberblick“</td></tr>
<tr><td>1.2</td><td>… die wichtigsten Lehr-Lerninhalte und Lehr-Lernmethoden der verkehrspädagogischen Teilmaßnahme wiedergeben.</td><td>– Bausteinstruktur und -inhalte
– Lehr-Lernmethoden</td></tr>
<tr><td>1.3</td><td>… den Inhalt der Vertraulichkeitsversicherung darlegen.</td><td>– Vertraulichkeitsversicherung</td></tr>
<tr><td>1.4</td><td>… die Voraussetzungen der Seminaranerkennung und die möglichen Konsequenzen einer Nichterfüllung benennen.</td><td>– Anwesenheit
– Aktive Mitarbeit
– Hausaufgabenbearbeitung
– Keine offene Ablehnung
– Konsequenzen der Nichterfüllung der Voraussetzungen</td></tr>
<tr><td>1.5</td><td>… die wesentlichen Inhalte der verkehrspsychologischen Teilmaßnahme skizzieren.</td><td>– Überblick über die Inhalte der verkehrspsychologischen Teilmaßnahme</td></tr>
</table>

---

1) Anl. 16 angef. mWv 1.5.2014 durch VO v. 5.11.2013 (BGBl. I S. 3920).

2. Baustein „Individuelle Fahrkarriere und Sicherheitsverantwortung"

	Lehr-Lernziele Der Seminarteilnehmer kann …	Lehr-Lerninhalte	Lehr-Lern-methoden	Medien/Materialien
2.1	… das Gefahrenpotenzial beschreiben, welches sein bisheriges Tatverhalten birgt.	– Bedeutsame kritische Fahrsituationen seit dem Fahrerlaubniserwerb	Erfahrungsberichte/Diskussion/kooperatives Lernen	Arbeitsblatt „Meine Fahrkarriere"
		– Unfallrisiken und Verantwortung im Zusammenhang mit den berichteten Fahrsituationen	Lehrvortrag	Folien-Präsentation/Film/Fotos/Zeitungsartikel

3. Baustein „Individuelle Mobilitätsbedeutung"

	Lehr-Lernziele Der Seminarteilnehmer kann …	Lehr-Lerninhalte	Lehr-Lern-methoden	Medien/Materialien
3.1	… erläutern, warum das Kraftfahrzeug ein für ihn bedeutsames Fortbewegungs- und Transportmittel darstellt.	– Individuell bedeutsame Nutzungsmöglichkeiten des Kraftfahrzeugs	Kooperatives Lernen/Einzelarbeit/Diskussion	Arbeitsblatt „Wann brauche ich ein Kraftfahrzeug?"
3.2	… Folgen eines Mobilitätsverlusts benennen.	– Folgen eines Mobilitätsverlusts		

4. Baustein Hausaufgabe „Darstellung der individuellen Mobilitätsbedeutung"

	Lehr-Lernziele Der Seminarteilnehmer kann …	Lehr-Lerninhalte	Lehr-Lern-methoden	Medien/Materialien
4.1	… begründen, inwiefern ein Mobilitätsverlust zu einer Abnahme seiner Lebensqualität führt.	– Individuelle Bedeutung des Mobilseins – Individuelle Konsequenzen eines Mobilitätsverlusts	Hausaufgabe	Arbeitsblatt „Meine individuelle Mobilitätsbedeutung"

5. Baustein „Erläuterung des Fahreignungs-Bewertungssystems"

	Lehr-Lernziele Der Seminarteilnehmer kann …	Lehr-Lerninhalte	Lehr-Lern-methoden	Medien/Materia-lien
5.1	… die Regelungen des Fahr-eignungs-Bewertungssystems wiedergeben.	– Punkte und Sanktionen bei Regelver-stößen – Stufen des Punktsystems – Fristen zur Punktetilgung	Lehrvortrag	Folien-Präsenta-tion/Film

6. Baustein „Verkehrsregeln und Rechtsfolgen bei Regelverstößen"

	Lehr-Lernziele Der Seminarteilnehmer kann …	Lehr-Lerninhalte	Lehr-Lern-methoden	Medien/Materia-lien
6.1	… die Auswahl der tatbezo-genen Bausteine begründen.	– Zuwiderhand-lungen und daraus resul-tierende Bau-steinauswahl	Lehrvortrag	–
6.2	… die tatbezogenen Ver-kehrsregeln anwenden und begründen.	– Tatbezogene Verkehrsre-geln	Computerge-stütztes koope-ratives Lernen	Aufgaben „Verkehrsregeln" Filme/Simulatio-nen/animierte Grafiken/Fotos/ Grafiken
6.3	… die resultierenden Rechts-folgen tatbezogener Regel-verstöße benennen.	– Rechtsfolgen tatbezogener Regelverstöße	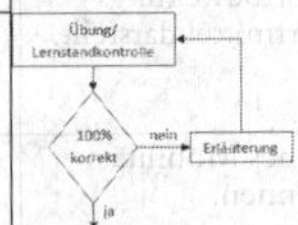	

7. Baustein „Übung zur Klärung der individuellen Mobilitätssituation"

	Lehr-Lernziele Der Seminarteilnehmer kann …	Lehr-Lerninhalte	Lehr-Lern-methoden	Medien/Materia-lien
7.1	… bestimmte tatbezogene Regelverstöße den entspre-chenden Punktekategorien zuordnen und für jeden Ver-stoß ableiten, ob dieser zum Entzug der Fahrerlaubnis füh-ren würde.	– Tatbezogene Regelverstöße – Punktekatego-rien des Fahr-eignungs-Be-wertungssys-tems – Fahrerlaubni-sentzug als Folge tatbezo-gener Regel-verstöße	Kooperatives Lernen/Diskussi-on	–

8. Baustein Hausaufgabe „Übung zur Selbstbeobachtung“

	Lehr-Lernziele Der Seminarteilnehmer kann ...	Lehr-Lerninhalte	Lehr-Lern-methoden	Medien/Materialien
8.1	... auslösende und aufrechterhaltende Bedingungen seines Tatverhaltens schildern.	– Individuelle Gelegenheitsstrukturen, die das Begehen von Regelverstößen fördern	Hausaufgabe	Arbeitsblatt „Selbstbeobachtung“

Modul 2

9. Baustein „Auswertung der Hausaufgaben“

	Lehr-Lernziele Der Seminarteilnehmer kann ...	Lehr-Lerninhalte	Lehr-Lern-methoden	Medien/Materialien
9.1	... begründen, inwiefern ein Mobilitätsverlust zu einer Abnahme seiner Lebensqualität führt.	– Individuelle Bedeutung des Mobilseins – Individuelle Konsequenzen eines Mobilitätsverlusts	Diskussion/Erfahrungsbericht/Lernstandkontrolle	Arbeitsblatt „Meine individuelle Mobilitätsbedeutung“
9.2	... auslösende und aufrechterhaltende Bedingungen seines Tatverhaltens schildern.	– Individuelle Gelegenheitsstrukturen, die das Begehen von Regelverstößen fördern		Arbeitsblatt „Selbstbeobachtung“

10. Baustein „Risikoverhalten und Unfallfolgen“

	Lehr-Lernziele Der Seminarteilnehmer kann ...	Lehr-Lerninhalte	Lehr-Lern-methoden	Medien/Materialien
10.1	... darüber berichten, dass bestimmte (Gefahren-)Situationen verzerrt wahrgenommen und falsch beurteilt werden.	– Wahrnehmungs- und Beurteilungsfehler	Computergestütztes kooperatives Lernen 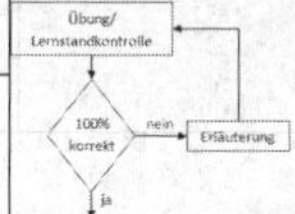	Aufgaben „Fehleinschätzungen“ Filme/animierte Grafiken/Fotos/Grafiken
10.2	... Konsequenzen des aus Fehleinschätzungen resultierenden Fahrverhaltens benennen.	– Konsequenzen des aus Fehleinschätzungen resultierenden Fahrverhaltens		
10.3	... risikominimierende Fahrverhaltensweisen darstellen.	– Risikominimierende Fahrverhaltensstrategien		
10.4	... die Sinnhaftigkeit von Verkehrsregeln begründen.	– Sinnhaftigkeit von Verkehrsregeln		
10.5	... tatbezogene Auslöser nennen, die einen Unfall verursachen können.	– Tatbezogene Auslöser von Unfällen	Diskussion/Lehrvortrag	Folien-Präsentation/Filme

	Lehr-Lernziele Der Seminarteilnehmer kann …	Lehr-Lerninhalte	Lehr-Lern- methoden	Medien/Materia- lien
10.6	… das tatbezogene Unfallrisiko einschätzen.	– Tatbezogenes Unfallrisiko		
10.7	… mögliche Unfallfolgen für Unfallbeteiligte und deren Angehörige benennen.	– Mögliche Unfallfolgen für Unfallbeteiligte und deren Angehörige		

11. Baustein „Individuelle Sicherheitsverantwortung"

	Lehr-Lernziele Der Seminarteilnehmer kann …	Lehr-Lerninhalte	Lehr-Lern- methoden	Medien/Materia- lien
11.1	… anhand realer Unfälle über mögliche Unfallfolgen seines Tatverhaltens berichten.	– Mögliche Unfallfolgen für Unfallbeteiligte und deren Angehörige (Einzelschicksale)	Diskussion/Lehrvortrag	Folien-Präsentation/Film
11.2	… die in der verkehrspädagogischen Teilmaßnahme vermittelten Kenntnisse wiedergeben.	– Zusammenfassung der in der verkehrspädagogischen Maßnahme vermittelten Kenntnisse	Diskussion/Lernstandkontrolle	–
11.3	… seine Einstellungen zum eigenen Fahrverhalten und zur persönlichen Sicherheitsverantwortung beschreiben.	– Meinungen und Positionen der Teilnehmer zur Gefährlichkeit ihres bisherigen Fahrverhaltens und zu ihrer individuellen Sicherheitsverantwortung		

Anlage 17[1)]
(zu § 43 Nummer 3 Buchstabe a)

Inhalte der Prüfung im Rahmen der Qualitätssicherung der Fahreignungsseminare und Einweisungslehrgänge

Abschnitt A
Fahreignungsseminare

1. Vorliegen der Voraussetzungen für die Seminarleitererlaubnis

1.1 Verkehrspädagogik nach § 46 Absatz 1, 2 des Fahrlehrergesetzes oder

1.2 Verkehrspsychologie nach § 4a Absatz 3, 4 des Straßenverkehrsgesetzes einschließlich der Einhaltung der Auflagen

2. Vorliegen des Nachweises der jährlichen Fortbildung

2.1 Verkehrspädagogik nach § 53 Absatz 2 des Fahrlehrergesetzes oder

2.2 Verkehrspsychologie nach § 4a Absatz 7 des Straßenverkehrsgesetzes

3. Räumliche und sachliche Ausstattung

4. Vorliegen der Aufzeichnungen über die Seminarteilnehmer in Gestalt von Name, Vorname, Geburtsdatum und Anschrift sowie deren Unterschriften zur Teilnahmebestätigung je Modul oder Sitzung

5. Anonymisierte Dokumentation der durchgeführten Fahreignungsseminare; die Dokumentation umfasst

5.1 für die verkehrspädagogische Teilmaßnahme

5.1.1 das Datum, die Dauer und den Ort der durchgeführten Module,

5.1.2 die Anzahl der Teilnehmer,

5.1.3 die Kurzdarstellungen der Fahrerkarrieren,

5.1.4 die eingesetzten Bausteine und Medien,

5.1.5 die Hausaufgaben und

5.1.6 die Seminarverträge

5.2 für die verkehrspsychologische Teilmaßnahme

5.2.1 das Datum, die Dauer und den Ort der durchgeführten Sitzungen,

5.2.2 die auslösenden und aufrechterhaltenden Bedingungen der Verkehrszuwiderhandlungen,

5.2.3 die Funktionalität des Problemverhaltens,

5.2.4 die erarbeiteten Lösungsstrategien,

5.2.5 die persönlichen Stärken des Teilnehmers,

5.2.6 die Zielvereinbarungen und

5.2.7 den Seminarvertrag

6. Einhaltung der gesetzlichen Anforderungen an die Durchführung, insbesondere im Hinblick auf die Teilnehmeranzahl, die zeitlichen Vorgaben und bei der verkehrspädagogischen Teilmaßnahme die Abstimmung der Bausteine auf die Fahrerkarrieren

7. Einhaltung der Vorschriften über den Umgang mit den personenbezogenen Daten

8. Einhaltung der Verfahren und Maßnahmen des Qualitätssicherungssystems

---

1) Anl. 17 eingef. mWv 1.5.2014 durch VO v. 16.4.2014 (BGBl. I S. 348); geänd. mWv 4.1.2018 durch VO v. 2.1.2018 (BGBl. I S. 2).

Abschnitt B
Einweisungslehrgänge

1. Vorliegen der Voraussetzungen für die Anerkennung von Einweisungslehrgängen nach § 47 Absatz 1 des Fahrlehrergesetzes einschließlich der Einhaltung der Auflagen

2. Einhaltung des Ausbildungsprogramms nach § 47 Absatz 1 Satz 2 Nummer 1 des Fahrlehrergesetzes

3. Dokumentation der durchgeführten Einweisungslehrgänge; die Dokumentation umfasst

3.1 die Vornamen und Familiennamen des Lehrgangsleiters und der eingesetzten Lehrkräfte,

3.2 die Vornamen und Familiennamen und die Geburtsdaten der Teilnehmer,

3.3 die Kurzdarstellung des Verlaufs des Lehrgangs einschließlich der Inhalte und eingesetzten Methoden,

3.4 das Datum, die Dauer und den Ort der durchgeführten Kurse und

3.5 Bestätigung der Anwesenheit der Teilnehmer bei allen Kursen

4. Einhaltung der gesetzlichen Anforderungen an die Durchführung

5. Einhaltung der Verfahren und Maßnahmen des Qualitätssicherungssystems

Anlage 18[1)]
(zu § 44 Absatz 1)

Teilnahmebescheinigung gemäß § 44 FeV[2)]

-Vorderseite-

Teilnahmebescheinigung gemäß § 44 FeV

Vorname	Familienname	Geburtsdatum	Anschrift des Seminarteilnehmers/der Seminarteilnehmerin

Verkehrspädagogische Teilmaßnahme

Name und Anschrift der Fahrschule	Fahrschulinhaber/Fahrschulinhaberin oder verantwortlicher Leiter/verantwortliche Leiterin	Name des Seminarleiters/der Seminarleiterin

1. Modul am **von .... bis .... Uhr** **Bausteine nach § 42 Abs. 3 FeV** (bitte Nummer der durchgeführten Bausteine eintragen) ....

2. Modul am **von .... bis .... Uhr** **Bausteine nach § 42 Abs. 4 FeV** (bitte Nummer der durchgeführten Bausteine eintragen) ....

Ort, Datum — Unterschrift Seminarteilnehmer/Seminarteilnehmerin — Unterschrift Seminarleiter Verkehrspädagogik/Seminarleiterin Verkehrspädagogik

Behörde, die die Seminarerlaubnis erteilt hat:	

-Rückseite-

Verkehrspsychologische Teilmaßnahme

Name und Anschrift der verkehrspsychologischen Stelle	Name des Seminarleiters/der Seminarleiterin

1. Sitzung am **von .... bis .... Uhr** **Bausteine nach § 42 Abs. 7 FeV** (bitte Nummer der durchgeführten Bausteine eintragen) ....

2. Sitzung am **von .... bis .... Uhr** **Bausteine nach § 42 Abs. 8 FeV** (bitte Nummer der durchgeführten Bausteine eintragen) ....

Ort, Datum — Unterschrift Seminarteilnehmer/Seminarteilnehmerin — Unterschrift Seminarleiter Verkehrspsychologie/Seminarleiterin Verkehrspsychologie

Behörde, die die Seminarerlaubnis erteilt hat:	

[1)] Anl. 18 angef. mWv 1.5.2014 durch VO v. 16.4.2014 (BGBl. I S. 348); geänd. mWv 1.1.2015 durch VO v. 16.12.2014 (BGBl. I S. 2213).

[2)] Gem. VO v. 16.12.2014 (BGBl. I S. 2213) werden mWv 1.1.2015 in der Bezeichnung der Anlage die Angabe „Format: DIN A5" durch die Angabe „Format DIN A5 oder in Fällen des 1-seitigen Ausdrucks DIN A4", die Angabe „–Rückseite–" durch die Angabe „–Rückseite oder 2. Teil Vorderseite–" sowie in der so geänderten Rückseite jeweils das Wort „Bausteine" durch das Wort „Lösungsstrategien" ersetzt.

310/2. Zweite Verordnung über Ausnahmen von den Vorschriften der Fahrerlaubnis-Verordnung

Vom 16. Dezember 2011
(BGBl. I S. 3113)

FNA 9231-1-19-2

geänd. durch Art. 3 Neunte VO zur Änd. der Fahrerlaubnis-VO und anderer straßenverkehrsrechtlicher Vorschriften v. 5.11.2013 (BGBl. I S. 3920) und Art. 11 G zur Neustrukturierung des BundeskriminalamtG v. 1.6.2017 (BGBl. I S. 1354)

Auf Grund des § 6 Absatz 1 Nummer 1 Buchstabe w in Verbindung mit § 6 Absatz 3 des Straßenverkehrsgesetzes[1], von denen § 6 Absatz 1 Nummer 1 Buchstabe w durch Artikel 1 Buchstabe a Doppelbuchstabe cc des Gesetzes vom 3. Mai 2005 (BGBl. I S. 1221) geändert worden ist, verordnet das Bundesministerium für Verkehr, Bau und Stadtentwicklung nach Anhörung der zuständigen obersten Landesbehörden:

§ 1[2] **[Führen beschussgeschützter Fahrzeuge für den Personenschutz durch BKA und Polizei]** Abweichend von § 6 Absatz 1 der Fahrerlaubnis-Verordnung[3] dürfen die in Anhang II Teil A Absatz 5 Ziffer 2 der Richtlinie 2007/46/EG des Europäischen Parlaments und des Rates vom 5. September 2007 zur Schaffung eines Rahmens für die Genehmigung von Kraftfahrzeugen und Kraftfahrzeuganhängern sowie von Systemen, Bauteilen und selbstständigen technischen Einheiten für diese Fahrzeuge (ABl. L 263 vom 9.10. 2007, S. 1) genannten beschussgeschützten Fahrzeuge mit einer zulässigen Gesamtmasse von mehr als 3 500 kg bis einschließlich 4 100 kg mit einer Fahrerlaubnis der Klasse B geführt werden, sofern sie als Fahrzeuge für den Personenschutz vom Bundeskriminalamt nach § 6 des Bundeskriminalamtgesetzes oder den Polizeien der Länder eingesetzt werden und die in der Anlage aufgeführten Anforderungen erfüllt sind.

§ 2 [Inkrafttreten] Diese Verordnung tritt am Tag nach der Verkündung[4] in Kraft.

---

[1] Nr. **10**.
[2] § 1 geänd. mWv 25.5.2018 durch G v. 1.6.2017 (BGBl. I S. 1354).
[3] Nr. **300**.
[4] Verkündet am 30.12.2011.

Anlage[1)]
(zu § 1)

1. Anforderungen an die Fahrer

Der Kraftfahrzeugführer muss eine vom Bundeskriminalamt oder von den Polizeien der Länder durchgeführte zusätzliche Fahrausbildung nachgewiesen haben. An der zusätzlichen Fahrausbildung können nur Inhaber der Fahrerlaubnis der Klasse B teilnehmen, die zu Beginn der zusätzlichen Fahrausbildung nicht mit Punkten im Fahreignungsregister belastet sind. Der Nachweis erfolgt durch Vorlage eines Auszuges aus dem Fahreignungsregister, der nicht älter als sechs Monate sein darf.

2. Anforderungen an die zusätzliche Fahrausbildung

a) Die Ausbildung umfasst mindestens drei Tage mit jeweils acht Stunden Unterricht.

b) Die Ausbildung enthält einen theoretischen und einen praktischen Teil. In beiden Ausbildungsteilen sind die besonderen Fahreigenschaften der Fahrzeuge sowohl bei Routine- als auch bei konkreten Gefahrensituationen mit unterschiedlichen Geschwindigkeiten, Sichtverhältnissen und Straßenzuständen sowie Bremsvorgängen zu schulen.

c) Der erfolgreiche Abschluss der zusätzlichen Fahrausbildung ist durch eine vom Bundeskriminalamt oder den Polizeien der Länder ausgestellte Bescheinigung nachzuweisen, die beim Führen des Kraftfahrzeuges mitzuführen und zuständigen Personen auf Verlangen zur Prüfung auszuhändigen ist.

d) Nach erfolgreichem Abschluss der zusätzlichen Fahrausbildung hat der Fahrer einmal im Jahr an einem Wiederholungs- und Vertiefungskurs teilzunehmen.

3. Anforderungen an die Fahrzeuge

a) Die eingesetzten Sonderschutzfahrzeuge müssen über eine europäische Typgenehmigung oder eine Einzelgenehmigung gemäß Artikel 24 der Richtlinie 2007/46/EG verfügen.

b) Die Fahrzeuge müssen die Anforderungen an Bremssysteme nach Anhang I Nummer 2.2.1 der Richtlinie 71/320/EWG des Rates vom 21. Juli 1971 zur Angleichung der Rechtsvorschriften der Mitgliedstaaten über die Bremsanlagen bestimmter Klassen von Fahrzeugen und deren Anhängern (ABl. L 202 vom 6.9.1971, S. 37) erfüllen.

c) Die Abmessungen der Fahrzeuge sollen denen eines Personenkraftwagens der Klasse M1, AA Limousine im Sinne von Anhang II Teil C Ziffer 1 der Richtlinie 2007/46/EG bei der Breite, Länge und Wendekreis entsprechen.

d) Die Sichtverhältnisse der eingesetzten Sonderschutzfahrzeuge müssen denen eines Personenkraftwagens der Klasse M1, AA Limousine im Sinne von Anhang II Teil C der Richtlinie 2007/46/EG entsprechen.

[1)] Anl. geänd. mWv 1.5.2014 durch VO v. 5.11.2013 (BGBl. I S. 3920).

F.
Fahrausbildung

330. Gesetz über das Fahrlehrerwesen (Fahrlehrergesetz – FahrlG)[1)]

Vom 30. Juni 2017
(BGBl. I S. 2162, ber. S. 3784)

FNA 9231-14

geänd. durch Art. 1 ÄndG[2)] v. 4.8.2019 (BGBl. I S. 1190) und Art. 42 FachkräfteeinwanderungsG v. 15.8.2019 (BGBl. I S. 1307)

Inhaltsübersicht[3)]

[1)] Verkündet als Art. 1 G v. 30.6.2017 (BGBl. I S. 2162); Inkrafttreten gem. Art. 4 dieses G am 1.1. 2018.

[2)] Dieses Gesetz dient der Umsetzung der Richtlinie (EU) 2016/680 des Europäischen Parlaments und des Rates vom 27. April 2016 zum Schutz natürlicher Personen bei der Verarbeitung personenbezogener Daten durch die zuständigen Behörden zum Zwecke der Verhütung, Ermittlung, Aufdeckung oder Verfolgung von Straftaten oder der Strafvollstreckung sowie zum freien Datenverkehr und zur Aufhebung des Rahmenbeschlusses 2008/977/JI des Rates (ABl. L 119 vom 4.5.2016, S. 89).

[3)] Inhaltsverzeichnis geänd. mWv 1.1.2020 durch G v. 4.8.2019 (BGBl. I S. 1190).

Abschnitt 1. Fahrlehrerlaubnis

§ 1[1)] Erfordernis und Inhalt der Fahrlehrerlaubnis. (1) [1] Wer Personen ausbildet, die eine Erlaubnis zum Führen von Kraftfahrzeugen nach § 2 des Straßenverkehrsgesetzes[2)] erwerben wollen (Fahrschüler), bedarf der Fahrlehrerlaubnis oder der Anwärterbefugnis. [2] Die Fahrlehrerlaubnis wird auf Antrag in der Fahrlehrerlaubnisklasse BE und zusätzlich in den Fahrlehrerlaubnisklassen A, CE und DE erteilt. [3] Bewerber um die Fahrlehrerlaubnis der Klasse BE erhalten zunächst eine Anwärterbefugnis nach § 9.

(2) [1] Die Fahrlehrerlaubnis wird in folgendem Umfang erteilt:

1. Die Fahrlehrerlaubnisklasse BE berechtigt zur Ausbildung in den Fahrerlaubnisklassen B, BE und L.
2. Die Fahrlehrerlaubnisklasse A berechtigt zur Ausbildung in den Fahrerlaubnisklassen AM, A1, A2 und A.
3. Die Fahrlehrerlaubnisklasse CE berechtigt zur Ausbildung in den Fahrerlaubnisklassen C1, C1E, C, CE und T.
4. Die Fahrlehrerlaubnisklasse DE berechtigt zur Ausbildung in den Fahrerlaubnisklassen D1, D1E, D und DE.

[2] Die Anwärterbefugnis berechtigt zur Ausbildung in den Fahrerlaubnisklassen BE, B und L.

(3) Jede Fahrlehrerlaubnis und jede Anwärterbefugnis berechtigt zur Durchführung des allgemeinen Teils des theoretischen Unterrichts jeder Fahrerlaubnisklasse.

(4) [1] Von der Fahrlehrerlaubnis darf nur zusammen mit der Fahrschulerlaubnis oder im Rahmen eines Beschäftigungsverhältnisses mit dem Inhaber einer Fahrschule Gebrauch gemacht werden. [2] Von der Anwärterbefugnis darf nur unselbstständig im Rahmen eines Ausbildungsverhältnisses mit dem Inhaber einer Fahrschule Gebrauch gemacht werden. [3] Im Fall des § 44 Absatz 1 gilt die Gebietskörperschaft, welche die Fahrschule eingerichtet hat, als deren Inhaber. [4] Von der Fahrlehrerlaubnis mit einem Zusatz nach § 3 Absatz 1 Satz 2 darf nur zur vorübergehenden und gelegentlichen Ausbildung von Fahrschülern Gebrauch gemacht werden.

§ 2[3)] Voraussetzungen der Fahrlehrerlaubnis. (1) [1] Die Fahrlehrerlaubnis wird erteilt, wenn

1. der Bewerber das 21. Lebensjahr vollendet hat,

[1)] § 1 ber. BGBl. I S. 3784.
[2)] Nr. **10**.
[3)] § 2 Abs. 2 geänd. mWv 1.1.2020 durch G v. 4.8.2019 (BGBl. I S. 1190).

2. der Bewerber geistig und körperlich geeignet ist,
3. der Bewerber fachlich und pädagogisch geeignet ist,
4. gegen den Bewerber keine Tatsachen vorliegen, die ihn für den Fahrlehrerberuf als unzuverlässig erscheinen lassen,
5. der Bewerber mindestens eine abgeschlossene Berufsausbildung in einem anerkannten Lehrberuf oder eine gleichwertige Vorbildung besitzt,
6. der Bewerber im Besitz der Fahrerlaubnis der Klasse ist, für die die Fahrlehrerlaubnis erteilt werden soll,
7. der Bewerber seit mindestens drei Jahren die Fahrerlaubnis der Klasse B und, sofern die Fahrlehrerlaubnis zusätzlich für die Klasse A, CE oder DE erteilt werden soll, jeweils auch zwei Jahre die Fahrerlaubnis der Klasse A2, CE oder D besitzt,
8. der Bewerber innerhalb der letzten drei Jahre vor Erteilung der Fahrlehrerlaubnis nach § 7 zum Fahrlehrer ausgebildet worden ist,
9. der Bewerber eine Prüfung nach § 8 bestanden hat und
10. der Bewerber über die für die Ausübung der Berufstätigkeit erforderlichen Kenntnisse der deutschen Sprache verfügt.

[2] Unzuverlässig im Sinne des Satzes 1 Nummer 4 ist der Bewerber insbesondere dann, wenn er wiederholt die Pflichten gröblich verletzt hat, die ihm nach diesem Gesetz oder den auf Grund dieses Gesetzes erlassenen Rechtsverordnungen obliegen.

(2) Des zweijährigen Besitzes einer Fahrerlaubnis der Klasse CE oder D bedarf es nicht, wenn der Bewerber um die Fahrlehrerlaubnis der Klasse CE oder DE sechs Monate lang hauptberuflich – als Angehöriger der Bundeswehr, der Bundespolizei oder der Polizei überwiegend – Kraftfahrzeuge der beantragten Klasse geführt oder sich nach Erwerb der Fahrerlaubnis einer 60 Fahrstunden zu 45 Minuten umfassenden Zusatzausbildung in einer Fahrschule auf solchen Kraftfahrzeugen unterzogen hat.

§ 3[1)] Voraussetzungen für die Erteilung der Fahrlehrerlaubnis bei Inhabern eines Befähigungsnachweises aus einem anderen Staat.

(1) [1] Einem Bewerber um eine Fahrlehrerlaubnis, der Inhaber einer in einem anderen Staat erteilten Fahrlehrerlaubnis oder eines in einem anderen Staat ausgestellten Nachweises über die Befähigung zur Fahrschülerausbildung (Befähigungsnachweis) ist, wird abweichend von § 2 Absatz 1 Satz 1 Nummer 5, 7 bis 9 die Fahrlehrerlaubnis der seiner Fahrlehrerlaubnis oder seinem Befähigungsnachweis entsprechenden Fahrlehrerlaubnisklasse erteilt, wenn die Voraussetzungen der Richtlinie 2005/36/EG des Europäischen Parlaments und des Rates vom 7. September 2005 über die Anerkennung von Berufsqualifikationen (ABl. L 255 vom 30.9.2005, S. 22), die zuletzt durch die Richtlinie 2013/55/EU vom 20. November 2013 (ABl. L 354 vom 28.12.2013, S. 132) geändert worden ist, erfüllt sind. [2] In die Fahrlehrerlaubnis, die zur vorübergehenden und gelegentlichen Ausbildung von Fahrschülern berechtigt, ist ein darauf bezogener Zusatz aufzunehmen.

[1)] § 3 Abs. 6 neu gef. mWv 1.3.2020 durch G v. 15.8.2019 (BGBl. I S. 1307).

(2) Unterscheidet sich die bisherige durch Ausbildung und Prüfung eines Bewerbers erworbene Qualifikation wesentlich von den durch Rechtsverordnungen auf Grund dieses Gesetzes für die Aufnahme der Fahrlehrertätigkeit im Inland vorgeschriebenen Anforderungen und wird dieser Unterschied auch durch die von dem Bewerber im Rahmen der Berufserfahrung oder durch sonstige nachgewiesene einschlägige Qualifikationen erworbenen Kenntnisse nicht ausgeglichen, kann die Erteilung der Fahrlehrerlaubnis nach Absatz 1, die zur Niederlassung im Inland berechtigt, von der Teilnahme an einem Anpassungslehrgang oder einer Eignungsprüfung abhängig gemacht werden.

(3) Die Erteilung einer Fahrlehrerlaubnis zur vorübergehenden und gelegentlichen Fahrschülerausbildung nach Absatz 1 kann von einer Eignungsprüfung abhängig gemacht werden, wenn ein wesentlicher Unterschied zwischen der beruflichen oder durch sonstige nachgewiesene einschlägige Qualifikationen und der im Inland geforderten Ausbildung und Prüfung besteht und dadurch die öffentliche Sicherheit gefährdet würde.

(4) Die nach Landesrecht zuständige Behörde kann einem Bewerber eine beschränkte Fahrlehrerlaubnis erteilen, wenn

1. der Bewerber ohne Einschränkung qualifiziert ist, im Herkunftsmitgliedstaat die berufliche Tätigkeit auszuüben, für die eine beschränkte Fahrlehrerlaubnis begehrt wird und
2. die Unterschiede zwischen der rechtmäßig ausgeübten Berufstätigkeit im Herkunftsmitgliedstaat und der Fahrlehrertätigkeit im Inland so groß sind, dass ein der Ausbildung nach § 7 entsprechender Anpassungslehrgang zu durchlaufen wäre.

(5) Im Übrigen gilt § 2 entsprechend.

(6) Unbeschadet des § 5 Absatz 6a findet das Berufsqualifikationsfeststellungsgesetz mit Ausnahme des § 17 keine Anwendung.

§ 4[1)] Antrag auf Erteilung der Fahrlehrerlaubnis. (1) [1] In dem Antrag auf Erteilung der Fahrlehrerlaubnis hat der Bewerber anzugeben, für welche Fahrlehrerlaubnisklasse er die Fahrlehrerlaubnis erwerben will. [2] Dem Antrag sind beizufügen:

1. ein amtlicher Nachweis über Ort und Tag der Geburt,
2. ein Lebenslauf,
3. ein Zeugnis oder ein Gutachten über die Erfüllung der von Bewerbern um eine Fahrerlaubnis der Klasse C1 geforderten Anforderungen an die körperliche und geistige Eignung und eine Bescheinigung oder ein Zeugnis über die Erfüllung der von Bewerbern um eine Fahrerlaubnis der Klasse C1 geforderten Anforderungen an das Sehvermögen, die bei Antragstellung nicht älter als ein Jahr sind,
4. eine Ablichtung des nach dem 1. Januar 1999 ausgestellten Kartenführerscheins; sie muss amtlich beglaubigt sein, wenn der Führerschein nicht zur Einsichtnahme vorgelegt wird,
5. ein Nachweis über die nach § 2 Absatz 1 Satz 1 Nummer 5 geforderte Vorbildung,

---

1) § 4 Abs. 1 Satz 2 Nr. 3 und Abs. 2 Satz 1 geänd., Satz 2 aufgeh., Abs. 3 und 4 eingef., bish. Abs. 3 und 4 werden Abs. 5 und 6 mWv 1.1.2020 durch G v. 4.8.2019 (BGBl. I S. 1190).

6. eine Bescheinigung der amtlich anerkannten Fahrlehrerausbildungsstätte über die Dauer der durchgeführten Ausbildung nach § 7,
7. dem Antrag auf Erteilung der Fahrlehrerlaubnis der Klasse BE zusätzlich eine Bescheinigung der Ausbildungsfahrschule über die Dauer der durchgeführten Ausbildung nach § 7.

(2) Der Nachweis nach Absatz 1 Satz 2 Nummer 3 kann auch durch einen Führerschein mit den gültigen und nach dem 31. Dezember 1998 erworbenen Fahrerlaubnisklassen C1, C1E, C, CE, D1, D1E, D oder DE erbracht werden.

(3) [1] Abweichend von Absatz 1 Satz 2 Nummer 3, auch in Verbindung mit Absatz 2 Satz 1, kann die nach Landesrecht zuständige Behörde die Beibringung eines ärztlichen Gutachtens anordnen, wenn Tatsachen bekannt werden, die Bedenken gegen die körperliche oder geistige Eignung begründen. [2] Die Behörde bestimmt in der Anordnung auch, ob das Gutachten von

1. einem für die Fragestellung zuständigen Facharzt mit verkehrsmedizinischer Qualifikation,
2. einem Arzt des Gesundheitsamtes oder einem anderen Arzt der öffentlichen Verwaltung,
3. einem Arzt mit der Gebietsbezeichnung „Arbeitsmedizin" oder der Zusatzbezeichnung „Betriebsmedizin",
4. einem Arzt mit der Gebietsbezeichnung „Facharzt für Rechtsmedizin" oder
5. einem Arzt in einer Begutachtungsstelle für Fahreignung, der die Anforderungen nach Anlage 14 der Fahrerlaubnis-Verordnung erfüllt, erstellt werden soll. Die Behörde kann auch mehrere solcher Anordnungen treffen. Der Facharzt nach Satz 2 Nummer 1 soll nicht zugleich der den Bewerber behandelnde Arzt sein.

(4) Die Beibringung eines Gutachtens einer amtlich anerkannten Begutachtungsstelle für Fahreignung kann

1. zur weiteren Klärung von Eignungszweifeln nach Würdigung der Gutachten gemäß Absatz 1 Satz 2 Nummer 3 oder Absatz 3 Satz 2 Nummer 1 bis 4 oder
2. zur Klärung, ob die für die Ausübung des Fahrlehrerberufs notwendige Zuverlässigkeit besteht,

angeordnet werden.

(5) Der Bewerber hat ferner ein Führungszeugnis im Sinne des § 30a Absatz 1 Nummer 1 des Bundeszentralregistergesetzes nach Maßgabe des § 30 Absatz 5 des Bundeszentralregistergesetzes vorzulegen, das nicht älter als drei Monate sein darf.

(6) [1] Zur Prüfung der Voraussetzungen nach § 2 Absatz 1 Nummer 4 hat die nach Landesrecht zuständige Behörde auf Kosten des Bewerbers eine Auskunft aus dem Fahreignungsregister einzuholen. [2] Die sich auf die Ausbildung nach

(Fortsetzung nächstes Blatt)

§ 7 beziehenden Bescheinigungen nach Absatz 1 Satz 2 Nummer 6 und 7 sind nach Abschluss der Ausbildung nachzureichen.

§ 5[1)] Antrag auf Erteilung einer Fahrlehrerlaubnis bei Inhabern eines Befähigungsnachweises aus einem anderen Staat nach § 3. (1) In dem Antrag auf Erteilung der Fahrlehrerlaubnis nach § 3 hat der Bewerber anzugeben, für welche Fahrlehrerlaubnisklasse er die Fahrlehrerlaubnis erwerben will.

(2) [1]Dem Antrag auf Erteilung der Fahrlehrerlaubnis nach § 3, die zur Niederlassung im Inland berechtigt, sind beizufügen:

1. ein Identitätsnachweis,
2. eine amtlich beglaubigte Kopie des Befähigungsnachweises oder des Ausbildungsnachweises, der zur Aufnahme des entsprechenden Berufs im ausstellenden Staat berechtigt,
3. eine dem Führungszeugnis nach § 30a Absatz 1 Nummer 1 des Bundeszentralregistergesetzes vergleichbare Bescheinigung des Staates, in welchem der Befähigungs- oder Ausbildungsnachweis oder die Berufserfahrung erworben wurde,
4. ein amtlicher Nachweis des Staates, in welchem der Ausbildungs- oder Befähigungsnachweis oder die Berufserfahrung erworben wurde, dass kein Fall vorliegt, in dem die Ausübung des Berufs wegen fehlender geistiger oder körperlicher Eignung im Sinne des § 3 Absatz 6 in Verbindung mit § 2 Absatz 1 Satz 1 Nummer 2 zu untersagen wäre,
5. eine Bescheinigung darüber, dass die Tätigkeit des Fahrlehrers innerhalb der letzten zehn Jahre vor Ausstellung der Bescheinigung mindestens zwei Jahre lang ausgeübt wurde, wenn in dem ausstellenden Staat die Fahrlehrertätigkeit nicht reglementiert ist, und
6. wenn die Kenntnisse nach § 3 Absatz 2 durch sonstige nachgewiesene einschlägige Qualifikationen erworben wurden, ein amtlicher Nachweis des Staates, in welchem diese Kenntnisse erworben wurden, darüber, dass diese als gültig anerkannt wurden.

[2]Die Unterlagen nach Satz 1 Nummer 3 und 4 dürfen bei ihrer Vorlage nicht älter als drei Monate sein. [3]Weist ein Bewerber nach, dass in dem Staat, in welchem der Ausbildungs- oder Befähigungsnachweis erworben wurde, Unterlagen nach Satz 1 Nummer 3 oder 4 nicht ausgestellt werden, können diese durch eine Versicherung an Eides statt des Bewerbers ersetzt werden.

(3) [1]Die nach Landesrecht zuständige Behörde kann im Fall des Absatzes 2 den Bewerber auffordern, Unterlagen vorzulegen:

1. zu Ausbildung und Prüfung, soweit dies erforderlich ist um festzustellen, ob die Ausbildung oder Prüfung im Sinne des § 3 Absatz 2 Satz 1 wesentlich von den Anforderungen der Fahrlehrer-Ausbildungsordnung und der Fahrlehrer-Prüfungsordnung für die Aufnahme der Fahrlehrertätigkeit im Inland abweicht,
2. zur Berufserfahrung, soweit dies erforderlich ist um festzustellen, ob eine festgestellte wesentliche Abweichung der Ausbildung oder Prüfung von den Anforderungen der Fahrlehrer-Ausbildungsordnung und der Fahrlehrer-Prü-

[1)] § 5 Abs. 4 Nr. 4 geänd., Abs. 5 aufgeh. mWv 1.1.2020 durch G v. 4.8.2019 (BGBl. I S. 1190); Abs. 6a eingef. mWv 1.3.2020 durch G v. 15.8.2019 (BGBl. I S. 1307).

fungsordnung für die Aufnahme der Fahrlehrertätigkeit im Inland durch die im Rahmen der Berufserfahrung erworbenen Kenntnisse im Sinne des § 3 Absatz 2 Satz 1 ausgeglichen werden kann.

[2] Ferner kann sich die nach Landesrecht zuständige Behörde an die Kontaktstelle oder die zuständige Behörde oder Stelle des Staates wenden, in dem der Bewerber die Ausbildung absolviert hat, die Prüfung bestanden oder die Berufserfahrung erworben hat, um die Echtheit der Unterlagen zu prüfen.

(4) Dem Antrag auf Erteilung einer Fahrlehrerlaubnis zur vorübergehenden und gelegentlichen Fahrschülerausbildung nach § 3 Absatz 1 Satz 2 sind beizufügen:

1. ein Identitätsnachweis,
2. eine amtliche Bescheinigung darüber, dass der Bewerber zum Zeitpunkt der Ausstellung der Bescheinigung in einem anderen Mitgliedstaat der Europäischen Union, einem anderen Vertragsstaat des Abkommens über den Europäischen Wirtschaftsraum oder der Schweiz rechtmäßig als Fahrlehrer niedergelassen ist und dass ihm die Ausübung dieses Berufs zum Zeitpunkt der Ausstellung der Bescheinigung nicht, auch nicht vorübergehend, untersagt ist,
3. ein amtlich beglaubigter Nachweis über die Berufsqualifikation im Sinne von Artikel 3 Absatz 1 Buchstabe b der Richtlinie 2005/36/EG,
4. in den Fällen, in denen die Fahrlehrertätigkeit oder die Ausbildung zu diesem Beruf in dem Staat seiner Niederlassung nicht im Sinne von Artikel 3 Absatz 1 Buchstabe a oder e der Richtlinie 2005/36/EG reglementiert ist, eine Bescheinigung darüber, dass die Tätigkeit des Fahrlehrers innerhalb der letzten zehn Jahre vor Ausstellung der Bescheinigung mindestens zwei Jahre lang im Staat seiner Niederlassung ausgeübt wurde.

(5) [1] Der Bewerber hat in den Fällen des Absatzes 4 den Nachweis des Antrags auf Erteilung eines Führungszeugnisses nach § 30a Absatz 1 Nummer 1 in Verbindung mit § 30 Absatz 5 des Bundeszentralregistergesetzes sowie eine vergleichbare Bescheinigung der zuständigen Behörde des Staates, in welchem er niedergelassen ist, beizufügen, die bei Antragstellung nicht älter als drei Monate sind. [2] Weist ein Bewerber nach, dass in diesem Staat keine vergleichbare Bescheinigung ausgestellt wird, kann diese durch eine Versicherung an Eides statt des Bewerbers ersetzt werden. [3] Die nach Landesrecht zuständige Behörde kann sich an den Mitgliedstaat, der die Bescheinigung nach Satz 1 Nummer 2 ausgestellt hat, wenden und alle Informationen über die Rechtmäßigkeit der Niederlassung des Bewerbers anfordern sowie Informationen darüber, dass keine berufsbezogenen verwaltungsrechtlichen und strafrechtlichen Sanktionen gegen den Bewerber vorliegen.

(6) [1] Die nach Landesrecht zuständige Behörde bestätigt dem Bewerber in den Fällen des § 3 Absatz 1 unverzüglich nach Eingang des Antrags auf Erteilung einer Fahrlehrerlaubnis, die zur Niederlassung im Inland berechtigt, den Empfang der Unterlagen und teilt mit, welche Unterlagen fehlen. [2] Das Verfahren für die Prüfung eines Antrags auf Erteilung einer Fahrlehrerlaubnis nach § 3 Absatz 1, die zur Niederlassung im Inland berechtigt, muss spätestens drei Monate nach Einreichung der vollständigen Unterlagen durch den Bewerber abgeschlossen werden. [3] Diese Frist kann um einen Monat verlängert werden. [4] Der Bewerber ist in diesen Fällen binnen eines Monats nach Ein-

reichung der vollständigen Unterlagen über die Verlängerung der Frist zu unterrichten. [5]Bestehen begründete Zweifel an der Echtheit der vorgelegten Bescheinigungen und Ausbildungsnachweise, so kann die nach Landesrecht zuständige Behörde durch Nachfrage bei der in der Bescheinigung oder dem Ausbildungsnachweis genannten Ausstellungsbehörde oder -stelle die Echtheit der vorgelegten Bescheinigungen und Ausbildungsnachweise überprüfen; der Fristablauf ist so lange gehemmt.

(6a) Für das Verfahren und die Fristen des Absatzes 6 Sätze 1 bis 4 findet im Fall des § 81a des Aufenthaltsgesetzes § 14a des Berufsqualifikationsfeststellungsgesetzes Anwendung.

(7) [1]Abweichend von Absatz 6 soll die nach Landesrecht zuständige Behörde in den Fällen des § 3 Absatz 1 Satz 2 den Bewerber unverzüglich nach Eingang des Antrags auf Erteilung einer Fahrlehrerlaubnis zur vorübergehenden und gelegentlichen Fahrschülerausbildung über fehlende Unterlagen unterrichten sowie innerhalb eines Monats nach Eingang der vollständigen Unterlagen über die Erteilung der Fahrlehrerlaubnis zur vorübergehenden und gelegentlichen Fahrschülerausbildung entscheiden und dem Bewerber ihre Entscheidung mitteilen. [2]Sollten Schwierigkeiten auftreten, die zu einer Verzögerung der Entscheidung führen könnten, so unterrichtet die nach Landesrecht zuständige Behörde den Bewerber binnen derselben Frist über die Gründe für diese Verzögerung. [3]Die Schwierigkeiten werden binnen eines Monats nach dieser Mitteilung behoben und die Entscheidung ergeht binnen zwei Monaten nach Behebung der Schwierigkeiten.

(8) [1]Im Fall des § 3 Absatz 3 hat die nach Landesrecht zuständige Behörde abweichend von Absatz 7 Satz 2 die Frist nach Absatz 7 Satz 1 zweiter Halbsatz um sechs Monate zu verlängern, um dem Bewerber die Möglichkeit einzuräumen, mit der Eignungsprüfung nachzuweisen, dass die fehlenden Kenntnisse und Fähigkeiten zwischenzeitlich erworben wurden. [2]Die Fahrlehrerlaubnis nach § 3 Absatz 1 Satz 2 gilt als erteilt, wenn sie nicht vor Ablauf der jeweils maßgeblichen Frist versagt wird.

(9) [1]Unterlagen nach Absatz 2 und Absatz 4, die in einem Mitgliedstaat der Europäischen Union oder einem weiteren Vertragsstaat des Abkommens über den Europäischen Wirtschaftsraum ausgestellt oder anerkannt wurden, können auch elektronisch übermittelt werden. [2]§ 3a des Verwaltungsverfahrensgesetzes gilt entsprechend.

§ 6 Meldepflicht der Inhaber einer Fahrlehrerlaubnis zur vorübergehenden und gelegentlichen Fahrschülerausbildung nach § 3 Absatz 1 Satz 2. [1]Der Inhaber einer Fahrlehrerlaubnis zur vorübergehenden und gelegentlichen Fahrschülerausbildung nach § 3 Absatz 1 Satz 2 hat der nach Landesrecht zuständigen Behörde jährlich formlos Meldung nach Maßgabe des Satzes 2 zu erstatten, wo er beabsichtigt, in dem betreffenden Jahr vorübergehend und gelegentlich Fahrschüler auszubilden. [2]Die Meldung nach Satz 1 muss abweichend von Satz 1 schriftlich oder elektronisch erfolgen und ihr sind die Unterlagen nach § 5 Absatz 4 und 5 Satz 1 beizufügen, soweit sich wesentliche Änderungen gegenüber der in den Unterlagen, die dem Antrag auf Erteilung der Fahrlehrerlaubnis nach § 3 Absatz 1 Satz 2 beigefügt waren, bescheinigten Situation ergeben. [3]§ 5 Absatz 5 Satz 2 gilt entsprechend. [4]In dem Jahr der Erteilung der Fahrlehrerlaubnis nach § 3 Absatz 1 Satz 2 ist eine Meldung entbehrlich.

§ 7 Fahrlehrerausbildung. (1) Die Fahrlehrerausbildung muss dem Bewerber um die Fahrlehrerlaubnis die fachlichen und pädagogischen Kompetenzen zur Ausbildung von Fahrschülern vermitteln.

(2) [1] Die Ausbildung findet in einer Fahrlehrerausbildungsstätte und zum Erwerb der Fahrlehrerlaubnis der Fahrlehrerlaubnisklasse BE zusätzlich in einer Ausbildungsfahrschule statt. [2] Sie endet mit Bestehen oder endgültigem Nichtbestehen eines einzelnen Prüfungsteils der Fahrlehrerprüfung nach § 8.

(3) [1] Die Dauer der in § 2 Absatz 1 Satz 1 Nummer 8 bezeichneten Ausbildung beträgt für Bewerber

1. für die Fahrlehrerlaubnis der Fahrlehrerlaubnisklasse BE mindestens zwölf Monate
2. für die Fahrlehrerlaubnis der Fahrlehrerlaubnisklasse A zusätzlich zu der Ausbildung nach Nummer 1 mindestens einen Monat,
3. für die Fahrlehrerlaubnis der Fahrlehrerlaubnisklasse CE oder DE zusätzlich zu der Ausbildung nach Nummer 1 mindestens zwei Monate.

[2] Besitzt der Bewerber

1. für die Fahrlehrerlaubnis der Fahrlehrerlaubnisklasse DE die Fahrlehrerlaubnis der Fahrlehrerlaubnisklasse CE,
2. für die Fahrlehrerlaubnis der Fahrlehrerlaubnisklasse CE die Fahrlehrerlaubnis der Fahrlehrerlaubnisklasse DE,

so verkürzt sich die jeweilige Ausbildungsdauer nach Satz 1 Nummer 3 um einen Monat.

§ 8 Fahrlehrerprüfung. (1) Der Bewerber für die Fahrlehrerlaubnis muss durch die Fahrlehrerprüfung den Nachweis erbringen, dass er über die fachliche und pädagogische Kompetenz zur Ausbildung von Fahrschülern verfügt.

(2) Die Prüfung besteht aus einer fahrpraktischen Prüfung, einer Fachkundeprüfung mit einem schriftlichen und einem mündlichen Teil sowie für die Fahrlehrerlaubnisklasse BE aus je einer Lehrprobe im theoretischen und im fahrpraktischen Unterricht.

§ 9[1)] Anwärterbefugnis. (1) [1] Bewerbern für die Fahrlehrerlaubnis der Klasse BE (Fahrlehreranwärter) wird zum Zwecke der weiteren Ausbildung nach § 7 und der Prüfung nach § 8, soweit diese sich auf die Lehrproben im theoretischen und fahrpraktischen Unterricht erstreckt, eine Anwärterbefugnis erteilt, wenn die fahrpraktische Prüfung und die Fachkundeprüfung jeweils mit Erfolg abgelegt wurden. [2] Im Übrigen sind die §§ 1 bis 8 und 11 bis 14 mit den nachstehenden Maßgaben entsprechend anzuwenden. [3] Die Erteilungsvoraussetzungen nach § 2 Absatz 1 Satz 1 Nummer 1, 8 und 9 und § 7 Absatz 3 brauchen nicht erfüllt zu sein. [4] Die Anwärterbefugnis ist auf zwei Jahre zu befristen. [5] Sie erlischt

1. mit Erteilung der Fahrlehrerlaubnis,

(Fortsetzung nächstes Blatt)

[1)] § 9 Abs. 1 Satz 1 und 3 geänd. mWv 1.1.2020 durch G v. 4.8.2019 (BGBl. I S. 1190).

2. nach dreimaliger erfolgloser Lehrprobe im theoretischen oder im fahrpraktischen Unterricht (§ 8 Absatz 2) oder
3. durch Ablauf der Frist.

(2) Von der Anwärterbefugnis darf nur unter Aufsicht eines Ausbildungsfahrlehrers im Sinne des § 16 Gebrauch gemacht werden.

§ 10[1] **Erteilung der Fahrlehrerlaubnis und der Anwärterbefugnis.**

(1) [1] Die Fahrlehrerlaubnis wird durch Aushändigung oder Zustellung des Fahrlehrerscheins erteilt, die Anwärterbefugnis wird durch die Aushändigung oder Zustellung des Anwärterscheins erteilt. [2] Inhaber einer Fahrlehrerlaubnis haben den Fahrlehrerschein und Fahrlehreranwärter haben den Anwärterschein bei Fahrten mit Fahrschülern mitzuführen und der nach Landesrecht zuständigen Behörde sowie den für die Überwachung des Straßenverkehrs und bei Fahrerlaubnisprüfungen den für die Prüfung zuständigen Personen auf Verlangen auszuhändigen.

(2) [1] Der Fahrlehrerschein muss

1. den Namen,
2. die Vornamen,
3. den Geburtstag und -ort,
4. die Angabe, für welche Fahrlehrerlaubnisklassen die Fahrlehrerlaubnis gilt,
5. die Angabe, welche Auflagen bestehen,
6. die Beschäftigungsverhältnisse mit dem Inhaber einer Fahrschule oder die selbstständige Tätigkeit als Inhaber einer Fahrschule sowie
7. in den Fällen des § 3 Absatz 1 Satz 2 den Zusatz, dass die Fahrlehrerlaubnis nur zur vorübergehenden und gelegentlichen Ausbildung von Fahrschülern berechtigt,

enthalten. [2] Der Fahrlehrerschein ist der nach Landesrecht zuständigen Behörde bei Beginn und Ende des Beschäftigungsverhältnisses unverzüglich vorzulegen.

(3) [1] Der Anwärterschein muss

1. den Namen,
2. die Vornamen,
3. den Geburtstag und -ort,
4. die Angabe, welche Auflagen bestehen,
5. das Ausbildungsverhältnis mit dem Inhaber einer Fahrschule sowie
6. die Gültigkeitsdauer

enthalten. [2] Der Anwärterschein ist der nach Landesrecht zuständigen Behörde bei Ablauf der Gültigkeit und bei Beendigung des Ausbildungsverhältnisses vorzulegen.

§ 11[2] **Geistige und körperliche Eignung des Fahrlehrers, Prüfung der Zuverlässigkeit.** (1) Der Inhaber einer Fahrlehrerlaubnis muss seine Eignung im Sinne des § 2 Absatz 1 Satz 1 Nummer 2 alle fünf Jahre, beginnend mit dem

---

[1] § 10 Abs. 2 Satz 1 Nr. 7 geänd. mWv 1.1.2020 durch G v. 4.8.2019 (BGBl. I S. 1190).
[2] § 11 Abs. 1 geänd., Abs. 2–4 neu gef. mWv 1.1.2020 durch G v. 4.8.2019 (BGBl. I S. 1190).

Ablauf des Jahres, in dem die Fahrlehrerlaubnis erteilt wurde, der nach Landesrecht zuständigen Stelle durch Vorlage eines Zeugnisses oder eines Gutachtens über die Erfüllung der von Bewerbern um eine Fahrerlaubnis der Klasse C1 geforderten Anforderungen an die körperliche und geistige Eignung und eine Bescheinigung oder ein Zeugnis über die Erfüllung der von Bewerbern um eine Fahrerlaubnis der Klasse C1 geforderten Anforderungen an das Sehvermögen, die bei Vorlage nicht älter als ein Jahr sind, nachweisen.

(2) Der Nachweis nach Absatz 1 kann auch durch einen Führerschein mit den gültigen und nach dem 31. Dezember 1998 erworbenen Fahrerlaubnisklassen C1, C1E, C, CE, D1, D1E, D oder DE erbracht werden, sofern diese Fahrerlaubnis vor nicht mehr als fünf Jahren erworben oder die Geltungsdauer mindestens einer dieser Fahrerlaubnisklassen innerhalb der letzten fünf Jahre verlängert wurde.

(3) [1] Die nach Landesrecht zuständige Behörde kann die Beibringung eines ärztlichen Gutachtens oder eines Gutachtens einer amtlich anerkannten Begutachtungsstelle für Fahreignung anordnen, wenn Tatsachen bekannt werden, die Bedenken gegen die Eignung oder Zuverlässigkeit eines Fahrlehrers begründen. [2] § 4 Absatz 3 Satz 2 bis 4 und Absatz 4 gilt entsprechend.

(4) Die nach Landesrecht zuständige Behörde kann ein Führungszeugnis nach Maßgabe des § 4 Absatz 5 verlangen, wenn Tatsachen bekannt werden, die Bedenken gegen die Zuverlässigkeit eines Fahrlehrers begründen.

§ 12 Pflichten des Fahrlehrers und Fahrlehreranwärters, Fahrschülerausbildung. [1] Fahrlehrer und Fahrlehreranwärter haben die Fahrschüler gewissenhaft auszubilden. [2] Sie haben ihnen die Kenntnisse, Fähigkeiten und Verhaltensweisen zu vermitteln, die das Straßenverkehrsgesetz[1)] und die auf dem Straßenverkehrsgesetz und auf dem Fahrlehrergesetz beruhenden Rechtsverordnungen für die Ausbildung und Prüfung der Bewerber um die Erlaubnis zum Führen von Kraftfahrzeugen fordern. [3] Ferner haben sie über die Folgen von Zuwiderhandlungen gegen die Verkehrsvorschriften und über die Pflichtversicherung von Kraftfahrzeugen und Kraftfahrzeuganhängern zu unterrichten. [4] Die tägliche Gesamtdauer des praktischen Fahrunterrichts einschließlich der Prüfungsfahrten nach § 2 Absatz 15 des Straßenverkehrsgesetzes darf 495 Minuten nicht überschreiten; sie muss durch Pausen von ausreichender Dauer unterbrochen sein und muss in geeigneter Form nachgewiesen werden. [5] Soweit andere berufliche Tätigkeiten an diesem Tag ausgeübt worden sind, darf die tägliche Gesamtarbeitszeit zehn Stunden nicht überschreiten.

§ 13 Ruhen und Erlöschen der Fahrlehrerlaubnis. (1) Die Fahrlehrerlaubnis ruht, solange ein Fahrverbot nach § 25 des Straßenverkehrsgesetzes[1)] oder § 44 des Strafgesetzbuchs[2)] besteht, der Führerschein nach § 94 der Strafprozessordnung[3)] in Verwahrung genommen, sichergestellt oder beschlagnahmt, die Fahrerlaubnis nach § 111a der Strafprozessordnung vorläufig entzogen oder bei einer Entziehung im Verwaltungsverfahren die sofortige Vollziehung angeordnet worden und die aufschiebende Wirkung eines Rechtsbehelfs nicht wiederhergestellt ist.

[1)] Nr. **10**.
[2)] Nr. **670**.
[3)] Nr. **675**.

(2) [1]Die Fahrlehrerlaubnis ruht, wenn der Inhaber einer Fahrlehrerlaubnis nicht innerhalb der in § 11 genannten Frist der nach Landesrecht zuständigen Behörden die dort genannten Unterlagen vorlegt. [2]Die Fahrlehrerlaubnis der Klasse CE oder DE ruht ferner längstens für die Dauer eines Jahres nach Ablauf der Geltungsdauer der zugrundeliegenden Fahrerlaubnis. [3]Wird die Geltungsdauer der zugrundeliegenden Fahrerlaubnis der Klasse CE oder DE nicht verlängert, erlischt die jeweilige Fahrlehrerlaubnis spätestens nach Ablauf der in Satz 2 genannten Frist.

(3) Die Fahrlehrerlaubnis erlischt, wenn dem Inhaber die Fahrerlaubnis rechtskräftig oder unanfechtbar entzogen wird oder die Fahrerlaubnis auf andere Weise erlischt.

(4) Die Fahrlehrerlaubnis erlischt unbeschadet des Absatzes 3 durch Verzicht.

(5) Bei Ruhen, teilweisem Erlöschen oder Erlöschen der Fahrlehrerlaubnis ist der Fahrlehrerschein unverzüglich der nach Landesrecht zuständigen Behörde zurückzugeben.

§ 14 Rücknahme und Widerruf der Fahrlehrerlaubnis. (1) [1]Die Fahrlehrerlaubnis ist zurückzunehmen, wenn bei ihrer Erteilung eine der Voraussetzungen des § 2 nicht vorgelegen hat und nachträglich keine Ausnahme nach § 54 Absatz 1 durch die nach Landesrecht zuständige Behörde erteilt ist. [2]Die nach Landesrecht zuständige Behörde kann von der Rücknahme absehen, wenn der Mangel nicht mehr besteht.

(2) [1]Die Fahrlehrerlaubnis ist zu widerrufen, wenn nachträglich eine der in § 2 Absatz 1 Satz 1 Nummer 2, 3 und 4 genannten Voraussetzungen weggefallen ist. [2]Satz 1 gilt für den Widerruf einer Fahrlehrerlaubnis nach § 3 Absatz 1 entsprechend.

(3) Die Fahrlehrerlaubnis zur vorübergehenden und gelegentlichen Dienstleistungserbringung nach § 3 Absatz 1 Satz 2 kann widerrufen werden, wenn ihr Inhaber nicht mehr in einem anderen Mitgliedstaat der Europäischen Union, einem anderen Vertragsstaat des Abkommens über den Europäischen Wirtschaftsraum oder der Schweiz rechtmäßig niedergelassen ist.

(4) Nach Rücknahme oder Widerruf der Fahrlehrerlaubnis ist der Fahrlehrerschein unverzüglich der nach Landesrecht zuständigen Behörde zurückzugeben.

(5) Im Übrigen bleiben die verwaltungsverfahrensrechtlichen Vorschriften über Rücknahme und Widerruf von Verwaltungsakten unberührt.

§ 15[1)] Erteilung einer neuen Fahrlehrerlaubnis. (1) [1]Wird nach Erlöschen, Rücknahme, Widerruf oder Verzicht einer Fahrlehrerlaubnis eine neue Erlaubnis beantragt, gelten die Vorschriften für die Ersterteilung. [2]§ 2 Absatz 1 Satz 1 Nummer 5, 7 und 8 und § 4 Satz 2 Nummer 5 bis 7 sind nicht anzuwenden.

(2) [1]Auf eine Fahrlehrerprüfung kann die nach Landesrecht zuständige Behörde verzichten, wenn keine Tatsachen vorliegen, die die Annahme rechtfertigen, dass der Bewerber die fachliche oder pädagogische Eignung nicht mehr besitzt. [2]Der Verzicht auf die Prüfung ist nicht zulässig, wenn seit dem

---

1) § 15 Abs. 1 Satz 2 geänd. mWv 1.1.2020 durch G v. 4.8.2019 (BGBl. I S. 1190).

Erlöschen, der Rücknahme oder dem Widerruf der Fahrlehrerlaubnis oder dem Verzicht auf die Fahrlehrerlaubnis mehr als zwei Jahre verstrichen sind.

§ 16[1)] Ausbildungsfahrlehrer und Inhalt der Ausbildung. (1) [1] Wer Fahrlehreranwärter ausbildet (Ausbildungsfahrlehrer), bedarf der Erlaubnis (Ausbildungsfahrlehrerlaubnis). [2] Die Ausbildungsfahrlehrerlaubnis wird auf Antrag erteilt, wenn der Fahrlehrer

1. seit mindestens drei Jahren im Besitz der Fahrlehrerlaubnisklasse BE ist und
2. innerhalb der letzten zwei Jahre erfolgreich an einem fünftägigen Einweisungsseminar in einer amtlich anerkannten Fahrlehrerausbildungsstätte oder von einem Berufsverband der Fahrlehrer, sofern dieser hierfür von der nach Landesrecht zuständigen Behörde anerkannt ist, teilgenommen hat.

(2) Die Teilnahme an einem Einweisungsseminar nach Absatz 1 war erfolgreich, wenn der Teilnehmer an allen Veranstaltungen des Seminars teilgenommen und durch aktive Beteiligung gezeigt hat, dass er zur Ausbildung von Fahrlehreranwärtern befähigt ist.

(3) [1] Der Ausbildungsfahrlehrer hat den Fahrlehreranwärter sorgfältig auszubilden. [2] Er hat ihn vor allem theoretischen und praktischen Unterricht durchführen zu lassen und hierbei anzuleiten und zu beaufsichtigen. [3] Zur Anleitung gehören insbesondere die Vorbereitung und Auswertung des Unterrichts. [4] Zu Beginn der Ausbildung hat der Ausbildungsfahrlehrer während des theoretischen und praktischen Unterrichts ständig anwesend zu sein.

(4) [1] Die Ausbildungsfahrlehrerlaubnis wird schriftlich erteilt. [2] Sie kann – auch nachträglich – mit Auflagen versehen werden, soweit dies erforderlich ist, um die ordnungsgemäße Durchführung der Ausbildung und die Überwachung sicherzustellen. [3] Von der Ausbildungsfahrlehrerlaubnis darf nur zusammen mit der Fahrschulerlaubnis oder im Rahmen eines Beschäftigungsverhältnisses mit dem Inhaber einer Fahrschule nach § 35 Gebrauch gemacht werden.

(5) Für Ruhen und Erlöschen der Ausbildungsfahrlehrerlaubnis gilt § 13 entsprechend.

(6) [1] Die Ausbildungsfahrlehrerlaubnis ist zurückzunehmen, wenn bei ihrer Erteilung eine der Voraussetzungen des Absatzes 1 nicht vorgelegen hat. [2] Die nach Landesrecht zuständige Behörde kann von der Rücknahme absehen, wenn der Mangel nicht mehr besteht.

(7) [1] Wird nach Rücknahme oder Verzicht auf die Ausbildungsfahrlehrerlaubnis eine neue Erlaubnis beantragt, ist Absatz 1 Satz 2 Nummer 1 anzuwenden. [2] Innerhalb eines Jahres vor der Neuerteilung der Ausbildungsfahrlehrerlaubnis hat der Antragsteller an einer Fortbildung nach § 53 Absatz 3 teilzunehmen.

Abschnitt 2. Fahrschulerlaubnis

§ 17 Erfordernis und Inhalt der Fahrschulerlaubnis. (1) [1] Wer als selbstständiger Fahrlehrer Fahrschüler ausbildet oder durch von ihm beschäftigte Fahrlehrer ausbilden lässt, bedarf der Fahrschulerlaubnis. [2] Von der Fahrschul-

---

[1)] § 16 Abs. 1 und 4 neu gef., Abs. 2 Satz 1 geänd., Satz 2 aufgeh., Abs. 5–7 angef. mWv 1.1.2020 durch G v. 4.8.2019 (BGBl. I S. 1190).

erlaubnis mit einem Zusatz nach § 21 Satz 2 in Verbindung mit § 3 Absatz 1 Satz 2 darf nur zur vorübergehenden und gelegentlichen selbstständigen Ausbildung von Fahrschülern Gebrauch gemacht werden.

(2) [1] Die Fahrschulerlaubnis wird auf Antrag für die Fahrschulerlaubnisklassen A, BE, CE oder DE erteilt. [2] Im Übrigen ist § 1 Absatz 2 entsprechend anzuwenden.

§ 18[1)] Voraussetzungen der Fahrschulerlaubnis. (1) [1] Die Fahrschulerlaubnis wird erteilt, wenn

1. der Bewerber das 25. Lebensjahr vollendet hat und keine Tatsachen vorliegen, die ihn für die Führung einer Fahrschule als unzuverlässig erscheinen lassen,
2. keine Tatsachen vorliegen, welche die Annahme rechtfertigen, dass der Bewerber die Pflichten nach § 29 nicht erfüllen kann,
3. der Bewerber die Fahrlehrerlaubnis für die Klasse besitzt, für die er die Fahrschulerlaubnis beantragt,
4. der Bewerber mindestens zwei Jahre lang im Rahmen eines Beschäftigungsverhältnisses mit dem Inhaber einer Fahrschulerlaubnis hauptberuflich als Fahrlehrer tätig war,
5. der Bewerber erfolgreich an einem Lehrgang von mindestens 70 Unterrichtseinheiten zu 45 Minuten über Fahrschulbetriebswirtschaft teilgenommen hat,
6. der Bewerber den erforderlichen Unterrichtsraum, die erforderlichen Lehrmittel und die zur Fahrausbildung in der betreffenden Fahrerlaubnisklasse bestimmten Lehrfahrzeuge zur Verfügung hat.

[2] Unzuverlässig im Sinne des Satzes 1 Nummer 1 ist ein Bewerber insbesondere dann, wenn er wiederholt die Pflichten gröblich verletzt hat, die ihm nach diesem Gesetz oder den auf Grund dieses Gesetzes erlassenen Rechtsverordnungen obliegen.

(2) [1] Ist der Bewerber eine juristische Person oder Personengesellschaft, wird die Fahrschulerlaubnis erteilt, wenn die in Absatz 1 Nummer 6 genannten Voraussetzungen erfüllt sind und keine Tatsachen vorliegen, die die durch Gesetz, Satzung oder durch Einzelprokura zur Vertretung berechtigten Personen als unzuverlässig erscheinen lassen und eine von ihnen, die die Voraussetzungen des Absatzes 1 Nummer 1 bis 5 erfüllt, zur verantwortlichen Leitung des Ausbildungsbetriebs bestellt wird. [2] Die für die verantwortliche Leitung des Ausbildungsbetriebs bestellte Person muss nach den Umständen, insbesondere bei Berücksichtigung der beruflichen Verpflichtungen, die Gewähr dafür bieten, dass die Pflichten nach § 29 erfüllt werden.

(3) Die Teilnahme an einem Lehrgang nach Absatz 1 Nummer 5 war erfolgreich, wenn der Teilnehmer an allen Veranstaltungen des Lehrgangs teilgenommen und durch aktive Beteiligung gezeigt hat, dass er zur betriebswirtschaftlichen Leitung einer Fahrschule befähigt ist.

[1)] § 18 Abs. 2 Satz 1 geänd., Abs. 3 Satz 2 aufgeh. mWv 1.1.2020 durch G v. 4.8.2019 (BGBl. I S. 1190).

§ 19 Gemeinschaftsfahrschule. [1] Bis zu fünf Inhaber einer Fahrschulerlaubnis können eine Fahrschule in der Rechtsform einer Gesellschaft bürgerlichen Rechts ohne das Erfordernis einer Fahrschulerlaubnis für die Gesellschaft betreiben (Gemeinschaftsfahrschule). [2] Jeder Gesellschafter ist berechtigt, seine Fahrschüler von einem Mitgesellschafter oder von den bei dem Mitgesellschafter beschäftigten Fahrlehrern ausbilden zu lassen. [3] Der Gesellschaftsvertrag bedarf der Schriftform.

§ 20[1] Kooperation. [1] Der Inhaber einer Fahrschulerlaubnis kann Teile der Ausbildung an eine oder mehrere kooperierende Fahrschulen nach Maßgabe der Sätze 2 und 3 übertragen, ohne dass für die Kooperation eine Fahrschulerlaubnis erforderlich ist. [2] Auftrag gebende und Auftrag nehmende Fahrschule müssen die Fahrschulerlaubnis für den übertragenen Ausbildungsteil besitzen. [3] Die Auftrag gebende Fahrschule hat den Fahrschüler bereits vor Abschluss des Ausbildungsvertrages oder vor einer Änderung des abgeschlossenen Ausbildungsvertrages unter Angabe der Auftrag nehmenden Fahrschule darüber zu informieren, welche Ausbildungsteile von der Auftrag nehmenden Fahrschule ausgebildet werden.

§ 21 Voraussetzungen für die Erteilung der Fahrschulerlaubnis bei Inhabern eines Befähigungsnachweises aus einem anderen Staat.

[1] Ein Bewerber um eine Fahrschulerlaubnis, der Inhaber einer in einem anderen Staat erteilten Fahrlehrerlaubnis, die in diesem Staat zur selbstständigen Fahrschülerausbildung berechtigt, oder eines in einem anderen Staat ausgestellten Nachweises über die Befähigung zur selbstständigen Fahrschülerausbildung ist, wird abweichend von § 18 Absatz 1 Nummer 3 bis 5 die Fahrschulerlaubnis der beantragten Fahrlehrerlaubnisklasse erteilt, wenn die Voraussetzungen für die Erteilung einer Fahrlehrerlaubnis der seiner Fahrlehrerlaubnisklasse oder seinem Befähigungsnachweis entsprechenden Fahrlehrerlaubnisklasse nach diesem Gesetz und der auf Grund dieses Gesetzes erlassenen Rechtsverordnungen erfüllt sind. [2] § 3 Absatz 1 Satz 2 und Absatz 2, 4 und 6 sowie § 18 mit Ausnahme seines Absatzes 1 Nummer 3 bis 5 gelten entsprechend. [3] Im Rahmen des § 3 Absatz 2 und 3 bestimmen sich die für die Aufnahme der selbstständigen Fahrlehrertätigkeit im Inland vorgeschriebenen Anforderungen und die hierfür geforderte Ausbildung nach § 18 Absatz 1 Nummer 3 bis 5. [4] Das Berufsqualifikationsfeststellungsgesetz ist mit Ausnahme des § 17 nicht anzuwenden.

§ 22 Antrag auf Erteilung der Fahrschulerlaubnis. (1) [1] In dem Antrag auf Erteilung der Fahrschulerlaubnis hat der Bewerber den Namen und die Anschrift der Fahrschule mitzuteilen und anzugeben, für welche Fahrschulerlaubnisklasse nach § 17 Absatz 2 die Fahrschulerlaubnis erteilt werden soll. [2] Dem Antrag sind beizufügen:

1. eine amtlich beglaubigte Abschrift oder Ablichtung des Fahrlehrerscheins,
2. Unterlagen über die Tätigkeit als Fahrlehrer nach § 18 Absatz 1 Nummer 4,
3. eine Bescheinigung des Trägers eines fahrschulbetriebswirtschaftlichen Lehrgangs nach § 18 Absatz 1 Nummer 5 über die erfolgreiche Lehrgangsteilnahme,

---

[1] § 20 Satz 3 geänd. mWv 1.1.2020 durch G v. 4.8.2019 (BGBl. I S. 1190).

4. eine Erklärung, ob und von welcher Behörde bereits eine Fahrschulerlaubnis erteilt worden ist,
5. ein maßstabgerechter Plan der Unterrichtsräume mit Angaben über ihre Ausstattung,
6. eine Erklärung, dass die vorgeschriebenen Lehrmittel zur Verfügung stehen,
7. eine Aufstellung über Anzahl und Art der Lehrfahrzeuge,
8. ein Auszug aus dem Gewerbezentralregister, der nicht älter als drei Monate ist,
9. eine Bestätigung der zuständigen Finanzbehörde über die Erfüllung der steuerlichen Pflichten.

[3] Der Bewerber hat ferner ein Führungszeugnis im Sinne des § 30a Absatz 1 Nummer 1 des Bundeszentralregistergesetzes nach Maßgabe des § 30 Absatz 5 des Bundeszentralregistergesetzes vorzulegen, das nicht älter als drei Monate sein darf.

(2) [1] Ist der Bewerber eine juristische Person oder Personengesellschaft, sind die Unterlagen nach Absatz 1 Satz 2 Nummer 4 bis 9, ein beglaubigter Auszug aus dem Handelsregister oder aus dem Vereinsregister und für die für die verantwortliche Leitung des Ausbildungsbetriebs bestellte Person zusätzlich die Unterlagen nach Absatz 1 Satz 2 Nummer 1 bis 4 beizufügen. [2] Ferner ist zu erklären, welche beruflichen Verpflichtungen für die für die verantwortliche Leitung des Ausbildungsbetriebs bestellte Person sonst noch zu erfüllen hat. [3] Für die zur Vertretung der juristischen Person oder der Personengesellschaft berechtigten Personen und für die für die verantwortliche Leitung des Ausbildungsbetriebs bestellte Person gilt Absatz 1 Satz 3 entsprechend.

(3) [1] Die nach Landesrecht zuständige Behörde hat die Angaben in den Unterlagen nach Absatz 1 Nummer 5 bis 7 an Ort und Stelle zu prüfen. [2] § 51 Absatz 1 Satz 2 gilt entsprechend.

§ 23 Antrag auf Erteilung der Fahrschulerlaubnis, die zur Niederlassung im Inland berechtigt, an Inhaber eines Befähigungsnachweises aus einem anderen Mitgliedstaat der Europäischen Union, eines anderen Vertragsstaats des Abkommens über den Europäischen Wirtschaftsraum oder der Schweiz. (1) [1] In dem Antrag auf Erteilung der Fahrschulerlaubnis nach § 21, die zur Niederlassung im Inland berechtigt, hat der Bewerber den Namen und die Anschrift der Fahrschule mitzuteilen und anzugeben, für welche Klasse von Kraftfahrzeugen die Fahrschulerlaubnis erworben werden soll. [2] Dem Antrag sind beizufügen

1. ein amtlicher Nachweis über seine Staatsangehörigkeit,
2. ein maßstabgerechter Plan der Unterrichtsräume mit Angaben über ihre Ausstattung,
3. eine Erklärung, dass die vorgeschriebenen Lehrmittel zur Verfügung stehen, und
4. eine Aufstellung über Anzahl und Art der Lehrfahrzeuge.

(2) [1] Ist der Bewerber bereits Inhaber einer inländischen Fahrlehrerlaubnis, sind dem Antrag über Absatz 1 Satz 2 hinaus folgende Unterlagen beizufügen:

1. eine amtlich beglaubigte Abschrift oder Ablichtung des Fahrlehrerscheins,

2. eine Erklärung, ob und von welcher Behörde bereits eine Fahrschulerlaubnis erteilt wurde.

[2]Der Bewerber hat ferner ein Führungszeugnis im Sinne des § 30a Absatz 1 Nummer 1 des Bundeszentralregistergesetzes nach Maßgabe des § 30 Absatz 5 des Bundeszentralregistergesetzes vorzulegen, das nicht älter als drei Monate sein darf. [3]Die nach Landesrecht zuständige Behörde kann den Bewerber auffordern, Unterlagen vorzulegen

1. zu Ausbildung und Prüfung, soweit dies erforderlich ist um festzustellen, ob Ausbildung oder Prüfung im Sinne von § 21 Satz 2 in Verbindung mit § 3 Absatz 3 Satz 1 wesentlich von den Anforderungen des Fahrlehrergesetzes und der auf ihm beruhenden Durchführungsbestimmungen für die Aufnahme der selbstständigen Fahrlehrertätigkeit der beantragten Klasse im Inland abweicht,
2. zur Berufserfahrung, soweit dies erforderlich ist um festzustellen, ob eine festgestellte wesentliche Abweichung der Ausbildung oder Prüfung von den Anforderungen des Fahrlehrergesetzes und der auf ihm beruhenden Durchführungsbestimmungen für die Aufnahme der selbstständigen Fahrlehrertätigkeit der beantragten Klasse im Inland durch die im Rahmen der Berufserfahrung erworbenen Kenntnisse im Sinne von § 21 Satz 2 in Verbindung mit § 3 Absatz 3 Satz 1 ausgeglichen werden kann.

[4]Ferner kann sich die nach Landesrecht zuständige Behörde an die Kontaktstelle oder die zuständige Behörde oder Stelle des Staates wenden, in dem der Bewerber die Ausbildung absolviert, die Prüfung bestanden oder die Berufserfahrung erworben hat, um die Echtheit der Unterlagen zu prüfen.

(3) [1]Ist der Bewerber um eine Fahrschulerlaubnis nach § 21, die zur Niederlassung im Inland berechtigt, noch nicht Inhaber einer inländischen Fahrlehrerlaubnis, sind dem Antrag nach Absatz 1 Satz 1 über Absatz 1 Satz 2 hinaus folgende Unterlagen beizufügen:

1. eine amtlich beglaubigte Kopie des Befähigungsnachweises oder des Ausbildungsnachweises im Sinne von Artikel 3 Absatz 1 Buchstabe c der Richtlinie 2005/36/EG, der zur Aufnahme der selbstständigen Fahrschülerausbildung der entsprechenden Klasse im ausstellenden Staat berechtigt,
2. eine dem Führungszeugnis nach § 30a Absatz 1 Nummer 1 des Bundeszentralregistergesetzes vergleichbare Bescheinigung des Staates, in welchem der Ausbildungs- oder Befähigungsnachweis oder die Berufserfahrung erworben wurde, die bei Antragstellung nicht älter als drei Monate ist,
3. ein amtlicher Nachweis des Staates, in welchem der Ausbildungs- oder Befähigungsnachweis oder die Berufserfahrung erworben wurde, dass kein Fall vorliegt, in dem die Ausübung des Berufs wegen fehlender geistiger oder körperlicher Eignung nach § 3 Absatz 6 in Verbindung mit § 2 Absatz 1 Satz 1 Nummer 2 zu untersagen wäre,
4. eine Bescheinigung darüber, dass die Tätigkeit des Fahrlehrers innerhalb der letzten zehn Jahre vor Ausstellung der Bescheinigung mindestens zwei Jahre lang in einem anderen Mitgliedstaat der Europäischen Union, einem anderen Vertragsstaat des Abkommens über den Europäischen Wirtschaftsraum oder der Schweiz ausgeübt wurde, wenn in diesem Staat die Fahrlehrertätigkeit nicht im Sinne von Artikel 3 Absatz 1 Buchstabe a der Richtlinie 2005/36/EG reglementiert ist.

[2]Weist der Bewerber nach, dass in dem Staat, in welchem der Ausbildungs- oder Befähigungsnachweis erworben wurde, Unterlagen nach Satz 1 Nummer 2 oder 3 nicht ausgestellt werden, können diese durch eine Versicherung an Eides statt des Bewerbers ersetzt werden. [3]Die Bescheinigungen nach Satz 1 Nummer 2 und 3 dürfen bei ihrer Vorlage nicht älter als drei Monate sein. [4]Absatz 2 Satz 3 und 4 gilt entsprechend.

(4) [1]Ist der Bewerber eine juristische Person oder Personengesellschaft, sind die Unterlagen nach Absatz 1 Satz 2 Nummer 2 bis 4, Absatz 2 Satz 1 Nummer 2 und für die für die verantwortliche Leitung des Ausbildungsbetriebs bestellte Person zusätzlich die Unterlagen nach Absatz 1 Satz 2 Nummer 1 sowie Absatz 2 Satz 1 Nummer 1 oder Absatz 3 Satz 1 Nummer 1, 3 und 4 und Satz 2, auf Anforderung der Behörde auch die Unterlagen nach Absatz 2 Satz 4, auch in Verbindung mit Absatz 3 Satz 4 vorzulegen. [2]Ferner ist zu erklären, welche sonstigen beruflichen Verpflichtungen die verantwortliche Leitung zu erfüllen hat. [3]Für die zur Vertretung der juristischen Person oder der Personengesellschaft berechtigten Personen gilt Absatz 2 Satz 2 und 3 oder Absatz 3 Satz 1 Nummer 2, auch in Verbindung mit Satz 2, entsprechend.

(5) [1]Die nach Landesrecht zuständige Behörde hat die Angaben in den Unterlagen nach Absatz 1 Satz 2 Nummer 2 bis 4 an Ort und Stelle zu prüfen. [2]§ 51 Absatz 1 Satz 2 gilt entsprechend.

§ 24[1)] Antrag auf Erteilung der Fahrschulerlaubnis zur vorübergehenden und gelegentlichen Fahrschülerausbildung an Inhaber eines Befähigungsnachweises aus einem anderen Mitgliedstaat der Europäischen Union, einem anderen Vertragsstaat des Abkommens über den Europäischen Wirtschaftsraum oder der Schweiz. (1) [1]In dem Antrag auf Erteilung einer Fahrschulerlaubnis zur vorübergehenden und gelegentlichen Fahrschülerausbildung nach § 21 Satz 2 in Verbindung mit § 3 Absatz 1 Satz 2 hat der Bewerber den Namen und die Anschrift der Fahrschule mitzuteilen und anzugeben, für welche Klasse von Kraftfahrzeugen die Fahrschulerlaubnis erworben werden soll. [2]Dem Antrag sind beizufügen

1. ein amtlicher Nachweis über die Staatsangehörigkeit,
2. eine amtliche Bescheinigung darüber, dass er zum Zeitpunkt der Ausstellung der Bescheinigung in einem anderen Mitgliedstaat der Europäischen Union, einem anderen Vertragsstaat des Abkommens über den Europäischen Wirtschaftsraum oder der Schweiz rechtmäßig als Fahrlehrer niedergelassen ist und dass die Ausübung dieses Berufs zum Zeitpunkt der Ausstellung der Bescheinigung nicht, auch nicht vorübergehend, untersagt ist,
3. ein maßstabgerechter Plan der Unterrichtsräume mit Angaben über ihre Ausstattung,
4. eine Erklärung, dass die vorgeschriebenen Lehrmittel zur Verfügung stehen,
5. eine Aufstellung über Anzahl und Art der Lehrfahrzeuge.

(2) [1]Der Bewerber hat ferner

1. ein Führungszeugnis im Sinne des § 30a Absatz 1 Nummer 1 des Bundeszentralregistergesetzes nach Maßgabe des § 30 Absatz 5 des Bundeszentralregistergesetzes vorzulegen und

---

[1)] § 24 Abs. 2 Satz 1 Nr. 2 geänd. mWv 1.1.2020 durch G v. 4.8.2019 (BGBl. I S. 1190).

2. eine vergleichbare Bescheinigung der zuständigen Behörde des Staates, in welchem er niedergelassen ist, seinem Antrag beizufügen.

[2]Die Bescheinigungen nach Satz 1 Nummer 1 und 2 dürfen nicht älter als drei Monate sein. [3]Weist ein Bewerber nach, dass in diesem Staat keine vergleichbare Bescheinigung im Sinne des Satzes 1 Nummer 2 ausgestellt wird, kann diese durch eine Versicherung an Eides statt des Bewerbers ersetzt werden. [4]Die nach Landesrecht zuständige Behörde kann sich an den Mitgliedstaat, der die Bescheinigung nach Absatz 1 Satz 2 Nummer 2 ausgestellt hat, wenden und alle Informationen über die Rechtmäßigkeit der Niederlassung des Bewerbers anfordern sowie Informationen darüber, dass keine berufsbezogenen verwaltungsrechtlichen und strafrechtlichen Sanktionen gegen den Bewerber vorliegen.

(3) Ist der Bewerber bereits Inhaber einer inländischen Fahrlehrerlaubnis, sind dem Antrag über Absatz 1 Satz 2 und Absatz 2 hinaus folgende Unterlagen beizufügen:

1. eine amtlich beglaubigte Abschrift oder Ablichtung des Fahrlehrerscheins,
2. eine Erklärung, ob und von welcher Behörde bereits eine Fahrschulerlaubnis erteilt wurde.

(4) Ist der Bewerber noch nicht Inhaber einer inländischen Fahrlehrerlaubnis, sind dem Antrag über Absatz 1 Satz 2 und Absatz 2 hinaus folgende Unterlagen beizufügen:

1. ein amtlich beglaubigter Nachweis über seine Berufsqualifikation im Sinne von Artikel 3 Absatz 1 Buchstabe b der Richtlinie 2005/36/EG,
2. in den Fällen, in denen die Fahrlehrertätigkeit oder die Ausbildung zu diesem Beruf in dem Staat seiner Niederlassung nicht im Sinne von Artikel 3 Absatz 1 Buchstabe a oder e der Richtlinie 2005/36/EG reglementiert ist, eine Bescheinigung darüber, dass die Fahrlehrertätigkeit innerhalb der letzten zehn Jahre vor Ausstellung der Bescheinigung mindestens zwei Jahre lang im Staat der Niederlassung ausgeübt wurde.

(5) [1]Ist der Bewerber eine juristische Person oder Personengesellschaft, sind die Unterlagen nach Absatz 1 Satz 2 Nummer 2 bis 5, Absatz 3 Nummer 2 und für die für die verantwortliche Leitung des Ausbildungsbetriebs bestellte Person zusätzlich die Unterlagen nach Absatz 1 Satz 2 Nummer 1 sowie Absatz 3 Nummer 1 oder Absatz 4 beizufügen. [2]Ferner ist zu erklären, welche sonstigen beruflichen Verpflichtungen die verantwortliche Leitung zu erfüllen hat. [3]Für die zur Vertretung der juristischen Person oder der Personengesellschaft berechtigten Personen gilt Absatz 2 Satz 1, 2 sowie Satz 3 letzter Halbsatz entsprechend.

(6) [1]Die nach Landesrecht zuständige Behörde hat die Angaben in den Unterlagen nach Absatz 1 Satz 2 Nummer 3 bis 5 an Ort und Stelle zu prüfen. [2]§ 51 Absatz 1 Satz 2 gilt entsprechend.

(7) Im Falle des § 21 gilt § 5 Absatz 6 und 7 entsprechend.

§ 25 Meldepflicht des Inhabers einer Fahrschulerlaubnis zur vorübergehenden und gelegentlichen Fahrschülerausbildung. [1]Der Inhaber einer Fahrschulerlaubnis zur vorübergehenden und gelegentlichen Fahrschülerausbildung nach § 21 Satz 2 in Verbindung mit § 3 Absatz 1 Satz 2 hat der nach Landesrecht zuständigen Behörde jährlich Meldung nach Maßgabe des Satzes 2 zu erstatten, wo er beabsichtigt, in dem betreffenden Jahr vorübergehend und gelegentlich selbstständig Fahrschüler auszubilden. [2] Die Meldung muss abweichend von Satz 1 in geeigneter Form erfolgen und ihr sind die Unterlagen nach § 24 Absatz 1 bis 4, auch in Verbindung mit § 24 Absatz 5, beizufügen, soweit sich wesentliche Änderungen gegenüber der in den Unterlagen, die dem Antrag auf Erteilung der Fahrschulerlaubnis zur vorübergehenden und gelegentlichen Fahrschülerausbildung nach § 21 Satz 2 in Verbindung mit § 3 Absatz 1 Satz 2 beigefügt waren, bescheinigten Situation ergeben. [3] In dem Jahr der Erteilung der Fahrschulerlaubnis zur vorübergehenden und gelegentlichen Fahrschülerausbildung nach § 21 Satz 2 in Verbindung mit § 3 Absatz 1 Satz 2 ist eine Meldung nach Satz 1 entbehrlich.

§ 26 Erteilung der Fahrschulerlaubnis. (1) Die Fahrschulerlaubnis bedarf der Schriftform.

(2) Die Erlaubnis muss enthalten:
1. den Namen und die Anschrift der Fahrschule,
2. den Namen und die Anschrift des Inhabers der Fahrschulerlaubnis – bei natürlichen Personen auch die Vornamen und den Geburtstag und -ort,
3. bei juristischen Personen oder Personengesellschaften die für die verantwortliche Leitung des Ausbildungsbetriebs bestellte Person mit Namen, Vornamen und den Geburtstag und -ort,
4. die Angabe, für welche Fahrschulerlaubnisklasse nach § 17 Absatz 2 die Fahrschulerlaubnis gilt,
5. welche Auflagen bestehen und
6. in den Fällen des § 21 Satz 2 in Verbindung mit § 3 Absatz 1 Satz 2 den Zusatz, dass die Fahrschulerlaubnis nur zur vorübergehenden und gelegentlichen Ausbildung von Fahrschülern berechtigt.

(3) [1] Ist der Inhaber der Fahrschulerlaubnis eine natürliche Person, so ist die Erteilung der Fahrschulerlaubnis im Fahrlehrerschein zu vermerken. [2] Nach der Erteilung oder dem Erlöschen der Fahrschulerlaubnis ist der Schein unverzüglich der nach Landesrecht zuständigen Behörde vorzulegen.

(4) Absatz 3 gilt entsprechend für die für die verantwortliche Leitung des Ausbildungsbetriebs bestellte Person.

§ 27[1)] Zweigstellen. (1) Wer als Inhaber einer Fahrschule Zweigstellen seiner Fahrschule betreibt, bedarf der Zweigstellenerlaubnis.

(2) [1] Die Erlaubnis wird erteilt, wenn
1. die Zweigstelle hinsichtlich des Unterrichtsraums, der Lehrmittel und der Lehrfahrzeuge den Anforderungen des § 18 Absatz 1 Satz 1 Nummer 6 und der auf Grund des § 68 Absatz 1 Nummer 12 erlassenen Rechtsverordnung entspricht und
2. nach den Umständen, insbesondere wegen der Anzahl der Zweigstellen oder ihrer räumlichen Entfernung und der Anzahl der Fahrlehrer, gewährleistet ist, dass der Inhaber der Fahrschulerlaubnis oder die für die verantwortliche

---

1) § 27 Abs. 3 Nr. 2 geänd. mWv 1.1.2020 durch G v. 4.8.2019 (BGBl. I S. 1190).

Leitung des Ausbildungsbetriebs bestellte Person den Pflichten nach § 29 nachkommen kann.

[2]Die Anzahl der Zweigstellen soll insgesamt zehn nicht übersteigen. [3]Bei Gemeinschaftsfahrschulen gilt diese Regelung auch für jeden Gesellschafter.

(3) Es gelten entsprechend

1. § 17 Absatz 2 zu den Fahrlehrerlaubnisklassen,
2. § 22 Absatz 1 Satz 1 Nummer 4 bis 7 zu der Erklärung über bestehende Fahrschulerlaubnisse und den Angaben über Unterrichtsräume, Lehrmittel und Lehrfahrzeuge,
3. § 26 Absatz 1 und 2 zur Erteilung und
4. die §§ 28 bis 33 zum Fortführen nach dem Tode des Inhabers, den allgemeinen Pflichten, den Anzeigepflichten, den Aufzeichnungen, den Unterrichtsentgelten und dem Ruhen oder Erlöschen der Fahrschulerlaubnis.

§ 28 Fortführen der Fahrschule nach dem Tod des Inhabers der Fahrschulerlaubnis. (1) Nach dem Tod des Inhabers der Fahrschulerlaubnis kann die Fahrschule fortgeführt werden

1. für Rechnung des überlebenden Ehegatten oder Lebenspartners,
2. für Rechnung eines Erben, solange dieser noch nicht das 26. Lebensjahr vollendet hat oder seit dem Erbfall drei Jahre noch nicht verstrichen sind, oder
3. für Rechnung des Testamentsvollstreckers, Nachlassverwalters, Nachlasspflegers oder Nachlassinsolvenzverwalters während einer Testamentsvollstreckung, Nachlassverwaltung, Nachlasspflegschaft oder Nachlassinsolvenzverwaltung.

(2) Nach Ablauf von sechs Monaten seit dem Tod des Inhabers darf von der Fahrschulerlaubnis nur Gebrauch gemacht werden, wenn die in Absatz 1 genannten Personen oder eine andere als verantwortliche Leitung des Ausbildungsbetriebs bestellte Person die Voraussetzungen des § 18 Absatz 1 Nummer 1 bis 5 und Absatz 2 Satz 2 oder des § 21 erfüllen.

§ 29 Allgemeine Pflichten des Inhabers der Fahrschule und der verantwortlichen Leitung des Ausbildungsbetriebs. (1) [1]Der Inhaber der Fahrschule oder die für die verantwortliche Leitung des Ausbildungsbetriebs bestellte Person hat dafür zu sorgen, dass die Ausbildung der Fahrschüler und der Fahrlehreranwärter den Anforderungen des § 12 entspricht. [2]Der Inhaber der Fahrschule oder die für die verantwortliche Leitung des Ausbildungsbetriebs bestellte Person hat die beschäftigten Fahrlehrer gründlich in die Aufgaben einer Fahrschule einzuführen und sie bei der Ausbildung der Fahrschüler und der Fahrlehreranwärter sowie bei der Durchführung von Aufbauseminaren nach § 2a Absatz 2 Satz 1 Nummer 1 des Straßenverkehrsgesetzes[1)] und von Fahreignungsseminaren nach § 4a des Straßenverkehrsgesetzes sachgerecht anzuleiten und zu überwachen. [3]Der Inhaber der Fahrschule oder die für die verantwortliche Leitung des Ausbildungsbetriebs bestellte Person hat ferner

[1)] Nr. **10**.

dafür zu sorgen, dass sich die erforderlichen Unterrichtsräume, Lehrmittel und Lehrfahrzeuge in ordnungsgemäßem Zustand befinden.

(2) Der Inhaber der Fahrschule oder die für die verantwortliche Leitung des Ausbildungsbetriebs bestellte Person hat insbesondere dafür zu sorgen, dass die beschäftigten Fahrlehrer den Pflichten nach § 12 und § 53 nachkommen.

(3) [1] Wird eine Fahrschule durch mehrere Inhaber einer Fahrschulerlaubnis in der Form einer Gesellschaft bürgerlichen Rechts geführt, so ist jeder Gesellschafter für den Betrieb der Gemeinschaftsfahrschule nach den Absätzen 1 und 2 verantwortlich. [2] Die Gesellschafter haben aus ihrer Mitte einen Gesellschafter zu benennen, der die Gemeinschaftsfahrschule gegenüber der nach Landesrecht zuständigen Behörde zum Zweck der Überwachung nach § 51 vertritt und dessen Name der nach Landesrecht zuständigen Behörde mitzuteilen. [3] Zu den Aufgaben des benannten Gesellschafters gehören insbesondere die Abgabe und Entgegennahme von Erklärungen im Rahmen des § 51 mit Wirkung für und gegen sämtliche Gesellschafter sowie die Verwahrung aller Aufzeichnungen und Nachweise für sämtliche Gesellschafter nach § 31 sowie die Vorlage der Aufzeichnungen und Nachweise bei der nach Landesrecht zuständigen Behörde.

(4) [1] Bei Kooperationsfahrschulen gewährleistet der Inhaber oder die für die Leitung der Auftrag gebenden Fahrschule verantwortliche Person die den Bestimmungen des Fahrlehrergesetzes und anderer Gesetze sowie den auf ihnen beruhenden Rechtsverordnungen entsprechende Ausbildung und Prüfungsvorstellung. [2] Die Verantwortung des Inhabers oder der für die Leitung der Auftrag nehmenden Fahrschule verantwortliche Person für die dort durchgeführten Ausbildungsteile bleibt unberührt.

§ 30[1)] Anzeigepflichten des Inhabers der Fahrschule und der für die verantwortliche Leitung des Ausbildungsbetriebs bestellten Person.

[1] Der Inhaber der Fahrschule oder in den Fällen des § 18 Absatz 2, § 28 Absatz 2, § 33 Absatz 1 Satz 3 und § 34 Absatz 4 die für die verantwortliche Leitung des Ausbildungsbetriebs bestellte Person hat der nach Landesrecht zuständigen Behörde unverzüglich schriftlich oder elektronisch anzuzeigen

1. Verlegung, Stilllegung und Schließung der Fahrschule,
2. Beginn und Ende des Beschäftigungsverhältnisses mit einem Fahrlehrer oder des Ausbildungsverhältnisses mit einem Fahrlehreranwärter, Erteilung der Ausbildungsfahrlehrerlaubnis,
3. Verlegung oder Verkleinerung der Unterrichtsräume,
4. die Fortführung der Fahrschule nach § 28 Absatz 1,
5. die Bestellung oder Entlassung der für die verantwortliche Leitung des Ausbildungsbetriebs bestellte Person,
6. bei juristischen Personen, nichtrechtsfähigen Vereinen oder Personengesellschaften als Fahrschulinhabern die Bestellung oder das Ausscheiden von Personen, die nach Gesetz, Satzung oder Einzelprokura zur Vertretung berufen sind,

[1)] § 30 Satz 1 Nr. 2 neu gef., Nr. 9 Buchst. b geänd., Nr. 10 aufgeh. mWv 1.1.2020 durch G v. 4.8. 2019 (BGBl. I S. 1190).

7. Ausübung, Aufnahme und Beendigung anderer Tätigkeiten durch die für die verantwortliche Leitung des Ausbildungsbetriebs bestellte Person oder den Inhaber einer Fahrschule unter Angabe der Art und des Umfangs,
8. bei Gemeinschaftsfahrschulen im Sinne des § 19
   a) Aufnahme des Betriebs einer Gemeinschaftsfahrschule; der Anzeige ist eine beglaubigte Abschrift des Gesellschaftsvertrags und der einzelnen Fahrschulerlaubnisse beizufügen,
   b) Änderungen des Gesellschaftsvertrags und der Ansprechperson nach § 29 Absatz 3,
9. bei Kooperationen im Sinne des § 20:
   a) Aufnahme einer Kooperation mit einer anderen Fahrschule; der Anzeige ist eine Abschrift der einzelnen Fahrschulerlaubnisse beizufügen,
   b) Änderungen der Kooperationspartner.

[2]Der Anzeige nach Satz 1 Nummer 5 sind Unterlagen nach § 22 Absatz 1 Nummer 1 bis 3 und eine Erklärung nach § 22 Absatz 2 Satz 2 beizufügen; § 23 Absatz 1 Satz 2 Nummer 1, Absatz 2 Satz 1, Absatz 3 Nummer 1, 3 und 4, Absatz 4 Satz 2 sowie § 24 Absatz 1 Satz 2 Nummer 1 und 2, Absatz 3, 4 und 5 Satz 2 gelten entsprechend. [3]Der Anzeige nach Satz 1 Nummer 6 sind bei einer juristischen Person oder bei einer Personengesellschaft ein beglaubigter Auszug aus dem Handelsregister oder Vereinsregister, bei einem nichtrechtsfähigen Verein oder einer Gesellschaft bürgerlichen Rechts Unterlagen über die Vertretungsbefugnis der für ihn handelnden Personen beizufügen.

§ 31[1)] Aufzeichnungen. (1) [1]Der Inhaber der Fahrschule oder in den Fällen des § 18 Absatz 2, des § 28 Absatz 2, des § 33 Absatz 1 Satz 3 und des § 33 Absatz 4 die für die verantwortliche Leitung des Ausbildungsbetriebs bestellte Person hat nach Maßgabe der Sätze 2, 3 und 4 Aufzeichnungen über die Ausbildung zu führen. [2]Die Aufzeichnungen müssen für jeden Fahrschüler Art, Inhalt, Umfang und Dauer der theoretischen und praktischen Ausbildung, den Namen der den Unterricht erteilenden Fahrlehrer und eine bestehende Kooperation erkennen lassen, damit eine wirksame Überwachung der Ausbildung sichergestellt ist. [3]Die Aufzeichnungen sind von dem Fahrschulinhaber oder der für die verantwortliche Leitung des Ausbildungsbetriebs bestellte Person zu unterzeichnen und dem Fahrschüler nach Abschluss der Ausbildung zur Unterschrift vorzulegen. [4]Die Unterzeichnung kann auch elektronisch erfolgen.

(2) Bei Kooperationsfahrschulen müssen die erforderlichen Aufzeichnungen auch bei der Auftrag gebenden Fahrschule jederzeit verfügbar sein.

(3) [1]Die Aufzeichnungen sind nach Ablauf des Jahres, in welchem der Unterricht abgeschlossen worden ist, fünf Jahre lang aufzubewahren und der nach Landesrecht zuständigen Behörde und den von ihr beauftragten Personen oder Stellen auf Verlangen zur Prüfung vorzulegen. [2]Nach Ablauf dieser Frist sind sie von den in Absatz 1 genannten Personen unverzüglich zu löschen oder sonst zu vernichten.

§ 32 Unterrichtsentgelte. (1) [1]Jeder Inhaber der Fahrschulerlaubnis bildet seine Entgelte frei, selbstständig und in eigener Verantwortung; dies gilt für

[1)] § 31 Abs. 1 Satz 4 geänd. mWv 1.1.2020 durch G v. 4.8.2019 (BGBl. I S. 1190).

Gemeinschaftsfahrschulen im Sinne des § 19 entsprechend. [2]Der Inhaber der Fahrschulerlaubnis hat die Entgelte mit den Geschäftsbedingungen in den Geschäftsräumen durch Aushang bekanntzugeben.

(2) [1]Das Entgelt ist

1. pauschaliert für die allgemeinen Aufwendungen des Fahrschulbetriebs einschließlich des gesamten theoretischen Unterrichts, für die Vorstellung zur theoretischen Prüfung, für die Vorstellung zur praktischen Prüfung, für die Aufbauseminare nach § 2a Absatz 2 Satz 1 Nummer 1 des Straßenverkehrsgesetzes[1)], für die Fahreignungsseminare nach § 4a Absatz 2 Nummer 1 des Straßenverkehrsgesetzes und für die Ausbildung für das Führen von Mofas und geschwindigkeitsbeschränkten Kleinkrafträdern nach den fahrerlaubnisrechtlichen Vorschriften sowie
2. für eine Unterrichtseinheit im praktischen Unterricht und für die Unterweisung am Fahrzeug zu jeweils 45 Minuten (Fahrstunde)

anzugeben. [2]Im Preisaushang sind insbesondere für jede Fahrerlaubnisklasse folgende Entgelte anzugeben:

1. der Grundbetrag
   a) für die allgemeinen Aufwendungen einschließlich des theoretischen Unterrichts,
   b) bei Nichtbestehen der theoretischen Prüfung und weitere Ausbildung,
2. die Vorstellungsentgelte für die
   a) theoretische Prüfung,
   b) vollständige praktische Prüfung,
3. das Entgelt bei Teilprüfungen für die Klassen BE, C1, C1E, C, CE, D1, D1E, D, DE und T für
   a) nur praktisches Fahren und Grundfahraufgaben,
   b) nur Abfahrtkontrolle und Handfertigkeiten,
   c) nur Verbinden und Trennen,
4. das Entgelt für besondere Ausbildungsfahrten
   a) auf Bundes- oder Landesstraßen,
   b) auf Autobahnen,
   c) bei Dämmerung und Dunkelheit und
5. das Entgelt für die Unterweisung am Fahrzeug.

[3]Die Sätze 1 und 2 gelten auch, wenn in der Werbung außerhalb der Geschäftsräume Entgelte angegeben werden. [4]Die Angaben über die Entgelte und deren Bestandteile sowie über die Geschäftsbedingungen müssen den Grundsätzen der Preisklarheit und der Preiswahrheit entsprechen.

§ 33 Ruhen und Erlöschen der Fahrschulerlaubnis. (1) [1]Die Fahrschulerlaubnis einer natürlichen Person ruht, solange für diese Person ein Fahrverbot nach § 25 des Straßenverkehrsgesetzes[1)] oder nach § 44 des Strafgesetzbuchs[2)] besteht, der Führerschein nach § 94 der Strafprozessordnung[3)] in Verwahrung

---

[1)] Nr. **10**.
[2)] Nr. **670**.
[3)] Nr. **675**.

genommen, sichergestellt oder beschlagnahmt, die Fahrerlaubnis nach § 111a der Strafprozessordnung vorläufig entzogen oder bei einer Entziehung im Verwaltungsverfahren die sofortige Vollziehung angeordnet worden und die aufschiebende Wirkung eines Rechtsbehelfs nicht wiederhergestellt ist. [2]Während des Ruhens der Fahrschulerlaubnis darf der Inhaber unbeschadet des Satzes 3 von ihr keinen Gebrauch machen. [3]Die nach Landesrecht zuständige Behörde kann die Weiterführung des Ausbildungsbetriebs gestatten, wenn eine andere Person als verantwortliche für die Leitung des Ausbildungsbetriebs bestellt wird; für diese gilt § 18 Absatz 1 Nummer 1 bis 5, Absatz 2 und § 21.

(2) [1]Die Fahrschulerlaubnis einer natürlichen Person erlischt, wenn dem Inhaber die Fahrerlaubnis rechtskräftig oder unanfechtbar entzogen wird, die Fahrlehrerlaubnis unanfechtbar zurückgenommen oder widerrufen wird oder die Fahrerlaubnis auf andere Weise erlischt. [2]Werden diese Maßnahmen wegen geistiger oder körperlicher Mängel des Inhabers der Erlaubnis getroffen, gilt § 34 Absatz 4. [3]Satz 1 ist nicht anzuwenden, wenn bei dem Inhaber der Fahrschulerlaubnis die Fahrerlaubnis der Klasse CE oder DE erlischt.

(3) Die Fahrschulerlaubnis erlischt durch Verzicht.

(4) Wird ein Ausbildungsbetrieb nach den Vorschriften dieses Gesetzes von einer für die verantwortliche Leitung des Ausbildungsbetriebs bestellten Person geführt, so ruht die Fahrschulerlaubnis, wenn

1. für diese Person ein Fahrverbot nach § 25 des Straßenverkehrsgesetzes oder nach § 44 des Strafgesetzbuchs besteht, ihr Führerschein nach § 94 der Strafprozessordnung in Verwahrung genommen, sichergestellt oder beschlagnahmt, die Fahrerlaubnis nach § 111a der Strafprozessordnung vorläufig entzogen oder bei einer Entziehung im Verwaltungsverfahren die sofortige Vollziehung angeordnet und die aufschiebende Wirkung eines Rechtsbehelfs nicht wiederhergestellt worden ist oder
2. dieser Person die Fahrerlaubnis rechtskräftig oder unanfechtbar entzogen, die Fahrlehrerlaubnis unanfechtbar zurückgenommen oder widerrufen worden ist oder die Fahrerlaubnis auf andere Weise erlischt.

(5) [1]Im Fall des Absatzes 4 Nummer 1 gilt Absatz 1 Satz 2 entsprechend. [2]Im Fall des Absatzes 4 Nummer 2 sowie in den Fällen des § 18 Absatz 2, des § 28 Absatz 2 oder des § 33 Absatz 1 Satz 3 nach dem Ausscheiden der für die verantwortliche Leitung des Ausbildungsbetriebs bestellten Person erlischt die Fahrschulerlaubnis, wenn nicht binnen drei Monaten eine andere Person nach den Vorschriften dieses Gesetzes zur verantwortlichen Leitung des Ausbildungsbetriebs bestellt wird.

§ 34 Rücknahme und Widerruf der Fahrschulerlaubnis, Widerruf der Zweigstellenerlaubnis. (1) [1]Die Fahrschulerlaubnis ist zurückzunehmen, wenn bei ihrer Erteilung eine der Voraussetzungen des § 18 nicht vorgelegen hat und nachträglich keine Ausnahme nach § 54 Absatz 1 erteilt worden ist. [2]Die nach Landesrecht zuständige Behörde kann von der Rücknahme absehen, wenn der Mangel nicht mehr besteht.

(2) Die Fahrschulerlaubnis ist zu widerrufen, wenn nachträglich eine der in § 18 Absatz 1 Nummer 1 zweiter Halbsatz, Nummer 2, 3 und 6 und Absatz 2 genannten Voraussetzungen weggefallen ist.

(3) [1]Die Fahrschulerlaubnis kann widerrufen werden, wenn

1. der Ausbildungsbetrieb aus einem von dem Inhaber zu vertretenden Grunde über die Dauer eines Jahres hinaus stillliegt,
2. der Inhaber einer Fahrschulerlaubnis zur vorübergehenden und gelegentlichen Fahrschülerausbildung nach § 21 Satz 2 in Verbindung mit § 3 Absatz 1 Satz 2 nicht mehr in einem anderen Mitgliedstaat der Europäischen Union, einem anderen Vertragsstaat des Abkommens über den Europäischen Wirtschaftsraum oder der Schweiz rechtmäßig niedergelassen ist,
3. in den Fällen des § 18 Absatz 2, der §§ 21, 28 Absatz 2, des § 33 Absatz 1 Satz 3 und des § 34 Absatz 4 die verantwortliche Leitung des Ausbildungsbetriebs wiederholt die Pflichten gröblich verletzt hat, die ihr nach diesem Gesetz oder den auf ihm beruhenden Rechtsverordnungen obliegen.

[2] Satz 1 Nummer 1 gilt nicht, soweit es sich um eine Fahrschulerlaubnis zur vorübergehenden und gelegentlichen Fahrschülerausbildung nach § 21 Satz 2 in Verbindung mit § 3 Absatz 1 Satz 2 handelt. [3] In den Fällen der Kooperation im Sinne des § 20 kann die Fahrschulerlaubnis der Auftrag gebenden Fahrschule widerrufen werden, wenn die Fahrschulleitung der Auftrag nehmenden Fahrschule die Pflichten nach diesem Gesetz oder den auf Grund dieses Gesetzes erlassenen Rechtsverordnungen gröblich verletzt hat und die Auftrag gebende Fahrschulleitung davon Kenntnis hatte oder hätte haben müssen.

(4) [1] Werden der nach Landesrecht zuständigen Behörde geistige oder körperliche Mängel des Inhabers bekannt, kann die Fahrschule bis zum Ablauf von sechs Monaten auf Rechnung des Ehegatten oder Lebenspartners fortgeführt werden. [2] Nach Ablauf von sechs Monaten nach Bekanntwerden des Mangels kann die nach Landesrecht zuständige Behörde bei körperlichen Mängeln des Inhabers davon absehen, die Fahrschulerlaubnis zurückzunehmen oder zu widerrufen, wenn eine andere Person als verantwortliche Leitung des Ausbildungsbetriebs bestellt wird; für diese gilt § 18 Absatz 1 Nummer 1 bis 5 und Absatz 2 Satz 2.

(5) Die Erlaubnis zum Betrieb von Zweigstellen ist zu widerrufen, wenn nachträglich Tatsachen bekannt werden, welche die Versagung der Erlaubnis nach § 27 Absatz 2 rechtfertigen würden.

(6) [1] Wird die Fahrschulerlaubnis zurückgenommen oder widerrufen, erlischt auch die Erlaubnis zum Betrieb einer Zweigstelle. [2] Dies gilt nicht, wenn die Fahrschulerlaubnis deswegen widerrufen wird, weil die Voraussetzungen des § 18 Absatz 1 Nummer 6 nicht mehr gegeben sind. [3] In diesem Falle kann der Inhaber einer Zweigstellenerlaubnis verlangen, dass die Erlaubnis für eine nach § 27 Absatz 2 zulässige Zweigstelle durch eine Fahrschulerlaubnis ersetzt wird.

(7) Im Übrigen bleiben die verwaltungsverfahrensrechtlichen Vorschriften über Rücknahme und Widerruf von Verwaltungsakten unberührt.

§ 35[1)] Ausbildungsfahrschule. (1) In einer Fahrschule dürfen nur dann Fahrlehreranwärter ausgebildet werden, wenn der Inhaber oder die für die verantwortliche Leitung des Ausbildungsbetriebs bestellte Person

1. seit mindestens zwei Jahren die Ausbildungsfahrlehrerlaubnis nach § 16 Absatz 1 Satz 1 besitzt oder

---

[1)] § 35 neu gef. mWv 1.1.2020 durch G v. 4.8.2019 (BGBl. I S. 1190).

2. die Ausbildungsfahrlehrerlaubnis besitzt und seit mindestens zwei Jahren im Besitz der Fahrschulerlaubnis ist.

(2) [1] Der Inhaber der Ausbildungsfahrschule oder die verantwortliche Leitung des Ausbildungsbetriebs, in dem Fahrlehrer ausgebildet werden, hat dafür zu sorgen, dass Ausbildungsfahrlehrer ihren Verpflichtungen nach § 16 Absatz 3 nachkommen. [2] Bietet er nicht die Gewähr dafür, dass diesen Verpflichtungen nachgekommen wird, kann die nach Landesrecht zuständige Behörde die Ausbildung von Fahrlehreranwärtern untersagen.

Abschnitt 3. Fahrlehrerausbildungsstätten

§ 36 Notwendigkeit und sachlicher Geltungsbereich der amtlichen Anerkennung von Fahrlehrerausbildungsstätten. (1) Wer in einer Fahrlehrerausbildungsstätte Fahrlehreranwärter ausbildet oder ausbilden lässt, bedarf der amtlichen Anerkennung seines Betriebs durch die nach Landesrecht zuständige Behörde.

(2) Die Anerkennung wird auf Antrag für die Ausbildung zum Erwerb der Fahrlehrerlaubnis einzelner oder sämtlicher Fahrlehrerlaubnisklassen erteilt.

§ 37[1)] Voraussetzungen der amtlichen Anerkennung. (1) [1] Die amtliche Anerkennung wird erteilt, wenn

1. keine Tatsachen vorliegen, die den Inhaber oder die für die verantwortliche Leitung der Fahrlehrerausbildungsstätte bestellte Person für die Führung einer Fahrlehrerausbildungsstätte als unzuverlässig erscheinen lassen,
2. die Fahrlehrerausbildungsstätte eine verantwortliche Leitung hat, die in der Lage ist, den Unterricht sachkundig zu überwachen, und die Gewähr dafür bietet, dass die Pflichten des § 40 erfüllt werden,
3. der Fahrlehrerausbildungsstätte in ausreichender Anzahl Lehrkräfte zur Verfügung stehen, die in der Lage sind, in ihrem Aufgabenbereich den Fahrlehreranwärtern die nach § 7 notwendigen Kompetenzen zu vermitteln,
4. der Fahrlehrerausbildungsstätte der erforderliche Unterrichtsraum und die erforderlichen Lehrmittel und Lehrfahrzeuge zur Verfügung stehen,
5. ein sachgerechter Ausbildungsplan vorgelegt wird.

[2] Spätere Änderungen des Ausbildungsplans bedürfen der Genehmigung durch die nach Landesrecht zuständige Behörde. [3] Unzuverlässig im Sinne des Satzes 1 Nummer 1 ist der Antragsteller insbesondere dann, wenn er wiederholt die Pflichten gröblich verletzt hat, die ihm nach diesem Gesetz oder den auf Grund dieses Gesetzes erlassenen Rechtsverordnungen obliegen.

(2) [1] Ist der Inhaber eine juristische Person oder Personengesellschaft, wird die amtliche Anerkennung erteilt, wenn die in Absatz 1 Satz 1 Nummer 4 genannten Voraussetzungen erfüllt sind und keine Tatsachen vorliegen, die die durch Gesetz, Satzung oder Einzelprokura berechtigten Personen als unzuverlässig erscheinen lassen und eine von ihnen, die die Voraussetzung des Absatzes

---

[1)] § 37 Abs. 1 Satz 1 Nr. 1 geänd. mWv 1.1.2020 durch G v. 4.8.2019 (BGBl. I S. 1190).

1 Satz 1 Nummer 1 erfüllt, zur verantwortlichen Leitung der Fahrlehrerausbildungsstätte bestellt wird. [2] Absatz 1 Satz 3 gilt entsprechend.

§ 38[1)] Antrag auf amtliche Anerkennung. (1) [1] Im Antrag auf amtliche Anerkennung hat der Bewerber den Namen und die Anschrift der Fahrlehrerausbildungsstätte anzugeben. [2] Dem Antrag sind beizufügen

1. Unterlagen zum Nachweis der Eignung der für die verantwortliche Leitung der Fahrlehrerausbildungsstätte bestellten Person sowie eine Erklärung darüber, welche beruflichen Verpflichtungen die vorgesehene verantwortliche Leitung sonst noch zu erfüllen hat,
2. ein Verzeichnis der Lehrkräfte und Unterlagen zum Nachweis der Eignung der Lehrkräfte,
3. ein maßstabgerechter Plan der Unterrichtsräume mit Angaben über deren Ausstattung,
4. eine Erklärung, dass die vorgeschriebenen Lehrmittel zur Verfügung stehen,
5. eine Aufstellung über Anzahl und Art der Lehrfahrzeuge,
6. der Ausbildungsplan,
7. ein Auszug aus dem Gewerbezentralregister, der nicht älter als 3 Monate ist,
8. eine Bestätigung der zuständigen Finanzbehörde über die Erfüllung der steuerlichen Pflichten.

[3] Der Bewerber hat ferner ein Führungszeugnis im Sinne des § 30a Absatz 1 Nummer 1 des Bundeszentralregistergesetzes nach Maßgabe des § 30 Absatz 5 des Bundeszentralregistergesetzes vorzulegen, das nicht älter drei Monate sein darf. [4] Zur Ermittlung der Voraussetzungen nach § 37 Absatz 1 Satz 1 Nummer 1 hat die nach Landesrecht zuständige Behörde auf Kosten des Bewerbers eine Auskunft aus dem Fahreignungsregister einzuholen. [5] Die Sätze 3 und 4 gelten auch für die für die verantwortliche Leitung des Ausbildungsbetriebs vorgesehene Person.

(2) Dem Antrag einer juristischen Person oder Personengesellschaft ist außerdem ein beglaubigter Auszug aus dem Handelsregister oder Vereinsregister, dem Antrag eines nichtrechtsfähigen Vereins oder einer Gesellschaft bürgerlichen Rechts Unterlagen über die Vertretungsbefugnis der für ihn handelnden Personen beizufügen.

(3) [1] Die nach Landesrecht zuständige Behörde hat die Angaben in den Unterlagen nach Absatz 1 Satz 2 Nummer 3 bis 5 an Ort und Stelle zu prüfen. [2] § 51 Absatz 1 Satz 2 gilt entsprechend.

§ 39[2)] Erteilung der amtlichen Anerkennung. (1) Die amtliche Anerkennung bedarf der Schriftform.

(2) Die amtliche Anerkennung muss enthalten:

1. den Namen und die Anschrift der amtlich anerkannten Fahrlehrerausbildungsstätte,

---

[1)] § 38 Abs. 1 Satz 2 Nr. 1 geänd. mWv 1.1.2020 durch G v. 4.8.2019 (BGBl. I S. 1190).
[2)] § 39 Abs. 2 Nr. 2a eingef. mWv 1.1.2020 durch G v. 4.8.2019 (BGBl. I S. 1190).

2. den Namen und die Anschrift des Inhabers der amtlich anerkannten Fahrlehrerausbildungsstätte – bei natürlichen Personen auch die Vornamen und den Geburtstag und -ort,
2a. bei juristischen Personen oder Personengesellschaften die für die verantwortliche Leitung der Fahrlehrerausbildungsstätte bestellte Person mit Namen, Vornamen, Geburtstag und Geburtsort,
3. die Angabe, für welche Fahrlehrerlaubnisklasse nach § 17 Absatz 2 die Fahrlehreranwärter ausgebildet werden sollen, und
4. bestehende Auflagen.

§ 40 Allgemeine Pflichten des Inhabers und der für die verantwortliche Leitung der Fahrlehrerausbildungsstätte bestellten Person.

(1) [1]Der Inhaber oder die für die verantwortliche Leitung der Fahrlehrerausbildungsstätte bestellte Person hat dafür zu sorgen, dass die Ausbildung die für Fahrlehrer erforderlichen fachlichen sowie pädagogischen Kompetenzen vermittelt. [2]Geeignete Lehrkräfte müssen in ausreichender Anzahl zur Verfügung stehen. [3]Der Unterricht muss so gestaltet und die Lehrmittel und die sonstige Ausrüstung der Fahrlehrerausbildungsstätte müssen so beschaffen und bemessen sein, dass das Unterrichtsziel erreicht werden kann.

(2) [1]Die Ausbildung muss entsprechend einem von der nach Landesrecht zuständigen Behörde genehmigten Ausbildungsplan angeboten und durchgeführt werden. [2]Ein Abdruck des Ausbildungsplans im Sinne des § 37 Absatz 1 Satz 1 Nummer 5 ist den Fahrlehreranwärtern vor dem Abschluss des Ausbildungsvertrags auszuhändigen.

§ 41 Anzeigepflichten des Inhabers und der für die verantwortliche Leitung der Fahrlehrerausbildungsstätte bestellten Person. [1]Der Inhaber oder die für die verantwortliche Leitung der Fahrlehrerausbildungsstätte bestellte Person hat der nach Landesrecht zuständigen Behörde unverzüglich anzuzeigen

1. die Verlegung, die Stilllegung und die Schließung der Fahrlehrerausbildungsstätte,
2. die Bestellung und die Entlassung einer verantwortlichen Leitung der Fahrlehrerausbildungsstätte,
3. Änderungen im Lehrpersonal; der Anzeige über die Einstellung einer Lehrkraft sind Unterlagen zum Nachweis der Eignung beizufügen,
4. Verlegung der Unterrichtsräume,
5. bei juristischen Personen, nichtrechtsfähigen Vereinen oder Personengesellschaften als Inhabern der amtlich anerkannten Fahrlehrerausbildungsstätte die Bestellung oder das Ausscheiden von Personen, die nach Gesetz oder Satzung zur Vertretung berufen sind.

[2]Der Anzeige ist bei einer juristischen Person oder Personengesellschaft ein beglaubigter Auszug aus dem Handelsregister oder Vereinsregister, bei einem nichtrechtsfähigen Verein oder einer Gesellschaft bürgerlichen Rechts Unterlagen über die Vertretungsbefugnis der für ihn handelnden Personen beizufügen. [3]Der Anzeige nach Satz 1 Nummer 2 über die Bestellung sind Unterlagen zum Nachweis der Eignung und eine Erklärung darüber beizufügen, welche beruf-

lichen Pflichten die für die verantwortliche Leitung der Fahrlehrerausbildungsstätte bestellte Person sonst noch zu erfüllen hat.

§ 42[1)] Aufzeichnungen. (1) [1]Der Inhaber oder die für die verantwortliche Leitung der Fahrlehrerausbildungsstätte bestellte Person hat Aufzeichnungen über die Ausbildung nach Maßgabe der Sätze 2 und 3 zu führen. [2]Die Aufzeichnungen müssen enthalten:

1. Name, Vorname, Geburtsdatum und Anschrift jedes Fahrlehreranwärters,
2. die erstrebte Fahrlehrerlaubnisklasse,
3. Beginn und Ende der Ausbildungszeit,
4. Anzahl der Unterrichtseinheiten, aufgegliedert nach dem Ausbildungsplan,
5. die Ausbildungsfahrschule, in der hospitiert wurde, einschließlich des Zeitraums und Stundenumfangs der Hospitation.

[3]Die Aufzeichnungen sind den Fahrlehreranwärtern nach Abschluss der Ausbildung zur Unterschrift vorzulegen.

(2) [1]Die Aufzeichnungen sind von dem Inhaber oder der für die verantwortliche Leitung der Fahrlehrerausbildungsstätte bestellten Person nach Ablauf des Jahres, in welchem der Unterricht abgeschlossen worden ist, fünf Jahre lang aufzubewahren und der nach Landesrecht zuständigen Behörde und den von ihr beauftragten Personen oder Stellen auf Verlangen zur Prüfung vorzulegen. [2]Nach Ablauf dieser Frist sind sie von den in Absatz 1 genannten Personen unverzüglich zu löschen oder sonst zu vernichten.

§ 43 Rücknahme und Widerruf der amtlichen Anerkennung.

(1) [1]Die amtliche Anerkennung ist zurückzunehmen, wenn bei ihrer Erteilung eine der Voraussetzungen des § 37 nicht vorgelegen hat und nachträglich keine Ausnahme nach § 54 Absatz 1 erteilt worden ist. [2]Die nach Landesrecht zuständige Behörde kann von der Rücknahme absehen, wenn der Mangel nicht mehr besteht.

(2) Die Anerkennung ist zu widerrufen, wenn nachträglich eine der Voraussetzungen des § 37 weggefallen ist.

(3) Die Anerkennung kann widerrufen werden, wenn die Fahrlehrerausbildungsstätte aus einem von dem Inhaber zu vertretenden Grund über die Dauer eines Jahres keine Fahrlehrerausbildung durchgeführt hat oder die für die verantwortliche Leitung der Fahrlehrerausbildungsstätte bestellte Person wiederholt die Pflichten gröblich verletzt hat, die ihr nach diesem Gesetz oder den auf ihm beruhenden Rechtsverordnungen obliegen.

(4) Im Übrigen bleiben die verwaltungsverfahrensrechtlichen Vorschriften über Rücknahme und Widerruf von Verwaltungsakten unberührt.

---

1) § 42 Abs. 1 Satz 2 Nr. 4 geänd., Nr. 5 angef. mWv 1.1.2020 durch G v. 4.8.2019 (BGBl. I S. 1190).

Abschnitt 4. Sondervorschriften

§ 44[1)] Fahrlehrer, Fahrschulen und Fahrlehrerausbildungsstätten bei Behörden. (1) Der Bund, die Länder, die Gemeinden und andere Gebietskörperschaften dürfen eigene Fahrschulen einrichten und betreiben.

(2) Das Bundesministerium des Innern, für Bau und Heimat, das Bundesministerium der Finanzen, das Bundesministerium der Verteidigung, das Bundesministerium für Verkehr und digitale Infrastruktur und die nach Landesrecht für die Polizei zuständigen Behörden können jeweils für ihren Geschäftsbereich anordnen, dass die Aufgaben der zuständigen Behörden und der Prüfungsausschüsse von Dienststellen ihres Geschäftsbereichs wahrgenommen und für Fahrlehreranwärter Fahrlehrerausbildungsstätten eingerichtet und betrieben werden.

(3) Fahrschulen und Fahrlehrerausbildungsstätten nach den Absätzen 1 und 2 bedürfen keiner Fahrschulerlaubnis und keiner amtlichen Anerkennung.

(4) [1] Eine Dienststelle nach Absatz 2 darf eine Fahrlehrerlaubnis nur erteilen, wenn der Bewerber die Voraussetzungen des § 2 erfüllt. [2] Auf die Erteilung besteht kein Rechtsanspruch. [3] Sie kann jederzeit zurückgenommen oder widerrufen werden und erlischt, wenn der Inhaber aus dem öffentlichen Dienst ausscheidet. [4] Bei Angehörigen der Bundeswehr ruht sie, solange ein Dienstverhältnis nicht besteht. [5] Die erteilte Fahrlehrerlaubnis berechtigt Inhaber nur, Angehörige des öffentlichen Dienstes im dienstlichen Auftrag auszubilden. [6] § 4 Absatz 4 ist nicht anzuwenden.

(5) [1] Beantragt ein Inhaber einer nach Absatz 4 erteilten Fahrlehrerlaubnis eine entsprechende Fahrlehrerlaubnis nach § 1 in Verbindung mit § 2, gelten die allgemeinen Vorschriften. [2] Die Prüfung im Sinne des § 2 Absatz 1 Satz 1 Nummer 9 entfällt, wenn

1. der Bewerber
   a) in den letzten zwei Jahren in der Kraftfahrausbildung tätig war oder
   b) die Teilnahme an der Fortbildung gemäß § 53 nachweist und
2. nicht Tatsachen vorliegen, die Zweifel an der fachlichen Eignung des Bewerbers begründen.

[3] Die Sätze 1 und 2 gelten auch, wenn der Antrag innerhalb von zwei Jahren nach der Rücknahme, dem Widerruf, dem Erlöschen oder dem Eintritt des Ruhens der nach Absatz 4 erteilten Fahrlehrerlaubnis gestellt wird.

(6) [1] Hinsichtlich der Seminarerlaubnis sowie der Anerkennung der Träger von vorgeschriebenen Einweisungs- und Fortbildungslehrgängen gelten die Absätze 2 und 4 entsprechend. [2] Die Voraussetzung des § 45 Absatz 2 Nummer 2 gilt als erfüllt, wenn der Inhaber einer Fahrlehrerlaubnis nach Absatz 4 innerhalb der letzten fünf Jahre überwiegend theoretischen und praktischen Fahrschulunterricht erteilt hat.

(7) [1] Abweichend von § 9 kann einem Bewerber um die Fahrlehrerlaubnis der Bundeswehr, der Bundespolizei oder der Polizei in der Fahrlehrerlaubnisklasse CE eine Anwärterbefugnis erteilt werden, soweit dies aus dienstlichen

---

[1)] § 44 Abs. 2 geänd., Abs. 5 Satz 2 Nr. 1 neu gef., Abs. 9 angef. mWv 1.1.2020 durch G v. 4.8. 2019 (BGBl. I S. 1190).

Gründen erforderlich ist. [2]Der Ausbildungsfahrlehrer des Bewerbers muss in diesem Fall innerhalb der letzten fünf Jahre mindestens drei Jahre lang Fahrschülern, welche die Fahrerlaubnis der Klasse CE erwerben wollen, theoretischen und praktischen Unterricht erteilt haben.

(8) Die Fahrlehrerlaubnis der Bundeswehr kann in zusätzlichen Fahrlehrerlaubnisklassen erteilt werden.

(9) Das Bundesministerium des Innern, für Bau und Heimat, das Bundesministerium der Finanzen, das Bundesministerium der Verteidigung, das Bundesministerium für Verkehr und digitale Infrastruktur und die nach Landesrecht für die Polizei zuständigen Behörden können im Einvernehmen mit dem Bundesministerium für Verkehr und digitale Infrastruktur von den Regelungen dieses Gesetzes oder der auf diesem Gesetz beruhenden Rechtsverordnungen abweichen, soweit es die Besonderheiten ihrer Fahrlehrerausbildung erforderlich machen und eine gleichwertige Ausbildung sichergestellt ist.

Abschnitt 5. Seminarerlaubnis

§ 45[1)] Erfordernis, Inhalt und Voraussetzung der Seminarerlaubnis zur Durchführung von Aufbauseminaren. (1) Wer Aufbauseminare im Sinne des § 2a Absatz 2 Satz 1 Nummer 1 des Straßenverkehrsgesetzes[2)] durchführt, bedarf der Seminarerlaubnis (Seminarerlaubnis Aufbauseminar).

(2) [1]Eine Seminarerlaubnis Aufbauseminar wird auf Antrag erteilt, wenn der Fahrlehrer

1. mindestens die Fahrlehrerlaubnis der Klassen A und BE besitzt,
2. innerhalb der letzten fünf Jahre drei Jahre lang Fahrschülern hauptberuflich theoretischen und praktischen Unterricht erteilt hat,
3. im Fahreignungsregister mit nicht mehr als zwei Punkten belastet ist und
4. innerhalb der letzten zwei Jahre mit Erfolg an einem Einweisungslehrgang teilgenommen hat, der
   a) einen viertägigen Grundkursus und
   b) einen viertägigen programmspezifischen Kurs zur Durchführung des Aufbauseminars nach § 2a Absatz 2 Satz 1 Nummer 1 Straßenverkehrsgesetz besteht,

   umfasst.

[2]Die Seminarerlaubnis Aufbauseminar kann – auch nachträglich – mit Auflagen verbunden werden, soweit dies erforderlich ist, um die Einhaltung der Anforderungen an Aufbauseminare, deren ordnungsgemäße Durchführung und deren Überwachung sicherzustellen. [3]Die Seminarerlaubnis Aufbauseminar ist zu versagen, wenn Tatsachen vorliegen, die Bedenken gegen die Zuverlässigkeit des Antragstellers begründen.

(3) [1]Die Teilnahme an einem Einweisungslehrgang nach Absatz 2 Satz 1 Nummer 4 war erfolgreich, wenn der Teilnehmer an allen Veranstaltungen des

---

[1)] § 45 Abs. 3 Satz 2 aufgeh., bish. Satz 3 wird Satz 2 mWv 1.1.2020 durch G v. 4.8.2019 (BGBl. I S. 1190).

[2)] Nr. **10**.

Lehrgangs teilgenommen und durch aktive Beteiligung, insbesondere bei Übungsmoderationen, gezeigt hat, dass er zur Leitung des Aufbauseminars befähigt ist. [2] Die Träger der Kurse nach Absatz 2 Satz 1 Nummer 4 müssen von der nach Landesrecht zuständigen Behörde oder von einer durch sie bestimmten oder nach Landesrecht zuständigen Stelle anerkannt sein.

(4) [1] Die Seminarerlaubnis Aufbauseminar wird schriftlich erteilt. [2] Von der Seminarerlaubnis Aufbauseminar darf nur zusammen mit der Fahrschulerlaubnis oder im Rahmen eines Beschäftigungsverhältnisses mit dem Inhaber einer Fahrschule Gebrauch gemacht werden. [3] Der Inhaber oder die verantwortliche Leitung des Ausbildungsbetriebs muss ebenfalls die Seminarerlaubnis Aufbauseminar besitzen.

(5) Der Inhaber der Seminarerlaubnis Aufbauseminar darf personenbezogene Daten, die ihm als Seminarleiter bekanntgeworden sind, nur für die Durchführung des Seminars nutzen.

(6) Für Ruhen und Erlöschen der Seminarerlaubnis Aufbauseminar gilt § 13 entsprechend.

(7) [1] Die Seminarerlaubnis Aufbauseminar ist zurückzunehmen, wenn bei ihrer Erteilung eine der Voraussetzungen des Absatzes 2 nicht vorgelegen hat. [2] Die nach Landesrecht zuständige Behörde kann von der Rücknahme absehen, wenn der Mangel nicht mehr besteht. [3] Die Seminarerlaubnis Aufbauseminar ist zu widerrufen, wenn nachträglich eine der in Absatz 2 Satz 1 Nummer 1 und 3 genannten Voraussetzungen weggefallen ist. [4] Bedenken gegen die Zuverlässigkeit bestehen insbesondere dann, wenn die Seminarleitung wiederholt die Pflichten grob verletzt hat, die ihr nach diesem Gesetz oder den auf ihm beruhenden Rechtsverordnungen obliegen.

(8) [1] Wird nach Rücknahme, Widerruf oder Verzicht der Seminarerlaubnis Aufbauseminar eine neue Erlaubnis beantragt, ist Absatz 2 Satz 1 Nummer 1 bis 3 anzuwenden. [2] Innerhalb eines Jahres vor der Neuerteilung der Seminarerlaubnis Aufbauseminar hat der Antragsteller an einer Fortbildung nach § 53 Absatz 2 Satz 1 teilzunehmen.

§ 46[1)] Erfordernis, Inhalt und Voraussetzung der Seminarerlaubnis Verkehrspädagogik. (1) Wer die verkehrspädagogische Teilmaßnahme des Fahreignungsseminars im Sinne des § 4a Absatz 2 Satz 2 Nummer 1 des Straßenverkehrsgesetzes[2)] durchführt, bedarf der Erlaubnis (Seminarerlaubnis Verkehrspädagogik).

(2) [1] Die Seminarerlaubnis Verkehrspädagogik wird auf Antrag erteilt, wenn der Fahrlehrer

1. mindestens die Fahrlehrerlaubnis der Klassen A und BE besitzt,
2. innerhalb der letzten fünf Jahre drei Jahre lang Fahrschülern hauptberuflich theoretischen und praktischen Unterricht erteilt hat,
3. im Fahreignungsregister mit nicht mehr als zwei Punkten belastet ist und
4. innerhalb der letzten zwei Jahre erfolgreich an einem Einweisungslehrgang teilgenommen hat, der
   a) einen viertägigen verkehrspädagogischen Grundkurs,

[1)] § 46 Abs. 3 Satz 2 aufgeh. mWv 1.1.2020 durch G v. 4.8.2019 (BGBl. I S. 1190).
[2)] Nr. **10**.

b) einen viertägigen Kurs zur inhaltlichen Gestaltung der verkehrspädagogischen Teilmaßnahme des Fahreignungsseminars,

c) die Hospitation einer vollständigen verkehrspädagogischen Teilmaßnahme des Fahreignungsseminars und

d) eine eigenständige, durch die Lehrgangsleitung beaufsichtigte Durchführung einer vollständigen verkehrspädagogischen Teilmaßnahme des Fahreignungsseminars

umfasst.

[2]Die Seminarerlaubnis Verkehrspädagogik kann – auch nachträglich – mit Auflagen verbunden werden, soweit dies erforderlich ist, um die Einhaltung der Anforderungen an Fahreignungsseminare, deren ordnungsgemäße Durchführung und deren Überwachung sicherzustellen. [3]Die Seminarerlaubnis Verkehrspädagogik ist zu versagen, wenn Tatsachen vorliegen, die Bedenken gegen die Zuverlässigkeit des Antragstellers begründen.

(3) Die Teilnahme an einem Einweisungslehrgang nach Absatz 2 Satz 1 Nummer 4 war erfolgreich, wenn der Teilnehmer an allen Veranstaltungen des Lehrgangs teilgenommen und durch aktive Beteiligung, insbesondere bei Übungsmoderationen, gezeigt hat, dass er zur Erfüllung der aufgestellten Qualitätsmerkmale zur Seminardurchführung befähigt ist.

(4) [1]Die Seminarerlaubnis Verkehrspädagogik wird schriftlich erteilt. [2]Von der Seminarerlaubnis Verkehrspädagogik darf nur zusammen mit der Fahrschulerlaubnis oder im Rahmen eines Beschäftigungsverhältnisses mit dem Inhaber einer Fahrschule Gebrauch gemacht werden. [3]Der Inhaber oder die verantwortliche Leitung der Fahrschule muss ebenfalls die Seminarerlaubnis Verkehrspädagogik besitzen.

(5) [1]Der Inhaber der Seminarerlaubnis Verkehrspädagogik hat personenbezogene Daten, die ihm als Seminarleitung der verkehrspädagogischen Teilmaßnahme bekannt geworden sind, zu speichern und fünf Jahre nach der Ausstellung einer vorgeschriebenen Teilnahmebescheinigung unverzüglich zu löschen. [2]Die Daten nach Satz 1 dürfen

1. vom Inhaber der Seminarerlaubnis Verkehrspädagogik längstens neun Monate nach der Ausstellung der Teilnahmebescheinigung für die Durchführung des jeweiligen Fahreignungsseminars genutzt werden,
2. vom Inhaber der Seminarerlaubnis Verkehrspädagogik der Bundesanstalt für Straßenwesen übermittelt und von dieser zur Evaluierung nach § 49 genutzt werden,
3. von der Bundesanstalt für Straßenwesen oder in ihrem Auftrag an Dritte, die die Evaluierung nach § 49 im Auftrag der Bundesanstalt für Straßenwesen durchführen oder an ihr beteiligt sind, übermittelt und von Dritten für die Evaluierung genutzt werden,
4. vom Inhaber der Seminarerlaubnis Verkehrspädagogik ausschließlich in Gestalt von Name, Vorname, Geburtsdatum und Anschrift der Seminarteilnehmer sowie deren Unterschrift auf der Teilnehmerliste
   a) der nach Landesrecht zuständigen Behörde übermittelt und von dieser zur Überwachung nach Absatz 7 genutzt werden,
   b) an Dritte, die ein von der nach Landesrecht zuständigen Behörde genehmigtes Qualitätssicherungssystem nach § 51 Absatz 6 betreiben und an

dem der Inhaber der Seminarerlaubnis Verkehrspädagogik teilnimmt, übermittelt und im Rahmen dieses Qualitätssicherungssystems genutzt werden.

[3] Der Empfänger nach Satz 2 hat die Daten unverzüglich zu löschen, wenn sie nicht mehr für die in Satz 2 jeweils genannten Zwecke benötigt werden, spätestens jedoch fünf Jahre nach der Ausstellung der Teilnahmebescheinigung nach Satz 1.

(6) Für Ruhen und Erlöschen der Seminarerlaubnis Verkehrspädagogik gilt § 13 entsprechend.

(7) [1] Die Seminarerlaubnis Verkehrspädagogik ist zurückzunehmen, wenn bei ihrer Erteilung eine der Voraussetzungen des Absatzes 2 nicht vorgelegen hat. [2] Die nach Landesrecht zuständige Behörde kann von der Rücknahme absehen, wenn der Mangel nicht mehr besteht. [3] Die Seminarerlaubnis Verkehrspädagogik ist zu widerrufen, wenn nachträglich eine der in Absatz 2 genannten Voraussetzungen weggefallen ist. [4] Bedenken gegen die Zuverlässigkeit bestehen insbesondere dann, wenn die Seminarleitung wiederholt die Pflichten grob verletzt hat, die ihr nach diesem Gesetz oder den auf ihm beruhenden Rechtsverordnungen obliegen.

(8) [1] Wird nach Rücknahme, Widerruf oder Verzicht der Seminarerlaubnis Verkehrspädagogik eine neue Erlaubnis beantragt, ist Absatz 2 Satz 1 Nummer 1 bis 3 anzuwenden. [2] Innerhalb eines Jahres vor der Neuerteilung der Seminarerlaubnis Verkehrspädagogik hat der Antragsteller an einer Fortbildung nach § 53 Absatz 2 Nummer 2 teilzunehmen.

§ 47[1)] Voraussetzungen für die Durchführung von Einweisungslehrgängen nach § 46 Absatz 2 Satz 1 Nummer 4. (1) [1] Zur Durchführung von Einweisungslehrgängen nach § 46 Absatz 2 Satz 1 Nummer 4 ist berechtigt, wer von der nach Landesrecht zuständigen Behörde anerkannt ist. [2] Die Anerkennung ist auf Antrag zu erteilen, wenn der Bewerber folgende Voraussetzungen erfüllt:

1. Vorlage eines Ausbildungsprogramms, mit dem Kenntnisse und Fähigkeiten vermittelt werden, die erforderlich sind, um die verkehrspädagogische Teilmaßnahme des Fahreignungsseminars nach § 4a Absatz 2 Satz 2 Nummer 1 des Straßenverkehrsgesetzes[2)] und der auf Grund des Straßenverkehrsgesetzes erlassenen Rechtsvorschriften durchzuführen,
2. Nachweis geeigneter Räumlichkeiten sowie einer sachgerechten Ausstattung,
3. Nachweis der folgenden Qualifikation
   a) Seminarerlaubnis Aufbauseminar nach § 45, Seminarerlaubnis für Aufbauseminare nach § 31 in der bis zum Ablauf des 30. April 2014 anwendbaren Fassung oder Seminarerlaubnis für Aufbauseminare nach § 45 und eine mindestens dreijährige Erfahrung in der Durchführung eines dieser Seminare oder
   b) Abschluss eines Hochschulstudiums mit bildungswissenschaftlichem Schwerpunkt und Diplom- oder gleichwertigem Studienabschluss, Besitz

---

1) § 47 Abs. 1 Satz 2 Nr. 3 Buchst. b geänd. mWv 1.1.2020 durch G v. 4.8.2019 (BGBl. I S. 1190).
2) Nr. **10**.

der Fahrerlaubnis der Klasse BE und mindestens dreijährige Berufserfahrung in der Erwachsenenbildung,

4. Belastung mit nicht mehr als zwei Punkten im Fahreignungsregister und
5. Teilnahme an einem mindestens viertägigen Einführungsseminar für Lehrgangsleitungen von Einweisungslehrgängen bei einem von der nach Landesrecht zuständigen Behörde anerkannten Träger.

[3] Die Anerkennung ist zu versagen, wenn Tatsachen vorliegen, die Bedenken gegen die Zuverlässigkeit des Bewerbers begründen. [4] Die Anerkennung kann – auch nachträglich – mit Auflagen, insbesondere hinsichtlich der Aufsicht über die Durchführung der Einweisungslehrgänge sowie der Teilnahme an Fortbildungsmaßnahmen verbunden werden, soweit dies erforderlich ist, um die Einhaltung der Anforderungen an Einweisungslehrgänge, deren ordnungsgemäße Durchführung und deren Überwachung sicherzustellen.

(2) [1] Der Einweisungslehrgang besteht mindestens aus einem viertägigen verkehrspädagogischen Grundkurs und einem viertägigen spezialisierten Kurs, in dem die Inhalte der verkehrspädagogischen Teilmaßnahme des Fahreignungsseminars vermittelt werden. [2] Die Kurse sollen an jeweils vier zusammenhängenden Tagen stattfinden. [3] Ihre tägliche Dauer beträgt acht Unterrichtseinheiten zu je 45 Minuten. [4] Die Zahl der Teilnehmer darf zwölf nicht überschreiten.

§ 48 Voraussetzungen für die Durchführung von Einführungsseminaren für Lehrgangsleitungen nach § 47 Absatz 1 Nummer 5. [1] Zur Durchführung von Einführungsseminaren für Lehrgangsleitungen ist ein Träger berechtigt, der von der nach Landesrecht zuständigen Behörde anerkannt ist. [2] Die amtliche Anerkennung wird auf Antrag erteilt, wenn der Träger ein auf wissenschaftlicher Grundlage entwickeltes Ausbildungsprogramm vorgelegt hat, mit dem Kenntnisse und Fähigkeiten vermittelt werden, die erforderlich sind, um eine einheitliche Qualität bei der Durchführung der Einweisungslehrgänge nach § 47 zu gewährleisten. [3] Für die wissenschaftliche Beurteilung des Ausbildungsprogramms kann sich die nach Landesrecht zuständige Behörde geeigneter Personen oder Stellen bedienen.

§ 49 Evaluierung. [1] Das Fahreignungsseminar, die Vorschriften hierzu und der Vollzug einschließlich insbesondere der Einweisungslehrgänge und Einführungsseminare werden von der Bundesanstalt für Straßenwesen wissenschaftlich begleitet und evaluiert. [2] Die Evaluierung hat insbesondere zu untersuchen, ob das Fahreignungsseminar eine verhaltensverbessernde Wirkung im Hinblick auf die Verkehrssicherheit hat. [3] Die Bundesanstalt für Straßenwesen legt das Ergebnis der Evaluierung bis zum 1. Mai 2019 dem Bundesministerium für Verkehr und digitale Infrastruktur in einem Bericht zur Weiterleitung an den Deutschen Bundestag vor.

Abschnitt 6. Gemeinsame Vorschriften

§ 50[1)] Zuständigkeiten. (1) Dieses Gesetz und die auf Grund dieses Gesetzes erlassenen Rechtsverordnungen werden von den nach Landesrecht zuständigen Behörden ausgeführt soweit nicht Abweichendes geregelt ist.

(2) Örtlich zuständig nach Absatz 1 ist

1. in Angelegenheiten der Anwärterbefugnis, der Fahrlehrerlaubnis, der Ausbildungsfahrlehrerlaubnis und der Seminarerlaubnis die nach Landesrecht zuständige Behörde des Wohnsitzes des Fahrlehreranwärters oder des Erlaubnisinhabers, in Ermangelung eines Wohnsitzes die des Aufenthaltsortes, in Ermangelung eines Wohnsitzes und eines Aufenthaltsortes die des geplanten Beschäftigungsortes oder im Fall des § 3 Absatz 1 Satz 2 die des Ortes, an dem erstmals Fahrschüler ausgebildet werden sollen; die Zuständigkeit geht auf die nach Landesrecht zuständige Behörde des Beschäftigungsortes über, sobald der Inhaber der Fahrlehrerlaubnis die Tätigkeit als Fahrlehrer aufnimmt,
2. in Angelegenheiten der Fahrschulerlaubnis die nach Landesrecht zuständige Behörde des Sitzes der Fahrschule oder unter den Voraussetzungen des § 21 Satz 2 in Verbindung mit § 3 Absatz 1 Satz 2 die des Ortes, an dem erstmals Fahrschüler selbstständig ausgebildet werden sollen oder ausgebildet werden,
3. in Angelegenheiten der Kooperationen die nach Landesrecht zuständige Behörde des Sitzes der Auftrag gebenden Fahrschule,
4. in Angelegenheiten der Zweigstellen die nach Landesrecht zuständige Behörde des Sitzes der Zweigstelle,
5. in Angelegenheiten der Fahrlehrerausbildungsstätten die nach Landesrecht zuständige Behörde des Sitzes der Ausbildungsstätte.

§ 51[2)] Überwachung. (1) [1] Die nach Landesrecht zuständige Behörde überwacht die Fahrlehrer, die Fahrschulen und deren Zweigstellen, die Fahrlehrerausbildungsstätten sowie die Träger von Einweisungsseminaren nach § 16 Absatz 1, Träger von Einweisungslehrgängen nach § 45 Absatz 2 Satz 1 Nummer 4 und § 46 Absatz 2 Satz 1 Nummer 4, die Träger von Einführungslehrgängen für Lehrgangsleitungen nach § 47 Absatz 1 Satz 1 Nummer 5 und die Träger von Fortbildungslehrgängen nach § 53 Absatz 1, 2 und 3. [2] Sie kann sich hierbei geeigneter Personen und Stellen nach Landesrecht bedienen.

(2) Die Überwachung umfasst

1. vorbehaltlich der Nummer 2 die Überwachung der Einhaltung fahrlehrerrechtlicher Vorschriften insbesondere die Einhaltung der Ausstattungsstandards und der Aufzeichnungspflichten und
2. die Beurteilung der fachlichen und pädagogischen Qualität der Fahrschulausbildung, der Seminare und Lehrgänge.

(3) Die nach Landesrecht zuständige Behörde soll dazu mindestens alle zwei Jahre vor Ort insbesondere prüfen, ob

---

[1)] § 50 Abs. 2 Nr. 1 geänd. mWv 1.1.2020 durch G v. 4.8.2019 (BGBl. I S. 1190).

[2)] § 51 Abs. 1 Satz 1, Abs. 3 Nr. 1 und Abs. 6 Satz 3 geänd. mWv 1.1.2020 durch G v. 4.8.2019 (BGBl. I S. 1190).

1. die Ausbildung, die Aufbauseminare nach § 2a Absatz 2 Satz 1 Nummer 1 des Straßenverkehrsgesetzes[1)], die verkehrspädagogische Teilmaßnahme der Fahreignungsseminare nach § 4a Absatz 2 Nummer 1 des Straßenverkehrsgesetzes, die Einweisungsseminare nach § 16 Absatz 1 Satz 2 Nummer 2, die Einweisungslehrgänge nach § 45 Absatz 2 Satz 1 Nummer 4 und § 46 Absatz 2 Satz 1 Nummer 4, der Einführungslehrgang nach § 47 Absatz 1 Satz 1 Nummer 5 und die Fortbildungslehrgänge nach § 53 Absatz 1, 2 und 3 ordnungsgemäß durchgeführt werden,
2. die Unterrichtsräume, Lehrmittel und Lehrfahrzeuge zur Verfügung stehen und den gesetzlichen Vorschriften entsprechen und
3. die sonstigen Pflichten auf Grund dieses Gesetzes und der auf ihm beruhenden Rechtsverordnungen erfüllt werden.

(4) [1] Die mit der Prüfung beauftragten Personen sind befugt,
1. während der üblichen Geschäftszeiten Grundstücke und Geschäftsräume des Erlaubnisinhabers zu betreten,
2. dort Prüfungen und Besichtigungen vorzunehmen,
3. dem Unterricht, den Aufbauseminaren nach § 2a Absatz 2 Satz 1 Nummer 1 des Straßenverkehrsgesetzes, den verkehrspädagogischen Teilmaßnahmen der Fahreignungsseminare nach § 4a Absatz 2 Nummer 1 des Straßenverkehrsgesetzes, den Einweisungslehrgängen nach den § 45 Absatz 2 Satz 1 Nummer 4 und § 46 Absatz 2 Satz 1 Nummer 4 und dem Einführungslehrgang nach § 47 Absatz 1 Satz 1 Nummer 5 und den Fortbildungslehrgängen nach § 53 Absatz 1, 2 und 3 beizuwohnen und
4. in die vorgeschriebenen Aufzeichnungen Einsicht zu nehmen, Ablichtungen zu fertigen und diese sicherzustellen,
5. von natürlichen und juristischen Personen und nicht rechtsfähigen Personenvereinigungen alle erforderlichen Auskünfte zu verlangen.

[2] Der nach Satz 1 Verpflichtete hat die Maßnahmen nach Satz 1 Nummer 1 bis 4 zu dulden, die in der Überwachung tätigen Personen bei der Erfüllung ihrer Aufgabe zu unterstützen. [3] Der nach Satz 1 Verpflichtete hat den in der Überwachung tätigen Personen auf Verlangen unverzüglich die in Satz 1 Nummer 5 genannten Auskünfte zu erteilen. [4] Der nach Satz 1 Verpflichtete kann die Auskunft auf solche Fragen verweigern, deren Beantwortung ihn selbst oder einen der in § 383 Absatz 1 Nummer 1 bis 3 der Zivilprozessordnung bezeichneten Angehörigen der Gefahr strafgerichtlicher Verfolgung oder eines Verfahrens nach dem Gesetz über Ordnungswidrigkeiten aussetzen würde.

(5) Die in Absatz 3 Satz 1 genannte Frist kann von der nach Landesrecht zuständigen Behörde auf vier Jahre verlängert werden, wenn in zwei aufeinanderfolgenden Überwachungen keine oder nur geringfügige Mängel festgestellt worden sind.

(6) [1] Erhält die Behörde, welche eine Fahrlehrerlaubnis nach § 1 oder eine Fahrschulerlaubnis nach § 17 erteilt hat, von einer öffentlichen Stelle eines anderen Mitgliedstaats der Europäischen Union, eines anderen Vertragsstaats des Abkommens über den Europäischen Wirtschaftsraum oder der Schweiz, in dem der Inhaber der jeweiligen Erlaubnis die Fahrlehrertätigkeit ausübt, Mit-

---

[1)] Nr. **10**.

teilung über eine Tatsache, auf Grund derer eine Rücknahme oder ein Widerruf der Erlaubnis in Betracht kommt, so prüft sie die Richtigkeit der übermittelten Tatsache, befindet über Art und Ausmaß der nach diesem Gesetz oder einer auf Grund dieses Gesetzes erlassenen Rechtsverordnung durchzuführenden Maßnahmen und unterrichtet die öffentliche Stelle, die die Tatsache übermittelt hat, über die Maßnahmen, die sie oder eine andere inländische Behörde auf Grund der übermittelten Tatsache trifft. [2]Die Daten über die von der inländischen Behörde getroffenen Maßnahmen sind mit der Maßgabe zu übermitteln, dass sie nur verwendet werden dürfen, soweit dies erforderlich ist

1. für Verwaltungsmaßnahmen auf dem Gebiet des Fahrlehrerrechts,
2. zur Verfolgung von Zuwiderhandlungen gegen Rechtsvorschriften auf dem Gebiet des Fahrlehrerrechts oder
3. zur Verfolgung von Straftaten, die im Zusammenhang mit der Tätigkeit als Fahrlehrer stehen.

[3]Die Übermittlung unterbleibt, soweit die betroffene Person ein schutzwürdiges Interesse an dem Ausschluss der Übermittlung der Daten hat, insbesondere wenn im Empfängerstaat ein angemessenes Datenschutzniveau nicht gewährleistet ist.

(7) [1]Die nach Landesrecht zuständigen Behörden können von der wiederkehrenden Überwachung nach Absatz 3 absehen, wenn die in Absatz 1 Satz 1 genannten Einrichtungen oder Personen sich einem von der nach Landesrecht zuständigen Behörde genehmigten Qualitätssicherungssystem angeschlossen haben. [2]Die Befugnis der nach Landesrecht zuständigen Behörde zur Überwachung im Sinne des Absatzes 2 bleibt unberührt.

§ 52 Mitteilung über Eignungs- und Zuverlässigkeitsmängel. [1]Die Polizei, bei Straftaten die Staatsanwaltschaft, hat den nach Landesrecht zuständigen Behörden Informationen über Tatsachen, die auf nicht nur vorübergehende Mängel hinsichtlich der Eignung oder auf Mängel hinsichtlich der Zuverlässigkeit einer Person für den Fahrlehrerberuf schließen lassen, zu übermitteln, soweit dies für die Überprüfung der Eignung oder Zuverlässigkeit aus der Sicht der übermittelnden Stelle erforderlich ist. [2]Soweit die mitgeteilten Informationen für die Beurteilung der Eignung oder Zuverlässigkeit nicht erforderlich sind, sind die Unterlagen unverzüglich zu vernichten.

§ 53[1)] Fortbildung. (1) [1]Jeder Fahrlehrer hat nach Maßgabe der Sätze 2 und 3 alle vier Jahre an einem jeweils dreitägigen Fortbildungslehrgang teilzunehmen. [2]Die Lehrgänge sind an aufeinanderfolgenden Tagen durchzuführen. [3]Hiervon kann der Fahrlehrer abweichen; die Dauer der Fortbildung beträgt dann vier Tage.

(2) Inhaber

1. einer Seminarerlaubnis Aufbauseminar und
2. einer Seminarerlaubnis Verkehrspädagogik

[1)] § 53 Abs. 3, 5 und 9 neu gef., Abs. 4 Satz 1 geänd., Satz 2 aufgeh., bish. Sätze 3 und 4 werden Sätze 2 und 3, Abs. 7 geänd. mWv 1.1.2020 durch G v. 4.8.2019 (BGBl. I S. 1190).

haben ferner alle zwei Jahre an jeweils einer eintägigen Fortbildung für die jeweilige Erlaubnis teilzunehmen, in der Inhalte und Methoden der Durchführung für das jeweilige Seminar vermittelt werden.

(3) Ausbildungsfahrlehrer nach § 16 haben außerdem alle vier Jahre an einer eintägigen Fortbildung teilzunehmen.

(4) [1] In den Fällen der Absätze 1 bis 3 beginnt die Frist mit Ablauf des Jahres, in dem die jeweilige Erlaubnis erteilt wurde. [2] Die Nachweise sind spätestens innerhalb von zwei Wochen nach Ablauf der jeweiligen Fortbildungsfrist der nach Landesrecht zuständigen Behörde vorzulegen. [3] Die Frist für die nächste Fortbildung beginnt mit dem Ablauf der letzten Fortbildungsfrist.

(5) Die Fortbildungspflicht nach Absatz 1 Satz 3 zweiter Halbsatz verringert sich, wenn der Fahrlehrer innerhalb der Frist nach Absatz 1 seine Fortbildungspflicht nach den Absätzen 2 und 3 oder nach einer auf Grund des § 68 erlassenen Rechtsverordnung erfüllt hat, um jeweils einen Tag auf bis zu einen Tag.

(6) Bei Lehrgängen nach Absatz 1 darf die Zahl der Teilnehmer 36, bei Lehrgängen nach Absatz 2 und 3 darf die Zahl der Teilnehmer 16 nicht überschreiten.

(7) Wird gegen die Fortbildungspflicht nach den Absätzen 1 bis 3 verstoßen und kommt der Inhaber der entsprechenden Erlaubnis der Pflicht auch innerhalb einer von der nach Landesrecht zuständigen Behörde gesetzten Frist nicht nach, kann die entsprechende Erlaubnis widerrufen werden.

(8) Die tägliche Dauer beträgt acht Unterrichtseinheiten zu 45 Minuten.

(9) [1] Inhaber einer Fahrlehrerlaubnis, die nicht mehr von ihrer Fahrlehrerlaubnis Gebrauch machen oder deren Fahrerlaubnis nach § 13 Absatz 2 ruht, haben eine Fortbildung nach Absatz 1 abzuschließen, wenn eine auf der Fahrlehrerlaubnis beruhende Tätigkeit wieder aufgenommen wird und zu diesem Zeitpunkt die Vierjahresfrist abgelaufen ist. [2] Sind sie zugleich Inhaber einer Erlaubnis nach § 16 Absatz 1, § 45 Absatz 1 oder § 46 Absatz 1, haben sie zusätzlich jeweils eine Fortbildung nach den Absätzen 2 oder 3 abzuschließen, wenn eine entsprechende Tätigkeit wieder aufgenommen wird und zu diesem Zeitpunkt

1. im Fall des Absatzes 2 die Zweijahresfrist,
2. im Fall des Absatzes 3 die Vierjahresfrist

abgelaufen ist. [3] Satz 1 gilt bei der Neuerteilung der Fahrlehrerlaubnis nach § 15 entsprechend.

(10) Der Träger der Lehrgänge nach Absatz 1 bis 3 bedarf einer Anerkennung durch die nach Landesrecht zuständige Behörde.

§ 54[1)] Ausnahmen. (1) [1] Die nach Landesrecht zuständigen Behörden können Ausnahmen genehmigen

1. von folgenden Voraussetzungen für die Erteilung einer Fahrlehrerlaubnis
   a) Mindestalter nach § 2 Absatz 1 Satz 1 Nummer 1,
   b) Eignung nach § 2 Absatz 1 Satz 1 Nummer 2,

[1)] § 54 Abs. 1 Satz 1 Nr. 4a eingef., Nr. 9, 13, Satz 2 und Abs. 4 geänd., Abs. 2 Nr. 2 aufgeh. mWv 1.1.2020 durch G v. 4.8.2019 (BGBl. I S. 1190).

c) Bildungsabschluss nach § 2 Absatz 1 Satz 1 Nummer 5,
d) Ausbildung zum Fahrlehrer nach § 2 Absatz 1 Satz 1 Nummer 8,

2. von der Dauer der Ausbildung nach § 7 Absatz 3,
3. von der Eignung nach § 11 Absatz 1,
4. vom Erlöschen der Anwärterbefugnis nach § 9 Absatz 1 Satz 5,

4a. von der Prüfung nach § 15 Absatz 2 Satz 2,

5. von den Voraussetzungen für die Tätigkeit als Ausbildungsfahrlehrer nach § 16 Absatz 1,
6. von den Voraussetzungen für die Erteilung einer Fahrschulerlaubnis nach § 18 Absatz 1 Satz 1 Nummer 4 und 5,
7. von Voraussetzungen für die Erteilung einer Fahrschulerlaubnis an eine juristische Person nach § 18 Absatz 2,
8. von den Vorgaben für die Bestellung einer verantwortlichen Leitung nach dem Tod des Inhabers der Fahrschule nach § 28 Absatz 2,
9. von den Voraussetzungen für den Betrieb oder die Leitung einer Ausbildungsfahrschule nach § 35 Absatz 1 Buchstabe a oder b,
10. von den Voraussetzungen für die Erteilung der Seminarerlaubnis Aufbauseminare nach § 45 Absatz 2 Satz 1 Nummer 2 und 3,
11. von den Voraussetzungen für die Erteilung der Seminarerlaubnis Verkehrspädagogik nach § 46 Absatz 2 Satz 1 Nummer 2 bis 4,
12. von den Voraussetzungen für die Durchführung von Einweisungslehrgängen nach § 47 Absatz 1 Satz 2 Nummer 2 bis 4 sowie
13. von den Vorschriften der auf § 68 Absatz 1 Nummer 13 beruhenden Rechtsverordnung zu Einzelheiten der Voraussetzungen der Fahrschulerlaubnis und des Betriebs einer Fahrschule.

[2] Von den auf Grund des § 68 Absatz 1 Nummer 14 erlassenen Rechtsverordnungen können Ausnahmen von den Anforderungen an die Unterrichtsräume, die Lehrmittel und die Lehrfahrzeuge genehmigt werden. [3] Die Ausnahmen nach Satz 1 oder Satz 2 können nur genehmigt werden, wenn Gründe der Verkehrssicherheit nicht entgegenstehen.

(2) In den Fällen des Absatzes 1 kann eine Ausnahme genehmigt werden von

1. § 2 Absatz 1 Satz 1 Nummer 1, wenn der Bewerber die erforderliche Eignung für den Fahrlehrerberuf durch Vorlage eines medizinisch-psychologischen Gutachtens nachgewiesen hat,
2. *(aufgehoben)*
3. § 2 Absatz 1 Satz 1 Nummer 8, wenn der Bewerber eine andere Ausbildung oder eine Berufstätigkeit von ausreichender Dauer nachweist, die ihm den Erwerb der für einen Fahrlehrer notwendigen Kenntnisse und Fertigkeiten ganz oder überwiegend ermöglicht haben kann,
4. § 18 Absatz 1 Nummer 4, wenn der Bewerber eine andere Tätigkeit von ausreichender Dauer nachweist, die ihm den Erwerb der für eine Fahrschulleitung nötigen Fertigkeiten und Erfahrungen ermöglicht haben kann,
5. § 18 Absatz 1 Nummer 5, wenn der Bewerber nachweist, dass er die erforderlichen Kenntnisse auf andere Weise erworben hat.

(3) [1]Abweichend von § 18 Absatz 1 Satz 1 Nummer 3 kann die nach Landesrecht zuständige Behörde dem Inhaber der Fahrschulerlaubnis, der die Fahrerlaubnis der Klasse CE oder DE nicht mehr besitzt, weiterhin die Leitung der Fahrschule gestatten, wenn die körperliche und geistige Eignung im Sinne des § 2 Absatz 1 Satz 1 Nummer 2 vorliegt. [2]Dies gilt auch bei einer Fahrschulerlaubnis oder Personengesellschaft, wenn die zur Vertretung berechtigte Person keine Fahrerlaubnis der Klassen CE oder DE mehr besitzt und wenn die körperliche und geistige Eignung im Sinne des § 2 Absatz 1 Satz 1 Nummer 2 vorliegt.

(4) Das Bundesministerium des Innern, für Bau und Heimat, das Bundesministerium der Verteidigung und die für die Polizei zuständigen obersten Landesbehörden können die nach § 44 Absatz 2 zuständigen Dienststellen ihres Geschäftsbereichs befugen, Ausnahmen von § 12 Satz 4 und 5, § 31 Absatz 1 und 2, § 35 Absatz 1 Satz 2 Nummer 1 und 2, § 40 Absatz 2 Satz 2 und von den Vorschriften der auf Grund des § 68 Absatz 1 Nummer 13 erlassenen Rechtsverordnungen zuzulassen, soweit dies aus dienstlichen Gründen geboten ist.

§ 55 Kosten. (1) Für Amtshandlungen, einschließlich Prüfungen und Untersuchungen nach diesem Gesetz und nach den auf diesem Gesetz beruhenden Rechtsvorschriften, werden Kosten (Gebühren und Auslagen) erhoben.

(2) [1]Das Bundesministerium für Verkehr und digitale Infrastruktur wird ermächtigt, durch Rechtsverordnung mit Zustimmung des Bundesrates die gebührenpflichtigen Tatbestände zu bestimmen und dabei feste Sätze, auch in Form von Zeitgebühren, oder Rahmensätze vorzusehen. [2]Die Gebührensätze sind so zu bemessen, dass der mit der Amtshandlung verbundene Personal- und Sachaufwand gedeckt wird. [3]Der Aufwand für eine externe Begutachtung kann als Auslage in Ansatz gebracht werden. [4]Bei begünstigenden Amtshandlungen sind die Bedeutung, der wirtschaftliche Wert und der sonstige Nutzen für den Gebührenschuldner angemessen zu berücksichtigen. [5]Im Bereich der Gebühren der Landesbehörden übt das Bundesministerium für Verkehr und digitale Infrastruktur die Ermächtigung auf der Grundlage eines Antrags oder einer Stellungnahme von mindestens fünf Ländern beim Bundesministerium für Verkehr und digitale Infrastruktur aus. [6]Der Antrag oder die Stellungnahme sind mit einer Schätzung des Personal- und Sachaufwands zu begründen. [7]Das Bundesministerium für Verkehr und digitale Infrastruktur kann die übrigen Länder ebenfalls zur Beibringung einer Schätzung des Personal- und Sachaufwands auffordern.

(3) [1]In der Rechtsverordnung nach Absatz 2 kann bestimmt werden, dass die für die Prüfung oder Untersuchung zulässige Gebühr auch erhoben werden darf, wenn die Prüfung oder Untersuchung ohne Verschulden der prüfenden oder untersuchenden Stelle und ohne ausreichende Entschuldigung des Bewerbers oder Antragstellers am festgesetzten Termin nicht stattfinden konnte. [2]Soweit Prüfungen und Untersuchungen von amtlich anerkannten Sachverständigen oder Prüfern für den Kraftfahrzeugverkehr oder amtlich anerkannten Begutachtungsstellen für Fahreignung durchgeführt werden, gilt § 6a Absatz 3 Satz 2 des Straßenverkehrsgesetzes[1)] entsprechend. [3]Ferner können in der Rechtsverordnung die Kostenbefreiung, die Kostengläubigerschaft, die Kosten-

---

[1)] Nr. **10**.

schuldnerschaft, der Umfang der zu erstattenden Auslagen und die Kostenerhebung abweichend von den Vorschriften des Verwaltungskostengesetzes in der bis zum 14. August 2013 geltenden Fassung geregelt werden.

§ 56[1)] Bußgeldvorschriften. (1) Ordnungswidrig handelt, wer vorsätzlich oder fahrlässig:

1. entgegen § 1 Absatz 1 Satz 1 einen Fahrschüler ausbildet,
2. entgegen § 1 Absatz 4 Satz 1 von einer Fahrlehrerlaubnis Gebrauch macht,
3. entgegen § 1 Absatz 4 Satz 2 von einer Anwärterbefugnis Gebrauch macht,
4. entgegen § 6 Satz 1 oder § 25 Satz 1 eine Meldung nicht, nicht richtig, nicht vollständig, oder nicht rechtzeitig abgibt,
5. entgegen § 10 Absatz 1 Satz 2 eine dort genannte Bescheinigung nicht mitführt oder nicht aushändigt,
6. entgegen § 10 Absatz 2 Satz 2, § 10 Absatz 3 Satz 2 oder § 26 Absatz 3 Satz 2 eine dort genannte Bescheinigung nicht oder nicht rechtzeitig vorlegt,
7. entgegen § 13 Absatz 5 oder § 14 Absatz 4 eine dort genannte Bescheinigung nicht oder nicht rechtzeitig zurückgibt,

7a. ohne Erlaubnis nach § 16 Absatz 1 Satz 1 einen Fahrlehreranwärter ausbildet,

7b. einer vollziehbaren Auflage nach § 16 Absatz 4 Satz 2 zuwiderhandelt,

8. entgegen § 17 Absatz 1 Satz 1 einen Fahrschüler ausbildet oder ausbilden lässt,
9. entgegen § 17 Absatz 1 Satz 2 oder § 33 Absatz 1 Satz 2 von einer Fahrschulerlaubnis Gebrauch macht,
10. entgegen § 27 Absatz 1 eine Zweigstelle betreibt,
11. entgegen § 28 Absatz 2, auch in Verbindung mit § 27 Absatz 3 Nummer 4, von einer Fahrschulerlaubnis Gebrauch macht,
12. entgegen § 30 Satz 1 oder § 41 Satz 1 eine Anzeige nicht, nicht richtig oder nicht rechtzeitig erstattet,
13. entgegen § 31 Absatz 1 Satz 1, auch in Verbindung mit § 27 Absatz 3 Nummer 4, oder § 42 Absatz 1 Satz 1, die dort genannten Aufzeichnungen nicht oder nicht ordnungsgemäß führt,
14. entgegen § 31 Absatz 2 Satz 1 oder § 42 Absatz 2 Satz 1 die dort genannten Aufzeichnungen nicht, nicht fristgemäß oder nicht ordnungsgemäß aufbewahrt oder nicht oder nicht rechtzeitig vorlegt,
15. entgegen § 32 Absatz 1 Satz 2 Entgelte oder Geschäftsbedingungen nicht oder nicht in der vorgeschriebenen Weise bekannt gibt,
16. entgegen § 35 Absatz 1 einen Fahrlehreranwärter ausbildet,
17. entgegen § 36 Absatz 1 Satz 1 einen Fahrlehreranwärter ausbildet oder ausbilden lässt,
18. entgegen § 40 Absatz 2 Satz 1 Unterricht anbietet oder durchführt,

---

1) § 56 Abs. 1 Nr. 7a und 7b eingef., Nr. 16 geänd. mWv 1.1.2020 durch G v. 4.8.2019 (BGBl. I S. 1190).

19. entgegen § 40 Absatz 2 Satz 2 einen Abdruck des Ausbildungsplans nicht oder nicht rechtzeitig aushändigt,
20. entgegen § 51 Absatz 4 Satz 2 eine dort bezeichnete Maßnahme der Überwachung nicht duldet oder eine in der Überwachung tätige Person nicht unterstützt,
21. entgegen § 51 Absatz 4 Satz 3 eine Auskunft nicht, nicht richtig, nicht vollständig oder nicht rechtzeitig erteilt,
22. entgegen § 53 Absatz 1 Satz 1, Absatz 2 oder Absatz 3 nicht oder nicht rechtzeitig an einem dort bezeichneten Fortbildungslehrgang teilnimmt,
23. einer Rechtsverordnung nach § 68 Absatz 1 oder einer vollziehbaren Anordnung auf Grund einer solchen Rechtsverordnung zuwiderhandelt, soweit die Rechtsverordnung für einen bestimmten Tatbestand auf diese Bußgeldvorschrift verweist, oder
24. entgegen § 69 Absatz 8 und 11 eine dort genannte Bescheinigung nicht oder nicht rechtzeitig zurückgibt.

(2) Die Ordnungswidrigkeit kann in den Fällen des Absatzes 1 Nummer 1, 2, 3, 8, 9, 10, 11, 16 und 17 mit einer Geldbuße bis fünftausend Euro, in den übrigen Fällen mit einer Geldbuße bis eintausend Euro geahndet werden.

Abschnitt 7. Registrierung

§ 57 Registerführung und Registerbehörden. (1) Die nach Landesrecht zuständigen Behörden dürfen Register (örtliches Fahrlehrerregister) über Fahrlehrer, Fahrlehreranwärter, Fahrschulen und Fahrlehrerausbildungsstätten führen.

(2) Das Kraftfahrt-Bundesamt vermerkt

1. im Zentralen Fahrerlaubnisregister, ob der Inhaber einer Fahrerlaubnis auch Fahrlehrer oder Fahrlehreranwärter ist,
2. im Fahreignungsregister die in § 59 Absatz 2 näher bestimmten Maßnahmen, Entscheidungen und Erklärungen auf dem Gebiet des Fahrlehrerrechts.

§ 58 Zweck der Registrierung. Die Eintragungen erfolgen:

1. zur Feststellung über Bestand, Art und Umfang der Erlaubnisse und der amtlichen Anerkennungen nach diesem Gesetz, und
2. zur Beurteilung der Eignung und Zuverlässigkeit der einzutragenden Personen nach diesem Gesetz.

§ 59[1] Inhalt der Registrierung. (1) Im Zentralen Fahrerlaubnisregister nach § 48 des Straßenverkehrsgesetzes[2] werden bei den dort eingetragenen betreffenden Inhabern von Fahrerlaubnissen zusätzlich die Erteilung einer Fahrlehrerlaubnis oder einer Anwärterbefugnis, deren Datum und Befristung sowie die nach Landesrecht zuständige Behörde gespeichert.

---

[1] § 59 Abs. 2 Satz 1 Nr. 7 und 11 geänd., Abs. 3 Satz 1 Nrn. 1a, 1b und 1 c eingef., Nr. 9 neu gef. mWv 1.1.2020 durch G v. 4.8.2019 (BGBl. I S. 1190).

[2] Nr. **10**.

(2) [1] Im Fahreignungsregister nach § 28 des Straßenverkehrsgesetzes werden gespeichert

1. unanfechtbare Versagungen einer Anwärterbefugnis oder einer Fahrlehrerlaubnis wegen nicht bestandener Prüfung,
2. unanfechtbare Versagung einer Anwärterbefugnis oder einer Fahrlehrerlaubnis wegen geistiger oder körperlicher Mängel,
3. unanfechtbare oder sofort vollziehbare Widerrufe und Rücknahmen einer Anwärterbefugnis oder Fahrlehrerlaubnis,
4. das Ruhen oder Erlöschen der Anwärterbefugnis oder der Fahrlehrerlaubnis,
5. Verzicht auf eine Anwärterbefugnis oder eine Fahrlehrerlaubnis,
6. Rücknahmen eines Antrags auf Erteilung einer Anwärterbefugnis oder einer Fahrlehrerlaubnis nach nicht bestandener Prüfung,
7. rechtskräftige Entscheidungen wegen einer Ordnungswidrigkeit nach § 56 Absatz 1, wenn gegen die betroffene Person eine Geldbuße von mindestens einhundertfünfzig Euro festgesetzt worden ist,
8. unanfechtbare Versagungen oder sofort vollziehbare Widerrufe oder Rücknahmen der amtlichen Anerkennung einer Fahrlehrerausbildungsstätte sowie Verzichte auf die amtliche Anerkennung.

[2] Unberührt bleiben die Eintragungen nach § 28 Absatz 3 des Straßenverkehrsgesetzes.

(3) [1] In den örtlichen Fahrlehrerregistern dürfen, soweit die örtliche Zuständigkeit nach § 50 gegeben ist, gespeichert werden

1. Name, Familiennamen, Geburtsnamen, sonstige frühere Namen, Vornamen, Ordens- oder Künstlername, Doktorgrad, Geschlecht, Tag und Ort der Geburt,

1a. bei juristischen Personen: Name und Anschrift der juristischen Person sowie alle vertretungsberechtigten Personen mit Namen, Vornamen, Tag und Ort der Geburt,

1b. bei Personengesellschaften: Name und Anschrift der Personengesellschaft sowie alle Gesellschafter mit Namen, Vornamen, Tag und Ort der Geburt,

1c. bei Behörden: Name oder Bezeichnung und Anschrift der Behörde sowie die jeweilige für die verantwortliche Leitung bestellte Person mit Namen, Vornamen, Tag und Ort der Geburt,

2. Anwärterbefugnis und Fahrlehrerlaubnisse,
3. Seminarerlaubnisse,
4. Fahrschulerlaubnisse und Zugehörigkeit zu einer Gemeinschaftsfahrschule,
5. Zugehörigkeit zu einer Kooperation,
6. Zweigstellenerlaubnisse,
7. Beschäftigungsverhältnisse von Fahrlehrern,
8. Ausbildungsverhältnis von Fahrlehreranwärtern,
9. Ausbildungsfahrlehrerlaubnis,
10. Betrieb als Ausbildungsfahrschule,

11. amtliche Anerkennungen von Fahrlehrerausbildungsstätten, deren Inhaber und die für die verantwortliche Leitung der Fahrlehrerausbildungsstätte bestellte Person,
12. die nach § 62 übermittelten Daten.

[2] Eine Fahrlehrerlaubnis zur vorübergehenden und gelegentlichen Fahrschülerausbildung nach § 3 Absatz 1 Satz 2 wird in den Fällen des Satzes 1 Nummer 1 mit einem Zusatz nach § 3 Absatz 1 Satz 2, eine Fahrschulerlaubnis zur vorübergehenden und gelegentlichen Fahrschülerausbildung nach § 21 Satz 2 in Verbindung mit § 3 Absatz 1 Satz 2 in den Fällen des Satzes 1 Nummer 3 mit einem Zusatz nach § 21 Satz 2 in Verbindung mit § 3 Absatz 1 Satz 2 in den örtlichen Fahrlehrerregistern gespeichert.

§ 60 Übermittlung der Daten zur Registrierung. (1) [1] Die nach Landesrecht zuständigen Behörden teilen dem Kraftfahrt-Bundesamt unverzüglich die nach § 59 Absatz 1 und 2 zu speichernden und die zu einer Änderung oder Löschung einer Eintragung führenden Daten für das Zentrale Fahrerlaubnisregister und für das Fahreignungsregister mit. [2] Die Datenübermittlung nach Satz 1 kann auch im Wege der Datenfernübertragung durch Direkteinstellung unter entsprechender Anwendung des § 30a Absatz 2 in Verbindung mit einer Rechtsverordnung auf Grund des § 30c Absatz 1 Nummer 5 und des § 30a Absatz 3 und 4 des Straßenverkehrsgesetzes[1)] erfolgen.

(2) Ist ein Fahrlehrer, eine Fahrschule oder eine Fahrlehrerausbildungsstätte im Bereich mehrerer zuständiger Behörden tätig, so teilen sich diese gegenseitig die nach § 59 Absatz 3 gespeicherten Daten mit, soweit dies für die Überwachung nach § 51 erforderlich ist.

§ 61 Übermittlung der Daten aus den Registern. Die in den Registern nach § 59 gespeicherten Daten dürfen den Stellen, die

1. für die Verfolgung von Straftaten, zur Vollstreckung oder zum Vollzug von Strafen, soweit ein Zusammenhang mit der Tätigkeit als Fahrlehrer, Fahrlehreranwärter, Inhaber einer Fahrschule oder einer Fahrlehrerausbildungsstätte oder als verantwortliche Leitung eines Ausbildungsbetriebes oder Fahrlehrerausbildungsstätte besteht,
2. für die Verfolgung von Ordnungswidrigkeiten nach diesem Gesetz sowie die Vollstreckung von Bußgeldbescheiden und ihren Nebenfolgen oder
3. für Verwaltungsmaßnahmen auf Grund dieses Gesetzes oder nach den auf Grund dieses Gesetzes erlassenen Rechtsvorschriften

zuständig sind, übermittelt werden, soweit dies für ihre Aufgabenerfüllung zu den in § 58 genannten Zwecken jeweils erforderlich ist.

§ 62 Abgleich der Daten mit dem Fahreignungsregister. (1) Das Kraftfahrt-Bundesamt prüft und stellt fest, ob im Fahreignungsregister enthaltene Eintragungen Fahrlehrer oder Fahrlehreranwärter betreffen.

(2) [1] Die nach Absatz 1 ermittelten auf Fahrlehrer oder Fahrlehreranwärter bezogenen Daten aus dem Fahreignungsregister teilt das Kraftfahrt-Bundesamt den nach Landesrecht zuständigen Behörden mit. [2] Hierbei werden die Per-

---

[1)] Nr. **10**.

sonendaten des Betreffenden, Art und Umfang der Eintragung, Datum der betreffenden Maßnahme, Entscheidung oder Erklärung sowie Aktenzeichen der Behörde oder des Gerichts mitgeteilt.

§ 63[1)] Übermittlung von Daten an öffentliche Stellen außerhalb des Geltungsbereichs dieses Gesetzes. (1) [1]Die nach § 62 Absatz 1 in Verbindung mit § 59 Absatz 2 Nummer 1 bis 5 und 7 dieses Gesetzes oder in Verbindung mit § 28 Absatz 3 Nummer 1 bis 3 und 6 bis 9 des Straßenverkehrsgesetzes[2)] ermittelten Daten aus dem Fahreignungsregister, die Fahrlehrer oder Fahrlehreranwärter betreffen, übermittelt das Kraftfahrt-Bundesamt an die zuständigen öffentlichen Stellen eines anderen Mitgliedstaats der Europäischen Union, eines anderen Vertragsstaats des Abkommens über den Europäischen Wirtschaftsraum oder der Schweiz, wenn die betroffene Person den amtlichen Nachweis über seine Berufsqualifikation im Sinne von Artikel 3 Absatz 1 Buchstabe b der Richtlinie 2005/36/EG dort erworben hat und die Tätigkeit des Fahrlehrers im Inland ausübt oder zuletzt ausgeübt hat. [2]Die Daten sind mit der Maßgabe zu übermitteln, dass sie nur verwendet werden dürfen, soweit dies erforderlich ist

1. für Verwaltungsmaßnahmen auf dem Gebiet des Fahrlehrerrechts,
2. zur Verfolgung von Zuwiderhandlungen gegen Rechtsvorschriften auf dem Gebiet des Fahrlehrerrechts oder
3. zur Verfolgung von Straftaten, die im Zusammenhang mit der Tätigkeit als Fahrlehrer stehen.

[3]Die Übermittlung unterbleibt, soweit die betroffene Person ein schutzwürdiges Interesse an dem Ausschluss der Übermittlung der Daten hat, insbesondere wenn im Empfängerstaat ein angemessenes Datenschutzniveau nicht gewährleistet ist.

(2) Im Übrigen gilt für die Übermittlung der nach § 59 gespeicherten Daten im Rahmen der Zwecke nach § 58 an ausländische öffentliche Stellen, die für Verwaltungsmaßnahmen auf dem Gebiet des Fahrlehrerrechts zuständig sind, § 55 des Straßenverkehrsgesetzes entsprechend.

(3) [1]Im Falle einer gerichtlichen Feststellung, dass ein Bewerber in einem Verfahren nach § 5 gefälschte Nachweise über Berufsqualifikationen verwendet hat, unterrichtet die zuständige Stelle spätestens drei Tage nach Rechtskraft dieser Feststellung die zuständigen Stellen der übrigen Mitgliedstaaten der Europäischen Union oder weiteren Vertragsstaaten des Abkommens über den Europäischen Wirtschaftsraum über das Binnenmarkt-Informationssystem über die Identität der betreffenden Person (Warnung). [2]Für Streitigkeiten nach diesem Absatz ist der Verwaltungsrechtsweg gegeben. [3]Im Falle der Einlegung von Rechtsmitteln gegen eine Feststellung nach Satz 1 ist die Warnung durch den Hinweis zu ergänzen, dass der Bewerber Rechtsmittel gegen die Entscheidung eingelegt hat.

§ 64[3)] Weiterverarbeitung der Daten für wissenschaftliche und statistische Zwecke. Es gelten für die Weiterverarbeitung der nach § 59 gespeicherten Daten

---

[1)] § 63 Abs. 1 Satz 1 und 3 geänd. mWv 1.1.2020 durch G v. 4.8.2019 (BGBl. I S. 1190).
[2)] Nr. **10**.
[3)] § 64 Überschrift und einl. Satzteil geänd. mWv 1.1.2020 durch G v. 4.8.2019 (BGBl. I S. 1190).

1. zu Zwecken der wissenschaftlichen Forschung § 38 sowie
2. zu statistischen Zwecken § 38a

des Straßenverkehrsgesetzes[1] entsprechend.

§ 65 Datenvergleich zur Beseitigung von Fehlern. (1) Die nach § 59 Absatz 3 gespeicherten Daten dürfen von der nach Landesrecht zuständigen Behörde an das Kraftfahrt-Bundesamt zum Fahreignungsregister und zum Zentralen Fahrerlaubnisregister übermittelt werden, soweit dies erforderlich ist, um Fehler und Abweichungen in diesen Registern festzustellen und zu beseitigen und um diese Register zu vervollständigen.

(2) Die nach § 59 Absatz 1 und 2 gespeicherten Daten dürfen vom Kraftfahrt-Bundesamt an die nach Landesrecht zuständigen Behörden zum örtlichen Fahrlehrerregister übermittelt werden, soweit dies erforderlich ist, um Fehler und Abweichungen in den örtlichen Registern festzustellen und zu beseitigen und um diese Register zu vervollständigen.

(3) Die Übermittlungen nach Absatz 1 oder Absatz 2 sind nur zulässig, wenn Anlass zu der Annahme besteht, dass die Datenbestände unrichtig oder unvollständig sind.

§ 66[2] Weiterverarbeitung der Daten durch den Empfänger. [1] Der Empfänger darf die übermittelten Daten nur zu dem Zweck weiterverarbeiten, zu dessen Erfüllung sie ihm übermittelt worden sind. [2] Der Empfänger darf die übermittelten Daten auch für andere Zwecke weiterverarbeiten, soweit sie ihm auch für diese Zwecke hätten übermittelt werden dürfen. [3] Ist der Empfänger eine nichtöffentliche Stelle, hat die übermittelnde Stelle ihn darauf hinzuweisen. [4] Eine Verarbeitung oder Nutzung für andere Zwecke durch nichtöffentliche Stellen bedarf der Zustimmung der übermittelnden Stelle.

§ 67 Löschung der Daten. [1] Die auf Grund des § 59 gespeicherten Daten sind

1. zehn Jahre nach Eintritt der Unanfechtbarkeit oder sofortigen Vollziehbarkeit bei Entscheidungen nach § 59 Absatz 2 Nummer 1 bis 3 und 8,
2. fünf Jahre nach Eintritt der Rechtskraft bei Entscheidungen nach § 59 Absatz 2 Nummer 7,
3. fünf Jahre nach Erlöschen oder Beendigung der Erlaubnisse, Anerkennungen, Rechtsverhältnisse und der Aktivitäten nach § 59 Absatz 2 Nummer 4 und Absatz 3 Nummer 1 bis 11 oder nach Abgabe der Erklärungen nach § 59 Absatz 2 Nummer 5 und 6,
4. sonst nach der amtlichen Mitteilung über den Tod des Eingetragenen

zu löschen. [2] Für die Löschung der nach § 62 übermittelten Daten gilt § 29 des Straßenverkehrsgesetzes[1] entsprechend.

---

[1] Nr. **10**.
[2] § 66 Überschrift und Sätze 1 und 2 geänd. mWv 1.1.2020 durch G v. 4.8.2019 (BGBl. I S. 1190).

Abschnitt 8. Ermächtigungsgrundlagen, Übergangs- und Schlussvorschriften

§ 68[1] **Rechtsverordnungen.** (1) Das Bundesministerium für Verkehr und digitale Infrastruktur wird ermächtigt, durch Rechtsverordnung mit Zustimmung des Bundesrates

1. nähere Anforderungen an die geistige und körperliche Eignung der Bewerber nach § 2 Absatz 1 Satz 1 Nummer 2 und der Inhaber nach § 11 Absatz 1 bis 3 in Verbindung mit § 2 Absatz 1 Satz 1 Nummer 2 und nähere Voraussetzungen für das Erfordernis eines Sprachtests zur Überprüfung der Kenntnisse nach § 2 Absatz 1 Satz 1 Nummer 10,
2. nähere Anforderungen an die inhaltliche und zeitliche Gestaltung des Anpassungslehrgangs sowie an die Durchführung der Eignungsprüfung nach § 3 Absatz 2 und 3,
3. die Dauer und Ausgestaltung der Ausbildung nach § 7,
4. Einzelheiten über die Fahrlehrerprüfung, insbesondere die Bildung der Prüfungsausschüsse, die Zulassungsvoraussetzungen, Inhalt, Gliederung, Verfahren, Rücktritt, Bewertung, Entscheidung und Wiederholung,
5. das Muster des Fahrlehrerscheins und des Anwärterscheins sowie das Verfahren der Aus- und Zustellung,
6. die notwendigen Anforderungen an die Unterrichtsgestaltung, insbesondere an die Lehrpläne und die Unterrichtsmethoden,
7. die notwendigen Anforderungen an die Gestaltung der Ausbildung für die Ausbildungsfahrlehrer, insbesondere an Inhalt und Durchführung des Einweisungsseminars nach § 16 Absatz 1 sowie die Gestaltung der Ausbildung durch die Ausbildungsfahrlehrer, insbesondere an die Lehrpläne und die Unterrichtsmethoden nach § 16 Absatz 3,

7a. die notwendigen Anforderungen an die Gestaltung, insbesondere an Inhalt und Durchführung des Lehrgangs über Fahrschulbetriebswirtschaft nach § 18 Absatz 1 Nummer 5,

8. nähere Anforderungen an die Gestaltung und Ausführung einer Kooperation durch die Auftrag gebende und die Auftrag nehmende Fahrschule nach § 20,
9. nähere Anforderungen an den Betrieb von Zweigstellen nach § 27,
10. die Ausgestaltung des Ausbildungsnachweises und der Ausbildungsbescheinigung für Fahrschüler gemäß § 31 Absatz 1,
11. die Ausgestaltung des Aushanges nach § 32,
12. die notwendigen Anforderungen an Inhalt und Durchführung des Einweisungsseminars für die Leitung von Ausbildungsfahrschulen nach § 35,
13. Einzelheiten der Voraussetzungen der Fahrschulerlaubnis und des Betriebs einer Fahrschule, insbesondere die Anforderungen an Unterrichtsräume, Lehrmittel und Lehrfahrzeuge,

---

[1] § 68 Abs. 1 Nr. 5 und Abs. 2 geänd., Abs. 1 Nr. 7a eingef. mWv 1.1.2020 durch G v. 4.8.2019 (BGBl. I S. 1190).

14. die nötigen Anforderungen an die für die verantwortliche Leitung des jeweiligen Betriebs bestellten Personen, die Lehrkräfte, die Unterrichtsräume, die Lehrmittel, die Lehrfahrzeuge und die Unterrichtsgestaltung, insbesondere an die Ausbildungspläne und die Unterrichtsmethoden der amtlich anerkannten Fahrlehrerausbildungsstätten,
15. nähere Anforderungen an die Veranstalter von Lehrgängen nach § 45 Absatz 2 Nummer 4 und § 46 Absatz 2 Nummer 4 sowie deren inhaltliche und zeitliche Gestaltung,
16. nähere Anforderungen an die inhaltliche und zeitliche Gestaltung der Lehrgänge nach § 53 und eine Aufteilung der Lehrgänge im Ausnahmefall,
17. Anforderungen an die Überwachung, an das Überwachungspersonal, Maßnahmen zur Beseitigung von in der Überwachung festgestellter Mängel sowie Regeln für die Durchführung der Qualitätssicherung und Maßnahmen zur Sicherung der Qualität, insbesondere die Pflicht zu besonderen Fortbildungen,
18. den näheren Inhalt einschließlich der Personendaten der nach § 59 zu speichernden Eintragungen,
19. die Art und den Umfang der zu übermittelnden Daten, die Maßnahmen zur Sicherung gegen Missbrauch, die weiteren Aufzeichnungen und die Einzelheiten des Übermittlungsverfahrens

zu regeln.

(2) Rechtsverordnungen nach Absatz 1 Nummer 4 oder Nummer 14 bedürfen des Einvernehmens des Bundesministeriums für Bildung und Forschung.

§ 69[1] Übergangsregelung. (1) [1]Personen, die am 1. Januar 2018 Inhaber einer Fahrlehrerlaubnis sind, gilt die Fahrlehrerlaubnis nach diesem Gesetz als erteilt; der Fahrlehrerschein nach bisherigem Recht gilt als Fahrlehrerschein nach § 10 dieses Gesetzes. [2]Sie haben bis zum 31. Dezember 2023 ihre Eignung nach § 11 nachzuweisen. [3]§ 54 Absatz 1 Nummer 3 gilt entsprechend. [4]Ferner haben diese Personen alle vier Jahre, beginnend mit Ablauf des Jahres, in dem an der letzten Fortbildung teilgenommen wurde, an einer Fortbildung gemäß § 53 Absatz 1 teilzunehmen.

(2) Personen, die am 1. Januar 2018 Inhaber einer befristeten Fahrlehrerlaubnis sind, gilt die Anwärterbefugnis nach diesem Gesetz als erteilt; der befristete Fahrlehrerschein nach bisherigem Recht gilt als Anwärterschein nach § 10 dieses Gesetzes.

(3) Natürlichen oder juristischen Personen oder nicht rechtsfähige Personenvereinigungen, die am 1. Januar 2018 Fahrschüler selbstständig ausbilden oder sie durch Fahrlehrer, die von ihnen beschäftigt werden, ausbilden lassen, gilt die Fahrschulerlaubnis nach diesem Gesetz als erteilt.

(4) [1]Ausbildungsfahrlehrer, die bis zum 31. Dezember 2019 Fahrlehreranwärter ausbilden oder ausgebildet haben und weiterhin ausbilden wollen, müssen bis zum 1. Juli 2020 die Vorgaben des § 16 Absatz 1 erfüllen. [2]Für Personen, die bis zum 31. Dezember 2017 an einem dreitägigen Einweisungs-

[1] § 69 Abs. 1 Satz 4 angef., Abs. 3 geänd., Abs. 4 neu gef., Abs. 4a und 4b eingef., Abs. 13 angef. mWv 1.1.2020 durch G v. 4.8.2019 (BGBl. I S. 1190).

seminar für Ausbildungsfahrlehrer teilgenommen haben, gilt dies als Nachweis gemäß § 16 Absatz 1 Satz 2 Nummer 2.

(4a) Der zweijährige Besitz der Ausbildungsfahrlehrerlaubnis nach § 35 Absatz 1 Nummer 1 ist nicht erforderlich, wenn der Fahrschulinhaber oder die verantwortliche Leitung des Ausbildungsbetriebs seit mindestens zwei Jahren Fahrlehreranwärter nach § 16 in der bis zum 31. Dezember 2019 geltenden Fassung ausgebildet hat.

(4b) Ausbildungsfahrschulen nach § 35 in der bis zum 31. Dezember 2019 geltenden Fassung dürfen Fahrlehreranwärter, die am 31. Dezember 2019 in Ausbildung sind, ausbilden.

(5) Personen, die am 1. Januar 2018 Inhaber einer Seminarerlaubnis Aufbauseminar oder einer Seminarerlaubnis Verkehrspädagogik sind, gilt die jeweilige Seminarerlaubnis nach diesem Gesetz als erteilt.

(6) [1] Bei Bewerbern, die ihre Ausbildung in der amtlich anerkannten Fahrlehrerausbildungsstätte oder in einer Stelle nach § 44 Absatz 2 vor dem 1. Januar 2018 begonnen und vor dem 1. Januar 2021 abgeschlossen haben, richten sich die Ausbildung, die Prüfung und die Erteilung der Fahrlehrerlaubnis während dieser drei Jahre noch nach den vor dem 1. Januar 2018 geltenden Vorschriften. [2] Für die Ausbildung in einer Ausbildungsfahrschule gelten die Bestimmungen nach Satz 1.

(7) Die vor dem 1. Januar 2018 erteilten Fahrschulerlaubnisse gelten weiter im Umfang der zugrundeliegenden Fahrlehrerlaubnis des Inhabers oder der verantwortlichen Leitung.

(8) Bei Ruhen, Erlöschen, Rücknahme und Widerruf der Fahrschulerlaubnis ist die bis zum 31. Dezember 2017 ausgestellte Erlaubnisurkunde, gegebenenfalls auch die bis zum 31. Dezember 2017 ausgestellten Urkunden über die Erlaubnis zum Betrieb von Zweigstellen der nach Landesrecht zuständigen Behörde unverzüglich zurückzugeben.

(9) Wer als Inhaber einer Fahrschule vor dem 1. Januar 1999 durch von ihm beschäftigte Fahrlehrer Nachschulungskurse hat durchführen lassen, ohne selbst Inhaber der Nachschulungserlaubnis nach § 45 Absatz 1 zu sein, bedarf auch weiterhin keiner eigenen Seminarerlaubnis Aufbauseminar (§ 45).

(10) Die vor dem 1. Januar 2018 erteilte Anerkennung einer Fahrlehrerausbildungsstätte berechtigt zur Ausbildung von Fahrlehreranwärtern.

(11) Nach Rücknahme oder Widerruf der amtlichen Anerkennung einer Fahrlehrerausbildungsstätte ist die bis zum 31. Dezember 2017 ausgestellte Anerkennungsurkunde der nach Landesrecht zuständigen Behörde unverzüglich zurückzugeben.

(12) Eine bis zum 31. März 2008 nach § 2 Absatz 6 in der bis zum 31. März 2008 geltenden Fassung erteilte Fahrlehrerlaubnis behält vorbehaltlich der vorstehenden Absätze ihre Gültigkeit.

(13) Die vor dem 1. Januar 2018 gemäß § 33a Absatz 3 Satz 5, § 31b Absatz 1 Satz 1 oder § 31c Satz 1 des Fahrlehrergesetzes in der bis zum 31. Dezember 2017 geltenden Fassung erteilte Anerkennungen als Träger von Lehrgängen, Einweisungslehrgängen oder Einweisungsseminaren berechtigt zur Fortbildung nach § 53, zur Durchführung von Einweisungslehrgängen nach § 46 Absatz 2 Satz 1 Nummer 4 oder zur Durchführung von Einführungsseminaren für Lehrgangsleitungen nach § 47 Absatz 1 Nummer 5.

335. Durchführungsverordnung zum Fahrlehrergesetz[1)]

Vom 2. Januar 2018
(BGBl. I S. 2)

FNA 9231-14-1

geänd. durch Art. 1 VO zur Änd. fahrlehrerrechtl. und anderer straßenverkehrsrechtl. VOen v. 2.10. 2019 (BGBl. I S. 1416)

Inhaltsverzeichnis[2)]

[1)] Verkündet als Art. 1 VO v. 2.1.2018 (BGBl. I S. 2); Inkrafttreten gem. Art. 7 dieser VO am 4.1. 2018.

[2)] Inhaltsübersicht geänd. mWv 1.1.2020 durch VO v. 2.10.2019 (BGBl. I S. 1416).

Erster Abschnitt. Anforderungen an Fahrlehrer und Fahrschulen

§ 1 Sprachtest; Anpassungslehrgang und Eignungsprüfung. (1) [1] Bestehen Bedenken dagegen, dass ein Bewerber um eine Fahrlehrerlaubnis über die erforderlichen Sprachkenntnisse nach § 2 Absatz 1 Satz 1 Nummer 10 des Fahrlehrergesetzes[1)] verfügt, kann die nach Landesrecht zuständige Behörde ihm aufgeben, die erforderlichen Sprachkenntnisse innerhalb eines Monats mittels eines Sprachtests nachzuweisen. [2] Die Frist kann um sechs Monate verlängert werden, um dem Bewerber die Möglichkeit einzuräumen, nachzuweisen, dass die fehlenden Kenntnisse zwischenzeitlich erworben wurden.

(2) Dem Bewerber um eine Fahrlehrerlaubnis, der Inhaber einer in einem anderen Staat erteilten Fahrlehrerlaubnis oder eines in einem anderen Staat ausgestellten Nachweises über die Befähigung zur Fahrschülerausbildung (Befähigungsnachweis) ist, ist die Fahrlehrerlaubnis nach Maßgabe der Absätze 3 bis 7 zu erteilen.

(3) [1] Der Bewerber um eine Fahrlehrerlaubnis, die zur Niederlassung im Inland berechtigt, muss an einem Anpassungslehrgang teilnehmen, wenn seine bisherige Ausbildung oder Prüfung wesentlich hinter den Anforderungen zurückbleibt, die durch die Fahrlehrer-Ausbildungsverordnung[2)] oder die Fahrlehrer-Prüfungsverordnung[3)] bestimmt werden, soweit nicht die von dem Bewerber im Rahmen seiner Berufserfahrung erworbenen Kenntnisse den Unterschied ausgleichen können. [2] In dem höchstens dreijährigen Anpassungslehrgang hat der Bewerber schriftliche Übungsarbeiten anzufertigen sowie theoretischen und praktischen Probeunterricht zu erteilen. [3] Gegenstand des Anpassungslehrgangs sind die Besonderheiten des deutschen Straßenverkehrsrechts und der deutschen Straßenverkehrsverhältnisse sowie das deutsche Fahrlehrerrecht. [4] Sofern der Bewerber nicht die nach § 2 Absatz 1 Nummer 6 des Fahrlehrergesetzes erforderliche Fahrerlaubnisklasse besitzt und dies nicht durch seine im Rahmen der bisherigen Berufserfahrung erworbenen Kenntnisse ausgleichen kann, ist die erforderliche Fahrerlaubnisklasse im Rahmen des Anpassungslehrgangs zu erwerben. [5] Nach Abschluss des Lehrgangs ist dem Bewerber jeweils eine Bescheinigung auszustellen, aus der hervorgeht, dass er an dem Lehrgang aktiv und vollständig teilgenommen hat. [6] Der Anpassungslehrgang wird von den nach § 36 des Fahrlehrergesetzes anerkannten Fahrlehrerausbildungsstätten durchgeführt. [7] Der Erfolg eines Anpassungslehrgangs ist Gegenstand einer Bewertung.

(4) [1] Die Teilnahme an dem Anpassungslehrgang nach Absatz 3 kann durch die erfolgreiche Teilnahme an einer Eignungsprüfung ersetzt werden. [2] Die Eignungsprüfung besteht aus einer schriftlichen und mündlichen Fachkundeprüfung sowie aus Lehrproben im theoretischen und fahrpraktischen Unterricht. [3] Absatz 3 Satz 3 und 4 gilt entsprechend. [4] Über die erfolgreiche Teilnahme an der Eignungsprüfung ist eine Bescheinigung auszustellen.

(5) [1] Bei einem Bewerber um eine Fahrlehrerlaubnis, die zur Niederlassung im Inland berechtigt, ist die erfolgreiche Teilnahme an einer Eignungsprüfung erforderlich, die § 8 des Fahrlehrergesetzes entsprechen muss, wenn die in dem

---

[1)] Nr. **330**.
[2)] Nr. **340**.
[3)] Nr. **345**.

anderen Staat erworbene Berufsqualifikation eine Fahrlehrerausbildung, eine Fahrlehrerprüfung oder beides nicht voraussetzt, soweit nicht die von dem Bewerber im Rahmen seiner Berufserfahrung erworbenen Kenntnisse die fehlende Ausbildung und Prüfung ausgleichen können. [2]Absatz 3 Satz 3 gilt entsprechend. [3]Die nach Landesrecht zuständige Behörde stellt sicher, dass der Bewerber die Möglichkeit hat, die Eignungsprüfung spätestens sechs Monate nach der Entscheidung zur Auferlegung der Eignungsprüfung abzulegen.

(6) [1]Bei einem Bewerber um eine Fahrlehrerlaubnis, die nach § 3 Absatz 1 Satz 2 des Fahrlehrergesetzes nur zur vorübergehenden und gelegentlichen Ausbildung von Fahrschülern im Inland berechtigt, ist die erfolgreiche Teilnahme an einer Eignungsprüfung erforderlich, wenn ein wesentlicher Unterschied zwischen der beruflichen Qualifikation des Bewerbers und der im Inland geforderten Ausbildung besteht und dadurch die öffentliche Sicherheit gefährdet werden könnte. [2]Absatz 3 Satz 3 gilt entsprechend.

(7) [1]Die Entscheidung zur Auferlegung eines Anpassungslehrgangs oder einer Eignungsprüfung muss hinreichend begründet sein. [2]Insbesondere ist dem Bewerber mitzuteilen

a) das Niveau der in Deutschland verlangten Berufsqualifikation und das Niveau der vom Bewerber vorgelegten Berufsqualifikation gemäß der Klassifizierung in Artikel 11 der Richtlinie 2005/36/EG und
b) die wesentlichen Unterschiede zwischen der bisherigen Ausbildung oder Prüfung des Bewerbers und den Vorgaben der Fahrlehrer-Ausbildungsverordnung und der Fahrlehrer-Prüfungsverordnung sowie die Gründe, aus denen diese Unterschiede nicht durch Kenntnisse, Fähigkeiten und Kompetenzen, die durch lebenslanges Lernen erworben und hierfür von der nach Landesrecht zuständigen Stelle als gültig anerkannt wurden, ausgeglichen werden können.

(8) [1]Für die Erteilung einer Fahrschulerlaubnis nach § 21 des Fahrlehrergesetzes gelten die Absätze 2 bis 7 entsprechend. [2]Im Hinblick auf das Erfordernis von Ausgleichsmaßnahmen kommt es auch auf die in § 18 Absatz 1 Nummer 4 und 5 des Fahrlehrergesetzes enthaltenen Anforderungen an. [3]Wird ausschließlich von dem durch § 18 Absatz 1 Nummer 5 des Fahrlehrergesetzes vorausgesetzten Standard abgewichen, ist Absatz 3 Satz 2 bis 5 nicht anzuwenden.

§ 2 Anwärterschein und Fahrlehrerschein. (1) [1]Der Anwärterschein muss dem Muster nach Anlage 1.1, der Fahrlehrerschein dem Muster nach Anlage 1.2 entsprechen. [2]Dies gilt nicht für Anwärterscheine und Fahrlehrerscheine der Bundeswehr, der Bundespolizei und der Polizei.

(2) Der Fahrlehrerschein für die Fahrlehrerlaubnisklasse BE darf erst ausgehändigt oder zugestellt werden, wenn der Anwärterschein für die Anwärterbefugnis der Fahrlehrerlaubnisklasse BE durch die nach Landesrecht zuständige Behörde oder die nach § 44 Absatz 2 des Fahrlehrergesetzes[1)] zuständige Dienststelle eingezogen oder ungültig gemacht worden ist.

(3) Mit der Aushändigung oder Zustellung des Anwärterscheins oder des Fahrlehrerscheins sind die Inhaber darauf hinzuweisen, dass die Ausübung der Fahrlehrerlaubnis nur in Verbindung mit einer Fahrschulerlaubnis oder im

---

[1)] Nr. **330**.

Rahmen eines Beschäftigungsverhältnisses, die Ausübung der Anwärterbefugnis nur im Rahmen eines Ausbildungsverhältnisses mit dem Inhaber einer Ausbildungsfahrschule zulässig ist.

(4) Bei jeder Änderung ist ein neuer Fahrlehrerschein auszufertigen.

§ 2a[1] Durchführung des Lehrgangs Fahrschulbetriebswirtschaft.

(1) [1]Der Träger der Lehrgänge über Fahrschulbetriebswirtschaft nach § 18 Absatz 1 Satz 1 Nummer 5 des Fahrlehrergesetzes[2] muss mindestens folgende Lehrkräfte mit folgender Qualifikation einsetzen:

1. eine Lehrkraft mit der Befähigung zum Richteramt (Jurist),
2. eine Fachkraft für Betriebswirtschaft (Betriebswirt) und
3. einen Fahrlehrer, der die Fahrlehrerlaubnisklassen A, BE und CE oder DE besitzt und mindestens drei Jahre lang eine Fahrschule verantwortlich geführt hat.

[2]Abweichend davon dürfen auch andere Lehrkräfte eingesetzt werden, wenn diese in der Lage sind, die im Musterplan nach Anlage 1a genannten Inhalte zu vermitteln.

(2) [1]Der Lehrgang muss mindestens die Sachgebiete des Musterplans nach Anlage 1a umfassen. [2]Die tägliche Dauer darf acht Unterrichtseinheiten zu je 45 Minuten nicht überschreiten.

§ 3 Unterrichtsräume. [1]In den Fahrschulen und deren Zweigstellen darf der theoretische Unterricht nur in ortsfesten Gebäuden erteilt werden. [2]Die Unterrichtsräume müssen nach Größe, Beschaffenheit und Einrichtung einen sachgerechten Ausbildungsbetrieb zulassen und der Anlage 2 entsprechen.

§ 4[3] Lehrmittel. [1]In den Unterrichtsräumen müssen während des theoretischen Unterrichts Lehrmittel zur Gestaltung des Unterrichts und zur Visualisierung vorhanden sein. [2]Zur Darstellung des Lehrstoffes müssen wahlweise Modelle, analoge oder digitale Medien sowie die zur Visualisierung jeweils erforderlichen technischen Geräte vorhanden sein. [3]Bildschirme und Projektionsflächen müssen eine ausreichende Größe aufweisen. [4]Ferner müssen die für die Ausbildung der Fahrschüler notwendigen aktuellen straßenverkehrsrechtlichen Bestimmungen in schriftlicher oder, sofern der Zugriff im Unterrichtsraum gesichert ist, in elektronischer Form vorliegen.

§ 5[4] Lehrfahrzeuge für Fahrschüler. (1) [1]Als Ausbildungsfahrzeuge sind die Fahrzeuge zu verwenden, die den Prüfungsfahrzeugen der Anlage 7 Nummer 2.2 der Fahrerlaubnis-Verordnung[5] entsprechen. [2]Abweichend von Anlage 7 Nummer 2.2.4 der Fahrerlaubnis-Verordnung dürfen für die Ausbildung der Klasse B alle Personenkraftwagen verwendet werden, die eine durch die Bauart bestimmte Höchstgeschwindigkeit von mindestens 130 km/h erreichen. [3]Bei der Klasse A dürfen zu Beginn der Ausbildung Krafträder der Klassen A2

---

[1] § 2a eingef. mWv 1.1.2020 durch VO v. 2.10.2019 (BGBl. I S. 1416).

[2] Nr. **330**.

[3] § 4 Satz 2 neu gef., Sätze 3 und 4 angef. mWv 1.1.2020 durch VO v. 2.10.2019 (BGBl. I S. 1416).

[4] § 5 Abs. 4 Satz 5 geänd. mWv 1.1.2020 durch VO v. 2.10.2019 (BGBl. I S. 1416).

[5] Nr. **300**.

und A1 gemäß Anlage 7 Nummer 2.2.2 und 2.2.3 der Fahrerlaubnis-Verordnung verwendet werden. [4]Bei der Klasse A2 dürfen zu Beginn der Ausbildung Krafträder der Klasse A1 gemäß Anlage 7 Nummer 2.2.3 der Fahrerlaubnis-Verordnung verwendet werden.

(2) [1]Bei der Ausbildung auf Fahrzeugen der Klassen A1, A2, A, AM und T muss eine geeignete technische Einrichtung zur Verfügung stehen, die es dem Fahrlehrer ermöglicht mit seinem Fahrschüler zu kommunizieren. [2]Die Fahrzeuge der Klassen B, C1, C, D1 und D müssen mit einer Doppelbedienungseinrichtung ausgestattet sein, für die eine Betriebserlaubnis nach der Straßenverkehrs-Zulassungs-Ordnung[1)] erteilt worden ist. [3]Der Fahrlehrer muss in der Lage sein, alle wesentlichen Verkehrsvorgänge hinter dem Fahrzeug über Spiegel zu beobachten.

(3) Die Fahrzeuge der Klassen C1, C, D1 und D müssen mit einem Fahrtenschreiber, der den Vorgaben der Verordnung (EU) Nr. 165/2014[2)] des Europäischen Parlaments und des Rates vom 4. Februar 2014 über Fahrtenschreiber im Straßenverkehr, zur Aufhebung der Verordnung (EWG) Nr. 3821/85 des Rates über das Kontrollgerät im Straßenverkehr und zur Änderung der Verordnung (EG) Nr. 561/2006 des Europäischen Parlaments und des Rates zur Harmonisierung bestimmter Sozialvorschriften im Straßenverkehr (ABl. L 60 vom 28.2. 2014, S. 1; L 246 vom 23.9.2015, S. 11) entspricht, ausgestattet sein.

(4) [1]Die Fahrzeuge dürfen bei der Ausbildung an der Rückseite, zusätzlich auch an der Vorderseite, ein Schild mit der Aufschrift „FAHRSCHULE" in roter Schrift auf weißem Grund führen, das auch retroreflektierend sein kann. [2]Neben oder anstelle einer solchen Kennzeichnung ist auch ein entsprechendes Schild auf dem Dach quer zur Fahrtrichtung zulässig, das auch retroreflektierend sein kann. [3]Das Schild darf nicht auf anderen als Ausbildungsfahrten verwendet werden. [4]Es muss mindestens 350 Millimeter lang und 80 Millimeter breit sein; es darf höchstens 520 Millimeter lang und 110 Millimeter breit sein. [5]Schilder mit zusätzlicher Aufschrift sowie sonstige Einrichtungen, die zu Verwechslungen mit dem Schild Anlass geben oder dessen Wirkung beeinträchtigen können, dürfen im Straßenverkehr nicht verwendet werden; auf eine Ausbildung der Fahrerlaubnisklassen AM, A1, A2, A und T darf zusätzlich hingewiesen werden.

§ 6[3)] Ausbildungsnachweis. (1) Der Ausbildungsnachweis für den Fahrschüler nach § 31 des Fahrlehrergesetzes[4)] und § 6 Absatz 2 der Fahrschüler-Ausbildungsordnung[5)] muss dem Muster nach Anlage 3 entsprechen.

(2) Die im Rahmen der Fahrschülerausbildung erhobenen personenbezogenen Daten dürfen nur für diesen Zweck verarbeitet und genutzt werden und sind fünf Jahre nach Abschluss der jeweiligen Ausbildung zu löschen.

§ 7 Preisaushang. Für den nach § 32 Absatz 1 des Fahrlehrergesetzes[4)] vorgeschriebenen Aushang ist das Muster nach Anlage 4 zu verwenden.

[1)] Nr. **200**.
[2)] Nr. **580**.
[3)] § 6 Überschrift und Abs. 1 neu gef. mWv 1.1.2020 durch VO v. 2.10.2019 (BGBl. I S. 1416).
[4)] Nr. **330**.
[5)] Nr. **360**.

Zweiter Abschnitt. Anforderungen an Fahrlehrerausbildungsstätten

§ 8 Verantwortliche Leitung. (1) [1] Die für die verantwortliche Leitung einer Fahrlehrerausbildungsstätte bestellte Person muss:
1. das 28. Lebensjahr vollendet haben,
2. geistig und körperlich geeignet sein,
3. die Fahrlehrerlaubnis aller Klassen (ausgenommen Klasse DE) besitzen und
4. a) drei Jahre lang Inhaber der Fahrschulerlaubnis oder für die verantwortliche Leitung einer Fahrschule bestellte Person gewesen sein,
   b) drei Jahre lang hauptberufliche Lehrkraft einer Fahrlehrerausbildungsstätte gewesen sein,
   c) ein Studium, das ausreichende Kenntnisse des Maschinenbaus vermittelt, an einer Hochschule abgeschlossen haben,
   d) die Befähigung zum Richteramt besitzen oder
   e) ein Hochschulstudium mit bildungswissenschaftlichem Schwerpunkt und Diplom- oder gleichwertigem Studienabschluss abgeschlossen haben.

[2] Außerdem dürfen keine Tatsachen vorliegen, die ihn für die Tätigkeit als unzuverlässig erscheinen lassen.

(2) [1] Besitzt die für die verantwortliche Leitung bestellte Person aus gesundheitlichen Gründen keine Fahrerlaubnis der Klasse CE, genügt es, dass sie mindestens einmal die entsprechende Fahrerlaubnis erworben hatte. [2] Absatz 1 Satz 1 Nummer 2 bleibt unberührt.

§ 9[1] Lehrkräfte in der Fahrlehrerausbildungsstätte. (1) [1] In der Fahrlehrerausbildungsstätte müssen mindestens folgende Lehrkräfte mit folgender Qualifikation tätig sein:
1. eine Lehrkraft mit der Befähigung zum Richteramt (Jurist),
2. eine Lehrkraft mit einem abgeschlossenen Studium des Maschinenbaufachs, des Kraftfahrzeugbaufachs oder der Elektrotechnik an einer deutschen Universität oder Technischen Hochschule oder einer als gleichwertig anerkannten ausländischen Hochschule, und mit mindestens zweijähriger Praxis auf dem Gebiet des Baus oder des Betriebs von Kraftfahrzeugen,
3. ein Fahrlehrer, der die Fahrlehrerlaubnisklassen A, BE, CE und, sofern Bewerber in der Fahrlehrerlaubnisklasse DE ausgebildet werden sollen, auch die Fahrlehrerlaubnis der Klasse DE besitzt und drei Jahre lang hauptberuflich Fahrschüler theoretisch und praktisch ausgebildet hat, und
4. eine Lehrkraft mit abgeschlossenem Hochschulstudium mit bildungswissenschaftlichem Schwerpunkt und Diplom oder gleichwertigem Studienabschluss.

[2] Eine Lehrkraft kann mehrere der Anforderungen nach den Nummern 1 bis 4 erfüllen. [3] Jede Lehrkraft muss eine Fahrerlaubnis besitzen.

[1] § 9 Abs. 1 Satz 1 einl. Satzteil neu gef. mWv 1.1.2020 durch VO v. 2.10.2019 (BGBl. I S. 1416).

(2) Abweichend von Absatz 1 Satz 1 Nummer 3 kann die nach Landesrecht zuständige Behörde nach § 50 Absatz 2 Nummer 4 des Fahrlehrergesetzes[1)] einer Lehrkraft, die aus gesundheitlichen Gründen die der jeweiligen Fahrlehrerlaubnisklasse zugrunde liegende Fahrerlaubnisklasse nicht mehr besitzt, gestatten, weiterhin an der Fahrlehrerausbildungsstätte theoretischen Unterricht zu erteilen, wenn sie körperlich und geistig im Sinne des § 2 Absatz 1 Satz 1 Nummer 2 des Fahrlehrergesetzes geeignet ist.

(3) Mindestens zwei der in Absatz 1 genannten Lehrkräfte müssen bei der Fahrlehrerausbildungsstätte hauptberuflich in der Ausbildung von Fahrlehrern tätig sein.

§ 10 Unterrichtsräume in der Fahrlehrerausbildungsstätte. [1] Die Unterrichtsräume müssen nach Größe, Beschaffenheit und Einrichtung einen sachgerechten Ausbildungsbetrieb zulassen. [2] § 3 Satz 1 ist anzuwenden.

§ 11 Lehrmittel in der Fahrlehrerausbildungsstätte. [1] In der Fahrlehrerausbildungsstätte müssen folgende Lehrmittel ständig vorhanden sein:

1. Medien, die der visuellen und großflächigen Darstellung dienen,
2. Anschauungsmaterial über Verkehrsvorschriften, Verkehrsvorgänge, fahrtechnische Vorgänge sowie Kraftfahrzeugbau und -betrieb,
3. Lehrmodelle der wichtigsten Fahrzeugbauteile, je nach Ausbildungsklasse,
4. das wichtigste Kraftfahrzeugzubehör im Original oder in Modellen,
5. Gesetze, Verordnungen und Allgemeine Verwaltungsvorschriften des Straßenverkehrsrechts und der benachbarten Rechtsgebiete sowie die dazu erlassenen Richtlinien des Bundesministeriums für Verkehr und digitale Infrastruktur,
6. Erläuterungswerke zu den Gesetzen und Verordnungen des Straßenverkehrsrechts und
7. fortlaufende Sammlung des Verkehrsblattes (Amtsblatt des Bundesministeriums für Verkehr und digitale Infrastruktur der Bundesrepublik Deutschland) und verkehrsrechtliche Entscheidungen sowie kraftfahrzeugtechnische und pädagogische Fachliteratur.

[2] Die Lehrmittel müssen dem geltenden Recht und dem Stand der Technik entsprechen.

§ 12 Lehrfahrzeuge in der Fahrlehrerausbildungsstätte. Die für die Fahrlehrerausbildung zu verwendenden Fahrzeuge müssen den Anforderungen des § 5 entsprechen.

Dritter Abschnitt. Anforderungen an Einweisungslehrgänge zum Erwerb der Seminarerlaubnis

§ 13 Inhalt der Einweisungslehrgänge. (1) [1] Einweisungslehrgänge zum Erwerb der Seminarerlaubnis zur Durchführung von Aufbauseminaren nach § 45 des Fahrlehrergesetzes[1)] sollen den Teilnehmern die zur Durchführung der Seminare erforderlichen Kenntnisse und Fähigkeiten vermitteln. [2] Wesentlicher

[1)] Nr. **330**.

Inhalt der Lehrgänge ist die in der Fahrerlaubnis-Verordnung[1)] vorgeschriebene Gestaltung der Seminare.

(2) [1] Die Lehrgänge sind unter Anwendung gruppenorientierter Lehrmethoden durchzuführen. [2] Die Teilnehmer sind vor allem mit Methodik und Technik der Kursmoderation als Arbeitsform vertraut zu machen. [3] Sie sollen durch aktive Mitarbeit, insbesondere durch Teilnahme an Rollenspielen und Moderationsübungen einschließlich eigener Moderation, fremde Verhaltensweisen verstehen lernen und eigene Verhaltensweisen, die für eine erfolgversprechende, eigenverantwortliche Durchführung von Seminaren von Bedeutung sind, einüben.

(3) Die Lehrgänge bestehen aus den Abschnitten

1. Grundeinweisung in die gruppenorientierten Lehrmethoden,
2. Einweisung in die Durchführung von Seminaren nach § 2a des Straßenverkehrsgesetzes[2)].

§ 14 Dauer und Leitung der Lehrgänge. (1) [1] Die Lehrgangsabschnitte nach § 13 Absatz 3 sind jeweils in vier zusammenhängenden Tagen zu vermitteln. [2] Ihre tägliche Dauer beträgt acht Unterrichtseinheiten zu je 45 Minuten. [3] Die Zahl der Teilnehmer darf sechs nicht unterschreiten und 16 nicht überschreiten. [4] Die Leitung erfolgt gemeinsam durch je eine der in Absatz 2 genannten Lehrkräfte.

(2) Zur Leitung ist berechtigt, wer

1. Inhaber der Seminarerlaubnis nach § 45 des Fahrlehrergesetzes[3)] ist und über Erfahrungen in der Durchführung von Seminaren nach dem Straßenverkehrsgesetz[2)] oder über vergleichbare Erfahrungen in der Moderationstechnik verfügt, oder
2. die Voraussetzungen des § 9 Absatz 1 Satz 1 Nummer 4 erfüllt, eine Fahrerlaubnis nach § 9 Absatz 1 Satz 3 besitzt sowie über Kenntnisse und Erfahrungen in gruppenorientierten Lernprozessen und der Erwachsenenbildung verfügt,

und an jeweils viertägigen von der nach Landesrecht zuständigen Behörde anerkannten Einführungsseminaren für Lehrgangsleitungen in den Lehrgangsabschnitten nach § 13 Absatz 3 teilgenommen hat.

Vierter Abschnitt. Überwachung

§ 15[4)] Überwachungspersonal. (1) Als Überwachungsperson darf eingesetzt werden, wer

1. als Inhaber einer Fahrlehrererlaubnis
   a) über eine mindestens vierjährige Berufserfahrung als Fahrlehrer verfügt,
   b) die letzten beiden Überprüfungen nach § 51 des Fahrlehrergesetzes[3)] ohne oder mit nur geringfügigen Beanstandungen absolviert hat, und

---

[1)] Nr. **300**.
[2)] Nr. **10**.
[3)] Nr. **330**.
[4)] § 15 Abs. 1 Nr. 3 geänd., Abs. 3 Satz 3 angef. mWv 1.1.2020 durch VO v. 2.10.2019 (BGBl. I S. 1416).

c) keine verantwortliche Position in einem Verband der Fahrlehrer wahrnimmt,

oder

2. als andere geeignete Person
   a) zum Zeitpunkt der Aufnahme dieser Tätigkeit ein eintragungsfreies Führungszeugnis nach § 30a Absatz 1 des Bundeszentralregistergesetzes und einen eintragungsfreien Auszug aus dem Fahreignungsregister vorlegt, die nicht älter als drei Monate sind,
   b) die erforderlichen grundlegenden fachlichen und pädagogisch-didaktischen Kenntnisse nachweist, und
   c) eine gültige Fahrerlaubnis der Klasse B besitzt,

   oder
3. qualifizierter und geeigneter Bediensteter der nach Landesrecht zuständigen Behörde ist oder durch die Dienststelle nach § 44 Absatz 2 des Fahrlehrergesetzes bestimmt wird und eine gültige Fahrerlaubnis der Klasse B besitzt.

(2) [1]Die mit der Beurteilung der pädagogischen Qualität betrauten Personen müssen zudem an einer mindestens neuntägigen Basisausbildung zur pädagogisch erweiterten Überwachung teilnehmen, die den jeweiligen Inhalten der Überwachung entspricht. [2]Die Ausbildung ist nach einem von der am Sitz des Ausbildungsträgers nach Landesrecht zuständigen Behörde zu genehmigenden Rahmenlehrplan durchzuführen.

(3) [1]Die mit der Beurteilung der pädagogischen Qualität betrauten Personen haben zudem mindestens alle zwei Jahre an einem jeweils eintägigen einschlägigen Fortbildungslehrgang teilzunehmen. [2]Der Fortbildungslehrgang ist nach einem von der am Sitz des Ausbildungsträgers nach Landesrecht zuständigen Behörde zu genehmigenden Rahmenlehrplan durchzuführen. [3]Die Frist nach Satz 1 beginnt mit Ablauf des Jahres, in dem an der Basisausbildung nach Absatz 2 teilgenommen wurde.

(4) Für die Überwachung der Seminare nach § 45 Absatz 1 und § 46 Absatz 1 des Fahrlehrergesetzes gelten die Bestimmungen nach den Absätzen 2 und 3 entsprechend.

§ 16[1)] Qualitätssichernde Anordnungen. (1) [1]Werden im Rahmen der Überwachung der fachlichen und pädagogischen Qualität des Unterrichts Mängel festgestellt, kann die nach Landesrecht zuständige Behörde oder die Dienststelle nach § 44 Absatz 2 des Fahrlehrergesetzes[2)] gegenüber dem Fahrlehrer, gegenüber dem Inhaber oder der für die verantwortliche Leitung der Fahrschule oder der Fahrlehrerausbildungsstätte bestellten Person, oder gegenüber dem Träger von Einweisungsseminaren, Einweisungslehrgängen und Einführungslehrgängen für Lehrgangsleitungen sowie Fortbildungslehrgängen, folgende Maßnahmen anordnen:

1. eine Praxisberatung über eine verkehrspädagogischdidaktisch angemessene Gestaltung der Fahrschulausbildung,
2. eine inhaltsspezifische Sonderfortbildung.

---

1) § 16 Abs. 1 Satz 1 geänd. mWv 1.1.2020 durch VO v. 2.10.2019 (BGBl. I S. 1416).
2) Nr. **330**.

[2] Beide Maßnahmen können auch zusammen angeordnet werden.

(2) Die nach Landesrecht zuständige Behörde kann zur Sicherstellung der qualitätssichernden Anordnungen nach Absatz 1 Nachkontrollen durchführen.

(3) Die Bestimmungen über Ordnungswidrigkeiten sowie über den Widerruf bleiben unberührt.

Fünfter Abschnitt

§ 17[1)] Fortbildung. (1) Die Fortbildung nach § 53 Absatz 1 des Fahrlehrergesetzes[2)] für Inhaber einer Fahrlehrerlaubnis hat alle Gebiete zu erfassen, die für die berufliche Tätigkeit der Fahrlehrer von Bedeutung sind, insbesondere:

1. die Weiterentwicklung des Straßenverkehrsrechts einschließlich des Fahrlehrerrechts,
2. die Änderung der Verhältnisse im Straßenverkehr und im Kraftfahrwesen,
3. die Verfahren und Methoden zur Gestaltung des theoretischen und praktischen Unterrichts, Verkehrspädagogik,
4. verkehrspolitische und umweltpolitische Perspektiven mit Bezug zum Straßenverkehr,
5. betriebswirtschaftliche und organisatorische Fragen, die für den Betrieb einer Fahrschule von Bedeutung sind, und
6. nachhaltige Mobilität insbesondere alternative Antriebsformen, Fahrerassistenzsysteme und E-Mobilität.

(2) [1] Der Fortbildungslehrgang nach § 53 Absatz 2 des Fahrlehrergesetzes für Inhaber einer Seminarerlaubnis hat folgende Bereiche zu erfassen:

1. Unfallentwicklung im Straßenverkehr und ihre Ursachen,
2. Verstöße im Straßenverkehr und ihre Ursachen,
3. Wege zur Beeinflussung von auffälligen Kraftfahrern und
4. Methoden zur Kursleitung und Moderationstechnik.

[2] Die Bereiche zu den Nummern 3 und 4 sind jeweils programmspezifisch bezogen auf die Seminare nach § 2a und 4a des Straßenverkehrsgesetzes[3)] zu gestalten.

(3) Der Fortbildungslehrgang nach § 53 Absatz 3 des Fahrlehrergesetzes für Ausbildungsfahrlehrer hat folgende Bereiche zu erfassen:

1. Weiterentwicklung des Fahrlehrerrechts,
2. Verfahren und Methoden zur Gestaltung des theoretischen und praktischen Unterrichts,
3. Verfahren und Methoden zur Beobachtung, Bewertung und Beurteilung der Qualitätskriterien guter Ausbildung,
4. Verfahren und Methoden zur Beobachtung, Bewertung und Beurteilung des beruflichen Erlebens und Verhaltens und
5. Verfahren und Methoden zur Rückmeldung und Beratung.

[1)] § 17 Abs. 2 Satz 2 geänd., Abs. 6 Satz 2 eingef., bish. Satz 2 wird Satz 3 mWv 1.1.2020 durch VO v. 2.10.2019 (BGBl. I S. 1416).

[2)] Nr. **330**.

[3)] Nr. **10**.

(4) Die Inhalte und Methoden der Fortbildung nach § 46 des Fahrlehrergesetzes für Inhaber einer Seminarerlaubnis Verkehrspädagogik sind an den Inhalten und Methoden der Anlage 16 der Fahrerlaubnis-Verordnung[1] zu orientieren.

(5) In den Lehrgängen nach den Absätzen 1 bis 4 ist ein Erfahrungsaustausch mit den Lehrgangsteilnehmern durchzuführen.

(6) [1] Träger von Fortbildungslehrgängen nach § 53 Absatz 1 und 3 des Fahrlehrergesetzes sollen Lehrkräfte nach § 9 Absatz 1 einsetzen. [2] Abweichend davon dürfen in Fortbildungslehrgängen nach § 53 Absatz 1 des Fahrlehrergesetzes auch andere Lehrkräfte tätig werden, wenn diese in der Lage sind, die in Absatz 1 genannten Inhalte zu vermitteln. [3] Für Fortbildungslehrgänge nach Absatz 2 dürfen vom Träger nur Lehrkräfte nach § 14 Absatz 2 eingesetzt werden.

Sechster Abschnitt

§ 18 Örtliches Fahrlehrerregister. Im örtlichen Fahrlehrerregister sind für die Zwecke des § 58 des Fahrlehrergesetzes[2] bei Erlaubnissen, Anwärterbefugnissen und Anerkennungen folgende Angaben einzutragen:

1. a) zur Person des Inhabers der Erlaubnis, Anwärterbefugnis oder Anerkennung sowie zur Person der für die verantwortliche Leitung des Ausbildungsbetriebes einer Fahrschule oder einer Fahrlehrerausbildungsstätte bestellten Person: Familienname, Geburtsname, sonstige frühere Namen, Vornamen, Doktorgrad, Geschlecht, Geburtsdatum und Geburtsort, Anschrift und Staatsangehörigkeit,

   b) bei einer juristischen Person, Personengesellschaft oder Behörde: Name oder Bezeichnung und Anschrift sowie zusätzlich bei juristischen Personen und Personengesellschaften die nach Gesetz, Vertrag oder Satzung zur Vertretung berechtigten Personen mit den Angaben nach Buchstabe a,

   c) bei einer Vereinigung: Name oder Bezeichnung und Anschrift sowie die nach Gesetz, Vertrag oder Satzung zur Vertretung berechtigten Personen mit den Angaben nach Buchstabe a und

   d) bei einer Gemeinschaftsfahrschule, bei Beschäftigungs- und Ausbildungsverhältnissen, bei der Tätigkeit als Ausbildungsfahrlehrer und beim Betrieb als Ausbildungsfahrschule: Name oder Bezeichnung und Anschrift sowie Inhaber und für die verantwortliche Leitung des Ausbildungsbetriebes der betreffenden Fahrschule bestellten Person mit den Angaben nach Buchstabe a sowie die beschäftigten Fahrlehreranwärter und Fahrlehrer und die Ausbildungsfahrlehrer mit den Angaben nach Buchstabe a,

2. die entscheidende Stelle, Tag der Entscheidung und Geschäftsnummer oder Aktenzeichen und

3. die nach Maßgabe von § 62 Absatz 2 des Fahrlehrergesetzes übermittelten Daten nach § 59 Absatz 1 und 2 der Fahrerlaubnis-Verordnung[1].

---

[1] Nr. **300**.
[2] Nr. **330**.

Siebter Abschnitt. Übergangs-, Bußgeld- und Schlussvorschriften

§ 19[1] Übergangsbestimmungen. (1) Abweichend von § 8 Absatz 1 Satz 1 Nummer 3 dürfen Personen, die am 31. Dezember 1998 für die verantwortliche Leitung von Fahrlehrerausbildungsstätten bestellte Personen sind, ohne eine Fahrlehrerlaubnis zu besitzen, eine amtlich anerkannte Fahrlehrerausbildungsstätte leiten, wenn sie:

1. ein technisches Studium, das eine ausreichende Kenntnis des Maschinenbaus vermittelt, an einer deutschen oder einer als gleichwertig anerkannten ausländischen Hochschule abgeschlossen haben oder
2. die Befähigung zum Richteramt besitzen.

(2) Fahrlehrerscheine und befristete Fahrlehrerscheine, die der bis zum 31. Dezember 2017 geltenden Fassung der Anlagen 1.1 und 1.2 entsprechen, bleiben gültig.

(3) Abweichend von § 9 Absatz 1 Nummer 3 dürfen Fahrlehrer, die bei Inkrafttreten dieses Gesetzes nicht die Fahrlehrerlaubnis der Klasse DE besitzen und als Lehrkraft an einer Fahrlehrerausbildungsstätte tätig waren, weiterhin eingesetzt werden.

(4) Abweichend von § 9 Absatz 1 Satz 1 Nummer 4 kann die Lehrkraft mit abgeschlossenem Studium der Erziehungswissenschaft durch eine Lehrkraft mit abgeschlossenem Studium der Psychologie ersetzt werden, die am 31. Dezember 1998 bereits drei Jahre lang die Sachgebiete „pädagogische und psychologische Grundsätze, Unterrichtsgestaltung" an der Fahrlehrerausbildungsstätte unterrichtet hat.

(5) Abweichend von § 14 Absatz 2 Nummer 2 dürfen Personen, die bis zum 31. Dezember 1998 Einweisungslehrgänge im Sinne des § 31 des Fahrlehrergesetzes[2] in der bis zum 31. Dezember 1998 geltenden Fassung durchgeführt haben, auch Lehrgänge nach § 45 des Fahrlehrergesetzes in der ab dem 1. Januar 1999 geltenden Fassung durchführen.

(6) [1] Abweichend von § 15 darf für die Überwachung nach § 51 Absatz 2 Nummer 1 des Fahrlehrergesetzes auch Personal eingesetzt werden, das bis zum 31. Dezember 2017 bereits diese Aufgabe wahrgenommen hat. [2] Satz 1 gilt auch für das ab dem 1. Januar 2018 für die pädagogische Überwachung nach § 51 Absatz 2 Nummer 2 des Fahrlehrergesetzes eingesetzte Personal, sofern dieses eine der in § 15 Absatz 2 geforderten neuntägigen Basisausbildung vergleichbare Ausbildung absolviert hat. [3] In diesen Fällen beginnt die Frist nach § 15 Absatz 3 am 1. Januar 2018.

(7) Ausbildungsnachweise und Ausbildungsbescheinigungen, die nach dem bis zum Ablauf des 31. Dezember 2019 vorgeschriebenen Muster ausgefertigt wurden, bleiben bis zum Ablauf des 1. Januar 2022 gültig.

§ 20 Ordnungswidrigkeiten. (1) Ordnungswidrig im Sinne des § 56 Absatz 1 Nummer 23 des Fahrlehrergesetzes[2] handelt, wer als Inhaber einer Fahrschule oder als für die verantwortliche Leitung des Ausbildungsbetriebes einer Fahrschule bestellte Person vorsätzlich oder fahrlässig:

---

[1] § 19 Abs. 6 Satz 3 und Abs. 7 angef. mWv 1.1.2020 durch VO v. 2.10.2019 (BGBl. I S. 1416).
[2] Nr. **330**.

1. entgegen § 4 die dort vorgeschriebenen Lehrmittel nicht vorhält,
2. entgegen § 5 Absatz 1 Satz 1, Absatz 2 Satz 1 oder Absatz 3 für die Ausbildung andere als die dort vorgeschriebenen Fahrzeuge verwendet oder verwenden lässt,
3. entgegen § 5 Absatz 2 Satz 2 für die Ausbildung Fahrzeuge verwendet oder verwenden lässt, die keine Doppelbedienungseinrichtung besitzen oder für die die hierfür erforderliche Betriebserlaubnis nach der Straßenverkehrs-Zulassungs-Ordnung[1] nicht erteilt worden ist, oder
4. entgegen § 16 einer qualitätssichernden Anordnung nicht nachkommt.

(2) Ordnungswidrig im Sinne des § 56 Absatz 1 Nummer 23 des Fahrlehrergesetzes handelt, wer als Inhaber einer amtlich anerkannten Fahrlehrerausbildungsstätte oder als für die verantwortliche Leitung einer Fahrlehrerausbildungsstätte bestellte Person vorsätzlich oder fahrlässig:
1. entgegen § 11 die dort vorgeschriebenen Lehrmittel nicht vorhält oder
2. entgegen § 12 für die Fahrlehrerausbildung Fahrzeuge verwendet oder verwenden lässt, die nicht den Vorschriften des § 5 entsprechen.

[1] Nr. **200**.

Anlage 1.1
(zu § 2 Absatz 1)

Anwärterschein Fahrlehrer

Zusammenhängend auf Neobondpapier in einer Stärke von 150 g/m² ohne optische Aufheller, Farbe weiß, Breite 222 mm, Höhe 105 mm. In das Trägermaterial sind die folgenden fälschungserschwerenden Sicherheitsmerkmale eingearbeitet:

1. als Wasserzeichen das gesetzlich für die Bundesdruckerei geschützte Motiv „Stilisierter Bundesadler“,
2. nur unter UV-Licht sichtbare rot und blau fluoreszierende Melierfasern,
3. chemische Reagenzien.

Vorderseite

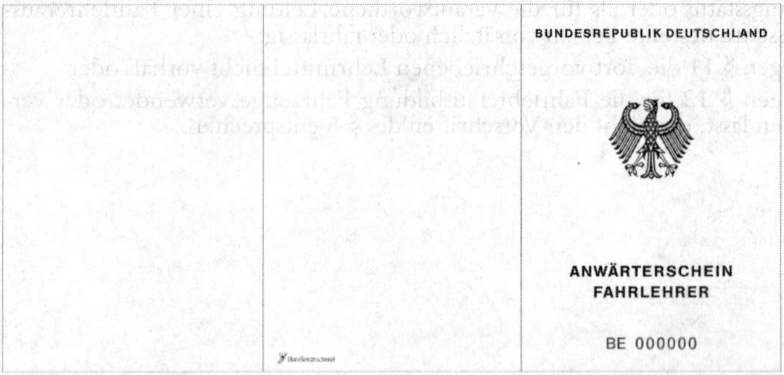

Rückseite

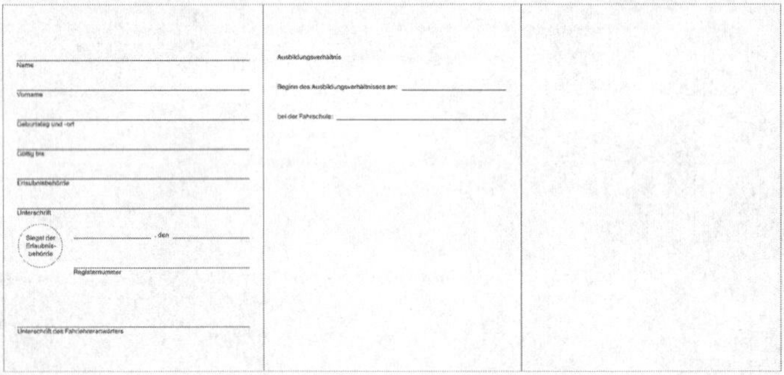

Anlage 1.2
(zu § 2 Absatz 1)

Fahrlehrerschein

Zusammenhängend auf Neobondpapier in einer Stärke von 150 g/m² ohne optische Aufheller, Farbe gelb, Breite 222 mm, Höhe 105 mm. In das Trägermaterial sind die folgenden fälschungserschwerenden Sicherheitsmerkmale eingearbeitet:

1. als Wasserzeichen das gesetzlich für die Bundesdruckerei geschützte Motiv „Stilisierter Bundesadler“,
2. nur unter UV-Licht sichtbare rot und blau fluoreszierende Melierfasern,
3. chemische Reagenzien.

Vorderseite

Beginn des Beschäftigungsverhältnisses am: ______

mit der Fahrschule: ______

Beginn des Beschäftigungsverhältnisses am: ______

mit der Fahrschule: ______

Beginn des Beschäftigungsverhältnisses am: ______

mit der Fahrschule: ______

Auflagen:

Bundesdruckerei

BUNDESREPUBLIK DEUTSCHLAND

FAHRLEHRERSCHEIN

000000

Rückseite

Name

Vorname

Geburtstag und -ort

Fahrlehrerlaubnisklassen

Erlaubnisbehörde

Unterschrift

Siegel der Erlaubnisbehörde ______, den ______

Registernummer

Unterschrift des Erlaubnisinhabers

Der Inhaber besitzt die Fahrlehrerlaubnis der Klasse

... seit: ______ ... seit: ______

... seit: ______ ... seit: ______

☐ Berechtigt nur zur gelegentlichen und vorübergehenden Ausbildung von Fahrschülern *)

Fahrschulerlaubnisse der Klasse

... seit: ______ ... seit: ______

... seit: ______ ... seit: ______

☐ Berechtigt nur zur gelegentlichen und vorübergehenden Ausbildung von Fahrschülern *)

Verantwortliche Leitung des Ausbildungsbetriebs

Name der Fahrschule: ______

seit: ______

*) Falls zutreffend, bitte ankreuzen.

Beginn des Beschäftigungsverhältnisses am: ______

mit der Fahrschule: ______

Beginn des Beschäftigungsverhältnisses am: ______

mit der Fahrschule: ______

Anlage 1a[1)]
(zu § 2a)

Musterplan für den Fahrschulbetriebswirtschaftslehrgang

Abschnitt	UE	Sachgebiet	Lehrkraft[2)]
1.	1	**Einführung**	Jurist, Betriebswirt, Fahrlehrer
2.	12	**Die Fahrschule**	
2.1		**Eröffnung einer Fahrschule** – Neugründung, Übernahme einer Fahrschule – Kauf – Pacht	Jurist, Betriebswirt, Fahrlehrer
2.2		**Kriterien der Standortwahl** – Lage – Konkurrenz – demographische Perspektiven	Jurist, Betriebswirt, Fahrlehrer
2.3		**Rechtsformen einer Fahrschule** – natürliche Personen (Einzelunternehmen) – juristische Personen (GmbH, e. V., AG) verantwortlicher Leiter des Ausbildungsbetriebes – BGB-Gesellschaft, Gemeinschaftsfahrschulen – Personengesellschaften – Kooperationen	Jurist
2.4		**Die Fahrschulerlaubnis und die Behörden** – Fahrschulerlaubnisbehörde, Antragsverfahren, Eröffnung, Verlegung, Erweiterung, Widerruf, Rücknahme, Ruhen, Erlöschen, Zweigstellen – Vertrag über Gründung einer Gemeinschaftsfahrschule – Kooperationsvertrag – Überwachung nach § 54 FahrlG – Ausstattung – Gewerbebetrieb – für Arbeitsschutz nach Landesrecht zuständige Behörden – Pflichtversicherung – Berufsgenossenschaft – Meldepflichten	Jurist, Fahrlehrer
2.5		**Vertragsrecht** – Dienstvertrag – Werkvertrag – Kaufvertrag	Jurist

[1)] Anl. 1a eingef. mWv 1.1.2020 durch VO v. 2.10.2019 (BGBl. I S. 1416).

[2)] **Amtl. Anm.:** Abweichend davon dürfen auch andere Lehrkräfte eingesetzt werden, wenn diese in der Lage sind, die genannten Inhalte zu vermitteln.

Abschnitt	UE	Sachgebiet	Lehrkraft
		– Miet-, Pacht-, Leasing- oder Nutzungsvertrag – Allgemeine Geschäftsbedingungen (AGB)	
2.6		**Schließung der Fahrschule** Natürliche Personen: – Verzicht, Stilllegung, Verkauf, Verpachtung – Tod des Inhabers Juristische Personen, Personengesellschaften: – Gesamtvollstreckung/Konkurs, Liquidation – Ausscheiden der für die verantwortliche Leitung des Ausbildungsbetriebes bestellten Person, Fristen	Jurist, Fahrlehrer
3.	4	**Investitionen, Finanzierung**	
3.1		**Investitionsbedarf** – Unterrichtsraum – Lehrmittel – Ausbildungsfahrzeuge	Betriebswirt, Fahrlehrer
3.2		**Finanzbedarf** – Eigenkapitalfinanzierung – Kreditfinanzierung – Leasing – Miete	Betriebswirt
4.	20	**Management, Marketing und Werbung**	
4.1		**Erweiterter Raumbedarf** – Fahrschulbüro – Geschäftsräume – Annahmestellen	Jurist, Betriebswirt, Fahrlehrer
4.2		**Büromanagement** – Bürozeiten – Bürobesetzung	Jurist, Betriebswirt, Fahrlehrer
4.3		**Kooperation** – Kooperationsmöglichkeiten – Gemeinschaftsfahrschule	Jurist, Betriebswirt, Fahrlehrer
4.4		**Aufzeichnungen nach dem Fahrlehrerrecht** – Aufzeichnung der Arbeitszeit in geeigneter Form – Ausbildungsnachweis – Preisaushang – Datenverarbeitung in der Fahrschule – Aufbewahrung und Verjährung nach Fahrlehrerrecht	Jurist, Fahrlehrer
4.5		**Kundenbetreuung** – Kundengewinnung – Kundenberatung – Kundenbindung	Betriebswirt, Fahrlehrer

Abschnitt	UE	Sachgebiet	Lehrkraft
4.6		**Absatzorientierung** – Angebot und Nachfrage – Marktforschung	Jurist, Betriebswirt, Fahrlehrer
4.7		**Wettbewerbsrecht** – unlauterer Wettbewerb/Irreführung – Sittenwidrigkeit	Jurist, Betriebswirt, Fahrlehrer
4.8		**Werbung** – Planung – Budget – Werbemittel und -medien	Jurist, Betriebswirt, Fahrlehrer
5.	20	**Kalkulation und Rechnungswesen**	
5.1		**Kalkulation** – Kostenermittlung – Kalkulation der Fahrschulpreise – Marktpreise	Betriebswirt
5.2		**Buchführung** – Einnahmen-, Überschussrechnung – kaufmännische Buchführung	Betriebswirt
5.3		**Steuerliche Aufzeichnungs- und Aufbewahrungspflichten** – Einkommensteuer – Umsatzsteuer	Betriebswirt
5.4		**Bilanzen, Beratungen** – Jahresabschluss – Steuerberatung – Betriebsberatung	Betriebswirt
5.5		**Liquiditätskontrolle** – Status	Betriebswirt
5.6		**Finanzplan** – Schuldendienst – Abgaben	Betriebswirt
5.7		**Steuervorauszahlungen** – Rentabilitätsrendite – Umsatzrendite	Betriebswirt
5.8		**Rechnungsstellung** – Geschäftsbedingungen – Mahnverfahren – Klage – Verrechnungsstelle	Jurist, Betriebswirt
5.9		**Zahlungsverkehr** – Bareinnahmen und Barausgaben – Überweisungen, Daueraufträge – Homebanking	Jurist, Betriebswirt

Abschnitt	UE	Sachgebiet	Lehrkraft[1]
6.	12	**Arbeits- und Sozialrecht**	
6.1		**Personalwesen** – mitarbeitende/r Ehefrau/Ehemann – angestellte Bürokraft (nebenberuflich, geringfügig oder hauptberuflich angestellt) – angestellter Fahrlehrer – „freier" Mitarbeiter – Vertretung des Inhabers im Einzelunternehmen – Ausbildungsfahrschulen/Ausbildungsfahrlehrer	Jurist, Betriebswirt
6.2		**Arbeitsrecht** – Anstellungsvertrag Auflagen, Klauseln, Fristen, Lohn, Gehalt – Arbeitszeit Arbeitszeitrechts-, Sonn- und Feiertagsgesetz – Krankheit – Urlaub, Weiterbildung – Abmahnung – Arbeitsgericht	Jurist
6.3		**Sozialrecht/Versicherung** – Krankenversicherung – Krankenkasse – Altersvorsorge – Sozialversicherung – Risikoversicherung	Jurist, Betriebswirt
	1	**Lehrgangsabschluss** – Ausgabe der Teilnahmenescheinigung	Jurist, Betriebswirt, Fahrlehrer

[1] **Amtl. Anm.:** Abweichend davon dürfen auch andere Lehrkräfte eingesetzt werden, wenn diese in der Lage sind, die genannten Inhalte zu vermitteln.

Anlage 2
(zu § 3)

Unterrichtsräume

Die Anforderungen an die Unterrichtsräume nach § 18 Absatz 1 Nummer 6 des Fahrlehrergesetzes[1] und nach § 3 der Durchführungsverordnung zum Fahrlehrergesetz sind erfüllt, wenn folgenden Mindestanforderungen entsprochen wird:

Mindestabmessungen des Unterrichtsraumes

Arbeitsfläche je Fahrschüler/Teilnehmer	1 m^2
Arbeitsfläche für Fahrlehrer und Platzbedarf für Lehrmittel	8 m^2
Luftvolumen je Person	3 m^3.

Die Fahrschüler/Teilnehmer müssen dem Unterricht ohne Behinderung folgen können.

Die nach Landesrecht zuständige Behörde bestimmt, wie viele Fahrschüler in dem Unterrichtsraum gleichzeitig unterrichtet werden dürfen. Sie kann durch Auflage einen entsprechenden Aushang in dem Unterrichtsraum verlangen.

Beschaffenheit und Einrichtung des Unterrichtsraumes

Im Interesse des sachgerechten Unterrichts ist sicherzustellen, dass der Unterrichtsraum
– nicht Teil einer Gastwirtschaft und kein Wohnraum ist,
– einen eigenen Zugang besitzt und nicht als Durchgang dient,
– vor Beeinträchtigungen durch Lärm, Staub und Geruch geschützt ist,
– gut beleuchtet ist,
– ausreichend belüftet werden kann sowie
– gut beheizbar ist.

Eine ausreichend bemessene Kleiderablage muss vorhanden sein. In unmittelbarer Nähe des Unterrichtsraumes muss mindestens ein WC mit Waschgelegenheit zur Verfügung stehen. Für jeden Fahrschüler/Teilnehmer muss eine Sitzgelegenheit mit Rückenlehne und eine Schreibunterlage (Mindestgröße DIN A4) vorhanden sein. Weitergehende Anforderungen können sich insbesondere aus sicherheits- und ordnungsrechtlichen Vorschriften ergeben.

[1] Nr. **330**.

Anlage 3[1)]
(zu § 6 Absatz 1)

Ausbildungsnachweis

Ausbildungsnachweis für Klasse ____________

gemäß § 31 Absatz 1 Fahrlehrergesetz und § 6 Absatz 2 der Fahrschüler-Ausbildungsordnung

Familienname:		
Vorname:		
Anschrift:		
Geburtsdatum:	Beantragte Klasse(n):	Vorbesitz der Klasse(n):

	Fahrschule

	Fahrlehrer	Nr.

Theoretischer Grundunterricht				Klassenspezifischer Unterricht			
Datum	Thema	Minuten	FL* Nr.	Datum	Thema	Minuten	FL* Nr.

Hiermit wird bestätigt, dass alle vorgeschriebenen Ausbildungsinhalte gemäß § 4 FahrschAusbO absolviert wurden. Der Abschluss der theoretischen Ausbildung gemäß § 6 Absatz 1 FahrschAusbO ist festgestellt.

____
Datum

Datum	Prakt. Ausb. Art u. Inhalt**	Beginn Uhrzeit	Minuten	FL* Nr.

Hiermit wird bestätigt, dass alle vorgeschriebenen Ausbildungsinhalte gemäß § 5 FahrschAusbO absolviert wurden. Der Abschluss der praktischen Ausbildung gemäß § 6 Absatz 1 FahrschAusbO ist festgestellt.

____
Datum

* FL = Fahrlehrer

** Hier sind mindestens anzugeben:

In der Grundausbildung
- Übungsstunden i.g.O./a.g.O. = Üst
- Grundfahraufgaben = Gf
- Unterweisung am Ausbildungsfahrzeug = Uw

Bei den besonderen Ausbildungsfahrten
- Fahrstunden Überlandfahrt = ÜL
- Fahrstunden auf Autobahn = AB
- Fahrstunden bei Dunkelheit = NF

☐ Die Ausbildung erfolgte in Kooperation als
☐ Auftrag gebende
☐ Auftrag nehmende
Fahrschule mit folgender Fahrschule***

*** falls zutreffend bitte ausfüllen

Ort, Datum	Unterschrift der/des Fahrschulinhaber/-inhabers/der verantwortlichen Leitung des Ausbildungsbetriebes	Unterschrift der/des Fahrschülerin/Fahrschülers

Abweichungen vom vorstehenden Muster sind zulässig, soweit Besonderheiten des Verfahrens, insbesondere der Einsatz maschineller Datenverarbeitung, dies erfordern.“

[1)] Anl. 3 neu gef. mWv 1.1.2020 durch VO v. 2.10.2019 (BGBl. I S. 1416).

Anlage 4
(zu § 7)

Preisaushang nach § 32 des Fahrlehrergesetzes

	Klasse	Klasse	Klasse	Klasse	Klasse	Klasse	Klasse	Klasse
Grundbetrag								
für die allgemeinen Aufwendungen einschließlich des theoretischen Unterrichts	€ ____	€ ____	€ ____	€ ____	€ ____	€ ____	€ ____	€ ____
bei Nichtbestehen der theoretischen Prüfung und weiterer Ausbildung	€ ____	€ ____	€ ____	€ ____	€ ____	€ ____	€ ____	€ ____
Vorstellungsentgelte*								
– theoretische Prüfung	€ ____	€ ____	€ ____	€ ____	€ ____	€ ____	€ ____	€ ____
– praktische Prüfung (komplett)	€ ____	€ ____	€ ____	€ ____	€ ____	€ ____	€ ____	€ ____
bei Teilprüfung**								
– nur praktisches Fahren und Grundfahraufgaben	€ ____	€ ____	€ ____	€ ____	€ ____	€ ____	€ ____	€ ____
– nur Abfahrtkontrolle/Handfertigkeiten***	€ ____	€ ____	€ ____	€ ____	€ ____	€ ____	€ ____	€ ____
– nur Verbinden und Trennen von Fahrzeugen	€ ____	€ ____	€ ____	€ ____	€ ____	€ ____	€ ____	€ ____
Fahrstunde (zu je 45 Minuten)								
Besondere Ausbildungsfahrten (zu je 45 Minuten)								
– auf Bundes- oder Landesstraßen	€ ____	€ ____	€ ____	€ ____	€ ____	€ ____	€ ____	€ ____
– auf Autobahnen	€ ____	€ ____	€ ____	€ ____	€ ____	€ ____	€ ____	€ ____
– bei Dämmerung und Dunkelheit	€ ____	€ ____	€ ____	€ ____	€ ____	€ ____	€ ____	€ ____
Unterweisung am Fahrzeug (zu je 45 Minuten)**	€ ____	€ ____	€ ____	€ ____	€ ____	€ ____	€ ____	€ ____

Grundbetrag bei Mehrfach-Klassen				**Seminare**	
Klassen	€ ____	Klassen	€ ____	– Aufbauseminar für Fahranfänger (ASF)	€ ____
Klassen	€ ____	Klassen	€ ____	– Fahreignungsseminar (FES) (verkehrspädagogische Teilmaßnahme)	€ ____
Klassen	€ ____	Klassen	€ ____	Ausbildungskurs nach § 5 Absatz 2 FeV	€ ____
				Ausbildungskurs nach Anlage 7a FeV (B96)	€ ____

* Die amtlichen Gebühren für die Prüforganisationen werden von diesem zusätzlich erhoben und können in der Fahrschule eingesehen werden.

** nur für die Klassen BE, C1, C1E, C, CE, D1, D1E, D, DE und T

*** gilt nicht für die Klasse BE

Abweichungen vom vorstehenden Muster sind zulässig, soweit Besonderheiten des Verfahrens, insbesondere der Einsatz maschineller Datenverarbeitung, dies erfordern.

340. Fahrlehrer-Ausbildungsverordnung[1)]

Vom 2. Januar 2017
(BGBl. 2018 I S. 2, 15)

FNA 9231-14-2

geänd. durch Art. 6 13. VO zur Änd. der Fahrerlaubnis-VO und anderer straßenverkehrsrechtlicher Vorschriften v. 11.3.2019 (BGBl. I S. 218) und Art. 2 VO zur Änd. fahrlehrerrechtl. und anderer straßenverkehrsrechtl. VOen v. 2.10.2019 (BGBl. I S. 1416)

Inhaltsverzeichnis

§ 1[2)] Ort und Ablauf der Ausbildung. (1) [1]Die Ausbildung zum Fahrlehrer erfolgt in einer amtlich anerkannten Fahrlehrerausbildungsstätte und in einer Ausbildungsfahrschule. [2]Die Ausbildung in der Fahrlehrerausbildungsstätte erfolgt für die Fahrlehrerlaubnisklassen BE und A in geschlossenen Kursen und darf vorbehaltlich arbeitsschutzrechtlicher, mutterschutzrechtlicher und urlaubsrechtlicher Bestimmungen nicht unterbrochen werden. [3]Die Regelung des § 44 Absatz 2 des Fahrlehrergesetzes[3)] bleibt unberührt.

(2) Der Fahrlehreranwärter um eine Fahrlehrerlaubnis der Klasse BE hat zu Beginn der Ausbildung eine einmonatige Einführungsphase zu absolvieren und sich im Anschluss daran einer mindestens siebenmonatigen Ausbildung im Umfang von mindestens 1 000 Unterrichtseinheiten in einer Fahrlehrerausbildungsstätte und einer mindestens viermonatigen Ausbildung im Umfang von mindestens 330 Unterrichtseinheiten in Form eines Lehrpraktikums in einer Ausbildungsfahrschule zu unterziehen.

(3) [1]Die theoretische und praktische Ausbildung erfolgt in Unterrichtseinheiten zu je 45 Minuten. [2]Die Einführungsphase setzt sich aus einer einwöchigen Einführung mit mindestens 32 Unterrichtseinheiten in einer Fahrlehrerausbildungsstätte und einer anschließenden zweiwöchigen Hospitationsphase mit mindestens 20 Unterrichtseinheiten je Ausbildungswoche in einer Ausbildungsfahrschule zusammen. [3]Sie endet mit einer einwöchigen Auswertungsphase von mindestens 32 Unterrichtseinheiten in der Fahrlehrerausbildungsstätte.

(4) Während der mindestens siebenmonatigen Ausbildung in der Fahrlehrerausbildungsstätte nach Absatz 2 erfolgt im vierten Monat eine einwöchige

---

1) Verkündet als Art. 2 VO v. 2.1.2018 (BGBl. I S. 2); Inkrafttreten gem. Art. 7 dieser VO am 4.1. 2018.

2) § 1 Abs. 1 Satz 2 und Abs. 2 geänd., Abs. 4 und Abs. 5 neu gef. mWv 1.1.2020 durch VO v. 2.10.2019 (BGBl. I S. 1416).

3) Nr. **330**.

Hospitation mit mindestens 20 Unterrichtseinheiten in einer Ausbildungsfahrschule.

(5) Während des Lehrpraktikums in der Ausbildungsfahrschule finden

a) möglichst am Ende des zweiten Monats zwei Reflexionstage im Umfang von jeweils acht Unterrichtseinheiten und

b) am Ende des vierten Monates eine Reflexionswoche mit mindestens 32 Unterrichtseinheiten in der Fahrlehrerausbildungsstätte

statt.

(6) [1] Der Bewerber um eine Fahrlehrerlaubnis der Klasse A hat sich zusätzlich einer einmonatigen Ausbildung, der Bewerber um eine Fahrlehrerlaubnis der Klassen CE oder DE einer zweimonatigen Ausbildung in einer Fahrlehrerausbildungsstätte zu unterziehen. [2] § 7 Absatz 3 Satz 2 des Fahrlehrergesetzes bleibt unberührt.

§ 2[1)] Fahrlehrerausbildungsstätte. (1) Die Ausbildung ist nach einem von der nach Landesrecht zuständigen Behörde zu genehmigenden Ausbildungsplan durchzuführen, der für die mindestens siebenmonatige Ausbildung mindestens die Kompetenzen und Stundenangaben des Rahmenplans nach Anlage 1 enthalten muss.

(2) [1] Die wöchentliche Dauer der Ausbildung der Fahrlehreranwärter um eine Fahrlehrerlaubnis der Klassen BE oder A darf 32 Unterrichtseinheiten nicht unterschreiten. [2] Die tägliche Dauer der Ausbildung darf acht Unterrichtseinheiten nicht überschreiten.

(3) [1] Die Teilnehmerzahl der Lehrgänge soll 32 nicht überschreiten. [2] Der Beginn des Lehrgangs und die Namen der Teilnehmer sind der nach Landesrecht zuständigen Behörde nach § 50 Absatz 2 Nummer 4 des Fahrlehrergesetzes[2)] innerhalb von zwei Wochen ab Beginn mitzuteilen.

(4) Der Unterricht ist von den im Rahmenplan aufgeführten Lehrkräften nach § 9 Absatz 1 der Durchführungsverordnung zum Fahrlehrergesetz[3)] durchzuführen.

§ 3[4)] Ausbildungsfahrschule. (1) Das Lehrpraktikum der Fahrlehreranwärter ist nach einem von der nach Landesrecht zuständigen Behörde zu genehmigenden Praktikumsplan durchzuführen, der für die mindestens viermonatige Ausbildung mindestens die Inhalte und Stundenangaben nach dem Musterplan und der Unterrichtsverteilung nach Anlage 3 enthalten muss.

(2) [1] Die wöchentliche Dauer des Praktikums darf 20 Unterrichtseinheiten nicht unterschreiten und 40 Unterrichtseinheiten nicht überschreiten. [2] Als Unterricht nach Satz 1 gelten die Teilnahme an und die Durchführung von Unterricht in und ohne Anwesenheit des Ausbildungsfahrlehrers, die Vor- und Nachbesprechung des Unterrichts sowie die Vorstellung zur praktischen Prüfung.

[1)] § 2 Abs. 1 und Abs. 2 Satz 1 geänd., Abs. 3 Satz 1 aufgeh., bish. Sätze 2 und 3 werden Sätze 1 und 2 mWv 1.1.2020 durch VO v. 2.10.2019 (BGBl. I S. 1416).

[2)] Nr. **330**.

[3)] Nr. **335**.

[4)] § 3 Abs. 1 neu gef., Abs. 2 Satz 2 geänd. mWv 1.1.2020 durch VO v. 2.10.2019 (BGBl. I S. 1416).

(3) Der Ausbildungsfahrlehrer soll insbesondere zu Beginn der Ausbildung jeweils nur einen Fahrlehreranwärter ausbilden; im Übrigen darf er nicht mehr als zwei Fahrlehreranwärter gleichzeitig ausbilden.

§ 4[1] Einweisungsseminar. Das Einweisungsseminar für Ausbildungsfahrlehrer nach § 16 Absatz 1 Nummer 2 des Fahrlehrergesetzes[2] ist nach einem von der nach Landesrecht zuständigen Behörde zu genehmigenden Ausbildungsplan durchzuführen, der mindestens die Kompetenzen und Stundenangaben des Rahmenplans nach Anlage 4 erfüllen muss.

Anlage 1[3]
(zu § 2 Absatz 1)

Rahmenplan für die Fahrlehrerausbildung an Fahrlehrerausbildungsstätten

Abschnitt	Zeit[4]		Verantwortliche Lehrkraft gemäß § 9 DV-FahrlG
1	**1 000**	**Ausbildung Fahrlehrerlaubnisklasse BE**	
1.1	**490**	**Fachliches Professionswissen**	
1.1.1	**270**	**Kompetenzbereich „Verkehrsverhalten"**	
1.1.1.1		**Kompetenz BE-1 – Fahreignung, Fahrtüchtigkeit und Fahrverhalten** Fahrlehrer der Klasse BE kennen psychische und physische Einflussfaktoren auf die Fahreignung, die Fahrtüchtigkeit und das Fahrverhalten sowie die entsprechenden rechtlichen Vorschriften und können diese erläutern. Unverzichtbare curriculare Ausbildungsinhalte: Alkohol, Drogen und Medikamente; Unaufmerksamkeit und Ablenkung; Müdigkeit; Krankheit; Emotionen; Aggression und Selbstdurchsetzung; Belastung und Beanspruchung; Einfluss von Beifahrern; Fahrmotive; Einstellungen zum Fahrzeug und Fahren; Fahrerselbstbild; Fahrertypologien; theoretische Modelle des Fahrverhaltens; rechtliche Vorschriften zur Fahreignung und Fahrtüchtigkeit (z.B. FeV, StVG)	Bildungswissenschaftler, Fahrlehrer, Jurist
1.1.1.2		**Kompetenz BE-2 – Heterogenität im Straßenverkehr** Fahrlehrer der Klasse BE sind zur Übernahme der Perspektive anderer Verkehrsteilnehmer in der Lage und können die individuellen Besonderheiten anderer Verkehrsteilnehmer erläutern sowie die erforderliche Anpassung des eigenen Fahrverhaltens begründen. Unverzichtbare curriculare Ausbildungsinhalte: Übernahme der Perspektive anderer Verkehrsteilnehmer; individuelle Besonderheiten von und mögliche Gefahrensituationen mit anderen Verkehrsteilnehmern (Kinder; Ältere; Menschen mit Behinderung; Fußgänger; Radfahrer; Pedelec- und E-Bike-Fahrer; Kraftradfahrer; Fahrer von Quads, Trikes und sonstigen Leichtkraftfahrzeugen; Lkw- und KOM-Fahrer; Fahrer von land- und	Fahrlehrer

[1] § 4 geänd. mWv 1.1.2020 durch VO v. 2.10.2019 (BGBl. I S. 1416).
[2] Nr. **330**.
[3] Anlage 1 geänd. mWv 1.1.2021 durch VO v. 11.3.2019 (BGBl. I S. 218); geänd. mWv 1.1.2020 durch VO v. 2.10.2019 (BGBl. I S. 1416).
[4] **Amtl. Anm.:** Ausbildungseinheiten zu 45 Minuten.

Abschnitt	Zeit		Verantwortliche Lehrkraft gemäß § 9 DV-FahrlG
		forstwirtschaftlichen Fahrzeugen; Reiter und Führer von Tieren); erforderliche Anpassung des eigenen Fahrverhaltens	
1.1.1.3		**Kompetenz BE-3 – Verkehrswahrnehmung und Gefahrenvermeidung** Fahrlehrer der Klasse BE können die Komponenten der Verkehrswahrnehmung und Gefahrenvermeidung bezüglich des Fahrens von Pkw und Pkw-Gespannen erläutern und Verkehrssituationen mit Blick auf Gefahren und Verhaltensmöglichkeiten beurteilen. Unverzichtbare curriculare Ausbildungsinhalte: Komponenten der Verkehrswahrnehmung und Gefahrenvermeidung; Wahrnehmung der Verkehrsumwelt; mögliche Gefahren im Straßenverkehr; Antizipation von (latenten) Gefahrensituationen im Straßenverkehr; Risikowahrnehmung; Selbsteinschätzung der eigenen Fahrkompetenz; Risikoakzeptanz; Umgang mit Gefahrensituationen (Gefahrenvermeidung und Gefahrenabwehr); vorausschauende und defensive Fahrweise; Trainingsmöglichkeiten zur Verbesserung der Verkehrswahrnehmung und Gefahrenvermeidung (z.B. computergestützte Trainingsprogramme, kommentierendes Fahren)	Bildungswissenschaftler, Fahrlehrer
1.1.1.4		**Kompetenz BE-4 – Partnerschaftliches Verhalten** Fahrlehrer der Klasse BE können die Notwendigkeit und die Vorteile eines durch Vorsicht, Rücksicht und Partnerschaft geprägten Verkehrsverhaltens begründen und diese Aspekte im Rahmen ihres eigenen Verkehrsverhaltens sowie ihrer beruflichen Tätigkeit anwenden. Unverzichtbare curriculare Ausbildungsinhalte: Werte und Normen im Straßenverkehr; regelkonformes, deviantes und kooperatives Verhalten im Straßenverkehr; Kommunikation im Straßenverkehr und ihre Besonderheiten; Grundregeln der Verkehrsteilnahme (§ 1 StVO); Vertrauensgrundsatz; Grundsatz der doppelten Sicherung; weitere Vorschriften der StVO bezüglich eines rücksichtsvollen und verantwortungsbewussten Verkehrsverhaltens	Fahrlehrer
1.1.1.5		**Kompetenz BE-5 – Fahraufgaben** Fahrlehrer der Klasse BE kennen die verschiedenen Fahraufgaben im Straßenverkehr und können diese hinsichtlich ihrer Verhaltensanforderungen sowie ihrer sicheren Durchführung mit Pkw und Pkw-Gespannen erläutern. Sie können die Fahraufgaben selbst fehlerfrei absolvieren und die Durchführung von Fahraufgaben kriteriengeleitet beurteilen. Unverzichtbare curriculare Ausbildungsinhalte: Fahraufgabenkatalog für die jeweiligen Fahrerlaubnisklassen; Durchführungs- und Bewertungsstandards für	Fahrlehrer

Abschnitt	Zeit		Verantwortliche Lehrkraft gemäß § 9 DV-FahrlG
		die Fahraufgaben; fahraufgabenrelevante Vorschriften der StVO	
1.1.1.6		**Kompetenz BE-6 – Fahrkompetenzdefizite und Unfälle** Fahrlehrer der Klasse BE kennen die wesentlichen Fahrkompetenzdefizite und Fahrverhaltensbesonderheiten von Fahrern unterschiedlicher Altersgruppen und Expertisegrade. Sie können typische Unfälle dieser Gruppen analysieren.	Bildungswissenschaftler, Fahrlehrer

(Fortsetzung nächstes Blatt)

Abschnitt	Zeit		Verantwortliche Lehrkraft gemäß § 9 DV-FahrlG
		Unverzichtbare curriculare Ausbildungsinhalte: Fahrkompetenzdefizite und Fahrverhaltensbesonderheiten von Fahrern unterschiedlicher Altersgruppen und Expertisegrade (insbesondere von Fahranfängern, jungen Fahrern und älteren Fahrern); Unfallbeteiligung und typische Unfallszenarien dieser Gruppen (Unfallbeteiligung; Unfallarten und Unfalltypen; Unfallursachen und Vermeidungsstrategien; regionale Gefahrenstrecken); Taxonomien von Fehlhandlungen bei der Fahrzeugführung	
1.1.1.7		**Kompetenz BE-7 – Mobilitätsverhalten** Fahrlehrer der Klasse BE können Trends des Mobilitätsverhaltens in Deutschland beschreiben und Maßnahmen zur umweltschonenden und nachhaltigen Mobilitätsgestaltung erläutern. Unverzichtbare curriculare Ausbildungsinhalte: Mobilitätsverhalten in Deutschland; multimodale und intermodale Mobilität; Möglichkeiten der umweltschonenden und nachhaltigen Mobilitätsgestaltung	Fahrlehrer
1.1.2	**100**	**Kompetenzbereich „Recht"**	
1.1.2.1		**Kompetenz BE-1 – Rechtssystematik** Fahrlehrer der Klasse BE können die Struktur und die Funktion des Rechtssystems beschreiben. Unverzichtbare curriculare Ausbildungsinhalte: Rechtsordnung (Gewaltenteilung; Öffentliches Recht; Privatrecht; Gerichtsbarkeit); System der Rechtsquellen (Rechtsquellen des Europarechts; Gesetze; Verordnungen; Verwaltungsvorschriften; Richtlinien; Dienstanweisungen); Rechtsmittel	Jurist
1.1.2.2		**Kompetenz BE-2 – Verkehrsrechtliche Vorschriften und angrenzende Rechtsgebiete** Fahrlehrer der Klasse BE können die relevanten Vorschriften des Straßenverkehrsrechts erläutern und diese anwenden, um beispielhafte Fallkonstellationen zu bearbeiten. Sie können die für den Straßenverkehr relevanten Grundlagen des Sozialrechts und des Steuerrechts beschreiben. Unverzichtbare curriculare Ausbildungsinhalte: Rechtsvorschriften aus den Bereichen „Verhalten im Straßenverkehr" (z.B. StVG; StVO), „Fahrerlaubnis- und Zulassungsrecht" (z.B. FeV; FZV; Richtlinie 2006/126/EG; StVG; StVZO), „Straf- und Ordnungswidrigkeitenrecht des Straßenverkehrs" (z.B. BKatV; OWiG; StGB; StPO; StVG), „Haftungs- und Versicherungsrecht im Straßenverkehr" (z.B. BGB; PflversG; StVG), „Fahrschulwesen" (z.B. DV-FahrlG; FahrlAusbVO; FahrlG; FahrlPrüfVO; StVG); Fahrverbot und Entzug der Fahrerlaubnis; Fahreignungs-Bewertungssystem; Gefährdungs- und Verschuldenshaftung; Sozialvorschriften im Straßenverkehr (z.B. AETR; ArbZG; FPersG; FPersV; VO (EG) Nr. 561/2006; VO (EU) Nr. 165/2014); Steuerrechtliche Vorschriften für den Straßenverkehr (z.B. KraftStDV; KraftStG)	Fahrlehrer, Jurist

Abschnitt	Zeit		Verantwortliche Lehrkraft gemäß § 9 DV-FahrlG
1.1.3	**120**	**Kompetenzbereich „Technik“**	
1.1.3.1		**Kompetenz BE-1 – Technische Grundlagen** Fahrlehrer der Klasse BE kennen den grundlegenden Aufbau und die Funktionsweise der wesentlichen technischen Bestandteile von Personenkraftwagen und Anhängern sowie die entsprechenden rechtlichen Vorschriften und können diese beschreiben. Dies gilt insbesondere für sicherheitsbedeutsame und umweltschutzrelevante Bestandteile. Unverzichtbare curriculare Ausbildungsinhalte: Motor (insbesondere konventionelle und alternative Antriebstechnologien wie z.B. Elektromobilität); Antriebsstrang; Fahrwerk; Fahrzeugaufbau; elektrische Anlage; Schadstoffminderung; aktive und passive Sicherheit; Anhänger und Verbindungseinrichtungen; Beladung und Ladungssicherung; Kontrolle der Betriebs- und Verkehrssicherheit; Einsatzmöglichkeiten alternativer Antriebstechnologien in der Fahrschulausbildung und Fahrerweiterbildung; rechtliche Vorschriften zur Technik (z.B. Richtlinien und Verordnungen (EU/EG/EWG); StVZO)	Ingenieur
1.1.3.2		**Kompetenz BE-2 – Fahrphysik** Fahrlehrer der Klasse BE können fahrphysikalische Grundlagen des Fahrens mit Pkw und Pkw-Gespannen erläutern und auf dieser Basis das Fahrverhalten dieser Fahrzeuge analysieren. Unverzichtbare curriculare Ausbildungsinhalte: Kräfte und Momente am Fahrzeug; Kamm'scher Kreis; Haftungsgrenze der Reifen bei unterschiedlichen Bedingungen; Achs- und Radlastverschiebung; Kippgrenze; Seitenwind; Aquaplaning; Pendeln oder Einknicken des Anhängers; Fahrverhalten von Pkw und Pkw-Gespannen; Fahrstabilisierungssysteme; Anhalteweg; Zusammenhang von Fahrphysik und Fahrerverhalten (Linienwahl, Lenktechnik und Blickverhalten beim Kurvenfahren; Verhaltensmaßnahmen im fahrphysikalischen Grenzbereich)	Fahrlehrer, Ingenieur
1.1.3.3		**Kompetenz BE-3 – Technische Aspekte umweltschonenden Fahrens** Fahrlehrer der Klasse BE kennen die wesentlichen Merkmale einer umweltschonenden Fahrweise für Pkw; sie können diese erläutern und selbst anwenden. Unverzichtbare curriculare Ausbildungsinhalte: Fahrwiderstände; Motorkennlinien und Verbrauchskennfelder; Merkmale umweltschonenden Fahrens	Fahrlehrer, Ingenieur
1.1.3.4		**Kompetenz BE-4 – Fahrerassistenzsysteme und automatisiertes Fahren** Fahrlehrer der Klasse BE können die grundlegende Funktion und die Einsatzmöglichkeiten von Fahrerassistenzsystemen beschreiben sowie deren Vorteile und Nachteile erläutern. Dies gilt insbesondere für sicherheitsbedeutsame Fahrerassistenzsysteme. Weiterhin können sie die Grundlagen des automatisierten Fahrens und die Auswirkungen auf den Fahrlehrerberuf beschreiben.	Bildungswissenschaftler, Fahrlehrer, Ingenieur, Jurist

Abschnitt	Zeit[1]		Verantwortliche Lehrkraft gemäß § 9 DV-FahrlG
		Unverzichtbare curriculare Ausbildungsinhalte: Arten, Funktion, Sicherheits- und Gefährdungspotenziale von Fahrerassistenzsystemen; verhaltenswissenschaftliche Aspekte im Hinblick auf die Verwendung von Fahrerassistenzsystemen (z.B. Akzeptanz; visuelle und kognitive Beanspruchung; Auswirkungen auf das Situationsbewusstsein; Fehlkonzepte der Nutzer; Verhaltensanpassung und Fehlgebrauch; Übernahmeproblematik); Einsatzmöglichkeiten und Betrachtung von Fahrerassistenzsystemen in Fahranfängervorbereitung und Fahrerweiterbildung; Stufen des automatisierten Fahrens; Sicherheits- und Gefährdungspotenziale automatisierter Fahrzeuge; Fahrzeug-zu-X-Kommunikation; grundlegende rechtliche und moralisch-ethische Fragen des automatisierten Fahrens (Automatisierungsrisiko und Haftung; Regelübertretung; „Dilemma-Situationen"; Fehlerkompensationsfähigkeiten automatisierter Fahrzeuge); Auswirkungen des automatisierten Fahrens auf den Fahrlehrerberuf	
1.2	**510**	**Pädagogisch-psychologisches und verkehrspädagogisches Professionswissen**	
1.2.1	**300**	**Kompetenzbereich „Unterrichten, Ausbilden und Weiterbilden"**	
1.2.1.1		**Kompetenz 1 – Grundlagen der Fahranfängervorbereitung:** Fahrlehrer kennen die vielfältigen Lehr-Lernformen und Prüfungsformen im System der Fahranfängervorbereitung sowie die mit ihnen verbundenen Ziele, Inhalte und rechtlichen Rahmenbedingungen. Sie kennen insbesondere die Ziele, die Inhalte und die rechtlichen Rahmenbedingungen der Fahrschulausbildung, können sie erläutern sowie ihren Theorieunterricht und ihre Fahrpraktische Ausbildung daran ausrichten. Unverzichtbare curriculare Inhalte: Lehr-Lernformen und Prüfungsformen im System der Fahranfängervorbereitung; Rahmenplan Theorieunterricht; Rahmenplan Fahrpraktische Ausbildung; curriculare Grundlagen der Fahrschulausbildung; Ausbildungspläne; rechtliche Rahmenbedingungen (z.B. DV-FahrlG; FahrlG; FahrschAusbO; FeV; Prüfungsrichtlinien für die theoretische und praktische Fahrerlaubnisprüfung; StVG); Fahrschulüberwachung	Bildungswissenschaftler, Fahrlehrer
1.2.1.2		**Kompetenz 2 – Gestaltung des Theorieunterrichts:** Fahrlehrer können die Bestandteile und Erwerbsverläufe von Fahrkompetenz beschreiben. Weiterhin kennen sie Lehrfunktionen (Motivation, Information, Informationsverarbeitung, Speichern und Abrufen, Anwendung und Transfer, Steuerung und Kontrolle), Möglichkeiten der Verzahnung von Theorieunterricht und Fahrpraktischer Ausbildung sowie Qualitätskriterien guten Theorieunterrichts. Sie können Lehrfunktionen, Verzahnungsmöglichkeiten und Qualitätskriterien erläutern sowie bei der Planung und Durchführung von Theorieunterricht anwenden. Unverzichtbare curriculare Inhalte:	Bildungswissenschaftler, Fahrlehrer

[1] **Amtl. Anm.:** Ausbildungseinheiten zu 45 Minuten.

Abschnitt	Zeit		Verantwortliche Lehrkraft gemäß § 9 DV-FahrlG
		Bestandteile und Erwerbsverläufe von Fahrkompetenz; Wissensarten und deren Erwerb (Faktenwissen; Handlungswissen); Risiken am Beginn der Fahrerkarriere und deren psychologische Grundlagen; Motivationstheorien (insbesondere Lern- und Leistungsmotivation); Unterrichtsplanung; Auswahl und Nutzung von Lehr-Lernmethoden und Lehr-Lernmedien; kognitive Aktivierung; zielerreichendes Lernen und Konsolidierung; Fahrlehrer-Fahrschüler-Kommunikation und Klassenführung; E-Learning (d.h. Lernen mit elektronischen Medien); Blended-Learning (d.h. Verknüpfung von Präsenzunterricht und Lernen mit elektronischen Medien); Unterstützung des selbstorganisierten Lernens; Fehlkonzepte von Fahrschülern; Vorbereitung auf die Theoretische Fahrerlaubnisprüfung; Möglichkeiten der Verzahnung von Theorieunterricht und Fahrpraktischer Ausbildung; Qualitätskriterien guten Theorieunterrichts; Lehrübungen zum Theorieunterricht; Selbst- und Fremdevaluation für Fahrlehreranwärter	
1.2.1.3		**Kompetenz 3 – Gestaltung der Fahrpraktischen Ausbildung:** Fahrlehrer kennen – aufbauend auf den Bestandteilen und Erwerbsverläufen von Fahrkompetenz – Möglichkeiten der Verzahnung von Fahrpraktischer Ausbildung und Theorieunterricht sowie die Qualitätskriterien guter Fahrpraktischer Ausbildung. Sie können die Verzahnungsmöglichkeiten und Qualitätskriterien erläutern sowie bei der Planung und Durchführung der Fahrpraktischen Ausbildung anwenden. Unverzichtbare curriculare Inhalte: Aufbau automatisierter Fertigkeiten; Expertiseerwerb und deliberate practice (d.h. zielgerichtetes und intensives Üben); Sequenzierung der Fahrpraktischen Ausbildung; Anforderungen und Bewertungskriterien bei der Bewältigung von Fahraufgaben; Instruktion, Scaffolding und Fading (d.h. an den Lernstand angepasstes Anleiten); Feedback; Eingriffsmöglichkeiten und Eingriffsnotwendigkeiten des Fahrlehrers; Unterstützung des selbstorganisierten Lernens; Möglichkeiten der Verzahnung von Fahrpraktischer Ausbildung und Theorieunterricht; Vorbereitung auf die Praktische Fahrerlaubnisprüfung; Qualitätskriterien guter Fahrpraktischer Ausbildung; Lehrübungen zur Fahrpraktischen Ausbildung; Selbst- und Fremdevaluation für Fahrlehreranwärter	Bildungswissenschaftler, Fahrlehrer
1.2.1.4		**Kompetenz 4 – Grundlagen des Fahrlehrerberufs:** Fahrlehrer kennen die vielfältigen Tätigkeitsfelder ihres Berufes sowie die damit verbundenen Anforderungen und Weiterbildungsmöglichkeiten. Weiterhin kennen sie berufliche Belastungs- und Stressfaktoren sowie die Möglichkeiten zur Stressprävention. Unverzichtbare curriculare Inhalte:	Fahrlehrer

Abschnitt	Zeit		Verantwortliche Lehrkraft gemäß § 9 DV-FahrlG
		Fahrlehrerberuf und Berufsbild; Angebote von Fahrschulen zur Fahrerweiterbildung (z.B. Fahrkompetenztrainings für Senioren) und Verkehrssicherheitsarbeit (z.B. Verkehrserziehung); Weiterqualifizierungsmöglichkeiten; Aktualisierung und Ergänzung des Professionswissens; Arbeitsorganisation; Belastung, Stress und Stressprävention	
1.2.2	**100**	**Kompetenzbereich „Erziehen“**	
1.2.2.1		**Kompetenz 1 – Berücksichtigung personeller, sozialer und kultureller Lernbedingungen:** Fahrlehrer kennen typische personelle, soziale und kulturelle Lernbedingungen von Fahrschülern, können sie erläutern sowie im Theorieunterricht und in der Fahrpraktischen Ausbildung berücksichtigen. Unverzichtbare curriculare Inhalte: Entwicklung und Sozialisation über die Lebensspanne mit Schwerpunkt im Jugendalter und jungen Erwachsenenalter; Umgang mit Heterogenität; Lehr-Lerntheorien und Lehren in der Erwachsenenbildung/Weiterbildung; individuelle Komponenten des Lernens Erwachsener	Bildungswissenschaftler
1.2.2.2		**Kompetenz 2 – Vermittlung von Verkehrssicherheitseinstellungen:** Fahrlehrer kennen die Prozesse des Einstellungserwerbs und die Methoden der Einstellungsveränderung. Sie können diese Prozesse und Methoden erläutern sowie bei der Planung und Durchführung von Theorieunterricht und Fahrpraktischer Ausbildung berücksichtigen. Unverzichtbare curriculare Inhalte: Komponenten von Einstellungen; Erwerb und Beeinflussung von Einstellungen zur Verantwortungsübernahme und Sicherheit im Straßenverkehr (z.B. Lernen am Modell und Wirkung von Sanktionen; Theorie des geplanten Verhaltens; Bedeutung von Informationsdarstellungen für das Verhalten; persuasive Kommunikation)	Bildungswissenschaftler
1.2.3	**110**	**Kompetenzbereich „Beurteilen“**	
1.2.3.1		**Kompetenz 1 – Förderorientierte Lernstands- und Lernverlaufsbeurteilung:** Fahrlehrer können Lernvoraussetzungen, Lernprozesse und Lernergebnisse von Fahrschülern beurteilen und die Ergebnisse der Beurteilung zur individuellen Förderung und Beratung bezüglich des weiteren Lernwegs verwenden. Unverzichtbare curriculare Inhalte: Leistungsmessung und Leistungsbeurteilung; Bezugsnormen (kriterial, sozial, individuell); Beobachtungs- und Beurteilungsfehler; Förderung von Selbsteinschätzungen des Fahrschülers; Prüfungsangst; Lernstörungen; Lernstands- und Lernverlaufsbeurteilung; Leistungsrückmeldungen und Formen von Feedback; Orientierung von Theorieunterricht und Fahrpraktischer Ausbildung am Kenntnis- und Ausbildungsstand des Fahrschülers; Beratung bezüglich des Lernwegs; Feststellung der Prüfungsreife	Bildungswissenschaftler, Fahrlehrer

Abschnitt	Zeit		Verantwortliche Lehrkraft gemäß § 9 DV-FahrlG
2	**140**	**Ausbildung Fahrlehrerlaubnisklasse A**	
2.1	**68**	**Fachliches Professionswissen**	
2.1.1	**32**	**Kompetenzbereich „Verkehrsverhalten“**	
2.1.1.1		**Kompetenz A-1 – Fahreignung, Fahrtüchtigkeit und Fahrverhalten** Fahrlehrer der Klasse A kennen klassenspezifische psychische und physische Einflussfaktoren auf die Fahreignung, die Fahrtüchtigkeit und das Fahrverhalten von Kraftradfahrern und können diese erläutern. Unverzichtbare curriculare Ausbildungsinhalte: Fahrmotive; Emotionen (z.B. Flow-Erleben); Einstellungen zum Kraftradfahren; Fahrertypologien; Unaufmerksamkeit und Ablenkung; Belastung und Beanspruchung; körperliche Fitness beim Kraftradfahren; Fahren in der Gruppe	Bildungswissenschaftler, Fahrlehrer
2.1.1.2		**Kompetenz A-3 – Verkehrswahrnehmung und Gefahrenvermeidung** Fahrlehrer der Klasse A können die klassenspezifischen Komponenten der Verkehrswahrnehmung und Gefahrenvermeidung bezüglich des Fahrens von Krafträdern erläutern und Verkehrssituationen mit Blick auf klassenspezifische Gefahren und Verhaltensmöglichkeiten beurteilen. Unverzichtbare curriculare Ausbildungsinhalte: Wahrnehmung der Verkehrsumwelt; mögliche Gefahren im Straßenverkehr; Antizipation von (latenten) Gefahrensituationen; Risikowahrnehmung; Selbsteinschätzung der eigenen Fahrkompetenz; Risikoakzeptanz; Umgang mit Gefahrensituationen (Gefahrenvermeidung und Gefahrenabwehr); vorausschauende und defensive Fahrweise; Trainingsmöglichkeiten zur Verbesserung der Verkehrswahrnehmung und Gefahrenvermeidung (z.B. computergestützte Trainingsprogramme)	Bildungswissenschaftler, Fahrlehrer
2.1.1.3		**Kompetenz A-5 – Fahraufgaben** Fahrlehrer der Klasse A kennen die verschiedenen Fahraufgaben im Straßenverkehr und können diese hinsichtlich ihrer klassenspezifischen Verhaltensanforderungen sowie der sicheren Durchführung mit Krafträdern mit und ohne Beiwagen erläutern. Sie können die Fahraufgaben selbst fehlerfrei absolvieren und die Durchführung von Fahraufgaben kriteriengeleitet beurteilen. Unverzichtbare curriculare Ausbildungsinhalte: Fahraufgabenkatalog für die jeweilige Fahrerlaubnisklasse; Durchführungs- und Bewertungsstandards für die Fahraufgaben; fahraufgabenrelevante klassenspezifische Vorschriften der StVO	Fahrlehrer
2.1.1.4		**Kompetenz A-6 – Fahrkompetenzdefizite und Unfälle** Fahrlehrer der Klasse A kennen die wesentlichen Fahrkompetenzdefizite und Fahrverhaltensbesonderheiten von Kraftradfahrern und können typische Kraftrad-Unfälle analysieren.	Bildungswissenschaftler, Fahrlehrer

Abschnitt	Zeit[1]		Verantwortliche Lehrkraft gemäß § 9 DV-FahrlG
		Unverzichtbare curriculare Ausbildungsinhalte: Fahrkompetenzdefizite und Fahrverhaltensbesonderheiten; Unfallbeteiligung und typische Unfallszenarien (Unfallbeteiligung; Unfallarten und Unfalltypen; Unfallursachen und Vermeidungsstrategien; regionale Gefahrenstrecken)	
2.1.2	**12**	**Kompetenzbereich „Recht"**	
2.1.2.1		**Kompetenz A-2 – Verkehrsrechtliche Vorschriften und angrenzende Rechtsgebiete** Fahrlehrer der Klasse A können die für das Führen von Krafträdern relevanten Vorschriften des Straßenverkehrsrechts erläutern und diese anwenden, um beispielhafte Fallkonstellationen zu bearbeiten. Unverzichtbare curriculare Ausbildungsinhalte: Relevante Rechtsvorschriften aus den Bereichen „Verhalten im Straßenverkehr" (z.B. StVG; StVO), „Fahrerlaubnis- und Zulassungsrecht" (z.B. FeV; FZV; Richtlinie 2006/126/EG; StVG; StVZO), „Straf- und Ordnungswidrigkeitenrecht des Straßenverkehrs" (z.B. BKatV; OWiG; StGB; StPO; StVG), „Haftungs- und Versicherungsrecht im Straßenverkehr" (z.B. BGB; PflversG; StVG), „Fahrschulwesen" (z.B. DV-FahrlG; FahrlAusbVO; FahrlG; FahrlPrüfVO; StVG); Gefährdungs- und Verschuldenshaftung, insbesondere bei der Kraftradausbildung	Fahrlehrer, Jurist
2.1.3	**24**	**Kompetenzbereich „Technik"**	
2.1.3.1		**Kompetenz A-1 – Technische Grundlagen** Fahrlehrer der Klasse A kennen den grundlegenden Aufbau und die Funktionsweise der wesentlichen technischen Bestandteile von Krafträdern und Beiwagen sowie die entsprechenden rechtlichen Vorschriften und können diese beschreiben. Dies gilt insbesondere für sicherheitsbedeutsame und umweltschutzrelevante Bestandteile. Unverzichtbare curriculare Ausbildungsinhalte: Kraftradarten; Motor (insbesondere konventionelle und alternative Antriebstechnologien wie z.B. Elektromobilität); Antriebsstrang; Fahrwerk; elektrische Anlage; Abgasanlage und Schadstoffminderung; aktive und passive Sicherheit (insbesondere Schutzkleidung); Beiwagen; Kontrolle der Betriebs- und Verkehrssicherheit; Funkanlagen; rechtliche Vorschriften zur Technik (z.B. Richtlinien und Verordnungen (EU/EG/EWG); StVZO)	Ingenieur
2.1.3.2		**Kompetenz A-2 – Fahrphysik** Fahrlehrer der Klasse A können fahrphysikalische Grundlagen des Fahrens mit Krafträdern mit und ohne Beiwagen erläutern und auf dieser Basis das Fahrverhalten dieser Fahrzeuge analysieren. Unverzichtbare curriculare Ausbildungsinhalte: Kräfte und Momente am Fahrzeug; Kamm'scher Kreis; Haftungsgrenze der Reifen bei unterschiedlichen Bedingungen; Radlastverlagerung; Schräglage; Kippgrenze; Seitenwind; Fahrverhalten von Krafträdern mit und ohne Beiwagen; Fahrstabilisierungssysteme; Zusammenhang von Fahrphysik und Fahrerverhalten (Lenkimpulstech-	Fahrlehrer, Ingenieur

[1] **Amtl. Anm.:** Ausbildungseinheiten zu 45 Minuten.

Abschnitt	Zeit		Verantwortliche Lehrkraft gemäß § 9 DV-FahrlG
		nik; Kurventechnik, Linienwahl und Blickverhalten beim Kurvenfahren; Verhaltensmaßnahmen im fahrphysikalischen Grenzbereich)	
2.1.3.3		**Kompetenz A-4 – Fahrerassistenzsysteme und automatisiertes Fahren** Fahrlehrer der Klasse A können die grundlegende Funktion und die Einsatzmöglichkeiten von Fahrerassistenzsystemen für Krafträder beschreiben sowie deren Vorteile und Nachteile erläutern. Dies gilt insbesondere für sicherheitsbedeutsame Fahrerassistenzsysteme. Weiterhin können sie die klassenspezifischen Grundlagen des automatisierten Fahrens und die Auswirkungen auf den Fahrlehrerberuf beschreiben. Unverzichtbare curriculare Ausbildungsinhalte: Arten, Funktion, Sicherheits- und Gefährdungspotenziale von Fahrerassistenzsystemen; verhaltenswissenschaftliche Aspekte im Hinblick auf die Verwendung von Fahrerassistenzsystemen (z.B. Akzeptanz; visuelle und kognitive Beanspruchung; Auswirkungen auf das Situationsbewusstsein; Fehlkonzepte der Nutzer; Verhaltensanpassung und Fehlgebrauch; Übernahmeproblematik); Einsatzmöglichkeiten und Betrachtung von Fahrerassistenzsystemen in Fahranfängervorbereitung und Fahrerweiterbildung; Stufen des automatisierten Fahrens; Sicherheits- und Gefährdungspotenziale automatisierter Krafträder; Fahrzeug-zu-X-Kommunikation; grundlegende rechtliche und moralisch-ethische Fragen des automatisierten Fahrens (Automatisierungsrisiko und Haftung; Regelübertretung; „Dilemma-Situationen"; Fehlerkompensationsfähigkeiten automatisierter Fahrzeuge); Auswirkungen des automatisierten Fahrens auf den Fahrlehrerberuf	Bildungswissenschaftler, Fahrlehrer, Ingenieur, Jurist
2.2	**72**	**Pädagogisch-psychologisches und verkehrspädagogisches Professionswissen für die Motorradausbildung**	
2.2.1	**40**	**Kompetenzbereich „Unterrichten, Ausbilden und Weiterbilden"**	
2.2.1.1		**Kompetenz 1 – Grundlagen der Fahranfängervorbereitung:** Fahrlehrer kennen die vielfältigen Lehr-Lernformen und Prüfungsformen im System der Fahranfängervorbereitung sowie die mit ihnen verbundenen Ziele, Inhalte und rechtlichen Rahmenbedingungen. Sie kennen insbesondere die Ziele, die Inhalte und die rechtlichen Rahmenbedingungen der Fahrschulausbildung, können sie erläutern sowie ihren Theorieunterricht und ihre Fahrpraktische Ausbildung daran ausrichten. Unverzichtbare curriculare Inhalte: Lehr-Lernformen und Prüfungsformen im System der Fahranfängervorbereitung; Rahmenplan Theorieunterricht; Rahmenplan Fahrpraktische Ausbildung; curriculare Grundlagen der Fahrschulausbildung; Ausbildungspläne; rechtliche Rahmenbedingungen (z.B. DV-FahrlG; FahrlG; FahrschAusbO; FeV; Prüfungsrichtlinien für die theoretische und praktische Fahrerlaubnisprüfung; StVG); Fahrschulüberwachung	Bildungswissenschaftler, Fahrlehrer

Abschnitt	Zeit		Verantwortliche Lehrkraft gemäß § 9 DV-FahrlG
2.2.1.2		**Kompetenz 2 – Gestaltung des Theorieunterrichts:** Fahrlehrer können die Bestandteile und Erwerbsverläufe von Fahrkompetenz beschreiben. Weiterhin kennen sie Lehrfunktionen (Motivation, Information, Informationsverarbeitung, Speichern und Abrufen, Anwendung und Transfer, Steuerung und Kontrolle), Möglichkeiten der Verzahnung von Theorieunterricht und Fahrpraktischer Ausbildung sowie Qualitätskriterien guten Theorieunterrichts. Sie können Lehrfunktionen, Verzahnungsmöglichkeiten und Qualitätskriterien erläutern sowie bei der Planung und Durchführung von Theorieunterricht anwenden. Unverzichtbare curriculare Inhalte: Bestandteile und Erwerbsverläufe von Fahrkompetenz; Wissensarten und deren Erwerb (Faktenwissen; Handlungswissen); Risiken am Beginn der Fahrerkarriere und deren psychologische Grundlagen; Motivationstheorien (insbesondere Lern- und Leistungsmotivation); Unterrichtsplanung; Auswahl und Nutzung von Lehr-Lernmethoden und Lehr-Lernmedien; kognitive Aktivierung; zielerreichendes Lernen und Konsolidierung; Fahrlehrer-Fahrschüler-Kommunikation und Klassenführung; E-Learning (d.h. Lernen mit elektronischen Medien); Blended-Learning (d.h. Verknüpfung von Präsenzunterricht und Lernen mit elektronischen Medien); Unterstützung des selbstorganisierten Lernens; Fehlkonzepte von Fahrschülern; Vorbereitung auf die Theoretische Fahrerlaubnisprüfung; Möglichkeiten der Verzahnung von Theorieunterricht und Fahrpraktischer Ausbildung; Qualitätskriterien guten Theorieunterrichts; Lehrübungen zum Theorieunterricht; Selbst- und Fremdevaluation für Fahrlehreranwärter	Bildungswissenschaftler, Fahrlehrer
2.2.1.3		**Kompetenz 3 – Gestaltung der Fahrpraktischen Ausbildung:** Fahrlehrer kennen – aufbauend auf den Bestandteilen und Erwerbsverläufen von Fahrkompetenz – Möglichkeiten der Verzahnung von Fahrpraktischer Ausbildung und Theorieunterricht sowie die Qualitätskriterien guter Fahrpraktischer Ausbildung. Sie können die Verzahnungsmöglichkeiten und Qualitätskriterien erläutern sowie bei der Planung und Durchführung der Fahrpraktischen Ausbildung anwenden. Unverzichtbare curriculare Inhalte: Aufbau automatisierter Fertigkeiten; Expertiseerwerb und deliberate practice (d.h. zielgerichtetes und intensives Üben); Sequenzierung der Fahrpraktischen Ausbildung; Anforderungen und Bewertungskriterien bei der Bewältigung von Fahraufgaben; Instruktion, Scaffolding und Fading (d.h. an den Lernstand angepasstes Anleiten); Feedback; Eingriffsmöglichkeiten und Eingriffsnotwendigkeiten des Fahrlehrers; Unterstützung des selbstorganisierten Lernens; Möglichkeiten der Verzahnung von Fahrpraktischer	Bildungswissenschaftler, Fahrlehrer

Abschnitt	Zeit		Verantwortliche Lehrkraft gemäß § 9 DV-FahrlG
		Ausbildung und Theorieunterricht; Vorbereitung auf die Praktische Fahrerlaubnisprüfung; Qualitätskriterien guter Fahrpraktischer Ausbildung; Lehrübungen zur Fahrpraktischen Ausbildung; Selbst- und Fremdevaluation für Fahrlehreranwärter	
2.2.1.4		**Kompetenz 4 – Grundlagen des Fahrlehrerberufs:** Fahrlehrer kennen die vielfältigen Tätigkeitsfelder ihres Berufes sowie die damit verbundenen Anforderungen und Weiterbildungsmöglichkeiten. Weiterhin kennen sie berufliche Belastungs- und Stressfaktoren sowie die Möglichkeiten zur Stressprävention. Unverzichtbare curriculare Inhalte: Fahrlehrerberuf und Berufsbild; Angebote von Fahrschulen zur Fahrerweiterbildung (z.B. Fahrkompetenztrainings für Senioren) und Verkehrssicherheitsarbeit (z.B. Verkehrserziehung); Weiterqualifizierungsmöglichkeiten; Aktualisierung und Ergänzung des Professionswissens; Arbeitsorganisation; Belastung, Stress und Stressprävention	Fahrlehrer
2.2.2	**16**	**Kompetenzbereich „Erziehen“**	
2.2.2.1		**Kompetenz 1 – Berücksichtigung personeller, sozialer und kultureller Lernbedingungen:** Fahrlehrer kennen typische personelle, soziale und kulturelle Lernbedingungen von Fahrschülern, können sie erläutern sowie im Theorieunterricht und in der Fahrpraktischen Ausbildung berücksichtigen. Unverzichtbare curriculare Inhalte: Entwicklung und Sozialisation über die Lebensspanne mit Schwerpunkt im Jugendalter und jungen Erwachsenenalter; Umgang mit Heterogenität; Lehr-Lerntheorien und Lehren in der Erwachsenenbildung/Weiterbildung; individuelle Komponenten des Lernens Erwachsener	Bildungswissenschaftler
2.2.2.2		**Kompetenz 2 – Vermittlung von Verkehrssicherheitseinstellungen:** Fahrlehrer kennen die Prozesse des Einstellungserwerbs und die Methoden der Einstellungsveränderung. Sie können diese Prozesse und Methoden erläutern sowie bei der Planung und Durchführung von Theorieunterricht und Fahrpraktischer Ausbildung berücksichtigen. Unverzichtbare curriculare Inhalte: Komponenten von Einstellungen; Erwerb und Beeinflussung von Einstellungen zur Verantwortungsübernahme und Sicherheit im Straßenverkehr (z.B. Lernen am Modell und Wirkung von Sanktionen; Theorie des geplanten Verhaltens; Bedeutung von Informationsdarstellungen für das Verhalten; persuasive Kommunikation)	Bildungswissenschaftler

Abschnitt	Zeit		Verantwortliche Lehrkraft gemäß § 9 DV-FahrlG
2.2.3	**16**	**Kompetenzbereich „Beurteilen"**	
2.2.3.1		**Kompetenz 1 – Förderorientierte Lernstands- und Lernverlaufsbeurteilung:** Fahrlehrer können Lernvoraussetzungen, Lernprozesse und Lernergebnisse von Fahrschülern beurteilen und die Ergebnisse der Beurteilung zur individuellen Förderung und Beratung bezüglich des weiteren Lernwegs verwenden. Unverzichtbare curriculare Inhalte: Leistungsmessung und Leistungsbeurteilung; Bezugsnormen (kriterial, sozial, individuell); Beobachtungs- und Beurteilungsfehler; Förderung von Selbsteinschätzungen des Fahrschülers; Prüfungsangst; Lernstörungen; Lernstands- und Lernverlaufsbeurteilung; Leistungsrückmeldungen und Formen von Feedback; Orientierung von Theorieunterricht und Fahrpraktischer Ausbildung am Kenntnis- und Ausbildungsstand des Fahrschülers; Beratung bezüglich des Lernwegs; Feststellung der Prüfungsreife	Bildungswissenschaftler, Fahrlehrer
3	**140**	**Ausbildung Fahrlehrerlaubnisklasse CE**	
3.1		**Fachliches Professionswissen klassenspezifischer Ausbildungsmonat**	
3.1.1	**72**	**Kompetenzbereich „Verkehrsverhalten"**	
3.1.1.1		**Kompetenz CE-1 – Fahreignung, Fahrtüchtigkeit und Fahrverhalten** Fahrlehrer der Klasse CE kennen klassenspezifische psychische und physische Einflussfaktoren auf die Fahreignung, die Fahrtüchtigkeit und das Fahrverhalten von Lkw-Fahrern und Fahrern in der Land- und Forstwirtschaft und können diese erläutern. Unverzichtbare curriculare Ausbildungsinhalte: Tätigkeitsbezogene Einstellungen; Fahrerselbstbild; Fahrertypologien; Unaufmerksamkeit und Ablenkung; Müdigkeit; Belastung und Beanspruchung; Aggression und Selbstdurchsetzung	Bildungswissenschaftler, Fahrlehrer
3.1.1.2		**Kompetenz CE-3 – Verkehrswahrnehmung und Gefahrenvermeidung** Fahrlehrer der Klasse CE können die klassenspezifischen Komponenten der Verkehrswahrnehmung und Gefahrenvermeidung bezüglich des Fahrens von Lkw, Last- und Sattelzügen sowie land- und forstwirtschaftlichen Fahrzeugen erläutern und Verkehrssituationen mit Blick auf klassenspezifische Gefahren und Verhaltensmöglichkeiten beurteilen. Unverzichtbare curriculare Ausbildungsinhalte: Wahrnehmung der Verkehrsumwelt; mögliche Gefahren im Straßenverkehr; Antizipation von (latenten) Gefahrensituationen; Umgang mit Gefahrensituationen (Gefahrenvermeidung und Gefahrenabwehr); vorausschauende und defensive Fahrweise; Trainingsmöglichkeiten zur Verbesserung der Verkehrswahrnehmung und Gefahrenvermeidung (z.B. computergestützte Trainingsprogramme)	Bildungswissenschaftler, Fahrlehrer

Abschnitt	Zeit		Verantwortliche Lehrkraft gemäß § 9 DV-FahrlG
3.1.1.3		**Kompetenz CE-5 – Fahraufgaben** Fahrlehrer der Klasse CE kennen die verschiedenen Fahraufgaben im Straßenverkehr und können diese hinsichtlich ihrer klassenspezifischen Verhaltensanforderungen sowie der sicheren Durchführung mit Lkw, Last- und Sattelzügen bzw. mit land- und forstwirtschaftlichen Fahrzeugen erläutern. Sie können die Fahraufgaben selbst fehlerfrei absolvieren und die Durchführung von Fahraufgaben kriteriengeleitet beurteilen. Unverzichtbare curriculare Ausbildungsinhalte: Fahraufgabenkatalog für die jeweilige Fahrerlaubnisklasse; Durchführungs- und Bewertungsstandards für die Fahraufgaben; fahraufgabenrelevante klassenspezifische Vorschriften der StVO	Fahrlehrer
3.1.1.4		**Kompetenz CE-6 – Fahrkompetenzdefizite und Unfälle** Fahrlehrer der Klasse CE kennen die wesentlichen Fahrkompetenzdefizite und Fahrverhaltensbesonderheiten von Lkw-Fahrern und Fahrern in der Land- und Forstwirtschaft und können typische Unfälle dieser Gruppen analysieren. Unverzichtbare curriculare Ausbildungsinhalte: Fahrkompetenzdefizite und Fahrverhaltensbesonderheiten; Unfallbeteiligung und typische Unfallszenarien (Unfallbeteiligung; Unfallarten und Unfalltypen; Unfallursachen und Vermeidungsstrategien)	Bildungswissenschaftler, Fahrlehrer
3.1.2	**24**	**Kompetenzbereich „Recht“**	
3.1.2.1		**Kompetenz CE-2 – Verkehrsrechtliche Vorschriften und angrenzende Rechtsgebiete** Fahrlehrer der Klasse CE können die für das Führen von Lkw, Last- und Sattelzügen sowie land- und forstwirtschaftlichen Fahrzeugen relevanten rechtlichen Vorschriften des Straßenverkehrsrechts erläutern und diese anwenden, um beispielhafte Fallkonstellationen zu bearbeiten. Unverzichtbare curriculare Ausbildungsinhalte: Relevante Rechtsvorschriften aus den Bereichen „Verhalten im Straßenverkehr“ (z.B. StVG; StVO), „Fahrerlaubnis- und Zulassungsrecht“ (z.B. FeV; FZV; Richtlinie 2006/126/EG; StVG; StVZO), „Straf- und Ordnungswidrigkeitenrecht des Straßenverkehrs“ (z.B. BKatV; OWiG; StGB; StPO; StVG), „Steuerrecht“ (z.B. KraftStG; KraftStDV), „Haftungs- und Versicherungsrecht beim (gewerblichen) Gütertransport“ (z.B. BGB; PflversG; StVG), „Fahrschulwesen“ (z.B. DV-FahrlG; FahrlAusbVO; FahrlG; FahrlPrüfVO); Fahrverbot und Entzug der Fahrerlaubnis; Fahreignungs-Bewertungssystem; Gefährdungs- und Verschuldenshaftung beim (gewerblichen) Gütertransport	Fahrlehrer, Jurist
3.1.2.2		**Kompetenz CE-3 – Gütertransport- und Berufskraftfahrerrecht** Fahrlehrer der Klasse CE können die für den gewerblichen Gütertransport und die Tätigkeit als Berufskraftfahrer relevanten rechtlichen Vorschriften erläu-	Fahrlehrer, Jurist

Abschnitt	Zeit[1]		Verantwortliche Lehrkraft gemäß § 9 DV-FahrlG
		tern und diese anwenden, um beispielhafte Fallkonstellationen zu bearbeiten. Unverzichtbare curriculare Ausbildungsinhalte: Sozialvorschriften im Straßenverkehr (z.B. AETR; ArbZG; FPersG; FPersV; VO (EG) Nr. 561/2006; VO (EU) Nr. 165/2014); Handhabung Fahrtenschreiber; DGUV Vorschriften (z.B. DGUV Vorschrift 70); Vorschriften zur Gefahrgutbeförderung (z.B. ADR; GGBefG; GGVSEB); Vorschriften zum (inter-)nationalen Gütertransport (z.B. BFStrMG; GüKG; GüKGrKabotageV; LKW-MautV); Vorschriften zur Berufskraftfahrerausbildung und -qualifikation sowie zur Ausbildung als Kraftverkehrsmeister (z.B. BKrFQG; BKrFQV; BKV)	
3.1.3	**44**	**Kompetenzbereich „Technik"**	
3.1.3.1		**Kompetenz CE-1 – Technische Grundlagen** Fahrlehrer der Klasse CE kennen den grundlegenden Aufbau und die Funktionsweise der wesentlichen technischen Bestandteile von Lkw, Last- und Sattelzügen sowie von land- und forstwirtschaftlichen Fahrzeugen. Sie kennen die entsprechenden rechtlichen Vorschriften und können diese beschreiben. Dies gilt insbesondere für sicherheitsbedeutsame und umweltschutzrelevante Bestandteile. Unverzichtbare curriculare Ausbildungsinhalte: Bau- und Aufbauarten bei Lkw, Last- und Sattelzügen sowie land- und forstwirtschaftlichen Fahrzeugen; Motor (insbesondere konventionelle und alternative Antriebstechnologien wie z.B. Elektromobilität); Antriebsstrang; Fahrwerk; Fahrzeugelektrik; Abgasanlage und Schadstoffminderung; aktive und passive Sicherheit; Verbindungseinrichtungen; Beladung und Ladungssicherung; Kontrolle der Betriebs- und Verkehrssicherheit; Sicherheits- und Abfahrtkontrollen; technische Besonderheiten von land- und forstwirtschaftlichen Fahrzeugen; rechtliche Vorschriften zur Technik (z.B. Richtlinien und Verordnungen (EU/EG/EWG); StVZO)	Ingenieur
3.1.3.2		**Kompetenz CE-2 – Fahrphysik** Fahrlehrer der Klasse CE können fahrphysikalische Grundlagen des Fahrens mit Lkw, Last- und Sattelzügen sowie mit land- und forstwirtschaftlichen Fahrzeugen erläutern und auf dieser Basis das Fahrverhalten dieser Fahrzeuge analysieren. Unverzichtbare curriculare Ausbildungsinhalte: Kräfte und Momente am Fahrzeug; Kamm'scher Kreis; Haftungsgrenze der Reifen bei unterschiedlichen Bedingungen; Achs- und Radlastverschiebung; Kippgrenze; Seitenwind; Pendeln oder Einknicken des Anhängers oder Aufliegers; Fahrverhalten von Lkw, Last- und Sattelzügen sowie land- und forstwirtschaftlichen Fahrzeugen; Anhalteweg; Fahrstabilisierungssysteme; Zusammenhang von Fahrphysik und Fahrerverhalten (Linienwahl, Lenktechnik und Blickführung beim Kurvenfahren; Verhaltensmaßnahmen im fahrphysikalischen Grenzbereich)	Fahrlehrer, Ingenieur

[1] **Amtl. Anm.:** Ausbildungseinheiten zu 45 Minuten.

Abschnitt	Zeit		Verantwortliche Lehrkraft gemäß § 9 DV-FahrlG
3.1.3.3		**Kompetenz CE-3 – Technische Aspekte umweltschonenden Fahrens** Fahrlehrer der Klasse CE kennen die klassenspezifischen wesentlichen Merkmale einer umweltschonenden Fahrweise für Lkw, Last- und Sattelzüge sowie land- und forstwirtschaftliche Fahrzeuge; sie können diese erläutern und selbst anwenden. Unverzichtbare curriculare Ausbildungsinhalte: Fahrwiderstände; Motorkennlinien und Verbrauchskennfelder; Merkmale umweltschonenden Fahrens	Fahrlehrer, Ingenieur
3.1.3.4		**Kompetenz CE-4 – Fahrerassistenzsysteme und automatisiertes Fahren** Fahrlehrer der Klasse CE können die grundlegende Funktion und die Einsatzmöglichkeiten von Fahrerassistenzsystemen für Lkw, Last- und Sattelzüge sowie land- und forstwirtschaftliche Fahrzeuge beschreiben sowie deren Vorteile und Nachteile erläutern. Dies gilt insbesondere für sicherheitsbedeutsame Fahrerassistenzsysteme. Weiterhin können sie die klassenspezifischen Grundlagen des automatisierten Fahrens und die Auswirkungen auf den Fahrlehrerberuf beschreiben. Unverzichtbare curriculare Ausbildungsinhalte: Arten, Funktion, Sicherheits- und Gefährdungspotenziale von Fahrerassistenzsystemen; verhaltenswissenschaftliche Aspekte im Hinblick auf die Verwendung von Fahrerassistenzsystemen (z.B. Akzeptanz; visuelle und kognitive Beanspruchung; Auswirkungen auf das Situationsbewusstsein; Fehlkonzepte der Nutzer; Verhaltensanpassung und Fehlgebrauch; Übernahmeproblematik); Einsatzmöglichkeiten und Betrachtung von Fahrerassistenzsystemen in Fahranfängervorbereitung und Fahrerweiterbildung; Stufen des automatisierten Fahrens; Sicherheits- und Gefährdungspotenziale automatisierter Lkw, Last- und Sattelzüge sowie land- und forstwirtschaftliche Fahrzeuge; Fahrzeug-zu-X-Kommunikation; grundlegende rechtliche und moralisch-ethische Fragen des automatisierten Fahrens (Automatisierungsrisiko und Haftung; Regelübertretung; „Dilemma-Situationen"; Fehlerkompensationsfähigkeiten automatisierter Fahrzeuge); Auswirkungen des automatisierten Fahrens auf den Fahrlehrerberuf	Bildungswissenschaftler, Fahrlehrer, Ingenieur, Jurist
4	**140**	**Ausbildung Fahrlehrerlaubnisklasse DE**	
4.1		**Fachliches Professionswissen klassenspezifischer Ausbildungsmonat**	
4.1.1	**72**	**Kompetenzbereich „Verkehrsverhalten"**	
4.1.1.1		**Kompetenz DE-1 – Fahreignung, Fahrtüchtigkeit und Fahrverhalten** Fahrlehrer der Klasse DE kennen klassenspezifische psychische und physische Einflussfaktoren auf die Fahreignung, die Fahrtüchtigkeit und das Fahrverhalten von KOM-Fahrern und können diese erläutern. Unverzichtbare curriculare Ausbildungsinhalte: Tätigkeitsbezogene Einstellungen; Fahrerselbstbild; Fahrertypologien; Belastung und Beanspruchung;	Bildungswissenschaftler, Fahrlehrer

Abschnitt	Zeit		Verantwortliche Lehrkraft gemäß § 9 DV-FahrlG
		Unaufmerksamkeit und Ablenkung; Müdigkeit; Aggression und Selbstdurchsetzung	
4.1.1.2		**Kompetenz DE-3 – Verkehrswahrnehmung und Gefahrenvermeidung** Fahrlehrer der Klasse DE können die klassenspezifischen Komponenten der Verkehrswahrnehmung und Gefahrenvermeidung bezüglich des Fahrens von KOM erläutern und Verkehrssituationen mit Blick auf klassenspezifische Gefahren und Verhaltensmöglichkeiten beurteilen. Unverzichtbare curriculare Ausbildungsinhalte: Wahrnehmung der Verkehrsumwelt; mögliche Gefahren im Straßenverkehr; Antizipation von (latenten) Gefahrensituationen; Umgang mit Gefahrensituationen (Gefahrenvermeidung und Gefahrenabwehr); vorausschauende und defensive Fahrweise; Trainingsmöglichkeiten zur Verbesserung der Verkehrswahrnehmung und Gefahrenvermeidung (z.B. computergestützte Trainingsprogramme)	Bildungswissenschaftler, Fahrlehrer
4.1.1.3		**Kompetenz DE-5 – Fahraufgaben** Fahrlehrer der Klasse DE kennen die verschiedenen Fahraufgaben im Straßenverkehr und können diese hinsichtlich ihrer klassenspezifischen Verhaltensanforderungen und der sicheren Durchführung mit unterschiedlichen Arten von KOM erläutern. Sie können die Fahraufgaben selbst fehlerfrei absolvieren und die Durchführung von Fahraufgaben kriteriengeleitet beurteilen. Unverzichtbare curriculare Ausbildungsinhalte: Fahraufgabenkatalog für die jeweiligen Fahrerlaubnisklassen; Durchführungs- und Bewertungsstandards für die Fahraufgaben; fahraufgabenrelevante klassenspezifische Vorschriften der StVO	Fahrlehrer
4.1.1.4		**Kompetenz DE-6 – Fahrkompetenzdefizite und Unfälle** Fahrlehrer der Klasse DE kennen die wesentlichen Fahrkompetenzdefizite und Fahrverhaltensbesonderheiten von KOM-Fahrern und können typische KOM-Unfälle analysieren. Unverzichtbare curriculare Ausbildungsinhalte: Fahrkompetenzdefizite und Fahrverhaltensbesonderheiten; Unfallbeteiligung und typische Unfallszenarien (Unfallbeteiligung; Unfallarten und Unfalltypen; Unfallursachen und Vermeidungsstrategien)	Bildungswissenschaftler, Fahrlehrer
4.1.2	**24**	**Kompetenzbereich „Recht"**	
4.1.2.1		**Kompetenz DE-2 – Verkehrsrechtliche Vorschriften und angrenzende Rechtsgebiete** Fahrlehrer der Klasse DE können die für das Führen von KOM relevanten rechtlichen Vorschriften des Straßenverkehrsrechts erläutern und diese anwenden, um beispielhafte Fallkonstellationen zu bearbeiten. Unverzichtbare curriculare Ausbildungsinhalte: Relevante Rechtsvorschriften aus den Bereichen „Verhalten im Straßenverkehr" (z.B. StVG; StVO), „Fahrerlaubnis- und Zulassungsrecht" (z.B. FeV; FZV; Richtlinie 2006/126/EG; StVG; StVZO),	Fahrlehrer, Jurist

Abschnitt	Zeit		Verantwortliche Lehrkraft gemäß § 9 DV-FahrlG
		„Straf- und Ordnungswidrigkeitenrecht des Straßenverkehrs" (z.B. BKatV; OWiG; StGB; StPO; StVG), „Steuerrecht" (z.B. KraftStDV; KraftStG), „Haftungs- und Versicherungsrecht bei der (gewerblichen) Personenbeförderung" (z.B. BGB; PflversG; StVG), „Fahrschulwesen" (z.B. DV-FahrlG; FahrlAusbVO; FahrlG; FahrlPrüfVO); Fahrverbot und Entzug der Fahrerlaubnis; Fahreignungs-Bewertungssystem; Gefährdungs- und Verschuldenshaftung bei der (gewerblichen) Personenbeförderung	
4.1.2.2		**Kompetenz DE-3 – Personenbeförderungs- und Berufskraftfahrerrecht** Fahrlehrer der Klasse DE können die für die gewerbliche Personenbeförderung und die Tätigkeit als Berufskraftfahrer relevanten rechtlichen Vorschriften erläutern und diese anwenden, um beispielhafte Fallkonstellationen zu bearbeiten. Unverzichtbare curriculare Ausbildungsinhalte: Sozialvorschriften im Straßenverkehr (z.B. AETR; ArbZG; FPersG; FPersV; VO (EG) Nr. 561/2006; VO (EU) Nr. 165/2014); Handhabung Fahrtenschreiber; DGUV Vorschriften (z.B. DGUV Vorschrift 70); Vorschriften zur (inter-)nationalen gewerblichen Personenbeförderung (z.B. BefBedV; BOKraft; PBefG); Vorschriften zur Berufskraftfahrerausbildung und -qualifikation sowie zur Ausbildung als Kraftverkehrsmeister (z.B. BKrFQG; BKrFQV; BKV)	Fahrlehrer, Jurist
4.1.3	**44**	**Kompetenzbereich „Technik"**	
4.1.3.1		**Kompetenz DE-1 – Technische Grundlagen** Fahrlehrer der Klasse DE kennen den grundlegenden Aufbau und die Funktionsweise der wesentlichen technischen Bestandteile von KOM sowie die entsprechenden rechtlichen Vorschriften und können diese beschreiben. Dies gilt insbesondere für sicherheitsbedeutsame und umweltschutzrelevante Bestandteile. Unverzichtbare curriculare Ausbildungsinhalte: Bauarten von KOM; Motor (insbesondere konventionelle und alternative Antriebstechnologien wie z.B. Elektromobilität); Antriebsstrang; Fahrwerk; Fahrzeugelektrik; Abgasanlage und Schadstoffminderung; aktive und passive Sicherheit; technische Serviceeinrichtungen und Nothilfeeinrichtungen; Beladung und Ladungssicherung; Kontrolle der Betriebs- und Verkehrssicherheit; Sicherheits- und Abfahrtkontrollen; Handfertigkeiten; rechtliche Vorschriften zur Technik (z.B. Richtlinien und Verordnungen (EU/EG/EWG); StVZO)	Ingenieur
4.1.3.2		**Kompetenz DE-2 – Fahrphysik** Fahrlehrer der Klasse DE können fahrphysikalische Grundlagen des Fahrens mit KOM erläutern und auf dieser Basis das Fahrverhalten dieser Fahrzeuge analysieren. Unverzichtbare curriculare Ausbildungsinhalte: Kräfte und Momente am Fahrzeug; Kamm'scher Kreis; Haftungsgrenze der Reifen bei unterschiedli-	Fahrlehrer, Ingenieur

Abschnitt	Zeit[1]		Verantwortliche Lehrkraft gemäß § 9 DV-FahrlG
		chen Bedingungen; Achs- und Radlastverschiebung; Kippgrenze; Seitenwind; Pendeln oder Einknicken des Anhängers oder Gelenkbusses; Fahrverhalten von KOM; Aquaplaning; Anhalteweg; Fahrstabilisierungssysteme; Zusammenhang von Fahrphysik und Fahrerverhalten (Linienwahl, Lenktechnik und Blickführung beim Kurvenfahren; Verhaltensmaßnahmen im fahrphysikalischen Grenzbereich)	
4.1.3.3		**Kompetenz DE-3 – Technische Aspekte umweltschonenden Fahrens** Fahrlehrer der Klasse DE kennen die wesentlichen klassenspezifischen Merkmale einer umweltschonenden Fahrweise für KOM; sie können diese erläutern und anwenden. Unverzichtbare curriculare Ausbildungsinhalte: Fahrwiderstände; Motorkennlinien und Verbrauchskennfelder; Merkmale umweltschonenden Fahrens	Fahrlehrer, Ingenieur
4.1.3.4		**Kompetenz DE-4 – Fahrerassistenzsysteme und automatisiertes Fahren** Fahrlehrer der Klasse DE können die grundlegende Funktion und die Einsatzmöglichkeiten von Fahrerassistenzsystemen für KOM beschreiben sowie deren Vorteile und Nachteile erläutern. Dies gilt insbesondere für sicherheitsbedeutsame Fahrerassistenzsysteme. Weiterhin können sie die klassenspezifischen Grundlagen des automatisierten Fahrens und die Auswirkungen auf den Fahrlehrerberuf beschreiben. Unverzichtbare curriculare Ausbildungsinhalte: Arten, Funktion, Sicherheits- und Gefährdungspotenziale von Fahrerassistenzsystemen; verhaltenswissenschaftliche Aspekte im Hinblick auf die Verwendung von Fahrerassistenzsystemen (z.B. Akzeptanz; visuelle und kognitive Beanspruchung; Auswirkungen auf das Situationsbewusstsein; Fehlkonzepte der Nutzer; Verhaltensanpassung und Fehlgebrauch; Übernahmeproblematik); Einsatzmöglichkeiten und Betrachtung von Fahrerassistenzsystemen in Fahranfängervorbereitung und Fahrerweiterbildung; Stufen des automatisierten Fahrens; Sicherheits- und Gefährdungspotenziale automatisierter KOM; Fahrzeug-zu-X-Kommunikation; grundlegende rechtliche und moralisch-ethische Fragen des automatisierten Fahrens (Automatisierungsrisiko und Haftung; Regelübertretung; „Dilemma-Situationen"; Fehlerkompensationsfähigkeiten automatisierter Fahrzeuge); Auswirkungen des automatisierten Fahrens auf den Fahrlehrerberuf	Bildungswissenschaftler, Fahrlehrer, Ingenieur, Jurist
4.1.3.5		**Kompetenz DE-5 – Störungssuche und Fehlerbeseitigung** Fahrlehrer der Klasse DE können technische Störungen und Fehler bei KOM erkennen und geringe Mängel beheben. Unverzichtbare curriculare Ausbildungsinhalte: Werkstattausbildung (Störungssuche und Fehlerbeseitigung)	Ingenieur

[1] **Amtl. Anm.:** Ausbildungseinheiten zu 45 Minuten.

Abschnitt	Zeit		Verantwortliche Lehrkraft gemäß § 9 DV-FahrlG
5.1	**144**	**Pädagogisch-psychologisches und verkehrspädagogisches Professionswissen für die Schwerfahrzeugausbildung**	
5.1.1	**80**	**Kompetenzbereich „Unterrichten, Ausbilden und Weiterbilden“**	
5.1.1.1		**Kompetenz 1 – Grundlagen der Fahranfängervorbereitung:** Fahrlehrer kennen die vielfältigen Lehr-Lernformen und Prüfungsformen im System der Fahranfängervorbereitung sowie die mit ihnen verbundenen Ziele, Inhalte und rechtlichen Rahmenbedingungen. Sie kennen insbesondere die Ziele, die Inhalte und die rechtlichen Rahmenbedingungen der Fahrschulausbildung, können sie erläutern sowie ihren Theorieunterricht und ihre Fahrpraktische Ausbildung daran ausrichten. Unverzichtbare curriculare Inhalte: Lehr-Lernformen und Prüfungsformen im System der Fahranfängervorbereitung; Rahmenplan Theorieunterricht; Rahmenplan Fahrpraktische Ausbildung; curriculare Grundlagen der Fahrschulausbildung; Ausbildungspläne; rechtliche Rahmenbedingungen (z.B. DV-FahrlG; FahrlG; FahrschAusbO; FeV; Prüfungsrichtlinien für die theoretische und praktische Fahrerlaubnisprüfung; StVG); Fahrschulüberwachung	Bildungswissenschaftler, Fahrlehrer
5.1.1.2		**Kompetenz 2 – Gestaltung des Theorieunterrichts:** Fahrlehrer können die Bestandteile und Erwerbsverläufe von Fahrkompetenz beschreiben. Weiterhin kennen sie Lehrfunktionen (Motivation, Information, Informationsverarbeitung, Speichern und Abrufen, Anwendung und Transfer, Steuerung und Kontrolle), Möglichkeiten der Verzahnung von Theorieunterricht und Fahrpraktischer Ausbildung sowie Qualitätskriterien guten Theorieunterrichts. Sie können Lehrfunktionen, Verzahnungsmöglichkeiten und Qualitätskriterien erläutern sowie bei der Planung und Durchführung von Theorieunterricht anwenden. Unverzichtbare curriculare Inhalte: Bestandteile und Erwerbsverläufe von Fahrkompetenz; Wissensarten und deren Erwerb (Faktenwissen; Handlungswissen); Risiken am Beginn der Fahrerkarriere und deren psychologische Grundlagen; Motivationstheorien (insbesondere Lern- und Leistungsmotivation); Unterrichtsplanung; Auswahl und Nutzung von Lehr-Lernmethoden und Lehr-Lernmedien; kognitive Aktivierung; zielerreichendes Lernen und Konsolidierung; Fahrlehrer-Fahrschüler-Kommunikation und Klassenführung; E-Learning (d.h. Lernen mit elektronischen Medien); Blended-Learning (d.h. Verknüpfung von Präsenzunterricht und Lernen mit elektronischen Medien); Unterstützung des selbstorganisierten Lernens; Fehlkonzepte von Fahrschülern; Vorbereitung auf die Theoretische Fahrerlaubnisprüfung; Möglichkeiten der Verzah-	Bildungswissenschaftler, Fahrlehrer

Abschnitt	Zeit		Verantwortliche Lehrkraft gemäß § 9 DV-FahrlG
		nung von Theorieunterricht und Fahrpraktischer Ausbildung; Qualitätskriterien guten Theorieunterrichts; Lehrübungen zum Theorieunterricht; Selbst- und Fremdevaluation für Fahrlehreranwärter	
5.1.1.3		**Kompetenz 3 – Gestaltung der Fahrpraktischen Ausbildung:** Fahrlehrer kennen – aufbauend auf den Bestandteilen und Erwerbsverläufen von Fahrkompetenz – Möglichkeiten der Verzahnung von Fahrpraktischer Ausbildung und Theorieunterricht sowie die Qualitätskriterien guter Fahrpraktischer Ausbildung. Sie können die Verzahnungsmöglichkeiten und Qualitätskriterien erläutern sowie bei der Planung und Durchführung der Fahrpraktischen Ausbildung anwenden. Unverzichtbare curriculare Inhalte: Aufbau automatisierter Fertigkeiten; Expertiseerwerb und deliberate practice (d.h. zielgerichtetes und intensives Üben); Sequenzierung der Fahrpraktischen Ausbildung; Anforderungen und Bewertungskriterien bei der Bewältigung von Fahraufgaben; Instruktion, Scaffolding und Fading (d.h. an den Lernstand angepasstes Anleiten); Feedback; Eingriffsmöglichkeiten und Eingriffsnotwendigkeiten des Fahrlehrers; Unterstützung des selbstorganisierten Lernens; Möglichkeiten der Verzahnung von Fahrpraktischer Ausbildung und Theorieunterricht; Vorbereitung auf die Praktische Fahrerlaubnisprüfung; Qualitätskriterien guter Fahrpraktischer Ausbildung; Lehrübungen zur Fahrpraktischen Ausbildung; Selbst- und Fremdevaluation für Fahrlehreranwärter	Bildungswissenschaftler, Fahrlehrer
5.1.1.4		**Kompetenz 4 – Grundlagen des Fahrlehrerberufs:** Fahrlehrer kennen die vielfältigen Tätigkeitsfelder ihres Berufes sowie die damit verbundenen Anforderungen und Weiterbildungsmöglichkeiten. Weiterhin kennen sie berufliche Belastungs- und Stressfaktoren sowie die Möglichkeiten zur Stressprävention. Unverzichtbare curriculare Inhalte: Fahrlehrerberuf und Berufsbild; Angebote von Fahrschulen zur Fahrerweiterbildung und Verkehrssicherheitsarbeit (z.B. Verkehrserziehung); Weiterqualifizierungsmöglichkeiten; Aktualisierung und Ergänzung des Professionswissens; Arbeitsorganisation; Belastung, Stress und Stressprävention	Fahrlehrer
5.1.2	**32**	**Kompetenzbereich „Erziehen"**	
5.1.2.1		**Kompetenz 1 – Berücksichtigung personeller, sozialer und kultureller Lernbedingungen:** Fahrlehrer kennen typische personelle, soziale und kulturelle Lernbedingungen von Fahrschülern, können sie erläutern sowie im Theorieunterricht und in der Fahrpraktischen Ausbildung berücksichtigen. Unverzichtbare curriculare Inhalte: Entwicklung und Sozialisation über die Lebensspanne mit Schwerpunkt im Jugendalter und jungen Erwachsenenalter; Umgang mit Heterogenität; Lehr-	Bildungswissenschaftler

Abschnitt	Zeit		Verantwortliche Lehrkraft gemäß § 9 DV-FahrlG
		Lerntheorien und Lehren in der Erwachsenenbildung/Weiterbildung; individuelle Komponenten des Lernens Erwachsener	
5.1.2.2		**Kompetenz 2 – Vermittlung von Verkehrssicherheitseinstellungen:** Fahrlehrer kennen die Prozesse des Einstellungserwerbs und die Methoden der Einstellungsveränderung. Sie können diese Prozesse und Methoden erläutern sowie bei der Planung und Durchführung von Theorieunterricht und Fahrpraktischer Ausbildung berücksichtigen. Unverzichtbare curriculare Inhalte: Komponenten von Einstellungen; Erwerb und Beeinflussung von Einstellungen zur Verantwortungsübernahme und Sicherheit im Straßenverkehr (z.B. Lernen am Modell und Wirkung von Sanktionen; Theorie des geplanten Verhaltens; Bedeutung von Informationsdarstellungen für das Verhalten; persuasive Kommunikation)	Bildungswissenschaftler
5.1.3	**32**	**Kompetenzbereich „Beurteilen“**	
5.1.3.1		**Kompetenz 1 – Förderorientierte Lernstands- und Lernverlaufsbeurteilung:** Fahrlehrer können Lernvoraussetzungen, Lernprozesse und Lernergebnisse von Fahrschülern beurteilen und die Ergebnisse der Beurteilung zur individuellen Förderung und Beratung bezüglich des weiteren Lernwegs verwenden. Unverzichtbare curriculare Inhalte: Leistungsmessung und Leistungsbeurteilung; Bezugsnormen (kriterial, sozial, individuell); Beobachtungs- und Beurteilungsfehler; Förderung von Selbsteinschätzungen des Fahrschülers; Prüfungsangst; Lernstörungen; Lernstands- und Lernverlaufsbeurteilung; Leistungsrückmeldungen und Formen von Feedback; Orientierung von Theorieunterricht und Fahrpraktischer Ausbildung am Kenntnis- und Ausbildungsstand des Fahrschülers; Beratung bezüglich des Lernwegs; Feststellung der Prüfungsreife	Bildungswissenschaftler, Fahrlehrer

Anlage 2
(zu § 3 Absatz 1)

Qualitätskriterien für die Fahrschulausbildung

I. Qualitätskriterien für den Theoretischen Unterricht

1. Strukturierung der Unterrichtseinheit,
2. Motivierung der Fahrschüler und Praxisbezug,
3. fachliche Vermittlung der Lehr-Lerninhalte,
4. Binnendifferenzierung,
5. angemessenes Reagieren auf Beiträge der Fahrschüler,
6. Tempo der Vermittlung der Lehr-Lerninhalte,
7. Festigung,
8. Visualisierung der Lehr-Lerninhalte durch Medien,
9. Qualität der Lehrvorträge,
10. Organisation von Erfahrungsberichten,
11. Organisation von Diskussionen und
12. Durchführung von Lernkontrollen.

II. Qualitätskriterien für den Praktischen Unterricht

1. Strukturierung der Übungsstunde,
2. Orientierung am Ausbildungsstand des Fahrschülers,
3. Qualität des Methodeneinsatzes,
4. Qualität verbaler Anweisungen,
5. fachliche Korrektheit der Lehr-Lerninhalte und Orientierung am Ausbildungsplan des Fahrlehrers,
6. Schaffung einer guten Ausbildungsatmosphäre und
7. angemessenes Reagieren auf Fahrfehler.

Anlage 3[1)]
(zu § 3 Absatz 1)

Musterplan und Unterrichtsverteilung im Lehrpraktikum

I. Musterplan

Lfd. Nr.	Lernthemen	Inhalte	Unterrichtseinheiten (45 Minuten)
1	**Einführung**		
1.1	Der Ausbildungs- und Fahrschulbetrieb	Kennenlernen – der Aufgaben und Tätigkeiten der Fahrschule – der Zusammenarbeit mit der Prüforganisation – der Mitarbeiter der Fahrschule – der Organisation der Fahrschule – der Geschäftszeiten der Fahrschule	

[1)] Anl. 3 neu gef. mWv 1.1.2020 durch VO v. 2.10.2019 (BGBl. I S. 1416).

Lfd. Nr.	Lernthemen	Inhalte	Unterrichtseinheiten (45 Minuten)
		– der Ausbildungsfahrzeuge	
1.2	Der Ausbildungsfahrlehrer	Kennenlernen der Aufgaben, Pflichten und Rechte des Ausbildungsfahrlehrers	–
1.3	Der Fahrlehreranwärter	Aufgaben, Pflichten und Rechte des Fahrlehreranwärters Verantwortung des Fahrlehreranwärters gegenüber – den ihm anvertrauten Personen, – den Fahrschülern (§ 6 FahrlG), – den Dienst- und Ausbildungsanweisungen des Inhabers der Fahrschule, der für die verantwortliche Leitung der Fahrschule bestellten Person und des Ausbildungsfahrlehrers	
2	**Teilnahme am theoretischen und praktischen Unterricht sowie an der praktischen Prüfung**		
2.1	Theoretischer Unterricht		
2.1.1	Vorbesprechung	– Ausbildungsplan für den Fahrschüler § 4 Absatz 6 FahrschAusbO – Materialien und Medien – Lernziele des Unterrichts	10
2.1.2	Hospitation	– Beobachten mehrerer verschiedener Lektionen des Grundstoffs und des klassenspezifischen Stoffs der Klasse B	
2.1.3	Nachbesprechung	– Auswerten der Beobachtungen der Hospitation – Entwickeln von Strategien für die Durchführung des eigenen Theorieunterrichts	
2.2	Praktischer Unterricht/praktische Prüfung		
2.2.1	Vorbesprechung	– Organisation und Konzeption der praktischen Ausbildung – Lernstand der Fahrschüler – Lernziele der Fahrstunde	15
2.2.2	Hospitation	– Beobachten der Fahrstunden in den einzelnen Ausbildungsstufen – Teilnahme an Fahrerlaubnisprüfungen	davon 5 nach § 5 Absatz 2 FahrschAusO

Lfd. Nr.	Lernthemen	Inhalte	Unterrichtseinheiten (45 Minuten)
2.2.3	Nachbesprechung	– Auswerten der Beobachtungen der Hospitation – Entwickeln von Strategien für die Planung, Durchführung und Auswertung eigener Fahrstunden	
3	**Durchführung von theoretischem und praktischem Unterricht in Anwesenheit des Ausbildungsfahrlehrers**		
3.1	Theoretischer Unterricht in Anwesenheit des Ausbildungsfahrlehrers		
3.1.1	Vorbesprechung	Vorlegen und Erläutern des Unterrichtsentwurfs Beschreiben – der Lerngruppen – der Ziele und Inhalte – der Methoden und Medien	
3.1.2	Durchführung	Unterrichten mehrerer verschiedener Lektionen des Grundstoffs und des klassenspezifischen Stoffs der Klasse B	12
3.1.3	Nachbesprechung	– Auswerten des Unterrichts und der Lernstandsdiagnose beim Fahrlehreranwärter – Strategien entwickeln zur Umsetzung der gewonnenen Erkenntnisse – Ausbildungsstand des Fahrlehreranwärters	
3.2	Praktischer Unterricht in Anwesenheit des Ausbildungsfahrlehrers		
3.2.1	Vorbesprechung	– Planen der Fahrstunde – Feststellen des Ausbildungsstands und der Lernvoraussetzungen – Darstellen der Ausbildungsziele und Ausbildungsschwerpunkte	
3.2.2	Durchführung	– Durchführen von Fahrstunden in den einzelnen Ausbildungsstufen mit verschiedenen Fahrschülern – Erörtern und Dokumentieren des jeweiligen Ausbildungsstands	16 davon 8 nach § 5 Absatz 2 FahrschAusbO
3.2.3	Nachbesprechung	– Auswerten der Fahrstunde und Lernstandsdiagnose beim Fahrlehreranwärter – Strategien entwickeln, um gewonnene Erkenntnisse zu nutzen	

Lfd. Nr.	Lernthemen	Inhalte	Unterrichtseinheiten (45 Minuten)
		– Ausbildungsstand des Fahrlehreranwärters	
3.3	**Feststellung der theoretischen und praktischen Prüfungsreife**		
3.3.1	Vorbesprechung	Vorlegen und Erläutern des Plans zur Feststellung der theoretischen/praktischen Prüfungsreife eines Fahrschülers – Kriterien und Methoden	
3.3.2	Durchführung	Anwenden der Kriterien und Methoden zur Feststellung der Prüfungsreife des Fahrschülers	8
3.3.3	Nachbesprechung	– Auswerten der Feststellung der theoretischen/ praktischen Prüfungsreife – Strategien entwickeln, um gewonnene Erkenntnisse zu nutzen	
4	**Durchführung von theoretischem und praktischem Unterricht ohne Anwesenheit des Ausbildungsfahrlehrers**		
4.1	Theoretischer Unterricht	– Unterrichten möglichst aller Lektionen des Grundstoffs und des klassenspezifischen Stoffs der Klasse B – Reflektieren des Unterrichts – Austauschen der Erfahrungen mit dem Ausbildungsfahrlehrer	18
4.2	Praktischer Unterricht	– Durchführen von Fahrstunden in den einzelnen Ausbildungsstufen – Reflektieren der Fahrstunden – Austauschen der Erfahrungen mit dem Ausbildungsfahrlehrer	120
4.3	Feststellung der Prüfungsreife	– Anwenden der Kriterien und Methoden zur Feststellung der Prüfungsreife – Abstimmen der Entscheidung der Prüfungsreife mit dem Ausbildungsfahrlehrer	5
5	**Vorstellung von Fahrschülern zur praktischen Prüfung einschließlich Begleitung und Beaufsichtigung bei der praktischen Prüfung**		
	Durchführung	– Erledigen der Formalitäten – Begleiten und Beaufsichtigen des Fahrschülers bei der praktischen Prüfung	6

Lfd. Nr.	Lernthemen	Inhalte	Unterrichtseinheiten (45 Minuten)
		mit und ohne Anwesenheit des Ausbildungsfahrlehrers – Betreuung des Fahrschülers vor und nach der praktischen Prüfung – Austauschen der Erfahrungen mit dem Ausbildungsfahrlehrer	
6	**Individuelle Aufteilung**		
	Durchführung	Nummer 2 bis 5 nach individueller Aufteilung und in Absprache zwischen Ausbildungsfahrlehrer und Fahrlehreranwärter	120
	Gesamt		330

(Fortsetzung nächstes Blatt)

Anlage 4
(zu § 4)

Rahmenplan für die Einweisung der Ausbildungsfahrlehrer und der Inhaber beziehungsweise der für die verantwortliche Leitung von Ausbildungsfahrschulen bestellten Personen

Abschnitt	Zeit[1]		Verantwortliche Lehrkraft gemäß § 9 Absatz 1 DV-FahrlG
	40	**Qualifizierung**	
1	**12**	**Fachliches Professionswissen**	
1.1		**Kompetenzbereich „Recht"**	
1.1.1		**Kompetenz 1 – Rechtliche Grundlagen zur Fahrlehrerausbildung** Inhaber bzw. für die verantwortliche Leitung von Ausbildungsfahrschulen bestellte Personen und Ausbildungsfahrlehrer kennen den Aufbau, die Ziele und die Inhalte der Fahrlehrerausbildung und Fahrlehrerprüfung sowie den Status und die Aufgaben der an der Ausbildung und Prüfung beteiligten Institutionen und Personen. Sie können diese Aspekte und die dazugehörigen Rechtsvorschriften erläutern. Unverzichtbare curriculare Ausbildungsinhalte: Modularisierter Aufbau der Fahrlehrerausbildung; Ziele und Inhalte der Fahrlehrerausbildung; Aufbau und Anforderungen der Fahrlehrerprüfung; Status und Aufgaben der an Ausbildung und Prüfung beteiligten Institutionen (Fahrlehrerausbildungsstätte; Ausbildungsfahrschule; Fahrlehrerprüfungsausschuss) und Personen (Fahrlehreranwärter; Fahrlehrer in Ausbildung; Lehrkräfte der Fahrlehrerausbildungsstätte; Ausbildungsfahrlehrer; Mitglieder des Fahrlehrerprüfungsausschusses); relevante Rechtsvorschriften zur Ausbildung und Prüfung von Fahrlehrern (z.B. DV-FahrlG; FahrlAusbVO; FahrlG; FahrlPrüfVO)	Fahrlehrer, Jurist
1.1.2		**Kompetenz 2 – Rechtliche Grundlagen für den Betrieb bzw. die verantwortliche Leitung von Ausbildungsfahrschulen** Inhaber bzw. für die verantwortliche Leitung von Ausbildungsfahrschulen bestellte Personen und Ausbildungsfahrlehrer kennen die Rechtsvorschriften zum Betrieb bzw. zur verantwortlichen Leitung von Ausbildungsfahrschulen und können diese erläutern. Unverzichtbare curriculare Ausbildungsinhalte: Fahrlehrerrechtliche Vorschriften zum Betrieb und zur verantwortlichen Leitung von Ausbildungsfahrschulen (z.B. DV-FahrlG; FahrlAusbVO; FahrlG); arbeits- und sozialrechtliche Vorschriften zum Betrieb und zur verantwortlichen Leitung von Ausbildungsfahrschulen (z.B. ArbZG; BBiG; BUrlG; EntgFG; MiLoG; MuSchG; SGB)	Fahrlehrer, Jurist

[1] **Amtl. Anm.:** Ausbildungseinheiten zu 45 Minuten.

Abschnitt	Zeit		Verantwortliche Lehrkraft gemäß § 9 Absatz 1 DV-FahrlG
1.1.3		**Kompetenz 3 – Rechtliche Grundlagen für die Tätigkeit von Ausbildungsfahrlehrern** Inhaber bzw. für die verantwortliche Leitung von Ausbildungsfahrschulen bestellte Personen und Ausbildungsfahrlehrer kennen die Rechtsvorschriften bezüglich der Tätigkeit von Ausbildungsfahrlehrern und können diese erläutern. Unverzichtbare curriculare Ausbildungsinhalte: Fahrlehrerrechtliche Vorschriften zur Tätigkeit von Ausbildungsfahrlehrern (z.B. FahrlAusbVO; FahrlG); arbeitsrechtliche Vorschriften zur Tätigkeit von Ausbildungsfahrlehrern (z.B. BBiG)	Fahrlehrer, Jurist
1.2		**Kompetenzbereich „Betriebswirtschaft und Arbeitsorganisation"**	
1.2.1		**Kompetenz 1 – Betriebswirtschaftliche Grundlagen für den Betrieb bzw. die verantwortliche Leitung von Ausbildungsfahrschulen** Inhaber bzw. für die verantwortliche Leitung von Ausbildungsfahrschulen und Ausbildungsfahrlehrern bestellte Personen sind sich ihrer Verantwortung für die hochwertige Ausbildung des Berufsnachwuchses bewusst und berücksichtigen diese bei der betriebswirtschaftlichen Gestaltung von Ausbildungsfahrschulen. Sie können den Aufwand und den Nutzen der Ausbildung von auszubildenden Fahrlehrern erläutern. Unverzichtbare curriculare Ausbildungsinhalte: Wirtschaftsethische Verantwortung beim Betrieb bzw. bei der verantwortlichen Leitung von Ausbildungsfahrschulen; Nutzen der Ausbildung von auszubildenden Fahrlehrern (z.B. Fachkräftenachwuchs, Stärkung des Berufsbildes, Wettbewerbsvorteil, Innovationskraft) unter Berücksichtigung des Aufwandes (z.B. Ausbildungsvergütung, Zeitaufwand, Fahrschülerbedarf, Investitionskosten)	Fahrlehrer
1.2.2		**Kompetenz 2 – Arbeitsorganisatorische Grundlagen für die Durchführung der Ausbildung** Inhaber bzw. für die verantwortliche Leitung von Ausbildungsfahrschulen bestellte Personen und Ausbildungsfahrlehrer sind sich ihrer Verantwortung für die hochwertige Ausbildung des Berufsnachwuchses bewusst und berücksichtigen diese bei der arbeitsorganisatorischen Gestaltung der Berufsausbildung. Sie können arbeitsorganisatorische Besonderheiten bei der Berufsausbildung und entsprechende Gestaltungsmöglichkeiten erläutern. Unverzichtbare curriculare Ausbildungsinhalte: Arbeitsorganisatorische Besonderheiten bei der Ausbildung von Fahrlehrern (z.B. zeitliche Gestaltung der Berufsausbildung; Auswahl geeigneter Fahrschüler; Kooperation mit der Fahrlehrerausbildungsstätte) und Gestaltungsmöglichkeiten (z.B. Zeitmanagement)	Fahrlehrer

Abschnitt	Zeit		Verantwortliche Lehrkraft gemäß § 9 Absatz 1 DV-FahrlG
2	**28**	**Pädagogisch-psychologisches und verkehrspädagogisches Professionswissen**	
2.1		**Kompetenzbereich „Beobachten, Bewerten und Beurteilen"**	
2.1.1		**Kompetenz 1 – Beobachten, Bewerten und Beurteilen des Theorieunterrichts** Inhaber bzw. für die verantwortliche Leitung von Ausbildungsfahrschulen bestellte Personen und Ausbildungsfahrlehrer können die Anwendung der Qualitätskriterien guten Theorieunterrichts fachgerecht beobachten, bewerten und beurteilen. Unverzichtbare curriculare Ausbildungsinhalte: Qualitätskriterien guten Theorieunterrichts; Analyse und Beurteilung von Unterrichtsplanungen; Methodische Grundlagen der Unterrichtsbeobachtung, -bewertung und -beurteilung (Beobachtungskategorien, Beobachtungsindikatoren, Schätzskalen mit verhaltensbezogenen Indikatoren; Beobachtungs- und Beurteilungsfehler); Verfahren der systematischen Beobachtung, Bewertung und Beurteilung von Unterricht; Übungen zur Beobachtung, Bewertung und Beurteilung von Theorieunterricht anhand von Videobeispielen; Feststellen der Prüfungsreife für die Lehrprobe im Theorieunterricht	Bildungswissenschaftler
2.1.2		**Kompetenz 2 – Beobachten, Bewerten und Beurteilen der Fahrpraktischen Ausbildung** Inhaber bzw. für die verantwortliche Leitung von Ausbildungsfahrschulen bestellte Personen und Ausbildungsfahrlehrer können die Anwendung der Qualitätskriterien guter Fahrpraktischer Ausbildung fachgerecht beobachten, bewerten und beurteilen. Unverzichtbare curriculare Ausbildungsinhalte: Qualitätskriterien guter Fahrpraktischer Ausbildung; Analyse und Beurteilung von Ausbildungsplanungen; Methodische Grundlagen der Ausbildungsbeobachtung, -bewertung und -beurteilung (Beobachtungskategorien, Beobachtungsindikatoren, Schätzskalen mit verhaltensbezogenen Indikatoren); Verfahren der systematischen Beobachtung, Bewertung und Beurteilung von Ausbildung; Übungen zur Beobachtung, Bewertung und Beurteilung von Fahrpraktischer Ausbildung anhand von Videobeispielen; Feststellen der Prüfungsreife für die Lehrprobe in der Fahrpraktischen Ausbildung	Bildungswissenschaftler
2.1.3		**Kompetenz 3 – Beobachten, Bewerten und Beurteilen des beruflichen Erlebens und Verhaltens** Inhaber bzw. für die verantwortliche Leitung von Ausbildungsfahrschulen bestellte Personen und Ausbildungsfahrlehrer können die Stärken und Schwächen des beruflichen Erlebens und Verhaltens ihrer auszubildenden Fahrlehrer beobachten, bewerten und beurteilen.	Bildungswissenschaftler

Abschnitt	Zeit		Verantwortliche Lehrkraft gemäß § 9 Absatz 1 DV-FahrlG
		Unverzichtbare curriculare Ausbildungsinhalte: Zusammenhänge zwischen Persönlichkeitsmerkmalen und der Bewährung im Lehrerberuf (z.B. allgemeine Persönlichkeitsmerkmale; allgemeine Interessen; spezielle Persönlichkeitsmerkmale); Berufswahl (berufliche Interessen; Berufswahlmotive; berufsbezogene Überzeugungen); Lehrerbelastung und -gesundheit (z.B. Belastungsfaktoren; Beanspruchungsreaktionen und Beanspruchungsfolgen; Beanspruchungsmuster; Möglichkeiten zur Belastungsregulation und Prävention); Erhalt und Förderung von Arbeitsmotivation sowie von Arbeits- und Berufszufriedenheit; Berücksichtigung diverser Informationsquellen (Selbsteinschätzungen der auszubildenden Fahrlehrer; Einschätzungen der Fahrschüler; Einschätzungen der Lehrkräfte an den Fahrlehrerausbildungsstätten)	Bildungswissenschaftler
2.2		**Kompetenzbereich „Rückmelden und Beraten“**	
2.2.1		**Kompetenz 1 – Rückmelden** Inhaber bzw. für die verantwortliche Leitung von Ausbildungsfahrschulen bestellte Personen und Ausbildungsfahrlehrer können ihren auszubildenden Fahrlehrern Rückmeldungen in Bezug auf pädagogisch-psychologisch und verkehrspädagogisch relevante Aspekte des Theorieunterrichts und der Fahrpraktischen Ausbildung sowie hinsichtlich ihres beruflichen Erlebens und Verhaltens geben. Unverzichtbare curriculare Ausbildungsinhalte: Gegenstand, Funktion und Formen von Leistungsbeurteilungen; Funktion und Gestaltung von Beurteilungsgesprächen (z.B. Kommunikation und Gesprächsführung; Wirkung von Feedback)	Bildungswissenschaftler
2.2.2		**Kompetenz 2 – Beraten** Inhaber bzw. für die verantwortliche Leitung von Ausbildungsfahrschulen bestellte Personen und Ausbildungsfahrlehrer können ihre auszubildenden Fahrlehrer im Hinblick auf die pädagogisch-psychologische und verkehrspädagogische Optimierung ihres Theorieunterrichts und ihrer Fahrpraktischen Ausbildung beraten. Darüber hinaus können sie ihre auszubildenden Fahrlehrer bei der Verbesserung ihres beruflichen Erlebens und Verhaltens unterstützen. Unverzichtbare curriculare Ausbildungsinhalte: Aufgaben von Beratern; Beziehung zwischen Beratern und Beratenen; Klärung und Vereinbarung von Veränderungszielen und Veränderungsmaßnahmen; Training von Rückmelde- und Beratungsgesprächen	Bildungswissenschaftler

345. Fahrlehrer-Prüfungsverordnung

Vom 2. Januar 2017
(BGBl. 2018 I S. 2, 42)

FNA 9231-14-3

geänd. durch Art. 3 VO zur Änd. fahrlehrerrechtl. und anderer straßenverkehrsrechtl. VOen v. 2.10. 2019 (BGBl. I S. 1416, ber. S. 2940)

Inhaltsverzeichnis

I. Abschnitt. Prüfungsausschüsse

§ 1 Errichtung. Für die Fahrlehrerprüfung (§ 2 Absatz 1 Satz 1 Nummer 9, § 8 des Fahrlehrergesetzes[1]) wird bei der nach Landesrecht zuständigen Behörde oder Stelle ein Prüfungsausschuss errichtet.

---

[1] Nr. **330**.

§ 2[1)] Zusammensetzung. (1) [1]Der Prüfungsausschuss besteht aus vier Mitgliedern. [2]Die Mitglieder müssen für ihre Prüfungsgebiete sachkundig und als Prüfer geeignet sein.

(2) [1]Dem Prüfungsausschuss müssen angehören:

1. ein Mitglied mit der Befähigung zum Richteramt oder zum höheren nichttechnischen Verwaltungsdienst,
2. ein amtlich anerkannter Sachverständiger für den Kraftfahrzeugverkehr, auch mit Teilbefugnissen gemäß § 2 Absatz 2 Satz 1 Nummer 1 und 2 des Kraftfahrsachverständigengesetzes[2)],
3. ein Mitglied mit abgeschlossenem Hochschulstudium mit bildungswissenschaftlichem Schwerpunkt und Diplom oder gleichwertigem Studienabschluss und
4. ein Fahrlehrer, der die Fahrlehrerlaubnis der von dem Bewerber beantragten Klasse besitzt, und mindestens drei Jahre lang hauptberuflich Fahrschüler theoretisch und praktisch ausgebildet hat.

[2]Jedes Mitglied des Prüfungsausschusses muss eine Fahrerlaubnis besitzen.

(3) Abweichend von Absatz 2 Satz 1 Nummer 4 kann ein Fahrlehrer, der aus gesundheitlichen Gründen eine danach erforderliche Fahrlehrerlaubnis nicht mehr besitzt, dem Prüfungsausschuss weiterhin angehören, wenn er für diese Aufgabe körperlich und geistig geeignet ist.

(4) [1]Die Mitwirkung aller Mitglieder des Prüfungsausschusses ist bei der fahrpraktischen Prüfung (§ 15) sowie bei den Lehrproben (§§ 17, 18) nicht erforderlich. [2]Die fahrpraktische Prüfung (§ 15) wird in der Regel von dem amtlich anerkannten Sachverständigen (Absatz 2 Satz 1 Nummer 2) und dem Fahrlehrer (Absatz 2 Satz 1 Nummer 4) durchgeführt. [3]Der mündliche Teil der Fachkundeprüfung wird vor dem gesamten Prüfungsausschuss mit vier Mitgliedern (Absatz 2 Satz 1) durchgeführt. [4]Die Lehrproben (§§ 17, 18) werden in der Regel von dem Mitglied mit abgeschlossenem Studium mit bildungswissenschaftlichem Schwerpunkt (Absatz 2 Satz 1 Nummer 3) und dem Fahrlehrer (Absatz 2 Satz 1 Nummer 4) durchgeführt. [5]Im Übrigen bestimmt das vorsitzende Mitglied die Teilnahme von mindestens zwei Mitgliedern des Prüfungsausschusses.

§ 3[3)] Berufung der Mitglieder. (1) [1]Die nach Landesrecht zuständige Behörde oder Stelle beruft die Mitglieder des Prüfungsausschusses und bestimmt das vorsitzende Mitglied. [2]Dieses soll der nach Landesrecht zuständigen Behörde oder Stelle angehören. [3]Die Berufung kann befristet werden.

(2) [1]Wer Ausbildungsstätten für Fahrlehreranwärter oder Bewerber einrichtet, unterhält oder betreibt oder sich geschäftsmäßig mit der Ausbildung von Fahrlehreranwärtern befasst, kann nicht Mitglied des Prüfungsausschusses sein. [2]Dies gilt nicht für Mitglieder, die als Lehrkraft an einer Fahrlehrerausbildungsstätte tätig sind oder die als Ausbildungsfahrlehrer einer Ausbildungsfahrschule angehören, sofern sie den Bewerber nicht ausgebildet haben.

[1)] § 2 Abs. 2 Satz 1 Nr. 3 und 4 geänd. mWv 1.1.2020 durch VO v. 2.10.2019 (BGBl. I S. 1416, ber. S. 2940).

[2)] Nr. **660**.

[3)] § 3 Abs. 2 Satz 2 neu gef. mWv 1.1.2020 durch VO v. 2.10.2019 (BGBl. I S. 1416).

§ 4 Ausgeschlossene Personen, Befangenheit. (1) Bei Prüfungen oder Lehrproben darf ein Prüfungsausschussmitglied nicht mitwirken:

1. das Angehöriger eines Fahrlehreranwärters oder Bewerbers ist,
2. das einen Fahrlehreranwärter oder einen Bewerber kraft Gesetzes oder Vollmacht allgemein vertritt oder sonst für ihn tätig geworden ist,
3. das aufgrund seiner persönlichen Stellung oder Beziehung zum Fahrlehreranwärter oder Bewerber durch die Tätigkeit als Mitglied des Prüfungsausschusses oder durch eine Entscheidung des Ausschusses einen unmittelbaren Vorteil oder Nachteil erlangen kann oder
4. bei dem sonst ein Grund vorliegt, der geeignet ist, Misstrauen gegen eine unparteiische Mitwirkung im Prüfungsausschuss zu rechtfertigen.

(2) [1] Angehörige im Sinne des Absatzes 1 Nummer 1 sind:

1. Verlobte,
2. Ehegatten oder Lebenspartner,
3. Verwandte oder Verschwägerte gerader Linie,
4. Geschwister,
5. Kinder der Geschwister,
6. Ehegatten der Geschwister und Geschwister der Ehegatten,
7. Geschwister der Eltern,
8. Personen, die durch ein auf längere Dauer angelegtes Pflegeverhältnis mit häuslicher Gemeinschaft wie Eltern und Kind miteinander verbunden sind (Pflegeeltern und Pflegekinder).

[2] Angehörige sind die in Satz 1 aufgeführten Personen auch dann, wenn hinsichtlich des Satzes 1 der:

1. Nummer 2, 3 oder 6 die die Beziehung begründende Ehe nicht mehr besteht,
2. Nummer 3 bis 7 die Verwandtschaft oder Schwägerschaft durch Annahme als Kind erloschen ist,
3. Nummer 8 die häusliche Gemeinschaft nicht mehr besteht, sofern die Personen weiterhin wie Eltern und Kind miteinander verbunden sind.

(3) [1] Hält sich ein Mitglied des Prüfungsausschusses für ausgeschlossen oder bestehen Zweifel, ob die Voraussetzungen des Absatzes 1 gegeben sind, oder behauptet ein Fahrlehreranwärter oder ein Bewerber das Vorliegen der in Absatz 1 genannten Gründe, ist dies dem vorsitzenden Mitglied des Ausschusses mitzuteilen. [2] Der Ausschuss entscheidet über den Ausschluss. [3] Der Betroffene darf an dieser Entscheidung nicht mitwirken.

(4) [1] Richtet sich der beantragte oder beschlossene Ausschluss von der Mitwirkung im Prüfungsausschuss gegen das vorsitzende Mitglied, ist dies der nach Landesrecht zuständigen Behörde zuzuleiten. [2] Während der Prüfung oder Lehrprobe ist die Mitteilung dem Prüfungsausschuss mitzuteilen. [3] Die Entscheidung über den Ausschluss von der Mitwirkung trifft die für die Errichtung des Prüfungsausschusses nach § 1 bestimmte Stelle, während der Prüfung oder Lehrprobe der Prüfungsausschuss.

(5) Ein von der Mitwirkung ausgeschlossenes Mitglied des Prüfungsausschusses ist durch ein anderes Mitglied zu ersetzen.

§ 5 Verschwiegenheit. [1]Die Mitglieder des Prüfungsausschusses haben gegenüber Dritten Verschwiegenheit zu wahren. [2]Ausnahmen bedürfen der Einwilligung der nach Landesrecht zuständigen Behörde oder der für die Errichtung des Prüfungsausschusses nach § 1 bestimmten Stelle.

§ 6[1)] Örtliche Zuständigkeit. [1]Für die Durchführung der Prüfungen ist nach § 50 des Fahrlehrergesetzes[2)] jeweils der Prüfungsausschuss zuständig, in dessen Bezirk der Fahrlehreranwärter oder der Bewerber seinen Wohnsitz oder die von ihm besuchte Fahrlehrerausbildungsstätte oder Ausbildungsfahrschule ihren Sitz hat. [2]Für die Durchführung der Lehrproben ist der Prüfungsausschuss zuständig, in dessen Bezirk die Ausbildungsfahrschule ihren Sitz hat. [3]Mit Zustimmung der nach Landesrecht zuständigen Behörde kann eine Fachkundeprüfung oder eine Lehrprobe auch durch einen anderen Prüfungsausschuss durchgeführt werden.

§ 7 Beschlussfähigkeit und Abstimmung. (1) Der Prüfungsausschuss ist beschlussfähig, wenn die in § 2 jeweils genannten Mitglieder mitwirken.

(2) [1]Die Entscheidungen ergehen mit Stimmenmehrheit. [2]Bei Stimmengleichheit entscheidet das vorsitzende Mitglied.

II. Abschnitt. Durchführung der Fahrlehrerprüfung

§ 8 Zulassung zur Fahrlehrerprüfung (§ 8 des Fahrlehrergesetzes). (1) Die nach Landesrecht zuständige Behörde oder die nach § 44 Absatz 2 des Fahrlehrergesetzes[2)] zuständige Dienststelle lässt den Fahrlehreranwärter für die Anwärterbefugnis der Klasse BE auf Antrag zur fahrpraktischen Prüfung und zur Fachkundeprüfung zu, wenn

1. die Voraussetzungen nach § 2 Absatz 1 Satz 1 Nummer 2, 4 bis 6 des Fahrlehrergesetzes vorliegen und
2. die Ausbildung nach § 2 Absatz 1 Satz 1 Nummer 8 des Fahrlehrergesetzes begonnen wurde.

(2) [1]Die nach Landesrecht zuständige Behörde oder die nach § 44 Absatz 2 des Fahrlehrergesetzes zuständige Dienststelle lässt den Fahrlehreranwärter für die Fahrlehrerlaubnis der Klasse BE auf Antrag zu den Lehrproben im theoretischen und fahrpraktischen Unterricht zu, wenn ihm die Anwärterbefugnis nach § 9 Absatz 1 des Fahrlehrergesetzes erteilt worden ist oder gleichzeitig erteilt wird. [2]Die gemäß § 4 Absatz 4 Satz 2 des Fahrlehrergesetzes nachzureichenden Bescheinigungen hat der Fahrlehreranwärter dem vorsitzenden Mitglied des Prüfungsausschusses oder dem nach Absatz 5 bestimmten Mitglied zur Prüfung und zur Weiterleitung an die nach Landesrecht zuständige Behörde zu übergeben. [3]Diese Tätigkeiten kann auf die Geschäfts- oder Verwaltungsstelle des Prüfungsausschusses übertragen werden.

(3) Die nach Landesrecht zuständige Behörde lässt den Bewerber für die Fahrlehrerlaubnisklasse A, CE und DE auf Antrag zur fahrpraktischen Prüfung und zur Fachkundeprüfung zu, wenn

1. er die Fahrlehrerlaubnis der Klasse BE besitzt,

[1)] § 6 Sätze 2 und 3 geänd. mWv 1.1.2020 durch VO v. 2.10.2019 (BGBl. I S. 1416, ber. S. 2940).
[2)] Nr. **330**.

2. die Voraussetzungen nach § 2 Absatz 1 Satz 1 Nummer 2 bis 6 des Fahrlehrergesetzes vorliegen und
3. er die Ausbildung nach § 2 Absatz 1 Satz 1 Nummer 8 des Fahrlehrergesetzes begonnen hat.

(4) Die nach Landesrecht zuständige Behörde beauftragt den Prüfungsausschuss mit der Durchführung der jeweiligen Prüfungen und Lehrproben.

(5) [1] Das vorsitzende Mitglied des Prüfungsausschusses oder ein von ihm bestimmtes Mitglied prüft, ob die jeweiligen Voraussetzungen, insbesondere nach den §§ 9 und 14, für die Ablegung der Prüfungen und Lehrproben erfüllt sind und die gemäß Absatz 2 Satz 2 nachzureichenden Bescheinigungen und Unterlagen übergeben sind. [2] Es kann diese Tätigkeiten auf die Geschäfts- oder Verwaltungsstelle des Prüfungsausschusses übertragen.

§ 9 Prüfungstermine. [1] Das vorsitzende Mitglied des Prüfungsausschusses bestimmt Ort und Zeit der Prüfungen und Lehrproben und lädt den Fahrlehreranwärter oder Bewerber. [2] Es kann diese Tätigkeiten auf die Geschäfts- oder Verwaltungsstelle des Prüfungsausschusses übertragen. [3] In der Regel sollen die Fachkundeprüfung möglichst unmittelbar nach Abschluss der Ausbildung in der Fahrlehrerausbildungsstätte und die Lehrproben jeweils innerhalb eines Monats nach Abschluss der Ausbildung in der Ausbildungsfahrschule durchgeführt werden.

§ 10 Rücktritt. (1) [1] Der Fahrlehreranwärter oder Bewerber kann vor Beginn der jeweiligen Prüfungen und Lehrproben durch schriftliche oder elektronische Erklärung zurücktreten. [2] Nach Zugang der Ladung ist der Rücktritt nur zulässig, wenn ein wichtiger Grund vorliegt. [3] Bei Erkrankung ist unverzüglich eine ärztliche Bescheinigung über die Prüfungsunfähigkeit vorzulegen.

(2) Erfolgt der Rücktritt nach Zugang der Ladung oder nach Beginn der Prüfung oder Lehrprobe oder erscheint der Fahrlehreranwärter oder Bewerber nicht zur Prüfung oder Lehrprobe, ohne dass ein wichtiger Grund vorliegt, so gilt die Prüfung oder Lehrprobe als nicht bestanden.

(3) Über die Frage, ob ein wichtiger Grund vorliegt, entscheidet das vorsitzende Mitglied des Prüfungsausschusses.

§ 11 Ordnungsverstöße. [1] Stört der Fahrlehreranwärter oder Bewerber den Ablauf einer Prüfung oder einer Lehrprobe erheblich oder begeht er eine Täuschungshandlung, kann ihn das vorsitzende Mitglied oder das aufsichtführende Mitglied des Prüfungsausschusses oder die Aufsicht führende Person von der Prüfung oder Lehrprobe vorläufig ausschließen. [2] Über den endgültigen Ausschluss entscheidet der Prüfungsausschuss. [3] Wird der Fahrlehreranwärter oder Bewerber endgültig ausgeschlossen, gilt die Prüfung oder die Lehrprobe als nicht bestanden.

§ 12 Nichtöffentlichkeit. [1] Die Prüfungen und Lehrproben sind nicht öffentlich. [2] Beauftragte der nach Landesrecht zuständigen Behörden können jedoch jederzeit als Zuhörer teilnehmen. [3] Anderen Personen, insbesondere Fahrlehreranwärtern oder Bewerbern sowie der für die verantwortliche Leitung bestellten Person und den Lehrkräften von amtlich anerkannten Fahrlehrerausbildungsstätten und den Ausbildungsfahrlehrern, kann das vorsitzende Mitglied des Prüfungsausschusses bei der mündlichen Fachkundeprüfung oder bei den Lehrproben die Teilnahme als Zuhörer gestatten, sofern keiner der Fahrlehreranwärter oder Bewerber widerspricht.

§ 13 Gegenstand der Prüfungen und Lehrproben. [1]In den Prüfungen und Lehrproben hat der Fahrlehreranwärter oder der Bewerber um die Fahrlehrerlaubnis der Fahrlehrerlaubnisklassen A, CE und DE seine fachliche und pädagogische Eignung (§ 8 des Fahrlehrergesetzes[1)]) nachzuweisen. [2]Hierzu gehören die Kenntnis der Inhalte des in der Fahrlehrer-Ausbildungsverordnung[2)] aufgeführten Rahmenplans und die Fähigkeit zu ihrer praktischen Anwendung.

§ 14 Gliederung der Prüfungen und Lehrproben. (1) Die Fahrlehrerprüfung besteht aus einer fahrpraktischen Prüfung, einer Fachkundeprüfung mit einem schriftlichen und mündlichen Teil sowie – für die Fahrlehrerlaubnisklasse BE – aus je einer Lehrprobe im theoretischen und im fahrpraktischen Unterricht.

(2) [1]Für die Fahrlehrerlaubnisklasse BE müssen die fahrpraktische Prüfung und die Fachkundeprüfung vor Durchführung der Lehrproben bestanden sein. [2]Bei der Fachkundeprüfung soll erst der schriftliche und dann der mündliche Teil stattfinden. [3]Die Lehrproben können in beliebiger Reihenfolge vorgesehen werden.

§ 15 Fahrpraktische Prüfung. (1) [1]In der fahrpraktischen Prüfung hat der Fahrlehreranwärter oder Bewerber nachzuweisen, dass er ein Kraftfahrzeug und eine Fahrzeugkombination der Klasse, für die er die Fahrlehrerlaubnis beantragt hat, vorschriftsmäßig, sicher, gewandt und umweltschonend führen kann. [2]Die Prüfungsfahrzeuge müssen der Anlage 7 der Fahrerlaubnis-Verordnung[3)] entsprechen.

(2) Die Dauer der Prüfung beträgt mindestens für die Fahrlehrerlaubnis der

Klasse A	60 Minuten,
Klasse BE	60 Minuten,
Klasse CE	90 Minuten,
Klasse DE	90 Minuten.

(3) Die Prüfungsfahrt soll beendet werden, sobald sich herausstellt, dass der Fahrlehreranwärter oder Bewerber den Anforderungen der Prüfung nicht gerecht wird.

§ 16[4)] Fachkundeprüfung. (1) [1]Im schriftlichen Teil der Prüfung hat der Fahrlehreranwärter oder Bewerber seine fachlichen sowie pädagogisch-psychologischen und verkehrspädagogischen Kompetenzen nachzuweisen. [2]Der Fahrlehreranwärter um die Fahrlehrerlaubnisklasse BE hat innerhalb von fünf Zeitstunden

---

[1)] Nr. 330.
[2)] Nr. 340.
[3)] Nr. 300.
[4)] § 16 Abs. 5 geänd. mWv 1.1.2020 durch VO v. 2.10.2019 (BGBl. I S. 1416).

a) je eine Aufgabe aus den Kompetenzbereichen „Verkehrsverhalten", „Recht", „Technik", „Unterrichten, Ausbilden und Weiterbilden" und
b) eine Aufgabe aus den Kompetenzbereichen „Erziehen" oder „Beurteilen"

zu bearbeiten.

(2) Bei Erweiterungsprüfungen hat der Bewerber um die Fahrlehrerlaubnisklassen A, CE und DE innerhalb von zweieinhalb Zeitstunden

a) eine Aufgabe aus den Kompetenzbereichen „Verkehrsverhalten" oder „Recht" und
b) eine Aufgabe aus den Kompetenzbereichen „Technik", „Erziehen", „Unterrichten, Ausbilden und Weiterbilden" oder „Beurteilen"

zu bearbeiten.

(3) [1] Die schriftlichen Arbeiten sind vom fachlich zuständigen Prüfungsausschussmitglied und einem weiteren Mitglied zu bewerten. [2] § 19 ist anzuwenden.

(4) Die Arbeiten sind unter Aufsicht anzufertigen.

(5) Vorschriften, sind zugelassen, nicht jedoch Aufzeichnungen, Lehrbücher oder sonstige Hilfsmittel einschließlich Taschenrechner.

(6) [1] Im mündlichen Teil der Prüfung hat der Fahrlehreranwärter oder Bewerber in etwa 30 Minuten seine fachlichen sowie pädagogisch-psychologischen und verkehrspädagogischen Kompetenzen nachzuweisen. [2] Eine gemeinsame Prüfung von bis zu drei Bewerbern ist zulässig.

§ 17 Lehrprobe im theoretischen Unterricht. (1) [1] Der Fahrlehreranwärter hat in etwa 45 Minuten nachzuweisen, dass er in der Lage ist, Fahrschülern theoretischen Unterricht zu erteilen. [2] Die Lehrprobe muss mit Fahrschülern und soll möglichst mit solchen Fahrschülern durchgeführt werden, die der Fahrlehreranwärter in der Ausbildungsfahrschule unterrichtet hat.

(2) Die Lehrprobe ist als Unterrichtsstunde entsprechend dem allgemeinen Lehrplan der Ausbildungsfahrschule und dem Ausbildungsstand der Fahrschüler durchzuführen.

§ 18 Lehrprobe im fahrpraktischen Unterricht. [1] In der Lehrprobe im fahrpraktischen Unterricht hat der Fahrlehreranwärter in etwa 45 Minuten nachzuweisen, dass er in der Lage ist, Fahrschülern praktischen Unterricht zu erteilen. [2] Für den Fahrunterricht ist ein Kraftfahrzeug nach § 15 Absatz 1 zu benutzen. [3] § 17 Absatz 1 Satz 2 und Absatz 2 ist anzuwenden.

§ 19 Bewertung. (1) Die Leistungen in den Prüfungen und Lehrproben sind nach folgenden Noten zu bewerten:

Sehr gut (1),
wenn die Leistung den Anforderungen in besonderem Maße entspricht,
gut (2),
wenn die Leistung den Anforderungen voll entspricht,
befriedigend (3),
wenn die Leistung im Allgemeinen den Anforderungen entspricht,
ausreichend (4),
wenn die Leistung zwar Mängel aufweist, aber im Ganzen den Anforderungen noch entspricht,

mangelhaft (5),
wenn die Leistung den Anforderungen nicht entspricht, jedoch erkennen lässt, dass die notwendigen Grundkenntnisse vorhanden sind und die Mängel in absehbarer Zeit behoben werden können,
ungenügend (6),
wenn die Leistung den Anforderungen nicht entspricht und selbst die Grundkenntnisse so lückenhaft sind, dass die Mängel in absehbarer Zeit nicht behoben werden können.

(2) Bei der Bewertung der Leistungen sind neben Kenntnissen und Fähigkeiten auch Form und Ausdrucksweise zu berücksichtigen.

(3) Ergeben die Einzelleistungen und die Bewertung bei der Fachkundeprüfung durch die Mitglieder des Prüfungsausschusses einen Mittelwert, so werden Dezimalstellen bis 0,49 abgerundet und ab 0,50 aufgerundet.

(4) Die Leistungen in allen Prüfungen und Lehrproben (§ 14) müssen mindestens mit der Note „ausreichend" bewertet sein.

(5) Bei der Fachkundeprüfung wird eine mangelhafte Leistung im schriftlichen Teil durch eine mindestens befriedigende Leistung im mündlichen Teil, eine mangelhafte Leistung im mündlichen Teil durch eine mindestens befriedigende Leistung im schriftlichen Teil ausgeglichen.

§ 20 Entscheidung über die Prüfungen und Lehrproben. (1) Der Prüfungsausschuss entscheidet über die Bewertung der Prüfungen und Lehrproben.

(2) [1] Werden nach § 2 Absatz 4 Satz 1 die fahrpraktische Prüfung oder die Lehrproben nicht vor dem vollständigen Prüfungsausschuss abgelegt, so entscheiden die Mitglieder, die die jeweilige Prüfung oder Lehrprobe durchführen, über die Bewertung. [2] Wenn kein einvernehmliches Votum zustande kommt, ist § 19 Absatz 3 anzuwenden.

§ 21 Bekanntgabe der Entscheidung. [1] Das vorsitzende Mitglied oder ein Mitglied nach § 2 Absatz 4 gibt dem Fahrlehreranwärter oder Bewerber die Bewertung nach jeder einzelnen Prüfung oder Lehrprobe bekannt. [2] Mit mangelhaft oder mit ungenügend bewertete Prüfungsteile sind zu erläutern und zu begründen.

§ 22 Niederschrift. [1] Über den wesentlichen Verlauf und die Ergebnisse der Prüfungen und Lehrproben ist eine Niederschrift oder ein elektronisches Dokument zu fertigen. [2] Hat der Fahrlehreranwärter oder Bewerber eine Prüfung oder eine Lehrprobe nicht bestanden, müssen die Gründe aus der Niederschrift oder dem elektronischen Dokument ersichtlich sein.

§ 23 Nicht bestandene Prüfung. Bei einer nicht bestandenen Prüfung oder Lehrprobe ist dem Fahrlehreranwärter oder Bewerber ein schriftlicher Bescheid mit Rechtsbehelfsbelehrung zuzustellen.

§ 24 Wiederholungen der Prüfungen und Lehrproben. Prüfungen und Lehrproben können jeweils höchstens zweimal wiederholt werden.

§ 25 Erneute Fahrlehrerprüfung. Die Prüfungen und Lehrproben können nach Abschluss der nicht bestandenen Prüfung oder Lehrprobe erneut abgelegt werden, wenn der Fahrlehreranwärter oder Bewerber sich einer erneuten Ausbildung für die beantragte Klasse unterzogen hat.

§ 26 Prüfungsunterlagen. [1] Dem Fahrlehreranwärter oder Bewerber ist auf Antrag Einsicht in die ihn betreffenden Prüfungsunterlagen zu gewähren. [2] Die Prüfungsunterlagen sind vom Prüfungsausschuss nach § 1 fünf Jahre lang aufzubewahren und vom Prüfungsausschuss nach Ablauf dieses Zeitraums unverzüglich zu löschen. [3] Die Frist beginnt mit der Bekanntgabe des letzten Prüfungsergebnisses.

III. Abschnitt. Ausnahmebestimmungen

§ 27 Ausnahmen. Die §§ 1 bis 6 und 9 gelten nicht für die in § 44 Absatz 2 des Fahrlehrergesetzes[1] genannten Behörden.

---

[1] Nr. **330**.

350. Verzeichnis der amtlich anerkannten Fahrlehrerausbildungsstätten

Vom 1. Dezember 2016[1]
(VkBl. 2017 S. 9)

Nachstehend gebe ich die Neufassung des Verzeichnisses der amtlich anerkannten Fahrlehrerausbildungsstätten vom 01. Dezember 2016 bekannt:

Verzeichnis der amtlich anerkannten Fahrlehrerausbildungsstätten

Stand: 1. Dezember 2016

1. Verkehrs-Institut Erkens GmbH
   Münsterstraße 241
   40470 Düsseldorf
2. Fahrlehrerfachschule Seela
   Messeweg 10d
   38104 Braunschweig
3. Kompetenzzentrum Fahrlehrerfachschule
   Caspar UG – haftungsbeschränkt –
   Johann-Philipp-Reis Str. 2
   55469 Simmern
4. Verkehrsinstitut München Hunger GmbH
   Martin-Luther-Straße 22
   81539 München
5. Fahrlehrerausbildungsstätte
   Hans Breier
   Mainzer Straße 39
   66111 Saarbrücken
6. Fahrlehrerakademie
   Wolfgang Löw
   Vorstadtstraße 13
   66793 Saarwellingen
7. Fahrlehrer-Akademie
   Verkehrs-Institut GmbH
   Furtwänglerstraße 52
   33604 Bielefeld
8. Audimax GmbH
   Bildung und Events
   Mühlenstraße 33/34
   13187 Berlin

[1] Neufassung des Verzeichnisses der amtlich anerkannten Fahrlehrerausbildungsstätten v. 1.12. 2005 (VkBl. 2006 S. 2) in der seit 1.12.2016 geltenden Fassung.

9. Fahrlehrer Akademie Karlsruhe
   Alte Kreisstraße 40
   76149 Karlsruhe
10. vpa Verkehrsfachschule GmbH
    Hahnweidstr. 101
    73230 Kirchheim/Teck
11. PS-Profi Fahrschule GmbH
    Hohenstaufenstraße 67
    10781 Berlin
12. Verkehrsinstitut Altenburg-Harry Bittner e.K.
    Fahrlehrerfachschule
    Parkstraße 1a
    04600 Altenburg
13. Die smarte Fahrschule GmbH
    Fahrlehrerausbildungsstätte
    Klosterstr. 27/28
    13581 Berlin
14. Verkehrsakademie PS Gehrmann GmbH
    Bayreuther Str. 3
    10787 Berlin
15. Verkehrsinstitut Reinhold
    Mündelheimer Weg 25
    40472 Düsseldorf
16. VerkehrsAusbildungsZentrum VAZ GmbH
    Hans-Obser-Straße 10
    94469 Deggendorf
17. DVPI Fahrlehrerfachschule
    Frankfurt am Main GmbH
    Lärchenstraße 139a
    65933 Frankfurt am Main
18. DEULA Hildesheim GmbH
    Lerchenkamp 42–48
    31137 Hildesheim
19. ALT:B Akademie Logistik Transport & Beruf
    Liebigstr. 2–20
    22113 Hamburg
20. Fahrlehrerfachschule Edi GmbH
    Schwarzmühlenstr. 104
    45884 Gelsenkirchen
21. Fahrlschulservice Mecklenburg-Vorpommern GmbH
    Fahrlehrerkompetenzzentrum
    Hundsburgallee 12
    18069 Rostock
22. VI Verkehrsinstitut GmbH Thüringen
    Rennsteigstraße 2–6
    98544 Zella-Mehlis

23. Fahrlehrer Campus
Günter Dunkel
Bonner Straße 64
50374 Erftstadt

24. Fahrlehrerausbildungsstätte
cool2drive
Schneppenheimerweg 46 A
53881 Euskirchen

25. Bildungswerk Verkehr Wirtschaft Logistik Nordrhein-Westfalen e.V.
– BVWL Nordrhein-Westfalen e.V. –
Haferlandweg 8
48155 Münster

26. VK VerkehrsKolleg GmbH
Brückenstr. 16
51379 Leverkusen

27. Fahrlehrer-Fachschule Gala
Holsteiner Straße 4
06493 Ballenstedt/Harz

28. Fischer Academy GmbH
An der Zwötzener Brücke 1
07551 Gera

29. VBZB Verkehrsbildungszentrum Berlin GmbH
Alt-Friedrichsfelde 63B
12683 Berlin

30. Fahrlehrerausbildungsstätte Reimertshofer
Gewerkenstraße 11
44628 Herne

31. Aus- und Weiterbildungsgesellschaft mbH
VIS (Verkehrs-Institut-Strausberg)
Hegermühlenstraße 9c
15344 Strausberg

32. Fahrschule und Fahrlehrerausbildungsstätte
Michael Freudenberg
Neustädter Straße 68
01877 Bischofswerda

33. Pädagogische Fahrlehrerausbildungsstätte
Elmar Willmann
Hanfgärten 5
78073 Bad Dürrheim-Biesingen

34. DEULA Schleswig-Holstein GmbH
Fahrlehrerfachschule
Aus- und Weiterbildung in Verkehrsberufen
Am Kamp 13
24768 Rendsburg

35. Fahrlehrerzentrum Ingolstadt FZI GmbH
Manchinger Straße 119
85053 Ingolstadt

36. Wolfgang Löw
Fahrlehrerausbildungsstätte
Flugplatz, Gebäude 20
66482 Zweibrücken

37. „Silvercar“ Fahrschule Erfurt
Ulrich Müller Fahrlehrerausbildungsstätte
Leipziger Platz 13
99085 Erfurt

38. Fahrlehrerausbildungsstätte XXL
Bessemer Straße 14
21339 Lüneburg

39. Verkehrsinstitut Schielein
Günter und Jürgen Schielein GbR
Löwenberger Straße 14
90475 Nürnberg

40. GFU Fahrlehrerausbildungsstätte und Fahrschulen GmbH
Zum Felsacker
66773 Schwalbach

41. EVT Trafoier GmbH
Fichtenweg 49
99198 Kerpsleben

42. BS & P Verkehrsfachschule Westfalen GmbH
Schulze-Delitzsch-Str. 2a
59348 Lüdinghausen

43. Fahrlehrerausbildungsstätte Comes
Aalemannufer 5
13587 Berlin

44. AVL Ausbildungszentrum für Verkehrsberufe Leipzig GmbH
Georg-Schumann-Straße 257
04159 Leipzig

45. GFB Berufliche Bildung Metalltechnik und Bausanierung GmbH
Burkhardtstraße 31
07819 Triptis

46. VerkehrsCampus Merkert GmbH
Fahrlehrer- und Verkehrsausbildung
Pfotenhauer Str. 46
01307 Dresden

47. Verkehrsbildungszentrum Unna GmbH
Rudolf-Diesel-Str. 51
59423 Unna

48. Fahrlehrerausbildungsstätte
Fahrschule Baade
Büdnerstraße 09
19057 Schwerin

49. KASB Akademie Bildungszentrum für Verkehrsberufe GmbH
Coburger Straße 21a
96052 Bamberg

50. Fahrlehrerausbildungsstätte der Ferienfahrschule Sächsische Schweiz GmbH
Lohmener Str. 11
01796 Pirna-Copitz
51. Verkehrsinstitut Reimertshofer Halle GmbH
Fahrlehrerausbildungsstätte und Fahrschule
Kirchnerstraße 4
06112 Halle/S
52. Verkehrsinstitut Chemnitz GmbH
Werner-Seelenbinder-Straße 11a
09120 Chemnitz
53. GBS Gesellschaft für Berufsausbildung im Straßenverkehrswesen mbH
Dr.-Ernst-Derra-Straße 6
94036 Passau
54. Gullivers Fahrlehrerausbildungsstätte – Ausbildungsfahrschule und Fahrschule UG
Cicerostr. 16a
10709 Berlin
55. Fahrlehrerausbildungsstätte
Dr. Richard Herrmann
Feldberger Ring 5
12619 Berlin
56. BZ Fahrlehrer-Akademie
– Fahrlehrerausbildungsstätte Tönisvorst –
Tempelsweg 40
47918 Tönisvorst
57. TÜV Rheinland Akademie GmbH
Niederlassung Neubrandenburg
Fahrlehrerausbildungs- und Fortbildungsstätte
Warliner Straße 6
17034 Neubrandenburg
58. Fahrschule Krüssmann
Max-Eyth-Straße 60
46149 Oberhausen
59. CF-Fahrlehrerfachschule
Ehrenfeldgürtel 125
50823 Köln
60. Verkehrspädagogisches Institut
blue-car
Kirchplatz 2
98673 Eisfeld
61. GBS mbH Passau
Niederlassung Mockern
Weststraße 4
04603 Saara OT Mockern
62. IBF Internationales Bildungs- und Fahrschulzentrum GmbH
Alt-Tempelhof 21
12103 Berlin

63. DRIVE Päd. GmbH
Senefelder Str. 32
10437 Berlin

64. Bildungszentrum und Fahrschule Orange GmbH
Karl-Marx-Str. 198
12055 Berlin

65. DKA GmbH
Schulstraße 16
66793 Saarwellingen

66. Fahrschule Lege GmbH
Akademie für Verkehrspädagogik
Fahrlehrerausbildungsstätte
Am Brink 2
21423 Stelle-Ashausen

67. Ausbildungszentrum für Logistik und Verkehr GmbH – ALV
Am Markt 26
22941 Bargteheide

68. SVG Fahrschule Hamburg GmbH
Bullerdeich 36
20537 Hamburg

69. alpha Bildungsstätte
Lübecker Str. 71
39126 Magdeburg

70. SVG Aus- und Weiterbildungszentrum
Hessen GmbH – Fahrlehrerausbildungsstätte
Steinstr. 7–9
35641 Schöffengrund

71. Verkehrsfachschule Rheinland
Gierslinger Str. 5
53859 Niederkassel

72. Fahrlehrer- und Verkehrsfachschule Köln
Max-Planck-Straße 12
50858 Köln

73. DVPi Gesellschaft für Verkehrspädagogik mbH
Grandkuhlenweg 1
22549 Hamburg

74. Trackademy GmbH
Lilienthalstr. 17a
85399 Hallbergmoos

75. Verkehrspsychologisches Institut – GALA –
Fahrlehrer-Fachschule
Am Sauerbach 12
06493 Ballenstedt

76. RED-STAR-Akademie
Verkehrshof 6a
14478 Potsdam

77. „Fahrlehrer Ausbildung Center Blaustein/Ulm“
    Hummelstr. 9
    89134 Blaustein
78. SVDV mbH
    STRELA-FAHRLEHRERFACHSCHULE STRALSUND
    amtlich anerkannte Ausbildungsstätte
    Barther Straße 69
    18437 Stralsund
79. Die Ferienfahrschule Zöllner GmbH
    Benkendorffstraße 20
    30855 Langenhagen
80. GFU Fahrlehrerausbildungsstätte und Fahrschulen GmbH
    Am Markt 13
    66265 Heusweiler

355. Richtlinie für die Ausstattung von Fahrschulen mit Lehrmitteln

Vom 20. November 2003

(VkBl. S. 785)

Für die nach § 11 Abs. 1 Nr. 6 FahrlG[1] und § 4 DV-FahrlG[2] vorgeschriebenen Lehrmittel gelten folgende Mindestanforderungen:

1. **Magnettafel, Schreibtafel oder andere Visualisierungsmöglichkeiten**
   In Unterrichtsräumen muss mindestens eine Magnettafel oder eine Schreibtafel oder eine andere Visualisierungsmöglichkeit vorhanden sein.
2. **Anschauungsmaterial**
   Zur Darstellung des Lehrstoffes müssen wahlweise Modelle, Lehrtafeln, Sichtfolien, Video- oder andere Filme, Diapositive, elektronische Datenträger sowie die jeweils erforderlichen Vorführgeräte vorhanden sein, über:

2.1. **Grundstoff (alle Klassen)**

	Verkehrszeichen (einschließlich Fahrbahnmarkierungen) und Verkehrseinrichtungen
	Wechsellichtzeichen und Dauerlichtzeichen
	Verkehrsregelung durch Polizeibeamte
	Fußgängerüberwege
	Vorfahrt (einschließlich abknickender)
	Überholen, Vorbeifahren, Benutzung von Fahrstreifen, Abbiegen, Wenden, Rückwärtsfahren, Parken, Halten, Reißverschlussverfahren, Ein- und Ausfahren
	Sicherung liegengebliebender Fahrzeuge
	Absicherung von Unfällen
	Verhalten nach Unfällen
	Verhalten in verkehrsberuhigten Bereichen
	Verhalten gegenüber Straßenbahnen und Kraftomnibussen
	Verhalten auf Autobahnen und Kraftfahrstraßen
	Verhalten an Bahnübergängen
	Höchstzulässige Fahrgeschwindigkeiten
	Anhaltevorgänge

[1] Nr. **330**.
[2] Nr. **335**.

	Schleudergefahren (Glatteis, Aquaplaning, Fahrbahnverschmutzung)
	Bodenhaftung bei unterschiedlichen Fahrbahnoberflächen
	Verkehrsverhaltenslehre (soweit nicht in anderen Abschnitten enthalten)
	Materialien zur vorausschauenden Einschätzung des Verhaltens von Mitfahrern und anderen Verkehrsteilnehmern
	Materialien zur erhöhten Risikobereitschaft heranwachsender Fahrer, der gesundheitlichen und sozialen Folgewirkungen von Verkehrsunfällen und zum Erkennen von Verhaltensalternativen
	Einteilung der Fahrerlaubnisklassen

2.2. **Klassenspezifischer Stoff**

		A	BE	CE	DE
	Fahrtechnik, Fahrphysik	x	x	x	x
	Rückhaltesysteme für Kinder		x		x
	Schutzkleidung	x			
	<u>Aufbau von Bremsanlagen:</u>				
	Motorradbremsanlagen (Hand- und Fußbremse, ABS, Teil- und Vollintegral)	x			
	Pkw-Bremsanlagen (Betriebs-, Feststell- und Anhängerbremse)		x		
	Lkw-Bremsanlagen (Hydraulik/Druckluftanlagen), Anhängerbremsanlagen			x	
	Bus-Bremsanlagen (Hydraulik/Druckluftanlagen), Haltestellenbremse				x
	Auflaufbremse mit Zuggabel und Höheneinstellvorrichtung		x	x	x
	Felgen, Bereifung, Reifenverschleiß, -schaden	x	x	x	x
	Abmessung und Gewichte der Einzelfahrzeuge, Züge, Sattelkraftfahrzeuge		x	x	x
	Ladung der Fahrzeuge		x	x	x

		A	BE	CE	DE
	Einrichtung zur Verbindung von Fahrzeugen (mit Darstellung von Verschleißerscheinungen)		x	x	x
	Anhängerkupplungen (Kugelkopfkupplung, Sattelkupplung)		x	x	x
	Kennzeichnung des Transportes gefährlicher Güter			x	
	Bauarten, Fahr- und Kurvenverhalten von Bussen				x
	Einseitige Absenkung (Kneeling)				x
	Ausstattung von Bussen				x
	Kontrollgeräte zur Einhaltung von Sozialvorschriften, Lenk- und Ruhezeiten			x	x
	Sicherheitskontrollen / Abfahrtkontrolle	x	x	x	x
	Handfertigkeiten				x

2.3. **Straßenverkehrsrechtliche Textsammlung einschließlich**

	StVG[1]
	StVO[2], FeV[3], StVZO[4], Prüfungsrichtlinie für Fahrschüler
	FahrlG[5] und darauf beruhende Verordnungen
	Vorschriften über Lenk- und Ruhezeiten

[1] Nr. **10**.
[2] Nr. **100**.
[3] Nr. **300**.
[4] Nr. **200**.
[5] Nr. **330**.

360. Fahrschüler-Ausbildungsordnung

Vom 19. Juni 2012
(BGBl. I S. 1318)

FNA 9231-7-12

geänd. durch Art. 3 Siebte VO zur Änd. der Fahrerlaubnis-VO und anderer straßenverkehrsrechtl. Vorschriften[1] v. 26.6.2012 (BGBl. I S. 1394, geänd. durch VO v. 10.1.2013, BGBl. I S. 35), Art. 3 Achte VO zur Änd. der FahrerlaubnisVO und anderer straßenverkehrsrechtl. Vorschriften v. 10.1. 2013 (BGBl. I S. 35), Art. 9 Neunte VO zur Änd. der Fahrerlaubnis-VO und anderer straßenverkehrsrechtlicher Vorschriften v. 5.11.2013 (BGBl. I S. 3920), Art. 3 Zehnte VO zur Änd. der Fahrerlaubnis-VO und anderer straßenverkehrsrechtlicher Vorschriften v. 16.4.2014 (BGBl. I S. 348), Art. 4 Elfte VO zur Änd. der Fahrerlaubnis-VO und anderer straßenverkehrsrechtlicher Vorschriften v. 21.12.2016 (BGBl. I S. 3083), Art. 3 VO zur Änd. fahrpersonalrechtlicher und straßenverkehrsrechtlicher Vorschriften v. 8.8.2017 (BGBl. I S. 3158), Art. 5 VO zur Neuf. fahrlehrerrechtlicher Vorschriften und zur Änd. anderer straßenverkehrsrechtlicher Vorschriften v. 2.1.2018 (BGBl. I S. 2), Art. 3 13. VO zur Änd. der Fahrerlaubnis-VO und anderer straßenverkehrsrechtlicher Vorschriften v. 11.3.2019 (BGBl. I S. 218), Art. 6 VO zur Änd. fahrlehrerrechtl. und anderer straßenverkehrsrechtl. VOen v. 2.10.2019 (BGBl. I S. 1416) und Art. 3 VO über die Ausbildung und Prüfung auf Kraftfahrzeugen mit Automatikgetriebe und zur Änd. weiterer Vorschriften der Fahrerlaubnis-VO v. 16.11. 2020 (BGBl. I S. 2704)

Auf Grund

– des § 6 Absatz 3, § 11 Absatz 4, § 18 Absatz 4 des Fahrlehrergesetzes[2] vom 25. August 1969 (BGBl. I S. 1336), die zuletzt durch Artikel 289 der Verordnung vom 31. Oktober 2006 (BGBl. I S. 2407) geändert worden sind, verordnet das Bundesministerium für Verkehr, Bau und Stadtentwicklung,
– des § 2 Nummer 1 des Fahrpersonalgesetzes[3] in der Fassung der Bekanntmachung vom 19. Februar 1987 (BGBl. I S. 640), § 2 Nummer 1 zuletzt geändert durch Artikel 1 Nummer 1 des Gesetzes vom 6. Juli 2007 (BGBl. I S. 1270), verordnet das Bundesministerium für Verkehr, Bau und Stadtentwicklung im Einvernehmen mit dem Bundesministerium für Arbeit und Soziales:

Inhaltsübersicht[4]

---

[1] Diese Verordnung dient der Umsetzung der Richtlinie 2006/126/EG des Europäischen Parlaments und des Rates vom 20. Dezember 2006 über den Führerschein (ABl. L 403 vom 30.12.2006, S. 18) und der Richtlinie 2011/94/EU der Kommission vom 28. November 2011 zur Änderung der Richtlinie 2006/126/EG des Europäischen Parlaments und des Rates über den Führerschein (ABl. L 314 vom 29.11.2011, S. 31).

[2] Nr. **330**.

[3] Nr. **570**.

[4] Inhaltsübersicht geänd. mWv 19.1.2013 durch VO v. 10.1.2013 (BGBl. I S. 35); sie wurde nichtamtlich mWv 4.1.2018 an die nachträglichen Änderungen durch VO v. 2.1.2018 (BGBl. I S. 2) angepasst; amtl. geänd. mWv 1.4.2021 durch VO v. 16.11.2020 (BGBl. I S. 2704).

§ 1 Ziel und Inhalt der Ausbildung. (1) [1]Ziel der Ausbildung ist die Befähigung zum sicheren, verantwortungsvollen und umweltbewussten Verkehrsteilnehmer. [2]Ziel der Ausbildung ist außerdem die Vorbereitung auf die Fahrerlaubnisprüfung.

(2) Die Ausbildung hat ein Verkehrsverhalten zu vermitteln, das

1. Fähigkeiten und Fertigkeiten, um das Fahrzeug auch in schwierigen Verkehrssituationen zu beherrschen,
2. Kenntnis, Verständnis und Anwendung der Verkehrsvorschriften,
3. Fähigkeiten und Fertigkeiten zur Wahrnehmung und Kontrolle von Gefahren einschließlich ihrer Vermeidung und Abwehr,
4. Wissen über die Auswirkungen von Fahrfehlern und eine realistische Selbsteinschätzung,
5. Bereitschaft und Fähigkeit zum rücksichtsvollen und partnerschaftlichen Verhalten und das Bewusstsein für die Bedeutung von Emotionen beim Fahren und
6. Verantwortung für Leben und Gesundheit, Umwelt und Eigentum

einschließt.

§ 2[1)] Art und Umfang der Ausbildung. (1) [1]Die Ausbildung erfolgt in einem theoretischen und einem praktischen Teil. [2]Die beiden Teile sollen in der Konzeption aufeinander bezogen und im Verlauf der Ausbildung miteinander verknüpft werden.

[1)] § 2 Abs. 2 neu gef. mWv 19.1.2013 durch VO v. 10.1.2013 (BGBl. I S. 35).

(2) Die Ausbildung in der Bundeswehr zur Erlangung der Dienstfahrerlaubnis, die nicht den Klassen nach § 6 der Fahrerlaubnis-Verordnung[1)] entsprechen oder die über den Mindestumfang der Ausbildung nach dieser Verordnung hinausgehen, darf durch Verwendung von Fahrsimulatoren ergänzt werden.

§ 3 Allgemeine Ausbildungsgrundsätze. (1) [1]Die Ausbildung hat sich an den Zielen dieser Verordnung zu orientieren. [2]Die Ausbildungsinhalte sind so auszuwählen und aufzubereiten, dass diese Ziele erreicht werden. [3]Dabei kann die exemplarische Vertiefung wichtiger sein als die inhaltliche Vollständigkeit. [4]Die Inhalte müssen sachlich richtig, anschaulich und verständlich vermittelt werden.

(2) [1]Der theoretische Unterricht und die praktische Fahrausbildung müssen systematisch und für den Fahrschüler nachvollziehbar aufgebaut sein. [2]Die Ausbildung soll das selbstverantwortliche Weiterlernen nach dem Erwerb der Fahrerlaubnis fördern. [3]Der Fahrlehrer soll gegenüber dem Fahrschüler sachlich, aufgeschlossen und geduldig auftreten. [4]Die Mitarbeit des Schülers ist insbesondere durch Fragen und Diskussionen anzustreben.

§ 4 Theoretischer Unterricht. (1) [1]Der theoretische Unterricht hat sich an den im Rahmenplan (Anlagen 1 und 2) aufgeführten Inhalten zu orientieren und ist systematisch nach Lektionen aufzubauen. [2]Der Unterricht soll methodisch vielfältig sein. [3]Die Unterrichtsmedien sollen zielgerichtet ausgewählt und eingesetzt werden. [4]Die Ausbildung setzt das selbstständige Lernen durch die Fahrschüler voraus. [5]Zur Ergebnissicherung sind Lernkontrollen einzusetzen; das Ausfüllen von Testbogen nach Art der Prüfungsbogen auch mithilfe elektronischer Medien darf nicht Gegenstand des theoretischen Mindestunterrichts sein.

(2) Der Rahmenplan für den theoretischen Unterricht gliedert sich in einen allgemeinen Teil (Anlage 1) und einen klassenspezifischen Teil (Anlage 2).

(3) [1]Der Umfang des allgemeinen Teils (Grundstoff) beträgt mindestens zwölf Doppelstunden (90 Minuten); der Unterricht ist auch in Einzelstunden (45 Minuten) zulässig. [2]Besitzt der Fahrschüler bereits eine Fahrerlaubnis, so beträgt der Umfang mindestens sechs Doppelstunden.

(4) [1]Die Mindestdauer des klassenspezifischen Teils (Zusatzstoff) richtet sich nach Anlage 2.8. [2]Der Unterricht ist auch in Einzelstunden zulässig.

(5) Die Ausbildung für die Klassen B, C1, D, D1 schließt die Ausbildung für die jeweilige Anhängerklasse ein.

(6) [1]Für den theoretischen Unterricht ist ein Ausbildungsplan aufzustellen. [2]Der Ausbildungsplan hat sich inhaltlich nach dem Rahmenplan zu richten und ist durch Aushang oder Auslegen in den Geschäftsräumen der Fahrschule bekannt zu geben. [3]Der Unterricht hat sich nach dem Ausbildungsplan zu richten und soll zwei Doppelstunden täglich nicht überschreiten.

§ 5[2)] Praktischer Unterricht. (1) [1]Der praktische Unterricht ist auf die theoretische Ausbildung zu beziehen und inhaltlich mit dieser zu verzahnen. [2]Er hat sich an den in den Anlagen 3 bis 6 aufgeführten Inhalten zu orientieren und die praktische Anwendung der Kenntnisse einzubeziehen, die zur Beur-

---

[1)] Nr. **300**.

[2)] § 5 Abs. 2 Satz 2 neu gef. mWv 19.1.2013 durch VO v. 26.6.2012 (BGBl. I S. 1394); Abs. 10 Satz 1 geänd. mWv 18.8.2017 durch VO v. 8.8.2017 (BGBl. I S. 3158).

teilung der Verkehrs- und Betriebssicherheit des Fahrzeuges erforderlich sind. [3]Er ist systematisch aufzubauen. [4]Der praktische Unterricht besteht aus einer Grundausbildung und besonderen Ausbildungsfahrten. [5]Zum praktischen Unterricht gehören auch

1. die Unterweisung nach Absatz 5,
2. Anleitung und Hinweise vor, während und nach der Durchführung der Fahraufgaben sowie
3. Nachbesprechung und Erörterung des jeweiligen Ausbildungsstandes.

[6]Der Fahrlehrer hat den jeweiligen Ausbildungsstand durch Aufzeichnungen zu dokumentieren. [7]Diese sollen erkennen lassen, welche Inhalte behandelt wurden.

(2) [1]Die Grundausbildung soll beim jeweiligen Ersterwerb der Klassen A1 und B möglichst abgeschlossen sein, bevor mit den besonderen Ausbildungsfahrten begonnen wird. [2]Dies gilt auch für den Ersterwerb der Klasse A ohne Vorbesitz der Klasse A2 sowie der Klasse A2 ohne Vorbesitz der Klasse A1. [3]Bei den übrigen Klassen dürfen die besonderen Ausbildungsfahrten erst gegen Ende der praktischen Ausbildung durchgeführt werden.

(3) Die besonderen Ausbildungsfahrten zu je 45 Minuten sind – ausgenommen für die Klassen D, D1, DE und D1E – nach Anlage 4 durchzuführen.

(4) Die Grundausbildung und die besonderen Ausbildungsfahrten für die Klassen D, D1, DE und D1E sind nach Anlage 5 durchzuführen.

(5) Die Ausbildung für die Fahrerlaubnis der Klassen BE, C1, C1E, C, CE, D1, D1E, D, DE und T umfasst ferner eine am Ausbildungsfahrzeug durchzuführende praktische Unterweisung in der Erkennung und Behebung technischer Mängel nach Anlage 6.

(6) Die in den Absätzen 3 bis 5 vorgeschriebenen Ausbildungseinheiten sind Mindestanforderungen, welche die besondere Verantwortung des Fahrlehrers nach § 6 unberührt lassen.

(7) Die Ausbildung für die Fahrerlaubnis der Klassen C1, C, D1 oder D darf erst beginnen, wenn der Fahrschüler die Fahrerlaubnis der Klasse B bereits erworben oder die Voraussetzungen für die Prüfung im Wesentlichen erfüllt, zum Beispiel nahezu alle Ausbildungsfahrten absolviert hat.

(8) [1]Die gleichzeitige Erteilung von praktischem Fahrunterricht für mehrere Fahrschüler ist unzulässig. [2]Dies gilt auch dann, wenn er durch mehrere im gleichen Fahrzeug sitzende Fahrlehrer erteilt wird.

(9) [1]Bei der Ausbildung auf motorisierten Zweirädern hat der Fahrlehrer den Fahrschüler zumindest in der letzten Phase der Grundausbildung und bei den Ausbildungsfahrten nach Anlage 4 überwiegend vorausfahren zu lassen. [2]Dabei ist eine Funkanlage nach § 5 Absatz 2 Satz 1 der Durchführungsverordnung zum Fahrlehrergesetz[1)] zu benutzen. [3]Bei Ausbildungen in der Klasse T ist bei Fahrten auf öffentlichen Straßen eine Funkanlage nach Satz 2 zu benutzen.

(10) [1]Bei den Ausbildungsfahrten auf Fahrzeugen der Klassen C1, C, D1 und D ist der nach § 5 Absatz 3 der Durchführungsverordnung zum Fahrlehrergesetz vorgeschriebene Fahrtenschreiber zu benutzen. [2]Für jeden Tag der praktischen Ausbildung ist je Fahrschüler ein neues Schaublatt zu verwenden,

---

[1)] Nr. **335**.

auf dem auch der Name des Fahrlehrers und der Name des Fahrschülers vermerkt werden müssen.

(11) [1] Für den praktischen Unterricht ist ein gegliederter Ausbildungsplan aufzustellen. [2] Der Unterricht hat sich nach dem Ausbildungsplan zu richten. [3] Er ist durch Aushang oder Auslegen in den Geschäftsräumen der Fahrschule bekannt zu geben.

§ 5a[1)] Praktische Ausbildung auf Kraftfahrzeugen mit Schaltgetriebe der Klasse B gemäß § 17a der Fahrerlaubnis-Verordnung[2)]. (1) [1] Für den Nachweis nach § 17a Absatz 4 der Fahrerlaubnis-Verordnung sind mindestens 10 Stunden (à 45 Minuten) auf einem Kraftfahrzeug mit Schaltgetriebe der Klasse B auszubilden. [2] Die Ausbildung soll die Kompetenzen für das sichere, verantwortungsvolle und umweltbewusste Führen eines Kraftfahrzeuges mit Schaltgetriebe vermitteln. [3] Grundlage der Ausbildung sind die in Teil B der Prüfungsrichtlinie für die praktische Fahrerlaubnisprüfung definierten Anforderungen hinsichtlich der Kompetenz zur Fahrzeugbedienung eines Kraftfahrzeuges mit manuellem Schaltgetriebe.

(2) § 5 Absatz 1 Satz 6 und 7 und Absatz 8 und 11 gilt entsprechend.

(3) Der Fahrlehrer darf die Ausbildung nach Absatz 1 erst abschließen, wenn der Fahrschüler oder Inhaber der beschränkten Fahrerlaubnis der Klasse B in einer mindestens 15-minütigen Fahrt innerhalb und außerhalb geschlossener Ortschaften nachgewiesen hat, dass er in der Lage ist, ein Kraftfahrzeug mit Schaltgetriebe sicher, verantwortungsvoll und umweltbewusst zu führen.

(4) Nach Abschluss der Ausbildung hat der Inhaber der Fahrschule oder die für die verantwortliche Leitung des Ausbildungsbetriebes bestellte Person dem Fahrschüler oder Inhaber der beschränkten Fahrerlaubnis Folgendes nach dem Muster der Anlage 7 zu bescheinigen:

1. die durchgeführte Ausbildung nach Absatz 1 und
2. das Absolvieren der Fahrt nach Absatz 3.

(5) [1] Die Bescheinigung nach Anlage 7 ist von dem Inhaber der Fahrschule oder der für die verantwortliche Leitung des Ausbildungsbetriebes bestellten Person nach Abschluss der Ausbildung zu unterzeichnen und dem Fahrschüler oder Inhaber der beschränkten Fahrerlaubnis zur Unterschrift vorzulegen. [2] Die Unterzeichnung kann auch elektronisch erfolgen.

§ 5b[3)] Evaluierung . [1] Die Auswirkungen dieser Verordnung im Hinblick auf die Verkehrssicherheit und auf die Nutzung alternativer Antriebe werden von der Bundesanstalt für Straßenwesen in nicht personenbezogener Form evaluiert. [2] Die Bundesanstalt für Straßenwesen legt das Ergebnis der Evaluierung bis zum 31. Dezember 2024 dem Bundesministerium für Verkehr und digitale Infrastruktur in nicht personenbezogener Form vor.

§ 6[4)] Abschluss der Ausbildung. (1) [1] Der Fahrlehrer darf die theoretische und die praktische Ausbildung erst abschließen, wenn der Bewerber den

---

[1)] § 5a eingef. mWv 1.4.2021 durch VO v. 16.11.2020 (BGBl. I S. 2704).

[2)] Nr. **300**.

[3)] § 5b eingef. mWv 1.4.2021 durch VO v. 16.11.2020 (BGBl. I S. 2704).

[4)] § 6 Abs. 1 Sätze 3 und 4 angef. mWv 1.5.2014 durch VO v. 16.4.2014 (BGBl. I S. 348) ; Abs. 2 Satz 1 geänd. mWv 4.1.2018 durch VO v. 2.1.2018 (BGBl. I S. 2); Abs. 2 neu gef. mWv 1.1. 2020 durch VO v. 2.10.2019 (BGBl. I S. 1416).

Unterricht im gesetzlich vorgeschriebenen Umfang absolviert hat und der Fahrlehrer überzeugt ist, dass die Ausbildungsziele nach § 1 erreicht sind. [2] Für die Durchführung der hierfür notwendigen Übungsstunden hat der Fahrlehrer Sorge zu tragen. [3] Im Fall eines gemeinsamen Ausbildungsganges nach Anlage 4 ist die praktische Ausbildung erst abgeschlossen, wenn mindestens alle vorgeschriebenen besonderen Ausbildungsfahrten für beide Klassen durchgeführt worden sind. [4] Wird in einem gemeinsamen Ausbildungsgang nach Anlage 4 die praktische Ausbildung für die Klassen C1E und CE nicht abgeschlossen, ist die Ausbildung für die Klasse C1 und C erst abgeschlossen, wenn mindestens die für diese Klassen vorgeschriebenen besonderen Ausbildungsfahrten durchgeführt worden sind.

(2) [1] Nach Abschluss der Ausbildung hat der Inhaber der Fahrschule oder die für die verantwortliche Leitung des Ausbildungsbetriebes bestellte Person dem Fahrschüler die durchgeführte theoretische und praktische Ausbildung nach Anlage 3 der Durchführungsverordnung zum Fahrlehrergesetz[1)] zu bescheinigen. [2] Der Ausbildungsnachweis nach § 6 Absatz 1 der Durchführungsverordnung zum Fahrlehrergesetz in Verbindung mit Anlage 3 der Durchführungsverordnung zum Fahrlehrergesetz ist von dem Inhaber der Fahrschule oder der für die verantwortliche Leitung des Ausbildungsbetriebes bestellten Person nach Abschluss der Ausbildung zu unterzeichnen und dem Fahrschüler zur Unterschrift vorzulegen. [3] Wird die Ausbildung nicht abgeschlossen oder wechselt der Fahrschüler die Fahrschule, sind dem Fahrschüler die absolvierten Ausbildungsteile mit dem Ausbildungsnachweis zu bestätigen. [4] Die Unterzeichnung kann auch elektronisch erfolgen. [5] Der Ausbildungsnachweis ist dem Fahrschüler auszuhändigen oder elektronisch zu übermitteln.

§ 7[2)] Ausnahmen. (1) Die §§ 1 bis 6 finden keine Anwendung, wenn

1. die Fahrerlaubnis nach vorangegangener Entziehung auf Grund von § 20 der Fahrerlaubnis-Verordnung[3)] neu erteilt werden soll,
2. die Fahrerlaubnis nach vorangegangenem Verzicht neu erteilt werden soll,
3. die Fahrerlaubnis für die Klassen C oder D oder für die dazugehörigen Anhänger- oder Unterklassen wegen fehlender Verlängerung erloschen ist und die erneute Erteilung der betreffenden Fahrerlaubnis beantragt wird,
4. die Fahrerlaubnis auf Grund einer ausländischen Fahrerlaubnis nach § 31 Absatz 1 oder 2 der Fahrerlaubnis-Verordnung erteilt werden soll,
5. dem Inhaber einer allgemeinen Fahrerlaubnis eine Dienstfahrerlaubnis nach § 26 Absatz 1 der Fahrerlaubnis-Verordnung erteilt werden soll,
6. die Fahrerlaubnis der Klasse A1 nach mindestens zweijährigem Vorbesitz der Klasse A1 auf die Klasse A2 erweitert wird,
7. die Fahrerlaubnis der Klasse A2 nach mindestens zweijährigem Vorbesitz der Klasse A2 auf die Klasse A erweitert wird,

---

[1)] Nr. **335**.

[2)] § 7 Abs. 1 Nr. 6 und 7 neu gef. mWv 19.1.2013 durch VO v. 26.6.2012 (BGBl. I S. 1394); Abs. 1 Nr. 8 geänd. mWv 19.1.2013 durch VO v. 10.1.2013 (BGBl. I S. 35); Abs. 2 geänd. mWv 19.3.2019 durch VO v. 11.3.2019 (BGBl. I S. 218); Abs. 1 Nr. 8 geänd. mWv 1.4.2021 durch VO v. 16.11.2020 (BGBl. I S. 2704).

[3)] Nr. **300**.

8. die Prüfung zum Zwecke der Aufhebung der Beschränkung der Fahrerlaubnis auf Kraftfahrzeuge mit automatischer Kraftübertragung nach § 17a Absatz 2 der Fahrerlaubnis-Verordnung abgelegt wird.

(2) Der Fahrlehrer darf, soweit in den Fällen von Absatz 1 eine Prüfung abzulegen ist, den Bewerber nur zur Prüfung begleiten, wenn er sich überzeugt hat, dass er über die zum Führen eines Kraftfahrzeugs erforderlichen Kenntnisse und Fähigkeiten verfügt.

(3) Ausnahmen von § 5 Absatz 2 Satz 3 und § 6 Absatz 2 können bei der Ausbildung für Dienstfahrerlaubnisse erteilt werden.

§ 8[1] Ordnungswidrigkeiten. (1) Ordnungswidrig im Sinne des § 56 Absatz 1 Nummer 23 des Fahrlehrergesetzes[2] handelt, wer als Inhaber einer Fahrschule oder als zur verantwortlichen Leitung des Ausbildungsbetriebes bestellte Personvorsätzlich oder fahrlässig

1. entgegen § 4 Absatz 3 oder 4 in Verbindung mit Anlage 2.8 den dort vorgeschriebenen theoretischen Unterricht nicht erteilt oder erteilen lässt,
2. entgegen § 4 Absatz 6 Satz 1 den dort vorgeschriebenen Ausbildungsplan nicht aufstellt oder entgegen Satz 2 den Ausbildungsplan nicht durch Aushang oder Auslage in den Geschäftsräumen der Fahrschule bekannt gibt,
3. entgegen § 5 Absatz 1 Satz 6 den jeweiligen Ausbildungsstand nicht durch Aufzeichnungen dokumentiert oder dokumentieren lässt,
4. entgegen § 5 Absatz 8 Satz 1 für mehrere Fahrschüler die gleichzeitige Erteilung von praktischem Fahrunterricht anordnet oder zulässt,
5. entgegen § 5 Absatz 11 Satz 1 oder 3 einen Ausbildungsplan nicht aufstellt oder nicht durch Aushang oder Auslage in den Geschäftsräumen der Fahrschule bekannt gibt,
6. entgegen § 6 Absatz 2 Satz 1 eine Bescheinigung über die theoretische und praktische Ausbildung nach Anlage 3 der Durchführungsverordnung zum Fahrlehrergesetz[3] ausstellt oder ausstellen lässt, obwohl der Mindestumfang des theoretischen Unterrichts nach § 4 oder der Mindestumfang des praktischen Unterrichts nach § 5 nicht durchgeführt wurde oder
7. entgegen § 6 Absatz 2 Satz 1 oder 2 keine Bescheinigung über die theoretische und praktische Ausbildung nach Anlage 3 der Durchführungsver-

(Fortsetzung nächstes Blatt)

[1] § 8 Abs. 2 Nr. 5 geänd. mWv 18.8.2017 durch VO v. 8.8.2017 (BGBl. I S. 3158); Abs. 1 einl. Satzteil, Nr. 6 und Nr. 7 sowie Abs. 2 einl. Satzeil und Nr. 6 geänd. mWv 4.1.2018 durch VO v. 2.1. 2018 (BGBl. I S. 2); Abs. 1 einl. Satzteil geänd. mWv 1.1.2020 durch VO v. 2.10.2019 (BGBl. I S. 1416).

[2] Nr. **330**.

[3] Nr. **335**.

ordnung zum Fahrlehrergesetz ausstellt oder ausstellen lässt oder durchlaufene Ausbildungsteile nicht bestätigt oder bestätigen lässt.

(2) Ordnungswidrig im Sinne des § 56 Absatz 1 Nummer 23 des Fahrlehrergesetzes handelt, wer als Fahrlehrer vorsätzlich oder fahrlässig

1. entgegen § 5 Absatz 1 Satz 6 den jeweiligen Ausbildungsstand nicht durch Aufzeichnungen dokumentiert,
2. entgegen § 5 Absatz 3 in Verbindung mit Anlage 4 oder Absatz 4 in Verbindung mit Anlage 5 die besonderen Ausbildungsfahrten nicht wie dort vorgeschrieben durchführt,
3. entgegen § 5 Absatz 8 Satz 1 für mehrere Fahrschüler gleichzeitig praktischen Fahrunterricht erteilt,
4. entgegen § 5 Absatz 9 Satz 2 oder bei den Ausbildungsfahrten keine Funkanlage benutzt,
5. entgegen § 5 Absatz 10 Satz 1 bei Ausbildungsfahrten den vorgeschriebenen Fahrtenschreiber nicht benutzen lässt oder entgegen § 5 Absatz 10 Satz 2 Schaublätter nicht oder nicht in der vorgeschriebenen Weise verwendet oder
6. entgegen § 6 Absatz 2 Satz 1 eine Bescheinigung über die theoretische und praktische Ausbildung nach Anlage 3 der Durchführungsverordnung zum Fahrlehrergesetz ausstellt, obwohl der Mindestumfang des theoretischen Unterrichts nach § 4 oder der Mindestumfang des praktischen Unterrichts nach § 5 nicht durchgeführt wurde.

§ 9 Inkrafttreten, Außerkrafttreten. [1] Diese Verordnung tritt am Tag nach der Verkündung[1)] in Kraft. [2] Gleichzeitig tritt die Fahrschüler-Ausbildungsordnung vom 18. August 1998 (BGBl. I S. 2307, 2335), die zuletzt durch Artikel 3 der Verordnung vom 18. Juli 2008 (BGBl. I S. 1338) geändert worden ist, außer Kraft.

---

1) Verkündet am 22.6.2012.

Anlage 1[1)]
(zu § 4)

Rahmenplan für den Grundstoff (12 Doppelstunden) für alle Klassen

1. Persönliche Voraussetzungen

a) Körperliche Fähigkeiten

Sehfähigkeit – Sehtest
Bedeutung von Gesundheit und Fitness

b) Einschränkungen der körperlichen Fähigkeiten

Krankheiten und Gebrechen
Aufmerksamkeitsdefizite
Konzentrationsmängel
Alkohol, Drogen und Medikamente
Ermüden und Ablenkung

c) Psychische und soziale Voraussetzungen

Einstellung und Werthaltungen gegenüber Fahrzeugen, Fahren und Straßenverkehr
Orientierung an Leitbildern des Verkehrsverhaltens.

2. Risikofaktor Mensch

a) Beeinflussung des Verkehrsverhaltens durch

Aggression, Angst, Fahrfreude, Stress, weitere Emotionen
Auffälliges Fahren kann verschiedene Gründe haben, Reaktion auf aggressives Fahren
Aggression nicht mit Gegenaggression beantworten; Lernen, wie man seinen Ärger kontrolliert
Ursachen von Stress; Lernen, Stress wahrzunehmen
Erfahrung, dass Stress Risikofaktor ist
Lernen, wie Stress zu vermeiden und zu bewältigen ist
Gefühle können Fahrer positiv oder negativ beeinflussen
Risiken durch Angst, Panik, Überlegenheitsgefühle
Lernen, Gefühle zu beherrschen und zu kontrollieren

b) Selbstbilder

realistische Einschätzung: Über- und Unterschätzung

c) Fahrideale und Fahrerrollen.

3. Rechtliche Rahmenbedingungen

a) Führen von Kraftfahrzeugen

Fahrerlaubnisklassen
Führerschein auf Probe

b) Zulassung von Fahrzeugen

zulassungspflichtige und zulassungsfreie Fahrzeuge
Erlöschen der Betriebserlaubnis

c) Fahrzeuguntersuchungen

d) Versicherungen

Haftpflicht, Teilkasko und Vollkasko
Insassenunfall
Rechtsschutz

e) Fahrzeugpapiere und Führerschein

Fahrzeugbrief, Fahrzeugschein, Betriebserlaubnis, Versicherungsnachweis
Nachweis über Abgasuntersuchung
Änderungsabnahmebericht nach § 19 Absatz 3 StVZO

[1)] Anl. 1 geänd. mWv 1.5.2014 durch VO v. 5.11.2013 (BGBl. I S. 3920).

f) Internationaler Kraftfahrzeugverkehr.

4. Straßenverkehrssystem und seine Nutzung

a) Verkehrswege und ihre Bedeutung

Straße, Fahrbahn, Fahrstreifen, Seitenstreifen, Sonderfahrstreifen, Sonderwege, Autobahn- und Kraftfahrstraße

b) Grundregel § 1 (StVO)

c) Gefahrenwahrnehmung bei Benutzung der Verkehrswege (z.B. Alleen)

Verkehrsbeobachtung, Gefahrenkontrolle beim Fahrstreifenwechsel
Stau.

5. Vorfahrt und Verkehrsregelungen Verhalten

- bei besonderen Verkehrslagen
- an Kreuzungen und Einmündungen
- bei Verkehrsregelungen durch Lichtzeichen und Polizeibeamte

insbesondere durch

- Handeln in der richtigen Reihenfolge (u.a. Bremsen, Schalten, Beschleunigen)
- Spurtstärke, Bedarf an Straßenraum und Zeit beim Überqueren einer Kreuzung einschätzen lernen
- Gefährlichkeit einer Kreuzung beurteilen, Notwendigkeit der Verständigung und Verständnis beim Kreuzungsverkehr
- Lernen, für die anderen Verkehrsteilnehmer mitzudenken
- Bedeutung von Gelassenheit und Geduld, gegebenenfalls auch einmal auf Vorfahrt verzichten
- Umweltbewusstes Befahren von Kreuzungen und Einmündungen.

6. Verkehrszeichen und Verkehrseinrichtungen sowie Bahnübergänge

a) Verkehrszeichen und -einrichtungen

Gefahrzeichen, Vorschriftzeichen, Richtzeichen
sonstige Zeichen (Zusatzschilder), Verkehrseinrichtungen
Wissen um die Systematik und Logik
Formen, Farben, Piktogramme, Schrift der Verkehrszeichen, „Lesen" von Verkehrseinrichtungen und Folgerungen für das eigene angemessene Verhalten

b) Bahnübergänge

Sicherheits- und Umweltbewusstsein – Verhalten an Bahnübergängen.

7. Andere Teilnehmer im Straßenverkehr

a) Besonderheiten und Verhalten gegenüber

- öffentlichen Verkehrsmitteln
- Bussen/Schulbussen
- Taxen
- Pkw und Motorradfahrern
- Radfahrern
- großen und schweren Fahrzeugen
- Fußgängern
- Kindern und älteren Menschen
- Behinderten

b) Verhalten an Fußgängerüberwegen und -furten

c) Maßnahmen zur Verkehrsberuhigung

- verkehrsberuhigter Bereich und Zone 30
- bauliche Maßnahmen.

8. Geschwindigkeit, Abstand und umweltschonende Fahrweise

a) Bedeutung der Geschwindigkeit

situationsangepasste Geschwindigkeit
Zusammenhänge zwischen Geschwindigkeit, Abstand und Anhalteweg
Einschätzung des Anhalteweges bei verschiedenen Geschwindigkeiten
Gewöhnung an ausreichende Sicherheitsabstände
Erkenntnis der Gefahren von zu hohen Geschwindigkeiten
Ständige Kontrolle der Geschwindigkeit durch Anpassung an Verkehrsverhältnisse, Straßenverhältnisse, Witterungs- und Sichtverhältnisse
Kenntnisse und Akzeptanz der Geschwindigkeitsregelungen
Kenntnis der Zusammenhänge zwischen Geschwindigkeit und Schadstoffemissionen
Wahl umweltschonender Geschwindigkeiten
Realistische Selbsteinschätzung des eigenen Geschwindigkeitsverhaltens
Wissen um das Risiko von Geschwindigkeitsrausch und Geschwindigkeitsgewohnheiten

b) Vorausschauendes Verhalten

c) Sicherheitsabstände

d) Wahl der Geschwindigkeit in Abhängigkeit von Straße, Verkehr, Witterungs- und Sichtverhältnissen

e) Lärmschutz

f) Geschwindigkeitsvorschriften

g) Warnzeichen.

● **9. Verkehrsverhalten bei Fahrmanövern, Verkehrsbeobachtung**

a) Einfahren, Anfahren

b) Überholen, Vorbeifahren, Ausweichen

c) Nebeneinanderfahren

d) Abbiegen

e) Wenden

f) Rückwärtsfahren

g) Kenntnis der Verkehrsregelungen bei verschiedenen Fahrmanövern. Insbesondere durch

- Kennen und Wahrnehmen von Gefahren bei Fahrmanövern
- Verkehrsbeobachtung üben
- Erfahrung, dass sie erhöhte Konzentration erfordern
- Lernen, verantwortungsvoll zu entscheiden, ob und wo man Fahrmanöver ausführen kann oder davon absehen soll.

10. Ruhender Verkehr

Zu wenig Straßenraum – zu viele Autos

a) Ruhender Verkehr

Halten und Parken
Einrichtungen zur Überwachung des ruhenden Verkehrs

b) Ein- und Aussteigen

Sichern des Fahrzeugs

c) Absichern liegen gebliebener Fahrzeuge

d) Anschleppen, Abschleppen und Schleppen.

11. Verhalten in besonderen Situationen, Folgen von Verstößen gegen Verkehrsvorschriften

a) Benutzung von Beleuchtungseinrichtungen

b) Verhalten gegenüber Sonderfahrzeugen
Blaues und gelbes Blinklicht
Sonderrechte

c) Verhalten nach Verkehrsunfall
Absichern und Hilfeleistung für Verletzte
Verpflichtungen

d) Ahndung von Fehlverhalten
Verwarnung, Bußgeld, Fahrverbot, Strafe

e) Fahreignungsregister
Fahreignungs-Bewertungssystem

f) Entzug der Fahrerlaubnis

g) Verlust des Versicherungsschutzes
Schadenersatz, Regress

h) Begutachtungsstelle für Fahreignung
Medizinisch-psychologische Untersuchung.

12. Lebenslanges Lernen

a) Besondere Risikofaktoren bei

- Fahranfängern
- Jungen Fahrern
- Älteren Fahrern

b) Hilfen
insbesondere durch

- Aufbauseminare, besondere Aufbauseminare und verkehrspsychologische Beratungsgespräche (Führerschein auf Probe)
- Fahreignungsseminare (Fahreignungs-Bewertungssystem)
- Erfahrungsaustausch für Fahranfänger

c) Risiken durch Informations- und Kommunikationsdefizite im Straßenverkehr

d) Verkehrssicherheit durch Weiterbildung

e) Sicherheitstraining

f) Kurse zur umweltschonenden Fahrweise.

Anlage 2.1[1]
(zu § 4)

Rahmenplan für den klassenspezifischen Zusatzstoff in den Klassen A, A2, A1 (4 Doppelstunden), in der Klasse AM (2 Doppelstunden)

1. Fahrer/Beifahrer, Fahrzeug

a) Persönliche Voraussetzungen

- Eignung unter besonderer Berücksichtigung des Fahrens motorisierter Zweiräder
- Körperliche Voraussetzungen
- Fitness

b) Schutz des Fahrers/Beifahrers

Anforderungen an Schutzhelme, geeignete Schutzkleidung, Schuhwerk, Handschuhe und sonstiges Sicherheitszubehör; auffällige, auf weite Entfernung erkennbare Bekleidung, Verletzungsschutz, Wetterschutz

c) Betriebs- und Verkehrssicherheit

Prüfung, Wartung und Pflege
Technische Veränderungen am Motorrad
Folgen/Beladen und Besetzung des Motorrades/Gewichtsverteilung
Sicherung des Gepäcks/Folgen falscher Gewichtsverteilung, Einstellung von Federung und Dämpfung, Einstellung von Bedienhebeln
„Einmotten" und Wiederinbetriebnahme des Motorrades

d) Umweltschonung

Bleifreier Kraftstoff, Katalysator
Schalldämpfung des Auspuffgeräuschs (laut ist out)
Altöl und gebrauchte Filter umweltgerecht entsorgen.

2. Besonderes Verhalten beim Motorradfahren

a) Verhalten bei zweiradspezifischen Verkehrszeichen und Verkehrseinrichtungen

Gefahrzeichen, Vorschriftzeichen, Richtzeichen, Fahren in Fahrstreifen, Überholverbote
besondere Gefahren für Motorradfahrer durch: Fahrbahn, andere Verkehrsteilnehmer, Witterung, Sicht- und Verkehrsverhältnisse

b) Fahrbahn „lesen"

Sand/Splitt/Teerverfugungen/Öl/Nässe/Glätte/Laub/Schmutz/Schienen/Gullys/Markierungen/Schlaglöcher/Spurrillen/Gegenstände auf der Fahrbahn

c) Sehen und gesehen werden

Visier, Sichtfeld, Sehhilfen, Adaption
Blickschulung, Blickrichtung, Blicktechnik, Helm, Reflektoren, Beleuchtung
Sichthindernisse, Gefahr des Übersehenwerdens

d) Mitnahme von Personen

Kinder, Erwachsene
Verhalten des Sozius: beim Anfahren, beim Bremsen, in Kurven und beim Ausweichen

e) Umweltbewusstes Verhalten

Kein unnötiges Beschleunigen – vorausschauendes Fahren, Abschalten des Motors beim Warten, Rollenlassen des Kraftrades.

3. Besondere Schwierigkeiten und Gefahren

a) Hauptgefahren durch andere:

Übersehen werden von Linksabbiegern und anderen Wartepflichtigen, von Überholenden und Entgegenkommenden in Kurven

[1] Anl. 2.1 geänd. mWv 19.1.2013 durch VO v. 26.6.2012 (BGBl. I S. 1394).

b) Fahren unter erschwerten Bedingungen

Kälte – Wärme – Regen – Sichtbehinderung – Aquaplaning – Nebel, Eis- und Schneeglätte, Matsch, Streumittel

c) Fahren bei Dämmerung oder bei Dunkelheit:

Erschwerte Erkennbarkeit von Fahrbahnzuständen und Verkehrsabläufen

d)[1] Motorräder mit Beiwagen

Fahrzeugrechtliche Bestimmungen, Beiwagen rechts oder links, Anlenkung
Bremsen, Beleuchtung, Fahrphysikalische Unterschiede zum Solobetrieb, besonders beim Beschleunigen, Bremsen und Kurvenfahren
Beladen des Gespanns

e) Motorrad mit Anhänger

Rechtliche Bestimmungen
Verbindungseinrichtungen, Gefahren: beim Kurvenfahren, durch Geschwindigkeit und beim Bremsen

f) Verhalten nach Unfällen

Absicherung der Unfallstelle mit geeigneten Mitteln, Umgang mit verletzten Motorradfahrern, besondere Probleme bei Leistung Erster Hilfe: Abnahme des Helms, schwere Verletzungen, offene Brüche.

4. Fahrtechnik und Fahrphysik

a) Bedeutung der Grundfahraufgaben

b) Anfahren und Stabilisieren der Fahrbewegung

Antriebskräfte, Geschwindigkeitsabhängige Stabilität der Fahrbewegung
Kreiselkräfte/Unterbrechung der Kreiselkräfte

c) Kurven

Kurvenarten, Lenkimpulse/Einleitung der Kurvenfahrt, Fliehkraft, Schräglage (Drücken, Legen)
Seitenführungskräfte/Antriebskräfte/Bremskräfte
Blicktechnik in der Kurve, Bremsen in Schräglage, Aufrichten des Motorrades, Ausbrechen

d) Bremsen

Wirkung von Hand- und Fußbremse/dynamische Achslastverlagerung, Abstimmen der Bremskräfte bei getrennter Hand- und Fußbremse (kurzer und langer Radstand, unterschiedliche Belastung – Sozius/Gepäck, Schwerpunkthöhe)
Abstimmen der Bremskräfte bei integralen Bremssystemen, Bremswirkung in Abhängigkeit von Gewicht, Reifen und Fahrbahnoberfläche[2]
Vollbremsung/Gefahrenbremsung
Blockieren: Vorderrad – Hinterrad. Grenzen der Automatischen Blockierverhinderer bei motorisierten Zweirädern, Störkräfte beim Bremsen[2]

e) Ausweichen

Ausweichen als Notmanöver mit und ohne vorhergehendes Bremsen, Ausweichweg im Vergleich zu mehrspurigen Kraftfahrzeugen

f) Kritische Fahrzustände/Ursachen

Pendeln, Flattern, Winddruck von vorn und von der Seite.

---

[1] **Amtl. Anm.:** Gilt nicht für AM.
[2] **Amtl. Anm.:** Nicht für A1, AM.

Anlage 2.2[1)]
(zu § 4)

Rahmenplan für den klassenspezifischen Zusatzstoff in der Klasse B (2 Doppelstunden)

1. Technische Bedingungen, Personen- und Güterbeförderung – umweltbewusster Umgang mit Kraftfahrzeugen

a) Technik, Physik

- Betriebs- und Verkehrssicherheit
- Wartung und Pflege der Fahrzeuge
- Untersuchung der Fahrzeuge nach den §§ 29, 47a StVZO
- Wirkung von Kräften beim Fahren, physikalische Gesetzmäßigkeiten

b) Personen- und Güterbeförderung

- Personenbeförderung
- Ladeflächen und Beladung

c) Umweltschonender Umgang mit dem Kraftfahrzeug

- Energiesparende Fahrweise
- Umweltschonende Fahr- und Fahrvermeidungsstrategien.

2. Fahren mit Solokraftfahrzeugen und Zügen

a) Fahrgeschwindigkeit

b) Fahren in Fahrstreifen

c) Fahren bei unterschiedlichen Straßen- und Witterungsverhältnissen

d) Fahren unter Verwendung der Beleuchtungseinrichtungen

e) Befahren von Kurven, Gefällen und Steigungen

f) Bremsen

- Bremsanlagen (Betriebsbremse, Feststellbremse, Anhängerbremse)
- Benutzung der Bremsen (degressiv – progressiv)
- Bremsen im Gefälle und bei Gefahr

g) Zusammenstellung von Zügen

- Einrichtung zur Verbindung von Fahrzeugen
- Stützlast
- Ankuppeln, Abkuppeln, Rangieren
- Beleuchtung

h) Sozialvorschriften und Verkehrsverbote (z.B. nach sog. Ozongesetz)

i) Abgrenzung zur Klasse BE und B mit der Schlüsselzahl 96.

---

1) Anl. 2.2 geänd. mWv 19.1.2013 durch VO v. 26.6.2012 (BGBl. I S. 1394).

Anlage 2.3[1)]
(zu § 4)

Rahmenplan für den klassenspezifischen Zusatzstoff in der Klasse C (10 Doppelstunden), in der Klasse C1 (6 Doppelstunden)

1. Persönliche Voraussetzungen und Arbeitsplatz

a) Fahrerlaubnis
Erteilungsvoraussetzungen, Befristung

b) Papiere
Persönliche Fahrzeugpapiere

c) Sozialvorschriften
Fahrtenschreiber, Lenk- und Ruhezeiten

d) Arbeitsplatz
Sitz- und Spiegeleinstellung (toter Winkel)
Klimatisierung, Sichtbehinderung des Fahrers aufgrund der Bauart des Fahrzeugs.

2. Besondere Vorschriften aus der Straßenverkehrs-Ordnung/Transportvorschriften

a) Geschwindigkeit, Abstand

b) Bahnübergänge

c) Halten und Parken

d) Personenbeförderung

e) Fahrverbote
Sonn- und Feiertagsfahrverbot, Ferienreiseverordnung, sonstige Wechselaufbauten, Unterfahrschutz

f) Vorschriften zum Transport von Gütern
Ladungspapiere (national und grenzüberschreitend).

3. Kraftstrang

a) Motor

b) Kupplung, Wandler

c) Getriebe

d) Antriebswellen

e) Differential(e)

f) Achsantrieb, Radantrieb

g) Antriebs-Schlupf-Regelung (ASR).

4. Fahrwerk/Elektrische Anlagen

a) Federung

b) Räder, Reifen, Radabdeckungen, Schneeketten

c) Aufbauten

d) Lichtmaschine/Batterie(n)

[1)] Anl. 2.3 geänd. mWv 18.8.2017 durch VO v. 8.8.2017 (BGBl. I S. 3158).

e) Beleuchtung

f) Sonstige elektrische Einrichtungen.

5. Lkw-Bremsen

a) hydraulische Bremsanlage

b) Druckluftbeschaffungsanlage

c) Kombinierte Druckluft-hydraulische Bremsanlage

d) Zweikreis-Druckluftbremsanlage

e) Automatisch-lastabhängige Bremse (ALB)

f) Feststellbremse.

6. Lkw-Bremsen und Fahrzeuguntersuchungen; Geschwindigkeitsregler

a) Dauerbremsen

b) Automatischer Blockierverhinderer (ABV)

c) Kontrollen, Wartung und Pflege der Bremsanlage

d) Fahrzeuguntersuchungen

e) Geschwindigkeitsregler.

7. Wirkung von Kräften beim Fahren durch physikalische Gesetzmäßigkeiten

Kraftschluss, Reibung, Rollwiderstand, Luftwiderstand, Steigungen und Gefälle, Fliehkraft, Seitenführungskraft, Auswirkungen unterschiedlicher Ladung.

8. Vorschriften über Ausrüstungs-, Beförderungs- und Sicherheitsbestimmungen

a) Fahrzeug

Unterlegkeil(e), Warnleuchte(n), Warndreieck, Parkwarntafel, Verbandkasten, Abschleppverbindungen

b) Fahrzeuggewichte und -abmessungen

c) Geschwindigkeitsbegrenzer

d) die Entgegennahme, den Transport und die Ablieferung von Gütern

- Gefahrgut
- Abfall

e) Sicherheitsbestimmungen (Berufsgenossenschaft)

Warnweste, sicherheitsrelevante Schuhe
Ein- und Aussteigen.

9. Ladungssicherung/Abfahrtkontrolle

a) Kontrolle des Ladeguts (einordnen und befestigen)

b) Sicherung verschiedener Arten von Ladegut

(z.B. flüssiges oder hängendes Ladegut)

c) Ausrüstung für das Be- und Entladen von Gütern

d) Abfahrtkontrolle; Erkennen und Beseitigung einfacher Störungen.

10. Wirtschaftliches und umweltschonendes Fahren; Straßenkarten, Streckenplanung

a) Wartung, Pflege und Kontrolle

b) Energiesparende Fahrweise

c) Alternative Kraftstoffe

d) Zeit- und Streckenplanung

e) Luftwiderstand
(z.B. Spoiler, Plane, Aufbauten)

f) Kartenlesen, Streckenplanung, Navigationssysteme.

Anlage 2.4
(zu § 4)

Rahmenplan für den klassenspezifischen Zusatzstoff in der Klasse CE (4 Doppelstunden)

1. Zusammenstellung von Zügen

a) Einrichtungen zur Verbindung Wartung und Prüfung

b) An- und Abkuppeln, Auf- und Absatteln

c) Abmessungen,
zulässige Achslast, zulässige Gesamtmasse der Züge

d) Massen in Abhängigkeit von fahrerlaubnisrechtlichen Bestimmungen.

2. Lastzugbremsen

a) Auflaufbremse(n)

b) Zweitleitungs-Druckluftbremse.

3. Lastzugbremsen

a) Bremskraftregelung

b) Automatische Blockier-Verhinderer (ABV)

c) Feststellbremse

d) Dauerbremse

e) Fahrzeuguntersuchungen.

4. Fahren mit Zügen

a) Sicherheitskontrollen

b) Gliederzug

c) Sattelkraftfahrzeug

d) Bremsen

e) Rangieren

f) Befahren von Kurven, Steigungen und Gefällen

g) Fahren mit übergroßen und überschweren Fahrzeugen

h) Fahren unter erschwerten Witterungsbedingungen

i) Ladung/Ladungssicherung

j) toter Winkel.

Anlage 2.5[1)]
(zu § 4)

Rahmenplan für den klassenspezifischen Zusatzstoff in den Klassen D (18 Doppelstunden) und D1 (10 Doppelstunden)[2)]

1. Voraussetzung für den Erwerb der Fahrerlaubnis D1 und D

a) Personenbeförderung in Bussen
Sicherheit, Unfallbeteiligung

b) Definition Kraftomnibusse

c) Einteilung der Kraftomnibusse nach Größe, Art, Verwendung.

2. Rahmen, Fahrwerk, Elektrische Anlage

a) Rahmen und Fahrgestelle
unterschiedliche Motoreinbauvarianten, Aufbau, Gitterrohrrahmen, Federung, Dämpfung, Achsen

b) Räder und Reifen
Arten, Reifenschäden
Radwechsel
Schneeketten:
– Arten
– Montage

c) Lenkung

d) Elektrische Anlage
Batterie, Prüfung/Ladung, Lichtmaschine, Anlasser, Bordelektrik, Beleuchtung, Heizung, Lüftung, Klimatisierung, weitere Stromverbraucher.

**3. Fahrerplatz – Innenraum
Zugang von außen**

a) Fahrerplatz
Linienbus, Reisebus
Begleitpersonal
Signalanlagen:
– Video – Außenbeobachtung

b) Informations- und Unterhaltungsanlage
Lautsprecheranlage, Radioanlage, Fernseh-/Videoanlage

c) Innenraum
Fahrgastraum – Beleuchtung:
Innenbeleuchtung, Bodenbeleuchtung, Nachtbeleuchtung, Ein- und Ausstiege, Notausstiege, Türöffnung bei Reisebussen: Stauraum, Kraftstoffbehälter.

[1)] Anlage 2.5 geänd. mWv 28.12.2016 durch VO v. 21.12.2016 (BGBl. I S. 3083); geänd. mWv 18.8.2017 durch VO v. 8.8.2017 (BGBl. I S. 3158).

[2)] **Amtl. Anm.:** Bei Erweiterung von Klasse D1 auf Klasse D8 Doppelstunden klassenspezifischer Stoff.

4. Kraftstrang

a) Motoren

b) Einspritzanlage

c) Abgasanlage

d) Kupplung

e) Getriebe

f) Antriebswellen

g) Differential.

5. Bremsanlagen (1)

a) Bauteile

b) gesetzliche Vorschriften

c) Arten von Bremsanlagen.

6. Bremsanlagen (2)

a) Einzelaggregate der Bremsanlage

b) Feststellbremsanlage.

7. Bremsanlagen (3)

a) Betriebsbremsanlage

b) Dauerbremsanlage.

8. Bremsanlagen (4)

a) Gelenkbusanlage

b) Luftfederung – Gelenkbus

c) Drehgelenk – Knickschutz

d) Antrieb-Schlupf-Regelung (ASR) und Automatischer Blockierverhinderer (ABV)

e) Automatisch-lastabhängige Bremse (ALB)

f) Anhängerkupplung

g) Anhänger hinter Kraftomnibussen.

9. Personenbeförderung, Fahrzeug- und Beförderungsdokumente

a) gesetzliche Regelung des Personenverkehrs

Grundzüge des Personenbeförderungsrechts, Freistellungsverordnung

b) Arten des Personenbeförderungsverkehrs

Gelegenheitsverkehr
Linienverkehr, Schulbusverkehr, Marktfahrten, Theaterfahrten, grenzüberschreitender Verkehr

c) Fahrzeug- und Beförderungsdokumente für den innerstaatlichen und grenzüberschreitenden Verkehr

d) Haltestellen

e) Kennzeichnung und Beschilderung von Linienbussen.

10. BO-Kraft, Bau- und Betriebsvorschriften

a) BO-Kraft

Allgemeine Vorschriften
Fahrdienst, Fahrgäste, Beförderungspflicht, Ausrüstung und Beschaffenheit

b) Sondervorschriften

O-Bus
Linienverkehr
Fahrzeuguntersuchungen nach BO-Kraft

c) Ordnungswidrigkeiten

Nichtraucherzonen
Kennzeichnung von Schulbussen, Kennzeichnung von Sitzplätzen für behinderte Menschen
Rollstuhlfahrer
Gurtanlegepflicht

d) Verhalten im Fahrdienst

mitzuführende Papiere
Fundsachen.

11. StVZO-Bestimmungen zu Kraftomnibussen

Sondervorschriften für Kraftomnibusse
Bauart, bestimmte Höchstgeschwindigkeit,
Abmessung,
Anhängerbetrieb,
Kurvenlaufeigenschaften,
Achslasten, Gesamtgewicht,
Besetzung, Sitze, Sicherheitsgurte, Rückhaltesysteme, Anordnung der Fahrgastsitze,
Einrichtung zum sicheren Führen der Fahrzeuge, Heizung, Belüftung,
Einrichtungen zum Auf- und Absteigen,
Fußboden, Türen – Notausstiege, Feuerlöscher, Erste-Hilfe-Material, Gänge, Bereifung,
Lenkeinrichtung, Diebstahl-, Alarmeinrichtungen,
Scheiben und Scheibenwischer, Unterlegkeile,
Abgase, Abgasuntersuchung, Geschwindigkeitsbegrenzer,
Geschwindigkeitsschilder.

12. Fahrphysik

a) Wirkung von Kräften

Kraftschluss, Widerstände, Luftwiderstände, Steigungswiderstände, Fliehkräfte, Seitenführungskraft, Kurvenfahrten.

b) Benutzung von Spiegeln.

13. Fahren mit Kraftomnibussen, StVO-Bestimmungen mit integrierter Gefahrenlehre (1)

Verhalten im Straßenverkehr, Vermittlung der Verhaltensweisen unter besonderer Berücksichtigung der Verantwortung als Kraftomnibus-Fahrer
Fahren in Fahrstreifen
Sonderfahrstreifen
Geschwindigkeit, Abstand, Überholen, Vorbeifahren, Vorfahrt, besondere Verkehrslagen, Abbiegen, Wenden, Rückwärtsfahren, Einfahren, Anfahren.

14. Fahren mit Kraftomnibussen, StVO-Bestimmungen mit integrierter Gefahrenlehre (2)

Halten und Parken, Sorgfaltspflichten beim Ein- und Aussteigen, Warnzeichen, Autobahnen und Kraftfahrstraßen, Bahnübergänge, Fußgängerüberwege, Schulbusse, Haltestellenregelung, sonstige Pflichten des Fahrzeugführers, Verkehrshindernisse, Verkehrszeichen, Verkehrseinrichtungen, Ordnungswidrigkeiten.

15. Wirtschaftliches und umweltschonendes Fahren mit Kraftomnibussen; Umweltschutz, energiesparendes und wirtschaftliches Fahren; Straßenkarten, Streckenplanung

a) Umweltschutz

Energiesparendes und gleichmäßiges Fahren, Lärmschutz

b) Alternative Kraftstoffe und Antriebe

c) Umweltschutz bei Wartung, Pflege und Kontrollen des Kraftomnibusses

d) Umweltgerechtes Entsorgen von Abfällen

e) Karten lesen, Streckenplanung, Navigationssysteme.

**16. Fahren mit Kraftomnibussen
Verhalten bei Pannen und nach Unfällen**

a) Verhalten in schwierigen Situationen

besondere Seitenwindempfindlichkeit von Kraftomnibussen, Aquaplaning, Nebel, Wintergefahren, Verhalten als Schulbusfahrer

b) Liegenbleiben von Bussen

Pannen, Schutz der Fahrgäste, Notfallmaßnahmen, Evakuierung

c) Fahrerbedingte Unfallfaktoren

Übermüdung, Ernährung, Alkohol, Drogen, Medikamente, Krankheit, Ablenkung

d) Verhalten bei Unfällen.

17. Sozialvorschriften, Arbeitsrecht, sonstige Bestimmungen

a) Verordnung (EWG) Nr. 3820/85

b) Grundzüge des Europäischen Übereinkommens über die Arbeit des im internationalen Straßenverkehr beschäftigten Fahrpersonals (AETR)

c) Grundzüge des Fahrpersonalgesetzes

d) Grundzüge der Fahrpersonalverordnung

e) Verordnung über den Fahrtenschreiber (EU) Nr. 165/2014

f) Fahrpersonal und Kraftfahrzeuge

g) Kontrollmittelverordnung

h) Kontrollen nach dem Güterkraftverkehrsgesetz

i) Grundzüge des Arbeitszeitgesetzes.

18. Sicherheitskontrollen

a) Abfahrkontrolle

Verkehrs- und Betriebssicherheit
Räder und Bereifung, elektrische Einrichtungen, Bremsanlage, Ausrüstung

b) Unterrichtung über Handfertigkeiten, die im Rahmen der praktischen Ausbildung und Prüfung beherrscht werden müssen.

Die Punkte „Ausrüstung, Einbau und Prüfung von Geschwindigkeitsbegrenzern, Automatisch-lastabhängige Bremse, Dauerbremse, Haltestellenbremse, Kupplung, Wandlerkupplung, Geschwindigkeitsbegrenzer, Besonderheiten bei Gelenkbussen und Kneeling“ entfallen bei Klasse D1.

Anlage 2.6
(zu § 4)

Rahmenplan für den klassenspezifischen Zusatzstoff in der Klasse L (2 Doppelstunden)

1. Verkehrsbeobachtungen und Verkehrsverhalten, Zusammenstellen von Zügen

Einfahren in Straßen
Überqueren von Straßen
Abbiegen, auch unter Berücksichtigung ausschwenkender Teile
Beobachtung nach hinten (Spiegel, Teleskopspiegel, toter Winkel)
Fahrbahnbenutzung
Sonstige Pflichten von Führern langsamer Fahrzeuge bei Kolonnenbildung
Zusammenstellen von Zügen
Zusammenstellen von Zügen mit unterschiedlichen Bremsanlagen
Achsenabhängig (ein- oder mehrachsig)
selbstfahrende Arbeitsmaschine, auch mit Anhänger, Zuggabel, Anhängerkupplung, Stützrad bei Einachsanhängern
Beachtung der fahrzeugbezogenen Vorschriften
Zulassungsfreiheit und Zulassungspflicht auch bei Anhängern; Geschwindigkeitsschilder, Fabrikschild und vorgezogene Untersuchungen
Kennzeichnungspflichten
Kenntlichmachung von verkehrsgefährdenden Fahrzeug- oder Anbauteilen
Überbreite, Überlänge, Zwillingsräder.

2. Technik und Sicherungseinrichtungen

Bremsen
Betriebsbremse, hydraulische Bremse
Druckluftbremse
Auflaufbremse und Feststellbremse
Einzelradbremsen
Unterlegkeile
Lenkung
Räder/Bereifung
Anbaugeräte und Ladung
Be- und Entlastung der Achsen
Betriebsgeschwindigkeit
Ladung.

Anlage 2.7
(zu § 4)

Rahmenplan für den klassenspezifischen Zusatzstoff in der Klasse T (6 Doppelstunden)

1. Verkehrsbeobachtungen und Verkehrsverhalten, Zusammenstellen von Zügen

Einfahren in Straßen
Überqueren von Straßen
Abbiegen, auch unter Berücksichtigung ausschwenkender Teile
Beobachtung nach hinten (Spiegel, Teleskopspiegel, toter Winkel)
Fahrbahnbenutzung
Sonstige Pflichten von Führern langsamer Fahrzeuge bei Kolonnenbildung
Zusammenstellen von Zügen
Zusammenstellen von Zügen mit unterschiedlichen Bremsanlagen
Achsenabhängig (ein- oder mehrachsig)
selbstfahrende Arbeitsmaschine, auch mit Anhänger, Zuggabel, Anhängerkupplung, Stützrad bei Einachsanhängern
Beachtung der fahrzeugbezogenen Vorschriften
Zulassungsfreiheit und Zulassungspflicht auch bei Anhängern; Geschwindigkeitsschilder, Fabrikschild und vorgezogene Untersuchungen
Kennzeichnungspflichten
Kenntlichmachung von verkehrsgefährdenden Fahrzeug- oder Anbauteilen
Überbreite, Überlänge, Zwillingsräder.

2. Technik und Sicherungseinrichtungen

Bremsen
Betriebsbremse, hydraulische Bremse
Druckluftbremse
Auflaufbremse und Feststellbremse
Einzelradbremsen
Unterlegkeile
Lenkung
Räder/Bereifung
Anbaugeräte und Ladung
Be- und Entlastung der Achsen
Betriebsgeschwindigkeit
Ladung.

3.7. Fahren mit Zügen, Zusammenstellen von Zügen

a) Ladungssicherung

b) Besonderheiten der Fahrbahnbenutzung

- mit bis zu zwei Anhängern
- bis zu 60 km/h
- mit Ladung land- und forstwirtschaftlicher Güter

c) Besonderheiten bei der Zusammenstellung von Zügen; Fahren mit Allradantrieb

d) Verhalten an Bahnübergängen.

4. Wirkung von Kräften beim Fahren

a) Kraftschluss, Reibung, Rollwiderstand

b) Auswirkungen unterschiedlicher Ladungen

c) in Steigungen und Gefällen

d) Luftwiderstand, Seitenführungskraft, Fliehkraft

e) Kippmomente.

5. Bremsanlagen

a) Druckluftbeschaffungsanlage

b) Kombinierte Druckluft-hydraulische Bremsanlage

- Zugfahrzeug hydraulisch
- Anhänger Druckluft

c) Druckluftbremse, Zweileitungsbremse.

6. Bremsanlagen des Anhängers

a) Manueller Bremskraftregler

b) Automatisch-lastabhängige Bremskraftregelung

c) Hilfs- und Feststellbremsanlage

d) Beleuchtungseinrichtungen an Anhängern.

Anlage 2.8[1)]
(zu § 4 Absatz 4)

Mindestdauer des Unterrichts für den klassenspezifischen Zusatzstoff

AM	2 Doppelstunden
A1, A2, A	4 Doppelstunden
B	2 Doppelstunden
C1	6 Doppelstunden
C1 (Vorbesitz D1)	2 Doppelstunden
C1 (Vorbesitz D)	2 Doppelstunden
C	10 Doppelstunden
C (Vorbesitz C1)	4 Doppelstunden
C (Vorbesitz D1)	4 Doppelstunden
C (Vorbesitz D)	2 Doppelstunden
CE	4 Doppelstunden
D1	10 Doppelstunden
D1 (Vorbesitz C1)	4 Doppelstunden
D1 (Vorbesitz C)	4 Doppelstunden
D	18 Doppelstunden
D (Vorbesitz C)	8 Doppelstunden
D (Vorbesitz C1)	12 Doppelstunden
D (Vorbesitz D1)	8 Doppelstunden
L	2 Doppelstunden
T	6 Doppelstunden

[1)] Anl. 2.8 neu gef. mWv 19.1.2013 durch VO v. 26.6.2012 (BGBl. I S. 1394).

Anlage 3[1)]
(zu § 5 Absatz 1)

Sachgebiete für den praktischen Unterricht für alle Klassen

1. Fahrtechnische Vorbereitung der Fahrt

1.1 Überprüfung der Verkehrs- und Betriebssicherheit des Fahrzeugs
1.2 Sitzposition
1.3 Einstellung der Spiegel
1.4 Lenkradhaltung (-führung); Lenkerhaltung[2)]
1.5 Anlegen und Lösen des Sicherheitsgurtes; Helm Auf- und Absetzen[2)]
1.6 Einstellung der Kopfstützen
1.7 Bedienungseinrichtungen

2. Verhalten beim Anfahren in der Ebene, Steigungen und Gefällstrecken

3. Gangwechsel

(Besitzt das Ausbildungsfahrzeug eine automatische Kraftübertragung, muss der Bewerber mit deren Besonderheiten vertraut gemacht werden.)

3.1 Umweltschonendes Anpassen der Getriebegänge an Verkehrslage, Straßenzustand und Straßenverlauf
3.2 Schalten in Steigungen und Gefällstrecken, auch unter Umweltgesichtspunkten

4. Fahrbahnbenutzung

4.1 Verhalten auf Straßen mit einem oder mehreren Fahrstreifen
4.2 Verhalten an Haltestellen öffentlicher Verkehrsmittel

5. Abbiegen und Fahrstreifenwechsel

5.1 Abbiegen an Einmündungen und Kreuzungen
5.2 Abbiegen in Grundstücke
5.3 Einordnen zum Abbiegen
5.4 Fahrstreifenwechsel ohne Abbiegevorgang

6. Rückwärtsfahren und Wenden

6.1 Richtige Körperhaltung während der Rückwärtsfahrt[3)]
6.2 Rückwärtsfahren mit und ohne Fahrtrichtungsänderung[3)]
6.3 Wenden

7. Beobachtung des Verkehrsraums, des Verlaufs und der Beschaffenheit der Fahrbahn sowie Beachtung der Verkehrszeichen und -einrichtungen

8. Fahrgeschwindigkeit

8.1 Umweltbewusstes Angleichen der Fahrgeschwindigkeit an Straßen-, Verkehrs-, Sicht- und Wetterverhältnisse
8.2 Abstandhalten vom vorausfahrenden Fahrzeug (auch bei geringer Geschwindigkeit)
8.3 Fahrgeschwindigkeit innerhalb geschlossener Ortschaften

[1)] Anl. 3 geänd. mWv 19.1.2013 durch VO v. 26.6.2012 (BGBl. I S. 1394).
[2)] **Amtl. Anm.:** Gilt nur für Zweiradklassen.
[3)] **Amtl. Anm.:** Gilt nicht für Zweiradklassen.

8.4 Fahrgeschwindigkeit außerhalb geschlossener Ortschaften
8.5 Fahrgeschwindigkeit auf Autobahnen und Kraftfahrstraßen
8.6 Bremsen in Gefahrensituationen

9. Autobahnen und Kraftfahrstraßen

9.1 Einfahren, Ausfahren
9.2 Seitenstreifen
9.3 Beschleunigungsstreifen und Verzögerungsstreifen
9.4 Parkplätze, Raststätte und Tankstellen

10. Überholen

(Überholvorgänge sind auch außerhalb geschlossener Ortschaften sowie auf Autobahnen und Kraftfahrstraßen zu üben)

11. Verhalten an Kreuzungen, Einmündungen und Kreisverkehren

11.1 Ausreichende Beobachtung der kreuzenden Straße und rechtzeitige Anpassung der Geschwindigkeit an die Sichtverhältnisse
11.2 Heranfahren an die bevorrechtigte Straße
11.3 Einfahren in Vorfahrtstraßen
11.4 Bremsbereitschaft
11.5 Verhalten an Kreuzungen und Einmündungen mit Regelung durch Polizeibeamte oder Lichtzeichen
11.6 Verhalten an Kreuzungen und Einmündungen mit Verkehrszeichen
11.7 Verhalten an Kreuzungen und Einmündungen ohne Verkehrszeichen
11.8 Verhalten beim Befahren von Kreisverkehren
11.9 Verhalten an Bahnübergängen

12. Verhalten gegenüber Fußgängern und Radfahrern

12.1 beim Abbiegen
12.2 beim Geradeausfahren
12.3 an Fußgängerüberwegen
12.4 in verkehrsberuhigten Bereichen
12.5 an Haltestellen öffentlicher Verkehrsmittel
12.6 an Schulen und bei Verkehrszeichen 136 (Kinder)

13. Halten und Parken

13.1 Halten in Steigungen und in Gefällstrecken
13.2 Einfahren in eine Parklücke[1)]
 13.2.1 zwischen hintereinanderstehenden Fahrzeugen
 13.2.2 zwischen nebeneinanderstehenden Fahrzeugen
13.3 Maßnahmen beim Verlassen des Fahrzeugs
13.4 Maßnahmen zur Sicherung liegen gebliebener Fahrzeuge

14. Vorausschauendes Fahren

14.1 Beobachtung anderer Verkehrsteilnehmer
14.2 Beobachtung des Fahrverhaltens der anderen Fahrzeugführer
14.3 Beobachtung des Verkehrsraumes

[1)] **Amtl. Anm.:** Gilt nicht für Zweiradklassen.

15. Verhalten in komplizierten Verkehrssituationen

16. Vermeiden risikoreicher Verkehrssituationen

17. Klassenspezifischer Ausbildungsstoff für die Klassen A1, A2, A und AM

17.1 Sicherheitskontrolle
Überprüfung des ordnungsgemäßen Zustandes von
- Reifen (z.B. Beschädigungen, Profiltiefe, Reifendruck)
- Not-Aus-Schalter
- Antriebselementen (Kette, Belt-Drive, Kardan)

Scheinwerfer, Leuchten, Blinker, Hupe
- Ein- und Ausschalten
- Funktion prüfen von:
  - Standlicht
  - Abblendlicht
  - Fernlicht
  - Schlussleuchte(n) mit Kennzeichenbeleuchtung
  - Nebelschlussleuchte
  - Warnblinkanlage
  - Blinker
  - Hupe
  - Bremsleuchte
- Kontrollleuchten benennen
- Rückstrahler Vorhandensein
- Beschädigung

Lenkung
- Lenkschloss entriegeln

Bremsanlage
Funktionsprüfung der Bremsen
Flüssigkeitsstände
- Motoröl
- Kühlmittel

17.2 Übungen zur Fahrzeugbeherrschung
17.2.1 Fahren eines Slaloms mit Schrittgeschwindigkeit
17.2.2 Abbremsen mit höchstmöglicher Verzögerung
17.2.3 Ausweichen ohne Abbremsen
17.2.4 Ausweichen nach Abbremsen
17.2.5 Slalom
17.2.6 Langer Slalom
17.2.7 Fahren mit Schrittgeschwindigkeit geradeaus
17.2.8 Stop and Go
17.2.9 Kreisfahrt

17.3 Klassenspezifische Besonderheiten
17.3.1 Fahren im Fahrstreifen
17.3.2 Fahren in Kurven
17.3.3 Fahren mit Schutzkleidung

18. Klassenspezifischer Ausbildungsstoff für die Klasse B

18.1 Sicherheitskontrolle

- Reifen (z.B. Beschädigungen, Profiltiefe, Reifendruck)
- Scheinwerfer, Leuchten, Blinker, Hupe
- Ein- und Ausschalten
- Funktion prüfen von:
  - Standlicht
  - Abblendlicht
  - Fernlicht
  - Schlussleuchte(n) mit Kennzeichenbeleuchtung
  - Nebelschlussleuchte
  - Warnblinkanlage
  - Blinker
  - Hupe
  - Bremsleuchte
- Kontrollleuchten benennen
- Rückstrahler
  - Vorhandensein
  - Beschädigung
- Lenkung
  - Lenkschloss entriegeln
  - Überprüfung des Lenkspiels
- Bremsanlage
  Funktionsprüfung von
  - Betriebsbremse
  - Feststellbremse
- Flüssigkeitsstände
  - Motoröl
  - Kühlmittel
  - Scheibenwaschflüssigkeit

18.2 Übungen zur Fahrzeugbeherrschung

18.2.1 Fahren nach rechts rückwärts unter Ausnutzung einer Einmündung, Kreuzung oder Einfahrt

18.2.2 Rückwärtsfahren in eine Parklücke (Längsaufstellung)

18.2.3 Einfahren in eine Parklücke (Quer- oder Schrägaufstellung)

18.2.4 Umkehren

18.2.5 Abbremsen mit höchstmöglicher Verzögerung

19. Klassenspezifischer Ausbildungsstoff für Klasse C1 und C

19.1 Sicherheitskontrollen

19.1.1 Praktische Unterweisung in der Erkennung und Behebung technischer Mängel nach Anlage 6

19.1.2 Zusätzliche Überprüfung

19.1.2.1 Überprüfung der Federung/Luftfederung

19.1.2.2 Funktionsprüfung von

- Betriebsbremse
- Feststellbremse

19.2 Übungen zur Fahrzeugbeherrschung

19.2.1 Fahren nach rechts rückwärts unter Ausnutzung einer Einmündung, Kreuzung oder Einfahrt

19.2.2 Rückwärtsfahren in eine Parklücke (Längsaufstellung)

19.2.3 Rückwärts quer oder schräg einparken

19.2.4 Rückwärtsfahren und Versetzen nach rechts an eine Rampe zum Be- oder Entladen

19.3 Klassenspezifische Besonderheiten

19.3.1 Kennenlernen der Gefahrenbereiche der „Toten Winkel"

19.3.2 Nutzung von Fahrstreifen

19.3.3 Einschätzen des besonderen Raumbedarfs

19.3.4 Beschleunigen, Bremsen und Kurvenverfahren (Berücksichtigung des jeweiligen Beladungszustandes)

19.3.5 Einhalten fahrzeug- und straßenbezogener Höchstgeschwindigkeiten

19.3.6 Sicherheitsabstand

19.3.7 Verhalten gegenüber nachfolgenden schnelleren Fahrzeugen

19.3.8 Verhalten an Bahnübergängen

19.3.9 Richtiger Einsatz von Betriebsbremse, Retarder und Motorbremse

19.3.10 Ladungssicherung

20. Klassenspezifischer Ausbildungsstoff für Klasse D1 und D

20.1 Sicherheitskontrollen

20.1.1 Praktische Unterweisung in der Erkennung und Behebung technischer Mängel nach Anlage 6

20.1.2 Zusätzliche Überprüfungen Handfertigkeiten

20.1.2.1 Erläutern oder Demonstrieren der

- Notausstiege
- Rückhalteeinrichtungen für Fahrgäste
- Einstiegshilfen

20.1.2.2 Überprüfung der Federung/Luftfederung

20.1.2.3 Funktionsprüfung von

- Betriebsbremse
- Feststellbremse
- Haltestellenbremse

20.1.2.4 Richtiges Beladen der Gepäckräume

20.2 Übungen zur Fahrzeugbeherrschung

20.2.1 Fahren nach rechts rückwärts unter Ausnutzung einer Einmündung, Kreuzung oder Einfahrt

20.2.2 Rückwärtsfahren in eine Parklücke (Längsaufstellung)

20.2.3 Rückwärts quer oder schräg einparken

20.2.4 Halten zum Ein- oder Aussteigen

20.3 Klassenspezifische Besonderheiten

20.3.1 Kennenlernen der Gefahrenbereiche der „Toten Winkel"

20.3.2 Nutzung von Fahrstreifen

20.3.3 Einschätzen des besonderen Raumbedarfs

20.3.4 Beschleunigen, Bremsen und Kurvenfahren (Berücksichtigung stehender Fahrgäste)

20.3.5 Einhalten fahrzeug- und straßenbezogener Höchstgeschwindigkeiten

20.3.6 Vorausschauendes Fahren, behutsames Beschleunigen und gefühlvolles Bremsen

20.3.7 Sicherheitsabstand

20.3.8 Verhalten gegenüber nachfolgenden schnelleren Fahrzeugen

20.3.9 Verhalten an Bahnübergängen

20.3.10 Richtiger Einsatz von Betriebsbremse, Retarder und Motorbremse

21. Klassenspezifischer Ausbildungsstoff für Klassen BE, C1E, D1E und DE

21.1 Zusammenstellen des Zuges

21.1.1 Prüfen der Zugmaße

21.1.2 Prüfen der einzelnen Massen (Leermasse, zulässige Gesamtmasse der Einzelfahrzeuge und des Zuges, Stützlast, ggf. Aufliegelast)

21.2 Verbinden und Trennen von Zügen mit einachsigem Anhänger (Kugelkopfkupplung)

21.2.1 Anhänger ankuppeln

21.2.2 Anhänger abkuppeln

21.3 Sicherheitskontrollen am Zug

21.3.1 Praktische Unterweisung in der Erkennung und Behebung technischer Mängel nach Anlage 6

21.3.2 Prüfen der Kupplungseinrichtung (Kontrolle der Befestigung und Sicherung)

21.3.3 Funktion der elektrischen Einrichtung des Anhängers

21.3.4 Funktion der Bremsanlage

21.4 Übungen zur Fahrzeugbeherrschung

21.4.1 Rückwärtsfahren um eine Ecke nach links

21.4.2 Rückwärtsfahren geradeaus an eine Rampe zum Be- oder Entladen (nur Klasse C1E)

21.5 Klassenspezifische Besonderheiten

21.5.1 beim Fahren

- Verhalten in besonderen Situationen, Fahren in Kurven, Gefällstrecken und Steigungen
- Verhalten an Bahnübergängen
- Kennenlernen der Gefahrenbereiche der „Toten Winkel"
- Nutzung von Fahrstreifen
- Einhalten fahrzeug- und straßenbezogener Höchstgeschwindigkeiten
- Sicherheitsabstand
- Rückwärtsfahren (Absicherung)

21.5.2 beim Abstellen

- Sicherung des Anhängers gegen Wegrollen (Feststellbremse, Unterlegkeile)
- Kenntlichmachung

22. Klassenspezifischer Ausbildungsstoff für Klasse CE

22.1 Zusammenstellen des Zuges

22.1.1 Prüfen der Zugmaße

22.1.2 Prüfen der einzelnen Massen (Leermasse, zulässige Gesamtmasse der Einzelfahrzeuge und des Zuges, Stützlast bei Starrdeichselanhängern, ggf. Aufliegelast, Motorleistung)

22.2 Verbinden und Trennen von Zügen mit Anhänger bzw. Auf- und Absatteln

22.2.1 Anhänger ankuppeln

22.2.2 Anhänger abkuppeln

22.2.3 Aufsatteln

22.2.4 Absatteln

22.3 Sicherheitskontrollen am Zug

22.3.1 Praktische Unterweisung in der Erkennung und Behebung technischer Mängel nach Anlage 6

22.3.2 Prüfen der Kupplungseinrichtung (Kontrolle der Befestigung und Sicherung)

22.3.3 Prüfen der Zuggabel und Drehschemel (Verschleiß, Beschädigung)

22.3.4 Funktion der elektrischen Einrichtung des Anhängers

22.3.5 Funktion der Bremsanlage

22.3.6 Ladungssicherung

22.4 Übungen zur Fahrzeugbeherrschung

22.4.1 Umkehren durch Rückwärtsfahren nach links (nicht für Züge mit Starrdeichselanhänger)

22.4.2 Rückwärtsfahren geradeaus an eine Rampe zum Be- oder Entladen

22.4.3 Rückwärtsfahren um eine Ecke nach links (Sattelkraftfahrzeuge und Gliederzüge mit Starrdeichselanhänger)

22.4.4 Rückwärtsfahren und Versetzen nach rechts an eine Rampe zum Be- oder Entladen

22.5 Klassenspezifische Besonderheiten

22.5.1 beim Fahren

- Einschätzen des besonderen Raumbedarfs
- Verhalten in besonderen Situationen, Fahren in Kurven, Gefällstrecken und Steigungen
- Verhalten an Bahnübergängen
- Kennenlernen der Gefahrenbereiche der „Toten Winkel"
- Nutzung von Fahrstreifen
- Einhalten fahrzeug- und straßenbezogener Höchstgeschwindigkeiten
- Sicherheitsabstand
- Rückwärtsfahren (Absicherung)

22.5.2 beim Abstellen

- Sicherung des Anhängers gegen Wegrollen (Feststellbremse, Unterlegkeile)
- Kenntlichmachung

23. Klassenspezifischer Ausbildungsstoff für Klasse T Zugmaschine im Solobetrieb

23.1 Sicherheitskontrollen

23.1.1 Praktische Unterweisung in der Erkennung und Behebung technischer Mängel nach Anlage 6

23.1.2 Zusätzliche Überprüfungen

23.1.2.1 Funktionsprüfung von

- Betriebsbremse (Einzelradbremse außer Funktion)
- Feststellbremse

23.2 Sicheres Beherrschen der Fahrzeugbedienung unter Berücksichtigung der auf Zugmaschinen anzuwendenden Ausbildungsinhalte dieser Anlage entsprechend den Punkten 1 bis 16
Für Zugmaschine mit Anhänger

23.3 Zusammenstellen des Zuges

23.3.1 Prüfen der Zugmaße

23.3.2 Prüfen der einzelnen Massen (Leermasse, zulässige Gesamtmasse der Einzelfahrzeuge und des Zuges, Stützlast bei Starrdeichselanhängern)

23.4 Verbinden und Trennen von Zügen mit Anhänger

23.4.1 Anhänger ankuppeln

23.4.2 Anhänger abkuppeln

23.5 Sicherheitskontrollen am Zug

23.5.1 Praktische Unterweisung in der Erkennung und Behebung technischer Mängel nach Anlage 6

23.5.2 Prüfen der Kupplungseinrichtung (Kontrolle der Befestigung und Sicherung)

23.5.3 Prüfen der Zuggabel und Drehschemel (Verschleiß, Beschädigung)

23.5.4 Funktion der elektrischen Einrichtung des Anhängers

23.5.5 Funktion der Bremsanlage

23.5.6 Ladungssicherung

23.6 Übungen zur Fahrzeugbeherrschung

23.6.1 Rückwärtsfahren geradeaus

23.7 Klassenspezifische Besonderheiten

23.7.1 Beim Fahren

- Einschätzen des Raumbedarfs
- Einfahren, Ausfahren, Überqueren
- Überholt werden
- Verhalten in besonderen Situationen, Fahren in Kurven, Gefällstrecken und Steigungen
- Verhalten an Bahnübergängen
- Nutzen von Fahrstreifen
- Sicherheitsabstand
- Rückwärtsfahren (Absicherung)
- Maßnahmen zur Vermeidung von Fahrbahnverschmutzungen (insbesondere beim Wiedereinfahren in den öffentlichen Verkehrsraum nach Feldarbeiten)

23.7.2 Beim Abstellen

- Sicherung des Anhängers gegen Wegrollen (Feststellbremse, Unterlegkeile)
- Kenntlichmachung

Anlage 4[1)]
(zu § 5 Absatz 3)

Die besonderen Ausbildungsfahrten für die Klassen A1, A2 A, B, BE, C1, C1E, C und CE

	Besondere Ausbildungsfahrten	**A1 A2 A B**	**A1** auf **A2**[2)] **A1** auf **A A2** auf **A**[2)]	**B** auf **BE B** auf **C1 C1** auf **C C1** auf **C1E**	**B** auf **C C** auf **CE**	**C1 und C1E in einem gemeinsamen Ausbildungsgang**[3)]			**C und CE in einem gemeinsamen Ausbildungsgang**[3)]		
						Solo	Zug	Gesamt	Solo	Zug	Gesamt
1	**Schulung auf Bundes- oder Landstraße** (Überlandschulung, davon eine Fahrt mit mindestens zwei Stunden zu je 45 Minuten)	5	3	3	5	1	3	4	3	5	8
2	**Schulung auf Autobahnen** oder auf Kraftfahrstraßen mit Fahrbahnen für eine Richtung, die durch Mittelstreifen oder sonstige bauliche Einrichtungen getrennt sind und mindestens zwei Fahrstreifen je Richtung haben (davon eine Fahrt mit mindestens zwei Stunden zu je 45 Minuten und, soweit möglich, mindestens eine Stunde zu 45 Minuten auf den oben genannten Straßen ohne Geschwindigkeitsbegrenzung oder mit einer Geschwindigkeitsbegrenzung nicht unter 120 km/h)	4	2	1	2	1	1	2	1	2	3

1) Anl. 4 neu gef. mWv 1.5.2014 durch VO v. 16.4.2014 (BGBl. I S. 348).
2) **Amtl. Anm.:** Vor Ablauf der zweijährigen Frist nach § 15 Absatz 3 der Fahrerlaubnis-Verordnung [Nr. **300**].
3) **Amtl. Anm.:** Von einem gemeinsamen Ausbildungsgang ist dann auszugehen, wenn die Klassen C1E und CE jeweils gleichzeitig mit der Fahrerlaubnis für die Klasse C1 oder C ausgebildet werden.

	Besondere Ausbildungsfahrten	A1 A2 A B	A1 auf A2 A1 auf A A2 auf A	B auf BE B auf C1 C1 auf C C1 auf C1E	B auf C C auf CE	C1 und C1E in einem gemeinsamen Ausbildungsgang			C und CE in einem gemeinsamen Ausbildungsgang		
						Solo	Zug	Ge- samt	Solo	Zug	Gesamt
3	**Schulung bei Dämmerung oder Dunkelheit** (zusätzlich zu den Fahrten nach den Nummern 1 und 2, mindestens zur Hälfte auf Autobahnen, Bundes- oder Landstraßen in Stunden zu je 45 Minuten)	3	1	1	3	0	2	2	0	3	3

Anlage 5
(zu § 5 Absatz 4)

Praktische Mindestausbildung in den Klassen D1, D, D1E und DE

Vorbesitz der Klasse(n)	Dauer des Vorbesitzes	Erwerb	Grundausbildung	Überland	Autobahn	Nachtfahrt
C	C mehr als 2 Jahre	D	7	8	4	3
		D1	6	4	2	2
C	C bis 2 Jahre	D	14	16	8	6
		D1	8	8	4	4
B/C1	B oder C1 mehr als 2 Jahre	D	33	12	8	5
		D1	16	8	4	4
B/C1	B oder C1 bis 2 Jahre	D	45	22	14	8
		D1	41	19	12	7
D1		D	20	5	5	5
D		DE	4	3	1	1
D1		D1E	4	3	1	1

Anlage 6[1)]
(zu § 5 Absatz 5)

Für die Klassen BE, C1, C, C1E, CE, D1, D1E, D, DE und T

Funktions- und Sicherheitskontrolle sowie entsprechende Handfertigkeiten Kontrolle der Kraftfahrzeuge und Anhänger auf Verkehrs- und Betriebssicherheit

1. Fahrtenschreiber (Klassen C1, C, D1 und D)

Analoger Fahrtenschreiber	Digitaler Fahrtenschreiber
Bedienung und Handhabung des analogen Fahrtenschreibers – Ausfüllen und Einlegen eines Schaublattes – Bedienung der Schalter – Bedeutung der Kontrolllampen und Ausfall eines Fahrtenschreibers kennen – Benennung der Symbole auf dem Fahrtenschreiber	Bedienung und Handhabung des digitalen Fahrtenschreibers unter Verwendung der Fahrerkarte – vor Beginn der Fahrt, einschließlich Nachtragungen in Form von manuellen Eintragungen bei Arbeitszeiten außerhalb der Ruhezeiten – während der Fahrt – beim Verlassen des Fahrzeugs – Bedienung der Schalter – Bedeutung der Kontrolllampen und Ausfall eines Fahrtenschreibers kennen – Benennung der Symbole auf dem Fahrtenschreiber

[1)] Anl. 6 geänd. mWv 18.8.2017 durch VO v. 8.8.2017 (BGBl. I S. 3158).

Analoger Fahrtenschreiber	Digitaler Fahrtenschreiber
Auswertung des Schaublattes a) Wie viele Kilometer wurden gefahren? b) Wie lange war die Fahrtunterbrechung? c) Nach wie vielen Stunden wurde die erste Pause eingelegt? d) Welche Höchstgeschwindigkeit wurde gefahren? – am Ende einer Fahrt – bei Ausfall des Gerätes	

2. Bremsen (alle Klassen)

Sichtprüfung des Standes der Bremsflüssigkeit
Prüfen der Druckwarneinrichtung
Vorratsdruck aufbauen, Fahrbereitschaft feststellen
Prüfen, ob Pedalwege frei sind
Sichtprüfung der Betriebs- und Feststellbremse
Wirkung des Lufttrockners prüfen; oder bei älteren Fahrzeugen Vorrat des Frostschutzmittels prüfen

3. Räder, Radaufhängung, Reifen und Lenkung (alle Klassen)

Prüfen der Reifengröße anhand des Fahrzeugscheins
Prüfen der Tragfähigkeit und der Höchstgeschwindigkeit der Reifen anhand des Fahrzeugscheins
Prüfen des Reifenzustandes/Reifendruckes (Profil, Beschädigung, Fremdkörper)
Sichtprüfung des Sitzes der Radmuttern
Prüfen der Felgen auf Beschädigung
Prüfung Reserverad, Sicherung, Zustand
Sichtprüfung der Radaufhängung
Funktion der Lenkhilfe prüfen (stehender, laufender Motor)
Lenkungsspiel prüfen
Ölstand der Servolenkung prüfen

4. Elektrische Ausstattung/Beleuchtungseinrichtungen/Kontrolleinrichtungen (alle Klassen)

Standlicht, Abblendlicht, Fernlicht, Umrissleuchte vorne, Funktion prüfen
Bremsleuchten, Kennzeichenbeleuchtung, Rückstrahler prüfen
Hupe/Lichthupe/Warnblinklicht/Seitenmarkierungsleuchten, Funktion prüfen
Batterie (Anschlüsse, Befestigung) prüfen
Reihenfolge des An- und Abklemmens beim Fremdstart benennen
Kontrolllampen – Blinker/Warnblinklicht/Fernlicht/Handbremse/Automatischer Blockierverhinderer/Temperaturanzeigen benennen bzw. kontrollieren oder Kontrollsysteme erläutern
Schluss-, Umrissleuchten hinten, Funktion prüfen

5. Motor/Betriebsstoffe (alle Klassen)

Sichtprüfung von Kühler und Kühlleitungen, Kontrolle des Kühlflüssigkeitsstandes
Kontrolle des Motorölstandes
Dichtheit der Kraftstoffanlage, Kraftstoffleitung, Kraftstoffvorrat prüfen
Sichtprüfung des Antriebs von Nebenaggregaten (z.B. Lichtmaschine, Servo- und Wasserpumpe)
Wasservorrat in Scheiben- und Scheinwerferwaschanlage kontrollieren
Einstellung der Scheibenwasch-Spritzdüsen prüfen, gegebenenfalls reinigen
Überprüfung der Zustandsanzeige für die Luftfilteranlage

6. Ausrüstung/Aufbau/Zusatzeinrichtung (alle Klassen)

Warnleuchte (Funktion), Warndreieck, Warnweste (Vorhandensein)
Unterlegkeile (Anzahl, Unterbringung, Zustand)
Verbandkasten (Unterbringung)

Bordwände, Verschlüsse, Gepäckklappen, Plane, Ladeeinrichtung, Ladungssicherung (Zustandskontrolle)

Sichtprüfung der Anhängekupplung

Zustand der Scheiben und Spiegel (Sauberkeit, Beschädigung)

Plane/Spriegel (Zustand und Befestigung kontrollieren, prüfen, ob Plane frei von Wasser oder u.U. von Schnee und Eis)

7. Handfertigkeiten (Klassen D1 und D)

Erläutern eines Radwechsels

Auswechseln einer Glühlampe im Scheinwerfer (gegebenenfalls erläutern) (gilt nicht für Gasentladungslampe)

Auswechseln einer Lampe in Brems-, Blink- oder Schlussleuchte

Funktionsprüfung der Verständigungsanlage mit Regelung der Lautstärke und Umschalten zwischen Fahrer- und Beifahrermikrofon

Funktionsprüfung der Türbetätigungsanlage (auch von außen)

Erläutern oder Demonstrieren des vorschriftsmäßigen Absicherns eines liegen gebliebenen Fahrzeugs

Erläutern oder Demonstrieren der Notbetätigung der Türen

Beschreibung der Handhabung des Feuerlöschers

Kontrolle/Wechsel einer Sicherung bzw. Handhabung des Sicherungsautomaten bei Ausfall

Bedienung der Heizungs- und Lüftungsanlage erklären

8. Handfertigkeiten (Klassen BE, DE, D1E, CE und C1E)

Funktions- und Sicherheitskontrolle, Handfertigkeiten

Prüfung der Bremsanlagen

Kontrolle der Druckluftbremsanschlüsse und der elektrischen Anschlüsse

Funktionsprüfung der Druckluftbremsanschlüsse oder der Auflaufbremse

Kontrolle von Aufbau, Planen, Bordwänden und sonstigen Einrichtungen zur Sicherung der Ladung

Anlage 7[1)]
(zu § 5a Absatz 4)

Nachweis über die praktische Ausbildung zum Führen von Fahrzeugen mit Schaltgetriebe der Klasse B

Nachweis über die praktische Ausbildung zum Führen von Kraftfahrzeugen mit Schaltgetriebe der Klasse B gemäß § 5a Absatz 4 der Fahrschüler-Ausbildungsordnung	
Name, Vorname	
geboren am	in ....
wurde vom .... bis zum .... in .... Stunden à 45 Minuten auf einem Kraftfahrzeug mit Schaltgetriebe der Klasse B (§ 5a Absatz 1 FahrschAusbO) ausgebildet und hat am ....in einer mindestens 15-minütigen Fahrt (§ 5a Absatz 3 FahrschAusbO) nachgewiesen, dass sie/er in der Lage ist, ein Fahrzeug mit Schaltgetriebe der Klasse B sicher, verantwortungsvoll und umweltbewusst zu führen.	
Ort	
Ausgehändigt am	
Stempel und Unterschrift der Fahrschulinhaber/des Fahrschulinhabers oder der verantwortlichen Leitung	Unterschrift der Fahrschülerin/des Fahrschülers oder der Fahrerlaubnisinhaberin/des Fahrerlaubnisinhabers

Anlage 7.1–7.3[2)]
(aufgehoben)

[1)] Anl. 7 eingef. mWv 1.4.2021 durch VO v. 16.11.2020 (BGBl. I S. 2704).
[2)] Anl. 7.1–7.3 aufgeh. mWv 4.1.2018 durch VO v. 2.1.2018 (BGBl. I S. 2).

365. Richtlinie für die praktische Prüfung der Bewerber um eine Erlaubnis zum Führen von Kraftfahrzeugen nach Anlage 7 der Fahrerlaubnis-Verordnung (FeV) (Prüfungsrichtlinie – praktische Prüfung) [1] [2] [3][4]

Vom 7. Oktober 2019

(VkBl S. 869)

geänd. durch Änd. der RL für die theoretische Prüfung der Bewerber um eine Erlaubnis zum Führen von Kraftfahrzeugen nach Anlage 7 der Fahrerlaubnis-VO – praktische Prüfung v. 5.10.2020 (VkBl S. 649) und Änd. der RL für die praktische Prüfung der Bewerber um eine Erlaubnis zum Führen von Kraftfahrzeugen nach Anlage 7 der Fahrerlaubnis-VO v. 18.11.2020 (VkBl S. 778)

Inhalt

---

[1] Verkündet als Richtlinien für die theoretische und praktische Prüfung der Bewerber um eine Erlaubnis zum Führen von Kraftfahrzeugen nach Anlage 7 der Fahrerlaubnis-Verordnung (FeV) v. 7.10.2019 (VkBl. S. 869); Inkrafttreten dieser Bek. am 1.1.2021.

[2] Neufassung der Richtlinie für die praktische Prüfung der Bewerber um eine Erlaubnis zum Führen von Kraftfahrzeugen (Prüfungsrichtlinie – praktische Prüfung) v. 7.10.2019 (VkBl. S. 869).

[3] Siehe hierzu auch die Richtlinie für die theoretische Prüfung der Bewerber um eine Erlaubnis zum Führen von Kraftfahrzeugen nach Anlage 7 der Fahrerlaubnis-Verordnung (FeV) v. 7.10.2019 (VkBl. S. 869).

[4] Siehe hierzu ua:

Einheitliche Anforderungen für die Durchführung von Abfahrtskontrolle und Handfertigkeiten gemäß Teil A Nr. 2.1 der PrüfungsRL – praktische Prüfung v. 5.10.2020 (VkBl S. 642, 643).

Einleitung

Der Prüfungsstoff, die Prüfungsfahrzeuge, die Prüfungsdauer, die Mindestfahrzeit, die Prüfungsstrecke, die Bewertung der praktischen Prüfung und das Prüfungsergebnis richten sich nach Anlage 7 der Fahrerlaubnis-Verordnung (FeV[1]).

Die nachfolgende Prüfungsrichtlinie führt im Rahmen der Anlage 7 FeV[1] die notwendigen Einzelheiten der praktischen Fahrerlaubnisprüfung aus.

Teil A.[2]

1. Allgemeine Vorschriften

1.1. Identitätsprüfung

Die Identitätsprüfung erfolgt gemäß § 17 Absatz 5 Satz 2 FeV[1].

1.2. Prüfungen für mehrere Klassen

Prüfungen eines Bewerbers für mehrere Klassen in einem Prüfungstermin werden getrennt bewertet. Mit der praktischen Prüfung für die Erweiterung einer Fahrerlaubnis darf erst begonnen werden, wenn die Prüfung in der Klasse, die Voraussetzung für die Erweiterung ist, bestanden wurde.

1.3. Prüfungen von Körperbehinderten

Fahrzeuge für die Prüfung von Körperbehinderten müssen entsprechend der Behinderung ausgerüstet sein. Hieraus können sich Abweichungen von Nummer 3 ergeben. Beschränkungen und Auflagen der Fahrerlaubnisbehörde sind zu beachten. Stellt der amtlich anerkannte Sachverständige oder Prüfer für den Kraftfahrzeugverkehr (aaSoP) Gründe für weitere Beschränkungen und Auflagen fest, so hat er zu entscheiden, ob die Prüfung abgebrochen werden muss. Erforderliche Beschränkungen und Auflagen sind der Fahrerlaubnisbehörde unter Angabe der in Anlage 9 zur FeV[1] genannten Schlüsselzahlen (Codes) vorzuschlagen.

1.4. Prüfungsfahrt

1.4.1

Der Ausgangs- und der Endpunkt einer Prüfungsfahrt sind so zu bestimmen, dass zumutbare Bedingungen für die Benutzung öffentlicher Verkehrsmittel bestehen. Stellt ein Fahrlehrer in einem Prüfungstermin mehrere Bewerber vor, so sollten die folgenden Prüfungsfahrten möglichst am Endpunkt der vorangegangenen Prüfungsfahrt beginnen.

1.4.2

Vor Beginn der Prüfungsfahrt ist dem Bewerber zu erläutern, wie Anweisungen gegeben werden. Der aaSoP gibt die Fahrtstrecke an; erklärt sich der Bewerber als ortskundig, so können ihm mit seinem Einverständnis auch Fahrt-

---

[1] Nr. **300**.
[2] Teil A geänd. mWv 1.1.2021 durch RL v. 5.10.2020 (VkBl S. 649).

ziele vorgegeben werden. Im Übrigen kann der aaSoP Hinweise zum erwarteten Fahrverhalten geben, z.B. hinsichtlich der Geschwindigkeit.

1.4.3

Bei Prüfstrecken außerhalb geschlossener Ortschaften kann dem Bewerber aufgegeben werden, nach Wegweisern zu fahren. Dies ist auch innerhalb geschlossener Ortschaften zulässig, wenn dadurch die Richtungsangabe erleichtert wird.

1.4.4

Der aaSoP soll der psychischen Belastung des Bewerbers Rechnung tragen; deshalb ist es z.B. unangebracht, dem Bewerber während der Fahrt Fehler vorzuhalten oder nach der Bedeutung von Verkehrszeichen zu fragen.

1.4.5

Mit Zustimmung aller Beteiligten ist die Mitnahme eines weiteren Bewerbers während der Prüfungsfahrt zulässig.

Eine Zustimmung ist bei der Mitnahme folgender Personen nicht erforderlich:

- Fahrlehreranwärter und aaSoP in Ausbildung,
- Ausbildungsfahrlehrer bei Prüfungen von Bewerbern, die von einem in seiner Fahrschule auszubildenden Fahrlehreranwärter vorgestellt werden,
- Auditor bei der Durchführung interner Audits im Rahmen der Qualitätssicherung nach der Verordnung zur Durchführung des Kraftfahrsachverständigengesetzes (vgl. KfSachvV Anlage 1),
- Auditor bei der Durchführung externer Audits im Rahmen der Begutachtung der Technischen Prüfstelle (vgl. § 72 FeV[1]).

1.4.6. Zusätzliche Festlegungen für Klassen A, A2, A1 und AM

Bei Prüfungen der Klassen A, A2, A1 und AM muss der Bewerber geeignete Motorradschutzkleidung, bestehend aus einem passenden Motorradhelm, Motorradhandschuhen, einer eng anliegenden Motorradjacke, einem Rückenprotektor (falls nicht in der Motorradjacke integriert), einer Motorradhose und Motorradstiefel mit ausreichendem Knöchelschutz tragen.

Bei den Prüfungsfahrten für die Klassen A, A2, A1 und AM darf das Begleitfahrzeug, in dem sich der aaSoP befindet, nicht von einem Fahrschüler gelenkt werden. Es darf nicht mehr als ein Bewerber von dem Begleitfahrzeug aus geprüft werden.

Die Übermittlung der Anweisungen des aaSoP über Funk erfolgt durch den Fahrlehrer. Der Bewerber fährt überwiegend voraus.

1.4.7. Zusätzliche Festlegungen für die Klasse T

Wenn bei Prüfungsfahrten für die Klasse T Zugmaschinen verwendet werden, auf denen keine geeigneten Plätze für den aaSoP und den Fahrlehrer vorhanden sind, darf das Begleitfahrzeug, in dem sich der aaSoP befindet, nicht von einem Fahrschüler gelenkt werden. Es darf nicht mehr als ein Bewerber von dem Begleitfahrzeug aus geprüft werden.

Die Prüfungsfahrten für die Klasse T erfolgen in diesen Fällen mit Einsatz von Funkanlagen. Die Übermittlung der Anweisungen des aaSoP über Funk

---

[1] Nr. **300**.

erfolgt durch den Fahrlehrer. Das Begleitfahrzeug fährt innerhalb der Prüfungsfahrt voraus.

1.4.8. Anforderungen an die Prüfungsfahrt

1.4.8.1. Fahraufgaben

Die Prüfungsfahrt besteht aus der Durchführung von Fahraufgaben. Die durchzuführenden Fahraufgaben sind im Fahraufgabenkatalog (Teil B dieser Richtlinie) beschrieben.

1.4.8.2. Grundfahraufgaben

Die durchzuführenden Grundfahraufgaben sind im Fahraufgabenkatalog (Teil B dieser Richtlinie) beschrieben.

1.4.8.3. Fahrtechnische Vorbereitung

1.4.8.3.1

Vor Beginn der Fahrt muss der Bewerber auf die richtige Einstellung des Sitzes einschließlich der Kopfstütze und ggf. auch des Lenkrades, das Anlegen des Sicherheitsgurts, die ordnungsgemäße Einstellung der Rückspiegel und ordnungsgemäß geschlossene Türen achten.

1.4.8.3.2. Sicherheitskontrolle

1.4.8.3.2.1

In den Klassen A, A2, A1, AM und B sind in jeder Prüfung vor Fahrtantritt die folgenden Sicherheitskontrollen stichprobenartig (drei Prüfpunkte aus verschiedenen Themenbereichen) durchzuführen:

Überprüfung des ordnungsgemäßen Zustandes von (soweit vorhanden und ohne Werkzeuge oder Hilfsmittel möglich):

Reifen, Not-Aus-Schalter, Antriebselemente

- Reifen (z.B. Beschädigungen, Profiltiefe, Reifendruck)
- Not-Aus-Schalter (nur Klassen A, A2, A1 und AM)
- Antriebselemente (Kette, Belt-Drive, Kardan) (nur Klassen A, A2, A1 und AM)

Scheinwerfer, Leuchten, Blinker, Hupe:

- Ein- und Ausschalten
- Funktion prüfen von:
  - ⋆ Standlicht
  - ⋆ Abblendlicht
  - ⋆ Fernlicht
  - ⋆ Schlussleuchte(n) mit Kennzeichenbeleuchtung
  - ⋆ Nebelschlussleuchte (nicht bei Klassen A, A2, A1 und AM)
  - ⋆ Warnblinkanlage
  - ⋆ Blinker
  - ⋆ Hupe
  - ⋆ Bremsleuchte(n)
- Kontrollleuchten benennen

Rückstrahler:

- Vorhandensein
- Beschädigung

Lenkung:

- Lenkschloss entriegeln

Bremsanlage:

Funktionsprüfung von

- Betriebsbremse
- Feststellbremse (nur Klasse B)

Flüssigkeitsstände:

- Motoröl
- Kühlmittel
- Scheibenwaschflüssigkeit (nur Klasse B)

1.4.8.3.2.2

In den Klassen BE, CE, C1E, DE und D1E sind folgende Sicherheitskontrollen stichprobenartig (zwei Prüfpunkte) am Anhänger durchzuführen (soweit vorhanden):

Kontrolle der/des

- Sicherung der Ladung
- Aufbaus
- Plane
- Frachttüren
- Ladeeinrichtung
- Unterlegkeile

1.4.8.4. Fahrtechnischer Abschluss der Fahrt

Am Ende der Prüfungsfahrt ist das Fahrzeug/die Fahrzeugkombination verkehrsgerecht abzustellen, um ggf. sicher be- oder entladen zu können bzw. Personen sicher ein- oder aussteigen zu lassen.

Es ist auf Folgendes zu achten:

- Sicherung gegen Wegrollen durch Einlegen eines Ganges und/oder Betätigen der Feststellbremse (doppelte Sicherung beim Abstellen in Steigung/Gefälle erforderlich),
- Bei Fahrzeugen ohne Kupplungspedal (oder Schalthebel bei Fahrzeugen der Klassen A, A2 und A1) Sicherung gegen Wegrollen entsprechend der Empfehlung des Herstellers (Betriebsanleitung)
- Sicherung gegen unbefugte Benutzung
- Beobachtung des Verkehrs vor und beim Öffnen der Tür; insbesondere auf von hinten nahende Verkehrsteilnehmer (z.B. Radfahrer oder Fahrer von Elektrokleinstfahrzeugen) ist zu achten

1.5. Anforderungen an den Prüfort und seine Umgebung (§ 17 Abs. 3 bis 5 FeV[1]), Anlage 7 Nr. 2.4 FeV)

Die Prüforte werden von den zuständigen obersten Landesbehörden, der von ihr bestimmten oder nach Landesrecht zuständigen Stelle nach Maßgabe der nachfolgenden Tabelle festgelegt.

---

[1]) Nr. **300**.

Anforderungen		**Geforderte Häufigkeit der Situation bei 5 Fahrprüfungen**				
		1	2	5	7	10
1.	Anfahren (Einfädeln) in fließenden Verkehr vom Fahrbahnrand aus				X	
2.	Befahren von Straßen mit einem Verkehrsaufkommen von mindestens 100 Fahrzeuge/h				X	
3.	Befahren von Einbahnstraßen mit der Möglichkeit des Linksabbiegens			X		
4.	Durchführen von Fahrstreifenwechseln (außerhalb des Kreuzungsbereiches)					X
5.	Befahren von Straßen mit mehreren markierten Fahrstreifen für eine Richtung			X		
6.	Heranfahren an und passieren von Fußgängerüberwegen				X	
7.	Passieren von Haltestellen öffentlicher Verkehrsmittel			X		
8.	Befahren von Kreuzungen mit der Regelung „rechts vor links"					X
9.	Einfahren (Einfädeln) in Vorfahrtstraßen				X	
10.	Befahren von Kreuzungen mit Verkehrszeichen 206 („Stoppschild")			X		
11.	Befahren von Kreuzungen, die durch Lichtzeichen geregelt sind				X	
12.	Linksabbiegen auf Fahrbahnen mit Gegenverkehr					X
13.	Rechts-/Links-Abbiegen unter besonderer Berücksichtigung von Radfahrern oder Fahrern von Elektrokleinstfahrzeugen auf Radwegen oder Seitenstreifen		X			
14.	Befahren von Kreuzungen und Einmündungen mit abknickender Vorfahrt			X		
15.	Fahren außerorts (Kurven und unübersichtliche Stellen)		X			
16.	Fahren außerorts (mit Überholmöglichkeiten)		X			
17.	Grundfahraufgaben außerhalb des fließenden Verkehrs (z.B. Seitenstraße oder Sackgasse) ausgenommen für Prüfungen der Klassen A, A2, A1 und AM[1]			X		
18.	Autobahn in erreichbarer Nähe	X				

[1] **Amtl. Anm.:** Zur Anerkennung als Prüfort für Prüfungen der Klassen A, A2, A1 und AM muss eine ausreichende Prüfungsfläche für die Durchführung der Grundfahraufgaben vorhanden sein.

1.6. Bewertung der Prüfung

Vorschriften sind nicht kleinlich auszulegen; auch gute Leistungen sind zu berücksichtigen.

Die Bewertung der Fahraufgaben im Rahmen der Prüfungsfahrt erfolgt anhand von Beobachtungskategorien (fahraufgabenübergreifende Fahrkompetenzbereiche). Diese sind:

1. Verkehrsbeobachtung
2. Fahrzeugpositionierung
3. Geschwindigkeitsanpassung
4. Kommunikation
5. Fahrzeugbedienung/Umweltbewusste Fahrweise

Die Bewertungskriterien (überdurchschnittliche Leistungen und Fehlverhalten des Bewerbers) sind im Fahraufgabenkatalog (Teil B dieser Richtlinie) beschrieben.

1.7. Ergebnis der Prüfung

Der aaSoP hat die Leistungen des Bewerbers mittels eines bundesweit einheitlichen und zentral bereitgestellten elektronischen Prüfprotokolls, dessen Zugang personenbezogen geschützt ist, zu dokumentieren.

Während der Prüfungsfahrt sollen die Leistungen des Bewerbers bezüglich der im Fahraufgabenkatalog benannten Fahraufgaben und Beobachtungskategorien (Fahrkompetenzbereiche) anhand der ebenfalls im Fahraufgabenkatalog festgelegten Bewertungskriterien dokumentiert werden.

Nach Beendigung der Prüfungsfahrt hat der aaSoP eine zusammenfassende Fahrkompetenzeinschätzung vorzunehmen und im elektronischen Prüfprotokoll zu dokumentieren. Dabei wird die Bewältigung der einzelnen Fahraufgaben über alle Beobachtungskategorien hinweg und das Verhalten bezüglich der einzelnen Beobachtungskategorien über alle Fahraufgaben hinweg situationsübergreifend für die gesamte Prüfungsfahrt in folgenden Bewertungsstufen bewertet: „Sehr gut“, „Gut“, „Ausreichend“ oder „Ungenügend“. Der aaSoP hat die Prüfung mit der Feststellung und Dokumentation des Ergebnisses abzuschließen.

Trotz sonst guter Leistungen ist die Prüfung als nicht bestanden zu bewerten und soll beendet werden, wenn der aaSoP

- eine Gefährdung oder Schädigung,
- einen Fehler, welcher zur sofortigen Beendigung der Prüfung führt,
- die Wiederholung und/oder Häufung von leichten oder schweren Fehlern, die als Einzelfehler in der Regel noch nicht zum Nichtbestehen führen,

festgestellt hat.

Außerdem ist die Prüfung mit nicht bestanden zu bewerten, sofern eine der Fahraufgaben bzw. Beobachtungskategorien (Fahrkompetenzbereiche) vom aaSoP mit „Ungenügend“ bewertet wurde.

Fehler bei der Prüfung der Sicherheitskontrolle führen allein nicht zum Nichtbestehen der Prüfung.

Hat die Prüfung ergeben, dass der Bewerber den Anforderungen genügt, so hat der aaSoP ihm den Führerschein oder einen vorläufigen Nachweis der Fahrerlaubnis (VNF) oder die Prüfungsbescheinigung zum begleiteten Fahren ab 17 Jahre nach dem Einsetzen des Aushändigungsdatums auszuhändigen. Sind Maßnahmen der Fahrerlaubnisbehörde erforderlich (z.B. die noch einzutragende Sehhilfe oder weitere Beschränkungen der Fahrerlaubnis, falsches Lichtbild), ist der vollständige Verwaltungsvorgang einschließlich einer Mitteilung an diese zurückzugeben.

Der aaSoP kann einen Zwischenbericht mit oder ohne Rückgabe der Akten an die Fahrerlaubnisbehörde erstatten, wenn er es für nötig hält, dass diese Auflagen oder Beschränkungen anordnet oder den Antrag ablehnt, oder wenn die Wiederholung der Prüfung innerhalb kurzer Zeit nicht möglich erscheint.

Unberührt hiervon bleibt die Pflicht des aaSoP, der Fahrerlaubnisbehörde Beobachtungen mitzuteilen, die Zweifel über die körperliche oder geistige Eignung des Bewerbers begründen (vgl. § 18 Abs. 3 FeV[1]). Hierüber ist der Bewerber zu unterrichten.

1.8. Rückmeldung an den Bewerber

Nach Beendigung der Prüfungsfahrt hat der aaSoP den Bewerber über das Prüfungsergebnis zu unterrichten. Dazu gehört eine mündliche Rückmeldung zum festgestellten Fahrkompetenzniveau.

Darüber hinaus ist dem Bewerber eine schriftliche Rückmeldung elektronisch bereitzustellen bzw. elektronisch zu übermitteln oder auszuhändigen. Diese umfasst die vom aaSoP dokumentierten überdurchschnittlichen Leistungen und Fehler, die Einschätzung des Fahrkompetenzniveaus in Bezug auf die Fahraufgaben und Beobachtungskategorien (Fahrkompetenzbereiche), sowie das Prüfungsergebnis.

Die schriftliche Rückmeldung ist – bis auf individuelle Kennzeichnungen der jeweiligen Technischen Prüfstelle – bundesweit einheitlich.

Technische Prüfstelle

Nachfolgend finden Sie Ihre Prüfungsergebnisse und Details zu Ihren individuellen Prüfungsleistungen. Außerdem finden Sie Hinweise, um die Anforderungen des Straßenverkehrs künftig noch besser zu bewältigen.

Prüfungsergebnisse

An dieser Stelle wird dokumentiert, ob die durchgeführten Prüfungsteile „Fahrtechnische Vorbereitung/ Grundfahraufgaben/Prüfungsfahrt/Fahrtechnischer Abschluss“, „Abfahrtkontrolle und Handfertigkeiten“ und „Verbinden und Trennen von Fahrzeugen“ bestanden oder nicht bestanden wurden.

Ergänzend wird dokumentiert, ob die Prüfungselemente „Fahrtechnische Vorbereitung“, „Grundfahraufgaben“ und „Fahrtechnischer Abschluss“ richtig durchgeführt wurden.

Name des aaSoP, Name und Geburtsdatum des Bewerbers, Fahrerlaubnisklasse, Prüfort, Datum, Allgemeine Angaben zur Strecke (IGO, AGO, BAB)

Schematische Darstellung der übermittelten oder ausgehändigten Rückmeldung an den Bewerber (**Seite 1**)

[1] Nr. **300**.

Technische Prüfstelle

Bewertung Fahraufgaben / Bewertung Fahrkompetenzbereiche

An dieser Stelle wird die Einschätzung des Fahrkompetenzniveaus in Bezug auf die Fahraufgaben und Beobachtungskategorien (Fahrkompetenzbereiche) dokumentiert.
Die Bewertungsstufen „Sehr gut", „Gut", „Ausreichend" oder „Ungenügend" werden entsprechend kenntlich gemacht.

Hinweise zum weiteren Fahrkompetenzerwerb

An dieser Stelle wird die Bewertung der Fahrkompetenz näher beschrieben und es werden Hinweise zum weiteren Fahrkompetenzerwerb dokumentiert.

Schematische Darstellung der übermittelten oder ausgehändigten Rückmeldung an den Bewerber (**Seite 2**)

Technische Prüfstelle

Ihre Prüfungsleistungen im Detail

An dieser Stelle wird dokumentiert, welche überdurchschnittlichen Leistungen und welche leichten oder schweren Fehler während der Prüfungsfahrt aufgetreten sind (Bewertungskriterien des Fahraufgabenkatalogs).

Schematische Darstellung der übermittelten oder ausgehändigten Rückmeldung an den Bewerber (**Seite 3**)

2. Klassenspezifische Vorschriften

2.1. Abfahrtkontrolle für die Klassen C, C1, D, D1 und T; Handfertigkeiten nur für die Klassen D und D1

2.1.1. Allgemeine Hinweise

Voraussetzung für das Bestehen der praktischen Prüfung ist die Fähigkeit des Bewerbers, am Prüfungsfahrzeug aus Gründen der Verkehrssicherheit selbstständig Teile einer Abfahrtkontrolle durchführen, ggf. die entsprechenden Informationen auf einem Display abrufen zu können. Dies hat entsprechend der Bedienungsanleitung des Fahrzeugs zu erfolgen.

Für die Abfahrtkontrolle besteht eine Auswahl von Aufgaben aus sechs Sachgebieten. Diese Aufgaben sind auf 10 Karten verteilt. Auf allen Karten ist die Position der Sachgebiete gleich.

Für die Klassen D und D1 ist auf jeder Karte unter Position 7 eine Aufgabe zur Prüfung der Handfertigkeiten aufgeführt. Die Handfertigkeiten können an einem Modell (z.B. Scheinwerfer) durchgeführt werden.

Für die Klasse T gilt Folgendes:

Die unter Position 1 aufgeführten Aufgaben aus dem Sachgebiet Fahrtenschreiber sind nicht zu beantworten. Die Abfahrtkontrolle bezieht sich auf die Zugkombination.

Zusätzliche Arbeiten, wie z.B. Kippen des Fahrerhauses, sind nicht zu fordern, auch wenn dies für die Aufgabe notwendig ist. In diesen Fällen wird diese Aufgabe durch eine andere aus dem gleichen Sachgebiet ersetzt.

Die Aufgaben können in beliebiger Reihenfolge ausgeführt werden. Sie gelten nur, soweit die Einrichtungen am Prüfungsfahrzeug vorhanden sind. Kann eine Aufgabe deshalb nicht durchgeführt werden, so ist sie durch eine Aufgabe einer anderen Karte aus dem gleichen Sachgebiet zu ersetzen.

Werden Kontrollen unter dem Fahrzeug durchgeführt, muss der Motor abgeschaltet sein und es muss sichergestellt sein, dass keine Bedienungseinrichtungen betätigt werden.

Der aaSoP übergibt dem Bewerber eine Aufgabenkarte. Führt der Bewerber die Aufgabe eines Sachgebietes nicht fehlerfrei aus, stellt der aaSoP eine weitere Aufgabe aus dem gleichen Sachgebiet einer anderen Karte. Schwerpunkt der Abfahrtkontrolle ist, festzustellen, ob eine Inbetriebnahme des Fahrzeugs erfolgen kann (keine mündliche Zusatzprüfung).

2.1.2. Bewertung der Abfahrtkontrolle/Handfertigkeiten

Die Abfahrtkontrolle – ggf. einschließlich Handfertigkeiten – ist nicht bestanden, wenn

a) aus der übergebenen Aufgabenkarte zwei Aufgaben nicht richtig ausgeführt werden oder

b) bei nur einem Fehler eine zweite Frage aus dem gleichen Sachgebiet einer anderen Aufgabenkarte nicht richtig bearbeitet wird.

Wird dieser Prüfungsteil nicht bestanden, so ist die Prüfungsfahrt einschließlich der Grundfahraufgaben trotzdem durchzuführen.

Bei Klasse T gilt dies auch für das Verbinden und Trennen von Fahrzeugen (siehe Ziffer 2.2.2).

2.1.3. Sachgebiete und Aufgaben

2.1.3.1 **Fahrtenschreiber (nicht für Klasse T)**

2.1.3.1.1 Aufgaben vor Fahrtantritt am Fahrtenschreiber

2.1.3.1.2 Bedienung der Schalter am Fahrtenschreiber

2.1.3.1.3 Bedeutung der Kontrolllampen des Fahrtenschreibers; Ausfall des Geräts

2.1.3.1.4 Benennen der Symbole auf dem Fahrtenschreiber

2.1.3.1.5 Überprüfen eines Schaublattes bzw. Ausdruckes des Fahrtenschreibers
- a) Wie viele Kilometer wurden gefahren?
- b) Wie lange war die Fahrunterbrechung?
- c) Nach wie viel Stunden wurde die erste Pause eingelegt?
- d) Welche Höchstgeschwindigkeit wurde gefahren bzw. wurden Geschwindigkeitsüberschreitungen dokumentiert?

2.1.3.1.6 Ausfüllen des Schaublattes des Fahrtenschreibers bzw. Abmelden am Fahrtenschreiber am Ende einer Fahrt

2.1.3.2 **Bremsen**

2.1.3.2.1 Kontrolle des Standes der Bremsflüssigkeit

2.1.3.2.2 Prüfen der Druckwarneinrichtung

2.1.3.2.3 Vorratsdruck aufbauen, Fahrbereitschaft feststellen

2.1.3.2.4	Prüfen, ob Pedalwege frei sind
2.1.3.2.5	Sichtprüfung der Betriebs- und Feststellbremse
2.1.3.2.6	Vorrat des Frostschutzmittels prüfen
2.1.3.3	**Räder, Reifen, Federung, Lenkung**
2.1.3.3.1	Prüfen der Reifengröße anhand der Zulassungsbescheinigung Teil I (Fahrzeugschein)
2.1.3.3.2	Prüfen der Tragfähigkeit und der Höchstgeschwindigkeit der Reifen anhand der Zulassungsbescheinigung Teil I (Fahrzeugschein)
2.1.3.3.3	Prüfen des Reifenzustandes (Profil, Beschädigung, Fremdkörper) und des Reifendruckes
2.1.3.3.4	Sichtprüfung des Sitzes der Radmuttern
2.1.3.3.5	Prüfen der Felgen auf Beschädigung
2.1.3.3.6	Prüfung der Reserveradsicherung
2.1.3.3.7	Sichtprüfung der Federung
2.1.3.3.8	Funktion der Lenkhilfe prüfen
2.1.3.3.9	Lenkungsspiel prüfen
2.1.3.3.10	Ölstand der Servolenkung prüfen
2.1.3.4	**Elektrische Ausstattung/Beleuchtungseinrichtungen/ Kontrolleinrichtungen**
2.1.3.4.1	Standlicht, Abblendlicht, Fernlicht, Umrissleuchten vorne, Funktion prüfen
2.1.3.4.2	Bremsleuchten, Kennzeichenbeleuchtung, Rückstrahler prüfen
2.1.3.4.3	Hupe/Lichthupe/Warnblinklicht/Seitenmarkierungsleuchten, Funktion prüfen
2.1.3.4.4	Batterie (Anschlüsse, Befestigung) prüfen
2.1.3.4.5	Kontrolllampen benennen oder Kontrollsysteme aktivieren und an zwei Beispielen erläutern
2.1.3.4.6	Schluss-, Umrissleuchten hinten, Funktion prüfen
2.1.3.5	**Motor/Betriebsstoffe**
2.1.3.5.1	Sichtprüfung von Kühler und Kühlleitungen, Kontrolle des Kühlflüssigkeitsstandes
2.1.3.5.2	Kontrolle des Motorölstandes
2.1.3.5.3	Dichtheit der Kraftstoffanlage, Kraftstoffleitung, Kraftstoffvorrat prüfen
2.1.3.5.4	Sichtprüfung des Antriebs von Nebenaggregaten (z.B. Lichtmaschine, Servo- und Wasserpumpe)
2.1.3.5.5	Flüssigkeitsvorrat in Scheiben- und Scheinwerferwaschanlage kontrollieren
2.1.3.5.6	Überprüfung der Scheibenwaschanlage und die Einstellung der Spritzdüsen
2.1.3.5.7	Überprüfung der Zustandsanzeige für die Luftfilteranlage
2.1.3.6	**Ausrüstung/Aufbau/Zusatzeinrichtung**

2.1.3.6.1 Warnleuchte (Funktion), Warndreieck, Warnweste (Vorhandensein)

2.1.3.6.2 Unterlegkeile (Anzahl, Unterbringung)

2.1.3.6.3 Verbandkasten (Unterbringung) (nicht bei Klasse T)

2.1.3.6.4 Bordwände, Verschlüsse, Gepäckklappen (nicht bei Klasse T), Ladeeinrichtung, Ladungssicherung (Zustandskontrolle) (nicht bei Klasse T)

2.1.3.6.5 Sichtprüfung der Anhängekupplung

2.1.3.6.6 Zustand der Scheiben und Spiegel (Sauberkeit, Beschädigung)

2.1.3.6.7 Plane/Spriegel (Zustand und Befestigung kontrollieren, prüfen ob Plane frei von Wasser oder u.U. von Schnee und Eis)

2.1.3.7 **Handfertigkeiten**

2.1.3.7.1 Überprüfung der Notausstiege und Nothämmer

2.1.3.7.2 Erläutern oder Demonstrieren des Auswechselns einer Glühlampe im Scheinwerfer (gilt nicht für Gasentladungslampe)

2.1.3.7.3 Erläutern oder Demonstrieren des Auswechselns einer Glühlampe in Brems-, Blink- oder Schlussleuchte

2.1.3.7.4 Funktionsprüfung der Verständigungsanlage mit Regelung der Lautstärke und Umschalten zwischen Fahrer- und Beifahrermikrofon

2.1.3.7.5 Funktionsprüfung der Türbetätigungsanlage (auch von außen)

2.1.3.7.6 Demonstrieren des vorschriftsmäßigen Absicherns eines liegengebliebenen Fahrzeugs

2.1.3.7.7 Demonstrieren der Notbetätigung der Türen

2.1.3.7.8 Beschreibung der Handhabung des Feuerlöschers

2.1.3.7.9 Kontrolle einer Sicherung bzw. Handhabung des Sicherungsautomaten

2.1.3.7.10 Bedienung der Heizungs- und Lüftungsanlage

2.1.4. Aufgabenkarten

Karte 1

1.1 Aufgaben vor Fahrtantritt am Fahrtenschreiber

2.1 Kontrolle des Standes der Bremsflüssigkeit

3.1 Prüfen der Reifengröße anhand der Zulassungsbescheinigung Teil I (Fahrzeugschein)

4.2 Bremsleuchten, Kennzeichenbeleuchtung, Rückstrahler prüfen

5.1 Sichtprüfung von Kühler und Kühlleitungen, Kontrolle des Kühlflüssigkeitsstandes

6.1 Warnleuchte (Funktion), Warndreieck, Warnweste (Vorhandensein)

7.4 Funktionsprüfung der Verständigungsanlage mit Regelung der Lautstärke und Umschalten zwischen Fahrer- und Beifahrermikrofon

Karte 2

1.2 Bedienung der Schalter am Fahrtenschreiber

2.2 Prüfen der Druckwarneinrichtung

3.2 Prüfen der Tragfähigkeit und der Höchstgeschwindigkeit der Reifen anhand der Zulassungsbescheinigung Teil I (Fahrzeugschein)
4.3 Hupe/Lichthupe/Warnblinklicht/Seitenmarkierungsleuchten, Funktion prüfen
5.1 Sichtprüfung von Kühler und Kühlleitungen, Kontrolle des Kühlflüssigkeitsstandes
6.2 Unterlegkeile (Anzahl, Unterbringung)
7.1 Überprüfung der Notausstiege und Nothämmer

Karte 3

1.3 Bedeutung der Kontrolllampen des Fahrtenschreibers; Ausfall des Geräts
2.5 Sichtprüfung der Betriebs- und Feststellbremse
3.4 Sichtprüfung des Sitzes der Radmuttern
4.1 Standlicht, Abblendlicht, Fernlicht, Umrissleuchten vorne, Funktion prüfen
5.2 Kontrolle des Motorölstandes
6.3 Verbandkasten (Unterbringung) (nicht bei Klasse T)
7.2 Erläutern oder Demonstrieren des Auswechselns einer Glühlampe im Scheinwerfer (gilt nicht für Gasentladungslampe)

Karte 4

1.4 Benennen der Symbole auf dem Fahrtenschreiber
2.4 Prüfen, ob Pedalwege frei sind
3.3 Prüfen des Reifenzustandes (Profil, Beschädigung, Fremdkörper) und des Reifendruckes
4.3 Hupe/Lichthupe/Warnblinklicht/Seitenmarkierungsleuchten, Funktion prüfen
5.3 Dichtheit der Kraftstoffanlage, Kraftstoffleitung, Kraftstoffvorrat prüfen
6.1 Warnleuchte (Funktion), Warndreieck, Warnweste (Vorhandensein)
7.5 Funktionsprüfung der Türbetätigungsanlage (auch von außen)

Karte 5

1.5 Überprüfen eines Schaublattes bzw. Ausdruckes des Fahrtenschreibers
   a) Wie viele Kilometer wurden gefahren?
   b) Wie lange war die Fahrunterbrechung?
   c) Nach wie viel Stunden wurde die erste Pause eingelegt?
   d) Welche Höchstgeschwindigkeit wurde gefahren bzw. wurden Geschwindigkeitsüberschreitungen dokumentiert?
2.3 Vorratsdruck aufbauen, Fahrbereitschaft feststellen
3.5 Prüfen der Felgen auf Beschädigung
4.1 Standlicht, Abblendlicht, Fernlicht, Umrissleuchten vorne, Funktion prüfen
5.4 Sichtprüfung des Antriebs von Nebenaggregaten (z.B. Lichtmaschine, Servo- und Wasserpumpe)
6.6 Zustand der Scheiben und Spiegel (Sauberkeit, Beschädigung)

7.3 Erläutern oder Demonstrieren des Auswechselns einer Glühlampe in Brems-, Blink- oder Schlussleuchte

Karte 6

1.6 Ausfüllen des Schaubblattes des Fahrtenschreibers bzw. Abmelden am Fahrtenschreiber am Ende einer Fahrt

2.3 Vorratsdruck aufbauen, Fahrbereitschaft feststellen

3.6 Prüfung der Reserveradsicherung

4.5 Kontrolllampen benennen oder Kontrollsysteme aktivieren und an zwei Beispielen erläutern

5.2 Kontrolle des Motorölstandes

6.5 Sichtprüfung der Anhängekupplung

7.6 Demonstrieren des vorschriftsmäßigen Absicherns eines liegengebliebenen Fahrzeugs

Karte 7

1.1 Aufgaben vor Fahrtantritt am Fahrtenschreiber

2.2 Prüfen der Druckwarneinrichtung

3.8 Funktion der Lenkhilfe prüfen

4.2 Bremsleuchten, Kennzeichenbeleuchtung, Rückstrahler prüfen

5.4 Sichtprüfung des Antriebs von Nebenaggregaten (z.B. Lichtmaschine, Servo- und Wasserpumpe)

6.4 Bordwände, Verschlüsse, Gepäckklappen (nicht bei Klasse T), Ladeeinrichtung, Ladungssicherung (Zustandskontrolle) (nicht bei Klasse T)

7.7 Demonstrieren der Notbetätigung der Türen

Karte 8

1.2 Bedienung der Schalter am Fahrtenschreiber

2.6 Vorrat des Frostschutzmittels prüfen

3.9 Lenkungsspiel prüfen

4.4 Batterie (Anschlüsse, Befestigung) prüfen

5.5 Flüssigkeitsvorrat in Scheiben- und Scheinwerferwaschanlage kontrollieren

6.7 Plane/Spriegel (Zustand und Befestigung kontrollieren, prüfen, ob Plane frei von Wasser oder u.U. von Schnee und Eis)

7.8 Beschreibung der Handhabung des Feuerlöschers

Karte 9

1.4 Benennen der Symbole auf dem Fahrtenschreiber

2.5 Sichtprüfung der Betriebs- und Feststellbremse

3.10 Ölstand der Servolenkung prüfen

4.6 Schluss-, Umrissleuchten hinten, Funktion prüfen

5.6 Überprüfung der Scheibenwaschanlage und die Einstellung der Spritzdüsen

6.6 Zustand der Scheiben und Spiegel (Sauberkeit, Beschädigung)

7.9 Kontrolle einer Sicherung bzw. Handhabung des Sicherungsautomaten

Karte 10

1.5 Überprüfen eines Schaublattes bzw. Ausdruckes des Fahrtenschreibers
a) Wie viele Kilometer wurden gefahren?
b) Wie lange war die Fahrunterbrechung?
c) Nach wie viel Stunden wurde die erste Pause eingelegt?
d) Welche Höchstgeschwindigkeit wurde gefahren bzw. wurden Geschwindigkeitsüberschreitungen dokumentiert?

2.4 Prüfen, ob Pedalwege frei sind

3.7 Sichtprüfung der Federung

4.5 Kontrolllampen benennen oder Kontrollsysteme aktivieren und an zwei Beispielen erläutern

5.7 Überprüfung der Zustandsanzeige für die Luftfilteranlage

6.2 Unterlegkeile (Anzahl, Unterbringung)

7.10 Bedienung der Heizungs- und Lüftungsanlage

2.2. Verbinden und Trennen von Fahrzeugen

2.2.1. Verbinden und Trennen von Fahrzeugen für die Klassen BE, C1E, DE und D1E (Anlage 7 Nr. 2.1.3 FeV)

2.2.1.1. Allgemeine Hinweise

Der Bewerber hat nachzuweisen, dass er selbstständig Fahrzeuge verbinden und trennen kann.

Für das Verbinden und Trennen von Fahrzeugen besteht eine Auswahl von 2 Aufgaben. Sie sind auf verkehrsarmen Straßen oder Plätzen, möglichst in der Ebene durchzuführen. Die bei den Aufgaben aufgeführten Positionen sind vollständig auszuführen, soweit die Einrichtungen an den Prüfungsfahrzeugen vorhanden sind. Vor dem Verbinden darf das Zugfahrzeug nicht in einer Linie vor dem Anhänger stehen.

Die Auswahl der Aufgabe erfolgt durch den aaSoP entsprechend den bei der Prüfung bereitgestellten Fahrzeugen.

Bei den Klassen C1E, DE und D1E hat der Bewerber vor der Rückwärtsfahrt eine geeignete Person aufzufordern, ihn vor herankommenden Verkehrsteilnehmern oder vor Hindernissen, die seinem Blickfeld entzogen sind, zu warnen. Er hat bis zu einer Entfernung von ca. 2 m selbstständig und ohne weitere Hilfe an den Anhänger heranzufahren. Ab diesem Abstand darf bei allen Klassen eine Einweisung erfolgen. Der Bewerber hat die Fahrt zu unterbrechen, wenn er die den Verkehr sichernde Person nicht mehr sieht.

2.2.1.2. Verbinden und Trennen von Fahrzeugen mit Kugelkopfkupplung

2.2.1.2.1. Anhänger ankuppeln

Innerhalb der Ziffer 4 ist die Reihenfolge der Ausführung beliebig

1) Zugfahrzeug heranfahren
2) Feststellbremse am Anhänger lösen
3) Anhänger ankuppeln
4) – Abreißseil einhängen
– Sicherung der Kupplung prüfen
– Stützrad einfahren und sichern
– Unterlegkeile verstauen

– Elektroanschluss herstellen

5) Funktion der Beleuchtungseinrichtungen des Anhängers prüfen

6) Funktion der Bremsanlage des Anhängers (Sichtkontrolle) prüfen

7) Vor Fahrtantritt ist eine Bremsprobe durch den Bewerber durchzuführen[1)]

2.2.1.2.2. Anhänger abkuppeln

Innerhalb der Ziffer 4 ist die Reihenfolge der Ausführung beliebig

1) Zugfahrzeug sichern

2) Anhänger sichern (Feststellbremse, Unterlegkeile)

3) Stützrad ausfahren

4) – Elektroanschluss trennen
– Abreißseil aushängen
– Kupplung öffnen
– Deichsel hochkurbeln

2.2.1.3. Verbinden und Trennen von Fahrzeugen mit selbsttätiger Kupplung, mit Druckluftbremse oder mit eigener Lenkung

Bei diesen Fahrzeugen ist sinngemäß wie bei Klasse CE (siehe Ziffer 2.2.2) zu verfahren.

2.2.1.4. Bewertung des Verbindens und Trennens von Fahrzeugen

Dieser Prüfungsteil ist nicht bestanden, wenn der Bewerber

- auch bei der Wiederholung das Verbinden oder Trennen nicht fehlerfrei ausführt,
- den Verkehr ungenügend beobachtet und es dadurch zu einer Gefährdung kommt,
- rückwärts fährt ohne sichernde Person bzw. nicht anhält bei Abbrechen der Sichtverbindung zur sichernden Person (gilt nicht bei Klasse BE),
- eine Person, ein Fahrzeug oder einen anderen Gegenstand anfährt.

Wird dieser Prüfungsteil nicht bestanden, so ist die Prüfungsfahrt einschließlich Grundfahraufgaben trotzdem durchzuführen.

2.2.2. Verbinden und Trennen von Fahrzeugen für die Klassen CE und T (Anlage 7 Nr. 2.1.3 FeV)

2.2.2.1. Allgemeine Hinweise

Der Bewerber hat nachzuweisen, dass er selbstständig Fahrzeuge verbinden und trennen kann.

Für das Verbinden und Trennen von Fahrzeugen besteht eine Auswahl von vier Aufgaben bei Klasse CE bzw. von zwei Aufgaben bei Klasse T. Die bei den Aufgaben aufgeführten Positionen sind vollständig auszuführen, soweit die Einrichtungen an den Prüfungsfahrzeugen vorhanden sind.

Die Auswahl der Aufgabe erfolgt durch den aaSoP entsprechend den für die Prüfung bereitgestellten Fahrzeugen. Vor dem Verbinden darf das Zugfahrzeug nicht in einer Linie vor dem Anhänger stehen (gilt nicht für die Klasse T).

[1)] **Amtl. Anm.:** Die Bremsprobe ist nach kurzem Anfahren bei Schrittgeschwindigkeit (ca. 5–8 km/h) mit einer Schlagbremsung durchzuführen.

Vor der Rückwärtsfahrt hat der Bewerber eine geeignete Person aufzufordern, ihn vor herankommenden Verkehrsteilnehmern oder vor Hindernissen, die seinem Blickfeld entzogen sind, zu warnen (bei Klasse T nur bei fehlender direkter Sicht nach hinten). Er hat bis zu einer Entfernung von ca. 2 m selbständig und ohne weitere Hilfe an den Anhänger heranzufahren. Ab diesem Abstand darf eine Einweisung erfolgen. Der Bewerber hat die Fahrt zu unterbrechen, wenn er die den Verkehr sichernde Person nicht mehr sieht.

2.2.2.2. Verbinden und Trennen von Fahrzeugen mit Mehrachsanhänger und Starrdeichselanhänger (Klassen CE und T)

2.2.2.2.1. Anhänger ankuppeln

Innerhalb der Ziffern 2 und 5 ist die Reihenfolge der Ausführung beliebig

1) Heranfahren mit dem Zugfahrzeug an den Anhänger bis auf einen Abstand von ca. 2 m. Überprüfen, ob Anhänger gesichert ist, ggf. sichern (Feststellbremse, Unterlegkeil(e))
2) – ggf. Zuggabel bzw. Stützeinrichtung auf Höhe einstellen
   – Kupplung öffnen
   – am Mehrachsanhänger Löseventil betätigen
3) Zurückstoßen (sichernde Person/Einweiser)
4) Kupplung kontrollieren (eingerastet, gesichert)
5) – Höheneinstellung lösen (falls erforderlich) bzw. Stützeinrichtung einfahren
   – Druckluftschläuche anschließen (erst Brems-, dann Vorratsschlauch)
   – Elektroanschlüsse herstellen
   – ggf. Stellung des Bremskraftreglers prüfen
6) Unterlegkeil(e) verstauen, sichern[1)]
7) Feststellbremse lösen (Anhänger)
8) Funktion der Bremse und der elektrischen Einrichtungen des Anhängers prüfen
9) Vor Fahrtantritt ist eine Bremsprobe durch den Bewerber durchzuführen[2)]

2.2.2.2.2. Anhänger abkuppeln

Innerhalb der Ziffern 2, 3 und 6 ist die Reihenfolge der Ausführung beliebig

1) Zugfahrzeug sichern
2) – Anhänger sichern (Feststellbremse, Unterlegkeil(e))
   – ggf. Zuggabel feststellen bzw. Stützeinrichtung ausfahren
3) – Druckluftschläuche trennen (erst Vorrats-, dann Bremsschlauch)
   – Elektroanschlüsse trennen
4) Kupplung öffnen
5) Vorwärts fahren
6) – Höheneinstellung lösen (falls erforderlich)
   – Kupplung schließen

[1)] **Amtl. Anm.:** die Ausführung von Ziffer 6 kann auch nach Ausführung von Ziffer 8 erfolgen.

[2)] **Amtl. Anm.:** Die Bremsprobe ist nach kurzem Anfahren bei Schrittgeschwindigkeit (ca. 5–8 km/h) mit einer Schlagbremsung durchzuführen.

2.2.2.3. Verbinden und Trennen von Fahrzeugen mit Sattelanhänger (Klasse CE)

2.2.2.3.1. Sattelanhänger aufsatteln

Innerhalb der Ziffern 2 und 5 ist die Reihenfolge der Ausführung beliebig

1) Heranfahren mit der Sattelzugmaschine an den Anhänger bis auf einen Abstand von ca. 2 m. Überprüfen, ob Anhänger gesichert ist, ggf. sichern (Feststellbremse, Unterlegkeile beide Richtungen)
2) – Verschlusshandhebel der Kupplung geöffnet?
   – Höhe Sattelkupplung/Sattelplatte einstellen
3) Zurückstoßen (sichernde Person)
4) Kupplung kontrollieren (Einrasten des Verschlusshandhebels)
5) – Verschlusshandhebel sichern
   – Stützvorrichtung einfahren und sichern
   – Druckluftschläuche anschließen (erst Brems-, dann Vorratsschlauch)
   – Elektroanschlüsse herstellen
6) Unterlegkeile verstauen und sichern
7) Feststellbremse lösen (Anhänger)
8) Funktion der Bremse und der elektrischen Einrichtungen des Anhängers prüfen
9) Vor Fahrtantritt ist eine Bremsprobe durch den Bewerber durchzuführen[1)]

2.2.2.3.2. Sattelanhänger absatteln

Innerhalb der Ziffer 4 ist die Reihenfolge der Ausführung beliebig

1) Sattelzugmaschine sichern
2) Anhänger sichern (Feststellbremse, Unterlegkeile beide Richtungen)
3) Stützvorrichtung ausfahren
4) – Verschlusshandhebel öffnen
   – Druckluftschläuche trennen (erst Vorrats-, dann Bremsschlauch)
   – Elektroanschlüsse trennen
5) Vorwärts fahren

2.2.2.4. Bewertung des Verbindens und Trennens von Fahrzeugen

Dieser Prüfungsteil ist nicht bestanden, wenn der Bewerber

- auch bei der Wiederholung das Verbinden oder Trennen nicht fehlerfrei ausführt,
- den Verkehr ungenügend beobachtet und es dadurch zu einer Gefährdung kommt,
- rückwärts fährt ohne sichernde Person bzw. nicht anhält bei Abbrechen der Sichtverbindung zur sichernden Person,
- eine Person, ein Fahrzeug oder einen anderen Gegenstand anfährt.

Wird dieser Prüfungsteil nicht bestanden, so ist die Prüfungsfahrt einschließlich Grundfahraufgaben trotzdem durchzuführen.

Bei Klasse T gilt dies auch für die Abfahrtkontrolle (siehe Ziffer 2.1).

[1)] **Amtl. Anm.:** Die Bremsprobe ist nach kurzem Anfahren bei Schrittgeschwindigkeit (ca. 5–8 km/h) mit einer Schlagbremsung durchzuführen.

2.3. Grundfahraufgaben

2.3.1. Klassen A, A2, A1 und AM

2.3.1.1

Grundfahraufgaben dienen dem Nachweis, dass der Bewerber ein Kraftrad der Klasse A, A2, A1 oder AM selbstständig handhaben kann, die Grundbegriffe der Fahrphysik kennt und sie richtig anwenden kann (Fahrzeugbeherrschung). Sie sind, wenn möglich, außerhalb des öffentlichen Verkehrs, sonst auf verkehrsarmen Straßen oder Plätzen möglichst in der Ebene durchzuführen. Sind zur Durchführung der Aufgaben auf öffentlichen Straßen oder Plätzen Markierungen erforderlich, so müssen diese Markierungsgegenstände mindestens 15 cm hoch sein. Sie dürfen aus Sicherheitsgründen nicht über eine Bodenplatte verfügen und nicht dem Verkehrszeichen 610 (Leitkegel) entsprechen. Die Anzahl der aufzustellenden Markierungsgegenstände ergibt sich aus der Prinzip-Skizze der jeweiligen Grundfahraufgabe. Eine geringfügige Abweichung von den dort eingezeichneten Fahrlinien ist zulässig.

Die Vorschriften der StVO sind zu beachten; so ist z.B. vor Beginn jeder Grundfahraufgabe (Anfahren) der rückwärtige Verkehr durch Spiegelbenutzung und Überprüfen des „Toten Winkels" zu beobachten. Außerdem muss beim Anfahren vom Fahrbahnrand der Blinker betätigt werden. Alle Aufgaben sind sitzend zu fahren.

2.3.1.2

Voraussetzung für das Bestehen der Fahrerlaubnisprüfung ist die Fähigkeit des Bewerbers, das Kraftrad selbstständig zu handhaben. Hierzu gehört das Aufstellen und Herunternehmen vom Ständer – Mittel- oder Seitenständer – und ggf. das seitliche Schieben ohne Motorkraft in die Abfahrtposition sowie das Anlassen (mit elektrischem Anlasser, soweit vorhanden) des Kraftrades mit allen damit in Zusammenhang stehenden Handgriffen. Die Fähigkeit zur selbstständigen Handhabung ist u.a. nicht gegeben, wenn der Bewerber das Kraftrad nicht auf den Ständer stellen oder von ihm herunternehmen kann, ihm das Kraftrad umkippt oder wenn er mit nicht ordnungsgemäß eingezogenem Ständer anfahren will.

2.3.1.3

Nachfolgende Tabellen beschreiben Auswahl und Anzahl der zu prüfenden Grundfahraufgaben. Die Auswahl trifft der aaSoP.

Grundfahraufgaben der Klassen A, A2 und A1 (Direkteinstieg)	**GFA-Nr.**	
Slalom mit Schrittgeschwindigkeit (5 × 3,5 m Abstand)	1.1	O
Abbremsen mit höchstmöglicher Verzögerung	1.2	O
Ausweichen ohne Abbremsen	1.3	O
Ausweichen nach Abbremsen	1.4	O
Slalom (4 × 7 m Abstand)	1.5	A innerhalb dieser 2 Aufgaben
Langer Slalom (4 × 9 m/2 × 7 m Abstand)	1.6	
Fahren mit Schrittgeschwindigkeit geradeaus	1.7	A innerhalb dieser 3 Aufgaben
Stop and Go	1.8	
Kreisfahrt (4,5 m Radius)	1.9	

Grundfahraufgaben der Klassen A, A2 und A1 (Direkteinstieg)	GFA-Nr.	
Summe der zu fahrenden GFA		**6**

O = obligatorisch
A = alternativ

Bei stufenweisem Zugang und jeweils zweijährigem Vorbesitz von A1 nach A2 und A2 nach A entfallen die alternativen Aufgaben.

Grundfahraufgaben der Klassen A2 und A (stufenweiser Zugang)	GFA-Nr.	
Slalom mit Schrittgeschwindigkeit (5 × 3,5 m Abstand)	1.1	O
Abbremsen mit höchstmöglicher Verzögerung	1.2	O
Ausweichen ohne Abbremsen	1.3	O
Ausweichen nach Abbremsen	1.4	O
Summe der zu fahrenden GFA		**4**

O = obligatorisch

Grundfahraufgaben der Klasse AM	GFA-Nr.	
Slalom (4 × 7m Abstand)	1.5	O
Abbremsen mit höchstmöglicher Verzögerung	1.2	O
Ausweichen ohne Abbremsen	1.3	A innerhalb dieser 2 Aufgaben
Ausweichen nach Abbremsen	1.4	
Fahren mit Schrittgeschwindigkeit geradeaus	1.7	A innerhalb dieser 3 Aufgaben
Stop and Go	1.8	
Kreisfahrt (4,5 m Radius)	1.9	
Summe der zu fahrenden GFA		**4**

O = obligatorisch
A = alternativ

Die Handlungsanforderungen und zugehörigen Bewertungskriterien der Grundfahraufgaben werden im Fahraufgabenkatalog „Grundfahraufgaben" (Teil B dieser Richtlinie) beschrieben.

2.3.1.4. Bewertung der Grundfahraufgaben

Höchstens drei Grundfahraufgaben dürfen je einmal wiederholt werden. Bei stufenweisem Zugang dürfen höchstens zwei Grundfahraufgaben je einmal wiederholt werden.

Die praktische Prüfung ist nicht bestanden, wenn der Bewerber

- die Voraussetzungen gem. Ziffer 2.3.1.2 nicht erfüllt,
- auch bei der Wiederholung eine Grundfahraufgabe nicht fehlerfrei ausführt,
- den Verkehr ungenügend beobachtet und es dadurch zu einer Gefährdung kommt,
- eine Person, ein Fahrzeug oder einen anderen Gegenstand (aufgestellte Markierungsgegenstände ausgenommen) anfährt oder
- stürzt.

2.3.2. Klasse B

2.3.2.1

Die Grundfahraufgaben dienen dem Nachweis, dass der Bewerber ein Fahrzeug der Klasse B bei geringer Geschwindigkeit selbstständig handhaben kann. Sie sind auf verkehrsarmen Straßen oder Plätzen möglichst in der Ebene durchzuführen. Die Vorschriften der StVO sind zu beachten; so ist z.B. vor Beginn und während der jeweiligen Grundfahraufgabe der Verkehr ausreichend zu beobachten und beim Anfahren vom Fahrbahnrand der Blinker zu betätigen.

Bei einem Korrekturzug handelt es sich um die Bewegung des Fahrzeugs entgegen der Fahrtrichtung der Grundfahraufgabe.

2.3.2.2

Nachfolgende Tabelle beschreibt Auswahl und Anzahl der zu prüfenden Grundfahraufgaben. Die Auswahl trifft der aaSoP.

<table>
<tr><th>Grundfahraufgaben der Klasse B</th><th>GFA-Nr.</th><th></th></tr>
<tr><td>Fahren nach rechts rückwärts unter Ausnutzung einer Einmündung, Kreuzung oder Einfahrt</td><td>2.1</td><td rowspan="2">von diesen zwei Aufgaben ist eine auszuwählen</td></tr>
<tr><td>Rückwärtsfahren in eine Parklücke (Längsaufstellung)</td><td>2.2</td></tr>
<tr><td>Einfahren in eine Parklücke (Quer- oder Schrägaufstellung)</td><td>2.3</td><td rowspan="3">von diesen drei Aufgaben sind zwei auszuwählen; GFA-Nr. 2.5 ist mind. einmal bei drei Prüfungen durchzuführen</td></tr>
<tr><td>Umkehren</td><td>2.4</td></tr>
<tr><td>Abbremsen mit höchstmöglicher Verzögerung</td><td>2.5</td></tr>
<tr><td>Summe der zu fahrenden GFA</td><td></td><td>3</td></tr>
</table>

Die Handlungsanforderungen und zugehörigen Bewertungskriterien der Grundfahraufgaben werden im Fahraufgabenkatalog „Grundfahraufgaben" (Teil B dieser Richtlinie) beschrieben.

2.3.2.3. Bewertung der Grundfahraufgaben

Jede Aufgabe darf einmal wiederholt werden.

Die praktische Prüfung ist nicht bestanden, wenn der Bewerber

- auch bei der Wiederholung eine Grundfahraufgabe nicht fehlerfrei ausführt
- den Verkehr ungenügend beobachtet und es dadurch zu einer Gefährdung kommt
- eine Person, ein Fahrzeug oder einen anderen Gegenstand anfährt.

2.3.3. Klassen C, C1, D und D1

2.3.3.1

Die Grundfahraufgaben dienen dem Nachweis, dass der Bewerber ein Fahrzeug der Klasse C, C1, D oder D1 bei geringer Geschwindigkeit selbstständig handhaben kann. Sie sind auf verkehrsarmen Straßen oder Plätzen möglichst in der Ebene durchzuführen. Die Vorschriften der StVO sind zu beachten; so ist z.B. vor Beginn und während der jeweiligen Grundfahraufgabe der Verkehr ausreichend zu beobachten und beim Anfahren vom Fahrbahnrand der Blinker zu betätigen. Vor Beginn der jeweiligen Grundfahraufgabe (außer bei Nr. 3.5) mit „Rückwärtsfahrt“ hat der Bewerber eine geeignete Person aufzufordern, ihn vor herankommenden Verkehrsteilnehmern oder vor Hindernissen, die seinem Blickfeld entzogen sind, zu warnen; darüber hinausgehende Lenk- oder andere Bedienungshinweise sind nicht zulässig mit Ausnahme des Signalisierens des Abstandes von der „Rampe“ bei Aufgabe Nr. 3.4. Der Bewerber hat die Fahrt zu unterbrechen, wenn er die den Verkehr sichernde Person nicht mehr sieht.

Bei den Grundfahraufgaben Nr. 3.1, 3.2 und 3.3 wählt der Bewerber die geeignete Stelle in der Regel selbst aus. Bei Grundfahraufgabe Nr. 3.4 gilt Folgendes: Die Rampe muss mindestens 3,5 Meter breit sein. Sie kann durch eine Plattform, ähnliche Einrichtungen (z.B. einen Anhänger, eine Wand, eine Garage oder einen Container) und/oder Markierungen (z.B. möglichst hohe Markierungsgegenstände in Ladeflächenhöhe) dargestellt werden. Diese dürfen nicht dem Verkehrszeichen 610 (Leitkegel) entsprechen. Der Abstand zur Rampe kann bis zum Erreichen der Endposition durch eine sichernde Person optisch und/oder akustisch signalisiert werden. Bei einem Korrekturzug handelt es sich um die Bewegung des Fahrzeugs entgegen der Fahrtrichtung der Grundfahraufgabe.

2.3.3.2

Nachfolgende Tabelle beschreibt Auswahl und Anzahl der zu prüfenden Grundfahraufgaben. Die Auswahl trifft der aaSoP.

<table>
<tr><th>Grundfahraufgaben der Klassen C, C1, D, D1</th><th>GFA-Nr.</th><th>Klasse C/C1</th><th>Klasse D/D1</th></tr>
<tr><td>Rückwärtsfahren und versetzen nach rechts an eine Rampe zum Be- oder Entladen (nur Klasse C/C1)</td><td>3.4</td><td>O</td><td>–</td></tr>
<tr><td>Halten zum Ein- oder Aussteigen (nur Klasse D/D1)</td><td>3.5</td><td>–</td><td>O</td></tr>
<tr><td>Fahren nach rechts rückwärts unter Ausnutzung einer Einmündung, Kreuzung oder Einfahrt</td><td>3.1</td><td rowspan="3" colspan="2">A innerhalb dieser 3 Aufgaben</td></tr>
<tr><td>Rückwärtsfahren in eine Parklücke (Längsaufstellung)</td><td>3.2</td></tr>
<tr><td>Rückwärts quer oder schräg einparken</td><td>3.3</td></tr>
<tr><td>Summe der zu fahrenden GFA</td><td></td><td colspan="2">2</td></tr>
</table>

O = obligatorisch
A = alternativ

Die Handlungsanforderungen und zugehörigen Bewertungskriterien der Grundfahraufgaben werden im Fahraufgabenkatalog „Grundfahraufgaben“ (Teil B dieser Richtlinie) beschrieben.

2.3.3.3. Bewertung der Grundfahraufgaben

Jede Aufgabe darf einmal wiederholt werden.

Dieser Prüfungsteil ist nicht bestanden, wenn der Bewerber

- auch bei der Wiederholung eine Grundfahraufgabe nicht fehlerfrei ausführt
- rückwärts fährt ohne sichernde Person bzw. nicht anhält bei Abbrechen der Sichtverbindung zur sichernden Person

- den Verkehr ungenügend beobachtet und es dadurch zu einer Gefährdung kommt
- eine Person, ein Fahrzeug oder einen anderen Gegenstand anfährt
- bei der „Rampenaufgabe" die Rampe anfährt bzw. die hintere Markierung überfährt.

Wird dieser Prüfungsteil nicht bestanden, ist die Abfahrtkontrolle (Ziffer 2.1.) trotzdem durchzuführen, bei den Klassen D und D1 einschließlich der Handfertigkeiten.

2.3.4. Klassen BE, C1E, DE und D1E

2.3.4.1

Die Grundfahraufgaben dienen dem Nachweis, dass der Bewerber eine Fahrzeugkombination der Klasse BE, der Klasse C1E, der Klasse DE oder der Klasse D1E bei geringer Geschwindigkeit selbstständig handhaben kann. Sie sind auf verkehrsarmen Straßen oder Plätzen möglichst in der Ebene durchzuführen. Die Vorschriften der StVO sind zu beachten; so ist z.B. vor Beginn und während der jeweiligen Grundfahraufgabe der Verkehr ausreichend zu beobachten und beim Anfahren vom Fahrbahnrand der Blinker zu betätigen.

Vor Beginn der jeweiligen Grundfahraufgabe hat der Bewerber eine geeignete Person aufzufordern, ihn vor herankommenden Verkehrsteilnehmern oder vor Hindernissen, die seinem Blickfeld entzogen sind, zu warnen; darüber hinausgehende Lenk- oder andere Bedienungshinweise sind nicht zulässig, mit Ausnahme des Signalisierens des Abstandes von der „Rampe" bei Aufgabe 4.2. Der Bewerber hat die Fahrt zu unterbrechen, wenn er die den Verkehr sichernde Person nicht mehr sieht.

Bei Grundfahraufgabe Nr. 4.2 gilt Folgendes: Die Rampe muss mindestens 3,5 Meter breit sein. Sie kann durch eine Plattform, ähnliche Einrichtungen (z.B. einen Anhänger, eine Wand, eine Garage oder einen Container) und/oder Markierungen (z.B. möglichst hohe Markierungsgegenstände in Ladeflächenhöhe) dargestellt werden. Diese dürfen nicht dem Verkehrszeichen 610 (Leitkegel) entsprechen. Der Abstand zur Rampe kann bis zum Erreichen der Endposition durch eine sichernde Person optisch und/oder akustisch signalisiert werden. Bei einem Korrekturzug handelt es sich um die Bewegung des Fahrzeugs entgegen der Fahrtrichtung der Grundfahraufgabe.

2.3.4.2

Nachfolgende Tabelle beschreibt Auswahl und Anzahl der zu prüfenden Grundfahraufgaben. Die Auswahl trifft der aaSoP.

Grundfahraufgaben der Klassen BE, C1E, DE und D1E	**GFA-Nr.**	**Klasse BE/DE/ D1E**	**Klasse C1E**
Rückwärtsfahren um eine Ecke nach links	4.1	O	
Rückwärtsfahren geradeaus an eine Rampe zum Be- oder Entladen (nur Klasse C1E)	4.2	–	O
Summe der zu fahrenden GFA		**1**	**2**

O = obligatorisch

Die Handlungsanforderungen und zugehörigen Bewertungskriterien der Grundfahraufgaben werden im Fahraufgabenkatalog „Grundfahraufgaben" (Teil B dieser Richtlinie) beschrieben.

2.3.4.3. Bewertung der Grundfahraufgaben

Jede Aufgabe darf einmal wiederholt werden.

Dieser Prüfungsteil ist nicht bestanden, wenn der Bewerber

- auch bei der Wiederholung eine Grundfahraufgabe nicht fehlerfrei ausführt
- rückwärts fährt ohne sichernde Person bzw. nicht anhält bei Abbrechen der Sichtverbindung zur sichernden Person
- den Verkehr ungenügend beobachtet und es dadurch zu einer Gefährdung kommt
- eine Person, ein Fahrzeug oder einen anderen Gegenstand anfährt
- bei der „Rampenaufgabe" die Rampe anfährt bzw. die hintere Markierung überfährt.

Wird dieser Prüfungsteil nicht bestanden, so ist das Verbinden und Trennen von Fahrzeugen (Ziffer 2.2) trotzdem durchzuführen.

2.3.5. Klasse CE

2.3.5.1

Die Grundfahraufgaben dienen dem Nachweis, dass der Bewerber einen Gliederzug (Kraftfahrzeug der Klasse C mit Mehrachsanhänger oder mit Starrdeichselanhänger) oder ein Sattelkraftfahrzeug (Sattelzugmaschine mit Sattelanhänger) bei geringer Geschwindigkeit selbstständig handhaben kann. Sie sind auf verkehrsarmen Straßen oder Plätzen möglichst in der Ebene durchzuführen. Die Vorschriften der StVO sind zu beachten; so ist z.B. vor Beginn und während der jeweiligen Grundfahraufgabe der Verkehr ausreichend zu beobachten und beim Anfahren vom Fahrbahnrand der Blinker zu betätigen.

Vor Beginn der jeweiligen Grundfahraufgabe hat der Bewerber eine geeignete Person aufzufordern, ihn vor herankommenden Verkehrsteilnehmern oder vor Hindernissen, die seinem Blickfeld entzogen sind, zu warnen; darüber hinausgehende Lenk- oder andere Bedienungshinweise sind nicht zulässig, mit Ausnahme des Signalisierens des Abstandes von der „Rampe" bei Aufgabe 5.2 bzw. 5.4. Der Bewerber hat die Fahrt zu unterbrechen, wenn er die den Verkehr sichernde Person nicht mehr sieht.

Bei den Grundfahraufgaben Nr. 5.2 und 5.4 gilt Folgendes: Die Rampe muss mindestens 3,5 Meter breit sein. Sie kann durch eine Plattform, ähnliche Einrichtungen (z.B. einen Anhänger, eine Wand, eine Garage oder einen Container) und/oder Markierungen (z.B. möglichst hohe Markierungsgegenstände in Ladeflächenhöhe) dargestellt werden. Diese dürfen nicht dem Verkehrszeichen 610 (Leitkegel) entsprechen. Der Abstand zur Rampe kann bis zum Erreichen der Endposition durch eine sichernde Person optisch und/oder akustisch signalisiert werden.

Bei einem Korrekturzug handelt es sich um die Bewegung des Fahrzeugs entgegen der Fahrtrichtung der Grundfahraufgabe.

2.3.5.2

Nachfolgende Tabellen beschreiben Auswahl und Anzahl der zu prüfenden Grundfahraufgaben. Die Auswahl trifft der aaSoP.

Grundfahraufgaben der Klasse CE (Gliederzüge, keine Kombination mit Starrdeichselanhänger)	GFA-Nr.	
Umkehren durch Rückwärtsfahren nach links	5.1	O
Rückwärtsfahren geradeaus an eine Rampe zum Be- oder Entladen	5.2	O
Summe der zu fahrenden GFA		**2**

O = obligatorisch

Grundfahraufgaben der Klasse CE (Sattelkraftfahrzeuge und Gliederzüge mit Starrdeichselanhänger)	GFA-Nr.	
Rückwärtsfahren um eine Ecke nach links	5.3	O
Rückwärtsfahren und versetzen nach rechts an eine Rampe zum Be- oder Entladen	5.4	O
Summe der zu fahrenden GFA		**2**

O = obligatorisch

Hinweis: Bei Gliederzügen mit Starrdeichselanhänger (Tandem-/Doppelachse) darf bei Durchführung der Grundfahraufgaben eine ggf. vorhandene Liftachse angehoben werden.

Die Handlungsanforderungen und zugehörigen Bewertungskriterien der Grundfahraufgaben werden im Fahraufgabenkatalog „Grundfahraufgaben" (Teil B dieser Richtlinie) beschrieben.

2.3.5.3. Bewertung der Grundfahraufgaben

Die Aufgaben dürfen einmal wiederholt werden.

Dieser Prüfungsteil ist nicht bestanden, wenn der Bewerber

- auch bei der Wiederholung eine Grundfahraufgabe nicht fehlerfrei ausführt
- rückwärts fährt ohne sichernde Person bzw. nicht anhält bei Abbrechen der Sichtverbindung zur sichernden Person
- den Verkehr ungenügend beobachtet und es dadurch zu einer Gefährdung kommt
- eine Person, ein Fahrzeug oder einen anderen Gegenstand anfährt
- bei der „Rampenaufgabe" die Rampe anfährt bzw. die hintere Markierung überfährt.

Wird dieser Prüfungsteil nicht bestanden, so ist das Verbinden und Trennen von Fahrzeugen (Ziffer 2.2) trotzdem durchzuführen.

2.3.6. Klasse T

2.3.6.1

Die Grundfahraufgabe dient dem Nachweis, dass der Bewerber eine Zugmaschine der Klasse T mit Anhänger bei geringer Geschwindigkeit selbstständig handhaben kann. Sie ist auf verkehrsarmen Straßen oder Plätzen möglichst in der Ebene durchzuführen. Die Vorschriften der StVO sind zu beachten; so ist z.B. vor Beginn und während der Grundfahraufgabe der Verkehr ausreichend zu beobachten und beim Anfahren vom Fahrbahnrand der Blinker zu betätigen.

Vor Beginn der Grundfahraufgabe hat der Bewerber eine geeignete Person aufzufordern, ihn vor herankommenden Verkehrsteilnehmern oder vor Hindernissen, die seinem Blickfeld entzogen sind, zu warnen; darüber hinausgehende Lenk- oder andere Bedienungshinweise sind nicht zulässig. Der Bewerber hat die Fahrt zu unterbrechen, wenn er die den Verkehr sichernde Person nicht mehr sieht.

Bei einem Korrekturzug handelt es sich um die Bewegung des Fahrzeugs entgegen der Fahrtrichtung der Grundfahraufgabe.

Die Handlungsanforderungen und zugehörigen Bewertungskriterien der Grundfahraufgabe werden im Fahraufgabenkatalog „Grundfahraufgaben" (Teil B dieser Richtlinie) beschrieben.

2.3.6.2

Nachfolgende Tabelle beschreibt Auswahl und Anzahl der zu prüfenden Grundfahraufgaben. Die Auswahl trifft der aaSoP.

Grundfahraufgaben der K lasse T	**GFA-Nr.**	
Rückwärtsfahren geradeaus	6.1	0
Summe der zu fahrenden GFA		**1**

0 = obligatorisch

2.3.6.3. Bewertung der Grundfahraufgabe

Die Aufgabe darf einmal wiederholt werden.

Dieser Prüfungsteil ist nicht bestanden, wenn der Bewerber

- auch bei der Wiederholung die Grundfahraufgabe nicht fehlerfrei ausführt
- rückwärts fährt ohne sichernde Person bzw. nicht anhält bei Abbrechen der Sichtverbindung zur sichernden Person
- den Verkehr ungenügend beobachtet und es dadurch zu einer Gefährdung kommt
- eine Person, ein Fahrzeug oder einen anderen Gegenstand anfährt.

Wird dieser Prüfungsteil nicht bestanden, so ist die Abfahrtkontrolle (Ziffer 2.1) und das Verbinden und Trennen von Fahrzeugen (Ziffer 2.2) trotzdem durchzuführen.

3. Begutachtung von Prüfungsfahrzeugen

3.1. Begutachtung von Personenkraftwagen auf ihre Eignung als Prüfungsfahrzeuge (Anlage 7 Nr. 2.2.4 und 2.2.16 FeV)

3.1.1. Anwendungsbereich

3.1.1.1. Geltungsbereich

Die folgenden Regelungen gelten für Fahrzeuge zur Personenbeförderung bis 8 Sitzplätze und einer zulässigen Gesamtmasse von nicht mehr als 3,5 Tonnen und dienen der Begutachtung eines Fahrzeugtyps auf seine Eignung als Prüfungsfahrzeug für die Prüfung von Bewerbern um eine Fahrerlaubnis nach § 17 der Fahrerlaubnis-Verordnung (FeV). Voraussetzung ist die Erfüllung der Anlage 7 der FeV. Als Fahrzeuge im Sinne des Satzes 1 gelten auch Fahrzeuge der Klasse N1, die von Fahrzeugen der Klasse M1 abgeleitet sind, sofern die Voraussetzungen der Anlage 7 und dieser Richtlinie erfüllt werden.

3.1.1.2. Fahrzeuge

„Fahrzeugtyp" (entsprechend der Angaben im Feld D.2 der FZB I) im Sinne dieser Regelungen sind Fahrzeuge, die hinsichtlich Gestaltung und Abmessungen des Innenraums sowie hinsichtlich der Sitzplätze des aaSoP und des Fahrlehrers, der Sicht, des Fahrwerks, der Heizung und der Lüftung keine wesentlichen Unterschiede aufweisen.

3.1.1.3. Begutachtung

Fahrzeuge werden durch einen aaSoP auf Antrag nach diesen Regelungen begutachtet. Das Ergebnis wird in einem Datenblatt vermerkt, das im Allgemeinen anlässlich der Typprüfung und entsprechender Nachträge zur Typprüfung des Fahrzeugs erstellt und dem Verband der Technischen Überwachungs-Vereine (VdTÜV) übersandt wird.

3.1.1.4. Nicht geeignete Fahrzeuge

Fahrzeuge mit verringerten Federwegen sind als Prüfungsfahrzeuge nicht geeignet.

3.1.1.5. Fahrerassistenzsysteme

Der Verbau von Fahrerassistenzsystemen im individuellen Prüfungsfahrzeug wird durch die betreffende Fahrschule in einem hierfür vorgegebenen Datenblatt (s. Muster) vermerkt. Der Bewerber/Fahrlehrer legt dem aaSoP auf Verlangen vor Beginn der praktischen Fahrerlaubnisprüfung das entsprechende Datenblatt zur Einsichtnahme vor.

Datenblatt für den Verbau von Fahrerassistenzsystemen im Prüfungsfahrzeug		
Name der Fahrschule		
Angaben zum Prüfungsfahrzeug		
Fahrzeughersteller		
Typ		
Handelsbezeichnung		
Fahrzeug-Identifizierungsnummer		
Amtliches Kennzeichen		
Angaben zu Fahrerassistenzsystemen		
	verbaut	nicht verbaut
Geschwindigkeitsregelanlage Fahrzeug fährt mit einer vom Fahrer eingestellten Geschwindigkeit	☐	☐
Adaptive Geschwindigkeitsregelanlage Fahrzeug fährt mit einer vom Fahrer eingestellten Geschwindigkeit und hält einen vom Fahrer eigestellten Mindestabstand zum vorausfahrenden Fahrzeug ein	☐	☐
Notbrems-Assistent Fahrer wird vor einer kritischen Situation gewarnt und gegebenenfalls wird durch das FAS ein (Not-) Bremsvorgang selbstständig eingeleitet	☐	☐
Abbiege-Assistent Fahrer wird beim Abbiegen in kritischen Situationen gewarnt	☐	☐
Spurhalte-Assistent Fahrer wird beim ungewollten (kein Blinker aktiviert) Überfahren der Fahrstreifen- bzw. Fahrbahnbegrenzung gewarnt	☐	☐
Spurhalte-Assistent mit Lenkeingriff Fahrer wird beim ungewollten (kein Blinker aktiviert) Überfahren der Fahrstreifen- bzw. Fahrbahnbegrenzung gewarnt und ggf. wird durch das FAS eine Korrektur der Fahrtrichtung eingeleitet	☐	☐
Spurwechsel-Assistent Fahrer wird beim Fahrstreifenwechsel vor einer kritischen Situation gewarnt (Aktivierung bei Betätigung des Blinkers)	☐	☐
Toter-Winkel-Assistent Fahrer wird vor Fahrzeugen gewarnt, die sich von hinten annähern (auch ohne Aktivierung des Blinkers)	☐	☐
Spurwechsel-Assistent mit Lenkeingriff Fahrer wird beim Fahrstreifenwechsel vor einer kritischen Situation gewarnt und ggf. wird durch das FAS eine Korrektur der Fahrtrichtung eingeleitet	☐	☐
Aktiver Spurwechsel-Assistent System übernimmt die Querführung des Fahrzeuges beim Fahrstreifenwechsel	☐	☐
Park-Assistent Fahrer wird beim Parken oder Rangieren vor einer drohenden Kollision gewarnt	☐	☐
Aktiver Park-Assistent Fahrzeug übernimmt die Querführung beim Parkvorgang; ggf. teilautomatisierte Ausführung (Quer- und Längsführung)	☐	☐
Rückfahrkamera Fahrer wird bei der rückwärtigen Verkehrsbeobachtung beim Rückwärtsfahren von einer Kamera unterstützt	☐	☐
Verkehrszeichenerkennung Fahrer erhält Informationen zu Verkehrszeichen, die vom Fahrzeug erkannt werden	☐	☐
Teilautomatisiertes Fahren in Stau-Situationen Fahrzeug übernimmt die Quer- und Längsführung bei zähfließendem Verkehr auf Autobahnen oder autobahnähnlichen Straßen	☐	☐
Teilautomatisiertes Fahren Fahrzeug übernimmt die Quer- und Längsführung bis zu einer voreingestellten Geschwindigkeit	☐	☐
Bemerkungen		

Ort	**Datum**	**Unterschrift** Inhaber der Fahrschule / Leiter des Ausbildungsbetriebes

3.1.2. Allgemeine Vorschriften

3.1.2.1. Fahrzeuge

Als Prüfungsfahrzeuge sind Fahrzeuge zu verwenden, die mindestens zwei unabhängig voneinander zu öffnende Türen auf der rechten Seite haben. Es sind nur linksgelenkte Fahrzeuge zulässig. Die Fahrzeuge müssen mindestens vier Sitzplätze aufweisen.

3.1.2.2. Sitze

Bei einer Umrüstung des Beifahrersitzes auf einen anderen Sitz müssen die Forderungen der Ziffer 3.1.3 eingehalten werden. Insbesondere darf der Fußraum für den aaSoP dadurch nicht eingeschränkt werden.

3.1.2.3. Kontrolleinrichtungen

Die Kontrolleinrichtungen für die Fahrtrichtungsanzeigen müssen vom Beifahrersitz und vom Sitz des aaSoP (H-Punkt) aus wahrnehmbar sein. Die Kontrolle der gefahrenen Geschwindigkeit muss für den aaSoP möglich sein.

3.1.2.4. Doppelbedienungseinrichtung

Das Prüfungsfahrzeug (Musterfahrzeug zur Überprüfung der Richtlinieneinhaltung) muss mit einer der „Richtlinie für die Begutachtung von Doppelbedienungseinrichtungen in Kraftfahrzeugen zur Ausbildung von Bewerbern um eine Fahrerlaubnis" (VkBl. 1980 S. 418) entsprechenden Doppelbedienungseinrichtung ausgerüstet sein.

Doppelbedienungseinrichtungen müssen mit einer fest eingebauten, betriebssicheren und ständig betriebsfertigen akustischen oder optischen Kontrolleinrichtung versehen sein, die das Betätigen der Doppelbedienungseinrichtung deutlich anzeigt. Akustische Kontrolleinrichtungen müssen einen deutlich wahrnehmbaren Summton, optische Kontrolleinrichtungen ein deutlich erkennbares Lichtsignal abgeben. Die Kontrolleinrichtung darf nur an einer Stelle aus- bzw. einschaltbar sein. Der Schalter muss für den aaSoP gut sichtbar, die jeweilige Schalterstellung deutlich erkennbar sein.

3.1.2.5. Sicht

Es muss gewährleistet sein, dass der aaSoP alle für den Ablauf der praktischen Prüfung wichtigen Verkehrsvorgänge beobachten kann (Anlage 7 Nr. 2.2.16 FeV). Bei Verwendung von getönten Scheiben sollten die Anforderungen der Richtlinie 92/22/EWG Anhang II B (ECE-Regelung 43) an die vorderen Seitenscheiben – in der jeweils gültigen Fassung zum Zeitpunkt der erstmaligen Zulassung des Fahrzeugs[1] – auch bei den hinteren Seitenscheiben und der Heckscheibe nicht unterschritten werden. Stärker getönte Scheiben sind jedoch zulässig, wenn die Fahrzeuge serienmäßig und werksseitig damit ausgerüstet sind und der Transmissionsgrad (Lichtdurchlässigkeit) einen Wert von 20 % nicht unterschreitet. D.h. eine Lichtdurchlässigkeit von 30 % darf nicht unterschritten werden. Von diesem Wert ist eine Abweichung von 5 Prozentpunkten zulässig. D.h. eine Lichtdurchlässigkeit von 15 % darf nicht unterschritten werden.

Die Sicht aus dem Fahrzeug darf nicht durch nachträglich eingebaute Sitze eingeschränkt werden.

---

[1] **Amtl. Anm.:** ECE-R 43 Anhang 3 Werte für den erforderlichen Transmissionsgrad (Lichtdurchlässigkeit): 75 % für Windschutzscheiben; 70 % für Seiten- und Heckscheiben.

3.1.2.6. Schutz gegen Heckaufprall

Zwischen hinterer Sitzlehne und der hinteren Fahrzeugbegrenzung muss ein Mindestfreiraum (Knautschzone) von wenigstens L5 = 700 mm (siehe Skizze) sein, sofern nicht die Erfüllung der Anforderungen der ECE-Regelung 32 „Einheitliche Bedingungen für die Genehmigung von Kraftfahrzeugen hinsichtlich des Verhaltens der Struktur des angestoßenen Fahrzeugs bei einem Heckaufprall" nachgewiesen wird. Der Mindestfreiraum darf nicht durch festverbaute Gegenstände verringert werden.

3.1.3. Anforderungen

3.1.3.1. Allgemeines

Die Innenraummaße des Fahrzeugs werden für den Fahrlehrer und aaSoP, ausgehend vom Sitzplatz des aaSoP, vermessen. Der Platz des aaSoP ist hinten rechts.

3.1.3.2. Sitzplatz des aaSoP

3.1.3.2.1. Einstellung des Fahrlehrersitzes in Fahrzeuglängsrichtung

Die Position des Fahrlehrersitzes ist so zu wählen, dass die Mindestanforderungen für den Sitzplatz des aaSoP erfüllt werden. Die von vorne gezählte Rastenstellung sowie die Positionen von ggf. vorhandener Höhen- und Neigungsverstellung sind im Datenblatt festzuhalten.

3.1.3.2.2. Mindestkniefreiheit (Skizze, Maß L6)

Die Entfernung zwischen der Rückseite der Rückenlehne des rechten Vordersitzes und dem Beginn der Sitzfläche des Rücksitzes muss mindestens 200 mm[1)] betragen. Dabei muss die Rückenlehne des Vordersitzes in einem Winkel von 25° +/– 3° zur Senkrechten (siehe Skizze, Winkel W41) eingestellt sein.

3.1.3.2.3. Fußraum (Skizze, Maße B3, H3 und L3)

Die Länge des Fußraums muss mindestens 400 mm betragen (L3); davon dürfen sich höchstens 150 mm unter dem Beifahrersitz befinden (L8). In diesem Bereich muss für die Füße ein Freiraum von mindestens 100 mm Höhe (H3) über eine Breite von mindestens 300 mm (B3) vorhanden sein.

3.1.3.2.4. Kopfraum (Skizze, Maß H6)

Der senkrechte Abstand zwischen dem tiefsten Punkt der unbelasteten Sitzfläche und dem nicht eingedrückten Fahrzeughimmel muss mindestens 885 mm betragen.

3.1.3.2.5. Sitzhöhe (Skizze, Maß H4)

Der Abstand zwischen dem Fußraumboden und dem höchsten Punkt der unbelasteten hinteren Sitzfläche muss mindestens 340 mm betragen. Die Sitzhöhe darf um bis zu 40 mm unterschritten werden, wenn eine Fußraumlänge L3 von mindestens 450 mm vorhanden ist.

3.1.3.2.6. Rückenlehnenhöhe (Skizze, Maß H5)

Der Abstand zwischen dem tiefsten Punkt der unbelasteten Sitzfläche und der Oberkante der Rückenlehne bzw. der Kopfstütze muss mindestens 800 mm betragen.

[1)] **Amtl. Anm.:** Die Soll-Werte für L4 oder L6 können geringfügig unterschritten werden, wenn L4 + L6 ≥ 660 mm ist.

3.1.3.2.7. Sitztiefe (Skizze, Maß L4)

Die Sitztiefe muss mindestens 460 mm[31)] betragen.

3.1.3.3. Sitzplatz des Fahrlehrers

Nach Einstellung des Fahrlehrersitzes gemäß 3.1.3.2.1 müssen für den Fahrlehrer mindestens folgende Platzverhältnisse verbleiben:

3.1.3.3.1. Mindestbeinfreiheit (Skizze, Maß L1)

Der Abstand zwischen den unbetätigten Doppelpedalen und dem vorderen Ende der Sitzfläche muss mindestens 440 mm[2)] betragen.

3.1.3.3.2. Mindestknie- und Mindestschienbeinfreiheit (Skizze, Maß L7)

Der Abstand zwischen Armaturenbrettunterkante und Beginn der Sitzfläche des Vordersitzes muss mindestens 250 mm betragen.

3.1.3.3.3. Mindestfußfreiheit (Skizze, Maß H7)

Zur Betätigung der Doppelpedale muss ein Freiraum von mindestens 260 mm gemessen vom Fußraumboden verbleiben.

3.1.3.3.4. Rückenlehnenhöhe (Skizze, Maß H1)

Der Abstand zwischen dem tiefsten Punkt der unbelasteten Sitzfläche und der Oberkante der Rückenlehne bzw. der Kopfstütze muss mindestens 800 mm betragen.

3.1.3.3.5. Kopfraum (Skizze, Maß H2)

Der senkrechte Abstand zwischen dem tiefsten Punkt der unbelasteten Sitzfläche und dem nicht eingedrückten Fahrzeughimmel muss mindestens 900 mm betragen.

3.1.3.3.6. Sitztiefe (Skizze, Maß L2)

Die Sitztiefe muss mindestens 485 mm[2)] betragen.

3.1.4. Übergangsbestimmungen

Die vor dem Inkrafttreten dieser Richtlinie als geeignet begutachteten Fahrzeuge dürfen weiter als Prüfungsfahrzeuge verwendet werden.

[1)] **Amtl. Anm.:** Die Soll-Werte für L4 oder L6 können geringfügig unterschritten werden, wenn L4 + L6 ≥ 660 mm ist.

[2)] **Amtl. Anm.:** Die Soll-Werte für L1 oder L2 können geringfügig unterschritten werden, wenn L1 + L2 ≥ 925 mm ist.

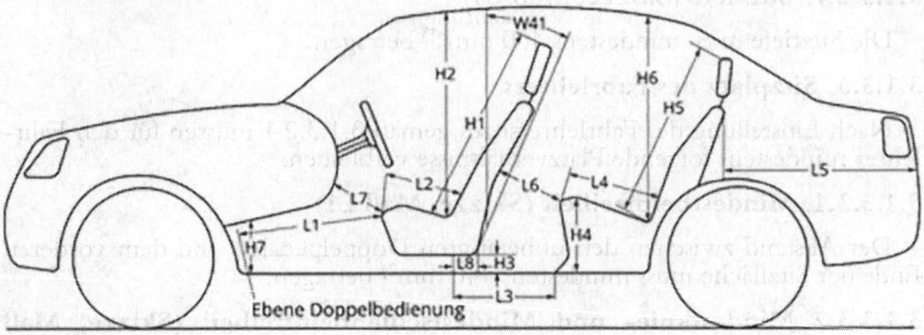
W41
H2
H6
H1
H5
L2
L6
L4
L5
L7
L1
H4
H7
L8
H3
L3
Ebene Doppelbedienung

Skizze

Datenblatt für die Begutachtung von Personenkraftwagen auf ihre Eignung als Prüfungsfahrzeuge

Prüfgrundlage: Richtlinie für die Begutachtung von Personenkraftwagen auf ihre Eignung als Prüfungsfahrzeuge

Angaben zum vermessenen Fahrzeug

Fahrzeughersteller: ______________________________

EG-Typgenehmigung/ABE-Nr.: ____________ Nachtrag: ______________________________

Typ/Feld D2 der ZB Teil I: ______________________________

Verkaufsbezeichnung: ______________________________

Ausführung, insbesondere Zahl der Türen auf der rechten Seite: ______________________________

Antriebsart:
☐ Ottomotor/Dieselmotor/Hybridmotor
☐ Gasmotor
☐ Elektroantrieb

Schiebedach: ______________________________

Die Prüfergebnisse gelten auch für die Ausführungen:

____

Prüfergebnisse

1 Allgemeines

1.1 Zahl der Türen (≥ 2 rechts), unabhängig zu öffnen: ______________

1.2 Bauartbedingte Höchstgeschwindigkeit (≥ 130 km/h): ______________

1.3 Kontrollanzeigen der Fahrtrichtungsanzeiger wahrnehmbar
vom Beifahrersitz: ☐ ja ☐ nein
vom Sitz des aaSoP: ☐ ja ☐ nein

1.4 Kontrolle der gefahrenen Geschwindigkeit für den aaSoP möglich: ☐ ja ☐ nein

1.5 Freiraum in mm zwischen Rücksitz-Vorderkante und Beifahrersitz-Hinterkante (L6): ______________

1.6 Doppelbedienungseinrichtung

Hersteller: ______________

Typ: ______________

Genehmigungs-Nr.: ______________

An einer Stelle aus- und einschaltbar: ☐ ja ☐ nein
Deutlich wahrnehmbares akustisches oder optisches Signal: ☐ ja ☐ nein
Schalter für aaSoP gut sichtbar: ☐ ja ☐ nein
Jeweilige Schalterstellung für aaSoP deutlich erkennbar: ☐ ja ☐ nein

2 Sitzplatz des aaSoP

2.1 Fahrlehrersitz Serienausstattung: ☐ ja ☐ nein
Fahrlehrersitz Sonderausstattung (Beschreibung):

____

2.2 Rückenlehnenwinkel W41 des Fahrlehrersitzes (25° +/– 3°): ____________

2.3 Bei der Vermessung benutzte, von vorn gezählte Raste des Fahrlehrersitzes (Raste 1 entspricht vorderster Stellung): ____________

Höhenverstellung des Fahrlehrersitzes (Beschreibung):

____

Neigungsverstellung des Fahrlehrersitzes (Beschreibung):

____

2.4 Abmessungen

Maß	L3	L4	L5	L6	L8	B3	H3	H4	H5	H6
Soll	400	460[1]	700	200[1]	150	300	100	340[3]	800	885
Ist										

ECE-R32 erfüllt (bei L5 < 700 mm) ☐ ja ☐ nein

3 Sitzplatz des Fahrlehrers

Abmessungen

Maß	L1	L2	L7	H1	H2	H7
Soll	440[2]	485[2]	250	800	900	260
Ist						

4 Bemerkungen

____

____

Zusammenfassung

Das vermessene Fahrzeug entspricht der Richtlinie für die Begutachtung von Personenkraftwagen auf ihre Eignung als Prüfungsfahrzeuge vom ____________

Dieses Datenblatt umfasst die Seiten 1 bis 2.

____

Ort Datum Amtlich anerkannter Sachverständiger für den Kraftfahrzeugverkehr der Technischen Prüfstelle

1) Die Soll-Werte für L4 oder L6 können geringfügig unterschritten werden, wenn L4 + L6 ≥ 660 mm ist.

2) Die Soll-Werte für L1 oder L2 können geringfügig unterschritten werden, wenn L1 + L2 ≥ 925 mm ist.

3) Die Sitzhöhe H4 darf um bis zu 40 mm unterschritten werden, wenn eine Fußraumlänge L3 von mindestens 450 mm vorhanden ist.

Alle Maße in mm

3.2. Begutachtung von Kraftfahrzeugen der Klasse C auf ihre Eignung als Prüfungsfahrzeug (Anlage 7 Nr. 2.2.6 und 2.2.16 FeV)

Ein Prüfungsfahrzeug muss mit mindestens 3 Sitzen ausgestattet sein, die rechtlich genehmigt und in der Zulassungsbescheinigung Teil I eingetragen sind.

Der aaSoP muss

– alle für den Ablauf der Prüfung wichtigen Verkehrsvorgänge beobachten können: Dies gilt sowohl für die direkte Sicht als auch für die indirekte Sicht, z.B. durch die vorhandenen Rückspiegel für Fahrlehrer- oder Fahrerspiegel oder andere zugelassene Einrichtungen für indirekte Sicht;

– alle wesentlichen Bedienvorgänge und die Verkehrsbeobachtung durch den Bewerber beobachten können.

Anforderungen an den Sitzplatz des aaSoP

An den Sitzplatz des aaSoP werden darüber hinaus folgende Anforderungen gestellt:

- Der Sitz soll i.d.R. als Einzelsitz ausgebildet sein.
- Die Sitzlängsachse muss in Fahrzeuglängsrichtung liegen.
- Die freie Sicht durch die Windschutzscheibe muss gewährleistet sein. Das Maß X1 (Abstand der Sitzfläche bis zur Höhe Oberkante der Frontscheibe/ggf. Unterkante Sonnenblende außen) muss mindestens 850 mm[1)] betragen.
- Für die Sicht zur Seite ist im Führerhaus ein Gesichtsfeldwinkel von mindestens 135 Grad einzuhalten. Die Regelungen des § 35b StVZO[2)] hinsichtlich des Fahrersitzes bleiben davon unberührt (Einschränkungen z.B. durch A-Säule).
- Mindestmaße für die Sitzfläche: Tiefe = 400 mm (L4), Breite = 450 mm.
- Der Sitz muss gepolstert und gedämpft bzw. gefedert sein. Die Dämpfung bzw. die Federung kann auch über das Führerhaus erreicht werden.
- Die Rückenlehne muss gepolstert und durchgehend sein. Das Maß H5 (Sitzfläche bis Oberkante Kopfstütze) darf 800 mm[1)] nicht unterschreiten.
- Vor der Vorderkante des unbelasteten Sitzes müssen ein Freiraum von mindestens 250 mm (L6) sowie ein Fußraum von mindestens 350 mm (L3) vorhanden sein.
- Das Maß H3 (Fußraumhöhe) von mindestens 100 mm darf nicht unterschritten werden.
- Das Maß H4[1)] (Sitzhöhe) muss mindestens 420 mm[1)] betragen.
- Hinsichtlich des Sicherheitsgurtes gelten die Regelungen des § 35a StVZO. Kraftfahrzeuge, für die kein Sicherheitsgurt vorgeschrieben ist, müssen mindestens mit einem Beckengurt ausgerüstet sein.
- Die Rückenlehne soll nach hinten geneigt sein.

HINWEIS: Die Rahmenbedingungen gelten aufgrund der sehr unterschiedlichen Führerhausaufbauten nicht für Klasse C1-Fahrzeuge. Die Basismaße können aber als Grundlage bei einer Bewertung herangezogen werden.

[1)] **Amtl. Anm.**: Von den konkret genannten Maßen/Längen kann im Einzelfall geringfügig abgewichen werden, wenn dafür eine ausreichende Ausgleichsmöglichkeit durch den Aufbau des Führerhauses gegeben ist – Beispiel: Sitzhöhe (H4) unterschreitet das Mindestmaß, dann muss der Freiraum (L6) bzw. die Fußraumtiefe (L3) entsprechend größer sein.

[2)] Nr. **200**.

Maßvorgaben

Maß	Bezeichnung	Mindestmaße
H5	Sitzfläche bis Oberkante Kopfstütze	≥ 800 mm
H4	Sitzhöhe	≥ 420 mm
H	Fußraumhöhe	≥ 100 mm
X1	Abstand Sitzfläche bis zur Oberkante des sichtbaren Bereichs (Oberkante Frontscheibe/ggf. Unterkante Sonnenblende außen)	≥ 850 mm
L3	Fußraumtiefe	≥ 350 mm
L4	nutzbare Sitztiefe	≥ 400 mm
	Sitzbreite	≥ 450 mm
L6	Freiraum vor Vorderkante Sitz	≥ 250 mm
α	Winkel Gesichtsfeld	≥ 135 Grad

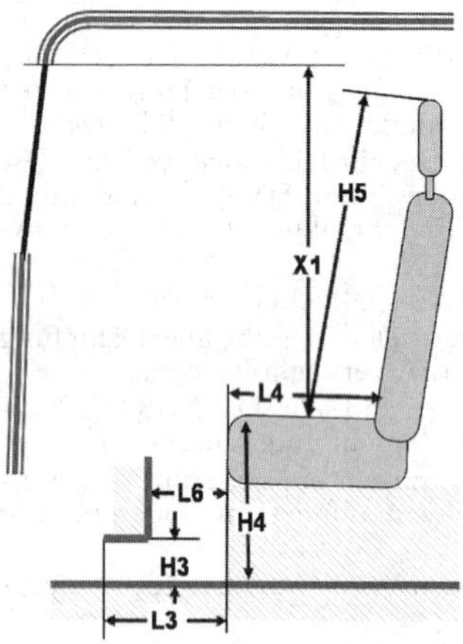

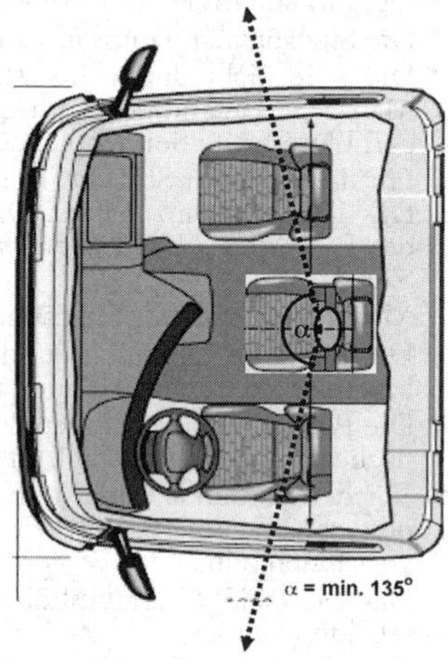

Der Verbau von Fahrerassistenzsystemen im individuellen Prüfungsfahrzeug wird durch die betreffende Fahrschule in einem hierfür vorgegebenen Datenblatt (s. 3.1.1.4) vermerkt. Der Bewerber/Fahrlehrer legt dem aaSoP auf Verlangen vor Beginn der praktischen Fahrerlaubnisprüfung das entsprechende Datenblatt zur Einsichtnahme vor.

Datenblatt für die Begutachtung von Kraftfahrzeugen der Klasse C auf ihre Eignung als Prüfungsfahrzeuge

Prüfgrundlage: Richtlinie für die Begutachtung von Kraftfahrzeugen der Klasse C auf ihre Eignung als Prüfungsfahrzeuge

Angaben zum vermessenen Fahrzeug

Fahrzeughersteller: ______________________________

EG-Typgenehmigung/ABE-Nr./EG-BE Nr.: ______________ Nachtrag: ______________

Typ/Feld D2 der ZB Teil I: ______________________________

Verkaufsbezeichnung: ______________________________

Die Prüfergebnisse gelten auch für die Ausführungen:

____

Prüfergebnisse

1	**Allgemeines**	
1.1	Mindestlänge (≥ 8 m)	______________
1.2	Mindestbreite (≥ 2,4 m)	______________
1.3	zulässige Gesamtmasse (≥ 12 t)	______________
1.4	Bauartbedingte Höchstgeschwindigkeit (≥ 80 km/h):	☐ ja______ ☐ nein
1.5	mit Anti-Blockier-System (ABS):	☐ ja______ ☐ nein
1.6	Schaltgetriebe nach § 17 Abs. 6 FeV:	☐ ja______ ☐ nein
1.7	mit Fahrtenschreiber:	☐ ja______ ☐ nein
1.8	Aufbau kastenförmig oder vergleichbar, mindestens so breit und so hoch wie das Führerhaus:	☐ ja______ ☐ nein
1.9	Sicht nach hinten nur über Außenspiegel:	☐ ja______ ☐ nein
1.10	Kontrolle der gefahrenen Geschwindigkeit für den aaSoP möglich:	☐ ja______ ☐ nein
1.11	Doppelbedienungseinrichtung	
	Hersteller:	______________
	Typ:	______________
	Genehmigungs-Nr.:	______________
	An einer Stelle aus- und einschaltbar:	☐ ja______ ☐ nein
	Deutlich wahrnehmbares akustisches oder optisches Signal:	☐ ja______ ☐ nein
	Schalter für aaSoP gut sichtbar:	☐ ja______ ☐ nein
	Jeweilige Schalterstellung für aaSoP deutlich erkennbar:	☐ ja______ ☐ nein

2 Sitzplatz des aaSoP

2.1	Einzelsitz	☐ ja	☐ nein
	Sitzbank	☐ ja	☐ nein
	Beschreibung: ______________________		
2.2	Sitzlängsachse in Fahrtrichtung:	☐ ja	☐ nein
2.3	Freie Sicht durch Windschutzscheibe:	☐ ja	☐ nein
2.4	Gesichtsfeldwinkel (≥ 135 Grad):	☐ ja	☐ nein
2.5	Rückenlehne gepolstert und durchgehend:	☐ ja	☐ nein
2.6	Rückenlehne nach hinten geneigt:	☐ ja	☐ nein
2.7	Sicherheitsgurte vorhanden:	☐ ja	☐ nein

2.8 Abmessungen

Maß	L3	L4	Sitzbreite	L6	H3	H4	H5	X1
Soll	350	400	450	250	100	420[1)]	800[1)]	850[1)]
Ist								

Alle Maße in mm

3 Bemerkungen

____

____

Zusammenfassung

Das vermessene Fahrzeug entspricht der Richtlinie für die Begutachtung von Kraftfahrzeugen der Klasse C auf ihre Eignung als Prüfungsfahrzeuge vom ______________________

Dieses Datenblatt umfasst die Seiten 1 bis 2.

____

Ort Datum Amtlich anerkannter Sachverständiger für den Kraftfahrzeugverkehr der Technischen Prüfstelle

1) Von den genannten Maßen/Längen kann im Einzelfall geringfügig abgewichen werden, wenn dafür eine ausreichende Ausgleichsmöglichkeit durch den Aufbau des Führerhauses gegeben ist – Beispiel: Sitzhöhe (H4) unterschreitet das Mindestmaß, dann muss der Freiraum (L6) bzw. die Fußraumtiefe (L3) entsprechend größer sein.

Teil B. Fahraufgabenkatalog der praktischen Fahrerlaubnisprüfung

Vorwort zum Fahraufgabenkatalog

Grundfahraufgaben

In diesem Teil des Fahraufgabenkatalogs sind die Anforderungsstandards und die dazu gehörigen Bewertungskriterien für die Grundfahraufgaben der praktischen Fahrerlaubnisprüfung (PFEP) festgelegt.

Die Grundfahraufgaben unterscheiden sich hinsichtlich ihres Zwecks, ihrer Durchführung und ihrer Bewertung von den Fahraufgaben. Deshalb weicht der Fahraufgabenkatalog der Grundfahraufgaben teilweise vom Fahraufgabenkatalog der Fahraufgaben ab.

Grundfahraufgaben dienen dem Nachweis, dass der Bewerber ein Fahrzeug der jeweiligen Fahrerlaubnisklasse mit deren fahrzeugspezifischen Eigenschaften selbstständig handhaben kann.

In den Kompetenzbereichen (Beobachtungskategorien) werden die vom Bewerber verlangten grundlegenden Kompetenzen zur Bewältigung einer Grundfahraufgabe definiert. Die Bewertung einer Grundfahraufgabe erfolgt jeweils mit Bezug zu den Kompetenzbereichen.

Der Fahraufgabenkatalog für die Grundfahraufgaben ist wie folgt aufgebaut:

- „Definition der Grundfahraufgabe"
- „Grundsätzliche Handlungsanforderungen" (beschreiben das erforderliche Verhalten für die Bewältigung der Grundfahraufgabe mit Bezug zu einer Beobachtungskategorie)
- „Bewertungskriterien" (hier werden für jede Grundfahraufgabe die Bewertungskriterien mit Bezug zu den einzelnen Kompetenzbereichen aufgelistet; im Unterschied zu den Fahraufgaben sind alle Bewertungskriterien bei den Grundfahraufgaben lediglich der Leistungskategorie „Fehler" zugeordnet; es erfolgt keine Differenzierung in „Leichte Fehler" und „Schwere Fehler"; nicht allen Kompetenzbereichen sind Bewertungskriterien zugeordnet)

Inhalt

Fahrerlaubnisklassen A, A2, A1 und AM

1.1. Slalom mit Schrittgeschwindigkeit (nicht für Klasse AM)

1.1.1. Definition

Bei der Grundfahraufgabe handelt es sich um eine Aufgabe, bei der der Bewerber eine Slalomstrecke mit sechs Markierungsgegenständen im Abstand von 3,5 m durchfährt.

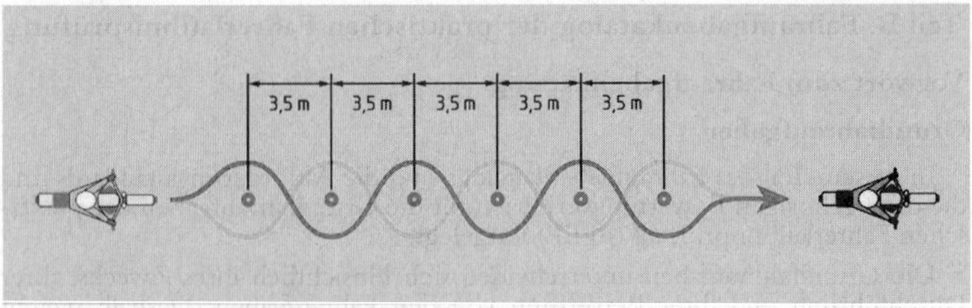

1.1.2. Was wird vom Bewerber in Bezug auf die Beobachtungskategorien erwartet?

1.1.2.1. Verkehrsbeobachtung

Grundsätzliche Handlungsanforderungen

Bewertung der Grundfahraufgabe hinsichtlich der Verkehrsbeobachtung

Fehler

1.1.2.2. Fahrzeugpositionierung

Grundsätzliche Handlungsanforderungen

Der Bewerber durchfährt alle vorgegebenen Felder; dabei bleiben alle Markierungsgegenstände stehen.

Bewertung der Grundfahraufgabe hinsichtlich der Fahrzeugpositionierung

Fehler

– Auslassen eines Feldes
– Umwerfen einer Markierung

1.1.2.3. Geschwindigkeitsanpassung

GrundsätzlicheHandlungsanforderungen

Der Bewerber hat die Slalomstrecke mit Schrittgeschwindigkeit (ca. 5 km/h) unter Beibehaltung des Gleichgewichts zu durchfahren.

Bewertung der Grundfahraufgabe hinsichtlich der Geschwindigkeitsanpassung

Fehler

– Überschreiten der Schrittgeschwindigkeit

1.1.2.4. Kommunikation

Grundsätzliche Handlungsanforderungen

Bewertung der Grundfahraufgabe hinsichtlich der Kommunikation

Fehler

1.1.2.5. Fahrzeugbedienung/Umweltbewusste Fahrweise

Grundsätzliche Handlungsanforderungen

Der Bewerber durchfährt die Slalomstrecke unter richtiger Handhabung von Kupplung, Gas und Bremse. Bei der Ausführung der Aufgabe befinden sich die Füße des Bewerbers auf den Fußrasten.

Bewertung der Grundfahraufgabe hinsichtlich der Fahrzeugbedienung/Umweltbewusste Fahrweise

Fehler

– Berühren der Fahrbahn mit einem Fuß

1.2. Abbremsen mit höchstmöglicher Verzögerung

1.2.1. Definition

Bei der Grundfahraufgabe handelt es sich um eine Aufgabe, bei der der Bewerber das Kraftrad mit höchstmöglicher Verzögerung aus einer bestimmten Geschwindigkeit zum Stillstand bringt.

Die Aufgabe setzt voraus, dass sichergestellt ist, dass eine Gefährdung des nachfolgenden Verkehrs ausgeschlossen ist; deshalb ist eine Beobachtung des rückwärtigen Verkehrs (Spiegelbenutzung und Überprüfung des „Toten Winkels") vor Beginn der Bremsung nicht erforderlich.

1.2.2. Was wird vom Bewerber in Bezug auf die Beobachtungskategorien erwartet?

1.2.2.1. Verkehrsbeobachtung

Grundsätzliche Handlungsanforderungen

Bewertung der Grundfahraufgabe hinsichtlich der Verkehrsbeobachtung

Fehler

1.2.2.2. Fahrzeugpositionierung

Grundsätzliche Handlungsanforderungen

Der Bewerber behält während des Abbremsens die ursprüngliche Fahrlinie bei.

Bewertung der Grundfahraufgabe hinsichtlich der Fahrzeugpositionierung

Fehler

– Wesentliches Abweichen von der Fahrlinie

1.2.2.3. Geschwindigkeitsanpassung

Grundsätzliche Handlungsanforderungen

Der Bewerber bringt das Kraftrad aus ca. 50 km/h (bei Klasse AM aus ca. 40 km/h) mit höchstmöglicher Verzögerung zum Stillstand.

Bewertung der Grundfahraufgabe hinsichtlich der Geschwindigkeitsanpassung

Fehler

– Zu geringe Ausgangsgeschwindigkeit
– Nichterreichen der notwendigen Verzögerung

1.2.2.4. Kommunikation

Grundsätzliche Handlungsanforderungen

Bewertung der Grundfahraufgabe hinsichtlich der Kommunikation

Fehler

1.2.2.5. Fahrzeugbedienung/Umweltbewusste Fahrweise

Grundsätzliche Handlungsanforderungen

Der Bewerber hält das Kraftrad unter gleichzeitiger Benutzung beider Bremsen stabil.

Dabei sind das Blockieren eines Rades oder der Räder sowie das Bremsen im Regelbereich des Automatischen Blockierverhinderers (ABV) nicht zu beanstanden.

Bewertung der Grundfahraufgabe hinsichtlich der Fahrzeugbedienung/Umweltbewusste Fahrweise

Fehler

– Benutzung nur eines Bremshebels[1]
– Abwürgen des Motors

1.3. Ausweichen ohne Abbremsen

1.3.1. Definition

Bei der Grundfahraufgabe handelt es sich um eine Aufgabe, bei der der Bewerber an einem festgelegten Punkt in einer bestimmten Geschwindigkeit, ohne zu bremsen, ausweichen muss.

Die Aufgabe setzt voraus, dass sichergestellt ist, dass eine Gefährdung des nachfolgenden Verkehrs ausgeschlossen ist; deshalb ist eine Beobachtung des rückwärtigen Verkehrs (Spiegelbenutzung und Überprüfung des „Toten Winkels") vor Beginn des Ausweichens nicht erforderlich.

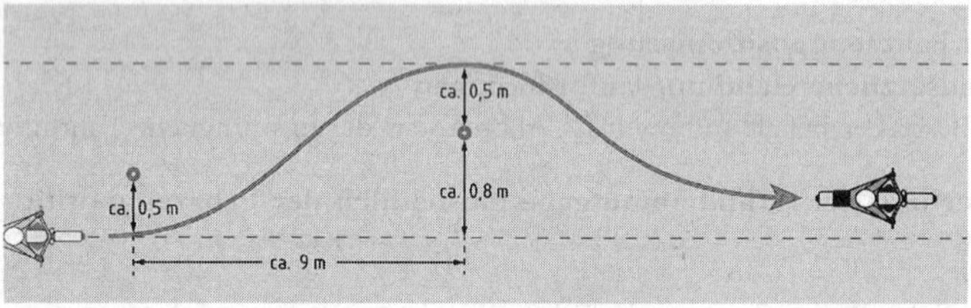

1.3.2. Was wird vom Bewerber in Bezug auf die Beobachtungskategorien erwartet?

1.3.2.1. Verkehrsbeobachtung

Grundsätzliche Handlungsanforderungen

Bewertung der Grundfahraufgabe hinsichtlich der Verkehrsbeobachtung

Fehler

[1] **Amtl. Anm.:** Gilt nicht für kombinierte Brems-Systeme, bei denen durch Betätigung nur eines Brems-Hebels die volle Bremswirkung aller Bremsen erreicht werden kann

1.3.2.2. Fahrzeugpositionierung

Grundsätzliche Handlungsanforderungen

Der Bewerber weicht vor einer markierten Stelle um ca. 1 bis 1,5 m nach links aus und kehrt ohne zu bremsen auf die ursprüngliche Fahrlinie zurück. Das Ausweichen beginnt frühestens 9 m vor der markierten Stelle. Dabei bleiben alle Markierungsgegenstände stehen.

Bewertung der Grundfahraufgabe hinsichtlich der Fahrzeugpositionierung

Fehler

– Zu frühes oder nicht ausreichendes Ausweichen

– Die ursprüngliche Fahrlinie wird nicht annähernd wieder erreicht

– Umwerfen der zweiten Markierung

1.3.2.3. Geschwindigkeitsanpassung

Grundsätzliche Handlungsanforderungen

Der Bewerber beschleunigt auf ca. 50 km/h (bei Klasse AM auf ca. 40 km/h). Während des Ausweichmanövers bremst der Bewerber nicht.

Bewertung der Grundfahraufgabe hinsichtlich der Geschwindigkeitsanpassung

Fehler

– Zu geringe Ausgangsgeschwindigkeit

– Bremsen vor Wiedererreichen der Fahrlinie

1.3.2.4. Kommunikation

Grundsätzliche Handlungsanforderungen

Bewertung der Grundfahraufgabe hinsichtlich der Kommunikation

Fehler

1.3.2.5. Fahrzeugbedienung/Umweltbewusste Fahrweise

Grundsätzliche Handlungsanforderungen

Bei der Ausführung der Aufgabe befinden sich die Füße des Bewerbers auf den Fußrasten.

Bewertung der Grundfahraufgabe hinsichtlich der Fahrzeugbedienung/Umweltbewusste Fahrweise

Fehler

– Herunternehmen eines Fußes oder beider Füße von den Fußrasten

1.4. Ausweichen nach Abbremsen

1.4.1. Definition

Bei der Grundfahraufgabe handelt es sich um eine Aufgabe, bei der der Bewerber aus einer bestimmten Geschwindigkeit abbremsen und an einem festgelegten Punkt ausweichen muss.

Die Aufgabe setzt voraus, dass sichergestellt ist, dass eine Gefährdung des nachfolgenden Verkehrs ausgeschlossen ist; deshalb ist eine Beobachtung des rückwärtigen Verkehrs (Spiegelbenutzung und Überprüfung des „Toten Winkels“) vor Beginn des Ausweichens nicht erforderlich.

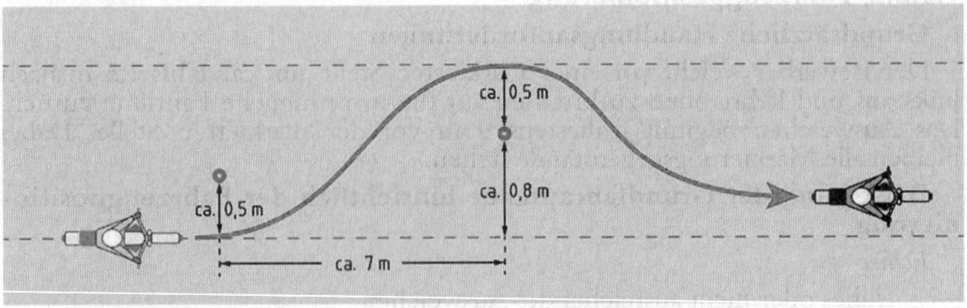

1.4.2. Was wird vom Bewerber in Bezug auf die Beobachtungskategorien erwartet?

1.4.2.1. Verkehrsbeobachtung

Grundsätzliche Handlungsanforderungen

Bewertung der Grundfahraufgabe hinsichtlich der Verkehrsbeobachtung

Fehler

1.4.2.2. Fahrzeugpositionierung

Grundsätzliche Handlungsanforderungen

Der Bewerber weicht vor einer markierten Stelle um ca. 1 bis 1,5 m nach links aus und kehrt auf die ursprüngliche Fahrlinie zurück. Das Ausweichen beginnt frühestens 7 m vor der markierten Stelle. Dabei bleiben alle Markierungsgegenstände stehen.

Bewertung der Grundfahraufgabe hinsichtlich der Fahrzeugpositionierung

Fehler

- Zu frühes oder nicht ausreichendes Ausweichen
- Die ursprüngliche Fahrlinie wird nicht annähernd wieder erreicht
- Umwerfen der zweiten Markierung

1.4.2.3. Geschwindigkeitsanpassung

GrundsätzlicheHandlungsanforderungen

Der Bewerber beschleunigt auf ca. 50 km/h (bei Klasse AM auf ca. 40 km/h), bremst rechtzeitig vor dem Ausweichen kurz ab und fährt mit einer Geschwindigkeit im eigenstabilen Bereich (ca. 30 km/h) weiter.

Bewertung der Grundfahraufgabe hinsichtlich der Geschwindigkeitsanpassung

Fehler

- Zu geringe Ausgangsgeschwindigkeit
- Zu geringe Geschwindigkeit beim Ausweichen („Herumlenken" des Kraftrades um die Markierungsgegenstände)
- Bremsen vor Wiedererreichen der Fahrlinie

1.4.2.4. Kommunikation

Grundsätzliche Handlungsanforderungen

Bewertung der Grundfahraufgabe hinsichtlich der Kommunikation

Fehler

1.4.2.5. Fahrzeugbedienung/Umweltbewusste Fahrweise

Grundsätzliche Handlungsanforderungen

Die Bremsen werden vor dem Ausweichen gelöst. Bei der Ausführung der Aufgabe befinden sich die Füße des Bewerbers auf den Fußrasten.

Bewertung der Grundfahraufgabe hinsichtlich der Fahrzeugbedienung/Umweltbewusste Fahrweise

Fehler

- Nichtlösen der Bremsen beim Ausweichen
- Herunternehmen eines Fußes oder beider Füße von den Fußrasten

1.5. Slalom

1.5.1. Definition

Bei der Grundfahraufgabe handelt es sich um eine Aufgabe, bei der der Bewerber eine ca. 50 m lange Slalomstrecke mit fünf Markierungsgegenständen im Abstand von 7 m durchfährt.

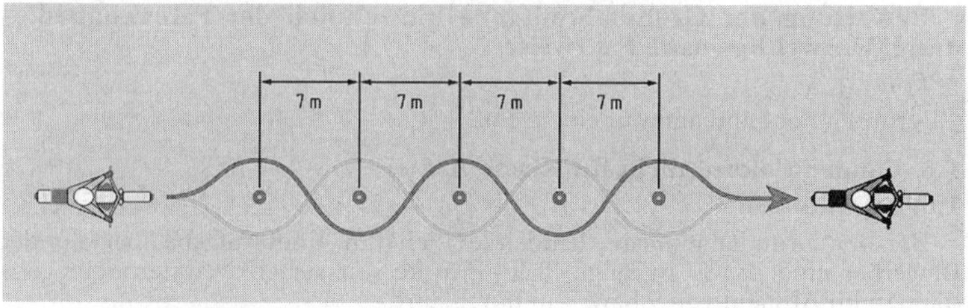

1.5.2. Was wird vom Bewerber in Bezug auf die Beobachtungskategorien erwartet?

1.5.2.1. Verkehrsbeobachtung

Grundsätzliche Handlungsanforderungen

Bewertung der Grundfahraufgabe hinsichtlich der Verkehrsbeobachtung

Fehler

1.5.2.2. Fahrzeugpositionierung

Grundsätzliche Handlungsanforderungen

Der Bewerber durchfährt alle vorgegebenen Felder; dabei bleiben alle Markierungsgegenstände stehen.

Bewertung der Grundfahraufgabe hinsichtlich der Fahrzeugpositionierung

Fehler

- Auslassen eines Feldes
- Umwerfen einer Markierung

1.5.2.3. Geschwindigkeitsanpassung

Grundsätzliche Handlungsanforderungen

Der Bewerber hat die Slalomstrecke mit einer Geschwindigkeit von ca. 30 km/h zu durchfahren.

Bewertung der Grundfahraufgabe hinsichtlich der Geschwindigkeitsanpassung

Fehler

– Zu geringe Geschwindigkeit

1.5.2.4. Kommunikation

Grundsätzliche Handlungsanforderungen

Bewertung der Grundfahraufgabe hinsichtlich der Kommunikation

Fehler

1.5.2.5. Fahrzeugbedienung/Umweltbewusste Fahrweise

Grundsätzliche Handlungsanforderungen

Bei der Ausführung der Aufgabe befinden sich die Füße des Bewerbers auf den Fußrasten.

Bewertung der Grundfahraufgabe hinsichtlich der Fahrzeugbedienung/Umweltbewusste Fahrweise

Fehler

– Berühren der Fahrbahn mit einem Fuß

1.6. Langer Slalom (nicht für Klasse AM)

1.6.1. Definition

Bei der Grundfahraufgabe handelt es sich um eine Aufgabe, bei der der Bewerber eine ca. 80 m lange Slalomstrecke mit sieben Markierungsgegenständen im Abstand von 9 bzw. 7 m durchfährt.

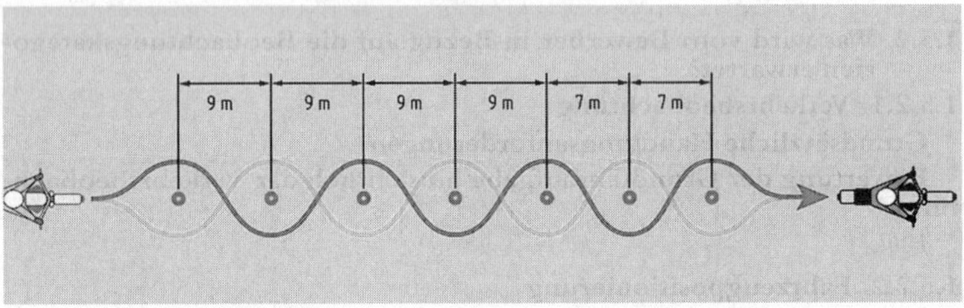

1.6.2. Was wird vom Bewerber in Bezug auf die Beobachtungskategorien erwartet?

1.6.2.1. Verkehrsbeobachtung

Grundsätzliche Handlungsanforderungen

Bewertung der Grundfahraufgabe hinsichtlich der Verkehrsbeobachtung

Fehler

1.6.2.2. Fahrzeugpositionierung

Grundsätzliche Handlungsanforderungen

Der Bewerber durchfährt alle vorgegebenen Felder; dabei bleiben alle Markierungsgegenstände stehen.

Bewertung der Grundfahraufgabe hinsichtlich der Fahrzeugpositionierung

Fehler

– Auslassen eines Feldes

– Umwerfen einer Markierung

1.6.2.3. Geschwindigkeitsanpassung

Grundsätzliche Handlungsanforderungen

Der Bewerber hat die Slalomstrecke mit einer Geschwindigkeit von ca. 30 km/h zu durchfahren.

Bewertung der Grundfahraufgabe hinsichtlich der Geschwindigkeitsanpassung

Fehler

– Zu geringe Geschwindigkeit

1.6.2.4. Kommunikation

Grundsätzliche Handlungsanforderungen

Bewertung der Grundfahraufgabe hinsichtlich der Kommunikation

Fehler

1.6.2.5. Fahrzeugbedienung/Umweltbewusste Fahrweise

Grundsätzliche Handlungsanforderungen

Bei der Ausführung der Aufgabe befinden sich die Füße des Bewerbers auf den Fußrasten. Die Aufgabe darf nicht im 1. Gang gefahren werden.

Bewertung der Grundfahraufgabe hinsichtlich der Fahrzeugbedienung/Umweltbewusste Fahrweise

Fehler

– Berühren der Fahrbahn mit einem Fuß

– Falsche Gangwahl

1.7. Fahren mit Schrittgeschwindigkeit geradeaus

1.7.1. Definition

Bei der Grundfahraufgabe handelt es sich um eine Aufgabe, bei der der Bewerber eine Strecke von ca. 25 m mit Schrittgeschwindigkeit geradeaus fährt.

1.7.2. Was wird vom Bewerber in Bezug auf die Beobachtungskategorien erwartet?

1.7.2.1. Verkehrsbeobachtung

Grundsätzliche Handlungsanforderungen

Bewertung der Grundfahraufgabe hinsichtlich der Verkehrsbeobachtung

Fehler

1.7.2.2. Fahrzeugpositionierung

Grundsätzliche Handlungsanforderungen

Der Bewerber behält seine gerade Fahrlinie bei.

Bewertung der Grundfahraufgabe hinsichtlich der Fahrzeugpositionierung

Fehler

– Starkes Abweichen von der Geraden (mehrfaches Abweichen von der Geraden um mehr als 30 cm nach links und/oder rechts)[1]

1.7.2.3. Geschwindigkeitsanpassung

Grundsätzliche Handlungsanforderungen

Der Bewerber fährt mit Schrittgeschwindigkeit.

Bewertung der Grundfahraufgabe hinsichtlich der Geschwindigkeitsanpassung

Fehler

– Überschreitung der Schrittgeschwindigkeit

1.7.2.4. Kommunikation

Grundsätzliche Handlungsanforderungen

Bewertung der Grundfahraufgabe hinsichtlich der Kommunikation

Fehler

1.7.2.5. Fahrzeugbedienung/Umweltbewusste Fahrweise

Grundsätzliche Handlungsanforderungen

Der Bewerber fährt unter Beibehaltung des Gleichgewichts und mit richtiger Handhabung von Kupplung, Gas und Bremse geradeaus. Bei der Ausführung der Aufgabe befinden sich die Füße des Bewerbers auf den Fußrasten.

Bewertung der Grundfahraufgabe hinsichtlich der Fahrzeugbedienung/Umweltbewusste Fahrweise

Fehler

– Herunternehmen eines Fußes oder beider Füße von den Fußrasten

1.8. Stop and Go

1.8.1. Definition

Bei der Grundfahraufgabe handelt es sich um eine Aufgabe, bei der der Bewerber mehrfach anfährt und anhält.

Die Beobachtung des rückwärtigen Verkehrs ist nur beim ersten Anfahren erforderlich.

1.8.2. Was wird vom Bewerber in Bezug auf die Beobachtungskategorien erwartet?

1.8.2.1. Verkehrsbeobachtung

Grundsätzliche Handlungsanforderungen

Bewertung der Grundfahraufgabe hinsichtlich der Verkehrsbeobachtung

Fehler

---

[1] **Amtl. Anm.:** Die ersten 5 m nach dem Anfahren werden nicht bewertet

1.8.2.2. Fahrzeugpositionierung

Grundsätzliche Handlungsanforderungen

Bewertung der Grundfahraufgabe hinsichtlich der Fahrzeugpositionierung

Fehler

1.8.2.3. Geschwindigkeitsanpassung

Grundsätzliche Handlungsanforderungen

Bewertung der Grundfahraufgabe hinsichtlich der Geschwindigkeitsanpassung

Fehler

1.8.2.4. Kommunikation

Grundsätzliche Handlungsanforderungen

Bewertung der Grundfahraufgabe hinsichtlich der Kommunikation

Fehler

1.8.2.5. Fahrzeugbedienung/Umweltbewusste Fahrweise

Grundsätzliche Handlungsanforderungen

Der Bewerber durchfährt die Strecke mit richtiger Handhabung von Kupplung, Gas und Bremse. Er setzt die Füße nur während des Anhaltens zum Abstützen des Kraftrads auf die Fahrbahn. Während der Fahrt befinden sich die Füße auf den Fußrasten. Der Bewerber zeigt, dass die Neigung des Kraftrades nach der einen oder anderen Seite bewusst erfolgt, indem zunächst zweimal der eine und dann zweimal der andere Fuß abgesetzt wird. Ein Gangwechsel ist während der Aufgabe nicht erforderlich.

Bewertung der Grundfahraufgabe hinsichtlich der Fahrzeugbedienung/Umweltbewusste Fahrweise

Fehler

– Anfahren im falschen Gang
– Abwürgen des Motors
– Füße nicht auf den Fußrasten, außer zum Abstützen beim Anhalten
– Absetzen der Füße nicht wie beschrieben

1.9. Kreisfahrt

1.9.1. Definition

Bei der Grundfahraufgabe handelt es sich um eine Aufgabe, bei der der Bewerber mehrfach im Kreis fährt und diesen abschließend verlässt. Die Kreisfahrt kann wahlweise in beide Richtungen verlangt werden; auf öffentlichen Straßen jedoch nur nach links.

Die Beobachtung des rückwärtigen Verkehrs ist nur vor dem Einfahren in den Kreis erforderlich.

1.9.2. Was wird vom Bewerber in Bezug auf die Beobachtungskategorien erwartet?

1.9.2.1. Verkehrsbeobachtung

Grundsätzliche Handlungsanforderungen

Bewertung der Grundfahraufgabe hinsichtlich der Verkehrsbeobachtung

Fehler

1.9.2.2. Fahrzeugpositionierung

Grundsätzliche Handlungsanforderungen

Der Bewerber fährt in einen Kreis mit einem Radius von ca. 4,5 m ein, durchfährt diesen mehrfach und verlässt ihn wieder.

Bewertung der Grundfahraufgabe hinsichtlich der Fahrzeugpositionierung

Fehler

– Starkes Abweichen vom vorgegebenen Radius
– Starkes Abweichen von der Kreisform

1.9.2.3. Geschwindigkeitsanpassung

Grundsätzliche Handlungsanforderungen

Der Bewerber wählt die Geschwindigkeit so, dass er den Kreis in Schräglage durchfährt.

Bewertung der Grundfahraufgabe hinsichtlich der Geschwindigkeitsanpassung

Fehler

– Schräglage ist nicht festzustellen

1.9.2.4. Kommunikation

Grundsätzliche Handlungsanforderungen

Bewertung der Grundfahraufgabe hinsichtlich der Kommunikation

Fehler

1.9.2.5. Fahrzeugbedienung/Umweltbewusste Fahrweise

Grundsätzliche Handlungsanforderungen

Bei Ausführung der Aufgabe befinden sich die Füße des Bewerbers auf den Fußrasten. Die Aufgabe darf nicht im 1. Gang gefahren werden.

Bewertung der Grundfahraufgabe hinsichtlich der Fahrzeugbedienung/Umweltbewusste Fahrweise

Fehler

– Falsche Gangwahl
– Herunternehmen eines Fußes oder beider Füße von den Fußrasten

Fahrerlaubnisklasse B

2.1. Fahren nach rechts rückwärts unter Ausnutzung einer Einmündung, Kreuzung oder Einfahrt

2.1.1. Definition

Bei der Grundfahraufgabe handelt es sich um eine Aufgabe, bei der der Bewerber unter Ausnutzung einer Einmündung, Kreuzung oder Einfahrt nach rechts rückwärts fährt und in Rückwärtsfahrt parallel zum Bordstein oder zur Fahrbahnbegrenzung anhält.

2.1.2. Was wird vom Bewerber in Bezug auf die Beobachtungskategorien erwartet?

2.1.2.1. Verkehrsbeobachtung

Grundsätzliche Handlungsanforderungen

Der Bewerber beobachtet vor Beginn und während der Aufgabe den Verkehr und überprüft ggf. den „Toten Winkel".

Bewertung der Grundfahraufgabe hinsichtlich der Verkehrsbeobachtung

Fehler

– Unzureichende Verkehrsbeobachtung

2.1.2.2. Fahrzeugpositionierung

Grundsätzliche Handlungsanforderungen

Der Bewerber fährt in einem möglichst engen Bogen unter Berücksichtigung des Rechtsfahrgebots nach rechts rückwärts, ohne auf den Bordstein aufzufahren oder die Fahrbahnbegrenzung zu überfahren. Der Bewerber hält sein Fahrzeug in Rückwärtsfahrt parallel zum Bordstein oder zur Fahrbahnbegrenzung an.

Bewertung der Grundfahraufgabe hinsichtlich der Fahrzeugpositionierung

Fehler

– In einem zu weiten Bogen gefahren
– Nichtbeachten des Rechtsfahrgebots
– Auffahren auf den Bordstein oder Überfahren der Fahrbahnbegrenzung
– Nicht annähernd parallel zum Bordstein oder zur Fahrbahnbegrenzung angehalten
– Endstellung nicht durch Rückwärtsfahrt erreicht

2.1.2.3. Geschwindigkeitsanpassung

Grundsätzliche Handlungsanforderungen

Bewertung der Grundfahraufgabe hinsichtlich der Geschwindigkeitsanpassung

Fehler

2.1.2.4. Kommunikation

Grundsätzliche Handlungsanforderungen

Bewertung der Grundfahraufgabe hinsichtlich der Kommunikation

Fehler

2.1.2.5. Fahrzeugbedienung/Umweltbewusste Fahrweise

Grundsätzliche Handlungsanforderungen

Der Bewerber benötigt für das Erreichen der Endstellung maximal zwei Korrekturzüge.

Bewertung der Grundfahraufgabe hinsichtlich der Fahrzeugbedienung/Umweltbewusste Fahrweise

Fehler

– Mehr als zwei Korrekturzüge

2.2. Rückwärtsfahren in eine Parklücke (Längsaufstellung)

2.2.1. Definition

Bei der Grundfahraufgabe handelt es sich um eine Aufgabe, bei der der Bewerber rückwärts in eine Lücke oder rückwärts rechts an den Fahrbahnrand fährt und anhält.

2.2.2. Was wird vom Bewerber in Bezug auf die Beobachtungskategorien erwartet?

2.2.2.1. Verkehrsbeobachtung

Grundsätzliche Handlungsanforderungen

Der Bewerber beobachtet vor Beginn und während der Aufgabe den Verkehr und überprüft ggf. den „Toten Winkel".

Bewertung der Grundfahraufgabe hinsichtlich der Verkehrsbeobachtung

Fehler

– Unzureichende Verkehrsbeobachtung

2.2.2.2. Fahrzeugpositionierung

Grundsätzliche Handlungsanforderungen

Der Bewerber fährt entweder rückwärts in eine etwa 8 m lange Lücke (z.B. zwischen zwei hintereinander stehenden Fahrzeugen) oder er fährt innerhalb einer etwa 8 m langen Strecke rückwärts an den Fahrbahnrand und hält parallel zur Fahrbahn an. Dabei fährt er nicht auf den Bordstein auf und bleibt innerhalb der Fahrbahnbegrenzung. Der Bewerber hält in einem Abstand von nicht mehr als 30 cm zum Bordstein an.

Bewertung der Grundfahraufgabe hinsichtlich der Fahrzeugpositionierung

Fehler

– Auffahren auf den Bordstein oder Überfahren der Fahrbahnbegrenzung
– Nicht annähernd parallel zum Bordstein oder zur Fahrbahnbegrenzung angehalten
– Fehlerhafte Endstellung (z.B. Einklemmen anderer Fahrzeuge)
– Nicht innerhalb der etwa 8 m langen Strecke rückwärts an den Fahrbahnrand gefahren
– Abstand vom Bordstein oder von der Fahrbahnbegrenzung mehr als 30 cm

2.2.2.3. Geschwindigkeitsanpassung

Grundsätzliche Handlungsanforderungen

Bewertung der Grundfahraufgabe hinsichtlich der Geschwindigkeitsanpassung

Fehler

2.2.2.4. Kommunikation

Grundsätzliche Handlungsanforderungen

Bewertung der Grundfahraufgabe hinsichtlich der Kommunikation

Fehler

2.2.2.5. Fahrzeugbedienung/Umweltbewusste Fahrweise

Grundsätzliche Handlungsanforderungen

Der Bewerber benötigt maximal zwei Korrekturzüge.

Bewertung der Grundfahraufgabe hinsichtlich der Fahrzeugbedienung/Umweltbewusste Fahrweise

Fehler

– Mehr als zwei Korrekturzüge

2.3. Einfahren in eine Parklücke (Quer- oder Schrägstellung)

2.3.1. Definition

Bei der Grundfahraufgabe handelt es sich um eine Aufgabe, bei der der Bewerber vorwärts oder rückwärts in eine ausreichend große Lücke zwischen zwei parallel stehenden Fahrzeugen oder auf eine quer oder schräg zur Fahrtrichtung markierte Parkfläche fährt und anhält.

2.3.2. Was wird vom Bewerber in Bezug auf die Beobachtungskategorien erwartet?

2.3.2.1. Verkehrsbeobachtung

Grundsätzliche Handlungsanforderungen

Der Bewerber beobachtet vor Beginn und während der Aufgabe den Verkehr und überprüft ggf. den „Toten Winkel".

Bewertung der Grundfahraufgabe hinsichtlich der Verkehrsbeobachtung

Fehler

– Unzureichende Verkehrsbeobachtung

2.3.2.2. Fahrzeugpositionierung

Grundsätzliche Handlungsanforderungen

Der Bewerber fährt vorwärts oder rückwärts in eine ausreichend große Lücke zwischen zwei parallel stehenden Fahrzeugen oder auf eine quer oder schräg zur Fahrtrichtung markierte Parkfläche und hält innerhalb der markierten Fläche und in einem ausreichenden Seitenabstand zu anderen parkenden Fahrzeugen an.

Bewertung der Grundfahraufgabe hinsichtlich der Fahrzeugpositionierung

Fehler

– Nicht ausreichender Seitenabstand

– Fahrzeugumriss ragt über markierte Parkfläche hinaus

2.3.2.3. Geschwindigkeitsanpassung

Grundsätzliche Handlungsanforderungen

Bewertung der Grundfahraufgabe hinsichtlich der Geschwindigkeitsanpassung

Fehler

2.3.2.4. Kommunikation

Grundsätzliche Handlungsanforderungen

Bewertung der Grundfahraufgabe hinsichtlich der Kommunikation

Fehler

2.3.2.5. Fahrzeugbedienung/Umweltbewusste Fahrweise

Grundsätzliche Handlungsanforderungen

Der Bewerber benötigt maximal zwei Korrekturzüge.

Bewertung der Grundfahraufgabe hinsichtlich der Fahrzeugbedienung/Umweltbewusste Fahrweise

Fehler

– Mehr als zwei Korrekturzüge

2.4. Umkehren

2.4.1. Definition

Bei der Grundfahraufgabe handelt es sich um eine Aufgabe, bei der der Bewerber selbstständig eine geeignete Stelle und Methode wählt, um umzukehren (z.B. Park- oder Stellplatz, Einmündung, Grundstückseinfahrt).

2.4.2. Was wird vom Bewerber in Bezug auf die Beobachtungskategorien erwartet?

2.4.2.1. Verkehrsbeobachtung

Grundsätzliche Handlungsanforderungen

Der Bewerber beobachtet vor Beginn und während der Aufgabe den Verkehr und überprüft ggf. den „Toten Winkel".

Bewertung der Grundfahraufgabe hinsichtlich der Verkehrsbeobachtung

Fehler

– Unzureichende Verkehrsbeobachtung

2.4.2.2. Fahrzeugpositionierung

Grundsätzliche Handlungsanforderungen

Der Bewerber beachtet das Rechtsfahrgebot.

Bewertung der Grundfahraufgabe hinsichtlich der Fahrzeugpositionierung

Fehler

– Unzulässiges Abweichen vom Rechtsfahrgebot

2.4.2.3. Geschwindigkeitsanpassung

Grundsätzliche Handlungsanforderungen

Bewertung der Grundfahraufgabe hinsichtlich der Geschwindigkeitsanpassung

Fehler

2.4.2.4. Kommunikation

Grundsätzliche Handlungsanforderungen

Bewertung der Grundfahraufgabe hinsichtlich der Kommunikation

Fehler

2.4.2.5. Fahrzeugbedienung/Umweltbewusste Fahrweise

Grundsätzliche Handlungsanforderungen

Bewertung der Grundfahraufgabe hinsichtlich der Fahrzeugbedienung/Umweltbewusste Fahrweise

Fehler

2.5. Abbremsen mit höchstmöglicher Verzögerung

2.5.1. Definition

Bei der Grundfahraufgabe handelt es sich um eine Aufgabe, bei der der Bewerber sein Fahrzeug mit höchstmöglicher Verzögerung aus einer bestimmten Geschwindigkeit zum Stillstand bringt.

Die Aufgabe setzt voraus, dass durch den Fahrlehrer sichergestellt ist, dass eine Gefährdung des nachfolgenden Verkehrs ausgeschlossen ist; deshalb ist eine Beobachtung des rückwärtigen Verkehrs (Spiegelbenutzung und Überprüfung des „Toten Winkels") vor Beginn der Bremsung nicht erforderlich. Die Anweisung zur Durchführung der Bremsung erfolgt durch den Fahrlehrer.

2.5.2. Was wird vom Bewerber in Bezug auf die Beobachtungskategorien erwartet?

2.5.2.1. Verkehrsbeobachtung

Grundsätzliche Handlungsanforderungen

Bewertung der Grundfahraufgabe hinsichtlich der Verkehrsbeobachtung

Fehler

2.5.2.2. Fahrzeugpositionierung

Grundsätzliche Handlungsanforderungen

Der Bewerber behält während des Abbremsens die ursprüngliche Fahrlinie bei.

Bewertung der Grundfahraufgabe hinsichtlich der Fahrzeugpositionierung

Fehler

– Wesentliches Abweichen von der Fahrlinie durch fehlerhaftes Lenken

2.5.2.3. Geschwindigkeitsanpassung

Grundsätzliche Handlungsanforderungen

Der Bewerber bringt sein Fahrzeug aus mindestens 30 km/h mit höchstmöglicher Verzögerung zum Stillstand.

Bewertung der Grundfahraufgabe hinsichtlich der Geschwindigkeitsanpassung

Fehler

– Zu geringe Ausgangsgeschwindigkeit
– Nichterreichen der notwendigen Verzögerung

2.5.2.4. Kommunikation

Grundsätzliche Handlungsanforderungen

Bewertung der Grundfahraufgabe hinsichtlich der Kommunikation

Fehler

2.5.2.5. Fahrzeugbedienung/Umweltbewusste Fahrweise

Grundsätzliche Handlungsanforderungen

Der Bewerber verzögert das Fahrzeug höchstmöglich durch schlagartiges Betätigen der Betriebsbremse.

Bewertung der Grundfahraufgabe hinsichtlich der Fahrzeugbedienung/Umweltbewusste Fahrweise

Fehler

– Abwürgen des Motors
– Kein schlagartiges Betätigen der Betriebsbremse

Fahrerlaubnisklassen C, C1, D und D1

3.1. Fahren nach rechts rückwärts unter Ausnutzung einer Einmündung, Kreuzung oder Einfahrt

3.1.1. Definition

Bei der Grundfahraufgabe handelt es sich um eine Aufgabe, bei der der Bewerber an einer geeigneten Stelle (Einmündung, Kreuzung oder Einfahrt) rückwärts nach rechts fährt und anhält.

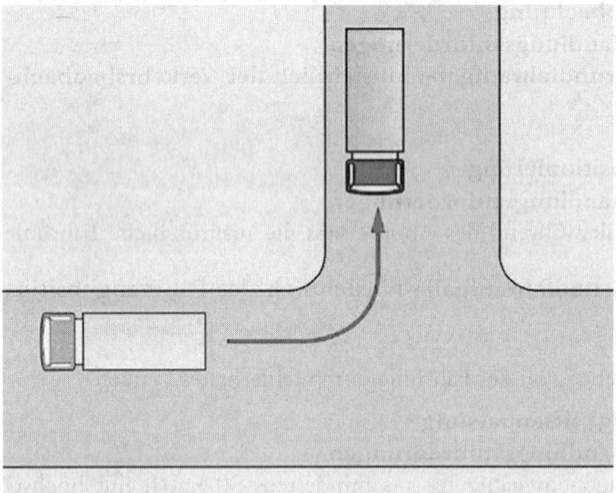

3.1.2. Was wird vom Bewerber in Bezug auf die Beobachtungskategorien erwartet?

3.1.2.1. Verkehrsbeobachtung

Grundsätzliche Handlungsanforderungen

Der Bewerber beobachtet vor Beginn und während der Aufgabe den Verkehr und überprüft ggf. den „Toten Winkel".

Bewertung der Grundfahraufgabe hinsichtlich der Verkehrsbeobachtung

Fehler

– Unzureichende Verkehrsbeobachtung

3.1.2.2. Fahrzeugpositionierung

Grundsätzliche Handlungsanforderungen

Der Bewerber fährt in einem möglichst engen Bogen nach rechts rückwärts ohne auf den Bordstein aufzufahren oder die Fahrbahnbegrenzung zu überfahren. Dabei beachtet er das Rechtsfahrgebot. Er hält das Fahrzeug in Rückwärtsfahrt parallel zum Bordstein bzw. der Fahrbahnbegrenzung an.

Bewertung der Grundfahraufgabe hinsichtlich der Fahrzeugpositionierung

Fehler

– Nicht in einem möglichst engen Bogen gefahren
– Nichtbeachten des Rechtsfahrgebotes
– Auffahren auf den Bordstein oder Überfahren der Fahrbahnbegrenzung
– Nicht annähernd parallel zum Bordstein oder zur Fahrbahnbegrenzung angehalten
– Endstellung nicht durch Rückwärtsfahren erreicht

3.1.2.3. Geschwindigkeitsanpassung

Grundsätzliche Handlungsanforderungen

Bewertung der Grundfahraufgabe hinsichtlich der Geschwindigkeitsanpassung

Fehler

3.1.2.4. Kommunikation

Grundsätzliche Handlungsanforderungen

Bewertung der Grundfahraufgabe hinsichtlich der Kommunikation

Fehler

3.1.2.5. Fahrzeugbedienung/Umweltbewusste Fahrweise

Grundsätzliche Handlungsanforderungen

Der Bewerber benötigt höchstens zwei Korrekturzüge.

Bewertung der Grundfahraufgabe hinsichtlich der Fahrzeugbedienung/Umweltbewusste Fahrweise

Fehler

– Mehr als zwei Korrekturzüge

3.2. Rückwärts in eine Parklücke (Längsaufstellung)

3.2.1. Definition

Bei der Grundfahraufgabe handelt es sich um eine Aufgabe, bei der der Bewerber rückwärts in eine geeignete Lücke zwischen zwei hintereinander stehenden Fahrzeugen (ggf. auch eine markierte Lücke) fährt und anhält.

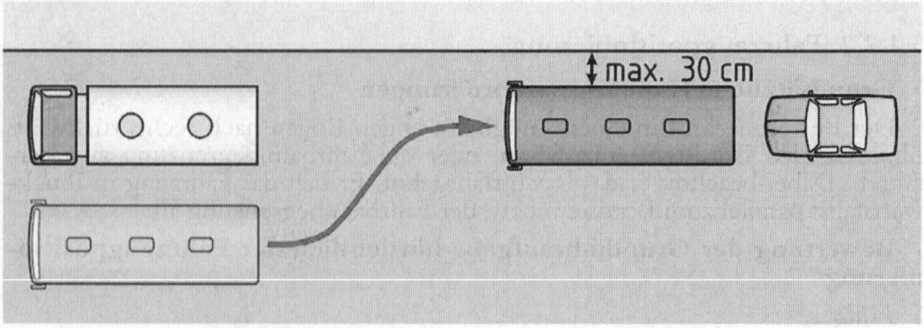

3.2.2. Was wird vom Bewerber in Bezug auf die Beobachtungskategorien erwartet?

3.2.2.1. Verkehrsbeobachtung

Grundsätzliche Handlungsanforderungen

Der Bewerber beobachtet vor Beginn und während der Aufgabe den Verkehr und überprüft ggf. den „Toten Winkel".

Bewertung der Grundfahraufgabe hinsichtlich der Verkehrsbeobachtung

Fehler

– Unzureichende Verkehrsbeobachtung

3.2.2.2. Fahrzeugpositionierung

Grundsätzliche Handlungsanforderungen

Der Bewerber fährt rückwärts in eine geeignete Lücke zwischen zwei hintereinander stehenden Fahrzeugen (ggf. Markierungen) an den Fahrbahnrand und hält parallel mit einem Abstand von nicht mehr als 30 cm zum Bordstein oder zur Fahrbahnbegrenzung an. Dabei fährt er nicht auf den Bordstein auf und bleibt innerhalb der Fahrbahnbegrenzung. Andere Fahrzeuge dürfen durch „Einklemmen" nicht blockiert werden.

Bewertung der Grundfahraufgabe hinsichtlich der Fahrzeugpositionierung

Fehler

– Auffahren auf den Bordstein oder Überfahren der Fahrbahnbegrenzung
– Einklemmen anderer Fahrzeuge
– Nicht parallel zum Bordstein oder zur Fahrbahnbegrenzung gehalten
– Abstand zum Bordstein oder zur Fahrbahnbegrenzung mehr als 30 cm

3.2.2.3. Geschwindigkeitsanpassung

Grundsätzliche Handlungsanforderungen

Bewertung der Grundfahraufgabe hinsichtlich der Geschwindigkeitsanpassung

Fehler

3.2.2.4. Kommunikation

Grundsätzliche Handlungsanforderungen

Bewertung der Grundfahraufgabe hinsichtlich der Kommunikation

Fehler

3.2.2.5. Fahrzeugbedienung/Umweltbewusste Fahrweise

Grundsätzliche Handlungsanforderungen

Der Bewerber benötigt höchstens zwei Korrekturzüge.

Bewertung der Grundfahraufgabe hinsichtlich der Fahrzeugbedienung/Umweltbewusste Fahrweise

Fehler

– Mehr als zwei Korrekturzüge

3.3. Rückwärts quer oder schräg einparken

3.3.1. Definition

Bei der Grundfahraufgabe handelt es sich um eine Aufgabe, bei der der Bewerber rückwärts in eine geeignete Lücke zwischen nebeneinanderstehenden Fahrzeugen (ggf. eine markierte Lücke) oder neben ein einzeln stehendes Fahrzeug fährt und anhält.

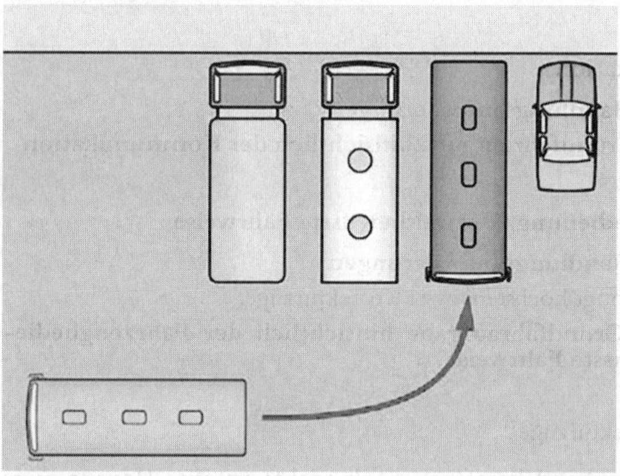

3.3.2. Was wird vom Bewerber in Bezug auf die Beobachtungskategorien erwartet?

3.3.2.1. Verkehrsbeobachtung

Grundsätzliche Handlungsanforderungen

Der Bewerber beobachtet vor Beginn und während der Aufgabe den Verkehr und überprüft ggf. den „Toten Winkel".

Bewertung der Grundfahraufgabe hinsichtlich der Verkehrsbeobachtung

Fehler

– Unzureichende Verkehrsbeobachtung

3.3.2.2. Fahrzeugpositionierung

Grundsätzliche Handlungsanforderungen

Der Bewerber fährt rückwärts in eine geeignete Lücke zwischen nebeneinanderstehenden Fahrzeugen (ggf. eine markierte Lücke) oder neben ein einzeln stehendes Fahrzeug und hält an. Dabei hält er ausreichend Seitenabstand zu anderen Fahrzeugen (ggf. Markierungen) ein.

Bewertung der Grundfahraufgabe hinsichtlich der Fahrzeugpositionierung

Fehler

– Nicht ausreichender Seitenabstand

– Fahrzeugumriss ragt über die markierte Parkfläche hinaus

3.3.2.3. Geschwindigkeitsanpassung

Grundsätzliche Handlungsanforderungen

Bewertung der Grundfahraufgabe hinsichtlich der Geschwindigkeitsanpassung

Fehler

3.3.2.4. Kommunikation

Grundsätzliche Handlungsanforderungen

Bewertung der Grundfahraufgabe hinsichtlich der Kommunikation

Fehler

3.3.2.5. Fahrzeugbedienung/Umweltbewusste Fahrweise

Grundsätzliche Handlungsanforderungen

Der Bewerber benötigt höchstens zwei Korrekturzüge.

Bewertung der Grundfahraufgabe hinsichtlich der Fahrzeugbedienung/Umweltbewusste Fahrweise

Fehler

– Mehr als zwei Korrekturzüge[1]

3.4. Rückwärtsfahren und versetzen nach rechts an eine Rampe zum Be- oder Entladen (nur Klassen C und C1)

3.4.1. Definition

Bei der Grundfahraufgabe handelt es sich um eine Aufgabe, bei der der Bewerber das Fahrzeug zunächst ca. 2 m nach links versetzt und in einem Abstand von ca. 15 m (vom Fahrzeugheck gemessen) zur Rampe aufstellt. Er fährt rückwärts an die Rampe heran und versetzt dabei das Fahrzeug nach rechts, um von hinten sicher be- oder entladen zu können.

---

[1] **Amtl. Anm.:** Wegen der Platzverhältnisse notwendiges Rangieren zählt nicht als Korrekturzug

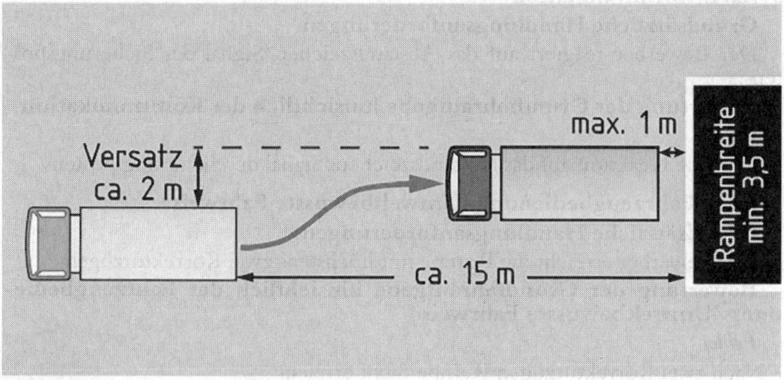

3.4.2. Was wird vom Bewerber in Bezug auf die Beobachtungskategorien erwartet?

3.4.2.1. Verkehrsbeobachtung

Grundsätzliche Handlungsanforderungen

Der Bewerber beobachtet vor Beginn und während der Aufgabe den Verkehr und überprüft ggf. den „Toten Winkel".

Bewertung der Grundfahraufgabe hinsichtlich der Verkehrsbeobachtung

Fehler

– Unzureichende Verkehrsbeobachtung

3.4.2.2. Fahrzeugpositionierung

Grundsätzliche Handlungsanforderungen

Der Bewerber positioniert das Fahrzeug so, dass das Fahrzeugheck in der Endposition innerhalb der Rampenbreite in maximal 1 m Abstand parallel zur Rampe steht.

Bewertung der Grundfahraufgabe hinsichtlich der Fahrzeugpositionierung

Fehler

– Nicht annähernd parallel und/oder nicht im Abstand von höchstens 1 m zur Rampe angehalten

3.4.2.3. Geschwindigkeitsanpassung

Grundsätzliche Handlungsanforderungen

Bewertung der Grundfahraufgabe hinsichtlich der Geschwindigkeitsanpassung

Fehler

3.4.2.4. Kommunikation

Grundsätzliche Handlungsanforderungen

Der Bewerber reagiert auf das Abstandszeichen/Signal des Sicherungspostens.

Bewertung der Grundfahraufgabe hinsichtlich der Kommunikation

Fehler

– Fehlende Reaktion auf das Abstandszeichen/Signal des Sicherungspostens

3.4.2.5. Fahrzeugbedienung/Umweltbewusste Fahrweise

Grundsätzliche Handlungsanforderungen

Der Bewerber erreicht die Rampe mit höchstens zwei Korrekturzügen.

Bewertung der Grundfahraufgabe hinsichtlich der Fahrzeugbedienung/Umweltbewusste Fahrweise

Fehler

– Nach zwei Korrekturzügen Rampe nicht erreicht

3.5. Halten zum Ein- oder Aussteigen (nur Klassen D und D1)

3.5.1. Definition

Bei der Grundfahraufgabe handelt es sich um eine Aufgabe, bei der der Bewerber in einem Zug an eine Bordsteinkante heranfährt oder in eine Haltebucht einfährt, um Passagieren ein sicheres Ein- oder Aussteigen zu ermöglichen.

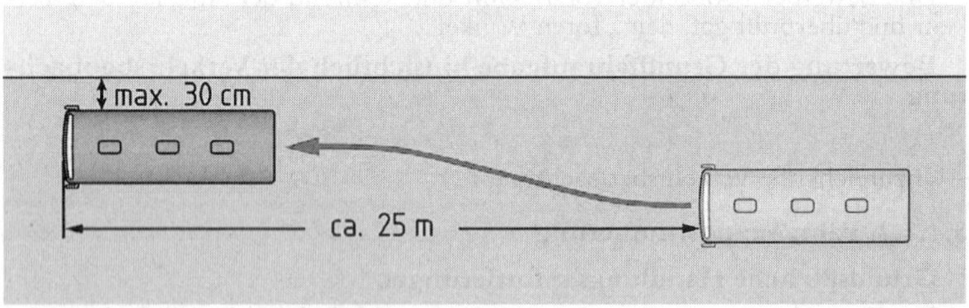

3.5.2. Was wird vom Bewerber in Bezug auf die Beobachtungskategorien erwartet?

3.5.2.1. Verkehrsbeobachtung

Grundsätzliche Handlungsanforderungen

Bewertung der Grundfahraufgabe hinsichtlich der Verkehrsbeobachtung

Fehler

3.5.2.2. Fahrzeugpositionierung

Grundsätzliche Handlungsanforderungen

Der Bewerber fährt in einem Zug innerhalb von etwa 25 m nach Verlassen der normalen Fahrspur an den Bordstein heran bzw. in die Haltebucht ein. Fährt er in eine Haltebucht ein, muss er innerhalb dieser zum Stehen kommen. In der Endstellung steht das Fahrzeug annähernd parallel zum Bordstein. Der

Abstand der äußeren Kante des Einstiegs zur Bordsteinkante darf höchstens 30 cm betragen.

Bewertung der Grundfahraufgabe hinsichtlich der Fahrzeugpositionierung

Fehler

– Auffahren auf den Bordstein
– Abstand zur Bordsteinkante mehr als 30 cm
– Fahrzeug steht nicht annähernd parallel zum Bordstein
– Nichterreichen der Endstellung in einem Zug innerhalb von ca. 25 m/innerhalb der Haltebucht

3.5.2.3. Geschwindigkeitsanpassung

Grundsätzliche Handlungsanforderungen

Bewertung der Grundfahraufgabe hinsichtlich der Geschwindigkeitsanpassung

Fehler

3.5.2.4. Kommunikation

Grundsätzliche Handlungsanforderungen

Bewertung der Grundfahraufgabe hinsichtlich der Kommunikation

Fehler

3.5.2.5. Fahrzeugbedienung/Umweltbewusste Fahrweise

Grundsätzliche Handlungsanforderungen

Bewertung der Grundfahraufgabe hinsichtlich der Fahrzeugbedienung/Umweltbewusste Fahrweise

Fehler

Fahrerlaubnisklassen BE, C1E, DE und D1E

4.1. Rückwärtsfahren um eine Ecke nach links

4.1.1. Definition

Bei der Grundfahraufgabe handelt es sich um eine Aufgabe, bei der der Bewerber zunächst möglichst weit rechts anhält, danach rückwärts um eine Ecke nach links fährt und anhält.

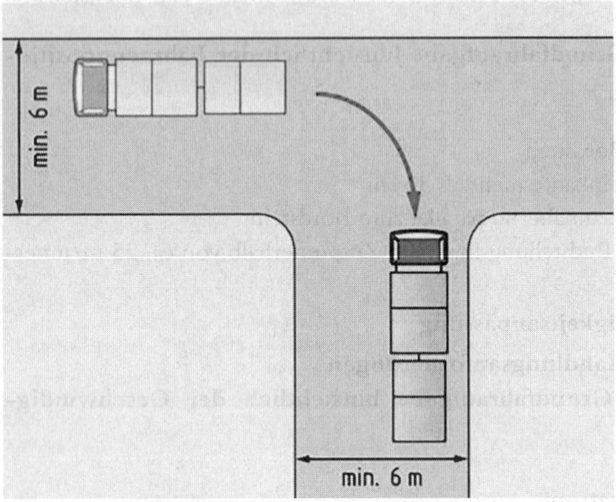

4.1.2. Was wird vom Bewerber in Bezug auf die Beobachtungskategorien erwartet?

4.1.2.1. Verkehrsbeobachtung

Grundsätzliche Handlungsanforderungen

Der Bewerber beobachtet vor Beginn und während der Aufgabe den Verkehr und überprüft ggf. den „Toten Winkel".

Bewertung der Grundfahraufgabe hinsichtlich der Verkehrsbeobachtung

Fehler

– Unzureichende Verkehrsbeobachtung

4.1.2.2. Fahrzeugpositionierung

Grundsätzliche Handlungsanforderungen

Der Bewerber fährt rückwärts um eine Ecke nach links, ohne auf den Bordstein aufzufahren oder die Fahrbahnbegrenzung zu überfahren. Er hält annähernd parallel und in einem Abstand (des breiteren Fahrzeuges) von höchstens 1 m zum Bordstein oder zur Fahrbahnbegrenzung an.

Bewertung der Grundfahraufgabe hinsichtlich der Fahrzeugpositionierung

Fehler

– Auffahren auf den Bordstein oder Überfahren der Fahrbahnbegrenzung
– Nicht annähernd parallel zum Bordstein oder zur Fahrbahnbegrenzung angehalten
– Mehr als 1 m Abstand zum Bordstein oder zur Fahrbahnbegrenzung beim Anhalten

4.1.2.3. Geschwindigkeitsanpassung

Grundsätzliche Handlungsanforderungen

Bewertung der Grundfahraufgabe hinsichtlich der Geschwindigkeitsanpassung

Fehler

4.1.2.4. Kommunikation

Grundsätzliche Handlungsanforderungen

Bewertung der Grundfahraufgabe hinsichtlich der Kommunikation

Fehler

4.1.2.5. Fahrzeugbedienung/Umweltbewusste Fahrweise

Grundsätzliche Handlungsanforderungen

Der Bewerber erreicht die Endstellung mit höchstens drei Korrekturzügen.

Bewertung der Grundfahraufgabe hinsichtlich der Fahrzeugbedienung/Umweltbewusste Fahrweise

Fehler

– Mehr als drei Korrekturzüge

4.2. Rückwärtsfahren geradeaus an eine Rampe zum Be- oder Entladen (nur Klasse C1E)

4.2.1. Definition

Bei der Grundfahraufgabe handelt es sich um eine Aufgabe, bei der der Bewerber das Fahrzeug zunächst in einem Abstand von ca. 15 m (vom Fahrzeugheck gemessen) zur Rampe aufstellt. Er fährt rückwärts geradeaus an die Rampe heran, um von hinten sicher be- oder entladen zu können.

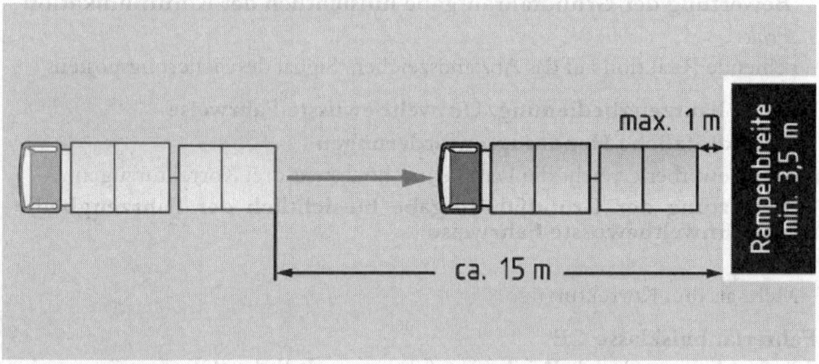

4.2.2. Was wird vom Bewerber in Bezug auf die Beobachtungskategorien erwartet?

4.2.2.1. Verkehrsbeobachtung

Grundsätzliche Handlungsanforderungen

Der Bewerber beobachtet vor Beginn und während der Aufgabe den Verkehr und überprüft ggf. den „Toten Winkel".

Bewertung der Grundfahraufgabe hinsichtlich der Verkehrsbeobachtung

Fehler

– Unzureichende Verkehrsbeobachtung

4.2.2.2. Fahrzeugpositionierung

Grundsätzliche Handlungsanforderungen

Der Bewerber positioniert das Fahrzeug so, dass das Fahrzeugheck in der Endposition innerhalb der Rampenbreite in maximal 1 m Abstand parallel zur Rampe steht.

Bewertung der Grundfahraufgabe hinsichtlich der Fahrzeugpositionierung

Fehler

– Nicht annähernd parallel und/oder nicht im Abstand von höchstens 1 m zur Rampe angehalten

4.2.2.3. Geschwindigkeitsanpassung

Grundsätzliche Handlungsanforderungen

Bewertung der Grundfahraufgabe hinsichtlich der Geschwindigkeitsanpassung

Fehler

4.2.2.4. Kommunikation

Grundsätzliche Handlungsanforderungen

Der Bewerber reagiert auf das Abstandszeichen/Signal des Sicherungspostens

Bewertung der Grundfahraufgabe hinsichtlich der Kommunikation

Fehler

– Fehlende Reaktion auf das Abstandszeichen/Signal des Sicherungspostens

4.2.2.5. Fahrzeugbedienung/Umweltbewusste Fahrweise

Grundsätzliche Handlungsanforderungen

Der Bewerber erreicht die Rampe mit höchstens drei Korrekturzügen.

Bewertung der Grundfahraufgabe hinsichtlich der Fahrzeugbedienung/Umweltbewusste Fahrweise

Fehler

– Mehr als drei Korrekturzüge

Fahrerlaubnisklasse CE

5.1. Umkehren durch Rückwärtsfahren nach links (Gliederzüge, keine Kombination mit Starrdeichselanhänger)

5.1.1. Definition

Bei der Grundfahraufgabe handelt es sich um eine Aufgabe, bei der der Bewerber zunächst an einer Einmündung, Kreuzung oder Einfahrt möglichst weit rechts anhält und danach rückwärts nach links fährt. Nach Abschluss des Linksbogens biegt er ohne weitere Rangierbewegungen vorwärts nach rechts ab.

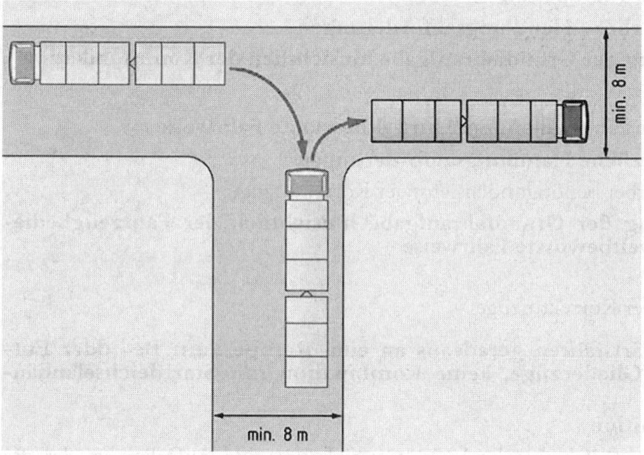

5.1.2. Was wird vom Bewerber in Bezug auf die Beobachtungskategorien erwartet?

5.1.2.1. Verkehrsbeobachtung

Grundsätzliche Handlungsanforderungen

Der Bewerber beobachtet vor Beginn und während der Aufgabe den Verkehr und überprüft ggf. den „Toten Winkel".

Bewertung der Grundfahraufgabe hinsichtlich der Verkehrsbeobachtung

Fehler

– Unzureichende Verkehrsbeobachtung

5.1.2.2. Fahrzeugpositionierung

Grundsätzliche Handlungsanforderungen

Der Bewerber fährt rückwärts nach links ohne auf den Bordstein aufzufahren oder die Fahrbahnbegrenzung zu überfahren. Nach Abschluss des Linksbogens biegt er ohne weitere Rangierbewegungen vorwärts nach rechts ab.

Bewertung der Grundfahraufgabe hinsichtlich der Fahrzeugpositionierung

Fehler

– Auffahren auf den Bordstein oder Überfahren der Fahrbahnbegrenzung

5.1.2.3. Geschwindigkeitsanpassung

Grundsätzliche Handlungsanforderungen

Bewertung der Grundfahraufgabe hinsichtlich der Geschwindigkeitsanpassung

Fehler

5.1.2.4. Kommunikation

Grundsätzliche Handlungsanforderungen

Bewertung der Grundfahraufgabe hinsichtlich der Kommunikation

Fehler

5.1.2.5. Fahrzeugbedienung/Umweltbewusste Fahrweise

Grundsätzliche Handlungsanforderungen

Der Bewerber benötigt höchstens vier Korrekturzüge.

Bewertung der Grundfahraufgabe hinsichtlich der Fahrzeugbedienung/Umweltbewusste Fahrweise

Fehler

– Mehr als vier Korrekturzüge

5.2. Rückwärtsfahren geradeaus an eine Rampe zum Be- oder Entladen (Gliederzüge, keine Kombination mit Starrdeichselanhänger)

5.2.1. Definition

Bei der Grundfahraufgabe handelt es sich um eine Aufgabe, bei der der Bewerber das Fahrzeug zunächst in einem Abstand von ca. 20 m (vom Fahrzeugheck gemessen) zur Rampe aufstellt. Er fährt rückwärts geradeaus an die Rampe heran, um von hinten sicher be- oder entladen zu können.

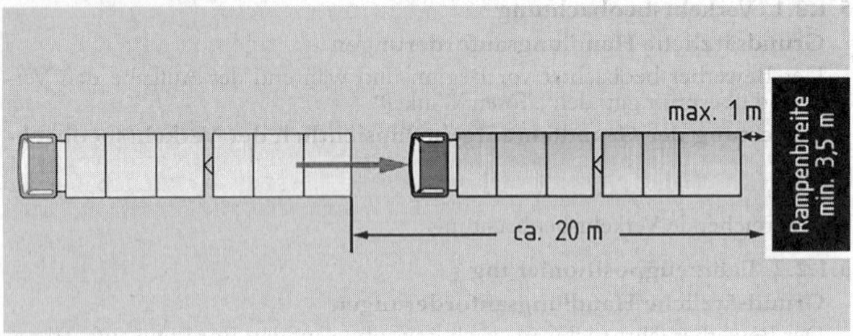

5.2.2. Was wird vom Bewerber in Bezug auf die Beobachtungskategorien erwartet?

5.2.2.1. Verkehrsbeobachtung

Grundsätzliche Handlungsanforderungen

Der Bewerber beobachtet vor Beginn und während der Aufgabe den Verkehr und überprüft ggf. den „Toten Winkel".

Bewertung der Grundfahraufgabe hinsichtlich der Verkehrsbeobachtung

Fehler

– Unzureichende Verkehrsbeobachtung

5.2.2.2. Fahrzeugpositionierung

Grundsätzliche Handlungsanforderungen

Der Bewerber positioniert das Fahrzeug so, dass das Fahrzeugheck in der Endposition innerhalb der Rampenbreite in maximal 1 m Abstand parallel zur Rampe steht.

Bewertung der Grundfahraufgabe hinsichtlich der Fahrzeugpositionierung

Fehler

– Nicht annähernd parallel und/oder nicht im Abstand von höchstens 1 m zur Rampe angehalten

5.2.2.3. Geschwindigkeitsanpassung

Grundsätzliche Handlungsanforderungen

Bewertung der Grundfahraufgabe hinsichtlich der Geschwindigkeitsanpassung

Fehler

5.2.2.4. Kommunikation

Grundsätzliche Handlungsanforderungen

Der Bewerber reagiert auf das Abstandszeichen/Signal des Sicherungspostens

Bewertung der Grundfahraufgabe hinsichtlich der Kommunikation

Fehler

– Fehlende Reaktion auf das Abstandszeichen/Signal des Sicherungspostens

5.2.2.5. Fahrzeugbedienung/Umweltbewusste Fahrweise

Grundsätzliche Handlungsanforderungen

Der Bewerber erreicht die Rampe mit höchstens vier Korrekturzügen.

Bewertung der Grundfahraufgabe hinsichtlich der Fahrzeugbedienung/Umweltbewusste Fahrweise

Fehler

– Mehr als vier Korrekturzüge

5.3. Rückwärtsfahren um eine Ecke nach links (Sattelkraftfahrzeuge und Gliederzüge mit Starrdeichselanhänger)

5.3.1. Definition

Bei der Grundfahraufgabe handelt es sich um eine Aufgabe, bei der der Bewerber zunächst möglichst weit rechts anhält, danach rückwärts um eine Ecke nach links fährt und anhält.

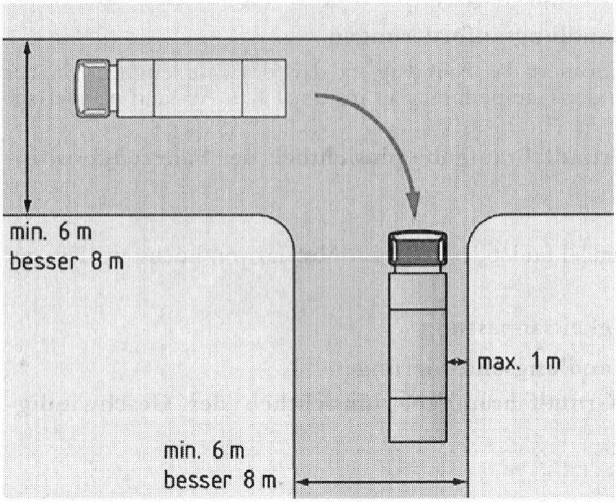

5.3.2. Was wird vom Bewerber in Bezug auf die Beobachtungskategorien erwartet?

5.3.2.1. Verkehrsbeobachtung

Grundsätzliche Handlungsanforderungen

Der Bewerber beobachtet vor Beginn und während der Aufgabe den Verkehr und überprüft ggf. den „Toten Winkel".

Bewertung der Grundfahraufgabe hinsichtlich der Verkehrsbeobachtung

Fehler

– Unzureichende Verkehrsbeobachtung

5.3.2.2. Fahrzeugpositionierung

Grundsätzliche Handlungsanforderungen

Der Bewerber fährt rückwärts um eine Ecke nach links, ohne auf den Bordstein aufzufahren oder die Fahrbahnbegrenzung zu überfahren. Er hält annähernd parallel und in einem Abstand von höchstens 1 m zum Bordstein oder zur Fahrbahnbegrenzung an.

Bewertung der Grundfahraufgabe hinsichtlich der Fahrzeugpositionierung

Fehler

– Auffahren auf den Bordstein oder Überfahren der Fahrbahnbegrenzung
– Nicht annähernd parallel zum Bordstein oder zur Fahrbahnbegrenzung angehalten
– Mehr als 1 m Abstand zum Bordstein oder zur Fahrbahnbegrenzung beim Anhalten

5.3.2.3. Geschwindigkeitsanpassung

Grundsätzliche Handlungsanforderungen

Bewertung der Grundfahraufgabe hinsichtlich der Geschwindigkeitsanpassung

Fehler

5.3.2.4. Kommunikation

Grundsätzliche Handlungsanforderungen

Bewertung der Grundfahraufgabe hinsichtlich der Kommunikation

Fehler

5.3.2.5. Fahrzeugbedienung/Umweltbewusste Fahrweise

Grundsätzliche Handlungsanforderungen

Der Bewerber erreicht die Endstellung mit höchstens drei Korrekturzügen.

Bewertung der Grundfahraufgabe hinsichtlich der Fahrzeugbedienung/Umweltbewusste Fahrweise

Fehler

– Mehr als drei Korrekturzüge

5.4. Rückwärtsfahren und versetzen nach rechts an eine Rampe zum Be- oder Entladen (Sattelkraftfahrzeuge und Gliederzüge mit Starrdeichselanhänger)

5.4.1. Definition

Bei der Grundfahraufgabe handelt es sich um eine Aufgabe, bei der der Bewerber das Fahrzeug zunächst ca. 2 m nach links versetzt und in einem Abstand von ca. 25 m (vom Fahrzeugheck gemessen) zur Rampe aufstellt. Er fährt rückwärts an die Rampe heran und versetzt dabei das Fahrzeug nach rechts, um von hinten sicher be- oder entladen zu können.

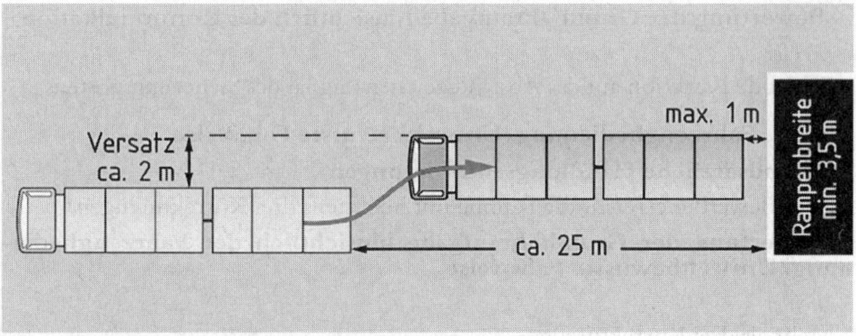

5.4.2. Was wird vom Bewerber in Bezug auf die Beobachtungskategorien erwartet?

5.4.2.1. Verkehrsbeobachtung

Grundsätzliche Handlungsanforderungen

Der Bewerber beobachtet vor Beginn und während der Aufgabe den Verkehr und überprüft ggf. den „Toten Winkel".

Bewertung der Grundfahraufgabe hinsichtlich der Verkehrsbeobachtung

Fehler

– Unzureichende Verkehrsbeobachtung

5.4.2.2. Fahrzeugpositionierung

Grundsätzliche Handlungsanforderungen

Der Bewerber positioniert das Fahrzeug so, dass das Fahrzeugheck in der Endposition innerhalb der Rampenbreite in maximal 1 m Abstand parallel zur Rampe steht.

Bewertung der Grundfahraufgabe hinsichtlich der Fahrzeugpositionierung

Fehler

– Nicht annähernd parallel und/oder nicht im Abstand von höchstens 1 m zur Rampe angehalten

5.4.2.3. Geschwindigkeitsanpassung

Grundsätzliche Handlungsanforderungen

Bewertung der Grundfahraufgabe hinsichtlich der Geschwindigkeitsanpassung

Fehler

5.4.2.4. Kommunikation

Grundsätzliche Handlungsanforderungen

Der Bewerber reagiert auf das Abstandszeichen/Signal des Sicherungspostens.

Bewertung der Grundfahraufgabe hinsichtlich der Kommunikation

Fehler

– Fehlende Reaktion auf das Abstandszeichen/Signal des Sicherungspostens

5.4.2.5. Fahrzeugbedienung/Umweltbewusste Fahrweise

Grundsätzliche Handlungsanforderungen

Der Bewerber erreicht die Rampe mit höchstens drei Korrekturzügen.

Bewertung der Grundfahraufgabe hinsichtlich der Fahrzeugbedienung/Umweltbewusste Fahrweise

Fehler

– Mehr als drei Korrekturzüge

Fahrerlaubnisklasse T

6.1. Rückwärtsfahren geradeaus

6.1.1. Definition

Bei der Grundfahraufgabe handelt es sich um eine Aufgabe, bei der der Bewerber ca. 10 Meter zu einer markierten Stelle rückwärts geradeaus fährt und anhält.

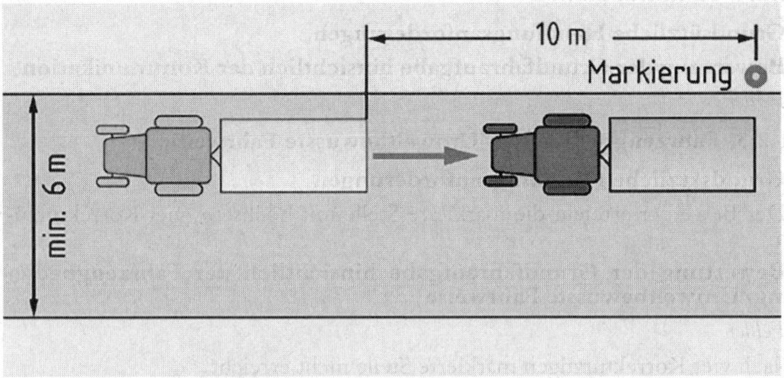

6.1.2. Was wird vom Bewerber in Bezug auf die Beobachtungskategorien erwartet?

6.1.2.1. Verkehrsbeobachtung

Grundsätzliche Handlungsanforderungen

Der Bewerber beobachtet vor Beginn und während der Aufgabe den Verkehr und überprüft ggf. den „Toten Winkel".

Bewertung der Grundfahraufgabe hinsichtlich der Verkehrsbeobachtung

Fehler

– Unzureichende Verkehrsbeobachtung

6.1.2.2. Fahrzeugpositionierung

Grundsätzliche Handlungsanforderungen

Der Bewerber fährt rückwärts geradeaus, ohne auf den Bordstein aufzufahren oder die Fahrbahnbegrenzung zu überfahren. Er hält an der markierten Stelle annähernd parallel zum Bordstein oder zur Fahrbahnbegrenzung an.

Bewertung der Grundfahraufgabe hinsichtlich der Fahrzeugpositionierung

Fehler

– Auffahren auf den Bordstein oder Überfahren der Fahrbahnbegrenzung
– Nicht annähernd parallel zum Bordstein oder zur Fahrbahnbegrenzung angehalten

6.1.2.3. Geschwindigkeitsanpassung

Grundsätzliche Handlungsanforderungen

Bewertung der Grundfahraufgabe hinsichtlich der Geschwindigkeitsanpassung

Fehler

6.1.2.4. Kommunikation

Grundsätzliche Handlungsanforderungen

Bewertung der Grundfahraufgabe hinsichtlich der Kommunikation

Fehler

6.1.2.5. Fahrzeugbedienung/Umweltbewusste Fahrweise

Grundsätzliche Handlungsanforderungen

Der Bewerber erreicht die markierte Stelle mit höchstens vier Korrekturzügen.

Bewertung der Grundfahraufgabe hinsichtlich der Fahrzeugbedienung/Umweltbewusste Fahrweise

Fehler

– Nach vier Korrekturzügen markierte Stelle nicht erreicht

Anlage

(Der Fahraufgabenkatalog der praktischen Fahrerlaubnisprüfung für die einzelnen Fahrerlaubnisklassen ist hier nicht wiedergegeben.)

370. Gesetz über die Grundqualifikation und die Weiterbildung der Fahrer bestimmter Kraftfahrzeuge für den Güter- oder Personenkraftverkehr (Berufskraftfahrer-Qualifikations-Gesetz – BKrFQG) [1)2)]

Vom 26. November 2020
(BGBl. I S. 2575)

FNA 9231-15

geänd. durch Art. 4 Abs. 2, 3 G über Änderungen im Berufskraftfahrerqualifikationsrecht v. 26.11. 2020 (BGBl. I S. 2575)

Inhaltsübersicht

[1)] **Amtl. Anm.:** Artikel 1 dieses Gesetzes dient der Umsetzung der Richtlinie (EU) 2018/645 des Europäischen Parlaments und des Rates vom 18. April 2018 zur Änderung der Richtlinie 2003/59/EG über die Grundqualifikation und Weiterbildung der Fahrer bestimmter Kraftfahrzeuge für den Güter- oder Personenkraftverkehr und der Richtlinie 2006/126/EG über den Führerschein (ABl. L 112 vom 2.5.2018, S. 29).

[2)] Verkündet als Art. 1 G v. 26.11.2020 (BGBl. I S. 2575); Inkrafttreten gem. Art. 4 dieses G am 2.12.2020. § 7 Abs. 1 und die §§ 12–26 treten am 23.5.2021 in Kraft, gleichzeitig tritt § 30 Absatz 9 außer Kraft, und die Änderung in § 1 tritt **mWv 1.1.2026** in Kraft und ist noch nicht im Text berücksichtigt.

Abschnitt 1. Anwendungsbereich

§ 1 Anwendungsbereich. (1) [1] Dieses Gesetz findet Anwendung auf Fahrer, die

1. deutsche Staatsangehörige sind,
2. Staatsangehörige eines anderen Mitgliedstaates der Europäischen Union, eines anderen Vertragsstaates des Abkommens über den Europäischen Wirtschaftsraum oder der Schweiz sind, oder
3. Staatsangehörige eines Drittstaates sind und in einem Unternehmen mit Sitz in einem Mitgliedstaat der Europäischen Union, einem Vertragsstaat des Abkommens über den Europäischen Wirtschaftsraum oder in der Schweiz beschäftigt oder eingesetzt werden,

soweit sie Beförderungen im Güter- oder Personenkraftverkehr auf öffentlichen Straßen mit Kraftfahrzeugen durchführen, für die eine Fahrerlaubnis der Klassen C1, C1E, C, CE, D1, D1E, D oder DE erforderlich ist. [2] Für andere Fahrten als Beförderungen gelten die Bestimmungen dieses Gesetzes nur, soweit eine Vorschrift dies ausdrücklich bestimmt.

(2) Dieses Gesetz gilt nicht für Beförderungen mit

1. Kraftfahrzeugen, deren durch die Bauart bestimmte Höchstgeschwindigkeit 45 Kilometer pro Stunde nicht überschreitet,
2. Kraftfahrzeugen, die eingesetzt werden von
   a) der Bundeswehr, der Truppe, dem zivilen Gefolge der Europäischen Union und der anderen Vertragsstaaten des Nordatlantikpaktes,
   b) den Polizeien des Bundes und der Länder,
   c) dem Zolldienst,
   d) dem Zivil- und Katastrophenschutz oder
   e) der Feuerwehr

   oder die den Weisungen dieser Dienste unterliegen, wenn die Beförderung im Rahmen der diesen Diensten zugewiesenen Aufgaben ausgeführt wird,
3. Kraftfahrzeugen, die von den nach Landesrecht anerkannten Rettungsdiensten zur Notfallrettung eingesetzt werden,
4. Kraftfahrzeugen, die
   a) zur technischen Entwicklung oder zu Reparatur- oder Wartungszwecken oder zur technischen Untersuchung Prüfungen unterzogen werden,
   b) in Wahrnehmung von Aufgaben eingesetzt werden, die den Sachverständigen oder Prüfern im Sinne des § 1 des Kraftfahrsachverständigenge-

setzes[1] oder der Anlage VIIIb der Straßenverkehrs-Zulassungs-Ordnung[2] übertragen sind, oder

c) neu oder umgebaut und noch nicht in Betrieb genommen worden sind,

5. Kraftfahrzeugen zur Beförderung von Materialien, Ausrüstungen oder Maschinen, die der Fahrer zur Berufsausübung verwendet, sofern das Führen des Kraftfahrzeugs nicht die Hauptbeschäftigung des Fahrers darstellt,
6. Ausbildungsfahrzeugen in einer Fahrschule und Kraftfahrzeugen, die zum Erwerb der Fahrerlaubnis oder einer Grundqualifikation nach § 2 Absatz 1 und 2 oder während der Weiterbildung nach § 5 eingesetzt werden,
7. Kraftfahrzeugen zur nicht gewerblichen Beförderung von Gütern oder Personen,
8. Kraftfahrzeugen im ländlichen Raum, wenn
   a) die Beförderung zur Versorgung des eigenen Unternehmens des Fahrers erfolgt,
   b) das Führen von Kraftfahrzeugen nicht die Hauptbeschäftigung des Fahrers darstellt,
   c) die Beförderung gelegentlich erfolgt und
   d) die Beförderung unter Beachtung der sonstigen straßenverkehrsrechtlichen Vorschriften erfolgt oder
9. Kraftfahrzeugen, die von Landwirtschafts-, Gartenbau-, Forstwirtschafts- oder Fischereiunternehmen zur Güterbeförderung im Rahmen ihrer eigenen unternehmerischen Tätigkeit in einem Umkreis von bis zu 100 Kilometern vom Standort des Unternehmens verwendet oder von diesem ohne Fahrer angemietet werden.

(3) Im Sinne des Absatzes 2

1. bezeichnet eine nichtgewerbliche Beförderung eine Beförderung, die keinen Zusammenhang mit einer beruflichen oder gewerblichen Tätigkeit aufweist, das heißt, die Beförderung wird nicht durchgeführt, um damit Einnahmen zu erzielen,
2. bestimmt sich der ländliche Raum anhand der Liste über die Zuordnung der Stadt- und Landkreise zum städtischen oder ländlichen Raum, die diesem Gesetz als Anlage beigefügt ist,
3. erfolgt eine Beförderung zur Versorgung des eigenen Unternehmens, wenn
   a) die beförderten Güter im Eigentum des Unternehmens stehen oder von diesem verkauft, gekauft, vermietet, gemietet, hergestellt, erzeugt, gewonnen, bearbeitet oder instand gesetzt worden sind und
   b) die Beförderung der Anlieferung dieser Güter zum Unternehmen, ihrem Versand vom Unternehmen, ihrer Verbringung innerhalb oder – zum Eigengebrauch – außerhalb des Unternehmens dient,
4. erfolgt eine Beförderung gelegentlich, wenn sie häufiger als einmal, jedoch nicht regelmäßig oder dauerhaft erfolgt.

---

[1] Nr. **660**.
[2] Nr. **200**.

Abschnitt 2. Qualifikation, Weiterbildung

§ 2 Erwerb der Grundqualifikation und der beschleunigten Grundqualifikation. (1) Die Grundqualifikation wird erworben durch

1. das Bestehen einer theoretischen und einer praktischen Prüfung bei einer Industrie- und Handelskammer nach Maßgabe einer Rechtsverordnung auf Grund des § 27 Absatz 1 Nummer 1 oder
2. den Abschluss einer Berufsausbildung zum Berufskraftfahrer oder zur Fachkraft im Fahrbetrieb oder in einem staatlich anerkannten Ausbildungsberuf, in dem vergleichbare Fertigkeiten und Kenntnisse zur Durchführung von Fahrten mit Kraftfahrzeugen auf öffentlichen Straßen vermittelt werden.

(2) Die beschleunigte Grundqualifikation wird erworben durch Teilnahme am Unterricht bei einer anerkannten Ausbildungsstätte und das Bestehen einer theoretischen Prüfung bei einer Industrie- und Handelskammer nach Maßgabe einer Rechtsverordnung auf Grund des § 27 Absatz 1 Nummer 1.

(3) Die Grundqualifikationen und die beschleunigte Grundqualifikation werden jeweils bezogen auf bestimmte Fahrerlaubnisklassen erworben.

(4) [1] Wer im Rahmen des Erwerbs der Grundqualifikation oder der beschleunigten Grundqualifikation ein Kraftfahrzeug auf öffentlichen Straßen führt und die für das Führen dieses Kraftfahrzeugs vorgeschriebene Fahrerlaubnis nicht besitzt, muss von einer Person begleitet werden, die Inhaber einer Fahrlehrerlaubnis nach § 1 des Fahrlehrergesetzes[1)] ist. [2] Bei diesen Fahrten gilt die Begleitperson als Führer des Kraftfahrzeugs im Sinne des Straßenverkehrsgesetzes. [3] Das Fahrzeug muss den Anforderungen eines für die Fahrausbildung zugelassenen Fahrzeugs genügen.

§ 3 Mindestalter und Qualifikation der Fahrer. (1) Fahrten im Güterkraftverkehr darf

1. mit einem Kraftfahrzeug, für das eine Fahrerlaubnis der Klasse C oder CE erforderlich ist, nur durchführen, wer
   a) das 18. Lebensjahr vollendet und eine Grundqualifikation nach § 2 Absatz 1 erworben hat oder
   b) das 21. Lebensjahr vollendet und eine beschleunigte Grundqualifikation nach § 2 Absatz 2 erworben hat;
2. mit einem Kraftfahrzeug, für das eine Fahrerlaubnis der Klasse C1 oder C1E erforderlich ist, nur durchführen, wer das 18. Lebensjahr vollendet und eine Grundqualifikation nach § 2 Absatz 1 oder eine beschleunigte Grundqualifikation nach § 2 Absatz 2 erworben hat.

(2) Fahrten im Personenkraftverkehr darf

1. mit einem Kraftfahrzeug, für das eine Fahrerlaubnis der Klasse D oder DE erforderlich ist, nur durchführen, wer
   a) das 18. Lebensjahr vollendet und eine Grundqualifikation nach § 2 Absatz 1 Nummer 2 erworben hat oder

---

[1)] Nr. **330**.

b) das 21. Lebensjahr vollendet und eine Grundqualifikation nach § 2 Absatz 1 Nummer 1 oder die beschleunigte Grundqualifikation nach § 2 Absatz 2 erworben hat,

sofern Personen im Linienverkehr nach den §§ 42 und 43 des Personenbeförderungsgesetzes[1)] bei Linienlängen von bis zu 50 Kilometern befördert werden;

2. mit einem Kraftfahrzeug, für das eine Fahrerlaubnis der Klasse D1 oder D1E erforderlich ist, nur durchführen, wer
   a) das 18. Lebensjahr vollendet und eine Grundqualifikation nach § 2 Absatz 1 Nummer 2 erworben hat oder
   b) das 21. Lebensjahr vollendet und eine Grundqualifikation nach § 2 Absatz 1 Nummer 1 oder eine beschleunigte Grundqualifikation nach § 2 Absatz 2 erworben hat;
3. mit einem Kraftfahrzeug, für das eine Fahrerlaubnis der Klasse D oder DE erforderlich ist, nur durchführen, wer
   a) das 20. Lebensjahr vollendet und eine Grundqualifikation nach § 2 Absatz 1 Nummer 2 erworben hat,
   b) das 21. Lebensjahr vollendet und eine Grundqualifikation nach § 2 Absatz 1 Nummer 1 erworben hat oder
   c) das 23. Lebensjahr vollendet und eine beschleunigte Grundqualifikation nach § 2 Absatz 2 erworben hat.

(3) Abweichend von Absatz 2 Nummer 3 Buchstabe a tritt bei Fahrten ohne Fahrgäste an die Stelle des vollendeten 20. Lebensjahres die Vollendung des 18. Lebensjahres.

(4) Der Unternehmer darf Fahrten nach Absatz 1 oder nach Absatz 2, jeweils auch in Verbindung mit Absatz 6, weder anordnen noch zulassen, wenn der Fahrer die dort genannten Voraussetzungen nicht erfüllt.

(5) Hat ein Fahrer eine innerhalb der in Absatz 1 oder in Absatz 2 genannten Altersgrenzen erforderliche Qualifikation erworben, tritt der Nachweis darüber bei Erreichen der höheren Altersgrenze an die Stelle der dort vorgesehenen Nachweise.

(6) An die Stelle eines in Absatz 1 oder in Absatz 2 genannten Nachweises tritt der Nachweis der Weiterbildung nach § 5 Absatz 1 und 2.

(7) [1] Im Rahmen einer Berufsausbildung nach § 2 Absatz 1 Nummer 2 muss das Mindestalter nicht eingehalten werden; an die Stelle des Nachweises über das Vorliegen einer Grundqualifikation oder einer beschleunigten Grundqualifikation nach Absatz 1 oder nach Absatz 2 tritt eine Kopie des Ausbildungsvertrages. [2] § 10 Absatz 1 Satz 1 Nummer 7 und 8 der Fahrerlaubnis-Verordnung[2)] bleibt unberührt.

§ 4 Besitzstand. [1] Die Regelungen zur Erlangung der Grundqualifikation und der beschleunigten Grundqualifikation finden keine Anwendung auf Fahrer, die eine Fahrerlaubnis besitzen oder eine Fahrerlaubnis besessen haben, die ihnen entzogen worden ist, auf die sie verzichtet haben oder deren Geltungsdauer abgelaufen ist, sofern es sich um eine Fahrerlaubnis handelt, die

---

1) Nr. **400**.
2) Nr. **300**.

1. vor dem 10. September 2008 erteilt wurde und für die Klassen D1, D1E, D, DE oder eine gleichwertige Klasse gilt;
2. vor dem 10. September 2009 erteilt wurde und für die Klassen C1, C1E, C, CE oder eine gleichwertige Klasse gilt.

[2] Die Pflicht zur Weiterbildung bleibt bestehen.

§ 5 Weiterbildung. (1) [1] Die erste Weiterbildung ist fünf Jahre nach dem Erwerb der Grundqualifikation oder der beschleunigten Grundqualifikation abzuschließen. [2] Abweichend von der Frist nach Satz 1 kann die Weiterbildung zu einem früheren oder späteren Zeitpunkt abgeschlossen werden, der mit dem Ende der Geltungsdauer der Fahrerlaubnis der Klassen C1, C1E, C, CE, D1, D1E, D und DE übereinstimmt, soweit die sich dann ergebende Frist nicht kürzer als drei Jahre und nicht länger als sieben Jahre ist.

(2) Jede weitere Weiterbildung ist im Abstand von jeweils fünf Jahren zu absolvieren.

(3) Die Weiterbildung erfolgt durch Teilnahme an einem Unterricht an einer anerkannten Ausbildungsstätte.

(4) [1] Die Weiterbildung dient jeweils dazu, die durch die Grundqualifikation oder die durch die beschleunigte Grundqualifikation vermittelten Fertigkeiten und Kenntnisse auf dem neuesten Stand zu halten. [2] Sie gilt für alle Fahrerlaubnisklassen, für die die Pflicht zur Weiterbildung besteht.

(5) [1] Wer die Grundqualifikation oder die beschleunigte Grundqualifikation erworben oder eine Weiterbildung abgeschlossen hat und danach zeitweilig nicht mehr als Fahrer im Güter- oder Personenkraftverkehr beschäftigt ist, hat eine Weiterbildung abzuschließen, sobald er eine dieser Beschäftigungen wieder aufnimmt und wenn zu diesem Zeitpunkt die Fristen nach Absatz 1 oder Absatz 2 abgelaufen sind. [2] Dies gilt entsprechend bei der Neuerteilung der Fahrerlaubnis in Fällen des § 4.

(6) Wechselt ein Fahrer zu einem anderen Unternehmen, so ist eine bereits erfolgte Weiterbildung anzurechnen.

§ 6 Ausbildungs- und Prüfungsort. Fahrer, die ihren ordentlichen Wohnsitz im Sinne des § 7 der Fahrerlaubnis-Verordnung[1)] in der Bundesrepublik Deutschland haben oder Inhaber einer in der Bundesrepublik Deutschland erteilten Arbeitsgenehmigung-EU oder eines Aufenthaltstitels sind, der erkennen lässt, dass die Erwerbstätigkeit erlaubt ist (§ 4a Absatz 3 des Aufenthaltsgesetzes), müssen

1. die Grundqualifikation in der Bundesrepublik Deutschland erwerben,
2. die Weiterbildung abschließen
   a) in der Bundesrepublik Deutschland,
   b) in dem Mitgliedstaat der Europäischen Union oder dem anderen Vertragsstaat des Abkommens über den Europäischen Wirtschaftsraum, in dem sie beschäftigt sind, oder
   c) in der Schweiz, wenn sie dort beschäftigt sind.

[1)] Nr. **300**.

§ 7[1] Nachweis der Qualifikation.
[Abs. 1 ab 23.5.2021:]

(1) Die nach Landesrecht zuständige Behörde stellt auf Antrag einen Fahrerqualifizierungsnachweis aus über

1. den Erwerb der Grundqualifikation,

2. den Erwerb der beschleunigten Grundqualifikation sowie

3. den Abschluss der vorgeschriebenen Weiterbildung.

(2) Dem Fahrerqualifizierungsnachweis nach Absatz 1 gleichgestellt ist der von einem anderen Mitgliedstaat der Europäischen Union, einem anderen Vertragsstaat des Abkommens über den Europäischen Wirtschaftsraum oder der Schweiz

1. ausgestellte Fahrerqualifizierungsnachweis nach dem Muster des Anhangs II der Richtlinie 2003/59/EG des Europäischen Parlaments und des Rates vom 15. Juli 2003 über die Grundqualifikation und Weiterbildung der Fahrer bestimmter Kraftfahrzeuge für den Güter- oder Personenkraftverkehr und zur Änderung der Verordnung (EWG) Nr. 3820/85 des Rates und der Richtlinie 91/439/EWG des Rates sowie zur Aufhebung der Richtlinie 76/914/EWG des Rates, die zuletzt durch die Richtlinie (EU) 2018/645 (ABl. L 112 vom 2.5.2018, S. 29) geändert worden ist, oder
2. erfolgte Eintrag der harmonisierten Schlüsselzahl 95 der Europäischen Union in den Führerschein.

(3) [1] Fahrer im Sinne des § 1 Absatz 1 Satz 1 Nummer 3, die Fahrten im Güterkraftverkehr durchführen, können die Grundqualifikation und die Weiterbildung durch eine gültige Fahrerbescheinigung nach Artikel 5 Absatz 1 der Verordnung (EG) Nr. 1072/2009 des Europäischen Parlaments und des Rates vom 21. Oktober 2009 über gemeinsame Regeln für den Zugang zum Markt des grenzüberschreitenden Güterkraftverkehrs (ABl. L 300 vom 14.11.2009, S. 72) nachweisen. [2] Auf der Fahrerbescheinigung muss die Schlüsselzahl 95 im Feld „Bemerkungen" eingetragen sein.

(4) [1] Dem Fahrerqualifizierungsnachweis nach Absatz 1 gleichgestellt ist ein Nachweis, der auf Grundlage des Kapitels III Absatz 2.6 in Verbindung mit Anhang 5 der Qualitätscharta für Beförderungen im grenzüberschreitenden Güterkraftverkehr im Rahmen des multilateralen CEMT-Kontingentsystems vom 5. August 2020 (VkBl. S. 506) ausgestellt worden ist. [2] Dies gilt nur für Beförderungen, die unter Verwendung einer multilateralen Genehmigung nach § 6 Satz 2 Nummer 2 oder 3 des Güterkraftverkehrsgesetzes[2] durchgeführt werden.

§ 8 Pflicht zum Mitführen des Nachweises. Fahrer haben den Nachweis über den Erwerb der jeweiligen Qualifikation nach § 7 bei jeder Fahrt mitzuführen und den Kontrollberechtigten auf Verlangen zur Prüfung auszuhändigen.

---

[1] § 7 Abs. 1 tritt gem. Art. 4 Abs. 2 G v. 26.11.2020 (BGBl. I S. 2575) mWv 23.5.2021 in Kraft.
[2] Nr. **450**.

Abschnitt 3. Ausbildungsstätten

§ 9 Anerkennung von Ausbildungsstätten. (1) Ausbildungsstätten für die beschleunigte Grundqualifikation und die Weiterbildung müssen von der nach Landesrecht zuständigen Behörde anerkannt sein.

(2) [1] Die nach Landesrecht zuständige Behörde erkennt eine Ausbildungsstätte auf Antrag an, wenn sie über die personellen und sächlichen Voraussetzungen für die Vermittlung der für die beschleunigte Grundqualifikation und Weiterbildung erforderlichen Kenntnisse und Fertigkeiten verfügt. [2] Dies ist der Fall, wenn

1. sie im angemessenen Verhältnis zur Zahl der Aus- und Weiterbildungsteilnehmer ausreichendes Lehrpersonal beschäftigt,
2. geeignete Unterrichtsräume sowie für jeden Teilnehmer geeignete und ausreichende Lehrmittel für die Durchführung des Unterrichts vorhanden sind,
3. eine fortlaufende Fortbildung des Lehrpersonals gewährleistet wird und
4. keine Tatsachen vorliegen, die gegen die persönliche Zuverlässigkeit des Antragstellers sprechen.

(3) Der Unterricht darf nur in den in dem Anerkennungsbescheid aufgeführten Unterrichtsräumen durchgeführt werden.

(4) Ausbildungsstätten, die nicht anerkannt sind, dürfen Unterricht zur beschleunigten Grundqualifikation oder zur Weiterbildung weder anbieten noch durchführen.

§ 10 Widerruf der Anerkennung, Untersagung der Tätigkeit. (1) [1] Die nach Landesrecht zuständige Behörde kann die Anerkennung einer Ausbildungsstätte widerrufen, wenn durch Handlungen einer verantwortlichen Person in grober Weise gegen die Pflichten dieses Gesetzes oder einer auf Grund dieses Gesetzes erlassenen Rechtsverordnung nach § 27 verstoßen wurde. [2] Verwaltungsrechtliche Vorschriften über den Widerruf von Verwaltungsakten bleiben unberührt.

(2) Die nach Landesrecht zuständige Behörde hat die Anerkennung einer Ausbildungsstätte zu widerrufen, wenn eine verantwortliche Person der Ausbildungsstätte wiederholt Einträge in das Berufskraftfahrerqualifikationsregister zum Nachweis der Teilnahme der Fahrer an der beschleunigten Grundqualifikation oder einer Weiterbildung vorgenommen hat, obwohl

1. der Unterricht nicht in der Form oder nicht in dem Umfang stattgefunden hat, wie in dem Berufskraftfahrerqualifikationsregister angegeben, oder
2. der in dem Berufskraftfahrerqualifikationsregister erfasste Teilnehmer nicht in dem Umfang am Unterricht teilgenommen hat, wie in dem Registereintrag angegeben.

(3) Verantwortliche Personen sind alle zur Vertretung der Ausbildungsstätte berechtigten Personen sowie alle zur Durchführung von Unterricht eingesetzten Personen.

(4) Die nach Landesrecht zuständige Behörde kann die Ausübung von Tätigkeiten an einer Ausbildungsstätte untersagen, wenn Unterricht angeboten oder durchgeführt wird, ohne dass die hierfür erforderliche Anerkennung erfolgt ist.

(5) In Fällen der Absätze 1, 2 und 4 haben Widerspruch und Anfechtungsklage keine aufschiebende Wirkung.

§ 11 Überwachung anerkannter Ausbildungsstätten. (1) [1]Die Überwachung der Tätigkeit der Ausbildungsstätten obliegt der nach Landesrecht zuständigen Behörde. [2]Sie kann zu diesem Zweck alle erforderlichen Maßnahmen ergreifen. [3]Sie kann insbesondere verlangen, dass ihre Vertreter zu den Büro- und Geschäftszeiten der jeweiligen Ausbildungsstätte Unterrichts- und Geschäftsräume betreten, dort Prüfungen und Besichtigungen durchführen und am Unterricht teilnehmen können.

(2) [1]Die nach Landesrecht zuständige Behörde kann sich zur Durchführung der Überwachung geeigneter Personen oder Stellen bedienen. [2]Die Überprüfung des Unterrichts ist ohne vorherige Ankündigung durchzuführen. [3]Eine alleinige Überprüfung der Räume ist mindestens zwei Tage im Voraus anzukündigen.

(3) [1]Eine Überprüfung vor Ort hat mindestens alle zwei Jahre zu erfolgen. [2]Diese Frist kann von der nach Landesrecht zuständigen Behörde auf vier Jahre verlängert werden, wenn in zwei aufeinanderfolgenden Überprüfungen keine oder nur geringfügige Mängel festgestellt worden sind.

(4) [1]Ausbildungsstätten haben bis spätestens fünf Werktage vor Durchführung eines Unterrichts zur beschleunigten Grundqualifikation oder zu einer Weiterbildung der nach Landesrecht zuständigen Behörde schriftlich oder elektronisch Folgendes anzuzeigen:

1. die Anschrift des Ortes, an dem der Unterricht stattfinden soll,
2. das Datum,
3. den Beginn und das Ende der geplanten Unterrichtseinheiten,
4. den Gegenstand des Unterrichts nach Anlage 1 der Berufskraftfahrerqualifikationsverordnung und
5. den verantwortlichen Unterrichtsleiter.

[2]Diese Angaben sind von der nach Landesrecht zuständigen Behörde und von den zur Durchführung der Überwachung beauftragten Personen oder Stellen spätestens sechs Jahre nach Abschluss des Unterrichts zu löschen.

[Abschnitt 4 ab 23.5.2021:]

Abschnitt 4.[1] Berufskraftfahrerqualifikationsregister

§ 12 Berufskraftfahrerqualifikationsregister. *Das Berufskraftfahrerqualifikationsregister ist ein Register zur Speicherung von Daten, die erforderlich sind, um feststellen zu können,*

1. *ob der Fahrer im Besitz eines Fahrerqualifizierungsnachweises ist und von welcher Behörde dieser ausgestellt wurde,*
2. *für welche Fahrerlaubnisklasse die Pflicht zur Grundqualifikation, beschleunigten Grundqualifikation und Weiterbildung erfüllt wurde,*
3. *welche nach Anlage 1 der Berufskraftfahrerqualifikationsverordnung vorgeschriebenen Unterkenntnisbereiche dem Fahrer im Rahmen der beschleunigten Grundqualifikation und der Weiterbildung vermittelt wurden und in welchem Umfang und in welcher Ausbildungsstätte die Vermittlung erfolgte,*

---

[1] Abschn. 4 (§§ 12–26) tritt gem. Art. 4 Abs. 2 G v. 26.11.2020 (BGBl. I S. 2575) mWv 23.5.2021 in Kraft.

4. *ob eine Anrechnung anderer abgeschlossener spezieller Maßnahmen im Rahmen der beschleunigten Grundqualifikation oder im Rahmen der Weiterbildung stattgefunden hat,*
5. *ob, wann und wo der Fahrer eine Prüfung zur Erlangung der Grundqualifikation oder der beschleunigten Grundqualifikation abgelegt hat und*
6. *ob nachträglich Tatsachen bekannt wurden, auf deren Grundlage Einträge in das Berufskraftfahrerqualifikationsregister verändert oder Fahrerqualifizierungsnachweise zurückgenommen wurden.*

§ 13 Registerführende Behörde. *Das Kraftfahrt-Bundesamt führt das Berufskraftfahrerqualifikationsregister.*

§ 14 Inhalt des Berufskraftfahrerqualifikationsregisters. *Das Kraftfahrt-Bundesamt ist befugt, zur Führung des Berufskraftfahrerqualifikationsregisters folgende Daten zu erheben, zu speichern und zu verwenden:*

1. *Daten des Fahrerqualifizierungsnachweises von Fahrern:*
   a) *Geburts- und Familienname, Vornamen, Tag und Ort der Geburt, akademischer Grad und Geschlecht des Inhabers des Fahrerqualifizierungsnachweises,*
   b) *Tag der Ausstellung und des Ablaufs der Gültigkeit des Fahrerqualifizierungsnachweises,*
   c) *die den Fahrerqualifizierungsnachweis ausstellende Behörde,*
   d) *Status des Fahrerqualifizierungsnachweises mit Angabe zum Statusdatum,*
   e) *die den Status eines ausgestellten Fahrerqualifizierungsnachweises mitteilende Behörde,*
   f) *Führerscheinnummer des zum Zeitpunkt der Ausstellung des Fahrerqualifizierungsnachweises gültigen Führerscheins einschließlich Ausgabestaat des Führerscheins,*
   g) *Seriennummer des Fahrerqualifizierungsnachweises,*
   h) *Schlüsselzahl 95 nach Anlage 9 der Fahrerlaubnis-Verordnung*[1]*,*
   i) *Fahrerlaubnisklassen, für die die Schlüsselzahl 95 Gültigkeit hat,*
2. *Daten zur Grundqualifikation von Fahrern:*
   a) *Geburts- und Familienname, Vornamen, Tag und Ort der Geburt, akademischer Grad und Geschlecht des Teilnehmers,*
   b) *Name und Anschrift der prüfenden Stelle,*
   c) *Tag der erfolgreichen Ablegung der theoretischen und praktischen Prüfung,*
   d) *die Art der Prüfung, nämlich*
      aa) *Regelprüfung,*
      bb) *Umsteigerprüfung,*
      cc) *Quereinsteigerprüfung,*
      dd) *Prüfung zum Abschluss der Berufsausbildung zum Berufskraftfahrer oder*
      ee) *Prüfung zum Abschluss der Berufsausbildung zur Fachkraft im Fahrbetrieb,*
   e) *Fahrerlaubnisklassen, für die die Grundqualifikation erworben wurde,*
3. *Daten zur beschleunigten Grundqualifikation von Fahrern:*

---

[1] Nr. **300**.

a) Name und Anschrift der Ausbildungsstätte sowie Angaben zur zuständigen Anerkennungs- und Überwachungsbehörde sowie das Aktenzeichen des Anerkennungsbescheides,

b) Geburts- und Familienname, Vornamen, Tag und Ort der Geburt, akademischer Grad und Geschlecht des Teilnehmers,

c) Zeitraum des Unterrichts und tatsächliche Dauer der Unterrichtsteilnahme,

d) Angaben zu den vermittelten Unterkenntnisbereichen nach Anlage 1 der Berufskraftfahrerqualifikationsverordnung und zu anderen abgeschlossenen speziellen Maßnahmen im Sinne des § 12 Nummer 4,

e) Name und Anschrift der prüfenden Stelle,

f) Tag der erfolgreichen Ablegung der theoretischen Prüfung,

g) die Art der Prüfung, nämlich

aa) Regelprüfung,

bb) Umsteigerprüfung oder

cc) Quereinsteigerprüfung,

h) Fahrerlaubnisklassen, für die die beschleunigte Grundqualifikation erworben wurde, und

4. Daten zur Weiterbildung von Fahrern:

a) Name und Anschrift der Ausbildungsstätte sowie Angaben zur zuständigen Anerkennungs- und Überwachungsbehörde sowie das Aktenzeichen des Anerkennungsbescheides,

b) Geburts- und Familienname, Vornamen, Tag und Ort der Geburt, akademischer Grad und Geschlecht des Teilnehmers,

c) Zeitraum des Unterrichts und tatsächliche Dauer der Unterrichtsteilnahme,

d) Angaben zu den vermittelten Unterkenntnisbereichen nach Anlage 1 der Berufskraftfahrerqualifikationsverordnung und zum Vorliegen anderer abgeschlossener spezieller Maßnahmen im Sinne des § 12 Nummer 4,

e) Seriennummer des aktuell gültigen Fahrerqualifizierungsnachweises, soweit ein solcher bereits ausgestellt wurde.

§ 15 Datenübermittlung an den Hersteller des Fahrerqualifizierungsnachweises. *Die nach Landesrecht zuständigen Behörden übermitteln dem Hersteller im automatisierten Verfahren*

1. die Daten, die für die Herstellung des Fahrerqualifizierungsnachweises erforderlich sind, und

2. die Daten, die für die Übermittlung an das Berufskraftfahrerqualifikationsregister erforderlich sind.

§ 16 Datenerhebung, -speicherung und -verwendung durch den Hersteller des Fahrerqualifizierungsnachweises. *(1) Der Hersteller ist ausschließlich zum Nachweis des Verbleibs des Fahrerqualifizierungsnachweises befugt, folgende Daten zu erheben, zu speichern und zu verwenden:*

1. die Seriennummer,

2. die ausstellende Behörde und

3. den Tag des Versandes.

(2) Die Erhebung, Speicherung und Verwendung der übrigen im Fahrerqualifizierungsnachweis enthaltenen Daten beim Hersteller ist zulässig, soweit und solange sie

ausschließlich der Herstellung des Fahrerqualifizierungsnachweises und der Datenübermittlung an das Berufskraftfahrerqualifikationsregister dient.

(3) Die Daten nach Absatz 2 sind vom Hersteller nach der Datenübermittlung an das Kraftfahrt-Bundesamt zur dortigen Speicherung in dem Berufskraftfahrerqualifikationsregister unverzüglich zu löschen.

§ 17 Datenübermittlung an das Kraftfahrt-Bundesamt durch den Hersteller des Fahrerqualifizierungsnachweises. *Der Hersteller übermittelt nach der Herstellung des Fahrerqualifizierungsnachweises dem Kraftfahrt-Bundesamt im automatisierten Verfahren unverzüglich die vom Kraftfahrt-Bundesamt im Berufskraftfahrerqualifikationsregister nach § 14 Nummer 1 zu speichernden Daten, die dem Hersteller nach § 15 von den nach Landesrecht zuständigen Behörden zuvor zur Herstellung des Fahrerqualifizierungsnachweises übermittelt worden sind.*

§ 18 Datenübermittlung an das Kraftfahrt-Bundesamt durch die nach Landesrecht zuständigen Behörden. *(1) Die nach Landesrecht zuständigen Behörden übermitteln dem Kraftfahrt-Bundesamt im automatisierten Verfahren unverzüglich die Daten zu Fahrerqualifizierungsnachweisen, die nach § 14 Nummer 1 im Berufskraftfahrerqualifikationsregister zu speichern sind oder die zu einer Änderung einer Eintragung nach § 14 Nummer 1 führen, soweit diese Daten nicht bereits vom Hersteller an das Berufskraftfahrerqualifikationsregister übermittelt worden sind.*

(2) Im Fall einer Anrechnung anderer abgeschlossener Maßnahmen im Sinne des § 12 Nummer 4 übermitteln die nach Landesrecht zuständigen Behörden dem Kraftfahrt-Bundesamt im automatisierten Verfahren unverzüglich die von diesem nach § 14 Nummer 3 Buchstabe d und Nummer 4 Buchstabe d zu speichernden Daten.

(3) [1] Die nach Landesrecht zuständige Behörde für die Anerkennung von Ausbildungsstätten nach § 9 Absatz 1 teilt dem Kraftfahrt-Bundesamt unverzüglich alle in ihrem Zuständigkeitsbereich anerkannten Ausbildungsstätten mit, damit diese zur Übermittlung von Daten an das Kraftfahrt-Bundesamt zur Speicherung im Berufskraftfahrerqualifikationsregister zugelassen werden. [2] Änderungen hinsichtlich der anerkannten Ausbildungsstätten teilt die nach Landesrecht zuständige Behörde dem Kraftfahrt-Bundesamt unverzüglich mit.

(4) [1] Die nach Landesrecht zuständige Behörde für die Aufsicht über die Industrie- und Handelskammern teilt dem Kraftfahrt-Bundesamt alle in ihrem Zuständigkeitsbereich tätigen Industrie- und Handelskammern mit, damit diese zur Übermittlung von Daten an das Kraftfahrt-Bundesamt zur Speicherung im Berufskraftfahrerqualifikationsregister zugelassen werden. [2] Änderungen hinsichtlich der Industrie- und Handelskammern teilt die nach Landesrecht zuständige Behörde unverzüglich mit. [3] Eine Mitteilung erfolgt nur, wenn die Industrie- und Handelskammer Prüfungen nach § 1 Absatz 3 und § 2 Absatz 7 der Berufskraftfahrerqualifikationsverordnung sowie nach § 71 Absatz 2 des Berufsbildungsgesetzes durchführt.

§ 19 Datenübermittlung an das Kraftfahrt-Bundesamt durch die zuständigen Stellen und die Ausbildungsstätten. *Die für die Prüfungen zuständigen Industrie- und Handelskammern nach § 1 Absatz 3 und § 2 Absatz 7 der Berufskraftfahrerqualifikationsverordnung und nach § 71 Absatz 2 des Berufsbildungsgesetzes sowie die anerkannten Ausbildungsstätten haben dem Kraftfahrt-Bundesamt im automatisierten Verfahren unverzüglich die Daten zu übermitteln, die nach § 14 Nummer 2 bis 4 im Berufskraftfahrerqualifikationsregister zu speichern sind oder die zu einer Änderung einer Eintragung nach § 14 Nummer 2 bis 4 führen.*

§ 20 *Überwachungsbefugnis des Kraftfahrt-Bundesamtes.* *Das Kraftfahrt-Bundesamt ist befugt, außerhalb des Berufskraftfahrerqualifikationsregisters die Kontaktdaten der in den §§ 17 und 18 genannten Behörden, Stellen und Ausbildungsstätten zu erheben, zu speichern und zu verwenden, um die Zulässigkeit der Übermittlung der in den §§ 17 und 18 genannten Daten zu kontrollieren.*

§ 21 *Datenübermittlung an inländische Behörden und Stellen.* *[1] Die im Berufskraftfahrerqualifikationsregister gespeicherten Daten dürfen durch Abruf im automatisierten Verfahren an die Behörden und Stellen übermittelt werden, die zuständig sind für*

1. Verwaltungsmaßnahmen gegenüber Fahrern auf Grund dieses Gesetzes oder auf Grund der auf ihm beruhenden Rechtsvorschriften,

2. die Durchführung der Aus- und Weiterbildung sowie für die Prüfung von Fahrern auf Grund dieses Gesetzes oder der auf ihm beruhenden Rechtsvorschriften,

3. die Überwachung der anerkannten Ausbildungsstätten von Fahrern,

4. Verkehrs-, Grenz- oder Straßenkontrollen gegenüber Fahrern,

5. die Verfolgung von Straftaten, die von Fahrern verübt worden sind, sowie die Vollstreckung oder den Vollzug von Strafen gegenüber Fahrern oder

6. die Verfolgung von Ordnungswidrigkeiten, die von Fahrern verübt worden sind, sowie die Vollstreckung von Bußgeldbescheiden gegen Fahrer und ihre Nebenfolgen nach diesem Gesetz.

[2] Die Daten dürfen übermittelt werden, soweit dies zur Erfüllung der in Satz 1 genannten Aufgaben erforderlich ist.

§ 22 *Datenübermittlung an Behörden in den anderen Mitgliedstaaten der Europäischen Union und an Behörden in den Vertragsstaaten des Abkommens über den Europäischen Wirtschaftsraum.* *(1) Die im Berufskraftfahrerqualifikationsregister nach § 14 gespeicherten Daten dürfen vom Kraftfahrt-Bundesamt an die zuständigen Behörden in den anderen Mitgliedstaaten der Europäischen Union und an die zuständigen Behörden in den Vertragsstaaten des Abkommens über den Europäischen Wirtschaftsraum durch Abruf im automatisierten Verfahren übermittelt werden, soweit dies erforderlich ist*

1. zum Austausch über Aus- und Weiterbildungsmaßnahmen von Fahrern im Rahmen der beschleunigten Grundqualifikation und der Weiterbildung oder

2. für Verwaltungsmaßnahmen auf Grund dieses Gesetzes sowie auf Grund der Berufskraftfahrerqualifikationsverordnung.

(2) Zur Erfüllung ihrer Aufgaben dürfen die in § 21 Satz 1 Nummer 4 genannten Behörden die in Absatz 1 erster Halbsatz genannten Daten an die zuständigen Behörden in den anderen Mitgliedstaaten der Europäischen Union und an die zuständigen Behörden in den Vertragsstaaten des Abkommens über den Europäischen Wirtschaftsraum übermitteln.

(3) Die zuständigen Behörden in den anderen Mitgliedstaaten der Europäischen Union und die zuständigen Behörden in den Vertragsstaaten des Abkommens über den Europäischen Wirtschaftsraum sind darauf hinzuweisen, dass sie die übermittelten Daten nur zu dem Zweck erheben, speichern und verwenden dürfen, zu dessen Erfüllung sie ihnen übermittelt werden.

(4) Die Übermittlung unterbleibt, wenn durch sie schutzwürdige Interessen des betroffenen Fahrers beeinträchtigt würden.

§ 23 ***Ausführungsregeln für das automatisierte Verfahren.*** *[1] Das Kraftfahrt-Bundesamt erstellt nach dem jeweiligen Stand der Technik Ausführungsregeln für das automatisierte Verfahren zur Sicherstellung einer rechtskonformen und einheitlichen Datenübermittlung. [2] Es gibt diese Ausführungsregelungen den jeweils betroffenen Verfahrensbeteiligten in geeigneter Form bekannt.*

§ 24 ***Zulässigkeit der Datenübermittlung im automatisierten Verfahren.***

(1) Die Einrichtung von Anlagen für die Datenübermittlung im automatisierten Verfahren ist nur zulässig, wenn gewährleistet ist, dass

1. dem jeweiligen Stand der Technik entsprechende Maßnahmen zur Sicherstellung von Datenschutz und Datensicherheit getroffen werden, die insbesondere die Vertraulichkeit und Unversehrtheit der Daten gewährleisten, wobei bei der Nutzung allgemein zugänglicher Netze Verschlüsselungsverfahren anzuwenden sind, und

2. die Zulässigkeit der Verfahren durch Aufzeichnungen nach Maßgabe des Absatzes 2 oder 3 kontrolliert werden kann.

(2) [1] Das Kraftfahrt-Bundesamt hat über die übermittelten Daten Aufzeichnungen anzufertigen, die Folgendes enthalten müssen:

1. die übermittelten Daten,

2. den Tag und die Uhrzeit der Übermittlung,

3. die Kennung der übermittelnden Stelle und

4. den Übermittlungsanlass.

[2] Die Aufzeichnungen dürfen nur zur Kontrolle der Zulässigkeit der Übermittlung verwertet werden. [3] Sie sind durch geeignete technische und organisatorische Maßnahmen gegen zweckfremde Verwendung und gegen Missbrauch zu sichern. [4] Am Ende des Kalenderhalbjahres, das dem Halbjahr der Übermittlung folgt, sind die Aufzeichnungen zu löschen oder zu vernichten.

(3) [1] Das Kraftfahrt-Bundesamt hat über die Datenübermittlung und die Abrufe Aufzeichnungen anzufertigen, die Folgendes enthalten müssen:

1. die bei der Durchführung der Datenübermittlung oder der Abrufe verwendeten Daten,

2. den Tag und die Uhrzeit der Datenübermittlung oder der Abrufe,

3. die Kennung der die Daten erhaltenden Dienststelle oder die Kennung der abrufenden Dienststelle und

4. die übermittelten oder die abgerufenen Daten.

[2] Die Aufzeichnungen dürfen nur zur Datenschutzkontrolle, zur Datensicherung oder zur Sicherstellung eines ordnungsgemäßen Betriebs der Datenverarbeitungsanlage verwendet werden. [3] Liegen Anhaltspunkte dafür vor, dass ohne ihre Verwendung die Verhinderung oder Verfolgung einer schwerwiegenden Straftat gegen Leib, Leben oder Freiheit einer Person aussichtslos oder wesentlich erschwert wäre, dürfen die Aufzeichnungen auch für diesen Zweck verwendet werden, sofern das Ersuchen der Strafverfolgungsbehörde unter Verwendung von Daten eines bestimmten Fahrers gestellt wird. [4] Die Aufzeichnungen sind durch geeignete technische und organisatorische Maßnahmen gegen zweckfremde Verwendung und gegen Missbrauch zu sichern. [5] Sie sind nach sechs Monaten zu löschen.

(4) Bei Abrufen aus dem Berufskraftfahrerqualifikationsregister sind vom Kraftfahrt-Bundesamt weitere Aufzeichnungen anzufertigen, die sich auf den Anlass des Abrufs erstrecken und die Feststellung der für den Abruf verantwortlichen Personen ermöglichen.

§ 25 ***Auskunftspflicht gegenüber Fahrern.*** *(1) [1] Das Kraftfahrt-Bundesamt erteilt dem Fahrer auf schriftlichen oder elektronischen Antrag über den ihn betreffenden Inhalt des Berufskraftfahrerqualifikationsregisters unentgeltlich Auskunft. [2] Bei einem elektronischen Antrag muss der Fahrer seine Identität unter Nutzung eines elektronischen Identifizierungsnachweises nach § 18 des Personalausweisgesetzes, nach § 12 des eID-Karte-Gesetzes oder nach § 78 Absatz 5 des Aufenthaltsgesetzes nachweisen.*

(2) [1] Die Auskunft ist schriftlich zu erteilen. [2] Auf Verlangen des Fahrers kann die Auskunft elektronisch erteilt werden. [3] Im Fall der elektronischen Auskunftserteilung gilt § 24 Absatz 3 entsprechend.

§ 26 ***Löschung der Daten.*** *(1) Die Daten zu den Fahrerqualifizierungsnachweisen werden sechs Jahre nach Ablauf der Gültigkeit des Fahrerqualifizierungsnachweises aus dem Berufskraftfahrerqualifikationsregister gelöscht.*

(2) Die Daten zu der Grundqualifikation, der beschleunigten Grundqualifikation und den Weiterbildungen werden elf Jahre nach Abschluss der jeweiligen Grundqualifikations- oder Weiterbildungsmaßnahme automatisiert aus dem Berufskraftfahrerqualifikationsregister gelöscht.

(3) Unbeschadet der Absätze 1 und 2 sind die im Berufskraftfahrerqualifikationsregister gespeicherten Daten mit Vollendung des 110. Lebensjahres der betroffenen Person zu löschen.

Abschnitt 5. Schlussbestimmungen

§ 27 Verordnungsermächtigung. (1) Das Bundesministerium für Verkehr und digitale Infrastruktur wird ermächtigt, im Einvernehmen mit dem Bundesministerium für Wirtschaft und Energie und dem Bundesministerium für Bildung und Forschung durch Rechtsverordnung mit Zustimmung des Bundesrates Regelungen zu treffen über

1. die näheren Einzelheiten des Erwerbs der Grundqualifikation, der beschleunigten Grundqualifikation und der Weiterbildung, insbesondere über
   a) die Zulassungsvoraussetzungen zu Prüfungen, die Inhalte von Unterricht und Prüfungen und die Anforderungen an Lehr- und Lernmittel, Unterrichtsräume und Ausbilder,
   b) die Art und Weise des Unterrichts und der Prüfungen und die Ausstellung, Aufbewahrung und Vorlage von Bescheinigungen;
2. die örtliche Zuständigkeit der Industrie- und Handelskammern;
3. die näheren Voraussetzungen und das Verfahren der Anerkennung von Ausbildungsstätten für die beschleunigte Grundqualifikation und die Weiterbildung;
4. die Überwachung der anerkannten Ausbildungsstätten und das Überwachungsverfahren;
5. die Fahrerqualifizierungsnachweise.

(2) Die Industrie- und Handelskammern regeln das Prüfungsverfahren durch Satzung, die der Genehmigung der zuständigen obersten Landesbehörde bedarf.

(3) [1] Die Landesregierungen werden ermächtigt, durch Rechtsverordnung die für die Durchführung dieses Gesetzes zuständigen Behörden zu bestimmen. [2] Die Landesregierungen können diese Ermächtigung auf die zuständige oberste Landesbehörde übertragen.

§ 28 Bußgeldvorschriften. (1) Ordnungswidrig handelt, wer entgegen § 3 Absatz 4 eine Fahrt anordnet oder zulässt.

(2) Ordnungswidrig handelt, wer vorsätzlich oder fahrlässig

1. entgegen § 3 Absatz 1 oder Absatz 2, jeweils auch in Verbindung mit § 3 Absatz 6, eine Fahrt durchführt,
2. entgegen § 8 oder § 30 Absatz 8 einen Nachweis nicht mitführt oder nicht, nicht richtig oder nicht rechtzeitig aushändigt,
3. entgegen § 9 Absatz 4 Unterricht anbietet oder durchführt,
4. einer vollziehbaren Anordnung nach § 10 Absatz 4 zuwiderhandelt,
5. entgegen § 11 Absatz 4 Satz 1 eine Anzeige nicht, nicht richtig, nicht vollständig, nicht in der vorgeschriebenen Weise oder nicht rechtzeitig erstattet,
6. entgegen § 19 Daten nicht, nicht richtig, nicht vollständig, nicht in der vorgeschriebenen Weise oder nicht rechtzeitig übermittelt oder
7. einer Rechtsverordnung nach
   a) § 27 Absatz 1 Nummer 1 Buchstabe a oder
   b) § 27 Absatz 1 Nummer 1 Buchstabe b

   oder einer vollziehbaren Anordnung auf Grund einer solchen Rechtsverordnung zuwiderhandelt, soweit die Rechtsverordnung für einen bestimmten Tatbestand auf diese Bußgeldvorschrift verweist.

(3) Die Ordnungswidrigkeit kann in den Fällen der Absätze 1 und 2 Nummer 3 und 7 Buchstabe a mit einer Geldbuße bis zu zwanzigtausend Euro, in den übrigen Fällen mit einer Geldbuße bis zu fünftausend Euro geahndet werden.

(4) Soweit eine Ordnungswidrigkeit nach Absatz 1 oder nach Absatz 2 Nummer 1 oder 2 bei einer Kontrolle des Bundesamtes für Güterverkehr festgestellt wird oder in einem Unternehmen begangen wird, das seinen Sitz im Ausland hat, ist das Bundesamt für Güterverkehr Verwaltungsbehörde im Sinne des § 36 Absatz 1 Nummer 1 des Gesetzes über Ordnungswidrigkeiten[1].

§ 29 Verkündung von Rechtsverordnungen. Rechtsverordnungen können abweichend von § 2 Absatz 1 des Verkündungs- und Bekanntmachungsgesetzes im Bundesanzeiger verkündet werden.

§ 30[2] Übergangsvorschriften. (1) Die bis zum 2. Dezember 2020 nach § 7 Absatz 1 Nummer 1 bis 4 des Berufskraftfahrer-Qualifikations-Gesetzes vom 14. August 2006 (BGBl. I S. 1958), das zuletzt durch Artikel 3 des Gesetzes vom 30. Juni 2017 (BGBl. I S. 2162) geändert worden ist, gesetzlich anerkannten Ausbildungsstätten gelten bis zu ihrer Anerkennung durch die nach Landesrecht zuständige Behörde als anerkannt im Sinne des § 9 Absatz 1, längstens jedoch bis zum 2. Dezember 2022.

(2) Der Eintrag der Schlüsselzahl 95 nach Anlage 9 der Fahrerlaubnis-Verordnung[3] in einem deutschen Führerschein zum Nachweis der Grundqualifikation, der beschleunigten Grundqualifikation und der Weiterbildung behält bis zu seinem Ablauf seine Gültigkeit.

---

[1] Nr. **680**.
[2] § 30 Abs. 9 aufgeh. mWv 23.5.2021 durch G v. 26.11.2020 (BGBl. I S. 2575).
[3] Nr. **300**.

(3) § 10 Absatz 2 Nummer 2 findet bis zur Inbetriebnahme der Schnittstelle für die anerkannten Ausbildungsstätten zum Berufskraftfahrerqualifikationsregister mit der Maßgabe Anwendung, dass an die Stelle der Einträge in das Berufskraftfahrerqualifikationsregister die Ausstellung von Teilnahmebescheinigungen tritt.

(4) § 7 Absatz 1 findet bis zur Inbetriebnahme des Berufskraftfahrerqualifikationsregisters mit der Maßgabe Anwendung, dass durch die nach Landesrecht zuständige Behörde statt der Ausstellung des Fahrerqualifizierungsnachweises der Eintrag der Schlüsselzahl 95 nach Anlage 9 derFahrerlaubnis-Verordnung in den Führerschein vorgenommen wird, sofern ein deutscher Führerschein erteilt werden kann.

(5) Bescheinigungen zum Nachweis der Grundqualifikation, der beschleunigten Grundqualifikation und der Weiterbildung nach dem Muster der Anlage 3 der Berufskraftfahrer-Qualifikations-Verordnung vom 22. August 2006 (BGBl. I S. 2108), die zuletzt durch Artikel 7 der Verordnung vom 2. Oktober 2019 (BGBl. I S. 1416) geändert worden ist, für Fahrer im Sinne des § 1 Absatz 1 Satz 1 Nummer 3, die Fahrten im Personenkraftverkehr durchführen, behalten ihre Gültigkeit.

(6) Fahrerbescheinigungen, auf denen die Schlüsselzahl 95 nicht eingetragen ist und die gemäß Artikel 5 der Verordnung (EG) Nr. 1072/2009 des Europäischen Parlaments und des Rates vom 21. Oktober 2009 über gemeinsame Regeln für den Zugang zum Markt des grenzüberschreitenden Güterkraftverkehrs (ABl. L 300 vom 14.11.2009, S. 72), insbesondere gemäß dessen Absatz 7, bis zum 2. Dezember 2020 zum Nachweis der Grundqualifikation und der Weiterbildung ausgestellt wurden, werden bis zum Ablauf ihrer Gültigkeit anerkannt.

(7) Vor dem 2. Dezember 2020 ausgestellte Fahrerqualifizierungsnachweise gelten bis zum Ablauf ihrer Gültigkeit.

(8) Fahrer haben die Nachweise nach den Absätzen 5 bis 7 bei der Durchführung von Fahrten mitzuführen und den Kontrollberechtigten auf Verlangen zur Prüfung auszuhändigen.

[Abs. 9 bis 22.5.2021:]

(9) [1] Die Landesregierungen werden ermächtigt, durch Rechtsverordnung zur Berücksichtigung besonderer regionaler Bedürfnisse hinsichtlich Fahrern, die

1. in einem Mitgliedstaat der Europäischen Union, in einem anderen Vertragsstaat des Abkommens über den Europäischen Wirtschaftsraum oder in der Schweiz ihren ordentlichen Wohnsitz haben,
2. in der Bundesrepublik Deutschland beschäftigt sind und
3. in der Bundesrepublik Deutschland ihre Weiterbildung absolvieren

(Grenzgänger), abweichend von den bundesrechtlichen Vorschriften zum Nachweis der Berufskraftfahrerqualifikation einen Fahrerqualifizierungsnachweis nach dem Muster der Anlage 5 der Berufskraftfahrerqualifikationsverordnung vorzusehen und die zur Ausstellung dieses Nachweises erforderlichen Vorschriften, auch zum Verfahren, zu erlassen. [2] Dieser Fahrerqualifizierungsnachweis steht einem Nachweis nach § 7 gleich. [3] Die Landesregierungen können die Ermächtigung nach Satz 1 durch Rechtsverordnung auf die zuständigen obersten Landesbehörden übertragen.

Anlage
(zu § 1 Absatz 3 Nummer 2)

Liste über die Zuordnung der Stadt- und Landkreise zum städtischen oder ländlichen Raum

Zugrunde liegt die Zuordnung, die das Bundesinstitut für Bau-, Stadt- und Raumforschung im Rahmen seiner Aufgabenwahrnehmung nach § 22 Raumordnungsgesetz zum Stand 31. Dezember 2017 vorgenommen hat.

Name des Stadt- und Landkreises	Städtischer/Ländlicher Raum
Baden-Württemberg	
Alb-Donau-Kreis	Ländlicher Raum
Baden-Baden, Stadt	Städtischer Raum
Biberach	Ländlicher Raum
Böblingen	Städtischer Raum
Bodenseekreis	Städtischer Raum
Breisgau-Hochschwarzwald	Städtischer Raum
Calw	Städtischer Raum
Emmendingen	Städtischer Raum
Enzkreis	Städtischer Raum
Esslingen	Städtischer Raum
Freiburg im Breisgau, Stadt	Städtischer Raum
Freudenstadt	Ländlicher Raum
Göppingen	Städtischer Raum
Heidelberg, Stadt	Städtischer Raum
Heidenheim	Städtischer Raum
Heilbronn, Stadt	Städtischer Raum
Heilbronn, Landkreis	Städtischer Raum
Hohenlohekreis	Ländlicher Raum
Karlsruhe	Städtischer Raum
Karlsruhe, Stadt	Städtischer Raum
Konstanz	Städtischer Raum
Lörrach	Städtischer Raum
Ludwigsburg	Städtischer Raum
Main-Tauber-Kreis	Ländlicher Raum
Mannheim, Stadt	Städtischer Raum
Neckar-Odenwald-Kreis	Ländlicher Raum
Ortenaukreis	Städtischer Raum
Ostalbkreis	Städtischer Raum
Pforzheim, Stadt	Städtischer Raum
Rastatt	Städtischer Raum
Ravensburg	Städtischer Raum
Rems-Murr-Kreis	Städtischer Raum

Name des Stadt- und Landkreises	Städtischer/Ländlicher Raum
Reutlingen	Städtischer Raum
Rhein-Neckar-Kreis	Städtischer Raum
Rottweil	Städtischer Raum
Schwäbisch Hall	Ländlicher Raum
Schwarzwald-Baar-Kreis	Städtischer Raum
Sigmaringen	Ländlicher Raum
Stuttgart, Stadt	Städtischer Raum
Tübingen	Städtischer Raum
Tuttlingen	Städtischer Raum
Ulm, Stadt	Städtischer Raum
Waldshut	Ländlicher Raum
Zollernalbkreis	Städtischer Raum
Bayern	
Aichach-Friedberg	Ländlicher Raum
Altötting	Städtischer Raum
Amberg, Stadt	Ländlicher Raum
Amberg-Sulzbach	Ländlicher Raum
Ansbach, Stadt	Ländlicher Raum
Ansbach, Landkreis	Ländlicher Raum
Aschaffenburg, Stadt	Städtischer Raum
Aschaffenburg, Landkreis	Städtischer Raum
Augsburg, Stadt	Städtischer Raum
Augsburg, Landkreis	Städtischer Raum
Bad Kissingen	Ländlicher Raum
Bad Tölz-Wolfratshausen	Ländlicher Raum
Bamberg, Stadt	Ländlicher Raum
Bamberg, Landkreis	Ländlicher Raum
Bayreuth, Stadt	Ländlicher Raum
Bayreuth, Landkreis	Ländlicher Raum
Berchtesgadener Land	Ländlicher Raum
Cham	Ländlicher Raum
Coburg, Stadt	Ländlicher Raum
Coburg, Landkreis	Ländlicher Raum
Dachau	Städtischer Raum
Deggendorf	Ländlicher Raum
Dillingen a.d. Donau	Ländlicher Raum
Dingolfing-Landau	Ländlicher Raum
Donau-Ries	Ländlicher Raum
Ebersberg	Städtischer Raum
Eichstätt	Ländlicher Raum

Name des Stadt- und Landkreises	Städtischer/Ländlicher Raum
Erding	Ländlicher Raum
Erlangen, Stadt	Städtischer Raum
Erlangen-Höchstadt	Städtischer Raum
Forchheim	Ländlicher Raum
Freising	Städtischer Raum
Freyung-Grafenau	Ländlicher Raum
Fürstenfeldbruck	Städtischer Raum
Fürth, Stadt	Städtischer Raum
Fürth, Landkreis	Städtischer Raum
Garmisch-Partenkirchen	Ländlicher Raum
Günzburg	Ländlicher Raum
Haßberge	Ländlicher Raum
Hof, Stadt	Ländlicher Raum
Hof, Landkreis	Ländlicher Raum
Ingolstadt, Stadt	Städtischer Raum
Kaufbeuren, Stadt	Ländlicher Raum
Kelheim	Ländlicher Raum
Kempten (Allgäu), Stadt	Ländlicher Raum
Kitzingen	Ländlicher Raum
Kronach	Ländlicher Raum
Kulmbach	Ländlicher Raum
Landsberg am Lech	Ländlicher Raum
Landshut, Stadt	Ländlicher Raum
Landshut, Landkreis	Ländlicher Raum
Lichtenfels	Ländlicher Raum
Lindau (Bodensee)	Städtischer Raum
Main-Spessart	Ländlicher Raum
Memmingen, Stadt	Ländlicher Raum
Miesbach	Ländlicher Raum
Miltenberg	Städtischer Raum
Mühldorf a. Inn	Ländlicher Raum
München, Stadt	Städtischer Raum
München, Landkreis	Städtischer Raum
Neuburg-Schrobenhausen	Ländlicher Raum
Neumarkt i.d. OPf.	Ländlicher Raum
Neustadt a.d. Aisch-Bad Windsheim	Ländlicher Raum
Neustadt a.d. Waldnaab	Ländlicher Raum
Neu-Ulm	Städtischer Raum
Nürnberg, Stadt	Städtischer Raum
Nürnberger Land	Städtischer Raum

Name des Stadt- und Landkreises	Städtischer/Ländlicher Raum
Oberallgäu	Ländlicher Raum
Ostallgäu	Ländlicher Raum
Passau, Stadt	Ländlicher Raum
Passau, Landkreis	Ländlicher Raum
Pfaffenhofen a.d. Ilm	Ländlicher Raum
Regen	Ländlicher Raum
Regensburg, Stadt	Städtischer Raum
Regensburg, Landkreis	Ländlicher Raum
Rhön-Grabfeld	Ländlicher Raum
Rosenheim, Stadt	Städtischer Raum
Rosenheim, Landkreis	Städtischer Raum
Roth	Ländlicher Raum
Rottal-Inn	Ländlicher Raum
Schwabach, Stadt	Ländlicher Raum
Schwandorf	Ländlicher Raum
Schweinfurt, Stadt	Ländlicher Raum
Schweinfurt, Landkreis	Ländlicher Raum
Straubing, Stadt	Ländlicher Raum
Starnberg, Landkreis	Städtischer Raum
Straubing-Bogen	Ländlicher Raum
Tirschenreuth	Ländlicher Raum
Traunstein	Ländlicher Raum
Unterallgäu	Ländlicher Raum
Weiden i.d. OPf., Stadt	Ländlicher Raum
Weilheim-Schongau	Ländlicher Raum
Weißenburg-Gunzenhausen	Ländlicher Raum
Wunsiedel i. Fichtelgebirge	Ländlicher Raum
Würzburg, Stadt	Städtischer Raum
Würzburg, Landkreis	Städtischer Raum
Berlin	
Berlin, Stadt	Städtischer Raum
Brandenburg	
Barnim	Ländlicher Raum
Brandenburg an der Havel, Stadt	Ländlicher Raum
Cottbus, Stadt	Ländlicher Raum
Dahme-Spreewald	Ländlicher Raum
Elbe-Elster	Ländlicher Raum
Frankfurt (Oder), Stadt	Ländlicher Raum
Havelland	Ländlicher Raum
Märkisch-Oderland	Ländlicher Raum

Name des Stadt- und Landkreises	Städtischer/Ländlicher Raum
Oberhavel	Ländlicher Raum
Oberspreewald-Lausitz	Ländlicher Raum
Oder-Spree	Ländlicher Raum
Ostprignitz-Ruppin	Ländlicher Raum
Potsdam, Stadt	Städtischer Raum
Potsdam-Mittelmark	Ländlicher Raum
Prignitz	Ländlicher Raum
Spree-Neiße	Ländlicher Raum
Teltow-Fläming	Ländlicher Raum
Uckermark	Ländlicher Raum
Bremen	
Bremen, Stadt	Städtischer Raum
Bremerhaven, Stadt	Städtischer Raum
Hamburg	
Hamburg, Stadt	Städtischer Raum
Hessen	
Bergstraße	Städtischer Raum
Darmstadt, Stadt	Städtischer Raum
Darmstadt-Dieburg	Städtischer Raum
Frankfurt am Main, Stadt	Städtischer Raum
Fulda	Ländlicher Raum
Gießen	Städtischer Raum
Groß-Gerau	Städtischer Raum
Hersfeld-Rotenburg	Ländlicher Raum
Hochtaunuskreis	Städtischer Raum
Kassel, Stadt	Städtischer Raum
Kassel, Landkreis	Städtischer Raum
Lahn-Dill-Kreis	Städtischer Raum
Limburg-Weilburg	Städtischer Raum
Main-Kinzig-Kreis	Städtischer Raum
Main-Taunus-Kreis	Städtischer Raum
Marburg-Biedenkopf	Ländlicher Raum
Odenwaldkreis	Städtischer Raum
Offenbach am Main, Stadt	Städtischer Raum
Offenbach, Landkreis	Städtischer Raum
Rheingau-Taunus-Kreis	Städtischer Raum
Schwalm-Eder-Kreis	Ländlicher Raum
Vogelsbergkreis	Ländlicher Raum
Waldeck-Frankenberg	Ländlicher Raum
Werra-Meißner-Kreis	Ländlicher Raum

Name des Stadt- und Landkreises	Städtischer/Ländlicher Raum
Wetteraukreis	Städtischer Raum
Wiesbaden, Stadt	Städtischer Raum
Mecklenburg-Vorpommern	
Landkreis Rostock	Ländlicher Raum
Ludwigslust-Parchim	Ländlicher Raum
Mecklenburgische Seenplatte	Ländlicher Raum
Nordwestmecklenburg	Ländlicher Raum
Rostock, Stadt	Städtischer Raum
Schwerin, Stadt	Ländlicher Raum
Vorpommern-Greifswald	Ländlicher Raum
Vorpommern-Rügen	Ländlicher Raum
Niedersachsen	
Ammerland	Städtischer Raum
Aurich	Ländlicher Raum
Braunschweig, Stadt	Städtischer Raum
Celle	Ländlicher Raum
Cloppenburg	Ländlicher Raum
Cuxhaven	Ländlicher Raum
Delmenhorst, Stadt	Ländlicher Raum
Diepholz	Ländlicher Raum
Emden, Stadt	Ländlicher Raum
Emsland	Ländlicher Raum
Friesland	Städtischer Raum
Gifhorn	Ländlicher Raum
Goslar	Ländlicher Raum
Göttingen	Städtischer Raum
Grafschaft Bentheim	Ländlicher Raum
Hameln-Pyrmont	Ländlicher Raum
Harburg	Städtischer Raum
Heidekreis	Ländlicher Raum
Helmstedt	Ländlicher Raum
Hildesheim	Städtischer Raum
Holzminden	Ländlicher Raum
Leer	Ländlicher Raum
Lüchow-Dannenberg	Ländlicher Raum
Lüneburg	Ländlicher Raum
Nienburg (Weser)	Ländlicher Raum
Northeim	Ländlicher Raum
Oldenburg (Oldenburg), Stadt	Städtischer Raum
Oldenburg, Landkreis	Ländlicher Raum

Name des Stadt- und Landkreises	Städtischer/Ländlicher Raum
Osnabrück, Landkreis	Ländlicher Raum
Osnabrück, Stadt	Städtischer Raum
Osterholz	Städtischer Raum
Peine	Städtischer Raum
Region Hannover	Städtischer Raum
Rotenburg (Wümme)	Ländlicher Raum
Salzgitter, Stadt	Städtischer Raum
Schaumburg	Städtischer Raum
Stade	Ländlicher Raum
Uelzen	Ländlicher Raum
Vechta	Ländlicher Raum
Verden	Ländlicher Raum
Wesermarsch	Ländlicher Raum
Wilhelmshaven, Stadt	Städtischer Raum
Wittmund	Ländlicher Raum
Wolfenbüttel	Ländlicher Raum
Wolfsburg, Stadt	Städtischer Raum
Nordrhein-Westfalen	
Bielefeld, Stadt	Städtischer Raum
Bochum, Stadt	Städtischer Raum
Bonn, Stadt	Städtischer Raum
Borken	Städtischer Raum
Bottrop, Stadt	Städtischer Raum
Coesfeld	Städtischer Raum
Dortmund, Stadt	Städtischer Raum
Duisburg, Stadt	Städtischer Raum
Düren	Städtischer Raum
Düsseldorf, Stadt	Städtischer Raum
Ennepe-Ruhr-Kreis	Städtischer Raum
Essen, Stadt	Städtischer Raum
Euskirchen	Städtischer Raum
Gelsenkirchen, Stadt	Städtischer Raum
Gütersloh	Städtischer Raum
Hagen, Stadt	Städtischer Raum
Hamm, Stadt	Städtischer Raum
Heinsberg	Städtischer Raum
Herford	Städtischer Raum
Herne, Stadt	Städtischer Raum
Hochsauerlandkreis	Ländlicher Raum
Höxter	Ländlicher Raum

Name des Stadt- und Landkreises	Städtischer/Ländlicher Raum
Kleve	Städtischer Raum
Köln, Stadt	Städtischer Raum
Krefeld, Stadt	Städtischer Raum
Leverkusen, Stadt	Städtischer Raum
Lippe	Städtischer Raum
Märkischer Kreis	Städtischer Raum
Mettmann	Städtischer Raum
Minden-Lübbecke	Städtischer Raum
Mönchengladbach, Stadt	Städtischer Raum
Mülheim an der Ruhr, Stadt	Städtischer Raum
Münster, Stadt	Städtischer Raum
Oberbergischer Kreis	Städtischer Raum
Oberhausen, Stadt	Städtischer Raum
Olpe	Städtischer Raum
Paderborn	Städtischer Raum
Recklinghausen	Städtischer Raum
Remscheid, Stadt	Städtischer Raum
Rhein-Erft-Kreis	Städtischer Raum
Rheinisch-Bergischer Kreis	Städtischer Raum
Rhein-Kreis Neuss	Städtischer Raum
Rhein-Sieg-Kreis	Städtischer Raum
Siegen-Wittgenstein	Städtischer Raum
Soest	Städtischer Raum
Solingen, Stadt	Städtischer Raum
Städteregion Aachen	Städtischer Raum
Steinfurt	Städtischer Raum
Unna	Städtischer Raum
Viersen	Städtischer Raum
Warendorf	Städtischer Raum
Wesel	Städtischer Raum
Wuppertal, Stadt	Städtischer Raum
Rheinland-Pfalz	
Ahrweiler	Ländlicher Raum
Altenkirchen (Westerwald)	Städtischer Raum
Alzey-Worms	Städtischer Raum
Bad Dürkheim	Städtischer Raum
Bad Kreuznach	Ländlicher Raum
Bernkastel-Wittlich	Ländlicher Raum
Birkenfeld	Ländlicher Raum
Cochem-Zell	Ländlicher Raum

Name des Stadt- und Landkreises	Städtischer/Ländlicher Raum
Donnersbergkreis	Ländlicher Raum
Eifelkreis Bitburg-Prüm	Ländlicher Raum
Frankenthal (Pfalz), Stadt	Städtischer Raum
Germersheim	Städtischer Raum
Kaiserslautern, Stadt	Städtischer Raum
Kaiserslautern, Landkreis	Städtischer Raum
Koblenz, Stadt	Städtischer Raum
Kusel	Ländlicher Raum
Landau in der Pfalz, Stadt	Städtischer Raum
Ludwigshafen am Rhein, Stadt	Städtischer Raum
Mainz, Stadt	Städtischer Raum
Mainz-Bingen	Städtischer Raum
Mayen-Koblenz	Städtischer Raum
Neustadt an der Weinstraße, Stadt	Städtischer Raum
Neuwied	Städtischer Raum
Pirmasens, Stadt	Ländlicher Raum
Rhein-Hunsrück-Kreis	Ländlicher Raum
Rhein-Lahn-Kreis	Städtischer Raum
Rhein-Pfalz-Kreis	Städtischer Raum
Speyer, Stadt	Städtischer Raum
Südliche Weinstraße	Städtischer Raum
Südwestpfalz	Ländlicher Raum
Trier, Stadt	Städtischer Raum
Trier-Saarburg	Ländlicher Raum
Vulkaneifel	Ländlicher Raum
Westerwaldkreis	Städtischer Raum
Worms, Stadt	Städtischer Raum
Zweibrücken, Stadt	Ländlicher Raum
Saarland	
Merzig-Wadern	Städtischer Raum
Neunkirchen	Städtischer Raum
Regionalverband Saarbrücken	Städtischer Raum
Saarlouis	Städtischer Raum
Saarpfalz-Kreis	Städtischer Raum
St. Wendel	Städtischer Raum
Sachsen	
Bautzen	Ländlicher Raum
Chemnitz, Stadt	Städtischer Raum
Dresden, Stadt	Städtischer Raum
Erzgebirgskreis	Städtischer Raum

Name des Stadt- und Landkreises	Städtischer/Ländlicher Raum
Görlitz	Ländlicher Raum
Leipzig, Stadt	Städtischer Raum
Leipzig, Landkreis	Ländlicher Raum
Meißen	Ländlicher Raum
Mittelsachsen	Ländlicher Raum
Nordsachsen	Ländlicher Raum
Sächsische Schweiz-Osterzgebirge	Ländlicher Raum
Vogtlandkreis	Ländlicher Raum
Zwickau	Städtischer Raum
Sachsen-Anhalt	
Altmarkkreis Salzwedel	Ländlicher Raum
Anhalt-Bitterfeld	Ländlicher Raum
Börde	Ländlicher Raum
Burgenlandkreis	Ländlicher Raum
Dessau-Roßlau, Stadt	Ländlicher Raum
Halle (Saale), Stadt	Städtischer Raum
Harz	Ländlicher Raum
Jerichower Land	Ländlicher Raum
Magdeburg, Stadt	Städtischer Raum
Mansfeld-Südharz	Ländlicher Raum
Saalekreis	Ländlicher Raum
Salzlandkreis	Ländlicher Raum
Stendal	Ländlicher Raum
Wittenberg	Ländlicher Raum
Schleswig-Holstein	
Dithmarschen	Ländlicher Raum
Flensburg, Stadt	Ländlicher Raum
Herzogtum Lauenburg	Ländlicher Raum
Kiel, Stadt	Städtischer Raum
Lübeck, Stadt	Städtischer Raum
Neumünster, Stadt	Ländlicher Raum
Nordfriesland	Ländlicher Raum
Ostholstein	Ländlicher Raum
Pinneberg	Städtischer Raum
Plön	Ländlicher Raum
Rendsburg-Eckernförde	Ländlicher Raum
Schleswig-Flensburg	Ländlicher Raum
Segeberg	Ländlicher Raum
Steinburg	Ländlicher Raum
Stormarn	Städtischer Raum

Name des Stadt- und Landkreises	Städtischer/Ländlicher Raum
Thüringen	
Altenburger Land	Ländlicher Raum
Eichsfeld	Ländlicher Raum
Eisenach, Stadt	Ländlicher Raum
Erfurt, Stadt	Städtischer Raum
Gera, Stadt	Städtischer Raum
Gotha	Ländlicher Raum
Greiz	Städtischer Raum
Hildburghausen	Ländlicher Raum
Ilm-Kreis	Ländlicher Raum
Jena, Stadt	Städtischer Raum
Kyffhäuserkreis	Ländlicher Raum
Nordhausen	Ländlicher Raum
Saale-Holzland-Kreis	Ländlicher Raum
Saale-Orla-Kreis	Ländlicher Raum
Saalfeld-Rudolstadt	Ländlicher Raum
Schmalkalden-Meiningen	Ländlicher Raum
Sömmerda	Ländlicher Raum
Sonneberg	Ländlicher Raum
Suhl, Stadt	Ländlicher Raum
Unstrut-Hainich-Kreis	Ländlicher Raum
Wartburgkreis	Ländlicher Raum
Weimar, Stadt	Städtischer Raum
Weimarer Land	Städtischer Raum

375. Verordnung zur Durchführung des Berufskraftfahrerqualifikationsgesetzes (Berufskraftfahrerqualifikationsverordnung – BKrFQV)[1) 2)3)]

Vom 9. Dezember 2020

(BGBl. I S. 2905)

FNA 9231-15-1

§ 1 Erwerb der Grundqualifikation. (1) Für den Zugang zum Erwerb der Grundqualifikation ist der vorherige Erwerb der jeweiligen Fahrerlaubnis nicht erforderlich.

(2) [1]Die Prüfung über die Grundqualifikation besteht aus einer theoretischen und einer praktischen Prüfung nach Maßgabe der Anlage 2. [2]Durch sie hat der Prüfungsteilnehmer nachzuweisen, dass er über die jeweils erforderlichen grundlegenden Kenntnisse und Fertigkeiten aus den in Anlage 1 aufgeführten Kenntnisbereichen für die betreffenden Fahrerlaubnisklassen verfügt.

(3) [1]Die Prüfung wird bei der für den Wohnsitz des Prüfungsteilnehmers zuständigen Industrie- und Handelskammer abgelegt. [2]Die Industrie- und Handelskammer kann für den praktischen Teil amtlich anerkannte Sachverständige oder Prüfer für den Kraftfahrzeugverkehr hinzuziehen. [3]Die Industrie- und Handelskammer muss für den praktischen Teil in Satz 2 bezeichnete Sachverständige oder Prüfer hinzuziehen, soweit die Industrie- und Handelskammer nicht über eigenes Personal mit gleichwertiger Qualifikation verfügt. [4]Bei Bedarf muss die zuständige Industrie- und Handelskammer mindestens einmal im Vierteljahr einen Prüfungstermin festsetzen. [5]Der Prüfungsteilnehmer kann mit seiner Zustimmung an eine andere Industrie- und Handelskammer verwiesen werden, wenn innerhalb eines Vierteljahres weniger als drei Prüfungsteilnehmer zur Prüfung anstehen oder dem Prüfungsteilnehmer andernfalls wirtschaftliche Nachteile entstehen.

(4) Die Prüfung ist bestanden, wenn jeweils im praktischen und theoretischen Teil mindestens ausreichende Leistungen erbracht sind.

(5) [1]Inhaber einer Fachkunde-Bescheinigung nach § 4 Absatz 6 Satz 1 der Berufszugangsverordnung für den Straßenpersonenverkehr[4)] oder nach § 5 Absatz 7 der Berufszugangsverordnung für den Güterkraftverkehr[5)] sind von der theoretischen Prüfung insoweit befreit, als der Prüfungsgegenstand bereits Gegenstand der Prüfung nach diesen Verordnungen ist. [2]Die Dauer der theoretischen Prüfung ist entsprechend zu verkürzen.

---

1) Verkündet als Art. 1 VO v. 9.12.2020 (BGBl. I S. 2905); Inkrafttreten gem. Art. 5 dieser VO am 17.12.2020.

2) Artikel 1 dieser Verordnung dient der Umsetzung der Richtlinie (EU) 2018/645 des Europäischen Parlaments und des Rates vom 18. April 2018 zur Änderung der Richtlinie 2003/59/EG über die Grundqualifikation und Weiterbildung der Fahrer bestimmter Kraftfahrzeuge für den Güter- oder Personenkraftverkehr und der Richtlinie 2006/126/EG über den Führerschein (ABl. L 112 vom 2.5.2018, S. 29).

3) Siehe bis zum 16.12.2020 die Berufskraftfahrer-Qualifikations-Verordnung.

4) Nr. **410**.

5) Nr. **460**.

§ 2 Erwerb der beschleunigten Grundqualifikation. (1) Für den Zugang zum Erwerb der beschleunigten Grundqualifikation ist der vorherige Erwerb der jeweiligen Fahrerlaubnis nicht erforderlich.

(2) [1] Die Dauer des Unterrichts beträgt insgesamt 140 Unterrichtseinheiten zu je 60 Minuten (Unterrichtseinheit). [2] Während des Unterrichts sind jeweils die erforderlichen grundlegenden Kenntnisse und Fertigkeiten aus den in Anlage 1 aufgeführten Kenntnisbereichen zu vermitteln.

(3) [1] Der Prüfungsteilnehmer muss im Verlauf des Unterrichts mindestens zehn Unterrichtseinheiten ein Kraftfahrzeug der betreffenden Klasse unter Aufsicht einer Person führen, die eine gültige Fahrlehrerlaubnis für die jeweilige Fahrerlaubnisklasse nach dem Fahrlehrergesetz[1)] besitzt. [2] Das Kraftfahrzeug muss den jeweiligen Kriterien für Prüfungsfahrzeuge der Nummern 2.2.6 bis 2.2.13 der Anlage 7 der Fahrerlaubnis-Verordnung[2)] entsprechen. [3] Es muss außerdem den Anforderungen der Nummer 2.2.16 der Anlage 7 der Fahrerlaubnis-Verordnung entsprechen, sofern der Prüfungsteilnehmer die Fahrerlaubnis der betreffenden Fahrerlaubnisklasse noch nicht besitzt.

(4) Von den Unterrichtseinheiten nach Absatz 3 Satz 1 können bis zu vier Unterrichtseinheiten auch auf Übungen auf einem besonderen Gelände im Rahmen eines Fahrertrainings oder in einem leistungsfähigen Simulator entfallen.

(5) [1] Die nach Landesrecht zuständige Behörde rechnet andere abgeschlossene spezielle Ausbildungsmaßnahmen als Teil des Unterrichts an. [2] Anzurechnen im Umfang von jeweils sieben Unterrichtseinheiten sind die

1. Ausbildung gemäß Anhang I der Richtlinie 2008/68/EG des Europäischen Parlaments und des Rates vom 24. September 2008 über die Beförderung gefährlicher Güter im Binnenland (ABl. L 260 vom 30.9.2008, S. 13) für Fahrzeugführer, die zuletzt durch den Beschluss (EU) 2019/1094 (ABl. L 173 vom 27.6.2019, S. 52) geändert worden ist, und
2. Schulung gemäß Artikel 6 Absatz 5 in Verbindung mit Artikel 17 Absatz 2 der Verordnung (EG) Nr. 1/2005 des Rates vom 22. Dezember 2004 über den Schutz von Tieren beim Transport und damit zusammenhängenden Vorgängen sowie zur Änderung der Richtlinien 64/432/EWG und 93/119/EG und der Verordnung (EG) Nr. 1255/97 (ABl. L 3 vom 5.1.2005, S. 1), die zuletzt durch die Verordnung (EU) Nr. 2017/625 (ABl. L 95 vom 7.4.2017, S. 1) geändert worden ist.

[3] Die nach Satz 1 abgeschlossenen speziellen Ausbildungsmaßnahmen werden jeweils nur einmal im Rahmen der beschleunigten Grundqualifikation angerechnet. [4] Sind seit dem Abschluss der speziellen Ausbildungsmaßnahme mehr als fünf Jahre vergangen, ist eine Anrechnung nicht mehr zulässig.

(6) [1] Die Prüfung besteht aus einer schriftlichen Prüfung von 90 Minuten Dauer. [2] Sie umfasst mindestens eine Frage zu jedem der jeweils maßgeblichen in Anlage 1 genannten Ziele. [3] In der Prüfung ist nachzuweisen, dass die Inhalte der in Anlage 1 aufgeführten Kenntnisbereiche beherrscht werden.

(7) [1] Die Prüfung wird bei der für den Wohnsitz des Prüfungsteilnehmers zuständigen Industrie- und Handelskammer abgelegt. [2] Bei Bedarf muss die zuständige Industrie- und Handelskammer mindestens einmal im Vierteljahr

---

1) Nr. **330**.
2) Nr. **300**.

einen Prüfungstermin festsetzen. [3]Der Prüfungsteilnehmer kann mit seiner Zustimmung an eine andere Industrie- und Handelskammer verwiesen werden, wenn innerhalb eines Vierteljahres weniger als drei Prüfungsteilnehmer zur Prüfung anstehen oder dem Prüfungsteilnehmer andernfalls wirtschaftliche Nachteile entstehen.

(8) Die Prüfung ist bestanden, wenn mindestens ausreichende Leistungen erbracht sind.

(9) [1]Inhaber einer Fachkunde-Bescheinigung nach § 4 Absatz 6 Satz 1 der Berufszugangsverordnung für den Straßenpersonenverkehr[1)] oder nach § 5 Absatz 7 der Berufszugangsverordnung für den Güterkraftverkehr[2)] sind von der Teilnahme am Unterricht und der Prüfung insoweit befreit, als Prüfungsgegenstand bereits Gegenstand der Prüfung nach diesen Verordnungen ist. [2]Die Unterrichtsdauer beträgt 96 Unterrichtseinheiten, von denen zehn Unterrichtseinheiten auf das Führen eines Kraftfahrzeugs der betreffenden Klasse entfallen. [3]Die Prüfung ist entsprechend zu verkürzen.

§ 3 Unterrichts- und Prüfungsanforderungen in besonderen Fällen.

(1) Fahrer im Güterkraftverkehr, die ihre Tätigkeit auf den Personenkraftverkehr ausweiten, oder Fahrer im Personenkraftverkehr, die ihre Tätigkeit auf den Güterkraftverkehr ausweiten oder ändern und die eine Grundqualifikation erworben haben, müssen bei der theoretischen und praktischen Prüfung nach § 1 Absatz 2 nur diejenigen Teile ablegen, welche Kraftfahrzeuge betreffen, die Gegenstand der neuen Grundqualifikation sind.

(2) [1]Bei Absolvierung der beschleunigten Grundqualifikation beträgt die Unterrichtsdauer 35 Unterrichtseinheiten, von denen 2,5 Unterrichtseinheiten auf das Führen eines Kraftfahrzeugs der betreffenden Klassen entfallen. [2]Das Kraftfahrzeug muss den Anforderungen nach § 2 Absatz 3 Satz 2 entsprechen. [3]Die theoretische Prüfung beschränkt sich auf diejenigen in Anlage 1 genannten Kenntnisbereiche, welche die Kraftfahrzeuge betreffen, die Gegenstand der neuen beschleunigten Grundqualifikation sind.

§ 4 Weiterbildung. (1) [1]Durch die Weiterbildung sind alle in Anlage 1 aufgeführten Kenntnisbereiche zu vertiefen und aufzufrischen. [2]Aus den Kenntnisbereichen 1, 2 und 3 der Anlage 1 muss jeweils mindestens ein Unterkenntnisbereich abgedeckt sein. [3]Besondere Schwerpunkte sollen die Verkehrssicherheit, die Sicherheit und der Gesundheitsschutz am Arbeitsplatz und die Reduzierung der Umweltauswirkungen des Fahrens bilden. [4]Eine einmalige Wiederholung von Unterkenntnisbereichen unter Einhaltung von Satz 2 ist zulässig.

(2) [1]Die Dauer der Weiterbildung beträgt 35 Unterrichtseinheiten, die in selbstständigen Ausbildungseinheiten von jeweils mindestens sieben Unterrichtseinheiten erteilt werden. [2]Die Unterrichtseinheiten können bei verschiedenen Ausbildungsstätten absolviert werden. [3]Eine Ausbildungseinheit kann auf zwei aufeinanderfolgende Tage aufgeteilt werden.

(3) [1]Mindestens eine Ausbildungseinheit umfasst einen die Verkehrssicherheit betreffenden Unterkenntnisbereich. [2]Ein Teil der Weiterbildung kann

---

[1)] Nr. **410**.
[2)] Nr. **460**.

auf Übungen auf einem besonderen Gelände im Rahmen eines Fahrertrainings oder in einem leistungsfähigen Simulator entfallen.

(4) [1] Die nach Landesrecht zuständige Behörde rechnet andere abgeschlossene spezielle Aus- oder Weiterbildungsmaßnahmen als Teil des Unterrichts an. [2] Anzurechnen im Umfang von sieben Unterrichtseinheiten sind die

1. Ausbildung gemäß Anhang I der Richtlinie 2008/68/EG des Europäischen Parlaments und des Rates vom 24. September 2008 über die Beförderung gefährlicher Güter im Binnenland (ABl. L 260 vom 30.9.2008, S. 13) für Fahrzeugführer, die zuletzt durch den Beschluss (EU) 2019/1094 (ABl. L 173 vom 27.6.2019, S. 52) geändert worden ist, und
2. Schulung gemäß Artikel 6 Absatz 5 in Verbindung mit Artikel 17 Absatz 2 der Verordnung (EG) Nr. 1/2005 des Rates vom 22. Dezember 2004 über den Schutz von Tieren beim Transport und damit zusammenhängenden Vorgängen sowie zur Änderung der Richtlinien 64/432/EWG und 93/119/EG und der Verordnung (EG) Nr. 1255/97 (ABl. L 3 vom 5.1.2005, S. 1), die zuletzt durch die Verordnung (EU) Nr. 2017/625 (ABl. L 95 vom 7.4.2017, S. 1) geändert worden ist.

[3] Abgeschlossene spezielle Aus- oder Weiterbildungsmaßnahmen werden jeweils nur einmal im Rahmen des fünfjährigen Weiterbildungsrhythmus angerechnet. [4] Sind seit dem Abschluss der speziellen Aus- oder Weiterbildungsmaßnahme mehr als fünf Jahre vergangen, ist eine Anrechnung nicht mehr zulässig.

§ 5 Anerkennung von Ausbildungsstätten. (1) [1] Der Antrag auf Anerkennung einer Ausbildungsstätte für die beschleunigte Grundqualifikation und die Weiterbildung ist bei der nach Landesrecht zuständigen Behörde in schriftlicher oder in elektronischer Form zu stellen. [2] Dem Antrag sind die zur Prüfung der Anerkennungsvoraussetzungen erforderlichen Unterlagen beizufügen, insbesondere

1. das Ausbildungsprogramm, in dem die unterrichteten Themengebiete auf der Grundlage der in Anlage 1 aufgeführten Kenntnisbereiche sowie die geplante Durchführung des Unterrichts und die Unterrichtsmethoden näher darzustellen sind,
2. Nachweise über die Zahl, die Qualifikationen und die Tätigkeitsbereiche der Ausbilder, einschließlich eines Nachweises über ihre didaktischen und pädagogischen Kenntnisse,
3. Angaben zu den Unterrichtsräumen, zu den Lehrmitteln, zu den für die praktische Ausbildung bereitgestellten Unterrichtsmitteln sowie zu den eingesetzten Ausbildungsfahrzeugen und
4. die vorgesehene maximale Teilnehmerzahl für den jeweiligen Unterrichtsraum.

[3] Für Ausbilder im praktischen Teil muss eine Berufserfahrung als

1. Berufskraftfahrer,
2. Fachkraft im Fahrbetrieb,
3. Kraftverkehrsmeister oder
4. Meister für Kraftverkehr

oder eine entsprechende Fahrerfahrung, insbesondere als Fahrlehrer für Lastkraftwagen oder Busse, nachgewiesen werden.

(2) [1]Die Anerkennung ist in schriftlicher oder in elektronischer Form zu erlassen. [2]Vorbehaltlich besonderer Bestimmungen sind zu benennen:

1. das anerkannte Ausbildungsprogramm,
2. die zugelassenen Ausbilder,
3. die zugelassenen Räume, in denen Unterricht nach § 2 Absatz 2 und § 5 Absatz 3 des Berufskraftfahrerqualifikationsgesetzes[1)] durchgeführt werden darf, und
4. die jeweils höchstens zulässige Teilnehmerzahl.

(3) Die Anerkennung kann mit Nebenbestimmungen verbunden werden.

§ 6 Anforderungen an den Unterricht. (1) [1]Die Teilnehmerzahl für den Unterricht zur beschleunigten Grundqualifikation und zur Weiterbildung ist auf höchstens 25 Personen je Unterricht zu beschränken. [2]Die Durchführung von Unterricht mit einer höheren Teilnehmerzahl ist unzulässig.

(2) Die Ausbildungsstätte hat dafür zu sorgen, dass in den Unterrichtsräumen während des Unterrichts für alle Teilnehmenden geeignete und ausreichende Lernmittel zur Gestaltung des Unterrichts und zur Visualisierung vorhanden sind.

§ 7 Fortbildung der Ausbilder. (1) [1]Ausbilder, die Unterricht zur beschleunigten Grundqualifikation oder zur Weiterbildung durchführen, haben ihre Kenntnisse regelmäßig durch eine mindestens dreitägige Fortbildung aufzufrischen. [2]Die Fortbildung soll alle Gebiete erfassen, die für diese berufliche Tätigkeit des Ausbilders von Bedeutung sind. [3]Die Fortbildung hat einen Gesamtumfang von mindestens 24 Unterrichtseinheiten zu je 60 Minuten und ist spätestens alle vier Jahre zu absolvieren.

(2) Die Ausbilder haben der Ausbildungsstätte, an der sie Unterricht durchführen, spätestens zwei Wochen nach Abschluss der Fortbildung die Teilnahmebescheinigung der Ausbildungsstätte auszuhändigen.

(3) Der Unterricht im Sinne dieser Verordnung darf nur von Ausbildern durchgeführt werden, die sich regelmäßig im Sinne des Absatzes 1 Satz 3 fortbilden.

(4) [1]Teilnahmebescheinigungen der Ausbilder der letzten beiden Fortbildungsmaßnahmen sind von der Ausbildungsstätte aufzubewahren und spätestens acht Jahre nach Abschluss der Fortbildungsmaßnahme zu vernichten. [2]Die Teilnahmebescheinigungen sind der nach Landesrecht zuständigen Behörde nach § 11 Absatz 1 Satz 1 des Berufskraftfahrerqualifikationsgesetzes[1)] auf Verlangen unverzüglich vorzulegen.

§ 8 Ausstellung des Fahrerqualifizierungsnachweises. (1) [1]Die nach Landesrecht zuständige Behörde stellt auf Antrag einen Fahrerqualifizierungsnachweis aus, wenn der Fahrer nachweislich grundqualifiziert ist oder als grundqualifiziert gilt. [2]Sind seit der Erlangung der Grundqualifikation mehr als fünf Jahre vergangen, muss der Fahrer nachweislich über eine abgeschlossene Weiterbildung verfügen. [3]Der Fahrerqualifizierungsnachweis folgt dem Muster der Anlage 5.

---

1) Nr. **370**.

(2) [1]Der Antrag auf Ausstellung des Fahrerqualifizierungsnachweises ist bei der nach Landesrecht zuständigen Behörde durch den Fahrer in schriftlicher oder in elektronischer Form zu stellen. [2]Der Fahrer hat auf Verlangen der Behörde persönlich zu erscheinen. [3]Sie oder er hat folgende Daten mitzuteilen und auf Verlangen nachzuweisen:

1. Geburts- und Familienname, Vornamen, Tag und Ort der Geburt, akademischer Grad und Geschlecht,
2. Anschrift,
3. Staatsangehörigkeit und
4. Art des Ausweisdokuments.

(3) Dem Antrag sind folgende Unterlagen beizufügen:

1. ein amtlicher Nachweis über Tag und Ort der Geburt,
2. ein Lichtbild, das die Anforderungen der Anlage 8 der Passverordnung erfüllt,
3. ein gültiger Führerschein, in dem die für die Grundqualifikation, die beschleunigte Grundqualifikation oder die Weiterbildung maßgebliche Fahrerlaubnisklasse vermerkt ist,
4. ein amtlicher Nachweis über den ordentlichen Wohnsitz im Sinne des § 7 Absatz 1 oder Absatz 2 der Fahrerlaubnis-Verordnung[1)] in der Bundesrepublik Deutschland, eine in der Bundesrepublik Deutschland erteilte Arbeitsgenehmigung-EU oder einen Aufenthaltstitel, der erkennen lässt, dass die Erwerbstätigkeit erlaubt ist (§ 4a Absatz 3 des Aufenthaltsgesetzes), und
5. sofern andere abgeschlossene spezielle Aus- oder Weiterbildungsmaßnahmen gemäß § 2 Absatz 5 oder § 4 Absatz 4 angerechnet werden sollen und diesbezüglich noch kein Eintrag in das Berufskraftfahrerqualifikationsregister erfolgt ist, ein rechtlich vorgeschriebener Nachweis über den Abschluss der jeweiligen Maßnahme.

(4) [1]Die nach Landesrecht zuständige Behörde prüft die Richtigkeit und Vollständigkeit der vom Fahrer mitgeteilten Daten und vorgelegten Unterlagen. [2]Sie holt zu diesem Zweck eine Auskunft aus dem Zentralen Fahrerlaubnisregister ein. [3]Die nach Landesrecht zuständige Behörde überprüft das Vorliegen einer Grundqualifikation oder einer Weiterbildung nach Absatz 1. [4]Sie holt zu diesem Zweck eine Auskunft aus dem Berufskraftfahrerqualifikationsregister ein.

§ 9 Ausstellung eines neuen Fahrerqualifizierungsnachweises bei Änderungen, Verlust, Diebstahl und Beschädigung. (1) [1]Bei Änderungen der den Angaben auf dem Fahrerqualifizierungsnachweis zugrunde liegenden Tatsachen ist auf Antrag ein neuer Fahrerqualifizierungsnachweis auszustellen. [2]Der alte Fahrerqualifizierungsnachweis ist der nach Landesrecht zuständigen Behörde zurückzugeben.

(2) [1]Wird ein Fahrerqualifizierungsnachweis wegen Verlust, Diebstahl oder Beschädigung eines vorhandenen Fahrerqualifizierungsnachweises beantragt, sind der nach Landesrecht zuständigen Behörde vorzulegen:

[1)] Nr. **300**.

1. bei Verlust des Fahrerqualifizierungsnachweises eine schriftliche Erklärung über den Verlust,
2. bei Diebstahl des Fahrerqualifizierungsnachweises der Nachweis einer Anzeige,
3. bei Beschädigung des Fahrerqualifizierungsnachweises der zu erneuernde Fahrerqualifizierungsnachweis.

[2] Dem Antrag sind die nach § 8 Absatz 3 Nummer 1 bis 4 erforderlichen Unterlagen beizufügen. [3] Die nach Landesrecht zuständige Behörde prüft die Vollständigkeit der mitgeteilten Daten. [4] Sie holt zu diesem Zweck eine Auskunft aus dem Zentralen Fahrerlaubnisregister ein. [5] Die nach Landesrecht zuständige Behörde prüft das Vorliegen einer Grundqualifikation oder einer Weiterbildung nach § 8 Absatz 1. [6] Sie holt zu diesem Zweck eine Auskunft aus dem Berufskraftfahrerqualifikationsregister ein.

(3) Der Fahrer hat auf Verlangen der nach Landesrecht zuständigen Behörde, die den neuen Fahrerqualifizierungsnachweis ausstellt, eine Versicherung an Eides statt abzugeben, dass und aus welchen Gründen der Fahrerqualifizierungsnachweis nicht zurückgegeben werden kann.

(4) [1] Mit Ausstellung des neuen Fahrerqualifizierungsnachweises verliert der ersetzte Fahrerqualifizierungsnachweis seine Gültigkeit. [2] Ein wiederaufgefundener Fahrerqualifizierungsnachweis ist der nach Landesrecht zuständigen Behörde unverzüglich zurückzugeben.

§ 10 Ordnungswidrigkeiten. (1) Ordnungswidrig im Sinne des § 28 Absatz 2 Nummer 7 Buchstabe a des Berufskraftfahrerqualifikationsgesetzes[1)] handelt, wer vorsätzlich oder fahrlässig

1. entgegen § 6 Absatz 1 Satz 2 oder § 7 Absatz 3 Unterricht durchführt oder
2. entgegen § 6 Absatz 2 nicht dafür sorgt, dass die dort genannten Lernmittel vorhanden sind.

(2) Ordnungswidrig im Sinne des § 28 Absatz 2 Nummer 7 Buchstabe b des Berufskraftfahrerqualifikationsgesetzes handelt, wer vorsätzlich oder fahrlässig

1. entgegen § 7 Absatz 4 Satz 2 eine Teilnahmebescheinigung nicht, nicht richtig oder nicht rechtzeitig vorlegt oder
2. entgegen § 11 Absatz 4 Satz 1 Nummer 1 Buchstabe b eine Bescheinigung nicht, nicht richtig oder nicht rechtzeitig ausstellt.

§ 11 Übergangsvorschriften. (1) Weiterbildungsbescheinigungen, die nach den bis zum Ablauf des 21. Dezember 2016 geltenden Vorschriften ausgefertigt worden sind, bleiben bis zum Ablauf des 21. Dezember 2021 gültig.

(2) Weiterbildungsbescheinigungen, die nach den bis zum Ablauf des 23. August 2017 geltenden Vorschriften ausgefertigt worden sind, bleiben bis zum Ablauf des 23. August 2022 gültig.

(3) Bescheinigungen, die auf Grundlage der Anlagen 2a und 2b der bis zum Ablauf des 16. Dezember 2020 geltenden Vorschriften ausgefertigt worden sind, bleiben gültig.

[1)] Nr. **370**.

(4) [1]Bis zur Inbetriebnahme der Schnittstelle für die Industrie- und Handelskammern und für die anerkannten Ausbildungsstätten zum Berufskraftfahrerqualifikationsregister ist anstelle eines Eintrags in das Berufskraftfahrerqualifikationsregister

1. eine Bescheinigung über die jeweils erbrachten Leistungen oder Teilleistungen auszustellen und dem Teilnehmer auszuhändigen von
   a) der Industrie- und Handelskammer unmittelbar nach dem Bestehen der Prüfung und
   b) der Ausbildungsstätte unmittelbar nach dem Abschluss des Unterrichts zum Erwerb der beschleunigten Grundqualifikation, dem Abschluss von Unterrichtseinheiten nach § 4 Absatz 2 (Teilleistungen) sowie dem Abschluss der Weiterbildung,
2. die Bescheinigung zum Abschluss des Unterrichts zum Erwerb der beschleunigten Grundqualifikation nach dem Muster der Anlage 3 auszustellen und dem Teilnehmer auszuhändigen; die Bescheinigung muss enthalten:
   a) Name und Anschrift der Ausbildungsstätte sowie Angaben zur zuständigen Anerkennungs- und Überwachungsbehörde und das Aktenzeichen des Anerkennungsbescheides,
   b) Name, Anschrift und Geburtsdatum des Teilnehmers,
   c) Zeitraum des Unterrichts und tatsächliche Dauer der Unterrichtsteilnahme und
   d) Angaben zu den vermittelten Unterkenntnisbereichen nach Anlage 1,
3. die Bescheinigung über Teilleistungen und den Abschluss der Weiterbildung nach dem Muster der Anlage 4 auszustellen und dem Teilnehmer auszuhändigen; die Bescheinigung muss enthalten:
   a) Name und Anschrift der Ausbildungsstätte sowie Angaben zur zuständigen Anerkennungs- und Überwachungsbehörde und das Aktenzeichen des Anerkennungsbescheides,
   b) Name, Anschrift und Geburtsdatum des Teilnehmers,
   c) Zeitraum des Unterrichts und tatsächliche Dauer der Unterrichtsteilnahme und
   d) Angaben zu den vermittelten Unterkenntnisbereichen nach Anlage 1.

[2]Die Bescheinigung nach Satz 1 Nummer 2 ist im Original von einer zur Vertretung der Ausbildungsstätte berechtigten Person zu unterschreiben. [3]Die Bescheinigung nach Satz 1 Nummer 3 ist im Original von einer zur Vertretung der Ausbildungsstätte berechtigten Person und von der zur Durchführung des Unterrichts eingesetzten Person zu unterschreiben. [4]Die eigenhändige Unterschrift der zur Vertretung der Ausbildungsstätte berechtigten Person kann bei automatisierter Erstellung der Bescheinigung durch eine bildhafte Wiedergabe der Unterschrift ersetzt werden. [5]Das gilt nicht, wenn der Unterricht ausschließlich von dieser Person durchgeführt wurde.

(5) [1]Bescheinigungen nach Absatz 4 Satz 1 Nummer 1 Buchstabe b in Verbindung mit Nummer 3 sind fünf Jahre ab dem Abschluss der Teilleistung oder gesamten Weiterbildung gültig. [2]Sie sind zusätzlich zu den in § 8 Absatz 3 genannten Unterlagen vorzulegen.

Anlage 1
(zu § 1 Absatz 2 Satz 2, § 2 Absatz 2 Satz 2, § 4 Absatz 1 Satz 1)

Liste der Kenntnisbereiche

Die Kenntnisse müssen sich zumindest auf die in dieser Liste angeführten Bereiche erstrecken. Anwärter für den Beruf des Kraftfahrers müssen über das zum sicheren Führen eines Fahrzeugs der betreffenden Fahrerlaubnisklasse erforderliche Niveau von Kenntnissen und Fähigkeiten in diesen Bereichen verfügen.

Das Mindestqualifikationsniveau muss mit Niveau 2 des Europäischen Qualifikationsrahmens gemäß Anhang II der Empfehlung des Europäischen Parlaments und des Rates vom 23. April 2008 zur Einrichtung des Europäischen Qualifikationsrahmens für lebenslanges Lernen (ABl. C 111 vom 6.5.2008, S. 1) vergleichbar sein.

1. Verbesserung des rationellen Fahrverhaltens auf der Grundlage der Sicherheitsregeln

Fahrerlaubnisklassen C1, C1E, C, CE, D1, D1E, D, DE

1.1.[1]

Ziel: Kenntnis der Eigenschaften der kinematischen Kette für eine optimierte Nutzung, insbesondere:

– Drehmomentkurven,
– Leistungskurven,
– spezifische Verbrauchskurven eines Motors,
– optimaler Nutzungsbereich des Drehzahlmessers und
– optimaler Drehzahlbereich beim Schalten.

1.2

Ziel: Kenntnis der technischen Merkmale und der Funktionsweise der Sicherheitsausstattung, um das Fahrzeug zu beherrschen, seinen Verschleiß möglichst gering zu halten und Fehlfunktionen vorzubeugen, insbesondere:

– Grenzen des Einsatzes der Bremsanlagen und der Dauerbremsanlage,
– kombinierter Einsatz von Brems- und Dauerbremsanlage,
– bestes Verhältnis zwischen Geschwindigkeit und Getriebeübersetzung,
– Einsatz der Trägheit des Fahrzeugs,
– Einsatz der Bremsanlagen im Gefälle,
– Verhalten bei Defekten,
– Verwendung von elektronischen und mechanischen Geräten wie elektronisches Stabilitätsprogramm (ESP),
– vorausschauende Notbremssysteme (AEBS),
– Antiblockiersystem (ABS),
– Traktionskontrollsysteme (TCS) und Überwachungssysteme im Fahrzeug (IVMS) und

[1] **Amtl. Anm.:** Diese Unterkenntnisbereiche stehen nicht im Zusammenhang mit der Straßenverkehrssicherheit.

– andere zur Verwendung zugelassene Fahrerassistenz- oder Automatisierungssysteme.

1.3

Ziel: Fähigkeit zur Optimierung des Kraftstoffverbrauchs, insbesondere:
– Optimierung des Kraftstoffverbrauchs durch Anwendung der Kenntnisse gemäß den Nummern 1.1 und 1.2,
– Bedeutung der Antizipation des Verkehrsflusses,
– geeigneter Abstand zu anderen Fahrzeugen und Nutzung der Fahrzeugdynamik,
– konstante Geschwindigkeit,
– ausgeglichener Fahrstil und angemessener Reifendruck und
– Kenntnis intelligenter Verkehrssysteme, die ein effizienteres Fahren und eine bessere Routenplanung ermöglichen.

1.3a

Ziel: Fähigkeit, Risiken im Straßenverkehr vorherzusehen, zu bewerten und sich daran anzupassen, insbesondere:
– sich unterschiedlicher Straßen-, Verkehrs- und Witterungsbedingungen bewusst sein und sich daran anpassen,
– künftige Ereignisse vorhersehen,
– ermessen, welche Vorkehrungen für eine Fahrt bei außergewöhnlichen Witterungsbedingungen getroffen werden müssen,
– die Verwendung der damit verbundenen Sicherheitsausrüstung beherrschen und sich bewusst machen, wann eine Fahrt aufgrund extremer Witterungsbedingungen verschoben oder abgesagt werden muss,
– sich an Verkehrsrisiken anpassen, einschließlich gefährlicher Verhaltensweisen im Verkehr oder Ablenkung beim Fahren (durch die Nutzung elektronischer Geräte, Nahrungs- und Getränkeaufnahme usw.),
– Gefahrensituationen erkennen, sich daran anpassen und den damit verbundenen Stress bewältigen, vor allem in Bezug auf Größe und Gewicht des Fahrzeugs und auf schwächere Verkehrsteilnehmer, beispielsweise Fußgänger, Radfahrer und motorisierte Zweiräder, und
– mögliche Gefahrensituationen erkennen und korrekte Schlüsse ziehen, wie aus dieser potenziell gefährlichen Lage Situationen entstehen können, in denen Unfälle möglicherweise nicht mehr vermieden werden können, sowie Maßnahmen auswählen und durchführen, durch die die Sicherheitsabstände so erhöht werden, dass ein Unfall noch vermieden werden kann, falls die potenziellen Gefahren auftreten sollten.

Fahrerlaubnisklassen C1, C1E, C, CE

1.4

Ziel: Fähigkeit zur Sicherung der Ladung unter Anwendung der Sicherheitsvorschriften und durch richtige Benutzung des Fahrzeugs, insbesondere:
– bei der Fahrt auf das Fahrzeug wirkende Kräfte,
– Einsatz der Getriebeübersetzung entsprechend der Belastung des Fahrzeugs und dem Fahrbahnprofil,
– Nutzung von Automatikgetrieben,

– Berechnung der Nutzlast eines Fahrzeugs oder einer Fahrzeugkombination,
– Berechnung des Nutzvolumens,
– Verteilung der Ladung,
– Auswirkungen der Überladung auf die Achse,
– Fahrzeugstabilität und Schwerpunkt,
– Arten von Verpackungen und Lastträgern,
– wichtigste Kategorien von Gütern, bei denen eine Ladungssicherung erforderlich ist,
– Feststell- und Verzurrtechniken,
– Verwendung der Zurrgurte,
– Überprüfung der Haltevorrichtungen,
– Einsatz des Umschlaggeräts und
– Abdecken mit einer Plane und Entfernen der Plane.

Fahrerlaubnisklassen D1, D1E, D, DE

1.5

Ziel: Fähigkeit zur Gewährleistung der Fahrgastsicherheit und des Fahrgastkomforts, insbesondere:

– richtige Einschätzung der Längs- und Seitwärtsbewegungen des Fahrzeugs,
– rücksichtsvolles Verkehrsverhalten,
– Positionierung auf der Fahrbahn,
– sanftes Abbremsen; Beachtung der Überhänge,
– Nutzung spezifischer Infrastrukturen (öffentliche Verkehrsflächen, bestimmten Verkehrsteilnehmern vorbehaltene Verkehrswege),
– angemessene Prioritätensetzung im Hinblick auf die sichere Steuerung des Fahrzeugs und die Erfüllung anderer dem Fahrer obliegenden Aufgaben,
– Umgang mit den Fahrgästen und
– besondere Merkmale der Beförderung bestimmter Fahrgastgruppen (Menschen mit Behinderungen, Kinder).

1.6

Ziel: Fähigkeit zur Sicherung der Ladung unter Anwendung der Sicherheitsvorschriften und durch richtige Benutzung des Fahrzeugs, insbesondere:

– bei der Fahrt auf das Fahrzeug wirkende Kräfte,
– Einsatz der Getriebeübersetzung entsprechend der Belastung des Fahrzeugs und dem Fahrbahnprofil,
– Nutzung von Automatikgetrieben,
– Berechnung der Nutzlast eines Fahrzeugs oder einer Fahrzeugkombination,
– Verteilung der Ladung,
– Auswirkungen der Überladung auf die Achse und
– Fahrzeugstabilität und Schwerpunkt.

2. Anwendung der Vorschriften

Fahrerlaubnisklassen C1, C1E, C, CE, D1, D1E, D, DE

2.1

Ziel: Kenntnis der sozialrechtlichen Rahmenbedingungen und Vorschriften für den Kraftverkehr, insbesondere:

- höchstzulässige Arbeitszeiten in der Verkehrsbranche,
- Grundsätze, Anwendung und Auswirkungen der Verordnungen (EG) Nr. 561/2006[1] und (EU) Nr. 165/2014[2] des Europäischen Parlaments und des Rates,
- Sanktionen für den Fall, dass der Fahrtenschreiber nicht benutzt, falsch benutzt oder verfälscht wird und
- Kenntnis der sozialrechtlichen Rahmenbedingungen für den Güter- oder Personenkraftverkehr: Rechte und Pflichten der Kraftfahrer im Bereich der Grundqualifikation und der Weiterbildung.

Fahrerlaubnisklassen C1, C1E, C, CE

2.2

Ziel: Kenntnis der Vorschriften für den Güterkraftverkehr, insbesondere:

- Beförderungsgenehmigungen,
- im Fahrzeug mitzuführende Dokumente,
- Fahrverbote für bestimmte Straßen,
- Straßenbenutzungsgebühren,
- Verpflichtungen im Rahmen der Musterverträge für die Güterbeförderung,
- Erstellen von Beförderungsdokumenten,
- Genehmigungen im internationalen Verkehr,
- Verpflichtungen im Rahmen des CMR (Übereinkommen über den Beförderungsvertrag im internationalen Straßengüterverkehr),
- Erstellen des internationalen Frachtbriefs,
- Überschreiten der Grenzen,
- Verkehrskommissionäre und
- besondere Begleitdokumente für die Güter.

Fahrerlaubnisklassen D1, D1E, D, DE

2.3

Ziel: Kenntnis der Vorschriften für den Personenkraftverkehr, insbesondere:

- Beförderung bestimmter Personengruppen,
- Sicherheitsausstattung in Bussen,
- Sicherheitsgurte und
- Beladen des Fahrzeugs.

---

[1] Nr. **565**.
[2] Nr. **580**.

3. Gesundheit, Verkehrs- und Umweltsicherheit, Dienstleistung, Logistik

Fahrerlaubnisklassen C1, C1E, C, CE, D1, D1E, D, DE

3.1.[1]

Ziel: Sensibilisierung in Bezug auf Risiken des Straßenverkehrs und Arbeitsunfälle, insbesondere:

– Typologie der Arbeitsunfälle in der Verkehrsbranche,
– Verkehrsunfallstatistiken,
– Beteiligung von Lastkraftwagen/Bussen und
– menschliche, materielle und finanzielle Auswirkungen.

3.2.[1]

Ziel: Fähigkeit, der Kriminalität und der Schleusung illegaler Einwanderer vorzubeugen, insbesondere:

– allgemeine Informationen,
– Folgen für die Kraftfahrer,
– Vorbeugungsmaßnahmen,
– Checkliste für Überprüfungen und
– Rechtsvorschriften betreffend die Verantwortung der Kraftverkehrsunternehmer.

3.3.[1]

Ziel: Fähigkeit, Gesundheitsschäden vorzubeugen, insbesondere:

– Grundsätze der Ergonomie: gesundheitsbedenkliche Bewegungen und Haltungen,
– physische Kondition,
– Übungen für den Umgang mit Lasten und
– individueller Schutz.

3.4

Ziel: Sensibilisierung für die Bedeutung einer guten körperlichen und geistigen Verfassung, insbesondere:

– Grundsätze einer gesunden und ausgewogenen Ernährung,
– Auswirkungen von Alkohol, Arzneimitteln oder jedem Stoff, der eine Änderung des Verhaltens bewirken kann,
– Symptome, Ursachen, Auswirkungen von Müdigkeit und Stress und
– grundlegende Rolle des Zyklus von Aktivität/Ruhezeit.

3.5

Ziel: Fähigkeit zu richtiger Einschätzung der Lage bei Notfällen, insbesondere:

– Verhalten in Notfällen: Einschätzung der Lage,
– Vermeidung von Nachfolgeunfällen,
– Verständigung der Hilfskräfte,

---

[1] **Amtl. Anm.:** Diese Unterkenntnisbereiche stehen nicht im Zusammenhang mit der Straßenverkehrssicherheit.

– Bergung von Verletzten und Leistung erster Hilfe,
– Reaktion bei Brand,
– Evakuierung der Mitfahrer des LKW bzw. der Fahrgäste des Busses,
– Gewährleistung der Sicherheit aller Fahrgäste,
– Vorgehen bei Gewalttaten und
– Grundprinzipien für die Erstellung der einvernehmlichen Unfallmeldung.

3.6.[1]

Ziel: Fähigkeit zu einem Verhalten, das zu einem positiven Image des Unternehmens beiträgt, insbesondere:
– Verhalten des Kraftfahrers und Ansehen des Unternehmens: Bedeutung der Qualität der Leistung des Kraftfahrers für das Unternehmen,
– unterschiedliche Rollen des Kraftfahrers,
– unterschiedliche Gesprächspartner des Kraftfahrers,
– Wartung des Fahrzeugs,
– Arbeitsorganisation und
– kommerzielle und finanzielle Konsequenzen eines Rechtsstreits.

Fahrerlaubnisklassen C1, C1E, C, CE

3.7.[1]

Ziel: Kenntnis des wirtschaftlichen Umfelds des Güterkraftverkehrs und der Marktordnung, insbesondere:
– Kraftverkehr im Verhältnis zu bestimmten Verkehrsmitteln (Wettbewerb, Verlader),
– unterschiedliche Tätigkeiten im Kraftverkehr (gewerblicher Güterverkehr, Werkverkehr, Transporthilfstätigkeiten),
– Organisation der wichtigsten Arten von Verkehrsunternehmen oder Transporthilfstätigkeiten,
– unterschiedliche Spezialisierungen (Tankwagen, temperaturgeführte Transporte, gefährliche Güter, Tiertransporte usw.) und
– Weiterentwicklung der Branche (Diversifizierung des Leistungsangebots, Huckepackverkehr, Subunternehmer usw.).

Fahrerlaubnisklassen D1, D1E, D, DE

3.8.[1]

Ziel: Kenntnis des wirtschaftlichen Umfelds des Personenkraftverkehrs und der Marktordnung, insbesondere:
– Personenkraftverkehr im Verhältnis zu den verschiedenen Verkehrsmitteln zur Beförderung von Personen (Bahn, Personenkraftwagen),
– unterschiedliche Tätigkeiten im Personenkraftverkehr,
– Sensibilisierung für die Belange von Menschen mit Behinderungen,
– Überschreiten der Grenzen (internationaler Personenkraftverkehr) und
– Organisation der wichtigsten Arten von Unternehmen im Personenkraftverkehr.

---

[1] **Amtl. Anm.:** Diese Unterkenntnisbereiche stehen nicht im Zusammenhang mit der Straßenverkehrssicherheit.

Anlage 2
(zu § 1 Absatz 2 Satz 1)

Prüfungen zum Erwerb der Grundqualifikation

1.

Die theoretische Prüfung besteht aus einer schriftlichen Prüfung zu jeweils gleichen Teilen aus

a) Multiple-Choice-Fragen,

b) Fragen mit direkter Antwort und

c) einer Erörterung von Praxissituationen.

Alle Kenntnisbereiche nach Anlage 1 müssen angemessen abgedeckt sein.

Die theoretische Prüfung dauert 240 Minuten.

2.

Die praktische Prüfung besteht aus einer Fahrprüfung, einem praktischen Prüfungsteil und der Bewältigung kritischer Fahrsituationen. Sofern im Rahmen des Erwerbs der Grundqualifikation die für das Führen des Prüfungsfahrzeugs vorgeschriebene Fahrerlaubnis nicht vorliegt, muss der Prüfungsteilnehmer von einer Person begleitet werden, die eine gültige Fahrlehrerlaubnis nach dem Fahrlehrergesetz[1] für die jeweilige Fahrerlaubnisklasse besitzt. Bei diesen Fahrten gilt die Begleitperson als Führer des Kraftfahrzeugs im Sinne des Straßenverkehrsgesetzes[2].

Ziel der Fahrprüfung ist die Bewertung der fahrpraktischen Fähigkeiten des Prüfungsteilnehmers. Sie muss auf Straßen innerhalb und außerhalb geschlossener Ortschaften, auf Schnellstraßen und Autobahnen und in Situationen mit unterschiedlicher Verkehrsdichte stattfinden. Die Fahrzeit ist zu nutzen, um die Fähigkeiten des Prüfungsteilnehmers in allen verschiedenen Verkehrssituationen zu beurteilen. Die Fahrprüfung dauert 120 Minuten.

Ziel des praktischen Prüfungsteils ist die Bewertung der in den Nummern 1.4 (Fahrerlaubnisklassen C1, C1E, C, CE), 1.5, 1.6 (Fahrerlaubnisklassen D1, D1E, D, DE), 3.2, 3.3 und 3.5 (Fahrerlaubnisklassen C1, C1E, C, CE, D1, D1E, D, DE) der Anlage 1 genannten Kenntnisbereiche. Der praktische Prüfungsteil dauert 30 Minuten.

Bei der Bewältigung kritischer Situationen wird insbesondere die Beherrschung des Kraftfahrzeugs bei unterschiedlichem Zustand der Fahrbahn je nach Witterungsverhältnissen sowie Tages- und Nachtzeit geprüft. Dieser Prüfungsteil findet entweder auf einem besonderen Gelände oder in einem leistungsfähigen Simulator statt. Die Dauer dieses Prüfungsteils ist so zu bestimmen, dass der Prüfer die genannten Bewertungen vornehmen kann; sie darf 60 Minuten nicht überschreiten.

Das bei der praktischen Prüfung eingesetzte Kraftfahrzeug muss den jeweiligen Kriterien für Prüfungsfahrzeuge der Nummern 2.2.6 bis 2.2.13 und 2.2.16 der Anlage 7 der Fahrerlaubnis-Verordnung[3] entsprechen.

---

[1] Nr. **330**.
[2] Nr. **10**.
[3] Nr. **300**.

Anlage 3
(zu § 11 Absatz 4 Satz 1 Nummer 1 Buchstabe b in Verbindung mit Nummer 2)

Musterbescheinigung über die Teilnahme an einer Ausbildung zur beschleunigten Grundqualifikation

I. Musterbescheinigung über die Teilnahme an einer Ausbildung zur beschleunigten Grundqualifikation

Kopfbogen der Ausbildungsstätte ______________________, den ______________________

Ort Datum

Bescheinigung über die Teilnahme an einer Ausbildung zur beschleunigten Grundqualifikation gemäß § 4 des Berufskraftfahrerqualifikationsgesetzes (BKrFQG) in Verbindung mit

§ 2 der Berufskraftfahrerqualifikationsverordnung (BKrFQV)*	§ 2 Absatz 9 der Berufskraftfahrerqualifikationsverordnung (BKrFQV)* – Quereinsteiger	§ 3 der Berufskraftfahrerqualifikationsverordnung (BKrFQV)* – Umsteiger

Güterkraftverkehr*

Personenkraftverkehr*

Herr/Frau

______________________, geb. am: ______________ in ______________

Vorname, Name

____

Wohnanschrift

hat in der Zeit vom ______________________ bis ______________________

mit einer Dauer von 140 Unterrichtseinheiten inkl. 10 Fahr-Unterrichtseinheiten zu je 60 Minuten an der Ausbildung zur beschleunigten Grundqualifikation teilgenommen. Der/Die o. g. Teilnehmer/in hat an sämtlichen Zielen gemäß Anlage 1 zu § 2 Absatz 2 BKrFQV teilgenommen, die den Fahrerlaubnisklassen C1, C1E, C, CE (bei Grundqualifikation im Güterkraftverkehr)* bzw. D1, D1E, D, DE (bei Grundqualifikation im Personenkraftverkehr)* zugeordnet sind.*

mit einer Dauer von 96 Unterrichtseinheiten inkl. 10 Fahr-Unterrichtseinheiten zu je 60 Minuten an der Ausbildung zur beschleunigten Grundqualifikation für Quereinsteiger teilgenommen. Der/Die o. g. Teilnehmer/in hat an denjenigen Zielen gemäß Anlage 1 zu § 2 Absatz 2 BKrFQV teilgenommen, welche nicht Gegenstand der Prüfung gemäß § 4 der Berufszugangsverordnung für den Straßenpersonenverkehr* oder nach § 5 der Berufszugangsverordnung für den Güterkraftverkehr* sind.*

mit einer Dauer von 35 Unterrichtseinheiten inkl. 2,5 Fahr-Unterrichtseinheiten zu je 60 Minuten an der Ausbildung zur beschleunigten Grundqualifikation für Umsteiger teilgenommen. Der/Die o. g. Teilnehmer/in hat an denjenigen Zielen gemäß Anlage 1 zu § 2 Absatz 2 BKrFQV teilgenommen, welche die Kraftfahrzeuge betreffen, die Gegenstand der neuen Grundqualifikation sind.*

____

Unterschrift Ausbildungsstätte**

Stempel

II. Anmerkungen zur Musterbescheinigung über die Teilnahme an einer Ausbildung zur beschleunigten Grundqualifikation

1. Anwendungshinweise:
   * Nichtzutreffendes bitte streichen
   ** Die Unterschrift des Ausbilders/der Ausbilderin hat eigenhändig im Original zu erfolgen. Die eigenhändige Unterschrift der zur Vertretung der Ausbildungsstätte berechtigten Person kann durch eine bildhafte Wiedergabe der Unterschrift ersetzt werden (§ 11 Absatz 4 Satz 4 und 5 BKrFQV), sofern der Unterricht nicht ausschließlich von dieser Person durchgeführt wurde.

2. Verteiler:
   Original – Teilnehmer/in
   Kopie – Ausbildungsstätte

3. Angabe zur Ausbildungsstätte:
   Es ist die jeweilige Ausbildungsstätte in die Musterbescheinigung einzutragen.

Anlage 4
(zu § 11 Absatz 4 Satz 1 Nummer 1 Buchstabe b in Verbindung mit Nummer 3)

Musterbescheinigung über die Teilnahme an einer Weiterbildung

I. Musterbescheinigung über die Teilnahme an einer Weiterbildung

Kopfbogen der Ausbildungsstätte ____________, den ____________
Ort Datum

Bescheinigung über die Teilnahme an einer Weiterbildung gemäß den §§ 5 und 30 des Berufskraftfahrerqualifikationsgesetzes (BKrFQG) in Verbindung mit den §§ 4 und 11 der Berufskraftfahrerqualifikationsverordnung (BKrFQV)

Herr/Frau

____________________, geb. am: __________ in __________
Vorname, Name

____
Wohnanschrift

hat an fünf aufeinanderfolgenden Schulungstagen vom __________ bis __________ an einer mehrtägigen Weiterbildung (Abschluss der Weiterbildung) mit ____ Unterrichtseinheiten (mindestens 35 Unterrichtseinheiten zu je 60 Minuten)*

hat am __________ an einer Weiterbildung mit ____ Unterrichtseinheiten (mindestens 7 Unterrichtseinheiten zu je 60 Minuten)*

hat an einer Weiterbildung, die an zwei aufeinanderfolgenden Tagen am __________ mit ___ Unterrichtseinheiten und am __________ mit ___ Unterrichtseinheiten (insgesamt mindestens 7 Unterrichtseinheiten zu je 60 Minuten) stattfand,*

mit folgenden Zielen gemäß Anlage 1 zu § 4 Absatz 1 BKrFQV teilgenommen:

Kenntnisbereich 1 Verbesserung des rationellen Fahrverhaltens auf der Grundlage der Sicherheitsregeln*						
		1.1	1.2	1.3	1.3a	
nur Fahrerlaubnisklassen C1, C1E, C, CE	1.4					
nur Fahrerlaubnisklassen D1, D1E, D, DE	1.5	1.6				
Kenntnisbereich 2 Anwendung der Vorschriften*						
	2.1					
nur Fahrerlaubnisklassen C1, C1E, C, CE	2.2					
nur Fahrerlaubnisklassen D1, D1E, D, DE	2.3					
Kenntnisbereich 3 Gesundheit, Verkehrs- und Umweltsicherheit, Dienstleistung, Logistik*						
	3.1	3.2	3.3	3.4	3.5	3.6
nur Fahrerlaubnisklassen C1, C1E, C, CE	3.7					
nur Fahrerlaubnisklassen D1, D1E, D, DE	3.8					

Die unterstrichenen Unterkenntnisbereiche stehen im Zusammenhang mit der Straßenverkehrssicherheit nach § 4 Absatz 1 BKrFQV.

____________________ ____________________
Unterschrift Ausbildungsstätte** Unterschrift Ausbilder/in**

Stempel

II. Anmerkungen zur Musterbescheinigung über die Teilnahme an einer Weiterbildung

1. Anwendungshinweise:

* Nichtzutreffendes bitte streichen

** Die Unterschrift des Ausbilders/der Ausbilderin hat eigenhändig im Original zu erfolgen. Die eigenhändige Unterschrift der zur Vertretung der Ausbildungsstätte berechtigten Person kann durch eine bildhafte Wiedergabe der Unterschrift ersetzt werden (§ 11 Absatz 4 Satz 4 und 5 BKrFQV), sofern der Unterricht nicht ausschließlich von dieser Person durchgeführt wurde.

2. Verteiler:
Original – Teilnehmer/in
Kopie – Ausbildungsstätte
3. Angabe zur Ausbildungsstätte:
Es ist die jeweilige Ausbildungsstätte in die Musterbescheinigung einzutragen.

Anlage 5
(zu § 8 Absatz 1 Satz 3)

Muster des Fahrerqualifizierungsnachweises

1. Vorbemerkungen

Fahrerqualifizierungsnachweise werden als Kunststoffkarten nach Anhang II der Richtlinie 2003/59/EG in der Fassung der Richtlinie (EU) 2018/645 hergestellt und im Auftrag der nach Landesrecht zuständigen Behörde durch den vom Kraftfahrt-Bundesamt bestimmten und zertifizierten Hersteller zentral gefertigt. Hersteller ist die Bundesdruckerei GmbH. Die Herstellung, Personalisierung und Lieferung der Fahrerqualifizierungsnachweise erfolgt auf der Grundlage eines Rahmenvertrages zwischen dem Kraftfahrt-Bundesamt und der Bundesdruckerei GmbH. Näheres wird durch Verwaltungsvorschrift geregelt.

2. Beschreibung des Fahrerqualifizierungsnachweises

a) Seite 1 (Vorderseite)
Seite 1 enthält:
aa) Die Bezeichnung „FAHRERQUALIFIZIERUNGSNACHWEIS" sowie deren Wiederholung in den Sprachen der Mitgliedstaaten der Europäischen Union als blaufarbener Unterdruck auf dem Fahrerqualifizierungsnachweis.
bb) Die Aufschrift „BUNDESREPUBLIK DEUTSCHLAND" sowie das Zeichen der Europäischen Union (zwölf goldene Sterne in einem blauen Rechteck), in welches das Nationalitätszeichen D eingefügt ist.
cc) Folgende Daten zum Inhaber des Fahrerqualifizierungsnachweises und zu seiner Fahrerlaubnis entsprechend der auf dem Fahrerqualifizierungsnachweis aufgebrachten Nummerierung. Die Nummern 4d (andere Nummer als die Führerscheinnummer), 8 (Wohnort) und 11 (Angaben zum Verwaltungsverfahren) sind nicht vorhanden, da die Angaben nach Maßgabe der Richtlinie 2003/59/EG in der Fassung der Richtlinie (EU) 2018/645 fakultativ sind und im deutschen Fahrerqualifizierungsnachweis nicht ausgewiesen werden.
1. Name des Inhabers
2. Vorname des Inhabers
3. Geburtsdatum und Geburtsort des Inhabers
4a. Ausstellungsdatum
4b. Ablaufdatum

4c. Name der Ausstellungsbehörde

5a. Führerscheinnummer

5b. Seriennummer des Fahrerqualifizierungsnachweises, die sich aus „FQN“ als festem Wert, aus dem Behördenschlüssel der nach Landesrecht zuständigen Behörde, aus einer laufenden Nummer, aus einer Prüfziffer und aus einer Ausfertigungskennziffer des Fahrerqualifizierungsnachweises zusammensetzt.

6. Lichtbild des Inhabers

7. Unterschrift des Inhabers

8. Fahrerlaubnisklassen, für die der Fahrer die Grundqualifikations- und Weiterbildungsverpflichtung erfüllt.

b) Seite 2 (Rückseite)
Seite 2 enthält:

aa) Folgende Daten zur Qualifizierung des Inhabers entsprechend der auf dem Fahrerqualifizierungsnachweis aufgebrachten Nummerierung:

9. Fahrerlaubnisklassen, für die der Fahrer die Grundqualifikations- und Weiterbildungsverpflichtung erfüllt. Klassen, für die die Qualifizierungsverpflichtung nicht erfüllt wurde, werden durch einen Strich entwertet.

10. die Schlüsselzahl 95 nach Anlage 9 der Fahrerlaubnis-Verordnung[1].

bb) Die Erläuterungen zum Inhalt der Felder 1 bis 4c, 5 bis 7 sowie 9 und 10.

3. Muster des Fahrerqualifizierungsnachweises

Vorderseite

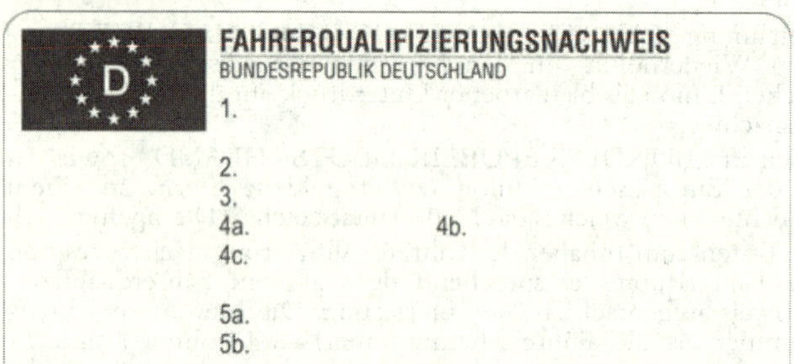

[1] Nr. **300**.

Rückseite

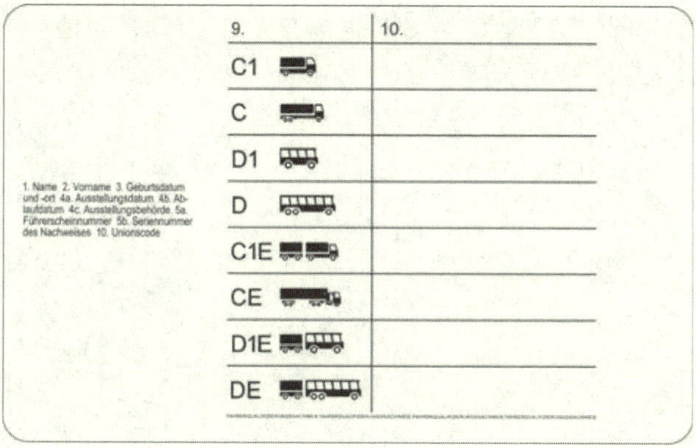

1. Name 2. Vorname 3. Geburtsdatum und -ort 4a. Ausstellungsdatum 4b. Ablaufdatum 4c. Ausstellungsbehörde 5a. Führerscheinnummer 5b. Seriennummer des Nachweises 10. Unionscode

9.	10.
C1	
C	
D1	
D	
C1E	
CE	
D1E	
DE	

375 BKrFQV

380. Verordnung über die Berufsausbildung zum Berufskraftfahrer/zur Berufskraftfahrerin[1] (Berufskraftfahrer-Ausbildungsverordnung – BKV)

Vom 19. April 2001
(BGBl. I S. 642)

BGBl. III/FNA 806-21-1-283

geänd. durch Art. 1 1. ÄndVO v. 16.10.2017 (BGBl. I S. 3564)

Auf Grund des § 25 Abs. 1 in Verbindung mit Abs. 2 Satz 1 des Berufsbildungsgesetzes vom 14. August 1969 (BGBl. I S. 1112), der zuletzt durch Artikel 35 der Verordnung vom 21. September 1997 (BGBl. I S. 2390) geändert worden ist, in Verbindung mit Artikel 56 des Zuständigkeitsanpassungs-Gesetzes vom 18. März 1975 (BGBl. I S. 705) und dem Organisationserlass vom 27. Oktober 1998 (BGBl. I S. 3288) verordnen das Bundesministerium für Verkehr, Bau- und Wohnungswesen und das Bundesministerium für Wirtschaft und Technologie im Einvernehmen mit dem Bundesministerium für Bildung und Forschung:

Nichtamtliche Inhaltsübersicht

§ 1 Staatliche Anerkennung des Ausbildungsberufes. Der Ausbildungsberuf Berufskraftfahrer/Berufskraftfahrerin wird staatlich anerkannt.

§ 2 Ausbildungsdauer. Die Ausbildung dauert drei Jahre.

§ 3 Ausbildungsberufsbild. Gegenstand der Berufsausbildung sind mindestens die Vermittlung der folgenden Fertigkeiten und Kenntnisse:
1. Berufsbildung, Arbeits- und Tarifrecht,
2. Aufbau und Organisation des Ausbildungsbetriebes,
3. Sicherheit und Gesundheitsschutz bei der Arbeit,
4. Umweltschutz,

[1] **Amtl. Anm.:** Diese Rechtsverordnung ist eine Ausbildungsordnung im Sinne des § 25 des Berufsbildungsgesetzes. Die Ausbildungsordnung und der damit abgestimmte, von der Ständigen Konferenz der Kultusminister der Länder in der Bundesrepublik Deutschland beschlossene Rahmenlehrplan für die Berufsschule werden demnächst als Beilage zum Bundesanzeiger veröffentlicht.

5. Kontrollieren, Warten und Pflegen der Fahrzeuge,
6. Vorbereiten und Durchführen der Beförderung,
7. Verkehrssicherheit, Führen von Fahrzeugen auf öffentlichen Straßen,
8. Rechtsvorschriften im Straßenverkehr,
9. Kundenorientiertes Verhalten,
10. Verhalten nach Unfällen und Zwischenfällen,
11. Betriebliche Planung und Logistik,
12. Beförderungsbezogene Kostenrechnung und Vertragsabwicklung,
13. Qualitätssichernde Maßnahmen.

§ 4 Ausbildungsrahmenplan. (1) [1] Die in § 3 genannten Fertigkeiten und Kenntnisse sollen nach der in der Anlage enthaltenen Anleitung zur sachlichen und zeitlichen Gliederung der Berufsausbildung (Ausbildungsrahmenplan) vermittelt werden. [2] Eine vom Ausbildungsrahmenplan abweichende sachliche und zeitliche Gliederung des Ausbildungsinhaltes ist insbesondere zulässig, soweit betriebspraktische Besonderheiten die Abweichung erfordern.

(2) [1] Die in dieser Verordnung genannten Fertigkeiten und Kenntnisse sollen so vermittelt werden, dass der Auszubildende zur Ausübung einer qualifizierten beruflichen Tätigkeit im Sinne des § 1 Abs. 2 des Berufsbildungsgesetzes befähigt wird, die insbesondere selbständiges Planen, Durchführen und Kontrollieren einschließt. [2] Diese Befähigung ist auch in den Prüfungen nach den §§ 7 und 8 nachzuweisen.

§ 5 Ausbildungsplan. Der Ausbildende hat unter Zugrundelegung des Ausbildungsrahmenplans für den Auszubildenden einen Ausbildungsplan zu erstellen.

§ 6 Berichtsheft. [1] Der Auszubildende hat ein Berichtsheft in Form eines Ausbildungsnachweises zu führen. [2] Ihm ist Gelegenheit zu geben, das Berichtsheft während der Ausbildungszeit zu führen. [3] Der Ausbildende hat das Berichtsheft regelmäßig durchzusehen.

§ 7 Zwischenprüfung. (1) [1] Zur Ermittlung des Ausbildungsstandes ist eine Zwischenprüfung durchzuführen. [2] Sie soll vor dem Ende des zweiten Ausbildungsjahres stattfinden.

(2) Die Zwischenprüfung erstreckt sich auf die in der Anlage zu dieser Verordnung für die ersten 18 Monate aufgeführten Fertigkeiten und Kenntnisse sowie auf den im Berufsschulunterricht entsprechend dem Rahmenlehrplan zu vermittelnden Lehrstoff, soweit er für die Berufsausbildung wesentlich ist.

(3) [1] Der Prüfling soll in höchstens drei Stunden vier praktische Aufgaben ausführen. [2] Dabei soll der Prüfling zeigen, dass er die Arbeitsschritte selbstständig planen sowie Maßnahmen zum Umweltschutz, zur Sicherheit und zum Gesundheitsschutz bei der Arbeit und zur Wirtschaftlichkeit ergreifen kann. [3] Für die praktischen Aufgaben kommen insbesondere in Betracht:
1. Kontrollieren, Warten und Pflegen der Fahrzeuge,
2. Verhalten nach Unfällen und Zwischenfällen,

3. Erstellen einer Fahrtenroute,
4. beförderungsbezogene Kostenrechnung und Vertragsabwicklung.

§ 8 Abschlussprüfung. (1) Die Abschlussprüfung erstreckt sich auf die in der Anlage aufgeführten Fertigkeiten und Kenntnisse sowie auf den im Berufsschulunterricht vermittelten Lehrstoff, soweit er für die Berufsausbildung wesentlich ist.

(2) [1] Der Prüfling soll im praktischen Teil der Prüfung in insgesamt fünf Stunden eine praktische Aufgabe I sowie vier praktische Aufgaben II ausführen. [2] Dabei soll der Prüfling zeigen, dass er Arbeitsabläufe selbstständig planen, durchführen und kontrollieren und dabei Maßnahmen zur Arbeitsorganisation, zum Umweltschutz, zur Sicherheit und zum Gesundheitsschutz bei der Arbeit, zur Wirtschaftlichkeit sowie qualitätssichernde Maßnahmen ergreifen kann. [3] Für die praktische Aufgabe I kommen insbesondere in Betracht:
Verkehrssicheres Führen einer Fahrzeugkombination oder eines Sattelkraftfahrzeuges der Klasse CE mit einer Mindestlänge von 16 Metern oder eines Fahrzeuges der Klasse D mit einer Mindestlänge von 11,80 Metern auf öffentlichen Straßen. [4] Für die vier praktischen Aufgaben II kommen insbesondere in Betracht:

1. Feststellen und Beschreiben von Fehlern und Mängeln am Fahrzeug sowie Ergreifen von Maßnahmen zur Fehlerbeseitigung,
2. Durchführen einer Abfahrtkontrolle,
3. Vorbereitung einer Beförderung, insbesondere
   a) Kontrollieren von Transportgütern auf Mängel und Schäden sowie Durchführen der Ladungssicherung,
   b) Kontrollieren von Gepäck auf Mängel und Schäden sowie Sicherstellen der Fahrgastsicherheit,
4. Situationsbezogenes Führen eines Kundengespräches.

[5] Bei der Aufgabenstellung ist der Ausbildungsschwerpunkt des Ausbildungsbetriebes zu berücksichtigen.

(3) [1] Der Prüfling soll im schriftlichen Teil der Prüfung in den Prüfungsbereichen Beförderung, betriebliche Planung und Logistik sowie Wirtschafts- und Sozialkunde geprüft werden. [2] In den Prüfungsbereichen Beförderung sowie betriebliche Planung und Logistik soll der Prüfling zeigen, dass er insbesondere durch Verknüpfung von arbeitsorganisatorischen, technologischen, wirtschaftlichen, logistischen und rechtlichen Inhalten praxisbezogene Fälle kundenorientiert lösen kann. [3] Dabei sollen die Sicherheit und der Gesundheitsschutz bei der Arbeit, der Umweltschutz sowie qualitätssichernde Maßnahmen einbezogen werden. [4] Es kommen Aufgaben insbesondere aus folgenden Gebieten in Betracht:

1. im Prüfungsbereich Beförderung:
   a) Analysieren von Kundenanforderungen, Entwickeln und Festlegen von Lösungskonzepten unter Einsatz geeigneter Fahrzeuge,
   b) Sicherstellen der Verkehrs- und Betriebssicherheit der Fahrzeuge, der Ladung und Besetzung, Fahrzeugtechnik,
   c) Rechtsvorschriften im Straßenverkehr;

2. im Prüfungsbereich betriebliche Planung und Logistik:

   a) Erstellen von Beförderungskonzeptionen,

   b) Planen des Einsatzes von Personal und Sachmitteln;

3. im Prüfungsbereich Wirtschafts- und Sozialkunde: allgemeine wirtschaftliche und gesellschaftliche Zusammenhänge aus der Berufs- und Arbeitswelt.

(4) Der schriftliche Teil der Prüfung dauert höchstens:

1.	im Prüfungsbereich Beförderung	120 Minuten,
2.	im Prüfungsbereich betriebliche Planung und Logistik	120 Minuten,
3.	im Prüfungsbereich Wirtschafts-und Sozialkunde	60 Minuten.

(5) [1] Der schriftliche Teil der Prüfung ist auf Antrag des Prüflings oder nach Ermessen des Prüfungsausschusses in einzelnen Prüfungsbereichen durch eine mündliche Prüfung zu ergänzen, wenn diese für das Bestehen der Prüfung den Ausschlag geben kann. [2] Bei der Ermittlung des Ergebnisses für die mündlich geprüften Prüfungsbereiche sind die jeweiligen bisherigen Ergebnisse und die entsprechenden Ergebnisse der mündlichen Ergänzungsprüfung im Verhältnis 2 : 1 zu gewichten.

(6) Innerhalb des schriftlichen Teils der Prüfung sind die Prüfungsbereiche wie folgt zu gewichten:

1.	Prüfungsbereich Beförderung	40 Prozent,
2.	Prüfungsbereich betriebliche Planung und Logistik	40 Prozent,
3.	Prüfungsbereich Wirtschafts-und Sozialkunde	20 Prozent.

(7) [1] Die Prüfung ist bestanden, wenn jeweils im praktischen und im schriftlichen Teil der Prüfung sowie innerhalb des praktischen Teils der Prüfung in der praktischen Aufgabe I sowie innerhalb des schriftlichen Teils der Prüfung im Prüfungsbereich Beförderung oder im Prüfungsbereich betriebliche Planung und Logistik mindestens ausreichende Leistungen erbracht sind. [2] Werden die Prüfungsleistungen in einer der praktischen Aufgaben oder in einem der Prüfungsbereiche mit ungenügend bewertet, so ist die Prüfung nicht bestanden.

§ 9 Übergangsregelung. Auf Berufsausbildungsverhältnisse, die bei Inkrafttreten dieser Verordnung bestehen, sind die bisherigen Vorschriften weiter anzuwenden, es sei denn, die Vertragsparteien vereinbaren die Anwendung der Vorschriften dieser Verordnung.

§ 10 Inkrafttreten, Außerkrafttreten. [1] Diese Verordnung tritt am 1. August 2001 in Kraft. [2] Gleichzeitig tritt die Verordnung über die Berufsausbildung zum Berufskraftfahrer vom 26. Oktober 1973 (BGBl. I S. 1518) außer Kraft.

Anlage (zu § 4 Abs. 1)[1)]

Ausbildungsrahmenplan für die Berufsausbildung zum Berufskraftfahrer/zur Berufskraftfahrerin

Lfd. Nr.	Teil des Ausbildungsberufsbildes	Fertigkeiten und Kenntnisse, die unter Einbeziehung selbständigen Planens, Durchführens und Kontrollierens zu vermitteln sind	Zeitliche Richtwerte in Wochen im 1.–18. Monat	Zeitliche Richtwerte in Wochen im 19.–36. Monat
1	2	3	4	
1	Berufsbildung, Arbeits- und Tarifrecht (§ 3 Nr. 1)	a) Bedeutung des Ausbildungsvertrages, insbesondere Abschluss, Dauer und Beendigung, erklären b) gegenseitige Rechte und Pflichten aus dem Ausbildungsvertrag nennen c) Möglichkeiten der beruflichen Fortbildung nennen d) wesentliche Teile des Arbeitsvertrages nennen e) wesentliche Bestimmungen der für den ausbildenden Betrieb geltenden Tarifverträge nennen	während der gesamten Ausbildung zu vermitteln	
2	Aufbau und Organisation des Ausbildungsbetriebes (§ 3 Nr. 2)	a) Aufbau und Aufgaben des ausbildenden Betriebes erläutern b) Grundfunktionen des ausbildenden Betriebes wie Angebot, Beschaffung, Absatz und Verwaltung erklären c) Beziehungen des ausbildenden Betriebes und seiner Beschäftigten zu Wirtschaftsorganisationen, Berufsvertretungen und Gewerkschaften nennen d) Grundlagen, Aufgaben und Arbeitsweise der betriebsverfassungs- oder personalvertretungsrechtlichen Organe des ausbildenden Betriebes beschreiben		
3	Sicherheit und Gesundheitsschutz bei der Arbeit (§ 3 Nr. 3)	a) Gefährdung von Sicherheit und Gesundheit am Arbeitsplatz feststellen und Maßnahmen zu ihrer Vermeidung ergreifen b) berufsbezogene Arbeitsschutz- und Unfallverhütungsvorschriften anwenden c) Verhaltensweisen bei Unfällen beschreiben sowie erste Maßnahmen einleiten d) Vorschriften des vorbeugenden Brandschutzes anwenden; Verhaltensweisen bei Bränden beschreiben und Maßnahmen zur Brandbekämpfung ergreifen		

1) Anl. geänd. mWv 24.10.2017 durch VO v. 16.10.2017 (BGBl. I S. 3564).

Lfd. Nr.	Teil des Ausbildungsberufsbildes	Fertigkeiten und Kenntnisse, die unter Einbeziehung selbständigen Planens, Durchführens und Kontrollierens zu vermitteln sind	Zeitliche Richtwerte in Wochen im 1.–18. Monat	19.–36. Monat
1	2	3	4	
4	Umweltschutz (§ 3 Nr. 4)	Zur Vermeidung betriebsbedingter Umweltbelastungen im beruflichen Einwirkungsbereich beitragen, insbesondere a) mögliche Umweltbelastungen durch den Ausbildungsbetrieb und seinen Beitrag zum Umweltschutz an Beispielen erklären b) für den Ausbildungsbetrieb geltende Regelungen des Umweltschutzes anwenden c) Möglichkeiten der wirtschaftlichen und umweltschonenden Energie- und Materialverwendung nutzen d) Abfälle vermeiden; Stoffe und Materialien einer umweltschonenden Entsorgung zuführen		
5	Kontrollieren, Warten und Pflegen der Fahrzeuge (§ 3 Nr. 5)	a) Funktionsweise der Fahrzeuge, insbesondere Motor, Kraftübertragung, Fahrwerk, Aufbau, mechanische, elektrische, pneumatische und hydraulische Systeme, erklären b) Betriebsanleitungen anwenden c) Verkehrssicherheit beurteilen, insbesondere durch Sichtkontrolle bei Aufbau und Rädern, Motor und Kraftübertragungselementen, Beschilderung, Zubehör, Sicherungs- und Sicherheitsmitteln d) Fahrzeuge und Zubehör warten und pflegen e) Betriebsstoffe kontrollieren, wechseln, auffüllen und der Entsorgung zuführen	17	
		f) Dichtheit der Systeme sowie Funktionsfähigkeit von elektrischen Anlagen, Kontrolleinrichtungen und Bremsanlagen prüfen g) Übernahme- und Abfahrtkontrolle durchführen h) Arbeitsplatz ergonomisch einrichten i) Fehler und Mängel feststellen, beschreiben und Maßnahmen zu deren Beseitigung ergreifen		15

Lfd. Nr.	Teil des Ausbildungsberufsbildes	Fertigkeiten und Kenntnisse, die unter Einbeziehung selbständigen Planens, Durchführens und Kontrollierens zu vermitteln sind	Zeitliche Richtwerte in Wochen im 1.–18. Monat	Zeitliche Richtwerte in Wochen im 19.–36. Monat
1	2	3	4	
6	Vorbereiten und Durchführen der Beförderung (§ 3 Nr. 6)	a) Fahrzeuge und Hilfsmittel dem Verwendungszweck zuordnen b) An- und Aufbeuteile anbringen und abnehmen	6	
		c) transportspezifische Skizzen anfertigen d) Transportgut oder Gepäck annehmen, nach Art und Menge sowie hinsichtlich offener Mängel prüfen; bei Beanstandungen Maßnahmen einleiten e) Fahrgastsicherheit feststellen oder Fahrzeugbeladung und Ladesicherung unter Berücksichtigung der Gewichtsverteilung und Höchstladung planen und durchführen f) ergonomische Arbeitsweisen anwenden g) Fahrzeug- und Beförderungspapiere auf Gültigkeit und Vollständigkeit prüfen h) Beförderung sicher und wirtschaftlich durchführen und Maßnahmen bei besonderen Vorkommnissen ergreifen		20
7	Verkehrssicherheit, Führen von Fahrzeugen auf öffentlichen Straßen (§ 3 Nr. 7)	a) Einfluss physikalischer und fahrtechnischer Parameter auf die Verkehrssicherheit beurteilen b) Fahrverhalten entsprechend den Gefahrenquellen im Straßenverkehr ausrichten c) Kontrollinstrumente ablesen und bedienen, Informationen auswerten und Maßnahmen ergreifen d) Faktoren, die die Fahrtüchtigkeit beeinträchtigen, beachten e) Fahrzeugkombination und Sattelkraftfahzeug der Klasse CE mit einer Mindestlänge von 16 m oder Fahrzeuge der Klasse D mit einer Mindestlänge von 11,80 m auf öffentlichen Straßen innerhalb und außerhalb geschlossener Ortschaften sicher und wirtschaftlich führen		22
8	Rechtsvorschriften (§ 3 Nr. 8)	a) Sozialvorschriften einhalten	6[1]	
		b) verkehrsspezifische Rechtsvorschriften im Inland und in den Ziel- und Durchfahrtsländern einhalten c) beförderungsspezifische Vorschriften einhalten		11[1]

[1] **Amtl. Anm.:** Im Zusammenhang mit anderen Ausbildungsinhalten zu vermitteln.

Lfd. Nr.	Teil des Ausbildungsberufsbildes	Fertigkeiten und Kenntnisse, die unter Einbeziehung selbständigen Planens, Durchführens und Kontrollierens zu vermitteln sind	Zeitliche Richtwerte in Wochen im 1.–18. Monat	Zeitliche Richtwerte in Wochen im 19.–36. Monat
1	2	3	4	
9	Kundenorientiertes Verhalten (§ 3 Nr. 9)	a) Gespräche situationsbezogen führen b) fremdsprachige Fachbegriffe anwenden	6	
		c) Kommunikationsformen situationsbezogen anwenden d) Möglichkeiten der Konfliktregelung anwenden e) betriebliche Erfordernisse und Kundenwünsche in Einklang bringen, dabei Belange mobilitätseingeschränkter Fahrgäste, insbesondere von Menschen mit Behinderungen, berücksichtigen		6
10	Verhalten nach Unfällen und Zwischenfällen (§ 3 Nr. 10)	a) Unfallstellen, Gefahrenstellen und Fahrzeuge absichern b) Maßnahmen der ersten Hilfe leisten c) frei werdende Stoffe hinsichtlich der Umweltgefährdung und Sicherheit beurteilen sowie Maßnahmen ergreifen d) Unfälle und Zwischenfälle melden, insbesondere Angaben zu Verletzten, Schäden und Gefahren machen e) Spuren sichern, Unfallskizze und Unfallbericht anfertigen	6	
11	Betriebliche Planung und Logistik (§ 3 Nr. 11)	a) Funktion des Betriebes in der logistischen Kette beachten b) Arbeitsaufträge unter Beachtung betrieblicher Vorgaben in Arbeitsschritte umsetzen c) Straßenkarten, Straßenpläne sowie digitale Systeme anwenden d) Informations- und Kommunikationstechniken anwenden e) Informationen für die Fahrtenplanung beschaffen und auswerten f) Termine planen und abstimmen g) Einsatz von Personal und Sachmitteln planen h) Fahrten unter wirtschaftlichen Aspekten planen und organisieren	25	

Lfd. Nr.	Teil des Ausbildungsberufsbildes	Fertigkeiten und Kenntnisse, die unter Einbeziehung selbständigen Planens, Durchführens und Kontrollierens zu vermitteln sind	Zeitliche Richtwerte in Wochen im 1.-18. Monat	19.-36. Monat
1	2	3	4	
12	Beförderungsbezogene Kostenrechnung und Vertragsabwicklung (§ 3 Nr. 12)	a) Einflussfaktoren von Betriebskosten der Fahrzeuge berücksichtigen b) formalisierte Beförderungsverträge abschließen c) Abrechnungen durchführen d) erbrachte Leistungen dokumentieren	12	
13	Qualitätssichernde Maßnahmen (§ 3 Nr. 13)	a) Ziele, Aufgaben und Bedeutung qualitätssichernder Maßnahmen anhand betrieblicher Beispiele erläutern b) qualitätssichernde Maßnahmen im eigenen Arbeitsbereich ausführen, insbesondere zur kontinuierlichen Verbesserung von Arbeitsvorgängen im eigenen Arbeitsbereich beitragen		4[1]

[1] **Amtl. Anm.:** Im Zusammenhang mit anderen Ausbildungsinhalten zu vermitteln.

387. Richtlinie für die Ausbildung der Bewerber um eine Fahrerlaubnis zur Fahrgastbeförderung in Kraftomnibussen (Busfahrer-Ausbildungsrichtlinie)

Vom 12. Oktober 1993
(VkBl S. 714)

Aufgrund der Vierzehnten Verordnung zur Änderung straßenverkehrsrechtlicher Vorschriften vom 1. April 1999 (BGBl. I S. 412) müssen ab 1. Oktober 1993 Bewerber um eine Fahrerlaubnis zur Fahrgastbeförderung für Kraftomnibusse durch eine Ausbildungsbescheinigung nachweisen, daß sie an einer entsprechenden theoretischen und praktischen Ausbildung in einer Fahrschule teilgenommen haben (§ 15e Abs. 1 Satz 1 Buchst. a und Abs. 1 Satz 3 StVZO[1]).
Nachstehend gebe ich im Einvernehmen mit den zuständigen obersten Landesbehörden die hierfür erstellte Busfahrer-Ausbildungsrichtlinie, bestehend aus einem Ausbildungsplan für die theoretische und praktische Ausbildung sowie dem Muster der Ausbildungsbescheinigung, bekannt.
Die Richtlinie gilt ab 15. Oktober 1993 für die Ausbildung und ab 1. Januar 1994 für die Prüfung.

Richtlinie für die Ausbildung von Bewerbern um eine Fahrerlaubnis zur Fahrgastbeförderung für Kraftomnibussen (KOM)

[1] Ab 1.10.1993 ist nach § 15e Abs. 1 Satz 3 StVZO[1] eine angemessene Ausbildung für den Bewerber um einen Führerschein zur Fahrgastbeförderung für KOM vorgeschrieben. [2] Die Ausbildung ist angemessen, wenn sie der nachfolgenden Richtlinie entspricht und

a) **die theoretische Ausbildung**
für KOM bis 14 Fahrgastplätze 18 Doppelstunden
zu je 90 Minuten
für KOM bis 7,5 t zul. Ges. Gew. 20 Doppelstunden
zu je 90 Minuten
für KOM unbeschränkt 22 Doppelstunden
zu je 90 Minuten und

b) **die praktische Ausbildung** eine Schulung von mindestens
8 Fahrstunden innerorts
8 Fahrstunden auf Bundes- oder Landstraßen
2 Fahrstunden auf Autobahnen oder Kraftfahrstraßen
und
2 Stunden Ausbildung in Funktions- und Sicherheitskontrollen einschließlich Handfertigkeiten
zu je 45 Minuten umfaßt.

---

[1] Nr. **200**.

[1] Die Prüfung kann nur abgenommen werden, wenn die Ausbildung der Richtlinie entsprochen hat und eine Bescheinigung hierüber ausgestellt wurde. [2] Die Ausbildungsbescheinigung ist dem amtlich anerkannten Sachverständigen oder Prüfer vor Antritt der Prüfung auszuhändigen.

Sachgebiete, die bei der Ausbildung von Bewerbern um eine Fahrerlaubnis zur Fahrgastbeförderung für Kraftomnibusse gem. § 15e Absatz 1 Satz 1 Nr. 4 Buchstabe a StVZO[1]) zu behandeln sind:

A) **Theoretischer Unterricht**

1. **Zulassung zum Straßenverkehr**

1.1. **Voraussetzungen für den Erwerb der Fahrerlaubnis zur Fahrgastbeförderung (§ 15e StVZO[1]))**

a) Mindestalter
b) persönliche Zuverlässigkeit
c) körperliche, geistige und charakterliche Voraussetzungen/Untersuchungen
d) Fahrpraxis
e) Ausbildung
   – in Erster Hilfe
   – theoretische Fahrausbildung
   – praktische Fahrausbildung
f) Prüfung
   – theoretische Prüfung
   – praktische Prüfung
   – Funktions- und Sicherheitskontrolle, Handfertigkeiten
   – Grundfahraufgaben
   Prüfungsfahrt innerhalb und außerhalb geschlossener Ortschaften, auch auf Autobahnen oder Kraftfahrstraßen
g) Geltungsdauer der Fahrerlaubnis zur Fahrgastbeförderung (§ 15f StVZO)
h) Überwachung der Inhaber von Fahrerlaubnissen zur Fahrgastbeförderung (§ 15i StVZO[1]))
i) Entziehung und Erlöschen der Fahrerlaubnis zur Fahrgastbeförderung (§ 15k StVZO[1]))

1.2. **Fahrzeuge**

a) Definition des KOM (§ 15d Abs. 1 StVZO[1]), Richtlinie 70/156/EWG– Klassen M2 und M3)
b) Unterschiedliche Bauarten und Verwendungszwecke, z.B. Linienbusse, Reisebusse, Schulbusse
c) Bau- und Betriebsvorschriften von Fahrzeugen, die der Personenbeförderung dienen (StVZO[1])):

---

[1]) Nr. **200**.

– § 29	Regelmäßige Untersuchungen
– § 30	Beschaffenheit und Ausrüstung der Fahrzeuge
– § 30a	bauarbestimmte Höchstgeschwindigkeit
– § 31	Verantwortung für den Betrieb der Fahrzeuge
– § 31b	Überprüfung mitzuführender Gegenstände
– § 32	Abmessungen von Fahrzeugen und Fahrzeugkombinationen
– § 32a	Mitführen von Anhängern
– § 32d	Kurvenlaufeigenschaften*1)
– § 34	Achslast und Gesamtgewicht
– § 34a	Besetzung und Beschaffenheit von Kraftomnibussen
– § 35	Motorleistung
– § 35a	Sitze, Sicherheitsgurte, Rückhaltesysteme
– § 35b	Einrichtungen zum sicheren Führen der Fahrzeuge
– § 35c	Heizung und Lüftung
– § 35d	Einrichtungen zum Auf- und Absteigen, Fußboden
– § 35e	Türen
– § 35f	Notausstiege in Kraftomnibussen
– § 35g	Feuerlöscher in Kraftomnibussen
– § 35h	Erste-Hilfe-Material in Kraftfahrzeugen
– § 35i	Gänge, Anordnung von Fahrgastsitzen und Beförderung von Fahrgästen in Kraftomnibussen
– § 36	Bereifung und Laufflächen
– § 36a	Radabdeckungen, Ersatzräder
– § 37	Gleitschutzeinrichtungen und Schneeketten
– § 38	Lenkeinrichtungen
– § 38b	Diebstahl-Alarmeinrichtungen
– § 40	Scheiben und Scheibenwischer
– § 41	Bremsen und Unterlegkeile
– § 41a	Druckgasanlagen und Druckbehälter
– § 41b	Automatischer Blockierverhinderer
– § 42	Anhängelast hinter Kraftfahrzeugen und Leergewicht
– § 43	Einrichtungen zur Verbindung von Fahzeugen
– § 45	Kraftstoffbehälter
– § 46	Kraftstoffleitungen
– § 47	Abgase
– § 47a	Abgasuntersuchung
– § 54	Fahrtrichtungsanzeiger
– § 54a	Innenbeleuchtung in Kraftomnibussen
– § 54b	Windsichere Handlampe

*1) **Amtl. Anm.:** entfällt bei KOM bis 14 Fahrgastplätze

– § 56 Rückspiegel und andere Spiegel
– § 57a Fahrtschreiber und Kontrollgeräte
– § 57b Prüfung der Fahrtschreiber und Kontrollgeräte
– § 57c Ausrüstung mit Geschwindigkeitsbegrenzern und ihre Benutzung*1), *2)
– § 57d Einbau und Prüfung von Geschwindigkeitsbegrenzern*1), *2)
– § 58 Geschwindigkeitsschilder (§ 18 Abs. 5 Nr. 3 StVO)

2. **Gesetzliche Regelungen der Personenbeförderung**

2.1. **Personenbeförderungsgesetz (PBefG)**
– Grundzüge des Personenbeförderungsrechts
– Freistellungs-Verordnung

2.2. **BOKraft**

a) Allgemeine Vorschriften
– § 1 Geltungsbereich

b) Fahrdienst
– § 7 Grundregel der Personenbeförderung
– § 8 Verhalten im Fahrdienst
– § 9 Verhalten bei Krankheit
– § 10 Mitführen von Vorschriften und Fahrplänen
– § 11 Fundsachen

c) Fahrgäste, Beförderungspflicht
– § 13 Beförderung von Personen
– § 14 Verhalten der Fahrgäste/Beförderungsausschluß
– § 15 Beförderung von Sachen

d) Ausrüstung und Beschaffenheit für alle Fahrzeuge
– § 16 anzuwendende Vorschriften
– § 18 Ausrüstung
– § 19 Beschaffenheit und Anbringung von Zeichen und Ausrüstungsgegenständen

e) Ausrüstung und Beschaffenheit für Obusse und Kraftomnibusse
– § 20 Beschriftung
– § 21 Verständigung mit dem Fahrzeugführer
– § 22 Stehplätze
– § 24 Nichtraucherzonen

---

*1) **Amtl. Anm.:** entfällt bei KOM bis 14 Fahrgastplätze
*2) **Amtl. Anm.:** entfällt bei KOM bis 7,5 t zul. Ges. Gew.

f) Sondervorschriften für Obusverkehr und Linienverkehr mit Kraftfahrzeugen
- – § 32 Haltestellen
- – § 33 Kennzeichnung und Beschilderung
- – § 34 Sitzplätze für Behinderte und andere sitzplatzbedürftige Personen
- – § 35 Übersicht über Linienverlauf und Haltestellen
- – § 36 Ausnahmen für Sonderformen des Linienverkehrs

g) Sondervorschriften über die Untersuchungen der Fahrzeuge
- – § 41 Hauptuntersuchungen
- – § 42 außerordentliche Hauptuntersuchungen

h) Schluß- und Übergangsvorschriften
- – § 45 Ordnungswidrigkeiten

i) Anlagen zur BOKraft
- – Anlage 2 zu § 24 Kennzeichnung von Nichtraucherzonen
- – Anlage 4 zu § 33 Abs. 4 Abmessungen und Beschriftung des Schulbus-Schildes
- – Anlage 5 zu § 34 Satz 2 Kennzeichnung von Behindertensitzplätzen

3. Verhalten im Straßenverkehr und Sozialvorschriften

3.1. StVO Vermittlung der Verhaltensweisen, soweit sie im Bereich der nachfolgend aufgeführten Vorschriften für das Führen von Kraftomnibussen von besonderer Bedeutung sind
- – § 3 Geschwindigkeit
- – § 4 Mindestabstand zu vorausfahrenden Fahrzeugen auf Autobahnen
- – § 5 Überholen
- – § 7 Benutzung von Fahrstreifen
- – § 8 Vorfahrt
- – § 9 Abbiegen, Wenden und Rückwärtsfahren
- – § 10 Einfahren und Anfahren
- – § 11 Besondere Verkehrslagen
- – § 12 Halten und Parken
- – § 14 Sorgfaltspflichten beim Ein- und Aussteigen
- – § 15 Liegenbleiben von Fahrzeugen
- – § 16 Warnzeichen
- – § 18 Autobahnen und Kraftfahrstraßen
- – § 19 Bahnübergänge
- – § 20 Öffentliche Verkehrsmittel und Schulbusse
- – § 21 Personenbeförderung
- – § 23 Sonstige Pflichten des Fahrzeugführers

– § 26 Fußgängerüberwege
– § 32 Verkehrshindernisse
– § 34 Unfall
– § 39 Verkehrszeichen
– § 40 Gefahrzeichen
– § 41 Vorschriftzeichen
– § 42 Richtzeichen
– § 43 Verkehrseinrichtungen
– § 49 Ordnungswidrigkeiten

3.2. **Sozialvorschriften**

3.2.1. **Verordnung (EWG) Nr. 3820/85 des Rats vom 20. Dezember 1985 über die Harmonisierung bestimmter Sozialvorschriften im Straßenverkehr**

– Abschnitt I: Definition
– Abschnitt II: Geltungsbereich
– Abschnitt III: Fahrpersonal
– Abschnitt IV: Lenkzeiten
– Abschnitt V: Unterbrechungen und Ruhezeiten
– Abschnitt VI: Verbot bestimmter Arten des Entgelts
– Abschnitt VII: Abweichungen
– Abschnitt VIII: Überwachung und Ahndung
– Abschnitt IX: Schlußbestimmungen

3.2.2. **Grundzüge des Europäischen Übereinkommens über die Arbeit des im internationalen Straßenverkehrs beschäftigten Fahrpersonals (AETR)**

3.2.3. **Grundzüge des Gesetzes über das Fahrpersonal von Kraftfahrzeugen und Straßenbahnen**

3.2.4. **Grundzüge der Verordnung zur Durchführung des Fahrpersonalgesetzes**

3.2.5. **Verordnung (EWG) Nr. 3821/85 des Rats über das Kontrollgerät im Straßenverkehr**

– Kapitel I: Grundsätze und Anwendungsbereich
– Kapitel IV: Benutzungsvorschriften/Handhabung des EG-Kontrollgeräts
– Kapitel V: Schlußbestimmungen

3.2.6. **Verordnung über die Beschäftigung von Frauen auf Fahrzeugen**

3.2.7. **Verordnung über die Verwendung von Kontrollmitteln bei Fahrzeugen nach Artikel 20a Satz 2 der Verordnung (EWG) Nr. 3821/85 des Rats über das Kontrollgerät im Straßenverkehr**

3.2.8. **Kontrollen nach §§ 54, 54a und 55 des Güterkraftverkehrsgesetzes**

3.2.9. **Grundzüge der Arbeitszeitordnung (AZO)**

3.2.10. **Verordnung über die allgemeinen Beförderungsbedingungen für den Straßenbahn- und Obusverkehr sowie dem Linienverkehr mit Kraftfahrzeugen**

4. **Grundzüge des Pflichtversicherungsgesetzes[1] – Anlage (Mindestversicherungssummen)**

5. **Ahndung von Ordnungswidrigkeiten und Straftaten im Straßenverkehr**

6. **Verkehrzentralregister und Mehrfachtäterpunktsystem**

7. **Fahrzeugtechnik**

a) Bremsen
Betriebsbremse
– hydraulische Bremse
– Druckluftbremse[*1]
– kombinierte Bremsen
– Automatischer Blockierverhinderer (ABV)/Antriebs-Schlupfregelung (ASR)
– Automatisch-lastabhängige Bremse (ALB)[*1], [*2]
– Dauerbremse[*1]
– Motorbremse
– Retarder[*1]
Wirbelstrombremse/Strömungsbremse[*1]
Feststellbremse
– Federspeicherbremse[*1]
– Haltestellenbremse[*1]
Überprüfungen/Erkennen von Mängeln/Wartung und Pflege

b) Räder und Reifen
– Felgen
– Reifen/Reifenbezeichnungen
– Radwechsel
– Schneeketten/Montage
Überprüfungen/Erkennen von Mängeln/Wartung und Pflege

c) Beleuchtungseinrichtungen
– Außenbeleuchtung/Scheinwerfer/Rückleuchten/
zusätzliche Leuchten
– Bremsleuchten
– Warnblinklicht
– Warnleuchten
– Innenbeleuchtung

---

[1] Nr. **600**.
[*1] **Amtl. Anm.**: entfällt bei KOM bis 14 Fahrgastplätze
[*2] **Amtl. Anm.**: entfällt bei KOM bis 7,5 t zul. Ges. Gew.

d) Stauräume (im Gepäck- und Fahrgastraum)
   – Beladung und Verteilung von Lasten
   – sicheres Öffnen und Schließen der Stauraumklappen
   – zusätzliche Gepäckunterbringung (Dach- und Heckgepäckträger)
   – Sicherung der Ladung

e) Lenkung
   – Bauarten der Lenkung

   Überprüfungen/Erkennen von Mängel/Wartung und Pflege

f) Scheibenwischer/Scheibenwaschanlage

g) Ausstattung/Türen
   – Sitze und Rückhaltesysteme
   – Ein- und Ausstiege/Stufen
   – Fahrgasttüren/Einklemmschutz
   – automatische Türschließanlagen
   – Einstiegshilfen
     – Kneeling*1)– für Schwerbehinderte (Bühne/Rampe/Bedienung)
   – Türen für den Fahrzeugführer
   – Signalsysteme für Haltewünsche
   – Notausstiege/Nothämmer
   – Feuerlöscher/Verbandmaterial
   – Werkzeuge und sonstige Notfallausstattung

h) Fahrzeugelektrik
   – Batterien
   – Lichtmaschinen
   – Anlasser
   – Sicherungen
   – Relais
   – Lüftung/Heizung/Klimaanlage

i) Motoren
   – Ottomotor
   – Dieselmotor
   – Kraftstofförderanlage/Einspritzpumpe/Turbolader
   – Elektromotor
   – alternative Kraftstoffe/Flüssiggas/Methan

   Betriebssicherheit/Überprüfungen/Wartung und Pflege

j) Kraftübertragung
   – Kupplung/Wandlerkupplung
   – Wechselgetriebe/Vor- und Nachschaltgruppen*1)/Automatikgetriebe
   – Verteilergetriebe

---

*1) **Amtl. Anm.:** entfällt bei KOM bis 14 Fahrgastplätze

– Ausgleichsgetriebe
– Antriebswellen
– Radantrieb
– Antriebs-Schlupfregelung (ASR)
– Tempomat
– Geschwindigkeitsbegrenzer*1), *2)

k) Aufbau und Fahrwerk
– Arten (Rahmenkonstruktionen/selbsttragende Aufbauten)
– Hochdecker*1)/Doppeldecker*1), *2)/Tiefdecker*1)
– Achsen/Radaufhängung
– Federung
– Dämpfung
– Einseitige Absenkung (Kneeling)*1)
– Besonderheiten bei Gelenkbussen,*1), *2) Bremsanlage, Knickschutz, Warneinrichtung für Fahrzeugführer

l) Kontrolle der Einhaltung der Wartungsintervalle

8. **Gefahrenlehre/Fahrphysik**

a) Fahrerbedingte Unfallfaktoren
– Übermüdung
– falsche Ernährung
– Alkohol
– Drogen
– Medikamente
– Krankheit
– Ablenkung

b) Fahrstil (insbesondere defensiv, rücksichtsvoll, vorschriftsmäßig)
– weit vorausschauendes Fahren
– behutsames Beschleunigen und degressives Bremsen
– Vermeiden von für die Fahrgäste unangenehmen Fliehkräften
– An- und Abfahren von Haltestellen/Haltestellenbuchten/Blinken
– selbstkritische Bekämpfung der für Busfahrer oft typischen Vorrechtsmentalität
– tote Winkel, insbesondere beim Rechtsabbiegen
– Gefahren für Radfahrer und Fußgänger
– sorgfältige zeitliche Planung der Fahrt/Einkalkulieren von Staus und sonstigen Verzögerungen/Einhaltung des Fahrplans oder Erreichung des Ziels nicht zu Lasten der Verkehrssicherheit: Einhaltung der Geschwindigkeitsvorschriften – angepaßte Geschwindigkeit/Vermeidung riskanter Überholmanöver/strenge Einhaltung der allgemeinen und besonderen Sicherheitsabstände

*1) **Amtl. Anm.:** entfällt bei KOM bis 14 Fahrgastplätze
*2) **Amtl. Anm.:** entfällt bei KOM bis 7,5 t zul. Ges. Gew.

- Einhaltung der höchstzulässigen Lenk- und Arbeitszeiten
- strikte Einhaltung der vorgeschriebenen Ruhezeiten
- besondere Vorsicht an Bahnübergängen
- Benutzung von Sonderfahrstreifen (Busspur)
- besondere Vorsicht auf Bergstrecken
- besondere Seitenwindempfindlichkeit von Bussen
- Aquaplaninggefahr
- Nebel
- Wintergefahren
- Verhalten bei Unfällen
- Liegenbleiben von Bussen/Pannen/Schutz der Fahrgäste

c) Verhalten als Schulbusfahrer

9. **Umweltschutz/Energiesparendes und wirtschaftliches Fahren**
- ruhiges, gleichmäßiges Fahren
- möglichst niedrige Drehzahlen/günstigster Drehzahlbereich
- Reifendruck
- Vermeidung abrupter Brems- und Beschleunigungsvorgänge
- Abschalten unnötiger Verbraucher
- Abstellen des Motors auch bei kürzeren Wartezeiten
- kein unnötiges Laufenlassen des Motors zur Kühlung des Fahrgastraums
- Füllmengen beachten/nicht überbefüllen/regelmäßige Dichtheitsprüfungen
- umweltgerechtes Entsorgen von Filtern, Altölen, Toilettenanlagen*1), Abfall

B) **Praktischer Unterricht**

1. **Funktions- und Sicherheitskontrolle, Handfertigkeiten**

1.1 **Ausrüstung/Vorhandensein und Unterbringung**

(1) Verbandkästen
(2) Warndreieck
(3) Warnleuchte (Funktion)
(4) Unterlegkeile (Anzahl)
(5) Nothämmer
(6) Handlampen
(7) Feuerlöscher (Erläutern der Handhabung)

1.2 **Kontrolle der Räder und der Bereifung**

(1) Übereinstimmung der Bezeichnung der Bereifung mit der Eintragung im Fahrzeugschein
(2) Erläutern eines Radwechsels, Prüfen der Radmuttern auf festen Sitz
(3) Lauffläche (Profil/Beschädigung/Zustand)

---

*1) **Amtl. Anm.:** entfällt bei KOM bis 14 Fahrgastplätze

(4) Fremdkörper zwischen Zwillingsreifen
(5) Reifendruck

1.3 **Bremsen**
(1) Bremsflüssigkeit (Sichtprüfung)
(2) Frostschutzmittel (Sichtprüfung)*1)
(3) Entwässern der Vorratsbehälter*1)
(4) Vorratsdruck aufbauen /Abschaltdruck*1)
(5) Funktion von Betriebs- und Feststellbremse
(6) Druckabfall (3 Vollbremsungen)*1)
(7) Druckwarneinrichtungen*1)
(8) Dichtheitsprüfung

1.4 **Lenkung**
(1) Spiel
(2) Funktion Lenkhilfe (stehender/laufender Motor: Spiel am Lenkrad)
(3) Ölstand bei Servolenkung

1.5 **Elektrische Einrichtung**
(1) Beleuchtungs- und Signaleinrichtungen (Funktion, Zustand/Sichtprüfung)
(2) Kontrolleuchten
(3) Scheinwerfer und Scheibenwischer/-wascher (Wasservorrat, nicht trocken einschalten)
(4) Verständigungsanlage (Funktion)
(5) Batterie (Befestigung, Anschlüsse, Flüssigkeitsstand)

1.6 **Motor**
(1) Kraftstoff (Vorrat, Dichtheit des Behälters)
(2) Ölstand
(3) Kühler und Kühlmittelleitungen (Flüssigkeitsvorrat, Dichtheit)
(4) Keilriemen (Spannung, Risse)
(5) Motor, Ölwanne, Getriebe (Dichtheit)

1.7 **Handfertigkeiten**
(1) Entwässern der Druckluft-Vorratsbehälter*1)
(2) Auswechseln von Glühlampen
(3) Auswechseln/Einschalten von Sicherungen
(4) Türbetätigungseinrichtung (Funktion, auch von außen)
(5) Wischerblatt auswechseln

2. **Grundfahrübungen**

a) Rückwärtsfahren in einem Bogen nach rechts oder links (nach links nur auf Busparkplätzen)

b) Einfahren in eine Lücke zwischen hintereinander stehenden Fahrzeugen

---

*1) **Amtl. Anm.:** entfällt bei KOM bis 14 Fahrgastplätze

c) Einfahren in eine Lücke zwischen nebeneinander stehenden Fahrzeugen

d) Anfahren in Steigungen

3. **Fahren innerhalb geschlossener Ortschaften**
Ausgebildet werden insbesonder

– routinierter Fahrstreifenwechsel

– Abbiegen an Kreuzungen und Einmündungen unter besonderer Berücksichtigung des toten Winkels

– Fahren in engen Straßen

– richtiges Einschätzen des Raumbedarfs

– richtiges Anfahren von Aussteigeplätzen

– richtiges Bedienen der spezifischen Buseinrichtungen, z.B. Haltestellenbremse, Retarder, automatische Türsicherung, Einstiegshilfen

– An- und Abfahren von Haltestellen/Haltestellenbuchten

– beim Beschleunigen, Bremsen und Kurvenfahren vor allem auch, daß stehende Fahrgäste befördert werden können

4. **Fahren außerhalb geschlossener Ortschaften**
Ausgebildet werden insbesondere

– die Benutzung von Autobahnen und Kraftfahrstraßen (namentlich das Ein- und Ausfahren, die richtige Fahrstreifenwahl, das Fahrverhalten bei Geschwindigkeiten bis 100 km/h und das richtige Verhalten auf Rastanlagen)

– das zügige Fahren auf Bundes- und Landstraßen

– das Fahren auf schmalen und kurvenreichen Straßen und – soweit möglich – auch auf bergigen Straßen

– das Einhalten der Geschwindigkeitsbegrenzungen und die Anpassung der Geschwindigkeit an die Straßen-, Verkehrs-, Sicht- und Wetterverhältnisse

– die Durchführung von Überholvorgängen und Einhaltung von Überholverboten

– die Einhaltung ausreichender Abstände nach vorne und zur Seite

– das selbständige Auffinden von geeigneten Umkehr- und Wendemöglichkeiten

– weit vorausschauendes Fahren, sowie behutsames Beschleunigen und degressives Bremsen

– die richtige Anwendung von ABV

Ausbildungsbescheinigung

(§ 15e Abs. 1 Satz 1 Nr. 4 Buchst. a und Abs. 1 Satz 3 StVZO)

Herr/Frau

Familienname:	
Vornamen:	Geburtsdatum:
Anschrift:	
besitzt die Fahrerlaubnis der Klasse:	seit:

und hat die Fahrerlaubnis zur Fahrgastbeförderung für Kraftomnibusse
□ bis 14 Fahrgastplätze
□ bis 7,5 t zul. Ges.Gew.
□ unbeschränkt
beantragt.

Theoretischer Unterricht
Es wird hiermit bescheinigt, daß er/sie an der für die beantragte Fahrerlaubnisklasse zur Fahrgastbeförderung für Kraftomnibusse vorgeschriebenen theoretischen Ausbildung teilgenommen hat.
Der theoretische Unterricht hat. . .Doppelstunden zu je 90 Minuten betragen[1)].

Praktischer Unterricht
Der praktische Unterricht hat eine Schulung von mindestens
8 Fahrstunden innerorts
8 Fahrstunden auf Bundes- oder Landstraßen
2 Fahrstunden auf Autobahnen oder Kraftfahrstraßen
und
2 Stunden Ausbildung in Funktions- und Sicherheitskontrollen einschließlich Handfertigkeiten zu je 45 Minuten umfaßt.
Es wurde eine angemessene Ausbildung nach § 15e Abs. 1 Satz 3 StVZO durchgeführt.

Ort .... Datum ....

Unterschrift des Fahrlehrers/der Fahrlehrerin und Stempel der Fahrschule

Unterschrift des Fahrschülers/der Fahrschülerin

[1)] **Amtl. Anm.:** Die theoretische Ausbildung ist angemessen, wenn sie der Richtlinie für die Ausbildung von Bewerbern um eine Fahrerlaubnis zur Fahrgastbeförderung für Kraftomnibusse (VkBl. 1993, S. 714) entspricht und die theoretische Ausbildung für

KOM bis 14 Fahrgastplätze	18 Doppelstunden zu je 90 Minuten
KOM bis 7,5 t zul. Ges.Gew.	20 Doppelstunden zu je 90 Minuten
KOM unbeschränkt	22 Doppelstunden zu je 90 Minuten

umfaßt.

G.
Personenbeförderung

400. Personenbeförderungsgesetz (PBefG)

In der Fassung der Bekanntmachung vom 8. August 1990[1)]
(BGBl. I S. 1690)

FNA 9240-1

geänd. durch Art. 4 HaushaltsbegleitG 1991 v. 24.6.1991 (BGBl. I S. 1314), Art. 1 G zur Festlegung des Anwendungsbereiches und zur Durchführung der VO (EWG) Nr. 1191/69 idF der VO (EWG) Nr. 1893/91 v. 23.7.1992 (BGBl. I S. 1379), Art. 5 PlanungsvereinfachungsG v. 17.12.1993 (BGBl. I S. 2123), Art. 6 Abs. 116 EisenbahnneuordnungsG v. 27.12.1993 (BGBl. I S. 2378), Art. 7 G zur Änd. des StraßenverkehrsG und anderer Gesetze v. 24.4.1998 (BGBl. I S. 747), Art. 8 GüterkraftverkehrsreformG v. 22.6.1998 (BGBl. I S. 1485), Art. 2 Abs. 4 Sechstes G zur Änd. des G gegen Wettbewerbsbeschränkungen v. 26.8.1998 (BGBl. I S. 2521), Art. 1 ÄndG v. 16.1.2001 (BGBl. I S. 122), Art. 4 ÄndG v. 19.3.2001 (BGBl. I S. 386), Art. 15 G UVP-Änderungsrichtlinienumsetzungs G v. 27.7.2001 (BGBl. I S. 1950), Art. 248 Siebente ZuständigkeitsanpassungsVO v. 29.10.2001 (BGBl. I S. 2785), Art. 14 Zehntes Euro-EinführungsG v. 15.12.2001 (BGBl. I S. 3762), Art. 51 Behindertengleichstellungs-EinführungsG v. 27.4.2002 (BGBl. I S. 1467), Art. 1 ÄndG v. 19.7.2002 (BGBl. I S. 2691), Art. 49 Drittes Verwaltungsverfahrensrechts-ÄndG v. 21.8.2002 (BGBl. I S. 3322), Art. 24 HaushaltsbegleitG 2004 v. 29.12.2003 (BGBl. I S. 3076), Art. 7 Bürokratieabbau- und DeregulierungsG v. 21.6.2005 (BGBl. I S. 1666), Art. 2 Abs. 7 Siebtes G zur Änd. des G gegen Wettbewerbsbeschränkungen v. 7.7.2005 (BGBl. I S. 1954), Art. 1 und 2 G zur Änd. personenbeförderungsrechtlicher Vorschriften v. 14.8.2006 (BGBl. I S. 1962), Art. 14 Erstes G zum Abbau bürokratischer Hemmnisse insbesondere in der mittelständischen Wirtschaft v. 22.8.2006 (BGBl. I S. 1970), Art. 292 Neunte ZuständigkeitsanpassungsVO v. 31.10.2006 (BGBl. I S. 2407), Art. 27 Zweites G zum Abbau bürokratischer Hemmnisse insbesondere in der mittelständischen Wirtschaft v. 7.9.2007 (BGBl. I S. 2246), Art. 4 Abs. 21 G zur Reform der Sachaufklärung in der Zwangsvollstreckung v. 29.7.2009 (BGBl. I S. 2258), Art. 100 Bundesrecht-BereinigungsG v. 8.12.2010 (BGBl. I S. 1864), Art. 4 G zur bestätigenden Regelung verschiedener steuerlicher und verkehrsrechtlicher Vorschriften des HaushaltsbegleitG 2004 v. 5.4.2011 (BGBl. I S. 554), Art. 2 G zur Änd. des GüterkraftverkehrsG und des PersonenbeförderungsG v. 22.11.2011 (BGBl. I S. 2272), Art. 1 G zur Änd. personenbeförderungsrechtlicher Vorschriften v. 14.12.2012 (BGBl. I S. 2598), Art. 5 Abs. 5 Achtes G zur Änd. des GWB v. 26.6.2013 (BGBl. I S. 1738), Art. 2 Abs. 147 G zur Strukturreform des Gebührenrechts des Bundes v. 7.8.2013 (BGBl. I S. 3154), Art. 482 Zehnte ZuständigkeitsanpassungsVO v. 31.8.2015 (BGBl. I S. 1474), Art. 2 Abs. 14 VergaberechtsmodernisierungsG v. 17.2.2016 (BGBl. I S. 203), Art. 5 G zur Stärkung des Wettbewerbs im Eisenbahnbereich v. 29.8. 2016 (BGBl. I S. 2082), Art. 2 Abs. 14 G zur Modernisierung des Rechts der Umweltverträglichkeitsprüfung v. 20.7.2017 (BGBl. I S. 2808), Art. 5 G zur Umsetzung des Klimaschutzprogramms 2030 im Steuerrecht v. 21.12.2019 (BGBl. I S. 2886), Art. 4 G zur weiteren Beschleunigung von Planungs- und Genehmigungsverfahren im Verkehrsbereich v. 3.3.2020 (BGBl. I S. 433), Art. 329 Elfte ZuständigkeitsanpassungsVO v. 19.6.2020 (BGBl. I S. 1328) und Art. 10 Investitionen-Beschleunigungsgesetz v. 3.12.2020 (BGBl. I S. 2694)

Nichtamtliche Inhaltsübersicht

I. Allgemeine Vorschriften

---

1) Neubekanntmachung des PBefG v. 21.3.1961 (BGBl. I S. 241) in der ab 1.7.1990 geltenden Fassung.

I. Allgemeine Vorschriften

§ 1[1] Sachlicher Geltungsbereich (1) [1]Den Vorschriften dieses Gesetzes unterliegt die entgeltliche oder geschäftsmäßige Beförderung von Personen mit Straßenbahnen, mit Oberleitungsomnibussen (Obussen) und mit Kraftfahrzeugen. [2]Als Entgelt sind auch wirtschaftliche Vorteile anzusehen, die mittelbar für die Wirtschaftlichkeit einer auf diese Weise geförderten Erwerbstätigkeit erstrebt werden.

(2) [1]Diesem Gesetz unterliegen nicht Beförderungen

1. mit Personenkraftwagen, wenn diese unentgeltlich sind oder das Gesamtentgelt die Betriebskosten der Fahrt nicht übersteigt;
2. mit Krankenkraftwagen, wenn damit kranke, verletzte oder sonstige hilfsbedürftige Personen befördert werden, die während der Fahrt einer medizinisch fachlichen Betreuung oder der besonderen Einrichtung des Krankenkraftwagens bedürfen oder bei denen solches auf Grund ihres Zustandes zu erwarten ist.

[2]Satz 1 Nummer 1 gilt auch, wenn die Beförderungen geschäftsmäßig sind.

[1] § 1 Abs. 2 neu gef. mWv 1.1.2013 durch G v. 14.12.2012 (BGBl. I S. 2598).

§ 2[1)] Genehmigungspflicht. (1) [1] Wer im Sinne des § 1 Abs. 1
1. mit Straßenbahnen,
2. mit Obussen,
3. mit Kraftfahrzeugen im Linienverkehr (§§ 42 und 43) oder
4. mit Kraftfahrzeugen im Gelegenheitsverkehr (§ 46)

Personen befördert, muß im Besitz einer Genehmigung sein. [2] Er ist Unternehmer im Sinne dieses Gesetzes.

(2) Der Genehmigung bedarf auch
1. jede Erweiterung oder wesentliche Änderung des Unternehmens,
2. die Übertragung der aus der Genehmigung erwachsenden Rechte und Pflichten (Genehmigungsübertragung) sowie
3. die Übertragung der Betriebsführung auf einen anderen.

(3) Abweichend von Absatz 2 Nr. 2 dürfen im Verkehr mit Taxen die aus der Genehmigung erwachsenden Rechte und Pflichten nur übertragen werden, wenn gleichzeitig das ganze Unternehmen oder wesentliche selbständige und abgrenzbare Teile des Unternehmens übertragen werden.

(4) Die Genehmigungsbehörde kann bei einem Linienverkehr nach § 43 dieses Gesetzes und bei Beförderungen nach § 1 Nr. 4 Buchstaben d und i der Freistellungs-Verordnung[2)] Befreiung vom Verbot der Mitnahme anderer Fahrgäste erteilen, wenn dies im öffentlichen Verkehrsinteresse geboten und mit Rücksicht auf bestehende öffentliche Verkehrseinrichtungen wirtschaftlich vertretbar ist.

(5) [1] Einer Genehmigung bedarf es nicht zum vorübergehenden Einsatz von Kraftfahrzeugen bei Notständen und Betriebsstörungen im Verkehr, insbesondere im Schienen-, Bergbahn- oder Obusverkehr. [2] Wenn die Störungen länger als 72 Stunden dauern, haben die Unternehmer der von der Störung betroffenen Betriebe der Genehmigungsbehörde (§ 11) Art, Umfang und voraussichtliche Dauer eines solchen vorübergehenden Einsatzes von Kraftfahrzeugen unverzüglich mitzuteilen.

(5a) Wer Gelegenheitsverkehre in der Form der Ausflugsfahrt (§ 48 Abs. 1) oder der Ferienziel-Reise (§ 48 Abs. 2) plant, organisiert und anbietet, dabei gegenüber den Teilnehmern jedoch eindeutig zum Ausdruck bringt, dass die Beförderungen nicht von ihm selbst, sondern von einem bestimmten Unternehmer, der Inhaber einer Genehmigung nach diesem Gesetz ist, durchgeführt werden, muss selbst nicht im Besitz einer Genehmigung sein.

(6) Anstelle der Ablehnung einer Genehmigung kann im Fall einer Beförderung, die nicht alle Merkmale einer Verkehrsart oder Verkehrsform erfüllt, eine Genehmigung nach denjenigen Vorschriften dieses Gesetzes erteilt werden, denen diese Beförderung am meisten entspricht, soweit öffentliche Verkehrsinteressen nicht entgegenstehen.

(7) Zur praktischen Erprobung neuer Verkehrsarten oder Verkehrsmittel kann die Genehmigungsbehörde auf Antrag im Einzelfall Abweichungen von Vorschriften dieses Gesetzes oder von auf Grund dieses Gesetzes erlassenen

---

[1)] § 2 Abs. 3 geänd. und Abs. 5a eingef. mWv 26.7.2002 durch G v. 19.7.2002 (BGBl. I S. 2691); Abs. 6 neu gef. mWv 1.1.2013 durch G v. 14.12.2012 (BGBl. I S. 2598).

[2)] Nr. **405**.

Vorschriften für die Dauer von höchstens vier Jahren genehmigen, soweit öffentliche Verkehrsinteressen nicht entgegenstehen.

§ 3 Unternehmer. (1) Die Genehmigung wird dem Unternehmer für einen bestimmten Verkehr (§ 9) und für seine Person (natürliche oder juristische Person) erteilt.

(2) [1] Der Unternehmer oder derjenige, auf den die Betriebsführung übertragen worden ist, muß den Verkehr im eigenen Namen, unter eigener Verantwortung und für eigene Rechnung betreiben. [2] Die von der Landesregierung bestimmte Behörde kann in Einzelfällen Ausnahmen zulassen.

(3) Sollen Straßenbahnbetriebsanlagen von einem anderen als dem Unternehmer gebaut werden, kann die Genehmigung für ihren Bau und für die Linienführung (§ 9 Abs. 1 Nr. 1) dem andern erteilt werden; die für den Unternehmer geltenden Vorschriften des Gesetzes und der auf Grund des Gesetzes erlassenen Rechtsverordnungen sind entsprechend anzuwenden.

§ 4[1] Straßenbahnen, Obusse, Kraftfahrzeuge. (1) Straßenbahnen sind Schienenbahnen, die

1. den Verkehrsraum öffentlicher Straßen benutzen und sich mit ihren baulichen und betrieblichen Einrichtungen sowie in ihrer Betriebsweise der Eigenart des Straßenverkehrs anpassen oder
2. einen besonderen Bahnkörper haben und in der Betriebsweise den unter Nummer 1 bezeichneten Bahnen gleichen oder ähneln

und ausschließlich oder überwiegend der Beförderung von Personen im Orts- oder Nachbarschaftsbereich dienen.

(2) Als Straßenbahnen gelten auch Bahnen, die als Hoch- und Untergrundbahnen, Schwebebahnen oder ähnliche Bahnen besonderer Bauart angelegt sind oder angelegt werden, ausschließlich oder überwiegend der Beförderung von Personen im Orts- oder Nachbarschaftsbereich dienen und nicht Bergbahnen oder Seilbahnen sind.

(3) Obusse im Sinne dieses Gesetzes sind elektrisch angetriebene, nicht an Schienen gebundene Straßenfahrzeuge, die ihre Antriebsenergie einer Fahrleitung entnehmen.

(4) Kraftfahrzeuge im Sinne dieses Gesetzes sind Straßenfahrzeuge, die durch eigene Maschinenkraft bewegt werden, ohne an Schienen oder eine Fahrleitung gebunden zu sein, und zwar sind

1. Personenkraftwagen: Kraftfahrzeuge, die nach ihrer Bauart und Ausstattung zur Beförderung von nicht mehr als neun Personen (einschließlich Führer) geeignet und bestimmt sind,
2. Kraftomnibusse: Kraftfahrzeuge, die nach ihrer Bauart und Ausstattung zur Beförderung von mehr als neun Personen (einschließlich Führer) geeignet und bestimmt sind,
3. Lastkraftwagen: Kraftfahrzeuge, die nach ihrer Bauart und Einrichtung zur Beförderung von Gütern bestimmt sind.

---

[1] Siehe hierzu auch die Straßenbahn-Bau- und BetriebsO (Nr. **435**).

(5) Anhänger, die von den in Absatz 1 bis 4 genannten Fahrzeugen zur Personenbeförderung mitgeführt werden, sind den sie bewegenden Fahrzeugen gleichgestellt.

(6) Krankenkraftwagen im Sinne dieses Gesetzes sind Fahrzeuge, die für Krankentransport oder Notfallrettung besonders eingerichtet und nach dem Fahrzeugschein als Krankenkraftwagen anerkannt sind.

§ 5[1] Dokumente. [1] Genehmigungen, einstweilige Erlaubnisse und Bescheinigungen oder deren Widerruf nach diesem Gesetz oder nach einer auf Grund dieses Gesetzes erlassenen Rechtsverordnung oder Allgemeinen Verwaltungsvorschrift sind schriftlich zu erteilen. [2] Die elektronische Form ist ausgeschlossen. [3] Abweichend von Satz 1 kann in den auf Grund dieses Gesetzes erlassenen Rechtsverordnungen und Allgemeinen Verwaltungsvorschriften vorgesehen werden, dass Genehmigungen, einstweilige Erlaubnisse und Bescheinigungen auch in elektronischer Form mit einer dauerhaft überprüfbaren Signatur nach § 37 Abs. 4 des Verwaltungsverfahrensgesetzes erteilt werden können.

§ 6 Umgehungsverbot. Die Verpflichtungen des Unternehmers nach diesem Gesetz werden durch rechtsgeschäftliche oder firmenrechtliche Gestaltungen oder Scheintatbestände, die zur Umgehung der Bestimmungen des Gesetzes geeignet sind, nicht berührt.

§ 7 Beförderung von Personen auf Lastkraftwagen und auf Anhängern hinter Lastkraftwagen und Zugmaschinen. (1) Zu einer Personenbeförderung, die nach diesem Gesetz genehmigungspflichtig ist, dürfen Lastkraftwagen sowie Anhänger jeder Art hinter Lastkraftwagen oder hinter Zugmaschinen nicht verwendet werden.

(2) Die Genehmigungsbehörde kann in Einzelfällen Ausnahmen zulassen.

§ 8[2] Förderung der Verkehrsbedienung und Ausgleich der Verkehrsinteressen im öffentlichen Personennahverkehr. (1) [1] Öffentlicher Personennahverkehr im Sinne dieses Gesetzes ist die allgemein zugängliche Beförderung von Personen mit Straßenbahnen, Obussen und Kraftfahrzeugen im Linienverkehr, die überwiegend dazu bestimmt sind, die Verkehrsnachfrage im Stadt-, Vorort- oder Regionalverkehr zu befriedigen. [2] Das ist im Zweifel der Fall, wenn in der Mehrzahl der Beförderungsfälle eines Verkehrsmittels die gesamte Reiseweite 50 Kilometer oder die gesamte Reisezeit eine Stunde nicht übersteigt.

(2) Öffentlicher Personennahverkehr ist auch der Verkehr mit Taxen oder Mietwagen, der eine der in Absatz 1 genannten Verkehrsarten ersetzt, ergänzt oder verdichtet.

---

[1] § 5 eingef. mWv 1.2.2003 durch G v. 21.8.2002 (BGBl. I S. 3322).

[2] § 8 neu gef. mWv 1.1.1996 durch G v. 27.12.1993 (BGBl. I S. 2378); Abs. 3 Sätze 5–8 angef. durch G v. 26.8.1998 (BGBl. I S. 2521); Abs. 3 Sätze 3 und 4 eingef., bish. Sätze 3–8 werden Sätze 5–10 mWv 1.5.2002 durch G v. 27.4.2002 (BGBl. I S. 1467); Abs. 3 Satz 7 geänd. und Sätze 8–10 neu gef. mWv 1.7.2005 durch G v. 7.7.2005 (BGBl. I S. 1954); Abs. 3 und 4 neu gef., Abs. 3a und 3b eingef. mWv 1.1.2013 durch G v. 14.12.2012 (BGBl. I S. 2598); Abs. 3b Satz 3 geänd. mWv 30.6.2013 durch G v. 26.6.2013 (BGBl. I S. 1738).

(3) [1] Für die Sicherstellung einer ausreichenden Bedienung der Bevölkerung mit Verkehrsleistungen im öffentlichen Personennahverkehr sind die von den Ländern benannten Behörden (Aufgabenträger) zuständig. [2] Der Aufgabenträger definiert dazu die Anforderungen an Umfang und Qualität des Verkehrsangebotes, dessen Umweltqualität sowie die Vorgaben für die verkehrsmittelübergreifende Integration der Verkehrsleistungen in der Regel in einem Nahverkehrsplan. [3] Der Nahverkehrsplan hat die Belange der in ihrer Mobilität oder sensorisch eingeschränkten Menschen mit dem Ziel zu berücksichtigen, für die Nutzung des öffentlichen Personennahverkehrs bis zum 1. Januar 2022 eine vollständige Barrierefreiheit zu erreichen. [4] Die in Satz 3 genannte Frist gilt nicht, sofern in dem Nahverkehrsplan Ausnahmen konkret benannt und begründet werden. [5] Im Nahverkehrsplan werden Aussagen über zeitliche Vorgaben und erforderliche Maßnahmen getroffen. [6] Bei der Aufstellung des Nahverkehrsplans sind die vorhandenen Unternehmer frühzeitig zu beteiligen; soweit vorhanden sind Behindertenbeauftragte oder Behindertenbeiräte, Verbände der in ihrer Mobilität oder sensorisch eingeschränkten Fahrgäste und Fahrgastverbände anzuhören. [7] Ihre Interessen sind angemessen und diskriminierungsfrei zu berücksichtigen. [8] Der Nahverkehrsplan bildet den Rahmen für die Entwicklung des öffentlichen Personennahverkehrs. [9] Die Länder können weitere Einzelheiten über die Aufstellung und den Inhalt der Nahverkehrspläne regeln.

(3a) [1] Die Genehmigungsbehörde wirkt im Rahmen ihrer Befugnisse nach diesem Gesetz und unter Beachtung des Interesses an einer wirtschaftlichen Verkehrsgestaltung an der Erfüllung der dem Aufgabenträger nach Absatz 3 Satz 1 obliegenden Aufgabe mit. [2] Sie hat hierbei einen Nahverkehrsplan zu berücksichtigen, der unter den Voraussetzungen des Absatzes 3 Satz 6 zustande gekommen ist und vorhandene Verkehrsstrukturen beachtet.

(3b) [1] Für Vereinbarungen von Verkehrsunternehmen und für Beschlüsse und Empfehlungen von Vereinigungen dieser Unternehmen gilt § 1 des Gesetzes gegen Wettbewerbsbeschränkungen nicht, soweit sie dem Ziel dienen, für eine Integration der Nahverkehrsbedienung, insbesondere für Verkehrskooperationen, für die Abstimmung oder den Verbund der Beförderungsentgelte und für die Abstimmung der Fahrpläne, zu sorgen. [2] Sie bedürfen zu ihrer Wirksamkeit der Anmeldung bei der Genehmigungsbehörde. [3] Für Vereinigungen von Unternehmen, die Vereinbarungen, Beschlüsse und Empfehlungen im Sinne von Satz 1 treffen, gilt § 19 Absatz 1 in Verbindung mit Absatz 2 Nummer 1 des Gesetzes gegen Wettbewerbsbeschränkungen entsprechend. [4] Verfügungen der Kartellbehörde, die solche Vereinbarungen, Beschlüsse oder Empfehlungen betreffen, ergehen im Benehmen mit der zuständigen Genehmigungsbehörde.

(4) [1] Verkehrsleistungen im öffentlichen Personennahverkehr sind eigenwirtschaftlich zu erbringen. [2] Eigenwirtschaftlich sind Verkehrsleistungen, deren Aufwand gedeckt wird durch Beförderungserlöse, Ausgleichsleistungen auf der Grundlage von allgemeinen Vorschriften nach Artikel 3 Absatz 2 und 3 der Verordnung (EG) Nr. 1370/2007 des Europäischen Parlaments und des Rates vom 23. Oktober 2007 über öffentliche Personenverkehrsdienste auf Schiene und Straße und zur Aufhebung der Verordnungen (EWG) Nr. 1191/69 und (EWG) Nr. 1107/70 des Rates (ABl. L 315 vom 3.12.2007, S. 1) und sonstige Unternehmenserträge im handelsrechtlichen Sinne, soweit diese keine Ausgleichsleistungen für die Erfüllung gemeinwirtschaftlicher Verpflich-

tungen nach Artikel 3 Absatz 1 der Verordnung (EG) Nr. 1370/2007 darstellen und keine ausschließlichen Rechte gewährt werden. [3] Ausgleichszahlungen für die Beförderung von Personen mit Zeitfahrausweisen des Ausbildungsverkehrs nach § 45a sind aus dem Anwendungsbereich der Verordnung (EG) Nr. 1370/2007 ausgenommen.

§ 8a[1)] Vergabe öffentlicher Dienstleistungsaufträge. (1) [1] Soweit eine ausreichende Verkehrsbedienung für eine Gesamtleistung nach § 8a Absatz 2 Satz 4 oder für eine Teilleistung nicht entsprechend § 8 Absatz 4 Satz 1 möglich ist, ist die Verordnung (EG) Nr. 1370/2007 maßgebend. [2] Die zuständige Behörde im Sinne der Verordnung (EG) Nr. 1370/2007 (zuständige Behörde) kann zur Sicherstellung einer ausreichenden Verkehrsbedienung allgemeine Vorschriften im Sinne des Artikels 3 Absatz 2 und 3 der Verordnung (EG) Nr. 1370/2007 erlassen oder öffentliche Dienstleistungsaufträge nach Maßgabe des Artikels 3 Absatz 1 der Verordnung (EG) Nr. 1370/2007 erteilen. [3] Wer zuständige Behörde ist, richtet sich nach dem Landesrecht; sie soll grundsätzlich mit dem Aufgabenträger nach § 8 Absatz 3 identisch sein.

(2) [1] Sind öffentliche Dienstleistungsaufträge im Sinne der Verordnung (EG) Nr. 1370/2007 für den Verkehr mit Straßenbahnen, Obussen oder mit Kraftfahrzeugen zugleich öffentliche Aufträge im Sinne des § 103 des Gesetzes gegen Wettbewerbsbeschränkungen, gilt Teil 4 des Gesetzes gegen Wettbewerbsbeschränkungen. [2] Die zuständige Behörde ist auch in diesem Fall zur Veröffentlichung nach Artikel 7 Absatz 2 der Verordnung (EG) Nr. 1370/2007 (Vorabbekanntmachung) verpflichtet; die Veröffentlichung soll nicht früher als 27 Monate vor Betriebsbeginn erfolgen und hat den Hinweis auf die Antragsfrist in § 12 Absatz 6 zu enthalten. [3] In der Vorabbekanntmachung sollen die mit dem beabsichtigten Dienstleistungsauftrag verbundenen Anforderungen für Fahrplan, Beförderungsentgelt und Standards angegeben werden. [4] Es kann angegeben werden, inwieweit eine Vergabe als Gesamtleistung beabsichtigt ist (Netz, Teilnetz, Linienbündel, Linie). [5] Die Angaben können auch durch Verweis auf bestimmte Inhalte des Nahverkehrsplans im Sinne des § 8 Absatz 3 oder durch Verweis auf andere öffentlich zugängliche Dokumente geleistet werden.

(3) Die zuständige Behörde ist unter den in der Verordnung (EG) Nr. 1370/2007 genannten Voraussetzungen befugt, Verkehrsleistungen im Nahverkehr nach Artikel 5 Absatz 2 der Verordnung (EG) Nr. 1370/2007 selbst zu erbringen oder nach Artikel 5 Absatz 2 und 4 der Verordnung (EG) Nr. 1370/2007 direkt zu vergeben.

(4) [1] Bei der Vergabe eines öffentlichen Dienstleistungsauftrages nach Artikel 5 Absatz 3 und 4 der Verordnung (EG) Nr. 1370/2007 für den Verkehr mit Straßenbahnen, Obussen oder mit Kraftfahrzeugen sind die Interessen des Mittelstandes angemessen zu berücksichtigen. [2] Bei der Vergabe eines öffentlichen Dienstleistungsauftrages nach Artikel 5 Absatz 3 der Verordnung (EG) Nr. 1370/2007 sind Leistungen in Lose aufgeteilt zu vergeben.

(5) [1] Beabsichtigt die zuständige Behörde, Verkehrsleistungen im Nahverkehr selbst zu erbringen oder nach Artikel 5 Absatz 2 oder 4 der Verordnung (EG) Nr. 1370/2007 direkt zu vergeben, so hat sie interessierte Unternehmer

---

[1)] § 8a eingef. mWv 1.1.2013 durch G v. 14.12.2012 (BGBl. I S. 2598); Abs. 2 Satz 1 und Abs. 7 Satz 1 geänd. mWv 18.4.2016 durch G v. 17.2.2016 (BGBl. I S. 203).

auf Antrag über die Gründe für die beabsichtigte Entscheidung zu informieren. [2] Der Antrag ist innerhalb einer Frist von sechs Monaten nach der Vorabbekanntmachung zu stellen.

(6) Die Unternehmen können verlangen, dass die zuständige Behörde die Bestimmungen über die Vergabe öffentlicher Dienstleistungsaufträge einhält.

(7) [1] Die Vergabe eines öffentlichen Dienstleistungsauftrages nach Artikel 5 Absatz 2 bis 5 der Verordnung (EG) Nr. 1370/2007 für den Verkehr mit Straßenbahnen, Obussen oder Kraftfahrzeugen unterliegt der Nachprüfung nach Teil 4 Kapitel 2 des Gesetzes gegen Wettbewerbsbeschränkungen. [2] Die Prüfungsmöglichkeiten der Aufsichtsbehörde der zuständigen Behörde bleiben unberührt.

(8) [1] Die zuständige Behörde im Sinne der Verordnung (EG) Nr. 1370/2007 kann in dem öffentlichen Dienstleistungsauftrag ein ausschließliches Recht im Sinne von Artikel 2 Buchstabe f der Verordnung (EG) Nr. 1370/2007 gewähren. [2] Das ausschließliche Recht darf sich nur auf den Schutz der Verkehrsleistungen beziehen, die Gegenstand des öffentlichen Dienstleistungsauftrages sind. [3] Die zuständige Behörde bestimmt hierbei den räumlichen und zeitlichen Geltungsbereich sowie die Art der Personenverkehrsdienstleistungen, die unter Ausschluss anderer Betreiber zu erbringen sind. [4] Dabei dürfen solche Verkehre, die das Fahrgastpotenzial der geschützten Verkehre nur unerheblich beeinträchtigen, nicht ausgeschlossen werden.

§ 8b[1)] Wettbewerbliches Vergabeverfahren. (1) Ein wettbewerbliches Vergabeverfahren nach Artikel 5 Absatz 3 der Verordnung (EG) Nr. 1370/2007 muss die Anforderungen nach den Absätzen 2 bis 7 erfüllen.

(2) [1] Die Bekanntmachung über das vorgesehene wettbewerbliche Vergabeverfahren muss allen in Betracht kommenden Bietern zugänglich sein. [2] Sie kann auf der Internetseite www.bund.de veröffentlicht werden. [3] Die Bekanntmachung muss alle für die Teilnahme an dem Vergabeverfahren erforderlichen Informationen enthalten, insbesondere Informationen über

1. den vorgesehenen Ablauf des wettbewerblichen Vergabeverfahrens,
2. vorzulegende Nachweise der Fachkunde, Zuverlässigkeit und Leistungsfähigkeit (Eignungsnachweis),
3. Anforderungen an die Übermittlung von Unterlagen sowie
4. Zuschlagskriterien einschließlich deren vorgesehener Gewichtung.

(3) [1] Die Dienstleistungen sind eindeutig und umfassend zu beschreiben, sodass alle in Betracht kommenden Bieter die Beschreibung im gleichen Sinne verstehen müssen und miteinander vergleichbare Angebote zu erwarten sind. [2] Fristen sind unter Berücksichtigung der Komplexität der Dienstleistungen angemessen zu setzen.

(4) [1] Die Teilnehmer an dem wettbewerblichen Vergabeverfahren sind gleich zu behandeln. [2] Der Zuschlag ist auf das unter Berücksichtigung aller Umstände wirtschaftlichste Angebot zu erteilen.

---

1) § 8b eingef. mWv 1.1.2013 durch G v. 14.12.2012 (BGBl. I S. 2598); Abs. 7 Satz 2 geänd. mWv 18.4.2016 durch G v. 17.2.2016 (BGBl. I S. 203).

(5) Werden Unteraufträge zugelassen, kann vorgegeben werden, dass die Übertragung von Unteraufträgen nach wettbewerblichen Grundsätzen vorzunehmen ist.

(6) [1] Das Vergabeverfahren ist vom Beginn fortlaufend zu dokumentieren. [2] Alle wesentlichen Entscheidungen sind zu begründen.

(7) [1] Der Aufgabenträger hat die nicht berücksichtigten Bieter über den Namen des ausgewählten Unternehmens, über die Gründe für ihre Nichtberücksichtigung und über den frühesten Zeitpunkt der Beauftragung unverzüglich zu informieren. [2] Die §§ 134 und 135 des Gesetzes gegen Wettbewerbsbeschränkungen gelten entsprechend.

II. Genehmigung

§ 9[1]) Umfang der Genehmigung. (1) Die Genehmigung wird erteilt

1. bei einem Verkehr mit Straßenbahnen für den Bau, den Betrieb und die Linienführung,
2. bei einem Verkehr mit Obussen für den Bau, den Betrieb und die Linienführung,
3. bei einem Linienverkehr mit Kraftfahrzeugen für die Einrichtung, die Linienführung und den Betrieb,
4. bei einem Gelegenheitsverkehr mit Kraftomnibussen für den Betrieb,
5. bei einem Gelegenheitsverkehr mit Personenkraftwagen für die Form des Gelegenheitsverkehrs und den Betrieb mit bestimmten Kraftfahrzeugen unter Angabe ihrer amtlichen Kennzeichen.

(2) Soweit es die Zielsetzung des § 8 erfordert, kann in den Fällen des Absatzes 1 Nr. 1 bis 3 die Genehmigung für eine Linie oder für mehrere Linien gebündelt erteilt werden.

(3) (weggefallen)

§ 10 Entscheidung in Zweifelsfällen. Entstehen Zweifel darüber, ob eine Personenbeförderung den Vorschriften dieses Gesetzes unterliegt oder welcher Verkehrsart oder Verkehrsform ein Verkehr zugehört oder wer Unternehmer im Sinne des § 3 Abs. 1 und 2 ist, so entscheidet die für den Sitz des Unternehmers zuständige, von der Landesregierung bestimmte Behörde.

§ 11[2]) Genehmigungsbehörden. (1) Die Genehmigung erteilt die von der Landesregierung bestimmte Behörde.

---

[1]) § 9 Abs. 2 eingef. mWv 1.1.1996 durch G v. 27.12.1993 (BGBl. I S. 2378); Abs. 1 Nr. 4 neu gef., Nr. 5 angef. und Abs. 4 aufgeh. mWv 1.9.2007 durch G v. 14.8.2006 (BGBl. I S. 1962).

[2]) § 11 Abs. 3 Satz 3 geänd. durch G v. 27.12.1993 (BGBl. I S. 2378); Abs. 4 Satz 2 geänd. mWv 7.11.2001 durch VO v. 29.10.2001 (BGBl. I S. 2785); Abs. 4 Satz 2 geänd. mWv 8.11.2006 durch VO v. 31.10.2006 (BGBl. I S. 2407); Abs. 4 Satz 2 geänd. mWv 8.9.2015 durch VO v. 31.8.2015 (BGBl. I S. 1474).

(2) Zuständig ist

1. bei einem Straßenbahn-, Obusverkehr oder einem Linienverkehr mit Kraftfahrzeugen die Genehmigungsbehörde, in deren Bezirk der Verkehr ausschließlich betrieben werden soll,
2. bei einem Gelegenheitsverkehr mit Kraftfahrzeugen die Genehmigungsbehörde, in deren Bezirk der Unternehmer seinen Sitz oder seine Niederlassung im Sinne des Handelsrechts hat.

(3) [1] Soll ein Straßenbahn-, Obusverkehr oder ein Linienverkehr mit Kraftfahrzeugen in den Bezirken mehrerer Genehmigungsbehörden desselben Landes betrieben werden, so ist die Genehmigungsbehörde zuständig, in deren Bezirk die Linie ihren Ausgangspunkt hat. [2] Bestehen Zweifel über die Zuständigkeit, so wird die zuständige Genehmigungsbehörde von der von der Landesregierung bestimmten Behörde benannt. [3] Die zuständige Genehmigungsbehörde trifft ihre Entscheidung im Einvernehmen mit den an der Linienführung beteiligten Genehmigungsbehörden; Genehmigungsbehörden, deren Bezirke im Transit durchfahren werden, sind nicht zu beteiligen. [4] Kommt ein Einvernehmen nicht zustande, so entscheidet die von der Landesregierung bestimmte Behörde.

(4) [1] Soll ein Straßenbahn-, Obusverkehr oder Linienverkehr mit Kraftfahrzeugen in mehreren Ländern betrieben werden, so ist Absatz 3 Satz 1 und 3 entsprechend anzuwenden. [2] Bestehen zwischen den beteiligten Ländern Zweifel über die Zuständigkeit und kommt eine Einigung der obersten Landesverkehrsbehörden darüber nicht zustande, so entscheidet auf Antrag einer beteiligten obersten Landesverkehrsbehörde das Bundesministerium für Verkehr und digitale Infrastruktur. [3] Das gleiche gilt, wenn über die Entscheidung eines Genehmigungsantrages zwischen den Genehmigungsbehörden der beteiligten Länder ein Einvernehmen nicht hergestellt und auch ein Einvernehmen zwischen den obersten Landesverkehrsbehörden darüber nicht erzielt werden kann.

§ 12[1)] Antragstellung. (1) [1] Der Antrag auf Erteilung der Genehmigung soll enthalten

1. in allen Fällen
   a) Namen sowie Wohn- und Betriebssitz des Antragstellers, bei natürlichen Personen außerdem Geburtstag und Geburtsort,
   b) Angaben darüber, ob der Antragsteller bereits eine Genehmigung für eine Verkehrsart besitzt oder besessen hat,
   c) eine Darstellung der Maßnahmen zur Erreichung der möglichst weitreichenden barrierefreien Nutzung des beantragten Verkehrs entsprechend den Aussagen im Nahverkehrsplan (§ 8 Abs. 3 Satz 3),
   d) Beginn und Ende der beantragten Geltungsdauer,
   e) gegebenenfalls den Nachweis über einen öffentlichen Dienstleistungsauftrag im Sinne von Artikel 3 Absatz 1 der Verordnung (EG) Nr. 1370/2007;

[1)] § 12 Abs. 1 Nr. 1 Buchst. b geänd. und Buchst. c angef. mWv 1.5.2002 durch G v. 27.4.2002 (BGBl. I S. 1467); Abs. 1 Nr. 1 Buchst. c geänd. Nr. 1 Buchst. d und 1 Buchst. e und Satz 2 und Abs. 5–8 angef., Abs. 1a eingef. mWv 1.1.2013 durch G v. 14.12.2012 (BGBl. I S. 2598).

2. bei einem Straßenbahn- oder Obusverkehr
   a) eine Übersichtskarte, in der die beantragte Strecke mit Haltestellen und alle in dem Verkehrsgebiet bereits vorhandenen Schienenbahnen, Obuslinien, Kraftfahrzeuglinien und Schiffahrtslinien, letztere soweit sie dem Berufsverkehr dienen, eingezeichnet sind,
   b) Beförderungsentgelte und Fahrplan,
   c) auf Verlangen der Genehmigungsbehörde einen Bauplan mit Kostenanschlag sowie Beschreibung der Anlage, Angaben über die höchste und tiefste Lage des Fahrdrahts, Längs- und Querschnitte sowie Pläne für notwendige Änderungen an öffentlichen Straßen, Beschreibung der Fahrzeuge einschließlich der Schaltpläne und der Betriebsweise;
3. bei einem Linienverkehr mit Kraftfahrzeugen
   a) eine Übersichtskarte in der unter Nummer 2 Buchstabe a beschriebenen Form,
   b) die Länge der Linie, bei Unterwegsbedienung auch der Teilstrecken, in Kilometern,
   c) Angaben über die Zahl, die Art und das Fassungsvermögen (Sitz- und Stehplätze) der zu verwendenden Fahrzeuge,
   d) Beförderungsentgelte und Fahrplan;
4. bei einem Gelegenheitsverkehr mit Kraftfahrzeugen
   a) Verkehrsform des Gelegenheitsverkehrs (§ 46),
   b) Angaben über die Zahl, die Art und das Fassungsvermögen (Sitzplätze) der zu verwendenden Fahrzeuge.

[2] Bei einem Personenfernverkehr (§ 42a Satz 1) genügt abweichend von Satz 1 Nummer 3 Buchstabe a eine Übersichtskarte, in der die beantragte Strecke mit Haltestellen eingezeichnet ist und abweichend von Satz 1 Nummer 3 Buchstabe d der Fahrplan.

(1a) Um bestimmte Standards des beantragten Verkehrs verbindlich zuzusichern, kann der Antragsteller dem Genehmigungsantrag weitere Bestandteile hinzufügen, die als verbindliche Zusicherungen zu bezeichnen sind.

(2) Dem Antrag sind Unterlagen beizufügen, die ein Urteil über die Zuverlässigkeit des Antragstellers und die Sicherheit und Leistungsfähigkeit des Betriebs ermöglichen.

(3) [1] Die Genehmigungsbehörde kann weitere Angaben und Unterlagen, insbesondere Vorlage eines polizeilichen Führungszeugnisses, verlangen. [2] Sie hat bei einem Antrag auf Erteilung der Genehmigung von Linien- oder Gelegenheitsverkehr mit Kraftfahrzeugen das Kraftfahrt-Bundesamt um Auskunft über den Antragsteller zu ersuchen.

(4) [1] Das Genehmigungsverfahren soll im Falle des § 3 Abs. 3 erst dann eingeleitet werden, wenn auch der Antrag auf Erteilung der Genehmigung für den Betrieb vorliegt. [2] Die Verfahren sind nach Möglichkeit miteinander zu verbinden.

(5) [1] Der Antrag auf Erteilung einer Genehmigung für einen eigenwirtschaftlichen Verkehr mit Straßenbahnen, Obussen oder Kraftfahrzeugen im Linienverkehr ist spätestens zwölf Monate vor dem Beginn des beantragten Geltungszeitraums zu stellen. [2] Die Genehmigungsbehörde kann verspätete Anträge zulassen, wenn kein genehmigungsfähiger Antrag gestellt worden ist.

[3] Die Genehmigungsbehörde kann andere Termine setzen. [4] Sie muss hierauf in der Bekanntmachung nach § 18 hinweisen. [5] Danach sind Ergänzungen und Änderungen von Anträgen nur dann zulässig, wenn sie von der Genehmigungsbehörde im öffentlichen Verkehrsinteresse angeregt worden sind.

(6) [1] Beabsichtigt die zuständige Behörde die Vergabe eines öffentlichen Dienstleistungsauftrages nach Artikel 5 Absatz 2 bis 4 der Verordnung (EG) Nr. 1370/2007 oder nach dem Vierten Teil des Gesetzes gegen Wettbewerbsbeschränkungen, ist der Antrag auf Erteilung einer Genehmigung für einen eigenwirtschaftlichen Verkehr mit Straßenbahnen, Obussen oder Kraftfahrzeugen im Linienverkehr spätestens drei Monate nach der Vorabbekanntmachung zu stellen. [2] Die Genehmigungsbehörde kann im Einvernehmen mit dem Aufgabenträger verspätete Anträge zulassen. [3] Das Einvernehmen des Aufgabenträgers nach Satz 2 gilt als erteilt, wenn der von dem Aufgabenträger beauftragte Verkehr den im Rahmen der Vorabbekanntmachung gesetzten Anforderungen nach § 8a Absatz 2 Satz 3 bis 5 nicht entspricht.

(7) [1] Der Antrag auf Erteilung einer Genehmigung für Verkehr mit Straßenbahnen, Obussen oder Kraftfahrzeugen im Linienverkehr im Sinne von § 8a Absatz 1 Satz 1 in Verbindung mit Artikel 3 Absatz 1 der Verordnung (EG) Nr. 1370/2007 soll spätestens sechs Monate vor dem Beginn der beantragten Geltungsdauer gestellt werden. [2] Die Genehmigungsbehörde kann auf Antrag die Frist verkürzen.

(8) Die Absätze 5 und 6 gelten nicht für den Personenfernverkehr (§ 42a Satz 1).

§ 13[1)] Voraussetzung der Genehmigung. (1) [1] Die Genehmigung darf nur erteilt werden, wenn

1. die Sicherheit und die Leistungsfähigkeit des Betriebs gewährleistet sind,
2. keine Tatsachen vorliegen, die die Unzuverlässigkeit des Antragstellers als Unternehmer oder der für die Führung der Geschäfte bestellten Personen dartun,
3. der Antragsteller als Unternehmer oder die für die Führung der Geschäfte bestellte Person fachlich geeignet ist und
4. der Antragsteller und die von ihm mit der Durchführung von Verkehrsleistungen beauftragten Unternehmer ihren Betriebssitz oder ihre Niederlassung im Sinne des Handelsrechts im Inland haben.

[2] Die fachliche Eignung nach Satz 1 Nr. 3 wird durch eine angemessene Tätigkeit in einem Unternehmen des Straßenpersonenverkehrs oder durch Ablegung einer Prüfung nachgewiesen.

(1a) Abweichend von Absatz 1 darf beim Verkehr mit Kraftomnibussen die Genehmigung nur erteilt werden, wenn die Anforderungen nach Artikel 3 Absatz 1 der Verordnung (EG) Nr. 1071/2009 des Europäischen Parlaments und des Rates vom 21. Oktober 2009 zur Festlegung gemeinsamer Regeln

---

[1)] § 13 Abs. 2 Nr. 2 Buchst. c und Abs. 3 geänd., Abs. 2a eingef. mWv 1.1.1996 durch G v. 27.12.1993 (BGBl. I S. 2378); Abs. 2a geänd. mWv 1.5.2002 durch G v. 27.4.2002 (BGBl. I S. 1467); Abs. 1 neu gef. mWv 18.8.2006 durch G v. 14.8.2006 (BGBl. I S. 1962); Abs. 1a eingef. mWv 26.11.2011 durch G v. 22.11.2011 (BGBl. I S. 2272); Abs. 2 neu gef., Abs. 2a Satz 1 und Abs. 3 2. Halbs.geänd., Abs. 2a Sätze 2–6 angef., Abs. 2b und 2c eingef.,mWv 1.1.2013 durch G v. 14.12.2012 (BGBl. I S. 2598).

für die Zulassung zum Beruf des Kraftverkehrsunternehmers und zur Aufhebung der Richtlinie 96/26/EG des Rates (ABl. L 300 vom 14.11.2009, S. 51) erfüllt sind.

(2) [1] Beim Straßenbahn-, Obusverkehr und Linienverkehr mit Kraftfahrzeugen ist die Genehmigung zu versagen, wenn

1. der Verkehr auf Straßen durchgeführt werden soll, die sich aus Gründen der Verkehrssicherheit oder wegen ihres Bauzustandes hierfür nicht eignen,
2. der beantragte Verkehr ein ausschließliches Recht im Sinne von Artikel 2 Buchstabe f der Verordnung (EG) Nr. 1370/2007 verletzt, das von der zuständigen Behörde nach § 8a Absatz 1 in einem öffentlichen Dienstleistungsauftrag nach Artikel 3 Absatz 1 der Verordnung (EG) Nr. 1370/2007 unter Beachtung der in § 8a Absatz 8 genannten Voraussetzungen gewährt wurde,
3. durch den beantragten Verkehr die öffentlichen Verkehrsinteressen beeinträchtigt werden, insbesondere
   a) der Verkehr mit den vorhandenen Verkehrsmitteln befriedigend bedient werden kann,
   b) der beantragte Verkehr ohne eine wesentliche Verbesserung der Verkehrsbedienung Verkehrsaufgaben wahrnehmen soll, die vorhandene Unternehmen oder Eisenbahnen bereits wahrnehmen,
   c) die für die Bedienung dieses Verkehrs vorhandenen Unternehmen oder Eisenbahnen bereit sind, die notwendige Ausgestaltung des Verkehrs innerhalb einer von der Genehmigungsbehörde festzusetzenden Frist und, soweit es sich um öffentlichen Personennahverkehr handelt, unter den Voraussetzungen des § 8 Absatz 3 selbst durchzuführen oder
   d) der beantragte Verkehr einzelne ertragreiche Linien oder ein Teilnetz aus einem vorhandenen Verkehrsnetz oder aus einem im Nahverkehrsplan im Sinne des § 8 Absatz 3 festgelegten Linienbündel herauslösen würde.

[2] Satz 1 Nummer 2 und 3 gilt nicht für den Personenfernverkehr (§ 42a Satz 1).

(2a) [1] Im öffentlichen Personennahverkehr kann die Genehmigung versagt werden, wenn der beantragte Verkehr mit einem Nahverkehrsplan im Sinne des § 8 Abs. 3 nicht in Einklang steht. [2] Die Genehmigung ist zu versagen, wenn ein in der Frist nach § 12 Absatz 6 gestellter Antrag die in der Vorabbekanntmachung beschriebenen Anforderungen nicht erfüllt oder sich nur auf Teilleistungen bezieht, es sei denn, die zuständige Behörde erteilt gegenüber der Genehmigungsbehörde ihr Einvernehmen zu den beantragten Abweichungen. [3] Die Genehmigung ist zu erteilen, wenn der beantragte und in seinen Bestandteilen verbindlich zugesicherte Verkehr mindestens dem bisherigen Verkehrsangebot entspricht und darüber hinaus von den in der Vorabbekanntmachung beschriebenen weitergehenden Anforderungen zur Sicherstellung der ausreichenden Verkehrsbedienung nur unwesentlich abweicht. [4] Als wesentlich gelten grundsätzlich Abweichungen von Anforderungen zu Linienweg und Haltestellen, zu Bedienungshäufigkeit und Bedienungszeitraum, zur Abstimmung der Fahrpläne und zur Barrierefreiheit. [5] Das Gleiche gilt für Anforderungen zur Anwendung verbundener Beförderungstarife und Beförderungsbedingungen, für die ein Ausgleich nach der Verordnung (EG) Nr. 1370/2007 gezahlt werden soll. [6] Sofern diese Abweichungen Anforderungen betreffen, die über das bisherige Verkehrsangebot hinausgehen, sind sie nur dann wesentlich, wenn der Unternehmer, der diesen Verkehr bisher betrieben hat, hierzu angehört wurde und diese Anforderungen für die ausreichende Verkehrsbedienung erforderlich sind.

(2b) [1] Werden im öffentlichen Personennahverkehr mehrere Anträge gestellt, die sich ganz oder zum Teil auf die gleiche oder im Wesentlichen gleiche Verkehrsleistung beziehen, so ist die Auswahl des Unternehmers danach vorzunehmen, wer die beste Verkehrsbedienung anbietet. [2] Hierbei sind insbesondere die Festlegungen eines Nahverkehrsplans im Sinne des § 8 Absatz 3 zu berücksichtigen.

(2c) Auf Antrag des Aufgabenträgers ist die Genehmigungsbehörde verpflichtet, die Erfüllung der in den Absätzen 1, 1a und 2 Satz 1 Nummer 1 genannten Voraussetzungen bereits im Verfahren der Vergabe eines öffentlichen Dienstleistungsauftrages zu prüfen.

(3) Ist ein Verkehr von einem Unternehmer jahrelang in einer dem öffentlichen Verkehrsinteresse entsprechenden Weise betrieben worden, so ist dieser Umstand, im öffentlichen Personennahverkehr unter den Voraussetzungen des § 8 Abs. 3, angemessen zu berücksichtigen; das gilt auch im Falle des Absatzes 2 Nummer 3.

(4) [1] Beim Verkehr mit Taxen ist die Genehmigung zu versagen, wenn die öffentlichen Verkehrsinteressen dadurch beeinträchtigt werden, daß durch die Ausübung des beantragten Verkehrs das örtliche Taxengewerbe in seiner Funktionsfähigkeit bedroht wird. [2] Hierbei sind für den Bezirk der Genehmigungsbehörde insbesondere zu berücksichtigen

1. die Nachfrage nach Beförderungsaufträgen im Taxenverkehr,
2. die Taxendichte,
3. die Entwicklung der Ertrags- und Kostenlage unter Einbeziehung der Einsatzzeit,
4. die Anzahl und Ursachen der Geschäftsaufgaben.

[3] Zur Feststellung der Auswirkungen früher erteilter Genehmigungen auf die öffentlichen Verkehrsinteressen soll die Genehmigungsbehörde vor der Entscheidung über neue Anträge einen Beobachtungszeitraum einschalten. [4] Der Beobachtungszeitraum soll höchstens ein Jahr seit der letzten Erteilung einer Genehmigung betragen.

(5) [1] Bei der Erteilung der Genehmigung für den Taxenverkehr sind Neubewerber und vorhandene Unternehmer angemessen zu berücksichtigen. [2] Innerhalb der Gruppen sollen die Antragsteller nach der zeitlichen Reihenfolge des Eingangs der Anträge berücksichtigt werden. [3] Ein Antragsteller wird unabhängig vom Zeitpunkt der Antragstellung nachrangig behandelt, wenn er

1. das Taxengewerbe nicht als Hauptbeschäftigung zu betreiben beabsichtigt,
2. sein Unternehmen nicht als Hauptbeschäftigung betrieben hat oder innerhalb der letzten acht Jahre ganz oder teilweise veräußert oder verpachtet hat oder
3. seiner Betriebspflicht nicht ordnungsgemäß nachgekommen ist.

[4] Einem Antragsteller darf jeweils nur eine Genehmigung erteilt werden, sofern nicht mehr Genehmigungen erteilt werden können, als Antragsteller

vorhanden sind. [5]Die Genehmigung ist Neubewerbern für die Dauer von zwei Jahren zu erteilen; die aus der Genehmigung erwachsenden Rechte und Pflichten dürfen während dieses Zeitraumes nicht übertragen werden.

(6) Bei juristischen Personen des öffentlichen Rechts gelten die Genehmigungsvoraussetzungen nach Absatz 1 als gegeben.

(7) Bei der Genehmigung in den Fällen des § 2 Abs. 2 Nr. 2 und 3 sind die Absätze 2, 4 und 5 Satz 1, 2, 4 und 5 nicht anzuwenden.

§ 13a[1] *(aufgehoben)*

§ 14[2] **Anhörungsverfahren.** (1) [1]Vor der Entscheidung über den Antrag auf Erteilung der Genehmigung für die Beförderung von Personen mit Straßenbahnen, Obussen oder mit Kraftfahrzeugen im Linienverkehr hat die Genehmigungsbehörde

1. die Unternehmer, die im Einzugsbereich des beantragten Verkehrs Eisenbahn-, Straßenbahn-, Obusverkehr oder Linienverkehr mit Kraftfahrzeugen betreiben, zu hören;
2. die Stellungnahmen der im Einzugsbereich des beantragten Verkehrs liegenden Gemeinden, bei kreisangehörigen Gemeinden auch der Landkreise, der Aufgabenträger und der Verbundorganisationen, soweit diese Aufgaben für die Aufgabenträger oder Unternehmer wahrnehmen, der örtlich zuständigen Träger der Straßenbaulast, der nach Landesrecht zuständigen Planungsbehörden und der für Gewerbeaufsicht zuständigen Behörden sowie anderer Behörden, deren Aufgaben durch den Antrag berührt werden, einzuholen;
3. die Industrie- und Handelskammern, die betroffenen Fachgewerkschaften und die Fachverbände der Verkehrtreibenden gutachtlich zu hören; sie kann auch weitere Stellen hören.

[2]Bei einem Antrag auf Erteilung einer Genehmigung für einen eigenwirtschaftlichen Verkehr mit Straßenbahnen, Obussen oder Kraftfahrzeugen im Linienverkehr ist das Anhörungsverfahren erst nach dem Ablauf der Antragsfrist in § 12 Absatz 5 oder 6 durchzuführen.

(2) [1]Vor der Entscheidung über den Antrag auf Erteilung einer Genehmigung für die Beförderung von Personen mit Kraftfahrzeugen im Gelegenheitsverkehr hat die Genehmigungsbehörde die Gemeinde, in deren Gebiet der Betriebssitz des Unternehmers liegt, die nach Landesrecht für die Gewerbeaufsicht zuständige Behörde, die Industrie- und Handelskammer, die Fachgewerkschaften und Verkehrsverbände gutachtlich zu hören. [2]Sie kann auch weitere Stellen hören.

(3) [1]Die Genehmigungsbehörde kann von der Durchführung des Anhörungsverfahrens absehen, wenn sie aus eigener Kenntnis der Sachlage dem Antrag nicht entsprechen will oder in den Fällen des § 2 Abs. 2 die Durchführung des Anhörungsverfahrens nicht zur Sachverhaltsaufklärung erforder-

---

[1] § 13a aufgeh. mWv 1.1.2013 durch G v. 14.12.2012 (BGBl. I S. 2598).

[2] § 14 Abs. 1 Nr. 2, Abs. 2 Satz 1 und Abs. 5 geänd., Abs. 4 neu gef. durch G v. 27.12.1993 (BGBl. I S. 2378); Abs. 3 Satz 1 neu gef. mWv 26.8.2006 durch G v. 22.8.2006 (BGBl. I S. 1970); Überschr. neu gef., Abs. 1 Nr. 2 neu gef., Abs. 1 Satz 2 und Abs. 5 Satz 2 angef., Abs. 3 Satz 1 geänd. mWv 1.1.2013 durch G v. 14.12.2012 (BGBl. I S. 2598).

lich ist. 2 Wird bei einem Gelegenheitsverkehr mit Kraftfahrzeugen ein Kraftfahrzeugaustausch beantragt, ist davon abzusehen.

(4) 1 Die in den Absätzen 1 und 2 genannten Personen und Stellen können sich zu dem Antrag schriftlich gegenüber der Genehmigungsbehörde äußern. 2 Stellungnahmen sind zu berücksichtigen, wenn diese binnen zwei Wochen, nachdem die Behörde die Vorgenannten über den Antrag in Kenntnis gesetzt hat, bei der Behörde eingehen.

(5) 1 Bei Anträgen auf Erteilung einer Genehmigung für grenzüberschreitende Gelegenheitsverkehre oder für Transitverkehre sind die Absätze 1 bis 4 nicht anzuwenden. 2 Bei Anträgen auf Erteilung einer Genehmigung für einen Personenfernverkehr (§ 42a Satz 1) sind nach Absatz 1 Satz 1 Nummer 1 nur die Unternehmer zu hören, deren Rechte nach § 13 Absatz 2 berührt sein können; Absatz 1 Satz 1 Nummer 3 ist nicht anzuwenden.

§ 15[1)] Erteilung und Versagung der Genehmigung. (1) 1 Die Entscheidung über den Antrag erfolgt schriftlich; sie ist den Antragstellern und, soweit diese Einwendungen erhoben haben, auch den in § 14 Abs. 1 Nr. 1 und 2 genannten Personen und Stellen zuzustellen. 2 Über den Antrag ist innerhalb von 3 Monaten nach Eingang bei der Genehmigungsbehörde zu entscheiden. 3 Kann die Prüfung des Antrags in dieser Zeit nicht abgeschlossen werden, ist die Frist vor ihrem Ablauf in einem den Antragstellern mitzuteilenden Zwischenbescheid um den Zeitraum zu verlängern, der notwendig ist, um die Prüfung abschließen zu können. 4 Die Verlängerung der in Satz 2 bezeichneten Frist darf höchstens 3 Monate betragen. 5 Die Genehmigung gilt als erteilt, wenn sie nicht innerhalb der Frist versagt wird. 6 Die Frist für eine Entscheidung über einen Antrag auf Erteilung einer Genehmigung für einen Verkehr mit Straßenbahnen, Obussen oder Kraftfahrzeugen im Linienverkehr beginnt frühestens mit dem ersten Kalendertag nach dem Ablauf der Antragsfrist in § 12 Absatz 5 oder 6.

(2) 1 Ist die Entscheidung über den Antrag unanfechtbar geworden, wird dem Antragsteller eine Genehmigungsurkunde erteilt. 2 Einer juristischen Person darf die Genehmigungsurkunde erst ausgehändigt werden, wenn die Eintragung in das Register nachgewiesen ist.

(3) 1 Die Genehmigung kann unter Bedingungen und Auflagen erteilt werden, sofern sich diese Nebenbestimmungen im Rahmen des Gesetzes und der auf Grund dieses Gesetzes erlassenen Rechtsverordnungen halten. 2 Wurden dem Genehmigungsantrag weitere Bestandteile im Sinne des § 12 Absatz 1a hinzugefügt, so ist deren Einhaltung durch eine Auflage zur Genehmigung abzusichern, in deren Kontrolle die zuständige Behörde auf ihren Wunsch eingebunden werden kann.

(4) Die Genehmigung darf nicht vorläufig oder mit einem Vorbehalt des Widerrufs erteilt werden.

(5) Die Genehmigungsbehörde hat die zuständige Berufsgenossenschaft von der Erteilung der Genehmigung zu unterrichten.

[1)] § 15 Abs. 1 Sätze 2–5 angef. durch G v. 27.12.1993 (BGBl. I S. 2378). Nach Art. 11 Abs. 1 Satz 2 dieses G sind die Vorschriften auf Genehmigungsverfahren, die bis zum 31.12.1993 eingeleitet worden sind, ab 1.1.1995 anzuwenden; Abs. 5 Satz 2 aufgeh. mWv 15.12.2010 durch G v. 8.12.2010 (BGBl. I S. 1864); Abs. 1 Satz 6 und Abs. 3 Satz 2 angef. mWv 1.1.2013 durch G v. 14.12.2012 (BGBl. I S. 2598).

§ 16[1] Geltungsdauer der Genehmigung. (1) [1] Die Geltungsdauer der Genehmigung für Straßenbahn- und Obusverkehr beträgt höchstens 15 Jahre. [2] Sie kann unter den Voraussetzungen des Artikels 4 Absatz 3 Satz 2 und Absatz 4 der Verordnung (EG) Nr. 1370/2007 für einen längeren Zeitraum festgelegt werden. [3] Bei Wiedererteilung der Genehmigung ist die Geltungsdauer so zu bemessen, dass die Genehmigung mit Vereinbarungen und Entscheidungen über die Benutzung öffentlicher Straßen nach § 31 Absatz 2 und 5 in Einklang steht. [4] Ist die beantragte Verkehrsleistung Gegenstand eines öffentlichen Dienstleistungsauftrages im Sinne von Artikel 3 Absatz 1 der Verordnung (EG) Nr. 1370/2007, darf die Geltungsdauer der Genehmigung die Laufzeit des öffentlichen Dienstleistungsauftrages nicht überschreiten.

(2) [1] Die Geltungsdauer der Genehmigung für Linienverkehr mit Kraftfahrzeugen ist unter Berücksichtigung der öffentlichen Verkehrsinteressen zu bemessen. [2] Sie beträgt höchstens zehn Jahre. [3] Die Genehmigung kann unter den Voraussetzungen des Artikels 4 Absatz 3 Satz 2 der Verordnung (EG) Nr. 1370/2007 für einen längeren Zeitraum festgelegt werden. [4] Ist die beantragte Verkehrsleistung Gegenstand eines öffentlichen Dienstleistungsauftrages im Sinne von Artikel 3 Absatz 1 der Verordnung (EG) Nr. 1370/2007, darf die Geltungsdauer der Genehmigung die Laufzeit des öffentlichen Dienstleistungsauftrages nicht überschreiten. [5] Im öffentlichen Personennahverkehr ist § 8 Absatz 3 zu beachten.

(3) [1] Weicht im öffentlichen Personennahverkehr ein Genehmigungsantrag für einen eigenwirtschaftlichen Verkehr wesentlich vom bisherigen Verkehrsangebot ab und sichert die zuständige Behörde der Genehmigungsbehörde die Vergabe eines dem bisherigen Verkehrsangebot entsprechenden öffentlichen Dienstleistungsauftrages zu, so ist die Geltungsdauer der Genehmigung so zu bemessen, dass sie zu dem Zeitpunkt endet, den die zuständige Behörde als Zeitpunkt der geplanten Betriebsaufnahme des zugesicherten Verkehrs angibt. [2] Setzt die zuständige Behörde ihre Zusicherung nicht um, so ist die Geltungsdauer der Genehmigung unter Beachtung der Absätze 1 und 2 neu festzusetzen.

(4) Die Geltungsdauer der Genehmigungen für Gelegenheitsverkehr mit Kraftomnibussen beträgt höchstens zehn Jahre und für sonstigen Gelegenheitsverkehr mit Kraftfahrzeugen höchstens fünf Jahre.

§ 17[2][3] Genehmigungsurkunde. (1) Die Genehmigungsurkunde muß enthalten:

1. Name, Wohn- und Betriebssitz des Unternehmers,
2. Bezeichnung der Verkehrsart, für die die Genehmigung erteilt wird, im Gelegenheitsverkehr mit Personenkraftwagen auch der Verkehrsform,

---

[1] § 16 Abs. 2 Satz 3 angef. mWv 1.1.1996 durch G v. 27.12.1993 (BGBl. I S. 2378); Abs. 3 geänd. mWv 18.8.2006 durch G v. 14.8.2006 (BGBl. I S. 1962); Abs. 3 neu gef. mWv 26.11.2011 durch G v. 22.11.2011 (BGBl. I S. 2272); Abs. 1 und 2 neu gef., neuer Abs. 3 eingef., bish. Abs. 3 wird Abs. 4 mWv 1.1.2013 durch G v. 14.12.2012 (BGBl. I S. 2598).

[2] § 17 Abs. 3 neu gef. und Abs. 4 Satz 1 geänd. mWv 18.8.2006 durch G v. 14.8.2006 (BGBl. I S. 1962); Abs. 1 Nr. 2 und 8, Abs. 2 Sätze 1 und 2 geänd. mWv 1.9.2007 durch G v. 14.8.2006 (BGBl. I S. 1962); Abs. 3 neu gef. mWv 14.9.2007 durch G v. 7.9.2007 (BGBl. I S. 2246); Abs. 3 geänd. mWv 26.11.2011 durch G v. 22.11.2011 (BGBl. I S. 2272).

[3] Siehe hierzu ua:
die VwV zum PersonenbeförderungsG (Nr. **401**).

3. Geltungsdauer der Genehmigung,
4. etwaige Bedingungen und Auflagen,
5. Bezeichnung der Aufsichtsbehörde,
6. bei Straßenbahn- oder Obusverkehr die Linienführung und im Falle des § 28 Abs. 4 einen Hinweis auf den Vorbehalt,
7. bei Linienverkehr mit Kraftfahrzeugen die Linienführung,
8. bei Gelegenheitsverkehr mit Personenkraftwagen die amtlichen Kennzeichen der einzusetzenden Kraftfahrzeuge.

(2) [1] Im Falle eines Austausches von Kraftfahrzeugen im Gelegenheitsverkehr mit Personenkraftwagen hat der Unternehmer die Genehmigungsurkunde der Genehmigungsbehörde zur Ergänzung vorzulegen. [2] Das gleiche gilt, wenn der Unternehmer ein Kraftfahrzeug nicht mehr im Gelegenheitsverkehr mit Personenkraftwagen einsetzt.

(3) Die Erteilung der Genehmigung kann nur durch die Genehmigungsurkunde oder eine amtliche Ausfertigung oder im Falle des Gelegenheitsverkehrs mit Kraftomnibussen durch eine beglaubigte Kopie der Gemeinschaftslizenz nach Artikel 4 der Verordnung (EG) Nr. 1073/2009 des Europäischen Parlaments und des Rates vom 21. Oktober 2009 über gemeinsame Regeln für den Zugang zum grenzüberschreitenden Personenkraftverkehrsmarkt und zur Änderung der Verordnung (EG) Nr. 561/2006 (ABl. L 300 vom 14.11.2009, S. 88) und die den Zusatz „Gilt auch als Genehmigung für die Beförderung im innerdeutschen Gelegenheitsverkehr" enthält, nachgewiesen werden.

(4) [1] Im Gelegenheitsverkehr mit Kraftfahrzeugen ist die Genehmigungsurkunde oder eine gekürzte amtliche Ausfertigung oder eine beglaubigte Kopie der Gemeinschaftslizenz während der Fahrt mitzuführen und auf Verlangen den zuständigen Personen zur Prüfung auszuhändigen. [2] Im Linienverkehr mit Kraftfahrzeugen gilt Satz 1 nur, wenn die Genehmigungsurkunde eine entsprechende Auflage enthält.

(5) [1] Ist eine Genehmigung anders als durch Fristablauf ungültig geworden, ist die Genehmigungsurkunde unverzüglich einzuziehen. [2] Ist dies nicht möglich, ist sie auf Kosten des Unternehmers für kraftlos zu erklären.

§ 18[1] **Informationspflicht der Genehmigungsbehörde.** (1) [1] Die Genehmigungsbehörde hat ein Verzeichnis aller Genehmigungen, die im öffentlichen Personennahverkehr für den Verkehr mit Straßenbahnen, Obussen oder Kraftfahrzeugen im Linienverkehr bestehen, am Ende jedes Kalenderjahres im Amtsblatt der Europäischen Union bekannt zu machen. [2] Die Bekanntmachung muss folgende Angaben enthalten:
1. die Linienführung,
2. die Geltungsdauer,
3. einen Hinweis darauf, dass der Antrag auf Genehmigung für den weiteren Betrieb des Verkehrs in den Fristen des § 12 Absatz 5 Satz 1 oder Absatz 6 Satz 1 gestellt werden kann.

---

[1] § 18 neu gef. mWv 1.1.2013 durch G v. 14.12.2012 (BGBl. I S. 2598).

(2) [1] In die Bekanntmachung nach Absatz 1 können die nach Artikel 7 Absatz 2 der Verordnung (EG) Nr. 1370/2007 und die nach § 8a Absatz 2 Satz 2 dieses Gesetzes vorgeschriebenen Informationen der zuständigen Behörde aufgenommen werden. [2] In diesem Fall ist die dreimonatige Frist für den Antrag auf Genehmigung eines Verkehrs abweichend von § 12 Absatz 6 Satz 1 besonders festzulegen.

§ 19 Tod des Unternehmers. (1) Nach dem Tode des Unternehmers kann der Erbe den Betrieb vorläufig weiterführen oder diese Befugnis auf einen Dritten übertragen; das gleiche gilt für den Testamentsvollstrecker, Nachlaßpfleger oder Nachlaßverwalter während einer Testamentsvollstreckung, Nachlaßpflegschaft oder Nachlaßverwaltung.

(2) [1] Die Befugnis erlischt, wenn nicht der Erbe oder der Dritte binnen drei Monaten nach Ablauf der für die Ausschlagung der Erbschaft vorgesehenen Frist oder die in Absatz 1 zweiter Halbsatz genannten Personen binnen drei Monaten nach der Annahme ihres Amtes oder ihrer Bestellung die Genehmigung beantragt haben; ein in der Person des Erben wirksam gewordener Fristablauf wirkt auch gegen den Nachlaßverwalter. [2] Bei der Prüfung des Genehmigungsantrages ist § 13 Abs. 2 und 4 nicht anzuwenden. [3] Wird dem Antrag stattgegeben, so ist als Zeitpunkt des Ablaufs der Genehmigung der Tag zu bestimmen, an dem die Genehmigung des Rechtsvorgängers abgelaufen sein würde.

(3) [1] Bei Unternehmern mit Betriebspflicht nach § 21 hat die Genehmigungsbehörde dafür zu sorgen, daß der Betrieb keine Unterbrechung erfährt. [2] Wird der Betrieb von den in Absatz 1 genannten Personen nicht vorläufig weitergeführt, so kann die Genehmigungsbehörde für die Übergangszeit zur Aufrechterhaltung des Betriebs eine einstweilige Erlaubnis nach § 20 an einen anderen erteilen.

(4) [1] Im Falle der Erwerbs- oder Geschäftsunfähigkeit des Unternehmers oder der für die Führung der Geschäfte bestellten Person darf ein Dritter das Unternehmen bis zu einem Jahr weiterführen. [2] In ausreichend begründeten Sonderfällen kann diese Frist um sechs Monate verlängert werden.

§ 20[1)] [2)] Einstweilige Erlaubnis. (1) [1] Wenn eine sofortige Einrichtung, Erweiterung oder wesentliche Änderung eines Linienverkehrs mit Kraftfahrzeugen im öffentlichen Verkehrsinteresse liegt, kann die Genehmigungsbehörde, in deren Bezirk der Verkehr betrieben werden soll, dem Antragsteller eine widerrufliche einstweilige Erlaubnis erteilen; die Voraussetzungen des § 13 Abs. 1 oder Absatz 1a müssen vorliegen. [2] Die Erteilung ist auch den in § 14 Abs. 1 Nr. 1 genannten Unternehmern bekanntzugeben.

(2) [1] Die einstweilige Erlaubnis wird schriftlich erteilt. [2] Sie muß enthalten

1. den Hinweis auf diese Vorschrift mit einem Zusatz, daß die einstweilige Erlaubnis einen Anspruch auf Erteilung einer Genehmigung nicht begründet,

---

1) § 20 Abs. 1 Satz 1 2. Halbs. geänd., Abs. 3 Satz 2 eingef., bish. Sätze 2 und 3 werden Sätze 3 und 4 mWv 1.1.2013 durch G v. 14.12.2012 (BGBl. I S. 2598).

2) Siehe hierzu ua:
die VwV zum PersonenbeförderungsG (Nr. **401**).

2. Name, Wohn- und Betriebssitz des Unternehmers,
3. Geltungsdauer,
4. etwaige Bedingungen und Auflagen,
5. Linienführung.

(3) [1] Die einstweilige Erlaubnis erlischt nach sechs Monaten, soweit sie nicht vorher widerrufen wird. [2] In den Fällen des Artikels 5 Absatz 5 der Verordnung (EG) Nr. 1370/2007 kann die einstweilige Erlaubnis auf bis zu zwei Jahre befristet werden. [3] Sie begründet keinen Anspruch auf Erteilung einer Genehmigung. [4] § 15 Abs. 3 und 5 gilt entsprechend.

(4) § 17 Abs. 3, 4 und 5 gilt entsprechend.

§ 20a (weggefallen)

§ 21[1] Betriebspflicht. (1) [1] Der Unternehmer ist verpflichtet, den ihm genehmigten Betrieb aufzunehmen und während der Geltungsdauer der Genehmigung den öffentlichen Verkehrsinteressen und dem Stand der Technik entsprechend aufrechtzuerhalten. [2] Gegenstand der Betriebspflicht sind alle Bestandteile der Genehmigung und die nach § 12 Absatz 1a zugesicherten Bestandteile des Genehmigungsantrages.

(2) Die Genehmigungsbehörde kann dem Unternehmer für die Aufnahme des Betriebs eine Frist setzen.

(3) [1] Im öffentlichen Personennahverkehr kann die Genehmigungsbehörde dem Unternehmer auferlegen, den von ihm betriebenen Verkehr zu erweitern oder zu ändern, wenn die öffentlichen Verkehrsinteressen es erfordern und es dem Unternehmer unter Berücksichtigung seiner wirtschaftlichen Lage, einer ausreichenden Verzinsung und Tilgung des Anlagekapitals und der notwendigen technischen Entwicklung zugemutet werden kann. [2] Für das Verfahren gelten die §§ 14, 15 und 17 entsprechend.

(4) [1] Die Genehmigungsbehörde kann den Unternehmer auf seinen Antrag von der Verpflichtung nach Absatz 1 für den gesamten oder einen Teil des von ihm betriebenen Verkehrs vorübergehend oder auf Dauer entbinden, wenn ihm die Erfüllung der Betriebspflicht nicht mehr möglich ist oder ihm dies unter Berücksichtigung seiner wirtschaftlichen Lage, einer ausreichenden Verzinsung und Tilgung des Anlagekapitals und der notwendigen technischen Entwicklung nicht mehr zugemutet werden kann. [2] Eine Entbindung von der Verpflichtung nach Absatz 1 für einen Teil des vom Unternehmer betriebenen Verkehrs darf darüber hinaus in der Regel nur vorgenommen werden, wenn das öffentliche Verkehrsinteresse nicht entgegensteht. [3] Für Bestandteile des Genehmigungsantrages, die vom Unternehmer nach § 12 Absatz 1a verbindlich zugesichert wurden, bleibt die Erfüllung der Betriebspflicht in der Regel zumutbar. [4] Bis zur Entscheidung über den Antrag hat der Unternehmer den Verkehr aufrechtzuerhalten. [5] Die Genehmigungsbehörde informiert die zuständige Behörde über eine beabsichtigte Entbindung so rechtzeitig, dass diese eine Notmaßnahme nach Artikel 5 Absatz 5 der Verordnung (EG) Nr. 1370/2007 ergreifen kann.

---

[1] § 21 Abs. 4 Satz 1 geänd. und Satz 2 eingef., bish. Satz 2 wird Satz 3 mWv 1.1.1996 durch G v. 27.12.1993 (BGBl. I S. 2378); Abs. 1 Satz 2 und Abs. 5 angef., Abs. 3 Satz 1 und Abs. 4 neu gef. mWv 1.1.2013 durch G v. 14.12.2012 (BGBl. I S. 2598).

(5) [1] Im Personenfernverkehr (§ 42a Satz 1) kann der Unternehmer unbeschadet des Absatzes 4 der Genehmigungsbehörde anzeigen, dass er den Verkehr einstellen will. [2] In diesem Fall endet die Betriebspflicht drei Monate nach Eingang der Anzeige bei der Genehmigungsbehörde.

§ 22 Beförderungspflicht. Der Unternehmer ist zur Beförderung verpflichtet, wenn

1. die Beförderungsbedingungen eingehalten werden,
2. die Beförderung mit den regelmäßig eingesetzten Beförderungsmitteln möglich ist und
3. die Beförderung nicht durch Umstände verhindert wird, die der Unternehmer nicht abwenden und denen er auch nicht abhelfen kann.

§ 23[1)] Haftung für Sachschäden. Der Unternehmer kann die Haftung für Sachschäden gegenüber jeder beförderten Person nur insoweit ausschließen, als der Schaden 1 000 Euro übersteigt und nicht auf Vorsatz oder grober Fahrlässigkeit beruht.

§ 24 (weggefallen)

§ 25[2)] Widerruf der Genehmigung. (1) [1] Die Genehmigungsbehörde hat die Genehmigung zu widerrufen, wenn

1. nicht mehr alle Voraussetzungen des § 13 Absatz 1 Satz 1 Nummer 1 bis 3 vorliegen,
2. bei eigenwirtschaftlichen Verkehren die Betriebspflichten nachhaltig nicht erfüllt werden oder
3. bei Verkehren nach § 8a Absatz 1 Satz 2 in Verbindung mit Artikel 3 Absatz 1 der Verordnung (EG) Nr. 1370/2007 nach Feststellung der zuständigen Behörde kein wirksamer öffentlicher Dienstleistungsauftrag mehr besteht.

[2] Die erforderliche Zuverlässigkeit des Unternehmers ist insbesondere nicht mehr gegeben, wenn in seinem Verkehrsunternehmen trotz schriftlicher Mahnung die der Verkehrssicherheit dienenden Vorschriften nicht befolgt werden oder den Verpflichtungen zuwidergehandelt wird, die dem Unternehmer nach diesem Gesetz oder nach den auf Grund dieses Gesetzes erlassenen Rechtsvorschriften obliegen.

(2) Die Genehmigungsbehörde kann die Genehmigung widerrufen, wenn die Voraussetzungen des § 13 Absatz 1 Satz 1 Nummer 4 nicht mehr vorliegen oder der Unternehmer die ihm gesetzlich obliegenden arbeitsrechtlichen, sozialrechtlichen oder die sich aus seinem Unternehmen ergebenden steuerrechtlichen Verpflichtungen wiederholt nicht erfüllt oder in schwerwiegender Weise dagegen verstoßen hat.

---

1) § 23 geänd. mWv 1.1.2002 durch G v. 15.12.2001 (BGBl. I S. 3762).

2) § 25 Abs. 1 Satz 1 und Abs. 2 geänd., Abs. 3 neu gef. mWv 18.8.2006 durch G v. 14.8.2006 (BGBl. I S. 1962); Abs. 3 Satz 2 geänd. mWv 1.1.2013 durch G v. 29.7.2009 (BGBl. I S. 2258); Abs. 3a eingef., Abs. 4 geänd. mWv 26.11.2011 durch G v. 22.11.2011 (BGBl. I S. 2272); Abs. 1 Satz 1 neu gef., Abs. 2 und 3 Satz 1 geänd. mWv 1.1.2013 durch G v. 14.12.2012 (BGBl. I S. 2598).

(3) [1] Auf Verlangen der Genehmigungsbehörde hat der Unternehmer den Nachweis zu führen, dass die Voraussetzungen des § 13 Absatz 1 Satz 1 Nummer 4 vorliegen und die sonst in Absatz 2 bezeichneten Verpflichtungen erfüllt werden. [2] Die Finanzbehörden dürfen den Genehmigungsbehörden Mitteilung über die wiederholte Nichterfüllung der sich aus dem Unternehmen ergebenden steuerrechtlichen Verpflichtungen oder die Abgabe der Vermögensauskunft nach § 284 der Abgabenordnung machen.

(3a) [1] Soweit beim Verkehr mit Kraftomnibussen eine Genehmigung nicht nach Artikel 13 Absatz 3 der Verordnung (EG) Nr. 1071/2009 zu entziehen ist, hat die zuständige Behörde die Genehmigung zu widerrufen, wenn nachträglich Tatsachen eintreten, die zur Versagung der Berufszulassung hätten führen müssen. [2] Artikel 13 Absatz 1 der Verordnung (EG) Nr. 1071/2009 ist entsprechend anzuwenden. [3] Absatz 3 Satz 2 gilt entsprechend.

(4) Die Absätze 1 bis 3a sind auf den Widerruf der Genehmigung für die Übertragung der Betriebsführung entsprechend anzuwenden.

§ 25a[1)] Untersagung von Personenkraftverkehrsgeschäften. [1] Rechtfertigen Tatsachen die Annahme, dass beim Verkehr mit Kraftomnibussen der Unternehmer oder der Verkehrsleiter die Voraussetzungen hinsichtlich der Zuverlässigkeit nach Artikel 6 der Verordnung (EG) Nr. 1071/2009 nicht erfüllt, kann dem Unternehmer oder dem Verkehrsleiter die Führung von Personenkraftverkehrsgeschäften untersagt werden. [2] Das Untersagungsverfahren kann unabhängig von einem Verfahren auf Widerruf der Genehmigung durchgeführt werden. [3] Auf Antrag ist dem Unternehmer oder dem Verkehrsleiter die Führung von Personenkraftverkehrsgeschäften von der Behörde, die die Führung von Personenkraftverkehrsgeschäften untersagt hat, wieder zu gestatten, wenn Tatsachen die Annahme rechtfertigen, dass eine Unzuverlässigkeit im Sinne des Satzes 1 nicht mehr vorliegt. [4] Vor Ablauf eines Jahres nach Bestandskraft der Untersagungsverfügung kann die Wiederaufnahme der Führung von Personenkraftverkehrsgeschäften nur gestattet werden, wenn hierfür besondere Gründe vorliegen.

§ 26 Erlöschen der Genehmigung. Die Genehmigung erlischt

1. bei einem Straßenbahn-, Obusverkehr oder Linienverkehr mit Kraftfahrzeugen sowie einem Taxenverkehr, wenn der Unternehmer
   a) den Betrieb nicht innerhalb der ihm von der Genehmigungsbehörde gesetzten Frist aufgenommen hat oder
   b) von der Verpflichtung zur Aufrechterhaltung des gesamten ihm genehmigten Verkehrs dauernd entbunden wird,
2. beim Taxenverkehr, wenn der Unternehmer seinen Betriebssitz in eine andere Gemeinde verlegt.

§ 27 Zwangsmaßnahmen. Das Verwaltungszwangsverfahren richtet sich, soweit dieses Gesetz von Behörden der Länder ausgeführt wird, nach den landesrechtlichen Vorschriften.

---

1) § 25a eingef. mWv 26.11.2011 durch G v. 22.11.2011 (BGBl. I S. 2272).

III. Sonderbestimmungen für die einzelnen Verkehrsarten

A. Straßenbahnen

§ 28[1)] Planfeststellung und vorläufige Anordnung. (1) [1]Betriebsanlagen für Straßenbahnen dürfen nur gebaut oder geändert werden, wenn der Plan vorher festgestellt ist. [2]Bei der Planfeststellung sind die von dem Vorhaben berührten öffentlichen und privaten Belange einschließlich der Umweltverträglichkeit im Rahmen der Abwägung zu berücksichtigen. [3]Für das Planfeststellungsverfahren gelten die §§ 72 bis 78 des Verwaltungsverfahrensgesetzes nach Maßgabe dieses Gesetzes. [4]Die Maßgaben gelten entsprechend, soweit das Planfeststellungsverfahren landesrechtlich durch ein Verwaltungsverfahrensgesetz geregelt ist. [5]Wird eine bestehende Betriebsanlage einer Straßenbahn erneuert, liegt nur dann eine Änderung im Sinne von Satz 1 vor, wenn der Grundriss oder der Aufriss der Betriebsanlage oder beides wesentlich geändert wird.

(1a) [1]Für folgende Einzelmaßnahmen, die den Bau oder die Änderung von Betriebsanlagen für Straßenbahnen vorsehen, bedarf es keiner vorherigen Planfeststellung oder Plangenehmigung, sofern keine Pflicht zur Durchführung einer Umweltverträglichkeitsprüfung besteht:

1. Ausstattung einer Bahnstrecke mit einer Oberleitung,
2. die im Rahmen der Digitalisierung einer Straßenbahnstrecke erforderlichen Baumaßnahmen,
3. der barrierefreie Umbau, die Erhöhung oder Verlängerung von Bahnsteigen und
4. die Errichtung von Schallschutzwänden zur Lärmsanierung.

[2]Für die in Satz 1 genannten Einzelmaßnahmen ist keine weitere baurechtliche Zulassung erforderlich; landesrechtliche Regelungen bleiben unberührt. [3]Werden durch das Vorhaben private oder öffentliche Belange einschließlich der Belange der Umwelt berührt, kann der Unternehmer die Feststellung des Planes nach Absatz 1 Satz 1 beantragen. [4]Ungeachtet dessen hat sich der Unternehmer vor Durchführung einer Einzelmaßnahme im Sinne des Satzes 1 Nummer 1 und 2 durch das Bundesamt für Infrastruktur, Umweltschutz und Dienstleitungen der Bundeswehr vor der Durchführung bestätigen zu lassen, dass keine militärischen Belange entgegenstehen. [5]Kann für das Vorhaben die Pflicht zur Durchführung einer Umweltverträglichkeitsprüfung bestehen, hat der Unternehmer bei der Planfeststellungsbehörde den Antrag nach § 5 Absatz 1 Satz 2 Nummer 1 des Gesetzes über die Umweltverträglichkeitsprüfung zu stellen. [6]Satz 1 Nummer 1 und 2 ist nur anzuwenden, wenn die zuständige Behörde feststellt, dass Vorgaben über die Errichtung und über wesentliche Änderungen von Anlagen eingehalten sind, die in einer elektrische, magnetische oder elektromagnetische Felder betreffenden und aufgrund von § 23 Absatz 1 Satz 1 Nummer 1, 2 und 4 in Verbindung mit § 48b des Bundes-

[1)] § 28 Abs. 1 Satz 2 neu gef., Abs. 1a eingef., Abs. 3 Satz 1 und Abs. 4 Satz 1 geänd. durch G v. 17.12.1993 (BGBl. I S. 2123); Abs. 1a Satz 1 und Abs. 2 neu gef. mWv 3.8.2001 durch G v. 27.7. 2001 (BGBl. I S. 1950); Überschrift neu gef., Abs. 1 Satz 1 geänd., Sätze 3 und 4 angef., Abs. 1a aufgeh., Abs. 2 neu gef., Abs. 3 Satz 1 geänd., Abs. 3a eingef., Abs. 4 Satz 1 geänd. mWv 13.3.2020 durch G v. 3.3.2020 (BGBl. I S. 433); Abs. 1 Satz 5 und Abs. 5 angef., Abs. 1a eingef., Abs. 3a Satz 1 Nr. 3 sowie Sätze 6 und 8 geänd. mWv 10.12.2020 durch G v. 3.12.2020 (BGBl. I S. 2694).

Immissionsschutzgesetzes in der Fassung der Bekanntmachung vom 26. September 2002 erlassenen Rechtsverordnung enthalten sind.

(2) [1] Abweichend von § 74 Absatz 6 Satz 1 Nummer 3 des Verwaltungsverfahrensgesetzes kann für ein Vorhaben, für das nach dem Gesetz über die Umweltverträglichkeitsprüfung eine Umweltverträglichkeitsprüfung durchzuführen ist, an Stelle eines Planfeststellungsbeschlusses eine Plangenehmigung erteilt werden. [2] § 29 Absatz 1a Satz 1 gilt entsprechend. [3] Im Übrigen findet das Gesetz über die Umweltverträglichkeitsprüfung mit Ausnahme des § 21 Absatz 3 Anwendung.

(3) [1] Bebauungspläne nach § 9 des Baugesetzbuches ersetzen die Planfeststellung nach Absatz 1 und die Plangenehmigung nach § 74 Absatz 6 des Verwaltungsverfahrensgesetzes, sofern darin Betriebsanlagen für Straßenbahnen ausgewiesen sind. [2] Ist eine Ergänzung der Betriebsanlagen notwendig, ein Bebauungsplan unvollständig oder soll von Festsetzungen des Bebauungsplanes abgewichen werden, ist insoweit die Planfeststellung durchzuführen. [3] Es gelten die §§ 40 und 43 Abs. 1, 2, 4 und 5 sowie § 44 Abs. 1 bis 4 des Baugesetzbuches. [4] § 29 Abs. 3 ist nicht anzuwenden.

(3a) [1] Ist das Planfeststellungsverfahren eingeleitet, kann die Planfeststellungsbehörde nach Anhörung der betroffenen Gemeinde eine vorläufige Anordnung erlassen, in der vorbereitende Maßnahmen oder Teilmaßnahmen zum Bau oder zur Änderung festgesetzt werden,

1. soweit es sich um reversible Maßnahmen handelt,
2. wenn an dem vorzeitigen Beginn ein öffentliches Interesse besteht,
3. wenn mit einer Entscheidung zugunsten des Unternehmers gerechnet werden kann und
4. wenn die nach § 74 Absatz 2 des Verwaltungsverfahrensgesetzes zu berücksichtigenden Interessen gewahrt werden.

[2] In der vorläufigen Anordnung sind die Auflagen zur Sicherung der nach Satz 1 Nummer 4 zu wahrenden Interessen und der Umfang der vorläufig zulässigen Maßnahmen festzulegen. [3] Sie ist den anliegenden Gemeinden sowie den Beteiligten zuzustellen oder öffentlich bekannt zu machen. [4] Sie ersetzt nicht die Planfeststellung. [5] § 32 bleibt unberührt. [6] Soweit die vorbereitenden Maßnahmen oder Teilmaßnahmen zum Bau oder zur Änderung durch die Planfeststellung für unzulässig erklärt sind, ordnet die Planfeststellungsbehörde gegenüber dem Unternehmer an, den früheren Zustand wiederherzustellen. [7] Dies gilt auch, wenn der Antrag auf Planfeststellung zurückgenommen wurde. [8] Der Betroffene ist durch den Unternehmer zu entschädigen, soweit die Wiederherstellung des früheren Zustandes nicht möglich oder mit unverhältnismäßig hohem Aufwand verbunden oder ein Schaden eingetreten ist, der durch die Wiederherstellung des früheren Zustandes nicht ausgeglichen wird. [9] Rechtsbehelfe gegen die vorläufige Anordnung haben keine aufschiebende Wirkung; ein Vorverfahren findet nicht statt.

(4) [1] Eine Genehmigung nach § 9 Abs. 1 Nr. 1 darf nur erteilt werden vorbehaltlich einer nach den Absätzen 1 bis 3 erforderlichen Planfeststellung oder einer Plangenehmigung oder vorbehaltlich einer nach § 74 Absatz 7 Nummer 2 des Verwaltungsverfahrensgesetzes getroffenen Vereinbarung. [2] Das Planfeststellungsverfahren kann gleichzeitig mit dem Genehmigungsverfahren durchgeführt werden.

(5) [1] Unterhaltungsmaßnahmen bedürfen keiner vorherigen Planfeststellung oder Plangenehmigung. [2] Unterhaltungsmaßnahmen sind Arbeiten zur Erhaltung oder Wiederherstellung der Funktionstätigkeit einer bestehenden Betriebsanlage einschließlich der Anpassung an geltendes Recht oder die anerkannten Regeln der Technik.

§ 28a[1)] Veränderungssperre; Vorkaufsrecht. (1) [1] Sobald der Plan ausgelegt oder andere Gelegenheit gegeben ist, den Plan einzusehen, dürfen auf den vom Plan betroffenen Flächen bis zu ihrer Inanspruchnahme wesentlich wertsteigernde oder die geplanten Baumaßnahmen erheblich erschwerende Veränderungen nicht vorgenommen werden (Veränderungssperre). [2] Veränderungen, die in rechtlich zulässiger Weise vorher begonnen worden sind, Unterhaltungsarbeiten und die Fortführung einer bisher ausgeübten Nutzung werden davon nicht berührt. [3] Unzulässige Veränderungen bleiben bei der Anordnung von Vorkehrungen und Anlagen und im Entschädigungsverfahren unberücksichtigt.

(2) Dauert die Veränderungssperre über vier Jahre, können die Eigentümer für die dadurch entstandenen Vermögensnachteile Entschädigung verlangen.

(3) In den Fällen des Absatzes 1 Satz 1 steht dem Unternehmer an den betroffenen Flächen ein Vorkaufsrecht zu.

§ 28b[2)] Projektmanager. [1] Die Anhörungsbehörde kann einen Dritten mit der Vorbereitung und Durchführung von Verfahrensschritten, insbesondere

1. der Erstellung von Verfahrensleitplänen unter Bestimmung von Verfahrensabschnitten und Zwischenterminen,
2. der Fristenkontrolle,
3. der Koordinierung von erforderlichen Sachverständigengutachten,
4. dem Entwurf eines Anhörungsberichts,
5. der ersten Auswertung der eingereichten Stellungnahmen,
6. der organisatorischen Vorbereitung eines Erörterungstermins und
7. der Leitung eines Erörterungstermins

auf Vorschlag oder mit Zustimmung des Unternehmers und auf dessen Kosten beauftragen. [2] § 73 Absatz 9 des Verwaltungsverfahrensgesetzes bleibt unberührt. [3] Die Entscheidung über den Planfeststellungsantrag verbleibt bei der zuständigen Behörde.

§ 28c[3)] Veröffentlichung im Internet. [1] Wird der Plan nicht nach § 27a Absatz 1 des Verwaltungsverfahrensgesetzes oder § 20 des Gesetzes über die Umweltverträglichkeitsprüfung zugänglich gemacht, ist dieser vom Unternehmer zur Bürgerinformation über das Internet zugänglich zu machen. [2] § 23 des Gesetzes über die Umweltverträglichkeitsprüfung gilt entsprechend. [3] Maßgeblich ist der Inhalt des im Rahmen des Genehmigungsverfahrens zur Einsicht ausgelegten Plans. [4] Hierauf ist bei der Zugänglichmachung hinzuweisen.

[1)] § 28a eingef. durch G v. 17.12.1993 (BGBl. I S. 2123).

[2)] § 28b eingef. mWv 13.3.2020 durch G v. 3.3.2020 (BGBl. I S. 433); Satz 1 abschl. Satzteil geänd. mWv 10.12.2020 durch G v. 3.12.2020 (BGBl. I S. 2694).

[3)] § 28c eingef. mWv 13.3.2020 durch G v. 3.3.2020 (BGBl. I S. 433); Satz 1 geänd. mWv 10.12.2020 durch G v. 3.12.2020 (BGBl. I S. 2694).

§ 29[1)] Planfeststellungsbehörde. (1) [1]Planfeststellungsbehörde ist die Genehmigungsbehörde nach § 11. [2]Diese stellt den Plan nach § 28 Absatz 1 fest, erteilt die Plangenehmigung nach § 28 Absatz 2 und § 74 Absatz 6 des Verwaltungsverfahrensgesetzes oder trifft die Entscheidung nach § 74 Absatz 7 des Verwaltungsverfahrensgesetzes.

(1a) Für das Anhörungsverfahren gilt § 73 des Verwaltungsverfahrensgesetzes mit folgenden Maßgaben:

1. Die Anhörungsbehörde kann von einer Erörterung im Sinne des § 73 Absatz 6 des Verwaltungsverfahrensgesetzes und des § 18 Absatz 1 Satz 4 des Gesetzes über die Umweltverträglichkeitsprüfung absehen. Findet keine Erörterung statt, so hat die Anhörungsbehörde ihre Stellungnahme innerhalb von sechs Wochen nach Ablauf der Einwendungsfrist abzugeben und zusammen mit den sonstigen in § 73 Absatz 9 des Verwaltungsverfahrensgesetzes aufgeführten Unterlagen der Planfeststellungsbehörde zuzuleiten.
2. Soll ein ausgelegter Plan geändert werden, so kann im Regelfall von der Erörterung im Sinne des § 73 Absatz 6 des Verwaltungsverfahrensgesetzes und des § 18 Absatz 1 Satz 4 des Gesetzes über die Umweltverträglichkeitsprüfung abgesehen werden.

(2) Werden Einwendungen gegen den Plan mit der Begründung erhoben, daß öffentliche Interessen im Bereich von Bundesbehörden oder von Behörden, die im Auftrag des Bundes tätig werden, beeinträchtigt werden und kommt eine Einigung zwischen der Planfeststellungsbehörde und den genannten Behörden nicht zustande, entscheidet die Planfeststellungsbehörde im Benehmen mit dem Bundesministerium für Verkehr und digitale Infrastruktur.

(3) Kommt eine Einigung über Einwendungen nichtbundeseigener Eisenbahnen oder von Bergbahnunternehmen nicht zustande, hat die Planfeststellungsbehörde die Entscheidung der von der Landesregierung bestimmten Behörde einzuholen und der Planfeststellung zugrunde zu legen.

(4) Für die Rechtswirkungen der Planfeststellung und Plangenehmigung gilt § 75 des Verwaltungsverfahrensgesetzes mit folgenden Maßgaben:

1. Wird mit der Durchführung des Plans nicht innerhalb von fünf Jahren nach Eintritt der Unanfechtbarkeit begonnen, so tritt er außer Kraft, es sei denn, er wird vorher auf Antrag des Unternehmer von der Planfeststellungsbehörde um höchstens fünf Jahre verlängert.
2. Vor der Entscheidung nach Nummer 1 ist eine auf den Antrag begrenzte Anhörung nach dem für die Planfeststellung oder für die Plangenehmigung vorgeschriebenen Verfahren durchzuführen.
3. Für die Zustellung und Auslegung sowie die Anfechtung der Entscheidung über die Verlängerung sind die Bestimmungen über den Planfeststellungsbeschluss entsprechend anzuwenden.
4. Wird eine Planergänzung oder ein ergänzendes Verfahren nach § 75 Absatz 1a Satz 2 des Verwaltungsverfahrensgesetzes erforderlich und unverzüglich be-

---

[1)] § 29 Abs. 1 Satz 2 und Abs. 4–8 angef., Abs. 1a eingef. durch G v. 17.12.1993 (BGBl. I S. 2123); Abs. 2 geänd. mWv 7.11.2001 durch VO v. 29.10.2001 (BGBl. I S. 2785); Abs. 2 geänd. mWv 8.11.2006 durch VO v. 31.10.2006 (BGBl. I S. 2407); Abs. 2 geänd. mWv 8.9.2015 durch VO v. 31.8.2015 (BGBl. I S. 1474); Abs. 1a Satz 1 Nr. 5 geänd. mWv 29.7.2017 durch G v. 20.7.2017 (BGBl. I S. 2808); Abs. 1 Satz 2 und Abs. 1a, 4, 5 und 7 neu gef., Abs. 8 aufgeh. mWv 13.3.2020 durch G v. 3.3.2020 (BGBl. I S. 433); Abs. 4 Nr. 1 geänd., Nr. 4 angef. mWv 10.12.2020 durch G v. 3.12.2020 (BGBl. I S. 2694).

trieben, bleibt die Durchführung des Vorhabens insoweit zulässig, als es von der Planergänzung oder dem Ergebnis des ergänzenden Verfahrens offensichtlich nicht berührt ist.

(5) [1] Für die Planergänzung und das ergänzende Verfahren im Sinne des § 75 Absatz 1a Satz 2 des Verwaltungsverfahrensgesetzes und für die Planänderung vor Fertigstellung des Vorhabens gilt § 76 des Verwaltungsverfahrensgesetzes mit der Maßgabe, dass im Falle des § 76 Absatz 1 des Verwaltungsverfahrensgesetzes von einer Erörterung im Sinne des § 73 Absatz 6 des Verwaltungsverfahrensgesetzes und des § 18 Absatz 1 Satz 4 des Gesetzes über die Umweltverträglichkeitsprüfung abgesehen werden kann. [2] Im Übrigen gelten für das neue Verfahren die Vorschriften dieses Gesetzes.

(6) [1] Vor Erhebung einer verwaltungsgerichtlichen Klage gegen einen Planfeststellungsbeschluß oder gegen eine Plangenehmigung für den Bau oder die Änderung von Betriebsanlagen für Straßenbahnen bedarf es keiner Nachprüfung in einem Vorverfahren. [2] Die Anfechtungsklage gegen einen Planfeststellungsbeschluß oder eine Plangenehmigung für den Bau oder die Änderung von Betriebsanlagen für Straßenbahnen hat keine aufschiebende Wirkung. [3] Der Antrag auf Anordnung der aufschiebenden Wirkung der Anfechtungsklage gegen einen Planfeststellungsbeschluß oder eine Plangenehmigung nach § 80 Abs. 5 Satz 1 der Verwaltungsgerichtsordnung kann nur innerhalb eines Monats nach Zustellung des Planfeststellungsbeschlusses oder der Plangenehmigung gestellt und begründet werden. [4] Treten später Tatsachen ein, die die Anordnung der aufschiebenden Wirkung rechtfertigen, so kann der durch den Planfeststellungsbeschluß oder die Plangenehmigung Beschwerte einen hierauf gestützten Antrag nach § 80 Abs. 5 Satz 1 der Verwaltungsgerichtsordnung innerhalb einer Frist von einem Monat stellen. [5] Die Frist beginnt in dem Zeitpunkt, in dem der Beschwerte von den Tatsachen Kenntnis erlangt.

(7) [1] Der Kläger hat innerhalb einer Frist von zehn Wochen ab Klageerhebung die zur Begründung seiner Klage dienenden Tatsachen und Beweismittel anzugeben. [2] Erklärungen und Beweismittel, die erst nach Ablauf dieser Frist vorgebracht werden, sind nur zuzulassen, wenn der Kläger die Verspätung genügend entschuldigt. [3] Der Entschuldigungsgrund ist auf Verlangen des Gerichts glaubhaft zu machen. [4] Satz 2 gilt nicht, wenn es mit geringem Aufwand möglich ist, den Sachverhalt auch ohne Mitwirkung des Klägers zu ermitteln. [5] Die Frist nach Satz 1 kann durch den Vorsitzenden oder den Berichterstatter auf Antrag verlängert werden, wenn der Kläger in dem Verfahren, in dem die angefochtene Entscheidung ergangen ist, keine Möglichkeit der Beteiligung hatte. [6] § 6 des Umwelt-Rechtsbehelfsgesetzes ist nicht anzuwenden.

§ 29a[1)] Vorzeitige Besitzeinweisung. (1) [1] Ist der sofortige Beginn von Bauarbeiten geboten und weigert sich der Eigentümer oder Besitzer, den Besitz eines für den Bau oder die Änderung einer Betriebsanlage für Straßenbahnen benötigten Grundstücks durch Vereinbarung unter Vorbehalt aller Entschädigungsansprüche zu überlassen, so hat die Enteignungsbehörde den Unternehmer auf Antrag nach Feststellung des Planes oder Erteilung der Plangenehmigung in den Besitz einzuweisen. [2] Der Planfeststellungsbeschluß oder die Plan-

---

[1)] § 29a eingef. durch G v. 17.12.1993 (BGBl. I S. 2123); Abs. 8 und 9 angef. mWv 10.12.2020 durch G v. 3.12.2020 (BGBl. I S. 2694).

genehmigung müssen vollziehbar sein. [3] Weiterer Voraussetzungen bedarf es nicht.

(2) [1] Die Enteignungsbehörde hat spätestens sechs Wochen nach Eingang des Antrags auf Besitzeinweisung mit den Beteiligten mündlich zu verhandeln. [2] Hierzu sind der Unternehmer und die Betroffenen zu laden. [3] Dabei ist den Betroffenen der Antrag auf Besitzeinweisung mitzuteilen. [4] Die Ladungsfrist beträgt drei Wochen. [5] Mit der Ladung sind die Betroffenen aufzufordern, etwaige Einwendungen gegen den Antrag vor der mündlichen Verhandlung bei der Enteignungsbehörde einzureichen. [6] Sie sind außerdem darauf hinzuweisen, daß auch bei Nichterscheinen über den Antrag auf Besitzeinweisung und andere im Verfahren zu erledigende Anträge entschieden werden kann.

(3) [1] Soweit der Zustand des Grundstücks von Bedeutung ist, hat die Enteignungsbehörde diesen bis zum Beginn der mündlichen Verhandlung in einer Niederschrift festzustellen oder durch einen Sachverständigen ermitteln zu lassen. [2] Den Beteiligten ist eine Abschrift der Niederschrift oder des Ermittlungsergebnisses zu übersenden.

(4) [1] Der Beschluß über die Besitzeinweisung ist dem Unternehmer und den Betroffenen spätestens zwei Wochen nach der mündlichen Verhandlung zuzustellen. [2] Die Besitzeinweisung wird in dem von der Enteignungsbehörde bezeichneten Zeitpunkt wirksam. [3] Dieser Zeitpunkt soll auf höchstens zwei Wochen nach Zustellung der Anordnung über die vorzeitige Besitzeinweisung an den unmittelbaren Besitzer festgesetzt werden. [4] Durch die Besitzeinweisung wird dem Besitzer der Besitz entzogen und der Unternehmer Besitzer. [5] Der Unternehmer darf auf dem Grundstück das im Antrag auf Besitzeinweisung bezeichnete Bauvorhaben durchführen und die dafür erforderlichen Maßnahmen treffen.

(5) [1] Der Unternehmer hat für die durch die vorzeitige Besitzeinweisung entstehenden Vermögensnachteile Entschädigung zu leisten, soweit die Nachteile nicht durch die Verzinsung der Geldentschädigung für die Entziehung oder Beschränkung des Eigentums oder eines anderen Rechts ausgeglichen werden. [2] Art und Höhe der Entschädigung sind von der Enteignungsbehörde in einem Beschluß festzusetzen.

(6) [1] Wird der festgestellte Plan oder die Plangenehmigung aufgehoben, so ist auch die vorzeitige Besitzeinweisung aufzuheben und der vorherige Besitzer wieder in den Besitz einzuweisen. [2] Der Unternehmer hat für alle durch die Besitzeinweisung entstandenen besonderen Nachteile Entschädigung zu leisten.

(7) [1] Ein Rechtsbehelf gegen eine vorzeitige Besitzeinweisung hat keine aufschiebende Wirkung. [2] Der Antrag auf Anordnung der aufschiebenden Wirkung nach § 80 Abs. 5 Satz 1 der Verwaltungsgerichtsordnung kann nur innerhalb eines Monats nach der Zustellung des Besitzeinweisungsbeschlusses gestellt und begründet werden.

(8) [1] Die Absätze 1 bis 7 gelten entsprechend für Grundstücke, die für Unterhaltungsmaßnahmen benötigt werden. [2] Bei Unterhaltungsmaßnahmen bedarf es nicht der vorherigen Planfeststellung oder Plangenehmigung. [3] Über die vorzeitige Besitzeinweisung nach Absatz 1 entscheidet bei Unterhaltungsmaßnahmen die Enteignungsbehörde.

(9) Im Übrigen gelten die Enteignungsgesetze der Länder.

§ 30[1)] Enteignung. (1) [1] Die Enteignung ist zulässig, soweit sie zur Ausführung eines nach den §§ 28, 29 festgestellten oder genehmigten Bauvorhabens oder für Unterhaltungsmaßnahmen notwendig ist. [2] Der festgestellte Plan oder die Plangenehmigung ist dem Enteignungsverfahren zugrunde zu legen und für die Enteignungsbehörde bindend. [3] Die nach Landesrecht zuständige Behörde stellt die Zulässigkeit der Enteignung fest, soweit im Falle einer Unterhaltungsmaßnahme keine Feststellung in einem genehmigten oder festgestellten Plan getroffen ist.

(2) Im Übrigen gelten die Enteignungsgesetze der Länder.

§ 30a[2)] Entschädigungsverfahren. Soweit der Unternehmer nach § 28 Absatz 3a oder auf Grund eines Planfeststellungsbeschlusses oder einer Plangenehmigung verpflichtet ist, eine Entschädigung in Geld zu leisten, und über die Höhe der Entschädigung keine Einigung zwischen dem Betroffenen und dem Unternehmer zustande kommt, entscheidet auf Antrag eines der Beteiligten die nach Landesrecht zuständige Behörde; für das Verfahren und den Rechtsweg gelten die Enteignungsgesetze der Länder entsprechend.

§ 31[3)] Benutzung öffentlicher Straßen. (1) Der Unternehmer hat die Zustimmung des Trägers der Straßenbaulast beizubringen, wenn

1. eine öffentliche Straße von der Straßenbahn benutzt werden soll,
2. Betriebsanlagen von Straßenbahnen eine öffentliche Straße höhengleich kreuzen.

(2) [1] Vereinbarungen über die Höhe eines Entgelts für die Benutzung einer öffentlichen Straße bedürfen der Zustimmung der Genehmigungsbehörde. [2] Bestehende Verträge zwischen dem Unternehmer und dem Träger der Straßenbaulast bleiben unberührt.

(3) [1] Wird eine öffentliche Straße, die von einer Straßenbahn benutzt wird, erweitert oder verlegt, kann der Träger der Straßenbaulast von dem Unternehmer einen Beitrag zu den Kosten der Erweiterung oder Verlegung der Straße verlangen. [2] Dabei ist zu berücksichtigen, ob und inwieweit die Erweiterung oder Verlegung der Straße durch die Straßenbahn, den sonstigen Straßenverkehr oder andere Gründe veranlaßt ist. [3] Absatz 2 Satz 2 gilt entsprechend.

(4) Auf Verlangen des Trägers der Straßenbaulast hat der Unternehmer bei Ablauf der Genehmigung die Betriebsanlagen der Straßenbahn zu beseitigen und die Straße wiederherzustellen.

(5) Kommt in den Fällen der Absätze 1 und 3 eine Einigung nicht zustande, entscheiden die von der Landesregierung bestimmten Behörden.

(6) Auf Vereinbarungen des Unternehmers mit dem Träger der Straßenbaulast über die Benutzung öffentlicher Straßen ist im Planfeststellungsbeschluß oder in der Plangenehmigung hinzuweisen.

§ 32 Duldungspflichten Dritter. (1) Eigentümer oder sonstige Nutzungsberechtigte haben

---

1) § 30 neu gef. mWv 10.12.2020 durch G v. 3.12.2020 (BGBl. I S. 2694).

2) § 30a eingef. mWv 1.1.2013 durch G v. 14.12.2012 (BGBl. I S. 2598); geänd. mWv 13.3.2020 durch G v. 3.3.2020 (BGBl. I S. 433).

3) § 31 Abs. 6 geänd. durch G v. 17.12.1993 (BGBl. I S. 2123).

1. Vermessungen, Boden- und Grundwasseruntersuchungen einschließlich der vorübergehenden Anbringung von Markierungszeichen und sonstigen Vorarbeiten, die zur Planung von Betriebsanlagen und Straßenbahnen notwendig sind, zu dulden, wenn die Genehmigungsbehörde diesen Arbeiten zustimmt,
2. das Anbringen oder Errichten von Haltevorrichtungen für elektrische Leitungen, von Signalen und Haltestellenzeichen durch den Unternehmer oder von ihm Beauftragte zu dulden. Arbeits-, Betriebs- oder Geschäftsräume dürfen vom Unternehmer oder von ihm Beauftragte nur während der jeweiligen Arbeits- oder Geschäftsstunden, Wohnungen nur mit Zustimmung des Wohnungsinhabers betreten werden. Die Absicht, Vorarbeiten durchzuführen, ist dem Eigentümer oder sonstigen Nutzungsberechtigten mindestens 2 Wochen vorher unmittelbar und in den Gemeinden, in deren Gebiet Vorarbeiten durchgeführt werden sollen, ortsüblich bekanntzugeben.

(2) Die Zustimmung der Genehmigungsbehörde zu den Vorarbeiten begründet keinen Anspruch auf Erteilung der Genehmigung nach § 9 Abs. 1 Nr. 1.

(3) [1] Über eine Verpflichtung zur Duldung der in Absatz 1 Nr. 2 bezeichneten technischen Einrichtungen ist beim Bau neuer Betriebsanlagen für Straßenbahnen im Planfeststellungsverfahren zu entscheiden. [2] Im übrigen entscheidet die Genehmigungsbehörde.

(4) [1] Für Schäden, die durch Vorarbeiten, das Anbringen, Errichten oder Entfernen technischer Einrichtungen verursacht worden sind, hat der Unternehmer Entschädigung zu leisten. [2] § 31 Abs. 5 gilt entsprechend. [3] Für die Geltendmachung von Entschädigungsansprüchen ist der ordentliche Rechtsweg gegeben.

§§ 33–35 (weggefallen)

§ 36 Bau- und Unterhaltungspflicht. (1) Der Unternehmer ist verpflichtet, die ihm genehmigten Betriebsanlagen für Straßenbahnen zu bauen und während der Geltungsdauer der Genehmigung den öffentlichen Verkehrsinteressen und dem Stand der Technik entsprechend zu unterhalten.

(2) Die Genehmigungsbehörde kann dem Unternehmer eine Frist setzen, innerhalb derer die Betriebsanlagen zu bauen sind.

§ 36a[1)] Besondere Pflichten im Interesse der Unterhaltung. (1) [1] Soweit es zur Unterhaltung einer Betriebsanlage für Straßenbahnen erforderlich ist, haben Eigentümer und sonstige Nutzungsberechtigte zu dulden, dass Beauftragte des Unternehmers die Grundstücke betreten oder vorübergehend benutzen. [2] Das Grundrecht auf Unverletzlichkeit der Wohnung (Artikel 13 Absatz 1 des Grundgesetzes) wird insoweit eingeschränkt. [3] Die Arbeiten müssen dem Eigentümer und sonstigen Nutzungsberechtigten angekündigt werden.

(2) Entstehen durch Handlungen nach Absatz 1 Schäden, hat der Geschädigte Anspruch auf Schadensersatz.

(3) [1] Der Inhaber einer Sondernutzungserlaubnis hat, ohne Anspruch auf Entschädigung, zu dulden, dass die Ausübung seines Rechts durch Arbeiten zur

---

[1)] § 36a eingef. mWv 13.3.2020 durch G v. 3.3.2020 (BGBl. I S. 433); Abs. 1 neu gef. mWv 10.12. 2020 durch G v. 3.12.2020 (BGBl. I S. 2694).

Unterhaltung vorübergehend behindert oder unterbrochen wird. [2] Auf die Interessen des Inhabers einer Sondernutzungserlaubnis ist Rücksicht zu nehmen.

§ 37 Aufnahme des Betriebs. Die Genehmigung zur Aufnahme des Betriebs der Straßenbahnen erteilt die Genehmigungsbehörde im Einvernehmen mit der für die technische Aufsicht zuständigen Behörde.

§ 38 (weggefallen)

(Fortsetzung nächstes Blatt)

§ 39[1)] Beförderungsentgelte und -bedingungen. (1) [1] Beförderungsentgelte und deren Änderung bedürfen der Zustimmung der Genehmigungsbehörde. [2] Mit der Zustimmung sind die Beförderungsentgelte allgemein verbindlich. [3] Soweit die Beförderungsentgelte Gegenstand eines öffentlichen Dienstleistungsauftrages sind, hat die zuständige Behörde der Genehmigungsbehörde dies anzuzeigen; in diesem Fall gilt die Zustimmung als erteilt.

(2) [1] Die Genehmigungsbehörde hat die Beförderungsentgelte insbesondere daraufhin zu prüfen, ob sie unter Berücksichtigung der wirtschaftlichen Lage des Unternehmers, einer ausreichenden Verzinsung und Tilgung des Anlagekapitals und der notwendigen technischen Entwicklung angemessen sind. [2] Die Zustimmung zu einer Änderung der Beförderungsentgelte wird in der Regel nicht erteilt, wenn diese einer verbindlichen Zusicherung nach § 12 Absatz 1a widerspricht.

(3) [1] Die nach Absatz 1 festgestellten Beförderungsentgelte dürfen nicht über- oder unterschritten werden; sie sind gleichmäßig anzuwenden. [2] Ermäßigungen, die nicht unter gleichen Bedingungen jedermann zugute kommen, sind verboten und nichtig.

(4) Die Zustimmung zu den Beförderungsentgelten kann von der Genehmigungsbehörde nach Anhörung des Unternehmers widerrufen werden, wenn die für die Bildung der Beförderungsentgelte maßgebenden Umstände sich wesentlich geändert haben; in diesem Falle kann die Genehmigungsbehörde nach Anhörung des Unternehmers die Beförderungsentgelte anderweitig festsetzen.

(5) Eine Erhöhung der Beförderungsentgelte tritt frühestens am siebenten Tage nach der Veröffentlichung in Kraft.

(6) [1] Die Beförderungsbedingungen sind vor ihrer Einführung der Genehmigungsbehörde zur Zustimmung vorzulegen, soweit die von den Allgemeinen Beförderungsbedingungen (§ 57 Abs. 1 Nr. 5) für das Unternehmen im Einzelfalle abweichen (Besondere Beförderungsbedingungen). [2] Das gleiche gilt für Änderungen der Besonderen Beförderungsbedingungen. [3] Absatz 1 Satz 3 und Absatz 2 Satz 2 gelten entsprechend. [4] Die Genehmigungsbehörde kann eine Änderung der Beförderungsbedingungen verlangen, wenn die für ihre Festsetzung maßgebenden Umstände sich wesentlich geändert haben oder sich für die bessere Ausgestaltung des Verkehrs in einem Gebiet neue Gesichtspunkte ergeben, denen durch eine Änderung der Besonderen Beförderungsbedingungen Rechnung getragen werden kann.

(7) Die Beförderungsentgelte und die Besonderen Beförderungsbedingungen sind vom Unternehmer vor ihrer Einführung ortsüblich bekanntzumachen; die Bekanntmachung ist in den zum Aufenthalt der Fahrgäste bestimmten Räumen auszuhängen.

§ 40[2)] Fahrpläne. (1) Der Fahrplan muß die Führung der Linie, ihren Ausgangs- und Endpunkt sowie die Haltestellen und Fahrzeiten enthalten.

[1)] § 39 Abs. 2 Satz 1 geänd., Satz 2 angef. mWv 1.1.1996 durch G v. 27.12.1993 (BGBl. I S. 2378); Abs. 1 Satz 3 angef., Abs. 2 Satz 2 neu gef., Abs. 6 Satz 3 eingef., bish. Satz 3 wird Satz 4 mWv 1.1. 2013 durch G v. 14.12.2012 (BGBl. I S. 2598).

[2)] § 40 Abs. 3 Satz 2 angef. mWv 1.1.1996 durch G v. 27.12.1993 (BGBl. I S. 2378); Abs. 2 neu gef. mWv 14.9.2007 durch G v. 7.9.2007 (BGBl. I S. 2246); Abs. 2 Sätze 6 und 7 und Abs. 4 Satz 4 angef., Abs. 2a eingef., Abs. 3 neu gef. mWv 1.1.2013 durch G v. 14.12.2012 (BGBl. I S. 2598).

(2) [1] Fahrpläne und deren Änderungen bedürfen der Zustimmung der Genehmigungsbehörde. [2] Ausgenommen sind Fahrplanänderungen, die wegen vorübergehender Störungen des Betriebs oder aus besonderen Anlässen vorgenommen werden und für einen Zeitraum von nicht länger als einen Monat gelten, sowie andere geringfügige Fahrplanänderungen. [3] Werden durch Fahrplanänderungen die Interessen anderer Verkehrsunternehmen berührt, so sind diese vor der Zustimmung zu hören. [4] Die in Satz 2 genannten Fahrplanänderungen sind der Genehmigungsbehörde anzuzeigen. [5] Die Genehmigungsbehörde kann den angezeigten Fahrplanänderungen innerhalb einer Frist von zwei Wochen widersprechen, wenn die Voraussetzungen des Satzes 2 nicht vorliegen; die Fahrplanänderungen dürfen dann nicht in Kraft treten. [6] Soweit die Fahrpläne Gegenstand eines öffentlichen Dienstleistungsauftrages sind, hat die zuständige Behörde diese der Genehmigungsbehörde anzuzeigen. [7] In diesem Fall gilt die Zustimmung als erteilt.

(2a) Die Zustimmung zu einer Fahrplanänderung wird in der Regel nicht erteilt, wenn diese einer verbindlichen Zusicherung nach § 12 Absatz 1a widerspricht.

(3) [1] Die Genehmigungsbehörde kann für einen eigenwirtschaftlichen Verkehr Änderungen des Fahrplans verlangen, wenn die maßgebenden Umstände sich wesentlich geändert haben oder sich für die bessere Ausgestaltung des Verkehrs in einem Gebiet neue Gesichtspunkte ergeben, denen durch eine Änderung des Fahrplans Rechnung getragen werden kann. [2] Die Genehmigungsbehörde hat hiervon abzusehen, wenn die Änderungen dem Unternehmer unter Berücksichtigung seiner wirtschaftlichen Lage, einer ausreichenden Verzinsung und Tilgung des Anlagekapitals und der notwendigen technischen Entwicklung nicht zugemutet werden können.

(4) [1] Fahrpläne und Fahrplanänderungen sind vom Unternehmer ortsüblich bekanntzumachen. [2] Ferner sind die gültigen Fahrpläne in den zum Aufenthalt der Fahrgäste bestimmten Räumen anzubringen. [3] An den Haltestellen sind mindestens die Abfahrtszeiten anzuzeigen. [4] Der Unternehmer ist verpflichtet, der Genehmigungsbehörde auf deren Anforderung die Fahrplandaten in einem geeigneten elektronischen Format zur Kontrolle der Einhaltung der Fahrplanpflichten sowie zur Nutzung in unternehmensübergreifenden Auskunftssystemen zeitgerecht und unentgeltlich bereitzustellen.

B. Verkehr mit Obussen

§ 41[1)] Entsprechend anwendbare Vorschriften. (1) Die Vorschriften der §§ 28 bis 30 und der §§ 32 bis 37 sind auf die Errichtung von Bau- und Betriebsanlagen für den Obusverkehr entsprechend anzuwenden.

(2) Zur Errichtung von Bau- und Betriebsanlagen auf öffentlichen Straßen bedarf der Unternehmer der Zustimmung des Trägers der Straßenbaulast; § 31 Abs. 1, 2, 4 bis 6 ist entsprechend anzuwenden.

(3) Im übrigen sind auf den Obusverkehr die Vorschriften der §§ 39 und 40 entsprechend anzuwenden.

---

1) § 41 Abs. 1 geänd. mWv 13.3.2020 durch G v. 3.3.2020 (BGBl. I S. 433).

C. Linienverkehr mit Kraftfahrzeugen

§ 42 Begriffsbestimmung Linienverkehr. [1]Linienverkehr ist eine zwischen bestimmten Ausgangs- und Endpunkten eingerichtete regelmäßige Verkehrsverbindung, auf der Fahrgäste an bestimmten Haltestellen ein- und aussteigen können. [2]Er setzt nicht voraus, daß ein Fahrplan mit bestimmten Abfahrts- und Ankunftszeiten besteht oder Zwischenhaltestellen eingerichtet sind.

§ 42a[1)] Personenfernverkehr. [1]Personenfernverkehr ist der Linienverkehr mit Kraftfahrzeugen, der nicht zum öffentlichen Personennahverkehr im Sinne des § 8 Absatz 1 und nicht zu den Sonderformen des Linienverkehrs nach § 43 gehört. [2]Die Beförderung von Personen zwischen zwei Haltestellen ist unzulässig, wenn

1. der Abstand zwischen diesen Haltestellen nicht mehr als 50 km beträgt oder
2. zwischen diesen Haltestellen Schienenpersonennahverkehr mit einer Reisezeit bis zu einer Stunde betrieben wird.

[3]In der Genehmigung sind auf Antrag für einzelne Teilstrecken Ausnahmen zu gewähren, wenn

1. kein ausreichendes Nahverkehrsangebot besteht oder
2. das Fahrgastpotenzial der vorhandenen Verkehrsangebote nur unerheblich beeinträchtigt wird.

§ 42b[2)] Technische Anforderungen. Kraftomnibusse, die im Personenfernverkehr eingesetzt werden, müssen den Vorschriften des Anhangs VII der Richtlinie 2001/85/EG des Europäischen Parlaments und des Rates vom 20. November 2001 über besondere Vorschriften für Fahrzeuge zur Personenbeförderung mit mehr als acht Sitzplätzen außer dem Fahrersitz und zur Änderung der Richtlinien 70/156/EWG und 97/27/EG (ABl. L 42 vom 13.2. 2002, S. 1) in der jeweils zum Zeitpunkt der Erstzulassung des jeweiligen Kraftomnibusses geltenden Fassung entsprechen und mit mindestens zwei Stellplätzen für Rollstuhlnutzer ausgerüstet sein.

(Fortsetzung nächstes Blatt)

---

1) § 42a eingef. mWv 1.1.2013 durch G v. 14.12.2012 (BGBl. I S. 2598).
2) § 42b eingef. mWv 1.1.2013 durch G v. 14.12.2012 (BGBl. I S. 2598).

§ 43 Sonderformen des Linienverkehrs. [1] Als Linienverkehr gilt, unabhängig davon, wer den Ablauf der Fahrten bestimmt, auch der Verkehr, der unter Ausschluß anderer Fahrgäste der regelmäßigen Beförderung von

1. Berufstätigen zwischen Wohnung und Arbeitsstelle (Berufsverkehr),
2. Schülern zwischen Wohnung und Lehranstalt (Schülerfahrten),
3. Personen zum Besuch von Märkten (Marktfahrten),
4. Theaterbesuchern

dient. [2] Die Regelmäßigkeit wird nicht dadurch ausgeschlossen, daß der Ablauf der Fahrten wechselnden Bedürfnissen der Beteiligten angepaßt wird.

§ 44 (weggefallen)

§ 45[1] **Sonstige Vorschriften.** (1) Auf den Linienverkehr mit Kraftfahrzeugen ist § 32, soweit diese Vorschrift sich auf das Anbringen oder Errichten von Haltestellenzeichen bezieht, entsprechend anzuwenden; über die Verpflichtung zur Duldung entscheidet die Genehmigungsbehörde ohne Planfeststellungsverfahren.

(2) Auf den Linienverkehr mit Kraftfahrzeugen sind die §§ 39 und 40 mit folgenden Maßgaben anzuwenden:

1. § 39 Absatz 1 bis 5 und 7 gilt nicht für den Personenfernverkehr,
2. § 40 Absatz 3 gilt nicht für den Personenfernverkehr; abweichend von § 40 Absatz 2 Satz 1 genügt bei Fahrplanänderungen im Personenfernverkehr eine Anzeige bei der Genehmigungsbehörde; sofern die Genehmigungsbehörde den angezeigten Fahrplanänderungen innerhalb von einem Monat widerspricht, dürfen diese nicht in Kraft treten.

(3) [1] Die Genehmigungsbehörde kann bei den Verkehrsformen nach § 43 auf die Einhaltung der Vorschriften über die Betriebspflicht (§ 21), die Beförderungspflicht (§ 22), die Beförderungsentgelte und -bedingungen (§ 39) sowie über die Fahrpläne (§ 40) ganz oder teilweise verzichten. [2] Bei den Sonderformen des Linienverkehrs (§ 43) ist § 13 Absatz 2 Satz 1 Nummer 2 und 3 so anzuwenden, daß insbesondere den Belangen von Berufstätigen und Arbeitgebern sowie den Schülern und Lehranstalten Rechnung getragen wird.

D. Ausgleichszahlungen

§ 45a[2][3] **Ausgleichspflicht.** (1) Im Verkehr mit Straßenbahnen und Obussen sowie im Linienverkehr mit Kraftfahrzeugen nach den §§ 42 und 43 Nr. 2 ist dem Unternehmer für die Beförderung von Personen mit Zeitfahr-

---

[1] § 45 Abs. 2 neu gef., Abs. 3 Satz 2 geänd. mWv 1.1.2013 durch G v. 14.12.2012 (BGBl. I S. 2598).

[2] § 45a Abs. 5 aufgeh. durch G v. 24.6.1991 (BGBl. I S. 1314); Abs. 4 Satz 1 geänd. durch G v. 27.12.1993 (BGBl. I S. 2378); Abs. 2 Satz 3 angef. mWv 1.1.2004 durch G v. 29.12.2003 (BGBl. I S. 3076); Abs. 2 Satz 3 neu gef. mWv 12.4.2011 durch G v. 5.4.2011 (BGBl. I S. 554).

[3] Siehe hierzu ua:
für Rheinland-Pfalz das Zeitfahrausweis-AusgleichsG v. 19.8.2014 (GVBl. S. 179), geänd. durch VO v. 1.3.2016 (GVBl. S. 202).

ausweisen des Ausbildungsverkehrs auf Antrag ein Ausgleich nach Maßgabe des Absatzes 2 zu gewähren, wenn und soweit

1. der Ertrag aus den für diese Beförderungen genehmigten Beförderungsentgelten zur Deckung der nach Absatz 2 Satz 2 zu errechnenden Kosten nicht ausreicht, und
2. der Unternehmer innerhalb eines angemessenen Zeitraums die Zustimmung zu einer Anpassung der in den genannten Verkehrsformen erhobenen Beförderungsentgelte an die Ertrags- und Kostenlage beantragt hat.

(2) [1] Als Ausgleich werden gewährt 50 vom Hundert des Unterschiedsbetrages zwischen dem Ertrag, der in den in Absatz 1 genannten Verkehrsformen für die Beförderung von Personen mit Zeitfahrausweisen des Ausbildungsverkehrs erzielt worden ist, und dem Produkt aus den in diesem Verkehr geleisteten Personen-Kilometern und den durchschnittlichen verkehrsspezifischen Kosten. [2] Als durchschnittliche verkehrsspezifische Kosten im Sinne dieser Vorschrift gelten die Kostensätze je Personen-Kilometer, die von den Landesregierungen oder den von ihnen durch Rechtsverordnung ermächtigten Behörden durch Rechtsverordnung nach Durchschnittswerten einzelner repräsentativer Unternehmen, die sparsam wirtschaften und leistungsfähig sind, pauschal festgelegt werden; dabei können entsprechend betrieblichen und verkehrlichen Besonderheiten unterschiedliche Kostensätze für den schienengebundenen und den nichtschienengebundenen Verkehr sowie für verschiedene Verkehrsregionen festgelegt werden. [3] Der sich in Anwendung des Satzes 1 ergebende Ausgleichsbetrag wird für das Jahr 2004 um 4 Prozent, für das Jahr 2005 um 8 Prozent und vom Jahr 2006 an jeweils um 12 Prozent verringert.

(3) [1] Den Ausgleich nach den Absätzen 1 und 2 gewährt das Land, in dessen Gebiet der Verkehr betrieben wird. [2] Erstreckt sich der Verkehr auch auf das Gebiet eines anderen Landes, so wird dem Ausgleich der Teil der Leistungen zugrunde gelegt, der in dem jeweiligen Land erbracht wird.

(4) [1] Über den Ausgleich entscheidet die Genehmigungsbehörde oder die von der Landesregierung bestimmte Behörde. [2] Die Entscheidung kann mit Auflagen verbunden werden, die dazu bestimmt sind, die wirtschaftlichen Ergebnisse der in den in Absatz 1 genannten Verkehrsformen erbrachten Leistungen zu verbessern. [3] Kommt der Unternehmer solchen Auflagen nicht oder nicht in vollem Umfange nach, so ist ein Ausgleich nur insoweit zu gewähren, wie er sich im Falle der Befolgung der Auflagen errechnet hätte.

E.[1] Gelegenheitsverkehr mit Kraftfahrzeugen

§ 46[2] Formen des Gelegenheitsverkehrs. (1) Gelegenheitsverkehr ist die Beförderung von Personen mit Kraftfahrzeugen, die nicht Linienverkehr nach den §§ 42, 42a und 43 ist.

(2) Als Formen des Gelegenheitsverkehrs sind nur zulässig

1. Verkehr mit Taxen (§ 47),
2. Ausflugfahrten und Ferienziel-Reisen (§ 48),
3. Verkehr mit Mietomnibussen und mit Mietwagen (§ 49).

---

[1] Überschr. Absch. III Unterabsch. E geänd. mWv 26.11.2011 durch G v. 22.11.2011 (BGBl. I S. 2272).

[2] § 46 Abs. 1 geänd. mWv 1.1.2013 durch G v. 14.12.2012 (BGBl. I S. 2598).

(3) In Orten mit mehr als 50 000 Einwohnern oder in den von der höheren Verwaltungsbehörde bestimmten Orten unter 50 000 Einwohnern darf eine Genehmigung für den Taxenverkehr und den Mietwagenverkehr nicht für denselben Personenkraftwagen erteilt werden.

§ 47 Verkehr mit Taxen. (1) [1] Verkehr mit Taxen ist die Beförderung von Personen mit Personenkraftwagen, die der Unternehmer an behördlich zugelassenen Stellen bereithält und mit denen er Fahrten zu einem vom Fahrgast bestimmten Ziel ausführt. [2] Der Unternehmer kann Beförderungsaufträge auch während einer Fahrt oder am Betriebssitz entgegennehmen.

(2) [1] Taxen dürfen nur in der Gemeinde bereitgehalten werden, in der der Unternehmer seinen Betriebssitz hat. [2] Fahrten auf vorherige Bestellung dürfen auch von anderen Gemeinden aus durchgeführt werden. [3] Die Genehmigungsbehörde kann im Einvernehmen mit anderen Genehmigungsbehörden das Bereithalten an behördlich zugelassenen Stellen außerhalb der Betriebssitzgemeinde gestatten und einen größeren Bezirk festsetzen.

(3) [1] Die Landesregierung wird ermächtigt, durch Rechtsverordnung den Umfang der Betriebspflicht, die Ordnung auf Taxenständen sowie Einzelheiten des Dienstbetriebs zu regeln. [2] Sie kann die Ermächtigung durch Rechtsverordnung übertragen. [3] In der Rechtsverordnung können insbesondere Regelungen getroffen werden über

1. das Bereithalten von Taxen in Sonderfällen einschließlich eines Bereitschaftsdienstes,
2. die Annahme und Ausführung von fernmündlichen Fahraufträgen,
3. den Fahr- und Funkbetrieb,
4. die Behindertenbeförderung und
5. die Krankenbeförderung, soweit es sich nicht um Beförderungen nach § 1 Abs. 2 Nr. 2 handelt.

(4) Die Beförderungspflicht besteht nur für Fahrten innerhalb des Geltungsbereichs der nach § 51 Abs. 1 Satz 1 und 2 und Abs. 2 Satz 1 festgesetzten Beförderungsentgelte (Pflichtfahrbereich).

(5) Die Vermietung von Taxen an Selbstfahrer ist verboten.

§ 48[1)] Ausflugsfahrten und Ferienziel-Reisen. (1) [1] Ausflugsfahrten sind Fahrten, die der Unternehmer mit Kraftomnibussen oder Personenkraftwagen nach einem bestimmten, von ihm aufgestellten Plan und zu einem für alle Teilnehmer gleichen und gemeinsam verfolgten Ausflugszweck anbietet und ausführt. [2] Die Fahrt muß wieder an den Ausgangsort zurückführen. [3] Die Fahrgäste müssen im Besitz eines für die gesamte Fahrt gültigen Fahrscheins sein, der die Beförderungsstrecke und das Beförderungsentgelt ausweist. [4] Bei Ausflugsfahrten, die als Pauschalfahrten ausgeführt werden, genügt im Fahrschein die Angabe des Gesamtentgelts an Stelle des Beförderungsentgelts.

[1)] § 48 Abs. 2 Satz 5 aufgeh. mWv 18.8.2006 durch G v. 14.8.2006 (BGBl. I S. 1962); Abs. 3 aufgeh. mWv 1.1.2013 durch G v. 14.12.2012 (BGBl. I S. 2598).

(2) [1] Ferienziel-Reisen sind Reisen zu Erholungsaufenthalten, die der Unternehmer mit Kraftomnibussen oder Personenkraftwagen nach einem bestimmten, von ihm aufgestellten Plan zu einem Gesamtentgelt für Beförderung und Unterkunft mit oder ohne Verpflegung anbietet und ausführt. [2] Es dürfen nur Rückfahrscheine und diese nur auf den Namen des Reisenden ausgegeben werden. [3] Die Fahrgäste sind zu einem für alle Teilnehmer gleichen Reiseziel zu bringen und an den Ausgangspunkt der Reise zurückzubefördern. [4] Auf der Rückfahrt dürfen nur Reisende befördert werden, die der Unternehmer zum Reiseziel gebracht hat.

(3) *(aufgehoben)*

(4) Die Vorschriften der §§ 21 und 22 sind nicht anzuwenden.

§ 49[1)] Verkehr mit Mietomnibussen und mit Mietwagen. (1) [1] Verkehr mit Mietomnibussen ist für die Beförderung von Personen mit Kraftomnibussen, die nur im ganzen zur Beförderung angemietet werden und mit denen der Unternehmer Fahrten ausführt, deren Zweck, Ziel und Ablauf der Mieter bestimmt. [2] Die Teilnehmer müssen ein zusammengehöriger Personenkreis und über Ziel und Ablauf der Fahrt einig sein.

(2) [1] Die Voraussetzungen des Absatzes 1 Satz 1 sind nicht gegeben, wenn Fahrten unter Angabe des Fahrtziels vermittelt werden. [2] Mietomnibusse dürfen nicht durch Bereitstellen auf öffentlichen Straßen oder Plätzen angeboten werden.

(3) Die Vorschriften der §§ 21 und 22 sind nicht anzuwenden.

(4) [1] Verkehr mit Mietwagen ist die Beförderung von Personen mit Personenkraftwagen, die nur im ganzen zur Beförderung gemietet werden und mit denen der Unternehmer Fahrten ausführt, deren Zweck, Ziel und Ablauf der Mieter bestimmt und die nicht Verkehr mit Taxen nach § 47 sind. [2] Mit Mietwagen dürfen nur Beförderungsaufträge ausgeführt werden, die am Betriebssitz oder in der Wohnung des Unternehmers eingegangen sind. [3] Nach Ausführung des Beförderungsauftrages hat der Mietwagen unverzüglich zum Betriebssitz zurückzukehren, es sei denn, er hat vor der Fahrt von seinem Betriebssitz oder der Wohnung oder während der Fahrt fernmündlich einen neuen Beförderungsauftrag erhalten. [4] Der Eingang des Beförderungsauftrages am Betriebssitz oder in der Wohnung hat der Mietwagenunternehmer buchmäßig zu erfassen und die Aufzeichnung ein Jahr aufzubewahren. [5] Annahme, Vermittlung und Ausführung von Beförderungsaufträgen, das Bereithalten des Mietwagens sowie Werbung für Mietwagenverkehr dürfen weder allein noch in ihrer Verbindung geeignet sein, zur Verwechslung mit dem Taxenverkehr zu führen. [6] Den Taxen vorbehaltene Zeichen und Merkmale dürfen für Mietwagen nicht verwendet werden. [7] Die §§ 21 und 22 sind nicht anzuwenden.

§ 50 (weggefallen)

---

1) § 49 Abs. 4 Satz 3 geänd. mWv 1.7.2005 durch G v. 21.6.2005 (BGBl. I S. 1666).

§ 51 Beförderungsentgelte und -bedingungen im Taxenverkehr.

(1) [1] Die Landesregierung wird ermächtigt, durch Rechtsverordnung Beförderungsentgelte und -bedingungen für den Taxenverkehr festzusetzen. [2] Die Rechtsverordnung kann insbesondere Regelungen vorsehen über

1. Grundpreise, Kilometerpreise und Zeitpreise,
2. Zuschläge,
3. Vorauszahlungen,
4. die Abrechnung,
5. die Zahlungsweise und
6. die Zulässigkeit von Sondervereinbarungen für den Pflichtfahrbereich.

[3] Die Landesregierung kann die Ermächtigung durch Rechtsverordnung übertragen.

(2) Sondervereinbarungen für den Pflichtfahrbereich sind nur zulässig, wenn

1. ein bestimmter Zeitraum, eine Mindestfahrtenzahl oder ein Mindestumsatz im Monat festgelegt wird,
2. eine Ordnung des Verkehrsmarktes nicht gestört wird,
3. die Beförderungsentgelte und -bedingungen schriftlich vereinbart sind und
4. in der Rechtsverordnung eine Pflicht zur Genehmigung oder Anzeige vorgesehen ist.

(3) Bei der Festsetzung der Beförderungsentgelte und -bedingungen sind § 14 Abs. 2 und 3 sowie § 39 Abs. 2 entsprechend anzuwenden.

(4) Die ermächtigten Stellen können für einen Bereich, der über den Zuständigkeitsbereich einer die Beförderungsentgelte und -bedingungen festsetzenden Stelle hinausgeht, in gegenseitigem Einvernehmen einheitliche Beförderungsentgelte und -bedingungen vereinbaren.

(5) Für die Anwendung der Beförderungsentgelte und -bedingungen gilt § 39 Abs. 3 entsprechend.

§ 51a[1] *(aufgehoben)*

IV. Auslandsverkehr

§ 52[2] **Grenzüberschreitender Verkehr.** (1) [1] Für die Beförderung von Personen im grenzüberschreitenden Verkehr mit Kraftfahrzeugen durch Unternehmer, die ihren Betriebssitz im Inland oder Ausland haben, gelten, soweit nichts anderes bestimmt ist, die Vorschriften dieses Gesetzes und die

---

[1] § 51a aufgeh. mWv 1.1.1992 durch G v. 25.7.1989 (BGBl. I S. 1547).

[2] § 52 Abs. 3 Satz 2 neu gef. durch G v. 24.4.1998 (BGBl. I S. 747); Abs. 2 Satz 1, Abs. 3 Satz 2 und Abs. 4 Satz 2 geänd. mWv 7.11.2001 durch VO v. 29.10.2001 (BGBl. I S. 2785); Abs. 1 Satz 2 angef. mWv 18.8.2006 durch G v. 14.8.2006 (BGBl. I S. 1962); Abs. 3 Satz 3 geänd. und Satz 4 angef. mWv 1.9.2007 durch G v. 14.8.2006 (BGBl. I S. 1962); Abs. 2 Satz 1, Abs. 3 Satz 2 und Abs. 4 Satz 2 geänd. mWv 8.11.2006 durch VO v. 31.10.2006 (BGBl. I S. 2407); Abs. 1 Satz 2 neu gef. mWv 26.11.2011 durch G v. 22.11.2011 (BGBl. I S. 2272); Abs. 1 Satz 2 Nr. 1 geänd., Abs. 2 Satz 3 angef. mWv 1.1.2013 durch G v. 14.12.2012 (BGBl. I S. 2598); Abs. 2 Satz 1, Abs. 3 Satz 2 und Abs. 4 Satz 2 geänd. mWv 8.9.2015 durch VO v. 31.8.2015 (BGBl. I S. 1474).

hierzu erlassenen Rechtsverordnungen. [2]Auf Unternehmen, die ihren Betriebssitz im Ausland haben, sind nicht anzuwenden

1. § 13 Absatz 1 Satz 1 Nummer 4 und
2. § 13 Absatz 1a, soweit Artikel 3 Absatz 1 Buchstabe a der Verordnung (EG) Nr. 1071/2009 einzuhalten ist.

(2) [1]Die nach diesem Gesetz erforderliche Genehmigung eines grenzüberschreitenden Linienverkehrs erteilt für die deutsche Teilstrecke die von der Landesregierung bestimmte Behörde im Benehmen mit dem Bundesministerium für Verkehr und digitale Infrastruktur. [2]§ 11 Abs. 2 bis 4 ist entsprechend anzuwenden. [3]Während der Herstellung des Benehmens ruht die Frist für die Entscheidung über den Antrag nach § 15 Absatz 1 Satz 2 bis 5.

(3) [1]Einer Genehmigung für den grenzüberschreitenden Gelegenheitsverkehr von Unternehmern, die ihren Betriebssitz im Ausland haben, bedarf es nicht, soweit entsprechende Übereinkommen mit dem Ausland bestehen. [2]Besteht ein solches Übereinkommen nicht oder soll abweichend von den Bedingungen des Übereinkommens grenzüberschreitender Gelegenheitsverkehr ausgeführt werden, so kann das Bundesministerium für Verkehr und digitale Infrastruktur oder eine von ihm beauftragte Behörde entsprechenden Anträgen stattgeben. [3]Die Genehmigung für grenzüberschreitende Ferienziel-Reisen erteilt für die deutsche Teilstrecke die von der Landesregierung bestimmte Behörde, in deren Gebiet die Ferienziel-Reise endet. [4]Abweichend von § 9 Abs. 1 Nr. 4 wird die Genehmigung für den grenzüberschreitenden Gelegenheitsverkehr mit Kraftomnibussen auch für die Form des Gelegenheitsverkehrs erteilt.

(4) [1]Die Grenzpolizei und die Zollstellen an den Grenzen sind berechtigt, Kraftfahrzeuge zurückzuweisen, wenn nicht die erforderliche Genehmigung vorgelegt wird, deren Mitführung vorgeschrieben ist. [2]Das Bundesministerium für Verkehr und digitale Infrastruktur kann Unternehmen mit Betriebssitz außerhalb des Geltungsbereichs dieses Gesetzes bei wiederholten oder schweren Verstößen gegen Vorschriften dieses Gesetzes und der auf diesem Gesetz beruhenden Verordnungen sowie gegen Vorschriften der Verordnungen der Europäischen Gemeinschaften und internationalen Übereinkommen über den grenzüberschreitenden Verkehr dauernd oder vorübergehend vom Verkehr in oder durch die Bundesrepublik Deutschland ausschließen.

§ 53[1)] Transit-(Durchgangs-)Verkehr. (1) [1]Für die Beförderung von Personen im Transit-(Durchgangs-)Verkehr mit Kraftfahrzeugen, der das Gebiet des Geltungsbereichs dieses Gesetzes unter Ausschluß innerdeutschen Zwischenverkehrs berührt, gelten, soweit nichts anderes bestimmt ist, die Vorschriften dieses Gesetzes und die hierzu erlassenen Rechtsverordnungen. [2]Nicht anzuwenden sind

1. § 13 Absatz 1 Satz 1 Nummer 4 und

---

1) § 53 Abs. 2 Satz 1 geänd. mWv 7.11.2001 durch VO v. 29.10.2001 (BGBl. I S. 2785); Abs. 1 Satz 2 angef. mWv 18.8.2006 durch G v. 14.8.2006 (BGBl. I S. 1962); Abs. 2 Satz 1 geänd. mWv 8.11.2006 durch VO v. 31.10.2006 (BGBl. I S. 2407); Abs. 1 Satz 2 neu gef. mWv 26.11.2011 durch G v. 22.11.2011 (BGBl. I S. 2272); Abs. 1 Satz 2 Nr. 1 geänd. mWv 1.1.2013 durch G v. 14.12.2012 (BGBl. I S. 2598); Abs. 2 Satz 1 geänd. mWv 8.9.2015 durch VO v. 31.8.2015 (BGBl. I S. 1474).

2. § 13 Absatz 1a, soweit Artikel 3 Absatz 1 Buchstabe a der Verordnung (EG) Nr. 1071/2009 einzuhalten ist.

(2) [1] Die Genehmigung eines Transitlinienverkehrs erteilt die von der Landesregierung bestimmte Behörde, in deren Gebiet der erste Grenzübergang bei der Einfahrt stattfindet, im Benehmen mit dem Bundesministerium für Verkehr und digitale Infrastruktur. [2] § 11 Abs. 3 und 4 ist entsprechend anzuwenden.

(3) [1] § 52 Abs. 3 ist auf den Gelegenheitsverkehr vom Ausland durch das Gebiet des Geltungsbereichs dieses Gesetzes entsprechend anzuwenden, jedoch ist bei Ferienziel-Reisen die von der Landesregierung bestimmte Behörde zuständig, in deren Gebiet der erste Grenzübergang bei der Einfahrt stattfindet. [2] § 52 Abs. 4 gilt entsprechend.

V. Aufsicht, Prüfungsbefugnisse

§ 54[1)] Aufsicht. (1) [1] Der Unternehmer unterliegt hinsichtlich der Erfüllung der Vorschriften dieses Gesetzes sowie der hierzu erlassenen Rechtsverordnungen und der Einhaltung der durch die Genehmigung auferlegten Verpflichtungen (Bedingungen, Auflagen) der Aufsicht der Genehmigungsbehörde. [2] Die von der Landesregierung bestimmte Behörde kann die Genehmigungsbehörde ermächtigen, die Aufsicht über den Linien- und Gelegenheitsverkehr mit Kraftfahrzeugen auf nachgeordnete Behörden zu übertragen. [3] Die technische Aufsicht über Straßenbahnen und Obusunternehmen wird von der von der Landesregierung bestimmten Behörde ausgeübt. [4] Die technische Aufsicht kann von der Landesregierung anderen Stellen durch Rechtsverordnung übertragen werden. [5] Ausgenommen hiervon sind die Aufgaben nach § 9 Abs. 1 der Straßenbahn-Bau- und -Betriebsordnung vom 11. Dezember 1987 (BGBl. I S. 2648) sowie nach § 8 Abs. 1 und § 9 Abs. 1 der Straßenbahn-Betriebsleiter-Prüfungsverordnung vom 29. Juli 1988 (BGBl. I S. 1554). [6] Soweit die technische Aufsicht auf eine andere Stelle übertragen wird, darf diese nicht sich selbst nach § 5 Abs. 2 der Straßenbahn-Bau- und -Betriebsordnung beauftragen.

(2) [1] Die Aufsichtsbehörde kann sich über alle ihrer Zuständigkeit unterliegenden Einrichtungen und Maßnahmen des Unternehmers unterrichten. [2] Der Unternehmer hat der Aufsichtsbehörde alle wesentlichen Veränderungen ohne Aufforderung unverzüglich anzuzeigen. [3] Beim Verkehr mit Kraftomnibussen hat der Unternehmer abweichend von Satz 2 Änderungen der in Artikel 16 Absatz 2 Unterabsatz 1 Buchstabe a bis d der Verordnung (EG) Nr. 1071/2009 genannten Daten der Aufsichtsbehörde innerhalb von 28 Tagen mitzuteilen.

(3) Die Aufsichtsbehörde kann Unternehmen, die einen Omnibusbahnhof betreiben, anhalten, die Benutzung durch den Linien- und Gelegenheitsverkehr mit Kraftfahrzeugen und den Betrieb so zu regeln, daß der Verkehr ordnungsgemäß abgewickelt und den Pflichten nach § 39 Abs. 7 und § 40 Abs. 4 genügt werden kann.

§ 54a Prüfungsbefugnisse der Genehmigungsbehörde. (1) [1] Die Genehmigungbehörde kann zur Durchführung der Aufsicht und zur Vorbereitung

---

[1)] § 54 Abs. 1 Sätze 4–6 angef. mWv 25.1.2001 durch G v. 16.1.2001 (BGBl. I S. 122); Abs. 2 Satz 3 angef. mWv 26.11.2011 durch G v. 22.11.2011 (BGBl. I S. 2272).

ihrer Entscheidungen durch Beauftragte die erforderlichen Ermittlungen anstellen, insbesondere

1. Einsicht in die Bücher und Geschäftspapiere nehmen,
2. von dem Unternehmer und den im Geschäftsbetrieb tätigen Personen Auskunft verlangen. Der zur Erteilung der Auskunft Verpflichtete kann die Auskunft auf solche Fragen verweigern, deren Beantwortung ihn selbst oder einer der in § 383 Abs. 1 Nr. 1 bis 3 der Zivilprozeßordnung bezeichneten Angehörigen der Gefahr strafgerichtlicher Verfolgung oder eines Verfahrens nach dem Gesetz über Ordnungswidrigkeiten[1] aussetzen würde.

[2] Zu den in Satz 1 genannten Zwecken dürfen die dem Geschäftsbereich dienenden Grundstücke und Räume innerhalb der üblichen Geschäfts- und Arbeitsstunden betreten werden. [3] Der Unternehmer und die im Geschäftsbetrieb tätigen Personen haben den Beauftragten der Genehmigungsbehörde bei den Ermittlungen die erforderlichen Hilfsmittel zu stellen und die nötigen Hilfsdienste zu leisten.

(2) Die Regelungen des Absatzes 1 gelten entsprechend auch für die nach § 45a Abs. 2 zur Festlegung der Kostensätze befugte Behörde.

§ 54b[2] Risikoeinstufung. [1] Die Aufsichtsbehörden führen ein Risikoeinstufungssystem im Sinne des Artikels 12 Absatz 1 Satz 3 der Verordnung (EG) Nr. 1071/2009 ein. [2] Dabei sind die Häufigkeit und die Intensität der Kontrollen abhängig von der Anzahl und dem Ausmaß der Rechtsverstöße, wie dies in den Durchführungsbestimmungen zu Artikel 6 Absatz 2 Buchstabe b der Verordnung (EG) Nr. 1071/2009 konkretisiert wird.

§ 54c[3] Verkehrsunternehmensdatei. In der Verkehrsunternehmensdatei nach § 15 des Güterkraftverkehrsgesetzes[4] werden alle im Inland niedergelassenen Unternehmen des gewerblichen Güterverkehrs und des gewerblichen Personenverkehrs mit Kraftomnibussen geführt.

VI. Rechtsbehelfsverfahren und Gebühren

§ 55[5] Vorverfahren bei der Anfechtung von Verwaltungsakten. [1] Eines Vorverfahrens bedarf es auch, wenn ein Verwaltungsakt angefochten wird, den eine oberste Landesverkehrsbehörde oder das Bundesministerium für Verkehr und digitale Infrastruktur erlassen hat. [2] § 28 Absatz 3a Satz 9 und § 29 Absatz 6 Satz 1 bleiben unberührt.

(Fortsetzung nächstes Blatt)

---

[1] Nr. **680**.

[2] § 54b eingef. mWv 26.11.2011 durch G v. 22.11.2011 (BGBl. I S. 2272).

[3] § 54c eingef. mWv 26.11.2011 durch G v. 22.11.2011 (BGBl. I S. 2272).

[4] Nr. **450**.

[5] § 55 Satz 2 angef. durch G v. 17.12.1993 (BGBl. I S. 2123); Satz 1 geänd. mWv 7.11.2001 durch VO v. 29.10.2001 (BGBl. I S. 2785); Satz 1 geänd. mWv 8.11.2006 durch VO v. 31.10.2006 (BGBl. I S. 2407); Satz 1 geänd. mWv 8.9.2015 durch VO v. 31.8.2015 (BGBl. I S. 1474); Satz 2 neu gef. mWv 13.3.2020 durch G v. 3.3.2020 (BGBl. I S. 433).

§ 56[1] **Gebühren.** [1]Für die Amtshandlungen nach diesem Gesetz und den auf diesem Gesetz beruhenden Rechtsvorschriften sowie nach Verordnungen oder Rechtsvorschriften in Umsetzung von Richtlinien des Rates oder der Kommission der Europäischen Gemeinschaften werden von demjenigen, der die Amtshandlung veranlasst oder zu dessen Gunsten sie vorgenommen wird, Kosten (Gebühren und Auslagen) erhoben. [2]Kostengläubiger ist der Rechtsträger, dessen Behörde die Amtshandlung vornimmt, bei Auslagen auch der Rechtsträger, bei dessen Behörde die Auslagen entstanden sind. [4]Im Übrigen findet das Verwaltungskostengesetz in der bis zum 14. August 2013 geltenden Fassung Anwendung.

VII. Erlaß von Rechtsverordnungen und Allgemeinen Verwaltungsvorschriften

§ 57[2] **Rechtsverordnungen.** (1) Das Bundesministerium für Verkehr und digitale Infrastruktur erläßt mit Zustimmung des Bundesrates durch Rechtsverordnung[3] die zur Durchführung dieses Gesetzes, internationaler Abkommen sowie der Verordnungen des Rates oder der Kommission der Europäischen Gemeinschaften erforderlichen Vorschriften

1. über Straßenbahnen und Obusse; diese regeln
   a) Anforderungen an den Bau und die Einrichtungen der Betriebsanlagen und Fahrzeuge sowie deren Betriebsweise,
   b) die Sicherheit und Ordnung des Betriebs sowie den Schutz der Betriebsanlagen und Fahrzeuge gegen Schäden und Störungen;
2. über den Betrieb von Kraftfahrunternehmen im Personenverkehr; diese regeln
   a) Anforderungen an den Bau und die Einrichtungen der in diesen Unternehmen verwendeten Fahrzeuge,
   b) die Sicherheit und Ordnung des Betriebs;

---

[1] § 56 Satz 1 neu gef. mWv 27.3.2001 durch G v. 19.3.2001 (BGBl. I S. 386); Satz 4 angef. mWv 15.8.2013 durch G v. 7.8.2013 (BGBl. I S. 3154).

[2] § 57 Abs. 1 Nr. 7 eingef., bish. Nr. 7–9 werden Nr. 8–10 und Abs. 5 angef. durch G v. 23.7.1992 (BGBl. I S. 1379); Abs. 1 einl. Satzteil, Abs. 2 Satz 2 und Abs. 5 geänd. mWv 7.11.2001 durch VO v. 29.10.2001 (BGBl. I S. 2785); Abs. 1 Nr. 10 geänd. mWv 1.1.2002 durch G v. 15.12.2001 (BGBl. I S. 3762); Abs. 1 Nr. 10 geänd. und Nr. 11 angef. mWv 26.7.2002 durch G v. 19.7.2002 (BGBl. I S. 2691); Abs. 1 einl. Satzteil, Abs. 2 Satz 2 und Abs. 5 geänd. mWv 8.11.2006 durch VO v. 31.10. 2006 (BGBl. I S. 2407); Abs. 1 Nr. 4 und 6 geänd., Nr. 7 und Abs. 5 aufgeh. mWv 1.1.2013 durch G v. 14.12.2012 (BGBl. I S. 2598); Abs. 6 angef. mWv 15.8.2013 durch G v. 7.8.2013 (BGBl. I S. 3154); Abs. 1 einl. Satzteil, Abs. 2 Satz 2, Abs. 6 Sätze 1 und 3 geänd. mWv 8.9.2015 durch VO v. 31.8.2015 (BGBl. I S. 1474); Abs. 2 Satz 2 geänd. mWv 27.6.2020 durch VO v. 19.6.2020 (BGBl. I S. 1328).

[3] Siehe die Straßenbahn-Bau- und BetriebsO (auszugsweise abgedruckt unter Nr. **435**), die DurchführungsVO zum Personenbeförderungsübereinkommen idF der Bek. v. 13.12.1984 (BGBl. I S. 1545), die VO über die Erhebung von Gebühren bei Amtshandlungen auf dem Gebiet des grenzüberschreitenden Personenverkehrs mit Kraftfahrzeugen v. 25.7.1963 (BGBl. I S. 540), die Freistellungs-VO (Nr. **405**), die VO über die Allgemeinen Beförderungsbedingungen für den Straßenbahn- und Obusverkehr sowie den Linienverkehr mit Kraftfahrzeugen (Nr. **425**), die VO über den Ausgleich gemeinwirtschaftl. Leistungen im Straßenpersonenverkehr v. 2.8.1977 (BGBl. I S. 1460), zuletzt geänd. durch G v. 23.3.2005 (BGBl. I S. 931), die BerufszugangsVO für den Straßenpersonenverkehr (Nr. **410**) und die EG-Bus-DurchführungsVO v. 4.5.2012 (BGBl. I S. 1038), geänd. durch VO v. 31.8.2015 (BGBl. I S. 1474).

3. über Anforderungen an die Befähigung, Eignung und das Verhalten der Betriebsbediensteten und über die Bestellung, Bestätigung und Prüfung von Betriebsleitern sowie deren Aufgaben und Befugnisse;
4. über den Nachweis der Genehmigungsvoraussetzungen nach § 13 Absatz 1 oder 1a; darin können insbesondere Vorschriften enthalten sein über die Voraussetzungen, unter denen ein Betrieb als leistungsfähig anzusehen ist, über die Zuverlässigkeit des Unternehmers oder der für die Führung der Geschäfte bestellten Personen sowie über die Voraussetzungen, unter denen eine Tätigkeit angemessen ist, über den Prüfungsstoff, den Prüfungsausschuß und das Prüfungsverfahren; außerdem kann bestimmt werden, in welchen Fällen Unternehmer, Inhaber von Abschlußzeugnissen für staatlich anerkannte Ausbildungsberufe und Absolventen von Hoch- und Fachschulen vom Nachweis der angemessenen Tätigkeit oder der Ablegung einer Prüfung befreit werden;
5. über einheitliche Allgemeine Beförderungsbedingungen für den Straßenbahn- und Obusverkehr sowie für den Linienverkehr mit Kraftfahrzeugen und, vorbehaltlich des § 51 Abs. 1 Satz 1, für den Gelegenheitsverkehr mit Kraftfahrzeugen;
6. über die Ordnung des grenzüberschreitenden Verkehrs und des Transitverkehrs, die Organisation einschließlich der Klärung konkurrierender Zuständigkeiten, das Verfahren und die Mittel der Kontrolle sowie die Befreiung von Unternehmen mit Betriebssitz im Ausland von der Genehmigungspflicht für den Gelegenheitsverkehr oder von der Einhaltung anderer Ordnungsvorschriften dieses Gesetzes, soweit Gegenseitigkeit verbürgt ist;
7. *(aufgehoben)*
8. durch die für bestimmte im Rahmen des Gesamtverkehrs nicht besonders ins Gewicht fallende Beförderungsfälle allgemein Befreiung von den Vorschriften dieses Gesetzes erteilt wird;
9. die bestimmen, wer Auszubildender im Sinne des § 45a Abs. 1 ist, welche Kostenbestandteile bei der Berechnung des Ausgleichs zu berücksichtigen sind, welches Verfahren für die Gewährung des Ausgleichs anzuwenden ist, welche Angaben der Antrag auf Gewährung des Ausgleichs enthalten muß und wie die Erträge und die Personen-Kilometer zu ermitteln sind;
10. die die gebührenpflichtigen Tatbestände im Linienverkehr und im Gelegenheitsverkehr näher bestimmen und feste Gebührensätze oder Rahmensätze festlegen. Die Gebühren dürfen im Linienverkehr 2 500 Euro, im Gelegenheitsverkehr 1 500 Euro nicht überschreiten;
11. zur Bezeichnung der Tatbestände, die als Ordnungswidrigkeit nach § 61 Abs. 1 Nr. 5 geahndet werden können.

(2) [1] Rechtsverordnungen nach Absatz 1 Nr. 1 können auch Vorschriften zum Schutz vor schädlichen Umwelteinwirkungen im Sinne des Bundes-Immissionsschutzgesetzes enthalten; dabei können Immissionsgrenzwerte unter Berücksichtigung der technischen Entwicklung auch für einen Zeitpunkt nach Inkrafttreten der Rechtsverordnung festgesetzt werden. [2] Vorschriften nach Satz 1 werden vom Bundesministerium für Verkehr und digitale Infrastruktur und vom Bundesministerium für Umwelt, Naturschutz und nukleare Sicherheit erlassen. [3] Die Ermächtigung nach Satz 1 gilt nicht, soweit § 43 des Bundes-Immissionsschutzgesetzes Anwendung findet.

(3) Rechtsverordnungen nach Absatz 1 Nr. 1 können auch festlegen, wie der Nachweis für die Erfüllung dieser Vorschriften zu erbringen ist, insbesondere welche Prüfungen, Abnahmen, Erlaubnisse, Zustimmungen oder Bescheinigungen erforderlich sind.

(4) Soweit es die öffentliche Sicherheit erfordert, können einzelne Vorschriften der nach Absatz 1 Nr. 2 erlassenen Rechtsverordnung auf Beförderungen ausgedehnt werden, die nach § 2 von der Genehmigungspflicht befreit sind oder für die durch die nach Absatz 1 Nr. 8 erlassene Rechtsverordnung Befreiung erteilt wird.

(5) *(aufgehoben)*

(6) 1 Im Bereich der Gebühren der Landesbehörden übt das Bundesministerium für Verkehr und digitale Infrastruktur die Ermächtigung nach Absatz 1 Nummer 10 auf der Grundlage eines Antrags oder einer Stellungnahme von mindestens fünf Ländern beim Bundesministerium für Verkehr und digitale Infrastruktur aus. 2 Der Antrag oder die Stellungnahme sind mit einer Schätzung des Personal- und Sachaufwands zu begründen. 3 Das Bundesministerium für Verkehr und digitale Infrastruktur kann die übrigen Länder ebenfalls zur Beibringung einer Schätzung des Personal- und Sachaufwands auffordern.

§ 58[1] **Allgemeine Verwaltungsvorschriften.** Die zur Durchführung dieses Gesetzes erforderlichen Allgemeinen Verwaltungsvorschriften erläßt die Bundesregierung mit Zustimmung des Bundesrates.

§§ 59, 59a (weggefallen)

VIII. Bußgeldvorschriften

§§ 60, 60a (weggefallen)

§ 61[2] **Ordnungswidrigkeiten.** (1) Ordnungswidrig handelt, wer vorsätzlich oder fahrlässig

1. Personen mit Straßenbahnen, Obussen oder Kraftfahrzeugen ohne die nach diesem Gesetz erforderliche Genehmigung oder einstweilige Erlaubnis befördert oder den Auflagen der Genehmigung oder einstweiligen Erlaubnis oder Auflagen in einer Entscheidung nach § 45a Abs. 4 Satz 2 zuwiderhandelt;
2. einen Verkehr mit Straßenbahnen, Obussen oder einen Linienverkehr mit Kraftfahrzeugen betreibt, ohne daß die nach diesem Gesetz vorgeschriebene Zustimmung zu den Beförderungsentgelten oder Fahrplänen durch die Genehmigungsbehörde erteilt ist;
3. den Vorschriften dieses Gesetzes über

---

[1] § 58 geänd. mWv 7.11.2001 durch VO v. 29.10.2001 (BGBl. I S. 2785); geänd. mWv 8.11.2006 durch VO v. 31.10.2006 (BGBl. I S. 2407); geänd. mWv 26.11.2011 durch G v. 22.11.2011 (BGBl. I S. 2272).

[2] § 61 Abs. 4 angef. durch G v. 22.6.1998 (BGBl. I S. 1485); Abs. 3 Satz 3 angef. mWv 27.3.2001 durch G v. 19.3.2001 (BGBl. I S. 386); Abs. 1 Nr. 4 geänd. und Nr. 5 angef. mWv 26.7.2002 durch G v. 19.7.2002 (BGBl. I S. 2691); Abs. 1 Nr. 3 Buchst. e und Nr. 5, Abs. 2 neu gef. mWv 18.8.2006 durch G v. 14.8.2006 (BGBl. I S. 1962); Abs. 1 Nr. 3a eingef., bish. Nr. 3a wird Nr. 3b, Nr. 5 geänd. mWv 26.11.2011 durch G v. 22.11.2011 (BGBl. I S. 2272).

a) die Mitteilungspflicht bei Betriebsstörungen im Verkehr, die den vorübergehenden Einsatz von Kraftfahrzeugen zur Folge haben (§ 2 Abs. 5 Satz 2),

b) das Mitführen und Aushändigen von Urkunden (§ 17 Abs. 4, § 20 Abs. 4),

c) die Einhaltung der Beförderungspflicht (§ 22) oder der Beförderungsentgelte (§ 39 Abs. 3, § 41 Abs. 3, § 45 Abs. 2, § 51),

d) die Bekanntmachung der Beförderungsentgelte, der Besonderen Beförderungsbedingungen und der gültigen Fahrpläne (§ 39 Abs. 7, § 40 Abs. 4, § 41 Abs. 3, § 45 Abs. 3),

e) den Verkehr mit Taxen (§ 47 Abs. 2 Satz 1 oder Abs. 5),

f) Ausflugsfahrten und Ferienziel-Reisen (§ 48 Abs. 1 bis 3) oder

g) den Verkehr mit Mietomnibussen und Mietwagen (§ 49 Abs. 2 Satz 2 und Abs. 4)

zuwiderhandelt;

3a. entgegen § 54 Absatz 2 Satz 3 eine Mitteilung nicht, nicht richtig, nicht vollständig oder nicht rechtzeitig macht,

3b. entgegen § 54a Abs. 1 die Auskunft nicht, unrichtig, nicht vollständig oder nicht fristgerecht erteilt, die Bücher oder Geschäftspapiere nicht, nicht vollständig oder nicht fristgemäß vorlegt oder die Duldung von Prüfungen verweigert;

4. einer Rechtsvorschrift oder vollziehbaren schriftlichen Verfügung zuwiderhandelt, die auf Grund dieses Gesetzes oder auf Grund von Rechtsvorschriften, die auf diesem Gesetz beruhen, erlassen worden ist, soweit die Rechtsvorschrift und die vollziehbare schriftliche Verfügung ausdrücklich auf diese Vorschrift verweisen oder

5. einer unmittelbar geltenden Vorschrift in Rechtsakten der Europäischen Gemeinschaft zuwiderhandelt, die inhaltlich einem in

a) Nummer 1 oder

b) Nummer 2, 3 oder 3b

bezeichneten Gebot oder Verbot entspricht, soweit eine Rechtsverordnung nach § 57 Abs. 1 Nr. 11 für einen bestimmten Tatbestand auf diese Bußgeldvorschrift verweist.

(2) Die Ordnungswidrigkeit kann in den Fällen des Absatzes 1 Nr. 1 und 5 Buchstabe a mit einer Geldbuße bis zu zwanzigtausend Euro, in den übrigen Fällen mit einer Geldbuße bis zu zehntausend Euro geahndet werden.

(3) [1] Verwaltungsbehörde im Sinne des § 36 Abs. 1 Nr. 1 des Gesetzes über Ordnungswidrigkeiten[1)] ist die Genehmigungsbehörde oder die von der Landesregierung bestimmte Behörde. [2] Die Landesregierung kann die Ermächtigung auf die zuständige oberste Landesbehörde übertragen. [3] In den Fällen

(Fortsetzung nächstes Blatt)

[1)] Nr. **680**.

des § 52 Abs. 3 Satz 2 ist Verwaltungsbehörde im Sinne des § 36 Abs. 1 Nr. 1 des Gesetzes über Ordnungswidrigkeiten das Bundesamt für Güterverkehr.

(4) In den Fällen des Absatzes 1 kann die Ordnungswidrigkeit auf der Grundlage und nach Maßgabe internationaler Übereinkünfte auch dann geahndet werden, wenn sie im Bereich gemeinsamer Grenzabfertigungsanlagen außerhalb des räumlichen Geltungsbereiches dieses Gesetzes begangen wird.

IX. Übergangs- und Schlußbestimmungen

§ 62[1] Übergangsbestimmungen. (1) [1] Öffentliche Dienstleistungsaufträge im Sinne von Artikel 3 Absatz 1 der Verordnung (EG) Nr. 1370/2007 dürfen bis zum 31. Dezember 2013 abweichend von Artikel 5 Absatz 2 bis 4 der Verordnung (EG) Nr. 1370/2007 vergeben werden. [2] Genehmigungen, die vor dem 1. Januar 2013 erteilt wurden, bleiben bis zum Ablauf der in der Genehmigungsurkunde enthaltenen Geltungsdauer wirksam. [3] Die Geltung und Wirksamkeit von sonstigen Rechtsverhältnissen, insbesondere öffentlichen Dienstleistungsaufträgen im Sinne der Verordnung (EG) Nr. 1370/2007, die vor dem 1. Januar 2013 zustande gekommen sind, werden durch die Änderung des Gesetzes nicht berührt.

(2) Soweit dies nachweislich aus technischen oder wirtschaftlichen Gründen unumgänglich ist, können die Länder den in § 8 Absatz 3 Satz 3 genannten Zeitpunkt abweichend festlegen sowie Ausnahmetatbestände bestimmen, die eine Einschränkung der Barrierefreiheit rechtfertigen.

(3) § 42b gilt ab dem 1. Januar 2016 für Kraftomnibusse, die erstmals zum Verkehr zugelassen werden und nach Ablauf des 31. Dezember 2019 für alle Kraftomnibusse.

§ 63[2] Ausschluss abweichenden Landesrechts. Von folgenden Regelungen des Verwaltungsverfahrens kann durch Landesrecht nicht abgewichen werden:

1. §§ 5, 8a Absatz 2 Satz 2, §§ 9, 12, 15, 16, 17 Absatz 1 und 2, §§ 20, 25 und 29 Absatz 1a;
2. § 52 Absatz 1 Satz 1 und § 53 Absatz 1 Satz 1, jeweils in Verbindung mit den Regelungen in Nummer 1;
3. § 29 Absatz 2, § 52 Absatz 2 Satz 1 und § 53 Absatz 2 Satz 1;
4. § 11 Absatz 4, § 52 Absatz 2 Satz 2 und § 53 Absatz 2 Satz 2, jeweils in Verbindung mit § 11 Absatz 4, § 52 Absatz 3 Satz 3 und § 53 Absatz 3 Satz 1.

§ 64 Andere Gesetze. (1) Durch dieses Gesetz werden die Vorschriften

1. des Straßenverkehrsgesetzes[3] vom 19. Dezember 1952 (BGBl. I S. 837) sowie die auf Grund dieses Gesetzes erlassenen Vorschriften,
2. des Haftpflichtgesetzes in der Fassung der Bekanntmachung vom 4. Januar 1978 (BGBl. I S. 145),
3. (weggefallen)

---

[1] § 62 neu gef. mWv 1.1.2013 durch G v. 14.12.2012 (BGBl. I S. 2598).
[2] § 63 neu gef. mWv 1.1.2013 durch G v. 14.12.2012 (BGBl. I S. 2598).
[3] Nr. **10**.

4. des Gesetzes über die Pflichtversicherung für Kraftfahrzeughalter[1] vom 5. April 1965 (BGBl. I S. 213) und
5. des Gesetzes über die Haftpflichtversicherung für ausländische Kraftfahrzeuge und Kraftfahrzeuganhänger[2] vom 24. Juli 1956 (BGBl. I S. 667)

nicht berührt, soweit sich nicht aus § 23 etwas anderes ergibt.

(2) Die Vorschriften des Gesetzes über Maßnahmen zur Aufrechterhaltung des Betriebs von Bahnunternehmen des öffentlichen Verkehrs vom 7. März 1934 (RGBl. II S. 91) in der Fassung des § 9 Abs. 4 des Allgemeinen Eisenbahngesetzes vom 29. März 1951 (BGBl. I S. 225) sind auf Straßenbahnen und auf Obusunternehmen mit der Maßgabe entsprechend anzuwenden, daß zuständige Aufsichtsbehörde im Sinne des vorgenannten Gesetzes die von der Landesregierung bestimmte Genehmigungsbehörde ist, und daß, wenn eine Straßenbahn oder ein Obusunternehmen das Gebiet mehrerer Länder berührt, die von der Landesregierung bestimmte Genehmigungsbehörde ihre Entscheidung im Einvernehmen mit der von der Landesregierung des mitbeteiligten Landes bestimmten Genehmigungsbehörde trifft.

§ 64a[3] Ersetzung bundesrechtlicher Vorschriften durch Landesrecht.

Die Länder können mit Wirkung ab dem 1. Januar 2007 § 45a und § 57 Abs. 1 Nr. 9 sowie die Vorschriften, zu deren Erlass § 57 Abs. 1 Nr. 9 ermächtigt, durch Landesrecht ersetzen.

§ 64b[4] Landesrecht im Bereich des Gelegenheitsverkehrs. Dieses Gesetz oder auf Grundlage dieses Gesetzes erlassene Rechtsverordnungen steht oder stehen Vorschriften der Länder nicht entgegen, die den Betrieb des Verkehrs mit Taxen oder mit Mietwagen in Bezug auf Fahrzeugemissionen regeln.

§ 65[5] Ausnahmen für Straßenbahnen. Für Straßenbahnen im Sinne von § 4 Absatz 1 und 2 gelten nachfolgende Richtlinien nicht:

1. Richtlinie 95/18/EG des Rates vom 19. Juni 1995 über die Erteilung von Genehmigungen an Eisenbahnunternehmen (ABl. L 143 vom 27.6.1995, S. 70);
2. Richtlinie 2012/34/EU des Europäischen Parlaments und des Rates vom 21. November 2012 zur Schaffung eines einheitlichen europäischen Eisenbahnraums (ABl. L 343 vom 14.12.2012, S. 32);
3. Richtlinie 2004/49/EG des Europäischen Parlaments und des Rates vom 29. April 2004 über Eisenbahnsicherheit in der Gemeinschaft und zur Änderung der Richtlinie 95/18/EG des Rates über die Erteilung von Genehmigungen an Eisenbahnunternehmen und der Richtlinie 2001/14/EG über die Zuweisung von Fahrwegkapazität der Eisenbahn, die Erhebung von Entgelten für die Nutzung von Eisenbahninfrastruktur und die Sicherheits-

---

[1] Nr. **600**.
[2] Nr. **620**.
[3] § 64a neu gef. mWv 18.8.2006 durch G v. 14.8.2006 (BGBl. I S. 1962).
[4] § 64b eingef. mWv 1.1.2020 durch G v. 21.12.2019 (BGBl. I S. 2886).
[5] § 65 neu gef. mWv 1.1.2013 durch G v. 14.12.2012 (BGBl. I S. 2598); Nr. 2 neu gef. mWv 2.9.2016 durch G v. 29.8.2016 (BGBl. I S. 2082).

bescheinigung („Richtlinie über die Eisenbahnsicherheit") (ABl. L 164 vom 30.4.2004, S. 44), die zuletzt durch die Richtlinie 2009/149/EG (ABl. L 313 vom 28.11.2009, S. 65) geändert worden ist;

4. Richtlinie 2007/59/EG des Europäischen Parlaments und des Rates vom 23. Oktober 2007 über die Zertifizierung von Triebfahrzeugführern, die Lokomotiven und Züge im Eisenbahnsystem in der Gemeinschaft führen (ABl. L 315 vom 3.12.2007, S. 51);
5. Richtlinie 2008/57/EG des Europäischen Parlaments und des Rates vom 17. Juni 2008 über die Interoperabilität des Eisenbahnsystems in der Gemeinschaft (Neufassung) (ABl. L 191 vom 18.7.2008, S. 1), die zuletzt durch die Richtlinie 2011/18/EU (ABl. L 57 vom 2.3.2011, S. 21) geändert worden ist.

§ 66[1] Berichtspflicht. Das Bundesministerium für Verkehr und digitale Infrastruktur legt bis zum 1. Januar 2017 dem Deutschen Bundestag einen Bericht darüber vor, ob die mit dem Gesetz zur Änderung personenbeförderungsrechtlicher Vorschriften vom 14. Dezember 2012 (BGBl. I S. 2598) verfolgten Ziele erfüllt wurden und wie sich die Marktöffnung im straßengebundenen Personenfernverkehr auswirkt, auch hinsichtlich der Sozial- und Arbeitsbedingungen für das Fahrpersonal.

[1] § 66 neu gef. mWv 1.1.2013 durch G v. 14.12.2012 (BGBl. I S. 2598); geänd. mWv 8.9.2015 durch VO v. 31.8.2015 (BGBl. I S. 1474).

401. Allgemeine Verwaltungsvorschrift zum Personenbeförderungsgesetz

VwV d. BMVI v. 6.11.2014
(BAnz AT 12.11.2014 B6)

Nach Artikel 84 Absatz 2 des Grundgesetzes erlässt die Bundesregierung folgende Allgemeine Verwaltungsvorschrift:

§ 1 Zu § 17 des Personenbeförderungsgesetzes. (1) [1] Beim Linien- und Gelegenheitsverkehr mit Kraftfahrzeugen sind für die Genehmigungsurkunden und ihre amtlichen Ausfertigungen sowie für die gekürzten Ausfertigungen (Auszug) die Muster 1 bis 12 zu verwenden. [2] Die Muster 6 bis 10 können mit Beiblättern ergänzt werden. [3] Werden Beiblätter verwendet, ist dies in der Genehmigungsurkunde mit „siehe Beiblatt" zu vermerken.

(2) [1] Die Vordrucke für die Muster 3 und 5 sind von der Bundesdruckerei zu beziehen. [2] Die Genehmigungsurkunde ist durch Aufbringung eines Trockenprägestempels zu siegeln.

(3) Bei Einträgen nach § 17 Absatz 1 Nummer 1 des Personenbeförderungsgesetzes[1)] ist auch der Sitz oder die Niederlassung im Sinne des Handelsrechtes (§ 11 Absatz 2 Nummer 2 PBefG) anzugeben.

§ 2 Zu § 20 des Personenbeförderungsgesetzes. (1) Für die einstweilige Erlaubnis sind die Muster 13 und 14 zu verwenden.

(2) [1] Die Vordrucke für das Muster 14 sind von der Bundesdruckerei zu beziehen. [2] Die Erlaubnisurkunde ist durch Aufbringung eines Trockenprägestempels zu siegeln.

(3) Bei Einträgen nach § 20 Absatz 2 Nummer 2 des Personenbeförderungsgesetzes[1)] ist auch der Sitz oder die Niederlassung im Sinne des Handelsrechtes (§ 11 Absatz 2 Nummer 2 PBefG) anzugeben.

§ 3 Übergangsbestimmungen. Noch vorhandene Formulare nach den Mustern der Allgemeinen Verwaltungsvorschrift zum Personenbeförderungsgesetz vom 16. August 2007, die entsprechend angepasst werden, können bis 31. Dezember 2015 aufgebraucht werden.

§ 4 Inkrafttreten, Außerkrafttreten. [1] Diese Allgemeine Verwaltungsvorschrift tritt am Tag nach der Veröffentlichung[2)] in Kraft. [2] Gleichzeitig tritt die Allgemeine Verwaltungsvorschrift zum Personenbeförderungsgesetz vom 16. August 2007 (BAnz. Nr. 159a vom 25. August 2007) außer Kraft.

Der Bundesrat hat zugestimmt.

[1)] Nr. **400**.
[2)] Veröffentlicht am 12.11.2014.

Muster 1
(auf Papier in roter Farbe, DIN A4 Breite 210 mm, Höhe 297 mm)

Genehmigungsurkunde

Dem/Der/Den

Genehmigungsinhaber, Wohnsitz, Betriebssitz

wird aufgrund des Personenbeförderungsgesetzes (PBefG) in der Fassung der Bekanntmachung vom 8. August 1990 (BGBl. I S. 1690) in der jeweils geltenden Fassung die Genehmigung für die Einrichtung, die Linienführung und den Betrieb eines

Linienverkehrs mit Kraftfahrzeugen nach § 42 PBefG

von	
nach	
über	
ab dem	befristet bis zum

unter den umseitigen Bedingungen und Auflagen erteilt. Die Hinweise sowie die amtlichen Berichtigungen und Ergänzungen auf der Rückseite sind Bestandteil dieser Urkunde.

Ort, Datum	Bezeichnung, Unterschrift und Siegel der ausstellenden Behörde

Bedingungen und Auflagen:

Der Fahrplan, die Beförderungsentgelte und die Beförderungsbedingungen, denen die Genehmigungsbehörde zugestimmt hat, sind einzuhalten.

Weitere Bedingungen und Auflagen:

Hinweise:

1. Für die Rechte und Pflichten des Unternehmers und den Betrieb des genehmigten Verkehrs gelten das Personenbeförderungsgesetz und die zu seiner Durchführung erlassenen Vorschriften.
2. Der Unternehmer hat der zuständigen Behörde die nach den Vorschriften des Verkehrsstatistikgesetzes vorgeschriebenen statistischen Unterlagen termingerecht vorzulegen.
3. Änderungen hinsichtlich der Angaben in dieser Genehmigungsurkunde sind der Genehmigungsbehörde unverzüglich mitzuteilen.
4. Die Aufsicht nach § 54 PBefG über das Unternehmen wird ausgeübt von

Amtliche Berichtigungen und Ergänzungen:

Muster 2
(auf Papier in roter Farbe, DIN A4 Breite 210 mm, Höhe 297 mm)

Genehmigungsurkunde

Dem/Der/Den

Genehmigungsinhaber, Wohnsitz, Betriebssitz

wird aufgrund des Personenbeförderungsgesetzes (PBefG) in der Fassung der Bekanntmachung vom 8. August 1990 (BGBl. I S. 1690) in der jeweils geltenden Fassung die Genehmigung für die Einrichtung, die Linienführung und den Betrieb eines

Personenfernverkehrs im Linienverkehr mit Kraftfahrzeugen nach § 42a PBefG

von	
nach	
über	
ab dem	befristet bis zum

unter den umseitigen Bedingungen und Auflagen erteilt. Die Hinweise sowie die amtlichen Berichtigungen und Ergänzungen auf der Rückseite sind Bestandteil dieser Urkunde.

Ort, Datum	Bezeichnung, Unterschrift und Siegel der ausstellenden Behörde

Bedingungen und Auflagen:

1. Im Personenfernverkehr ist die Urkunde im Original oder als durch die Genehmigungsbehörde ausgestellte Ausfertigung/beglaubigte Kopie mitzuführen und zuständigen Personen auf Verlangen zur Prüfung auszuhändigen.

2. Im Personenfernverkehr haben Auftragsunternehmen neben einer amtlichen Ausfertigung der Linienverkehrsgenehmigung eine eigene amtlich beglaubigte Kopie der Gemeinschaftslizenz nach Artikel 4 der Verordnung (EG) Nr. 1073/2009 bzw. die Gelegenheitsverkehrsgenehmigung oder den Auszug daraus während der Fahrt mitzuführen und zuständigen Personen auf Verlangen zur Prüfung auszuhändigen.

3. Der Fahrplan und die Beförderungsbedingungen, denen die Genehmigungsbehörde zugestimmt bzw. im Falle einer Fahrplanänderung nicht widersprochen hat, sind einzuhalten.

Weitere Bedingungen, Auflagen und Bedienungsverbote :

Hinweise:

1. Für die Rechte und Pflichten des Unternehmers und den Betrieb des genehmigten Verkehrs gelten das Personenbeförderungsgesetz und die zu seiner Durchführung erlassenen Vorschriften.

2. Der Unternehmer hat der zuständigen Behörde die nach den Vorschriften des Verkehrsstatistikgesetzes vorgeschriebenen statistischen Unterlagen termingerecht vorzulegen.

3. Änderungen hinsichtlich der Angaben in dieser Genehmigungsurkunde sind der Genehmigungsbehörde unverzüglich mitzuteilen.

4. Die Aufsicht nach § 54 PBefG über das Unternehmen wird ausgeübt von

Amtliche Berichtigungen und Ergänzungen:

Muster 3
(auf Sicherheitspapier, DIN A4 Breite 210 mm, Höhe 297 mm)

Genehmigungsurkunde Nr. ______

Dem/Der/Den

Genehmigungsinhaber, Wohnsitz, Betriebssitz
Staat

wird aufgrund des Personenbeförderungsgesetzes (PBefG) in der Fassung der Bekanntmachung vom 8. August 1990 (BGBl. I S. 1690) in der jeweils geltenden Fassung die Genehmigung für die Einrichtung, die Linienführung und den Betrieb eines

Linienverkehrs mit Kraftfahrzeugen nach §§ 42, 42a PBefG
i. V. m. §§ 52, 53 PBefG

☐ für grenzüberschreitenden Verkehr ☐ für Transit-(Durchgangs-)Verkehr

von (Ausgangsort)	nach (Zielort)

für die deutsche Teilstrecke (gemäß genehmigter Streckenführung)

Halteorte	
Grenzübergänge	
ab dem	befristet bis zum

unter den umseitigen Bedingungen und Auflagen erteilt. Die Hinweise sowie die amtlichen Berichtigungen und Ergänzungen auf der Rückseite sind Bestandteil dieser Urkunde.

Die für die inländischen Beförderungsleistungen geschuldete Umsatzsteuer ist entsprechend den gesetzlichen Vorschriften bei folgendem Finanzamt anzumelden und zu entrichten:

Finanzamt, Anschrift

Ort, Datum	Bezeichnung, Unterschrift und Trockenprägestempel der ausstellenden Behörde

Bedingungen und Auflagen:

1. Der Fahrplan (siehe Anlage) und die Beförderungsbedingungen sind einzuhalten.
2. Die Genehmigungsurkunde ist während der Fahrt mitzuführen und auf Verlangen den zuständigen Personen zur Prüfung auszuhändigen.

Weitere Bedingungen und Auflagen:

Hinweise:

1. Für die Rechte und Pflichten des Unternehmers, den Betrieb des genehmigten Verkehrs und die eingesetzten Kraftfahrzeuge gelten das Personenbeförderungsgesetz, das Straßenverkehrsgesetz und die zu ihrer Durchführung erlassenen Vorschriften.
2. Der Unternehmer ist gehalten, die internationalen Abkommen der Bundesrepublik Deutschland zu beachten.
3. Änderungen hinsichtlich der Angaben in dieser Genehmigungsurkunde sind der Genehmigungsbehörde unverzüglich mitzuteilen.
4. Die Aufsicht nach § 54 PBefG über das Unternehmen wird ausgeübt von

Amtliche Berichtigungen und Ergänzungen:

Muster 4
(auf Papier in ocker Farbe, DIN A4 Breite 210 mm, Höhe 297 mm)

Genehmigungsurkunde

Dem/Der/Den

Genehmigungsinhaber, Wohnsitz, Betriebssitz

wird aufgrund des Personenbeförderungsgesetzes (PBefG) in der Fassung der Bekanntmachung vom 8. August 1990 (BGBl. I S. 1690) in der jeweils geltenden Fassung die Genehmigung für die Einrichtung, die Linienführung und den Betrieb einer

Sonderform des Linienverkehrs nach § 43 PBefG

☐ **Berufsverkehr*** (nach § 43 Nr. 1 PBefG zur Beförderung von Berufstätigen zwischen Wohnung und Arbeitsstelle)

☐ **Marktfahrten*** (nach § 43 Nr. 3 PBefG zur Beförderung von Personen zum Besuch von Märkten)

☐ **Schülerfahrten*** (nach § 43 Nr. 2 PBefG zur Beförderung von Schülern zwischen Wohnung und Lehranstalt)

☐ **Theaterfahrten*** (nach § 43 Nr. 4 PBefG zur Beförderung von Theaterbesuchern)

von	
nach	
über	
ab dem	befristet bis zum

unter den umseitigen Bedingungen und Auflagen erteilt. Die Hinweise sowie die amtlichen Berichtigungen und Ergänzungen auf der Rückseite sind Bestandteil dieser Urkunde.

Gemäß § 45 Abs. 3 PBefG wird auf die Einhaltung der Vorschriften über die Betriebspflicht (§ 21), die Beförderungspflicht (§ 22), die Beförderungsentgelte und Beförderungsbedingungen (§ 39) sowie über den Fahrplan (§ 40) verzichtet.**

Ort, Datum	Bezeichnung, Unterschrift und Siegel der ausstellenden Behörde

* Zutreffendes ankreuzen
** Nichtzutreffendes streichen

Bedingungen und Auflagen:

1. Der Fahrplan, die Beförderungsentgelte und die Beförderungsbedingungen, denen die Genehmigungsbehörde zugestimmt hat, sind einzuhalten. **

2. Folgende Haltestellen dürfen zum Einsteigen und in umgekehrter Richtung zum Aussteigen eingerichtet werden: ***

3. Es dürfen nur folgende Personengruppen befördert werden: ***

4. Die Genehmigungsurkunde ist während der Fahrt mitzuführen und auf Verlangen den zuständigen Personen zur Prüfung auszuhändigen.

Weitere Bedingungen und Auflagen:

Hinweise:

1. Für die Rechte und Pflichten des Unternehmers und den Betrieb des genehmigten Verkehrs gelten das Personenbeförderungsgesetz und die zu seiner Durchführung erlassenen Vorschriften.

2. Der Unternehmer hat der zuständigen Behörde die nach den Vorschriften des Verkehrsstatistikgesetzes vorgeschriebenen statistischen Unterlagen termingerecht vorzulegen.

3. Änderungen hinsichtlich der Angaben in dieser Genehmigungsurkunde sind der Genehmigungsbehörde unverzüglich mitzuteilen.

4. Die Aufsicht nach § 54 PBefG über das Unternehmen wird ausgeübt von

Amtliche Berichtigungen und Ergänzungen:

** Nichtzutreffendes streichen
*** Im Bedarfsfalle ausfüllen

Muster 5
(auf Sicherheitspapier, DIN A4 Breite 210 mm, Höhe 297 mm)

Genehmigungsurkunde Nr. [ ]

Dem/Der/Den

Genehmigungsinhaber, Wohnsitz, Betriebssitz
Staat

wird aufgrund des Personenbeförderungsgesetzes (PBefG) in der Fassung der Bekanntmachung vom 8. August 1990 (BGBl. I S. 1690) in der jeweils geltenden Fassung die Genehmigung für die Einrichtung, die Linienführung und den Betrieb einer

Sonderform des Linienverkehrs nach § 43 PBefG i. V. m. §§ 52, 53 PBefG

☐ **Berufsverkehr***
(nach § 43 Nr. 1 i. V. m. §§ 52, 53 PBefG zur Beförderung von Berufstätigen zwischen Wohnung und Arbeitsstelle)
☐ für grenzüberschreitenden Verkehr*
☐ für Transit-(Durchgangs-)Verkehr*

☐ **Marktfahrten***
(nach § 43 Nr. 3 i. V. m. §§ 52, 53 PBefG zur Beförderung von Personen zum Besuch von Märkten)
☐ für grenzüberschreitenden Verkehr*
☐ für Transit-(Durchgangs-)Verkehr*

☐ **Schülerfahrten***
(nach § 43 Nr. 2 i. V. m. §§ 52, 53 PBefG zur Beförderung von Schülern zwischen Wohnung und Lehranstalt)
☐ für grenzüberschreitenden Verkehr*
☐ für Transit-(Durchgangs-)Verkehr*

☐ **Theaterfahrten***
(nach § 43 Nr. 4 i. V. m. §§ 52, 53 PBefG zur Beförderung von Theaterbesuchern)
☐ für grenzüberschreitenden Verkehr*
☐ für Transit-(Durchgangs-)Verkehr*

von	
nach	
über	
ab dem	befristet bis zum

unter den umseitigen Bedingungen und Auflagen erteilt. Die Hinweise sowie die amtlichen Berichtigungen und Ergänzungen auf der Rückseite sind Bestandteil dieser Urkunde.

Gemäß § 45 Abs. 3 PBefG wird auf die Einhaltung der Vorschriften über die Betriebspflicht (§ 21), die Beförderungspflicht (§ 22), die Beförderungsentgelte und Beförderungsbedingungen (§ 39) sowie über den Fahrplan (§ 40) verzichtet.**

Die für die inländischen Beförderungsleistungen geschuldete Umsatzsteuer ist entsprechend den gesetzlichen Vorschriften bei folgendem Finanzamt anzumelden und zu entrichten:

Finanzamt, Anschrift

Ort, Datum	Bezeichnung, Unterschrift und Trockenprägestempel der ausstellenden Behörde

* Zutreffendes ankreuzen
** Nichtzutreffendes streichen

Bedingungen und Auflagen:

1. Der Fahrplan, die Beförderungsentgelte und die Beförderungsbedingungen, denen die Genehmigungsbehörde zugestimmt hat, sind einzuhalten. **

2. Folgende Haltestellen dürfen zum Einsteigen und in umgekehrter Richtung zum Aussteigen eingerichtet werden:***

3. Es dürfen nur folgende Personengruppen befördert werden:***

4. Die Genehmigungsurkunde ist während der Fahrt mitzuführen und auf Verlangen den zuständigen Personen zur Prüfung auszuhändigen.

Weitere Bedingungen und Auflagen:

Hinweise:

1. Für die Rechte und Pflichten des Unternehmers, den Betrieb des genehmigten Verkehrs und die eingesetzten Kraftfahrzeuge gelten das Personenbeförderungsgesetz, das Straßenverkehrsgesetz und die zu ihrer Durchführung erlassenen Vorschriften.

2. Änderungen hinsichtlich der Angaben in dieser Genehmigungsurkunde sind der Genehmigungsbehörde unverzüglich mitzuteilen.

3. Der Unternehmer ist gehalten, die internationalen Abkommen der Bundesrepublik Deutschland zu beachten.

4. Die Aufsicht nach § 54 PBefG über das Unternehmen wird ausgeübt von

Amtliche Berichtigungen und Ergänzungen:

** Nichtzutreffendes streichen

*** Im Bedarfsfalle ausfüllen

Muster 6
(auf Papier in hellgrüner Farbe, DIN A4 Breite 210 mm, Höhe 297 mm)

Genehmigungsurkunde

Dem/Der/Den

Genehmigungsinhaber, Wohnsitz, Betriebssitz

wird aufgrund des Personenbeförderungsgesetzes (PBefG) in der Fassung der Bekanntmachung vom 8. August 1990 (BGBl. I S. 1690) in der jeweils geltenden Fassung die Genehmigung zur Ausführung von

Gelegenheitsverkehr mit Kraftomnibussen nach §§ 48, 49 PBefG

ab dem	befristet bis zum

erteilt.

Die Hinweise sowie die amtlichen Berichtigungen und Ergänzungen auf der Rückseite sind Bestandteil dieser Urkunde.

Bedingungen und Auflagen:

Ort, Datum	Bezeichnung, Unterschrift und Siegel der ausstellenden Behörde

Hinweise:

1. Für die Rechte und Pflichten des Unternehmers und den Betrieb des genehmigten Verkehrs gelten das Personenbeförderungsgesetz und die zu seiner Durchführung erlassenen Vorschriften.

2. Der Unternehmer hat der zuständigen Behörde die nach den Vorschriften des Verkehrsstatistikgesetzes vorgeschriebenen statistischen Unterlagen termingerecht vorzulegen.

3. Änderungen hinsichtlich der Angaben in dieser Genehmigungsurkunde sind der Genehmigungsbehörde unverzüglich mitzuteilen.

4. Die Aufsicht nach § 54 PBefG über das Unternehmen wird ausgeübt von

Amtliche Berichtigungen und Ergänzungen:

Muster 7
(auf Papier in rosa Farbe, DIN A4 Breite 210 mm, Höhe 297 mm)

Genehmigungsurkunde

Dem/Der/Den

Genehmigungsinhaber, Wohnsitz, Betriebssitz

wird aufgrund des Personenbeförderungsgesetzes (PBefG) in der Fassung der Bekanntmachung vom 8. August 1990 (BGBl. I S. 1690) in der jeweils geltenden Fassung die Genehmigung zur Ausführung von

Ferienziel-Reisen
nach § 48 Abs. 2 PBefG in Verbindung mit §§ 52 Abs. 3, 53 Abs. 3 PBefG

☐ für grenzüberschreitenden Verkehr* ☐ für Transit-(Durchgangs-)Verkehr*

von (Ausgangsort)	nach (Zielort)**

für die deutsche Teilstrecke

Grenzübergänge	
ab dem	befristet bis zum

unter den umseitigen Bedingungen und Auflagen erteilt. Die Hinweise sowie die amtlichen Berichtigungen und Ergänzungen auf der Rückseite sind Bestandteil dieser Urkunde.

Die für die inländischen Beförderungsleistungen geschuldete Umsatzsteuer ist entsprechend den gesetzlichen Vorschriften bei folgendem Finanzamt anzumelden und zu entrichten***:

Finanzamt/Anschrift

Ort, Datum	Bezeichnung, Unterschrift und Siegel der ausstellenden Behörde

* Zutreffendes ankreuzen

** Falls Reisende auch in der näheren Umgebung des Zielortes abgesetzt werden, sind alle Absetzorte anzugeben.

*** Bei Ein- oder Ausreise über eine Drittlandsgrenze (Deutschland – Schweiz) sind die Worte „bei folgendem Finanzamt" zu streichen und in das Feld „Finanzamt/Anschrift" die Worte „Beförderungseinzelbesteuerung bei Grenzübertritt" einzutragen.

Bedingungen und Auflagen:

1. Es dürfen nur folgende Fahrzeuge eingesetzt werden:

Amtliche Kennzeichen (nur Personenkraftwagen einzutragen):

2. Die Genehmigungsurkunde ist auf jeder Fahrt mitzuführen und den zuständigen Personen auf Verlangen zur Prüfung auszuhändigen.

Weitere Bedingungen und Auflagen:

Hinweise:

1. Für die Rechte und Pflichten des Unternehmers, den Betrieb des genehmigten Verkehrs und die eingesetzten Kraftfahrzeuge gelten das Personenbeförderungsgesetz, das Straßenverkehrsgesetz und die zu ihrer Durchführung erlassenen Vorschriften.

2. Änderungen hinsichtlich der Angaben in dieser Genehmigungsurkunde sind der Genehmigungsbehörde unverzüglich mitzuteilen.

3. Der Unternehmer ist gehalten, die internationalen Abkommen der Bundesrepublik Deutschland zu beachten.

4. Die Aufsicht nach § 54 PBefG über das Unternehmen wird ausgeübt von

Amtliche Berichtigungen und Ergänzungen:

Muster 8
(auf Papier in gelber Farbe, DIN A4 Breite 210 mm, Höhe 297 mm)

Genehmigungsurkunde

Dem/Der/Den

Genehmigungsinhaber, Wohnsitz, Betriebssitz

wird aufgrund des Personenbeförderungsgesetzes (PBefG) in der Fassung der Bekanntmachung vom 8. August 1990 (BGBl. I S. 1690) in der jeweils geltenden Fassung die Genehmigung zur Ausführung des

Verkehrs mit Taxen nach § 47 PBefG

ab dem	befristet bis zum

erteilt.

Die Hinweise sowie die amtlichen Berichtigungen und Ergänzungen auf der Rückseite sind Bestandteil dieser Urkunde.

Bedingungen und Auflagen:

1. Die Taxe(n) darf/dürfen nur in

Betriebssitz des Unternehmers

bereitgehalten werden.

2. Es dürfen nur folgende Personenkraftwagen eingesetzt werden:

Amtliche Kennzeichen:

3. Der zu dieser Urkunde für jedes Fahrzeug gefertigte Auszug aus der Genehmigungsurkunde ist auf jeder Fahrt mitzuführen und den zuständigen Personen auf Verlangen zur Prüfung auszuhändigen.

Weitere Bedingungen und Auflagen:

Ort, Datum	Bezeichnung, Unterschrift und Siegel der ausstellenden Behörde

Hinweise:

1. Für die Rechte und Pflichten des Unternehmers und den Betrieb des genehmigten Verkehrs gelten das Personenbeförderungsgesetz und die zu seiner Durchführung erlassenen Vorschriften.

2. Kraftfahrzeuge dürfen im Verkehr auf öffentlichen Straßen nur verwendet werden, wenn sie den Bau- und Betriebsvorschriften der Verordnung über den Betrieb von Kraftfahrunternehmen im Personenverkehr (BOKraft), der Fahrzeug-Zulassungsverordnung (FZV) und der Straßenverkehrs-Zulassungs-Ordnung (StVZO) in der jeweils geltenden Fassung entsprechen.

3. Änderungen hinsichtlich der Angaben in dieser Genehmigungsurkunde sind der Genehmigungsbehörde unverzüglich mitzuteilen.

4. Der Unternehmer ist gehalten, im grenzüberschreitenden Verkehr die internationalen Abkommen der Bundesrepublik Deutschland zu beachten.

5. Die Aufsicht nach § 54 PBefG über das Unternehmen wird ausgeübt von

Amtliche Berichtigungen und Ergänzungen:

Muster 9
(auf Papier in hellblauer Farbe, DIN A4 Breite 210 mm, Höhe 297 mm)

Genehmigungsurkunde

Dem/Der/Den

Genehmigungsinhaber, Wohnsitz, Betriebssitz

wird aufgrund des Personenbeförderungsgesetzes (PBefG) in der Fassung der Bekanntmachung vom 8. August 1990 (BGBl. I S. 1690) in der jeweils geltenden Fassung die Genehmigung zur Ausführung von

☐ **Ausflugsfahrten mit Personenkraftwagen nach § 48 Abs. 1 PBefG***

☐ **Ferienziel - Reisen mit Personenkraftwagen nach § 48 Abs. 2 PBefG***

☐ **Verkehr mit Mietwagen nach § 49 PBefG***

ab dem	befristet bis zum

erteilt. Die Hinweise sowie die amtlichen Berichtigungen und Ergänzungen auf der Rückseite sind Bestandteil dieser Urkunde.

Bedingungen und Auflagen:

1. Es dürfen nur folgende Personenkraftwagen eingesetzt werden:

Amtliche Kennzeichen:

2. Der zu dieser Urkunde für jedes Fahrzeug gefertigte Auszug aus der Genehmigungsurkunde ist auf jeder Fahrt mitzuführen und den zuständigen Personen auf Verlangen zur Prüfung auszuhändigen.

Weitere Bedingungen und Auflagen:

Ort, Datum	Bezeichnung, Unterschrift und Siegel der ausstellenden Behörde

* Zutreffendes ankreuzen

Hinweise:

1. Für die Rechte und Pflichten des Unternehmers und den Betrieb des genehmigten Verkehrs gelten das Personenbeförderungsgesetz und die zu seiner Durchführung erlassenen Vorschriften.

2. Kraftfahrzeuge dürfen im Verkehr auf öffentlichen Straßen nur verwendet werden, wenn sie den Bau- und Betriebsvorschriften der Verordnung über den Betrieb von Kraftfahrunternehmen im Personenverkehr (BOKraft), der Fahrzeug-Zulassungsverordnung (FZV) und der Straßenverkehrs-Zulassungs-Ordnung (StVZO) in der jeweils geltenden Fassung entsprechen.

3. Änderungen hinsichtlich der Angaben in dieser Genehmigungsurkunde sind der Genehmigungsbehörde unverzüglich mitzuteilen.

4. Der Unternehmer ist gehalten, im grenzüberschreitenden Verkehr die internationalen Abkommen der Bundesrepublik Deutschland zu beachten.

5. Die Aufsicht nach § 54 PBefG über das Unternehmen wird ausgeübt von

Amtliche Berichtigungen und Ergänzungen:

Muster 10
(auf Leinwandpapier in hellgrüner Farbe, DIN A6 Breite 105 mm, Höhe 148 mm)

Auszug
aus der Genehmigungsurkunde für Gelegenheitsverkehr mit Kraftomnibussen nach §§ 48, 49 PBefG

Dieser Auszug nach § 17 Abs. 4 des Personenbeförderungsgesetzes (PBefG) in der Fassung der Bekanntmachung vom 8. August 1990 (BGBl. I S. 1690) in der jeweils geltenden Fassung ist auf jeder Fahrt mitzuführen und den zuständigen Personen auf Verlangen zur Prüfung auszuhändigen.

Der/Die/Das

Genehmigungsinhaber, Wohnsitz, Betriebssitz

ist/sind aufgrund der

ab dem	befristet bis zum

erteilten Genehmigung zur Ausführung von

Gelegenheitsverkehr nach §§ 48, 49 PBefG
mit Kraftomnibussen berechtigt.

Ort, Datum	Bezeichnung, Unterschrift und Siegel der ausstellenden Behörde

Muster 11
(auf Leinwandpapier in hellblauer Farbe, DIN A6 Breite 105 mm, Höhe 148 mm)

Auszug
aus der Genehmigungsurkunde für

☐ **Ausflugsfahrten mit Personenkraftwagen nach § 48 Abs. 1 PBefG***

☐ **Ferienziel - Reisen mit Personenkraftwagen nach § 48 Abs. 2 PBefG***

☐ **Verkehr mit Mietwagen nach § 49 PBefG***

Dieser Auszug nach § 17 Abs. 4 des Personenbeförderungsgesetzes (PBefG) in der Fassung der Bekanntmachung vom 8. August 1990 (BGBl. I S. 1690) in der jeweils geltenden Fassung ist auf jeder Fahrt mitzuführen und den zuständigen Personen auf Verlangen zur Prüfung auszuhändigen.

Der/Die/Das

Genehmigungsinhaber, Wohnsitz, Betriebssitz

ist/sind aufgrund der

ab dem	befristet bis zum

erteilten Genehmigung berechtigt, zur Ausführung von

☐ **Ausflugsfahrten mit Personenkraftwagen nach § 48 Abs. 1 PBefG***

☐ **Ferienziel - Reisen mit Personenkraftwagen nach § 48 Abs. 2 PBefG***

☐ **Verkehr mit Mietwagen nach § 49 PBefG***

nachstehend aufgeführten Personenkraftwagen einzusetzen:

Amtliches Kennzeichen und Fahrzeugidentifikationsnummer:

Ort, Datum	Bezeichnung, Unterschrift und Siegel der ausstellenden Behörde

* Zutreffendes ankreuzen

Muster 12
(auf Leinwandpapier in gelber Farbe, DIN A6 Breite 105 mm, Höhe 148 mm)

Auszug
aus der Genehmigungsurkunde
für den Verkehr mit Taxen

Dieser Auszug nach § 17 Abs. 4 des Personenbeförderungsgesetzes (PBefG) in der Fassung der Bekanntmachung vom 8. August 1990 (BGBl. I S. 1690) in der jeweils geltenden Fassung ist auf jeder Fahrt mitzuführen und den zuständigen Personen auf Verlangen zur Prüfung auszuhändigen.

Der/Die/Das

Genehmigungsinhaber, Wohnsitz, Betriebssitz

ist/sind aufgrund der

ab dem	befristet bis zum

erteilten Genehmigung berechtigt, zur Ausführung des

Verkehrs mit Taxen (§ 47 PBefG)

nachstehend aufgeführten Personenkraftwagen einzusetzen:

Amtliches Kennzeichen und Fahrzeugidentifikationsnummer:

Ort, Datum	Bezeichnung, Unterschrift und Siegel der ausstellenden Behörde

Muster 13
auf Papier in weißer Farbe, DIN A4 Breite 210 mm, Höhe 297 mm)

Einstweilige Erlaubnis

Dem/Der/Den

Genehmigungsinhaber, Wohnsitz, Betriebssitz

wird aufgrund des § 20 des Personenbeförderungsgesetzes (PBefG) in der Fassung der Bekanntmachung vom 8. August 1990 (BGBl. I S. 1690) in der jeweils geltenden Fassung die einstweilige Erlaubnis für die Einrichtung, die Linienführung und den Betrieb eines/einer

☐ **Linienverkehrs mit Kraftfahrzeugen nach § 42 PBefG***

☐ **Personenfernverkehrs im Linienverkehr mit Kraftfahrzeugen nach § 42a PBefG***

☐ **Sonderform des Linienverkehrs nach § 43 PBefG***

☐ **Berufsverkehr***
(nach § 43 Nr. 1 PBefG zur Beförderung von Berufstätigen zwischen Wohnung und Arbeitsstelle)

☐ **Schülerfahrten***
(nach § 43 Nr. 2 PBefG zur Beförderung von Schülern zwischen Wohnung und Lehranstalt)

☐ **Marktfahrten***
(nach § 43 Nr. 3 PBefG zur Beförderung von Personen zum Besuch von Märkten)

☐ **Theaterfahrten***
(nach § 43 Nr. 4 PBefG zur Beförderung von Theaterbesuchern)

von	
nach	
über	
ab dem	befristet bis zum

unter den umseitigen Auflagen und Bedingungen erteilt. Die Hinweise sowie die amtlichen Berichtigungen und Ergänzungen auf der Rückseite sind Bestandteil dieser Erlaubnis.

Fahrplan (Anlage 1) und Beförderungstarif (Anlage 2) ist/sind Bestandteil dieser Erlaubnis.**

Gemäß § 45 Abs. 3 PBefG wird auf die Einhaltung der Vorschriften über die Betriebspflicht (§ 21), die Beförderungspflicht (§ 22), die Beförderungsentgelte und Beförderungsbedingungen (§ 39) sowie über den Fahrplan (§ 40) verzichtet.**

Ort, Datum	Bezeichnung, Unterschrift und Siegel der ausstellenden Behörde

* Zutreffendes ankreuzen
** Nichtzutreffendes streichen

Bedingungen und Auflagen:

1. Diese einstweilige Erlaubnis ist während der Fahrt mitzuführen und auf Verlangen den zuständigen Personen zur Prüfung auszuhändigen.

Weitere Bedingungen und Auflagen:

Hinweise:

1. Für die Rechte und Pflichten des Unternehmers und den Betrieb des Verkehrs gelten das Personenbeförderungsgesetz und die zu seiner Durchführung erlassenen Vorschriften.

2. Der Unternehmer hat der zuständigen Behörde die nach den Vorschriften des Verkehrsstatistikgesetzes vorgeschriebenen statistischen Unterlagen termingerecht vorzulegen.

3. Änderungen hinsichtlich der Angaben in dieser einstweiligen Erlaubnis sind der Genehmigungsbehörde unverzüglich mitzuteilen.

4. Die einstweilige Erlaubnis ist jederzeit widerruflich; gemäß § 20 Abs. 3 PBefG erwächst aus der Erteilung der einstweiligen Erlaubnis kein Anspruch auf Erteilung einer Genehmigung zur Durchführung des beantragten Linienverkehrs.

5. Die Aufsicht nach § 54 PBefG über das Unternehmen wird ausgeübt von

Amtliche Berichtigungen und Ergänzungen:

Muster 14
(auf Sicherheitspapier, DIN A4 Breite 210 mm, Höhe 297 mm)

Einstweilige Erlaubnis Nr. ____

Dem/Der/Den

Genehmigungsinhaber, Wohnsitz, Betriebssitz
Staat

wird aufgrund des § 20 des Personenbeförderungsgesetzes (PBefG) in der Fassung der Bekanntmachung vom 8. August 1990 (BGBl. I S. 1690) in der jeweils geltenden Fassung die einstweilige Erlaubnis für die Einrichtung, die Linienführung und den Betrieb eines/einer

☐ **Linienverkehrs mit Kraftfahrzeugen nach §§ 42, 42a PBefG i. V. m. §§ 52, 53 PBefG***

☐ für grenzüberschreitenden Verkehr* ☐ für Transit-(Durchgangs-)Verkehr*

☐ **Sonderform des Linienverkehrs nach § 43 PBefG i. V. m. §§ 52, 53 PBefG***

☐ **Berufsverkehr***
(nach § 43 Nr. 1 i. V. m. §§ 52, 53 PBefG zur Beförderung von Berufstätigen zwischen Wohnung und Arbeitsstelle)
☐ für grenzüberschreitenden Verkehr*
☐ für Transit-(Durchgangs-)Verkehr*

☐ **Marktfahrten***
(nach § 43 Nr. 3 i. V. m. §§ 52, 53 PBefG zur Beförderung von Personen zum Besuch von Märkten)
☐ für grenzüberschreitenden Verkehr*
☐ für Transit-(Durchgangs-)Verkehr*

☐ **Schülerfahrten***
(nach § 43 Nr. 2 i. V. m. §§ 52, 53 PBefG zur Beförderung von Schülern zwischen Wohnung und Lehranstalt)
☐ für grenzüberschreitenden Verkehr*
☐ für Transit-(Durchgangs-)Verkehr*

☐ **Theaterfahrten***
(nach § 43 Nr. 4 i. V. m. §§ 52, 53 PBefG zur Beförderung von Theaterbesuchern)
☐ für grenzüberschreitenden Verkehr*
☐ für Transit-(Durchgangs-)Verkehr*

von (Ausgangsort)	nach (Zielort)

für die deutsche Teilstrecke

über	
Grenzübergänge	
ab dem	befristet bis zum

unter den umseitigen Bedingungen und Auflagen erteilt. Die Hinweise sowie die amtlichen Berichtigungen und Ergänzungen auf der Rückseite sind Bestandteil dieser Urkunde.

Ort, Datum	Bezeichnung, Unterschrift und Trockenprägestempel der ausstellenden Behörde

* Zutreffendes ankreuzen

Fahrplan (Anlage 1) und Beförderungsbedingungen (Anlage 2) ist/sind Bestandteil dieser Erlaubnis.**

Gemäß § 45 Abs. 3 PBefG wird auf die Einhaltung der Vorschriften über die Betriebspflicht (§ 21), die Beförderungspflicht (§ 22), die Beförderungsentgelte und Beförderungsbedingungen (§ 39) sowie über den Fahrplan (§ 40) verzichtet.**

Die für die inländischen Beförderungsleistungen geschuldete Umsatzsteuer ist entsprechend den gesetzlichen Vorschriften bei folgendem Finanzamt anzumelden und zu entrichten:

Finanzamt, Anschrift:

Bedingungen und Auflagen:

1. Diese einstweilige Erlaubnis ist während der Fahrt mitzuführen und auf Verlangen den zuständigen Personen zur Prüfung auszuhändigen.

Weitere Bedingungen und Auflagen:

Hinweise:

1. Für die Rechte und Pflichten des Unternehmers und den Betrieb des Verkehrs und die eingesetzten Kraftfahrzeuge gelten das Personenbeförderungsgesetz, das Straßenverkehrsgesetz und die zu ihrer Durchführung erlassenen Vorschriften.

2. Änderungen hinsichtlich der Angaben in dieser einstweiligen Erlaubnis sind der Genehmigungsbehörde unverzüglich mitzuteilen.

3. Der Unternehmer ist gehalten, die internationalen Abkommen der Bundesrepublik Deutschland zu beachten.

4. Die einstweilige Erlaubnis ist jederzeit widerruflich; gemäß § 20 Abs. 3 PBefG erwächst aus der Erteilung der einstweiligen Erlaubnis kein Anspruch auf Erteilung einer Genehmigung zur Durchführung des beantragten Linienverkehrs.

5. Die Aufsicht nach § 54 PBefG über das Unternehmen wird ausgeübt von

Amtliche Berichtigung und Ergänzungen:

** Nichtzutreffendes streichen

405. Verordnung über die Befreiung bestimmter Beförderungsfälle von den Vorschriften des Personenbeförderungsgesetzes (Freistellungs-Verordnung)

Vom 30. August 1962
(BGBl. I S. 601)

BGBl. III/FNA 9240–1–1

geänd. durch Verordnung zur Änderung der Freistellungs-Verordnung v. 16.6.1967 (BGBl. I S. 602), Art. 1 Zweite Verordnung zur Änderung personenbeförderungsrechtlicher Vorschriften v. 30.6.1989 (BGBl. I S. 1273), () ()Art. 1 Zweite ÄndVO v. 4.5.2012 (BGBl. I S. 1037)

Auf Grund des § 58 Abs. 1 Nr. 1 des Personenbeförderungsgesetzes vom 21. März 1961 (Bundesgesetzbl. I S. 241) wird mit Zustimmung des Bundesrates verordnet:

§ 1[1)] [Freistellung von Vorschriften des Personenbeförderungsgesetzes] [1] Von den Vorschriften des Personenbeförderungsgesetzes werden freigestellt

1. Beförderungen mit Kraftfahrzeugen außerhalb öffentlicher Straßen und Plätze im Sinne des Straßenverkehrsgesetzes;
2. Beförderungen mit Kraftfahrzeugen in Ausübung hoheitlicher Tätigkeit;
3. Beförderungen mit Personenkraftwagen, die nach ihrer Bauart und Ausstattung zur Beförderung von nicht mehr als sechs Personen (einschließlich Führer) geeignet und bestimmt sind, es sei denn, daß für die Beförderungen ein Entgelt zu entrichten ist;
4. Beförderungen
   a) von Berufstätigen mit Kraftfahrzeugen zu und von ihrer Eigenart nach wechselnden Arbeitsstellen, insbesondere Baustellen, sofern nicht ein solcher Verkehr zwischen gleichbleibenden Ausgangs- und Endpunkten länger als ein Jahr betrieben wird,
   b) von Berufstätigen mit Kraftfahrzeugen zu und von Arbeitsstellen in der Land- und Forstwirtschaft,
   c) mit Kraftfahrzeugen durch oder für Kirchen oder sonstige Religionsgesellschaften zu und von Gottesdiensten,
   d) mit Kraftfahrzeugen durch oder für Schulträger zum und vom Unterricht,
   e) von Kranken aus Gründen der Beschäftigungstherapie oder zu sonstigen Behandlungszwecken durch Krankenhäuser oder Heilanstalten mit eigenen Kraftfahrzeugen,

---

[1)] § 1 Nr. 4 Buchst. g angef. durch VO v. 16.6.1967 (BGBl. I S. 602), Nr. 2 geänd., Nr. 4 Buchst. h u. i angef., bisher. Nrn. 5a u. 6 werden Nrn. 6 u. 7 durch VO v. 30.6.1989 (BGBl. I S. 1273).; Satz 2 angef. mWv 12.5.2012 durch VO v. 4.5.2012 (BGBl. I S. 1037)

f) von Berufstätigen mit Personenkraftwagen von und zu ihren Arbeitsstellen,

g) von körperlich, geistig oder seelisch behinderten Personen mit Kraftfahrzeugen zu und von Einrichtungen, die der Betreuung dieser Personenkreise dienen,

h) von Arbeitnehmern durch den Arbeitgeber zu betrieblichen Zwecken zwischen Arbeitsstätten desselben Betriebes,

i) mit Kraftfahrzeugen durch oder für Kindergartenträger zwischen Wohnung und Kindergarten,

es sei denn, daß von den Beförderten ein Entgelt zu entrichten ist;

5. Beförderungen durch die Streitkräfte mit eigenen Kraftfahrzeugen;
6. Beförderungen durch die Polizei mit eigenen Kraftfahrzeugen;
7. die Mitnahme von

a) umziehenden Personen in besonders für die Möbelbeförderung eingerichteten Fahrzeugen,

b) Personen in Kraftfahrzeugen, die zur Leichenbeförderung bestimmt sind.

[2] Satz 1 Nummer 4 gilt für entgeltliche Beförderungen mit einem Kraftomnibus nur dann, wenn

1. die Voraussetzungen nach Artikel 1 Absatz 4 Buchstabe b oder c der Verordnung (EG) Nr. 1071/2009 des Europäischen Parlaments und des Rates vom 21. Oktober 2009 zur Festlegung gemeinsamer Regeln für die Zulassung zum Beruf des Kraftverkehrsunternehmers und zur Aufhebung der Richtlinie 96/26/EG des Rates (ABl. L 300 vom 14.11.2009, S. 51) erfüllt sind,
2. der Unternehmer ausschließlich innerstaatliche Beförderungen im Sinne des Artikels 1 Absatz 5 der Verordnung (EG) Nr. 1071/2009 durchführt oder
3. das Fahrzeug durch den Unternehmer auch bei Beförderungen eingesetzt wird, für die er eine Genehmigung nach dem Personenbeförderungsgesetz besitzt.

§ 2 [gegenstandslos]

§ 3 [Inkrafttreten] Diese Verordnung tritt am Tage nach ihrer Verkündung[1] in Kraft.

[1] Die VO wurde am 5. September 1962 verkündet.

410. Berufszugangsverordnung für den Straßenpersonenverkehr (PBZugV)[1)]

Vom 15. Juni 2000
(BGBl. I S. 851)

FNA 9240-1-15

geänd. durch Art. 478 Neunte ZuständigkeitsanpassungsVO v. 31.10.2006 (BGBl. I S. 2407), Art. 3 Fünfte VO zur Änd. personenbeförderungsrechtl. Vorschriften v. 8.11.2007 (BGBl. I S. 2569), Art. 1 1. ÄndVO v. 22.2.2013 (BGBl. I S. 347) und Art. 484 Zehnte ZuständigkeitsanpassungsVO v. 31.8.2015 (BGBl. I S. 1474)

Auf Grund

– des § 57 Abs. 1 Nr. 4 in Verbindung mit § 13 Abs. 1 des Personenbeförderungsgesetzes[2)] in der Fassung der Bekanntmachung vom 8. August 1990 (BGBl. I S. 1690),
– des § 17 des Güterkraftverkehrsgesetzes[3)] in der Fassung der Bekanntmachung vom 22. Juni 1998 (BGBl. I S. 1485), in Verbindung mit Artikel 56 des Zuständigkeitsanpassungs-Gesetzes vom 18. März 1975 (BGBl. I S. 705) und dem Organisationserlass vom 27. Oktober 1998 (BGBl. I S. 3288), verordnet das Bundesministerium für Verkehr, Bau- und Wohnungswesen:

§ 1[4)] Persönliche Zuverlässigkeit. (1) [1]Der Unternehmer und die zur Führung der Geschäfte bestellten Personen gelten als zuverlässig im Sinne des § 13 Abs. 1 Nr. 2 des Personenbeförderungsgesetzes, wenn keine hinreichenden Anhaltspunkte dafür vorliegen, dass bei der Führung des Unternehmens die für den Straßenpersonenverkehr geltenden Vorschriften missachtet oder die Allgemeinheit bei dem Betrieb des Unternehmens geschädigt oder gefährdet werden. [2]Anhaltspunkte für die Unzuverlässigkeit des Unternehmers oder der für die Führung der Geschäfte bestellten Person sind insbesondere

1. rechtskräftige Verurteilungen wegen schwerer Verstöße gegen strafrechtliche Vorschriften,
2. schwere Verstöße gegen

[1)] **Amtl. Anm.**: Die Neufassung dieser Verordnung dient der Umsetzung der Richtlinie 96/26/EG des Rates vom 29. April 1996 über den Zugang zum Beruf des Güter- und Personenkraftverkehrsunternehmers im innerstaatlichen und grenzüberschreitenden Verkehr sowie über die gegenseitige Anerkennung der Diplome, Prüfungszeugnisse und sonstigen Befähigungsnachweise für die Beförderung von Gütern und die Beförderung von Personen im Straßenverkehr und über Maßnahmen zur Förderung der tatsächlichen Inanspruchnahme der Niederlassungsfreiheit der betreffenden Verkehrsunternehmer (ABl. EG Nr. L 124 S. 1), zuletzt geändert durch Richtlinie 98/76/EG des Rates vom 1. Oktober 1998 (ABl. EG Nr. L 277 S. 17).

[2)] Nr. **400**.

[3)] Nr. **450**.

[4)] § 1 Abs. 1 Satz 1 geänd., Satz 2 angef., Abs. 2 neu gef., Abs. 3 angef. mWv 5.3.2013 durch VO v. 22.2.2013 (BGBl. I S. 347).

a) Vorschriften des Personenbeförderungsgesetzes oder der auf diesem Gesetz beruhenden Rechtsverordnungen,

b) arbeits- oder sozialrechtliche Pflichten, insbesondere gegen die Vorschriften über die Lenk- und Ruhezeiten des Fahrpersonals,

c) Vorschriften, die im Interesse der Verkehrs- und Betriebssicherheit erlassen wurden, insbesondere gegen die Vorschriften des Straßenverkehrsgesetzes[1], der Straßenverkehrs-Ordnung[2] oder der Straßenverkehrs-Zulassungs-Ordnung[3],

d) die abgabenrechtlichen Pflichten, die sich aus unternehmerischer Tätigkeit ergeben,

e) § 1 des Pflichtversicherungsgesetzes[4] vom 5. April 1965 (BGBl. I S. 213) in der jeweils geltenden Fassung,

f) umweltschützende Vorschriften, dabei insbesondere des Bundes-Immissionsschutzgesetzes oder solche der Straßenverkehrs-Zulassungs-Ordnung in ihren jeweils geltenden Fassungen.

(2) [1] Beim Verkehr mit Kraftomnibussen sind der Unternehmer und der Verkehrsleiter im Sinne des Artikels 4 der Verordnung (EG) Nr. 1071/2009 des Europäischen Parlaments und des Rates vom 21. Oktober 2009 zur Festlegung gemeinsamer Regeln für die Zulassung zum Beruf des Kraftverkehrsunternehmers und zur Aufhebung der Richtlinie 96/26/EG des Rates (ABl. L 300 vom 14.11.2009, S. 51) zuverlässig im Sinne des Artikels 6 der Verordnung (EG) Nr. 1071/2009, wenn keine Tatsachen dafür vorliegen, dass

1. bei der Führung des Unternehmens gegen gesetzliche Bestimmungen verstoßen oder
2. bei dem Betrieb des Unternehmens die Allgemeinheit geschädigt oder gefährdet wird.

[2] Die erforderliche Zuverlässigkeit besitzen der Unternehmer und der Verkehrsleiter in der Regel nicht, wenn sie wegen eines schwersten Verstoßes gegen Gemeinschaftsvorschriften im Sinne des Anhangs IV der Verordnung (EG) Nr. 1071/2009

1. rechtskräftig verurteilt worden sind oder
2. ein gegen sie ergangener Bußgeldbescheid unanfechtbar geworden ist.

[3] Darüber hinaus können der Unternehmer und der Verkehrsleiter insbesondere dann unzuverlässig sein, wenn eine rechtskräftige Verurteilung oder ein unanfechtbarer Bußgeldbescheid vorliegt

1. wegen eines schwerwiegenden Verstoßes gegen Gemeinschaftsvorschriften im Sinne des Artikels 6 Absatz 1 Unterabsatz 3 Buchstabe b der Verordnung (EG) Nr. 1071/2009 in einem oder mehreren Mitgliedstaaten der Europäischen Union,
2. wegen eines schweren Verstoßes gegen strafrechtliche Vorschriften oder
3. wegen eines schweren Verstoßes gegen

---

[1] Nr. **10**.
[2] Nr. **100**.
[3] Nr. **200**.
[4] Nr. **600**.

a) Vorschriften des Personenbeförderungsgesetzes oder der auf diesem Gesetz beruhenden Rechtsverordnungen,

b) arbeits- oder sozialrechtliche Pflichten,

c) Vorschriften, die im Interesse der Verkehrs- und Betriebssicherheit erlassen wurden, insbesondere gegen die Vorschriften des Straßenverkehrsgesetzes, der Straßenverkehrs-Ordnung oder der Straßenverkehrs-Zulassungs-Ordnung,

d) die abgabenrechtlichen Pflichten, die sich aus unternehmerischer Tätigkeit ergeben,

e) § 1 des Pflichtversicherungsgesetzes vom 5. April 1965 (BGBl. I S. 213) in der jeweils geltenden Fassung,

f) umweltschützende Vorschriften, insbesondere des Abfall- und Immissionsschutzrechts oder

g) Vorschriften des Handels- und Insolvenzrechts.

(3) Zur Prüfung, ob Verstöße vorliegen, kann die Genehmigungsbehörde Bescheinigungen in Steuersachen der Finanzämter sowie Unbedenklichkeitsbescheinigungen anderer öffentlicher Stellen und Auszüge aus Registern, in denen derartige Verstöße registriert sind, von dem Antragsteller verlangen oder mit dessen Einverständnis anfordern.

§ 2[1)] Finanzielle Leistungsfähigkeit. (1) [1] Die finanzielle Leistungsfähigkeit im Sinne des § 13 Abs. 1 Nr. 1 des Personenbeförderungsgesetzes ist als gewährleistet anzusehen, wenn die finanziellen Mittel verfügbar sind, die zur Aufnahme und ordnungsgemäßen Führung des Betriebes erforderlich sind. [2] Sie ist zu verneinen, wenn

1. die Zahlungsfähigkeit nicht gewährleistet ist oder erhebliche Rückstände an Steuern oder an Beiträgen zur Sozialversicherung bestehen, die aus unternehmerischer Tätigkeit geschuldet werden;
2. beim Verkehr mit Taxen und Mietwagen das Eigenkapital und die Reserven des Unternehmens weniger betragen als ein Viertel der in Artikel 7 Absatz 1 Satz 2 der Verordnung (EG) Nr. 1071/2009 genannten Beträge je eingesetztem Fahrzeug.

(2) [1] Die finanzielle Leistungsfähigkeit wird durch Vorlage folgender Bescheinigungen nachgewiesen:

1. von Bescheinigungen in Steuersachen des Finanzamtes sowie Unbedenklichkeitsbescheinigungen der Gemeinde, der Träger der Sozialversicherung und der Berufsgenossenschaft, wobei die Stichtage dieser Bescheinigungen zum Zeitpunkt der Antragstellung nicht länger als drei Monate zurückliegen dürfen, sowie
2. einer Eigenkapitalbescheinigung eines Wirtschaftsprüfers, vereidigten Buchprüfers, Steuerberaters, Steuerbevollmächtigten, Fachanwalts für Steuerrecht, einer Wirtschaftsprüfungs-, Buchprüfungs- oder Steuerberatungsgesellschaft oder eines Kreditinstituts nach dem Muster der Anlage 1. Ist das Unternehmen nach § 316 Abs. 1 des Handelsgesetzbuchs von einem Abschlussprüfer geprüft worden, bedarf es der Bescheinigung des Ab-

---

[1)] § 2 Abs. 1 Satz 2 Nr. 2 aufgeh., bish. Nr. 3 wird Nr. 2 und geänd., Satz 3 aufgeh., Abs. 2 Satz 1 Nr. 1 geänd., Abs. 5 neu gef. mWv 5.3.2013 durch VO v. 22.2.2013 (BGBl. I S. 347).

schlussprüfers, der den Jahresabschluss geprüft hat. Bei Unternehmen des Taxen- und Mietwagenverkehrs, die keinen Jahresabschluss vorlegen können, ist eine von den vorgenannten Stellen bestätigte Vermögensübersicht vorzulegen. Der Stichtag der Eigenkapitalbescheinigung oder der Vermögensübersicht darf zum Zeitpunkt der Antragstellung nicht länger als ein Jahr zurückliegen.

[2] Der Zeitpunkt der Antragstellung im Sinne der Nummern 1 und 2 ist der Zeitpunkt, zu dem der Behörde sämtliche Antragsunterlagen einschließlich der erforderlichen Nachweise vorliegen.

(3) [1] Als Reserven können dem nach Absatz 2 Nr. 2 nachgewiesenen Eigenkapital hinzugerechnet werden:

1. die nicht realisierten Reserven in Höhe des Unterschiedsbetrages zwischen ihrem Buch- und ihrem Verkehrswert,
2. Darlehen sowie Bürgschaften, soweit sie in einer Krise des Unternehmens nach der Überschuldungsbilanz wie Eigenkapital zur Befriedigung der Unternehmensgläubiger zur Verfügung stehen, insbesondere Darlehen oder Bürgschaften, soweit für sie ein Rangrücktritt erklärt worden ist,
3. der Verkehrswert der im Privatvermögen eines persönlich haftenden Unternehmers vorhandenen Vermögensgegenstände, soweit sie unbelastet sind, und
4. die zu Gunsten des Unternehmens beliehenen Gegenstände des Privatvermögens der Gesellschafter von Personengesellschaften in Höhe der Beleihung.

[2] Der Nachweis über das Vorliegen der Nummern 1 bis 4 ist zu erbringen durch Vorlage einer Bescheinigung eines Wirtschaftsprüfers, vereidigten Buchprüfers, Steuerberaters, Steuerbevollmächtigten, Fachanwalts für Steuerrecht, einer Wirtschaftsprüfungs-, Buchprüfungs- oder Steuerberatungsgesellschaft oder eines Kreditinstituts nach dem Muster der Anlage 2 (Zusatzbescheinigung). [3] Absatz 2 Nr. 2 Satz 2 und 3 gilt entsprechend.

(4) Im Zweifelsfall kann die zuständige Behörde verlangen, dass der Antragsteller ihr diejenigen Unterlagen vorlegt, auf Grund derer die Eigenkapitalbescheinigung oder die Vermögensübersicht im Sinne des Absatzes 2 Nr. 2 und die Zusatzbescheinigung im Sinne des Absatzes 3 Satz 2 erstellt wurden.

(5) Beim Verkehr mit Kraftomnibussen besitzt der Unternehmer die erforderliche finanzielle Leistungsfähigkeit, wenn er die Voraussetzungen des Artikels 7 der Verordnung (EG) Nr. 1071/2009 erfüllt.

§ 3[1)] Fachliche Eignung. (1) Beim Verkehr mit Kraftomnibussen ist fachlich geeignet im Sinne des Artikels 3 Absatz 1 Buchstabe d der Verordnung (EG) Nr. 1071/2009, wer über die Kenntnisse verfügt, die zur ordnungsgemäßen Führung eines Straßenpersonenverkehrsunternehmens erforderlich sind, und zwar auf den jeweiligen Sachgebieten, die im Anhang I Teil I der Verordnung (EG) Nr. 1071/2009 in der jeweils geltenden Fassung aufgeführt sind.

[1)] § 3 neu gef. mWv 5.3.2013 durch VO v. 22.2.2013 (BGBl. I S. 347).

(2) 1 Für die fachliche Eignung nach § 13 Absatz 1 Nummer 3 des Personenbeförderungsgesetzes[1)] gilt Absatz 1 im Hinblick auf die Vorschriften zum Personenkraftverkehr entsprechend. 2 Abweichend davon ergeben sich die für den Taxen- und Mietwagenverkehr erforderlichen Kenntnisse aus Anlage 3.

§ 4[2)] Fachkundeprüfung. (1) Die fachliche Eignung im Sinne des § 3 wird durch eine Prüfung nachgewiesen, die sich aus zwei schriftlichen und gegebenenfalls einem ergänzenden mündlichen Prüfungsteil zusammensetzt.

(2) 1 Die schriftlichen Teilprüfungen bestehen aus Multiple-Choice-Fragen und schriftlichen Fragen mit direkter Antwort sowie aus schriftlichen Übungen/Fallstudien. 2 Die Mindestdauer für jede schriftliche Teilprüfung beträgt zwei Stunden. 3 Die Mindestdauer für jede schriftliche Teilprüfung für den Taxen- und Mietwagenverkehr beträgt abweichend von Satz 2 eine Stunde.

(3) Es ist eine Gesamtpunktezahl zu bilden, die wie folgt auf die Prüfungsteile aufzuteilen ist:

- schriftliche Fragen zu 40 Prozent
- schriftliche Übungen/Fallstudien zu 35 Prozent
- mündliche Prüfung zu 25 Prozent.

(4) 1 Die Prüfung ist bestanden, wenn der Bewerber mindestens 60 Prozent der möglichen Gesamtpunktezahl erreicht hat, wobei der in jeder Teilprüfung erzielte Punkteanteil nicht unter 50 Prozent der jeweils möglichen Punktezahl liegen darf. 2 Anderenfalls ist die Prüfung nicht bestanden.

(5) 1 Die mündliche Prüfung entfällt, wenn die schriftliche Prüfung nicht bestanden ist. 2 Sie entfällt ebenfalls, wenn der Bewerber bereits in den schriftlichen Teilprüfungen mindestens 60 Prozent der möglichen Gesamtpunktezahl erzielt hat.

(6) 1 Bewerbern, die die Prüfung bestanden haben, wird eine Bescheinigung nach dem Muster des Anhangs III der Verordnung (EG) Nr. 1071/2009 in der jeweils geltenden Fassung erteilt. 2 Diese Bescheinigung ist auf Papier mit Spezialfasern, die unter UV-Licht sichtbar werden, zu erteilen, sowie mit einer Seriennummer und einer Ausgabenummer zu versehen. 3 Die Bescheinigung für den Taxen- und Mietwagenverkehr wird nach dem Muster der Anlage 5 erteilt.

(7) Die Prüfung und die Bewertung der Prüfungsleistungen erfolgen durch die Industrie- und Handelskammern auf Grund einer Prüfungsordnung unter Beachtung der Verordnung (EG) Nr. 1071/2009 in der jeweils geltenden Fassung, insbesondere von Teil II des Anhangs I dieser Verordnung.

(8) 1 Beim Verkehr mit Kraftomnibussen ist Artikel 8 der Verordnung (EG) Nr. 1071/2009 die maßgebliche Vorschrift für die Anforderungen an die fachliche Eignung. 2 Die Absätze 2 bis 5 und 7 gelten mit Ausnahme des Absatzes 2 Satz 3 entsprechend. 3 Die Bescheinigung nach dem Muster des Anhangs III der Verordnung (EG) Nr. 1071/2009 in der jeweils geltenden Fassung, die Bewerbern, die die Prüfung bestanden haben, erteilt wird, ist auf

---

1) Nr. **400**.

2) § 4 Abs. 8 aufgeh. mWv 16.11.2007 durch VO v. 8.11.2007 (BGBl. I S. 2569); Abs. 2 und 6 neu gef., Abs. 7 geänd. und Abs. 8 angef. mWv 5.3.2013 durch VO v. 22.2.2013 (BGBl. I S. 347).

Papier mit Spezialfasern, die unter UV-Licht sichtbar werden, zu erteilen, sowie mit einer Seriennummer und einer Ausgabenummer zu versehen.

§ 5[1)] Prüfungsausschuss. (1) Die Prüfung wird vor der zuständigen Industrie- und Handelskammer abgelegt, die einen Prüfungsausschuss errichtet.

(2) [1] Der Prüfungsausschuss besteht aus einem Vorsitzenden und mindestens einem Beisitzer. [2] Für jedes Mitglied soll mindestens ein Vertreter bestellt werden. [3] Ein Beisitzer soll in einem Unternehmen des Straßenpersonenverkehrs der jeweiligen Prüfungssparte tätig sein.

(3) [1] Die Industrie- und Handelskammer bestellt die Mitglieder des Prüfungsausschusses und ihre Vertreter. [2] Der Vorsitzende des Prüfungsausschusses und sein Vertreter sollen zur Vollversammlung der Industrie- und Handelskammer wählbar oder bei einer Industrie- und Handelskammer beschäftigt sein. [3] Beisitzer und ihre Vertreter sollen auf Vorschlag der Fachverbände des Verkehrsgewerbes bestellt werden. [4] Die Fachverbände sollen zu Beisitzern und deren Vertretern mindestens doppelt so viele Personen vorschlagen, wie bestellt werden.

(4) Bei Bedarf muss der Prüfungsausschuss der Industrie- und Handelskammer mindestens einmal im Vierteljahr einen Prüfungstermin festsetzen. [2] Zuständig ist der Prüfungsausschuss, in dessen Zuständigkeitsbereich der Bewerber seinen Wohnsitz hat. [3] Hat der Bewerber seinen Wohnsitz im Ausland, ist die nächstgelegene Industrie- und Handelskammer zuständig. [4] Abweichend von Satz 3 ist beim Verkehr mit Kraftomnibussen die Industrie- und Handelskammer zuständig, in deren Zuständigkeitsbereich der Bewerber arbeitet. [5] Der Bewerber kann mit seiner Zustimmung an den Prüfungsausschuss einer anderen Industrie- und Handelskammer verwiesen werden, wenn innerhalb eines Vierteljahres weniger als drei Bewerber zur Prüfung anstehen oder dem Bewerber andernfalls wirtschaftliche Nachteile entstehen.

§ 6[2)] Gleichwertige Abschlussprüfungen. (1) [1] Die nach Landesrecht zuständige Behörde kann nach Anhörung der übrigen nach Landesrecht zuständigen Behörden und des Deutschen Industrie- und Handelskammertages andere Abschlussprüfungen als Fachkundeprüfungen nach § 4 anerkennen, wenn die erforderlichen Kenntnisse auf den Sachgebieten, die sich aus § 3 ergeben, Gegenstand der Abschlussprüfung sind. [2] Das Bundesministerium für Verkehr und digitale Infrastruktur gibt die Bezeichnung der anerkannten Abschlussprüfung auf Antrag der nach Landesrecht zuständigen Behörde im Verkehrsblatt bekannt.

(2) [1] Als Fachkundeprüfung gelten auch die in Anlage 6 der bis zum Ablauf des 4. März 2013 geltenden Fassung aufgeführten Abschlussprüfungen, wenn die Ausbildung vor dem 4. Dezember 2011 begonnen worden ist. [2] Als Fachkundeprüfung gelten auch Abschlussprüfungen, die von einer nach Landesrecht zuständigen Behörde nach § 6 Absatz 2 in der bis zum Ablauf des 4. März 2013 geltenden Fassung bis zum 4. Dezember 2011 anerkannt wor-

---

[1)] § 5 Abs. 2 Satz 1, Abs. 3 Satz 3 und Abs. 4 Satz 2 geänd., Satz 4 eingef., bish. Satz 4 wird Satz 5 mWv 5.3.2013 durch VO v. 22.2.2013 (BGBl. I S. 347).

[2)] § 6 neu gef. mWv 5.3.2013 durch VO v. 22.2.2013 (BGBl. I S. 347); Abs. 1 Satz 2 geänd. mWv 8.9.2015 durch VO v. 31.8.2015 (BGBl. I S. 1474).

den sind, wenn die Ausbildung vor dem 4. Dezember 2011 begonnen worden ist.

(3) [1] Die nach § 5 Absatz 4 zuständige Industrie- und Handelskammer stellt dem Inhaber eines nach Absatz 1 oder 2 anerkannten Abschlusses auf Antrag eine Bescheinigung nach dem Muster des Anhangs III der Verordnung (EG) Nr. 1071/2009 in der jeweils geltenden Fassung aus. [2] § 4 Absatz 6 Satz 2 und 3 gilt entsprechend.

§ 7[1)] Anerkennung leitender Tätigkeit. (1) [1] Die fachliche Eignung kann auch durch eine mindestens fünfjährige leitende Tätigkeit in einem inländischen Unternehmen nachgewiesen werden, das Straßenpersonenverkehr betreibt. [2] Zur Führung eines Unternehmens des Taxen- und Mietwagenverkehrs ist eine mindestens dreijährige leitende Tätigkeit in einem solchen Unternehmen nachzuweisen. [3] Die Tätigkeit muss die zur ordnungsgemäßen Führung eines Straßenpersonenverkehrsunternehmens erforderlichen Kenntnisse auf den Sachgebieten vermittelt haben, die sich aus § 3 ergeben. [4] Das Ende dieser Tätigkeit darf zum Zeitpunkt der Antragstellung nicht länger als zwei Jahre zurückliegen.

(2) [1] Abweichend von Absatz 1 werden beim Verkehr mit Kraftomnibussen Personen, die nachweisen können, dass sie in dem Zeitraum von zehn Jahren vor dem 4. Dezember 2009 ohne Unterbrechung ein Straßenpersonenverkehrsunternehmen in einem oder mehreren Mitgliedstaaten der Europäischen Union geleitet haben, von der in Artikel 8 Absatz 1 der Verordnung (EG) Nr. 1071/2009 genannten Prüfung befreit. [2] Die Tätigkeit muss die zur ordnungsgemäßen Führung eines Straßenpersonenverkehrsunternehmens erforderlichen Kenntnisse auf den jeweiligen Sachgebieten vermittelt haben, die sich aus dem Anhang I Teil I der Verordnung (EG) Nr. 1071/2009 in der jeweils geltenden Fassung ergeben.

(3) [1] Die Prüfung der in den Absätzen 1 und 2 genannten Voraussetzungen obliegt der Industrie- und Handelskammer, in deren Zuständigkeitsbereich der Bewerber seinen Wohnsitz hat. [2] Hat der Bewerber seinen Wohnsitz im Ausland, ist die nächstgelegene Industrie- und Handelskammer zuständig. [3] Abweichend von Satz 2 ist beim Verkehr mit Kraftomnibussen die Industrie- und Handelskammer zuständig, in deren Zuständigkeitsbereich der Bewerber arbeitet. [4] Der Bewerber hat der Kammer hierzu die zur Prüfung nach Satz 1 erforderlichen Unterlagen vorzulegen. [5] Reichen die Unterlagen zum Nachweis der fachlichen Eignung nicht aus, so kann die Kammer mit dem Bewerber ein ergänzendes Beurteilungsgespräch führen. [6] Hält die Kammer den Bewerber für fachlich geeignet, so stellt sie eine Bescheinigung nach dem Muster des Anhangs III der Verordnung (EG) Nr. 1071/2009 in der jeweils geltenden Fassung aus. [7] § 4 Absatz 6 Satz 2 und 3 gilt entsprechend.

§ 8[2)] *(aufgehoben)*

[1)] § 7 Abs. 1 Satz 1 geänd., Abs. 2 neu gef., Abs. 3 angef. mWv 5.3.2013 durch VO v. 22.2.2013 (BGBl. I S. 347).

[2)] § 8 aufgeh. mWv 5.3.2013 durch VO v. 22.2.2013 (BGBl. I S. 347).

§ 9[1] **Überwachung.** (1) [1] Die zuständigen Behörden vergewissern sich regelmäßig und mindestens alle fünf Jahre, dass das Unternehmen die Berufszugangsvoraussetzungen nach § 13 Abs. 1 des Personenbeförderungsgesetzes in Verbindung mit dieser Verordnung noch erfüllt. [2] Zu diesem Zweck kann sie die in den §§ 1 und 2 bezeichneten Auskünfte erneut einholen. [3] Im Bereich des Taxen- und Mietwagenverkehrs vergewissern sich die zuständigen Behörden über das Vorliegen der Berufszugangsvoraussetzungen in den Fällen, in denen Zweifel daran angezeigt sind, dass die Voraussetzungen noch vorliegen.

(2) Die Behörde teilt dem Unternehmen das Ergebnis der Überprüfung nach Absatz 1 schriftlich mit.

(3) Sollte die finanzielle Leistungsfähigkeit nach § 2 zum Zeitpunkt der Beurteilung nicht gegeben sein, die wirtschaftliche Lage des Unternehmens jedoch annehmen lassen, dass sie in absehbarer Zukunft auf der Grundlage eines Finanzplans erneut auf Dauer erfüllt werden kann, kann die zuständige Behörde eine Frist für den Nachweis der finanziellen Leistungsfähigkeit einräumen, die die Dauer von sechs Monaten nicht überschreiten darf.

(4) Verfahren auf Erneuerung einer Genehmigung nach dem Personenbeförderungsgesetz[2] ersetzen die Kontrolle nach Absatz 1, soweit dabei zugleich der Nachweis geführt wird, dass die Berufszulassungsvoraussetzungen insgesamt erfüllt sind.

(5) [1] Beim Verkehr mit Kraftomnibussen gelten die Artikel 12 und 13 der Verordnung (EG) Nr. 1071/2009. [2] Absatz 1 Satz 2 und Absatz 2 gelten entsprechend. [3] Verfahren auf Erneuerung der Gemeinschaftslizenz nach Artikel 4 oder 6 der Verordnung (EG) Nr. 1073/2009 ersetzen die Kontrolle nach Artikel 12 der Verordnung (EG) Nr. 1071/2009, soweit dabei zugleich der Nachweis geführt wird, dass die Berufszulassungsvoraussetzungen insgesamt erfüllt sind.

§ 10[3] **Anerkennung von ausländischen Berufsqualifikationen.** (1) Berufsqualifikationen, die in anderen Mitgliedstaaten der Europäischen Union oder des Europäischen Wirtschaftsraumes erworben wurden, sind von der Genehmigungsbehörde in unmittelbarer Anwendung der Artikel 19 bis 21 der Verordnung (EG) Nr. 1071/2009 in der jeweils geltenden Fassung und der Richtlinie 2005/36/EG des Europäischen Parlaments und des Rates vom 7. September 2005 über die Anerkennung von Berufsqualifikationen (ABl. EU Nr. L 255 S. 22), insbesondere der Artikel 4, 5, 8, 10 bis 16, 19, 50, 51 und 56, anzuerkennen.

(2) [1] Wird in einem anderen Mitgliedstaat der Europäischen Union oder des Europäischen Wirtschaftsraumes die Anerkennung einer im Inland erworbenen Berufsqualifikation beantragt, so arbeitet die Genehmigungsbehörde mit den zuständigen Behörden des anderen Staates zusammen und leistet Amtshilfe. [2] Sie teilt diesen Behörden auf deren Ersuchen mit, ob im Inland eine rechtmäßige Niederlassung besteht oder bestanden hat und ob strafrecht-

[1] § 9 Abs. 3 geänd., Abs. 4 und 5 angef. mWv 5.3.2013 durch VO v. 22.2.2013 (BGBl. I S. 347).

[2] Nr. **400**.

[3] § 10 neu gef. mWv 16.11.2007 durch VO v. 8.11.2007 (BGBl. I S. 2569); Abs. 1 und 3 geänd. mWv 5.3.2013 durch VO v. 22.2.2013 (BGBl. I S. 347).

liche Verurteilungen oder andere Tatsachen vorliegen, die geeignet sind, Zweifel an der Zuverlässigkeit zu begründen.

(3) Das Bundesamt für Güterverkehr unterrichtet die zuständigen Behörden anderer Mitgliedstaaten der Europäischen Union oder des Europäischen Wirtschaftsraumes gemäß Artikel 23 Absatz 1 der Verordnung (EG) Nr. 1073/2009 über die ihm bekannt gewordenen Verstöße gegen die Vorschriften für das Personenkraftverkehrsgewerbe und gemäß Artikel 56 Abs. 2 der Richtlinie 2005/36/EG über die ihm bekannt gewordenen strafrechtlichen Verurteilungen und andere Tatsachen, die geeignet sind, Zweifel an der Zuverlässigkeit des Unternehmens zu begründen.

§ 11 Inkrafttreten, Außerkrafttreten. (1) [1] Die §§ 3 bis 8 treten am 1. Januar 2001 in Kraft. [2] Im Übrigen tritt diese Verordnung am 1. Juli 2000 in Kraft. [3] Gleichzeitig treten die §§ 1, 2 und 8 der Berufszugangs-Verordnung PBefG vom 9. April 1991 (BGBl. I S. 896) außer Kraft.

(2) Die §§ 3 bis 7 der Berufszugangs-Verordnung PBefG vom 9. April 1991 (BGBl. I S. 896) treten am 31. Dezember 2000 außer Kraft.

Der Bundesrat hat zugestimmt.

Anlage 1
(zu § 2 Abs. 2 Nr. 2)

**Eigenkapitalbescheinigung nach § 2 Abs. 2 Nr. 2
der Berufszugangsverordnung für den Straßenpersonenverkehr**

Das Unternehmen

____

____

verfügt am Stichtag ______________________________

über folgendes Eigenkapital:

I. Kapital

II. Kapitalrücklage __________

III. Gewinnrücklagen: __________

1. gesetzliche Rücklage __________
2. Rücklage für eigene Anteile __________
3. satzungsgemäße Rücklagen __________
4. andere Gewinnrücklagen __________

IV. Gewinnvortrag/Verlustvortrag __________

V. Jahresüberschuss/Jahresfehlbetrag __________

Eigenkapital __________

Auf Grund der vorgelegten Unterlagen wird hiermit das ausgewiesene Eigenkapital bestätigt. Von der Ordnungsmäßigkeit der Unterlagen habe ich mich/haben wir uns überzeugt.

____________________ (Ort, Datum)

____________________ (Stempel und Unterschrift des Wirtschaftsprüfers, vereidigten Buchprüfers, Steuerberaters, Steuerbevollmächtigten, Fachanwalts für Steuerrecht, einer Wirtschaftsprüfungs-, Buchprüfungs- oder Steuerberatungsgesellschaft oder eines Kreditinstituts)

Anlage 2
(zu § 2 Abs. 3)

Zusatzbescheinigung nach § 2 Abs. 3
der Berufszugangsverordnung für den Straßenpersonenverkehr

für das Unternehmen ______________________________

____

Dem Eigenkapital, das nach § 2 Abs. 2 Nr. 2 der Berufszugangsverordnung für den Straßenpersonenverkehr nachgewiesen ist, sind folgende Beträge hinzuzurechnen:

1. Nicht realisierte Reserven im

   a) unbeweglichen Anlagevermögen ______________

   b) beweglichen Anlagevermögen ______________

   Summe ______________

2. Darlehen/Bürgschaften mit Eigenkapitalfunktion im Sinne des § 2 Abs. 3 Nr. 2 der Berufszugangsverordnung für den Straßenpersonenverkehr

   a) ______________ (Person) ______________

   b) ______________ (Person) ______________

   c) ______________ (Person) ______________

   Summe ______________

____
(Ort, Datum)

____
(Stempel und Unterschrift des Wirtschaftsprüfers, vereidigten Buchprüfers, Steuerberaters, Steuerbevollmächtigten, Fachanwalts für Steuerrecht, einer Wirtschaftsprüfungs-, Buchprüfungs- oder Steuerberatungsgesellschaft oder eines Kreditinstituts)

3. Unbelastetes Privatvermögen des persönlich haftenden Unternehmers

	Verkehrswert
a) Grundstücke	
______ (Person)	______
______ (Person)	______
______ (Person)	______
b) Bankguthaben	
______ (Person)	______
______ (Person)	______
______ (Person)	______
c) Forderungen (nicht Gesellschafterdarlehen)	
______ (Person)	______
______ (Person)	______
______ (Person)	______
d) sonstige Vermögensgegenstände (bitte bezeichnen)	
______	______
______	______
______	______
Summe	______

______ (Ort, Datum)

______ (Stempel und Unterschrift des Wirtschaftsprüfers, vereidigten Buchprüfers, Steuerberaters, Steuerbevollmächtigten, Fachanwalts für Steuerrecht, einer Wirtschaftsprüfungs-, Buchprüfungs- oder Steuerberatungsgesellschaft oder eines Kreditinstituts)

4. Zu Gunsten des Unternehmens beliehene Gegenstände des Privatvermögens der Gesellschafter:

a) Grundstücke — Höhe der Beleihung

_______________ (Person) _______________

_______________ (Person) _______________

_______________ (Person) _______________

b) Sicherungsübereignungen:

_______________ (Person) _______________

_______________ (Person) _______________

_______________ (Person) _______________

c) Sicherungsabtretungen:

_______________ (Person) _______________

_______________ (Person) _______________

_______________ (Person) _______________

Summe _______________

Gesamtsumme aus 1. bis 4.: _______________

Die oben aufgeführten Beträge wurden dem Unterzeichner sowohl dem Grunde nach als auch in der Höhe

○ nachgewiesen.

○ plausibel gemacht. Stichtag ist der _______________

_______________ (Ort, Datum)

_______________ (Stempel und Unterschrift des Wirtschaftsprüfers, vereidigten Buchprüfers, Steuerberaters, Steuerbevollmächtigten, Fachanwalts für Steuerrecht, einer Wirtschaftsprüfungs-, Buchprüfungs- oder Steuerberatungsgesellschaft oder eines Kreditinstituts)

Anlage 3
(zu § 3 und § 7)

Sachgebiete für Unternehmer des Taxen- und Mietwagenverkehrs

A. Sachgebiete, deren Kenntnis für innerstaatliche Beförderungen notwendig ist

1. Recht
Berufsbezogenes Recht auf folgenden Gebieten:

1.1 Personenbeförderungsrecht
einschließlich der Tarifbildung im Taxen- und Mietwagenverkehr

1.2 Straßenverkehrsrecht
Der Bewerber muss insbesondere

a) die erforderlichen Qualifikationen des Fahrpersonals (Fahrerlaubnis, ärztliche Bescheinigungen, Befähigungszeugnisse);

b) die Vorschriften über die Kindersicherungspflicht

kennen.

1.3 Arbeitsrecht
Der Bewerber muss insbesondere das Arbeitszeitgesetz und die Lenk- und Ruhezeiten des Fahrpersonals im Straßenverkehr kennen.

1.4 Sozialversicherungsrecht

1.5 Grundzüge des Beförderungsvertragsrechts

1.6 Grundzüge des Steuerrechts
Der Bewerber muss insbesondere die Vorschriften für folgende Steuern kennen:

a) die Umsatzsteuer auf Verkehrsleistungen, insbesondere die Ausstellung von Rechnungen und Quittungen;

b) die Kraftfahrzeugsteuern;

c) die Einkommensteuer und die Gewerbesteuer.

2. Kaufmännische und finanzielle Führung des Betriebs

2.1 Zahlungsverkehr

2.2 Beförderungsentgelte und -bedingungen (Tarife)

2.3 Ermittlung der Finanz- und Rentabilitätslage eines Taxen- und Mietwagenunternehmens

2.4 Buchführung
Der Bewerber muss insbesondere
- ein Kassenbuch führen können;
- Kenntnisse über die Ermittlung des Gewinns durch eine Betriebseinnahmen-/-ausgaben-Überschussrechnung im Sinne des § 4 Abs. 3 Einkommensteuergesetz haben.

2.5 Versicherungswesen

3. Technischer Betrieb und Betriebsdurchführung, insbesondere
- Zulassung und Betrieb von Fahrzeugen
- Ausrüstung und Beschaffenheit der Fahrzeuge
- Instandhaltung und Untersuchung der Fahrzeuge

- Bereitstellung der Fahrzeuge
- Fernsprech- und Funkverkehr.

4. Straßenverkehrssicherheit, Unfallverhütung sowie Grundregeln des Umweltschutzes bei der Verwendung und Wartung der Fahrzeuge

B. Sachgebiete, deren zusätzliche Kenntnis für grenzüberschreitende Beförderungen erforderlich ist, soweit solche Beförderungen im Bezirk des Prüfungsausschusses bedeutsam sind

5.1 Berufbezogenes Personenbeförderungsrecht, das im Verkehr mit benachbarten Staaten gilt

5.2 Paß- und zollrechtliche Vorschriften, die für den internationalen Taxen- und Mietwagenverkehr wichtig sind

5.3 Beförderungsdokumente.

Anlage 4[1)]

(aufgehoben)

[1)] Anl. 4 aufgeh. mWv 5.3.2013 durch VO v. 22.2.2013 (BGBl. I S. 347).

Anlage 5
(zu § 4 Abs. 1, § 6 Abs. 1 und 2, § 7)

Bundesrepublik Deutschland

D	IHK

BESCHEINIGUNG ÜBER DIE FACHLICHE EIGNUNG FÜR DEN INNERSTAATLICHEN UND GRENZÜBERSCHREITENDEN TAXEN- UND MIETWAGENVERKEHR

Nr. ...

Die Industrie- und Handelskammer .... bescheinigt Folgendes:

a) Frau/Herr ...., geboren am .... in ....
hat am .... den Nachweis der fachlichen Eignung zum Beruf des Personenverkehrsunternehmers im innerstaatlichen und grenzüberschreitenden Verkehr gemäß § 4 Abs. 1 oder § 6 Abs. 1 und 2 oder § 7 der Berufszugangsverordnung für den Straßenpersonenverkehr vom 15. Juni 2000 (BGBl. I S. 851) erbracht.

b) Die unter Buchstabe a bezeichnete Person erfüllt auf Grund ihrer fachlichen Eignung die Voraussetzungen zur Berufsausübung eines Unternehmers des Taxen- und Mietwagenverkehrs.

Ausgestellt in .... am ....

....
(Stempel und Unterschrift der zuständigen IHK)

Anlage 6[1)]

(aufgehoben)

[1)] Anl. 6 aufgeh. mWv 5.3.2013 durch VO v. 22.2.2013 (BGBl. I S. 347).

420. Kostenverordnung für Amtshandlungen im entgeltlichen oder geschäftsmäßigen Personenverkehr mit Kraftfahrzeugen (PBefGKostV)[1)]

Vom 15. August 2001
(BGBl. I S. 2168)

FNA 9290-12

geänd. durch Art. 2 Vierte ÄndVO v. 11.8.2004 (BGBl. I S. 2169), Art. 5 Fünfte VO zur Änd. personenbeförderungsrechtl. Vorschriften v. 8.11.2007 (BGBl. I S. 2569) und Art. 1 Erste ÄndVO v. 4.5.2012 (BGBl. I S. 1042)

Auf Grund des § 57 Abs. 1 Nr. 10 des Personenbeförderungsgesetzes[2)] in der Fassung der Bekanntmachung vom 8. August 1990 (BGBl. I S. 1690), der durch Artikel 1 Nr. 2 des Gesetzes vom 23. Juli 1992 (BGBl. I S. 1379) geändert worden ist, und auf Grund des § 56 des Personenbeförderungsgesetzes[2)], der durch Artikel 4 Nr. 1 des Gesetzes vom 19. März 2001 (BGBl. I S. 386) geändert worden ist, in Verbindung mit dem 2. Abschnitt des Verwaltungskostengesetzes vom 23. Juni 1970 (BGBl. I S. 821), dem Artikel 56 Abs. 1 des Zuständigkeitsanpassungs-Gesetzes vom 18. März 1975 (BGBl. I S. 705) und dem Organisationserlass des Bundeskanzlers vom 27. Oktober 1998 (BGBl. I S. 3288) verordnet das Bundesministerium für Verkehr, Bau- und Wohnungswesen:

§ 1 [Kosten] Kosten (Gebühren und Auslagen) werden für die im anliegenden Gebührenverzeichnis aufgeführten Amtshandlungen erhoben.

§ 2 [Gebührenfreie Amtshandlungen] Gebührenfrei sind:

1. Amtshandlungen, die im Zusammenhang mit einer nach § 21 Abs. 3 des Personenbeförderungsgesetzes[2)] angeordneten Erweiterung oder Änderung eines Verkehrs erforderlich sind,
2. Amtshandlungen im Zusammenhang mit dem Ausgleich gemeinwirtschaftlicher Leistungen im Linienverkehr mit Kraftfahrzeugen nach § 45a des Personenbeförderungsgesetzes und der Verordnung über den Ausgleich gemeinwirtschaftlicher Leistungen im Straßenpersonenverkehr vom 2. August 1977 (BGBl. I S. 1460), zuletzt geändert durch Artikel 3 Abs. 14 des Gesetzes vom 17. Dezember 1993 (BGBl. I S. 2118).

§ 3 [Grenzüberschreitender Verkehr] Im grenzüberschreitenden Verkehr sowie im Transitverkehr sind Unternehmen, die ihren Betriebssitz außerhalb des Geltungsbereichs des Personenbeförderungsgesetzes haben, von der Kostenpflicht befreit, soweit die Gegenseitigkeit verbürgt ist.

[1)] Diese Kostenverordnung tritt an die Stelle der Gebührenordnung für Amtshandlungen im entgeltlichen oder geschäftsmäßigen Personenverkehr mit Kraftfahrzeugen v. 20.2.1990 (BGBl. I S. 297, BGBl. III/FNA 9290-9); sie gilt mWv 1.9.2001, vgl. § 6 des Gesetzes (Nr. **420**).

[2)] Nr. **400**.

§ 4[1] Widerspruch. [1] Für die vollständige oder teilweise Zurückweisung eines Widerspruchs wird eine Gebühr bis zur Höhe der für die angefochtene Amtshandlung festgesetzten Gebühr erhoben; dies gilt nicht, wenn der Widerspruch nur deshalb keinen Erfolg hat, weil die Verletzung einer Verfahrens- oder Formvorschrift nach den landesrechtlichen Vorschriften, die dem § 45 des Verwaltungsverfahrensgesetzes entsprechen, unbeachtlich ist. [2] Bei einem erfolglosen Widerspruch, der sich ausschließlich gegen eine Kostenentscheidung richtet, beträgt die Gebühr höchstens 10 vom Hundert des streitigen Betrags, jedoch mindestens 30 Euro. [3] Wird ein Widerspruch nach Beginn seiner Bearbeitung, jedoch vor deren Beendigung zurückgenommen, beträgt die Gebühr höchstens 75 vom Hundert der Widerspruchsgebühr.

§ 5 Widerruf, Rücknahme, Ablehnung und Zurücknahme von Anträgen. Für den Widerruf oder die Rücknahme einer Amtshandlung, die Ablehnung eines Antrags auf Vornahme einer Amtshandlung sowie in den Fällen der Zurücknahme eines Antrags auf Vornahme einer Amtshandlung werden Gebühren nach Maßgabe des § 15 des Verwaltungskostengesetzes erhoben.

§ 6 [Inkrafttreten; Außerkrafttreten] [1] Diese Verordnung tritt am ersten Tage des auf die Verkündung folgenden Kalendermonats in Kraft. [2] Gleichzeitig tritt die Gebührenordnung für Amtshandlungen im entgeltlichen oder geschäftsmäßigen Personenverkehr mit Kraftfahrzeugen vom 20. Februar 1990 (BGBl. I S. 297), geändert durch Artikel 6 Abs. 124 des Gesetzes vom 27. Dezember 1993 (BGBl. I S. 2378), außer Kraft.

---

[1] § 4 Satz 2 neu gef. mWv 16.11.2007 durch VO v. 8.11.2007 (BGBl. I S. 2569).

Anlage[1)]
(zu § 1)

Gebührenverzeichnis

Lfd. Nr.	Gegenstand	Rechtsgrundlage	Gebühr Euro
I. Linienverkehr mit Kraftfahrzeugen			
1.	Genehmigung für die Einrichtung und den Betrieb eines Linienverkehrs mit Kraftfahrzeugen einschließlich der Genehmigung von Beförderungsentgelten, Beförderungsbedingungen und Fahrplänen	§ 2 Absatz 1 Nummer 3 PBefG in Verbindung mit den §§ 42, 52, 53 PBefG, Artikel 5 Absatz 1 und 2 der Verordnung (EG) Nr. 1073/2009 des Europäischen Parlaments und des Rates vom 21. Oktober 2009 über gemeinsame Regeln für den Zugang zum grenzüberschreitenden Personenkraftverkehrsmarkt und zur Änderung der Verordnung (EG) Nr. 561/2006 (ABl. L 300 vom 14.11. 2009, S. 88) oder Artikel 18 Absatz 4 des Abkommens zwischen der Europäischen Gemeinschaft und der Schweizerischen Eidgenossenschaft über den Güter- und Personenverkehr auf Schiene und Straße vom 21. Juni 1999 (ABl. L 114 vom 30.4. 2002, S. 1)	100 bis 2 440
2.	Genehmigung für die Einrichtung und den Betrieb einer Sonderform des Linienverkehrs mit Kraftfahrzeugen einschließlich der Genehmigung von Beförderungsentgelten, Beförderungsbedingungen und Fahrplänen	§ 2 Absatz 1 Nummer 3 PBefG in Verbindung mit den §§ 43, 52, 53 PBefG, Artikel 5 Absatz 1 und 2 der Verordnung (EG) Nr. 1073/2009 oder Artikel 18 Absatz 5 Unterabsatz 1 des Abkommens zwischen der Europäischen Gemeinschaft und der Schweizerischen Eidgenossenschaft über den Güter- und Personenverkehr auf Schiene und Straße	100 bis 2 440
3.	Erteilung einer einstweiligen Erlaubnis einschließlich der Genehmigung von Beförderungsentgelten, Beförderungsbedingungen und Fahrplänen	§ 20 PBefG	25 bis 250
4.	Genehmigung zur Einstellung des Betriebs – Mitteilung an die Genehmigungsbehörde	§ 21 Abs. 4 PBefG, Artikel 9 Abs. 1 der Verordnung (EWG) Nr. 684/92 des Rates vom 16. März 1992 (ABl. EG Nr. L 74 S. 1), die zuletzt durch die Verordnung (EG) Nr. 11/98 des Rates vom 11. Dezember 1997 (ABl. EG 1998 Nr. L 4 S. 1) geändert worden ist, oder Anhang 7 Artikel 6 des Abkommens zwischen der Europäischen Gemeinschaft und der Schweizerischen Eidgenossenschaft über den Güter- und Personenverkehr auf Schiene und Straße	25 bis 250

[1)] Anlage neu gef. mWv 16.11.2007 durch VO v. 8.11.2007 (BGBl. I S. 2569); geänd. mWv 12.5.2012 durch VO v. 4.5.2012 (BGBl. I S. 1042).

Lfd. Nr.	Gegenstand	Rechtsgrundlage	Gebühr Euro
		vom 21. Juni 1999 (ABl. EG 2002 Nr. L 114 S. 1)	
5.	Zustimmung zu Änderungen der Beförderungsentgelte	§ 39 Absatz 1 PBefG, Artikel 9 der Verordnung (EG) Nr. 1073/2009 oder Anhang 7 Artikel 5 Absatz 3 des Abkommens zwischen der Europäischen Gemeinschaft und der Schweizerischen Eidgenossenschaft über den Güter- und Personenverkehr auf Schiene und Straße	50 bis 1 500
6.	Zustimmung zu Änderungen der Beförderungsbedingungen	§ 39 Absatz 6 Satz 1 und 2 PBefG, Artikel 9 der Verordnung (EG) Nr. 1073/2009 oder Anhang 7 Artikel 5 Absatz 3 des Abkommens zwischen der Europäischen Gemeinschaft und der Schweizerischen Eidgenossenschaft über den Güter- und Personenverkehr auf Schiene und Straße	25 bis 150
7.	Zustimmung zu Änderungen des Fahrplans	§ 40 Absatz 2 Satz 1 PBefG, Artikel 9 der Verordnung (EG) Nr. 1073/2009 oder Anhang 7 Artikel 5 Absatz 3 des Abkommens zwischen der Europäischen Gemeinschaft und der Schweizerischen Eidgenossenschaft über den Güter- und Personenverkehr auf Schiene und Straße	25 bis 150
II.	Gelegenheitsverkehr		
1.	Genehmigung für den Betrieb mit Kraftomnibussen	§ 2 Abs. 1 Nr. 4 PBefG in Verbindung mit § 9 Abs. 1 Nr. 4 PBefG	100 bis 1 465
2.	Genehmigung für die Ausführung von Ausflugsfahrten mit Personenkraftwagen	§ 2 Abs. 1 Nr. 4 PBefG in Verbindung mit § 9 Abs. 1 Nr. 5 und § 48 Abs. 1 PBefG	50 bis 500
3.	Genehmigung für die Ausführung von Ferienziel-Reisen mit Personenkraftwagen	§ 2 Abs. 1 Nr. 4 PBefG in Verbindung mit § 9 Abs. 1 Nr. 5 und § 48 Abs. 2 PBefG	50 bis 500
4.	Genehmigung für die Ausführung von Verkehr mit Mietwagen	§ 2 Abs. 1 Nr. 4 PBefG in Verbindung mit § 9 Abs. 1 Nr. 5 und § 49 Abs. 4 PBefG	50 bis 500
5.	Genehmigung für die Ausführung eines Verkehrs mit Taxen	§ 2 Abs. 1 Nr. 4 PBefG in Verbindung mit § 47 PBefG	100 bis 1 465
6.	Genehmigung für die Ausführung eines Verkehrs mit Taxen und eines Verkehrs mit Mietwagen	§ 2 Abs. 1 Nr. 4 PBefG in Verbindung mit den §§ 47 und 49 Abs. 4 PBefG	100 bis 1 465
7.	Genehmigung für die Ausführung grenzüberschreitender Gelegenheitsverkehre und von Transit-Gelegenheitsverkehren mit Kraftfahrzeugen	§ 2 Abs. 1 Nr. 4 PBefG in Verbindung mit § 52 Abs. 3 und § 53 Abs. 3 PBefG oder Artikel 7 in Verbindung mit Artikel 16 Abs. 5 des Übereinkommens über die Personenbeförderung im grenzüberschreitenden Gelegenheitsverkehr mit Omnibussen (ABl. EG 2002 Nr. L 321 S. 11)	100 bis 1 465
8.	Ergänzung der Genehmigungsurkunde beim Austausch von Personenkraftwagen (Gebühr je Personenkraftwagen)	§ 17 Abs. 2 Satz 1 PBefG	25

Lfd. Nr.	Gegenstand	Rechtsgrundlage	Gebühr Euro
III. Sonstige Gebühren			
1.	Erteilung oder Verlängerung einer Gemeinschaftslizenz	Artikel 4 der Verordnung (EG) Nr. 1073/2009 oder Artikel 17 Absatz 3 des Abkommens zwischen der Europäischen Gemeinschaft und der Schweizerischen Eidgenossenschaft über den Güter- und Personenverkehr auf Schiene und Straße	50 bis 700
2.	Genehmigung einer Erweiterung oder einer wesentlichen Änderung des Unternehmens	§ 2 Abs. 2 Nr. 1 PBefG	50 bis 1 000
3.	Genehmigung einer Übertragung der Rechte und Pflichten aus einer Genehmigung	§ 2 Abs. 2 Nr 2 PBefG	50 bis 1 000
4.	Genehmigung einer Übertragung der Betriebsführung auf einen anderen	§ 2 Abs. 2 Nr. 3 PBefG	50 bis 1 000
5.	Entscheidung in Zweifelsfällen	§ 10 PBefG	50 bis 1 000
6.	Berichtigung einer Genehmigungsurkunde, soweit nicht von II. 7 oder III. 2 bis 4 erfasst	§ 17 Absatz 1 und 2 Satz 2 PBefG, Artikel 9 der Verordnung (EG) Nr. 1073/2009 oder Anhang 7 Artikel 5 Absatz 3 des Abkommens zwischen der Europäischen Gemeinschaft und der Schweizerischen Eidgenossenschaft über den Güter- und Personenverkehr auf Schiene und Straße	25 bis 50
7.	Genehmigung von Ausnahmen	§ 43 BOKraft	25 bis 500
8.	Bestätigung des Betriebsleiters oder dessen Stellvertreters oder Bestätigung des Vertreters des auswärtigen Unternehmers	§§ 4 und 5 BOKraft	50 bis 500
9.	Ausstellung einer Bescheinigung über den Nachweis der fachlichen Eignung	§ 7 Berufszugangs-Verordnung PBefG	25 bis 150
10.	Beaufsichtigung und Überprüfung des Unternehmens, sofern dieses hierzu begründeten Anlass gegeben hat	§§ 54, 54a PBefG	
	Bei Unternehmen des Linienverkehrs		25 bis 1 000
	Bei Unternehmen des Gelegenheitsverkehrs		25 bis 650
11.	Prüfung der Berufszugangsvoraussetzungen	§ 9 Berufszugangs-Verordnung PBefG	25 bis 1 000
12.	Wiedergestattung der Führung von Personenkraftverkehrsgeschäften	§ 25a Satz 3 PBefG	bis zu 50 % der Gebühr für die Vornahme der entsprechenden Amtshandlung (Genehmigung) vorgesehenen Gebühr
IV.	Für Amtshandlungen, die unter I. bis III. nicht aufgeführt sind, können Gebühren erhoben werden		40 bis 160

421. Richtsatzkatalog gültig ab 1. Oktober 2001 zum Gebührenverzeichnis nach § 1 der Kostenverordnung für Amtshandlungen im entgeltlichen oder geschäftsmäßigen Personenverkehr mit Kraftfahrzeugen vom 15. August 2001 (BGBl. I S. 2168)

Vom 21. 8. 2001
(VkBl S. 384)

Vorbemerkung

1. Die aufgeführten Richtsätze gelten für Regelfälle; in Fällen eines übermäßig hohen oder erheblich niedrigeren Verwaltungsaufwandes oder besonderen oder geringen wirtschaftlichen Nutzens für den Unternehmer können Abweichungen nach unten oder oben angebracht sein.
2. Der Richtsatzkatalog enthält vor allem Gebührentatbestände, für die das Gebührenverzeichnis zur Kostenverordnung eine Rahmengebühr (Mindest- und Höchstsätze) festlegt. Bei der Festsetzung der Gebühr im Einzelfall ist darauf zu achten, dass die im Gebührenverzeichnis für die jeweilige Amtshandlung festgelegten Mindest- und Höchstsätze nicht unter- oder überschritten werden.

Zu lfd. Nr. des Gebührenverzeichnisses		Gegenstand	Richtsatz Euro
I.1	a)	Einrichtung und Betrieb eines allgemeinen Linienverkehrs mit Kraftfahrzeugen bei einer Genehmigungsdauer von 5 bis 8 Jahren, einschließlich der Zustimmung zu den Beförderungsentgelten, Beförderungsbedingungen und Fahrplänen Bei einer Genehmigungsdauer von weniger als 5 Jahren vermindert sich die Gebühr um 20 % pro Jahr. Die im Gebührenverzeichnis festgesetzte Mindestgebühr ist zu beachten.	

Gesamtlinienlänge	Grundgebühr	Zuschlag in v.H. der errechneten Grundgebühr für das Fahrtenpaar täglich	wöchentlich
bis 50 km	4 Euro/km	10 %	
über 50 km zuzüglich für jeden 50 km übersteigenden Kilometer	200 Euro 2,30 Euro/km	10 %	
bei grenzüberschreitenden Linienverkehren zuzüglich für jeden 50 km übersteigenden, im Ausland gefahrenen Kilometer	0,60 Euro/km		10 %

Zu lfd. Nr. des Gebührenverzeichnisses	Gegenstand	Richtsatz Euro
	Angefangene Kilometer sind auf volle Kilometer aufzurunden. Sind Ausgangs- und Endpunkt einer Linie identisch (Rundlinie), so ist für die Berechnung der Grundgebühr die Hälfte der Gesamtlinienlänge zugrunde zu legen; bei der Berechnung des Zuschlages gilt jede Rundfahrt als ein Fahrtenpaar.	
	b) Einrichtung und Betrieb eines Transit-Linienverkehrs mit Kraftfahrzeugen durch die Bundesrepublik Deutschland bei einer Genehmigungsdauer bis zu einem Jahr	
	Grundgebühr	125,00
	Zuschlag 10 v.H. für jedes Fahrtenpaar wöchentlich	
	Bei einer Genehmigungsdauer von mehr als einem Jahr erhöht sich die Gebühr entsprechend. Die im Gebührenverzeichnis festgesetzte Höchstgebühr ist zu beachten.	
I.2	Einrichtung und Betrieb einer Sonderform des Linienverkehrs mit Kraftfahrzeugen bei einer Genehmigungsdauer von 5 bis 8 Jahren, einschließlich der Zustimmung zu Beförderungsentgelten, Beförderungsbedingungen und Fahrplänen	
	a) Berufsverkehr und Schülerfahren und Flughafenzubringerverkehr, soweit als Linienverkehr genehmigt	
	Grundgebühr	100,00
	zuzüglich für jeden angefangenen Streckenkilometer	3,50
	b) Marktfahrten und Theaterfahrten	
	Grundgebühr	100,00
	Zuschlag für jedes Fahrtenpaar wöchentlich	3,50
	Bei einer Genehmigungsdauer von weniger als 5 Jahren ermäßigt sich die Gebühr um 20 % pro Jahr. Die im Gebührenverzeichnis festgesetzte Mindestgebühr ist zu beachten.	
I.3	Erteilung einer Einstweiligen Erlaubnis einschließlich der Zustimmung zu den Beförderungsentgelten, Beförderungsbedingungen und Fahrplänen	60,00
I.4	Genehmigung zur Einstellung des Betriebes	kein Richtsatz
I.5	Zustimmung zur Änderung der Beförderungsentgelte Grundgebühr	52,00
	zuzüglich bei einer zu erwartenden Brutto-Jahresmehreinnahme über 25 000 bis 50 000 Euro 0,1 v.H. für jeden weiteren Betrag 0,05 v.H. höchstens jedoch: 1530,00	
I.6	Zustimmung zu Änderungen der Beförderungsbedingungen	37,00
I.7	Zustimmung zu Änderungen des Fahrplans	42,00
	– bei Einrichtung weiterer Haltestellen und/oder wesentlicher Änderungen der Linienführung zusätzlich	70,00
II.	Einrichtung und Betrieb eines Gelegenheitsverkehrs mit Kraftfahrzeugen bei einer Genehmigungsdauer von 4 Jahren sowie genehmigungspflichtige Pendelverkehre. Bei weniger als 4 Jahren ermäßigt sich die Gebühr entsprechend. Die im Gebührenverzeichnis festgesetzte Mindestgebühr ist zu beachten.	
	1. Ausflugsfahrten, Ferienziel-Reisen, Verkehr mit Mietomnibussen und Mietwagen (für jede Verkehrsform gesondert)	
	a) mit Kraftomnibussen[1]	
	1. für das erste Kraftfahrzeug	150,00
	2. für jedes weitere Kraftfahrzeug in demselben Verfahren	60,00

[1] **Amtl. Anm.:** Bei einer Genehmigung sowohl für Ausflugsfahrten wie auch für Mietomnibus-/Mietwagenverkehr sind 3/4 der Summe der nach 1. anfallenden Gebühren zu berechnen.

Zu lfd. Nr. des Gebührenverzeichnisses				Gegenstand	Richtsatz Euro
		b)		mit Personenkraftwagen[1]	
			1.	für das erste Kraftfahrzeug	60,00
			2.	für jedes weitere Kraftfahrzeug in demselben Verfahren	30,00
		c)		Ferienziel-Reisen und Pendelverkehre von Unternehmern mit Betriebssitz im Ausland bei einer Genehmigungsdauer von bis zu einem Jahr	120,00
			–	im Transit	60,00
				für jedes weitere Jahr zuzüglich 20 %.	
	2.			entfällt (siehe II 1)	
	3.			entfällt (siehe II 1)	
	4.			Verkehr mit Taxen	
		a)		für das erste Kraftfahrzeug	150,00
		b)		für jedes weitere Kraftfahrzeug in demselben Verfahren	40,00
	5.			Verkehr mit Taxen und Mietwagen (Mischkonzession)	
		a)		für das erste Kraftfahrzeug	175,00
		b)		für jedes weitere Kraftfahrzeug in demselben Verfahren	60,00
	6.			Grenzüberschreitender Gelegenheitsverkehr (einschl. Transit) mit Kraftfahrzeugen von Unternehmern mit Betriebssitz im Ausland mit Ausnahme von Ferienziel-Reisen oder grenzüberschreitenden Pendelverkehren	
		a)		Genehmigung je Fahrt (Hin- und Rückfahrt) mit einem Kraftomnibus	110,00
			–	für jeden weiteren Kraftomnibus	40,00
			–	mit einem Personenkraftwagen	110,00
			–	für jeden weiteren Personenkraftwagen	40,00
		b)		Bei einer zu genehmigenden größeren Anzahl gleicher Fahrten (z.B. häufigen Zubringer- und Abholfahrten zu und von Flughäfen) tritt anstelle der Gebühr nach	
			a)	eine Pauschalgebühr von	800,00
	7.			Austausch von Kraftfahrzeugen/je Kraftfahrzeug	25,56
III.	1.			Erteilung einer Gemeinschaftslizenz	60,00
	2.			Erweiterung oder wesentliche Änderung des Unternehmens	
		a)		Linienverkehr Bei einer Erweiterung wird für den neuen Streckenabschnitt die nach I. jeweils vorgesehene Gebühr berechnet.	
		b)		Gelegenheitsverkehr Bei Genehmigung zusätzlicher Kraftfahrzeuge berechnet sich die Gebühr nach II.	
		c)		Sonstige wesentliche Änderungen des Unternehmens	175,00
	3.			Übertragung der Rechte und Pflichten auf einen anderen	235,00[2]
		–		im Taxen- und Mietwagenverkehr	150,00
	4.			Übertragung der Betriebsführung	235,00[2]
		–		im Taxen- und Mietwagenverkehr	150,00
	5.			Entscheidung in Zweifelsfällen nach § 10 PBefG	kein Richtsatz
	6.			Berichtigung der Genehmigungsurkunde	30,00

[1] **Amtl. Anm.:** Bei einer Genehmigung sowohl für Ausflugsfahrten wie auch für Mietomnibus-/Mietwagenverkehr sind 3/4 der Summe der nach 1. anfallenden Gebühren zu berechnen.

[2] **Amtl. Anm.:** Höchstens 50 % der Gebühr, die für die Einrichtung und den Betrieb des jeweiligen Verkehrs erhoben wurde.

Zu lfd. Nr. des Gebührenverzeichnisses	Gegenstand	Richtsatz Euro
7.	Genehmigung von Ausnahmen nach § 43 BOKraft	kein Richtsatz
8.	des Vertreters des auswärtigen Unternehmers	150,00
9.	Ausstellung einer Bescheinigung über den Nachweis der angemessenen Tätigkeit oder der fachlichen Eignung	55,00
10.	Beaufsichtigung und Überprüfung des Unternehmens, sofern dieses hierzu begründeten Anlass gegeben hat	
	– Betrieb mit bis zu 5 Fahrzeugen	175,00
	– Betrieb mit bis zu 20 Fahrzeugen	350,00
	– für jedes weitere Fahrzeug	40,00
11.	Prüfung der Berufszugangsvoraussetzungen	kein Richtsatz
IV.	Amtshandlungen, die unter I. – III. nicht aufgeführt sind, z.B.:	
1.	Befreiung vom Verbot der Mitnahme anderer Fahrgäste im Sonderlinienverkehr und im freigestellten Schüler- und Kindergartenverkehr	30,00
2.	Gestattung von Ausnahmen vom Zusteigeverbot bei Ausflugsfahrten und Ferienziel-Reisen je Zusteigeort	55,00

425. Verordnung über die Allgemeinen Beförderungsbedingungen für den Straßenbahn- und Obusverkehr sowie den Linienverkehr mit Kraftfahrzeugen

Vom 27. Februar 1970

(BGBl. I S. 230)

FNA 9240-2-5

geänd. durch Art. 3 VO zur Änderung personenbeförderungsrechtlicher Vorschriften v. 13.5.1981 (BGBl. I S. 428), Art. 2 Zweite VO zur Änderung personenbeförderungsrechtlicher Vorschriften v. 30.6.1989 (BGBl. I S. 1273), Art. 6 Abs. 117 ENeuOG v. 27.12.1993 (BGBl. I S. 2378), Art. 3 VO zur Änderung der Straßenverkehrs-Zulassungs-Ordnung und personenbeförderungsrechtlicher Vorschriften v. 26.5.1998 (BGBl. I S. 1159), Art. 15 Zehntes Euro-EinführungsG v. 15.12.2001 (BGBl. I S. 3762), Art. 1 Beförderungsbedingungen-ÄndVO v. 15.10.2002 (BGBl. I S. 4046), Art. 23 VerjährungsvorschriftenanpassungsG v. 9.12.2004 (BGBl. I S. 3214), Art. 4 Fünfte VO zur Änd. personenbeförderungsrechtl. Vorschriften v. 8.11.2007 (BGBl. I S. 2569) und Art. 1 VO zur Änd. von Vorschriften über das erhöhte Beförderungsentgelt v. 21.5.2015 (BGBl. I S. 782)

Nichtamtliche Inhaltsübersicht

Auf Grund des § 58 Abs. 1 Nr. 3 des Personenbeförderungsgesetzes[1] vom 21. März 1961 (Bundesgesetzbl. I S. 241), zuletzt geändert durch das Zweite Gesetz zur Änderung des Personenbeförderungsgesetzes vom 8. Mai 1969 (Bundesgesetzbl. I S. 348), wird mit Zustimmung des Bundesrates verordnet:

§ 1 Geltungsbereich. (1) [1]Die Allgemeinen Beförderungsbedingungen gelten für die Beförderung im Straßenbahn- und Obusverkehr sowie im Linienverkehr mit Kraftfahrzeugen. [2]Die zuständige Genehmigungsbehörde kann in Berücksichtigung besonderer Verhältnisse Anträgen auf Abweichun-

[1] Nr. **400**.

gen von den Bestimmungen dieser Verordnung zustimmen (Besondere Beförderungsbedingungen).

(2) *(aufgehoben)*

§ 2 Anspruch auf Beförderung. [1] Anspruch auf Beförderung besteht, soweit nach den Vorschriften des Personenbeförderungsgesetzes[1)] und den auf Grund dieses Gesetzes erlassenen Rechtsvorschriften eine Beförderungspflicht gegeben ist. [2] Sachen werden nur nach Maßgabe der §§ 11 und 12 befördert.

§ 3 Von der Beförderung ausgeschlossene Personen. (1) [1] Personen, die eine Gefahr für die Sicherheit oder Ordnung des Betriebes oder für die Fahrgäste darstellen, sind von der Beförderung ausgeschlossen. [2] Soweit diese Voraussetzungen vorliegen, sind insbesondere ausgeschlossen

1. Personen, die unter dem Einfluß geistiger Getränke oder anderer berauschender Mittel stehen,
2. Personen mit ansteckenden Krankheiten,
3. Personen mit geladenen Schußwaffen, es sei denn, daß sie zum Führen von Schußwaffen berechtigt sind.

(2) Nicht schulpflichtige Kinder vor Vollendung des 6. Lebensjahres können von der Beförderung ausgeschlossen werden, sofern sie nicht auf der ganzen Fahrstrecke von Personen begleitet werden, die mindestens das 6. Lebensjahr vollendet haben; die Vorschriften des Absatzes 1 bleiben unberührt.

§ 4[2)] Verhalten der Fahrgäste. (1) [1] Fahrgäste haben sich bei Benutzung der Betriebsanlagen und Fahrzeuge so zu verhalten, wie es die Sicherheit und Ordnung des Betriebes, ihre eigene Sicherheit und die Rücksicht auf andere Personen gebieten. [2] Anweisungen des Betriebspersonals ist zu folgen.

(2) Fahrgästen ist insbesondere untersagt,

1. sich mit dem Fahrzeugführer während der Fahrt zu unterhalten,
2. die Türen während der Fahrt eigenmächtig zu öffnen,
3. Gegenstände aus den Fahrzeugen zu werfen oder hinausragen zu lassen,
4. während der Fahrt auf- oder abzuspringen,
5. ein als besetzt bezeichnetes Fahrzeug zu betreten,
6. die Benutzbarkeit der Betriebseinrichtungen, der Durchgänge und der Ein- und Ausstiege durch sperrige Gegenstände zu beeinträchtigen,
7. auf unterirdischen Bahnsteiganlagen zu rauchen,
8. Tonwiedergabegeräte oder Tonrundfunkempfänger zu benutzen.

(3) [1] Die Fahrgäste dürfen die Fahrzeuge nur an den Haltestellen betreten und verlassen; Ausnahmen bedürfen der Zustimmung des Betriebspersonals. [2] Soweit besonders gekennzeichnete Eingänge oder Ausgänge vorhanden sind, sind diese beim Betreten oder Verlassen der Fahrzeuge zu benutzen. [3] Es ist zügig ein- und auszusteigen sowie in das Wageninnere aufzurücken. [4] Wird

---

[1)] Nr. **400**.

[2)] § 4 Abs. 8 geänd. mWv 1.1.2002 durch G v. 15.12.2001 (BGBl. I S. 3762); Abs. 2 Nr. 7 neu gef., Abs. 8 neuer Satz angef. mWv 1.1.2003 durch VO v. 15.10.2002 (BGBl. I S. 4046); Abs. 2 Nr. 7 geänd. mWv 16.11.2007 durch VO v. 8.11.2007 (BGBl. I S. 2569).

die bevorstehende Abfahrt angekündigt oder schließt sich eine Tür, darf das Fahrzeug nicht mehr betreten oder verlassen werden. [5] Jeder Fahrgast ist verpflichtet, sich im Fahrzeug stets einen festen Halt zu verschaffen.

(4) [1] Die Beaufsichtigung von Kindern obliegt den Begleitern. [2] Sie haben insbesondere dafür zu sorgen, daß Kinder nicht auf den Sitzplätzen knien oder stehen und nach Maßgabe der straßenverkehrsrechtlichen Vorschriften Sicherheitsgurte angelegt haben oder in einer Rückhalteeinrichtung für Kinder gesichert sind.

(5) Verletzt ein Fahrgast trotz Ermahnung die ihm obliegenden Pflichten nach den Absätzen 1 bis 4, so kann er von der Beförderung ausgeschlossen werden.

(6) Bei Verunreinigung von Fahrzeugen oder Betriebsanlagen werden vom Unternehmer festgesetzte Reinigungskosten erhoben; weitergehende Ansprüche bleiben unberührt.

(7) [1] Beschwerden sind – außer in den Fällen des § 6 Abs. 7 und des § 7 Abs. 3 – nicht an das Fahr-, sondern an das Aufsichtspersonal zu richten. [2] Soweit die Beschwerden nicht durch das Aufsichtspersonal erledigt werden können, sind sie unter Angabe von Datum, Uhrzeit, Wagen- und Linienbezeichnung sowie möglichst unter Beifügung des Fahrausweises an die Verwaltung des Unternehmers zu richten.

(8) [1] Wer mißbräuchlich die Notbremse oder andere Sicherungseinrichtungen betätigt, hat – unbeschadet einer Verfolgung im Straf- oder Bußgeldverfahren und weitergehender zivilrechtlicher Ansprüche – einen Betrag von 15 Euro zu zahlen. [2] Dasselbe gilt, wenn gegen die Untersagung nach Absatz 2 Nr. 3 oder Nr. 7 verstoßen wird.

§ 5 Zuweisen von Wagen und Plätzen. (1) Das Betriebspersonal kann Fahrgäste auf bestimmte Wagen verweisen, wenn dies aus betrieblichen Gründen oder zur Erfüllung der Beförderungspflicht notwendig ist.

(2) [1] Das Betriebspersonal ist berechtigt, Fahrgästen Plätze zuzuweisen; Anspruch auf einen Sitzplatz besteht nicht. [2] Sitzplätze sind für Schwerbehinderte, in der Gehfähigkeit Beeinträchtigte, ältere oder gebrechliche Personen, werdende Mütter und für Fahrgäste mit kleinen Kindern freizugeben.

§ 6 Beförderungsentgelte, Fahrausweise. (1) Für die Beförderung sind die festgesetzten Beförderungsentgelte zu entrichten.

(2) Ist der Fahrgast beim Betreten des Fahrzeugs nicht mit einem für dieses Fahrt gültigen Fahrausweis versehen, hat er unverzüglich und unaufgefordert den erforderlichen Fahrausweis zu lösen.

(3) Ist der Fahrgast beim Betreten des Fahrzeugs mit einem Fahrausweis versehen, der zu entwerten ist, hat er diesen dem Betriebspersonal unverzüglich und unaufgefordert zur Entwertung auszuhändigen; in Fahrzeugen mit Entwertern hat der Fahrgast den Fahrausweis entsprechend der Beförderungsstrecke unverzüglich zu entwerten und sich von der Entwertung zu überzeugen.

(4) Der Fahrgast hat den Fahrausweis bis zur Beendigung der Fahrt aufzubewahren und ihn dem Betriebspersonal auf Verlangen zur Prüfung vorzuzeigen oder auszuhändigen.

(5) Kommt der Fahrgast einer Pflicht nach den Absätzen 2 bis 4 trotz Aufforderung nicht nach, kann er von der Beförderung ausgeschlossen werden; die Pflicht zur Zahlung eines erhöhten Beförderungsentgelts nach § 9 bleibt unberührt.

(6) Wagen oder Wagenteile im schaffnerlosen Betrieb dürfen nur von Fahrgästen mit hierfür gültigen Fahrausweisen benutzt werden.

(7) [1] Beanstandungen des Fahrausweises sind sofort vorzubringen. [2] Spätere Beanstandungen werden nicht berücksichtigt.

§ 7[1)] Zahlungsmittel. (1) [1] Das Fahrgeld soll abgezählt bereitgehalten werden. [2] Das Fahrpersonal ist nicht verpflichtet, Geldbeträge über 5 Euro zu wechseln und Eincentstücke im Betrag von mehr als 10 Cent sowie erheblich beschädigte Geldscheine und Münzen anzunehmen.

(2) [1] Soweit das Fahrpersonal Geldbeträge über 5 Euro nicht wechseln kann, ist dem Fahrgast eine Quittung über den zurückbehaltenen Betrag auszustellen. [2] Es ist Sache des Fahrgastes, das Wechselgeld unter Vorlage der Quittung bei der Verwaltung des Unternehmers abzuholen. [3] Ist der Fahrgast mit dieser Regelung nicht einverstanden, hat er die Fahrt abzubrechen.

(3) Beanstandungen des Wechselgeldes oder der vom Fahrpersonal ausgestellten Quittung müssen sofort vorgebracht werden.

§ 8 Ungültige Fahrausweise. (1) [1] Fahrausweise, die entgegen den Vorschriften der Beförderungsbedingungen oder des Beförderungstarifs benutzt werden, sind ungültig und werden eingezogen; dies gilt auch für Fahrausweise, die

1. nicht vorschriftsmäßig ausgefüllt sind und trotz Aufforderung nicht sofort ausgefüllt werden,
2. nicht mit aufgeklebter Wertmarke versehen sind,
3. zerrissen, zerschnitten oder sonst stark beschädigt, stark beschmutzt oder unleserlich sind, so daß sie nicht mehr geprüft werden können,
4. eigenmächtig geändert sind,
5. von Nichtberechtigten benutzt werden,
6. zu anderen als den zulässigen Fahrten benutzt werden,
7. wegen Zeitablaufs oder aus anderen Gründen verfallen sind,
8. ohne das erforderliche Lichtbild benutzt werden.

[2] Fahrgeld wird nicht erstattet.

(2) Ein Fahrausweis, der nur in Verbindung mit einem Antrag oder einem im Beförderungstarif vorgesehenen Personenausweis zur Beförderung berechtigt, gilt als ungültig und kann eingezogen werden, wenn der Antrag oder Personenausweis auf Verlangen nicht vorgezeigt wird.

[1)] § 7 Abs. 1 Satz 2 neu gef., Abs. 2 geänd. mWv 1.1.2002 durch G v. 15.12.2001 (BGBl. I S. 3762).

§ 9[1)] Erhöhtes Beförderungsentgelt. (1) [1] Ein Fahrgast ist zur Zahlung eines erhöhten Beförderungsentgelts verpflichtet, wenn er

1. sich keinen gültigen Fahrausweis beschafft hat,
2. sich einen gültigen Fahrausweis beschafft hat, diesen jedoch bei einer Überprüfung nicht vorzeigen kann,
3. den Fahrausweis nicht oder nicht unverzüglich im Sinne des § 6 Abs. 3 entwertet hat oder entwerten ließ oder
4. den Fahrausweis auf Verlangen nicht zur Prüfung vorzeigt oder aushändigt.

[2] Eine Verfolgung im Straf- oder Bußgeldverfahren bleibt unberührt. [3] Die Vorschriften unter den Nummern 1 und 3 werden nicht angewendet, wenn das Beschaffen oder die Entwertung des Fahrausweises aus Gründen unterblieben ist, die der Fahrgast nicht zu vertreten hat.

(2) [1] In den Fällen des Absatzes 1 kann der Unternehmer ein erhöhtes Beförderungsentgelt bis zu 60 Euro erheben. [2] Er kann jedoch das Doppelte des Beförderungsentgelts für einfache Fahrt auf der vom Fahrgast zurückgelegten Strecke erheben, sofern sich hiernach ein höherer Betrag als nach Satz 1 ergibt; hierbei kann das erhöhte Beförderungsentgelt nach dem Ausgangspunkt der Linie berechnet werden, wenn der Fahrgast die zurückgelegte Strecke nicht nachweisen kann.

(3) Das erhöhte Beförderungsentgelt ermäßigt sich im Falle von Absatz 1 Nr. 2 auf 7 Euro, wenn der Fahrgast innerhalb einer Woche ab dem Feststellungstag bei der Verwaltung des Unternehmers nachweist, daß er im Zeitpunkt der Feststellung Inhaber einer gültigen persönlichen Zeitkarte war.

(4) Bei Verwendung von ungültigen Zeitkarten bleiben weitergehende Ansprüche des Unternehmers unberührt.

§ 10[2)] Erstattung von Beförderungsentgelt. (1) [1] Wird ein Fahrausweis nicht zur Fahrt benutzt, so wird das Beförderungsentgelt auf Antrag gegen Vorlage des Fahrausweises erstattet. [2] Beweispflichtig für die Nichtbenutzung des Fahrausweises ist der Fahrgast.

(2) [1] Wird ein Fahrausweis nur auf einem Teil der Strecke zur Fahrt benutzt, so wird der Unterschied zwischen dem gezahlten Beförderungsentgelt und dem für die zurückgelegte Strecke erforderlichen Beförderungsentgelt auf Antrag gegen Vorlage des Fahrausweises erstattet. [2] Beweispflichtig für die nur teilweise Benutzung des Fahrausweises ist der Fahrgast.

(3) [1] Wird eine Zeitkarte nicht oder nur teilweise benutzt, so wird das Beförderungsentgelt für die Zeitkarte unter Anrechnung des Beförderungsentgelts für die durchgeführten Einzelfahrten auf Antrag gegen Vorlage des Fahrausweises erstattet. [2] Für die Feststellung des Zeitpunkts, bis zu dem Einzelfahrten – je Tag zwei Fahrten – als durchgeführt gelten, ist der Tag der Rückgabe oder Hinterlegung der Zeitkarte oder das Datum des Poststempels der Übersendung der Zeitkarte mit der Post maßgeblich. [3] Ein früherer Zeitpunkt kann nur berücksichtigt werden, wenn die Bescheinigung eines Arztes,

---

[1)] § 9 Abs. 2 Satz 1 und Abs. 3 geänd. mWv 1.1.2002 durch G v. 15.12.2001 (BGBl. I S. 3762); Abs. 2 Satz 1 und Abs. 3 geänd. mWv 1.1.2003 durch VO v. 15.10.2002 (BGBl. I S. 4046); Abs. 2 Satz 1 geänd. mWv 1.7.2015 durch VO v. 21.5.2015 (BGBl. I S. 782).

[2)] § 10 Abs. 5 Satz 1 geänd. mWv 1.1.2002 durch G v. 15.12.2001 (BGBl. I S. 3762); Abs. 5 Satz 1 geänd. mWv 1.1.2003 durch VO v. 15.10.2002 (BGBl. I S. 4046).

eines Krankenhauses oder einer Krankenkasse über Krankheit, Unfall oder Tod des Fahrgastes vorgelegt wird. [4] Bei der Anrechnung des Beförderungsentgelts für die durchgeführten Einzelfahrten wird eine Ermäßigung nur bei Vorliegen der hierfür erforderlichen Voraussetzungen, im übrigen das Beförderungsentgelt für einfache Fahrt zugrunde gelegt.

(4) Anträge nach den Absätzen 1 bis 3 sind unverzüglich, spätestens innerhalb einer Woche nach Ablauf der Gültigkeit des Fahrausweises bei der Verwaltung des Unternehmers zu stellen.

(5) [1] Von dem zu erstattenden Betrag wird ein Bearbeitungsentgelt in Höhe von 2 Euro sowie eine etwaige Überweisungsgebühr abgezogen. [2] Das Bearbeitungsentgelt und eine etwaige Überweisungsgebühr werden nicht abgezogen, wenn die Erstattung auf Grund von Umständen beantragt wird, die der Unternehmer zu vertreten hat.

(6) Bei Ausschluß von der Beförderung besteht, ausgenommen § 3 Abs. 1 Satz 2 Nr. 2, kein Anspruch auf Erstattung des entrichteten Entgelts.

§ 11 Beförderung von Sachen. (1) [1] Ein Anspruch auf Beförderung von Sachen besteht nicht. [2] Handgepäck und sonstige Sachen werden bei gleichzeitiger Mitfahrt des Fahrgastes und nur dann befördert, wenn dadurch die Sicherheit und Ordnung des Betriebes nicht gefährdet und andere Fahrgäste nicht belästigt werden können.

(2) Von der Beförderung sind gefährliche Stoffe und gefährliche Gegenstände ausgeschlossen, insbesondere

1. explosionsfähige, leicht entzündliche, radioaktive, übelriechende oder ätzende Stoffe,
2. unverpackte oder ungeschützte Sachen, durch die Fahrgäste verletzt werden können,
3. Gegenstände, die über die Wagenumgrenzung hinausragen.

(3) [1] Die Pflicht zur Beförderung von Kleinkindern in Kinderwagen richtet sich nach den Vorschriften des § 2 Satz 1. [2] Nach Möglichkeit soll das Betriebspersonal dafür sorgen, daß Fahrgäste mit Kind im Kinderwagen nicht zurückgewiesen werden. [3] Die Entscheidung über die Mitnahme liegt beim Betriebspersonal.

(4) Der Fahrgast hat mitgeführte Sachen so unterzubringen und zu beaufsichtigten, daß die Sicherheit und Ordnung des Betriebes nicht gefährdet und andere Fahrgäste nicht belästigt werden können.

(5) Das Betriebspersonal entscheidet im Einzelfall, ob Sachen zur Beförderung zugelassen werden und an welcher Stelle sie unterzubringen sind.

§ 12 Beförderung von Tieren. (1) Auf die Beförderung von Tieren ist § 11 Abs. 1, 4 und 5 anzuwenden.

(2) [1] Hunde werden nur unter Aufsicht einer hierzu geeigneten Person befördert. [2] Hunde, die Mitreisende gefährden können, müssen einen Maulkorb tragen.

(3) Blindenführhunde, die einen Blinden begleiten, sind zur Beförderung stets zugelassen.

(4) Sonstige Tiere dürfen nur in geeigneten Behältern mitgenommen werden.

(5) Tiere dürfen nicht auf Sitzplätzen untergebracht werden.

§ 13 Fundsachen. [1] Fundsachen sind gemäß § 978 BGB[1)] unverzüglich dem Betriebspersonal abzuliefern. [2] Eine Fundsache wird an den Verlierer durch das Fundbüro des Unternehmers gegen Zahlung eines Entgelts für die Aufbewahrung zurückgegeben. [3] Sofortige Rückgabe an den Verlierer durch das Betriebspersonal ist zulässig, wenn er sich einwandfrei als Verlierer ausweisen kann. [4] Der Verlierer hat den Empfang der Sache schriftlich zu bestätigen.

§ 14[2)] **Haftung.** [1] Der Unternehmer haftet für die Tötung oder Verletzung eines Fahrgastes und für Schäden an Sachen, die der Fahrgast an sich trägt oder mit sich führt, nach den allgemein geltenden Bestimmungen. [2] Für Sachschäden haftet der Unternehmer gegenüber jeder beförderten Person nur bis zum Höchstbetrag von 1 000 Euro; die Begrenzung der Haftung gilt nicht, wenn die Sachschäden auf Vorsatz oder grobe Fahrlässigkeit zurückzuführen sind.

§ 15[3)] *(aufgehoben)*

§ 16 Ausschluß von Ersatzansprüchen. Abweichungen von Fahrplänen durch Verkehrsbehinderungen, Betriebsstörungen oder -unterbrechungen sowie Platzmangel begründen keine Ersatzansprüche; insoweit wird auch keine Gewähr für das Einhalten von Anschlüssen übernommen.

§ 17 Gerichtsstand. Der Gerichtsstand für alle Streitigkeiten, die sich aus dem Beförderungsvertrag ergeben, ist der Sitz des Unternehmers.

§ 18 Inkrafttreten. Diese Verordnung tritt 6 Monate nach ihrer Verkündung[4)] in Kraft.

---

1) Nr. **650**.
2) § 14 Satz 2 geänd. mWv 1.1.2002 durch G v. 15.12.2001 (BGBl. I S. 3762).
3) § 15 aufgeh. mWv 15.12.2004 durch G v. 9.12.2004 (BGBl. I S. 3214).
4) Verkündet am 6. März 1970.

430. Verordnung über den Betrieb von Kraftfahrunternehmen im Personenverkehr (BOKraft)

Vom 21. Juni 1975
(BGBl. I S. 1573)

FNA 9240-1-2

geänd. durch ÄndVO v. 19.4.1977 (BGBl. I S. 598), Art. 1 VO zur Änderung personenbeförderungsrechtlicher Vorschriften v. 13.5.1981 (BGBl. I S. 428), Art. 2 Zweite Rechtsbereinigungs-VO v. 8.10.1986 (BGBl. I S. 1634), Art. 4 Zweite VO zur Änderung personenbeförderungsrechtlicher Vorschriften v. 30.6.1989 (BGBl. I S. 1273), Art. 6 EisenbahnneuordnungsG v. 27.12.1993 (BGBl. I S. 2378), Zweite Verordnung zur Änderung der Verordnung über den Betrieb von Kraftfahrunternehmen im Personenverkehr v. 18.7.1995 (BGBl. I S. 951), Art. 2 Verordnung zur Änderung der Sraßenverkehrs-Zulassungs-Ordnung und personenbeförderungsrechtlicher Vorschriften v. 26.5.1998 (BGBl. I S. 1159), ( ) ( )Art. 2 SeuchenrechtsneuordnungsG v. 20.7.2000 (BGBl. I S. 1045), Art. 413 Siebente Zuständigkeitsanpassungs-VO v. 29.10.2001 (BGBl. I S. 2785), Art. 4 ÄndVO v. 22.1.2004 (BGBl. I S. 117), Art. 477 Neunte ZuständigkeitsanpassungsVO v. 31.10.2006 (BGBl. I S. 2407), Art. 2 Fünfte VO zur Änd. personenbeförderungsrechtl. Vorschriften v. 8.11. 2007 (BGBl. I S. 2569) und Art. 483 Zehnte ZuständigkeitsanpassungsVO v. 31.8.2015 (BGBl. I S. 1474)

Auf Grund des § 57 Abs. 1 und 3 sowie des § 58 Abs. 1 Nr. 3 des Personenbeförderungsgesetzes (PBefG)[1] vom 21. März 1961 (Bundesgesetzbl. I S. 241), zuletzt geändert durch das Gesetz zur Änderung der Gewerbeordnung und über die Einrichtung eines Gewerbezentralregisters vom 13. Juni 1974 (Bundesgesetzbl. I S. 1281), wird mit Zustimmung des Bundesrates verordnet:

Inhaltsübersicht

[1] Nr. **400**.

1. Abschnitt. Allgemeine Vorschriften

§ 1[1)] Geltungsbereich. (1) Die Verordnung gilt für Unternehmen, die Fahrgäste mit Kraftfahrzeugen oder Obussen befördern, soweit sie den Vorschriften des Personenbeförderungsgesetzes[2)] unterliegen.

(2) [1] Die §§ 2, 3, 6 bis 9, §§ 14 bis 19, 20 Abs. 1 Nr. 1, §§ 21, 22, 33 Abs. 4 und 5, §§ 41, 42, 45 Abs. 1 Nr. 1, 4, 5 Buchstaben b bis f, o, r und s, Abs. 2 Nr. 1, 4, 5 Buchstaben a und c, Nr. 6, § 47 Abs. 1 Nr. 1 bis 3 gelten entsprechend bei Beförderungen nach § 1 Nr. 4 Buchstaben d, g und i der Freistellungs-Verordnung[3)] vom 30. August 1962 (BGBl. I S. 601), die zuletzt durch Artikel 1 der Zweiten Verordnung zur Änderung personenbeförderungsrechtlicher Vorschriften vom 30. Juni 1989 (BGBl. I S. 1273) geändert worden ist, sofern dabei Kraftfahrzeuge verwendet werden, die nach Bauart und Ausstattung zur Beförderung von mehr als sechs Personen (einschließlich Fahrzeugführer) geeignet und bestimmt sind. [2] Als Genehmigungsbehörde im Sinne dieser Vorschriften gilt diejenige Behörde, die im Falle einer Nichtfreistellung von den Vorschriften des Personenbeförderungsgesetzes zuständig wäre.

§ 2 Grundregel. Der Betrieb des Unternehmens sowie die Ausrüstung und Beschaffenheit der Fahrzeuge müssen den besonderen Anforderungen genügen, die sich aus dem Vertrauen in eine sichere und ordnungsgemäße Beförderung ergeben.

2. Abschnitt. Vorschriften über den Betrieb

1. Titel. Betriebsleitung

§ 3 Pflichten des Unternehmers. (1) [1] Der Unternehmer ist dafür verantwortlich, daß die Vorschriften dieser Verordnung eingehalten und die hierzu behördlich erlassenen Anordnungen befolgt werden. [2] Er hat dafür zu sorgen, daß das Unternehmen ordnungsgemäß geführt wird und daß sich die Fahrzeuge und Betriebsanlagen in vorschriftmäßigem Zustand befinden. [3] Er darf den Betrieb des Unternehmens nicht anordnen oder zulassen, wenn ihm bekannt ist oder bekannt sein muß, daß Mitglieder des Fahr- oder Betriebspersonals nicht befähigt und geeignet sind, eine sichere und ordnungsgemäße Beförderung zu gewährleisten.

(2) [1] Soweit es die Größe des Unternehmens oder andere betriebliche Umstände erfordern, erläßt der Unternehmer eine allgemeine Dienstanweisung. [2] Die Genehmigungsbehörde kann den Erlaß einer allgemeinen Dienstanweisung verlangen. [3] Eine Dienstanweisung muß erlassen werden, wenn ein Betriebsleiter bestellt wird. [4] Die Dienstanweisung ist in geeigneter Weise bekanntzumachen.

[1)] § 1 Abs. 2 geänd. durch VO v. 19.4.1977 (BGBl. I S. 598), Abs. 2 Satz 1 1 Halbsatz geänd. durch VO v. 30.6.1989 (BGBl. I S. 1273).

[2)] Nr. **400**.

[3)] Nr. **405**.

(3) Die Dienstanweisung enthält Bestimmungen über den Aufgabenbereich, die Verantwortlichkeit und das Verhalten des Fahr- und Betriebspersonals während des Dienstes, insbesondere

1. die für den Fahrdienst maßgebenden Vorschriften dieser Verordnung sowie die sonst für die sichere Durchführung des Betriebes geltenden Vorschriften,
2. Anweisungen über Maßnahmen, die bei Betriebsunfällen und -störungen getroffen werden müssen,
3. Bestimmungen, soweit sie durch die örtlichen Verhältnisse oder durch die Eigenart der Betriebsanlagen, der Fahrzeuge oder des Betriebes bedingt sind.

§ 4 Betriebsleiter. (1) [1] Der Unternehmer kann zur Wahrnehmung der ihm nach § 3 obliegenden Aufgaben unbeschadet seiner eigenen Verantwortlichkeit einen Betriebsleiter bestellen. [2] Hat das Unternehmen mehrere Betriebszweige oder Betriebsstellen, so kann für jeden Betriebszweig oder für jede Betriebsstelle ein verantwortlicher Betriebsleiter bestellt werden. [3] Die Genehmigungsbehörde kann die Bestellung eines Betriebsleiters anordnen, wenn die Größe des Betriebes oder andere betriebliche Umstände dies erfordern; die Bestellung soll insbesondere bei Unternehmen angeordnet werden, in denen regelmäßig mehr als zehn Fahrzeuge verwendet werden. [4] Die Genehmigungsbehörde kann dem Unternehmer zur Erfüllung der Anordnung eine angemessene Frist setzen. [5] Der Unternehmer hat die Anordnung zu befolgen.

(2) [1] Der Unternehmer hat sicherzustellen, daß der Betriebsleiter die ihm obliegenden Aufgaben ordnungsgemäß erfüllen kann. [2] Er hat ihn insbesondere zu beteiligen bei

1. der Feststellung des Personalbedarfs,
2. der Auswahl, Beurteilung und Verwendung des Fahr- und Betriebspersonals,
3. der Untersuchung von Verfehlungen und den sich daraus ergebenden Maßnahmen,
4. der Planung und dem Bau von Betriebsanlagen sowie der Beschaffung von Fahrzeugen.

(3) [1] Der Betriebsleiter soll einen Stellvertreter haben. [2] Absatz 1 Satz 3 und 4 gilt entsprechend.

(4) [1] Die Bestellung des Betriebsleiters und seines Stellvertreters bedarf der Bestätigung durch die Genehmigungsbehörde. [2] Sie ist zu erteilen, wenn die Zuverlässigkeit gegeben ist, insbesondere wenn die für die technische Leitung des Betriebes und die für die Verwaltung erforderlichen Kenntnisse und Erfahrungen nachgewiesen sind.

(5) [1] Die Bestätigung ist zurückzunehmen, wenn bei ihrer Erteilung die Voraussetzung des Absatzes 4 Satz 2 nicht vorgelegen hat. [2] Die Genehmigungsbehörde kann von der Rücknahme absehen, wenn der Mangel nicht mehr besteht.

(6) Die Bestätigung ist zu widerrufen, wenn nachträglich die Voraussetzung des Absatzes 4 Satz 2 weggefallen ist.

§ 5[1)] Auswärtige Unternehmer. (1) [1] Hat ein Unternehmer seinen Sitz (Wohnsitz) nicht am Ort des Betriebssitzes, kann die Genehmigungsbehörde anordnen, daß er zur Wahrnehmung der ihm nach § 3 obliegenden Aufgaben einen am Ort des Betriebssitzes ansässigen Vertreter bestellt. [2] Die Genehmigungsbehörde kann dem Unternehmer zur Erfüllung der Anordnung eine angemessene Frist setzen.

(2) [1] Die Bestellung des Vertreters bedarf der Bestätigung durch die Genehmigungsbehörde. [2] Sie darf nur ausgesprochen werden, wenn der Vertreter zuverlässig und fachlich geeignet im Sinne des § 13 Abs. 1 Nr. 2 und 3 des Personenbeförderungsgesetzes[2)] ist.

(3) [1] Die Bestätigung ist zurückzunehmen, wenn bei ihrer Erteilung eine der Voraussetzungen des Absatzes 2 Satz 2 nicht vorgelegen hat. [2] § 4 Abs. 5 Satz 2 gilt entsprechend.

(4) Die Bestätigung ist zu widerrufen, wenn nachträglich die Voraussetzung der Zuverlässigkeit weggefallen ist.

§ 6 Meldepflicht. Der Unternehmer hat der Genehmigungsbehörde unverzüglich mitzuteilen

1. Betriebsvorkommnisse, die ein öffentliches Aufsehen erregen,
2. Unfälle, bei denen ein Mensch getötet oder schwer verletzt worden ist,
3. Betriebsstörungen im Obusverkehr und im Linienverkehr mit Kraftfahrzeugen, die voraussichtlich länger als 24 Stunden dauern.

2. Titel. Fahrdienst

§ 7 Grundregel. Das im Fahrdienst eingesetzte Betriebspersonal hat die besondere Sorgfalt anzuwenden, die sich daraus ergibt, daß ihm Personen zur Beförderung anvertraut sind.

§ 8[3)] Verhalten im Fahrdienst. (1) Das Betriebspersonal, das im Fahrdienst oder zur Bedienung von Fahrgästen eingesetzt ist, hat sich rücksichtsvoll und besonnen zu verhalten.

(2) Im Obusverkehr sowie im Linienverkehr mit Kraftfahrzeugen nach § 42 PBefG[2)] ist die nächste Haltestelle rechtzeitig anzukündigen.

(2a) [1] Im Verkehr mit Kraftomnibussen hat der Fahrzeugführer dafür zu sorgen, daß den Fahrgästen durch Informationseinrichtungen (§ 21 Abs. 2) angezeigt wird, wann Sicherheitsgurte anzulegen sind. [2] Vor Fahrtantritt hat der Fahrzeugführer die Fahrgäste auf die Pflicht zum Anlegen von Sicherheitsgurten hinzuweisen, soweit eine solche Pflicht besteht.

[1)] § 5 Abs. 2 Satz 2, Abs. 3 Satz 1, Abs. 4 neu gef. durch VO v. 15.5.1981 (BGBl. I S. 428), Abs. 1 Satz 3 aufgeh. durch VO v. 30.6.1989 (BGBl. I S. 1273).

[2)] Nr. **400**.

[3)] § 8 neu gef. durch VO v. 19.4.1977 (BGBl. I S. 598), Abs. 5 geänd. durch durch VO v. 30.6. 1989 (BGBl. I S. 1273), Abs. 5 Satz 2 angef. durch VO v. 18.7.1995 (BGBl. I S. 951), Abs. 2a eingef. durch VO v. 26.5.1998 (BGBl. I S. 1159); Abs. 2a Satz 2 angef. mWv 1.4.2004 durch VO v. 22.1.2004 (BGBl. I S. 117); Abs. 3 Nr. 2 aufgeh., Abs. 4 und 5 neu gef. mWv 16.11.2007 durch VO v. 8.11.2007 (BGBl. I S. 2569).

(3) Im Obusverkehr sowie im Linienverkehr mit Kraftfahrzeugen ist dem im Fahrdienst eingesetzten Betriebspersonal untersagt,

1. während des Dienstes und der Dienstbereitschaft alkoholische Getränke oder andere die dienstliche Tätigkeit beeinträchtigende Mittel zu sich zu nehmen oder die Fahrt anzutreten, obwohl es unter der Wirkung solcher Getränke oder Mittel steht,
2. *(aufgehoben)*
3. beim Lenken des Fahrzeugs Fernsehrundfunkempfänger zu benutzen,
4. während der Beförderung von Fahrgästen Übertragungsanlagen, Tonrundfunkempfänger oder Tonwiedergabegeräte zu anderen als betrieblichen oder Verkehrsfunk-Hinweisen zu benutzen,
5. sich beim Lenken des Fahrzeugs zu unterhalten.

(4) Im Gelegenheitsverkehr mit Kraftomnibussen finden die Vorschriften des Absatzes 3 Nr. 1, 3 und 5 entsprechende Anwendung.

(5) Im Taxen- und Mietwagenverkehr sowie im sonstigen Gelegenheitsverkehr mit Personenkraftwagen finden die Vorschriften des Absatzes 3 Nr. 1 und 3 entsprechende Anwendung.

§ 9[1] Verhalten bei Krankheit. (1) Mitglieder des im Fahrdienst oder zur Bedienung von Fahrgästen eingesetzten Betriebspersonals dürfen diese Tätigkeit nicht ausüben, solange sie oder Angehörige ihrer häuslichen Gemeinschaft an einer in § 34 Abs. 3 Nr. 2, 4, 6, 8, 11 des Infektionsschutzgesetzes vom 20. Juli 2000 (BGBl. I S. 1045) genannten Krankheit leiden, es sei denn, sie weisen durch ärztliches Zeugnis nach, daß keine Gefahr einer Übertragung der Krankheit besteht.

(2) Hat ein Fahrzeugführer eine Krankheit, die seine Eignung beeinträchtigt, ein Fahrzeug sicher im Verkehr zu führen, so darf er keine Fahrten ausführen.

(3) Erkrankungen nach den Absätzen 1 und 2 sind dem Unternehmer unverzüglich anzuzeigen.

§ 10 Mitführen von Vorschriften und Fahrplänen. [1] Die geltenden Vorschriften über die Beförderungsentgelte, Beförderungsbedingungen und Fahrpläne sind mitzuführen. [2] Den Fahrgästen ist auf Verlangen Einsicht zu gewähren.

§ 11 Fundsachen. [1] Nach Beendigung jeder Fahrt haben Fahrzeugführer oder Schaffner festzustellen, ob Gegenstände zurückgeblieben sind. [2] Fundsachen sind unverzüglich an die dafür vorgesehene Einrichtung des Betriebes oder an die von der Genehmigungsbehörde benannte Stelle abzuliefern, wenn sie nicht sofort zurückgegeben werden können. [3] § 978 des Bürgerlichen Gesetzbuches[2] bleibt unberührt.

---

[1] § 9 Abs. 1 geänd. mWv 1.1.2001 durch G v. 20.7.2000 (BGBl. I S. 1045).

[2] Nr. **650**.

3. Titel. Fahrgäste, Beförderungspflicht[1)]

§ 12[2)] *(aufgehoben)*

§ 13[3)] **Beförderung von Personen.** [1] Der Unternehmer und das im Fahrdienst eingesetzte Betriebspersonal sind nach Maßgabe der Vorschriften des Personenbeförderungsgesetzes[4)] verpflichtet, die Beförderung von Personen durchzuführen. [2] Soweit nicht ein Ausschluß von der Beförderungspflicht nach anderen Rechtsvorschriften besteht, können sie die Beförderung ablehnen, wenn Tatsachen vorliegen, die die Annahme rechtfertigen, daß die zu befördernde Person eine Gefahr für die Sicherheit und Ordnung des Betriebes oder für die Fahrgäste darstellt.

§ 14[5)] **Verhalten der Fahrgäste.** (1) [1] Die Fahrgäste haben sich bei der Benutzung der Betriebsanlagen und Fahrzeuge so zu verhalten, wie es die Sicherheit und Ordnung des Betriebes und die Rücksicht auf andere Personen gebieten. [2] Anweisungen des Betriebspersonals ist zu folgen.

(2) Den Fahrgästen ist insbesondere untersagt,

1. in Obussen und Kraftomnibussen sich mit dem Fahrzeugführer während der Fahrt zu unterhalten,
2. die Türen während der Fahrt eigenmächtig zu öffnen,
3. Sicherungseinrichtungen mißbräuchlich zu betätigen,
4. Gegenstände aus dem Fahrzeug zu werfen oder hinausragen zu lassen,
5. während der Fahrt auf- oder abzuspringen,
6. ein als besetzt bezeichnetes Fahrzeug zu betreten,
7. ein Fahrzeug zu betreten oder zu verlassen, wenn die bevorstehende Abfahrt angekündigt ist oder die Türen geschlossen werden,
8. *(aufgehoben)*
9. Tonrundfunk- oder Fernsehrundfunkempfänger sowie Tonwiedergabegeräte zu benutzen.

(3) Im Obusverkehr sowie im Linienverkehr mit Kraftfahrzeugen sind die Fahrgäste außerdem verpflichtet,

1. die Fahrzeuge nur an den Haltestellen zu betreten und zu verlassen; Ausnahmen bedürfen der Zustimmung des Betriebspersonals,
2. zügig ein- und auszusteigen und dabei die besonders gekennzeichneten Türen zu benutzen,
3. Durchgänge sowie Ein- und Ausstiege freizuhalten,
4. sich im Fahrzeug stets einen festen Halt zu verschaffen,
5. sie begleitende Kinder sorgfältig zu beaufsichtigen und dafür zu sorgen, daß Kinder nicht auf den Sitzplätzen knien oder stehen.

[1)] Überschrift neu gef. durch VO v. 19.4.1977 (BGBl. I S. 598)

[2)] § 12 aufgeh. durch VO v. 19.4.1977 (BGBl. I S. 598).

[3)] § 13 neu gef. durch VO v. 19.4.1977 (BGBl. I S. 598).

[4)] Nr. **400**.

[5)] § 14 Abs. 2 Nr. 1 neu gef. durch VO v. 19.4.1977 (BGBl. I S. 598); Abs. 2 Nr. 8 aufgeh. mWv 16.11.2007 durch VO v. 8.11.2007 (BGBl. I S. 2569).

(4) Verletzt ein Fahrgast trotz Ermahnung die ihm obliegenden Pflichten nach den Absätzen 1 bis 3, kann er von der Beförderung ausgeschlossen werden.

§ 15 Beförderung von Sachen. (1) [1] Der Fahrgast hat Sachen (Handgepäck, Reisegepäck, Kinderwagen) so unterzubringen und zu beaufsichtigen, daß die Sicherheit und Ordnung des Betriebes durch sie nicht gefährdet und andere Fahrgäste nicht belästigt werden können. [2] Satz 1 gilt auch für Tiere; sie dürfen nicht auf Sitzplätzen untergebracht werden. [3] Durchgänge sowie Ein- und Ausstiege sind freizuhalten.

(2) Von der Beförderung sind gefährliche Stoffe und gefährliche Gegenstände ausgeschlossen, insbesondere

1. explosionsfähige, leicht entzündliche, radioaktive, übelriechende oder ätzende Stoffe,
2. unverpackte oder ungeschützte Sachen, durch die Fahrgäste verletzt werden können,
3. Gegenstände, die über die Wagenumgrenzung hinausragen.

(3) § 14 Abs. 1 Satz 2 und Abs. 4 ist anzuwenden.

3. Abschnitt. Ausrüstung und Beschaffenheit der Fahrzeuge

1. Titel. Bestimmungen für alle Fahrzeuge

§ 16[1] Anzuwendende Vorschriften. [1] Für Bau, Ausrüstung und Beschaffenheit der Fahrzeuge gelten neben den auf Grund des Straßenverkehrsgesetzes[2] erlassenen Verordnungen die Vorschriften dieser Verordnung. [2] Für Fahrzeuge im grenzüberschreitenden Verkehr und Transitverkehr (§§ 52 und 53 des Personenbeförderungsgesetzes[3]) mit Staaten außerhalb der Europäischen Union können abweichend von Satz 1 zur Verbesserung der Verkehrssicherheit und der Umweltverträglichkeit besondere Anforderungen gestellt werden, die den in der Europäischen Union geltenden Vorschriften entsprechen.

§ 17 Zulässige Fahrzeuge. Die der Personenbeförderung dienenden Fahrzeuge müssen mindestens zwei Achsen und vier Räder haben.

§ 18 Ausrüstung. [1] Beim Einsatz der Fahrzeuge ist die Ausrüstung den jeweiligen Straßen- und Witterungsverhältnissen anzupassen. [2] Wenn es die Umstände angezeigt erscheinen lassen, sind Winterreifen, Schneeketten, Spaten und Hacke sowie Abschleppseil oder -stange mitzuführen.

§ 19 Beschaffenheit und Anbringung von Zeichen und Ausrüstungsgegenständen. Zeichen und Ausrüstungsgegenstände an oder im Fahrzeug müssen so beschaffen und angebracht sein, daß niemand gefährdet oder behindert wird.

---

[1] § 16 Satz 2 angef. durch VO v. 18.7.1995 (BGBl. I S. 951).
[2] Nr. **10**.
[3] Nr. **400**.

2. Titel. Obusse und Kraftomnibusse

§ 20 Beschriftung. (1) An den Außenseiten der Obusse und Kraftomnibusse sind anzubringen
1. auf den Längsseiten Name und Betriebssitz des Unternehmers; die Genehmigungsbehörde kann statt dessen Geschäftszeichen oder Wappen zulassen,
2. die Bezeichnung der Türen, wenn im Obusverkehr und im Linienverkehr mit Kraftomnibussen
   a) an diesen Türen nur ein- oder nur ausgestiegen werden darf,
   b) die Türen nur für bestimmte Fahrgastgruppen vorgesehen sind; die Bezeichnung kann auch durch ein Sinnbild erfolgen.

(2) [1] Die Beschriftungen oder Sinnbilder müssen eindeutig, gut sichtbar und deutlich lesbar sein. [2] Ihre Wirkung darf durch andere Aufschriften oder Bildzeichen nicht beeinträchtigt werden.

§ 21[1)] Verständigung mit dem Fahrzeugführer. (1) [1] Obusse und Kraftomnibusse des Linienverkehrs müssen deutlich hör- oder sichtbare Verständigungseinrichtungen haben
1. zur Erteilung von Fahr- oder Halteaufträgen durch das Betriebspersonal,
2. bei Ein-Mann-Betrieb zur Mitteilung des Haltewunsches der Fahrgäste an den Fahrzeugführer.

[2] In Kraftomnibussen, die überwiegend im Gelegenheitsverkehr verwendet werden, sind diese Einrichtungen entbehrlich, wenn sichergestellt ist, daß die Verständigung des Fahrzeugführers in anderer Weise erfolgen kann.

(2) Kraftomnibusse, für die Sicherheitsgurte vorgeschrieben sind, müssen geeignete Informationseinrichtungen haben, die den Fahrgästen anzeigen, wann Sicherheitsgurte anzulegen sind.

§ 22[2)] Stehplätze. (1) Stehplätze sind nur zulässig, wenn das Fahrzeug im Obusverkehr oder im Linienverkehr mit Kraftomnibussen eingesetzt wird.[3)]

(2) Bei einem Linienverkehr mit Kraftomnibussen, der nicht Orts- oder Nachbarortslinienverkehr ist, kann die Genehmigungsbehörde die Zulässigkeit von Stehplätzen ganz oder teilweise ausschließen.

§ 23[4)] *(aufgehoben)*

§ 24[5)] *(aufgehoben)*

[1)] § 21 Satz 1 Nr. 2 aufgeh., Nr. 3 wird neue Nr. 2 durch VO v. 19.4.1977 (BGBl. I S. 598), bish. Text wird Abs. 1, Abs. 2 angef. durch VO v. 26.5.1998 (BGBl. I S. 1159).

[2)] § 22 Abs. 1 geänd. durch VO v. 30.6.1989 (BGBl. I S. 1273).

[3)] Richtlinien über Lastannahmen für Stehplatzflächen in Kraftomnibussen und Omnibusanhängern siehe im VkBl. 1961 S. 317 Nr. 215, geänd. 1963 VkBl. S. 479 Nr. 242.

[4)] § 23 aufgeh. durch VO v. 30.6.1989 (BGBl. I S. 1273).

[5)] § 24 aufgeh. mWv 16.11.2007 durch VO v. 8.11.2007 (BGBl. I S. 2569).

3. Titel. Taxen und Mietwagen

§ 25[1] Türen, Alarmanlage und Trennwand. (1) Taxen und Mietwagen müssen mindestens auf der rechten Längsseite zwei Türen haben.

(2) [1] Taxen und Mietwagen müssen mit einer Alarmanlage versehen sein, die vom Sitz des Fahrzeugführers aus in Betrieb gesetzt werden kann. [2] Die Alarmanlage muß die Hupe zum Tönen in Intervallen und die Scheinwerfer sowie die hinteren Fahrtrichtungsanzeiger zum Blinken bringen. [3] Zusätzlich kann das Taxenschild nach § 26 Abs. 1 Nr. 2 – auch mittels eingebauter roter Leuchtdioden – zum Blinken gebracht werden.

(3) [1] Taxen und Mietwagen können mit einer Trennwand ausgerüstet sein, die zum Schutz des Fahrzeugführers ausreichend kugelsicher ist. [2] Die Trennwand soll entweder zwischen den Vorder- und Rücksitzen angebracht sein oder den Sitz des Fahrzeugführers von den Fahrgastplätzen abteilen; sie darf versenkbar oder so beschaffen sein, daß ein Teil seitlich verschoben werden kann.

§ 26[2] Kenntlichmachung. (1) [1] Taxen müssen kenntlich gemacht sein[3]

1. durch einen hell-elfenbein-farbigen Anstrich; als Farbton ist zu wählen RAL 1015 des Farbtonregisters RAL 840 HR des Ausschusses für Lieferbedingungen und Gütesicherung (RAL) beim Deutschen Normenausschuß,
2. durch ein auf dem Dach der Taxe quer zur Fahrtrichtung angebrachtes, von innen beleuchtbares, auf der Vorderseite und auf der Rückseite mit der Aufschrift „TAXI" versehenes Schild (Taxischild) nach Anlage 1.

[2] Vorbehaltlich des Absatzes 2 ist jede andere als die nach dieser Verordnung vorgeschriebene Kenntlichmachung oder Beschriftung unzulässig.

(2) [1] Nach außen wirkende Werbung an Taxen und Mietwagen ist nur auf den seitlichen Fahrzeugtüren zulässig. [2] Politische und religiöse Werbung an Taxen ist unzulässig.

§ 27 Ordnungsnummer, Unternehmeranschrift. (1) Bei Taxen ist an der rechten unteren Ecke der Heckscheibe ein nach außen und innen wirkendes Schild nach Anlage 3 mit der Ordnungsnummer, die die Genehmigungsbehörde erteilt hat, anzubringen.

(2) Bei Taxen ist im Wageninnern an einer für den Fahrgast gut sichtbaren Stelle ein Schild mit Namen und Betriebssitz des Unternehmers anzubringen.

§ 28 Fahrpreisanzeiger. (1) [1] Taxen müssen mit einem beleuchtbaren Fahrpreisanzeiger ausgerüstet sein. [2] Die Vorschriften des Eichrechts finden Anwendung.

(2) [1] Der Fahrpreisanzeiger muß anzeigen

1. das Beförderungsentgelt, getrennt nach Fahrpreis und Zuschlägen,
2. die gegebenenfalls anzuwendende Tarifstufe.

[2] Die Anzeige muß leicht ablesbar und bei Dunkelheit beleuchtet sein.

---

[1] § 25 Abs. 2 Satz 3 angef., Abs. 4 u. 5 aufgeh. durch VO v. 18.7.1995 (BGBl. I S. 951).

[2] § 26 Abs. 1 Nr. 2 geänd., Abs. 3 neu gef. und Abs. 4 angef. durch VO v. 30.6.1989 (BGBl. I S. 1273); Abs. 1 Satz 2 angef., Abs. 2 und 3 aufgeh., bish. Abs. 4 wird Abs. 2 und neu gef. mWv 16.11.2007 durch VO v. 8.11.2007 (BGBl. I S. 2569).

[3] Wegen des Inkrafttretens vgl. § 47 Abs. 1.

§ 29 Gepäck. Taxen müssen auch bei vollständiger Besetzung im Rahmen ihres zulässigen Gesamtgewichts mindestens 50 kg Gepäck befördern können.

§ 30 Wegstreckenzähler. (1) [1] In Mietwagen ist ein leicht ablesbarer Wegstreckenzähler anzubringen. [2] Die Vorschriften des Eichrechts finden Anwendung.

(2) Absatz 1 gilt auch für Mietomnibusse, wenn das Beförderungsentgelt nach den Angaben eines Wegstreckenzählers ermittelt wird.

§ 31[1)] Fahrzeuge mit einer Genehmigung für den Taxen- und Mietwagenverkehr. (1) [1] Für Fahrzeuge, die für den Taxen- und Mietwagenverkehr genehmigt sind, gelten die §§ 25 bis 30. [2] Wird Mietwagenverkehr ausgeführt, dürfen das Taxischild nach § 26 Abs. 1 Nr. 2 und die Ordnungsnummer nach § 27 Abs. 1 nicht gezeigt werden.

(2) Wird ein Fahrzeug nur in geringem Umfang für den Mietwagenverkehr verwendet, kann die Genehmigungsbehörde gestatten, daß das Fahrzeug nur mit einem Fahrpreisanzeiger ausgerüstet wird; in diesem Falle hat der Fahrzeugführer bei Durchführung von Mietwagenverkehr den Fahrgast auf das Fehlen eines besonderen Wegstreckenzählers und die Art der Berechnung des Beförderungsentgelts hinzuweisen.

4. Abschnitt. Sondervorschriften

1. Titel. Obusverkehr und Linienverkehr mit Kraftfahrzeugen

§ 32[2)] Haltestellen. (1) Bei der Bestimmung über die Anbringung der Haltestellenzeichen nach § 45 Abs. 3 StVO[3)] ist dem genehmigten Fahrplan entsprechend den Erfordernissen des Betriebes und des Verkehrs Rechnung zu tragen.

(2) Der Unternehmer hat neben den Angaben nach § 40 Abs. 4 PBefG[4)]

1. [5)]an der Haltestelle die Liniennummer sowie den Namen des Unternehmers anzubringen; anstelle des Namens des Unternehmers kann bei Verkehrsverbünden und Verkehrsgemeinschaften deren Bezeichnung treten,
2. [5)]im Orts- und Nachbarortslinienverkehr an der Haltestelle deren Bezeichnung auf einem Zusatzschild deutlich sichtbar anzugeben,
3. an verkehrsreichen Haltestellen des Ortslinienverkehrs Behälter zum Abwerfen benutzter Fahrscheine anzubringen.

[1)] § 31 Abs. 2 angef. durch VO v. 19.4.1977 (BGBl. I S. 598).

[2)] § 31 Abs. 2 Nr. 1 neu gef. durch VO v. 19.4.1977 (BGBl. I S. 598).

[3)] Nr. **100**.

[4)] Nr. **400**.

[5)] Wegen des Inkrafttretens vgl. § 47 Abs. 1.

§ 33[1] **Kennzeichnung und Beschilderung.** (1) [1] Jedes Fahrzeug ist an der Stirnseite mit einem Zielschild und an der rechten Längsseite mit einem Streckenschild zu kennzeichnen. [2] Bei Fahrzeugen mit 9 bis 35 Fahrgastplätzen genügt die Kennzeichnung mit einem Zielschild an der Stirnseite des Fahrzeugs. [3] An der Rückseite jedes Fahrzeugs ist die Liniennummer zu führen.[2]

(2) Im Zielschild sind mindestens der Endpunkt der Linie (Zielort, Zielhaltestelle) und die Liniennummer anzugeben. [2] Das Streckenschild soll Liniennummer, Ausgangs- und Endpunkt der Linie sowie wichtige Angaben über den Fahrweg enthalten. [3] Bestehen zwischen Ausgangs- und Endpunkt der Linie verschiedene Streckenführungen, so ist der Fahrweg im Ziel- und Streckenschild in geeigneter Weise kenntlich zu machen.[2]

(3) [1] Zielschild, Streckenschild und Liniennummer müssen auch bei Dunkelheit erkennbar sein. [2] Farbiges Licht darf als Unterscheidungszeichen für Linien nicht verwendet werden.

(4) [1] Fahrzeuge, die für Schülerbeförderungen besonders eingesetzt sind, müssen an Stirn- und Rückseite mit einem Schild nach Anlage 4 kenntlich gemacht sein; an der Stirnseite genügt auch eine Kennzeichnung im Zielschilderkasten mit dem Sinnbild nach Anlage 4 und einem Zusatzschild in der Farbgebung des Bilduntergrundes mit der Aufschrift „Schulbus". [2] Die Wirkung des Schildes darf durch andere Aufschriften oder Bildzeichen nicht beeinträchtigt werden. [3] Bei anderen Fahrten darf das Schild nicht gezeigt werden. [4] Absatz 1 findet keine Anwendung.

(5) Für Fahrzeuge, die nach ihrer Bauart und Ausrüstung zur Beförderung von nicht mehr als sechs Personen (einschließlich Fahrzeugführer) geeignet und bestimmt sind, gilt Absatz 4 nicht.

§ 34[3] **Sitzplätze für behinderte und andere sitzplatzbedürftige Personen.** [1] Der Unternehmer hat Sitzplätze für Schwerbehinderte, in der Gehfähigkeit Beeinträchtigte, ältere oder gebrechliche Personen, werdende Mütter und für Fahrgäste mit kleinen Kindern vorzusehen. [2] Diese Sitzplätze sind durch das Sinnbild nach Anlage 5 an gut sichtbarer Stelle kenntlich zu machen.

§ 35 Übersicht über Linienverlauf und Haltestellen. In Fahrzeugen, die im Orts- oder Nachbarortslinienverkehr eingesetzt sind, soll an gut sichtbarer Stelle eine Übersicht über den Linienverlauf und über die Haltestellen angebracht sein.

§ 36 Ausnahmen für Sonderformen des Linienverkehrs. Die §§ 32, 33 Abs. 1 bis 3 und § 35 gelten nicht für die Sonderformen des Linienverkehrs (§ 43 PBefG[4]).

---

[1] § 33 Abs. 2 neu gef. durch VO v. 19.4.1977 (BGBl. I S. 598), Abs. 1 Satz 2 neu gef., Satz 3 angef. durch VO v. 30.6.1989 (BGBl. I S. 1273).

[2] Wegen des Inkrafttretens vgl. § 47 Abs. 1.

[3] § 34 Satz 2 angef. durch VO v. 19.4.1977 (BGBl. I S. 598), neu gef. durch VO v. 13.5.1981 (BGBl. I S. 428).

[4] Nr. **400**.

2. Titel. Taxenverkehr

§ 37[1)] Beförderungsentgelte. (1) Ein anderes als das vom Fahrpreisanzeiger angezeigte Beförderungsentgelt darf nicht gefordert werden.

(2) [1] Bei Versagen des Fahrpreisanzeigers wird das Beförderungsentgelt nach der durchfahrenen Strecke berechnet; der Fahrzeugführer hat den Fahrgast hierauf unverzüglich hinzuweisen. [2] Nach Beendigung der Fahrt hat der Fahrzeugführer dem Unternehmer eine Störung des Fahrpreisanzeigers unverzüglich anzuzeigen; der Unternehmer hat die Störung unverzüglich zu beheben.

(3) [1] Bei Fahrten, deren Ziel außerhalb des Geltungsbereichs der festgesetzten Beförderungsentgelte liegt, hat der Fahrzeugführer den Fahrgast vor Fahrtbeginn darauf hinzuweisen, daß das Beförderungsentgelt für die gesamte Fahrtstrecke frei zu vereinbaren ist. [2] Kommt keine Vereinbarung zustande, gelten die für den Pflichtfahrbereich festgesetzten Beförderungsentgelte als vereinbart.

§ 38 Fahrweg. Sofern der Fahrgast nichts anderes bestimmt, hat der Fahrzeugführer den kürzesten Weg zum Fahrtziel zu wählen, es sei denn, daß ein anderer Weg verkehrs- oder preisgünstiger ist und mit dem Fahrgast vereinbart wird.

§ 39 Benutzung des Taxischildes. [1] Im Geltungsbereich der festgesetzten Beförderungsentgelte muß das Taxischild (§ 26 Abs. 1 Nr. 2) beleuchtet sein, wenn keine Fahrtaufträge ausgeführt werden; das gilt nicht bei der Bereitstellung von Taxen auf Taxenständen. [2] Bei Durchführung eines Fahrtauftrages muß die Beleuchtung ausgeschaltet sein.

3. Titel. Mietwagenverkehr

§ 40 Beförderungsentgelte. Im Mietwagenverkehr sind die Beförderungsentgelte nach der Anzeige des Wegstreckenzählers (§ 30 Abs. 1) zu berechnen, wenn nichts anderes vereinbart ist.

5. Abschnitt. Sondervorschriften über die Untersuchungen der Fahrzeuge

§ 41 Hauptuntersuchungen. (1) Bei den Hauptuntersuchungen der Fahrzeuge nach § 29 StVZO[2)] ist auch festzustellen, ob die Fahrzeuge den Vorschriften dieser Verordnung entsprechen.

(2) Nach Hauptuntersuchungen hat der Unternehmer eine Ausfertigung des Untersuchungsberichts, bei Kraftomnibussen das Prüfbuch, unverzüglich der Genehmigungsbehörde oder der von der Landesregierung bestimmten Behörde vorzulegen.

[1)] § 37 Abs. 3 neu gef. durch VO v. 30.6.1989 (BGBl. I S. 1273).
[2)] Nr. **200**.

§ 42 Außerordentliche Hauptuntersuchungen. (1) Vor der ersten Inbetriebnahme in einem Unternehmen hat der Unternehmer auf seine Kosten eine außerordentliche Hauptuntersuchung des Fahrzeugs zu veranlassen und der Genehmigungsbehörde darüber unverzüglich den Untersuchungsbericht, bei Kraftomnibusen das Prüfbuch, vorzulegen.

(2) [1] Besteht für ein fabrikneues Fahrzeug eine Allgemeine Betriebserlaubnis, so kann die außerordentliche Hauptuntersuchung nach Absatz 1 auf die Feststellung beschränkt werden, ob die Vorschriften dieser Verordnung erfüllt sind. [2] Ist für einen Kraftomnibus die Übereinstimmung mit dieser Verordnung bei Erteilung der Allgemeinen Betriebserlaubnis festgestellt worden und bestätigt deren Inhaber dies durch Vermerk im Prüfbuch, kann die außerordentliche Hauptuntersuchung unterbleiben.

6. Abschnitt. Schluß- und Übergangsvorschriften

§ 43[1)] Ausnahmen. (1)[2)] [1] Die zuständigen obersten Landesbehörden oder die von ihnen bestimmten oder nach Landesrecht zuständigen Stellen können in bestimmten Einzelfällen oder allgemein für bestimmte Antragsteller von allen Vorschriften dieser Verordnung Ausnahmen genehmigen. [2] Von der Vorschrift des § 26 Abs. 1 Satz 2 und Abs. 2 Satz 1 können sie für den Bereich einzelner Genehmigungsbehörden Ausnahmen auch allgemein für die Unternehmer, die im Besitze einer Genehmigung für den Taxen- oder Mietwagenverkehr sind, genehmigen. [3] Ausnahmen von der Vorschrift der Anlage 1 sind hinsichtlich der Aufschrift und der Farbgebung nicht möglich.

(2) Allgemeine Ausnahmen regelt das Bundesministerium für Verkehr und digitale Infrastruktur durch Rechtsverordnung mit Zustimmung des Bundesrates nach Anhören der zuständigen obersten Landesbehörden.

(3) [1] Die Ausnahmegenehmigung kann unter dem Vorbehalt des Widerrufs erteilt werden und mit Nebenbestimmungen (Bedingungen, Befristungen, Auflagen) versehen werden. [2] Erforderlichenfalls kann die zuständige Behörde die Beibringung eines Sachverständigengutachtens auf Kosten des Antragstellers verlangen. [3] Der Bescheid ist mitzuführen und auf Verlangen zuständigen Personen auszuhändigen.

---

1) § 43 Abs. 1 Satz 2 angef. durch VO v. 19.4.1977 (BGBl. I S. 598), Abs. 1 Satz 2 geänd. durch VO v. 8.10.1986 (BGBl. I S. 1634); Satz 3 angef. durch VO v. 30.6.1989 (BGBl. I S. 1273), Abs. 1 Satz 1 geänd. durch VO v. 18.7.1995 (BGBl. I S. 951); Abs. 2 geänd. mWv 7.11.2001 durch VO v. 29.10.2001 (BGBl. I S. 2785); Abs. 2 geänd. mWv 8.11.2006 durch VO v. 31.10.2006 (BGBl. I S. 2407); Abs. 1 Satz 2 geänd. mWv 16.11.2007 durch VO v. 8.11.2007 (BGBl. I S. 2569); Abs. 2 geänd. mWv 8.9.2015 durch VO v. 31.8.2015 (BGBl. I S. 1474).

2) Siehe für **Hamburg** hierzu die Allgemeinverfügung über die Ausnahmegenehmigung gemäß § 43 Absatz 1 der Verordnung über den Betrieb von Kraftfahrunternehmen im Personenverkehr (BOKraft) über die Zulassung von Dachwerbeträgern (TAXi-AD) an Taxen v. 2.2.2015 (Amtl. Anz. S. 240).

§ 44[1] *(aufgehoben)*

§ 45[2] **Ordnungswidrigkeiten.** (1) Ordnungswidrig im Sinne des § 61 Abs. 1 Nr. 4 PBefG[3] handelt, wer vorsätzlich oder fahrlässig als Unternehmer

1. die Instandhaltungspflicht nach § 3 Abs. 1 Satz 2 verletzt,
2. den Betrieb des Unternehmens entgegen § 3 Abs. 1 Satz 3 anordnet oder zuläßt,
3. eine vollziehbare schriftliche Anordnung der Genehmigungsbehörde zur Bestellung eines Betriebsleiters nach § 4 Abs. 1 Satz 3 bis 5 oder eines Vertreters nach § 5 Abs. 1 nicht oder nicht innerhalb der von der Genehmigungsbehörde gesetzten Frist befolgt,
4. der in § 6 Nr. 2 oder 3 genannten Meldepflicht nicht unverzüglich nachkommt,
5. ein Kraftfahrzeug unter Verstoß gegen eine der folgenden Vorschriften einsetzt:
   a) § 10 Satz 1 über das Mitführen von Vorschriften oder Fahrplänen,
   b) § 18 über das Mitführen der vorgeschriebenen Ausrüstung,
   c) § 19 über die Beschaffenheit und Anbringung von Zeichen und Ausrüstungsgegenständen,
   d) § 20 über die Beschriftung,
   e) § 21 über Verständigungseinrichtungen und Informationseinrichtungen über das Anlegen von Sicherheitsgurten,
   f) § 22 über Stehplätze,
   g) § 25 Abs. 2 über Alarmanlagen,
   h)[4] § 26 Abs. 1 Nr. 1 über Farbanstrich,
   i)[4] § 26 Abs. 1 Nr. 2 über das Taxischild,
   j) § 26 Abs. 1 Satz 2 oder Abs. 2 Satz 2 über Werbung, Kenntlichmachung oder Beschriftung an Taxen oder Mietwagen,
   k) § 27 Abs. 1 über das Führen der Ordnungsnummer,
   l) § 28 über Fahrpreisanzeiger,
   m) § 30 über Wegstreckenzähler,

---

[1] § 44 aufgeh. durch VO v. 27.12.1993 (BGBl. I S. 2378).

[2] § 45 Abs. 1 Nr. 5 Buchstabe o, Abs. 2 Nr. 1, neue Nr. 5 Buchstaben b und c neu gef., Abs. 2 Nrn. 2 und 3 eingef., Abs. 2 bish. Nrn. 2 bis 4 werden Nrn. 4 bis 6 durch VO v. 19.4.1977 (BGBl. I S. 598), Abs. 2 Nr. 3, Nr. 5 neuer Buchstabe g geänd., Abs. 1 Nr. 5 neuer Buchstabe a, Abs. 2 Nr. 5 neuer Buchstabe b eingef., Abs. 1 Nr. 5 alter Buchstabe f aufgeh., Abs. 1 Nr. 5 Buchstabe j neu gef., Abs. 1 Nr. 5 bish. Buchstaben a bis e werden Buchstaben b bis f, Abs. 2 Nr. 5 bish. Buchstaben b bis i werden Buchstaben c bis j durch VO v. 30.6.1989 (BGBl. I S. 1273), Abs. 1 Nr. 5 Buchstabe g, Abs. 2 Nr. 3 Buchstabe b geänd. durch VO v. 18.7.1995 (BGBl. I S. 951), Abs. 1 Nr. 5 Buchstabe e geänd., Abs. 2 Nr. 1 eingef., Abs. 2 bish. Nrn. 1 bis 6 werden Nrn. 2 bis 7 durch VO v. 26.5.1998 (BGBl. I S. 1159); Abs. 2 Nr. 1 neu gef. mWv 1.4.2004 durch VO v. 22.1.2004 (BGBl. I S. 117); Abs. 1 Nr. 5 Buchst. j neu gef., Abs. 2 Nr. 2 Buchst. b, Nr. 3 Buchst. b, Nr. 4 Buchst. b aufgeh., Nr. 4 Buchst. a geänd. mWv 16.11.2007 durch VO v. 8.11. 2007 (BGBl. I S. 2569).

[3] Nr. **400**.

[4] Wegen des Inkrafttretens vgl. § 47 Abs. 1.

n) § 31 über die Benutzung von Fahrzeugen mit einer Genehmigung für den Taxen- und Mietwagenverkehr,

o) § 33 Abs. 1, Abs. 2 Satz 1 und 3, Abs. 3 oder 4 über Kennzeichnung und Beschilderung,

p) § 34 über die Kenntlichmachung von Sitzplätzen für Schwerbehinderte,

q) § 37 Abs. 2 Satz 2 über das Beheben einer Störung des Fahrpreisanzeigers,

r) § 41 Abs. 2 über die Vorlage einer Ausfertigung des Untersuchungsberichts oder des Prüfbuches,

s) § 42 Abs. 1 über die Vorlage des Nachweises.

(2) Ordnungswidrig im Sinne des § 61 Abs. 1 Nr. 4 PBefG handelt auch, wer vorsätzlich oder fahrlässig

1. im Verkehr mit Kraftomnibussen als Fahrzeugführer entgegen § 8 Abs. 2a Satz 1 nicht dafür sorgt, dass den Fahrgästen durch Informationseinrichtungen (§ 21 Abs. 2) angezeigt wird, wann Sicherheitsgurte anzulegen sind,

2. im Obusverkehr sowie im Linienverkehr mit Kraftfahrzeugen als Mitglied des im Fahrdienst eingesetzten Betriebspersonals entgegen § 8 Abs. 3

   a) während des Dienstes und der Dienstbereitschaft alkoholische Getränke oder andere die dienstliche Tätigkeit beeinträchtigende Mittel zu sich nimmt oder die Fahrt antritt, obwohl er unter der Wirkung solcher Getränke oder Mittel steht,

   b) *(aufgehoben)*

   c) beim Lenken des Fahrzeugs Fernsehrundfunkempfänger benutzt,

   d) während der Beförderung von Fahrgästen Übertragungsanlagen, Tonrundfunkempfänger oder Tonwiedergabegeräte zu anderen als betrieblichen oder Verkehrsfunk-Hinweisen benutzt oder

   e) sich beim Lenken des Fahrzeugs unterhält,

3. im Gelegenheitsverkehr mit Kraftomnibussen als Mitglied des im Fahrdienst eingesetzten Betriebspersonals entgegen § 8 Abs. 4 in Verbindung mit § 8 Abs. 3

   a) während des Dienstes und der Dienstbereitschaft alkoholische Getränke oder andere die dienstliche Tätigkeit beeinträchtigende Mittel zu sich nimmt oder die Fahrt antritt, obwohl er unter der Wirkung solcher Getränke oder Mittel steht,

   b) *(aufgehoben)*

   c) beim Lenken des Fahrzeugs Fernsehrundfunkempfänger benutzt oder

   d) sich beim Lenken des Fahrzeugs unterhält,

4. im Taxen- und Mietwagenverkehr sowie im sonstigen Gelegenheitsverkehr mit Personenkraftwagen als Mitglied des im Fahrdienst eingesetzten Betriebspersonals entgegen § 8 Abs. 5 in Verbindung mit § 8 Abs. 3

   a) während des Dienstes und der Dienstbereitschaft alkoholische Getränke oder andere die dienstliche Tätigkeit beeinträchtigende Mittel zu sich nimmt oder die Fahrt antritt, obwohl er unter der Wirkung solcher Getränke oder Mittel steht oder

b) *(aufgehoben)*

c) beim Lenken des Fahrzeugs Fernsehrundfunkempfänger benutzt,

5. als Mitglied des im Fahrdienst oder zur Bedienung von Fahrgästen eingesetzten Betriebspersonals trotz einer Krankheit nach § 9 Abs. 1 an Fahrten teilnimmt oder entgegen Abs. 3 eine Erkrankung nicht unverzüglich anzeigt,
6. als Fahrzeugführer entgegen

a) § 9 Abs. 2 Fahrten ausführt, obwohl er durch Krankheit in seiner Eignung beeinträchtigt ist, ein Fahrzeug sicher im Verkehr zu führen,

b) § 10 Satz 2 einem Fahrgast auf dessen Verlangen Einsicht in die mitzuführenden Vorschriften und Fahrpläne nicht gewährt,

c) § 31 Abs. 2 den dort vorgeschriebenen Hinweis unterläßt,

d) § 33 Abs. 1, Abs. 2 Satz 1 und 3, Abs. 3 oder 4 ein nicht ordnungsgemäß gekennzeichnetes oder beschildertes Fahrzeug führt,

e) § 37 Abs. 1 oder 2 im Taxenverkehr Beförderungsentgelt fordert oder berechnet,

f) § 37 Abs. 2 Satz 2 eine Störung des Fahrpreisanzeigers nicht nach Beendigung der Fahrt dem Unternehmer unverzüglich anzeigt,

g) § 37 Abs. 2 Satz 1 Halbsatz 2 oder Abs. 3 Satz 1 die dort vorgeschriebenen Hinweise unterläßt,

h) § 38 nicht den kürzesten Weg zum Fahrtziel wählt,

i) § 39 das Taxischild nicht beleuchtet oder bei Ausführung eines Fahrtauftrages die Beleuchtung nicht ausschaltet,

j) § 40 im Mietwagenverkehr Beförderungsentgelt berechnet,

7. als Fahrgast den in § 14 Abs. 1 bis 3 oder § 15 Abs. 1 aufgeführten Verpflichtungen nicht nachkommt.

§ 46 *(gegenstandslos)*

§ 47[1] Inkrafttreten, Aufhebung von Rechtsvorschriften. (1) Die Verordnung tritt zwei Monate nach ihrer Verkündung[2] in Kraft, jedoch

1. § 21 Satz 1 Nr. 2 am 1. September 1980,
2. § 22 Abs. 1 und § 45 Abs. 1 Nr. 5 Buchstabe e am 1. September 1985 für erstmals in den Verkehr kommende Fahrzeuge,
3. § 23 und § 45 Abs. 1 Nr. 5 Buchstabe f am 1. September 1979 für diejenigen Fahrzeuge, mit denen bisher Beförderungen im Berufsverkehr (§ 43 Nr. 1 PBefG[3]) ohne Fahrgastwechsel oder Beförderungen nach § 1 Nr. 4 Buchstabe d der Freistellungs-Verordnung durchgeführt worden sind,
4. § 26 Abs. 1 Nr. 1 und § 45 Abs. 1 Nr. 5 Buchstabe h am 1. September 1980 für Fahrzeuge mit einem anderen Farbanstrich, die im Taxenverkehr oder im Taxen- und Mietwagenverkehr (§ 46 Abs. 3 PBefG) eingesetzt sind,

---

[1] § 47 Abs. 1 neu gef. durch VO v. 19.4.1977 (BGBl. I S. 598).

[2] Die VO wurde am 1. Juli 1975 verkündet.

[3] Nr. **400**.

5. § 26 Abs. 1 Nr. 2 und § 45 Abs. 1 Nr. 5 Buchstabe i am 1. September 1978,

6. § 32 Abs. 2 Nr. 1 und 2 am 1. September 1979,

7. § 33 Abs. 1 und Abs. 2 Satz1 und 3 sowie § 45 Abs. 1 Nr. 5 Buchstabe o und Abs. 2 Nr. 5 Buchstabe c, soweit diese Vorschriften des § 45 auf § 33 Abs. 1 und Abs. 2 Satz 1 und 3 verweisen, am 1. September 1981.[1)]

(2) Mit dem Inkrafttreten der Vorschriften dieser Verordnung treten außer Kraft die entsprechenden Vorschriften

1. der Verordnung über den Betrieb von Kraftfahrunternehmen im Personenverkehr (BOKraft) in der Fassung der Bekanntmachung vom 7. Juli 1960 (Bundesgesetzbl. I S. 553), zuletzt geändert durch Artikel 2 der Verordnung zur Änderung der Straßenverkehrs-Zulassungs-Ordnung vom 13. Juli 1971 (Bundesgesetzbl. I S. 979),

2. der Verordnung über eine allgemeine Ausnahme von dem Erfordernis des schwarzen Farbanstrichs für Taxen vom 18. Dezember 1970 (Bundesgesetzblatt I S. 1779).

[1)] § 47 idF der VO v. 19.4.1977 (BGBl. I S. 598).

Anlage 1[1)]
(§ 26 Abs. 1)

Abmessungen, Aufschrift und Beleuchtung des Taxischildes

(siehe Skizze)

Breite	mindestens	250 mm
	höchstens	520 mm
Höhe	mindestens	75 mm
	höchstens	120 mm
Schrifthöhe	mindestens	50 mm
Strichstärke	mindestens	10 mm
	höchstens	15 mm
Farbe der Aufschrift	gelb	
Farbe des Schriftuntergrundes	schwarz	

Abweichungen bei der Schrifthöhe und der Strichstärke sind nicht zulässig. Der Schriftuntergrund muß eine rechteckige Form haben. Das Schild kann an den Ecken abgerundet oder in einen Dachaufsetzer eingearbeitet sein; es darf nicht spiegeln. Die nach vorn und hinten wirkenden Flächen des Schildes (Schriftuntergrund) können innerhalb der zulässigen Abmessungen von einem Randstreifen in der Farbe der Aufschrift bis zu 20 mm Breite umgeben sein.
Die Innenbeleuchtung des Schildes darf durch die Aufschrift, durch den Randstreifen sowie nach oben und zur Seite gelbes Dauerlicht abstrahlen, das nicht blenden darf und die lichtdurchlässigen Teile des Schildes gleichmäßig ausleuchten soll. Die Leistungsaufnahme der Innenbeleuchtung darf insgesamt nicht mehr als 30 Watt betragen.

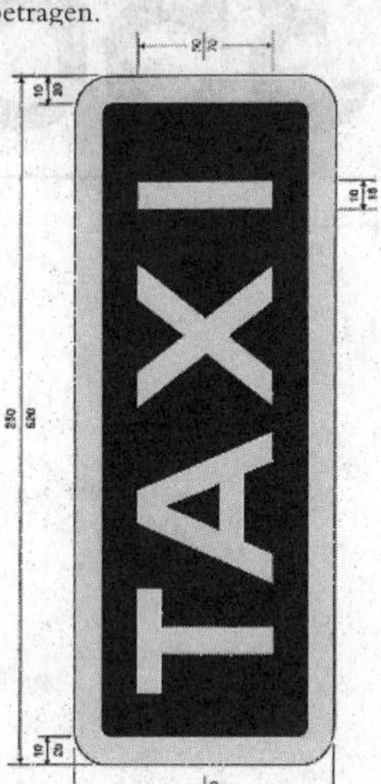

1) Anl. 1 geänd. durch VO v. 30.6.1989 (BGBl. I S. 1273).

Anlage 2[1)]

(aufgehoben)

Anlage 3[2)]
(§ 27 Abs. 1)

Abmessungen und Beschriftung des Ordungsnummern-Schildes

Breite	150 mm
Höhe	70 mm
Schrifthöhe	50 mm
Strichstärke	6 mm
Waagerechter Abstand der Ziffern voneinander	5mm
Farbe der Schrift	schwarz
Farbe des Untergrundes	gelb

[1)] Anl. 2 aufgeh. mWv 16.11.2007 durch VO v. 8.11.2007 (BGBl. I S. 2569).
[2)] Anl. 1 geänd. durch VO v. 30.6.1989 (BGBl. I S. 1273).

Anlage 4[1)]
(§ 33 Abs. 4)

Abmessungen und Beschriftung des Schulbus-Schildes

(siehe Skizze)

Das Schild hat die Form eines Quadrats	
Seitenlänge für das an der Rückseite anzubringende Schild	600 mm
Stärke der Bildumrandung für das an der Rückseite anzubringende Schild	50 mm
Seitenlänge für das an der Stirnseite anzubringende Schild	600 mm,
mindestens jedoch	400 mm
Stärke der Bildumrandung für das an der Stirnseite anzubringende Schild	35 mm
Farbe des Sinnbildes und der Bildumrandung	schwarz
Farbe des Untergrundes	orange

Die Farbe des Bilduntergrundes ist der Farbreihe F 7 des Ausschusses für Lieferbedingungen und Gütesicherung (RAL) beim Deutschen Normenausschuß zu entnehmen, und zwar ist als Farbton zu wählen die retroflektierende Aufsichtsfarbe RAL 2006 „Reflexorange". Die Farbe des Sinnbildes und der Bildumrandung ist der Farbreihe F 81 des Ausschusses für Lieferbedingungen und Gütesicherung (RAL) beim Deutschen Normenausschuß zu entnehmen, und zwar ist als Farbton zu wählen die nicht retroflektierende Aufsichtsfarbe RAL 9017 „Verkehrsschwarz".
Bei Kraftfahrzeugen die nach Bauart und Ausstattung zur Beförderung von mehr als sechs, jedoch nicht mehr als neun Personen (einschließlich Fahrzeugführer) geeignet und bestimmt sind, kann auch auf der Rückseite ein Schulbusschild mit einer Seitenlänge von mindestens 400 mm und mit einer Stärke der Bildumrandung von 35 mm verwendet werden.

[1)] Anlage 4 geänd. durch VO v. 19.4.1977 (BGBl. I S. 598).

Anlage 5[1)]
(zu § 34 Satz 2)(§ 27 Abs. 1)

Sinnbild zur Kenntlichmachung von Sitzplätzen für behinderte und andere sitzplatzbedürftige Personen (§ 34 Satz 2)

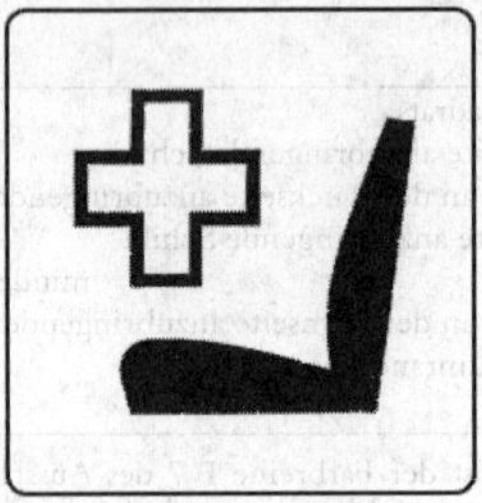

Farbe des Sinnbildes und der Bildumrandung	schwarz
Farbe des Untergrundes	weiß

[1)] Anlage 5 angef. durch VO v. 19.4.1977 (BGBl. I S. 598), geänd. durch VO v. 13.5.1981 (BGBl. I S. 428).

435. Verordnung über den Bau und Betrieb der Straßenbahnen (Straßenbahn-Bau- und Betriebsordnung – BOStrab)

Vom 11. Dezember 1987
(BGBl. I S. 2648)

FNA 9234-5

geänd. durch Art. 2 SeuchenrechtsneuordnungsG v. 20.7.2000 (BGBl. I S. 1045), Art. 52a G zur Gleichstellung behinderter Menschen und zur Änderung anderer Gesetze v. 27.4.2002 (BGBl. I S. 1467), Art. 28 Erstes G über die Bereinigung von Bundesrecht im Zuständigkeitsbereich des Bundesministeriums für Verkehr, Bau und Stadtentwicklung v. 19.9.2006 (BGBl. I S. 2146), Art. 1 Fünfte VO zur Änd. personenbeförderungsrechtl. Vorschriften v. 8.11.2007 (BGBl. I S. 2569), Art. 1 VO zur Änd. der Straßenbahn-Bau- und Betriebsordnung und der Straßenverkehrs-Ordnung v. 16.12.2016 (BGBl. I S. 2938) und Art. 1 VO zur Änd. der Straßenbahn-Bau- und Betriebsordnung v. 1.10.2019 (BGBl. I S. 1410)

– Auszug –

§ 2[1)] Grundregeln. (1) [1]Betriebsanlagen, Fahrzeuge oder Teile davon müssen so beschaffen sein, dass sie den Anforderungen der Sicherheit und Ordnung genügen. [2]Die Anforderungen an Betriebsanlagen, Fahrzeuge oder Teile davon gelten als erfüllt,

1. wenn die Betriebsanlagen, Fahrzeuge oder Teile davon hinsichtlich ihrer Beschaffenheit den für sie unmittelbar geltenden Rechtsakten der Europäischen Gemeinschaft oder der Europäischen Union und den für sie geltenden Rechtsvorschriften, mit denen Richtlinien der Europäischen Gemeinschaft oder der Europäischen Union in deutsches Recht umgesetzt sind, entsprechen, oder
2. soweit solche Rechtsvorschriften nicht bestehen, wenn die Betriebsanlagen, Fahrzeuge oder Teile davon nach den Vorschriften dieser Verordnung, nach den von der Technischen Aufsichtsbehörde und von der Genehmigungsbehörde getroffenen Anordnungen sowie nach den allgemein anerkannten Regeln der Technik gebaut sind und betrieben werden.

[3]§ 1 Absatz 1 Satz 3 bis 5 bleiben unberührt.

(2) Von den allgemein anerkannten Regeln der Technik kann abgewichen werden, wenn mindestens die gleiche Sicherheit gegenüber der Technischen Aufsichtsbehörde nachgewiesen wird.

§ 3[2)] Allgemeine Anforderungen an den Bau der Betriebsanlagen und Fahrzeuge. (1) [1]Betriebsanlagen und Fahrzeuge müssen so gebaut sein, daß ihr verkehrsüblicher Betrieb niemanden schädigt oder mehr als unvermeidbar gefährdet oder behindert. [2]Sie müssen insbesondere so gebaut sein, daß

[1)] § 2 Abs. 1 neu gef., Abs. 2 geänd. mWv 23.12.2016 durch VO v. 16.12.2016 (BGBl. I S. 2938); Abs. 1 Satz 3 angef. mWv 10.10.2019 durch VO v. 1.10.2019 (BGBl. I S. 1410).

[2)] § 3 Abs. 5 Satz 1 geänd. mWv 1.5.2002 durch G v. 27.4.2002 (GVBl S. 1467); Abs. 1 Satz 2 Nr. 3 und 7 geänd., Nr. 8 angef., Abs. 5 Satz 1 geänd. mWv 23.12.2016 durch VO v. 16.12.2016 (BGBl. I S. 2938); Abs. 1 Satz 2 Nr. 3 geänd. mWv 10.10.2019 durch VO v. 1.10.2019 (BGBl. I S. 1410).

1. die höchsten betrieblich auftretenden Beanspruchungen mechanischer, elektrischer und thermischer Art ohne Betriebsgefährdung aufgenommen werden können,
2. gefahrbringende Teile und Einrichtungen nicht unbeabsichtigt berührt werden können,
3. die Entstehung und Ausbreitung von Bränden durch vorbeugende Maßnahmen erschwert werden und im Brandfall die Möglichkeit zur Selbst- oder Fremdrettung von Personen oder eine Kombination von beidem sowie zur Brandbekämpfung besteht,
4. bei Gleichstrombahnen mit Energieübertragung über Fahrschienen nachteilige Wirkungen der Streustromkorrosion gering sind,
5. Bauteile und Einrichtungen gegen äußere Einflüsse geschützt sind, soweit es betrieblich erforderlich ist,
6. das Bestehenbleiben zu hoher Berührungsspannungen durch Schutzmaßnahmen verhindert wird,
7. durch elektrische Beeinflussungen die Betriebssicherheit nicht beeinträchtigt werden kann,
8. Störungen im Betriebsablauf zügig beseitigt werden können.

(2) [1] Einrichtungen in Betriebsanlagen und Fahrzeugen, die für die Benutzung oder Betätigung durch Fahrgäste bestimmt sind, müssen gut erkennbar und leicht erreichbar sein. [2] Ihre Handhabung muß sich sinnfällig erkennen lassen; Fehlbedienungen dürfen zu keiner Betriebsgefährdung führen.

(3) Bei Betriebsanlagen und Fahrzeugen müssen Maßnahmen getroffen sein, die eine mehr als unvermeidbare Betriebsgefährdung als Folge unbefugten Betätigens verhindern.

(4) Ausfälle und Störungen von selbsttätig wirkenden Einrichtungen in Betriebsanlagen und Fahrzeugen müssen besetzten Betriebsstellen in betriebsnotwendigem Umfang angezeigt werden können.

(5) [1] Zu den baulichen Anforderungen gehören auch Maßnahmen, die in ihrer Mobilität eingeschränkten Personen die Benutzung der Betriebsanlagen nach § 1 Absatz 7 Nummer 2 und Personenfahrzeuge ohne besondere Erschwernis ermöglichen. [2] Einrichtungen für diese Personen sollen durch Hinweise gekennzeichnet sein.

(6) Schienenbahnen benachbarter Nahverkehrsunternehmen sollen in ihrer technischen Gestaltung den Möglichkeiten eines Betriebsverbundes Rechnung tragen.

§ 4[1)] Allgemeine Anforderungen an den Betrieb. (1) Betriebsbedienstete sind in der für einen sicheren und ordnungsgemäßen Betrieb erforderlichen Anzahl einzusetzen.

(2) [1] Betriebsanlagen und Fahrzeuge sind instandzuhalten. [2] Treten an ihnen während des Betriebes Mängel auf, die die Betriebssicherheit beeinträchtigen

---

[1)] § 4 Abs. 3 Satz 2 angef., Abs. 4 neu gef. mWv 23.12.2016 durch VO v. 16.12.2016 (BGBl. I S. 2938); Abs. 3 Satz 2 aufgeh., Abs. 4 geänd., Abs. 5 angef. mWv 10.10.2019 durch VO v. 1.10.2019 (BGBl. I S. 1410).

können, sind sie ganz oder teilweise außer Betrieb zu nehmen und erforderlichenfalls abzusichern.

(3) Den Betrieb gefährdende oder störende Umstände sind, sofern sie nicht durch selbsttätige Einrichtungen der zuständigen Betriebsstelle angezeigt werden, dieser nach Feststellung unverzüglich zu melden.

(4) Durch betriebliche Vorkehrungen ist dafür zu sorgen, dass Betriebsstörungen zügig beseitigt werden, bei Unfällen und gefährlichen Ereignissen unverzüglich Hilfe geleistet wird und insbesondere bei Brandfällen die Möglichkeit zur Selbst- oder Fremdrettung von Personen oder eine Kombination von beidem in Abhängigkeit von den lokalen Verhältnissen besteht.

(5) [1] Der Unternehmer hat Aufzeichnungen zu führen über

1. die im Sechsten Abschnitt geregelten betrieblichen Sachverhalte,
2. die mittels nachrichtentechnischer Anlagen nach § 23 geführte sicherheitsrelevante Kommunikation mit Betriebsstellen und
3. die Fahrdaten der in § 33 Absatz 13 genannten Geräte,

und ist befugt, die in den Nummern 1 bis 3 genannten Daten zu erheben, zu speichern und zu verwenden, soweit dies erforderlich ist, um den Betrieb sicher führen zu können, den Zustand und die Instandhaltung der Anlagen und Fahrzeuge zu dokumentieren und die Ursachen gefährlicher Ereignisse aufklären zu können. [2] Der Unternehmer ist außerdem befugt, der Technischen Aufsichtsbehörde aus den in Satz 1 genannten Daten die für deren Aufgabenerfüllung erforderlichen Auskünfte zu übermitteln. [3] Soweit es sich um personenbezogene Daten handelt, sind diese nach spätestens 96 Stunden zu löschen, es sei denn, ihre Kenntnis ist für die Erfüllung des Zwecks der in Satz 1 genannten Speicherung weiterhin erforderlich.

§ 13[1)] Verhalten während des Dienstes. (1) Betriebsbedienstete haben bei der Bedienung von Betriebsanlagen und Fahrzeugen die Sorgfalt anzuwenden, die sich daraus ergibt, daß ihnen Personen zur sicheren Beförderung anvertraut sind.

(2) Betriebsbedienstete haben sich gegenüber Fahrgästen rücksichtsvoll und besonnen zu verhalten.

(3) Betriebsbediensteten ist untersagt, während des Dienstes und der Dienstbereitschaft alkoholische Getränke oder andere die dienstliche Tätigkeit beeinträchtigende Mittel zu sich zu nehmen oder den Dienst anzutreten, wenn sie unter der Wirkung solcher Getränke oder Mittel stehen.

(4) Fahrbediensteten ist es während des Fahrbetriebes untersagt, Geräte, die der Navigation, der Kommunikation, oder der Aufzeichnung, der Wiedergabe oder dem Empfang von Tönen, Bildern oder Zeichen dienen, zu anderen als betrieblichen Zwecken zu benutzen.

§ 17[2)] Oberbau. (1) Der Oberbau muß die vom maßgebenden Lastenzug bei der Streckenhöchstgeschwindigkeit ausgeübten statischen und dynamischen Kräfte ohne bleibende Verformung aufnehmen können.

---

1) § 13 Abs. 4 neu gef. mWv 23.12.2016 durch VO v. 16.12.2016 (BGBl. I S. 2938).
2) § 17 Abs. 6 geänd., Abs. 7 neu gef. mWv 23.12.2016 durch VO v. 16.12.2016 (BGBl. I S. 2938).

(2) Gleismaße und Fahrzeugmaße müssen so aufeinander abgestimmt sein, daß bei den jeweils zulässigen Geschwindigkeiten auch im zulässigen Abnutzungszustand der Bauteile eine sichere Spurführung sowie größtmögliche Laufruhe erhalten bleiben.

(3) Bogenhalbmesser von Streckengleisen mit unabhängigem Bahnkörper sollen mindestens so groß sein, daß in den Gleisbogen keine Beschränkungen der Streckenhöchstgeschwindigkeit notwendig sind.

(4) [1] Gleisbogen sollen so angelegt sein, daß die bei den zulässigen Geschwindigkeiten auftretenden, nicht ausgeglichenen Querbeschleunigungen und deren Änderung je Zeiteinheit möglichst gering sind. [2] Soweit erforderlich müssen Überhöhungen, Überhöhungsrampen und Übergangsbogen vorhanden sein.

(5) Die Längsneigungen der Gleise und die Zug- und Bremskräfte der Züge müssen so aufeinander abgestimmt sein, daß

1. die Züge auch unter ungünstigen Betriebsverhältnissen sicher zum Halten gebracht werden können,
2. ein liegengebliebener Zug von einem anderen fortbewegt werden kann.

(6) Fernstellbare Weichen müssen gegen Umstellen gesichert sein, solange ihre beweglichen Teile von einem Zug besetzt sind.

(7) Eine Weiche ist verschlossen, wenn die beweglichen befahrenen Teile in ihren Endlagen formschlüssig festgelegt und die nicht befahrenen beweglichen Teile in ihren Endlagen mindestens kraftschlüssig festgelegt sind.

(8) [1] Werden Weichen durch Fahrzeugeinrichtungen gestellt, darf der Stellvorgang nicht von der Stromaufnahme des Fahrzeugantriebs abhängig sein.

(9) Abschlüsse an Gleisenden müssen gekennzeichnet und so gestaltet sein, daß sie den betrieblichen Erfordernissen genügen.

§ 55[1)] Teilnahme am Straßenverkehr. (1) [1] Auf straßenbündigem Bahnkörper nehmen die Züge am Straßenverkehr teil. [2] Dabei müssen die Fahrzeugführer die sie betreffenden Vorschriften der Straßenverkehrs-Ordnung beachten.

(2) Züge, die am Straßenverkehr teilnehmen, dürfen nicht länger als 75 m sein und müssen für andere Verkehrsteilnehmer in ausreichendem Maß erkennbar sein.

(3) Auf besonderen und unabhängigen Bahnkörpern einschließlich der Bahnübergänge im Sinne des § 16 Absatz 4 Satz 4 und 6 nehmen die Züge nicht am Straßenverkehr teil.

§ 58[2)] Benutzen und Betreten der Betriebsanlagen und Fahrzeuge.

(1) [1] Personen, die nicht Betriebsbedienstete sind, dürfen Betriebsanlagen und Fahrzeuge, soweit sie nicht dem allgemeinen Verkehrsgebrauch dienen, nicht betreten oder sonst benutzen. [2] Vor allem dürfen sie besondere und unabhängige Bahnkörper nur an den dafür bestimmten Stellen überqueren. [3] Der Betriebsleiter kann Ausnahmen zulassen.

[1)] § 55 Abs. 3 geänd. mWv 23.12.2016 durch VO v. 16.12.2016 (BGBl. I S. 2938); Abs. 2 geänd. mWv 10.10.2019 durch VO v. 1.10.2019 (BGBl. I S. 1410).

[2)] § 58 Abs. 1 neu gef. mWv 23.12.2016 durch VO v. 16.12.2016 (BGBl. I S. 2938).

(2) [1]Vertreter der Technischen Aufsichtsbehörde und sonstige Personen, die mit der Ausübung von Hoheitsrechten beauftragt sind, sind berechtigt, in Ausübung ihres Amtes oder Auftrages Betriebsanlagen und Fahrzeuge zu betreten. [2]Sie müssen sich ausweisen können.

(3) [1]Die Technische Aufsichtsbehörde kann im Einvernehmen mit der Straßenverkehrsbehörde Unternehmern des Personenverkehrs die Benutzung besonderer und unabhängiger Bahnkörper durch Kraftomnibusse oder Obusse des Linienverkehrs gestatten. [2]Die Sicherheit des Bahnbetriebes darf hierdurch nicht beeinträchtigt werden.

§ 59[1)] Betriebsgefährdende oder betriebsstörende Handlungen. [1]Es ist verboten, Betriebsanlagen oder Fahrzeuge zu beschädigen, vorsätzlich zu verunreinigen, ihre Einrichtungen missbräuchlich zu betätigen oder zu nutzen, Fahrthindernisse zu errichten oder andere betriebsgefährdende Handlungen vorzunehmen. [2]Dazu ist es insbesondere untersagt,

1. Außentüren oder Einrichtungen zur Notbremsung von Fahrzeugen missbräuchlich zu betätigen und
2. in den für den Aufenthalt und die Abfertigung der Fahrgäste bestimmten unterirdischen Anlagen sowie unter den überdachten Bereichen oberirdischer Haltestellen mit Ausnahme von Fahrgastunterständen zu rauchen, ein offenes Feuer zu entfachen oder brennende oder glimmende Gegenstände wegzuwerfen.

§ 63[2)] Ordnungswidrigkeiten. (1) [1]Ordnungswidrig im Sinne des § 61 Abs. 1 Nr. 4 des Personenbeförderungsgesetzes handelt, wer vorsätzlich oder fahrlässig als Unternehmer

1. entgegen § 7 Abs. 3 Satz 1 oder 3 einen Betriebsleiter oder einen Stellvertreter nicht bestellt,
2. entgegen § 60 Abs. 1, auch in Verbindung mit Absatz 10 Satz 1, mit dem Bau von Betriebsanlagen oder sonstigen Anlagen beginnt,
3. entgegen § 62 Absatz 1 Satz 1 eine Betriebsanlage oder ein Fahrzeug in Betrieb nimmt.

[2]Nummer 2 gilt für den anderen Träger eines Vorhabens (§ 3 Abs. 3 des Personenbeförderungsgesetzes) entsprechend.

(2) Ordnungswidrig im Sinne des § 61 Abs. 1 Nr. 4 des Personenbeförderungsgesetzes handelt auch, wer vorsätzlich oder fahrlässig

1. als Person, die nicht Betriebsbedienstete ist, entgegen § 58 Abs. 1 Satz 1 Betriebsanlagen oder Fahrzeuge betritt oder sonst benutzt,
2. entgegen § 59 Satz 2 Nummer 1 eine Außentür oder eine Einrichtung zur Notbremsung betätigt.

[1)] § 59 neu gef. mWv 23.12.2016 durch VO v. 16.12.2016 (BGBl. I S. 2938).

[2)] § 63 Abs. 2 Nr. 2 geänd. mWv 16.11.2007 durch VO v. 8.11.2007 (BGBl. I S. 2569); Abs. 1 Nr. 3 und Abs. 2 Nr. 2 neu gef. mWv 23.12.2016 durch VO v. 16.12.2016 (BGBl. I S. 2938).

440. EU-Fahrgastrechte-Kraftomnibus-Gesetz (EU-FahrgRBusG)[1)]

Vom 23. Juli 2013
(BGBl. I S. 2547)

FNA 9240-4

geänd. durch Art. 18 G zur Umsetzung der RL über alternative Streitbeilegung in Verbraucherangelegenheiten und zur Durchführung der VO über Online-Streitbeilegung in Verbraucherangelegenheiten v. 19.2.2016 (BGBl. I S. 254) und Art. 8 G zur Änd. von Vorschriften über die außergerichtl. Streitbeilegung in Verbrauchersachen und zur Änd. weiterer Gesetze v. 30.11.2019 (BGBl. I S. 1942)

§ 1 Gegenstand und Anwendungsbereich. (1) Dieses Gesetz dient der Durchführung der Verordnung (EU) Nr. 181/2011 des Europäischen Parlaments und des Rates vom 16. Februar 2011 über die Fahrgastrechte im Kraftomnibusverkehr und zur Änderung der Verordnung (EG) Nr. 2006/2004 (ABl. L 55 vom 28.2.2011, S. 1).

(2) Die Vorschriften der Verordnung (EU) Nr. 181/2011 sind für einen Linienverkehrsdienst bis zum Ablauf des 28. Februar 2017 nicht anzuwenden, sofern mindestens ein planmäßiger Halt außerhalb der Europäischen Union erfolgt und der Linienverkehrsdienst zu einem erheblichen Teil außerhalb der Europäischen Union betrieben wird.

(3) Artikel 16 Absatz 1 Buchstabe b der Verordnung (EU) Nr. 181/2011 ist für Beförderer in Bezug auf die Schulung der Fahrer bis zum 28. Februar 2018 nicht anzuwenden.

§ 2 Aufgaben des Bundes. Dem Bund obliegt die Durchsetzung der Fahrgastrechte auf dem Gebiet des Kraftomnibusverkehrs.

§ 3 Zuständige Behörde, Einlegung der Beschwerde beim Beförderer.
(1) Zuständige Behörde für die Durchsetzung der Verordnung (EU) Nr. 181/2011 ist das Eisenbahn-Bundesamt.

(2) [1]Beschwerden nach Artikel 27 der Verordnung (EU) Nr. 181/2011 sind unmittelbar beim Beförderer einzureichen. [2]Die in Absatz 1 bezeichnete Behörde ist Beschwerdeinstanz für Beschwerden nach Artikel 28 Absatz 3 Unterabsatz 2 der Verordnung (EU) Nr. 181/2011.

§ 4 Befugnisse. (1) [1]Soweit es zur Durchführung der Verordnung (EU) Nr. 181/2011 erforderlich ist, kann die zuständige Behörde die notwendigen Maßnahmen treffen, die zur Feststellung, Beseitigung oder Verhütung von Verstößen gegen die Verordnung (EU) Nr. 181/2011 erforderlich sind. [2]Sie kann insbesondere

---

[1)] Verkündet als Art. 1 Gesetz zur Durchführung der Verordnung (EU) Nr. 181/2011 des Europäischen Parlaments und des Rates vom 16. Februar 2011 über die Fahrgastrechte im Kraftomnibusverkehr und zur Änderung der Verordnung (EG) Nr. 2006/2004 v. 23.7.2013 (BGBl. I S. 2547); Inkrafttreten gem. Art. 3 am 27.7.2013.

1. den Beförderer, ausführenden Beförderer, Fahrscheinverkäufer, Reisevermittler, Reiseveranstalter oder Busbahnhofbetreiber im Sinne des Artikels 3 Buchstabe e bis i und o der Verordnung (EU) Nr. 181/2011 verpflichten, einen festgestellten Verstoß gegen die genannte Verordnung zu beseitigen oder künftige Verstöße zu unterlassen,
2. von dem Beförderer, ausführenden Beförderer, Fahrscheinverkäufer, Reisevermittler, Reiseveranstalter oder Busbahnhofbetreiber alle zur Erfüllung der in Satz 1 genannten Aufgaben erforderlichen Auskünfte innerhalb einer zu bestimmenden angemessenen Frist verlangen,
3. für die Erfüllung der in Satz 1 sowie in den Nummern 1 und 2 genannten Befugnisse von dem Beförderer, ausführenden Beförderer, Fahrscheinverkäufer, Reisevermittler, Reiseveranstalter oder Busbahnhofbetreiber im Sinne des Artikels 3 Buchstabe e bis i und o der Verordnung (EU) Nr. 181/2011
   a) verlangen, Einsicht in die erforderlichen Schrift- oder Datenträger, insbesondere Aufzeichnungen und Vertragsunterlagen zu erhalten,
   b) Abschriften, Auszüge, Ausdrucke oder Kopien, auch von Datenträgern, anfertigen oder solche verlangen,
   c) die unter Buchstabe b genannten Unterlagen und Datenträger nutzen und hierfür – soweit erforderlich – speichern.

(2) Im Rahmen des Absatzes 1 sind die von der zuständigen Behörde beauftragten Personen befugt, Grundstücke, Betriebsräume sowie Geschäftsräume während der üblichen Betriebs- oder Geschäftszeit zu betreten.

(3) Im Falle der Speicherung nach Absatz 1 Satz 2 Nummer 3 Buchstabe c sind Abschriften, Auszüge, Ausdrucke oder Kopien und Datenträger nach Abschluss der jeweiligen Aufgabe nach Absatz 1 Satz 1 oder Satz 2 Nummer 1 und 2 in jedem Einzelfall von der zuständigen Behörde unverzüglich zu löschen.

(4) [1] Eine nach Absatz 1 Satz 2 Nummer 2 zur Auskunft verpflichtete Person kann die Auskunft auf solche Fragen verweigern, deren Beantwortung sie selbst oder einen der in § 383 Absatz 1 Nummer 1 bis 3 der Zivilprozessordnung bezeichneten Angehörigen der Gefahr strafrechtlicher Verfolgung oder eines Verfahrens nach dem Gesetz über Ordnungswidrigkeiten aussetzen würde. [2] Sie ist über ihr Recht zur Verweigerung der Auskunft zu belehren.

(5) [1] Die zuständige Behörde kann ihre Anordnungen nach den für die Vollstreckung von Verwaltungsmaßnahmen geltenden Bestimmungen durchsetzen. [2] Bei der Verhängung eines Zwangsgeldes kann dieses bis zu 500 000 Euro betragen.

§ 5 Duldungs- und Mitwirkungspflichten. [1] Beförderer, ausführende Beförderer, Fahrscheinverkäufer, Reisevermittler, Reiseveranstalter oder Busbahnhofbetreiber, die nach Gesetz oder Satzung zu deren Vertretung berufenen Personen und die von ihnen bestellten Vertreter sowie die Eigentümer und sonstigen nutzungsberechtigten Personen der in § 4 Absatz 2 bezeichneten Grundstücke, Betriebs- und Geschäftsräume sind verpflichtet,
1. die Maßnahmen nach § 4 Absatz 1 Satz 2 Nummer 3 und Absatz 2 zu dulden und
2. die zuständige Behörde und die von ihr beauftragten Personen bei der Erfüllung ihrer Aufgaben zu unterstützen.

[2] Insbesondere sind die in Satz 1 genannten Personen verpflichtet, auf Verlangen der zuständigen Behörde und den von ihr beauftragten Personen die in Betracht kommenden Räume zu öffnen.

§ 6[1)] Schlichtungsstelle. (1) Zur Beilegung von Streitigkeiten aus der Beförderung im Kraftomnibusverkehr kann der Fahrgast eine geeignete Verbraucherschlichtungsstelle anrufen, wenn sich der Vertragspartner bereit erklärt hat, an der Schlichtung teilzunehmen.

(2) [1] Streitigkeiten im Sinne des Absatzes 1 sind

1. Streitigkeiten wegen der Verletzung der nach der Verordnung (EU) Nr. 181/2011 bestehenden Rechte und Pflichten sowie
2. Streitigkeiten wegen Verlusts, Beschädigung oder verspäteter Ablieferung von Gepäck eines Fahrgastes oder von sonstigen Sachen, die ein Fahrgast an sich getragen oder mit sich geführt hat.

[2] Das Recht, die Gerichte anzurufen, bleibt durch die Schlichtung unberührt.

(3) [1] Die Verbraucherschlichtungsstelle nach Absatz 1 bedarf der Anerkennung nach dem Verbraucherstreitbeilegungsgesetz vom 19. Februar 2016 (BGBl. I S. 254), das durch Artikel 1 des Gesetzes vom 30. November 2019 (BGBl. I S. 1942) geändert worden ist, in der jeweils geltenden Fassung, durch das Bundesamt für Justiz. [2] Die Verbraucherschlichtungsstelle kann auch eine verkehrsträgerübergreifende Schlichtungsstelle sein. [3] Die Anerkennung und der Widerruf oder die Rücknahme der Anerkennung sind im Bundesanzeiger bekannt zu machen.

(4) Die Beförderer, Reiseveranstalter und Reisevermittler haben bei der Beantwortung einer Beschwerde im Zusammenhang mit den unter die Verordnung (EU) Nr. 181/2011 fallenden Rechten und Pflichten auf die Möglichkeit der Schlichtung hinzuweisen und die Adressen geeigneter Verbraucherschlichtungsstellen mitzuteilen.

(5) [1] Soweit keine Verbraucherschlichtungsstelle nach Absatz 3 anerkannt wurde, kann das Bundesministerium für Verkehr und digitale Infrastruktur im Einvernehmen mit dem Bundesministerium der Justiz und für Verbraucherschutz die Aufgabe der Schlichtungsstelle durch Rechtsverordnung ohne Zustimmung des Bundesrates einer Bundesoberbehörde oder Bundesanstalt zuweisen und deren Verfahren sowie die Erhebung von Gebühren und Auslagen regeln. [2] § 31 des Verbraucherstreitbeilegungsgesetzes ist auf die Regelung der Gebühren anzuwenden. [3] Die Schlichtungsstelle ist Verbraucherschlichtungsstelle nach dem Verbraucherstreitbeilegungsgesetz und muss die Anforderungen nach dem Verbraucherstreitbeilegungsgesetz erfüllen.

§ 7[2)] Gebühren und Auslagen. Das Eisenbahn-Bundesamt erhebt Gebühren und Auslagen für seine individuell zurechenbaren öffentlichen Leistungen nach diesem Gesetz, auf Grund dieses Gesetzes oder nach der Verordnung (EU) Nr. 181/2011.

[1)] § 6 Abs. 1 geänd., Abs. 3–5 neu gef., Abs. 6 und 7 aufgeh. mWv 1.4.2016 durch G v. 19.2.2016 (BGBl. I S. 254); Abs. 3 Satz 1 neu gef., Satz 3 geänd. mWv 1.1.2020 durch G v. 30.11.2019 (BGBl. I S. 1942).

[2)] § 7 geänd. mWv 1.4.2016 durch G v. 19.2.2016 (BGBl. I S. 254).

§ 8[1] Verordnungsermächtigung. (1) Zur Durchsetzung der Fahrgastrechte im Kraftomnibusverkehr nach der Verordnung (EU) Nr. 181/2011 wird das Bundesministerium für Verkehr und digitale Infrastruktur zur Wahrnehmung der Aufgaben des Bundes nach § 2 ermächtigt, soweit dies zur Durchsetzung der Rechtsakte der Europäischen Union erforderlich ist, durch Rechtsverordnung ohne Zustimmung des Bundesrates

1. das Verfahren zur Durchsetzung der Fahrgastrechte im Kraftomnibusverkehr nach der Verordnung (EU) Nr. 181/2011 zu regeln,
2. die Tatbestände zu bezeichnen, die als Ordnungswidrigkeit nach § 9 Absatz 1 geahndet werden können,
3. Regelungen zur Berichterstattung über die Durchsetzung der Verordnung (EU) Nr. 181/2011 nach deren Artikel 29 zu treffen.

(2) Zur Deckung des Verwaltungsaufwands wird das Bundesministerium für Verkehr und digitale Infrastruktur ermächtigt, durch Rechtsverordnung ohne Zustimmung des Bundesrates die gebührenpflichtigen Tatbestände und die Gebührensätze zu bestimmen und dabei feste Sätze oder Rahmensätze vorzusehen.

§ 9 Bußgeldvorschriften. (1) Ordnungswidrig handelt, wer vorsätzlich oder fahrlässig einer unmittelbar geltenden Vorschrift in Rechtsakten der Europäischen Union über die Fahrgastrechte im Kraftomnibusverkehr zuwiderhandelt, soweit eine Rechtsverordnung nach § 8 Absatz 1 Nummer 2 für einen bestimmten Tatbestand auf diese Bußgeldvorschrift verweist.

(2) Die Ordnungswidrigkeit kann mit einer Geldbuße bis zu dreißigtausend Euro geahndet werden.

(3) Verwaltungsbehörde im Sinne des § 36 Absatz 1 Nummer 1 des Gesetzes über Ordnungswidrigkeiten[2] ist die nach § 3 Absatz 1 zuständige Behörde.

---

[1] § 8 Abs. 1 einl. Satzteil und Abs. 2 geänd., Abs. 3 aufgeh. mWv 1.4.2016 durch G v. 19.2.2016 (BGBl. I S. 254).

[2] Nr. **680**.

H.
Güterverkehr

450. Güterkraftverkehrsgesetz (GüKG)[1]

Vom 22. Juni 1998
(BGBl. I S. 1485)

FNA 9241-34

geänd. durch Art. 1 und 2 G zur Bekämpfung der illegalen Beschäftigung im gewerblichen Güterkraftverkehr v. 2.9.2001 (BGBl. I S. 2272), Art. 251 Siebente Zuständigkeitsanpassungs-VO v. 29.10. 2001 (BGBl. I S. 2785), Art. 16 Zehntes Euro-EinführungsG v. 15.12.2001 (BGBl. I S. 3762), Art. 233 Achte ZuständigkeitsanpassungsVO v. 25.11.2003 (BGBl. I S. 2304), Art. 121 Drittes G für moderne Dienstleistungen am Arbeitsmarkt v. 23.12.2003 (BGBl. I S. 2848), Art. 1 Erstes ÄndG v. 2.9.2004 (BGBl. I S. 2302), Art. 6 Nr. 5 AufenthaltsändG v. 14.3.2005 (BGBl. I S. 721), Art. 7a Bürokratieabbau- und DeregulierungsG v. 21.6.2005 (BGBl. I S. 1666), Art. 295 Neunte ZuständigkeitsanpassungsVO v. 31.10.2006 (BGBl. I S. 2407), Art. 4 Fahranfänger-AlkoholverbotsVO v. 19.7. 2007 (BGBl. I S. 1460), Art. 1 Zweites G zur Änd. des GüterkraftverkehrsG und and. G v. 6.11.2008 (BGBl. I S. 2162, ber. S. 2983), Art. 2 Zweites G zur Änd. des AutobahnmautG für schwere Nutzfahrzeuge v. 22.12.2008 (BGBl. I S. 2967), Art. 3 Abs. 9 Viertes G zur Änd. des SprengstoffG v. 17.7.2009 (BGBl. I S. 2062), Art. 4 Abs. 18 G zur Reform der Sachaufklärung in der Zwangsvollstreckung v. 29.7.2009 (BGBl. I S. 2258), Art. 1 G zur Änd. des GüterkraftverkehrsG und des FahrpersonalG v. 31.7.2010 (BGBl. I S. 1057), Art. 10 G zur Umsetzung aufenthaltsrechtl. RL der EU und zur Anp. nationaler Rechtsvorschr. an den EU-Visakodex v. 22.11.2011 (BGBl. I S. 2258), Art. 1 G zur Änd. des GüterkraftverkehrsG und des PersonenbeförderungsG v. 22.11.2011 (BGBl. I S. 2272), Art. 5 Abs. 43 G zur Neuordnung des Kreislaufwirtschafts- und Abfallrechts v. 24.2.2012 (BGBl. I S. 212), Art. 1a G zum Vorschlag für eine VO des Rates über die Erweiterung des Geltungsbereichs der VO (EU) Nr. 1214/2011 über den gewerbsmäßigen grenzüberschreitenden Straßentransport von Euro-Bargeld zwischen Mitgliedstaaten des Euroraums v. 25.11.2012 (BGBl. II S. 1381), Art. 1 G zur Änd. des GüterkraftverkehrsG und anderer Gesetze v. 17.6.2013 (BGBl. I S. 1558), Art. 2 Abs. 150 G zur Strukturreform des Gebührenrechts des Bundes v. 7.8.2013 (BGBl. I S. 3154), Art. 8a Fünftes G zur Änd. des StraßenverkehrsG und anderer Gesetze v. 28.8.2013 (BGBl. I S. 3313), Art. 492 Zehnte ZuständigkeitsanpassungsVO v. 31.8.2015 (BGBl. I S. 1474), Art. 1 G zur Änd. des GüterkraftverkehrsG, des FahrpersonalG, des G zur Regelung der Arbeitszeit von selbständigen Kraftfahrern, des StraßenverkehrsG und des G über die Errichtung eines Kraftfahrt-Bundesamtes v. 16.5. 2017 (BGBl. I S. 1214), Art. 2 ÄndG des BundesfernstraßenmautG und zur Änd. weiterer straßenverkehrsrechtl. Vorschriften v. 4.12.2018 (BGBl. I S. 2251), Art. 141 Zweites Datenschutz-Anpassungs- und Umsetzungsgesetz EU v. 20.11.2019 (BGBl. I S. 1626) und Art. 3a G über Änderungen im Berufskraftfahrerqualifikationsrecht v. 26.11.2020 (BGBl. I S. 2575)

Inhaltsübersicht[2]

---

[1] Verkündet als Art. 1 G zur Reform des Güterkraftverkehrsrechts v. 22.6.1998 (BGBl. I S. 1485); Inkrafttreten gem. Art. 9 Nr. 1 und 3 dieses G am 27.6.1998 bzw. 1.7.1998.

[2] Inhaltsübersicht geänd. mWv 9.9.2004 durch G v. 2.9.2004 (BGBl. I S. 2302); sie wurde nichtamtlich an die Änderungen durch G v. 22.12.2008 (BGBl. I S. 2967) angepasst; geänd. mWv 26.11. 2011 durch G v. 22.11.2011 (BGBl. I S. 2272), nichtamtl. angepasst an die Änd. durch G v. 25.11. 2012 (BGBl. II S. 1381) mWv 30.11.2012; geänd. mWv 1.7.2013 durch G v. 17.6.2013 (BGBl. I S. 1558).

1. Abschnitt. Allgemeine Vorschriften

§ 1[1] **Begriffsbestimmungen** (1) Güterkraftverkehr ist die geschäftsmäßige oder entgeltliche Beförderung von Gütern mit Kraftfahrzeugen, die einschließlich Anhänger ein höheres zulässiges Gesamtgewicht als 3,5 Tonnen haben.

(2) Werkverkehr ist Güterkraftverkehr für eigene Zwecke eines Unternehmens, wenn folgende Voraussetzungen erfüllt sind:

1. Die beförderten Güter müssen Eigentum des Unternehmens oder von ihm verkauft, gekauft, vermietet, gemietet, hergestellt, erzeugt, gewonnen, bearbeitet oder instand gesetzt worden sein.
2. Die Beförderung muß der Anlieferung der Güter zum Unternehmen, ihrem Versand vom Unternehmen, ihrer Verbringung innerhalb oder – zum Eigengebrauch – außerhalb des Unternehmens dienen.
3. Die für die Beförderung verwendeten Kraftfahrzeuge müssen vom eigenen Personal des Unternehmens geführt werden oder von Personal, das dem

(Fortsetzung nächstes Blatt)

[1] § 1 Abs. 2 Nr. 3 neu gef. mWv 26.11.2011 durch G v. 22.11.2011 (BGBl. I S. 2272).

eines Umkreises von 75 Kilometern in der Luftlinie um den regelmäßigen Standort des Kraftfahrzeugs, den Wohnsitz oder den Sitz des Halters im Sinne des § 6 Absatz 4 Nummer 1 der Fahrzeug-Zulassungsverordnung mit Zugmaschinen oder Sonderfahrzeugen durchgeführt wird, die nach § 3 Nr. 7 des Kraftfahrzeugsteuergesetzes[1)] in der Fassung der Bekanntmachung vom 26. September 2002 (BGBl. I S. 3818), von der Kraftfahrzeugsteuer befreit sind,

c) mit land- und forstwirtschaftlichen Fahrzeugen mit einer bauartbedingten Höchstgeschwindigkeit von bis zu 40 km/h,

8. die im Rahmen der Gewerbeausübung erfolgende Beförderung von Betriebseinrichtungen für eigene Zwecke sowie
9. die Beförderung von Postsendungen im Rahmen von Universaldienstleistungen durch Postdienstleister gemäß § 1 Absatz 1 der Post-Universaldienstleistungsverordnung.

(1a) [1] Werden bei Beförderungen nach Absatz 1 Nr. 7 nicht von der Kraftfahrzeugsteuer befreite Fahrzeuge eingesetzt, hat der Beförderer dafür zu sorgen, dass während der Beförderung ein Begleitpapier oder ein sonstiger Nachweis mitgeführt wird, in dem das beförderte Gut, Be- und Entladeort sowie der land- und forstwirtschaftliche Betrieb, für den die Beförderung erfolgt, angegeben werden. [2] Das Fahrpersonal muss das Begleitpapier oder den sonstigen Nachweis nach Satz 1 während der Beförderung mitführen und Kontrollberechtigten auf Verlangen zur Prüfung aushändigen oder in anderer Weise zugänglich machen.

(2) § 14 bleibt unberührt.

2. Abschnitt. Gewerblicher Güterkraftverkehr

§ 3[2)] Erlaubnispflicht. (1) Der gewerbliche Güterkraftverkehr ist erlaubnispflichtig, soweit sich nicht aus dem unmittelbar geltenden europäischen Gemeinschaftsrecht etwas anderes ergibt.

(2) Die Erlaubnis wird einem Unternehmer, dessen Unternehmen seinen Sitz im Inland hat, für die Dauer von bis zu zehn Jahren erteilt, wenn er die in Artikel 3 Absatz 1 der Verordnung (EG) Nr. 1071/2009 des Europäischen Parlaments und des Rates vom 21. Oktober 2009 zur Festlegung gemeinsamer Regeln für die Zulassung zum Beruf des Kraftverkehrsunternehmers und zur Aufhebung der Richtlinie 96/26/EG (ABl. L 300 vom 14.11.2009, S. 51) genannten Voraussetzungen für die Ausübung des Berufs eines Kraftverkehrsunternehmers erfüllt.

[1)] Nr. **870**.

[2)] § 3 Abs. 6 geänd. mWv 7.11.2001 durch VO v. 29.10.2001 (BGBl. I S. 2785); Abs. 1 geänd. mWv 9.9.2004 durch G v. 2.9.2004 (BGBl. I S. 2302); Abs. 5a Satz 2 angef., bish. Wortlaut wird Satz 1 mWv 1.7.2005 durch G v. 21.6.2005 (BGBl. I S. 1666); Abs. 6 geänd. mWv 8.11.2006 durch VO v. 31.10.2006 (BGBl. I S. 2407); Abs. 2 Satz 2 eingef., bish. Satz 2 wird Satz 3 mWv 1.1.2009 durch G v. 6.11.2008 (BGBl. I S. 2162); Abs. 5 Satz 3 geänd. mWv 1.1.2013 durch G v. 29.7.2009 (BGBl. I S. 2258); Abs. 2 Satz 1 neu gef., Satz 2 aufgeh., bish. Satz 3 wird Satz 2, Abs. 5a Sätze 1 und 2 geänd., Abs. 3 bis 5, Abs. 6 Nr. 3 und 4, Abs. 7 neu gef., Abs. 3a aufgeh., Abs. 5b eingef. mWv 26.11.2011 durch G v. 22.11.2011 (BGBl. I S. 2272); Abs. 6 einl. Satzteil geänd. mWv 8.9.2015 durch VO v. 31.8.2015 (BGBl. I S. 1474); Abs. 2 Satz 2 aufgeh. mWv 25.5.2017 durch G v. 16.5.2017 (BGBl. I S. 1214).

Unternehmen im Rahmen einer vertraglichen Verpflichtung zur Verfügung gestellt worden ist.

4. Die Beförderung darf nur eine Hilfstätigkeit im Rahmen der gesamten Tätigkeit des Unternehmens darstellen.

(3) Den Bestimmungen über den Werkverkehr unterliegt auch die Beförderung von Gütern durch Handelsvertreter, Handelsmakler und Kommissionäre, soweit

1. deren geschäftliche Tätigkeit sich auf diese Güter bezieht,
2. die Voraussetzungen nach Absatz 2 Nr. 2 bis 4 vorliegen und
3. ein Kraftfahrzeug verwendet wird, dessen Nutzlast einschließlich der Nutzlast eines Anhängers 4 Tonnen nicht überschreiten darf.

(4) Güterkraftverkehr, der nicht Werkverkehr im Sinne der Absätze 2 und 3 darstellt, ist gewerblicher Güterkraftverkehr.

§ 2[1] Ausnahmen. (1) Die Vorschriften dieses Gesetzes finden keine Anwendung auf

1. die gelegentliche, nichtgewerbsmäßige Beförderung von Gütern durch Vereine für ihre Mitglieder oder für gemeinnützige Zwecke,
2. die Beförderung von Gütern durch Körperschaften, Anstalten und Stiftungen des öffentlichen Rechts im Rahmen ihrer öffentlichen Aufgaben,
3. die Beförderung von beschädigten oder reparaturbedürftigen Fahrzeugen aus Gründen der Verkehrssicherheit oder zum Zwecke der Rückführung,
4. die Beförderung von Gütern bei der Durchführung von Verkehrsdiensten, die nach dem Personenbeförderungsgesetz[2] in der Fassung der Bekanntmachung vom 8. August 1990 (BGBl. I S. 1690) in der jeweils geltenden Fassung genehmigt wurden,
5. die Beförderung von Medikamenten, medizinischen Geräten und Ausrüstungen sowie anderen zur Hilfeleistung in dringenden Notfällen bestimmten Gütern,
6. die Beförderung von Milch und Milcherzeugnissen für andere zwischen landwirtschaftlichen Betrieben, Milchsammelstellen und Molkereien durch landwirtschaftliche Unternehmer im Sinne des Gesetzes über die Alterssicherung der Landwirte vom 29. Juli 1994 (BGBl. I S. 1890) in der jeweils geltenden Fassung,
7. die in land- und forstwirtschaftlichen Betrieben übliche Beförderung von land- und forstwirtschaftlichen Bedarfsgütern oder Erzeugnissen
   a) für eigene Zwecke,
   b) für andere Betriebe dieser Art
      aa) im Rahmen der Nachbarschaftshilfe oder
      bb) im Rahmen eines Maschinenringes oder eines vergleichbaren wirtschaftlichen Zusammenschlusses, sofern die Beförderung innerhalb

[1] § 2 Abs. 1 Nr. 7 Buchst. b) geänd., Abs. 1a eingef. mWv 9.9.2004 durch G v. 2.9.2004 (BGBl. I S. 2302); Abs. 1 Nr. 7 Buchst. b Buchst. bb und Nr. 8 geänd., Nr. 9 angef. mWv 26.11.2011 durch G v. 22.11.2011 (BGBl. I S. 2272); Abs. 1 Nr. 7 Buchst. c angef. mWv 1.1.2019 durch G v. 4.12.2018 (BGBl. I S. 2251).

[2] Nr. **400**.

(3) [1] Der Erlaubnisinhaber erhält auf Antrag neben der Erlaubnis so viele Erlaubnisausfertigungen, wie ihm weitere Fahrzeuge und die für diese erforderliche finanzielle Leistungsfähigkeit nach der Verordnung (EG) Nr. 1071/

(Fortsetzung nächstes Blatt)

2009 in der jeweils geltenden Fassung zur Verfügung stehen. [2] Eigenkapital und Reserven, auf Grund deren beglaubigte Kopien der Gemeinschaftslizenz nach der Verordnung (EG) Nr. 1072/2009 des Europäischen Parlaments und des Rates vom 21. Oktober 2009 über gemeinsame Regeln für den Zugang zum Markt des grenzüberschreitenden Güterkraftverkehrs (ABl. L 300 vom 14.11.2009, S. 72) in der jeweils geltenden Fassung erteilt wurden, können im Verfahren auf Erteilung der Erlaubnis und Erlaubnisausfertigung nicht nochmals in Ansatz gebracht werden. [3] Verringert sich nach der Ausstellung von Ausfertigungen der Erlaubnis der Fahrzeugbestand nicht nur vorübergehend, so hat das Unternehmen überzählige Ausfertigungen an die zuständige Behörde zurückzugeben. [4] Stellt das Unternehmen den Betrieb endgültig ein, so hat es die Erlaubnis und alle Ausfertigungen unverzüglich zurückzugeben.

(4) Die Erlaubnis kann befristet, unter Bedingungen oder mit Auflagen erteilt werden.

(5) [1] Eine Erlaubnis ist zurückzunehmen, wenn nachträglich bekannt wird, dass die Erlaubnis hätte versagt werden müssen. [2] Eine Erlaubnis ist zu widerrufen, wenn nachträglich Tatsachen eintreten, die zur Versagung hätten führen müssen. [3] Die Finanzbehörden dürfen die nach Landesrecht zuständigen Behörden davon in Kenntnis setzen, dass der Unternehmer die ihm obliegenden steuerrechtlichen Verpflichtungen wiederholt nicht erfüllt hat oder eine Vermögensauskunft nach § 284 der Abgabenordnung abgegeben hat.

(5a) [1] Rechtzeitig vor der Entscheidung über die Erteilung, die Rücknahme oder den Widerruf der Erlaubnis und von Erlaubnisausfertigungen gibt die nach Landesrecht zuständige Behörde dem Bundesamt für Güterverkehr, den beteiligten Verbänden des Verkehrsgewerbes, der fachlich zuständigen Gewerkschaft und der zuständigen Industrie- und Handelskammer Gelegenheit zur Stellungnahme. [2] Vor der Entscheidung über die Erteilung, die Rücknahme oder den Widerruf von Erlaubnisausfertigungen kann die nach Landesrecht zuständige Behörde hiervon absehen.

(5b) [1] Rechtfertigen Tatsachen die Annahme, dass der Unternehmer oder der Verkehrsleiter die Voraussetzungen hinsichtlich der Zuverlässigkeit nach Artikel 6 der Verordnung (EG) Nr. 1071/2009 nicht erfüllt, kann dem Unternehmer oder dem Verkehrsleiter die Führung von Güterkraftverkehrsgeschäften untersagt werden. [2] Das Untersagungsverfahren gegen diese Personen kann unabhängig vom Verlauf eines Verfahrens auf Widerruf der Erlaubnis fortgesetzt werden. [3] Auf Antrag ist dem Unternehmer oder dem Verkehrsleiter die Führung von Güterkraftverkehrsgeschäften wieder zu gestatten, wenn Tatsachen die Annahme rechtfertigen, dass eine Unzuverlässigkeit im Sinne des Satzes 1 nicht mehr vorliegt. [4] Vor Ablauf eines Jahres nach Bestandskraft der Untersagungsverfügung kann die Wiederaufnahme nur gestattet werden, wenn hierfür besondere Gründe vorliegen. [5] Rechtzeitig vor der Entscheidung über die Untersagung der Führung von Güterkraftverkehrsgeschäften gegenüber dem Unternehmer oder dem Verkehrsleiter gibt die nach Landesrecht zuständige Behörde dem Bundesamt für Güterverkehr Gelegenheit zur Stellungnahme.

(6) Das Bundesministerium für Verkehr und digitale Infrastruktur wird ermächtigt, mit Zustimmung des Bundesrates durch Rechtsverordnung Vorschriften zu erlassen, durch die

1. die Anforderungen an die Berufszugangsvoraussetzungen zur Gewährleistung eines hohen Niveaus näher bestimmt werden und
2. a) das Verfahren zur Erteilung, zur Rücknahme und zum Widerruf der Erlaubnis und zur Erteilung und Einziehung der Erlaubnisausfertigungen einschließlich der Durchführung von Anhörungen,
   b) Form und Inhalt, insbesondere die Geltungsdauer der Erlaubnis und der Ausfertigungen,
   c) das Verfahren bei Eintritt wesentlicher Änderungen nach Erteilung der Erlaubnis und der Ausfertigungen,
3. die Voraussetzungen für die Erteilung zusätzlicher beglaubigter Kopien nach Maßgabe der Verordnung (EG) Nr. 1071/2009 in der jeweils geltenden Fassung sowie
4. die Voraussetzungen zur Rücknahme und zum Widerruf der Entscheidung über die Erteilung der beglaubigten Kopien entsprechend Artikel 12 Absatz 1 der Verordnung (EG) Nr. 1072/2009 in der jeweils geltenden Fassung

geregelt werden.

(7) [1] Die nach Landesrecht zuständigen Behörden führen dieses Gesetz, die Verordnungen (EG) Nr. 1071/2009 und (EG) Nr. 1072/2009 und die auf diesem Gesetz beruhenden Verordnungen aus, soweit nicht etwas anderes bestimmt ist. [2] Örtlich zuständig ist die Behörde, in deren Zuständigkeitsbereich das Unternehmen seine Niederlassung im Sinne von Artikel 5 der Verordnung (EG) Nr. 1071/2009 hat. [3] Soweit keine Niederlassung besteht, richtet sich die Zuständigkeit nach dem Wohnsitz des Betroffenen.

§ 4[1)] Unterrichtung der Berufsgenossenschaft. [1] Die nach Landesrecht zuständige Behörde hat der zuständigen Berufsgenossenschaft unverzüglich die Erteilung der Erlaubnis mitzuteilen. [2] Die Anzeigepflicht des Unternehmers nach § 192 des Siebten Buches Sozialgesetzbuch bleibt unberührt.

§ 5[2)] Erlaubnispflicht und Gemeinschaftslizenz. Die Gemeinschaftslizenz nach Artikel 3und 4 der Verordnung (EG) Nr. 1072/2009 gilt für Unternehmer, deren Unternehmenssitz im Inland liegt, als Erlaubnis nach § 3, es sei denn, es handelt sich um eine Beförderung zwischen dem Inland und einem Staat, der weder Mitglied der Europäischen Union noch anderer Vertragsstaaten des Abkommens über den Europäischen Wirtschaftsraum, noch die Schweiz ist.

§ 6[3)] Grenzüberschreitender Güterkraftverkehr durch Gebietsfremde. [1] Ein Unternehmer, dessen Unternehmen seinen Sitz nicht im Inland hat, ist für den grenzüberschreitenden gewerblichen Güterkraftverkehr von der

---

1) § 4 Satz 1 geänd. mWv 26.11.2011 durch G v. 22.11.2011 (BGBl. I S. 2272).

2) § 5 neu gef. mWv 9.9.2004 durch G v. 2.9.2004 (BGBl. I S. 2302); Satz 2 geänd. mWv 1.1.2009 durch G v. 6.11.2008 (BGBl. I S. 2162); Satz 2 neu gef. mWv 6.8.2010 durch G v. 31.7.2010 (BGBl. I S. 1057); Satz 1 geänd. mWv 26.11.2011 durch G v. 22.11.2011 (BGBl. I S. 2272); Satz 2 neu gef. mWv 1.7.2013 durch G v. 17.6.2013 (BGBl. I S. 1558); Satz 2 aufgeh. mWv 25.5.2017 durch G v. 16.5.2017 (BGBl. I S. 1214).

3) § 6 neu gef. mWv 1.7.2013 durch G v. 17.6.2013 (BGBl. I S. 1558).

Erlaubnispflicht nach § 3 befreit, soweit er Inhaber der jeweils erforderlichen Berechtigung ist. [2] Berechtigungen sind die

1. Gemeinschaftslizenz,
2. Genehmigung auf Grund der Resolution des Rates der Europäischen Konferenz der Verkehrsminister (CEMT-Resolution) vom 14. Juni 1973 (BGBl. 1974 II S. 298) nach Maßgabe der Verordnung über den grenzüberschreitenden Güterkraftverkehr und den Kabotageverkehr (GüKGrKabotageV)[1)] vom 28. Dezember 2011 (BGBl. 2012 I S. 42) in der jeweils geltenden Fassung,
3. CEMT-Umzugsgenehmigung,
4. Schweizerische Lizenz für den gewerblichen Güterkraftverkehr auf Grund des Abkommens zwischen der Europäischen Gemeinschaft und der Schweizerischen Eidgenossenschaft über den Güter- und Personenverkehr auf Schiene und Straße vom 21. Juni 1999 (ABl. L 114 vom 30.4.2002, S. 91) in der jeweils geltenden Fassung oder
5. Drittstaatengenehmigung.

§ 7[2)] Mitführungs- und Aushändigungspflichten im gewerblichen Güterkraftverkehr. (1) [1] Der Unternehmer hat dafür zu sorgen, dass bei einer Güterbeförderung im Inland, für die eine Erlaubnis nach § 3 oder eine Berechtigung nach § 6 erforderlich ist, während der gesamten Fahrt folgende Dokumente und Nachweise mitgeführt werden:

1. die Erlaubnis oder eine Erlaubnisausfertigung, eine beglaubigte Kopie der Gemeinschaftslizenz oder der Schweizerischen Lizenz, eine CEMT-Genehmigung, eine CEMT-Umzugsgenehmigung oder eine Drittstaatengenehmigung,
2. der für das eingesetzte Fahrzeug vorgeschriebene Nachweis über die Erfüllung bestimmter Technik-, Sicherheits- und Umweltanforderungen,
3. ein Begleitpapier oder ein sonstiger Nachweis, in dem das beförderte Gut, der Be- und Entladeort und der Auftraggeber angegeben werden.

[2] Die Dokumente oder Nachweise nach Satz 1 Nummer 1 und 2 dürfen nicht in Folie eingeschweißt oder in ähnlicher Weise mit einer Schutzschicht überzogen werden. [3] Bei Kabotagebeförderungen im Sinne des Artikels 8 der Verordnung (EG) Nr. 1072/2009 hat der Unternehmer, der weder Sitz noch Niederlassung in Deutschland hat, dafür zu sorgen, dass Nachweise im Sinne des Artikels 8 Absatz 3 Unterabsatz 2 der Verordnung (EG) Nr. 1072/2009 für die grenzüberschreitende Beförderung und jede einzelne durchgeführte Kabotagebeförderung während der Dauer der Beförderung mitgeführt werden.

(1a) [1] Der Auftraggeber händigt dem Unternehmer, der für ihn die Beförderung eines Containers oder eines Wechselaufbaus durchführt, eine Erklärung aus, in der das Gewicht dieses Containers oder Wechselaufbaus angegeben ist.

[1)] Nr. **480**.

[2)] § 7 Abs. 2 Satz 2 angef. mWv 7.9.2001 durch G v. 2.9.2001 (BGBl. I S. 2272); Abs. 1, Abs. 2 Satz 2 neu gef. mWv 9.9.2004 durch G v. 2.9.2004 (BGBl. I S. 2302); Abs. 1 Satz 2 angef., Abs. 2 Satz 1 geänd. mWv 6.8.2010 durch G v. 31.7.2010 (BGBl. I S. 1057); Abs. 1 Satz 2 geänd., Abs. 2 Satz 3 angef. mWv 26.11.2011 durch G v. 22.11.2011 (BGBl. I S. 2272); Abs. 1 Satz 1 neu gef., Satz 2 eingef., bish. Satz 2 wird Satz 3, Abs. 2 Satz 2 eingef., bish. Sätze 2 und 3 werden Sätze 3 und 4, neuer Satz 3 neu gef., Abs. 3 aufgeh. mWv 1.7.2013 durch G v. 17.6.2013 (BGBl. I S. 1558); Abs. 1a eingef., Abs. 2 Sätze 1 und 2 geänd. mWv 2.12.2020 durch G v. 26.11.2020 (BGBl. I S. 2575).

[2]Der Unternehmer hat dafür zu sorgen, dass diese Erklärung während der Beförderung mitgeführt wird.

(2) [1]Das Fahrpersonal muß die erforderliche Berechtigung und die Nachweise nach den Absätzen 1 und 1a während der Fahrt mitführen und Kontrollberechtigten auf Verlangen zur Prüfung aushändigen. [2]Das Begleitpapier oder der sonstige Nachweis nach Absatz 1 Satz 1 Nummer 3 oder die Erklärung nach Absatz 1a kann statt durch Aushändigen des Dokumentes auch auf andere geeignete Weise zugänglich gemacht werden. [3]Ausländisches Fahrpersonal muss auch den Pass oder ein sonstiges zum Grenzübertritt berechtigendes Dokument mitführen und Kontrollberechtigten auf Verlangen zur Prüfung aushändigen. [4]Langfristig Aufenthaltsberechtigte im Sinne der Richtlinie 2003/109/EG des Rates vom 25. November 2003 betreffend die Rechtsstellung der langfristig aufenthaltsberechtigten Drittstaatsangehörigen (ABl. L 16 vom 23.1.2004, S. 44) haben außerdem die langfristige Aufenthaltsberechtigung-EG mitzuführen und Kontrollberechtigten auf Verlangen auszuhändigen.

§ 7a[1)] Haftpflichtversicherung. (1) Der Unternehmer ist verpflichtet, eine Haftpflichtversicherung abzuschließen und aufrechtzuerhalten, die die gesetzliche Haftung wegen Güter- und Verspätungsschäden nach dem Vierten Abschnitt des Vierten Buches des Handelsgesetzbuches während Beförderungen, bei denen der Be- und Entladeort im Inland liegt, versichert.

(2) [1]Die Mindestversicherungssumme beträgt 600 000 Euro je Schadensereignis. [2]Die Vereinbarung einer Jahreshöchstersatzleistung, die nicht weniger als das Zweifache der Mindestversicherungssumme betragen darf, und eines Selbstbehalts sind zulässig.

(3) Von der Versicherung können folgende Ansprüche ausgenommen werden:

1. Ansprüche wegen Schäden, die vom Unternehmer oder seinem Repräsentanten vorsätzlich begangen wurden,
2. Ansprüche wegen Schäden, die durch Naturkatastrophen, Kernenergie, Krieg, kriegähnliche Ereignisse, Bürgerkrieg, innere Unruhen, Streik, Aussperrung, terroristische Gewaltakte, Verfügungen von hoher Hand, Wegnahme oder Beschlagnahme seitens einer staatlich anerkannten Macht verursacht werden,
3. Ansprüche aus Frachtverträgen, die die Beförderung von Edelmetallen, Juwelen, Edelsteinen, Zahlungsmitteln, Valoren, Wertpapieren, Briefmarken, Dokumenten und Urkunden zum Gegenstand haben.

(4) [1]Der Unternehmer hat dafür zu sorgen, dass während der Beförderung ein Nachweis über eine gültige Haftpflichtversicherung, die den Ansprüchen des Absatzes 1 entspricht, mitgeführt wird. [2]Das Fahrpersonal muss diesen Versicherungsnachweis während der Beförderung mitführen und Kontrollberechtigten auf Verlangen zur Prüfung aushändigen.

[1)] § 7a neu gef. mWv 9.9.2004 durch G v. 2.9.2004 (BGBl. I S. 2302); Abs. 5 aufgeh. mWv 26.11.2011 durch G v. 22.11.2011 (BGBl. I S. 2272).

§ 7b[1] Einsatz von ordnungsgemäß beschäftigtem Fahrpersonal.

(1) [1] Ein Unternehmer, dessen Unternehmen seinen Sitz im Inland hat, darf bei Fahrten im Inland im gewerblichen Güterkraftverkehr einen Angehörigen eines Staates, der weder Mitglied der Europäischen Union, eines anderen Vertragsstaates des Abkommens über den Europäischen Wirtschaftsraum noch Schweizer Staatsangehöriger ist, nur als Fahrpersonal einsetzen, wenn dieser im Besitz eines Aufenthaltstitels nach § 4 Abs. 3 des Aufenthaltsgesetzes, einer Aufenthaltsgestattung oder einer Duldung ist, die zur Ausübung der Beschäftigung berechtigen, oder eines solchen nicht bedarf (§ 4 Abs. 3 Satz 3 des Aufenthaltsgesetzes) oder im Besitz einer von einer inländischen Behörde ausgestellten gültigen Fahrerbescheinigung nach Artikel 5 der Verordnung (EG) Nr. 1072/2009 ist. [2] Der Unternehmer hat dafür zu sorgen, dass ausländisches Fahrpersonal

1. den Pass, Passersatz oder Ausweisersatz und
2. den nach § 4 Abs. 3 des Aufenthaltsgesetzes erforderlichen Aufenthaltstitel, die Aufenthaltsgestattung oder die Duldung, die zur Ausübung der Beschäftigung berechtigen,

mitführt. [3] Der Aufenthaltstitel kann für Zwecke dieses Gesetzes durch eine von einer inländischen Behörde ausgestellte gültige Fahrerbescheinigung nach Artikel 5 der Verordnung (EG) Nr. 1072/2009 ersetzt werden.

(2) Das Fahrpersonal muss die Unterlagen nach Absatz 1 Satz 2 während der gesamten Fahrt mitführen und Kontrollberechtigten auf Verlangen zur Prüfung aushändigen.

(3) Die Fahrerbescheinigung nach Artikel 5 der Verordnung (EG) Nr. 1072/2009 wird von der nach Landesrecht zuständigen Behörde erteilt.

§ 7c[2] Verantwortung des Auftraggebers. Wer zu einem Zwecke, der seiner gewerblichen oder selbständigen beruflichen Tätigkeit zuzurechnen ist, einen Frachtvertrag oder einen Speditionsvertrag mit einem Unternehmen abgeschlossen hat, darf Leistungen aus diesem Vertrag nicht ausführen lassen, wenn er weiß oder fahrlässig nicht weiß, dass der Unternehmer

1. nicht Inhaber einer Erlaubnis nach § 3 oder einer Berechtigung nach § 6 oder einer Gemeinschaftslizenz ist, oder die Erlaubnis, Berechtigung oder Lizenz unzulässig verwendet,
2. bei der Beförderung Fahrpersonal einsetzt, das die Voraussetzungen des § 7b Abs. 1 Satz 1 nicht erfüllt, oder für das er nicht über eine Fahrerbescheinigung nach den Artikeln 3 und 5 der Verordnung (EG) Nr. 1072/2009 verfügt,
3. einen Frachtführer oder Spediteur einsetzt oder zulässt, dass ein solcher tätig wird, der die Beförderungen unter der Voraussetzung von
   a) Nummer 1
   b) Nummer 2

   durchführt.

---

[1] § 7b neu gef. mWv 9.9.2004 durch G v. 2.9.2004 (BGBl. I S. 2302); Abs. 1 Satz 1 geänd., Satz 2 neu gef., Satz 3 angef. mWv 1.1.2009 durch G v. 6.11.2008 (BGBl. I S. 2162); Abs. 1 Satz 1 und 3 geänd., Abs. 3 neu gef. mWv 26.11.2011 durch G v. 22.11.2011 (BGBl. I S. 2272).

[2] § 7c neu gef. mWv 9.9.2004 durch G v. 2.9.2004 (BGBl. I S. 2302); Satz 1 Nr. 1 neu gef. mWv 1.1.2009 durch G v. 6.11.2008 (BGBl. I S. 2162); Satz 1 Nr. 2 geänd. mWv 26.11.2011 durch G v. 22.11.2011 (BGBl. I S. 2272).

[2] Die Wirksamkeit eines zu diesem Zwecke geschlossenen Vertrages wird durch einen Verstoß gegen Satz 1 nicht berührt.

§ 7d[1)] *(aufgehoben)*

§ 8[2)] **Vorläufige Weiterführung der Güterkraftverkehrsgeschäfte.**

(1) [1] Nach dem Tode des Unternehmers darf der Erbe die Güterkraftverkehrsgeschäfte vorläufig weiterführen. [2] Das gleiche gilt für den Testamentsvollstrecker, Nachlaßpfleger oder Nachlaßverwalter während einer Testamentsvollstreckung, Nachlaßpflegschaft oder Nachlaßverwaltung.

(2) [1] Die Befugnis nach Absatz 1 erlischt, wenn nicht der Erbe binnen drei Monaten nach Ablauf der für die Ausschlagung der Erbschaft vorgesehenen Frist oder eine der in Absatz 1 Satz 2 genannten Personen binnen drei Monaten nach der Annahme ihres Amtes oder ihrer Bestellung die Erlaubnis beantragt hat. [2] Ein in der Person des Erben wirksam gewordener Fristablauf wirkt auch gegen den Nachlaßverwalter. [3] Die Frist kann auf Antrag einmal um drei Monate verlängert werden.

(3) [1] Im Falle der Erwerbs- oder Geschäftsunfähigkeit des Unternehmers oder des Verkehrsleiters darf ein Dritter, bei dem die Voraussetzungen nach den Artikeln 6 und 8 der Verordnung (EG) Nr. 1071/2009 noch nicht festgestellt worden sind, die Güterkraftverkehrsgeschäfte bis zu sechs Monate nach Feststellung der Erwerbs- oder Geschäftsunfähigkeit weiterführen. [2] Die Frist kann auf Antrag einmal um drei Monate verlängert werden.

3. Abschnitt. Werkverkehr

§ 9 Erlaubnis- und Versicherungsfreiheit. [1] Der Werkverkehr ist erlaubnisfrei. [2] Es besteht keine Versicherungspflicht.

4. Abschnitt. Bundesamt für Güterverkehr

§ 10[3)] **Organisation.** (1) [1] Das Bundesamt für Güterverkehr (Bundesamt) ist eine selbständige Bundesoberbehörde im Geschäftsbereich des Bundesministeriums für Verkehr und digitale Infrastruktur. [2] Es wird von dem Präsidenten geleitet.

(2) Der Aufbau des Bundesamtes wird durch das Bundesministerium für Verkehr und digitale Infrastruktur geregelt.

[1)] § 7d aufgeh. mWv 9.9.2004 durch G v. 2.9.2004 (BGBl. I S. 2302).

[2)] § 8 Abs. 3 Satz 1 neu gef. mWv 26.11.2011 durch G v. 22.11.2011 (BGBl. I S. 2272).

[3)] § 10 Abs. 1 Satz 1, Abs. 2 geänd. mWv 7.11.2001 durch VO v. 29.10.2001 (BGBl. I S. 2785); Abs. 1 Satz 1 und Abs. 2 geänd. mWv 8.11.2006 durch VO v. 31.10.2006 (BGBl. I S. 2407); Abs. 1 Satz 1 und Abs. 2 geänd. mWv 8.9.2015 durch VO v. 31.8.2015 (BGBl. I S. 1474).

§ 11[1] Aufgaben. (1) Das Bundesamt erledigt Verwaltungsaufgaben des Bundes auf dem Gebiet des Verkehrs, die ihm durch dieses Gesetz, durch andere Bundesgesetze oder auf Grund dieser Gesetze zugewiesen sind.

(2) Das Bundesamt hat darüber zu wachen, daß

1. in- und ausländische Unternehmen des gewerblichen Güterkraftverkehrs und alle anderen am Beförderungsvertrag Beteiligten die Pflichten erfüllen, die ihnen nach diesem Gesetz und den hierauf beruhenden Rechtsvorschriften obliegen,
2. die Bestimmungen über den Werkverkehr eingehalten werden,
3. die Rechtsvorschriften über
   a) die Beschäftigung und die Tätigkeiten des Fahrpersonals auf Kraftfahrzeugen einschließlich der aufenthalts-, arbeitsgenehmigungs- und sozialversicherungsrechtlichen Vorschriften,
   b) die zulässigen Abmessungen sowie die zulässigen Achslasten und Gesamtgewichte von Kraftfahrzeugen und Anhängern,
   c) die im internationalen Güterkraftverkehr verwendeten Container gemäß Artikel VI Abs. 1 des Internationalen Übereinkommens über sichere Container (CSC) in der Fassung der Bekanntmachung vom 2. August 1985 (BGBl. II S. 1009) in der jeweils durch Rechtsverordnung nach Artikel 2 des Zustimmungsgesetzes umgesetzten Fassung,
   d) die Abgaben, die für das Halten oder Verwenden von Fahrzeugen zur Straßengüterbeförderung sowie für die Benutzung von Straßen anfallen,
   e) *(aufgehoben)*
   f) die Beförderung gefährlicher Güter auf der Straße,
   g) die Beförderungsmittel nach den Vorgaben des Übereinkommens über internationale Beförderungen leicht verderblicher Lebensmittel und über die besonderen Beförderungsmittel, die für diese Beförderungen zu verwenden sind (ATP), vom 1. September 1970 (BGBl. 1974 II S. 566) in der jeweils durch Rechtsverordnung nach Artikel 2 des Zustimmungsgesetzes umgesetzten Fassung,
   h) die Beschaffenheit, Kennzeichnung und Benutzung von Beförderungsmitteln und Transportbehältnissen zur Beförderung von Lebensmitteln und Erzeugnissen des Weinrechts,
   i) das Mitführen einer Ausfertigung der Genehmigung für die Beförderung von Kriegswaffen nach dem Gesetz über die Kontrolle von Kriegswaffen in der Fassung der Bekanntmachung vom 22. November 1990 (BGBl. I S. 2506) in der jeweils geltenden Fassung,
   j) die Beförderung von Abfall mit Fahrzeugen zur Straßengüterbeförderung,

---

[1] § 11 Abs. 2 Nr. 3 Buchst. a neu gef. mWv 7.9.2001 durch G v. 2.9.2001 (BGBl. I S. 2272); Abs. 4 geänd. mWv 7.11.2001 durch VO v. 29.10.2001 (BGBl. I S. 2785); Abs. 2 Nr. 3 Buchst. j u. k geänd., Buchst. l und m eingef. mWv 9.9.2004 durch G v. 2.9.2004 (BGBl. I S. 2302); Abs. 4 geänd. mWv 8.11.2006 durch VO v. 31.10.2006 (BGBl. I S. 2407); Abs. 2 Nr. 3 Buchst. l und m geänd., Buchst. n und o angef. mWv 1.1.2009 durch G v. 6.11.2008 (BGBl. I S. 2162, ber. S. 2983); Abs. 2 Nr. 3 Buchst. n und o geänd., Buchst. p angef. mWv 1.10.2009 durch G v. 17.7.2009 (BGBl. I S. 2062); Abs. 4 geänd. mWv 26.11.2011 durch G v. 22.11.2011 (BGBl. I S. 2272); Abs. 2 Nr. 3 Buchst. e aufgeh., Abs. 3 geänd. mWv 1.7.2013 durch G v. 17.6.2013 (BGBl. I S. 1558); Abs. 2 Nr. 3 Buchst. m neu gef. mWv 25.5.2017 durch G v. 16.5.2017 (BGBl. I S. 1214).

k) die zulässigen Werte für Geräusche und für verunreinigende Stoffe im Abgas von Kraftfahrzeugen zur Güterbeförderung,

l) die Ladung,

m) die nach den Rechtsvorschriften der Europäischen Union über die technische Unterwegskontrolle von Nutzfahrzeugen, die am Straßenverkehr teilnehmen, zu prüfenden technischen Anforderungen an Kraftfahrzeuge zur Güterbeförderung,

n) die Erlaubnis- und Ausweispflicht beim Führen von Kraftfahrzeugen zur Straßengüterbeförderung,

o) das Sonn- und Feiertagsfahrverbot sowie die Ferienreiseverordnung[1)] und

p) das Mitführen einer Erlaubnis, eines Befähigungsscheines oder einer Verbringensgenehmigung nach dem Sprengstoffgesetz

eingehalten werden, soweit diese Überwachung im Rahmen der Maßnahmen nach § 12 Abs. 1 und 2 durchgeführt werden kann.

(3) In den Fällen des Absatzes 2 Nr. 3 Buchstabe d hat das Bundesamt ohne Ersuchen den zuständigen Finanzbehörden die zur Sicherung der Besteuerung notwendigen Daten zu übermitteln.

(4) Allgemeine Verwaltungsvorschriften zu den Aufgaben nach Absatz 2 Nr. 3 Buchstabe j und k werden von der Bundesregierung mit Zustimmung des Bundesrates erlassen.

§ 12[2)] Befugnisse. (1) [1] Soweit dies zur Durchführung der Aufgaben nach § 11 Abs. 2 erforderlich ist, kann das Bundesamt insbesondere auf Straßen, auf Autohöfen und an Tankstellen Überwachungsmaßnahmen im Wege von Stichproben durchführen. [2] Zu diesem Zweck dürfen seine Beauftragten Kraftfahrzeuge zur Güterbeförderung anhalten, die Identität des Fahrpersonals durch Überprüfung der mitgeführten Ausweispapiere feststellen sowie verlangen, dass die Zulassungsdokumente des Fahrzeugs, der Führerschein des Fahrpersonals und die nach diesem Gesetz oder sonstigen Rechtsvorschriften bei Fahrten im Güterkraftverkehr mitzuführenden Nachweise, Berechtigungen oder Bescheinigungen zur Prüfung ausgehändigt werden. [3] Das Fahrpersonal hat, soweit erforderlich, den Beauftragten des Bundesamtes unverzüglich die zur Erfüllung der Überwachungsaufgabe erforderlichen Auskünfte wahrheitsgemäß nach bestem Wissen und Gewissen zu erteilen, vorhandene Hilfsmittel zur Verfügung zu stellen, Zutritt zum Fahrzeug zu gestatten sowie Hilfsdienste zu leisten. [4] Die Verpflichtung nach Satz 3 besteht nicht, soweit ihre Erfüllung für das Fahrpersonal oder einen der in § 383 Abs. 1 Nr. 1 bis 3 der Zivilprozessordnung

---

[1)] Nr. **140**.

[2)] § 12 Abs. 6 Satz 1 Nr. 2a und Satz 2 eingef., bish. Satz 2 wird Satz 3 mWv 7.9.2001 durch G v. 2.9.2001 (BGBl. I S. 2272); Abs. 6 Nr. 3 geänd. mWv 1.1.2002 durch G v. 15.12.2001 (BGBl. I S. 3762); Abs. 1 Satz 2 geänd., Abs. 6 neu gef. mWv 9.9.2004 durch G v. 2.9.2004 (BGBl. I S. 2302); Abs. 6 Nr. 2a geänd. mWv 18.3.2005 durch G v. 14.3.2005 (BGBl. I S. 721); Abs. 6 Satz 1 Nr. 4 geänd. mWv 1.8.2007 durch G v. 19.7.2007 (BGBl. I S. 1460); Abs. 1 Satz 3 und 4, Abs. 4 Satz 1 Nr. 2, Abs. 6 Satz 1 Nr. 5 neu gef., Abs. 7 angef. mWv 1.1.2009 durch G v. 6.11.2008 (BGBl. I S. 2162); Abs. 6 Satz 1 Nr. 2a geänd. mWv 26.11.2011 durch G v. 22.11.2011 (BGBl. I S. 2258); Abs. 1 Satz 2, Abs. 6 Satz 1 Nr. 1 und 3 geänd., Nr. 2 neu gef., Nr. 2c aufgeh. mWv 26.11.2011 durch G v. 22.11.2011 (BGBl. I S. 2272); Abs. 6 Satz 1 Nr. 6 neu gef. mWv 1.6.2012 durch G v. 24.2.2012 (BGBl. I S. 212); Abs. 1 Satz 3 geänd. mWv 1.7.2013 durch G v. 17.6.2013 (BGBl. I S. 1558); Abs. 6 Satz 1 Nr. 3 geänd. mWv 1.5.2014 durch G v. 28.8.2013 (BGBl. I S. 3313); Abs. 1a eingef. mWv 2.12.2020 durch G v. 26.11.2020 (BGBl. I S. 2575).

bezeichneten Angehörigen die Gefahr einer Verfolgung wegen einer Straftat oder Ordnungswidrigkeit begründet.

(1a) Das Bundesamt kann zur Überprüfung der Echtheit eines EU- oder EWR-Führerscheins und des Bestehens einer EU- oder EWR-Fahrerlaubnis des Fahrpersonals die Daten auf dem Führerschein an die zuständigen Behörden in den Mitgliedstaaten der Europäischen Union und an die zuständigen Behörden in den Vertragsstaaten des Abkommens über den Europäischen Wirtschaftsraum übermitteln und die dort zu den Fahrerlaubnissen gespeicherten Daten abrufen, soweit dies zur Durchführung der Aufgaben nach § 11 Absatz 2 erforderlich ist.

(2) Zur Überwachung von Rechtsvorschriften über die Beschäftigung und die Tätigkeiten des Fahrpersonals auf Kraftfahrzeugen können Beauftragte des Bundesamtes auf Antrag eines Landes auch Kraftomnibusse anhalten.

(3) Das Fahrpersonal hat die Zeichen und Weisungen der Beauftragten des Bundesamtes zu befolgen, ohne dadurch von seiner Sorgfaltspflicht entbunden zu sein.

(4) [1] Soweit dies zur Durchführung der Aufgaben nach § 11 Abs. 2 Nr. 1 und 2 sowie Nr. 3 Buchstabe d (Rechtsvorschriften über die Abgaben für die Benutzung von Straßen) erforderlich ist, können Beauftragte des Bundesamtes bei Eigentümern und Besitzern von Kraftfahrzeugen zur Güterbeförderung und allen an der Beförderung oder an den Handelsgeschäften über die beförderten Güter Beteiligten

1. Grundstücke und Geschäftsräume innerhalb der üblichen Geschäfts- und Arbeitsstunden betreten sowie
2. alle geschäftlichen Schriftstücke und Datenträger, insbesondere Aufzeichnungen, Frachtbriefe und Unterlagen über den Fahrzeugeinsatz einsehen und hieraus Abschriften, Auszüge, Ausdrucke und Kopien anfertigen oder elektronisch gespeicherte Daten auf eigene Datenträger übertragen.

[2] Die in Satz 1 genannten Personen haben diese Maßnahmen zu gestatten.

(5) [1] Die in Absatz 4 genannten und für sie tätigen Personen haben den Beauftragten des Bundesamtes auf Verlangen alle für die Durchführung der Überwachung nach § 11 Abs. 2 Nr. 1 und 2 sowie Nr. 3 Buchstabe d (Rechtsvorschriften über die Abgaben für die Benutzung von Straßen) erforderlichen

1. Auskünfte zu erteilen,
2. Nachweise zu erbringen sowie
3. Hilfsmittel zu stellen und Hilfsdienste zu leisten.

[2] Absatz 1 Satz 3 und 4 gilt entsprechend.

(6) [1] Stellt das Bundesamt in Ausübung der in den Absätzen 1 und 2 genannten Befugnisse Tatsachen fest, die die Annahme rechtfertigen, dass Zuwiderhandlungen gegen

1. §§ 142, 263, 266a, 267, 268, 269, 273, 281, 315c oder § 316 des Strafgesetzbuches,
2. §§ 21, 22 oder 22b des Straßenverkehrsgesetzes[1]),

2a. §§ 10, 10a oder § 11 des Schwarzarbeitsbekämpfungsgesetzes,

2b. § 404 Abs. 2 Nr. 3 und 4 des Dritten Buches Sozialgesetzbuch,

---

[1]) Nr. **10**.

3. § 24 des Straßenverkehrsgesetzes, die nach dem auf Grund des § 26a des Straßenverkehrsgesetzes erlassenen Bußgeldkatalog in der Regel mit Geldbußen von mindestens sechzig Euro geahndet werden,
4. § 24a oder § 24c des Straßenverkehrsgesetzes,
5. § 18 Abs. 1 Nr. 3 Buchstabe a oder Abs. 3 Nr. 2 Buchstabe a des Tierschutzgesetzes oder
6. § 69 Absatz 1 Nummer 8 und Absatz 2 Nummer 14 des Kreislaufwirtschaftsgesetzes,

bei denen das Bundesamt nicht Verwaltungsbehörde im Sinne des § 36 Abs. 1 Nr. 1 des Gesetzes über Ordnungswidrigkeiten[1] ist, begangen wurden, übermittelt es derartige Feststellungen den zuständigen Behörden. [2] Bei Durchführung der Überwachung nach den Absätzen 4 und 5 gilt Gleiches für schwerwiegende Zuwiderhandlungen gegen die in § 11 Abs. 2 Nr. 3 genannten Rechtsvorschriften. [3] Das Recht, Straftaten oder Ordnungswidrigkeiten anzuzeigen, bleibt unberührt.

(7) Erfolgen Werbemaßnahmen, veröffentlichte Anzeigen oder Angebote ohne Angabe von Namen und Anschrift und bestehen in vorgenannten Fällen Anhaltspunkte für ungenehmigten Güterkraftverkehr oder die Aufforderung hierzu, können das Bundesamt oder die nach § 21a zuständigen Behörden von demjenigen, der die Werbemaßnahmen, die Anzeigen oder das Angebot veröffentlicht hat, Auskunft über Namen und Anschrift des Auftraggebers verlangen.

§ 13[2] Untersagung der Weiterfahrt. (1) Das Bundesamt kann die Fortsetzung der Fahrt untersagen, soweit dies zur Wahrnehmung der ihm nach § 11 Abs. 2 Nr. 1 oder 3 übertragenen Aufgaben erforderlich ist.

(2) [1] Werden die in § 7b Abs. 1 Satz 2 genannten Unterlagen oder die nach den Artikeln 3 und 5 der Verordnung (EG) Nr. 1072/2009 vorgeschriebene Fahrerbescheinigung nicht im Original mitgeführt oder auf Verlangen nicht zur Prüfung ausgehändigt, so können das Bundesamt sowie sonstige Kontrollberechtigte dem betroffenen Fahrpersonal die Fortsetzung der Fahrt so lange untersagen, bis diese Unterlagen vorgelegt werden. [2] Das Bundesamt sowie sonstige Kontrollberechtigte können die Fortsetzung der Fahrt ferner untersagen, wenn

1. eine Erlaubnis nach § 3 oder eine Berechtigung nach § 6 nicht mitgeführt wird oder nicht zur Prüfung ausgehändigt wird oder
2. eine nach § 46 Abs. 1 des Gesetzes über Ordnungswidrigkeiten[1] in Verbindung mit § 132 Abs. 1 Nr. 1 der Strafprozessordnung angeordnete Sicherheitsleistung nicht oder nicht vollständig erbracht wird.

(3) Widerspruch und Anfechtungsklage gegen die Untersagung der Weiterfahrt nach den Absätzen 1 und 2 haben keine aufschiebende Wirkung.

---

[1] Nr. **680**.

[2] § 13 neu gef. mWv 9.9.2004 durch G v. 2.9.2004 (BGBl. I S. 2302); Abs. 2 Satz 1 geänd., Abs. 3 angef. mWv 26.11.2011 durch G v. 22.11.2011 (BGBl. I S. 2272).

§ 14[1] Marktbeobachtung. (1) [1]Das Bundesamt beobachtet und begutachtet die Entwicklung des Marktgeschehens im Verkehr (Marktbeobachtung). [2]Die Marktbeobachtung umfasst den Eisenbahn-, Straßen- und Binnenschiffsgüterverkehr, den Luftverkehr sowie die Logistik. [3]Mit der Marktbeobachtung sollen Entwicklungen auf dem Verkehrs- und Logistikmarkt frühzeitig erkannt werden. [4]Es besteht keine Auskunftspflicht.

(2) [1]Das Bundesamt berichtet dem Bundesministerium für Verkehr und digitale Infrastruktur über den jeweiligen Stand der Entwicklung des Marktgeschehens und die absehbare künftige Entwicklung. [2]Es bereitet dazu Daten aus dem Verwaltungsvollzug auf und erstellt oder betreut kurz- und mittelfristige Prognosen zum Güter- und Personenverkehr.

(3) Zur Erfüllung der Aufgaben nach den Absätzen 1 und 2 dürfen dem Bundesamt vom Statistischen Bundesamt, dem Kraftfahrt-Bundesamt und den Statistischen Ämtern der Länder aus den von diesen geführten Wirtschaftsstatistiken, insbesondere der Verkehrsstatistik, zusammengefaßte Einzelangaben übermittelt werden, sofern diese keine Rückschlüsse auf eine bestimmte oder bestimmbare Person zulassen.

(4) Die vom Bundesamt im Rahmen der Marktbeobachtung gewonnenen personenbezogenen Daten dürfen nur für Zwecke der Marktbeobachtung gespeichert und verwendet werden.

§ 14a[2] Durchführung von Beihilfeverfahren. [1]Das Bundesamt ist zuständig für die Durchführung von Beihilfeprogrammen des Bundes nach

1. der Verordnung (EU) Nr. 1407/2013 der Kommission vom 18. Dezember 2013 über die Anwendung der Artikel 107 und 108 des Vertrags über die Arbeitsweise der Europäischen Union auf De-minimis-Beihilfen (ABl. L 352 vom 24.12.2013, S. 1) und
2. der Verordnung (EU) Nr. 651/2014 der Kommission vom 17. Juni 2014 zur Feststellung der Vereinbarkeit bestimmter Gruppen von Beihilfen mit dem Binnenmarkt in Anwendung der Artikel 107 und 108 des Vertrags über die Arbeitsweise der Europäischen Union (ABl. L 187 vom 26.6.2014, S. 1).

[2]Die Zuständigkeit des Bundesamtes nach Satz 1 umfasst sämtliche Aufgaben im Zusammenhang mit der Beihilfegewährung.

§ 14b[3] (1) Das Bundesamt für Güterverkehr ist zuständig für die Aufgaben nach den Artikeln 4, 11, 12, 21 und 22 der Verordnung (EU) Nr. 1214/2011 des Europäischen Parlaments und des Rates vom 16. November 2011 über den gewerbsmäßigen grenzüberschreitenden Straßentransport von Euro-Bargeld zwischen den Mitgliedstaaten des Euroraums (ABl. L 316 vom 29.11.2011, S. 1).

---

[1] § 14 Abs. 2 geänd. mWv 7.11.2001 durch VO v. 29.10.2001 (BGBl. I S. 2785); Abs. 2 geänd. mWv 8.11.2006 durch VO v. 31.10.2006 (BGBl. I S. 2407); Abs. 1 Satz 1 und 3 geänd., Satz 2 neu gef., Abs. 2 bish. Wortlaut wird Satz 1, Satz 2 angef., Abs. 3 geänd. mWv 1.1.2009 durch G v. 6.11. 2008 (BGBl. I S. 2162); Abs. 1 Sätze 2 und 3 neu gef. mWv 26.11.2011 durch G v. 22.11.2011 (BGBl. I S. 2272); Abs. 2 Satz 1 geänd. mWv 8.9.2015 durch VO v. 31.8.2015 (BGBl. I S. 1474); Abs. 4 Satz 1 geänd., Satz 2 aufgeh. mWv 26.11.2019 durch G v. 20.11.2019 (BGBl. I S. 1626).

[2] § 14a eingef. mWv 1.1.2009 durch G v. 22.12.2008 (BGBl. I S. 2967); Nr. 1 und 2 geänd. mWv 25.5.2017 durch G v. 16.5.2017 (BGBl. I S. 1214).

[3] § 14b eingef. mWv 30.11.2012 durch G v. 25.11.2012 (BGBl. II S. 1381).

(2) Bei der Kontrolle der Einhaltung der Bestimmungen nach Artikel 21 gilt § 12 Absatz 4, 5 und 6 Satz 1 Nummer 1 bis 4 und Satz 2 und 3 entsprechend; bei der Verfolgung von Zuwiderhandlungen gilt § 20 entsprechend.

§ 15[1)] Datei über Unternehmen des gewerblichen Güterkraftverkehrs und des gewerblichen Personenverkehrs mit Kraftomnibussen (Verkehrsunternehmensdatei) (1) [1]Das Bundesamt führt die Verkehrsunternehmensdatei über alle im Inland niedergelassenen Unternehmen des gewerblichen Güterkraftverkehrs und des gewerblichen Personenverkehrs mit Kraftomnibussen, um unmittelbar feststellen zu können, über welche Berechtigungen (Erlaubnis nach § 3, Gemeinschaftslizenz nach Artikel 4 der Verordnung (EG) Nr. 1072/2009, CEMT-Genehmigung, CEMT-Umzugsgenehmigung, bilaterale Genehmigung für den grenzüberschreitenden gewerblichen Güterkraftverkehr, Gemeinschaftslizenz nach Artikel 4 der Verordnung (EG) Nr. 1073/2009 des Europäischen Parlaments und des Rates vom 21. Oktober 2009 über gemeinsame Regeln für den Zugang zum grenzüberschreitenden Personenkraftverkehrsmarkt und zur Änderung der Verordnung (EG) Nr. 561/2006 (ABl. L 300 vom 14.11.2009, S. 88) sowie Genehmigungen nach dem Personenbeförderungsgesetz[2)] zur Beförderung von Personen mit Kraftomnibussen im Linienverkehr oder im Gelegenheitsverkehr) die jeweiligen Unternehmer verfügen. [2]Die Verkehrsunternehmensdatei muss nach näherer Bestimmung durch Rechtsverordnung gemäß Absatz 7 einen allgemein zugänglichen Teil enthalten.

(2) Die nach Landesrecht zuständige Behörde übermittelt dem Bundesamt unverzüglich die nach näherer Bestimmung durch Rechtsverordnung gemäß Absatz 7 zu speichernden oder zu einer Änderung einer Eintragung führenden Daten im Wege der Datenfernübertragung.

(3) [1]Ergeben sich beim Bundesamt Anhaltspunkte dafür, daß ihm übermittelte Daten nicht mehr richtig sind, teilt es dies der zuständigen Landesbehörde mit. [2]Diese kann vom Unternehmer Auskunft verlangen und unterrichtet das Bundesamt. [3]Der Unternehmer ist zur Auskunft nach Satz 2 verpflichtet.

(4) Das Bundesamt darf die in der Verkehrsunternehmensdatei gespeicherten Daten für die

1. Erteilung von CEMT-Genehmigungen und bilateralen Genehmigungen für den grenzüberschreitenden gewerblichen Güterkraftverkehr,
2. Beantwortung von Anfragen der für die Erteilung der Genehmigung zur Beförderung von Kriegswaffen zuständigen Behörden nach der Zuverlässigkeit des Antragstellers gemäß dem Gesetz über die Kontrolle von Kriegswaffen in der Fassung der Bekanntmachung vom 22. November 1990 (BGBl. I S. 2506) in der jeweils geltenden Fassung,
3. Erledigung der Aufgaben, die ihm nach dem Gesetz zur Sicherstellung des Verkehrs in der Fassung der Bekanntmachung vom 8. Oktober 1968 (BGBl. I

[1)] § 15 Abs. 4 Nr. 3 geänd. mWv 1.1.2009 durch G v. 6.11.2008 (BGBl. I S. 2162); Abs. 4 Nr. 3 und 4 geänd., Nr. 5 angef. mWv 6.8.2010 durch G v. 31.7.2010 (BGBl. I S. 1057); Überschr., Abs. 1, 2 und 4 neu gef., Abs. 3 Satz 1, Abs. 5 und 6 geänd., Abs. 7 angef. mWv 26.11.2011 durch G v. 22.11.2011 (BGBl. I S. 2272); Abs. 7 einl. Satzteil geänd. mWv 8.9.2015 durch VO v. 31.8.2015 (BGBl. I S. 1474); Abs. 4 Nr. 6 geänd. mWv 25.5.2017 durch G v. 16.5.2017 (BGBl. I S. 1214); Abs. 4 abschl. Satzteil geänd. mWv 26.11.2019 durch G v. 20.11.2019 (BGBl. I S. 1626).

[2)] Nr. **400**.

S. 1082) in der jeweils geltenden Fassung sowie durch das Gesetz zur Sicherung von Verkehrsleistungen vom 23. Juli 2004 (BGBl. I S. 1865) in der jeweils geltenden Fassung übertragen sind,

4. Überwachung der Einhaltung der für Verkehrsunternehmer geltenden Pflichten einschließlich der Verfolgung und Ahndung von Zuwiderhandlungen,
5. Durchführung von Beihilfeverfahren im Sinne des § 14a und
6. Beantwortung von Anfragen von Erteilungsbehörden und zuständigen öffentlichen Stellen in einem Mitgliedstaat der Europäischen Union oder einem anderen Mitgliedstaat des Europäischen Wirtschaftsraumes oder der Schweiz zum Zweck der Überprüfung der Einhaltung der Zugangsvoraussetzungen zum Beruf des Güter- und Personenkraftverkehrsunternehmers

verarbeiten, soweit dies zur Erfüllung der genannten Aufgaben erforderlich ist.

(5) Das Bundesamt ist berechtigt, die Verkehrsunternehmensdatei als Auswahlgrundlage für die Durchführung der Unternehmensstatistik im gewerblichen Güterkraftverkehr und der Marktbeobachtung nach § 14 zu verwenden.

(6) Die in der Verkehrsunternehmensdatei gespeicherten Daten sind zu löschen, wenn sie für die Aufgaben nach Absatz 1, 4 und 5 nicht mehr benötigt werden, spätestens aber zwei Jahre, nachdem das Unternehmen seinen Betrieb eingestellt hat.

(7) Das Bundesministerium für Verkehr und digitale Infrastruktur wird ermächtigt, durch Rechtsverordnung mit Zustimmung des Bundesrates die Einzelheiten der Führung der Verkehrsunternehmensdatei zu regeln, insbesondere das Nähere

1. zu den in der Verkehrsunternehmensdatei zu speichernden Daten einschließlich der Angaben zur Identifizierung der Unternehmen, der Inhaber, der geschäftsführungs- und vertretungsberechtigten Gesellschafter, der gesetzlichen Vertreter sowie Verkehrsleiter,
2. zur Veröffentlichung des allgemein zugänglichen Teils der Datei,
3. zum Verfahren der Übermittlung von Daten an und durch das Bundesamt,
4. über Zugriffsrechte und das Verfahren der Erteilung von Auskünften,
5. zur Verantwortung für den Inhalt der Verkehrsunternehmensdatei und die Datenpflege sowie
6. zu den nach § 9 des Bundesdatenschutzgesetzes erforderlichen technischen und organisatorischen Maßnahmen.

§ 15a[1] Werkverkehrsdatei. (1) Das Bundesamt führt eine Datei über alle im Inland niedergelassenen Unternehmen, die Werkverkehr mit Lastkraftwagen, Zügen (Lastkraftwagen und Anhänger) und Sattelkraftfahrzeugen durchführen, deren zulässiges Gesamtgewicht 3,5 Tonnen übersteigt, um unmittelbar feststellen zu können, welche Unternehmen Werkverkehr mit größeren Kraftfahrzeugen betreiben.

[1] § 15a Abs. 4 Nr. 3 geänd., Nr. 4 angef. mWv 6.8.2010 durch G v. 31.7.2010 (BGBl. I S. 1057); Abs. 4 Nr. 3 und 4 geänd., Nr. 5 angef. mWv 1.7.2013 durch G v. 17.6.2013 (BGBl. I S. 1558); Abs. 4 abschl. Satzteil geänd. mWv 26.11.2019 durch G v. 20.11.2019 (BGBl. I S. 1626).

(2) Jeder Unternehmer, der Werkverkehr im Sinne des Absatzes 1 betreibt, ist verpflichtet, sein Unternehmen vor Beginn der ersten Beförderung beim Bundesamt anzumelden.

(3) Zur Speicherung in der Werkverkehrsdatei hat der Unternehmer bei der Anmeldung folgende Angaben zu machen und auf Verlangen nachzuweisen:

1. Name, Rechtsform und Gegenstand des Unternehmens,
2. Anschrift sowie Telefon- und Telefaxnummern des Sitzes,
3. Vor- und Familiennamen der Inhaber, der geschäftsführungs- und vertretungsberechtigten Gesellschafter und der gesetzlichen Vertreter,
4. Anzahl der Lastkraftwagen, Züge (Lastkraftwagen und Anhänger) und Sattelkraftfahrzeuge, deren zulässiges Gesamtgewicht 3,5 Tonnen übersteigt, sowie
5. Anschriften der Niederlassungen.

(4) Das Bundesamt darf die in Absatz 3 genannten Angaben

1. zur Vorbereitung verkehrspolitischer Entscheidungen durch die zuständigen Stellen,
2. zur Überwachung der Einhaltung der für Werkverkehrsunternehmer geltenden Pflichten einschließlich der Verfolgung und Ahndung von Zuwiderhandlungen,
3. als Auswahlgrundlage für Unternehmensbefragungen im Rahmen der Marktbeobachtung nach § 14 sowie für die Durchführung der Unternehmensstatistik im Werkverkehr,
4. zur Durchführung von Beihilfeverfahren im Sinne des § 14a und
5. für die Erledigung der Aufgaben, die ihm nach dem Gesetz zur Sicherstellung des Verkehrs sowie durch das Gesetz zur Sicherstellung von Verkehrsleistungen übertragen sind,

verarbeiten, soweit dies zur Erfüllung der genannten Aufgaben erforderlich ist.

(5) Ändern sich die in Absatz 3 genannten Angaben, so hat der Unternehmer dies dem Bundesamt unverzüglich mitzuteilen und auf Verlangen nachzuweisen.

(6) Führt der Unternehmer keinen Werkverkehr im Sinne des Absatzes 1 mehr durch, hat er sich unverzüglich beim Bundesamt abzumelden.

(7) Die nach Absatz 3 gespeicherten Daten sind zu löschen, wenn sie für die in Absatz 4 genannten Aufgaben nicht mehr benötigt werden, spätestens aber ein Jahr, nachdem sich der Unternehmer beim Bundesamt abgemeldet hat.

§ 16[1] Datei über abgeschlossene Bußgeldverfahren. (1) [1]Das Bundesamt darf zum Zweck der Verfolgung und Ahndung weiterer Ordnungswidrigkeiten derselben betroffenen Person sowie zum Zweck der Beurteilung der Zuverlässigkeit des Unternehmers und der Verkehrsleiter folgende personenbezogenen Daten über abgeschlossene Bußgeldverfahren, bei denen es Verwal-

---

[1] § 16 Abs. 4 Nr. 1a eingef. mWv 7.9.2001 durch G v. 2.9.2001 (BGBl. I S. 2272); Abs. 4 Nr. 1a geänd. mWv 1.1.2004 durch G v. 23.12.2003 (BGBl. I S. 2848); Abs. 1 Satz 1 einl. Satzteil, Nr. 3, Abs. 2 Satz 1 und Abs. 3 Satz 1 geänd., Abs. 1 Satz 1 Nr. 1 und 4 neu gef. mWv 26.11.2011 durch G v. 22.11.2011 (BGBl. I S. 2272); Abs. 2a eingef. mWv 25.5.2017 durch G v. 16.5.2017 (BGBl. I S. 1214); Abs. 1 Satz 1 einl. Satzteil, Nr. 1 und Satz 2, Abs. 2 Satz 2, Abs. 2a Satz 2, Abs. 3 Satz 1, Abs. 5 Satz 2, Abs. 6 Sätze 1 und 2 und Abs. 7 geänd. mWv 26.11.2019 durch G v. 20.11.2019 (BGBl. I S. 1626).

tungsbehörde im Sinne des § 36 Abs. 1 Nr. 1 des Gesetzes über Ordnungswidrigkeiten[1)] ist, speichern und verändern:

1. Geburtsname, Familienname, Vorname, Geschlecht, Geburtsdatum, Geburtsort, Geburtsstaat und Staatsangehörigkeit der betroffenen Person, ihre Stellung im Unternehmen sowie Name und Anschrift des Unternehmens,
2. Zeit und Ort der Begehung der Ordnungswidrigkeit,
3. die gesetzlichen Merkmale der Ordnungswidrigkeit und die angewendeten Bußgeldvorschriften,
4. Bußgeldbescheide mit dem Datum ihres Erlasses und dem Datum des Eintritts der Rechtskraft, gerichtliche Entscheidungen in Bußgeldsachen mit dem Datum der Entscheidung und dem Datum des Eintritts ihrer Rechtskraft sowie jeweils die entscheidende Stelle samt Geschäftsnummer oder Aktenzeichen und
5. die Höhe der Geldbuße.

[2]Das Bundesamt darf diese Daten verwenden, soweit es für die in Satz 1 genannten Zwecke erforderlich ist.

(2) [1]Zum Zweck der Vorbereitung und Durchführung der Überwachung nach § 12 Abs. 4 und 5 sowie der Beurteilung der Zuverlässigkeit des Unternehmers und der Verkehrsleiter gilt Absatz 1 entsprechend für abgeschlossene Bußgeldverfahren wegen Zuwiderhandlungen nach § 19, die in einem Unternehmen mit Sitz im Inland begangen wurden. [2]Über diese Verfahren übermitteln die zuständigen Verwaltungsbehörden im Sinne des § 36 Abs. 1 Nr. 1 des Gesetzes über Ordnungswidrigkeiten dem Bundesamt die Daten nach Absatz 1 Satz 1.

(2a) [1]Zum Zweck der Beurteilung der Zuverlässigkeit des Unternehmers und der Verkehrsleiter gilt Absatz 1 entsprechend für abgeschlossene Bußgeldverfahren wegen in Anhang 1 der Verordnung (EU) 2016/403 der Kommission vom 18. März 2016 zur Ergänzung der Verordnung (EG) Nr. 1071/2009 des Europäischen Parlaments und des Rates in Bezug auf die Einstufung schwerwiegender Verstöße gegen die Unionsvorschriften, die zur Aberkennung der Zuverlässigkeit der Kraftverkehrsunternehmer führen können, sowie zur Änderung von Anhang III der Richtlinie 2006/22/EG des Europäischen Parlaments und des Rates (ABl. L 74 vom 19.3.2016, S. 8) genannter Zuwiderhandlungen, wenn die Ordnungswidrigkeit in einem Unternehmen mit Sitz im Inland begangen wurde und die Geldbuße bis zu zweihundert Euro beträgt. [2]Über diese Verfahren übermitteln die zuständigen Verwaltungsbehörden nach § 36 Absatz 1 Nummer 1 des Gesetzes über Ordnungswidrigkeiten dem Bundesamt die Daten nach Absatz 1 Satz 1. [3]Die §§ 4 und 6 der Verordnung zur Durchführung der Verkehrsunternehmensdatei nach dem Güterkraftverkehrsgesetz[2)] gelten entsprechend.

(3) [1]Das Bundesamt hat eine schwerwiegende Zuwiderhandlung der betroffenen Person und sonstige Zuwiderhandlungen der betroffenen Person oder anderer Unternehmensangehöriger dem Unternehmen und der nach Landesrecht zuständigen Behörde mitzuteilen, soweit Anlaß besteht, an der Zuverlässigkeit des Unternehmers oder der Verkehrsleiter zu zweifeln. [2]Zur Fest-

[1)] Nr. **680**.
[2)] Nr. **465**.

stellung solcher Wiederholungsfälle hat es die Zuwiderhandlungen der Angehörigen desselben Unternehmens zusammenzuführen.

(4) Das Bundesamt übermittelt die Daten nach Absatz 1 Satz 1

1. an in- und ausländische öffentliche Stellen, soweit dies für die Entscheidung über den Zugang zum Beruf des Güter- und Personenkraftverkehrsunternehmers erforderlich ist,

1a. bei Verstößen gegen Vorschriften zur Verhinderung illegaler Beschäftigung und Vorschriften für die Sozialversicherung an die Bundesagentur für Arbeit, die Hauptzollämter, die Einzugsstellen und die Träger der Rentenversicherung sowie die Ausländerbehörden, soweit dies zur Vorbereitung und Durchführung weiterer Ermittlungen, insbesondere von Betriebskontrollen, erforderlich ist,

2. auf Ersuchen an Gerichte und die Behörden, die hinsichtlich der in § 11 genannten Aufgaben Verwaltungsbehörde nach § 36 Abs. 1 Nr. 1 des Gesetzes über Ordnungswidrigkeiten sind, soweit dies zur Verfolgung und Ahndung von Ordnungswidrigkeiten erforderlich ist.

(5) [1] Die Übermittlung an ausländische öffentliche Stellen nach Absatz 4 Nr. 1 unterbleibt, soweit Grund zu der Annahme besteht, daß durch sie gegen den Zweck eines deutschen Gesetzes verstoßen würde. [2] Sie unterbleibt außerdem, wenn durch sie schutzwürdige Interessen der betroffenen Person beeinträchtigt würden, insbesondere wenn im Empfängerland ein angemessener Datenschutzstandard nicht gewährleistet ist. [3] Die ausländische öffentliche Stelle ist darauf hinzuweisen, daß sie die nach Absatz 4 Nr. 1 übermittelten Daten nur zu dem Zweck nutzen darf, zu dem sie übermittelt wurden.

(6) [1] Eine Übermittlung an inländische öffentliche Stellen unterbleibt, soweit das schutzwürdige Interesse der betroffenen Person am Ausschluß der Übermittlung das öffentliche Interesse an der Übermittlung überwiegt. [2] Die inländische öffentliche Stelle darf die nach Absatz 4 übermittelten Daten nur für den Zweck verarbeiten, zu dessen Erfüllung sie übermittelt wurden.

(7) Erweisen sich übermittelte Daten als unrichtig, so ist der Empfänger unverzüglich zu unterrichten, wenn dies zur Wahrung schutzwürdiger Interessen der betroffenen Person erforderlich ist.

(8) [1] Das Bundesamt hat die nach Absatz 1 Satz 1 gespeicherten Daten zwei Jahre nach dem Eintritt der Rechtskraft des Bußgeldbescheides oder der gerichtlichen Entscheidung zu löschen, wenn in dieser Zeit keine weiteren Eintragungen im Sinne des Absatzes 1 Satz 1 Nr. 4 hinzugekommen sind. [2] Sie sind spätestens fünf Jahre nach ihrer Speicherung zu löschen.

§ 17[1)] Nationale Kontaktstelle und europäischer Informationsaustausch. (1) Das Bundesamt ist nationale Kontaktstelle nach Artikel 18 Absatz 1 der Verordnung (EG) Nr. 1071/2009.

[1)] § 17 eingef. mWv 26.11.2011 durch G v. 22.11.2011 (BGBl. I S. 2272); Abs. 5 Satz 1 geänd. mWv 1.7.2013 durch G v. 17.6.2013 (BGBl. I S. 1558); Abs. 7 geänd. mWv 8.9.2015 durch VO v. 31.8.2015 (BGBl. I S. 1474); Abs. 2 Satz 1, Abs. 3 Sätze 1 und 2, Abs. 4 Sätze 1 und 2 und Abs. 5 Satz 1 geänd. mWv 25.5.2017 durch G v. 16.5.2017 (BGBl. I S. 1214); Abs. 2 Sätze 1 und 3, Abs. 3 Sätze 1 und 2 sowie Abs. 4 Sätze 1 und 2 und Abs. 5 Satz 2 geänd. mWv 26.11.2019 durch G v. 20.11.2019 (BGBl. I S. 1626).

(2) [1]Das Bundesamt übermittelt als nationale Kontaktstelle Daten über schwerwiegende Verstöße gegen Gemeinschaftsvorschriften in den in Artikel 6 Absatz 1 Buchstabe b der Verordnung (EG) Nr. 1071/2009 genannten Bereichen, die in einem Güter- oder Personenkraftverkehrsunternehmen mit Sitz in einem anderen Mitgliedstaat der Europäischen Union oder in einem anderen Vertragsstaat des Abkommens über den Europäischen Wirtschaftsraum oder der Schweiz begangen wurden, von Amts wegen an die nationale Kontaktstelle des Niederlassungsmitgliedstaates. [2]Hierzu übermitteln Staatsanwaltschaften und Verwaltungsbehörden im Sinne des § 36 Absatz 1 Nummer 1 des Gesetzes über Ordnungswidrigkeiten[1)] dem Bundesamt nach Eintritt der Rechtskraft der gerichtlichen Entscheidung oder des Bußgeldbescheides die erforderlichen Informationen einschließlich personenbezogener Daten. [3]Das Bundesamt übermittelt Mitteilungen aus dem Niederlassungsmitgliedstaat über anlässlich des übermittelten Verstoßes veranlasste Maßnahmen im Sinne des Artikels 12 Absatz 1 der Verordnung (EG) Nr. 1072/2009 und des Artikels 22 Absatz 1 der Verordnung (EG) Nr. 1073/2009 an die übermittelnde deutsche Stelle.

(3) [1]Das Bundesamt übermittelt als nationale Kontaktstelle Mitteilungen aus anderen Mitgliedstaaten der Europäischen Union oder aus anderen Vertragsstaaten des Abkommens über den Europäischen Wirtschaftsraum oder der Schweiz über schwerwiegende Verstöße gegen Gemeinschaftsvorschriften in den in Artikel 6 Absatz 1 Buchstabe b der Verordnung (EG) Nr. 1071/2009 genannten Bereichen, die in einem Güter- oder Personenkraftverkehrsunternehmen mit Sitz im Inland begangen wurden, von Amts wegen an die jeweils zuständige Erteilungsbehörde. [2]Das Bundesamt übermittelt Mitteilungen der zuständigen Landesbehörde über anlässlich des übermittelten Verstoßes veranlasste Maßnahmen im Sinne des Artikels 12 Absatz 1 der Verordnung (EG) Nr. 1072/2009 und des Artikels 22 Absatz 1 der Verordnung (EG) Nr. 1073/2009 an die nationale Kontaktstelle des mitteilenden Mitgliedstaates der Europäischen Union oder des mitteilenden anderen Vertragsstaates des Abkommens über den Europäischen Wirtschaftsraum oder der Schweiz.

(4) [1]Das Bundesamt übermittelt als nationale Kontaktstelle von Amts wegen Anfragen von zuständigen Landesbehörden zu bestandskräftigen Entscheidungen von Behörden anderer Mitgliedstaaten der Europäischen Union oder anderer Vertragsstaaten des Abkommens über den Europäischen Wirtschaftsraum oder der Schweiz, durch die einer bestimmten Person nach Maßgabe des Artikels 6 Absatz 2 und des Artikels 14 der Verordnung (EG) Nr. 1071/2009 die Führung von Kraftverkehrsgeschäften wegen Unzuverlässigkeit untersagt wird, an nationale Kontaktstellen anderer Mitgliedstaaten der Europäischen Union oder anderer Vertragsstaaten des Abkommens über den Europäischen Wirtschaftsraum oder der Schweiz. [2]Das Bundesamt übermittelt an die anfragende Landesbehörde in diesem Zusammenhang eingegangene Antworten aus anderen Mitgliedstaaten der Europäischen Union oder aus anderen Vertragsstaaten des Abkommens über den Europäischen Wirtschaftsraum oder der Schweiz.

(5) [1]Das Bundesamt erteilt als nationale Kontaktstelle den nationalen Kontaktstellen anderer Mitgliedstaaten der Europäischen Union oder anderer Vertragsstaaten des Abkommens über den Europäischen Wirtschaftsraum oder der Schweiz auf Anfrage Auskunft über Personen, denen eine deutsche Behörde

---

[1)] Nr. **680**.

nach § 3 Absatz 5b oder § 25a des Personenbeförderungsgesetzes[1] die Führung von Kraftverkehrsgeschäften wegen Unzuverlässigkeit bestandskräftig untersagt hat, soweit dies für die Entscheidung über den Zugang zum Beruf des Güter- und Personenkraftverkehrsunternehmers erforderlich ist. [2]Die für eine Untersagung nach Satz 1 zuständige Landesbehörde teilt dem Bundesamt unverzüglich eine Untersagung und die Identifizierungsdaten der betroffenen Person mit; das Bundesamt darf die Identifizierungsdaten für den in Satz 1 genannten Zweck speichern. [3]Wird die persönliche Ausübung von Verkehrsgeschäften wieder gestattet oder wird die Untersagung aus anderen Gründen gegenstandslos, teilt die zuständige Behörde dies dem Bundesamt unverzüglich mit, das die Identifizierungsdaten unverzüglich löscht.

(6) [1]Die Datenübermittlung zwischen den beteiligten inländischen Stellen und dem Bundesamt erfolgt im Wege der Datenfernübertragung. [2]Dabei sind dem jeweiligen Stand der Technik entsprechende Maßnahmen zur Sicherstellung von Datenschutz und Datensicherheit zu treffen, die insbesondere die Vertraulichkeit und Unversehrtheit der Daten gewährleisten; im Falle der Nutzung allgemein zugänglicher Netze sind dem jeweiligen Stand der Technik entsprechende Verschlüsselungsverfahren anzuwenden.

(7) Den Inhalt der für die Zwecke der Absätze 2 bis 5 erforderlichen Informationen sowie die Einzelheiten der Kommunikation zwischen den beteiligten inländischen Stellen und dem Bundesamt einschließlich der Vorgaben über den Aufbau der Datensätze und der Datenstruktur regeln Durchführungsbestimmungen, die vom Bundesamt mit Zustimmung des Bundesministeriums für Verkehr und digitale Infrastruktur erlassen und geändert werden.

§ 17a[2] Zuständigkeit für die Durchführung internationalen Verkehrsrechts. Das Bundesministerium für Verkehr und digitale Infrastruktur wird ermächtigt, durch Rechtsverordnung mit Zustimmung des Bundesrates das Bundesamt als die für die Bundesrepublik Deutschland zuständige Stelle zu bestimmen, soweit eine solche Bestimmung auf dem Gebiet des Verkehrs zur Durchführung von Rechtsakten der Europäischen Union oder eines internationalen Abkommens erforderlich ist.

5. Abschnitt. Überwachung, Bußgeldvorschriften

§ 18 Grenzkontrollen. Die für die Kontrolle an der Grenze zuständigen Stellen sind berechtigt, Kraftfahrzeuge zurückzuweisen, wenn die nach diesem Gesetz erforderlichen Unterlagen, deren Mitführung vorgeschrieben ist, trotz Aufforderung nicht vorgelegt werden.

§ 19[3] Bußgeldvorschriften. (1) Ordnungswidrig handelt, wer vorsätzlich oder fahrlässig

---

[1] Nr. **400**.

[2] Früherer § 17 geänd. mWv 7.11.2001 durch VO v. 29.10.2001 (BGBl. I S. 2785); geänd. mWv 8.11.2006 durch VO v. 31.10.2006 (BGBl. I S. 2); § 17 wird § 17a und geänd. mWv 26.11.2011 durch G v. 22.11.2011 (BGBl. I S. 2272); geänd. mWv 8.9.2015 durch VO v. 31.8.2015 (BGBl. I S. 1474).

[3] § 19 Abs. 1 Nr. 4 und Abs. 2 Satz 1 neu gef., Abs. 1 Nrn. 6d, 6e und 6f sowie Abs. 1a eingef. mWv 7.9.2001, Abs. 2 geänd. mWv 1.1.2002 durch G v. 2.9.2001 (BGBl. I S. 2272); Abs. 1 Nr. 1 und 1a eingef., bish. Nr. 1 und 1a werden Nr. 1b und 1c, Nr. 3, 4, 6a bis 6e neu gef., Nr. 6f, 13 aufgeh., Nr. 12d, 12e geänd., Abs. 1a neu gef., neue Abs. 2 bis 4 eingef., bish. Abs. 2 wird Abs. 5, →

1. entgegen § 2 Abs. 1a Satz 1 nicht dafür sorgt, dass ein Begleitpapier oder ein sonstiger Nachweis mitgeführt wird,
1a. entgegen § 2 Abs. 1a Satz 2 das Begleitpapier oder den sonstigen Nachweis nicht mitführt, nicht oder nicht rechtzeitig aushändigt oder nicht oder nicht rechtzeitig zugänglich macht,
1b. ohne Erlaubnis nach § 3 Abs. 1 gewerblichen Güterkraftverkehr betreibt,
1c. einer vollziehbaren Auflage nach § 3 Absatz 4 zuwiderhandelt,
2. einer Rechtsverordnung nach § 3 Abs. 6 Nr. 2 Buchstabe c, Nr. 3 oder 4 oder § 23 Abs. 3 Satz 1 oder Abs. 5 oder einer vollziehbaren Anordnung auf Grund einer solchen Rechtsverordnung zuwiderhandelt, soweit die Rechtsverordnung für einen bestimmten Tatbestand auf diese Bußgeldvorschrift verweist,
3. entgegen § 7 Absatz 1 Satz 1 oder Satz 3 nicht dafür sorgt, dass ein dort genanntes Dokument oder ein dort genannter Nachweis mitgeführt wird,
4. entgegen § 7 Absatz 1 Satz 2 ein dort genanntes Dokument oder einen dort genannten Nachweis einschweißt oder mit einer Schutzschicht überzieht,
4a. entgegen § 7 Absatz 1a Satz 1 eine Erklärung nicht, nicht richtig, nicht vollständig oder nicht rechtzeitig aushändigt,
4b. entgegen § 7 Absatz 1a Satz 2 nicht dafür sorgt, dass die Erklärung während der Beförderung mitgeführt wird,
5. entgegen
   a) § 7 Absatz 2 Satz 1 oder
   b) § 7 Absatz 2 Satz 3 oder Satz 4

   ein dort genanntes Dokument, einen dort genannten Nachweis, einen Pass, ein sonstiges zum Grenzübertritt berechtigendes Dokument oder eine langfristige Aufenthaltsberechtigung-EG nicht mitführt oder nicht oder nicht rechtzeitig aushändigt,
6. *(aufgehoben)*
6a. entgegen § 7a Abs. 4 Satz 1 nicht dafür sorgt, dass ein dort genannter Nachweis mitgeführt wird,
6b. entgegen § 7a Abs. 4 Satz 2 ein Versicherungsnachweis nicht mitführt oder nicht oder nicht rechtzeitig aushändigt,
6c. entgegen § 7b Abs. 1 Satz 1 einen Angehörigen eines dort genannten Staates als Fahrpersonal einsetzt,
6d. entgegen § 7b Abs. 1 Satz 2 nicht dafür sorgt, dass das ausländische Fahrpersonal eine dort genannte Unterlage mitführt,
6e. entgegen § 7b Abs. 2 eine dort genannte Unterlage nicht mitführt oder nicht oder nicht rechtzeitig aushändigt,

---

(Fortsetzung der Anm. von voriger Seite)
neuer Abs. 5 Satz 1 neu gef. mWv 9.9.2004 durch G v. 2.9.2004 (BGBl. I S. 2302); Abs. 2a eingef., Abs. 3 neu gef., Abs. 4 Nr. 2 und 3 geänd. mWv 6.8.2010 durch G v. 31.7.2010 (BGBl. I S. 1057); Abs. 1 Nr. 1c und 4, Abs. 2, Abs. 2a Nr. 6 und Abs. 4 neu gef., Abs. 1 Nr. 12, Abs. 2a einl. Satzteil und Nr. 2, 5 und 7 geänd. mWv 26.11.2011 durch G v. 22.11.2011 (BGBl. I S. 2272), Abs. 5 und 6 eingef., bish. Abs. 5 wird Abs. 7 und Satz 1 geänd. mWv 30.11.2012 durch G v. 25.11.2012 (BGBl. II S. 1381); Abs. 1 Nr. 3–5 neu gef., Nr. 6 aufgeh., Nr. 9 und Abs. 2a Nr. 6 geänd., Nr. 7 neu gef., Nr. 8 angef. mWv 1.7.2013 durch G v. 17.6.2013 (BGBl. I S. 1558); Abs. 1 Nr. 4a und 4b eingef. mWv 2.12.2020 durch G v. 26.11.2020 (BGBl. I S. 2575).

7. entgegen § 12 Abs. 1 Satz 3 oder Abs. 5 Satz 1 Nr. 1, § 15 Abs. 3 Satz 3 oder § 21a Abs. 3 Satz 1 eine Auskunft nicht, nicht richtig, nicht vollständig oder nicht rechtzeitig erteilt,
8. entgegen § 12 Abs. 3 ein Zeichen oder eine Weisung nicht befolgt,
9. entgegen § 12 Abs. 4 Satz 2 oder § 21a Absatz 2 Satz 2 eine Maßnahme nicht gestattet,
10. entgegen § 12 Abs. 5 Satz 1 Nr. 2 oder § 21a Abs. 3 Satz 1 einen Nachweis nicht, nicht richtig, nicht vollständig oder nicht rechtzeitig erbringt,
11. entgegen § 12 Abs. 5 Satz 1 Nr. 3 oder § 21a Abs. 3 Satz 1 ein Hilfsmittel nicht oder nicht rechtzeitig stellt oder Hilfsdienste nicht oder nicht rechtzeitig leistet,
12. einer vollziehbaren Untersagung nach § 13Absatz 1 oder Absatz 2 zuwiderhandelt,

12a. entgegen § 15a Abs. 2 und 3 sein Unternehmen nicht, nicht richtig, nicht vollständig oder nicht rechtzeitig anmeldet,

12b. entgegen § 15a Abs. 3 die Angaben auf Verlangen nicht, nicht richtig, nicht vollständig oder nicht rechtzeitig nachweist,

12c. entgegen § 15a Abs. 5 Änderungen nicht, nicht richtig, nicht vollständig oder nicht rechtzeitig mitteilt,

12d. entgegen § 15a Abs. 5 Änderungen nicht, nicht richtig, nicht vollständig oder nicht rechtzeitig nachweist oder

12e. entgegen § 15a Abs. 6 sein Unternehmen nicht rechtzeitig abmeldet.

(1a) Ordnungswidrig handelt, wer

1. entgegen § 7c Satz 1 Nr. 1 oder 3 Buchstabe a oder
2. entgegen § 7c Satz 1 Nr. 2 oder 3 Buchstabe b

eine Leistung ausführen lässt.

(2) Ordnungswidrig handelt, wer gegen die Verordnung (EG) Nr. 1072/2009 des Europäischen Parlaments und des Rates vom 21. Oktober 2009 über gemeinsame Regeln für den Zugang zum Markt des grenzüberschreitenden Güterkraftverkehrs (ABl. L 300 vom 14.11.2009, S. 72) verstößt, indem er vorsätzlich oder fahrlässig

1. ohne Gemeinschaftslizenz nach Artikel 3 grenzüberschreitenden Güterkraftverkehr betreibt,

(Fortsetzung nächstes Blatt)

2. entgegen Artikel 5 Absatz 6 Satz 1 dem Fahrer die Fahrerbescheinigung nicht oder nicht rechtzeitig zur Verfügung stellt oder
3. entgegen Artikel 5 Absatz 6 Satz 3 die Fahrerbescheinigung nicht oder nicht rechtzeitig vorzeigt.

(2a) Ordnungswidrig handelt, wer vorsätzlich oder fahrlässig im Kabotageverkehr nach Artikel 8 der Verordnung (EG) Nr. 1072/2009

1. vor der ersten Kabotagebeförderung eine grenzüberschreitende Beförderung aus einem Mitgliedstaat der Europäischen Union oder einem Drittland nicht durchführt,
2. vor der letzten Entladung der nach Deutschland eingeführten Lieferung eine Kabotagebeförderung durchführt,
3. mehr als drei Kabotagebeförderungen im Anschluss an die grenzüberschreitende Beförderung durchführt,
4. nicht dasselbe Fahrzeug für alle Kabotagebeförderungen verwendet oder im Fall von Fahrzeugkombinationen nicht das Kraftfahrzeug desselben Fahrzeugs für alle Kabotagebeförderungen verwendet,
5. später als sieben Tage nach der letzten Entladung der eingeführten Lieferung eine Kabotagebeförderung durchführt,
6. nach Durchführung von mehr als zwei Kabotagebeförderungen in einem oder mehreren anderen Mitgliedstaaten nach unbeladener Einfahrt eine Kabotagebeförderung in Deutschland durchführt,
7. nach Durchführung einer grenzüberschreitenden Beförderung in einen Mitgliedstaat und unbeladener Einfahrt nach Deutschland mehr als eine Kabotagebeförderung durchführt oder
8. eine Kabotagebeförderung nicht innerhalb von drei Tagen im Anschluss an eine unbeladene Einfahrt nach Deutschland beendet.

(3) Ordnungswidrig handelt, wer als Fahrer, der Staatsangehöriger eines Drittstaates ist, vorsätzlich oder fahrlässig eine Kabotagebeförderung nach Artikel 8 der Verordnung (EG) Nr. 1072/2009 durchführt, ohne die Fahrerbescheinigung mitzuführen.

(4) Ordnungswidrig handelt, wer vorsätzlich oder fahrlässig

1. im grenzüberschreitenden Güterkraftverkehr einen Fahrer einsetzt, für den eine Fahrerbescheinigung nach Artikel 5 Absatz 2 der Verordnung (EG) Nr. 1072/2009 nicht ausgestellt worden ist,
2. Kabotage nach Artikel 8 Absatz 1 der Verordnung (EG) Nr. 1072/2009 betreibt, ohne Inhaber einer Gemeinschaftslizenz nach Artikel 4 der Verordnung (EG) Nr. 1072/2009 zu sein, oder
3. im Kabotageverkehr nach Artikel 8 Absatz 1 der Verordnung (EG) Nr. 1072/2009 einen Fahrer einsetzt, für den eine Fahrerbescheinigung nach Artikel 5 Absatz 2 der Verordnung (EG) Nr. 1072/2009 nicht ausgestellt worden ist.

(5) Ordnungswidrig handelt, wer gegen die Verordnung (EU) Nr. 1214/2011 des Europäischen Parlaments und des Rates vom 16. November 2011 über den gewerbsmäßigen grenzüberschreitenden Straßentransport von Euro-Bargeld zwischen den Mitgliedstaaten des Euroraums (ABl. L 316 vom 29.11. 2011, S. 1) verstößt, indem er vorsätzlich oder fahrlässig

1. ohne Lizenz nach Artikel 4 Absatz 1 einen grenzüberschreitenden Geldtransport betreibt,
2. entgegen Artikel 4 Absatz 3 Satz 2 ein Original oder eine beglaubigte Kopie einer gültigen Lizenz nicht oder nicht rechtzeitig vorweist,
3. entgegen Artikel 6 Absatz 4 Satz 1 eine erforderliche Waffengenehmigung nicht besitzt oder
4. entgegen Artikel 10 dort genannte Banknoten nicht oder nicht unverzüglich nach Entdecken aus dem Verkehr zieht.

(6) Ordnungswidrig handelt, wer vorsätzlich oder fahrlässig

1. als Verantwortlicher eines lizenzierten Unternehmens Sicherheitspersonal einsetzt, das einer in Artikel 5 Absatz 1 Unterabsatz 1 oder Absatz 2 Satz 1 der Verordnung (EU) Nr. 1214/2011 genannten Anforderung nicht genügt,
2. als Verantwortlicher eines lizenzierten Unternehmens ein Fahrzeug einsetzt, das einer Anforderung des Artikels 7 Absatz 1, 2, 3 oder Absatz 4 Satz 1 der Verordnung (EU) Nr. 1214/2011 nicht genügt, oder
3. einen Transport in einer nicht nach Artikel 13 Absatz 1 Satz 1 der Verordnung (EU) Nr. 1214/2011 genannten Option durchführt.

(7) [1] Die Ordnungswidrigkeit kann in den Fällen des Absatzes 1 Nr. 6c, Absatzes 1a Nr. 2 und des Absatzes 4 Nr. 1 und 3 mit einer Geldbuße bis zu zweihunderttausend Euro, in den Fällen der Absätze 5 und 6 mit einer Geldbuße bis zu hunderttausend Euro, in den Fällen des Absatzes 1 Nr. 1b, 12, des Absatzes 1a Nr. 1, des Absatzes 2 Nr. 1 und des Absatzes 4 Nr. 2 mit einer Geldbuße bis zu zwanzigtausend Euro, in den übrigen Fällen mit einer Geldbuße bis zu fünftausend Euro geahndet werden. [2] Sie können auf der Grundlage und nach Maßgabe internationaler Übereinkünfte auch dann geahndet werden, wenn sie im Bereich gemeinsamer Grenzabfertigungsanlagen außerhalb des räumlichen Geltungsbereiches dieses Gesetzes begangen werden.

§ 20[1)] Befugnisse des Bundesamtes bei der Verfolgung von Zuwiderhandlungen. (1) [1] Bei der Durchführung der Überwachungsaufgaben nach § 11 haben das Bundesamt und seine Beauftragten Zuwiderhandlungen gegen die gesetzlichen Vorschriften zu erforschen und zu verfolgen. [2] Die Beauftragten des Bundesamtes haben insoweit die Rechte und Pflichten der Beamten des Polizeivollzugsdienstes nach den Vorschriften der Strafprozeßordnung[2)] und nach dem Gesetz über Ordnungswidrigkeiten[3)]. [3] § 163 der Strafprozeßordnung und § 53 des Gesetzes über Ordnungswidrigkeiten bleiben unberührt.

(1a) In den Fällen des Absatzes 1 Satz 1 haben die Beauftragten des Bundesamtes bei Gefahr im Verzuge das Recht zur Anordnung von Sicherheitsleistungen nach § 46 Abs. 1 des Gesetzes über Ordnungswidrigkeiten in Verbindung mit § 132 Abs. 1 Satz 1 Nr. 1, Satz 2, Abs. 2 der Strafprozessordnung.

[1)] § 20 Abs. 1a eingef. mWv 1.1.2009 durch G v. 6.11.2008 (BGBl. I S. 2162).
[2)] Nr. **675**.
[3)] Nr. **680**.

(2) [1] In den Fällen des Absatzes 1 Satz 1 können auch das Bundesamt und seine Beauftragten die Verwarnung nach § 56 des Gesetzes über Ordnungswidrigkeiten erteilen. [2] § 57 Abs. 1 des Gesetzes über Ordnungswidrigkeiten gilt entsprechend.

§ 21[1)] Zuständigkeiten für die Ahndung von Zuwiderhandlungen.

(1) [1] Wird eine Zuwiderhandlung in einem Unternehmen begangen, das seinen Sitz im Inland hat, ist Verwaltungsbehörde im Sinne des § 36 Abs. 1 Nr. 1 des Gesetzes über Ordnungswidrigkeiten[2)] die von der Landesregierung bestimmte Behörde. [2] Die Landesregierung kann die Ermächtigung auf die zuständige oberste Landesbehörde übertragen.

(2) Wird eine Zuwiderhandlung in einem Unternehmen begangen, das seinen Sitz im Ausland hat, ist Verwaltungsbehörde im Sinne des § 36 Abs. 1 Nr. 1 des Gesetzes über Ordnungswidrigkeiten das Bundesamt.

(3) Abweichend von Absatz 1 ist das Bundesamt Verwaltungsbehörde im Sinne des § 36 Absatz 1 Nummer 1 des Gesetzes über Ordnungswidrigkeiten für Zuwiderhandlungen nach § 19 Absatz 1 Nummer 5 Buchstabe b, Nummer 6c, 6d, 6e, Absatz 1a, 2 Nummer 2, 3 und Absatz 4 Nummer 1, die in einem Unternehmen, das seinen Sitz im Inland hat, begangen wurden.

(4) § 405 des Dritten Buches Sozialgesetzbuch bleibt unberührt.

§ 21a[3)] Aufsicht. (1) Der Unternehmer des gewerblichen Güterkraftverkehrs und alle am Beförderungsvertrag Beteiligten unterliegen wegen der Erfüllung der gesetzlichen Vorschriften der Aufsicht der nach Landesrecht zuständigen Behörde.

(2) [1] Soweit dies zur Durchführung der Aufgaben nach Absatz 1 erforderlich ist, können die Beauftragten der Aufsichtsbehörden gegenüber Eigentümern und Besitzern von Fahrzeugen zur Güterbeförderung und allen an der Beförderung oder an den Handelsgeschäften über die beförderten Güter Beteiligten folgende Maßnahmen ergreifen:

1. Grundstücke und Geschäftsräume innerhalb der üblichen Betriebs- und Geschäftszeiten betreten sowie
2. die erforderlichen Schriftstücke und Datenträger, insbesondere Aufzeichnungen, Frachtbriefe und Unterlagen über den Fahrzeugeinsatz einsehen und hieraus Abschriften, Auszüge, Ausdrucke und Kopien anfertigen oder elektronisch gespeicherte Daten auf eigene Datenträger übertragen.

[2] Die in Satz 1 genannten Personen haben diese Maßnahmen zu gestatten.

(3) [1] Die in Absatz 2 genannten Personen haben den Beauftragten der Aufsichtsbehörden auf Verlangen alle für die Durchführung der Aufsicht erforderlichen Auskünfte zu erteilen, Nachweise zu erbringen, Hilfsmittel zu

---

1) § 21 Abs. 3 und 4 angef. mWv 7.9.2001 durch G v. 2.9.2001 (BGBl. I S. 2272); Abs. 3 geänd. mWv 9.9.2004 durch G v. 2.9.2004 (BGBl. I S. 2302); Abs. 3 neu gef. mWv 26.11.2011 durch G v. 22.11.2011 (BGBl. I S. 2272); Abs. 3 geänd. mWv 1.7.2013 durch G v. 17.6.2013 (BGBl. I S. 1558).

2) Nr. **680**.

3) § 21a Abs. 1 geänd. mWv 26.11.2011 durch G v. 22.11.2011 (BGBl. I S. 2272); Abs. 2 neu gef. mWv 1.7.2013 durch G v. 17.6.2013 (BGBl. I S. 1558).

stellen und Hilfsdienste zu leisten. [2] § 12 Abs. 1 Satz 3 und 4 gilt entsprechend.

6. Abschnitt.[1] Gebühren und Auslagen, Ermächtigungen

§ 22[2] Gebühren und Auslagen. (1) Für Amtshandlungen nach diesem Gesetz, nach den auf diesem Gesetz beruhenden Rechtsvorschriften, nach Rechtsakten der Europäischen Gemeinschaften sowie auf Grund internationaler Abkommen und diese ergänzender nationaler Rechtsvorschriften sind Gebühren und Auslagen nach den Bestimmungen des Verwaltungskostengesetzes in der bis zum 14. August 2013 geltenden Fassung und der Rechtsverordnung nach Absatz 2 zu erheben.

(2) [1] Das Bundesministerium für Verkehr und digitale Infrastruktur wird ermächtigt, im Einvernehmen mit dem Bundesministerium der Finanzen und dem Bundesministerium für Wirtschaft und Energie durch Rechtsverordnung mit Zustimmung des Bundesrates die gebührenpflichtigen Tatbestände und die Gebühren nach festen Sätzen oder als Rahmengebühren näher zu bestimmen. [2] Im Bereich der Gebühren der Landesbehörden übt das Bundesministerium für Verkehr und digitale Infrastruktur die Ermächtigung nach Satz 1 auf der Grundlage eines Antrags oder einer Stellungnahme von mindestens fünf Ländern beim Bundesministerium für Verkehr, Bau und Stadtentwicklung aus. [3] Der Antrag oder die Stellungnahme sind mit einer Schätzung des Personal- und Sachaufwands zu begründen. [4] Das Bundesministerium für Verkehr und digitale Infrastruktur kann die übrigen Länder ebenfalls zur Beibringung einer Schätzung des Personal- und Sachaufwands auffordern.

(3) Auskünfte nach § 19 des Bundesdatenschutzgesetzes werden unentgeltlich erteilt.

§ 23[3] Ermächtigungen zum Erlaß von Durchführungsbestimmungen. (1) Die Bundesregierung erläßt mit Zustimmung des Bundesrates die allgemeinen Verwaltungsvorschriften, die zur Durchführung von Rechtsakten der Europäischen Union, dieses Gesetzes und der auf diesem Gesetz beruhenden Rechtsverordnungen erforderlich sind.

(2) Das Bundesministerium für Verkehr und digitale Infrastruktur wird ermächtigt, mit Zustimmung des Bundesrates durch Rechtsverordnung andere als in § 2 Abs. 1 genannte Beförderungsfälle ganz oder teilweise von den

---

[1] Überschr. 6. Abschnitt geänd. mWv 26.11.2011 durch G v. 22.11.2011 (BGBl. I S. 2272).

[2] § 22 Abs. 2 geänd. mWv 7.11.2001 durch VO v. 29.10.2001 (BGBl. I S. 2785); Abs. 2 geänd. mWv 28.11.2003 durch VO v. 25.11.2003 (BGBl. I S. 2304); Abs. 2 geänd. mWv 8.11.2006 durch VO v. 31.10.2006 (BGBl. I S. 2407); Abs. 1 geänd., Abs. 2 Sätze 2–4 angef. mWv 15.8.2013 durch G v. 7.8.2013 (BGBl. I S. 3154); Abs. 2 Sätze 1, 2 und 4 geänd. mWv 8.9.2015 durch VO v. 31.8. 2015 (BGBl. I S. 1474).

[3] § 23 Abs. 1 und 2, Abs. 3 Satz 1, Abs. 4 Sätze 1 und 2, Abs. 5 geänd. mWv 7.11.2001 durch VO v. 29.10.2001 (BGBl. I S. 2785); Abs. 1 geänd., Abs. 3 Satz 1 Nr. 1a eingef., Nr. 3 neu gef. mWv 9.9.2004 durch G v. 2.9.2004 (BGBl. I S. 2302); Abs. 2 und 3 Satz 1, Abs. 4 Sätze 1 und 2, Abs. 5 geänd. mWv 8.11.2006 durch VO v. 31.10.2006 (BGBl. I S. 2407); Abs. 1 und Abs. 3 Satz 1 einl. Satzteil geänd. mWv 26.11.2011 durch G v. 22.11.2011 (BGBl. I S. 2272); Abs. 2, Abs. 3 Satz 1 einl. Satzteil, Abs. 4 Sätze 1 und 2, Abs. 5 einl. Satzteil geänd. mWv 8.9.2015 durch VO v. 31.8.2015 (BGBl. I S. 1474).

Bestimmungen dieses Gesetzes auszunehmen, soweit sich deren Unterstellung unter dieses Gesetz als unverhältnismäßig erweist.

(3) [1] Das Bundesministerium für Verkehr und digitale Infrastruktur wird ermächtigt, im Bereich des grenzüberschreitenden Güterkraftverkehrs, des Durchgangsverkehrs und des Kabotageverkehrs (innerstaatlicher Güterkraftverkehr durch Unternehmer, die in einem anderen Staat niedergelassen sind) einschließlich des Werkverkehrs zur Ordnung dieser Verkehre und zur Durchführung internationaler Abkommen sowie von Rechtsakten der Europäischen Union, die den Güterkraftverkehr betreffen, Rechtsverordnungen zu erlassen, durch die

1. der Zugang zum Beruf des Güterkraftverkehrsunternehmers und zum Markt des Güterkraftverkehrs, insbesondere die Voraussetzungen für die Erteilung, die Rücknahme und den Widerruf von Genehmigungen, den Erlaß von Nebenbestimmungen, das zugehörige Verfahren einschließlich der Durchführung von Anhörungen und der Behandlung wesentlicher Änderungen nach Erteilung der Genehmigungen sowie die Bedingungen für den Fahrzeugeinsatz geregelt werden,

1a. die Voraussetzungen für die Erteilung, die Rücknahme und den Widerruf von Fahrerbescheinigungen, den Erlass von Nebenbestimmungen, das zugehörige Verfahren einschließlich der Durchführung von Anhörungen und der Behandlung wesentlicher Änderungen nach Erteilung der Fahrerbescheinigungen, die Bedingungen für den Einsatz des Fahrpersonals sowie die Überwachung der Erteilungsvoraussetzungen geregelt werden,

2. für Unternehmer, deren Unternehmen ihren Sitz in einem Staat haben, der weder Mitglied der Europäischen Union noch anderer Vertragsstaat des Abkommens über den Europäischen Wirtschaftsraum ist, der Zugang zum Markt des Güterkraftverkehrs und die Bedingungen bei der Durchführung des Güterkraftverkehrs abweichend von den Bestimmungen dieses Gesetzes geregelt sowie der vorübergehende oder dauernde Ausschluß vom Güterkraftverkehr vorgesehen wird, wenn wiederholt oder schwerwiegend gegen im Inland geltende Vorschriften verstoßen wird,

3. Bestimmungen zur Gewährleistung zwischenstaatlicher Gegenseitigkeit oder gleicher Wettbewerbsbedingungen, insbesondere über die Erteilung von Genehmigungen, die Voraussetzungen für die Erteilung und die Aufhebung einer Genehmigung, die Überwachung sowie das Verfahren, eingeführt und

4. die Pflicht zur Vorlage von Unterlagen zur Beobachtung des Marktgeschehens geregelt werden.

[2] Rechtsverordnungen nach den Nummern 1 bis 3 bedürfen der Zustimmung des Bundesrates.

(4) [1] Das Bundesministerium für Verkehr und digitale Infrastruktur kann abweichend von den auf Grund des Absatzes 3 erlassenen Rechtsverordnungen im Rahmen internationaler Regierungs- und Verwaltungsabkommen Beförderungsfälle ganz oder teilweise von der Genehmigungspflicht für den grenzüberschreitenden gewerblichen Güterkraftverkehr mit Staaten außerhalb der Europäischen Union und des Europäischen Wirtschaftsraums freistellen, soweit diese sich als unverhältnismäßig erweist. [2] Ebenso kann Das Bundesministerium für Verkehr und digitale Infrastruktur mit einem Nachbarstaat Vereinbarungen treffen, durch die Verkehre durch das Inland mit Be-

und Entladeort in dem Nachbarstaat von der Erlaubnispflicht nach § 3 Abs. 1 ausgenommen werden.

(5) Das Bundesministerium für Verkehr und digitale Infrastruktur wird ermächtigt, durch Rechtsverordnung mit Zustimmung des Bundesrates auf dem Gebiet des grenzüberschreitenden kombinierten Verkehrs zur Ordnung dieses Verkehrs und zur Durchführung internationaler Abkommen sowie von Verordnungen, Entscheidungen und Richtlinien des Rates der Europäischen Union und der Kommission der Europäischen Gemeinschaften Vorschriften zu erlassen, durch die

1. das Vorliegen von grenzüberschreitendem kombiniertem Verkehr einschließlich der Bestimmung des nächstgelegenen geeigneten Bahnhofs sowie die Pflicht zur Mitführung und Aushändigung von Papieren geregelt werden, die dem Nachweis der Erfüllung der Berufszugangsvoraussetzungen und der Durchführung von kombiniertem Verkehr dienen,

1a. Besonderheiten, insbesondere genehmigungsrechtliche Erleichterungen, vorgesehen werden sowie

2. Bestimmungen zur Gewährleistung zwischenstaatlicher Gegenseitigkeit oder gleicher Wettbewerbsbedingungen eingeführt werden.

§ 24[1] *(aufgehoben)*

§ 25[2] *(aufgehoben)*

[1] § 24 aufgeh. mWv 26.11.2011 durch G v. 22.11.2011 (BGBl. I S. 2272).
[2] § 25 aufgeh. mWv 26.11.2011 durch G v. 22.11.2011 (BGBl. I S. 2272).

460. Berufszugangsverordnung für den Güterkraftverkehr (GBZugV)

Vom 21. Dezember 2011
(BGBl. I S. 3120)
FNA 9241-34-2

geänd. durch Art. 7 Neunte VO zur Änd. der Fahrerlaubnis-VO und anderer straßenverkehrsrechtlicher Vorschriften v. 5.11.2013 (BGBl. I S. 3920)

Auf Grund des § 3 Absatz 6 und des § 23 Absatz 3 des Güterkraftverkehrsgesetzes[1)] vom 22. Juni 1998 (BGBl. I S. 1485), von denen § 3 Absatz 6 durch Artikel 1 Nummer 4 Buchstabe e des Gesetzes vom 22. November 2011 (BGBl. I S. 2272) und § 23 Absatz 3 durch Artikel 1 Nummer 24 Buchstabe b des Gesetzes vom 22. November 2011 (BGBl. I S. 2272) geändert worden ist, verordnet das Bundesministerium für Verkehr, Bau und Stadtentwicklung:

§ 1 Anwendungsbereich. Diese Verordnung regelt den Zugang zum Beruf des Unternehmers im Güterkraftverkehr.

§ 2 Persönliche Zuverlässigkeit. (1) Der Unternehmer und der Verkehrsleiter im Sinne des Artikels 4 der Verordnung (EG) Nr. 1071/2009 des Europäischen Parlaments und des Rates vom 21. Oktober 2009 zur Festlegung gemeinsamer Regeln für die Zulassung zum Beruf des Kraftverkehrsunternehmers und zur Aufhebung der Richtlinie 96/26/EG des Rates (ABl. L 300 vom 14.11.2009, S. 51) sind zuverlässig im Sinne des Artikels 6 der Verordnung (EG) Nr. 1071/2009, wenn keine Tatsachen dafür vorliegen, dass

1. bei der Führung des Unternehmens gegen gesetzliche Bestimmungen verstoßen oder
2. bei dem Betrieb des Unternehmens die Allgemeinheit geschädigt oder gefährdet

wird.

(2) Die erforderliche Zuverlässigkeit besitzen der Unternehmer und der Verkehrsleiter in der Regel nicht, wenn sie wegen eines schwersten Verstoßes gegen Gemeinschaftsvorschriften im Sinne des Anhangs IV der Verordnung (EG) Nr. 1071/2009

1. rechtskräftig verurteilt worden sind oder
2. ein gegen sie ergangener Bußgeldbescheid unanfechtbar geworden ist.

(3) Darüber hinaus können der Unternehmer und der Verkehrsleiter insbesondere dann unzuverlässig sein, wenn sie rechtskräftig verurteilt worden sind oder ein gegen sie ergangener Bußgeldbescheid unanfechtbar geworden ist

---

[1)] Nr. **450**.

1. wegen eines schwerwiegenden Verstoßes gegen Gemeinschaftsvorschriften im Sinne des Artikels 6 Absatz 1 Unterabsatz 3 Buchstabe b der Verordnung (EG) Nr. 1071/2009 in einem oder mehreren Mitgliedstaaten der Europäischen Union,
2. wegen eines schweren Verstoßes gegen strafrechtliche Vorschriften oder
3. wegen eines schweren Verstoßes gegen
   a) Vorschriften des Güterkraftverkehrsgesetzes[1] oder der auf diesem Gesetz beruhenden Rechtsverordnungen,
   b) arbeits- oder sozialrechtliche Pflichten,
   c) Vorschriften, die im Interesse der Verkehrs-, Betriebs- oder Lebensmittelsicherheit erlassen wurden, insbesondere gegen die Vorschriften des Straßenverkehrsgesetzes[2], der Straßenverkehrs-Ordnung[3] oder der Straßenverkehrs-Zulassungs-Ordnung[4],
   d) die abgabenrechtlichen Pflichten, die sich aus unternehmerischer Tätigkeit ergeben,
   e) § 1 des Pflichtversicherungsgesetzes[5] vom 5. April 1965 (BGBl. I S. 213) in der jeweils geltenden Fassung,
   f) umweltschützende Vorschriften, insbesondere des Abfall- und Immissionsschutzrechts oder gegen
   g) Vorschriften des Handels- und Insolvenzrechts.

(4) Zur Prüfung, ob Verstöße im Sinne der Absätze 2 und 3 vorliegen, kann die nach Landesrecht zuständige Behörde Bescheinigungen und Auszüge aus Registern, in denen derartige Verstöße registriert sind, von dem Antragsteller verlangen oder mit dessen Einverständnis anfordern.

§ 3 Finanzielle Leistungsfähigkeit. Der Unternehmer besitzt die erforderliche finanzielle Leistungsfähigkeit, wenn er die Voraussetzungen des Artikels 7 der Verordnung (EG) Nr. 1071/2009 erfüllt.

§ 4 Fachliche Eignung. Fachlich geeignet im Sinne des Artikels 3 Absatz 1 Buchstabe d der Verordnung (EG) Nr. 1071/2009 ist, wer über die Kenntnisse verfügt, die zur ordnungsgemäßen Führung eines Güterkraftverkehrsunternehmens erforderlich sind, und zwar auf den jeweiligen Sachgebieten, die im Anhang I Teil I der Verordnung (EG) Nr. 1071/2009 in der jeweils geltenden Fassung aufgeführt sind.

§ 5 Fachkundeprüfung. (1) Die fachliche Eignung im Sinne des § 4 wird durch eine Prüfung nachgewiesen, die sich aus zwei schriftlichen und einem mündlichen Prüfungsteil zusammensetzt.

(2) [1] Die schriftlichen Teilprüfungen bestehen aus Multiple-Choice-Fragen und schriftlichen Fragen mit direkter Antwort sowie aus schriftlichen Übun-

---

[1] Nr. **450**.
[2] Nr. **10**.
[3] Nr. **100**.
[4] Nr. **200**.
[5] Nr. **600**.

gen/Fallstudien. [2] Die Mindestdauer für jede schriftliche Teilprüfung beträgt zwei Stunden.

(3) Es ist eine Gesamtpunktezahl zu bilden, die wie folgt auf die Prüfungsteile aufzuteilen ist:
1. schriftliche Fragen zu 40 Prozent,
2. schriftliche Übungen/Fallstudien zu 35 Prozent,
3. mündliche Prüfung zu 25 Prozent.

(4) [1] Die Prüfung ist bestanden, wenn der Bewerber mindestens 60 Prozent der möglichen Gesamtpunktezahl erreicht hat, wobei der in jeder Teilprüfung erzielte Punkteanteil nicht unter 50 Prozent der jeweils möglichen Punktezahl liegen darf. [2] Anderenfalls ist die Prüfung nicht bestanden.

(5) [1] Die mündliche Prüfung entfällt, wenn die schriftliche Prüfung nicht bestanden ist. [2] Sie entfällt ebenfalls, wenn der Bewerber bereits in den schriftlichen Teilprüfungen mindestens 60 Prozent der möglichen Gesamtpunktezahl erzielt hat.

(6) Die Prüfung und die Bewertung der Prüfungsleistungen erfolgen durch die Industrie- und Handelskammern auf Grund einer Prüfungsordnung unter Beachtung der Verordnung (EG) Nr. 1071/2009 in der jeweils geltenden Fassung, insbesondere von Teil II des Anhangs I dieser Verordnung.

(7) [1] Bewerbern, die die Prüfung bestanden haben, wird eine Bescheinigung nach dem Muster des Anhangs III der Verordnung (EG) Nr. 1071/2009 in der jeweils geltenden Fassung erteilt. [2] Die Bescheinigung, die Spezialfasern im Papier enthält, die unter UV-Licht sichtbar werden, ist mit einer Seriennummer und einer Ausgabenummer zu versehen.

§ 6 Prüfungsausschuss. (1) Die Prüfung wird vor der zuständigen Industrie- und Handelskammer abgelegt, die einen Prüfungsausschuss errichtet.

(2) [1] Der Prüfungsausschuss besteht aus einem Vorsitzenden und mindestens einem Beisitzer. [2] Für jedes Mitglied soll mindestens ein Vertreter bestellt werden. [3] Ein Beisitzer soll in einem Unternehmen des Güterkraftverkehrs tätig sein.

(3) [1] Die Industrie- und Handelskammer bestellt die Mitglieder des Prüfungsausschusses und ihre Vertreter. [2] Der Vorsitzende des Prüfungsausschusses und sein Vertreter sollen zur Vollversammlung der Industrie- und Handelskammer wählbar oder bei einer Industrie- und Handelskammer beschäftigt sein. [3] Die Beisitzer und seine Vertreter sollen auf Vorschlag der Fachverbände des Verkehrsgewerbes bestellt werden. [4] Die Fachverbände sollen zu Beisitzern und deren Vertretern mindestens doppelt so viele Personen vorschlagen, wie bestellt werden.

(4) [1] Bei Bedarf muss der Prüfungsausschuss der Industrie- und Handelskammer mindestens einmal im Vierteljahr einen Prüfungstermin festsetzen. [2] Zuständig ist der Prüfungsausschuss, in dessen Bezirk der Bewerber seinen Wohnsitz hat. [3] Hat der Bewerber seinen Wohnsitz im Ausland, ist die Industrie- und Handelskammer des Bezirkes zuständig, in dem der Bewerber arbeitet. [4] Der Bewerber kann mit seiner Zustimmung an den Prüfungsausschuss bei einer anderen Industrie- und Handelskammer verwiesen werden, wenn innerhalb eines Vierteljahrs weniger als drei Bewerber zur Prüfung anstehen oder dem Bewerber andernfalls wirtschaftliche Nachteile entstehen.

§ 7 Gleichwertige Abschlussprüfungen. (1) [1]Als Prüfungen der fachlichen Eignung gelten auch die in der Anlage 4 der bis zum 31. Dezember 2011 geltenden Fassung der Berufszugangsverordnung für den Güterkraftverkehr vom 21. Juni 2000 (BGBl. I S. 918), die durch Artikel 485 der Verordnung vom 31. Oktober 2006 (BGBl. I S. 2407) geändert worden ist, aufgeführten Abschlussprüfungen, wenn die Ausbildung vor dem 4. Dezember 2011 begonnen worden ist. [2] Als Prüfungen der fachlichen Eignung gelten auch Abschlussprüfungen, die von den nach Landesrecht zuständigen Behörden nach § 6 Absatz 2 der bis zum 31. Dezember 2011 geltenden Fassung der Berufszugangsverordnung für den Güterkraftverkehr vom 21. Juni 2000 (BGBl. I S. 918), die durch Artikel 485 der Verordnung vom 31. Oktober 2006 (BGBl. I S. 2407) geändert worden ist, bis zum 4. Dezember 2011 anerkannt worden sind, wenn die Ausbildung vor dem 4. Dezember 2011 begonnen worden ist.

(2) Die nach § 6 Absatz 4 zuständige Industrie- und Handelskammer stellt dem Inhaber eines nach Absatz 1 anerkannten Abschlusses auf Antrag eine Bescheinigung nach dem Muster des Anhangs III der Verordnung (EG) Nr. 1071/2009 in der jeweils geltenden Fassung aus.

§ 8 Übergangsregelung für die Anerkennung leitender Tätigkeit.

(1) [1]Die fachliche Eignung für den Güterkraftverkehr kann auch durch eine mindestens zehnjährige leitende Tätigkeit in einem Unternehmen, das Güterkraftverkehr betreibt, nachgewiesen werden. [2]Diese Tätigkeit muss in dem Zeitraum von zehn Jahren vor dem 4. Dezember 2009 ohne Unterbrechung in einem oder mehreren Mitgliedstaaten der Europäischen Union ausgeübt worden sein.

(2) [1]Die Prüfung der Voraussetzungen nach Absatz 1 obliegt der Industrie- und Handelskammer, in deren Zuständigkeitsbereich der Bewerber seinen Wohnsitz hat. [2]Hat der Bewerber seinen Wohnsitz im Ausland, ist die Industrie- und Handelskammer des Bezirkes zuständig, in dem der Bewerber arbeitet. [3]Der Bewerber hat der Kammer die zur Prüfung nach Satz 1 erforderlichen Unterlagen vorzulegen. [4]Reichen die Unterlagen zum Nachweis der fachlichen Eignung nicht aus, so kann die Kammer mit dem Bewerber ein ergänzendes Beurteilungsgespräch führen. [5]Hält die Kammer den Bewerber für fachlich geeignet, so stellt sie eine Bescheinigung nach dem Muster des Anhangs III der Verordnung (EG) Nr. 1071/2009 in der jeweils geltenden Fassung aus.

§ 9 Geltungsumfang beschränkter Fachkundebescheinigungen.

(1) Bescheinigungen über den Nachweis der fachlichen Eignung, die bis zum Inkrafttreten der Fünften Verordnung zur Änderung von Rechtsvorschriften zum Güterkraftverkehrsgesetz vom 23. Februar 1993 (BGBl. I S. 268) auf die Durchführung von Güternah- oder Umzugsverkehr oder auf innerstaatliche Beförderungen beschränkt wurden, gelten als uneingeschränkte Fachkundebescheinigungen.

(2) Die zuständige Industrie- und Handelskammer stellt dem Inhaber einer Bescheinigung nach Absatz 1 auf Antrag eine Bescheinigung nach dem Muster des Anhangs III der Verordnung (EG) Nr. 1071/2009 in der jeweils geltenden Fassung aus.

§ 10[1] Erlaubnisverfahren. (1) Bei der Stellung eines Antrags nach § 3 des Güterkraftverkehrsgesetzes[2] sind gegenüber der nach Landesrecht zuständigen Behörde folgende Angaben zu machen und vorbehaltlich des Absatzes 2 auf Verlangen nachzuweisen:

1. Name und Rechtsform des Unternehmens,
2. das zuständige Registergericht, falls das Unternehmen im Handels-, Partnerschafts-, Genossenschafts- oder Vereinsregister eingetragen ist,
3. Anschrift des Sitzes,
4. die für den Sitz des Unternehmens maßgeblichen Telefon- und Telefaxnummern sowie die elektronische Postadresse,
5. Anschriften der Niederlassungen,
6. für das antragstellende Unternehmen die zur Vertretung ermächtigten Personen unter Nachweis ihrer Vertreterstellung und für die Verkehrsleiter jeweils
   a) Vorname,
   b) Familienname und abweichender Geburtsname,
   c) Geburtsdatum, -ort, Staat der Geburt und Staatsangehörigkeit und
   d) Anschrift und Stellung im Unternehmen,
7. Anzahl der benötigten Ausfertigungen,
8. Anzahl und Art der eingesetzten Fahrzeuge,
9. bei Inhabern einer Lizenz im Sinne der Verordnung (EG) Nr. 1072/2009 des Europäischen Parlaments und des Rates vom 21. Oktober 2009 über gemeinsame Regeln für den Zugang zum Markt des grenzüberschreitenden Güterkraftverkehrs (ABl. L 300 vom 14.11.2009, S. 72) in der jeweils geltenden Fassung die zuständige Erteilungsbehörde, Lizenznummer, Datum der Erteilung und Gültigkeitszeitraum sowie Anzahl der ausgegebenen beglaubigten Kopien.

(2) [1] Mit dem Antrag nach Absatz 1 müssen der Erlaubnisbehörde folgende Unterlagen vorgelegt werden, die zur Prüfung der Voraussetzungen einer Erlaubnis erforderlich sind:

1. für das antragstellende Unternehmen:
   a) ein Auszug aus dem Handels-, Partnerschafts-, Genossenschafts- oder Vereinsregister in beglaubigter Abschrift oder als amtlicher Ausdruck, wenn eine entsprechende Eintragung besteht,
   b) der Nachweis der Vertretungsberechtigung,
   c) ein Führungszeugnis und eine Auskunft aus dem Gewerbezentralregister für die zur Vertretung ermächtigte Person,
   d) die Unterlagen nach Artikel 7 der Verordnung (EG) Nr. 1071/2009 in der jeweils geltenden Fassung,
   e) der Nachweis der fachlichen Eignung nach Anhang III der Verordnung (EG) Nr. 1071/2009 in der jeweils geltenden Fassung,
2. für die Verkehrsleiter:

---

[1] § 10 Abs. 2 Satz 3 geänd. mWv 1.5.2014 durch VO v. 5.11.2013 (BGBl. I S. 3920).
[2] Nr. **450**.

a) ein Führungszeugnis,

b) eine Auskunft aus dem Gewerbezentralregister,

c) der Nachweis der fachlichen Eignung nach Anhang III der Verordnung (EG) Nr. 1071/2009 in der jeweils geltenden Fassung,

d) für die Verkehrsleiter im Sinne des Artikels 4 Absatz 1 der Verordnung (EG) Nr. 1071/2009 der Nachweis über das Vorliegen der Voraussetzungen des Artikels 4 Absatz 1 Buchstabe a bis c der Verordnung (EG) Nr. 1071/2009 in der jeweils geltenden Fassung,

e) für die Verkehrsleiter im Sinne des Artikels 4 Absatz 2 der Verordnung (EG) Nr. 1071/2009 der Nachweis über das Vorliegen der Voraussetzungen des Artikels 4 Absatz 2 Buchstabe a bis d der Verordnung (EG) Nr. 1071/2009 in der jeweils geltenden Fassung.

[2] Das Führungszeugnis und die Auskunft aus dem Gewerbezentralregister dürfen zum Zeitpunkt der Antragstellung nicht älter als drei Monate sein. [3] Vor Erteilung der Erlaubnis kann die Erlaubnisbehörde über die genannten Personen auch eine Auskunft aus dem Fahreignungsregister einholen.

(3) Diplome, Prüfungszeugnisse und sonstige Befähigungsnachweise aus anderen Mitgliedstaaten der Europäischen Union sind von der Erlaubnisbehörde nach Maßgabe des Artikels 21 der Verordnung (EG) Nr. 1071/2009 in der jeweils geltenden Fassung anzuerkennen.

(4) [1] Die Erlaubnis und deren Ausfertigung werden nach den Mustern der Anlage 1 erteilt. [2] Sie sind nicht übertragbar.

(5) [1] Ändern sich nach Erteilung der Erlaubnis die in Absatz 1 Nummer 1, 2, 3, 5, 6, 8 oder 9 genannten Angaben, so hat das Unternehmen dies der nach Landesrecht zuständigen Behörde innerhalb von 28 Tagen mitzuteilen und auf Verlangen nachzuweisen. [2] Ist eine Änderung der Erlaubnisurkunde erforderlich, so hat das Unternehmen die Erlaubnisurkunde und deren Ausfertigungen unverzüglich vorzulegen.

§ 11 Kontrolle. (1) [1] Die nach Landesrecht zuständigen Behörden kontrollieren die Unternehmen nach Maßgabe des Artikels 12 der Verordnung (EG) Nr. 1071/2009. [2] Hierzu überprüfen sie regelmäßig und mindestens alle zehn Jahre, ob der Unternehmer die Berufszugangsvoraussetzungen nach Artikel 3 der Verordnung (EG) Nr. 1071/2009 noch erfüllt. [3] Zur Durchführung der Kontrollen hat der Unternehmer auf Verlangen der zuständigen Behörde erforderliche Nachweise vorzulegen.

(2) Die Behörde teilt dem Unternehmen das Ergebnis der Überprüfung nach Absatz 1 schriftlich mit.

(3) Die Verfahren auf Erneuerung der Gemeinschaftslizenz nach Artikel 4 der Verordnung (EG) Nr. 1072/2009 oder der Erlaubnis nach dem Güterkraftverkehrsgesetz ersetzen die Kontrolle nach Absatz 1, soweit dabei zugleich der Nachweis geführt wird, dass die Berufszulassungsvoraussetzungen insgesamt erfüllt sind.

§ 12 Ordnungswidrigkeiten. Ordnungswidrig im Sinne des § 19 Absatz 1 Nummer 2 des Güterkraftverkehrsgesetzes[1]) handelt, wer vorsätzlich oder fahrlässig

1. entgegen § 10 Absatz 5 Satz 1 eine Mitteilung nicht, nicht richtig, nicht vollständig oder nicht rechtzeitig macht oder einen Nachweis nicht, nicht richtig, nicht vollständig oder nicht rechtzeitig erbringt,
2. entgegen § 10 Absatz 5 Satz 2 eine Erlaubnisurkunde oder eine Ausfertigung nicht oder nicht rechtzeitig vorlegt oder
3. entgegen § 11 Absatz 1 Satz 3 einen Nachweis nicht, nicht richtig, nicht vollständig oder nicht rechtzeitig vorlegt.

§ 13 Inkrafttreten, Außerkrafttreten. [1] Diese Verordnung tritt am Tag nach der Verkündung[2]) in Kraft. [2] Gleichzeitig tritt die Berufszugangsverordnung für den Güterkraftverkehr vom 21. Juni 2000 (BGBl. I S. 918), die durch Artikel 485 der Verordnung vom 31. Oktober 2006 (BGBl. I S. 2407) geändert worden ist, außer Kraft.

Der Bundesrat hat zugestimmt.

Anlage 1
(zu § 10 Absatz 4)

Die Anlage enthält die Muster für die Erlaubnis und deren Ausfertigungen. Diese sind in DIN-A4-Format auf 100 Gramm schwerem Papier, gelbem Papier (Farbton HKS 2 N 55 %) zu erteilen. Drucktechnische und datenverarbeitungstechnische Abweichungen sind zulässig.

---

[1]) Nr. **450**.
[2]) Verkündet am 30.12.2011.

Erlaubnisurkunde für den gewerblichen Güterkraftverkehr

Nummer	Land	Bezeichnung der zuständigen Behörde

Dem Unternehmen

Name, Rechtsform und Anschrift

wird auf Grund des § 3 des Güterkraftverkehrsgesetzes (GüKG) die Erlaubnis für den gewerblichen Güterkraftverkehr erteilt.

Besonderheiten:

Diese Urkunde ist bei allen Beförderungen mitzuführen und Kontrollberechtigten auf Verlangen zur Prüfung auszuhändigen.
Sie ist nicht übertragbar.

Ändern sich unternehmerbezogene Angaben, die in der Erlaubnisurkunde genannt sind, so sind das Original und die Ausfertigungen der Erlaubnisbehörde vorzulegen.

Diese Erlaubnis gilt **unbefristet**

befristet vom ______ **bis zum** ______

Erteilt in ______ am ______

Unterschrift der Erlaubnisbehörde und Dienstsiegel

Ausfertigung Nr.

Erlaubnisurkunde für den gewerblichen Güterkraftverkehr

Nummer	Land	Bezeichnung der zuständigen Behörde

Dem Unternehmen

Name, Rechtsform und Anschrift

wird auf Grund des § 3 des Güterkraftverkehrsgesetzes (GüKG) die Erlaubnis für den gewerblichen Güterkraftverkehr erteilt.

Besonderheiten:

Diese Urkunde ist bei allen Beförderungen mitzuführen und Kontrollberechtigten auf Verlangen zur Prüfung auszuhändigen.

Sie ist nicht übertragbar.

Ändern sich unternehmerbezogene Angaben, die in der Erlaubnisurkunde genannt sind, so sind das Original und die Ausfertigungen der Erlaubnisbehörde vorzulegen.

Diese Erlaubnis gilt **unbefristet**

befristet vom **bis zum**

Erteilt in am

Unterschrift der Erlaubnisbehörde und Dienstsiegel

465. Verordnung zur Durchführung der Verkehrsunternehmensdatei nach dem Güterkraftverkehrsgesetz (Verkehrsunternehmensdatei Durchführungsverordnung – VUDat-DV)

Vom 21. Dezember 2011
(BGBl. I S. 3126)
FNA 9241-34-4

Auf Grund des § 15 Absatz 7 des Güterkraftverkehrsgesetzes[1] vom 22. Juni 1998 (BGBl. I S. 1485), der durch Artikel 1 Nummer 16 Buchstabe g des Gesetzes vom 22. November 2011 (BGBl. I S. 2272) eingefügt worden ist, verordnet das Bundesministerium für Verkehr, Bau und Stadtentwicklung:

§ 1 Verkehrsunternehmensdatei. [1] Das Bundesamt für Güterverkehr (Bundesamt) betreibt die Verkehrsunternehmensdatei nach § 15 des Güterkraftverkehrsgesetzes[1] in Form einer Datenbank. [2] Die Datei ist nach Maßgabe des § 2 Absatz 3 allgemein zugänglich.

§ 2 Zu speichernde Daten. (1) In der Verkehrsunternehmensdatei sind folgende Daten zu speichern:
1. Firma oder Name des Verkehrsunternehmens,
2. Rechtsform des Verkehrsunternehmens,
3. Registergericht und Registernummer, soweit das Verkehrsunternehmen in das Handels-, Partnerschafts-, Genossenschafts- oder Vereinsregister eingetragen ist,
4. Sitz und Geschäftsanschrift einschließlich Anschriften aller Zweigniederlassungen,
5. Telefon- und Telefaxnummern sowie die elektronische Postadresse,
6. Geburtsname, Familienname, Vorname, Doktorgrad, Geschlecht, Geburtsdatum, -ort, Geburtsstaat und Staatsangehörigkeit der Inhaber, der geschäftsführungs- und vertretungsberechtigten Gesellschafter und der gesetzlichen Vertreter,
7. Geburtsname, Familienname, Vorname, Doktorgrad, Geschlecht, Geburtsdatum, -ort, Geburtsstaat, Staatsangehörigkeit sowie Nummer der Bescheinigung der fachlichen Eignung der zur Führung der Kraftverkehrsgeschäfte bestellten Personen (Verkehrsleiter nach Artikel 4 der Verordnung (EG) Nr. 1071/2009 des Europäischen Parlaments und des Rates vom 21. Oktober 2009 zur Festlegung gemeinsamer Regeln für die Zulassung zum Beruf des Kraftverkehrsunternehmers und zur Aufhebung der Richtlinie 96/26/EG des Rates (ABl. L 300 vom 14.11.2009, S. 51)),

---

[1] Nr. **450**.

8. Anzahl der eingesetzten Lastkraftwagen und Sattelkraftfahrzeuge, deren zulässiges Gesamtgewicht 3,5 Tonnen übersteigt,
9. Anzahl der eingesetzten Kraftomnibusse,
10. Art, Anzahl, Nummer und aktueller Status der erteilten Berechtigungen (Erlaubnis nach § 3 des Güterkraftverkehrsgesetzes[1], Gemeinschaftslizenz nach Artikel 4 der Verordnung (EG) Nr. 1072/2009 des Europäischen Parlaments und des Rates vom 21. Oktober 2009 über gemeinsame Regeln für den Zugang zum Markt des grenzüberschreitenden Güterkraftverkehrs (ABl. L 300 vom 14.11.2009, S. 72), CEMT-Genehmigung, CEMT-Umzugsgenehmigung, bilaterale Genehmigung für den grenzüberschreitenden gewerblichen Güterkraftverkehr, Gemeinschaftslizenz nach Artikel 4 der Verordnung (EG) Nr. 1073/2009 des Europäischen Parlaments und des Rates vom 21. Oktober 2009 über gemeinsame Regeln für den Zugang zum grenzüberschreitenden Personenkraftverkehrsmarkt und zur Änderung der Verordnung (EG) Nr. 561/2006 (ABl. L 300 vom 14.11.2009, S. 88) sowie Genehmigungen nach dem Personenbeförderungsgesetz[2] zur Beförderung von Personen mit Kraftomnibussen im Linienverkehr oder im Gelegenheitsverkehr), Abschriften und Ausfertigungen sowie jeweils die zuständige Erteilungsbehörde und der Gültigkeitszeitraum sowie
11. bei der Rücknahme oder dem Widerruf der Berechtigung durch eine Erteilungsbehörde der Grund der Entscheidung und der Tag der Unanfechtbarkeit oder sofortigen Vollziehbarkeit der Entscheidung.

(2) Das Bundesamt vergibt eine Registrierungsnummer als Geschäftzeichen bei der erstmaligen Speicherung von Daten eines Verkehrsunternehmens, die dem Datensatz automatisch zugeordnet wird.

(3) Der allgemein zugängliche Teil der Verkehrsunternehmensdatei umfasst

1. Firma oder Name des Verkehrsunternehmens,
2. Rechtsform des Verkehrsunternehmens,
3. Registergericht und Registernummer, soweit das Verkehrsunternehmen in das Handels-, Partnerschafts-, Genossenschafts- oder Vereinsregister eingetragen ist,
4. Geschäftsanschrift einschließlich Anschriften aller Zweigniederlassungen,
5. Familienname und Vorname der Inhaber, der geschäftsführungs- und vertretungsberechtigten Gesellschafter, der gesetzlichen Vertreter und der Verkehrsleiter,
6. Anzahl der eingesetzten Lastkraftwagen und Sattelkraftfahrzeuge, deren zulässiges Gesamtgewicht 3,5 Tonnen übersteigt,
7. Anzahl der eingesetzten Kraftomnibusse sowie
8. Nummer der Erlaubnis nach § 3 des Güterkraftverkehrsgesetzes, der Gemeinschaftslizenz nach Artikel 4 der Verordnung (EG) Nr. 1072/2009 und der Gemeinschaftslizenz nach Artikel 4 der Verordnung (EG) Nr. 1073/2009 sowie jeweils die zuständige Erteilungsbehörde und den Gültigkeitszeitraum.

---

[1] Nr. **450**.
[2] Nr. **400**.

§ 3 Datenübermittlung durch das Bundesamt. (1) Auskünfte aus dem allgemein zugänglichen Teil der Verkehrsunternehmensdatei werden über das Internet erteilt.

(2) Die Erteilungsbehörden dürfen im Rahmen ihrer Zuständigkeit nicht allgemein zugängliche Daten der Verkehrsunternehmen sowie deren Registrierungsnummer im automatisierten Verfahren abrufen, soweit dies zur Erfüllung ihrer Aufgaben erforderlich ist.

(3) [1] Die Verantwortung für die Zulässigkeit des einzelnen automatisierten Abrufs nach Absatz 2 trägt der Empfänger. [2] Das Bundesamt prüft die Zulässigkeit der Abrufe nur, wenn dazu Anlass besteht. [3] Es hat bei jedem zehnten Abruf Protokolle zu fertigen, die zumindest die bei der Durchführung der Abrufe verwendeten Daten, den Tag und die Uhrzeit der Abrufe, die abrufenden öffentlichen Stellen und die abgerufenen Daten enthalten müssen. [4] Die nach Satz 3 protokollierten Daten dürfen nur für Zwecke der Datenschutzkontrolle, der Datensicherung oder zur Sicherstellung eines ordnungsgemäßen Betriebs der Datenverarbeitungsanlage verwendet werden. [5] Die Protokolldaten nach Satz 3 sind durch geeignete technische und organisatorische Maßnahmen nach § 9 des Bundesdatenschutzgesetzes gegen zweckfremde Nutzung und gegen sonstigen Missbrauch zu schützen und sechs Monate nach der Protokollierung nach Satz 3 zu löschen.

§ 4 Datenübermittlung an das Bundesamt. (1) [1] Die Erteilungsbehörden haben die Daten nach § 2 Absatz 1 dem Bundesamt in einer den Regelungen nach § 7 Absatz 1 entsprechenden standardisierten Form im Wege der Datenfernübertragung zu übermitteln. [2] Zuvor haben sie durch automatisierten Abruf festzustellen, ob im Datenbestand der Verkehrsunternehmensdatei zu dem betroffenen Unternehmen bereits ein Datensatz besteht. [3] Besteht ein solcher Datensatz, sind diesem die zu übermittelnden Daten unter Angabe der Registrierungsnummer zuzuordnen.

(2) Das Bundesamt hat als speichernde Stelle die übermittelten Daten, die übermittelnde öffentliche Stelle, die für die Übermittlung verantwortliche Person und den Übermittlungszeitpunkt zu protokollieren.

§ 5 Auskunft an Behörden. (1) Auf Ersuchen werden inländischen Erteilungsbehörden und zuständigen öffentlichen Stellen in einem Mitgliedstaat der Europäischen Union für die Überprüfung der Einhaltung der Zugangsvoraussetzungen zum Beruf des Güter- und Personenkraftverkehrsunternehmers folgende gespeicherte Daten des Verkehrsleiters übermittelt:

1. der Tätigkeitsbereich des Verkehrsleiters,
2. die nach § 2 Absatz 1 Nummer 1 bis 3 gespeicherten Daten der Verkehrsunternehmen, für die der Verkehrsleiter tätig ist, sowie
3. die Gesamtgröße der Fahrzeugflotte, die der Verkehrsleiter leitet.

(2) [1] Auskunftsersuchen und Auskünfte werden im Wege eines automatisierten Anfrage- und Auskunftsverfahrens übermittelt. [2] § 3 Absatz 3 gilt entsprechend.

§ 6 Verantwortung für den Inhalt der Verkehrsunternehmensdatei, Datenpflege. (1) [1] Die übermittelnden öffentlichen Stellen sind gegenüber dem Bundesamt für die Richtigkeit und Aktualität der von ihnen übermittelten Daten verantwortlich. [2] Sie haben das Bundesamt unverzüglich zu unterrichten, wenn

1. die übermittelten Daten unrichtig werden oder sich ihre Unrichtigkeit nachträglich herausstellt,
2. die Daten zur Aufgabenerfüllung nicht mehr benötigt werden oder
3. der Betroffene die Richtigkeit bestreitet und sich weder die Richtigkeit noch die Unrichtigkeit feststellen lässt.

(2) Das Bundesamt hat programmtechnisch sicherzustellen, dass die übermittelten Daten vor ihrer Speicherung auf ihre Schlüssigkeit geprüft werden und gespeicherte Daten durch die Verarbeitung nicht ungewollt gelöscht oder unrichtig werden.

(3) Jede öffentliche Stelle, die Daten an das Bundesamt übermittelt hat, ist berechtigt und verpflichtet, die von ihr übermittelten Daten auf Richtigkeit und Aktualität zu überprüfen, soweit dazu Anlass besteht (Datenpflege).

(4) Bei einem Wechsel der Zuständigkeit gelten die Absätze 1 und 3 für die Stelle entsprechend, auf die die Zuständigkeit übergegangen ist.

§ 7 Organisatorische und technische Leitlinien und Maßnahmen. (1) Das Bundesamt bestimmt im Benehmen mit den obersten Landesverkehrsbehörden sowie unter Beteiligung des Bundesbeauftragten für den Datenschutz und die Informationsfreiheit sowie des Bundesamtes für Sicherheit in der Informationstechnik in Leitlinien die organisatorischen und technischen Einzelheiten der Führung der Verkehrsunternehmensdatei, insbesondere die Kommunikation zwischen den übermittelnden Stellen und dem Bundesamt sowie den Aufbau der Datensätze und der Datenstruktur.

(2) Das Bundesamt hat dem jeweiligen Stand der Technik entsprechende Maßnahmen zur Gewährleistung von Datensicherheit und Datenschutz zu treffen, die insbesondere die Unversehrtheit der Daten und die Vertraulichkeit der im nicht allgemein zugänglichen Teil der Verkehrsunternehmensdatei gespeicherten Daten gewährleisten; im Falle der Nutzung allgemein zugänglicher Datennetze für die Datenübermittlung nach § 3 Absatz 2, § 4 Absatz 1 und § 5 Absatz 2 sind dem jeweiligen Stand der Technik entsprechende Verschlüsselungsverfahren anzuwenden.

§ 8 Inkrafttreten. Diese Verordnung tritt am Tag nach der Verkündung[1] in Kraft.

---

[1] Verkündet am 30.12.2011.

470. Kostenverordnung für den Güterkraftverkehr

Vom 22. Dezember 1998
(BGBl. I S. 3982)

FNA 9241-1-14

geänd. durch Art. 3 Zehntes ÄndVGüKG v. 21 6. 2000 (BGBl. I S. 918), Art. 17 Zehntes Euro-EinführungsG v. 15.12.2001 (BGBl. I S. 3762), Art. 1 Erste ÄndVO v. 29.10.2004 (BGBl. I S. 2709), Art. 1 Zweite ÄndVO v. 29.6.2012 (BGBl. I S. 1454) und Art. 3a Erste VO zur Änd. der Fahrzeug-ZulassungsVO und der Gebührenordnung für Maßnahmen im Straßenverkehr v. 8.10. 2013 (BGBl. I S. 3772)

Auf Grund des § 22 Abs. 2 des Güterkraftverkehrsgesetzes[1] vom 22. Juni 1998 (BGBl. I S. 1485) in Verbindung mit dem 2. Abschnitt des Verwaltungskostengesetzes vom 23. Juni 1970 (BGBl. I S. 821), Artikel 56 des Zuständigkeitsanpassungs-Gesetzes vom 18. März 1975 (BGBl. I S. 705) und dem Organisationserlaß vom 27. Oktober 1998 (BGB. I S. 3288) verordnet das Bundesministerium für Verkehr-, Bau- und Wohnungswesen im Einvernehmen mit dem Bundesministerium der Finanzen und dem Bundesministerium für Wirtschaft und Technologie:

§ 1 [Gebührenerhebung] (1) Die zuständigen Behörden erheben für die in § 22 Abs. 1 des Güterkraftverkehrsgesetzes genannten Amtshandlungen Gebühren nach der Anlage zu dieser Verordnung.

(2) Auslagen werden gesondert erhoben.

§ 2[2] [Kostenfreiheit für dringende Notfallhilfsgüter] (1) Für die Beförderung von Medikamenten, medizinischen Geräten, Ausrüstungen und anderen Hilfsgütern erfolgt die Ausstellung von Genehmigungen nach Nummer 4.1 der Anlage zu dieser Verordnung kostenfrei, wenn diese Güter zur Hilfeleistung in dringenden Notfällen bestimmt sind.

(2) Bei Unternehmen, die ihren Sitz im Ausland haben, kann von der Erhebung von Kosten abgesehen werden, soweit Gegenseitigkeit besteht.

§ 3 [Inkrafttreten, Außerkrafttreten] [1] Diese Verordnung tritt am Tage nach der Verkündung[3] in Kraft. [2] Gleichzeitig tritt die Kostenverordnung für den Güterkraftverkehr vom 4. Juli 1984 (BGBl. I S. 882), geändert durch die Verordnung vom 24. Mai 1996 (BGBl. I S. 703), außer Kraft.

---

[1] Nr. **450**.
[2] § 2 Abs. 1 geänd. mWv 10.11.2004 durch VO v. 29.10.2004 (BGBl. I S. 2709).
[3] Verkündet am 30.12.1998.

Anlage[1)]
(zu § 1 Abs. 1)

Gebührenverzeichnis

Lfd. Nr.	Gebührenpflichtige Amtshandlung	Gebühr in Euro
1	**Erlaubnis-/Lizenzpflichtiger Güterkraftverkehr**	
1.1	Erteilung der Erlaubnis für den gewerblichen Güterkraftverkehr oder Erteilung/Erneuerung der Gemeinschaftslizenz	120 – 700
1.2	Ausstellung einer Ausfertigung/beglaubigten Kopie	40 – 160
1.3	Berichtigung/Ersatzausstellung/Änderung der Erlaubnis/Gemeinschaftslizenz oder einer Ausfertigung/beglaubigten Kopie	40 – 100
1.4	Mitteilung des Ergebnisses der Überprüfung nach § 11 Absatz 2 der Berufszugangsverordnung für den Güterkraftverkehr[2)]	50 – 180
1.5	Erteilung einer Bescheinigung über den nächstgelegenen geeigneten Bahnhof	50 – 70
1.6	Erteilung einer Fahrerbescheinigung mit Ausfertigung der beglaubigten Kopie	60 – 120
1.7	Berichtigung/Ersatzausstellung/Änderung der Fahrerbescheinigung oder der beglaubigten Kopie	30 – 60
1.8	Überprüfung der Voraussetzungen der Fahrerbescheinigung nach § 24 der Verordnung über den grenzüberschreitenden Güterkraftverkehr und den Kabotageverkehr	20 – 40
1.9	Untersagung der Güterkraftverkehrsgeschäfte nach § 3 Absatz 5b Satz 1 des Güterkraftverkehrsgesetzes[3)]	100 – 700
1.10	Wiedergestattung der Güterkraftverkehrsgeschäfte auf Antrag nach § 3 Absatz 5b Satz 3 des Güterkraftverkehrsgesetzes[3)]	250 – 700
1.11	Fristsetzung zur Behehung des vorschriftswidrigen Zustandes nach Artikel 13 Absatz 1 der Verordnung (EG) Nr. 1071/2009 des Europäi-	50 – 180

[1)] Anl. neu gef. mWv 10.11.2004 durch VO v. 29.10.2004 (BGBl. I S. 2709); geänd. mWv 13.7. 2012 durch VO v. 29.6.2012 (BGBl. I S. 1454); geänd. mWv 12.10.2013 durch VO v. 8.10.2013 (BGBl. I S. 3772).

[2)] Nr. **460**.

[3)] Nr. **450**.

Lfd. Nr.	Gebührenpflichtige Amtshandlung	Gebühr in Euro
	schen Parlaments und des Rates vom 21. Oktober 2009 zur Festlegung gemeinsamer Regeln für die Zulassung zum Beruf des Kraftverkehrsunternehmers und zur Aufhebung der Richtinie 96/26/EG (ABl. L 300 vom 14.11.2009, S. 51)	
2	**Grenzüberschreitender Güterkraftverkehr im Rahmen des CEMT-Kontingents**	
2.1	Erteilung einer CEMT-Jahresgenehmigung einschließlich Fahrtenberichtheft	110 – 220
2.2	Berichtigung/Ersatzausstellung/Änderung einer CEMT-Jahresgenehmigung einschließlich Fahrtenberichtheft	30 – 60
2.3	Erteilung einer CEMT-Monatsgenehmigung (Kurzzeitgenehmigung)	20 – 40
3	**Grenzüberschreitender Güterkraftverkehr mit CEMT-Umzugsgenehmigungen**	
3.1	Erteilung einer CEMT-Umzugsgenehmigung	40 – 80
3.2	Berichtigung/Ersatzausstellung/Änderung einer CEMT-Umzugsgenehmigung	20 – 30
4	**Grenzüberschreitender Güterkraftverkehr mit Fahrt- oder Zeitgenehmigungen auf der Grundlage bilateraler Abkommen**	
4.1	Ausstellung einer Einzelfahrtgenehmigung	10 – 30
4.2	Ausstellung einer Mehrfahrtengenehmigung	30 – 100
4.3	Ausstellung einer befristeten Genehmigung (Zeitgenehmigung je Lastzug und Land):	80 – 120
4.4	Berichtigung/Ersatzausstellung/Änderung einer befristeten Genehmigung	10 – 20
5	*(aufgehoben)*	
6	Für unter den Nummern 1 bis 5 **nicht aufgeführte Amtshandlungen** können Gebühren erhoben werden in Höhe von	bis zu 320
7	**Ablehnung eines Antrags** auf Vornahme einer Amtshandlung nach den Nummern 1 bis 6 aus anderen Gründen als wegen Unzuständigkeit der Behörde sowie **Rücknahme eines Antrags** auf Vornahme einer Amtshandlung nach den Nummern 1 bis 6 nach Beginn der sachlichen Bearbeitung, jedoch vor deren Beendigung	bis zu 75 % der Gebühr für die Vornahme der Amtshandlung
8	**Widerruf** oder **Rücknahme einer Amtshandlung** nach den Nummern 1 bis 6, soweit der Betroffene dazu Anlass gegeben hat	bis zur Höhe der für die Amtshandlung vorgesehenen Gebühr

Lfd. Nr.	Gebührenpflichtige Amtshandlung	Gebühr in Euro
9	Teilweise oder vollständige **Zurückweisung eines Widerspruchs,** soweit der Widerspruch nicht nur deshalb keinen Erfolg hat, weil die Verletzung einer Verfahrens- oder Formschrift nach § 45 des Verwaltungsverfahrensgesetzes unbeachtlich ist	bis zur Höhe der für die Amtshandlung vorgesehenen Gebühr
10	**Rücknahme eines Widerspruchs** nach Beginn der sachlichen Bearbeitung, jedoch vor deren Beendigung	bis zu 75 % der Gebühr nach Nummer 9
11	**Erfolgloser Widerspruch,** der sich ausschließlich gegen eine Kostenentscheidung richtet	bis zu 30 % des streitigen Betrages.

480. Verordnung über den grenzüberschreitenden Güterkraftverkehr und den Kabotageverkehr (GüKGrKabotageV)

Vom 28. Dezember 2011
(BGBl. 2012 I S. 42)

FNA 9241-34-3

geänd. durch Art. 2 VO zur Änd. fahrpersonalrechtlicher, güterkraftverkehrsrechtlicher und zulassungsrechtlicher Vorschriften v. 22.5.2013 (BGBl. I S. 1395), Art. 3 VO zur Änd. der Fahrpersonal-VO, der Straßenverkehrs-ZulassungO und der VO über den grenzüberschreitenden Güterkraftverkehr und den Kabotageverkehr v. 9.3.2015 (BGBl. I S. 243), Art. 4 Erste VO zur Änd. der Berufskraftfahrer-Qualifikations-VO und anderer straßenverkehrsrechtlicher Vorschriften v. 19.12.2016 (BGBl. I S. 2920) und Art. 2 VO zur Ablösung der Berufskraftfahrer-Qualifikations-VO und zur Änd. anderer straßenverkehrsrechtlicher Vorschriften v. 9.12.2020 (BGBl. I S. 2905)

Auf Grund des § 3 Absatz 6, der §§ 17a und 23 Absatz 3 und 5 des Güterkraftverkehrsgesetzes[1] vom 22. Juni 1998 (BGBl. I S. 1485), von denen § 3 Absatz 6 durch Artikel 1 Nummer 4 Buchstabe e des Gesetzes vom 22. November 2011 (BGBl. I S. 2272), § 17a durch Artikel 1 Nummer 19 des Gesetzes vom 22. November 2011 (BGBl. I S. 2272) und § 23 Absatz 3 durch Artikel 1 Nummer 24 Buchstabe b des Gesetzes vom 22. November 2011 (BGBl. I S. 2272) geändert worden ist, verordnet das Bundesministerium für Verkehr, Bau und Stadtentwicklung:

1. Abschnitt. Güterkraftverkehr mit Gemeinschaftslizenzen

§ 1 Erteilung und Entziehung der Gemeinschaftslizenz. (1) [1]Für die Gemeinschaftslizenz im Sinne der Verordnung (EG) Nr. 1072/2009 des Europäischen Parlaments und des Rates vom 21. Oktober 2009 über gemeinsame Regeln für den Zugang zum Markt des grenzüberschreitenden Güterkraftverkehrs (ABl. L 300 vom 14.11.2009, S. 72) gelten folgende Bestimmungen des Güterkraftverkehrsgesetzes[1] entsprechend:

1. § 3 Absatz 3 und 5,
2. § 3 Absatz 5a und 5b,
3. § 4 (Unterrichtung der Berufsgenossenschaft), wenn dem Unternehmer keine Erlaubnis nach § 3 des Güterkraftverkehrsgesetzes erteilt ist,
4. § 8 (vorläufige Weiterführung der Güterkraftverkehrsgeschäfte) und
5. § 21a (Aufsicht).

[2]§ 10 der Berufszugangsverordnung für den Güterkraftverkehr[2] vom 21. Dezember 2011 (BGBl. I S. 3120) gilt entsprechend.

(2) [1]Die Gemeinschaftslizenz und die beglaubigten Kopien werden nach dem Muster des Anhangs II der Verordnung (EG) Nr. 1072/2009 ausgestellt. [2]Sie enthalten eine Seriennummer und eine Ausgabenummer und sind mit einem Trockenprägestempel zu stempeln.

---

[1] Nr. **450**.
[2] Nr. **460**.

§ 2[1] Änderungsmitteilung und Urkundenänderung. [1]Ändert sich nach der Erteilung der Gemeinschaftslizenz eine der in Artikel 16 Absatz 2 Buchstabe a bis d der Verordnung (EG) Nr. 1071/2009 des Europäischen Parlaments und des Rates vom 21. Oktober 2009 zur Festlegung gemeinsamer Regeln für die Zulassung zum Beruf des Kraftverkehrsunternehmers und zur Aufhebung der Richtlinie 96/26/EG (ABl. L 300 vom 14.11.2009, S. 51) genannten Angaben, eine zur Vertretung ermächtigte Person oder das zuständige Amtsgericht, falls das Unternehmen im Handels- oder Genossenschaftsregister eingetragen ist, so hat der Unternehmer dies der nach Landesrecht zuständigen Behörde unverzüglich mitzuteilen und auf Verlangen nachzuweisen. [2]Ist nach Auffassung der nach Landesrecht zuständigen Behörde eine Änderung der Lizenzurkunde erforderlich, so hat das Unternehmen die Lizenzurkunde und deren beglaubigten Kopien unverzüglich vorzulegen.

§ 3 Zuständigkeiten des Bundesamtes für Güterverkehr (Bundesamt)

Das Bundesamt für Güterverkehr (Bundesamt) ist zuständig für die Unterrichtungen nach Artikel 17 Absatz 1 und 2 und die Maßnahmen nach Artikel 13 Absatz 2 der Verordnung (EG) Nr. 1072/2009.

2. Abschnitt. Grenzüberschreitender Güterkraftverkehr mit CEMT-Genehmigungen und CEMT-Umzugsgenehmigungen

§ 4[2] Geltungsbereich, Erteilung und Entziehung der CEMT-Genehmigung. (1) [1]Die CEMT-Genehmigung nach der Resolution des Ministerrates der Europäischen Konferenz der Verkehrsminister (CEMT) über das Inkraftsetzen eines multilateralen Kontingents im internationalen Straßengüterverkehr vom 14. Juni 1973 (BGBl. 1974 II S. 298) in der jeweils geltenden Fassung wird einem Unternehmer mit Sitz des Unternehmens in Deutschland erteilt, der

1. Inhaber einer Erlaubnis im Sinne des § 3 des Güterkraftverkehrsgesetzes[3] oder einer Gemeinschaftslizenz im Sinne des Artikels 4 der Verordnung (EG) Nr. 1072/2009 ist und
2. die Voraussetzungen dafür erfüllt, dass die Genehmigung hinreichend genutzt wird.

[2]Die CEMT-Genehmigung wird mit einer Gültigkeit von einem Kalenderjahr (Jahresgenehmigung) oder mit einer Gültigkeit von 30 Tagen (Kurzzeitgenehmigung) erteilt. [3]Im laufenden Kalenderjahr erteilte Jahresgenehmigungen gelten ab dem Tag der Ausstellung bis zum Ablauf des Kalenderjahres, in dem die Erteilung erfolgt.

(2) [1]Zuständige Erteilungsbehörde ist das Bundesamt. [2]Der Antrag ist schriftlich bis zum 1. Oktober des Antragsjahres bei der Außenstelle des Bundesamtes zu stellen, in deren Bezirk der Unternehmer den Sitz seines

---

[1] § 2 Satz 1 geänd. mWv 11.3.2015 durch VO v. 9.3.2015 (BGBl. I S. 243).
[2] § 4 Abs. 2 Satz 4 geänd. mWv 11.3.2015 durch VO v. 9.3.2015 (BGBl. I S. 243).
[3] Nr. **450**.

Unternehmens hat. [3] Der Antragsteller hat seinem Antrag eine Kopie der Erlaubnis oder Gemeinschaftslizenz beizufügen. [4] Die weiteren Einzelheiten des Erteilungsverfahrens (öffentliche Ausschreibung), insbesondere zu den Voraussetzungen einer hinreichenden Nutzung der Genehmigung, werden durch eine Richtlinie geregelt, die das Bundesministerium für Verkehr und digitale Infrastruktur im Benehmen mit den obersten Verkehrsbehörden der Länder erlässt. [5] Liegen zwingende betriebliche oder persönliche Belange eines Bewerbers vor, zum Beispiel im Erbfall oder wenn ein Unternehmen oder ein selbstständiger, abgrenzbarer Unternehmensteil weitergeführt werden soll, so kann im Einzelfall von einer öffentlichen Ausschreibung abgesehen werden.

(3) [1] Die CEMT-Genehmigung wird auf den Namen des Unternehmers ausgestellt und ist nicht übertragbar. [2] Sie ersetzt auf dem Streckenteil im Inland die nach § 3 des Güterkraftverkehrsgesetzes erforderliche Erlaubnis.

(4) Die CEMT-Genehmigung kann unter Bedingungen, Auflagen oder mit verkehrsmäßigen Beschränkungen erteilt werden.

(5) Für die CEMT-Genehmigung gelten folgende Bestimmungen des Güterkraftverkehrsgesetzes entsprechend:

1. § 3 Absatz 2 (Anforderungen an die Berufszugangsbedingungen),
2. § 3 Absatz 5 (Rücknahme und Widerruf der Erlaubnis) und
3. § 8 (vorläufige Weiterführung der Güterkraftverkehrsgeschäfte).

(6) [1] Die CEMT-Genehmigung kann auch widerrufen werden, wenn

1. sie drei Monate nicht genutzt worden ist oder
2. der Unternehmer wiederholt gegen Nebenbestimmungen oder Verwendungsvoraussetzungen der CEMT-Genehmigung verstoßen hat.

[2] Im Falle des Satzes 1 Nummer 2 kann vor Ablauf von zwei Kontingentjahren, die auf das Jahr folgen, in dem die Widerrufsverfügung unanfechtbar geworden ist, eine CEMT-Genehmigung nicht erteilt werden.

§ 5 Fahrtenberichtheft. (1) [1] Der Unternehmer hat für jede CEMT-Genehmigung ein Fahrtenberichtheft entsprechend den Vorgaben in Kapitel 5 der Resolution des Ministerrates der Europäischen Konferenz der Verkehrsminister (CEMT) zum Leitfaden für Regierungsbeamte und Transportunternehmer für die Verwendung des Multilateralen CEMT-Kontingents (BGBl. 2010 II S. 297, 298) in der jeweils geltenden Fassung zu führen. [2] Darin sind die dort vorgesehenen Eintragungen über jede Beförderung und jede Leerfahrt in zeitlicher Reihenfolge vorzunehmen. [3] Das Fahrtenberichtheft wird von dem Bundesamt ausgegeben.

(2) [1] Der Unternehmer hat bei

1. Jahresgenehmigungen die Durchschriften der ausgefüllten Seiten des Fahrtenberichthefts innerhalb von vier Wochen nach Ablauf jedes Kalendermonats und das Fahrtenberichtheft innerhalb von zwei Wochen nach Ablauf des Gültigkeitszeitraums,
2. Kurzzeitgenehmigungen das Fahrtenberichtheft unverzüglich nach Ablauf des Gültigkeitszeitraums

dem Bundesamt vorzulegen. [2] Sind mit einer Jahresgenehmigung in einem Kalendermonat keine Beförderungen mit der CEMT-Genehmigung durchgeführt worden, so hat der Unternehmer innerhalb der in Satz 1 genannten Frist Fehlanzeige zu erstatten.

§ 6 Urkundenänderung. [1] Ändert sich der Name des Unternehmers oder der Sitz des Unternehmens, so hat der Unternehmer die CEMT-Genehmigung und das nach § 5 Absatz 1 erforderliche Fahrtenberichtheft dem Bundesamt unverzüglich zur Änderung vorzulegen. [2] Stellt er den Betrieb endgültig ein, so hat er beide Urkunden dem Bundesamt unverzüglich zurückzugeben.

§ 7 CEMT-Umzugsgenehmigung. (1) [1] Die CEMT-Umzugsgenehmigung im Sinne des Kapitels III Abschnitt 3.4 der Gesamtresolution des Ministerrates der Europäischen Konferenz der Verkehrsminister (CEMT) zum Straßengüterverkehr vom 27. Mai 1994 (BGBl. 1998 II S. 32) wird einem Unternehmer erteilt, der die Voraussetzungen des § 4 Absatz 1 Satz 1 Nummer 1 erfüllt. [2] Sie gilt für jeweils fünf Jahre. [3] Zuständige Erteilungsbehörde ist das Bundesamt. [4] Der Unternehmer hat seinem Antrag eine Kopie der Erlaubnis oder Gemeinschaftslizenz beizufügen.

(2) [1] Die CEMT-Umzugsgenehmigung wird auf den Namen des Unternehmers ausgestellt und ist nicht übertragbar. [2] Sie ersetzt auf dem Streckenteil im Inland die nach § 3 des Güterkraftverkehrsgesetzes[1)] erforderliche Erlaubnis.

(3) Die CEMT-Umzugsgenehmigung kann unter Bedingungen, Auflagen oder mit verkehrsmäßigen Beschränkungen erteilt werden.

(4) Für die CEMT-Umzugsgenehmigung gelten folgende Bestimmungen des Güterkraftverkehrsgesetzes entsprechend:

1. § 3 Absatz 2 (Anforderungen an die Berufszugangsbedingungen),
2. § 3 Absatz 5 (Rücknahme und Widerruf der Erlaubnis) und
3. § 8 (vorläufige Weiterführung der Güterkraftverkehrsgeschäfte).

(5) [1] Ändert sich der Name des Unternehmers oder der Sitz des Unternehmens, so hat der Unternehmer die CEMT-Umzugsgenehmigung dem Bundesamt unverzüglich zur Änderung vorzulegen. [2] Stellt er den Betrieb endgültig ein, so hat er sie dem Bundesamt unverzüglich zurückzugeben.

§ 7a[2)] Verwendung der CEMT-Genehmigung. Eine von einem Mitgliedstaat der CEMT nach der in § 4 Absatz 1 genannten Resolution erteilten CEMT-Genehmigung berechtigt zum grenzüberschreitenden Güterkraftverkehr unter folgenden Voraussetzungen:

1\. Eine CEMT-Genehmigung darf nicht gleichzeitig für mehr als ein Kraftfahrzeug verwendet werden.

1a. Die CEMT-Genehmigung ist vom Fahrer bei einer Fahrt mit Ladung zwischen dem Beladeort (Ort der ersten Aufnahme von Ladung für die Fahrt) bis zum Entladeort (Ort der letzten Entladung dieser Fahrt) im Fahrzeug mitzuführen.

---

1) Nr. **450**.

2) § 7a Nr. 1a eingef. mWv 7.6.2013 durch VO v. 22.5.2013 (BGBl. I S. 1395).

2. Der Unternehmer hat dafür zu sorgen, dass höchstens drei aufeinanderfolgende beladene Fahrten ohne Befahren des Gebietes des Staates, in dem das Unternehmen seinen Sitz hat, durchgeführt werden.

3. Der Unternehmer hat dafür zu sorgen, dass das Fahrtenberichtheft gemäß der in § 4 Absatz 1 genannten Resolution im grenzüberschreitenden Güterkraftverkehr mit CEMT-Genehmigung während der gesamten Fahrt mitgeführt wird und die ausgefüllten Seiten des Fahrtenberichthefts während des in der Genehmigungsurkunde eingetragenen Gültigkeitszeitraums im Fahrtenberichtheft aufbewahrt werden. Das Fahrpersonal muss das Fahrtenberichtheft im Kraftfahrzeug vollständig mitführen und Kontrollberechtigten auf Verlangen zur Prüfung aushändigen.

3. Abschnitt. Grenzüberschreitender Güterkraftverkehr mit bilateralen Genehmigungen

§ 8 Geltung der bilateralen Genehmigung auf dem inländischen Streckenteil. (1) [1] Die zuständige inländische Behörde stellt einem Unternehmer, dessen Unternehmen seinen Sitz im Inland hat, die bilaterale Genehmigung für den grenzüberschreitenden gewerblichen Güterkraftverkehr von oder nach einem oder durch einen Staat aus, der weder Mitglied der Europäischen Union noch anderer Vertragsstaat des Abkommens über den Europäischen Wirtschaftsraum ist, wenn der Unternehmer die Berufszugangsvoraussetzungen nach § 3 des Güterkraftverkehrsgesetzes[1)] erfüllt. [2] Diese Genehmigung ersetzt auf dem Streckenteil im Inland die nach § 3 des Güterkraftverkehrsgesetzes erforderliche Erlaubnis.

(2) [1] Ändert sich der Name des Unternehmers oder der Sitz des Unternehmens, so hat der Unternehmer die bilaterale Genehmigung der ausstellenden inländischen Behörde unverzüglich zur Änderung vorzulegen. [2] Stellt er den Betrieb endgültig ein, so hat er die Urkunde der ausstellenden Behörde unverzüglich zurückzugeben.

4. Abschnitt. Grenzüberschreitender Güterkraftverkehr mit Drittstaatengenehmigungen

§ 9 Geltungsbereich der Drittstaatengenehmigung. Ein Unternehmer, dessen Unternehmen seinen Sitz nicht im Inland hat, muss Inhaber einer Drittstaatengenehmigung sein, wenn er im grenzüberschreitenden gewerblichen Güterkraftverkehr von oder nach einem oder durch einen Staat, der weder Mitglied der Europäischen Union noch anderer Vertragsstaat des Abkommens über den Europäischen Wirtschaftsraum ist, auf dem inländischen Streckenteil keine dafür erforderliche Berechtigung nach § 6 Satz 2 Nummer 1 bis 3a des Güterkraftverkehrsgesetzes[1)] verwendet.

[1)] Nr. **450**.

§ 10[1] **Erteilung der Drittstaatengenehmigung.** (1) [1] Die Drittstaatengenehmigung wird einem Unternehmer erteilt, der in dem Staat, in dem das Unternehmen seinen Sitz hat, zum grenzüberschreitenden Güterkraftverkehr für andere zugelassen ist und über den keine Tatsachen vorliegen, aus denen sich Bedenken gegen seine persönliche Zuverlässigkeit ergeben. [2] Sie ist nicht übertragbar.

(2) [1] Die Erteilung erfolgt für einen bestimmten Zeitraum, mindestens einen Kalendertag. [2] Die Zahl der Fahrten, die innerhalb dieses Zeitraumes durchgeführt werden dürfen, kann begrenzt werden.

(3) Die Drittstaatengenehmigung kann unter Bedingungen, Auflagen oder mit verkehrsmäßigen Beschränkungen erteilt werden.

(4) Für die Erteilung der Drittstaatengenehmigung ist das Bundesministerium für Verkehr und digitale Infrastruktur zuständig, sofern das Recht der Europäischen Union nicht etwas anderes bestimmt.

(5) [1] Die Drittstaatengenehmigung wird von der zuständigen Stelle des Staates ausgegeben, in dem das Unternehmen seinen Sitz hat, falls es sich um einen Mitgliedstaat der Europäischen Union oder einen anderen Vertragsstaat des Abkommens über den Europäischen Wirtschaftsraum handelt oder falls internationale Regierungs- oder Verwaltungsabkommen dies vorsehen. [2] In allen anderen Fällen wird die Drittstaatengenehmigung von der Stelle ausgegeben, die das Bundesministerium für Verkehr und digitale Infrastruktur bestimmt hat.

§ 11 Unternehmer- und fahrzeugbezogene Drittstaatengenehmigung. (1) Ist die Drittstaatengenehmigung einem Unternehmer erteilt, dessen Unternehmen seinen Sitz in einem Mitgliedstaat der Europäischen Union, in einem anderen Vertragsstaat des Abkommens über den Europäischen Wirtschaftsraum oder in der Schweiz hat, so gilt sie für das Kraftfahrzeug, in dem sie bei der Beförderung mitgeführt wird.

(2) Einem Unternehmer, dessen Unternehmen seinen Sitz in keinem der in Absatz 1 genannten Staaten hat, wird die Drittstaatengenehmigung für ein bestimmtes Kraftfahrzeug oder für mehrere bestimmte Kraftfahrzeuge erteilt.

(3) Der Unternehmer darf die Drittstaatengenehmigung nicht gleichzeitig für mehr als ein Kraftfahrzeug verwenden.

§ 12 Ausnahmen. Eine Drittstaatengenehmigung ist nicht erforderlich für Beförderungen, die nach § 2 Absatz 1 oder auf Grund von § 23 Absatz 2 und 4 des Güterkraftverkehrsgesetzes[2] von den Bestimmungen dieses Gesetzes ausgenommen sind.

5. Abschnitt. Grenzüberschreitender gewerblicher kombinierter Verkehr

§ 13 Definition. Als grenzüberschreitender gewerblicher kombinierter Verkehr gelten Güterbeförderungen, bei denen

---

[1] § 10 Abs. 4, Abs. 5 Satz 2 geänd. mWv 11.3.2015 durch VO v. 9.3.2015 (BGBl. I S. 243).
[2] Nr. **450**.

1. das Kraftfahrzeug, der Anhänger, der Fahrzeugaufbau, der Wechselbehälter oder der Container von mindestens 6 Meter Länge einen Teil der Strecke auf der Straße und einen anderen Teil der Strecke mit der Eisenbahn oder dem Binnen- oder Seeschiff (mit einer Seestrecke von mehr als 100 Kilometer Luftlinie) zurücklegt,
2. die Gesamtstrecke zum Teil im Inland und zum Teil im Ausland liegt und
3. die Beförderung auf der Straße im Inland lediglich zwischen Be- oder Entladestelle und
   a) dem nächstgelegenen geeigneten Bahnhof oder
   b) einem innerhalb eines Umkreises von höchstens 150 Kilometer Luftlinie gelegenen Binnen- oder Seehafen

   durchgeführt wird (An- oder Abfuhr).

§ 14 Nächstgelegener geeigneter Bahnhof. (1) Der nächstgelegene geeignete Bahnhof im Sinne des § 13 Nummer 3 Buchstabe a ist derjenige Bahnhof,

1. der über Einrichtungen der notwendigen Umschlagart des kombinierten Verkehrs verfügt,
2. von dem regelmäßig kombinierter Verkehr der entsprechenden Art und Richtung durchgeführt wird und
3. der die kürzeste, verkehrsübliche Straßenverbindung zur Be- oder Entladestelle hat.

(2) [1] Auf Antrag des Unternehmers kann das Bundesamt abweichend von Absatz 1 einen anderen Bahnhof zum nächstgelegenen geeigneten Bahnhof bestimmen, sofern dies der Förderung des kombinierten Verkehrs dient. [2] Das Bundesamt kann vor seiner Entscheidung die betroffenen Eisenbahnen und Terminalbetreiber anhören.

(3) [1] Der Unternehmer hat dafür zu sorgen, dass während der gesamten Beförderung im grenzüberschreitenden kombinierten Verkehr die Bescheinigung über die Bestimmung des anderen Bahnhofs mitgeführt wird. [2] Das Fahrpersonal hat die Bescheinigung nach Satz 1 im Kraftfahrzeug mitzuführen und Kontrollberechtigten auf Verlangen zur Prüfung auszuhändigen.

§ 15 An- und Abfuhren durch Unternehmer mit Sitz ihres Unternehmens innerhalb eines Vertragsstaates des Abkommens über den Europäischen Wirtschaftsraum. (1) Ein Unternehmer, dessen Unternehmen seinen Sitz in einem Mitgliedstaat der Europäischen Union oder in einem anderen Vertragsstaat des Abkommens über den Europäischen Wirtschaftsraum hat, darf An- oder Abfuhren im kombinierten Verkehr im Sinne des § 13 im Inland durchführen, wenn er die Voraussetzungen für den Zugang zum Beruf und für den Zugang zum Markt für den Güterkraftverkehr zwischen Mitgliedstaaten erfüllt.

(2) [1] Der Unternehmer hat dafür zu sorgen, dass während einer Beförderung im Sinne des Absatzes 1 ein Nachweis über die Erfüllung der Voraussetzungen für den Zugang zum Beruf und für den Zugang zum Markt für den Güterkraftverkehr zwischen Mitgliedstaaten mitgeführt wird. [2] Das Fahrpersonal hat den Nachweis gemäß Satz 1 im Kraftfahrzeug mitzuführen und Kontrollberechtigten auf Verlangen zur Prüfung auszuhändigen.

§ 16 An- und Abfuhren durch Unternehmer mit Sitz ihres Unternehmens außerhalb der Vertragsstaaten des Abkommens über den Europäischen Wirtschaftsraum. (1) Ein Unternehmer, dessen Unternehmen seinen Sitz weder in einem Mitgliedstaat der Europäischen Union noch in einem anderen Vertragsstaat des Abkommens über den Europäischen Wirtschaftsraum hat,

1. darf An- oder Abfuhren im kombinierten Verkehr im Sinne des § 13 im Inland durchführen, wenn ihm auf Grund internationaler Abkommen eine besondere Genehmigung dafür erteilt ist;
2. ist bei An- oder Abfuhren im kombinierten Verkehr im Sinne des § 13 im Inland von der Erlaubnis- und Genehmigungspflicht befreit, wenn
   a) das Kraftfahrzeug im unbegleiteten kombinierten Verkehr bei der An- oder Abfuhr die deutsche Grenze überschreitet oder
   b) das Kraftfahrzeug im begleiteten kombinierten Verkehr während der Mitbeförderung auf der Eisenbahn oder dem Binnen- oder Seeschiff die deutsche Grenze überschreitet und nur eine An- oder Abfuhr durchgeführt wird, die beim begleiteten kombinierten Verkehr Schiene/Straße (Rollende Landstraße) nur zwischen Be- oder Entladestelle und einem innerhalb eines Umkreises von 150 Kilometer Luftlinie gelegenen geeigneten Bahnhof erfolgen darf, und
   c) der Unternehmer in dem Staat, in dem sein Unternehmen den Sitz hat, zum grenzüberschreitenden Güterkraftverkehr für andere zugelassen ist und über ihn keine Tatsachen vorliegen, aus denen sich Bedenken gegen seine persönliche Zuverlässigkeit ergeben.

(2) [1] Der Unternehmer hat dafür zu sorgen, dass während einer Beförderung im Sinne des Absatzes 1 Nummer 1 die Genehmigung oder während einer Beförderung im Sinne des Absatzes 1 Nummer 2 ein Nachweis über die Erfüllung der Voraussetzungen des Absatzes 1 Nummer 2 Buchstabe c erster Halbsatz mitgeführt wird. [2] Das Fahrpersonal hat den jeweils erforderlichen Nachweis gemäß Satz 1 im Kraftfahrzeug mitzuführen und Kontrollberechtigten auf Verlangen zur Prüfung auszuhändigen.

§ 17 Nachweis über die Durchführung von grenzüberschreitendem gewerblichem kombiniertem Verkehr. (1) [1] Der Unternehmer hat dafür zu sorgen, dass während einer Anfuhr im Sinne des § 15 oder des § 16 eine Reservierungsbestätigung der Eisenbahn oder des Schifffahrttreibenden oder der von ihnen beauftragten Stellen mitgeführt wird. [2] Im Falle des § 16 Absatz 1 Nummer 2 Buchstabe b muss die Reservierungsbestätigung nach Satz 1 auch das amtliche Kennzeichen des Kraftfahrzeugs enthalten. [3] Das Fahrpersonal hat die Reservierungsbestätigung im Kraftfahrzeug mitzuführen und Kontrollberechtigten auf Verlangen zur Prüfung auszuhändigen.

(2) [1] Der Unternehmer hat dafür zu sorgen, dass während einer Abfuhr im Sinne des § 15 oder des § 16 ein Nachweis der Eisenbahn oder des Schifffahrttreibenden oder der von ihnen beauftragten Stellen über den benutzten Entladebahnhof oder Binnen- oder Seehafen mitgeführt wird. [2] Im Falle des § 16 Absatz 1 Nummer 2 Buchstabe b muss der Nachweis nach Satz 1 auch das amtliche Kennzeichen des Kraftfahrzeugs enthalten. [3] Das Fahrpersonal hat den Nachweis nach Satz 1 im Kraftfahrzeug mitzuführen und Kontrollberechtigten auf Verlangen zur Prüfung auszuhändigen.

5a. Abschnitt. Kabotage

§ 17a Befugnis zur Kabotage. (1) Kabotage ist nur auf Grund europäischen Gemeinschaftsrechts oder mit einer besonderen Genehmigung nach Maßgabe der folgenden Absätze zulässig.

(2) [1] Ein Güterkraftverkehrsunternehmer, der weder Sitz noch Niederlassung in Deutschland hat, darf im Anschluss an eine grenzüberschreitende Beförderung nach Deutschland nach der ersten teilweisen oder vollständigen Entladung der Güter bis zu drei Kabotagebeförderungen mit demselben Fahrzeug durchführen. [2] Die letzte Entladung, bevor Deutschland verlassen wird, muss innerhalb von sieben Tagen nach der ersten teilweisen oder vollständigen Entladung erfolgen.

(3) [1] Bei Kabotagebeförderungen im Sinne von Absatz 1 hat der Güterkraftverkehrsunternehmer, der weder Sitz noch Niederlassung in Deutschland hat, dafür Sorge zu tragen, dass Nachweise für die grenzüberschreitende Beförderung und jede einzelne durchgeführte Kabotagebeförderung während der Dauer der Beförderung mitgeführt werden, die folgende Angaben enthalten:

1. Name, Anschrift und Unterschrift des Absenders,
2. Name, Anschrift und Unterschrift des Güterkraftverkehrsunternehmers,
3. Name und Anschrift des Empfängers sowie nach erfolgter Entladung die Unterschrift des Empfängers mit Datum der Entladung,
4. Ort und Datum der Übernahme der Ware sowie die Anschrift der Entladestelle,
5. die übliche Beschreibung der Art der Ware und ihrer Verpackung,
6. das Bruttogewicht der Güter oder eine sonstige Mengenangabe,
7. amtliches Kennzeichen des Kraftfahrzeugs oder Aufliegers.

[2] Die Nachweise können mittels Begleitpapier oder eines anderen geeigneten Beförderungsdokumentes, auch in elektronischer Form, erbracht werden.

(4) Das Fahrpersonal muss die Nachweise nach Absatz 3 während der Kabotagebeförderung mitführen und Kontrollberechtigten auf Verlangen zur Prüfung aushändigen oder in anderer geeigneter Weise zugänglich machen.

6. Abschnitt. Gemeinsame Vorschriften

§ 18 Bedingungen für den Fahrzeugeinsatz. [1] Sofern das Unternehmen seinen Sitz in einem Mitgliedstaat der Europäischen Union oder in einem anderen Vertragsstaat des Abkommens über den Europäischen Wirtschaftsraum hat, darf der Unternehmer im grenzüberschreitenden Güterkraftverkehr oder im Kabotageverkehr nur ein Kraftfahrzeug einsetzen, das in einem der vorgenannten Staaten zugelassen ist. [2] Befindet sich der Unternehmenssitz nicht in einem der in Satz 1 genannten Staaten, darf der Unternehmer im grenzüberschreitenden Güterkraftverkehr oder im Kabotageverkehr nur ein Kraftfahrzeug einsetzen, das im Staat des Unternehmenssitzes zugelassen ist.

§ 19[1)] Ausschluss von Unternehmern mit Sitz ihres Unternehmens außerhalb der Vertragsstaaten des Abkommens über den Europäischen Wirtschaftsraum vom Güterkraftverkehr. (1) Das Bundesministerium für Verkehr und digitale Infrastruktur oder die von ihm bestimmte Stelle kann Unternehmer, deren Unternehmen ihren Sitz in einem Staat haben, der weder Mitglied der Europäischen Union noch anderer Vertragsstaat des Abkommens über den Europäischen Wirtschaftsraum ist, bis zu sechs Monate vom Güterkraftverkehr im und mit dem Inland ausschließen, wenn Personen, die für die Leitung des Unternehmens verantwortlich sind, oder deren Bevollmächtigte gegen Vorschriften verstoßen haben, die im Inland für die Beförderung von Gütern auf der Straße, den Verkehr mit Kraftfahrzeugen, die Steuern oder die Kraftfahrzeughaftpflichtversicherung gelten.

(2) Bei Straftaten, die im Zusammenhang mit der Durchführung von Güterkraftverkehr begangen wurden, oder bei wiederholten groben Verstößen gegen die in Absatz 1 genannten Vorschriften kann das Bundesministerium für Verkehr und digitale Infrastruktur oder die von ihm bestimmte Stelle den Unternehmer endgültig von den in Absatz 1 genannten Verkehren ausschließen.

7. Abschnitt. Verfahren zur Erteilung einer Fahrerbescheinigung

§ 20[2)] Antrag auf Ausstellung einer Fahrerbescheinigung. (1) Bei der Stellung eines Antrags auf Erteilung einer Fahrerbescheinigung gemäß Artikel 5 der Verordnung (EG) Nr. 1072/2009 sind gegenüber der zuständigen Behörde folgende Angaben zu machen:

1. Name und Rechtsform des Unternehmens,
2. Anschrift des Unternehmens,
3. die für den Sitz des Unternehmens maßgeblichen Telefon- und Telefaxnummern sowie die elektronische Postadresse,
4. die zuständige Erteilungsbehörde, Lizenznummer, Datum der Erteilung und Gültigkeitszeitraum sowie Anzahl der ausgegebenen beglaubigten Kopien der Gemeinschaftslizenz nach Artikel 4 der Verordnung (EG) Nr. 1072/2009,
5. Name, Vorname, Geburtsdatum, Geburtsort, Staatsangehörigkeit, Art und Nummer des Ausweises, Ausstellungszeitpunkt und -ort des Ausweises, Nummer der Fahrerlaubnis, Ausstellungszeitpunkt und -ort der Fahrerlaubnis, Nummer der Sozialversicherung des Fahrers, für den die Fahrerbescheinigung ausgestellt werden soll.

(2) [1] Mit dem Antrag nach Absatz 1 müssen der zuständigen Behörde folgende Unterlagen vorgelegt werden:

1. die dem Unternehmer erteilte Gemeinschaftslizenz,
2. die Arbeitsgenehmigung-EU des Fahrpersonals, wenn eine solche erteilt worden ist,
3. der Pass, Passersatz oder Ausweisersatz, der Aufenthaltstitel des Fahrpersonals,

---

1) § 19 Abs. 1, 2 geänd. mWv 11.3.2015 durch VO v. 9.3.2015 (BGBl. I S. 243).

2) § 20 Abs. 2 Satz 1 Nr. 4 neu gef., Satz 2 eingef., bish. Satz 2 wird Satz 3 mWv 22.12.2016 durch VO v. 19.12.2016 (BGBl. I S. 2920); Abs. 2 Satz 1 Nr. 4 geänd., Satz 2 neu gef. mWv 17.12.2020 durch VO v. 9.12.2020 (BGBl. I S. 2905).

4. der Nachweis nach § 11 Absatz 4 Nummer 1 der Berufskraftfahrer-Qualifikations-Verordnung[1].

[2]Wird ein Nachweis nach Satz 1 Nummer 4 nicht vorgelegt, erfolgt kein Eintrag der Schlüsselzahl 95 nach Anlage 9 der Fahrerlaubnis-Verordnung[2] in das Feld „Besondere Bemerkungen". [3]Die zuständige Behörde kann Nachweise auch für die übrigen nach Absatz 1 zu machenden Angaben verlangen.

§ 21 Geltungsdauer und Unternehmensbindung der Fahrerbescheinigung. [1]Die Fahrerbescheinigung wird dem Unternehmen in der Regel für einen Zeitraum von fünf Jahren erteilt. [2]Sie kann auch für einen kürzeren Zeitraum erteilt werden, insbesondere wenn das Fahrpersonal über einen Aufenthaltstitel oder eine Arbeitserlaubnis-EU verfügt, die für einen kürzeren Zeitraum als fünf Jahre befristet ist. [3]Die Fahrerbescheinigung wird nach dem Muster des Anhangs III der Verordnung (EG) Nr. 1072/2009 ausgestellt. [4]Sie enthält eine Seriennummer und eine Ausgabenummer und ist mit einem Trockenprägestempel zu stempeln.

§ 22 Rückgabe der Fahrerbescheinigung. Die Fahrerbescheinigung und ihre beglaubigte Kopie sind unverzüglich an die Ausstellungsbehörde zurückzugeben, wenn die Fahrerbescheinigung nach Artikel 5 Absatz 7 Satz 3 der Verordnung (EG) Nr. 1072/2009 ungültig geworden ist.

§ 23 Änderungsmitteilung und Urkundenänderung. [1]Verändern sich nach Erteilung der Fahrerbescheinigung Umstände, die den nach § 20 Absatz 1 Nummer 1, 2, 4 oder 5 zu machenden Angaben zugrunde liegen, so hat das Unternehmen dies der zuständigen Behörde unverzüglich mitzuteilen und auf Verlangen nachzuweisen. [2]Ist eine Änderung der Fahrerbescheinigung erforderlich, so hat das Unternehmen die Fahrerbescheinigung und ihre beglaubigte Kopie unverzüglich vorzulegen.

§ 24 Überwachung. [1]Im Rahmen der Überwachung nach Artikel 6 Absatz 2 der Verordnung (EG) Nr. 1072/2009 hat das Unternehmen der zuständigen Behörde auf Verlangen Nachweise nach § 20 Absatz 2 Satz 1 vorzulegen. [2]Die Behörde teilt dem Unternehmen das Ergebnis der Überprüfung auf Verlangen schriftlich mit.

8. Abschnitt. Ordnungswidrigkeiten, In- und Außerkrafttreten

§ 25[3] Ordnungswidrigkeiten. Ordnungswidrig im Sinne des § 19 Absatz 1 Nummer 2 des Güterkraftverkehrsgesetzes[4] handelt, wer vorsätzlich oder fahrlässig

1. entgegen § 2 Satz 1 eine Mitteilung nicht, nicht richtig, nicht vollständig oder nicht rechtzeitig macht oder einen Nachweis nicht, nicht richtig, nicht vollständig oder nicht rechtzeitig erbringt,
2. entgegen § 2 Satz 2 oder § 23 Satz 2 ein dort genanntes Dokument nicht oder nicht rechtzeitig vorlegt,

---

[1] Nr. **375**.
[2] Nr. **300**.
[3] § 25 Nr. 6a eingef. mWv 7.6.2013 durch VO v. 22.5.2013 (BGBl. I S. 1395).
[4] Nr. **450**.

3. einer vollziehbaren Auflage nach § 4 Absatz 4, § 7 Absatz 3 oder § 10 Absatz 3 zuwiderhandelt,
4. entgegen § 5 Absatz 1 Satz 1 ein Fahrtenberichtheft nicht, nicht richtig oder nicht vollständig führt,
5. entgegen § 5 Absatz 2 eine Durchschrift oder ein Fahrtenberichtheft nicht oder nicht rechtzeitig vorlegt oder eine Fehlanzeige nicht oder nicht rechtzeitig erstattet,
6. entgegen § 7a Nummer 1 eine CEMT-Genehmigung verwendet,

6a. entgegen § 7a Nummer 1a die CEMT-Genehmigung nicht mitführt,

7. entgegen § 7a Nummer 2 nicht dafür sorgt, dass höchstens drei aufeinanderfolgende beladene Fahrten durchgeführt werden,
8. entgegen § 7a Nummer 3 Satz 1 nicht dafür sorgt, dass ein Fahrtenberichtheft mitgeführt wird oder die ausgefüllten Seiten im Fahrtenberichtheft aufbewahrt werden,
9. entgegen § 7a Nummer 3 Satz 2 ein Fahrtenberichtheft nicht oder nicht vollständig mitführt oder nicht oder nicht rechtzeitig aushändigt,
10. entgegen § 11 Absatz 3 eine Drittstaatengenehmigung verwendet,
11. entgegen § 14 Absatz 3 Satz 1, § 15 Absatz 2 Satz 1, § 16 Absatz 2 Satz 1 oder § 17 Absatz 1 Satz 1 oder Absatz 2 Satz 1 nicht dafür sorgt, dass ein dort genanntes Dokument mitgeführt wird,
12. entgegen § 14 Absatz 3 Satz 2, § 15 Absatz 2 Satz 2, § 16 Absatz 2 Satz 2 oder § 17 Absatz 1 Satz 3 oder Absatz 2 Satz 3 ein dort genanntes Dokument nicht mitführt oder nicht oder nicht rechtzeitig aushändigt,
13. entgegen § 18 ein Kraftfahrzeug einsetzt,
14. einer vollziehbaren Anordnung nach § 19 zuwiderhandelt,
15. entgegen § 23 Satz 1 eine Mitteilung nicht, nicht richtig, nicht vollständig oder nicht rechtzeitig macht oder einen Nachweis nicht, nicht richtig, nicht vollständig oder nicht rechtzeitig erbringt oder
16. entgegen § 24 Satz 1 einen Nachweis nicht, nicht richtig, nicht vollständig oder nicht rechtzeitig vorlegt.

§ 26 Inkrafttreten, Außerkrafttreten. [1] Diese Verordnung tritt am Tag nach der Verkündung[1)] in Kraft. [2] Gleichzeitig tritt die Verordnung über den grenzüberschreitenden Güterkraftverkehr und den Kabotageverkehr vom 22. Dezember 1998 (BGBl. I S. 3976), die zuletzt durch Artikel 1 der Verordnung vom 5. Mai 2008 (BGBl. I S. 794) geändert worden ist, außer Kraft.

---

1) Verkündet am 4.1.2012.

490. Richtlinie für das Verfahren zur Erteilung der CEMT-Genehmigungen

Vom 11. Oktober 2019

(VkBl S. 722)

Inhaltsverzeichnis

1. Grundlagen

Grundlagen für die Erteilung der CEMT-Genehmigungen sind die Resolution Nr. 26 der Europäischen Konferenz der Verkehrsminister (CEMT) über das Inkrafttreten eines multilateralen Kontingents im internationalen Straßengüterverkehr vom 14. Juni 1973 sowie die Verordnung über den grenzüberschreitenden Güterkraftverkehr und den Kabotageverkehr (GüKGrKabotageV[1]).

2. Verfahrensgrundsätze

Die der Bundesrepublik Deutschland zugeteilten CEMT-Genehmigungen werden durch das Bundesamt für Güterverkehr (BAG) grundsätzlich nach den nachfolgenden Verfahrenskriterien erteilt.

Erteilt werden:

- CEMT-Jahresgenehmigungen mit einer Geltungsdauer von einem Kalenderjahr; während des laufenden Kalenderjahres erteilte CEMT-Jahresgenehmigungen gelten ab dem 01.01. und nur bis zum 31.12. des Kalenderjahres.
- CEMT-Kurzzeitgenehmigungen mit einer Geltungsdauer von 30 Tagen, jedoch längstens bis zum 31.12. des Jahres.
- CEMT-Umzugsgenehmigungen mit einer Geltungsdauer von 5 Jahren.

[1] Nr. **480**.

- Reservegenehmigungen; sie ersetzen annullierte CEMT-Genehmigungen (Jahres- oder Kurzzeitgenehmigungen). Reservegenehmigungen gelten frühestens ab dem Erteilungsdatum.

Jede annullierte CEMT-Genehmigung ist durch eine Reservegenehmigung zu ersetzen. Keinesfalls dürfen reguläre CEMT-Genehmigungen für den Ersatz erteilt werden.

Wenn eine CEMT-Kurzzeitgenehmigung ungültig und durch eine Reservegenehmigung ersetzt wird, gibt es zwei Möglichkeiten:

1. Die CEMT-Kurzzeitgenehmigung wird vor dem Beginn der Gültigkeitsdauer ungültig: Die Reservegenehmigung kann eine andere Gültigkeitsdauer als die für ungültig erklärte CEMT-Kurzzeitgenehmigung haben.
2. Die CEMT-Kurzzeitgenehmigung wird während der Gültigkeitsdauer ungültig. Die Reservegenehmigung kann eine andere Gültigkeitsdauer als die für ungültig erklärte CEMT-Kurzzeitgenehmigung haben, aber die Summe der beiden Gültigkeitszeiträume darf 30 Tage nicht überschreiten.

CEMT-Jahres- und Kurzzeitgenehmigungen können für „EURO IV-sichere", „EURO V-sichere" und „EURO VI-sichere" Fahrzeuge gemäß der CEMT-Resolution ITF/TMB//TR(2008)12 in der Fassung der Änderung durch Beschluss der AG Straßentransport vom 20.09.2013 (TF/TMB/TR/M(2013)3/FINAL)[1] in der jeweils geltenden Fassung erteilt werden.

CEMT-Jahresgenehmigungen, die in Österreich gelten, werden nur für „EURO V-sichere" Fahrzeuge gemäß der o.g. CEMT-Resolution in der jeweils geltenden Fassung erteilt. CEMT-Kurzzeitgenehmigungen sind in Österreich nicht gültig.

CEMT-Jahres- und Kurzzeitgenehmigungen, die in der Russischen Föderation gelten, werden nur für „EURO V-sichere" oder „EURO VI-sichere" Fahrzeuge gemäß der o.g. CEMT-Resolution in der jeweils geltenden Fassung erteilt.

CEMT-Umzugsgenehmigungen werden nicht für spezielle Fahrzeugklassen erteilt.

Grundsätzlich werden im gleichen Gültigkeitszeitraum nur so viele CEMT-Genehmigungen an einen Antragssteller erteilt, wie dieser neben der Erlaubnis Ausfertigungen gemäß § 3 des Güterkraftverkehrsgesetzes (GüKG[2]) bzw. beglaubigte Kopien der Gemeinschaftslizenz vorweisen kann.

3. Antragsberechtigte

Antragsberechtigt sind Unternehmer, die Inhaber einer Erlaubnis für den gewerblichen Güterkraftverkehr oder einer Gemeinschaftslizenz sind.

Die Erteilung von CEMT-Genehmigungen kann nur dann erfolgen, wenn das Unternehmen seine Niederlassung im Sinne von Artikel 5 der Verordnung (EG) Nr. 1071/2009 des Europäischen Parlaments und des Rates vom 21. Oktober 2009 zur Festlegung gemeinsamer Regeln für die Zulassung zum Beruf

[1] **Amtl. Anm.:** Eine Übersetzung der konsolidierten Fassung dieser CEMT-Resolution in deutscher Sprache wurde im Bundesgesetzblatt Teil II Nr. 3 vom 3. Februar 2015, Seite 65 bekannt gemacht.

[2] Nr. **450**.

des Kraftverkehrsunternehmers und zur Aufhebung der Richtlinie 96/26/EG des Rates in Deutschland hat.

4. Subjektive Antragsvoraussetzungen

Der Antragsteller muss die subjektiven Voraussetzungen nach Artikel 3 Absatz 1 der Verordnung (EG) Nr. 1071/2009 erfüllen.

Diese Voraussetzungen werden im Verfahren überprüft. Der Nachweis hierzu gilt bei Inhabern einer Erlaubnis nach § 3 GüKG[1] und Inhabern einer Gemeinschaftslizenz grundsätzlich als erbracht.

Im Einzelfall hat der Antragsteller auf Anforderung des BAG die nachfolgenden Unterlagen vorzulegen:

- Nachweis über die fachliche Eignung des Unternehmers und des Verkehrsleiters.
- Polizeiliches Führungszeugnis des Unternehmers, sämtlicher Komplementäre und des Verkehrsleiters.
- Bescheinigung des Finanzamtes und der Gemeinde des Betriebssitzes über die steuerliche Zuverlässigkeit.
- Bescheinigung der Berufsgenossenschaft über die ordnungsgemäße Bezahlung der Beiträge der Unfallversicherung.
- Bescheinigung über die ordnungsgemäße Entrichtung der Beiträge zur Sozial-, Kranken-, Arbeitslosen- und Rentenversicherung.
- Eigenkapitalbescheinigung.
- Auskunft aus dem Gewerbezentralregister für das Unternehmen (z.B. oHG, KG, GmbH) und die Gesellschafter (bei der KG nur für die Komplementäre) sowie für die gesetzlichen Vertreter (z.B. GmbH-Geschäftsführer) und den Verkehrsleiter.
- Bei Unternehmen, die in das Handels- oder Genossenschaftsregister eingetragen sind, Abschrift/Ablichtung der Eintragungen nach neuestem Stand. Bei Gesellschaften, bei denen sich die Gesellschafter nicht aus der Eintragung im Handels- oder Genossenschaftsregister ergeben, kann außerdem eine Gesellschafterliste verlangt werden. Aus dieser müssen sich die beteiligten natürlichen Personen namentlich ergeben.
- Aktuelle Gewerbeanmeldung oder -ummeldung.
- Arbeitsverträge, Arbeitnehmerüberlassungsverträge und Fahrerbescheinigungen.
- Fahrzeugscheine bzw. Zulassungsbescheinigungen Teil I, ggf. Miet- oder Leasingverträge der Kraftfahrzeuge.

5. CEMT-Jahresgenehmigungen

CEMT-Jahresgenehmigungen werden grundsätzlich für Beförderungen zwischen zwei CEMT-Mitgliedstaaten erteilt, soweit die Gemeinschaftslizenz nicht auf dem gesamten Beförderungsweg eingesetzt werden muss.

CEMT-Jahresgenehmigungen werden in erster Linie in einem Jahresverfahren vergeben. Es teilt sich in ein Wieder- und ein Neuerteilungsverfahren auf.

---

[1] Nr. **450**.

Im Jahresverfahren nicht erteilte CEMT-Jahresgenehmigungen können unterjährig erteilt werden.

5.1. Antragstellung

Der Antrag auf Erteilung von CEMT-Jahresgenehmigungen ist auf den vom BAG bereitgestellten Vordrucken (jeweils für die Wieder- oder Neuerteilung) bei der Außenstelle des BAG, in deren örtlichem Zuständigkeitsbereich der Unternehmer die Niederlassung im Sinne von Artikel 5 der Verordnung (EG) Nr. 1071/2009 hat, bis zum 01. Oktober des Vorjahres einzureichen. Die Vordrucke sind bei der zuständigen Außenstelle erhältlich. Eine Übersicht der örtlichen Zuständigkeit der Außenstellen des BAG ist auf der Internetseite des BAG unter www.bag.bund.de verfügbar.

Nach Fristablauf eingehende Anträge werden grundsätzlich im Jahresverfahren nicht berücksichtigt, sondern erst nach Abschluss des Jahresverfahrens beschieden.

Anträge auf unterjährige Erteilung von CEMT-Jahresgenehmigungen können jederzeit mit dem Antragsvordruck des BAG gestellt werden. Dieser ist ebenfalls bei der zuständigen Außenstelle des BAG erhältlich und steht im Internet unter www.bag.bund.de zum Abruf bereit.

5.2. Wiedererteilung

Die CEMT-Genehmigung wird grundsätzlich wiedererteilt, wenn der Antragsteller die Genehmigung gemäß Ziffer 5 Absatz 1 hinreichend genutzt hat. Bewertungszeitraum ist der September des Vorjahres bis einschließlich August des Genehmigungsjahres. Beförderungen von Umzugsgut werden nicht berücksichtigt.

Beförderungen, die unter Verstoß gegen § 7a GüKGrKabotageV durchgeführt werden, sind nicht anzurechnen.

Für eine Wiedererteilung von CEMT-Genehmigungen, die in Österreich, Italien oder Griechenland gelten, muss jeweils mindestens eine Beförderung zwischen Österreich, Italien oder Griechenland und einem CEMT-Mitgliedstaat durchgeführt worden sein, in dem die Gemeinschaftslizenz nicht galt. Für die Wiedererteilung von CEMT-Genehmigungen, die in der Russischen Föderation gelten, müssen Beförderungen im Dreiländerverkehr in oder aus der Russischen Föderation nachgewiesen werden, bei denen Deutschland nicht auf verkehrsüblichem Weg durchfahren wurde und für diesen Beförderungsverlauf keine Dreiländerverkehrsgenehmigungen zur Verfügung standen. Sind solche Beförderungen nicht durchgeführt worden, jedoch die Kriterien nach Ziffer 5.2 Absatz 1 erfüllt, kann grundsätzlich nur eine in diesen Ländern nicht gültige CEMT-Genehmigung erteilt werden.

Der Antrag kann abgelehnt werden, wenn zuvor erteilte Genehmigungen nicht für Beförderungen gemäß der Absätze 1 und 3 genutzt wurden, das zugehörige Fahrtenberichtheft nicht ordnungsgemäß geführt wurde oder die Genehmigungsurkunde und das Fahrtenberichtheft nicht fristgerecht zurückgegeben wurden.

5.3. Neuerteilung

Nicht wiedererteilte Genehmigungen und zusätzlich der Bundesrepublik Deutschland zugeteilte Genehmigungen werden neu erteilt. Jedem Antragsteller können im Neuerteilungsverfahren grundsätzlich zunächst maximal 10

Genehmigungen zugeteilt werden. Soweit im Jahresverfahren noch weitere Genehmigungen zur Verfügung stehen, kann der Antragsteller weitere Genehmigungen erhalten. Soweit nach Abschluss des Jahresverfahrens noch Genehmigungen zur Verfügung stehen, kann der Antragsteller auch unterjährig weitere Genehmigungen erhalten.

Für eine Neuerteilung muss der Antragsteller glaubhaft versichern, dass er Beförderungen gemäß Ziffer 5 Absatz 1 durchführen will. CEMT-Genehmigungen, die in Österreich, Italien oder Griechenland gelten, werden nur erteilt, wenn Beförderungen zwischen Österreich, Italien oder Griechenland und einem CEMT-Mitgliedstaat durchgeführt werden sollen, bei denen die Gemeinschaftslizenz nicht gilt. CEMT-Genehmigungen, die in der Russischen Föderation gelten, werden nur erteilt, wenn glaubhaft gemacht wird, dass grenzüberschreitende Beförderungen im Dreiländerverkehr in oder aus der Russischen Föderation durchgeführt werden sollen, bei denen Deutschland nicht auf verkehrsüblichem Weg durchfahren wird und für diesen Beförderungsverlauf keine Dreiländerverkehrsgenehmigungen zur Verfügung stehen.

Antragsteller, die bereits Beförderungen gemäß Absatz 2 durchgeführt haben, werden bei der Neuerteilung vorrangig berücksichtigt.

Beförderungen von Umzugsgut und solche, die unter Verstoß gegen die §§ 3 und 5 GüKG[1] bzw. unter Verstoß gegen die GüKGrKabotageV[2] durchgeführt wurden, sind nicht anzurechnen.

6. CEMT-Kurzzeitgenehmigungen

CEMT-Kurzzeitgenehmigungen sind insbesondere für Beförderungen zwischen zwei CEMT-Mitgliedstaaten bestimmt, für die keine sonstigen Genehmigungskontingente zwischen Deutschland und den anderen Staaten vereinbart wurden oder diese nicht ausreichen, sowie für Beförderungen zwischen CEMT-Mitgliedstaaten im Dreiländerverkehr ohne Durchfahren Deutschlands. Sie werden für Beförderungen zwischen zwei CEMT-Mitgliedstaaten erteilt, soweit die Gemeinschaftslizenz nicht auf dem gesamten Beförderungsweg eingesetzt werden muss.

Zur Beantragung ist der Antragsvordruck des BAG zu nutzen. Dieser ist beim BAG erhältlich und steht im Internet unter www.bag.bund.de zum Abruf bereit.

Der Antrag sollte frühestens vier Wochen vor Beförderungsbeginn gestellt werden und ist grundsätzlich spätestens zwei Wochen vor Beförderungsbeginn zu stellen.

CEMT-Kurzzeitgenehmigungen werden jederzeit im Rahmen des vorhandenen Kontingents erteilt, soweit die Voraussetzungen erfüllt sind.

Der Antrag kann abgelehnt werden, wenn zuvor erteilte Genehmigungen nicht für Beförderungen gemäß Absatz 1 genutzt wurden, das zugehörige Fahrtenberichtheft nicht ordnungsgemäß geführt wurde oder die Genehmigungsurkunde und das Fahrtenberichtheft nicht fristgerecht zurückgegeben wurden.

---

[1] Nr. **450**.
[2] Nr. **480**.

7. Informationen über erteilte Genehmigungen

Nach Abschluss des Jahresverfahrens werden folgende Informationen über erteilte CEMT-Jahres- und CEMT-Kurzzeitgenehmigungen mittels EDI (Electronic Data Interchange) an das Sekretariat übermittelt:

- CEMT-Mitgliedstaat,
- das Jahr,
- die Nummer der CEMT-Genehmigung,
- die Genehmigungsart (Jahres- oder Kurzzeitgenehmigung),
- die Schadstoffklasse,
- die territorialen Beschränkungen,
- der Gültigkeitszeitraum,
- das Ausstellungsdatum.

Aufgrund dieser Übermittlung wird automatisch die CEMT-Statistik auf der Homepage des ITF aktualisiert.

Alle nach dem Jahresverfahren erteilten CEMT-Jahres- und -Kurzzeitgenehmigungen werden unmittelbar nach Abschluss des Vorganges übermittelt. Die Aktualisierung der Statistik erfolgt unmittelbar elektronisch. Es können sich Änderungen im Verfahrensablauf des EDI durch das Sekretariat ergeben.

8. CEMT-Umzugsgenehmigungen

Mit CEMT-Umzugsgenehmigungen können Unternehmen grenzüberschreitende Beförderungen von Umzugsgut zwischen CEMT-Mitgliedstaaten durchführen.

Zur Beantragung ist der Antragsvordruck des BAG zu nutzen. Dieser ist beim BAG erhältlich und steht im Internet unter https://www.bag.bund.de/SharedDocs/Downloads/DE/Formulare_Hinweisblaetter/Formular_CEMT_Umzug.html?nn=12716 zum Abruf bereit.

Der Antrag sollte frühestens vier Wochen vor Gültigkeitsbeginn gestellt werden und ist grundsätzlich spätestens zwei Wochen vor Gültigkeitsbeginn zu stellen.

9. Richtigkeit der Angaben

Der Antrag auf Erteilung einer CEMT-Genehmigung kann abgelehnt werden, wenn der Antragsteller vorsätzlich oder grob fahrlässig unzutreffende Angaben gemacht hat.

10. Urkundenberichtigung

Ändert sich der Name oder der Sitz des Unternehmens, so sind die CEMT-Genehmigungen und Fahrtenberichthefte dem BAG unverzüglich zur Berichtigung vorzulegen.

11. Kosten

Die Erteilung von CEMT-Genehmigungen, die Ablehnung oder Rücknahme eines Antrages auf Erteilung, die Entziehung oder Berichtigung von CEMT-Genehmigungen sowie die Zurückweisung oder Rücknahme eines entsprechenden Widerspruchs sind nach § 22 Abs. 1 und 2 GüKG[1)] i.V.m. der Kostenverordnung für den Güterkraftverkehr gebührenpflichtig.

Der Versand der Genehmigungen kann von der Zahlung der Gebühr abhängig gemacht werden (Vorauszahlung). Aufwendungen für spezielle Zustellungsformen hat der Antragsteller zu tragen, soweit sie auf dessen besonderen Antrag erfolgen.

12. Rückgabe ungültig gewordener Genehmigungen

Ungültig gewordene CEMT-Genehmigungen und CEMT-Umzugsgenehmigungen (z.B. durch Zeitablauf, durch Widerruf, durch Namensänderung, durch Anschriftenänderung o.ä.) sind unverzüglich mit den zugehörigen Fahrtenberichtheften (nicht bei CEMT-Umzugsgenehmigungen) an das BAG zurückzugeben.

13. Inkrafttreten/Außerkrafttreten

Diese Richtlinie tritt am Tag nach der Verkündung[2)] in Kraft. Gleichzeitig tritt die Richtlinie für das Verfahren zur Erteilung der CEMT-Genehmigungen vom 05. September 1988 (VkBl. 1988 S. 676) in der Fassung der Bekanntmachung vom 29. September 1992 (VkBl. S. 559), zuletzt geändert durch die Bekanntmachung vom 28. Juli 2015 (VkBl. S. 510 ff.) außer Kraft.

[1)] Nr. **450**.
[2)] Verkündet am 15.11.2019.

500. Gesetz über die Beförderung gefährlicher Güter (Gefahrgutbeförderungsgesetz – GGBefG)

In der Fassung der Bekanntmachung vom 7. Juli 2009[1)]
(BGBl. I S. 1774, ber. S. 3975)

FNA 9241-23

geänd. durch Art. 2 Abs. 148 G zur Strukturreform des Gebührenrechts des Bundes v. 7.8.2013 (BGBl. I S. 3154), Art. 487 Zehnte ZuständigkeitsanpassungsVO v. 31.8.2015 (BGBl. I S. 1474), Art. 5 G zur Neuordnung der Organisationsstruktur im Bereich der Endlagerung v. 26.7.2016 (BGBl. I S. 1843), Art. 140 Zweites Datenschutz-Anpassungs- und Umsetzungsgesetz EU v. 20.11. 2019 (BGBl. I S. 1626) und Art. 13 G zur Änd. des UmweltauditG, des AtomG, des Standortauswahl G, der EndlagervorausleistungsVO und anderer G und Verordnungen v. 12.12.2019 (BGBl. I S. 2510)

§ 1 Geltungsbereich. (1) [1]Dieses Gesetz gilt für die Beförderung gefährlicher Güter mit Eisenbahn-, Magnetschwebebahn-, Straßen-, Wasser- und Luftfahrzeugen sowie für das Herstellen, Einführen und Inverkehrbringen von Verpackungen, Beförderungsbehältnissen und Fahrzeugen für die Beförderung gefährlicher Güter.
[2]Es findet keine Anwendung auf die Beförderung

1. innerhalb eines Betriebes oder mehrerer verbundener Betriebsgelände (Industrieparks), in denen gefährliche Güter hergestellt, bearbeitet, verarbeitet, aufgearbeitet, gelagert, verwendet oder entsorgt werden, soweit sie auf einem abgeschlossenen Gelände stattfindet,
2. (weggefallen)
3. im grenzüberschreitenden Verkehr, wenn und soweit auf den betreffenden Beförderungsvorgang Vorschriften der Europäischen Gemeinschaften oder zwischenstaatliche Vereinbarungen oder auf solchen Vorschriften oder Vereinbarungen beruhende innerstaatliche Rechtsvorschriften unmittelbar anwendbar sind, es sei denn, diese Vereinbarungen nehmen auf innerstaatliche Rechtsvorschriften Bezug,
4. mit Bergbahnen.

(2) Dieses Gesetz berührt nicht

1. Rechtsvorschriften über gefährliche Güter, die aus anderen Gründen als aus solchen der Sicherheit im Zusammenhang mit der Beförderung erlassen sind,
2. auf örtlichen Besonderheiten beruhende Sicherheitsvorschriften des Bundes, der Länder oder der Gemeinden.

§ 2 Begriffsbestimmungen. (1) Gefährliche Güter im Sinne dieses Gesetzes sind Stoffe und Gegenstände, von denen auf Grund ihrer Natur, ihrer Eigenschaften oder ihres Zustandes im Zusammenhang mit der Beförderung Gefahren für die öffentliche Sicherheit oder Ordnung, insbesondere für die Allgemeinheit, für wichtige Gemeingüter, für Leben und Gesundheit von Menschen sowie für Tiere und Sachen ausgehen können.

[1)] Neubekanntmachung des GGBefG v. 29.9.1998 (BGBl. I S. 3114) in der ab 1.1.2010 geltenden Fassung.

(2) [1] Die Beförderung im Sinne dieses Gesetzes umfasst nicht nur den Vorgang der Ortsveränderung, sondern auch die Übernahme und die Ablieferung des Gutes sowie zeitweilige Aufenthalte im Verlauf der Beförderung, Vorbereitungs- und Abschlusshandlungen (Verpacken und Auspacken der Güter, Be- und Entladen), Herstellen, Einführen und Inverkehrbringen von Verpackungen, Beförderungsmitteln und Fahrzeugen für die Beförderung gefährlicher Güter, auch wenn diese Handlungen nicht vom Beförderer ausgeführt werden. [2] Ein zeitweiliger Aufenthalt im Verlauf der Beförderung liegt vor, wenn dabei gefährliche Güter für den Wechsel der Beförderungsart oder des Beförderungsmittels (Umschlag) oder aus sonstigen transportbedingten Gründen zeitweilig abgestellt werden. [3] Auf Verlangen sind Beförderungsdokumente vorzulegen, aus denen Versand- und Empfangsort feststellbar sind. [4] Wird die Sendung nicht nach der Anlieferung entladen, gilt das Bereitstellen der Ladung beim Empfänger zur Entladung als Ende der Beförderung. [5] Versandstücke, Tankcontainer, Tanks und Kesselwagen dürfen während des zeitweiligen Aufenthaltes nicht geöffnet werden.

§ 3[1)] Ermächtigungen. (1) [1] Das Bundesministerium für Verkehr und digitale Infrastruktur wird ermächtigt, mit Zustimmung des Bundesrates Rechtsverordnungen und allgemeine Verwaltungsvorschriften über die Beförderung gefährlicher Güter zu erlassen, insbesondere über

1. die Zulassung der Güter zur Beförderung,
2. das Zusammenpacken, Zusammenladen und die Verpackung, einschließlich deren
   a) Zulassung einschließlich Konformitätsbewertung,
   b) Herstellen, Einführen und Inverkehrbringen,
   c) Betreiben und Verwenden,
3. die Kennzeichnung von Versandstücken,
4. die Beförderungsbehältnisse und die Fahrzeuge, einschließlich deren
   a) Bau, Beschaffenheit, Ausrüstung, Prüfung und Kennzeichnung,
   b) Zulassung einschließlich Konformitätsbewertung,
   c) Herstellen, Einführen und Inverkehrbringen,
   d) Betreiben und Verwenden,
5. das Verhalten während der Beförderung,
6. die Beförderungsgenehmigungen, die Beförderungs- und Begleitpapiere,
7. die Auskunfts-, Aufzeichnungs- und Anzeigepflichten,
8. die Besetzung und Begleitung der Fahrzeuge,
9. die Befähigungsnachweise, auch in den Fällen des § 5 Absatz 2 Satz 3 Nummer 2,
10. die Mess- und Prüfverfahren,
11. die Schutzmaßnahmen für das Beförderungspersonal,
12. das Verhalten und die Schutz- und Hilfsmaßnahmen nach Unfällen mit gefährlichen Gütern,

---

1) § 3 Abs. 1 Satz 1 Nr. 2, 13 und 18 ber. BGBl. 2009 I S. 3975; Abs. 1 Satz 1 einl. Satzteil und Abs. 2 Satz 2 geänd. mWv 8.9.2015 durch VO v. 31.8.2015 (BGBl. I S. 1474).

13. bei der Beförderung beteiligte Personen, einschließlich ihrer ärztlichen Überwachung und Untersuchung, des Erfordernisses von Ausbildung, Prüfung und Fortbildung sowie zur Festlegung qualitativer Anforderungen an Lehrgangsveranstalter und Lehrkräfte,
14. Beauftragte in Unternehmen und Betrieben, einschließlich des Erfordernisses von Ausbildung, Prüfung und Fortbildung sowie zur Festlegung qualitativer Anforderungen an Lehrgangsveranstalter und Lehrkräfte,
15. Bescheinigungen und Meldepflichten für Abfälle, die gefährliche Güter sind,
16. die Stellen für Prüfung und Zulassung einschließlich Konformitätsbewertung der Verpackung nach Nummer 2 sowie der Beförderungsbehältnisse und Fahrzeuge nach Nummer 4,
17. die Geltung von Bescheiden über Zulassung und Prüfung der Verpackung nach Nummer 2 sowie der Beförderungsbehältnisse und Fahrzeuge nach Nummer 4, die in einem anderen Mitgliedstaat der Europäischen Union oder des Abkommens über den Europäischen Wirtschaftsraum oder in Drittstaaten ausgestellt sind,
18. die Zusammenarbeit und den Erfahrungsaustausch der mit Aufgaben der Zulassung einschließlich Konformitätsbewertung und Prüfung betrauten Behörden und Stellen,

soweit dies zum Schutz gegen die von der Beförderung gefährlicher Güter ausgehenden Gefahren und erheblichen Belästigungen erforderlich ist. [2] Die Rechtsverordnungen nach Satz 1 haben den Stand der Technik zu berücksichtigen. [3] Das Grundrecht auf körperliche Unversehrtheit (Artikel 2 Absatz 2 Satz 1 des Grundgesetzes) wird nach Maßgabe des Satzes 1 Nummer 13 eingeschränkt. [4] In den Rechtsverordnungen nach Satz 1 kann auch geregelt werden, dass bei der Beförderung gefährlicher Güter eine zusätzliche haftungsrechtliche Versicherung abzuschließen und nachzuweisen ist.

(2) [1] Rechtsverordnungen und allgemeine Verwaltungsvorschriften nach Absatz 1 können auch zur Durchführung oder Umsetzung von Rechtsakten der Europäischen Gemeinschaften und zur Erfüllung von Verpflichtungen aus zwischenstaatlichen Vereinbarungen erlassen werden. [2] Rechtsverordnungen nach Absatz 1 Satz 1, die der Verwirklichung neuer Erkenntnisse hinsichtlich der internationalen Beförderung gefährlicher Güter auf dem Gebiet der See- und Binnenschifffahrt dienen, sowie Rechtsverordnungen zur Inkraftsetzung von Abkommen nach Artikel 5 § 2 des Anhanges B des Übereinkommens über den internationalen Eisenbahnverkehr vom 9. Mai 1980 (COTIF-Übereinkommen, BGBl. 1985 II S. 132), erlässt das Bundesministerium für Verkehr und digitale Infrastruktur ohne Zustimmung des Bundesrates; diese Rechtsverordnungen bedürfen jedoch der Zustimmung des Bundesrates, wenn sie die Einrichtung der Landesbehörden oder die Regelung ihres Verwaltungsverfahrens betreffen.

(3) (weggefallen)

(4) Soweit Sicherheitsgründe und die Eigenart des Verkehrsmittels es zulassen, soll die Beförderung gefährlicher Güter mit allen Verkehrsmitteln einheitlich geregelt werden.

(5) [1] In den Rechtsverordnungen nach Absatz 1 sind Ausnahmen für die Bundeswehr, in ihrem Auftrag hoheitlich tätige zivile Unternehmen, auslän-

dische Streitkräfte, die Bundespolizei und die Polizeien, die Feuerwehren, die Einheiten und Einrichtungen des Katastrophenschutzes sowie die Kampfmittelräumdienste der Länder oder Kommunen zuzulassen, soweit dies Gründe der Verteidigung, polizeiliche Aufgaben oder die Aufgaben der Feuerwehren, des Katastrophenschutzes oder der Kampfmittelräumung erfordern. 2 Ausnahmen nach Satz 1 sind für den Bundesnachrichtendienst zuzulassen, soweit er im Rahmen seiner Aufgaben für das Bundesministerium der Verteidigung tätig wird und soweit sicherheitspolitische Interessen dies erfordern.

§ 4 (weggefallen)

§ 5[1)] Zuständigkeiten. (1) 1 Im Bereich der Eisenbahnen des Bundes, Magnetschwebebahnen, im Luftverkehr sowie auf dem Gebiet der See- und Binnenschifffahrt auf Bundeswasserstraßen einschließlich der bundeseigenen Häfen obliegt die Wahrnehmung der Aufgaben nach diesem Gesetz und nach den auf ihm beruhenden Rechtsvorschriften dem Bund in bundeseigener Verwaltung. 2 Unberührt bleiben die Zuständigkeiten für die Hafenaufsicht (Hafenpolizei) in den nicht vom Bund betriebenen Stromhäfen an Bundeswasserstraßen.

(2) 1 Das Bundesministerium für Verkehr und digitale Infrastruktur wird ermächtigt, durch Rechtsverordnung ohne Zustimmung des Bundesrates die für die Ausführung dieses Gesetzes und der auf ihm beruhenden Rechtsvorschriften zuständigen Behörden und Stellen zu bestimmen, soweit es sich um den Bereich der bundeseigenen Verwaltung handelt. 2 Wenn und soweit der Zweck des Gesetzes durch das Verwaltungshandeln der Länder nicht erreicht werden kann, kann das Bundesministerium für Verkehr und digitale Infrastruktur durch Rechtsverordnung mit Zustimmung des Bundesrates das Bundesamt für Güterverkehr, das Bundesamt für die Sicherheit der nuklearen Entsorgung, das Bundesamt für Verbraucherschutz und Lebensmittelsicherheit, die Bundesanstalt für Materialforschung und -prüfung, das Bundesinstitut für Risikobewertung, das Eisenbahn-Bundesamt, das Kraftfahrt-Bundesamt, die Physikalisch-Technische Bundesanstalt, das Robert-Koch-Institut, das Umweltbundesamt und das Wehrwissenschaftliche Institut für Werk-, Explosiv- und Betriebsstoffe auch für den Bereich für zuständig erklären, in dem die Länder dieses Gesetz und die auf ihm beruhenden Rechtsvorschriften auszuführen hätten. 3 Das Bundesministerium für Verkehr und digitale Infrastruktur kann ferner durch Rechtsverordnung mit Zustimmung des Bundesrates bestimmen, dass

1. die Industrie- und Handelskammern für die Durchführung, Überwachung und Anerkennung der Ausbildung, Prüfung und Fortbildung von am Gefahrguttransport beteiligten Personen, für die Erteilung von Bescheinigungen sowie für die Anerkennung von Lehrgängen, Lehrgangsveranstaltern und Lehrkräften zuständig sind und insoweit Einzelheiten durch Satzungen regeln sowie
2. Sachverständige und sachkundige Personen für Prüfungen, Überwachungen und Bescheinigungen hinsichtlich der Beförderung gefährlicher Güter zuständig sind. Die in Satz 3 Nummer 2 Genannten unterliegen der Aufsicht der Länder und dürfen im Bereich eines Landes nur tätig werden, wenn sie

[1)] § 5 Abs. 2 Sätze 1, 2 und 3 einl. Satzteil, Abs. 5 geänd. mWv 8.9.2015 durch VO v. 31.8.2015 (BGBl. I S. 1474); Abs. 2 Satz 2 geänd. mWv 30.7.2016 durch G v. 26.7.2016 (BGBl. I S. 1843); Abs. 2 Satz 2 geänd. mWv 1.1.2020 durch G v. 12.12.2019 (BGBl. I S. 2510).

dazu von der zuständigen obersten Landesbehörde oder der von ihr bestimmten oder der nach Landesrecht zuständigen Stelle entsprechend ermächtigt worden sind.

(3) Soweit zwischenstaatliche Vereinbarungen oder Rechtsakte der Europäischen Gemeinschaften auf die zuständigen Behörden der Vertragsstaaten Bezug nehmen, gilt für die Bestimmung dieser Behörden durch Rechtsverordnung Absatz 2 entsprechend.

(4) (weggefallen)

(5) Das Bundesministerium für Verkehr und digitale Infrastruktur wird ermächtigt, durch Rechtsverordnung ohne Zustimmung des Bundesrates zu bestimmen, dass der Vollzug dieses Gesetzes und der auf dieses Gesetz gestützten Rechtsverordnungen in Fällen, in denen gefährliche Güter durch die Bundeswehr, in ihrem Auftrag hoheitlich tätige zivile Unternehmen, ausländische Streitkräfte, den Bundesnachrichtendienst oder die Bundespolizei befördert werden, Bundesbehörden obliegt, soweit dies Gründe der Verteidigung, sicherheitspolitische Interessen oder die Aufgaben der Bundespolizei erfordern.

§ 6[1]) Allgemeine Ausnahmen. Das Bundesministerium für Verkehr und digitale Infrastruktur kann allgemeine Ausnahmen von den auf diesem Gesetz beruhenden Rechtsverordnungen durch Rechtsverordnung mit Zustimmung des Bundesrates zulassen für die Beförderung gefährlicher Güter mit

1. Eisenbahn- oder Straßenfahrzeugen im Rahmen des Artikels 6 der Richtlinie 96/49/EG des Rates vom 23. Juli 1996 zur Angleichung der Rechtsvorschriften der Mitgliedstaaten für die Eisenbahnbeförderung gefährlicher Güter und des Artikels 6 der Richtlinie 94/55/EG des Rates vom 21. November 1994 zur Angleichung der Rechtsvorschriften der Mitgliedstaaten für den Gefahrguttransport auf der Straße,
2. Fahrzeugen, die nach Artikel 1 Absatz 2 Buchstabe a der Richtlinie 94/55/EG in den Geltungsbereich des Gesetzes einbezogen werden,
3. Wasserfahrzeugen,
4. Luftfahrzeugen.

§ 7[2]) Sofortmaßnahmen. (1) [1]Das Bundesministerium für Verkehr und digitale Infrastruktur kann die Beförderung bestimmter gefährlicher Güter mit Wasser- und Luftfahrzeugen untersagen oder nur unter Bedingungen und Auflagen gestatten, wenn sich die geltenden Sicherheitsvorschriften als unzureichend zur Einschränkung der von der Beförderung ausgehenden Gefahren herausstellen und eine Änderung der Rechtsvorschriften in dem nach § 3 vorgesehenen Verfahren nicht abgewartet werden kann. [2]Allgemeine Anordnungen dieser Art trifft Das Bundesministerium für Verkehr und digitale Infrastruktur durch Rechtsverordnung ohne Zustimmung des Bundesrates.

(2) Absatz 1 gilt sinngemäß für den Fall, dass sich bei der Beförderung von Gütern, die bisher nicht den Vorschriften für die Beförderung gefährlicher

---

[1]) § 6 einl. Satzteil geänd. mWv 8.9.2015 durch VO v. 31.8.2015 (BGBl. I S. 1474).

[2]) § 7 Abs. 1 Satz 2 und Abs. 2 ber. BGBl. 2009 I S. 3975; Abs. 1 Sätze 1 und 2, Abs. 4 Satz 1 geänd. mWv 8.9.2015 durch VO v. 31.8.2015 (BGBl. I S. 1474).

Güter unterworfen waren, eine Gefährdung im Sinne von § 2 Absatz 1 herausstellt.

(3) Auf Grund von Absatz 1 und 2 getroffene Anordnungen gelten ein Jahr, sofern sie nicht vorher zurückgenommen werden.

(4) [1] Das Bundesministerium für Verkehr und digitale Infrastruktur kann nach vorheriger Genehmigung der Kommission der Europäischen Gemeinschaften die Beförderung bestimmter gefährlicher Güter mit Eisenbahn- und Straßenfahrzeugen untersagen oder nur unter Bedingungen oder Auflagen gestatten, wenn sich die geltenden Sicherheitsvorschriften bei einem Unfall oder Zwischenfall als unzureichend herausgestellt haben und dringender Handlungsbedarf besteht. [2] Satz 1 gilt sinngemäß für den Fall, dass sich bei der Beförderung von Gütern, die bisher nicht den Vorschriften für die Beförderung gefährlicher Güter unterworfen waren, eine Gefahr im Sinne von § 2 Absatz 1 herausstellt. [3] Auf Grund von Satz 1 und 2 getroffene Anordnungen werden entsprechend der Festlegung der Kommission der Europäischen Gemeinschaften befristet.

§ 7a[1)] Anhörung. (1) Vor dem Erlass von Rechtsverordnungen nach den §§ 3, 6 und 7 sollen Sicherheitsbehörden und -organisationen angehört werden, insbesondere

1. das Bundesamt für die Sicherheit der nuklearen Entsorgung,
2. die Bundesanstalt für Materialforschung und -prüfung,
3. das Bundesinstitut für Risikobewertung,
4. die Physikalisch-Technische Bundesanstalt,
5. das Robert-Koch-Institut,
6. das Umweltbundesamt,
7. das Wehrwissenschaftliche Institut für Werk-, Explosiv- und Betriebsstoffe und
8. das Eisenbahn-Bundesamt.

(2) [1] Verbände und Sachverständige der beteiligten Wirtschaft einschließlich der Verkehrswirtschaft sollen vor dem Erlass der Rechtsverordnungen nach Absatz 1 gehört werden. [2] Das Bundesministerium für Verkehr und digitale Infrastruktur bestimmt den jeweiligen Umfang der Anhörung und die anzuhörenden Verbände und Sachverständigen.

§ 7b[2)] Beirat. (1) Beim Bundesministerium für Verkehr und digitale Infrastruktur wird ein Gefahrgut-Verkehrs-Beirat (Beirat) eingesetzt.

(2) Der Beirat hat die Aufgabe, das Bundesministerium für Verkehr und digitale Infrastruktur hinsichtlich der sicheren Beförderung gefährlicher Güter, insbesondere der Durchführung dieses Gesetzes, zu beraten.

(3) [1] Dem Beirat sollen insbesondere sachverständige Personen aus dem Kreis der

---

[1)] § 7a Abs. 2 Satz 2 geänd. mWv 8.9.2015 durch VO v. 31.8.2015 (BGBl. I S. 1474); Abs. 1 Nr. 1 geänd. mWv 30.7.2016 durch G v. 26.7.2016 (BGBl. I S. 1843); Abs. 1 Nr. 1 geänd. mWv 1.1.2020 durch G v. 12.12.2019 (BGBl. I S. 2510).

[2)] § 7b Abs. 1, Abs. 2 und Abs. 3 Satz 2 geänd. mWv 8.9.2015 durch VO v. 31.8.2015 (BGBl. I S. 1474).

1. Sicherheitsbehörden und -organisationen im Sinne von § 7a Absatz 1,
2. Länder,
3. Verbände der Wirtschaft, einschließlich der Verkehrswirtschaft,
4. Gewerkschaften und
5. Wissenschaft

angehören. [2] Das Bundesministerium für Verkehr und digitale Infrastruktur bestimmt die Zahl der Beiratsmitglieder und benennt die dem Beirat angehörenden Stellen im Einzelnen.

(4) Die Bundesministerien haben das Recht, in Sitzungen des Beirats vertreten zu sein und gehört zu werden.

§ 8 Maßnahmen der zuständigen Behörden. (1) [1] Die jeweils für die Überwachung zuständige Behörde kann im Einzelfall die Anordnungen treffen, die zur Beseitigung festgestellter oder zur Verhütung künftiger Verstöße gegen dieses Gesetz oder gegen die nach diesem Gesetz erlassenen Rechtsverordnungen erforderlich sind. [2] Sie kann insbesondere

1. soweit ein Fahrzeug, mit dem gefährliche Güter befördert werden, nicht den jeweils geltenden Vorschriften über die Beförderung gefährlicher Güter entspricht oder die vorgeschriebenen Papiere nicht vorgelegt werden, die zur Behebung des Mangels erforderlichen Maßnahmen treffen und die Fortsetzung der Fahrt untersagen, bis die Voraussetzungen zur Weiterfahrt erfüllt sind,
2. die Fortsetzung der Fahrt untersagen, soweit eine nach § 46 Absatz 1 des Gesetzes über Ordnungswidrigkeiten[1)] in Verbindung mit § 132 Absatz 1 Nummer 1 der Strafprozessordnung[2)] angeordnete Sicherheitsleistung nicht oder nicht vollständig erbracht wird,
3. im grenzüberschreitenden Verkehr Fahrzeuge, die nicht in einem Mitgliedstaat der Europäischen Union oder einem anderen Vertragsstaat des Abkommens über den Europäischen Wirtschaftsraum zugelassen sind und in das Hoheitsgebiet der Bundesrepublik Deutschland einfahren wollen, in Fällen der Nummer 1 an den Außengrenzen der Mitgliedstaaten der Europäischen Union zurückweisen.

(2) Absatz 1 gilt für die Ladung entsprechend.

§ 9[3)] Überwachung. (1) Die Beförderung gefährlicher Güter unterliegt der Überwachung durch die zuständigen Behörden.

(2) [1] Die für die Beförderung gefährlicher Güter Verantwortlichen (Absatz 5) haben den für die Überwachung zuständigen Behörden und deren Beauftragten die zur Erfüllung ihrer Aufgaben erforderlichen Auskünfte unverzüglich zu erteilen. [2] Die von der zuständigen Behörde mit der Überwachung beauftragten Personen sind befugt, Grundstücke, Betriebsanlagen, Geschäftsräume, Fahrzeuge und zur Verhütung dringender Gefahren für die öffentliche Sicherheit oder Ordnung, insbesondere für die Allgemeinheit, für wichtige Gemeingüter, für

---

[1)] Nr. **680**.

[2)] Auszugsweise abgedruckt unter Nr. **675**.

[3)] § 9 Abs. 2 Satz 2, Abs. 3a, 3b und 5 ber. BGBl. 2009 I S. 3975; Abs. 3d geänd. mWv 8.9.2015 durch VO v. 31.8.2015 (BGBl. I S. 1474).

Leben und Gesundheit von Menschen sowie für Tiere und Sachen auch die Wohnräume des Auskunftspflichtigen zu betreten, dort Prüfungen und Besichtigungen vorzunehmen und die geschäftlichen Unterlagen des Auskunftspflichtigen einzusehen. [3]Der Auskunftspflichtige hat diese Maßnahmen zu dulden. [4]Er hat den mit der Überwachung beauftragten Personen auf Verlangen Proben und Muster von gefährlichen Stoffen und Gegenständen oder Muster von Verpackungen zum Zwecke der amtlichen Untersuchung zu übergeben. [5]Das Grundrecht der Unverletzlichkeit der Wohnung (Artikel 13 des Grundgesetzes) wird insoweit eingeschränkt. [6]Der Auskunftspflichtige hat der für die Überwachung zuständigen Behörde bei der Durchführung der Überwachungsmaßnahmen die erforderlichen Hilfsmittel zu stellen und die nötige Mithilfe zu leisten.

(2a) [1]Überwachungsmaßnahmen können sich auch auf Brief- und andere Postsendungen beziehen. [2]Die von der zuständigen Behörde mit der Überwachung beauftragten Personen sind nur dann befugt, verschlossene Brief- und andere Postsendungen zu öffnen oder sich auf sonstige Weise von ihrem Inhalt Kenntnis zu verschaffen, wenn Tatsachen die Annahme begründen, dass sich darin gefährliche Güter im Sinne des § 2 Absatz 1 befinden und von diesen eine Gefahr ausgeht. [3]Das Grundrecht des Brief- und Postgeheimnisses (Artikel 10 des Grundgesetzes) wird insoweit eingeschränkt. [4]Absatz 2 gilt für die Durchführung von Überwachungsmaßnahmen entsprechend.

(3) Die Absätze 1 und 2 gelten auch für die Überwachung von Fertigungen von Verpackungen, Behältern (Containern) und Fahrzeugen, die nach Baumustern hergestellt werden, welche in den Vorschriften für die Beförderung gefährlicher Güter festgelegt sind.

(3a) Überwachungsmaßnahmen nach den Absätzen 1 und 2 können sich auch auf die Überprüfung der Konformität der in Verkehr befindlichen und verwendeten Verpackungen, Beförderungsbehältnisse und Fahrzeuge beziehen.

(3b) Überwachungsmaßnahmen nach den Absätzen 1 und 2 können sich auch auf die Überprüfung der Hersteller, Einführer, Eigentümer, Betreiber und Verwender von Verpackungen, Beförderungsbehältnissen und Fahrzeugen durch Stellen nach § 3 Absatz 1 Nummer 16 insoweit beziehen, als die Verpackungen, Beförderungsbehältnisse und Fahrzeuge von diesen Stellen konformitätsbewertet, erstmalig oder wiederkehrend geprüft worden sind, soweit dies in Rechtsverordnungen nach § 3 gestattet ist.

(3c) Überwachungsmaßnahmen nach den Absätzen 1 und 2 können sich auch auf die Überprüfung der Herstellung und der Prüfungen durch die Stellen nach § 3 Absatz 1 Nummer 16 beziehen, wenn diese Stellen die Konformitätsbewertung der Verpackung, der Beförderungsbehältnisse oder der Fahrzeuge vorgenommen, das Qualitätssicherungsprogramm oder Prüfstellen des Herstellers oder Betreibers anerkannt haben, soweit dies in Rechtsverordnungen nach § 3 gestattet ist.

(3d) Das Bundesministerium für Verkehr und digitale Infrastruktur wird ermächtigt, durch Rechtsverordnung mit Zustimmung des Bundesrates die Maßnahmen nach Absatz 1 bis 3c näher zu bestimmen, Vorgaben für die Zusammenarbeit der zuständigen Behörden und Stellen zu treffen und die im Zusammenhang mit Meldepflichten und Schutzklauselverfahren nach Vorgaben von Rechtsakten und zwischenstaatlichen Vereinbarungen stehenden Maßnahmen nach § 3 Absatz 2 festzulegen.

(4) Der zur Erteilung der Auskunft Verpflichtete kann die Auskunft auf solche Fragen verweigern, deren Beantwortung ihn selbst oder einen der in § 383 Absatz 1 Nummer 1 bis 3 der Zivilprozessordnung bezeichneten Angehörigen der Gefahr strafrechtlicher Verfolgung oder eines Verfahrens nach dem Gesetz über Ordnungswidrigkeiten[1)] aussetzen würde.

(5) [1] Verantwortlicher für die Beförderung ist, wer als Unternehmer oder als Inhaber eines Betriebes gefährliche Güter verpackt, verlädt, versendet, befördert, entlädt, empfängt oder auspackt. [2] Als Verantwortlicher gilt auch, wer als Unternehmer oder als Inhaber eines Betriebes Verpackungen, Beförderungsbehältnisse oder Fahrzeuge zur Beförderung gefährlicher Güter gemäß gemäß Absatz 3 herstellt, einführt oder in den Verkehr bringt.

§ 9a[2)] Amtshilfe und Datenschutz. (1) Die Übermittlung personenbezogener Daten bei der Gewährung von Amtshilfe gegenüber zuständigen Behörden der Mitgliedstaaten der Europäischen Union und anderer Vertragsstaaten des Abkommens über den Europäischen Wirtschaftsraum im Rahmen der Überwachung der Beförderung gefährlicher Güter ist nur zulässig, soweit dies zur Verfolgung von schwerwiegenden oder wiederholten Verstößen gegen Vorschriften über die Beförderung gefährlicher Güter erforderlich ist.

(2) [1] Schwerwiegende oder wiederholte Verstöße eines Unternehmens mit Sitz in einem Mitgliedstaat der Europäischen Union oder einem anderen Vertragsstaat des Abkommens über den Europäischen Wirtschaftsraum sind den dort zuständigen Behörden im Rahmen ihrer Zuständigkeit mitzuteilen. [2] Zugleich können die genannten Behörden ersucht werden, gegenüber dem betreffenden Unternehmen angemessene Maßnahmen zu ergreifen. [3] Sofern diese Behörden im Rahmen ihrer Zuständigkeit bei schwerwiegenden oder wiederholten Verstößen eines Unternehmens mit Sitz im Inland die zuständige deutsche Behörde ersuchen, angemessene Maßnahmen zu ergreifen, hat diese den ersuchenden Behörden mitzuteilen, ob und welche Maßnahmen ergriffen wurden.

(3) [1] Schwerwiegende oder wiederholte Verstöße mit einem Fahrzeug, das in einem Mitgliedstaat der Europäischen Union oder einem anderen Vertragsstaat des Abkommens über den Europäischen Wirtschaftsraum zugelassen ist, sind den dort zuständigen Behörden im Rahmen ihrer Zuständigkeit mitzuteilen. [2] Zugleich können die genannten Behörden ersucht werden, gegenüber dem betreffenden Fahrzeughalter angemessene Maßnahmen zu ergreifen. [3] Sofern diese Behörden im Rahmen ihrer Zuständigkeit bei schwerwiegenden oder wiederholten Verstößen mit einem Fahrzeug, das im Inland zugelassen ist, die zuständige deutsche Behörde um angemessene Maßnahmen ersuchen, hat diese den ersuchenden Behörden mitzuteilen, ob und welche Maßnahmen ergriffen wurden.

(4) [1] Ergibt eine Kontrolle, der ein in einem anderen Mitgliedstaat der Europäischen Union oder in einem anderen Vertragsstaat des Abkommens über den Europäischen Wirtschaftsraum zugelassenes Fahrzeug unterzogen wird, Tatsachen, die Anlass zu der Annahme geben, dass schwerwiegende Verstöße

---

[1)] Nr. **680**.

[2)] § 9a Abs. 1 und 4 ber. BGBl. 2009 I S. 3975; Abs. 5 und 10 geänd. mWv 8.9.2015 durch VO v. 31.8.2015 (BGBl. I S. 1474); Abs. 6 Satz 1 einl. Satzteil und Satz 2, Abs. 8, Abs. 9 Sätze 1 und 2 geänd. mWv 26.11.2019 durch G v. 20.11.2019 (BGBl. I S. 1626).

gegen Vorschriften über die Beförderung gefährlicher Güter vorliegen, die bei dieser Kontrolle nicht festgestellt werden können, wird den zuständigen Behörden der betreffenden Mitgliedstaaten der Europäischen Union und der anderen Vertragsstaaten des Abkommens über den Europäischen Wirtschaftsraum dieser Sachverhalt mitgeteilt. [2] Führt eine zuständige deutsche Behörde auf eine entsprechende Mitteilung einer zuständigen Behörde eines Mitgliedstaates der Europäischen Union oder eines anderen Vertragsstaates des Abkommens über den Europäischen Wirtschaftsraum eine Kontrolle in einem inländischen Unternehmen durch, so werden die Ergebnisse dem anderen betroffenen Staat mitgeteilt.

(5) Mitteilungen und Ersuchen nach den Absätzen 2 bis 4 sind im Straßenverkehr über das Bundesamt für Güterverkehr, im Eisenbahnverkehr über das Eisenbahn-Bundesamt und im Binnenschiffsverkehr über das Bundesministerium für Verkehr und digitale Infrastruktur zu leiten.

(6) [1] Die in Absatz 5 bestimmten Stellen dürfen zum Zweck der Feststellung von wiederholten Verstößen nach den Absätzen 2 und 3 folgende personenbezogene Daten über abgeschlossene Bußgeldverfahren, bei denen sie Verwaltungsbehörde im Sinne des § 36 Absatz 1 Nummer 1 des Gesetzes über Ordnungswidrigkeiten[1)] sind, oder die ihnen von einer anderen zuständigen Verwaltungsbehörde übermittelt wurden, speichern und verändern:

1. Name, Anschrift und Geburtsdatum der Betroffenen sowie Name und Anschrift des Unternehmens,
2. Zeit und Ort der Begehung der Ordnungswidrigkeit,
3. die gesetzlichen Merkmale der Ordnungswidrigkeit,
4. Bußgeldbescheide mit dem Datum ihres Erlasses und dem Datum des Eintritts ihrer Rechtskraft, gerichtliche Entscheidungen in Bußgeldsachen mit dem Datum des Eintritts ihrer Rechtskraft und
5. die Höhe der Geldbuße.

[2] Die in Absatz 5 bestimmten Stellen dürfen diese Daten verwenden, soweit es für den in Satz 1 genannten Zweck erforderlich ist. [3] Zur Feststellung der Wiederholungsfälle haben sie die Zuwiderhandlungen der Angehörigen desselben Unternehmens zusammenzuführen. [4] Die nach Satz 1 gespeicherten Daten sind zwei Jahre nach dem Eintritt der Rechtskraft des Bußgeldbescheides oder der gerichtlichen Entscheidung zu löschen, wenn in dieser Zeit keine weiteren Eintragungen im Sinne von Satz 1 Nummer 4 hinzugekommen sind. [5] Sie sind spätestens fünf Jahre nach ihrer Speicherung zu löschen.

(7) Die zuständigen Verwaltungsbehörden im Sinne des § 36 Absatz 1 Nummer 1 des Gesetzes über Ordnungswidrigkeiten übermitteln den in Absatz 5 bestimmten Stellen nach Eintritt der Rechtskraft des Bußgeldbescheides oder nach dem Eintritt der Rechtskraft der gerichtlichen Entscheidung die in Absatz 6 Satz 1 genannten Daten.

(8) Der Empfänger der Mitteilung oder des Ersuchens ist darauf hinzuweisen, dass die übermittelten Daten nur zu dem Zweck verwendet werden dürfen, zu dessen Erfüllung sie ihm übermittelt werden.

[1)] Nr. **680**.

(9) [1]Die Übermittlung von Daten unterbleibt, wenn durch sie schutzwürdige Interessen der betroffenen Person beeinträchtigt würden, insbesondere wenn im Empfängerland ein angemessener Datenschutzstandard nicht gewährleistet ist. [2]Daten über schwerwiegende Verstöße gegen anwendbare Vorschriften über die Beförderung gefährlicher Güter dürfen auch übermittelt werden, wenn im Empfängerland kein angemessener Datenschutzstandard gewährleistet ist.

(10) Das Bundesministerium für Verkehr und digitale Infrastruktur wird ermächtigt, mit Zustimmung des Bundesrates Rechtsverordnungen und allgemeine Verwaltungsvorschriften über das Verfahren bei der Erhebung, Speicherung und Übermittlung der Daten nach den Absätzen 2 bis 9 zu erlassen.

§ 10[1)] Ordnungswidrigkeiten. (1) Ordnungswidrig handelt, wer vorsätzlich oder fahrlässig

1. einer Rechtsverordnung nach
   a) § 3 Absatz 1 Satz 1 Nummer 2 Buchstabe b und c oder Nummer 4 Buchstabe c und d,
   b) § 3 Absatz 1 Satz 1 Nummer 1, 2 Buchstabe a, Nummer 3, 4 Buchstabe a und b, Nummer 5 bis 16 oder Nummer 17

   oder einer vollziehbaren Anordnung auf Grund einer solchen Rechtsverordnung zuwiderhandelt, soweit die Rechtsverordnung für einen bestimmten Tatbestand auf diese Bußgeldvorschrift verweist,

1a. einer Rechtsverordnung nach § 6, § 7 Absatz 1 Satz 2 oder § 7 Absatz 2 in Verbindung mit § 7 Absatz 1 Satz 2 zuwiderhandelt, soweit sie für einen bestimmten Tatbestand auf diese Bußgeldvorschrift verweist,

2. einer vollziehbaren Anordnung oder Auflage nach § 7 Absatz 1 Satz 1, auch in Verbindung mit § 7 Absatz 2, oder nach § 8 Absatz 1 Satz 2, auch in Verbindung mit § 8 Absatz 2, zuwiderhandelt,
3. entgegen § 9 Absatz 2 Satz 1 oder § 9 Absatz 3 in Verbindung mit § 9 Absatz 2 Satz 1 eine Auskunft nicht, nicht richtig, nicht vollständig oder nicht rechtzeitig erteilt,
4. einer Duldungspflicht nach § 9 Absatz 2 Satz 3 oder einer Übergabepflicht nach § 9 Absatz 2 Satz 4, jeweils auch in Verbindung mit § 9 Absatz 3, zuwiderhandelt oder
5. entgegen § 9 Absatz 2 Satz 6 die erforderlichen Hilfsmittel nicht stellt oder die nötige Mithilfe nicht leistet.

(2) Die Ordnungswidrigkeit kann in den Fällen des Absatzes 1 Nummer 1, Nummer 1a und Nummer 2 mit einer Geldbuße bis zu fünfzigtausend Euro, in den übrigen Fällen mit einer Geldbuße bis zu eintausend Euro geahndet werden.

(3) Wird eine Zuwiderhandlung nach Absatz 1 bei der Beförderung gefährlicher Güter auf der Straße, mit der Eisenbahn oder mit Binnenschiffen in einem Unternehmen begangen, das im Geltungsbereich des Gesetzes weder seinen Sitz noch eine geschäftliche Niederlassung hat, und hat auch die betroffene Person im Geltungsbereich des Gesetzes keinen Wohnsitz, so sind Ver-

---

1) § 10 Abs. 3 geänd. mWv 26.11.2019 durch G v. 20.11.2019 (BGBl. I S. 1626).

waltungsbehörden im Sinne des § 36 Absatz 1 Nummer 1 des Gesetzes über Ordnungswidrigkeiten[1] die in § 9a Absatz 5 genannten Stellen.

(4) § 7 Absatz 4 Satz 2 des Binnenschifffahrtsaufgabengesetzes in der Fassung der Bekanntmachung vom 5. Juli 2001 (BGBl. I S. 2026), das zuletzt durch Artikel 4 des Gesetzes vom 8. April 2008 (BGBl. I S. 706) geändert worden ist, bleibt unberührt.

§ 11[2] Strafvorschriften. Mit Freiheitsstrafe bis zu einem Jahr oder mit Geldstrafe wird bestraft, wer eine in § 10 Absatz 1 Nummer 1 Buchstabe a bezeichnete vorsätzliche Handlung beharrlich wiederholt oder durch eine solche vorsätzliche Handlung Leben oder Gesundheit eines Anderen, ihm nicht gehörende Tiere oder fremde Sachen von bedeutendem Wert gefährdet.

§ 12[3] Kosten. (1) [1] Für Amtshandlungen einschließlich Prüfungen und Untersuchungen nach diesem Gesetz und den auf ihm beruhenden Rechtsvorschriften werden Kosten (Gebühren und Auslagen) erhoben. [2] Das Verwaltungskostengesetz vom 23. Juni 1970 (BGBl. I S. 821) in der bis zum 14. August 2013 geltenden Fassung findet Anwendung.

(2) [1] Das Bundesministerium für Verkehr und digitale Infrastruktur bestimmt durch Rechtsverordnung die gebührenpflichtigen Tatbestände näher und sieht dabei feste Sätze, auch in der Form von Gebühren nach Zeitaufwand, Rahmensätze oder Gebühren nach dem Wert des Gegenstandes der Amtshandlung vor. [2] Die Gebühr beträgt mindestens fünf Euro. [3] Mit Ausnahme der Gebühr für die Bauartprüfung, Zulassung oder Anerkennung der Muster der Versandstücke der Klasse 7 mit einer Gesamtbruttomasse von mehr als 1 000 Kilogramm darf sie im Einzelfall 25 000 Euro nicht übersteigen.

(3) In den Rechtsverordnungen nach Absatz 2 kann bestimmt werden, dass die für die Prüfung, Untersuchung oder Überwachung zulässige Gebühr auch erhoben werden darf, wenn die Prüfung, Untersuchung oder Überwachung ohne Verschulden der prüfenden oder untersuchenden Stelle und ohne ausreichende Entschuldigung des Antragstellers am festgesetzten Termin nicht stattfinden konnte oder abgebrochen werden musste.

(4) Rechtsverordnungen über Kosten, deren Gläubiger der Bund ist, bedürfen nicht der Zustimmung des Bundesrates.

§ 13 (Änderungen anderer Gesetze)

§ 14 (weggefallen)

§ 15 (Inkrafttreten)

---

[1] Nr. **680**.

[2] § 11 ber. durch BGBl. 2009 I S. 3975.

[3] § 12 Abs. 2 Satz 3, Abs. 3 ber. durch BGBl. 2009 I S. 3975; Abs. 1 Satz 2 geänd. mWv 15.8.2013 durch G v. 7.8.2013 (BGBl. I S. 3154); Abs. 2 Satz 1 geänd. mWv 8.9.2015 durch VO v. 31.8.2015 (BGBl. I S. 1474).

510. Verordnung über die innerstaatliche und grenzüberschreitende Beförderung gefährlicher Güter auf der Straße, mit Eisenbahnen und auf Binnengewässern (Gefahrgutverordnung Straße, Eisenbahn und Binnenschifffahrt – GGVSEB)[1)]

In der Fassung der Bekanntmachung vom 11. März 2019[2)]
(BGBl. I S. 258)

FNA 9241-23-28

geänd. durch Art. 14 G zur Änd. des UmweltauditG, des AtomG, des StandortauswahlG, der EndlagervorausleistungsVO und anderer G und Verordnungen v. 12.12.2019 (BGBl. I S. 2510)

Inhaltsverzeichnis[3)]

[1)] **Amtl. Anm.:** Diese Verordnung dient der Umsetzung der Richtlinie 2018/217/EU der Kommission vom 31. Januar 2018 zur Änderung der Richtlinie 2008/68/EG des Europäischen Parlaments und des Rates über die Beförderung gefährlicher Güter im Binnenland durch Anpassung des Anhangs I Abschnitt I.1 an den wissenschaftlichen und technischen Fortschritt (ABl. L 42 vom 15.2.2018, S. 52) und der Richtlinie 2018/1846/EU der Kommission vom 23. November 2018 zur Anpassung der Anhänge der Richtlinie 2008/68/EG des Europäischen Parlaments und des Rates über die Beförderung gefährlicher Güter im Binnenland an den wissenschaftlichen und technischen Fortschritt (ABl. L 299 vom 26.11.2018, S. 58).

[2)] Neubekanntmachung der Gefahrgutverordnung Straße, Eisenbahn und Binnenschifffahrt v. 30.3. 2015 (BGBl. I S. 366) in der ab dem 28.2.2019 geltenden Fassung.

[3)] Inhaltsübersicht geänd. mWv 1.1.2020 durch G v. 12.12.2019 (BGBl. I S. 2510).

§ 1 Geltungsbereich. (1) [1]Diese Verordnung regelt die innerstaatliche und grenzüberschreitende Beförderung einschließlich der Beförderung von und nach Mitgliedstaaten der Europäischen Union (innergemeinschaftliche Beförderung) gefährlicher Güter

1. auf der Straße mit Fahrzeugen (Straßenverkehr),
2. auf der Schiene mit Eisenbahnen (Eisenbahnverkehr) und
3. auf allen schiffbaren Binnengewässern (Binnenschifffahrt)

in Deutschland, soweit nachfolgend nichts Abweichendes bestimmt ist. [2]Sie regelt nicht die Beförderung gefährlicher Güter mit Seeschiffen auf Seeschifffahrtsstraßen und in angrenzenden Seehäfen.

(2) Diese Verordnung gilt hinsichtlich der

1. in Absatz 1 Satz 1 Nummer 1 und 2 genannten Beförderungen auch für Fahrzeuge und Transportmittel, die der Bundeswehr und ausländischen Streitkräften gehören oder für die die Bundeswehr und ausländische Streitkräfte verantwortlich sind, und
2. in Absatz 1 Satz 1 Nummer 3 genannten Beförderungen nicht für die Beförderung gefährlicher Güter auf Fahrzeugen der Streitkräfte einschließ-

lich aller Fahrzeuge im Geschäftsbereich des Bundesministeriums der Verteidigung, soweit dies die Aufgaben der Bundeswehr erfordern.

(Fortsetzung nächstes Blatt)

(3) Es gelten für die in Absatz 1 Satz 1

1. Nummer 1 genannten
   a) innerstaatlichen Beförderungen auf der Straße die Vorschriften der Teile 1 bis 9 der Anlagen A und B zu dem Europäischen Übereinkommen vom 30. September 1957 über die internationale Beförderung gefährlicher Güter auf der Straße (ADR)[1] in der Fassung der Bekanntmachung der Neufassung der Anlagen A und B vom 29. November 2017 (BGBl. 2017 II S. 1520), die zuletzt nach Maßgabe der 27. ADR-Änderungsverordnung vom 25. Oktober 2018 (BGBl. 2018 II S. 443) geändert worden sind, sowie die Vorschriften der Anlage 2 Nummer 1 bis 3 und Anlage 3,
   b) grenzüberschreitenden einschließlich innergemeinschaftlichen Beförderungen auf der Straße die Vorschriften der Teile 1 bis 9 zu dem in Buchstabe a genannten ADR-Übereinkommen sowie die Vorschriften der Anlage 3,
2. Nummer 2 genannten
   a) innerstaatlichen Beförderungen mit Eisenbahnen die Vorschriften der Teile 1 bis 7 der Anlage der Ordnung für die internationale Eisenbahnbeförderung gefährlicher Güter (RID) – Anhang C des Übereinkommens über den internationalen Eisenbahnverkehr (COTIF) vom 9. Mai 1980 in der Fassung der Bekanntmachung vom 16. Mai 2008 (BGBl. 2008 II S. 475, 899), die zuletzt nach Maßgabe der 21. RID-Änderungsverordnung vom 5. November 2018 (BGBl. 2018 II S. 494) geändert worden ist, sowie die Vorschriften der Anlage 2 Nummer 1, 2 und 4 und Anlage 3,
   b) grenzüberschreitenden einschließlich innergemeinschaftlichen Beförderungen mit Eisenbahnen die Vorschriften der Teile 1 bis 7 RID sowie die Vorschriften der Anlage 3 und
3. Nummer 3 genannten
   a) Beförderungen auf allen schiffbaren Binnengewässern die Vorschriften der Teile 1 bis 9 der Anlage zu dem Europäischen Übereinkommen über die internationale Beförderung von gefährlichen Gütern auf Binnenwasserstraßen (ADN) vom 26. Mai 2000 (BGBl. 2007 II S. 1906, 1908), die zuletzt nach Maßgabe der 7. ADN-Änderungsverordnung vom 19. November 2018 (BGBl. 2018 II S. 736) geändert worden ist, sowie die Vorschriften der Anlage 2 Nummer 1 und 5,
   b) Beförderungen auf dem Rhein zusätzlich die von der Zentralkommission für die Rheinschifffahrt am 3. Dezember 2009 beschlossenen Bestimmungen in Anlage 2 Nummer 6.

(4) Für die Anwendung der Teile 1 bis 9 ADR/ADN und der Teile 1 bis 7 RID gilt für innerstaatliche und innergemeinschaftliche Beförderungen anstelle des Begriffes „Vertragspartei“ jeweils der Begriff „Mitgliedstaat“.

(5) Die in dieser Verordnung für die Teile 4 und 6 ADR/RID getroffenen Regelungen sind nach Maßgabe der Abschnitte 4.1.1 bis 4.1.4 und 6.1.1 bis 6.1.6 ADN auch für die Binnenschifffahrt anzuwenden.

§ 2 Begriffsbestimmungen. Die nachfolgenden Begriffe werden im Sinne dieser Verordnung wie folgt verwendet:

---

[1] Nr. **535**.

1. Absender ist das Unternehmen, das selbst oder für einen Dritten gefährliche Güter versendet. Erfolgt die Beförderung auf Grund eines Beförderungsvertrages, gilt als Absender der Absender nach diesem Vertrag. Bei Tankschiffen mit leeren oder entladenen Ladetanks ist hinsichtlich der erforderlichen Beförderungspapiere der Schiffsführer der Absender;
2. Befüller ist das Unternehmen, das die gefährlichen Güter in
   a) einen Tank (Tankfahrzeug, Aufsetztank, Kesselwagen, Wagen mit abnehmbaren Tanks, ortsbeweglicher Tank oder Tankcontainer),
   b) einen MEGC,
   c) einen Groß- oder Kleincontainer für Güter in loser Schüttung,
   d) einen Schüttgut-Container,
   e) ein Fahrzeug für Güter in loser Schüttung,
   f) ein Batterie-Fahrzeug,
   g) ein MEMU,
   h) einen Wagen für Güter in loser Schüttung,
   i) einen Batteriewagen,
   j) ein Schiff oder
   k) einen Ladetank

   einfüllt. Befüller ist auch das Unternehmen, das als unmittelbarer Besitzer das gefährliche Gut dem Beförderer zur Beförderung übergibt oder selbst befördert;
3. Verlader ist das Unternehmen, das
   a) verpackte gefährliche Güter, Kleincontainer oder ortsbewegliche Tanks in oder auf ein Fahrzeug (ADR[1]), einen Wagen (RID), ein Beförderungsmittel (ADN) oder einen Container verlädt oder
   b) einen Container, Schüttgut-Container, MEGC, Tankcontainer oder ortsbeweglichen Tank auf ein Fahrzeug (ADR), einen Wagen (RID), ein Beförderungsmittel (ADN) verlädt oder
   c) ein Fahrzeug oder einen Wagen in oder auf ein Schiff verlädt (ADN).

   Verlader ist auch das Unternehmen, das als unmittelbarer Besitzer das gefährliche Gut dem Beförderer zur Beförderung übergibt oder selbst befördert;
4. Verpacker ist das Unternehmen, das die gefährlichen Güter in Verpackungen einschließlich Großverpackungen und IBC einfüllt oder die Versandstücke zur Beförderung vorbereitet. Verpacker ist auch das Unternehmen, das gefährliche Güter verpacken lässt oder das Versandstücke oder deren Kennzeichnung oder Bezettelung ändert oder ändern lässt;
5. Versandstück ist das versandfertige Endprodukt des Verpackungsvorganges, bestehend aus der Verpackung, der Großverpackung oder dem Großpackmittel (IBC) und ihrem beziehungsweise seinem Inhalt. Der Begriff umfasst die Gefäße für Gase sowie die Gegenstände, die wegen ihrer Größe, Masse oder Formgebung unverpackt, oder in Schlitten, Verschlägen oder Handhabungseinrichtungen befördert werden dürfen. Mit Ausnahme der Beförderung radioaktiver Stoffe gilt dieser Begriff weder für Güter, die in loser

[1] Nr. **535**.

Schüttung, noch für Güter, die in Tanks oder Ladetanks befördert werden. An Bord von Schiffen schließt der Begriff Versandstück auch die Fahrzeuge, Wagen, Container (einschließlich Wechselaufbauten), Tankcontainer, ortsbewegliche Tanks, Großverpackungen, Großpackmittel (IBC), Batterie-Fahrzeuge, Batteriewagen, Tankfahrzeuge, Kesselwagen und Gascontainer mit mehreren Elementen (MEGC) ein;

6. Fahrzeuge sind im innerstaatlichen Verkehr und innergemeinschaftlichen Verkehr – abweichend von der Begriffsbestimmung im ADR – die in Abschnitt 1.2.1 ADR beschriebenen Fahrzeuge mit einer bauartbedingten Höchstgeschwindigkeit von mehr als 25 Kilometer pro Stunde einschließlich zwei- und dreirädrige Fahrzeuge sowie selbstfahrende Land-, Forst-, Bau- und sonstige Arbeitsmaschinen sowie ihre Anhänger, und Güterstraßenbahnen, die auf einem vom Eisenbahnnetz getrennten Schienennetz verkehren;
7. Gefährliche Güter sind die Stoffe und Gegenstände, deren Beförderung nach Teil 2, Kapitel 3.2 Tabelle A und Kapitel 3.3 ADR/RID/ADN verboten oder nach den vorgesehenen Bedingungen des ADR/RID/ADN gestattet ist, sowie zusätzlich für innerstaatliche Beförderungen die in der Anlage 2 Gliederungsnummer 1.1 und 1.2 genannten Güter;
8. Wiederaufarbeiter ist das Unternehmen, das wiederaufgearbeitete Verpackungen, wiederaufgearbeitete Großverpackungen und wiederaufgearbeitete Großpackmittel (IBC) im Sinne des Abschnitts 1.2.1 ADR/RID herstellt;
9. Rekonditionierer ist das Unternehmen, das rekonditionierte Verpackungen im Sinne des Abschnitts 1.2.1 ADR/RID herstellt;
10. Auftraggeber des Absenders ist das Unternehmen, das einen Absender beauftragt, als solcher aufzutreten und Gefahrgut selbst oder durch einen Dritten zu versenden;
11. IBC (Intermediate Bulk Container) ist das in Abschnitt 1.2.1 ADR/RID/ADN beschriebene Großpackmittel;
12. IMDG-Code (International Maritime Dangerous Goods Code) ist der Internationale Code für die Beförderung gefährlicher Güter mit Seeschiffen, der zuletzt durch die Entschließung MSC. 406(96) geändert worden ist, in der amtlichen deutschen Übersetzung bekannt gegeben am 16. November 2016 (VkBl. S. 718);
13. MEGC (Multiple-Element Gas Container) ist der in Abschnitt 1.2.1 ADR/RID/ADN beschriebene Gascontainer mit mehreren Elementen. Dies gilt auch für UN-MEGC;
14. MEMU (Mobile Einheit zur Herstellung von explosiven Stoffen oder Gegenständen mit Explosivstoff) ist die in Abschnitt 1.2.1 ADR beschriebene Einheit oder ein Fahrzeug;
15. Ortsbewegliche-Druckgeräte-Verordnung ist die Ortsbewegliche-Druckgeräte-Verordnung vom 29. November 2011 (BGBl. I S. 2349), die zuletzt durch Artikel 491 der Verordnung vom 31. August 2015 (BGBl. I S. 1474) geändert worden ist;
16. OTIF (Organisation Intergouvernementale pour les transports internationaux ferroviaires) ist die Zwischenstaatliche Organisation für den internationalen Eisenbahnverkehr;

17. UNECE (United Nations Economic Commission for Europe) ist die Wirtschaftskommission der Vereinten Nationen für Europa;
18. GGVSee ist die Gefahrgutverordnung See in der Fassung der Bekanntmachung vom 7. Dezember 2017 (BGBl. I S. 3862; 2018 I S. 131);
19. Ortsbewegliche Druckgeräte sind die in Artikel 2 Nummer 1 der Richtlinie 2010/35/EU bestimmten Gefäße und Tanks für Gase sowie die übrigen in den Kapiteln 6.2 und 6.8 ADR/RID bestimmten Gefäße und Tanks für Gase;
20. Bundeswasserstraßen sind die Wasserstraßen nach § 1 Absatz 1 und Absatz 4 des Bundeswasserstraßengesetzes in der Fassung der Bekanntmachung vom 23. Mai 2007 (BGBl. I S. 962; 2008 I S. 1980) in der jeweils geltenden Fassung mit Ausnahme der Elbe im Hamburger Hafen.

§ 3 Zulassung zur Beförderung. Gefährliche Güter dürfen unbeschadet des § 5 nur befördert werden, wenn deren Beförderung nach den Unterabschnitten 2.2.1.2, 2.2.2.2, 2.2.3.2, 2.2.41.2, 2.2.42.2, 2.2.43.2, 2.2.51.2, 2.2.52.2, 2.2.61.2, 2.2.62.2, 2.2.8.2, 2.2.9.2, Kapitel 3.2 Tabelle A und Kapitel 3.3 ADR[1])/RID/ADN oder nach Anlage 2 nicht ausgeschlossen ist und die Beförderung unter Einhaltung der anwendbaren Vorschriften des ADR/RID/ADN erfolgt.

§ 4 Allgemeine Sicherheitspflichten. (1) Die an der Beförderung gefährlicher Güter Beteiligten haben die nach Art und Ausmaß der vorhersehbaren Gefahren erforderlichen Vorkehrungen zu treffen, um Schadensfälle zu verhindern und bei Eintritt eines Schadens dessen Umfang so gering wie möglich zu halten.

(2) [1] Bilden die beförderten gefährlichen Güter eine besondere Gefahr für andere, insbesondere soweit gefährliches Gut bei Unfällen oder Unregelmäßigkeiten austritt oder austreten kann, und kann diese nicht rasch beseitigt werden, hat

1. der Fahrzeugführer im Straßenverkehr,
2. der jeweilige Eisenbahninfrastrukturunternehmer im Eisenbahnverkehr oder
3. der Schiffsführer in der Binnenschifffahrt

die dem Ort des Gefahreneintritts nächstgelegenen zuständigen Behörden unverzüglich zu benachrichtigen oder benachrichtigen zu lassen und mit den notwendigen Informationen zu versehen oder versehen zu lassen. [2] Im Eisenbahnverkehr hat der Beförderer unverzüglich den jeweiligen Eisenbahninfrastrukturunternehmer zu benachrichtigen.

(3) [1] Beim Feststellen eines Verstoßes, der die Sicherheit der Beförderung beeinträchtigen könnte, hat

1. der Fahrzeugführer im Straßenverkehr,
2. der Beförderer im Eisenbahnverkehr oder
3. der Schiffsführer in der Binnenschifffahrt

---

1) Nr. **535**.

die Sendung möglichst rasch anzuhalten. [2] Er darf die Beförderung erst fortsetzen, wenn die anzuwendenden Vorschriften erfüllt oder die Anweisungen oder Genehmigungen der zuständigen Behörden erteilt sind.

§ 5 Ausnahmen. (1) Die nach Landesrecht zuständigen Stellen können

1. im Straßenverkehr auf Antrag Ausnahmen von den Teilen 1 bis 9 – ausgenommen die Kapitel 1.8 und 1.10 – ADR[1)] sowie von den §§ 35 bis 35b und Anlage 2 dieser Verordnung,
2. im Eisenbahnverkehr für den Bereich der nichtbundeseigenen Eisenbahnen auf Antrag Ausnahmen von den Teilen 1 bis 7 – ausgenommen die Kapitel 1.8 und 1.10 – RID und
3. in der Binnenschifffahrt auf Wasserstraßen, die nicht Bundeswasserstraßen sind, auf Antrag Ausnahmen von den Teilen 1 bis 9 – ausgenommen die Kapitel 1.8 und 1.10 – ADN

für Beförderungen innerhalb Deutschlands zulassen, soweit dies nach der Richtlinie 2008/68/EG vom 24. September 2008 des Europäischen Parlaments und des Rates über die Beförderung gefährlicher Güter im Binnenland (ABl. L 260 vom 30.9.2008, S. 13) zulässig ist.

(2) Das Eisenbahn-Bundesamt kann im Eisenbahnverkehr für den Bereich der Eisenbahnen des Bundes auf Antrag Ausnahmen von den Teilen 1 bis 7 – ausgenommen die Kapitel 1.8 und 1.10 – RID für Beförderungen innerhalb Deutschlands zulassen, soweit dies nach der Richtlinie 2008/68/EG zulässig ist.

(3) [1] Die Generaldirektion Wasserstraßen und Schifffahrt kann in der Binnenschifffahrt für den Bereich der Bundeswasserstraßen auf Antrag Ausnahmen von den Teilen 1 bis 9 ADN – ausgenommen Abschnitt 1.5.2 ADN, Kapitel 1.8 und 1.10 ADN – für Beförderungen innerhalb Deutschlands zulassen, soweit dies nach der Richtlinie 2008/68/EG zulässig ist. [2] Diese Ausnahmen schließen für den Bereich der Bundeswasserstraßen weitere für das Vorhaben erforderliche Entscheidungen nach Teil 7 ADN – ausgenommen Unterabschnitt 7.2.2.6 und Absätze 7.2.3.7.1 und 7.2.3.7.6 ADN – mit ein; die Entscheidung ergeht insoweit im Benehmen mit der nach § 16 Absatz 6 zuständigen Behörde.

(4) [1] Bei Ausnahmen nach den Absätzen 1 bis 3 ist über die erforderlichen Sicherheitsvorkehrungen vom Antragsteller ein Gutachten eines Sachverständigen vorzulegen. [2] In diesem Gutachten müssen insbesondere die verbleibenden Gefahren dargestellt und es muss begründet werden, weshalb die Zulassung der Ausnahme trotz der verbleibenden Gefahren als vertretbar angesehen wird. [3] Die zuständige Stelle kann die Vorlage weiterer Gutachten auf Kosten des Antragstellers verlangen oder diese im Benehmen mit dem Antragsteller selbst erstellen lassen. [4] In begründeten Einzelfällen kann die zuständige Stelle auf die Vorlage eines Gutachtens verzichten.

(5) [1] Ausnahmen nach den Absätzen 1 bis 3 sind schriftlich oder elektronisch und unter dem Vorbehalt des Widerrufs für den Fall zu erteilen, dass sich die auferlegten Sicherheitsvorkehrungen als unzureichend zur Einschränkung der von der Beförderung ausgehenden Gefahren erweisen. [2] Die nach Artikel 6 Absatz 2 der Richtlinie 2008/68/EG vorgesehenen Ausnahmen müssen dem Verfahren nach Artikel 6 Absatz 2 oder 4 unterzogen und von der Kommission

---

1) Nr. **535**.

anerkannt worden sein; sie sind dem Bundesministerium für Verkehr und digitale Infrastruktur mitzuteilen. [3] Sie dürfen ab dem Zeitpunkt ihrer Genehmigung durch die Kommission für höchstens sechs Jahre erteilt werden; für die Verlängerung einer Ausnahme gilt das Verfahren nach Artikel 6 Absatz 4 der Richtlinie 2008/68/EG.

(6) [1] Das Bundesministerium der Verteidigung oder die von ihm bestimmten Stellen dürfen für die Bundeswehr, in ihrem Auftrag hoheitlich tätige zivile Unternehmen und für ausländische Streitkräfte Ausnahmen von dieser Verordnung zulassen, soweit dies Gründe der Verteidigung erfordern und die öffentliche Sicherheit gebührend berücksichtigt ist. [2] Ausnahmen nach Satz 1 sind für den Bundesnachrichtendienst zuzulassen, soweit er im Rahmen seiner Aufgaben für das Bundesministerium der Verteidigung tätig wird und soweit sicherheitspolitische Interessen dies erfordern.

(7) [1] Die Bundesministerien des Innern, für Bau und Heimat, der Justiz und für Verbraucherschutz und der Finanzen sowie die Innen- und Justizminister (-senatoren) der Länder oder die von ihnen bestimmten Stellen dürfen in ihrem Aufgabenbereich Ausnahmen für Beförderungen innerhalb Deutschlands zulassen, soweit dies nach der Richtlinie 2008/68/EG zulässig ist. [2] Absatz 5 Satz 2 gilt entsprechend. [3] Unabhängig davon dürfen sie Ausnahmen von den §§ 35 bis 35b und von Anlage 2 dieser Verordnung zulassen.

(8) Die für den Bereich

1. der Eisenbahnen des Bundes zugelassenen Ausnahmen nach Absatz 2 gelten auch für den Bereich der übrigen Eisenbahnen. Die von den Ländern nach Absatz 1 Satz 1 Nummer 2 zugelassenen Ausnahmen gelten im Benehmen mit dem Eisenbahn-Bundesamt auch für den Bereich der Eisenbahnen des Bundes;
2. der Bundeswasserstraßen nach Absatz 3 zugelassenen Ausnahmen gelten auch für den Bereich der übrigen schiffbaren Gewässer. Die von den Ländern nach Absatz 1 Satz 1 Nummer 3 zugelassenen Ausnahmen gelten im Benehmen mit der Generaldirektion Wasserstraßen und Schifffahrt auch für den Bereich der Bundeswasserstraßen,

sofern die die Ausnahme erteilende Behörde nicht etwas anderes bestimmt.

(9) Hat die Bundesrepublik Deutschland Vereinbarungen nach Abschnitt 1.5.1 ADR/RID oder Abkommen nach Abschnitt 1.5.1 ADN in Verbindung mit § 6 Nummer 1 abgeschlossen, dürfen innerstaatliche Beförderungen nach deren Bestimmungen durchgeführt werden.

(10) Eine Ausnahme für eine innerstaatliche Beförderung gilt auch für die Beförderung auf der innerdeutschen Teilstrecke einer innergemeinschaftlichen oder grenzüberschreitenden Beförderung, soweit in der Ausnahme nicht ausdrücklich etwas anderes bestimmt ist.

(11) Bei dem Bescheid nach Absatz 1 bis 3 genügt das Mitführen eines fernkopierten Bescheides oder des Ausdrucks eines elektronisch erteilten und signierten Bescheides sowie dessen digitalisierte Form auf einem Speichermedium, wenn diese derart mitgeführt wird, dass sie bei einer Kontrolle auf Verlangen zuständigen Personen lesbar gemacht werden kann.

§ 6 Zuständigkeiten des Bundesministeriums für Verkehr und digitale Infrastruktur. Das Bundesministerium für Verkehr und digitale Infrastruktur ist zuständige Behörde für

1. den Abschluss von Vereinbarungen nach Abschnitt 1.5.1 ADR[1]/RID oder Abkommen nach Abschnitt 1.5.1 ADN und deren Übersendung an die UNECE/OTIF;
2. Aufgaben nach Kapitel 1.15 ADN;
3. die Anerkennung von Untersuchungsstellen nach Unterabschnitt 1.16.1.4 ADN;
4. die Übermittlung eines Verzeichnisses anerkannter technischer Regelwerke nach Abschnitt 6.2.5 und Unterabschnitt 6.8.2.7 ADR/RID
   a) im Straßenverkehr an das Sekretariat der UNECE und
   b) im Eisenbahnverkehr an das Sekretariat der OTIF;
5. die Prüfung und Auswertung der Berichte über die Meldungen von Ereignissen mit gefährlichen Gütern nach Unterabschnitt 1.8.5.1 ADR/RID/ADN und erforderlichenfalls deren Weiterleitung an das Sekretariat der UNECE, der OTIF oder der Zentralkommission für die Rheinschifffahrt;
6. den Erlass von Vorschriften für Druckbehälter nach den Absätzen 9.3.1.23.1, 9.3.2.23.5 und 9.3.3.23.5 ADN und
7. die Übertragung der Befugnis zur Ausstellung von Zulassungszeugnissen auf eine Untersuchungsstelle nach Unterabschnitt 1.16.2.3 ADN.

§ 7 Zuständigkeiten der vom Bundesministerium der Verteidigung oder vom Bundesministerium des Innern, für Bau und Heimat bestellten Sachverständigen oder Dienststellen. (1) Die vom Bundesministerium der Verteidigung bestellten Sachverständigen oder Dienststellen sind für die Bundeswehr und die ausländischen Streitkräfte zuständige Behörden für

1. Aufgaben nach den Teilen 8 und 9 ADR[1];
2. die Zulassung, erstmalige und wiederkehrende Prüfung von Druckgefäßen nach den Unterabschnitten 6.2.1.4 bis 6.2.1.6 ADR, die Inspektion und Prüfung der IBC nach Unterabschnitt 6.5.4.4 ADR, die Baumusterprüfung von ortsbeweglichen Tanks und UN-MEGC nach den Absätzen 6.7.2.18.1, 6.7.3.14.1, 6.7.4.13.1 und 6.7.5.11.1 in Verbindung mit Kapitel 4.2 und den Absätzen 6.7.2.19.9, 6.7.3.15.9, 6.7.4.14.10 und 6.7.5.12.7 ADR, die erstmalige und wiederkehrende Prüfung, Zwischenprüfung und außerordentliche Prüfungen der Tankkörper und der Ausrüstungsteile von ortsbeweglichen Tanks und UN-MEGC nach Kapitel 6.7 ADR und die Zulassung des Baumusters und die Prüfungen der Tanks nach den Unterabschnitten 6.8.2.3 und 6.8.2.4 ADR;
3. die Prüfungen von Tanks, sofern diese Prüfungen nicht in den Geltungsbereich der Ortsbewegliche-Druckgeräte-Verordnung fallen;
4. das Führen eines Verzeichnisses nach Unterabschnitt 1.10.1.6 ADR über alle gültigen Schulungsbescheinigungen für Fahrzeugführer und
5. die Bescheinigung nach § 35 Absatz 4 und die Fahrwegbestimmung nach § 35a Absatz 3,

soweit dies Gründe der Verteidigung erfordern.

(2) Die vom Bundesministerium des Innern, für Bau und Heimat bestellten Sachverständigen oder Dienststellen sind zuständige Behörden für

---

[1] Nr. **535**.

1. Aufgaben nach den Teilen 8 und 9 ADR;
2. die Zulassung des Baumusters und die Prüfungen der Tanks nach den Unterabschnitten 6.8.2.3 und 6.8.2.4 ADR sowie die Inspektion und Prüfung der IBC nach Unterabschnitt 6.5.4.4 ADR;
3. das Führen eines Verzeichnisses nach Unterabschnitt 1.10.1.6 ADR über alle gültigen Schulungsbescheinigungen für Fahrzeugführer und
4. die Bescheinigung nach § 35 Absatz 4 und die Fahrwegbestimmung nach § 35a Absatz 3,

soweit dies für den Dienstbereich des Bundesministeriums des Innern, für Bau und Heimat erforderlich ist.

(3) [1] Die Zuständigkeit der nach Absatz 1 und 2 bestellten Dienststellen gilt auch für Überwachungsmaßnahmen nach § 9 Absatz 1 und 2 des Gefahrgutbeförderungsgesetzes[1] innerhalb von Liegenschaften der Bundeswehr und der ausländischen Streitkräfte sowie von Liegenschaften im Dienstbereich des Bundesministeriums des Innern, für Bau und Heimat. [2] Bei der Beförderung gefährlicher Güter auf der Straße durch die Bundeswehr oder durch ausländische Streitkräfte, auch wenn sich die Bundeswehr ziviler Unternehmen bedient, sind die nach Absatz 1 bestellten Dienststellen neben den nach Landesrecht zuständigen Behörden zur Überwachung befugt.

§ 8[2] Zuständigkeiten der Bundesanstalt für Materialforschung und -prüfung. (1) [1] Die Bundesanstalt für Materialforschung und -prüfung ist zuständige Behörde für

1. Aufgaben nach
   a) den Kapiteln 2.1 und 2.2 mit Ausnahme der Absätze 2.2.62.1.12.1 und 2.2.9.1.11 Bemerkung 4 ADR[3]/RID/ADN und der dem Bundesamt für Ausrüstung, Informationstechnik und Nutzung der Bundeswehr nach § 10 und dem Bundesamt für die Sicherheit der nuklearen Entsorgung nach § 11 zugewiesenen Zuständigkeiten,
   b) Kapitel 3.3 ADR/RID/ADN mit Ausnahme der dem Bundesamt für Ausrüstung, Informationstechnik und Nutzung der Bundeswehr nach § 10 zugewiesenen Zuständigkeiten,
   c) Kapitel 4.1 mit Ausnahme von Unterabschnitt 4.1.4.1 Verpackungsanweisung P 200 ADR/RID und die dem Bundesamt für Ausrüstung, Informationstechnik und Nutzung der Bundeswehr nach § 10 zugewiesenen Zuständigkeiten,
   d) Kapitel 4.2 mit Ausnahme der Unterabschnitte 4.2.1.8, 4.2.2.5 und 4.2.3.4 ADR/RID,
   e) Kapitel 4.3, in Bezug auf Absatz 4.3.3.2.5 ADR/RID im Einvernehmen mit der Physikalisch-Technischen Bundesanstalt,
   f) Kapitel 6.2 mit Ausnahme des Unterabschnitts 6.2.2.11 ADR/RID und der Zuständigkeiten nach Nummer 10 sowie der §§ 13 und 13a,
   g) Kapitel 6.7 ADR/RID,

---

[1] Nr. **500**.

[2] § 8 Abs. 1 Satz 1 Nr. 1 Buchst. a und Nr. 2 geänd. mWv 1.1.2020 durch G v. 12.12.2019 (BGBl. I S. 2510).

[3] Nr. **535**.

h) Kapitel 6.8 in Bezug auf die Prüfung, die Erteilung der Kennzeichen und die Baumusterzulassung von festverbundenen Tanks (Tankfahrzeugen), Aufsetztanks, Tankcontainern und Tankwechselaufbauten (Tankwechselbehältern) und die Festlegung von Bedingungen nach Abschnitt 6.8.4 Buchstabe c Sondervorschrift TA 2 ADR/RID sowie die Anerkennung der Befähigung der Hersteller für die Ausführung von Schweißarbeiten und die Anordnung zusätzlicher Prüfungen nach Absatz 6.8.2.1.23 und die Festlegung der Bedingungen für Schweißnähte der Tankkörper nach Absatz 6.8.5.2.2 ADR,

i) Kapitel 6.9 ADR/RID,

j) Kapitel 6.10 ADR/RID,

k) Kapitel 6.11 ADR/RID und

l) Kapitel 6.12 in Verbindung mit Absatz 7.5.5.2.3 und Kapitel 9.8 ADR,

soweit die jeweilige Aufgabe keiner anderen Stelle zugewiesen ist;

2. die Prüfung und Zulassung radioaktiver Stoffe in besonderer Form nach Absatz 5.1.5.2.1 in Verbindung mit Unterabschnitt 6.4.22.5 Satz 1, das Zeugnis nach Unterabschnitt 6.4.22.8 Buchstabe a, die Zulassung der Bauart von Verpackungen für nicht spaltbares oder spaltbares freigestelltes Uranhexafluorid nach Absatz 5.1.5.2.1 in Verbindung mit Unterabschnitt 6.4.22.1, das Zeugnis nach Unterabschnitt 6.4.22.8 Buchstabe a, die Prüfung und Zulassung der Bauart gering dispergierbarer radioaktiver Stoffe nach Absatz 5.1.5.2.1 in Verbindung mit Unterabschnitt 6.4.22.5 Satz 2 und für das Zeugnis nach Unterabschnitt 6.4.22.8 Buchstabe a ADR/RID im Einvernehmen mit dem Bundesamt für die Sicherheit der nuklearen Entsorgung;
3. die Prüfung, die Anerkennung von Prüfstellen, die Erteilung der Kennzeichen und die Bauartzulassung von Verpackungen, IBC, Großverpackungen, Bergungsverpackungen und Bergungsgroßverpackungen nach den Kapiteln 6.1, 6.3, 6.5 und 6.6 ADR/RID sowie für die Zulassung der Reparatur flexibler IBC nach Abschnitt 1.2.1 ADR/RID/ADN;
4. die Anerkennung und Überwachung von Qualitätssicherungsprogrammen für die Fertigung, Wiederaufarbeitung, Rekonditionierung, Reparatur und Prüfung von Verpackungen, IBC und Großverpackungen sowie die Anerkennung von Überwachungsstellen für die Prüfung der Funktionsfähigkeit und Wirksamkeit der Qualitätssicherungsprogramme nach den Kapiteln 6.1, 6.3, 6.5 und 6.6 sowie die Anerkennung von Inspektionsstellen für die erstmaligen und wiederkehrenden Inspektionen und Prüfungen von IBC nach Unterabschnitt 6.5.4.4 ADR/RID;
5. die Bescheinigung über die Zulassung einer Änderung nach Absatz 6.8.2.3.4 ADR sowie für Tankcontainer und Tankwechselaufbauten (Tankwechselbehälter) nach Absatz 6.8.2.3.4 RID;
6. die Genehmigung der Beförderungsbedingungen für mit Temperaturkontrolle stabilisierte Gase nach Unterabschnitt 3.1.2.6 Satz 2 Buchstabe b ADR/RID/ADN;
7. die Anerkennung und Überwachung von Managementsystemen für die Auslegung, Herstellung, Prüfung, Dokumentation, den Gebrauch, die Wartung und Inspektion von nicht zulassungspflichtigen Versandstücken für radioaktive Stoffe nach Kapitel 6.4 ADR/RID in Verbindung mit Abschnitt 1.7.3 ADR/RID/ADN;

8. die Bauartprüfung zulassungspflichtiger Versandstücke für radioaktive Stoffe nach Kapitel 6.4 ADR/RID;
9. die Überwachung von Managementsystemen für die Auslegung, Herstellung, Prüfung, Dokumentation, den Gebrauch, die Wartung und Inspektion von zulassungspflichtigen Versandstücken für radioaktive Stoffe nach Kapitel 6.4 ADR/RID in Verbindung mit Abschnitt 1.7.3 ADR/RID/ADN;
10. die Anerkennung einer Norm oder eines Regelwerks nach Absatz 6.2.1.1.9 und die Anerkennung von technischen Regelwerken nach Absatz 6.2.1.3.6.5.4, Abschnitt 6.2.5, Absatz 6.7.2.2.1 Satz 1, Absatz 6.7.3.2.1 Satz 1, Absatz 6.7.4.2.1 Satz 1, Absatz 6.7.4.7.4, den Absätzen 6.7.5.2.9, 6.8.2.1.4 sowie den Unterabschnitten 6.8.2.7 und 6.8.3.7 Satz 1 ADR/RID im Einvernehmen mit dem Bundesministerium für Verkehr und digitale Infrastruktur;
11. die Zulassung der Trennungsmethoden nach Unterabschnitt 7.5.2.2 Fußnote a ADR/RID, soweit es sich nicht um den militärischen Bereich handelt;
12. die Festlegung von Normen und Bedingungen nach Unterabschnitt 7.3.3.1 VC 3 ADR und
13. die Erteilung von Ausnahmegenehmigungen für die Beförderung in Tankschiffen nach Abschnitt 1.5.2 ADN.

[2] Satz 1 Nummer 1 Buchstabe h und Nummer 5 gelten nicht, sofern diese Aufgaben in den Geltungsbereich der Ortsbewegliche-Druckgeräte-Verordnung fallen.

(2) Die unter Absatz 1 Satz 1 Nummer 1 Buchstabe c, d und f bis l, Nummer 2 bis 7, 11 und 13 genannten Zulassungen, Zustimmungen, Anerkennungen und Genehmigungen können widerruflich erteilt, befristet und mit Auflagen versehen werden, soweit dies erforderlich ist, um die Einhaltung der gefahrgutbeförderungsrechtlichen Vorschriften sicherzustellen.

§ 9 Zuständigkeiten der von der Bundesanstalt für Materialforschung und -prüfung anerkannten Prüfstellen. [1] Die von der Bundesanstalt für Materialforschung und -prüfung nach § 12 Absatz 1 Nummer 8 der GGVSee anerkannten Prüfstellen sind zuständig für die Baumusterprüfung sowie die erstmalige, wiederkehrende und außerordentliche Prüfung von ortsbeweglichen Tanks und Gascontainern mit mehreren Elementen (MEGC) nach Kapitel 6.7 ADR[1)]/RID. [2] Satz 1 gilt nicht, sofern diese Prüfungen in den Geltungsbereich der Ortsbewegliche-Druckgeräte-Verordnung fallen.

§ 10 Zuständigkeiten des Bundesamtes für Ausrüstung, Informationstechnik und Nutzung der Bundeswehr. Das Bundesamt für Ausrüstung, Informationstechnik und Nutzung der Bundeswehr ist, soweit es sich um den militärischen Bereich handelt, zuständige Behörde für Aufgaben nach

1. Kapitel 2.2 ADR[1)]/RID/ADN in Bezug auf explosive Stoffe und Gegenstände mit Explosivstoff,
2. Kapitel 3.3 ADR/RID/ADN in Bezug auf explosive Stoffe und Gegenstände mit Explosivstoff,

---

[1)] Nr. **535**.

3. Kapitel 4.1 ADR/RID in Bezug auf explosive Stoffe und Gegenstände mit Explosivstoff und
4. Unterabschnitt 7.5.2.2 Fußnote a ADR/RID in Bezug auf explosive Stoffe und Gegenstände mit Explosivstoff.

§ 11[1)] Zuständigkeiten des Bundesamtes für die Sicherheit der nuklearen Entsorgung. Das Bundesamtes für die Sicherheit der nuklearen Entsorgung ist zuständige Behörde für

1. die Erteilung der multilateralen Genehmigung für die Bestimmung der nicht in Tabelle 2.2.7.2.2.1 aufgeführten Radionuklidwerte und von alternativen Radionuklidwerten nach Absatz 2.2.7.2.2.2 ADR[2)]/RID/ADN;
2. die Genehmigung der Beförderung von radioaktiven Stoffen nach Absatz 5.1.5.1.2 ADR/RID/ADN;
3. die Beförderungsgenehmigung durch Sondervereinbarungen zur Beförderung radioaktiver Stoffe nach Absatz 5.1.5.1.3 in Verbindung mit Abschnitt 1.7.4 ADR/RID/ADN;
4. die Entgegennahme der Benachrichtigung nach Absatz 5.1.5.1.4 ADR/RID/ADN;
5. die Zulassung der Bauart von Versandstücken für radioaktive Stoffe und der Bauart von nach Absatz 2.2.7.2.3.5 Buchstabe f freigestellten spaltbaren Stoffen nach den Absätzen 5.1.5.2.1 und 5.1.5.3.5 ADR/RID/ADN, den Unterabschnitten 6.4.22.2 bis 6.4.22.4 und 6.4.22.6 sowie die Bestätigung nach Unterabschnitt 6.4.22.8 Buchstabe a ADR/RID und
6. die Genehmigung des Strahlenschutzprogramms für die Beförderung von radioaktiven Stoffen mit einem Spezialschiff nach Absatz 7.1.4.14.7.3.7 ADN.

§ 12 Ergänzende Zuständigkeiten der Benannten Stellen für Tanks.

(1) [1] Die Benannten Stellen nach § 16 Ortsbewegliche-Druckgeräte-Verordnung, die für die Durchführung der nachfolgenden Aufgaben nach der Norm DIN EN ISO/IEC 17020:2012 akkreditiert sein müssen, sind zuständig für

1. die Baumusterprüfung von
   a) ortsbeweglichen Tanks und UN-MEGC nach den Absätzen 6.7.2.18.1, 6.7.3.14.1, 6.7.4.13.1 und 6.7.5.11.1 in Verbindung mit Kapitel 4.2 und den Absätzen 6.7.2.19.9, 6.7.3.15.9, 6.7.4.14.10 und 6.7.5.12.7 ADR/RID,
   b) festverbundenen Tanks, Aufsetztanks, Batterie-Fahrzeugen, Kesselwagen, abnehmbaren Tanks, Batteriewagen, Tankcontainern, Tankwechselaufbauten (Tankwechselbehältern) und MEGC nach Absatz 6.8.2.3.1 in Verbindung mit Kapitel 4.3 und Kapitel 6.10 in Verbindung mit Kapitel 4.5 ADR/RID und
   c) Tanks und Tankcontainer aus faserverstärkten Kunststoffen nach Unterabschnitt 6.9.4.1 in Verbindung mit Kapitel 4.4 ADR/RID im Einvernehmen mit der Bundesanstalt für Materialforschung und -prüfung;
2. die erstmalige und wiederkehrende Prüfung, Zwischenprüfung und außerordentliche Prüfungen der Tankkörper und der Ausrüstungsteile von

---

1) § 11 Überschrift und einl. Satzteil geänd. mWv 1.1.2020 durch G v. 12.12.2019 (BGBl. I S. 2510).
2) Nr. **535**.

a) ortsbeweglichen Tanks und UN-MEGC nach Kapitel 6.7 ADR/RID,

b) festverbundenen Tanks, Aufsetztanks, Batterie-Fahrzeugen, Kesselwagen, abnehmbaren Tanks, Batteriewagen, Tankcontainern, Tankwechselaufbauten (Tankwechselbehältern) und MEGC nach Kapitel 6.8 sowie Kapitel 6.8 in Verbindung mit Kapitel 6.10 ADR/RID und

c) faserverstärkten Kunststofftanks (FVK-Tanks) nach Kapitel 6.9 ADR/RID;

3. Aufgaben nach den Absätzen 4.3.3.2.5, 6.7.2.6.3, 6.7.2.10.1, 6.7.2.19.10, 6.7.3.15.10, 6.8.2.2.10, 6.8.3.4.4, 6.8.3.4.7 und 6.8.3.4.8, Abschnitt 6.8.4 Buchstabe b und d Sondervorschrift TT 2 und TT 7 – jeweils im Einvernehmen mit der Bundesanstalt für Materialforschung und -prüfung – sowie nach Absatz 6.8.5.2.2 und die Anerkennung der Befähigung der Instandhaltungs- oder Reparaturwerkstatt für die Ausführung von Schweißarbeiten nach Absatz 6.8.2.1.23 ADR/RID;

4. die Prüfung der elektrischen Ausrüstung für die Bedienungsausrüstung der Tanks nach den Abschnitten 9.2.2 und 9.7.8 ADR vor Inbetriebnahme der Tanks nach Absatz 6.8.2.4.1 ADR und bei der Prüfung der Tanks nach den Absätzen 6.8.2.4.2 und 6.8.2.4.4 ADR;

5. die Baumusterprüfung und die getrennte Baumusterzulassung von Ventilen und anderen Bedienungsausrüstungen für Tanks nach Absatz 6.8.2.3.1 Satz 9, für die in der Tabelle in Absatz 6.8.2.6.1 eine Norm aufgeführt ist; für die getrennte Baumusterzulassung sind die Verfahren anzuwenden, die in Abschnitt 1.8.7 vorgeschrieben sind; dabei darf ein betriebseigener Prüfdienst nach Unterabschnitt 1.8.7.6 in Verbindung mit Absatz 1.8.7.7.5 nur für die Überwachung der Herstellung der Ventile und anderen Bedienungsausrüstungen nach Unterabschnitt 1.8.7.3 und deren erstmalige Prüfung nach Unterabschnitt 1.8.7.4 genehmigt werden, nicht jedoch für die Baumusterzulassung nach Unterabschnitt 1.8.7.2 und die wiederkehrende Prüfung nach Unterabschnitt 1.8.7.5; die Bemerkung zur Begriffsbestimmung „Antragsteller" nach Abschnitt 1.2.1 ADR/RID ist für diese Vorschrift nicht anwendbar und

6. a) die Prüfung zur Zulassung einer Änderung nach den Absätzen 1.8.7.2.5 und 6.8.2.3.4 ADR[1]/RID und

b) die Bescheinigung über die Zulassung einer Änderung nach Absatz 1.8.7.2.5 ADR/RID.

[2] Satz 1 Nummer 1 und 2, jeweils Buchstabe b, und Nummer 5 und 6 gilt nicht, sofern diese Aufgaben in den Geltungsbereich der Ortsbewegliche-Druckgeräte-Verordnung fallen. [3] Für alle vorgenannten Aufgaben nach Kapitel 6.7 ADR/RID sind auch die Benannten Stellen nach § 16 der Ortsbewegliche-Druckgeräte-Verordnung zuständig, die nicht nach der DIN EN ISO/

(Fortsetzung nächstes Blatt)

[1] Nr. **535**.

IEC 17020:2012 akkreditiert, aber von der Bundesanstalt für Materialforschung und -prüfung nach § 6 Absatz 5 der Gefahrgutverordnung See als Prüfstelle anerkannt sind.

(2) Das Bundesministerium für Verkehr und digitale Infrastruktur richtet einen Erfahrungsaustausch zwischen den zuständigen Stellen nach Absatz 1 und § 9 und der nationalen Akkreditierungsstelle sowie den Baumusterzulassungsbehörden nach § 8 Absatz 1 Satz 1 Nummer 1 Buchstabe g bis l und § 15 Absatz 1 Nummer 10 ein, an dem die vorgenannten Behörden und Stellen teilnehmen müssen.

§ 13 Ergänzende Zuständigkeiten der Benannten Stellen für Druckgefäße. (1) Die nach § 16 Absatz 1 der Ortsbewegliche-Druckgeräte-Verordnung anerkannten Benannten Stellen sind zuständig für

1. die Bescheinigung über die Zulassung einer Änderung nach Absatz 1.8.7.2.5 ADR[1]/RID;
2. die Aufgaben nach Unterabschnitt 4.1.4.1 Verpackungsanweisung P 200 mit Ausnahme des Absatzes 9 ADR/RID im Einvernehmen mit dem Bundesministerium für Verkehr und digitale Infrastruktur;
3. die Festlegung der Prüffristen nach Unterabschnitt 4.1.4.1 Verpackungsanweisung P 200 Absatz 9 ADR/RID im Einvernehmen mit der Bundesanstalt für Materialforschung und -prüfung;
4. die Prüfung und Zulassung der Druckgefäße nach Absatz 6.2.1.4.1 ADR/RID;
5. die Anerkennung des Qualitätssicherungsprogramms nach Absatz 6.2.1.4.2 ADR/RID;
6. die wiederkehrenden Prüfungen nach den Absätzen 6.2.1.6.1 und 6.2.1.6.2 ADR/RID und
7. die Bewertung der Eignung des Herstellers nach Absatz 6.2.1.7.2 ADR/RID.

(2) Die Benannten Stellen müssen dabei die in den Abschnitten 1.8.7 und 1.8.8 ADR/RID festgelegten Verfahren für die Konformitätsbewertung und für die wiederkehrenden Prüfungen anwenden.

(3) Absatz 1 Nummer 1 und Nummer 4 bis 7 sowie Absatz 2 gelten nicht, sofern diese Aufgaben in den Geltungsbereich der Ortsbewegliche-Druckgeräte-Verordnung fallen.

§ 13a Zuständigkeiten der Benennenden Behörde. Die Benennende Behörde im Sinne des § 2 Nummer 9 der Ortsbewegliche-Druckgeräte-Verordnung ist zuständig für die Registrierung der Unterscheidungszeichen oder der Stempel der Prüfstellen nach Absatz 6.2.2.7.2 Buchstabe d, Absatz 6.2.2.7.7 Buchstabe b, Absatz 6.2.2.9.2 Buchstabe d und Absatz 6.2.2.9.4 Buchstabe b sowie des Kennzeichens des Herstellers nach Absatz 6.2.2.7.4 Buchstabe n ADR[1]/RID.

§ 14 Besondere Zuständigkeiten im Straßenverkehr. (1) Das Bundesamt für Güterverkehr ist zuständige Behörde für die Entgegennahme der Berichte

[1] Nr. **535**.

über Ereignisse mit gefährlichen Gütern nach Unterabschnitt 1.8.5.1 ADR[1]) und deren Vorlage an das Bundesministerium für Verkehr und digitale Infrastruktur.

(2) Das Kraftfahrt-Bundesamt ist zuständige Behörde für die Typgenehmigung von Fahrzeugen nach Unterabschnitt 9.1.2.2 Satz 1 ADR.

(3) [1] Die Industrie- und Handelskammern sind zuständig für

1. die Anerkennung und Überwachung der Schulung, die Durchführung der Prüfungen und die Erteilung der Bescheinigung über die Fahrzeugführerschulung nach Abschnitt 8.2.2 ADR, wobei die Schulungs- und Prüfungssprache deutsch ist,
2. die Umschreibung der Bescheinigung über die Fahrzeugführerschulung nach Abschnitt 8.2.2 ADR nach § 7 Absatz 1 Nummer 1 und Absatz 2 Nummer 1 in eine Bescheinigung nach § 14 Absatz 3 Satz 1 Nummer 1 und
3. das Führen eines Verzeichnisses nach Unterabschnitt 1.10.1.6 ADR über alle gültigen Schulungsbescheinigungen für Fahrzeugführer mit Ausnahme der in § 7 Absatz 1 Nummer 4 und Absatz 2 Nummer 3 genannten Schulungsbescheinigungen.

[2] Einzelheiten zu Satz 1 Nummer 1 bis 3 können die Industrie- und Handelskammern durch Satzung regeln.

(4) Die amtlich anerkannten Sachverständigen für den Kraftfahrzeugverkehr, die von der zuständigen obersten Landesbehörde oder der von ihr bestimmten Stelle benannt oder die bei einer nach Landesrecht zuständigen Stelle tätig sind und die Technischen Dienste, die im Rahmen der Benennung für die Prüfung von Gesamtfahrzeugen mindestens für die Prüfung von Gefahrgutfahrzeugen benannt sind, sind zuständig für die erste Untersuchung nach Unterabschnitt 9.1.2.1 Satz 2 zur Übereinstimmung mit den anwendbaren Vorschriften der Kapitel 9.2 bis 9.8 und die Ausstellung einer ADR-Zulassungsbescheinigung nach Unterabschnitt 9.1.2.1 Satz 4 in Verbindung mit Unterabschnitt 9.1.3.1 ADR.

(5) Die für Hauptuntersuchungen nach § 29 der Straßenverkehrs-Zulassungs-Ordnung[2]) in der Fassung der Bekanntmachung vom 28. September 1988 (BGBl. I S. 1793), die zuletzt durch Artikel 3 der Verordnung vom 21. April 2009 (BGBl. I S. 872) geändert worden ist, zuständigen Stellen oder Personen, die von der zuständigen obersten Landesbehörde oder der von ihr bestimmten Stelle benannt oder die bei einer nach Landesrecht zuständigen Stelle tätig sind, sind zuständig für die jährliche technische Untersuchung und die Verlängerung der Gültigkeit von ADR-Zulassungsbescheinigungen nach Unterabschnitt 9.1.2.3 sowie für nicht vorgeschriebene informelle Änderungen oder Ergänzungen in Nummer 11 von ADR-Zulassungsbescheinigungen nach Unterabschnitt 9.1.3.1 ADR.

(6) Die Zulassungsbehörden nach der Fahrzeug-Zulassungsverordnung sind zuständig für Änderungen in Nummer 4 und 5 von ADR-Zulassungsbescheinigungen nach Unterabschnitt 9.1.3.1 ADR.

---

[1]) Nr. **535**.
[2]) Nr. **200**.

§ 15 Besondere Zuständigkeiten im Eisenbahnverkehr. (1) Das Eisenbahn-Bundesamt ist zuständige Behörde für

1. die Erteilung einer Genehmigung für die Fortsetzung einer Beförderung nach Absatz 1.4.2.2.4 RID im Bereich der Eisenbahnen des Bundes;
2. die Entgegennahme der Informationen und Mitteilungen nach Unterabschnitt 1.7.6.1 Buchstabe b Gliederungseinheit iv und Buchstabe c RID im Bereich der Eisenbahnen des Bundes;
3. die Durchführung der behördlichen Gefahrgutkontrollen nach Abschnitt 1.8.1 RID und dieser Verordnung im Bereich der Eisenbahnen des Bundes;
4. die Durchführung der Amtshilfe nach Abschnitt 1.8.2 RID im Bereich der Eisenbahnen des Bundes;
5. die Entgegennahme der Berichte über die Meldung von Ereignissen mit gefährlichen Gütern nach Unterabschnitt 1.8.5.1 RID und deren Vorlage an das Bundesministerium für Verkehr und digitale Infrastruktur;
6. die Festlegung von ergänzenden Vorschriften oder besonderen Sicherheitsvorschriften nach Kapitel 1.9 im Bereich der Eisenbahnen des Bundes und die Unterrichtung der Zwischenstaatlichen Organisation für den internationalen Eisenbahnverkehr (OTIF) über die Beförderungseinschränkungen nach Abschnitt 1.9.4 RID im Bereich der Eisenbahnen des Bundes, jeweils im Einvernehmen mit dem Bundesministerium für Verkehr und digitale Infrastruktur;
7. das Vorschreiben von Versuchen für Kesselwagen nach Absatz 6.8.2.1.2 Satz 2 sowie die Zulassung der Streckgrenze und Zugfestigkeit nach Absatz 6.8.2.1.16 RID;
8. die Anerkennung der Befähigung der Hersteller für die Ausführung von Schweißarbeiten und die Anordnung zusätzlicher Prüfungen nach Absatz 6.8.2.1.23 und die Festlegung der Bedingungen für Schweißnähte der Tankkörper nach Absatz 6.8.5.2.2 RID;
9. die Entscheidung über die Ausnahme für Rücksendungen nach Absatz 4.3.2.3.7 Buchstabe b, Absatz 6.7.2.19.6 Buchstabe b, Absatz 6.7.3.15.6 Buchstabe b und Absatz 6.7.4.14.6 Buchstabe b RID;
10. die Baumusterzulassung von Kesselwagen und abnehmbaren Tanks nach Kapitel 6.8 RID, sofern diese Zulassungen nicht in den Geltungsbereich der Ortsbewegliche-Druckgeräte-Verordnung fallen;
11. die Erteilung der Zustimmung nach Absatz 6.8.3.2.16 RID;
12. die Festlegung der Bedingungen oder Genehmigung eines Prüfprogramms nach Abschnitt 6.8.4 Buchstabe c Sondervorschrift TA 2 RID, jeweils im Einvernehmen mit der Bundesanstalt für Materialforschung und -prüfung;
13. die Bescheinigung über die Zulassung einer Änderung nach Absatz 6.8.2.3.4 RID für Kesselwagen und abnehmbare Tanks, sofern diese Aufgabe nicht in den Geltungsbereich der Ortsbewegliche-Druckgeräte-Verordnung fällt;
14. die Verfolgung und Ahndung von Ordnungswidrigkeiten nach § 37 im Bereich der Eisenbahnen des Bundes und
15. die Festlegung von Normen und Bedingungen nach Unterabschnitt 7.3.3.1 VC 3 RID.

(2) Die unter Absatz 1 Nummer 8 und Nummer 10 bis 13 genannten Zulassungen, Zustimmungen, Anerkennungen und Genehmigungen können widerruflich erteilt, befristet und mit Auflagen versehen werden, soweit dies erforderlich ist, um die Einhaltung der gefahrgutbeförderungsrechtlichen Vorschriften sicherzustellen.

(3) Die nach Landesrecht zuständigen Behörden sind zuständig für Beförderungen im Bereich der nichtbundeseigenen Eisenbahnen, soweit in dieser Verordnung nichts anderes bestimmt ist.

§ 16 Besondere Zuständigkeiten in der Binnenschifffahrt. (1) Die Physikalisch-Technische Bundesanstalt ist zuständige Behörde für

1. die Typzulassung von Flammendurchschlagsicherungen nach Absatz 1.6.7.2.2.2 ADN (Übergangsvorschrift zur Begriffsbestimmung „Flammendurchschlagsicherung"), von Hochgeschwindigkeitsventilen nach Absatz 1.6.7.2.2.2 ADN (Übergangsvorschrift zur Begriffsbestimmung „Hochgeschwindigkeitsventil"), von Deflagrationssicherheit der Probeentnahmeöffnung nach Absatz 1.6.7.2.2.2 ADN (Übergangsvorschrift zur Begriffsbestimmung „Probeentnahmeöffnung") und von Deflagrationssicherheit der Vorrichtung zum gefahrlosen Entspannen von Ladetanks nach Absatz 1.6.7.2.2.2 ADN (Übergangsvorschrift zur Begriffsbestimmung „Vorrichtung zum gefahrlosen Entspannen von Ladetanks");
2. die Typzulassung von Probeentnahmeeinrichtungen nach Abschnitt 1.2.1 Begriffsbestimmung „Probeentnahmeeinrichtung (geschlossen)" und „Probeentnahmeeinrichtung (teilweise geschlossen)", von Flammensperren nach Abschnitt 1.2.1 Begriffsbestimmung „Probeentnahmeöffnung" und von Anschlüssen nach Abschnitt 1.2.1 ADN (Begriffsbestimmung „Anschluss für eine Probeentnahmeeinrichtung") und
3. den Erlass von Vorschriften für den Öffnungsdruck von Sicherheitsventilen von Drucktanks nach Abschnitt 1.2.1 ADN Begriffsbestimmung „Öffnungsdruck".

(2) [1] Die Generaldirektion Wasserstraßen und Schifffahrt ist zuständige Behörde für

1. Aufgaben nach Kapitel 1.16 mit Ausnahme der Unterabschnitte 1.16.2.3 und 1.16.13.2 Satz 2 und 3 ADN;
2. die Anerkennung und Überwachung der Schulungen und Prüfungen nach Unterabschnitt 8.2.2.6 sowie die Anerkennung von Dokumenten nach den Unterabschnitten 8.2.1.9 und 8.2.1.10 ADN;
3. die Zulassung von Personen zur Prüfung
   a) der Isolationswiderstände und der Erdung der festinstallierten elektrischen Anlagen und Geräte nach Unterabschnitt 8.1.7.1 ADN und
   b) der Anlagen und Geräte zum Einsatz in explosionsgefährdeten Bereichen, der Geräte vom Typ „begrenzte Explosionsgefahr", der Anlagen und Geräte, die den Unterabschnitten 9.3.1.51, 9.3.2.51 und 9.3.3.51 entsprechen, sowie der autonomen Schutzsysteme oder der Übereinstimmung von Unterlagen mit den Gegebenheiten an Bord nach Unterabschnitt 8.1.7.2 ADN;

4. die Zulassung von Personen für die Nachprüfung und Untersuchung der Feuerlöschgeräte, der Feuerlöschschläuche und der Lade- und Löschschläuche nach den Unterabschnitten 8.1.6.1 und 8.1.6.2 ADN;
5. die Feststellung, ob elektrische Geräte, Mess-, Regel- und Alarmeinrichtungen und Motoren gemäß Absatz 1.6.7.2.2.2 (Übergangsvorschrift zu den Absätzen 9.3.1.53.1, 9.3.2.53.1 und 9.3.3.53.1 ADN) hinsichtlich ihrer Betriebssicherheit in explosionsfähiger Atmosphäre geprüft und zugelassen sind;
6. das Eintragen eines Sichtvermerkes in die Unterlagen zu den elektrischen Betriebsmitteln nach Absatz 1.6.7.2.2.2 (Übergangsvorschrift zu Unterabschnitt 8.1.2.3 Buchstabe r, s, t und v ADN) und das Eintragen eines Sichtvermerkes in die an Bord mitzuführenden Dokumente nach den Unterabschnitten 8.1.2.2 und 8.1.2.3 ADN;
7. das Führen eines Verzeichnisses über alle gültigen Schulungsbescheinigungen für Sachkundige nach Unterabschnitt 1.10.1.6 ADN;
8. die Entgegennahme der Berichte über die Meldung von Ereignissen mit gefährlichen Gütern nach Unterabschnitt 1.8.5.1 ADN und deren Vorlage an das Bundesministerium für Verkehr und digitale Infrastruktur;
9. die Zulassung von sachkundigen Personen oder Firmen nach Unterabschnitt 3.2.3.2 Tabelle C Spalte 20 Nummer 12 Buchstabe q und Nummer 33 Buchstabe i 2 ADN;
10. die Genehmigung von alternativen Bauweisen und das Verlangen zusätzlicher Berechnungen und Nachweise nach Absatz 9.3.4.1.4 ADN;
11. Gleichwertigkeiten und Abweichungen nach Abschnitt 1.5.3 ADN;
12. die Genehmigung von Ladeplänen nach Unterabschnitt 3.2.3.2 Tabelle C Spalte 20 Nummer 12 Buchstabe p ADN bei der Beförderung von UN 1280 und UN 2983;
13. die Feststellung der Übereinstimmung der Kopie des Zulassungszeugnisses auf der Tafel eines Schubleichters mit dem Original nach den Unterabschnitten 8.1.2.6 und 8.1.2.7 ADN und
14. den Erlass von Betriebsvorschriften nach Absatz 1.6.7.2.2.2 Übergangsvorschrift zu den Absätzen 9.3.1.17.1 und 9.3.3.17.1 ADN.

[2] Die in Nummer 3, 4, 9, 10 und 12 genannten Zulassungen und Genehmigungen können widerruflich erteilt, befristet und mit Auflagen versehen werden, soweit dies erforderlich ist, um die Einhaltung der gefahrgutbeförderungsrechtlichen Vorschriften sicherzustellen.

(3) [1] Zuständige Behörde für die Zulassung von Personen zur Feststellung und Bescheinigung der Gasfreiheit nach den Absätzen 7.2.3.7.1.6 Satz 3 und 7.2.3.7.2.6 Satz 3 ADN ist

1. die Generaldirektion Wasserstraßen und Schifffahrt im Bereich der Bundeswasserstraßen und
2. die jeweilige nach Landesrecht zuständige Stelle im Bereich der übrigen schiffbaren Wasserstraßen.

[2] Die Zulassung gilt als erteilt für die von einer Industrie- und Handelskammer öffentlich bestellten und vereidigten Handelschemiker mit der besonderen Qualifikation für die Feststellung von Gaszuständen auf Wasserfahrzeugen und

die Ausstellung von Gaszustandsbescheinigungen. [3]Die Zulassung kann widerruflich erteilt, befristet und mit Auflagen versehen werden, soweit dies erforderlich ist, um die Einhaltung der gefahrgutbeförderungsrechtlichen Vorschriften sicherzustellen.

(4) Die Generaldirektion Wasserstraßen und Schifffahrt im Bereich der Bundeswasserstraßen und die jeweilige nach Landesrecht zuständige Stelle im Bereich der übrigen schiffbaren Wasserstraßen ist zuständige Behörde für die Verfolgung und Ahndung von Ordnungswidrigkeiten nach § 37.

(5) Die Generaldirektion Wasserstraßen und Schifffahrt ist zuständige Behörde für

1. das Ausstellen von Bescheinigungen nach den Unterabschnitten 8.2.1.2 und 8.2.2.8 ADN und
2. die Durchführung von Prüfungen nach Unterabschnitt 8.2.2.7 ADN.

(6) [1]Das Wasserstraßen- und Schifffahrtsamt in seinem jeweiligen Amtsbezirk im Bereich der Bundeswasserstraßen und die jeweilige nach Landesrecht zuständige Stelle im Bereich der übrigen schiffbaren Wasserstraßen ist zuständige Behörde für

1. Aufgaben nach Teil 7 ADN mit Ausnahme von Aufgaben nach Absatz 3 und § 11 Nummer 6;
2. das Genehmigen von Arbeiten an Bord mit elektrischem Strom oder Feuer oder bei deren Ausführung Funken entstehen können nach Abschnitt 8.3.5 ADN;
3. die Entgegennahme der Meldungen über erhöhte Konzentrationen an Schwefelwasserstoff nach Unterabschnitt 3.2.3.2 Tabelle C Spalte 20 Nummer 28 Buchstabe b ADN bei der Beförderung von UN 2448;
4. Kontrollen nach Absatz 1.8.1.1.1 und die Untersagung der Verwendung eines Schiffes für die Beförderung gefährlicher Güter nach Unterabschnitt 1.16.13.2 ADN und
5. die Entgegennahme der Informationen und Mitteilungen nach Unterabschnitt 1.7.6.1 Buchstabe b Gliederungseinheit iv und Buchstabe c ADN.

[2]Zuständige Behörde nach Satz 1 Nummer 4 und 5 sowie Unterabschnitt 7.1.5.5 ADN ist auch die jeweils nach Landesrecht zuständige Stelle. [3]Die in Nummer 2 genannte Genehmigung kann widerruflich erteilt, befristet und mit Auflagen versehen werden, soweit dies erforderlich ist, um die Einhaltung der gefahrgutbeförderungsrechtlichen Vorschriften sicherzustellen.

(7) Die jeweilige nach Landesrecht zuständige Stelle ist zuständige Behörde für Kontrollen nach Unterabschnitt 1.8.1.4 ADN.

(8) Die Berufsgenossenschaft Verkehrswirtschaft Post-Logistik Telekommunikation ist zuständig nach der IMO Resolution A.749 (18) einschließlich deren Anlage „Code über Intaktstabilität aller Schiffstypen" in der Fassung der Bekanntmachung vom 18. März 1999 (VkBl. S. 164) für die Prüfung der Stabilitätsunterlagen nach Absatz 9.2.0.94.4 ADN.

§ 17 Pflichten des Auftraggebers des Absenders. (1) Der Auftraggeber des Absenders im Straßen- und Eisenbahnverkehr sowie in der Binnenschifffahrt hat

1. sich vor Erteilung eines Auftrags an den Absender zu vergewissern, ob die gefährlichen Güter nach Teil 2 ADR[1]/RID/ADN klassifiziert sind und nach § 3 befördert werden dürfen;
2. dafür zu sorgen, dass dem Absender die Angaben nach den Unterabschnitten 5.4.1.1, 5.4.1.2 sowie den Absätzen 5.5.2.4.1, 5.5.2.4.3 und 5.5.3.7.1 ADR/RID/ADN, im Straßenverkehr mit Ausnahme von Namen und Anschrift des Absenders nach Absatz 5.4.1.1.1 Buchstabe g ADR, schriftlich oder elektronisch mitgeteilt werden, und ihn, wenn Güter auf der Straße befördert werden, die § 35 Absatz 4 Satz 1 oder § 35a Absatz 1 oder Absatz 4 Satz 1 unterliegen, auf deren Beachtung schriftlich oder elektronisch hinzuweisen, und
3. dafür zu sorgen, dass der Absender bei Beförderung nach Kapitel 3.4 auf das gefährliche Gut in begrenzten Mengen unter Angabe der Bruttomasse und bei Beförderung nach Kapitel 3.5 auf das gefährliche Gut in freigestellten Mengen unter Angabe der Anzahl der Versandstücke, ausgenommen bei Beförderungen nach Unterabschnitt 3.5.1.4 ADR/RID/ADN, hingewiesen wird.

(2) Der Auftraggeber des Absenders im Eisenbahnverkehr hat dafür zu sorgen, dass dem Absender die Angaben nach Absatz 1.1.4.4.5 RID schriftlich oder elektronisch mitgeteilt werden.

§ 18 Pflichten des Absenders. (1) Der Absender im Straßen- und Eisenbahnverkehr sowie in der Binnenschifffahrt hat

1. den Beförderer und, wenn die gefährlichen Güter über deutsche See-, Binnen- oder Flughäfen eingeführt worden sind, den Verlader, der als erster die gefährlichen Güter zur Beförderung mit Straßenfahrzeugen, mit der Eisenbahn oder mit Binnenschiffen übergibt oder im Straßenverkehr oder im Binnenschiffsverkehr selbst befördert, mit Erteilung des Beförderungsauftrags
   a) auf das gefährliche Gut durch die Angaben nach Absatz 5.4.1.1.1 Buchstabe a bis d ADR[1]/RID/ADN oder Absatz 5.4.1.1.2 Buchstabe a bis d ADN
   b) und, wenn Güter auf der Straße befördert werden, die den §§ 35 und 35a unterliegen, auf deren Beachtung

   schriftlich oder elektronisch hinzuweisen; bei Beförderungen nach den Kapiteln 3.4 und 3.5 ADR/RID/ADN ist ein allgemeiner Hinweis auf das gefährliche Gut in begrenzten und freigestellten Mengen erforderlich;
2. den Beförderer vor der Beförderung nach Abschnitt 3.4.12 ADR/RID/ADN in nachweisbarer Form über die Bruttomasse der in begrenzten Mengen zu versendenden gefährlichen Güter zu informieren;
3. sich vor Erteilung des Beförderungsauftrags und vor Übergabe gefährlicher Güter zur Beförderung zu vergewissern, ob die gefährlichen Güter nach Teil 2 ADR/RID/ADN klassifiziert sind und nach § 3 befördert werden dürfen;

---

[1] Nr. **535**.

4. dafür zu sorgen, dass die in einer Ausnahmezulassung, einer Vereinbarung nach § 5 oder einer Ausnahmeverordnung nach § 6 des Gefahrgutbeförderungsgesetzes[1] festgelegten Angaben in das Beförderungspapier eingetragen werden;
5. dafür zu sorgen, dass nur Verpackungen, Großverpackungen, IBC, Tanks, MEMU oder Schiffe verwendet werden, die für die Beförderung der betreffenden Güter nach Kapitel 3.2 Tabelle A ADR/RID, Unterabschnitt 1.1.4.3 ADR/RID oder Kapitel 3.2 Tabelle A und zusätzlich bei Tankschiffbeförderung nach Tabelle C ADN zugelassen und geeignet sind;
6. dafür zu sorgen, dass die zuständige Behörde nach Absatz 5.1.5.1.4 ADR/RID/ADN benachrichtigt wird;
7. im Besitz einer Kopie der Anweisungen nach Absatz 4.1.9.1.9 und einer Kopie der erforderlichen Zeugnisse nach Absatz 5.1.5.2.2 zu sein und auf Anfrage der zuständigen Behörde nach Absatz 5.1.5.2.3 ADR/RID/ADN Aufzeichnungen zur Verfügung zu stellen;
8. dafür zu sorgen, dass ein Beförderungspapier nach Abschnitt 5.4.1 mitgegeben wird, das die nach Abschnitt 5.4.1, die nach den anwendbaren Sondervorschriften in Kapitel 3.3 sowie die nach den Absätzen 5.5.2.4.1, 5.5.2.4.3 und 5.5.3.7.1 ADR/RID/ADN, Unterabschnitt 6.7.1.3 ADR/RID und nach den erläuternden Bemerkungen in Unterabschnitt 3.2.3.2 Tabelle C Spalte 20 ADN geforderten Angaben, Anweisungen und Hinweise enthält;
9. dafür zu sorgen, dass dem Beförderer die Zeugnisse nach Absatz 5.4.1.2.5.4 ADR/RID/ADN vor dem Be- und Entladen zugänglich gemacht werden;
10. dafür zu sorgen, dass dem Beförderungspapier die erforderlichen Begleitpapiere nach den anwendbaren Sondervorschriften in Kapitel 3.3 ADR/RID/ADN, nach Absatz 4.1.3.8.2 ADR/RID, Unterabschnitt 5.4.1.2 und Abschnitt 5.4.2 ADR/RID/ADN beigefügt werden;
11. den Verlader auf die Begasung von Einheiten schriftlich oder elektronisch hinzuweisen und
12. eine Kopie des Beförderungspapiers für gefährliche Güter und der im ADR/RID/ADN festgelegten zusätzlichen Informationen und Dokumentation für einen Mindestzeitraum von drei Monaten ab Ende der Beförderung nach Unterabschnitt 5.4.4.1 ADR/RID/ADN aufzubewahren.

(2) Der Absender im Straßenverkehr hat dafür zu sorgen, dass dem Beförderer vor Beförderungsbeginn die Ausnahmezulassung nach § 5 Absatz 1 Nummer 1, Absatz 6 oder 7 übergeben wird.

(3) Der Absender im Eisenbahnverkehr hat

1. die Vorschriften für den Versand als Expressgut nach Kapitel 7.6 RID zu beachten;
2. dafür zu sorgen, dass auch an ungereinigten leeren Wagen, Großcontainern und Kleincontainern für Güter in loser Schüttung sowie Schüttgut-Containern
   a) Großzettel (Placards) nach Unterabschnitt 5.3.1.6 RID,

[1] Nr. **500**.

b) die orangefarbene Tafel nach Absatz 5.3.2.1.7 mit Ausnahme von Absatz 5.3.2.1.5 RID,

c) Kennzeichen nach Abschnitt 5.3.6 RID und

d) Rangierzettel nach Abschnitt 5.3.4 RID

angebracht werden und

3. dafür zu sorgen, dass das Beförderungspapier die Angaben nach Absatz 1.1.4.4.5 RID enthält.

(4) Der Absender in der Binnenschifffahrt hat dafür zu sorgen,

1. dass dem Beförderer oder Schiffsführer vor Beförderungsbeginn die Ausnahmezulassung nach § 5 Absatz 1 Nummer 3 oder Absatz 3 übergeben wird und
2. dass auch an ungereinigten und nicht entgasten leeren Tankfahrzeugen, Kesselwagen, Fahrzeugen mit Aufsetztanks, Wagen mit abnehmbaren Tanks, Batterie-Fahrzeugen, Batteriewagen, MEGC, MEMU, Tankcontainern und ortsbeweglichen Tanks sowie an ungereinigten leeren Fahrzeugen, Wagen und Containern für die Beförderung in loser Schüttung

a) Großzettel (Placards) nach Absatz 5.3.1.6.1 ADN und

b) die orangefarbenen Tafeln nach Absatz 5.3.2.1.7 ADN

angebracht werden.

§ 19 Pflichten des Beförderers. (1) Der Beförderer im Straßen- und Eisenbahnverkehr sowie in der Binnenschifffahrt

1. muss den Absender nach Unterabschnitt 1.7.6.1 Buchstabe a Gliederungseinheit i ADR[1])/RID/ADN über die Nichteinhaltung eines Grenzwertes für die Dosisleistung oder die Kontamination informieren;
2. darf, wenn er einen Verstoß gegen die in Absatz 1 Nummer 1 und 5 und Absatz 2 bis 4 genannten Vorschriften des ADR/RID/ADN feststellt, die Sendung so lange nicht befördern, bis die Vorschriften erfüllt sind;
3. hat dafür zu sorgen, dass Tanks nach Unterabschnitt 4.3.3.6 Buchstabe f ADR/RID nicht zur Beförderung aufgegeben werden;
4. hat eine Kopie des Beförderungspapiers für gefährliche Güter und der im ADR/RID/ADN festgelegten zusätzlichen Informationen und Dokumentation für einen Mindestzeitraum von drei Monaten ab Ende der Beförderung nach Unterabschnitt 5.4.4.1 ADR/RID/ADN aufzubewahren;
5. hat dafür zu sorgen, dass die Dokumente im Zusammenhang mit der Beförderung von Güterbeförderungseinheiten (CTU), die begast und vor der Beförderung nicht vollständig belüftet worden sind, die Angaben nach Absatz 5.5.2.4.1 ADR/RID/ADN enthalten, und
6. hat dafür zu sorgen, dass die Dokumente im Zusammenhang mit der Beförderung von Fahrzeugen, Wagen oder Containern, die gekühlt oder konditioniert und vor der Beförderung nicht vollständig belüftet wurden, die Angaben nach Absatz 5.5.3.7.1 ADR/RID/ADN enthalten.

[1]) Nr. **535**.

(2) Der Beförderer im Straßenverkehr hat

1. das Verbot der anderweitigen Verwendung nach Abschnitt 4.3.5 Sondervorschrift TU 15 ADR einzuhalten;
2. der Fahrzeugbesatzung vor Antritt der Fahrt die schriftlichen Weisungen nach Unterabschnitt 5.4.3.2 ADR zu übergeben und dafür zu sorgen, dass jedes Mitglied der Fahrzeugbesatzung diese verstehen und richtig anwenden kann;
3. dafür zu sorgen, dass die Vorschriften für die Beförderung in loser Schüttung in Fahrzeugen oder Containern nach den anwendbaren Vorschriften in den Kapiteln 3.3 und 7.3 und die Vorschriften für die Beförderung in Tanks nach Abschnitt 7.4.1 ADR beachtet werden;
4. dafür zu sorgen, dass die Vorschriften über die Begrenzung der beförderten Mengen nach Absatz 7.5.5.2.1 und Unterabschnitt 7.5.5.3 ADR eingehalten werden;
5. dafür zu sorgen, dass
   a) die Begleitpapiere nach Unterabschnitt 8.1.2.1 Buchstabe a und Unterabschnitt 8.1.2.2 Buchstabe a und c sowie bei innerstaatlichen Beförderungen in Aufsetztanks die Bescheinigung über die Prüfung des Aufsetztanks nach Absatz 6.8.2.4.5 und Unterabschnitt 6.9.5.3, sofern die Übergangsvorschrift nach Unterabschnitt 1.6.3.41 ADR in Anspruch genommen wird, und
   b) die Ausnahmezulassung nach § 5 Absatz 1 Nummer 1, Absatz 6 oder 7

   dem Fahrzeugführer vor Beförderungsbeginn übergeben werden;
6. dafür zu sorgen, dass nur Fahrzeugführer mit einer gültigen Bescheinigung nach Unterabschnitt 8.2.2.8 ADR eingesetzt werden;
7. dafür zu sorgen, dass ortsbewegliche Tanks nach Unterabschnitt 4.2.3.8 Buchstabe f ADR nicht zur Beförderung aufgegeben werden;
8. dafür zu sorgen, dass für festverbundene Tanks, Aufsetztanks und Batterie-Fahrzeuge die Tankakte nach Absatz 4.3.2.1.7 ADR geführt, aufbewahrt, an einen neuen Beförderer übergeben, auf Anforderung zuständigen Behörden vorgelegt und dem Sachverständigen zur Verfügung gestellt wird;
9. die Beförderungseinheit mit Feuerlöschgeräten nach Abschnitt 8.1.4 ADR auszurüsten;
10. die Prüffristen nach Unterabschnitt 8.1.4.4 ADR in Verbindung mit § 36 oder den zugelassenen nationalen Normen einzuhalten;
11. das Fahrzeug mit den erforderlichen Großzetteln (Placards) nach Abschnitt 5.3.1, den orangefarbenen Tafeln nach Abschnitt 5.3.2 und den Kennzeichen nach den Abschnitten 3.4.15, 5.3.3 und 5.3.6 auszurüsten und hat dafür zu sorgen, dass in den Fällen des Abschnitts 3.4.13 in Verbindung mit Abschnitt 3.4.14 die Kennzeichen nach Abschnitt 3.4.15 ADR angebracht werden;
12. dafür zu sorgen, dass nur Tanks verwendet werden, deren Dicke der Tankwände den in Absatz 4.3.2.3.1 in Verbindung mit den Absätzen 6.8.2.1.17 bis 6.8.2.1.21 ADR genannten Anforderungen entspricht;
13. dafür zu sorgen, dass der festverbundene Tank, der Aufsetztank, das Batterie-Fahrzeug und der Saug-Druck-Tank auch zwischen den Prüfterminen den Bau-, Ausrüstungs- und Kennzeichnungsvorschriften nach den Unterabschnitten 6.8.2.1, 6.8.2.2, 6.8.2.5, 6.8.3.1, 6.8.3.2 und 6.8.3.5 und den

anwendbaren Sondervorschriften in Abschnitt 6.8.4 Buchstabe e, den Abschnitten 6.10.1, 6.10.2 und 6.10.3 für die in der ADR-Zulassungsbescheinigung nach Unterabschnitt 9.1.3.1 oder in der Bescheinigung nach den Absätzen 6.8.2.4.5 und 6.8.3.4.18 ADR angegebenen Stoffe entspricht, mit Ausnahme der durch den Befüller anzugebenden beförderten Stoffe und Gase;

14. dafür zu sorgen, dass nach Maßgabe der Absätze 6.8.2.4.4 und 6.8.3.4.14 ADR eine außerordentliche Prüfung des festverbundenen Tanks und des Batterie-Fahrzeugs durchgeführt wird, wenn die Sicherheit des Tanks oder seiner Ausrüstung beeinträchtigt sein kann;
15. dem Fahrzeugführer die erforderliche Ausrüstung zur Durchführung der Ladungssicherung zu übergeben;
16. die Beförderungseinheit nach Abschnitt 8.1.5 ADR auszurüsten;
17. dafür zu sorgen, dass an Fahrzeugen,
    a) die nach Unterabschnitt 9.1.2.1 Satz 4 zugelassen sind, für die in der ADR-Zulassungsbescheinigung nach Unterabschnitt 9.1.3.5 unter Nummer 10 angegebenen gefährlichen Güter die Vorschriften über den Bau und die Ausrüstung der Fahrzeuge nach Abschnitt 9.2.1 ADR in Verbindung mit den ergänzenden Vorschriften nach den Kapiteln 9.3 bis 9.8 ADR und
    b) die nach Unterabschnitt 9.1.2.1 Satz 4 nicht zulassungspflichtig sind, die Vorschriften über den Bau und die Ausrüstung der Fahrzeuge nach den anwendbaren Sondervorschriften in Abschnitt 7.3.3, Unterabschnitt 9.2.1.1 Satz 2 und den Kapiteln 9.4 bis 9.6 ADR

    beachtet werden;
18. dafür zu sorgen, dass die Vorschriften über die Überwachung der Fahrzeuge nach Kapitel 8.4 in Verbindung mit Kapitel 8.5 ADR sowie bei innerstaatlichen Beförderungen auch die Vorschrift über das Abstellen von kennzeichnungspflichtigen Fahrzeugen nach Anlage 2 Gliederungsnummer 3.3 beachtet werden, und
19. dafür zu sorgen, dass festverbundene Tanks, Batterie-Fahrzeuge, Aufsetztanks, MEGC, ortsbewegliche Tanks und Tankcontainer nicht verwendet werden, wenn das Datum der nächsten Prüfung überschritten ist.

(3) Der Beförderer im Eisenbahnverkehr

1. muss sicherstellen, dass der Betreiber der von ihm genutzten Eisenbahninfrastruktur zu jedem Zeitpunkt während der Beförderung schnell und uneingeschränkt über die Daten verfügen kann, die es ihm ermöglichen, die Anforderungen des Unterabschnitts 1.4.3.6 Buchstabe b RID zu erfüllen;
2. hat dafür zu sorgen, dass nach Unterabschnitt 1.10.1.4 RID jedes Mitglied der Besatzung eines Zuges, mit dem gefährliche Güter befördert werden, einen Lichtbildausweis während der Beförderung mit sich führt;
3. hat dafür zu sorgen, dass die in § 18 Absatz 1 Nummer 8 und 10 genannten Begleitpapiere während der Beförderung verfügbar sind und zuständigen Personen auf Verlangen zur Prüfung ausgehändigt werden;
4. hat dafür zu sorgen, dass die Vorschriften über den Schutzabstand nach Abschnitt 7.5.3 RID beachtet werden;

5. hat nach Unterabschnitt 5.4.3.2 RID vor Antritt der Fahrt dem Triebfahrzeugführer die schriftlichen Weisungen in einer Sprache bereitzustellen, die der Triebfahrzeugführer lesen und verstehen kann;
6. hat den Triebfahrzeugführer vor Antritt der Fahrt über die geladenen gefährlichen Güter und deren Position im Zug nach Absatz 1.4.2.2.7 in Verbindung mit Unterabschnitt 5.4.3.3 RID zu informieren;
7. hat dafür zu sorgen, dass die in den schriftlichen Weisungen nach Unterabschnitt 5.4.3.4 RID vorgeschriebene Ausrüstung auf dem Führerstand mitgeführt wird;
8. hat dafür zu sorgen, dass im Huckepackverkehr am Anhänger die orangefarbenen Tafeln oder die Großzettel (Placards) nach Absatz 1.1.4.4.3 RID angebracht sind, und
9. hat, wenn er gefährliche Güter am Abgangsort übernimmt, sich nach Absatz 1.4.2.2.1 Buchstabe c RID durch eine Sichtprüfung zu vergewissern, dass die Wagen und die Ladung keine offensichtlichen Mängel, keine Undichtigkeiten oder Risse aufweisen und dass keine Ausrüstungsteile fehlen;
10. hat, wenn er gefährliche Güter am Abgangsort übernimmt, sich nach Absatz 1.4.2.2.1 Buchstabe f zu vergewissern, dass die für die Wagen in Kapitel 5.3 RID vorgeschriebenen Großzettel (Placards), Kennzeichen und orangefarbenen Tafeln angebracht sind, und
11. hat dafür zu sorgen, dass die Informationen, die nach Absatz 1.4.2.2.8 RID zur Verfügung gestellt werden, auch den Tank und seine Ausrüstung umfassen.

(4) Der Beförderer in der Binnenschifffahrt

1. hat sich zu vergewissern, dass das Schiff nach Abschnitt 7.1.2 oder Abschnitt 7.2.2 ADN zur Beförderung der gefährlichen Güter zugelassen ist;
2. hat dafür zu sorgen, dass nach Unterabschnitt 1.10.1.4 ADN für jedes Mitglied der Besatzung ein Lichtbildausweis an Bord ist;
3. hat dem Schiffsführer vor Antritt der Fahrt die schriftlichen Weisungen nach Abschnitt 5.4.3 ADN in den Sprachen bereitzustellen, die der Schiffsführer und der Sachkundige lesen und verstehen können;
4. hat dafür zu sorgen, dass
   a) die Besatzung die Vorschriften für das Laden, Befördern, Löschen und sonstige Handhaben der Ladung nach Teil 7 beachtet, mit Ausnahme der Vorschriften über die Klassifikation von Tankschiffen, Gebrauchsanleitungen, Hinweistafeln und Ausrüstungen, und
   b) der vorgeschriebene Ladungsrechner nach den Absätzen 9.3.1.13.3, 9.3.2.13.3 und 9.3.3.13.3 ADN benutzt wird;
5. hat dafür zu sorgen, dass die Vorschriften über die Begrenzung der beförderten Mengen nach Unterabschnitt 7.1.4.1 ADN eingehalten werden;
6. hat dafür zu sorgen, dass dem Schiffsführer die Dokumente nach den Unterabschnitten 8.1.2.1 bis 8.1.2.3 ADN übergeben werden;
7. hat dafür zu sorgen, dass Schiffe nur eingesetzt werden, wenn der hauptverantwortliche Schiffsführer oder, wenn ein solcher nicht bestellt ist, jeder Schiffsführer nach den Unterabschnitten 7.1.3.15 und 7.2.3.15 eine gültige

Bescheinigung nach den Unterabschnitten 8.2.1.2, 8.2.1.5 oder 8.2.1.7 ADN hat, und

8. hat nach Absatz 1.4.2.2.1 Buchstabe d ADN sicherzustellen, dass beim Laden und Löschen ein zweites Evakuierungsmittel verfügbar ist, sofern die landseitige Einrichtung nicht mit dem vorgeschriebenen zweiten Evakuierungsmittel ausgerüstet ist.

§ 20 Pflichten des Empfängers. (1) Der Empfänger im Straßen- und Eisenbahnverkehr sowie in der Binnenschifffahrt

1. ist nach Absatz 1.4.2.3.1 ADR[1]/RID/ADN verpflichtet,
   a) die Annahme des Gutes nicht ohne zwingenden Grund zu verzögern oder zu verweigern und
   b) nach dem Entladen und vor dem Zurückstellen oder vor der Wiederverwendung zu prüfen, dass die ihn betreffenden Vorschriften des ADR/RID/ADN eingehalten worden sind, und
2. hat den Absender nach Unterabschnitt 1.7.6.1 Buchstabe a Gliederungseinheit ii in Verbindung mit Buchstabe c ADR/RID/ADN über die Nichteinhaltung eines Grenzwertes für die Dosisleistung oder die Kontamination zu informieren.

(2) Der Empfänger im Straßenverkehr darf nach Absatz 1.4.2.3.2 ADR, wenn die Prüfung nach Absatz 1 Nummer 1 Buchstabe b im Falle eines Containers einen Verstoß gegen die Vorschriften des ADR aufzeigt, dem Beförderer den Container erst dann zurückstellen, wenn der Verstoß behoben worden ist.

(3) Der Empfänger im Eisenbahnverkehr darf nach Absatz 1.4.2.3.2 RID einen Wagen oder Container erst zurückstellen oder wieder verwenden, wenn die Vorschriften des RID für die Entladung eingehalten worden sind.

(4) Der Empfänger in der Binnenschifffahrt darf, wenn die Prüfung nach Absatz 1 Nummer 1 Buchstabe b einen Verstoß gegen die Vorschriften des ADN aufzeigt, dem Beförderer den Container, das Fahrzeug oder den Wagen erst dann zurückstellen, wenn der Verstoß behoben worden ist.

§ 21 Pflichten des Verladers. (1) Der Verlader im Straßen- und Eisenbahnverkehr sowie in der Binnenschifffahrt

1. darf gefährliche Güter dem Beförderer nur übergeben, wenn sie nach § 3 befördert werden dürfen;
2. hat bei der Übergabe verpackter gefährlicher Güter oder ungereinigter leerer Verpackungen zur Beförderung zu prüfen, ob die Verpackung erkennbar unvollständig oder beschädigt oder an der Außenseite mit Anhaftungen gefährlicher Rückstände versehen ist. Er darf ein Versandstück, dessen Verpackung erkennbar unvollständig oder beschädigt, insbesondere undicht ist, sodass gefährliches Gut austritt oder austreten kann oder an der Außenseite mit Anhaftungen gefährlicher Rückstände versehen ist, zur Beförderung erst übergeben, wenn der Mangel beseitigt worden ist. Dies gilt auch für die Beförderung nach den Kapiteln 3.4 und 3.5 ADR[1]/RID/ADN;

---

[1] Nr. **535**.

3. hat dafür zu sorgen, dass ein Versandstück nach Teilentnahme des gefährlichen Gutes nur verladen wird, wenn die Verpackung den Anforderungen des Unterabschnitts 4.1.1.1 ADR/RID entspricht;
4. hat dafür zu sorgen, dass die Vorschriften über die leeren Verpackungen nach Unterabschnitt 4.1.1.11 in Verbindung mit Unterabschnitt 4.1.1.1 ADR/RID beachtet werden;
5. hat dafür zu sorgen, dass ein Warnkennzeichen nach den Absätzen 5.5.2.3.1 und 5.5.3.6.1 ADR/RID/ADN angebracht wird;
6. hat dafür zu sorgen, dass die Kennzeichnungsvorschriften nach den Abschnitten 3.4.13 bis 3.4.15 ADR/RID/ADN beachtet werden;
7. hat dafür zu sorgen, dass die Anzahl der Versandstücke nach Abschnitt 3.5.5 ADR/RID/ADN nicht überschritten wird, und
8. hat dafür zu sorgen, dass bei Verwendung von unverpacktem Trockeneis die Maßnahmen nach Unterabschnitt 5.5.3.5 ADR/RID/ADN ergriffen werden.

(2) Der Verlader im Straßenverkehr hat

1. den Fahrzeugführer auf das gefährliche Gut mit den Angaben nach Absatz 5.4.1.1.1 Buchstabe a bis d ADR sowie, wenn Güter auf der Straße befördert werden, die § 35 Absatz 4 Satz 1 oder § 35a Absatz 1 oder Absatz 4 Satz 1 unterliegen, auf deren Beachtung schriftlich oder elektronisch hinzuweisen. Bei der Beförderung nach den Kapiteln 3.4 und 3.5 ADR ist nur ein allgemeiner Hinweis auf das gefährliche Gut in begrenzten und freigestellten Mengen erforderlich;
2. dafür zu sorgen, dass die Vorschriften über die Trägerfahrzeuge von Tankcontainern, ortsbeweglichen Tanks und MEGC nach Abschnitt 7.4.1 ADR eingehalten werden;
3. dafür zu sorgen, dass die Vorschriften über die Gefahrzettel und Kennzeichen nach Unterabschnitt 5.1.3.1 in Verbindung mit Kapitel 5.2 ADR beachtet werden;
4. dafür zu sorgen, dass an Containern mit Versandstücken Großzettel (Placards) nach Unterabschnitt 5.3.1.2, die orangefarbenen Tafeln nach Absatz 5.3.2.1.4 und das Kennzeichen nach Abschnitt 5.3.6 ADR angebracht sind;
5. dafür zu sorgen, dass nur Container eingesetzt werden, die den technischen Anforderungen nach den Abschnitten 7.1.3 und 7.1.4 ADR entsprechen, und
6. dafür zu sorgen, dass bei Tankcontainern und MEGC die Vorschriften nach Absatz 4.3.2.3.2 und bei ortsbeweglichen Tanks nach Unterabschnitt 4.2.2.3, 4.2.3.3 oder 4.2.4.3 ADR beachtet werden.

(3) Der Verlader im Eisenbahnverkehr hat

1. dafür zu sorgen, dass die Vorschriften über die Gefahrzettel und Kennzeichen nach Unterabschnitt 5.1.3.1 in Verbindung mit Kapitel 5.2 RID beachtet werden;
2. dafür zu sorgen, dass
   a) an Großcontainern und Wagen mit Versandstücken, an Schüttgut-Containern sowie an Tragwagen Großzettel (Placards) nach den Unterabschnitten 5.3.1.2, 5.3.1.3 und 5.3.1.5 sowie im Huckepackverkehr nach Ab-

satz 1.1.4.4.4, Rangierzettel nach Abschnitt 5.3.4 sowie das Kennzeichen nach Abschnitt 5.3.6 RID,

b) an einem Wagen oder Container orangefarbene Tafeln nach Absatz 5.3.2.1.1 Satz 1 neunter Anstrich und Absatz 5.3.2.1.2 RID und

c) orangefarbene Tafeln an Tragwagen nach Absatz 5.3.2.1.5 sowie im Huckepackverkehr die Kennzeichen oder orangefarbenen Tafeln nach Absatz 1.1.4.4.4 RID

angebracht sind;

3. dafür zu sorgen, dass nur Container eingesetzt werden, die den technischen Anforderungen nach den Abschnitten 7.1.3 und 7.1.4 RID entsprechen;

4. dafür zu sorgen, dass beim Verladen gefährlicher Güter in oder auf Wagen oder in Container oder beim Verladen von Containern, Schüttgut-Containern, MEGC, Tankcontainern oder ortsbeweglichen Tanks auf einen Wagen die Vorschriften über

a) die Beförderung in Versandstücken nach Kapitel 7.2 RID und

b) die Beladung und Handhabung nach Kapitel 7.5 RID

beachtet werden, und

5. dafür zu sorgen, dass bei Tankcontainern und MEGC die Vorschriften nach Absatz 4.3.2.3.2 und bei ortsbeweglichen Tanks nach Unterabschnitt 4.2.2.3, 4.2.3.3 oder 4.2.4.3 RID beachtet werden.

(4) Der Verlader in der Binnenschifffahrt hat

1. den Schiffsführer auf das gefährliche Gut durch die Angaben nach Absatz 5.4.1.1.1 Buchstabe a bis d ADN hinzuweisen. Bei der Beförderung in begrenzten und freigestellten Mengen nach den Kapiteln 3.4 und 3.5 ADN ist nur ein allgemeiner Hinweis auf das gefährliche Gut erforderlich;

2. dafür zu sorgen, dass

a) an Containern, MEGC, Schüttgut-Containern, Tankcontainern und ortsbeweglichen Tanks Großzettel (Placards) nach Unterabschnitt 5.3.1.2 sowie das Kennzeichen nach Abschnitt 5.3.6 ADN,

b) an Trägerfahrzeugen, auf denen Container, MEGC, Schüttgut-Container, Tankcontainer oder ortsbewegliche Tanks befördert werden, Großzettel (Placards) nach Unterabschnitt 5.3.1.3 Satz 1 ADN,

c) an Fahrzeugen für die Beförderung in loser Schüttung, Tankfahrzeugen, Batterie-Fahrzeugen und Fahrzeugen mit Aufsetztanks Großzettel (Placards) nach Unterabschnitt 5.3.1.4 ADN,

d) an Fahrzeugen, in denen nur Versandstücke befördert werden, Großzettel (Placards) nach Unterabschnitt 5.3.1.5 ADN und

e) auch an ungereinigten und nicht entgasten leeren Tankfahrzeugen, Kesselwagen, Fahrzeugen mit Aufsetztanks, Wagen mit abnehmbaren Tanks, Batterie-Fahrzeugen, Batteriewagen, MEGC, MEMU, Tankcontainern und ortsbeweglichen Tanks sowie an ungereinigten leeren Fahrzeugen, Wagen und Containern für die Beförderung in loser Schüttung Großzettel (Placards) nach Absatz 5.3.1.6.1 ADN

angebracht sind;

3. dafür zu sorgen, dass die Vorschriften über das Laden, Befördern und die Handhabung nach Abschnitt 7.1.4 ADN beachtet werden, und

4. nach Absatz 1.4.3.1.1 Buchstabe f ADN sicherzustellen, dass beim Laden die landseitige Einrichtung mit einem oder zwei Evakuierungsmitteln ausgerüstet ist.

§ 22 Pflichten des Verpackers. (1) Der Verpacker im Straßen- und Eisenbahnverkehr sowie in der Binnenschifffahrt hat

1. die Vorschriften über das Verpacken, Umverpacken und die Kennzeichnung nach den Abschnitten 3.4.1 bis 3.4.11 ADR[1]/RID/ADN;
2. die Vorschriften über das Verpacken, Umverpacken und die Kennzeichnung nach den Abschnitten 3.5.1 bis 3.5.4 ADR/RID/ADN;
3. die Vorschriften über die Verwendung und Prüfung der Dichtheit nach dem Befüllen von Druckgefäßen, Verpackungen einschließlich IBC und Großverpackungen nach den Abschnitten 4.1.1 bis 4.1.9 und den Absätzen 6.2.6.3.2.1 und 6.2.6.3.2.2.2 ADR/RID sowie den anwendbaren Sondervorschriften in Kapitel 3.3 ADR/RID/ADN;
4. die Vorschriften über das Zusammenpacken nach
   a) Absatz 1.1.4.2.1 Buchstabe b ADR/RID, wenn eine See- oder Luftbeförderung eingeschlossen ist, und
   b) Abschnitt 4.1.10 ADR/RID;
5. die Vorschriften über die Kennzeichnung und Bezettelung
   a) von Versandstücken nach Absatz 1.1.4.2.1 Buchstabe a ADR/RID/ADN, wenn eine See- oder Luftbeförderung eingeschlossen ist, und
   b) von Versandstücken nach den Abschnitten 5.1.4, 5.1.5, 5.2.1, 5.2.2, nach Unterabschnitt 5.5.3.4 sowie nach den anwendbaren Sondervorschriften in Kapitel 3.3 ADR/RID/ADN

   zu beachten und
6. Versandstücke in den Umverpackungen zu sichern.

(2) Der Verpacker im Straßenverkehr hat die Vorschriften über

1. die Verwendung von Umverpackungen nach Abschnitt 5.1.2 ADR und
2. die Bezettelung von Umverpackungen, die radioaktive Stoffe enthalten, nach Absatz 5.2.2.1.11 ADR

zu beachten.

(3) Der Verpacker im Eisenbahnverkehr hat die Vorschriften über

1. die Verwendung von Umverpackungen nach Abschnitt 5.1.2 RID und
2. die Bezettelung von Umverpackungen, die radioaktive Stoffe enthalten, nach Absatz 5.2.2.1.11 RID

zu beachten.

§ 23 Pflichten des Befüllers. (1) Der Befüller im Straßen- und Eisenbahnverkehr sowie in der Binnenschifffahrt

1. darf gefährliche Güter dem Beförderer nur übergeben, wenn sie nach § 3 befördert werden dürfen;

[1] Nr. 535.

2. darf Tanks nach Unterabschnitt 4.3.3.6 Buchstabe a bis e und g ADR[1]/RID dem Beförderer nicht übergeben;
3. darf ortsbewegliche Tanks und UN-MEGC nach Unterabschnitt 4.2.1.1, Unterabschnitt 4.2.2.2 in Verbindung mit Absatz 4.2.2.7.1, Unterabschnitt 4.2.3.2 in Verbindung mit Absatz 4.2.3.6.1, Unterabschnitt 4.2.4.1 in Verbindung mit Absatz 4.2.4.5.1 ADR/RID nur mit den für diese Tanks zugelassenen gefährlichen Gütern befüllen, wenn das Datum der nächsten Prüfung nicht überschritten ist;
4. hat dafür zu sorgen, dass an ortsbeweglichen Tanks und UN-MEGC die Dichtheit der Verschlusseinrichtungen geprüft wird und die ortsbeweglichen Tanks nach Absatz 4.2.1.9.6 Buchstabe c und Unterabschnitt 4.2.2.8 Buchstabe b, Unterabschnitt 4.2.3.8 Buchstabe b und Unterabschnitt 4.2.4.6 Buchstabe a ADR/RID nicht befördert werden, wenn sie undicht sind;
5. darf Tanks, deren Datum der nächsten Prüfung nicht überschritten ist, mit den nach Absatz 4.3.2.1.5 zulässigen gefährlichen Gütern nur befüllen, wenn die Beförderung dieser gefährlichen Güter nach Absatz 4.3.2.1.1 ADR/RID in Tanks zulässig ist;
6. hat dafür zu sorgen, dass der höchstzulässige Füllungsgrad oder die höchstzulässige Masse der Füllung je Liter Fassungsraum oder die höchstzulässige Bruttomasse nach den Absätzen 4.2.1.9.1.1, 4.2.1.13.13, 4.2.2.7.2, 4.2.2.7.3, 4.2.3.6.2, 4.2.3.6.3, 4.2.3.6.4, 4.2.4.5.2 und 4.2.4.5.3, den anwendbaren Sondervorschriften in Unterabschnitt 4.2.5.3, den Vorschriften in Unterabschnitt 4.3.2.2, den Absätzen 4.3.3.2.3 und 4.3.3.2.5 oder den anwendbaren Sondervorschriften in Abschnitt 4.3.5 ADR/RID eingehalten wird;
7. hat dafür zu sorgen, dass bei Tanks nach dem Befüllen nach den anwendbaren Sondervorschriften in Kapitel 3.3 ADR/RID/ADN und den Vorschriften nach Absatz 4.2.4.5.5 die Dichtheit der Verschlüsse und der Ausrüstung geprüft wird oder nach Absatz 4.3.2.3.3 ADR/RID alle Verschlüsse in geschlossener Stellung sind und keine Undichtheit auftritt;
8. hat dafür zu sorgen, dass nach Absatz 4.2.1.9.6 Buchstabe b oder Absatz 4.3.2.3.5 ADR/RID an den Tanks außen keine gefährlichen Reste des Füllgutes anhaften;
9. hat dafür zu sorgen, dass nach Unterabschnitt 4.2.1.6 oder Absatz 4.3.2.3.6 ADR/RID Tanks nicht mit Stoffen, die gefährlich miteinander reagieren können, in unmittelbar nebeneinanderliegenden Tankabteilen oder -kammern befüllt werden;
10. hat dafür zu sorgen, dass Tanks, Batterie-Fahrzeuge, Batteriewagen und MEGC, deren Datum der nächsten Prüfung überschritten ist, nach Absatz 4.3.2.3.7 ADR/RID nicht befüllt und nicht zur Beförderung aufgegeben werden;
11. hat dafür zu sorgen, dass bei wechselweiser Verwendung von Tanks die Entleerungs-, Reinigungs- und Entgasungsmaßnahmen nach Absatz 4.3.3.3.1 ADR/RID durchgeführt werden;

[1] Nr. **535**.

12. hat dafür zu sorgen, dass an ortsbeweglichen Tanks die Bezeichnung des beförderten tiefgekühlt verflüssigten Gases nach Absatz 6.7.4.15.2 ADR/RID angegeben wird;
13. hat dafür zu sorgen, dass an festverbundenen Tanks, Aufsetztanks, Kesselwagen, Tankcontainern, MEGC, Batterie-Fahrzeugen und Batteriewagen die offizielle Benennung der beförderten Stoffe und Gase und bei Gasen, die einer n.a.g.-Eintragung zugeordnet sind, zusätzlich die technische Benennung nach den Absätzen 6.8.3.5.6, 6.8.3.5.11 und 6.8.3.5.12 und die Kennzeichen nach den anwendbaren Sondervorschriften in Abschnitt 6.8.4 Buchstabe e ADR/RID angegeben werden;
14. hat dafür zu sorgen, dass befüllte MEGC nach Maßgabe des Unterabschnitts 4.2.4.6 Buchstabe b bis d ADR/RID nicht zur Beförderung aufgegeben werden, und
15. darf Tanks nur befüllen, wenn sich die Tanks und ihre Ausrüstungsteile in einem technisch einwandfreien Zustand befinden.

(2) Der Befüller im Straßenverkehr

1. hat den Fahrzeugführer auf das gefährliche Gut mit den Angaben nach Absatz 5.4.1.1.1 Buchstabe a bis d ADR sowie, wenn Güter auf der Straße befördert werden, die § 35 Absatz 4 Satz 1 oder § 35a Absatz 1 oder Absatz 4 Satz 1 unterliegen, auf deren Beachtung schriftlich oder elektronisch hinzuweisen;
2. hat dem Fahrzeugführer die Nummern zur Kennzeichnung der Gefahr für die orangefarbenen Tafeln nach Abschnitt 5.3.2 ADR mitzuteilen;
3. hat dafür zu sorgen, dass an Tankcontainern, ortsbeweglichen Tanks, MEGC und Containern mit loser Schüttung
   a) Großzettel (Placards) nach Unterabschnitt 5.3.1.2 ADR,
   b) die orangefarbene Tafel nach Abschnitt 5.3.2 ADR,
   c) das Kennzeichen nach Abschnitt 5.3.3 ADR mit Ausnahme an MEGC und
   d) das Kennzeichen nach Abschnitt 5.3.6 ADR

   angebracht werden;
4. hat dafür zu sorgen, dass die Beladevorschriften nach Unterabschnitt 7.5.1.2 ADR beachtet werden;
5. hat das Rauchverbot nach den Abschnitten 7.5.9 und 8.3.5 ADR zu beachten;
6. hat dafür zu sorgen, dass die zusätzliche Vorschrift S2 Absatz 2 und 3 in Kapitel 8.5 ADR beachtet wird;
7. hat dafür zu sorgen, dass der Fahrzeugführer vor der erstmaligen Handhabung der Fülleinrichtung nach Anlage 2 Gliederungsnummer 3.2 Satz 1 eingewiesen wird;
8. hat dafür zu sorgen, dass die anwendbaren Sondervorschriften in Kapitel 3.3 und die Vorschriften nach Kapitel 7.3 ADR über die Beförderung in loser Schüttung beachtet werden;
9. hat dafür zu sorgen, dass bei Fahrzeugen, ortsbeweglichen Tanks oder Tankcontainern die Maßnahmen zur Vermeidung elektrostatischer Aufladungen nach Abschnitt 7.5.10 ADR durchgeführt werden;

10. darf Tanks nach Absatz 4.3.2.1.1 nur mit den nach Absatz 4.3.2.1.5 zugelassenen gefährlichen Gütern befüllen, wenn bei den verwendeten Fahrzeugen das Gültigkeitsdatum der ADR-Zulassungsbescheinigung nach Unterabschnitt 9.1.3.4 ADR nicht überschritten ist;
11. hat sich zu vergewissern, dass die Vorschriften für die Beförderung in Tanks nach Abschnitt 7.4.1 ADR eingehalten sind, und
12. hat dafür zu sorgen, dass die Verwendungsvorschriften für flexible Schüttgut-Container nach Unterabschnitt 7.3.2.10 ADR eingehalten werden.

(3) Der Befüller im Eisenbahnverkehr hat

1. dafür zu sorgen, dass vor und nach dem Befüllen von Flüssiggaskesselwagen die Kontrollvorschriften nach den Absätzen 4.3.3.4.1 und 4.3.3.4.3 RID beachtet werden;
2. dafür zu sorgen, dass
   a) Großzettel (Placards) nach den Unterabschnitten 5.3.1.2 und 5.3.1.4 RID,
   b) Rangierzettel nach Unterabschnitt 5.3.4.1 RID,
   c) die orangefarbene Tafel nach Absatz 5.3.2.1.1 Satz 1 und Absatz 5.3.2.1.2 RID,
   d) das Kennzeichen nach Abschnitt 5.3.3 RID und
   e) das Kennzeichen nach Abschnitt 5.3.6 RID

   angebracht werden;
3. dafür zu sorgen, dass die Vorschriften über die Beförderung in loser Schüttung nach Kapitel 7.3 RID beachtet werden;
4. dafür zu sorgen, dass die Beladevorschriften nach den Unterabschnitten 7.5.1.1 und 7.5.1.2 RID beachtet werden;
5. nach Kapitel 3.3 Sondervorschrift 665 Satz 1 Buchstabe b Satz 2 RID sicherzustellen und zu dokumentieren, dass die maximal zulässige Temperatur der Ladung während oder unmittelbar nach dem Befüllen nicht überschritten wird, und
6. dafür zu sorgen, dass die Verwendungsvorschriften für flexible Schüttgut-Container nach Unterabschnitt 7.3.2.10 RID eingehalten werden.

(4) Der Befüller in der Binnenschifffahrt hat

1. den Schiffsführer auf das gefährliche Gut mit den Angaben nach Absatz 5.4.1.1.1 Satz 1 Buchstabe a bis d und Absatz 5.4.1.1.2 Satz 1 Buchstabe a bis d ADN hinzuweisen;
2. dafür zu sorgen, dass an Tankcontainern, ortsbeweglichen Tanks, MEGC und Containern mit gefährlichen Gütern in loser Schüttung
   a) die Großzettel (Placards) nach Unterabschnitt 5.3.1.2 ADN,
   b) die orangefarbene Tafel nach Unterabschnitt 5.3.2.1 ADN,
   c) das Kennzeichen nach Abschnitt 5.3.3 ADN mit Ausnahme an MEGC und
   d) das Kennzeichen nach Abschnitt 5.3.6 ADN

   angebracht werden;

3. dafür zu sorgen, dass ein Tankschiff nur mit den gefährlichen Gütern gemäß der Schiffsstoffliste nach Absatz 1.16.1.2.5 befüllt wird und das Datum nach Absatz 1.16.1.2.1 Satz 3 ADN im Zulassungszeugnis für das Tankschiff nicht überschritten ist;
4. nach Unterabschnitt 1.4.3.3 Buchstabe q und x ADN sicherzustellen, dass beim Laden die landseitige Einrichtung mit einem oder zwei Evakuierungsmitteln ausgerüstet ist;
5. nach Unterabschnitt 1.4.3.3 Buchstabe v, wenn die Sondervorschrift 803 in Abschnitt 3.3.1 ADN Anwendung findet, sicherzustellen und zu dokumentieren, dass die maximal zulässige Temperatur beim Verladen nicht überschritten wird, und dem Schiffsführer die in der Sondervorschrift 803 Buchstabe d genannten Instruktionen zu erteilen;
6. nach Unterabschnitt 1.4.3.3 Buchstabe u ADN sicherzustellen, dass für die gesamte Dauer des Befüllens eine ständige und zweckmäßige Überwachung gewährleistet ist;
7. nach Unterabschnitt 1.4.3.3 Buchstabe m vor dem Befüllen der Ladetanks eines Tankschiffes seinen Teil der Prüfliste nach Unterabschnitt 7.2.4.10 ADN auszufüllen;
8. nach Unterabschnitt 1.4.3.3 Buchstabe r sicherzustellen, dass in der Gasrückfuhrleitung, wenn diese nach Absatz 7.2.4.25.5 ADN erforderlich ist, eine Flammendurchschlagsicherung vorhanden ist, die das Schiff gegen Detonation und Flammendurchschlag von Land aus schützt, und
9. sicherzustellen, dass die Laderate mit der an Bord mitzuführenden Instruktion für die Lade- und Löschraten nach Absatz 9.3.2.25.9 oder 9.3.3.25.9 ADN übereinstimmt und der Druck an der Übergabestelle der Gasabfuhr- und Gasrückfuhrleitung den Öffnungsdruck des Hochgeschwindigkeitsventils nicht übersteigt.

§ 23a Pflichten des Entladers. (1) Der Entlader im Straßen- und Eisenbahnverkehr sowie in der Binnenschifffahrt hat

1. sich nach Absatz 1.4.3.7.1 ADR/RID/ADN durch einen Vergleich der entsprechenden Informationen im Beförderungspapier mit den Informationen auf dem Versandstück, Container, Tank, MEMU, MEGC, Fahrzeug, Wagen oder Beförderungsmittel zu vergewissern, dass die richtigen Güter ausgeladen werden;
2. nach Absatz 1.4.3.7.1 ADR/RID/ADN vor und während der Entladung zu prüfen, ob die Verpackungen, der Tank, das Fahrzeug, der Wagen, das Beförderungsmittel oder der Container so stark beschädigt worden sind, dass eine Gefahr für den Entladevorgang entsteht; in diesem Fall hat er sich zu vergewissern, dass die Entladung erst durchgeführt wird, wenn geeignete Maßnahmen zur Abwehr einer Gefahr ergriffen worden sind;
3. nach Absatz 1.4.3.7.1 ADR/RID/ADN unmittelbar nach der Entladung des Tanks, Fahrzeugs, Wagens, Beförderungsmittels oder Containers
   a) gefährliche Rückstände zu entfernen, die nach dem Entladevorgang an der Außenseite des Tanks, Fahrzeugs, Wagens, Beförderungsmittels oder Containers anhaften, und

b) den Verschluss der Ventile und der Besichtigungsöffnungen sicherzustellen;

4. nach Absatz 1.4.3.7.1 ADR/RID/ADN sicherzustellen, dass die vorgeschriebene Reinigung und Entgiftung von Fahrzeugen, Wagen, Beförderungsmitteln oder Containern vorgenommen wird;
5. nach Absatz 1.4.3.7.1 ADR/RID/ADN dafür zu sorgen, dass bei vollständig entladenen, gereinigten, entgasten und entgifteten Fahrzeugen, Wagen, Beförderungsmitteln, Containern, MEGC, MEMU, Tankcontainern und ortsbeweglichen Tanks keine Großzettel (Placards), keine Kennzeichen und keine orangefarbenen Tafeln gemäß den Kapiteln 3.4 und 5.3 ADR/RID/ADN mehr sichtbar sind, und
6. das Warnkennzeichen nach Absatz 5.5.2.3.4 ADR/RID/ADN nach der Belüftung und Entladung von begasten Güterbeförderungseinheiten zu entfernen.

(2) Der Entlader im Straßenverkehr hat dafür zu sorgen, dass

1. bei Fahrzeugen, ortsbeweglichen Tanks oder Tankcontainern die Maßnahmen zur Vermeidung elektrostatischer Aufladungen nach Abschnitt 7.5.10 ADR[1] durchgeführt werden;
2. die zusätzliche Vorschrift S2 Absatz 2 und 3 in Kapitel 8.5 ADR beachtet wird;
3. der Fahrzeugführer vor der erstmaligen Handhabung der Entleerungseinrichtung nach Anlage 2 Gliederungsnummer 3.2 Satz 2 in Verbindung mit Satz 1 eingewiesen wird, und
4. die Entladevorschriften nach Unterabschnitt 7.5.1.3 ADR beachtet werden.

(3) Der Entlader im Eisenbahnverkehr hat dafür zu sorgen, dass die Entladevorschriften nach Unterabschnitt 7.5.1.3 RID beachtet werden.

(4) Der Entlader in der Binnenschifffahrt hat

1. nach Absatz 1.4.3.7.1 Buchstabe g ADN sicherzustellen, dass beim Entladen die landseitige Einrichtung mit einem oder zwei Evakuierungsmitteln ausgerüstet ist, und
2. nach Absatz 1.4.3.7.1 ADN betreffend das Entladen von Ladetanks
   a) vor dem Entladen der Ladetanks eines Tankschiffes seinen Teil der Prüfliste nach Unterabschnitt 7.2.4.10 ADN auszufüllen;
   b) sicherzustellen, dass in der Gasrückfuhrleitung, wenn es erforderlich ist, sie an die Gasabfuhrleitung anzuschließen, und nach Unterabschnitt 3.2.3.2 Tabelle C Spalte 17 ADN Explosionsschutz erforderlich ist, eine Flammendurchschlagsicherung vorhanden ist, die das Schiff gegen Detonation und Flammendurchschlag von Land aus schützt;
   c) sicherzustellen, dass die Löschrate mit der an Bord mitzuführenden Instruktion für die Lade- und Löschraten nach Absatz 9.3.2.25.9 oder 9.3.3.25.9 ADN übereinstimmt und der Druck an der Übergabestelle der Gasabfuhr- und Gasrückfuhrleitung den Öffnungsdruck des Hochgeschwindigkeitsventils nicht übersteigt;

---

[1] Nr. **535**.

d) sicherzustellen, dass die von ihm zur Verfügung gestellten Dichtungen zwischen den Verbindungsflanschen der Schiff-Land-Verbindung der Lade- und Löschleitungen aus Werkstoffen bestehen, die weder durch die Ladung angegriffen werden noch eine Zersetzung der Ladung oder eine schädliche oder gefährliche Reaktion mit der Ladung verursachen können;

e) sicherzustellen, dass für die gesamte Dauer des Löschens eine ständige und zweckmäßige Überwachung gewährleistet ist, und

f) sicherzustellen, dass beim Löschen mit der bordeigenen Löschpumpe diese von der Landanlage aus abgeschaltet werden kann.

§ 24 Pflichten des Betreibers eines Tankcontainers, ortsbeweglichen Tanks, MEGC, Schüttgut-Containers oder MEMU. Der Betreiber eines Tankcontainers, ortsbeweglichen Tanks, MEGC, Schüttgut-Containers oder MEMU im Straßen- und Eisenbahnverkehr sowie in der Binnenschifffahrt hat dafür zu sorgen, dass

1. Tankcontainer, ortsbewegliche Tanks, MEGC, Schüttgut-Container und flexible Schüttgut-Container auch zwischen den Prüfterminen den Bau-, Ausrüstungs- und Kennzeichnungsvorschriften nach den Abschnitten 6.7.2, 6.7.3, 6.7.4, 6.7.5, den Unterabschnitten 6.8.2.1, 6.8.2.2, 6.8.2.5, 6.8.3.1, 6.8.3.2, 6.8.3.5 und den anwendbaren Sondervorschriften in Abschnitt 6.8.4 Buchstabe e, den Abschnitten 6.9.2, 6.9.3, 6.9.6, den Unterabschnitten 6.11.3.1, 6.11.3.2 und 6.11.3.4 und den Abschnitten 6.11.4 und 6.11.5 ADR/RID entsprechen, mit Ausnahme der durch den Befüller anzugebenden beförderten Stoffe und Gase;
2. nach Maßgabe der Absätze 6.7.2.19.7, 6.7.2.19.11, 6.7.3.15.7, 6.7.4.14.7, 6.7.4.14.12, 6.8.2.4.4, 6.8.3.4.14 und des Unterabschnitts 6.9.5.2 ADR/RID eine außerordentliche Prüfung durchgeführt wird;
3. nur Tankcontainer, ortsbewegliche Tanks oder MEGC verwendet werden, deren Dicke der Tankwände den in Absatz 4.3.2.3.1, den Unterabschnitten 6.7.2.4, 6.7.3.4, 6.7.4.4 und den Absätzen 6.8.2.1.17 bis 6.8.2.1.20 ADR/RID genannten Anforderungen entspricht;
4. MEGC nach Absatz 4.2.4.5.6 ADR/RID nicht zur Befüllung übergeben werden;
5. an ortsbeweglichen Tanks die Druckentlastungseinrichtungen nach Absatz 4.2.1.17.1 ADR/RID geprüft werden;
6. für Tankcontainer und MEGC die Tankakte nach Absatz 4.3.2.1.7 ADR/RID geführt, aufbewahrt, an einen neuen Eigentümer oder Betreiber übergeben, auf Anforderung zuständigen Behörden vorgelegt und dem Sachverständigen zur Verfügung gestellt wird, und
7. die MEMU nach Absatz 6.12.3.2.6 ADR untersucht und geprüft werden.

§ 25 Pflichten des Herstellers, Wiederaufarbeiters und Rekonditionierers von Verpackungen, des Herstellers und Wiederaufarbeiters von IBC und der Stellen für Inspektionen und Prüfungen von IBC.

(1) Der Hersteller oder Wiederaufarbeiter im Straßen- und Eisenbahnverkehr sowie in der Binnenschifffahrt

1. darf an serienmäßig oder einzeln hergestellten Verpackungen, Gefäßen, IBC und Großverpackungen die Kennzeichen nach Abschnitt 6.1.3, den Unterabschnitten 6.2.2.7, 6.2.2.8, 6.2.3.9, 6.2.3.10, den Abschnitten 6.3.4, 6.5.2 und 6.6.3 ADR[1]/RID nur anbringen, sofern diese der zugelassenen Bauart entsprechen und die in der Zulassung genannten Nebenbestimmungen erfüllt sind;
2. muss die ausstellende zuständige Behörde über Änderungen des zugelassenen Baumusters nach Absatz 6.2.2.5.4.10 Buchstabe a ADR/RID in Kenntnis setzen;
3. hat dem Verpacker die Anweisungen für das Befüllen und Verschließen der Versandstücke nach Unterabschnitt 4.1.4.1 Verpackungsanweisung P 650 Absatz 12 ADR/RID zu liefern und
4. muss nach Absatz 6.2.3.11.3 ADR/RID dem Eigentümer eines Bergungsdruckgefäßes eine Kopie der Zulassungsbescheinigung zur Verfügung stellen.

(2) Der Rekonditionierer im Straßen- und Eisenbahnverkehr sowie in der Binnenschifffahrt darf an rekonditionierten Verpackungen die Kennzeichen nach Abschnitt 6.1.3 nur anbringen, sofern die Verpackungen in Übereinstimmung mit dem anerkannten Qualitätssicherungsprogramm nach Unterabschnitt 6.1.1.4 ADR/RID rekonditioniert wurden und die im Anerkennungsbescheid genannten Nebenbestimmungen erfüllt sind.

(3) Die Stelle, die Inspektionen und Prüfungen von IBC nach Absatz 6.5.4.4.1, 6.5.4.4.2 oder 6.5.4.5.2 im Straßen- und Eisenbahnverkehr sowie in der Binnenschifffahrt durchführt, darf an IBC die Kennzeichen nach den Absätzen 6.5.2.2.1 und 6.5.4.5.3 ADR/RID nur anbringen, sofern die im Anerkennungsbescheid dieser Stelle genannten Nebenbestimmungen eingehalten werden.

§ 26 Sonstige Pflichten. (1) Wer ungereinigte und nicht entgaste leere Tanks zur Beförderung übergibt, versendet oder selbst befördert, hat dafür zu sorgen, dass

1. nach Absatz 4.3.2.4.1 ADR[1]/RID den Tanks außen keine gefährlichen Reste des Füllgutes anhaften;
2. nach Absatz 4.3.2.4.2 und Unterabschnitt 4.2.1.5 ADR/RID ungereinigte leere und nicht entgaste Tanks ebenso verschlossen und dicht sind wie im gefüllten Zustand, und
3. die nach Unterabschnitt 5.3.1.6 und den Abschnitten 5.3.2, 5.3.4 und 5.3.6 RID vorgeschriebenen Großzettel (Placards) und Kennzeichen angebracht sind.

(2) Wenn eine Sichtprüfung bei Tanks nach Absatz 1 Nummer 2 ergibt, dass keine offensichtlichen Undichtigkeiten vorliegen, kann davon ausgegangen werden, dass beim vorherigen Entleerungsvorgang nicht betätigte Füll- und Entleerungseinrichtungen unverändert dicht sind.

(3) Der Hersteller von Gegenständen der UN 3164, für die Kapitel 3.3 Sondervorschrift 371 ADR/RID/ADN einschlägig ist, muss vor der Aufgabe zur Beförderung nach Absatz 2 Satz 1 dieser Sondervorschrift eine technische

[1] Nr. **535**.

Dokumentation über die Bauart, die Herstellung sowie die Prüfungen und deren Ergebnisse anfertigen.

(4) Der Verlader, Befüller, Beförderer im Straßen- und Eisenbahnverkehr, der Betreiber eines Containers und Fahrzeugführer im Straßenverkehr sowie der Betreiber eines Wagens oder Großcontainers im Eisenbahnverkehr haben bei der Beförderung erwärmter flüssiger und fester Stoffe der UN-Nummern 3257 und 3258 nach Abschnitt 7.3.3 Sondervorschrift VC 3 ADR/RID die Vorschriften nach § 36b zu beachten.

(5) Der Betreiber einer Annahmestelle für Gase und Dämpfe aus leeren oder entladenen Ladetanks und Lade- und Löschleitungen eines Tankschiffs hat

1. dafür zu sorgen, dass sein Personal nach Unterabschnitt 1.3.2.2 ADN unterwiesen wird,
2. nach Absatz 1.4.3.8.1 Buchstabe a vor dem Entgasen von leeren oder entladenen Ladetanks und Lade- und Löschleitungen eines Tankschiffs an einer Annahmestelle seinen Teil der Prüfliste nach Absatz 7.2.3.7.2.2 Satz 2 ADN auszufüllen und
3. nach Absatz 1.4.3.8.1 Buchstabe b sicherzustellen, dass, soweit gemäß Absatz 7.2.3.7.2.3 ADN erforderlich, in der Leitung der Annahmestelle, die an das zu entgasende Schiff angeschlossen ist, eine Flammendurchschlagsicherung vorhanden ist, welche das Schiff gegen Detonation und Flammendurchschlag von der Annahmestelle aus schützt.

§ 27 Pflichten mehrerer Beteiligter im Straßen- und Eisenbahnverkehr sowie in der Binnenschifffahrt. (1) Der Verlader, Befüller, Beförderer, Empfänger im Straßen- und Eisenbahnverkehr sowie in der Binnenschifffahrt, der Eisenbahninfrastrukturunternehmer im Eisenbahnverkehr und der Betreiber einer Annahmestelle in der Binnenschifffahrt haben dafür zu sorgen, dass nach Unterabschnitt 1.8.5.1 ADR[1]/RID/ADN die Vorlage eines Berichts spätestens einen Monat nach dem Ereignis

1. im Straßenverkehr an das Bundesamt für Güterverkehr,
2. im Eisenbahnverkehr an das Eisenbahn-Bundesamt und
3. in der Binnenschifffahrt an die Generaldirektion Wasserstraßen und Schifffahrt

erfolgt.

(2) Der Beförderer, Absender und Empfänger im Straßen- und Eisenbahnverkehr sowie in der Binnenschifffahrt müssen nach Unterabschnitt 1.7.6.1 Buchstabe b ADR/RID/ADN bei Nichteinhaltung eines Grenzwertes für die Dosisleistung oder Kontamination die Nichteinhaltung und ihre Ursachen, Umstände und Folgen untersuchen und geeignete Maßnahmen ergreifen, um diese abzustellen und ein erneutes Auftreten ähnlicher Umstände, die zu der Nichteinhaltung geführt haben, zu verhindern, und haben dafür zu sorgen, dass

1. im Straßenverkehr die nach Landesrecht zuständige Behörde,
2. im Eisenbahnverkehr im Bereich der Eisenbahnen des Bundes das Eisenbahn-Bundesamt und im Bereich der nichtbundeseigenen Eisenbahnen die nach Landesrecht zuständige Behörde und

[1] Nr. **535**.

3. in der Binnenschifffahrt die zuständige Behörde nach § 16 Absatz 6 Satz 1 Nummer 5

informiert wird.

(3) Die an der Beförderung gefährlicher Güter im Straßen- und Eisenbahnverkehr sowie in der Binnenschifffahrt Beteiligten haben entsprechend ihren Verantwortlichkeiten

1. die Vorschriften über die Sicherung nach Kapitel 1.10 zu beachten und insbesondere die in Unterabschnitt 1.10.1.3 ADR/RID/ADN genannten Bereiche, Plätze, Fahrzeugdepots, Liegeplätze und Rangierbahnhöfe ordnungsgemäß zu sichern, gut zu beleuchten und, soweit möglich und angemessen, für die Öffentlichkeit unzugänglich zu gestalten und
2. dafür zu sorgen, dass
   a) die Unterweisung im Bereich der Sicherung nach Unterabschnitt 1.10.2.3 ADR/RID/ADN erfolgt, und
   b) die Aufzeichnungen über die Unterweisung des Arbeitnehmers nach Unterabschnitt 1.10.2.4 ADR/RID/ADN fünf Jahre ab ihrer Fertigung aufbewahrt werden.

(4) [1] Die an der Beförderung gefährlicher Güter mit hohem Gefahrenpotenzial im Straßen- und Eisenbahnverkehr sowie in der Binnenschifffahrt beteiligten Auftraggeber des Absenders, Absender, Verpacker, Verlader, Befüller, Beförderer, Entlader und Empfänger müssen Sicherungspläne nach Absatz 1.10.3.2.1, die mindestens den Anforderungen des Absatzes 1.10.3.2.2 ADR/RID/ADN entsprechen, einführen und anwenden. [2] Dies gilt nicht für Auftraggeber des Absenders oder Empfänger, die als Privatpersonen beteiligt sind.

(4a) [1] Die nach Absatz 4 an der Beförderung gefährlicher Güter mit hohem Gefahrenpotenzial im Straßen- und Eisenbahnverkehr sowie in der Binnenschifffahrt Beteiligten haben dafür zu sorgen, dass der zuständigen Polizeibehörde unverzüglich mitgeteilt wird, wenn ihnen Fahrzeuge, Wagen, Beförderungsmittel oder Container mit gefährlichen Gütern mit hohem Gefahrenpotenzial oder diese Güter selbst abhandenkommen. [2] Gleiches gilt im Falle des Wiederauffindens. [3] Beim Abhandenkommen von in Tabelle 1.10.3.1.2 aufgelisteten explosiven Stoffen und Gegenständen mit Explosivstoff und in den Absätzen 1.10.3.1.3 bis 1.10.3.1.5 ADR/RID/ADN genannten radioaktiven Stoffen ist eine gesonderte Mitteilung nach Satz 1 nur erforderlich, sofern die zuständige Polizeibehörde nicht bereits in die entsprechende Meldung nach § 26 Absatz 1 des Sprengstoffgesetzes oder nach § 167 Absatz 1 Satz 1 und 2 der Strahlenschutzverordnung einbezogen worden ist. [4] Die Polizeibehörde, die eine Meldung nach den Sätzen 1 bis 3 entgegennimmt, unterrichtet hierüber unverzüglich das Bundeskriminalamt (BKA) sowie das Bundesamt für Bevölkerungsschutz und Katastrophenhilfe (BBK).

(5) Die Beteiligten im Straßen- und Eisenbahnverkehr sowie in der Binnenschifffahrt haben dafür zu sorgen, dass

1. die Unterweisung von Personen, die an der Beförderung gefährlicher Güter beteiligt sind, nach Kapitel 1.3 ADR/RID/ADN erfolgt, mit Ausnahme des Fahrzeugführers im Straßenverkehr, der eine Bescheinigung über die Fahrzeugführerschulung nach Unterabschnitt 8.2.2.8 ADR besitzt, und
2. die Aufzeichnungen über die Unterweisung des Arbeitnehmers nach Abschnitt 1.3.3 ADR/RID/ADN fünf Jahre ab ihrer Fertigung aufbewahrt werden.

(6) Die Beteiligten im Straßen- und Eisenbahnverkehr sowie in der Binnenschifffahrt haben dafür zu sorgen, dass

1. die mit der Handhabung von begasten Güterbeförderungseinheiten befassten Personen nach Unterabschnitt 5.5.2.2 ADR/RID/ADN, und
2. die mit der Handhabung oder Beförderung von gekühlten oder konditionierten Fahrzeugen, Wagen oder Containern befassten Personen nach Absatz 5.5.3.2.4 ADR/RID/ADN

unterwiesen sind.

(7) Der Beförderer und der Schiffsführer in der Binnenschifffahrt haben nach Absatz 1.4.2.2.1 Buchstabe f ADN sicherzustellen, dass an Bord des Schiffes in den explosionsgefährdeten Bereichen nur elektrische und nichtelektrische Anlagen und Geräte verwendet werden, die mindestens die Anforderungen für den Einsatz in der jeweiligen Zone erfüllen.

§ 28 Pflichten des Fahrzeugführers im Straßenverkehr. Der Fahrzeugführer im Straßenverkehr hat

1. kein Versandstück zu befördern, dessen Verpackung erkennbar unvollständig oder beschädigt, insbesondere undicht ist, sodass gefährliches Gut austritt oder austreten kann;
2. die Beförderungsbe- oder -einschränkungen nach Abschnitt 8.6.4 ADR[1] zu beachten;
3. wenn er das Tankfahrzeug, den Aufsetztank, den Tankwechselbehälter oder das Batterie-Fahrzeug selbst befüllt, den vom Befüller angegebenen höchstzulässigen Füllungsgrad oder die höchstzulässige Masse der Füllung je Liter Fassungsraum und die zulässige Befülltemperatur nach Unterabschnitt 4.3.2.2, den Absätzen 4.3.3.2.3 und 4.3.3.2.5 oder den anwendbaren Sondervorschriften in Abschnitt 4.3.5 ADR einzuhalten; er hat bei flüssigen Stoffen mit Ausnahme bei Gasen einen Füllungsgrad von höchstens 85 Prozent einzuhalten, wenn der Befüller den höchstzulässigen Füllungsgrad nicht angeben und dieser nicht einer anwendbaren Sondervorschrift entnommen werden kann;
4. die Vorschriften über
   a) den Betrieb von Tanks nach Unterabschnitt 4.3.2.3, mit Ausnahme der Absätze 4.3.2.3.1, 4.3.2.3.2, 4.3.2.3.3 Satz 4 und 5, 4.3.2.3.6 und 4.3.2.3.7, und Unterabschnitt 4.3.2.4, den Absätzen 4.3.3.3.2 und 4.3.3.3.3 und Abschnitt 4.3.5 Sondervorschrift TU 13 und TU 14 ADR und
   b) die ihn betreffenden zusätzlichen Vorschriften nach Kapitel 8.5 ADR

   zu beachten;
5. wenn er den Tank, das Batterie-Fahrzeug oder den MEGC selbst befüllt, nach dem Befüllen die Dichtheit der Verschlusseinrichtungen nach Absatz 4.3.2.3.3 Satz 4 und 5 ADR zu prüfen;
6. die Großzettel (Placards) nach den Unterabschnitten 5.3.1.3 bis 5.3.1.6 anzubringen und an Fahrzeugen nach Absatz 5.3.1.1.6 ADR zu entfernen oder abzudecken;

[1] Nr. **535**.

7. an Beförderungseinheiten und Fahrzeugen die Kennzeichen nach Abschnitt 3.4.15, die orangefarbenen Tafeln nach Abschnitt 5.3.2 und das Kennzeichen nach den Abschnitten 5.3.3 und 5.3.6 anzubringen oder sichtbar zu machen, die Kennzeichen nach Abschnitt 3.4.15 und die Tafeln nach Absatz 5.3.2.1.8 zu entfernen oder zu verdecken und das Kennzeichen nach den Abschnitten 5.3.3 und 5.3.6 ADR zu entfernen;
8. die in den schriftlichen Weisungen nach Unterabschnitt 5.4.3.4 ADR vorgeschriebenen Maßnahmen zu treffen;
9. sich zu vergewissern, dass ein Warnkennzeichen nach den Absätzen 5.5.2.3.1 und 5.5.3.6.1 ADR am Fahrzeug, Container oder Tank angebracht ist;
10. während der Beförderung
    a) die Begleitpapiere nach den Unterabschnitten 8.1.2.1 und 8.1.2.2 Buchstabe a und c sowie bei innerstaatlichen Beförderungen in Aufsetztanks die Bescheinigung über die Prüfung des Aufsetztanks nach Absatz 6.8.2.4.5, sofern die Übergangsvorschrift nach Unterabschnitt 1.6.3.41 ADR in Anspruch genommen wird,
    b) die Bescheinigung über die Fahrzeugführerschulung nach Unterabschnitt 8.2.2.8 ADR,
    c) die Feuerlöschgeräte nach den Unterabschnitten 8.1.4.1, 8.1.4.2 und 8.1.4.4 Satz 1 ADR,
    d) die Ausrüstungsgegenstände nach Abschnitt 8.1.5 ADR und
    e) die Ausnahmezulassung nach § 5 Absatz 1 Nummer 1, Absatz 6 und 7

    mitzuführen und zuständigen Personen auf Verlangen zur Prüfung auszuhändigen;
11. die Vorschriften über die Überwachung der Fahrzeuge nach Kapitel 8.4 in Verbindung mit Kapitel 8.5 ADR sowie bei innerstaatlichen Beförderungen auch nach Anlage 2 Gliederungsnummer 3.3 zu beachten;
12. nach Absatz 4.2.1.9.6 Buchstabe b oder Absatz 4.3.2.3.5 ADR außen am Tank anhaftende gefährliche Reste des Füllgutes zu entfernen oder entfernen zu lassen, wenn er das Tankfahrzeug, den Aufsetztank, das Batterie-Fahrzeug, den Tankcontainer, den ortsbeweglichen Tank oder den MEGC selbst befüllt;
13. während der Teilnahme am Straßenverkehr mit kennzeichnungspflichtigen Beförderungseinheiten die Einnahme von alkoholischen Getränken zu unterlassen und die Fahrt mit diesen Gütern nicht anzutreten, wenn er unter der Wirkung solcher Getränke mit einer Wirkung bis 0,249 mg/l AAK oder 0,49 Promille BAK steht;
14. sicherzustellen, dass die Verbindungsleitungen und die Füll- und Entleerrohre nach Absatz 4.3.4.2.2 ADR während der Beförderung entleert sind;
15. wenn er den Tank selbst befüllt oder entleert, das Fahrzeug, den ortsbeweglichen Tank oder den Tankcontainer vor und während des Befüllens oder Entleerens mit den in Abschnitt 7.5.10 ADR genannten Stoffen zur Vermeidung elektrostatischer Aufladungen zu erden und
16. die Vorschriften nach Kapitel 8.3 ADR zu beachten.

§ 29 Pflichten mehrerer Beteiligter im Straßenverkehr. (1) Der Verlader und der Fahrzeugführer im Straßenverkehr haben die Vorschriften über die Beladung und die Handhabung nach den Unterabschnitten 7.5.1.2, 7.5.1.4 und 7.5.1.5 und den Abschnitten 7.5.2, 7.5.5, 7.5.7, 7.5.8 und 7.5.11 ADR[1] zu beachten.

(2) Der Verlader, Beförderer, Fahrzeugführer, Entlader und Empfänger im Straßenverkehr haben die Vorschriften

1. über das Verbot der direkten Sonneneinstrahlung, der Einwirkung von Wärmequellen und die Vorschrift zum Abstellen an ausreichend belüfteten Stellen nach Abschnitt 3.3.1 Sondervorschrift 314 Buchstabe b ADR;
2. über die Beförderung in Versandstücken nach Kapitel 7.2 ADR;
3. über das Rauchverbot nach Abschnitt 7.5.9 in Verbindung mit Abschnitt 8.3.5 ADR und
4. über das Rauchverbot sowie Verbot von Feuer und offenem Licht nach Kapitel 8.5 zusätzliche Vorschrift S1 Absatz 3 ADR und bei innerstaatlichen Beförderungen nach der Anlage 2 Gliederungsnummer 3.1

zu beachten.

(3) Der Verlader, Fahrzeugführer und Entlader im Straßenverkehr haben die Vorschriften nach Abschnitt 7.5.4 ADR über Vorsichtsmaßnahmen bei Nahrungs-, Genuss- und Futtermitteln zu beachten.

(4) Der Verlader, Beförderer und Fahrzeugführer im Straßenverkehr haben die Vorschriften

1. über die Verladung in offene oder belüftete Fahrzeuge oder in offene oder belüftete Container oder über das Anbringen des Kennzeichens nach Abschnitt 7.5.11 Sondervorschrift CV36 ADR und
2. über die Beförderung von Nebenprodukten der Aluminiumherstellung oder Aluminiumumschmelzung nach Abschnitt 7.5.11 Sondervorschrift CV37 ADR

zu beachten.

§ 30 Pflichten des Betreibers eines Kesselwagens, abnehmbaren Tanks und Batteriewagens im Eisenbahnverkehr. Der Betreiber eines Kesselwagens, abnehmbaren Tanks und Batteriewagens im Eisenbahnverkehr hat dafür zu sorgen, dass

1. nur Kesselwagen, abnehmbare Tanks und Batteriewagen verwendet werden, deren Dicke der Tankwände den Vorschriften nach Absatz 4.3.2.3.1 in Verbindung mit den Absätzen 6.8.2.1.3 und 6.8.2.1.17 bis 6.8.2.1.20 und den anwendbaren Sondervorschriften in Abschnitt 6.8.4 RID entspricht;
2. Kesselwagen, abnehmbare Tanks und Batteriewagen auch zwischen den Prüfterminen den Bau-, Ausrüstungs- und Kennzeichnungsvorschriften nach den Unterabschnitten 6.8.2.1, 6.8.2.2, 6.8.2.5, 6.8.3.1, 6.8.3.2 und 6.8.3.5 und den anwendbaren Sondervorschriften in Abschnitt 6.8.4 RID entsprechen, mit Ausnahme der durch den Befüller anzugebenden beförderten Stoffe und Gase;

---

[1] Nr. **535**.

3. in den Fällen nach den Absätzen 6.8.2.4.4 und 6.8.3.4.14 RID eine außerordentliche Prüfung der Kesselwagen, abnehmbaren Tanks und Batteriewagen durchgeführt wird, wenn die Sicherheit des Tanks oder seiner Ausrüstung beeinträchtigt sein könnte;
4. für Kesselwagen, abnehmbare Tanks und Batteriewagen die Tankakte nach Absatz 4.3.2.1.7 RID geführt, aufbewahrt, an einen neuen Eigentümer oder Betreiber übergeben, auf Anforderung zuständigen Behörden vorgelegt und dem Sachverständigen sowie der für die Instandhaltung zuständigen Stelle (ECM) zur Verfügung gestellt wird;
5. ein Kesselwagen, ein abnehmbarer Tank oder ein Batteriewagen nicht verwendet wird, wenn das Datum der nächsten Prüfung überschritten ist, und
6. die Informationen, die nach Unterabschnitt 1.4.3.5 Buchstabe e RID zur Verfügung gestellt werden, auch den Tank und seine Ausrüstung umfassen.

§ 30a Pflichten der für die Instandhaltung zuständigen Stelle im Eisenbahnverkehr. (1) Die für die Instandhaltung zuständige Stelle (ECM) hat dafür zu sorgen, dass
1. die Instandhaltung des Tanks und seiner Ausrüstung nach Unterabschnitt 1.4.3.8 Buchstabe a in einer Weise sichergestellt wird, die gewährleistet, dass der Kesselwagen unter normalen Betriebsbeanspruchungen auch zwischen den Prüfterminen den Bau-, Ausrüstungs- und Kennzeichnungsvorschriften nach den Unterabschnitten 6.8.2.1, 6.8.2.2, 6.8.2.5, 6.8.3.1, 6.8.3.2 und 6.8.3.5 und den anwendbaren Sondervorschriften in Abschnitt 6.8.4 RID entspricht, mit Ausnahme der durch den Befüller anzugebenden beförderten Stoffe und Gase;
2. die nach Unterabschnitt 1.4.3.8 Buchstabe b RID festgelegten Informationen auch den Tank und seine Ausrüstung umfassen, und
3. die Instandhaltungsarbeiten betreffend den Tank und seine Ausrüstung nach Unterabschnitt 1.4.3.8 Buchstabe c RID in den Instandhaltungsunterlagen aufgezeichnet werden.

(2) Soweit der Betreiber eines Kesselwagens die Organisation der Prüfungen der ECM überträgt, hat sie dafür zu sorgen, dass
1. ein Kesselwagen nicht verwendet wird, wenn das Datum der nächsten Prüfung überschritten ist und
2. in den Fällen nach Absatz 6.8.2.4.4 RID eine außerordentliche Prüfung des Kesselwagens durchgeführt wird, wenn die Sicherheit des Tanks oder seiner Ausrüstung beeinträchtigt sein könnte.

§ 31 Pflichten des Eisenbahninfrastrukturunternehmers im Eisenbahnverkehr. Der Eisenbahninfrastrukturunternehmer im Eisenbahnverkehr
1. hat dafür zu sorgen, dass sein Personal nach Unterabschnitt 1.3.2.2 RID unterwiesen wird, und
2. hat
   a) dafür zu sorgen, dass nach Kapitel 1.11 RID interne Notfallpläne für Rangierbahnhöfe aufgestellt werden, und

b) sicherzustellen, dass er während der Beförderung einen schnellen und uneingeschränkten Zugriff zu den Informationen nach Unterabschnitt 1.4.3.6 Buchstabe b RID hat.

§ 31a Pflichten des Triebfahrzeugführers im Eisenbahnverkehr. Der Triebfahrzeugführer im Eisenbahnverkehr muss nach Unterabschnitt 5.4.3.3 RID vor Antritt der Fahrt die schriftlichen Weisungen zu den bei einem Unfall oder Zwischenfall zu ergreifenden Maßnahmen einsehen.

§ 32 Pflichten des Reisenden im Eisenbahnverkehr. Der Reisende darf im Eisenbahnverkehr gefährliche Güter als Handgepäck oder Reisegepäck nur mitführen oder in oder auf Fahrzeugen (Auto im Reisezug) nur befördern lassen, wenn die Vorschriften nach Unterabschnitt 1.1.3.8 RID beachtet sind.

§ 33 Pflichten des Schiffsführers in der Binnenschifffahrt. Der Schiffsführer in der Binnenschifffahrt

1. hat die allgemeinen Sicherheitspflichten nach Abschnitt 1.4.1 ADN zu beachten;
2. hat dafür zu sorgen, dass das Schiff oder Tankschiff nicht überladen oder der einzelne Ladetank nicht überfüllt ist und nach den Vorgaben des Stabilitätshandbuchs oder des Ladungsrechners gemäß den Absätzen 9.3.1.13.3, 9.3.2.13.3 und 9.3.3.13.3 ADN beladen ist;
3. hat sich durch eine Sichtprüfung zu vergewissern, dass das Schiff oder Tankschiff und die Ladung keine offensichtlichen Mängel, keine Undichtheiten oder Risse aufweisen und dass keine Ausrüstungsteile fehlen;
4. hat dafür zu sorgen, dass jedes betroffene Mitglied der Besatzung die schriftlichen Weisungen nach Abschnitt 5.4.3 ADN versteht und richtig anwenden kann;
5. hat die in den schriftlichen Weisungen nach Abschnitt 5.4.3 ADN vorgeschriebenen Maßnahmen zu treffen;
6. hat dafür zu sorgen, dass die Vorschriften für das Laden, Befördern, Löschen und sonstige Handhaben der Ladung des Teils 7 ADN eingehalten werden, mit Ausnahme der Vorschriften über die Klassifikation von Tankschiffen, Gebrauchsanleitungen, Hinweistafeln und Ausrüstungen;
7. hat zu prüfen, ob der Eigentümer oder Betreiber seinen Pflichten nach § 34 nachgekommen ist;
8. hat während der Beförderung
   a) die Begleitpapiere nach den Unterabschnitten 8.1.2.1 bis 8.1.2.3 ADN und
   b) die Ausnahmezulassung nach § 5 Absatz 1 und 3

   mitzuführen und zuständigen Personen auf Verlangen zur Prüfung auszuhändigen;
9. hat dafür zu sorgen, dass die Vorschriften des Kapitels 8.3 ADN eingehalten werden, mit Ausnahme der Vorschriften über Hinweistafeln;
10. darf, wenn er einen Verstoß gegen die vorgenannten Vorschriften der Nummern 1 bis 9 feststellt, die Sendung so lange nicht befördern, bis die Vorschriften erfüllt sind;

11. hat nach Absatz 1.4.2.2.1 Buchstabe k vor dem Entgasen von leeren oder entladenen Ladetanks und Lade- und Löschleitungen des Tankschiffs an einer Annahmestelle seinen Teil der Prüfliste nach Absatz 7.2.3.7.2.2 Satz 2 ADN auszufüllen und
12. hat nach Absatz 1.4.2.2.1 Buchstabe l vor dem Beladen und Entladen der Ladetanks eines Tankschiffs seinen Teil der Prüfliste nach Unterabschnitt 7.2.4.10 ADN auszufüllen.

§ 34 Pflichten des Eigentümers oder Betreibers in der Binnenschifffahrt. Der Eigentümer oder, sofern das Schiff von einem Betreiber gechartert wurde, der Betreiber in der Binnenschifffahrt hat dafür zu sorgen, dass

1. die Vorschriften des Teils 7 ADN über die Klassifikation von Tankschiffen, Gebrauchsanleitungen, Hinweistafeln und Ausrüstungen eingehalten werden;
2. die Vorschriften des Kapitels 8.1 ADN eingehalten werden;
3. ein Sachkundiger gemäß den Unterabschnitten 8.2.1.2, 8.2.1.5 und 8.2.1.7 ADN an Bord ist;
4. die Vorschriften des Kapitels 8.3 ADN hinsichtlich der Hinweistafeln eingehalten werden;
5. die Vorschriften des Teils 9 ADN eingehalten werden;
6. bei der Klassifikationsgesellschaft eine Aktualisierung der Schiffsstoffliste nach Absatz 1.16.1.2.5 innerhalb der in Unterabschnitt 1.6.1.1 ADN genannten Frist erfolgt;
7. das Schiff nach Abschnitt 1.16.9 ADN in den dort genannten Fällen einer Sonderuntersuchung unterzogen wird und
8. die Schiffsakte nach den Unterabschnitten 9.1.0.1, 9.3.1.1, 9.3.2.1 und 9.3.3.1 ADN geführt, aufbewahrt und aktualisiert wird.

§ 34a Pflichten der Besatzung und sonstiger Personen an Bord in der Binnenschifffahrt. [1] Die Besatzung sowie alle sonstigen an Bord befindlichen Personen haben den Anweisungen des Schiffsführers Folge zu leisten. [2] Die Besatzung hat, im Rahmen des Satzes 1, zur Einhaltung dieser Verordnung ihrerseits beizutragen.

§ 35 Verlagerung. (1) Die in § 35b genannten gefährlichen Güter müssen in dem dort festgelegten Rahmen auf dem Eisenbahn- oder Wasserweg befördert werden, sofern

1. der Verlader und der Befüller am Beginn und der Entlader am Ende der Beförderung über einen dafür geeigneten Gleis- oder Hafenanschluss verfügen,
2. die Beförderung auf dem Eisenbahn- oder Wasserweg durchführbar ist und
3. die gesamte Beförderungsstrecke im Geltungsbereich dieser Verordnung mehr als 200 Kilometer beträgt.

(2) [1] Liegen die Bedingungen nach Absatz 1 Nummer 1 und 2 nicht vor, sind die in § 35b genannten gefährlichen Güter in dem dort festgelegten Rahmen im multimodalen Verkehr zu befördern, sofern

1. die gesamte Beförderungsstrecke im Geltungsbereich dieser Verordnung mehr als 400 Kilometer beträgt und
2. die Beförderung auf dem größeren Teil der Strecke mit der Eisenbahn oder dem Schiff durchgeführt werden kann.

[2] In diesem Fall hat der Beförderer vor Beginn der Beförderung im Beförderungspapier die Bezeichnung der Bahnhöfe oder Hafenanlagen anzugeben, die er für die Beförderung in Anspruch nimmt, und zusätzlich zu vermerken „Beförderung nach § 35 Absatz 2 GGVSEB[1)]".

(3) [1] Eine Pflicht zur Verlagerung nach den Absätzen 1 und 2 besteht nicht, wenn die Entfernung auf dem Eisenbahn- oder Wasserweg mindestens doppelt so groß ist wie die tatsächliche Entfernung auf der Straße. [2] Im multimodalen Verkehr ist die Entfernung im Vor- und Nachlauf auf der Straße mit einzubeziehen.

(4) [1] Sofern die Bedingungen für eine Verlagerung nach Absatz 1 Nummer 1 und 2 und Absatz 2 Satz 1 Nummer 2 nicht vorliegen und deshalb eine Beförderung auf der Straße durchgeführt werden soll, ist hierfür eine schriftliche oder elektronische Bescheinigung erforderlich. [2] Die Bescheinigung wird für den jeweiligen Verkehrsträger auf Antrag durch das Eisenbahn-Bundesamt oder die Generaldirektion Wasserstraßen und Schifffahrt ausgestellt. [3] Der Beförderer hat dafür zu sorgen, dass die Bescheinigung nach Satz 1 dem Fahrzeugführer vor Beförderungsbeginn übergeben wird. [4] Der Fahrzeugführer muss die Bescheinigung während der Beförderung mitführen und zuständigen Personen auf Verlangen zur Prüfung aushändigen.

(5) Bei der Bescheinigung nach Absatz 4 Satz 1 genügt das Mitführen eines fernkopierten Bescheides oder des Ausdrucks eines elektronisch erteilten und signierten Bescheides sowie dessen digitalisierte Form auf einem Speichermedium, wenn diese derart mitgeführt wird, dass sie bei einer Kontrolle auf Verlangen zuständigen Personen lesbar gemacht werden kann.

§ 35a Fahrweg im Straßenverkehr. (1) Beförderungen von in § 35b genannten gefährlichen Gütern, die teilweise oder vollständig im Straßenverkehr erfolgen, sind in dem dort festgelegten Rahmen auf Autobahnen durchzuführen.

(2) Absatz 1 gilt nicht, wenn

1. die Entfernung bei Benutzung der Autobahn mindestens doppelt so groß ist wie die Entfernung bei Benutzung anderer geeigneter Straßen, oder
2. die Benutzung der Autobahn nach den Vorschriften der Straßenverkehrs-Ordnung oder der Ferienreiseverordnung ausgeschlossen oder beschränkt ist.

(3) [1] Der Fahrweg außerhalb der Autobahnen wird von der nach Landesrecht zuständigen Behörde für eine einzelne Fahrt oder bei vergleichbaren Sachverhalten für eine begrenzte oder unbegrenzte Zahl von Fahrten auf Antrag schriftlich oder elektronisch bestimmt. [2] Die Fahrwegbestimmung kann auch durch Allgemeinverfügung erfolgen. [3] Bei Sperrungen dürfen die ausgewiesenen Umleitungsstrecken ohne erneute Fahrwegbestimmung benutzt werden.

[1)] Nr. **510**.

(4) [1]Der Beförderer darf die gefährlichen Güter nur befördern, wenn eine Fahrwegbestimmung erteilt ist. [2]Er hat dafür zu sorgen, dass die Fahrwegbestimmung dem Fahrzeugführer vor Beförderungsbeginn übergeben wird. [3]Der Fahrzeugführer muss die Fahrwegbestimmung beachten und sie während der Beförderung mitführen und zuständigen Personen auf Verlangen zur Prüfung aushändigen.

(5) Bei der Fahrwegbestimmung nach Absatz 3 Satz 1 genügt das Mitführen eines fernkopierten Bescheides oder des Ausdrucks eines elektronisch erteilten und signierten Bescheides sowie dessen digitalisierte Form auf einem Speichermedium, wenn diese derart mitgeführt wird, dass sie bei einer Kontrolle auf Verlangen zuständigen Personen lesbar gemacht werden kann.

§ 35b Gefährliche Güter, für deren Beförderung die §§ 35 und 35a gelten. [1]Für die nachfolgend genannten gefährlichen Güter gelten die §§ 35 und 35a wie folgt:

Tabelle

lfd. Nr.	Klasse/ Unterklasse	Stoff oder Gegenstand	Geltung der §§ 35 und 35a	Beförderung in Tanks ab	Beförderung in Versandstücken ab	Bemerkungen
1	1.1	explosive Stoffe und Gegenstände mit Explosivstoff	§ 35 und § 35a	nicht zulässig	1 000 kg Nettoexplosivstoffmasse	Siehe Ausnahmen nach § 35c Absatz 9
	1.2	explosive Stoffe und Gegenstände mit Explosivstoff	§ 35 und § 35a	nicht zulässig	1 000 kg Nettoexplosivstoffmasse	
	1.5	explosive Stoffe und Gegenstände mit Explosivstoff	§ 35 und § 35a	1 000 kg Nettoexplosivstoffmasse	1 000 kg Nettoexplosivstoffmasse	Beförderungen in Tanks sind nur für die UN-Nummern 0331 und 0332 zulässig (Siehe Ausnahmen nach § 35c Absatz 9)
2	2	entzündbare Gase (Klassifizierungscodes, die nur den Buchstaben F enthalten)	§ 35 und § 35a	9 000 kg Nettomasse	entfällt	§§ 35 und 35a gelten nur für Beförderungen in Tanks (Siehe Ausnahmen nach § 35c Absatz 1 und 5 bis 8)
3	2	giftige Gase (Klassifizierungscodes, die den/die Buchstaben T, TF, TC, TO, TFC oder TOC enthalten)	§ 35 und § 35a	1 000 kg Nettomasse	entfällt	§§ 35 und 35a gelten nur für Beförderungen in Tanks
4	3	entzündbare flüssige Stoffe der Verpackungsgruppen I und II, mit Ausnahme der UN-Nummern 1093, 1099, 1100, 1131 und 1921	§ 35a	3 000 Liter bei Verpackungsgruppe I 6 000 Liter bei Verpackungsgruppe II	entfällt	§ 35a gilt nur für Beförderungen in Tanks (Siehe Ausnahme nach § 35c Absatz 3)
5	3	UN-Nummern 1093, 1099, 1100, 1131 und 1921 der Verpackungsgruppe I	§ 35 und § 35a	3 000 Liter	entfällt	§§ 35 und 35a gelten nur für Beförderungen in Tanks
6	4.1	desensibilisierte explosive Stoffe der UN-Nummern 3364, 3365, 3367 und 3368	§ 35 und § 35a	nicht zulässig	1 000 kg Nettomasse	

lfd. Nr.	Klasse/ Unterklasse	Stoff oder Gegenstand	Geltung der §§ 35 und 35a	Beförderung in		Bemerkungen
				Tanks ab	Versandstücken ab	
7	4.2	UN-Nummer 3394	§ 35 und § 35a	3 000 Liter	entfällt	§§ 35 und 35a gelten nur für Beförderungen in Tanks
8	4.3	UN-Nummern 1928 und 3399 der Verpackungsgruppe I	§ 35 und § 35a	3 000 Liter	entfällt	§§ 35 und 35a gelten nur für Beförderungen in Tanks
9	5.1	entzündend (oxidierend) wirkende flüssige Stoffe der Verpackungsgruppe I der UN-Nummern 1745, 1746, 1873 und 2015	§ 35 und § 35a	3 000 Liter	entfällt	§§ 35 und 35a gelten nur für Beförderungen in Tanks
10	6.1	giftige flüssige Stoffe der Verpackungsgruppe I	§ 35 und § 35a	3 000 Liter	entfällt	§§ 35 und 35a gelten nur für Beförderungen in Tanks
11	8	ätzende flüssige Stoffe der Verpackungsgruppe I der UN-Nummern 1052, 1739, 1744, 1777, 1790, 1829 und 2699	§ 35 und § 35a	3 000 Liter	entfällt	§§ 35 und 35a gelten nur für Beförderungen in Tanks

[2]Die angegebenen Mengen beziehen sich auf die Beförderungseinheit. [3]Werden verschiedene Güter der Klasse 1 jeweils in geringeren Mengen als 1 000 kg Nettoexplosivstoffmasse in einer Beförderungseinheit befördert, sind die §§ 35 und 35a ab einer Summe der Nettoexplosivstoffmassen dieser Güter von 1 000 kg in der Beförderungseinheit anzuwenden.

§ 35c Ausnahmen zu den §§ 35 und 35a. (1) Die §§ 35 und 35a gelten nicht für Beförderungen von entzündbaren Gasen nach § 35b Tabelle laufende Nummer 2, wenn Tanks verwendet werden,

1. die als Doppelwandtanks mit Vakuumisolierung gebaut sind,
2. deren Summe der Wanddicken der metallenen Außenwand und des Innentanks die Mindestwanddicke nach Absatz 6.8.2.1.18 ADR[1] nicht unterschreitet,
3. deren Wanddicke des Innentanks die Mindestwanddicke nach Absatz 6.8.2.1.19 ADR nicht unterschreitet und
4. deren Innentanks aus austenitischen Chrom-Nickel- oder Chrom-Nickel-Molybdän-Stählen bestehen.

(2) [1]Für die Tanks nach Absatz 1 ist dies in der ADR-Zulassungsbescheinigung nach Unterabschnitt 9.1.3.1 ADR oder in einer besonderen Bescheinigung des Tankherstellers oder eines Sachverständigen oder Technischen Dienstes nach § 14 Absatz 4 zu bestätigen. [2]Bescheinigungen nach der Ausnahme Nr. 40 (S) der Gefahrgut-Ausnahmeverordnung (GGAV)[2] sowie der Ausnahme 13 (S) der GGAV gelten weiter.

(3) § 35a gilt nicht für Beförderungen von entzündbaren flüssigen Stoffen nach § 35b Tabelle laufende Nummer 4, sofern die Beförderungen in

1. nicht wanddickenreduzierten zylindrischen Tanks nach Kapitel 6.7 oder 6.8 ADR, die nach einem Berechnungsdruck von mindestens 0,4 Mega-Pascal (4 Bar) bemessen sind oder mit einem Prüfdruck von mindestens 0,4 Mega-Pascal (4 Bar) geprüft sind,
2. Tanks, deren Sicherheitsniveau um 50 Prozent höher ist, als das eines Tanks aus Baustahl nach Absatz 6.8.2.1.18 ADR (Nummer 12 in Bild 21 des Forschungsberichts 203 „Sicherheitsniveaus von Transporttanks für Gefahrgut“[3] und Bekanntmachung zur Anwendung des Forschungsberichts 203[4]), wenn die Kenngröße f_3 zur Ermittlung der Risikozahl mindestens 0,5 beträgt und das Sicherheitsniveau von der nach § 12 für die Baumusterprüfung zuständigen Stelle bescheinigt wurde oder
3. Doppelwandtanks nach Absatz 6.8.2.1.20 Buchstabe b Nummer 2 und 3 linke Spalte und Absatz 6.8.2.1.20 rechte Spalte, in Aufsetztanks nach Absatz 6.8.2.1.20 Buchstabe b letzter Satz linke Spalte oder in Saug-Druck-Tanks für Abfälle nach Kapitel 6.10 ADR

durchgeführt werden.

---

[1] Nr. **535**.
[2] Nr. **515**.
[3] **Amtl. Anm.:** Der Forschungsbericht 203 ist hinterlegt bei der Bundesanstalt für Materialforschung und -prüfung, 12205 Berlin, Unter den Eichen 87.
[4] **Amtl. Anm.:** Die Bekanntmachung ist veröffentlicht im Verkehrsblatt 2002 Heft 16 S. 522.

(4) [1] Für die Tanks nach Absatz 3 Nummer 1 und 2 ist dies in der ADR-Zulassungsbescheinigung nach Unterabschnitt 9.1.3.1 ADR oder in einer besonderen Bescheinigung des Tankherstellers oder eines Sachverständigen oder Technischen Dienstes nach § 14 Absatz 4 zu bestätigen. [2] Bescheinigungen nach der Ausnahme Nr. 47 (S) der GGAV sowie der Ausnahme 14 (S) der GGAV gelten weiter.

(5) § 35 gilt nicht für Beförderungen von entzündbaren Gasgemischen der UN-Nummer 1965 (§ 35b Tabelle laufende Nummer 2), sofern die gesamte Beförderungsstrecke im Geltungsbereich dieser Verordnung nicht mehr als 300 Kilometer beträgt.

(6) Die §§ 35 und 35a gelten nicht für Beförderungen von entzündbaren Gasgemischen der UN-Nummer 1965 (§ 35b Tabelle laufende Nummer 2) in Tanks nach Abschnitt 1.2.1 ADR bis 11 000 kg Nettomasse in der Beförderungseinheit, sofern die Fahrzeuge mit einem automatischen Blockierverhinderer (ABV) nach § 41 Absatz 18 oder § 41b der Straßenverkehrs-Zulassungs-Ordnung[1)] ausgerüstet sind und dies in der ADR-Zulassungsbescheinigung nach Unterabschnitt 9.1.3.1 ADR vermerkt ist.

(7) Die §§ 35 und 35a gelten nicht für Beförderungen von entzündbaren Gasgemischen der UN-Nummer 1965 (§ 35b Tabelle laufende Nummer 2) in Tanks nach Abschnitt 1.2.1 ADR von mehr als 11 000 kg bis 22 000 kg Nettomasse in der Beförderungseinheit, sofern die Fahrzeuge mit einem automatischen Blockierverhinderer (ABV) nach § 41 Absatz 18 oder § 41b der Straßenverkehrs-Zulassungs-Ordnung und mit einer Fahrdynamikregelung (Electronic Stability Control – ESC) ausgerüstet sind und dies in der ADR-Zulassungsbescheinigung nach Unterabschnitt 9.1.3.1 ADR vermerkt ist.

(8) § 35 Absatz 2 gilt nicht für Beförderungen von entzündbaren Gasen der UN-Nummern 1038, 1961, 1966, 1972, 3138 und 3312 (§ 35b Tabelle laufende Nummer 2).

(9) Die §§ 35 und 35a gelten nicht für Beförderungen zum Ort der Verwendung, sofern die gesamte Beförderungsstrecke im Geltungsbereich dieser Verordnung nicht mehr als 300 Kilometer beträgt, von explosiven Stoffen und Gegenständen mit Explosivstoff (§ 35b Tabelle laufende Nummer 1)

1. der UN-Nummern 0065, 0082 und 0241 (Unterklasse 1.1) und der UN-Nummern 0331 und 0332 (Unterklasse 1.5), wenn für diese explosiven Stoffe und Gegenstände mit Explosivstoff der Konformitätsnachweis nach § 5 des Sprengstoffgesetzes erbracht wurde und diese explosiven Stoffe und Gegenstände mit Explosivstoff eine Schlagempfindlichkeit von mehr als 30 Joule sowie eine Reibempfindlichkeit von mehr als 280 Newton bei Durchführung der Prüfverfahren[2)] haben, und
2. der UN-Nummer 0081 (Unterklasse 1.1)
   a) bis 1 000 kg Nettoexplosivstoffmasse in der Beförderungseinheit, sofern die Fahrzeuge mit einem automatischen Blockierverhinderer (ABV) nach § 41 Absatz 18 oder § 41b der Straßenverkehrs-Zulassungs-Ordnung, oder

---

[1)] Nr. **200**.

[2)] **Amtl. Anm.:** Prüfverfahren nach Anhang Teil A.14 der Verordnung (EG) Nr. 440/2008 der Kommission vom 30. Mai 2008 zur Festlegung von Prüfmethoden gemäß der Verordnung (EG) Nr. 1907/2006 des Europäischen Parlaments und des Rates zur Registrierung, Bewertung, Zulassung und Beschränkung chemischer Stoffe (REACH) (ABl. L 142 vom 31.5.2008, S. 1) in der jeweils jüngsten im Amtsblatt der Europäischen Union veröffentlichten Fassung.

b) bis 3 000 kg Nettoexplosivstoffmasse in der Beförderungseinheit, sofern die Fahrzeuge mit einem automatischen Blockierverhinderer (ABV) nach § 41 Absatz 18 oder § 41b der Straßenverkehrs-Zulassungs-Ordnung und mit einer Fahrdynamikregelung (Electronic Stability Control – ESC)

ausgerüstet sind und dies in der ADR-Zulassungsbescheinigung nach Unterabschnitt 9.1.3.1 ADR vermerkt ist. Die Ausnahmen nach Satz 1 Nummer 1 und Nummer 2 Buchstabe a oder b können nebeneinander in Anspruch genommen werden. § 35b Satz 3 ist nicht anzuwenden.

§ 36 Prüffrist für Feuerlöschgeräte. Die Prüffrist nach Unterabschnitt 8.1.4.4 Satz 2 ADR[1] beträgt für in Deutschland hergestellte Feuerlöschgeräte zwei Jahre ab dem Herstellungsdatum und danach ab dem Datum der nächsten auf dem Feuerlöschgerät angegebenen Prüfung.

§ 36a Beförderung gefährlicher Güter als behördliche Asservate.

[1] Sofern es aus ermittlungstaktischen Gründen oder zur Wahrnehmung einer behördlichen Aufgabe erforderlich ist, dürfen gefährliche Güter, denen in Kapitel 3.2 Tabelle A Spalte 6 die Sondervorschrift 274 zugeordnet ist, im Straßen- und Eisenbahnverkehr durch Polizeibehörden des Bundes und der Länder sowie durch Zoll- und Justizbehörden und in deren Auftrag tätige private Unternehmen befördert werden, ohne dass die offiziellen Benennungen für die Beförderung mit der technischen Benennung des Gutes nach Absatz 3.1.2.8.1 ADR[1]/RID ergänzt werden. [2] Dies gilt auch für die Angabe in einem Beförderungspapier nach Absatz 5.4.1.1.1 Buchstabe b ADR/RID.

§ 36b Beförderung erwärmter flüssiger und fester Stoffe. Für die Beförderung erwärmter flüssiger und fester Stoffe der UN-Nummern 3257 und 3258 in besonders ausgerüsteten Fahrzeugen/Wagen und Containern/Großcontainern nach Abschnitt 7.3.3 Sondervorschrift VC 3 ADR[1]/RID gelten die Anforderungen der Anlage 3.

§ 37 Ordnungswidrigkeiten. (1) Ordnungswidrig im Sinne des § 10 Absatz 1 Nummer 1 Buchstabe b des Gefahrgutbeförderungsgesetzes[2] handelt, wer vorsätzlich oder fahrlässig

1. entgegen § 4 Absatz 2 eine Behörde oder einen Eisenbahninfrastrukturunternehmer nicht oder nicht rechtzeitig benachrichtigt oder nicht oder nicht rechtzeitig benachrichtigen lässt und nicht mit Informationen versieht oder versehen lässt,
2. entgegen § 4 Absatz 3 die Sendung nicht oder nicht rechtzeitig anhält oder die Beförderung fortsetzt,
3. entgegen § 17
   a) Absatz 1 Nummer 1 sich nicht oder nicht rechtzeitig vergewissert,
   b) Absatz 1 Nummer 2 nicht dafür sorgt, dass eine dort genannte Angabe schriftlich oder elektronisch mitgeteilt oder auf eine dort genannte Vorschrift schriftlich oder elektronisch hingewiesen wird,

---

[1] Nr. **535**.
[2] Nr. **500**.

c) Absatz 1 Nummer 3 nicht dafür sorgt, dass auf ein gefährliches Gut hingewiesen wird, oder

d) Absatz 2 nicht dafür sorgt, dass eine dort genannte Angabe schriftlich oder elektronisch mitgeteilt wird,

4. entgegen § 18

a) Absatz 1 Nummer 1 einen Hinweis nicht, nicht richtig , nicht vollständig oder nicht in der vorgeschriebenen Weise gibt,

b) Absatz 1 Nummer 2 den Beförderer nicht, nicht richtig oder nicht rechtzeitig informiert,

c) Absatz 1 Nummer 3 sich nicht oder nicht rechtzeitig vergewissert,

d) Absatz 1 Nummer 4 nicht dafür sorgt, dass eine Angabe in das Beförderungspapier eingetragen wird,

e) Absatz 1 Nummer 5 nicht dafür sorgt, dass nur eine dort zugelassene und geeignete Verpackung, Großverpackung, IBC oder nur ein dort zugelassener und geeigneter Tank oder nur ein dort zugelassenes und geeignetes MEMU oder nur ein dort zugelassenes und geeignetes Schiff verwendet wird,

f) Absatz 1 Nummer 6 nicht dafür sorgt, dass die zuständige Behörde benachrichtigt wird,

g) Absatz 1 Nummer 7 nicht im Besitz einer Zeugnis- oder Anweisungskopie ist oder eine Aufzeichnung nicht oder nicht vollständig zur Verfügung stellt,

h) Absatz 1 Nummer 8 nicht dafür sorgt, dass ein Beförderungspapier mit einer geforderten Angabe, Anweisung oder einem geforderten Hinweis mitgegeben wird,

i) Absatz 1 Nummer 9 nicht dafür sorgt, dass ein erforderliches Zeugnis zugänglich gemacht wird,

j) Absatz 1 Nummer 10 nicht dafür sorgt, dass ein erforderliches Begleitpapier beigefügt wird,

k) Absatz 1 Nummer 11 den Verlader nicht, nicht richtig, nicht in der vorgeschriebenen Weise oder nicht rechtzeitig auf die Begasung hinweist,

l) Absatz 1 Nummer 12 eine Kopie des Beförderungspapiers, der Informationen oder Dokumentation nicht oder nicht mindestens drei Monate aufbewahrt,

m) Absatz 2 nicht dafür sorgt, dass die Ausnahmezulassung vor Beförderungsbeginn übergeben wird,

n) Absatz 3 Nummer 1 eine Vorschrift für den Versand als Expressgut nicht beachtet,

o) Absatz 3 Nummer 2 nicht dafür sorgt, dass ein Großzettel, die orangefarbene Tafel, das Kennzeichen und der Rangierzettel angebracht werden,

p) Absatz 3 Nummer 3 nicht dafür sorgt, dass das Beförderungspapier die Angaben enthält,

q) Absatz 4 Nummer 1 nicht dafür sorgt, dass die Ausnahmezulassung vor Beförderungsbeginn übergeben wird, oder

r) Absatz 4 Nummer 2 nicht dafür sorgt, dass ein Großzettel und die orangefarbene Tafel angebracht werden,

5. entgegen § 19 Absatz 1

a) Nummer 1 den Absender nicht, nicht richtig oder nicht rechtzeitig informiert,

b) Nummer 2 eine Sendung befördert, die nicht die Vorschriften erfüllt,

c) Nummer 3 nicht dafür sorgt, dass ein Tank nicht zur Beförderung aufgegeben wird,

d) Nummer 4 eine Kopie des Beförderungspapiers, der Informationen oder Dokumentation nicht oder nicht mindestens drei Monate aufbewahrt,

e) Nummer 5 nicht dafür sorgt, dass die Dokumente die erforderlichen Angaben enthalten, oder

f) Nummer 6 nicht dafür sorgt, dass die Dokumente die erforderlichen Angaben enthalten,

6. entgegen § 19 Absatz 2

a) Nummer 1 das Verbot der anderweitigen Verwendung nicht einhält,

b) Nummer 2 der Fahrzeugbesatzung nicht oder nicht rechtzeitig die schriftlichen Weisungen übergibt und nicht dafür sorgt, dass jedes Mitglied der Fahrzeugbesatzung diese verstehen und richtig anwenden kann,

c) Nummer 3 nicht dafür sorgt, dass eine dort genannte Vorschrift über die Beförderung in loser Schüttung und in Tanks beachtet wird,

d) Nummer 4 nicht dafür sorgt, dass eine dort genannte Vorschrift über die Begrenzung der Mengen eingehalten wird,

e) Nummer 5 nicht dafür sorgt, dass ein Begleitpapier, die Bescheinigung oder eine Ausnahmezulassung vor Beförderungsbeginn übergeben wird,

f) Nummer 6 nicht dafür sorgt, dass nur Fahrzeugführer mit einer gültigen Bescheinigung eingesetzt werden,

g) Nummer 7 nicht dafür sorgt, dass ein ortsbeweglicher Tank nicht zur Beförderung aufgegeben wird,

h) Nummer 8 nicht dafür sorgt, dass die Tankakte geführt, aufbewahrt, übergeben, vorgelegt oder zur Verfügung gestellt wird,

i) Nummer 9 die Beförderungseinheit nicht mit einem Feuerlöschgerät ausrüstet,

j) Nummer 10 eine Prüffrist nicht einhält,

k) Nummer 11 das Fahrzeug nicht mit einem Großzettel, einer orangefarbenen Tafel oder einem Kennzeichen ausrüstet oder nicht dafür sorgt, dass ein dort genanntes Kennzeichen angebracht wird,

l) Nummer 12 nicht dafür sorgt, dass ein Tank verwendet wird, der den dort genannten Anforderungen entspricht,

m) Nummer 13 nicht dafür sorgt, dass ein Tank oder ein Fahrzeug einer dort genannten Bau-, Ausrüstungs- und Kennzeichnungsvorschrift entspricht,

n) Nummer 14 nicht dafür sorgt, dass eine außerordentliche Prüfung durchgeführt wird,
o) Nummer 15 dem Fahrzeugführer eine erforderliche Ausrüstung nicht übergibt,
p) Nummer 16 die Beförderungseinheit nicht ausrüstet,
q) Nummer 17 nicht dafür sorgt, dass eine dort genannte Vorschrift beachtet wird,
r) Nummer 18 nicht dafür sorgt, dass eine dort genannte Vorschrift beachtet wird, oder
s) Nummer 19 nicht dafür sorgt, dass ein festverbundener Tank, ein Batterie-Fahrzeug, ein Aufsetztank, ein MEGC, ein ortsbeweglicher Tank oder ein Tankcontainer nicht verwendet wird,

7. entgegen § 19 Absatz 3
a) Nummer 1 nicht sicherstellt, dass der Betreiber über Daten verfügen kann,
b) Nummer 2 nicht dafür sorgt, dass ein Besatzungsmitglied einen Lichtbildausweis mit sich führt,
c) Nummer 3 nicht dafür sorgt, dass ein Begleitpapier verfügbar ist und ausgehändigt wird,
d) Nummer 4 nicht dafür sorgt, dass eine dort genannte Vorschrift beachtet wird,
e) Nummer 5 eine schriftliche Weisung nicht, nicht richtig, nicht vollständig, nicht in der vorgeschriebenen Weise oder nicht rechtzeitig bereitstellt,
f) Nummer 6 den Triebfahrzeugführer nicht, nicht richtig, nicht vollständig oder nicht rechtzeitig informiert,
g) Nummer 7 nicht dafür sorgt, dass die vorgeschriebene Ausrüstung auf dem Führerstand mitgeführt wird,
h) Nummer 8 nicht dafür sorgt, dass die orangefarbenen Tafeln oder die Großzettel (Placards) angebracht sind,
i) Nummer 9 sich nicht vergewissert, dass ein Wagen oder eine Ladung keine Mängel, Undichtigkeiten oder Risse aufweist oder kein Ausrüstungsteil fehlt,
j) Nummer 10 sich nicht vergewissert, dass ein Großzettel, ein Kennzeichen oder eine orangefarbene Tafel angebracht ist, oder
k) Nummer 11 nicht dafür sorgt, dass eine dort genannte Information den Tank oder seine Ausrüstung umfasst,

8. entgegen § 19 Absatz 4
a) Nummer 1 sich nicht vergewissert, dass das Schiff zur Beförderung der gefährlichen Güter zugelassen ist,
b) Nummer 2 nicht dafür sorgt, dass für jedes Mitglied der Besatzung ein Lichtbildausweis an Bord ist,
c) Nummer 3 dem Schiffsführer nicht vor Antritt der Fahrt die schriftlichen Weisungen in Sprachen bereitstellt, die der Schiffsführer und der Sachkundige lesen und verstehen können,

d) Nummer 4 nicht dafür sorgt, dass eine dort genannte Vorschrift beachtet wird,
e) Nummer 5 nicht dafür sorgt, dass eine dort genannte Vorschrift eingehalten wird,
f) Nummer 6 nicht dafür sorgt, dass dem Schiffsführer ein Dokument übergeben wird,
g) Nummer 7 nicht dafür sorgt, dass ein Schiff nur unter der dort genannten Voraussetzung eingesetzt wird, oder
h) Nummer 8 nicht sicherstellt, dass ein zweites Evakuierungsmittel verfügbar ist,

9. entgegen § 20
a) Absatz 1 Nummer 1 Buchstabe a die Annahme des Gutes verzögert oder verweigert,
b) Absatz 1 Nummer 1 Buchstabe b nicht oder nicht rechtzeitig prüft, dass die Vorschriften eingehalten worden sind,
c) Absatz 1 Nummer 2 den Absender nicht oder nicht rechtzeitig über die Nichteinhaltung eines Grenzwertes informiert,
d) Absatz 2 einen Container zurückstellt,
e) Absatz 3 einen Wagen oder Container zurückstellt oder wieder verwendet oder
f) Absatz 4 einen Container, ein Fahrzeug oder einen Wagen zurückstellt,

10. entgegen § 21
a) Absatz 1 Nummer 1 Güter übergibt,
b) Absatz 1 Nummer 2 ein Versandstück zur Beförderung übergibt,
c) Absatz 1 Nummer 3 nicht dafür sorgt, dass ein Versandstück nur verladen wird, wenn die Verpackung den dort genannten Anforderungen entspricht,
d) Absatz 1 Nummer 4 nicht dafür sorgt, dass eine dort genannte Vorschrift beachtet wird,
e) Absatz 1 Nummer 5 nicht dafür sorgt, dass ein Warnkennzeichen angebracht wird,
f) Absatz 1 Nummer 6 nicht dafür sorgt, dass eine dort genannte Kennzeichnungsvorschrift beachtet wird,
g) Absatz 1 Nummer 7 nicht dafür sorgt, dass die Anzahl der Versandstücke nicht überschritten wird,
h) Absatz 1 Nummer 8 nicht dafür sorgt, dass eine dort genannte Maßnahme ergriffen wird,
i) Absatz 2 Nummer 1 Satz 1 einen Hinweis nicht, nicht richtig, nicht vollständig oder nicht in der vorgeschriebenen Weise gibt,
j) Absatz 2 Nummer 2 nicht dafür sorgt, dass eine dort genannte Vorschrift eingehalten wird,
k) Absatz 2 Nummer 3 nicht dafür sorgt, dass eine dort genannte Vorschrift beachtet wird,
l) Absatz 2 Nummer 4 nicht dafür sorgt, dass ein Großzettel, eine Tafel oder ein Kennzeichen angebracht ist,

m) Absatz 2 Nummer 5 nicht dafür sorgt, dass nur ein Container eingesetzt wird, der den dort genannten Anforderungen entspricht,
n) Absatz 2 Nummer 6 nicht dafür sorgt, dass eine dort genannte Vorschrift beachtet wird,
o) Absatz 3 Nummer 1 nicht dafür sorgt, dass eine Vorschrift über die Gefahrzettel und Kennzeichen beachtet wird,
p) Absatz 3 Nummer 2 nicht dafür sorgt, dass ein Großzettel, ein Rangierzettel, ein Kennzeichen oder eine orangefarbene Tafel angebracht ist,
q) Absatz 3 Nummer 3 nicht dafür sorgt, dass nur ein Container eingesetzt wird, der den dort genannten Anforderungen entspricht,
r) Absatz 3 Nummer 4 nicht dafür sorgt, dass eine dort genannte Vorschrift über die Beförderung in Versandstücken oder die Beladung und Handhabung beachtet wird,
s) Absatz 3 Nummer 5 nicht dafür sorgt, dass eine dort genannte Vorschrift beachtet wird,
t) Absatz 4 Nummer 1 Satz 1 einen Hinweis nicht, nicht richtig oder nicht vollständig gibt,
u) Absatz 4 Nummer 2 nicht dafür sorgt, dass ein Großzettel oder das Kennzeichen angebracht ist,
v) Absatz 4 Nummer 3 nicht dafür sorgt, dass eine dort genannte Vorschrift beachtet wird, oder
w) Absatz 4 Nummer 4 nicht sicherstellt, dass die landseitige Einrichtung mit einem oder zwei Evakuierungsmitteln ausgerüstet ist,

11. entgegen § 22
a) Absatz 1 Nummer 1 oder 2 eine dort genannte Vorschrift über das Verpacken, das Umverpacken und die Kennzeichnung nicht beachtet,
b) Absatz 1 Nummer 3 eine dort genannte Vorschrift über die Verwendung und Prüfung nicht beachtet,
c) Absatz 1 Nummer 4 eine dort genannte Vorschrift über das Zusammenpacken nicht beachtet,
d) Absatz 1 Nummer 5 eine dort genannte Vorschrift über die Kennzeichnung und Bezettelung nicht beachtet,
e) Absatz 1 Nummer 6 Versandstücke in Umverpackungen nicht sichert oder
f) Absatz 2 oder 3 eine dort genannte Vorschrift nicht beachtet,

12. entgegen § 23 Absatz 1
a) Nummer 1 Güter übergibt,
b) Nummer 2 einen Tank übergibt,
c) Nummer 3 einen Tank befüllt,
d) Nummer 4 nicht dafür sorgt, dass die Dichtheit einer Verschlusseinrichtung geprüft und ein Tank nicht befördert wird, wenn dieser undicht ist,
e) Nummer 5 einen Tank befüllt,

f) Nummer 6 nicht dafür sorgt, dass der Füllungsgrad, die Masse oder Bruttomasse eingehalten wird,

g) Nummer 7 nicht dafür sorgt, dass die Dichtheit der Verschlüsse und der Ausrüstung geprüft wird oder alle Verschlüsse in geschlossener Stellung sind und keine Undichtheit auftritt,

h) Nummer 8 nicht dafür sorgt, dass einem Tank keine Reste anhaften,

i) Nummer 9 nicht dafür sorgt, dass nebeneinanderliegende Tankabteile oder -kammern nicht mit gefährlich miteinander reagierenden Stoffen befüllt werden,

j) Nummer 10 nicht dafür sorgt, dass ein Tank, Batterie-Fahrzeug, Batteriewagen oder MEGC nicht befüllt oder nicht zur Beförderung aufgegeben wird,

k) Nummer 11 nicht dafür sorgt, dass eine Entleerungs-, Reinigungs- und Entgasungsmaßnahme durchgeführt wird,

l) Nummer 12 nicht dafür sorgt, dass eine Bezeichnung angegeben wird,

m) Nummer 13 nicht dafür sorgt, dass eine Benennung oder ein Kennzeichen angegeben wird,

n) Nummer 14 nicht dafür sorgt, dass der MEGC nicht zur Beförderung aufgegeben wird, oder

o) Nummer 15 einen Tank befüllt,

13. entgegen § 23 Absatz 2

a) Nummer 1 einen Hinweis nicht, nicht richtig, nicht vollständig oder nicht in der vorgeschriebenen Weise gibt,

b) Nummer 2 eine Nummer nicht mitteilt,

c) Nummer 3 nicht dafür sorgt, dass ein Großzettel, die orangefarbene Tafel und das Kennzeichen angebracht werden,

d) Nummer 4 nicht dafür sorgt, dass eine Beladevorschrift beachtet wird,

e) Nummer 5 das Rauchverbot nicht beachtet,

f) Nummer 6 nicht dafür sorgt, dass eine dort genannte zusätzliche Vorschrift beachtet wird,

g) Nummer 7 nicht dafür sorgt, dass der Fahrzeugführer in der vorgeschriebenen Weise eingewiesen wird,

h) Nummer 8 nicht dafür sorgt, dass eine Vorschrift über die Beförderung in loser Schüttung beachtet wird,

i) Nummer 9 nicht dafür sorgt, dass eine Maßnahme zur Vermeidung elektrostatischer Aufladungen durchgeführt wird,

j) Nummer 10 einen Tank befüllt,

k) Nummer 11 sich nicht vergewissert, dass die dort genannten Vorschriften eingehalten sind, oder

l) Nummer 12 nicht dafür sorgt, dass eine dort genannte Vorschrift eingehalten wird,

14. entgegen § 23 Absatz 3

a) Nummer 1 nicht dafür sorgt, dass eine dort genannte Kontrollvorschrift beachtet wird,

b) Nummer 2 nicht dafür sorgt, dass ein Großzettel, ein Rangierzettel, die orangefarbene Tafel und das Kennzeichen angebracht werden,

c) Nummer 3 nicht dafür sorgt, dass eine dort genannte Vorschrift beachtet wird,

d) Nummer 4 nicht dafür sorgt, dass eine Beladevorschrift beachtet wird,

e) Nummer 5 nicht sicherstellt, dass die Temperatur nicht überschritten wird, oder

f) Nummer 6 nicht dafür sorgt, dass eine dort genannte Vorschrift eingehalten wird,

15. entgegen § 23 Absatz 4

a) Nummer 1 einen Hinweis nicht, nicht richtig oder nicht vollständig gibt,

b) Nummer 2 nicht dafür sorgt, dass ein Großzettel, die orangefarbene Tafel und das Kennzeichen angebracht werden,

c) Nummer 3 nicht dafür sorgt, dass ein Tankschiff nur mit den zugelassenen gefährlichen Gütern befüllt wird und das Datum im Zulassungszeugnis nicht überschritten ist,

d) Nummer 4 nicht sicherstellt, dass die landseitige Einrichtung mit einem oder zwei Evakuierungsmitteln ausgerüstet ist,

e) Nummer 5 nicht sicherstellt, dass die Temperatur nicht überschritten wird,

f) Nummer 6 nicht sicherstellt, dass eine Überwachung gewährleistet ist,

g) Nummer 7 seinen Teil der Prüfliste nicht, nicht richtig, nicht vollständig oder nicht rechtzeitig ausfüllt,

h) Nummer 8 nicht sicherstellt, dass eine Flammendurchschlagsicherung vorhanden ist, oder

i) Nummer 9 nicht sicherstellt, dass die Laderate übereinstimmt und der Druck an der Übergabestelle den Öffnungsdruck des Hochgeschwindigkeitsventils nicht übersteigt,

15a. entgegen § 23a

a) Absatz 1 Nummer 1 sich nicht vergewissert, dass die richtigen Güter ausgeladen werden,

b) Absatz 1 Nummer 2 nicht prüft oder sich nicht vergewissert, dass geeignete Maßnahmen ergriffen wurden,

c) Absatz 1 Nummer 3 Buchstabe a gefährliche Rückstände nicht oder nicht rechtzeitig entfernt,

d) Absatz 1 Nummer 3 Buchstabe b den Verschluss nicht oder nicht rechtzeitig sicherstellt,

e) Absatz 1 Nummer 4 die Reinigung und Entgiftung nicht sicherstellt,

f) Absatz 1 Nummer 5 nicht dafür sorgt, dass ein Großzettel, ein Kennzeichen oder eine orangefarbene Tafel nicht mehr sichtbar ist,

g) Absatz 1 Nummer 6 das Warnkennzeichen nicht entfernt,

h) Absatz 2 Nummer 1 nicht dafür sorgt, dass eine Maßnahme zur Vermeidung elektrostatischer Aufladungen durchgeführt wird,

i) Absatz 2 Nummer 2 nicht dafür sorgt, dass eine dort genannte zusätzliche Vorschrift beachtet wird,
j) Absatz 2 Nummer 3 nicht dafür sorgt, dass der Fahrzeugführer in der vorgeschriebenen Weise eingewiesen wird,
k) Absatz 2 Nummer 4 oder Absatz 3 nicht dafür sorgt, dass eine dort genannte Vorschrift beachtet wird,
l) Absatz 4 Nummer 1 nicht sicherstellt, dass die landseitige Einrichtung mit einem oder zwei Evakuierungsmitteln ausgerüstet ist,
m) Absatz 4 Nummer 2 Buchstabe a den ihn betreffenden Teil der Prüfliste nicht oder nicht rechtzeitig ausfüllt,
n) Absatz 4 Nummer 2 Buchstabe b nicht sicherstellt, dass eine Flammendurchschlagsicherung vorhanden ist,
o) Absatz 4 Nummer 2 Buchstabe c nicht sicherstellt, dass der Druck an der Übergabestelle den Öffnungsdruck des Hochgeschwindigkeitsventils nicht übersteigt,
p) Absatz 4 Nummer 2 Buchstabe d nicht sicherstellt, dass die Dichtungen aus den dort genannten Werkstoffen bestehen,
q) Absatz 4 Nummer 2 Buchstabe e nicht sicherstellt, dass eine Überwachung gewährleistet ist, oder
r) Absatz 4 Nummer 2 Buchstabe f nicht sicherstellt, dass die Löschpumpe abgeschaltet werden kann,

16. entgegen § 24
a) Nummer 1 nicht dafür sorgt, dass ein Tankcontainer, ein ortsbeweglicher Tank, ein MEGC, ein Schüttgut-Container oder flexibler Schüttgut-Container einer dort genannten Bau-, Ausrüstungs- und Kennzeichnungsvorschrift entspricht,
b) Nummer 2 nicht dafür sorgt, dass eine außerordentliche Prüfung durchgeführt wird,
c) Nummer 3 nicht dafür sorgt, dass nur ein Tankcontainer, ein ortsbeweglicher Tank oder MEGC verwendet wird, der den dort genannten Anforderungen entspricht,
d) Nummer 4 nicht dafür sorgt, dass ein MEGC nicht zur Befüllung übergeben wird,
e) Nummer 5 nicht dafür sorgt, dass eine Druckentlastungseinrichtung geprüft wird,
f) Nummer 6 nicht dafür sorgt, dass die Tankakte geführt, aufbewahrt, übergeben, vorgelegt oder zur Verfügung gestellt wird, oder
g) Nummer 7 nicht dafür sorgt, dass MEMU untersucht und geprüft werden,

17. entgegen § 25
a) Absatz 1 Nummer 1 ein dort genanntes Kennzeichen anbringt,
b) Absatz 1 Nummer 2 die Behörde nicht oder nicht richtig in Kenntnis setzt,
c) Absatz 1 Nummer 3 die Anweisungen nicht liefert,

d) Absatz 1 Nummer 4 dem Eigentümer eines Bergungsdruckgefäßes eine Kopie der Zulassungsbescheinigung nicht zur Verfügung stellt,

e) Absatz 2 ein dort genanntes Kennzeichen anbringt oder

f) Absatz 3 ein dort genanntes Kennzeichen anbringt,

18. entgegen § 26

a) Absatz 1 Nummer 1 nicht dafür sorgt, dass einem Tank keine Reste des Füllgutes anhaften,

b) Absatz 1 Nummer 2 nicht dafür sorgt, dass ein Tank verschlossen und dicht ist,

c) Absatz 1 Nummer 3 nicht dafür sorgt, dass ein Großzettel oder ein Kennzeichen angebracht ist,

d) Absatz 3 eine technische Dokumentation nicht richtig, nicht vollständig oder nicht rechtzeitig anfertigt,

e) Absatz 4 eine dort genannte Vorschrift nicht oder nicht richtig beachtet,

f) Absatz 5 Nummer 1 nicht dafür sorgt, dass das Personal unterwiesen wird,

g) Absatz 5 Nummer 2 einen dort genannten Teil der Prüfliste nicht, nicht richtig, nicht vollständig oder nicht rechtzeitig ausfüllt oder

h) Absatz 5 Nummer 3 nicht sicherstellt, dass eine Flammendurchschlagsicherung vorhanden ist,

19. entgegen § 27

a) Absatz 1 nicht dafür sorgt, dass die Vorlage eines Berichts rechtzeitig erfolgt,

b) Absatz 2 eine Untersuchung nicht durchführt, eine Maßnahme nicht ergreift oder nicht dafür sorgt, dass eine zuständige Behörde informiert wird,

c) Absatz 3 Nummer 1 eine Vorschrift über die Sicherung nicht beachtet,

d) Absatz 3 Nummer 2 Buchstabe a nicht dafür sorgt, dass die Unterweisung erfolgt,

e) Absatz 3 Nummer 2 Buchstabe b nicht dafür sorgt, dass die Aufzeichnungen fünf Jahre aufbewahrt werden,

f) Absatz 4 Sicherungspläne nicht einführt oder anwendet,

g) Absatz 4a Satz 1, auch in Verbindung mit Satz 2, nicht dafür sorgt, dass eine Mitteilung erfolgt,

h) Absatz 5 Nummer 1 nicht dafür sorgt, dass die Unterweisung erfolgt,

i) Absatz 5 Nummer 2 nicht dafür sorgt, dass die Aufzeichnungen fünf Jahre aufbewahrt werden,

j) Absatz 6 nicht dafür sorgt, dass die Personen unterwiesen sind, oder

k) Absatz 7 nicht sicherstellt, dass nur eine dort genannte Anlage oder ein dort genanntes Gerät verwendet wird,

20. entgegen § 28

a) Nummer 1 ein Versandstück befördert,

b) Nummer 2 eine dort genannte Vorschrift über die Beförderungsbe- oder -einschränkungen nicht beachtet,
c) Nummer 3 den Füllungsgrad, die Masse oder die Befülltemperatur nicht einhält,
d) Nummer 4 eine dort genannte Vorschrift über den Betrieb von Tanks und die zusätzlichen Vorschriften nicht beachtet,
e) Nummer 5 die Dichtheit nicht prüft,
f) Nummer 6 einen Großzettel nicht anbringt, entfernt oder abdeckt,
g) Nummer 7 ein dort genanntes Kennzeichen oder eine dort genannte Tafel nicht oder nicht richtig anbringt, nicht oder nicht richtig sichtbar macht, nicht, nicht richtig oder nicht vollständig entfernt oder nicht, nicht richtig oder nicht vollständig verdeckt,
h) Nummer 8 eine Maßnahme nicht trifft,
i) Nummer 9 sich nicht vergewissert, dass ein Warnkennzeichen angebracht ist,
j) Nummer 10 ein Begleitpapier, eine Bescheinigung, ein Feuerlöschgerät, einen Ausrüstungsgegenstand oder die Ausnahmezulassung nicht mitführt oder nicht oder nicht rechtzeitig aushändigt,
k) Nummer 11 eine dort genannte Vorschrift über die Überwachung nicht beachtet,
l) Nummer 12 gefährliche Reste des Füllgutes nicht entfernt oder entfernen lässt,
m) Nummer 13 die Einnahme alkoholischer Getränke nicht unterlässt oder die Fahrt unter der dort genannten Wirkung solcher Getränke antritt,
n) Nummer 14 nicht sicherstellt, dass eine Verbindungsleitung oder ein Rohr entleert ist,
o) Nummer 15 einen Tank nicht erdet oder
p) Nummer 16 eine dort genannte Vorschrift nicht beachtet,

21. entgegen § 29
a) Absatz 1 eine dort genannte Vorschrift über die Beladung und Handhabung nicht beachtet,
b) Absatz 2 eine dort genannte Vorschrift nicht beachtet,
c) Absatz 3 eine dort genannte Vorschrift über Vorsichtsmaßnahmen nicht beachtet,
d) Absatz 4 Nummer 1 eine Vorschrift über die Verladung oder das Kennzeichen nicht beachtet oder
e) Absatz 4 Nummer 2 eine Vorschrift über die Beförderung nicht beachtet,

22. entgegen § 30
a) Nummer 1 nicht dafür sorgt, dass nur ein Wagen oder ein Tank verwendet wird, der den dort genannten Anforderungen entspricht,
b) Nummer 2 nicht dafür sorgt, dass ein Wagen oder ein Tank einer dort genannten Bau-, Ausrüstungs- und Kennzeichnungsvorschrift entspricht,

c) Nummer 3 nicht dafür sorgt, dass eine außerordentliche Prüfung durchgeführt wird,
d) Nummer 4 nicht dafür sorgt, dass die Tankakte geführt, aufbewahrt, übergeben, vorgelegt oder zur Verfügung gestellt wird,
e) Nummer 5 nicht dafür sorgt, dass ein Kesselwagen, ein abnehmbarer Tank oder ein Batteriewagen nicht verwendet wird, oder
f) Nummer 6 nicht dafür sorgt, dass eine dort genannte Information den Tank oder seine Ausrüstung umfasst,

22a. entgegen § 30a
a) Absatz 1 Nummer 1 nicht dafür sorgt, dass die Instandhaltung eines Tanks oder seiner Ausrüstung in einer dort genannten Weise sichergestellt wird,
b) Absatz 1 Nummer 2 nicht dafür sorgt, dass eine dort genannte Information den Tank oder seine Ausrüstung umfasst,
c) Absatz 1 Nummer 3 nicht dafür sorgt, dass eine Aufzeichnung gefertigt wird,
d) Absatz 2 Nummer 1 nicht dafür sorgt, dass ein Kesselwagen nicht verwendet wird, oder
e) Absatz 2 Nummer 2 nicht dafür sorgt, dass eine außerordentliche Prüfung durchgeführt wird,

23. entgegen § 31
a) Nummer 1 nicht dafür sorgt, dass sein Personal unterwiesen wird,
b) Nummer 2 Buchstabe a nicht dafür sorgt, dass ein interner Notfallplan aufgestellt wird, oder
c) Nummer 2 Buchstabe b nicht sicherstellt, dass er Zugriff zu einer Information hat,

23a. entgegen § 31a eine schriftliche Weisung nicht oder nicht rechtzeitig einsieht,

24. entgegen § 32 ein gefährliches Gut mitführt oder befördern lässt,

25. entgegen § 33
a) Nummer 1 die Sicherheitspflichten nicht beachtet,
b) Nummer 2 nicht dafür sorgt, dass ein Schiff oder Tankschiff nicht überladen oder ein Ladetank nicht überfüllt ist,
c) Nummer 3 sich nicht vergewissert, dass das Schiff oder Tankschiff oder die Ladung keine Mängel, Undichtheiten oder Risse aufweist oder keine Ausrüstungsteile fehlen,
d) Nummer 4 nicht dafür sorgt, dass jedes betroffene Mitglied der Besatzung die schriftlichen Weisungen versteht und richtig anwenden kann,
e) Nummer 5 eine vorgeschriebene Maßnahme nicht trifft,
f) Nummer 6 nicht dafür sorgt, dass eine dort genannte Vorschrift eingehalten wird,
g) Nummer 7 nicht prüft, ob der Eigentümer oder Betreiber seinen Pflichten nachgekommen ist,
h) Nummer 8 ein Begleitpapier oder die Ausnahmezulassung nicht mitführt oder nicht oder nicht rechtzeitig aushändigt,

i) Nummer 9 nicht dafür sorgt, dass eine dort genannte Vorschrift eingehalten wird,

j) Nummer 10 eine Sendung befördert,

k) Nummer 11 einen dort genannten Teil der Prüfliste nicht, nicht richtig, nicht vollständig oder nicht rechtzeitig ausfüllt oder

l) Nummer 12 einen dort genannten Teil der Prüfliste nicht, nicht richtig, nicht vollständig oder nicht rechtzeitig ausfüllt,

26. entgegen § 34

a) Nummer 1, 2, 4 und 5 nicht dafür sorgt, dass eine dort genannte Vorschrift eingehalten wird,

b) Nummer 3 nicht dafür sorgt, dass ein Sachkundiger an Bord ist,

c) Nummer 6 nicht dafür sorgt, dass eine Aktualisierung erfolgt,

d) Nummer 7 nicht dafür sorgt, dass ein Schiff einer Sonderuntersuchung unterzogen wird, oder

e) Nummer 8 nicht dafür sorgt, dass eine Schiffsakte nach einer dort genannten Vorschrift geführt, aufbewahrt oder aktualisiert wird,

26a. entgegen § 34a Satz 1 den Anweisungen des Schiffsführers nicht Folge leistet,

27. entgegen § 35

a) Absatz 2 Satz 2 eine Angabe oder einen Vermerk nicht in das Beförderungspapier einträgt,

b) Absatz 4 Satz 3 nicht dafür sorgt, dass eine Bescheinigung übergeben wird, oder

c) Absatz 4 Satz 4 eine Bescheinigung nicht mitführt oder nicht oder nicht rechtzeitig aushändigt,

28. entgegen § 35a

a) Absatz 4 Satz 1 ein gefährliches Gut befördert,

b) Absatz 4 Satz 2 nicht dafür sorgt, dass eine Fahrwegbestimmung übergeben wird, oder

c) Absatz 4 Satz 3 eine Fahrwegbestimmung nicht oder nicht richtig beachtet, nicht mitführt oder nicht oder nicht rechtzeitig aushändigt.

(2) Artikel 32 der Revidierten Rheinschifffahrtsakte vom 17. Oktober 1868 (BGBl. 1969 II S. 597) in der Fassung des Zusatzprotokolls Nummer 6 vom 21. Oktober 1999 (BGBl. 2002 II S. 1772, 1773) hinsichtlich der Geldbußen auf dem Rhein bis zu fünfundzwanzigtausend Euro bleibt unberührt.

§ 38 Übergangsbestimmungen. (1) Bis zum 30. Juni 2019 darf die Beförderung gefährlicher Güter noch nach den Vorschriften dieser Verordnung in der bis zum 31. Dezember 2018 geltenden Fassung durchgeführt werden.

(2) Bei der Beförderung von im ADR/RID nicht näher bezeichneten Maschinen oder Geräten, die in ihrem inneren Aufbau oder in ihren Funktionselementen gefährliche Güter enthalten, nach der Übergangsvorschrift in Unterabschnitt 1.6.1.46 ADR/RID gilt im Straßenverkehr für innerstaatliche Beförderungen mit Fahrzeugen, die in Deutschland zugelassen sind, und für innerstaatliche Beförderungen im Eisenbahnverkehr weiterhin die Regelung nach

Anlage 2 Gliederungsnummer 2.1 Buchstabe b dieser Verordnung in der bis zum 31. Dezember 2018 geltenden Fassung.

Anlage 1

(weggefallen)

Anlage 2

Einschränkungen aus Gründen der Sicherheit der Beförderung gefährlicher Güter zu den Teilen 1 bis 9 des ADR und zu den Teilen 1 bis 7 des RID für innerstaatliche Beförderungen sowie zu den Teilen 1 bis 9 des ADN für innerstaatliche und grenzüberschreitende Beförderungen

1. Im Straßen- und Eisenbahnverkehr gelten für innerstaatliche Beförderungen und in der Binnenschifffahrt gelten für innerstaatliche und grenzüberschreitende Beförderungen die nachstehenden Einschränkungen zu den Teilen 1 bis 7:

1.1 Nachfolgende Güter sind abweichend von Abschnitt 1.1.2 ADR/RID/ADN von der Beförderung ausgeschlossen:

Güter, die

a) insgesamt mehr als 1 µg/kg (ppb) der polyhalogenierten Dibenzodioxine und -furane der Klasse 6.1 der Tabelle in Kapitel 3.2 ADR[1)]/RID/ADN der UN-Nummern 2810 und 2811 der nachfolgenden Nummer 1.2 Buchstabe a bzw. d oder

b) insgesamt mehr als 5 µg/kg (ppb) der polyhalogenierten Dibenzodioxine und -furane der Klasse 6.1 der Tabelle in Kapitel 3.2 ADR/RID/ADN der UN-Nummern 2810 und 2811 der nachfolgenden Nummer 1.2 Buchstabe a und b bzw. d und e oder

c) insgesamt mehr als 100 µg/kg (ppb) der polyhalogenierten Dibenzodioxine und -furane der Klasse 6.1 der Tabelle in Kapitel 3.2 ADR/RID/ADN der UN-Nummern 2810 und 2811 der nachfolgenden Nummer 1.2 Buchstabe a bis c

enthalten.

1.2 Zu den giftigen organischen flüssigen und festen Stoffen der Klasse 6.1 nach Kapitel 3.2 Tabelle A ADR/RID/ADN UN-Nummern 2810 und 2811 der Verpackungsgruppe I zählen auch:

a) 2,3,7,8-Tetrachlordibenzo-p-dioxin (TCDD),
1,2,3,7,8-Penta-CDD,
2,3,7,8-Tetrachlordibenzofuran (TCDF),
2,3,4,7,8-Penta-CDF,

b) 1,2,3,4,7,8-Hexa-CDD,
1,2,3,7,8,9-Hexa-CDD,
1,2,3,6,7,8-Hexa-CDD,
1,2,3,7,8-Penta-CDF,
1,2,3,4,7,8-Hexa-CDF,
1,2,3,7,8,9-Hexa-CDF,
1,2,3,6,7,8-Hexa-CDF,
2,3,4,6,7,8-Hexa-CDF,

c) 1,2,3,4,6,7,8-Hepta-CDD,
1,2,3,4,6,7,8,9-Octa-CDD,
1,2,3,4,6,7,8-Hepta-CDF,
1,2,3,4,7,8,9-Hepta-CDF,
1,2,3,4,6,7,8,9-Octa-CDF,

---

1) Nr. **535**.

d) 2,3,7,8-Tetrabromdibenzo-p-dioxin (TBDD),
1,2,3,7,8-Penta-BDD,
2,3,7,8-Tetrabromdibenzofuran (TBDF),
2,3,4,7,8-Penta-BDF,

e) 1,2,3,4,7,8-Hexa-BDD,
1,2,3,7,8,9-Hexa-BDD,
1,2,3,6,7,8-Hexa-BDD,
1,2,3,7,8-Penta-BDF.

2. Im Straßenverkehr gelten für innerstaatliche Beförderungen mit Fahrzeugen, die in Deutschland zugelassen sind, und für innerstaatliche Beförderungen im Eisenbahnverkehr die nachstehenden Einschränkungen zu den Teilen 1 bis 7 des ADR/RID:

2.1 Regelung zu den Freistellungen in Zusammenhang mit der Art der Beförderungsdurchführung nach Unterabschnitt 1.1.3.1 ADR/RID:

a) Für die Anwendung des Buchstaben a gilt folgende Regelung:
Bei explosiven Stoffen der Klasse 1 Unterklasse 1.1 bis 1.4 darf die Gesamtnettoexplosivstoffmasse je Beförderungseinheit/Wagen 3 kg nicht überschreiten. Bei Gegenständen mit Explosivstoff der Klasse 1 Unterklasse 1.1 bis 1.3 darf die Bruttomasse je Beförderungseinheit/Wagen 5 kg und bei Unterklasse 1.4 50 kg nicht überschreiten. Selbstzersetzliche feste und flüssige Stoffe, desensibilisierte explosive feste Stoffe und mit selbstzersetzlichen Stoffen verwandte Stoffe der Klasse 4.1, Stoffe der Klasse 4.2 und Stoffe der Klasse 4.3, jeweils Verpackungsgruppe I und II, Stoffe der Klasse 5.1 Verpackungsgruppe I und Stoffe der Klasse 5.2 dürfen je Stoff 1 kg Nettomasse nicht überschreiten. Für die in den Sätzen 1 bis 3 nicht genannten Stoffe und Gegenstände der Klassen 1 bis 9 dürfen die Höchstmengen gemäß Unterabschnitt 1.1.3.6 ADR[1]/RID nicht überschritten werden.

b) (weggefallen)

c) Für die Anwendung des Buchstaben c gilt folgende Regelung:

aa) Bei explosiven Stoffen der Klasse 1 Unterklasse 1.1 bis 1.4 darf die Gesamtnettoexplosivstoffmasse je Beförderungseinheit/Wagen 3 kg nicht überschreiten. Bei Gegenständen mit Explosivstoff der Klasse 1 Unterklasse 1.1 bis 1.3 darf die Bruttomasse je Beförderungseinheit/Wagen 5 kg und bei Unterklasse 1.4 50 kg nicht überschreiten. Selbstzersetzliche feste und flüssige Stoffe, desensibilisierte explosive feste Stoffe und mit selbstzersetzlichen Stoffen verwandte Stoffe der Klasse 4.1, Stoffe der Klasse 4.2 und Stoffe der Klasse 4.3, jeweils Verpackungsgruppe I und II, Stoffe der Klasse 5.1 Verpackungsgruppe I und Stoffe der Klasse 5.2 dürfen je Stoff 1 kg Nettomasse nicht überschreiten.

bb) Für die Beförderung nach Unterabschnitt 1.1.3.1 Buchstabe c ADR/RID müssen zusätzlich folgende Vorschriften eingehalten werden:

– Die „Allgemeinen Verpackungsvorschriften" nach den Unterabschnitten 4.1.1.1, 4.1.1.2, 4.1.1.6 und 4.1.1.7 ADR/RID sind zu beachten.

– Für Stoffe und Gegenstände der Klasse 2 gelten die allgemeinen Verpackungsvorschriften nach Unterabschnitt 4.1.6.8 ADR/RID.

2.2 Regelung zu den Übergangsvorschriften nach den Unterabschnitten 1.6.3.4 und 1.6.3.5 ADR/RID:

a) Die Randnummern 211 184, 211 185 Satz 1 und die Randnummer 211 186 in der für innerstaatliche Beförderungen geltenden Fassung der Gefahrgutverordnung Straße in der Fassung der Bekanntmachung vom 18. Juli 1995 (BGBl. I S. 1025) und

b) die Vorschriften der Anlage Anhang XI Absatz 1.8.4 Satz 3 und 4 und Absatz 1.8.5 in der für innerstaatliche Beförderungen geltenden Fassung der Gefahrgutverordnung Eisenbahn in der Fassung der Bekanntmachung vom 15. Dezember 1995 (BGBl. I S. 1852)

gelten für innerstaatliche Beförderungen weiter.

---

[1] Nr. **535**.

3. Im Straßenverkehr gelten für innerstaatliche Beförderungen mit Fahrzeugen, die in Deutschland zugelassen sind, die nachstehenden Vorschriften und Einschränkungen zu den Teilen 8 und 9 des ADR:

3.1 Verbot von Feuer und offenem Licht

Bei Ladearbeiten ist der Umgang mit Feuer oder offenem Licht in der Nähe der Fahrzeuge oder Container und in den Fahrzeugen oder Containern untersagt.

3.2 Unterrichtung des Fahrpersonals durch Befüller und Entlader

Übernimmt der Fahrzeugführer das Befüllen des Tanks, so hat der Befüller ihn in die Handhabung der Fülleinrichtung, soweit diese nicht Bestandteil des Fahrzeugs ist, einzuweisen. Entsprechendes gilt hinsichtlich der Entleerungseinrichtung für das Beförderungsunternehmen, das als Entlader tätig wird. Diese Einweisung ist schriftlich zu dokumentieren. Hinsichtlich der Aufbewahrung dieser Dokumentation gilt Abschnitt 1.3.3 ADR[1)] in Verbindung mit § 27 Absatz 5 Nummer 2 GGVSEB[2)] entsprechend.

3.3 Überwachung der Fahrzeuge und Container

Ergänzend zu Kapitel 8.4 sind alle mit orangefarbener Tafel kennzeichnungspflichtigen Fahrzeuge und Container entsprechend den Vorgaben nach Abschnitt 8.4.1 ADR[1)] zu überwachen. Gleiches gilt für Anhänger einer kennzeichnungspflichtigen Beförderungseinheit, die von dem Kraftfahrzeug getrennt geparkt werden, sofern diese Anhänger mit gefährlichen Gütern in kennzeichnungspflichtiger Menge beladen sind. Satz 2 gilt nicht für die Überwachung von Anhängern mit UN 1202.

4. Im Eisenbahnverkehr gelten für innerstaatliche Beförderungen die nachstehenden Vorschriften und Einschränkungen zu den Teilen 1 bis 7 des RID:

4.1 Hinweise in den Teilen 1 bis 7 RID auf das internationale Frachtrecht finden bei innerstaatlichen Beförderungen keine Anwendung. Bei innerstaatlichen Beförderungen gelten das anwendbare nationale Frachtrecht sowie mit ihm übereinstimmende Beförderungsbedingungen der Beförderer.

4.2 Gefahrgutbeförderung in Reisezügen

Gefahrgutbeförderungen in Reisezügen sind vorbehaltlich der Regelungen in den Buchstaben a und b verboten.

a) Die in den Unterabschnitten 1.1.2.2 und 1.1.2.3 in Verbindung mit den Kapiteln 7.6 und 7.7 RID genannten Regelungen bzw. Sicherheitsvorschriften sind auch für die innerstaatliche Beförderung zu beachten.

b) Im Übersetzverkehr mit der Eisenbahn über den Hindenburgdamm zwischen Niebüll und Westerland (Sylt) ist abweichend von den Unterabschnitten 1.1.2.2 und 1.1.2.3 in Verbindung mit den Kapiteln 7.6 und 7.7 RID die Gefahrgutbeförderung in Reisezügen unter Beachtung der nachfolgenden Bestimmungen erlaubt:

aa) Folgende Güter sind in folgenden Beförderungsmitteln zur Beförderung zugelassen:

Gefahrgüter der Klassen 1.4 und 2 bis 9	Beförderung in Versandstücken in gedeckten und bedeckten Straßenfahrzeugen
a) Gefahrgüter der Klasse 2 Gruppen A, O und F ohne Nebengefahr giftig, b) Gefahrgüter der Klasse 3, Verpackungsgruppe II und III ohne Nebengefahr giftig, c) Gefahrgüter der Klasse 8, Verpackungsgruppe II und III ohne Nebengefahr giftig und d) Gefahrgüter der Klasse 9, Verpackungsgruppe II und III	Beförderung in Tanks (Straßentankfahrzeugen, Straßenfahrzeugen mit Aufsetztanks und Straßenfahrzeugen mit Tankcontainern)

bb) Die Beförderung gefährlicher Güter erfolgt im Huckepackverkehr unter Beachtung der Vorschriften nach Unterabschnitt 1.1.4.4 RID.

1) Nr. **535**.
2) Nr. **510**.

cc) Zwischenwagen oder Elemente einer fest gekuppelten Einheit:
Erfolgt die Beförderung mit einzeln gekuppelten Güterwagen, ist zwischen den Güterwagen, auf denen mit gefährlichen Gütern beladene Straßenfahrzeuge verladen sind, und den übrigen Güterwagen, auf denen sich Personenkraftfahrzeuge oder mit Fahrgästen besetzte Busse befinden, mindestens ein unbeladener Güterwagen oder ein Güterwagen, der nur mit Straßenfahrzeugen ohne gefährliches Gut beladen ist, zu befördern.
Erfolgt die Beförderung mit fest gekuppelten Einheiten, sind zwischen den Elementen der Einheit, auf denen mit gefährlichen Gütern beladene Straßenfahrzeuge verladen sind, und den übrigen Elementen, auf denen sich Personenkraftfahrzeuge oder mit Fahrgästen besetzte Busse befinden, mindestens zwei unbeladene Elemente oder zwei Elemente, die nur mit Straßenfahrzeugen ohne gefährliches Gut beladen sind, oder je ein Element der vorstehenden Alternativen zu befördern.
Pro Reisezug darf nur eine kennzeichnungspflichtige Beförderungseinheit am Anfang oder am Ende mitgeführt werden.

dd) Schriftliche Weisungen:
Schriftliche Weisungen sind in den Straßenfahrzeugen nach den Vorschriften des Abschnitts 5.4.3 ADR mitzuführen.

ee) Beförderungsausschluss:
Die Beförderung von Straßenfahrzeugen mit gefährlichen Gütern in Verpackungen, einschließlich Großpackmittel (IBC) und Großverpackungen (Large Packagings), Straßentankfahrzeugen und Straßenfahrzeugen mit Aufsetztanks ist ausgeschlossen, wenn während der Beförderungsdauer mit einer Windstärke von 10 oder mehr (nach Beaufort-Skala) gerechnet werden kann.

ff) Straßenfahrzeuge mit ungereinigten leeren Tanks:
Vorstehende Regelungen sind auch bei der Beförderung von Straßenfahrzeugen mit ungereinigten leeren Tanks anzuwenden.

gg) Angaben im Beförderungspapier:
Die Bezeichnung des gefährlichen Gutes im Beförderungspapier nach dem Sylt-Shuttle-Tarif muss den Vorschriften des RID entsprechen.

5. In der Binnenschifffahrt gelten für innerstaatliche und grenzüberschreitende Beförderungen die nachstehenden Vorschriften und Einschränkungen zu den Teilen 1 bis 9 des ADN:

5.1 Eine Zustimmung nach Unterabschnitt 7.1.6.11 Anforderung ST01 ADN ist nicht erforderlich.

6. Abweichungen von den Teilen 1 bis 9 ADN für Beförderungen auf dem Rhein

6.1 Abweichend von den Abschnitten 7.1.5.1 und 7.2.5.1 ADN dürfen Schiffe, die gefährliche Güter befördern oder nicht entgast sind, nicht in Schubverbänden enthalten sein, deren Abmessungen 195 x 24 m überschreiten.

6.2 Folgende Übergangsbestimmungen gelten bei der Beförderung nachstehender Stoffe:

6.2.1 Folgende Stoffe dürfen in Tankschiffen des Typs N geschlossen mit einem Einstelldruck des Hochgeschwindigkeitsventils von mindestens 6 kPa (0,06 Bar) (Prüfdruck der Ladetanks von 10 kPa (0,10 Bar)) befördert werden:

a) Alle Stoffe, für die in Kapitel 3.2 Tabelle C ADN mindestens ein Tankschiff des Typs N offen, Typ N offen mit Flammendurchschlagsicherung oder Typ N geschlossen mit einem Einstelldruck des Hochgeschwindigkeitsventils von 10 kPa (0,10 Bar) gefordert wird.

b) Das nachstehend aufgeführte Schiff hatte am 31.12.1986 eine Sondergenehmigung für bestimmte Stoffe und ist auf Grund seiner Bauweise, d.h. mit Doppelboden und Wallgängen, zugelassen für die Beförderung von den in der separaten Liste aufgenommenen Stoffen.

Schiffsname	ENI Nummer	Stoffliste Nummer
T.M.S. PIZ EVEREST	0232 6324	1

6.2.2 Folgende Stoffe dürfen in Tankschiffen des Typs N geschlossen mit einem Einstelldruck des Hochgeschwindigkeitsventils von mindestens 10 kPa (0,10 Bar) (Prüfdruck der Ladetanks von 65 kPa (0,65 Bar)) befördert werden:

a) Alle Stoffe, für die in Kapitel 3.2 Tabelle C ADN mindestens ein Tankschiff des Typs N offen, des Typs N offen mit Flammendurchschlagsicherung oder des Typs N geschlossen mit einem Einstelldruck des Hochgeschwindigkeitsventils von 10 kPa (0,10 Bar) gefordert wird.
Wenn das Hochgeschwindigkeitsventil umgebaut wird auf 50 kPa (0,50 Bar), dürfen alle Stoffe, für die in Kapitel 3.2 Tabelle C ADN ein Einstelldruck des Hochgeschwindigkeitsventils von 50 kPa (0,50 Bar) gefordert wird, befördert werden.

b) Das nachstehend aufgeführte Schiff hatte am 31.12.1986 eine Sondergenehmigung für bestimmte Stoffe und ist auf Grund seiner Bauweise, d.h. mit Doppelboden und Wallgängen, zugelassen für die Beförderung von den in der separaten Liste aufgenommenen Stoffen.

Schiffsname	ENI Nummer	Stoffliste Nummer
T.M.S. EILTANK 9	0430 4830	5

6.2.3 Folgende Stoffe dürfen in Tankschiffen des Typs C mit einem Einstelldruck des Hochgeschwindigkeitsventils von mindestens 9 kPa (0,09 Bar) befördert werden:

Alle Stoffe, für die in Kapitel 3.2 Tabelle C ADN mindestens ein Tankschiff des Typs N oder des Typs C mit einem Einstelldruck des Hochgeschwindigkeitsventils von 10 kPa (0,10 Bar) gefordert wird.

6.2.4 Folgende Stoffe dürfen in Tankschiffen des Typs C mit einem Einstelldruck des Hochgeschwindigkeitsventils von mindestens 35 kPa (0,35 Bar) befördert werden:

Alle Stoffe, für die in Kapitel 3.2 Tabelle C ADN mindestens ein Tankschiff des Typs N oder des Typs C mit einem Einstelldruck des Hochgeschwindigkeitsventils von 35 kPa (0,35 Bar) gefordert wird.

Wenn das Hochgeschwindigkeitsventil umgebaut wird auf 50 kPa (0,50 Bar), dürfen alle Stoffe, für die in Kapitel 3.2 Tabelle C ADN ein Einstelldruck des Hochgeschwindigkeitsventils von 50 kPa (0,50 Bar) gefordert wird, befördert werden.

Stoffliste Nummer 1:

UN-Nummer	Klasse und Klassifizierungscode	Verpackungsgruppe	Benennung und Beschreibung
1114	3, F1	II	BENZEN
1134	3, F1	III	CHLORBENZEN (Phenylchlorid)
1143	6.1, TF1	I	CROTONALDEHYD, STABILISIERT
1203	3, F1	II	BENZIN MIT MEHR ALS 10 % BENZEN
1218	3, F1	I	ISOPREN, STABILISIERT
1247	3, F1	II	METHYLMETHACRYLAT, MONOMER, STABILISIERT
1267	3, F1	I	ROHERDÖL, MIT MEHR ALS 10 % BENZEN
1267	3, F1	II	ROHERDÖL, MIT MEHR ALS 10 % BENZEN
1268	3, F1	I	ERDÖLDESTILLATE, N.A.G. MIT MEHR ALS 10 % BENZEN oder ERDÖLPRODUKTE, N.A.G. MIT MEHR ALS 10 % BENZEN
1268	3, F1	II	ERDÖLDESTILLATE, N.A.G. MIT MEHR ALS 10 % BENZEN oder ERDÖLPRODUKTE, N.A.G. MIT MEHR ALS 10 % BENZEN
1277	3, FC	II	PROPYLAMIN (1-Aminopropan)
1278	3, F1	II	1-CHLORPROPAN (Propylchlorid)

UN-Nummer	Klasse und Klassifizierungscode	Verpackungsgruppe	Benennung und Beschreibung
1296	3, FC	II	TRIETHYLAMIN
1578	6.1, T2	II	CHLORNITROBENZENE, FEST, GESCHMOLZEN (p-CHLORNITROBENZEN)
1591	6.1, T1	III	o-DICHLORBENZEN
1593	6.1, T1	III	DICHLORMETHAN (Methylenchlorid)
1605	6.1, T1	I	1,2-DIBROMETHAN
1710	6.1, T1	III	TRICHLORETHYLEN
1750	6.1, TC1	II	CHLORESSIGSÄURE, LÖSUNG
1831	8, CT1	I	SCHWEFELSÄURE, RAUCHEND
1846	6.1, T1	II	TETRACHLORKOHLENSTOFF
1863	3, F1	I	DÜSENKRAFTSTOFF MIT MEHR ALS 10 % BENZEN
1863	3, F1	II	DÜSENKRAFTSTOFF MIT MEHR ALS 10 % BENZEN
1888	6.1, T1	III	CHLOROFORM
1897	6.1, T1	III	TETRACHLORETHYLEN
1993	3, F1	I	ENTZÜNDBARER FLÜSSIGER STOFF, N.A.G. MIT MEHR ALS 10 % BENZEN
1993	3, F1	II	ENTZÜNDBARER FLÜSSIGER STOFF, N.A.G. MIT MEHR ALS 10 % BENZEN
2205	6.1, T1	III	ADIPONITRIL
2238	3, F1	III	CHLORTOLUENE (m-, o- oder p-CHLORTOLUEN)
2263	3, F1	II	DIMETHYLCYCLOHEXANE (cis-1,4-DIMETHYLCYCLOHEXAN)
2263	3, F1	II	DIMETHYLCYCLOHEXANE (trans-1,4-DIMETHYLCYCLOHEXAN)
2266	3, FC	II	DIMETHYL-N-PROPYLAMIN
2312	6.1, T1	II	PHENOL, GESCHMOLZEN
2333	3, FT1	II	ALLYLACETAT
2733	3, FC	II	AMINE, ENTZÜNDBAR, ÄTZEND, N.A.G. (2-AMINOBUTAN)
2810	6.1, T1	III	GIFTIGER, ORGANISCHER, FLÜSSIGER STOFF, N.A.G. (1,1,2-Trichlorethan)
2874	6.1, T1	III	FURFURYLALKOHOL
3295	3, F1	I	KOHLENWASSERSTOFFE, FLÜSSIG, N.A.G. MIT MEHR ALS 10 % BENZEN
3295	3, F1	II	KOHLENWASSERSTOFFE, FLÜSSIG, N.A.G. MIT MEHR ALS 10 % BENZEN
3455	6.1, TC2	II	CRESOLE, FEST, GESCHMOLZEN

Stofflisten Nummer 2 bis 4
(weggefallen)

Stoffliste Nummer 5:

UN-Nummer	Klasse und Klassifizierungscode	Verpackungsgruppe	Benennung und Beschreibung
1134	3, F1	III	CHLORBENZEN (Phenylchlorid)
1218	3, F1	I	ISOPREN, STABILISIERT
1247	3, F1	II	METHYLMETHACRYLAT, MONOMER, STABILISIERT
1277	3, FC	II	PROPYLAMIN (1-Aminopropan)
1278	3, F1	II	1-CHLORPROPAN (Propylchlorid)
1296	3, FC	II	TRIETHYLAMIN
1547	6.1, T1	II	ANILIN
1750	6.1, TC1	II	CHLORESSIGSÄURE, LÖSUNG
1831	8, CT1	I	SCHWEFELSÄURE, RAUCHEND
2238	3, F1	III	CHLORTOLUENE (m-, o- oder p-CHLORTOLUEN)
2263	3, F1	II	DIMETHYLCYCLOHEXANE (cis-1,4-DIMETHYLCYCLOHEXAN)
2263	3, F1	II	DIMETHYLCYCLOHEXANE (trans-1,4-DIMETHYLCYCLOHEXAN)
2266	3, FC	II	DIMETHYL-N-PROPYLAMIN
2333	3, FT1	II	ALLYLACETAT
2733	3, FC	II	AMINE, ENTZÜNDBAR, ÄTZEND, N.A.G. (2-AMINOBUTAN)
3446	6.1, T2	II	NITROTOLUENE, FEST, GESCHMOLZEN (o-NITROTOLUEN)

Anlage 3
(zu § 36b)

Festlegung der Anforderungen für besonders ausgerüstete Fahrzeuge/Wagen und Container/Großcontainer nach Abschnitt 7.3.3 Sondervorschrift VC 3 zur Beförderung erwärmter flüssiger und fester Stoffe der UN-Nummern 3257 und 3258 ADR/RID

1. Anwendungsbereich

Erwärmte Stoffe der UN-Nummern 3257 und 3258 dürfen in loser Schüttung in besonders ausgerüsteten Fahrzeugen/Wagen oder Containern/Großcontainern befördert werden, wenn die nachfolgenden Anforderungen erfüllt werden.

1.1 Erwärmte flüssige Stoffe, UN-Nummer 3257, sind insbesondere
- flüssiges Aluminium,
- Bitumen,
- flüssiges Eisen,
- heißes Paraffin (Wachs).

1.2 Erwärmte feste Stoffe, UN-Nummer 3258, sind insbesondere
- heiße Brammen (massive Metalle als Halbzeug),
- Stahlcoils (warm gewalzt),
- Aluminiumkrätze, wenn dieses Gut den Grenzwert für die Gasbildung von 1 Liter je Kilogramm Masse in einer Stunde gemäß Absatz 2.2.43.1.5 Buchstabe b ADR/RID nicht überschreitet,

wenn die Temperatur bei Beginn der Beförderung 240 °C oder höher ist.

2. Allgemeine Anforderungen an die Umschließungen und deren Ladungssicherung

2.1 Die Umschließungen für das Gefahrgut (z.B. Sandbett mit hydraulisch bewegbarer Schutzhaube für den Transport heißer massiver Metalle, Coil-Wannen für den Transport von Coils, feuerfest ausgekleidete Tiegel für den Transport flüssiger Metalle, in feste Aufleger gesetzte Kübel mit umschließender Schutzhaube unter Schutzgasatmosphäre für den Transport heißer Aluminiumkrätze; siehe dazu auch Anhang 1) müssen entweder so isoliert sein, dass eine Oberflächentemperatur von 130 °C während des Beförderungsvorgangs nicht überschritten wird, oder so aufgestellt sein, dass ein Berühren der Umschließung nicht möglich ist. Hiervon ausgenommen ist die Regelung in Nummer 5.13 dieser Anlage. In keinem Fall darf durch die Oberflächentemperatur das Fahrzeug/der Wagen, insbesondere die Bremsleitungen und elektrischen Leitungen, in dessen Funktion beeinträchtigt werden.

2.2 Die Umschließungen sind gemäß den Grundsätzen der Ladungssicherung nach Unterabschnitt 7.5.7.1 ADR/RID auf dem Fahrzeug/Wagen zu befestigen. Die heißen Güter sind in ihren Umschließungen so einzubringen und zu befördern, dass sich die relative Lage der Güter zu ihren Umschließungen bei normaler Beförderung nicht ändert (Beispiel: Sandbett mit Querverstrebungen bei Brammen, Coil-Wannen, Beförderung in loser Schüttung in Behältern).

2.3 Von der Anbringung von Kennzeichen nach Kapitel 5.3 ADR/RID auf den Umschließungen kann abgesehen werden, wenn diese bereits auf dem Fahrzeug/Wagen angebracht wurden.

3. Brand- und Explosionsschutz

Jede Brandgefahr durch thermische Einwirkung des Stoffes auf die Umschließung, das Fahrzeug/den Wagen oder Ladungssicherungshilfsmittel sowie jede Explosionsgefahr durch z.B. austretende Dämpfe oder chemische Reaktion entstandener Gase ist zu vermeiden (z.B. durch Schutzgase).

4. Zusätzliche Anforderungen für die Beförderung flüssiger Metalle in Tiegeln

4.1 Konstruktion und Prüfung der Tiegel

Tiegel, die seit dem 1. September 2016 gebaut werden, sind nach dem Stand der Technik unter Anwendung eines geeigneten technischen Regelwerks (EN 14025:2013 oder gleichwertiges Sicherheitsniveau) konstruktiv zu berechnen und herzustellen. Die konstruktive Auslegung ist im Rahmen eines Baumusterprüfverfahrens durch eine Stelle nach § 12 der GGVSEB[1] auf Einhaltung der konstruktiven Anforderungen aus dem verwendeten technischen Regelwerk zu überprüfen. Hinsichtlich der Anforderungen an die zu prüfenden Unterlagen wird auf die Maßgaben der EN 12972:2007 hingewiesen. Über das Ergebnis der Baumusterprüfung ist ein qualifizierter Prüfbericht durch die mit der Prüfungsdurchführung beauftragte Stelle nach § 12 der GGVSEB auszustellen. Eine Kopie des Baumusterprüfberichts ist der Tiegelakte jedes hergestellten Tiegels gemäß Nummer 4.7 dieser Anlage beizufügen.

Bei der Dimensionierung und der Befestigung der Tiegel auf dem Fahrzeug/Wagen sind der hydrostatische Druck und die Schwallwirkung des flüssigen Metalls zu berücksichtigen. Dabei sind die Beschleunigungen des Absatzes 6.8.2.1.2 ADR bzw. die Beanspruchungen des Absatzes 6.8.2.1.2 RID zugrunde zu legen. Diese Anforderung gilt auch für Tiegel, die vor dem oben genannten Datum hergestellt wurden.

Die Verschlüsse der Tiegel sind ebenfalls gemäß einem geeigneten technischen Regelwerk auszulegen und so zu gestalten, dass sie auch bei umgekipptem befülltem Tiegel dicht bleiben.

Die Einfüll- und Ausgussöffnungen müssen konstruktiv geschützt werden, z.B. durch Kragen, Abweiser, Käfige oder gleichwertige Konstruktionen (siehe dazu die Beispiele in Anhang 2). Dabei ist die Schutzeinrichtung an der Tiegeloberseite so auszulegen, dass sie insgesamt einer statischen Belastung standhält, die der doppelten Masse des befüllten Tiegels entspricht.

Plastische Verformungen der Schutzeinrichtung durch das Einwirken der oben genannten Belastung sind soweit zulässig, wie der Schutz der Einfüll- und Ausgussöffnungen gewährleistet bleibt. Die Nachrüstung der Schutzeinrichtung bei vorhandenen Tiegeln war bis zum 30. Juni 2018 abzuschließen.

Die Überprüfung der vorgesehenen Schutzeinrichtung hinsichtlich ihrer konstruktiven Auslegung, Dimensionierung und Ausführung je Tiegel obliegt den Stellen nach § 12 der GGVSEB. Dazu ist jeweils ein qualifizierter Prüfbericht auszustellen sowie erforderlichenfalls

---

[1] Nr. **510**.

nach erfolgtem Anbau eine außerordentliche Prüfung gemäß Nummer 4.5 dieser Anlage durchzuführen. Der Prüfbericht über die Schutzeinrichtung sowie gegebenenfalls die außerordentliche Prüfung sind der Tiegelakte gemäß Nummer 4.7 dieser Anlage beizufügen.

4.2 Erstmalige Prüfung der Tiegel vor der Inbetriebnahme

Die Tiegel sind erstmalig vor Inbetriebnahme durch eine Stelle nach § 12 der GGVSEB[1] unter Anwendung der EN 12972:2007 zu prüfen.

Die Prüfung umfasst mindestens:

- eine Prüfung der Übereinstimmung mit den Konstruktionsunterlagen oder Gutachten unter Berücksichtigung des qualifizierten Prüfberichts über die Baumusterprüfung,
- eine Bauprüfung,
- eine Prüfung des inneren und äußeren Zustands,
- eine Wasserdruckprüfung mit einem Prüfdruck von 4 Bar; die Tiegel dürfen noch nicht feuerfest ausgekleidet oder beschichtet sein,
- eine Dichtheitsprüfung und eine Funktionsprüfung der Ausrüstungsteile.

Die Wasserdruckprüfung und Dichtheitsprüfung sind auch mit einer Ersatzdichtung zulässig.

4.3 Zwischenprüfung der Tiegel

Die Tiegel sind nach der erstmaligen Prüfung und jeder wiederkehrenden Prüfung nach Nummer 4.4 dieser Anlage Zwischenprüfungen durch eine Stelle nach § 12 der GGVSEB[1], mit Ausnahme der Wasserdruckprüfung und der Innenbesichtigung der metallischen Oberfläche, zu unterziehen. Die Zwischenprüfung umfasst die

- Prüfung des äußeren Zustands, diese schließt auch die Unversehrtheit der Flansch- und Deckelverbindungen ein,
- Wanddickenmessung,
- zerstörungsfreie Prüfung aller zugänglichen Schweißnähte.

Die maximale Frist für die Zwischenprüfung beträgt sechs Jahre. Dabei ist auch die Prüfung des inneren Zustands durch eine fachkundige Person in Verantwortung des Betreibers durchzuführen.

4.4 Wiederkehrende Prüfung der Tiegel

Bei jeder Erneuerung der Feuerfestauskleidung (Ausmauerung), spätestens jedoch nach zwölf Jahren, ist eine wiederkehrende Prüfung durch eine Stelle nach § 12 der GGVSEB[1] durchzuführen. Der Umfang der Prüfung entspricht der nach Nummer 4.3 dieser Anlage zzgl. einer Wasserdruckprüfung mit einem Prüfdruck von 4 Bar sowie einer Besichtigung der metallischen inneren Oberfläche des Tiegels. Die Wasserdruckprüfung ist auch mit einer Ersatzdichtung zulässig.

4.5 Außerordentliche Prüfung der Tiegel

Wenn die Sicherheit der Tiegel durch Ausbesserung, Umbau oder Unfall beeinträchtigt sein kann, ist eine außerordentliche Prüfung durch eine Stelle nach § 12 der GGVSEB[1] in entsprechender Anwendung des Absatzes 6.8.2.4.4 ADR/RID durchzuführen.

4.6 Kennzeichnung der Tiegel

Die Tiegel sind in entsprechender Anwendung des Absatzes 6.8.2.5.1 ADR/RID auf einem Tiegelschild zu kennzeichnen (Kennzeichnung für die Prüfung nach Absatz 6.8.2.4.1 und 6.8.2.4.2 ADR/RID mit „P", für die Prüfung nach Absatz 6.8.2.4.3 ADR/RID mit „L").

4.7 Führen einer Tiegelakte (Wartungs- und Prüfbuch)

Die Ergebnisse aller Prüfungen und die der erstmaligen Prüfung zugrundeliegenden Unterlagen sind vom Betreiber in der Tiegelakte aufzubewahren.

4.8 Beförderung der Tiegel

An die Fahrzeuge für den Straßenverkehr werden folgende zusätzlichen Anforderungen gestellt:

---

[1] Nr. **510**.

– Das Kraftfahrzeug (Zugmaschine oder Motorwagen) muss seit dem 1. Juli 2017 und der Sattelanhänger oder Anhänger ab dem 1. Januar 2021 mit einer Fahrdynamikregelung (Electronic Stability Control – ESC) ausgestattet sein.

– Die Tiegel sind auf den Fahrzeugen/Wagen so zu verladen, dass z.B. Bremsleitungen und elektrische Leitungen in ihrer Funktion nicht beeinflusst werden können.

– Die Tiegel sind auf den Fahrzeugen/Wagen so auszurichten, dass die Ausgussöffnungen in oder gegen die Fahrtrichtung angeordnet sind.

4.9 Anforderungen an die Fahrzeugführer

Ergänzend zum Basiskurs nach Unterabschnitt 8.2.1.2 müssen die Fahrzeugführer für die Beförderung von flüssigen Metallen in Tiegeln entweder eine Schulungsbescheinigung für den Aufbaukurs Tank nach Unterabschnitt 8.2.1.3 ADR besitzen oder eine ergänzende Einweisung durch eine fachkundige Person erhalten. Diese soll die folgenden Schwerpunkte beinhalten:

– besonderes Fahrverhalten der Trägerfahrzeuge mit Tiegeln,

– allgemeine Grundlagen der Fahrphysik (Fahrstabilität/Kippverhalten, insbesondere Schwerpunkthöhe, Schwallwirkung),

– Grenzen von Fahrdynamikregelungen (ESC) und

– besondere Maßnahmen, die bei einem Unfall einzuleiten sind.

Diese Einweisung ist mit Datum, Dauer und wesentlichem Inhalt schriftlich oder elektronisch durch den Beförderer zu dokumentieren.

5. Sondervorschriften für den Transport von flüssigem Eisen in Torpedo- oder Rohrpfannenwagen (Pfannen) mit der Eisenbahn

5.1 Die Pfannen müssen aus einem Blechmaterial und einer geeigneten feuerfesten Auskleidung bestehen. Der Blechmantel der Pfanne muss als selbsttragendes System auf zwei Stützen aufgebaut sein.

5.2 Die Pfannen, ihre Einfüllöffnungen und ihre baulichen Ausrüstungen müssen so beschaffen sein, dass sie ohne Verlust des Inhalts unter normalen Beförderungsbedingungen den statischen und dynamischen Beanspruchungen, wie sie in Absatz 6.8.2.1.2 RID festgelegt sind, standhalten.

5.3 Bei höchster Betriebslast darf die zulässige Beanspruchung im Blechmantel der Pfanne 6/10 der oberen Streckgrenze (0,6 Re bei 20 °C und 0,75 Re bei 250 °C, je nachdem, welcher Wert niedriger ist) nicht überschreiten.

5.4 Im Blechmantel der Pfannen ist eine ausreichende Zahl von Ausdampflöchern anzubringen, deren Durchmesser maximal 10 mm betragen darf.

5.5 Der feuerfeste Aufbau muss dem Stand der Technik entsprechen. Jede Erneuerung und Reparatur des feuerfesten Aufbaus ist durch den Betreiber bzw. Hersteller aufzuzeichnen.

5.6 Die Eigenschaften der feuerfesten Materialien für die Auskleidung von Pfannen sind im Rahmen der Qualitätskontrollen vom Betreiber oder Lieferanten durch entsprechende Prüfungen zu überwachen. Für die tragenden Teile der Pfannen sind nur geprüfte Werkstoffe zu verwenden. Die Prüfung ist durch das Abnahmezeugnis und die Bescheinigung nachzuweisen. TRT 042 (VkBl. 2003 Heft 7 Seite 178) gilt entsprechend.

5.7 Schweißarbeiten am Blechmantel, insbesondere an tragenden Teilen, dürfen nur von anerkannten Schweißbetrieben und nur von geprüften Schweißern unter Aufsicht einer zugelassenen Schweißaufsichtsperson vorgenommen werden. Die Anforderungen aus Absatz 6.8.2.1.23 RID gelten entsprechend.

5.8 Die Pfannen sind erstmalig vor der Inbetriebnahme zu prüfen.

5.9 Die Pfannen sind wiederkehrenden Prüfungen zu unterziehen. Diese umfassen

– die Wanddickenmessung,

– die Rissprüfung im Bereich der Auflagerstellen,

– die Gefügeuntersuchung.

5.10 Die wiederkehrenden Prüfungen sind spätestens nach acht Jahren durchzuführen. Bei jeder Erneuerung der Feuerfestauskleidung (Verschleiß- und Dauerfutter) muss eine Innenbesichtigung der metallischen Oberfläche erfolgen.

5.11 Wenn die Sicherheit der Pfanne durch Ausbesserung, Umbau oder Unfall beeinträchtigt sein kann, ist eine außerordentliche Prüfung vorzunehmen.

5.12 Alle vorstehenden Prüfungen sind durch eine Stelle nach § 12 der GGVSEB[1)] durchzuführen. Über die Prüfungen sind von den Prüfstellen Bescheinigungen auszustellen, die vom Betreiber aufzubewahren sind.

5.13 Während der Beförderung darf die Oberflächentemperatur im frei zugänglichen Bereich des metallischen Außenbehälters 250 °C nicht übersteigen.

5.14 Die feuerfeste Auskleidung der Pfannen ist vom Betreiber vor dem ersten Einsatz zu kontrollieren.

5.15 Das Aufheizen ist nach einem Aufheizplan entsprechend der gewählten Steinqualität und Art der Auskleidung vorzunehmen und zu überwachen.

5.16 Vor jeder Verwendung ist der ordnungsgemäße Zustand der Pfannen vom Betreiber oder Befüller zu überprüfen. Zutreffendenfalls sind Nachbesserungen vorzunehmen. Hierüber sind Aufzeichnungen zu führen.

5.17 Während des Transports ist die Einfüllöffnung der Pfannen mit einem Deckel dicht zu verschließen.

Anhang 1

Bild 1

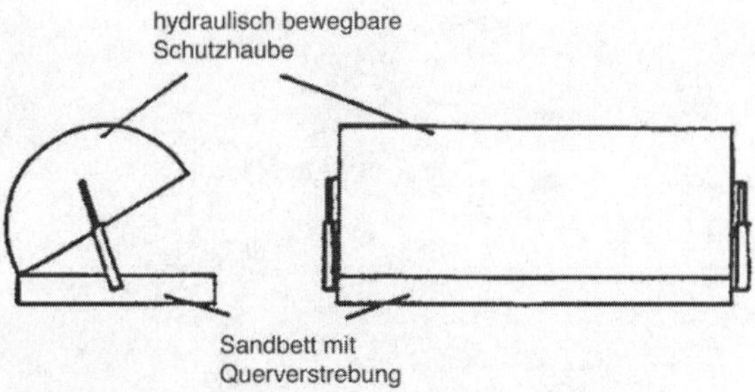

[1)] Nr. **510**.

Bild 2

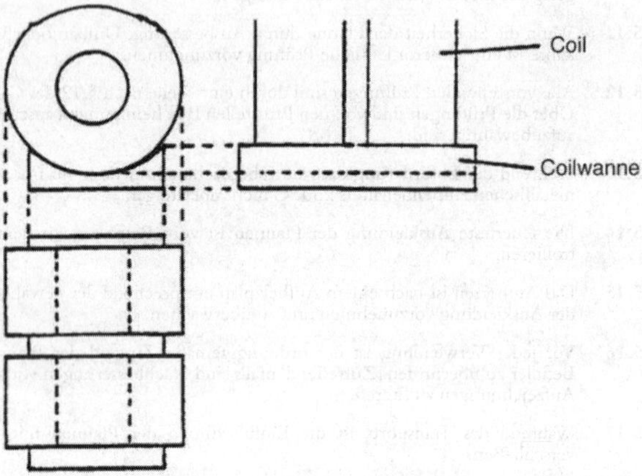

Anhang 2

Schutzeinrichtung „Kragen"

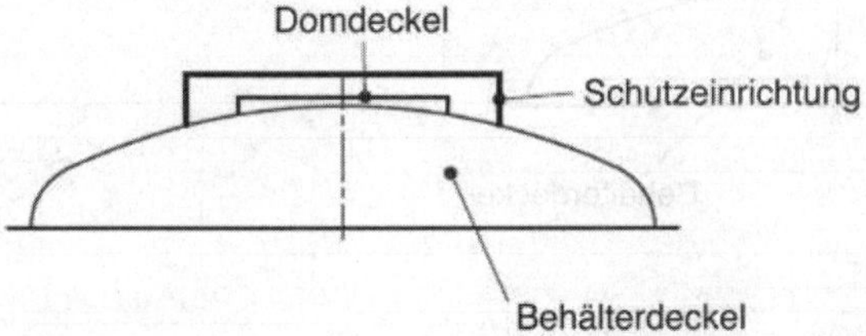

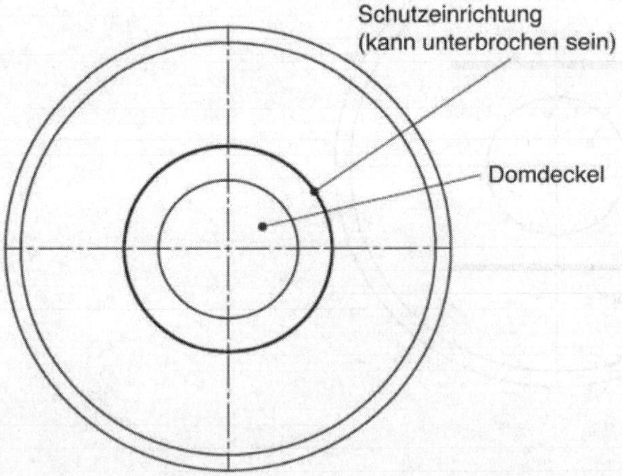

Schutzeinrichtung „Abweiser"

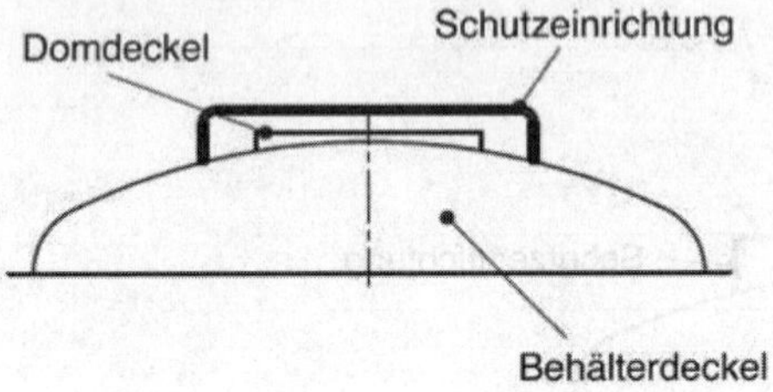

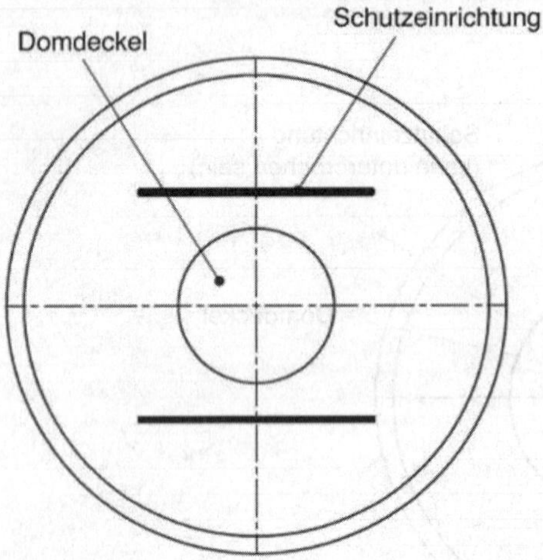

Schutzeinrichtung „Käfig“

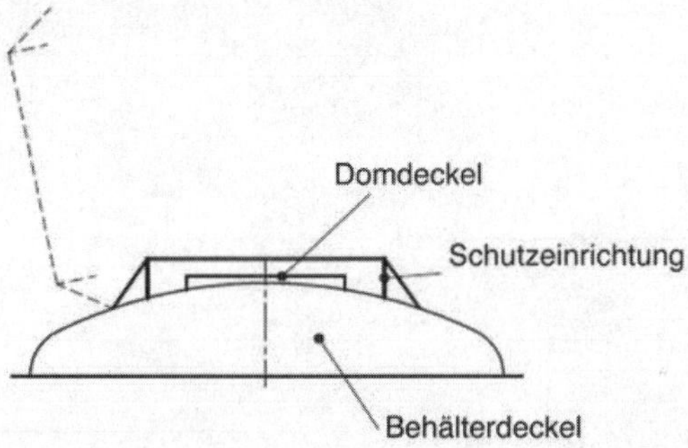

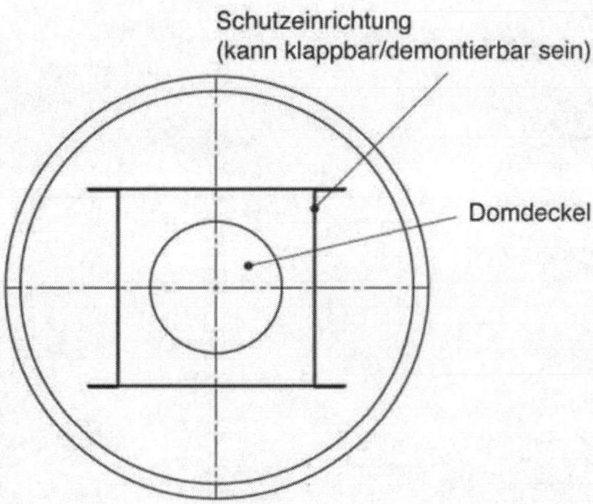

515. Verordnung über Ausnahmen von den Vorschriften über die Beförderung gefährlicher Güter (Gefahrgut-Ausnahmeverordnung – GGAV)

In der Fassung der Bekanntmachung vom 11. März 2019[1)]
(BGBl. I S. 229)

FNA 9241-23-27

geänd. durch Art. 2 Zwölfte VO zur Änd. gefahrgutrechtl. Verordnungen v. 21.10.2019 (BGBl. I S. 1472)

§ 1 Geltungsbereich. (1) Diese Verordnung enthält allgemeine Ausnahmen von

1. der Gefahrgutverordnung Straße, Eisenbahn und Binnenschifffahrt[2)] vom 30. März 2017 (BGBl. I S. 711, 993), die zuletzt durch Artikel 1 der Verordnung vom 20. Februar 2019 (BGBl. I S. 124) geändert worden ist, und
2. der Gefahrgutverordnung See in der Fassung der Bekanntmachung vom 7. Dezember 2017 (BGBl. I S. 3862; 2018 I S. 131).

(2) [1]Die in der Anlage dieser Verordnung aufgeführten Ausnahmen finden nur in dem Geltungsbereich Anwendung, der im Titel der einzelnen Ausnahmen durch Buchstaben gekennzeichnet ist. [2]Die dort verwendeten Buchstaben haben folgende Bedeutung:

1. „B" entspricht dem Geltungsbereich der Gefahrgutverordnung Straße, Eisenbahn und Binnenschifffahrt nach § 1 Absatz 1 Satz 1 Nummer 3 für Beförderungen auf allen schiffbaren Binnengewässern (Binnenschifffahrt),
2. „E" entspricht dem Geltungsbereich der Gefahrgutverordnung Straße, Eisenbahn und Binnenschifffahrt nach § 1 Absatz 1 Satz 1 Nummer 2 für Beförderungen auf der Schiene mit Eisenbahnen (Eisenbahnverkehr),
3. „M" entspricht dem Geltungsbereich der Gefahrgutverordnung See nach § 1 Absatz 1 und
4. „S" entspricht dem Geltungsbereich der Gefahrgutverordnung Straße, Eisenbahn und Binnenschifffahrt nach § 1 Absatz 1 Satz 1 Nummer 1 für Beförderungen auf der Straße mit Fahrzeugen (Straßenverkehr).

§ 2 Geltungsbereich von Ausnahmegenehmigungen nach § 5 Absatz 1 Nummer 2 und Absatz 2 der Gefahrgutverordnung Straße, Eisenbahn und Binnenschifffahrt. [1]Für Beförderungen zum und vom nächstgelegenen geeigneten Bahnhof gelten Ausnahmegenehmigungen nach § 5 Absatz 1 Nummer 2 und Absatz 2 der Gefahrgutverordnung Straße, Eisenbahn und Binnenschifffahrt[2)] auch bei Beförderungen im Straßenverkehr. [2]In diesen Fällen ist ein Abdruck der jeweiligen Ausnahmegenehmigung dem Beförderungspapier beizufügen.

[1)] Neubekanntmachung der GGAV 2002 v. 6.11.2002 (BGBl. S. 4350) in der ab 1.1.2019 geltenden Fassung. Die VO wurde in ihrer ursprünglichen Fassung erlassen auf Grund von § 3 Abs. 1 und § 6 iVm § 7a und auf Grund von § 5 Abs. 2 des Gefahrgutbeförderungsgesetzes (Nr. **500**) idF der Bek. v. 29.9.1998 (BGBl. I S. 3114).

[2)] Nr. **510**.

§ 3 Grenzüberschreitende Beförderung. Soweit in einer Ausnahme in der Anlage zu dieser Verordnung nicht ausdrücklich etwas anderes bestimmt ist, darf bei grenzüberschreitenden Beförderungen der innerstaatliche Teil der Beförderung nach den Vorschriften dieser Verordnung erfolgen.

Anlage[1)]
(zu § 1 Absatz 2)

[Ausnahmen]

Erklärung der verwendeten Abkürzungen

In dieser Anlage bedeuten:

ADN	Europäisches Übereinkommen über die internationale Beförderung von gefährlichen Gütern auf Binnenwasserstraßen
ADR	Europäisches Übereinkommen über die internationale Beförderung gefährlicher Güter auf der Straße[2)]
AGBwGGVSE	Allgemeine Ausnahmegenehmigungen der Bundeswehr zur Gefahrgutverordnung Straße und Eisenbahn
Bem.	Bemerkung
BGBl.	Bundesgesetzblatt
CSC	Internationales Übereinkommen über sichere Container
CTU	Güterbeförderungseinheit (Cargo transport unit)
EmS	Unfallbekämpfungsmaßnahmen für Schiffe, die gefährliche Güter befördern
Flp.	Flammpunkt
GGVSEB	Gefahrgutverordnung Straße, Eisenbahn und Binnenschifffahrt[3)]
GGVSee	Gefahrgutverordnung See
IMDG-Code	International Maritime Dangerous Goods Code
MEGC	Gascontainer mit mehreren Elementen
MEMU	Mobile Einheit zur Herstellung von explosiven Stoffen oder Gegenständen mit Explosivstoff
n.a.g.	nicht anderweitig genannt
PBDD	Polybromierte Dibenzodioxine
PBDF	Polybromierte Dibenzofurane
PCB	Polychlorierte Biphenyle
PCDD	Polychlorierte Dibenzodioxine
PCDF	Polychlorierte Dibenzofurane
PCT	Polychlorierte Terphenyle

[1)] Anl. geänd. mWv 1.11.2019 durch VO v. 21.10.2019 (BGBl. I S. 1472).
[2)] Nr. **535**.
[3)] Nr. **510**.

Richtlinie 2008/68/EG	Richtlinie 2008/68/EG des Europäischen Parlaments und des Rates über die Beförderung gefährlicher Güter im Binnenland (ABl. L 260 vom 30.9.2008, S. 13), die zuletzt durch die Richtlinie 2018/1846/EU (ABl. L 299 vom 26.11.2018 S. 58) geändert worden ist
RID	Ordnung für die internationale Eisenbahnbeförderung gefährlicher Güter
S.	Seite
StVZO	Straßenverkehrs-Zulassungs-Ordnung[1)]
TCDD	Tetrachlordibenzo-p-dioxin
TE	Toxizitätsäquivalent-Faktor
UN	United Nations (Vereinte Nationen)
VMBl	Ministerialblatt des Bundesministeriums der Verteidigung

Inhaltsverzeichnis

---

1) Nr. **200**.

Ausnahme 33 (M)	Beförderung gefährlicher Güter auf Fährschiffen, die Küstenschifffahrt betreiben
Ausnahme 34 (M)	Beförderung gefährlicher Güter zur Offshore-Versorgung

Ausnahme 1

– offen –

Ausnahme 2

– offen –

Ausnahme 3

– offen –

Ausnahme 4

– offen –

Ausnahme 5

– offen –

Ausnahme 6

– offen –

Ausnahme 7

– offen –

Ausnahme 8 (B)

(nicht wiedergegeben; betrifft nur Beförderungen im Geltungsbereich der Binnenschifffahrt)

Ausnahme 9 (B, E, S) Tanks aus glasfaserverstärktem Kunststoff

1 Abweichend von § 1 Absatz 3 Nummer 1 bis 3 der GGVSEB [1] in Verbindung mit den Teilen 4 und 6 ADR [2]/RID/ADN sowie Abschnitt 7.4.1 ADR und Kapitel 7.4 RID dürfen bestimmte

a) entzündbare flüssige Stoffe der Klasse 3,

b) entzündend (oxidierend) wirkende Stoffe der Klasse 5.1,

c) giftige Stoffe der Klasse 6.1,

d) ätzende Stoffe der Klasse 8

nach der Ausnahme Nr. 26 der GGAV vom 23. Juni 1993 (BGBl. I S. 994), die zuletzt durch Artikel 1 der Verordnung vom 23. Juni 1999 (BGBl. I S. 1435) geändert worden ist, in Tanks (festverbundene Tanks, Aufsetztanks und Tankcontainer) aus glasfaserverstärktem ungesättigtem Polyesterharz oder glasfaserverstärkten Epoxidharz-Formstoffen (glasfaserverstärktem Kunststoff) befördert werden, für die diese Tanks vor dem 1. Januar 2002 entsprechend der jeweils gültigen Fassung der Ausnahme Nr. 26 der GGAV vom 23. Juni 1993 gebaut, ausgerüstet, bauartgeprüft, zugelassen und gekennzeichnet worden sind. Die neue Bezeichnung der Stoffe (UN-

[1] Nr. **510**.
[2] Nr. **535**.

Nummer und Benennung) ist nach Kapitel 3.2 Tabelle A ADR/RID von den nach der GGVSEB für die Prüfung oder Zulassung von Tanks zuständigen Stellen zu ermitteln und in den Bescheinigungen nach Unterabschnitt 6.9.5.3 ADR/RID sowie in der ADR-Zulassungsbescheinigung nach Unterabschnitt 9.1.3.1 ADR und bei Tankcontainern zusätzlich auf dem Tankcontainer (auf dem Tank selbst oder auf einer Tafel) nach Absatz 6.8.2.5.2 ADR/RID anzugeben.

2 **Angaben im Beförderungspapier**

Zusätzlich zu den sonst vorgeschriebenen Angaben ist zu vermerken: „Ausnahme 9".

Ausnahme 10

– offen –

Ausnahme 11

– offen –

Ausnahme 12

– offen –

Ausnahme 13

– offen –

Ausnahme 14

– offen –

Ausnahme 15

– offen –

Ausnahme 16

– offen –

Ausnahme 17

– offen –

Ausnahme 18 (S) Beförderungspapier

1 Abweichend von § 1 Absatz 3 Nummer 1 der GGVSEB [1] in Verbindung mit Abschnitt 5.4.0 und 5.4.1 ADR [2]

a) dürfen gefährliche Güter ohne Beförderungspapier befördert werden oder

b) darf im Beförderungspapier auf folgende Angaben verzichtet werden:

aa) Empfänger,

bb) Gesamtmenge der gefährlichen Güter,

wenn die nachfolgenden Bestimmungen eingehalten werden.

[1] Nr. **510**.
[2] Nr. **535**.

2 Befreiung vom Beförderungspapier

2.1 Gefährliche Güter in Versandstücken und ungereinigte leere Verpackungen, die für die Beförderung nicht an Dritte übergeben werden, dürfen ohne Beförderungspapier befördert werden, wenn die höchstzulässige Gesamtmenge je Beförderungseinheit nach Unterabschnitt 1.1.3.6 ADR[1] nicht überschritten ist und eine Ausnahme dieser Verordnung, nach § 5 der GGVSEB[2] oder eine multilaterale Vereinbarung nach Abschnitt 1.5.1 ADR nicht angewendet wird. Für gefährliche Güter nach Unterabschnitt 1.1.3.6 Beförderungskategorie 4 ADR sind für die Bestimmung der höchstzulässigen Gesamtmenge die Mengenangaben der Beförderungskategorie 3 in Verbindung mit Absatz 1.1.3.6.4 ADR anzuwenden.

2.2 Bei der Beförderung von ungereinigten leeren Tankfahrzeugen, ungereinigten leeren Fahrzeugen, ungereinigten leeren Aufsetztanks, ungereinigten leeren ortsbeweglichen Tanks, ungereinigten leeren Tankcontainern, ungereinigten leeren Containern, ungereinigten leeren Schüttgut-Containern, ungereinigten leeren Batterie-Fahrzeugen, ungereinigten leeren MEGC oder ungereinigten leeren MEMU darf das Beförderungspapier für das zuletzt darin enthaltene Gut mitgeführt werden.

3 Verzicht auf Angaben im Beförderungspapier

3.1 Bei örtlich begrenzten Beförderungen (Verteilerverkehr, einschließlich Sammelverkehr) darf auf die Angabe

a) des Empfängers verzichtet werden, wenn die Beförderung nicht verpflichtend nach ADR[1] als geschlossene Ladung befördert werden muss und nicht nach den §§ 35 und 35a der GGVSEB[2] durchgeführt wird,

b) der Gesamtmenge verzichtet werden, wenn der Unterabschnitt 1.1.3.6 ADR nicht angewendet wird und die übrigen Vorschriften des ADR eingehalten sind.

Satz 1 darf nicht angewendet werden für Beförderungen von Gütern

a) der Klasse 1, ausgenommen solcher der Klassifizierung 1.4S, sowie

b) der Klasse 5.2.

3.2 Zusätzlich zu den sonst vorgeschriebenen Angaben ist im Beförderungspapier zu vermerken: „Ausnahme 18“.

4 Sonstige Vorschriften

Diese Ausnahme darf nicht angewendet werden für Beförderungen von Gütern der Klasse 7.

5 Befristung

Die Ausnahme 18 ist bis zum 30. Juni 2021 befristet.

---

[1] Nr. **535**.
[2] Nr. **510**.

Ausnahme 19 (B, E, S) Beförderung von Stoffen mit polyhalogenierten Dibenzodioxinen und -furanen

1 Abweichend von Anlage 2 Nummer 1.1 und 1.2 der GGVSEB dürfen Lösungen und Gemische, die polyhalogenierte Dibenzodioxine und -furane der Tabelle 1 in Nummer 3.1 enthalten, und Stoffe der Nummer 5.3 unter Einhaltung der nachfolgenden Bestimmungen befördert werden.

2 **Freistellung**

Lösungen und Gemische, die die Werte nach der Anlage 2 der GGVSEB erreichen oder unterschreiten, unterliegen nicht den Vorschriften der GGVSEB, sofern sie auf Grund ihrer Eigenschaften nicht einer anderen Klasse zuzuordnen sind. Dies gilt jedoch nicht für 2,3,7,8-Tetrachlordibenzo-p-dioxin.

3 **Bewertung der Toxizität von 2,3,7,8-Tetrachlordibenzo-p-dioxin (TCDD) und Bestimmung der Toxizitätsäquivalenz zu TCDD**

3.1 Für die in der nachstehenden Tabelle 1 enthaltenen Stoffe werden die dort angeführten Toxizitätsäquivalent-Faktoren bestimmt:

Tabelle 1

Stoffbezeichnung	Buchstabe nach Anlage 2 Nummer 1.2 GGVSEB	Toxizitätsäquivalent-Faktor (TE)
1	2	3
A: Polychlorierte Dibenzodioxine (PCDD)		
2,3,7,8-Tetrachlordibenzo-p-dioxin	a	1
1,2,3,7,8-Penta-CDD	a	0,5
1,2,3,4,7,8-Hexa-CDD	b	0,1
1,2,3,7,8,9-Hexa-CDD	b	0,1
1,2,3,6,7,8-Hexa-CDD	b	0,1
1,2,3,4,6,7,8-Hepta-CDD	c	0,01
1,2,3,4,6,7,8,9-Octa-CDD	c	0,001
B: Polychlorierte Dibenzofurane (PCDF)		
2,3,7,8-Tetrachlordibenzofuran	a	0,1
2,3,4,7,8-Penta-CDF	a	0,5
1,2,3,7,8-Penta-CDF	b	0,05
1,2,3,4,7,8-Hexa-CDF	b	0,1
1,2,3,7,8,9-Hexa-CDF	b	0,1
1,2,3,6,7,8-Hexa-CDF	b	0,1
2,3,4,6,7,8-Hexa-CDF	b	0,1

Stoffbezeichnung	Buchstabe nach Anlage 2 Nummer 1.2 GGVSEB	Toxizitätsäquivalent-Faktor (TE)
1	2	3
1,2,3,4,6,7,8-Hepta-CDF	c	0,01
1,2,3,4,7,8,9-Hepta-CDF	c	0,01
1,2,3,4,6,7,8,9-Octa-CDF	c	0,001
C: Polybromierte Dibenzodioxine (PBDD)		
2,3,7,8-Tetrabromdibenzo-p-dioxin	d	1
1,2,3,7,8-Penta-BDD	d	0,5
1,2,3,4,7,8-Hexa-BDD	e	0,1
1,2,3,7,8,9-Hexa-BDD	e	0,1
1,2,3,6,7,8-Hexa-BDD	e	0,1
D: Polybromierte Dibenzofurane (PBDF)		
2,3,7,8-Tetrabromdibenzofuran	d	0,1
2,3,4,7,8-Penta-BDF	d	0,5
1,2,3,7,8-Penta-BDF	e	0,05

3.2 Jeder in Mikrogramm je Kilogramm ermittelte Anteil eines Stoffes nach Nummer 3.1 in einer Lösung oder einem Gemisch ist mit dem für diesen Stoff in der Tabelle 1 in Nummer 3.1 bestimmten Toxizitätsäquivalent-Faktor zu multiplizieren. Das sich daraus ergebende Produkt, bei Anteilen mehrerer Stoffe nach Nummer 3.1 die Summe der sich jeweils ergebenden Produkte, stellt das 2,3,7,8-TCDD-Toxizitätsäquivalent (TCDD-TE) in Mikrogramm je Kilogramm der jeweiligen Lösung oder des jeweiligen Gemisches dar.

4 Zuordnung von Lösungen und Gemischen mit einem Anteil bis 200 000 Mikrogramm TCDD-TE je Kilogramm zu den Klassen 3 und 6.1

4.1 Die Lösungen und Gemische werden nach dieser Ausnahme in drei Gruppen eingeteilt, ausgenommen 2,3,7,8-Tetrachlordibenzo-p-dioxin:

Gruppe A:

Lösungen und Gemische mit einem Anteil von mehr als 20 000 Mikrogramm TCDD-TE je Kilogramm und höchstens 200 000 Mikrogramm TCDD-TE je Kilogramm.

Gruppe B:

Lösungen mit einem Anteil von mehr als 2 000 Mikrogramm TCDD-TE je Kilogramm und höchstens 20 000 Mikrogramm TCDD-TE je Kilogramm, Gemische mit einem Anteil von mehr als 5 000 Mikrogramm

TCDD-TE je Kilogramm und höchstens 20 000 Mikrogramm TCDD-TE je Kilogramm.

Gruppe C:

Lösungen mit einem Anteil von höchstens 2 000 Mikrogramm TCDD-TE je Kilogramm, Gemische mit einem Anteil von höchstens 5 000 Mikrogramm TCDD-TE je Kilogramm.

4.2 Lösungen der Gruppen A bis C sind entsprechend nachstehender Tabelle 2 als UN 1992 Entzündbarer flüssiger Stoff, giftig, n.a.g., in die Klasse 3 oder als UN 2810 Giftiger organischer flüssiger Stoff, n.a.g., in die Klasse 6.1 einzustufen.

Tabelle 2

Gruppe nach Nummer 4.1	Flammpunkt (Flp.)	Klasse	UN-Nummer Verpackungsgruppe
1	2	3	4
A	Flp. < 23 °C	3	1992, I
	Flp. >/= 23 °C	6.1	2810, II
B	Flp. < 23 °C	3	1992, I
	Flp. >/= 23 °C	6.1	2810, II
C	Flp. < 23 °C	3	1992, I
	Flp. >/= 23 °C	6.1	2810, II

4.3 Gemische fester Stoffe sind nach ihrem TCDD-TE-Gehalt nach Nummer 4.1 wie UN 2811 Giftiger organischer fester Stoff, n.a.g., der Klasse 6.1 wie folgt zu behandeln:

Gruppe A: UN 2811, Verpackungsgruppe I,
Gruppe B: UN 2811, Verpackungsgruppe II und
Gruppe C: UN 2811, Verpackungsgruppe III.

4.4 Abweichend von Nummer 4.3 darf Marsberger Kieselrot (PCDD/PCDF-haltige Schlacke mit geringer Bioverfügbarkeit) als UN 2811 Giftiger organischer fester Stoff, n.a.g. der Klasse 6.1, Verpackungsgruppe III eingestuft werden.

4.5 In Ergänzung zu Nummer 4.3 sind Filteraschen, Filterkuchen und Schlacken aus Verbrennungsanlagen und Hüttenbetrieben, die nach Abschnitt 2.1.3 ADR[1]/RID/ADN in die Klasse 8, Verpackungsgruppe III einzuordnen wären, als UN 2923 Ätzender fester Stoff, giftig, n.a.g., Verpackungsgruppe III einzustufen und der Gruppe C zuzuordnen.

4.6 Absatz 2.1.3.4.2 ADR[1]/RID/ADN ist auch für Stoffe der UN 2315, UN 3151, UN 3152 und UN 3432, die in Transformatoren und Kondensatoren enthalten sind, anzuwenden.

---

[1] Nr. **535**.

5 **Beförderungszulassung**

5.1 Für Beförderungen der in Nummer 4.6 genannten Stoffe gelten die Verpackungsvorschriften nach Unterabschnitt 4.1.4.1 P 906 ADR[1]/RID.

Die Lösungen und Gemische der Gruppen A bis C dürfen wie Stoffe der Klassen, UN-Nummern, Verpackungsgruppen und Gruppen, denen sie in den Nummern 4.2, 4.3 und 4.5 zugeordnet sind, befördert werden. Ungereinigte leere Verpackungen, Tankcontainer, festverbundene Tanks, Aufsetztanks und Kesselwagen sind wie befüllte zu behandeln.

5.2 Nach Maßgabe der unter den Nummern 5.2.1 bis 5.2.4 aufgeführten Vorschriften dürfen

a) Geräte auch mit Lösungen und Gemischen oder deren Restmengen der Gruppen B und C und

b) Gemische der Gruppe C

in loser Schüttung mit Binnenschiffen befördert werden.

5.2.1 **Schnelltests für Transformatoren und Kondensatoren mit polyhalogenierten Biphenylen und Terphenylen:**

Für die Ermittlung des Anteils und die Zuordnung von polychlorierten Biphenylen und Terphenylen zu den Gruppen B und C dieser Ausnahme können Schnelltests herangezogen werden, die auf Chlorionen ansprechen. Führt das Testergebnis zu einem PCB-Gehalt bis 20 Prozent in der Lösung, dürfen Transformatoren, Kondensatoren, Flüssigkeiten und sonstige damit kontaminierte Stoffe (z.B. Bindemittel, Schutzzeug) der Gruppe C zugeordnet werden. Liegt das Testergebnis über 20 Prozent, sind sie der Gruppe B zuzuordnen.

5.2.2 **Beförderung von Geräten mit Straßen- und Eisenbahnfahrzeugen sowie mit Binnenschiffen:**

Geräte sind z.B. Kondensatoren, Transformatoren und Arbeitsmittel mit hydraulischen Einrichtungen. Geräte mit Lösungen und Gemischen der UN 2810 oder UN 2811, Verpackungsgruppen II und III dürfen wie folgt befördert werden:

5.2.2.1 Geräte sind wie die Stoffe zu verpacken, die in ihnen enthalten sind.

5.2.2.2 Geräte dürfen auch in geschweißten Behältnissen aus Stahl, die folgenden Mindestanforderungen entsprechen müssen, verpackt werden:

a) Werkstoff: Unlegierter Baustahl, Wanddicke 2,5 Millimeter,

b) Höchstmasse: 2,5 Tonnen,

c) Verschlussart: Dicht verschlossen.

Die Geräte sind mit geeigneten Polsterstoffen in die Behältnisse aus Stahl einzusetzen. Die Polsterstoffe müssen mindestens 15 Prozent des Volumens des Behältnisses aus Stahl füllen und so beschaffen sein,

---

[1] Nr. **535**.

dass auch bei einem Austreten von flüssigem Inhalt die Sicherheit des Behältnisses nicht beeinträchtigt wird.

5.2.2.3 Soweit es die Abmessungen der Großgeräte zulassen, sind sie in Container zu verladen und ausreichend zu sichern. Die Container müssen flüssigkeitsdicht sein und die gleiche mechanische Stabilität besitzen wie Container, die nach dem Internationalen Übereinkommen über sichere Container (CSC) geprüft und zugelassen sind. Dies ist durch die Bescheinigung einer Stelle nach § 12 der GGVSEB[1] nachzuweisen.

Die Bescheinigung gilt jeweils längstens fünf Jahre.

5.2.2.4 Geräte, die wegen ihrer Größe nicht verpackt werden können (Großgeräte), dürfen unverpackt befördert werden.

5.2.2.5 Unverpackte entleerte Großgeräte auf Fahrzeugen und Großgeräte in Containern müssen so gesichert sein, dass sie bei der höchstzulässigen Masse folgende Kräfte aufnehmen können:

a) 3fache Gesamtmasse in Fahrtrichtung,

b) 3fache Gesamtmasse horizontal seitwärts,

c) 2fache Gesamtmasse vertikal aufwärts.

5.2.2.6 Ungereinigte (ent)leer(t)e Großgeräte müssen dicht verschlossen sein.

5.2.2.7 Ungereinigte Großgeräte, die sich wegen ihrer Größe und ihrer Masse nicht in einen Container verladen lassen, müssen in flüssigkeitsdichte Auffangbehältnisse (Wannen) eingestellt werden. Die Wannen müssen den Anforderungen des Unterabschnitts 4.1.4.1 P 906 ADR[2]/RID entsprechen.

Großgeräte in Wannen müssen auf Straßen- oder Eisenbahnfahrzeugen sowie auf Binnenschiffen so verladen und durch geeignete Mittel gesichert werden, dass sie den üblichen Beanspruchungen während der Beförderung standhalten. Die Ladungssicherungsmaßnahmen sind so durchzuführen, dass eine Beschädigung der Großgeräte ausgeschlossen ist.

5.2.3 Für die Beförderung von Gemischen der Gruppe C in loser Schüttung mit Binnenschiffen gelten zusätzlich folgende Regelungen:

5.2.3.1 Bau und Ausrüstung

Die Schiffe müssen mit einem Zulassungszeugnis nach Abschnitt 8.1.8 ADN versehen sein. Die Schiffe müssen in Doppelhüllenbauweise, das heißt mit doppeltem Boden und Wallgängen, gebaut sein und über ein spritzwasserdichtes Lukendach aus Metall verfügen.

5.2.3.2 Betrieb

5.2.3.2.1 Es dürfen

[1] Nr. **510**.
[2] Nr. **535**.

a) nicht mehr als 300 Tonnen pro Schiff befördert werden, es sei denn, es handelt sich um Doppelhüllenschiffe nach den Unterabschnitten 9.2.0.80 bis 9.2.0.95 ADN,

b) nicht mehr als ein Schubleichter in einen Schubverband eingestellt werden.

5.2.3.2.2 Schiffe, die nicht ausschließlich zur Beförderung von Gemischen der Gruppe C verwendet werden, müssen nach jeder Beförderung vollständig vom Ladegut gereinigt werden.

5.2.3.2.3 Es muss sichergestellt werden, dass die Besatzung nicht mit den Gemischen in Berührung kommt. Die notwendige Schutzkleidung zur Durchführung der Reinigungsarbeiten muss vorhanden sein.

5.2.3.2.4 Den schriftlichen Weisungen nach Abschnitt 5.4.3 ADN ist eine Bescheinigung beizufügen, aus der sich für den Schiffsführer ergibt, wie hoch der Gehalt an Dioxin/Furan in TE nach dieser Ausnahme ist.

5.2.4 Für die Beförderung von Stoffen mit einem Grenzwert über 200 ppm 2,3,7,8-TCDD-TE können die zuständigen Stellen Ausnahmen nach § 5 der GGVSEB[1] zulassen, wenn die Transportbehälter unfallsicher sind.

Dies gilt als erfüllt, wenn sie Prüfungen unterzogen worden sind, die nachweislich den für Typ B-Versandstücke in Abschnitt 2.2.7 ADR[2]/RID vorgeschriebenen Bedingungen entsprechen. Der Nachweis der Unfallsicherheit ist durch ein Sachverständigengutachten zu bestätigen.

5.3 Reine kristalline Referenzmaterialien polyhalogenierter Dibenzodioxine und -furane dürfen in Verpackungen nach Unterabschnitt 4.1.4.1 P 620 und Abschnitt 6.3.2 ADR[2]/RID verpackt befördert werden. Diese Stoffe dürfen in Mengen bis höchstens 3 Milligramm je Glasampulle und bis höchstens drei zugeschmolzene Glasampullen je Versandstück verpackt werden.

6 Sonstige Vorschriften

6.1 Versandstücke und Tanks mit Stoffen, die nach Nummer 4.2 oder 4.3 der Klasse 6.1, UN 2810 oder UN 2811, Verpackungsgruppe I zugeordnet sind und deren Flammpunkt bis einschließlich 60 Grad Celsius beträgt, sind zusätzlich mit Zetteln nach Muster 3 zu kennzeichnen.

6.2 Versandstücke und Tanks mit Stoffen, die nach Nummer 4.5 der Klasse 8, UN 2923, Verpackungsgruppe III zugeordnet sind, sind zusätzlich mit Zetteln nach Muster 6.1 zu kennzeichnen.

6.3 Lösungen und Gemische mit einer Masse von mehr als 1 000 Kilogramm, die nach Nummer 4 der Klasse 6.1, UN 2810 oder UN 2811, Verpackungsgruppe I oder der Klasse 3, UN 1992, Verpackungsgruppe I zugeordnet sind, unterliegen bei der Beförderung im Straßenverkehr den Vorschriften der §§ 35 und 35a der GGVSEB[1].

---

[1] Nr. **510**.
[2] Nr. **535**.

6.4 Bei der Beförderung im Straßenverkehr dürfen die Vorschriften des Unterabschnitts 1.1.3.6 ADR[1] nicht angewendet werden.

6.5 (weggefallen)

6.6 Bei Beförderungen von Stoffen der Nummer 5.3 hat der Empfänger dem Absender den Eingang der Sendung zu bestätigen.

6.7 Bei Beförderungen von Stoffen der Nummer 5.3 sind die erforderlichen Maßnahmen gegen den Zugriff Unbefugter zu treffen. Die Versandstücke sind zu beaufsichtigen, sofern sie sich an für die Öffentlichkeit zugänglichen Stellen befinden.

7 Angaben im Beförderungspapier

7.1 Als Bezeichnung des Gutes ist anzugeben:

a) In den Fällen der Nummern 4.2 bis 4.6:

aa) die nach den Nummern 4.2 bis 4.6 zutreffenden UN-Nummern, der die Buchstaben „UN" vorangestellt werden,

bb) der Begriff „Abfall",

cc) die zutreffende offizielle Benennung für die Beförderung, ergänzt durch „(Lösung/Gemisch enthält polyhalogenierte Dibenzodioxine/-furane[2])",

dd) die Nummer des Gefahrzettelmusters, wobei, sofern mehrere Nummern zutreffend sind, die Nummern nach der ersten Nummer in Klammern anzugeben sind,

ee) die zutreffende Verpackungsgruppe und

ff) der zugeordnete Tunnelbeschränkungscode nach Kapitel 3.2 Tabelle A ADR[1] in Großbuchstaben und in Klammern.
Bem.: Sofern nach Absatz 5.4.1.1.1 Buchstabe k ADR erforderlich.

Beispiele:
„UN 2810 Abfall Giftiger organischer flüssiger Stoff, n.a.g. (Lösung enthält polyhalogenierte Dibenzodioxine), 6.1, II, (D/E)";
„UN 3432 Abfall Polychlorierte Biphenyle, fest (Gemisch enthält polyhalogenierte Dibenzofurane und polychlorierte Biphenyle), 9, II, (D/E)";
„UN 1992 Abfall Entzündbarer flüssiger Stoff, n.a.g. (Lösung enthält polyhalogenierte Dibenzodioxine und -furane sowie Kohlenwasserstoffe), 3 (6.1), I, (C/E)".

b) in den Fällen der Nummer 5.3:
„UN 2811 Giftiger organischer fester Stoff, n.a.g. (enthält Dioxin), Klasse 6.1, Verpackungsgruppe I."

7.2 Zusätzlich zu den sonst vorgeschriebenen Angaben ist zu vermerken: „Ausnahme 19".

Ausnahme 20 (B, E, S)
Beförderung verpackter gefährlicher Abfälle

1 Abweichend von § 1 Absatz 3 Nummer 1 bis 3 sowie den §§ 18, 21 und 22 der GGVSEB[3] in Verbindung mit den Teilen 1 bis 5 ADR/

---

[1] Nr. **535**.
[2] **Amtl. Anm.:** Bei Einstufung nach Nummer 4.2, 4.5 oder 4.6 ist der Stoff der Klasse 3, 8 oder 9 zusätzlich anzugeben.
[3] Nr. **510**.

RID/ADN dürfen Abfälle, die nach den unter Nummer 2 aufgeführten Bestimmungen nach den Abfallgruppen 1 bis 15 klassifiziert, verpackt, gekennzeichnet und bezettelt sind, unter Einhaltung der Bestimmungen nach den Nummern 3 bis 5 befördert werden.

2 Klassifizierung, Verpackung, Kennzeichnung und Bezettelung

2.1 Für eine sicherheitsgerechte Beförderung sind Abfälle so zu sortieren, dass sie keine gefährlichen Reaktionen miteinander eingehen können.

2.2 Um Gefahren, die während der Beförderung auftreten können, auszuschließen, sind die Abfälle einer der nachstehenden Abfallgruppen zuzuordnen. Ein Vermischen der einzelnen Abfallgruppen ist nicht zulässig. Die Abfallgruppen dürfen nicht auf solche Stoffe angewendet werden, für die ein Beförderungsverbot besteht oder die nach Sondervorschriften befördert werden müssen.

Die Abfallgruppen gliedern sich in Untergruppen. Werden Abfälle mehrerer Untergruppen innerhalb einer Abfallgruppe befördert, sind im Beförderungspapier die für die Klasse der überwiegenden Gefahr gemäß den Absätzen 2.1.3.5.2 und 2.1.3.5.3 in Verbindung mit Unterabschnitt 2.1.3.10 ADR/RID/ADN zutreffenden Gefahrzettel und, soweit vorhanden, die Verpackungsgruppe des höchsten Gefahrengrades, gekennzeichnet durch I, II oder III, anzugeben.

Für die Abfallgruppe 1 sind im Beförderungspapier alle zutreffenden Gefahrzettel der Sendung anzugeben. Die Angabe der Verpackungsgruppe ist nicht erforderlich.

Die Gefahrzettel sind entsprechend den Untergruppen der jeweiligen Abfallgruppe anzubringen.

2.3 Wer Abfälle eigenverantwortlich verpackt oder verpacken lässt, muss feststellen, welcher Untergruppe innerhalb der Abfallgruppe die gefährlichen Abfälle zuzuordnen sind, damit der Nachweis der ausreichenden chemischen Verträglichkeit mit den vorgesehenen Verpackungen aus Kunststoff auf Grund der durchgeführten Bauartprüfung mit der/den Standardflüssigkeit(en) geführt werden kann. Werden innerhalb der Abfallgruppe verschiedene Untergruppen gemischt verpackt, muss der Nachweis der ausreichenden chemischen Verträglichkeit nach Unterabschnitt 4.1.1.21 in Verbindung mit Abschnitt 6.1.6 ADR/RID für alle in Spalte 8 der Tabelle in Nummer 2.4 der betreffenden Abfallgruppe aufgeführten Standardflüssigkeiten geführt worden sein. Dabei gilt dieser Verträglichkeitsnachweis für Essigsäure auch als erbracht, wenn die Verpackungsbauart für die Standardflüssigkeit Netzmittellösung zugelassen ist.

2.4 Tabelle der gefährlichen Abfälle

Die in der nachfolgenden Tabelle angegebenen Klassen, Klassifizierungscodes (soweit anwendbar), Verpackungsgruppen (soweit anwendbar), Tunnelbeschränkungscodes (soweit anwendbar) und Nummern der Gefahrzettelmuster beziehen sich auf die jeweiligen gefahrgutrechtlichen Regelwerke ADN für die Binnenschifffahrt (B), RID für die Eisenbahn (E) und ADR für den Straßenverkehr (S).

Abfall-/Untergruppe	Klasse(n)	Verpackungsgruppe(n) oder für Klasse 2: Klassifizierungscode	Benennung	Angaben im Beförderungspapier		Gefahrzettelmuster Nummer	Die chemische Verträglichkeit der Werkstoffe der Verpackungen aus Kunststoff muss mindestens gegenüber folgenden Standardflüssigkeiten gegeben sein
				Tunnelbeschränkungscode	Verpackungsgruppe		
(1)	(2)	(3)	(4)	(5)	(6)	(7)	(8)
1.1	2	Klassifizierungscode	Gefäße, klein, mit Gas (Gaspatronen) (UN 2037) mit folgenden Eigenschaften:				Essigsäure, Kohlenwasserstoffgemisch
		5A	erstickend,	(E)		2.2	
		5F	entzündbar,			2.1	
		5FC	entzündbar, ätzend oder			2.1 + 8	
		5O	oxidierend	(E)		2.2 + 5.1	
			Bem. 1: Dieser Gruppe dürfen auch nach Kapitel 3.4 des ADR/RID/ADN freigestellte Gegenstände der Klasse 2 beigegeben werden (z.B. Kohlendioxidpatronen).				
			Bem. 2: Feuerzeuge und deren Nachfüllpatronen der UN 1057 sind Gegenstände des Klassifizierungscodes 6F des ADR/RID/ADN und dürfen daher nicht im Rahmen dieser Ausnahme befördert werden (Beförderung nach Sondervorschrift 654 ADR/RID/ADN).				
1.2	2	Klassifizierungscode	Gefäße, klein, mit Gas (Gaspatronen) (UN 2037) mit folgenden Eigenschaften:				
		5T	giftig,	(D)		2.3	
		5TF	giftig, entzündbar,			2.3 + 2.1	

Abfall-/Untergruppe	Klasse(n)	Verpackungsgruppe(n) oder für Klasse 2: Klassifizierungscode	Benennung	Angaben im Beförderungspapier		Gefahrzettelmuster Nummer	Die chemische Verträglichkeit der Werkstoffe der Verpackungen aus Kunststoff muss mindestens gegenüber folgenden Standardflüssigkeiten gegeben sein
				Tunnelbeschränkungscode	Verpackungsgruppe		
(1)	(2)	(3)	(4)	(5)	(6)	(7)	(8)
		5TC 5TO 5TFC 5TOC	giftig, ätzend, giftig, oxidierend, giftig, entzündbar, ätzend oder giftig, oxidierend, ätzend			2.3 + 8 2.3 + 5.1 2.3 + 2.1 + 8 2.3 + 5.1 + 8	
1.3	2	6A	Abfallfeuerlöscher	(D)		2.2	
2.1	3	II und III	Entzündbare, flüssige, nicht giftige, nicht ätzende Abfälle mit einem Flammpunkt unter 23 °C, deren Dampfdruck bei 50 °C 110 kPa (1,10 bar) nicht übersteigt, z.B. Benzin, Spiritus, Petroleum, Alkohole außer Methanol und mit einem Flammpunkt zwischen 23 °C und 60 °C, z.B. Dieselkraftstoff oder Heizöl, leicht	(D/E)	II	3	Essigsäure, Kohlenwasserstoffgemisch
2.2	3	I bis III	Klebstoffabfälle sowie Farb- und Lackabfälle (außer solche, die der UN 1263 zuzuordnen sind, Beförderung gemäß Sondervorschrift 650 ADR/RID/ADN) einschließlich solcher mit Nitrocellulose mit einem Stickstoffgehalt von höchstens 12,6 % in der Trockenmasse Bem.: Zu Härterpasten siehe Abfallgruppe 8.	(D/E)	I	3	

Abfall-/Untergruppe	Klasse(n)	Verpackungsgruppe(n) oder für Klasse 2: Klassifizierungscode	Benennung	Angaben im Beförderungspapier		Gefahrzettelmuster Nummer	Die chemische Verträglichkeit der Werkstoffe der Verpackungen aus Kunststoff muss mindestens gegenüber folgenden Standardflüssigkeiten gegeben sein
				Tunnelbeschränkungscode	Verpackungsgruppe		
(1)	(2)	(3)	(4)	(5)	(6)	(7)	(8)
3.1	3	I bis III	Entzündbare, flüssige, organische halogenhaltige oder organische sauerstoffhaltige, giftige Abfälle und solche, die nicht einer anderen Sammeleintragung zugeordnet werden können, der UN 1992, UN 2603 und UN 3248, z.B. Altöle, auch solche mit geringen Chloranteilen (z.B. polychlorierten Kohlenwasserstoffen) sowie Abfälle mit Methanol	(C/E)	I	3 + 6.1	Essigsäure, Kohlenwasserstoffgemisch
3.2	6.1	I bis III	Abfälle mit halogenhaltigen Kohlenwasserstoffen mit Ausnahme von Isocyanaten der UN 2285, z.B. Trichlorethan, Trichlorethylen (Tri), Perchlorethylen (Per), Methylenchlorid, Tetrachlorkohlenstoff, Chloroform, Filterpatronen aus chemischen Reinigungsbetrieben, Antiklopfmittel	(C/D)	I	6.1 + 3	
3.3	9	II	Polychlorierte Biphenyle (PCB) (UN 2315 und UN 3432), polyhalogenierte Biphenyle und Terphenyle (UN 3151 und UN 3152), auch in verpackten Kleingeräten, wie Kleinkondensatoren Bem. 1: Wegen PCB, PCT und polyhalogenierten Biphenylen und Terphenylen in unverpackten	(D/E)	II	9	

Abfall-/Untergruppe	Klasse(n)	Verpackungsgruppe(n) oder für Klasse 2: Klassifizierungscode	Benennung	Angaben im Beförderungspapier		Gefahrzettelmuster Nummer	Die chemische Verträglichkeit der Werkstoffe der Verpackungen aus Kunststoff muss mindestens gegenüber folgenden Standardflüssigkeiten gegeben sein
				Tunnelbeschränkungscode	Verpackungsgruppe		
(1)	(2)	(3)	(4)	(5)	(6)	(7)	(8)
			Geräten siehe Klasse 9, UN 2315, UN 3432, UN 3151 und UN 3152. Bem. 2: Geräte mit PCB, PCT und polyhalogenierten Biphenylen und Terphenylen, die polychlorierte Dibenzofurane (PCDF) der Klasse 6.1 enthalten, siehe Ausnahme 19 dieser Verordnung.				
3.4	3	I und II	Abfälle mit flüssigen, entzündbaren, giftigen Schädlingsbekämpfungsmitteln und Pflanzenschutzmitteln mit einem Flammpunkt unter 23 °C	(C/E)	I	3 + 6.1	
3.5	6.1	I bis III	Abfälle mit flüssigen, giftigen, entzündbaren Schädlingsbekämpfungsmitteln und Pflanzenschutzmitteln	(C/E)	I	6.1 + 3	
4.1	3	I bis III	Entzündbare flüssige, ätzende Abfälle	(C/E)	I	3 + 8	Essigsäure, Kohlenwasserstoffgemisch
4.2	3	I und II	Entzündbare flüssige, giftige und ätzende Abfälle mit einem Flammpunkt unter 23 °C, einschließlich Gegenstände mit diesen Flüssigkeiten	(C/E)	I	3 + 6.1 + 8	
5.1	9	III	Umweltgefährdender Stoff fest oder flüssig	(E)	III	9 Zusätzlich ist dauerhaft die	

Abfall-/Untergruppe	Klasse(n)	Verpackungsgruppe(n) oder für Klasse 2: Klassifizierungscode	Benennung	Angaben im Beförderungspapier		Gefahrzettelmuster Nummer	Die chemische Verträglichkeit der Werkstoffe der Verpackungen aus Kunststoff muss mindestens gegenüber folgenden Standardflüssigkeiten gegeben sein
				Tunnelbeschränkungscode	Verpackungsgruppe		
(1)	(2)	(3)	(4)	(5)	(6)	(7)	(8)
						Kennzeichnung nach 5.2.1.8.3 anzubringen	
6.1	4.1	II und III	Abfälle, die aus festen Stoffen bestehen, die nicht giftige und nicht ätzende entzündbare flüssige Stoffe mit einem Flammpunkt bis 60 °C enthalten können, z.B. Holzwolle, Sägespäne, Papierabfälle, Putztücher, gebrauchte Ölfilter, verunreinigte Ölbinder, getränkt oder behaftet mit Ölen und Fetten Bem.: Phosphorsulfide, nicht frei von weißem oder gelbem Phosphor, sind zur Beförderung nicht zugelassen.	(E)	II	4.1	
6.2	4.1	II und III	Abfälle, die Metalle oder Metall-Legierungen, pulverförmig oder in anderer entzündbarer Form enthalten	(E)	II	4.1	
6.3	4.1	II und III	Abfälle, die entzündbare feste Stoffe, giftig enthalten	(E)	II	4.1 + 6.1	
6.4	4.1	II und III	Abfälle, die entzündbare feste Stoffe, ätzend enthalten	(E)	II	4.1 + 8	
6.5	4.2	II und III	Gebrauchte Putztücher, Putzwolle und ähnliche Abfälle, nicht giftig, nicht ätzend, die mit selbstentzündlichen Stoffen verunrei-	(D/E)	II	4.2	

Abfall-/Untergruppe	Klasse(n)	Verpackungsgruppe(n) oder für Klasse 2: Klassifizierungscode	Benennung	Angaben im Beförderungspapier		Gefahrzettelmuster Nummer	Die chemische Verträglichkeit der Werkstoffe der Verpackungen aus Kunststoff muss mindestens gegenüber folgenden Standardflüssigkeiten gegeben sein
				Tunnelbeschränkungscode	Verpackungsgruppe		
(1)	(2)	(3)	(4)	(5)	(6)	(7)	(8)
			nigt sind, z.B. bestimmte Öle und Fette Selbsterhitzungsfähige organische feste Stoffe, nicht giftig, nicht ätzend, z.B. körnige oder poröse brennbare Stoffe, die mit der Selbstoxidation unterliegenden Bestandteilen getränkt oder verunreinigt sind, z.B. mit Leinöl, Leinölfirnisse, Firnisse aus anderen analogen Ölen, Petroleumrückstände				
6.6	4.2	II und III	Abfälle, die Metalle oder Metall-Legierungen, pulverförmig oder in anderer selbstentzündlicher Form enthalten	(D/E)	II	4.2	
6.7	4.2	II und III	Abfälle, die feste selbsterhitzungsfähige Stoffe, giftig enthalten	(D/E)	II	4.2 + 6.1	
6.8	4.2	II und III	Abfälle, die feste selbsterhitzungsfähige Stoffe, ätzend enthalten	(D/E)	II	4.2 + 8	
6.9	4.2	II und III	Sulfide, Hydrogensulfide und Dithionite, wie Natriumdithionit und Zubereitungen, z.B. Textilentfärber und selbsterhitzungsfähige anorganische feste Stoffe, nicht giftig, nicht ätzend	(D/E)	II	4.2	
6.10	4.3	II und III	Abfälle, die Metalle oder Metall-Legierungen, pulverförmig oder in anderer Form enthalten und	(D/E)	II	4.3	

Abfall-/Untergruppe	Klasse(n)	Verpackungsgruppe(n) oder für Klasse 2: Klassifizierungscode	Benennung	Angaben im Beförderungspapier		Gefahrzettelmuster Nummer	Die chemische Verträglichkeit der Werkstoffe der Verpackungen aus Kunststoff muss mindestens gegenüber folgenden Standardflüssigkeiten gegeben sein
				Tunnelbeschränkungscode	Verpackungsgruppe		
(1)	(2)	(3)	(4)	(5)	(6)	(7)	(8)
			die mit Wasser entzündbare Gase entwickeln				
7.1	4.3	I und II	Metallcarbide und Metallnitride, wie Calciumcarbid, Aluminiumcarbid	(B/E)	I	4.3	
7.2	4.3	I	Metallphosphide, giftig, wie Calciumphosphid, Aluminiumphosphid	(B/E)	I	4.3 + 6.1	
7.3	6.1	I	Phosphidhaltige feste Pflanzenschutz- und Schädlingsbekämpfungsmittel	(C/E)	I	6.1	
8.1	5.1	II und III	Abfälle, die entzündend (oxidierend) wirkende Chlorite oder Hypochlorite enthalten, wie feste Schwimmbadchlorierungsmittel mit Natriumchlorit, Kaliumchlorit, Calciumhypochlorit oder Mischungen von Chloriten Bem. 1: Lösungen von Schwimmbadchlorierungsmitteln siehe Abfallgruppe 14. Bem. 2: Chlorit- und Hypochloritmischungen mit einem Ammoniumsalz sind zur Beförderung nicht zugelassen.	(E)	II	5.1	Salpetersäure, 55 %
8.2	5.1	II und III	Abfälle, die entzündend (oxidierend) wirkende Stoffe, fest, giftig enthalten	(E)	II	5.1 + 6.1	

Abfall-/Untergruppe	Klasse(n)	Verpackungsgruppe(n) oder für Klasse 2: Klassifizierungscode	Benennung	Angaben im Beförderungspapier		Gefahrzettelmuster Nummer	Die chemische Verträglichkeit der Werkstoffe der Verpackungen aus Kunststoff muss mindestens gegenüber folgenden Standardflüssigkeiten gegeben sein
				Tunnelbeschränkungscode	Verpackungsgruppe		
(1)	(2)	(3)	(4)	(5)	(6)	(7)	(8)
8.3	5.1	II und III	Abfälle, die entzündend (oxidierend) wirkende Stoffe, fest, ätzend enthalten	(E)	II	5.1 + 8	
8.4	5.2	II	Pastenförmige Abfälle mit Dibenzoylperoxid, Dicumylperoxid der UN 3104, UN 3106, UN 3108 oder UN 3110 in Dosen und Tuben, z.B. Härter für Polyesterharze	(D)	II	5.2	
9.1	6.1	I bis III	Abfälle, fest oder flüssig, mit Quecksilberverbindungen	(C/E)	I	6.1	Netzmittellösung
9.2	8	III	Abfälle, die metallisches Quecksilber enthalten Bem.: Dieser Gruppe dürfen auch Gegenstände mit Quecksilber beigegeben werden.	(E)	III	8	
9.3	6.1	I bis III	Abfälle mit Cyanidgehalt, z.B. Gold- und Silberputzmittel	(C/E)	I	6.1	
9.4	6.1	I bis III	Feste und flüssige Abfälle mit giftigen Stoffen, nicht ätzend und nicht entzündbar Bem.: Abfälle mit PCB, PCT und polyhalogenierten Biphenylen und Terphenylen, die polychlorierte Dibenzofurane (PCDF) der Klasse 6.1 enthalten, siehe Ausnahme 19 dieser Verordnung.	(C/E)	I	6.1	

Abfall-/Untergruppe	Klasse(n)	Verpackungsgruppe(n) oder für Klasse 2: Klassifizierungscode	Benennung	Angaben im Beförderungspapier		Gefahrzettelmuster Nummer	Die chemische Verträglichkeit der Werkstoffe der Verpackungen aus Kunststoff muss mindestens gegenüber folgenden Standardflüssigkeiten gegeben sein
				Tunnelbeschränkungscode	Verpackungsgruppe		
(1)	(2)	(3)	(4)	(5)	(6)	(7)	(8)
9.5	6.1	I bis III	Feste und flüssige Abfälle mit giftigen Stoffen, ätzend	(C/E)	I	6.1 + 8	
9.6	6.1	I und II	Feste und flüssige Abfälle mit organischen giftigen Stoffen, entzündbar	(C/D)	I	6.1 + 3	
9.7	6.1	I bis III	Feste und flüssige Pflanzenschutz- und Schädlingsbekämpfungsmittel, ausgenommen solche der Abfallgruppe 7	(C/E)	I	6.1	
10.1	8	II I und II II	Abfälle mit Salpetersäure (UN 2031), Nitriersäuremischungen (UN 1796 und UN 1826) und/oder Perchlorsäure (UN 1802), z.B. bestimmte Reinigungsmittel Bem. 1: Mischungen aus Salpetersäure und Salzsäure der UN 1798 sind zur Beförderung nicht zugelassen. Bem. 2: Chemisch instabile Nitriersäuremischungen, nicht denitriert, sind zur Beförderung nicht zugelassen. Bem. 3: Perchlorsäure, wässerige Lösungen mit mehr als 72 Masse-% reiner Säure, sind zur Beförderung nicht zugelassen.	(E)	I	8	Salpetersäure, 55 %, Netzmittellösung

Abfall-/Untergruppe	Klasse(n)	Verpackungsgruppe(n) oder für Klasse 2: Klassifizierungscode	Benennung	Angaben im Beförderungspapier		Gefahrzettelmuster Nummer	Die chemische Verträglichkeit der Werkstoffe der Verpackungen aus Kunststoff muss mindestens gegenüber folgenden Standardflüssigkeiten gegeben sein
				Tunnelbeschränkungscode	Verpackungsgruppe		
(1)	(2)	(3)	(4)	(5)	(6)	(7)	(8)
11.1	8	II	Abfälle mit Schwefelsäure, z.B. bestimmte Reinigungsmittel, Biersteinentfernerpasten, Bleisulfat Bem.: Chemisch instabile Mischungen von Abfallschwefelsäure sind zur Beförderung nicht zugelassen.	(E)	II	8	Netzmittellösung
11.2	8	II	Abfälle mit Flusssäurelösungen, z.B. bestimmte Reinigungsmittel	(E)	II	8 + 6.1	
11.3	8	I bis III	Flüssige Abfälle mit ätzenden, giftigen Stoffen	(C/D)	I	8 + 6.1	
11.4	8	I bis III	Wässerige Lösungen von Halogenwasserstoffen (ausgenommen Fluorwasserstoff), saure fluorhaltige Stoffe, flüssige Halogenide und andere flüssige halogenierte Stoffe (ausgenommen der Fluorverbindungen, die in Berührung mit feuchter Luft oder Wasser saure Dämpfe entwickeln), flüssige Carbonsäuren und ihre Anhydride, sowie flüssige Halogencarbonsäuren und ihre Anhydride, Alkyl- und Arylsulfonsäuren, Alkylschwefelsäuren und organische Säurehalogenide, wie Salzsäure, Phosphorsäure, Essigsäure, Chlorsulfonsäure, Ameisensäure, Chloressigsäure, Propionsäure,	(E)	I	8	

Abfall-/Untergruppe	Klasse(n)	Verpackungsgruppe(n) oder für Klasse 2: Klassifizierungscode	Benennung	Angaben im Beförderungspapier		Gefahrzettelmuster Nummer	Die chemische Verträglichkeit der Werkstoffe der Verpackungen aus Kunststoff muss mindestens gegenüber folgenden Standardflüssigkeiten gegeben sein
				Tunnelbeschränkungscode	Verpackungsgruppe		
(1)	(2)	(3)	(4)	(5)	(6)	(7)	(8)
			Toluolsulfonsäuren, Thionylchlorid				
12.1	8	I bis III	Feste Halogenide und andere feste halogenierte Stoffe (ausgenommen der Fluorverbindungen, die in Berührung mit feuchter Luft oder Wasser saure Dämpfe entwickeln) und feste Hydrogensulfate, wie Eisentrichlorid, wasserfrei; Zinkchlorid, wasserfrei; Aluminiumchlorid, wasserfrei; Phosphorpentachlorid	(E)	I	8	
12.2	8	I bis III	Feste Abfälle mit ätzenden, giftigen Stoffen	(E)	I	8 + 6.1	
13.1	8	III	Abfälle mit wässerigen Ammoniaklösungen mit höchstens 35 % Ammoniak	(E)	III	8	Wasser, Netzmittellösung
13.2	8	I bis III	Übrige feste und flüssige basische Abfälle (ausgenommen UN 2029), z.B. bestimmte Reinigungsmittel mit Natrium- und/oder Kaliumhydroxid sowie Natronkalk, Brünierungsmittel mit Natrium- und/oder Kaliumsulfid (Geschirrspülmittel oder Entkalker mit Natriummetasilicat, Kalkmilch mit Calciumhydroxid)	(E)	I	8	

Abfall-/Untergruppe	Klasse(n)	Verpackungsgruppe(n) oder für Klasse 2: Klassifizierungscode	Benennung	Angaben im Beförderungspapier		Gefahrzettelmuster Nummer	Die chemische Verträglichkeit der Werkstoffe der Verpackungen aus Kunststoff muss mindestens gegenüber folgenden Standardflüssigkeiten gegeben sein
				Tunnelbeschränkungscode	Verpackungsgruppe		
(1)	(2)	(3)	(4)	(5)	(6)	(7)	(8)
13.3	8	III	Abfälle von Formaldehydlösungen, z.B. bestimmte Reinigungsmittel, Desinfektionsmittel	(E)	III	8	
14.1	8	II und III	Abfälle mit Chlorit- und Hypochloritlösungen, z.B. bestimmte Chlorbleichlaugen, Lösungen von Schwimmbadchlorierungsmitteln der Abfallgruppe 8	(E)	II	8	Salpetersäure, 55 %, Netzmittellösung
14.2	5.1	II und III	Abfälle, die entzündend (oxidierend) wirkende flüssige Stoffe enthalten	(E)	II	5.1	
14.3	5.1	II und III	Abfälle mit Wasserstoffperoxid-Lösungen, z.B. bestimmte Reinigungsmittel, Haarfärbemittel	(E)	II	5.1 + 8	
14.4	5.1	II und III	Abfälle, die entzündend (oxidierend) wirkende Stoffe, flüssig, giftig enthalten	(E)	II	5.1 + 6.1	
15.1			Nicht identifizierbare gefährliche Abfälle Bem.: Für diese Abfälle gelten besondere Vorschriften, siehe Nummern 2.6, 2.8 und 4.3 dieser Ausnahme.	(B/E)		Kennzeichnung gemäß 5.2.1.10.1 Zusätzlich ist auf mindestens 2 Seiten dauerhaft die Aufschrift „Gefahrgut, nicht identifiziert" anzubringen.	

2.5 Sonstige Vorschriften

Die Abfälle dürfen bei Sammlungen nur in kleinen Anlieferungsgefäßen bis zu 60 Liter Fassungsraum oder 60 Kilogramm Masse unter Aufsicht einer fachkundigen Person in die Verpackungen und Großpackmittel (IBC) eingegeben werden.

Die Abfälle sind in die folgenden Verpackungen zu verpacken, die für feste Stoffe der Verpackungsgruppe I bauartzugelassen sind:

a) Fässer oder Kanister aus Kunststoff der Codierung 1H2 oder 3H2,

b) Fässer oder Kanister aus Stahl der Codierung 1A2 oder 3A2,

c) Kisten aus Stahl oder starren Kunststoffen der Codierung 4A oder 4H2 oder

d) zusammengesetzte Verpackungen mit einem dicht anliegenden eingesetzten Innenbehälter aus geeignetem Kunststoff als Innenverpackung und Kisten aus Stahl oder Aluminium der Codierung 4A oder 4B als Außenverpackung.

Es sind die Bedingungen für feste Stoffe der Verpackungsgruppe I anzuwenden.

Bei der Verwendung von zusammengesetzten Verpackungen mit einer Kiste aus Pappe der Codierung 4GW als Außenverpackung für die Beförderung von Stoffen der Abfallgruppen 1, 6, 7, 8, 9, 12 und 13 müssen folgende Anforderungen erfüllt werden:

a) Verwendung einer nassfesten Verklebung für die Wellpappe,

b) erfolgreiche Bauartprüfung als zusammengesetzte Verpackung mit Ersatzfüllgut und Originalfüllgut (z.B. Gefäß, klein, mit Gas (Gaspatrone)),

c) Bauartprüfung mit der doppelten Nettomasse wie zugelassen,

d) zusätzliche Kennzeichnung mit dem Herstellungsmonat,

e) Verwendungsbegrenzung der Verpackung auf ein Jahr nach ihrer Herstellung für den einmaligen Transport und

f) Bestehen der Permeationsprüfung in Analogie zu Unterabschnitt 6.1.5.7 ADR[1]/RID.

Innenverpackungen von zusammengesetzten Verpackungen dürfen die gleiche höchstzulässige Füllmenge wie die Außenverpackung besitzen.

2.6 Abfälle der Abfallgruppe 15 sind im jeweiligen Anlieferungsgefäß mit inerten Saug- und Füllstoffen einzusetzen in eine Kiste aus Holz der Codierung 4C1, 4C2, 4D oder 4F, aus Pappe der Codierung 4G, aus starren Kunststoffen der Codierung 4H2, in Säcke aus Kunststofffolie der Codierung 5H4 oder in Fässer aus Kunststoff der Codierung 1H2, die mindestens nach der Verpackungsgruppe II bauartgeprüft, -zugelassen und gekennzeichnet sein müssen. Diese Kisten, Säcke oder Fässer sind einzeln oder zu mehreren in Kisten aus Stahl, Aluminium oder starrem Kunststoff der Codierung 4A, 4B, 4H2 oder in Fässern aus Stahl oder

[1] Nr. **535**.

Kunststoff der Codierung 1A2, 1H2, die bauartgeprüft, -zugelassen und gekennzeichnet sind, zu verpacken.

2.7 Die Abfälle der Abfallgruppen/Abfalluntergruppen 1, 2.1, 5, 6, 7, 8, 13 und 14 in Anlieferungsgefäßen dürfen auch in Großpackmitteln (IBC) aus Stahl mit abnehmbarem Deckel oder in Kombinations-IBC mit Innenbehältern aus starrem Kunststoff verpackt werden.

Außerdem dürfen auch Kombinations-IBC mit Kunststoffinnenbehältern nach Kapitel 6.5 ADR[1])/RID verwendet werden. Diese Großpackmittel (IBC) müssen für feste Stoffe der Verpackungsgruppe II bauartgeprüft, -zugelassen und gekennzeichnet sein.

2.8 Die Abfälle der Abfallgruppen/Abfalluntergruppen 2.2, 3, 4, 9, 10, 11, 12 und 15 in Anlieferungsgefäßen dürfen auch in metallenen Großpackmitteln (IBC) der Verpackungsgruppe I verpackt werden.

2.9 Die Verschlüsse der Anlieferungsgefäße sind vor der Eingabe in die Verpackungen und Großpackmittel (IBC) auf Dichtheit zu kontrollieren.

2.10 Bei zerbrechlichen, beschädigten oder nicht ordnungsgemäß verschlossenen Anlieferungsgefäßen sind inerte Saugstoffe so einzufüllen, dass die Freiräume zwischen den Anlieferungsgefäßen vollständig ausgefüllt sind.

2.11 Bei Verpackungen mit W-Codierung (z.B. „1H2W“) müssen die Saugstoffe so bemessen sein, dass sie die gesamte Flüssigkeitsmenge bei einem eventuellen Freiwerden aufsaugen können. Bei festen Abfällen darf stattdessen das Anlieferungsgefäß in einen dicht zu verschließenden Beutel oder Sack aus Kunststofffolie verpackt werden.

2.12 Gefäße, klein, mit Gas (Gaspatronen), die eingedrückt, aber noch dicht sind, dürfen nur in Fässern, Kanistern oder Kisten aus Pappe (z.B. „4GW“) mit inerten Füllstoffen verpackt werden. Teilentleerte und nicht funktionsfähige Gefäße, klein, mit Gas (Gaspatronen), der Klasse 2 Klassifizierungscode 5F, die entzündbare Gase enthalten, können auch unter folgenden Bedingungen befördert werden:

a) Sie sind so in Pappkisten einzusetzen, dass eine Bewegung und eine Belastung der Ventile vermieden werden.

b) Die Pappkisten müssen nach Kapitel 6.1 ADR[1])/RID bauartgeprüft, -zugelassen und gekennzeichnet sein. Es gelten die Anforderungen der Verpackungsgruppe II.

2.13 Abfallfeuerlöscher der Abfalluntergruppe 1.3 dürfen auch in folgenden nicht bauartgeprüften und -zugelassenen Verpackungen befördert werden:

Boxpaletten aus Metall oder Kunststoff sowie Gitterboxpaletten, wobei die Palette auch aus Holz bestehen darf.

2.14 Die Verpackungen und Großpackmittel (IBC) für Abfälle der Abfallgruppen 1 und 14 müssen mit einer Lüftungseinrichtung nach Unterabschnitt 4.1.1.8 ADR[1])/RID ausgerüstet sein.

---

[1]) Nr. **535**.

2.15 Die Stoffe dürfen nur dann mit nicht dem ADR[1]/RID/ADN unterliegenden Gütern zusammengepackt werden, wenn keine gefährlichen Reaktionen entstehen können.
Gefährliche Reaktionen sind:
a) eine Verbrennung und/oder Entwicklung beträchtlicher Wärme;
b) die Entwicklung von entzündbaren und/oder giftigen Gasen;
c) die Bildung von ätzenden flüssigen Stoffen;
d) die Bildung instabiler Stoffe.

3 Verantwortlichkeiten

3.1 Bei Abfallsammelaktionen hat eine fachkundige Aufsichtsperson die Pflichten nach den §§ 18, 21 und 22 der GGVSEB[2] zu erfüllen.

3.2 Die fachkundige Aufsichtsperson muss in der Lage sein,
a) die Abfälle nach ihren gefährlichen Eigenschaften sowie im Hinblick auf Maßnahmen bei Zwischenfällen oder Unfällen zu beurteilen und
b) die Vorschriften dieser Ausnahme und der GGVSEB[2] anzuwenden.

3.3 Bei der Eisenbahnbeförderung hat der Verlader nach § 21 Absatz 3 der GGVSEB[2] die Güterwagen – entsprechend der verladenen Güter – auf beiden Längsseiten mit den zutreffenden Großzetteln (Placards) nach der Spalte 7 der Tabelle in Nummer 2.4 und zusätzlich mit einem Rangierzettel nach Muster 13 nach Unterabschnitt 5.3.4.2 RID zu versehen.

4 Sonstige Vorschriften

4.1 Die Versandstücke sind im Eisenbahnverkehr als Wagenladung mit gedeckten Wagen oder in Containern und im Straßenverkehr mit gedeckten oder bedeckten Fahrzeugen oder in Containern sowie im Binnenschiffsverkehr in Containern mit Schiffen mit wetterdicht schließenden Luken unter ausreichender Belüftung zu befördern.

4.2 Versandstücke der Codierungen 1A2, 1H2, 3A2, 3H2, 4A, 4B, 4H2, 11A und 11HZ1 dürfen im Straßenverkehr auch mit offenen Fahrzeugen befördert werden. Zur Ladungssicherung sind hierbei genau passende Gestelle und Vorrichtungen für die Versandstücke zu verwenden.

4.3 Versandstücke mit Abfällen der Abfallgruppe 15 sind abseits, das heißt nicht über, nicht unter und nicht unmittelbar neben den übrigen Versandstücken zu stauen und zu sichern.

4.4 Die Versandstücke sind so zu sichern, dass sie nicht verrutschen, verkanten, umfallen oder durch andere Versandstücke oder Gegenstände beschädigt werden können.

4.5 Beförderungen nach dieser Ausnahme müssen spätestens sechs Monate nach Befüllung der Verpackungen und Großpackmittel (IBC) abgeschlossen sein.

4.6 Ungereinigte leere Verpackungen (Anlieferungsgefäße) sind wie die Stoffe zu behandeln, deren Reste in ihnen enthalten sind.

---

[1] Nr. **535**.
[2] Nr. **510**.

5 Beförderungspapier

Im Beförderungspapier sind anzugeben:

a) Name und Anschrift des Absenders und Empfängers,

b) als Bezeichnung des Gutes:
   – Abfallgruppe(n) <<...>>
   – Nummern der Gefahrzettelmuster <<...>>
   – Verpackungsgruppe oder Klassifizierungscode <<...>>
   – Tunnelbeschränkungscode <<...>>
   Bem.: Sofern nach Absatz 5.4.1.1.1 Buchstabe k ADR[1] erforderlich.
   – Anzahl der Versandstücke und
   – Beschreibung der Versandstücke

   Anstelle von „<<...>>" sind die entsprechenden Angaben gemäß der Tabelle in Nummer 2.4 einzutragen. Die Verpackungsgruppe ist hierbei der Spalte 6 zu entnehmen.

c) Zusätzlich ist zu vermerken: „Ausnahme 20".

6 Befristung

Die Ausnahme 20 ist bis zum 30. Juni 2021 befristet.

Ausnahme 21 (B, E, S)
Zusammenpacken von Patronen mit Waffenpflegemitteln

1 Zusammenpackungszulassung

1.1 Abweichend von § 1 Absatz 3 Nummer 1 bis 3 der GGVSEB[2] in Verbindung mit Unterabschnitt 4.1.10.4 MP 23 ADR[1]/RID und Kapitel 4.1 ADN dürfen

a) Gegenstände mit Explosivstoff der Klassifizierung 1.4S, UN 0012, UN 0014 und UN 0323 mit UN 1950 Druckgaspackungen der Klasse 2, Klassifizierungscode 5A, 5F, 5O, 5T, 5TC, 5TF, 5TFC, 5TO und 5TOC, Kohlenwasserstoffen und deren Gemische der Klasse 3, UN 1136, UN 1147, UN 1288, UN 1299, UN 1300, UN 1307, UN 1918, UN 1920, UN 1999, UN 2046, UN 2048, UN 2049, UN 2052, UN 2055, UN 2057, UN 2247, UN 2286, UN 2303, UN 2319, UN 2324, UN 2325, UN 2330, UN 2364, UN 2368, UN 2520, UN 2541, UN 2618, UN 2709, UN 2850 und UN 3295 sowie UN 2831 1,1,1-Trichlorethan der Klasse 6.1 in der in Nummer 2.1 beschriebenen Verpackung zusammengepackt werden.

b) Gegenstände mit Explosivstoff der Klassifizierung 1.4S, UN 0012, UN 0014 und UN 0323 mit nicht der GGVSEB unterliegenden Gütern in der in Nummer 2.1 beschriebenen Verpackung zusammengepackt werden.

1.2 Die Mengengrenzen in Unterabschnitt 4.1.10.4 MP 7, MP 17 und MP 19 ADR[1]/RID sind bei Beförderungen nach dieser Ausnahme zu beachten.

---

[1] Nr. **535**.
[2] Nr. **510**.

1.3 Die nach Nummer 1.1 zusammengepackten Stoffe und Gegenstände dürfen ohne besondere Mengenbegrenzung mit einem Binnenschiff, in einem Eisenbahnwagen oder in einem Straßenfahrzeug befördert werden.

2 Verpackung

2.1 Als Außenverpackung sind Kisten aus Stahl der Codierung 4A, Kisten aus Aluminium der Codierung 4B, Kisten aus Holz der Codierungen 4C1, 4C2, 4D oder 4F oder Kisten aus Pappe der Codierung 4G zu verwenden.

2.2 Bauartprüfung

Bei der Bauartprüfung sind die Vorschriften für feste Stoffe der Verpackungsgruppe II anzuwenden.

3 Sonstige Vorschriften

Ein Versandstück darf nicht schwerer als 100 Kilogramm sein.

4 Angaben im Beförderungspapier

Zusätzlich zu den sonst vorgeschriebenen Angaben ist zu vermerken: „Ausnahme 21".

5 Befristung

Die Ausnahme 21 ist bis zum 30. Juni 2021 befristet.

Ausnahme 22 (E, S)
Saug-Druck-Tanks

1 Abweichend von § 1 Absatz 3 Nummer 1 und 2 der GGVSEB[1] in Verbindung mit Kapitel 6.10 ADR[2]/RID dürfen gefährliche Güter der Klassen 3, 4.1, 5.1, 6.1, 8 und 9

a) in festverbundenen Tanks (Tankfahrzeugen),

b) in Aufsetztanks,

c) in Tankcontainern,

die als Saug-Druck-Tanks nach der Gefahrgutverordnung Straße vom 12. Dezember 1996 (BGBl. I S. 1886) in Verbindung mit Anhang B.1a oder B.1b der Anlage B zum ADR in der Fassung der 13. ADR-Änderungsverordnung vom 17. Juli 1996 (BGBl. 1996 II S. 1178) und in Verbindung mit der Ausnahme Nr. 63 der GGAV vom 23. Juni 1993 zugelassen worden sind, weiterhin befördert werden.

Die Beförderung ist auf die Stoffe begrenzt, denen in Kapitel 3.2 Tabelle A Spalte 12 ADR/RID die Tankcodierung L4BH oder S4AH oder eine andere gemäß der Hierarchie in Absatz 4.3.4.1.2 ADR/RID zugelassene Tankcodierung zugeordnet ist. Die für bestimmte Stoffe in Kapitel 3.2 Tabelle A Spalte 13 ADR/RID aufgeführten Sondervorschriften sind, soweit zutreffend, einzuhalten.

2 Sonstige Vorschriften

a) Bei Beförderung von Stoffen mit einem Flammpunkt von höchstens 60 Grad Celsius und solchen, die auf oder über ihren Flammpunkt

[1] Nr. **510**.
[2] Nr. **535**.

erwärmt verladen oder befördert werden, darf eine Vermischung mit entzündend (oxidierend) wirkenden Stoffen nicht erfolgen.

b) Die Tanks sind nach jeder Benutzung zu reinigen und vor der erneuten Befüllung auf Schäden zu untersuchen. Dies gilt auch für die Armaturen und Dichtungen. Werden in festverbundenen Tanks und Aufsetztanks bei aufeinanderfolgenden Beförderungen die gleichen Stoffe befördert, sind die Tanks nach der ersten Beförderung und danach in Abständen von längstens sieben Tagen zu reinigen und zu untersuchen.

3 Angaben in der ADR-Zulassungsbescheinigung, im Prüfbericht und im Beförderungspapier

In der ADR-Zulassungsbescheinigung für Tankfahrzeuge nach Unterabschnitt 9.1.3.1 ADR[1] ist unter Nummer 11 Bemerkungen anzugeben: „Ausnahme 22". In den Prüfbescheinigungen für festverbundene Tanks, Aufsetztanks und Tankcontainer nach Absatz 6.8.2.4.5 ADR/RID ist zusätzlich zu vermerken: „Ausnahme 22".

Bei Beförderungen in Tankcontainern ist im Beförderungspapier nach Abschnitt 5.4.1 ADR/RID zusätzlich zu vermerken: „Ausnahme 22".

Ausnahme 23

– offen –

Ausnahme 24 (S)
Beförderung von ungereinigten leeren Eichnormalen

1 Abweichend von § 1 Absatz 3 Nummer 1 der GGVSEB[2] in Verbindung mit den Vorschriften des ADR[1]

a) für die Klasse 2, UN 1011 BUTAN, UN 1012 BUT-1-EN, UN 1077 PROPEN, UN 1965 KOHLENWASSERSTOFFGAS, GEMISCH, VERFLÜSSIGT, N.A.G. (Gemisch A, A 01, A 02, A 0, A 1, B 1, B 2, B oder C), UN 1969 ISOBUTAN, UN 1971 METHAN, VERDICHTET oder ERDGAS, VERDICHTET, UN 1972 METHAN, TIEFGEKÜHLT, FLÜSSIG oder ERDGAS, TIEFGEKÜHLT, FLÜSSIG und UN 1978 PROPAN,

b) für die Klasse 3, Klassifizierungscode F1, Verpackungsgruppe II und III und

c) für flüssige Stoffe der Klasse 9

dürfen ungereinigte leere Eichnormale unter Einhaltung der nachfolgenden Bestimmungen befördert werden.

2 Vorschriften für die Beförderung von ungereinigten leeren Eichnormalen mit einem Fassungsraum von höchstens 1 000 Liter

2.1 Die Vorschriften für ungereinigte leere Gefäße der Unterabschnitte 4.1.1.1, 4.1.1.11 und 5.1.3.1 sowie des Absatzes 5.4.1.1.6.2.1 ADR[1] sind einzuhalten.

2.2 Ungereinigte leere Eichnormale mit einem Einzelfassungsraum der Gefäße von höchstens 450 Liter gelten als Verpackung im Sinne des Unterabschnitts 1.1.3.1 Buchstabe c ADR[1].

---

[1] Nr. **535**.
[2] Nr. **510**.

2.3 Schriftliche Weisungen nach Abschnitt 5.4.3 ADR[1] sind bei jeder Beförderung mitzuführen.

2.4 Die Eichnormale sind an beiden Seiten deutlich und dauerhaft mit der zutreffenden UN-Nummer, der die Buchstaben „UN" vorangestellt werden, und mit den zutreffenden Gefahrzetteln nach Absatz 5.2.2.2.2 ADR[1] zu kennzeichnen.

2.5 Die Fahrzeuge mit Eichnormalen sind mit orangefarbenen Tafeln nach Absatz 5.3.2.1.1 ADR[1] zu kennzeichnen.

2.6 Die Vorschriften des Kapitels 1.3, der Abschnitte 7.5.7, 8.1.1 und 8.1.4, des Unterabschnitts 8.2.1.1 in Verbindung mit 8.2.1.2 sowie der Kapitel 8.3 und 8.5 S2 Absatz 1 ADR[1] sind einzuhalten.

3 Vorschriften für die Beförderung von ungereinigten leeren Eichnormalen mit einem Fassungsraum über 1 000 Liter und Fahrzeuge, die ungereinigte leere Eichnormale mit einem Fassungsraum über 1 000 Liter befördern

3.1 Die Eichnormale für flüssige Stoffe sind entleert und drucklos und die Eichnormale für Gase sind entleert und mit einem Inertgas beaufschlagt zu befördern. Alle Öffnungen für das Befüllen und für das Entleeren müssen dicht verschlossen sein.

3.2 Die Be- und Entlüftungsöffnungen müssen mit einer flammendurchschlagsicheren Armatur ausgerüstet sein.

3.3 Schriftliche Weisungen nach Abschnitt 5.4.3 ADR[1] sind bei jeder Beförderung mitzuführen, nicht jedoch die darin aufgeführte Ausrüstung.

3.4 Die Eichnormale sind an beiden Seiten deutlich und dauerhaft mit der zutreffenden UN-Nummer, der die Buchstaben „UN" vorangestellt werden, sowie mit dem Kennzeichen für umweltgefährdende Stoffe nach Absatz 5.2.1.8.3 und mit den zutreffenden Gefahrzetteln nach Absatz 5.2.2.2.2 ADR[1] zu kennzeichnen. Diese Kennzeichnungen sind nicht erforderlich, wenn das Fahrzeug bereits mit Kennzeichnungen nach den Nummern 3.5 und 3.6 versehen ist, und die Eichnormale mit dem Fahrzeug fest verbunden sind.

3.5 Die Fahrzeuge mit Eichnormalen mit einem Fassungsraum über 1 000 Liter sind mit dem Kennzeichen für umweltgefährdende Stoffe nach Abschnitt 5.3.6 und mit Großzetteln nach Abschnitt 5.3.1 ADR[1] an beiden Längsseiten und hinten zu versehen.

3.6 Die Beförderungseinheiten sind vorn und hinten nach Absatz 5.3.2.1.2 ADR[1] mit orangefarbenen Tafeln mit der Nummer zur Kennzeichnung der Gefahr und der UN-Nummer für den Stoff, der zuletzt in den Eichnormalen enthalten war, zu kennzeichnen.

3.7 Die Eichnormale sind erstmalig vor Inbetriebnahme sowie wiederkehrend mindestens alle drei Jahre von einer Stelle nach § 12 der GGVSEB[2] einer äußeren und inneren Prüfung sowie einer Dichtheitsprüfung mit Wasser ohne Überdruck zu unterziehen. Über die Prüfung hat die Über-

[1] Nr. **535**.
[2] Nr. **510**.

wachungsstelle eine Bescheinigung auszustellen, die bei jeder Beförderung mitzuführen ist.

3.8 Zusätzlich zu den Vorschriften nach Nummer 2.6 sind die Vorschriften der Absätze 4.3.2.3.6, 4.3.2.4.1, 4.3.2.4.2, 4.3.4.2.2 und 6.8.2.1.27, des Abschnitts 7.5.10, des Unterabschnitts 8.2.1.1 in Verbindung mit 8.2.1.3, des Kapitels 8.5 S2 Absatz 2 und 3 sowie des Abschnitts 9.7.4 ADR einzuhalten.

3.9 Die Fahrzeuge für die Beförderung von Eichnormalen müssen den Bau- und Zulassungsvorschriften für Fahrzeuge FL nach Teil 9 des ADR entsprechen.

3.10 In der ADR-Zulassungsbescheinigung nach Unterabschnitt 9.1.3.1 ADR darf unter Nummer 9 auf die Angabe zu den Nummern 9.2, 9.5 und 9.6 verzichtet werden. Unter Nummer 11 ist anzugeben: „Ausnahme 24“.

4 Sonstige Vorschriften

Die übrigen Vorschriften des ADR finden keine Anwendung.

5 Befristung

Die Ausnahme 24 ist bis zum 30. Juni 2021 befristet.

Ausnahme 25

– offen –

Ausnahme 26

– offen –

Ausnahme 27

– offen –

Ausnahme 28 (E, S)
Zusammenladung von Automobilteilen der Klassifizierung 1.4G mit gefährlichen Gütern

1 Abweichend von § 1 Absatz 3 Nummer 1 und 2 der GGVSEB in Verbindung mit Unterabschnitt 7.5.2.1 ADR/RID dürfen Automobilteile

– UN 0431 PYROTECHNISCHE GEGENSTÄNDE für technische Zwecke sowie

– UN 0503 AIRBAG-GASGENERATOREN oder AIRBAG-MODULE oder GURTSTRAFFER

der Klasse 1, Klassifizierungscode 1.4G mit den in der nachfolgenden Tabelle dargestellten Gefahrgütern der Klassen 2, 3, 8 und 9 unter Einhaltung der Bedingungen der Nummern 2 bis 6 zusammengeladen werden.

2 Tabelle der Gefahrgüter

UN-Nummer	Benennung und Beschreibung	Klasse/Klassifizierungscode	Verpackungsgruppe	Höchstzulässige Gesamtmenge je Beförderungseinheit/Wagen/Container
1	2	3	4	5
1090	ACETON	3/F1	II	333 l
1133	KLEBSTOFFE	3/F1	II und III	333/1 000 l
1139	SCHUTZANSTRICHLÖSUNG	3/F1	II und III	333/1 000 l
1170	ETHANOL, LÖSUNG	3/F1	II	333 l
1173	ETHYLACETAT	3/F1	II	333 l
1219	ISOPROPANOL (ISOPROPYLALKOHOL)	3/F1	II	333 l
1263	FARBE oder FARBZUBEHÖRSTOFFE	3/F1	II und III	333/1 000 l
1268	ERDÖLDESTILLATE, N.A.G. oder ERDÖLPRODUKTE, N.A.G.	3/F1	II	333 l
1300	TERPENTINÖLERSATZ	3/F1	III	1 000 l
1805	PHOSPHORSÄURE, LÖSUNG	8/C1	III	1 000 l
1866	HARZLÖSUNG, entzündbar	3/F1	II und III	333/1 000 l
1950	DRUCKGASPACKUNGEN, entzündbar, bis max. 1 l Fassungsraum	2/5F	–	333 kg
1987	ALKOHOLE, N.A.G.	3/F1	III	1 000 l
1993	ENTZÜNDBARER FLÜSSIGER STOFF, N.A.G.	3/F1	II und III	333/1 000 l
2735	AMINE, FLÜSSIG, ÄTZEND, N.A.G. oder POLYAMINE, FLÜSSIG, ÄTZEND, N.A.G.	8/C7	III	1 000 l
2796	SCHWEFELSÄURE mit höchstens 51 % Säure oder BATTERIEFLÜSSIGKEIT, SAUER	8/C1	II	333 l
2797	BATTERIEFLÜSSIGKEIT, ALKALISCH	8/C5	II	333 l
3077	UMWELTGEFÄHRDENDER STOFF, FEST, N.A.G.	9/M7	III	1 000 kg
3082	UMWELTGEFÄHRDENDER STOFF, FLÜSSIG, N.A.G	9/M6	III	1 000 l

3 **Verpackung**

Die Stoffe und Gegenstände sind in geprüften und zugelassenen Verpackungen nach Kapitel 4.1 ADR/RID zu verpacken.

4 **Höchstzulässige Gesamtmenge je Beförderungseinheit oder Wagen**

Die Gesamtmenge aller gefährlichen Güter in einer Beförderungseinheit oder in einem Wagen darf die höchstzulässige Menge von 1 000 Kilogramm oder 1 000 Liter oder einer entsprechenden Summe beider Maßeinheiten nicht überschreiten. Bei der Berechnung sind die Mengen der gefährlichen Güter, deren Höchstmenge in der Tabelle in Nummer 2 auf 333 Liter oder 333 Kilogramm begrenzt ist, mit dem Faktor 3 zu multiplizieren.

5 **Sonstige Vorschriften**

Die sonstigen, für die Beförderung von UN 0431 PYROTECHNISCHE GEGENSTÄNDE für technische Zwecke sowie UN 0503 AIRBAG-GASGENERATOREN oder AIRBAG-MODULE oder GURTSTRAFFER der Klasse 1, Klassifizierungscode 1.4G geltenden Vorschriften sind einzuhalten.

6 **Angaben im Beförderungspapier**

Zusätzlich zu den sonst vorgeschriebenen Angaben ist zu vermerken: „Ausnahme 28".

7 **Befristung**

Die Ausnahme 28 ist bis zum 30. Juni 2021 befristet.

Ausnahme 29

– offen –

Ausnahme 30

– offen –

Ausnahme 31 (S)
Prüfungsfahrten bei technischen Untersuchungen

1 Abweichend von § 1 Absatz 3 Nummer 1 der GGVSEB in Verbindung mit Unterabschnitt 8.2.1.1 ADR müssen die nach § 14 Absatz 4 und 5 der GGVSEB zuständigen Sachverständigen und die Mitarbeiter der Technischen Dienste nicht im Besitz einer Bescheinigung über die Fahrzeugführerschulung sein, wenn die nachfolgenden Bestimmungen eingehalten werden.

2 Bei Prüfungsfahrten im Zusammenhang mit der Durchführung von Untersuchungen nach den §§ 19, 21 und 29 der Straßenverkehrs-Zulassungs-Ordnung sowie technischen Untersuchungen gemäß Teil 9 ADR müssen die Personen von einem Inhaber der vorgenannten Bescheinigung begleitet werden. Der Inhaber der Bescheinigung ist verantwortlich für die Einhaltung der Gefahrgutvorschriften im Sinne der §§ 28 und 29 Absatz 1 bis 4 der GGVSEB.

3 **Befristung**

Die Ausnahme ist bis zum 30. Juni 2021 befristet.

Ausnahme 32 (S, E)
Beförderungen durch zivile Unternehmen im Auftrag und unter der Verantwortung der Bundeswehr

1 Abweichend von § 1 Absatz 3 Nummer 1 in Verbindung mit § 5 Absatz 6 der GGVSEB[1] dürfen folgende Allgemeine Ausnahmegenehmigungen der Bundeswehr zur Gefahrgutverordnung Straße, Eisenbahn und Binnenschifffahrt (GGVSEB)Die Allgemeinen Ausnahmegenehmigungen können auch beim Bundesamt für Infrastruktur, Umweltschutz und Dienstleistungen der Bundeswehr, Abteilung gesetzliche Schutzaufgaben, Referat Grundsatz Gefahrgutwesen (BAUIDBw GS III 1), Fontainengraben 200, Postfach 29 63, 53123 Bonn, angefordert werden. auch durch zivile Unternehmen angewendet werden, die im Auftrag und unter der Verantwortung der Bundeswehr gefährliche Güter befördern:

a) Bw 01 (S, E) AGGABw „Mitführen" gefährlicher Güter auf der Straße und der Eisenbahn mit Fahrzeugen der Bundeswehr

b) Bw 17 (S, E) AGGABw Kennzeichnung von Gegenständen/Versandstücken gefährlicher Güter mit Gefahrzetteln geringerer Größe

c) Bw 21 (S, E) AGGABw Beförderung gefährlicher Güter Klasse 1 in (alt-)palettierten Versandstücken/geeigneten Handhabungseinrichtungen; keine Kennzeichnung mit Gefahrzetteln Nr. 8; Kennzeichnung mit Gefahrzetteln geringerer Abmessungen

d) Bw 23 (S, E) AGGABw Zusammenpacken von Gegenständen der Klasse 1 mit nicht gefährlichen Gütern (Zubehör)

e) Bw 24 (S, E) AGGABw Keine Mitnahme der Genehmigung zur Beförderung von n.a.g.-Gütern und Feuerwerkskörpern der Klasse 1

f) Bw 25 (S) AGGABw Beförderung von Resten oder Komponenten gefährlicher Güter der Klasse 1, die beim Verschuss anfallen

g) Bw 27 (S, E) AGGABw Verpackungen für militärische Güter der Klasse 1

h) Bw 29 (S) AGGABw Beförderung von Resten und/oder Komponenten gefährlicher Güter der Klasse 1 in Originalverpackungen unter Verzicht auf die vorgeschriebene Metallbebänderung.

2 **Angaben im Beförderungspapier**

Zusätzlich zu den sonst vorgeschriebenen Angaben ist zu vermerken: „Ausnahme 32 (BwXX)", wobei XX der Nummer der Allgemeinen Ausnahmegenehmigung der Bundeswehr gemäß Nummer 1 Buchstabe a bis h entspricht.

[1] Nr. **510**.

Ausnahme 33 (M)

(nicht wiedergegeben; betrifft nur Beförderungen im Geltungsbereich der Binnenschifffahrt)

Ausnahme 34 (M)
Beförderung gefährlicher Güter zur Offshore-Versorgung

Abweichend von § 3 Absatz 1 Nummer 1 der GGVSee dürfen gefährliche Güter auf Seeschiffen im Verkehr zu Offshore-Anlagen und -Baustellen unter Einhaltung der nachfolgenden Bestimmungen befördert werden:

1 Art der Beförderungsdurchführung

Die gefährlichen Güter werden von Unternehmen in Verbindung mit ihrer Haupttätigkeit als Lieferung oder Rücklieferung zu Offshore-Anlagen oder -Baustellen zum Zweck der Errichtung, des Betriebs, der Instandhaltung und der Wartung befördert.

2 Verpackung und Kennzeichnung von Versandstücken

2.1 Die gefährlichen Güter sind nach Kapitel 4.1 in Verbindung mit den Kapiteln 6.1, 6.2, 6.5 und 6.6 des IMDG-Codes oder des ADR/RID zu verpacken.

2.2 Die Versandstücke sind nach Kapitel 5.2 des IMDG-Codes oder des ADR/RID zu kennzeichnen und zu bezetteln. Die Kennzeichnung mit dem richtigen technischen Namen der gefährlichen Güter ist nicht erforderlich.

3 Dokumentation

3.1 Für alle an Bord befindlichen gefährlichen Güter müssen die auf die jeweiligen Stoffe und Gegenstände zutreffenden Sicherheitsdatenblätter mitgeführt werden. Dies gilt nicht für Gegenstände, für die kein Sicherheitsdatenblatt nach Artikel 31 in Verbindung mit Anlage II der Verordnung (EG) Nr. 1907/2006 des Europäischen Parlaments und des Rates vorgeschrieben ist.

3.2 Zusätzlich ist ein Verzeichnis mitzuführen, in dem die gefährlichen Güter mit folgenden Angaben aufgeführt sind:

a) die UN-Nummer, der die Buchstaben „UN" vorangestellt werden,

b) der richtige technische Name nach Spalte 2 der Gefahrgutliste des IMDG-Codes,

c) die Klasse der Hauptgefahr oder, falls zugeordnet, Unterklasse der Güter sowie bei Klasse 1 der Buchstabe der Verträglichkeitsgruppe,

d) die gegebenenfalls zugeordnete(n) Nummer(n) für die Klasse oder Unterklasse der Zusatzgefahr und

e) gegebenenfalls die dem Stoff oder Gegenstand zugeordnete Verpackungsgruppe.

4 Ladung

Die Versandstücke sind in geeignete und zugelassene Offshore-Container zu verladen, die den Anforderungen des Unterabschnitts 7.3.2.3 des IMDG-Codes entsprechen. Alternativ können Lagerschränke nach der DIN EN 14470-1:2004 verwendet werden. Die Güter sind unter Beachtung der Vorschriften des Abschnitts 7.3.3 des IMDG-Codes in die Container oder in die Lagerschränke zu stauen, mit der Ausnahme, dass anstelle der in Unterabschnitt 7.3.3.5 des IMDG-Codes in Bezug genommenen Trennvorschriften die Zusammenladeverbote nach den Abschnitten 7.5.2 und 7.5.4 des ADR Anwendung finden. Ist die Zusammenladung verboten, sind verschiedene Container oder Lagerschränke zu verwenden, die in einem Abstand von mindestens 0,5 Meter an Bord des Schiffes aufgestellt sind. Die Bestimmungen über die Kennzeichnung und Plakatierung in Unterabschnitt 7.3.3.13 erster Satz des IMDG-Codes und die Bestimmungen zum CTU-Packzertifikat in Unterabschnitt 7.3.3.17 des IMDG-Codes finden keine Anwendung.

5 Menge der Güter

Die Bruttomasse aller gefährlichen Güter darf 3 000 Kilogramm nicht überschreiten, wobei die Bruttomasse der gefährlichen Güter, die der Verpackungsgruppe I zugeordnet sind sowie der gefährlichen Güter der Klassen 1 und 2.3, insgesamt 300 Kilogramm nicht überschreiten darf.

6 Von der Freistellung ausgenommene Güter

Nicht befördert werden dürfen:

a) gefährliche Güter, die in Tanks befördert werden,

b) gefährliche Güter, deren Beförderung nach den Vorschriften des IMDG-Codes verboten ist oder für die die Verpackungsanweisung P 099 vorgeschrieben ist,

c) gefährliche Güter der Klasse 1 mit den Klassifizierungscodes 1.1 A, 1.1 L, 1.2 K, 1.2 L, 1.3 K und 1.3 L sowie der UN-Nummer 0190,

d) selbstzersetzliche Stoffe der Klasse 4.1, organische Peroxide der Klasse 5.2, polymerisierende Stoffe und entzündbare Gase und flüssige Stoffe mit einem Flammpunkt unter 23 °C, die unter Temperaturkontrolle zu befördern sind,

e) Stoffe der Klassen 4.1 und 5.2, die zusätzlich mit dem Gefahrzettel „EXPLOSIVE“ Muster 1 zu versehen sind,

f) gefährliche Güter der Klasse 6.2, Kategorie A und

g) gefährliche Güter der Klasse 7 mit Ausnahme der UN-Nummern 2908, 2909, 2910 und 2911.

520. Kostenverordnung für Maßnahmen bei der Beförderung gefährlicher Güter (Gefahrgutkostenverordnung – GGKostV)[1]

Vom 11. März 2019[2]
(BGBl. I S. 308)

FNA 9241-23-31

geänd. durch Art. 15 G zur Änd. des UmweltauditG, des AtomG, des StandortauswahlG, der EndlagervorausleistungsVO und anderer G und Verordnungen v. 12.12.2019 (BGBl. I S. 2510)

§ 1[3] Kosten. (1) [1] Für Amtshandlungen

1. der Bundesbehörden und der Landesbehörden nach dem Gesetz über die Beförderung gefährlicher Güter[4] und den auf der Grundlage dieses Gesetzes erlassenen Rechtsverordnungen,
2. der Prüfstellen nach § 9 der Gefahrgutverordnung Straße, Eisenbahn und Binnenschifffahrt[5] und nach § 12 Absatz 1 Nummer 8 der Gefahrgutverordnung See,
3. der Benannten Stellen nach § 12 der Gefahrgutverordnung Straße, Eisenbahn und Binnenschifffahrt und nach § 16 Absatz 2 der Gefahrgutverordnung See,
4. der Benannten Stellen für Druckgefäße nach § 13 der Gefahrgutverordnung Straße, Eisenbahn und Binnenschifffahrt und nach § 16 Absatz 1 der Gefahrgutverordnung See,
5. der amtlich anerkannten Sachverständigen und Technischen Dienste nach § 14 Absatz 4 der Gefahrgutverordnung Straße, Eisenbahn und Binnenschifffahrt,
6. der zuständigen Stellen oder Personen nach § 14 Absatz 5 der Gefahrgutverordnung Straße, Eisenbahn und Binnenschifffahrt,
7. der Zulassungsbehörden nach § 14 Absatz 6 der Gefahrgutverordnung Straße, Eisenbahn und Binnenschifffahrt,
8. der zuständigen Stelle nach § 16 Absatz 8 der Gefahrgutverordnung Straße, Eisenbahn und Binnenschifffahrt,

---

[1] Verkündet als Art. 1 KostenVO für Maßnahmen bei der Beförderung gefährlicher Güter und Änderung der KostenVO der Wasser- und Schifffahrtsverwaltung auf dem Gebiet der Binnenschifffahrt v. 7.3.2013 (BGBl. I S. 466); Inkrafttreten gem. Art. 3 dieser VO am **1.4.2013**. Diese VO wurde erlassen von dem Bundesministerium für Verkehr, Bau und Stadtentwicklung auf Grund des
– § 12 Absatz 2 und 3 des Gefahrgutbeförderungsgesetzes (Nr. **500**) in der Fassung der Bekanntmachung vom 7. Juli 2009 (BGBl. I S. 1774, 3975) sowie
– § 4 Absatz 2 Satz 1 des Binnenschifffahrtsaufgabengesetzes in der Fassung der Bekanntmachung vom 5. Juli 2001 (BGBl. I S. 2026), der zuletzt durch Artikel 313 Nummer 1 der Verordnung vom 31. Oktober 2006 (BGBl. I S. 2407) geändert worden ist,
jeweils in Verbindung mit dem 2. Abschnitt des Verwaltungskostengesetzes vom 23. Juni 1970 (BGBl. I S. 821), im Einvernehmen mit dem Bundesministerium der Finanzen.

[2] Neubekanntmachung der Kostenverordnung für Maßnahmen bei der Beförderung gefährlicher Güter v. 7.3.2013 (BGBl. I S. 466) in der ab dem 28.2.2019 geltenden Fassung.

[3] § 1 Abs. 2 Satz 1 geänd. mWv 1.1.2020 durch G v. 12.12.2019 (BGBl. I S. 2510).

[4] Nr. **500**.

[5] Nr. **510**.

9. der Marktüberwachungsbehörden nach § 22 Absatz 5 Satz 3 der Ortsbewegliche-Druckgeräte-Verordnung

werden Gebühren und Auslagen erhoben. [2] Die Gebühren ergeben sich aus § 2 in Verbindung mit dem Gebührenverzeichnis der Anlage 1 zu dieser Verordnung. [3] Zu den in Absatz 1 Satz 1 Nummer 1 genannten Behörden zählen nicht die in den Absätzen 2 bis 5 aufgeführten Behörden.

(2) [1] Für Amtshandlungen im Rahmen der Zuständigkeit nach § 11 der Gefahrgutverordnung Straße, Eisenbahn und Binnenschifffahrt und im Rahmen der Zuständigkeit nach § 13 der Gefahrgutverordnung See erhebt das Bundesamt für die Sicherheit der nuklearen Entsorgung Gebühren und Auslagen. [2] Die Gebühren ergeben sich aus § 2 in Verbindung mit der Anlage 2 und für Widerspruchsverfahren aus § 2 in Verbindung mit der Anlage 1 zu dieser Verordnung.

(3) [1] Für Amtshandlungen im Rahmen der Zuständigkeit nach § 8 der Gefahrgutverordnung Straße, Eisenbahn und Binnenschifffahrt und im Rahmen der Zuständigkeit nach § 12 Absatz 1 der Gefahrgutverordnung See erhebt die Bundesanstalt für Materialforschung und -prüfung Gebühren und Auslagen. [2] Die Gebühren ergeben sich aus § 2 in Verbindung mit der Anlage 3 und für Widerspruchsverfahren aus § 2 in Verbindung mit der Anlage 1 zu dieser Verordnung.

(4) [1] Für Amtshandlungen im Rahmen der Zuständigkeit nach § 14 Absatz 2 der Gefahrgutverordnung Straße, Eisenbahn und Binnenschifffahrt erhebt das Kraftfahrt-Bundesamt Gebühren und Auslagen. [2] Die Gebühren ergeben sich aus § 2 in Verbindung mit der Anlage 4 und für Widerspruchsverfahren aus § 2 in Verbindung mit der Anlage 1 zu dieser Verordnung.

(5) [1] Für Amtshandlungen im Rahmen der Zuständigkeit nach § 16 Absatz 1 der Gefahrgutverordnung Straße, Eisenbahn und Binnenschifffahrt erhebt die Physikalisch-Technische Bundesanstalt Gebühren und Auslagen. [2] Die Gebühren ergeben sich aus § 2 in Verbindung mit der Anlage 5 und für Widerspruchsverfahren aus § 2 in Verbindung mit der Anlage 1 zu dieser Verordnung.

§ 2 Gebührenfestsetzung. (1) [1] Die Gebühren werden nach Zeitaufwand berechnet. [2] Davon abweichend werden für wiederkehrende Amtshandlungen mit vergleichbarem Arbeitsaufwand Gebühren in Form von Rahmensätzen oder nach dem Wert des Gegenstandes erhoben.

(2) [1] Der Zeitaufwand wird in Stunden ermittelt. [2] Angefangene Stunden werden anteilig erfasst. [3] Dabei ist auf Viertelstunden aufzurunden.

(3) [1] Die im Zusammenhang mit der Vornahme der Amtshandlung erforderliche Reisezeit wird je begonnene Viertelstunde mit dem für die einzelnen Abschnitte geltenden Stundensatz abgerechnet. [2] Werden Amtshandlungen, die für mehrere Antragsteller zu erbringen sind, miteinander verbunden, ist die Reisezeit anteilig zu berechnen.

Anlage 1
(zu § 1 Absatz 1)

Gebührenverzeichnis

Inhaltsübersicht

I. Teil: Verkehrsträgerübergreifende Gebühren

Gebühren-nummer	Gebührentatbestand	Gebühr (EUR)
001	Zurückweisung eines Widerspruchs aus formalen Gründen aus sachlichen Gründen	 60 bis 425 120 bis 850
002 bis 012	nicht vergeben	
013	Anordnung von Maßnahmen zur Beseitigung festgestellter oder zur Verhütung künftiger Verstöße gegen Vorschriften des Gefahrgutbeförderungsgesetzes oder gegen die nach dem Gefahrgutbeförderungsgesetz erlassenen Rechtsverordnungen (§ 8 des Gefahrgutbeförderungsgesetzes).	30 je begonnene Viertelstunde

II. Teil: Straßenverkehr

1. Abschnitt: Gebühren der Bundesbehörden

Gebühren-nummer	Gebührentatbestand	Gebühr (EUR)
100	Prüfung und Erteilung einer Bescheinigung, dass die Bedingungen für eine Verlagerung nicht vorliegen, einschließlich der Ausfertigung der Bescheinigung (§ 35 Absatz 4 Satz 2 der	30 bis 300

Gebühren-nummer	Gebührentatbestand	Gebühr (EUR)
	Gefahrgutverordnung Straße, Eisenbahn und Binnenschifffahrt).	

2. Abschnitt: Gebühren der Landesbehörden

Gebühren-nummer	Gebührentatbestand	Gebühr (EUR)
102	Prüfung und Erteilung einer Ausnahme, einschließlich der Ausfertigung oder Verlängerung der Ausnahme (§ 5 Absatz 1 Nummer 1 der Gefahrgutverordnung Straße, Eisenbahn und Binnenschifffahrt).	50 bis 2 000
103	nicht vergeben	
104	Prüfung und Erteilung der Fahrwegbestimmung für die Beförderung bestimmter gefährlicher Güter, einschließlich der Ausfertigung des Bescheids über die Fahrwegbestimmung (§ 35a Absatz 3 der Gefahrgutverordnung Straße, Eisenbahn und Binnenschifffahrt).	25 bis 1 000

3. Abschnitt: Gebühren der Behörden und Stellen nach § 1 Absatz 1 Satz 1 Nummer 2 bis 7

Gebühren-nummer	Gebührentatbestand	Gebühr (EUR)
211	Erstmalige Untersuchung eines Fahrzeugs, einschließlich der Ausfertigung der Zulassungsbescheinigung (Unterabschnitt 9.1.3.1 ADR):	
211.1	Erstmalige Untersuchung für Fahrzeuge EX/II, EX/III, FL (Unterabschnitt 9.1.3.1 in Verbindung mit Unterabschnitt 9.1.2.1 ADR).	80 bis 110
211.2	Erstmalige Untersuchung für MEMU (Unterabschnitt 9.1.3.1 in Verbindung mit Unterabschnitt 9.1.2.1 ADR).	90 bis 220
211.3	Erstmalige Untersuchung und Erteilung der Zulassungsbescheinigung für AT-Fahrzeuge (Unterabschnitt 9.1.3.1 in Verbindung mit Unterabschnitt 9.1.2.1 ADR).	45
212	Jährliche technische Untersuchung eines Fahrzeugs (Unterabschnitt 9.1.2.3 Satz 1 ADR), einschließlich der Verlängerung der Zulassungsbescheinigung (Unterabschnitt 9.1.2.3 Satz 2 ADR):	
212.1	Untersuchung eines EX/II-, EX/III-, FL-Fahrzeugs oder MEMU (Unterabschnitt 9.1.2.1 ADR).	45
212.2	Untersuchung eines AT-Fahrzeugs (Unterabschnitt 9.1.2.1 ADR).	40
213	Nachprüfungen im Anschluss an Prüfungen nach den Gebührennummern 211 bis 212 je Prüfung.	30
213.1	Wie Gebührennummer 213, jedoch zusätzliche Untersuchung der Bremsanlage (Abschnitt 9.2.3 ADR).	35 je begonnene Viertelstunde
214	Änderung oder Neuausstellung der ADR-Zulassungsbescheinigung nach Unterabschnitt 9.1.3.1 ohne erforderliche Prüfungen nach Abschnitt 9.1.2 ADR (§ 14 Absatz 4 bis 6 der Gefahrgutverordnung Straße, Eisenbahn und Binnenschifffahrt).	30 je begonnene Viertelstunde

Gebührennummer	Gebührentatbestand	Gebühr (EUR)
215 bis 220	nicht vergeben	
221	Baumusterprüfungen für festverbundene Tanks (Tankfahrzeuge), Aufsetztanks, ortsbewegliche Tanks, UN-MEGC, Tankcontainer oder Teile eines Batterie-Fahrzeugs (Unterabschnitt 6.7.2.18, 6.7.3.14, 6.7.4.13, 6.7.5.11, 6.8.2.3, 6.9.4.4 ADR):	
221.1	Prüfung der Antragsunterlagen.	40 je begonnene Viertelstunde
221.2	Für die übrigen im Rahmen der Baumusterprüfung anfallenden Prüfungen gelten die Gebühren nach Nummer 222.	

Gebührennummer	Gebührentatbestand	Gebühr (EUR) bis 7 500 Liter:	Gebühr (EUR) bis 20 000 Liter:	Gebühr (EUR) über 20 000 Liter:
222	Prüfung vor Inbetriebnahme (P), Gebührenhöhe abhängig vom Fassungsraum des Tanks (Kapitel 6.7 bis 6.10 ADR):			
222.1	Bauprüfung (Unterabschnitt 6.7.2.19, 6.7.3.15, 6.7.4.14, 6.7.5.12, 6.8.2.4, Abschnitt 6.9.5 ADR).	195	225	315
222.2	Prüfung der Ergebnisse der zerstörungsfreien Prüfung der Schweißnähte (Unterabschnitt 6.8.1.23 ADR).	40 je begonnene Viertelstunde	40 je begonnene Viertelstunde	40 je begonnene Viertelstunde
222.3	Druckprüfung (Unterabschnitt 6.7.2.19, 6.7.3.15, 6.7.4.14, 6.7.5.12, 6.8.2.4, Abschnitt 6.9.5 ADR).	100	115	130
222.4	Dichtheits- und Funktionsprüfung der Ausrüstungsteile (Unterabschnitt 6.7.2.19, 6.7.3.15, 6.7.4.14, 6.7.5.12, 6.8.2.4, 6.8.3.4, Abschnitt 6.9.5 ADR).	65	65	65
222.5	Prüfung der Übereinstimmung mit dem Baumuster im Anschluss an 222.1 bis 222.4.	100	120	155
222.6	Prüfung des inneren und äußeren Zustands (Unterabschnitt 6.7.2.19, 6.7.3.15, 6.7.4.14, 6.7.5.12, 6.8.2.4, 6.8.3.4, Abschnitt 6.9.5 ADR).	60 bis 90	80 bis 120	100 bis 150
222.7	Prüfung der elektrischen Ausrüstung für die Bedienungsausrüstung der festverbundenen Tanks (Unterabschnitt 9.1.2.1 ADR).	100	120	155
223	Wiederkehrende Prüfung (P), Gebührenhöhe abhängig vom Fassungsraum des Tanks (Kapitel 6.7 bis 6.10 ADR):			

Gebühren-nummer	Gebührentatbestand	Gebühr (EUR) bis 7 500 Liter:	Gebühr (EUR) bis 20 000 Liter:	Gebühr (EUR) über 20 000 Liter:
223.1	Prüfung des inneren und äußeren Zustands (Unterabschnitt 6.7.2.19, 6.7.3.15, 6.7.4.14, 6.7.5.12, 6.8.2.4, 6.8.3.4, Abschnitt 6.9.5, 6.10.4 ADR).	145 bis 175	180 bis 220	215 bis 265
223.2	Druckprüfung (Unterabschnitt 6.7.2.19, 6.7.3.15, 6.7.4.14, 6.7.5.12, 6.8.2.4, 6.8.3.4, Abschnitt 6.9.5 ADR).	100	115	130
223.3	Dichtheits- und Funktionsprüfung der Ausrüstungsteile (Unterabschnitt 6.7.2.19, 6.7.3.15, 6.7.4.14, 6.7.5.12, 6.8.2.4, 6.8.3.4, Abschnitt 6.9.5 ADR).	65	65	65
223.4	Nachprüfung der elektrischen Ausrüstung für die Bedienungsausrüstung der festverbundenen Tanks (Unterabschnitt 9.1.2.3 ADR).	65	65	65
224	Zwischenprüfung (L) (Unterabschnitt 6.7.2.19, 6.7.3.15, 6.7.4.14, 6.7.5.12, 6.8.2.4, 6.8.3.4, Abschnitt 6.9.5, 6.10.4 ADR).	210	230	265
225	Sonderregelungen für Prüfungen (Kapitel 6.7 bis 6.10):			Gebühr (EUR)
225.1	Im Zusammenhang mit den Prüfungen vor Inbetriebnahme durchzuführende oder wiederkehrende Funktionsprüfungen von ausgebauten Armaturen (Unterabschnitt 6.8.3.4 ADR).			20 je Funktionsprüfung
225.2	Außerordentliche Prüfungen (Unterabschnitt 6.7.2.19, 6.7.3.15, 6.7.4.14, 6.7.5.12, 6.8.2.4, 6.8.3.4 ADR). Für Prüfungen werden die Gebühren für die entsprechenden erstmaligen oder wiederkehrenden Prüfungen erhoben.			
225.3	Bei Tanks, die durch Trennwände unterteilt sind, wird bei der erstmaligen Prüfung, wiederkehrenden Prüfung und der Zwischenprüfung (Unterabschnitt 6.7.2.19, 6.7.3.15, 6.7.4.14, 6.7.5.12, 6.8.2.4, 6.8.3.4, Abschnitt 6.9.5, 6.10.4 ADR) ein Zuschlag je Abteil erhoben, sofern die Prüfung der Abteile getrennt erfolgt.			25
225.4	Dichtheits- und Funktionsprüfung der Ausrüstungsteile nach den Gebührennummern 222.4, 223.3 und 224 bei Behältern zum Transport von Gasen (Klasse 2).			40 je begonnene Viertelstunde
225.5	Bauprüfung bei Tanks zum Transport von tiefgekühlten verflüssigten Gasen der Klasse 2 (vakuumisolierte Behälter) (Unterabschnitt 6.7.4.14 und 6.8.3.4 ADR).			40 je begonnene Viertelstunde
225.6	Vakuummessung des Isolierraumes (Absatz 6.8.3.4.7 ADR).			55
225.7	Änderung der Zulassungsbescheinigung (Unterabschnitt 9.1.3.1 ADR), einschließlich eventuell erforderlicher Prüfungen.			40 je begonnene Viertelstunde
225.8	Für die Prüfungen zur Anerkennung der Befähigung der Hersteller für die Ausführung von Schweißarbeiten (Absatz 6.8.2.1.23			

Gebührennummer	Gebührentatbestand	Gebühr (EUR) bis 7 500 Liter:	Gebühr (EUR) bis 20 000 Liter:	Gebühr (EUR) über 20 000 Liter:
	Satz 1 ADR) werden Gebühren nach Gebührennummer 226 berechnet.			
226	Für andere als die aufgeführten Prüfungen werden Gebühren für vergleichbare Prüfungen berechnet (Kapitel 6.7 und 6.8 ADR). Sind vergleichbare Prüfungen nicht angegeben, werden die Gebühren nach dem Zeitaufwand berechnet. Bei Anwendung besonderer Prüfverfahren oder einem erweiterten Prüfumfang ist der Mehraufwand ebenfalls nach dem Zeitaufwand zu berechnen.			40 je begonnene Viertelstunde
227	Getrennte Baumusterzulassung von Ventilen und anderen Bedienungsausrüstungen (Unterabschnitt 6.8.2.3 ADR):			
227.1	Ausstellen der Baumusterzulassungsbescheinigung.			40 je begonnene Viertelstunde

III. Teil: Eisenbahnverkehr

1. Abschnitt: Gebühren der Bundesbehörden

Gebührennummer	Gebührentatbestand	Gebühr (EUR)
311.1	Prüfung und Erteilung einer Ausnahme, einschließlich der Ausfertigung oder Verlängerung der Ausnahme (§ 5 Absatz 2 der Gefahrgutverordnung Straße, Eisenbahn und Binnenschifffahrt).	60 bis 2 000
311.2	Prüfung und Erteilung einer Genehmigung für die Fortsetzung einer Beförderung (§ 15 Absatz 1 Satz 1 Nummer 1 der Gefahrgutverordnung Straße, Eisenbahn und Binnenschifffahrt).	30 je begonnene Viertelstunde
312	Tanks der Kesselwagen (Kapitel 6.8 RID, § 15 Absatz 1 Satz 1 Nummer 8 und 10 der Gefahrgutverordnung Straße, Eisenbahn und Binnenschifffahrt):	
312.1	Für die – Anerkennung der Befähigung der Hersteller für die Ausführung von Schweißarbeiten (Absatz 6.8.2.1.23 Satz 1 RID) sowie – Anordnung zusätzlicher Prüfungen (Absatz 6.8.2.1.23 letzter Satz RID) werden Gebühren nach der Gebührennummer 617 berechnet.	
312.2	Für die – erstmalige Zulassung eines Baumusters, – Nachträge zu Zulassungen für Änderungen oder Ergänzungen, – Bescheinigung über die Zulassung einer Änderung (Absatz 6.8.2.3.4 RID) sowie – Zustimmung nach Absatz 1.6.3.3.1 RID zur Weiterverwendung von Kesselwagen für die Beförderung von Gasen der Klasse 2 werden Gebühren nach dem Zeitaufwand nach der Gebührennummer 617 berechnet.	

2. Abschnitt: Gebühren der Landesbehörden

Gebührennummer	Gebührentatbestand	Gebühr (EUR)
411	Prüfung und Erteilung einer Ausnahme, einschließlich der Ausfertigung oder Verlängerung der Ausnahme (§ 5 Absatz 1 Nummer 2 der Gefahrgutverordnung Straße, Eisenbahn und Binnenschifffahrt).	50 bis 2 000

3. Abschnitt: Gebühren der Behörden und Stellen nach § 1 Absatz 1 Satz 1 Nummer 2 bis 4

Gebührennummer	Gebührentatbestand	Gebühr (EUR)
611	Baumusterprüfungen für Kesselwagen, abnehmbare Tanks, ortsbewegliche Tanks, UN-MEGC und Tankcontainer (Unterabschnitt 6.7.2.18, 6.7.3.14, 6.7.4.13, 6.7.5.11, 6.8.2.3, 6.9.4.4 RID):	
611.1	Prüfung der Antragsunterlagen.	40 je begonnene Viertelstunde
611.2	Für die übrigen im Rahmen der Baumusterprüfung von Kesselwagen und abnehmbaren Tanks anfallenden Prüfungen gelten die Gebühren nach Nummer 613.	
611.3	Für die übrigen im Rahmen der Baumusterprüfung von ortsbeweglichen Tanks, UN-MEGC und Tankcontainern anfallenden Prüfungen gelten die Gebühren nach Nummer 222.	

Gebührennummer	Gebührentatbestand	Gebühr (EUR) bis 50 000 Liter:	Gebühr (EUR) über 50 000 Liter:
613	Prüfungen vor Inbetriebnahme der Tanks (P), Gebührenhöhe abhängig vom Fassungsraum des Tanks (Kapitel 6.8 RID):		
613.1	Bauprüfung (Unterabschnitt 6.8.2.4, 6.8.3.4 RID).	250	315
613.2	Prüfung der Ergebnisse der zerstörungsfreien Prüfung der Schweißnähte (Absatz 6.8.2.1.23 RID).	40 je begonnene Viertelstunde	40 je begonnene Viertelstunde
613.3	Druckprüfung (Unterabschnitt 6.8.2.4 RID).	165	195
613.4	Dichtheitsprüfung des Tankkörpers und der Ausrüstungsteile und Funktionsprüfung der Ausrüstungsteile (Unterabschnitt 6.8.2.4 RID).	95	95
613.5	Prüfung der Übereinstimmung mit dem Baumuster im Anschluss an 613.1 bis 613.4.	95	110
613.6	Prüfung des inneren und äußeren Zustands (Unterabschnitt 6.8.2.4 RID).	80 bis 120	100 bis 150
614	Wiederkehrende Prüfungen (P), Gebührenhöhe abhängig vom Fassungsraum des Tanks (Kapitel 6.8 RID):		
614.1	Innere und äußere Prüfung (Unterabschnitt 6.8.2.4, 6.8.3.4 RID).	215 bis 255	245 bis 295
614.2	Druckprüfung (Unterabschnitt 6.8.2.4, 6.8.3.4 RID).	165	195

Gebühren-nummer	Gebührentatbestand	Gebühr (EUR) bis 50 000 Liter:	Gebühr (EUR) über 50 000 Liter:
614.3	Dichtheitsprüfung des Tankkörpers und der Ausrüstungsteile und Funktionsprüfung der Ausrüstungsteile (Unterabschnitt 6.8.2.4, 6.8.3.4 RID):		
614.3.1	Klasse 2.	160	160
614.3.2	Klassen 3 bis 9.	95	95
615	Zwischenprüfung (L) (Unterabschnitt 6.8.2.4, 6.8.3.4 RID).	265	265
616	Weitere Prüfungen:		Gebühr (EUR)
616.1	Bauprüfung bei Tanks zum Transport von tiefgekühlten verflüssigten Gasen der Klasse 2 (vakuumisolierte Behälter) (Unterabschnitt 6.7.4.14 RID).		40 je begonnene Viertelstunde
616.2	Vakuummessung des Isolierraumes (Absatz 6.8.3.4.7 RID).		55
616.3	Bei Eisenbahnkesselwagen, die nur mit Obenentleerung ausgerüstet sind (z.B. Klassen 3 bis 9), werden bei den Gebührennummern 613.3, 613.4, 614.2, 614.3 und 615 nur 70 Prozent der jeweiligen Gebühr berechnet.		
616.4	Außerordentliche Prüfungen (Absatz 6.8.2.4.4 RID): Für Prüfungen im Rahmen von außerordentlichen Prüfungen sind Gebühren wie für die entsprechenden erstmaligen oder wiederkehrenden Prüfungen zu entrichten.		
616.5	Einzelne Funktionsprüfungen: Im Zusammenhang mit den Prüfungen nach Unterabschnitt 6.8.2.4 und 6.8.3.4 RID vor Inbetriebnahme durchzuführende oder wiederkehrende Funktionsprüfungen von ausgebauten Armaturen.		20 je Funktionsprüfung
616.6	Für die Prüfungen zur Anerkennung der Befähigung der Hersteller für die Ausführung von Schweißarbeiten (Absatz 6.8.2.1.23 Satz 1 RID) werden Gebühren nach Gebührennummer 617 berechnet.		
617	Für andere als die aufgeführten Prüfungen werden Gebühren für vergleichbare Prüfungen berechnet (Kapitel 6.8 RID). Sind vergleichbare Prüfungen nicht angegeben, werden die Gebühren nach dem Zeitaufwand berechnet. Bei Anwendung besonderer Prüfverfahren oder einem erweiterten Prüfumfang ist der Mehraufwand ebenfalls nach dem Zeitaufwand zu berechnen.		40 je begonnene Viertelstunde
618	Getrennte Baumusterzulassung von Ventilen und anderen Bedienungsausrüstungen (Unterabschnitt 6.8.2.3 RID):		
618.1	Ausstellen der Baumusterzulassungsbescheinigung.		40 je begonnene Viertelstunde

IV. Teil: Binnenschiffsverkehr

1. Abschnitt: Gebühren der Bundesbehörden

Gebühren-nummer	Gebührentatbestand	Gebühr (EUR)
701	Prüfung zur Erteilung einer Ausnahme, einschließlich der Ausfertigung oder Verlängerung der Ausnahme, für Beför-	50 bis 2 000

Gebühren-nummer	Gebührentatbestand	Gebühr (EUR)
	derungen innerhalb Deutschlands auf Bundeswasserstraßen (§ 5 Absatz 3 der Gefahrgutverordnung Straße, Eisenbahn und Binnenschifffahrt).	
702.1	Anerkennung der ADN-Sachkundigen Schulungen (Absatz 8.2.2.6.1 ADN).	80 bis 320
702.2	Aufsicht über die ADN-Sachkundigen Schulungen (Absatz 8.2.2.6.4 ADN).	55 je Stunde
703	Zulassung sowie Verlängerung und/oder Aufhebung einer Zulassung a) von Personen für die Bescheinigung der Rohrleitungstrennung vor der Beladung mit UN 1230 und UN 2983 und vor jeder Wiederaufnahme solcher Transporte (Unterabschnitt 3.2.3.2 Tabelle C Spalte 20 Nummer 12 Buchstabe q ADN), b) von sachkundigen Personen oder Firmen für die Reinigung von Ladetanks, in denen Wasserstoffperoxid-Lösungen befördert wurden (Unterabschnitt 3.2.3.2 Tabelle C Spalte 20 Nummer 33 Buchstabe i 2 ADN), c) für die Nachprüfung und Untersuchung der Feuerlöschgeräte, der Feuerlöschschläuche, der Lade- und Löschschläuche (Unterabschnitt 8.1.6.1 bis 8.1.6.3 ADN), d) für die Prüfung der elektrischen Anlagen und Geräte (Unterabschnitt 8.1.7.1 ADN), e) für die Prüfung der Anlagen und Geräte zum Einsatz in explosionsgefährdeten Bereichen, der Geräte vom Typ „begrenzte Explosionsgefahr", Anlagen und Geräte, die Unterabschnitt 9.3.1.51, 9.3.2.51, 9.3.3.51 entsprechen, sowie der autonomen Schutzsysteme (Unterabschnitt 8.1.7.2 ADN), f) für die Prüfung der Übereinstimmung von Unterlagen mit den Gegebenheiten an Bord (Absatz 9.3.1.8.4, 9.3.2.8.4, 9.3.3.8.4 ADN) und g) für die Feststellung und Bescheinigung des Ergebnisses des Entgasens von Ladetanks und im Bereich der Ladung befindlicher Rohrleitungen von Binnentankschiffen (Absatz 7.2.3.7.1.6 und 7.2.3.7.2.6 ADN).	150 bis 1 000
704	Anerkennung von Dokumenten nach Unterabschnitt 8.2.1.9 und 8.2.1.10 ADN.	55 bis 110
705	Eintragung eines Sichtvermerkes nach Absatz 1.6.7.2.2.2 und Abschnitt 8.1.2 ADN.	30
706	Prüfung und Ausstellung eines normalen Zulassungszeugnisses (Abschnitt 1.16.2 und Unterabschnitt 1.16.6.3 ADN) oder Ausstellung einer Ersatzausfertigung (Abschnitt 1.16.14 ADN).	40 bis 200
707	Prüfung und Verlängerung der Gültigkeitsdauer des normalen Zulassungszeugnisses im Ausnahmefall (Abschnitt 1.16.11 ADN) oder zur Vornahme von Änderungen im Zulassungszeugnis (Abschnitt 1.16.6 ADN).	30 bis 150
707a	Prüfung und Ausstellung oder Einziehung der Anlage zum Zulassungszeugnis (Unterabschnitt 1.16.2.5, 1.16.2.6 ADN).	40 bis 200
708	Einziehung oder Prüfung zur Änderung des normalen Zulassungszeugnisses (Unterabschnitt 1.16.13.1 bis 1.16.13.3 ADN).	30 bis 100

Gebühren-nummer	Gebührentatbestand	Gebühr (EUR)
709	Untersagung der Verwendung eines Schiffes (Unterabschnitt 1.16.13.2 ADN).	30 bis 100
710	Prüfung und Ausstellung eines vorläufigen Zulassungszeugnisses (Unterabschnitt 1.16.1.3 ADN).	30 bis 100
711	Prüfung und Erteilung der Genehmigung von Arbeiten an Bord mit elektrischem Strom oder Feuer oder wenn Funken entstehen können (Abschnitt 8.3.5 ADN).	80 bis 200
712	Genehmigung zum Füllen und Entleeren von Gefäßen, Tankfahrzeugen, Kesselwagen, Großpackmitteln (IBC), Großverpackungen, MEGC, ortsbeweglichen Tanks oder Tankcontainern auf dem Schiff (Unterabschnitt 7.1.4.16 ADN).	55
713	Genehmigung des Umladens der Ladung in ein anderes Schiff außerhalb einer dafür zugelassenen Umschlagstelle (Unterabschnitt 7.1.4.9 und 7.2.4.9 ADN).	80 bis 200
714	Schriftliche Genehmigung zum Beginn von Lade- und Löscharbeiten von Stoffen und Gegenständen der Klassen 1, 4.1 und 5.2, für die drei Kegel/drei blaue Lichter vorgeschrieben sind, oder wenn diese Stoffe an Bord sind (Absatz 7.1.4.8.1 ADN).	80 bis 200
715	Genehmigung des Be- und Entladens gemäß Unterabschnitt 7.1.6.14 ADN Sondervorschrift HA03 und Abschnitt 3.2.1 Tabelle A Spalte 11 ADN.	80 bis 200
716	Genehmigung geringerer Abstände beim Stilliegen außerhalb der besonderen Liegeplätze (Absatz 7.1.5.4.4 und 7.2.5.4.4 ADN).	80 bis 200
717	Prüfung und Eintragung der Zulassung einer Gleichwertigkeit in das Zulassungszeugnis (Unterabschnitt 1.5.3.3 ADN).	30
718	Prüfung und Ausstellung eines Zulassungszeugnisses zu Versuchszwecken (Unterabschnitt 1.5.3.2 ADN).	550 bis 1 100
719	nicht vergeben	
720	Zustimmung zum Laden oder Löschen von Trockengüterschiffen, wenn die erforderlichen Evakuierungsmittel nicht vorhanden sind (Absatz 7.1.4.7.1 ADN).	110
720.1	Zustimmung zum Laden oder Löschen von Tankschiffen, wenn nicht alle Fragen der Prüfliste mit „JA" beantwortet werden können (Absatz 7.2.4.10.1 ADN).	110
720.2	nicht vergeben	
721	Prüfung zum Nachweis über besondere Kenntnisse des ADN und zur Ausstellung der Bescheinigungen (Unterabschnitt 8.2.2.8 ADN):	
721.1	Prüfung von Schulungsteilnehmern zum Erwerb der Bescheinigung über besondere Kenntnisse des ADN (Basis) (Absatz 8.2.2.7.1.1 ADN).	50
721.2	Prüfung von Schulungsteilnehmern zum Erwerb der Bescheinigung über besondere Kenntnisse des ADN (Gas/Chemie) (Absatz 8.2.2.7.2.1 ADN).	60

Gebühren-nummer	Gebührentatbestand	Gebühr (EUR)
721.3	Ausstellung der Bescheinigung über besondere Kenntnisse des ADN.	20
722	nicht vergeben	
723	Prüfung und Erteilung der Zulassung alternativer Bauweisen (Absatz 9.3.4.1.4 ADN).	320 bis 640
724	Prüfung und Erteilung der Zulassung der abweichenden Kennzeichnung von Seeschiffen, die Binnenwasserstraßen nur zeitweilig befahren (Absatz 7.1.5.0.5 ADN).	30 bis 55
725	Prüfung und Auferlegung von Beschränkungen bezüglich der Einbeziehung von Schiffen, die gefährliche Güter befördern, in großen Schubverbänden oder Beschränkungen der Abmessungen der Verbände oder der gekuppelten Schiffe (Unterabschnitt 7.1.5.1 ADN).	30 bis 110
726	Prüfung und Erteilung der Befreiung von der Pflicht des ständigen Aufenthalts eines Sachkundigen an Bord in Hafenbecken oder zugelassenen Stellen (Absatz 7.1.5.4.2 und 7.2.5.4.2 ADN).	30 bis 110
727 und 728	nicht vergeben	
729	Prüfung und Erteilung der Zulassung von Abweichungen nach Absatz 7.2.4.2.4 ADN (Schiffbetriebsabfälle, Schiffbetriebsstoffe).	30 bis 55
730	Prüfung und Erteilung der Zulassung von Ausnahmen zum Verbot des Ladens oder Löschens während des Löschens von Ladetanks (Unterabschnitt 7.2.4.24 ADN).	55 bis 110
731	Prüfung und Erteilung der Zulassung der abweichenden Kennzeichnung von Seeschiffen, die Binnenwasserstraßen nur zeitweilig befahren (Absatz 7.2.5.0.3 ADN).	30 bis 110
732	Auferlegung von Beschränkungen zur Einbeziehung von Tankschiffen in großen Schubverbänden (Unterabschnitt 7.2.5.1 ADN).	30 bis 110
733 und 734	nicht vergeben	
735	Beaufsichtigung der Untersuchung eines Schiffes durch Untersuchungsstelle oder Klassifikationsgesellschaft (Unterabschnitt 1.16.3.1 ADN).	50 je Stunde
736	Prüfung und Zustimmung zum Entgasen an einer Annahmestelle, wenn nicht alle Fragen der Prüfliste mit „JA" beantwortet werden können (Absatz 7.2.3.7.2.2 ADN).	100
737	Prüfung und Genehmigung von Ladeplänen bei der Beförderung von UN 1280 und UN 2983 (Unterabschnitt 3.2.3.2 Tabelle C Spalte 20 Bemerkung 12 Buchstabe p ADN).	100
738	Prüfung und Genehmigung des Aufenthalts eines Schiffes an einer Lade- oder Löschstelle, bei der landseitig eine Explosionsschutzzone ausgewiesen ist, in dieser oder unmittelbar angrenzend an diese Zone, wenn das Schiff die Anforderungen des Absatzes 9.1.0.12.3 Buchstabe b oder c, des Unterabschnitts 9.1.0.51, der Absätze 9.1.0.52.1 und 9.1.0.52.2 nicht erfüllt (Absatz 7.1.4.7.3 ADN).	100

Gebührennummer	Gebührentatbestand	Gebühr (EUR)
739	Prüfung und Zulassung einer Ausnahme bezüglich des Aufhaltens des Schiffes in einer von der Landanlage ausgewiesenen Explosionsschutzzone, wenn das Schiff die Anforderungen des Absatzes 9.3.x.12.4 Buchstabe b oder c, des Unterabschnitts 9.3.x.51, der Absätze 9.3.x.52.1 und 9.3.x.52.3 nicht erfüllt (Absatz 7.2.4.7.1 ADN).	100
740	Prüfung und Genehmigung des Aufenthalts eines Schiffes in einer oder unmittelbar angrenzend an eine landseitig ausgewiesene Explosionsschutzzone, wenn das Schiff die Anforderungen aus Absatz 7.1.3.51.5 und 7.1.3.51.6 nicht erfüllt (Absatz 7.1.3.51.8 ADN).	100

2. Abschnitt: Gebühren der Landesbehörden

Gebührennummer	Gebührentatbestand	Gebühr (EUR)
801	Prüfung zur Erteilung einer Ausnahme, einschließlich der Ausfertigung oder Verlängerung der Ausnahme, für Beförderungen innerhalb Deutschlands auf Wasserstraßen, die nicht Bundeswasserstraßen sind (§ 5 Absatz 1 Nummer 3 der Gefahrgutverordnung Straße, Eisenbahn und Binnenschifffahrt).	50 bis 2 000
802	Zustimmung zum Laden oder Löschen von Trockengüterschiffen, wenn die erforderlichen Evakuierungsmittel nicht vorhanden sind (Absatz 7.1.4.7.1 ADN).	110
803	Zustimmung zum Laden oder Löschen von Tankschiffen, wenn nicht alle Fragen der Prüfliste mit „JA" beantwortet werden können (Absatz 7.2.4.10.1 ADN).	110
804 bis 808	nicht vergeben	
809	Untersagung der Verwendung eines Schiffes (Unterabschnitt 1.16.13.2 ADN).	30 bis 100
810	nicht vergeben	
811	Prüfung und Erteilung der Genehmigung von Arbeiten an Bord mit elektrischem Strom oder Feuer oder wenn Funken entstehen können (Abschnitt 8.3.5 ADN).	80 bis 200
812	Genehmigung zum Füllen und Entleeren von Gefäßen, Tankfahrzeugen, Kesselwagen, Großpackmitteln (IBC), Großverpackungen, MEGC, ortsbeweglichen Tanks oder Tankcontainern auf dem Schiff (Unterabschnitt 7.1.4.16 ADN).	55
813	Genehmigung des Umladens der Ladung in ein anderes Schiff außerhalb einer dafür zugelassenen Umschlagstelle (Unterabschnitt 7.1.4.9 und 7.2.4.9 ADN).	80 bis 200
814	Schriftliche Genehmigung zum Beginn von Lade- und Löscharbeiten von Stoffen und Gegenständen der Klassen 1, 4.1 und 5.2, für die drei Kegel/drei blaue Lichter vorgeschrieben sind, oder wenn diese Stoffe an Bord sind (Absatz 7.1.4.8.1 ADN).	80 bis 200
815	Genehmigung des Be- und Entladens gemäß Unterabschnitt 7.1.6.14 ADN Sondervorschrift HA03 und Abschnitt 3.2.1 Tabelle A Spalte 11 ADN.	80 bis 200

Gebühren-nummer	Gebührentatbestand	Gebühr (EUR)
816	Genehmigung geringerer Abstände beim Stillliegen außerhalb der besonderen Liegeplätze (Absatz 7.1.5.4.4 und 7.2.5.4.4 ADN).	80 bis 200
817 bis 821	nicht vergeben	
822	Zulassung sowie Verlängerung und/oder Aufhebung einer Zulassung für die Feststellung und Bescheinigung des Ergebnisses des Entgasens von Ladetanks und im Bereich der Ladung befindlicher Rohrleitungen von Binnentankschiffen (Absatz 7.2.3.7.1.6 und 7.2.3.7.2.6 ADN).	150 bis 500
823	nicht vergeben	
824	Prüfung und Erteilung der Zulassung der abweichenden Kennzeichnung von Seeschiffen, die Binnenwasserstraßen nur zeitweilig befahren (Absatz 7.1.5.0.5 ADN).	30 bis 55
825	Prüfung und Auferlegung von Beschränkungen bezüglich der Einbeziehung von Schiffen, die gefährliche Güter befördern, in großen Schubverbänden oder Beschränkungen der Abmessungen der Verbände oder der gekuppelten Schiffe (Unterabschnitt 7.1.5.1 ADN).	30 bis 110
826	Prüfung und Erteilung der Befreiung von der Pflicht des ständigen Aufenthalts eines Sachkundigen an Bord in Hafenbecken oder zugelassenen Stellen (Absatz 7.1.5.4.2 und 7.2.5.4.2 ADN).	30 bis 110
827 und 828	nicht vergeben	
829	Prüfung und Erteilung der Zulassung von Abweichungen nach Absatz 7.2.4.2.4 ADN (Schiffbetriebsabfälle, Schiffbetriebsstoffe).	30 bis 55
830	Prüfung und Erteilung der Zulassung von Ausnahmen zum Verbot des Ladens oder Löschens während des Löschens von Ladetanks (Unterabschnitt 7.2.4.24 ADN).	55 bis 110
831	Prüfung und Erteilung der Zulassung der abweichenden Kennzeichnung von Seeschiffen, die Binnenwasserstraßen nur zeitweilig befahren (Absatz 7.2.5.0.3 ADN).	30 bis 110
832	Auferlegung von Beschränkungen zur Einbeziehung von Tankschiffen in großen Schubverbänden (Unterabschnitt 7.2.5.1 ADN).	30 bis 110
833 bis 835	nicht vergeben	
836	Prüfung und Zustimmung zum Entgasen an einer Annahmestelle, wenn nicht alle Fragen der Prüfliste mit „JA" beantwortet werden können (Absatz 7.2.3.7.2.2 ADN).	100
837	nicht vergeben	
838	Prüfung und Genehmigung des Aufenthalts eines Schiffes an einer Lade- oder Löschstelle, bei der landseitig eine Explosionsschutzzone ausgewiesen ist, in dieser oder unmittelbar angrenzend an diese Zone, wenn das Schiff die Anforderungen des Absatzes 9.1.0.12.3 Buchstabe b oder c, des Unterabschnitts 9.1.0.51, der Absätze 9.1.0.52.1 und 9.1.0.52.2 nicht erfüllt (Absatz 7.1.4.7.3 ADN).	100
839	Prüfung und Zulassung einer Ausnahme bezüglich des Aufenthalts des Schiffes in einer von der Landanlage ausgewiese-	100

Gebührennummer	Gebührentatbestand	Gebühr (EUR)
	nen Explosionsschutzzone, wenn das Schiff die Anforderungen des Absatzes 9.3.x.12.4 Buchstabe b oder c, des Unterabschnitts 9.3.x.51, der Absätze 9.3.x.52.1 und 9.3.x.52.3 nicht erfüllt (Absatz 7.2.4.7.1 ADN).	
840	Prüfung und Genehmigung des Aufenthalts eines Schiffes in einer oder unmittelbar angrenzend an eine landseitig ausgewiesene Explosionsschutzzone, wenn das Schiff die Anforderungen aus Absatz 7.1.3.51.5 und 7.1.3.51.6 nicht erfüllt (Absatz 7.1.3.51.8 ADN).	100

V. Teil: Seeschiffsverkehr

1. Abschnitt: Gebühren der Bundesbehörden

Gebührennummer	Gebührentatbestand	Gebühr (EUR)
901	Prüfung und Erteilung einer Ausnahme, einschließlich der Ausfertigung oder Verlängerung der Ausnahme (§ 7 Absatz 3 und 4 der Gefahrgutverordnung See).	50 bis 2 000
902	Erteilung der Zustimmung nach Unterabschnitt 2.10.2.6 des IMDG-Codes (§ 14 der Gefahrgutverordnung See).	25 je begonnene Viertelstunde

2. Abschnitt: Gebühren der Landesbehörden

Gebührennummer	Gebührentatbestand	Gebühr (EUR)
1001	Prüfung und Erteilung einer Ausnahme, einschließlich der Ausfertigung oder Verlängerung der Ausnahme (§ 7 Absatz 1 der Gefahrgutverordnung See).	50 bis 2 000
1002	Amtshandlungen, einschließlich Prüfungen, der in § 9 Absatz 2 der Gefahrgutverordnung See genannten Landesbehörden, für Aufgaben, die ihnen im IMDG-Code zugewiesen sind.	25 je begonnene Viertelstunde

3. Abschnitt: Gebühren der Stellen nach § 1 Absatz 1 Satz 1 Nummer 2 bis 4

Gebührennummer	Gebührentatbestand			Gebühr (EUR)
1050	Prüfung und Erteilung einer Bescheinigung für IMO-Tanks (Absatz 6.8.3.1.3.2, 6.8.3.2.3.2, 6.8.3.3.3.2 und 6.8.3.4.3.2 IMDG-Code).			25 je begonnene Viertelstunde
1060	Baumusterprüfungen für ortsbewegliche Tanks und UN-MEGC (Unterabschnitt 6.7.2.18, 6.7.3.14, 6.7.4.13 und 6.7.5.11 IMDG-Code):			
1060.1	Prüfung der Antragsunterlagen.			40 je begonnene Viertelstunde
1060.2	Für die übrigen im Rahmen der Baumusterprüfung anfallenden Prüfungen gelten die Gebühren nach Nummer 1061.			
1061	Prüfung vor Inbetriebnahme, Gebührenhöhe abhängig vom Fassungsraum des Tanks (Kapitel 6.7 IMDG-Code):	Gebühr (EUR) bis 7 500 Liter:	Gebühr (EUR) bis 20 000 Liter:	Gebühr (EUR) über 20 000 Liter:

Gebühren-nummer	Gebührentatbestand			Gebühr (EUR)
1061.1	Bauprüfung (Unterabschnitt 6.7.2.19, 6.7.3.15, 6.7.4.14 und 6.7.5.12 IMDG-Code).	195	225	315
1061.2	Druckprüfung (Unterabschnitt 6.7.2.19, 6.7.3.15, 6.7.4.14 und 6.7.5.12 IMDG-Code).	100	115	130
1061.3	Dichtheits- und Funktionsprüfung der Ausrüstungsteile (Unterabschnitt 6.7.2.19, 6.7.3.15, 6.7.4.14 und 6.7.5.12 IMDG-Code).	65	65	65
1061.4	Prüfung der Übereinstimmung mit dem Baumuster im Anschluss an 1061.1 bis 1061.3 (Unterabschnitt 6.7.2.19, 6.7.3.15, 6.7.4.14 und 6.7.5.12 IMDG-Code).	100	100	100
1061.5	Prüfung des inneren und äußeren Zustands (Unterabschnitt 6.7.2.19, 6.7.3.15, 6.7.4.14 und 6.7.5.12 IMDG-Code).	60 bis 90	80 bis 120	100 bis 150
1062	Wiederkehrende Prüfung, Gebührenhöhe abhängig vom Fassungsraum des Tanks:			
1062.1	Prüfung des inneren und äußeren Zustands (Unterabschnitt 6.7.2.19, 6.7.3.15, 6.7.4.14 und 6.7.5.12 IMDG-Code).	145 bis 175	180 bis 220	215 bis 265
1062.2	Druckprüfung (Unterabschnitt 6.7.2.19, 6.7.3.15, 6.7.4.14 und 6.7.5.12 IMDG-Code).	100	115	130
1062.3	Dichtheits- und Funktionsprüfung der Ausrüstungsteile (Unterabschnitt 6.7.2.19, 6.7.3.15, 6.7.4.14 und 6.7.5.12 IMDG-Code).	65	65	65
1063	Zwischenprüfung (Unterabschnitt 6.7.2.19, 6.7.3.15, 6.7.4.14 und 6.7.5.12 IMDG-Code).	210	230	265
1064	Sonderregelungen für Prüfungen (Kapitel 6.7 IMDG-Code):			
1064.1	Außerordentliche Prüfungen (Unterabschnitt 6.7.2.19, 6.7.3.15, 6.7.4.14 und 6.7.5.12 IMDG-Code). Für Prüfungen werden die Gebühren für die entsprechenden erstmaligen oder wiederkehrenden Prüfungen erhoben.			

VI. Teil: Ortsbewegliche Druckgeräte

1. Abschnitt: Gebühren der Bundesbehörden

Gebühren-nummer	Gebührentatbestand	Gebühr (EUR)
1101	Überwachung nach den §§ 21 bis 23 der Ortsbewegliche-Druckgeräte-Verordnung vom 29. November 2011 (BGBl. I S. 2349), die zuletzt durch Artikel 491 der Verordnung vom 31. August 2015 (BGBl. I S. 1474) geändert worden ist, des Herstellers, Bevollmächtigten, Einführers, Vertreibers, Eigentümers oder Betreibers durch die nach § 20 Absatz 1 Nummer 1 und 2 zuständige Behörde, wenn die Überwachungsmaßnahme auf Grund eines begründeten Verdachts oder einer Beschwerde oder als Stichprobe durchgeführt wurde.	25 je begonnene Viertelstunde

2. Abschnitt: Gebühren der Landesbehörden

Gebühren-nummer	Gebührentatbestand	Gebühr (EUR)
1102	Überwachung nach den §§ 21 bis 23 der Ortsbewegliche-Druckgeräte-Verordnung vom 29. November 2011 (BGBl. I S. 2349), die zuletzt durch Artikel 491 der Verordnung vom 31. August 2015 (BGBl. I S. 1474) geändert worden ist, des Herstellers, Bevollmächtigten, Einführers, Vertreibers, Eigentümers oder Betreibers durch die nach § 20 Absatz 1 Nummer 3 zuständige Behörde, wenn die Überwachungsmaßnahme auf Grund eines begründeten Verdachts oder einer Beschwerde oder als Stichprobe durchgeführt wurde.	25 je begonnene Viertelstunde

3. Abschnitt: Gebühren der Stellen nach § 1 Absatz 1 Satz 1 Nummer 4

Gebühren-nummer	Gebührentatbestand	Gebühr (EUR)
1201	Bescheinigung über die Zulassung einer Änderung nach Absatz 1.8.7.2.5 ADR/RID.	40 je begonnene Viertelstunde
1202	Aufgaben nach Unterabschnitt 4.1.4.1 Verpackungsanweisung P 200 mit Ausnahme des Absatzes 9 ADR/RID.	40 je begonnene Viertelstunde
1203	Festlegung der Prüffristen nach Unterabschnitt 4.1.4.1 Verpackungsanweisung P 200 Absatz 9 ADR/RID.	40 je begonnene Viertelstunde
1204	Prüfung und Zulassung der Druckgefäße nach Absatz 6.2.1.4.1 ADR/RID.	40 je begonnene Viertelstunde
1205	Anerkennung des Qualitätssicherungsprogramms nach Absatz 6.2.1.4.2 ADR/RID.	40 je begonnene Viertelstunde
1206	Wiederkehrende Prüfungen nach den Absätzen 6.2.1.6.1 und 6.2.1.6.2 ADR/RID.	40 je begonnene Viertelstunde
1207	Bewertung der Eignung des Herstellers nach Absatz 6.2.1.7.2 ADR/RID.	40 je begonnene Viertelstunde

Anlage 2[1)]
(zu § 1 Absatz 2)

Gebührenverzeichnis
Gebühren des Bundesamtes für die Sicherheit der nuklearen Entsorgung

2.

Inhaltsübersicht

I. Teil: Amtshandlungen nach § 11 der Gefahrgutverordnung Straße, Eisenbahn und Binnenschifffahrt

Gebühren-nummer	Gebührentatbestand	Gebühr (EUR)
001	Prüfung und Erteilung der Genehmigung für die Bestimmung von nicht in Tabelle 2.2.7.2.2.1 aufgeführten Radionuklidwerten und von alternativen Radionuklidwerten nach Absatz 2.2.7.2.2.2 ADR/RID/ADN.	50 bis 25 000
002	Prüfung und Erteilung der Genehmigung der Beförderung von radioaktiven Stoffen (Absatz 5.1.5.1.2 ADR/RID/ADN).	50 bis 25 000
003	Prüfung und Erteilung der Beförderungsgenehmigung durch Sondervereinbarungen zur Beförderung radioaktiver Stoffe (Absatz 5.1.5.1.3 in Verbindung mit Abschnitt 1.7.4 ADR/RID/ADN).	50 bis 25 000
004.1	Prüfung und Erteilung der Zulassung der Bauart von Versandstücken für radioaktive Stoffe mit einer Gesamtbruttomasse von weniger als 1 000 Kilogramm (Absatz 5.1.5.2.1 und 5.1.5.3.5, Unterabschnitt 6.4.22.2 bis 6.4.22.4 ADR/RID) und die Bestätigung nach Unterabschnitt 6.4.22.8 Buchstabe a ADR/RID.	50 bis 25 000
004.2	Prüfung und Erteilung der Zulassung der Bauart von Versandstücken für radioaktive Stoffe mit einer Gesamtbruttomasse von mehr als 1 000 Kilogramm (Absatz 5.1.5.2.1 und 5.1.5.3.5, Unterabschnitt 6.4.22.2 bis 6.4.22.4 ADR/RID) und die Bestätigung nach Unterabschnitt 6.4.22.8 Buchstabe a ADR/RID.	50 bis 2 000 000
005	Prüfung und Erteilung der Zulassung der Bauart von gemäß Absatz 2.2.7.2.3.5 Buchstabe f freigestellten spaltbaren Stoffen (Absatz 5.1.5.2.1 und 5.1.5.3.5, Unterabschnitt 6.4.22.6 ADR/RID).	50 bis 25 000
006	Prüfung und Erteilung der Genehmigung des Strahlenschutzprogramms für die Beförderung von radioaktiven Stoffen mit einem Spezialschiff (Absatz 7.1.4.14.7.3.7 ADN).	50 bis 25 000

II. Teil: Amtshandlungen nach § 13 der Gefahrgutverordnung See

Gebühren-nummer	Gebührentatbestand	Gebühr (EUR)
100	Amtshandlungen, einschließlich Prüfungen, nach § 13 der Gefahrgutverordnung See.	50 bis 2 000 000

[1)] Anl. 2 geänd. mWv 1.1.2020 durch G v. 12.12.2019 (BGBl. I S. 2510).

Anlage 3
(zu § 1 Absatz 3)

Gebührenverzeichnis
Gebühren der Bundesanstalt für Materialforschung und -prüfung

Amtshandlungen, einschließlich Prüfungen, der Bundesanstalt für Materialforschung und -prüfung (BAM) ergeben sich aus § 8 der Gefahrgutverordnung Straße, Eisenbahn und Binnenschifffahrt[1] und aus § 12 Absatz 1 der Gefahrgutverordnung See. Für die Gebührenfestsetzung werden die Stundensätze der jeweils tätigen Organisationseinheiten der BAM zugrunde gelegt.

Organisations-einheit Abteilung	Bezeichnung der Organisationseinheit	Stundensatz (EUR)
1	Analytische Chemie; Referenzmaterialien	126
2	Chemische Sicherheitstechnik	154
3	Gefahrgutumschließungen	133
4	Material und Umwelt	137
5	Werkstofftechnik	149
6	Materialschutz und Oberflächentechnik	131
7	Bauwerkssicherheit	115
8	Zerstörungsfreie Prüfung	132
9	Komponentensicherheit	132
S	Qualitätsinfrastruktur	138

[1] Nr. **510**.

Anlage 4
(zu § 1 Absatz 4)

Gebührenverzeichnis
Gebühren des Kraftfahrt-Bundesamtes

Gebühren für die Erteilung einer Typgenehmigung

Gebührennummer	Gebührentatbestand	Gebühr (EUR)
001	Prüfung und Erteilung der Typgenehmigung nach der ECE-Regelung Nr. 105 (Einheitliche Bedingungen für die Genehmigung von Fahrzeugen für den Transport gefährlicher Güter hinsichtlich ihrer besonderen konstruktiven Merkmale) bzw. Erteilung einer Typgenehmigung nach der Richtlinie 98/91/EG des Europäischen Parlaments und des Rates vom 14. Dezember 1998 über Kraftfahrzeuge und Kraftfahrzeuganhänger, die zur Beförderung gefährlicher Güter auf der Straße bestimmt sind, und zur Änderung der Richtlinie 70/156/EWG über die Betriebserlaubnis für Kraftfahrzeuge und Kraftfahrzeuganhänger (ABl. L 11 vom 16.1.1999, S. 25).	404 bis 537
002	Prüfung und Erteilung des Nachtrags zu einer Typgenehmigung:	
002.1	Zu einer Typgenehmigung nach der ECE-Regelung Nr. 105 (Einheitliche Bedingungen für die Genehmigung von Fahrzeugen für den Transport gefährlicher Güter hinsichtlich ihrer besonderen konstruktiven Merkmale) bzw. zu einer Typgenehmigung nach der Richtlinie 98/91/EG des Europäischen Parlaments und des Rates vom 14. Dezember 1998 über Kraftfahrzeuge und Kraftfahrzeuganhänger, die zur Beförderung gefährlicher Güter auf der Straße bestimmt sind, und zur Änderung der Richtlinie 70/156/EWG über die Betriebserlaubnis für Kraftfahrzeuge und Kraftfahrzeuganhänger (ABl. L 11 vom 16.1.1999, S. 25):	
002.1.1	ohne Gutachten.	125 bis 200
002.1.2	mit Gutachten.	251 bis 260
003	Prüfung und Erteilung von Nachträgen ohne Gutachten für mehrere Erlaubnisse oder Genehmigungen gleichzeitig auf Grund desselben Sachverhalts wird eine Gebühr nach Gebührennummer 002.1.1 bzw. 002.1.2 (einmalig) zuzüglich 22,00 Euro für jeden weiteren Folgenachtrag erhoben.	
004	Prüfung und Erteilung der Unbedenklichkeitserklärung bei nachträglichen Änderungen genehmigter Fahrzeug- und Fahrzeugteiletypen wird die Hälfte der jeweiligen Gebühr nach den Gebührennummern 002.1.1 bis 002.1.2 berechnet.	
005	Nachprüfung der Übereinstimmung der Produktion auf Grund einer durch das Kraftfahrt-Bundesamt erteilten Erlaubnis oder Genehmigung, wenn:	
005.1	ein Verstoß gegen Meldepflichten festgestellt wird.	141
005.2	eine Abweichung vom genehmigten Typ oder von den Vorschriften über die Erlaubnis oder Genehmigung festgestellt wird.	361

Anlage 5
(zu § 1 Absatz 5)

Gebührenverzeichnis
Gebühren der Physikalisch-Technischen Bundesanstalt

Gebühren (Stundensätze) der Organisationseinheiten der Physikalisch-Technischen Bundesanstalt für Amtshandlungen nach § 16 Absatz 1 der Gefahrgutverordnung Straße, Eisenbahn und Binnenschifffahrt[1].

Gebührennummer	Gebührentatbestand	Stundensatz (EUR)
001	Prüfung und Erteilung der Typzulassung von Hochgeschwindigkeitsventilen, Flammendurchschlagsicherungen sowie der Deflagrationssicherheit von Probeentnahmeöffnungen und der Vorrichtung zum gefahrlosen Entspannen von Ladetanks (Absatz 1.6.7.2.2.2 Übergangsvorschrift zu Abschnitt 1.2.1 ADN).	138
002	Prüfung und Erteilung der Typzulassung eines Anschlusses und die Zulassung von Probeentnahmeeinrichtungen nach Abschnitt 1.2.1 ADN Begriffsbestimmung „Probeentnahmeeinrichtung (geschlossen)“ und „Probeentnahmeeinrichtung (teilweise geschlossen)“.	138
003	Prüfung und Zulassung von elektrischen Einrichtungen hinsichtlich ihrer Betriebssicherheit in explosionsfähiger Atmosphäre (Absatz 1.6.7.2.2.2 ADN).	138

[1] Nr. **510**.

530. Gesetz zu dem Europäischen Übereinkommen vom 30. September 1957 über die internationale Beförderung gefährlicher Güter auf der Straße[1)]

Vom 18. August 1969
(BGBl. II S. 1489)

FNA 9241-15

geänd. durch § 13 Gesetz über die Beförderung gefährlicher Güter v. 6.8.1975 ((BGBl. I S. 2121)) Art. 249 Siebente Zuständigkeitsanpassungs-VO v. 29.10.2001 ((BGBl. I S. 2758))Art. 293 Neunte ZuständigkeitsanpassungsVO v. 31.10.2006 (BGBl. I S. 2407) und Art. 486 Zehnte Zuständigkeitsanpassungs VO v. 31.8.2015 (BGBl. I S. 1474)

Der Bundestag hat mit Zustimmung des Bundesrates folgendes Gesetz beschlossen:

Art. 1 [Zustimmung] [1]Dem in Genf am 13. Dezember 1957 von der Bundesrepublik Deutschland unterzeichneten Europäischen Übereinkommen vom 30. September 1957 über die internationale Beförderung gefährlicher Güter auf der Straße (ADR)[2)] einschließlich der Anlagen in ihrer am 29. Juli 1968 geänderten Fassung wird zugestimmt. [2]Das Übereinkommen wird nachstehend, die Anlagen A und B werden in einem Anlagenband[3)] veröffentlicht.

Art. 2[4)] [Ermächtigung] (1) Das Bundesministerium für Verkehr und digitale Infrastruktur wird ermächtigt, Änderungen des Übereinkommens, die der Verwirklichung neuer technischer Erkenntnisse hinsichtlich der internationalen Beförderung gefährlicher Güter dienen oder die das anzuwendende technische oder verwaltungsmäßige Verfahren betreffen, sowie Änderungen der Anlagen des Übereinkommens durch Rechtsverordnung in Kraft zu setzen.

(2) [1]Das Bundesministerium für Verkehr und digitale Infrastruktur wird ermächtigt, Sonderabkommen nach Artikel 4 Abs. 3 des Übereinkommens durch Rechtsverordnung in Kraft zu setzen. [2]Dasselbe gilt für Vereinbarungen über Ausnahmen nach den Vorschriften der Anlagen des Übereinkommens, wenn Gegenstände der Bundesgesetzgebung berührt werden.

[1)] Vertragsstaaten des ADR sind: Belgien, die Bundesrepublik Deutschland, Frankreich, Italien, Jugoslawien, Luxemburg, die Niederlande, Portugal und das Vereinigte Königreich (VkBl. 1972 S. 201 Nr. 137). Erläuterungen zum europäischen Übereinkommen über die internationale Beförderung gefährlicher Güter auf der Straße (ADR) siehe in VkBl. 1970 S. 330 Nr. 168 idF VkBl. 1971 S. 459 Nr. 310. Richtlinien für die Erteilung einer "Bescheinigung einer besonderen Zulassung von Fahrzeugen zur Beförderung bestimmter gefährlicher Güter" nach Anhang B 3 des ADR siehe in VkBl. 1969 S. 678 Nr. 357.

[2)] Nr. **535**.

[3)] Die Anlagen A und B des ADR sind durch Bek. v. 7.4.2009 (BGBl. II S. 396) mWv 1. Januar 2009 neu gefasst.

[4)] Art. 2 Abs. 1, 2 und 4 geänd. mWv 7.11.2001 durch VO v. 29.10.2001 (BGBl. I S. 2785); Abs. 1, 2 und 4 geänd. mWv 8.11.2006 durch VO v. 31.10.2006 (BGBl. I S. 2407); Abs. 1, Abs. 2 Satz 1 und Abs. 4 geänd. mWv 8.9.2015 durch VO v. 31.8.2015 (BGBl. I S. 1474).

(3) Rechtsverordnungen nach den Absätzen 1 oder 2 bedürfen der Zustimmung des Bundesrates, wenn Änderungen des Übereinkommens oder seiner Anlagen oder Sonderabkommen nach Artikel 4 Abs. 3 des Übereinkommens die Einrichtung der Landesbehörden oder die Regelung ihres Verwaltungsverfahrens betreffen.

(4) Das Bundesministerium für Verkehr und digitale Infrastruktur erläßt mit Zustimmung des Bundesrates die zur Ausführung des Übereinkommens, dieses Gesetzes und der auf ihm beruhenden Rechtsverordnungen erforderlichen allgemeinen Verwaltungsvorschriften.

Art. 3 [Sicherstellung] (1) [1] Ein Fahrzeug, das den Vorschriften des Übereinkommens nicht entspricht oder für das die nach dem Übereinkommen vorgeschriebenen Papiere nicht vorgelegt werden, kann bis zur Behebung des Mangels sichergestellt werden. [2] Entsprechendes gilt für die Ladung.

(2) In den Fällen des Absatzes 1 können die Grenzzollstellen und andere für die Kontrolle an der Grenze zuständige Stellen die Fahrzeuge zurückweisen.

Art. 4[1)] [Zuständigkeit für die Ausführung des Übereinkommens]

(1) Zuständig für die Ausführung des Übereinkommens sind

1. der Bundesminister für Verkehr für Ausnahmen von den Vorschriften der Anlagen A und B;
2. die Physikalisch-Technische Bundesanstalt für die Genehmigung der Beförderung von radioaktiven Stoffen und für die Zulassung der Muster von Versandstücken für radioaktive Stoffe;
3. die Bundesanstalt für Materialprüfung für die Zulassung der Bauart von Verpackungen und für die Genehmigung der Beförderung ohne Schutzbehälter;
4. die Behörden, die den Fahrzeugen das amtliche Kennzeichen zugeteilt haben, für Bescheinigungen nach Anhang B. 3 der Anlage B;
5. die amtlich anerkannten Sachverständigen und Prüfer für den Kraftfahrzeugverkehr für Untersuchungen von Fahrzeugen, mit Ausnahme der mit diesen fest verbundenen Tanks, zur Vorbereitung von Entscheidungen über Bescheinigungen nach Anhang B. 3 der Anlage B; die amtlich anerkannten Sachverständigen nach § 24c der Gewerbeordnung für Untersuchungen der mit den Fahrzeugen fest verbundenen Tanks, auch wenn die Tanks nicht unter § 24 der Gewerbeordnung fallen.

(2) Im übrigen bestimmen sich die sachliche und die örtliche Zuständigkeit nach Landesrecht.

Art. 5 *(gegenstandslos)*

[1)] Art. 4 tritt außer Kraft, wenn die Zuständigkeit für die Ausführung des Übereinkommens durch VO gem. § 5 Abs. 3 des G v. 6.8.1975 geregelt wird, § 13 Abs. 8 des G v. 6.8.1975 (BGBl. I S. 2121).

Art. 6 [Inkrafttreten] (1) Dieses Gesetz tritt am Tage nach seiner Verkündung[1] in Kraft.

(2) Der Tag, an dem das Übereinkommen nach seinem Artikel 7 für die Bundesrepublik Deutschland in Kraft tritt, ist im Bundesgesetzblatt bekanntzugeben.

(3) Der Bundesminister für Verkehr wird ermächtigt, den Wortlaut des Übereinkommens und der Anlagen in der jeweils gültigen Fassung bekanntzumachen.

---

[1] Verkündet am 21. August 1969.

535. Europäisches Übereinkommen vom 30. September 1957 über die internationale Beförderung gefährlicher Güter auf der Straße (ADR)[1)]

(BGBl. 1969 II S. 1489)

geänd. durch G zum Protokoll über die Änd. des Art. 14 Abs. 3 des Europäischen Übereinkommens über die internationale Beförderung gefährlicher Güter auf den Straße (ADR) v. 17.12.1979 (BGBl. II S. 1334), 16. ADR-ÄnderungsVO v. 14.12.2002 (BGBl. II S. 2922), Bek. der Neufassung der Anlagen A und B v. 27.11.2003 (BGBl. II S. 1743), 17. ADR-ÄnderungsVO v. 27.8.2004 (BGBl. II S. 1274, ber. 2005 S. 205), 18. ADR-ÄnderungsVO v. 8.9.2006 (BGBl. II S. 826, geänd. und ber. durch Bek. v. 25.6.2007, BGBl. II S. 865 und ber. durch Bek. v. 29.1.2009, BGBl. II S. 194), Bek. der Neufassung der Anlagen A und B v. 28.8.2007 (BGBl. 2005 II S. 1128), Bek. der Neufassung der Anlagen A und B v. 28.8.2007 (BGBl. II S. 1399), Änderungsprotokoll v. 28.10.1993 (BGBl. 2007 II S. 1950), 19. ADR-ÄnderungsVO v. 11.9.2008 (BGBl. II S. 942, ber. 2009 S. 194), Bek. der Neufassung der Anlagen A und B v. 7.4.2009 (BGBl. II S. 396, ber. 2010 S. 779), 20. ADR-ÄnderungsVO v. 2.10.2009 (BGBl. II S. 1114), 21. ADR-ÄnderungsVO v. 7.10.2010 (BGBl. II S. 1134), Bek. der Neufassung der Anlagen A und B v. 25.11.2010 (BGBl. II S. 1412, ber. BGBl. I 2011, S. 1247), 22. ADR-ÄnderungsVO v. 31.8.2012 (BGBl. II S. 954, ber. BGBl. 2013 S. 432), 23. ADR-Änderungsverordnung v. 8.3.2013 (BGBl. II S. 309), Bek. der Neufassung der Anlagen A und B v. 3.6.2013 (BGBl. II S. 648, ber. BGBl. 2014 II S. 237), 24. ADR-ÄnderungsVO v. 6.10.2014 (BGBl. II S. 722, ber. BGBl. 2015 II S. 350), Bek. der Neufassung der Anlagen A und B v. 17.4.2015 (BGBl. II S. 504, ber. BGBl. 2016 II S. 50), 25. ADR-ÄnderungsVO v. 25.10.2016 (BGBl. II S. 1203), 26. ADR-ÄnderungsVO v. 15.11.2017 (BGBl. II S. 1378), Bek. der Neufassung der Anlagen A und B v. 29.11.2017 (BGBl. II S. 1520, ber. 2019 S. 316), Art. 1 27. ADR-Änderungsverordnung v. 25.10.2018 (BGBl. II S. 443, ber. 2019 S. 316), Bek. der Neufassung der Anl. A und B zu dem Europäischen Übereinkommen über die internationale Beförderung gefährlicher Güter auf der Straße v. 4.7.2019 (BGBl. II S. 756) und Art. 1 28. ADR-Änderungsverordnung v. 14.10.2020 (BGBl. II S. 757)

(Übersetzung)[*)]

IM BESTREBEN, die Sicherheit der Beförderungen im internationalen Straßenverkehr zu erhöhen, haben die

VERTRAGSPARTEIEN folgendes

vereinbart:

Art. 1 [Begriffsbestimmungen] Im Sinne dieses Übereinkommens sind zu verstehen

a) unter „Fahrzeugen" die Kraftfahrzeuge[Motorfahrzeuge], Sattelkraftfahrzeuge [Sattelmotorfahrzeuge], Anhänger und Sattelanhänger im Sinne des Artikels 4 des Abkommens über den Straßenverkehr vom 19. September 1949 mit Ausnahme der Fahrzeuge, die den Streitkräften einer Vertragspartei gehören oder für die diese Streitkräfte verantwortlich sind,[2)]

[1)] Das Übereinkommen wurde von der Bundesrepublik Deutschland ratifiziert durch G (Nr. **530**) v. 18.8.1969 (BGBl. II S. 1489) und trat gem. Bek. v. 28.1.1970 (BGBl. 1970 II S. 50) am **1.1.1970** in Kraft.

[*)] **Amtl. Anm.:** In Besprechungen von Vertretern der Bundesrepublik Deutschland, der Republik Österreich und der Schweizerischen Eidgenossenschaft zur Herstellung einer einheitlichen deutschen Übersetzung wurden, um die eingebürgerten landesüblichen Ausdrücke berücksichtigen zu können, in der deutschen Fassung des Grundabkommens Klammerausdrücke eingefügt, die nach Wahl übernommen werden können. Die in eckigen Klammern angefügten Ausdrücke entstammen der österreichischen oder schweizerischen Gesetzessprache.

[2)] Art. 1 Buchst. a neu gef. durch ÄndProt v. 28.10.1993 (BGBl. II 2007 S. 1950). Er lautet:
„a) unter „Fahrzeug" jedes für die Verwendung auf der Straße vorgesehene vollständige oder unvollständige Kraftfahrzeug mit mindestens vier Rädern und einer bauartbedingten Höchstgeschwin- →

b) unter „gefährlichen Gütern“ die Stoffe und Gegenstände, deren internationale Beförderung auf der Straße die Anlagen A und B verbieten oder nur unter bestimmten Bedingungen zulassen,

c) unter „internationaler Beförderung“ jede Beförderung auf dem Gebiet mindestens zweier Vertragsparteien mit den unter a) bezeichneten Fahrzeugen.

Art. 2 [Verbotene und bedingt erlaubte Beförderungen] 1. Soweit Artikel 4 Abs. 3 nichts anderes bestimmt, dürfen gefährliche Güter, deren Beförderung die Anlage A ausschließt, im internationalen Verkehr nicht befördert werden.

2. Die internationale Beförderung anderer gefährlicher Güter ist gestattet, wenn

a) die Bedingungen erfüllt sind, die in der Anlage A für die betreffenden Güter, vor allem für deren Verpackung und Bezettelung, vorgeschrieben werden, und

b) vorbehaltlich des Artikels 4 Abs. 2 die Bedingungen erfüllt sind, die in der Anlage B vor allem für den Bau, die Ausrüstung und den Verkehr des Fahrzeuges, das die betreffenden Güter befördert, vorgeschrieben werden.

Art. 3 [Anlagen] Die Anlagen dieses Übereinkommens sind wesentliche Bestandteile des Übereinkommens.

Art. 4 [Recht der Vertragsstaaten zu abweichender Regelung]

1. Jede Vertragspartei behält das Recht, das Einbringen [die Einfuhr] gefährlicher Güter in ihr Gebiet aus anderen Gründen als denen der Sicherheit während der Beförderung zu regeln oder zu verbieten.

2. [1] Fahrzeuge, die beim Inkrafttreten dieses Übereinkommens auf dem Gebiet einer Vertragspartei im Verkehr gewesen oder innerhalb von zwei Monaten seit diesem Zeitpunkt in den Verkehr gekommen sind, dürfen innerhalb von drei Jahren seit dem Tage dieses Inkrafttretens gefährliche Güter im internationalen Verkehr auch dann befördern, wenn ihre Bauart und ihre Ausrüstung den Bedingungen der Anlage B für die Beförderung nicht völlig entsprechen. [2] Sonderbestimmungen der Anlage B können diese Frist abkürzen.

3. [1] Die Vertragsparteien behalten das Recht, durch zwei- oder mehrseitige Sonderabkommen zu vereinbaren, daß bestimmte gefährliche Güter, die nach

(Fortsetzung nächstes Blatt)

(Fortsetzung der Anm. von voriger Seite)

digkeit von mehr als 25 km/h sowie dazugehörige Anhänger; hiervon ausgenommen sind Fahrzeuge, die den Streitkräften einer Vertragspartei gehören oder für die diese Streitkräfte verantwortlich sind, sowie Schienenfahrzeuge, land- oder forstwirtschaftliche Zugmaschinen und alle ortsbeweglichen Maschinen und Geräte“

Der Tag, an dem das Protokoll nach seinem Art. 6 für die Bundesrepublik Deutschland in Kraft tritt, ist noch nicht bekannt gegeben.

diesem Übereinkommen von der Beförderung im internationalen Verkehr ausgeschlossen sind, unter gewissen Bedingungen im internationalen Verkehr auf ihren Gebieten befördert werden dürfen oder daß gefährliche Güter, die nach diesem Übereinkommen im internationalen Verkehr nur unter besonderen Bedingungen befördert werden dürfen, zur Beförderung im internationalen Verkehr auf ihren Gebieten unter Bedingungen zugelassen werden, die leichter sind als die Bedingungen der Anlagen dieses Übereinkommens. [2] Die nach diesem Absatz in Betracht kommenden zwei- oder mehrseitigen Sonderabkommen werden dem Generalsekretär der Vereinten Nationen mitgeteilt, der sie den Vertragsparteien bekanntgibt, die diese Abkommen nicht unterzeichnet haben.

Art. 5 [Geltung der allgemeinen Verkehrsvorschriften]

Beförderungen, für die dieses Übereinkommen gilt, bleiben den allgemeinen nationalen oder internationalen Vorschriften über den Straßenverkehr, über die Beförderung im internationalen Straßenverkehr und über den internationalen Güteraustausch unterworfen.

Art. 6 [Vertragsparteien]

1. Die Mitgliedstaaten der Wirtschaftskommission für Europa und die Staaten, die nach Absatz 8 [des dieser Kommission erteilten Auftrags] der Statuten dieser Kommission in beratender Eigenschaft zur Kommission zugelassen sind, können Vertragsparteien dieses Übereinkommens werden

a) durch Unterzeichnung,

b) durch die Ratifikation, nachdem sie es unter dem Vorbehalt der Ratifikation unterzeichnet haben,

c) durch Beitritt.

2. Die Staaten, die nach Absatz 11 [des der Wirtschaftskommission für Europa erteilten Auftrags] der Statuten der Wirtschaftskommission für Europa berechtigt sind, an gewissen Arbeiten der Kommission teilzunehmen, können nach Inkrafttreten des Übereinkommens durch Beitritt Vertragsparteien werden.

3. [1] Das Übereinkommen liegt bis zum 15. Dezember 1957 zur Unterzeichnung auf. [2] Nach diesem Tage steht es zum Beitritt offen.

4. Die Ratifikation oder der Beitritt erfolgt durch Hinterlegung einer Urkunde beim Generalsekretär der Vereinten Nationen.

Art. 7 [Inkrafttreten]

1. [1] Dieses Übereinkommen tritt einen Monat nach dem Tage in Kraft[1)], an dem die Anzahl der in Artikel 6 Abs. 1 erwähnten Staaten, die es ohne Vorbehalt der Ratifikation unterzeichnet oder ihre Ratifikations- oder Beitrittsurkunde hinterlegt haben, sich auf fünf erhöht hat. [2] Die Anlagen des Übereinkommens werden jedoch erst sechs Monate nach dessen Inkrafttreten wirksam.

[1)] Das Übereinkommen ist für die Bundesrepublik Deutschland am **1.1.1970** in Kraft getreten; vgl. hierzu die Bekanntmachung über das Inkrafttreten des Europäischen Übereinkommens über die internationale Beförderung gefährlicher Güter auf der Straße (ADR) v. 28.1.1970 (BGBl. 1970 II S. 50).

2. Für jeden Staat, der dieses Übereinkommen ratifiziert oder ihm beitritt, nachdem fünf der in Artikel 6 Abs. 1 erwähnten Staaten es ohne den Vorbehalt der Ratifikation unterzeichnet oder ihre Ratifikations- oder Beitrittsurkunde hinterlegt haben, tritt das Übereinkommen einen Monat nach Hinterlegung der eigenen Ratifikations- oder Beitrittsurkunde in Kraft, und seine Anlagen werden für diesen Staat am selben Tage wirksam, wenn sie an diesem Tage bereits in Kraft sind, sonst an dem Tage, an dem sie nach Absatz 1 wirksam werden.

Art. 8 [Kündigung]

1. Jede Vertragspartei kann dieses Übereinkommen durch Mitteilung an den Generalsekretär der Vereinten Nationen kündigen.

2. Die Kündigung wird zwölf Monate nach dem Eingang der Mitteilung beim Generalsekretär wirksam.

Art. 9 [Unwirksamwerden]

1. Dieses Übereinkommen wird unwirksam, wenn nach seinem Inkrafttreten die Zahl der Vertragsparteien während zwölf aufeinanderfolgender Monate weniger als fünf beträgt.

2. Sollte ein Weltabkommen über die Beförderung gefährlicher Güter abgeschlossen werden, so wird jede Vorschrift dieses Übereinkommens, die zu einer Bestimmung des Weltabkommens im Widerspruch steht, mit dem Inkrafttreten des Weltabkommens im Verhältnis zwischen den Vertragsparteien, die Vertragsstaaten des Weltabkommens geworden sind, unwirksam und durch die einschlägige Vorschrift des Weltabkommens ersetzt.

Art. 10 [Geltung des Abkommens für vertretene Gebiete]

1. [1] Jeder Staat kann bei Unterzeichnung dieses Übereinkommens ohne Ratifikationsvorbehalt, bei Hinterlegung seiner Ratifikations- oder Beitrittsurkunde oder zu jedem späteren Zeitpunkt durch eine Mitteilung an den Generalsekretär der Vereinten Nationen erklären, daß dieses Übereinkommen für alle oder für einen Teil der Gebiete gelten soll, deren internationale Beziehungen er wahrnimmt. [2] Das Übereinkommen und seine Anlagen werden für das Gebiet oder die Gebiete, die in der Mitteilung genannt sind, einen Monat nach Eingang der Mitteilung beim Generalsekretär wirksam.

2. Jeder Staat, der nach Absatz 1 erklärt hat, daß dieses Übereinkommen auf ein Gebiet Anwendung findet, dessen internationale Beziehungen er wahrnimmt, kann das Übereinkommen in bezug auf dieses Gebiet nach Artikel kündigen. 8

Art. 11 [Schiedsverfahren]

1. Jede Meinungsverschiedenheit zwischen zwei oder mehr Vertragsparteien über die Auslegung oder Anwendung dieses Übereinkommens wird, soweit möglich, durch Verhandlungen zwischen den streitenden Parteien geregelt.

2. [1] Jede Meinungsverschiedenheit, die nicht durch Verhandlungen geregelt werden kann, wird auf Antrag einer der streitenden Vertragsparteien einem Schiedsverfahren unterworfen und demgemäß einem Schiedsrichter oder mehreren Schiedsrichtern unterbreitet, die von den streitenden Parteien in

Wortlaut jeder vorgeschlagenen Änderung dem Generalsekretär der Vereinten Nationen zu übermitteln. [3] Um die Anlagen den anderen internationalen Abkommen über die Beförderung gefährlicher Güter anzugleichen, kann der Generalsekretär ebenfalls Änderungen der Anlagen dieses Übereinkommens vorschlagen.[1)]

2. Der Generalsekretär teilt jeden nach Absatz 1 gemachten Vorschlag allen Vertragsparteien mit und bringt ihn den anderen nach Artikel 6 Abs. 1 in Betracht kommenden Staaten zur Kenntnis.

3. [1] Jede vorgeschlagene Änderung der Anlage gilt als angenommen, wenn nicht innerhalb von drei Monaten nach dem Tag der Übermittlung durch den Generalsekretär wenigstens ein Drittel der Vertragsparteien – oder fünf von ihnen, wenn das Drittel größer ist als diese Zahl – dem Generalsekretär schriftlich die Ablehnung des Änderungsvorschlages mitteilt. [2] Gilt die Änderung als angenommen, so tritt sie – mit Ausnahme der nachstehen aufgeführten Fälle – für alle Vertragsparteien nach Ablauf einer weiteren Frist von drei Monaten in Kraft:

a) Wenn die in Absatz 1 erwähnten anderen internationalen Übereinkommen entsprechend geändert worden sind oder voraussichtlich geändert werden, tritt die Änderung nach Ablauf einer Frist in Kraft, die der Generalsekretär so festsetzt, daß die Änderung möglichst gleichzeitig mit den beschlossenen oder zu erwartenden Änderungen der anderen Übereinkommen in Kraft tritt; die Frist muß jedoch mindestens einen Monat betragen;

b) Die Vertragspartei, welche die vorgeschlagenen Änderung vorlegt, kann in ihrem Vorschlag eine Frist von mehr als drei Monaten für das Inkrafttreten der Änderung vorsehen, falls diese angenommen wird.[2)]

4. Der Generalsekretär teilt so bald wie möglich allen Vertragsparteien und allen nach Artikel 6 Abs. 1 in Betracht kommenden Staaten jede Einwendung mit, die er von den Vertragsparteien gegen eine vorgeschlagene Änderung erhalten hat.

5. [1] Gilt die vorgeschlagene Änderung der Anlagen nicht als angenommen, hat aber wenigstens eine der Vertragsparteien, die den Vorschlag nicht einge-

---

[1)] Art. 14 Abs. 1 neu gef. durch ÄndProt v. 28.10.1993 (BGBl. II 2007 S. 1950). Er lautet:

„1. Unabhängig von dem Überprüfungsverfahren (Revisionsverfahren) nach Artikel 13 kann jede Vertragspartei eine oder mehrere Änderungen der Anlagen dieses Übereinkommens vorschlagen. Zu diesem Zweck ist der Wortlaut jeder vorgeschlagenen Änderung dem Generalsekretär der Vereinten Nationen zu übermitteln. Um die Anlagen den anderen internationalen Abkommen über die Beförderung gefährlicher Güter anzugleichen, kann der Generalsekretär ebenfalls Änderungen der Anlagen dieses Übereinkommens vorschlagen.

Zusätzlich kann er Änderungen der Anlagen dieses Übereinkommens vorschlagen, die von der Arbeitsgruppe für die Beförderung gefährlicher Güter des Binnenverkehrsausschusses der Wirtschaftskommission der Vereinten Nationen für Europa angenommen wurden, wenn die Arbeitsgruppe ihn darum ersucht."

Der Tag, an dem das Protokoll nach seinem Art. 6 für die Bundesrepublik Deutschland in Kraft tritt, ist noch nicht bekannt gegeben.

[2)] Art. 14 Abs. 3 Buchst. b neu gef. durch ÄndProt v. 28.10.1993 (BGBl. II 2007 S. 1950). Er lautet:

„Die Vertragspartei, oder gegebenenfalls der Generalsekretär, kann bei Vorlage der vorgeschlagenen Änderung nach Absatz 1 in dem Vorschlag eine Frist von mehr als drei Monaten für das Inkrafttreten der Änderung vorsehen, falls diese angenommen wird."

Der Tag, an dem das Protokoll nach seinem Art. 6 für die Bundesrepublik Deutschland in Kraft tritt, ist noch nicht bekannt gegeben.

gegenseitigem Einvernehmen ausgewählt werden. [2] Einigen sich innerhalb von drei Monaten seit dem Tage des Antrags auf Schiedsverfahren die streitenden Parteien nicht über die Wahl des Schiedsrichters oder der Schiedsrichter, so kann jede dieser Parteien den Generalsekretär der Vereinten Nationen ersuchen, einen einzigen Schiedsrichter zu ernennen, dem der Streitfall zur Entscheidung überwiesen wird.

3. Die Entscheidung des nach Absatz 2 bestellten Schiedsrichters oder der nach Absatz 2 bestellten Schiedsrichter ist für die streitenden Vertragsparteien bindend.

Art. 12 [Vorbehalte]

1. [1] Jede Vertragspartei kann bei Unterzeichnung, Ratifikation oder Beitritt zu diesem Übereinkommen erklären, daß sie sich durch Artikel 11 nicht als gebunden betrachtet. [2] Die anderen Vertragsparteien, sind gegenüber keiner Vertragspartei, die einen solchen Vorbehalt gemacht hat, durch Artikel 11 gebunden.

2. Jede Vertragspartei, die einen Vorbehalt nach Absatz 1 gemacht hat, kann diesen Vorbehalt jederzeit durch Mitteilung an den Generalsekretär der Vereinten Nationen zurückziehen.

Art. 13 [Revision]

1. [1] Ist dieses Übereinkommen drei Jahre lang in Kraft gewesen, so kann jede Vertragspartei durch Mitteilung an den Generalsekretär der Vereinten Nationen die Einberufung einer Konferenz zur Überprüfung [Revision] des Übereinkommens beantragen. [2] Der Generalsekretär teilt diesen Antrag allen Vertragsparteien mit und beruft eine Revisionskonferenz ein, wenn innerhalb von vier Monaten seit dieser Mitteilung mindestens ein Viertel der Vertragsparteien ihm ihre Zustimmung zu dem Antrag mitteilt.

2. [1] Wird eine Konferenz nach Absatz 1 einberufen, so setzt der Generalsekretär alle Vertragsparteien davon in Kenntnis und ersucht sie, innerhalb von drei Monaten die Vorschläge vorzulegen, deren Prüfung durch die Konferenz sie wünschen. [2] Der Generalsekretär teilt mindestens drei Monate vor dem Tage der Eröffnung der Konferenz allen Vertragsparteien die vorläufige Tagesordnung der Konferenz sowie den Wortlaut der Vorschläge mit.

3. Der Generalsekretär lädt zu jeder nach diesem Artikel einberufenen Konferenz alle nach Artikel 6 Abs. 1 in Betracht kommenden Staaten sowie die Staaten ein, die nach Artikel 6 Abs. 2 Vertragsparteien geworden sind.

Art. 14[1)] [Änderungsvorschläge]

1. [1] Unabhängig von dem Überprüfungsverfahren [Revisionsverfahren] nach Artikel 13 kann jede Vertragspartei eine oder mehrere Änderungen der Anlagen dieses Übereinkommens vorschlagen. [2] Zu diesem Zweck ist der

---

1) Art. 14 Abs. 3 idF des Europäsichen Übereinkommens v. 21.8.1975 (BGBl. II 1979, S. 1335).

reicht haben, dem Generalsekretär schriftlich ihre Zustimmung zu dem Vorschlag mitgeteilt, so beruft der Generalsekretär eine Tagung aller Vertragsparteien und aller nach Artikel 6 Abs. 1 in Betracht kommenden Staaten ein, und zwar innerhalb von drei Monaten nach Ablauf der dreimonatigen Frist, während der nach Absatz 3 Einwendungen gegen die Änderung vorzubringen sind. [2] Der Generalsekretär kann zu dieser Tagung auch Vertreter

a) staatlicher internationaler Organisationen, die für Beförderungsfragen zuständig sind,

b) nichtstaatlicher internationaler Organisationen, deren Tätigkeit unmittelbar mit der Beförderung gefährlicher Güter in den Gebieten der Vertragsparteien zusammenhängt,

einladen.

6. Jede Änderung, die von mehr als der Hälfte der Gesamtzahl der Vertragsparteien auf einer nach Absatz 5 einberufenen Tagung angenommen worden ist, tritt für alle Vertragsparteien nach Maßgabe der Beschlüsse in Kraft, die bei der Tagung von der Mehrheit der an ihr teilnehmenden Vertragsstaaten gefaßt worden sind.

Art. 15 [Mitteilung des Generalsekretärs der UNO] Außer den in den Artikeln 13und 14 vorgesehenen Mitteilungen gibt der Generalsekretär der Vereinten Nationen den nach Artikel 6 Abs. 1 in Betracht kommenden Staaten sowie den Staaten, die nach Artikel 6 Abs. 2 Vertragsparteien geworden sind, bekannt

a) die Unterzeichnungen, Ratifikationen und Beitritte nach Artikel 6,

b) die Zeitpunkte, zu denen dieses Übereinkommen und seine Anlagen nach Artikel 7 in Kraft treten,

c) die Kündigungen nach Artikel 8,

d) das Außerkrafttreten des Übereinkommens nach Artikel 9,

e) die Mitteilungen und Kündigungen nach Artikel 10,

f) die Erklärungen und Mitteilungen nach Artikel 12 Abs. 1 und 2,

g) die Annahme und den Zeitpunkt des Inkrafttretens von Änderungen nach Artikel 14 Abs. 3 und 6.

Art. 16 [Unterzeichnungsprotokoll] 1. Das Unterzeichnungsprotokoll dieses Übereinkommens hat dieselbe Wirksamkeit und Geltungsdauer wie das Übereinkommen selbst und ist als ein wesentlicher Bestandteil des Übereinkommens anzusehen.

2. Bei diesem Übereinkommen sind nur die Vorbehalte zulässig, die in das Unterzeichnungsprotokoll aufgenommen sind oder die nach Artikel 12 gemacht werden.

Art. 17 [Hinterlegung] [1] Nach dem 15. Dezember 1957 wird die Urschrift dieses Übereinkommens beim Generalsekretär der Vereinten Nationen hinterlegt, der allen nach Artikel 6 Abs. 1 in Betracht kommenden Staaten beglaubigte Abschriften davon zustellt.

Anlagen A und B[1)]

Anlage zur Bekanntmachung der Neufassung der Anlagen A und B des Europäisches Übereinkommen vom 30. September 1957 über die internationale Beförderung gefährlicher Güter auf der Straße (ADR)

(in der ab dem 1. Januar 2019 geltenden Fassung)

(hier nicht wiedergegeben)

[1)] Anl. A und B neu gef. mWv 1.1.2019 durch Bek. v. 4.7.2019 (BGBl. II S. 756 iVm Anlageband zu BGBl. II 2019 Nr. 14); geänd. mWv 1.1.2021 durch VO v. 14.10.2020 (BGBl. II S. 757).

540. Verordnung über die Bestellung von Gefahrgutbeauftragten in Unternehmen (Gefahrgutbeauftragtenverordnung – GbV)

Vom 11. März 2019[1]

(BGBl. I S. 304)

FNA 9241-23-29

§ 1 Geltungsbereich. (1) Die nachfolgenden Vorschriften gelten für jedes Unternehmen, dessen Tätigkeit die Beförderung gefährlicher Güter auf der Straße, auf der Schiene, auf schiffbaren Binnengewässern und mit Seeschiffen umfasst.

(2) Die in dem jeweiligen Abschnitt 1.8.3 des Europäischen Übereinkommens vom 30. September 1957 über die internationale Beförderung gefährlicher Güter auf der Straße (ADR)[2], der Anlage der Ordnung für die internationale Eisenbahnbeförderung gefährlicher Güter (RID) – Anhang C des Übereinkommens über den internationalen Eisenbahnverkehr (COTIF) und des Europäischen Übereinkommens über die internationale Beförderung von gefährlichen Gütern auf Binnenwasserstraßen (ADN) für die Beförderung gefährlicher Güter auf der Straße, auf der Schiene und auf schiffbaren Binnengewässern getroffenen Regelungen sind auch auf die Beförderung gefährlicher Güter mit Seeschiffen anzuwenden.

§ 2 Befreiungen. (1) Die Vorschriften dieser Verordnung gelten nicht für Unternehmen,

1. denen ausschließlich Pflichten als Fahrzeugführer, Triebfahrzeugführer, Schiffsführer, Besatzung in der Binnenschifffahrt, Betreiber einer Annahmestelle in der Binnenschifffahrt, Empfänger, Reisender, Hersteller und Rekonditionierer von Verpackungen, Wiederaufarbeiter von Verpackungen und Großpackmitteln (IBC) und als Stelle für Inspektionen und Prüfungen von IBC zugewiesen sind,
2. denen ausschließlich Pflichten als Auftraggeber des Absenders zugewiesen sind und die an der Beförderung gefährlicher Güter von nicht mehr als 50 Tonnen netto je Kalenderjahr beteiligt sind, ausgenommen radioaktive Stoffe der Klasse 7 und gefährliche Güter der Beförderungskategorie 0 nach Absatz 1.1.3.6.3 ADR[2],
3. denen ausschließlich Pflichten als Entlader zugewiesen sind und die an der Beförderung gefährlicher Güter von nicht mehr als 50 Tonnen netto je Kalenderjahr beteiligt sind,
4. deren Tätigkeit sich auf die Beförderung gefährlicher Güter erstreckt, die von den Vorschriften des ADR[2]/RID/ADN/IMDG-Code freigestellt sind,
5. deren Tätigkeit sich auf die Beförderung gefährlicher Güter im Straßen-, Eisenbahn-, Binnenschiffs- oder Seeverkehr erstreckt, deren Mengen die in

[1] Neubekanntmachung der VO über die Bestellung von Gefahrgutbeauftragten in Unternehmen v. 25.2.2011 (BGBl. I S. 341) in der ab 1.1.2019 geltenden Fassung.

[2] Nr. **535**.

Unterabschnitt 1.1.3.6 ADR[1)] festgelegten höchstzulässigen Mengen nicht überschreiten,

6. deren Tätigkeit sich auf die Beförderung gefährlicher Güter erstreckt, die nach den Bedingungen des Kapitels 3.4 und 3.5 ADR[1)]/RID/ADN/IMDG-Code freigestellt sind, und
7. die gefährliche Güter von nicht mehr als 50 Tonnen netto je Kalenderjahr für den Eigenbedarf in Erfüllung betrieblicher Aufgaben befördern, wobei dies bei radioaktiven Stoffen nur für solche der UN-Nummern 2908 bis 2911 gilt.

(2) Die Befreiungstatbestände nach Absatz 1 können auch nebeneinander in Anspruch genommen werden.

§ 3 Bestellung von Gefahrgutbeauftragten. (1) [1]Sobald ein Unternehmen an der Beförderung gefährlicher Güter beteiligt ist und ihm Pflichten als Beteiligter in der Gefahrgutverordnung Straße, Eisenbahn und Binnenschifffahrt[2)] oder in der Gefahrgutverordnung See zugewiesen sind, muss es mindestens einen Sicherheitsberater für die Beförderung gefährlicher Güter (Gefahrgutbeauftragter) schriftlich bestellen. [2]Werden mehrere Gefahrgutbeauftragte bestellt, so sind deren Aufgaben gegeneinander abzugrenzen und schriftlich festzulegen. [3]Nimmt der Unternehmer die Funktion des Gefahrgutbeauftragten selbst wahr, ist eine Bestellung nicht erforderlich.

(2) [1]Die Funktion des Gefahrgutbeauftragten kann nach dem Unterabschnitt 1.8.3.4 ADR[1)]/RID/ADN vom Leiter des Unternehmens, von einer Person mit anderen Aufgaben in dem Unternehmen oder von einer dem Unternehmen nicht angehörenden Person wahrgenommen werden, sofern diese tatsächlich in der Lage ist, die Aufgaben des Gefahrgutbeauftragten zu erfüllen. [2]Der Name des Gefahrgutbeauftragten ist allen Mitarbeitern des Unternehmens schriftlich bekannt zu geben; die Bekanntmachung kann auch durch schriftlichen Aushang an einer für alle Mitarbeiter leicht zugänglichen Stelle erfolgen.

(3) Als Gefahrgutbeauftragter darf nur bestellt werden oder als Unternehmer selbst die Funktion des Gefahrgutbeauftragten wahrnehmen, wer Inhaber eines für den betroffenen Verkehrsträger gültigen Schulungsnachweises nach § 4 ist.

(4) Wenn ein nach § 2 befreites Unternehmen wiederholt oder schwerwiegend gegen Vorschriften über die Beförderung gefährlicher Güter verstößt, kann die zuständige Behörde die Bestellung eines Gefahrgutbeauftragten anordnen.

(5) [1]Die zuständige Behörde trifft die zur Einhaltung dieser Verordnung erforderlichen Anordnungen. [2]Sie kann insbesondere die Abberufung des bestellten Gefahrgutbeauftragten und die Bestellung eines anderen Gefahrgutbeauftragten verlangen.

§ 4 Schulungsnachweis. [1]Der Schulungsnachweis wird mit den Mindestangaben nach Unterabschnitt 1.8.3.18 ADR[1)]/RID/ADN erteilt, wenn der Betroffene an einer Schulung nach § 5 teilgenommen und eine Prüfung nach § 6 Absatz 1 mit Erfolg abgelegt hat. [2]Der Schulungsnachweis gilt fünf Jahre

---

[1)] Nr. **535**.
[2)] Nr. **510**.

und kann jeweils um weitere fünf Jahre verlängert werden, wenn der Betroffene eine Prüfung nach § 6 Absatz 4 mit Erfolg abgelegt hat.

§ 5 Schulungsanforderungen. (1) Die Schulung erfolgt in einem nach § 7 Absatz 1 Nummer 2 anerkannten Lehrgang.

(2) Die in den Schulungen zu behandelnden Sachgebiete ergeben sich aus den Unterabschnitten 1.8.3.3 und 1.8.3.11 ADR[1])/RID/ADN sowie aus § 8.

(3) [1] Die Schulungssprache ist deutsch. [2] Auf Antrag kann eine Schulung in englischer Sprache zugelassen werden, wenn mit dem Antrag Schulungsunterlagen zu den Sachgebieten nach Absatz 2 und die erforderlichen Rechtsvorschriften in englischer Sprache nachgewiesen werden und die sonstigen Voraussetzungen für die Anerkennung des Lehrgangs nach Absatz 1 vorliegen.

(4) [1] Die Schulung umfasst im Falle der Beförderung durch einen Verkehrsträger mindestens 22 Stunden und 30 Minuten und für jeden weiteren Verkehrsträger mindestens sieben Stunden und 30 Minuten. [2] Dabei muss die Schulung für jeden weiteren Verkehrsträger innerhalb der Geltungsdauer des Schulungsnachweises erfolgen.

(5) Ein Unterrichtstag darf nicht mehr als sieben Stunden und 30 Minuten Unterricht umfassen.

(6) Der Schulungsveranstalter darf Schulungen nur bei Vorliegen aller Voraussetzungen nach Absatz 1 bis 5 durchführen.

§ 6 Prüfungen. (1) [1] Die Prüfung besteht aus einer schriftlichen Prüfung, die ganz oder teilweise auch als elektronische Prüfung durchgeführt werden kann. [2] Die Grundsätze der Prüfung richten sich nach Absatz 1.8.3.12.2 bis 1.8.3.12.5 ADR[1])/RID/ADN.

(2) [1] Die nach einer Schulung abzulegende Prüfung nach Absatz 1.8.3.12.4 ADR[1])/RID/ADN darf einmal ohne nochmalige Schulung wiederholt werden. [2] Die Prüfung ist bestanden, wenn mindestens 50 vom Hundert der von der Industrie- und Handelskammer in der Satzung nach § 7 Absatz 2 festgelegten Höchstpunktzahl erreicht wird.

(3) [1] Die Prüfungssprache ist deutsch. [2] Auf Antrag kann eine Prüfung nach Absatz 1 in englischer Sprache zugelassen werden, wenn der Prüfling die erforderlichen Rechtsvorschriften in englischer Sprache nachweist sowie die Kosten jeweils für die Erstellung der Prüfungsunterlagen in englischer Sprache und die Durchführung der Prüfung in englischer Sprache übernimmt. [3] Die Teilnahme an einer Prüfung in englischer Sprache ist nur für Prüflinge möglich, die zuvor an einer zugelassenen Schulung nach § 5 Absatz 1 in englischer Sprache teilgenommen haben.

(4) [1] Die Prüfung zur Verlängerung des Schulungsnachweises nach Absatz 1.8.3.16.1 ADR[1])/RID/ADN darf unbegrenzt wiederholt werden, jedoch nur bis zum Ablauf der Geltungsdauer des Schulungsnachweises. [2] Absatz 2 Satz 2 gilt entsprechend. [3] Die Höchstpunktzahl ist jedoch um 50 vom Hundert zu reduzieren.

(5) Die Prüfungsfragen sind aus einer Sammlung auszuwählen, die vom Bundesministerium für Verkehr und digitale Infrastruktur veröffentlicht wird.

---

[1]) Nr. **535**.

(6) Prüfungen dürfen nur bei Vorliegen aller Voraussetzungen nach Absatz 1 bis 5 durchgeführt werden.

§ 7 Zuständigkeiten. (1) [1] Die Industrie- und Handelskammern sind zuständig für

1. die Erteilung der Schulungsnachweise nach § 4,
2. die Anerkennung und Überwachung der Lehrgänge nach § 5 Absatz 1,
3. die Erteilung von Ausnahmen von § 5 Absatz 3 und § 6 Absatz 3,
4. die Durchführung der Prüfungen nach § 6 Absatz 1 bis 4 und
5. die Umschreibung eines Schulungsnachweises nach § 7 Absatz 3 in einen Schulungsnachweis nach § 4.

[2] Für die Erteilung einer Ausnahme nach § 6 Absatz 3 Satz 2 ist die Industrie- und Handelskammer zuständig, die zuvor die Ausnahme nach § 5 Absatz 3 in Verbindung mit § 5 Absatz 1 zugelassen hat.

(2) Einzelheiten nach Absatz 1 regeln die Industrie- und Handelskammern durch Satzung.

(3) [1] Abweichend von Absatz 1 und 2 können Bund, Länder, Gemeinden und sonstige juristische Personen des öffentlichen Rechts für ihren hoheitlichen Aufgabenbereich eigene Schulungen veranstalten, die Prüfung selbst durchführen und die Schulungsnachweise selbst ausstellen. [2] Einzelheiten sind durch die jeweils zuständige oberste Bundes- oder Landesbehörde durch Verwaltungsvorschriften zu regeln.

(4) Das Bundesministerium der Verteidigung und das Bundesministerium des Innern, für Bau und Heimat bestimmen die zuständigen Behörden im Sinne des § 3 Absatz 4 und 5 für ihren Dienstbereich.

§ 8 Pflichten des Gefahrgutbeauftragten. (1) Der Gefahrgutbeauftragte hat die Aufgaben nach Unterabschnitt 1.8.3.3 ADR[1])/RID/ADN wahrzunehmen.

(2) Der Gefahrgutbeauftragte ist verpflichtet, schriftliche Aufzeichnungen über seine Überwachungstätigkeit unter Angabe des Zeitpunktes der Überwachung, der Namen der überwachten Personen und der überwachten Geschäftsvorgänge zu führen.

(3) [1] Der Gefahrgutbeauftragte hat die Aufzeichnungen nach Absatz 2 mindestens fünf Jahre nach deren Erstellung aufzubewahren. [2] Diese Aufzeichnungen sind der zuständigen Behörde auf Verlangen in Schriftform zur Prüfung vorzulegen.

(4) Der Gefahrgutbeauftragte hat dafür zu sorgen, dass ein Unfallbericht nach Unterabschnitt 1.8.3.6 ADR[1])/RID/ADN erstellt wird.

(5) [1] Der Gefahrgutbeauftragte hat für den Unternehmer einen Jahresbericht über die Tätigkeiten des Unternehmens in Bezug auf die Gefahrgutbeförderung innerhalb eines halben Jahres nach Ablauf des Geschäftsjahres mit den Angaben nach Satz 2 zu erstellen. [2] Der Jahresbericht muss mindestens enthalten:

1. Art der gefährlichen Güter unterteilt nach Klassen,

---

[1]) Nr. **535**.

2. Gesamtmenge der gefährlichen Güter in einer der folgenden vier Stufen:
   1. bis 5 Tonnen,
   2. mehr als 5 Tonnen bis 50 Tonnen,
   3. mehr als 50 Tonnen bis 1 000 Tonnen,
   4. mehr als 1 000 Tonnen,
3. Zahl und Art der Unfälle mit gefährlichen Gütern über die ein Unfallbericht nach Unterabschnitt 1.8.3.6 ADR[1])/RID/ADN erstellt worden ist,
4. sonstige Angaben, die nach Auffassung des Gefahrgutbeauftragten für die Beurteilung der Sicherheitslage wichtig sind, und
5. Angaben, ob das Unternehmen an der Beförderung gefährlicher Güter nach Abschnitt 1.10.3 ADR[1])/RID/ADN oder 1.4.3 IMDG-Code beteiligt gewesen ist.

[3]Der Jahresbericht muss keine Angaben über die Beförderung gefährlicher Güter im Luftverkehr enthalten. [4]Die anzugebende Gesamtmenge der gefährlichen Güter schließt auch die empfangenen gefährlichen Güter ein.

(6) [1]Der Gefahrgutbeauftragte muss den Schulungsnachweis nach § 4 der zuständigen Behörde auf Verlangen vorlegen. [2]Er hat dafür zu sorgen, dass dieser Schulungsnachweis rechtzeitig verlängert wird.

§ 9 Pflichten der Unternehmer. (1) Der Unternehmer darf den Gefahrgutbeauftragten wegen der Erfüllung der ihm übertragenen Aufgaben nicht benachteiligen.

(2) Der Unternehmer hat dafür zu sorgen, dass der Gefahrgutbeauftragte
1. vor seiner Bestellung im Besitz eines gültigen und auf die Tätigkeiten des Unternehmens abgestellten Schulungsnachweises nach § 4 ist,
2. alle zur Wahrnehmung seiner Tätigkeit erforderlichen sachdienlichen Auskünfte und Unterlagen erhält, soweit sie die Beförderung gefährlicher Güter betreffen,
3. die notwendigen Mittel zur Aufgabenwahrnehmung erhält,
4. jederzeit seine Vorschläge und Bedenken unmittelbar der entscheidenden Stelle im Unternehmen vortragen kann,
5. zu vorgesehenen Vorschlägen auf Änderung oder Anträgen auf Abweichungen von den Vorschriften über die Beförderung gefährlicher Güter Stellung nehmen kann und
6. alle Aufgaben, die ihm nach § 8 übertragen worden sind, ordnungsgemäß erfüllen kann.

(3) Der Unternehmer hat den Jahresbericht nach § 8 Absatz 5 fünf Jahre nach dessen Vorlage durch den Gefahrgutbeauftragten aufzubewahren und der zuständigen Behörde auf Verlangen vorzulegen.

(4) Der Unternehmer hat auf Verlangen der zuständigen Behörde den Namen des Gefahrgutbeauftragten bekannt zu geben.

(5) Der Unternehmer hat auf Verlangen der zuständigen Behörde die Unfallberichte nach Unterabschnitt 1.8.3.6 ADR[1])/RID/ADN vorzulegen.

---

[1]) Nr. **535**.

§ 10 Ordnungswidrigkeiten. Ordnungswidrig im Sinne des § 10 Absatz 1 Nummer 1 Buchstabe b des Gesetzes über die Beförderung gefährlicher Güter[1] handelt, wer vorsätzlich oder fahrlässig

1. als Unternehmer
   a) entgegen § 3 Absatz 1 Satz 1 einen Gefahrgutbeauftragten nicht, nicht in der vorgeschriebenen Weise oder nicht rechtzeitig bestellt,
   b) entgegen § 3 Absatz 3 einen Gefahrgutbeauftragten bestellt oder die Funktion des Gefahrgutbeauftragten selbst wahrnimmt, ohne im Besitz eines gültigen Schulungsnachweises nach § 4 zu sein,
   c) einer vollziehbaren Anordnung nach § 3 Absatz 4 zuwiderhandelt,
   d) entgegen § 9 Absatz 2 Nummer 1 nicht dafür sorgt, dass der Gefahrgutbeauftragte im Besitz eines dort genannten Schulungsnachweises ist,
   e) entgegen § 9 Absatz 2 Nummer 6 nicht dafür sorgt, dass der Gefahrgutbeauftragte alle Aufgaben ordnungsgemäß erfüllen kann,
   f) entgegen § 9 Absatz 3 den Jahresbericht nicht oder nicht mindestens fünf Jahre aufbewahrt oder nicht oder nicht rechtzeitig vorlegt,
   g) entgegen § 9 Absatz 4 den Namen des Gefahrgutbeauftragten nicht oder nicht rechtzeitig bekannt gibt oder
   h) entgegen § 9 Absatz 5 den Unfallbericht nicht oder nicht rechtzeitig vorlegt,
2. als Schulungsveranstalter entgegen § 5 Absatz 6 eine Schulung durchführt oder
3. als Gefahrgutbeauftragter
   a) entgegen § 8 Absatz 2 eine Aufzeichnung nicht, nicht richtig oder nicht vollständig führt,
   b) entgegen § 8 Absatz 3 eine Aufzeichnung nicht oder nicht mindestens fünf Jahre aufbewahrt oder nicht oder nicht rechtzeitig vorlegt,
   c) entgegen § 8 Absatz 4 nicht dafür sorgt, dass ein Unfallbericht erstellt wird,
   d) entgegen § 8 Absatz 5 Satz 1 einen Jahresbericht nicht, nicht richtig, nicht vollständig oder nicht rechtzeitig erstellt oder
   e) entgegen § 8 Absatz 6 Satz 1 den Schulungsnachweis nicht oder nicht rechtzeitig vorlegt.

§ 11 (Übergangsbestimmungen)

§ 12 (Aufheben von Vorschriften)

§ 13 (Inkrafttreten)

[1] Nr. **500**.

I.
Arbeits- und Sozialrecht

550. Europäisches Übereinkommen über die Arbeit des im internationalen Straßenverkehr beschäftigten Fahrpersonals (AETR)[1)]

In der Fassung der Bekanntmachung vom 31. Juli 1985[2)]
(BGBl. 1985 II S. 889)
(ABl. 1978 Nr. L 95 S. 1)

Celex-Nr. 2 1978 A 0408 (01)

geänd. durch Gesetz zur Zweiten und Dritten Änderung des Europäischen Übereinkommens vom 1. Juli 1970 über die Arbeit des im internationalen Straßenverkehr beschäftigten Fahrpersonals (AETR) v. 18.8.1997 (BGBl. II S. 1550), Viertes ÄndProt. v. 27.11.2002 (BGBl. 2011 II S. 1095), Fünftes ÄndProt. v. 29.10.2004 (BGBl. 2011 II S. 1095) und Sechstes ÄndProt. v. 31.10.2008 (BGBl. 2011 II S. 1095)

Für die Bundesrepublik Deutschland ist das Abkommen in seiner ursprünglichen Fassung am 5. Januar 1976 in Kraft getreten.

Vertragsparteien	In Kraft am	BGBl. Jg.	S.
Andorra	12.8.1997	97 II	1079
Aserbaidschan	12.2.1997	96 II	2793
Belarus	2.10.1993	93 II	2169
Belgien	16.8.1978	79 II	1162
Bosnien-Herzegowina[3)]	6.3.1992	94 II	778
Bulgarien	8.11.1995	95 II	712
Dänemark	16.8.1978	79 II	1162
Estland	30.10.1993	93 II	2169
Finnland	15.8.1999	99 II	654
Frankreich	18.8.1978	79 II	1162
Griechenland	5.1.1976	76 II	462
Irland	1.3.1980	80 II	717
Italien	26.6.1979	79 II	1162
Jugoslawien, ehemaliges	5.1.1976	76 II	462
Kasachstan	13.1.1996	96 II	13
Kroatien[3)]	8.10.1991	93 II	133
Lettland	13.7.1994	94 II	778
Liechtenstein	5.5.1997	97 II	771

[1)] Änderungen vor dem 1.1.1996 sind nicht in Fußnoten nachgewiesen.

[2)] Neubekanntmachung des AETR-Übereinkommen v. 1.7.1970 (BGBl. 1974 II S. 1473).
Für die Bundesrepublik Deutschland ist das Abkommen in seiner ursprünglichen Fassung am 5. Januar 1976 in Kraft getreten.

[3)] Erklärung über die Weiteranwendung.

Vertragsparteien	In Kraft am	BGBl. Jg.	S.
Litauen	30.11.1998	98 II	1806
Luxemburg	16.8.1978	79 II	1162
Mazedonien[1]	17.11.1991	00 II	412
Moldau, Republik	22.11.1993	93 II	2169
Niederlande	16.8.1978	79 II	1162
Norwegen	5.1.1976	76 II	462
Österreich	5.1.1976	76 II	462
Polen	10.1.1993	93 II	133
Portugal	5.1.1976	76 II	462
Rumänien	6.6.1995	95 II	356
Russische Föderation[2] [3]	27.1.1979	79 II	1162
Schweden	5.1.1976	76 II	462
Schweiz	4.10.2000	00 II	827
Slowakei[1]	1.1.1993	94 II	778
Slowenien[1]	25.6.1991	94 II	778
Sowjetunion, ehemalige[4]	27.1.1979	79 II	1162
Spanien	5.1.1976	76 II	462
Tschechische Republik[1]	1.1.1993	94 II	778
Tschechoslowakei, ehemalige	2.6.1976	76 II	462
Turkmenistan	17.3.1997	97 II	328
Ungarn	19.4.2000	00 II	17
Usbekistan	20.4.1999	99 II	115
Vereinigtes Königreich	18.8.1978	79 II	1162

DIE VERTRAGSPARTEIEN –
von dem Wunsche geleitet, die Entwicklung und Verbesserung des internationalen Personen- und Güterverkehrs auf der Straße zu fördern, überzeugt von der Notwendigkeit, die Sicherheit des Straßenverkehrs zu erhöhen, bestimmte Arbeitsbedingungen im internationalen Straßenverkehr nach den Grundsätzen der Internationalen Arbeitsorganisation zu regeln und gemeinsam bestimmte Maßnahmen zu treffen, um die Beachtung dieser Regelungen zu sichern –
haben folgendes vereinbart:

[1] Erklärung über die Weiteranwendung.
[2] Weitere Bek. – BGBl. 1979 II S. 1162.
[3] Vertragspartei war bis zu ihrer Auflösung die Sowjetunion – BGBl. 1992 II S. 1016.
[4] Weitere Bek. - BGBl. 1979 II S. 1162.

Art. 1[1] Begriffsbestimmungen. Im Sinne dieses Übereinkommens bedeutet

a) „Fahrzeug" jedes Kraftfahrzeug oder jeden Anhänger; dieser Begriff schließt miteinander verbundene Fahrzeuge ein;

b) „Kraftfahrzeug" jedes mit eigener Kraft verkehrende Straßenfahrzeug mit Antriebsmotor, das üblicherweise auf der Straße der Beförderung von Personen oder Gütern oder dem Ziehen von Fahrzeugen dient, die für die Personen- oder Güterbeförderung benutzt werden; dieser Begriff schließt landwirtschaftliche Zugmaschinen nicht ein;

c) „Anhänger" jedes Fahrzeug, das dazu bestimmt ist, an ein Kraftfahrzeug angehängt zu werden; dieser Begriff schließt Sattelanhänger ein;

d) „Sattelanhänger" jeden Anhänger, der dazu bestimmt ist, mit einem Kraftfahrzeug so verbunden zu werden, daß er teilweise auf diesem aufliegt und daß ein wesentlicher Teil seines Gewichts und des Gewichts seiner Ladung von diesem getragen wird;

e) „miteinander verbundene Fahrzeuge" solche miteinander verbundenen Fahrzeuge, die am Straßenverkehr als Einheit teilnehmen;

f) „höchste zulässige Gesamtmasse" die Gesamtmasse des beladenen Fahrzeugs, die von der zuständigen Behörde des Zulassungsstaats als zulässig erklärt wurde;

g) „Beförderung im Straßenverkehr" jede Fortbewegung eines zur Personen- oder Güterbeförderung benutzten leeren oder beladenen Fahrzeugs, die ganz oder teilweise auf Straßen erfolgt, zu denen die Öffentlichkeit Zugang hat;

h) „internationaler Straßenverkehr" jeden Straßenverkehr, der mindestens einen Grenzübergang umfaßt;

i) „Linienverkehr" ist die regelmäßige Beförderung von Personen in einer bestimmten Verkehrsverbindung, wobei Fahrgäste an vorher festgelegten Haltestellen ein- oder aussteigen können.
Eine Betriebsregelung oder entsprechende Dokumente, die von den zuständigen Behörden der Vertragsparteien genehmigt und vom Verkehrsunternehmer vor ihrer Anwendung veröffentlicht werden müssen, legen die Beförderungsbedingungen, insbesondere die Zahl der Fahrten, den Fahrplan, die Tarife und die Beförderungspflicht fest, soweit diese Bedingungen nicht durch Gesetz oder Verordnung bestimmt sind.
Als Linienverkehr gilt unabhängig davon, wer den Ablauf der Fahrten bestimmt, auch die regelmäßige Beförderung bestimmter Kategorien von Personen unter Ausschluß anderer Fahrgäste, soweit die Merkmale des Linienverkehrs nach Satz 1 gegeben sind. Diese Beförderungen – vor allem die Beförderung von Arbeitnehmern zur Arbeitsstelle und von dort zu ihrer Wohnung und die Beförderung von Schülern zur Lehranstalt und von dort zu ihrer Wohnung – werden als „Sonderformen des Linienverkehrs" bezeichnet.

j) „Fahrer" jede Person, gleichviel ob im Arbeitsverhältnis stehend oder nicht, die das Fahrzeug, sei es auch nur für kurze Zeit, selbst lenkt oder

---

[1] Art. 1 Buchst. f, g, j, und m neu gef., Buchst. n–w angef. mWv 20.9.2010 durch Prot. v. 31.10. 2008 (BGBl. 2011 II S. 1095, 1119).

sich im Fahrzeug befindet, um es – als Bestandteil seiner Pflichten – gegebenenfalls lenken zu können;

k) „Mitglied des Fahrpersonals" den Fahrer oder eine der nachstehenden Personen, gleichviel ob im Arbeitsverhältnis stehend oder nicht:

i) „Beifahrer" jede Person, die den Fahrer begleitet, um ihn bei bestimmten im Verkehr zu verrichtenden Tätigkeiten zu unterstützen, und die sich in der Regel an den Beförderungshandlungen tatsächlich beteiligt, ohne Fahrer im Sinne des Buchstabens j dieses Artikels zu sein;

ii) „Schaffner" jede Person, die den Fahrer eines zur Personenbeförderung eingesetzten Fahrzeugs begleitet und beauftragt ist, insbesondere die Fahrausweise oder sonstigen Ausweise, die zur Fahrt berechtigen, zu verkaufen und zu kontrollieren;

l) „Woche": der Zeitraum zwischen Montag 00.00 Uhr und Sonntag 24.00 Uhr;

m) „Ruhezeit": jeder ununterbrochene Zeitraum, in dem der Fahrer frei über seine Zeit verfügen kann;

n) „Fahrtunterbrechung" jeder Zeitraum, in dem der Fahrer keine Fahrtätigkeit ausüben und keine anderen Arbeiten durchführen darf und der ausschließlich zur Erholung genutzt wird;

o) „tägliche Ruhezeit" den täglichen Zeitraum, in dem ein Fahrer frei über seine Zeit verfügen kann und der eine „regelmäßige tägliche Ruhezeit" und eine „reduzierte tägliche Ruhezeit" umfasst:

– „regelmäßige tägliche Ruhezeit" eine Ruhepause von mindestens 11 Stunden. Diese regelmäßige tägliche Ruhezeit kann auch in zwei Teilen genommen werden, wobei der erste Teil einen ununterbrochenen Zeitraum von mindestens 3 Stunden und der zweite Teil einen ununterbrochenen Zeitraum von mindestens 9 Stunden umfassen muss;

– „reduzierte tägliche Ruhezeit" eine Ruhepause von mindestens 9 Stunden, aber weniger als 11 Stunden;

p) „wöchentliche Ruhezeit" den wöchentlichen Zeitraum, in dem ein Fahrer frei über seine Zeit verfügen kann und der eine „regelmäßige wöchentliche Ruhezeit" und eine „reduzierte wöchentliche Ruhezeit" umfasst:

– „regelmäßige wöchentliche Ruhezeit" eine Ruhepause von mindestens 45 Stunden;

– „reduzierte wöchentliche Ruhezeit" eine Ruhepause von weniger als 45 Stunden, die vorbehaltlich der Bedingungen des Artikels 8 Absatz 6 auf eine Mindestzeit von 24 aufeinander folgenden Stunden reduziert werden kann;

q) „andere Arbeiten" alle Tätigkeiten, mit Ausnahme der Fahrtätigkeit sowie jegliche Arbeit für denselben oder einen anderen Arbeitgeber, sei es inner- oder außerhalb des Verkehrssektors. Nicht eingeschlossen sind Wartezeiten und die Zeit an Bord eines fahrenden Fahrzeugs, einer Fähre oder eines Zuges, in der der Fahrer nicht selbst lenkt;

r) „Lenkzeit" die Dauer der Lenktätigkeit, die automatisch oder halbautomatisch oder von Hand gemäß den Anforderungen dieses Übereinkommens aufgezeichnet wird;

s) „Tageslenkzeit" die summierte Gesamtlenkzeit zwischen dem Ende einer täglichen Ruhezeit und dem Beginn der darauf folgenden täglichen Ruhezeit oder zwischen einer täglichen und einer wöchentlichen Ruhezeit;

t) „Wochenlenkzeit" die summierte Gesamtlenkzeit innerhalb einer Woche;

u) „Lenkdauer" die Gesamtlenkzeit zwischen dem Zeitpunkt, zu dem ein Fahrer nach einer Ruhezeit oder einer Fahrtunterbrechung beginnt, ein Fahrzeug zu lenken, und dem Zeitpunkt, zu dem er eine Ruhezeit oder Fahrtunterbrechung einlegt. Die Lenkdauer kann ununterbrochen oder unterbrochen sein;

v) „Mehrfahrerbetrieb" den Fall, in dem während der Lenkdauer zwischen zwei aufeinander folgenden täglichen Ruhezeiten oder zwischen einer täglichen und einer wöchentlichen Ruhezeit mindestens zwei Fahrer auf dem Fahrzeug zum Lenken eingesetzt sind. Während der ersten Stunde des Mehrfahrerbetriebs ist die Anwesenheit eines anderen Fahrers oder anderer Fahrer fakultativ, während der restlichen Zeit jedoch obligatorisch;

w) „Verkehrsunternehmen" jede natürliche oder juristische Person und jede Vereinigung oder Gruppe von Personen ohne Rechtspersönlichkeit mit oder ohne Erwerbszweck sowie jede eine eigene Rechtspersönlichkeit besitzende oder einer Behörde mit Rechtspersönlichkeit unterstehende offizielle Stelle, die Beförderungen im Straßenverkehr gewerblich oder im Werkverkehr vornimmt.

Art. 2[1)] Geltungsbereich. (1) Dieses Übereinkommen gilt im Hoheitsgebiet einer Vertragspartei für den internationalen Straßenverkehr mit jedem Fahrzeug, das im Hoheitsgebiet dieser oder einer anderen Vertragspartei zugelassen ist.

(2) Jedoch gilt vorbehaltlich einer abweichenden Vereinbarung zwischen Vertragsparteien, deren Hoheitsgebiet befahren wird, dieses Übereinkommen nicht für die Beförderung im internationalen Straßenverkehr mit

a) Fahrzeugen, die zur Güterbeförderung dienen und deren zulässige Gesamtmasse, einschließlich Anhänger oder Sattelanhänger, 3,5 Tonnen nicht übersteigt;

b) Fahrzeugen, die zur Personenbeförderung dienen und die nach Bauart und Ausstattung geeignet und dazu bestimmt sind, bis zu neun Personen einschließlich des Fahrers zu befördern;

c) Fahrzeugen, die zur Personenbeförderung im Linienverkehr dienen, wenn die Linienstrecke nicht mehr als 50 km beträgt;

d) Fahrzeugen, mit einer zulässigen Höchstgeschwindigkeit von nicht mehr als 40 km/h;

e) Fahrzeugen, die Eigentum der Streitkräfte, des Zivilschutzes, der Feuerwehr und der für die Aufrechterhaltung der öffentlichen Ordnung zustän-

---

1) Art. 2 neu gef. mWv 20.9.2010 durch Prot. v. 31.10.2008 (BGBl. 2011 II S. 1095, 1119).

digen Kräfte sind oder von ihnen ohne Fahrer angemietet werden, sofern die Beförderung aufgrund der diesen Diensten zugewiesenen Aufgaben stattfindet und ihrer Aufsicht unterliegt;

f) Fahrzeugen – einschließlich Fahrzeugen, die für nichtgewerbliche Transporte für humanitäre Hilfe verwendet werden –, die in Notfällen oder für Rettungsmaßnahmen eingesetzt werden;

g) Spezialfahrzeugen für ärztliche Aufgaben;

h) besonderen Pannenhilfefahrzeugen, die innerhalb eines Umkreises von 100 km um ihren Standort eingesetzt werden;

i) Fahrzeugen, mit denen zum Zweck der technischen Entwicklung oder im Rahmen von Reparatur- oder Wartungsarbeiten Probefahrten auf der Straße gemacht werden, sowie neuen oder umgebauten Fahrzeugen, die noch nicht in Betrieb genommen worden sind;

j) Fahrzeugen mit einer zulässigen Höchstmasse von nicht mehr als 7,5 Tonnen, die zur nichtgewerblichen Güterbeförderung verwendet werden;

k) Nutzfahrzeugen, die nach den Rechtsvorschriften der Vertragspartei, in deren Hoheitsgebiet sie verwendet werden, als historisch eingestuft werden und die zur nichtgewerblichen Güter- oder Personenbeförderung verwendet werden

Art. 3[1] Anwendung von Bestimmungen des Übereinkommens auf den Straßenverkehr mit Fahrzeugen aus Nichtvertragsstaaten. (1) Jede Vertragspartei wendet in ihrem Hoheitsgebiet auf den internationalen Straßenverkehr mit Fahrzeugen, die in Nichtvertragsstaaten zugelassen sind, mindestens ebenso strenge Bestimmungen an, wie in den Artikeln 5, 6, 7, 8, 9 und 10 vorgesehen sind.

(2)

a) Jedoch bleibt es jeder Vertragspartei überlassen, bei Fahrzeugen, die in einem Nichtvertragsstaat zugelassen sind, anstelle eines Kontrollgeräts, das den Spezifikationen im Anhang dieses Übereinkommens entspricht, nur Tageskontrollblätter zu verlangen, die von jedem Mitglied der Fahrzeugbesatzung für den Zeitraum ab der Einfahrt in das Hoheitsgebiet der ersten Vertragspartei handschriftlich auszufüllen sind.

b) Zu diesem Zweck trägt jedes Mitglied der Fahrzeugbesatzung in sein Tageskontrollblatt die Angaben zu seinen beruflichen Tätigkeiten und Ruhezeiten ein und verwendet dabei die entsprechenden graphischen Symbole gemäß Artikel 12 des Anhangs zu diesem Übereinkommen.

Art. 4 Allgemeine Grundsätze. [1] Jede Vertragspartei kann höhere Mindestwerte oder niedrigere Höchstwerte als nach den Artikeln 5 bis 8 anwenden. [2] Dieses Übereinkommen gilt jedoch weiterhin für diejenigen Fahrer, die in Fahrzeugen, welche in einem anderen Vertragsstaat oder Nichtvertragsstaat zugelassen sind, Beförderungen im internationalen Straßenverkehr durchführen.

---

[1] Art. 3 Abs. 2 neu gef. mWv 20.9.2010 durch Prot. v. 31.10.2008 (BGBl. 2011 II S. 1095, 1119).

Art. 5 Fahrpersonal. (1) Das Mindestalter der im Güterverkehr eingesetzten Fahrer wird festgesetzt:

a) bei Fahrzeugen mit einem höchstzulässigen Gesamtgewicht bis zu 7,5 Tonnen einschließlich – Anhänger oder Sattelanhänger gegebenenfalls inbegriffen – auf das vollendete 18. Lebensjahr;

b) bei den übrigen Fahrzeugen auf
   – das vollendete 21. Lebensjahr oder
   – das vollendete 18. Lebensjahr, falls der Fahrer Inhaber eines Befähigungsnachweises über den erfolgreichen Abschluß einer von einer Vertragspartei anerkannten Ausbildung für Fahrer im Güterkraftverkehr ist. Die Vertragsparteien werden sich gegenseitig über das geltende nationale Mindestniveau der Ausbildung und andere sachdienliche Bedingungen unterrichten, die auf Fahrer im internationalen Güterverkehr anzuwenden sind, soweit sie unter dieses Übereinkommen fallen.

(2) [1] Die im Personenverkehr eingesetzten Fahrer müssen mindestens 21 Jahre alt sein. [2] Die im Personenverkehr im Umkreis von mehr als 50 km um den Standort des Fahrzeugs eingesetzten Fahrer müssen außerdem

a) mindestens ein Jahr lang die Tätigkeit eines im Güterverkehr eingesetzten Fahrers von Fahrzeugen mit einem zulässigen Höchstgewicht von mehr als 3,5 Tonnen ausgeübt haben oder

b) mindestens ein Jahr lang die Tätigkeit eines Fahrers ausgeübt haben, der im Personenverkehr im Umkreis von bis zu 50 km um den Standort des Fahrzeugs oder in anderen Arten der Personenbeförderung eingesetzt war, die nicht unter dieses Übereinkommen fallen, aber nach Auffassung der zuständigen Behörde die erforderliche Erfahrung verliehen haben, oder

c) Inhaber eines Befähigungsnachweises über den erfolgreichen Abschluß einer von einer der Vertragsparteien anerkannten Ausbildung für Fahrer im Personenkraftverkehr sein.

Art. 6[1)] Lenkzeiten. (1) [1] Die Tageslenkzeit gemäß der Begriffsbestimmung in Artikel 1 Buchstabe s darf 9 Stunden nicht überschreiten. [2] Sie darf zweimal pro Woche auf höchstens 10 Stunden verlängert werden.

(2) Die Wochenlenkzeit gemäß der Begriffsbestimmung in Artikel 1 Buchstabe t darf 56 Stunden nicht überschreiten.

(3) Die summierte Gesamtlenkzeit während zweier aufeinander folgender Wochen darf 90 Stunden nicht überschreiten.

(4) Die Lenkzeiten umfassen alle Fahrten im Gebiet von Vertragsparteien und im Gebiet von Nichtvertragsparteien.

(5) [1] Der Fahrer muss die Zeiten im Sinne des Artikels 1 Buchstabe q sowie alle Lenkzeiten in einem Fahrzeug, das für gewerbliche Zwecke außerhalb des Anwendungsbereichs dieses Übereinkommens verwendet wird, als andere Arbeiten festhalten; ferner muss er die Bereitschaftszeiten im Sinne des Artikels 12 Absatz 3 Buchstabe c des Anhangs zu diesem Übereinkommen festhalten. [2] Diese Zeiten sind entweder handschriftlich auf einem Schaublatt

---

1) Art. 6 neu gef. mWv 20.9.2010 durch Prot. v. 31.10.2008 (BGBl. 2011 II S. 1095, 1119).

oder einem Ausdruck einzutragen oder manuell in das Kontrollgerät einzugeben.

Art. 7[1] **Unterbrechungen.** (1) Nach einer Lenkzeit von 4½ Stunden ist eine ununterbrochene Unterbrechung von mindestens 45 Minuten einzulegen, sofern der Fahrer keine Ruhezeit nimmt.

(2) Diese Unterbrechung im Sinne von Artikels 1 Buchstabe n kann durch eine Unterbrechung von mindestens 15 Minuten, gefolgt von einer Unterbrechung von mindestens 30 Minuten, ersetzt werden, die in die Lenkzeit oder unmittelbar nach dieser so einzufügen sind, dass Absatz 1 eingehalten wird.

(3) Für die Anwendung dieses Artikels gelten die Wartezeit oder die Nicht-Lenkzeit, die in einem fahrenden Fahrzeug, auf einer Fähre oder in einem Zug verbracht werden, nicht als „andere Arbeiten" im Sinne von Artikels 1 Buchstabe q, sondern als „Unterbrechung".

(4) Nach diesem Artikel eingelegte Unterbrechungen dürfen nicht als tägliche Ruhezeit betrachtet werden.

Art. 8[2] **Ruhezeiten.** (1) Der Fahrer muss tägliche und wöchentliche Ruhezeiten gemäß Artikel 1 Buchstaben o und p einhalten.

(2) [1] Innerhalb von 24 Stunden nach dem Ende der vorangegangenen täglichen oder wöchentlichen Ruhezeit muss der Fahrer eine neue tägliche Ruhezeit genommen haben. [2] Beträgt der Teil der täglichen Ruhezeit, die in den 24-Stunden-Zeitraum fällt, mindestens 9 Stunden, jedoch weniger als 11 Stunden, so ist die fragliche tägliche Ruhezeit als verkürzte tägliche Ruhezeit anzusehen.

(3) Abweichend von Absatz 2 muss ein im Mehrfahrerbetrieb eingesetzter Fahrer innerhalb von 30 Stunden nach dem Ende einer täglichen oder wöchentlichen Ruhezeit eine neue tägliche Ruhezeit von mindestens 9 Stunden genommen haben.

(4) Eine tägliche Ruhezeit kann verlängert werden, so dass sich eine regelmäßige wöchentliche Ruhezeit oder eine reduzierte wöchentliche Ruhezeit ergibt.

(5) Der Fahrer darf zwischen zwei wöchentlichen Ruhezeiten höchstens drei reduzierte tägliche Ruhezeiten einlegen.

(6)

a) In jeweils zwei aufeinander folgenden Wochen hat der Fahrer mindestens folgende Ruhezeiten einzuhalten:
   i) zwei regelmäßige wöchentliche Ruhezeiten oder
   ii) eine regelmäßige wöchentliche Ruhezeit und eine reduzierte wöchentliche Ruhezeit von mindestens 24 Stunden. Dabei wird jedoch die Reduzierung durch eine gleichwertige Ruhepause ausgeglichen, die ohne Unterbrechung vor dem Ende der dritten Woche nach der betreffenden Woche genommen werden muss.

---

[1] Art. 7 Abs. 1–3 neu gef. mWv 20.9.2010 durch Prot. v. 31.10.2008 (BGBl. 2011 II S. 1095, 1119).

[2] Art. 8 neu gef. mWv 20.9.2010 durch Prot. v. 31.10.2008 (BGBl. 2011 II S. 1095, 1119).

Eine wöchentliche Ruhezeit beginnt spätestens am Ende von sechs 24-Stunden-Zeiträumen nach dem Ende der vorangegangenen wöchentlichen Ruhezeit.

b) Abweichend von Absatz 6 Buchstabe a kann ein Fahrer, der im Rahmen eines internationalen Straßenpersonenverkehrs, der kein Linienverkehr ist, eine Einzelfahrt durchführt, die wöchentliche Ruhezeit nach einer vorangegangenen regelmäßigen wöchentlichen Ruhezeit um bis zu zwölf aufeinander folgende 24-Stunden-Zeiträume verschieben, vorausgesetzt, dass

i) der Verkehrsdienst mindestens 24 aufeinander folgende Stunden im Hoheitsgebiet einer Vertragspartei oder in einem Drittland andauert, das nicht mit dem Land identisch ist, in dem der Verkehrsdienst seinen Ausgang genommen hat, und

ii) der Fahrer nach dieser Ausnahme:

a) entweder zwei wöchentliche Ruhezeiten nimmt,

b) oder eine regelmäßige wöchentliche Ruhezeit und eine reduzierte wöchentliche Ruhezeit von mindestens 24 Stunden. Dabei wird jedoch die Reduzierung durch eine gleichwertige Ruhepause ausgeglichen, die ohne Unterbrechung vor dem Ende der dritten Woche nach der betreffenden Woche genommen werden muss;

iii) vier Jahre, nachdem das Zulassungsland den digitalen Fahrtenschreiber eingeführt hat, das Fahrzeug gemäß den Anforderungen in Anlage 1B des Anhangs mit einem Kontrollgerät ausgerüstet ist und

iv) nach dem 1. Januar 2014 das Fahrzeug im Zeitraum zwischen 22.00 Uhr und 06.00 Uhr im Mehrfahrerbetrieb gefahren wird oder die in Artikel 7 genannte Lenkzeit auf drei Stunden verringert wird.

c) Abweichend von Absatz 6 Buchstabe a muss ein im Mehrfahrerbetrieb eingesetzter Fahrer jede Woche eine regelmäßige Ruhezeit von mindestens 45 Stunden nehmen. Dieser Zeitraum kann auf ein Minimum von 24 Stunden reduziert werden (reduzierte wöchentliche Ruhezeit). Dabei wird jedoch die Reduzierung durch eine gleichwertige Ruhepause ausgeglichen, die ohne Unterbrechung vor dem Ende der dritten Woche nach der betreffenden Woche genommen werden muss.
Eine wöchentliche Ruhezeit beginnt spätestens am Ende von sechs 24-Stunden-Zeiträumen nach dem Ende der vorangegangenen wöchentlichen Ruhezeit.

(7) Jede Ruhepause, die als Ausgleich für eine reduzierte wöchentliche Ruhezeit eingelegt wird, ist an eine andere Ruhezeit von mindestens 9 Stunden anzuhängen.

(8) Sofern sich ein Fahrer hierfür entscheidet, können nicht am Standort eingelegte tägliche Ruhezeiten und reduzierte wöchentliche Ruhezeiten im Fahrzeug verbracht werden, sofern das Fahrzeug über geeignete Schlafmöglichkeiten für jeden Fahrer verfügt und nicht fährt.

(9) Eine wöchentliche Ruhezeit, die in zwei aufeinander folgende Wochen fällt, kann für eine der beiden Wochen gezählt werden, nicht aber für beide.

Art. 8 bis [1] (Ausnahmen von Artikel 8). (1) Legt ein Fahrer, der ein Fahrzeug begleitet, das auf einem Fährschiff oder mit der Eisenbahn befördert wird, eine regelmäßige tägliche Ruhezeit ein, so kann diese Ruhezeit abweichend von Artikel 8 höchstens zwei Mal durch andere Tätigkeiten unterbrochen werden, sofern

a) der an Land verbrachte Teil der täglichen Ruhezeit vor oder nach dem Teil der täglichen Ruhezeit genommen werden kann, der auf einem Fährschiff oder in der Eisenbahn verbracht wird;

b) der Zeitraum zwischen den beiden Teilen der täglichen Ruhezeit so kurz wie möglich ist und auf keinen Fall vor der Verladung des Fahrzeugs oder nach dem Verlassen der Eisenbahn oder des Schiffs durch das Fahrzeug 1 Stunde übersteigt; dabei umfasst der Vorgang der Verladung bzw. des Verlassens auch die Zollformalitäten. Dem Fahrer muss während dieser täglichen Ruhezeit eine Schlafkabine oder ein Liegeplatz zur Verfügung stehen.

(2) Die von einem Fahrer verbrachte Zeit, um zu einem in den Geltungsbereich dieses Übereinkommens fallenden Fahrzeug, das sich nicht am Wohnsitz des Fahrers oder der Betriebsstätte des Arbeitsgebers, dem der Fahrer normalerweise zugeordnet ist, befindet, anzureisen oder von diesem zurückzureisen, ist nur dann als Ruhepause oder Fahrtunterbrechung anzusehen, wenn sich der Fahrer auf einem Fährschiff oder in einem Zug befindet und Zugang zu einer Koje oder einem Liegewagen hat.

(3) Die von einem Fahrer verbrachte Zeit, um mit einem nicht in den Geltungsbereich dieses Übereinkommens fallenden Fahrzeug zu einem in den Geltungsbereich dieses Übereinkommens fallenden Fahrzeug, das sich nicht am Wohnsitz des Fahrers oder der Betriebsstätte des Arbeitgebers, dem der Fahrer normalerweise zugeordnet ist, befindet, anzureisen oder von diesem zurückzureisen, ist als „andere Arbeiten" anzusehen.

Art. 9 [2] Ausnahmen. [1] Wenn es mit der Sicherheit im Straßenverkehr vereinbar ist, kann der Fahrer, um einen geeigneten Halteplatz zu erreichen, von diesem Übereinkommen abweichen, soweit dies erforderlich ist, um die Sicherheit der Fahrgäste, des Fahrzeugs oder seiner Ladung zu gewährleisten. [2] Der Fahrer hat spätestens bei Ankunft an einem geeigneten Halteplatz Art und Grund der Abweichung von den Bestimmungen auf dem Schaublatt oder einem Ausdruck des Kontrollgeräts oder in seinem Arbeitszeitplan zu vermerken.

Art. 10 [3] Kontrollgerät. (1) Die Vertragsparteien schreiben für die in ihrem Hoheitsgebiet zugelassenen Fahrzeuge den Einbau und die Benutzung eines Kontrollgeräts nach Maßgabe der Bestimmungen dieses Übereinkommens einschließlich des Anhangs und seiner Anlagen vor

(2) Das Kontrollgerät im Sinne dieses Übereinkommens muss hinsichtlich Bauart, Einbau, Benutzung und Prüfung den Vorschriften dieses Übereinkommens einschließlich des Anhangs und seiner Anlagen entsprechen.

---

[1] Art. 8bis eingef. mWv 20.9.2010 durch Prot. v. 31.10.2008 (BGBl. 2011 II S. 1095, 1119).

[2] Art. 9 Satz 2 neu gef. mWv 20.9.2010 durch Prot. v. 31.10.2008 (BGBl. 2011 II S. 1095, 1119).

[3] Art. 10 neu gef. mWv 16.6.2006 durch Prot. v. 29.10.2004 (BGBl. 2011 II S. 1095, 1098).

(3) Ein Kontrollgerät, das in Bezug auf Konstruktion, Installation, Benutzung und Test die Bestimmungen der Verordnung (EWG) Nr. 3821/85 des Rates vom 20. Dezember 1985 erfüllt, wird so betrachtet, als erfülle es die Bestimmungen dieses Übereinkommens einschließlich des Anhangs und seiner Anlagen.

Art. 11[1)] Überwachung durch das Unternehmen. (1) Das Verkehrsunternehmen organisiert den Fahrbetrieb und unterrichtet die Fahrer so, dass diese die Bestimmungen des Übereinkommens einhalten können.

(2) [1] Das Unternehmen hat die Dauer der Lenkzeiten und der weiteren Arbeiten sowie die Ruhezeiten regelmäßig zu überwachen und sich hierbei aller ihm zur Verfügung stehenden Unterlagen zu bedienen, wie zum Beispiel der persönlichen Kontrollbücher. [2] Stellt das Unternehmen Verstöße gegen dieses Übereinkommen fest, so müssen diese unverzüglich abgestellt und Maßnahmen getroffen werden, die eine Wiederholung ausschließen, zum Beispiel durch Abänderung der Zeitpläne und der Fahrstrecken.

(3) Fahrer im Lohnverhältnis dürfen nicht nach Maßgabe der zurückgelegten Strecke und/oder der Menge der beförderten Güter entlohnt werden, auch nicht in Form von Prämien oder Zuschlägen für diese Fahrstrecke oder Gütermengen, es sei denn, daß diese Entgelte nicht geeignet sind, die Sicherheit im Straßenverkehr zu beeinträchtigen oder zu Verstößen gegen dieses Übereinkommen ermutigen..

(4) Das Verkehrsunternehmen haftet für Verstöße von Fahrern des Unternehmens, selbst wenn der Verstoß im Hoheitsgebiet eines anderen Mitgliedstaates oder eines Drittstaates begangen wurde.

[1] Unbeschadet des Rechts der Vertragsparteien, Verkehrsunternehmen uneingeschränkt haftbar zu machen, können die Vertragsparteien diese Haftung von einem Verstoß des Unternehmens gegen die Absätze 1 und 2 abhängig machen. [2] Die Vertragsparteien können alle Beweise prüfen, die belegen, dass das Verkehrsunternehmen billigerweise nicht für den begangenen Verstoß haftbar gemacht werden kann.

(5) Unternehmen, Verlader, Spediteure, Reiseveranstalter, Hauptauftragnehmer, Unterauftragnehmer und Fahrervermittlungsagenturen stellen sicher, dass die vertraglich vereinbarten Beförderungszeitpläne nicht gegen dieses Übereinkommen verstoßen.

Art. 12[2)] Durchführungsmaßnahmen. (1) [1] Jede Vertragspartei trifft alle geeigneten Maßnahmen, um die Beachtung dieses Übereinkommens sicherzustellen, insbesondere durch einen angemessenen Umfang von Straßenkontrollen und Kontrollen auf den Geschäftsgrundstücken der Unternehmen. [2] Diese Kontrollen erfassen jedes Jahr einen großen und repräsentativen Anteil von Fahrern, Unternehmen und Fahrzeugen aller Kategorien, die in den Geltungsbereich dieses Übereinkommens fallen. [3]

---

1) Art. 11 Abs. 1 neu gef., Abs. 3 geänd., Abs. 4 und 5 angef. mWv 20.9.2010 durch Prot. v. 31.10.2008 (BGBl. 2011 II S. 1095, 1119).

2) Art. 12 neu gef. mWv 27.2.2004 durch Prot. v. 27.11.2002 (BGBl. 2011 II S. 1095, 1096); Abs. 1 Buchstaben a–c neu gef., Abs. 6–8 angef. mWv 20.9.2010 durch Prot. v. 31.10.2008 (BGBl. 2011 II S. 1095, 1119).

a) Die zuständigen Verwaltungsbehörden der Vertragsparteien führen diese Kontrollen in der Weise durch, dass:

i) in jedem Kalenderjahr mindestes 1 v. H. der Arbeitstage der Fahrer von Fahrzeugen, die in den Geltungsbereich dieses Übereinkommens fallen, kontrolliert werden. Ab dem 1. Januar 2010 erhöht sich dieser Anteil auf mindestens 2 v. H. und ab dem 1. Januar 2012 auf mindestens 3 v. H.;

ii) an mindestens 15 v. H. aller überprüften Arbeitstage Straßenkontrollen und an mindestens 25 v. H. Kontrollen auf den Geschäftsgrundstücken der Unternehmen durchgeführt werden. Ab dem 1. Januar 2010 werden mindestens 30 v. H. aller kontrollierten Arbeitstage im Rahmen von Straßenkontrollen und mindestens 50 v. H. im Rahmen von Kontrollen auf den Geschäftsgrundstücken überprüft.

b) Im Rahmen von Straßenkontrollen werden überprüft:

i) die Tages- und Wochenlenkzeiten, die Unterbrechungen sowie die täglichen und wöchentlichen Ruhezeiten;

ii) die Schaublätter der vorangegangenen Tage, die im Fahrzeug mitgeführt werden müssen und/oder die im persönlichen Kontrollbuch des Fahrers gespeicherten Daten und/oder die im Kontrollgerät gespeicherten Daten für denselben Zeitraum und/oder gegebenenfalls die Ausdrucke hiervon;

iii) das fehlerfreie Funktionieren des Kontrollgeräts.

Diese Kontrollen sind ohne Diskriminierung nach gebietsansässigen oder gebietsfremden Fahrzeugen, Unternehmen und Fahrern und ungeachtet des Ausgangs- oder Zielpunktes der Fahrt oder der Art des Fahrtenschreibers durchzuführen.

c) Bei den Kontrollen auf den Geschäftsgrundstücken der Unternehmen wird zusätzlich zu den bei den Straßenkontrollen überprüften Punkten und der Übereinstimmung mit den Anforderungen des Artikels 11 Absatz 2 der Anlage Folgendes überprüft:

i) die wöchentlichen Ruhezeiten und die Lenkzeiten zwischen diesen Ruhezeiten;

ii) die Beschränkungen der Lenkzeit während zweier aufeinander folgenden Wochen;

iii) der Ausgleich für die verkürzten wöchentlichen Ruhezeiten gemäß Absatz 6;

iv) die Verwendung von Schaublättern und/oder der Daten der Fahrzeugeinheit und des Fahrerkontrollbuchs und deren Ausdrucke und/oder die Planung der Arbeitszeiten der Fahrer.

(2) [1] Im Rahmen eines gegenseitigen Beistandes übermitteln die zuständigen Behörden der Vertragsparteien einander regelmäßig alle verfügbaren Angaben über:

– die von Gebietsfremden begangenen Zuwiderhandlungen gegen die Bestimmungen dieses Übereinkommen und ihre Ahndung,

– die von einer Vertragspartei verhängten Maßnahmen zur Ahndung von Zuwiderhandlungen, die ihre Gebietsansässigen auf dem Territorium einer anderen Vertragspartei begangen haben.

[2] In Fällen von schweren Verstößen enthalten diese Informationen auch die verhängte Strafe.

(3) [1] Legt das Ergebnis einer Straßenkontrolle, der der Fahrer eines im Hoheitsgebiet einer anderen Vertragspartei zugelassenen Fahrzeugs unterzogen wird, den Verdacht auf Verstöße nahe, die während der Kontrolle nicht aufgedeckt werden können, weil die erforderlichen Angaben fehlen, so leisten die zuständigen Behörden der betreffenden Vertragsparteien einander Amtshilfe. [2] Führt die zuständige Vertragspartei hierzu eine Kontrolle auf den Geschäftsgrundstücken des Unternehmens durch, so werden die Ergebnisse dieser Kontrolle der betreffenden anderen Vertragspartei mitgeteilt.

(4) Die Vertragsparteien arbeiten bei der Durchführung abgestimmter Straßenkontrollen zusammen.

(5) Die Wirtschaftskommission der Vereinten Nationen für Europa veröffentlicht alle zwei Jahre einen Bericht über die Anwendung der Bestimmungen in Absatz 1 durch die Vertragsparteien.

(6) [1]

a) Eine Vertragspartei ermächtigt ihre zuständigen Behörden, gegen einen Fahrer bei einem in ihrem Hoheitsgebiet festgestellten Verstoß gegen dieses Übereinkommen eine Sanktion zu verhängen, sofern hierfür noch keine Sanktion verhängt wurde, und zwar selbst dann, wenn der Verstoß im Hoheitsgebiet einer anderen Vertragspartei oder eines Drittstaates begangen wurde;

b) Eine Vertragspartei ermächtigt ihre zuständigen Behörden, gegen ein Unternehmen bei einem in ihrem Hoheitsgebiet festgestellten Verstoß gegen dieses Übereinkommen eine Sanktion zu verhängen, sofern hierfür noch keine Sanktion verhängt wurde, und zwar selbst dann, wenn der Verstoß im Hoheitsgebiet einer anderen Vertragspartei oder eines Drittstaates begangen wurde.

[2] Dabei gilt folgende Ausnahmeregelung: Wird ein Verstoß festgestellt, der von einem Unternehmen begangen wurde, das seinen Sitz im Hoheitsgebiet einer anderen Vertragspartei oder eines Drittstaates hat, so muss die Verhängung von Sanktionen dem Verfahren entsprechen, das im bilateralen Straßenverkehrsabkommen zwischen den beiden betroffenen Parteien festgelegt ist.

Ab 2011 prüfen die Vertragsparteien die Möglichkeit einer Streichung dieser Ausnahmeregelung in Absatz 6 Buchstabe b, sofern alle Vertragsparteien dazu bereit sind.

(7) Leitet eine Vertragspartei in Bezug auf einen bestimmten Verstoß ein Verfahren ein oder verhängt sie eine Sanktion, so muss sie dem Fahrer gegenüber angemessene schriftliche Belege beibringen.

(8) Die Vertragsparteien stellen sicher, dass ein System verhältnismäßiger Sanktionen, die finanzielle Sanktionen umfassen können, für den Fall besteht, dass Unternehmen oder mit ihnen verbundene Verlader, Spediteure, Reiseveranstalter, Hauptauftragnehmer, Unterauftragnehmer und Fahrervermittlungsagenturen gegen das vorliegende Übereinkommen verstoßen.

Art. 12 bis 1) (Standardisierte Musterformulare). (1) 1 Zur Vereinfachung internationaler Straßenkontrollen werden standardisierte Musterformblätter, die bei Bedarf verwendet werden, in den Anhang aufgenommen, der entsprechend um eine neue Anlage 3 erweitert wird. 2 Diese Formulare werden gemäß dem in Artikel 22ter festgelegten Verfahren aufgenommen oder geändert.

(2) 1 Die Muster in Anlage 3 sind nicht verbindlich. 2 Wenn sie jedoch verwendet werden, sind ihr Inhalt, insbesondere die Nummerierung, die Reihenfolge und die Überschriften der einzelnen Punkte zu beachten.

(3) 1 Die Vertragsparteien können diese Angaben durch zusätzliche Informationen ergänzen, um nationalen oder regionalen Bestimmungen zu entsprechen. 2 Diese zusätzlichen Informationen sind in keinem Fall für Beförderungen erforderlich, die im Hoheitsgebiet einer anderen Vertragspartei oder in einem Drittstaat ihren Ausgang nehmen. 3 Daher sind diese Angaben getrennt von den Angaben zu internationalen Beförderungen auf dem Formblatt aufzuführen.

(4) Diese Formulare werden bei Straßenkontrollen, die im Hoheitsgebiet einer Vertragspartei des Übereinkommens durchgeführt werden, akzeptiert.

Art. 13 2) Übergangsbestimmungen. (1) 1 Alle neuen Bestimmungen dieses Übereinkommens, einschließlich seines Anhanges und der Anlagen 1B und 2, im Zusammenhang mit der Einführung eines digitalen Kontrollgeräts werden für die Vertragsparteien dieses Übereinkommens spätestens vier Jahre nach Inkrafttreten der Änderungen gemäß den Verfahren nach Artikel 21 verbindlich. 2 Nach Ablauf dieser Frist müssen somit alle Fahrzeuge, die unter dieses Übereinkommen fallen und nach Ablauf dieser Frist neu zum Verkehr zugelassen werden, mit einem Kontrollgerät ausgerüstet werden, das diesen neuen Anforderungen entspricht. 3 In diesem Zeitraum von vier Jahren haben Vertragsparteien, die diese Änderungen in ihren Ländern noch nicht eingeführt haben, Fahrzeuge, die im Hoheitsgebiet einer anderen Vertragspartei zugelassen und bereits mit einem derartigen digitalen Kontrollgerät ausgerüstet sind, auf ihrem Hoheitsgebiet zu tolerieren und entsprechend zu kontrollieren.

(2)

a) Die Vertragsparteien ergreifen die erforderlichen Maßnahmen, um die im Anhang des Übereinkommens in seiner geänderten Fassung genannten Fahrerkarten spätestens drei Monate vor Ablauf der in Absatz 1 vorgesehenen Frist von vier Jahren auszustellen. Diese Mindestdauer von drei Monaten muss auch eingehalten werden, wenn eine Vertragspartei die Bestimmungen im Zusammenhang mit dem digitalen Kontrollgerät nach Anlage 1B des Anhangs vor Ablauf der Frist von vier Jahren einführt. Diese Vertragsparteien halten das Sekretariat des Hauptausschusses Straßenverkehr der Wirtschaftskommission für Europa über die Fortschritte bei der Einführung des digitalen Kontrollgeräts in ihrem Hoheitsgebiet nach Anlage 1B dieses Anhanges auf dem Laufenden.

1) Art. 12bis eingef. mWv 20.9.2010 durch Prot. v. 31.10.2008 (BGBl. 2011 II S. 1095, 1119).
2) Art. 13 neu gef. mWv 16.6.2006 durch Prot. v. 29.10.2004 (BGBl. 2011 II S. 1095, 1098).

b) Die Bestimmungen gemäß Artikel 14 des Anhangs zu diesem Übereinkommen gelten bis zur Ausstellung der in Buchstabe a genannten Fahrerkarten durch die Vertragsparteien für Fahrer, die eventuell Fahrzeuge lenken müssen, die mit einem digitalen Kontrollgerät in Übereinstimmung mit Anlage 1B zu diesem Anhang ausgerüstet sind.

(3) Jede Ratifikations- oder Beitrittsurkunde, die ein Staat nach Inkrafttreten der in Absatz 1 genannten Änderungen hinterlegt, gilt für das Übereinkommen in seiner geänderten Fassung, einschließlich der in Absatz 1 angegebenen Frist für die Umsetzung.

[1] Falls ein Beitritt weniger als zwei Jahre vor Ablauf der Frist nach Absatz 1 erfolgt, unterrichtet der beitretende Staat den Verwahrer bei Hinterlegung seiner Ratifikations- oder Beitrittsurkunde über den Zeitpunkt der tatsächlichen Einführung des digitalen Kontrollgeräts auf seinem Hoheitsgebiet. [2] Dieser Staat kann eine Übergangsfrist von höchstens zwei Jahren ab dem Inkrafttreten dieses Übereinkommens auf seinem Hoheitsgebiet geltend machen. [3] Der Verwahrer unterrichtet alle Vertragsparteien darüber.

Die Bestimmungen des vorangehenden Absatzes gelten auch für den Fall, dass ein Staat nach Ablauf der in Absatz 1 genannten Frist von vier Jahren für die Umsetzung beitritt.

Art. 13 bis [1)] (Übergangsbestimmungen). Die Bestimmungen, auf die am Ende von Artikel 12 Absatz 7 Buchstaben a und b des Anhangs verwiesen wird, gelten drei Monate nach dem Inkrafttreten dieser Änderung.

Art. 14 Schlußbestimmungen. (1) Dieses Übereinkommen liegt bis zum 31. März 1971 zur Unterzeichnung auf; nach diesem Tag liegt es für die Mitgliedstaaten der Wirtschaftskommission für Europa und für Staaten, die nach Absatz 8 der Statuten in beratender Eigenschaft zu dieser Kommission zugelassen sind, zum Beitritt auf.

(2) Das Übereinkommen bedarf der Ratifikation.

(3) Die Ratifikations- oder Beitrittsurkunden sind beim Generalsekretär der Vereinten Nationen zu hinterlegen.

(4) Dieses Übereinkommen tritt am hundertachtzigsten Tag nach der Hinterlegung der achten Ratifikations- oder Beitrittsurkunde in Kraft.

(5) Für jeden Staat, der dieses Übereinkommen nach der in Absatz 4 genannten Hinterlegung der achten Ratifikations- oder Beitrittsurkunde ratifiziert oder ihm beitritt, tritt dieses Übereinkommen am hundertachtzigsten Tag nach der Hinterlegung seiner eigenen Ratifikations- oder Beitrittsurkunde in Kraft.

Art. 15 [Kündigung des Abkommens] (1) Jede Vertragspartei kann dieses Übereinkommen durch eine an den Generalsekretär der Vereinten Nationen gerichtete Notifikation kündigen.

(2) Die Kündigung wird sechs Monate nach Eingang der Notifikation beim Generalsekretär wirksam.

[1)] Art. 13bis eingef. mWv 20.9.2010 durch Prot. v. 31.10.2008 (BGBl. 2011 II S. 1095, 1119).

Art. 16 [Außerkrafttreten] Dieses Übereinkommen tritt außer Kraft, wenn nach seinem Inkrafttreten die Zahl der Vertragsparteien während zwölf aufeinanderfolgender Monate weniger als drei beträgt.

Art. 17 [Ausdehnung des Geltungsbereichs] (1) [1]Jeder Staat kann bei Unterzeichnung dieses Übereinkommens, bei Hinterlegung seiner Ratifikations- oder Beitrittsurkunde oder zu jedem späteren Zeitpunkt durch eine an den Generalsekretär der Vereinten Nationen gerichtete Notifikation erklären, daß sich die Gültigkeit dieses Übereinkommens auf alle oder einzelne Hoheitsgebiete erstreckt, deren internationale Beziehungen er wahrnimmt. [2]Das Übereinkommen wird für jedes in der Notifikation genannte Hoheitsgebiet am hundertachtzigsten Tage nach Eingang der Notifikation beim Generalsekretär oder, falls das Übereinkommen dann noch nicht in Kraft getreten ist, mit seinem Inkrafttreten wirksam.

(2) Jeder Staat, der nach Absatz 1 erklärt hat, daß sich dieses Übereinkommen auf ein Hoheitsgebiet erstreckt, dessen internationale Beziehungen er wahrnimmt, kann das Übereinkommen in bezug auf dieses Hoheitsgebiet nach Artikel 15 kündigen.

Art. 18 [Schiedsklausel] (1) Jede Streitigkeit zwischen zwei oder mehr Vertragsparteien über die Auslegung oder Anwendung dieses Übereinkommens wird, soweit möglich, durch Verhandlungen zwischen den streitenden Parteien beigelegt.

(2) [1]Jede Streitigkeit, die nicht durch Verhandlungen beigelegt werden konnte, wird auf Antrag einer der streitenden Vertragsparteien einem Schiedsverfahren unterworfen und demgemäß einem oder mehreren Schiedsrichtern unterbreitet, die von den streitenden Parteien in gegenseitigem Einvernehmen ausgewählt werden. [2]Einigen sich binnen drei Monaten nach dem Tage des Antrags auf ein Schiedsverfahren die streitenden Parteien nicht über die Wahl eines Schiedsrichters oder der Schiedsrichter, so kann jede dieser Parteien den Generalsekretär der Vereinten Nationen ersuchen, einen einzigen Schiedsrichter zu ernennen, dem der Streitfall zur Entscheidung überwiesen wird.

(3) Die Entscheidung des nach Absatz 2 bestellten Schiedsrichters oder der Schiedsrichter ist für die streitenden Vertragsparteien bindend.

Art. 19 [Vorbehalt] (1) [1]Jeder Staat kann bei der Unterzeichnung, bei der Ratifikation oder beim Beitritt zu diesem Übereinkommen erklären, daß er sich durch Artikel 18 Absätze 2 und 3 nicht als gebunden betrachtet. [2]Die anderen Vertragsparteien sind durch diese Absätze gegenüber keiner Vertragspartei gebunden, die einen solchen Vorbehalt gemacht hat.

(2) [1]Macht ein Staat bei der Hinterlegung seiner Ratifikations- oder Beitrittsurkunde einen anderen als den in Absatz 1 vorgesehenen Vorbehalt, so teilt der Generalsekretär der Vereinten Nationen diesen Vorbehalt jenen Staaten mit, die ihre Ratifikations- oder Beitrittsurkunden bereits hinterlegt und das Übereinkommen seitdem nicht gekündigt haben. [2]Der Vorbehalt gilt als angenommen, wenn binnen sechs Monaten nach dieser Mitteilung keiner dieser Staaten gegen die Annahme Einspruch erhoben hat. [3]Andernfalls ist der Vorbehalt unzulässig, und die Ratifikations- oder Beitrittsurkunde des betreffenden Staates ist ungültig, falls er seinen Vorbehalt nicht zurückzieht.

[4] Bei der Anwendung dieses Absatzes wird der Einspruch von Staaten nicht berücksichtigt, deren Beitritt oder Ratifikation wegen von ihnen erhobener Vorbehalte auf Grund dieses Absatzes ungültig ist.

(3) Jede Vertragspartei, deren Vorbehalt im Unterzeichnungsprotokoll zu diesem Übereinkommen angenommen worden ist oder die nach Absatz 1 einen Vorbehalt gemacht hat oder die einen Vorbehalt gemacht hat, der nach Absatz 2 angenommen worden ist, kann ihn jederzeit durch eine an den Generalsekretär gerichtete Notifikation zurückziehen.

Art. 20 [Revision] (1) [1] Ist dieses Übereinkommen drei Jahre lang in Kraft gewesen, so kann jede Vertragspartei durch eine an den Generalsekretär der Vereinten Nationen gerichtete Notifikation die Einberufung einer Konferenz zur Revision des Übereinkommens beantragen. [2] Der Generalsekretär notifiziert diesen Antrag allen Vertragsparteien und beruft eine Revisionskonferenz ein, wenn binnen vier Monaten nach seiner Notifikation mindestens ein Drittel der Vertragsparteien ihm ihre Zustimmung zu dem Antrag mitteilt.

(2) [1] Wird eine Konferenz nach Absatz 1 einberufen, so setzt der Generalsekretär alle Vertragsparteien davon in Kenntnis und fordert sie auf, binnen drei Monaten die Vorschläge einzureichen, deren Prüfung durch die Konferenz sie wünschen. [2] Der Generalsekretär teilt spätestens drei Monate vor Eröffnung der Konferenz allen Vertragsparteien die vorläufige Tagesordnung der Konferenz sowie den Wortlaut der Vorschläge mit.

(3) Der Generalsekretär lädt zu jeder nach diesem Artikel einberufenen Konferenz alle in Artikel 14 Absatz 1 bezeichneten Staaten ein.

Art. 21[1)] [Änderungsvorschläge] (1) [1] Jede Vertragspartei kann eine oder mehrere Änderungen dieses Übereinkommens vorschlagen. [2] Der Wortlaut jedes Änderungsvorschlages ist dem Generalsekretär der Vereinten Nationen mitzuteilen, der ihn allen Vertragsparteien übermittelt und allen anderen in Artikel 14 Absatz 1 bezeichneten Staaten zur Kenntnis bringt.

(2) Binnen sechs Monaten nach dem Tage der Übermittlung des Änderungsvorschlages durch den Generalsekretär kann jede Vertragspartei diesem bekanntgeben,

a) daß sie gegen den Änderungsvorschlag Einspruch erhebt, oder

b) daß sie den Vorschlag anzunehmen beabsichtigt, die für die Annahme erforderlichen Voraussetzungen in ihrem Staat jedoch noch nicht erfüllt sind.

(3) Solange eine Vertragspartei, die eine Mitteilung nach Absatz 2 Buchstabe b gemacht hat, dem Generalsekretär die Annahme des Änderungsvorschlags nicht notifiziert hat, kann sie binnen neun Monaten nach Ablauf der für die Mitteilung vorgesehenen Frist von sechs Monaten gegen den Änderungsvorschlag Einspruch erheben.

(4) Wird nach den Absätzen 2 und 3 Einspruch gegen den Änderungsvorschlag erhoben, so gilt er als nicht angenommen und bleibt ohne jede Wirkung.

[1)] Art. 21 Abs. 5bis eingef. mWv 16.6.2006 durch Prot. v. 29.10.2004 (BGBl. 2011 II S. 1095, 1098).

(5) Ist kein Einspruch nach den Absätzen 2 und 3 gegen den Änderungsvorschlag erhoben worden, so gilt er zu folgendem Zeitpunkt als angenommen:

a) wenn keine Vertragspartei eine Mitteilung nach Absatz 2 Buchstabe b gemacht hat, mit Ablauf der in Absatz 2 vorgesehenen Frist von sechs Monaten,

b) wenn mindestens eine Vertragspartei eine Mitteilung nach Absatz 2 Buchstabe b gemacht hat, zum früheren der folgenden zwei Zeitpunkte:

– sobald alle Vertragsparteien, die eine derartige Mitteilung gemacht haben, dem Generalsekretär ihre Annahme des Änderungsvorschlages notifiziert haben, jedoch frühestens mit Ablauf der in Absatz 2 vorgesehenen Frist von sechs Monaten, falls alle Annahmeerklärungen vor diesem Zeitpunkt notifiziert worden sind;

– mit Ablauf der im Absatz 3 vorgesehenen Frist von neun Monaten.

(5bis). [1]Tritt ein Staat diesem Übereinkommen zwischen der Übermittlung eines Änderungsvorschlags und dessen Annahme bei, so unterrichtet das Sekretariat des Hauptausschusses Straßenverkehr der Wirtschaftskommission für Europa den neuen Vertragsstaat unverzüglich über den Änderungsvorschlag. [2]Dieser Vertragsstaat kann den Generalsekretär vor Ablauf der Frist von sechs Monaten ab der Übermittlung des ursprünglichen Änderungsvorschlags an alle Vertragsparteien über einen eventuellen Einspruch in Kenntnis setzen.

(6) Jede Änderung tritt drei Monate nach dem Zeitpunkt in Kraft, zu dem sie als angenommen gilt.

(7) [1]Der Generalsekretär notifiziert sobald als möglich allen Vertragsparteien, ob gegen den Änderungsvorschlag Einspruch nach Absatz 2 Buchstabe a erhoben worden ist und ob eine oder mehrere Vertragsparteien eine Mitteilung nach Absatz 2 Buchstabe b an ihn gerichtet haben. [2]Haben eine oder mehrere Vertragsparteien eine solche Mitteilung gemacht, so notifiziert er in der Folge allen Vertragsparteien, ob die Vertragspartei oder die Vertragsparteien, die eine solche Mitteilung gemacht haben, Einspruch gegen den Änderungsvorschlag erheben oder ihn annehmen.

(8) [1]Unabhängig von dem in den Absätzen 1 bis 6 vorgesehenen Änderungsverfahren kann der Anhang zu diesem Übereinkommen durch Vereinbarung zwischen den zuständigen Verwaltungen aller Vertragsparteien geändert werden. [2]Hat die Verwaltung einer Vertragspartei erklärt, daß nach ihrem innerstaatlichen Recht ihre Zustimmung zu einer solchen Vereinbarung von einer entsprechenden Sonderermächtigung oder von der Billigung durch eine gesetzgebende Körperschaft abhängt, so gilt die Zustimmung der betreffenden Vertragspartei zur Änderung des Anhangs als nicht erteilt, bis diese Verwaltung dem Generalsekretär notifiziert hat, daß die erforderliche Ermächtigung oder Billigung erteilt worden ist. [3]Die Vereinbarung zwischen den zuständigen Verwaltungen legt den Tag des Inkrafttretens des geänderten Anhangs fest und kann vorsehen, daß während einer Übergangszeit der alte Anhang ganz oder teilweise neben dem neuen in Kraft bleibt.

Art. 22[1] **[Änderungsannahme]** (1) Die Anlagen 1 und 2 zum Anhang dieses Übereinkommens können entsprechend dem in diesem Artikel festgelegten Verfahren geändert werden.

(2) Auf Antrag einer Vertragspartei wird jede von ihr vorgeschlagene Änderung der Anlagen 1 und 2 zum Anhang dieses Übereinkommens vom Hauptausschuß Straßenverkehr der Europäischen Wirtschaftskommission geprüft.

(3) Wird eine Änderung durch die Mehrheit der anwesenden und abstimmenden Mitglieder angenommen und stellt diese Mehrheit die Mehrheit der anwesenden und abstimmenden Vertragsparteien dar, wird sie der Generalsekretär an die zuständigen Behörden aller Vertragsparteien zwecks Zustimmung mitteilen.

(4) Die Änderung ist angenommen, wenn innerhalb eines Zeitraums von sechs Monaten nach dieser Mitteilung weniger als ein Drittel der zuständigen Behörden der Vertragsparteien dem Generalsekretär ihren Einspruch gegen diese Änderung bekanntgeben.

(4bis) [1]Tritt ein Staat diesem Übereinkommen zwischen der Übermittlung eines Änderungsvorschlags und dessen Annahme bei, so unterrichtet das Sekretariat des Hauptausschusses Straßenverkehr der Wirtschaftskommission für Europa den neuen Vertragsstaat unverzüglich über den Änderungsvorschlag. [2]Dieser Vertragsstaat kann den Generalsekretär vor Ablauf der Frist von sechs Monaten ab der Übermittlung des ursprünglichen Änderungsvorschlags an alle Vertragsparteien über einen eventuellen Einspruch in Kenntnis setzen.

(5) Jede angenommene Änderung wird durch den Generalsekretär allen Vertragsparteien mitgeteilt und tritt drei Monate nach dem Zeitpunkt ihrer Bekanntmachung in Kraft.

Art. 22 bis[2] **Verfahren zur Änderung der Anlage 1B.** (1) Die Anlage 1B zum Anhang dieses Übereinkommens wird entsprechend dem in diesem Artikel festgelegten Verfahren geändert.

(2) [1]Jeder Vorschlag über eine Änderung der einführenden Artikel der Anlage 1B wird vom Hauptausschuss Straßenverkehr der Wirtschaftskommission für Europa mit Mehrheit der anwesenden und abstimmenden Vertragsparteien beschlossen. [2]Das Sekretariat des Hauptausschusses übermittelt jede so beschlossene Änderung dem Generalsekretär, der sie allen Vertragsparteien mitteilt. [3]Die Änderung tritt drei Monate nach dem Zeitpunkt der Mitteilung an die Vertragsparteien in Kraft.

(3) Angesichts der Tatsache, dass die Anlage 1B[3] gemäß Artikel 10 dieses Übereinkommens auf der Grundlage des Anhangs 1B der Verordnung (EWG) 3821/85 angepasst worden ist und damit direkt von weiteren Änderungen dieses Anhangs durch die Europäische Union abhängt, sind alle Änderungen

---

[1] Art. 22 Abs. 4bis eingef. mWv 16.6.2006 durch Prot. v. 29.10.2004 (BGBl. 2011 II S. 1095, 1098).

[2] Art. 22 bis eingef. mWv 16.6.2006 durch Prot. v. 29.10.2004 (BGBl. 2011 II S. 1095, 1098).

[3] **Amtl. Anm.:** Zuletzt geändert durch die Verordnungen (EG) Nr. 1360/2002 der Kommission vom 13. Juni 2002 (ABl. L 207 vom 5. August 2002 (Berichtigung, ABl. L 77 vom 13. März 2003)) und Nr. 432/2004 vom 5. März 2004 (ABl. L 71 vom 10. März 2004)

des Anhangs 1B nach folgendem Vorgehen auch auf die Anlage 1B anwendbar:

– Das Sekretariat des Hauptausschusses Straßenverkehr der Wirtschaftskommission für Europa informiert die zuständigen Behörden aller Vertragsparteien offiziell über die Veröffentlichung von Änderungen des Anhangs 1B der Gemeinschaftsverordnung im Amtsblatt der Europäischen Gemeinschaften und teilt dies auch dem Generalsekretär unter Beilage einer Abschrift der maßgeblichen Texte mit.
– Die genannten Änderungen treten für die Anlage 1B drei Monate nach der Mitteilung an die Vertragsparteien in Kraft.

(4) [1] Beinhaltet der Vorschlag über eine Änderung des Anhangs zu diesem Übereinkommen auch eine Änderung der Anlage 1B, können die Änderungen der Anlage nicht vor den Änderungen des Anhangs in Kraft treten. [2] Werden in diesem Rahmen Änderungen der Anlage 1B gleichzeitig mit Änderungen des Anhangs vorgelegt, so wird ihr Inkrafttreten von dem Zeitpunkt bestimmt, der sich aus der Anwendung des in Artikel 21 beschriebenen Verfahrens ergibt.

Art. 22 ter 1) (Verfahren zur Änderung der Anlage 3). (1) Die Anlage 3 des Anhangs zu diesem Übereinkommen wird entsprechend dem im Folgenden beschriebenen Verfahren geändert.

(2) [1] Vorschläge zur Aufnahme von Musterformularen in Anlage 3 gemäß Artikel 12bis oder zur Änderung bestehender Formulare werden dem Hauptausschuss Straßenverkehr der Wirtschaftskommission für Europa zur Annahme vorgelegt. [2] Der Vorschlag gilt als angenommen, wenn die Mehrheit der anwesenden und abstimmenden Vertragsparteien ihn befürwortet.

Das Sekretariat der Wirtschaftskommission für Europa unterrichtet die zuständigen Behörden aller Vertragsparteien offiziell über alle angenommenen Änderungen und leitet diese Mitteilung zusammen mit einer Abschrift des entsprechenden Wortlauts auch an den Generalsekretär weiter.

(3) Jedes angenommene Musterformular kann drei Monate nach dem Zeitpunkt der Mitteilung an die Vertragsparteien verwendet werden.

Art. 23 [Notifizierung] Außer den Notifikationen, die nach den Artikeln 20 und 21 vorgesehen sind, notifiziert der Generalsekretär der Vereinten Nationen den in Artikel 14 Absatz 1 bezeichneten Staaten

a) die Ratifikationen und Beitritte nach Artikel 14,
b) die Zeitpunkte, zu denen dieses Übereinkommen nach Artikel 14 in Kraft tritt,
c) die Kündigungen nach Artikel 15,
d) das Außerkrafttreten dieses Übereinkommens nach Artikel 16,
e) die Notifikationen nach Artikel 17,
f) die Erklärungen und Notifikationen nach Artikel 19,
g) das Inkrafttreten jeder Änderung nach Artikel 21.

1) Art. 22ter eingef. mWv 20.9.2010 durch Prot. v. 31.10.2008 (BGBl. 2011 II S. 1095, 1119).

Art. 24 [Unterzeichnungsprotokoll] Das Unterzeichnungsprotokoll zu diesem Übereinkommen hat dieselbe Gültigkeit, Wirkung und Dauer wie das Übereinkommen selbst und gilt als Bestandteil desselben.

Art. 25 [Hinterlegung der Urschrift] Nach dem 31. März 1971 wird die Urschrift dieses Übereinkommens beim Generalsekretär der Vereinten Nationen hinterlegt; dieser übermittelt allen Artikel 14 Absatz 1 bezeichneten Staaten beglaubigte Abschriften.

Anhang.[1)] Kontrollgerät Allgemeine Vorschriften

Kapitel I. Bauartgenehmigung

Art. 1 Im Sinne dieses Kapitels ist unter dem Ausdruck „Kontrollgerät" das „Kontrollgerät oder seine Komponenten" zu verstehen.

[1] Jeder Antrag auf eine Bauartgenehmigung für ein Kontrollgerät-, ein Schaublatt- oder ein Speicherkarten-Muster wird zusammen mit einer entsprechenden Beschreibung vom Hersteller oder einem Beauftragten bei einer Vertragspartei eingereicht. [2] Für ein und dasselbe Kontrollgerät-, Schaublatt- oder Speicherkarten-Muster kann dieser Antrag nur bei einer Vertragspartei gestellt werden.

Art. 2 Jede Vertragspartei erteilt die Bauartgenehmigung für alle Kontrollgerät-, Schaublatt- oder Speicherkarten-Muster, wenn diese den Vorschriften der Anlage 1 oder 1B zu diesem Anhang entsprechen und wenn die Vertragspartei die Möglichkeit hat, die Übereinstimmung der Fertigung mit dem zugelassenen Muster zu überwachen.

[1] Die Bauartgenehmigung für das in Anlage 1B genannte Kontrollgerät kann nur erteilt werden, wenn für das Gesamtsystem (das Kontrollgerät selbst, die Fahrerkarte und die elektrischen Verbindungen mit dem Getriebe) nachgewiesen wurde, dass es gegen Manipulationen oder Verfälschungen der Daten über die Lenkzeiten gesichert ist. [2] Die hierfür erforderlichen Prüfungen werden von Sachverständigen durchgeführt, denen die neuesten Manipulationstechniken bekannt sind.

Änderungen oder Ergänzungen eines Musters, für das die Bauartgenehmigung bereits erteilt ist, bedürfen einer Nachtrags-Bauartgenehmigung der Vertragspartei, die die ursprüngliche Bauartgenehmigung erteilt hat.

Art. 3 Die Vertragsparteien erteilen dem Antragsteller für jedes gemäß Artikel 2 zugelassene Kontrollgerät-, Schaublatt- oder Speicherkarten-Muster ein Prüfzeichen entsprechend dem Muster in Anlage 2.

---

1) Anhang neu gef. mWv 16.6.2006 durch Prot. v. 29.10.2004 (BGBl. 2011 II S. 1095, 1098); geänd. mWv 20.9.2010 durch Prot. v. 31.10.2008 (BGBl. 2011 II S. 1095, 1119).

Art. 4 Die zuständigen Behörden der Vertragspartei, bei denen die Bauartgenehmigung beantragt worden ist, übermitteln den Behörden der anderen Vertragsparteien innerhalb eines Monats eine Durchschrift des Genehmigungsbogens sowie eine Durchschrift der erforderlichen Beschreibung für jedes genehmigte Kontrollgerät-, Schaublatt- oder Speicherkarten-Muster und unterrichten sie über jede Ablehnung eines Genehmigungsantrages; im Falle der Ablehnung teilen sie die Gründe dafür mit.

Art. 5 (1) [1] Stellt eine Vertragspartei, die eine Bauartgenehmigung gemäß Artikel 2 erteilt hat, fest, dass Kontrollgeräte, Schaublätter oder Speicherkarten mit dem von ihr erteilten Prüfzeichen nicht dem von ihr zugelassenen Muster entsprechen, so trifft sie die erforderlichen Maßnahmen, um die Übereinstimmung der Fertigung mit dem zugelassenen Muster sicherzustellen. [2] Diese können gegebenenfalls bis zum Entzug der Bauartgenehmigung gehen.

(2) Die Vertragspartei, die eine Bauartgenehmigung erteilt hat, muss diese widerrufen, wenn das Kontrollgerät, das Schaublatt oder die Speicherkarte, wofür die Bauartgenehmigung erteilt worden ist, als nicht im Einklang mit diesem Anhang einschließlich seiner Anlagen stehend anzusehen ist oder bei ihrer Verwendung einen Fehler allgemeiner Art erkennen lassen, der sie für ihren Zweck ungeeignet macht.

(3) Wird die Vertragspartei, die eine Bauartgenehmigung erteilt hat, von einer anderen Vertragspartei darüber unterrichtet, dass einer der in den Absätzen 1 und 2 genannten Fälle vorliegt, so trifft sie nach Anhörung dieser Vertragspartei ebenfalls die in diesen Absätzen vorgesehenen Maßnahmen vorbehaltlich des Absatzes 5.

(4) [1] Die Vertragspartei, die einen der in Absatz 2 genannten Fälle festgestellt hat, kann den Vertrieb und die Inbetriebnahme der Kontrollgeräte, Schaublätter oder Speicherkarten bis auf weiteres untersagen. [2] Dasselbe gilt für den in Absatz 1 vorgesehenen Fall, wenn der Hersteller nach erfolgter Anmahnung die Übereinstimmung der von der Ersteichung befreiten Kontrollgeräte, Schaublätter oder Speicherkarten mit der zugelassenen Bauart beziehungsweise mit den Anforderungen dieses Anhangs nicht herbeigeführt hat.

Auf jeden Fall teilen die zuständigen Behörden der Vertragsparteien einander innerhalb eines Monats den Entzug einer Bauartgenehmigung oder andere in Übereinstimmung mit den Absätzen 1, 2 und 3 getroffene Maßnahmen sowie die dafür maßgeblichen Gründe mit.

(5) Bestreitet eine Vertragspartei, die eine Bauartgenehmigung erteilt hat, dass die in den Absätzen 1 und 2 genannten Fälle, auf die sie hingewiesen worden ist, gegeben sind, so bemühen sich die betreffenden Vertragsparteien um die Beilegung des Streitfalls.

Art. 6 (1) Beim Antrag auf eine Bauartgenehmigung für ein Schaublatt-Muster ist anzugeben, für welches Kontrollgerät (welche Kontrollgeräte) dieses Schaublatt bestimmt ist; für Prüfungen des Schaublatts ist außerdem ein geeignetes Kontrollgerät des (der) entsprechenden Typs (Typen) zur Verfügung zu stellen.

(2) Die zuständigen Behörden einer jeden Vertragspartei geben auf dem Bauartgenehmigungsbogen des Schaublatt-Musters an, in welchem Kontrollgerät (welchen Kontrollgeräten) dieses Schaublatt-Muster verwendet werden kann.

Art. 7 Die Vertragsparteien dürfen die Zulassung oder die Benutzung der mit dem Kontrollgerät ausgerüsteten Fahrzeuge nicht aus Gründen ablehnen oder verbieten, die mit dieser Ausrüstung zusammenhängen, wenn das Gerät das in Artikel 3 bezeichnete Prüfzeichen und die in Artikel 9 genannte Einbauplakette aufweist.

Art. 8 [1] Jede Verfügung aufgrund dieses Anhangs, durch die eine Bauartgenehmigung für ein Kontrollgerät-, ein Schaublatt- oder ein Speicherkarten-Muster verweigert oder entzogen wird, ist eingehend zu begründen. [2] Sie ist dem Betreffenden unter Angabe der Rechtsmittel und der Rechtsmittelfristen mitzuteilen, die nach dem geltenden Recht der Vertragsparteien vorgesehen sind.

Kapitel II. Einbau und Prüfung

Art. 9 (1) Einbau und Reparaturen des Kontrollgeräts dürfen nur von Installateuren oder Werkstätten vorgenommen werden, die von den zuständigen Behörden der Vertragsparteien hierzu zugelassen worden sind, wobei diese Behörden vor der Zulassung die beteiligten Hersteller anhören können.

Die Gültigkeitsdauer der Karten der zugelassenen Werkstätten und der zugelassenen Installateure darf ein Jahr nicht überschreiten.

Bei Erneuerung, Beschädigung, Fehlfunktion, Verlust oder Diebstahl der den zugelassenen Werkstätten oder den zugelassenen Installateuren ausgestellten Karten stellt die ausstellende Behörde binnen fünf Werktagen nach Eingang eines entsprechenden begründeten Antrags eine Ersatzkarte aus.

[1] Wird eine neue Karte ausgestellt, die die alte ersetzt, erhält die neue Karte die gleiche Werkstattinformationsnummer, der Index wird jedoch um eins erhöht. [2] Die ausstellende Behörde führt ein Verzeichnis der verlorenen, gestohlenen oder defekten Karten.

Die Vertragsparteien ergreifen alle erforderlichen Maßnahmen, um die Möglichkeit einer Fälschung der den zugelassenen Installateuren und Werkstätten ausgestellten Karten auszuschließen.

(2) [1] Der zugelassene Installateur oder die zugelassene Werkstatt versehen die durchgeführten Plombierungen mit einem besonderen Zeichen, außerdem geben sie im Fall von Kontrollgeräten gemäß Anlage 1B die elektronischen Sicherheitsdaten ein, anhand deren sich insbesondere die Authentifizierungskontrollen durchführen lassen. [2] Die zuständigen Behörden einer jeden Vertragspartei führen ein Verzeichnis der verwendeten Zeichen und elektronischen Sicherheitsdaten sowie der den zugelassenen Werkstätten und den zugelassenen Installateuren ausgestellten Karten.

(3) Die zuständigen Behörden der Vertragsparteien übermitteln einander das Verzeichnis der zugelassenen Installateure und Werkstätten sowie der ihnen ausgestellten Karten; außerdem übermitteln sie sich Abschriften der

verwendeten Zeichen und die erforderlichen Informationen betreffend die verwendeten elektronischen Sicherheitsdaten.

(4) Durch die Einbauplakette nach den Anlagen 1 und 1B wird bescheinigt, dass der Einbau des Kontrollgeräts den Vorschriften dieses Anhangs entsprechend erfolgt ist.

(5) Alle Plombierungen können von Installateuren oder Werkstätten, die gemäß Absatz 1 von den zuständigen Behörden zugelassen sind, oder unter den in Anlage 1 oder in Anlage 1B zu diesem Anhang beschriebenen Umständen entfernt werden.

Kapitel III. Benutzungsvorschriften

Art. 10 Der Unternehmer und die Fahrer sorgen für das einwandfreie Funktionieren und die ordnungsgemäße Benutzung des Kontrollgeräts sowie der Fahrerkarte, wenn der Fahrer ein Fahrzeug benutzt, das mit einem Kontrollgerät gemäß Anlage 1B ausgerüstet ist.

Art. 11[1] (1) [1] Der Unternehmer händigt den Fahrern von Fahrzeugen, die mit einem Kontrollgerät gemäß Anlage 1 ausgerüstet sind, eine ausreichende Anzahl Schaublätter aus, wobei dem persönlichen Charakter dieser Schaublätter, der Dauer des Dienstes und der Möglichkeit Rechnung zu tragen ist, dass beschädigte oder von einem zuständigen Kontrollbeamten beschlagnahmte Schaublätter ersetzt werden müssen. [2] Der Unternehmer händigt den Fahrern nur solche Schaublätter aus, die einem amtlich genehmigten Muster entsprechen und die sich für das in das Fahrzeug eingebaute Gerät eignen.

Ist ein Fahrzeug mit einem Kontrollgerät gemäß Anlage 1B ausgerüstet, tragen der Unternehmer und der Fahrer dafür Sorge, dass im Fall einer Kontrolle der Ausdruck gemäß Anlage 1B unter Berücksichtigung der Dauer des Dienstes auf Anforderung ordnungsgemäß erfolgen kann.

(2)

a) Die Unternehmen bewahren Schaublätter und Kopien, sofern Kopien nach Maßgabe von Artikel 12 Absatz 1 gefertigt wurden, chronologisch geordnet und in lesbarer Form mindestens ein Jahr lang nach ihrer Verwendung auf und händigen den betreffenden Fahrern auf Verlangen eine Kopie der Schaublätter aus. Die Unternehmen händigen den betroffenen Fahrern auf Verlangen ebenfalls Kopien der von den Fahrerkarten heruntergeladenen Daten und Ausdrucke dieser Kopien aus. Die Schaublätter, die Ausdrucke sowie die heruntergeladenen Daten werden auf Verlangen jedes ermächtigten Kontrollbeamten erstellt und ausgehändigt.

b) Ein Unternehmen, das Fahrzeuge einsetzt, die mit einem Kontrollgerät gemäß Anlage 1B des vorliegenden Anhanges ausgerüstet sind und die in den Geltungsbereich dieses Abkommens fallen, muss:

i) sicherstellen, dass alle Daten aus der Fahrzeugeinheit und der Fahrerkarte, so oft wie von der Vertragspartei verlangt, heruntergeladen werden und dass die entsprechenden Daten häufiger heruntergeladen wer-

---

[1] Art. 11 Abs. 2 neu gef. mWv 20.9.2010 durch Prot. v. 31.10.2008 (BGBl. 2011 II S. 1095, 1119).

den, um sicherzustellen, dass alle Daten zu Tätigkeiten des Unternehmens oder für das Unternehmen heruntergeladen werden;

ii) sicherstellen, dass alle Daten, die aus der Fahrzeugeinheit und der Fahrerkarte heruntergeladen werden, mindestens 12 Monate nach der Aufzeichnung aufbewahrt werden und diese Daten auf Verlangen eines Kontrollbeamten entweder direkt oder über Fernübertragung von den Geschäftsgrundstücken des Unternehmens zur Verfügung stehen.

Zum Zwecke dieses Unterabsatzes wird der Ausdruck „heruntergeladen" entsprechend der Begriffsbestimmung in Anlage 1B, Kapitel I, Buchstabe s ausgelegt.

(3) Die in Anlage 1B beschriebene Fahrerkarte wird dem Fahrer auf seinen Antrag von der zuständigen Behörde der Vertragspartei, in der er seinen gewöhnlichen Wohnsitz hat, erteilt.

Eine Vertragspartei kann verlangen, dass jeder Fahrer, der diesem Übereinkommen unterliegt und seinen gewöhnlichen Wohnsitz im Hoheitsgebiet dieser Vertragspartei hat, Inhaber einer Fahrerkarte ist.

a) Im Sinne dieses Übereinkommens gilt als „gewöhnlicher Wohnsitz" der Ort, an dem eine Person wegen persönlicher und beruflicher Bindungen oder – im Fall einer Person ohne berufliche Bindungen – wegen persönlicher Bindungen, die enge Beziehungen zwischen der Person und dem Wohnort erkennen lassen, gewöhnlich, d.h. während mindestens 185 Tagen im Kalenderjahr, wohnt.
Jedoch gilt als gewöhnlicher Wohnsitz einer Person, deren berufliche Bindungen an einem anderen Ort als dem ihrer persönlichen Bindungen liegen und die daher veranlasst ist, sich abwechselnd an verschiedenen Orten in zwei oder mehr Vertragsstaaten aufzuhalten, der Ort ihrer persönlichen Bindungen, sofern sie regelmäßig dorthin zurückkehrt. Dies ist nicht erforderlich, wenn sich die Person in einem Vertragsstaat zur Ausführung eines Auftrags von bestimmter Dauer aufhält.

b) Die Fahrer erbringen den Nachweis über ihren gewöhnlichen Wohnsitz anhand aller geeigneten Mittel, insbesondere des Personalausweises oder jedes anderen beweiskräftigen Dokuments.

c) Bestehen bei den zuständigen Behörden der Vertragspartei, die die Fahrerkarte ausstellen, Zweifel über die Richtigkeit der Angabe des gewöhnlichen Wohnsitzes nach Buchstabe b oder sollen bestimmte spezifische Kontrollen vorgenommen werden, so können diese Behörden nähere Auskünfte oder zusätzliche Belege verlangen.

d) Die zuständige Behörde der ausstellenden Vertragspartei vergewissert sich im Rahmen des Möglichen, dass der Antragsteller nicht bereits Inhaber einer gültigen Fahrerkarte ist.

(4)

a) Die zuständige Behörde der Vertragspartei versieht gemäß Anlage 1B die Fahrerkarte mit den persönlichen Daten des Fahrers.
Die Gültigkeitsdauer der Fahrerkarte darf fünf Jahre nicht überschreiten.
Der Fahrer darf nur Inhaber einer einzigen gültigen Fahrerkarte sein. Er darf nur seine eigene persönliche Fahrerkarte benutzen. Er darf weder eine defekte Fahrerkarte benutzen noch eine Fahrerkarte, deren Gültigkeit abgelaufen ist.

Wird eine neue Fahrerkarte ausgestellt, die die alte ersetzt, erhält die neue Karte die gleiche Ausstellungsnummer, der Index wird jedoch um eins erhöht. Die ausstellende Behörde führt ein Verzeichnis der ausgestellten, gestohlenen, verlorenen oder defekten Fahrerkarten, in dem die Fahrerkarten mindestens bis zum Ablauf ihrer Gültigkeitsdauer aufgeführt sind.
Bei Beschädigung, Fehlfunktion, Verlust oder Diebstahl der Fahrerkarte stellt die Behörde binnen fünf Werktagen nach Eingang eines entsprechend begründeten Antrags eine Ersatzkarte aus.
Bei Antrag auf Erneuerung einer Karte, deren Gültigkeitsdauer abläuft, stellt die Behörde vor Ablauf der Gültigkeit eine neue Karte aus, sofern sie den Antrag bis zu der in Artikel 12 Absatz 1 Unterabsatz 4 genannten Frist erhalten hat.

b) Fahrerkarten werden nur Antragstellern ausgestellt, die den Bestimmungen dieses Übereinkommens unterliegen.

c) Die Fahrerkarte ist persönlich. Während ihrer Gültigkeitsdauer darf sie unter keinen Umständen entzogen oder ihre Gültigkeit ausgesetzt werden, es sei denn, die zuständige Behörde einer Vertragspartei stellt fest, dass die Karte gefälscht worden ist, der Fahrer eine Karte verwendet, deren Inhaber er nicht ist, oder die Ausstellung der Karte auf Grundlage falscher Erklärungen und/oder gefälschter Dokumente erwirkt wurde. Werden die vorgenannten Maßnahmen zum Entzug oder zur Aussetzung der Gültigkeit der Karte von einer anderen als der ausstellenden Vertragspartei getroffen, so sendet diese Vertragspartei die Karte an die Behörden der ausstellenden Vertragspartei zurück und begründet ihr Vorgehen.

d) Die Fahrerkarten werden von den Vertragsparteien gegenseitig anerkannt.
Hat der Inhaber einer von einer Vertragspartei ausgestellten gültigen Fahrerkarte seinen gewöhnlichen Wohnsitz im Hoheitsgebiet einer anderen Vertragspartei begründet, so kann er einen Antrag auf Umtausch seiner Karte gegen eine gleichwertige Fahrerkarte stellen; es ist Sache der umtauschenden Vertragspartei, gegebenenfalls zu prüfen, ob die vorgelegte Karte noch gültig ist.
Die Vertragsparteien, die einen Umtausch vornehmen, senden die einbehaltene Karte den Behörden der ausstellenden Vertragspartei zurück und begründen ihr Vorgehen.

e) Wird eine Fahrerkarte von einer Vertragspartei ersetzt oder umgetauscht, so wird dieser Vorgang ebenso wie jede weitere Ersetzung oder Erneuerung bei dieser betreffenden Vertragspartei erfasst.

f) Die Vertragsparteien ergreifen alle für die Vermeidung einer Fälschung von Fahrerkarten erforderlichen Maßnahmen.

(5) Die Vertragsparteien tragen dafür Sorge, dass die für die Überwachung der Einhaltung des Übereinkommens erforderlichen Daten, die von den Kontrollgeräten gemäß Anlage 1B zu diesem Anhang aufgezeichnet und gespeichert werden, nach ihrer Aufzeichnung mindestens 365 Tage lang gespeichert bleiben und unter solchen Bedingungen, die die Sicherheit und Richtigkeit der Angaben garantieren, zugänglich gemacht werden können.

Die Vertragsparteien ergreifen alle erforderlichen Maßnahmen, um sicherzustellen, dass die Weiterveräußerung oder Stilllegung von Kontrollgeräten insbesondere die ordnungsgemäße Anwendung dieses Absatzes nicht beeinträchtigen kann.

Art. 12[1] (1) [1]Die Fahrer dürfen keine angeschmutzten oder beschädigten Schaublätter oder Fahrerkarten verwenden. [2]Die Schaublätter oder die Fahrerkarten müssen deshalb in angemessener Weise geschützt werden.

Wird ein Schaublatt, welches Aufzeichnungen enthält, oder eine Fahrerkarte beschädigt, so haben die Fahrer das beschädigte Schaublatt oder die Fahrerkarte dem ersatzweise verwendeten Reserveblatt beizufügen.

Bei Beschädigung, Fehlfunktion, Verlust oder Diebstahl der Fahrerkarte müssen die Fahrer bei den zuständigen Behörden der Vertragspartei, in deren Hoheitsgebiet sie ihren gewöhnlichen Wohnsitz haben, binnen sieben Kalendertagen einen Antrag auf Ersetzung der Karten stellen.

Fahrer, die die Erneuerung ihrer Fahrerkarte wünschen, müssen bei den zuständigen Behörden der Vertragspartei, in deren Hoheitsgebiet sie ihren gewöhnlichen Wohnsitz haben, spätestens fünfzehn Werktage vor Ablauf der Gültigkeit der Karte einen entsprechenden Antrag stellen.

(2)

a) Die Fahrer benutzen für jeden Tag, an dem sie ein Fahrzeug lenken, ab dem Zeitpunkt, an dem sie das Fahrzeug übernehmen, Schaublätter oder Fahrerkarten. Das Schaublatt oder die Fahrerkarte wird erst nach der täglichen Arbeitszeit entnommen, es sei denn, eine Entnahme ist auf andere Weise zulässig. Kein Schaublatt oder keine Fahrerkarte darf über den Zeitraum, für den es beziehungsweise sie bestimmt ist, hinaus verwendet werden.
Wenn sich mehr als ein Fahrer im Fahrzeug befindet, das mit einem Kontrollgerät gemäß Anlage 1B ausgerüstet ist, muss jeder Fahrer sicherstellen, dass seine Fahrerkarte in den richtigen Schlitz des Fahrtenschreibers eingeschoben ist.

b) Wenn die Fahrer sich nicht im Fahrzeug aufhalten und daher nicht in der Lage sind, das in das Fahrzeug eingebaute Gerät zu betätigen, müssen die in Absatz 3, zweiter Gedankenstrich, Buchstaben b, c und d genannten Zeiträume:
   i) von Hand, durch automatische Aufzeichnung oder auf andere Weise lesbar und ohne Beschmutzung des Schaublatts auf dem Schaublatt eingetragen werden, wenn das Fahrzeug mit einem Kontrollgerät gemäß Anlage 1 ausgerüstet ist; oder
   ii) mit Hilfe der manuellen Einstellvorrichtung des Kontrollgeräts auf dem Schaublatt eingetragen werden, wenn das Fahrzeug mit einem Gerät gemäß Anlage 1B ausgerüstet ist.

c) Wenn sich mehr als ein Fahrer im Fahrzeug befindet, nehmen die Fahrer auf den Schaublättern die erforderlichen Änderungen so vor, dass die in Absatz 3 zweiter Gedankenstrich Buchstaben b, c und d genannten Angaben auf dem Schaublatt des Fahrers, der tatsächlich lenkt, aufgezeichnet werden.

(3) Die Fahrer:

– achten darauf, dass die Zeitmarkierung auf dem Schaublatt mit der gesetzlichen Zeit des Landes übereinstimmt, in dem das Fahrzeug zugelassen ist;

[1] Art. 12 Abs. 2 und 7 neu gef. mWv 20.9.2010 durch Prot. v. 31.10.2008 (BGBl. 2011 II S. 1095, 1119).

– betätigen die Schaltvorrichtung des Kontrollgeräts so, dass folgende Zeiten getrennt und unterscheidbar aufgezeichnet werden:

a) unter dem Zeichen  oder  1)

die Lenkzeiten;

b) unter dem Zeichen  oder  1)

alle sonstigen Arbeitszeiten;

c) unter dem Zeichen  oder  1)

die Bereitschaftszeit, also:

– die Wartezeit, d.h. die Zeit, in der die Fahrer nur an ihrem Arbeitsplatz verbleiben müssen, um der etwaigen Aufforderung nachzukommen, die Fahrtätigkeit aufzunehmen bzw. wieder aufzunehmen oder andere Arbeiten zu verrichten;

– die während der Fahrt neben dem Fahrer verbrachte Zeit;

– die während der Fahrt in einer Schlafkabine verbrachte Zeit;

d) unter dem Zeichen 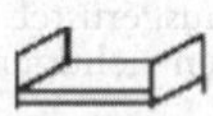 oder  1)

die Arbeitsunterbrechungen und die Tagesruhezeiten.

(4) Jede Vertragspartei kann gestatten, dass die in Absatz 3 zweiter Gedankenstrich Buchstaben b und c genannten Zeiträume in die Schaublätter, die für die in ihrem Hoheitsgebiet zugelassenen Fahrzeuge verwandt werden, sämtlich unter dem Zeichen  eingetragen werden

(5) Der Fahrer hat auf dem Schaublatt folgende Angaben einzutragen:

a) bei Beginn der Benutzung des Blattes: seinen Namen und Vornamen;

b) bei Beginn und am Ende der Benutzung des Blattes: den Zeitpunkt und den Ort;

c) die Kennzeichennummer des Fahrzeugs, das ihm zugewiesen ist, und zwar vor der ersten auf dem Blatt verzeichneten Fahrt und in der Folge im Falle des Fahrzeugwechsels während der Benutzung des Schaublatts;

d) den Stand des Kilometerzählers:

– vor der ersten auf dem Blatt verzeichneten Fahrt,

– am Ende der letzten auf dem Blatt verzeichneten Fahrt,

– im Falle des Fahrzeugwechsels während des Arbeitstags (Zähler des vorherigen Fahrzeugs und Zähler des neuen Fahrzeugs);

---

1) **Amtl. Anm.:** Symbole, die für den digitalen Fahrtenschreiber verwendet werden.

e) gegebenenfalls die Uhrzeit des Fahrzeugwechsels.

(5bis) Der Fahrer gibt in das Kontrollgerät gemäß Anlage 1B das Symbol des Landes, in dem er seinen Arbeitstag beginnt, und das Symbol des Landes ein, in dem er seinen Arbeitstag beendet.

Die Eingaben der vorgenannten Daten werden vom Fahrer vorgenommen; sie können entweder völlig manuell oder, wenn das Kontrollgerät an ein satellitengestütztes Standortbestimmungssystem angeschlossen ist, automatisch sein.

(6) Das Kontrollgerät gemäß Anlage 1 muss so beschaffen sein, dass die Kontrollbeamten nach etwaiger Öffnung des Gerätes, ohne das Schaublatt bleibend zu verformen, zu beschädigen oder zu verschmutzen, die Aufzeichnungen der letzten neun Stunden vor dem Kontrollzeitpunkt ablesen können.

Das Gerät muss außerdem so beschaffen sein, dass ohne Öffnung des Gehäuses nachgeprüft werden kann, ob die Aufzeichnungen erfolgen.

(7)

a) Lenkt der Fahrer ein Fahrzeug, das mit einem Kontrollgerät gemäß Anlage 1 ausgerüstet ist, so muss er den Kontrollbeamten auf Verlangen jederzeit Folgendes vorlegen können:

i) die Schaublätter für die laufende Woche sowie die Schaublätter der vorangegangenen 15 Kalendertage;

ii) die Fahrerkarte, falls er Inhaber einer solchen Karte ist, und

iii) handschriftliche Aufzeichnungen und Ausdrucke für die laufende Woche und die vorangegangenen 15 Kalendertage entsprechend den Bestimmungen dieses Übereinkommens.

Beginnend mit dem Tag der Anwendung gemäß Artikel 13bis dieses Übereinkommens beziehen sich die in den Ziffern i bis iii genannten Zeiträume auf den laufenden Tag und die vorangegangenen 28 Kalendertage.

b) Lenkt der Fahrer ein Fahrzeug, das mit einem Kontrollgerät gemäß Anlage 1B ausgerüstet ist, so muss er den Kontrollbeamten auf Verlangen jederzeit Folgendes vorlegen können:

i) die Fahrerkarte, deren Inhaber er ist;

ii) handschriftliche Aufzeichnungen und Ausdrucke für die laufende Woche und die vorangegangenen 15 Kalendertage entsprechend den Bestimmungen dieses Übereinkommens;

iii) die Schaublätter für den Zeitraum gemäß Ziffer ii, falls er in dieser Zeit ein Fahrzeug gelenkt hat, das mit einem Kontrollgerät gemäß Anlage 1 ausgerüstet ist.

Beginnend mit dem Tag der Anwendung gemäß Artikel 13bis dieses Übereinkommens beziehen sich die in Ziffer ii genannten Zeiträume auf den laufenden Tag und die vorangegangenen 28 Kalendertage.

(8) [1] Die Verfälschung, Unterdrückung oder Vernichtung von Aufzeichnungen auf dem Schaublatt, des Speicherinhalts des Kontrollgeräts bzw. der Fahrerkarte sowie der von dem Kontrollgerät gemäß Anlage 1B ausgedruckten Dokumente ist verboten. [2] Dies gilt in gleicher Weise für Manipulationen am Kontrollgerät, am Schaublatt oder an der Fahrerkarte, durch die die Aufzeichnungen und/oder die ausgedruckten Dokumente verfälscht, unter-

drückt oder vernichtet werden können. [3] Im Fahrzeug darf keine Einrichtung vorhanden sein, die zu diesem Zweck verwendet werden kann.

Art. 13[1)] (1) Bei einer Betriebsstörung oder bei mangelhaftem Funktionieren des Kontrollgeräts muss der Unternehmer die Reparatur, sobald die Umstände dies gestatten, von einem zugelassenen Installateur oder einer zugelassenen Werkstatt durchführen lassen.

Kann die Rückkehr zum Sitz des Unternehmens erst nach mehr als einer Woche nach dem Tag des Eintritts der Störung oder der Feststellung des mangelhaften Funktionierens erfolgen, so ist die Reparatur unterwegs vorzunehmen.

Die Vertragsparteien können vorsehen, dass die zuständigen Behörden die Benutzung des Fahrzeugs verbieten können, wenn eine Betriebsstörung oder ein mangelhaftes Funktionieren nicht gemäß den Unterabsätzen 1 und 2 des vorliegenden Artikels behoben wird.

(2)

a) Während einer Betriebsstörung oder bei Fehlfunktion des Kontrollgeräts hat der Fahrer auf dem Schaublatt (den Schaublättern) oder einem dem Schaublatt oder der Fahrerkarte beizufügenden Blatt die vom Kontrollgerät nicht mehr einwandfrei aufgezeichneten oder ausgedruckten Angaben über die Zeitgruppen zu vermerken, zusammen mit Angaben zu seiner Person (Name und Nummer des Führerscheins oder der Fahrerkarte) und seiner Unterschrift.

b) Bei Beschädigung, Fehlfunktion, Verlust oder Diebstahl der Fahrerkarte oder wenn sie sich nicht in seinem Besitz befindet, hat der Fahrer:

i) zu Beginn seiner Fahrt die Angaben über das von ihm gelenkte Fahrzeug auszudrucken und in den Ausdruck:
   - die Angaben zu seiner Person (Name und Nummer des Führerscheins oder der Fahrerkarte) einzutragen und mit seiner Unterschrift zu versehen;
   - die in Artikel 12 Absatz 3 zweiter Gedankenstrich Buchstaben b, c und d genannten Zeiten einzutragen;

ii) am Ende seiner Fahrt die Angaben über die vom Kontrollgerät aufgezeichneten Zeiten auszudrucken, die vom Fahrtenschreiber nicht erfassten Zeiten, in denen er seit Erstellen des Ausdrucks bei Fahrtantritt andere Arbeiten ausgeübt hat, Bereitschaft hatte oder eine Ruhepause eingelegt hat, zu vermerken und auf diesem Dokument die Angaben einzutragen, mit denen der Fahrer identifiziert werden kann (Name, Nummer der Fahrerkarte oder des Führerscheins), sowie seine Unterschrift anzubringen.

(3) [1] Bei Beschädigung oder Fehlfunktion der Fahrerkarte gibt der Fahrer diese Karte der zuständigen Behörde der Vertragspartei, in deren Hoheitsgebiet er seinen gewöhnlichen Wohnsitz hat, zurück. [2] Der Diebstahl einer Fahrerkarte ist den zuständigen Behörden des Staates, in dem sich der Diebstahl ereignet hat, ordnungsgemäß zu melden.

---

1) Art. 13 Abs. 2 neu gef. mWv 20.9.2010 durch Prot. v. 31.10.2008 (BGBl. 2011 II S. 1095, 1119).

Der Verlust einer Fahrerkarte ist den zuständigen Behörden der ausstellenden Vertragspartei sowie, sofern es sich nicht um dieselbe Vertragspartei handelt, den zuständigen Behörden der Vertragspartei, in deren Hoheitsgebiet der Fahrer seinen gewöhnlichen Wohnsitz hat, ordnungsgemäß zu melden.

Der Fahrer darf seine Fahrt ohne Fahrerkarte während eines Zeitraums von höchstens 15 Kalendertagen fortsetzen, bzw. während eines längeren Zeitraums, wenn das für die Rückkehr des Fahrzeugs zu dem Standort des Unternehmens erforderlich ist, sofern er nachweisen kann, dass es unmöglich war, die Fahrerkarte während dieses Zeitraums vorzulegen oder zu benutzen.

Handelt es sich bei den Behörden der Vertragspartei, in deren Hoheitsgebiet der Fahrer seinen gewöhnlichen Wohnsitz hat, nicht um die Behörden, die die Fahrerkarte ausgestellt haben, und müssen diese die Fahrerkarte erneuern, ersetzen oder austauschen, teilen sie den Behörden, die die bisherige Karte ausgestellt haben, die genauen Gründe für ihre Erneuerung, die Ersetzung oder den Austausch mit.

Art. 14 (1) Gestützt auf Artikel 13 Absatz 2 Buchstabe b dieses Übereinkommens müssen Fahrer, die während der Übergangsfrist gemäß Absatz 1 desselben Artikels im internationalen Verkehr ein Fahrzeug lenken, das mit einem digitalen Kontrollgerät gemäß Anlage 1B des vorliegenden Anhangs ausgerüstet ist, und denen die zuständigen Behörden noch keine Fahrerkarten ausstellen konnten, auf Verlangen eines Kontrollbeamten jederzeit die Ausdrucke und/oder die Schaublätter der laufenden Woche und in jedem Fall den Ausdruck und/oder das Schaublatt des letzten Tages der vorangehenden Woche, an dem sie gefahren sind, vorweisen können.

(2) [1] Absatz 1 gilt nicht für Fahrer von Fahrzeugen, die in einem Land zugelassen sind, das eine Fahrerkartenpflicht kennt. [2] Die Fahrer müssen jedoch auf Verlangen eines Kontrollbeamten jederzeit Ausdrucke vorweisen können.

(3) Die Ausdrucke gemäß Absatz 1 müssen alle zur Identifikation des Fahrers erforderlichen Informationen (Name und Nummer des Führerscheins) sowie seine Unterschrift aufweisen.

Anlage 1

Vorschriften über Bau, Prüfung, Einbau und Nachprüfung

I. Begriffsbestimmungen

Im Sinne dieses Anhangs sind:

a) Kontrollgerät:
ein für den Einbau in Kraftfahrzeuge bestimmtes Gerät zum vollautomatischen oder halbautomatischen Anzeigen und Aufzeichnen von Angaben über die Fahrt des Fahrzeugs sowie über bestimmte Arbeitszeiten der Fahrer;

b) Schaublatt:
für die dauerhafte Aufzeichnung von Angaben geeignetes Blatt, das in das Kontrollgerät eingelegt wird und auf dem die Schreibeinrichtung des Gerätes fortlaufend die Diagramme der zu registrierenden Angaben aufzeichnet;

c) Konstante des Kontrollgerätes:
Kenngröße, die den Wert des Eingangssignals angibt, der für das Anzeigen und Aufzeichnen einer zurückgelegten Wegstrecke von 1 km erforderlich ist; diese Konstante wird ausgedrückt in Umdrehungen je Kilometer (k = . . . U/km) oder in Impulsen je Kilometer (k = . . . Imp/km);

d) Wegdrehzahl des Kraftfahrzeugs:
Kenngröße, die den Zahlenwert des Ausgangssignals angibt, das am Anschlußstutzen für das Kontrollgerät am Kraftfahrzeug entsteht (in einigen Fällen Getriebestutzen und in anderen Fällen Radachse) bei einer unter den normalen Prüfbedingungen zurückgelegten Wegstrecke von einem Kilometer (vgl. Kapitel VI Nummer 4 dieser Anlage). Die Wegdrehzahl wird in Umdrehungen je Kilometer (w = . . . U/km) oder in Impulsen je Kilometer (w = . . . Imp/km) ausgedrückt;

e) wirksamer Umfang der Fahrzeugräder:
Mittelwert der von jedem Antriebsrad bei einer vollen Umdrehung zurückgelegten Wegstrecke. Die Messung dieser Wegstrecken muß unter den normalen Prüfbedingungen erfolgen (vgl. Kapitel VI Nummer 4 dieser Anlage) und wird in folgender Form ausgedrückt: 1 = . . . mm.

II. Allgemeine Funktionsmerkmale des Kontrollgerätes

Das Gerät muß folgende Angaben aufzeichnen:

1. die vom Fahrzeug zurückgelegte Wegstrecke,
2. die Geschwindigkeit des Fahrzeugs,
3. die Lenkzeit,
4. die sonstigen Arbeits- und die Bereitschaftszeiten,
5. die Arbeitsunterbrechungen und die Tagesruhezeiten,
6. das Öffnen des das Schaublatt enthaltenden Gehäuses,
7. bei elektronischen Kontrollgeräten (Geräte, die durch elektrisch übertragene Signale des Geschwindigkeits- und Weggebers betrieben werden) jede über 100 Millisekunden hinausgehende Unterbrechung der Stromversorgung des Kontrollgerätes (ausgenommen die Beleuchtung), der Stromver-

sorgung des Geschwindigkeits- und Weggebers und jede Unterbrechung der Signalleitung zum Geschwindigkeits- und Weggeber.

Bei Fahrzeugen, zu deren Betrieb zwei Fahrer eingesetzt werden, muß das Kontrollgerät so beschaffen sein, daß die unter 3., 4. und 5. aufgeführten Zeitgruppen für diese Fahrer des Fahrpersonals gleichzeitig und unterscheidbar auf zwei verschiedenen Schaublättern aufgezeichnet werden können.

III. Bauartmerkmale des Kontrollgerätes

A. Allgemeines

1. Für das Kontrollgerät sind folgende Einrichtungen vorgeschrieben:
   a) Anzeigeeinrichtungen:
   – für die Wegstrecke (Kilometerzähler),
   – für die Geschwindigkeit (Tachometer),
   – für die Zeit (Uhr);
   b) Schreibeinrichtungen:
   – zur Aufzeichnung der zurückgelegten Wegstrecken,
   – zur Aufzeichnung der jeweiligen Geschwindigkeit,
   – eine oder mehrere Einrichtungen zur Aufzeichnung der Zeit nach Maßgabe des Kapitels III Buchstabe c Nummer 4;
   c) eine Vorrichtung, durch die
   – jedes Öffnen des das Schaublatt enthaltenden Gehäuses,
   – für elektronische Kontrollgeräte gemäß Kapitel II Nummer 7 jede über 100 Millisekunden hinausgehende Unterbrechung der Stromversorgung des Kontrollgerätes, ausgenommen die Beleuchtung, spätestens beim Wiedereinschalten der Stromversorgung,
   – für elektronische Kontrollgeräte gemäß Kapitel II Nummer 7 jede über 100 Millisekunden hinausgehende Unterbrechung der Stromversorgung des Geschwindigkeits- und Weggebers und jede Unterbrechung der Signalleitung zum Geschwindigkeits- und Weggeber auf dem Schaublatt gesondert markiert wird.
2. Etwa vorhandene Zusatzeinrichtungen des Gerätes dürfen weder die einwandfreie Arbeitsweise noch das Ablesen der vorgeschriebenen Einrichtungen beeinträchtigen.
   Das Gerät muß mit diesen etwa vorhandenen Zusatzeinrichtungen zur Bauartgenehmigung vorgelegt werden.
3. Werkstoffe
   a) Alle Bauteile des Kontrollgerätes müssen aus Werkstoffen von hinreichender Stabilität und mechanischer Festigkeit sowie genügender elektrischer und magnetischer Unveränderlichkeit bestehen.
   b) Jede Änderung eines Teils des Gerätes oder der Art der zu seiner Herstellung verwendeten Werkstoffe bedarf einer vorherigen Genehmigung der Behörde, die die Bauartgenehmigung für das Gerät erteilt hat.
4. Messung der zurückgelegten Wegstrecke
   Die zurückgelegten Wegstrecken können gezählt und aufgezeichnet werden:

– beim Vorwärtsfahren und beim Rückwärtsfahren oder
– nur beim Vorwärtsfahren.

Die etwaige Aufzeichnung der zurückgelegten Wegstrecken beim Rückwärtsfahren darf die Klarheit und Genauigkeit der übrigen Aufzeichnungen in keiner Weise beeinträchtigen.

5. Messung der Geschwindigkeit
   a) Der Meßbereich des Geschwindigkeitsmeßgerätes wird in der Bauartgenehmigung festgelegt.
   b) Eigenfrequenz und Dämpfung des Meßwerks müssen so bemessen sein, daß die Anzeige und die Aufzeichnung der Geschwindigkeit im Meßbereich Beschleunigungen bis zu 2 m/s^2 innerhalb der Fehlergrenzen folgen können.
6. Messung der Zeit (Uhr)
   a) Die Stelleinrichtung der Uhr muß in einem das Schaublatt enthaltenden Gehäuse liegen, dessen Öffnung jeweils automatisch auf dem Schaublatt registriert wird.
   b) Wird das Schaublatt vom Uhrwerk angetrieben, so muß die einwandfreie Laufzeit der Uhr nach vollständigem Aufziehen mindestens 10 v. H. über der maximalen Aufzeichnungsdauer des Schaublatts (der Schaublätter) liegen.
7. Beleuchtung und Schutz
   a) Die Anzeigeeinrichtungen müssen mit einer nicht blendenden Beleuchtungseinrichtung versehen sein.
   b) Unter normalen Betriebsbedingungen müssen alle Teile der Inneneinrichtung gegen Feuchtigkeit und Staub geschützt sein. Außerdem müssen sie durch plombierbare Gehäuse gegen Eingriffe geschützt sein.

B. Anzeigeeinrichtungen

1. Wegstreckenzähler (Kilometerzähler)
   a) Der Wert der kleinsten Meßeinheit des Wegstreckenzählers muß 0,1 km betragen. Die Ziffern, die jeweils 100 m darstellen, müssen deutlich von denen zu unterscheiden sein, die ganze Kilometer darstellen.
   b) Die Ziffern des Wegstreckenzählers müssen gut lesbar sein und eine sichtbare Höhe von mindestens 4 mm haben.
   c) Der Wegstreckenzähler muß mindestens 99 999,9 km anzeigen können.
2. Geschwindigkeitsmeßgerät (Tachometer)
   a) Innerhalb des Meßbereichs muß die Geschwindigkeitsskala einheitlich in Abschnitte von 1, 2, 5 oder 10 km/h geteilt sein. Der Geschwindigkeitswert der Skala (Teilstrichabstand) darf 10 v. H. der Skalengeschwindigkeit nicht übersteigen.
   b) Der außerhalb des Meßbereichs liegende Anzeigebereich braucht nicht beziffert zu sein.
   c) Der einer Geschwindigkeitsänderung von 10 km/h entsprechende Teilstrichabstand darf nicht kleiner sein als 10 mm.
   d) Auf einem Zeigermeßgerät darf der Abstand zwischen Zeiger und Skala 3 mm nicht übersteigen.

3. Zeitmeßgerät (Uhr)
Die Zeitanzeige muß auf dem Gerät von außen sichtbar sein und sich zuverlässig, leicht und unmißverständlich ablesen lassen.

C. Schreibeinrichtungen

1. Allgemeines

a) Jedes Gerät muß unabhängig von der Form des Schaublatts (Band oder Scheibe) eine Markierung besitzen, die ein richtiges Einlegen des Schaublatts ermöglicht, so daß die Zeitmarkierung auf dem Schaublatt mit der Zeitangabe der Uhr übereinstimmt.

b) Der Antrieb des Schaublatts muß so beschaffen sein, daß das Schaublatt spielfrei transportiert wird und jederzeit eingelegt und entnommen werden kann.

c) Bei Schaublättern in Scheibenform wird die Transporteinrichtung durch das Uhrwerk angetrieben. In diesem Fall muß der Vorschub des Schaublatts gleichförmig schleichend erfolgen und mindestens 7 mm in der Stunde, gemessen am inneren Kreisrand des Geschwindigkeits- und Schreibfelds, betragen.
Bei Bandschreibern muß der geradlinige Vorschub des Bandes mindestens 10 mm in der Stunde betragen, wenn die Transporteinrichtung durch das Uhrwerk angetrieben wird.

d) Die zurückgelegte Wegstrecke, die Geschwindigkeit des Fahrzeugs sowie das Öffnen des das Schaublatt (die Schaublätter) enthaltenden Gehäuses müssen vollautomatisch aufgezeichnet werden.

2. Aufzeichnung der zurückgelegten Wegstrecke

a) Zurückgelegte Wegstrecken von 1 km Länge müssen in der Aufzeichnung Strecken von mindestens 1 mm auf der jeweiligen Koordinate entsprechen.

b) Auch bei Geschwindigkeiten an der oberen Grenze des Meßbereichs muß die Wegstreckenaufzeichnung noch einwandfrei ablesbar sein.

3. Aufzeichnung der Geschwindigkeit

a) Der Schreibstift für die Geschwindigkeitsaufzeichnung muß unabhängig von der Form des Schaublatts grundsätzlich geradlinig und senkrecht zur Bewegungsrichtung des Schaublatts geführt sein.
Jedoch kann der Schreibstift kreisbogenförmig geführt sein, wenn folgende Voraussetzungen erfüllt sind:

– Die Schreibspur muß senkrecht zum mittleren Kreisumfang (bei Schaublättern in Scheibenform) oder zu der Achse (bei Schaublättern in Bandform) des Geschwindigkeitsschreibfelds verlaufen;

– das Verhältnis des Krümmungsradius des Führungsbogens zur Breite des Geschwindigkeitsschreibfelds darf für alle Schaublattformen nicht kleiner als 2,4 : 1 sein;

– einzelne Striche der Zeitskala müssen das Schreibfeld in der Führung des Schreibfelds entsprechenden bogenförmigen Führung durchziehen. Der Abstand zwischen den Strichen darf höchstens einer Stunde der Zeitskala entsprechen.

b) Einer Geschwindigkeitsänderung von 10 km/h muß in der Aufzeichnung eine Strecke von mindestens 1,5 mm auf der jeweiligen Koordinate entsprechen.

4. Aufzeichnung der Zeiten

a) Kontrollgeräte müssen so gebaut sein, daß die Lenkzeit immer automatisch aufgezeichnet wird und die übrigen Zeitgruppen durch die Betätigung einer Schaltvorrichtung unterscheidbar aufgezeichnet werden können:

aa) unter dem Zeichen  : die Lenkzeiten;

bb) unter dem Zeichen  : alle sonstigen Arbeitszeiten;

cc) unter dem Zeichen  : die Bereitschaftszeit, also

– die Wartezeit, d.h. die Zeit, in der die Fahrer nur an ihrem Arbeitsplatz verbleiben müssen, um der etwaigen Aufforderung nachzukommen, die Fahrtätigkeit aufzunehmen bzw. wieder aufzunehmen oder andere Arbeiten zu verrichten,

– die während der Fahrt neben dem Fahrer verbrachte Zeit,

– die während der Fahrt in einer Schlafkabine verbrachte Zeit,

dd) unter dem Zeichen 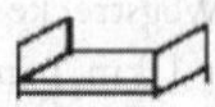 : die Arbeitsunterbrechungen und die Tagesruhezeiten.

Jede Vertragspartei kann gestatten, daß die vorstehend unter Buchstabe bb und cc genannten Zeiträume in die Schaublätter, die für die in ihrem Hoheitsgebiet zugelassenen Fahrzeuge verwandt werden, sämtlich unter dem Zeichen  eingetragen werden.

b) Aus der Beschaffenheit der Schreibspuren, ihrer Anordnung und gegebenenfalls den in Nummer 4 Buchstabe a vorgesehenen Zeichen muß einwandfrei erkennbar sein, um welche Zeitgruppe es sich handelt.
Die einzelnen Zeitgruppen werden auf dem Schaublatt durch unterschiedliche Breiten der Schreibspuren oder in jeder anderen Form dargestellt, die eine mindestens gleiche Ablesbarkeit und Auswertbarkeit des Schaublatts sicherstellt.

c) Bei Fahrzeugen, zu deren Betrieb ein aus mehreren Fahrern bestehendes Fahrpersonal eingesetzt wird, müssen die unter Nummer 4 Buchstabe a genannten Aufzeichnungen auf zwei getrennten, den einzelnen Fahrern zugeordneten Schaublättern erfolgen. In diesem Fall muß der Vorschub der einzelnen Schaublätter durch dieselbe Vorrichtung oder durch gleichgeschaltete Vorrichtungen erfolgen.

D. Verschlußeinrichtungen

1. Das Gehäuse, welches das Schaublatt (die Schaublätter) und die Stelleinrichtung der Uhr enthält, muß mit einem Schloß versehen sein.
2. Jedes Öffnen des Gehäuses, welches das Schaublatt (die Schaublätter) und die Stelleinrichtung der Uhr enthält, muß automatisch auf dem Schaublatt (den Schaublättern) registriert werden.

E. Bezeichnungen

1. Auf dem Skalenblatt des Gerätes müssen folgende Bezeichnungen angebracht sein:
   - in unmittelbarer Nähe der Anzeige des Wegstreckenzählers die Maßeinheit der zurückgelegten Wegstrecken mit der Abkürzung „km“,
   - in der Nähe der Geschwindigkeit die Abkürzung „km/h“,
   - der Meßbereich des Geschwindigkeitsmeßgeräts in der Form „Vmin. . . . km/h, Vmax. . . . km/h“. Diese Bezeichnung kann fehlen, wenn sie auf dem Typenschild des Gerätes erscheint.

   Diese Vorschriften gelten jedoch nicht für Kontrollgeräte, für die die Bauartgenehmigung vor dem 10. August 1970 erteilt wurde.
2. Das mit dem Gerät verbundene Typenschild muß folgende Angaben enthalten, die auf dem eingebauten Gerät leicht ablesbar sein müssen:
   - Name und Anschrift des Herstellers,
   - Fabriknummer und Baujahr,
   - Prüfzeichen des Gerätetyps,
   - die Gerätekonstante in der Form „k = . . . U/km“ oder „k = . . . Imp/km“,
   - gegebenenfalls Geschwindigkeitsmeßbereich in der unter Nummer 1 angegebenen Form,
   - falls das Gerät so neigungsempfindlich ist, daß hierdurch die zulässigen Fehlergrenzen bei den Angaben des Geräts überschritten werden, die zulässige Neigung in der Form:

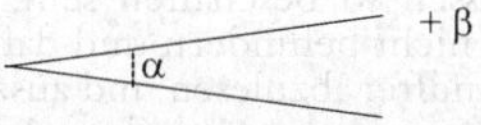

   wobei α der von der waagerechten Stellung der (nach oben geneigten) Vorderseite des betreffenden Gerätes aus gemessene Winkel ist; β und γ sind die höchstzulässigen Neigungsausschläge nach oben und unten gegenüber dem Winkel α.

F. Zulässige Fehlergrenzen (Anzeige- und Schreibeinrichtungen)

1. Prüfstandversuch vor dem Einbau
   a) zurückgelegte Wegstrecke:
   ± 1 v. H. der tatsächlichen Wegstrecke, die mindestens 1 km beträgt;

b) Geschwindigkeit:
tatsächliche Geschwindigkeit
± 3 km/h;

c) Zeit:
± 2 Minuten pro Tag, jedoch nicht mehr als 10 Minuten nach 7 Tagen, wenn die aufziehfreie Laufzeit der Uhr nicht weniger als 7 Tage beträgt.

2. Beim Einbau

a) zurückgelegte Wegstrecke:
± 2 v. H. der tatsächlichen Wegstrecke, die mindestens 1 km beträgt;

b) Geschwindigkeit:
tatsächliche Geschwindigkeit
± 4 km/h;

c) Zeit:
± 2 Minuten pro Tag oder
± 10 Minuten nach 7 Tagen.

3. Im Betrieb

a) zurückgelegte Wegstrecke:
± 4 v. H. der tatsächlichen Wegstrecke, die mindestens 1 km beträgt;

b) Geschwindigkeit:
tatsächliche Geschwindigkeit
± 6 km/h;

c) Zeit:
± 2 Minuten pro Tag oder ± 10 Minuten nach 7 Tagen.

4. Die unter den Nummern 1, 2 und 3 genannten zulässigen Fehlergrenzen gelten für Temperaturen zwischen 0° C und 40° C; die Temperaturen werden unmittelbar am Gerät gemessen.

5. Die unter den Nummern 2 und 3 genannten zulässigen Fehlergrenzen gelten, wenn sie unter den unter Kapitel VI genannten Bedingungen ermittelt worden sind.

IV. Schaublätter

A. Allgemeines

1. Die Schaublätter müssen so beschaffen sein, daß sie das normale Funktionieren des Gerätes nicht behindern und daß die Aufzeichnungen unverwischbar sowie einwandfrei abzulesen und auszuwerten sind.
Sie müssen ihre Abmessungen und ihre Aufzeichnungen bei normaler Feuchtigkeit und Temperatur behalten.
Jedes Mitglied des Fahrpersonals muß auf den Schaublättern, ohne sie zu beschädigen und ohne Beeinträchtigung der Lesbarkeit, folgende Eintragungen vornehmen können:

a) bei Beginn der Benutzung des Blattes: seinen Namen und Vornamen;

b) bei Beginn und am Ende der Benutzung des Blattes: den Zeitpunkt und den Ort;

c) die Kennzeichennummer des Fahrzeugs, das ihm zugewiesen ist, und zwar vor der ersten auf dem Blatt verzeichneten Fahrt und in der Folge im Falle des Fahrzeugwechsels während der Benutzung des Schaublatts;

d) den Stand des Kilometerzählers:

– vor der ersten auf dem Blatt verzeichneten Fahrt,

– am Ende der letzten auf dem Blatt verzeichneten Fahrt,

– im Falle des Fahrzeugwechsels während des Arbeitstags (Zähler des vorherigen Fahrzeugs und Zähler des neuen Fahrzeugs);

e) gegebenenfalls die Uhrzeit des Fahrzeugwechsels.

Die Schaublätter müssen bei sachgemäßer Lagerung mindestens ein Jahr lang gut lesbar sein.

2. Die Mindestdauer möglicher Aufzeichnungen auf den Schaublättern muß unabhängig von der Form der Schaublätter 24 Stunden betragen.
Sind mehrere Schaublätter miteinander verbunden, um die mögliche Dauer der eingriffsfreien Aufzeichnungen zu verlängern, so müssen die Verbindungen der einzelnen Schaublätter so ausgeführt sein, daß die Aufzeichnungen an den Übergangsstellen von einem Schaublatt zum nächsten weder Unterbrechungen noch Überlappungen aufweisen.

B. Schreibfelder und ihre Einteilung

1. Die Schaublätter weisen die folgenden Schreibfelder auf:
   – ein Schreibfeld für die Geschwindigkeitsaufzeichnung,
   – ein Schreibfeld für die Aufzeichnung der zurückgelegten Wegstrecke,
   – ein Schreibfeld (oder Schreibfelder) für die Aufzeichnung der Lenkzeit, der sonstigen Arbeits- und der Bereitschaftszeiten, der Arbeitsunterbrechungen und der Ruhezeiten.
2. Das Schreibfeld für die Geschwindigkeitsaufzeichnung muß mindestens von 20 zu 20 km/h eingeteilt sein. Jeder Teilstrich muß mit der entsprechenden Geschwindigkeit beziffert sein. Die Abkürzung km/h muß mindestens an einer Stelle des Schreibfeldes erscheinen. Der letzte Teilstrich muß mit dem oberen Ende des Meßbereichs übereinstimmen.
3. Das Schreibfeld für die Aufzeichnung der zurückgelegten Wegstrecke muß so eingeteilt sein, daß die Anzahl der zurückgelegten Kilometer leicht ablesbar ist.
4. Das Schreibfeld (die Schreibfelder) für die Aufzeichnung der Zeiten nach Nummer 1 muß (müssen) Hinweise enthalten, die eine eindeutige Unterscheidung der einzelnen Zeitgruppen ermöglichen.

C. Angaben auf dem Schaublatt

Jedes Schaublatt muß folgende Aufdrucke tragen:

– Name und Anschrift oder Firmenzeichen des Herstellers,

– Prüfzeichen des Schaublattmusters,

– Prüfzeichen des Gerätetyps (oder der Gerätetypen), für den (oder die) das Schaublatt zulässig ist,

– obere Grenze des Geschwindigkeitsmeßbereichs in km/h.

Auf jedem Schaublatt muß außerdem mindestens eine Zeitskala aufgedruckt sein, die ein direktes Ablesen der Uhrzeit im Abstand von 15 Minuten sowie eine einfache Ermittlung der Abschnitte von 5 Minuten ermöglicht.

D. Freier Raum für handschriftliche Eintragungen

Auf dem Schaublatt muß Raum für mindestens folgende handschriftliche Eintragungen des Fahrers vorgesehen sein:

– Name und Vorname des Fahrers,
– Zeitpunkt sowie Ort des Beginns und des Endes der Benutzung des Schaublatts,
– amtliches (amtliche) Kennzeichen des Fahrzeugs (der Fahrzeuge), das (die) dem Fahrer während der Benutzung des Schaublatts zugewiesen ist (sind),
– Stand des Kilometerzählers des Fahrzeugs (der Fahrzeuge), das (die) dem Fahrer während der Benutzung des Schaublatts zugewiesen ist (sind),
– Uhrzeit des Fahrzeugwechsels.

V. Einbau des Kontrollgerätes

A. Allgemeines

1. Das Kontrollgerät muß so in das Kraftfahrzeug eingebaut werden, daß der Fahrer vom Fahrersitz aus Geschwindigkeitsmeßgerät, Wegstreckenzähler und Uhr leicht ablesen kann und alle Bauteile einschließlich der Übertragungselemente gegen unbeabsichtigte Beschädigungen geschützt sind.
2. Die Konstante des Kontrollgerätes muß durch eine geeignete Justiereinrichtung an die Wegdrehzahl des Kraftfahrzeugs angeglichen werden können.
   Kraftfahrzeuge mit mehreren Hinterachsuntersetzungen müssen mit einer Umschalteinrichtung ausgerüstet sein, durch die die verschiedenen Untersetzungsverhältnisse automatisch auf die Wegdrehzahl gebracht werden, für die die Angleichung des Gerätes an das Fahrzeug erfolgt ist.
3. Nach der Einbauprüfung beim Ersteinbau wird am Fahrzeug im oder neben dem Kontrollgerät gut sichtbar ein Einbauschild angebracht. Nach jedem Eingriff eines zugelassenen Installateurs oder einer zugelassenen Werkstatt, der eine Änderung der Einstellung des eigentlichen Einbaus erfordert, ist das Einbauschild durch ein neues Schild zu ersetzen.
   Das Einbauschild muß mindestens die nachstehenden Angaben enthalten:
   – Name, Anschrift oder Firmenzeichen des zugelassenen Installateurs oder der zugelassenen Werkstatt,
   – Wegdrehzahl des Kraftfahrzeugs in der Form „w = . . . U/km“ oder „w = . . . Imp/km“,
   – wirksamer Reifenumfang in der Form „1 = . . . mm“,
   – Datum der Messung der Wegdrehzahl des Fahrzeugs und des wirksamen Reifenumfangs.

B. Plombierung

Folgende Geräteteile müssen plombiert werden:

a) das Einbauschild, es sei denn, es ist so angebracht, daß es sich nicht ohne Vernichtung der Angaben entfernen läßt,
b) die Enden der Verbindung zwischen dem eigentlichen Kontrollgerät und dem Fahrzeug,
c) die eigentliche Justiereinrichtung und deren Anschluß an die übrigen Teile der Anlage,

d) die Umschaltvorrichtung bei Kraftfahrzeugen mit mehreren Hinterachsuntersetzungen,

e) die Verbindungen der Justiereinrichtung und der Umschalteinrichtung mit den übrigen Teilen der Anlage,

f) die unter Kapitel III Abschnitt A Nummer 7 Buchstabe b vorgesehenen Gehäuse.

In Einzelfällen können bei der Bauartgenehmigung des Gerätes weitere Plombierungen vorgesehen werden; auf dem Bauartgenehmigungsbogen muß angegeben werden, wo diese Plomben angebracht sind.
Nur die Plomben an den unter den Buchstaben b, c und e genannten Verbindungsstellen dürfen in Notfällen entfernt werden. Jede Verletzung der Plomben muß Gegenstand einer schriftlichen Begründung sein, die der zuständigen Behörde zur Verfügung zu halten ist.

VI. Einbauprüfungen und Nachprüfungen

Die Vertragsparteien bezeichnen die Stellen, die die Einbauprüfungen und Nachprüfungen vornehmen.

1. Bescheinigung für neue oder reparierte Geräte
   Für jedes neue oder reparierte Einzelgerät werden die ordnungsgemäße Arbeitsweise und die Genauigkeit der Angaben und Aufzeichnungen innerhalb der unter Kapitel III Abschnitt F Nummer 1 festgelegten Grenzen durch die unter Kapitel V Abschnitt B Buchstabe f vorgesehene Plombierung bescheinigt.
   Die Vertragsparteien können zu diesem Zweck eine erste Prüfung vornehmen, die in der Nachprüfung und Bestätigung der Übereinstimmung eines neuen oder instandgesetzten Gerätes mit dem genehmigten Muster und/oder den Anforderungen dieses Anhangs einschließlich seiner Anlagen besteht, oder die Bescheinigung den Herstellern oder deren Beauftragten übertragen.
2. Einbauprüfungen
   Bei dem Einbau in ein Kraftfahrzeug müssen die Geräte und die Gesamtanlage den Vorschriften über die unter Kapitel III Abschnitt F Nummer 2 festgelegten zulässigen Fehlergrenzen entsprechen.
   Die bei der Nachprüfung erforderlichen Prüfungen werden von dem zugelassenen Installateur oder der zugelassenen Werkstatt in eigener Verantwortung durchgeführt.
3. Regelmäßige Nachprüfungen
   a) Regelmäßige Nachprüfungen der in Kraftfahrzeugen eingebauten Geräte erfolgen mindestens alle zwei Jahre und können unter anderem im Rahmen der technischen Überwachung der Kraftfahrzeuge durchgeführt werden.
   Überprüft werden insbesondere:
   – ordnungsgemäße Arbeitsweise des Gerätes,
   – Vorhandensein des Prüfzeichens auf den Geräten,
   – Vorhandensein des Einbauschildes,
   – Unversehrtheit der Plomben des Gerätes und der anderen Einbauteile,
   – wirksamer Umfang der Reifen.

b) Die Nachprüfung der Einhaltung der Vorschriften des Kapitels III Abschnitt F Nummer 3 über die zulässigen Fehlergrenzen während der Benutzung wird mindestens alle sechs Jahre einmal vorgenommen; die einzelnen Vertragsparteien können für die in ihrem Hoheitsgebiet zugelassenen Kraftfahrzeuge auch eine kürzere Frist vorschreiben. Das Einbauschild muß bei jeder Nachprüfung erneuert werden.

4. Messung der Anzeigefehler
Die Messung der Anzeigefehler beim Einbau und während der Benutzung wird unter folgenden Bedingungen durchgeführt, die als normale Prüfbedingungen anzusehen sind:
– unbeladenes Fahrzeug in fahrbereitem Zustand,
– Reifendruck gemäß den Angaben des Herstellers,
– Reifenabnutzung innerhalb der gesetzlich zulässigen Grenze,
– Bewegung des Fahrzeugs: das Fahrzeug muß sich mit eigener Motorkraft geradlinig auf ebenem Gelände und mit einer Geschwindigkeit von 50 ± 5 km/h fortbewegen; die Messung kann auch auf einem geeigneten Prüfstand durchgeführt werden, sofern sie eine vergleichbare Genauigkeit bietet.

Anlage 1B.[1] Vorschriften über Bau, Prüfung, Einbau und Nachprüfung des im internationalen Straßenverkehr verwendeten digitalen Kontrollgeräts

Art. 1 Präambel. (1) [1] Diese Anlage ist eine Anpassung des Anhangs 1B der Verordnung (EWG) Nr. 3821/85 des Rates vom 20. Dezember 1985 über das Kontrollgerät im Straßenverkehr[2]. [2] Der Inhalt dieses Anhangs wird im AETR aufgrund seines Umfangs und seines äußerst technischen Charakters nicht wiedergegeben. [3] Den offiziellen Text und seine späteren Änderungen können die Vertragsparteien dem Amtsblatt der Europäischen Union entnehmen.

Die Anlage 1B beschränkt sich daher darauf, die bibliographischen Angaben der sachdienlichen Texte der Europäischen Union und ihrer Veröffentlichung im Amtsblatt aufzuführen und mit Querverweisen auf jene Einzelpunkte hinzuweisen, für die der Anhang an den Kontext des AETR angepasst werden musste.

(2) [1] Zur einfacheren Lesbarkeit dieses Anhangs und seiner Anpassungen, die im Zusammenhang mit dem AETR nötig sind, und um einen Überblick über den Anhang zu erhalten, erarbeitet das Sekretariat der UN-Wirtschaftskommission für Europa eine konsolidierte Fassung, die jedoch nicht rechtsverbindlich sein wird. [2] Sie wird in den offiziellen Sprachen der ECE/UNO verfasst und nach Bedarf aktualisiert.

---

1) Anlage 1B eingef. mWv 16.6.2006 durch Prot. v. 29.10.2004 (BGBl. 2011 II S. 1095, 1098).

2) **Amtl. Anm.:** Geändert durch die Verordnung (EWG) Nr. 2135/98 des Rates vom 24. September 1998 (ABl. L 274 vom 9. Oktober 1998) und die Verordnungen (EG) Nr. 1360/2002 vom 13. Juni 2002 (ABl. L 207 vom 5. August 2002 (Korrigendum ABl. L 77 vom 13. März 2004)) und Nr. 432/2004 vom 5. März 2004 (ABl. L 71 vom 10. März 2004).

Art. 2 Einleitende Bestimmungen zu Anlage 1B. *(hier nicht wiedergegeben)*

Anlage 2[1)]

Prüfzeichen und Bauartgenehmigungsbogen

I. Prüfzeichen[2)]

1. Das Prüfzeichen besteht

– aus einem Rechteck, in dem der Buchstabe e angebracht ist, gefolgt von der Kennzahl des Landes, das die Bauartgenehmigung erteilt hat und zwar

Deutschland	–	1
Frankreich	–	2
Italien	–	3
Niederlande	–	4
Schweden	–	5
Belgien	–	6
Ungarn	–	7
Tschechische Republik	–	8
Spanien	–	9
Serbien	–	10
Vereinigtes Königreich	–	11
Österreich	–	12
Luxemburg	–	13
Schweiz	–	14
Norwegen	–	16
Finnland	–	17
Dänemark	–	18
Rumänien	–	19
Polen	–	20
Portugal	–	21
Russische Förderation	–	22
Griechenland	–	23
Irland	–	24
Kroatien	–	25
Slowenien	–	26

1) Anlage 2 geänd. mWv 16.6.2006 durch Prot. v. 29.10.2004 (BGBl. 2011 II S. 1095, 1098); geänd. mWv 20.9.2010 durch Prot. v. 31.10.2008 (BGBl. 2011 II S. 1095, 1119).

2) Länderliste geänd. und ergänzt mWv 16.6.2006 durch Prot. v. 29.10.2004 (BGBl. 2011 II S. 1095, 1098); geänd. und ergänzt mWv 20.9.2010 durch Prot. v. 31.10.2008 (BGBl. 2011 II S. 1095, 1119).

Slowakische Republik	–	27
Belarus	–	28
Estland	–	29
Moldau, Republik	–	30
Bosnien-Herzegowina	–	31
Lettland	–	32
Liechtenstein	–	33
Bulgarien	–	34
Kasachstan	–	35
Litauen	–	36
Türkei	–	37
Turkmenistan	–	38
Aserbaidschan	–	39
Frühere Jugoslawische Republik Mazedonien	–	40
Andorra	–	41
Usbekistan	–	44
Zypern	–	49
Malta	–	50
Albanien	–	54
Armenien	–	55
Montenegro	–	56
San Marino	–	57
Monaco	–	59

Nachfolgende Nummern werden zugeteilt:

a) Ländern, die Vertragspartei des Abkommens von 1958 über die Annahme einheitlicher Zulassungsbedingungen und die gegenseitige Anerkennung von Zulassungen für Kraftfahrzeugausrüstung und -teile sind, dieselben Nummern wie sie diesen Ländern im Rahmen dieses Abkommens zuteilt wurden;[1)]

b) Ländern, die Nichtvertragspartei des Abkommens von 1958 sind, in der chronologischen Reihenfolge der Ratifizierung oder des Beitritts in diesem Abkommen
und

– aus einer Bauartgenehmigungsnummer, die der Nummer des für das Muster des Kontrollgerätes oder des Schaublatts ausgestellten Bauartgenehmigungsbogens entspricht und an einer beliebigen Stelle in der Nähe des Rechtecks anzubringen ist.

[1)] **Amtl. Anm.: Amtl. Anm.:** Um eine künftige Übereinstimmung zwischen den Ländernummern im Abkommen von 1958 und den im AETR-Abkommen festgelegten Nummern zu gewährleisten, sollte neu beitretenden Ländern in beiden Abkommen dieselbe Nummer zugewiesen werden.

2. Das Prüfzeichen wird auf dem Typenschild eines jeden Gerätes und auf jedem Schaublatt angebracht. Das Prüfzeichen muß unverwischbar und gut lesbar sein.

3. Die nachstehend angegebenen Abmessungen des Prüfzeichens sind in Millimetern ausgedrückt und stellen die Mindestabmessungen dar. Die Relationen zwischen diesen Abmessungen müssen eingehalten werden.

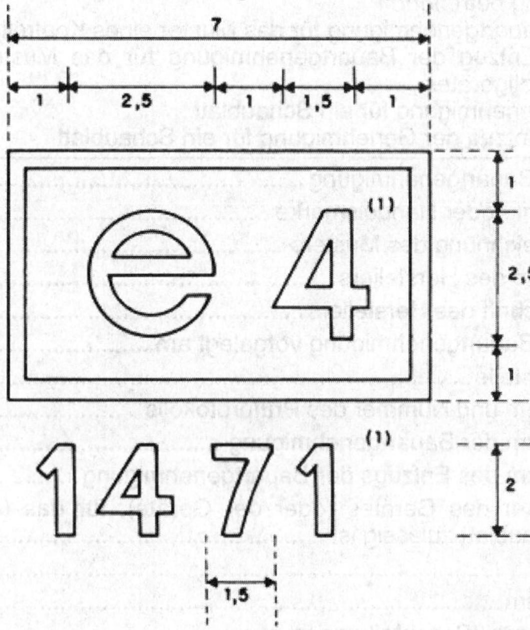

II.[1] Bauartgenehmigungsbogen für Produkte, die die Anforderungen von Anlage 1 erfüllen

Die Vertragspartei, die eine Bauartgenehmigung erteilt hat, stellt dem Antragsteller eine Bauartgenehmigung nach folgendem Muster aus. Für die Bekanntgabe der erteilten Bauartgenehmigung oder etwaigen Entzug verwendet jede Vertragspartei Durchschriften dieses Dokuments.

[1] Überschr. geänd. mWv 16.6.2006 durch Prot. v. 29.10.2004 (BGBl. 2011 II S. 1095, 1098).

Bauartgenehmigungsbogen

Name der zuständigen Behörde ....

Mitteilung betreffend*)

- die Bauartgenehmigung für das Muster eines Kontrollgerätes
- den Entzug der Bauartgenehmigung für das Muster eines Kontrollgerätes
- die Genehmigung für ein Schaublatt
- den Entzug der Genehmigung für ein Schaublatt

Nr. der Bauartgenehmigung ....

1. Fabrik- oder Handelsmarke ....
2. Bezeichnung des Musters ....
3. Name des Herstellers ....
4. Anschrift des Herstellers ....
5. Zur Bauartgenehmigung vorgelegt am ....
6. Prüfstelle ....
7. Datum und Nummer des Prüfprotokolls ....
8. Datum der Bauartgenehmigung ....
9. Datum des Entzugs der Bauartgenehmigung ....
10. Muster des Gerätes (oder der Geräte), für das (die) das Schaublatt zulässig ist ....
11. Ort ....
12. Datum ....
13. Anlagen (Beschreibungen usw.) ....

14. Bemerkungen

....

(Unterschrift)

*) Unzutreffendes ist zu streichen.

III.[1] Bauartgenehmigungsbogen für Produkte, die die Anforderungen von Anlage 1B erfüllen

Die Vertragspartei, die eine Bauartgenehmigung erteilt hat, stellt dem Antragsteller eine Bauartgenehmigung nach folgendem Muster aus. Für die Bekanntgabe der erteilten Bauartgenehmigung oder den etwaigen Entzug verwendet jede Vertragspartei Durchschriften dieses Dokuments.

Bauartgenehmigungsbogen für Produkte, die die Anforderungen von Anlage 1B erfüllen

Name der zuständigen Behörde ....

Mitteilung betreffend[2]

- ○ die Bauartgenehmigung für
- ○ den Entzug der Bauartgenehmigung für
  - ○ das Muster eines Kontrollgeräts
  - ○ die Komponente eines Kontrollgeräts[3]
  - ○ eine Fahrerkarte
  - ○ eine Werkstattkarte
  - ○ eine Unternehmenskarte
  - ○ eine Kontrollkarte

Bauartgenehmigung Nr.

1. Hersteller- oder Handelsmarke ....
2. Modellbezeichnung ....
3. Name des Herstellers ....
4. Anschrift des Herstellers ....
5. Zur Bauartgenehmigung vorgelegt am ....
6. Prüfstelle(n) ....
7. Datum und Nr. der Prüfungen ....
8. Datum der Bauartgenehmigung ....
9. Datum des Entzugs der Bauartgenehmigung ....
10. Muster der Komponente(n) des Kontrollgeräts, die mit diesem Kontrollgerät verwendet wird ....
11. Ort ....
12. Datum ....
13. Anlagen (Beschreibungen usw.) ....

---

14. Bemerkungen (einschl. Position der Plomben, wenn erforderlich) ......

(Unterschrift)

---

[1] Abschn. III angef. mWv 16.6.2006 durch Prot. v. 29.10.2004 (BGBl. 2011 II S. 1095, 1098).

[2] **Amtl. Anm.:** Zutreffendes ankreuzen

[3] **Amtl. Anm.:** Komponente angeben, auf die sich die Mitteilung bezieht

Anlage 3[1)]

Musterformulare

Gemäß Artikel 12 dieses Übereinkommens können die Straßenverkehrsunternehmen folgende Musterformulare zur Erleichterung von Straßenkontrollen verwenden:

(1) Die Arbeitsbescheinigung ist zu verwenden, wenn ein Fahrer in Krankheitsurlaub oder Jahresurlaub war oder wenn er ein Fahrzeug gelenkt hat, das nicht in den Geltungsbereich des AETR gemäß Artikel 2 des vorliegenden Übereinkommens fällt.

Hinweise zur Benutzung (wenn möglich auf der Rückseite des Formulars)

a) Alle Felder des Formulars sind vor Fahrt antritt durch das Verkehrsunternehmen und den betroffenen Fahrer auszufüllen.

b) Der Text des Formulars darf nicht verändert werden.

c) Um gültig zu sein, muss das Formular sowohl durch den Bevollmächtigten des Verkehrsunternehmens als auch durch den Fahrer selbst unterzeichnet sein. Bei Einzelunternehmen unterzeichnet der Fahrer einmal für das Unternehmen und zum anderen als Fahrer. Nur das unterzeichnete Original ist gültig.

d) Das Formular kann auf Papier mit dem Firmenlogo des Unternehmens gedruckt werden. Die Abschnitte 1 bis 5 können bereits vorgedruckt werden. Die Unterschrift des Unterzeichneten kann nicht durch den Firmenstempel des Unternehmens ersetzt werden, dieser kann jedoch zusätzlich angebracht werden.

e) Alle zusätzlichen nationalen oder regionalen Informationen müssen auf der Rückseite des Formulars erscheinen.

f) Ist das Formular in einer anderen Sprache als Englisch oder Französisch abgefasst, muss der Titel in der Landessprache nach den englischen und französischen Titeln erscheinen. Die Überschriften der einzelnen Abschnitte sind ebenfalls in Englisch anzugeben, wenn das Original in einer anderen Sprache als Englisch (siehe beigefügtes Muster) abgefasst ist.

(2) (für ein mögliches anderes Formular reserviert)

---

1) Anlage 3 angef. mWv 20.9.2010 durch Prot. v. 31.10.2008 (BGBl. 2011 II S. 1095, 1119).

Bescheinigung von Tätigkeiten[1]

(Verordnung (EG) Nr. 561/2006 oder AETR)[2]
Vor jeder Fahrt maschinenschriftlich auszufüllen und zu unterschreiben
Zusammen mit den Original-Fahrtenschreiberaufzeichnungen aufzubewahren
Falsche Bescheinigungen stellen einen Verstoß gegen geltendes Recht dar

---

Vom Unternehmen auszufüllen

1. Name des Unternehmens ....
2. Straße, Hausnr. Postleitzahl, Ort ....
   Land:
3. Telephon-Nr. (mit internationaler Vorwahl) ....
4. Fax-Nr. (mit internationaler Vorwahl) ....
5. E-Mail-Adresse ....

Ich, der/die Unterzeichnete:

6. Name und Vorname ....
7. Position im Unternehmen ....

erkläre, dass der Fahrer/die Fahrerin:

8. Name und Vorname ....
9. Geburtsdatum (Tag/Monat/Jahr): ....
10. Nummer des Führerscheines, des Personalausweises oder des Reisepasses ....
11. Beginn der Tätigkeit für das Unternehmen am (Tag/Monat/Jahr) ....

im Zeitraum:

12. von (Uhrzeit – Tag – Monat – Jahr) ....
13. bis (Uhrzeit – Tag – Monat – Jahr) ....
14. ☐ sich im Krankheitsurlaub befand[3] ....
15. ☐ sich im Erholungsurlaub befand[3] ....
16. ☐ abwesend oder in der Ruhepause war[3] ....
17. ☐ ein vom Anwendungsbereich der Verordnung (EG) Nr. 561/2006 oder des AETR ausgenommenes Fahrzeug gelenkt hat[3] ....
18. ☐ andere Arbeiten als das Lenken eines Fahrzeugs durchführte[3] ....
19. ☐ verfügbar war[3] ....
20. Ort.......... Datum ....

    Unterschrift

---

21. Ich, der Fahrer/die Fahrerin bestätige, dass ich im vorstehend genannten Zeitraum kein unter den Anwendungsbereich der Verordnung (EG) Nr. 561/2006 oder des AETR fallendes Fahrzeug gelenkt habe.

22. Ort.......... Datum ....
    Unterschrift des Fahrers/der Fahrerin

---

[1] **Amtl. Anm.:** Eine elektronische und druckfähige Fassung dieses Formblatts ist im Internet unter http://www.unece.org/trans/main/sc1/aetr.html verfügbar.

[2] **Amtl. Anm.:** Europäisches Übereinkommen über die Arbeit des im internationalen Straßenverkehr beschäftigten Fahrpersonals.

[3] **Amtl. Anm.:** Nur ein Kästchen kann angekreuzt werden.

Bescheinigung von Tätigkeiten[1]

(Verordnung (EG) Nr. 561/2006 oder AETR)[2]

Vor jeder Fahrt maschinenschriftlich auszufüllen und zu unterschreiben. Zusammen mit den Original-Fahrtenschreiberaufzeichnungen aufzubewahren.

Falsche Bescheinigungen stellen einen Verstoß gegen geltendes Recht dar.

Vom Unternehmen auszufüllen

1. Name des Unternehmens ....

2. Straße, Hausnr., Postleitzahl, Ort ....
   Land ....

3. Telephon-Nr. (mit internationaler Vorwahl) ....

4. Fax-Nr. (mit internationaler Vorwahl) ....

5. E-Mail-Adresse ....

Ich, der/die Unterzeichnete:

6. Name und Vorname ....

7. Position im Unternehmen ....

erkläre, dass der Fahrer/die Fahrerin:

8. Name und Vorname ....

9. Geburtsdatum (Tag/Monat/Jahr) ....

10. Nummer des Führerscheins, des Personalausweises oder des Reisepasses ....

11. Beginn der Tätigkeit für das Unternehmen am (Tag/Monat/Jahr) ....

im Zeitraum:

12. von (Uhrzeit – Tag – Monat – Jahr) ....

13. bis (Uhrzeit – Tag – Monat – Jahr) ....

14. ☐ sich im Krankheitsurlaub befand[3]

15. ☐ sich im Erholungsurlaub befand[3]

16. ☐ abwesend oder in der Ruhepause war[3]

17. ☐ ein vom Anwendungsbereich der Verordnung (EG) Nr. 561/2006 oder des AETR ausgenommenes Fahrzeug gelenkt hat[3]

18. ☐ andere Arbeiten als das Lenken eines Fahrzeugs durchführte[3]

19. ☐ verfügbar war[3]

20. Ort .... Datum ....

Unterschrift ....

---

21. Ich, der Fahrer/die Fahrerin bestätige, dass ich im vorstehend genannten Zeitraum kein unter den Anwendungsbereich der Verordnung (EG) Nr. 561/2006 oder des AETR fallendes Fahrzeug gelenkt habe.

22. Ort .... Datum ....
    Unterschrift des Fahrers/der Fahrerin

---

[1] Amtl. Anm.: Eine elektronische und druckfähige Fassung dieses Formblatts ist im Internet unter http://www.unece.org/trans/main/sc1/aetr.html verfügbar.

[2] Amtl. Anm.: Europäisches Übereinkommen über die Arbeit des im internationalen Straßenverkehr beschäftigten Fahrpersonals.

[3] Amtl. Anm.: Nur ein Kästchen kann angekreuzt werden.

555. Arbeitszeitgesetz (ArbZG)[1]

Vom 6. Juni 1994
(BGBl. I S. 1170)

FNA 8050-21

geänd. durch Art. 2 Gesetz zur Änd. d. G über den Ladenschluß und zur Neuregelung der Arbeitszeit in Bäckereien und Konditoreien v. 30.7.1996 (BGBl. I S. 1186), Art. 14a Euro-EinführungsG v. 9.6. 1998 (BGBl. I S. 1242), Art. 35 4. Euro-EinführungsG v. 21.12.2000 (BGBl. I S. 1983), Art. 180 Achte ZuständigkeitsanpassungsVO v. 25.11.2003 (BGBl. I S. 2304), Art. 4b G zu Reformen am Arbeitsmarkt v. 24.12.2003 (BGBl. I S. 3002), Art. 5 Fünftes G zur Änd. des SGB III und anderer Gesetze v. 22.12.2005 (BGBl. I S. 3676), Art. 5 G zur Änd. personenbeförderungsrechtlicher Vorschriften und arbeitszeitrechtlicher Vorschriften für Fahrpersonal v. 14.8.2006 (BGBl. I S. 1962), Art. 6 G zur Änd. personenbeförderungsrechtlicher Vorschriften und arbeitszeitrechtlicher Vorschriften für Fahrpersonal v. 14.8.2006 (BGBl. I S. 1962), Art. 229 Neunte ZuständigkeitsanpassungsVO v. 31.10. 2006 (BGBl. I S. 2407), Art. 7 G zur Änd. des SGB IV, zur Errichtung einer Versorgungsausgleichskasse und anderer Gesetze v. 15.7.2009 (BGBl. I S. 1939), Art. 15 Bundeswehrreform-BegleitG v. 21.7.2012 (BGBl. I S. 1583), Art. 3 Abs. 6 G zur Umsetzung des Seearbeitsübereinkommens 2006 der Internationalen Arbeitsorganisation v. 20.4.2013 (BGBl. I S. 868), Art. 12a 6. SGB IV-ÄndG v. 11.11.2016 (BGBl. I S. 2500), Art. 8, 11 Sozialschutz-Paket v. 27.3.2020 (BGBl. I S. 575) und Art. 6 ArbeitsschutzkontrollG v. 22.12.2020 (BGBl. I S. 3334)

Inhaltsübersicht[2]

---

[1] Verkündet als Art. 1 ArbeitszeitrechtsG vom 6.6.1994 (BGBl. I S. 1170); Inkrafttreten gem. Art. 21 Satz 2 dieses G am 1.7.1994.

[2] Die Inhaltsübersicht wurde nichtamtlich an die nachträglichen Änderungen angepasst.

Erster Abschnitt. Allgemeine Vorschriften

§ 1[1)] Zweck des Gesetzes Zweck des Gesetzes ist es,

1. die Sicherheit und den Gesundheitsschutz der Arbeitnehmer in der Bundesrepublik Deutschland und in der ausschließlichen Wirtschaftszone bei der Arbeitszeitgestaltung zu gewährleisten und die Rahmenbedingungen für flexible Arbeitszeiten zu verbessern sowie
2. den Sonntag und die staatlich anerkannten Feiertage als Tage der Arbeitsruhe und der seelischen Erhebung der Arbeitnehmer zu schützen.

§ 2[2)] Begriffsbestimmungen. (1) [1]Arbeitszeit im Sinne dieses Gesetzes ist die Zeit vom Beginn bis zum Ende der Arbeit ohne die Ruhepausen; Arbeitszeiten bei mehreren Arbeitgebern sind zusammenzurechnen. [2]Im Bergbau unter Tage zählen die Ruhepausen zur Arbeitszeit.

(2) Arbeitnehmer im Sinne dieses Gesetzes sind Arbeiter und Angestellte sowie die zu ihrer Berufsbildung Beschäftigten.

(3) Nachtzeit im Sinne dieses Gesetzes ist die Zeit von 23 bis 6 Uhr, in Bäckereien und Konditoreien die Zeit von 22 bis 5 Uhr.

(4) Nachtarbeit im Sinne dieses Gesetzes ist jede Arbeit, die mehr als zwei Stunden der Nachtzeit umfaßt.

(5) Nachtarbeitnehmer im Sinne dieses Gesetzes sind Arbeitnehmer, die

1. auf Grund ihrer Arbeitszeitgestaltung normalerweise Nachtarbeit in Wechselschicht zu leisten haben oder
2. Nachtarbeit an mindestens 48 Tagen im Kalenderjahr leisten.

(Fortsetzung nächstes Blatt)

---

1) § 1 Nr. 1 geänd. mWv 1.8.2013 durch G v. 20.4.2013 (BGBl. I S. 868).
2) § 2 Abs. 3 geänd. mWv 1.11.1996 durch G v. 30.7.1996 (BGBl. I S. 1186).

Zweiter Abschnitt. Werktägliche Arbeitszeit und arbeitsfreie Zeiten

§ 3 Arbeitszeit der Arbeitnehmer. [1] Die werktägliche Arbeitszeit der Arbeitnehmer darf acht Stunden nicht überschreiten. [2] Sie kann auf bis zu zehn Stunden nur verlängert werden, wenn innerhalb von sechs Kalendermonaten oder innerhalb von 24 Wochen im Durchschnitt acht Stunden werktäglich nicht überschritten werden.

§ 4 Ruhepausen. [1] Die Arbeit ist durch im voraus feststehende Ruhepausen von mindestens 30 Minuten bei einer Arbeitszeit von mehr als sechs bis zu neun Stunden und 45 Minuten bei einer Arbeitszeit von mehr als neun Stunden insgesamt zu unterbrechen. [2] Die Ruhepausen nach Satz 1 können in Zeitabschnitte von jeweils mindestens 15 Minuten aufgeteilt werden. [3] Länger als sechs Stunden hintereinander dürfen Arbeitnehmer nicht ohne Ruhepause beschäftigt werden.

§ 5[1)] Ruhezeit. (1) Die Arbeitnehmer müssen nach Beendigung der täglichen Arbeitszeit eine ununterbrochene Ruhezeit von mindestens elf Stunden haben.

(2) Die Dauer der Ruhezeit des Absatzes 1 kann in Krankenhäusern und anderen Einrichtungen zur Behandlung, Pflege und Betreuung von Personen, in Gaststätten und anderen Einrichtungen zur Bewirtung und Beherbergung, in Verkehrsbetrieben, beim Rundfunk sowie in der Landwirtschaft und in der Tierhaltung um bis zu eine Stunde verkürzt werden, wenn jede Verkürzung der Ruhezeit innerhalb eines Kalendermonats oder innerhalb von vier Wochen durch Verlängerung einer anderen Ruhezeit auf mindestens zwölf Stunden ausgeglichen wird.

(3) Abweichend von Absatz 1 können in Krankenhäusern und anderen Einrichtungen zur Behandlung, Pflege und Betreuung von Personen Kürzungen der Ruhezeit durch Inanspruchnahmen während der Rufbereitschaft, die nicht mehr als die Hälfte der Ruhezeit betragen, zu anderen Zeiten ausgeglichen werden.

§ 6 Nacht- und Schichtarbeit. (1) Die Arbeitszeit der Nacht- und Schichtarbeitnehmer ist nach den gesicherten arbeitswissenschaftlichen Erkenntnissen über die menschengerechte Gestaltung der Arbeit festzulegen.

(2) [1] Die werktägliche Arbeitszeit der Nachtarbeitnehmer darf acht Stunden nicht überschreiten. [2] Sie kann auf bis zu zehn Stunden nur verlängert werden, wenn abweichend von § 3 innerhalb von einem Kalendermonat oder innerhalb von vier Wochen im Durchschnitt acht Stunden werktäglich nicht überschritten werden. [3] Für Zeiträume, in denen Nachtarbeitnehmer im Sinne des § 2 Abs. 5 Nr. 2 nicht zur Nachtarbeit herangezogen werden, findet § 3 Satz 2 Anwendung.

[1)] § 5 Abs. 3 geänd. mWv 1.1.2004 durch G v. 24.12.2003 (BGBl. I S. 3002); Abs. 4 aufgeh. mWv 1.9.2006 durch G v. 14.8.2006 (BGBl. I S. 1962).

(3) [1] Nachtarbeitnehmer sind berechtigt, sich vor Beginn der Beschäftigung und danach in regelmäßigen Zeitabständen von nicht weniger als drei Jahren arbeitsmedizinisch untersuchen zu lassen. [2] Nach Vollendung des 50. Lebensjahres steht Nachtarbeitnehmern dieses Recht in Zeitabständen von einem Jahr zu. [3] Die Kosten der Untersuchungen hat der Arbeitgeber zu tragen, sofern er die Untersuchungen den Nachtarbeitnehmern nicht kostenlos durch einen Betriebsarzt oder einen überbetrieblichen Dienst von Betriebsärzten anbietet.

(4) [1] Der Arbeitgeber hat den Nachtarbeitnehmer auf dessen Verlangen auf einen für ihn geeigneten Tagesarbeitsplatz umzusetzen, wenn

a) nach arbeitsmedizinischer Feststellung die weitere Verrichtung von Nachtarbeit den Arbeitnehmer in seiner Gesundheit gefährdet oder

b) im Haushalt des Arbeitnehmers ein Kind unter zwölf Jahren lebt, das nicht von einer anderen im Haushalt lebenden Person betreut werden kann, oder

c) der Arbeitnehmer einen schwerpflegebedürftigen Angehörigen zu versorgen hat, der nicht von einem anderen im Haushalt lebenden Angehörigen versorgt werden kann,

sofern dem nicht dringende betriebliche Erfordernisse entgegenstehen. [2] Stehen der Umsetzung des Nachtarbeitnehmers auf einen für ihn geeigneten Tagesarbeitsplatz nach Auffassung des Arbeitgebers dringende betriebliche Erfordernisse entgegen, so ist der Betriebs- oder Personalrat zu hören. [3] Der Betriebs- oder Personalrat kann dem Arbeitgeber Vorschläge für eine Umsetzung unterbreiten.

(5) Soweit keine tarifvertraglichen Ausgleichsregelungen bestehen, hat der Arbeitgeber dem Nachtarbeitnehmer für die während der Nachtzeit geleisteten Arbeitsstunden eine angemessene Zahl bezahlter freier Tage oder einen angemessenen Zuschlag auf das ihm hierfür zustehende Bruttoarbeitsentgelt zu gewähren.

(6) Es ist sicherzustellen, daß Nachtarbeitnehmer den gleichen Zugang zur betrieblichen Weiterbildung und zu aufstiegsfördernden Maßnahmen haben wie die übrigen Arbeitnehmer.

§ 7[1)] Abweichende Regelungen. (1)[2)] In einem Tarifvertrag oder auf Grund eines Tarifvertrags in einer Betriebs- oder Dienstvereinbarung kann zugelassen werden,

1. abweichend von § 3
   a) die Arbeitszeit über zehn Stunden werktäglich zu verlängern, wenn in die Arbeitszeit regelmäßig und in erheblichem Umfang Arbeitsbereitschaft oder Bereitschaftsdienst fällt,
   b) einen anderen Ausgleichszeitraum festzulegen,
2. abweichend von § 4 Satz 2 die Gesamtdauer der Ruhepausen in Schichtbetrieben und Verkehrsbetrieben auf Kurzpausen von angemessener Dauer aufzuteilen,

---

1) § 7 Abs. 1 Einleitung, Nr. 1 Buchst. a, Nr. 4 Buchst. a geänd., Nr. 1 Buchst. c aufgeh., Abs. 2 Einleitung, Nr. 1 geänd., Abs. 2a eingef., Abs. 3 Sätze 1 und 2, Abs. 4 und 5 geänd., Abs. 7, 8 und 9 angef. mWv 1.1.2004 durch G v. 24.12.2003 (BGBl. I S. 3002).

2) Übergangsregelung für Tarifverträge in § 25.

3. abweichend von § 5 Abs. 1 die Ruhezeit um bis zu zwei Stunden zu kürzen, wenn die Art der Arbeit dies erfordert und die Kürzung der Ruhezeit innerhalb eines festzulegenden Ausgleichszeitraums ausgeglichen wird,
4. abweichend von § 6 Abs. 2
   a) die Arbeitzeit über zehn Stunden werktäglich hinaus zu verlängern, wenn in die Arbeitszeit regelmäßig und in erheblichem Umfang Arbeitsbereitschaft oder Bereitschaftsdienst fällt,
   b) einen anderen Ausgleichszeitraum festzulegen,
5. den Beginn des siebenstündigen Nachtzeitraums des § 2 Abs. 3 auf die Zeit zwischen 22 und 24 Uhr festzulegen.

(2)[1] Sofern der Gesundheitsschutz der Arbeitnehmer durch einen entsprechenden Zeitausgleich gewährleistet wird, kann in einem Tarifvertrag oder auf Grund eines Tarifvertrags in einer Betriebs- oder Dienstvereinbarung ferner zugelassen werden,
1. abweichend von § 5 Abs. 1 die Ruhezeiten bei Rufbereitschaft den Besonderheiten dieses Dienstes anzupassen, insbesondere Kürzungen der Ruhezeit infolge von Inanspruchnahmen während dieses Dienstes zu anderen Zeiten auszugleichen,
2. die Regelungen der §§ 3, 5 Abs. 1 und § 6 Abs. 2 in der Landwirtschaft der Bestellungs- und Erntezeit sowie den Witterungseinflüssen anzupassen,
3. die Regelungen der §§ 3, 4, 5 Abs. 1 und § 6 Abs. 2 bei der Behandlung, Pflege und Betreuung von Personen der Eigenart dieser Tätigkeit und dem Wohl dieser Personen entsprechend anzupassen,
4. die Regelungen der §§ 3, 4, 5 Abs. 1 und § 6 Abs. 2 bei Verwaltungen und Betrieben des Bundes, der Länder, der Gemeinden und sonstigen Körperschaften, Anstalten und Stiftungen des öffentlichen Rechts sowie bei anderen Arbeitgebern, die der Tarifbindung eines für den öffentlichen Dienst geltenden oder eines im wesentlichen inhaltsgleichen Tarifvertrags unterliegen, der Eigenart der Tätigkeit bei diesen Stellen anzupassen.

(2a) In einem Tarifvertrag oder auf Grund eines Tarifvertrags in einer Betriebs- oder Dienstvereinbarung kann abweichend von den §§ 3, 5 Abs. 1 und § 6 Abs. 2 zugelassen werden, die werktägliche Arbeitszeit auch ohne Ausgleich über acht Stunden zu verlängern, wenn in die Arbeitszeit regelmäßig und in erheblichem Umfang Arbeitsbereitschaft oder Bereitschaftsdienst fällt und durch besondere Regelungen sichergestellt wird, dass die Gesundheit der Arbeitnehmer nicht gefährdet wird.

(3) [1] Im Geltungsbereich eines Tarifvertrags nach Absatz 1, 2 oder 2a können abweichende tarifvertragliche Regelungen im Betrieb eines nicht tarifgebundenen Arbeitgebers durch Betriebs- oder Dienstvereinbarung oder, wenn ein Betriebs- oder Personalrat nicht besteht, durch schriftliche Vereinbarung zwischen dem Arbeitgeber und dem Arbeitnehmer übernommen werden. [2] Können auf Grund eines solchen Tarifvertrags abweichende Regelungen in einer Betriebs- oder Dienstvereinbarung getroffen werden, kann auch in Betrieben eines nicht tarifgebundenen Arbeitgebers davon Gebrauch gemacht werden. [3] Eine nach Absatz 2 Nr. 4 getroffene abweichende tarifvertragliche Regelung hat zwischen nicht tarifgebundenen Arbeitgebern und

---

[1] Übergangsregelung für Tarifverträge in § 25.

Arbeitnehmern Geltung, wenn zwischen ihnen die Anwendung der für den öffentlichen Dienst geltenden tarifvertraglichen Bestimmungen vereinbart ist und die Arbeitgeber die Kosten des Betriebs überwiegend mit Zuwendungen im Sinne des Haushaltsrechts decken.

(4) Die Kirchen und die öffentlich-rechtlichen Religionsgesellschaften können die in Absatz 1, 2 oder 2a genannten Abweichungen in ihren Regelungen vorsehen.

(5) In einem Bereich, in dem Regelungen durch Tarifvertrag üblicherweise nicht getroffen werden, können Ausnahmen im Rahmen des Absatzes 1, 2 oder 2a durch die Aufsichtsbehörde bewilligt werden, wenn dies aus betrieblichen Gründen erforderlich ist und die Gesundheit der Arbeitnehmer nicht gefährdet wird.

(6) Die Bundesregierung kann durch Rechtsverordnung mit Zustimmung des Bundesrates Ausnahmen im Rahmen des Absatzes 1 oder 2 zulassen, sofern dies aus betrieblichen Gründen erforderlich ist und die Gesundheit der Arbeitnehmer nicht gefährdet wird.

(7) [1] Auf Grund einer Regelung nach Absatz 2a oder den Absätzen 3 bis 5 jeweils in Verbindung mit Absatz 2a darf die Arbeitszeit nur verlängert werden, wenn der Arbeitnehmer schriftlich eingewilligt hat. [2] Der Arbeitnehmer kann die Einwilligung mit einer Frist von sechs Monaten schriftlich widerrufen. [3] Der Arbeitgeber darf einen Arbeitnehmer nicht benachteiligen, weil dieser die Einwilligung zur Verlängerung der Arbeitszeit nicht erklärt oder die Einwilligung widerrufen hat.

(8) [1] Werden Regelungen nach Absatz 1 Nr. 1 und 4, Absatz 2 Nr. 2 bis 4 oder solche Regelungen auf Grund der Absätze 3 und 4 zugelassen, darf die Arbeitszeit 48 Stunden wöchentlich im Durchschnitt von zwölf Kalendermonaten nicht überschreiten. [2] Erfolgt die Zulassung auf Grund des Absatzes 5, darf die Arbeitszeit 48 Stunden wöchentlich im Durchschnitt von sechs Kalendermonaten oder 24 Wochen nicht überschreiten.

(9) Wird die werktägliche Arbeitszeit über zwölf Stunden hinaus verlängert, muss im unmittelbaren Anschluss an die Beendigung der Arbeitszeit eine Ruhezeit von mindestens elf Stunden gewährt werden.

§ 8 Gefährliche Arbeiten. [1] Die Bundesregierung kann durch Rechtsverordnung mit Zustimmung des Bundesrates für einzelne Beschäftigungsbereiche, für bestimmte Arbeiten oder für bestimmte Arbeitnehmergruppen, bei denen besondere Gefahren für die Gesundheit der Arbeitnehmer zu erwarten sind, die Arbeitzeit über § 3 hinaus beschränken, die Ruhepausen und Ruhezeiten über die §§ 4 und 5 hinaus ausdehnen, die Regelungen zum Schutz der Nacht- und Schichtarbeitnehmer in § 6 erweitern und die Abweichungsmöglichkeiten nach § 7 beschränken, soweit dies zum Schutz der Gesundheit der Arbeitnehmer erforderlich ist. [2] Satz 1 gilt nicht für Beschäftigungsbereiche und Arbeiten in Betrieben, die der Bergaufsicht unterliegen.

Dritter Abschnitt. Sonn- und Feiertagsruhe

§ 9 Sonn- und Feiertagsruhe. (1) Arbeitnehmer dürfen an Sonn- und gesetzlichen Feiertagen von 0 bis 24 Uhr nicht beschäftigt werden.

(2) In mehrschichtigen Betrieben mit regelmäßiger Tag- und Nachtschicht kann Beginn oder Ende der Sonn- und Feiertagsruhe um bis zu sechs Stunden vor- oder zurückverlegt werden, wenn für die auf den Beginn der Ruhezeit folgenden 24 Stunden der Betrieb ruht.

(3) Für Kraftfahrer und Beifahrer kann der Beginn der 24stündigen Sonn- und Feiertagsruhe um bis zu zwei Stunden vorverlegt werden.

§ 10[1] Sonn- und Feiertagsbeschäftigung. (1) Sofern die Arbeiten nicht an Werktagen vorgenommen werden können, dürfen Arbeitnehmer an Sonn- und Feiertagen abweichend von § 9 beschäftigt werden

1. in Not- und Rettungsdiensten sowie bei der Feuerwehr,
2. zur Aufrechterhaltung der öffentlichen Sicherheit und Ordnung sowie der Funktionsfähigkeit von Gerichten und Behörden und für Zwecke der Verteidigung,
3. in Krankenhäusern und anderen Einrichtungen zur Behandlung, Pflege und Betreuung von Personen,
4. in Gaststätten und anderen Einrichtungen zur Bewirtung und Beherbergung sowie im Haushalt,
5. bei Musikaufführungen, Theatervorstellungen, Filmvorführungen, Schaustellungen, Darbietungen und anderen ähnlichen Veranstaltungen,
6. bei nichtgewerblichen Aktionen und Veranstaltungen der Kirchen, Religionsgesellschaften, Verbände, Vereine, Parteien und anderer ähnlicher Vereinigungen,
7. beim Sport und in Freizeit-, Erholungs- und Vergnügungseinrichtungen, beim Fremdenverkehr sowie in Museen und wissenschaftlichen Präsenzbibliotheken,
8. beim Rundfunk, bei der Tages- und Sportpresse, bei Nachrichtenagenturen sowie bei den der Tagesaktualität dienenden Tätigkeiten für andere Presseerzeugnisse einschließlich des Austragens, bei der Herstellung von Satz, Filmen und Druckformen für tagesaktuelle Nachrichten und Bilder, bei tagesaktuellen Aufnahmen auf Ton- und Bildträger sowie beim Transport und Kommissionieren von Presseerzeugnissen, deren Ersterscheinungstag am Montag oder am Tag nach einem Feiertag liegt,
9. bei Messen, Ausstellungen und Märkten im Sinne des Titels IV der Gewerbeordnung sowie bei Volksfesten,
10. in Verkehrsbetrieben sowie beim Transport und Kommissionieren von leichtverderblichen Waren im Sinne des § 30 Abs. 3 Nr. 2 der Straßenverkehrsordnung[2]),

---

[1]) § 10 Abs. 3 angef. durch G v. 30.7.1996 (BGBl. I S. 1186); Abs. 4 angef. durch G v. 9.6.1998 (BGBl. I S. 1242).

[2]) Nr. **100**.

11. in den Energie- und Wasserversorungsbetrieben sowie in Abfall- und Abwasserentsorgungsbetrieben,
12. in der Landwirtschaft und in der Tierhaltung sowie in Einrichtungen zur Behandlung und Pflege von Tieren,
13. im Bewachungsgewerbe und bei der Bewachung von Betriebsanlagen,
14. bei der Reinigung und Instandhaltung von Betriebseinrichtungen, soweit hierdurch der regelmäßige Fortgang des eigenen oder eines fremden Betriebs bedingt ist, bei der Vorbereitung der Wiederaufnahme des vollen werktägigen Betriebs sowie bei der Aufrechterhaltung der Funktionsfähigkeit von Datennetzen und Rechnersystemen,
15. zur Verhütung des Verderbens von Naturerzeugnissen oder Rohstoffen oder des Mißlingens von Arbeitsergebnissen sowie bei kontinuierlich durchzuführenden Forschungsarbeiten,
16. zur Vermeidung einer Zerstörung oder erheblichen Beschädigung der Produktionseinrichtungen.

(2) Abweichend von § 9 dürfen Arbeitnehmer an Sonn- und Feiertagen mit den Produktionsarbeiten beschäftigt werden, wenn die infolge der Unterbrechung der Produktion nach Absatz 1 Nr. 14 zulässigen Arbeiten den Einsatz von mehr Arbeitnehmern als bei durchgehender Produktion erfordern.

(3) Abweichend von § 9 dürfen Arbeitnehmer an Sonn- und Feiertagen in Bäckereien und Konditoreien für bis zu drei Stunden mit der Herstellung und dem Austragen oder Ausfahren von Konditorwaren und an diesem Tag zum Verkauf kommenden Bäckerwaren beschäftigt werden.

(4) Sofern die Arbeiten nicht an Werktagen vorgenommen werden können, dürfen Arbeitnehmer zur Durchführung des Eil- und Großbetragszahlungsverkehrs und des Geld-, Devisen-, Wertpapier- und Derivatehandels abweichend von § 9 Abs. 1 an den auf einen Werktag fallenden Feiertagen beschäftigt werden, die nicht in allen Mitgliedstaaten der Europäischen Union Feiertage sind.

§ 11[1] Ausgleich für Sonn- und Feiertagsbeschäftigung. (1) Mindestens 15 Sonntage im Jahr müssen beschäftigungsfrei bleiben.

(2) Für die Beschäftigung an Sonn- und Feiertagen gelten die §§ 3 bis 8 entsprechend, jedoch dürfen durch die Arbeitszeit an Sonn- und Feiertagen die in den §§ 3, 6 Abs. 2 und §§ 7, 21a Abs. 4 bestimmten Höchstarbeitszeiten und Ausgleichszeiträume nicht überschritten werden.

(3) [1] Werden Arbeitnehmer an einem Sonntag beschäftigt, müssen sie einen Ersatzruhetag haben, der innerhalb eines den Beschäftigungstag einschließenden Zeitraums von zwei Wochen zu gewähren ist. [2] Werden Arbeitnehmer an einem auf einen Werktag fallenden Feiertag beschäftigt, müssen sie einen Ersatzruhetag haben, der innerhalb eines den Beschäftigungstag einschließenden Zeitraums von acht Wochen zu gewähren ist.

(4) Die Sonn- oder Feiertagsruhe des § 9 oder der Ersatzruhetag des Absatzes 3 ist den Arbeitnehmern unmittelbar in Verbindung mit einer Ruhezeit nach § 5 zu gewähren, soweit dem technische oder arbeitsorganisatorische Gründe nicht entgegenstehen.

---

[1] § 11 Abs. 2 geänd. mWv 1.9.2006 durch G v. 14.8.2006 (BGBl. I S. 1962).

§ 12[1] Abweichende Regelungen. [1]In einem Tarifvertrag oder auf Grund eines Tarifvertrags in einer Betriebs- oder Dienstvereinbarung kann zugelassen werden,

1. abweichend von § 11 Abs. 1 die Anzahl der beschäftigungsfreien Sonntage in den Einrichtungen des § 10 Abs. 1 Nr. 2, 3, 4 und 10 auf mindestens zehn Sonntage, im Rundfunk, in Theaterbetrieben, Orchestern sowie bei Schaustellungen auf mindestens acht Sonntage, in Filmtheatern und in der Tierhaltung auf mindestens sechs Sonntage im Jahr zu verringern,
2. abweichend von § 11 Abs. 3 den Wegfall von Ersatzruhetagen für auf Werktage fallende Feiertage zu vereinbaren oder Arbeitnehmer innerhalb eines festzulegenden Ausgleichszeitraums beschäftigungsfrei zu stellen,
3. abweichend von § 11 Abs. 1 bis 3 in der Seeschiffahrt die den Arbeitnehmern nach diesen Vorschriften zustehenden freien Tage zusammenhängend zu geben,
4. abweichend von § 11 Abs. 2 die Arbeitszeit in vollkontinuierlichen Schichtbetrieben an Sonn- und Feiertagen auf bis zu zwölf Stunden zu verlängern, wenn dadurch zusätzliche freie Schichten an Sonn- und Feiertagen erreicht werden.[2]

[2]§ 7 Abs. 3 bis 6 findet Anwendung.

§ 13 Ermächtigung, Anordnung, Bewilligung. (1) Die Bundesregierung kann durch Rechtsverordnung mit Zustimmung des Bundesrates zur Vermeidung erheblicher Schäden unter Berücksichtigung des Schutzes der Arbeitnehmer und der Sonn- und Feiertagsruhe

1. die Bereiche mit Sonn- und Feiertagsbeschäftigung nach § 10 sowie die dort zugelassenen Arbeiten näher bestimmen,
2. über die Ausnahmen nach § 10 hinaus weitere Ausnahmen abweichend von § 9
   a) für Betriebe, in denen die Beschäftigung von Arbeitnehmern an Sonn- oder Feiertagen zur Befriedigung täglicher oder an diesen Tagen besonders hervortretender Bedürfnisse der Bevölkerung erforderlich ist,
   b) für Betriebe, in denen Arbeiten vorkommen, deren Unterbrechung oder Aufschub
      aa) nach dem Stand der Technik ihrer Art nach nicht oder nur mit erheblichen Schwierigkeiten möglich ist,
      bb) besondere Gefahren für Leben oder Gesundheit der Arbeitnehmer zur Folge hätte,
      cc) zu erheblichen Belastungen der Umwelt oder der Energie- oder Wasserversorgung führen würde,
   c) aus Gründen des Gemeinwohls, insbesondere auch zur Sicherung der Beschäftigung,

zulassen und die zum Schutz der Arbeitnehmer und der Sonn- und Feiertagsruhe notwendigen Bedingungen bestimmen.

(2) [1]Soweit die Bundesregierung von der Ermächtigung des Absatzes 1 Nr. 2 Buchstabe a keinen Gebrauch gemacht hat, können die Landesregierungen

---

[1] § 12 Einleitung geänd. mWv 1.1.2004 durch G v. 24.12.2003 (BGBl. I S. 3002).
[2] Übergangsregelung für Tarifverträge in § 25.

durch Rechtsverordnung entsprechende Bestimmungen erlassen. [2] Die Landesregierungen können diese Ermächtigung durch Rechtsverordnung auf oberste Landesbehörden übertragen.

(3) Die Aufsichtsbehörde kann

1. feststellen, ob eine Beschäftigung nach § 10 zulässig ist,
2. abweichend von § 9 bewilligen, Arbeitnehmer zu beschäftigen
   a) im Handelsgewerbe an bis zu zehn Sonn- und Feiertagen im Jahr, an denen besondere Verhältnisse einen erweiterten Geschäftsverkehr erforderlich machen,
   b) an bis zu fünf Sonn- und Feiertagen im Jahr, wenn besondere Verhältnisse zur Verhütung eines unverhältnismäßigen Schadens dies erfordern,
   c) an einem Sonntag im Jahr zur Durchführung einer gesetzlich vorgeschriebenen Inventur,

und Anordnungen über die Beschäftigungszeit unter Berücksichtigung der für den öffentlichen Gottesdienst bestimmten Zeit treffen.

(4) Die Aufsichtsbehörde soll abweichend von § 9 bewilligen, daß Arbeitnehmer an Sonn- und Feiertagen mit Arbeiten beschäftigt werden, die aus chemischen, biologischen, technischen oder physikalischen Gründen einen ununterbrochenen Fortgang auch an Sonn- und Feiertagen erfordern.

(5) Die Aufsichtsbehörde hat abweichend von § 9 die Beschäftigung von Arbeitnehmern an Sonn- und Feiertagen zu bewilligen, wenn bei einer weitgehenden Ausnutzung der gesetzlich zulässigen wöchentlichen Betriebszeiten und bei längeren Betriebszeiten im Ausland die Konkurrenzfähigkeit unzumutbar beeinträchtigt ist und durch die Genehmigung von Sonn- und Feiertagsarbeit die Beschäftigung gesichert werden kann.

Vierter Abschnitt. Ausnahmen in besonderen Fällen

§ 14[1)] Außergewöhnliche Fälle. (1) Von den §§ 3 bis 5, 6 Abs. 2, §§ 7, 9 bis 11 darf abgewichen werden bei vorübergehenden Arbeiten in Notfällen und in außergewöhnlichen Fällen, die unabhängig vom Willen der Betroffenen eintreten und deren Folgen nicht auf andere Weise zu beseitigen sind, besonders wenn Rohstoffe oder Lebensmittel zu verderben oder Arbeitsergebnisse zu mißlingen drohen.

(2) Von den §§ 3 bis 5, 6 Abs. 2, §§ 7, 11 Abs. 1 bis 3 und § 12 darf ferner abgewichen werden,

1. wenn eine verhältnismäßig geringe Zahl von Arbeitnehmern vorübergehend mit Arbeiten beschäftigt wird, deren Nichterledigung das Ergebnis der Arbeiten gefährden oder einen unverhältnismäßigen Schaden zur Folge haben würden,
2. bei Forschung und Lehre, bei unaufschiebbaren Vor- und Abschlußarbeiten sowie bei unaufschiebbaren Arbeiten zur Behandlung, Pflege und Betreuung von Personen oder zur Behandlung und Pflege von Tieren an einzelnen Tagen,

wenn dem Arbeitgeber andere Vorkehrungen nicht zugemutet werden können.

[1)] § 14 Abs. 3 angef. mWv 1.1.2004 durch G v. 24.12.2003 (BGBl. I S. 3002); Abs. 4 angef. mWv 28.3.2020 und aufgeh. mWv 1.1.2021 durch G v. 27.3.2020 (BGBl. I S. 575).

(3) Wird von den Befugnissen nach Absatz 1 oder 2 Gebrauch gemacht, darf die Arbeitszeit 48 Stunden wöchentlich im Durchschnitt von sechs Kalendermonaten oder 24 Wochen nicht überschreiten.

§ 15[1] Bewilligung, Ermächtigung. (1) Die Aufsichtsbehörde kann

1. eine von den §§ 3, 6 Abs. 2 und § 11 Abs. 2 abweichende längere tägliche Arbeitszeit bewilligen
   a) für kontinuierliche Schichtbetriebe zur Erreichung zusätzlicher Freischichten,
   b) für Bau- und Montagestellen,
2. eine von den §§ 3, 6 Abs. 2 und § 11 Abs. 2 abweichende längere tägliche Arbeitszeit für Saison- und Kampagnebetriebe für die Zeit der Saison oder Kampagne bewilligen, wenn die Verlängerung der Arbeitszeit über acht Stunden werktäglich durch eine entsprechende Verkürzung der Arbeitszeit zu anderen Zeiten ausgeglichen wird,
3. eine von den §§ 5 und 11 Abs. 2 abweichende Dauer und Lage der Ruhezeit bei Arbeitsbereitschaft, Bereitschaftsdienst und Rufbereitschaft den Besonderheiten dieser Inanspruchnahmen im öffentlichen Dienst entsprechend bewilligen,
4. eine von den §§ 5 und 11 Abs. 2 abweichende Ruhezeit zur Herbeiführung eines regelmäßigen wöchentlichen Schichtwechsels zweimal innerhalb eines Zeitraums von drei Wochen bewilligen.

(2) Die Aufsichtsbehörde kann über die in diesem Gesetz vorgesehenen Ausnahmen hinaus weitergehende Ausnahmen zulassen, soweit sie im öffentlichen Interesse dringend nötig werden.

(2a) Die Bundesregierung kann durch Rechtsverordnung mit Zustimmung des Bundesrates

1. Ausnahmen von den §§ 3, 4, 5 und 6 Absatz 2 sowie von den §§ 9 und 11 für Arbeitnehmer, die besondere Tätigkeiten zur Errichtung, zur Änderung oder zum Betrieb von Bauwerken, künstlichen Inseln oder sonstigen Anlagen auf See (Offshore-Tätigkeiten) durchführen, zulassen und
2. die zum Schutz der in Nummer 1 genannten Arbeitnehmer sowie der Sonn- und Feiertagsruhe notwendigen Bedingungen bestimmen.

(3) Das Bundesministerium der Verteidigung kann in seinem Geschäftsbereich durch Rechtsverordnung mit Zustimmung des Bundesministeriums für Arbeit und Soziales aus zwingenden Gründen der Verteidigung Arbeitnehmer verpflichten, über die in diesem Gesetz und in den auf Grund dieses Gesetzes erlassenen Rechtsverordnungen und Tarifverträgen festgelegten Arbeitszeitgrenzen und -beschränkungen hinaus Arbeit zu leisten.

(3a) Das Bundesministerium der Verteidigung kann in seinem Geschäftsbereich durch Rechtsverordnung im Einvernehmen mit dem Bundesministerium für Arbeit und Soziales für besondere Tätigkeiten der Arbeitnehmer bei den Streitkräften Abweichungen von in diesem Gesetz sowie von in den auf Grund dieses Gesetzes erlassenen Rechtsverordnungen bestimmten Arbeitszeit-

---

[1] § 15 Abs. 3 geänd. mWv 28.11.2003 durch VO v. 25.11.2003 (BGBl. I S. 2304); Abs. 4 angef. mWv 1.1.2004 durch G v. 24.12.2003 (BGBl. I S. 3002); Abs. 3 geänd. mWv 8.11.2006 durch VO v. 31.10.2006 (BGBl. I S. 2407); Abs. 3a eingef. mWv 26.7.2012 durch G v. 21.7.2012 (BGBl. I S. 1583); Abs. 2a eingef. mWv 1.8.2013 durch G v. 20.4.2013 (BGBl. I S. 868).

grenzen und -beschränkungen zulassen, soweit die Abweichungen aus zwingenden Gründen erforderlich sind und die größtmögliche Sicherheit und der bestmögliche Gesundheitsschutz der Arbeitnehmer gewährleistet werden.

(4) Werden Ausnahmen nach Absatz 1 oder 2 zugelassen, darf die Arbeitszeit 48 Stunden wöchentlich im Durchschnitt von sechs Kalendermonaten oder 24 Wochen nicht überschreiten.

Fünfter Abschnitt. Durchführung des Gesetzes

§ 16[1)] Aushang und Arbeitszeitnachweise. (1) Der Arbeitgeber ist verpflichtet, einen Abdruck dieses Gesetzes, der auf Grund dieses Gesetzes erlassenen, für den Betrieb geltenden Rechtsverordnungen und der für den Betrieb geltenden Tarifverträge und Betriebs- oder Dienstvereinbarungen im Sinne des § 7 Abs. 1 bis 3, §§ 12 und 21a Abs. 6 an geeigneter Stelle im Betrieb zur Einsichtnahme auszulegen oder auszuhängen.

(2) [1] Der Arbeitgeber ist verpflichtet, die über die werktägliche Arbeitszeit des § 3 Satz 1 hinausgehende Arbeitszeit der Arbeitnehmer aufzuzeichnen und ein Verzeichnis der Arbeitnehmer zu führen, die in eine Verlängerung der Arbeitszeit gemäß § 7 Abs. 7 eingewilligt haben. [2] Die Nachweise sind mindestens zwei Jahre aufzubewahren.

§ 17[2)] Aufsichtsbehörde. (1) Die Einhaltung dieses Gesetzes und der auf Grund dieses Gesetzes erlassenen Rechtsverordnungen wird von den nach Landesrecht zuständigen Behörden (Aufsichtsbehörden) überwacht.

(2) Die Aufsichtsbehörde kann die erforderlichen Maßnahmen anordnen, die der Arbeitgeber zur Erfüllung der sich aus diesem Gesetz und den auf Grund dieses Gesetzes erlassenen Rechtsverordnungen ergebenden Pflichten zu treffen hat.

(3) Für den öffentlichen Dienst des Bundes sowie für die bundesunmittelbaren Körperschaften, Anstalten und Stiftungen des öffentlichen Rechts werden die Aufgaben und Befugnisse der Aufsichtsbehörde vom zuständigen Bundesministerium oder den von ihm bestimmten Stellen wahrgenommen; das gleiche gilt für die Befugnisse nach § 15 Abs. 1 und 2.

(4) [1] Die Aufsichtsbehörde kann vom Arbeitgeber die für die Durchführung dieses Gesetzes und der auf Grund dieses Gesetzes erlassenen Rechtsverordnungen erforderlichen Auskünfte verlangen. [2] Sie kann ferner vom Arbeitgeber verlangen, die Arbeitszeitnachweise und Tarifverträge oder Betriebs- oder Dienstvereinbarungen im Sinne des § 7 Abs. 1 bis 3, §§ 12 und 21a Abs. 6 sowie andere Arbeitszeitnachweise oder Geschäftsunterlagen, die mittelbar oder unmittelbar Auskunft über die Einhaltung des Arbeitszeitgesetzes geben, vorzulegen oder zur Einsicht einzusenden.

(5) [1] Die Beauftragten der Aufsichtsbehörde sind berechtigt, die Arbeitsstätten während der Betriebs- und Arbeitszeit zu betreten und zu besichtigen; außerhalb dieser Zeit oder wenn sich die Arbeitsstätten in einer Wohnung

---

[1)] § 16 Abs. 1, Abs. 2 Sätze 1 und 2 geänd. mWv 1.1.2004 durch G v. 24.12.2003 (BGBl. I S. 3002); Abs. 1 geänd. mWv 1.9.2006 durch G v. 14.8.2006 (BGBl. I S. 1962).

[2)] § 17 Abs. 4 Satz 2 geänd. mWv 1.1.2004 durch G v. 24.12.2003 (BGBl. I S. 3002); Abs. 4 geänd. mWv 1.9.2006 durch G v. 14.8.2006 (BGBl. I S. 1962); Abs. 4 Satz 2 geänd. mWv 1.1.2021 durch G v. 22.12.2020 (BGBl. I S. 3334).

befinden, dürfen sie ohne Einverständnis des Inhabers nur zur Verhütung von dringenden Gefahren für die öffentliche Sicherheit und Ordnung betreten und besichtigt werden. ²Der Arbeitgeber hat das Betreten und Besichtigen der Arbeitsstätten zu gestatten. ³Das Grundrecht der Unverletzlichkeit der Wohnung (Artikel 13 des Grundgesetzes) wird insoweit eingeschränkt.

(6) Der zur Auskunft Verpflichtete kann die Auskunft auf solche Fragen verweigern, deren Beantwortung ihn selbst oder einen der in § 383 Abs. 1 Nr. 1 bis 3 der Zivilprozeßordnung bezeichneten Angehörigen der Gefahr strafrechtlicher Verfolgung oder eines Verfahrens nach dem Gesetz über Ordnungswidrigkeiten[1] aussetzen würde.

Sechster Abschnitt. Sonderregelungen

§ 18[2] Nichtanwendung des Gesetzes. (1) Dieses Gesetz ist nicht anzuwenden auf

1. leitende Angestellte im Sinne des § 5 Abs. 3 des Betriebsverfassungsgesetzes sowie Chefärzte,
2. Leiter von öffentlichen Dienststellen und deren Vertreter sowie Arbeitnehmer im öffentlichen Dienst, die zu selbständigen Entscheidungen in Personalangelegenheiten befugt sind,
3. Arbeitnehmer, die in häuslicher Gemeinschaft mit den ihnen anvertrauten Personen zusammenleben und sie eigenverantwortlich erziehen, pflegen oder betreuen,
4. den liturgischen Bereich der Kirchen und der Religionsgemeinschaften.

(2) Für die Beschäftigung von Personen unter 18 Jahren gilt anstelle dieses Gesetzes das Jugendarbeitsschutzgesetz.

(3) Für die Beschäftigung von Arbeitnehmern als Besatzungsmitglieder auf Kauffahrteischiffen im Sinne des § 3 des Seearbeitsgesetzes gilt anstelle dieses Gesetzes das Seearbeitsgesetz.

§ 19 Beschäftigung im öffentlichen Dienst. Bei der Wahrnehmung hoheitlicher Aufgaben im öffentlichen Dienst können, soweit keine tarifvertragliche Regelung besteht, durch die zuständige Dienstbehörde die für Beamte geltenden Bestimmungen über die Arbeitszeit auf die Arbeitnehmer übertragen werden; insoweit finden die §§ 3 bis 13 keine Anwendung.

§ 20 Beschäftigung in der Luftfahrt. Für die Beschäftigung von Arbeitnehmern als Besatzungsmitglieder von Luftfahrzeugen gelten anstelle der Vorschriften dieses Gesetzes über Arbeits- und Ruhezeiten die Vorschriften über Flug-, Flugdienst- und Ruhezeiten der Zweiten Durchführungsverordnung zur Betriebsordnung für Luftfahrtgerät in der jeweils geltenden Fassung.

§ 21[3] Beschäftigung in der Binnenschiffahrt. (1) ¹Die Bundesregierung kann durch Rechtsverordnung mit Zustimmung des Bundesrates, auch zur Umsetzung zwischenstaatlicher Vereinbarungen oder Rechtsakten der Europäi-

---

[1] Nr. **680**.

[2] § 18 Abs. 4 aufgeh. mWv 1.11.1996 durch G v. 30.7.1996 (BGBl. I S. 1186); Abs. 3 neu gef. mWv 1.8.2013 durch G v. 20.4.2013 (BGBl. I S. 868).

[3] § 21 neu gef. mWv 17.11.2016 durch G v. 11.11.2016 (BGBl. I S. 2500).

schen Union, abweichend von den Vorschriften dieses Gesetzes die Bedingungen für die Arbeitszeitgestaltung von Arbeitnehmern, die als Mitglied der Besatzung oder des Bordpersonals an Bord eines Fahrzeugs in der Binnenschifffahrt beschäftigt sind, regeln, soweit dies erforderlich ist, um den besonderen Bedingungen an Bord von Binnenschiffen Rechnung zu tragen. [2] Insbesondere können in diesen Rechtsverordnungen die notwendigen Bedingungen für die Sicherheit und den Gesundheitsschutz im Sinne des § 1, einschließlich gesundheitlicher Untersuchungen hinsichtlich der Auswirkungen der Arbeitszeitbedingungen auf einem Schiff in der Binnenschifffahrt, sowie die notwendigen Bedingungen für den Schutz der Sonn- und Feiertagsruhe bestimmt werden. [3] In Rechtsverordnungen nach Satz 1 kann ferner bestimmt werden, dass von den Vorschriften der Rechtsverordnung durch Tarifvertrag abgewichen werden kann.

(2) [1] Soweit die Bundesregierung von der Ermächtigung des Absatzes 1 keinen Gebrauch macht, gelten die Vorschriften dieses Gesetzes für das Fahrpersonal auf Binnenschiffen, es sei denn, binnenschifffahrtsrechtliche Vorschriften über Ruhezeiten stehen dem entgegen. [2] Bei Anwendung des Satzes 1 kann durch Tarifvertrag von den Vorschriften dieses Gesetzes abgewichen werden, um der Eigenart der Binnenschifffahrt Rechnung zu tragen.

§ 21a[1)] Beschäftigung im Straßentransport. (1) [1] Für die Beschäftigung von Arbeitnehmern als Fahrer oder Beifahrer bei Straßenverkehrstätigkeiten im Sinne der Verordnung (EG) Nr. 561/2006[2)] des Europäischen Parlaments und des Rates vom 15. März 2006 zur Harmonisierung bestimmter Sozialvorschriften im Straßenverkehr und zur Änderung der Verordnungen (EWG) Nr. 3821/85 und (EG) Nr. 2135/98 des Rates sowie zur Aufhebung der Verordnung (EWG) Nr. 3820/85 des Rates (ABl. EG Nr. L 102 S. 1) oder des Europäischen Übereinkommens über die Arbeit des im internationalen Straßenverkehr beschäftigten Fahrpersonals (AETR)[3)] vom 1. Juli 1970 (BGBl. II 1974 S. 1473) in ihren jeweiligen Fassungen gelten die Vorschriften dieses Gesetzes, soweit nicht die folgenden Absätze abweichende Regelungen enthalten. [2] Die Vorschriften der Verordnung (EG) Nr. 561/2006 und des AETR bleiben unberührt.

(2) Eine Woche im Sinne dieser Vorschriften ist der Zeitraum von Montag 0 Uhr bis Sonntag 24 Uhr.

(3) [1] Abweichend von § 2 Abs. 1 ist keine Arbeitszeit:

1. die Zeit, während derer sich ein Arbeitnehmer am Arbeitsplatz bereithalten muss, um seine Tätigkeit aufzunehmen,
2. die Zeit, während derer sich ein Arbeitnehmer bereithalten muss, um seine Tätigkeit auf Anweisung aufnehmen zu können, ohne sich an seinem Arbeitsplatz aufhalten zu müssen;
3. für Arbeitnehmer, die sich beim Fahren abwechseln, die während der Fahrt neben dem Fahrer oder in einer Schlafkabine verbrachte Zeit.

[2] Für die Zeiten nach Satz 1 Nr. 1 und 2 gilt dies nur, wenn der Zeitraum und dessen voraussichtliche Dauer im Voraus, spätestens unmittelbar vor Beginn des

---

[1)] § 21a eingef. mWv 1.9.2006 durch G v. 14.8.2006 (BGBl. I S. 1962); Abs. 1 Sätze 1 und 2 geänd. mWv 11.4.2007 durch G v. 14.8.2006 (BGBl. I S. 1962).

[2)] Nr. **565**.

[3)] Nr. **550**.

betreffenden Zeitraums bekannt ist. [3]Die in Satz 1 genannten Zeiten sind keine Ruhezeiten. [4]Die in Satz 1 Nr. 1 und 2 genannten Zeiten sind keine Ruhepausen.

(4) [1]Die Arbeitszeit darf 48 Stunden wöchentlich nicht überschreiten. [2]Sie kann auf bis zu 60 Stunden verlängert werden, wenn innerhalb von vier Kalendermonaten oder 16 Wochen im Durchschnitt 48 Stunden wöchentlich nicht überschritten werden.

(5) [1]Die Ruhezeiten bestimmen sich nach den Vorschriften der Europäischen Gemeinschaften für Kraftfahrer und Beifahrer sowie nach dem AETR. [2]Dies gilt auch für Auszubildende und Praktikanten.

(6) [1]In einem Tarifvertrag oder auf Grund eines Tarifvertrags in einer Betriebs- oder Dienstvereinbarung kann zugelassen werden,

1. nähere Einzelheiten zu den in Absatz 3 Satz 1 Nr. 1, 2 und Satz 2 genannten Voraussetzungen zu regeln,
2. abweichend von Absatz 4 sowie den §§ 3 und 6 Abs. 2 die Arbeitszeit festzulegen, wenn objektive, technische oder arbeitszeitorganisatorische Gründe vorliegen. Dabei darf die Arbeitszeit 48 Stunden wöchentlich im Durchschnitt von sechs Kalendermonaten nicht überschreiten.

[2]§ 7 Abs. 1 Nr. 2 und Abs. 2a gilt nicht. [3]§ 7 Abs. 3 gilt entsprechend.

(7) [1]Der Arbeitgeber ist verpflichtet, die Arbeitszeit der Arbeitnehmer aufzuzeichnen. [2]Die Aufzeichnungen sind mindestens zwei Jahre aufzubewahren. [3]Der Arbeitgeber hat dem Arbeitnehmer auf Verlangen eine Kopie der Aufzeichnungen seiner Arbeitszeit auszuhändigen.

(8) [1]Zur Berechnung der Arbeitszeit fordert der Arbeitgeber den Arbeitnehmer schriftlich auf, ihm eine Aufstellung der bei einem anderen Arbeitgeber geleisteten Arbeitszeit vorzulegen. [2]Der Arbeitnehmer legt diese Angaben schriftlich vor.

Siebter Abschnitt. Straf- und Bußgeldvorschriften

§ 22[1)] Bußgeldvorschriften. (1) Ordnungswidrig handelt, wer als Arbeitgeber vorsätzlich oder fahrlässig

1. entgegen §§ 3, 6 Abs. 2 oder § 21a Abs. 4, jeweils auch in Verbindung mit § 11 Abs. 2, einen Arbeitnehmer über die Grenzen der Arbeitszeit hinaus beschäftigt,
2. entgegen § 4 Ruhepausen nicht, nicht mit der vorgeschriebenen Mindestdauer oder nicht rechtzeitig gewährt,
3. entgegen § 5 Abs. 1 die Mindestruhezeit nicht gewährt oder entgegen § 5 Abs. 2 die Verkürzung der Ruhezeit durch Verlängerung einer anderen Ruhezeit nicht oder nicht rechtzeitig ausgleicht,
4. einer Rechtsverordnung nach § 8 Satz 1, § 13 Abs. 1 oder 2, § 15 Absatz 2a Nummer 2, § 21 Absatz 1 oder § 24 zuwiderhandelt, soweit sie für einen bestimmten Tatbestand auf diese Bußgeldvorschrift verweist,

---

[1)] § 22 Abs. 2 geänd. mWv 1.1.2002 durch G v. 21.12.2000 (BGBl. I S. 1983); Abs. 1 Nr. 1 und 9 geänd. mWv 1.9.2006 durch G v. 14.8.2006 (BGBl. I S. 1962); Abs. 1 Nr. 4 geänd. mWv 1.8.2013 durch G v. 20.4.2013 (BGBl. I S. 868); Abs. 1 Nr. 4 geänd. mWv 17.11.2016 durch G v. 11.11.2016 (BGBl. I S. 2500); Abs. 2 geänd. mWv 1.1.2021 durch G v. 22.12.2020 (BGBl. I S. 3334).

5. entgegen § 9 Abs. 1 einen Arbeitnehmer an Sonn- oder Feiertagen beschäftigt,
6. entgegen § 11 Abs. 1 einen Arbeitnehmer an allen Sonntagen beschäftigt oder entgegen § 11 Abs. 3 einen Ersatzruhetag nicht oder nicht rechtzeitig gewährt,
7. einer vollziehbaren Anordnung nach § 13 Abs. 3 Nr. 2 zuwiderhandelt,
8. entgegen § 16 Abs. 1 die dort bezeichnete Auslage oder den dort bezeichneten Aushang nicht vornimmt,
9. entgegen § 16 Abs. 2 oder § 21a Abs. 7 Aufzeichnungen nicht oder nicht richtig erstellt oder nicht für die vorgeschriebene Dauer aufbewahrt oder
10. entgegen § 17 Abs. 4 eine Auskunft nicht, nicht richtig oder nicht vollständig erteilt, Unterlagen nicht oder nicht vollständig vorlegt oder nicht einsendet oder entgegen § 17 Abs. 5 Satz 2 eine Maßnahme nicht gestattet.

(2) Die Ordnungswidrigkeit kann in den Fällen des Absatzes 1 Nr. 1 bis 7, 9 und 10 mit einer Geldbuße bis zu dreißigtausend Euro, in den Fällen des Absatzes 1 Nr. 8 mit einer Geldbuße bis zu fünftausend Euro geahndet werden.

§ 23 Strafvorschriften. (1) Wer eine der in § 22 Abs. 1 Nr. 1 bis 3, 5 bis 7 bezeichneten Handlungen

1. vorsätzlich begeht und dadurch Gesundheit oder Arbeitskraft eines Arbeitnehmers gefährdet oder
2. beharrlich wiederholt,

wird mit Freiheitsstrafe bis zu einem Jahr oder mit Geldstrafe bestraft.

(2) Wer in den Fällen des Absatzes 1 Nr. 1 die Gefahr fahrlässig verursacht, wird mit Freiheitsstrafe bis zu sechs Monaten oder mit Geldstrafe bis zu 180 Tagessätzen bestraft.

Achter Abschnitt. Schlußvorschriften

§ 24 Umsetzung von zwischenstaatlichen Vereinbarungen und Rechtsakten der EG. Die Bundesregierung kann mit Zustimmung des Bundesrates zur Erfüllung von Verpflichtungen aus zwischenstaatlichen Vereinbarungen oder zur Umsetzung von Rechtsakten des Rates oder der Kommission der Europäischen Gemeinschaften, die Sachbereiche dieses Gesetzes betreffen, Rechtsverordnungen nach diesem Gesetz erlassen.

§ 25[1] Übergangsregelung für Tarifverträge. [1] Enthält ein am 1. Januar 2004 bestehender oder nachwirkender Tarifvertrag abweichende Regelungen nach § 7 Abs. 1 oder 2 oder § 12 Satz 1, die den in diesen Vorschriften festgelegten Höchstrahmen überschreiten, bleiben diese tarifvertraglichen Bestimmungen bis zum 31. Dezember 2006 unberührt. [2] Tarifverträgen nach Satz 1 stehen durch Tarifvertrag zugelassene Betriebsvereinbarungen sowie Regelungen nach § 7 Abs. 4 gleich.

§ 26[2] *(aufgehoben)*

---

[1] § 25 neu gef. mWv 1.1.2004 durch G v. 24.12.2003 (BGBl. I S. 3002); Satz 1 geänd. mWv 31.12.2005 durch G v. 22.12.2005 (BGBl. I S. 3676).

[2] § 26 aufgeh. mWv 1.1.2004 durch G v. 24.12.2003 (BGBl. I S. 3002).

560. Gesetz zur Regelung der Arbeitszeit von selbständigen Kraftfahrern

Vom 11. Juli 2012

(BGBl. I S. 1479)

FNA 9231-12

geänd. durch Art. 3 G zur Änd. des GüterkraftverkehrsG, des FahrpersonalG, des G zur Regelung der Arbeitszeit von selbständigen Kraftfahrern, des StraßenverkehrsG und des G über die Errichtung eines Kraftfahrt-Bundesamtes v. 16.5.2017 (BGBl. I S. 1214)

§ 1 Anwendungsbereich. [1]Dieses Gesetz regelt die Arbeitszeit von selbständigen Kraftfahrern im Sinne von Artikel 3 Buchstabe e der Richtlinie 2002/15/EG des Europäischen Parlaments und des Rates vom 11. März 2002 zur Regelung der Arbeitszeit von Personen, die hauptsächlich Fahrtätigkeiten im Bereich des Straßentransports ausüben (ABl. L 80 vom 23.3.2002, S. 35) bei Beförderungen im Straßenverkehr im Sinne der Verordnung (EG) Nr. 561/2006[1)] des Europäischen Parlaments und des Rates vom 15. März 2006 zur Harmonisierung bestimmter Sozialvorschriften im Straßenverkehr und zur Änderung der Verordnungen (EWG) Nr. 3821/85 und (EG) Nr. 2135/98 des Rates sowie zur Aufhebung der Verordnung (EWG) Nr. 3820/85 des Rates (ABl. L 102 vom 11.4.2006, S. 1) oder des Europäischen Übereinkommens vom 1. Juli 1970 über die Arbeit des im internationalen Straßenverkehr beschäftigten Fahrpersonals (AETR) (BGBl. 1974 II S. 1473, 1475). [2]Die Vorschriften der Verordnung (EG) Nr. 561/2006 und des AETR bleiben unberührt.

§ 2 Begriffsbestimmungen. (1) Arbeitszeit im Sinne dieses Gesetzes ist die Zeitspanne zwischen Arbeitsbeginn und Arbeitsende ohne Ruhepausen, in der sich der selbständige Kraftfahrer an seinem Arbeitsplatz befindet, dem Kunden zur Verfügung steht und während der er seine Funktionen und Tätigkeiten ausübt; dies umfasst nicht allgemeine administrative Tätigkeiten, die keinen direkten Zusammenhang mit der gerade ausgeführten spezifischen Transporttätigkeit aufweisen.

(2) [1]Abweichend von Absatz 1 ist keine Arbeitszeit

1. die Zeit, während der sich der selbständige Kraftfahrer entsprechend der Vereinbarung mit dem Kunden am Arbeitsplatz bereithalten muss, um seine Tätigkeit aufzunehmen;
2. die Zeit, während der sich der selbständige Kraftfahrer nach der Vereinbarung mit dem Kunden bereithalten muss, um seine Tätigkeit aufnehmen zu können, ohne sich an seinem Arbeitsplatz aufhalten zu müssen;
3. die während der Fahrt neben dem Fahrer oder in einer Schlafkabine verbrachte Zeit, wenn sich der selbständige Kraftfahrer mit einem anderen Fahrer beim Fahren abwechselt.

[2]Für die Zeiten nach Satz 1 Nummer 1 und 2 gilt dies nur, wenn der Zeitraum und dessen voraussichtliche Dauer im Voraus, spätestens unmittel-

---

1) Nr. **565**.

bar vor Beginn des betreffenden Zeitraums bekannt sind. [3] Die in Satz 1 genannten Zeiten sind keine Ruhezeiten. [4] Die in Satz 1 Nummer 1 und 2 genannten Zeiten sind keine Ruhepausen.

(3) Nachtarbeit ist jede Arbeit zwischen 0 Uhr und 4 Uhr.

(4) Eine Woche umfasst den Zeitraum von Montag 0 Uhr bis Sonntag 24 Uhr.

§ 3 Arbeitszeit. (1) [1] Der selbständige Kraftfahrer darf eine Arbeitszeit von 48 Stunden wöchentlich nicht überschreiten. [2] Er kann seine Arbeitszeit auf bis zu 60 Stunden verlängern, wenn er innerhalb von vier Kalendermonaten im Durchschnitt nicht mehr als 48 Stunden wöchentlich arbeitet.

(2) Leistet der selbständige Kraftfahrer Nachtarbeit, darf er in einem Zeitraum von jeweils 24 Stunden nicht länger als zehn Stunden arbeiten.

§ 4 Ruhezeiten. Die täglichen und wöchentlichen Ruhezeiten bestimmen sich nach den Vorschriften der Europäischen Gemeinschaften für Kraftfahrer sowie nach dem AETR.

§ 5 Ruhepause. [1] Ein selbständiger Kraftfahrer darf nicht länger als sechs Stunden hintereinander ohne Ruhepause arbeiten. [2] Die Arbeit ist durch Ruhepausen von mindestens 30 Minuten bei einer Arbeitszeit von mehr als sechs bis zu neun Stunden und 45 Minuten bei einer Arbeitszeit von mehr als neun Stunden insgesamt zu unterbrechen. [3] Die Ruhepausen nach Satz 2 können in Zeitabschnitte von jeweils mindestens 15 Minuten aufgeteilt werden.

§ 6[1)] Aufzeichnungspflicht. [1] Der selbständige Kraftfahrer ist verpflichtet, seine Arbeitszeit täglich aufzuzeichnen, soweit sie nicht durch einen Fahrtenschreiber nach der Verordnung (EU) Nr. 165/2014[2)] des Europäischen Parlaments und des Rates vom 4. Februar 2014 über Fahrtenschreiber im Straßenverkehr, zur Aufhebung der Verordnung (EWG) Nr. 3821/85 des Rates über das Kontrollgerät im Straßenverkehr und zur Änderung der Verordnung (EG) Nr. 561/2006 des Europäischen Parlaments und des Rates zur Harmonisierung bestimmter Sozialvorschriften im Straßenverkehr (ABl. L 60 vom 28.2.2014, S. 1) aufgezeichnet wird. [2] Die Aufzeichnungspflicht gilt nicht für allgemeine administrative Tätigkeiten, die keinen direkten Zusammenhang mit der gerade ausgeführten spezifischen Transporttätigkeit aufweisen. [3] Die Aufzeichnungen sind ab Erstellung mindestens zwei Jahre aufzubewahren.

§ 7 Aufsichtsbehörden. (1) Die Einhaltung dieses Gesetzes wird von den nach Landesrecht zuständigen Behörden (Aufsichtsbehörden) überwacht.

(2) Die Aufsichtsbehörde kann die erforderlichen Maßnahmen anordnen, die der selbständige Kraftfahrer zur Erfüllung der sich aus diesem Gesetz ergebenden Pflichten zu treffen hat.

(3) [1] Die Aufsichtsbehörde kann vom selbständigen Kraftfahrer die für die Durchführung dieses Gesetzes erforderlichen Auskünfte verlangen. [2] Sie kann

---

1) § 6 Satz 1 geänd. mWv 25.5.2017 durch G v. 16.5.2017 (BGBl. I S. 1214).
2) Nr. **580**.

insbesondere vom selbständigen Kraftfahrer verlangen, die Aufzeichnungen nach § 6 vorzulegen oder zur Einsicht einzusenden.

(4) [1] Die Beauftragten der Aufsichtsbehörde sind berechtigt, die Arbeitsstätten während der Betriebs- und Arbeitszeit zur Prüfung der Einhaltung dieses Gesetzes zu betreten; außerhalb dieser Zeit oder wenn sich die Arbeitsstätten in einer Wohnung befinden, dürfen sie ohne Einverständnis des Inhabers nur zur Verhütung von dringenden Gefahren für die öffentliche Sicherheit und Ordnung betreten werden. [2] Der selbständige Kraftfahrer hat das Betreten der Arbeitsstätten zu gestatten. [3] Das Grundrecht der Unverletzlichkeit der Wohnung (Artikel 13 des Grundgesetzes) wird insoweit eingeschränkt.

(5) Für die zur Auskunft verpflichtete Person gilt § 55 der Strafprozessordnung[1)] entsprechend.

§ 8 Bußgeldvorschriften. (1) Ordnungswidrig handelt, wer vorsätzlich oder fahrlässig

1. entgegen § 3 Absatz 1 Satz 1 die wöchentliche Arbeitszeit überschreitet,
2. entgegen § 3 Absatz 2 länger als zehn Stunden arbeitet,
3. entgegen § 5 Satz 1 länger als sechs Stunden hintereinander arbeitet,
4. entgegen § 5 Satz 2 die Arbeit nicht oder nicht richtig unterbricht,
5. entgegen § 6 Satz 1 oder Satz 3 eine Aufzeichnung nicht, nicht richtig, nicht vollständig oder nicht rechtzeitig erstellt oder nicht oder nicht mindestens zwei Jahre aufbewahrt,
6. einer vollziehbaren Anordnung nach § 7 Absatz 2 oder Absatz 3 zuwiderhandelt oder
7. entgegen § 7 Absatz 4 Satz 2 das Betreten der Arbeitsstätte nicht gestattet.

(2) Die Ordnungswidrigkeit kann in den Fällen des Absatzes 1 Nummer 1, 2, 3 und 4 mit einer Geldbuße bis zu zehntausend Euro und in den übrigen Fällen mit einer Geldbuße bis zu fünftausend Euro geahndet werden.

§ 9 Inkrafttreten. Dieses Gesetz tritt am 1. November 2012 in Kraft.

---

1) Nr. **675**.

565. Verordnung (EG) Nr. 561/2006 des Europäischen Parlaments und des Rates vom 15. März 2006 zur Harmonisierung bestimmter Sozialvorschriften im Straßenverkehr und zur Änderung der Verordnungen (EWG) Nr. 3821/85 und (EG) Nr. 2135/98 des Rates sowie zur Aufhebung der Verordnung (EWG) Nr. 3820/85 des Rates [1)] [2)][3)]

(Text von Bedeutung für den EWR)

(ABl. L 102 S. 1, ber. ABl. 2009 L 70 S. 19, ABl. 2015 L 101 S. 62, ABl. 2016 L 195 S. 83)

Celex-Nr. 3 2006 R 0561

geänd. durch Art. 29 ÄndVO (EG) 1073/2009 v. 21.10.2009 (ABl. L 300 S. 88), Art. 45 ÄndVO (EU) 165/2014 v. 4.2.2014 (ABl. L 60 S. 1) und Art. 1 VO (EU) 2020/1054 v. 15.7.2020 (ABl. L 249 S. 1)

DER RAT DER EUROPÄISCHEN GEMEINSCHAFTEN –

gestützt auf den Vertrag zur Gründung der Europäischen Gemeinschaft[4)], insbesondere auf Artikel 71[5)],

auf Vorschlag der Kommission[6)],

nach Stellungnahme des Europäischen Wirtschafts- und Sozialausschusses[7)],

nach Anhörung des Ausschusses der Regionen,

gemäß dem Verfahren des Artikels 251 des Vertrags[8)][9)], im Hinblick auf den vom Vermittlungsausschuss am 8. Dezember 2005 gebilligten Gemeinsamen Entwurf,

in Erwägung nachstehender Gründe:

(1) Durch die Verordnung (EWG) Nr. 3820/85 des Rates vom 20. Dezember 1985 über die Harmonisierung bestimmter Sozialvorschriften im Straßenverkehr[10)] sollten die Wettbewerbsbedingungen zwischen Binnenverkehrs-

---

[1)] Inkrafttreten dieser VO am 11.4.2007 mit Ausnahme des Art. 10 Abs. 5, der bereits am 1.5.2006 in Kraft getreten ist, vgl. Art. 29.

[2)] Zur Fortgeltung des Art. 5 der Verordnung (EWG) Nr. 3820/85 v. 20.12.1985 (ABl. L 370 S. 1), aufgeh. durch VO v. 15.3.2006 (ABl. L 102 S. 1) siehe die Übergangsvorschriften in Art. 28 Abs. 2.

[3)] Die Änderungen durch VO v. 15.7.2020 (ABl. L 249 S. 1) treten teilweise erst **mWv 31.12.2024** in Kraft und sind im Text insoweit noch nicht berücksichtigt.

[4)] Nunmehr Vertrag über die Arbeitsweise der Europäischen Union durch Vertrag von Lissabon v. 13.12.2007 (ABl. C 306 S. 1).

[5)] Nunmehr Art. 91 AEUV durch Vertrag von Lissabon v. 13.12.2007 (ABl. C 306 S. 1).

[6)] **Amtl. Anm.:** ABl. C 51 E vom 26.2.2002, S. 234.

[7)] **Amtl. Anm.:** ABl. C 221 vom 17.9.2002, S. 19.

[8)] Nunmehr Art. 294 AEUV durch Vertrag von Lissabon v. 13.12.2007 (ABl. C 306 S. 1).

[9)] **Amtl. Anm.:** Stellungnahme des Europäischen Parlaments vom 14. Januar 2003 (ABl. C 38 E vom 12.2.2004, S. 152), Gemeinsamer Standpunkt des Rates vom 9. Dezember 2004 (ABl. C 63 E vom 15.3.2005, S. 11) und Standpunkt des Europäischen Parlaments vom 13. April 2005 (ABl. C 33 E vom 9.2.2006, S. 425). Legislative Entschließung des Europäischen Parlaments vom 2. Februar 2006 und Beschluss des Rates vom 2. Februar 2006.

[10)] **Amtl. Anm.:** ABl. L 370 vom 31.12.1985, S. 1. Geändert durch die Richtlinie 2003/59/EG des Europäischen Parlaments und des Rates (ABl. L 226 vom 10.9.2003, S. 4).

trägern, insbesondere im Straßenverkehrsgewerbe, harmonisiert und die Arbeitsbedingungen und die Sicherheit im Straßenverkehr verbessert werden. Die in diesen Bereichen erzielten Fortschritte sollten gewahrt und ausgebaut werden.

(2) Nach der Richtlinie 2002/15/EG des Europäischen Parlaments und des Rates vom 11. März 2002 zur Regelung der Arbeitszeit von Personen, die Fahrtätigkeiten im Bereich des Straßentransports ausüben[1], sind die Mitgliedstaaten verpflichtet, Maßnahmen zur Beschränkung der wöchentlichen Höchstarbeitszeit des Fahrpersonals zu erlassen.

(3) Es hat sich als schwierig erwiesen, gewisse Bestimmungen der Verordnung (EWG) Nr. 3820/85 über Lenkzeiten, Fahrtunterbrechungen und Ruhezeiten von Fahrern im nationalen und grenzüberschreitenden Straßenverkehr innerhalb der Gemeinschaft in allen Mitgliedstaaten einheitlich auszulegen, anzuwenden, durchzusetzen und zu überwachen, weil die Bestimmungen zu allgemein gehalten sind.

(4) Eine wirksame und einheitliche Durchführung dieser Bestimmungen ist wünschenswert, damit ihre Ziele erreicht werden und ihre Anwendung nicht in Misskredit gerät. Daher sind klarere und einfachere Vorschriften nötig, die sowohl vom Straßenverkehrsgewerbe als auch den Vollzugsbehörden leichter zu verstehen, auszulegen und anzuwenden sind.

(5) Durch die in dieser Verordnung vorgesehenen Maßnahmen in Bezug auf die Arbeitsbedingungen sollte das Recht der Sozialpartner, im Zuge von Tarifverhandlungen oder in anderer Weise günstigere Bedingungen für die Arbeitnehmer festzulegen, nicht beeinträchtigt werden.

(6) Es ist wünschenswert, den Geltungsbereich dieser Verordnung klar zu bestimmen, indem die Hauptarten der von ihr erfassten Fahrzeuge aufgeführt werden.

(7) Diese Verordnung sollte für Beförderungen im Straßenverkehr, die entweder ausschließlich innerhalb der Gemeinschaft oder aber zwischen der Gemeinschaft, der Schweiz und den Vertragsstaaten des Abkommens über den Europäischen Wirtschaftsraum getätigt werden, gelten.

(8) Das Europäische Übereinkommen über die Arbeit des im internationalen Straßenverkehr beschäftigten Fahrpersonals[2] (im Folgenden „AETR" genannt) vom 1. Juli 1970 in seiner geänderten Fassung sollte weiterhin Anwendung finden auf die Beförderung von Gütern und Personen im Straßenverkehr mit Fahrzeugen, die in einem Mitgliedstaat oder einem Staat, der Vertragspartei des AETR ist, zugelassen sind, und zwar für die gesamte Strecke von Fahrten zwischen der Gemeinschaft und einem Drittstaat außer der Schweiz und der Vertragsstaaten des Abkommens über den Europäischen Wirtschaftsraum oder durch einen solchen Staat hindurch. Es ist unabdingbar, dass das AETR so schnell wie möglich, im

(Fortsetzung nächstes Blatt)

---

[1] **Amtl. Anm.:** ABl. L 80 vom 23.3.2002, S. 35.
[2] Nr. **550**.

Idealfall innerhalb von zwei Jahren nach Inkrafttreten dieser Verordnung, geändert wird, um dessen Bestimmungen an diese Verordnung anzupassen.

(9) Bei Beförderungen im Straßenverkehr mit Fahrzeugen, die in einem Drittstaat zugelassen sind, der nicht Vertragspartei des AETR ist, sollte das AETR für den Teil der Fahrstrecke gelten, der innerhalb der Gemeinschaft oder innerhalb von Staaten liegt, die Vertragsparteien des AETR sind.

(10) Da der Gegenstand des AETR in den Geltungsbereich dieser Verordnung fällt, ist die Gemeinschaft für die Aushandlung und den Abschluss dieses Übereinkommens zuständig.

(11) Erfordert eine Änderung der innergemeinschaftlichen Regeln auf dem betreffenden Gebiet eine entsprechende Änderung des AETR, so sollten die Mitgliedstaaten gemeinsam handeln, um eine solche Änderung des AETR nach dem darin vorgesehenen Verfahren so schnell wie möglich zu erreichen.

(12) Das Verzeichnis der Ausnahmen sollte aktualisiert werden, um den Entwicklungen im Kraftverkehrssektor im Laufe der letzten neunzehn Jahre Rechnung zu tragen.

(13) Alle wesentlichen Begriffe sollten umfassend definiert werden, um die Auslegung zu erleichtern und eine einheitliche Anwendung dieser Verordnung zu gewährleisten. Daneben muss eine einheitliche Auslegung und Anwendung dieser Verordnung seitens der einzelstaatlichen Kontrollbehörden angestrebt werden. Die Definition des Begriffs „Woche" in dieser Verordnung sollte Fahrer nicht daran hindern, ihre Arbeitswoche an jedem beliebigen Tag der Woche aufzunehmen.

(14) Um eine wirksame Durchsetzung zu gewährleisten, ist es von wesentlicher Bedeutung, dass die zuständigen Behörden bei Straßenkontrollen nach einer Übergangszeit in der Lage sein sollten, die ordnungsgemäße Einhaltung der Lenk- und Ruhezeiten des laufenden Tages und der vorausgehenden 28 Tage zu kontrollieren.

(15) Die grundlegenden Vorschriften über die Lenkzeiten müssen klarer und einfacher werden, um eine wirksame und einheitliche Durchsetzung mit Hilfe des digitalen Fahrtenschreibers nach der Verordnung (EWG) Nr. 3821/85 des Rates vom 20. Dezember 1985 über das Kontrollgerät im Straßenverkehr[1] und der vorliegenden Verordnung zu ermöglichen. Außerdem sollten sich die Vollzugsbehörden der Mitgliedstaaten in einem Ständigen Ausschuss um Einvernehmen über die Durchführung dieser Verordnung bemühen.

(16) Nach den Vorschriften der Verordnung (EWG) Nr. 3820/85 war es möglich, die täglichen Lenkzeiten und Fahrtunterbrechungen so zu planen, dass Fahrer zu lange ohne eine vollständige Fahrtunterbrechung fahren konnten, was zu Beeinträchtigungen der Straßenverkehrssicherheit und schlechteren Arbeitsbedingungen für die Fahrer geführt hat. Es ist daher angebracht, sicherzustellen, dass aufgeteilte Fahrtunterbrechungen so angeordnet werden, dass Missbrauch verhindert wird.

---

[1] **Amtl. Anm.:** ABl. L 370 vom 31.12.1985, S. 8. Zuletzt geändert durch die Verordnung (EG) Nr. 432/2004 der Kommission (ABl. L 71 vom 10.3.2004, S. 3).

(17) Mit dieser Verordnung sollen die sozialen Bedingungen für die von ihr erfassten Arbeitnehmer sowie die allgemeine Straßenverkehrssicherheit verbessert werden. Dazu dienen insbesondere die Bestimmungen über die maximale Lenkzeit pro Tag, pro Woche und pro Zeitraum von zwei aufeinander folgenden Wochen, die Bestimmung über die Verpflichtung der Fahrer, mindestens einmal in jedem Zeitraum von zwei aufeinander folgenden Wochen eine regelmäßige wöchentliche Ruhezeit zu nehmen, und die Bestimmungen, wonach eine tägliche Ruhezeit unter keinen Umständen einen ununterbrochenen Zeitraum von neun Stunden unterschreiten sollte. Da diese Bestimmungen angemessene Ruhepausen garantieren, ist unter Berücksichtigung der Erfahrungen mit der praktischen Durchführung in den vergangenen Jahren ein Ausgleichssystem für reduzierte tägliche Ruhezeiten nicht mehr notwendig.

(18) Viele Beförderungen im innergemeinschaftlichen Straßenverkehr enthalten Streckenabschnitte, die mit Fähren oder auf der Schiene zurückgelegt werden. Für solche Beförderungen sollten deshalb klare und sachgemäße Bestimmungen über die täglichen Ruhezeiten und Fahrtunterbrechungen festgelegt werden.

(19) Angesichts der Zunahme des grenzüberschreitenden Güter- und Personenverkehrs ist es im Interesse der Straßenverkehrssicherheit und einer besseren Durchsetzung von Straßenkontrollen und Kontrollen auf dem Betriebsgelände von Unternehmen wünschenswert, dass auch die in anderen Mitgliedstaaten oder Drittstaaten angefallenen Lenkzeiten, Ruhezeiten und Fahrtunterbrechungen kontrolliert werden und festgestellt wird, ob die entsprechenden Vorschriften in vollem Umfang und ordnungsgemäß eingehalten wurden.

(20) Die Haftung von Verkehrsunternehmen sollte zumindest für Verkehrsunternehmen gelten, die juristische oder natürliche Personen sind, ohne jedoch die Verfolgung natürlicher Personen auszuschließen, die Verstöße gegen diese Verordnung begehen, dazu anstiften oder Beihilfe leisten.

(21) Fahrer, die für mehrere Verkehrsunternehmen tätig sind, müssen jedes dieser Unternehmen angemessen informieren, damit diese ihren Pflichten aus dieser Verordnung nachkommen können.

(22) Zur Förderung des sozialen Fortschritts und zur Verbesserung der Straßenverkehrssicherheit sollte jeder Mitgliedstaat das Recht behalten, bestimmte zweckmäßige Maßnahmen zu treffen.

(23) Nationale Abweichungen sollten die Änderungen im Kraftverkehrssektor widerspiegeln und sich auf jene Elemente beschränken, die derzeit keinem Wettbewerbsdruck unterliegen.

(24) Die Mitgliedstaaten sollten Vorschriften für Fahrzeuge erlassen, die zur Personenbeförderung im Linienverkehr dienen, wenn die Strecke nicht mehr als 50 km beträgt. Diese Vorschriften sollten einen angemessenen Schutz in Form von erlaubten Lenkzeiten und vorgeschriebenen Fahrtunterbrechungen und Ruhezeiten bieten.

(25) Im Interesse einer wirksamen Durchsetzung dieser Verordnung ist es wünschenswert, dass alle inländischen und grenzüberschreitenden Personenlinienverkehrsdienste unter Einsatz eines Standardkontrollgeräts kontrolliert werden.

(26) Die Mitgliedstaaten sollten Sanktionen festlegen, die bei Verstößen gegen diese Verordnung zu verhängen sind, und deren Durchsetzung gewährleisten. Diese Sanktionen müssen wirksam, verhältnismäßig, abschreckend und nicht diskriminierend sein. Die Möglichkeit, ein Fahrzeug bei einem schweren Verstoß stillzulegen, sollte in das gemeinsame Spektrum möglicher Maßnahmen der Mitgliedstaaten aufgenommen werden. Die in dieser Verordnung enthaltenen Bestimmungen über Sanktionen oder Verfahren sollten nationale Beweislastregeln unberührt lassen.

(27) Im Interesse einer klaren und wirksamen Durchsetzung dieser Verordnung sind einheitliche Bestimmungen über die Haftung von Verkehrsunternehmen und Fahrern bei Verstößen gegen diese Verordnung wünschenswert. Diese Haftung kann in den Mitgliedstaaten gegebenenfalls strafrechtliche, zivilrechtliche oder verwaltungsrechtliche Sanktionen zur Folge haben.

(28) Da das Ziel dieser Verordnung, nämlich die Festlegung eindeutiger gemeinsamer Vorschriften über Lenk- und Ruhezeiten, auf Ebene der Mitgliedstaaten nicht ausreichend erreicht werden kann und daher wegen der Notwendigkeit koordinierter Maßnahmen besser auf Gemeinschaftsebene zu erreichen ist, kann die Gemeinschaft im Einklang mit dem in Artikel 5 des Vertrags[1)] niedergelegten Subsidiaritätsprinzip tätig werden. Entsprechend dem in demselben Artikel genannten Verhältnismäßigkeitsprinzip geht diese Verordnung nicht über das für die Erreichung dieses Ziels erforderliche Maß hinaus.

(29) Die zur Durchführung dieser Verordnung erforderlichen Maßnahmen sollten gemäß dem Beschluss 1999/468/EG des Rates vom 28. Juni 1999 zur Festlegung der Modalitäten für die Ausübung der der Kommission übertragenen Durchführungsbefugnisse[2)] erlassen werden.

(30) Da die Bestimmungen zum Mindestalter der Fahrer in der Richtlinie 2003/59/EG[3)] geregelt worden sind und bis 2009 umgesetzt werden müssen, braucht diese Verordnung lediglich Übergangsbestimmungen für das Mindestalter des Fahrpersonals zu enthalten.

(31) Die Verordnung (EWG) Nr. 3821/85 sollte geändert werden, um die besonderen Verpflichtungen der Verkehrsunternehmen und der Fahrer klar herauszustellen sowie um die Rechtssicherheit zu fördern und die Durchsetzung der maximalen Lenk- und Ruhezeiten durch Straßenkontrollen zu erleichtern.

(32) Die Verordnung (EWG) Nr. 3821/85 sollte auch geändert werden, um die Rechtssicherheit hinsichtlich der neuen Termine für die Einführung digitaler Fahrtenschreiber und für die Verfügbarkeit von Fahrerkarten zu fördern.

[1)] Nunmehr Art. 5 EUV durch Vertrag von Lissabon v. 13.12.2007 (ABl. Nr. C 306 S. 1).

[2)] **Amtl. Anm.:** ABl. L 184 vom 17.7.1999, S. 23.

[3)] **Amtl. Anm.:** Richtlinie 2003/59/EG des Europäischen Parlaments und des Rates vom 15. Juli 2003 über die Grundqualifikation und Weiterbildung der Fahrer bestimmter Kraftfahrzeuge für den Güter- oder Personenkraftverkehr und zur Änderung der Verordnung (EWG) Nr. 3820/85 und der Richtlinie 91/439/EWG des Rates sowie zur Aufhebung der Richtlinie 76/914/EWG des Rates (ABl. L 226 vom 10.9.2003, S. 4). Geändert durch die Richtlinie 2004/66/EG des Rates (ABl. L 168 vom 1.5.2004, S. 35).

(33) Mit der Einführung des Aufzeichnungsgeräts gemäß Verordnung (EG) Nr. 2135/98 und somit der elektronischen Aufzeichnung der Tätigkeiten des Fahrers auf seiner Fahrerkarte über einen Zeitraum von 28 Tagen und des Fahrzeugs über einen Zeitraum von 365 Tagen wird in Zukunft eine schnellere und umfassendere Kontrolle auf der Straße ermöglicht.

(34)[1] Die Richtlinie 88/599/EWG[2] schreibt für Kontrollen auf der Straße lediglich die Kontrolle der täglichen Lenkzeiten, der täglichen Ruhezeit sowie der Fahrtunterbrechungen vor. Mit der Einführung eines digitalen Aufzeichnungsgeräts werden die Daten des Fahrers und des Fahrzeuges elektronisch gespeichert und erlauben eine elektronische Auswertung der Daten vor Ort. Dies sollte mit der Zeit eine einfache Kontrolle der regelmäßigen und reduzierten täglichen Ruhezeiten und der regelmäßigen und reduzierten wöchentlichen Ruhezeiten sowie der Ausgleichsruhepausen ermöglichen.

(35) Die Erfahrung zeigt, dass eine Einhaltung der Bestimmungen dieser Verordnung und insbesondere der vorgeschriebenen maximalen Lenkzeit über einen Zeitraum von zwei Wochen nur durchgesetzt werden kann, wenn wirksame und effektive Kontrollen des gesamten Zeitraums durchgeführt werden.

(36) Die Anwendung der gesetzlichen Vorschriften betreffend digitale Tachografen sollte im Einklang mit dieser Verordnung erfolgen, um eine optimale Wirksamkeit bei der Überwachung und Durchsetzung bestimmter Sozialvorschriften im Straßenverkehr zu erreichen.

(37) Aus Gründen der Klarheit und Rationalisierung sollte die Verordnung (EWG) Nr. 3820/85 aufgehoben und durch diese Verordnung ersetzt werden –

HABEN FOLGENDE VERORDNUNG ERLASSEN:

Kapitel I. Einleitende Bestimmungen

Art. 1 [Einleitende Bestimmungen] [1] Durch diese Verordnung werden Vorschriften zu den Lenkzeiten, Fahrtunterbrechungen und Ruhezeiten für Kraftfahrer im Straßengüter- und -personenverkehr festgelegt, um die Bedingungen für den Wettbewerb zwischen Landverkehrsträgern, insbesondere im Straßenverkehrsgewerbe, anzugleichen und die Arbeitsbedingungen sowie die Straßenverkehrssicherheit zu verbessern. [2] Ziel dieser Verordnung ist es ferner, zu einer besseren Kontrolle und Durchsetzung durch die Mitgliedstaaten sowie zu einer besseren Arbeitspraxis innerhalb des Straßenverkehrsgewerbes beizutragen.

[1] Erwägungsgrund (34) Satz 1 ber. ABl. 2015 Nr. L 101 S. 62.

[2] **Amtl. Anm.:** Richtlinie 88/599/EWG des Rates vom 23. November 1988 über einheitliche Verfahren zur Anwendung der Verordnung (EWG) Nr. 3820/85 über die Harmonisierung bestimmter Sozialvorschriften im Straßenverkehr und der Verordnung (EWG) Nr. 3821/85 über das Kontrollgerät im Straßenverkehr (ABl. L 325 vom 29.11.1988, S. 55).

Art. 2[1)] [Sachlicher und räumlicher Geltungsbereich] (1) Diese Verordnung gilt für folgende Beförderungen im Straßenverkehr:

a) Güterbeförderung mit Fahrzeugen, deren zulässige Höchstmasse einschließlich Anhänger oder Sattelanhänger 3,5 t übersteigt, oder

aa) ab dem 1. Juli 2026 bei grenzüberschreitenden Güterbeförderungen oder bei Kabotagebeförderungen mit Fahrzeugen, deren zulässige Höchstmasse einschließlich Anhänger oder Sattelanhänger 2,5 Tonnen übersteigt, oder

b) Personenbeförderung mit Fahrzeugen, die für die Beförderung von mehr als neun Personen einschließlich des Fahrers konstruiert oder dauerhaft angepasst und zu diesem Zweck bestimmt sind.

(2) Diese Verordnung gilt unabhängig vom Land der Zulassung des Fahrzeugs für Beförderungen im Straßenverkehr

a) ausschließlich innerhalb der Gemeinschaft oder

b) zwischen der Gemeinschaft, der Schweiz und den Vertragsstaaten des Abkommens über den Europäischen Wirtschaftsraum.

(3) *[1]* Das AETR[2)] gilt anstelle dieser Verordnung für grenzüberschreitende Beförderungen im Straßenverkehr, die teilweise außerhalb der in Absatz 2 genannten Gebiete erfolgen,

a) im Falle von Fahrzeugen, die in der Gemeinschaft oder in Staaten, die Vertragsparteien des AETR sind, zugelassen sind, für die gesamte Fahrstrecke;

b) im Falle von Fahrzeugen, die in einem Drittstaat, der nicht Vertragspartei des AETR ist, zugelassen sind, nur für den Teil der Fahrstrecke, der im Gebiet der Gemeinschaft oder von Staaten liegt, die Vertragsparteien des AETR sind.

[2] Die Bestimmungen des AETR sollten an die Bestimmungen dieser Verordnung angepasst werden, damit die wesentlichen Bestimmungen dieser Verordnung über das AETR auf solche Fahrzeuge für den auf Gemeinschaftsgebiet liegenden Fahrtabschnitt angewendet werden können.

Art. 3[3)] [Ausnahmen vom Geltungsbereich] Diese Verordnung gilt nicht für Beförderungen im Straßenverkehr mit folgenden Fahrzeugen:

a) Fahrzeuge, die zur Personenbeförderung im Linienverkehr verwendet werden, wenn die Linienstrecke nicht mehr als 50 km beträgt;

aa) Fahrzeuge oder Fahrzeugkombinationen mit einer zulässigen Höchstmasse von nicht mehr als 7,5 Tonnen, die

i) zur Beförderung von Material, Ausrüstungen oder Maschinen benutzt werden, die der Fahrer zur Ausübung seines Berufes benötigt, oder

ii) zur Auslieferung von handwerklich hergestellten Gütern,

ausschließlich in einem Umkreis von 100 km vom Standort des Unternehmens, und unter der Bedingung, dass das Lenken des Fahrzeugs für den Fahrer nicht die Haupttätigkeit darstellt und dass die Beförderung nicht gewerblich erfolgt;

---

1) Art. 2 Abs. 1 Buchst. aa eingef. mWv 20.8.2020 durch VO v. 15.7.2020 (ABl. L 249 S. 1).

2) Nr. **550**.

3) Art. 3 Buchst. aa eingef. mWv 2.3.2015 durch VO v. 4.2.2014 (ABl. L 60 S. 1); Buchst. aa neu gef., Buchst. ha eingef. mWv 20.8.2020 durch VO v. 15.7.2020 (ABl. L 249 S. 1).

b) Fahrzeuge mit einer zulässigen Höchstgeschwindigkeit von nicht mehr als 40 km/h;
c) Fahrzeuge, die Eigentum der Streitkräfte, des Katastrophenschutzes, der Feuerwehr oder der für die Aufrechterhaltung der öffentlichen Ordnung zuständigen Kräfte sind oder von ihnen ohne Fahrer angemietet werden, sofern die Beförderung aufgrund der diesen Diensten zugewiesenen Aufgaben stattfindet und ihrer Aufsicht unterliegt;
d) Fahrzeuge – einschließlich Fahrzeuge, die für nichtgewerbliche Transporte für humanitäre Hilfe verwendet werden –, die in Notfällen oder bei Rettungsmaßnahmen verwendet werden;
e) Spezialfahrzeuge für medizinische Zwecke;
f) spezielle Pannenhilfefahrzeuge, die innerhalb eines Umkreises von 100 km um ihren Standort eingesetzt werden;
g) Fahrzeuge, mit denen zum Zweck der technischen Entwicklung oder im Rahmen von Reparatur- oder Wartungsarbeiten Probefahrten auf der Straße durchgeführt werden, sowie neue oder umgebaute Fahrzeuge, die noch nicht in Betrieb genommen worden sind;
h) Fahrzeuge oder Fahrzeugkombinationen mit einer zulässigen Höchstmasse von nicht mehr als 7,5 t, die zur nichtgewerblichen Güterbeförderung verwendet werden;
ha) Fahrzeuge mit einer zulässigen Höchstmasse einschließlich Anhänger oder Sattelanhänger von mehr als 2,5 aber nicht mehr als 3,5 Tonnen, die für die Güterbeförderung eingesetzt werden, wenn die Beförderung nicht als gewerbliche Beförderung, sondern durch das Unternehmen oder den Fahrer im Werkverkehr erfolgt und das Fahren nicht die Haupttätigkeit der Person darstellt, die das Fahrzeug führt;
i) Nutzfahrzeuge, die nach den Rechtsvorschriften des Mitgliedstaats, in dem sie verwendet werden, als historisch eingestuft werden und die zur nichtgewerblichen Güter- oder Personenbeförderung verwendet werden.

Art. 4[1)] [Begriffsbestimmungen] Im Sinne dieser Verordnung bezeichnet der Ausdruck

a) „Beförderung im Straßenverkehr" jede ganz oder teilweise auf einer öffentlichen Straße durchgeführte Fahrt eines zur Personen- oder Güterbeförderung verwendeten leeren oder beladenen Fahrzeugs;
b) „Fahrzeug" ein Kraftfahrzeug, eine Zugmaschine, einen Anhänger oder Sattelanhänger oder eine Kombination dieser Fahrzeuge gemäß den nachstehenden Definitionen:
   - „Kraftfahrzeug": jedes auf der Straße verkehrende Fahrzeug mit Eigenantrieb, das normalerweise zur Personen- oder Güterbeförderung verwendet wird, mit Ausnahme von dauerhaft auf Schienen verkehrenden Fahrzeugen;
   - „Zugmaschine": jedes auf der Straße verkehrende Fahrzeug mit Eigenantrieb, das speziell dafür ausgelegt ist, Anhänger, Sattelanhänger, Geräte oder Maschinen zu ziehen, zu schieben oder zu bewegen, mit Ausnahme von dauerhaft auf Schienen verkehrenden Fahrzeugen;

---

1) Art. 4 Buchst. k und l ber. ABl. 2015 L 101 S. 62; Buchst. r angef. mWv 20.8.2020 durch VO v. 15.7.2020 (ABl. L 249 S. 1).

– „Anhänger“: jedes Fahrzeug, das dazu bestimmt ist, an ein Kraftfahrzeug oder eine Zugmaschine angehängt zu werden;

– „Sattelanhänger“: ein Anhänger ohne Vorderachse, der so angehängt wird, dass ein beträchtlicher Teil seines Eigengewichts und des Gewichts seiner Ladung von der Zugmaschine oder vom Kraftfahrzeug getragen wird;

c) „Fahrer“ jede Person, die das Fahrzeug, sei es auch nur kurze Zeit, selbst lenkt oder sich in einem Fahrzeug befindet, um es – als Bestandteil seiner Pflichten – gegebenenfalls lenken zu können;

d) „Fahrtunterbrechung“ jeden Zeitraum, in dem der Fahrer keine Fahrtätigkeit ausüben und keine anderen Arbeiten ausführen darf und der ausschließlich zur Erholung genutzt wird;

e) „andere Arbeiten“ alle in Artikel 3 Buchstabe a der Richtlinie 2002/15/EG als „Arbeitszeit“ definierten Tätigkeiten mit Ausnahme der Fahrtätigkeit sowie jegliche Arbeit für denselben oder einen anderen Arbeitgeber, sei es inner- oder außerhalb des Verkehrssektors;

f) „Ruhepause“ jeden ununterbrochenen Zeitraum, in dem ein Fahrer frei über seine Zeit verfügen kann;

g) „tägliche Ruhezeit“ den täglichen Zeitraum, in dem ein Fahrer frei über seine Zeit verfügen kann und der eine „regelmäßige tägliche Ruhezeit“ und eine „reduzierte tägliche Ruhezeit“ umfasst;

– „regelmäßige tägliche Ruhezeit“ eine Ruhepause von mindestens 11 Stunden. Diese regelmäßige tägliche Ruhezeit kann auch in zwei Teilen genommen werden, wobei der erste Teil einen ununterbrochenen Zeitraum von mindestens 3 Stunden und der zweite Teil einen ununterbrochenen Zeitraum von mindestens 9 Stunden umfassen muss;

– „reduzierte tägliche Ruhezeit“ eine Ruhepause von mindestens 9 Stunden, aber weniger als 11 Stunden;

h) „wöchentliche Ruhezeit“ den wöchentlichen Zeitraum, in dem ein Fahrer frei über seine Zeit verfügen kann und der eine „regelmäßige wöchentliche Ruhezeit“ und eine „reduzierte wöchentliche Ruhezeit“ umfasst;

– „regelmäßige wöchentliche Ruhezeit“ eine Ruhepause von mindestens 45 Stunden;

– „reduzierte wöchentliche Ruhezeit“ eine Ruhepause von weniger als 45 Stunden, die vorbehaltlich der Bedingungen des Artikels 8 Absatz 6 auf eine Mindestzeit von 24 aufeinander folgenden Stunden reduziert werden kann;

i) „Woche“ den Zeitraum zwischen Montag 00.00 Uhr und Sonntag 24.00 Uhr;

j) „Lenkzeit“ die Dauer der Lenktätigkeit, aufgezeichnet entweder:

– vollautomatisch oder halbautomatisch durch Kontrollgeräte im Sinne der Anhänge I und I B der Verordnung (EWG) Nr. 3821/85, oder

– von Hand gemäß den Anforderungen des Artikels 16 Absatz 2 der Verordnung (EWG) Nr. 3821/85;

k) „tägliche Lenkzeit“ die summierte Gesamtlenkzeit zwischen dem Ende einer täglichen Ruhezeit und dem Beginn der darauf folgenden täglichen Ruhezeit oder zwischen einer täglichen und einer wöchentlichen Ruhezeit;

l) „wöchentliche Lenkzeit“ die summierte Gesamtlenkzeit innerhalb einer Woche;

m) „zulässige Höchstmasse" die höchstzulässige Masse eines fahrbereiten Fahrzeugs einschließlich Nutzlast;

n) „Personenlinienverkehr" inländische und grenzüberschreitende Verkehrsdienste im Sinne des Artikels 2 der Verordnung (EWG) Nr. 684/92 des Rates vom 16. März 1992 zur Einführung gemeinsamer Regeln für den grenzüberschreitenden Personenverkehr mit Kraftomnibussen[1];

o) „Mehrfahrerbetrieb" den Fall, in dem während der Lenkdauer zwischen zwei aufeinander folgenden täglichen Ruhezeiten oder zwischen einer täglichen und einer wöchentlichen Ruhezeit mindestens zwei Fahrer auf dem Fahrzeug zum Lenken eingesetzt sind. Während der ersten Stunde des Mehrfahrerbetriebs ist die Anwesenheit eines anderen Fahrers oder anderer Fahrer fakultativ, während der restlichen Zeit jedoch obligatorisch;

p) „Verkehrsunternehmen" jede natürliche oder juristische Person und jede Vereinigung oder Gruppe von Personen ohne Rechtspersönlichkeit mit oder ohne Erwerbszweck sowie jede eigene Rechtspersönlichkeit besitzende oder einer Behörde mit Rechtspersönlichkeit unterstehende offizielle Stelle, die Beförderungen im Straßenverkehr gewerblich oder im Werkverkehr vornimmt;

q) „Lenkdauer" die Gesamtlenkzeit zwischen dem Zeitpunkt, zu dem ein Fahrer nach einer Ruhezeit oder einer Fahrtunterbrechung beginnt, ein Fahrzeug zu lenken, und dem Zeitpunkt, zu dem er eine Ruhezeit oder Fahrtunterbrechung einlegt. Die Lenkdauer kann ununterbrochen oder unterbrochen sein;

r) „nichtgewerbliche Beförderung" jede Beförderung im Straßenverkehr, außer Beförderungen auf eigene oder fremde Rechnung die weder direkt noch indirekt entlohnt wird und durch die weder direkt noch indirekt ein Einkommen für den Fahrer des Fahrzeugs oder für Dritte erzielt wird und die nicht im Zusammenhang mit einer beruflichen oder gewerblichen Tätigkeit steht.

Kapitel II. Fahrpersonal, Lenkzeiten, Fahrtunterbrechungen und Ruhezeiten

Art. 5 [Anforderungen an das Fahrpersonal] (1) Das Mindestalter für Schaffner beträgt 18 Jahre.

(2) [1]Das Mindestalter für Beifahrer beträgt 18 Jahre. [2]Die Mitgliedstaaten können jedoch das Mindestalter für Beifahrer unter folgenden Bedingungen auf 16 Jahre herabsetzen:

a) Die Beförderung im Straßenverkehr erfolgt innerhalb eines Mitgliedstaats in einem Umkreis von 50 km vom Standort des Fahrzeugs, einschließlich des Verwaltungsgebiets von Gemeinden, deren Zentrum innerhalb dieses Umkreises liegt,

b) die Herabsetzung erfolgt zum Zwecke der Berufsausbildung und

c) die von den arbeitsrechtlichen Bestimmungen des jeweiligen Mitgliedstaates vorgegebenen Grenzen werden eingehalten.

---

[1] **Amtl. Anm.:** ABl. L 74 vom 20.3.1992, S. 1. Zuletzt geändert durch die Beitrittsakte von 2003.

Art. 6[1)] [Lenkzeiten] (1) *[1]* Die tägliche Lenkzeit darf 9 Stunden nicht überschreiten.

[2] Die tägliche Lenkzeit darf jedoch höchstens zweimal in der Woche auf höchstens 10 Stunden verlängert werden.

(2) Die wöchentliche Lenkzeit darf 56 Stunden nicht überschreiten und nicht dazu führen, dass die in der Richtlinie 2002/15/EG festgelegte wöchentliche Höchstarbeitszeit überschritten wird.

(3) Die summierte Gesamtlenkzeit während zweier aufeinander folgender Wochen darf 90 Stunden nicht überschreiten.

(4) Die tägliche und die wöchentliche Lenkzeit umfassen alle Lenkzeiten im Gebiet der Gemeinschaft oder im Hoheitsgebiet von Drittstaaten.

(5) [1]Der Fahrer muss die Zeiten im Sinne des Artikels 4 Buchstabe e sowie alle Lenkzeiten in einem Fahrzeug, das für gewerbliche Zwecke außerhalb des Anwendungsbereichs der vorliegenden Verordnung verwendet wird, als andere Arbeiten festhalten; ferner muss er gemäß Artikel 34 Absatz 5 Buchstabe b Ziffer iii der Verordnung (EU) Nr. 165/2014[2)] die Bereitschaftszeiten im Sinne des Artikels 3 Buchstabe b der Richtlinie 2002/15/EG des Europäischen Parlaments und des Rates[3)] festhalten. [2]Diese Zeiten sind entweder handschriftlich auf einem Schaublatt oder einem Ausdruck einzutragen oder manuell in den Fahrtenschreiber einzugeben.

Art. 7[4)] [Unterbrechung] *[1]* Nach einer Lenkdauer von viereinhalb Stunden hat ein Fahrer eine ununterbrochene Fahrtunterbrechung von wenigstens 45 Minuten einzulegen, sofern er keine Ruhezeit einlegt.

[2] Diese Unterbrechung kann durch eine Unterbrechung von mindestens 15 Minuten, gefolgt von einer Unterbrechung von mindestens 30 Minuten, ersetzt werden, die in die Lenkzeit so einzufügen sind, dass die Bestimmungen des Absatzes 1 eingehalten werden.

[3] Ein im Mehrfahrerbetrieb eingesetzter Fahrer kann eine Fahrtunterbrechung von 45 Minuten in einem Fahrzeug einlegen, das von einem anderen Fahrer gelenkt wird, sofern der Fahrer, der die Fahrtunterbrechung einlegt, den das Fahrzeug lenkenden Fahrer dabei nicht unterstützt.

Art. 8[5)] [Ruhezeit] (1) Der Fahrer muss tägliche und wöchentliche Ruhezeiten einhalten.

(2) *[1]* Innerhalb von 24 Stunden nach dem Ende der vorangegangenen täglichen oder wöchentlichen Ruhezeit muss der Fahrer eine neue tägliche Ruhezeit genommen haben.

[1)] Art. 6 Abs. 5 neu gef. mWv 20.8.2020 durch VO v. 15.7.2020 (ABl. L 249 S. 1).

[2)] Nr. **580**.

[3)] **Amtl. Anm.:** Verordnung (EU) Nr. 165/2014 des Europäischen Parlaments und des Rates vom 4. Februar 2014 über Fahrtenschreiber im Straßenverkehr, zur Aufhebung der Verordnung (EWG) Nr. 3821/85 des Rates über das Kontrollgerät im Straßenverkehr und zur Änderung der Verordnung (EG) Nr. 561/2006 des Europäischen Parlaments und des Rates zur Harmonisierung bestimmter Sozialvorschriften im Straßenverkehr (ABl. L 60 vom 28.2.2014, S. 1).

[4)] Art. 7 UAbs. 3 angef.. mWv 20.8.2020 durch VO v. 15.7.2020 (ABl. L 249 S. 1).

[5)] Art. 8 Abs. 6a eingef. mWv 4.6.2010 durch VO v. 21.10.2009 (ABl. L 300 S. 88); Abs. 6 und 8 neu gef., Abs. 6b und 8a eingef., Abs. 10 angef. mWv 20.8.2020 durch VO v. 15.7.2020 (ABl. L 249 S. 1).

[2] Beträgt der Teil der täglichen Ruhezeit, die in den 24-Stunden-Zeitraum fällt, mindestens 9 Stunden, jedoch weniger als 11 Stunden, so ist die fragliche tägliche Ruhezeit als reduzierte tägliche Ruhezeit anzusehen.

(3) Eine tägliche Ruhezeit kann verlängert werden, so dass sich eine regelmäßige wöchentliche Ruhezeit oder eine reduzierte wöchentliche Ruhezeit ergibt.

(4) Der Fahrer darf zwischen zwei wöchentlichen Ruhezeiten höchstens drei reduzierte tägliche Ruhezeiten einlegen.

(5) Abweichend von Absatz 2 muss ein im Mehrfahrerbetrieb eingesetzter Fahrer innerhalb von 30 Stunden nach dem Ende einer täglichen oder wöchentlichen Ruhezeit eine neue tägliche Ruhezeit von mindestens 9 Stunden genommen haben.

(6) *[1]* In zwei jeweils aufeinander folgenden Wochen hat der Fahrer mindestens folgende Ruhezeiten einzuhalten:

a) zwei regelmäßige wöchentliche Ruhezeiten oder
b) eine regelmäßige wöchentliche Ruhezeit und eine reduzierte wöchentliche Ruhezeit von mindestens 24 Stunden.

[2] Eine wöchentliche Ruhezeit beginnt spätestens am Ende von sechs 24-Stunden-Zeiträumen nach dem Ende der vorangegangenen wöchentlichen Ruhezeit.

[3] Abweichend von Unterabsatz 1 kann ein im grenzüberschreitenden Güterverkehr tätiger Fahrer außerhalb des Mitgliedstaats der Niederlassung zwei aufeinanderfolgende reduzierte wöchentliche Ruhezeiten einlegen, sofern der Fahrer in vier jeweils aufeinanderfolgenden Wochen mindesten vier wöchentliche Ruhezeiten einlegt, von denen mindestens zwei regelmäßige wöchentliche Ruhezeiten sein müssen.

[4] Für die Zwecke dieses Absatzes gilt ein Fahrer als im grenzüberschreitenden Verkehr tätig, wenn der Fahrer die zwei aufeinanderfolgenden reduzierten wöchentlichen Ruhezeiten außerhalb des Mitgliedstaats der Niederlassung des Arbeitgebers und des Landes des Wohnsitzes des Fahrers beginnt.

(6a) [1] Abweichend von Absatz 6 darf ein Fahrer, der für einen einzelnen Gelegenheitsdienst im grenzüberschreitenden Personenverkehr im Sinne der Verordnung (EG) Nr. 1073/2009 des Europäischen Parlaments und des Rates vom 21. Oktober 2009 über gemeinsame Regeln für den Zugang zum Markt des grenzüberschreitenden Personenkraftverkehrs[1)] eingesetzt wird, die wöchentliche Ruhezeit auf bis zu 12 aufeinander folgende 24-Stunden-Zeiträume nach einer vorhergehenden regelmäßigen wöchentlichen Ruhezeit unter folgenden Voraussetzungen verschieben:

a) der Dienst dauert mindestens 24 aufeinander folgende Stunden in einem anderen Mitgliedstaat oder unter diese Verordnung fallenden Drittstaat als demjenigen, in dem jeweils der Dienst begonnen wurde;
b) nach der Inanspruchnahme der Ausnahmeregelung nimmt der Fahrer
   i) entweder zwei regelmäßige wöchentliche Ruhezeiten oder
   ii) eine regelmäßige wöchentliche Ruhezeit und eine reduzierte wöchentliche Ruhezeit von mindestens 24 Stunden. Dabei wird jedoch die Reduzierung durch eine gleichwertige Ruhepause ausgeglichen, die ohne Un-

[1)] **Amtl. Anm.:** ABl. L 300 vom 14.11.2009, S. 88.

terbrechung vor dem Ende der dritten Woche nach dem Ende des Ausnahmezeitraums genommen werden muss;

c) ab dem 1. Januar 2014 ist das Fahrzeug mit einem Kontrollgerät entsprechend den Anforderungen des Anhangs IB der Verordnung (EWG) Nr. 3821/85 ausgestattet und

d) ab dem 1. Januar 2014, sofern das Fahrzeug bei Fahrten während des Zeitraums von 22.00 Uhr bis 6.00 Uhr mit mehreren Fahrern besetzt ist oder die Lenkdauer nach Artikel 7 auf drei Stunden vermindert wird.

2 Die Kommission überwacht die Inanspruchnahme dieser Ausnahmeregelung genau, um die Aufrechterhaltung der Sicherheit im Straßenverkehr unter sehr strengen Voraussetzungen sicherzustellen, insbesondere indem sie darauf achtet, dass die summierte Gesamtlenkzeit während des unter die Ausnahmeregelung fallenden Zeitraums nicht zu lang ist. 3 Bis zum 4. Dezember 2012 erstellt die Kommission einen Bericht, in dem sie die Folgen der Ausnahmeregelung in Bezug auf die Sicherheit im Straßenverkehr sowie soziale Aspekte bewertet. 4 Wenn sie es für sinnvoll erachtet, schlägt die Kommission diesbezügliche Änderungen der vorliegenden Verordnung vor.

(6b) *[1]* Jede Reduzierung der wöchentlichen Ruhezeit ist durch eine gleichwertige Ruhepause auszugleichen, die ohne Unterbrechung vor dem Ende der dritten Woche nach der betreffenden Woche zu nehmen ist.

[2] Wurden zwei reduzierte wöchentliche Ruhezeiten gemäß Absatz 6 Unterabsatz 3 nacheinander eingelegt, ist die nächste Ruhezeit – als Ausgleich für diese zwei reduzierten wöchentlichen Ruhezeiten – vor der darauffolgenden wöchentlichen Ruhezeit einzulegen.

(7) Jede Ruhepause, die als Ausgleich für eine reduzierte wöchentliche Ruhezeit eingelegt wird, ist an eine andere Ruhezeit von mindestens 9 Stunden anzuhängen.

(8) *[1]* 1 Die regelmäßigen wöchentlichen Ruhezeiten und jede wöchentliche Ruhezeit von mehr als 45 Stunden, die als Ausgleich für die vorherige verkürzte wöchentliche Ruhezeit eingelegt wird, dürfen nicht in einem Fahrzeug verbracht werden. 2 Sie sind in einer geeigneten geschlechtergerechten Unterkunft mit angemessenen Schlafgelegenheiten und sanitären Einrichtungen zu verbringen.

[2] Alle Kosten für die Unterbringung außerhalb des Fahrzeugs werden vom Arbeitgeber getragen.

(8a) *[1]* Verkehrsunternehmen planen die Arbeit der Fahrer so, dass jeder Fahrer in der Lage ist, innerhalb jedes Zeitraums von vier aufeinanderfolgenden Wochen zu der im Mitgliedstaat der Niederlassung des Arbeitgebers gelegenen Betriebsstätte des Arbeitgebers, der der Fahrer normalerweise zugeordnet ist und an der er seine wöchentliche Ruhezeit beginnt, oder zu seinem Wohnsitz zurückzukehren, um dort mindestens eine regelmäßige wöchentliche Ruhezeit oder eine wöchentliche Ruhezeit von mehr als 45 Stunden als Ausgleich für eine reduzierte wöchentliche Ruhezeit zu verbringen.

[2] Hat der Fahrer jedoch zwei aufeinanderfolgende reduzierte wöchentliche Ruhezeiten gemäß Absatz 6 eingelegt, muss das Verkehrsunternehmen die Arbeit des Fahrers so planen, dass dieser in der Lage ist, bereits vor Beginn der regelmäßigen wöchentlichen Ruhezeit von mehr als 45 Stunden, die als Ausgleich eingelegt wird, zurückzukehren.

[3] Das Unternehmen dokumentiert, wie es diese Verpflichtung erfüllt, und es bewahrt die betreffenden Unterlagen in seinen Geschäftsräumen auf, damit sie auf Verlangen der Kontrollbehörden vorgelegt werden können.

(9) Eine wöchentliche Ruhezeit, die in zwei Wochen fällt, kann für eine der beiden Wochen gezählt werden, nicht aber für beide.

(10) Die Kommission prüft spätestens am 21. August 2022, ob geeignetere Vorschriften für Fahrer erlassen werden können, die für Gelegenheitsdienste im Personenverkehr im Sinne von Artikel 2 Nummer 4 der Verordnung (EG) Nr. 1073/2009 eingesetzt werden, und teilt das Ergebnis dem Parlament und dem Rat mit.

Art. 8a[1)] [Zertifizierte Parkflächen] (1) *[1]* [1] Die Kommission stellt sicher, dass Kraftfahrer im Straßengüter- und -personenverkehr leichten Zugang zu Informationen über sichere und gesicherte Parkflächen haben. [2] Die Kommission veröffentlicht eine Liste aller zertifizierten Parkflächen, damit den Fahrern Folgendes in angemessener Form geboten wird:

– Erkennen und Verhindern von unberechtigtem Eindringen,
– Beleuchtung und Sichtverhältnisse,
– Kontaktstelle und Verfahren für Notfälle,
– geschlechtergerechte sanitäre Einrichtungen,
– Möglichkeiten zum Kauf von Lebensmitteln und Getränken,
– Kommunikationsverbindungen,
– Stromversorgung.

[2] Die Liste dieser Parkflächen wird auf einer einheitlichen amtlichen Internetseite veröffentlicht und regelmäßig aktualisiert.

(2) Die Kommission erlässt delegierte Rechtsakte gemäß Artikel 23a, um Normen festzulegen, mit denen das Dienstleistungs- und Sicherheitsniveau der in Absatz 1 genannten Flächen und die Verfahren für die Zertifizierung von Parkflächen detaillierter vorgegeben werden.

(3) *[1]* An allen zertifizierten Parkflächen kann darauf hingewiesen werden, dass sie gemäß den Normen und Verfahren der Union zertifiziert sind.

[2] Gemäß Artikel 39 Absatz 2 Buchstabe c der Verordnung (EU) Nr. 1315/2013 des Europäischen Parlaments und des Rates[2)] sind die Mitgliedstaaten gehalten, die Schaffung von Parkflächen für gewerbliche Straßennutzer zu fördern.

(4) [1] Die Kommission legt dem Europäischen Parlament und dem Rat bis zum 31. Dezember 2024 einen Bericht über die Verfügbarkeit geeigneter Ruheeinrichtungen für Fahrer und über die Verfügbarkeit gesicherter Parkeinrichtungen sowie über den Ausbau sicherer und gesicherter Parkflächen, die gemäß den delegierten Rechtsakten zertifiziert sind, vor. [2] Dieser Bericht kann eine Liste mit Maßnahmen zur Erhöhung der Zahl und der Qualität sicherer und gesicherter Parkflächen enthalten.

[1)] Art. 8a eingef. mWv 20.8.2020 durch VO v. 15.7.2020 (ABl. L 249 S. 1).

[2)] **Amtl. Anm.:** Verordnung (EU) Nr. 1315/2013 des Europäischen Parlaments und des Rates vom 11. Dezember 2013 über Leitlinien der Union für den Aufbau eines transeuropäischen Verkehrsnetzes und zur Aufhebung des Beschlusses Nr. 661/2010/EU (ABl. L 348 vom 20.12.2013, S. 1).

Art. 9[1)] [Ausnahmen von der Ruhezeit] (1) *[1]* [1] Legt ein Fahrer, der ein Fahrzeug begleitet, das auf einem Fährschiff oder mit der Eisenbahn befördert wird, eine regelmäßige tägliche Ruhezeit oder eine reduzierte wöchentliche Ruhezeit ein, so darf diese Ruhezeit abweichend von Artikel 8 nicht mehr als zwei Mal durch andere Tätigkeiten unterbrochen werden, deren Gesamtdauer eine Stunde nicht überschreiten darf. [2] Während dieser regelmäßigen täglichen Ruhezeit oder reduzierten wöchentlichen Ruhezeit muss dem Fahrer eine Schlafkabine, eine Schlafkoje oder ein Liegeplatz zur Verfügung stehen.

[2] In Bezug auf regelmäßige wöchentliche Ruhezeiten gilt diese Ausnahme für Fähr- oder Zugreisen nur, wenn

a) die geplante Reisedauer 8 Stunden oder mehr beträgt und

b) der Fahrer Zugang zu einer Schlafkabine auf der Fähre oder im Zug hat.

(2) Die von einem Fahrer verbrachte Zeit, um zu einem in den Geltungsbereich dieser Verordnung fallenden Fahrzeug, das sich nicht am Wohnsitz des Fahrers oder der Betriebstätte des Arbeitgebers befindet, der der Fahrer normalerweise zugeordnet ist, anzureisen oder von diesem zurückzureisen, ist nur dann als Ruhepause oder Fahrtunterbrechung anzusehen, wenn sich der Fahrer in einem Zug oder auf einem Fährschiff befindet und Zugang zu einer Schlafkabine, einer Koje oder einem Liegewagen hat.

(3) Die von einem Fahrer verbrachte Zeit, um mit einem nicht in den Geltungsbereich dieser Richtlinie fallenden Fahrzeug zu einem in den Geltungsbereich dieser Verordnung fallenden Fahrzeug, das sich nicht am Wohnsitz des Fahrers oder der Betriebsstätte des Arbeitgebers, dem der Fahrer normalerweise zugeordnet ist, befindet, anzureisen oder von diesem zurückzureisen, ist als andere Arbeiten anzusehen.

Art. 9a[2)] [Bericht über die Nutzung autonomer Fahrsysteme] [1] Die Kommission erstellt bis zum 31. Dezember 2025 einen Bericht über die Nutzung autonomer Fahrsysteme in den Mitgliedstaaten und legt ihn dem Europäischen Parlament und dem Rat vor. [2] In dem Bericht geht sie insbesondere auf die möglichen Auswirkungen dieser Systeme auf die Vorschriften über Lenk- und Ruhezeiten ein. [3] Diesem Bericht ist gegebenenfalls ein Gesetzgebungsvorschlag zur Änderung dieser Verordnung beizufügen.

Kapitel III. Haftung von Verkehrsunternehmen

Art. 10[3)4)] [Haftung von Verkehrsunternehmen] (1) Verkehrsunternehmen dürfen beschäftigten oder ihnen zur Verfügung gestellten Fahrern keine Zahlungen in Abhängigkeit von der zurückgelegten Strecke, der Schnelligkeit der Auslieferung und/oder der Menge der beförderten Güter leisten, auch nicht in Form von Prämien oder Lohnzuschlägen, falls diese Zahlungen geeignet sind, die Sicherheit im Straßenverkehr zu gefährden, und/oder zu Verstößen gegen diese Verordnung verleiten.

(2) [1] Das Verkehrsunternehmen organisiert die Arbeit der in Absatz 1 genannten Fahrer so, dass diese die Bestimmungen der Verordnung (EWG)

[1)] Art. 9 Abs. 1 und 2 neu gef. mWv 20.8.2020 durch VO v. 15.7.2020 (ABl. L 249 S. 1).

[2)] Art. 9a eingef. mWv 20.8.2020 durch VO v. 15.7.2020 (ABl. L 249 S. 1).

[3)] Art. 10 Abs. 5 ist bereits am 1.5.2006 in Kraft getreten; vgl. Art. 29.

[4)] Art. 10 Abs. 1 neu gef. mWv 20.8.2020 durch VO v. 15.7.2020 (ABl. L 249 S. 1).

Nr. 3821/85 sowie des Kapitels II der vorliegenden Verordnung einhalten können. [2]Das Verkehrsunternehmen hat den Fahrer ordnungsgemäß anzuweisen und regelmäßig zu überprüfen, dass die Verordnung (EWG) Nr. 3821/85 und Kapitel II der vorliegenden Verordnung eingehalten werden.

(3) *[1]* Das Verkehrsunternehmen haftet für Verstöße von Fahrern des Unternehmens, selbst wenn der Verstoß im Hoheitsgebiet eines anderen Mitgliedstaates oder eines Drittstaates begangen wurde.

[2] [1]Unbeschadet des Rechts der Mitgliedstaaten, Verkehrsunternehmen uneingeschränkt haftbar zu machen, können die Mitgliedstaaten diese Haftung von einem Verstoß des Unternehmens gegen die Absätze 1 und 2 abhängig machen. [2]Die Mitgliedstaaten können alle Beweise prüfen, die belegen, dass das Verkehrsunternehmen billigerweise nicht für den begangenen Verstoß haftbar gemacht werden kann.

(4) Unternehmen, Verlader, Spediteure, Reiseveranstalter, Hauptauftragnehmer, Unterauftragnehmer und Fahrervermittlungsagenturen stellen sicher, dass die vertraglich vereinbarten Beförderungszeitpläne nicht gegen diese Verordnung verstoßen.

(5)

a) Ein Verkehrsunternehmen, das Fahrzeuge einsetzt, die unter die vorliegende Verordnung fallen und die mit einem Kontrollgerät ausgestattet sind, das dem Anhang I B der Verordnung (EWG) Nr. 3821/85 entspricht, stellt Folgendes sicher:
   i) Alle Daten werden von dem Bordgerät und der Fahrerkarte so regelmäßig heruntergeladen, wie es der Mitgliedstaat vorschreibt; diese relevanten Daten werden in kürzeren Abständen heruntergeladen, damit sichergestellt ist, dass alle von dem Unternehmen oder für das Unternehmen durchgeführten Tätigkeiten heruntergeladen werden;
   ii) alle sowohl vom Bordgerät als auch von der Fahrerkarte heruntergeladenen Daten werden nach ihrer Aufzeichnung mindestens zwölf Monate lang aufbewahrt und müssen für einen Kontrollbeamten auf Verlangen entweder direkt oder zur Fernabfrage von den Geschäftsräumen des Unternehmens zugänglich sein.
b) Im Sinne dieses Absatzes wird der Ausdruck „heruntergeladen" entsprechend der Begriffsbestimmung in Anhang I B Kapitel I Buchstabe s der Verordnung (EWG) Nr. 3821/85 ausgelegt.
c) Die Kommission entscheidet nach dem in Artikel 24 Absatz 2 genannten Verfahren über den Höchstzeitraum für das Herunterladen der relevanten Daten gemäß Buchstabe a Ziffer i.

Kapitel IV. Ausnahmen

Art. 11 [Ausnahmen von der Ruhezeit] [1]Ein Mitgliedstaat kann für Beförderungen im Straßenverkehr, die vollständig in seinem Hoheitsgebiet durchgeführt werden, längere Mindestfahrtunterbrechungen und Ruhezeiten oder kürzere Höchstlenkzeiten als nach den Artikeln 6 bis 9 festlegen. [2]In einem solchen Fall muss der Mitgliedstaat die relevanten kollektiven oder anderen Vereinbarungen zwischen den Sozialpartnern berücksichtigen. [3]Für Fahrer im grenzüberschreitenden Verkehr gilt jedoch weiterhin diese Verordnung.

Art. 12[1] **[Sicherer Halteplatz]** *[1]* [1]Sofern die Sicherheit im Straßenverkehr nicht gefährdet wird, kann der Fahrer von den Artikeln 6 bis 9 abweichen, um einen geeigneten Halteplatz zu erreichen, soweit dies erforderlich ist, um die Sicherheit von Personen, des Fahrzeugs oder seiner Ladung zu gewährleisten. [2]Der Fahrer hat Art und Grund dieser Abweichung spätestens bei Erreichen des geeigneten Halteplatzes handschriftlich auf dem Schaublatt des Kontrollgeräts oder einem Ausdruck aus dem Kontrollgerät oder im Arbeitszeitplan zu vermerken.

[2] Sofern die Sicherheit im Straßenverkehr nicht gefährdet wird, kann der Fahrer unter außergewöhnlichen Umständen auch von Artikel 6 Absätze 1 und 2 und von Artikel 8 Absatz 2 abweichen, indem er die tägliche und die wöchentliche Lenkzeit um bis zu eine Stunde überschreitet, um die Betriebsstätte des Arbeitgebers oder den Wohnsitz des Fahrers zu erreichen, um eine wöchentliche Ruhezeit einzulegen.

[3] Unter den gleichen Bedingungen kann der Fahrer die tägliche und die wöchentliche Lenkzeit um bis zu zwei Stunden überschreiten, sofern eine ununterbrochene Fahrtunterbrechung von 30 Minuten eingelegt wurde, die der zusätzlichen Lenkzeit zur Erreichung der Betriebsstätte des Arbeitgebers oder des Wohnsitzes des Fahrers, um dort eine regelmäßige wöchentliche Ruhezeit einzulegen, unmittelbar vorausgeht.

[4] Der Fahrer hat Art und Grund dieser Abweichung spätestens bei Erreichen des Bestimmungsorts oder des geeigneten Halteplatzes handschriftlich auf dem Schaublatt des Kontrollgeräts, einem Ausdruck aus dem Kontrollgerät oder im Arbeitszeitplan zu vermerken.

[5] Jede Lenkzeitverlängerung wird durch eine gleichwertige Ruhepause ausgeglichen, die zusammen mit einer beliebigen Ruhezeit ohne Unterbrechung bis zum Ende der dritten Woche nach der betreffenden Woche genommen werden muss.

Art. 13[2][3] **[Individuelle Bedingungen]** (1) Sofern die Verwirklichung der in Artikel 1 genannten Ziele nicht beeinträchtigt wird, kann jeder Mitgliedstaat für sein Hoheitsgebiet oder mit Zustimmung der betreffenden Mitgliedstaaten für das Hoheitsgebiet eines anderen Mitgliedstaats Abweichungen von den Artikeln 5 bis 9 zulassen und solche Abweichungen für die Beförderung mit folgenden Fahrzeugen an individuelle Bedingungen knüpfen:

a) Fahrzeuge, die Eigentum von Behörden sind oder von diesen ohne Fahrer angemietet sind, um Beförderungen im Straßenverkehr durchzuführen, die nicht im Wettbewerb mit privatwirtschaftlichen Verkehrsunternehmen stehen;

b) Fahrzeuge, die von Landwirtschafts-, Gartenbau-, Forstwirtschafts- oder Fischereiunternehmen zur Güterbeförderung im Rahmen ihrer eigenen unternehmerischen Tätigkeit in einem Umkreis von bis zu 100 km vom Standort des Unternehmens benutzt oder ohne Fahrer angemietet werden;

---

[1] Art. 12 UAbs. 2–5 angef. mWv 20.8.2020 durch VO v. 15.7.2020 (ABl. L 249 S. 1).

[2] Art. 13 Buchst. h ber. ABl. 2009 L 70 S. 19.

[3] Art. 13 Buchst. d, f und p geänd., Buchst. d UAbs. 1 neu gef. mWv 2.3.2015 durch VO v. 4.2. 2014 (ABl. L 60 S. 1); Abs. 1 Buchst. e neu gef., Buchst q und r angef. mWv 20.8.2020 durch VO v. 15.7.2020 (ABl. L 249 S. 1).

c) land- und forstwirtschaftliche Zugmaschinen, die für land- oder forstwirtschaftliche Tätigkeiten eingesetzt werden, und zwar in einem Umkreis von bis zu 100 km vom Standort des Unternehmens, das das Fahrzeug besitzt, anmietet oder least;

d) Fahrzeuge oder Fahrzeugkombinationen mit einer zulässigen Höchstmasse von nicht mehr als 7,5 t, die von Universaldienstanbietern im Sinne des Artikels 2 Absatz 13 der Richtlinie 97/67/EG des Europäischen Parlaments und des Rates vom 15. Dezember 1997 über gemeinsame Vorschriften für die Entwicklung des Binnenmarktes der Postdienste der Gemeinschaft und die Verbesserung der Dienstequalität[1] zum Zweck der Zustellung von Sendungen im Rahmen des Universaldienstes benutzt werden.
Diese Fahrzeuge dürfen nur in einem Umkreis von 100 km vom Standort des Unternehmens und unter der Bedingung benutzt werden, dass das Lenken des Fahrzeugs für den Fahrer nicht die Haupttätigkeit darstellt;

e) Fahrzeuge, die ausschließlich auf Inseln oder vom Rest des Hoheitsgebiets isolierten Binnengebieten mit einer Fläche von nicht mehr als 2 300 km² verkehren, die mit den übrigen Teilen des Hoheitsgebiets nicht durch eine Brücke, eine Furt oder einen Tunnel, die von Kraftfahrzeugen benutzt werden können, verbunden sind und auch nicht an einen anderen Mitgliedstaat angrenzen;

f) Fahrzeuge, die im Umkreis von 100 km vom Standort des Unternehmens zur Güterbeförderung mit Druckerdgas-, Flüssiggas- oder Elektroantrieb benutzt werden und deren zulässige Höchstmasse einschließlich Anhänger oder Sattelanhänger 7,5 t nicht übersteigt;

g) Fahrzeuge, die zum Fahrschulunterricht und zur Fahrprüfung zwecks Erlangung des Führerscheins oder eines beruflichen Befähigungsnachweises dienen, sofern diese Fahrzeuge nicht für die gewerbliche Personen- oder Güterbeförderung benutzt werden;

h) Fahrzeuge, die in Verbindung mit Kanalisation, Hochwasserschutz, Wasser-, Gas- und Elektrizitätsversorgung, Straßenunterhaltung und -kontrolle, Hausmüllabfuhr, Telegramm- und Telefondienstleistungen, Rundfunk und Fernsehen sowie zur Erfassung von Radio- bzw. Fernsehsendern oder -geräten eingesetzt werden;

i) Fahrzeuge mit 10 bis 17 Sitzen, die ausschließlich zur nichtgewerblichen Personenbeförderung verwendet werden;

j) Spezialfahrzeuge, die Ausrüstungen des Zirkus- oder Schaustellergewerbes transportieren;

k) speziell ausgerüstete Projektfahrzeuge für mobile Projekte, die hauptsächlich im Stand zu Lehrzwecken dienen;

l) Fahrzeuge, die zum Abholen von Milch bei landwirtschaftlichen Betrieben und/oder zur Rückgabe von Milchbehältern oder von Milcherzeugnissen für Futterzwecke an diese Betriebe verwendet werden;

m) Spezialfahrzeuge für Geld- und/oder Werttransporte;

n) Fahrzeuge, die zur Beförderung von tierischen Abfällen oder von nicht für den menschlichen Verzehr bestimmten Tierkörpern verwendet werden;

---

[1] **Amtl. Anm.:** ABl. L 15 vom 21.1.1998, S. 14.

o) Fahrzeuge, die ausschließlich auf Straßen in Güterverteilzentren wie Häfen, Umschlaganlagen des Kombinierten Verkehrs und Eisenbahnterminals benutzt werden;

p) Fahrzeuge, die innerhalb eines Umkreises von bis zu 100 km für die Beförderung lebender Tiere von den landwirtschaftlichen Betrieben zu den lokalen Märkten und umgekehrt oder von den Märkten zu den lokalen Schlachthäusern verwendet werden;

q) Fahrzeuge oder Fahrzeugkombinationen zur Beförderung von Baumaschinen für ein Bauunternehmen, die in einem Umkreis von höchstens 100 km vom Standort des Unternehmens benutzt werden, vorausgesetzt dass das Lenken der Fahrzeuge für den Fahrer nicht die Haupttätigkeit darstellt;

r) Fahrzeuge, die für die Lieferung von Transportbeton verwendet werden.

(2) Die Mitgliedstaaten teilen der Kommission die Ausnahmen mit, die sie nach Absatz 1 gewähren, und die Kommission unterrichtet die übrigen Mitgliedstaaten hiervon.

(3) *[1]* Sofern die Verwirklichung der in Artikel 1 genannten Ziele nicht beeinträchtigt wird und ein angemessener Schutz der Fahrer sichergestellt ist, kann ein Mitgliedstaat mit Genehmigung der Kommission in seinem Hoheitsgebiet in geringem Umfang Ausnahmen von dieser Verordnung für Fahrzeuge, die in zuvor festgelegten Gebieten mit einer Bevölkerungsdichte von weniger als 5 Personen pro Quadratkilometer eingesetzt werden, in folgenden Fällen zulassen:

– Bei inländischen Personenlinienverkehrsdiensten, sofern ihr Fahrplan von den Behörden bestätigt wurde (in diesem Fall dürfen nur Ausnahmen in Bezug auf Fahrtunterbrechungen zugelassen werden) und

– im inländischen Werkverkehr oder gewerblich durchgeführten Güterkraftverkehr, soweit sich diese Tätigkeiten nicht auf den Binnenmarkt auswirken und für den Erhalt bestimmter Wirtschaftszweige in dem betroffenen Gebiet notwendig sind und die Ausnahmebestimmungen dieser Verordnung einen Umkreis von höchstens 100 km vorschreiben.

[2] [1] Eine Beförderung im Straßenverkehr nach dieser Ausnahme kann eine Fahrt zu einem Gebiet mit einer Bevölkerungsdichte von 5 Personen pro Quadratmeter oder mehr nur einschließen, wenn damit eine Fahrt beendet oder begonnen wird. [2] Solche Maßnahmen müssen ihrer Art und ihrem Umfang nach verhältnismäßig sein.

Art. 14[1)] [Mitteilung der Kommission] (1) Sofern die Verwirklichung der in Artikel 1 genannten Ziele nicht beeinträchtigt wird, können die Mitgliedstaaten nach Genehmigung durch die Kommission Ausnahmen von den Artikeln 6 bis 9 für unter außergewöhnlichen Umständen durchgeführte Beförderungen zulassen.

(2) [1] Die Mitgliedstaaten können in dringenden Fällen, die mit außergewöhnlichen Umständen einhergehen, eine vorübergehende Ausnahme für einen Zeitraum von höchstens 30 Tagen zulassen, die hinreichend zu begründen und der Kommission sofort mitzuteilen ist. [2] Die Kommission veröffentlicht diese Informationen unverzüglich auf einer öffentlichen Internetseite.

1) Art. 14 Abs. 2 neu gef. mWv 20.8.2020 durch VO v. 15.7.2020 (ABl. L 249 S. 1).

(3) Die Kommission teilt den übrigen Mitgliedstaaten alle nach diesem Artikel gewährten Ausnahmen mit.

Art. 15[1] **[Nationale Vorschriften]** [1]Die Mitgliedstaaten stellen sicher, dass Fahrer der in Artikel 3 Buchstabe a genannten Fahrzeuge unter nationale Vorschriften fallen, die einen angemessenen Schutz bei den erlaubten Lenkzeiten sowie den vorgeschriebenen Fahrtunterbrechungen und Ruhezeiten bieten. [2]Die Mitgliedstaaten teilen der Kommission die für diese Fahrer geltenden einschlägigen nationalen Vorschriften mit.

Kapitel V. Überwachung und Sanktionen

Art. 16 [Fahrzeuge ohne Kontrollgerät] (1) Verfügt ein Fahrzeug nicht über ein mit der Verordnung (EWG) Nr. 3821/85 übereinstimmendes Kontrollgerät, so gelten die Absätze 2 und 3 des vorliegenden Artikels für:

a) nationale Personenlinienverkehrsdienste und

b) grenzüberschreitende Personenlinienverkehrsdienste, deren Endpunkte in der Luftlinie höchstens 50 km von einer Grenze zwischen zwei Mitgliedstaaten entfernt sind und deren Fahrstrecke höchstens 100 km beträgt.

(2) *[1]* Das Verkehrsunternehmen erstellt einen Fahrplan und einen Arbeitszeitplan, in dem für jeden Fahrer der Name, der Standort und der im Voraus festgelegte Zeitplan für die verschiedenen Zeiträume der Lenktätigkeit, der anderen Arbeiten und der Fahrtunterbrechungen sowie die Bereitschaftszeiten angegeben werden.

[2] Jeder Fahrer, der in einem Dienst im Sinne des Absatzes 1 eingesetzt ist, muss einen Auszug aus dem Arbeitszeitplan und eine Ausfertigung des Linienfahrplans mit sich führen.

(3) Der Arbeitszeitplan muss

a) alle in Absatz 2 aufgeführten Angaben mindestens für den Zeitraum der vorangegangenen 28 Tage enthalten; diese Angaben sind in regelmäßigen Abständen von höchstens einem Monat zu aktualisieren;

b) die Unterschrift des Leiters des Verkehrsunternehmens oder seines Beauftragten tragen;

c) vom Verkehrsunternehmen nach Ablauf des Geltungszeitraums ein Jahr lang aufbewahrt werden. Das Verkehrsunternehmen händigt den betreffenden Fahrern auf Verlangen einen Auszug aus dem Arbeitszeitplan aus; und

d) auf Verlangen einem dazu befugten Kontrollbeamten vorgelegt und ausgehändigt werden.

Art. 17 [Bericht der Kommission] (1) Die Mitgliedstaaten übermitteln der Kommission unter Verwendung des in der Entscheidung 93/173/EWG[2] vorgesehenen Berichtsmusters[3] die notwendigen Informationen, damit diese alle zwei Jahre einen Bericht über die Durchführung der vorliegenden Verordnung

---

[1] Art. 15 neu gef. mWv 20.8.2020 durch VO v. 15.7.2020 (ABl. L 249 S. 1).

[2] **Amtl. Anm.:** ABl. L 72 vom 25.3.1993, S. 33.

[3] Siehe hierzu den Durchführungsbeschluss (EU) 2017/1013 zum Berichtsmuster für Straßenverkehr-Sozialkontrollen v. 30.3.2017 (ABl. L 153 S. 28).

und der Verordnung (EWG) Nr. 3821/85 und über die Entwicklungen auf dem betreffenden Gebiet erstellen kann.

(2) Diese Angaben müssen bei der Kommission spätestens am 30. September des Jahres nach Ende des betreffenden Zweijahreszeitraums mitgeteilt werden.

(3) In dem Bericht wird zugleich angegeben, inwieweit von den Ausnahmeregelungen gemäß Artikel 13 Gebrauch gemacht wird.

(4) Die Kommission leitet den Bericht innerhalb von 13 Monaten nach Ende des betreffenden Zweijahreszeitraums dem Europäischen Parlament und dem Rat zu.

Art. 18 [Maßnahmen] Die Mitgliedstaaten ergreifen die zur Durchführung dieser Verordnung erforderlichen Maßnahmen.

Art. 19[1] [Sanktionen] (1) [1]Die Mitgliedstaaten erlassen Vorschriften über Sanktionen für Verstöße gegen die vorliegende Verordnung und die Verordnung (EU) Nr. 165/2014[2] und treffen alle erforderlichen Maßnahmen, um deren Anwendung zu gewährleisten. [2]Diese Sanktionen müssen wirksam und verhältnismäßig zum Schweregrad der Verstöße gemäß Anhang III der Richtlinie 2006/22/EG des Europäischen Parlaments und des Rates[3], sowie abschreckend und nicht-diskriminierend sein. [3]Kein Verstoß gegen die vorliegende Verordnung oder gegen die Verordnung (EU) Nr. 165/2014 darf mehrmals Gegenstand von Sanktionen oder Verfahren sein. [4]Die Mitgliedstaaten teilen der Kommission diese Maßnahmen und Regeln sowie das Verfahren und die Kriterien, die auf einzelstaatlicher Ebene zur Bewertung der Verhältnismäßigkeit herangezogen wurden, mit. [5]Die Mitgliedstaaten teilen etwaige spätere Änderungen daran, die Auswirkungen darauf haben, unverzüglich mit. [6]Die Kommission informiert die Mitgliedstaaten über diese Regeln und Maßnahmen sowie über etwaige Änderungen. [7]Die Kommission stellt sicher, dass diese Informationen in allen Amtssprachen der Union auf einer eigens hierfür eingerichteten öffentlichen Internetseite veröffentlicht werden, die detaillierte Informationen über die in den Mitgliedstaaten geltenden Sanktionen enthält.

(2) *[1]* Ein Mitgliedstaat ermächtigt die zuständigen Behörden, gegen ein Unternehmen und/oder einen Fahrer bei einem in seinem Hoheitsgebiet festgestellten Verstoß gegen diese Verordnung eine Sanktion zu verhängen, sofern hierfür noch keine Sanktion verhängt wurde, und zwar selbst dann, wenn der Verstoß im Hoheitsgebiet eines anderen Mitgliedstaats oder eines Drittstaats begangen wurde.

[2] Dabei gilt folgende Ausnahmeregelung: Wird ein Verstoß festgestellt,

– der nicht im Hoheitsgebiet des betreffenden Mitgliedstaats begangen wurde und
– der von einem Unternehmen, das seinen Sitz in einem anderen Mitgliedstaat oder einem Drittstaat hat, oder von einem Fahrer, der seinen Arbeitsplatz in einem anderen Mitgliedstaat oder einem Drittstaat hat, begangen wurde,

---

[1] Art. 19 Abs. 1 neu gef. mWv 20.8.2020 durch VO v. 15.7.2020 (ABl. L 249 S. 1).

[2] Nr. **580**.

[3] **Amtl. Anm.:** Richtlinie 2006/22/EG des Europäischen Parlaments und des Rates vom 15. März 2006 über Mindestbedingungen für die Durchführung der Verordnungen (EG) Nr. 561/2006 und (EU) Nr. 165/2014 und der Richtlinie 2002/15/EG über Sozialvorschriften für Tätigkeiten im Kraftverkehr sowie zur Aufhebung der Richtlinie 88/599/EWG des Rates (ABl. L 102 vom 11.4. 2006, S. 35).

so kann ein Mitgliedstaat bis zum 1. Januar 2009, anstatt eine Sanktion zu verhängen, der zuständigen Behörde des Mitgliedstaats oder des Drittstaats, in dem das Unternehmen seinen Sitz oder der Fahrer seinen Arbeitsplatz hat, den Verstoß melden.

(3) Leitet ein Mitgliedstaat in Bezug auf einen bestimmten Verstoß ein Verfahren ein oder verhängt er eine Sanktion, so muss er dem Fahrer gegenüber angemessene schriftliche Belege beibringen.

(4) Die Mitgliedstaaten stellen sicher, dass ein System verhältnismäßiger Sanktionen, die finanzielle Sanktionen umfassen können, für den Fall besteht, dass Unternehmen oder mit ihnen verbundene Verlader, Spediteure, Reiseveranstalter, Hauptauftragnehmer, Unterauftragnehmer und Fahrervermittlungsagenturen gegen die vorliegende Verordnung oder die Verordnung (EWG) Nr. 3821/85 verstoßen.

Art. 20 [Belege; Aufbewahrung] (1) Der Fahrer muss alle von einem Mitgliedstaat zu Sanktionen oder zur Einleitung von Verfahren beigebrachten Belege so lange aufbewahren, bis derselbe Verstoß gegen diese Verordnung nicht mehr in ein zweites Verfahren oder eine zweite Sanktion gemäß dieser Verordnung münden kann.

(2) Der Fahrer hat die in Absatz 1 genannten Belege auf Verlangen vorzuweisen.

(3) Ein Fahrer, der bei mehreren Verkehrsunternehmen beschäftigt ist oder mehreren Verkehrsunternehmen zur Verfügung steht, verschafft jedem Unternehmen ausreichende Informationen, um diesem die Einhaltung der Bestimmungen des Kapitels II zu ermöglichen.

Art. 21 [Stillegung von Fahrzeugen] [1] In Fällen, in denen ein Mitgliedstaat der Auffassung ist, dass ein Verstoß gegen diese Verordnung vorliegt, der die Straßenverkehrssicherheit eindeutig gefährden könnte, ermächtigt er die betreffende zuständige Behörde, das betreffende Fahrzeug so lange stillzulegen, bis die Ursache des Verstoßes behoben ist. [2] Die Mitgliedstaaten können dem Fahrer auferlegen, eine tägliche Ruhezeit einzulegen. [3] Die Mitgliedstaaten können ferner gegebenenfalls die Zulassung eines Unternehmens entziehen, aussetzen oder einschränken, falls es seinen Sitz in diesem Mitgliedstaat hat, oder sie können die Fahrerlaubnis eines Fahrers entziehen, aussetzen oder einschränken. [4] Die Kommission entwickelt nach dem in Artikel 24 Absatz 2 genannten Verfahren Leitlinien, um eine harmonisierte Anwendung dieses Artikels zu erreichen.

Art. 22[1)] [Gegenseitiger Beistand der Mitgliedstaaten] (1) Die Mitgliedstaaten arbeiten eng miteinander zusammen und leisten einander ohne unangemessene Verzögerung Amtshilfe, um die einheitliche Anwendung dieser Verordnung und ihre wirksame Durchsetzung gemäß den Anforderungen des Artikels 8 der Richtlinie 2006/22/EG zu erleichtern.

(2) Die zuständigen Behörden der Mitgliedstaaten tauschen regelmäßig alle verfügbaren Informationen aus über

---

1) Art. 22 Abs. 1 neu gef., Abs. 2 Bucht. c angef., Abs. 3a und 3b eingef. mWv 20.8.2020 durch VO v. 15.7.2020 (ABl. L 249 S. 1).

a) die von Gebietsfremden begangenen Verstöße gegen die Bestimmungen des Kapitels II und die gegen diese Verstöße verhängten Sanktionen;

b) die von einem Mitgliedstaat verhängten Sanktionen für Verstöße, die seine Gebietsansässigen in anderen Mitgliedstaaten begangen haben;

c) sonstige spezielle Informationen, darunter die Risikoeinstufung des Unternehmens, die sich auf die Einhaltung dieser Verordnung auswirken können.

(3) Die Mitgliedstaaten übermitteln der Kommission regelmäßig relevante Informationen über die nationale Auslegung und Anwendung dieser Verordnung; die Kommission stellt diese Informationen den anderen Mitgliedstaaten in elektronischer Form zur Verfügung.

(3a) Für die Zwecke des Informationsaustauschs im Rahmen dieser Verordnung nutzen die Mitgliedstaaten die gemäß Artikel 7 der Richtlinie 2006/22/EG benannten Stellen für die innergemeinschaftliche Verbindung.

(3b) Verwaltungszusammenarbeit und gegenseitige Amtshilfe erfolgen unentgeltlich.

(4) Die Kommission unterstützt durch den in Artikel 24 Absatz 1 genannten Ausschuss den Dialog zwischen den Mitgliedstaaten über die einzelstaatliche Auslegung und Anwendung dieser Verordnung.

Art. 23 [Drittländer] Die Gemeinschaft wird mit Drittländern die Verhandlungen aufnehmen, die zur Durchführung dieser Verordnung gegebenenfalls erforderlich sind.

Art. 23a[1] [Befugnis zum Erlass delegierter Rechtsakte] (1) Die Befugnis zum Erlass delegierter Rechtsakte wird der Kommission unter den in diesem Artikel festgelegten Bedingungen übertragen.

(2) *[1]* Die Befugnis zum Erlass delegierter Rechtsakte gemäß Artikel 8a wird der Kommission für einen Zeitraum von fünf Jahren ab dem 20. August 2020 übertragen.

[2] [1]Die Kommission erstellt spätestens neun Monate vor Ablauf des Zeitraums von fünf Jahren einen Bericht über die Befugnisübertragung. [2]Die Befugnisübertragung verlängert sich stillschweigend um Zeiträume gleicher Länge, es sei denn, das Europäische Parlament oder der Rat widersprechen einer solchen Verlängerung spätestens drei Monate vor Ablauf des jeweiligen Zeitraums.

(3) [1]Die Befugnisübertragung gemäß Artikel 8a kann vom Europäischen Parlament oder vom Rat jederzeit widerrufen werden. [2]Der Beschluss über den Widerruf beendet die Übertragung der in diesem Beschluss angegebenen Befugnis. [3]Er wird am Tag nach seiner Veröffentlichung im *Amtsblatt der Europäischen Union* oder zu einem im Beschluss über den Widerruf angegebenen späteren Zeitpunkt wirksam. [4]Die Gültigkeit von delegierten Rechtsakten, die bereits in Kraft sind, wird von dem Beschluss über den Widerruf nicht berührt.

(4) Vor dem Erlass eines delegierten Rechtsakts konsultiert die Kommission die von den einzelnen Mitgliedstaaten benannten Sachverständigen im Ein-

[1] Art. 23a eingef. mWv 20.8.2020 durch VO v. 15.7.2020 (ABl. L 249 S. 1).

klang mit den in der Interinstitutionellen Vereinbarung vom 13. April 2016 über bessere Rechtsetzung[1)] enthaltenen Grundsätzen.

(5) Sobald die Kommission einen delegierten Rechtsakt erlässt, übermittelt sie ihn gleichzeitig dem Europäischen Parlament und dem Rat.

(6) [1] Ein delegierter Rechtsakt, der gemäß Artikel 8a erlassen wurde, tritt nur in Kraft, wenn weder das Europäische Parlament noch der Rat innerhalb einer Frist von zwei Monaten nach Übermittlung dieses Rechtsakts an das Europäische Parlament und den Rat Einwände erhoben haben oder wenn vor Ablauf dieser Frist sowohl das Europäische Parlament als auch der Rat der Kommission mitgeteilt haben, dass sie keine Einwände erheben werden. [2] Auf Initiative des Europäischen Parlaments oder des Rates wird diese Frist um zwei Monate verlängert.

Art. 24[2)] [Ausschuss] (1) Die Kommission wird von dem durch Artikel 18 Absatz 1 der Verordnung (EWG) Nr. 3821/85 eingesetzten Ausschuss unterstützt.

(2) Wird auf diesen Absatz Bezug genommen, so gilt Artikel 4 der Verordnung (EU) Nr. 182/2011 des Europäischen Parlaments und des Rates[3)].

(2a) Wird auf diesen Absatz Bezug genommen, so gilt Artikel 5 der Verordnung (EU) Nr. 182/2011.

(3) Der Ausschuss gibt sich eine Geschäftsordnung.

Art. 25[4)] [Prüfung von Einzelfällen] (1) Auf Antrag eines Mitgliedstaates oder von sich aus

a) prüft die Kommission die Fälle, in denen die Bestimmungen dieser Verordnung, insbesondere bezüglich der Lenkzeiten, Fahrtunterbrechungen und Ruhezeiten, unterschiedlich angewandt und durchgesetzt werden;
b) klärt die Kommission die Bestimmungen dieser Verordnung, um einen gemeinsamen Ansatz sicherzustellen.

(2) *[1]* In den in Absatz 1 Buchstabe b genannten Fällen erlässt die Kommission Durchführungsrechtsakte zur Festlegung gemeinsamer Ansätze.

[2] Diese Durchführungsrechtsakte werden nach dem in Artikel 24 Absatz 2a genannten Prüfverfahren erlassen.

Kapitel VI. Schlussbestimmungen

Art. 26, 27 *(nicht wiedergegebene Änderungsvorschrift)*

Art. 28 [Übergangsvorschriften] *[1]* Die Verordnung (EWG) Nr. 3820/85 wird aufgehoben und durch die vorliegende Verordnung ersetzt.

---

1) **Amtl. Anm.:** ABl. L 123 vom 12.5.2016, S. 1.

2) Art. 24 Abs. 2 neu gef., Abs. 2a eingef. mWv 20.8.2020 durch VO v. 15.7.2020 (ABl. L 249 S. 1).

3) **Amtl. Anm.:** Verordnung (EU) Nr. 182/2011 des Europäischen Parlaments und des Rates vom 16. Februar 2011 zur Festlegung der allgemeinen Regeln und Grundsätze, nach denen die Mitgliedstaaten die Wahrnehmung der Durchführungsbefugnisse durch die Kommission kontrollieren (ABl. L 55 vom 28.2.2011, S. 13).

4) Art. 25 Abs. 2 neu gef. mWv 20.8.2020 durch VO v. 15.7.2020 (ABl. L 249 S. 1).

[2] Artikel 5 Absätze 1, 2 und 4 der Verordnung (EWG) Nr. 3820/85 gelten jedoch bis zu den in Artikel 15 Absatz 1 der Richtlinie 2003/59/EG genannten Terminen.

Art. 29 [Inkrafttreten] Diese Verordnung tritt am 11. April 2007 in Kraft, ausgenommen Artikel 10 Absatz 5, Artikel 26 Absätze 3 und 4 und Artikel 27, die am 1. Mai 2006 in Kraft treten.

570. Gesetz über das Fahrpersonal von Kraftfahrzeugen und Straßenbahnen (Fahrpersonalgesetz – FPersG)

In der Fassung der Bekanntmachung vom 19.2.1987[1)]
(BGBl. I S. 640)

FNA 9231-8

geänd. durch Art. 6 Abs. 112 EisenbahnneuordnungsG v. 27.12.1993 (BGBl. I S. 2378), Art. 12 ArbeitszeitrechtsG v. 6.6.1994 (BGBl. I S. 1170), Art. 12 Abs. 79 PostneuordnungsG v. 14.9.1994 (BGBl. I S. 2325), Art. 1 G zur Änd. fahrpersonalrechtlicher Vorschriften v. 14.9.1994 (BGBl. I S. 2075), Art. 7 G zur Reform des Güterkraftverkehrsrechts v. 22.6.1998 (BGBl. I S. 1485), Art. 246 Siebente Zuständigkeitsanpassungs-VO v. 29.10.2001 (BGBl. I S. 2785), Art. 13 Zehntes Euro-EinführungsG v. 15.12.2001 (BGBl. I S. 3762), Art. 232 Achte ZuständigkeitsanpassungsVO v. 25.11. 2003 (BGBl. I S. 2304), Art. 1 KontrollgerätbegleitG v. 15.5.2004 (BGBl. I S. 954), Art. 1b Zweites ÄndG v. 3.5.2005 (BGBl. I S. 1221), Art. 290 Neunte ZuständigkeitsanpassungsVO v. 31.10.2006 (BGBl. I S. 2407), Art. 1 Drittes ÄndG v. 6.7.2007 (BGBl. I S. 1270), Art. 2 G zur Änd. des GüterkraftverkehrsG und des FahrpersonalG v. 31.7.2010 (BGBl. I S. 1057), Art. 2 G zur Änd. des GüterkraftverkehrsG und anderer Gesetze v. 17.6.2013 (BGBl. I S. 1558), Art. 1 G zur Änd. des FahrpersonalG und des StraßenverkehrsG v. 2.3.2015 (BGBl. I S. 186), Art. 474 Zehnte ZuständigkeitsanpassungsVO v. 31.8.2015 (BGBl. I S. 1474), Art. 2 G zur Änd. des GüterkraftverkehrsG, des FahrpersonalG, des G zur Regelung der Arbeitszeit von selbständigen Kraftfahrern, des StraßenverkehrsG und des G über die Errichtung eines Kraftfahrt-Bundesamtes v. 16.5.2017 (BGBl. I S. 1214) und Art. 138 Zweites Datenschutz-Anpassungs- und Umsetzungsgesetz EU v. 20.11.2019 (BGBl. I S. 1626)

§ 1[2)] Anwendungsbereich. (1) [1]Dieses Gesetz gilt für die Beschäftigung und für die Tätigkeit des Fahrpersonals von Kraftfahrzeugen sowie von Straßenbahnen, soweit sie am Verkehr auf öffentlichen Straßen teilnehmen. [2]Mitglieder des Fahrpersonals sind Fahrer, Beifahrer und Schaffner. [3]Sofern dieses Gesetz und die auf der Grundlage von § 2 Nr. 3 erlassenen Rechtsverordnungen Regelungen zur Arbeitszeitgestaltung treffen, gehen diese dem Arbeitszeitgesetz[3)] vor.

(2) Dieses Gesetz gilt nicht für die Mitglieder des Fahrpersonals

1. von Dienstfahrzeugen der Bundeswehr, der Feuerwehr und der anderen Einheiten und Einrichtungen des Katastrophenschutzes, der Polizei und des Zolldienstes,
2. von Kraftfahrzeugen mit einem zulässigen Gesamtgewicht, einschließlich Anhänger oder Sattelanhänger, bis zu 2,8 t, es sei denn, daß sie als Fahrpersonal in einem unter den Geltungsbereich des Arbeitszeitgesetzes fallenden Arbeitsverhältnis stehen.

[1)] Neubekanntmachung des FPersG idF der Bek. v. 27.10.1976 (BGBl. I S. 3045) in der ab 18.12. 1986 geltenden Fassung.

[2)] § 1 Abs. 1 Satz 3 angef. mWv. 20.5.2004 durch G v. 15.5.2004 (BGBl. I S. 954).

[3)] Nr. **555**.

§ 2[1)] Rechtsverordnungen. Das Bundesministerium für Verkehr und digitale Infrastruktur wird ermächtigt, im Einvernehmen mit dem Bundesministerium für Arbeit und Soziales mit Zustimmung des Bundesrates

1. zur Durchführung der Verordnung (EG) Nr. 2135/98 des Rates vom 24. September 1998 zur Änderung der Verordnung (EWG) Nr. 3821/85 und der Richtlinie 88/599/EWG (ABl. EG Nr. L 274 S. 1), der Verordnung (EG) Nr. 561/2006[2)] des Europäischen Parlaments und des Rates vom 15. März 2006 zur Harmonisierung bestimmter Sozialvorschriften im Straßenverkehr und zur Änderung der Verordnungen (EWG) Nr. 3821/85 und (EG) Nr. 2135/98 des Rates sowie zur Aufhebung der Verordnung (EWG) Nr. 3820/85 des Rates (ABl. EU Nr. L 102 S. 1), der Verordnung (EU) Nr. 165/2014[3)] des Europäischen Parlaments und des Rates vom 4. Februar 2014 über Fahrtenschreiber im Straßenverkehr, zur Aufhebung der Verordnung (EWG) Nr. 3821/85 des Rates über das Kontrollgerät im Straßenverkehr und zur Änderung der Verordnung (EG) Nr. 561/2006 des Europäischen Parlaments und des Rates zur Harmonisierung bestimmter Sozialvorschriften im Straßenverkehr (ABl. L 60 vom 28.2.2014, S. 1) sowie der Richtlinie 2006/22/EG des Europäischen Parlaments und des Rates vom 15. März 2006 über Mindestbedingungen für die Durchführung der Verordnungen (EWG) Nr. 3820/85 und (EWG) Nr. 3821/85 des Rates über Sozialvorschriften für Tätigkeiten im Kraftverkehr sowie zur Aufhebung der Richtlinie 88/599/EWG des Rates (ABl. EU Nr. L 102 S. 35) in der jeweils geltenden Fassung, Rechtsverordnungen
   a) über die Organisation, das Verfahren und die Mittel der Überwachung der Durchführung dieser Verordnungen,
   b) über die Gestaltung und Behandlung der Tätigkeitsnachweise und Fahrtenschreiber,
   c) über Ausnahmen von den Mindestaltersgrenzen für das Fahrpersonal sowie Ausnahmen von den Vorschriften über die ununterbrochene Lenkzeit, Fahrtunterbrechungen und Ruhezeiten,
   d) über die Benutzung von Fahrzeugen und,
   e) soweit es zur Durchsetzung der Rechtsakte der Europäischen Gemeinschaft oder der Europäischen Union erforderlich ist, zur Bezeichnung der Tatbestände, die als Ordnungswidrigkeiten nach § 8 Abs. 1 Nr. 1 Buchstabe b, Nr. 2 Buchstabe b und Nr. 4 Buchstabe b geahndet werden können,

   zu erlassen, soweit der Bundesrepublik Deutschland eine Regelung in den Artikeln 5, 6, 7, 8, 10, 11, 12, 13, 14, 15,16, 17, 18, 19, 21 und 22 der

---

1) § 2 geänd. mWv 7.11.2001 durch VO v. 29.10.2001 (BGBl. I S. 2785); geänd. mWv 28.11.2003 durch VO v. 25.11.2003 (BGBl. I S. 2304); Nr. 1 und 3 geänd., Nr. 4 angef. mWv. 20.5.2004 durch G v. 15.5.2004 (BGBl. I S. 954); Nr. 1 Buchst. e und Nr. 2 Buchst. e geänd. mWv 1.6.2005 durch G v. 3.5.2005 (BGBl. I S. 1221); geänd. mWv 8.11.2006 durch VO v. 31.10.2006 (BGBl. I S. 2407); Nr. 1 und 3 geänd., Nr. 1a eingef. mWv 14.7.2007 durch G v. 6.7.2007 (BGBl. I S. 1270); Nr. 1a aufgeh. mWv 6.8.2010 durch G v. 31.7.2010 (BGBl. I S. 1057); Nr. 1 einl. Satzteil, Buchst. e und abschl. Satzteil, Nr. 4 Buchst. b geänd. mWv 7.3.2015 durch G v. 2.3.2015 (BGBl. I S. 186); einl. Satzteil geänd. mWv 8.9.2015 durch VO v. 31.8.2015 (BGBl. I S. 1474); Nr. 1 einl. Satzteil, Buchst. b, Satzteil nach Buchst. e, Nr. 3 Buchst. c, Nr. 4 einl. Satzteil und Buchst. b und d geänd. mWv 25.5. 2017 durch G v. 16.5.2017 (BGBl. I S. 1214).

2) Nr. **565**.

3) Nr. **580**.

Verordnung (EG) Nr. 561/2006, in den Artikeln 3, 21 bis 24, 26, 27, 29 und 32 bis 41 der Verordnung (EU) Nr. 165/2014 und in deren Anhängen anheimgestellt oder auferlegt wird,

1a. *(aufgehoben)*

2. zur Durchführung des Europäischen Übereinkommens vom 1. Juli 1970 über die Arbeit des im internationalen Straßenverkehr beschäftigten Fahrpersonals (AETR)[1)] (BGBl. 1974 II S. 1473), in der jeweils geltenden Fassung, Rechtsverordnungen
   a) über die Organisation, das Verfahren und die Mittel der Überwachung der Durchführung dieses Abkommens,
   b) über die Ausrüstung mit Kontrollgeräten und ihre Benutzung sowie über die Gestaltung und Behandlung der Tätigkeitsnachweise,
   c) über Ausnahmen von den Mindestaltersgrenzen für das Fahrpersonal,
   d) über die Nichtanwendung des AETR und anderweitige Vereinbarungen und,
   e) soweit es zur Durchsetzung des AETR erforderlich ist, zur Bezeichnung der Tatbestände, die als Ordnungswidrigkeiten nach § 8 Abs. 1 Nr. 1 Buchstabe b, Nr. 2 Buchstabe b und Nr. 4 Buchstabe b geahndet werden können,

   zu erlassen, soweit der Bundesrepublik Deutschland eine Regelung in Artikel 2 Abs. 2, Artikel 3, 4 und 10 Abs. 1 sowie Artikel 12 Abs. 1 des AETR und in dessen Anhängen anheimgestellt oder auferlegt wird,

3. zur Gewährleistung der Sicherheit im Straßenverkehr oder zum Schutz von Leben und Gesundheit der Mitglieder des Fahrpersonals, Rechtsverordnungen
   a) über Arbeitszeiten, Lenkzeiten, Fahrtunterbrechungen und Schichtzeiten,
   b) über Ruhezeiten und Ruhepausen,
   c) über die Ausrüstung mit Fahrtenschreibern und ihre Benutzung sowie über die Gestaltung und Behandlung der Tätigkeitsnachweise,
   d) über die Organisation, das Verfahren und die Mittel der Überwachung der Durchführung dieser Rechtsverordnungen,
   e) über die Zulässigkeit tarifvertraglicher Regelungen über Arbeits-, Lenk-, Schicht- und Ruhezeiten sowie Ruhepausen und Fahrtunterbrechungen

   zu erlassen,

4. zur Führung eines zentralen Registers zum Nachweis der ausgestellten, abhanden gekommenen und beschädigten Fahrer-, Werkstatt-, Unternehmens- und Kontrollkarten (Zentrales Fahrtenschreiberkartenregister) eine Rechtsverordnung zu erlassen über
   a) die Speicherung der Identifizierungsdaten der Fahrer, Techniker, Unternehmen und Behörden, denen Fahrer-, Werkstatt-, Unternehmens- oder Kontrollkarten ausgestellt worden sind, und die Speicherung der Identifizierungsdaten der ausgestellten, verlorenen und defekten Fahrer-, Werkstatt-, Unternehmens- und Kontrollkarten,

[1)] Nr. **550**.

b) die Übermittlung der Identifizierungsdaten, mit Ausnahme biometrischer Daten, an die öffentlichen Stellen, die für Verwaltungsmaßnahmen auf Grund der Verordnung (EU) Nr. 165/2014 oder darauf beruhender Rechtsvorschriften oder für die Verfolgung von Straftaten oder Ordnungswidrigkeiten zuständig sind,

c) den automatisierten Abruf der Identifizierungsdaten, mit Ausnahme biometrischer Daten, durch die vorgenannten Stellen und zur Gewährleistung des Datenschutzes, insbesondere einer Kontrolle der Zulässigkeit der Abrufe, und der Datensicherheit,

d) die Löschung der Daten spätestens fünf Jahre nach Ablauf der Gültigkeit der jeweiligen Karte.

§ 3 Verbot bestimmter Akkordlöhne, Prämien und Zuschläge. [1] Mitglieder des Fahrpersonals dürfen als Arbeitnehmer nicht nach den zurückgelegten Fahrstrecken oder der Menge der beförderten Güter entlohnt werden, auch nicht in Form von Prämien oder Zuschlägen für diese Fahrstrecken oder Gütermengen. [2] Ausgenommen sind Vergütungen, die nicht geeignet sind, die Sicherheit im Straßenverkehr zu beeinträchtigen.

§ 4[1)] Aufsicht. (1) Die Aufsicht über die Ausführung der Verordnungen (EG) Nr. 561/2006[2)], (EU) Nr. 165/2014[3)] und der Verordnung (EG) Nr. 2135/98, des AETR[4)] sowie dieses Gesetzes und der auf Grund dieses Gesetzes erlassenen Rechtsverordnungen obliegt den von den Landesregierungen bestimmten Behörden (Aufsichtsbehörden), soweit in diesem Gesetz nichts anderes bestimmt ist.

(1a) Die Aufsichtsbehörde kann die erforderlichen Maßnahmen anordnen, die der Arbeitgeber, der Verlader, der Spediteur, der Reiseveranstalter, der Hauptauftragnehmer, der Unterauftragnehmer und die Fahrervermittlungsagentur zur Erfüllung der sich aus diesem Gesetz und den auf Grund dieses Gesetzes erlassenen Rechtsverordnungen ergebenden Pflichten zu treffen haben.

(2) Unberührt bleibt die Zuständigkeit des Bundesamtes für Güterverkehr nach § 9 Abs. 2 dieses Gesetzes und nach § 11 Abs. 2 Nr. 3 Buchstabe a, § 12 Abs. 6 des Güterkraftverkehrsgesetzes.

(3) [1] Der Unternehmer, der Fahrzeughalter und die Mitglieder des Fahrpersonals sind verpflichtet, der zuständigen Behörde innerhalb einer von ihr festzusetzenden Frist

---

1) § 4 Abs. 2 geänd. durch G v. 22.6.1998 (BGBl. I S. 1485); Abs. 1 und 3 neu gef., Abs. 1a eingef. mWv 20.5.2004 durch G v. 15.5.2004 (BGBl. I S. 954); Abs. 1, 3 Satz 1 Nr. 2, Satz 2 geänd., Satz 6 neu gef., Satz 7 eingef., bish. Satz 7 bis 11 wird Satz 8 bis 12, neuer Satz 8 neu gef., neuer Satz 9 und 11 geänd. mWv 14.7.2007 durch G v. 6.7.2007 (BGBl. I S. 1270); Abs. 1 geänd. mWv 6.8.2010 durch G v. 31.7.2010 (BGBl. I S. 1057); Abs. 1 und 1a geänd. mWv 7.3.2015 durch G v. 2.3.2015 (BGBl. I S. 186); Abs. 1 geänd., Abs. 3 Satz 2 geänd. und Satz 3 neu gef., Sätze 5, 7, 8 und 9 geänd., Abs. 7 geänd. mWv 25.5.2017 durch G v. 16.5.2017 (BGBl. I S. 1214); Abs. 3 Satz 12 neu gef. mWv 26.11.2019 durch G v. 20.11.2019 (BGBl. I S. 1626).

2) Nr. **565**.

3) Nr. **580**.

4) Nr. **550**.

1. die Auskünfte, die zur Ausführung der in Absatz 1 genannten Vorschriften erforderlich sind, wahrheitsgemäß und vollständig zu erteilen,
2. die Unterlagen, die sich auf diese Angaben beziehen oder aus denen die Lohn- oder Gehaltszahlungen ersichtlich sind, zur Prüfung auszuhändigen oder einzusenden; werden die Unterlagen automatisiert gespeichert, sind sie den zuständigen Behörden auf deren Verlangen nach Maßgabe von Satz 12 durch Datenfernübertragung oder auf einem von der jeweiligen Behörde zu bestimmenden Datenträger nach Satz 12 zur Verfügung zu stellen.

[2] Mitglieder des Fahrpersonals haben die Schaublätter und andere Tätigkeitsnachweise der Vortage, die nicht mehr mitzuführen sind, unverzüglich dem Unternehmer auszuhändigen. [3] Bei Einsatz eines digitalen Fahrtenschreibers nach der Verordnung (EU) Nr. 165/2014 hat der Unternehmer die auf der Fahrerkarte gespeicherten Daten in regelmäßigen Abständen zu kopieren. [4] Hierzu haben ihm die Mitglieder des Fahrpersonals die jeweiligen Fahrerkarten zur Verfügung zu stellen. [5] Der Unternehmer hat ferner die im Massenspeicher des Fahrtenschreibers gespeicherten Daten in regelmäßigen Abständen zu kopieren. [6] Der Unternehmer hat die von den Fahrerkarten und den Massenspeichern kopierten Daten unter Berücksichtigung der Grundsätze des Satzes 12 ein Jahr ab dem Zeitpunkt des Kopierens zu speichern. [7] Der Unternehmer hat die Schaublätter im Sinne des Artikels 33 Absatz 2 der Verordnung (EU) Nr. 165/2014 und die gemäß Artikel 35 Absatz 2 und Artikel 37 Absatz 2 der Verordnung (EU) Nr. 165/2014 sowie § 2 Abs. 3 Satz 1 und 2 der Fahrpersonalverordnung[1)] zu fertigenden Ausdrucke und handschriftlichen Aufzeichnungen ein Jahr nach dem Ablauf der Mitführpflicht nach Artikel 36 Absatz 1 und 2 der Verordnung (EU) Nr. 165/2014 aufzubewahren. [8] Danach sind bis zum 31. März des auf das Kalenderjahr, in dem die Aufbewahrungsfrist endet, folgenden Kalenderjahres die Daten zu löschen und die Schaublätter und die gemäß Artikel 35 Absatz 2 und Artikel 37 Absatz 2 der Verordnung (EU) Nr. 165/2014 und § 2 Abs. 3 Satz 1 und 2 der Fahrpersonalverordnung zu fertigenden Ausdrucke und handschriftlichen Aufzeichnungen zu vernichten, soweit sie nicht zur Erfüllung der Aufbewahrungspflichten nach § 16 Abs. 2 und § 21a Abs. 7 des Arbeitszeitgesetzes[2)], § 147 Abs. 1 Nr. 5 in Verbindung mit Abs. 3 der Abgabenordnung, § 28f Abs. 1 Satz 1 des Vierten Buches Sozialgesetzbuch nach § 17 Absatz 2 des Gesetzes zur Regelung eines allgemeinen Mindestlohns, nach § 19 Absatz 2 des Arbeitnehmer-Entsendegesetzes oder nach § 17c Absatz 2 des Arbeitnehmerüberlassungsgesetzes benötigt werden. [9] Der Unternehmer hat dabei dafür Sorge zu tragen, dass eine lückenlose Dokumentation der Lenk- und Ruhezeiten gewährleistet ist und die Daten sowie die Schaublätter und die gemäß Artikel 35 Absatz 2, Artikel 37 Absatz 2 der Verordnung (EU) Nr. 165/2014 und § 2 Abs. 3 Satz 1 und 2 der Fahrpersonalverordnung zu fertigenden Ausdrucke und handschriftlichen Aufzeichnungen gegen Verlust und Beschädigung zu sichern. [10] Er stellt den Mitgliedern des Fahrpersonals auf Verlangen eine Kopie der von ihrer Fahrerkarte kopierten Daten zur Verfügung. [11] Artikel 10 Abs. 2 der Verordnung (EG) Nr. 561/2006 bleibt unberührt. [12] Im Falle der Datenfernübertragung sind die erforderlichen technischen und organisatorischen Maßnahmen nach den Artikeln 24, 25 und 32 der Verordnung (EU) 2016/679 des Europäischen Parlaments und des Rates

---

1) Nr. **575**.
2) Nr. **555**.

vom 27. April 2016 zum Schutz natürlicher Personen bei der Verarbeitung personenbezogener Daten, zum freien Datenverkehr und zur Aufhebung der Richtlinie 95/46/EG (Datenschutz-Grundverordnung) (ABl. L 119 vom 4.5. 2016, S. 1; L 314 vom 22.11.2016, S. 72; L 127 vom 23.5.2018, S. 2) in der jeweils geltenden Fassung zur Sicherstellung des Datenschutzes und der Datensicherheit zu treffen.

(4) Der zur Auskunft Verpflichtete kann die Auskunft auf solche Fragen verweigern, deren Beantwortung ihn selbst oder einen der in § 383 Abs. 1 Nr. 1 bis 3 der Zivilprozeßordnung bezeichneten Angehörigen der Gefahr strafgerichtlicher Verfolgung oder eines Verfahrens nach dem Gesetz über Ordnungswidrigkeiten[1] aussetzen würde.

(5) [1] Während der Betriebs- und Arbeitszeit ist den Beauftragten der Aufsichtsbehörden, soweit dies zur Wahrnehmung ihrer Aufgaben erforderlich ist, das Betreten und Besichtigen der Grundstücke, Betriebsanlagen, Geschäftsräume und Beförderungsmittel gestattet. [2] Das Betreten und Besichtigen außerhalb dieser Zeit oder wenn die Betriebsanlagen oder Geschäftsräume sich in einer Wohnung befinden, ist ohne Einverständnis nur zur Verhütung von dringenden Gefahren für die öffentliche Sicherheit und Ordnung zulässig. [3] Das Grundrecht der Unverletzlichkeit der Wohnung (Artikel 13 des Grundgesetzes) wird insoweit eingeschränkt. [4] Soweit dies zur Erfüllung der Aufgaben der Beauftragten der Aufsichtsbehörden erforderlich ist, können Prüfungen und Untersuchungen durchgeführt und die Einsicht in geschäftliche Unterlagen des Auskunftspflichtigen vorgenommen werden. [5] Die Maßnahmen nach den Sätzen 1, 2 und 4 sind von den zu überwachenden Unternehmen und ihren Angestellten, einschließlich der Fahrer, zu dulden.

(6) *(aufgehoben)*

(7) Zuständige Behörde im Sinne des Artikels 4 des Anhangs zum AETR und der Artikel 15, 22 Absatz 3 und Artikel 24 Absatz 5 der Verordnung (EU) Nr. 165/2014 ist das Kraftfahrt-Bundesamt.

§ 4a[2] Zuständigkeiten. [1] Anträge auf Erteilung von Fahrer-, Werkstatt- oder Unternehmenskarten sind an die nach Landesrecht zuständigen Behörden oder Stellen zu richten. [2] Die Länder können Dritte mit dieser Aufgabe betrauen.

§ 4b[3] Fahrerlaubnisrechtliche Auskünfte. [1] Durch Abruf im automatisierten Verfahren dürfen aus dem Zentralen Fahrerlaubnisregister die nach § 49 Absatz 1 Nummer 1 bis 3, 7 bis 13 und 17 der Fahrerlaubnis-Verordnung[4] gespeicherten Daten für Maßnahmen im Zusammenhang mit der Ausgabe und Kontrolle von Fahrerkarten nach der Verordnung (EU) Nr. 165/2014[5] an die hierfür zuständigen Stellen im Inland sowie in einem Mitgliedstaat der Europäischen Union oder einem Vertragsstaat des Abkommens über den Europäischen

[1] Nr. **680**.

[2] § 4a eingef. mWv 20.5.2004 durch G v. 15.5.2004 (BGBl. I S. 954).

[3] § 4b eingef. mWv 20.5.2004 durch G v. 15.5.2004 (BGBl. I S. 954); geänd. mWv 25.5.2017 durch G v. 16.5.2017 (BGBl. I S. 1214); Satz 2 angef. mWv 26.11.2019 durch G v. 20.11.2019 (BGBl. I S. 1626).

[4] Nr. **300**.

[5] Nr. **580**.

Wirtschaftsraum übermittelt werden. [2]Die Verantwortung für die Zulässigkeit des einzelnen Abrufs trägt die Stelle, an die die Daten übermittelt werden.

§ 4c[1)] Auskünfte aus dem Fahrtenschreiberkartenregister. (1) Durch Abruf im automatisierten Verfahren dürfen aus dem Fahrtenschreiberkartenregister die nach § 12 der Fahrpersonalverordnung[2)] gespeicherten Daten für Maßnahmen im Zusammenhang mit der Ausgabe und Kontrolle von Fahrerkarten nach der Verordnung (EU) Nr. 165/2014[3)] an die hierfür zuständigen Behörden und Stellen im Inland, in einem Mitgliedstaat der Europäischen Union, in einem Vertragsstaat des Abkommens über den Europäischen Wirtschaftsraum und in der Schweiz übermittelt werden.

(2) [1]Die zuständigen Behörden und Stellen dürfen die nach § 12 der Fahrpersonalverordnung gespeicherten Daten im automatisierten Verfahren abrufen, soweit die Kenntnis dieser Daten für Maßnahmen im Zusammenhang mit der Ausgabe und Kontrolle von Fahrerkarten nach der Verordnung (EU) Nr. 165/2014 erforderlich ist. [2]Die Daten dürfen nur für diese Zwecke verarbeitet werden.

(3) [1]Die Verantwortung für die Zulässigkeit des einzelnen Abrufs tragen die Behörden und Stellen, an die die Daten übermittelt werden. [2]Die für das Fahrtenschreiberkartenregister zuständige Stelle prüft die Zulässigkeit der Abrufe nur, wenn dazu Anlass besteht. [3]Die für das Fahrtenschreiberkartenregister zuständige Stelle hat zu gewährleisten, dass die Übermittlung personenbezogener Daten zumindest durch geeignete Stichprobenverfahren festgestellt und überprüft werden kann.

§ 5[4)] Anordnungsbefugnis, Sicherungsmaßnahmen, Zurückweisung an der Grenze. (1) [1]Werden bei einer Kontrolle auf Verlangen keine oder nicht vorschriftsmäßig geführte Tätigkeitsnachweise vorgelegt oder wird festgestellt, daß vorgeschriebene Unterbrechungen der Lenkzeit nicht eingelegt oder die höchstzulässige Tageslenkzeit überschritten oder einzuhaltende Mindestruhezeiten nicht genommen worden sind, können die zuständigen Behörden die Fortsetzung der Fahrt untersagen, bis die Voraussetzungen zur Weiterfahrt erfüllt sind. [2]Tätigkeitsnachweise oder Fahrtenschreiber, aus denen sich der Regelverstoß ergibt oder mit denen er begangen wurde, können zur Beweissicherung eingezogen werden; die Fahrerkarte darf während ihrer Gültigkeitsdauer nicht entzogen oder ihre Gültigkeit ausgesetzt werden, es sei denn, es wird festgestellt, dass die Karte gefälscht worden ist, der Fahrer eine Karte verwendet, deren Inhaber er nicht ist, oder die Ausstellung der Karte auf der Grundlage falscher Erklärungen oder gefälschter Dokumente erwirkt wurde.

(1a) [1]Ergeben sich bei einer Kontrolle konkrete Anhaltspunkte dafür, dass der Fahrtenschreiber nicht ordnungsgemäß funktioniert, kann die zuständige Behörde eine Prüfung des Fahrtenschreibers nach Maßgabe des § 57b Absatz 1

[1)] § 4c eingef. mWv 14.7.2007 durch G v. 6.7.2007 (BGBl. I S. 1270); Überschrift neu gef., Abs. 1, Abs. 2 Satz 1 und Abs. 3 geänd. mWv 25.5.2017 durch G v. 16.5.2017 (BGBl. I S. 1214); Abs. 2 Satz 2 geänd., Satz 3 aufgeh., Abs. 3 neu gef. mWv 26.11.2019 durch G v. 20.11.2019 (BGBl. I S. 1626).

[2)] Nr. **575**.

[3)] Nr. **580**.

[4)] § 5 Abs. 1 Satz 2 geänd. mWv 20.5.2004 durch G v. 15.5.2004 (BGBl. I S. 954); Abs. 1 Satz 2 und Abs. 3 geänd., Abs. 1a eingef. mWv 25.5.2017 durch G v. 16.5.2017 (BGBl. I S. 1214).

und 3 der Straßenverkehrs-Zulassungs-Ordnung[1]) anordnen. [2]Abweichend von § 57b Absatz 1 Satz 1 der Straßenverkehrs-Zulassungs-Ordnung fallen dem Halter die Kosten der Prüfung nur zu Last, wenn festgestellt wird, dass Einbau, Zustand, Messgenauigkeit und Arbeitsweise des Fahrtenschreibers nicht vorschriftsmäßig sind.

(2) Im grenzüberschreitenden Verkehr können Kraftfahrzeuge, die nicht in einem Mitgliedstaat der Europäischen Union oder einem anderen Vertragsstaat des Abkommens über den Europäischen Wirtschaftsraum zugelassen sind und in das Hoheitsgebiet der Bundesrepublik Deutschland einfahren wollen, in Fällen des Absatzes 1 an den Außengrenzen der Mitgliedstaaten der Europäischen Union zurückgewiesen werden.

(3) Rechtsbehelfe gegen Anordnungen nach den Absätzen 1, 1a und 2 sowie zur Durchsetzung der in § 4 Abs. 3 Satz 1 und Abs. 5 geregelten Pflichten haben keine aufschiebende Wirkung.

§ 6[2]) Allgemeine Verwaltungsvorschriften. Das Bundesministerium für Verkehr und digitale Infrastruktur kann im Einvernehmen mit dem Bundesministerium für Arbeit und Soziales mit Zustimmung des Bundesrates zur Durchführung der in § 2 genannten oder auf § 2 beruhenden Vorschriften allgemeine Verwaltungsvorschriften erlassen, insbesondere über die Erteilung einer Verwarnung (§§ 56, 58 Abs. 2 des Gesetzes über Ordnungswidrigkeiten[3])) wegen einer Ordnungswidrigkeit nach § 8 und darüber, in welchen Fällen eine solche Verwarnung nicht erteilt werden soll.

§ 7 Sicherheitsleistung. Wird eine angeordnete Sicherheitsleistung nicht sofort erbracht, so kann die zuständige Behörde die Weiterfahrt bis zur vollständigen Erbringung untersagen.

§ 8[4]) Bußgeldvorschriften. (1) Ordnungswidrig handelt, wer vorsätzlich oder fahrlässig

1. als Unternehmer
   a) einer Rechtsverordnung nach § 2 Nr. 2 Buchstabe b oder Nr. 3 oder einer vollziehbaren Anordnung auf Grund einer solchen Rechtsverordnung zuwiderhandelt, soweit die Rechtsverordnung für einen bestimmten Tatbestand auf diese Bußgeldvorschrift verweist,

---

[1]) Nr. **200**.

[2]) § 6 geänd. mWv 7.11.2001 durch VO v. 29.10.2001 (BGBl. I S. 2785); geänd. mWv 28.11.2003 durch VO v. 25.11.2003 (BGBl. I S. 2304); geänd. mWv 8.11.2006 durch VO v. 31.10.2006 (BGBl. I S. 2407); geänd. mWv 8.9.2015 durch VO v. 31.8.2015 (BGBl. I S. 1474).

[3]) Nr. **680**.

[4]) § 8 neu gef. mWv 14.7.2007 durch G v. 6.7.2007 (BGBl. I S. 1270); Abs. 1 Nr. 1 Buchst. b und Nr. 2 Buchst. b geänd. mWv 6.8.2010 durch G v. 31.7.2010 (BGBl. I S. 1057); Abs. 4 angef. mWv 21.6.2013 durch G v. 17.6.2013 (BGBl. I S. 1558); Abs. 1 Nr. 1 Buchst. b und h, Nr. 2 Buchst. b, Nr. 4 Buchst. b und Abs. 2 geänd., Abs. 3 aufgeh. mWv 7.3.2015 durch G v. 2.3.2015 (BGBl. I S. 186); Abs. 1 Nr. 1 Buchst. b und j, Nr. 2 Buchst. b und g und Nr. 4 Buchst. b geänd., Abs. 3 neu gef. mWv 25.5.2017 durch G v. 16.5.2017 (BGBl. I S. 1214); Abs. 1 Nr. 1 Buchst. g aufgeh., Buchst. h–j werden Buchst. g–i mWv 26.11.2019 durch G v. 20.11.2019 (BGBl. I S. 1626).

b) einer Vorschrift der Verordnung (EG) Nr. 2135/98, der Verordnung (EU) Nr. 165/2014[1] oder des AETR[2] zuwiderhandelt, soweit eine Rechtsverordnung nach § 2 Nr. 1 Buchstabe e oder Nr. 2 Buchstabe e für einen bestimmten Tatbestand auf diese Bußgeldvorschrift verweist,

c) entgegen § 3 Satz 1 ein Mitglied des Fahrpersonals nach der zurückgelegten Fahrstrecke oder der Menge der beförderten Güter entlohnt,

d) entgegen § 4 Abs. 3 Satz 1 eine Auskunft nicht, nicht richtig, nicht vollständig oder nicht rechtzeitig erteilt oder eine Unterlage nicht oder nicht rechtzeitig aushändigt, nicht oder nicht rechtzeitig einsendet oder nicht oder nicht rechtzeitig zur Verfügung stellt,

e) entgegen § 4 Abs. 3 Satz 6 dort genannte Daten nicht, nicht richtig oder nicht für die vorgeschriebene Dauer speichert,

f) entgegen § 4 Abs. 3 Satz 7 ein Schaublatt oder einen Ausdruck nicht oder nicht für die vorgeschriebene Dauer aufbewahrt,

g) entgegen § 4 Abs. 3 Satz 9 nicht dafür Sorge trägt, dass eine lückenlose Dokumentation oder Datensicherung erfolgt,

h) entgegen § 4 Abs. 5 Satz 5 eine Maßnahme nicht duldet oder

i) einer vollziehbaren Anordnung nach § 5 Absatz 1 Satz 1 oder Absatz 1a Satz 1 oder § 7 zuwiderhandelt,

2. als Fahrer

a) einer Rechtsverordnung nach § 2 Nr. 2 Buchstabe b oder Nr. 3 oder einer vollziehbaren Anordnung auf Grund einer solchen Rechtsverordnung zuwiderhandelt, soweit die Rechtsverordnung für einen bestimmten Tatbestand auf diese Bußgeldvorschrift verweist,

b) einer Vorschrift der Verordnung (EG) Nr. 2135/98, der Verordnung (EU) Nr. 165/2014 oder des AETR zuwiderhandelt, soweit eine Rechtsverordnung nach § 2 Nr. 1 Buchstabe e oder Nr. 2 Buchstabe e für einen bestimmten Tatbestand auf diese Bußgeldvorschrift verweist,

c) entgegen § 4 Abs. 3 Satz 1 eine Auskunft nicht, nicht richtig, nicht vollständig oder nicht rechtzeitig erteilt oder eine Unterlage nicht aushändigt,

d) entgegen § 4 Abs. 3 Satz 2 einen Tätigkeitsnachweis nicht oder nicht rechtzeitig aushändigt,

e) entgegen § 4 Abs. 3 Satz 4 die Fahrerkarte zum Kopieren nicht oder nicht rechtzeitig zur Verfügung stellt,

f) entgegen § 4 Abs. 5 Satz 5 eine Maßnahme nicht duldet oder

g) einer vollziehbaren Anordnung nach § 5 Absatz 1 Satz 1 oder Absatz 1a Satz 1 oder § 7 zuwiderhandelt oder

3. als Fahrzeughalter entgegen § 4 Abs. 3 Satz 1 eine Auskunft nicht, nicht richtig, nicht vollständig oder nicht rechtzeitig erteilt oder eine Unterlage nicht oder nicht rechtzeitig aushändigt, nicht oder nicht rechtzeitig einsendet oder nicht oder nicht rechtzeitig zur Verfügung stellt oder

4. als Werkstattinhaber oder Installateur

---

[1] Nr. **580**.
[2] Nr. **550**.

a) einer Rechtsverordnung nach § 2 Nr. 2 Buchstabe b oder Nr. 3 Buchstabe c oder einer vollziehbaren Anordnung auf Grund einer solchen Rechtsverordnung zuwiderhandelt, soweit die Rechtsverordnung für einen bestimmten Tatbestand auf diese Bußgeldvorschrift verweist, oder

b) einer Vorschrift der Verordnung (EU) Nr. 165/2014 oder des AETR zuwiderhandelt, soweit eine Rechtsverordnung nach § 2 Nr. 1 Buchstabe e oder Nr. 2 Buchstabe e für einen bestimmten Tatbestand auf diese Bußgeldvorschrift verweist.

(2) Die Ordnungswidrigkeit kann in den Fällen des Absatzes 1 Nr. 1 und 3 mit einer Geldbuße bis zu dreißigtausend Euro, in den übrigen Fällen mit einer Geldbuße bis zu fünftausend Euro geahndet werden.

(3) Ordnungswidrigkeiten nach Absatz 1 Nummer 1 Buchstabe b, Nummer 2 Buchstabe b oder Nummer 4 Buchstabe b, die bis zum 1. März 2016 unter Geltung der Verordnung (EWG) Nr. 3821/85 begangen wurden, können abweichend von § 4 Absatz 3 des Gesetzes über Ordnungswidrigkeiten[1] nach den zum Zeitpunkt der Tat geltenden Bestimmungen geahndet werden.

(4) In den Fällen des Absatzes 1 Nummer 1 Buchstabe b, Nummer 2 Buchstabe b und Nummer 4 Buchstabe b kann eine Ordnungswidrigkeit wegen einer Zuwiderhandlung gegen das AETR auch dann geahndet werden, wenn die Ordnungswidrigkeit nicht im Geltungsbereich dieses Gesetzes begangen wurde.

§ 8a[2] Bußgeldvorschriften. (1) [1] Ordnungswidrig handelt, wer als Unternehmer gegen die Verordnung (EG) Nr. 561/2006[3] des Europäischen Parlaments und des Rates vom 15. März 2006 zur Harmonisierung bestimmter Sozialvorschriften im Straßenverkehr und zur Änderung der Verordnungen (EWG) Nr. 3821/85 und (EG) Nr. 2135/98 des Rates sowie zur Aufhebung der Verordnung (EWG) Nr. 3820/85 des Rates (ABl. EU Nr. L 102 S. 1), die zuletzt durch die Verordnung (EG) Nr. 1073/2009 (ABl. L 300 vom 14.11. 2009, S. 88) geändert worden ist, verstößt, indem er vorsätzlich oder fahrlässig

1. einen Schaffner oder Beifahrer einsetzt, der das in Artikel 5 genannte Mindestalter nicht erreicht hat,
2. nicht dafür sorgt, dass die in Artikel 6 Abs. 1 Satz 1, Abs. 2 oder 3 genannten Lenkzeiten, die in Artikel 7 Satz 1 genannte Fahrtunterbrechung oder die in Artikel 8 Abs. 2 Satz 1, Abs. 4 bis 7 genannten Ruhezeiten vom Fahrer eingehalten werden,
3. entgegen Artikel 16 Abs. 2 Satz 1 in Verbindung mit Abs. 3 Buchstabe a Halbsatz 1 einen Fahrplan oder einen Arbeitszeitplan nicht, nicht richtig oder nicht vollständig erstellt oder
4. entgegen Artikel 16 Abs. 3 Buchstabe c einen Arbeitszeitplan nicht oder nicht mindestens ein Jahr aufbewahrt.

---

[1] Nr. **680**.

[2] § 8a eingef. mWv 14.7.2007 durch G v. 6.7.2007 (BGBl. I S. 1270); Abs. 1 einl. Satzteil und Abs. 2 Nr. 1 geänd. mWv 6.8.2010 durch G v. 31.7.2010 (BGBl. I S. 1057); Abs. 1 Nr. 2 und Abs. 4 geänd. mWv 7.3.2015 durch G v. 2.3.2015 (BGBl. I S. 186); Abs. 1 Satz 2 und Abs. 2 Satz 2 angef. mWv 25.5.2017 durch G v. 16.5.2017 (BGBl. I S. 1214).

[3] Nr. **565**.

[2]Im Fall von Satz 1 Nummer 2 sorgt der Unternehmer auch dann nicht dafür, dass die regelmäßige wöchentliche Ruhezeit nach Artikel 8 Absatz 6 eingehalten wird, wenn diese im Fahrzeug oder an einem Ort ohne geeignete Schlafmöglichkeit verbracht wird.

(2) [1]Ordnungswidrig handelt, wer als Fahrer gegen die Verordnung (EG) Nr. 561/2006 verstößt, indem er vorsätzlich oder fahrlässig

1. eine in Artikel 6 Abs. 1 Satz 1, Abs. 2 oder 3 genannte Lenkzeit, die in Artikel 7 Satz 1 genannte Fahrtunterbrechung oder eine in Artikel 8 Abs. 2 Satz 1, Absatz 4, 5, 6, 6a Satz 1 oder Absatz 7 genannte Ruhezeit oder Ruhepause nicht einhält,
2. entgegen Artikel 6 Abs. 5 eine andere Arbeit oder eine Bereitschaftszeit nicht, nicht richtig oder nicht in der vorgeschriebenen Weise festhält,
3. entgegen Artikel 12 Satz 2 Art oder Grund einer Abweichung nicht, nicht richtig, nicht in der vorgeschriebenen Weise oder nicht rechtzeitig vermerkt oder
4. entgegen Artikel 16 Abs. 2 Unterabs. 2 einen Auszug auf dem Arbeitszeitplan oder eine Ausfertigung des Linienfahrplans nicht mit sich führt.

[2]Im Fall von Satz 1 Nummer 1 wird die regelmäßige wöchentliche Ruhezeit nach Artikel 8 Absatz 6 auch dann nicht eingehalten, wenn diese im Fahrzeug oder an einem Ort ohne geeignete Schlafmöglichkeit verbracht wird.

(3) Ordnungswidrig handelt, wer als Unternehmer, Verlader, Spediteur, Reiseveranstalter oder Fahrervermittler einen Beförderungszeitplan vertraglich vereinbart und nicht sicherstellt, dass dieser Beförderungszeitplan nicht gegen eine in Absatz 2 Nr. 1 genannte Vorschrift verstößt.

(4) Die Ordnungswidrigkeit kann in den Fällen der Absätze 1 und 3 mit einer Geldbuße bis zu dreißigtausend Euro, in den übrigen Fällen mit einer Geldbuße bis zu fünftausend Euro geahndet werden.

(5) In den Fällen der Absätze 1 und 2 kann die Ordnungswidrigkeit auch dann geahndet werden, wenn sie nicht im Geltungsbereich dieses Gesetzes begangen wurde.

§ 9[1)] Zuständigkeit für die Verfolgung und Ahndung von Ordnungswidrigkeiten. (1) [1]Wird ein Verstoß in einem Unternehmen begangen, das im Geltungsbereich dieses Gesetzes seinen Sitz oder eine geschäftliche Niederlassung hat, ist nur die Verwaltungsbehörde örtlich zuständig, in deren Bezirk die geschäftliche Niederlassung oder der Hauptsitz des Betriebes liegt, bei dem der Betroffene tätig ist. [2]Die §§ 38 und 39 des Gesetzes über Ordnungswidrigkeiten[2)] gelten entsprechend. [3]Soweit nach Satz 1 oder Satz 2 eine Verwaltungsbehörde zuständig ist, die nicht auch für die Kontrolle der Bestimmungen dieses Gesetzes auf dem Betriebsgelände zuständig ist, unterrichtet diese Verwaltungsbehörde die für die Kontrollen der Bestimmungen dieses Gesetzes auf dem Betriebsgelände zuständige Behörde über begangene Ordnungswidrigkeiten.

(2) Wird ein Verstoß in einem Unternehmen begangen, das im Geltungsbereich des Gesetzes weder seinen Sitz noch eine geschäftliche Niederlassung

[1)] § 9 Abs. 1 neu gef. mWv 6.8.2010 durch G v. 31.7.2010 (BGBl. I S. 1057).
[2)] Nr. **680**.

hat, und hat auch der Betroffene im Geltungsbereich des Gesetzes keinen Wohnsitz, so ist Verwaltungsbehörde im Sinne des § 36 Abs. 1 Nr. 1 des Gesetzes über Ordnungswidrigkeiten das Bundesamt für Güterverkehr.

§ 10[1)] Datenschutzbestimmungen. (1) Die nach § 9 für die Durchführung von Bußgeldverfahren zuständigen Behörden dürfen folgende personenbezogene Daten über laufende und abgeschlossene Bußgeldverfahren wegen der in § 8 Absatz 1 und der in § 8a Absatz 1 bis 3genannten Ordnungswidrigkeiten verarbeiten, soweit dies für die Erfüllung ihrer Aufgaben oder für Zwecke der Beurteilung der Zuverlässigkeit des Unternehmens, bei dem die betroffene Person angestellt ist, erforderlich ist:

1. Name, Anschrift, Geburtsdatum und Geburtsort der betroffenen Person, Name und Anschrift des Unternehmens,
2. Zeit und Ort der Begehung der Ordnungswidrigkeit,
3. die gesetzlichen Merkmale der Ordnungswidrigkeit,
4. Bußgeldbescheide mit dem Datum ihres Erlasses und dem Datum des Eintritts ihrer Rechtskraft sowie
5. die Höhe der Geldbuße und
6. das Datum der Verwarnung oder des Erlasses des Verwarnungsgeldes.

(2) Die in Absatz 1 genannten Behörden übermitteln die Daten nach Absatz 1 für die dort genannten Zwecke

1. an öffentliche Stellen, soweit die Daten für die Entscheidung über den Zugang zum Beruf des Güter- und Personenkraftverkehrsunternehmers erforderlich sind,
2. auf Ersuchen an Gerichte und die Behörden, die in bezug auf die Aufgaben nach diesem Gesetz Verwaltungsbehörde nach § 36 Abs. 1 Nr. 1 des Gesetzes über Ordnungswidrigkeiten[2)] sind oder
3. in den Fällen des § 9 Absatz 1 Satz 3 an die für die Kontrollen der Bestimmungen dieses Gesetzes auf dem Betriebsgelände zuständigen Verwaltungsbehörden.

(2a) [1]Die in Absatz 1 genannten Behörden haben Zuwiderhandlungen, die Anlass geben, an der Zuverlässigkeit des Unternehmers und der Verkehrsleiter zu zweifeln, dem Unternehmen und der für das Unternehmen zuständigen Erlaubnisbehörde nach § 3 Abs. 7 des Güterkraftverkehrsgesetzes oder der Genehmigungsbehörde nach § 11 Abs. 1 des Personenbeförderungsgesetzes[3)] mitzuteilen. [2]Zur Feststellung von Wiederholungsfällen haben sie die Zuwiderhandlungen der Angehörigen desselben Unternehmens zusammenzuführen.

(3) Eine Übermittlung unterbleibt, soweit hierdurch schutzwürdige Interessen der betroffenen Person beeinträchtigt würden und nicht das öffentliche Interesse das Geheimhaltungsinteresse der betroffenen Person überwiegt.

[1)] § 10 Abs. 2a eingef. mWv 20.5.2004 durch G v. 15.5.2004 (BGBl. I S. 954); Abs. 1 einl. Satzteil, Abs. 2 Nr. 1 und 2 geänd., Nr. 3 angef. mWv 6.8.2010 durch G v. 31.7.2010 (BGBl. I S. 1057); Abs. 2a Satz 1 geänd. mWv 25.5.2017 durch G v. 16.5.2017 (BGBl. I S. 1214); Abs. 1 einl. Satzteil und Nr. 1, Abs. 3–5, Abs. 6 Satz 3 geänd., Abs. 7 neu gef. mWv 26.11.2019 durch G v. 20.11.2019 (BGBl. I S. 1626).

[2)] Nr. **680**.

[3)] Nr. **400**.

(4) Der Empfänger darf die nach Absatz 2 übermittelten Daten nur für den Zweck verarbeiten, zu dessen Erfüllung sie ihm übermittelt werden.

(5) Erweisen sich übermittelte Daten als unrichtig, so ist der Empfänger unverzüglich zu unterrichten, wenn dies zur Wahrung schutzwürdiger Interessen der betroffenen Person erforderlich ist.

(6) [1] Die nach den Absätzen 1 und 2 gespeicherten Daten sind zwei Jahre nach dem Eintritt der Rechtskraft des Bußgeldbescheides zu löschen. [2] Wurde das Bußgeld zwei Jahre nach Rechtskraft des Bußgeldbescheides noch nicht oder nicht vollständig gezahlt, so sind die nach den Absätzen 1 und 2 gespeicherten Daten erst bei Eintritt der Vollstreckungsverjährung zu löschen. [3] Wurde die betroffene Person schriftlich verwarnt oder das Verfahren eingestellt, so sind die Daten zwei Jahre nach dem Erlaß der Verwarnung zu löschen. [4] Daten eingestellter Verfahren sind unverzüglich zu löschen.

(7) § 25 Absatz 1 Satz 1 in Verbindung mit § 23 Absatz 1 Nummer 3 und 4 des Bundesdatenschutzgesetzes sowie die entsprechenden Vorschriften der Landesdatenschutzgesetze bleiben unberührt.

§ 11 (Inkrafttreten)

575. Verordnung zur Durchführung des Fahrpersonalgesetzes (Fahrpersonalverordnung – FPersV)[1)]

Vom 27. Juni 2005
(BGBl. I S. 1882)

FNA 9231-8-3

geänd. durch Art. 472 Neunte ZuständigkeitsanpassungsVO v. 31.10.2006 (BGBl. I S. 2407), Art. 1 Zweite ÄndVO v. 22.1.2008 (BGBl. I S. 54), Art. 4 Zweite ÄndVO v. 22.1.2008 (BGBl. I S. 54), Art. 5 Zweite ÄndVO v. 22.1.2008 (BGBl. I S. 54), Art. 2 ÄndVO v. 19.12.2011 (BGBl. I S. 2835), Art. 1 VO zur Änd. fahrpersonalrechtlicher, güterkraftverkehrsrechtlicher und zulassungsrechtlicher Vorschriften v. 22.5.2013 (BGBl. I S. 1395), Art. 1 VO zur Änd. der FahrpersonalVO, der Straßenverkehrs-ZulassungsO und der VO über den grenzüberschreitenden Güterkraftverkehr und den Kabotageverkehr v. 9.3.2015 (BGBl. I S. 243), Art. 475 Zehnte Zuständigkeitsanpassungs-VO v. 31.8.2015 (BGBl. I S. 1474), Art. 4 51. VO zur Änd. straßenverkehrsrechtlicher Vorschriften v. 17.6.2016 (BGBl. I S. 1463), Art. 11 Abs. 44 eIDAS-DurchführungsG v. 18.7.2017 (BGBl. I S. 2745) und Art. 1 VO zur Änd. fahrpersonalrechtlicher und straßenverkehrsrechtlicher Vorschriften v. 8.8.2017 (BGBl. I S. 3158)

Abschnitt 1. Lenk- und Ruhezeiten im nationalen Bereich

§ 1[2)] Lenk- und Ruhezeiten im Straßenverkehr. (1) Fahrer

1. von Fahrzeugen, die zur Güterbeförderung dienen und deren zulässige Höchstmasse einschließlich Anhänger oder Sattelanhänger mehr als 2,8 Tonnen und nicht mehr als 3,5 Tonnen beträgt, sowie
2. von Fahrzeugen, die zur Personenbeförderung dienen, nach ihrer Bauart und Ausstattung geeignet und dazu bestimmt sind, mehr als neun Personen einschließlich Fahrer zu befördern, und im Linienverkehr mit einer Linienlänge bis zu 50 Kilometern eingesetzt sind,

haben Lenkzeiten, Fahrtunterbrechungen und Ruhezeiten nach Maßgabe der Artikel 4, 6 bis 9 und 12 der Verordnung (EG) Nr. 561/2006[3)] des Europäischen Parlaments und des Rates vom 15. März 2006 zur Harmonisierung bestimmter Sozialvorschriften im Straßenverkehr und zur Änderung der Verordnungen (EWG) Nr. 3821/85 und (EG) Nr. 2135/98 des Rates sowie zur

---

[1)] Verkündet als Art. 1 VO zur Durchf. des G über die mit der Einführung des digitalen Kontrollgerätes zur Kontrolle der Lenk- und Ruhezeiten erforderlichen Begleitregelungen v. 27.6.2005 (BGBl. I S. 1882); Inkrafttreten gem. Art. 5 dieser VO am 2.7.2005.

Diese VO wurde erlassen auf Grund des § 2 Nr. 1 Buchstabe a, b, c, d und e, Nr. 2 Buchstabe a, b und e, Nr. 3 Buchstabe a, b, c, d und e sowie Nr. 4 FahrpersonalG (Nr. **570**), des § 6 Abs. 1 Nr. 2 Buchstabe p und des § 6a Abs. 2 bis 5 StraßenverkehrsG (Nr. **10**) iVm dem 2. Abschnitt VerwaltungskostenG v. 23.6.1970 (BGBl. I S. 821), aufgeh. durch G v. 7.8.2013 (BGBl. I S. 3154).

[2)] § 1 neu gef. mWv 31.1.2008 durch VO v. 22.1.2008 (BGBl. I S. 54); Abs. 6 Satz 5 abschl. Satzteil geänd. mWv 23.12.2011 durch VO v. 19.12.2011 (BGBl. I S. 2835); Abs. 2 Nr. 3 und 4 geänd., Abs. 2 Nr. 3a neu gef. mWv 7.6.2013 durch VO v. 22.5.2013 (BGBl. I S. 1395); Abs. 3 Nr. 2 Satz 3 eingef., bish. Sätze 3–5 werden Sätze 4–6, Abs. 6 Satz 4 neu gef., Satz 5 abschl. Satzteil und Abs. 7 Satz 1 geänd., Abs. 8–10 angef. mWv 11.3.2015 durch VO v. 9.3.2015 (BGBl. I S. 243); Abs. 6 Satz 1 Nr. 2 geänd., Satz 5 neu gef., Satz 7 Nr. 4 geänd., Abs. 7 Sätze 1 und 3 neu gef., Satz 4 und Abs. 10 Satz 1 geänd. mWv 18.8.2017 durch VO v. 8.8.2017 (BGBl. I S. 3158).

[3)] Nr. **565**.

Aufhebung der Verordnung (EWG) Nr. 3820/85 des Rates (ABl. EU Nr. L 102 S. 1) einzuhalten.

(2) Absatz 1 findet keine Anwendung auf

1. Fahrzeuge, die in § 18 genannt sind,
2. Fahrzeuge, die in Artikel 3 Buchstabe b bis i der Verordnung (EG) Nr. 561/2006 genannt sind,
3. Fahrzeuge, die zur Beförderung von Material, Ausrüstungen oder Maschinen, die der Fahrer zur Ausübung seiner beruflichen Tätigkeit benötigt, verwendet werden, soweit das Lenken des Fahrzeugs nicht die Haupttätigkeit des Fahrers darstellt,

3a. Fahrzeuge, die zur Beförderung von Gütern, die im Betrieb, dem der Fahrer angehört, in handwerklicher Fertigung oder Kleinserie hergestellt wurden oder deren Reparatur im Betrieb vorgesehen ist oder durchgeführt wurde, verwendet werden, soweit das Lenken des Fahrzeugs nicht die Haupttätigkeit des Fahrers darstellt,

4. Fahrzeuge, die als Verkaufswagen auf öffentlichen Märkten oder für den ambulanten Verkauf verwendet werden und für diese Zwecke besonders ausgestattet sind, soweit das Lenken des Fahrzeugs nicht die Haupttätigkeit des Fahrers darstellt, und
5. selbstfahrende Arbeitsmaschinen nach § 2 Nr. 17 der Fahrzeug-Zulassungsverordnung[1)].

(3) Abweichend von Absatz 1 in Verbindung mit Artikel 7 der Verordnung (EG) Nr. 561/2006 haben Fahrer von Kraftomnibussen im Linienverkehr mit einer Linienlänge bis zu 50 Kilometern Fahrtunterbrechungen nach Maßgabe der folgenden Vorschriften einzuhalten:

1. Beträgt der durchschnittliche Haltestellenabstand mehr als drei Kilometer, so ist nach einer Lenkzeit von viereinhalb Stunden eine Fahrtunterbrechung von mindestens 30 zusammenhängenden Minuten einzulegen. Diese Fahrtunterbrechung kann durch zwei Teilunterbrechungen von jeweils mindestens 20 zusammenhängenden Minuten oder drei Teilunterbrechungen von jeweils mindestens 15 Minuten ersetzt werden. Die Teilunterbrechungen müssen innerhalb der Lenkzeit von höchstens viereinhalb Stunden oder teils innerhalb dieser Zeit und teils unmittelbar danach liegen.
2. Beträgt der durchschnittliche Haltestellenabstand nicht mehr als drei Kilometer, sind als Fahrtunterbrechungen auch Arbeitsunterbrechungen ausreichend, soweit diese nach den Dienst- und Fahrplänen in der Arbeitsschicht enthalten sind (z.B. Wendezeiten). Voraussetzung hierfür ist, dass die Gesamtdauer der Arbeitsunterbrechungen mindestens ein Sechstel der vorgesehenen Lenkzeit beträgt. Nach einer ununterbrochenen Lenkzeit von viereinhalb Stunden ist eine Fahrtunterbrechung von mindestens 45 Minuten erforderlich. Arbeitsunterbrechungen unter zehn Minuten werden bei der Berechnung der Gesamtdauer nicht berücksichtigt. Durch Tarifvertrag kann vereinbart werden, dass Arbeitsunterbrechungen von mindestens acht Minuten berücksichtigt werden können, wenn ein Ausgleich vorgesehen ist, der die ausreichende Erholung des Fahrers erwarten lässt. Für Fahrer,

---

1) Nr. **250**.

die nicht in einem Arbeitsverhältnis stehen, kann die nach Landesrecht zuständige Behörde entsprechende Abweichungen bewilligen.

(4) [1] Abweichend von Absatz 1 in Verbindung mit Artikel 8 Abs. 6 der Verordnung (EG) Nr. 561/2006 sind Fahrer der in Absatz 1 Nr. 2 genannten Fahrzeuge nicht zur Einlegung einer wöchentlichen Ruhezeit nach höchstens sechs 24-Stunden-Zeiträumen verpflichtet. [2] Sie können die wöchentlich einzuhaltenden Ruhezeiten auf einen Zweiwochenzeitraum verteilen.

(5) [1] Der Unternehmer hat dafür zu sorgen, dass die Vorschriften über die Lenkzeiten, die Fahrtunterbrechungen und die Ruhezeiten gemäß den Artikeln 4, 6 bis 9 und 12 der Verordnung (EG) Nr. 561/2006 eingehalten werden. [2] Artikel 10 Abs. 2 der Verordnung (EG) Nr. 561/2006 findet entsprechende Anwendung.

(6) [1] Der Fahrer eines in Absatz 1 Nr. 1 genannten Fahrzeugs hat, sofern dieses Fahrzeug nicht nach Absatz 2 ausgenommen ist, folgende Zeiten aufzuzeichnen:

1. Lenkzeiten,
2. alle sonstigen Arbeitszeiten einschließlich der Bereitschaftszeiten,
3. Fahrtunterbrechungen und
4. tägliche und wöchentliche Ruhezeiten.

[2] Die Aufzeichnungen sind für jeden Tag getrennt zu fertigen und müssen folgende Angaben enthalten:

1. Vor- und Familienname,
2. Datum,
3. amtliche Kennzeichen der benutzten Fahrzeuge,
4. Ort des Fahrtbeginns,
5. Ort des Fahrtendes und
6. Kilometerstände der benutzten Fahrzeuge bei Fahrtbeginn und Fahrtende.

[3] Der Fahrer hat alle Eintragungen jeweils unverzüglich zu Beginn und am Ende der Lenkzeiten, Fahrtunterbrechungen und Ruhezeiten vorzunehmen. [4] Die Aufzeichnungen des laufenden Tages und der vorausgegangenen 28 Kalendertage sind vom Fahrer mitzuführen und den zuständigen Personen auf Verlangen zur Prüfung auszuhändigen. [5] Hat der Fahrer während des in Satz 4 genannten Zeitraums ein Fahrzeug gelenkt, für das

1. die Verordnung (EU) Nr. 165/2014[1)] des Europäischen Parlaments und des Rates vom 4. Februar 2014 über Fahrtenschreiber im Straßenverkehr, zur Aufhebung der Verordnung (EWG) Nr. 3821/85 des Rates über das Kontrollgerät im Straßenverkehr und zur Änderung der Verordnung (EG) Nr. 561/2006 des Europäischen Parlaments und des Rates zur Harmonisierung bestimmter Sozialvorschriften im Straßenverkehr (ABl. L 60 vom 28.2. 2014, S. 1) in der jeweils geltenden Fassung oder
2. das Europäische Übereinkommen vom 1. Juli 1970 über die Arbeit des im internationalen Straßenverkehr beschäftigten Fahrpersonals (AETR)[2)] (BGBl. 1974 II S. 1473, 1475) in der jeweils geltenden Fassung

---

[1)] Nr. **580**.
[2)] Nr. **550**.

gilt, sind für dieses Fahrzeug Nachweise nach Maßgabe von Artikel 36 Absatz 1 und 2 der Verordnung (EU) Nr. 165/2014 oder von Artikel 12 Absatz 7 des Anhangs zum Europäischen Übereinkommen vom 1. Juli 1970 über die Arbeit des im internationalen Straßenverkehr beschäftigten Fahrpersonals (AETR) an Stelle der Aufzeichnungen mitzuführen. [6] Der Fahrer hat dem Unternehmer alle Aufzeichnungen unverzüglich nach Ablauf der Mitführungspflicht auszuhändigen. [7] Der Unternehmer hat

1. dem Fahrer entsprechend dem Muster der Anlage 1 geeignete Vordrucke zur Fertigung der Aufzeichnungen in ausreichender Anzahl auszuhändigen,
2. die Aufzeichnungen unverzüglich nach Aushändigung durch den Fahrer zu prüfen und unverzüglich Maßnahmen zu ergreifen, die notwendig sind, um die Beachtung der Sätze 1 bis 5 zu gewährleisten,
3. die Aufzeichnungen ein Jahr lang nach Aushändigung durch den Fahrer in chronologischer Reihenfolge und in lesbarer Form außerhalb des Fahrzeugs aufzubewahren und den zuständigen Personen auf Verlangen vorzulegen und
4. die Aufzeichnungen nach Ablauf der Aufbewahrungsfrist bis zum 31. März des folgenden Kalenderjahres zu vernichten, soweit sie nicht zur Erfüllung der Aufbewahrungspflichten nach § 16 Abs. 2 und § 21a Abs. 7 des Arbeitszeitgesetzes[1)], § 147 Abs. 1 Nr. 5 in Verbindung mit Abs. 3 der Abgabenordnung, § 28f Abs. 1 Satz 1 des Vierten Buches Sozialgesetzbuch, § 17 Absatz 2 des Mindestlohngesetzes, § 19 Absatz 2 des Arbeitnehmer-Entsendegesetzes oder § 17c Absatz 2 des Arbeitnehmerüberlassungsgesetzes benötigt werden.

(7) [1] Ist das Fahrzeug mit einem analogen Fahrtenschreiber nach Artikel 2 Absatz 2 Buchstabe g der Verordnung (EU) Nr. 165/2014 oder einem digitalen Fahrtenschreiber nach Artikel 2 Absatz 2 Buchstabe h der Verordnung (EU) Nr. 165/2014 oder einem Fahrtschreiber nach § 57a Absatz 1 Satz 1 der Straßenverkehrs-Zulassungs-Ordnung[2)] ausgerüstet, haben Fahrer der in Absatz 1 Nummer 1 genannten Fahrzeuge diese entsprechend Artikel 27 Absatz 2, Artikel 32 Absatz 1 bis 4, Artikel 33 Absatz 1 Unterabsatz 3, Artikel 34 Absatz 1 bis 3 Unterabsatz 1, Absatz 4 bis 7, Artikel 35 Absatz 2 und Artikel 37 Absatz 2 der Verordnung (EU) Nr. 165/2014 oder § 57a Absatz 2 Satz 1 der Straßenverkehrs-Zulassungs-Ordnung zu betreiben. [2] Im Falle der Verwendung eines Fahrtschreibers gemäß § 57a der Straßenverkehrs-Zulassungs-Ordnung hat der Fahrer die Schicht und die Pausen jeweils bei Beginn und Ende auf dem Schaublatt zu vermerken. [3] Der Unternehmer hat bei Verwendung eines analogen Fahrtenschreibers oder eines Fahrtschreibers nach § 57a Absatz 1 Satz 1 der Straßenverkehrs-Zulassungs-Ordnung dem Fahrer vor Beginn der Fahrt die für das Gerät zugelassenen Schaublätter entsprechend Artikel 33 Absatz 1 Unterabsatz 2 der Verordnung (EU) Nr. 165/2014 in ausreichender Anzahl auszuhändigen, bei Verwendung eines digitalen Fahrtenschreibers dafür zu sorgen, dass entsprechend Artikel 33 Absatz 1 Unterabsatz 3 der Verordnung (EU) Nr. 165/2014 der Ausdruck von Daten aus dem Fahrtenschreiber im Falle einer Nachprüfung ordnungsgemäß erfolgen kann und entsprechend Artikel 33 Absatz 1 Unterabsatz 1 der Verord-

[1)] Nr. **555**.
[2)] Nr. **200**.

nung (EU) Nr. 165/2014 dafür zu sorgen, dass der analoge oder digitale Fahrtenschreiber oder der Fahrtschreiber nach § 57a Absatz 1 Satz 1 der Straßenverkehrs-Zulassungs-Ordnung ordnungsgemäß benutzt wird; Absatz 6 Satz 4 bis 6 und 7 Nummer 2 bis 4 gilt entsprechend. [4] Hat der Fahrer eines mit einem digitalen Fahrtenschreiber ausgerüsteten Fahrzeugs in dem in Absatz 6 Satz 4 genannten Zeitraum ein Fahrzeug gelenkt, das mit einem analogen Fahrtenschreiber ausgerüstet ist, hat er die Schaublätter dieses Fahrtenschreibers während der Fahrt ebenfalls mitzuführen und den zuständigen Personen auf Verlangen zur Prüfung auszuhändigen.

(8) [1] Der Unternehmer, der Fahrer mit Fahrzeugen nach Absatz 1 Nummer 2 einsetzt, hat zum Nachweis der in Absatz 1 genannten Zeiten vor Fahrtantritt Fahrpläne und Arbeitszeitpläne nach Maßgabe des Artikels 16 Absatz 2 Satz 1 und Absatz 3 Buchstabe a und b der Verordnung (EG) Nr. 561/2006 aufzustellen und ein Jahr nach Ablauf des Gültigkeitszeitraums aufzubewahren. [2] Fahrer von Fahrzeugen nach Absatz 1 Nummer 2 haben einen Auszug aus dem Arbeitszeitplan und eine Ausfertigung des Fahrplans, der die gerade durchgeführte Fahrt betrifft, mitzuführen.

(9) [1] Absatz 8 gilt nicht, wenn das Fahrzeug mit einem Fahrtschreiber nach § 57a Absatz 1 der Straßenverkehrs-Zulassungs-Ordnung in der bis zum 31. Dezember 2012 geltenden Fassung ausgerüstet ist. [2] In diesem Fall findet § 57a Absatz 2 und § 57b der Straßenverkehrs-Zulassungs-Ordnung Anwendung.

(10) [1] Absatz 8 gilt nicht, wenn das Fahrzeug mit einem analogen oder digitalen Fahrtenschreiber ausgerüstet ist. [2] In diesem Fall findet § 57a Absatz 3 der Straßenverkehrs-Zulassungs-Ordnung Anwendung.

§ 2[1)] Digitaler Fahrtenschreiber. (1) Ein Fahrer, der ein Fahrzeug lenkt, das in den Anwendungsbereich der Verordnung (EG) Nr. 561/2006[2)] fällt, oder der Lenk- oder Ruhezeiten nach § 1 Absatz 1 und 3 einzuhalten hat und dabei einen digitalen Fahrtenschreiber betreibt, hat den Fahrtenschreiber entsprechend Artikel 27 Absatz 2, Artikel 32 Absatz 1 Satz 1 und Absatz 2 bis 4, Artikel 33 Absatz 1 Unterabsatz 3, Artikel 34 Absatz 1 bis 3 Unterabsatz 1, Absatz 4, 5 und 7, Artikel 35 Absatz 2 und Artikel 37 Absatz 2 der Verordnung (EU) Nr. 165/2014[3)] zu bedienen und die Benutzerführung zu beachten.

(2) Die in Artikel 34 Absatz 5 Buchstabe b Ziffer ii bis iv der Verordnung (EU) Nr. 165/2014 genannten Zeiträume müssen bei Übernahme des Fahrzeugs auf der Fahrerkarte unter Benutzung der im Fahrtenschreiber vorgesehenen manuellen Eingabemöglichkeiten eingetragen werden, wenn der Fahrer vor Übernahme des Fahrzeugs solche Zeiten verbracht hat.

(3) [1] Die nach Artikel 36 Absatz 2 der Verordnung (EU) Nr. 165/2014 vorgeschriebenen Ausdrucke hat der Fahrer den zuständigen Personen auf

---

[1)] § 2 neu gef. mWv 31.1.2008 durch VO v. 22.1.2008 (BGBl. I S. 54); Abs. 5 Sätze 1 und 2, Abs. 6 Satz 1 Nr. 2 geänd. mWv 23.12.2011 durch VO v. 19.12.2011 (BGBl. I S. 2835); Abs. 1 und 2 geänd. mWv 11.3.2015 durch VO v. 9.3.2015 (BGBl. I S. 243); Überschrift und Abs. 1 neu gef., Abs. 2, Abs. 3 Satz 1, Abs. 4 Sätze 1, 2 und 4, Abs. 5 Sätze 1 und 4, Abs. 6 Satz 1 einl. Satzteil geänd. mWv 18.8.2017 durch VO v. 8.8.2017 (BGBl. I S. 3158).

[2)] Nr. **565**.

[3)] Nr. **580**.

Verlangen vorzulegen. [2] Der Unternehmer hat die Ausdrucke in chronologischer Reihenfolge und in lesbarer Form außerhalb des Fahrzeugs aufzubewahren und den zuständigen Personen auf Verlangen vorzulegen.

(4) [1] Bei Einsatz von Mietfahrzeugen, deren Verwendung in den Anwendungsbereich der Verordnung (EG) Nr. 561/2006 oder dieser Verordnung fällt, hat der Unternehmer, der das Fahrzeug anmietet, zu Beginn und am Ende des Mietzeitraums durch Verwendung der Unternehmenskarte sicherzustellen, dass die Daten aus dem Massenspeicher des Fahrtenschreibers über die mit den Fahrzeugen durchgeführten Fahrten übertragen und bei ihm gespeichert werden. [2] Ist dies in begründeten Ausnahmefällen oder bei einer Mietdauer von nicht mehr als 24 Stunden nicht möglich, ist zu Beginn und am Ende des Mietzeitraums ein Ausdruck wie bei Beschädigung oder Fehlfunktion der Fahrerkarte zu fertigen. [3] Der Fahrer hat den Ausdruck unverzüglich nach Erhalt an den Unternehmer weiterzuleiten, der ihn ein Jahr aufzubewahren hat. [4] Nach Ablauf der Aufbewahrungsfrist sind die Ausdrucke bis zum 31. März des folgenden Kalenderjahres zu vernichten, soweit sie nicht zur Erfüllung der Aufbewahrungspflichten nach § 16 Abs. 2 und § 21a Abs. 7 des Arbeitszeitgesetzes[1], § 147 Abs. 1 Nr. 5 in Verbindung mit Abs. 3 der Abgabenordnung, § 28f Abs. 1 Satz 1 des Vierten Buches Sozialgesetzbuch, § 17 Absatz 2 des Mindestlohngesetzes, § 19 Absatz 2 des Arbeitnehmer-Entsendegesetzes oder § 17c Absatz 2 des Arbeitnehmerüberlassungsgesetzes benötigt werden.

(5) [1] Der Unternehmer hat sicherzustellen, dass alle Daten aus dem Massenspeicher des Fahrtenschreibers spätestens 90 Tage nach Aufzeichnung eines Ereignisses zur Speicherung im Betrieb kopiert werden. [2] Der Unternehmer hat sicherzustellen, dass die Daten der Fahrerkarten spätestens 28 Kalendertage nach Aufzeichnung eines Ereignisses zur Speicherung im Betrieb kopiert werden. [3] Der Fahrer hat hierzu dem Unternehmen die Fahrerkarte und die Ausdrucke nach Absatz 3 zur Verfügung zu stellen. [4] Der Unternehmer hat alle sowohl von den Fahrtenschreibern als auch von den Fahrerkarten kopierten Daten der zuständigen Behörde oder Stelle auf Verlangen entweder unmittelbar oder durch Datenfernübertragung oder auf einem durch die Behörde oder Stelle zu bestimmenden Datenträger zur Verfügung zu stellen. [5] Der Unternehmer hat von allen kopierten Daten unverzüglich Sicherheitskopien zu erstellen, die auf einem gesonderten Datenträger zu speichern sind.

(6) [1] Unternehmen, die Fahrzeuge vermieten, haben dem Mieter des Fahrzeugs diejenigen Daten aus dem Massenspeicher des Fahrtenschreibers, die sich auf die vom Mieter durchgeführten Beförderungen beziehen und auf die dieser nicht unmittelbar zugreifen kann,

1. auf dessen Verlangen,
2. spätestens 90 Tage nach Beginn des Mietverhältnisses oder der letzten Datenübermittlung und
3. nach Beendigung des Mietverhältnisses

zur Verfügung zu stellen. [2] Dabei sind dem jeweiligen Stand der Technik entsprechende Maßnahmen zur Sicherstellung von Datenschutz und Datensicherheit zu treffen, die insbesondere die Vertraulichkeit, Unversehrtheit und Zurechenbarkeit der Daten gewährleisten; im Falle der Nutzung allgemein

[1] Nr. 555.

zugänglicher Netze sind dem jeweiligen Stand der Technik entsprechende Verschlüsselungsverfahren anzuwenden.

§ 2a[1)] **Aufbewahrung von Kontrollunterlagen.** [1] Der Unternehmer bewahrt die ihm oder seinen Fahrern von den zuständigen Personen überlassenen Niederschriften, Ergebnisprotokolle und andere Unterlagen über bei ihm auf dem Gelände vorgenommene beziehungsweise bei seinen Fahrern auf der Straße vorgenommene Kontrollen ein Jahr lang auf. [2] Die Unterlagen sind den zuständigen Personen auf Verlangen vorzulegen. [3] Nach Ablauf der Aufbewahrungspflicht sind die Unterlagen bis zum 31. März des folgenden Kalenderjahres zu vernichten.

Abschnitt 2. Organisation

§ 3[2)] **Zertifizierungsinfrastruktur.** [1] Die Aufgaben der für die Umsetzung des Zertifizierungsverfahrens nach der Verordnung (EU) Nr. 165/2014[3)] verantwortlichen Stellen ergeben sich aus der Anlage 2. [2] Das Bundesministerium für Verkehr und digitale Infrastruktur nimmt die Aufgaben der Aufsichtsbehörde des Mitgliedstaates (D-Member State Authority – D-MSA) wahr. [3] Deutsche Zertifizierungsstelle (D-Certification Authority – D-CA) ist das Kraftfahrt-Bundesamt. [4] Die für die Fahrtenschreiberkartenausgabe zuständigen Behörden oder Stellen (D-Card Issueing Authorities – D-CIA's) werden von den Ländern bestimmt.

Abschnitt 3. Kontrollsystem nach EG-Verordnungen

§ 4[4)] **Allgemeines.** (1) [1] Die zum Betrieb des digitalen Fahrtenschreibers erforderlichen Fahrtenschreiberkarten (Fahrer-, Werkstatt-, Unternehmens- und Kontrollkarten) werden nach den Mustern nach Artikel 1 Absatz 3 der Durchführungsverordnung (EU) 2016/799 der Kommission vom 18. März 2016 zur Durchführung der Verordnung (EU) Nr. 165/2014 des Europäischen Parlaments und des Rates zur Festlegung der Vorschriften über Bauart, Prüfung, Einbau, Betrieb und Reparatur von Fahrtenschreibern und ihren Komponenten (ABl. L 139 vom 26.5.2016, S. 1) in Verbindung mit dem Anhang I B Abschnitt IV der Verordnung (EWG) Nr. 3821/85 oder nach Artikel 1 Absatz 2 der Durchführungsverordnung (EU) 2016/799 in Verbindung mit dem Anhang 1 C Abschnitt 4 der Durchführungsverordnung (EU) 2016/799 jeweils in Verbindung mit Anlage 3 hergestellt. [2] Fahrer-, Werk-

---

[1)] § 2a eingef. mWv 31.1.2008 durch VO v. 22.1.2008 (BGBl. I S. 54).

[2)] § 3 Satz 2 geänd. mWv 8.11.2006 durch VO v. 31.10.2006 (BGBl. I S. 2407); Satz 2 geänd. mWv 8.9.2015 durch VO v. 31.8.2015 (BGBl. I S. 1474); Sätze 1 und 4 geänd. mWv 18.8.2017 durch VO v. 8.8.2017 (BGBl. I S. 3158).

[3)] Nr. **580**.

[4)] § 4 Abs. 1 Satz 3 Nr. 1 Buchst. b und Nr. 3, Abs. 4 Satz 5 geänd., Abs. 3 Satz 3 neu gef. mWv 31.1.2008 durch VO v. 22.1.2008 (BGBl. I S. 54); Abs. 1 Sätze 1 und 3 Nr. 1 Buchst. a neu gef., Nr. 2, Satz 5, Abs. 2, Abs. 3 Satz 5, Abs. 4 Satz 1 einl. Satzteil und Satz 3, Abs. 5 Sätze 1 und 2 geänd. mWv 18.8.2017 durch VO v. 8.8.2017 (BGBl. I S. 3158).

statt- und Unternehmenskarten werden auf Antrag erteilt. 3 Antragsberechtigt sind:

1. für die Fahrerkarte

a) Inhaber einer gültigen inländischen Fahrerlaubnis nach Muster 1 der Anlage 8 der Fahrerlaubnis-Verordnung[1] in der jeweils geltenden Fassung,

b) im Übrigen Inhaber einer Fahrerlaubnis eines Mitgliedstaates der Europäischen Union oder eines anderen Vertragsstaats des Abkommens über den Europäischen Wirtschaftsraum, die dazu berechtigt, Fahrzeuge zu führen, für die Lenk- und Ruhezeiten nach der Verordnung (EG) Nr. 561/2006[2] beziehungsweise § 1 dieser Verordnung zu beachten sind,

2. für die Werkstattkarte die nach § 57b der Straßenverkehrs-Zulassungs-Ordnung[3] anerkannten oder beauftragten Werkstätten, Hersteller von Fahrtenschreibern sowie Fahrzeughersteller,

3. für die Unternehmenskarte Unternehmen, deren Fahrpersonal Beförderungen durchführt, die unter die Verordnung (EG) Nr. 561/2006 fallen, oder das Lenk- und Ruhezeiten nach § 1 dieser Verordnung einzuhalten hat.

4 Erfolgt der Antrag auf unpersönlichem Weg, ist eine Kopie der nach den §§ 5, 7 oder § 9 jeweils erforderlichen Unterlagen beizufügen. 5 Im Rahmen des Antragsverfahrens hat für Fahrtenschreiberkarten nach Nummer 1 eine Überprüfung der Identität des Antragstellers sowie der Übereinstimmung der vorgelegten Kopien mit den Originalen stattzufinden.

(2) Die Fahrtenschreiberkarten werden von den nach Landesrecht zuständigen Behörden oder Stellen ausgegeben.

(3) 1 Der Antrag auf Erneuerung der Fahrer- und Unternehmenskarte darf frühestens sechs Monate, der auf Erneuerung der Werkstattkarte frühestens einen Monat vor Ablauf der Gültigkeit der Karte gestellt werden. 2 Den Anträgen sind die nach den §§ 5, 7 oder § 9 jeweils erforderlichen Unterlagen beizufügen. 3 Inhaber einer Werkstattkarte haben spätestens nach drei Jahren eine aktuelle Bescheinigung über die Anerkennung oder Beauftragung der Werkstatt nach § 57b der Straßenverkehrs-Zulassungs-Ordnung und einen Nachweis über eine erneute Schulung im Sinne des § 7 Abs. 2 Nr. 5 vorzulegen. 4 Die in Satz 3 genannten Fristen beginnen mit dem Datum des letzten Nachweises. 5 Die in Artikel 25 Absatz 2 Satz 1 und 2 und in Artikel 29 Absatz 4 Satz 2 der Verordnung (EU) Nr. 165/2014[4] genannten Fristen beginnen erst mit der vollständigen Vorlage aller nach den §§ 5, 7 oder § 9 erforderlichen Antragsunterlagen und Angaben.

(4) 1 Wird eine Fahrtenschreiberkarte wegen Beschädigung, Fehlfunktion, Verlust oder Diebstahl einer vorhandenen Karte beantragt, hat der Antragsteller der ausstellenden Behörde oder Stelle vorzulegen:

1. bei Verlust eine schriftliche Erklärung über den Verlust,
2. bei Diebstahl den Nachweis einer Anzeige,
3. bei Beschädigung oder Fehlfunktion die zu erneuernde Karte.

---

[1] Nr. **300**.
[2] Nr. **565**.
[3] Nr. **200**.
[4] Nr. **580**.

[2]Dem Antrag sind die nach den §§ 5, 7 oder § 9 jeweils erforderlichen Unterlagen beizufügen. [3]Der Inhaber der Fahrtenschreiberkarte hat auf Verlangen der Behörde oder Stelle, welche die Ersatzkarte ausstellt, eine Versicherung an Eides statt abzugeben, dass und aus welchen Gründen er die Fahrtenschreiberkarte nicht zurückgeben kann. [4]Mit Ausstellung der Ersatzkarte verliert die ersetzte Karte ihre Gültigkeit. [5]Eine wiederaufgefundene Karte ist der ausstellenden Behörde oder Stelle zurückzugeben. [6]Beträgt die Restlaufzeit der zu ersetzenden Karte weniger als sechs Monate, ist die Karte zu erneuern. [7]Absatz 3 Satz 5 gilt mit der Maßgabe, dass die Fristen erst beginnen, wenn alle erforderlichen Antragsunterlagen und Angaben vorliegen und die ausstellende Behörde oder Stelle Kenntnis von der Kartennummer erhält.

(5) [1]Bei Verlust einer Fahrtenschreiberkarte unterrichtet der Karteninhaber unverzüglich die Behörde oder Stelle, welche die Karte erteilt hat. [2]Die Behörde oder Stelle meldet den Verlust dem Fahrtenschreiberkartenregister beim Kraftfahrt-Bundesamt.

§ 5[1)] Fahrerkarte. (1) Der Antragsteller hat Angaben zu seiner Muttersprache zu machen und folgende Unterlagen vorzulegen:

1. a) eine gültige inländische Fahrerlaubnis nach Muster 1 der Anlage 8 der Fahrerlaubnis-Verordnung[2)] in der jeweils geltenden Fassung

   b) im Übrigen eine Fahrerlaubnis eines Mitgliedstaates der Europäischen Union oder eines anderen Vertragsstaats des Abkommens über den Europäischen Wirtschaftsraum, die dazu berechtigt, Fahrzeuge zu führen, für die Lenk- und Ruhezeiten nach der Verordnung (EG) Nr. 561/2006[3)] beziehungsweise § 1 dieser Verordnung zu beachten sind,
2. einen Nachweis über den Wohnsitz im Inland und Anschrift,
3. Nachweise über Geburts- und Familiennamen, Vornamen, Tag und Ort der Geburt sowie
4. ein Lichtbild vor hellem Hintergrund in der Größe 35 mm x 45 mm, das den Antragsteller ohne Kopfbedeckung in einer Frontalaufnahme zeigt; Anlage 8 der Passverordnung findet entsprechende Anwendung.

(2) Die zuständige Behörde oder Stelle prüft die Richtigkeit und Vollständigkeit der vom Bewerber mitgeteilten Daten.

(3) [1]Jeder Fahrer erhält nur eine Fahrerkarte. [2]Vor der Ausstellung einer Fahrerkarte erfolgen durch die zuständige Behörde oder Stelle Anfragen bei dem zentralen Fahrerlaubnisregister, dem zentralen Fahrtenschreiberkartenregister und den Fahrerkartenregistern der anderen Mitgliedstaaten der Europäischen Union und der Vertragsstaaten des Abkommens über den Europäischen Wirtschaftsraum, ob das vorgelegte Führerscheindokument gültig ist und ob dem Antragsteller bereits anderweitig eine Fahrerkarte ausgestellt wurde. [3]Zu diesem Zweck dürfen die nach § 49 Absatz 1 Nummer 1 bis 3,

---

[1)] § 5 Abs. 1 einl. Satzteil, Nr. 1 Buchst. a und b, Abs. 4 Satz 2 geänd. mWv 31.1.2008 durch VO v. 22.1.2008 (BGBl. I S. 54); Abs. 1 Nr. 1 Buchst. a und Nr. 4 neu gef., Abs. 3 Sätze 2 und 3 geänd. mWv 18.8.2017 durch VO v. 8.8.2017 (BGBl. I S. 3158).

[2)] Nr. **300**.

[3)] Nr. **565**.

Nummer 7 bis 13 und Nummer 17 der Fahrerlaubnis-Verordnung im Fahrerlaubnisregister gespeicherten Daten im automatisierten Verfahren abgerufen werden.

(4) [1] Die Fahrerkarte darf keinem Dritten zur Nutzung überlassen werden. [2] Der Fahrer hat die Fahrerkarte während der Fahrt mitzuführen und den zuständigen Personen auf Verlangen zur Prüfung auszuhändigen.

(5) [1] Die Gültigkeitsdauer der Fahrerkarte beträgt bei der Erstausstellung und Erneuerung fünf Jahre. [2] Sie beginnt mit dem Datum der Personalisierung. [3] Bei der Erneuerung auf Grund von Beschädigung oder Fehlfunktion beginnt sie mit dem Datum der Personalisierung. [4] Bei der Erneuerung auf Grund des Ablaufs der Gültigkeitsdauer beginnt die Gültigkeitsdauer der neuen Fahrerkarte mit dem Tag, der dem Tag des Ablaufs der Gültigkeit der vorherigen Fahrerkarte folgt. [5] Wird eine Fahrerkarte ersetzt, entspricht die Gültigkeitsdauer der Gültigkeitsdauer der ersetzten Karte.

§ 6[1)] Mitführen der abgelaufenen Fahrerkarte. [1] Der Fahrer hat auch nach Ablauf der Gültigkeit die Fahrerkarte noch mindestens 28 Kalendertage im Fahrzeug mitzuführen. [2] Bei Umtausch der Fahrerkarte entsprechend Artikel 30 Absatz 2 der Verordnung (EU) Nr. 165/2014[2)] hat der Fahrer die Ausdrucke seiner Tätigkeiten für die dem Umtausch vorausgehenden 28 Kalendertage ebenfalls 28 Kalendertage mitzuführen.

§ 7[3)] Werkstattkarte. (1) Die Werkstattkarte wird nur erteilt, wenn der Antragsteller als Unternehmer oder die nach Gesetz, Satzung oder Gesellschaftsvertrag zur Vertretung berufenen Personen sowie die verantwortliche Fachkraft (Installateur) fachlich geeignet sind.

(2) Der Antragsteller hat folgende Angaben zu machen und durch Unterlagen nachzuweisen:

1. Name, Anschrift und Sitz der Werkstatt, des Herstellers von Fahrtenschreibern oder des Fahrzeugherstellers,
2. Geburts- und Familienname, Vornamen, Tag und Ort der Geburt des Unternehmers oder der nach Gesetz, Satzung oder Gesellschaftsvertrag zur Vertretung berufenen Personen,
3. Geburts- und Familienname, Vorname, Tag und Ort der Geburt, aktuelle Wohnanschrift und Muttersprache der verantwortlichen Fachkraft, für die die Werkstattkarte beantragt wird,
4. Anerkennung oder Beauftragung der Werkstatt nach § 57b der Straßenverkehrs-Zulassungs-Ordnung[4)],
5. Schulung der verantwortlichen Fachkraft, für die die Werkstattkarte beantragt wird, entsprechend der Fahrtenschreiber- und Kontrollgeräte-Schulungsrichtlinie, sowie

---

[1)] § 6 Sätze 1 und 2 geänd. mWv 31.1.2008 durch VO v. 22.1.2008 (BGBl. I S. 54); Satz 2 geänd. mWv 18.8.2017 durch VO v. 8.8.2017 (BGBl. I S. 3158).

[2)] Nr. **580**.

[3)] § 7 Abs. 1 geänd., Abs. 2 neu gef. mWv 31.1.2008 durch VO v. 22.1.2008 (BGBl. I S. 54); Abs. 2 Nr. 1 geänd., Nr. 5 neu gef., Abs. 4 geänd. mWv 18.8.2017 durch VO v. 8.8.2017 (BGBl. I S. 3158).

[4)] Nr. **200**.

6. bestehendes Arbeitsverhältnis mit der verantwortlichen Fachkraft, für die die Werkstattkarte beantragt wird.

(3) (entfällt)

(4) Die zuständige Behörde oder Stelle stellt durch Abruf beim zentralen Fahrtenschreiberkartenregister sicher, dass die verantwortliche Fachkraft nur eine Werkstattkarte pro Arbeitsverhältnis erhält.

(5) [1] Die Werkstattkarte wird dem Unternehmen gegen Empfangsbestätigung ausgehändigt. [2] Sie ist Eigentum des Unternehmens. [3] Die zur Benutzung der Werkstattkarte erforderliche persönliche Identifikationsnummer wird der verantwortlichen Fachkraft an ihre Privatanschrift übersandt.

(6) [1] Die Gültigkeitsdauer der Werkstattkarte beträgt ein Jahr. [2] Sie beginnt mit dem Datum der Personalisierung. [3] § 5 Abs. 5 Satz 3 bis 5 gilt entsprechend.

§ 8[1)] Wegfall von Erteilungsvoraussetzungen. (1) [1] Ist eine der Erteilungsvoraussetzungen nachträglich entfallen, so ist dies unverzüglich der zuständigen Behörde oder Stelle zu melden; die Werkstattkarte ist innerhalb einer von dieser festzusetzenden Frist an sie zurückzugeben. [2] Die zuständige Behörde oder Stelle hat im Falle des Wegfalls der Erteilungsvoraussetzungen, insbesondere im Falle der missbräuchlichen Verwendung, die Rückgabe der Werkstattkarte zu verlangen. [3] Rückgabepflichtig sind sowohl der Unternehmer, bei juristischen Personen die nach Gesetz, Satzung oder Gesellschaftsvertrag zur Vertretung berufenen Personen, als auch die verantwortliche Fachkraft. [4] Scheidet die verantwortliche Fachkraft aus der Werkstatt aus, haben der Unternehmer oder die vertretungsberechtigten Personen die Werkstattkarte unverzüglich zurückzugeben. [5] Ist dem Unternehmer oder den vertretungsberechtigten Personen eine Rückgabe nicht möglich, ist die zuständige Behörde oder Stelle unverzüglich zu unterrichten.

(2) Wird die Werkstattkarte wegen missbräuchlicher Verwendung zurückgenommen, unterrichtet die zuständige Behörde oder Stelle das Zentrale Fahrtenschreiberkartenregister beim Kraftfahrt-Bundesamt.

§ 9[2)] Unternehmenskarte. (1) Der Antragsteller hat folgende Angaben zu machen und durch Unterlagen nachzuweisen:

1. Name, Anschrift und Sitz des Unternehmens,
2. Geburts- und Familienname, Vornamen, Tag und Ort der Geburt sowie Anschrift des Unternehmers oder der nach Gesetz, Satzung oder Gesellschaftsvertrag zur Vertretung berufenen Personen.

(2) [1] Die Unternehmenskarten werden an den Unternehmer oder die nach Gesetz, Satzung oder Gesellschaftsvertrag zur Vertretung berufenen Personen ausgegeben. [2] Der Unternehmer sorgt für die ordnungsgemäße Verwendung der Karten.

(3) Der Unternehmer hat dafür zu sorgen, dass zu Beginn und am Ende des Fahrzeugeinsatzes für das Unternehmen die Unternehmenskarte in den Fahr-

---

[1)] § 8 Abs. 1 Sätze 3–5 neu gef. mWv 31.1.2008 durch VO v. 22.1.2008 (BGBl. I S. 54); Abs. 2 geänd. mWv 18.8.2017 durch VO v. 8.8.2017 (BGBl. I S. 3158).

[2)] § 9 Abs. 1 Nr. 2 neu gef., Nr. 3 aufgeh., Abs. 2 Satz 1 neu gef. mWv 31.1.2008 durch VO v. 22.1.2008 (BGBl. I S. 54); Abs. 3 geänd. mWv 18.8.2017 durch VO v. 8.8.2017 (BGBl. I S. 3158).

tenschreiber eingegeben wird, um den Einsatz des Fahrzeugs dem Unternehmen zuzuordnen.

(4) [1] Die Gültigkeitsdauer der Unternehmenskarte beträgt fünf Jahre. [2] Sie beginnt mit dem Datum der Personalisierung. [3] § 5 Abs. 5 Satz 3 bis 5 gilt entsprechend.

§ 10[1)] **Kontrollkarte.** [1] Die Kontrollkarten werden an die für die Kontrolle der Sozialvorschriften im Straßenverkehr zuständigen Behörden und Stellen ausgegeben. [2] Die Kontrollkarte weist die Kontrollbehörde aus und ermöglicht das Lesen, Ausdrucken und Herunterladen der im Massenspeicher des Fahrtenschreibers oder auf Fahrerkarten gespeicherten Daten. [3] Die Gültigkeitsdauer der Kontrollkarte beträgt fünf Jahre.

Abschnitt 4.[2)] Zentrales Fahrtenschreiberkartenregister

§ 11[3)] **Führung und Zweckbestimmung des Registers.** (1) [1] Das Kraftfahrt-Bundesamt führt nach § 2 Nr. 4 des Fahrpersonalgesetzes[4)] das Zentrale Fahrtenschreiberkartenregister zum Nachweis der von den zuständigen Behörden oder Stellen ausgegebenen Fahrtenschreiberkarten. [2] Darin werden erfasst die Identifizierungsdaten der Fahrer, verantwortlichen Fachkräfte, Unternehmen und Behörden, denen Fahrer-, Werkstatt-, Unternehmens- oder Kontrollkarten ausgestellt worden sind, und die Identifizierungsdaten der ausgestellten, abhanden gekommenen und defekten Fahrer-, Werkstatt-, Unternehmens- und Kontrollkarten.

(2) Das Register wird geführt zur Speicherung von Identifizierungsdaten, die erforderlich sind, um feststellen zu können, welche Karten eine Person, ein Unternehmen oder eine Kontrollbehörde besitzt oder welche Karten abhanden gekommen oder beschädigt sind.

§ 12[5)] **Inhalt des Registers.** Im Zentralen Fahrtenschreiberkartenregister werden gespeichert über

1. Fahrerkarten folgende Daten:
   a) Geburts- und Familienname, Vornamen, Tag und Ort der Geburt, akademischer Grad und Geschlecht,
   b) Fahrtenschreiberkartennummer und die vom Chiphersteller eingebrachte Chipkennung,
   c) Tag des Beginns und des Ablaufs der Gültigkeit der Fahrerkarte,
   d) Tag der Produktion der Fahrerkarte,
   e) Status der Fahrerkarte,

---

1) § 10 Satz 2 geänd. mWv 18.8.2017 durch VO v. 8.8.2017 (BGBl. I S. 3158).

2) Überschrift 4. Abschnitt neu gef. mWv 18.8.2017 durch VO v. 8.8.2017 (BGBl. I S. 3158).

3) § 11 Abs. 1 Satz 1 geänd. mWv 18.8.2017 durch VO v. 8.8.2017 (BGBl. I S. 3158).

4) Nr. **570**.

5) § 12 Nr. 1 Buchst a, Nr. 2 Buchst. c geänd., Nr. 2 Buchst. b, Nr. 3 Buchst. a und b, Nr. 4 Buchst. a neu gef. mWv 31.1.2008 durch VO v. 22.1.2008 (BGBl. I S. 54); einl. Satzteil, Nr. 1 Buchst. b, Nr. 2 Buchst. a und d, Nr. 3 Buchst. c und Nr. 4 Buchst. b geänd. mWv 18.8.2017 durch VO v. 8.8.2017 (BGBl. I S. 3158).

f) antragsbearbeitende und mitteilende Behörde oder Stelle einschließlich der für die Antragsbearbeitung verantwortlichen Person,

g) Fahrerlaubnisnummer einschließlich Ausgabestaat,

h) bei Verlust oder Diebstahl das Datum des Abhandenkommens der Fahrerkarte;

2. Werkstattkarten folgende Daten:

a) Name und Anschrift der Werkstatt, des Herstellers von Fahrtenschreibern oder des Fahrzeugherstellers, bei der Anschrift zusätzlich die statistische Kennziffer des Firmensitzes sowie der Standortgemeinde und des Gemeindeteils,

b) Geburts- und Familienname, Vornamen, Tag und Ort der Geburt, akademischer Grad und Geschlecht des Unternehmers, bei juristischen Personen der nach Gesetz, Satzung oder Gesellschaftsvertrag zur Vertretung berufenen Personen,

c) Geburts- und Familienname, Vornamen, Tag und Ort der Geburt, akademischer Grad und Geschlecht der Person, auf die die Karte nach § 7 Abs. 2 Nr. 4 ausgestellt wurde,

d) Fahrtenschreiberkartennummer und die vom Chiphersteller eingebrachte Chipkennung,

e) Tag des Beginns und des Ablaufs der Gültigkeit der Werkstattkarte,

f) Tag der Produktion der Werkstattkarte,

g) Status der Werkstattkarte,

h) antragsbearbeitende und mitteilende Behörde oder Stelle einschließlich der für die Antragsbearbeitung verantwortlichen Person,

i) bei Verlust oder Diebstahl das Datum des Abhandenkommens der Werkstattkarte;

3. Unternehmenskarten folgende Daten:

a) Name und Anschrift des Unternehmens sowie die statistische Kennziffer des Firmensitzes, der Standortgemeinde und des Gemeindeteils,

b) Geburts- und Familienname, Vornamen, Tag und Ort der Geburt, akademischer Grad und Geschlecht des Unternehmers, bei juristischen Personen der nach Gesetz, Satzung oder Gesellschaftsvertrag zur Vertretung berufenen Personen,

c) Fahrtenschreiberkartennummer und die vom Chiphersteller eingebrachte Chipkennung,

d) Tag des Beginns und des Ablaufs der Gültigkeit der Unternehmenskarte,

e) Tag der Produktion der Unternehmenskarte,

f) antragsbearbeitende und mitteilende Behörde oder Stelle einschließlich der für die Antragsbearbeitung verantwortlichen Person,

g) Status der Unternehmenskarte,

h) bei Verlust oder Diebstahl das Datum des Abhandenkommens der Unternehmenskarte;

4. Kontrollkarten folgende Daten:

a) Name und Anschrift der Behörde,

b) Fahrtenschreiberkartennummer und die vom Chiphersteller eingebrachte Chipkennung,

c) Tag des Beginns und des Ablaufs der Gültigkeit der Kontrollkarte,

d) Tag der Produktion der Kontrollkarte,

e) Status der Kontrollkarte,

f) bei Verlust oder Diebstahl das Datum des Abhandenkommens der Kontrollkarte.

§ 13[1)] Löschung von Eintragungen im Zentralen Fahrtenschreiberkartenregister. Die Daten über Fahrtenschreiberkarten werden fünf Jahre nach Ablauf der Gültigkeitsdauer gelöscht.

§ 14[2)] Mitteilung an das Zentrale Fahrtenschreiberkartenregister im automatisierten Dialogverfahren. (1) Die für die Antragsbearbeitung zuständige Behörde oder Stelle teilt dem Zentralen Fahrtenschreiberkartenregister unverzüglich die zu speichernden oder zu einer Änderung einer Eintragung führenden Daten im automatisierten Dialogverfahren mit; sie teilt dem Personalisierer die zur Personalisierung notwendigen Daten mit.

(2) Zuständige ausländische Stellen sind berechtigt, Statusänderungen zu Fahrtenschreiberkarten im automatisierten Dialogverfahren an das Zentrale Fahrtenschreiberkartenregister zu übermitteln.

(3) Der Personalisierer teilt dem Zentralen Fahrtenschreiberkartenregister unverzüglich jeweils nach Produktion und Versand einer Fahrtenschreiberkarte eine entsprechende Information hierüber mit.

§ 15[3)] Übermittlung von Daten an inländische Behörden und Stellen durch Abruf im automatisierten Verfahren. Die im Zentralen Fahrtenschreiberkartenregister gespeicherten Daten dürfen an die hierfür zuständigen Behörden und Stellen durch Abruf im automatisierten Verfahren übermittelt werden, soweit dies erforderlich ist

1. für Verwaltungsmaßnahmen auf Grund der Verordnung (EU) Nr. 165/2014[4)] oder darauf beruhender Rechtsvorschriften,
2. für Verkehrs- oder Grenzkontrollen,
3. für die Verfolgung von Ordnungswidrigkeiten,
4. für die Verfolgung von Straftaten.

§ 16[5)] Übermittlung von Daten an ausländische Behörden und Stellen durch Abruf im automatisierten Verfahren. Die im Zentralen Fahrtenschreiberkartenregister über Fahrerkarten und Werkstattkarten gespeicherten Daten dürfen an die hierfür zuständigen Behörden und Stellen in den Mitgliedstaaten der Europäischen Union oder den Vertragsstaaten des Ab-

---

[1)] § 13 geänd. mWv 7.6.2013 durch VO v. 22.5.2013 (BGBl. I S. 1395); Überschrift und Wortlaut geänd. mWv 18.8.2017 durch VO v. 8.8.2017 (BGBl. I S. 3158).

[2)] § 14 Überschrift, Abs. 1–3 geänd. mWv 18.8.2017 durch VO v. 8.8.2017 (BGBl. I S. 3158).

[3)] § 15 einl. Satzteil, Nr. 1 geänd. mWv 18.8.2017 durch VO v. 8.8.2017 (BGBl. I S. 3158).

[4)] Nr. **580**.

[5)] § 16 einl. Satzteil, Nr. 1 geänd. mWv 18.8.2017 durch VO v. 8.8.2017 (BGBl. I S. 3158).

kommens über den Europäischen Wirtschaftsraum durch Abruf im automatisierten Verfahren übermittelt werden, soweit dies erforderlich ist

1. für Verwaltungsmaßnahmen auf Grund der Verordnung (EU) Nr. 165/2014[1)] oder darauf beruhender Rechtsvorschriften,
2. für Verkehrskontrollen,
3. zur Verfolgung von Zuwiderhandlungen gegen Rechtsvorschriften auf dem Gebiet des Straßenverkehrs oder
4. zur Verfolgung von Straftaten, die im Zusammenhang mit dem Straßenverkehr stehen.

§ 17 Einrichtung und Betrieb der automatisierten Abrufverfahren. Die Einrichtung und der Betrieb der automatisierten Abrufverfahren richten sich nach den Bestimmungen des Bundesdatenschutzgesetzes.

Abschnitt 5. Ausnahmen

§ 18[2)] Ausnahmen nach den Verordnungen (EG) Nr. 561/2006[3)] und (EU) Nr. 165/2014.[1)] (1) Nach Artikel 13 Absatz 1 der Verordnung (EG) Nr. 561/2006 und nach Artikel 3 Absatz 2 der Verordnung (EU) Nr. 165/2014 werden im Geltungsbereich des Fahrpersonalgesetzes folgende Fahrzeugkategorien von der Anwendung der Artikel 5 bis 9 der Verordnung (EG) Nr. 561/2006 und der Anwendung der Verordnung (EU) Nr. 165/2014 ausgenommen:

1. Fahrzeuge, die im Eigentum von Behörden stehen oder von diesen ohne Fahrer angemietet oder geleast sind, um Beförderungen im Straßenverkehr durchzuführen, die nicht im Wettbewerb mit privatwirtschaftlichen Verkehrsunternehmen stehen,
2. Fahrzeuge, die von Landwirtschafts-, Gartenbau-, Forstwirtschaft- oder Fischereiunternehmen zur Güterbeförderung, insbesondere auch zur Beförderung lebender Tiere, im Rahmen der eigenen unternehmerischen Tätigkeit in einem Umkreis von bis zu 100 Kilometern vom Standort des Unternehmens verwendet oder von diesen ohne Fahrer angemietet werden,
3. Land- und forstwirtschaftliche Zugmaschinen, die für land- oder forstwirtschaftliche Tätigkeiten in einem Umkreis von bis zu 100 Kilometern vom Standort des Unternehmens verwendet werden, das das Fahrzeug besitzt, anmietet oder least,
4. Fahrzeuge oder Fahrzeugkombinationen mit einer zulässigen Höchstmasse von nicht mehr als 7,5 Tonnen, die von Postdienstleistern, die Universaldienstleistungen im Sinne des § 1 Absatz 1 der Post-Universal-

---

1) Nr. **580**.

2) § 18 neu gef. mWv 31.1.2008 durch VO v. 22.1.2008 (BGBl. I S. 54); Abs. 1 Nr. 8 und 14 neu gef. mWv 23.12.2011 durch VO v. 19.12.2011 (BGBl. I S. 2835); Abs. 1 Nr. 4 Buchst. a und Nr. 12 neu gef. mWv 7.6.2013 durch VO v. 22.5.2013 (BGBl. I S. 1395); Abs. 1 einl. Satzteil geänd., Nr. 4 neu gef., Nr. 6 und 16 geänd. mWv 11.3.2015 durch VO v. 9.3.2015 (BGBl. I S. 243); Überschrift und Abs. 1 einl. Satzteil neu gef., Nr. 12 und 16 geänd. mWv 18.8.2017 durch VO v. 8.8.2017 (BGBl. I S. 3158).

3) Nr. **565**.

dienstleistungsverordnung vom 15. Dezember 1999 (BGBl. I S. 2418), die zuletzt durch Artikel 3 Absatz 26 des Gesetzes vom 7. Juli 2005 (BGBl. I S. 1970) geändert worden ist, in der jeweils geltenden Fassung erbringen, in einem Umkreis von 100 Kilometern vom Standort des Unternehmens zum Zwecke der Zustellung von Sendungen im Rahmen des Universaldienstes verwendet werden, soweit das Lenken des Fahrzeugs nicht die Haupttätigkeit des Fahrers darstellt,

5. Fahrzeuge, die ausschließlich auf Inseln mit einer Fläche von nicht mehr als 2 300 Quadratkilometern verkehren, die mit den übrigen Teilen des Hoheitsgebiets weder durch eine befahrbare Brücke, Furt oder einen befahrbaren Tunnel verbunden sind,
6. Fahrzeuge, die im Umkreis von 100 Kilometern vom Standort des Unternehmens zur Güterbeförderung mit Druckerdgas-, Flüssiggas- oder Elektroantrieb verwendet werden und deren zulässige Höchstmasse einschließlich Anhänger oder Sattelanhänger 7,5 Tonnen nicht übersteigt,
7. Fahrzeuge, die zum Fahrschulunterricht und zur Fahrprüfung zwecks Erlangung der Fahrerlaubnis oder eines beruflichen Befähigungsnachweises dienen, sofern diese Fahrzeuge nicht für die gewerbliche Personen- oder Güterbeförderung verwendet werden,
8. Fahrzeuge, die in Verbindung mit der Instandhaltung von Kanalisation, Hochwasserschutz, Wasser-, Gas- und Elektrizitätsversorgung, Straßenunterhaltung und -kontrolle, Hausmüllabfuhr, Telegramm- und Telefondienstleistungen, Rundfunk und Fernsehen sowie zur Erfassung von Radio- beziehungsweise Fernsehsendern oder -geräten eingesetzt werden,
9. Fahrzeuge mit zehn bis 17 Sitzen, die ausschließlich zur nicht gewerblichen Personenbeförderung verwendet werden,
10. Spezialfahrzeuge, die zum Transport von Ausrüstungen des Zirkus- oder Schaustellergewerbes verwendet werden,
11. speziell für mobile Projekte ausgerüstete Fahrzeuge, die hauptsächlich im Stand zu Lehrzwecken verwendet werden,
12. Fahrzeuge, die innerhalb eines Umkreises von bis zu 100 Kilometern vom Standort des Unternehmens zum Abholen von Milch bei landwirtschaftlichen Betrieben, zur Rückgabe von Milchbehältern oder zur Lieferung von Milcherzeugnissen für Futterzwecke an diese Betriebe verwendet werden,
13. Spezialfahrzeuge für Geld- und/oder Werttransporte,
14. Fahrzeuge, die in einem Umkreis von 250 Kilometern vom Standort des Unternehmens zum Transport tierischer Nebenprodukte im Sinne des Artikels 3 Nummer 1 der Verordnung (EG) Nr. 1069/2009 des Europäischen Parlaments und des Rates vom 21. Oktober 2009 mit Hygienevorschriften für nicht für den menschlichen Verzehr bestimmte tierische Nebenprodukte und zur Aufhebung der Verordnung (EG) Nr. 1774/2002 (Verordnung über tierische Nebenprodukte) (ABl. L 300 vom 14.11. 2009, S. 1) in der jeweils geltenden Fassung verwendet werden,
15. Fahrzeuge, die ausschließlich auf Straßen in Güterverteilzentren wie Häfen, Umschlaganlagen des Kombinierten Verkehrs und Eisenbahnterminals verwendet werden, und

16. Fahrzeuge, die innerhalb eines Umkreises von bis zu 100 Kilometern vom Standort des Unternehmens für die Beförderung lebender Tiere von den landwirtschaftlichen Betrieben zu den lokalen Märkten und umgekehrt oder von den Märkten zu den lokalen Schlachthäusern verwendet werden.

(2) Abweichend von Artikel 5 Abs. 2 Satz 1 der Verordnung (EG) Nr. 561/2006 beträgt bei Beförderungen in einem Umkreis von 50 Kilometern vom Standort des Fahrzeugs das Mindestalter der Beifahrer zum Zwecke der Berufsausbildung 16 Jahre.

Abschnitt 6. Europäisches Übereinkommen über die Arbeit des im internationalen Straßenverkehr beschäftigten Fahrpersonals (AETR)

§ 19[1)] Fahrtenschreiber nach dem Europäischen Übereinkommen über die Arbeit des im internationalen Straßenverkehr beschäftigten Fahrpersonals (AETR). [1] Auf Grund des Artikels 3 Absatz 1, des Artikels 10 Absatz 1 und des Artikels 13 Absatz 1 des AETR[2)] in Verbindung mit Artikel 2 Abs. 3 der Verordnung (EG) Nr. 561/2006[3)] hat der Unternehmer in Fahrzeuge, die dem AETR unterliegen und mit denen das Hoheitsgebiet der Bundesrepublik Deutschland befahren wird, vor Antritt derartiger Fahrten Fahrtenschreiber einbauen zu lassen. [2] Die Fahrtenschreiber nach Satz 1 sind von dem Fahrer zu benutzen. [3] Die Fahrtenschreiber sind nach den Artikeln 10 bis 14 des Anhangs zum AETR zu betreiben. [4] Bauart, Einbau, Benutzung und Prüfung der Fahrtenschreiber richten sich nach den Vorschriften des AETR einschließlich seines Anhangs und der Anlagen. [5] Fahrtenschreiber im Sinne der Verordnung (EU) Nr. 165/2014[4)] erfüllen die Anforderungen nach Satz 4.

Abschnitt 7. Sonstige Vorschriften

§ 20[5)] Nachweis über berücksichtigungsfreie Tage. (1) [1] Selbstfahrende Unternehmer und Fahrer, die die in dieser Verordnung, in Artikel 36 Absatz 2 der Verordnung (EU) Nr. 165/2014[4)] oder in Kapitel III Artikel 12 Absatz 2 Satz 1 des Anhangs zum Europäischen Übereinkommen über die Arbeit des im internationalen Straßenverkehr beschäftigten Fahrpersonals (AETR)[2)] vorgeschriebenen Nachweise nicht oder nicht vollständig vorlegen können, weil sie an einem oder mehreren der vorausgegangenen 28 Kalendertage

---

[1)] § 19 Satz 1 geänd. mWv 31.1.2008 durch VO v. 22.1.2008 (BGBl. I S. 54); Sätze 1 und 3 geänd. mWv 23.12.2011 durch VO v. 19.12.2011 (BGBl. I S. 2835); Überschrift und Sätze 1–5 geänd. mWv 18.8.2017 durch VO v. 8.8.2017 (BGBl. I S. 3158).

[2)] Nr. **550**.

[3)] Nr. **565**.

[4)] Nr. **580**.

[5)] § 20 neu gef. mWv 18.8.2017 durch VO v. 8.8.2017 (BGBl. I S. 3158).

1. ein Fahrzeug gelenkt haben, für dessen Führen eine Nachweispflicht nicht besteht,
2. erkrankt waren,
3. sich im Urlaub befanden oder
4. aus anderen Gründen kein Fahrzeug gelenkt haben,

haben diese Zeiten durch manuelle Nachträge nach den Absätzen 2 oder 3 zu belegen. 2 Der Unternehmer hat dafür zu sorgen, dass der Fahrer die manuellen Nachträge nach den Absätzen 2 oder 3 vornimmt.

(2) 1 Manuelle Nachträge im Sinne des Absatzes 1 Satz 1 müssen bei Verwendung eines digitalen Fahrtenschreibers vor Fahrtantritt mittels der manuellen Eingabevorrichtung des Fahrtenschreibers auf der Fahrerkarte erfolgen. 2 Ist ein manueller Nachtrag nach Satz 1 aus technischen Gründen nicht möglich, findet Absatz 3 Anwendung.

(3) 1 Manuelle Nachträge im Sinne des Absatzes 1 Satz 1 müssen bei Verwendung eines analogen Fahrtenschreibers, eines Nachweises nach § 1 Absatz 6 oder im Falle des Absatzes 2 Satz 2 vor Fahrtantritt lesbar unter Verwendung der in Artikel 34 Absatz 5 der Verordnung (EU) Nr. 165/2014 aufgeführten Zeichen erfolgen. 2 Der Nachtrag ist auf der Rückseite des nächsten im Anschluss an den berücksichtigungsfreien Zeitraum verwendeten Schaublattes oder Fahrtenschreiberausdruckes (Ausdruck der Tätigkeiten des Fahrers am Fahrtag) oder auf einem Nachweis nach § 1 Absatz 6 vorzunehmen. 3 Bei Bedarf können auch mehrere Schaublätter, Fahrtenschreiberausdrucke oder Nachweise nach § 1 Absatz 6 benutzt werden.

(4) 1 Ist ein manueller Nachtrag nach Absatz 2 Satz 1 aus technischen Gründen nicht möglich oder besonders aufwendig, darf abweichend von den Absätzen 2 und 3 bei einer Kontrolle eine Bescheinigung des Unternehmens über die im Absatz 1 genannten Zeiten vorgelegt werden. 2 Die Bescheinigung darf nicht handschriftlich ausgefüllt werden. 3 Der Unternehmer hat dem betroffenen Fahrer die Bescheinigung mit den Gründen für das Fehlen von Arbeitszeitnachweisen vor Fahrtantritt auszustellen und auszuhändigen sowie dafür zu sorgen, dass der Fahrer die Bescheinigung während der Fahrt mit sich führt. 4 Der selbstfahrende Unternehmer hat die Bescheinigung vor Fahrtantritt auszustellen und zu unterzeichnen. 5 Im Übrigen ist die Bescheinigung vom Unternehmer oder einer von ihm beauftragten Person und vom Fahrer vor Fahrtantritt zu unterzeichnen. 6 Der Fahrer darf die Bescheinigung nicht als beauftragte Person unterzeichnen. 7 Im Fall einer Beauftragung hat der Unternehmer dafür zu sorgen, dass die beauftragte Person die Bescheinigung unterzeichnet. 8 Die Bescheinigung darf von dem Fahrer bei der Kontrolle als Telefax oder Ausdruck einer digitalisierten Kopie zur Verfügung gestellt werden.

(5) 1 Nach Ablauf des Nachweiszeitraumes nach Absatz 1 hat der Fahrer die Nachweise nach den Absätzen 3 und 4 unverzüglich im Unternehmen abzugeben. 2 Der Unternehmer, der nicht zugleich Fahrer ist, hat die Nachweise ab dem Zeitpunkt der Rückgabe durch den Fahrer ein Jahr außerhalb des Fahrzeugs aufzubewahren und den Fahrern auf Verlangen eine Kopie

auszuhändigen. [3] Nach Ablauf der Aufbewahrungspflicht sind die Nachweise bis zum 31. März des folgenden Kalenderjahres zu vernichten.

§ 20a[1] **Verantwortlichkeiten.** (1) [1] Die Verkehrsunternehmen sind verpflichtet, ihren Betrieb nach Maßgabe von Artikel 10 Abs. 1 und 2 der Verordnung (EG) Nr. 561/2006[2] zu organisieren. [2] Dies gilt auch für Fahrten im Hoheitsgebiet eines anderen Mitgliedstaates der Europäischen Union, eines Vertragsstaates des Abkommens über den Europäischen Wirtschaftsraum oder eines Drittstaates.

(2) [1] Neben den Verkehrsunternehmen sind auch die mit diesen in geschäftlicher Verbindung stehenden Verlader, Spediteure, Reiseveranstalter, Hauptauftragnehmer, Unterauftragnehmer und Fahrervermittlungsagenturen für die Einhaltung der Vorschriften der Verordnung (EG) Nr. 561/2006 und der vorliegenden Verordnung verantwortlich. [2] Die an der Beförderungskette beteiligten Unternehmen haben mit dem Ziel, die Einhaltung der Vorschriften zu gewährleisten, zusammenzuarbeiten und sich abzustimmen. [3] Der jeweilige Auftraggeber hat dafür Sorge zu tragen, dass das beauftragte Verkehrsunternehmen die Vorschriften einhält. [4] Er hat sich vor dem Vertragsabschluss mit einem Verkehrsunternehmen und während der Vertragslaufzeit in angemessenen Zeitabständen darüber zu vergewissern und darauf hinzuwirken, dass das beauftragte Verkehrsunternehmen aufgrund seiner personellen und sachlichen Ausstattung sowie seiner betrieblichen Organisation in der Lage ist, die vorgesehenen Transportaufträge unter Einhaltung der Vorschriften durchzuführen.

(3) Die Verkehrsunternehmen, Verlader, Spediteure, Reiseveranstalter, Hauptauftragnehmer, Unterauftragnehmer und Fahrervermittlungsagenturen stellen sicher, dass die vertraglich vereinbarten Beförderungszeitpläne nicht gegen die Verordnung (EG) Nr. 561/2006 verstoßen.

Abschnitt 8. Ordnungswidrigkeiten

§ 21[3] **Ordnungswidrigkeiten.** (1) Ordnungswidrig im Sinne des § 8 Abs. 1 Nr. 1 Buchstabe a des Fahrpersonalgesetzes[4] handelt, wer als Unternehmer vorsätzlich oder fahrlässig

1. entgegen § 1 Abs. 5 Satz 1 nicht dafür sorgt, dass die dort genannten Vorschriften eingehalten werden,

---

[1] § 20a eingef. mWv 31.1.2008 durch VO v. 22.1.2008 (BGBl. I S. 54); Abs. 2 Sätze 2–4 angef. mWv 11.3.2015 durch VO v. 9.3.2015 (BGBl. I S. 243).

[2] Nr. **565**.

[3] § 21 Abs. 1 Nr. 2 neu gef., Nr. 3 geänd., Nr. 4 aufgeh., bish. Nr. 5–11 werden Nr. 4–10, neue Nr. 6 geänd., Nr. 8a eingef., neue Nr. 10 neu gef., Abs. 2 Nr. 1, 2, 9 und 13 geänd., Nr. 8 aufgeh., Nr. 15 neu gef. mWv 31.1.2008 durch VO v. 22.1.2008 (BGBl. I S. 54); Abs. 1 Nr. 1a, 9 und 12 eingef., bish. Nr. 9 und 10 werden Nr. 10 und 11 und geänd., Nr. 8a neugef., Abs. 2 Nr. 14 geänd., Nr. 15 neu gef., Nr. 16 und 17 angef. mWv 7.6.2013 durch VO v. 22.5.2013 (BGBl. I S. 1395); Abs. 1 Nr. 3a eingef., Nr. 11 und 12 geänd., Nr. 13 angef., Abs. 2 Nr. 5a eingef. mWv 11.3.2015 durch VO v. 9.3.2015 (BGBl. I S. 243); Abs. 1 Nr. 2, 3, 4, 9 und 10 geänd., Nr. 11 und 12 neu gef., Nr. 13 eingef., bish. Nr. 13 wird Nr. 14, Abs. 2 Nr. 3, 6, 16 und 17 geänd., Nr. 15 neu gef. mWv 18.8.2017 durch VO v. 8.8.2017 (BGBl. I S. 3158).

[4] Nr. **570**.

1a. entgegen § 1 Absatz 6 Satz 7 Nummer 1 geeignete Vordrucke nicht, nicht rechtzeitig oder nicht in ausreichender Anzahl aushändigt,
2. entgegen § 1 Abs. 6 Satz 7 Nummer 2 oder 3, jeweils auch in Verbindung mit Absatz 7 Satz 3 zweiter Halbsatz, eine Aufzeichnung oder ein Schaublatt nicht oder nicht rechtzeitig prüft oder nicht, nicht in der vorgeschriebenen Weise oder nicht für die vorgeschriebene Dauer aufbewahrt oder nicht oder nicht rechtzeitig vorlegt oder eine Maßnahme nicht oder nicht rechtzeitig ergreift,
3. entgegen § 1 Abs. 7 Satz 3 erster Halbsatz ein Schaublatt nicht oder nicht rechtzeitig aushändigt oder nicht dafür sorgt, dass der Fahrtenschreiber oder der Fahrtschreiber benutzt wird,
3a. entgegen § 1 Absatz 8 Satz 1 einen Fahrplan oder einen Arbeitszeitplan nicht, nicht richtig, nicht vollständig oder nicht rechtzeitig erstellt oder nicht oder nicht mindestens ein Jahr aufbewahrt,
4. entgegen § 2 Abs. 4 Satz 1 nicht sicherstellt, dass die dort genannten Daten übertragen und gespeichert werden,
5. entgegen § 2 Abs. 5 Satz 1 oder 2 nicht sicherstellt, dass die dort genannten Daten kopiert werden,
6. entgegen § 2 Abs. 5 Satz 4 Daten nicht oder nicht rechtzeitig zur Verfügung stellt,
7. entgegen § 2 Abs. 5 Satz 5 eine Sicherheitskopie nicht oder nicht rechtzeitig erstellt,
8. entgegen § 2 Abs. 6 Satz 1 Daten nicht oder nicht rechtzeitig zur Verfügung stellt,
8a. entgegen § 2a Satz 1 oder Satz 2 eine dort genannte Unterlage nicht oder nicht mindestens ein Jahr aufbewahrt oder nicht oder nicht rechtzeitig vorlegt,
9. entgegen § 9 Absatz 3 nicht dafür sorgt, dass die Unternehmenskarte in den Fahrtenschreiber eingegeben wird,
10. entgegen § 19 Satz 1 einen Fahrtenschreiber nicht oder nicht rechtzeitig einbauen lässt,
11. entgegen § 20 Absatz 1 Satz 2 nicht dafür sorgt, dass der Fahrer einen dort genannten Nachtrag vornimmt,
12. entgegen § 20 Absatz 4 Satz 3 oder 4 eine dort genannte Bescheinigung nicht, nicht richtig oder nicht rechtzeitig ausstellt oder nicht dafür sorgt, dass der Fahrer die Bescheinigung mit sich führt,
13. entgegen § 20 Absatz 5 Satz 2 einen dort genannten Nachweis nicht oder nicht mindestens ein Jahr aufbewahrt oder
14. entgegen § 20a Absatz 2 Satz 3 nicht dafür Sorge trägt, dass das beauftragte Verkehrsunternehmen die Vorschriften einhält.

(2) Ordnungswidrig im Sinne des § 8 Abs. 1 Nr. 2 Buchstabe a des Fahrpersonalgesetzes handelt, wer als Fahrer vorsätzlich oder fahrlässig

1. entgegen § 1 Abs. 1 oder 3 Nr. 1 Satz 1 oder Nr. 2 Satz 2 Lenkzeiten, Fahrtunterbrechungen oder Ruhezeiten nicht einhält,
2. entgegen § 1 Abs. 6 Sätze 1 bis 6, jeweils auch in Verbindung mit Abs. 7 Satz 3, eine Aufzeichnung nicht, nicht richtig oder nicht vollständig führt

oder eine Aufzeichnung oder ein Schaublatt nicht mitführt oder nicht oder nicht rechtzeitig aushändigt,
3. entgegen § 1 Abs. 7 Satz 1 einen Fahrtenschreiber oder einen Fahrtschreiber nicht oder nicht richtig betreibt,
4. entgegen § 1 Abs. 7 Satz 2 die Schicht oder die Pausen auf dem Schaublatt nicht, nicht richtig oder nicht rechtzeitig vermerkt,
5. entgegen § 1 Abs. 7 Satz 4 die Schaublätter nicht mitführt oder nicht oder nicht rechtzeitig zur Prüfung aushändigt,
5a. entgegen § 1 Absatz 8 Satz 2 einen Auszug oder eine Ausfertigung nicht mitführt,
6. entgegen § 2 Abs. 1 einen Fahrtenschreiber nicht oder nicht richtig bedient oder die Benutzerführung nicht oder nicht richtig beachtet,
7. entgegen § 2 Abs. 2 einen dort genannten Zeitraum auf der Fahrerkarte nicht, nicht richtig oder nicht rechtzeitig einträgt,
8. *(aufgehoben)*
9. entgegen § 2 Abs. 3 Satz 1 einen Ausdruck nicht oder nicht rechtzeitig vorlegt,
10. entgegen § 2 Abs. 4 Satz 3 den Ausdruck nicht oder nicht rechtzeitig weiterleitet,
11. entgegen § 5 Abs. 4 Satz 1 die Fahrerkarte einem Dritten zur Nutzung überlässt,
12. entgegen § 5 Abs. 4 Satz 2 die Fahrerkarte nicht mitführt oder nicht oder nicht rechtzeitig zur Prüfung aushändigt,
13. entgegen § 6 die abgelaufene Fahrerkarte oder den Ausdruck nicht oder nicht mindestens 28 Kalendertage mitführt,
14. entgegen § 19 Satz 2 ein Kontrollgerät nicht benutzt,
15. entgegen § 20 Absatz 1 Satz 1 dort genannte Zeiten nicht, nicht richtig, nicht vollständig oder nicht rechtzeitig belegt,
16. entgegen § 20 Absatz 4 Satz 6 eine Bescheinigung als beauftragte Person unterzeichnet oder
17. entgegen § 20 Absatz 5 Satz 1 einen dort genannten Nachweis nicht oder nicht rechtzeitig abgibt.

(3) Ordnungswidrig im Sinne des § 8 Abs. 1 Nr. 4 Buchstabe a des Fahrpersonalgesetzes handelt, wer als Werkstattinhaber oder als verantwortliche Fachkraft (Installateur) vorsätzlich oder fahrlässig
1. entgegen § 8 Abs. 1 Satz 1 erster Halbsatz den Wegfall der Erteilungsvoraussetzungen nicht meldet oder
2. entgegen § 4 Abs. 4 Satz 5 oder § 8 Abs. 1 Satz 1 zweiter Halbsatz in Verbindung mit Satz 3 oder 5 eine Werkstattkarte nicht oder nicht rechtzeitig zurückgibt.

§ 22[1)] Zuwiderhandlungen gegen das AETR. (1) Ordnungswidrig im Sinne des § 8 Absatz 1 Nummer 1 Buchstabe b des Fahrpersonalgesetzes

1) § 22 aufgeh. mWv 10.9.2009 durch VO v. 22.1.2008 (BGBl. I S. 54). Bish. § 25 wird § 22 mWv 30.6.2016 durch VO v. 17.6.2016 (BGBl. I S. 1463).

handelt, wer als Unternehmer gegen das Europäische Übereinkommen über die Arbeit des im internationalen Straßenverkehr beschäftigten Fahrpersonals (AETR) in der Fassung der Bekanntmachung vom 31. Juli 1985 (BGBl. 1985 II S. 889), das zuletzt durch Artikel 1 des Gesetzes vom 2. November 2011 (BGBl. 2011 II S. 1095) geändert worden ist, verstößt, indem er vorsätzlich oder fahrlässig

1. entgegen Artikel 5 einen Fahrer einsetzt, der die dort genannten Voraussetzungen nicht erfüllt,
2. entgegen Artikel 11 Absatz 1 in Verbindung mit Artikel 6 Absatz 1 Satz 1, Absatz 2 oder Absatz 3, Artikel 7 Absatz 1 oder Artikel 8 Absatz 1, 2 Satz 1, Absatz 3, 5, 6 Buchstabe a oder Buchstabe c Satz 1, 3 oder Satz 4 oder Absatz 7 den Fahrbetrieb nicht oder nicht richtig organisiert,
3. entgegen Artikel 11 Absatz 2 Satz 2 einen festgestellten Verstoß gegen das Übereinkommen nicht oder nicht rechtzeitig abstellt oder eine dort genannte Maßnahme nicht oder nicht rechtzeitig trifft,
4. entgegen Artikel 10 des Anhangs für das einwandfreie Funktionieren oder die ordnungsgemäße Benutzung des Kontrollgerätes oder der Fahrerkarte nicht sorgt,
5. entgegen Artikel 11 Absatz 1 des Anhangs ein dort genanntes Schaublatt nicht oder nicht richtig aushändigt oder nicht dafür Sorge trägt, dass ein dort genannter Ausdruck erfolgen kann,
6. entgegen Artikel 11 Absatz 2 Buchstabe a Satz 1 des Anhangs ein Schaublatt oder eine Kopie nicht oder nicht mindestens ein Jahr aufbewahrt,
7. entgegen Artikel 11 Absatz 2 Buchstabe a Satz 3 des Anhangs ein Schaublatt nicht oder nicht rechtzeitig aushändigt,
8. entgegen Artikel 11 Absatz 2 Buchstabe b Ziffer ii des Anhangs nicht sicherstellt, dass alle Daten aus der Fahrzeugeinheit und der Fahrerkarte heruntergeladen werden oder mindestens zwölf Monate aufbewahrt werden und die Daten auf Verlangen zur Verfügung stehen,
9. entgegen Artikel 12 Absatz 8 Satz 1 des Anhangs eine Aufzeichnung auf dem Schaublatt, den Speicherinhalt des Kontrollgeräts oder der Fahrerkarte oder ein ausgedrucktes Dokument verfälscht, unterdrückt oder vernichtet oder
10. entgegen Artikel 13 Absatz 1 Unterabsatz 1 des Anhangs eine Reparatur nicht oder nicht rechtzeitig durchführen lässt.

(2) Ordnungswidrig im Sinne des § 8 Absatz 1 Nummer 2 Buchstabe b des Fahrpersonalgesetzes handelt, wer als Fahrer gegen das Europäische Übereinkommen über die Arbeit des im internationalen Straßenverkehr beschäftigten Fahrpersonals (AETR) verstößt, indem er vorsätzlich oder fahrlässig

1. entgegen Artikel 5 ein Fahrzeug führt, ohne das dort festgelegte Mindestalter erreicht zu haben oder ohne einer dort festgesetzten Anforderung zu entsprechen,
2. entgegen Artikel 6 Absatz 1 Satz 1, Absatz 2 oder Absatz 3, Artikel 7 Absatz 1 oder Artikel 8 Absatz 1, 2, 5, 6 oder 7 oder Artikel 8bis eine Lenkzeit, eine Unterbrechung oder eine Ruhezeit nicht einhält,

3. entgegen Artikel 6 Absatz 5 Satz 1 eine dort genannte Zeit nicht oder nicht richtig festhält,
4. entgegen Artikel 9 Satz 2 Art oder Grund einer Abweichung nicht, nicht richtig oder nicht rechtzeitig vermerkt,
5. entgegen Artikel 10 des Anhangs für das einwandfreie Funktionieren und die ordnungsgemäße Benutzung des Kontrollgerätes sowie der Fahrerkarte nicht sorgt,
6. entgegen Artikel 11 Absatz 1 Unterabsatz 2 des Anhangs nicht dafür Sorge trägt, dass ein dort genannter Ausdruck erfolgen kann,
7. entgegen Artikel 12 Absatz 1 Unterabsatz 1 Satz 1 oder Unterabsatz 2 des Anhangs ein angeschmutztes oder beschädigtes Schaublatt verwendet oder dem Reserveblatt das beschädigte Schaublatt nicht, nicht richtig oder nicht rechtzeitig beifügt,
8. entgegen Artikel 12 Absatz 2 Buchstabe a Satz 1 des Anhangs ein Schaublatt oder eine Fahrerkarte nicht oder nicht rechtzeitig benutzt,
9. entgegen Artikel 12 Absatz 2 Buchstabe a Satz 2 oder Satz 3 des Anhangs ein Schaublatt oder eine Fahrerkarte entnimmt oder über den dort genannten Zeitraum hinaus verwendet,
10. entgegen Artikel 12 Absatz 2 Buchstabe b oder Buchstabe c oder Absatz 5 Buchstabe e des Anhangs eine Eintragung oder eine Änderung nicht, nicht richtig, nicht vollständig, nicht in der vorgeschriebenen Weise oder nicht vor Fahrtantritt vornimmt,

10a. entgegen Artikel 12 Absatz 3 zweiter Gedankenstrich des Anhangs die Schaltvorrichtung nicht richtig betätigt,

10b. entgegen Artikel 12 Absatz 5 Buchstabe a bis c oder Buchstabe d des Anhangs eine dort genannte Angabe nicht, nicht richtig, nicht vollständig, nicht in der vorgeschriebenen Weise oder nicht rechtzeitig einträgt,

10c. entgegen Artikel 12 Absatz 5bis Satz 1 des Anhangs ein Symbol nicht richtig eingibt,

11. entgegen Artikel 12 Absatz 7 Buchstabe a oder Buchstabe b des Anhangs ein dort genanntes Schaublatt, eine Fahrerkarte oder einen dort genannten Ausdruck nicht oder nicht rechtzeitig vorlegt,

11a. entgegen Artikel 12 Absatz 8 Satz 1 des Anhangs eine Aufzeichnung auf dem Schaublatt, den Speicherinhalt des Kontrollgeräts oder der Fahrerkarte oder ein ausgedrucktes Dokument verfälscht, unterdrückt oder vernichtet,

12. entgegen Artikel 13 Absatz 2 Buchstabe a des Anhangs eine dort genannte Angabe nicht, nicht richtig, nicht vollständig, nicht in der vorgeschriebenen Weise oder nicht rechtzeitig vermerkt oder
13. entgegen Artikel 13 Absatz 2 Buchstabe b Ziffer i des Anhangs eine Angabe nicht, nicht richtig oder nicht rechtzeitig ausdruckt, den Ausdruck nicht oder nicht rechtzeitig mit der Unterschrift versieht oder eine Zeit nicht, nicht richtig oder nicht rechtzeitig einträgt.

(3) Ordnungswidrig im Sinne des § 8 Absatz 1 Nummer 4 Buchstabe b des Fahrpersonalgesetzes handelt, wer als Werkstattinhaber oder Installateur gegen das Europäische Übereinkommen über die Arbeit des im internationa-

len Straßenverkehr beschäftigten Fahrpersonals (AETR) verstößt, indem er vorsätzlich oder fahrlässig

1. entgegen Artikel 9 Absatz 1 Satz 1 des Anhangs ein Kontrollgerät einbaut oder repariert oder
2. entgegen Artikel 12 Absatz 8 Satz 1 des Anhangs eine Aufzeichnung auf dem Schaublatt, den Speicherinhalt des Kontrollgeräts oder der Fahrerkarte oder ein ausgedrucktes Dokument verfälscht, unterdrückt oder vernichtet.

§ 23[1] Zuwiderhandlungen gegen die Verordnung (EU) Nr. 165/ 2014. (1) Ordnungswidrig im Sinne des § 8 Absatz 1 Nummer 1 Buchstabe b des Fahrpersonalgesetzes handelt, wer als Unternehmer gegen die Verordnung (EU) Nr. 165/2014 des Europäischen Parlaments und des Rates vom 4. Februar 2014 über Fahrtenschreiber im Straßenverkehr, zur Aufhebung der Verordnung (EWG) Nr. 3821/85 des Rates über das Kontrollgerät im Straßenverkehr und zur Änderung der Verordnung (EG) Nr. 561/2006 des Europäischen Parlaments und des Rates zur Harmonisierung bestimmter Sozialvorschriften im Straßenverkehr (ABl. L 60 vom 28.2.2014, S. 1) verstößt, indem er vorsätzlich oder fahrlässig

1. entgegen Artikel 3 Absatz 1 einen Fahrtenschreiber nicht einbaut oder nicht benutzt,
2. entgegen Artikel 32 Absatz 1 für das einwandfreie Funktionieren des Fahrtenschreibers oder die ordnungsgemäße Benutzung des Fahrtenschreibers oder der Fahrerkarte oder des Schaublattes nicht sorgt,

2a. entgegen Artikel 32 Absatz 4 das Fahrzeug mit mehr als nur einem einzigen Fahrtenschreiber ausrüstet,

3. entgegen Artikel 33 Absatz 1 Unterabsatz 2 Satz 1 eine ausreichende Anzahl Schaublätter nicht aushändigt,
4. entgegen Artikel 33 Absatz 1 Unterabsatz 2 Satz 2 ein Schaublatt aushändigt, das sich für den eingebauten Fahrtenschreiber nicht eignet,
5. entgegen Artikel 33 Absatz 1 Unterabsatz 3 nicht dafür Sorge trägt, dass der dort genannte Ausdruck ordnungsgemäß erfolgen kann,

5a. entgegen Artikel 33 Absatz 2 Satz 1 ein Schaublatt oder einen Ausdruck nicht oder nicht in der vorgeschriebenen Weise aufbewahrt,

6. entgegen Artikel 33 Absatz 2 Satz 3 ein Schaublatt nicht oder nicht rechtzeitig vorlegt oder nicht oder nicht rechtzeitig aushändigt oder
7. entgegen Artikel 37 Absatz 1 Unterabsatz 1, auch in Verbindung mit Unterabsatz 2, eine Reparatur nicht, nicht richtig oder nicht rechtzeitig durchführen lässt.

---

[1] § 23 Abs. 1 einl. Satzteil und Nr. 6 geänd., Abs. 2 Nr. 6 eingef., bish. Nr. 6–13 werden Nr. 7–14, neue Nr. 11 neu gef., Abs. 4 angef. mWv 31.1.2008 durch VO v. 22.1.2008 (BGBl. I S. 54); Abs. 2 Nr. 8 neu gef., Nr. 9a eingef., Abs. 4 geänd. mWv 7.6.2013 durch VO v. 22.5.2013 (BGBl. I S. 1395); Abs. 2 Nr. 5 und Nr. 7–10 aufgeh. mWv 11.3.2015 durch VO v. 9.3.2015 (BGBl. I S. 243); Überschrift geänd., Abs. 1 einl. Satzteil und Nr. 2 neu gef., Nr. 1, 3–7 geänd., Nr. 2a und 5a eingef., Abs. 2 einl. Satzteil und Nr. 2 neu gef., Nr. 1 und 3 geänd., Nr. 4–12 eingef., bish. Nr. 4 wird Nr. 1a und geänd., bish. Nr. 6 wird Nr. 13 und geänd., bish. Nr. 11 wird Nr. 14 und geänd., bish. Nr. 12 wird Nr. 15 und geänd., bish. Nr. 13 wird aufgeh., bish. Nr. 14 wird Nr. 1b und geänd., Abs. 3 neu gef., Abs. 4 geänd., Abs. 5 angef. mWv 30.6.2016 durch VO v. 17.6.2016 (BGBl. I S. 1463).

(2) Ordnungswidrig im Sinne des § 8 Absatz 1 Nummer 2 Buchstabe b des Fahrpersonalgesetzes handelt, wer als Fahrer gegen die Verordnung (EU) Nr. 165/2014 verstößt, indem er vorsätzlich oder fahrlässig

1. entgegen Artikel 3 Absatz 1 einen Fahrtenschreiber nicht benutzt,

1a. entgegen Artikel 27 Absatz 2 eine andere Fahrerkarte, eine defekte Fahrerkarte oder eine Fahrerkarte, deren Gültigkeit abgelaufen ist, benutzt,

1b. entgegen Artikel 29 Absatz 5 die Fahrt ohne Fahrerkarte fortsetzt,

2. entgegen Artikel 32 Absatz 1 für das einwandfreie Funktionieren des Fahrtenschreibers oder die ordnungsgemäße Benutzung des Fahrtenschreibers oder der Fahrerkarte oder des Schaublattes nicht sorgt,

3. entgegen Artikel 33 Absatz 1 Unterabsatz 3 nicht dafür Sorge trägt, dass der dort genannte Ausdruck ordnungsgemäß erfolgen kann,

4. entgegen Artikel 34 Absatz 1 Satz 1 ein Schaublatt oder eine Fahrerkarte nicht oder nicht rechtzeitig benutzt,

5. entgegen Artikel 34 Absatz 1 Satz 2 ein Schaublatt oder eine Fahrerkarte entnimmt,

6. entgegen Artikel 34 Absatz 1 Satz 3 ein Schaublatt oder eine Fahrerkarte verwendet,

7. entgegen Artikel 34 Absatz 3 Unterabsatz 1, Absatz 4 Unterabsatz 2 oder Absatz 6 Buchstabe e eine Eintragung oder eine Änderung nicht, nicht richtig, nicht vollständig, nicht in der vorgeschriebenen Weise oder nicht vor Fahrtantritt vornimmt,

8. entgegen Artikel 34 Absatz 4 Unterabsatz 1 nicht sicherstellt, dass die Fahrerkarte im richtigen Steckplatz eingeschoben ist,

9. entgegen Artikel 34 Absatz 5 Buchstabe a nicht darauf achtet, dass die Zeitmarkierung mit der dort genannten Zeit übereinstimmt,

10. entgegen Artikel 34 Absatz 5 Buchstabe b die Schaltvorrichtung des Kontrollgeräts nicht, nicht richtig oder nicht zu Beginn der dort genannten Zeiten betätigt,

11. entgegen Artikel 34 Absatz 6 Buchstabe a bis c oder Buchstabe d eine dort genannte Angabe nicht, nicht richtig, nicht vollständig oder nicht rechtzeitig einträgt,

12. entgegen Artikel 34 Absatz 7 Unterabsatz 1 Satz 1 ein Symbol nicht, nicht richtig oder nicht rechtzeitig eingibt,

13. entgegen Artikel 35 Absatz 2 einen Ausdruck nicht oder nicht rechtzeitig fertigt oder eine dort genannte Angabe oder eine dort genannte Zeit nicht, nicht richtig, nicht vollständig oder nicht rechtzeitig einträgt oder eine Unterschrift nicht oder nicht rechtzeitig anbringt,

14. entgegen Artikel 36 Absatz 1 oder 2 ein Schaublatt, die Fahrerkarte, einen Ausdruck oder eine handschriftliche Aufzeichnung nicht oder nicht rechtzeitig vorlegt oder

15. entgegen Artikel 37 Absatz 2 eine dort genannte Angabe nicht, nicht richtig, nicht vollständig oder nicht für die vorgeschriebene Dauer vermerkt.

(3) Ordnungswidrig im Sinne des § 8 Absatz 1 Nummer 1 Buchstabe b, Nummer 4 Buchstabe b des Fahrpersonalgesetzes handelt, wer als Einbau-

betriebsinhaber, Werkstattinhaber oder Fahrzeughersteller vorsätzlich oder fahrlässig entgegen Artikel 22 Absatz 1 der Verordnung (EU) Nr. 165/2014 einen Fahrtenschreiber einbaut oder repariert.

(4) Ordnungswidrig im Sinne des § 8 Abs. 1 Nr. 1 Buchstabe b, Nr. 2 Buchstabe b oder Nr. 4 Buchstabe b des Fahrpersonalgesetzes handelt, wer als Unternehmer, Fahrer, Werkstattinhaber oder als Installateur vorsätzlich oder fahrlässig entgegen Artikel 32 Absatz 3 der Verordnung (EU) Nr. 165/2014 Aufzeichnungen auf dem Schaublatt verfälscht, verschleiert, unterdrückt oder vernichtet oder Speicherinhalte des Fahrtenschreibers oder der Fahrerkarte oder die ausgedruckten Dokumente von dem Fahrtenschreiber verfälscht, verschleiert, unterdrückt oder vernichtet oder eine Einrichtung hierfür im Fahrzeug bereithält.

(5) Ordnungswidrig im Sinne des § 8 Absatz 1 Nummer 4 Buchstabe b des Fahrpersonalgesetzes handelt, wer als Werkstattinhaber vorsätzlich oder fahrlässig entgegen Artikel 23 Absatz 4 Satz 1 der Verordnung (EU) Nr. 165/2014 die Nachprüfungsberichte ab der Erstellung nicht mindestens zwei Jahre lang aufbewahrt.

§§ 24–26 *(aufgehoben)*

Anlage 1[1)]
(zu § 1 Abs. 6)

1. Name, Vorname	2. Amtliches Kennzeichen	3. Tageskontrollblatt Nr.	4. Datum

	1	2	3	4	5	6	7	8	9	10	11	12
5. 🛏												
6. ⊗												
7. ⚒												

	13	14	15	16	17	18	19	20	21	22	23	24
5. 🛏												
6. ⊗												
7. ⚒												

8. Ort der Fahrtaufnahme	9. Ort der Fahrtbeendigung

				Stundenzahl
			5. 🛏	
10. Kilometerstand	bei Fahrtende	km	6. ⊗	
	bei Fahrtbeginn	km	7. ⚒	
Gesamtfahrstrecke:	....	km		
Bemerkungen und Unterschrift				

Erläuterungen: 5. = Ruhezeiten und Fahrtunterbrechungen
6. = Lenkzeiten
7. = Sonstige Arbeitszeiten einschließlich Bereitschaftszeiten

1) Anl. 1 geänd. mWv 31.1.2008 durch VO v. 22.1.2008 (BGBl. I S. 54); geänd. mWv 18.8.2017 durch VO v. 8.8.2017 (BGBl. I S. 3158).

Anlage 2[1)]
(zu § 3)

Digitales Tachographensystem im Straßenverkehr Policy für die Bundesrepublik Deutschland

Version 1.2 in der Fassung vom 18. April 2007

1 Einleitung

Dieses Dokument ist die Policy der Bundesrepublik Deutschland, im Folgenden kurz als die **D-MSA-Policy** bezeichnet, für den elektronischen Fahrtenschreiber gemäß VO (EG) 3821/85 und Anlage 11 des Anhangs I (B) der VO (EG) 2135/98 in Verbindung mit VO (EG) 1360/2002 (CSM_008).
Die D-MSA-Policy befindet sich im Einklang mit der

- Digital Tachograph System – European Root Policy (Version 2.0 Special Publication I.04.131)
- VO (EG) 3821/85
- VO (EG) 2135/98
- VO (EG) 1360/2002
- VO (EG) 561/2006
- „Common Security Guideline"[2)].

1.1 Zuständige Organisationen

Das Tachographen-System verfügt über folgende Organisation[3)]:

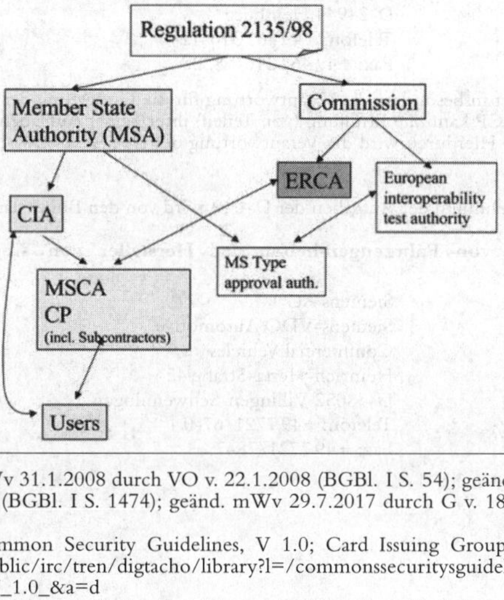

[1)] Anl. 2 neu gef. mWv 31.1.2008 durch VO v. 22.1.2008 (BGBl. I S. 54); geänd. mWv 8.9.2015 durch VO v. 31.8.2015 (BGBl. I S. 1474); geänd. mWv 29.7.2017 durch G v. 18.7.2017 (BGBl. I S. 2745).

[2)] **Amtl. Anm.:** Common Security Guidelines, V 1.0; Card Issuing Group SWG3: http://forum.europa.eu.int/Public/irc/tren/digtacho/library?l=/commonssecuritysguidelin/commonssecurityguideline1/_EN_1.0_&a=d

[3)] **Amtl. Anm.:** Guideline and Template National CA policy, V 1.0: http://forum.europa.eu.int/Public/irc/tren/digtacho/library?l=/commonssecuritysguidelin/tsncapolicysguidelinesv1/_EN_1.0_&a=d

D-MSA
Die für die Umsetzung der VO (EG) 3821/85, VO (EG) 2135/98 und VO (EG) 1360/2002 in Deutschland zuständige Stelle wird im Folgenden dem internationalen Sprachgebrauch folgend mit D-MSA (Deutschland-Member State Authority) bezeichnet und vom Bundesministerium für Verkehr und digitale Infrastruktur wahrgenommen. Offizieller Ansprechpartner ist:

Bundesministerium für Verkehr und digitale Infrastruktur
Referat S 36
Robert-Schuman-Platz 1
D-53175 Bonn
Telefon: +49 228 300-5365
Fax: +49 228 300-1470.

D-CA
Die D-MSA beauftragt das Kraftfahrt-Bundesamt (KBA) mit der Wahrnehmung der Aufgaben der D-CA

Kraftfahrt-Bundesamt
Leiter der D-CA
Fördestraße 16
D-24944 Flensburg
Telefon: +49 461 316-1610
Fax: +49 461 316-1767.

D-CP
Die D-MSA beauftragt das Kraftfahrt-Bundesamt (KBA) mit der Wahrnehmung der Aufgaben des D-CP

Kraftfahrt-Bundesamt
Personalisierungsstelle
Fördestraße 16
D-24944 Flensburg
Telefon: +49 461 316-1240
Fax: +49 461 316-1822.

Dazu gehört insbesondere die Verantwortung für die Umsetzung der D-MSA-Policy. Die D-CA/der D-CP kann die Erfüllung (von Teilen) ihrer/seiner Aufgaben externen Dienstleistern übertragen. Hierdurch wird die Verantwortung der D-CA/des D-CP in keiner Weise eingeschränkt.

D-CIA
Die Wahrnehmung der Aufgaben der D-CIA wird von den Bundesländern jeweils individuell bestimmt.

Hersteller von Fahrzeugeinheiten und **Hersteller von Weg-/Geschwindigkeitsgebern:**

Siemens AG
Siemens-VDO Automotive
Commercial Vehicles
Heinrich-Hertz-Straße 45
D-78052 Villingen-Schwenningen
Telefon: +49 7721/67-0
Fax: +49 7721/7847.

1.2 Genehmigung

Die D-MSA-Policy wurde von der D-MSA bei der EU-Kommission zur Genehmigung vorgelegt und durch

European Commission
Directorate General JRC
Joint Research Centre
Institute for the Protection and Security of the Citizen
Traceability and Vulnerability Assessment Unit
TP 361
I-21020 Ispra (Va)
Italy

am 3. Juli 2007 genehmigt[1].

1.3 Verfügbarkeit und Kontakt-Details

Die D-MSA-Policy steht in elektronischer Form auf der Web-Seite http://www.kba.de zur Verfügung.
Fragen und Kontakt-Details zu dieser nationalen MSA-Policy sind zu richten an:

Bundesministerium für Verkehr und digitale Infrastruktur
Referat S 36
Robert-Schuman-Platz 1
D-53175 Bonn
Telefon: +49 228 300-5365
Fax: +49 228 300-1470.

2 Geltungsbereich

[r2.1]
Die Gültigkeit der D-MSA-Policy erstreckt sich ausschließlich auf die Wahrnehmung der Aufgaben im Rahmen der VO (EG) 3821/85, VO (EG) 2135/98 und VO (EG) 1360/2002.

[r2.2]
D-MSA und D-CA stellen im Rahmen ihrer jeweiligen Zuständigkeiten und der jeweils geltenden Rechtsvorschriften sicher, dass die von der D-CA erstellten Zertifikate und Schlüssel nur für die in der VO (EG) 3821/85, VO (EG) 2135/98 und VO (EG) 1360/2002 definierten Zwecke im Rahmen ihrer individuellen Zuständigkeiten und den relevanten gültigen Regelungen eingesetzt werden.

[r2.3]
Der Geltungsbereich der vorliegenden D-MSA-Policy ist in folgender Übersicht fett markiert[2]:

---

[1] **Amtl. Anm.:** Die D-MSA-Policy wurde in deutscher Sprache erstellt und ins Englische übersetzt, um sie bei der ERCA vorzulegen. Die deutsche Version ist die rechtsverbindliche.
[2] **Amtl. Anm.:** Vgl. Digital Tachograph System European Root Policy, V 2.0.

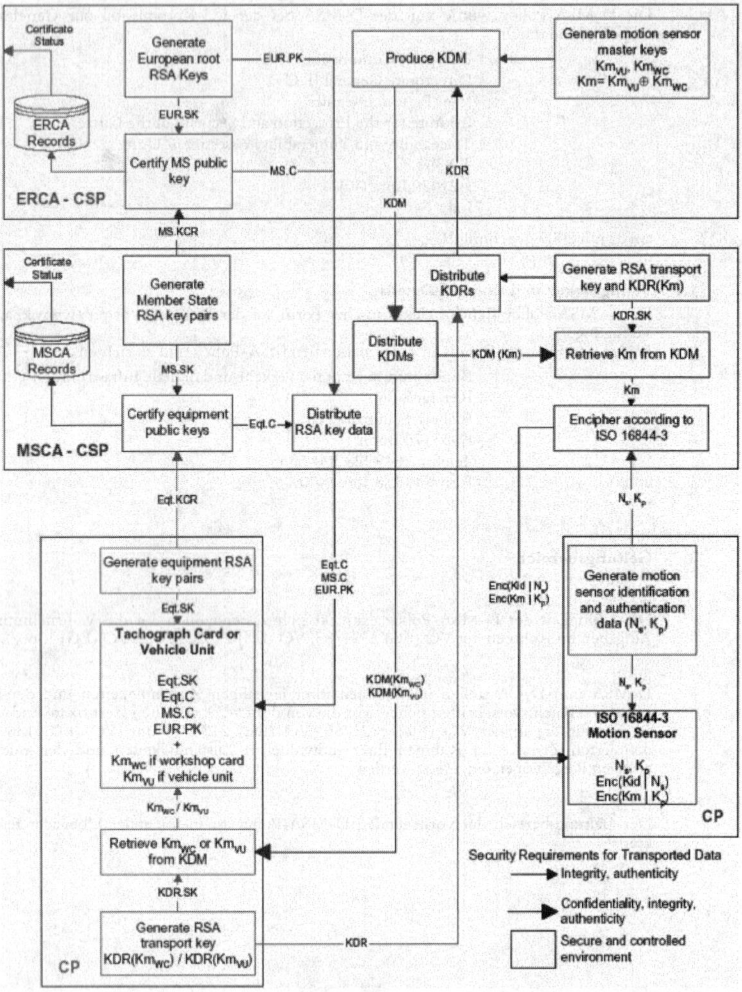

Figure 1 Description of Annex I(B) key management

3 Allgemeine Regelungen

3.1 Aufgaben und Verpflichtungen

Dieser Abschnitt beschreibt Aufgaben und Verpflichtungen der an der Umsetzung der VO (EG) 3821/85, VO (EG) 2135/98 und VO (EG) 1360/2002 beteiligten Stellen, soweit diese den Gültigkeitsbereich der D-MSA-Policy betreffen.

[r3.1]
Die **D-MSA**:

a) nimmt ihre Aufgaben in Abstimmung mit den Ländern wahr,

b) ist zuständig für die Erstellung und Aktualisierung der D-MSA-Policy und veranlasst deren Genehmigung durch die Kommission,

c) ernennt die D-CA und gibt diese Ernennung der Generaldirektion für Verkehr und Energie der Europäischen Union (DG TREN) bekannt,

d) ernennt den D-CP oder lagert diese Aufgabe an einen externen Dienstleister aus,

e) kann Überprüfungen der D-CA, der D-CP, der D-CIA, der Hersteller und weiterer externer Dienstleister durchführen oder veranlassen, wenn dies erforderlich ist,

f) stellt sicher oder veranlasst, dass die D-CA alle für ihre Tätigkeit benötigten Informationen in korrekter Weise erhält,

g) genehmigt das Practice Statement (PS) der D-CA, des D-CP, der Hersteller von Fahrzeugeinheiten und der Hersteller von Weg-/Geschwindigkeitsgebern und ggf. das PS weiterer externer Dienstleister,

h) stellt sicher oder veranlasst, dass die D-MSA-Policy den beteiligten Stellen zur Verfügung gestellt wird,

i) informiert unverzüglich die ERCA oder eine ihrer autorisierten Stellen über alle sicherheitsrelevanten Vorfälle bei der Produktion, Personalisierung und beim Einsatz ihrer Geräte sowie der in diese eingebrachten Schlüssel und Zertifikate.

[r3.2]
Die **D-CA**:

a) führt in ihrem Betrieb die Anforderungen der VO (EG) 3821/85, VO (EG) 2135/98 und VO (EG) 1360/2002, aller hierfür relevanten Rechtsvorschriften, der Root-Policy und dieser D-MSA-Policy aus,

b) erstellt ein PS, in dem mindestens die Art der Umsetzung der D-MSA-Policy, der Root-Policy und der gesetzlichen Regelungen erläutert wird,

c) hält die zur ordnungsgemäßen Erfüllung ihrer Aufgabe notwendigen personellen und materiellen Ressourcen bereit,

d) trägt die Verantwortung für die ordnungsgemäße Durchführung ihrer Aufgaben auch dann, wenn sie diese oder Teile davon an externe Dienstleister auslagert. In diesem Fall hat sie sicherzustellen, dass diese in ihrem Betrieb die relevanten Anforderungen der D-MSA-Policy und des PS einhalten,

e) informiert unverzüglich die D-MSA oder eine ihrer autorisierten Stellen und ggf. die ERCA über alle sicherheitsrelevanten Vorfälle bei der Produktion, Personalisierung und beim Einsatz ihrer Geräte sowie der in diese eingebrachten Schlüssel und Zertifikate.

[r3.3]
Die **D-CIA**:

a) prüft, ob alle erforderlichen Dokumente vorgelegt wurden,

b) prüft, ob alle Voraussetzungen für die Ausgabe einer Kontrollgerätkarte nach den VO (EG) 3821/85, VO (EG) 2135/98 und VO (EG) 1360/2002, aller hierfür relevanten Rechtsvorschriften, der Root-Policy und dieser D-MSA-Policy gegeben sind,

c) prüft vor der Bestellung einer Kontrollgerätkarte, ob dem Antragsteller bereits in einem anderen EU-Mitgliedstaat eine Kontrollgerätkarte ausgestellt wurde,

d) stellt sicher, dass die Antragsdaten korrekt in Übereinstimmung mit den vorgelegten Dokumenten und entsprechend den Anforderungen des D-CP und dieser Policy an den D-CP geliefert werden,

e) informiert in geeigneter Weise alle Nutzer über die Anforderung dieser Policy,

f) stellt sicher, dass die PIN der Werkstattkarte nur an die Person ausgeliefert wird, für die die Werkstattkarte ausgestellt wurde,

g) informiert unverzüglich die D-MSA und die D-CA oder eine ihrer autorisierten Stellen über alle sicherheitsrelevanten Vorfälle.

[r3.4]
Der **D-CP**:

a) erfüllt in seinem Betrieb die Anforderungen der VO (EG) 3821/85, VO (EG) 2135/98 und VO (EG) 1360/2002, aller hierfür relevanten sonstigen Rechtsvorschriften, der Root-Policy und dieser D-MSA-Policy,

b) schließt – sofern es sich bei diesem um einen externen Dienstleister handelt – einen Vertrag mit der D-MSA ab, in dem er die Erfüllung seiner Verpflichtungen nach Buchstabe a verbindlich zusagt,

c) erstellt ein PS, in dem mindestens die Art der Umsetzung der D-MSA-Policy, der Root-Policy und der gesetzlichen Regelungen erläutert wird,

d) weist der D-MSA gegenüber die konkrete Umsetzung seiner Verpflichtungen im laufenden Betrieb in geeigneter Weise nach,

e) gestattet der D-MSA oder einer von ihr beauftragten Stelle, die praktische Umsetzung seiner Verpflichtungen zu überprüfen,

f) informiert unverzüglich die D-CA oder eine ihrer autorisierten Stellen über alle sicherheitsrelevanten Vorfälle bei der Produktion, Personalisierung und beim Einsatz ihrer Geräte sowie der in diese eingebrachten Schlüssel und Zertifikate.

[r3.5]
Der **Karteninhaber/Antragsteller** ist verpflichtet:

a) wahrheitsgemäße Angaben über die Antragsdaten zu machen,

b) bei Antragstellung wahrheitsgemäße Angaben über vorhandene Karten und Kartenarten zu machen,

c) auf geeignete Weise sicherzustellen, dass seine Karte nur für den vorgesehenen Zweck benutzt wird und Missbrauch, insbesondere durch Dritte, verhindert wird,

d) sicherzustellen, dass er nur in Besitz einer einzigen, gültigen Fahrerkarte ist,

e) beschädigte und abgelaufene Karten nicht zu verwenden,

f) Verlust, Diebstahl, Beschädigung oder Missbrauch der Karte bzw. des jeweiligen privaten Schlüssels oder den Verdacht darauf der jeweils zuständigen Stelle zu melden.

[r3.6]
Hersteller von Fahrzeugeinheiten und **Hersteller von Weg-/Geschwindigkeitsgebern** stellen insbesondere sicher, dass sie

a) die für sie relevanten Anforderungen der VO (EG) 3821/85, VO (EG) 2135/98 und VO (EG) 1360/2002, aller hierfür relevanten sonstigen Gesetze und Rechtsverordnungen, insbesondere dieser D-MSA-Policy einhalten, nach bestem Wissen und dem jeweils aktuellen Stand der Technik,

    aa) dass die in die von ihnen hergestellten Geräte einzubringenden oder eingebrachten Schlüssel und Zertifikate nur für deren ordnungsgemäße Zwecke im Rahmen der VO (EG) 3821/85, VO (EG) 2135/98 und VO (EG) 1360/2002 genutzt werden können,

    ab) Vorkehrungen treffen, die Geheimhaltung der privaten Schlüssel bzw. geheimen Schlüssel während des gesamten Produktionsprozesses und während der gesamten Nutzungsdauer der Geräte zu gewährleisten,

b) der D-MSA alle ggf. mit der Wahrnehmung von wesentlichen Aufgaben im Zusammenhang mit der Produktion und der Personalisierung ihrer Geräte beauftragten externen Dienstleister nennen und diese zur Einhaltung der entsprechenden Anforderungen verpflichten. Sofern der Hersteller Aufgaben an Dritte weitergibt, bleiben seine Rechte und Pflichten davon unberührt,

c) ein PS erstellen, in dem mindestens die Art der Umsetzung der D-MSA-Policy, der Root-Policy und der gesetzlichen Regelungen erläutert wird,

d) der D-MSA oder einer von ihr autorisierten Stelle unverzüglich alle ihnen bekannt gewordenen sicherheitsrelevanten Vorfälle im Zusammenhang mit der Produktion, Personalisierung und Nutzung ihrer Geräte sowie der in diese eingebrachten Schlüssel und Zertifikate mitteilen,

e) der D-MSA oder einer von ihr beauftragten Stelle gestattet, die praktische Umsetzung seiner Verpflichtungen zu überprüfen,

f) sich einem Prozess zur Aufrechterhaltung der Vertrauenswürdigkeit der IT-Sicherheitszertifikate nach dem BSI Zertifizierungsschema zu unterziehen. Dies beinhaltet die Überwachung der zertifizierten Produkte auf einer regelmäßigen Basis (1 Jahr) betreffend die Resistenz gegen relevante Bedrohungen in Übereinstimmung mit den Sicherheitszielen. Das BSI unterrichtet die D-MSA über die Ergebnisse.

[r3.7]
Hersteller von Kontrollgerätkarten oder Lieferanten – soweit sie IT-Sicherheitszertifikate erhalten haben – müssen sich für das Composite-Smartcard-Produkt einem Prozess zur Aufrechterhaltung der Vertrauenswürdigkeit der IT-Sicherheitszertifikate nach dem BSI Zertifizierungsschema unterziehen. Dies beinhaltet die Überwachung der zertifizierten Composite-Smartcard-Produkte auf einer regelmäßigen Basis (1 Jahr) betreffend die Resistenz gegen relevante Bedrohungen in Übereinstimmung mit den Sicherheitszielen. Das BSI unterrichtet die D-MSA über die Ergebnisse.

3.2 Besondere Rechtsvorschriften

Die D-CA/D-CP und die ggf. von ihr beauftragten externen Dienstleister erfüllen ihre Aufgaben im Einklang mit geltendem Recht, insbesondere mit der VO (EG) 3821/85, VO (EG) 2135/98 und VO (EG) 1360/2002 und den zum Zwecke ihrer Umsetzung erlassenen nationalen Rechtsvorschriften.
Die in diesem Abschnitt genannten Rechtsvorschriften erheben keinen Anspruch auf Vollständigkeit.

[r3.8]
Datenschutz
Die D-CA/D-CP stellt sicher, dass im Rahmen ihres Einflussbereichs die Vorschriften des Bundesdatenschutzgesetzes und entsprechender weiterer datenschutzrechtlicher Vorschriften für den Umgang mit personenbezogenen Daten eingehalten werden.

[r3.9]
Elektronische Signaturen
Die bei der D-CA produzierten Zertifikate dienen zur Verifizierung von elektronischen Signaturen im Sinne des Artikels 3 Nummer 10 der Verordnung (EU) Nr. 910/2014 des Europäischen Parlaments und des Rates vom 23. Juli 2014 über elektronische Identifizierung und Vertrauensdienste für elektronische Transaktionen im Binnenmarkt und zur Aufhebung der Richtlinie 1999/93/EG (ABl. L 257 vom 28.8.2014, S. 73). Die Zertifikate sind nicht qualifizierte Zertifikate im Sinne des Artikels 3 Nummer 15 der Verordnung (EU) Nr. 910/2014. Die D-CA stellt sicher, dass sie und die von ihr beauftragten externen Dienstleister die hieraus resultierenden Anforderungen (§ 8 des Vertrauensdienstegesetzes) einhalten.

4 Practice Statement (PS)

[r4.1]
Die D-CA, der D-CP, die Hersteller von Fahrzeugeinheiten und die Hersteller von Weg-/Geschwindigkeitsgebern erstellen und pflegen ein PS, in dem in Form von konkret umzusetzenden Maßnahmen dargestellt wird, wie die Einhaltung dieser D-MSA-Policy, der Root-Policy und der für ihre Tätigkeit relevanten gesetzlichen Regelungen im Betrieb gewährleistet ist. Dieses PS enthält eine tabellarische Übersicht, aus der ersichtlich wird, wo die Anforderungen dieser Policy im PS umgesetzt werden.

[r4.2]
Das PS muss alle externen Dienstleister und ihre konkreten Aufgaben benennen sowie darlegen, welche der an die D-CA, den D-CP, die Hersteller von Fahrzeugeinheiten und die Hersteller von Weg-/Geschwindigkeitsgebern zu stellenden Anforderungen von diesen Dienstleistern einzuhalten sind.

[r4.3]
Das PS muss darlegen, wie die D-CA, der D-CP, die Hersteller von Fahrzeugeinheiten und die Hersteller von Weg-/Geschwindigkeitsgebern ihren Informationspflichten nachkommen.

[r4.4]
Im PS muss ein Revisionsprozess beschrieben sein, der sicherstellt, dass das PS stets dem aktuellen Stand der Gesetzgebung, der Technik und den aktuellen Gegebenheiten bei der D-CA, der D-CP, den Herstellern von Fahrzeugeinheiten und den Herstellern von Weg-/Geschwindigkeitsgebern und ihren externen Dienstleistern entspricht.

[r4.5]
Die D-CA, der D-CP, die Hersteller von Fahrzeugeinheiten und die Hersteller von Weg-/Geschwindigkeitsgebern legen der D-MSA ihr PS zur Genehmigung vor. Wesentliche Änderungen des PS bedürften ebenfalls der Genehmigung der D-MSA. Die D-CA, der D-CP, die Hersteller von Fahrzeugeinheiten und die Hersteller von Weg-/Geschwindigkeitsgebern stellen sicher, dass die D-MSA stets über die aktuelle Version des PS verfügt.

[r4.6]
Das PS enthält eine genaue Auflistung von Ereignissen, die als Verdacht auf Schlüsselkompromittierung angesehen werden. Diese Auflistung ist vertraulich zu behandeln.
Auf die Erstellung von einzelnen Practice-Statements durch die D-CIAs wird wegen der Anzahl von über 600 D-CIAs verzichtet. Entsprechende ergänzende Regelungen für die D-CIAs wurden in die Abschnitte 3 und 5 dieser D-MSA-Policy aufgenommen.

5 Karten- und Gerätemanagement

[r5.1]
Die D-CA stellt nach den Vorgaben der D-MSA und gemeinsam mit dieser innerhalb ihres Einflussbereichs sicher, dass die von ihr produzierten Zertifikate und die von ihr ausgelieferten geheimen Schlüssel entsprechend ihrem Verwendungszweck nur in Kontrollgerätkarten und Kontrollgeräte eingebracht und eingesetzt werden, die den Anforderungen der VO (EG) 3821/85, VO (EG) 2135/98 und VO (EG) 1360/2002 genügen.

[r5.2]
Die D-CA verweigert die Auslieferung von Schlüsseln und Zertifikaten, wenn die Gefahr eines Missbrauchs von Schlüsseln und Zertifikaten vorliegt.

[r5.3]
Die D-CIA gewährleistet die Einhaltung des von der D-MSA entsprechend den Vorgaben der VO (EG) 3821/85, VO (EG) 2135/98 und VO (EG) 1360/2002 definierten Antrags- und Auslieferungsverfahrens für Kontrollgerätkarten.

[r5.4]
Die D-CIA stellt innerhalb ihres Einflussbereiches sicher, dass die Ausstellung von Ersatzkarten und die Kartenerneuerung nur unter den in der VO (EG) 3821/85, VO (EG) 2135/98 und VO (EG) 1360/2002 genannten Voraussetzungen erfolgt und dass die dafür vorgeschriebenen Fristen eingehalten werden können.

[r5.5]
Der D-CP stellt sicher, dass die Kontrollgerätkarten logisch entsprechend der Vorgaben der VO (EG) 3821/85, VO (EG) 2135/98 und VO (EG) 1360/2002 personalisiert werden. Dabei ist insbesondere die Integrität der aufgebrachten Daten zu wahren.

[r5.6]
Die D-CA, der D-CP und die Hersteller stellen innerhalb ihres jeweiligen Einflussbereiches sicher, dass private und geheime Schlüssel in einer gesicherten Produktionsumgebung aufbewahrt und eingesetzt werden.

[r5.7]
Die D-CIA stellt dem zentralen Register beim KBA die relevanten Daten zur Verfügung, damit nachvollzogen werden kann, welche Karte welchem Inhaber/Nutzer ausgestellt wurde.

[r5.8]
Die D-CIA stellt sicher, dass personalisierte Karten innerhalb der durch die VO (EG) 3821/85, VO (EG) 2135/98 und VO (EG) 1360/2002 vorgegebenen Fristen sicher und nachvollziehbar an ihre Inhaber/Nutzer ausgeliefert werden. Voraussetzung für die Ausstellung einer personalisierten Karte an einen Inhaber/Nutzer ist, dass dieser entweder bei Antragstellung und/oder bei Kartenübergabe persönlich identifiziert wurde. Sofern Karten nicht auf eine natürliche Person ausgestellt werden, muss der Antragsteller und der Empfänger der Karten eine ausreichende Legitimation nachweisen können.

[r5.9]
Der D-CP stellt sicher, dass Werkstattkarten mit einer PIN gemäß den Vorgaben der VO (EG) 3821/85, VO (EG) 2135/98 und VO (EG) 1360/2002 ausgestattet werden.

[r5.10]
Die Generierung der PIN erfolgt in einem gegen unautorisierte Zugriffe abgesicherten System. Dieses System verhindert, dass nachträglich eine Zuordnung von PIN und Werkstattkarte erfolgen kann. Die PIN wird nach ihrer Generierung auf einem angeschlossenen Drucker ausgedruckt, in einem Briefumschlag (PIN-Brief) verschlossen und nur an die Person ausgeliefert, für die die Werkstattkarte ausgestellt wurde.
Das zur PIN-Generierung und PIN-Brieferstellung benutzte System muss zumindest die Anforderungen von ITSEC E3, Common Criteria EAL 4, FIPS 140-2 (oder 140-1) Level 3 oder höher [FIPS] oder einem äquivalenten IT-Sicherheitskriterienwerk erfüllen oder nachweislich durch andere Maßnahmen eine gleichwertige Sicherheit gewährleisten.

[r5.11]
Die Versendung der PIN-Briefe muss getrennt von den personalisierten Karten erfolgen. Sie kann auf normalem Postweg erfolgen.

[r5.12]
Die Rekonstruktion einer PIN ist auszuschließen.

6 Schlüsselmanagement in der D-CA

Dieser Abschnitt enthält Anforderungen für den Umgang der D-CA mit folgendem Schlüsselmaterial (in Klammern die in der VO (EG) 3821/85, VO (EG) 2135/98 und VO (EG) 1360/2002 ggf. hierfür verwendeten Kürzel):

- der öffentliche Schlüssel der Root-CA (EUR.PK),
- das Schlüsselpaar der D-CA (MS.SK, MS.PK),
- symmetrische Schlüssel für Weg-/Geschwindigkeitsgeber (Km, Kmwc, Kmvu),
- ggf. Transportschlüssel zur Kommunikation mit der Root-CA und
- ggf. eigene Transportschlüssel der D-CA.

Die D-CA stellt die Vertraulichkeit und Integrität aller bei ihr erzeugten, verwendeten und/oder gespeicherten nichtöffentlicher Schlüssel sicher und verhindert wirksam jeglichen Missbrauch dieser Schlüssel. Hierzu hat sie besonders geeignete technische Systeme einzusetzen, die eine der folgenden Anforderungen erfüllen:

- FIPS 140-2 (oder 140-1); Level 3 oder höher [FIPS],
- CEN Workshop Agreement 14176-2 [CEN],
- Zertifizierung nach EAL 4 oder höher [CC] in Verbindung mit ISO 15408 [CC] oder E3 oder höher [ITSEC] auf der Grundlage eines Schutzprofils oder von Sicherheitsvorgaben („security targets"), die die Anforderungen dieser D-MSA-Policy – basierend auf einer

umfassenden Risikoanalyse – auch infrastrukturelle und nichttechnische Sicherheitsmaßnahmen erfasst,

- äquivalente Sicherheitskriterien, die nachweislich eine gleichwertige Sicherheit gewährleisten.

Ebenso ist aufzuzeigen, dass diese Systeme bei der D-CA in einer ausreichend sicheren Betriebsumgebung eingesetzt werden.

6.1 Öffentlicher Schlüssel der Root-CA (EUR.PK)

[r6.1]
Die D-CA stellt sicher, dass in ihrem laufenden Betrieb Integrität und Verfügbarkeit des Schlüssels EUR.PK sichergestellt sind.

[r6.2]
Der D-CP und die Hersteller stellen sicher, dass EUR.PK in alle Kontrollgerätkarten und Fahrzeugeinheiten in ihrem Einflussbereich eingebracht werden.

6.2 Schlüsselpaar der D-CA (MS.SK, MS.PK)

[r6.3]
Die D-CA muss verschiedene Mitgliedstaatenschlüsselpaare für die Produktion von Zertifikaten für Fahrzeugeinheiten (unbegrenzte Gültigkeit) und öffentlichen Schlüssel-Zertifikaten für Kontrollgerätkarten (begrenzte Gültigkeit) besitzen.

[r6.4]
Die D-CA stellt sicher, dass MS.SK ausschließlich zur Erstellung von Zertifikaten für Kontrollgerätkarten, Fahrzeugeinheiten und für die Produktion des ERCA-Zertifikatsantrags (KCR) verwendet wird. Dies beinhaltet insbesondere die Geheimhaltung des privaten Schlüssels MS.SK.

[r6.5]
Die Erzeugung des D-CA-Schlüsselpaars darf nur bei aktiver Mitwirkung von mindestens drei unterschiedlichen Personen innerhalb der D-CA erfolgen. Eine dieser Personen muss die Rolle des CA-Administrators einnehmen, die beiden anderen müssen jeweils eine andere der in dieser D-MSA-Policy beschriebenen Rollen wahrnehmen.

[r6.6]
Die D-CA sollte – im Rahmen der Vorgaben der Root-Policy – eine angemessene Anzahl von Ersatz-Schlüsselpaaren mit den zugehörigen Zertifikaten vorhalten, um bei Nichtverfügbarkeit des aktuellen Schlüssels einen schnellen Schlüsselwechsel auch ohne aktive Mitwirkung der Root-CA durchführen zu können. Sollten mehrere aktuelle Schlüsselpaare vorliegen, stellt die D-CA sicher, dass stets der richtige Schlüssel verwendet wird.

[r6.7]
Jeder private Schlüssel MS.SK darf höchstens zwei Jahre eingesetzt werden. Nach Ende seiner Verwendungsdauer ist er von der D-CA so zu vernichten, dass ein künftiger Gebrauch oder Missbrauch ausgeschlossen ist.

[r6.8]
Die Gültigkeitsdauer der öffentlichen Mitgliedstaatenschlüssel MS.PK ist unbegrenzt.

[r6.9]
Die D-CA hat den privaten Schlüssel und alle Ersatzschlüssel durch technisch-organisatorische Maßnahmen wirksam vor Missbrauch, Veränderung und unbefugter Kenntnisnahme zu schützen.

[r6.10]
Die D-CA verhindert durch technisch-organisatorische Maßnahmen wirkungsvoll, dass ein Zugriff auf MS.SK durch eine einzelne Person allein erfolgen kann („4-Augen-Prinzip").

[r6.11]
Es findet keine Schlüsselhinterlegung von MS.SK statt, d.h. einschließlich Geräteschlüssel.

[r6.12]
Das PS der D-CA soll eine explizite Vorgehensweise für den Fall enthalten, dass eine Kompromittierung von MS.SK stattgefunden hat oder der begründete Verdacht dazu besteht. Diese Vorgehensweise soll auch Anweisungen an externe Dienstleister und Informationen an Kartenbesitzer und Gerätehersteller enthalten.

Im Falle, dass die Schlüssel EUR.SK, MS.SK, Km, KmWC, KmVU kompromittiert wurden oder der begründete Verdacht dazu besteht, sind die D-MSA und die Root-CA unverzüglich zu informieren.

In anderen Fällen von Schlüsselkompromittierung oder des begründeten Verdachts der Schlüsselkompromittierung sind geeignete Maßnahmen zu ergreifen und die betroffenen Institutionen zu informieren.

[r6.13]
Die D-CA stellt in Kooperation mit der Root-CA sicher, dass sie zu jedem Zeitpunkt über ein gültiges Schlüsselpaar (MS.SK, MS.PK) mit zugehörigem Zertifikat verfügt.

[r6.14]
Die D-CA reicht die öffentlichen Mitgliedstaatenschlüssel zur Zertifikation bei der ERCA ein in Form des Zertifikatsantrags (KCR), wie in Anhang A der Digital Tachograph System European Root Policy beschrieben.

[r6.15]
Die D-CA erkennt den öffentlichen ERCA-Schlüssel in dem in Anhang B der Digital Tachograph System European Root Policy beschriebenen Auslieferungsformat an.

[r6.16]
Die D-CA verwendet für den Schlüssel- und Zertifikatetransport die physikalischen Medien, die im Anhang C der Digital Tachograph System European Root Policy beschrieben sind.

6.3 Symmetrische Schlüssel für Werkstattkarten und Weg-/Geschwindigkeitsgeber (Km, KmWC, KmVU)

[r6.17]
Die D-CA fordert bei Bedarf von der Root-CA die Weg-/Geschwindigkeitsgeber-Schlüssel Km, KmWC, KmVU an. Für Anforderung und Auslieferung dieser Schlüssel zwischen Root-CA und D-CA sind die Bestimmungen der Root-CA einzuhalten.

[r6.18]
Die D-CA stellt durch geeignete Maßnahmen sicher, dass die Schlüssel KmWC und KmVU nur an die hierfür vorgesehenen Empfänger weitergegeben werden und sichert diese Weitergabe durch geeignete Maßnahmen. Die D-MSA überwacht die Sicherheitsmaßnahmen der D-CA. Die D-CA stellt sicher, dass der Schlüssel Km nicht weitergegeben wird.

[r6.19]
Im Falle, dass eine Kompromittierung eines der Schlüssel KmWC oder KMVU oder insbesondere von Km stattgefunden hat oder dass der begründete Verdacht hierauf vorliegt, informiert die D-CA unverzüglich die D-MSA und die Root-CA von diesem Sachverhalt.

[r6.20]
Die D-CA fordert die Weg-/Geschwindigkeitsgeber-Schlüssel unter Verwendung des Protokolls der Schlüsselauslieferungsanforderung (KDR), beschrieben in Anhang D der ERCA-Policy, bei der ERCA an.

6.4 Transportschlüssel der Root-CA

[r6.21]
Für den Fall, dass die Root-CA der D-CA zur Absicherung der gegenseitigen Kommunikation kryptographische Schlüssel zur Verfügung stellt, so ist deren Vertraulichkeit und Integrität von der D-CA wirksam zu schützen sowie jeglicher Missbrauch wirksam zu verhindern.

6.5 Eigene Transportschlüssel der D-CA

[r6.22]
Für den Fall, dass die D-CA ihren Kommunikationspartnern (etwa Personalisierer, Gerätehersteller ...) zur Absicherung der gegenseitigen Kommunikation kryptographische Schlüssel zur Verfügung stellt, so ist deren Vertraulichkeit und Integrität von der D-CA wirksam zu schützen sowie jeglicher Missbrauch wirksam zu verhindern.
Die D-CA verpflichtet ihre Kommunikationspartner dazu, in deren Einflussbereich gleichwertige Sicherheitsvorkehrungen zum Schutz der Schlüssel zu treffen.

7 Schlüsselmanagement asymmetrischer Karten- und Geräteschlüssel
Dieser Abschnitt enthält Anforderungen für die Erzeugung und den Umgang mit asymmetrischen kryptographischen Schlüsseln für Kontrollkarten und Kontrollgeräte und die zugehörigen Zertifikate. Anforderungen für die symmetrischen Schlüssel Km, Km_{WC}, Km_{VU} finden sich in Abschnitt 6.3.

7.1 Allgemeine Anforderungen, Protokollierung

[r7.1]
D-MSA, D-CA, D-CP und Hersteller stellen innerhalb ihres Einflussbereichs sicher, dass Initialisierung, Beschlüsselung und Personalisierung der Karten und Kontrollgeräte in besonders abgesicherten Produktionsumgebungen erfolgen. Der Zutritt zu diesen Bereichen muss wirksam beschränkt und kontrollierbar sein. Die Administration der entsprechenden Systeme muss die Anwesenheit von mindestens zwei gemäß Rollenkonzept verantwortlichen Personen erfordern.
Jeder Zutritt zu den Systemen, jeder Zugriff auf die Systeme sowie alle von den Systemen vorgenommenen Aktionen müssen revisionssicher so protokolliert werden, dass die Verfügbarkeit und Integrität der Protokollierung auch im Falle einer Schlüsselkompromittierung sichergestellt ist.

[r7.2]
D-MSA, D-CA, D-CP und Hersteller stellen innerhalb ihres Einflussbereiches sicher, dass bei der Initialisierung, Beschlüsselung und Personalisierung der Karten und Kontrollgeräte sicherheitskritische Informationen wie private Schlüssel u. Ä. entsprechend der Anforderungen der VO (EG) 3821/85, VO (EG) 2135/98 und VO (EG) 1360/2002 und der D-MSA-Policy geschützt werden.

[r7.3]
Die D-MSA verpflichtet etwaige externe Dienstleister dazu, die übernommenen Aufgaben vollständig getrennt von ihren sonstigen Tätigkeiten wahrzunehmen. Dies gilt insbesondere dann, wenn der Dienstleister auch für die CAs anderer Mitgliedstaaten Aufgaben übernimmt.
Die D-MSA verpflichtet etwaige externe Dienstleister dazu, ihre Tätigkeit gemäß [r7.1] revisionssicher zu protokollieren und der D-MSA auf Anforderung Einblick in die Protokollierung zu gestatten.

[r7.4]
Die bei der Personalisierung von Karten und Kontrollgeräten aufgenommenen Protokollierungen müssen eine Zuordnung der jeweiligen Aktion zur zugehörigen Karten-/Gerätenummer und zum zugehörigen Zertifikat erlauben.

7.2 Schlüsselerzeugung

[r7.5]
D-MSA, D-CA, D-CP und Hersteller stellen innerhalb ihres Einflussbereiches sicher, dass die Erzeugung der Schlüssel in einer besonders abgesicherten Produktionsumgebung erfolgt, die insbesondere die Geheimhaltung des jeweiligen privaten Schlüssels gewährleistet. Für die dabei einzusetzenden Geräte gelten die gleichen Anforderungen wie für die zur Erzeugung des Schlüsselpaars der D-CA eingesetzten Geräte.

[r7.6]
D-MSA, D-CA, D-CP und Hersteller stellen innerhalb ihres Einflussbereiches sicher, dass private Schlüssel unmittelbar nach ihrer Einbringung in die jeweiligen Karten oder Geräte dauerhaft aus den Speichern der Schlüsselerzeugungs- und Personalisierungssysteme gelöscht werden, sofern die Schlüsselgenerierung nicht direkt im Chip erfolgt.

[r7.7]
Die D-CA stellt sicher, dass innerhalb ihres Verantwortungsbereiches das Auftreten von Schlüsselduplikaten mit hoher Wahrscheinlichkeit ausgeschlossen ist.

[r7.8]
Die Schlüsselerzeugung kann auf Vorrat erfolgen („Batch-Verfahren"), sofern durch technisch-organisatorische Maßnahmen sichergestellt ist, dass ein Missbrauch der vorgehaltenen Schlüsselpaare wirksam verhindert wird. Der Schlüsselvorrat darf die Produktionsmenge eines Monats nicht überschreiten.

7.3 Schlüsselverwendung

[r7.9]
D-MSA, D-CA, D-CP und Hersteller stellen innerhalb ihres Einflussbereiches sicher, dass die jeweiligen privaten Schlüssel ausschließlich zum Zwecke ihrer Bestimmung gemäß der VO (EG) 3821/85, VO (EG) 2135/98 und VO (EG) 1360/2002 genutzt werden können. Dies schließt insbesondere ein, dass nach Beendigung des Personalisierungsvorgangs keine Kopien dieser Schlüssel außerhalb der gesicherten Umgebungen der Kontrollkarten und Kontrollgeräte existieren.

[r7.10]
Der D-CP stellt innerhalb seines Einflussbereiches sicher, dass nur solche Karten ausgeliefert werden, bei denen optische und logische Personalisierung jeweils korrekt auf den Karteninhaber verweisen.

[r7.11]
Von den geheimen Mitgliedstaatenschlüsseln kann ein Backup gefertigt werden unter Verwendung einer Schlüsselwiederherstellungsprozedur im mind. 4-Augen-Prinzip.

[r7.12]
Die D-CA und der D-CP stellen innerhalb ihres Einflussbereiches sicher, dass private Schlüssel nach Ablauf der Nutzungsdauer einer Kontrollgerätkarte nicht weiter genutzt werden können.

8 Zertifikatsmanagement

Dieser Abschnitt enthält Anforderungen an die Erstellung und Verwendung der von der D-CA erzeugten Zertifikate während des Lebenszyklus der betreffenden Kontrollgerätkarten und Kontrollgeräte.

8.1 Registrierung

[r8.1]
Die D-CA stellt innerhalb ihres Einflussbereichs sicher, dass vor der Ausstellung eines Zertifikats eine ordnungsgemäße Registrierung des D-CP bzw. des Herstellers von Fahrzeugeinheiten in den dafür zuständigen Stellen stattgefunden hat.

[r8.2]
Insbesondere stellt dabei der D-CP sicher, dass die Registrierungsdaten eine eindeutige Zuweisung der „Certificate Holder Reference" nach Anforderung CSM_017 aus Anlage 11 zu Anhang I (B) der VO (EG) 2135/98 ermöglicht.

[r8.3]
Sofern die Schlüsselgenerierung außerhalb der D-CA stattfindet, erstellt die D-CA das beantragte Zertifikat nur dann, wenn der D-CP bzw. der Hersteller von Fahrzeugeinheiten gemäß einem vorab vereinbarten Verfahren nachgewiesen hat, dass er über den zugehörigen

privaten Schlüssel verfügt. Der private Schlüssel soll dabei die gesicherte Umgebung der Schlüsselgenerierung nicht verlassen.

8.2 Zertifikatserteilung

[r8.4]
Die D-CA erstellt Zertifikate nur dann, wenn ein ordnungsgemäßer Zertifikatsantrag einer dafür bevollmächtigten Stelle vorliegt und wenn bei der Antragstellung alle Anforderungen der VO (EG) 3821/85, VO (EG) 2135/98 und VO (EG) 1360/2002 und aller damit zusammenhängender Rechtsvorschriften und Vereinbarungen eingehalten worden sind. Bei einem automatisierten Verfahren ist eine Zertifikatserstellung durch manuellen Eingriff in das System auszuschließen.

[r8.5]
Die D-CA stellt innerhalb ihres Einflussbereichs sicher, dass die von ihr erstellten Zertifikate nur an den D-CP bzw. den Hersteller von Fahrzeugeinheiten übermittelt werden.

[r8.6]
Die D-CA erstellt Zertifikate nur für solche Geräte und Karten, für die eine Bauartgenehmigung ausgestellt wurde.

[r8.7]
Schlüsselzertifikats-Anforderungen, die auf dem Transport von geheimen Schlüsseln beruhen, sind nicht erlaubt.

8.3 Zertifikatgültigkeit

[r8.8]
Die Gültigkeitsdauer der von der D-CA ausgestellten Zertifikate soll die maximale Verwendungsdauer der zugehörigen Karten bzw. Geräte nicht überschreiten. Zertifikate für:

- Fahrerkarten sollen nicht länger als 5 Jahre,
- Werkstattkarten nicht länger als 1 Jahr,
- Kontrollkarten nicht länger als 5 Jahre,
- Unternehmenskarten nicht länger als 5 Jahre

gerechnet vom Zeitpunkt des Beginns der Gültigkeit der jeweiligen Karte gelten.
Zertifikate für Fahrzeugeinheiten haben eine unbegrenzte Gültigkeitsdauer.

8.4 Zertifikatinhalte und -formate

[r8.9]
Inhalte und Formate der von der D-CA erstellten Zertifikate entsprechen den Anforderungen der VO (EG) 3821/85, VO (EG) 2135/98 und VO (EG) 1360/2002, insbesondere den in Anlage 11 zum Anhang I (B) genannten Spezifikationen.
Die D-CA produziert alle von ihr erstellten Zertifikate mit dem privaten Signaturschlüssel (MS.SK).
Die D-MSA stellt sicher, das der Key Identifier (KID) und Modulus (n) von Schlüsseln, die der ERCA zur Zertifizierung und für die Anforderung von Weg-/Geschwindigkeitsgeber-Schlüssel vorgelegt werden, einmalig innerhalb des Einflussbereichs der D-CA sind.

8.5 Informationspflichten der D-CA

[r8.10]
Die D-CA übergibt alle Zertifikatsdaten an D-CP und Hersteller, so dass Zertifikate, Geräte bzw. Karten und Karteninhaber miteinander verknüpft werden.

[r8.11]
Sofern bestimmte Stellen ein berechtigtes Interesse an speziellen, nicht öffentlichen Informationen zur Tätigkeit der D-CA oder ihrer externen Auftragnehmer haben und keine Vorschriften oder keine Sicherheitsbedenken dieser Auskunftserteilung entgegenstehen, stellt die D-CA diese Informationen in Abstimmung mit der D-MSA schnellstmöglich und korrekt zur Verfügung.

[r8.12]
Das Betriebskonzept der D-CA ist vertraulich zu behandeln. Informationen daraus dürfen in Absprache mit der D-MSA vor Ort bei der D-CA eingesehen, wenn ein nachgewiesenes, berechtigtes Interesse vorliegt und die Vertraulichkeit der Informationen auch beim Empfänger hinreichend geschützt ist.

[r8.13]
Die D-CA führt die Zertifikatstatusinformationen und stellt sie zur Verfügung.

9 Informations-Sicherheit

9.1 Informations-Sicherheitsmanagement (ISMS)

[r9.1]
Die D-CA/der D-CP und alle ggf. von ihr beauftragten Dienstleister etablieren ein geeignetes Informations-Sicherheitsmanagement-System (ISMS), durch das die informationstechnische Sicherheit aller für die Aufgaben der D-CA/des D-CP relevanten Tätigkeiten dauerhaft gewährleistet ist.
Die Vorgehensweisen sollen den Anforderungen von [ISO] 27001:2006 sowie [GSHB] genügen.

[r9.2]
Die D-CA/der D-CP stellt sicher, dass für alle im Zusammenhang mit der D-CA/des D-CP relevanten IT-Systeme und Informationen eine Schutzbedarfsfeststellung nach [GSHB] durchgeführt wird.

[r9.3]
Für die Tätigkeit der D-CA/des D-CP ist ein Sicherheitskonzept zu erstellen. Dieses Konzept ist mit dem Betriebskonzept abzustimmen.

[r9.4]
Erstellung und Aktualisierung des Betriebskonzepts sind Bestandteil des Informations-Sicherheitsmanagements.

9.2 Besondere Anforderungen an das Sicherheitskonzept

Der folgende Abschnitt stellt innerhalb des Sicherheitskonzepts *besonders* zu beachtende Gesichtspunkte zusammen. Er ist *nicht* als abschließende Aufzählung von dessen Inhalten gedacht.

[r9.5]
Die D-CA/der D-CP stellt sicher, dass nur zuverlässiges und ausreichend qualifiziertes Personal mit den erforderlichen Tätigkeiten betraut wird. Dies gilt auch für das Personal bei externen Auftragnehmern.

[r9.6]
Die für die Tätigkeit der D-CA/des D-CP und ggf. externer Dienstleister eingesetzten IT-Systeme müssen so betrieben werden, dass mögliche Schädigungen durch Viren und andere schadhafte Codes weitestgehend verhindert sowie die möglichen Folgen von Schäden und Störungen minimiert werden.
Die Systeme müssen über wirksame Zugangskontrollen verfügen und insbesondere die in dieser Policy und den zugehörigen Sicherheits- und Betriebskonzepten beschriebenen Rollenkonzepte wirksam implementieren.

[r9.7]
Die Initialisierung von Systemen, die den privaten Signaturschlüssel der D-CA oder die geheimen symmetrischen Schlüssel K_{MVU}, K_{MWC} oder Km enthalten, darf nur in Kooperation von zwei Personen erfolgen, welches durch organisatorische Maßnahmen sichergestellt wird.

[r9.8]
Die D-CA/der D-CP soll für ihre/seine Aufgaben vertrauenswürdige Systeme und Software einsetzen, die durch geeignete Maßnahmen wirksam gegen unautorisierte Veränderungen geschützt sind.
Sofern speziell entwickelte Soft- oder Hardware eingesetzt wird, müssen die relevanten Sicherheitsvorgaben bereits im Entwicklungsprozess nachvollziehbar berücksichtigt werden.
Bei allen Veränderungen der eingesetzten Soft- und Hardware müssen dokumentierte Kontrollmechanismen umgesetzt werden.

[r9.9]
Die innerhalb der D-CA/des D-CP eingesetzten Netzwerke und die dort gespeicherten und verarbeiteten Daten sind durch besondere Schutzmechanismen (wie z.B. Firewalls) gegen externe Zugriffe zu schützen.

[r9.10]
Alle sicherheitsrelevanten Aktionen und Prozesse auf den für die Tätigkeit der D-CA/des D-CP relevanten IT-Systemen sind so zu protokollieren, dass sich der zugehörige Zeitpunkt und die entsprechenden Personen mit hinreichender Sicherheit nachvollziehen lassen. Dazu gehören zumindest:

- das Einrichten von Benutzerbereichen (Accounts),
- alle Transaktions-Anforderungen (Account des Anfordernden, Typ, Status (erfolgreich/nicht erfolgreich), Gründe für das Fehlschlagen usw.),
- Software-Installationen und -Updates,
- Hardware-Modifikationen,
- Herunterfahren und Neustarts des Systems,
- Zugriff auf Audits und Archive.

[r9.11]
Die Protokolle sind gegen Veränderung und unberechtigten Zugriff zu schützen. Sie sollen regelmäßig und anlassbezogen ausgewertet und analysiert werden.

[r9.12]
Die Protokolldaten sollen für mindestens 7 Jahre so aufgehoben werden, dass eine Auswertung während dieser Zeitspanne jederzeit möglich ist.

[r9.13]
Die D-CA/der D-CP erstellt einen Notfallplan, in dem das Verhalten bei schwerwiegenden Notfällen wie einer Schlüsselkompromittierung oder beim Verlust oder Ausfall von relevanten Daten und/oder IT-Systemen festgelegt ist.

[r9.14]
Die D-CA/der D-CP gewährleistet einen ausreichenden infrastrukturellen und physischen Schutz ihrer/seiner Daten und IT-Systeme. Dieser umfasst insbesondere einen ausreichenden Zutrittsschutz für sicherheitsrelevante Bereiche.
Bereiche, in denen private und geheime Schlüssel erzeugt, aufbewahrt und verarbeitet werden, müssen durch besondere Maßnahmen geschützt werden.

9.3 Rollentrennung

[r9.15]
Durch die Einrichtung von Rollenkonzepten soll verhindert werden, dass einzelne Personen Sicherheitsvorkehrungen der D-CA/des D-CP umgehen. Hierzu werden den einzelnen Rollen jeweils beschränkte Rechte und Pflichten zugewiesen. Die genaue Ausgestaltung hängt von den konkreten Abläufen bei der D-CA/dem D-CP ab und bleibt dem Betriebskonzept der D-CA/des D-CP vorbehalten.
Folgende Rollen sind in der D-CA aber mindestens vorzusehen:

- D-CA-Verantwortlicher (CA-R)
- PIN-Verwalter (PV)
- IT-Sicherheitsbeauftragter (ISSO)

Keine Person der vorstehenden Rollen darf gleichzeitig mehr als eine dieser Rollen wahrnehmen.

- CA-Administrator (CAA)
- Key-Manager (KM)

Jede dieser Rollen ist mit mindestens einer Person zu besetzen; mindestens ein Vertreter ist zu benennen.
Folgende Rollen sind beim D-CP aber mindestens vorzusehen:

- D-CP-Verantwortlicher (CP-R)
- System Administrator (SysAdmin)
- IT-Sicherheitsbeauftragter (ISSO)
- Key-Manager (KM)

Keine Person darf gleichzeitig mehr als eine dieser Rollen wahrnehmen.
Jede dieser Rollen ist mit mindestens einer Person zu besetzen; mindestens ein Vertreter ist zu benennen.
Die Inhaber dieser Rollen sind von den IT-Systemen der D-CA/des D-CP zuverlässig zu authentifizieren.

[r9.16]
Die CA-R/CP-R-Rolle umfasst:

- Er ist für den sicheren und störungsfreien Betrieb der D-CA bzw. des D-CP als Organisation zuständig.
- Er vertritt die Organisation nach außen und ist in der D-CA/D-CP-Organisation weisungsbefugt.
- Er ist nicht direkt an der Realisierung von Geschäftsprozessen beteiligt, sondern neben der Gesamtleitung der D-CA/des D-CP verantwortlich für die Einhaltung und Überwachung von Sicherheitsmaßnahmen.
- Er übernimmt die Verantwortung für das Change-Management.

[r9.17]
Die KM-Rolle umfasst:

- die sichere Durchführung der Key-Management-Prozesse,
- die Erzeugung, Zertifizierung, Verwaltung und Löschung der asymmetrischen Schlüssel der D-CA/des D-CP sowie der symmetrischen Schlüssel, die zur Verschlüsselung von Daten der Kontrollgeräte bzw. Werkstattkarten dienen.

Die Rolle Key-Manager kann nur im 4-Augen-Prinzip umgesetzt werden.

[r9.18]
Die CAA-Rolle umfasst:

- Verantwortung für den reibungslosen Betrieb der technischen Systeme und Netzwerkkomponenten der D-CA.

[r9.19]
Die PV-Rolle umfasst:

- die alleinige Kenntnis über die PIN, die den Zugriff auf die Mitgliedstaatenschlüssel und den Zugriff auf die symmetrischen Schlüssel sichert,
- Mitwirkung bei der Schlüsselgenerierung,
- Mitwirkung bei allen Aktivitäten der D-CA, bei denen ein Zugriff auf die Mitgliedstaatenschlüssel oder den symmetrischen Schlüssel für die Verschlüsselung der Bewegungsgeber-Daten notwendig ist (z.B. Schlüsselgenerierung, Inbetriebnahme der Schlüssel, Schlüsselerneuerung).

[r9.20]
Die SysAdmin-Rolle umfasst:

- Verantwortung für den reibungslosen Betrieb der Netzwerkkomponenten und der IT-Systeme des D-CP (Installation, Konfiguration, Administration, Update, Backup, Wiederherstellung).

[r9.21]
Die ISSO-Rolle umfasst:

- die Überwachung der Sicherheit aller Geschäftsprozesse im Detail und die Auswertung der Sicherheitsmaßnahmen,
- die Überwachung aller anderen Rollen, die Umsetzung der Security Policy, das Change-Management bzw. die Realisierung der Geschäftsprozesse und Anweisungen innerhalb der D-CA/D-CP-Organisation,
- die Verantwortung zur Durchführung der Audits, die regelmäßig innerhalb der D-CA/D-CP-Organisation vorgenommen werden müssen,
- die Verantwortung für die Erstellung und Pflege des Sicherheitskonzeptes,
- die Teilnahme an der Mitgliedstaatenschlüssel-Generierung.

[r9.22]
Sofern die D-CA/der D-CP Teile ihrer/seiner Aufgaben an externe Dienstleister überträgt, müssen diese ein ihren Aufgaben entsprechendes Rollenkonzept einrichten.

10 Beendigung des D-CA/D-CP-Betriebs

10.1 Verantwortlichkeit der D-MSA

Die D-MSA entscheidet über eine Verlegung der D-CA/D-CP-Verantwortlichkeit. Dafür muss die D-MSA eine neue D-CA/D-CP benennen. Um diese Verlegung durchzuführen, müssen die folgenden Punkte erfüllt werden.

[r10.1]
Die D-MSA stellt sicher, dass die Übertragung der Aufgaben und Pflichten an die neue D-CA/D-CP in geeigneter Art und Weise zu erfolgen hat.

[r10.2]
Die alte D-CA/D-CP muss alle vorhandenen D-CA/D-CP-Schlüssel an die neue D-CA/D-CP übertragen. Die Art und Weise wird durch die D-MSA bestimmt.

[r10.3]
Kopien von Schlüsseln jeglicher Art, die in Zusammenhang mit der alten D-CA/D-CP gebracht werden können oder nicht transferiert werden konnten, müssen vernichtet werden.

11 Überprüfungen des Betriebs

11.1 D-CA

[r11.1]
Die D-MSA stellt die Durchführung von regelmäßigen und anlassbezogenen unabhängigen Überprüfungen des Betriebs der D-CA sicher. Eine entsprechende Überprüfung soll mindestens einmal jährlich erfolgen. Die D-MSA kann externe Dienstleister mit dieser Aufgabe betrauen.
Bei Überprüfungen des D-CA-Betriebs muss insbesondere die Übereinstimmung des laufenden Betriebs mit den relevanten Rechtsvorschriften, mit der D-MSA-Policy sowie mit dem aktuellen Betriebskonzept und dem aktuellen IT-Sicherheitskonzept verifiziert werden.
Von der D-CA ggf. beauftragte externe Dienstleister sind in die Überprüfung einzubeziehen.

[r11.2]
Die D-MSA stellt sicher, dass die Sicherheit des Betriebs des D-CA durch die Überprüfungen nicht beeinträchtigt wird. Insbesondere stellt sie sicher, dass die Ergebnisse der Überprüfungen Unbefugten nicht zugänglich gemacht werden.
Sie verpflichtet ggf. externe Dienstleister zur Verschwiegenheit.

[r11.3]
Die D-MSA fasst die Ergebnisse der Überprüfung in einem Bericht zusammen, der die Abhilfemaßnahmen definiert, einschließlich eines Implementierungsplanes, der erforderlich ist, um die Verpflichtungen der D-MSA zu erfüllen. Der Bericht ist in englischer Sprache an die ERCA zu leiten.

[r11.4]
Sofern Überprüfungen der D-CA Schwachstellen oder Abweichungen offengelegt haben, veranlasst die D-MSA die D-CA, diese zu beseitigen. Die D-CA berichtet der D-MSA unverzüglich über Einleitung und Abschluss dieser Maßnahmen. Die D-MSA kann eine unabhängige Überprüfung des Erfolgs dieser Maßnahmen anordnen.

11.2 D-CP und Hersteller von Fahrzeugeinheiten sowie Hersteller von Weg-/Geschwindigkeitsgebern

[r11.5]
Die Einhaltung der Sicherheitsvorschriften, insbesondere der deutschen D-MSA-Policy sind nachzuweisen durch

- ein Zertifikat von einem vom BSI oder vergleichbaren EU-Behörden akkreditierten Prüflabor,
- mindestens einmal jährliche Audits.

Die Kosten trägt der Hersteller bzw. der D-CP.

[r11.6]
Anlassbezogene Audits im Zusammenhang mit der VO (EG) 3821/85, VO (EG) 2135/98 und VO (EG) 1360/2002 können jederzeit von der D-MSA und der D-CA verlangt werden. Sollten Unregelmäßigkeiten nachgewiesen werden, trägt der Hersteller bzw. D-CP die Kosten. Andernfalls trägt die veranlassende Aufsichtsstelle die Kosten.

12 Änderungen und Anpassungen der D-MSA-Policy

[r12.1]
Anträge zur Änderung der D-MSA-Policy sind an die D-MSA zu richten, die darüber entscheidet und im positiven Fall in angemessener Frist geeignete Maßnahmen zu treffen hat.

13 Übereinstimmung mit der ERCA-Policy

Die Anforderungen für die D-MSA-Policy sind in der ERCA-Policy in § 5.3 beschrieben. Die nachstehende Tabelle stellt die Verbindung zwischen den in der ERCA-Policy formulierten Anforderungen und den Anforderungen der D-MSA-Policy dar.

Nr.	Referenz ERCA policy	Anforderung	Referenz D-MSA-Policy
1.	§ 5.3.1	The MSA Policy shall identify the entities in charge of operations.	§ 1.1 Zuständige Organisationen
2.	§ 5.3.2	The MSCA key pairs for equipment key certification and for motion sensor key distribution shall be generated and stored within a device which either: • is certified to meet the requirements identified in FIPS 140-2 (or FIPS 140-1) level 3 or higher [10]; • is certified to be compliant with the requirements identified in the CEN Workshop Agreement 14167-2 [11]; • is a trustworthy system which is assured to EAL4 or higher in accordance with ISO 15408 [12]; to level E3 or higher in ITSEC [13]; or equivalent security criteria. These	§ 6 Schlüsselmanagement in der D-CA (Absatz 2)

Nr.	Referenz ERCA policy	Anforderung	Referenz D-MSA-Policy
		evaluations shall be to a protection profile or security target, • is demonstrated to provide an equivalent level of security.	
3.	§ 5.3.3	Member State Key Pair generation shall take place in a physically secured environment by personnel in trusted roles under, at least dual control.	§ 6 Schlüsselmanagement in der D-CA (Absatz 3) § 6 Schlüsselmanagement in der D-CA [r6.5] § 6.2 Schlüsselpaar der D-CA (MS.SK, MS.PK) [r6.10] § 7.3 Schlüsselverwendung [r7.9] § 9.2 Besondere Anforderungen an das Sicherheitskonzept [r9.7]
4.	§ 5.3.4	The Member State Key Pairs shall be used for a period of at most two years starting from certification by the ERCA.	§ 6.2 Schlüsselpaar der D-CA (MS.SK, MS.PK) [r6.7]
5.	§ 5.3.5	The generation of new Member State Key Pairs shall take into account the one month turnaround time required for certification by the ERCA	§ 6.2 Schlüsselpaar der D-CA (MS.SK, MS.PK) [r6.13]
6.	§ 5.3.6	The MSA shall submit MSCA public keys for certification by the ERCA using the key certification request (KCR) protocol described in Annex A.	§ 6.2 Schlüsselpaar der D-CA (MS.SK, MS.PK) [r6.14]
7.	§ 5.3.7	The MSA shall request motion sensor master keys from the ERCA using the key distribution request (KDR) protocol described in Annex D.	§ 6.3 Symmetrische Schlüssel für Werkstattkarten und Weg-/Geschwindigkeitsgeber (Km, Km_{WC}, Km_{VU}) [r6.20]
8.	§ 5.3.8	The MSA shall recognise the ERCA public key in the distribution format described in Annex B.	§ 6.2 Schlüsselpaar der D-CA (MS.SK, MS.PK) [r6.15]
9.	§ 5.3.9	The MSA shall use the physical media for key and certificate transport described in Annex C.	§ 6.2 Schlüsselpaar der D-CA (MS.SK, MS.PK) [r 6.16]
10.	§ 5.3.10	The MSA shall ensure that the Key Identifier (KID) and modulus (n) of keys submitted to the ERCA for certification are unique within the domain of the MSCA.	§ 8.4 Zertifikatinhalte und -formate [r8.9]
11.	§ 5.3.11	The MSA shall ensure that expired keys are not used for any purpose. The Member State private key shall be either: destroyed so that the private key cannot be recovered or retained in a manner preventing its use.	§ 6.2 Schlüsselpaar der D-CA (MS.SK, MS.PK) [r6.7]

Nr.	Referenz ERCA policy	Anforderung	Referenz D-MSA-Policy
12.	§ 5.3.12	The MSA shall ensure that an equipment RSA key is generated, transported, and inserted into the equipment, in such a way as to preserve its confidentiality and integrity. For this purpose, the MSA shall • ensure that any relevant prescription mandated by security certification of the equipment is met; • ensure that both generation and insertion (if not onboard) takes place in a physically secured environment; • unless key generation was covered by the security certification of the equipment, ensure that specified and appropriate cryptographic key generation algorithms are used. The last two of these requirements on generation shall be met by generating equipment keys within a device which either: a) is certified to meet the requirements identified in FIPS 140-2 (or FIPS 140-1) level 3 or higher [9]; b) is certified to be compliant with the requirements identified in the CEN Workshop Agreement 14167-2 [10]; c) is a trustworthy system which is assured to EAL4 or higher in accordance with ISO 15408 [11]; to level E3 or higher in ITSEC [12]; or equivalent security criteria. These evaluations shall be to a protection profile or security target; d) is demonstrated to provide an equivalent level of security.	§ 7.1 Allgemeine Anforderungen, Protokollierung [r7.1] § 7.2 Schlüsselerzeugung [r7.5]
13.	§ 5.3.13	The MSA shall ensure confidentiality, integrity and availability of the private keys generated, stored and used under control of the MSA Policy.	§ 5 Karten- und Gerätemanagement [r5.6] § 6 Schlüsselmanagement in der D-CA (Absatz 2) § 7.1 Allgemeine Anforderungen, Protokollierung [r7.2]
14.	§ 5.3.14	The MSA shall prevent unauthorised use of the private keys generated, stored and used under control of the MSA Policy.	§ 7.1 Allgemeine Anforderungen, Protokollierung (Absatz 2) § 6.2 Schlüsselpaar der D-CA (MS.SK, MS.PK) [r6.9] § 7.2 Schlüsselerzeugung [r7.8]
15.	§ 5.3.15	The Member State private keys may be backed up using a key recovery procedure requiring at least dual control.	§ 7.3 Schlüsselerzeugung [r7.11]

Nr.	Referenz ERCA policy	Anforderung	Referenz D-MSA-Policy
16.	§ 5.3.16	Key certification requests that rely on transportation of private keys are not allowed.	§ 8.2 Zertifikaterteilung [r8.7]
17.	§ 5.3.17	Key escrow is strictly forbidden.	§ 6.2 Schlüsselpaar der D-CA (MS.SK, MS.PK) [r6.11]
18.	§ 5.3.18	The MSA shall prevent unauthorised use of its motion sensor keys.	§ 6.3 Symmetrische Schlüssel für Werkstattkarten und Weg-/Geschwindigkeitsgeber (Km, Km_{WC}, Km_{VU}) [r6.18]
19.	§ 5.3.19	The MSA shall ensure that the motion sensor master key (Km) is used only to encrypt motion sensor data for the purposes of motion sensor manufacturers. The data to be encrypted is defined in the ISO / IEC 16844-3 standard [7].	§ 6 Schlüsselmanagement in der D-CA (Absatz 2)
20.	§ 5.3.20	The motion sensor master key (Km) shall never leave the secure and controlled environment of the MSA.	§ 6.3 Symmetrische Schlüssel für Werkstattkarten und Weg-/Geschwindigkeitsgeber (Km, Km_{WC}, Km_{VU}) [r 6.18]
21.	§ 5.3.21	The MSA shall forward the workshop card motion sensor key (Km_{WC}) to the component personaliser (in this case, the card personalisation service), by appropriately secured means, for the sole purpose of insertion into workshop cards.	§ 6.3 Symmetrische Schlüssel für Werkstattkarten und Weg-/Geschwindigkeitsgeber (Km, Km_{WC}, Km_{VU}) [r6.18]
22.	§ 5.3.22	The MSA shall forward the vehicle unit motion sensor key (Km_{VU}) to the component personaliser (in this case, a vehicle unit manufacturer), by appropriately secured means, for the sole purpose of insertion into vehicle units.	§ 6.3 Symmetrische Schlüssel für Werkstattkarten und Weg-/Geschwindigkeitsgeber (Km, Km_{WC}, Km_{VU}) [r6.18]
23.	§ 5.3.23	The MSA shall maintain the confidentiality, integrity and availability of its motion sensor key copies.	§ 6 Schlüsselmanagement in der D-CA (Absatz 2)
24.	§ 5.3.24	The MSA shall ensure that its motion sensor key copies are stored within a device which either: a) is certified to meet the requirements identified in FIPS 140-2 (or FIPS 140-1) level 3 or higher [9]; b) is a trustworthy system which is assured to EAL4 or higher in accordance with ISO 15408 [11]; to level E3 or higher in ITSEC [12]; or equivalent security criteria. These evaluations shall be to a protection profile or security target.	§ 6 Schlüsselmanagement in der D-CA (Absatz 2)

Nr.	Referenz ERCA policy	Anforderung	Referenz D-MSA-Policy
25.	§ 5.3.25	The MSA shall possess different Member State Key Pairs for the production of vehicle unit and tachograph card equipment public key certificates.	§ 6.2 Schlüsselpaar der D-CA (MS.SK, MS.PK) [r6.3] § 7.3 Schlüsselverwendung [r7.9]
26.	§ 5.3.26	The MSA shall ensure availability of its equipment public key certification service.	§ 6.2 Schlüsselpaar der D-CA (MS.SK, MS.PK) [r6.6]
27.	§ 5.3.27	The MSA shall only use the Member State Private Keys for: a) the production of Annex I(B) equipment key certificates using the ISO / IEC 9796-2 digital signature algorithm as described in Annex I(B) Appendix 11 Common Security Mechanisms [6]; b) production of the ERCA key certification request as described in Annex A; c) issuing Certificate Revocation Lists if this method is used for providing certificate status information (see 5.3.30).	§ 6.2 Schlüsselpaar der D-CA (MS.SK, MS.PK) [r6.4]
28.	§ 5.3.28	The MSA shall sign equipment certificates within the same device used to store the Member State Private Keys (see 5.3.2).	§ 6 Schlüsselmanagement in der D-CA (Absatz 2)
29.	§ 5.3.29	Within its domain, the MSA shall ensure that equipment public keys are identified by a unique key identifier which follows the prescriptions of Annex I(B) [6].	§ 8.4 Zertifikatinhalte und -formate [r8.9]
30.	§ 5.3.30	Unless key generation and certification is performed in the same physically secured Environment, the key certification request protocol shall provide proof of origin and integrity of certification requests, without revealing the private key.	§ 8 Zertifikatsmanagement [r8.3]
31.	§ 5.3.31	The MSA shall maintain and make certificate status information available.	§ 8.5 Informationspflichten der D-CA [r8.13]
32.	§ 5.3.32	The validity of a tachograph card certificate shall equal the validity of the tachograph card.	§ 8.3 Zertifikatgültigkeit [r8.8]
33.	§ 5.3.33	The MSA shall prevent the insertion of undefined validity certificates into tachograph cards.	§ 8.3 Zertifikatgültigkeit [r8.8]
34.	§ 5.3.34	The MSA may allow the insertion of undefined validity Member State certificates into vehicle units.	§ 8.3 Zertifikatgültigkeit [r8.8]
35.	§ 5.3.35	The MSA shall ensure that users of cards are identified at some stage of the card issuing process.	§ 5 Karten- und Gerätemanagement [r5.8] § 7.3 Schlüsselverwendung [r7.10]
36.	§ 5.3.36	The MSA shall ensure that ERCA is notified without delay of loss, theft, or potential compromise of any MSA keys.	§ 6.2 Schlüsselpaar der D-CA (MS.SK, MS.PK) [r6.12]

Nr.	Referenz ERCA policy	Anforderung	Referenz D-MSA-Policy
37.	§ 5.3.37	The MSA shall implement appropriate disaster recovery mechanisms which do not depend on the ERCA response time.	§ 6.2 Schlüsselpaar der D-CA (MS.SK, MS.PK) [r6.6] § 9 Informations-Sicherheit [r9.13]
38.	§ 5.3.38	The MSA shall establish an information security management system (ISMS) based on a risk assessment for all the operations involved.	§ 9.1 Informations-Sicherheitsmanagement (ISMS) [r9.1]
39.	§ 5.3.39	The MSA shall ensure that the policies address personnel training, clearance and roles.	§ 9.2 Besondere Anforderungen an das Sicherheitskonzept [r9.5] § 9.3 Rollentrennung [r9.15]
40.	§ 5.3.40	The MSA shall ensure that appropriate records of certification operations are maintained.	§ 9 Informations-Sicherheit [r9.10] [r9.11] [r9.12]
41.	§ 5.3.41	The MSA shall include provisions for MSCA termination in the MSA Policy.	§ 10.1 Verantwortlichkeit
42.	§ 5.3.42	The MSA Policy shall include change procedures.	§ 12 Änderungen und Anpassungen der [r12.1]
43.	§ 5.3.43	The MSA audit shall establish whether the Requirements of this Section are being maintained.	§ 11.1 D-CA [r11.1] 2. Paragraph
44.	§ 5.3.44	The MSA shall audit the operations covered by the approved policy at intervals of not more than 12 months.	§ 11.1 D-CA [r11.1] 1. Paragraph
45.	§ 5.3.45	The MSA shall report the results of the audit as mentioned in 5.3.43 and provide the audit report, in English, to the ERCA.	§ 11.1 D-CA [r11.3]
46.	§ 5.3.46	The audit report shall define any corrective actions, including an implementation schedule, required to fulfil the MSA obligations.	§ 11.1 D-CA [r11.3]

Anhang A.[1]
Abkürzungen, Definitionen

BMVI	Bundesministerium für Verkehr und digitale Infrastruktur CA-Administrator
BSI	Bundesamt für Sicherheit in der Informationstechnik
CAA	CA-Administrator
CA-R	Der D-CA-Verantwortliche
CP-R	Der D-CP-Verantwortliche
D-MSA-Policy	Zertifizierungs-Policy der Bundesrepublik Deutschland für den elektronischen Fahrtenschreiber gemäß Anlage 11 des Anhangs I(B) VO (EG) 2135/98
Change Management	Behandlung technischer, organisatorischer und/oder fachlicher Änderungen des Verfahrens
D-CA	Die Zertifizierungsstelle der Bundesrepublik Deutschland für den elektronischen Fahrtenschreiber gemäß der VO (EG) 3821/85, VO (EG) 2135/98 und VO (EG) 1360/2002, Kraftfahrt-Bundesamt. Nach internationalem Sprachgebrauch (CA = certification authority)
D-CIA	Antragsbearbeitende und Ausgabestelle für Tachografenkarten
D-CP	Kartenpersonalisierer. Stelle, die asymmetrische Schlüsselpaare und die gemäß VO (EG) 3821/85, VO (EG) 2135/98 und VO (EG) 1360/2002 zugehörigen Zertifikate auf die in der VO (EG) 2135/98 definierten Fahrer-, Werkstatt-, Kontroll- und Unternehmenskarten aufbringt.
D-MSA	Die für die Umsetzung der EU-Richtlinie in der Bundesrepublik Deutschland verantwortliche Stelle, BMVBS. Nach internationalem Sprachgebrauch (MSA = Member State Authority)
Digitale Signatur	Verfahren zur Sicherung der Unverfälschtheit (Integrität) und zum Herkunftsnachweis (Authentizität) eines elektronischen Dokuments mittels Anwendung der asymmetrischen Kryptographie.
ERCA	Europäische Route Zertifizierungsstelle
FE	Fahrzeugeinheiten nach Definition der VO (EG) 3821/85, VO (EG) 2135/98 und VO (EG) 1360/2002
ISMS	Informations-Sicherheitsmanagement-System
ISSO	Der Sicherheitsbeauftragte Nach internationalem Sprachgebrauch (ISSO = Information System Security Officer)
Kartenpersonalisierer	Siehe D-CP
KDR	Key Distribution Request (Schlüssel-Auslieferungsantrag für den Hauptschlüssel des Weg-/Geschwindigkeitsgebers)
KM	Der Key-Manager
Öffentlicher Schlüssel	In der asymmetrischen Kryptographie der öffentliche Teil eines Schlüsselpaars. Dieser dient meistens zur Verifizierung einer digitalen Signatur oder zur Verschlüsselung einer Nachricht.
Personalisierung	Auch: logische P. Einbringung von privaten/geheimen Schlüsseln und den zugehörigen Zertifikaten in Kontrollgerätkarten und Kontrollgeräte. Diese ist zu unterscheiden von der optischen P. einer Karte, bei der Namen, Fotos u. Ä. auf den Kartenkörper aufgebracht werden.
Privater Schlüssel	In der asymmetrischen Kryptographie der private (geheime) Teil eines Schlüsselpaars. Dieser dient meistens zur Erzeugung einer digitalen Signatur oder zur Entschlüsselung einer Nachricht.

[1] Anh. A geänd. mWv 8.9.2015 durch VO v. 31.8.2015 (BGBl. I S. 1474).

	(s. auch Öffentlicher Schlüssel)
PS	Das Practice Statement der D-CA, des D-CP, der Hersteller von Fahrzeugeinheiten und der Hersteller von Weg-/Geschwindigkeitsgebern, wie es in Kapitel 4 der D-MSA-Policy definiert ist. Im internationalen Kontext ist dafür die Bezeichnung „Certification Practice Statement (CPS)" gebräuchlich.
Root-CA	Die europäische Zertifizierungsstelle für den elektronischen Fahrtenschreiber gemäß der VO (EG) 3821/85, VO (EG) 2135/98 und VO (EG) 1360/2002.
Root-Policy	„Digital Tachograph System – European Root Policy" erstellt vom JRC in Ispra.
RSA	Spezielles Verfahren der asymmetrischen Kryptographie. Gemäß Anlage 11 des Anhangs I (B) der VO (EG) 2135/98 wird im elektronischen Fahrtenschreiber das RSA-Verfahren zur Erstellung digitaler Signaturen eingesetzt.
SysAdmin	Der Systemadministrator des D-CP
Zertifikat	In der asymmetrischen Kryptographie wird durch ein Z. die Bindung eines öffentlichen Schlüssels an eine im Z. bezeichnete Identität (Person, Organisation, Maschine usw.), die sich im Besitz des zugehörigen privaten Schlüssels befindet, bestätigt. Im Kontext der D-MSA-Policy werden hierunter insbesondere die in Anlage 11 zum Anhang I (B) der VO (EG) 2135/98 definierten Zertifikate verstanden.
Zertifizierungsstelle	Stelle, die ein Zertifikat ausstellt. Im Kontext der VO (EG) 3821/85, VO (EG) 2135/98 und VO (EG) 1360/2002 existieren die Europäische Zertifizierungsstelle (Root-CA) und die Zertifizierungsstellen der Mitgliedstaaten (für Deutschland D-CA), die die für ihre Tätigkeit benötigten Zertifikate von der Root-CA erhalten.

Anhang B
Referenzdokumente

[CC]	Common Criteria. ISO/IEC 15408 (1999)
[CEN]	CEN Workshop Agreement 14167-2: Cryptographic Module for CSP. . .
[FIPS]	FIPS PUB 140-2. NIST
[GSHB]	BSI-IT-Grundschutzkataloge
[ISO]	ISO 27001:2006

Anlage 3
(zu § 4)

Beschreibung der Speicherkarten

1. Die Speicherkarten entsprechen den Mustern nach Abschnitt IV, Anhang I B, Verordnung (EWG) Nr. 3821/85. Von den danach möglichen zusätzlichen Angaben enthält die Werkstattkarte Name und Vorname des Karteninhabers.
   Fahrer-, Unternehmens- und Kontrollkarte enthalten keine fakultativen Angaben.
2. Sämtliche Speicherkarten enthalten folgende zusätzliche Sicherheitsmerkmale:
   - Nicht kopierbare Elemente in Form optisch variabler Merkmale, unter anderem in Form beugungsoptisch wirksamer Strukturen (auf Grund der geforderten Gebrauchstauglichkeit vorzugsweise unterhalb der die Kartenoberfläche bildenden Kartenschicht),
   - Integration der Führerscheindaten (einschließlich des Lichtbilds und der Unterschrift) in das Kartenmaterial mittels spezieller Sicherheitstechnik, die insbesondere in den mit Sicherheitsmerkmalen belegten Kartenschichten wirksam wird (nur für Fahrerkarten),
   - Eignung für die Echtheitsprüfung auf der ersten Kontrollebene: Die Karten müssen Sicherheitsmerkmale und -eigenschaften besitzen, die ohne zusätzliche Hilfsmittel eine sichere Echtheitsprüfung des Dokuments erlauben. Zusätzlich sollen weitere Sicherheitselemente aufgebracht werden, die eine Echtheitsprüfung mit einfachen Mitteln (UV-Lampe, Lupe usw.) ermöglichen.

– Fertigungstechnische Spezifikationen für die Kontrollgerätkarten

Die Kontrollgerätkarten müssen den folgenden Normen entsprechen[1]:

– ISO/IEC 7810 Identifikationskarten – Physikalische Eigenschaften
– ISO/IEC 7816 Identifikationskarten – Chipkarten mit Kontakten (Teil 1, 2, 3, 4 und 8)
– ISO/IEC 10373 Identifikationskarten; Prüfverfahren.

Gemäß der Leistungsbeschreibung für die Erstellung und Lieferung der Kontrollgerätkarten sind hohe Anforderungen an die Haltbarkeit und Gebrauchstauglichkeit des zu verwendenden Kartenwerkstoffs und der Karten insgesamt zu stellen. Die Herstellung der Karten und die Aufbringung der Daten muss mit Sicherheitstechniken erfolgen, die nicht allgemein zugänglich sind. Daraus ergeben sich für die Kontrollgerätkarten im Einzelnen folgende technische Spezifikationen, die sich als Auswahl der wichtigsten Sicherheitselemente aus einem allgemeinen EU-Mindestsicherheitsstandard für Ausweisdokumente und bestehenden Kartenkonzepten, z.B. dem der Führerscheinkarte der Bundesrepublik Deutschland, ableiten.

Nr.	Kriterien gemäß Mindestsicherheitsstandard für Ausweisdokumente[2]	Auswahl	Spezifikationen für Kontrollgerätkarten
1	**Material**		vollständig aus Polycarbonat aufgebaut, zu einer homogenen Karte laminiert, Kartenkern aus weiß pigmentiertem, semitransparentem Polycarbonat, auf der Vorderseite zwei, auf der Rückseite mindestens eine transparente Polycarbonatschicht, Vorderseite für Lasergravur sensibilisiert
1.1	**Materialmerkmale**		
	• ohne optischen Aufheller	✓	

[1] **Amtl. Anm.:** Siehe Anhang I B Abschnitt IV.3 der Verordnung (EG) Nr. 1360/2002.
[2] **Amtl. Anm.:** Entschließung der im Rat vereinigten Vertreter der Regierungen der Mitgliedstaaten vom 17. Oktober 2000 hinsichtlich der Sicherung von Pässen und anderer Reisedokumente, ABl. EG Nr. C 310 S. 1.

Nr.	Kriterien gemäß Mindestsicherheitsstandard für Ausweisdokumente	Auswahl	Spezifikationen für Kontrollgerätkarten
2 2.1	**Sicherheitsdruck** **Personaldatenseite/Kartenrückseite**		
	• Textdruck	✓	Text auf Vorder- und Rückseite in Blau und EU-Symbol in Blau und Gelb entsprechend Abschnitt 2.1 und der Abbildung des Gemeinschaftsmodells in Anhang I B, Abschnitt IV.1 der Verordnung (EG) Nr. 1360/2002, Anbringung auf der Vorderseite zwischen den beiden transparenten Kartenschichten und auf der Rückseite zwischen Kartenkern und transparenter Kartenschicht
	• Guillochendruck	✓	Kombination aus zwei Druckdurchgängen 1. Druckplatte: Negativguilloche mit ausgespartem Endlostext, bestehend aus dem Kartentitel in den anderen Gemeinschaftssprachen, Flächen der Negativguilloche durch Schraffur aufgehellt, am unteren Rand Integration einer Mikroschriftzeile in das Guillochenmotiv, Iriseinfärbung mit Farbübergängen zum linken und rechten Kartenrand hin entsprechend Abschnitt 2.1, Iriszonenverhältnis ca. 25/50/25 % der Kartenbreite 2. Druckplatte: Positivguilloche, abgepasst auf das Motiv der ersten Druckplatte, mit eingearbeiteter Konturierung des in der ersten Druckplatte ausgesparten Endlostextes, in den Aussparungen Mikroschrift mit Endlostext, einheitlich eingefärbt (Fahrerkarte: rosa, Kontrollkarte, Werkstattkarte und Unternehmenskarte: grau) Anbringung auf Vorder- und Rückseite zwischen Kartenkern und der darauf folgenden transparenten Kartenschicht
	• Iriseinfärbung	✓	s.o.
	• Layout Personaldatenseite ≠ übrige Seiten	–	gleiches Guillochenmotiv auf Vorder- und Rückseite, auf der Vorderseite Aussparung des Lichtbildfeldes mit sich nach innen auflösender Überlappung des Lichtbildrandes
	• Mikroschrift	✓	je eine Endlosschriftzeile unterhalb des Kartentitels in Blau und in den jeweiligen Iris-Farben mehrfarbig am unteren Rand in das Motiv der ersten Guillochendruckplatte integriert sowie Endlostext als Füllung der mit der zweiten Guillochendruckplatte aufgebrachten konturierten Endlosschrift in Rosa bzw. Grau (s.o.), Mikroschrifthöhe: jeweils < 0,3 mm, Inhalt:

Nr.	Kriterien gemäß Mindestsicherheitsstandard für Ausweisdokumente	Auswahl	Spezifikationen für Kontrollgerätkarten
			BUNDESREPUBLIK DEUTSCHLAND
	• UV-Aufdruck	✓	auf der Vorderseite zwischen den beiden transparenten Kartenschichten, Fluoreszenzfarbe Rot (Anregung im langwelligen UV)
	• OVI-Aufdruck	–	
2.2	**Nummerierung**		
	• auf Personaldatenseite	✓	in Datenfeld 5b
	in Ausstellungstechnik	✓	Lasergravur
3 3.1	**Kopierschutz/weitere Sicherheitsmerkmale** **OVD**		
	• beugungsoptisch wirksame Struktur	✓	transparentes Kinegram
	• im Laminat/in der Ausweiskarte integriert oder als Overlay	✓	auf der Vorderseite innenliegend zwischen Kartenkern und darauf folgender transparenter Schicht, den Lichtbildrand überlappend
3.2	**weitere Sicherheitsmerkmale**		
	weitere Informationsträger	✓	kontaktbehafteter IC-Chip
4 4.1	**Ausstellungstechnik** **Personalisierung**		
	• Bild- und Personendaten integriert	✓	Lasergravur, die Angaben in den Datenfeldern 1, 4a/4b und 5b reliefartig auf der Kartenoberfläche fühlbar
	• Elemente zum Schutz der Einträge	✓	durch geeignete Materialbeschaffenheit ist sicherzustellen, dass die durch die Lasergravur bewirkte Schwärzung des Kartenmaterials auf der Vorderseite in beiden transparenten Schichten und auf dem Kartenkern wirksam wird
4.2	**Normkonformität**		
	• Maschinenlesbarkeit (ICAO 9303)	–	
	ISO/IEC 7810 und 7816	✓	

Erläuterung der in der Tabelle verwendeten Symbole

• Anforderungen, orientiert an der EU-Entschließung hinsichtlich der Sicherung von Pässen und anderen Reisedokumenten vom 17. Oktober 2000

✓ muss in der Kontrollgerätkarte enthalten sein

– ist in der Kontrollgerätkarte nicht enthalten

580. Verordnung (EU) Nr. 165/2014 des Europäischen Parlaments und des Rates vom 4. Februar 2014 über Fahrtenschreiber im Straßenverkehr, zur Aufhebung der Verordnung (EWG) Nr. 3821/85 des Rates über das Kontrollgerät im Straßenverkehr und zur Änderung der Verordnung (EG) Nr. 561/2006 des Europäischen Parlaments und des Rates zur Harmonisierung bestimmter Sozialvorschriften im Straßenverkehr [1) 2)3)]

(Text von Bedeutung für den EWR)

(ABl. L 60 S. 1, ber. ABl. 2015 L 93 S. 103, ABl. L 246 S. 11)

Celex-Nr. 3 2014 R 0165

geänd. durch Art. 2 VO (EU) 2020/1054 v. 15.7.2020 (ABl. L 249 S. 1)

DAS EUROPÄISCHE PARLAMENT UND DER RAT DER EUROPÄISCHEN UNION –

gestützt auf den Vertrag über die Arbeitsweise der Europäischen Union, insbesondere auf Artikel 91,

auf Vorschlag der Europäischen Kommission,

nach Zuleitung des Entwurfs des Gesetzgebungsakts an die nationalen Parlamente,

nach Stellungnahme des Europäischen Wirtschafts- und Sozialausschusses[4)],

nach Anhörung des Ausschusses der Regionen,

gemäß dem ordentlichen Gesetzgebungsverfahren[5)],

in Erwägung nachstehender Gründe:

(1) Die Verordnung (EWG) Nr. 3821/85 des Rates[6)] enthält Vorschriften über Bauart, Einbau, Benutzung und Prüfung von Fahrtenschreibern. Sie wurde mehrfach wesentlich geändert. Im Interesse einer größeren Klarheit ist es daher geboten, ihre hauptsächlichen Vorschriften zu vereinfachen und neu zu ordnen.

---

1) Inkrafttreten überwiegend am **2.3.2016**; zum abweichenden Inkrafttreten einzelner Teile siehe Art. 48.

2) Siehe hierzu ua:
VO (EU) 2020/698 zu COVID-19-Maßnahmen hinsichtlich Bescheinigungen sowie Kontrollen u.a. in bestimmten Bereichen des Verkehrsrechts v. 25.5.2020 (ABl. L 165 S. 10).

3) Die Änderungen durch VO v. 15.7.2020 (ABl. L 249 S. 1) treten teilweise erst **mWv 31.12.2024** in Kraft und sind im Text insoweit noch nicht berücksichtigt.

4) **Amtl. Anm.:** ABl. C 43 vom 15.2.2012, S. 79.

5) **Amtl. Anm.:** Standpunkt des Europäischen Parlaments vom 3. Juli 2012 (ABl. C 349 E vom 29.11.2013, S. 105) und Standpunkt des Rates in erster Lesung vom 15. November 2013 (ABl. C 360 vom 10.12.2013. S. 66). Standpunkt des Europäischen Parlaments vom 15. Januar 2014 (noch nicht im Amtsblatt veröffentlicht).

6) **Amtl. Anm.:** Verordnung (EWG) Nr. 3821/85 des Rates vom 20. Dezember 1985 über das Kontrollgerät im Straßenverkehr (ABl. L 370 vom 31.12.1985, S. 8).

(2) Aufgrund der Erfahrungen sollten bestimmte technische Aspekte und Kontrollverfahren verbessert werden, um die Wirksamkeit und Effizienz des Fahrtenschreibersystems zu gewährleisten.

(3) Für bestimmte Kraftfahrzeuge gelten Ausnahmen von den Bestimmungen der Verordnung (EG) Nr. 561/2006[1] des Europäischen Parlaments und des Rates[2]. Zur Wahrung der Kohärenz sollte es möglich sein, solche Kraftfahrzeuge auch vom Anwendungsbereich der vorliegenden Verordnung auszunehmen.

(4) Fahrtenschreiber sollten in Fahrzeuge eingebaut werden, die von der Verordnung (EG) Nr. 561/2006[1] erfasst werden. Einige Fahrzeuge sollten im Interesse einer gewissen Flexibilität vom Anwendungsbereich der Verordnung (EG) Nr. 561/2006[1] ausgenommen werden, nämlich Fahrzeuge mit einer zulässigen Höchstmasse von nicht mehr als 7,5 t, die zur Beförderung von Material, Ausrüstungen oder Maschinen benutzt werden, die der Fahrer zur Ausübung seines Berufes benötigt, und die nur in einem Umkreis von 100 km vom Standort des Unternehmens und unter der Bedingung benutzt werden, dass das Lenken dieser Fahrzeuge für den Fahrer nicht die Haupttätigkeit darstellt. Zur Wahrung der Kohärenz zwischen den einschlägigen Ausnahmen gemäß der Verordnung (EG) Nr. 561/2006[1] und zur Verringerung der Verwaltungslasten der Verkehrsunternehmen sollten unter Beachtung der Ziele der genannten Verordnung einige der in diesen Ausnahmen festgelegten zulässigen Höchstentfernungen geändert werden.

(5) Die Kommission wird die Verlängerung der Dauer der Zulässigkeit von Adaptern für Fahrzeuge der Klassen M1 und N1 bis 2015 prüfen und vor dem Jahr 2015 weitere Überlegungen über eine langfristige Lösung für Fahrzeuge der Klassen M1 und N1 anstellen.

(6) Die Kommission sollte den Einbau von Gewichtssensoren in schweren Nutzfahrzeugen in Erwägung ziehen und sollte der Frage nachgehen, inwieweit Gewichtssensoren zu einer besseren Einhaltung der Straßenverkehrsvorschriften beitragen können.

(7) Die Verwendung von Fahrtenschreibern, die an ein globales Satellitennavigationssystem angebunden sind, ist ein geeignetes und kostengünstiges Mittel für die automatische Aufzeichnung des Standorts des Fahrzeugs an bestimmten Punkten während der täglichen Arbeitszeit zur Unterstützung der Kontrolleure bei ihren Kontrollen und sollte daher eingeführt werden.

(8) Der Gerichtshof hat in seinem Urteil in der Rechtssache C-394/92 Michielsen und Geybels Transport Service[3] den Begriff „tägliche Arbeitszeit" definiert und die Kontrollbehörden sollten die Bestimmungen dieser Verordnung im Lichte dieser Definition auslegen. Die „tägliche Arbeitszeit" beginnt in dem Moment, in dem der Fahrer nach einer wöchentlichen oder täglichen Ruhezeit den Fahrtenschreiber in Gang setzt, oder, wenn eine tägliche Ruhezeit in Abschnitten genommen wird, am Ende der Ruhezeit, deren Dauer neun Stunden nicht unterschreitet. Sie endet zu Beginn einer täglichen Ruhezeit oder, wenn die tägliche Ruhezeit in

---

[1] Nr. **565**.

[2] **Amtl. Anm.:** Verordnung (EG) Nr. 561/2006 des Europäischen Parlaments und des Rates vom 15. März 2006 zur Harmonisierung bestimmter Sozialvorschriften im Straßenverkehr und zur Änderung der Verordnungen (EWG) Nr. 3821/85 und (EG) Nr. 2135/98 des Rates sowie zur Aufhebung der Verordnung (EWG) Nr. 3820/85 des Rates (ABl. L 102 vom 11.4.2006, S. 1).

[3] **Amtl. Anm.:** Slg. 1994 I, S. 2497.

Abschnitten genommen wird, zu Beginn einer Ruhezeit von mindestens neun zusammenhängenden Stunden.

(9) Die Richtlinie 2006/22/EG des Europäischen Parlaments und des Rates[1] verpflichtet die Mitgliedstaaten zur Durchführung einer bestimmten Mindestzahl von Straßenkontrollen. Die Fernkommunikation zwischen dem Fahrtenschreiber und Kontrollbehörden zu Straßenkontrollzwecken erleichtert die Durchführung gezielter Straßenkontrollen; sie ermöglicht eine Verringerung der Verwaltungslasten, die durch stichprobenartige Überprüfungen der Verkehrsunternehmen entstehen, und sollte daher eingeführt werden.

(10) Intelligente Verkehrssysteme (im Folgenden „IVS") können dabei helfen, die Herausforderungen der europäischen Verkehrspolitik zu bewältigen, beispielsweise die Zunahme des Straßenverkehrsaufkommens und der Verkehrsstaus und den steigenden Energieverbrauch. Deshalb sollten in Fahrtenschreibern genormte Schnittstellen bereitgestellt werden, um die Interoperabilität mit IVS-Anwendungen zu gewährleisten.

(11) Priorität sollte die Entwicklung von Anwendungen erhalten, die den Fahrern helfen, die im Fahrtenschreiber aufgezeichneten Daten zu interpretieren, damit sie die Sozialvorschriften einhalten können.

(12) Die Sicherheit des Fahrtenschreibers und seines Systems ist eine wesentliche Voraussetzung dafür, dass vertrauenswürdige Daten generiert werden. Deshalb sollten die Hersteller den Fahrtenschreiber so konstruieren, erproben und über seinen gesamten Lebenszyklus ständig überprüfen, dass Sicherheitsschwachstellen vermieden, erkannt, und verringert werden.

(13) Die Praxiserprobung von Fahrtenschreibern, für die noch keine Typgenehmigung erteilt wurde, ermöglicht vor der breiten Einführung einen Test unter realen Anwendungsbedingungen, was auch schnellere Verbesserungen ermöglicht. Praxiserprobungen sollten daher unter der Voraussetzung erlaubt werden, dass die Teilnahme daran und die Einhaltung der Verordnung (EG) Nr. 561/2006[2] wirksam überwacht und kontrolliert wird.

(14) Da es sehr wichtig ist, ein Höchstmaß an Sicherheit aufrechtzuerhalten, sollten Sicherheitszertifikate von einer Zertifizierungsstelle ausgestellt werden, die vom Verwaltungsausschuss im Rahmen des „Mutual Recognition Agreement of Information Technology Security Evaluation Certificates" (Abkommen zur gegenseitigen Anerkennung von IT-Sicherheitszertifikaten) der Gruppe Hoher Beamter für Informationssicherheit (SOG-IS) anerkannt ist.

Im Rahmen der internationalen Beziehungen zu Drittländern sollte die Kommission eine Zertifizierungsstelle für die Zwecke dieser Verordnung nicht anerkennen, wenn die Stelle Bedingungen für die Sicherheitsevaluierung nicht erfüllt, die denen nach dem Abkommen zur gegenseitigen

---

[1] **Amtl. Anm.:** Richtlinie 2006/22/EG des Europäischen Parlaments und des Rates vom 15. März 2006 über Mindestbedingungen für die Durchführung der Verordnungen (EWG) Nr. 3820/85 und (EWG) Nr. 3821/85 des Rates über Sozialvorschriften für Tätigkeiten im Kraftverkehr sowie zur Aufhebung der Richtlinie 88/599/EWG des Rates (ABl. L 102 vom 11.4.2006, S. 35).

[2] Nr. **565**.

Anerkennung gleichwertig sind. Dabei sollte die Stellungnahme des Verwaltungsausschusses zugrunde gelegt werden.

(15) Den Einbaubetrieben und Werkstätten kommt bei der Gewährleistung der Sicherheit von Fahrtenschreibern eine wichtige Rolle zu. Daher sollten bestimmte Mindestanforderungen für ihre Zuverlässigkeit und für ihre Zulassung, und Überprüfung festgelegt werden. Darüber hinaus sollten die Mitgliedstaaten geeignete Maßnahmen ergreifen, damit Interessenkonflikte zwischen Einbaubetrieben oder Werkstätten und Verkehrsunternehmen vermieden werden. Durch diese Verordnung werden die Mitgliedstaaten in keiner Weise daran gehindert, für deren Zulassung, Kontrolle und Zertifizierung nach den Verfahren der Verordnung (EG) Nr. 765/2008 des Europäischen Parlaments und des Rates[1)] zu sorgen, sofern die Mindestkriterien der vorliegenden Verordnung erfüllt sind.

(16) Um eine wirksamere Prüfung und Kontrolle der Fahrerkarten zu ermöglichen und den Kontrolleuren die Wahrnehmung ihrer Aufgaben zu erleichtern, sollten nationale elektronische Register eingerichtet und Vorgaben für deren Vernetzung gemacht werden.

(17) Bei der Prüfung der Einzigkeit von Fahrerkarten sollten die Mitgliedstaaten die Verfahren anwenden, die in der Empfehlung 2010/19/EU der Kommission[2)] genannt werden.

(18) Es sollte der Sonderfall berücksichtigt werden, dass ein Mitgliedstaat die Möglichkeit haben sollte, einem Fahrer, der seinen gewöhnlichen Wohnsitz nicht in einem Mitgliedstaat oder einem Staat hat, der Vertragspartei des Europäischen Übereinkommens über die Arbeit des im internationalen Straßenverkehr beschäftigten Fahrpersonals vom 1. Juli 1970 (im Folgenden „AETR-Übereinkommen“) ist, eine befristete und nicht erneuerbare Fahrerkarte auszustellen. In diesen Fällen müssen die betreffenden Mitgliedstaaten die einschlägigen Bestimmungen dieser Verordnung uneingeschränkt anwenden.

(19) Die Mitgliedstaaten sollten auch dann Fahrerkarten für in ihrem Hoheitsgebiet ansässige Fahrer ausstellen können, wenn die Verträge für bestimmte Teile ihres Hoheitsgebiets nicht gelten. In diesen Fällen müssen die betreffenden Mitgliedstaaten die einschlägigen Bestimmungen dieser Verordnung uneingeschränkt anwenden.

(20) Veränderungen des Fahrtenschreibers und neue Manipulationstechniken stellen für die Kontrolleure eine ständige Herausforderung dar. Im Interesse einer wirksameren Kontrolle und einer stärkeren Harmonisierung der Kontrollansätze in der Europäischen Union sollte eine gemeinsame Methodik für die Grundausbildung und die Fortbildung der Kontrolleure festgelegt werden.

(21) Die Aufzeichnung von Daten durch den Fahrtenschreiber wie auch die Entwicklung von Technologien für die Aufzeichnung von Standortdaten,

---

[1)] **Amtl. Anm.:** Verordnung (EG) Nr. 765/2008 des Europäischen Parlaments und des Rates vom 9. Juli 2008 über die Vorschriften für die Akkreditierung und Marktüberwachung im Zusammenhang mit der Vermarktung von Produkten und zur Aufhebung der Verordnung (EWG) Nr. 339/93 des Rates (ABl. L 218 vom 13.8.2008, S. 30).

[2)] **Amtl. Anm.:** Empfehlung 2010/19/EU der Kommission vom 13. Januar 2010 für den sicheren elektronischen Datenaustausch zwischen den Mitgliedstaaten zur Überprüfung der Einzigkeit der von ihnen ausgestellten Fahrerkarten (ABl. L 9 vom 14.1.2010, S. 10).

die Fernkommunikation und die Schnittstelle zu IVS führen zur Verarbeitung personenbezogener Daten. Daher sollten die einschlägigen Rechtsvorschriften der Union Anwendung finden, insbesondere die in der Richtlinie 95/46/EG des Europäischen Parlaments und des Rates[1)] und der Richtlinie 2002/58/EG des Europäischen Parlaments und des Rates[2)] festgelegten.

(22) Im Interesse eines unverfälschten Wettbewerbs bei der Entwicklung von Anwendungen für Fahrtenschreiber sollten Rechte des geistigen Eigentums und Patente bezüglich der Übertragung von Daten von und zu Fahrtenschreibern für jedermann unentgeltlich zur Verfügung stehen.

(23) Die im Rahmen der Kommunikation mit den Kontrollbehörden in den Mitgliedstaaten ausgetauschten Daten sollten gegebenenfalls den einschlägigen internationalen Normen entsprechen, wie der vom Europäischen Komitee für Normung verabschiedeten Normenserie für die dedizierte Kurzstreckenkommunikation.

(24) Um gleiche Wettbewerbsbedingungen im Verkehrsbinnenmarkt zu gewährleisten und um ein eindeutiges Signal an Fahrer und Verkehrsunternehmen zu richten, sollten die Mitgliedstaaten – unbeschadet des Subsidiaritätsprinzips – entsprechend den in der Richtlinie 2006/22/EG festgelegten Kategorien von Verstößen wirksame, verhältnismäßige, abschreckende und nicht diskriminierende Sanktionen vorsehen.

(25) Die Mitgliedstaaten sollten sicherstellen, dass die Auswahl der zu kontrollierenden Fahrzeuge ohne Diskriminierung aufgrund der Staatsangehörigkeit des Fahrers oder des Landes erfolgt, in dem das Nutzfahrzeug zugelassen ist oder in Betrieb genommen wurde.

(26) Im Interesse der klaren, wirksamen, verhältnismäßigen und einheitlichen Durchsetzung der Sozialvorschriften im Straßenverkehr sollten die Behörden der Mitgliedstaaten die Regeln einheitlich anwenden.

(27) Jeder Mitgliedstaat sollte der Kommission seine Erkenntnisse über das Angebot an betrügerischen Geräten oder Einrichtungen zur Manipulation von Fahrtenschreibern, darunter auch die Angebote im Internet, mitteilen und die Kommission sollte alle anderen Mitgliedstaaten entsprechend von diesen Erkenntnissen informieren.

(28) Die Kommission sollte auch weiterhin ihre Internet-Hotline betreiben, bei der Fahrer, Verkehrsunternehmen, Kontrollbehörden und zugelassene Einbaubetriebe, Werkstätten und Fahrzeughersteller ihre Fragen und Bedenken zum digitalen Fahrtenschreiber vorbringen können, etwa auch zu neuen Formen von Manipulation und Betrug.

(29) Durch die Anpassungen des AETR-Übereinkommens ist die Verwendung eines digitalen Fahrtenschreibers für Fahrzeuge obligatorisch geworden, die in Drittländern zugelassen sind, welche das AETR-Übereinkommen unterzeichnet haben. Da diese Länder direkt von den durch

---

1) **Amtl. Anm.:** Richtlinie 95/46/EG des Europäischen Parlaments und des Rates vom 24. Oktober 1995 zum Schutz natürlicher Personen bei der Verarbeitung personenbezogener Daten und zum freien Datenverkehr (ABl. L 281 vom 23.11.1995, S. 31).

2) **Amtl. Anm.:** Richtlinie 2002/58/EG des Europäischen Parlaments und des Rates vom 12. Juli 2002 über die Verarbeitung personenbezogener Daten und den Schutz der Privatsphäre in der elektronischen Kommunikation (ABl. L 201 vom 31.7.2002, S. 37).

diese Verordnung eingeführten Änderungen am Fahrtenschreiber betroffen sind, sollten sie die Möglichkeit haben, sich an einem Dialog über technische Angelegenheiten, einschließlich des Systems für den Austausch von Informationen über Fahrerkarten und Werkstattkarten, zu beteiligen. Daher sollte ein Fahrtenschreiberforum eingerichtet werden.

(30) Um einheitliche Voraussetzungen für die Durchführung der vorliegenden Verordnung zu gewährleisten, sollten der Kommission Durchführungsbefugnisse für folgende Aspekte übertragen werden: Anforderungen, Anzeige- und Warnfunktionen und Typgenehmigung des Fahrtenschreibers sowie Einzelvorschriften für intelligente Fahrtenschreiber; Verfahren für Praxiserprobungen und dabei verwendete Kontrollformulare; Musterformular für die schriftliche Begründung für die Entfernung der Verplombung; erforderliche gemeinsame Verfahren und Spezifikationen für die Vernetzung der elektronischen Register; methodische Angaben zum Inhalt der Erstausbildung und der Weiterbildung von Kontrollbeamten. Diese Befugnisse sollten gemäß der Verordnung (EU) Nr. 182/2011 des Europäischen Parlaments und des Rates[1] ausgeübt werden.

(31) Die für die Zwecke der vorliegenden Verordnung erlassenen Durchführungsrechtsakte, die die Vorschriften des Anhangs IB der Verordnung (EWG) Nr. 3821/85 ersetzen werden, sowie andere Durchführungsmaßnahmen sollten ab dem 2. März 2016 gelten. Wurden die Durchführungsrechtsakte aus irgendeinem Grund nicht rechtzeitig erlassen, so sollte die erforderliche Kontinuität durch Übergangsmaßnahmen sichergestellt werden.

(32) Die Durchführungsrechtsakte nach dieser Verordnung sollten von der Kommission nicht erlassen werden, wenn der in dieser Verordnung vorgesehene Ausschuss keine Stellungnahme zu dem von der Kommission vorgelegten Entwurf eines Durchführungsrechtsakts abgibt.

(33) Im Rahmen der Anwendung des AETR-Übereinkommens sollten Verweise auf die Verordnung (EWG) Nr. 3821/85 als Verweise auf die vorliegende Verordnung gelten. Die Union wird geeignete Maßnahmen in der Wirtschaftskommission der Vereinten Nationen für Europa (UNECE) in Betracht ziehen, um die erforderliche Kohärenz zwischen dieser Verordnung und dem AETR-Übereinkommen sicherzustellen.

(34) Der Europäische Datenschutzbeauftragte wurde gemäß Artikel 28 Absatz 2 der Verordnung (EG) Nr. 45/2001 des Europäischen Parlaments und des Rates[2] angehört und hat am 5. Oktober 2011 eine Stellungnahme[3] abgegeben.

(35) Die Verordnung (EWG) Nr. 3821/85 sollte daher aufgehoben werden –

HABEN FOLGENDE VERORDNUNG ERLASSEN:

---

[1] **Amtl. Anm.:** Verordnung (EU) Nr. 182/2011 des Europäischen Parlaments und des Rates vom 16. Februar 2011 zur Festlegung der allgemeinen Regeln und Grundsätze, nach denen die Mitgliedstaaten die Wahrnehmung der Durchführungsbefugnisse durch die Kommission kontrollieren (ABl. L 55 vom 28.2.2011, S. 13).

[2] **Amtl. Anm.:** Verordnung (EG) Nr. 45/2001 des Europäischen Parlaments und des Rates vom 18. Dezember 2000 zum Schutz natürlicher Personen bei der Verarbeitung personenbezogener Daten durch die Organe und Einrichtungen der Gemeinschaft zum freien Datenverkehr (ABl. L 8 vom 12.1.2001, S. 1).

[3] **Amtl. Anm.:** ABl. C 37 vom 10.2.2012, S. 6.

Kapitel I. Grundsätze, Geltungsbereich und Anforderungen

Art. 1[1] Gegenstand und Grundsätze. (1) *[1]* Diese Verordnung enthält die Pflichten zu und Vorschriften über Bauart, Einbau, Benutzung, Prüfung und Kontrolle von Fahrtenschreibern im Straßenverkehr, um die Einhaltung der Verordnung (EG) Nr. 561/2006[2], der Verordnungen (EG) Nr. 1071/2009[3], (EG) Nr. 1072/2009[4], (EG) Nr. 1073/2009[5] des Europäischen Parlaments und des Rates, der Richtlinie 2002/15/EG des Europäischen Parlaments und des Rates[6], der Richtlinien 92/6/EWG[7] und 92/106/EWG[8] des Rates und, was die Entsendung von Arbeitnehmern im Straßenverkehr betrifft, der Richtlinien 96/71/EG[9], 2014/67/EU[10] und (EU) 2020/1057[11] des Europäischen Parlaments und des Rates zu überprüfen.

[2] Fahrtenschreiber müssen hinsichtlich Bauart, Einbau, Benutzung und Prüfung den Vorschriften dieser Verordnung entsprechen.

(2) Diese Verordnung enthält die Bedingungen und Vorschriften, nach denen die Informationen und nicht personenbezogenen Daten, die von den Fahrtenschreibern aufgezeichnet, verarbeitet oder gespeichert wurden, für andere Zwecke verwendet werden können als die Überprüfung der Einhaltung der in Absatz 1 genannten Rechtsakte.

---

[1] Art. 1 Abs. 1 UAbs. 1 neu gef. mWv 20.8.2020 durch VO v. 15.7.2020 (ABl. L 249 S. 1).

[2] Nr. **565**.

[3] **Amtl. Anm.:** Verordnung (EG) Nr. 1071/2009 des Europäischen Parlaments und des Rates vom 21. Oktober 2009 zur Festlegung gemeinsamer Regeln für die Zulassung zum Beruf des Kraftverkehrsunternehmers und zur Aufhebung der Richtlinie 96/26/EG des Rates (ABl. L 300 vom 14.11.2009, S. 51).

[4] **Amtl. Anm.:** Verordnung (EG) Nr. 1072/2009 des Europäischen Parlaments und des Rates vom 21. Oktober 2009 über gemeinsame Regeln für den Zugang zum Markt des grenzüberschreitenden Güterkraftverkehrs (ABl. L 300 vom 14.11.2009, S. 72).

[5] **Amtl. Anm.:** Verordnung (EG) Nr. 1073/2009 des Europäischen Parlaments und des Rates vom 21. Oktober 2009 über gemeinsame Regeln für den Zugang zum grenzüberschreitenden Personenkraftverkehrsmarkt und zur Änderung der Verordnung (EG) Nr. 561/2006 (ABl. L 300 vom 14.11. 2009, S. 88).

[6] **Amtl. Anm.:** Richtlinie 2002/15/EG des Europäischen Parlaments und des Rates vom 11. März 2002 zur Regelung der Arbeitszeit von Personen, die Fahrtätigkeiten im Bereich des Straßentransports ausüben (ABl. L 80 vom 23.3.2002, S. 35).

[7] **Amtl. Anm.:** Richtlinie 92/6/EWG des Rates vom 10. Februar 1992 über Einbau und Benutzung von Geschwindigkeitsbegrenzern für bestimmte Kraftfahrzeugklassen in der Gemeinschaft (ABl. L 57 vom 2.3.1992, S. 27).

[8] **Amtl. Anm.:** Richtlinie 92/106/EWG des Rates vom 7. Dezember 1992 über die Festlegung gemeinsamer Regeln für bestimmte Beförderungen im kombinierten Güterverkehr zwischen Mitgliedstaaten (ABl. L 368 vom 17.12.1992, S. 38).

[9] **Amtl. Anm.:** Richtlinie 96/71/EG des Europäischen Parlaments und des Rates vom 16. Dezember 1996 über die Entsendung von Arbeitnehmern im Rahmen der Erbringung von Dienstleistungen (ABl. L 18 vom 21.1.1997, S. 1).

[10] **Amtl. Anm.:** Richtlinie 2014/67/EU des Europäischen Parlaments und des Rates vom 15. Mai 2014 zur Durchsetzung der Richtlinie 96/71/EG über die Entsendung von Arbeitnehmern im Rahmen der Erbringung von Dienstleistungen und zur Änderung der Verordnung (EU) Nr. 1024/ 2012 über die Verwaltungszusammenarbeit mit Hilfe des Binnenmarkt-Informationssystems („IMI-Verordnung") (ABl. L 159 vom 28.5.2014, S. 11).

[11] **Amtl. Anm.:** Richtlinie (EU) 2020/1057 des Europäischen Parlaments und des Rates vom 15. Juli 2020 zur Festlegung spezifischer Regeln im Zusammenhang mit der Richtlinie 96/71/EG und der Richtlinie 2014/67/EU für die Entsendung von Kraftfahrern im Straßenverkehrssektor und zur Änderung der Richtlinie 2006/22/EG über die Durchsetzungsanforderungen und der Verordnung (EU) Nr. 1024/2012 (ABl. L 249 vom 31.7.2020, S. 49).

Art. 2 Begriffsbestimmungen. (1) Im Sinne dieser Verordnung gelten die Begriffsbestimmungen des Artikels 4 der Verordnung (EG) Nr. 561/2006[1].

(2) Zusätzlich zu den in Absatz 1 genannten Begriffsbestimmungen gelten im Sinne dieser Verordnung folgende Begriffsbestimmungen:

a) „Fahrtenschreiber" oder „Kontrollgerät" ist das für den Einbau in Kraftfahrzeuge bestimmte Gerät zum vollautomatischen oder halbautomatischen Anzeigen, Aufzeichnen, Ausdrucken, Speichern und Ausgeben von Angaben über die Fahrten des Fahrzeugs, einschließlich seiner Fahrgeschwindigkeit, gemäß Artikel 4 Absatz 3 sowie von Angaben über bestimmte Tätigkeitszeiten der Fahrer;

b) „Fahrzeugeinheit" ist der Fahrtenschreiber ohne den Bewegungssensor und ohne die Verbindungskabel zum Bewegungssensor. Die Fahrzeugeinheit kann aus einem Einzelgerät oder aus mehreren im Fahrzeug verteilten Geräten bestehen, sofern sie den Sicherheitsanforderungen dieser Verordnung entspricht; die Fahrzeugeinheit umfasst unter anderem eine Verarbeitungseinheit, einen Massenspeicher, eine Zeitmessfunktion, zwei Chipkarten-Schnittstellengeräte für Fahrer und Beifahrer, einen Drucker, eine Datenanzeige, Steckverbinder und Bedienelemente für Nutzereingaben;

c) „Bewegungssensor" ist der Bestandteil des Fahrtenschreibers, der ein Signal bereitstellt, das die Fahrzeuggeschwindigkeit und/oder die zurückgelegte Wegstrecke darstellt;

d) „Fahrtenschreiberkarte" ist eine zur Verwendung mit dem Fahrtenschreiber bestimmte Chipkarte, die die Feststellung der Rolle des Karteninhabers durch den Fahrtenschreiber und die Übertragung und Speicherung von Daten ermöglicht;

e) „Schaublatt" ist ein für die dauerhafte Aufzeichnung von Daten bestimmtes Blatt, das in den analogen Fahrtenschreiber eingelegt wird und auf dem die Schreibeinrichtung des analogen Fahrtenschreibers die zu registrierenden Angaben fortlaufend aufzeichnet;

f) „Fahrerkarte" ist eine Fahrtenschreiberkarte, die einem bestimmten Fahrer von den Behörden eines Mitgliedstaats ausgestellt wird, den Fahrer ausweist und die Speicherung von Tätigkeitsdaten des Fahrers ermöglicht;

g) „analoger Fahrtenschreiber" ist ein Fahrtenschreiber, bei dem ein Schaublatt in Einklang mit dieser Verordnung verwendet wird;

h) „digitaler Fahrtenschreiber" ist ein Fahrtenschreiber, bei dem eine Fahrtenschreiberkarte in Einklang mit dieser Verordnung verwendet wird;

i) „Kontrollkarte" ist eine Fahrtenschreiberkarte, die die Behörden eines Mitgliedstaats einer zuständigen nationalen Kontrollbehörde ausstellen, die die Kontrollbehörde, und fakultativ den Kontrolleur, ausweist und das Lesen, Ausdrucken und/oder Herunterladen der im Massenspeicher, auf Fahrerkarten, und fakultativ auf Werkstattkarten gespeicherten Daten, ermöglicht;

j) „Unternehmenskarte" ist eine Fahrtenschreiberkarte, die die Behörden eines Mitgliedstaats einem Verkehrsunternehmen ausstellen, das mit einem Fahrtenschreiber ausgerüstete Fahrzeuge betreiben muss, und die das Verkehrsunternehmen ausweist und das Anzeigen, Herunterladen und Ausdrucken der Daten ermöglicht, die in dem von diesem Verkehrsunternehmen gesperrten Fahrtenschreiber gespeichert sind;

---

[1] Nr. **565**.

k) „Werkstattkarte“ ist eine Fahrtenschreiberkarte, die die Behörden eines Mitgliedstaats benannten Mitarbeitern eines von diesem Mitgliedstaat zugelassenen Fahrtenschreiberherstellers, Einbaubetriebs, Fahrzeugherstellers oder einer von ihm zugelassenen Werkstatt ausstellen, den Karteninhaber ausweist und das Prüfen, Kalibrieren und Aktivieren von Fahrtenschreibern und/oder das Herunterladen der Daten von diesen ermöglicht;

l) „Aktivierung“ ist die Phase, in der der Fahrtenschreiber mit Hilfe einer Werkstattkarte seine volle Einsatzbereitschaft erlangt und alle Funktionen, einschließlich Sicherheitsfunktionen, erfüllt;

m) „Kalibrierung“ des digitalen Fahrtenschreibers ist die mit Hilfe der Werkstattkarte vorgenommene Aktualisierung oder Bestätigung von Fahrzeugparametern einschließlich der Fahrzeugkennung und der Fahrzeugmerkmale, die im Massenspeicher zu speichern sind;

n) „Herunterladen“ von einem digitalen Fahrtenschreiber ist das Kopieren eines Teils oder aller im Massenspeicher der Fahrzeugeinheit oder im Speicher der Fahrtenschreiberkarte gespeicherten Datendateien zusammen mit der digitalen Signatur, sofern hierdurch die gespeicherten Daten weder verändert noch gelöscht werden;

o) „Ereignis“ ist eine vom Fahrtenschreiber festgestellte Betriebsabweichung, die möglicherweise auf einen Betrugsversuch zurückgeht;

p) „Störung“ ist eine vom Fahrtenschreiber festgestellte Betriebsabweichung, die möglicherweise auf eine technische Fehlfunktion oder ein technisches Versagen zurückgeht;

q) „Einbau“ ist die Montage eines Fahrtenschreibers in einem Fahrzeug;

r) „ungültige Karte“ ist eine Karte, die als fehlerhaft festgestellt wurde oder deren Erstauthentisierung fehlgeschlagen oder deren Gültigkeitsbeginn noch nicht erreicht oder deren Ablaufdatum überschritten ist;

s) „regelmäßige Nachprüfung“ ist ein Komplex von Arbeitsgängen zur Überprüfung der ordnungsgemäßen Funktion des Fahrtenschreibers und der Übereinstimmung seiner Einstellungen mit den Fahrzeugparametern sowie zur Kontrolle, dass keine Manipulationsvorrichtungen an den Fahrtenschreiber angeschlossen sind;

t) „Reparatur“ ist die Reparatur eines Bewegungssensors oder einer Fahrzeugeinheit, wozu die Trennung von der Stromversorgung oder die Trennung von anderen Komponenten des Fahrtenschreibers oder die Öffnung des Bewegungssensors oder der Fahrzeugeinheit erforderlich ist;

u) „Typgenehmigung“ ist das Verfahren, mit dem durch einen Mitgliedstaat gemäß Artikel 13 bescheinigt wird, dass der Fahrtenschreiber, seine jeweiligen Komponenten oder die Fahrtenschreiberkarte, die in Verkehr gebracht werden sollen, die Anforderungen dieser Verordnung erfüllen;

v) „Interoperabilität“ ist die Fähigkeit von Systemen, Daten auszutauschen und Informationen weiterzugeben, sowie die ihnen zugrundeliegenden Geschäftsabläufe;

w) „Schnittstelle“ ist eine Einrichtung zwischen Systemen, die der Verbindung und der Kommunikation zwischen den Systemen dient;

x) „Zeitmessung“ ist die ununterbrochene digitale Aufzeichnung der koordinierten Weltzeit aus Kalenderdatum und Uhrzeit (UTC);

y) „Zeiteinstellung" ist die in regelmäßigen Abständen vorgenommene automatische Einstellung der aktuellen Zeit mit einer Höchsttoleranz von einer Minute oder die während der Kalibrierung vorgenommene Einstellung;

z) „offene Norm" ist eine Norm, die in einem Normenspezifikationsdokument aufgeführt ist, das kostenlos oder gegen eine Schutzgebühr zur Verfügung steht und gebührenfrei oder gegen eine Schutzgebühr kopiert, verteilt oder benutzt werden darf.

Art. 3[1] **Anwendungsbereich.** (1) Der Fahrtenschreiber ist in Fahrzeugen einzubauen und zu benutzen, die in einem Mitgliedstaat zugelassen sind, der Personen- oder Güterbeförderung im Straßenverkehr dienen und für die die Verordnung (EG) Nr. 561/2006[2] gilt.

(2) Die Mitgliedstaaten können die in Artikel 13 Absätze 1 und 3 der Verordnung (EG) Nr. 561/2006 genannten Fahrzeuge von der Anwendung der vorliegenden Verordnung ausnehmen.

(3) *[1]* Die Mitgliedstaaten können Fahrzeuge, die für Beförderungen eingesetzt werden, für die eine Ausnahme nach Artikel 14 Absatz 1 der Verordnung (EG) Nr. 561/2006 gewährt wurde, von der Anwendung der vorliegenden Verordnung ausnehmen.

[2] Die Mitgliedstaaten können Fahrzeuge, die für Beförderungen eingesetzt werden, für die gemäß Artikel 14 Absatz 2 der Verordnung (EG) Nr. 561/2006 eine Ausnahme gewährt wurde, von der Anwendung der vorliegenden Verordnung ausnehmen; sie setzen die Kommission unverzüglich davon in Kenntnis.

(4) Spätestens drei Jahre nach Ablauf des Jahres des Inkrafttretens der in Artikel 11 Absatz 2 genannten Einzelvorschriften müssen folgende Kategorien von Fahrzeugen, die in einem anderen Mitgliedstaat als dem Mitgliedstaat ihrer Zulassung eingesetzt werden, mit einem intelligenten Fahrtenschreiber gemäß den Artikeln 8, 9 und 10 dieser Verordnung ausgerüstet sein:

a) Fahrzeuge, die mit einem analogen Fahrtenschreiber ausgerüstet sind;

b) Fahrzeuge, die mit einem digitalen Fahrtenschreiber ausgerüstet sind, der den bis zum 30. September 2011 geltenden Spezifikationen in Anhang IB der Verordnung (EWG) Nr. 3821/85 entspricht;

c) Fahrzeuge, die mit einem digitalen Fahrtenschreiber ausgerüstet sind, der den ab dem 1. Oktober 2011 geltenden Spezifikationen in Anhang IB der Verordnung (EWG) Nr. 3821/85 entspricht, und

d) Fahrzeuge, die mit einem digitalen Fahrtenschreiber ausgerüstet sind, der den ab dem 1. Oktober 2012 geltenden Spezifikationen in Anhang IB der Verordnung (EWG) Nr. 3821/85 entspricht.

(4a) Spätestens vier Jahre nach Inkrafttreten der in Artikel 11 Absatz 2 genannten Einzelvorschriften müssen Fahrzeuge, die mit einem intelligenten Fahrtenschreiber gemäß Anhang IC der Durchführungsverordnung (EU) 2016/799 der Kommission[3] ausgerüstet sind und in einem anderen Mitglied-

[1] Art. 3 Abs. 4 neu gef., Abs. 4a eingef. mWv 20.8.2020 durch VO v. 15.7.2020 (ABl. L 249 S. 1).
[2] Nr. **565**.
[3] **Amtl. Anm.:** Durchführungsverordnung (EU) 2016/799 der Kommission vom 18. März 2016 zur Durchführung der Verordnung (EU) Nr. 165/2014 des Europäischen Parlaments und des Rates zur Festlegung der Vorschriften über Bauart, Prüfung, Einbau, Betrieb und Reparatur von Fahrtenschreibern und ihren Komponenten (ABl. L 139 vom 26.5.2016, S. 1).

staat als dem Mitgliedstaat ihrer Zulassung eingesetzt werden, mit einem intelligenten Fahrtenschreiber gemäß den Artikeln 8, 9 und 10 der vorliegenden Verordnung ausgerüstet sein.

(5) Die Mitgliedstaaten können für Beförderungen im Binnenverkehr vorschreiben, dass in allen Fahrzeugen, in denen gemäß Absatz 1 nicht anderweitig ein Fahrtenschreiber eingebaut und benutzt zu werden braucht, ein Fahrtenschreiber gemäß dieser Verordnung eingebaut und benutzt werden muss.

Art. 4[1)] Anforderungen und zu speichernde Daten. (1) Fahrtenschreiber, einschließlich externer Komponenten, Fahrtenschreiberkarten und Schaublätter müssen strenge technische und andere Anforderungen erfüllen, so dass diese Verordnung ordnungsgemäß angewendet werden kann.

(2) Der Fahrtenschreiber und die Fahrtenschreiberkarten müssen die folgenden Anforderungen erfüllen:

– Aufzeichnung genauer und zuverlässiger Daten betreffend den Fahrer, die Tätigkeit des Fahrers und das Fahrzeug;
– Sicherheit, damit insbesondere Integrität und Ursprung der Herkunft der von Fahrzeugeinheiten und Bewegungssensoren aufgezeichneten und von ihnen abgerufenen Daten gewährleistet sind;
– Interoperabilität zwischen den verschiedenen Generationen von Fahrzeugeinheiten und Fahrtenschreiberkarten;
– Ermöglichung einer wirksamen Überprüfung der Einhaltung dieser Verordnung und anderer Rechtsakte;
– ausreichend Speicherkapazität zur Speicherung aller gemäß dieser Verordnung erforderlichen Daten;
– Benutzerfreundlichkeit.

(3) Der digitale Fahrtenschreiber muss folgende Daten aufzeichnen:

a) zurückgelegte Wegstrecke und Geschwindigkeit des Fahrzeugs;
b) Zeitmessung;
c) Standorte gemäß Artikel 8 Absatz 1;
d) Identität des Fahrers;
e) Tätigkeit des Fahrers;
f) Kontroll-, Kalibrierungs- und Fahrtenschreiber-Reparaturdaten, einschließlich Angaben zur Werkstatt;
g) Ereignisse und Fehler.

(4) Der analoge Fahrtenschreiber muss mindestens die in Absatz 3 Buchstaben a, b und e genannten Daten aufzeichnen.

(5) Folgenden Stellen kann jederzeit Zugang zu den im Fahrtenschreiber und auf der Fahrtenschreiberkarte gespeicherten Daten gewährt werden:

a) den zuständigen Kontrollbehörden, und
b) dem jeweiligen Verkehrsunternehmen, damit es seinen rechtlichen Verpflichtungen nachkommen kann, insbesondere jenen gemäß Artikel 32 und 33.

[1)] Art. 4 Abs. 2 geänd. mWv 20.8.2020 durch VO v. 15.7.2020 (ABl. L 249 S. 1).

(6) Das Herunterladen von Daten erfolgt mit geringst möglicher zeitlicher Beeinträchtigung für Verkehrsunternehmen bzw. Fahrer.

(7) Die vom Fahrtenschreiber gespeicherten Daten, die drahtlos oder elektronisch vom oder zum Fahrtenschreiber übertragen werden können, müssen öffentlich verfügbare Protokolle sein, die in offenen Normen definiert sind.

(8) [1] Um sicherzustellen, dass der Fahrtenschreiber und die Fahrtenschreiberkarten den Grundsätzen und Anforderungen dieser Verordnung und insbesondere dieses Artikels genügen, erlässt die Kommission im Wege von Durchführungsrechtsakten Einzelvorschriften für die einheitliche Anwendung dieses Artikels, und zwar insbesondere Bestimmungen zu den technischen Vorkehrungen zwecks Einhaltung dieser Anforderungen. [2] Diese Durchführungsrechtsakte werden nach dem in Artikel 42 Absatz 3 genannten Prüfverfahren erlassen.

(9) Diese Einzelvorschriften gemäß Absatz 8, die gegebenenfalls auf Normen gestützt sind, gewährleisten die Interoperabilität und Kompatibilität zwischen den verschiedenen Generationen von Fahrzeugeinheiten und allen Fahrtenschreiberkarten.

Art. 5 Funktionen des digitalen Fahrtenschreibers. Der digitale Fahrtenschreiber muss folgende Funktionen gewährleisten:
– Geschwindigkeits- und Wegstreckenmessung;
– Überwachung der Fahrertätigkeiten und des Status der Fahrzeugführung;
– Überwachung des Einsteckens und Entnehmens von Fahrtenschreiberkarten;
– Aufzeichnung manueller Eingaben der Fahrer;
– Kalibrierung;
– automatische Aufzeichnung der Standorte gemäß Artikel 8 Absatz 1;
– Überwachung von Kontrollen;
– Feststellung und Aufzeichnung von Ereignissen und Störungen;
– Auslesen von Daten aus dem Massenspeicher und Aufzeichnung und Speicherung von Daten im Massenspeicher;
– Auslesen von Daten aus Fahrtenschreiberkarten und Aufzeichnung und Speicherung von Daten auf Fahrtenschreiberkarten;
– Datenanzeige, Warnsignale, Ausdrucken und Herunterladen von Daten auf externe Geräte;
– Zeiteinstellung und Zeitmessung;
– Fernkommunikation;
– Unternehmenssperren;
– integrierte Tests und Selbsttests.

Art. 6 Datenanzeige und Warnsignale. (1) Die im digitalen Fahrtenschreiber und auf der Fahrtenschreiberkarte gespeicherten Informationen über Fahrzeugbewegungen und über Fahrer und Beifahrer müssen klar, unzweideutig und ergonomisch angezeigt werden.

(2) [1] Folgende Informationen müssen angezeigt werden:

a) Uhrzeit;

b) Betriebsart;

c) Fahrertätigkeit:

– bei derzeitiger Tätigkeit „Lenken“: die aktuelle ununterbrochene Lenkzeit und die aktuelle kumulierte Arbeitsunterbrechung des Fahrers,
– bei derzeitiger Tätigkeit „Bereitschaft/andere Arbeiten/Ruhezeit oder Pause“: die aktuelle Dauer dieser Tätigkeit (seit der Auswahl) und die aktuelle kumulierte Arbeitsunterbrechung;

d) Warndaten;
e) Menüzugangsdaten.

[2] Vom Fahrtenschreiber können zusätzliche Informationen angezeigt werden, sofern sie von den gemäß dem vorliegenden Absatz vorgeschriebenen Informationen deutlich unterscheidbar sind.

(3) Bei Feststellung eines Ereignisses und/oder einer Störung sowie vor und zum Zeitpunkt der Überschreitung der höchstzulässigen ununterbrochenen Lenkzeit erhält der Fahrer vom digitalen Fahrtenschreiber ein Warnsignal, damit er die einschlägigen Rechtsvorschriften leichter einhalten kann.

(4) [1] Warnsignale werden als optisches Signal ausgegeben; zusätzlich kann ein akustisches Signal ausgegeben werden. [2] Die Warnsignale haben eine Dauer von mindestens 30 Sekunden, sofern sie nicht vom Nutzer durch Drücken einer Taste am Fahrtenschreiber bestätigt werden. [3] Der Grund für die Warnung wird am Fahrtenschreiber angezeigt und bleibt so lange sichtbar, bis der Benutzer ihn mit einer bestimmten Taste oder mit einem bestimmten Befehl über den Fahrtenschreiber bestätigt.

(5) [1] Um sicherzustellen, dass der Fahrtenschreiber die Anzeige- und Warnsignal-Anforderungen nach diesem Artikel erfüllt, erlässt die Kommission die für die einheitliche Anwendung dieses Artikels erforderlichen Einzelvorschriften. [2] Diese Durchführungsrechtsakte werden nach dem in Artikel 42 Absatz 3 genannten Prüfverfahren erlassen.

Art. 7[1)] Datenschutz. (1) Die Mitgliedstaaten stellen sicher, dass die Verarbeitung personenbezogener Daten im Rahmen der vorliegenden Verordnung nur zum Zwecke der Überprüfung der Einhaltung der vorliegenden Verordnung und der Verordnungen (EG) Nr. 561/2006[2)], (EG) Nr. 1071/2009, (EG) Nr. 1072/2009 und (EG) Nr. 1073/2009, der Richtlinien 92/6/EWG, 92/106/EWG und 2002/15/EG sowie, was die Entsendung von Arbeitnehmern im Straßenverkehr betrifft, der Richtlinien 96/71/EG, 2014/67/EU und (EU) 2020/1057 erfolgt.

(2) Die Mitgliedstaaten stellen insbesondere sicher, dass personenbezogene Daten gegen andere Verwendungen als die strikt mit den in Absatz 1 genannten Rechtsakten der Union zusammenhängende Verwendung in Bezug auf Folgendes geschützt werden:

a) Nutzung eines globalen Satellitennavigationssystems (GNSS) für die Aufzeichnung von Standortdaten gemäß Artikel 8,
b) Nutzung der Fernkommunikation zu Kontrollzwecken gemäß Artikel 9, Nutzung eines Fahrtenschreibers mit einer harmonisierten Schnittstelle gemäß Artikel 10, elektronischer Austausch von Informationen über Fahrerkarten gemäß Artikel 31 und insbesondere grenzüberschreitender Austausch dieser Daten mit Drittländern und

[1)] Art. 7 neu gef. mWv 20.8.2020 durch VO v. 15.7.2020 (ABl. L 249 S. 1).
[2)] Nr. **565**.

c) Aufbewahrung von Aufzeichnungen durch Verkehrsunternehmen gemäß Artikel 33.

(3) [1] Der digitale Fahrtenschreiber muss so konstruiert sein, dass er die Privatsphäre schützt. [2] Es dürfen nur Daten verarbeitet werden, die für die in Absatz 1 genannten Zwecke erforderlich sind.

(4) Die Fahrzeugeigentümer, die Verkehrsunternehmen und jede sonstige betroffene Stelle halten, soweit anwendbar, die einschlägigen Bestimmungen zum Schutz personenbezogener Daten ein.

Kapitel II. Intelligenter Fahrtenschreiber

Art. 8[1)] Aufzeichnung des Fahrzeugstandorts an bestimmten Punkten bzw. Zeitpunkten während der täglichen Arbeitszeit. (1) *[1]* Um die Überprüfung der Einhaltung der einschlägigen Rechtsvorschriften zu erleichtern, wird der Standort des Fahrzeugs an folgenden Punkten oder am nächstgelegenen Ort, an dem das Satellitensignal verfügbar ist, automatisch aufgezeichnet:

– Standort zu Beginn der täglichen Arbeitszeit;
– jedes Mal, wenn das Fahrzeug die Grenze eines Mitgliedstaats überschreitet;
– bei jeder Be- oder Entladung des Fahrzeugs;
– nach jeweils drei Stunden kumulierter Lenkzeit und
– Standort am Ende der täglichen Arbeitszeit.

[2] Um die Überprüfung der Einhaltung der Vorschriften durch die Kontrollbehörden zu erleichtern, zeichnet der intelligente Fahrtenschreiber gemäß den Anforderungen der Verordnung (EG) Nr. 561/2006[2)] ferner auf, ob das Fahrzeug für die Beförderung von Gütern oder Personen benutzt wurde.

[3] Dazu müssen Fahrzeuge, die 36 Monate nach Inkrafttreten der Einzelvorschriften gemäß Artikel 11 Absatz 1 erstmals zugelassen werden, mit einem Fahrtenschreiber ausgerüstet sein, der an einen Positionsbestimmungsdienst auf der Basis eines Satellitennavigationssystems angebunden ist.

[4] Die Aufzeichnung von Grenzüberschreitungen und zusätzlichen Tätigkeiten gemäß Unterabsatz 1 zweiter und dritter Gedankenstrich und gemäß Unterabsatz 2 gilt jedoch für Fahrzeuge, die mehr als zwei Jahre nach Inkrafttreten der in Artikel 11 Absatz 2 genannten Einzelvorschriften in einem Mitgliedstaat erstmals zugelassen wurden, unbeschadet der Pflicht zur späteren Nachrüstung bestimmter Fahrzeuge gemäß Artikel 3 Absatz 4.

(2) [1] Was die Anbindung des Fahrtenschreibers an einen auf ein Satellitennavigationssystem gestützten Positionsbestimmungsdienst gemäß Absatz 1 anbelangt, so dürfen nur solche Dienste genutzt werden, die kostenfrei sind. [2] Andere Standortdaten als die – soweit möglich – in geografischen Koordinaten ausgedrückten Daten zur Bestimmung der Standorte gemäß Absatz 1 dürfen im Fahrtenschreiber nicht dauerhaft gespeichert werden. [3] Standortdaten, die vorübergehend gespeichert werden müssen, um die automatische Aufzeichnung der Punkte gemäß Absatz 1 zu ermöglichen oder um den Bewegungssensor ab-

---

1) Art. 8 Abs. 1 neu gef. mWv 20.8.2020 durch VO v. 15.7.2020 (ABl. L 249 S. 1).
2) Nr. **565**.

zugleichen, dürfen für keinen Nutzer zugänglich sein und müssen automatisch gelöscht werden, sobald sie für diese Zwecke nicht mehr benötigt werden.

Art. 9[1] Früherkennung von möglicher Manipulation oder möglichem Missbrauch per Fernkommunikation. (1) Um den zuständigen Kontrollbehörden gezielte Straßenkontrollen zu erleichtern, muss der Fahrtenschreiber, der in Fahrzeugen eingebaut ist, die 36 Monate nach Inkrafttreten der Einzelvorschriften gemäß Artikel 11 erstmals zugelassen worden sind, fähig sein, mit diesen Behörden zu kommunizieren, während sich das Fahrzeug in Bewegung befindet.

(2) [1]Drei Jahre nach Inkrafttreten der in Artikel 11 Absatz 2 genannten Einzelvorschriften mit Spezifikationen für die Aufzeichnung von Grenzüberschreitungen und zusätzlichen Tätigkeiten nach Artikel 8 Absatz 1 zweiter und dritter Gedankenstrich statten die Mitgliedstaaten ihre Kontrollbehörden in angemessenem Umfang mit den Geräten zur Früherkennung per Fernkommunikation aus, die für die Datenkommunikation gemäß dem vorliegenden Artikel benötigt werden; dabei sind ihre besonderen Durchsetzungsanforderungen und -strategien zu berücksichtigen. [2]Bis zu diesem Zeitpunkt steht es den Mitgliedstaaten frei, ihre Kontrollbehörden mit den Fernkommunikationsgeräten für die Früherkennung auszustatten.

(3) [1]Die Kommunikation mit dem Fahrtenschreiber gemäß Absatz 1 darf nur auf Veranlassung des Prüfgeräts der Kontrollbehörden aufgenommen werden. [2]Sie muss gesichert erfolgen, um die Datenintegrität und die Authentifizierung des Kontrollgeräts und des Prüfgeräts sicherzustellen. [3]Der Zugang zu den übertragenen Daten ist auf die Kontrollbehörden beschränkt, die ermächtigt sind, Verstöße gegen die in Artikel 7 Absatz 1 genannten Rechtsakte der Union und gegen die vorliegende Verordnung zu überprüfen, und auf Werkstätten, soweit ein Zugang für die Überprüfung des ordnungsgemäßen Funktionierens des Fahrtenschreibers erforderlich ist.

(4) [1]Bei der Kommunikation dürfen nur Daten übertragen werden, die für die Zwecke der gezielten Straßenkontrolle von Fahrzeugen notwendig sind, deren Fahrtenschreiber mutmaßlich manipuliert oder missbraucht wurde. [2]Diese Daten müssen sich auf folgende vom Fahrtenschreiber aufgezeichnete Ereignisse oder Daten beziehen:
- letzter Versuch einer Sicherheitsverletzung,
- längste Unterbrechung der Stromversorgung,
- Sensorstörung,
- Datenfehler Weg und Geschwindigkeit,
- Datenkonflikt Fahrzeugbewegung,
- Fahren ohne gültige Karte,
- Einstecken der Karte während des Lenkens,
- Zeiteinstellungsdaten,
- Kalibrierungsdaten einschließlich des Datums der zwei letzten Kalibrierungen,
- amtliches Kennzeichen des Fahrzeugs,

---

[1] Art. 9 Abs. 2 und 3 neu gef., Abs. 4 Satz 2 geänd. mWv 20.8.2020 durch VO v. 15.7.2020 (ABl. L 249 S. 1).

– vom Fahrtenschreiber aufgezeichnete Geschwindigkeit,

– Überschreitung der maximalen Lenkzeit.

(5) [1] Die übertragenen Daten dürfen nur dazu verwendet werden, die Einhaltung dieser Verordnung zu überprüfen. [2] Sie dürfen nur an Behörden, die die Einhaltung der Lenk- und Ruhezeiten kontrollieren, und an Justizbehörden im Rahmen eines laufenden Gerichtsverfahrens übermittelt werden.

(6) [1] Die Daten werden von den Kontrollbehörden nur für die Dauer einer Straßenkontrolle gespeichert und spätestens drei Stunden nach ihrer Übermittlung gelöscht, es sei denn, die Daten lassen eine Manipulation oder einen Missbrauch des Fahrtenschreibers vermuten. [2] Bestätigt sich der Verdacht einer Manipulation oder eines Missbrauchs im Laufe der anschließenden Straßenkontrolle nicht, so werden die übertragenen Daten gelöscht.

(7) Das Verkehrsunternehmen, das das Fahrzeug betreibt, ist dafür verantwortlich, dass der Fahrer über die Möglichkeit der Früherkennung von möglicher Manipulation oder möglichem Missbrauch des Fahrtenschreibers per Fernkommunikation informiert wird.

(8) [1] Eine Fernkommunikation zur Früherkennung der Art, wie sie in dem vorliegenden Artikel beschrieben wird, führt in keinem Fall zu automatischen Geldbußen oder Zwangsgeldern für den Fahrer oder das Unternehmen. [2] Die zuständige Kontrollbehörde kann aufgrund der ausgetauschten Daten entscheiden, eine Überprüfung des Fahrzeugs und des Fahrtenschreibers durchzuführen. [3] Das Ergebnis der Fernkommunikation hindert die Kontrollbehörden nicht daran, auf der Grundlage des durch Artikel 9 der Richtlinie 2006/22/EG eingeführten Risikoeinstufungssystems stichprobenartige Unterwegskontrollen durchzuführen.

Art. 10[1)] Schnittstelle zu intelligenten Verkehrssystemen. (1) Fahrtenschreiber von Fahrzeugen, die 36 Monate nach Inkrafttreten der Einzelvorschriften gemäß Artikel 11 erstmals zugelassen werden, können mit genormten Schnittstellen ausgerüstet werden, die im Betriebsmodus die Nutzung der vom Fahrtenschreiber aufgezeichneten oder erzeugten Daten durch externe Geräte ermöglichen, sofern die folgenden Voraussetzungen erfüllt sind:

a) Die Schnittstelle beeinträchtigt die Authentizität und Integrität der Daten des Fahrtenschreibers nicht.

b) Die Schnittstelle entspricht den Einzelvorschriften nach Artikel 11.

c) Das an die Schnittstelle angeschlossene externe Gerät kann auf personenbezogene Daten, einschließlich Ortsbestimmungsdaten, nur zugreifen, wenn der Fahrer, auf den sich die Daten beziehen, nachweisbar seine Zustimmung erteilt hat.

(2) Fahrtenschreiber von Fahrzeugen, die zwei Jahre nach Inkrafttreten der in Artikel 11 Absatz 2 genannten Einzelvorschriften mit Spezifikationen für die Aufzeichnung von Grenzüberschreitungen und zusätzlichen Tätigkeiten nach Artikel 8 Absatz 1 zweiter und dritter Gedankenstrich erstmals in einem Mitgliedstaat zugelassen werden, werden mit der in Absatz 1 genannten Schnittstelle ausgerüstet.

---

1) Art. 10 Abs. 2 angef. mWv 20.8.2020 durch VO v. 15.7.2020 (ABl. L 249 S. 1).

Art. 11[1] Einzelvorschriften für intelligente Fahrtenschreiber.

[1] Um sicherzustellen, dass der intelligente Fahrtenschreiber den Grundsätzen und Anforderungen dieser Verordnung entspricht, erlässt die Kommission die für die einheitliche Anwendung der Artikel 8, 9 und 10 erforderlichen Einzelvorschriften, mit Ausnahme aller Bestimmungen, in denen die Aufzeichnung zusätzlicher Daten durch den Fahrtenschreiber vorgesehen würde.

[2] Die Kommission erlässt bis zum 21. August 2021 Durchführungsrechtsakte mit genauen Vorschriften für die einheitliche Anwendung der Verpflichtung zur Aufzeichnung und Speicherung der Daten zu sämtlichen Grenzüberschreitungen des Fahrzeugs und Tätigkeiten gemäß Artikel 8 Absatz 1 Unterabsatz 1 zweiter und dritter Gedankenstrich und Artikel 8 Absatz 1 Unterabsatz 2.

[3] Die Kommission erlässt bis zum 21. Februar 2022 Durchführungsrechtsakte mit genauen Vorschriften, die für die einheitliche Anwendung der Vorschriften über Datenanforderungen und -funktionen, einschließlich der Artikel 8, 9 und 10 dieser Verordnung, und über den Einbau von Fahrtenschreibern für Fahrzeuge im Sinne des Artikels 2 Absatz 1 Unterabsatz 2 Buchstabe aa der Verordnung (EG) Nr. 561/2006[2] erforderlich sind.

[4] Diese Durchführungsrechtsakte werden nach dem in Artikel 42 Absatz 3 genannten Prüfverfahren erlassen.

[5] Die Einzelvorschriften nach den Absätzen 1, 2 und 3 des vorliegenden Artikels müssen:

a) bezüglich der Ausführung der Funktionen des intelligenten Fahrtenschreibers gemäß dem vorliegenden Kapitel die notwendigen Anforderungen enthalten, um die Sicherheit, Genauigkeit und Zuverlässigkeit der Daten zu gewährleisten, die von dem satellitengestützten Positionsbestimmungsdienst und der Fernkommunikationseinrichtung gemäß den Artikeln 8 und 9 an den Fahrtenschreiber übertragen werden;

b) die verschiedenen Bedingungen und Anforderungen für den satellitengestützten Positionsbestimmungsdienst und die Fernkommunikationseinrichtung gemäß den Artikeln 8 und 9 enthalten, und zwar sowohl für externe Lösungen als auch für den Fall einer Einbettung im Fahrtenschreiber; bei externen Lösungen müssen sie auch die Bedingungen für die Nutzung des satellitengestützten Positionsbestimmungssignals als zweiter Bewegungssensor abdecken;

c) die notwendigen Normen für die Schnittstelle gemäß Artikel 10 enthalten. Hierzu kann eine Bestimmung über die Vergabe von Zugriffsrechten für Fahrer, Werkstatt und Verkehrsunternehmen und über Kontrollfunktionen für die vom Fahrtenschreiber aufgezeichneten Daten enthalten sein; den Kontrollfunktionen muss ein Authentifizierungs-/Autorisierungsmechanismus für die Schnittstelle zugrunde liegen, wie beispielsweise ein Zertifikat für jede Zugriffsebene, allerdings unter dem Vorbehalt der technischen Machbarkeit.

---

[1] Art. 11 UAbs. 1 neu gef., UAbs. 2–4 eingef., bish. UAbs. 2 wird UAbs. 5 und einl. Satzteil neu gef. mWv 20.8.2020 durch VO v. 15.7.2020 (ABl. L 249 S. 1).

[2] Nr. **565**.

Kapitel III. Typgenehmigung

Art. 12 Beantragung. (1) Die Hersteller oder deren Beauftragte beantragen die Typgenehmigung für die Fahrzeugeinheit, den Bewegungssensor, das Schaublatt-Muster oder die Fahrtenschreiberkarte bei den Typgenehmigungsbehörden, die hierfür von den Mitgliedstaaten benannt worden sind.

(2) [1] Die Mitgliedstaaten teilen der Kommission bis 2. März 2015 die Namen und Kontaktangaben der benannten Behörden gemäß Absatz 1 sowie erforderlichenfalls spätere Aktualisierungen dieser Angaben mit. [2] Die Kommission veröffentlicht die Liste der benannten Typgenehmigungsbehörden auf ihrer Website und hält diese Liste auf dem neuesten Stand.

(3) *[1]* [1] Einem Typgenehmigungsantrag müssen die entsprechenden Spezifikationen, einschließlich der erforderlichen Informationen über die Plombierung, und die Sicherheits-, Funktions- und Interoperabilitätszertifikate beigefügt sein. [2] Das Sicherheitszertifikat muss von einer anerkannten Zertifizierungsstelle ausgestellt sein, die von der Kommission benannt ist.

[2] Das Funktionszertifikat wird dem Hersteller von der Typgenehmigungsbehörde ausgestellt.

[3] Ein Interoperabilitätszertifikat wird von einer einzigen Prüfstelle erteilt, die der Kommission untersteht und sich in ihrer Verantwortung befindet.

(4) In Bezug auf den Fahrtenschreiber, seine relevanten Komponenten und die Fahrtenschreiberkarte gilt Folgendes:

a) Das Sicherheitszertifikat muss für die Fahrzeugeinheit, die Fahrtenschreiberkarten, den Bewegungssensor und die Verbindung zum GNSS-Empfänger – falls das GNSS nicht in die Fahrzeugeinheiten integriert ist – Folgendes bescheinigen:
   i) Einhaltung der Sicherheitsziele;
   ii) Identifizierung und Authentifizierung, Autorisierung, Vertraulichkeit, Nachvollziehbarkeit, Integrität, Audit, Genauigkeit und Zuverlässigkeit des Dienstes.

b) Das Funktionszertifikat muss bescheinigen, dass das geprüfte Gerät die jeweiligen Anforderungen hinsichtlich folgender Punkte einhält: ausgeführte Funktionen, Umwelteigenschaften, elektromagnetische Verträglichkeit, Einhaltung physikalischer Anforderungen und Einhaltung anwendbarer Normen.

c) Das Interoperabilitätszertifikat muss bescheinigen, dass bei dem geprüften Gerät uneingeschränkte Interoperabilität mit den notwendigen Fahrtenschreibern oder Fahrtenschreiberkarten-Modellen gegeben ist.

(5) [1] Änderungen an der Software oder Hardware des Fahrtenschreibers oder an den für seine Herstellung verwendeten Werkstoffen werden vor ihrer Umsetzung der Behörde gemeldet, die die Typgenehmigung für das Gerät erteilt hat. [2] Diese Behörde bestätigt dem Hersteller die Erweiterung der Typgenehmigung oder verlangt eine Aktualisierung oder Bestätigung des entsprechenden Funktions-, Sicherheits- und/oder Interoperabilitätszertifikats.

(6) Der Typgenehmigungsantrag für ein und dieselbe Bauart von Fahrzeugeinheit, Bewegungssensor, Schaublatt-Muster oder Fahrtenschreiberkarte darf nicht bei mehreren Mitgliedstaaten gestellt werden.

(7) [1]Die Kommission erlässt im Wege von Durchführungsrechtsakten Einzelvorschriften für die einheitliche Anwendung dieses Artikels. [2]Diese Durchführungsrechtsakte werden nach dem in Artikel 42 Absatz 3 genannten Prüfverfahren erlassen.

Art. 13 Erteilung der Typgenehmigung. *[1]* Ein Mitgliedstaat erteilt die Typgenehmigung für eine Bauart von Fahrzeugeinheit, Bewegungssensor, Schaublatt-Muster oder Fahrtenschreiberkarte, wenn diese den Vorschriften der Artikel 4 und 11 entsprechen und der Mitgliedstaat die Möglichkeit hat, die Übereinstimmung der Produktion mit dem zugelassenen Muster zu überprüfen.

[2] Änderungen oder Ergänzungen eines Musters, für das die Typgenehmigung bereits erteilt worden ist, bedürfen einer Nachtrags-Typgenehmigung des Mitgliedstaats, der die ursprüngliche Typgenehmigung erteilt hat.

Art. 14 Typgenehmigungszeichen. [1]Die Mitgliedstaaten erteilen dem Antragsteller für jede gemäß Artikel 13 und Anhang II zugelassene Bauart von Fahrzeugeinheit, Bewegungssensor, Schaublatt-Muster oder Fahrtenschreiberkarte ein Typgenehmigungszeichen entsprechend einem vorher festgelegten Muster. [2]Diese Muster werden von der Kommission im Wege von Durchführungsrechtsakten nach dem in Artikel 42 Absatz 3 genannten Prüfverfahren genehmigt.

Art. 15 Genehmigung oder Ablehnung. [1]Die zuständigen Behörden des Mitgliedstaats, bei dem die Typgenehmigung beantragt wurde, übermitteln den Behörden der anderen Mitgliedstaaten für jede zugelassene Bauart von Fahrzeugeinheit, Bewegungssensor, Schaublatt-Muster oder Fahrtenschreiberkarte innerhalb eines Monats eine Kopie des Typgenehmigungsbogens sowie Kopien der erforderlichen Spezifikationen, auch in Bezug auf die Plombierung. [2]Lehnen die zuständigen Behörden eine beantragte Typgenehmigung ab, so unterrichten sie hiervon die Behörden der anderen Mitgliedstaaten und teilen die Gründe dafür mit.

Art. 16 Übereinstimmung des Geräts mit der Typgenehmigung.

(1) [1]Stellt ein Mitgliedstaat, der eine Typgenehmigung gemäß Artikel 13 erteilt hat, fest, dass Fahrzeugeinheiten, Bewegungssensoren, Schaublätter oder Fahrtenschreiberkarten, die das von ihm erteilte Typgenehmigungszeichen tragen, nicht dem von ihm zugelassenen Muster entsprechen, so trifft er die erforderlichen Maßnahmen, um die Übereinstimmung der Produktion mit dem zugelassenen Muster sicherzustellen. [2]Diese Maßnahmen können nötigenfalls bis zum Entzug der Typgenehmigung reichen.

(2) Der Mitgliedstaat, der eine Typgenehmigung erteilt hat, muss diese entziehen, wenn die Fahrzeugeinheit, der Bewegungssensor, das Schaublatt oder die Fahrtenschreiberkarte, für die die Typgenehmigung erteilt wurde, dieser Verordnung nicht entspricht oder bei der Verwendung einen Fehler allgemeiner Art erkennen lässt, der es/ihn/sie für seinen/ihren bestimmungsgemäßen Zweck ungeeignet macht.

(3) Wird der Mitgliedstaat, der eine Typgenehmigung erteilt hat, von einem anderen Mitgliedstaat darüber unterrichtet, dass einer der in den Absätzen 1 oder 2 genannten Fälle vorliegt, so trifft er nach Anhörung des mitteilenden

Mitgliedstaats die in diesen Absätzen vorgesehenen Maßnahmen vorbehaltlich des Absatzes 5.

(4) *[1]* [1]Der Mitgliedstaat, der einen der in Absatz 2 genannten Fälle festgestellt hat, kann das Inverkehrbringen und die Inbetriebnahme der betreffenden Fahrzeugeinheiten, Bewegungssensoren, Schaublätter oder Fahrtenschreiberkarten bis auf Weiteres untersagen. [2]Dasselbe gilt in den in Absatz 1 genannten Fällen in Bezug auf Fahrzeugeinheiten, Bewegungssensoren, Schaublätter oder Fahrtenschreiberkarten, die von der EU-Ersteichung befreit worden sind, wenn der Hersteller nach ordnungsgemäßer Anmahnung die Übereinstimmung des Geräts mit dem zugelassenen Muster bzw. mit den Anforderungen dieser Verordnung nicht herbeigeführt hat.

[2] Auf jeden Fall teilen die zuständigen Behörden der Mitgliedstaaten einander und der Kommission innerhalb eines Monats den Entzug einer Typgenehmigung und jedwede andere gemäß den Absätzen 1, 2 oder 3 getroffene Maßnahmen mit und legen die Gründe dafür dar.

(5) *[1]* Bestreitet der Mitgliedstaat, der eine Typgenehmigung erteilt hat, dass die in den Absätzen 1 und 2 genannten Fälle, auf die er hingewiesen worden ist, gegeben sind, so bemühen sich die betreffenden Mitgliedstaaten um die Beilegung des Streitfalls und unterrichten die Kommission laufend darüber.

[2] [1]Haben die Gespräche zwischen den Mitgliedstaaten nicht binnen vier Monaten nach der Unterrichtung gemäß Absatz 3 zu einem Einvernehmen geführt, so erlässt die Kommission nach Anhörung von Sachverständigen sämtlicher Mitgliedstaaten und nach Prüfung aller einschlägigen Faktoren, z.B. wirtschaftlicher und technischer Faktoren, binnen sechs Monaten nach Ablauf der genannten Viermonatsfrist einen Beschluss, der den beteiligten Mitgliedstaaten bekanntgegeben und gleichzeitig den übrigen Mitgliedstaaten mitgeteilt wird. [2]Die Kommission setzt in jedem Fall die Frist für den Beginn der Durchführung ihres Beschlusses fest.

Art. 17 Genehmigung der Schaublätter. (1) Im Antrag auf eine Typgenehmigung für ein Schaublatt-Muster ist im Antragsformular anzugeben, für welche Typen von analogen Fahrtenschreibern dieses Schaublatt bestimmt ist; für Prüfungen des Schaublatts ist außerdem ein geeigneter Fahrtenschreiber des entsprechenden Typs zur Verfügung zu stellen.

(2) Die zuständigen Behörden eines jeden Mitgliedstaats geben auf dem Typgenehmigungsbogen des Schaublatt-Musters an, in welchen Typen von analogen Fahrtenschreibern dieses Schaublatt-Muster verwendet werden kann.

Art. 18 Begründung der Ablehnung. [1]Jede Entscheidung aufgrund dieser Verordnung, durch die eine Typgenehmigung für eine Bauart von Fahrzeugeinheit, Bewegungssensor, Schaublatt-Muster oder Fahrtenschreiberkarte abgelehnt oder entzogen wird, ist eingehend zu begründen. [2]Sie wird dem Betreffenden unter Angabe der nach dem Recht des jeweiligen Mitgliedstaats vorgesehen Rechtsmittel und der Rechtsmittelfristen mitgeteilt.

Art. 19 Anerkennung typgenehmigter Fahrtenschreiber. Die Mitgliedstaaten dürfen die Zulassung oder Inbetriebnahme oder Benutzung von mit einem Fahrtenschreiber ausgerüsteten Fahrzeugen nicht aus Gründen ablehnen bzw. verbieten, die mit diesem Gerät zusammenhängen, wenn der Fahrtenschreiber das in Artikel 14 genannte Typgenehmigungszeichen und die in Artikel 22 Absatz 4 genannte Einbauplakette aufweist.

Art. 20 Sicherheit. (1) [1]Die Hersteller müssen ihre produzierten Fahrzeugeinheiten, Bewegungssensoren und Fahrtenschreiberkarten so konstruieren, erproben und ständig überprüfen, um Sicherheitsschwachstellen in allen Phasen des Produktlebenszyklus festzustellen, und müssen deren mögliche Ausnutzung verhindern oder eindämmen. [2]Der Mitgliedstaat, der die Typgenehmigung erteilt hat, legt fest, wie häufig Prüfungen durchgeführt werden, wobei der Zeitraum zwischen zwei Prüfungen zwei Jahre nicht überschreiten darf.

(2) Zu diesem Zweck übermitteln die Hersteller der in Artikel 12 Absatz 3 genannten Zertifizierungsstelle die erforderlichen Unterlagen für die Schwachstellenanalyse.

(3) Für die Zwecke des Absatzes 1 führt die in Artikel 12 Absatz 3 genannte Zertifizierungsstelle Prüfungen an Fahrzeugeinheiten, Bewegungssensoren und Fahrtenschreiberkarten durch, um zu bestätigen, dass bekannte Sicherheitsschwachstellen nicht von Personen, die über öffentlich zugängliche Kenntnisse verfügen, ausgenutzt werden können.

(4) [1]Werden bei den in Absatz 1 genannten Prüfungen Sicherheitsschwachstellen in Systemkomponenten (Fahrzeugeinheiten, Bewegungssensoren und Fahrtenschreiberkarten) festgestellt, so werden diese Komponenten nicht in Verkehr gebracht. [2]Werden bei den in Absatz 3 genannten Prüfungen Sicherheitsschwachstellen in Komponenten festgestellt, die bereits in Verkehr gebracht wurden, unterrichtet der Hersteller oder die Zertifizierungsstelle die zuständigen Behörden des Mitgliedstaats, der die Typgenehmigung erteilt hat. [3]Diese zuständigen Behörden ergreifen alle erforderlichen Maßnahmen, um sicherzustellen, dass das Problem – insbesondere vom Hersteller – beseitigt wird; außerdem unterrichten sie die Kommission unverzüglich über die festgestellten Sicherheitsschwachstellen und die geplanten oder ergriffenen Maßnahmen, wozu erforderlichenfalls auch der Entzug der Typgenehmigung gemäß Artikel 16 Absatz 2 zählt.

Art. 21 Praxiserprobungen. (1) [1]Die Mitgliedstaaten können Praxiserprobungen mit Fahrtenschreibern, für die noch keine Typgenehmigung erteilt wurde, genehmigen. [2]Die von den Mitgliedstaaten erteilten Genehmigungen für Praxiserprobungen werden von ihnen gegenseitig anerkannt.

(2) [1]Fahrer und Verkehrsunternehmen, die an einer Praxiserprobung teilnehmen, müssen die Anforderungen der Verordnung (EG) Nr. 561/2006[1)] erfüllen. [2]Die Fahrer erbringen diesen Nachweis nach dem Verfahren gemäß Artikel 35 Absatz 2 der vorliegenden Verordnung.

(3) [1]Die Kommission kann Durchführungsrechtsakte zur Festlegung der Verfahren für die Durchführung von Praxiserprobungen und der Formulare für deren Überwachung erlassen. [2]Diese Durchführungsrechtsakte werden nach dem in Artikel 42 Absatz 3 genannten Prüfverfahren erlassen.

Kapitel IV. Einbau und Prüfung

Art. 22[2)] Einbau und Reparatur. (1) Einbau und Reparaturen von Fahrtenschreibern dürfen nur von Einbaubetrieben, Werkstätten oder Fahrzeugher-

---

[1)] Nr. **565**.

[2)] Art. 22 Abs. 5 UAbs. 3 und 4 neu gef., UAbs. 5 angef. mWv 20.8.2020 durch VO v. 15.7.2020 (ABl. L 249 S. 1).

stellern vorgenommen werden, die von den zuständigen Behörden der Mitgliedstaaten gemäß Artikel 24 dafür zugelassen worden sind.

(2) Zugelassene Einbaubetriebe, Werkstätten oder Fahrzeughersteller plombieren den Fahrtenschreiber gemäß den Spezifikationen in dem Typgenehmigungsbogen nach Artikel 15, nachdem sie überprüft haben, dass er ordnungsgemäß funktioniert und insbesondere auf eine Art und Weise, durch die sichergestellt wird, dass die aufgezeichneten Daten durch Manipulationsvorrichtungen weder verfälscht noch geändert werden können.

(3) [1] Der zugelassene Einbaubetrieb, die zugelassene Werkstatt oder der zugelassene Fahrzeughersteller versieht die durchgeführten Plombierungen mit einem besonderen Zeichen und gibt außerdem bei digitalen Fahrtenschreibern die elektronischen Sicherheitsdaten ein, mit denen sich die Authentifizierungskontrollen durchführen lassen. [2] Die zuständigen Behörden eines jeden Mitgliedstaats übermitteln der Kommission das Verzeichnis der verwendeten Zeichen und elektronischen Sicherheitsdaten und die erforderlichen Informationen über die verwendeten elektronischen Sicherheitsdaten. [3] Die Kommission macht den Mitgliedstaaten diese Informationen auf Anfrage zugänglich.

(4) Durch die Anbringung einer deutlich sichtbaren und leicht zugänglichen Einbauplakette wird bescheinigt, dass der Einbau des Fahrtenschreibers den Vorschriften dieser Verordnung entsprechend erfolgt ist.

(5)[1)] *[1]* [1] Fahrtenschreiberbauteile werden gemäß den Vorgaben des Typgenehmigungsbogens plombiert. [2] Anschlüsse an den Fahrtenschreiber, die potenziell manipulationsanfällig sind, einschließlich der Verbindung zwischen dem Bewegungssensor und dem Getriebe, sowie gegebenenfalls die Einbauplakette werden plombiert.

[2] Eine Plombierung darf nur entfernt oder aufgebrochen werden

– durch Einbaubetriebe oder Werkstätten, die gemäß Artikel 24 von den zuständigen Behörden zugelassen sind, zwecks Reparatur, Instandhaltung oder Neukalibrierung des Fahrtenschreibers oder durch angemessen geschulte und erforderlichenfalls ermächtigte Kontrolleure für Kontrollzwecke;
– zwecks Reparaturen oder Umbauten des Fahrzeugs, die sich auf die Plombierung auswirken. In diesen Fällen ist im Fahrzeug eine schriftliche Erklärung mitzuführen, in der das Datum, die Uhrzeit und die Begründung der Entfernung der Plombierung angeführt sind. Die Kommission legt mittels Durchführungsrechtsakten ein Musterformular für die schriftliche Erklärung fest.

[3] [1] Die entfernte oder aufgebrochene Plombierung ist ohne unangemessene Verzögerung, spätestens jedoch innerhalb von sieben Tagen nach ihrem Entfernen oder Aufbrechen, von einem zugelassenen Einbaubetrieb oder einer zugelassenen Werkstatt zu ersetzen. [2] Wurden Plombierungen zu Kontrollzwecken entfernt oder aufgebrochen, so können sie von einem Kontrolleur ohne unangemessene Verzögerung unter Verwendung einer entsprechenden Vorrichtung und eines eindeutigen besonderen Zeichens ersetzt werden.

[4] [1] Entfernt ein Kontrolleur eine Plombierung, so wird die Kontrollkarte ab dem Moment der Entfernung der Plombierung bis zum Ende der Kontrolle in

---

[1)] Siehe hierzu ua:
VO (EU) 2017/548 zum Musterformular bzgl. Entfernung der Fahrtenschreiber-Plombierung v. 23.3.2017 (ABl. L 79 S. 1).

den Fahrtenschreiber eingesetzt; das gilt auch im Fall der Anbringung einer neuen Plombierung. [2]Der Kontrolleur stellt eine schriftliche Erklärung aus, die mindestens die folgenden Angaben enthält:
– Fahrzeug-Identifizierungsnummer;
– Name des Kontrolleurs;
– Kontrollbehörde und Mitgliedstaat;
– Nummer der Kontrollkarte;
– Nummer der entfernten Plombierung;
– Datum und Uhrzeit der Entfernung der Plombierung;
– Nummer der neuen Plombierung, sofern der Kontrolleur eine neue Plombierung angebracht hat.

[5] Vor der Ersetzung der Plombierung wird der Fahrtenschreiber von einer zugelassenen Werkstaat einer Prüfung und Kalibrierung unterzogen, es sei denn, die Plombierung wurde zu Kontrollzwecken entfernt oder aufgebrochen und durch einen Kontrolleur ersetzt.

Art. 23 Nachprüfung der Fahrtenschreiber. (1) [1]Fahrtenschreiber werden regelmäßigen Nachprüfungen durch zugelassene Werkstätten unterzogen. [2]Die regelmäßigen Nachprüfungen finden mindestens alle zwei Jahre statt.

(2) Bei den Nachprüfungen gemäß Absatz 1 wird insbesondere Folgendes überprüft:
– dass der Fahrtenschreiber ordnungsgemäß eingebaut ist und für das Fahrzeug geeignet ist,
– dass der Fahrtenschreiber ordnungsgemäß funktioniert,
– dass auf dem Fahrtenschreiber das Typgenehmigungszeichen angebracht ist,
– dass die Einbauplakette angebracht ist,
– dass alle Plombierungen unversehrt sind und ihre Funktion erfüllen,
– dass keine Manipulationsvorrichtungen an den Fahrtenschreiber angeschlossen sind und dass keine Spuren der Verwendung solcher Vorrichtungen vorhanden sind,
– die Reifengröße und der tatsächliche Umfang der Radreifen.

(3) [1]Falls Unregelmäßigkeiten in der Funktionsweise der Fahrtenschreiber behoben werden mussten, erstellen die zugelassenen Werkstätten, die Nachprüfungen durchführen, einen Nachprüfungsbericht, und zwar unabhängig davon, ob die Nachprüfung im Rahmen einer wiederkehrenden Nachprüfung oder im besonderen Auftrag der zuständigen nationalen Behörde erfolgt ist. [2]Sie führen eine Liste aller erstellten Nachprüfungsberichte.

(4) [1]Die Nachprüfungsberichte werden ab der Erstellung mindestens zwei Jahre lang aufbewahrt. [2]Die Mitgliedstaaten entscheiden, ob die Nachprüfungsberichte in dieser Zeit einbehalten oder aber der zuständigen Behörde übermittelt werden. [3]Bewahrt eine Werkstatt die Nachprüfungsberichte auf, so macht sie auf Anfrage der zuständigen Behörde die Berichte über die in diesem Zeitraum durchgeführten Nachprüfungen und Kalibrierungen zugänglich.

Art. 24 Zulassung der Einbaubetriebe Werkstätten und Fahrzeughersteller. (1) Die Mitgliedstaaten sorgen für die Zulassung, regelmäßige Kontrolle und Zertifizierung der Einbaubetriebe, Werkstätten und Fahrzeughersteller, die zu Einbau, Einbauprüfung, Nachprüfung und Reparatur von Fahrtenschreibern befugt sind.

(2) [1]Die Mitgliedstaaten gewährleisten die Fachkompetenz und Zuverlässigkeit der Einbaubetriebe, Werkstätten und Fahrzeughersteller. [2]Zu diesem Zweck erstellen und veröffentlichen sie eindeutige nationale Verfahren und sorgen dafür, dass folgende Mindestanforderungen erfüllt werden:

a) das Personal ist ordnungsgemäß geschult,

b) die Ausrüstungen, die zur Durchführung der einschlägigen Prüfungen und Aufgaben erforderlich sind, stehen zur Verfügung,

c) die Einbaubetriebe, Werkstätten und Fahrzeughersteller gelten als zuverlässig.

(3) Zugelassene Einbaubetriebe und Werkstätten werden folgendermaßen überprüft:

a) Zugelassene Einbaubetriebe und Werkstätten werden mindestens alle zwei Jahre einem Audit unterzogen, bei dem die von ihnen angewandten Verfahren für den Umgang mit Fahrtenschreibern geprüft werden. Im Mittelpunkt des Audits stehen insbesondere die getroffenen Sicherheitsmaßnahmen und der Umgang mit Werkstattkarten. Die Mitgliedstaaten können diese Audits auch ohne eine Ortsbesichtigung durchführen.

b) Ferner finden unangekündigte technische Audits der zugelassenen Einbaubetriebe und Werkstätten statt, um die durchgeführten Kalibrierungen, Nachprüfungen und Einbauten zu überwachen. Diese Audits müssen jährlich mindestens 10 % der zugelassenen Einbaubetriebe und Werkstätten unterzogen werden.

(4) [1]Die Mitgliedstaaten und ihre zuständigen Behörden ergreifen geeignete Maßnahmen, um Interessenkonflikte zwischen Einbaubetrieben oder Werkstätten mit den Verkehrsunternehmen zu vermeiden. [2]Insbesondere bei Bestehen einer ernsthaften Gefahr eines Interessenkonflikts werden zusätzliche fallbezogene Maßnahmen ergriffen, um sicherzustellen, dass der Einbaubetrieb oder die Werkstatt diese Verordnung einhält.

(5) [1]Die zuständigen Behörden der Mitgliedstaaten übermitteln der Kommission jährlich – möglichst elektronisch – die Verzeichnisse der zugelassenen Einbaubetriebe und Werkstätten sowie der ihnen ausgestellten Karten. [2]Die Kommission veröffentlicht diese Verzeichnisse auf ihrer Website.

(6) Die zuständigen Behörden in den Mitgliedstaaten entziehen Einbaubetrieben, Werkstätten und Fahrzeugherstellern, die ihren Pflichten aus dieser Verordnung nicht nachkommen, vorübergehend oder dauerhaft die Zulassung.

Art. 25 Werkstattkarten. (1) [1]Die Gültigkeitsdauer der Werkstattkarten darf ein Jahr nicht überschreiten. [2]Bei der Erneuerung der Werkstattkarte stellt die zuständige Behörde sicher, dass der Einbaubetrieb, die Werkstatt oder der Fahrzeughersteller die Kriterien gemäß Artikel 24 Absatz 2 erfüllt.

(2) [1]Die zuständige Behörde erneuert eine Werkstattkarte binnen 15 Arbeitstagen nach Eingang eines gültigen Antrags auf Erneuerung und aller erforderlichen Unterlagen. [2]Bei Beschädigung, Fehlfunktion oder Verlust oder Diebstahl der Werkstattkarte stellt die zuständige Behörde binnen fünf Arbeitstagen nach Eingang eines entsprechenden begründeten Antrags eine Ersatzkarte

aus. [3] Die zuständigen Behörden führen ein Verzeichnis der verlorenen, gestohlenen und defekten Karten.

(3) Entzieht ein Mitgliedstaat einem Einbaubetrieb, einer Werkstatt oder einem Fahrzeughersteller nach Maßgabe des Artikels 24 die Zulassung, so zieht er auch die diesem/dieser ausgestellten Werkstattkarten ein.

(4) Die Mitgliedstaaten ergreifen alle erforderlichen Maßnahmen, um das Fälschen der den zugelassenen Einbaubetrieben, Werkstätten und Fahrzeugherstellern ausgestellten Werkstattkarten zu verhindern.

Kapitel V. Fahrerkarten

Art. 26[1]) Ausstellung von Fahrerkarten. (1) [1] Die Fahrerkarte wird dem Fahrer auf seinen Antrag von der zuständigen Behörde des Mitgliedstaats, in dem er seinen gewöhnlichen Wohnsitz hat, ausgestellt. [2] Die Ausstellung erfolgt binnen eines Monats nach Eingang des Antrags und aller erforderlichen Unterlagen bei der zuständigen Behörde.

(2) *[1]* Im Sinne dieses Artikels gilt als „gewöhnlicher Wohnsitz" der Ort, an dem eine Person wegen persönlicher und beruflicher Bindungen oder – im Falle einer Person ohne berufliche Bindungen – wegen persönlicher Bindungen, die enge Beziehungen zwischen der Person und dem Wohnort erkennen lassen, gewöhnlich, d.h. während mindestens 185 Tagen im Kalenderjahr, wohnt.

[2] [1] Jedoch gilt als gewöhnlicher Wohnsitz einer Person, deren berufliche Bindungen an einem anderen Ort als dem seiner persönlichen Bindungen liegen und die daher veranlasst ist, sich abwechselnd an verschiedenen Orten in zwei oder mehr Mitgliedstaaten aufzuhalten, der Ort ihrer persönlichen Bindungen, sofern sie regelmäßig dorthin zurückkehrt. [2] Letzteres ist nicht erforderlich, wenn sich die Person in einem Mitgliedstaat zur Ausführung eines Auftrags von bestimmter Dauer aufhält.

(3) [1] Die Fahrer erbringen den Nachweis über ihren gewöhnlichen Wohnsitz anhand aller geeigneten Mittel, insbesondere des Personalausweises oder jedes anderen beweiskräftigen Dokuments. [2] Bestehen bei den zuständigen Behörden des Mitgliedstaats, der die Fahrerkarte ausstellt, Zweifel über die Richtigkeit der Angabe des gewöhnlichen Wohnsitzes oder sollen bestimmte spezifische Kontrollen vorgenommen werden, so können diese Behörden zusätzliche Auskünfte oder zusätzliche Belege verlangen.

(4) *[1]* In hinreichend begründeten Ausnahmefällen können die Mitgliedstaaten einem Fahrer ohne gewöhnlichen Wohnsitz in einem Mitgliedstaat oder in einem Staat, der Vertragspartei des AETR-Übereinkommens ist, eine befristete und nicht erneuerbare Fahrerkarte ausstellen, die für einen Zeitraum von höchstens 185 Tagen gültig ist, sofern dieser Fahrer sich in einem arbeitsrechtlichen Verhältnis mit einem im ausstellenden Mitgliedstaat niedergelassenen Unternehmen befindet und – soweit die Verordnung (EG) Nr. 1072/2009 des Europäischen Parlaments und des Rates[2]) gilt – eine Fahrerbescheinigung entsprechend der genannten Verordnung vorlegt.

---

[1]) Art. 26 Abs. 7a eingef. mWv 20.8.2020 durch VO v. 15.7.2020 (ABl. L 249 S. 1).

[2]) **Amtl. Anm.:** Verordnung (EG) Nr. 1072/2009 des Europäischen Parlaments und des Rates vom 21. Oktober 2009 über gemeinsame Regeln für den Zugang zum Markt des grenzüberschreitenden Güterkraftverkehrs (ABl. L 300 vom 14.11.2009, S. 72).

[2] [1]Die Kommission verfolgt die Anwendung dieses Absatzes fortlaufend anhand der von den Mitgliedstaaten zur Verfügung gestellten Daten. [2]Sie berichtet dem Europäischen Parlament und dem Rat alle zwei Jahre über ihre Erkenntnisse und geht dabei insbesondere der Frage nach, ob sich die befristeten Fahrerkarten negativ auf den Arbeitsmarkt auswirken und ob befristete Karten einem bestimmten Fahrer gewöhnlich mehrmals ausgestellt werden. [3]Die Kommission kann einen sachdienlichen Gesetzgebungsvorschlag zur Änderung dieses Absatzes unterbreiten.

(5) Die zuständigen Behörden des ausstellenden Mitgliedstaats treffen geeignete Maßnahmen, um sicherzustellen, dass der Antragsteller nicht bereits Inhaber einer gültigen Fahrerkarte ist, und versehen die Fahrerkarte auf sichtbare und sichere Weise mit den persönlichen Daten des Fahrers.

(6) Die Gültigkeitsdauer der Fahrerkarte darf fünf Jahre nicht überschreiten.

(7) [1]Eine gültige Fahrerkarte darf nur entzogen oder ausgesetzt werden, wenn die zuständigen Behörden eines Mitgliedstaats feststellen, dass die Karte gefälscht worden ist, der Fahrer eine Karte verwendet, deren Inhaber er nicht ist, oder die Ausstellung der Karte auf der Grundlage falscher Erklärungen und/oder gefälschter Dokumente erwirkt wurde. [2]Werden solche Maßnahmen zum Entzug oder zur Aussetzung der Gültigkeit der Karte von einem anderen als dem ausstellenden Mitgliedstaat getroffen, so sendet dieser Mitgliedstaat die Karte so bald wie möglich an die Behörden des ausstellenden Mitgliedstaats zurück und teilt die Gründe für den Entzug oder die Aussetzung mit. [3]Dauert die Rücksendung der Karte voraussichtlich mehr als zwei Wochen, so teilt der Mitgliedstaat, der die Aussetzung der Gültigkeit oder den Entzug der Karte vorgenommen hat, dem ausstellenden Mitgliedstaat innerhalb dieser zwei Wochen die Gründe für die Aussetzung oder den Entzug mit.

(7a) Die zuständige Behörde des ausstellenden Mitgliedstaats kann verlangen, dass ein Fahrer die Fahrerkarte durch eine neue ersetzt, wenn das zur Einhaltung der einschlägigen technischen Spezifikationen erforderlich ist.

(8) Die Mitgliedstaaten ergreifen alle erforderlichen Maßnahmen, um das Fälschen von Fahrerkarten zu verhindern.

(9) Dieser Artikel hindert die Mitgliedstaaten nicht daran, eine Fahrerkarte einem Fahrer auszustellen, der seinen gewöhnlichen Wohnsitz in einem Teil des Hoheitsgebiets dieses Mitgliedstaats hat, für den der Vertrag über die Europäische Union und der Vertrag über die Arbeitsweise der Europäischen Union nicht gelten, sofern in diesen Fällen die einschlägigen Bestimmungen dieser Verordnung zur Anwendung kommen.

Art. 27 Benutzung von Fahrerkarten. (1) Die Fahrerkarte ist persönlich und nicht übertragbar.

(2) [1]Ein Fahrer darf nur Inhaber einer einzigen gültigen Fahrerkarte sein und nur seine eigene persönliche Fahrerkarte benutzen. [2]Er darf weder eine defekte noch eine abgelaufene Fahrerkarte benutzen.

Art. 28 Erneuerung von Fahrerkarten. (1) Ein Fahrer, der die Erneuerung seiner Fahrerkarte wünscht, muss bei den zuständigen Behörden des Mitgliedstaats, in dem er seinen gewöhnlichen Wohnsitz hat, spätestens fünfzehn Arbeitstage vor Ablauf der Gültigkeit der Karte einen entsprechenden Antrag stellen.

(2) Ist bei einer Erneuerung der Mitgliedstaat, in dem der Fahrer seinen gewöhnlichen Wohnsitz hat, ein anderer als der, der die bestehende Fahrerkarte ausgestellt hat, und wurde bei den Behörden des früheren Mitgliedstaats ein Antrag gestellt, die Fahrerkarte zu erneuern, so teilt dieser den Ausstellungsbehörden der bisherigen Karte die genauen Gründe für die Erneuerung mit.

(3) Bei Beantragung der Erneuerung einer Karte, deren Gültigkeitsdauer in Kürze abläuft, stellt die zuständige Behörde vor Ablauf der Gültigkeit eine neue Karte aus, sofern sie den Antrag bis zu der in Absatz 1 genannten Frist erhalten hat.

Art. 29 Verlorene, gestohlene und defekte Fahrerkarten. (1) Die ausstellende Behörde führt ein Verzeichnis der ausgestellten, gestohlenen, verlorenen und defekten Fahrerkarten, in dem die Fahrerkarten mindestens bis zum Ablauf ihrer Gültigkeitsdauer aufgeführt werden.

(2) [1] Bei Beschädigung oder Fehlfunktion der Fahrerkarte gibt der Fahrer diese Karte der zuständigen Behörde des Mitgliedstaats, in dem er seinen gewöhnlichen Wohnsitz hat, zurück. [2] Der Diebstahl einer Fahrerkarte muss den zuständigen Behörden des Staates, in dem sich der Diebstahl ereignet hat, ordnungsgemäß gemeldet werden.

(3) Der Verlust einer Fahrerkarte muss den zuständigen Behörden des ausstellenden Mitgliedstaats sowie, falls es sich nicht um denselben Staat handelt, den zuständigen Behörden des Mitgliedstaats, in dem der Fahrer seinen gewöhnlichen Wohnsitz hat, ordnungsgemäß gemeldet werden.

(4) [1] Bei Beschädigung, Fehlfunktion, Verlust oder Diebstahl der Fahrerkarte muss der Fahrer bei den zuständigen Behörden des Mitgliedstaats, in dem er seinen gewöhnlichen Wohnsitz hat, binnen sieben Kalendertagen die Ersetzung der Karte beantragen. [2] Diese Behörden stellen binnen acht Arbeitstagen nach Eingang eines entsprechenden begründeten Antrags bei ihnen eine Ersatzkarte aus.

(5) Unter den in Absatz 4 genannten Umständen darf der Fahrer seine Fahrt ohne Fahrerkarte während eines Zeitraums von höchstens 15 Kalendertagen fortsetzen, bzw. während eines längeren Zeitraums, wenn dies für die Rückkehr des Fahrzeugs zu seinem Standort erforderlich ist, sofern der Fahrer nachweisen kann, dass es unmöglich war, die Fahrerkarte während dieses Zeitraums vorzulegen oder zu benutzen.

Art. 30 Gegenseitige Anerkennung und Umtausch von Fahrerkarten.

(1) Von den Mitgliedstaaten ausgestellte Fahrerkarten werden von den Mitgliedstaaten gegenseitig anerkannt.

(2) [1] Hat der Inhaber einer von einem Mitgliedstaat ausgestellten gültigen Fahrerkarte seinen gewöhnlichen Wohnsitz in einem anderen Mitgliedstaat begründet, so kann er den Umtausch seiner Karte gegen eine gleichwertige Fahrerkarte beantragen. [2] Es ist Sache des umtauschenden Mitgliedstaats zu prüfen, ob die vorgelegte Karte noch gültig ist.

(3) Die Mitgliedstaaten, die einen Umtausch vornehmen, senden die einbehaltene Karte den Behörden des ausstellenden Mitgliedstaats zurück und begründen ihr Vorgehen.

(4) Wird eine Fahrerkarte von einem Mitgliedstaat ersetzt oder umgetauscht, so wird dieser Vorgang ebenso wie jeder weitere Ersatz oder Umtausch in dem betreffenden Mitgliedstaat erfasst.

Art. 31 Elektronischer Austausch von Informationen über Fahrerkarten. (1) Um sicherzustellen, dass der Antragsteller nicht bereits Inhaber einer gültigen Fahrerkarte ist, wie in Artikel 26 ausgeführt, führen die Mitgliedstaaten nationale elektronische Register, in denen sie folgende Informationen über Fahrerkarten – auch über die in Artikel 26 Absatz 4 genannten Fahrerkarten – mindestens bis zum Ablauf der Gültigkeitsdauer der Fahrerkarten speichern:

– Name und Vorname des Fahrers,
– Geburtsdatum und, sofern verfügbar, Geburtsort des Fahrers,
– gültige Führerscheinnummer und Ausstellungsland des Führerscheins (falls zutreffend),
– Status der Fahrerkarte,
– Nummer der Fahrerkarte.

(2) [1] Die Mitgliedstaaten treffen alle erforderlichen Maßnahmen, damit die nationalen elektronischen Register vernetzt werden und unionsweit zugänglich sind, und verwenden dazu das in der Empfehlung 2010/19/EU genannte Benachrichtigungssystem TACHOnet oder ein kompatibles System. [2] Im Falle eines kompatiblen Systems muss der Austausch elektronischer Daten mit allen anderen Mitgliedstaaten über das Benachrichtigungssystem TACHOnet möglich sein.

(3) [1] Bei jeder Ausstellung, Ersetzung und erforderlichenfalls Erneuerung einer Fahrerkarte überprüfen die Mitgliedstaaten mittels des elektronischen Datenaustauschs, ob der Fahrer nicht bereits Inhaber einer anderen gültigen Fahrerkarte ist. [2] Dabei dürfen nur die für die Zwecke dieser Überprüfung notwendigen Daten übertragen werden.

(4) Kontrolleuren kann Zugang zu dem elektronischen Register gewährt werden, damit sie den Status der Fahrerkarte überprüfen können.

(5) [1] Die Kommission erlässt Durchführungsrechtsakte zur Festlegung der gemeinsamen Verfahren und Spezifikationen, die für die in Absatz 2 genannte Vernetzung notwendig sind, einschließlich des Datenaustauschformats, der technischen Verfahren für die elektronische Abfrage der nationalen elektronischen Register, der Zugangsverfahren und Sicherheitsvorkehrungen. [2] Diese Durchführungsrechtsakte werden nach dem in Artikel 42 Absatz 3 genannten Prüfverfahren erlassen.

Kapitel VI. Benutzungsvorschriften

Art. 32 Ordnungsgemäße Benutzung der Fahrtenschreiber. (1) [1] Das Verkehrsunternehmen und die Fahrer sorgen für das einwandfreie Funktionieren und die ordnungsgemäße Benutzung des digitalen Fahrtenschreibers sowie der Fahrerkarte. [2] Die Verkehrsunternehmen und die Fahrer, die einen analogen Fahrtenschreiber verwenden, stellen das einwandfreie Funktionieren des Fahrtenschreibers und die ordnungsgemäße Benutzung des Schaublatts sicher.

(2) Der digitale Fahrtenschreiber darf nicht so eingestellt werden, dass er automatisch auf eine bestimmte Tätigkeitskategorie umschaltet, wenn der Fahrzeugmotor abgestellt oder die Zündung ausgeschaltet wird, es sei denn, der Fahrer kann die jeweilige Tätigkeitskategorie weiterhin manuell eingeben.

(3) [1] Es ist verboten, die auf dem Schaublatt aufgezeichneten, im Fahrtenschreiber oder auf der Fahrerkarte gespeicherten oder vom Fahrtenschreiber

ausgedruckten Daten zu verfälschen, zu verschleiern, zu unterdrücken oder zu vernichten. [2]Verboten ist ebenfalls jede Manipulation am Fahrtenschreiber, am Schaublatt oder an der Fahrerkarte, durch die die Daten und/oder Ausdrucke verfälscht, unterdrückt oder vernichtet werden könnten. [3]Im Fahrzeug darf keine Vorrichtung vorhanden sein, die zu diesem Zweck verwendet werden kann.

(4) Fahrzeuge dürfen nur mit einem einzigen Fahrtenschreiber ausgerüstet sein, außer für die Zwecke der Praxiserprobungen gemäß Artikel 21.

(5) Die Mitgliedstaaten verbieten die Herstellung, den Vertrieb, die Bewerbung und den Verkauf von Geräten, die dafür konstruiert oder bestimmt sind, Fahrtenschreiber zu manipulieren.

Art. 33 Verantwortlichkeit des Verkehrsunternehmens. (1) *[1]* Das Verkehrsunternehmen hat verantwortlich dafür zu sorgen, dass seine Fahrer hinsichtlich des ordnungsgemäßen Funktionierens des Fahrtenschreibers angemessen geschult und unterwiesen werden, unabhängig davon, ob dieser digital oder analog ist; es führt regelmäßige Überprüfungen durch, um sicherzustellen, dass seine Fahrer den Fahrtenschreiber ordnungsgemäß verwenden, und gibt seinen Fahrern keinerlei direkte oder indirekte Anreize, die zu einem Missbrauch des Fahrtenschreibers anregen könnten.

[2] [1]Das Verkehrsunternehmen händigt den Fahrern von Fahrzeugen mit einem analogen Fahrtenschreiber eine ausreichende Anzahl Schaublätter aus, wobei es dem persönlichen Charakter dieser Schaublätter, der Dauer des Einsatzes und der Verpflichtung Rechnung trägt, beschädigte oder von einem ermächtigten Kontrolleur eingezogene Schaublätter zu ersetzen. [2]Das Verkehrsunternehmen händigt den Fahrern nur solche Schaublätter aus, die einem genehmigten Muster entsprechen und die sich für das in das Fahrzeug eingebaute Gerät eignen.

[3] Ist ein Fahrzeug mit einem digitalen Fahrtenschreiber ausgerüstet, so sorgen das Verkehrsunternehmen und der Fahrer dafür, dass im Falle einer Nachprüfung der Ausdruck von Daten aus dem Fahrtenschreiber unter Berücksichtigung der Dauer des Einsatzes auf Verlangen eines Kontrolleurs ordnungsgemäß erfolgen kann.

(2) [1]Das Verkehrsunternehmen bewahrt die Schaublätter und – sofern Ausdrucke gemäß Artikel 35 erstellt wurden – die Ausdrucke in chronologischer Reihenfolge und in lesbarer Form nach der Benutzung mindestens ein Jahr lang auf und händigt den betreffenden Fahrern auf Verlangen eine Kopie aus. [2]Das Verkehrsunternehmen händigt den betreffenden Fahrern ferner auf Verlangen eine Kopie der von den Fahrerkarten heruntergeladenen Daten sowie Ausdrucke davon aus. [3]Die Schaublätter, die Ausdrucke und die heruntergeladenen Daten sind jedem ermächtigten Kontrolleur auf Verlangen vorzulegen oder auszuhändigen.

(3) [1]Ein Verkehrsunternehmen haftet für Verstöße gegen diese Verordnung, die von Fahrern des Unternehmens bzw. von den Fahrern begangen werden, die ihm zur Verfügung stehen. [2]Die Mitgliedstaaten können diese Haftung jedoch von einem Verstoß des Verkehrsunternehmens gegen Absatz 1 Unterabsatz 1 des vorliegenden Artikels und Artikel 10 Absätze 1 und 2 der Verordnung (EG) Nr. 561/2006[1)] abhängig machen.

[1)] Nr. **565**.

Art. 34[1)] Benutzung von Fahrerkarten und Schaublättern. (1) [1] Die Fahrer benutzen für jeden Tag, an dem sie lenken, ab dem Zeitpunkt, an dem sie das Fahrzeug übernehmen, Schaublätter oder Fahrerkarten. [2] Das Schaublatt oder die Fahrerkarte wird nicht vor dem Ende der täglichen Arbeitszeit entnommen, es sei denn, eine Entnahme ist anderweitig zulässig oder sie ist erforderlich, um nach einer Grenzüberschreitung das Symbol des Landes einzutragen. [3] Schaublätter oder Fahrerkarten dürfen nicht über den Zeitraum, für den sie bestimmt sind, hinaus verwendet werden.

(2) Die Fahrer müssen die Schaublätter oder Fahrerkarten angemessen schützen und dürfen keine angeschmutzten oder beschädigten Schaublätter oder Fahrerkarten verwenden.

(3) *[1]* Wenn der Fahrer sich nicht im Fahrzeug aufhält und daher nicht in der Lage ist, den in das Fahrzeug eingebauten Fahrtenschreiber zu betätigen, werden die in Absatz 5 Buchstabe b Ziffern ii, iii und iv genannten Zeiträume,

a) wenn das Fahrzeug mit einem analogen Fahrtenschreiber ausgerüstet ist, von Hand, durch automatische Aufzeichnung oder auf andere Weise lesbar und ohne Verschmutzung des Schaublatts auf dem Schaublatt eingetragen,

b) wenn das Fahrzeug mit einem digitalen Fahrtenschreiber ausgerüstet ist, mittels der manuellen Eingabevorrichtung des Fahrtenschreibers auf der Fahrerkarte eingetragen.

[2] Die Mitgliedstaaten dürfen von den Fahrern nicht die Vorlage von Formularen verlangen, mit denen die Tätigkeit der Fahrer, während sie sich nicht im Fahrzeug aufhalten, bescheinigt wird.

(4) *[1]* Befindet sich an Bord eines mit einem digitalen Fahrtenschreiber ausgerüsteten Fahrzeugs mehr als ein Fahrer, so stellt jeder Fahrer sicher, dass seine Fahrerkarte in den richtigen Steckplatz im Fahrtenschreiber eingeschoben ist.

[2] Befindet sich an Bord eines mit einem analogen Fahrtenschreiber ausgerüsteten Fahrzeugs mehr als ein Fahrer, nehmen die Fahrer auf den Schaublättern erforderliche Änderungen so vor, dass die relevanten Angaben auf dem Schaublatt des Fahrers, der tatsächlich lenkt, aufgezeichnet werden.

(5) Die Fahrer

a) achten darauf, dass die Zeitmarkierung auf dem Schaublatt mit der gesetzlichen Zeit des Landes übereinstimmt, in dem das Fahrzeug zugelassen ist,

b) betätigen die Schaltvorrichtung des Kontrollgeräts so, dass folgende Zeiten getrennt und unterscheidbar aufgezeichnet werden:

i) unter dem Zeichen  : die Lenkzeiten,

ii) unter dem Zeichen  : „andere Arbeiten", das sind alle anderen Tätigkeiten als die Lenktätigkeit im Sinne von Artikel 3 Buchstabe a der Richtlinie 2002/15/EG sowie jegliche Arbeit für denselben oder einen anderen Arbeitgeber, sei es innerhalb oder außerhalb des Verkehrssektors,

---

[1)] Art. 34 Abs. 1, Abs. 5 Buchst. b Ziffer iv und Abs. 7 neu gef., Abs. 5 Buchst. b Ziffer v und Abs. 6 Buchst. f angef. mWv 20.8.2020 durch VO v. 15.7.2020 (ABl. L 249 S. 1).

iii) unter dem Zeichen  : „Bereitschaftszeit" im Sinne von Artikel 3 Buchstabe b der Richtlinie 2002/15/EG,

iv) unter dem Zeichen  : Fahrtunterbrechungen, Ruhezeiten, Jahresurlaub oder krankheitsbedingte Fehlzeiten,

v) unter dem Zeichen für ‚Fähre/Zug': Zusätzlich zu dem Zeichen  : die Ruhezeiten an Bord eines Fährschiffs oder Zuges gemäß Artikel 9 der Verordnung (EG) Nr. 561/2006[1].

(6) Jeder Fahrer eines mit einem analogen Fahrtenschreiber ausgestatteten Fahrzeugs trägt auf dem Schaublatt folgende Angaben ein:

a) bei Beginn der Benutzung des Schaublatts: seinen Namen und Vornamen,

b) bei Beginn und am Ende der Benutzung des Schaublatts: den Zeitpunkt und den Ort,

c) das amtliche Kennzeichen des Fahrzeugs, das dem Fahrer zugewiesen ist, und zwar vor der ersten auf dem Schaublatt verzeichneten Fahrt und in der Folge im Falle des Fahrzeugwechsels während der Benutzung des Schaublatts,

d) den Stand des Kilometerzählers:

i) vor der ersten auf dem Schaublatt verzeichneten Fahrt,

ii) am Ende der letzten auf dem Schaublatt verzeichneten Fahrt,

iii) im Falle des Fahrzeugwechsels während des Arbeitstags den Zählerstand des ersten Fahrzeugs, das dem Fahrer zugewiesen war, und den Zählerstand des nächsten Fahrzeugs,

e) gegebenenfalls die Uhrzeit des Fahrzeugwechsels,

f) das Symbol des Landes, in dem die tägliche Arbeitszeit beginnt bzw. endet. Der Fahrer trägt auch das Symbol des Landes ein, in das er nach Überqueren einer Grenze eines Mitgliedstaats einreist, und zwar zu Beginn seines ersten Halts in diesem Mitgliedstaat. Der erste Halt erfolgt auf dem nächstmöglichen Halteplatz an oder nach der Grenze. Wird die Grenze eines Mitgliedstaats mit dem Fährschiff oder der Eisenbahn überquert, so gibt er das Symbol des Landes im Ankunftshafen oder -bahnhof ein.

(7) *[1]* Der Fahrer gibt in den digitalen Fahrtenschreiber das Symbol des Landes ein, in dem die tägliche Arbeitszeit begann bzw. endete.

[2] [1] Ab dem 2. Februar 2022 gibt der Fahrer auch das Symbol des Landes ein, in das er nach Überqueren einer Grenze eines Mitgliedstaats einreist, und zwar zu Beginn seines ersten Halts in diesem Mitgliedstaat. [2] Der erste Halt erfolgt auf dem nächstmöglichen Halteplatz an oder nach der Grenze. [3] Wird die Grenze eines Mitgliedstaats mit dem Fährschiff oder der Eisenbahn überquert, so gibt er das Symbol des Landes im Ankunftshafen oder -bahnhof ein.

[3] Die Mitgliedstaaten können den Fahrern von Fahrzeugen, die einen innerstaatlichen Transport in ihrem Hoheitsgebiet durchführen, vorschreiben, dem Symbol des Landes genauere geografische Angaben hinzuzufügen, sofern die betreffenden Mitgliedstaaten diese genaueren geografischen Angaben der Kommission vor dem 1. April 1998 mitgeteilt hatten.

---

[1] Nr. **565**.

[4] Die Fahrer brauchen die Angaben nach Unterabsatz 1 nicht zu machen, wenn der Fahrtenschreiber Standortdaten gemäß Artikel 8 automatisch aufzeichnet.

Art. 35 Beschädigte Fahrerkarten und Schaublätter. (1) Wird ein Schaublatt, das Aufzeichnungen enthält, oder eine Fahrerkarte beschädigt, so müssen die Fahrer das beschädigte Schaublatt oder die beschädigte Fahrerkarte dem ersatzweise verwendeten Reserveblatt beifügen.

(2) Bei Beschädigung, Fehlfunktion, Verlust oder Diebstahl der Fahrerkarte muss der Fahrer

a) zu Beginn seiner Fahrt die Angaben über das von ihm gelenkte Fahrzeug ausdrucken und in den Ausdruck

i) die Angaben eintragen, mit denen der Fahrer identifiziert werden kann (Name, Nummer der Fahrerkarte oder des Führerscheins), und seine Unterschrift anbringen,

ii) die in Artikel 34 Absatz 5 Buchstabe b Ziffern ii, iii und iv genannten Zeiten eintragen,

b) am Ende seiner Fahrt die Angaben über die vom Fahrtenschreiber aufgezeichneten Zeiten ausdrucken, die vom Fahrtenschreiber nicht erfassten Zeiten vermerken, in denen er seit dem Erstellen des Ausdrucks bei Fahrtantritt andere Arbeiten ausgeübt hat, Bereitschaft hatte oder eine Ruhepause eingelegt hat, und auf diesem Dokument die Angaben eintragen, mit denen der Fahrer identifiziert werden kann (Name, Nummer der Fahrerkarte oder des Führerscheins), und seine Unterschrift anbringen.

Art. 36 Vom Fahrer mitzuführende Aufzeichnungen. (1) Lenkt der Fahrer ein Fahrzeug, das mit einem analogen Fahrtenschreiber ausgerüstet ist, so muss er einem ermächtigten Kontrolleur auf Verlangen jederzeit Folgendes vorlegen können:

i) die Schaublätter für den laufenden Tag und die vom Fahrer an den vorherigen 28 Tagen verwendeten Schaublätter,

ii) die Fahrerkarte, falls er Inhaber einer solchen Karte ist, und

iii) alle am laufenden Tag und an den vorherigen 28 Tagen erstellten handschriftlichen Aufzeichnungen und Ausdrucke, die gemäß der vorliegen-

(Fortsetzung nächstes Blatt)

den Verordnung und der Verordnung (EG) Nr. 561/2006[1] vorgeschrieben sind.

(2) Lenkt der Fahrer ein Fahrzeug, das mit einem digitalen Fahrtenschreiber ausgerüstet ist, so muss er einem ermächtigten Kontrolleur auf Verlangen jederzeit Folgendes vorlegen können:

i) seine Fahrerkarte,

ii) alle am laufenden Tag und an den vorherigen 28 Tagen erstellten handschriftlichen Aufzeichnungen und Ausdrucke, die gemäß der vorliegenden Verordnung und der Verordnung (EG) Nr. 561/2006 vorgeschrieben sind,

iii) die Schaublätter für den Zeitraum gemäß Ziffer ii, falls er in dieser Zeit ein Fahrzeug gelenkt hat, das mit einem analogen Fahrtenschreiber ausgerüstet ist.

(3) Ein ermächtigter Kontrolleur kann die Einhaltung der Verordnung (EG) Nr. 561/2006 überprüfen, indem er die Schaublätter, die vom Fahrtenschreiber oder auf der Fahrerkarte gespeicherten Daten (mittels Anzeige, Ausdruck oder Herunterladen) oder anderenfalls jedes andere beweiskräftige Dokument, das die Nichteinhaltung einer Bestimmung wie etwa des Artikels 29 Absatz 2 und des Artikels 37 Absatz 2 dieser Verordnung belegt, analysiert.

Art. 37 Verfahren bei einer Fehlfunktion des Gerätes. (1) Bei Betriebsstörung oder Fehlfunktion des Fahrtenschreibers muss das Verkehrsunternehmen die Reparatur, sobald die Umstände dies gestatten, von einem zugelassenen Einbaubetrieb oder einer zugelassenen Werkstatt durchführen lassen.

Kann die Rückkehr zum Standort des Verkehrsunternehmens erst nach mehr als einer Woche nach dem Tag des Eintritts der Betriebsstörung oder der Feststellung der Fehlfunktion erfolgen, so ist die Reparatur unterwegs vorzunehmen.

In den gemäß Artikel 41 getroffenen Maßnahmen ermächtigen die Mitgliedstaaten die zuständigen Behörden dazu, die Benutzung des Fahrzeugs zu untersagen, wenn eine Betriebsstörung oder Fehlfunktion nicht gemäß Unterabsatz 1 oder 2 des vorliegenden Absatzes behoben wird, sofern dies mit den nationalen Rechtsvorschriften des betreffenden Mitgliedstaats im Einklang steht.

(2) Während einer Betriebsstörung oder bei Fehlfunktion des Fahrtenschreibers vermerkt der Fahrer die Angaben, mit denen er identifiziert werden kann (Name, Nummer seiner Fahrerkarte oder seines Führerscheins), zusammen mit seiner Unterschrift sowie die vom Fahrtenschreiber nicht mehr ordnungsgemäß aufgezeichneten oder ausgedruckten Angaben über die verschiedenen Zeiten

a) auf dem Schaublatt bzw. den Schaublättern oder

b) auf einem besonderen Blatt, das dem Schaublatt oder der Fahrerkarte beigefügt wird.

---

[1] Nr. **565**.

Kapitel VII. Durchsetzung und Sanktionen

Art. 38 Kontrolleure. (1) [1] Um die Einhaltung dieser Verordnung wirksam zu überwachen, werden die ermächtigten Kontrolleure mit ausreichender Ausrüstung und angemessenen gesetzlichen Befugnisse ausgestattet, damit sie ihren Aufgaben gemäß dieser Verordnung nachkommen können. [2] Zu dieser Ausrüstung gehören insbesondere:

a) Kontrollkarten, die den Zugang zu Daten ermöglichen, die auf dem Fahrtenschreiber und auf den Fahrtenschreiberkarten sowie optional auf der Werkstattkarte aufgezeichnet sind,

b) die Instrumente, die erforderlich sind, um Datendateien der Fahrzeugeinheit und der Fahrtenschreiberkarten herunterzuladen und um derartige Datendateien und vom digitalen Fahrtenschreiber ausgedruckte Daten zusammen mit Schaublättern oder Tabellen vom analogen Fahrtenschreiber analysieren zu können.

(2) Wenn Kontrolleure bei einer Überprüfung genügend Hinweise feststellen, die einen begründeten Betrugsverdacht nahelegen, sind sie befugt, das Fahrzeug zu einer zugelassenen Werkstatt zu schicken, wo weitere Kontrollen vorgenommen werden, um insbesondere zu überprüfen, dass

a) der Fahrtenschreiber ordnungsgemäß funktioniert,

b) der Fahrtenschreiber die Daten korrekt aufzeichnet und speichert und die Kalibrierungsparameter korrekt sind.

(3) [1] Die Kontrolleure sind befugt, zugelassene Werkstätten aufzufordern, die in Absatz 2 genannte Kontrolle sowie spezielle Kontrollen vorzunehmen, die darauf ausgerichtet sind, das Vorhandensein von Manipulationsgeräten festzustellen. [2] Werden Manipulationsgeräte festgestellt, so können der Fahrtenschreiber einschließlich des Gerätes selbst, die Fahrzeugeinheit oder ihre Bestandteile sowie die Fahrerkarte aus dem Fahrzeug entfernt und entsprechend den nationalen Verfahrensregeln für die Behandlung von Beweismaterial als Beweisstücke verwendet werden.

(4) Die Kontrolleure machen gegebenenfalls von der Möglichkeit Gebrauch, während einer Kontrolle des Sitzes des Unternehmens Fahrtenschreiber und Fahrerkarten zu überprüfen, die sich vor Ort befinden.

Art. 39 Aus- und Fortbildung der Kontrolleure. (1) Die Mitgliedstaaten stellen sicher, dass die Kontrolleure für die Analyse der aufgezeichneten Daten und die Überprüfung des Fahrtenschreibers ordnungsgemäß geschult sind, um eine effiziente und harmonisierte Kontrolle und Rechtsdurchsetzung zu erreichen.

(2) Die Mitgliedstaaten teilen der Kommission bis 2. September 2016 die für ihre Kontrolleure geltenden Aus- und Fortbildungsanforderungen mit.

(3) [1] Die Kommission erlässt im Wege von Durchführungsrechtsakten Vorschriften, in denen der Inhalt der Grundausbildung und Fortbildung der Kontrolleure einschließlich der Ausbildung in Techniken für die gezielte Kontrolle und die Feststellung von Manipulationsgeräten und Betrug präzisiert wird. [2] Diese Maßnahmen beinhalten Leitlinien zur Erleichterung der Durchführung der einschlägigen Bestimmungen dieser Verordnung und der

Verordnung (EG) Nr. 561/2006[1]. [3] Diese Durchführungsrechtsakte werden nach dem in Artikel 42 Absatz 3 genannten Prüfverfahren erlassen.

(4) Die Mitgliedstaaten nehmen den von der Kommission präzisierten Inhalt in die Aus- und Fortbildung der Kontrolleure auf.

Art. 40 Gegenseitige Amtshilfe. Die Mitgliedstaaten gewähren einander Beistand im Hinblick auf die Anwendung dieser Verordnung und die Überwachung der Anwendung.

Im Rahmen dieser Amtshilfe sind die zuständigen Behörden der Mitgliedstaaten insbesondere gehalten, sich einander regelmäßig alle verfügbaren Informationen über Verstöße gegen diese Verordnung in Bezug auf Einbaubetriebe und Werkstätten, Arten von Manipulationsverfahren und die wegen solcher Verstöße verhängten Strafen zu übermitteln.

Art. 41 Sanktionen. (1) [1] Die Mitgliedstaaten erlassen in Einklang mit den nationalen Verfassungsbestimmungen Vorschriften über die bei einem Verstoß gegen diese Verordnung zu verhängenden Sanktionen und treffen alle erforderlichen Maßnahmen, damit diese Sanktionen angewandt werden. [2] Diese Sanktionen müssen wirksam, verhältnismäßig und abschreckend sein und dürfen nicht diskriminierend sein, sie müssen ferner den in der Richtlinie 2006/22/EG festgelegten Kategorien von Verstößen entsprechen.

(2) [1] Die Mitgliedstaaten teilen der Kommission diese Maßnahmen und die Vorschriften für Sanktionen bis 2. März 2016 mit. [2] Sie teilen der Kommission jede spätere Änderung dieser Maßnahmen mit.

Kapitel VIII. Schlussbestimmungen

Art. 42 Ausschuss. (1) [1] Die Kommission wird von einem Ausschuss unterstützt. [2] Dabei handelt es sich um einen Ausschuss im Sinne der Verordnung (EU) Nr. 182/2011.

(2) Wird auf diesen Absatz Bezug genommen, so gilt Artikel 4 der Verordnung (EU) Nr. 182/2011.

(3) Wird auf diesen Absatz Bezug genommen, so gilt Artikel 5 der Verordnung (EU) Nr. 182/2011.

Gibt der Ausschuss keine Stellungnahme ab, so erlässt die Kommission den Durchführungsrechtsakt nicht und Artikel 5 Absatz 4 Unterabsatz 3 der Verordnung (EU) Nr. 182/2011 findet Anwendung.

Wird die Stellungnahme des Ausschusses in einem schriftlichen Verfahren eingeholt, so wird das Verfahren ohne Ergebnis abgeschlossen, wenn der Vorsitz dies innerhalb der Frist für die Abgabe der Stellungnahme beschließt oder eine einfache Mehrheit der Ausschussmitglieder es verlangt.

Art. 43 Fahrtenschreiberforum. (1) Ein Fahrtenschreiberforum wird eingerichtet, um den Dialog über technische Angelegenheiten in Bezug auf Fahrtenschreiber zwischen Fachleuten aus den Mitgliedstaaten, Mitgliedern des Ausschusses nach Artikel 42 und Fachleuten aus den Drittländern zu

[1] Nr. **565**.

fördern, die Fahrtenschreiber entsprechend dem AETR-Übereinkommen verwenden.

(2) Die Mitgliedstaaten sollten die an dem Ausschuss nach Artikel 42 beteiligten Fachleute als Fachleute in das Fahrtenschreiberforum entsenden.

(3) Das Fahrtenschreiberforum steht für die Beteiligung von Fachleuten aus interessierten Drittstaaten, die Vertragsparteien des AETR-Übereinkommens[1] sind, offen.

(4) Zum Fahrtenschreiberforum werden Beteiligte, Vertreter der Fahrzeughersteller, Fahrtenschreiberhersteller, Sozialpartner und der Europäische Datenschutzbeauftragte eingeladen.

(5) Das Fahrtenschreiberforum gibt sich eine Geschäftsordnung.

(6) Das Fahrtenschreiberforum tritt mindestens einmal jährlich zusammen.

Art. 44 Mitteilung der innerstaatlichen Vorschriften. Die Mitgliedstaaten teilen der Kommission den Wortlaut der Rechts- und Verwaltungsvorschriften mit, die sie auf dem unter diese Verordnung fallenden Gebiet erlassen, und zwar spätestens 30 Tage nach ihrer Annahme und erstmals bis 2. März 2015.

Art. 45 Änderung der Verordnung (EG) Nr. 561/2006.[2] Die Verordnung (EG) Nr. 561/2006 wird wie folgt geändert:

1. In Artikel 3 wird nach Buchstabe a der folgende Buchstabe eingefügt:

„d) Fahrzeuge oder Fahrzeugkombinationen mit einer zulässigen Höchstmasse von nicht mehr als 7,5 t, die von Universaldienstanbietern im Sinne des Artikels 2 Absatz 13 der Richtlinie 97/67/EG des Europäischen Parlaments und des Rates vom 15. Dezember 1997 über gemeinsame Vorschriften für die Entwicklung des Binnenmarktes der Postdienste der Gemeinschaft und die Verbesserung der Dienstequalität[3] zum Zweck der Zustellung von Sendungen im Rahmen des Universaldienstes benutzt werden."

2. Artikel 13 Absatz 1 wird wie folgt geändert:

a) In den Buchstaben d, f und p wird „50 km" durch „100 km" ersetzt.

b) Buchstabe d Absatz 1 erhält folgende Fassung:

„d) Fahrzeuge oder Fahrzeugkombinationen mit einer zulässigen Höchstmasse von nicht mehr als 7,5 t, die von Universaldienstanbietern im Sinne des Artikels 2 Absatz 13 der Richtlinie 97/67/EG des Europäischen Parlaments und des Rates vom 15. Dezember 1997 über gemeinsame Vorschriften für die Entwicklung des Binnenmarktes der Postdienste der Gemeinschaft und die Verbesserung der Dienstequalität[3] zum Zweck der Zustellung von Sendungen im Rahmen des Universaldienstes benutzt werden."

[1] Nr. **550**.
[2] Nr. **565**.
[3] **Amtl. Anm.:** ABl. L 15 vom 21.1.1998, S. 14."

Art. 46 Übergangsmaßnahmen. Sofern die Durchführungsrechtsakte, auf die in dieser Verordnung Bezug genommen wird, nicht rechtzeitig erlassen wurden, dass sie zum Zeitpunkt der Anwendung dieser Verordnung angewendet werden können, gelten weiter vorübergehend die Vorschriften der Verordnung (EWG) Nr. 3821/85 einschließlich des Anhangs IB bis zum Zeitpunkt der Anwendung der Durchführungsrechtsakte, auf die in dieser Verordnung Bezug genommen wird.

Art. 47 Aufhebung. [1] Die Verordnung (EWG) Nr. 3821/85 wird aufgehoben. [2] Verweise auf die aufgehobene Verordnung gelten als Verweise auf die vorliegende Verordnung.

Art. 48 Inkrafttreten. Diese Verordnung tritt am Tag nach ihrer Veröffentlichung[1)] im *Amtsblatt der Europäischen Union* in Kraft.

[1] Sie gilt vorbehaltlich der Übergangsmaßnahmen gemäß Artikel 46 ab 2. März 2016. [2] Die Artikel 24, 34 und 45 gelten jedoch ab dem 2. März 2015.

Diese Verordnung ist in allen ihren Teilen verbindlich und gilt unmittelbar in jedem Mitgliedstaat.
Geschehen zu Straßburg am 4. Februar 2014.

Anhang I
Vorschriften Über Bau, Prüfung, Einbau und Nachprüfung analoger Fahrtenschreiber

I. Begriffsbestimmungen

Im Sinne dieses Anhangs sind:

a) „Kontrollgeräte" oder „analoger Fahrtenschreiber":
Ein für den Einbau in Kraftfahrzeuge bestimmtes Gerät zum vollautomatischen oder halbautomatischen Anzeigen und Aufzeichnen von Angaben über die Fahrt des Fahrzeugs sowie von Angaben über bestimmte Tätigkeitszeiten der Fahrer.

b) Konstante des Kontrollgerätes:
Kenngröße, die den Wert des Eingangssignals angibt, der für das Anzeigen und Aufzeichnen einer zurückgelegten Wegstrecke von 1 km erforderlich ist; diese Konstante wird ausgedrückt in Umdrehungen je Kilometer (k = ... U/km) oder in Impulsen je Kilometer (k = ... Imp/km).

c) Wegdrehzahl des Kraftfahrzeugs:
Kenngröße, die den Zahlenwert des Ausgangssignals angibt, das am Anschlussstutzen für das Kontrollgerät am Kraftfahrzeug entsteht (in einigen Fällen Getriebestutzen und in anderen Fällen Radachse) bei einer unter den normalen Prüfbedingungen zurückgelegten Wegstrecke von einem Kilometer (vgl. Teil VI Nummer 4 dieses Anhangs). Die Wegdrehzahl wird

---

1) Veröffentlicht am 28.2.2014.

in Umdrehungen je Kilometer (w = . . . U/km) oder in Impulsen je Kilometer (w = . . . Imp/km) ausgedrückt.

d) Wirksamer Umfang der Fahrzeugräder:
Mittelwert der von jedem Antriebsrad bei einer vollen Umdrehung zurückgelegten Wegstrecke. Die Messung dieser Wegstrecken muss unter den normalen Prüfbedingungen erfolgen (vgl. Teil VI Nummer 4 dieses Anhangs) und wird in folgender Form ausgedrückt: 1 = . . . mm.

II. Allgemeine Funktionsmerkmale des Kontrollgeräts

Das Gerät muss folgende Angaben aufzeichnen:

1. die vom Fahrzeug zurückgelegte Wegstrecke,
2. die Geschwindigkeit des Fahrzeugs,
3. die Lenkzeit,
4. die sonstigen Arbeits- und die Bereitschaftszeiten,
5. die Arbeitsunterbrechungen und die Tagesruhezeiten,
6. das Öffnen des das Schaublatt enthaltenden Gehäuses,
7. für elektronische Kontrollgeräte, welches Geräte sind, die durch elektrisch übertragene Signale des Geschwindigkeits- und Weggebers betrieben werden, jede über 100 Millisekunden hinausgehende Unterbrechung der Stromversorgung des Kontrollgerätes (ausgenommen die Beleuchtung), der Stromversorgung des Geschwindigkeits- und Weggebers und jede Unterbrechung der Signalleitung zum Geschwindigkeits- und Weggeber.

Bei Fahrzeugen, zu deren Betrieb zwei Fahrer eingesetzt werden, muss das Kontrollgerät so beschaffen sein, dass die unter Absatz 1 Nummern 3, 4 und 5 aufgeführten Zeitgruppen für diese Fahrer des Fahrpersonals gleichzeitig und unterscheidbar auf zwei verschiedenen Schaublättern aufgezeichnet werden können.

III. Bauartmerkmale des Kontrollgerätes

a) Allgemeines

1. Für das Kontrollgerät sind folgende Einrichtungen vorgeschrieben:

1.1. Anzeigeeinrichtungen:
- für die Wegstrecke (Kilometerzähler),
- für die Geschwindigkeit (Tachometer),
- für die Zeit (Uhr).

1.2. Schreibeinrichtungen:
- zur Aufzeichnung der zurückgelegten Wegstrecken,
- zur Aufzeichnung der jeweiligen Geschwindigkeit,
- eine oder mehrere Einrichtungen zur Aufzeichnung der Zeit nach Maßgabe von Buchstabe c Nummer 4.

1.3. Eine Vorrichtung, durch die
- jedes Öffnen des das Schaublatt enthaltenden Gehäuses,
- für elektronische Kontrollgeräte gemäß Teil II Absatz 1 Nummer 7 jede über 100 Millisekunden hinausgehende Unterbrechung der

Stromversorgung des Kontrollgerätes, ausgenommen die Beleuchtung, spätestens beim Wiedereinschalten der Stromversorgung,

– für elektronische Kontrollgeräte gemäß Teil II Absatz 1 Nummer 7 jede über 100 Millisekunden hinausgehende Unterbrechung der Stromversorgung des Geschwindigkeits- und Weggebers und jede Unterbrechung der Signalleitung zum Geschwindigkeits- und Weggeber auf dem Schaublatt gesondert markiert wird.

2. Etwa vorhandene Zusatzeinrichtungen des Gerätes, die über die in Nummer 1 genannten hinausgehen, dürfen weder die einwandfreie Arbeitsweise noch das Ablesen der vorgeschriebenen Einrichtungen beeinträchtigen.
Das Gerät muss mit diesen etwa vorhandenen Zusatzeinrichtungen zur Bauartgenehmigung vorgelegt werden.

3. Werkstoffe

3.1. Alle Bauteile des Kontrollgeräts müssen aus Werkstoffen von hinreichender Stabilität und mechanischer Festigkeit sowie genügender elektrischer und magnetischer Unveränderlichkeit bestehen.

3.2. Jede Änderung eines Teils des Gerätes oder der Art der zu seiner Herstellung verwendeten Werkstoffe bedürfen einer vorherigen Genehmigung der Behörde, die die Bauartgenehmigung für das Gerät erteilt hat.

4. Messung der zurückgelegten Wegstrecke

Die zurückgelegten Wegstrecken können gezählt und aufgezeichnet werden:

– beim Vorwärtsfahren oder beim Rückwärtsfahren oder

– nur beim Vorwärtsfahren.

Die etwaige Aufzeichnung der zurückgelegten Wegstrecken bei Rückwärtsfahren darf die Klarheit und Genauigkeit der übrigen Aufzeichnungen in keiner Weise beeinträchtigen.

5. Messung der Geschwindigkeit

5.1. Der Messbereich des Geschwindigkeitsmessgeräts wird in der Bauartgenehmigung festgelegt.

5.2. Eigenfrequenz und Dämpfung des Messwerks müssen so bemessen sein, dass die Anzeige und die Aufzeichnung der Geschwindigkeit im Messbereich Beschleunigungen bis zu 2 m/s^2 innerhalb der Fehlergrenzen folgen können.

6. Messung der Zeit (Uhr)

6.1. Die Stelleinrichtung der Uhr muss in einem das Schaublatt enthaltenden Gehäuse liegen, dessen Öffnung jeweils automatisch auf dem Schaublatt registriert wird.

6.2. Wird das Schaublatt vom Uhrwerk angetrieben, so muss die einwandfreie Laufzeit der Uhr nach vollständigem Aufziehen mindestens 10 v.H. über der maximalen Aufzeichnungsdauer des Schaublatts (der Schaublätter) liegen.

7. Beleuchtung und Schutz

7.1. Die Anzeigeeinrichtungen müssen mit einer nicht blendenden Beleuchtungseinrichtung versehen sein.

7.2. Unter normalen Betriebsbedingungen müssen alle Teile der Inneneinrichtung gegen Feuchtigkeit und Staub geschützt sein. Außerdem müssen sie durch plombierbare Gehäuse gegen Eingriffe geschützt sein.

b) Anzeigeeinrichtungen

1. Wegstreckenzähler (Kilometerzähler)

1.1. Der Wert der kleinsten Messeinheit des Wegstreckenzählers muss 0,1 km betragen. Die Ziffern, die jeweils 100 m darstellen, müssen deutlich von denen zu unterscheiden sein, die ganze Kilometer darstellen.

1.2. Die Ziffern des Wegstreckenzählers müssen gut lesbar sein und eine sichtbare Höhe von mindestens 4 mm haben.

1.3. Der Wegstreckenzähler muss mindestens 99 999,9 km anzeigen können.

2. Geschwindigkeitsmessgerät (Tachometer)

2.1. Innerhalb des Messbereichs muss die Geschwindigkeitsskala einheitlich in Abschnitte von 1, 2, 5 oder 10 km/h geteilt sein. Der Geschwindigkeitswert der Skala (Teilstrichabstand) darf 10 v.H. der Skalengeschwindigkeit nicht übersteigen.

2.2. Der außerhalb des Messbereichs liegende Anzeigebereich braucht nicht beziffert zu sein.

2.3. Der einer Geschwindigkeitsänderung von 10 km/h entsprechende Teilstrichabstand darf nicht kleiner sein als 10 mm.

2.4. Auf einem Zeigermessgerät darf der Abstand zwischen Zeiger und Skala 3 mm nicht übersteigen.

3. Zeitmessgerät (Uhr)

Die Zeitanzeige muss auf dem Gerät von außen sichtbar sein und sich zuverlässig, leicht und unmissverständlich ablesen lassen.

c) Schreibeinrichtungen

1. Allgemeines

1.1. Jedes Gerät muss unabhängig von der Form des Schaublatts (Band oder Scheibe) eine Markierung besitzen, die ein richtiges Einlegen des Schaublatts ermöglicht, so dass die Zeitmarkierung auf dem Schaublatt mit der Zeitangabe der Uhr übereinstimmt.

1.2. Der Antrieb des Schaublatts muss so beschaffen sein, dass das Schaublatt spielfrei transportiert wird und jederzeit eingelegt und entnommen werden kann.

1.3. Bei Schaublättern in Scheibenform wird die Transporteinrichtung durch das Uhrwerk angetrieben. In diesem Fall muss der Vorschub des Schaublatts gleichförmig schleichend erfolgen und mindestens 7 mm in der Stunde, gemessen am inneren Kreisrand des Geschwindigkeits- und Schreibfelds, betragen. Bei Bandschreibern muss der gradlinige Vorschub des Schaublatts mindestens 10 mm in der Stunde betragen, wenn die Transporteinrichtung durch das Uhrwerk angetrieben wird.

1.4. Die zurückgelegte Wegstrecke, die Geschwindigkeit des Fahrzeugs sowie das Öffnen des das Schaublatt (die Schaublätter) enthaltenden Gehäuses müssen vollautomatisch aufgezeichnet werden.

2. Aufzeichnung der zurückgelegten Wegstrecke

2.1. Zurückgelegte Wegstrecken von 1 km Länge müssen in der Aufzeichnung Strecken von mindestens 1 mm auf der jeweiligen Koordinate entsprechen.

2.2. Auch bei Geschwindigkeiten an der oberen Grenze des Messbereichs muss die Wegstreckenaufzeichnung noch einwandfrei ablesbar sein.

3. Aufzeichnung der Geschwindigkeit

3.1. Der Schreibstift für die Geschwindigkeitsaufzeichnung muss unabhängig von der Form des Schaublatts grundsätzlich geradlinig und senkrecht zur Bewegungsrichtung des Schaublatts geführt sein. Jedoch kann der Schreibstift kreisbogenförmig geführt sein, wenn folgende Voraussetzungen erfüllt sind:

– Die Schreibspur muss senkrecht zum mittleren Kreisumfang (bei Schaublättern in Scheibenform) oder zu der Achse (bei Schaublättern in Bandform) des Geschwindigkeitsschreibfelds verlaufen;

– das Verhältnis des Krümmungsradius des Führungsbogens zur Breite des Geschwindigkeitsschreibfelds darf für alle Schaublattformen nicht kleiner als 2,4:1 sein;

– einzelne Striche der Zeitskala müssen das Schreibfeld in der der Führung des Schreibfelds entsprechenden bogenförmigen Führung durchziehen. Der Abstand zwischen den Strichen darf höchstens einer Stunde der Zeitskala entsprechen.

3.2. Einer Geschwindigkeitsänderung von 10 km/h muss in der Aufzeichnung einer Strecke von mindestens 1,5 mm auf der jeweiligen Koordinate entsprechen.

4. Aufzeichnung der Zeiten

4.1. Kontrollgeräte müssen so gebaut sein, dass die Lenkzeit immer automatisch aufgezeichnet wird und die übrigen Zeitgruppen gemäß Artikel 34 Absatz 5 Buchstabe b Ziffern ii, iii und iv der Verordnung durch die etwaige Betätigung einer Schaltvorrichtung unterscheidbar aufgezeichnet werden können.

4.2. Aus der Beschaffenheit der Schreibspuren, ihrer Anordnung und gegebenenfalls den in Artikel 34 der Verordnung vorgesehenen Zeichen muss einwandfrei erkennbar sein, um welche Zeitgruppe es sich handelt. Die einzelnen Zeitgruppen werden auf dem Schaublatt durch unterschiedliche Breiten der Schreibspuren oder in jeder anderen Form dargestellt, die eine mindestens gleiche Ablesbarkeit und Auswertbarkeit des Schaublatts sicherstellt.

4.3. Bei Fahrzeugen, zu deren Betrieb ein aus mehreren Fahrern bestehendes Fahrpersonal eingesetzt wird, müssen die unter Nummer 4.1 genannten Aufzeichnungen auf getrennten, den einzelnen Fahrern zugeordneten Schaublättern erfolgen. In diesem Fall muss der Vorschub der einzelnen Schaublätter durch dieselbe Vorrichtung oder durch gleichgeschaltete Vorrichtungen erfolgen.

d) Verschlusseinrichtungen

1) Das Gehäuse, welches das Schaublatt (die Schaublätter) und die Stelleinrichtung der Uhr enthält, muss mit einem Schloss versehen sein.

2) Jedes Öffnen des Gehäuses, welches das Schaublatt (die Schaublätter) und die Stelleinrichtung der Uhr enthält, muss automatisch auf dem Schaublatt (den Schaublättern) registriert werden.

e) Bezeichnungen

1) Auf dem Skalenblatt des Gerätes müssen folgende Bezeichnungen angebracht sein:

– in unmittelbarer Nähe der Anzeige des Wegstreckenzählers die Maßeinheit der zurückgelegten Wegstrecken mit der Abkürzung „km",

– in der Nähe der Geschwindigkeit die Abkürzung „km/h",

– der Messbereich des Geschwindigkeitsmessgeräts in der Form „Vmin ... km/h, Vmax ... km/h". Diese Bezeichnung kann fehlen, wenn sie auf dem Typenschild des Gerätes erscheint.

Diese Vorschriften gelten jedoch nicht für Kontrollgeräte, für die die Bauartgenehmigung vor dem 10. August 1970 erteilt wurde.

2) Das mit dem Gerät verbundene Typenschild muss folgende Angaben enthalten, die auf dem eingebauten Gerät leicht ablesbar sein müssen:

– Name und Anschrift des Herstellers,

– Fabriknummer und Baujahr,

– Prüfzeichen des Gerätetyps,

– die Gerätekonstante in der Form „k = ... U/km" oder „k = ... Imp/km",

– gegebenenfalls Geschwindigkeitsmessbereich in der unter Nummer 1 angegebenen Form,

– falls das Gerät so neigungsempfindlich ist, dass hierdurch die zulässigen Fehlergrenzen bei den Angaben des Gerätes überschritten werden: die zulässige Neigung in der Form

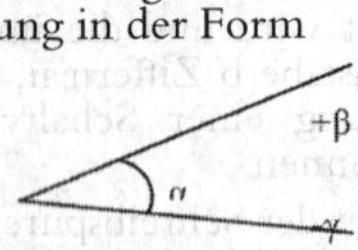

wobei α der von der waagerechten Stellung der (nach oben geneigten) Vorderseite des betreffenden Gerätes aus gemessene Winkel ist; β und γ sind die höchstzulässigen Neigungsausschläge nach oben und unten gegenüber dem Winkel „α".

f) Zulässige Fehlergrenzen (Anzeige- und Schreibeinrichtungen)

1. Prüfstandversuch vor dem Einbau

a) zurückgelegte Wegstrecke:
± 1 v.H. der tatsächlichen Wegstrecke, die mindestens 1 km beträgt,

b) Geschwindigkeit:
tatsächliche Geschwindigkeit ± 3 km/h,

c) Zeit:
± 2 Minuten pro Tag, jedoch nicht mehr als 10 Minuten nach 7 Tagen, wenn die aufziehfreie Laufzeit der Uhr nicht weniger als 7 Tage beträgt.

2. Beim Einbau

a) zurückgelegte Wegstrecke:
± 2 v.H. der tatsächlichen Wegstrecke, die mindestens 1 km beträgt,

b) Geschwindigkeit:
tatsächliche Geschwindigkeit ± 4 km/h,

c) Zeit:
± 2 Minuten pro Tag oder
± 10 Minuten nach 7 Tagen.

3. Im Betrieb

a) zurückgelegte Wegstrecke:
± 4 v.H. der tatsächlichen Wegstrecke, die mindestens 1 km beträgt,

b) Geschwindigkeit:
tatsächliche Geschwindigkeit ± 6 km/h,

c) Zeit:
± 2 Minuten pro Tag oder
± 10 Minuten nach 7 Tagen.

4. Die unter den Nummern 1, 2 und 3 genannten zulässigen Fehlergrenzen gelten für Temperaturen zwischen 0 °C und 40 °C, die Temperaturen werden unmittelbar am Gerät gemessen.

5. Die unter den Nummern 2 und 3 genannten zulässigen Fehlergrenzen gelten, wenn sie unter den unter Teil VI genannten Bedingungen ermittelt worden sind.

IV. Schaublätter

a) Allgemeines

1. Die Schaublätter müssen so beschaffen sein, dass sie das normale Funktionieren des Geräts nicht behindern und dass die Aufzeichnungen unverwischbar sowie einwandfrei abzulesen und auszuwerten sind.
Sie müssen ihre Abmessungen und ihre Aufzeichnungen bei normaler Feuchtigkeit und Temperatur behalten.
Die in Artikel 34 dieser Verordnung genannten Eintragungen müssen auf den Schaublättern vorgenommen werden können, ohne dass diese dabei beschädigt werden und die Lesbarkeit der Aufzeichnungen beeinträchtigt wird.
Die Schaublätter müssen bei sachgemäßer Lagerung mindestens ein Jahr lang gut lesbar sein.

2. Die Mindestdauer möglicher Aufzeichnungen auf den Schaublättern muss unabhängig von der Form der Schaublätter 24 Stunden betragen.
Sind mehrere Schaublätter miteinander verbunden, um die mögliche Dauer der eingriffsfreien Aufzeichnungen zu verlängern, so müssen die Verbindungen der einzelnen Schaublätter so ausgeführt sein, dass die

Aufzeichnungen an den Übergangsstellen von einem Schaublatt zum nächsten weder Unterbrechungen noch Überlappungen aufweisen.

b) Schreibfelder und ihre Einteilung

1. Die Schaublätter weisen die folgenden Schreibfelder auf:
   - ein Schreibfeld für die Geschwindigkeitsaufzeichnung,
   - ein Schreibfeld für die Aufzeichnung der zurückgelegten Wegstrecke,
   - ein Schreibfeld (oder Schreibfelder) für die Aufzeichnung der Lenkzeit, der sonstigen Arbeits- und der Bereitschaftszeiten der Arbeitsunterbrechungen und der Ruhezeiten.
2. Das Schreibfeld für die Geschwindigkeitsaufzeichnung muss mindestens von 20 zu 20 km/h eingeteilt sein. Jeder Teilstrich muss mit der entsprechenden Geschwindigkeit beziffert sein. Die Abkürzung km/h muss mindestens an einer Stelle des Schreibfeldes erscheinen. Der letzte Teilstrich muss mit dem oberen Ende des Messbereichs übereinstimmen.
3. Das Schreibfeld für die Aufzeichnung der zurückgelegten Wegstrecke muss so eingeteilt sein, dass die Anzahl der zurückgelegten Kilometer leicht ablesbar ist.
4. Das Schreibfeld (die Schreibfelder) für die Aufzeichnung der Zeiten nach Nummer 1 muss (müssen) Hinweise enthalten, die eine eindeutige Unterscheidung der einzelnen Zeitgruppen ermöglichen.

c) Angaben auf dem Schaublatt

Jedes Schaublatt muss folgende Aufdrucke tragen:
- Name und Anschrift oder Firmenzeichen des Herstellers,
- Prüfzeichen des Schaublattmusters,
- Prüfzeichen des Gerätetyps (oder der Gerätetypen), für den (oder die) das Schaublatt zulässig ist,
- obere Grenze des Geschwindigkeitsmessbereichs in km/h.

Auf jedem Schaublatt muss außerdem mindestens eine Zeitskala aufgedruckt sein, die ein direktes Ablesen der Uhrzeit im Abstand von 15 Minuten sowie eine einfache Ermittlung der Abschnitte von 5 Minuten ermöglicht.

d) Freier Raum für handschriftliche Eintragungen

Auf dem Schaublatt muss Raum für mindestens folgende handschriftliche Eintragungen des Fahrers vorgesehen sein:
- Name und Vorname des Fahrers,
- Zeitpunkt sowie Ort des Beginns und des Endes der Benutzung des Schaublatts,
- amtliches (amtliche) Kennzeichen des Fahrzeugs (der Fahrzeuge), das (die) dem Fahrer während der Benutzung des Schaublatts zugewiesen ist (sind),
- Stand des Kilometerzählers des Fahrzeugs (der Fahrzeuge), das (die) dem Fahrer während der Benutzung des Schaublatts zugewiesen ist (sind),
- Uhrzeit des Fahrzeugwechsels.

V. Einbau des Kontrollgeräts

1. Das Kontrollgerät muss so in das Kraftfahrzeug eingebaut werden, dass der Fahrer vom Fahrersitz aus Geschwindigkeitsmessgerät, Wegstreckenzähler und Uhr leicht ablesen kann und alle Bauteile einschließlich der Übertragungselemente gegen unbeabsichtigte Beschädigungen geschützt sind.

2. Die Konstante des Kontrollgeräts muss durch eine geeignete Justiereinrichtung an die Wegdrehzahl des Kraftfahrzeugs angeglichen werden können.
Kraftfahrzeuge mit mehreren Hinterachsuntersetzungen müssen mit einer Umschalteinrichtung ausgerüstet sein, durch die die verschiedenen Untersetzungsverhältnisse automatisch auf die Wegdrehzahl gebracht werden, für die die Angleichung des Gerätes an das Fahrzeug erfolgt ist.

3. Nach der Einbauprüfung beim Ersteinbau wird am Fahrzeug auf oder neben dem Kontrollgerät gut sichtbar eine Einbauplakette angebracht. Nach jeder Nachprüfung eines zugelassenen Einbaubetriebs oder einer zugelassenen Werkstatt die eine Änderung der Einstellung des eigentlichen Einbaus erfordert, ist die Einbauplakette durch eine neue Einbauplakette zu ersetzen.
Die Einbauplakette muss mindestens die nachstehenden Angaben enthalten:
   - Name, Anschrift oder Firmenzeichen des zugelassenen Einbaubetriebs, der zugelassenen Werkstatt oder des Fahrzeugherstellers,
   - Wegdrehzahl des Kraftfahrzeugs in der Form „w = ... U/km“ oder „w = ... Imp/km“,
   - wirksamer Reifenumfang in der Form „l = ... mm“,
   - Datum der Bestimmung der Wegdrehzahl des Fahrzeugs und der Messung des wirksamen Reifenumfangs.

4. **Plombierung**
Folgende Geräteteile müssen plombiert werden:
a) die Einbauplakette, es sei denn, sie ist so angebracht, dass sie sich nicht ohne Vernichtung der Angaben entfernen lässt,
b) die Enden der Verbindung zwischen dem eigentlichen Kontrollgerät und dem Fahrzeug,
c) die eigentliche Justiereinrichtung und deren Anschluss an die übrigen Teile der Anlage,
d) die Umschaltvorrichtung bei Kraftfahrzeugen mit mehreren Hinterachsuntersetzungen,
e) die Verbindungen der Justiereinrichtung und der Umschalteinrichtung mit den übrigen Teilen der Anlage,
f) die unter Teil III Buchstabe a Nummer 7.2 vorgesehenen Gehäuse,
g) alle Abdeckungen der Vorrichtungen, mit denen die Konstante des Kontrollgerätes an die Wegdrehzahl des Kraftfahrzeugs angepasst wird.
In Einzelfällen könne bei der Bauartgenehmigung des Geräts weitere Plombierungen vorgesehen werden; auf dem Bauartgenehmigungsbogen muss angegeben werden, wo diese Plomben angebracht sind.

Die in Absatz 1 unter den Buchstaben b, c und e genannten Plomben dürfen entfernt werden

- in Notfällen oder
- um einen Geschwindigkeitsbegrenzer oder ein anderes der Sicherheit im Straßenverkehr dienendes Gerät einzubauen, zu justieren oder zu reparieren,

sofern das Kontrollgerät auch dann noch zuverlässig und ordnungsgemäß arbeitet und von einem zugelassenen Einbaubetrieb oder einer zugelassenen Werkstatt unmittelbar nach dem Einbau des Geschwindigkeitsbegrenzers oder eines anderen der Sicherheit im Straßenverkehr dienenden Gerätes oder andernfalls spätestens nach sieben Tagen wieder verplombt wird. Jede Verletzung der Plomben muss Gegenstand einer schriftlichen Begründung sein, die der zuständigen Behörde zur Verfügung zu halten ist.

5. Die Verbindungskabel zwischen dem Kontrollgerät und dem Impulsgeber müssen durch einen durchgehenden Mantel aus rostgeschütztem Stahl mit Kunststoffüberzug und gebördelten Tüllen geschützt sein, sofern ein gleichwertiger Schutz gegen unerlaubte Eingriffe nicht auf andere Weise gewährleistet ist (beispielsweise durch elektronische Überwachung wie etwa Zeichengabeverschlüsselung), durch die das Vorhandensein von Einrichtungen innerhalb des Systems aufgespürt wird, die für das einwandfreie Funktionieren des Kontrollgeräts unnötig sind, und die den Zweck haben, den ordnungsgemäßen Betrieb des Kontrollgeräts durch Kurzschließen oder Unterbrechung oder durch Änderung der elektronischen Daten des Geschwindigkeits- und Weggebers zu verhindern. Als durchgehend im Sinne dieser Verordnung gilt auch eine Trennstelle mit plombierten Anschlüssen.

Die oben angeführte elektronische Überwachung kann durch eine andere elektronische Kontrolle ersetzt werden, die gewährleistet, dass das Kontrollgerät Bewegungen des Fahrzeugs unabhängig von den Signalen des Geschwindigkeits- und Weggebers aufzeichnen kann.

Für die Anwendung dieser Ziffer gelten als Fahrzeuge der Klassen M1 und N1 alle Fahrzeuge, die der Definition im Anhang II A der Richtlinie 2007/46/EG des Europäischen Parlaments und des Rates[1] entsprechen. Bei Fahrzeugen, die gemäß der vorliegenden Verordnung mit einem Tachographen ausgestattet und nicht für den Einbau eines Panzerkabels, das den Geschwindigkeits- und Weggeber mit dem Kontrollgerät verbindet, geeignet sind, muss ein Adapter möglichst dicht am Geschwindigkeits- und Weggeber angebracht werden. Das Panzerkabel muss vom Adapter zum Kontrollgerät führen.

[1] **Amtl. Anm.:** Richtlinie 2007/46/EG des Europäischen Parlaments und des Rates vom 5. September 2007 zur Schaffung eines Rahmens für die Genehmigung von Kraftfahrzeugen und Kraftfahrzeuganhängern sowie von Systemen, Bauteilen und selbstständigen technischen Einheiten für diese Fahrzeuge (ABl. L 263 Diese Zahlen sind nur beispielhaft.vom 9.10.2007, S. 1).

VI. Einbauprüfungen und Nachprüfungen

Die Mitgliedstaaten bezeichnen die Stellen, die die Einbauprüfungen und Nachprüfungen vornehmen.

1. Bescheinigung für neue oder reparierte Geräte

Für jedes neue oder reparierte Einzelgerät werden die ordnungsgemäße Arbeitsweise und die Genauigkeit der Angaben und Aufzeichnungen innerhalb der unter Teil III Buchstabe f Nummer 1 festgelegten Grenzen durch die unter Teil V Nummer 4 Buchstabe f vorgesehene Plombierung bescheinigt.

Die Mitgliedstaaten können zu diesem Zweck eine erste Prüfung vornehmen, die in der Nachprüfung und Bestätigung der Übereinstimmung eines neuen oder instandgesetzten Gerätes mit dem genehmigten Muster und/oder den Anforderungen dieser Verordnung besteht, oder die Bescheinigung den Herstellern oder deren Beauftragten übertragen.

2. Einbauprüfung

Bei dem Einbau in ein Kraftfahrzeug müssen die Geräte und die Gesamtanlage den Vorschriften über die unter Teil III Buchstabe f Nummer 2 festgelegten zulässigen Fehlergrenzen entsprechen.

Die bei der Nachprüfung erforderlichen Prüfungen werden von dem zugelassenen Einbaubetrieb, oder der zugelassenen Werkstatt in eigener Verantwortung durchgeführt.

3. Regelmäßige Nachprüfungen

a) Regelmäßige Nachprüfungen der in Kraftfahrzeugen eingebauten Geräte erfolgen mindestens alle zwei Jahre und können unter anderem im Rahmen der technischen Überwachung der Kraftfahrzeuge durchgeführt werden.

Überprüft werden insbesondere:

- ordnungsgemäße Arbeitsweise des Gerätes,
- Vorhandensein des Prüfzeichens auf den Geräten,
- Vorhandensein der Einbauplakette,
- Unversehrtheit der Plomben des Gerätes und der anderen Einbauteile,
- wirksamer Umfang der Reifen.

b) Die Nachprüfung der Einhaltung der Vorschriften des Teils III Buchstabe f Nummer 3 über die zulässigen Fehlergrenzen während der Benutzung wird mindestens alle sechs Jahre einmal vorgenommen; die einzelnen Mitgliedstaaten können für die in ihrem Hoheitsgebiet zugelassenen Kraftfahrzeuge auch eine kürzere Frist vorschreiben. Die Einbauplakette muss bei jeder Nachprüfung erneuert werden.

4. Messung der Anzeigefehler

Die Messung der Anzeigefehler beim Einbau und während der Benutzung wird unter folgenden Bedingungen durchgeführt, die als normale Prüfbedingungen anzusehen sind:

- unbeladenes Fahrzeug in fahrbereitem Zustand,
- Reifendruck gemäß den Angaben des Herstellers,

– Reifenabnutzung innerhalb der gesetzlich zulässigen Grenzen,
– Bewegung des Fahrzeugs: das Fahrzeug muss sich mit eigener Motorkraft geradlinig auf ebenem Gelände und mit einer Geschwindigkeit von 50 ± 5 km/h fortbewegen; die Messung kann auch auf einem geeigneten Prüfstand durchgeführt werden, sofern sie eine vergleichbare Genauigkeit bietet.

Anhang II
Prüfzeichen und Bauartgenehmigungsbogen

I. Prüfzeichen

1. Das Prüfzeichen besteht

a) aus einem Rechteck, in dem der Buchstabe „e", gefolgt von der Kennzahl oder dem Kennbuchstaben des Landes, das die Bauartgenehmigung erteilt hat, und zwar

Belgien	6,
Bulgarien	34,
Tschechische Republik	8,
Dänemark	18,
Deutschland	1,
Estland	29,
Irland	24,
Griechenland	23,
Spanien	9,
Frankreich	2,
Kroatien	25,
Italien	3,
Zypern	CY,
Lettland	32,
Litauen	36,
Luxemburg	13,
Ungarn	7,
Malta	MT,
Niederlande	4,
Österreich	12,
Polen	20,
Portugal	21,
Rumänien	19,
Slowenien	26,
Slowakei	27,
Finnland	17,
Schweden	5,

Vereinigtes Königreich 11,

angebracht ist, und

b) aus einer Bauartgenehmigungsnummer, die der Nummer des für das Muster des Kontrollgeräts oder des Schaublatts oder der Nummer einer Fahrtenschreiberkarte ausgestellten Bauartgenehmigungsbogens entspricht und an einer beliebigen Stelle in der Nähe des Rechtecks anzubringen ist.

2. Das Prüfzeichen wird auf dem Typenschild eines jeden Gerätes, auf jedem Schaublatt und auf jeder Fahrtenschreiberkarte angebracht. Das Prüfzeichen muss unverwischbar und gut lesbar sein.

3. Die nachstehend angegebenen Abmessungen des Prüfzeichens sind in Millimetern ausgedrückt und stellen die Mindestabmessungen dar. Die Relationen zwischen diesen Abmessungen müssen eingehalten werden[1])

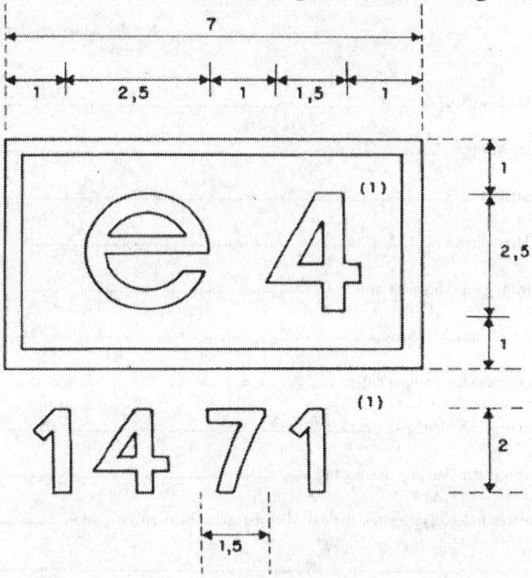

II. Bauartgenehmigungsbogen für Analoge Fahrtenschreiber

Der Mitgliedstaat, der eine Bauartgenehmigung erteilt hat, stellt dem Antragsteller einen Bauartgenehmigungsbogen nach folgendem Muster aus. Für die Unterrichtung der anderen Mitgliedstaaten über erteilte Bauartgenehmigungen bzw. deren etwaigen Entzug verwendet der jeweilige Mitgliedstaat Kopien dieses Dokuments.

[1]) **Amtl. Anm.:** Diese Zahlen sind nur beispielhaft.

BAUARTGENEHMIGUNGSBOGEN

Name der zuständigen Behörde ....

Mitteilung betreffend [1]

— die Bauartgenehmigung für das Muster eines Kontrollgeräts

— den Entzug der Bauartgenehmigung für das Muster eines Kontrollgeräts

— die Genehmigung für ein Musterschaublatt

— den Entzug der Genehmigung für ein Musterschaublatt

Nr. der Bauartgenehmigung ....

1. Fabrik- oder Handelsmarke ....

2. Bezeichnung des Musters ....

3. Name des Herstellers ....

4. Anschrift des Herstellers ....

5. Zur Bauartgenehmigung vorgelegt am ....

6. Prüfstelle ....

7. Datum und Nummer der Prüfung(en) ....

8. Datum der Bauartgenehmigung ....

9. Datum des Entzugs der Bauartgenehmigung ....

10. Muster des Gerätes (oder der Geräte), für das (die) das Schaublatt zulässig ist ....

11. Ort ....

12. Datum ....

13. Anlagen (Beschreibungen usw.) ....

14. Bemerkungen (ggf. auch dazu, wo Plomben angebracht sind)

....
(Unterschrift)

[1] Unzutreffendes streichen.

III. Bauartgenehmigungsbogen für Digitale Fahrtenschreiber

Der Mitgliedstaat, der eine Bauartgenehmigung erteilt hat, stellt dem Antragsteller einen Bauartgenehmigungsbogen nach folgendem Muster aus. Für die Unterrichtung der anderen Mitgliedstaaten über erteilte Bauartgenehmigungen bzw. deren etwaigen Entzug verwendet der jeweilige Mitgliedstaat Kopien dieses Dokuments.

BAUARTGENEHMIGUNGSBOGEN FÜR DIGITALE FAHRTENSCHREIBER

Name der zuständigen Behörde ....

Mitteilung betreffend (¹)

☐ die Bauartgenehmigung für ☐ den Entzug der Bauartgenehmigung für

☐ das Muster eines Kontrollgeräts

☐ die Kontrollgerätkomponente (²)

☐ eine Fahrerkarte

☐ eine Werkstattkarte

☐ eine Unternehmenskarte

☐ eine Kontrollkarte

....

Nr. der Bauartgenehmigung ....

1. Hersteller- oder Handelsmarke ....
2. Modellbezeichnung ....
3. Name des Herstellers ....
4. Anschrift des Herstellers ....
5. Vorgelegt zur Bauartgenehmigung für ....
6. Prüfstelle(n) ....
7. Datum und Nummer des Prüfprotokolls ....
8. Datum der Bauartgenehmigung ....
9. Datum des Entzugs der Bauartgenehmigung ....
10. Muster des Kontrollgeräts (oder der Kontrollgeräte), für das (die) die Komponente bestimmt ist ....
11. Ort ....
12. Datum ....
13. Anlagen (Beschreibungen usw.) ....
14. Bemerkungen

....

(Unterschrift)

(¹) Zutreffendes ankreuzen.
(²) Komponente angeben, auf die sich die Mitteilung bezieht.

582. Erlaß betr. Wegfall oder vereinfachte Führung des persönlichen Kontrollbuchs bei Verwendung eines Fahrtschreibers

vom 28. August 1970
(VkBl. S. 612 Nr. 302)

I. Wegfall des persönlichen Kontrollbuchs bei Verwendung eines Fahrtschreibers im Nahverkehr

[1] Ab 1. Oktober 1970 muß das Fahrpersonal im Nahverkehr grundsätzlich persönliche Kontrollbücher führen. [2] Die daraus entstehenden Schwierigkeiten haben den Rat der Europäischen Gemeinschaften veranlaßt, die Kommission zu einem Vorschlag aufzufordern, der die Befreiung des Fahrpersonals von der Führung des Buchs ermöglicht, wenn eine wirksame behördliche Kontrolle auf andere Weise sichergestellt ist.

[1] Auf Grund bisheriger Verhandlungen mit den Delegationen der anderen Mitgliedstaaten und mit der Kommission bestehen keine Bedenken dagegen, daß bis zur Entscheidung des Rates über den Vorschlg der Kommission bei Fahrzeugen des Nahverkehrs auf Kontrollbücher verzichtet wird, wenn auf dem Fahrzeug ein Fahrtschreiber während der ganzen Dauer der Schicht in Betrieb ist und Beginn und Ende der Schicht und der Ruhepausen für jeden Kraftfahrer und Beifahrer auf dem Schaublatt besonders vermerkt werden. [2] Als Nahverkehr gilt der Verkehr mit Kraftfahrzeugen innerhalb der Nahzone im Sinne des § 2 GüKG, und zwar auch mit Fahrzeugen, die der Beförderung von Personen dienen.

II. Vereinfachte Führung des persönlichen Kontrollbuchs bei Verwendung eines Fahrtschreibers

[1] Nach § 6 der Verordnung zur Durchführung der Verordnung (EWG) Nr. 543/69 sind die Mitglieder des Fahrpersonals von Fahrzeugen, die im Bundesgebiet zugelassen sind, im innerdeutschen Verkehr davon befreit, in die Tageskontrollblätter die Zeiträume einzutragen, die von einem im Fahrzeug befindlichen mechanischen Kontrollgerät in geeigneter Weise aufgezeichnet worden sind. [2] Die Aufzeichnungen müssen – allein oder in Verbindung mit ergänzenden Vermerken – leicht erkennen lassen, ob sie sich auf Ruhezeiten und Pausen, Lenkzeiten oder sonstige Zeiten der Anwesenheit am Arbeitsplatz beziehen.

[1] Kontrollgeräte im Sinne dieser Vorschrift sind die in § 57a StVZO genannten Fahrtschreiber, für die nach § 22a der Straßenverkehrszulassungsordnung (StVZO) eine Bauartgenehmigung und ein Prüfzeichen erteilt sind. [2] Wer bei Verwendung eines Fahrtschreibers von der Erleichterung der Aufzeichnungspflicht Gebrauch machen will, sollte dies durch den Hinweis "Schaublatt" oder "Fahrtschreiber" unter Nr. 11 des Tageskontrollblatts kenntlich machen.

[1] Fahrer, deren gesamte Tageslenkzeit durch einen der herkömmlichen Fahrtschreiber aufgezeichnet wird, haben die im Tageskontrollblatt von den

vorgesehenen Zeitgruppen lediglich die Ruhezeiten und die Ruhepausen einzutragen. [2] Die Zahl 6 und 7 sowie die Nummern 13, 14 und 15 des Tageskontrollblatts brauchen nicht ausgefüllt zu werden. [3] Durch den Vermerk der Ruhezeiten und Ruhepausen ergibt sich die Zeit der Anwesenheit bei der Arbeit. [4] Aus dem Schaublatt geht hervor, welcher Teil der Anwesenheit Lenkzeit war.

Befinden sich zwei Fahrer im Fahrzeug, muß auf dem Schaublatt ersichtlich sein, welcher Teil der Lenkzeit auf jeden von ihnen entfällt.

Beifahrer im Sinne der Verordnung (EWG) Nr. 543/69 haben das Tageskontrollblatt vollständig auszufüllen; ihre Anwesenheitszeiten, Pausen und Ruhezeiten werden vom Kontrollgerät nicht aufgezeichnet.

Wer von den Erleichterungen nach § 6 der Durchführungsverordnung (EWG) Nr. 543/69 Gebrauch macht, muß am Ende eines jeden Tages in die Tageszeile des Wochenberichts die vorgesehenen Angaben eintragen.

Zu I und II:

Bei internationalen Fahrten in andere Staaten der EWG sind zur Vermeidung von Schwierigkeiten die Tageskontrollblätter für die letzten 7 Tage vollständig auszufüllen, soweit diese Tage noch nicht von einem (abgeschlossenen) Wochenbericht erfaßt sind; werden nach I im innerdeutschen Nahverkehr keine Kontrollbücher geführt, so sollte vor Antritt der grenzüberschreitenden Fahrt ein vollständiger Wochenbericht ausgefüllt werden.

J.
Versicherungs- und Haftungsrecht

600. Gesetz über die Pflichtversicherung für Kraftfahrzeughalter (Pflichtversicherungsgesetz)[1)]

In der Fassung der Bekanntmachung vom 5. April 1965[2)]

(BGBl. I S. 213)

FNA 925-1

geänd. durch Art. 139 EinführungsG zum OWiG v. 24.5.1968 (BGBl. I S. 503), § 1 VO zur Änd. der Mindesthöhe der Versicherungssummen in der Pflichtversicherung für Kraftfahrzeughalter v. 23.7.1971 (BGBl. I S. 1109), Art. 269 EinführungsG zum StGB v. 2.3.1974 (BGBl. I S. 469), Art. 14 Zuständigkeitsanpassungs-G v. 18.3.1975 (BGBl. I S. 705), Art. 2 Abs. 6 Erstes DurchführungsG/EWG zum VAG v. 18.12.1975 (BGBl. I S. 3139), § 9 Opfere ntschädigungsG v. 11.5. 1976 (BGBl. I S. 1181), § 1 Zweite VO zur Änd. der Mindesthöhe der Versicherungssummen in der Pflichtversicherung für Kraftfahrzeughalter v. 22.4.1981 (BGBl. I S. 394), Art. 2 Abs. 7 Vierzehntes G zur Änd. des VAG v. 29.3.1983 (BGBl. I S. 377), Art. 1 Erstes ÄndG v. 22.3.1988 (BGBl. I S. 358), Art. 6 Abs. 123 EisenbahnneuordnungsG v. 27.12.1993 (BGBl. I S. 2378), Art. 5 Drittes DurchführungsG/EWG zum VAG v. 21.7.1994 (BGBl. I S. 1630), § 1 Dritte VO zur Änd. der Mindesthöhe der Versicherungssummen in der Pflichtversicherung für Kraftfahrzeughalter v. 26.5.1997 (BGBl. I S. 1240), Art. 1 VO über die Umstellung der Mindesthöhe der Versicherungssummen in der Pflichtversicherung für Kraftfahrzeughalter auf Euro v. 22.10.2000 (BGBl. I S. 1484), Art. 33 G zur Anpassung der Formvorschriften des Privatrechts und anderer Vorschriften an den modernen Rechtsgeschäftsverkehr v. 13.7.2001 (BGBl. I S. 1542), Art. 252 Siebente Zuständigkeitsanpassungs-VO v. 29.10.2001 (BGBl. I S. 2785), Art. 5 Abs. 29 SchuldrechtsmodernisierungsG v. 26.11.2001 (BGBl. I S. 3138), Art. 1 Pflichtversicherungsrechts-ÄndG v. 10.7.2002 (BGBl. I S. 2586), Art. 10 Abs. 6 Zweites Schadensersatzrechts-ÄndG v. 19.07.2002 (BGBl. I S. 2674), Art. 234 Achte ZuständigkeitsanpassungsVO v. 25.11.2003 (BGBl. I S. 2304), Art. 296 Neunte ZuständigkeitsanpassungsVO v. 31.10.2006 (BGBl. I S. 2407), Art. 8 G zur Reform des Versicherungsvertragsrechts v. 23.11.2007 (BGBl. I S. 2631), Art. 1 Zweites G zur Änd. des PflichtversicherungsG und anderer versicherungsrechtlicher Vorschriften v. 10.12.2007 (BGBl. I S. 2833, geänd. durch G v. 19.10.2012, BGBl. I S. 2182 und G v. 24.4.2013, BGBl. I S. 932), Art. 1 VO zur Anpassung der Mindestversicherungssummen und zur Änd. der Kraftfahrzeug-Pflichtversicherungs-VO v. 6.12.2011 (BGBl. I S. 2628), Art. 3 und 5 G zur Änd. versicherungsrechtlicher Vorschriften v. 24.4.2013 (BGBl. I S. 932), Art. 2 Abs. 48 G zur Modernisierung der Finanzaufsicht über Versicherungen v. 1.4.2015 (BGBl. I S. 434), Art. 493 Zehnte ZuständigkeitsanpassungsVO v. 31.8. 2015 (BGBl. I S. 1474) und Art. 1 VO zur Anpassung der Mindestversicherungssummen des PflichtversicherungsG v. 6.2.2017 (BGBl. I S. 147)

Erster Abschnitt. Pflichtversicherung[3)]

§ 1 [Umfang der Versicherungspflicht] Der Halter eines Kraftfahrzeugs oder Anhängers mit regelmäßigem Standort im Inland ist verpflichtet, für sich, den Eigentümer und den -Fahrer eine Haftpflichtversicherung zur Deckung der durch den Gebrauch des Fahrzeugs verursachten Personenschäden, Sachschäden und sonstigen Vermögensschäden nach den folgenden Vorschriften abzuschließen und aufrechtzuerhalten, wenn das Fahrzeug auf öf-

---

1) Verkündet als Art. 1 G zur Änderung von Vorschriften über die Pflichtversicherung für Kraftfahrzeughalter v. 5.4.1965 (BGBl. I S. 213).

2) Neubekanntmachung des G v. 7.11.1939 (RGBl. I S. 2223) in der ab 1.10.1965 geltenden Fassung.

3) Siehe auch das G über die Haftpflichtversicherung für ausländische Kraftfahrzeuge und Kraftfahrzeuganhänger (Nr. **620**).

fentlichen Wegen oder Plätzen (§ 1 des Straßenverkehrsgesetzes[1]) verwendet wird.

§ 2[2] **[Ausnahmen von der Versicherungspflicht]** (1) § 1 gilt nicht für

1. die Bundesrepublik Deutschland,
2. die Länder,
3. die Gemeinden mit mehr als einhunderttausend Einwohnern,
4. die Gemeindeverbände sowie Zweckverbände, denen ausschließlich Körperschaften des öffentlichen Rechts angehören,
5. juristische Personen, die von einem nach § 3 Absatz 1 Nummer 4 des Versicherungsaufsichtsgesetzes von der Versicherungsaufsicht freigestellten Haftpflichtschadenausgleich Deckung erhalten,
6. Halter von
   a) Kraftfahrzeugen, deren durch die Bauart bestimmte Höchstgeschwindigkeit sechs Kilometer je Stunde nicht übersteigt,
   b) selbstfahrenden Arbeitsmaschinen und Staplern im Sinne des § 3 Abs. 2 Satz 1 Nr. 1 Buchstabe a der Fahrzeug-Zulassungsverordnung[3], deren Höchstgeschwindigkeit 20 Kilometer je Stunde nicht übersteigt, wenn sie den Vorschriften über das Zulassungsverfahren nicht unterliegen,
   c) Anhängern, die den Vorschriften über das Zulassungsverfahren nicht unterliegen.

(2) [1] Die nach Absatz 1 Nrn. 1 bis 5 von der Versicherungspflicht befreiten Fahrzeughalter haben, sofern nicht auf Grund einer von ihnen abgeschlossenen und den Vorschriften dieses Gesetzes entsprechenden Versicherung Haftpflichtversicherungsschutz gewährt wird, bei Schäden der in § 1 bezeichneten Art für den Fahrer und die übrigen Personen, die durch eine auf Grund dieses Gesetzes abgeschlossene Haftpflichtversicherung Deckung erhalten würden, in gleicher Weise und in gleichem Umfang einzutreten wie ein Versicherer bei Bestehen einer solchen Haftpflichtversicherung. [2] Die Verpflichtung beschränkt sich auf den Betrag der festgesetzten Mindestversicherungssummen. [3] Wird ein Personen- oder Sachschaden verursacht, haftet der Fahrzeughalter im Verhältnis zu einem Dritten auch, wenn der Fahrer den Eintritt der Tatsache, für die er dem Dritten verantwortlich ist, vorsätzlich und widerrechtlich herbeigeführt hat. [4] § 12 Abs. 1 Satz 2 bis 5 gilt entsprechend. [5] Die Vorschriften der §§ 100 bis 124 des Versicherungsvertragsgesetzes sowie der §§ 3 und 3b sowie die Kraftfahrzeug-Pflichtversicherungsverordnung[4] sind sinngemäß anzuwenden. [6] Erfüllt der Fahrzeughalter Verpflichtungen nach Satz 1, so kann er in sinngemäßer Anwendung der §§ 116 und 124 des Versicherungsvertragsgesetzes Ersatz der aufgewendeten Beträge

---

[1] Nr. **10**.

[2] § 2 Abs. 1 Nr. 5 neu gef. durch G v. 18.12.1975 (BGBl. I S. 3139); Abs. 1 Nr. 5 geänd. durch G v. 29.3.1983 (BGBl. I S. 377); Abs. 2 Satz 3 geänd. mWv 1.1.2003 durch G v. 10.7.2002 (BGBl. I S. 2586); Abs. 2 Sätze 3 und 4 geänd. mWv 1.1.2008 durch G v. 23.11.2007 (BGBl. I S. 2631); Abs. 1 Nr. 6 Buchst. b neu gef., Abs. 2 Sätze 3 und 4 eingef., bish. Sätze 3 und 4 werden Sätze 5 und 6 mWv 18.12.2007 durch G v. 10.12.2007 (BGBl. I S. 2833); Abs.1 Nr. 5 geänd. mWv 1.1.2016 durch G v. 1.4.2015 (BGBl. I S. 434).

[3] Nr. **250**.

[4] Nr. **615**.

verlangen, wenn bei Bestehen einer Versicherung der Versicherer gegenüber dem Fahrer oder der sonstigen mitversicherten Person leistungsfrei gewesen wäre; im übrigen ist der Rückgriff des Halters gegenüber diesen Personen ausgeschlossen.

§ 3[1)] [Leistungspflicht des Versicherers; Abweichungen vom VVG]

[1] Ist der Versicherer gegenüber dem Versicherungsnehmer nicht zur Leistung verpflichtet, weil das Fahrzeug den Bau- und Betriebsvorschriften der Straßenverkehrs-Zulassungs-Ordnung[2)] nicht entsprach oder von einem unberechtigten Fahrer oder von einem Fahrer ohne die vorgeschriebene Fahrerlaubnis geführt wurde, kann der Versicherer den Dritten abweichend von § 117 Abs. 3 Satz 2 des Versicherungsvertragsgesetzes[3)] nicht auf die Möglichkeit verweisen, Ersatz seines Schadens von einem anderen Schadensversicherer oder von einem Sozialversicherungsträger zu erlangen. [2] Soweit der Dritte jedoch von einem nach § 2 Abs. 1 Nr. 1 bis 5 von der Versicherungspflicht befreiten Fahrzeughalter Ersatz seines Schadens erlangen kann, entfällt die Leistungspflicht des Versicherers.

§ 3a[4)] [Geltendmachung des Anspruchs nach § 115 Abs. 1 VVG]

(1) Macht der Dritte den Anspruch nach § 115 Abs. 1 des Versicherungsvertragsgesetzes[3)] geltend, gelten darüber hinaus die folgenden Vorschriften:

1. Der Versicherer oder der Schadenregulierungsbeauftragte haben dem Dritten unverzüglich, spätestens innerhalb von drei Monaten, ein mit Gründen versehenes Schadenersatzangebot vorzulegen, wenn die Eintrittspflicht unstreitig ist und der Schaden beziffert wurde, oder eine mit Gründen versehene Antwort auf die in dem Antrag enthaltenen Darlegungen zu erteilen, sofern die Eintrittspflicht bestritten wird oder nicht eindeutig feststeht oder der Schaden nicht vollständig beziffert worden ist. Die Frist beginnt mit Zugang des Antrags bei dem Versicherer oder dem Schadenregulierungsbeauftragten.
2. Wird das Angebot nicht binnen drei Monaten vorgelegt, ist der Anspruch des Dritten mit dem sich nach § 288 Abs. 1 Satz 2 des Bürgerlichen Gesetzbuchs ergebenden Zinssatz zu verzinsen. Weitergehende Ansprüche des Dritten bleiben unberührt.

(2) Soweit die Schadenregulierung über das deutsche Büro des Systems der Grünen Internationalen Versicherungskarte oder den Entschädigungsfonds nach § 12 erfolgt, ist Absatz 1 entsprechend anzuwenden.

---

1) § 3 neu gef. mWv 1.1.2008 durch G v. 23.11.2007 (BGBl. I S. 2631).
2) Nr. **200**.
3) Nr. **640**.
4) § 3a eingef. mWv 1.1.2003 durch G v. 10.7.2002 (BGBl. I S. 2586); einl. Satzteil geänd. mWv 1.1.2008 durch G v. 23.11.2007 (BGBl. I S. 2631); bish. Wortlaut wird Abs. 1, Abs. 2 angef. mWv 18.12.2007 durch G v. 10.12.2007 (BGBl. I S. 2833).

§ 3b[1)] [Abschluss einer neuen Kraftfahrzeug-Haftpflichtversicherung bei bestehendem Versicherungsverhältnis] Schließt der Erwerber eines veräußerten Fahrzeugs eine neue Kraftfahrzeug-Haftpflichtversicherung, ohne das auf ihn übergegangene Versicherungsverhältnis zu kündigen, gilt dieses mit Beginn des neuen Versicherungsverhältnisses als gekündigt.

§ 4[2)] [Allgemeine Versicherungsbedingungen; Mindestversicherungssumme] (1) [1] Um einen dem Zweck dieses Gesetzes gerecht werdenden Schutz sicherzustellen, bestimmt das Bundesministerium der Justiz und für Verbraucherschutz unter Beachtung gemeinschaftsrechtlicher Verpflichtungen sowie des Europäischen Übereinkommens vom 20. April 1959 über die obligatorische Haftpflichtversicherung für Kraftfahrzeuge (BGBl. 1965 II S. 281) im Einvernehmen mit dem Bundesministerium der Finanzen und dem Bundesministerium Verkehr und digitale Infrastruktur durch Rechtsverordnung ohne Zustimmung des Bundesrates den Umfang des notwendigen Versicherungsschutzes, den der Versicherungsvertrag zu gewähren hat. [2] Das gilt auch für den Fall, daß durch Gesetz oder gemeinschaftsrechtliche Verpflichtung eine Versicherungspflicht zur Deckung der beim Transport gefährlicher Güter durch Kraftfahrzeuge verursachten Schäden begründet wird.

(2) [1] Die Mindesthöhen der Versicherungssummen ergeben sich aus der Anlage. [2] Das Bundesministerium der Justiz und für Verbraucherschutz wird ermächtigt, im Einvernehmen mit dem Bundesministerium für Verkehr und digitale Infrastruktur und dem Bundesministerium für Wirtschaft und Energie durch Rechtsverordnung ohne Zustimmung des Bundesrates die in der Anlage getroffenen Regelungen zu ändern, wenn dies erforderlich ist, um

1. bei einer Änderung der wirtschaftlichen Verhältnisse oder der verkehrstechnischen Umstände einen hinreichenden Schutz der Geschädigten sicherzustellen oder
2. die Mindesthöhen der Versicherungssummen an die nach Artikel 9 Absatz 2 der Richtlinie 2009/103/EG des Europäischen Parlaments und des Rates vom 16. September 2009 über die Kraftfahrzeug-Haftpflichtversicherung und die Kontrolle der entsprechenden Versicherungspflicht (ABl. L 263 vom 7.10.2009, S. 11) erhöhten Beträge anzupassen.

[3] Ergeben sich auf Grund der Platzzahl des Personenfahrzeugs, auf das sich die Versicherung bezieht, erhöhte Mindestversicherungssummen, so haftet der Versicherer in den Fällen des § 117 Abs. 1 und 2 des Versicherungsvertragsgesetzes für den einer einzelnen Person zugefügten Schaden nur im Rahmen der nicht erhöhten Mindestversicherungssummen.

---

1) § 3b eingef. mWv 1.1.2008 durch G v. 23.11.2007 (BGBl. I S. 2631).

2) § 4 Abs. 1 neu gef. durch G v. 21.7.1994 (BGBl. I S. 1630); Abs. 2 Satz 2 geänd. mWv 7.11. 2001 durch VO v. 29.10.2001 (BGBl. I S. 2785); Abs. 1 Satz 1 und Abs. 2 Satz 2 geänd. mWv 28.11.2003 durch VO v. 25.11.2003 (BGBl. I S. 2304); Abs. 1 Satz 1 und Abs. 2 Satz 2 geänd. mWv 8.11.2006 durch VO v. 31.10.2006 (BGBl. I S. 2407); Abs. 2 Satz 3 geänd. mWv 1.1.2008 durch G v. 23.11.2007 (BGBl. I S. 2631); Abs. 2 Sätze 1 und 2 neu gef. mWv 18.12.2007 durch G v. 10.12.2007 (BGBl. I S. 2833); Abs. 2 Satz 2 Nr. 2 geänd. mWv 1.5.2013 durch G v. 24.4.2013 (BGBl. I S. 932); Abs. 1 Satz 1 und Abs. 2 Satz 2 einl. Satzteil geänd. mWv 8.9.2015 durch VO v. 31.8.2015 (BGBl. I S. 1474).

§ 5[1)] [Versicherungsunternehmen und Abschlußzwang] (1) Die Versicherung kann nur bei einem im Inland zum Betrieb der Kraftfahrzeug-Haftpflichtversicherung befugten Versicherungsunternehmen[2)] genommen werden.

(2) [1] Die im Inland zum Betrieb der Kraftfahrzeug-Haftpflichtversicherung befugten Versicherungsunternehmen sind verpflichtet, den in § 1 genannten Personen nach den gesetzlichen Vorschriften Versicherung gegen Haftpflicht zu gewähren. [2] Diese Verpflichtung besteht auch, wenn das zu versichernde Risiko nach § 57 Absatz 3 Satz 2 Nummer 2 Halbsatz 2 des Versicherungsaufsichtsgesetzes im Inland belegen ist.

(3) [1] Der Antrag auf Abschluß eines Haftpflichtversicherungsvertrages für Zweiräder, Personen- und Kombinationskraftwagen bis zu 1 t Nutzlast gilt zu den für den Geschäftsbetrieb des Versicherungsunternehmens maßgebenden Grundsätzen und zum allgemeinen Unternehmenstarif als angenommen, wenn der Versicherer ihn nicht innerhalb einer Frist von zwei Wochen vom Eingang des Antrags an schriftlich ablehnt oder wegen einer nachweisbaren höheren Gefahr ein vom allgemeinen Unternehmenstarif abweichendes schriftliches Angebot unterbreitet. [2] Durch die Absendung der Ablehnungserklärung oder des Angebots wird die Frist gewahrt. [3] Satz 1 gilt nicht für die Versicherung von Taxen, Personenmietwagen und Selbstfahrervermietfahrzeugen.

(4) Der Antrag darf nur abgelehnt werden, wenn sachliche oder örtliche Beschränkungen im Geschäftsplan des Versicherungsunternehmens dem Abschluß des Vertrags entgegenstehen oder wenn der Antragsteller bereits bei dem Versicherungsunternehmen versichert war und das Versicherungsunternehmen

1. den Versicherungsvertrag wegen Drohung oder arglistiger Täuschung angefochten hat,
2. vom Versicherungsvertrag wegen Verletzung der vorvertraglichen Anzeigepflicht oder wegen Nichtzahlung der ersten Prämie zurückgetreten ist oder
3. den Versicherungsvertrag wegen Prämienverzugs oder nach Eintritt eines Versicherungsfalls gekündigt hat.

(5) [1] Das Versicherungsverhältnis endet spätestens,

1. wenn es am ersten Tag eines Monats begonnen hat, ein Jahr nach diesem Zeitpunkt,
2. wenn es zu einem anderen Zeitpunkt begonnen hat, an dem nach Ablauf eines Jahres folgenden Monatsersten.

[2] Es verlängert sich um jeweils ein Jahr, wenn es nicht spätestens einen Monat vor Ablauf schriftlich gekündigt wird. [3] Gleiches gilt, wenn die Vertragslaufzeit nur deshalb weniger als ein Jahr beträgt, weil als Beginn der nächsten Versicherungsperiode ein vor Ablauf eines Jahres nach Versicherungsbeginn

---

1) § 5 neu gef. durch G v. 21.7.1994 (BGBl. I S. 1630); Abs. 3 Satz 1 geänd. mWv 1.1.2003 durch G v. 10.7.2002 (BGBl. I S. 2586); Abs. 2 Satz 2, Abs. 7 Satz 2 angef. mWv 18.12.2007 durch G v. 10.12.2007 (BGBl. I S. 2833); Abs. 2 Satz 2 geänd. mWv 1.1.2016 durch G v. 1.4.2015 (BGBl. I S. 434).

2) Eine Liste der nach Mitteilung des Bundesaufsichtsamtes für das Versicherungs- und Bausparwesen im Bundesgebiet zum Geschäftsbetrieb zugelassenen Kraftverkehrsversicherer siehe im Anhang zu diesem Gesetz.

liegender Zeitpunkt vereinbart worden ist. [4] Ist in anderen Fällen eine kürzere Vertragslaufzeit als ein Jahr vereinbart, so bedarf es zur Beendigung des Versicherungsverhältnisses keiner Kündigung.

(6) [1] Das Versicherungsunternehmen hat dem Versicherungsnehmer bei Beginn des Versicherungsschutzes eine Versicherungsbestätigung auszuhändigen. [2] Die Aushändigung kann von der Zahlung der ersten Prämie abhängig gemacht werden.

(7) [1] Das Versicherungsunternehmen hat dem Versicherungsnehmer bei Beendigung des Versicherungsverhältnisses eine Bescheinigung über dessen Dauer, die Anzahl und Daten während der Vertragslaufzeit gemeldeter Schäden, die zu einer Schadenzahlung oder noch wirksamen Schadenrückstellung geführt haben, auszustellen; ist die Rückstellung innerhalb einer Frist von drei Jahren nach ihrer Bildung aufgelöst worden, ohne daß daraus Leistungen erbracht wurden, so hat der Versicherer auch hierüber eine Bescheinigung zu erteilen. [2] Während des Versicherungsverhältnisses hat das Versicherungsunternehmen dem Versicherungsnehmer jederzeit eine Bescheinigung nach Satz 1 innerhalb von 15 Tagen ab Zugang des entsprechenden Verlangens bei dem Versicherungsunternehmen zu erteilen.

(8) Ist die Versicherung mit einem Versicherungsunternehmen ohne Sitz im Inland im Dienstleistungsverkehr abgeschlossen, so haben der Versicherungsschein und die Versicherungsbestätigung auch Angaben über den Namen und die Anschrift des gemäß § 8 Abs. 2 Satz 1 bestellten Vertreters zu enthalten.

§ 6[1)] [Strafvorschrift] (1) Wer ein Fahrzeug auf öffentlichen Wegen oder Plätzen gebraucht oder den Gebrauch gestattet, obwohl für das Fahrzeug der nach § 1 erforderliche Haftpflichtversicherungsvertrag nicht oder nicht mehr besteht, wird mit Freiheitsstrafe bis zu einem Jahr oder mit Geldstrafe bestraft.

(2) Handelt der Täter fahrlässig, so ist die Strafe Freiheitsstrafe bis zu sechs Monaten oder Geldstrafe bis zu einhundertachtzig Tagessätzen.

(3) Ist die Tat vorsätzlich begangen worden, so kann das Fahrzeug eingezogen werden, wenn es dem Täter oder Teilnehmer zur Zeit der Entscheidung gehört.

§ 7[2)] [Ermächtigung] Das Bundesministerium für Verkehr und digitale Infrastruktur wird ermächtigt, zur Durchführung des Ersten Abschnitts dieses Gesetzes im Einvernehmen mit dem Bundesministerium der Justiz und für Verbraucherschutz und dem Bundesministerium für Wirtschaft und Energie durch Rechtsverordnung mit Zustimmung des Bundesrates Vorschriften zu erlassen über

---

[1)] § 6 Abs. 2 Satz 2 aufgeh. durch G v. 24.5.1968 (BGBl. I S. 503); Abs. 1 geänd. durch G v. 25.6.1969 (BGBl. I S. 645); Abs. 1 geänd., Abs. 2 eingef., bish. Abs. 2 wird Abs. 3 durch G v. 2.3. 1974 (BGBl. I S. 469).

[2)] § 7 einl. Satzteil geänd. mWv 7.11.2001 durch VO v. 29.10.2001 (BGBl. I S. 2785); einl. Satzteil geänd. mWv 28.11.2003 durch VO v. 25.11.2003 (BGBl. I S. 2304); einl. Satzteil geänd. mWv 8.11.2006 durch VO v. 31.10.2006 (BGBl. I S. 2407); Nr. 3 geänd. mWv 18.12.2007 durch G v. 10.12.2007 (BGBl. I S. 2833); Nr. 3 geänd. mWv 1.5.2013 durch G v. 24.4.2013 (BGBl. I S. 932); einl. Satzteil geänd. mWv 8.9.2015 durch VO v. 31.8.2015 (BGBl. I S. 1474).

1. die Form des Versicherungsnachweises;
2. die Prüfung der Versicherungsnachweise durch die Zulassungsstellen;
3. die Erstattung der Anzeige des Versicherungsunternehmens gegenüber der zuständigen Zulassungsbehörde zur Beendigung seiner Haftung nach § 117 Absatz 2 des Versicherungsvertragsgesetzes[1];
4. Maßnahmen der Verkehrsbehörden, durch welche der Gebrauch nicht oder nicht ausreichend versicherter Fahrzeuge im Straßenverkehr verhindert werden soll.

Zweiter Abschnitt.[2] Pflichten der Kraftfahrzeug-Haftpflichtversicherer, Auskunftsstelle und Statistik

§ 8[3] [Pflichten der Versicherungsunternehmen] (1) [1] Versicherungsunternehmen, die zum Betrieb der Kraftfahrzeug-Haftpflichtversicherung für Kraftfahrzeuge und Anhänger mit regelmäßigem Standort im Inland befugt sind, sind verpflichtet, die satzungsmäßigen Leistungen und Beiträge an das mit der Durchführung des Abkommens über die internationale Versicherungskarte beauftragte deutsche Versicherungsbüro sowie an den nach § 13 dieses Gesetzes errichteten Entschädigungsfonds oder an eine andere mit der Erfüllung dieser Aufgaben betraute juristische Person und an die nach § 13a errichtete oder anerkannte Entschädigungsstelle zu erbringen. [2] Sie teilen hierzu dem deutschen Versicherungsbüro, dem Entschädigungsfonds und der Entschädigungsstelle bezüglich der von ihnen in der Bundesrepublik Deutschland nach diesem Gesetz getätigten Kraftfahrzeug-Haftpflichtversicherungen die gebuchten Prämienbeträge oder die Anzahl der versicherten Risiken mit.

(2) [1] Versicherungsunternehmen, die im Dienstleistungsverkehr die Kraftfahrzeug-Haftpflichtversicherung für Kraftfahrzeuge und Anhänger mit regelmäßigem Standort im Inland betreiben, sind verpflichtet, einen im Inland ansässigen oder niedergelassenen Vertreter zu bestellen, der den Anforderungen nach § 59 des Versicherungsaufsichtsgesetzes zu genügen hat. [2] Ansprüche aus Kraftfahrzeug-Haftpflichtfällen gegen das Versicherungsunternehmen können auch gegen den nach Satz 1 bestellten Vertreter gerichtlich und außergerichtlich mit Wirkung für und gegen das Versicherungsunternehmen geltend gemacht werden. [3] Der nach Satz 1 bestellte Vertreter ist auch verpflichtet, Auskunft über das Bestehen oder die Gültigkeit von diesem Gesetz unterliegenden Haftpflichtversicherungsverträgen bei dem Versicherungsunternehmen zu erteilen.

---

[1] Nr. **640**.

[2] Zweiter Abschnitt (§§ 8–11) neu gef. und Überschrift geänd. durch G v 21.7.1994 (BGBl. I S. 1630); Überschrift neu gef. mWv 1.1.2003 durch G v. 10.7.2002 (BGBl. I S. 2586).

[3] § 8 neu gef. durch G v 21.7.1994 (BGBl. I S. 1630); Abs. 1 Satz 1 geänd., Satz 2 neu gef. mWv 1.1.2003 durch G v. 10.7.2002 (BGBl. I S. 2586); Abs. 2 Satz 1 geänd. mWv 1.1.2016 durch G v. 1.4.2015 (BGBl. I S. 434).

§ 8a[1)] **[Auskunftsstelle]** (1) [1] Es wird eine Auskunftsstelle eingerichtet, die Geschädigten, deren Versicherern, dem deutschen Büro des Systems der Grünen Internationalen Versicherungskarte und dem Entschädigungsfonds nach § 12 unter den Voraussetzungen des Satzes 2 auf Anforderung folgende Angaben übermittelt, soweit dies zur Geltendmachung von Schadenersatzansprüchen im Zusammenhang mit der Teilnahme am Straßenverkehr erforderlich ist:

1. Namen und Anschrift des Versicherers des schädigenden Fahrzeugs sowie dessen in der Bundesrepublik Deutschland benannten Schadenregulierungsbeauftragten,
2. die Nummer der Versicherungspolice und das Datum der Beendigung des Versicherungsschutzes, sofern dieser abgelaufen ist,
3. bei Fahrzeugen, die nach Artikel 5 Absatz 1 der Richtlinie 2009/103/EG von der Versicherungspflicht befreit sind, den Namen der Stelle oder Einrichtung, die dem Geschädigten nach geltendem Recht ersatzpflichtig ist,
4. Namen und Anschrift des eingetragenen Fahrzeughalters oder, soweit die Auskunftsstelle diese Informationen nach Absatz 2 erlangen kann, des Fahrzeugeigentümers oder des gewöhnlichen Fahrers; § 39 Abs. 1 des Straßenverkehrsgesetzes[2)] gilt entsprechend.

[2] Geschädigte sind berechtigt, sich an die Auskunftsstelle zu wenden, wenn sie ihren Wohnsitz in der Bundesrepublik Deutschland haben, wenn das Fahrzeug, das den Unfall verursacht haben soll, seinen gewöhnlichen Standort in der Bundesrepublik Deutschland hat oder wenn sich der Unfall in der Bundesrepublik Deutschland ereignet hat.

(2) [1] Die Auskunftsstelle ersucht die Zulassungsbehörden oder das Kraftfahrt-Bundesamt sowie die in den anderen Mitgliedstaaten der Europäischen Union und in den anderen Vertragsstaaten des Abkommens über den Europäischen Wirtschaftsraum nach Artikel 23 Absatz 1 der Richtlinie 2009/103/EG errichteten oder anerkannten Auskunftsstellen im Einzelfall um Übermittlung der Informationen nach Absatz 1 Satz 1. [2] Sie übermittelt den in diesen Staaten nach Artikel 23 Absatz 1 der Richtlinie 2009/103/EG errichteten oder anerkannten Auskunftsstellen auf Ersuchen die Informationen nach Absatz 1 Satz 1, soweit dies zur Erteilung von Auskünften an Geschädigte erforderlich ist.

(3) [1] Die Aufgaben und Befugnisse der Auskunftsstelle nach den Absätzen 1 und 2 werden von der GDV Dienstleistungs-GmbH & Co. KG – „Zentralruf der Autoversicherer" – in Hamburg wahrgenommen, sobald und soweit diese schriftlich gegenüber dem Bundesministerium der Justiz und für Verbraucherschutz ihre Bereitschaft dazu erklärt hat. [2] Das Bundesministerium der Justiz und für Verbraucherschutz gibt die Erklärung und den Zeitpunkt, ab dem die betroffenen Aufgaben von dem Zentralruf der Autoversicherer wahrgenom-

---

1) § 8a eingef. mWv 1.1.2003 durch G v. 10.7.2002 (BGBl. I S. 2586); Abs. 1 einl. Satzteil geänd., Nr. 4 aufgeh., bish. Nr. 5 wird Nr. 4, Abs. 2 Satz 1 geänd. mWv 18.12.2007 durch G v. 10.12.2007 (BGBl. I S. 2833); Abs. 1 Satz 1 Nr. 3, Abs. 2 Sätze 1 und 2 und Abs. 4 geänd. mWv 1.5.2013 durch G v. 24.4.2013 (BGBl. I S. 932); Abs. 4 geänd. mWv 1.1.2016 durch G v. 1.4.2015 (BGBl. I S. 434); Abs. 3 Sätze 1–4 geänd. mWv 8.9.2015 durch VO v. 31.8.2015 (BGBl. I S. 1474).

2) Nr. **10**.

men werden, im Bundesanzeiger bekannt. [3] Der Zentralruf der Autoversicherer untersteht, soweit er die übertragenen Aufgaben wahrnimmt, der Aufsicht des Bundesministeriums der Justiz und für Verbraucherschutz. [4] Das Bundesministerium der Justiz und für Verbraucherschutz wird ermächtigt, durch Rechtsverordnung ohne Zustimmung des Bundesrates die Aufgaben und Befugnisse der Auskunftsstelle nach den Absätzen 1 und 2 der in § 13 genannten Anstalt zu übertragen, soweit die Wahrnehmung der Aufgaben durch den Zentralruf der Autoversicherer nicht gewährleistet ist oder dieser nicht mehr zur Wahrnehmung der Aufgaben bereit ist.

(4) Versicherungsunternehmen, denen im Inland die Erlaubnis zum Betrieb der Kraftfahrzeug-Haftpflichtversicherung für Kraftfahrzeuge und Anhänger erteilt ist, haben der Auskunftsstelle nach Absatz 3 sowie den in den anderen Mitgliedstaaten der Europäischen Union und den Vertragsstaaten des Abkommens über den Europäischen Wirtschaftsraum nach Artikel 23 Absatz 1 der Richtlinie 2009/103/EG errichteten oder anerkannten Auskunftsstellen die Namen und Anschriften der nach § 163 des Versicherungsaufsichtsgesetzes bestellten Schadenregulierungsbeauftragten sowie jede Änderung dieser Angaben mitzuteilen.

§ 9[1)] **[Gemeinschaftsstatistik]** (1) [1] Es wird eine jährliche Gemeinschaftsstatistik über den Schadenverlauf in der Kraftfahrzeug-Haftpflichtversicherung geführt. [2] Sie muß Angaben enthalten über die Art und Anzahl der versicherten Risiken, die Anzahl der gemeldeten Schäden, die Erstattungsleistungen und Rückstellungen (Schadenaufwand), die Schadenhäufigkeit, den Schadendurchschnitt und den Schadenbedarf.

(2) Sofern die Träger der Kraftfahrzeug-Haftpflichtversicherung und ihre Verbände keine den Anforderungen des Absatzes 1 genügende Gemeinschaftsstatistik zur Verfügung stellen, wird die Statistik von der Bundesanstalt für Finanzdienstleistungsaufsicht geführt.

(3) Die Ergebnisse der Statistik sind von der Bundesanstalt für Finanzdienstleistungsaufsicht jährlich zu veröffentlichen.

§ 10[2)] **[Übermittlung der Daten]** (1) Versicherungsunternehmen mit Sitz im Inland, die die Kraftfahrzeug-Haftpflichtversicherung nach diesem Gesetz betreiben, übermitteln der Aufsichtsbehörde die für die Führung der Statistik nach § 9 erforderlichen Daten.

(2) Soweit Versicherungsunternehmen mit Sitz im Inland außerhalb des Geltungsbereichs dieses Gesetzes in einem Mitgliedstaat der Europäischen Gemeinschaft oder in einem anderen Vertragsstaat des Abkommens über den Europäischen Wirtschaftsraum die Kraftfahrzeug-Haftpflichtversicherung betreiben, sind der Aufsichtsbehörde die in § 9 Abs. 1 Satz 2 genannten Angaben für jeden Mitgliedstaat gesondert mitzuteilen.

[1)] § 9 neu gef. durch G v. 21.7.1994 (BGBl. I S. 1630); Abs. 2 und 3 geänd. mWv 1.5.2013 durch G v. 24.4.2013 (BGBl. I S. 932).

[2)] § 10 neu gef. durch G v. 21.7.1994 (BGBl. I S. 1630).

§ 11[1)] **[Ermächtigungsgrundlage]** Das Bundesministerium der Finanzen wird ermächtigt, im Einvernehmen mit dem Bundesministerium der Justiz und für Verbraucherschutz und dem Bundesministerium für Wirtschaft und Energie durch Rechtsverordnung Vorschriften zu erlassen über den Inhalt, die Form und die Gliederung der nach § 9 zu führenden Kraftfahrzeug-Haftpflichtversicherungsstatistik sowie über die Fristen, den Inhalt, die Form und die Stückzahl der von den Versicherungsunternehmen einzureichenden Mitteilungen.

Dritter Abschnitt.[2)] Entschädigungsfonds für Schäden aus Kraftfahrzeugunfällen und Entschädigungsstelle für Auslandsunfälle

§ 12[3)] **[Entschädigungsfonds]** (1) [1] Wird durch den Gebrauch eines Kraftfahrzeugs oder eines Anhängers im Geltungsbereich dieses Gesetzes ein Personen- oder Sachschaden verursacht, so kann derjenige, dem wegen dieser Schäden Ersatzansprüche gegen den Halter, den Eigentümer oder den Fahrer des Fahrzeugs zustehen, diese Ersatzansprüche auch gegen den „Entschädigungsfonds für Schäden aus Kraftfahrzeugunfällen" (Entschädigungsfonds) geltend machen,

1. wenn das Fahrzeug, durch dessen Gebrauch der Schaden verursacht worden ist, nicht ermittelt werden kann,
2. wenn die auf Grund eines Gesetzes erforderliche Haftpflichtversicherung zugunsten des Halters, des Eigentümers und des Fahrers des Fahrzeugs nicht besteht,

2a. wenn der Halter des Fahrzeugs nach § 2 Abs. 1 Nr. 6 oder nach einer in Umsetzung des Artikels 5 Absatz 2 der Richtlinie 2009/103/EG erlassenen Bestimmung eines anderen Mitgliedstaats der Europäischen Union von der Versicherungspflicht befreit ist,

3. wenn für den Schaden, der durch den Gebrauch des ermittelten oder nicht ermittelten Fahrzeugs verursacht worden ist, eine Haftpflichtversicherung deswegen keine Deckung gewährt oder gewähren würde, weil der Ersatzpflichtige den Eintritt der Tatsache, für die er dem Ersatz-

[1)] § 11 neu gef. durch G v 21.7.1994 (BGBl. I S. 1630); geänd. mWv 7.11.2001 durch VO v. 29.10.2001 (BGBl. I S. 2785); geänd. mWv 28.11.2003 durch VO v. 25.11.2003 (BGBl. I S. 2304); geänd. mWv 8.11.2006 durch VO v. 31.10.2006 (BGBl. I S. 2407); geänd. mWv 8.9.2015 durch VO v. 31.8.2015 (BGBl. I S. 1474).

[2)] Dritter Abschnitt Überschrift neu gef. mWv 1.1.2003 durch G v. 10.7.2002 (BGBl. I S. 2586).

[3)] § 12 Abs. 1 Satz 1 Nr. 1 und 2 geänd., Nr. 3 und Satz 5 angef., Abs. 4 Satz 2 geänd. durch G v. 11.5.1976 (BGBl. I S. 1181); Abs. 1 Satz 5 geänd. durch G v. 27.12.1993 (BGBl. I S. 2378); Abs. 1 Satz 1 Nr. 2 und 3 geänd., Nr. 4 angef., Satz 2 neu gef., Abs. 6 Satz 4 angef. durch G v. 21.7.1994 (BGBl. I S. 1630); Abs. 1 Satz 1 Nr. 3 geänd., Nr. 4 neu gef., Satz 5 neu gef., Abs. 2 Satz 3 geänd., Abs. 3 Satz 4 angef., Abs. 6 Satz 4 geänd., Abs. 7 angef. mWv 1.1.2003 durch G v. 10.7.2002 (BGBl. I S. 2586); Abs. 2 Satz 1 geänd. mWv 1.8.2002 durch G v. 19.7.2002 (BGBl. I S. 2674); Abs. 1 Satz 1 Nr. 2a eingef., Satz 2 geänd., Abs. 2 Sätze 2 und 3 neu gef. mWv 18.12.2007 durch G v. 10.12.2007 (BGBl. I S. 2833, geänd. durch G v. 19.10.2012, BGBl. I S. 2182 und G v. 24.4.2013, BGBl. I S. 932); Abs. 1 Satz 1 Nr. 2a und Abs. 7 geänd., Abs. 4 Satz 2 eingef., bish. Satz 2 wird Satz 3, Abs. 6 Sätze 5 und 6 angef. mWv 1.5.2013 durch G v. 24.4.2013 (BGBl. I S. 932).

berechtigten verantwortlich ist, vorsätzlich und widerrechtlich herbeigeführt hat,

4. wenn die Versicherungsaufsichtsbehörde den Antrag auf Eröffnung eines Insolvenzverfahrens über das Vermögen des leistungspflichtigen Versicherers stellt oder, sofern der Versicherer seinen Sitz in einem anderen Mitgliedstaat der Europäischen Union oder einem Vertragsstaat des Abkommens über den Europäischen Wirtschaftsraum hat, von der zuständigen Aufsichtsbehörde eine vergleichbare Maßnahme ergriffen wird.

[2] Das gilt nur, soweit der Ersatzberechtigte in den Fällen der Nummern 1 bis 3 glaubhaft macht, dass er weder von dem Halter, dem Eigentümer oder dem Fahrer des Fahrzeugs noch in allen Fällen nach Satz 1 von einem Schadensversicherer oder einem Verband von im Inland zum Geschäftsbetrieb befugten Haftpflichtversicherern Ersatz seines Schadens zu erlangen vermag. [3] Die Leistungspflicht des Entschädigungsfonds entfällt, soweit der Ersatzberechtigte in der Lage ist, Ersatz seines Schadens nach den Vorschriften über die Amtspflichtverletzung zu erlangen, oder soweit der Schaden durch Leistungen eines Sozialversicherungsträgers, durch Fortzahlung von Dienst- oder Amtsbezügen, Vergütung oder Lohn oder durch Gewährung von Versorgungsbezügen ausgeglichen wird. [4] Im Falle einer fahrlässigen Amtspflichtverletzung geht abweichend von § 839 Abs. 1 Satz 2 des Bürgerlichen Gesetzbuches[1)] die Ersatzpflicht auf Grund der Vorschriften über die Amtspflichtverletzung der Leistungspflicht des Entschädigungsfonds vor. [5] Die Leistungspflicht des Entschädigungsfonds entfällt ferner bei Ansprüchen wegen der Beschädigung von Einrichtungen des Bahn-, Luft- und Straßenverkehrs sowie des Verkehrs auf Binnenwasserstraßen einschließlich der mit diesen Einrichtungen verbundenen Sachen, sowie wegen der Beschädigung von Einrichtungen der Energieversorgung oder der Telekommunikation.

(2) [1] In den Fällen des Absatzes 1 Nr. 1 können gegen den Entschädigungsfonds Ansprüche nach § 253 Abs. 2 des Bürgerlichen Gesetzbuches nur geltend gemacht werden, wenn und soweit die Leistung einer Entschädigung wegen der besonderen Schwere der Verletzung zur Vermeidung einer groben Unbilligkeit erforderlich ist. [2] Für Sachschäden beschränkt sich in den Fällen des Absatzes 1 Satz 1 Nr. 1 die Leistungspflicht des Entschädigungsfonds auf den Betrag, der 500 Euro übersteigt. [3] Ansprüche auf Ersatz von Sachschäden am Fahrzeug des Ersatzberechtigten können darüber hinaus in den Fällen des Absatzes 1 Satz 1 Nr. 1 nur geltend gemacht werden, wenn der Entschädigungsfonds auf Grund desselben Ereignisses zur Leistung einer Entschädigung wegen der Tötung einer Person oder der erheblichen Verletzung des Körpers oder der Gesundheit des Ersatzberechtigten oder eines Fahrzeuginsassen des Fahrzeugs verpflichtet ist.

(3) [1] Der Anspruch des Ersatzberechtigten gegen den Entschädigungsfonds verjährt in drei Jahren. [2] Die Verjährung beginnt mit dem Zeitpunkt, in dem der Ersatzberechtigte von dem Schaden und von den Umständen Kenntnis erlangt, aus denen sich ergibt, daß er seinen Ersatzanspruch gegen den Entschädigungsfonds geltend machen kann. [3] Ist der Anspruch des Ersatzberechtigten bei dem Entschädigungsfonds angemeldet worden, so ist die Verjährung bis zum Eingang der schriftlichen Entscheidung des Entschädigungsfonds

---

1) Nr. **650**.

und, wenn die Schiedsstelle (§ 14 Nr. 3) angerufen worden ist, des Einigungsvorschlags der Schiedsstelle gehemmt. [4]Im Fall des Absatzes 1 Satz 1 Nr. 4 wird die gegenüber dem leistungspflichtigen Versicherer verstrichene Verjährungsfrist eingerechnet.

(4) [1]Im übrigen bestimmen sich Voraussetzungen und Umfang der Leistungspflicht des Entschädigungsfonds sowie die Pflichten des Ersatzberechtigten gegenüber dem Entschädigungsfonds nach den Vorschriften, die bei Bestehen einer auf Grund dieses Gesetzes abgeschlossenen Haftpflichtversicherung für das Verhältnis zwischen dem Versicherer und dem Dritten in dem Falle gelten, daß der Versicherer dem Versicherungsnehmer gegenüber von der Verpflichtung zur Leistung frei ist. [2]In den Fällen des Absatzes 1 Satz 1 Nummer 4 bestimmt sich die Leistungspflicht des Entschädigungsfonds nach der vereinbarten Versicherungssumme; sie beträgt maximal das Dreifache der gesetzlichen Mindestversicherungssumme. [3]In den Fällen des Absatzes 1 Nr. 2 und 3 haben der Halter, der Eigentümer und der Fahrer des Fahrzeugs gegenüber dem Entschädigungsfonds die einen Versicherungsnehmer nach Eintritt des Versicherungsfalles gegenüber dem Versicherer treffenden Verpflichtungen zu erfüllen.

(5) Der Entschädigungsfonds kann von den Personen, für deren Schadensersatzverpflichtungen er nach Absatz 1 einzutreten hat, wie ein Beauftragter Ersatz seiner Aufwendungen verlangen.

(6) [1]Der Ersatzanspruch des Ersatzberechtigten gegen den Halter, den Eigentümer und den Fahrer des Fahrzeugs sowie ein Ersatzanspruch, der dem Ersatzberechtigten oder dem Halter, dem Eigentümer oder dem Fahrer des Fahrzeugs gegen einen sonstigen Ersatzpflichtigen zusteht, gehen auf den Entschädigungsfonds über, soweit dieser dem Ersatzberechtigten den Schaden ersetzt. [2]Der Übergang kann nicht zum Nachteil des Ersatzberechtigten geltend gemacht werden. [3]Gibt der Ersatzberechtigte seinen Ersatzanspruch oder ein zur Sicherung des Anspruchs dienendes Recht auf, so entfällt die Leistungspflicht des Entschädigungsfonds insoweit, als er aus dem Anspruch oder dem Recht hätte Ersatz erlangen können. [4]Soweit der Entschädigungsfonds Ersatzansprüche nach Absatz 1 Nr. 4 befriedigt, sind dessen Ersatzansprüche gegenüber dem Versicherungsnehmer und mitversicherten Personen auf je 2 500 Euro beschränkt. [5]Die Beschränkung der Ersatzansprüche gilt in den Fällen des Absatzes 1 Satz 1 Nummer 4 auch für diejenigen Ansprüche gegen den Versicherungsnehmer und die mitversicherte Person, soweit eine Leistungspflicht des Entschädigungsfonds nach Absatz 1 Satz 2 und 3 entfällt. [6]Machen mehrere Berechtigte Ersatzansprüche geltend, sind diese Ersatzansprüche gegenüber dem Versicherungsnehmer auf insgesamt 2 500 Euro und gegenüber mitversicherten Personen ebenfalls auf insgesamt 2 500 Euro beschränkt; die Auszahlung erfolgt nach dem Verhältnis der Beträge.

(7) Im Fall des Absatzes 1 Satz 1 Nr. 4 sind der Versicherer und sein nach § 8 Abs. 2 Satz 1 bestellter Vertreter, der vorläufige Insolvenzverwalter ebenso wie der Insolvenzverwalter (§ 22 Abs. 1 Satz 1, § 56 der Insolvenzordnung), der von der Aufsichtsbehörde bestellte Sonderbeauftragte sowie alle Personen, die mit der Verwaltung der Kraftfahrzeug-Haftpflichtversicherungsverträge einschließlich der Regulierung der diesen Verträgen zuzurechnenden Schadensfälle betraut sind, verpflichtet, dem Entschädigungsfonds die für die Erfüllung seiner Aufgaben erforderlichen Auskünfte zu erteilen, die benötigten Unterlagen zu überlassen und ihn bei der Abwicklung zu unterstützen.

§ 12a[1)] [Entschädigungsstelle für Schäden aus Auslandsunfällen]

(1) [1] Wird durch den Gebrauch eines Kraftfahrzeugs oder eines Anhängers im Ausland nach dem 31. Dezember 2002 ein Personen- oder Sachschaden verursacht, so kann derjenige, der seinen Wohnsitz in der Bundesrepublik Deutschland hat und dem wegen dieser Schäden Ersatzansprüche gegen den Haftpflichtversicherer des schädigenden Fahrzeugs zustehen, diese vorbehaltlich des Absatzes 4 gegen die „Entschädigungsstelle für Schäden aus Auslandsunfällen" (Entschädigungsstelle) geltend machen,

1. wenn das Versicherungsunternehmen oder sein Schadenregulierungsbeauftragter binnen drei Monaten nach der Geltendmachung des Entschädigungsanspruchs beim Versicherungsunternehmen des Fahrzeugs, durch dessen Nutzung der Unfall verursacht wurde, oder beim Schadenregulierungsbeauftragten keine mit Gründen versehene Antwort auf die im Schadenersatzantrag enthaltenen Darlegungen erteilt hat oder
2. wenn das Versicherungsunternehmen entgegen Artikel 21 Absatz 1 der Richtlinie 2009/103/EG in der Bundesrepublik Deutschland keinen Schadenregulierungsbeauftragten bestellt hat, es sei denn, dass der Geschädigte einen Antrag auf Erstattung direkt beim Versicherungsunternehmen eingereicht hat und von diesem innerhalb von drei Monaten eine mit Gründen versehene Antwort auf das Schadenersatzbegehren erteilt oder ein begründetes Angebot vorgelegt worden ist oder
3. wenn das Fahrzeug nicht oder das Versicherungsunternehmen nicht innerhalb von zwei Monaten nach dem Unfall ermittelt werden kann.

[2] Ein Antrag auf Erstattung ist nicht zulässig, wenn der Geschädigte unmittelbar gegen das Versicherungsunternehmen gerichtliche Schritte eingeleitet hat.

(2) Die Entschädigungsstelle unterrichtet unverzüglich

1. das Versicherungsunternehmen des Fahrzeugs, das den Unfall verursacht haben soll, oder dessen in der Bundesrepublik Deutschland bestellten Schadenregulierungsbeauftragten,
2. die Entschädigungsstelle in dem Mitgliedstaat der Europäischen Union oder dem Vertragsstaat des Abkommens über den Europäischen Wirtschaftsraum, in dem die Niederlassung des Versicherungsunternehmens ihren Sitz hat, die die Versicherungspolice ausgestellt hat,
3. die Person, die den Unfall verursacht haben soll, sofern sie bekannt ist,
4. das deutsche Büro des Systems der Grünen Internationalen Versicherungskarte und das Grüne-Karte-Büro des Landes, in dem sich der Unfall ereignet hat, wenn das schadenstiftende Fahrzeug seinen gewöhnlichen Aufenthaltsort nicht in diesem Land hat,
5. in den Fällen des Absatzes 1 Nr. 3 den Garantiefonds im Sinne von Artikel 10 Absatz 1 der Richtlinie 2009/103/EG des Staates, in dem das Fahrzeug seinen gewöhnlichen Standort hat, sofern das Versicherungsunternehmen nicht ermittelt werden kann, oder, wenn das Fahrzeug nicht ermittelt werden kann, den Garantiefonds des Staates, in dem sich der

---

1) § 12a eingef. mWv 1.1.2003 durch G v. 10.7.2002 (BGBl. I S. 2586); Abs. 2 Nr. 5 geänd. mWv 18.12.2007 durch G v. 10.12.2007 (BGBl. I S. 2833); Abs. 1 Satz 1 Nr. 2, Abs. 2 Nr. 5, Abs. 3 Satz 4 und Abs. 4 geänd. mWv 1.5.2013 durch G v. 24.4.2013 (BGBl. I S. 932).

Unfall ereignet hat, darüber, dass ein Antrag auf Entschädigung bei ihr eingegangen ist und dass sie binnen zwei Monaten auf diesen Antrag eingehen wird.

(3) [1] Die Entschädigungsstelle wird binnen zwei Monaten nach Eingang eines Schadenersatzantrages des Geschädigten tätig, schließt den Vorgang jedoch ab, wenn das Versicherungsunternehmen oder dessen Schadenregulierungsbeauftragter in dieser Zeit eine mit Gründen versehene Antwort auf das Schadenersatzbegehren erteilt oder ein begründetes Angebot vorlegt. [2] Geschieht dies nicht, reguliert sie den geltend gemachten Anspruch unter Berücksichtigung des Sachverhalts nach Maßgabe des anzuwendenden Rechts. [3] Sie kann sich hierzu anderer Personen oder Einrichtungen, insbesondere eines zur Übernahme der Regulierung bereiten Versicherungsunternehmens oder Schadenabwicklungsunternehmens, bedienen. [4] Im Übrigen bestimmt sich das Verfahren nach dem Abkommen der Entschädigungsstellen nach Artikel 24 Absatz 3 der Richtlinie 2009/103/EG.

(4) Hat sich der Unfall in einem Staat ereignet, der nicht Mitgliedstaat der Europäischen Union oder Vertragsstaat des Abkommens über den Europäischen Wirtschaftsraum ist, so kann der Geschädigte unter den Voraussetzungen des Absatzes 1 einen Antrag auf Erstattung an die Entschädigungsstelle richten, wenn der Unfall durch die Nutzung eines Fahrzeugs verursacht wurde, das in einem Mitgliedstaat der Europäischen Union oder Vertragsstaat des Abkommens über den Europäischen Wirtschaftsraum versichert ist und dort seinen gewöhnlichen Standort hat und wenn das nationale Versicherungsbüro (Artikel 1 Nummer 3 der Richtlinie 2009/103/EG) des Staates, in dem sich der Unfall ereignet hat, dem System der Grünen Karte beigetreten ist.

§ 12b[1)] **[Forderungsübergang]** [1] Soweit die Entschädigungsstelle nach § 12a dem Ersatzberechtigten den Schaden ersetzt, geht der Anspruch des Ersatzberechtigten gegen den Halter, den Eigentümer, den Fahrer und einen sonstigen Ersatzpflichtigen auf die Entschädigungsstelle über. [2] Der Übergang kann nicht zum Nachteil des Ersatzberechtigten geltend gemacht werden. [3] Soweit eine Entschädigungsstelle im Sinne des Artikels 24 der Richtlinie 2009/103/EG einer anderen Entschädigungsstelle einen als Entschädigung gezahlten Betrag erstattet, gehen die auf die zuletzt genannte Entschädigungsstelle übergegangenen Ansprüche des Geschädigten gegen den Halter, den Eigentümer, den Fahrer und einen sonstigen Ersatzpflichtigen auf die zuerst genannte Entschädigungsstelle über.

§ 12c[2)] **[Betragserstattung an Entschädigungsfonds eines anderen EU-Mitgliedstaats]** (1) Der Entschädigungsfonds nach § 12 ist verpflichtet, einem Entschädigungsfonds im Sinne des Artikels 10 Absatz 1 der Richtlinie 2009/103/EG eines anderen Mitgliedstaats der Europäischen Union den Betrag zu erstatten, den dieser als Entschädigung wegen eines Personen- oder

[1)] § 12b eingef. mWv 1.1.2003 durch G v. 10.7.2002 (BGBl. I S. 2586); Satz 3 geänd. mWv 18.12.2007 durch G v. 10.12.2007 (BGBl. I S. 2833); Satz 3 geänd. mWv 1.5.2013 durch G v. 24.4.2013 (BGBl. I S. 932).

[2)] § 12c eingef. mWv 18.12.2007 durch G v. 10.12.2007 (BGBl. I S. 2833, geänd. durch G v. 19.10.2012, BGBl. I S. 2182 und G v. 24.4.2013, BGBl. I S. 932); Abs. 1 geänd. mWv 1.5.2013 durch G v. 24.4.2013 (BGBl. I S. 932).

Sachschadens zahlt, der auf dem Gebiet dieses Mitgliedstaats durch ein Fahrzeug verursacht wurde, dessen Halter nach § 2 Abs. 1 Nr. 6 von der Versicherungspflicht befreit ist.

(2) Soweit der Entschädigungsfonds nach § 12 einen Betrag nach Absatz 1 erstattet, gehen die auf den Entschädigungsfonds des anderen Mitgliedstaats der Europäischen Union übergegangenen Ansprüche des Geschädigten gegen den Halter, den Eigentümer, den Fahrer und einen sonstigen Ersatzpflichtigen auf den Entschädigungsfonds nach § 12 über.

§ 13[1)] [Träger des Entschädigungsfonds] (1) [1] Zur Wahrnehmung der Aufgaben des Entschädigungsfonds wird eine rechtsfähige Anstalt des öffentlichen Rechts errichtet, die mit dem Inkrafttreten dieses Gesetzes als entstanden gilt. [2] Organe der Anstalt sind der Vorstand und der Verwaltungsrat. [3] Die Anstalt untersteht der Aufsicht des Bundesministeriums der Justiz und für Verbraucherschutz. [4] Das Nähere über die Anstalt bestimmt die Satzung, die von der Bundesregierung durch Rechtsverordnung ohne Zustimmung des Bundesrates aufgestellt wird. [5] Die im Geltungsbereich dieses Gesetzes zum Betrieb der Kraftfahrzeug-Haftpflichtversicherung befugten Versicherungsunternehmen und die Haftpflichtschadenausgleiche im Sinne von § 3 Absatz 1 Nummer 4 des Versicherungsaufsichtsgesetzes sowie die nach § 2 Nrn. 1 bis 4 von der Versicherungspflicht befreiten Halter nichtversicherter Fahrzeuge sind verpflichtet, unter Berücksichtigung ihres Anteils am Gesamtbestand der Fahrzeuge und der Art dieser Fahrzeuge an die Anstalt Beiträge zur Deckung der Entschädigungsleistungen und der Verwaltungskosten zu leisten. [6] Das Nähere über die Beitragspflicht bestimmt das Bundesministerium der Justiz und für Verbraucherschutz im Einvernehmen mit dem Bundesministerium für Verkehr und digitale Infrastruktur, dem Bundesministerium für Wirtschaft und Energie und dem Bundesministerium der Finanzen durch Rechtsverordnung mit Zustimmung des Bundesrates.

(2) [1] Das Bundesministerium der Justiz und für Verbraucherschutz wird ermächtigt, im Einvernehmen mit dem Bundesministerium für Verkehr und digitale Infrastruktur, dem Bundesministerium für Wirtschaft und Energie und dem Bundesministerium der Finanzen durch Rechtsverordnung ohne Zustimmung des Bundesrates die Stellung des Entschädigungsfonds einer anderen bestehenden juristischen Person zuzuweisen, wenn diese bereit ist, die Aufgaben des Entschädigungsfonds zu übernehmen, und wenn sie hinreichende Gewähr für die Erfüllung der Ansprüche der Ersatzberechtigten bietet. [2] Durch die Rechtsverordnung kann sich das Bundesministerium der Justiz und für Verbraucherschutz die Genehmigung der Satzung dieser juristischen Person vorbehalten und die Aufsicht über die juristische Person regeln.

(3) [1] Das Bundesministerium der Justiz und für Verbraucherschutz wird ferner ermächtigt, im Einvernehmen mit den in Absatz 2 genannten Bundes-

---

[1)] § 13 Abs. 1 Satz 5 geänd. durch G v. 18.12.1975 (BGBl. I S. 3139); Abs. 2 Satz 1 geänd. durch G v. 18.3.1975 (BGBl. I S. 705); Abs. 1 Satz 5 geänd. durch G v. 29.3.1983 (BGBl. I S. 377); Abs. 5 angef. durch G v. 21.7.1994 (BGBl. I S. 1630); Abs. 1 Sätze 3 und 6, Abs. 2 Sätze 1 und 2, Abs. 3 Satz 1 geänd. mWv 7.11.2001 durch VO v. 29.10.2001 (BGBl. I S. 2785); Abs. 1 Satz 6 und Abs. 2 Satz 1 geänd. mWv 28.11.2003 durch VO v. 25.11.2003 (BGBl. I S. 2304); Abs. 1 Satz 6, Abs. 2 Satz 1 geänd. mWv 8.11.2006 durch VO v. 31.10.2006 (BGBl. I S. 2407); Abs. 1 Satz 5 geänd. mWv 1.1.2016 durch G v. 1.4.2015 (BGBl. I S. 434); Abs. 1 Sätze 3 und 6, Abs. 2 Sätze 1 und 2, Abs. 3 Satz 1 geänd. mWv 8.9.2015 durch VO v. 31.8.2015 (BGBl. I S. 1474).

ministerien durch Rechtsverordnung ohne Zustimmung des Bundesrates zu bestimmen, von welchem Zeitpunkt ab die Anstalt (Absatz 1) oder die durch Rechtsverordnung (Absatz 2) bezeichnete juristische Person von Ersatzberechtigten in Anspruch genommen werden kann, und zu bestimmen, daß eine Leistungspflicht nur besteht, wenn das schädigende Ereignis nach einem in der Verordnung festzusetzenden Zeitpunkt eingetreten ist. [2] Die Anstalt kann jedoch spätestens zwei Jahre nach dem Inkrafttreten dieses Gesetzes wegen der Schäden, die sich nach diesem Zeitpunkt ereignen, in Anspruch genommen werden, sofern nicht bis zu diesem Zeitpunkt den Ersatzberechtigten durch Rechtsverordnung die Möglichkeit gegeben worden ist, eine andere juristische Person in Anspruch zu nehmen.

(4) Der Entschädigungsfonds ist von der Körperschaftsteuer, der Gewerbesteuer und der Vermögensteuer befreit.

(5) Die vom Entschädigungsfonds zur Befriedigung von Ansprüchen nach § 12 Abs. 1 Nr. 4 in einem Kalenderjahr zu erbringenden Aufwendungen sind auf 0,5 vom Hundert des Gesamtprämienaufkommens der Kraftfahrzeug-Haftpflichtversicherung des vorangegangenen Kalenderjahres begrenzt.

§ 13a[1)] [Wahrnehmung der Aufgaben und Befugnisse der Entschädigungsstelle] (1) [1] Die Aufgaben und Befugnisse der Entschädigungsstelle nach § 12a werden von dem rechtsfähigen Verein „Verkehrsopferhilfe eingetragener Verein" in Hamburg (Verkehrsopferhilfe) wahrgenommen, sobald und soweit dieser schriftlich gegenüber dem Bundesministerium der Justiz und für Verbraucherschutz seine Bereitschaft dazu erklärt hat. [2] Das Bundesministerium der Justiz und für Verbraucherschutz gibt die Erklärung und den Zeitpunkt, ab dem die betroffenen Aufgaben von der Verkehrsopferhilfe wahrgenommen werden, im Bundesanzeiger bekannt. [3] Die Verkehrsopferhilfe untersteht, soweit sie die übertragenen Aufgaben wahrnimmt, der Aufsicht des Bundesministeriums der Justiz und für Verbraucherschutz. [4] Das Bundesministerium der Justiz und für Verbraucherschutz wird ermächtigt, durch Rechtsverordnung ohne Zustimmung des Bundesrates die Aufgaben und Befugnisse der Entschädigungsstelle nach § 12a der in § 13 genannten Anstalt zu übertragen, soweit die Wahrnehmung der Aufgaben durch die Verkehrsopferhilfe nicht gewährleistet ist oder diese nicht mehr zur Wahrnehmung der Aufgaben bereit ist.

(2) Die Entschädigungsstelle ist von der Körperschaftsteuer, der Gewerbesteuer und der Vermögensteuer befreit.

§ 14[2)] [Ermächtigung] Das Bundesministerium der Justiz und für Verbraucherschutz wird ermächtigt, im Einvernehmen mit dem Bundesministerium für Verkehr und digitale Infrastruktur, dem Bundesministerium für

---

1) § 13a eingef. mWv 1.1.2003 durch G v. 10.7.2002 (BGBl. I S. 2586); Abs. 1 Sätze 1–4 geänd. mWv 8.9.2015 durch VO v. 31.8.2015 (BGBl. I S. 1474).

2) § 14 einl. Satzteil geänd. durch G v. 18.3.1975 (BGBl. I S. 705); Nr. 2 neu gef. durch G v. 21.7. 1994 (BGBl. I S. 1630); einl. Satzteil geänd. mWv 7.11.2001 durch VO v. 29.10.2001 (BGBl. I S. 2785); einl. Satzteil geänd. mWv 28.11.2003 durch VO v. 25.11.2003 (BGBl. I S. 2304); einl. Satzteil geänd. mWv 8.11.2006 durch VO v. 31.10.2006 (BGBl. I S. 2407); einl. Satzteil geänd. mWv 8.9.2015 durch VO v. 31.8.2015 (BGBl. I S. 1474).

Wirtschaft und Energie und dem Bundesministerium der Finanzen durch Rechtsverordnung[1] ohne Zustimmung des Bundesrates

1. zu bestimmen, daß der Entschädigungsfonds in den Fällen des § 12 Abs. 1 Nr. 1 auch für Schäden einzutreten hat, die einem Deutschen außerhalb des Geltungsbereichs dieses Gesetzes entstehen und nicht von einer Stelle in dem Staat ersetzt werden, in dem sich der Unfall zugetragen hat, wenn dies erforderlich ist, um eine Schlechterstellung des Deutschen gegenüber den Angehörigen dieses Staates auszugleichen;
2. zu bestimmen, daß der Entschädigungsfonds Leistungen an ausländische Staatsangehörige ohne festen Wohnsitz im Inland nur bei Vorliegen der Gegenseitigkeit erbringt, soweit nicht völkerrechtliche Verträge der Bundesrepublik Deutschland dem entgegenstehen;
3. zu bestimmen,
   a) daß beim Entschädigungsfonds eine Schiedsstelle gebildet wird, die in Streitfällen zwischen dem Ersatzberechtigten und dem Entschädigungsfonds auf eine gütliche Einigung hinzuwirken und den Beteiligten erforderlichenfalls einen begründeten Einigungsvorschlag zu machen hat,
   b) wie die Mitglieder der Schiedsstelle, die aus einem die Befähigung zum Richteramt besitzenden, sachkundigen und unabhängigen Vorsitzenden sowie einem von der Versicherungswirtschaft benannten und einem dem Bereich der Ersatzberechtigten zuzurechnenden Beisitzer besteht, zu bestellen sind und wie das Verfahren der Schiedsstelle einschließlich der Kosten zu regeln ist,
   c) daß Ansprüche gegen den Entschädigungsfonds im Wege der Klage erst geltend gemacht werden können, nachdem ein Verfahren vor der Schiedsstelle vorausgegangen ist, sofern nicht seit der Anrufung der Schiedsstelle mehr als drei Monate verstrichen sind.

Vierter Abschnitt. Übergangs- und Schlußvorschriften

§ 15[2] [Tarifanpassung bei Rechtsübergang] Wird zur Vermeidung einer Insolvenz ein Bestand an Kraftfahrzeug-Haftpflichtversicherungsverträgen mit Genehmigung der Aufsichtsbehörden auf einen anderen Versicherer übertragen, so kann der übernehmende Versicherer die Anwendung des für sein Unternehmen geltenden Tarifs (Prämie und Tarifbestimmungen) und seiner Versicherungsbedingungen vom Beginn der nächsten Versicherungsperiode an erklären, wenn er dem Versicherungsnehmer die Tarifänderung unter Kenntlichmachung der Unterschiede des alten und neuen Tarifs spätestens einen Monat vor Inkrafttreten der Änderung mitteilt und ihn schriftlich über sein Kündigungsrecht belehrt.

§ 16[3] [Ansprüche vor dem 1. Mai 2013] § 12 Absatz 4 Satz 2 und Absatz 6 Satz 5 und 6 gilt nicht für Ansprüche, die vor dem 1. Mai 2013 entstanden sind.

---

[1] Siehe die VO über den Entschädigungsfonds für Schäden aus Kraftfahrzeugunfällen (Nr. **630**).
[2] § 15 neu gef. durch G v. 21.7.1994 (BGBl. I S. 1630).
[3] § 16 eingef. mWv 1.5.2013 durch G v. 24.4.2013 (BGBl. I S. 932).

Anlage[1)]
(zu § 4 Abs. 2)

Mindestversicherungssummen

1. Die Mindesthöhe der Versicherungssumme beträgt bei Kraftfahrzeugen einschließlich der Anhänger je Schadensfall
   a) für Personenschäden siebeneinhalb Millionen Euro,
   b) für Sachschäden 1 220 000 Euro,
   c) für die weder mittelbar noch unmittelbar mit einem Personen- oder Sachschaden zusammenhängenden Vermögensschäden (reine Vermögensschäden) 50 000 Euro.
2. Bei Kraftfahrzeugen, die der Beförderung von Personen dienen und mehr als neun Plätze (ohne den Fahrersitz) aufweisen, erhöhen sich diese Beträge für das Kraftfahrzeug unter Ausschluss der Anhänger
   a) für den 10. und jeden weiteren Platz um
      aa) 50 000 Euro für Personenschäden,
      bb) 500 Euro für reine Vermögensschäden,
   b) vom 81. Platz ab für jeden weiteren Platz um
      aa) 25 000 Euro für Personenschäden,
      bb) 250 Euro für reine Vermögensschäden.

   Dies gilt nicht für Kraftomnibusse, die ausschließlich zu Lehr- und Prüfungszwecken verwendet werden.
3. Bei Anhängern entspricht die Mindesthöhe der Versicherungssumme für Schäden, die nicht mit dem Betrieb des Kraftfahrzeugs im Sinne des § 7 des Straßenverkehrsgesetzes[2)] im Zusammenhang stehen, und für die den Insassen des Anhängers zugefügten Schäden den in Nummer 1, bei Personenanhängern mit mehr als neun Plätzen den in Nummern 1 und 2 genannten Beträgen
4. Zu welcher dieser Gruppen das Fahrzeug gehört, richtet sich nach der Eintragung im Kraftfahrzeug- oder Anhängerbrief.

[1)] Anl. geänd. durch VO v. 26.5.1997 (BGBl. I S. 1240); mWv 1.1.2002 durch VO v. 22.10.2000 (BGBl. I S. 1484); mWv 18.12.2007 durch G v. 10.12.2007 (BGBl. I S. 2833); mWv 1.1.2012 durch VO v. 6.12.2011 (BGBl. I S. 2628); mWv 11.6.2016 durch VO v. 6.2.2017 (BGBl. I S. 147).
[2)] Nr. **10**.

Anhang.[1] Verzeichnis der in der Bundesrepublik Deutschland zum Geschäftsbetrieb zugelassenen Kraftfahrt-Haftpflichtversicherer

1. Kraftfahrt-Haftpflichtversicherer, die in der Bundesrepublik Deutschland ihren Sitz oder ihre Niederlassung haben

1.1. Vom Bundesaufsichtsamt für das Versicherungswesen beaufsichtigte Kraftfahrt-Versicherer

	Schlüssel-Nr.
Aachener und Münchner Versicherung Aktiengesellschaft Aureliusstraße 2 52064 Aachen	5342
ACE INSURANCE SA.-N.V., Brüssel Direktion für Deutschland Herr Peter C. Kettler Lurgiallee 10 60439 Frankfurt/Main	5487
ACE European Group Limited Direktion für Deutschland Lurgiallee 10 60439 Frankfurt/Main	5902
ADLER Versicherung AG Leibnizstraße 3–4 10625 Berlin	5581
AIG EUROPE S.A., Paris Direktion für Deutschland Herr Reinhard Franke Oberlindau 76–78 60323 Frankfurt/Main	5595
Aioi Insurance Company of Europe Limited Niederlassung für Deutschland Herr Winfried Mitterer Leopoldstraße 208 80804 München	5029
Allianz Versicherungs-Aktiengesellschaft Königinstraße 28 80802 München	5312

[1] Anh. idF der Bek. v. 9.1.2002 (VkBl. S. 70 Nr. 17); ber. durch Bek. v. 24.1.2002 (VkBl. S. 96 Nr. 28), durch Bek. v. 19.3.2002 (VkBl. S. 264 Nr. 66), durch Bek. v. 8.4.2002 (VkBl. S. 313 Nr. 71), durch Bek. v. 15.11.2002 (VkBl. S. 790 Nr. 224), durch Bek. v. 21.2.2003 (VkBl. S. 125 Nr. 61), durch Bek. v. 11.3.2003 (VkBl. S. 205 Nr. 86), durch Bek. v. 3.4.2003 (VkBl. S. 230 Nr. 97), durch Bek. v. 24.7.2003 (VkBl. S. 473 Nr. 159), durch Bek. v. 10.9.2003 (VkBl. S. 658 Nr. 200), durch Bek. v. 10.11.2003 (VkBl. S. 784 Nr. 249), durch Bek. v. 10.11.2003 (VkBl. S. 784 Nr. 249), durch Bek. v. 20.1.2004 (VkBl. S. 31 Nr. 22), durch Bek. v. 5.3.2004 (VkBl. S. 170 Nr. 52), durch Bek. v. 18.3.2004 (VkBl. S. 213 Nr. 62), durch Bek. v. 25.11.2004 (VkBl. S. 663 Nr. 238), durch Bek. v. 5.1.2005 (VkBl. S. 42 Nr. 19), durch Bek. v. 2.2.2005 (VkBl. S. 113 Nr. 39), durch Bek. v. 9.2.2005 (VkBl. S. 142 Nr. 49), durch Bek. v. 20.7.2005 (VkBl. S. 612 Nr. 165), durch Bek. v. 4.10.2005 (VkBl. S. 727 Nr. 204), durch Bek. v. 24.10.2005 (VkBl. S. 795 Nr. 239), durch Bek. v. 16.1.2006 (VkBl. S. 62 Nr. 17), durch Bek. v. 20.2.2006 (VkBl. S. 168 Nr. 37) und durch Bek. v. 21.6.2006 (VkBl. S. 535 Nr. 111).

	Schlüssel-Nr.
Direct Line Versicherungs-Aktiengesellschaft Rheinstraße 7 a 14513 Teltow	5055
Alte Leipziger Versicherung Aktiengesellschaft Alte-Leipziger-Platz 1 61440 Oberursel	5405
ARAG Allgemeine Versicherungs-Aktiengesellschaft ARAG-Platz 1 40472 Düsseldorf	5455
ASPECTA Versicherung Aktiengesellschaft Schwarzer Weg 28 22309 Hamburg	5512
ASSTEL Sachversicherung AG Am Wiener Platz 4 51065 Köln	5397
AXA Versicherung Aktiengesellschaft Colonia-Allee 10–20 51067 Köln	5515
Badische Allgemeine Versicherung Aktiengesellschaft Durlacher Allee 56 76131 Karlsruhe	5593
Badischer Gemeinde-Versicherungs-Verband Durlacher Allee 56 76131 Karlsruhe	5316
Barmenia Allgemeine Versicherungs-Aktiengesellschaft Kronprinzenallee 12–18 42119 Wuppertal	5317
Basler Versicherungs-Gesellschaft, Basel Direktion für Deutschland Herr Dr. Frank Grund Basler Straße 4 61352 Bad Homburg v.d.H.	5318
Bayerische Beamten Versicherung Aktiengesellschaft Thomas-Dehler-Straße 25 81737 München	5310
Bayerischer Versicherungsverband Versicherungsaktiengesellschaft Tattenbachstraße 2 80538 München (GK 80530)	5324

	Schlüssel-Nr.
Bruderhilfe Sachversicherung Aktiengesellschaft im Raum der Kirchen Kölnische Straße 108–112 34119 Kassel	5098
CONCORDIA Versicherungs-Gesellschaft auf Gegenseitigkeit Karl-Wiechert-Allee 5 30625 Hannover	5338
Condor Allgemeine Versicherungs-Aktiengesellschaft Admiralitätstraße 67 20459 Hamburg	5339
Continentale Sachversicherung Aktiengesellschaft Ruhrallee 94 44139 Dortmund	5340
COSMOS Versicherung Aktiengesellschaft Halbergstraße 52–54 66121 Saarbrücken	5552
DA Deutsche Allgemeine Versicherung Aktiengesellschaft Kölner Straße 3 b 65760 Eschborn	5343
D.A.S. Deutscher Automobil Schutz Versicherungs-Aktiengesellschaft Seitzstraße 20 80538 München	5529
DBV Deutsche Beamten-Versicherung Aktiengesellschaft Frankfurter Straße 50 65189 Wiesbaden	5311
DBV-WINSELECT Frankfurter Straße 50 65178 Wiesbaden	5854
DBV-Winterthur Versicherung Aktiengesellschaft Leopoldstraße 204 80804 München	5037
Debeka Allgemeine Versicherung Aktiengesellschaft Ferdinand-Sauerbrauch-Straße 18 56073 Koblenz	5549
deutsche internet versicherung aktiengesellschaft Ruhralle 92–94 44139 Dortmund	5084
Basler Securitas Versicherungs-Aktiengesellschaft Basler Str. 4 61281 Bad Homburg v.d.H.	5633
DEUTSCHER HEROLD Allgemeine Versicherungsgesellschaft der Deutschen Bank Poppelsdorfer Allee 25–33 53115 Bonn	5347

	Schlüssel-Nr.
DEUTSCHER RING Sachversicherungs-Aktiengesellschaft Ludwig-Erhard-Straße 22 20459 Hamburg	5350
DEVK Allgemeine-Versicherungs-Aktiengesellschaft Riehler Straße 190 50735 Köln	5513
DEVK Deutsche Eisenbahn Versicherung Sach- und HUK-Versicherungsverein a.G. Betriebliche Sozialeinrichtung der Deutschen Bahn AG Riehler Straße 190 50735 Köln	5344
AXA „die Alternative“ Versicherung Aktiengesellschaft Raboisen 101 20095 Hamburg	5052
EUROPA Sachversicherung Aktiengesellschaft Piusstraße 137 50931 Köln	5508
Fahrlehrerversicherung Verein auf Gegenseitigkeit Mittlerer Pfad 5 70499 Stuttgart	5470
Feuersozietät Berlin-Brandenburg Am Karlsbad 4–5 10785 Berlin	5359
GARANTA Versicherungs-Aktiengesellschaft Ostendstraße 100 90482 Nürnberg	5505
GEGENSEITIGKEIT Versicherung Oldenburg Osterstraße 15 26121 Oldenburg	5365
Gerling G&A Versicherungs-Aktiengesellschaft Neumarkt 15 66117 Saarbrücken	5442
Gerling-Konzern Allgemeine Versicherungs-Aktiengesellschaft Von-Werth-Straße 4–14 50597 Köln	5368
Gothaer Allgemeine Versicherung AG Gothaer Allee 1 50969 Köln	5531
GVV-Kommunalversicherung Versicherungsverein auf Gegenseitigkeit Aachener Straße 952–958 50933 Köln	5469

	Schlüssel-Nr.
GVV-Privatversicherung Aktiengesellschaft Aachener Straße 1040 50858 Köln	5585
Haftpflichtgemeinschaft Deutscher Nahverkehrs- und Versorgungsunternehmen Allgemein (HDNA) VVaG Zweigertstraße 32 45130 Essen	5044
Haftpflicht-Unterstützungs-Kasse kraftfahrender Beamter Deutschlands a.G. in Coburg (HUK-COBURG) Bahnhofsplatz 96450 Coburg	5375
Hamburg-Mannheimer Sachversicherungs-Aktiengesellschaft Überseering 45 22297 Hamburg	5420
Hanse Merkur Allgemeine Versicherung AG Neue Rabenstraße 28 20354 Hamburg	5501
HDI Haftpflichtverband der Deutschen Industrie Versicherungsverein auf Gegenseitigkeit Riethorst 2 30659 Hannover	5377
HDI Industrie Versicherung Aktiengesellschaft Riethorst 2 30659 Hannover	5096
HDI Privat Versicherung AG Riethorst 2 30659 Hannover	5085
Helvetia Schweizerische Versicherungsgesellschaft Direktion für Deutschland Herr Prof. Dr. Wolfram Wrabetz Berliner Straße 56–58 60311 Frankfurt/Main	5384
HUK-COBURG Allgemeine Versicherungs-Aktiengesellschaft Bahnhofsplatz 96450 Coburg	5521
HUK24 AG Willi-Hussong-Straße 2 96442 Coburg	5086
Itzehoer Versicherung/Brandgilde von 1691 Versicherungsverein auf Gegenseitigkeit Hansestraße 10 25521 Itzehoe	5401
Karlsruher Beamten-Versicherung Aktiengesellschaft Hermann-Veit-Straße 6 76135 Karlsruhe	5570

	Schlüssel-Nr.
Karlsruher Versicherung Aktiengesellschaft Hermann-Veit-Straße 6 76135 Karlsruhe	5509
KRAVAG ALLGEMEINE Versicherungs-Aktiengesellschaft Heidenkampsweg 100 20097 Hamburg	5058
KRAVAG-LOGISTIC Versicherungs-Aktiengesellschaft Heidenkampsweg 100 20097 Hamburg	5080
Landesschadenhilfe VVaG Vogteistraße 3 29683 Fallingbostel	5362
Landschaftliche Brandkasse Hannover Schiffgraben 4 30159 Hannover	5400
Lloyd´s Versicherer London Niederlassung für Deutschland Herr Burkhard von Siegfried Bockenheimer Anlage 4 60322 Frankfurt/Main	5592
LVM Landwirtschaftlicher Versicherungsverein Münster a.G. Kolde Ring 21 48151 Münster	5402
Mannheimer Versicherung Aktiengesellschaft Augustaanlage 66 68165 Mannheim	5061
Mecklenburgische Versicherungs-Gesellschaft auf Gegenseitigkeit Berckhusenstraße 146 30625 Hannover	5412
MLP Versicherung Aktiengesellschaft Forum 7 69126 Heidelberg	5078
MÜNCHENER VEREIN Allgemeine Versicherungs-Aktiengesellschaft Pettenkoferstraße 19 80336 München	5414
NOVA Allgemeine Versicherung Aktiengesellschaft Neue Rabenstraße 15–19 20354 Hamburg	5390
Nürnberger Allgemeine Versicherungs-Aktiengesellschaft Ostendstraße 100 90482 Nürnberg	5426

	Schlüssel-Nr.
Nürnberger Beamten Allgemeine Versicherung Aktiengesellschaft Ostendstraße 100 90482 Nürnberg	5686
ONTOS Versicherung Aktiengesellschaft Rheinlandplatz 41460 Neuss	5791
Optima Versicherungs-Aktiengesellschaft Admiralitätstraße 67 20459 Hamburg	5519
Ostddeutsche Kommunalversicherung auf Gegenseitigkeit Konrad-Wolf-Straße 91/92 13055 Berlin	5786
OVAG-Ostdeutsche Versicherung Aktiengesellschaft Konrad-Wolf-Straße 91/92 13055 Berlin	5787
Patria Versicherung Aktiengesellschaft Riehler Straße 88–90 50668 Köln	5432
Provinzial Brandkasse Versicherungsanstalt Schleswig-Holstein Sophienblatt 33 24114 Kiel	5446
Provinzial Rheinland Versicherung AG Die Versicherung der Sparkassen Provinzialplatz 1 40591 Düsseldorf	5095
Quelle Versicherung Aktiengesellschaft Nürnberger Straße 91–95 90758 Fürth	5562
R + V ALLGEMEINE VERSICHERUNG AKTIENGESELLSCHAFT Taunusstraße 1 65193 Wiesbaden	5438
RHEINLAND Versicherungs-Aktiengesellschaft Rheinlandplatz 41460 Neuss	5798
SAARLAND Feuerversicherung Aktiengesellschaft Mainzer Straße 32–34 66111 Saarbrücken	5773
SCHWARZMEER UND OSTSEE Versicherungs-Aktiengesellschaft SOVAG Schwanenwik 37 22087 Hamburg	5690

	Schlüssel-Nr.
„SCHWEIZER NATIONAL“ VERSICHERUNGS-AKTIENGESELL-SCHAFT IN DEUTSCHLAND Neue Mainzer Straße 1 60311 Frankfurt/Main	5448
SIGNAL Unfallversicherung a.G. Joseph-Scherer-Straße 3 44139 Dortmund	5451
SKANDIA Versicherungs-Aktiengesellschaft, Stockholm Direktion für Deutschland Herr Claus Maurer Siemensstraße 9 63263 Neu-Isenburg	5452
Sparkassen direkt Versicherung AG Kölner Landstraße 33 40591 Düsseldorf	5051
Sparkassen-Versicherung Sachsen Allgemeine Versicherung Aktiengesellschaft An der Flutrinne 12 01139 Dresden	5781
SUN ALLIANCE AND LONDON INSURANCE plc. London, England Niederlassung für Deutschland Am Wall 121 28195 Bremen	5565
SV Sparkassen-Versicherung Gebäudeversicherung Baden-Württemberg Aktiengesellschaft Schloßstraße 22 70174 Stuttgart	5036
SV Sparkassen Versicherung Öffentliche Versicherungsanstalt Hessen-Nassau-Thüringen Bahnhofstraße 69 65185 Wiesbaden	5385
THURINGIA Generali Versicherungs-Aktiengesellschaft Adenauerring 7 81737 München	5456
Uelzener Allgemeine Versicherungs-Gesellschaft a.G. Veerßerstraße 67 29525 Uelzen	5459
United Services Automobile Association, San Antonio, Texas/USA Direktion für Deutschland Herr Martin Göller Bockenheimer Landstraße 94–96 60323 Frankfurt/Main	5462
uniVersa Allgemeine Versicherung AG Sulzbacher Straße 1–7 90489 Nürnberg	5463

Versicherer	Schlüssel-Nr.
Vereinte Spezial Versicherung AG Königinstraße 28 80802 München	5441
Versicherungskammer Bayern Versicherungsanstalt des öffentlichen Rechts Maximilianstraße 53 80538 München	5042
Versicherungsverband Deutscher Eisenbahnen Versicherungsverein auf Gegenseitigkeit Breite Straße 147–151 50667 Köln	5468
VHV Allgemeine Versicherung AG Constantinstraße 40 30177 Hannover	5862
VICTORIA Versicherung Aktiengesellschaft Hans-Böckler-Straße 38 40476 Düsseldorf	5472
Volksfürsorge Deutsche Sachversicherung Aktiengesellschaft Besenbinderhof 43 20097 Hamburg	5473
VOLKSWOHL-BUND SACHVERSICHERUNG AKTIENGESELLSCHAFT Südwall 37–41 44137 Dortmund	5484
Westfälische Provinzial Versicherung AG Provinzial-Allee 1 48159 Münster	5093
WGV-SCHWÄBISCHE ALLGEMEINE VERSICHERUNG AKTIENGESELLSCHAFT Tübinger Straße 43 70178 Stuttgart	5525
Winterthur International (Deutschland) Versicherung Aktiengesellschaft Adenauerring 9 81737 München	5060
Winterthur International Insurance Company Ltd. Niederlassung für Deutschland Adenauerring 9 81737 München	5088
Württembergische Gemeinde-Versicherung a.G. Tübinger Straße 43 70178 Stuttgart	5479
Württembergische und Badische Versicherungs-Aktiengesellschaft Karlstraße 68–72 74076 Heilbronn	5480

	Schlüssel-Nr.
Württembergische Versicherung Aktiengesellschaft Gutenbergstraße 30 70176 Stuttgart	5783
WWK Allgemeine Versicherung Aktiengesellschaft Marsstraße 42 80335 München	5476
Zürich Agrippina Versicherung Aktiengesellschaft Zürich-Haus am Opernplatz 60252 Frankfurt/Main	5050
„Zürich" Versicherungs-Gesellschaft, Zürich Direktion für Deutschland Herr Dr. Axel Lehmann Zürich-Haus am Opernplatz 60252 Frankfurt/Main	5483

1.2. Unter Landesaufsicht stehende Kraftfahrt-Versicherer

	Schlüssel-Nr.
Gemeinnützige Haftpflicht-Versicherungsanstalt der land- und forstwirtschaftlichen Berufsgenossenschaft Darmstadt Bartningstraße 57 64289 Darmstadt	8609
Haftpflichtversicherungsanstalt der Braunschweigischen landwirtschaftlichen Berufsgenossenschaft Bruchtorwall 13 38100 Braunschweig	8612
Lippische Landes-Brandversicherungsanstalt Simon-August-Straße 2 32756 Detmold	0505
Öffentliche Feuerversicherung Sachsen-Anhalt (ÖSA) Am alten Theater 7 39104 Magdeburg	0522
Öffentliche Landesbrandkasse Versicherungen Oldenburg Moslestraße 1 26122 Oldenburg	0506
Öffentliche Sachversicherung Braunschweig Theodor-Heuss-Straße 10 38122 Braunschweig	0501
Westfälische Provinzialversicherungen Provinzial-Allee 1 48159 Münster	0509

2. Kraftfahrt-Haftpflichtversicherer, die nicht in der Bundesrepublik Deutschland, sondern in einem anderen Mitgliedstaat der EU ihren Sitz oder ihre Niederlassung haben und in der Bundesrepublik Deutschland einen Vertreter bestellt haben

	Schlüssel-Nr.	Schadensregulierungsrepräsentant/Vertreter
AIG Europe N.V. Postbus 8606 3009 AP Rotterdam Niederlande	7066	AIG Europe Direktion für Deutschland Oberlindau 76–78 60323 Frankfurt/Main
ARISA ASSURANCES S.A. Godbell Center 5, Rue Eug`ne Ruppert, B.P. 3501 1030 Luxembourg Luxemburg	7366	ADAC-Schutzbrief Versicherungs-AG Am Westpark 8 81373 München
Ace Insurance Company S.A.-N.V. Avenue des Nerviens 9–31 Bte. 7 1040 Bruxelles-Brussel Belgien	7044	GCM GmbH – Gielisch Claims Management – Ringstrasse 9–11 50996 Köln
Euro Insurances Limited Floor 2 Block C, Central Park Dublin 18 Irland	7641	Büro H.A. Van Ameyde AG Weinsbergstraße 190 50825 Köln
Generali Belgium Compagnie d'assurances S.A. Tour Louise avenue Louise 149 Bte 1 1050 Bruxelles Belgien	7032	Generali Lloyd Versicherung Aktiengesellschaft Sonnenstraße 31 80331 München
Great Lakes Reinsurance (UK) plc 1, Minister Court, Mark Lane London EC3R 7AA Großbritannien	7580	Büro H.A. Van Ameyde AG Weinsbergstr. 190 50825 Köln
Ineas Insurance Company N.V. Entrada 123 1096 EB Amsterdam Niederlande	7587	Internationales Schadensregulierungsbüro (ISB) Dr. K. Jacobs GmbH Boxgraben 38 52064 Aachen
MACIF Direction Générale 2 et 4, rue de Pied de Fond 79037 Niort Cedex 09 Frankreich	7502	HUK Coburg Geschäftsführer Herr Peter Hoenen Bahnhofsplatz 96444 Coburg
Probus Insurance Company Europe Limited c/o AIG Centre North Wall Quay Dublin 1 Irland	7455	Herr Rainer Krause Ginnheimer Straße 4 65760 Eschborn

	Schlüssel-Nr.	Schadensregulierungs-repräsentant/Vertreter
QBE Insurance (Europe) Limited Corn Exchange 55 Mark Lane London ECR 7 NE Großbritannien	7159	CORIS Ohmstraße 3 80802 München
The Proctor & Gamble International Insurance Company Limited Marsh Management Services (Dublin) Ltd. 5th Floor, 25–26 Adelaide Road Dublin 2 Irland	7728	Hahnenberger Risk & Service Management GmbH Darmstädter Landstraße 199 60598 Frankfurt/Main
To the board of management LLOYD'S OF LONDON One Lime Street London EC 3 M 7 HA Großbritannien	7007	Büro H.A. Van Ameyde AG Weinsbergstraße 190 50825 Köln
		Für Angehörige der in Deutschland stationierten US-Nato-Truppen:
		Atlantic Trust Insurance Brokers GmbH Schillerstraße 14 66482 Zweibrücken
UPS International Insurance Limited c/o Marsh Management Services (Dublin) Limited 5th Floor, 25–28 Adelaide Road Dublin 2 Irland	7754	Crawford & Company Deutschland Kaiser-Wilhelm-Ring 50672 Köln
USAA Ltd. Incorporated Company Limited by shares 7th Floor, Dashwood House 69 Old Broad Street London EC2M 1NP Großbritannien	7259	United Services Automobile Association Direktion für Deutschland Bockenheimer Landstraße 94–96 60323 Frankfurt/Main
VAV Versicherung-Aktiengesellschaft Münzgasse 6 1030 Wien Österreich	7258	VHV Autoversicherungs-Aktiengesellschaft Zweigniederlassung München Paul-Heyse-Straße 38 80336 München
Wiener Städtische Allgemeine Versicherung Aktiengesellschaft Post 80 Ringturm 1011 Wien Österreich	7251	Württembergische Versicherung AG Gutenbergstraße 30 70163 Stuttgart

615. Verordnung über den Versicherungsschutz in der Kraftfahrzeug-Haftpflichtversicherung (Kraftfahrzeug-Pflichtversicherungsverordnung – KfzPflVV)

Vom 29. Juli 1994
(BGBl. I S. 1837)

FNA 925-1-5

geänd. durch Art. 4 des Pflichtversicherungsrechts-ÄnderungsG v. 10.7.2002 (BGBl. I S. 2586), Art. 6 Zweites G zur Änd. d. PflichtversicherungsG und and. versicherungsrechtl. Vorschriften v. 10.12.2007 (BGBl. I S. 2833), Art. 2 VO z. Anp. der Mindestversicherungssummen und z. Änd. der Kraftfahrzeug-Pflichtversicherungsverordnung v. 6.12.2011 (BGBl. I S. 2628) und Art. 5 VO zur Änd. der Fahrzeug-Zulassungsverordnung, anderer straßenverkehrsrechtlicher Vorschriften und der Kraftfahrzeug-Pflichtversicherungsverordnung v. 13.1.2012 (BGBl. I S. 103)

Auf Grund des § 4 Abs. 1 des Pflichtversicherungsgesetzes[1] vom 5. April 1965 (BGBl. I S. 213), der durch Artikel 5 Nr. 1 des Gesetzes vom 21. Juli 1994 (BGBl. I S. 1630) neu gefaßt worden ist, verordnet das Bundesministerium der Justiz im Einvernehmen mit dem Bundesministerium der Finanzen und dem Bundesministerium für Verkehr:

§ 1 [Räumlicher Umfang des Versicherungsschutzes; Beginn und Ende] (1) [1] Die Kraftfahrzeug-Haftpflichtversicherung hat Versicherungsschutz in Europa sowie in den außereuropäischen Gebieten, die zum Geltungsbereich des Vertrages über die Europäische Wirtschaftsgemeinschaft gehören, in der Höhe zu gewähren, die in dem jeweiligen Land gesetzlich vorgeschrieben ist, mindestens jedoch in der in Deutschland vorgeschriebenen Höhe. [2] Wird eine Erweiterung des räumlichen Geltungsbereichs des Versicherungsschutzes vereinbart, gilt Satz 1 entsprechend.

(2) Beginn und Ende des Versicherungsschutzes bestimmen sich nach den §§ 187 und 188 des Bürgerlichen Gesetzbuchs[2].

§ 2 [Sachlicher Umfang des Versicherungsschutzes] (1) Die Versicherung hat die Befriedigung begründeter und die Abwehr unbegründeter Schadensersatzansprüche zu umfassen, die auf Grund gesetzlicher Haftpflichtbestimmungen privatrechtlichen Inhalts gegen den Versicherungsnehmer oder mitversicherte Personen erhoben werden, wenn durch den Gebrauch des versicherten Fahrzeugs

1. Personen verletzt oder getötet worden sind,
2. Sachen beschädigt oder zerstört worden oder abhanden gekommen sind oder
3. Vermögensschäden herbeigeführt worden sind, die weder mit einem Personen- noch mit einem Sachschaden mittelbar oder unmittelbar zusammenhängen.

---

[1] Nr. **600**.
[2] Nr. **650**.

(2) Mitversicherte Personen sind

1. der Halter,
2. der Eigentümer,
3. der Fahrer,
4. Beifahrer, das heißt Personen, die im Rahmen ihres Arbeitsverhältnisses zum Versicherungsnehmer oder Halter den berechtigten Fahrer zu seiner Ablösung oder zur Vornahme von Lade- und Hilfsarbeiten nicht nur gelegentlich begleiten,
5. Omnibusschaffner, soweit sie im Rahmen ihres Arbeitsverhältnisses zum Versicherungsnehmer oder Halter tätig werden,
6. Arbeitgeber oder öffentlicher Dienstherr des Versicherungsnehmers, wenn das versicherte Fahrzeug mit Zustimmung des Versicherungsnehmers für dienstliche Zwecke gebraucht wird.

(3) Mitversicherten Personen ist das Recht auf selbständige Geltendmachung ihrer Ansprüche einzuräumen.

§ 3[1)] [Schäden durch Anhänger, Auflieger oder geschleppte Fahrzeuge] [1] Die Versicherung eines Kraftfahrzeugs hat auch die Haftung für Schäden zu umfassen, die durch einen Anhänger oder Auflieger verursacht werden, der mit dem Kraftfahrzeug verbunden ist oder sich während des Gebrauchs von diesem löst und sich noch in Bewegung befindet. [2] Das Gleiche gilt für die Haftung für Schäden, die verursacht werden durch geschleppte und abgeschleppte Fahrzeuge, für die kein Haftpflichtversicherungsschutz besteht.

§ 4 [Ausschließbare Ersatzansprüche] Von der Versicherung kann die Haftung nur ausgeschlossen werden

1. für Ersatzansprüche des Versicherungsnehmers, Halters oder Eigentümers gegen mitversicherte Personen wegen Sach- oder Vermögensschäden;
2. für Ersatzansprüche wegen Beschädigung, Zerstörung oder Abhandenkommens des versicherten Fahrzeugs mit Ausnahme der Beschädigung betriebsunfähiger Fahrzeuge beim nicht gewerbsmäßigen Abschleppen im Rahmen üblicher Hilfeleistung;
3. für Ersatzansprüche wegen Beschädigung, Zerstörung oder Abhandenkommens von mit dem versicherten Fahrzeug beförderten Sachen mit Ausnahme jener, die mit Willen des Halters beförderte Personen üblicherweise mit sich führen oder, sofern die Fahrt überwiegend der Personenbeförderung dient, als Gegenstände des persönlichen Bedarfs mit sich führen;
4. für Ersatzansprüche aus der Verwendung des Fahrzeugs bei behördlich genehmigten kraftfahrt-sportlichen Veranstaltungen, bei denen es auf die Erzielung einer Höchstgeschwindigkeit ankommt oder den dazugehörigen Übungsfahrten;
5. für Ersatzansprüche wegen Vermögensschäden durch die Nichteinhaltung von Liefer- und Beförderungsfristen;
6. für Ersatzansprüche wegen Schäden durch Kernenergie.

---

1) § 3 Abs. 2 aufgeh. mWv 1.1.2003 durch G v. 10.7.2002 (BGBl. I S. 2586).

§ 5[1] **[Obliegenheiten vor dem Versicherungsfall]** (1) Als Obliegenheiten vor Eintritt des Versicherungsfalls können nur vereinbart werden die Verpflichtung,

1. das Fahrzeug zu keinem anderen als dem im Versicherungsvertrag angegebenen Zweck zu verwenden;
2. das Fahrzeug nicht zu behördlich nicht genehmigten Fahrveranstaltungen zu verwenden, bei denen es auf die Erzielung einer Höchstgeschwindigkeit ankommt;
3. das Fahrzeug nicht unberechtigt zu gebrauchen oder wissentlich gebrauchen zu lassen;
4. das Fahrzeug nicht auf öffentlichen Wegen und Plätzen zu benutzen oder benutzen zu lassen, wenn der Fahrer nicht die vorgeschriebene Fahrerlaubnis hat;
5. das Fahrzeug nicht zu führen oder führen zu lassen, wenn der Fahrer infolge des Genusses alkoholischer Getränke oder anderer berauschender Mittel dazu nicht sicher in der Lage ist;
6. ein mit einem Wechselkennzeichen zugelassenes Fahrzeug nicht auf öffentlichen Wegen oder Plätzen zu benutzen oder benutzen zu lassen, wenn es das nach § 8 Absatz 1a der Fahrzeug-Zulassungsverordnung[2] vorgeschriebene Wechselkennzeichen nicht vollständig trägt.

(2) [1] Gegenüber dem Versicherungsnehmer, dem Halter oder Eigentümer befreit eine Obliegenheitsverletzung nach Absatz 1 Nr. 3 bis 5 den Versicherer nur dann von der Leistungspflicht, wenn der Versicherungsnehmer, der Halter oder der Eigentümer die Obliegenheitsverletzung selbst begangen oder schuldhaft ermöglicht hat. [2] Eine Obliegenheitsverletzung nach Absatz 1 Nr. 5 befreit den Versicherer nicht von der Leistungspflicht, soweit der Versicherungsnehmer, Halter oder Eigentümer durch den Versicherungsfall als Fahrzeuginsasse, der das Fahrzeug nicht geführt hat, geschädigt wurde.

(3) [1] Bei Verletzung einer nach Absatz 1 vereinbarten Obliegenheit oder wegen Gefahrerhöhung ist die Leistungsfreiheit des Versicherers gegenüber dem Versicherungsnehmer und den mitversicherten Personen auf den Betrag von höchstens je 5 000 Euro beschränkt. [2] Satz 1 gilt nicht gegenüber einem Fahrer, der das Fahrzeug durch eine strafbare Handlung erlangt hat.

§ 6[3] **[Obliegenheiten nach dem Versicherungsfall]** (1) Wegen einer nach Eintritt des Versicherungsfalls vorsätzlich oder grob fahrlässig begangenen Obliegenheitsverletzung ist die Leistungsfreiheit des Versicherers dem Versicherungsnehmer gegenüber vorbehaltlich der Absätze 2 und 3 auf einen Betrag von höchstens 2 500 Euro beschränkt; die Beweislast für das Nichtvorliegen einer groben Fahrlässigkeit trägt der Versicherungsnehmer.

(2) Soweit eine grob fahrlässig begangene Obliegenheitsverletzung weder Einfluß auf die Feststellung des Versicherungsfalles noch auf die Feststellung

---

[1] § 5 Abs. 3 Satz 1 geänd. mWv 1.1.2003 durch G v. 10.7.2002 (BGBl. I S. 2586); Abs. 2 Satz 2 angef. mWv 18.12.2007 durch G v. 10.12.2007 (BGBl. I S. 2833); Abs. 1 Nr. 5 geänd., Nr. 6 angef. mWv 1.7.2012 durch VO v. 13.1.2012 (BGBl. I S. 103).

[2] Nr. **250**.

[3] § 6 Abs. 1 und 3 geänd. mWv 1.1.2003 durch G v. 10.7.2002 (BGBl. I S. 2586); Abs. 1 geänd. mWv 1.1.2012 durch VO v. 6.12.2011 (BGBl. I S. 2628).

oder den Umfang der dem Versicherer obliegenden Leistung gehabt hat, bleibt der Versicherer zur Leistung verpflichtet.

(3) Bei besonders schwerwiegender vorsätzlich begangener Verletzung der Aufklärungs- oder Schadensminderungspflichten ist die Leistungsfreiheit des Versicherers auf höchstens 5 000 Euro beschränkt.

§ 7 [Absichtliche Obliegenheitsverletzung] [1] Wird eine Obliegenheitsverletzung in der Absicht begangen, sich oder einem Dritten dadurch einen rechtswidrigen Vermögensvorteil zu verschaffen, ist die Leistungsfreiheit hinsichtlich des erlangten rechtswidrigen Vermögensvorteils unbeschränkt. [2] Gleiches gilt hinsichtlich des Mehrbetrages, wenn der Versicherungsnehmer vorsätzlich oder grob fahrlässig einen Anspruch ganz oder teilweise unberechtigt anerkennt oder befriedigt, eine Anzeigepflicht verletzt oder bei einem Rechtsstreit dem Versicherer nicht dessen Führung überläßt.

§ 8[1)] [Rentenzahlungen] (1) [1] Hat der Versicherungsnehmer an den Geschädigten Rentenzahlungen zu leisten und übersteigt der Kapitalwert der Rente die Versicherungssumme oder den nach Abzug etwaiger sonstiger Leistungen aus dem Versicherungsfall noch verbleibenden Restbetrag der Versicherungssumme, so muß die zu leistende Rente nur im Verhältnis der Versicherungssumme oder ihres Restbetrages zum Kapitalwert der Rente erstattet werden. [2] Der Rentenwert ist auf Grund einer von der Versicherungsaufsichtsbehörde entwickelten oder anerkannten Sterbetafel und unter Zugrundelegung des Rechnungszinses, der die tatsächlichen Kapitalmarktzinsen in der Bundesrepublik Deutschland berücksichtigt, zu berechnen. [3] Hierbei ist der arithmetische Mittelwert über die jeweils letzten zehn Jahre der Umlaufrenditen der öffentlichen Hand, wie sie von der Deutschen Bundesbank veröffentlicht werden, zugrunde zu legen. [4] Nachträgliche Erhöhungen oder Ermäßigungen der Rente sind zum Zeitpunkt des ursprünglichen Rentenbeginns mit dem Barwert einer aufgeschobenen Rente nach der genannten Rechnungsgrundlage zu berechnen.

(2) Für die Berechnung von Waisenrenten kann das 18. Lebensjahr als frühestes Endalter vereinbart werden.

(3) Für die Berechnung von Geschädigtenrenten kann bei unselbständig Tätigen das vollendete 65. Lebensjahr als Endalter vereinbart werden, sofern nicht durch Urteil, Vergleich oder eine andere Festlegung etwas anderes bestimmt ist oder sich die der Festlegung zugrunde gelegten Umstände ändern.

(4) Bei der Berechnung des Betrages, mit dem sich der Versicherungsnehmer an laufenden Rentenzahlungen beteiligen muß, wenn der Kapitalwert der Rente die Versicherungssumme oder die nach Abzug sonstiger Leistungen verbleibende Restversicherungssumme übersteigt, können die sonstigen Leistungen mit ihrem vollen Betrag von der Versicherungssumme abgesetzt werden.

---

1) § 8 Abs. 1 Satz 2 neu gef. mWv 1.1.2003 durch G v. 10.7.2002 (BGBl. I S. 2586).

§ 9 [Vorläufiger Deckungsschutz] [1] Sagt der Versicherer durch Aushändigung der zur behördlichen Zulassung notwendigen Versicherungsbestätigung vorläufigen Deckungsschutz zu, so ist vorläufiger Deckungsschutz vom Zeitpunkt der behördlichen Zulassung des Fahrzeuges oder bei einem zugelassenen Fahrzeug vom Zeitpunkt der Einreichung der Versicherungsbestätigung bei der Zulassungsstelle an bis zur Einlösung des Versicherungsscheins zu gewähren. [2] Sofern er den Versicherungsnehmer schriftlich darüber belehrt, kann sich der Versicherer vorbehalten, daß die vorläufige Deckung rückwirkend außer Kraft tritt, wenn bei einem unverändert angenommenen Versicherungsantrag der Versicherungsschein nicht binnen einer im Versicherungsvertrag bestimmten, mindestens zweiwöchigen Frist eingelöst wird und der Versicherungsnehmer die Verspätung zu vertreten hat.

§ 10 [Anwendung von Änderungen] Änderungen dieser Verordnung und Änderungen der Mindesthöhe der Versicherungssumme finden auf bestehende Versicherungsverhältnisse von dem Zeitpunkt an Anwendung, zu dem die Änderungen in Kraft treten.

§ 11 [Inkrafttreten] Diese Verordnung tritt am Tage nach der Verkündung[1] in Kraft.

---

[1] Verkündet am 3.8.1994.

620. Gesetz über die Haftpflichtversicherung für ausländische Kraftfahrzeuge und Kraftfahrzeuganhänger[1)]

Vom 24. Juli 1956
(BGBl. I S. 667)

BGBl. III/FNA 925-2

geänd. durch Art. 5 Nr. 2 Zweites Gesetz zur Sicherung des Straßenverkehrs v. 26.11.1964 (BGBl. I S. 921), Art. 3 Gesetz zur Änderung von Vorschriften über die Pflichtversicherung für Kraftfahrzeughalter v. 5.4.1965 (BGBl. I S. 213), Art. 140 Einführungsgesetz zum Gesetz über Ordnungswidrigkeiten v. 24.5.1968 (BGBl. I S. 503), Art. 270 Einführungsgesetz zum Strafgesetzbuch v. 2.3. 1974 (BGBl. I S. 469), Art. 7 Zuständigkeitsanpassungs-Gesetz v. 18.3.1975 (BGBl. I S. 705), Art. 6 Drittes Gesetz zur Durchführung versicherungsrechtlicher Richtlinien des Rates der Europäischen Gemeinschaften (Drittes Durchführungsgesetz/EWG zum VAG) v. 21.7.1994 (BGBl. I S. 1630, ber. S. 3134), Art. 253 Siebente Zuständigkeitsanpassungs-VO v. 29.10.2001 (BGBl. I S. 2785, ber. 2002 S. 2972), Art. 297 Neunte ZuständigkeitsanpassungsVO v. 31.10.2006 (BGBl. I S. 2407, ber. 2007 S. 2149), Art. 4 G zur Änd. versicherungsrechtlicher Vorschriften v. 24.4.2013 (BGBl. I S. 932) und Art. 496 Zehnte ZuständigkeitsanpassungsVO v. 31.8.2015 (BGBl. I S. 1474)

Der Bundestag hat mit Zustimmung des Bundesrates das folgende Gesetz beschlossen:

§ 1 Notwendigkeit und Nachweis des Versicherungsschutzes.

(1) Kraftfahrzeuge (auch Fahrräder mit Hilfsmotor) und Kraftfahrzeuganhänger, die im Inland keinen regelmäßigen Standort haben, dürfen im Geltungsbereich dieses Gesetzes auf öffentlichen Straßen oder Plätzen nur gebraucht werden, wenn für den Halter, den Eigentümer und den Führer zur Deckung der durch den Gebrauch verursachten Personen- und Sachschäden eine Haftpflichtversicherung nach den §§ 2 bis 6 besteht.

(2) [1] Der Führer des Fahrzeugs hat eine Bescheinigung des Versicherers über die Haftpflichtversicherung (Versicherungsbescheinigung) mitzuführen.[2)] [2] Sie ist auf Verlangen den zuständigen Beamten zur Prüfung auszuhändigen. [3] § 8a bleibt unberührt.

(3) Besteht keine diesem Gesetz entsprechende Haftpflichtversicherung oder führt der Führer des Fahrzeugs die erforderliche Versicherungsbescheinigung nicht mit, so darf der Halter des Fahrzeugs nicht anordnen oder zulassen, daß das Fahrzeug im Geltungsbereich dieses Gesetzes auf öffentlichen Straßen oder Plätzen gebraucht wird.

(4) [1] Fehlt bei der Einreise eines Fahrzeugs die erforderliche Versicherungsbescheinigung, so müssen es die Grenzzollstellen zurückweisen. [2] Stellt sich der Mangel während des Gebrauchs heraus, so kann das Fahrzeug sichergestellt werden, bis die Bescheinigung vorgelegt wird.

[1)] Änderungen vor dem 1.1.2000 sind nicht in Fußnoten nachgewiesen.

[2)] Die Versicherungsbescheinigung ist nicht erforderlich in den Fällen des § 8a Abs. 2, vgl. die Fußnote dort.

(5) Die Absätze 1 bis 4 gelten nicht für die Fahrzeuge der ausländischen Streitkräfte, die zum Aufenthalt im Geltungsbereich dieses Gesetzes befugt sind.

§ 2 Zugelassene Versicherer. (1) Die Haftpflichtversicherung kann genommen werden

a) bei einem im Geltungsbereich dieses Gesetzes zum Geschäftsbetrieb befugten Versicherer,

b) bei einem anderen Versicherer nur dann, wenn neben ihm ein im Geltungsbereich dieses Gesetzes zum Geschäftsbetrieb befugter Versicherer oder ein Verband solcher Versicherer die Pflichten eines Haftpflichtversicherers nach den folgenden Vorschriften übernimmt.

(2) [1] Für die Zwecke dieses Gesetzes können sich Versicherer, die im Geltungsbereich dieses Gesetzes die Kraftfahrzeughaftpflichtversicherung betreiben, zu einer Versicherergemeinschaft zusammenschließen. [2] Die Satzung der Versicherergemeinschaft bedarf der Genehmigung des Bundesaufsichtsamts für das Versicherungs- und Bausparwesen.

§ 3 Pflicht der Versicherer zum Vertragsschluß. (1) Die Versicherer, die im Geltungsbereich dieses Gesetzes zum Abschluß von Verträgen über die Haftpflichtversicherung für Kraftfahrzeuge und Anhänger befugt sind, haben den Haltern, den Eigentümern und Führern der in § 1 genannten Fahrzeuge nach den gesetzlichen Bestimmungen Versicherung gegen Haftpflicht zu gewähren.

(2) Der Versicherer darf den Antrag auf Abschluß eines Versicherungsvertrags nur ablehnen, wenn sachliche oder örtliche Beschränkungen im Geschäftsplan des Versicherers dem Abschluß entgegenstehen oder wenn der Antragsteller bei dem Versicherer bereits versichert war und dieser

a) den Versicherungsvertrag wegen Drohung oder arglistiger Täuschung angefochten hat oder

b) vom Versicherungsvertrag wegen Verletzung der vorvertraglichen Anzeigepflicht oder wegen Nichtzahlung der ersten Prämie zurückgetreten ist oder

c) den Versicherungsvertrag wegen Prämienverzugs oder nach Eintritt eines Versicherungsfalls gekündigt hat.

§ 4[1)] [Versicherungsbedingungen und Mindestversicherungssummen] Der Versicherungsvertrag nach § 3 muß den für die Versicherung von Kraftfahrzeugen und Anhängern mit regelmäßigem Standort im Inland geltenden gesetzlichen Bestimmungen über Inhalt und Umfang des Versicherungsschutzes sowie über die Mindestversicherungssummen entsprechen.

§ 5 Befristung der Versicherungsbescheinigung, Vorauszahlung der Prämie. [1] Der Versicherer kann die Geltung der Versicherungsbescheinigung (§ 1) befristen und die Aushändigung von der Zahlung der Prämie für den angegebenen Zeitraum abhängig machen. [2] Wird die Geltung nicht befristet, so kann der Versicherer die Aushändigung von der Zahlung der ersten Prämie abhängig machen.

[1)] § 4 neu gef. durch G v. 21.7.1994 (BGBl. I S. 1630).

§ 6[1)] Haftung in Ansehung von Dritten. (1) § 3 des Pflichtversicherungsgesetzes[2)] und die §§ 115, 116, 117 Absatz 1, die §§ 119, 120 und 124 Absatz 1 und 2 des Versicherungsvertragsgesetzes[3)] finden Anwendung.

(2) [1] Ein Umstand, der das Nichtbestehen oder die Beendigung des Versicherungsverhältnisses zur Folge hat, kann dem Anspruch des Dritten nach § 115 Absatz 1 Satz 1 des Versicherungsvertragsgesetzes nur entgegengehalten werden, wenn er aus der Versicherungsbescheinigung ersichtlich oder wenn die Versicherungsbescheinigung dem Versicherer zurückgegeben worden ist. [2] Weiterhin muß, wenn das Versicherungsverhältnis durch Zeitablauf beendet oder die Versicherungsbescheinigung dem Versicherer zurückgegeben worden ist, zwischen dem in der Versicherungsbescheinigung angegebenen Zeitpunkt der Beendigung des Versicherungsverhältnisses oder dem Zeitpunkt der Rückgabe der Versicherungsbescheinigung und dem Schadensereignis eine Frist von fünf Monaten, im Falle einer Gesamtlaufzeit des Versicherungsverhältnisses von weniger als zehn Tagen eine Frist von fünf Wochen verstrichen sein.

§ 7[4)] Durchführungsbestimmungen. Zur Durchführung der §§ 1 bis 5 können erlassen

a) das Bundesministerium für Verkehr und digitale Infrastruktur mit Zustimmung des Bundesrates Rechtsverordnungen über den Inhalt und die Prüfung der Versicherungsbescheinigungen und die beim Fehlen der Bescheinigung nötigen Sicherungsmaßnahmen,

b) das Bundesministerium der Finanzen ohne Zustimmung des Bundesrates Rechtsverordnungen über die Maßnahmen der Versicherer zur Gewährleistung der Möglichkeit, Versicherungsverträge nach diesem Gesetz zu schließen,

c) das Bundesministerium für Verkehr und digitale Infrastruktur mit Zustimmung des Bundesrates allgemeine Verwaltungsvorschriften.

§ 7a[5)] Erfordernis erweiterten Versicherungsschutzes. [1] Zur Erfüllung völkerrechtlicher Verpflichtungen oder zur Durchführung von Rechtsakten des Rates oder der Kommission der Europäischen Gemeinschaften wird das Bundesministerium für Verkehr und digitale Infrastruktur ermächtigt, für Fahrzeuge ohne regelmäßigen Standort im Geltungsbereich dieses Gesetzes durch Rechtsverordnung ohne Zustimmung des Bundesrates nach Anhörung der obersten Landesbehörden zu bestimmen, daß sie auf öffentlichen Straßen oder Plätzen im Geltungsbereich dieses Gesetzes nur gebraucht werden dürfen und ihnen die Einreise hierhin nur gestattet werden darf, wenn die durch das Fahrzeug verursachten Schäden in allen Staaten, in die das Fahrzeug ohne

---

[1)] § 6 Abs. 1 neu gef., Abs. 2 Satz 1 geänd. mWv 1.5.2013 durch G v. 24.4.2013 (BGBl. I S. 932).

[2)] Nr. **600**.

[3)] Nr. **640**.

[4)] § 7 Buchst a, b und c geänd. mWv 7.11.2001 durch VO v. 29.10.2001 (BGBl. I S. 2785); Buchst. a geänd. mWv 8.11.2006 durch VO v. 31.10.2006 (BGBl. I S. 2407); Buchst. a und c geänd. mWv 8.9.2015 durch VO v. 31.8.2015 (BGBl. I S. 1474).

[5)] § 7a Satz 1 geänd. mWv 7.11.2001 durch VO v. 29.10.2001 (BGBl. I S. 2785); Satz 1 geänd. mWv 8.11.2006 durch VO v. 31.10.2006 (BGBl. I S. 2407); Satz 1 geänd. mWv 8.9.2015 durch VO v. 31.8.2015 (BGBl. I S. 1474).

die Kontrolle einer Versicherungsbescheinigung weiterreisen kann, nach den dort geltenden Vorschriften gedeckt sind. [2] Die Rechtsverordnung kann auch Vorschriften über den Abschluß der Haftpflichtversicherung, deren Nachweis durch eine Versicherungsbescheinigung, den Inhalt und die Prüfung der Versicherungsbescheinigung und die beim Fehlen der erforderlichen Bescheinigung nötigen Sicherungsmaßnahmen enthalten.

§ 8[1)] Ausnahmen. (1) Zur Pflege der Beziehungen mit dem Ausland kann das Bundesministerium für Verkehr und digitale Infrastruktur Einzelausnahmen von diesem Gesetz oder den auf § 7 Buchstabe a beruhenden Rechtsverordnungen genehmigen, wenn die Entschädigung der Verkehrsopfer gewährleistet bleibt.

(2) Zur Pflege der Beziehungen mit dem Ausland, zur Erfüllung völkerrechtlicher Verpflichtungen oder zur Durchführung von Rechtsakten des Rates oder der Kommission der Europäischen Gemeinschaften kann das Bundesministerium für Verkehr und digitale Infrastruktur unter derselben Voraussetzung durch Rechtsverordnung ohne Zustimmung des Bundesrates nach Anhörung der obersten Landesbehörden allgemeine Ausnahmen von § 1 Abs. 1 bis 4 oder von den Vorschriften über den Inhalt von Versicherungsbescheinigungen genehmigen.

§ 8a[2)] Wegfall des Erfordernisses der Versicherungsbescheinigung.

(1) Hat für die Fahrzeuge, die bei der Einreise das vorgeschriebene Kennzeichen eines bestimmten ausländischen Gebietes führen, ein im Geltungsbereich dieses Gesetzes zum Geschäftsbetrieb befugter Versicherer oder ein Verband solcher Versicherer die Pflichten eines Haftpflichtversicherers nach den Vorschriften dieses Gesetzes übernommen, so kann das Bundesministerium für Verkehr und digitale Infrastruktur durch Rechtsverordnung ohne Zustimmung des Bundesrates nach Anhörung der obersten Landesbehörden bestimmen, daß für die das vorgeschriebene Kennzeichnen dieses Gebietes führenden Fahrzeuge die Ausstellung einer Versicherungsbescheinigung nicht erforderlich ist.[3)]

(2) Ist nach Absatz 1 die Ausstellung einer Versicherungsbescheinigung nicht erforderlich, so kann abweichend von § 6 Abs. 2 ein Umstand, der das Nichtbestehen oder die Beendigung der nach Absatz 1 übernommenen Verpflichtungen zur Folge hat, dem Anspruch des Dritten nach § 3 Nr. 1 des Pflichtversicherungsgesetzes[4)] nicht entgegengehalten werden, wenn sich das

---

[1)] § 8 Abs. 1 und 2 geänd. mWv 7.11.2001 durch VO v. 29.10.2001 (BGBl. I S. 2785); Abs. 1 und 2 geänd. mWv 8.11.2006 durch VO v. 31.10.2006 (BGBl. I S. 2407); Abs. 1 und 2 geänd. mWv 8.9.2015 durch VO v. 31.8.2015 (BGBl. I S. 1474).

[2)] § 8a Abs. 1 geänd. mWv 7.11.2001 durch VO v. 29.10.2001 (BGBl. I S. 2785); Abs. 1 geänd. mWv 8.11.2006 durch VO v. 31.10.2006 (BGBl. I S. 2407); Abs. 1 geänd. mWv 8.9.2015 durch VO v. 31.8.2015 (BGBl. I S. 1474).

[3)] Dies ist bisher geschehen für die Gebiete Österreich, Ungarn, Schweiz, Liechtenstein, Tschechoslowakei und gilt im Wege der Gegenseitigkeit auch entsprechend für deutsche Kraftfahrer, die für diese Gebiete also keine Grüne Versicherungskarte mehr benötigen, vgl. VkBl. 1968 S. 8 Nr. 5. Im Verkehr zwischen den Mitgliedstaaten der EWG ist der Versicherungsnachweis weggefallen nach Maßgabe der DurchführungsVO zur EWG Richtlinie v. 24.4.1972. Dort sind in § 8 des Art. 1 weitere Ausnahmen von der Vorschrift des § 1 Abs. 2 enthalten.

[4)] Nr. **600**.

Fahrzeug im Zeitpunkt des Schadensereignisses mit dem bei der Einreise geführten Kennzeichen im Geltungsbereich dieses Gesetzes befunden hat.

§ 9[1] Straftaten. (1) Wer im Geltungsbereich dieses Gesetzes ein Fahrzeug auf öffentlichen Wegen oder Plätzen gebraucht oder einen solchen Gebrauch gestattet, obwohl für das Fahrzeug das nach § 1 erforderliche Versicherungsverhältnis nicht oder nicht mehr besteht und die Pflichten eines Haftpflichtversicherers auch nicht nach § 2 Abs. 1 Buchstabe b oder § 8a Abs. 1 von einem im Geltungsbereich dieses Gesetzes zum Geschäftsbetrieb befugten Versicherer oder einem Verband solcher Versicherer übernommen worden sind, wird mit Gefängnis bis zu einem Jahr oder mit Geldstrafe bestraft.

(2) Handelt der Täter fahrlässig, so ist die Strafe Freiheitsstrafe bis zu sechs Monaten oder Geldstrafe bis zu einhundertachtzig Tagessätzen.

(3) Ist die Tat vorsätzlich begangen worden, so kann das Fahrzeug eingezogen werden, wenn es dem Täter oder Teilnehmer zur Zeit der Entscheidung gehört.

§ 9a Ordnungswidrigkeiten. (1) Ordnungswidrig handelt, wer vorsätzlich oder fahrlässig

1. als Führer eines Fahrzeugs entgegen § 1 Abs. 2 die erforderliche Versicherungsbescheinigung nicht mit sich führt oder auf Verlangen nicht aushändigt oder als Halter des Fahrzeugs einen solchen Verstoß duldet, oder
2. als Führer oder Halter eines Fahrzeugs einer Vorschrift einer nach § 7 Buchstabe a oder § 7a erlassenen Rechtsverordnung zuwiderhandelt, soweit die Rechtsverordnung für einen bestimmten Tatbestand auf diese Bußgeldvorschrift verweist.

(2) Die Ordnungswidrigkeit kann mit einer Geldbuße geahndet werden.

(3) Verwaltungsbehörde im Sinne des § 36 Abs. 1 Nr. 1 des Gesetzes über Ordnungswidrigkeiten ist die Straßenverkehrsbehörde.

§ 10[2] *(aufgehoben)*

§ 11 Inkrafttreten. Dieses Gesetz tritt am ersten Tage des auf die Verkündung[3] folgenden sechsten Kalendermonats in Kraft.

---

[1] § 9 idF des EGStGB v. 2.3.1974, in Kraft ab 1.1.1975.
[2] § 10 aufgeh. mWv 1.5.2013 durch G v. 24.4.2013 (BGBl. I S. 932).
[3] Verkündet am 27.7.1956.

625. Verordnung über die Kraftfahrzeug-Haftpflichtversicherung ausländischer Kraftfahrzeuge und Kraftfahrzeuganhänger[1)]

Vom 8. Mai 1974
(BGBl. I S. 1062)

FNA 925-5

geänd. durch Erste ÄndVO v. 17.12.1974 (BGBl. I S. 3629), Zweite ÄndVO v. 20.7.1986 (BGBl. I S. 1095), Dritte ÄndVO v. 29.9.1989 (BGBl. I S. 1833), Art. 109 EWR-Ausführungsgesetz v. 27.4.1993 (BGBl. I S. 512), Vierte ÄndVO v. 26.11.1999 (BGBl. I S. 2406), Fünfte ÄndVO v. 11.11.2002 (BGBl. I S. 4408), Sechste ÄndVO v. 11.8.2004 (BGBl. I S. 2157), Art. 7 Zweites G zur Änd. d. PflichtversicherungsG und and. versicherungsrechtl. Vorschriften v. 10.12.2007 (BGBl. I S. 2833), Siebente ÄndVO v. 26.3.2010 (BGBl. I S. 398), Achte ÄndVO v. 30.8.2012 (BGBl. I S. 1888) und Art. 1 Neunte VO zur Änd. der VO über die Kraftfahrzeug-Haftpflichtversicherung ausländischer Kraftfahrzeuge und Kraftfahrzeuganhänger v. 14.11.2019 (BGBl. I S. 1623)

Auf Grund der §§ 7a, 8 Abs. 2 und § 8a Abs. 1 des Gesetzes über die Haftpflichtversicherung für ausländische Kraftfahrzeuge und Kraftfahrzeuganhänger[2)] vom 24. Juli 1956 (Bundesgesetzbl. I S. 667, 1957 S. 368), zuletzt geändert durch das Einführungsgesetz zum Strafgesetzbuch vom 2. März 1974 (Bundesgestzbl. I S. 469), wird nach Anhörung der obersten Landesbehörde verordnet:

Art. 1

Erster Abschnitt.[3)] Wegfall des Versicherungsnachweises bei Fahrzeugen aus den anderen Mitgliedstaaten der Europäischen Union

§ 1[4)] [Wegfall des Versicherungsnachweises] Eine Versicherungsbescheinigung nach § 1 Abs. 2 des Gesetzes über die Haftpflichtversicherung für ausländische Kraftfahrzeuge und Kraftfahrzeuganhänger[2)] ist nicht erforderlich für

1. Kraftfahrzeuge und Kraftfahrzeuganhänger, die ein vorgeschriebenes Kennzeichen aus einem Mitgliedstaat der Europäischen Union führen, unabhängig davon, ob es sich um ein endgültiges oder vorläufiges Kennzeichen handelt;
2. zweirädrige Kraftfahrzeuge (einschließlich Fahrräder mit Hilfsmotor), für die ein Kennzeichen nicht vorgeschrieben ist und deren Führer seinen gesetzlichen Wohnsitz in
   Dänemark (ohne Grönland),
   Finnland,
   Irland oder
   Schweden
   hat;

---

1) Überschr. neu gef. mWv 15.4.2010 durch VO v. 26.3.2010 (BGBl. I S. 398).

2) Nr. **620**.

3) Überschr. 1. Abschn. geänd. mWv 18.12.2007 durch G v. 10.12.2007 (BGBl. I S. 2833).

4) Art. 1 § 1 Nrn. 1 und 2 geänd., Nr. 3 eingef., bish. Nr. 3 wird Nr. 4 durch VO v. 20.7.1986 (BGBl. I S. 1095), Nrn. 1, 2 geänd. durch VO v. 29.9.1989 (BGBl. I S. 1833), Nrn. 1 und 2 geänd. durch VO vom 26.11.1999 (BGBl. I S. 2406); Nr. 1 neu gef. mWv 18.8.2004 durch VO v. 11.8.2004 (BGBl. I S. 2157); Nr.1 geänd. mWv 18.12.2007 durch G v. 10.12.2007 (BGBl. I S. 2833); Nr. 1 neu gef. mWv 23.11.2019 durch VO v. 14.11.2019 (BGBl. I S. 1623).

3. zweirädrige Kraftfahrzeuge (einschließlich Fahrräder mit Hilfsmotor) mit einem Hubraum von nicht mehr als 50 ccm, für die ein Kennzeichen nicht vorgeschrieben ist und deren Führer seinen gesetzlichen Wohnsitz in Spanien hat;
4. Fahrräder mit Hilfsmotor, für die ein Kennzeichen nicht vorgeschrieben ist, die einen Hubraum von nicht mehr als 50 ccm haben und deren Führer seinen gesetzlichen Wohnsitz in Frankreich (ohne Überseegebiete) hat.

§ 2[1)] [Ausnahmen] Die Befreiung nach § 1 Nr. 1 erstreckt sich nicht auf die in der Anlage zu dieser Verordnung aufgeführten Kraftfahrzeuge und Kraftfahrzeuganhänger.

2. Abschnitt. Bestimmungen für Fahrzeuge aus Nicht-EU-Mitgliedstaaten und Nicht-EWR-Vertragsstaaten[2)]

§ 3[3)] Erweiterter Versicherungsschutz für das Gebiet der Mitgliedstaaten der Europäischen Union und für die Gebiete der anderen Vertragsstaaten des Abkommens über den Europäischen Wirtschaftsraum. (1) Kraftfahrzeuge und Kraftfahrzeuganhänger, die in einem anderen Gebiet als dem der Mitgliedstaaten der Europäischen Union oder dem der anderen Vertragsstaaten des Abkommens über den Europäischen Wirtschaftsraum zugelassen sind, dürfen auf öffentlichen Straßen oder Plätzen im Geltungsbereich dieser Verordnung nur gebraucht werden, wenn die durch den Gebrauch des Fahrzeugs verursachten Schäden im gesamten Gebiet der Mitgliedstaaten der Europäischen Union und dem der anderen Vertragsstaaten des Abkommens über den Europäischen Wirtschaftsraum nach den dort jeweils geltenden Vorschriften über die Pflichtversicherung gedeckt sind, soweit das Fahrzeug in die vorgenannten Gebiete ohne Kontrolle eines Versicherungsnachweises weiterreisen kann.

(2) [1] Im Sinne dieser Verordnung steht der Zulassung eines Fahrzeugs gleich die Zuteilung eines Versicherungskennzeichens oder eines dem amtlichen Kennzeichen ähnlichen Unterscheidungszeichens für ein Fahrzeug. [2] Ist für zweirädrige Kraftfahrzeuge weder eine Zulassung noch die Zuteilung eines Versicherungskennzeichens oder eines dem amtlichen Kennzeichen ähnlichen Unterscheidungszeichens vorgeschrieben, so gelten sie in dem Staat oder Gebiet als zugelassen, in dem der Fahrzeugführer seinen gesetzlichen Wohnsitz hat.

(3) Absatz 1 gilt nicht für Fahrzeuge der ausländischen Streitkräfte, die zum Aufenthalt im Geltungsbereich dieser Verordnung befugt sind.

§ 4[4)] Nachweis des EU-Versicherungsschutz. [1] Der Führer des Fahrzeugs hat das Bestehen der Haftpflichtversicherung im Sinne des § 3 durch eine Grüne Internationale Versicherungskarte oder durch eine Bescheinigung über den Abschluß einer Grenzversicherung nachzuweisen. [2] Der Nachweis ist mitzuführen und zuständigen Personen auf Verlangen zur Prüfung auszuhändigen.

---

1) § 2 neu gef. mWv 18.8.2004 durch VO v. 11.8.2004 (BGBl. I S. 2157).
2) Überschr. 2. Abschn. geänd. mWv 18.12.2007 durch G v. 10.12.2007 (BGBl. I S. 2833).
3) § 3 Überschr. geänd., Abs. 1 neu gef. durch G v. 27.4.1993 (BGBl. I S. 512); Überschr. geänd., Abs. 1 neu gef. mWv 18.12.2007 durch G v. 10.12.2007 (BGBl. I S. 2833).
4) § 4 Überschr. geänd. mWv 18.12.2007 durch G v. 10.12.2007 (BGBl. I S. 2833).

§ 5[1]) Abschluß der Grenzversicherung für den EU-Versicherungsschutz.

Für den im Geltungsbereich dieser Verordnung vorgenommenen Abschluß der Grenzversicherung sind die Vorschriften der §§ 2 bis 5 des Gesetzes über die Haftpflichtversicherung für ausländische Kraftfahrzeuge und Kraftfahrzeuganhänger[2]) entsprechend anzuwenden.

§ 6[3]) Verpflichtung des Fahrzeughalters hinsichtlich des EU-Versicherungsschutzes. Besteht keine Haftpflichtversicherung nach § 3 oder führt der Führer des Fahrzeugs die nach § 4 erforderliche Versicherungsbescheinigung nicht mit, so darf der Halter nicht anordnen oder zulassen, daß das Fahrzeug im Geltungsbereich dieser Verordnung auf öffentlichen Straßen oder Plätzen gebraucht wird.

§ 7[4]) Kontrolle. (1) [1] Fehlt die nach § 4 erforderliche Versicherungsbescheinigung bei der Einreise eines Fahrzeugs aus einem anderen Gebiet als dem der Mitgliedstaaten der Europäischen Union oder dem der anderen Vertragsstaaten des Abkommens über den Europäischen Wirtschaftsraum in den Geltungsbereich dieser Verordnung, so müssen die für die Grenzkontrolle zuständigen Personen es zurückweisen. [2] Fehlt die Bescheinigung bei der Einreise aus dem Gebiet eines Mitgliedstaates der Europäischen Union oder aus dem Gebiet eines anderen Vertragsstaates des Abkommens über den Europäischen Wirtschaftsraum, so kann das Fahrzeug zurückgewiesen werden. [3] Stellt sich der Mangel während des Gebrauchs im Geltungsbereich dieser Verordnung heraus, so kann das Fahrzeug sichergestellt werden, bis die Bescheinigung vorgelegt wird.

(2) Fehlt die nach § 1 Abs. 2 des Gesetzes über die Haftpflichtversicherung für ausländische Kraftfahrzeuge und Kraftfahrzeuganhänger[2]) erforderliche Versicherungsbescheinigung bei der Einreise eines Fahrzeugs aus dem Gebiet eines Mitgliedstaats der Europäischen Union oder aus dem Gebiet eines anderen Vertragsstaates des Abkommens über den Europäischen Wirtschaftsraum in den Geltungsbereich dieser Verordnung, so ist § 1 Abs. 4 Satz 1 des Gesetzes über die Haftpflichtversicherung für ausländische Kraftfahrzeuge und Kraftfahrzeuganhänger nur mit der Maßgabe anzuwenden, daß beim Fehlen der erforderlichen Versicherungsbescheinigung die Grenzzollstellen solche Fahrzeuge zurückweisen können.

§ 8[5]) Wegfall des Versicherungsnachweises. (1) Eine Versicherungsbescheinigung nach § 1 Abs. 2 des Gesetzes über die Haftpflichtversicherung für ausländische Kraftfahrzeuge und Kraftfahrzeuganhänger[2]) sowie nach § 4 dieser Verordnung ist nicht erforderlich für

---

[1]) § 5 Überschr. geänd. mWv 18.12.2007 durch G v. 10.12.2007 (BGBl. I S. 2833).

[2]) Nr. **620**.

[3]) § 6 Überschr. geänd. mWv 18.12.2007 durch G v. 10.12.2007 (BGBl. I S. 2833).

[4]) § 7 Abs. 2 geänd., Abs. 1 neu gef. durch G v. 27.4.1993 (BGBl. I S. 512); Abs. 1 neu gef., Abs. 2 geänd. mWv 18.12.2007 durch G v. 10.12.2007 (BGBl. I S. 2833).

[5]) § 8 Abs. 1 Nrn. 1 und 2, Abs. 2 Nr. 2c und Abs. 3 neugef. durch VO v. 17.12.1974 (BGBl. I S. 3629), Abs. 1 Nr. 1 geänd. durch G v. 27.4.1993 (BGBl. I S. 512), Abs. 1 Nr. 1 und 2, Abs. 2 geänd., Abs. 3 aufgeh. durch VO vom 26.11.1999 (BGBl. I S. 2406); Artikel 1 § 8 Abs. 1 Nr. 1 geänd. mWv 23.11.2002 durch VO v. 11.11.2002 (BGBl. I S. 4408); Abs. 1 Nr. 1, Abs. 2 Nr. 1 geänd., Nrn. 2 und 3 aufgeh. mWv 18.8.2004 durch VO v. 11.8.2004 (BGBl. I S. 2157); Abs. 1 Nr. 1 geänd. mWv 18.12.2007 durch G v. 10.12.2007 (BGBl. I S. 2833); Abs. 1 Nr. 1 geänd. mWv 18.9.2012 durch VO v. 30.8.2012 (BGBl. I S. 1888); Abs. 1 Nr. 1 geänd. mWv 23.11.2019 durch VO v. 14.11.2019 (BGBl. I S. 1623).

1. Kraftfahrzeuge und Kraftfahrzeuganhänger, die ein vorgeschriebenes Kennzeichen folgender Staaten oder Gebiete führen:
   Andorra,
   Grönland,
   Island,
   Liechtenstein,
   Monaco,
   Norwegen,
   San Marino,
   Schweiz,
   Serbien,
   Vatikanstadt,
2. zweirädrige Kraftfahrzeuge (einschließlich Fahrräder mit Hilfsmotor) für die ein Kennzeichen nicht vorgeschrieben ist und deren Führer seinen gesetzlichen Wohnsitz in
   Grönland oder
   Norwegen
   hat;
3. Fahrräder mit Hilfsmotor, für die ein Kennzeichen nicht vorgeschrieben ist, die einen Hubraum von nicht mehr als 50 ccm haben und deren Führer seinen gesetzlichen Wohnsitz in
   Monaco
   hat.

(2) Die Befreiung nach Abs. 1 erstreckt sich nicht auf
folgende Fahrzeuge von San Marino und Vatikanstadt:
landwirtschaftliche Fahrzeuge, insbesondere landwirtschaftliche Zugmaschinen, ihre Anhänger sowie landwirtschaftliche Arbeitsgeräte.

(3) Eine Versicherungsbescheinigung nach § 4 dieser Verordnung ist nicht erforderlich für Fahrzeuge, die ein vorgeschriebenes Kennzeichen der Deutschen Demokratischen Republik (ausgenommen Zollkennzeichen: grüne Beschriftung mit grünem Rand auf weißem Grund) führen.

§ 9[1)] Bußgeldvorschriften für EU-Versicherungsschutz . Ordnungswidrig im Sinne des § 9a Abs. 1 Nr. 2 des Gesetzes über die Haftpflichtversicherung für ausländische Kraftfahrzeuge und Kraftfahrzeuganhänger[2)] handelt, wer vorsätzlich oder fahrlässig

1. als Führer entgegen § 3 Abs. 1 ein Fahrzeug gebraucht, obwohl das erforderliche Versicherungsverhältnis nicht oder nicht mehr besteht und die Pflichten eines Haftpflichtversicherers auch nicht von den nationalen Versicherungsbüros aller Mitgliedstaaten der Europäischen Union nach Artikel 8 Absatz 1 Satz 2 der Richtlinie 2009/103/EG des Europäischen Parlaments und des Rates vom 16. September 2009 über die Kraftfahrzeug-Haftpflichtversicherung und die Kontrolle der entsprechenden Versicherungspflicht (ABl. L 263 vom 7.10.2009, S. 11) übernommen worden sind;

[1)] § 9 Überschr., Nr. 1, Nr. 3 Buchst. a geänd. mWv 18.12.2007 durch G v. 10.12.2007 (BGBl. I S. 2833); Nr. 1 und 3 Buchst. a geänd. mWv 15.4.2010 durch VO v. 26.3.2010 (BGBl. I S. 398).

[2)] Nr. **620**.

2. als Führer eines Fahrzeugs entgegen § 4 Satz 2 den Nachweis nicht mit sich führt oder auf Verlangen nicht aushändigt oder
3. als Halter eines Fahrzeugs entgegen § 6 anordnet oder zuläßt, daß das Fahrzeug gebraucht wird, obwohl
   a) das nach § 3 Abs. 1 erforderliche Versicherungsverhältnis nicht oder nicht mehr besteht und die Pflichten eines Haftpflichtversicherers auch nicht von den nationalen Versicherungsbüros aller Mitgliedstaaten der Europäischen Union nach Artikel 8 Absatz 1 Satz 2 der Richtlinie 2009/103/EG des Europäischen Parlaments und des Rates vom 16. September 2009 über die Kraftfahrzeug-Haftpflichtversicherung und die Kontrolle der entsprechenden Versicherungspflicht (ABl. L 263 vom 7.10.2009, S. 11) übernommen worden sind, oder
   b) der Führer den nach § 4 Satz 2 erforderlichen Nachweis nicht mit sich führt.

Art. 2 Aufhebung von Verordnungen[1]. *(hier nicht wiedergegeben)*

Art. 3 *(aufgehoben)*

Art. 4 Inkrafttreten. Diese Verordnung tritt am 15. Mai 1974 in Kraft.

Anlage[2)]
(zu § 2)

Zypern
Kraftfahrzeuge und Kraftfahrzeuganhänger der Streitkräfte oder sonstiger militärischer und ziviler Bediensteter, die internationalen Vereinbarungen unterliegen.
Dänemark (und Faröer-Inseln)
Kraftfahrzeuge und Kraftfahrzeuganhänger der Streitkräfte, die internationalen Vereinbarungen unterliegen.
Frankreich
Kraftfahrzeuge und Kraftfahrzeuganhänger der Streitkräfte, die internationalen Vereinbarungen unterliegen.
Vereinigtes Königreich Großbritannien und Nordirland einschließlich der Kanalinseln, Gibraltar und der Insel Man
Kraftfahrzeuge und Kraftfahrzeuganhänger der NATO-Streitkräfte.
Griechenland
1. Fahrzeuge zwischenstaatlicher Organisationen (Grüne Schilder mit den Buchstaben „CD“ und „ΔΣ“ vor der Zulassungsnummer),
2. Kraftfahrzeuge und Kraftfahrzeuganhänger der Streitkräfte oder militärischer und ziviler Bediensteter der NATO (Gelbe Schilder mit den Buchstaben „EA“ vor der Zulassungsnummer).
3. Kraftfahrzeuge und Kraftfahrzeuganhänger der griechischen Streitkräfte (Kennzeichen: Beschriftung „EΣ“).

[1)] Betrifft Aufhebung der Ersten, Zweiten, Dritten und Vierten Verordnung über den Wegfall der Grünen Internationalen Versicherungskarte.
[2)] Anlage angef. mWv 18.8.2004 durch VO v. 11.8.2004 (BGBl. I S. 2157).

4. Kraftfahrzeuge und Kraftfahrzeuganhänger der alliierten Streitkräfte in Griechenland (Kennzeichen: Beschriftung „AFG").
5. Kraftfahrzeuge und Kraftfahrzeuganhänger mit Probekennzeichen (Weiße Schilder mit den Buchstaben „ΔΟΚ" vor der Zulassungsnummer).

Italien

Kraftfahrzeuge und Kraftfahrzeuganhänger der Streitkräfte oder sonstiger militärischer oder ziviler Mitarbeiter, die internationalen Vereinbarungen unterliegen, insbesondere mit Kennzeichen: Beschriftung „AFI" und Dienstfahrzeuge der NATO-Streitkräfte.

Niederlande

1. Private Kraftfahrzeuge und Kraftfahrzeuganhänger der in Deutschland stationierten Angehörigen der niederländischen Streitkräfte und ihrer Familien.
2. Private Kraftfahrzeuge und Kraftfahrzeuganhänger der in den Niederlanden stationierten Angehörigen der deutschen Streitkräfte und ihrer Familien.
3. Private Kraftfahrzeuge und Kraftfahrzeuganhänger von Personen, die zum Hauptquartier der Alliierten Streitkräfte Mitteleuropa gehören.
4. Kraftfahrzeuge und Kraftfahrzeuganhänger der NATO-Streitkräfte.

Portugal

1. Landwirtschaftliche Maschinen und motorisierte mechanische Geräte, für die nach portugiesischem Recht keine amtlichen Kennzeichen erforderlich sind.
2. Fahrzeuge fremder Staaten und internationaler Organisationen, deren Mitglied Portugal ist (Weiße Schilder - rote Zahlen, denen die Buchstaben „CD" oder „FM" vorausgehen).
3. Fahrzeuge des portugiesischen Staates (Schwarze Schilder - weiße Zahlen, denen je nach Dienststelle die Buchstaben „AM", „AP", „EP", „ME", „MG" oder „MX" vorausgehen).

Lettland

Kraftfahrzeuge und Kraftfahrzeuganhänger der Streitkräfte, die internationalen Vereinbarungen unterliegen.

Litauen

Kraftfahrzeuge und Kraftfahrzeuganhänger der Streitkräfte, die internationalen Vereinbarungen unterliegen.

Malta

Kraftfahrzeuge und Kraftfahrzeuganhänger der Streitkräfte, die internationalen Vereinbarungen unterliegen.

Polen

Kraftfahrzeuge und Kraftfahrzeuganhänger der Streitkräfte, die internationalen Vereinbarungen unterliegen.

630. Verordnung über den Entschädigungsfonds für Schäden aus Kraftfahrzeugunfällen

Vom 14. Dezember 1965
(BGBl. I S. 2093)

FNA 925-1-1

geänd. durch Erste ÄndVO v. 17.12.1994 (BGBl. I S. 3845), ( )Art. 494 Zehnte ZuständigkeitsanpassungsVO v. 31.8.2015 (BGBl. I S. 1474)

Auf Grund des § 13 Abs. 2 und 3 und des § 14 des Pflichtversicherungsgesetzes[1] in der Fassung des Gesetzes vom 5. April 1965 (Bundesgesetzbl. I S. 213) wird im Einvernehmen mit dem Bundesminister für Verkehr und dem Bundesminister für Wirtschaft verordnet:

§ 1 [Träger des Entschädigungsfonds] Die Stellung des Entschädigungsfonds für Schäden aus Kraftfahrzeugunfällen nach den §§ 12 und 13 Abs. 4 des Pflichtversicherungsgesetzes[1] in der Fassung des Gesetzes vom 5. April 1965 (Bundesgesetzblatt I S. 213) wird dem rechtsfähigen Verein „Verkehrsopferhilfe eingetragener Verein" in Hamburg (Verkehrsopferhilfe) mit seiner Zustimmung zugewiesen.

§ 2[2] [Satzung; Satzungsänderung] [1] Die Satzung der Verkehrsopferhilfe sowie jede Änderung der Satzung bedarf der Genehmigung des Bundesministers der Justiz und für Verbraucherschutz. [2] Die Satzung ist im Bundesanzeiger bekanntzumachen.

§ 3[3] [Aufsicht] [1] Die Verkehrsopferhilfe untersteht der Aufsicht des Bundesministers der Justiz und für Verbraucherschutz. [2] Durch die Aufsicht soll sichergestellt werden, daß die Verkehrsopferhilfe ihre Aufgaben ordnungsgemäß erfüllt.

§ 4 [Eintrittspflicht] Die Eintrittspflicht der Verkehrsopferhilfe nach § 12 des Pflichtversicherungsgesetzes[1] und § 10 dieser Verordnung besteht nur, wenn das schädigende Ereignis nach dem 31. Dezember 1965 eingetreten ist.

§ 5 [Schiedsstelle] Bei der Verkehrsopferhilfe besteht eine Schiedsstelle, die in Streitfällen zwischen dem Geschädigten und der Verkehrsopferhilfe auf eine gütliche Einigung hinzuwirken und den Beteiligten erforderlichenfalls einen Einigungsvorschlag zu machen hat.

§ 6 [Zusammensetzung der Schiedsstelle] [1] Die Schiedsstelle besteht aus drei Mitgliedern einschließlich des Vorsitzenden. [2] Die Mitglieder der Schiedsstelle und ihre Vertreter werden auf die Dauer von zwei Jahren von

---

[1] Nr. **600**.
[2] § 2 Satz 1 geänd. mWv 8.9.2015 durch VO v. 31.8.2015 (BGBl. I S. 1474).
[3] § 3 Satz 1 geänd. mWv 8.9.2015 durch VO v. 31.8.2015 (BGBl. I S. 1474).

der Verkehrsopferhilfe bestellt. [3] Sie sollen in Verkehrshaftpflichtsachen erfahren sein. [4] Der Vorsitzende und dessen Stellvertreter sollen die Befähigung zum Richteramt besitzen; sie werden von dem Präsidenten des Landgerichts, in dessen Bereich die Verkehrsopferhilfe ihren Sitz hat, benannt und sind an Weisungen nicht gebunden. [5] Von den beiden weiteren Mitgliedern der Schiedsstelle wird ein Mitglied und sein Stellvertreter von einem Verband der zum Betrieb der Kraftfahrzeug-Haftpflichtversicherung befugten Versicherungsunternehmen benannt; das andere Mitglied und seinen Stellvertreter benennt eine Stelle, die sich mit den Belangen der Geschädigten und Versicherungsnehmer befaßt. [6] Die Stellen, denen das Benennungsrecht nach Satz 5 zusteht, werden in der Satzung der Verkehrsopferhilfe bestimmt.

§ 7 [Anrufung der Schiedsstelle] [1] Ist dem Geschädigten ein abschließender schriftlicher Bescheid der Verkehrsopferhilfe über die Regelung des Schadenfalles zugegangen oder ist der angemeldete Schadenfall von der Verkehrsopferhilfe nicht in einer dem Schadenfall angemessenen Frist bearbeitet worden, so kann der Geschädigte die Schiedsstelle anrufen. [2] Er soll hierbei die Gründe für die Anrufung der Schiedsstelle darlegen und die Höhe seiner Forderung angeben.

§ 8 [Schiedsverfahren] [1] Das Verfahren vor der Schiedsstelle ist schriftlich. [2] Die Schiedsstelle hat vor der Erteilung eines Bescheids den Beteiligten Gelegenheit zur Äußerung zu geben. [3] Der abschließende Bescheid der Schiedsstelle ist zu begründen und den Beteiligten schriftlich zu übermitteln. [4] Kosten werden von der Schiedsstelle nicht erhoben. [5] Im übrigen bestimmt die Schiedsstelle das Verfahren, soweit es sich nicht aus der Satzung der Verkehrsopferhilfe ergibt, nach pflichtgemäßem Ermessen.

§ 9 [Klage] Ansprüche gegen die Verkehrsopferhilfe nach § 12 des Pflichtversicherungsgesetzes[1)] und § 10 dieser Verordnung können im Wege der Klage erst geltend gemacht werden, nachdem ein Verfahren vor der Schiedsstelle vorausgegangen ist, oder wenn seit der Anrufung der Schiedsrichter mehr als drei Monate verstrichen sind.

§ 9a[2)] [Anwendbarkeit anderer Vorschriften] Die §§ 5 bis 9 finden auf die Regulierung von Ansprüchen nach § 12 Abs. 1 Nr. 4 des Pflichtversicherungsgesetzes[1)] keine Anwendung.

§ 10 [Eintrittspflicht in Sonderfällen] Die Verkehrsopferhilfe hat im Rahmen des § 12 des Pflichtversicherungsgesetzes[1)] auch für Schäden einzutreten, die unter den Voraussetzungen des § 12 Abs. 1 Nr. 1 des Pflichtversicherungsgesetzes einem Deutschen außerhalb des Geltungsbereichs des Pflichtversicherungsgesetzes entstehen,

a) wenn in dem Staat, in dem sich der Unfall zugetragen hat, eine Stelle besteht, die Angehörigen dieses Staates in Fällen dieser Art Ersatz leistet, und

[1)] Nr. **600**.
[2)] § 9a eingef. durch VO v. 17.12.1994 (BGBl. I S. 3845).

b) wenn und soweit deutsche Ersatzberechtigte von der Ersatzleistung durch diese Stelle ausgeschlossen sind.

§ 11[1)] **[Leistungen an ausländische Staatsangehörige]** [1] Die Verkehrsopferhilfe erbringt Leistungen an ausländische Staatsangehörige ohne festen Wohnsitz im Inland nur bei Vorliegen der Gegenseitigkeit. [2] Dies gilt nicht, soweit völkerrechtliche Verträge der Bundesrepublik Deutschland dem entgegenstehen.

§ 12[2)] **[Inkrafttreten]** Diese Verordnung tritt am 1. Januar 1966 in Kraft.

[1)] § 11 neu gef. durch VO v. 17.12.1994 (BGBl. I S. 3845).

[2)] § 13 wird § 12 durch VO v. 17.12.1994 (BGBl. I S. 3845); im bish. § 12, der nicht ausdrücklich aufgehoben wurde, stand die Berlin-Klausel.

635. Bekanntmachung über den Entschädigungsfonds für Schäden aus Kraftfahrzeugunfällen

Vom 29. Dezember 1994
(BAnz. 1995 Nr. 9, S. 257, ber.
BAnz. 1995 Nr. 16 S. 565)

geänd. durch Kraftfahrzeugentschädigungsfondsbekanntmachung v. 18.2.2002 (BAnz. I S. 4353)

Der Verein „Verkehrsopferhilfe e.V.", dem durch die Verordnung vom 14. Dezember 1965 (BGBl. I S. 2093), zuletzt geändert durch die Verordnung vom 17. Dezember 1994 (BGBl. I S. 3845), die Stellung des Entschädigungsfonds für Schäden aus Kraftfahrzeugunfällen zugewiesen wurde, hat seine Satzung vom 15. Oktober 1965 (BAnz. Nr. 1 vom 4. Januar 1966), die am 1. Januar 1966 in Kraft getreten und zuletzt durch Beschluß vom 18. Oktober 1990 (BAnz. 1991 S. 681) geändert worden ist, durch Beschluß der Mitgliederversammlung vom 20. Oktober 1994 geändert. Das Bundesministerium der Justiz hat die Änderung gemäß § 2 Satz 1 der Verordnung genehmigt.
Der Wortlaut der sich aus der Änderung vom 20. Oktober 1994 ergebenden Fassung der Satzung des Vereins „Verkehrsopferhilfe e.V." wird nachstehend bekanntgemacht (Anlage).
Diese Bekanntmachung ergeht im Anschluß an die Bekanntmachung vom 1. Februar 1991 (BAnz. S. 681).

Satzung des Vereins „Verkehrsopferhilfe e.V."

I. Allgemeine Bestimmungen

§ 1 Name und Sitz. (1) Der Verein trägt den Namen „Verkehrsopferhilfe e.V." und ist im Vereinsregister eingetragen.

(2) Der Sitz des Vereins ist Hamburg.

(3) Die Dauer des Bestehens des Vereins ist nicht auf eine bestimmte Zeit beschränkt.

§ 2 Zweck und Aufgaben des Vereins. (1) Der Verein übernimmt die Aufgaben des nach § 12 des Pflichtversicherungsgesetzes vom 5. April 1965 (BGBl. I S. 213; im Folgenden als „Gesetz" bezeichnet), zuletzt geändert durch Artikel 5 des Gesetzes vom 21. Juli 1994 (BGBl. I S. 1630), gebildeten „Entschädigungsfonds für Schäden aus Kraftfahrzeugunfällen".

(2) Die Rechtsstellung des Vereins sowie die Rechte und Pflichten des Vereins, der Geschädigten, der Mitglieder und der Versicherungsunternehmen, die ohne Mitgliedschaft im Verein in der Bundesrepublik Deutschland die Kraftfahrzeug-Haftpflichtversicherung nach dem Gesetz betreiben, be-

stimmen sich nach § 8, den §§ 12 bis 14 des Gesetzes und nach der Verordnung über den Entschädigungsfonds für Schäden aus Kraftfahrzeugunfällen[1)] vom 14. Dezember 1965 (BGBl. I S. 2093; im Folgenden als „Verordnung“ bezeichnet) in der jeweils geltenden Fassung.

(3) Der Verein verfolgt einen gemeinnützigen Zweck.

§ 3 Aufbringung und Verwendung der Mittel. (1) [1] Die Mittel zur Erfüllung der Aufgaben werden dem Verein von seinen Mitgliedern und den übrigen nach Maßgabe des § 8 Abs. 1 des Gesetzes zur Beitragsleistung verpflichteten Versicherungsunternehmen[1)], die nicht Mitglied des Vereins sind, anteilsmäßig gleichmäßig nach Maßgabe dieser Satzung zur Verfügung gestellt. [2] Darüber hinaus werden Beiträge nicht erhoben.

(2) [1] Die Berechnung der Beitragsleistung erfolgt auf der Grundlage der jährlichen Bruttobeitragseinnahme in der Kraftfahrzeug-Haftpflichtversicherung in der Bundesrepublik Deutschland. [2] Die Versicherungsunternehmen, die in der Bundesrepublik Deutschland die Kraftfahrzeug-Haftpflichtversicherung betreiben, teilen hierzu dem Verein die Höhe ihrer jährlichen Bruttobeitragseinnahmen auf Anforderung unverzüglich mit.

(3) [1] Die Mittel des Vereins dürfen nur zur Erfüllung der Aufgaben nach § 2 der Satzung und zur Deckung der Aufwendungen verwendet werden, die durch die Bearbeitung der Schadenfälle einschließlich der Kosten der Schiedsstelle erwachsen. [2] Über die Verwendung der Mittel hat der Verein der Mitgliederversammlung Rechnung zu legen.

(4) Versicherungsunternehmen, die ohne Mitgliedschaft im Verein zur Beitragsleistung nach § 8 Abs. 1 des Gesetzes verpflichtet sind, ist eine Abschrift der von der Mitgliederversammlung entgegengenommenen Jahresabrechnung zu erteilen.

II. Organisation

§ 4 Mitgliedschaft. (1) Versicherungsunternehmen, die in der Bundesrepublik Deutschland die Kraftfahrzeug-Haftpflichtversicherung nach dem Gesetz betreiben, können Mitglieder des Vereins werden.

(2) [1] Über den schriftlich bei der Geschäftsstelle einzureichenden Aufnahmeantrag entscheidet der Vorstand. [2] Die Entscheidung ist dem Antragsteller schriftlich mitzuteilen.

(3) Der Austritt kann durch eine dem Vorstand gegenüber abzugebende schriftliche Erklärung unter Einhaltung einer Kündigungsfrist von 2 Jahren zum Schluß eines Kalenderjahres erfolgen.

(4) Die Mitgliederversammlung kann mit Dreiviertelmehrheit der Stimmen ein Mitglied ausschließen, wenn es den Interessen und Zielen des Vereins gröblich zuwiderhandelt oder seinen Verpflichtungen nicht nachkommt.

§ 5 Rechte und Pflichten der Mitglieder. (1) [1] Alle Mitglieder sind gleichberechtigt, soweit die Satzung nichts anderes vorsieht. [2] Kein Mitglied hat oder erhält irgendwelche Sonderrechte.

[1)] Nr. **600**.

(2) Alle Mitglieder sind berechtigt, Anträge bei der Mitgliederversammlung zu stellen.

(3) Die Mitglieder sind verpflichtet, dem Verein in der Erreichung seiner Ziele beizustehen, die Vereinssatzung einzuhalten und im Rahmen dieser Satzung getroffene Entscheidungen der Organe des Vereins durchzuführen.

§ 6 Organisation. Organe des Vereins sind:
1. der Vorstand
2. die Mitgliederversammlung.

§ 7 Vorstand. (1) [1]Der Vorstand besteht aus einem Vorsitzenden und zwei weiteren Mitgliedern, die von der Mitgliederversammlung auf die Dauer von einem Jahr für das nächste Kalenderjahr bestellt werden. [2]Die Wiederherstellung des Vorstandes ist zulässig. [3]Dem Vorstand obliegen insbesondere
a) durch zwei Vorstandsmitglieder die gerichtliche und außergerichtliche Vertretung des Vereins,
b) die Bestellung, Überwachung und Abberufung der Geschäftsführer,
c) die Bestellung der Mitglieder der Regulierungskommission und des Lenkungsausschusses,
d) die Bestellung der gemäß § 11 benannten Mitglieder der Schiedsstelle,
e) der Verkehr mit der Aufsichtsbehörde,
f) die Erstellung eines jährlichen Berichts über die Tätigkeit des Vereins an die Aufsichtsbehörde,
g) die Entscheidung über die Aufnahme neuer Mitglieder.

(2) Dem Vorsitzenden obliegen insbesondere, vorbehaltlich einer anderweitigen Entscheidung des Vorstandes,
a) die Leitung der Mitgliederversammlung,
b) die Durchführung der Beschlüsse der Mitgliederversammlung,
c) die Überprüfung derjenigen Schadenfälle in rechtlicher Hinsicht, in denen die Schiedsstelle angerufen wird, sowie die Vorbereitung dieser Fälle für die Schiedsstelle durch Erstattung eines Gutachtens,
d) die Entscheidung über die Annahme oder Ablehnung eines Einigungsvorschlages der Schiedsstelle,
e) die Entscheidung darüber, ob in Regulierungs- oder Regreßfällen ein Rechtsstreit geführt werden soll.

§ 8 Mitgliederversammlung. (1) Der Mitgliederversammlung obliegen insbesondere
a) die Wahl der Vorstandsmitglieder und die Bestimmung des Vorsitzenden des Vorstandes,
b) die Entgegennahme des Jahresberichts und der Jahresabrechnung sowie die Entlastung des Vorstandes,
c) die Festsetzung der jährlichen Umlagen,
d) die Beschlußfassung über Satzungsänderungen,
e) die Beschlußfassung über die Auflösung des Vereins.

(2) [1] Die Mitgliederversammlung wird vom Vorstand mindestens jährlich einmal einberufen. [2] Der Vorstand muß außerdem eine Mitgliederversammlung einberufen, wenn ein Viertel der Mitglieder dies verlangt; die Einberufung ist schriftlich unter Angabe des Zwecks und der Gründe beim Vorstand zu beantragen. [3] Die Einladungen zu Mitgliederversammlungen sind schriftlich mindestens 14 Tage vorher unter Angabe der Tagesordnung abzusenden.

(3) [1] Jedes Mitglied hat mindestens eine Stimme. [2] Es enthält pro überschrittenem 0,1% Marktanteil, gemessen an der direkten Bruttobeitragseinnahme in der Kraftfahrzeug-Haftpflichtversicherung in der Bundesrepublik Deutschland des vorletzten Kalenderjahres, je eine weitere Stimme.

(4) [1] Zur Beschlußfähigkeit einer Mitgliederversammlung ist die Anwesenheit von 60% aller stimmberechtigten Mitglieder erforderlich. [2] Vertretung, jedoch von nicht mehr als 5 Mitgliedern, ist zulässig. [3] Bei Beschlußunfähigkeit ist der Vorstand verpflichtet, binnen 4 Wochen eine zweite Mitgliederversammlung mit derselben Tagesordnung einzuberufen. [4] Diese ist ohne Rücksicht auf die Zahl der anwesenden Stimmen beschlußfähig. [5] In der Einladung zu der zweiten Mitgliederversammlung ist auf die unbedingte Beschlußfähigkeit hinzuweisen.

(5) [1] Die Beschlüsse der Mitgliederversammlung werden mit einfacher Stimmenmehrheit gefaßt. [2] Für Satzungsänderungen ist eine Dreiviertelmehrheit der Stimmen notwendig.

(6) Über die Beschlüsse der Mitgliederversammlung wird ein Protokoll geführt, das vom Vorsitzenden zu unterzeichnen und von der nächsten Mitgliederversammlung zu genehmigen ist.

§ 9 Geschäftsstelle. (1) Der Verein hat eine Geschäftsstelle für die Führung der laufenden Geschäfte einzurichten und zu erhalten.

(2) [1] Die laufenden Geschäfte werden durch einen oder zwei vom Vorstand zu bestellende Geschäftsführer wahrgenommen. [2] Jeder Geschäftsführer ist allein vertretungsberechtigt. [3] Der Geschäftsführer stellt im Rahmen des Wirtschaftsplans die erforderlichen Mitarbeiter ein; er ist dem Vorstand verantwortlich.

III. Schadenregulierung nach § 12 Abs. 1 Nr. 1–3 des Gesetzes

§ 10 Bearbeitung von Schadenfällen. (1) Schadenfälle nach § 12 Abs. 1 Nr. 1–3 des Gesetzes werden im Auftrag des Vereins durch ein Versicherungsunternehmen, das die Kraftfahrzeug-Haftpflichtversicherung als Erstversicherer betreibt, bearbeitet, sofern nicht Ansprüche vom Verein wegen ihres geringen Umfangs sofort befriedigt oder wegen offenbarer Unbegründetheit zurückgewiesen werden.

(2) Das Versicherungsunternehmen ist bevollmächtigt, Schäden bis zu einem vom Vorstand festzusetzenden Betrag im Namen und für Rechnung des Vereins endgültig abzuwickeln.

(3) Übersteigt die geforderte oder zu erwartende Gesamtentschädigung den vom Vorstand festgesetzten Betrag, so entscheidet der Verein durch eine vom Vorstand eingesetzte Regulierungskommission.

(4) Ist ein Entschädigungsantrag ganz oder teilweise abgelehnt worden oder ein Schadenfall nicht in angemessener Frist bearbeitet worden, so kann

der Geschädigte eine begründete Entscheidung der Regulierungskommission verlangen.

(5) In einem ganz oder teilweise ablehnenden Bescheid des nach Absatz 2 beauftragten Versicherungsunternehmens ist auch auf die Möglichkeit hinzuweisen, zunächst eine Entscheidung des Vereins durch die Regulierungskommission zu verlangen.

(6) In einem abschließenden Bescheid des Vereins ist darauf hinzuweisen, daß Ansprüche gegen den Verein im Wege der Klage erst geltend gemacht werden können, nachdem ein Verfahren vor der Schiedsstelle vorausgegangen ist oder wenn seit der Anrufung der Schiedsstelle mehr als drei Monate verstrichen sind (§ 9 der Verordnung).

§ 11 Besetzung der Schiedsstelle. [1] Die Mitglieder der Schiedsstelle und ihre Vertreter werden nach § 6 der Verordnung von dem Vorstand des Vereins auf die Dauer von 2 Jahren bestellt. [2] Der Vorsitzende und dessen Stellvertreter werden von dem Präsidenten des Landgerichts, in dessen Bereich der Verein seinen Sitz hat, benannt. [3] Von den beiden weiteren Mitgliedern der Schiedsstelle werden ein Mitglied und sein Stellvertreter vom Verband der Schadenversicherer e.V. – VdS – oder dessen Rechtsnachfolger benannt; das andere Mitglied und seinen Stellvertreter benennt die Arbeitsgemeinschaft von Versicherungsnehmern für Fragen der Kraftfahrtversicherung.

§ 12 Verfahren vor der Schiedsstelle. [1] Das Verfahren vor der Schiedsstelle richtet sich nach § 8 der Verordnung. [2] Die Schiedsstelle macht den Beteiligten einen Einigungsvorschlag oder schlägt dem Geschädigten vor, es bei der in dem Bescheid des Vereins genannten Regelung zu belassen. [3] Der Vorschlag der Schiedsstelle ist zu begründen und dem Geschädigten sowie dem Verein durch eingeschriebenen Brief mitzuteilen.

§ 13[1)] Schadenaufwendungen. (1) [1] Die für die Regulierung der Schäden nach § 12 Abs. 1 Nr. 1 bis 3 des Gesetzes erforderlichen Mittel werden dem Verein durch Vorschüsse von den Mitgliedern und den übrigen nach § 8 Abs. 1 des Gesetzes beitragspflichtigen Versicherungsunternehmen zur Verfügung gestellt. [2] Die mit der Bearbeitung der Schadenfälle beauftragten Versicherungsunternehmen geben dem Verein ihre Aufwendungen bekannt. [3] Dieser erstattet den mit der Regulierung beauftragten Versicherungsunternehmen ihre Zahlungen unverzüglich nach Abschluß der Regulierung und legt die gesamten Rückstellungen jährlich um. [4] Die Schadenaufwendungen werden von den Versicherungsunternehmen entsprechend ihren Anteilen an der direkten Beitragseinnahme des vorletzten Kalenderjahres in der Kraftfahrzeug-Haftpflichtversicherung getragen.

(2) Die Mitglieder und die übrigen nach § 8 Abs. 1 des Gesetzes beitragspflichtigen Versicherungsunternehmen sind auch nach Beendigung ihrer Mitgliedschaft im Verein oder nach Beendigung des Betriebs der Kraftfahrzeug-Haftpflichtversicherung in der Bundesrepublik Deutschland verpflichtet, für Verbindlichkeiten aus Schadenfällen, die während der Zeit ihres Betriebs der Kraftfahrzeug-Haftpflichtversicherung eingetreten sind, dem Verein den sat-

---

[1)] § 13 Abs. 1 Satz 5 aufgeh. mWv 23.3.2002 durch Bek. v. 18.2.2002 (BAnz. S. 4353).

zungsmäßigen Anteil an den Gesamtaufwendungen nach Absatz 1 zur Verfügung zu stellen.

IV. Schadenregulierung im Insolvenzfall

§ 14 Organisation der Schadenregulierung. (1) [1] Ist der Verein nach § 12 Abs. 1 Nr. 4 des Gesetzes eintrittspflichtig, weil über das Vermögen des leistungspflichtigen Versicherungsunternehmens ein Insolvenzverfahren eröffnet worden ist, so kann er sich zur Erfüllung dieser Aufgaben der Einrichtungen eines oder mehrerer Versicherungsunternehmen bedienen. [2] Als Eröffnung eines Insolvenzverfahrens gelten bis zum Inkrafttreten der Insolvenzordnung vom 5. Oktober 1994 (BGBl. I S. 2911) die Eröffnung eines Konkurs- oder Gesamtvollstreckungsverfahrens. [3] Der Eröffnung des Insolvenzverfahrens stehen gleich

a) die Abweisung des Antrags auf Eröffnung eines Insolvenzverfahrens mangels Masse,
b) die vollständige Beendigung der Betriebstätigkeit eines Versicherungsunternehmens im Geltungsbereich des Gesetzes, wenn ein Antrag auf Eröffnung des Insolvenzverfahrens nicht gestellt worden ist und ein Insolvenzverfahren mangels Masse nicht in Betracht kommt

(2) [1] Die Art und Weise der Organisation und der Abwicklung der Schadenregulierung wird vom Vorstand festgelegt. [2] Hierzu kann der Vorstand einen Lenkungsausschuß einsetzen, dessen Vollmachten der Vorstand festlegt und dessen Vorsitzenden er aus seinem Kreis bestimmt.

(3) Dem Lenkungsausschuß kann auch die Geltendmachung der dem Verein zustehenden oder auf ihn übergehenden Ansprüche gegen das insolvent gewordene Versicherungsunternehmen oder dessen Insolvenzverwalter übertragen werden sowie die Vertretung des Vereins in den Gläubigerversammlungen und die Mitarbeit im Gläubigerausschuß.

(4) Schiedsverfahren nach § 8 der Verordnung finden bei der Insolvenzregulierung nicht statt.

§ 15 Aufbringung der Mittel. (1) [1] Die für die Regulierung der Schäden bei einem Insolvenzfall erforderlichen Schadenaufwendungen und -regulierungskosten werden von den Mitgliedern und den übrigen nach § 8 Abs. 1 des Gesetzes beitragspflichtigen Versicherungsunternehmen entsprechend ihren Anteilen an der direkten Beitragseinnahme des vergangenen Kalenderjahres in der Kraftfahrzeug-Haftpflichtversicherung durch eine besondere Umlage aufgebracht. [2] Diese Umlage ist auf 0,5% der genannten Beitragseinnahme pro Kalenderjahr begrenzt. [3] Der Verein kann Vorschüsse erheben.

(2) Werden die Aufwendungen ganz oder teilweise vom Insolvenzverwalter, durch sonstige Dritte oder aufgrund internationaler Abkommen erstattet, sind diese an die Versicherungsunternehmen anteilmäßig bis zur Höhe ihrer tatsächlichen Zahlungen auszukehren.

§ 16 Eintritt, Abwicklung und Regreß bei internationaler Insolvenz.

(1) Bei Insolvenz eines im Geltungsbereich des Gesetzes zugelassenen Kraftfahrzeug-Haftpflichtversicherers trägt der Verein auch die Aufwendungen, die der Entschädigungsfonds des Staates, in dem dieses Versicherungs-

unternehmen im Dienstleistungswege oder über eine Niederlassung tätig war, wegen der Insolvenz an Drittgeschädigte nach den dortigen Gesetzen über die obligatorische Kraftfahrzeug-Haftpflichtdeckung geleistet hat.

(2) Ist der Verein eintrittspflichtig wegen der Insolvenz eines Versicherungsunternehmens, das in einem anderen Staat zugelassen ist, so nimmt er Regreß bei dem Entschädigungsfonds des Staates, in dem das Versicherungsunternehmen zugelassen war.

V. Kosten- und Schlußbestimmungen

§ 17 Verwaltungskosten. (1) [1] Die Höhe der voraussichtlichen Verwaltungskosten für das kommende Jahr wird von der Mitgliederversammlung auf Vorschlag des Vorstandes festgesetzt. [2] Die endgültige jährliche Festsetzung erfolgt, wenn das Geschäftsjahr abgeschlossen ist und die endgültigen Verwaltungskosten feststehen.

(2) [1] Bis zur Festsetzung kann der Verein Vorschüsse erheben. [2] Am Jahresschluß nicht verbrauchte Vorschüsse sind als Guthaben der Mitglieder und der übrigen nach Maßgabe des § 8 Abs. 1 des Gesetzes zur Beitragsleistung verpflichteten Versicherungsunternehmen Vorauszahlungen für das folgende Jahr oder sind an sie zurückzuzahlen.

(3) Die Verwaltungskosten werden von den Mitgliedern und den übrigen nach § 8 Abs. 1 des Gesetzes zur Beitragsleistung verpflichteten Versicherungsunternehmen entsprechend ihrem Anteil an der direkten Beitragseinnahme des vorletzten Kalenderjahres in der Kraftfahrzeug-Haftpflichtversicherung getragen.

§ 18 Zahlungsfrist. Die Zahlungen der zur Beitragsleistung nach § 8 Abs. 1 des Gesetzes verpflichteten Versicherungsunternehmen[1)] sind auf schriftliche Aufforderung binnen eines Monats zu leisten; die Übersendung des Protokolls der beschließenden Mitgliederversammlung gilt als schriftliche Aufforderung.

§ 19 Auflösung. (1) Die Auflösung des Vereins ist nur zulässig, wenn sie von einer mit dieser Tagesordnung einberufenen Mitgliederversammlung mit Dreiviertelmehrheit der abgegebenen Stimmen beschlossen wird

(2) [1] Der Auflösungsbeschluß ist dem Bundesministerium der Justiz mitzuteilen. [2] Er wird erst nach Ablauf von 3 Monaten seit dieser Mitteilung wirksam.

(3) Der Liquidator wird von der Mitgliederversammlung bestellt.

§ 20 Übergangsregelung. (1) [1] Schadenfälle, die sich zwischen dem 3. Oktober 1990 und dem 31. Dezember 1992 im Gebiet der ehemaligen Deutschen Demokratischen Republik einschließlich Berlin (Ost) ereignet haben, werden nach Maßgabe der Verordnung zur Verlängerung der Geltungsdauer von Bestimmungen der Pflichtversicherungsverordnung vom 28. November 1991 (BGBl. I S. 2146) gesondert abgerechnet. [2] Die für die Regulierung der Schadenfälle erforderlichen Mittel stellen die Versicherungs-

1) Nr. **600**.

unternehmen, die in dieser Zeit Mitglieder des Vereins und in diesem Gebiet als Kraftfahrzeug-Haftpflichtversicherer tätig waren, dem Verein anteilig entsprechend ihrer dort im Jahr des Schadenfalls erzielten direkten Beitragseinnahme zur Verfügung.

(2) Mitglieder, die bei Inkrafttreten des Artikels 5 des Gesetzes vom 21. Juli 1994 (BGBl. I S. 1630) die Kraftfahrzeug-Haftpflichtversicherung nicht in der Bundesrepublik Deutschland betreiben, scheiden mit Inkrafttreten des Gesetzes durch Streichung aus der Mitgliederliste aus dem Verein aus.

§ 21 Genehmigung. Änderungen dieser Satzung bedürfen nach § 2 der Verordnung der Genehmigung des Bundesministeriums der Justiz.

640. Gesetz über den Versicherungsvertrag (Versicherungsvertragsgesetz – VVG)[1)]

Vom 23. November 2007

(BGBl. I S. 2631)

FNA 7632-6

geänd. durch Art. 11 Versicherungsvertrags-ReformG v. 23.11.2007 (BGBl. I S. 2631), Art. 3 Zweites G zur Änd. der PflichtversicherungsG und anderer versicherungsrechtl. Vorschriften v. 10.12.2007 (BGBl. I S. 2833), Art. 9 Pflege-WeiterentwicklungsG v. 28.5.2008 (BGBl. I S. 874), Art. 13 Abs. 20 BilanzrechtsmodernisierungsG v. 25.5.2009 (BGBl. I S. 1102), Art. 2 Abs. 5 G zur Anpassung der Vorschriften des Internationalen Privatrechts an die VO (EG) Nr. 593/2008 v. 25.6.2009 (BGBl. I S. 1574), Art. 13a G zur Änd. arzneimittelrechtl. und anderer Vorschriften v. 17.7.2009 (BGBl. I S. 1990), BVerfGE v. 10.6.2009 (BGBl. I S. 2127), Art. 10 G zur Umsetzung der VerbraucherkreditRL, des zivilrechtl. Teils der ZahlungsdiensteRL sowie zur NeuO der Vorschriften über das Widerrufs- und Rückgaberecht v. 29.7.2009 (BGBl. I S. 2355), Art. 6 Sozialversicherungs-StabilisierungsG v. 14.4.2010 (BGBl. I S. 410), Art. 3 G zur Anpassung der Vorschriften über den Wertersatz bei Widerruf von Fernabsatzverträgen und über verbundene Verträge v. 27.7.2011 (BGBl. I S. 1600), Art. 2 Abs. 79 G zur Änd. von Vorschriften über Verkündung und Bekanntmachungen sowie der ZPO, des EGZPO und der AO v. 22.12.2011 (BGBl. I S. 3044), Art. 1 G zur Änd. versicherungsrechtlicher Vorschriften v. 24.4.2013 (BGBl. I S. 932, ber. S. 2584), Art. 3 G zur Beseitigung sozialer Überforderung bei Beitragsschulden in der Krankenversicherung v. 15.7.2013 (BGBl. I S. 2423), Art. 9 G zur Umsetzung der VerbraucherrechteRL und zur Änd. des G zur Regelung der Wohnungsvermittlung v. 20.9.2013 (BGBl. I S. 3642), Art. 2 LebensversicherungsreformG v. 1.8.2014 (BGBl. I S. 1330), Art. 2 Abs. 49 G zur Modernisierung der Finanzaufsicht über Versicherungen v. 1.4.2015 (BGBl. I S. 434), Art. 8 Abs. 21 Bilanzrichtlinie-UmsetzungsG v. 17.7.2015 (BGBl. I S. 1245), Art. 15 G zur Umsetzung der RL über alternative Streitbeilegung in Verbraucherangelegenheiten und zur Durchführung der VO über Online-Streitbeilegung in Verbraucherangelegenheiten v. 19.2.2016 (BGBl. I S. 254), Art. 20 Abs. 3 BundesteilhabeG v. 23.12.2016 (BGBl. I S. 3234), Art. 1i Heil- und HilfsmittelversorgungsG v. 4.4.2017 (BGBl. I S. 778), Art. 6 Abs. 31 G zur Neuregelung des Mutterschutzrechts v. 23.5.2017 (BGBl. I S. 1228), Art. 3 G zur Umsetzung der Richtlinie (EU) 2016/97 über Versicherungsvertrieb und zur Änd. weiterer Gesetze v. 20.7.2017 (BGBl. I S. 2789), Art. 15 Betriebsrentenstärkungsgesetz v. 17.8.2017 (BGBl. I S. 3214), Art. 2 G zur Änd. von Vorschriften über die außergerichtl. Streitbeilegung in Verbrauchersachen und zur Änd. weiterer Gesetze v. 30.11.2019 (BGBl. I S. 1942), Art. 6 Zweites G zum Schutz der Bevölkerung bei einer epidemischen Lage von nationaler Tragweite v. 19.5.2020 (BGBl. I S. 1018) und Art. 2 G zur Haftung bei Unfällen mit Anhängern und Gespannen im Straßenverkehr v. 10.7.2020 (BGBl. I S. 1653)

– Auszug –

§ 23 Gefahrerhöhung. (1) Der Versicherungsnehmer darf nach Abgabe seiner Vertragserklärung ohne Einwilligung des Versicherers keine Gefahrerhöhung vornehmen oder deren Vornahme durch einen Dritten gestatten.

(2) Erkennt der Versicherungsnehmer nachträglich, dass er ohne Einwilligung des Versicherers eine Gefahrerhöhung vorgenommen oder gestattet hat, hat er die Gefahrerhöhung dem Versicherer unverzüglich anzuzeigen.

(3) Tritt nach Abgabe der Vertragserklärung des Versicherungsnehmers eine Gefahrerhöhung unabhängig von seinem Willen ein, hat er die Gefahrerhöhung, nachdem er von ihr Kenntnis erlangt hat, dem Versicherer unverzüglich anzuzeigen.

[1)] Verkündet als Art. 1 G zur Reform des Versicherungsvertragsrechts v. 23.11.2007 (BGBl. I S. 2631); Inkrafttreten gem. Art. 12 dieses G am 1.1.2008; mit Ausnahme des § 7 Abs. 2 und 3, der bereits am 30.11.2007 in Kraft getreten ist.

§ 24 Kündigung wegen Gefahrerhöhung. (1) [1] Verletzt der Versicherungsnehmer seine Verpflichtung nach § 23 Abs. 1, kann der Versicherer den Vertrag ohne Einhaltung einer Frist kündigen, es sei denn, der Versicherungsnehmer hat die Verpflichtung weder vorsätzlich noch grob fahrlässig verletzt. [2] Beruht die Verletzung auf einfacher Fahrlässigkeit, kann der Versicherer unter Einhaltung einer Frist von einem Monat kündigen.

(2) In den Fällen einer Gefahrerhöhung nach § 23 Abs. 2 und 3 kann der Versicherer den Vertrag unter Einhaltung einer Frist von einem Monat kündigen.

(3) Das Kündigungsrecht nach den Absätzen 1 und 2 erlischt, wenn es nicht innerhalb eines Monats ab der Kenntnis des Versicherers von der Erhöhung der Gefahr ausgeübt wird oder wenn der Zustand wiederhergestellt ist, der vor der Gefahrerhöhung bestanden hat.

§ 25 Prämienerhöhung wegen Gefahrerhöhung. (1) [1] Der Versicherer kann an Stelle einer Kündigung ab dem Zeitpunkt der Gefahrerhöhung eine seinen Geschäftsgrundsätzen für diese höhere Gefahr entsprechende Prämie verlangen oder die Absicherung der höheren Gefahr ausschließen. [2] Für das Erlöschen dieses Rechtes gilt § 24 Abs. 3 entsprechend.

(2) [1] Erhöht sich die Prämie als Folge der Gefahrerhöhung um mehr als 10 Prozent oder schließt der Versicherer die Absicherung der höheren Gefahr aus, kann der Versicherungsnehmer den Vertrag innerhalb eines Monats nach Zugang der Mitteilung des Versicherers ohne Einhaltung einer Frist kündigen. [2] Der Versicherer hat den Versicherungsnehmer in der Mitteilung auf dieses Recht hinzuweisen.

§ 26 Leistungsfreiheit wegen Gefahrerhöhung. (1) [1] Tritt der Versicherungsfall nach einer Gefahrerhöhung ein, ist der Versicherer nicht zur Leistung verpflichtet, wenn der Versicherungsnehmer seine Verpflichtung nach § 23 Abs. 1 vorsätzlich verletzt hat. [2] Im Fall einer grob fahrlässigen Verletzung ist der Versicherer berechtigt, seine Leistung in einem der Schwere des Verschuldens des Versicherungsnehmers entsprechenden Verhältnis zu kürzen; die Beweislast für das Nichtvorliegen einer groben Fahrlässigkeit trägt der Versicherungsnehmer.

(2) [1] In den Fällen einer Gefahrerhöhung nach § 23 Abs. 2 und 3 ist der Versicherer nicht zur Leistung verpflichtet, wenn der Versicherungsfall später als einen Monat nach dem Zeitpunkt eintritt, zu dem die Anzeige dem Versicherer hätte zugegangen sein müssen, es sei denn, dem Versicherer war die Gefahrerhöhung zu diesem Zeitpunkt bekannt. [2] Er ist zur Leistung verpflichtet, wenn die Verletzung der Anzeigepflicht nach § 23 Abs. 2 und 3 nicht auf Vorsatz beruht; im Fall einer grob fahrlässigen Verletzung gilt Absatz 1 Satz 2.

(3) Abweichend von den Absätzen 1 und 2 Satz 1 ist der Versicherer zur Leistung verpflichtet,

1. soweit die Gefahrerhöhung nicht ursächlich für den Eintritt des Versicherungsfalles oder den Umfang der Leistungspflicht war oder
2. wenn zur Zeit des Eintrittes des Versicherungsfalles die Frist für die Kündigung des Versicherers abgelaufen und eine Kündigung nicht erfolgt war.

§ 81 Herbeiführung des Versicherungsfalles. (1) Der Versicherer ist nicht zur Leistung verpflichtet, wenn der Versicherungsnehmer vorsätzlich den Versicherungsfall herbeiführt.

(2) Führt der Versicherungsnehmer den Versicherungsfall grob fahrlässig herbei, ist der Versicherer berechtigt, seine Leistung in einem der Schwere des Verschuldens des Versicherungsnehmers entsprechenden Verhältnis zu kürzen.

§ 82 Abwendung und Minderung des Schadens. (1) Der Versicherungsnehmer hat bei Eintritt des Versicherungsfalles nach Möglichkeit für die Abwendung und Minderung des Schadens zu sorgen.

(2) [1] Der Versicherungsnehmer hat Weisungen des Versicherers, soweit für ihn zumutbar, zu befolgen sowie Weisungen einzuholen, wenn die Umstände dies gestatten. [2] Erteilen mehrere an dem Versicherungsvertrag beteiligte Versicherer unterschiedliche Weisungen, hat der Versicherungsnehmer nach pflichtgemäßem Ermessen zu handeln.

(3) [1] Bei Verletzung einer Obliegenheit nach den Absätzen 1 und 2 ist der Versicherer nicht zur Leistung verpflichtet, wenn der Versicherungsnehmer die Obliegenheit vorsätzlich verletzt hat. [2] Im Fall einer grob fahrlässigen Verletzung ist der Versicherer berechtigt, seine Leistung in einem der Schwere des Verschuldens des Versicherungsnehmers entsprechenden Verhältnis zu kürzen; die Beweislast für das Nichtvorliegen einer groben Fahrlässigkeit trägt der Versicherungsnehmer.

(4) [1] Abweichend von Absatz 3 ist der Versicherer zur Leistung verpflichtet, soweit die Verletzung der Obliegenheit weder für die Feststellung des Versicherungsfalles noch für die Feststellung oder den Umfang der Leistungspflicht ursächlich ist. [2] Satz 1 gilt nicht, wenn der Versicherungsnehmer die Obliegenheit arglistig verletzt hat.

§ 115 Direktanspruch. (1) [1] Der Dritte kann seinen Anspruch auf Schadensersatz auch gegen den Versicherer geltend machen,

1. wenn es sich um eine Haftpflichtversicherung zur Erfüllung einer nach dem Pflichtversicherungsgesetz bestehenden Versicherungspflicht handelt oder
2. wenn über das Vermögen des Versicherungsnehmers das Insolvenzverfahren eröffnet oder der Eröffnungsantrag mangels Masse abgewiesen worden ist oder ein vorläufiger Insolvenzverwalter bestellt worden ist oder
3. wenn der Aufenthalt des Versicherungsnehmers unbekannt ist.

[2] Der Anspruch besteht im Rahmen der Leistungspflicht des Versicherers aus dem Versicherungsverhältnis und, soweit eine Leistungspflicht nicht besteht, im Rahmen des § 117 Abs. 1 bis 4. [3] Der Versicherer hat den Schadensersatz in Geld zu leisten. [4] Der Versicherer und der ersatzpflichtige Versicherungsnehmer haften als Gesamtschuldner.

(2) [1] Der Anspruch nach Absatz 1 unterliegt der gleichen Verjährung wie der Schadensersatzanspruch gegen den ersatzpflichtigen Versicherungsnehmer. [2] Die Verjährung beginnt mit dem Zeitpunkt, zu dem die Verjährung des Schadensersatzanspruchs gegen den ersatzpflichtigen Versicherungsnehmer beginnt; sie endet jedoch spätestens nach zehn Jahren von dem Eintritt des

Schadens an. [3] Ist der Anspruch des Dritten bei dem Versicherer angemeldet worden, ist die Verjährung bis zu dem Zeitpunkt gehemmt, zu dem die Entscheidung des Versicherers dem Anspruchsteller in Textform zugeht. [4] Die Hemmung, die Ablaufhemmung und der Neubeginn der Verjährung des Anspruchs gegen den Versicherer wirken auch gegenüber dem ersatzpflichtigen Versicherungsnehmer und umgekehrt.

§ 117[1)] Leistungspflicht gegenüber Dritten. (1) Ist der Versicherer von der Verpflichtung zur Leistung dem Versicherungsnehmer gegenüber ganz oder teilweise frei, so bleibt gleichwohl seine Verpflichtung in Ansehung des Dritten bestehen.

(2) [1] Ein Umstand, der das Nichtbestehen oder die Beendigung des Versicherungsverhältnisses zur Folge hat, wirkt in Ansehung des Dritten erst mit dem Ablauf eines Monats, nachdem der Versicherer diesen Umstand der hierfür zuständigen Stelle angezeigt hat. [2] Dies gilt auch, wenn das Versicherungsverhältnis durch Zeitablauf endet. [3] Der Lauf der Frist beginnt nicht vor Beendigung des Versicherungsverhältnisses. [4] Ein in den Sätzen 1 und 2 bezeichneter Umstand kann dem Dritten auch dann entgegengehalten werden, wenn vor dem Zeitpunkt des Schadensereignisses der hierfür zuständigen Stelle die Bestätigung einer entsprechend den Rechtsvorschriften abgeschlossenen neuen Versicherung zugegangen ist. [5] Die vorstehenden Vorschriften dieses Absatzes gelten nicht, wenn eine zur Entgegennahme der Anzeige nach Satz 1 zuständige Stelle nicht bestimmt ist.

(3) [1] In den Fällen der Absätze 1 und 2 ist der Versicherer nur im Rahmen der vorgeschriebenen Mindestversicherungssumme und der von ihm übernommenen Gefahr zur Leistung verpflichtet. [2] Er ist leistungsfrei, soweit der Dritte Ersatz seines Schadens von einem anderen Schadensversicherer oder von einem Sozialversicherungsträger erlangen kann.

(4) [1] Trifft die Leistungspflicht des Versicherers nach Absatz 1 oder Absatz 2 mit einer Ersatzpflicht auf Grund fahrlässiger Amtspflichtverletzung zusammen, wird die Ersatzpflicht nach § 839 Abs. 1 des Bürgerlichen Gesetzbuchs im Verhältnis zum Versicherer nicht dadurch ausgeschlossen, dass die Voraussetzungen für die Leistungspflicht des Versicherers vorliegen. [2] Satz 1 gilt nicht, wenn der Beamte nach § 839 des Bürgerlichen Gesetzbuchs[2)] persönlich haftet.

(5) [1] Soweit der Versicherer den Dritten nach den Absätzen 1 bis 4 befriedigt und ein Fall des § 116 nicht vorliegt, geht die Forderung des Dritten gegen den Versicherungsnehmer auf ihn über. [2] Der Übergang kann nicht zum Nachteil des Dritten geltend gemacht werden.

(6) [1] Wird über das Vermögen des Versicherers das Insolvenzverfahren eröffnet, endet das Versicherungsverhältnis abweichend von § 16 erst mit dem Ablauf eines Monats, nachdem der Insolvenzverwalter diesen Umstand der hierfür zuständigen Stelle angezeigt hat; bis zu diesem Zeitpunkt bleibt es der Insolvenzmasse gegenüber wirksam. [2] Ist eine zur Entgegennahme der Anzeige nach Satz 1 zuständige Stelle nicht bestimmt, endet das Versicherungs-

[1)] § 117 Abs. 1 neu gef., Abs. 2 Sätze 1 und 4 geänd., Abs. 5 eingef., bish. Abs. 5 wird Abs. 6 mWv 18.12.2007 durch G v. 10.12.2007 (BGBl. I S. 2833).

[2)] Nr. **650**.

verhältnis einen Monat nach der Benachrichtigung des Versicherungsnehmers von der Eröffnung des Insolvenzverfahrens; die Benachrichtigung bedarf der Textform.

641. Allgemeine Bedingungen für die Kfz-Versicherung (AKB 2015)[1]

Musterbedingungen des GDV[2]

Stand: 12. Oktober 2017

Unverbindliche Bekanntgabe des Gesamtverbandes der Deutschen Versicherungswirtschaft e.V. (GDV) zur fakultativen Verwendung. Abweichende Vereinbarungen sind möglich.

Inhaltsverzeichnis

[1] Verfasser: Arbeitsgruppe Bedingungen und betriebliche Grundsatzfragen der Kommission Kraftfahrt Betrieb (KKB).
[2] In der jeweils aktuellen Fassung kostenlos abrufbar unter www.gdv.de.

19. Milchtankwagen
20. Selbstfahrende Arbeitsmaschinen
21. Lkw bis 3,5 t zulässige Gesamtmasse
22. Lkw über 3,5 t zulässige Gesamtmasse
23. Zugmaschinen

Die Kfz-Versicherung umfasst je nach dem Inhalt des Versicherungsvertrags folgende Versicherungsarten:

- Kfz-Haftpflichtversicherung (A.1)
- Kaskoversicherung (A.2)
- Autoschutzbrief (A.3)
- Kfz-Unfallversicherung (A.4)
- Fahrerschutzversicherung (A.5)

Diese Versicherungen werden als jeweils rechtlich selbstständige Verträge abgeschlossen. Ihrem Versicherungsschein können Sie entnehmen, welche Versicherungen Sie für Ihr Fahrzeug abgeschlossen haben.
Es gilt deutsches Recht. Die Vertragssprache ist deutsch.

A. Welche Leistungen umfasst Ihre Kfz-Versicherung?

A.1 Kfz-Haftpflichtversicherung – für Schäden, die Sie mit Ihrem Fahrzeug Anderen zufügen

A.1.1 Was ist versichert?

Sie haben mit Ihrem Fahrzeug einen Anderen geschädigt

A.1.1.1 Wir stellen Sie von Schadenersatzansprüchen frei, wenn durch den Gebrauch des Fahrzeugs

a) Personen verletzt oder getötet werden,

b) Sachen beschädigt oder zerstört werden oder abhanden kommen,

c) Vermögensschäden verursacht werden, die weder mit einem Personen- noch mit einem Sachschaden mittelbar oder unmittelbar zusammenhängen (reine Vermögensschäden),

und deswegen gegen Sie oder uns Schadenersatzansprüche aufgrund von Haftpflichtbestimmungen des Bürgerlichen Gesetzbuchs oder des Straßenverkehrsgesetzes[1] oder aufgrund anderer gesetzlicher Haftpflichtbestimmungen des Privatrechts geltend gemacht werden. Zum Gebrauch des Fahrzeugs gehört neben dem Fahren z.B. das Ein- und Aussteigen sowie das Be- und Entladen.

Begründete und unbegründete Schadenersatzansprüche

A.1.1.2 Sind Schadenersatzansprüche begründet, leisten wir Schadenersatz in Geld.

A.1.1.3 Sind Schadenersatzansprüche unbegründet, wehren wir diese auf unsere Kosten ab. Dies gilt auch, soweit Schadenersatzansprüche der Höhe nach unbegründet sind.

[1] Nr. **10**.

Regulierungsvollmacht

A.1.1.4 Wir sind bevollmächtigt, gegen Sie geltend gemachte Schadenersatzansprüche in Ihrem Namen zu erfüllen oder abzuwehren und alle dafür zweckmäßig erscheinenden Erklärungen im Rahmen pflichtgemäßen Ermessens abzugeben.

Mitversicherung von Anhängern, Aufliegern und abgeschleppten Fahrzeugen

A.1.1.5 Ist mit dem versicherten Kraftfahrzeug ein Anhänger oder Auflieger verbunden, erstreckt sich der Versicherungsschutz auch hierauf. Der Versicherungsschutz umfasst auch Fahrzeuge, die mit dem versicherten Kraftfahrzeug abgeschleppt oder geschleppt werden, wenn für diese kein eigener Haftpflichtversicherungsschutz besteht.

Dies gilt auch, wenn sich der Anhänger oder Auflieger oder das abgeschleppte oder geschleppte Fahrzeug während des Gebrauchs von dem versicherten Kraftfahrzeug löst und sich noch in Bewegung befindet.

A.1.2 Wer ist versichert?

Der Schutz der Kfz-Haftpflichtversicherung gilt für Sie und für folgende Personen (mitversicherte Personen):

a) den Halter des Fahrzeugs,

b) den Eigentümer des Fahrzeugs,

c) den Fahrer des Fahrzeugs,

d) den Beifahrer, der im Rahmen seines Arbeitsverhältnisses mit Ihnen oder mit dem Halter den berechtigten Fahrer zu seiner Ablösung oder zur Vornahme von Lade- und Hilfsarbeiten nicht nur gelegentlich begleitet,

e) Ihren Arbeitgeber oder öffentlichen Dienstherrn, wenn das Fahrzeug mit Ihrer Zustimmung für dienstliche Zwecke gebraucht wird,

f) den Omnibusschaffner, der im Rahmen seines Arbeitsverhältnisses mit Ihnen oder mit dem Halter des versicherten Fahrzeugs tätig ist,

g) den Halter, Eigentümer, Fahrer, Beifahrer und Omnibusschaffner eines nach A.1.1.5 mitversicherten Fahrzeugs.

Diese Personen können Ansprüche aus dem Versicherungsvertrag selbstständig gegen uns erheben.

A.1.3 Bis zu welcher Höhe leisten wir (Versicherungssummen)?

Höchstzahlung

A.1.3.1 Unsere Zahlungen für ein Schadenereignis sind jeweils beschränkt auf die Höhe der für Personen-, Sach- und Vermögensschäden vereinbarten Versicherungssummen. Mehrere zeitlich zusammenhängende Schäden, die dieselbe Ursache haben, gelten als ein einziges Schadenereignis. Die Höhe Ihrer Versicherungssummen können Sie dem Versicherungsschein entnehmen.

A.1.3.2 Bei Schäden von Insassen in einem mitversicherten Anhänger gelten xx < *die gesetzlichen Mindestversicherungssummen oder höhere individuell vereinbarte Versicherungssummen; ist keine Begrenzung gewünscht, entfällt Klausel A.1.3.2* >.

Übersteigen der Versicherungssummen

A.1.3.3 Übersteigen die Ansprüche die Versicherungssummen, richten sich unsere Zahlungen nach den Bestimmungen des Versicherungsvertragsgesetzes und der Kfz-Pflichtversicherungsverordnung[1]. In diesem Fall müssen Sie für einen nicht oder nicht vollständig befriedigten Schadenersatzanspruch selbst einstehen.

A.1.4 In welchen Ländern besteht Versicherungsschutz?

Versicherungsschutz in Europa und in der EU

A.1.4.1 Sie haben in der Kfz-Haftpflichtversicherung Versicherungsschutz in den geographischen Grenzen Europas sowie den außereuropäischen Gebieten, die zum Geltungsbereich der Europäischen Union gehören. Ihr Versicherungsschutz richtet sich nach dem im Besuchsland gesetzlich vorgeschriebenen Versicherungsumfang, mindestens jedoch nach dem Umfang Ihres Versicherungsvertrags.

Internationale Versicherungskarte (Grüne Karte)

A.1.4.2 Haben wir Ihnen die Grüne Karte ausgehändigt, gilt: Ihr Versicherungsschutz in der Kfz-Haftpflichtversicherung erstreckt sich auch auf die dort genannten nichteuropäischen Länder, soweit Länderbezeichnungen nicht durchgestrichen sind. Hinsichtlich des Versicherungsumfangs gilt A.1.4.1 Satz 2.

A.1.5 Was ist nicht versichert?

Vorsatz

A.1.5.1 Kein Versicherungsschutz besteht für Schäden, die Sie vorsätzlich und widerrechtlich herbeiführen.

Genehmigte Rennen

A.1.5.2 Kein Versicherungsschutz besteht für Schäden, die bei Beteiligung an behördlich genehmigten kraftfahrt-sportlichen Veranstaltungen, bei denen es auf die Erzielung einer Höchstgeschwindigkeit ankommt, entstehen. Dies gilt auch für dazugehörige Übungsfahrten.

Hinweis: Die Teilnahme an nicht genehmigten Rennen stellt eine Verletzung Ihrer Pflichten nach D.1.1.4 dar.

Beschädigung des versicherten Fahrzeugs

A.1.5.3 Kein Versicherungsschutz besteht für die Beschädigung, die Zerstörung oder das Abhandenkommen des versicherten Fahrzeugs.

Beschädigung von Anhängern oder abgeschleppten Fahrzeugen

A.1.5.4 Kein Versicherungsschutz besteht für die Beschädigung, die Zerstörung oder das Abhandenkommen

[1] Nr. **615**.

- eines mit dem versicherten Fahrzeug verbundenen Anhängers oder Aufliegers
- eines mit dem versicherten Fahrzeug geschleppten oder abgeschleppten Fahrzeugs.

Versicherungsschutz besteht jedoch, wenn mit dem versicherten Kraftfahrzeug ein betriebsunfähiges Fahrzeug im Rahmen üblicher Hilfeleistung ohne gewerbliche Absicht abgeschleppt wird und dabei am abgeschleppten Fahrzeug Schäden verursacht werden.

Beschädigung von beförderten Sachen

A.1.5.5 Kein Versicherungsschutz besteht bei Schadenersatzansprüchen wegen Beschädigung, Zerstörung oder Abhandenkommens von Sachen, die mit dem versicherten Fahrzeug befördert werden.

Versicherungsschutz besteht jedoch für Sachen, die Insassen eines Kraftfahrzeugs üblicherweise mit sich führen (z.B. Kleidung, Brille, Brieftasche). Bei Fahrten, die überwiegend der Personenbeförderung dienen, besteht außerdem Versicherungsschutz für Sachen, die Insassen zum persönlichen Gebrauch üblicherweise mit sich führen (z.B. Reisegepäck, Reiseproviant). Kein Versicherungsschutz besteht für Sachen unberechtigter Insassen.

Ihr Schadenersatzanspruch gegen eine mitversicherte Person

A.1.5.6 Kein Versicherungsschutz besteht für Sach- oder Vermögensschäden, die eine mitversicherte Person Ihnen, dem Halter oder dem Eigentümer durch den Gebrauch des Fahrzeugs zufügt. Versicherungsschutz besteht jedoch für Personenschäden, wenn Sie z.B. als Beifahrer Ihres Fahrzeugs verletzt werden.

Nichteinhaltung von Liefer- und Beförderungsfristen

A.1.5.7 Kein Versicherungsschutz besteht für reine Vermögensschäden, die durch die Nichteinhaltung von Liefer- und Beförderungsfristen entstehen.

Vertragliche Ansprüche

A.1.5.8 Kein Versicherungsschutz besteht für Haftpflichtansprüche, soweit sie aufgrund Vertrags oder besonderer Zusage über den Umfang der gesetzlichen Haftpflicht hinausgehen.

Schäden durch Kernenergie

A.1.5.9 Kein Versicherungsschutz besteht für Schäden durch Kernenergie.

A.2 Kaskoversicherung – für Schäden an Ihrem Fahrzeug

A.2.1 Was ist versichert?

A.2.1.1 Ihr Fahrzeug

Versichert ist Ihr Fahrzeug gegen Beschädigung, Zerstörung, Totalschaden oder Verlust infolge eines Ereignisses nach A.2.2.1 (Teilkasko) oder A.2.2.2 (Vollkasko).

A.2.1.2 Mitversicherte Teile und nicht versicherbare Gegenstände

Versichert sind auch die unter A.2.1.2.1 und A.2.1.2.2 als mitversichert aufgeführten Fahrzeugteile und als mitversichert aufgeführtes Fahrzeugzubehör, sofern sie straßenverkehrsrechtlich zulässig sind (mitversicherte Teile). Bei Beschädigung, Zerstörung, Totalschaden oder Verlust von mitversicherten Teilen gelten die nachfolgenden Regelungen in A.2 entsprechend, soweit nichts anderes geregelt ist.

<Redaktioneller Hinweis: Falls eine Kaskoklausel nicht für mitversicherte Teile gelten soll, müsste dies in der jeweiligen Klausel ausdrücklich ausgeschlossen werden.>

Beitragsfrei mitversicherte Teile

A.2.1.2.1 Soweit in A.2.1.2.2 nicht anders geregelt, sind folgende Fahrzeugteile und folgendes Fahrzeugzubehör des versicherten Fahrzeugs ohne Mehrbeitrag mitversichert:

a) Fest im Fahrzeug eingebaute oder fest am Fahrzeug angebaute Fahrzeugteile

b) Fest im Fahrzeug eingebautes oder am Fahrzeug angebautes oder im Fahrzeug unter Verschluss verwahrtes Fahrzeugzubehör. Voraussetzung ist, dass es ausschließlich dem Gebrauch des Fahrzeugs dient (z.B. Schonbezüge, Pannenwerkzeug) und nach allgemeiner Verkehrsanschauung nicht als Luxus angesehen wird.

c) Im Fahrzeug unter Verschluss verwahrte Fahrzeugteile, die zur Behebung von Betriebsstörungen des Fahrzeugs üblicherweise mitgeführt werden (z.B. Sicherungen und Leuchtmittel)

d) Schutzhelme (auch mit Wechselsprechanlage), solange sie bestimmungsgemäß gebraucht werden oder mit dem abgestellten Fahrzeug so fest verbunden sind, dass ein unbefugtes Entfernen ohne Beschädigung nicht möglich ist

e) Planen, Gestelle für Planen (Spriegel)

f) Folgende außerhalb des Fahrzeugs unter Verschluss gehaltene Teile:

- ein zusätzlicher Satz Räder mit Winter- oder Sommerbereifung,
- Dach-/Heckständer, Hardtop, Schneeketten und Kindersitze,
- nach a bis f mitversicherte Fahrzeugteile und Fahrzeugzubehör während einer Reparatur.

Abhängig vom Gesamtneuwert mitversicherte Teile

A.2.1.2.2 Die nachfolgend unter a bis e aufgeführten Teile sind ohne Beitragszuschlag mitversichert, wenn sie im Fahrzeug fest eingebaut oder am Fahrzeug fest angebaut sind:

- bei Pkw, Krafträdern, xx < Alle gewünschten WKZ aufführen > bis zu einem Gesamtneuwert der Teile von xx EUR (brutto) und
- bei sonstigen Fahrzeugarten (z.B. Lkw, *xx < Als Beispiele gewünschte WKZ aufführen >*) bis zu einem Gesamtneuwert der Teile von xx EUR (brutto)

a) Radio- und sonstige Audiosysteme, Video-, technische Kommunikations- und Leitsysteme (z.B. fest eingebaute Navigationssysteme),

b) zugelassene Veränderungen an Fahrwerk, Triebwerk, Auspuff, Innenraum oder Karosserie (Tuning), die der Steigerung der Motorleistung, des Motordrehmoments, der Veränderung des Fahrverhaltens dienen oder zu einer Wertsteigerung des Fahrzeugs führen,

c) individuell für das Fahrzeug angefertigte Sonderlackierungen und -beschriftungen sowie besondere Oberflächenbehandlungen,

d) Beiwagen und Verkleidungen bei Krafträdern, Leichtkrafträdern, Kleinkrafträdern, Trikes, Quads und Fahrzeugen mit Versicherungskennzeichen,

e) Spezialaufbauten (z.B. Kran-, Tank-, Silo-, Kühl- und Thermoaufbauten) und Spezialeinrichtungen (z.B. für Werkstattwagen, Messfahrzeuge, Krankenwagen).

Ist der Gesamtneuwert der unter a bis e aufgeführten Teile höher als die genannte Wertgrenze, ist der übersteigende Wert nur mitversichert, wenn dies ausdrücklich vereinbart ist.

Bis zur genannten Wertgrenze verzichten wir auf eine Kürzung der Entschädigung wegen Unterversicherung.

Nicht versicherbare Gegenstände

A.2.1.2.3 Nicht versicherbar sind alle sonstigen Gegenstände, z.B. Mobiltelefone und mobile Navigationsgeräte, auch bei Verbindung mit dem Fahrzeug durch eine Halterung, Reisegepäck, persönliche Gegenstände der Insassen.

A.2.2 Welche Ereignisse sind versichert?

A.2.2.1 Welche Ereignisse sind in der Teilkasko versichert?

Versicherungsschutz besteht bei Beschädigung, Zerstörung, Totalschaden oder Verlust des Fahrzeugs einschließlich seiner mitversicherten Teile durch die nachfolgenden Ereignisse:

Brand und Explosion

A.2.2.1.1 Versichert sind Brand und Explosion. Als Brand gilt ein Feuer mit Flammenbildung, das ohne einen bestimmungsgemäßen Herd entstanden ist oder ihn verlassen hat und sich aus eigener Kraft auszubreiten vermag. Nicht als Brand gelten Schmor- und Sengschäden. Explosion ist eine auf dem Ausdehnungsbestreben von Gasen oder Dämpfen beruhende, plötzlich verlaufende Kraftäußerung.

Entwendung

A.2.2.1.2 Versichert ist die Entwendung in nachfolgenden Fällen:

a) Versichert sind Diebstahl und Raub sowie die Herausgabe des Fahrzeugs aufgrund räuberischer Erpressung.

b) Unterschlagung ist nur versichert, wenn dem Täter das Fahrzeug weder zum Gebrauch in seinem eigenen Interesse, noch zur Veräußerung noch unter Eigentumsvorbehalt überlassen wird.

c) Unbefugter Gebrauch ist nur versichert, wenn der Täter in keiner Weise berechtigt ist, das Fahrzeug zu gebrauchen. Nicht als unbefugter Gebrauch gilt insbesondere, wenn der Täter vom

Verfügungsberechtigten mit der Betreuung des Fahrzeugs beauftragt wird (z.B. Werkstatt- oder Hotelmitarbeiter). Außerdem besteht kein Versicherungsschutz, wenn der Täter in einem Näheverhältnis zu dem Verfügungsberechtigten steht, z.B. dessen Arbeitnehmer, Familien- oder Haushaltsangehöriger ist.

Sturm, Hagel, Blitzschlag, Überschwemmung

A.2.2.1.3 Versichert ist die unmittelbare Einwirkung von Sturm, Hagel, Blitzschlag oder Überschwemmung auf das Fahrzeug. Als Sturm gilt eine wetterbedingte Luftbewegung von mindestens Windstärke 8. Eingeschlossen sind Schäden, die dadurch verursacht werden, dass durch diese Naturgewalten Gegenstände auf oder gegen das Fahrzeug geworfen werden. Ausgeschlossen sind Schäden, die auf ein durch diese Naturgewalten veranlasstes Verhalten des Fahrers zurückzuführen sind.

Zusammenstoß mit Haarwild

A.2.2.1.4 Versichert ist der Zusammenstoß des in Fahrt befindlichen Fahrzeugs mit Haarwild im Sinne von § 2 Abs. 1 Nr. 1 des Bundesjagdgesetzes (z.B. Reh, Wildschwein).

Glasbruch

A.2.2.1.5 Versichert sind Bruchschäden an der Verglasung des Fahrzeugs. Als Verglasung gelten Glas- und Kunststoffscheiben (z.B. Front-, Heck-, Dach-, Seiten- und Trennscheiben), Spiegelglas und Abdeckungen von Leuchten. Nicht zur Verglasung gehören Glas- und Kunststoffteile von Mess-, Assistenz-, Kamera- und Informationssystemen, Solarmodulen, Displays, Monitoren sowie Leuchtmittel. Nicht versichert sind Folgeschäden.

Kurzschlussschäden an der Verkabelung

A.2.2.1.6 Versichert sind Schäden an der Verkabelung des Fahrzeugs durch Kurzschluss. Folgeschäden sind nicht versichert.

A.2.2.2 Welche Ereignisse sind in der Vollkasko versichert?

Versicherungsschutz besteht bei Beschädigung, Zerstörung, Totalschaden oder Verlust des Fahrzeugs, einschließlich seiner mitversicherten Teile durch die nachfolgenden Ereignisse:

Ereignisse der Teilkasko

A.2.2.2.1 Versichert sind die Schadenereignisse der Teilkasko nach A.2.2.1.

Unfall

A.2.2.2.2 Versichert sind Schäden am Fahrzeug durch Unfall. Ein Unfall ist ein unmittelbar von außen plötzlich mit mechanischer Gewalt auf das Fahrzeug einwirkendes Ereignis.

Keine Unfallschäden sind deshalb insbesondere:

- Schäden am Fahrzeug, die ihre alleinige Ursache in einem Bremsvorgang haben, z.B. Schäden an der Bremsanlage oder an den Reifen.

- Schäden am Fahrzeug, die ausschließlich aufgrund eines Betriebsvorgangs eintreten, z.B. durch falsches Bedienen, falsches Betanken oder verrutschende Ladung.
- Schäden am Fahrzeug, die ihre alleinige Ursache in einer Materialermüdung, Überbeanspruchung oder Abnutzung haben.
- Schäden zwischen ziehendem und gezogenem Fahrzeug oder Anhänger ohne Einwirkung von außen, z.B. Rangierschäden am Zugfahrzeug durch den Anhänger.
- Verwindungsschäden.

Vorhersehbare Beschädigungen des Fahrzeugs, die üblicherweise im Rahmen der bestimmungsgemäßen Verwendung des Fahrzeugs entstehen, gelten nicht als Unfallschaden. Beispiel: Schäden an der Ladeoberfläche eines Lkw durch Beladen mit Kies.

Mut- oder böswillige Handlungen

A.2.2.2.3 Versichert sind mut- oder böswillige Handlungen von Personen, die in keiner Weise berechtigt sind, das Fahrzeug zu gebrauchen. Als berechtigt sind insbesondere Personen anzusehen, die vom Verfügungsberechtigten mit der Betreuung des Fahrzeugs beauftragt wurden (z.B. Werkstatt- oder Hotelmitarbeiter) oder in einem Näheverhältnis zu dem Verfügungsberechtigten stehen (z.B. dessen Arbeitnehmer, Familien- oder Haushaltsangehörige).

A.2.3 Wer ist versichert?

Der Schutz der Kaskoversicherung gilt für Sie und, wenn der Vertrag auch im Interesse einer weiteren Person abgeschlossen ist, z.B. des Leasinggebers als Eigentümer des Fahrzeugs, auch für diese Person.

A.2.4 In welchen Ländern besteht Versicherungsschutz?

Sie haben in Kasko Versicherungsschutz in den geographischen Grenzen Europas sowie den außereuropäischen Gebieten, die zum Geltungsbereich der Europäischen Union gehören.

A.2.5 Was zahlen wir im Schadenfall?

Nachfolgende Entschädigungsregeln gelten bei Beschädigung, Zerstörung, Totalschaden oder Verlust des Fahrzeugs. Sie gelten entsprechend auch für mitversicherte Teile, soweit nichts anderes geregelt ist.

< Redaktioneller Hinweis: Falls etwas anderes gewollt ist, z.B. bei Werkstattsteuerung, bitte in der entsprechenden Entschädigungsregelung ergänzen: „Dies gilt nicht für. . .“ >

A.2.5.1 Was zahlen wir bei Totalschaden, Zerstörung oder Verlust?

Wiederbeschaffungswert abzüglich Restwert

A.2.5.1.1 Bei Totalschaden, Zerstörung oder Verlust des Fahrzeugs zahlen wir den Wiederbeschaffungswert unter Abzug eines vorhandenen Restwerts des Fahrzeugs. Lassen Sie Ihr Fahrzeug trotz Totalschadens oder Zerstörung reparieren, gilt A.2.5.2.1.

< Achtung! Es folgen zwei Varianten der Neupreisentschädigung >

Neupreisentschädigung bei Totalschaden, Zerstörung oder Verlust

A.2.5.1.2 Wir zahlen bei Pkw (ausgenommen Mietwagen, Taxen und Selbstfahrervermiet-Pkw) den Neupreis nach A.2.5.1.8 unter folgenden Voraussetzungen:

- Innerhalb von xx Monaten nach Erstzulassung tritt ein Totalschaden, eine Zerstörung oder ein Verlust des Pkw ein und
- der Pkw befindet sich bei Eintritt des Schadenereignisses im Eigentum dessen, der ihn als Neufahrzeug vom Kfz-Händler oder Kfz-Hersteller erworben hat.

Ein vorhandener Restwert des Pkw wird abgezogen.

[xx Neupreisentschädigung

A.2.5.1.2 Wir zahlen bei Pkw (ausgenommen Mietwagen, Taxen und Selbstfahrervermiet-Pkw) den Neupreis nach A.2.5.1.8 unter folgenden Voraussetzungen:

- Innerhalb von xx Monaten nach Erstzulassung tritt eine Zerstörung oder ein Verlust des Pkw ein oder die erforderlichen Reparaturkosten betragen mindestens xx % des Neupreises und
- der Pkw befindet sich bei Eintritt des Schadenereignisses im Eigentum dessen, der ihn als Neufahrzeug vom Kfz-Händler oder Kfz-Hersteller erworben hat.

Ein vorhandener Restwert des Pkw wird abgezogen.]

A.2.5.1.3 Wir zahlen die über den Wiederbeschaffungswert hinausgehende Neupreisentschädigung nur in der Höhe, in der gesichert ist, dass die Entschädigung innerhalb von zwei Jahren nach ihrer Feststellung für die Reparatur des Fahrzeugs oder den Erwerb eines anderen Fahrzeugs verwendet wird.

Abzug bei fehlender Wegfahrsperre im Falle eines Diebstahls

A.2.5.1.4 Bei Totalschaden, Zerstörung oder Verlust eines Pkw, xx < *gewünschte WKZ aufführen* > infolge Diebstahls vermindert sich die Entschädigung um xx %. Dies gilt nicht, wenn das Fahrzeug zum Zeitpunkt des Diebstahls durch eine selbstschärfende elektronische Wegfahrsperre gesichert war.

Die Regelung über die Selbstbeteiligung nach A.2.5.8 bleibt hiervon unberührt.

Was versteht man unter Totalschaden, Wiederbeschaffungswert, Restwert und Neupreis?

A.2.5.1.5 Ein Totalschaden liegt vor, wenn die erforderlichen Kosten der Reparatur des Fahrzeugs dessen Wiederbeschaffungswert übersteigen.

A.2.5.1.6 Wiederbeschaffungswert ist der Preis, den Sie für den Kauf eines gleichwertigen gebrauchten Fahrzeugs am Tag des Schadenereignisses bezahlen müssen.

A.2.5.1.7 Restwert ist der Veräußerungswert des Fahrzeugs im beschädigten oder zerstörten Zustand.

A.2.5.1.8 Neupreis ist der Betrag, der für den Kauf eines neuen Fahrzeugs in der Ausstattung des versicherten Fahrzeugs aufgewendet werden muss. Wird der Typ des versicherten Fahrzeugs nicht mehr hergestellt, gilt der Preis für ein vergleichbares Nachfolgemodell. Maßgeblich ist jeweils die unverbindliche Preisempfehlung des Herstellers am Tag des Schadenereignisses abzüglich orts- und marktüblicher Nachlässe.

A.2.5.2 Was zahlen wir bei Beschädigung?

Reparatur

A.2.5.2.1 Wird das Fahrzeug beschädigt, zahlen wir die für die Reparatur erforderlichen Kosten bis zu folgenden Obergrenzen:

a) Wenn das Fahrzeug vollständig und fachgerecht repariert wird, gilt:
Wir zahlen die hierfür erforderlichen Kosten bis zur Höhe des Wiederbeschaffungswerts nach A.2.5.1.6, wenn Sie uns dies durch eine Rechnung nachweisen. Fehlt dieser Nachweis, zahlen wir entsprechend A.2.5.2.1.b.

b) Wenn das Fahrzeug nicht, nicht vollständig oder nicht fachgerecht repariert wird, gilt:
Wir zahlen die erforderlichen Kosten einer vollständigen Reparatur bis zur Höhe des um den Restwert verminderten Wiederbeschaffungswerts (siehe A.2.5.1.6 und A.2.5.1.7).

< xx Den folgenden Hinweis sollten Verwender der zweiten Variante von A.2.5.1.2 einfügen: >

[Hinweis: Beachten Sie auch die Regelung zur Neupreisentschädigung in A.2.5.1.2]

Abschleppen

A.2.5.2.2 Bei Beschädigung des Fahrzeugs ersetzen wir die Kosten für das Abschleppen vom Schadenort bis zur nächstgelegenen für die Reparatur geeigneten Werkstatt. Dabei darf einschließlich unserer Leistungen wegen der Beschädigung des Fahrzeugs nach A.2.5.2.1 die Obergrenze nach A.2.5.2.1.a oder A.2.5.2.1.b nicht überschritten werden.

Wir zahlen nicht, wenn ein Dritter Ihnen gegenüber verpflichtet ist, diese Kosten zu übernehmen.

Abzug neu für alt

A.2.5.2.3 Wir ziehen von den Kosten der Ersatzteile und der Lackierung einen dem Alter und der Abnutzung der alten Teile entsprechenden Betrag ab (neu für alt), wenn

- bei der Reparatur alte Teile gegen Neuteile ausgetauscht werden oder
- das Fahrzeug ganz oder teilweise neu lackiert wird.

Der Abzug neu für alt ist auf die Bereifung, Batterie und Lackierung beschränkt, wenn das Schadenereignis

- bei Pkw, Krafträdern und Omnibussen in den ersten xx Jahren
- bei den übrigen Fahrzeugarten in den ersten xx Jahren

nach der Erstzulassung eintritt.

A.2.5.3 **Sachverständigenkosten**

Die Kosten eines Sachverständigen erstatten wir nur, wenn wir dessen Beauftragung veranlasst oder ihr zugestimmt haben.

A.2.5.4 **Mehrwertsteuer**

Mehrwertsteuer erstatten wir nur, wenn und soweit diese für Sie bei der von Ihnen gewählten Schadenbeseitigung tatsächlich angefallen ist. Die Mehrwertsteuer erstatten wir nicht, soweit Vorsteuerabzugsberechtigung besteht.

A.2.5.5 **Zusätzliche Regelungen bei Entwendung**

Wiederauffinden des Fahrzeugs

A.2.5.5.1 Wird das entwendete Fahrzeug innerhalb eines Monats nach Eingang der in Textform abgegebenen Schadenanzeige wieder aufgefunden, sind Sie zur Rücknahme des Fahrzeugs verpflichtet. Voraussetzung ist, dass Sie das Fahrzeug innerhalb dieses Zeitraums mit objektiv zumutbaren Anstrengungen wieder in Besitz nehmen können.

A.2.5.5.2 Wir zahlen die Kosten für die Abholung des Fahrzeugs, wenn es in einer Entfernung von mehr als 50 km (Luftlinie) aufgefunden wird. Ersetzt werden die Kosten in Höhe einer Bahnfahrkarte 2. Klasse für Hin- und Rückfahrt bis zu einer Höchstentfernung von 1.500 km (Bahnkilometer). Maßgeblich ist jeweils die Entfernung vom regelmäßigen Standort des Fahrzeugs zum Fundort.

Eigentumsübergang nach Entwendung

A.2.5.5.3 Sind Sie nicht nach A.2.5.5.1 zur Rücknahme des Fahrzeugs verpflichtet, werden wir dessen Eigentümer.

A.2.5.5.4 Haben wir die Versicherungsleistung wegen einer Pflichtverletzung (z.B. nach D.1.1, E.1.1 oder E.1.3 oder wegen grober Fahrlässigkeit nach A.2.9.1 Satz 2) gekürzt und wird das Fahrzeug wieder aufgefunden, gilt: Ihnen steht ein Anteil am erzielbaren Veräußerungserlös nach Abzug der erforderlichen Kosten zu, die im Zusammenhang mit der Rückholung und Verwertung entstanden sind. Der Anteil entspricht der Quote, um die wir Ihre Entschädigung gekürzt haben.

A.2.5.6 **Bis zu welcher Höhe leisten wir (Höchstentschädigung)?**

Unsere Höchstentschädigung ist beschränkt auf den Neupreis des Fahrzeugs nach A.2.5.1.8.

A.2.5.7 **Was wir nicht ersetzen und Rest- und Altteile**

Was wir nicht ersetzen

A.2.5.7.1 Wir zahlen nicht für Veränderungen, Verbesserungen, Alterungs- und Verschleißschäden. Ebenfalls nicht ersetzt werden Folgeschäden wie Verlust von Treibstoff und Betriebsmittel (z.B. Öl, Kühlflüssigkeit), Wertminderung, Zulassungskosten, Überführungskosten, Verwaltungskosten, Nutzungsausfall oder Kosten eines Mietfahrzeugs.

Rest- und Altteile

A.2.5.7.2 Rest- und Altteile sowie das unreparierte Fahrzeug verbleiben bei Ihnen und werden zum Veräußerungswert auf die Entschädigung angerechnet.

A.2.5.8 Selbstbeteiligung

Ist eine Selbstbeteiligung vereinbart, wird diese bei jedem Schadenereignis von der Entschädigung abgezogen. Ihrem Versicherungsschein können Sie entnehmen, ob und in welcher Höhe Sie eine Selbstbeteiligung vereinbart haben.

A.2.6 Sachverständigenverfahren bei Meinungsverschiedenheit über die Schadenhöhe

A.2.6.1 Bei Meinungsverschiedenheiten zur Schadenhöhe einschließlich der Feststellung des Wiederbeschaffungswerts oder über den Umfang der erforderlichen Reparaturarbeiten kann auf Ihren Wunsch vor Klageerhebung ein Sachverständigenausschuss entscheiden.

A.2.6.2 Für den Ausschuss benennen Sie und wir je einen Kraftfahrzeugsachverständigen. Wenn Sie oder wir innerhalb von zwei Wochen nach Aufforderung keinen Sachverständigen benennen, wird dieser von dem jeweils anderen bestimmt.

A.2.6.3 Soweit sich der Ausschuss nicht einigt, entscheidet ein weiterer Kraftfahrzeugsachverständiger als Obmann. Er soll vor Beginn des Verfahrens von dem Ausschuss gewählt werden. Einigt sich der Ausschuss nicht über die Person des Obmanns, wird er über das zuständige Amtsgericht benannt. Die Entscheidung des Obmanns muss zwischen den jeweils von den beiden Sachverständigen geschätzten Beträgen liegen.

A.2.6.4 Die Kosten des Sachverständigenverfahrens sind im Verhältnis des Obsiegens zum Unterliegen von uns bzw. von Ihnen zu tragen.

Hinweis: Außerdem haben Sie die Möglichkeit, den Rechtsweg zu beschreiten.

A.2.7 Fälligkeit unserer Zahlung, Abtretung

A.2.7.1 Sobald wir unsere Zahlungspflicht und die Höhe der Entschädigung festgestellt haben, zahlen wir diese spätestens innerhalb von zwei Wochen.

A.2.7.2 Sie können einen angemessenen Vorschuss auf die Entschädigung verlangen, wenn

- wir unsere Zahlungspflicht festgestellt haben und
- sich die Höhe der Entschädigung nicht innerhalb eines Monats nach Schadenanzeige feststellen lässt.

A.2.7.3 Ist das Fahrzeug entwendet worden, ist zunächst abzuwarten, ob es wieder aufgefunden wird. Deshalb zahlen wir die Entschädigung frühestens nach Ablauf eines Monats nach Eingang der in Textform abgegebenen Schadenanzeige.

A.2.7.4 Ihren Anspruch auf die Entschädigung können Sie vor der endgültigen Feststellung ohne unsere ausdrückliche Genehmigung weder abtreten noch verpfänden.

A.2.8 Können wir unsere Leistung vom Fahrer zurückfordern, wenn Sie nicht selbst gefahren sind?

Fährt eine andere Person berechtigterweise das Fahrzeug und kommt es zu einem Schadenereignis, fordern wir von dieser Person unsere Leistungen bei schuldloser oder einfach fahrlässiger Herbeiführung des Schadens nicht zurück.

Jedoch sind wir bei grob fahrlässiger Herbeiführung des Schadens berechtigt, unsere Leistung soweit zurückzufordern, wie dies der Schwere des Verschuldens entspricht. Lebt der Fahrer bei Eintritt des Schadens mit Ihnen in häuslicher Gemeinschaft, fordern wir unsere Ersatzleistung selbst bei grob fahrlässiger Herbeiführung des Schadens nicht zurück.

Bei vorsätzlicher Herbeiführung des Schadens sind wir berechtigt, unsere Leistungen in voller Höhe zurückzufordern.

Die Absätze 1 bis 3 gelten entsprechend, wenn eine in der Kfz-Haftpflichtversicherung gemäß A.1.2 mitversicherte Person sowie der Mieter oder der Entleiher einen Schaden herbeiführt.

A.2.9 Was ist nicht versichert?

Vorsatz und grobe Fahrlässigkeit

A.2.9.1 Kein Versicherungsschutz besteht für Schäden, die Sie vorsätzlich herbeiführen. Bei grob fahrlässiger Herbeiführung des Schadens, sind wir berechtigt, unsere Leistung in einem der Schwere Ihres Verschuldens entsprechenden Verhältnis zu kürzen.

Genehmigte Rennen

A.2.9.2 Kein Versicherungsschutz besteht für Schäden, die bei Beteiligung an behördlich genehmigten kraftfahrt-sportlichen Veranstaltungen, bei denen es auf Erzielung einer Höchstgeschwindigkeit ankommt, entstehen. Dies gilt auch für dazugehörige Übungsfahrten.

Hinweis: Die Teilnahme an nicht genehmigten Rennen stellt eine Verletzung Ihrer Pflichten nach D.1.1.4 dar.

Reifenschäden

A.2.9.3 Kein Versicherungsschutz besteht für beschädigte oder zerstörte Reifen. Versicherungsschutz für Reifenschäden besteht jedoch, wenn durch dasselbe Ereignis gleichzeitig andere unter den Schutz der Kaskoversicherung fallende Schäden am Fahrzeug verursacht wurden.

Erdbeben, Kriegsereignisse, innere Unruhen, Maßnahmen der Staatsgewalt

A.2.9.4 Kein Versicherungsschutz besteht für Schäden, die durch Erdbeben, Kriegsereignisse, innere Unruhen oder Maßnahmen der Staatsgewalt unmittelbar oder mittelbar verursacht werden.

Schäden durch Kernenergie

A.2.9.5 Kein Versicherungsschutz besteht für Schäden durch Kernenergie.

A.3 Autoschutzbrief – Hilfe für unterwegs als Service oder Kostenerstattung

A.3.1 Was ist versichert?

Wir erbringen nach Eintritt der in A.3.5 bis A.3.8 genannten Schadenereignisse die dazu im Einzelnen aufgeführten Leistungen als Service oder erstatten die von Ihnen aufgewendeten Kosten im Rahmen dieser Bedingungen.

A.3.2 Wer ist versichert?

Versicherungsschutz besteht für Sie, den berechtigten Fahrer und die berechtigten Insassen, soweit nachfolgend nichts anderes geregelt ist.

A.3.3 Versicherte Fahrzeuge

Versichert ist das im Versicherungsschein bezeichnete Fahrzeug sowie ein mitgeführter Wohnwagen-, Gepäck- oder Bootsanhänger.

A.3.4 In welchen Ländern besteht Versicherungsschutz?

Sie haben mit dem Schutzbrief Versicherungsschutz in den geographischen Grenzen Europas sowie den außereuropäischen Gebieten, die zum Geltungsbereich der Europäischen Union gehören, soweit nachfolgend nicht etwas anderes geregelt ist.

A.3.5 Hilfe bei Panne oder Unfall

Kann das Fahrzeug nach einer Panne oder einem Unfall die Fahrt aus eigener Kraft nicht fortsetzen, erbringen wir folgende Leistungen:

Wiederherstellung der Fahrbereitschaft

A.3.5.1 Wir sorgen für die Wiederherstellung der Fahrbereitschaft an der Schadenstelle durch ein Pannenhilfsfahrzeug und übernehmen die hierdurch entstehenden Kosten. Der Höchstbetrag für diese Leistung beläuft sich einschließlich der vom Pannenhilfsfahrzeug mitgeführten und verwendeten Kleinteile auf xx Euro.

Abschleppen des Fahrzeugs

A.3.5.2 Kann das Fahrzeug an der Schadenstelle nicht wieder fahrbereit gemacht werden, sorgen wir für das Abschleppen des Fahrzeugs. Dies schließt das Gepäck und die nicht gewerblich beförderte Ladung mit ein.

Wir übernehmen die hierdurch entstehenden Kosten. Der Höchstbetrag für diese Leistung beläuft sich auf xx Euro; hierauf werden durch den Einsatz eines Pannenhilfsfahrzeugs entstandene Kosten angerechnet.

Bergen des Fahrzeugs

A.3.5.3 Ist das Fahrzeug von der Straße abgekommen, sorgen wir für die Bergung des Fahrzeugs. Dies schließt das Gepäck und nicht gewerblich beförderte Ladung mit ein.

Wir übernehmen die hierdurch entstehenden Kosten.

Was versteht man unter Panne oder Unfall?

A.3.5.4 Unter Panne ist jeder Betriebs-, Bruch- oder Bremsschaden zu verstehen. Unfall ist ein unmittelbar von außen plötzlich mit mechanischer Gewalt auf das Fahrzeug einwirkendes Ereignis.

A.3.6 Zusätzliche Hilfe bei Panne, Unfall oder Diebstahl ab 50 km Entfernung

Bei Panne, Unfall oder Diebstahl des Fahrzeugs erbringen wir nachfolgende Leistungen unter den Voraussetzungen, dass

- die Hilfeleistung an einem Ort erfolgt, der mindestens 50 km Luftlinie von Ihrem ständigen Wohnsitz in Deutschland entfernt ist und
- das Fahrzeug weder am Schadentag noch am darauf folgenden Tag wieder fahrbereit gemacht werden kann oder es gestohlen worden ist.

Weiter- oder Rückfahrt

A.3.6.1 Folgende Fahrtkosten werden erstattet:

a) Eine Rückfahrt vom Schadenort zu Ihrem ständigen Wohnsitz in Deutschland oder

b) eine Weiterfahrt vom Schadenort zum Zielort, jedoch höchstens innerhalb des Geltungsbereichs nach A.3.4 und

c) eine Rückfahrt vom Zielort zu Ihrem ständigen Wohnsitz in Deutschland,

d) eine Fahrt einer Person von Ihrem ständigen Wohnsitz oder vom Zielort zum Schadenort, wenn das Fahrzeug dort fahrbereit gemacht worden ist.

Die Kostenerstattung erfolgt bei einer einfachen Entfernung unter 1.200 Bahnkilometern bis zur Höhe der Bahnkosten 2. Klasse. Bei größerer Entfernung werden diese bis zur Höhe der Bahnkosten 1. Klasse oder der Liegewagenkosten jeweils einschließlich Zuschlägen übernommen. Zusätzlich erstatten wir die Kosten für nachgewiesene Taxifahrten bis zu xx Euro.

Übernachtung

A.3.6.2 Wir helfen Ihnen auf Wunsch bei der Beschaffung einer Übernachtungsmöglichkeit und übernehmen die Kosten für höchstens drei Übernachtungen. Wenn Sie die Leistung Weiter- oder Rückfahrt nach A.3.6.1 in Anspruch nehmen, zahlen wir nur eine Übernachtung. Sobald das Fahrzeug Ihnen wieder fahrbereit zur Verfügung steht, besteht kein Anspruch auf weitere Übernachtungskosten. Wir übernehmen die Kosten bis höchstens xx Euro je Übernachtung und Person.

Mietwagen

A.3.6.3 Wir helfen Ihnen, ein gleichwertiges Fahrzeug anzumieten. Wir übernehmen die Kosten des Mietwagens, bis Ihnen das Fahrzeug wieder fahrbereit zur Verfügung steht. Voraussetzung ist, dass Sie weder die Leistung Weiter- oder Rückfahrt nach A.3.6.1 noch Übernachtung nach A.3.6.2 in Anspruch genommen haben.

Wir zahlen höchstens für sieben Tage und maximal xx Euro je Tag.

Fahrzeugunterstellung

A.3.6.4 Muss das Fahrzeug nach einer Panne oder einem Unfall bis zur Wiederherstellung der Fahrbereitschaft oder bis zur Durchführung des Transports in einer Werkstatt untergestellt werden, sind wir Ihnen hierbei behilflich. Wir übernehmen die hierdurch entstehenden Kosten, jedoch höchstens für zwei Wochen.

A.3.7 Hilfe bei Krankheit, Verletzung oder Tod auf einer Reise

Wir erbringen die nachfolgenden Leistungen unter den Voraussetzungen, dass auf einer Reise mit dem versicherten Fahrzeug

- Sie oder eine mitversicherte Person unvorhersehbar erkranken oder der Fahrer stirbt und
- dies an einem Ort geschieht, der mindestens 50 km Luftlinie von Ihrem ständigen Wohnsitz in Deutschland entfernt ist.

Als unvorhersehbar gilt eine Erkrankung, wenn diese nicht bereits innerhalb der letzten sechs Wochen vor Beginn der Reise (erstmalig oder zum wiederholten Male) aufgetreten ist.

Krankenrücktransport

A.3.7.1 Müssen Sie oder eine mitversicherte Person infolge Erkrankung an Ihren ständigen Wohnsitz zurücktransportiert werden, sorgen wir für die Durchführung des Rücktransports. Wir übernehmen dessen Kosten. Art und Zeitpunkt des Rücktransports müssen medizinisch notwendig sein. Unsere Leistung erstreckt sich auch auf die Begleitung des Erkrankten durch einen Arzt oder Sanitäter, wenn diese behördlich vorgeschrieben ist. Außerdem übernehmen wir die bis zum Rücktransport entstehenden Übernachtungskosten. Diese müssen jedoch durch die Erkrankung bedingt sein und sind begrenzt auf höchstens drei Übernachtungen bis zu je xx Euro pro Person.

Rückholung von Kindern

A.3.7.2 Wir sorgen bei mitreisenden Kindern unter 16 Jahren für die Abholung und Rückfahrt mit einer Begleitperson zu ihrem Wohnsitz, wenn

- der Fahrer erkrankt ist oder stirbt und
- die Kinder weder von Ihnen noch von einem anderen Insassen betreut werden können.

Wir übernehmen die hierdurch entstehenden Kosten. Wir erstatten dabei die Bahnkosten 2. Klasse einschließlich Zuschlägen sowie die Kosten für nachgewiesene Taxifahrten bis zu xx Euro.

Fahrzeugabholung

A.3.7.3 Wir sorgen für die Verbringung des Fahrzeugs zu Ihrem ständigen Wohnsitz, wenn

- der Fahrer länger als drei Tage erkrankt oder stirbt und

- das Fahrzeug weder von ihm noch von einem Insassen zurückgefahren werden kann.

Wir übernehmen die hierdurch entstehenden Kosten.

Veranlassen Sie die Verbringung selbst, erhalten Sie als Kostenersatz bis xx Euro je Kilometer zwischen Ihrem Wohnsitz und dem Schadenort. Außerdem erstatten wir in jedem Fall die bis zur Abholung der berechtigten Insassen entstehenden und durch den Fahrerausfall bedingten Übernachtungskosten. Die Leistung ist begrenzt auf drei Übernachtungen bis zu je xx Euro pro Person.

Was versteht man unter einer Reise?

A.3.7.4 Reise ist jede Abwesenheit von Ihrem ständigen Wohnsitz bis zu einer Höchstdauer von fortlaufend sechs Wochen. Als Ihr ständiger Wohnsitz gilt der Ort in Deutschland, an dem Sie behördlich gemeldet sind und sich überwiegend aufhalten.

A.3.8 Zusätzliche Leistungen bei einer Auslandsreise

Ereignet sich der Schaden an einem Ort im Ausland (Geltungsbereich nach A.3.4 ohne Deutschland), der mindestens 50 km Luftlinie von Ihrem ständigen Wohnsitz in Deutschland entfernt ist, erbringen wir zusätzlich folgende Leistungen:

A.3.8.1 Bei Panne und Unfall:

Ersatzteilversand

a) Können Ersatzteile zur Wiederherstellung der Fahrbereitschaft des Fahrzeugs an einem ausländischen Schadenort oder in dessen Nähe nicht beschafft werden, sorgen wir dafür, dass Sie diese auf schnellstmöglichem Wege erhalten. Wir übernehmen alle entstehenden Versandkosten.

Fahrzeugtransport

b) Wir sorgen für den Transport des Fahrzeugs zu einer Werkstatt und übernehmen die hierdurch entstehenden Kosten bis zur Höhe der Rücktransportkosten an Ihren Wohnsitz, wenn

- das Fahrzeug an einem ausländischen Schadenort oder in dessen Nähe nicht innerhalb von drei Werktagen fahrbereit gemacht werden kann und
- die voraussichtlichen Reparaturkosten nicht höher sind als der Kaufpreis für ein gleichwertiges gebrauchtes Fahrzeug.

Mietwagen

c) Wir helfen Ihnen, ein gleichwertiges Fahrzeug anzumieten. Mieten Sie ein Fahrzeug nach A.3.6.3 an, übernehmen wir die Kosten hierfür bis Ihr Fahrzeug wieder fahrbereit zur Verfügung steht. Wir leisten bis zu einem Betrag von xx Euro.

Fahrzeugverzollung und -verschrottung

d) Muss das Fahrzeug nach einem Unfall im Ausland verzollt werden, helfen wir bei der Verzollung. Wir übernehmen die hierbei anfallenden Verfahrensgebühren mit Ausnahme des Zollbetrags und sonstiger Steuern. Lassen Sie Ihr Fahrzeug verschrotten, um die Verzollung zu vermeiden, übernehmen wir die Verschrottungskosten.

A.3.8.2 Bei Fahrzeugdiebstahl:

Fahrzeugunterstellung

a) Wir übernehmen die Kosten für eine Fahrzeugunterstellung, wenn das gestohlene Fahrzeug

- nach dem Diebstahl im Ausland wieder aufgefunden wird und
- bis zur Durchführung des Rücktransports oder der Verzollung bzw. Verschrottung untergestellt werden muss.

Wir übernehmen die Kosten höchstens für zwei Wochen.

Mietwagen

b) Wir helfen Ihnen, ein gleichwertiges Fahrzeug anzumieten. Mieten Sie ein Fahrzeug nach A.3.6.3 an, übernehmen wir die Kosten hierfür, bis Ihr Fahrzeug wieder fahrbereit zur Verfügung steht. Wir zahlen höchstens xx Euro.

Fahrzeugverzollung und -verschrottung

c) Muss das Fahrzeug nach dem Diebstahl im Ausland verzollt werden, helfen wir bei der Verzollung. Wir übernehmen die hierbei anfallenden Verfahrensgebühren mit Ausnahme des Zollbetrags und sonstiger Steuern. Lassen Sie Ihr Fahrzeug verschrotten, um die Verzollung zu vermeiden, übernehmen wir die Verschrottungskosten.

A.3.8.3 Im Todesfall

Im Fall Ihres Todes auf einer Reise mit dem versicherten Fahrzeug im Ausland sorgen wir nach Abstimmung mit den Angehörigen

- für die Bestattung im Ausland oder
- für die Überführung nach Deutschland.

Wir übernehmen hierfür die Kosten.

Diese Leistung gilt nicht bei Tod einer mitversicherten Person.

A.3.9 Was ist nicht versichert?

Vorsatz und grobe Fahrlässigkeit

A.3.9.1 Kein Versicherungsschutz besteht für Schäden, die Sie vorsätzlich herbeiführen. Bei grob fahrlässiger Herbeiführung des Schadens sind wir berechtigt, unsere Leistung in einem der Schwere Ihres Verschuldens entsprechenden Verhältnis zu kürzen.

Genehmigte Rennen

A.3.9.2 Kein Versicherungsschutz besteht für Schäden, die bei Beteiligung an behördlich genehmigten kraftfahrt-sportlichen Veranstaltungen, bei denen es auf Erzielung einer Höchstgeschwindigkeit ankommt, entstehen. Dies gilt auch für dazugehörige Übungsfahrten.

Hinweis: Die Teilnahme an nicht genehmigten Rennen stellt eine Verletzung Ihrer Pflichten nach D.1.1.4 dar.

Erdbeben, Kriegsereignisse, innere Unruhen und Staatsgewalt

A.3.9.3 Kein Versicherungsschutz besteht für Schäden, die durch Erdbeben, Kriegsereignisse, innere Unruhen oder Maßnahmen der Staatsgewalt unmittelbar oder mittelbar verursacht werden.

Schäden durch Kernenergie

A.3.9.4 Kein Versicherungsschutz besteht für Schäden durch Kernenergie.

A.3.10 Anrechnung ersparter Aufwendungen, Abtretung

A.3.10.1 Haben Sie aufgrund unserer Leistungen Kosten erspart, die Sie ohne das Schadenereignis hätten aufwenden müssen, können wir diese von unserer Zahlung abziehen.

A.3.10.2 Ihren Anspruch auf Leistung können Sie vor der endgültigen Feststellung ohne unsere ausdrückliche Genehmigung weder abtreten noch verpfänden.

A.3.11 Verpflichtung Dritter

A.3.11.1 Soweit im Schadenfall ein Dritter Ihnen gegenüber aufgrund eines Vertrags oder einer Mitgliedschaft in einem Verband oder Verein zur Leistung oder zur Hilfe verpflichtet ist, gehen diese Ansprüche unseren Leistungsverpflichtungen vor.

A.3.11.2 Wenden Sie sich nach einem Schadenereignis allerdings zuerst an uns, sind wir Ihnen gegenüber abweichend von A.3.11.1 zur Leistung verpflichtet.

A.4 Kfz-Unfallversicherung – wenn Insassen verletzt oder getötet werden

A.4.1 Was ist versichert?

Unfälle bei Gebrauch des Fahrzeugs

A.4.1.1 Wir bieten den vereinbarten Versicherungsschutz bei Unfällen der versicherten Person, die in unmittelbarem Zusammenhang mit dem Gebrauch Ihres Fahrzeugs oder eines damit verbunden Anhängers stehen (z.B. Fahren, Ein- und Aussteigen, Be- und Entladen).

Unfallbegriff

A.4.1.2 Ein Unfall liegt vor, wenn die versicherte Person durch

- ein plötzlich von außen auf ihren Körper wirkendes Ereignis (Unfallereignis)
- unfreiwillig eine Gesundheitsschädigung

erleidet.

Erweiterter Unfallbegriff

A.4.1.3 Als Unfall gilt auch, wenn sich die versicherte Person durch eine erhöhte Kraftanstrengung

- ein Gelenk an Gliedmaßen oder der Wirbelsäule verrenkt,
- Muskeln, Sehnen, Bänder oder Kapseln an Gliedmaßen oder der Wirbelsäule zerrt oder zerreißt.

Meniskus und Bandscheiben sind weder Muskeln, Sehnen, Bänder noch Kapseln. Deshalb werden sie von dieser Regelung nicht erfasst.

Eine erhöhte Kraftanstrengung ist eine Bewegung, deren Muskeleinsatz über die normalen Handlungen des täglichen Lebens hinausgeht. Maßgeblich für die Beurteilung des Muskeleinsatzes sind die individuellen körperlichen Verhältnisse der versicherten Person.

A.4.2 Wer ist versichert?

A.4.2.1 Pauschalsystem

Mit der Kfz-Unfallversicherung nach dem Pauschalsystem sind die jeweiligen berechtigten Insassen des Fahrzeugs versichert. Ausgenommen sind bei Ihnen angestellte Berufsfahrer und Beifahrer, wenn sie als solche das Fahrzeug gebrauchen.

Bei zwei und mehr berechtigten Insassen erhöht sich die Versicherungssumme um xx Prozent und teilt sich durch die Gesamtzahl der Insassen, unabhängig davon, ob diese zu Schaden kommen.

A.4.2.2 Kfz-Unfall-Plus-Versicherung

Mit der Kfz-Unfall-Plus-Versicherung sind die jeweiligen berechtigten Insassen des Fahrzeugs mit der für Invalidität und Tod vereinbarten Versicherungssumme versichert. Wird der jeweilige Fahrer verletzt und verbleibt eine unfallbedingte Invalidität von xx Prozent, erhöht sich die für Invalidität vereinbarte Versicherungssumme für ihn um xx Prozent.

A.4.2.3 Platzsystem

Mit der Kfz-Unfallversicherung nach dem Platzsystem sind die im Versicherungsschein bezeichneten Plätze oder eine bestimmte Anzahl von berechtigten Insassen des Fahrzeugs versichert. Ausgenommen sind bei Ihnen angestellte Berufsfahrer und Beifahrer, wenn sie als solche das Fahrzeug gebrauchen. Befinden sich in dem Fahrzeug mehr berechtigte Insassen als Plätze oder Personen im Versicherungsschein angegeben, verringert sich die Versicherungssumme für den einzelnen Insassen entsprechend.

A.4.2.4 Was versteht man unter berechtigten Insassen?

Berechtigte Insassen sind Personen (Fahrer und alle weiteren Insassen), die sich mit Wissen und Willen des Verfügungsberechtigten in oder auf dem versicherten Fahrzeug befinden oder in unmittelbarem Zusammenhang mit ihrer Beförderung beim Gebrauch des Fahrzeugs tätig werden.

A.4.2.5 Berufsfahrerversicherung

Mit der Berufsfahrerversicherung sind versichert

a) die Berufsfahrer und Beifahrer des im Versicherungsschein bezeichneten Fahrzeugs,

b) die im Versicherungsschein namentlich bezeichneten Berufsfahrer und Beifahrer unabhängig von einem bestimmten Fahrzeug oder

c) alle bei Ihnen angestellten Berufsfahrer und Beifahrer unabhängig von einem bestimmten Fahrzeug.

A.4.2.6 Namentliche Versicherung

Mit der namentlichen Versicherung ist die im Versicherungsschein bezeichnete Person unabhängig von einem bestimmten Fahrzeug versichert. Diese Person kann ihre Ansprüche selbstständig gegen uns geltend machen.

A.4.3 In welchen Ländern besteht Versicherungsschutz?

Sie haben in der Kfz-Unfallversicherung Versicherungsschutz in den geographischen Grenzen Europas sowie den außereuropäischen Gebieten, die zum Geltungsbereich der Europäischen Union gehören.

A.4.4 Welche Leistungen umfasst die Kfz-Unfallversicherung?

Ihrem Versicherungsschein können Sie entnehmen, welche der nachstehenden Leistungen mit welchen Versicherungssummen vereinbart sind.

A.4.5 Leistung bei Invalidität

A.4.5.1 Voraussetzungen für die Leistung Invalidität

A.4.5.1.1 Die versicherte Person hat eine Invalidität erlitten.

Eine Invalidität liegt vor, wenn unfallbedingt

- die körperliche oder geistige Leistungsfähigkeit
- dauerhaft

beeinträchtigt ist.

Dauerhaft ist eine Beeinträchtigung, wenn

- sie voraussichtlich länger als drei Jahre bestehen wird und
- eine Änderung dieses Zustands nicht zu erwarten ist.

Eintritt und ärztliche Feststellung der Invalidität

A.4.5.1.2 Die Invalidität ist innerhalb von 15 Monaten nach dem Unfall

- eingetreten und
- von einem Arzt schriftlich festgestellt worden.

Ist eine dieser Voraussetzungen nicht erfüllt, besteht kein Anspruch auf Invaliditätsleistung.

Geltendmachung der Invalidität

A.4.5.1.3 Sie müssen die Invalidität innerhalb von 15 Monaten nach dem Unfall bei uns geltend machen. Geltend machen heißt: Sie teilen uns mit, dass Sie von einer Invalidität ausgehen.

Versäumen Sie diese Frist, ist der Anspruch auf Invaliditätsleistung ausgeschlossen.

Nur in besonderen Ausnahmefällen lässt es sich entschuldigen, wenn Sie die Frist versäumt haben.

Keine Invaliditätsleistung bei Unfalltod im ersten Jahr

A.4.5.1.4 Stirbt die versicherte Person unfallbedingt innerhalb eines Jahres nach dem Unfall, besteht kein Anspruch auf Invaliditätsleistung.

In diesem Fall zahlen wir eine Todesfallleistung (A.4.8), sofern diese vereinbart ist.

A.4.5.2 Art und Höhe der Leistung

Berechnung der Invaliditätsleistung

A.4.5.2.1 Die Invaliditätsleistung erhalten Sie als Einmalzahlung.

Grundlagen für die Berechnung der Leistung sind

- die vereinbarte Versicherungssumme und
- der unfallbedingte Invaliditätsgrad.

Bemessung des Invaliditätsgrads, Zeitraum für die Bemessung

A.4.5.2.2 Der Invaliditätsgrad richtet sich

- nach der Gliedertaxe (A.4.5.2.3), sofern die betroffenen Körperteile oder Sinnesorgane dort genannt sind,
- ansonsten danach, in welchem Umfang die normale körperliche oder geistige Leistungsfähigkeit dauerhaft beeinträchtigt ist (A.4.5.2.4)

Maßgeblich ist der unfallbedingte Gesundheitszustand, der spätestens am Ende des dritten Jahres nach dem Unfall erkennbar ist. Dies gilt sowohl für die erste als auch für spätere Bemessungen der Invalidität (A.4.10.4).

Gliedertaxe

A.4.5.2.3 Bei Verlust oder vollständiger Funktionsunfähigkeit eines der folgenden Körperteile oder Sinnesorgane gelten ausschließlich die hier genannten Invaliditätsgrade:

Arm	70 %
Arm bis oberhalb des Ellenbogengelenks	65 %
Arm unterhalb des Ellenbogengelenks	60 %
Hand	55 %
Daumen	20 %
Zeigefinger	10 %
anderer Finger	5 %
Bein über der Mitte des Oberschenkels	70 %
Bein bis zur Mitte des Oberschenkels	60 %
Bein bis unterhalb des Knies	50 %
Bein bis zur Mitte des Unterschenkels	45 %
Fuß	40 %
große Zehe	5 %
andere Zehe	2 %
Auge	50 %
Gehör auf einem Ohr	30 %
Geruchssinn	10 %
Geschmackssinn	5 %

Bei Teilverlust oder teilweiser Funktionsbeeinträchtigung gilt der entsprechende Teil der genannten Invaliditätsgrade.

Bemessung außerhalb der Gliedertaxe

A.4.5.2.4 Für andere Körperteile oder Sinnesorgane richtet sich der Invaliditätsgrad danach, in welchem Umfang die normale körperliche oder geistige Leistungsfähigkeit insgesamt dauerhaft beeinträchtigt ist. Maßstab ist eine durchschnittliche Person gleichen Alters und Geschlechts.

Die Bemessung erfolgt ausschließlich nach medizinischen Gesichtspunkten.

Minderung bei Vorinvalidität

A.4.5.2.5 Eine Vorinvalidität besteht, wenn betroffene Körperteile oder Sinnesorgane schon vor dem Unfall dauerhaft beeinträchtigt waren. Sie wird nach A.4.5.2.3 und A.4.5.2.4 bemessen.

Der Invaliditätsgrad mindert sich um diese Vorinvalidität.

Invaliditätsgrad bei Beeinträchtigung mehrerer Körperteile oder Sinnesorgane

A.4.5.2.6 Durch einen Unfall können mehrere Körperteile oder Sinnesorgane beeinträchtigt sein. Dann werden die Invaliditätsgrade, die nach den vorstehenden Bestimmungen ermittelt wurden, zusammengerechnet.

Mehr als 100 % werden jedoch nicht berücksichtigt.

Invaliditätsleistung bei Tod der versicherten Person

A.4.5.2.7 Stirbt die versicherte Person vor der Bemessung der Invalidität, zahlen wir eine Invaliditätsleistung unter folgenden Voraussetzungen:

- Die versicherte Person ist nicht unfallbedingt innerhalb des ersten Jahres nach dem Unfall verstorben und
- die sonstigen Voraussetzungen für die Invaliditätsleistung nach A.4.5.1 sind erfüllt.

Wir leisten nach dem Invaliditätsgrad, mit dem aufgrund der ärztlichen Befunde zu rechnen gewesen wäre.

A.4.6 Tagegeld

Voraussetzungen für die Leistung

A.4.6.1 Die versicherte Person ist unfallbedingt

- in ihrer Arbeitsfähigkeit beeinträchtigt und
- in ärztlicher Behandlung.

Höhe und Dauer der Leistung

A.4.6.2 Grundlagen für die Berechnung der Leistung sind

- die vereinbarte Versicherungssumme und
- der unfallbedingte Grad der Beeinträchtigung der Arbeitsfähigkeit.

Der Grad der Beeinträchtigung bemisst sich

- nach der Fähigkeit der versicherten Person, ihrem bis zu dem Unfall ausgeübten Beruf weiter nachzugehen.
- nach der allgemeinen Fähigkeit der versicherten Person, Arbeit zu leisten, wenn sie zum Zeitpunkt des Unfalls nicht berufstätig war.

Das Tagegeld wird nach dem Grad der Beeinträchtigung abgestuft.

Wir zahlen das Tagegeld für die Dauer der ärztlichen Behandlung, längstens für ein Jahr ab dem Tag des Unfalls.

A.4.7 Krankenhaustagegeld

Voraussetzungen für die Leistung

A.4.7.1 Die versicherte Person

- ist unfallbedingt in medizinisch notwendiger vollstationärer Heilbehandlung oder
- unterzieht sich unfallbedingt einer ambulanten chirurgischen Operation und ist deswegen für mindestens xx Tage ununterbrochen und vollständig in der Ausübung ihres Berufs beeinträchtigt. War die versicherte Person zum Zeitpunkt des Unfalls nicht berufstätig, kommt es auf die allgemeine Fähigkeit an, Arbeit zu leisten.

Kuren oder Aufenthalte in Sanatorien und Erholungsheimen gelten nicht als medizinisch notwendige Heilbehandlung.

Höhe und Dauer der Leistung

A.4.7.2 Wir zahlen das vereinbarte Krankenhaustagegeld

- für jeden Kalendertag der vollstationären Behandlung, längstens für xx Jahre ab dem Tag des Unfalls.
- für xx Tage bei ambulanten chirurgischen Operationen.

<Redaktioneller Hinweis: In den bisherigen AKB war eine Regelung zur Leistung Genesungsgeld enthalten. Entsprechend der Regelungen in den AUB 2014 wurde dieses auch nicht in die Kfz-Unfallversicherung aufgenommen. Versicherer, die diese Leistungsart anbieten wollen, müssen eine entsprechende Regelung aufnehmen.>

A.4.8 Todesfallleistung

Voraussetzungen für die Leistung

A.4.8.1 Die versicherte Person stirbt unfallbedingt innerhalb eines Jahres nach dem Unfall.

Beachten Sie dann die Verhaltensregeln nach E.1.5.1.

Art und Höhe der Leistung

A.4.8.2 Wir zahlen die Todesfallleistung in Höhe der vereinbarten Versicherungssumme.

A.4.9 Was passiert, wenn Unfallfolgen mit Krankheiten oder Gebrechen zusammentreffen?

Krankheiten und Gebrechen

A.4.9.1 Wir leisten ausschließlich für Unfallfolgen. Dies sind Gesundheitsschädigungen und ihre Folgen, die durch das Unfallereignis verursacht wurden.

Wir leisten nicht für Krankheiten oder Gebrechen.

Mitwirkung

A.4.9.2 Treffen Unfallfolgen mit Krankheiten oder Gebrechen zusammen, gilt Folgendes:

A.4.9.2.1 Entsprechend dem Umfang, in dem Krankheiten oder Gebrechen an der Gesundheitsschädigung oder ihren Folgen mitgewirkt haben (Mitwirkungsanteil), mindert sich

- bei der Invaliditätsleistung der Prozentsatz des Invaliditätsgrads.
- bei der Todesfallleistung und, soweit nicht etwas anderes bestimmt ist, bei den anderen Leistungsarten die Leistung selbst.

A.4.9.2.2 Beträgt der Mitwirkungsanteil weniger als 25 %, nehmen wir keine Minderung vor.

A.4.10 Fälligkeit

Wir erbringen unsere Leistungen, nachdem wir die Erhebungen abgeschlossen haben, die zur Feststellung des Versicherungsfalls und des Umfangs unserer Leistungspflicht notwendig sind. Dazu gilt Folgendes:

Erklärung über die Leistungspflicht

A.4.10.1 Wir sind verpflichtet, innerhalb eines Monats in Textform zu erklären, ob und in welchem Umfang wir unsere Leistungspflicht anerkennen. Bei Invaliditätsleistung beträgt die Frist drei Monate.

Die Fristen beginnen, sobald uns folgende Unterlagen zugehen:

- Nachweis des Unfallhergangs und der Unfallfolgen.
- Bei Invaliditätsleistung zusätzlich der Nachweis über den Abschluss des Heilverfahrens, soweit dies für die Bemessung des Invaliditätsgrads notwendig ist.

Beachten Sie dabei auch die Verhaltensregeln nach E.1.5.

Die ärztlichen Gebühren, die Ihnen zur Begründung des Leistungsanspruchs entstehen, übernehmen wir

- bei Invaliditätsleistung bis zu xx % der versicherten Summe.
- bei Tagegeld und Krankenhaustagegeld jeweils bis zu xx Tagessätze.

Sonstige Kosten übernehmen wir nicht.

Leistung innerhalb von zwei Wochen

A.4.10.2 Erkennen wir den Anspruch an oder haben wir uns mit Ihnen über Grund und Höhe geeinigt, leisten wir innerhalb von zwei Wochen.

Vorschüsse

A.4.10.3 Steht die Leistungspflicht zunächst nur dem Grunde nach fest, zahlen wir – auf Ihren Wunsch – angemessene Vorschüsse.

Vor Abschluss des Heilverfahrens kann eine Invaliditätsleistung innerhalb eines Jahres nach dem Unfall nur bis zur Höhe einer vereinbarten Todesfallsumme beansprucht werden.

Neubemessung des Invaliditätsgrads

A.4.10.4 Nach der Bemessung des Invaliditätsgrads können sich Veränderungen des Gesundheitszustands ergeben.

Sie und wir sind berechtigt, den Grad der Invalidität jährlich erneut ärztlich bemessen zu lassen.

Dieses Recht steht Ihnen und uns längstens bis zu drei Jahren nach dem Unfall zu. Bei Kindern bis zur Vollendung des xx. Lebensjahres verlängert sich diese Frist von drei auf xx Jahre.

- Wenn wir eine Neubemessung wünschen, teilen wir Ihnen dies zusammen mit der Erklärung über unsere Leistungspflicht mit.
- Wenn Sie eine Neubemessung wünschen, müssen Sie uns dies vor Ablauf der Frist mitteilen.

Ergibt die endgültige Bemessung eine höhere Invaliditätsleistung, als wir bereits gezahlt haben, ist der Mehrbetrag mit xx % jährlich zu verzinsen.

A.4.11 Abtretung und Zahlung für eine mitversicherte Person

Abtretung

A.4.11.1 Ihren Anspruch auf die Leistung können Sie vor der endgültigen Feststellung ohne unsere ausdrückliche Genehmigung weder abtreten noch verpfänden.

Zahlung für eine mitversicherte Person

A.4.11.2 Sie können die Auszahlung der auf eine mitversicherte Person entfallenden Versicherungsleistung an Sie selbst nur mit der Zustimmung der versicherten Person verlangen.

A.4.12 Was ist nicht versichert?

Straftat

A.4.12.1 Kein Versicherungsschutz besteht bei Unfällen, die der versicherten Person dadurch zustoßen, dass sie vorsätzlich eine Straftat begeht oder versucht.

Geistes- oder Bewusstseinsstörungen/Trunkenheit

A.4.12.2 Kein Versicherungsschutz besteht bei Unfällen des Fahrers durch Geistes- oder Bewusstseinsstörungen, auch soweit diese auf Trunkenheit beruhen, sowie durch Schlaganfälle, epileptische Anfälle oder andere Krampfanfälle, die den ganzen Körper des Fahrers ergreifen.

Versicherungsschutz besteht jedoch, wenn diese Störungen oder Anfälle durch ein Unfallereignis verursacht sind, das unter diesen Vertrag oder unter eine für das Vorfahrzeug bei uns abgeschlossene Kfz-Unfallversicherung fällt.

Genehmigte Rennen

A.4.12.3 Kein Versicherungsschutz besteht bei Unfällen, die bei Beteiligung an behördlich genehmigten kraftfahrt-sportlichen Veranstaltungen, bei denen es auf die Erzielung einer Höchstgeschwindigkeit ankommt, entstehen. Dies gilt auch für dazugehörige Übungsfahrten.

Hinweis: Die Teilnahme an nicht genehmigten Rennen stellt eine Verletzung Ihrer Pflichten nach D.1.1.4 dar.

Erdbeben, Kriegsereignisse, innere Unruhen, Maßnahmen der Staatsgewalt

A.4.12.4 Kein Versicherungsschutz besteht bei Unfällen, die durch Erdbeben, Kriegsereignisse, innere Unruhen oder Maßnahmen der Staatsgewalt unmittelbar oder mittelbar verursacht werden.

Kernenergie

A.4.12.5 Kein Versicherungsschutz besteht bei Schäden durch Kernenergie.

Bandscheiben, innere Blutungen

A.4.12.6 Kein Versicherungsschutz besteht bei Schäden an Bandscheiben sowie bei Blutungen aus inneren Organen und Gehirnblutungen. Versicherungsschutz besteht jedoch, wenn überwiegende Ursache ein unter diesen Vertrag fallendes Unfallereignis nach A.4.1.2 ist.

Infektionen

A.4.12.7 Kein Versicherungsschutz besteht bei Infektionen. Bei Wundstarrkrampf und Tollwut besteht jedoch Versicherungsschutz, wenn die Krankheitserreger durch ein versichertes Unfallereignis sofort oder später in den Körper gelangen. Bei anderen Infektionen besteht Versicherungsschutz, wenn die Krankheitserreger durch ein versichertes Unfallereignis, das nicht nur geringfügige Haut- oder Schleimhautverletzungen verursacht, sofort oder später in den Körper gelangen. Bei Infektionen, die durch Heilmaßnahmen verursacht sind, besteht Versicherungsschutz, wenn die Heilmaßnahmen durch ein unter diesen Vertrag fallendes Unfallereignis veranlasst waren.

Psychische Reaktionen

A.4.12.8 Kein Versicherungsschutz besteht bei krankhaften Störungen infolge psychischer Reaktionen, auch wenn diese durch einen Unfall verursacht wurden.

Bauch- und Unterleibsbrüche

A.4.12.9 Kein Versicherungsschutz besteht bei Bauch- oder Unterleibsbrüchen. Versicherungsschutz besteht jedoch, wenn sie durch eine unter diesen Vertrag fallende gewaltsame, von außen kommende Einwirkung entstanden sind.

A.5 Fahrerschutzversicherung – wenn der Fahrer verletzt oder getötet wird

Die Fahrerschutzversicherung ist eine Kfz-Unfallversicherung, deren Leistungen sich nach dem tatsächlich entstandenen Personenschaden richten.

A.5.1 Was ist versichert?

Versichert sind Personenschäden des berechtigten Fahrers, die dadurch entstehen, dass er durch einen Unfall beim Lenken des versicherten Fahrzeugs verletzt oder getötet wird.

Ein Unfall liegt vor, wenn der Fahrer durch ein plötzlich von außen auf seinen Körper wirkendes Ereignis (Unfallereignis) unfreiwillig eine Gesundheitsschädigung erleidet.

Zum Lenken des Fahrzeugs gehört z.B. nicht das Ein- und Aussteigen oder das Be- und Entladen.

A.5.2 Wer ist versichert?

Versichert ist der berechtigte Fahrer des Fahrzeugs. Berechtigter Fahrer ist eine Person, die mit Wissen und Willen des Verfügungsberechtigten das Fahrzeug lenkt.

Im Todesfall des Fahrers sind seine Hinterbliebenen bezüglich ihrer gesetzlichen Unterhaltsansprüche mitversichert.

A.5.3 In welchen Ländern besteht Versicherungsschutz?

In der Fahrerschutzversicherung besteht Versicherungsschutz in den geographischen Grenzen Europas sowie den außereuropäischen Gebieten, die zum Geltungsbereich der Europäischen Union gehören.

<Redaktioneller Hinweis: Alternativ könnte z.B. der Geltungsbereich KH inklusive Grüne Karte Geltungsbereich vereinbart werden.>

A.5.4 Was leisten wir in der Fahrerschutzversicherung?

<Achtung! Es folgen zwei Varianten von A.5.4.1>

Was wir ersetzen

A.5.4.1 Wir ersetzen den unfallbedingten Personenschaden (z.B. Verdienstausfall, Hinterbliebenenrente, [Schmerzensgeld]) so, als ob ein Dritter schadenersatzpflichtig wäre. Dabei leisten wir nach den deutschen gesetzlichen Schadenersatzbestimmungen des Privatrechts.

<Redaktioneller Hinweis: Sollen bestimmte Leistungspositionen (z.B. Schmerzensgeld, Rechtsanwaltsgebühren) nicht ersetzt werden, sind diese hier aufzuführen.>

[Wir zahlen nicht für . . . .]

<Redaktioneller Hinweis: Versicherer, die nicht den vollständigen Leistungsumfang analog Schadenersatzrecht nach KH abdecken wollen, können alternativ die versicherten Leistungspositionen abschließend aufzählen und ggf. limitieren.>

[Was wir ersetzen

A.5.4.1 Wir ersetzen den unfallbedingten Personenschaden so, als ob ein Dritter schadenersatzpflichtig wäre. Dabei leisten wir nach den deutschen gesetzlichen Schadenersatzbestimmungen des Privatrechts in folgendem Umfang:

- Verdienstausfall [bis xx Euro]
- [. . . . .]]

Vorrangige Leistungspflicht Dritter

A.5.4.2 Wir erbringen keine Leistungen, soweit Sie gegenüber Dritten (z.B. Schädiger, Haftpflichtversicherer, Krankenkasse, Rentenversicherungsträger, Berufsgenossenschaft, Arbeitgeber) Anspruch auf Ersatz Ihres Schadens oder Anspruch auf deckungsgleiche (kongruente) Leistungen haben.

Ausnahme: Soweit Sie einen solchen Anspruch nicht erfolgversprechend durchsetzen können, leisten wir dennoch, wenn nachfolgende Voraussetzungen vorliegen:

- Sie haben den Anspruch in Textform geltend gemacht.
- Sie haben weitere zur Durchsetzung Ihres Anspruchs erforderliche Anstrengungen unternommen, die Ihnen billigerweise zumutbar waren.
- Sie haben Ihren Anspruch wirksam an uns abgetreten.

Hinweis: Ansprüche gegen Dritte sind nicht immer wirksam abtretbar. Unter anderem können Ansprüche gegen Sozialversicherungsträger (z.B. Krankenkasse, Rentenversicherungsträger) häufig nicht oder nur mit deren Zustimmung abgetreten werden. In diesen Fällen können wir nicht im Voraus Leistungen erbringen, sondern erst dann, wenn abschließend geklärt ist, dass keine Ansprüche gegenüber Dritten bestehen.

Vereinbarungen, die Sie mit Dritten über diese Ansprüche treffen (z.B. ein Abfindungsvergleich), binden uns nur, wenn wir vorher zugestimmt haben.

Bis zu welcher Höhe leisten wir (Versicherungssumme)?

A.5.4.3 Unsere Leistung für ein Schadenereignis ist beschränkt auf die Höhe der vereinbarten Versicherungssumme. Mehrere zeitlich zusammenhängende Schäden, die dieselbe Ursache haben, gelten als ein einziges Schadenereignis. Die Höhe Ihrer Versicherungssumme können Sie dem Versicherungsschein entnehmen.

<Redaktioneller Hinweis: Wenn unter A.5.4.1 die Leistungspositionen der Höhe nach limitiert sind, kann die Aufführung der Versicherungssumme entbehrlich sein. Sind nur einzelne Leistungspositionen limitiert, sollte nachfolgender Hinweis erfolgen:>
[Hinweis: Beachten Sie zu den Summenbegrenzungen für einzelne Leistungen A.5.4.1.]

A.5.5 Fälligkeit, Abtretung, Zahlung für eine mitversicherte Person

Fälligkeit der Leistung und Vorschusszahlung

A.5.5.1 Wir sind verpflichtet, innerhalb eines Monats in Textform zu erklären, ob und in welchem Umfang wir unsere Leistungspflicht anerkennen. Die Frist beginnt, wenn uns Ihr Leistungsantrag und die zu dessen Beurteilung erforderlichen Unterlagen vorliegen.

Erkennen wir den Anspruch an oder haben wir uns mit Ihnen über Grund und Höhe geeinigt, leisten wir innerhalb von zwei Wochen.

Steht die Leistungspflicht zunächst nur dem Grunde nach fest, zahlen wir – auf Ihren Wunsch – angemessene Vorschüsse.

Abtretung Ihrer Ansprüche an Dritte

A.5.5.2 Ihren Anspruch auf die Leistung können Sie vor der endgültigen Feststellung ohne unsere ausdrückliche Zustimmung weder abtreten noch verpfänden.

Zahlung für eine mitversicherte Person

A.5.5.3 Sie als Versicherungsnehmer können unsere Zahlung für eine mitversicherte Person an Sie selbst nur mit Zustimmung der mitversicherten Person verlangen.

A.5.6 Was ist nicht versichert?

Straftat

A.5.6.1 Kein Versicherungsschutz besteht bei Unfällen, die dem Fahrer dadurch zustoßen, dass er vorsätzlich eine Straftat begeht oder versucht.

Psychische Reaktionen

A.5.6.2 Kein Versicherungsschutz besteht bei krankhaften Störungen infolge psychischer Reaktionen, auch wenn diese durch einen Unfall verursacht wurden.

Schäden an der Bandscheibe

A.5.6.3 Kein Versicherungsschutz besteht bei Schäden an Bandscheiben. Versicherungsschutz besteht jedoch, wenn ein unter diesen Vertrag fallendes Unfallereignis diese Gesundheitsschäden überwiegend (das heißt: zu mehr als 50 %) verursacht.

Ansprüche Dritter

A.5.6.4 Ansprüche, die von anderen Versicherern, Arbeitgebern, Dienstherrn und Sozialversicherungsträgern gegen uns geltend gemacht werden, sind ausgeschlossen.

Genehmigte Rennen

A.5.6.5 Kein Versicherungsschutz besteht für Schäden, die bei Beteiligung an behördlich genehmigten kraftfahrt-sportlichen Veranstaltungen, bei denen es auf die Erzielung einer Höchstgeschwindigkeit ankommt, entstehen. Dies gilt auch für dazugehörige Übungsfahrten.

Hinweis: Die Teilnahme an nicht genehmigten Rennen stellt eine Verletzung Ihrer Pflichten nach D.1.1.4 dar.

Erdbeben, Kriegsereignisse, innere Unruhen, Maßnahmen der Staatsgewalt

A.5.6.6 Kein Versicherungsschutz besteht für Schäden, die durch Erdbeben, Kriegsereignisse, innere Unruhen oder Maßnahmen der Staatsgewalt unmittelbar oder mittelbar verursacht werden.

Schäden durch Kernenergie

A.5.6.7 Kein Versicherungsschutz besteht für Schäden durch Kernenergie.

B. Beginn des Vertrags und vorläufiger Versicherungsschutz

Der Versicherungsvertrag kommt dadurch zustande, dass wir Ihren Antrag annehmen. Regelmäßig geschieht dies durch Zugang des Versicherungsscheins bei Ihnen.

B.1 Wann beginnt der Versicherungsschutz?

Der Versicherungsschutz beginnt erst, wenn Sie den in Ihrem Versicherungsschein genannten fälligen Beitrag gezahlt haben, jedoch nicht vor dem vereinbarten Zeitpunkt. Zahlen Sie den ersten oder einmaligen Beitrag nicht rechtzeitig, richten sich die Folgen nach C.1.2 und C.1.3.

B.2 Vorläufiger Versicherungsschutz

Bevor der Beitrag gezahlt ist, haben Sie nach folgenden Bestimmungen vorläufigen Versicherungsschutz:

Kfz-Haftpflichtversicherung und Autoschutzbrief

B.2.1 Händigen wir Ihnen die Versicherungsbestätigung aus oder nennen wir Ihnen bei elektronischer Versicherungsbestätigung die Versicherungsbestätigungs-Nummer, haben Sie in der Kfz-Haftpflichtversicherung und beim Autoschutzbrief vorläufigen Versicherungsschutz zu dem vereinbarten Zeitpunkt, spätestens ab dem Tag, an dem das Fahrzeug unter Verwendung der Versicherungsbestätigung zugelassen wird. Ist das Fahrzeug bereits auf Sie zugelassen, beginnt der vorläufige Versicherungsschutz ab dem vereinbarten Zeitpunkt.

Kasko-, Kfz-Unfall- und Fahrerschutzversicherung

B.2.2 In der Kasko-, Kfz-Unfall- und Fahrerschutzversicherung haben Sie vorläufigen Versicherungsschutz nur, wenn wir dies ausdrücklich zugesagt haben. Der Versicherungsschutz beginnt zum vereinbarten Zeitpunkt.

Übergang des vorläufigen in den endgültigen Versicherungsschutz

B.2.3 Sobald Sie den ersten oder einmaligen Beitrag nach C.1.1 gezahlt haben, geht der vorläufige in den endgültigen Versicherungsschutz über.

Rückwirkender Wegfall des vorläufigen Versicherungsschutzes

B.2.4 Der vorläufige Versicherungsschutz entfällt rückwirkend, wenn

- wir Ihren Antrag unverändert angenommen haben und
- Sie den ersten oder einmaligen Beitrag nicht unverzüglich (d.h. spätestens innerhalb von 14 Tagen) nach Ablauf von zwei Wochen nach Zugang des Versicherungsscheins bezahlt haben.

Sie haben dann von Anfang an keinen Versicherungsschutz. Dies gilt nur, wenn Sie die nicht rechtzeitige Zahlung zu vertreten haben.

Kündigung des vorläufigen Versicherungsschutzes

B.2.5 Sie und wir sind berechtigt, den vorläufigen Versicherungsschutz jederzeit zu kündigen. Unsere Kündigung wird erst nach Ablauf von zwei Wochen ab Zugang der Kündigung bei Ihnen wirksam.

Beendigung des vorläufigen Versicherungsschutzes durch Widerruf

B.2.6 Widerrufen Sie den Versicherungsvertrag nach § 8 Versicherungsvertragsgesetz, endet der vorläufige Versicherungsschutz mit dem Zugang Ihrer Widerrufserklärung bei uns.

Beitrag für vorläufigen Versicherungsschutz

B.2.7 Für den Zeitraum des vorläufigen Versicherungsschutzes haben wir Anspruch auf einen der Laufzeit entsprechenden Teil des Beitrags.

C. Beitragszahlung

C.1 Zahlung des ersten oder einmaligen Beitrags

Rechtzeitige Zahlung

C.1.1 Der im Versicherungsschein genannte erste oder einmalige Beitrag wird in 14 Tagen nach Zugang des Versicherungsscheins fällig. Sie haben diesen Beitrag dann unverzüglich (d.h. spätestens innerhalb von 14 Tagen) zu zahlen.

Nicht rechtzeitige Zahlung

C.1.2 Zahlen Sie den ersten oder einmaligen Beitrag nicht rechtzeitig, haben Sie von Anfang an keinen Versicherungsschutz, es sei denn, Sie haben die Nichtzahlung oder verspätete Zahlung nicht zu vertreten. Haben Sie die nicht rechtzeitige Zahlung jedoch zu vertreten, beginnt der Versicherungsschutz erst ab der Zahlung des Beitrags.

C.1.3 Außerdem können wir vom Vertrag zurücktreten, solange der Beitrag nicht gezahlt ist. Der Rücktritt ist ausgeschlossen, wenn Sie die Nichtzahlung nicht zu vertreten haben. Nach dem Rücktritt können wir von Ihnen eine Geschäftsgebühr verlangen. Diese beträgt xx % des Jahresbeitrags für jeden angefangenen Monat ab dem beantragten Beginn des Versicherungsschutzes bis zu unserem Rücktritt, jedoch höchstens xx % des Jahresbeitrags.

C.2 Zahlung des Folgebeitrags

Rechtzeitige Zahlung

C.2.1 Ein Folgebeitrag ist zu dem im Versicherungsschein oder in der Beitragsrechnung angegebenen Zeitpunkt fällig und zu zahlen.

Nicht rechtzeitige Zahlung

C.2.2 Zahlen Sie einen Folgebeitrag nicht rechtzeitig, fordern wir Sie auf, den rückständigen Beitrag zuzüglich des Verzugsschadens (Kosten und Zinsen) innerhalb von zwei Wochen ab Zugang unserer Aufforderung zu zahlen.

C.2.3 Tritt ein Schadenereignis nach Ablauf der zweiwöchigen Zahlungsfrist ein und sind zu diesem Zeitpunkt diese Beträge noch nicht bezahlt, haben Sie keinen Versicherungsschutz. Wir bleiben jedoch zur Leistung verpflichtet, wenn Sie die verspätete Zahlung nicht zu vertreten haben.

C.2.4 Sind Sie mit der Zahlung dieser Beträge nach Ablauf der zweiwöchigen Zahlungsfrist noch in Verzug, können wir den Vertrag mit sofortiger Wirkung kündigen. Unsere Kündigung wird unwirksam, wenn Sie diese Beträge innerhalb eines Monats ab Zugang der Kündigung zahlen. Haben wir die Kündigung zusammen mit der Mahnung ausgesprochen, wird die Kündigung unwirksam, wenn Sie innerhalb eines Monats nach Ablauf der in der Mahnung genannten Zahlungsfrist zahlen.

Für Schadenereignisse, die in der Zeit nach Ablauf der zweiwöchigen Zahlungsfrist bis zu Ihrer Zahlung eintreten, haben Sie keinen Versicherungsschutz. Versicherungsschutz besteht erst wieder für Schadenereignisse nach Ihrer Zahlung.

C.3 Nicht rechtzeitige Zahlung bei Fahrzeugwechsel

Versichern Sie anstelle Ihres bisher bei uns versicherten Fahrzeugs ein anderes Fahrzeug bei uns (Fahrzeugwechsel), wenden wir für den neuen Vertrag bei nicht rechtzeitiger Zahlung des ersten oder einmaligen Beitrags die für Sie günstigeren Regelungen zum Folgebeitrag nach C.2.2 bis C.2.4 an. Außerdem berufen wir uns nicht auf den rückwirkenden Wegfall des vorläufigen Versicherungsschutzes nach B.2.4. Dafür müssen folgende Voraussetzungen gegeben sein:

- Zwischen dem Ende der Versicherung des bisherigen Fahrzeugs und dem Beginn der Versicherung des anderen Fahrzeugs sind nicht mehr als sechs Monate vergangen,
- Fahrzeugart und Verwendungszweck der Fahrzeuge sind gleich.

Kündigen wir das Versicherungsverhältnis wegen Nichtzahlung, können wir von Ihnen eine Geschäftsgebühr entsprechend C.1.3 verlangen.

C.4 Zahlungsperiode

Beiträge für Ihre Versicherung müssen Sie entsprechend der vereinbarten Zahlungsperiode bezahlen. Die Zahlungsperiode ist die Versicherungsperiode nach § 12 Versicherungsvertragsgesetz. Welche Zahlungsperiode Sie mit uns vereinbart haben, können Sie Ihrem Versicherungsschein entnehmen.

Die Laufzeit des Vertrags, die sich von der Zahlungsperiode unterscheiden kann, ist in Abschnitt G geregelt.

C.5 Beitragspflicht bei Nachhaftung in der Kfz-Haftpflichtversicherung

Bleiben wir in der Kfz-Haftpflichtversicherung aufgrund § 117 Abs. 2 Versicherungsvertragsgesetz gegenüber einem Dritten trotz Beendigung des Versicherungsvertrages zur Leistung verpflichtet, haben wir Anspruch auf den Beitrag für die Zeit dieser Verpflichtung. Unsere Rechte nach § 116 Abs. 1 Versicherungsvertragsgesetz bleiben unberührt.

D. Ihre Pflichten bei Gebrauch des Fahrzeugs und Folgen einer Pflichtverletzung

D.1 Welche Pflichten haben Sie bei Gebrauch des Fahrzeugs?

D.1.1 Bei allen Versicherungsarten

Nutzung nur zum vereinbarten Verwendungszweck

D.1.1.1 Das Fahrzeug darf nur zu dem im Versicherungsvertrag angegebenen Zweck verwendet werden.

< xx Alternativformulierung für die Versicherer, die den Anhang verwenden: >

[xx siehe Tabelle zur Begriffsbestimmung für Art und Verwendung des Fahrzeugs]

Nutzung nur durch den berechtigten Fahrer

D.1.1.2 Das Fahrzeug darf nur von einem berechtigten Fahrer gebraucht werden. Berechtigter Fahrer ist, wer das Fahrzeug mit Wissen und Willen des Verfügungsberechtigten gebraucht. Außerdem dürfen Sie, der Halter oder der Eigentümer des Fahrzeugs es nicht wissentlich ermöglichen, dass das Fahrzeug von einem unberechtigten Fahrer gebraucht wird.

Fahren nur mit Fahrerlaubnis

D.1.1.3 Der Fahrer des Fahrzeugs darf das Fahrzeug auf öffentlichen Wegen oder Plätzen nur mit der erforderlichen Fahrerlaubnis benutzen. Außerdem dürfen Sie, der Halter oder der Eigentümer das Fahrzeug nicht von einem Fahrer benutzen lassen, der nicht die erforderliche Fahrerlaubnis hat.

Nicht genehmigte Rennen

D.1.1.4 Das Fahrzeug darf nicht zu Fahrveranstaltungen verwendet werden, bei denen es auf Erzielung einer Höchstgeschwindigkeit ankommt (Rennen). Dies gilt auch für die dazugehörigen Übungsfahrten.

Hinweis: Behördlich genehmigte Rennen sind in der Kfz-Haftpflicht-, Kasko-, Autoschutzbrief Kfz-Unfall- und Fahrerschutzversicherung gemäß A.1.5.2, A.2.9.2, A.3.9.2, A.4.12.3, A.5.6.6 vom Versicherungsschutz ausgeschlossen.

Fahrzeuge mit Wechselkennzeichen

D.1.1.5 Der Fahrer darf ein mit einem Wechselkennzeichen zugelassenes Fahrzeug auf öffentlichen Wegen oder Plätzen nur benutzen, wenn das Wechselkennzeichen vollständig angebracht ist. Außerdem dürfen Sie, der Halter oder der Eigentümer das Fahrzeug nur von einem Fahrer benutzen lassen, wenn das Wechselkennzeichen vollständig angebracht ist.

D.1.2 Zusätzlich in der Kfz-Haftpflichtversicherung

Alkohol und andere berauschende Mittel

Das Fahrzeug darf nicht gefahren werden, wenn der Fahrer durch alkoholische Getränke oder andere berauschende Mittel nicht in der Lage ist, das Fahrzeug sicher zu führen.

Außerdem dürfen Sie, der Halter oder der Eigentümer des Fahrzeugs dieses nicht von einem Fahrer fahren lassen, der durch alkoholische Getränke oder andere berauschende Mittel nicht in der Lage ist, das Fahrzeug sicher zu führen.

Hinweis: Auch in der Kasko-, Autoschutzbrief-, Kfz-Unfall- und Fahrerschutzversicherung besteht für solche Fahrten nach A.2.9.1, A.3.9.1, A.4.12.2, D.1.3.1 kein oder eingeschränkter Versicherungsschutz.

D.1.3 Zusätzlich in der Fahrerschutzversicherung

Alkohol und andere berauschende Mittel

D.1.3.1 Das Fahrzeug darf nicht gefahren werden, wenn der Fahrer durch alkoholische Getränke oder andere berauschende Mittel nicht in der Lage ist, das Fahrzeug sicher zu führen.

Hinweis: Auch in der Kfz-Haftpflicht-, Kasko-, Autoschutzbrief- und Kfz-Unfallversicherung besteht für solche Fahrten nach D.1.2, A.2.9.1, A.3.9.1, A.4.12.2 kein oder eingeschränkter Versicherungsschutz.

Gurtpflicht

D.1.3.2 Der Fahrer muss während der Fahrt einen vorgeschriebenen Sicherheitsgurt angelegt haben, es sei denn, das Nichtanlegen ist gesetzlich erlaubt.

D.2 Welche Folgen hat eine Verletzung dieser Pflichten?

Leistungsfreiheit bzw. Leistungskürzung

D.2.1 Verletzen Sie vorsätzlich eine Ihrer in D.1 geregelten Pflichten, haben Sie keinen Versicherungsschutz. Verletzen Sie Ihre Pflichten grob fahrlässig, sind wir berechtigt, unsere Leistung in einem der Schwere Ihres Verschuldens entsprechenden Verhältnis zu kürzen. Weisen Sie nach, dass Sie die Pflicht nicht grob fahrlässig verletzt haben, bleibt der Versicherungsschutz bestehen.

Bei einer Verletzung der Pflicht in der Kfz-Haftpflichtversicherung aus D.1.2 Satz 2 sind wir Ihnen, dem Halter oder Eigentümer gegenüber nicht von der Leistungspflicht befreit, soweit Sie, der Halter oder Eigentümer als Fahrzeuginsasse, der das Fahrzeug nicht geführt hat, einen Personenschaden erlitten haben.

D.2.2 Abweichend von D.2.1 sind wir zur Leistung verpflichtet, soweit die Pflichtverletzung weder für den Eintritt des Versicherungsfalls noch für den Umfang unserer Leistungspflicht ursächlich ist. Dies gilt nicht, wenn Sie die Pflicht arglistig verletzen.

Beschränkung der Leistungsfreiheit in der Kfz-Haftpflichtversicherung

D.2.3 In der Kfz-Haftpflichtversicherung ist die sich aus D.2.1 ergebende Leistungsfreiheit bzw. Leistungskürzung Ihnen und den mitversicherten Personen gegenüber auf den Betrag von höchstens je xx Euro beschränkt.[1)] Außerdem gelten anstelle der vereinbarten Versicherungssummen die in Deutschland geltenden Mindestversicherungssummen.

Satz 1 und 2 gelten entsprechend, wenn wir wegen einer von Ihnen vorgenommenen Gefahrerhöhung (§§ 23, 26 Versicherungsvertragsgesetz) vollständig oder teilweise von der Leistungspflicht befreit sind.

D.2.4 Gegenüber einem Fahrer, der das Fahrzeug durch eine vorsätzlich begangene Straftat erlangt (z.B. durch Diebstahl), sind wir vollständig von der Verpflichtung zur Leistung frei.

E. Ihre Pflichten im Schadenfall und Folgen einer Pflichtverletzung

E.1 Welche Pflichten haben Sie im Schadenfall?

E.1.1 Bei allen Versicherungsarten

Anzeigenpflicht

E.1.1.1 Sie sind verpflichtet, uns jedes Schadenereignis, das zu einer Leistung durch uns führen kann, innerhalb einer Woche anzuzeigen.

E.1.1.2 Ermittelt die Polizei, die Staatsanwaltschaft oder eine andere Behörde im Zusammenhang mit dem Schadenereignis, sind Sie verpflichtet, uns dies unverzüglich mitzuteilen. Dies gilt auch, wenn Sie uns das Schadenereignis bereits gemeldet haben.

Aufklärungspflicht

E.1.1.3 Sie müssen alles tun, was zur Aufklärung des Versicherungsfalls und des Umfangs unserer Leistungspflicht erforderlich ist. Sie müssen dabei insbesondere folgende Pflichten beachten:

- Sie dürfen den Unfallort nicht verlassen, ohne die gesetzlich erforderlichen Feststellungen zu ermöglichen und die dabei gesetzlich erforderliche Wartezeit zu beachten (Unfallflucht).
- Sie müssen unsere Fragen zu den Umständen des Schadenereignisses, zum Umfang des Schadens und zu unserer Leistungspflicht wahrheitsgemäß und vollständig beantworten. Wir können verlangen, dass Sie uns in Textform antworten.
- Sie müssen uns angeforderte Nachweise vorlegen, soweit es Ihnen billigerweise zugemutet werden kann, diese zu beschaffen.
- Sie müssen unsere für die Aufklärung des Schadens erforderlichen Weisungen befolgen, soweit dies für Sie zumutbar ist.

---

1) Gem. § 5 Abs. 3 KfzPflVV darf die Leistungsfreiheit höchstens auf 5.000 Euro beschränkt werden.

- Sie müssen uns Untersuchungen zu den Umständen des Schadenereignisses und zu unserer Leistungspflicht ermöglichen, soweit es Ihnen zumutbar ist.

Schadenminderungspflicht

E.1.1.4 Sie sind verpflichtet, bei Eintritt des Schadenereignisses nach Möglichkeit für die Abwendung und Minderung des Schadens zu sorgen.

Sie haben hierbei unsere Weisungen, soweit für Sie zumutbar, zu befolgen.

E.1.2 Zusätzlich in der Kfz-Haftpflichtversicherung

Bei außergerichtlich geltend gemachten Ansprüchen

E.1.2.1 Werden gegen Sie Ansprüche geltend gemacht, sind Sie verpflichtet, uns dies innerhalb einer Woche nach der Erhebung des Anspruchs mitzuteilen.

Anzeige von Kleinschäden

E.1.2.2 Wenn Sie einen Sachschaden, der voraussichtlich nicht mehr als xx Euro beträgt, selbst regulieren oder regulieren wollen, müssen Sie uns den Schadenfall erst anzeigen, wenn Ihnen die Selbstregulierung nicht gelingt.

Bei gerichtlich geltend gemachten Ansprüchen

E.1.2.3 Wird ein Anspruch gegen Sie gerichtlich geltend gemacht (z.B. Klage, Mahnbescheid), haben Sie uns dies unverzüglich anzuzeigen.

E.1.2.4 Sie müssen uns die Führung des Rechtsstreits überlassen. Wir sind berechtigt, auch in Ihrem Namen einen Rechtsanwalt zu beauftragen. Diesem müssen Sie Vollmacht sowie alle erforderlichen Auskünfte erteilen und angeforderte Unterlagen zur Verfügung stellen.

Bei drohendem Fristablauf

E.1.2.5 Wenn Ihnen bis spätestens zwei Tage vor Fristablauf keine Weisung von uns vorliegt, müssen Sie gegen einen Mahnbescheid oder einen Bescheid einer Behörde fristgerecht den erforderlichen Rechtsbehelf (z.B. Widerspruch) einlegen.

E.1.3 Zusätzlich in der Kaskoversicherung

Anzeige des Versicherungsfalls bei Entwendung des Fahrzeugs

E.1.3.1 Bei Entwendung des Fahrzeugs oder mitversicherter Teile sind Sie abweichend von E.1.1.1 verpflichtet, uns dies unverzüglich in Textform anzuzeigen.

Einholen unserer Weisung

E.1.3.2 Vor Beginn der Verwertung oder der Reparatur des Fahrzeugs bzw. mitversicherter Teile müssen Sie unsere Weisungen einholen, soweit die Umstände dies gestatten. Sie müssen unsere Weisungen befolgen, soweit Ihnen dies zumutbar ist.

Anzeige bei der Polizei

E.1.3.3 Übersteigt ein Entwendungs-, Brand- oder Wildschaden den Betrag von xx Euro, sind Sie verpflichtet, das Schadenereignis der Polizei unverzüglich anzuzeigen.

E.1.4 Zusätzlich beim Autoschutzbrief

Einholen unserer Weisung

E.1.4.1 Vor Inanspruchnahme einer unserer Leistungen müssen Sie unsere Weisungen einholen, soweit die Umstände dies gestatten, und befolgen, soweit Ihnen dies zumutbar ist.

Untersuchung, Belege, ärztliche Schweigepflicht

E.1.4.2 Sie müssen uns jede zumutbare Untersuchung über die Ursache und Höhe des Schadens und über den Umfang unserer Leistungspflicht gestatten. Außerdem müssen Sie Originalbelege zum Nachweis der Schadenhöhe vorlegen und die behandelnden Ärzte im Rahmen von § 213 Versicherungsvertragsgesetz von der Schweigepflicht entbinden.

E.1.5 Zusätzlich in der Kfz-Unfallversicherung

Anzeige des Todesfalls innerhalb 48 Stunden

E.1.5.1 Hat der Unfall den Tod einer versicherten Person zur Folge, müssen die aus dem Versicherungsvertrag Begünstigten uns dies innerhalb von 48 Stunden melden. Dies gilt auch, wenn der Unfall schon angezeigt ist. Uns ist das Recht zu verschaffen, eine Obduktion durch einen von uns beauftragten Arzt vornehmen zu lassen.

Medizinische Versorgung

E.1.5.2 Nach einem Unfall, der zu einer Leistung durch uns führen kann, müssen Sie unverzüglich einen Arzt hinzuziehen, seine Anordnungen befolgen und uns unterrichten.

Medizinische Aufklärung

E.1.5.3 Für die Prüfung unserer Leistungspflicht benötigen wir möglicherweise Auskünfte von

- Ärzten, die Sie vor oder nach dem Unfall behandelt oder untersucht haben.
- anderen Versicherern, Versicherungsträgern und Behörden.

Sie müssen es uns ermöglichen, die erforderlichen Auskünfte zu erhalten. Dazu können Sie den Ärzten und den genannten Stellen erlauben, uns die Auskünfte direkt zu erteilen. Ansonsten müssen Sie die Auskünfte selbst einholen und uns zur Verfügung stellen.

Wir beauftragen Ärzte, falls dies für die Prüfung unserer Leistungspflicht erforderlich ist. Von diesen Ärzten müssen Sie sich untersuchen lassen. Wir tragen die notwendigen Kosten und den Verdienstausfall, der durch die Untersuchung entsteht.

Sie haben erforderlichenfalls darauf hinzuwirken, dass angeforderte Berichte alsbald erstellt werden.

Frist zur Feststellung und Geltendmachung der Invalidität

E.1.5.4 Beachten Sie auch die 15-Monatsfrist für die Feststellung und Geltendmachung der Invalidität nach A.4.5.1.3.

E.1.6 Zusätzlich in der Fahrerschutzversicherung

Medizinische Versorgung

E.1.6.1 Nach einem Unfall, der zu einer Leistung durch uns führen kann, müssen Sie unverzüglich einen Arzt hinzuziehen, seine Anordnungen befolgen und uns unterrichten.

Medizinische Aufklärung

E.1.6.2 Für die Prüfung unserer Leistungspflicht benötigen wir möglicherweise Auskünfte von

- Ärzten, die Sie vor oder nach dem Unfall behandelt oder untersucht haben.
- anderen Versicherern, Versicherungsträgern und Behörden.

Sie müssen es uns ermöglichen, die erforderlichen Auskünfte zu erhalten. Dazu können Sie den Ärzten und den genannten Stellen erlauben, uns die Auskünfte direkt zu erteilen. Ansonsten müssen Sie die Auskünfte selbst einholen und uns zur Verfügung stellen.

Wir beauftragen Ärzte, falls dies für die Prüfung unserer Leistungspflicht erforderlich ist. Von diesen Ärzten müssen Sie sich untersuchen lassen. Wir tragen die notwendigen Kosten und den Verdienstausfall, der durch die Untersuchung entsteht.

Sie haben erforderlichenfalls darauf hinzuwirken, dass angeforderte Berichte alsbald erstellt werden.

Aufklärung Ihrer Ansprüche gegen Dritte

E.1.6.3 Sie müssen alles tun, was der Aufklärung möglicher Ansprüche gegen Dritte dienen kann. Insbesondere müssen Sie unsere Fragen zu möglichen Ansprüchen gegen Dritte, die sich auf den Umfang unserer Leistungspflicht auswirken können, wahrheitsgemäß und vollständig beantworten. Entsprechende Nachweise müssen Sie uns vorlegen.

Wahrung Ihrer Ansprüche gegen Dritte

E.1.6.4 Sie haben Ihren Anspruch gegen den Dritten unter Beachtung der Form- und Fristvorschriften zu wahren, soweit Ihnen dies zumutbar ist.

E.2 Welche Folgen hat eine Verletzung dieser Pflichten?

Leistungsfreiheit bzw. Leistungskürzung

E.2.1 Verletzen Sie vorsätzlich eine Ihrer in E.1.1 bis E.1.6 geregelten Pflichten, haben Sie keinen Versicherungsschutz. Verletzen Sie Ihre Pflichten grob fahrlässig, sind wir berechtigt, unsere Leistung in einem der Schwere Ihres Verschuldens entsprechenden Verhältnis zu kürzen. Weisen Sie nach, dass Sie die Pflicht nicht grob fahrlässig verletzt haben, bleibt der Versicherungsschutz bestehen.

Für die vollständige oder teilweise Leistungsfreiheit bei Verletzung einer Auskunfts- oder Aufklärungspflicht im Schadenfall gilt folgende weitere Voraussetzung: Wir haben Sie durch gesonderte Mitteilung in Textform auf diese Rechtsfolge hingewiesen.

E.2.2 Abweichend von E.2.1 sind wir zur Leistung verpflichtet, soweit Sie nachweisen, dass die Pflichtverletzung weder für die Feststellung des Versicherungsfalls noch für die Feststellung oder den Umfang unserer Leistungspflicht ursächlich war. Dies gilt nicht, wenn Sie die Pflicht arglistig verletzen.

Beschränkung der Leistungsfreiheit in der Kfz-Haftpflichtversicherung

E.2.3 In der Kfz-Haftpflichtversicherung ist die sich aus E.2.1 ergebende Leistungsfreiheit bzw. Leistungskürzung Ihnen und den mitversicherten Personen gegenüber auf den Betrag von höchstens je xx Euro[1] beschränkt.

E.2.4 Die Leistungsfreiheit erweitert sich auf einen Betrag von höchstens je .xx. Euro[2], wenn Sie die Aufklärungs- oder Schadenminderungspflicht nach E.1.1.3 und E.1.1.4

- vorsätzlich und
- in besonders schwerwiegender Weise

verletzt haben. Dies ist z.B. bei unerlaubtem Entfernen vom Unfallort trotz eines Personen- oder schweren Sachschadens der Fall.

Vollständige Leistungsfreiheit in der Kfz-Haftpflichtversicherung

E.2.5 Verletzen Sie Ihre Pflichten in der Absicht, sich oder einem Anderen einen rechtswidrigen Vermögensvorteil zu verschaffen, sind wir von unserer Leistungspflicht hinsichtlich des erlangten Vermögensvorteils vollständig frei.

Besonderheiten in der Kfz-Haftpflichtversicherung bei Rechtsstreitigkeiten

E.2.6 Verletzen Sie Ihre Pflichten nach

- E.1.2.1 (Anzeige außergerichtlich geltend gemachter Ansprüche),
- E.1.2.3 (Anzeige gerichtlich geltend gemachter Ansprüche) oder
- E.1.2.4 (Prozessführung durch uns)

und führt dies zu einer rechtskräftigen Entscheidung, die über den Umfang der nach Sach- und Rechtslage geschuldeten Entschädigung erheblich hinausgeht, gilt:

- Bei vorsätzlicher Verletzung sind wir hinsichtlich des von uns zu zahlenden Mehrbetrags vollständig von unserer Leistungspflicht frei.

[1] Gem. § 6 Abs. 1 KfzPflVV darf die Leistungsfreiheit höchstens auf 2.500 Euro beschränkt werden.

[2] Gem. § 6 Abs. 3 KfzPflVV darf die Leistungsfreiheit höchstens auf 5.000 Euro beschränkt werden.

- Bei grob fahrlässiger Verletzung sind wir berechtigt, unsere Leistung hinsichtlich dieses Mehrbetrags in einem der Schwere Ihres Verschuldens entsprechenden Verhältnis zu kürzen.

Mindestversicherungssummen

E.2.7 Verletzen Sie in der Kfz-Haftpflichtversicherung Ihre Pflichten nach E.1.1 und E.1.2 gelten anstelle der vereinbarten Versicherungssummen die in Deutschland geltenden Mindestversicherungssummen.

F. Rechte und Pflichten der mitversicherten Personen

Pflichten mitversicherter Personen

F.1 Für mitversicherte Personen finden die Regelungen zu Ihren Pflichten sinngemäße Anwendung.

Ausübung der Rechte

F.2 Die Ausübung der Rechte der mitversicherten Personen aus dem Versicherungsvertrag steht nur Ihnen als Versicherungsnehmer zu, soweit nichts anderes geregelt ist. Andere Regelungen sind:

- Geltendmachen von Ansprüchen in der Kfz-Haftpflichtversicherung nach A.1.2,
- Geltendmachen von Ansprüchen durch namentlich Versicherte in der Kfz-Unfallversicherung nach A.4.2.6.

Auswirkungen einer Pflichtverletzung auf mitversicherte Personen

F.3 Sind wir Ihnen gegenüber von der Verpflichtung zur Leistung frei, so gilt dies auch gegenüber allen mitversicherten Personen.

Eine Ausnahme hiervon gilt in der Kfz-Haftpflichtversicherung:

Gegenüber mitversicherten Personen können wir uns auf die Leistungsfreiheit nur berufen, wenn

- die der Leistungsfreiheit zugrunde liegenden Umstände in der Person des Mitversicherten vorliegen oder
- diese Umstände der mitversicherten Person bekannt oder infolge grober Fahrlässigkeit nicht bekannt waren.

Sind wir zur Leistung verpflichtet, gelten anstelle der vereinbarten Versicherungssummen die in Deutschland geltenden gesetzlichen Mindestversicherungssummen. Entsprechendes gilt, wenn wir trotz Beendigung des Versicherungsverhältnisses noch gegenüber dem geschädigten Dritten Leistungen erbringen. Der Rückgriff gegen Sie bleibt auch in diesen Ausnahmefällen bestehen.

G. Laufzeit und Kündigung des Vertrags, Veräußerung des Fahrzeugs, Wagniswegfall

G.1 Wie lange läuft der Versicherungsvertrag?

Vertragsdauer

G.1.1 Die Laufzeit Ihres Vertrags ergibt sich aus Ihrem Versicherungsschein.

Automatische Verlängerung

G.1.2 Ist der Vertrag mit einer Laufzeit von einem Jahr abgeschlossen, verlängert er sich zum Ablauf um jeweils ein weiteres Jahr, wenn nicht Sie oder wir den Vertrag kündigen.

Dies gilt auch, wenn für die erste Laufzeit nach Abschluss des Vertrags deshalb weniger als ein Jahr vereinbart ist, um die folgenden Versicherungsjahre zu einem bestimmten Kalendertag beginnen zu lassen.

Versicherungskennzeichen

G.1.3 Der Versicherungsvertrag für ein Fahrzeug mit Versicherungskennzeichen (z.B. Mofa), endet mit dem Ablauf des Verkehrsjahres. Einer Kündigung bedarf es hierfür nicht. Das Verkehrsjahr läuft vom 1. März bis Ende Februar des Folgejahres.

Verträge mit einer Laufzeit unter einem Jahr

G.1.4 Ist die Laufzeit ausdrücklich mit weniger als einem Jahr vereinbart, endet der Vertrag zu dem vereinbarten Zeitpunkt, ohne dass es einer Kündigung bedarf.

G.2 Wann und aus welchem Anlass können Sie den Versicherungsvertrag kündigen?

Kündigung zum Ablauf des Versicherungsjahres

G.2.1 Sie können den Vertrag zum Ablauf des Versicherungsjahres kündigen. Die Kündigung ist nur wirksam, wenn sie uns spätestens einen Monat vor Ablauf zugeht.

Kündigung des vorläufigen Versicherungsschutzes

G.2.2 Sie sind berechtigt, einen vorläufigen Versicherungsschutz zu kündigen. Die Kündigung wird sofort mit ihrem Zugang bei uns wirksam.

Kündigung nach einem Schadenereignis

G.2.3 Nach dem Eintritt eines Schadenereignisses können Sie den Vertrag kündigen. Die Kündigung muss uns innerhalb eines Monats nach Beendigung der Verhandlungen über die Entschädigung zugehen oder innerhalb eines Monats zugehen, nachdem wir in der Kfz-Haftpflichtversicherung unsere Leistungspflicht anerkannt oder zu Unrecht abgelehnt haben. Das gleiche gilt, wenn wir Ihnen in der Kfz-Haftpflichtversicherung die Weisung erteilen, es über den Anspruch des Dritten zu einem Rechtsstreit kommen zu lassen. Außerdem können Sie in der Kfz-Haftpflichtversicherung den Vertrag bis zum Ablauf eines Monats seit der Rechtskraft des im Rechtsstreit mit dem Dritten ergangenen Urteils kündigen.

G.2.4 Sie können bestimmen, ob die Kündigung sofort oder zu einem späteren Zeitpunkt, spätestens jedoch zum Ablauf des Vertrags, wirksam werden soll.

Kündigung bei Veräußerung oder Zwangsversteigerung des Fahrzeugs

G.2.5 Veräußern Sie das Fahrzeug oder wird es zwangsversteigert, geht der Vertrag nach G.7.1 oder G.7.6 auf den Erwerber über. Der

Erwerber ist berechtigt, den Vertrag innerhalb eines Monats nach dem Erwerb zu kündigen. Bei fehlender Kenntnis vom Bestehen der Versicherung beginnt die Kündigungsfrist des Erwerbers erst ab Kenntnis.

Der Erwerber kann bestimmen, ob der Vertrag mit sofortiger Wirkung oder spätestens zum Ablauf des Vertrags endet.

G.2.6 Schließt der Erwerber für das Fahrzeug eine neue Versicherung ab und legt er bei der Zulassungsbehörde eine Versicherungsbestätigung vor, gilt dies automatisch als Kündigung des übergegangenen Vertrages. Die Kündigung wird zum Beginn der neuen Versicherung wirksam.

Kündigung bei Beitragserhöhung

G.2.7 Erhöhen wir aufgrund unseres Beitragsanpassungsrechts nach J.1 bis J.3 den Beitrag, können Sie den Vertrag innerhalb eines Monats nach Zugang unserer Mitteilung über die Beitragserhöhung kündigen. Die Kündigung ist sofort wirksam, frühestens jedoch zu dem Zeitpunkt, zu dem die Beitragserhöhung wirksam geworden wäre. Wir teilen ihnen die Beitragserhöhung spätestens einen Monat vor dem Wirksamwerden mit und weisen Sie auf Ihr Kündigungsrecht hin.

Kündigung bei geänderter Verwendung des Fahrzeugs

G.2.8 Ändert sich die Art und Verwendung des Fahrzeugs nach K.5 und erhöht sich der Beitrag dadurch um mehr als 10 %, können Sie den Vertrag innerhalb eines Monats nach Zugang unserer Mitteilung ohne Einhaltung einer Frist kündigen.

<Achtung! Es folgen zwei Varianten. Variante 1 für Versicherer, die nur das SF-System nach J.6 ändern wollen. Variante 2 für Versicherer, die auch die Tarifstruktur nach J.6 ändern wollen.

Kündigung bei Veränderung des Schadenfreiheitsrabatt-Systems

G.2.9 Ändern wir das Schadenfreiheitsrabatt-System nach J.6, können Sie den Vertrag innerhalb eines Monats nach Zugang unserer Mitteilung über die Änderung kündigen. Die Kündigung ist sofort wirksam, frühestens jedoch zum Zeitpunkt des Wirksamwerdens der Änderung. Wir teilen Ihnen die Änderung spätestens einen Monat vor Wirksamwerden mit und weisen Sie auf Ihr Kündigungsrecht hin.

[xx Kündigung bei Veränderung der Tarifstruktur

G.2.9 Ändern wir unsere Tarifstruktur nach J.6, können Sie den Vertrag innerhalb eines Monats nach Zugang unserer Mitteilung über die Änderung kündigen. Die Kündigung ist sofort wirksam, frühestens jedoch zum Zeitpunkt des Wirksamwerdens der Änderung. Wir teilen Ihnen die Änderung spätestens einen Monat vor Wirksamwerden mit und weisen Sie auf Ihr Kündigungsrecht hin.]

[xx Kündigung bei Bedingungsänderung

< Achtung! Nur, wenn Bedingungsänderung gem. N vereinbart >

G.2.10 Machen wir von unserem Recht zur Bedingungsanpassung nach N Gebrauch, können Sie den Vertrag innerhalb von sechs Wochen nach Zugang unserer Mitteilung über die Bedingungsanpassung kündigen. Die Kündigung ist sofort wirksam, frühestens jedoch zum Zeitpunkt des Wirksamwerdens der Bedingungsänderung. Wir teilen Ihnen die Änderung spätestens sechs Wochen vor dem Wirksamwerden mit und weisen Sie auf Ihr Kündigungsrecht hin.]

G.3 Wann und aus welchem Anlass können wir den Versicherungsvertrag kündigen?

Kündigung zum Ablauf

G.3.1 Wir können den Vertrag zum Ablauf des Versicherungsjahres kündigen. Die Kündigung ist nur wirksam, wenn sie Ihnen spätestens einen Monat vor Ablauf zugeht.

Kündigung des vorläufigen Versicherungsschutzes

G.3.2 Wir sind berechtigt, einen vorläufigen Versicherungsschutz zu kündigen. Die Kündigung wird nach Ablauf von zwei Wochen nach ihrem Zugang bei Ihnen wirksam.

Kündigung nach einem Schadenereignis

G.3.3 Nach dem Eintritt eines Schadenereignisses können wir den Vertrag kündigen. Die Kündigung muss Ihnen innerhalb eines Monats nach Beendigung der Verhandlungen über die Entschädigung oder innerhalb eines Monats zugehen, nachdem wir in der Kfz-Haftpflichtversicherung unsere Leistungspflicht anerkannt oder zu Unrecht abgelehnt haben. Das gleiche gilt, wenn wir Ihnen in der Kfz-Haftpflichtversicherung die Weisung erteilen, es über den Anspruch des Dritten zu einem Rechtsstreit kommen zu lassen. Außerdem können wir in der Kfz-Haftpflichtversicherung den Vertrag bis zum Ablauf eines Monats seit der Rechtskraft des im Rechtsstreit mit dem Dritten ergangenen Urteils kündigen.

Unsere Kündigung wird einen Monat nach ihrem Zugang bei Ihnen wirksam.

Kündigung bei Nichtzahlung des Folgebeitrags

G.3.4 Haben Sie einen ausstehenden Folgebeitrag zuzüglich Kosten und Zinsen trotz unserer Zahlungsaufforderung nach C.2.2 nicht innerhalb der zweiwöchigen Frist gezahlt, können wir den Vertrag mit sofortiger Wirkung kündigen. Unsere Kündigung wird unwirksam, wenn Sie diese Beträge innerhalb eines Monats ab Zugang der Kündigung zahlen (siehe auch C.2.4).

Kündigung bei Verletzung Ihrer Pflichten bei Gebrauch des Fahrzeugs

G.3.5 Haben Sie eine Ihrer Pflichten bei Gebrauch des Fahrzeugs nach D verletzt, können wir innerhalb eines Monats, nachdem wir von der Pflichtverletzung Kenntnis erlangt haben, den Vertrag mit sofortiger Wirkung kündigen. Dies gilt nicht, wenn Sie nachweisen, dass Sie die Pflicht weder vorsätzlich noch grob fahrlässig verletzt haben.

Kündigung bei geänderter Verwendung des Fahrzeugs

G.3.6 Ändert sich die Art oder Verwendung des Fahrzeugs nach K.5, können wir den Vertrag mit sofortiger Wirkung kündigen. Können Sie nachweisen, dass die Änderung weder auf Vorsatz noch auf grober Fahrlässigkeit beruht, wird die Kündigung nach Ablauf von einem Monat nach ihrem Zugang bei Ihnen wirksam.

Kündigung bei Veräußerung oder Zwangsversteigerung des Fahrzeugs

G.3.7 Bei Veräußerung oder Zwangsversteigerung des Fahrzeugs nach G.7 können wir dem Erwerber gegenüber kündigen. Wir haben die Kündigung innerhalb eines Monats ab dem Zeitpunkt auszusprechen, zu dem wir von der Veräußerung oder Zwangsversteigerung Kenntnis erlangt haben. Unsere Kündigung wird einen Monat nach ihrem Zugang beim Erwerber wirksam.

G.4 Kündigung einzelner Versicherungsarten

G.4.1 Die Kfz-Haftpflicht-, Kasko-, Autoschutzbrief-, Kfz-Unfall- und Fahrerschutzversicherung sind jeweils rechtlich selbstständige Verträge. Die Kündigung eines dieser Verträge berührt das Fortbestehen anderer nicht.

G.4.2 Sie und wir sind berechtigt, bei Vorliegen eines Kündigungsanlasses zu einem dieser Verträge die gesamte Kfz-Versicherung für das Fahrzeug zu kündigen.

G.4.3 Kündigen wir von mehreren für das Fahrzeug abgeschlossenen Verträgen nur einen, können Sie die Kündigung auf die gesamte Kfz-Versicherung ausdehnen. Hierzu müssen Sie uns innerhalb von zwei Wochen nach Zugang unserer Kündigung mitteilen, dass Sie mit einer Fortsetzung der anderen Verträge nicht einverstanden sind. Entsprechend haben wir das Recht, die gesamte Kfz-Versicherung zu kündigen, wenn Sie von mehreren nur einen Vertrag kündigen.

G.4.4 Kündigen Sie oder wir nur den Autoschutzbrief, gelten G.4.2 und G.4.3 nicht.

G.4.5 G.4.1 und G.4.2 finden entsprechende Anwendung, wenn in einem Vertrag mehrere Fahrzeuge versichert sind.

G.5 Zugang der Kündigung

Eine Kündigung ist nur wirksam, wenn sie innerhalb der jeweiligen Frist zugeht.

G.6 Beitragsabrechnung nach Kündigung

Bei einer Kündigung vor Ablauf des Versicherungsjahres steht uns der auf die Zeit des Versicherungsschutzes entfallende Beitrag anteilig zu.

G.7 Was ist bei Veräußerung des Fahrzeugs zu beachten?

Übergang der Versicherung auf den Erwerber

G.7.1 Veräußern Sie Ihr Fahrzeug, geht die Versicherung auf den Erwerber über. Dies gilt nicht für die Kfz-Unfall- und die Fahrerschutzversicherung.

G.7.2 Wir sind berechtigt und verpflichtet, den Beitrag entsprechend den Angaben des Erwerbers, wie wir sie bei einem Neuabschluss des Vertrags verlangen würden, anzupassen. Das gilt auch für die SF-Klasse des Erwerbers, die entsprechend seines bisherigen Schadenverlaufs ermittelt wird. Der neue Beitrag gilt ab dem Tag, der auf den Übergang der Versicherung folgt.

G.7.3 Den Beitrag für die laufende Zahlungsperiode können wir entweder von Ihnen oder vom Erwerber verlangen.

Anzeige der Veräußerung

G.7.4 Sie und der Erwerber sind verpflichtet, uns die Veräußerung des Fahrzeugs unverzüglich anzuzeigen. Unterbleibt die Mitteilung, droht unter den Voraussetzungen des § 97 Versicherungsvertragsgesetz der Verlust des Versicherungsschutzes.

Kündigung des Vertrags

G.7.5 Im Falle der Veräußerung können der Erwerber nach G.2.5 und G.2.6 oder wir nach G.3.7 den Vertrag kündigen. Dann können wir den Beitrag nur von Ihnen verlangen.

Zwangsversteigerung

G.7.6 Die Regelungen G.7.1 bis G.7.5 sind entsprechend anzuwenden, wenn Ihr Fahrzeug zwangsversteigert wird.

G.8 Wagniswegfall (z.B. durch Fahrzeugverschrottung)

Fällt das versicherte Wagnis endgültig weg, steht uns der Beitrag bis zu dem Zeitpunkt zu, zu dem wir vom Wagniswegfall Kenntnis erlangen.

H. Außerbetriebsetzung, Saisonkennzeichen, Fahrten mit ungestempelten Kennzeichen

H.1 Was ist bei Außerbetriebsetzung zu beachten?

Ruheversicherung

H.1.1 Wird das versicherte Fahrzeug außer Betrieb gesetzt und soll es zu einem späteren Zeitpunkt wieder zugelassen werden, wird dadurch der Vertrag nicht beendet.

H.1.2 Der Vertrag geht in eine beitragsfreie Ruheversicherung über, wenn die Zulassungsbehörde uns die Außerbetriebsetzung mitteilt. Dies gilt nicht, wenn die Außerbetriebsetzung weniger als zwei Wochen beträgt oder Sie die uneingeschränkte Fortführung des bisherigen Versicherungsschutzes verlangen.

H.1.3 Die Regelungen nach H.1.1 und H.1.2 gelten nicht für Fahrzeuge mit Versicherungskennzeichen (z.B. Mofas), Wohnwagenanhänger sowie bei Verträgen mit ausdrücklich kürzerer Vertragsdauer als ein Jahr.

Umfang der Ruheversicherung

H.1.4 Mit der beitragsfreien Ruheversicherung gewähren wir Ihnen während der Dauer der Außerbetriebsetzung eingeschränkten Versicherungsschutz.

Der Ruheversicherungsschutz umfasst

- die Kfz-Haftpflichtversicherung,
- die Teilkaskoversicherung, wenn für das Fahrzeug im Zeitpunkt der Außerbetriebsetzung eine Voll- oder eine Teilkaskoversicherung bestand.

Ihre Pflichten bei der Ruheversicherung

H.1.5 Während der Dauer der Ruheversicherung sind Sie verpflichtet, das Fahrzeug

- in einem Einstellraum (z.B. einer Einzel- oder Sammelgarage) oder
- auf einem umfriedeten Abstellplatz (z.B. durch Zaun, Hecke, Mauer umschlossen)

nicht nur vorübergehend abzustellen. Sie dürfen das Fahrzeug außerhalb dieser Räumlichkeiten auch nicht gebrauchen. Verletzen Sie Ihre Pflichten, sind wir unter den Voraussetzungen nach D.2 leistungsfrei.

Wiederanmeldung

H.1.6 Wird das Fahrzeug wieder zum Verkehr zugelassen (Ende der Außerbetriebsetzung), lebt der ursprüngliche Versicherungsschutz wieder auf. Das Ende der Außerbetriebsetzung haben Sie uns unverzüglich mitzuteilen.

Ende des Vertrags und der Ruheversicherung

H.1.7 Der Vertrag und damit auch die Ruheversicherung enden xx Monate nach der Außerbetriebsetzung des Fahrzeugs, ohne dass es einer Kündigung bedarf.

H.1.8 Melden Sie das Fahrzeug während des Bestehens der Ruheversicherung mit einer Versicherungsbestätigung eines anderen Versicherers wieder an, haben wir das Recht, den Vertrag fortzusetzen und den anderen Versicherer zur Aufhebung des Vertrags aufzufordern.

H.2 Welche Besonderheiten gelten bei Saisonkennzeichen?

H.2.1 Für Fahrzeuge, die mit einem Saisonkennzeichen zugelassen sind, gewähren wir den vereinbarten Versicherungsschutz während des auf dem amtlichen Kennzeichen dokumentierten Zeitraums (Saison).

H.2.2 Außerhalb der Saison haben Sie Ruheversicherungsschutz nach H.1.4 und H.1.5.

H.2.3 Für Fahrten außerhalb der Saison haben Sie innerhalb des für den Halter zuständigen Zulassungsbezirks und eines angrenzenden Bezirks in der Kfz-Haftpflichtversicherung Versicherungsschutz, wenn diese Fahrten

- im Zusammenhang mit dem Zulassungsverfahren oder
- wegen der Hauptuntersuchung, Sicherheitsprüfung oder Abgasuntersuchung

durchgeführt werden.

H.3 Fahrten mit ungestempelten Kennzeichen

Versicherungsschutz in der Kfz-Haftpflichtversicherung und beim Autoschutzbrief

H.3.1 In der Kfz-Haftpflichtversicherung und beim Autoschutzbrief besteht Versicherungsschutz auch für Zulassungsfahrten mit ungestempelten Kennzeichen. Dies gilt nicht für Fahrten, für die ein rotes Kennzeichen oder ein Kurzzeitkennzeichen geführt werden muss.

Was sind Zulassungsfahrten?

H.3.2 Zulassungsfahrten sind Fahrten, die im Zusammenhang mit dem Zulassungsverfahren stehen. Dies sind:

- Fahrten zur Zulassungsstelle zur Anbringung der Stempelplakette sowie Fahrten zur Durchführung einer Hauptuntersuchung oder einer Sicherheitsprüfung innerhalb des zuständigen Zulassungsbezirks und eines angrenzenden Bezirks mit ungestempelten Kennzeichen, wenn die Zulassungsbehörde vorab ein solches erteilt hat.
- Fahrten nach Entfernung der Stempelplakette mit dem bisher zugeteilten Kennzeichen bis zum Ablauf des Tages der Außerbetriebsetzung des Fahrzeugs.

I. Schadenfreiheitsrabatt-System

I.1 Einstufung in Schadenfreiheitsklassen (SF-Klassen)

In der Kfz-Haftpflicht- und der Vollkaskoversicherung richtet sich die Einstufung Ihres Vertrags in eine SF-Klasse und der sich daraus ergebende Beitragssatz nach Ihrem Schadenverlauf. Siehe dazu die Tabellen in Anhang 1.

Dies gilt nicht für Fahrzeuge mit Versicherungskennzeichen, … < xx *alle gewünschten WKZ und Kennzeichenarten aufführen* >

I.2 Ersteinstufung

I.2.1 Ersteinstufung in SF-Klasse 0

Beginnt Ihr Vertrag ohne Übernahme eines Schadenverlaufs nach I.6, wird er in die SF-Klasse 0 eingestuft.

I.2.2 Sonderersteinstufung eines Pkw in SF-Klasse $^{1}/_{2}$, 1 oder 3

I.2.2.1 Sonderersteinstufung in SF-Klasse $^{1}/_{2}$ aufgrund Führerscheins

Beginnt Ihr Vertrag für einen Pkw ohne Übernahme eines Schadenverlaufs nach I.6, wird er in die SF-Klasse $^{1}/_{2}$ eingestuft, wenn

- Sie seit mindestens drei Jahren eine Fahrerlaubnis für Pkw oder Krafträder besitzen, die von einem Mitgliedstaat des Europäischen Wirtschaftsraums erteilt wurde oder nach I.2.5 gleichgestellt ist.

I.2.2.2 Sondererststeinstufung in SF-Klasse 1 bei Zweitwagen

Beginnt Ihr Vertrag für einen Pkw ohne Übernahme eines Schadenverlaufs nach I.6, wird er in die SF-Klasse 1 eingestuft, wenn

- auf Sie, Ihren Ehepartner, Ihren eingetragenen Lebenspartner oder Ihren mit Ihnen in häuslicher Gemeinschaft lebenden Lebenspartner bereits ein Pkw zugelassen ist, der zu diesem Zeitpunkt in der Kfz-Haftpflichtversicherung mindestens in die SF-Klasse 1 eingestuft ist, und
- Sie seit mindestens einem Jahr eine Fahrerlaubnis für Pkw oder Krafträder besitzen, die von einem Mitgliedstaat des Europäischen Wirtschaftsraums erteilt wurde oder nach I.2.5 gleichgestellt ist.

I.2.2.3 Sondereinstufung in SF-Klasse 3 bei Zweitwagen und Fahreralter mindestens xx Jahre

Beginnt Ihr Vertrag für einen Pkw ohne Übernahme eines Schadenverlaufs nach I.6, wird er in die SF-Klasse 3 eingestuft, wenn

- auf Sie, Ihren Ehepartner, Ihren eingetragenen Lebenspartner oder Ihren mit Ihnen in häuslicher Gemeinschaft lebenden Lebenspartner bereits ein Pkw zugelassen ist, der zu diesem Zeitpunkt in der Kfz-Haftpflichtversicherung mindestens in die SF-Klasse 3 eingestuft ist, und
- Sie seit mindestens einem Jahr eine Fahrerlaubnis für Pkw oder Krafträder besitzen, die von einem Mitgliedstaat des Europäischen Wirtschaftsraums erteilt wurde oder nach I.2.5 gleichgestellt ist, und
- der hinzukommende Pkw ausschließlich von Ihnen und Ihrem Ehepartner, Ihrem eingetragenen Lebenspartner oder Ihrem mit Ihnen in häuslicher Gemeinschaft lebenden Lebenspartner gefahren wird und Sie und der jeweilige Fahrer mindestens das xx. Lebensjahr vollendet haben. Liegen diese Voraussetzungen nicht mehr vor, wird Ihr Vertrag ab diesem Zeitpunkt in diejenige SF-Klasse eingestuft, die sich ergeben hätte, wenn der Vertrag bei Beginn nach I.2.2.2 eingestuft worden wäre.

I.2.3 Anrechnung des Schadenverlaufs der Kfz-Haftpflichtversicherung in der Vollkaskoversicherung

Ist das versicherte Fahrzeug ein Pkw, ein Kraftrad oder ein Campingfahrzeug und schließen Sie neben der Kfz-Haftpflichtversicherung eine Vollkaskoversicherung mit einer Laufzeit von einem Jahr ab (siehe G.1.2), können Sie verlangen, dass die Einstufung nach dem Schadenverlauf der Kfz-Haftpflichtversicherung erfolgt. Dies gilt nicht, wenn für das versicherte Fahrzeug oder für ein Vorfahrzeug im Sinne von I.6.1.1 innerhalb der letzten 12 Monate vor Abschluss der Vollkaskoversicherung bereits eine Vollkaskoversicherung bestanden hat; in diesem Fall übernehmen wir den Schadenverlauf der Vollkaskoversicherung nach I.6.

I.2.4 Führerscheinsonderregelung

Hat Ihr Vertrag für einen Pkw oder ein Kraftrad in der Klasse SF 0 begonnen, stufen wir ihn auf Ihren Antrag besser ein, sobald Sie drei Jahre im Besitz einer Fahrerlaubnis für Pkw oder Krafträder sind und folgende Voraussetzungen gegeben sind:

- Der Vertrag ist schadenfrei verlaufen und
- Ihre Fahrerlaubnis ist von einem Mitgliedsstaat des Europäischen Wirtschaftsraums (EWR) ausgestellt worden oder dieser nach I.2.5 gleichgestellt.

I.2.5 Gleichgestellte Fahrerlaubnisse

Fahrerlaubnisse aus Staaten außerhalb des Europäischen Wirtschaftsraums (EWR) sind Fahrerlaubnissen aus einem Mitgliedsstaat des EWR gleichgestellt, wenn diese nach der Fahrerlaubnisverordnung[1)]

- ohne weitere theoretische oder praktische Fahrprüfung umgeschrieben werden können oder
- nach Erfüllung der Auflagen umgeschrieben sind.

I.3 Jährliche Neueinstufung

Wir stufen Ihren Vertrag zum 1. Januar eines jeden Jahres nach seinem Schadenverlauf im vergangenen Kalenderjahr neu ein.

Bei einem Schadenereignis ist der Tag der Schadenmeldung maßgeblich dafür, welchem Kalenderjahr der Schaden zugeordnet wird.

I.3.1 Wirksamwerden der Neueinstufung

Die Neueinstufung gilt ab der ersten Beitragsfälligkeit im neuen Kalenderjahr.

I.3.2 Besserstufung bei schadenfreiem Verlauf

Ist Ihr Vertrag während eines Kalenderjahres schadenfrei verlaufen und hat der Versicherungsschutz während dieser Zeit ununterbrochen bestanden, wird Ihr Vertrag in die nächst bessere SF-Klasse nach der jeweiligen Tabelle im Anhang 1 eingestuft.

I.3.3 Besserstufung bei Saisonkennzeichen

Ist das versicherte Fahrzeug mit einem Saisonkennzeichen zugelassen (siehe H.2), nehmen wir bei schadenfreiem Verlauf des Vertrags eine Besserstufung nach I.3.2 nur vor, wenn die Saison mindestens sechs Monate beträgt.

I.3.4 Besserstufung bei Verträgen mit SF-Klassen 3, 1, 1/2, S, 0 oder M

I.3.4.1 Besserstufung nach SF 1 nach einem vollen Kalenderjahr aus der SF-Klasse 1/2, S, 0 oder M

Hat der Versicherungsschutz während des gesamten Kalenderjahres ununterbrochen bestanden, stufen wir Ihren Vertrag aus der SF-

1) Nr. 300.

Klasse, ½, S, 0 oder M bei schadenfreiem Verlauf in die SF-Klasse 1 ein.

I.3.4.2 **Besserstufung nach einem halben Kalenderjahr aus der SF-Ersteinstufung 3, 1, ½ oder 0**

Hat Ihr Vertrag in der Zeit vom 2. Januar bis 1. Juli eines Kalenderjahres mit einer Einstufung nach I.2 in SF-Klasse 3, 1, ½ oder 0 begonnen und bestand bis zum 31. Dezember mindestens sechs Monate Versicherungsschutz, wird er bei schadenfreiem Verlauf zum 1. Januar des folgenden Kalenderjahres wie folgt eingestuft:

von SF-Klasse 3	nach	SF-Klasse 4,
von SF-Klasse 1	nach	SF-Klasse 2,
von SF-Klasse ½	nach	SF-Klasse 1,
von SF-Klasse 0	nach	SF-Klasse ½.

I.3.5 **Rückstufung bei schadenbelastetem Verlauf**

Ist Ihr Vertrag während eines Kalenderjahres schadenbelastet verlaufen, wird er nach der jeweiligen Tabelle in Anhang 1 zurückgestuft.

I.4 **Was bedeutet schadenfreier oder schadenbelasteter Verlauf?**

I.4.1 **Schadenfreier Verlauf**

I.4.1.1 Ein schadenfreier Verlauf des Vertrags liegt unter folgenden Voraussetzungen vor:

- Der Versicherungsschutz hat von Anfang bis Ende eines Kalenderjahres ununterbrochen bestanden und
- uns wurde in dieser Zeit kein Schadenereignis gemeldet, für das wir Entschädigungen leisten oder Rückstellungen bilden mussten. Dazu zählen nicht Kosten für Gutachter, Rechtsberatung und Prozesse.

I.4.1.2 Trotz Meldung eines Schadenereignisses gilt der Vertrag jeweils als schadenfrei, wenn eine der folgenden Voraussetzungen vorliegt:

a) Wir leisten Entschädigungen oder bilden Rückstellungen:
   - nur aufgrund von Abkommen der Versicherungsunternehmen untereinander oder mit Sozialversicherungsträgern oder
   - wegen der Ausgleichspflicht aufgrund einer Mehrfachversicherung. Dies gilt nicht bei Gespannen.

b) Wir lösen Rückstellungen für das Schadenereignis in den drei auf die Schadenmeldung folgenden Kalenderjahren auf, ohne eine Entschädigung geleistet zu haben.

c) Der Schädiger oder dessen Haftpflichtversicherung erstatten uns unsere Entschädigung in vollem Umfang.

d) Wir leisten Entschädigungen in der Vollkaskoversicherung oder bilden Rückstellungen für ein Schadenereignis, das unter die Teilkaskoversicherung fällt.

e) Sie nehmen Ihre Vollkaskoversicherung nur deswegen in Anspruch, weil:

- eine Person mit einer gesetzlich vorgeschriebenen Haftpflichtversicherung für das Schadenereignis zwar in vollem Umfang haftet,
- Sie aber gegenüber dem Haftpflichtversicherer keinen Anspruch haben, weil dieser den Versicherungsschutz ganz oder teilweise versagt hat.

I.4.2 Schadenbelasteter Verlauf

I.4.2.1 Ein schadenbelasteter Verlauf des Vertrags liegt vor, wenn Sie uns während eines Kalenderjahres ein oder mehrere Schadenereignisse melden, für die wir Entschädigungen leisten oder Rückstellungen bilden müssen. Hiervon ausgenommen sind die Fälle nach I.4.1.2.

I.4.2.2 Gilt der Vertrag trotz einer Schadenmeldung zunächst als schadenfrei, leisten wir jedoch in einem folgenden Kalenderjahr Entschädigungen oder bilden Rückstellungen für diesen Schaden, stufen wir Ihren Vertrag zum 1. Januar des dann folgenden Kalenderjahres zurück.

I.5 Wie Sie eine Rückstufung in der Kfz-Haftpflichtversicherung vermeiden können

Sie können eine Rückstufung in der Kfz-Haftpflichtversicherung vermeiden, wenn Sie uns unsere Entschädigung freiwillig, also ohne vertragliche oder gesetzliche Verpflichtung erstatten.

Um Ihnen hierzu Gelegenheit zu geben, unterrichten wir Sie nach Abschluss der Schadenregulierung über die Höhe unserer Entschädigung. Voraussetzung ist, dass unsere Entschädigung nicht mehr als 500 Euro beträgt.

Erstatten Sie uns die Entschädigung innerhalb von sechs Monaten nach unserer Mitteilung, wird Ihr Kfz-Haftpflichtversicherungsvertrag als schadenfrei behandelt.

Haben wir Sie über den Abschluss der Schadenregulierung und über die Höhe des Erstattungsbetrags unterrichtet und müssen wir eine weitere Entschädigung leisten, führt dies nicht zu einer Erhöhung des Erstattungsbetrags.

I.6 Übernahme eines Schadenverlaufs

I.6.1 In welchen Fällen wird ein Schadenverlauf übernommen?

Der Schadenverlauf eines anderen Vertrags – auch wenn dieser bei einem anderen Versicherer bestanden hat – wird auf den Vertrag des versicherten Fahrzeugs unter den Voraussetzungen nach I.6.2 und I.6.3 in folgenden Fällen übernommen:

Fahrzeugwechsel

I.6.1.1 Sie haben das versicherte Fahrzeug anstelle eines anderen Fahrzeugs angeschafft.

Rabatt-Tausch

I.6.1.2a Sie besitzen neben dem versicherten Fahrzeug noch ein anderes Fahrzeug. Sie veräußern dieses oder setzen es ohne Ruheversicherung außer Betrieb und beantragen die Übernahme des Schadenverlaufs.

I.6.1.2b Sie versichern ein weiteres Fahrzeug. Dieses soll überwiegend von demselben Personenkreis benutzt werden, wie das bereits versicherte Fahrzeug. Sie beantragen, dass der Schadenverlauf von dem bisherigen auf das weitere Fahrzeug übertragen wird.

Schadenverlauf einer anderen Person

I.6.1.3 Das Fahrzeug einer anderen Person wurde überwiegend von Ihnen gefahren und Sie beantragen die Übernahme des Schadenverlaufs.

Versichererwechsel

I.6.1.4 Sie sind mit Ihrem Fahrzeug von einem anderen Versicherer zu uns gewechselt.

I.6.2 Welche Voraussetzungen gelten für die Übernahme?

Für die Übernahme eines Schadenverlaufs gelten folgende Voraussetzungen:

Fahrzeuggruppe

I.6.2.1 Die Fahrzeuge, zwischen denen der Schadenverlauf übertragen wird, gehören derselben Fahrzeuggruppe an, oder das Fahrzeug, von dem der Schadenverlauf übernommen wird, gehört einer höheren Fahrzeuggruppe an als das Fahrzeug, auf das übertragen wird.

a) Untere Fahrzeuggruppe:
Pkw, Leichtkrafträder, Krafträder, Campingfahrzeuge, Lieferwagen, Gabelstapler, Kranken- und Leichenwagen.

b) Mittlere Fahrzeuggruppe:
Taxen, Mietwagen, Lkw und Zugmaschinen im Werkverkehr.

c) Obere Fahrzeuggruppe:
Lkw und Zugmaschinen im gewerblichen Güterverkehr, Kraftomnibusse sowie Abschleppwagen.

Eine Übertragung ist zudem möglich

- von einem Lieferwagen auf einen Lkw oder eine Zugmaschine im Werkverkehr bis xx kW,
- von einem Pkw mit 7 bis 9 Plätzen einschließlich Mietwagen und Taxen auf einen Kraftomnibus mit nicht mehr als xx Plätzen (ohne Fahrersitz).

Gemeinsame Übernahme des Schadenverlaufs in der Kfz-Haftpflicht- und der Vollkaskoversicherung

I.6.2.2 Wir übernehmen die Schadenverläufe in der Kfz-Haftpflicht- und in der Vollkaskoversicherung nur zusammen.

Dies gilt nicht, wenn der Versicherungsnehmer die Vollkaskoversicherung aus einem anderen für ihn bestehenden Vertrag aufgibt, um den Schadenverlauf für das versicherte Fahrzeug zu nutzen.

Zusätzliche Regelung für die Übernahme des Schadenverlaufs von einer anderen Person nach I.6.1.3

I.6.2.3 Wir übernehmen den Schadenverlauf von einer anderen Person nur für den Zeitraum, in dem das Fahrzeug der anderen Person überwiegend von Ihnen gefahren wurde. Zusätzlich müssen folgende Voraussetzungen erfüllt sein:

a) Es handelt sich bei der anderen Person um Ihren Ehepartner, Ihren eingetragenen Lebenspartner, Ihren mit Ihnen in häuslicher Gemeinschaft lebenden Lebenspartner, ein Elternteil, Ihr Kind oder Ihren Arbeitgeber;

b) Sie machen den Zeitraum, in dem das Fahrzeug der anderen Person überwiegend von Ihnen gefahren wurde glaubhaft; hierzu gehört insbesondere

- eine Erklärung in Textform von Ihnen und der anderen Person; ist die andere Person verstorben, ist die Erklärung durch Sie ausreichend;
- die Vorlage einer Kopie Ihres Führerscheins zum Nachweis dafür, dass Sie für den entsprechenden Zeitraum im Besitz einer gültigen Fahrerlaubnis waren;

c) die andere Person ist mit der Übertragung ihres Schadenverlaufs an Sie einverstanden und gibt damit ihren Schadenfreiheitsrabatt in vollem Umfang auf;

d) die Nutzung des Fahrzeugs der anderen Person durch Sie liegt bei der Übernahme nicht mehr als xx Monate zurück.

I.6.3 Wie wirkt sich eine Unterbrechung des Versicherungsschutzes auf den Schadenverlauf aus?

Im Jahr der Übernahme

I.6.3.1 Nach einer Unterbrechung des Versicherungsschutzes (Außerbetriebsetzung, Saisonkennzeichen außerhalb der Saison, Vertragsbeendigung, Veräußerung, Wagniswegfall) gilt:

a) Beträgt die Unterbrechung höchstens sechs Monate, übernehmen wir den Schadenverlauf, als wäre der Versicherungsschutz nicht unterbrochen worden.

b) Beträgt die Unterbrechung mehr als sechs und höchstens zwölf Monate, übernehmen wir den Schadenverlauf, wie er vor der Unterbrechung bestand.

c) Beträgt die Unterbrechung mehr als zwölf Monate, ziehen wir beim Schadenverlauf für jedes weitere angefangene Kalenderjahr seit der Unterbrechung ein schadenfreies Jahr ab.

d) Beträgt die Unterbrechung mehr als sieben Jahre, übernehmen wir den schadenfreien Verlauf nicht.

Sofern neben einer Rückstufung aufgrund einer Unterbrechung von mehr als einem Jahr gleichzeitig eine Rückstufung aufgrund einer Schadenmeldung zu erfolgen hat, gilt Folgendes: Zunächst ist die Rückstufung aufgrund des Schadens, danach die Rückstufung aufgrund der Unterbrechung vorzunehmen.

Im Folgejahr nach der Übernahme

I.6.3.2 In dem auf die Übernahme folgenden Kalenderjahr richtet sich die Einstufung des Vertrags nach dessen Schadenverlauf und danach, wie lange der Versicherungsschutz in dem Kalenderjahr der Übernahme bestand:

a) Bestand der Versicherungsschutz im Kalenderjahr der Übernahme mindestens sechs Monate, wird der Vertrag entsprechend seines Verlaufs so eingestuft, als hätte er ein volles Kalenderjahr bestanden.

b) Bestand der Versicherungsschutz im Kalenderjahr der Übernahme weniger als sechs Monate, unterbleibt eine Besserstufung trotz schadenfreien Verlaufs.

I.6.4 Übernahme des Schadenverlaufs nach Betriebsübergang

Haben Sie einen Betrieb und dessen zugehörige Fahrzeuge übernommen, übernehmen wir den Schadenverlauf dieser Fahrzeuge unter folgenden Voraussetzungen:

- Der bisherige Betriebsinhaber ist mit der Übernahme des Schadenverlaufs durch Sie einverstanden und gibt damit den Schadenfreiheitsrabatt in vollem Umfang auf,
- Sie machen glaubhaft, dass sich durch die Übernahme des Betriebs die bisherige Risikosituation nicht verändert hat.

I.7 Einstufung nach Abgabe des Schadenverlaufs

I.7.1 Die Schadenverläufe in der Kfz-Haftpflicht- und der Vollkaskoversicherung können nur zusammen abgegeben werden.

I.7.2 Nach einer Abgabe des Schadenverlaufs Ihres Vertrags stufen wir diesen in die SF-Klasse ein, die Sie bei Ersteinstufung Ihres Vertrages nach I.2 bekommen hätten. Befand sich Ihr Vertrag in der SF-Klasse M oder S, bleibt diese Einstufung bestehen.

I.7.3 Wir sind berechtigt, den Mehrbeitrag aufgrund der Umstellung Ihres Vertrags nachzuerheben.

I.8 Auskünfte über den Schadenverlauf

I.8.1 Wir sind berechtigt, uns bei Übernahme eines Schadenverlaufs folgende Auskünfte vom Vorversicherer geben zu lassen:

- Art und Verwendung des Fahrzeugs,
- Beginn und Ende des Vertrags für das Fahrzeug,
- Schadenverlauf des Fahrzeugs in der Kfz-Haftpflicht- und der Vollkaskoversicherung,
- Unterbrechungen des Versicherungsschutzes des Fahrzeugs, die sich noch nicht auf dessen letzte Neueinstufung ausgewirkt haben,
- ob für ein Schadenereignis Rückstellungen innerhalb von drei Jahren nach deren Bildung aufgelöst worden sind, ohne dass Zahlungen geleistet worden sind und
- ob Ihnen oder einem anderen Versicherer bereits entsprechende Auskünfte erteilt worden sind.

I.8.2 Versichern Sie nach Beendigung Ihres Vertrags in der Kfz-Haftpflicht- und der Vollkaskoversicherung Ihr Fahrzeug bei einem anderen Versicherer, sind wir berechtigt und verpflichtet, diesem auf Anfrage Auskünfte zu Ihrem Vertrag und dem versicherten Fahrzeug nach I.8.1 zu geben.

Unsere Auskunft bezieht sich nur auf den tatsächlichen Schadenverlauf. Sondereinstufungen – mit Ausnahme der Regelung nach I.2.2.1 und I.2.2.2 – werden nicht berücksichtigt. Sondereinstufungen aufgrund der Regelung nach I.2.2.3 werden so bestätigt, als wäre der Vertrag bei Beginn nach I.2.2.2 eingestuft worden.

I.8.3 Ist Ihr Vertrag bei Beendigung nach der maßgeblichen Tabelle zum Schadenfreiheitsrabatt-System in Anhang 1 in die SF-Klasse M, 0 oder S eingestuft oder wäre er bei Fortbestehen dort einzustufen, sind wir berechtigt, dies der zuständigen Gemeinschaftseinrichtung der Versicherer mitzuteilen. Dies ist derzeit die GDV Dienstleistungs-GmbH & Co. KG, Glockengießerwall 1, 20095 Hamburg. Ihre SF-Klasse wird dort für andere Versicherer nach I.8.4 abrufbar sein.

I.8.4 Geben Sie in Ihrem Antrag keine Vorversicherung an, sind wir berechtigt, bei der zuständigen Gemeinschaftseinrichtung der Versicherer nachzufragen, ob Ihr Vertrag bei einem Vorversicherer in die SF-Klassen M, 0 oder S einzustufen war.

J. Beitragsänderung aufgrund tariflicher Maßnahmen

J.1 Typklasse

Richtet sich der Versicherungsbeitrag nach dem Typ Ihres Fahrzeugs, können Sie Ihrem Versicherungsschein entnehmen, welcher Typklasse Ihr Fahrzeug zu Beginn des Vertrags zugeordnet worden ist.

Ein unabhängiger Treuhänder ermittelt jährlich, ob und in welchem Umfang sich der Schadenbedarf Ihres Fahrzeugtyps im Verhältnis zu dem aller Fahrzeugtypen erhöht oder verringert hat. Ändert sich der Schadenbedarf Ihres Fahrzeugtyps im Verhältnis zu dem aller Fahrzeugtypen, kann dies zu einer Zuordnung in eine andere Typklasse führen. Die damit verbundene Beitragsänderung wird mit Beginn des nächsten Versicherungsjahres wirksam.

[xx Die Klassengrenzen können Sie der Tabelle im Anhang 3 entnehmen.]

J.2 Regionalklasse

Richtet sich der Versicherungsbeitrag nach dem Wohnsitz des Halters, wird Ihr Fahrzeug einer Regionalklasse zugeordnet. Maßgeblich ist der Wohnsitz, den uns die Zulassungsbehörde zu Ihrem Fahrzeug mitteilt. Ihrem Versicherungsschein können Sie entnehmen, welcher Regionalklasse Ihr Fahrzeug zu Beginn des Vertrags zugeordnet worden ist.

Ein unabhängiger Treuhänder ermittelt jährlich, ob und in welchem Umfang sich der Schadenbedarf der Region, in welcher der Wohnsitz des Halters liegt, im Verhältnis zu allen Regionen erhöht oder verringert hat. Ändert sich der Schadenbedarf Ihrer Region im Verhältnis zu dem aller Regionen, kann dies zu einer Zuordnung in eine andere Regionalklasse führen. Die damit verbundene

Beitragsänderung wird mit Beginn des nächsten Versicherungsjahres wirksam.

[xx Die Klassengrenzen können Sie der Tabelle im Anhang 4 entnehmen.]

J.3 Tarifänderung

< xx *Redaktioneller Hinweis: Ein Mustertext wie zu § 9a AKB a.F. wird nicht bekannt gemacht.* >

J.4 Kündigungsrecht

Führt eine Änderung nach J.1 bis J.3 in der Kfz-Haftpflichtversicherung zu einer Beitragserhöhung, so haben Sie nach G.2.7 ein Kündigungsrecht. Werden mehrere Änderungen gleichzeitig wirksam, so besteht Ihr Kündigungsrecht nur, wenn die Änderungen in Summe zu einer Beitragserhöhung führen.

Dies gilt für die Kaskoversicherung [und xxx] entsprechend.

<Redaktioneller Hinweis: Ist auch in weiteren Sparten ein Tarifänderungsrecht nach J.3 vorgesehen, ist dies hier aufzunehmen.>

J.5 Gesetzliche Änderung des Leistungsumfangs in der Kfz-Haftpflichtversicherung

In der Kfz-Haftpflichtversicherung sind wir berechtigt, den Beitrag zu erhöhen, sobald wir aufgrund eines Gesetzes, einer Verordnung oder einer EU-Richtlinie dazu verpflichtet werden, den Leistungsumfang oder die Versicherungssummen zu erhöhen.

< *xx Achtung! Es folgen zwei Varianten. Variante 1 für Versicherer, die nur das SF-System nach Anlage 1 verwenden wollen. Variante 2 für Versicherer, die auch die Tarifmerkmale nach Anhang 2 verwenden wollen.* >

J.6 Änderung des SF-Klassen-Systems

Wir sind berechtigt, die Bestimmungen für die SF-Klassen nach Abschnitt I und Anhang 1 zu ändern. Dies setzt voraus, dass ein unabhängiger Treuhänder bestätigt, dass die geänderten Bestimmungen den anerkannten Grundsätzen der Versicherungsmathematik und Versicherungstechnik entsprechen. Die geänderten Bestimmungen werden mit Beginn des nächsten Versicherungsjahres wirksam.

In diesem Fall haben Sie nach G.2.9 ein Kündigungsrecht.

[J.6 xx Änderung der Tarifstruktur]

Wir sind berechtigt, die Bestimmungen für SF-Klassen, Regionalklassen, Typklassen, Abstellort, jährliche Fahrleistung, xx < *ggf. zu ergänzen* > zu ändern. Dies setzt voraus, dass ein unabhängiger Treuhänder bestätigt, dass die geänderten Bestimmungen den anerkannten Grundsätzen der Versicherungsmathematik und Versicherungstechnik entsprechen. Die geänderten Bestimmungen werden mit Beginn des nächsten Versicherungsjahres wirksam.

In diesem Fall haben Sie nach G.2.9 ein Kündigungsrecht.

K. Beitragsänderung aufgrund eines bei Ihnen eingetretenen Umstands

K.1 Änderung des Schadenfreiheitsrabatts

Ihr Beitrag kann sich aufgrund der Regelungen zum Schadenfreiheitsrabatt-System nach Abschnitt I ändern.

K.2 Änderung von Merkmalen zur Beitragsberechnung

Welche Änderungen werden berücksichtigt?

K.2.1 Ändert sich während der Laufzeit des Vertrags ein im Versicherungsschein unter der Überschrift xx aufgeführtes Merkmal zur Beitragsberechnung, berechnen wir den Beitrag neu. Dies kann zu einer Beitragssenkung oder zu einer Beitragserhöhung führen.

< xx *Alternativformulierung für Versicherer, die die Anhänge 2 und 5 verwenden*:

K.2.1 Ändert sich während der Laufzeit des Vertrags ein Merkmal zur Beitragsberechnung gemäß Anhang 2 „Merkmale zur Beitragsberechnung" und Anhang 5 „Berufsgruppen (Tarifgruppen)" berechnen wir den Beitrag neu. Dies kann zu einer Beitragssenkung oder zu einer Beitragserhöhung führen. >

Auswirkung auf den Beitrag

K.2.2 Der neue Beitrag gilt ab dem Tag der Änderung.

K.2.3 Ändert sich die im Versicherungsschein aufgeführte Jahresfahrleistung, gilt abweichend von K.2.2 der neue Beitrag rückwirkend ab Beginn des laufenden Versicherungsjahres.

K.3 Änderung der Regionalklasse wegen Wohnsitzwechsels

Wechselt der Halter seinen Wohnsitz und wird dadurch Ihr Fahrzeug einer anderen Regionalklasse zugeordnet, richtet sich der Beitrag ab der Ummeldung bei der Zulassungsbehörde nach der neuen Regionalklasse.

K.4 Ihre Mitteilungspflichten zu den Merkmalen zur Beitragsberechnung

Anzeige von Änderungen

K.4.1 Die Änderung eines im Versicherungsschein unter der Überschrift < xx *konkrete Bezeichnung eintragen* > aufgeführten Merkmals zur Beitragsberechnung müssen Sie uns unverzüglich anzeigen.

Überprüfung der Merkmale zur Beitragsberechnung

K.4.2 Wir sind berechtigt zu überprüfen, ob die bei Ihrem Vertrag berücksichtigten Merkmale zur Beitragsberechnung zutreffen. Auf Anforderung haben Sie uns entsprechende Bestätigungen oder Nachweise vorzulegen.

Folgen von unzutreffenden Angaben

K.4.3 Haben Sie unzutreffende Angaben zu Merkmalen zur Beitragsberechnung gemacht oder Änderungen nicht angezeigt und ist deshalb ein zu niedriger Beitrag berechnet worden, gilt rückwirkend ab Beginn des laufenden Versicherungsjahres der Beitrag, der den tatsächlichen Merkmalen zur Beitragsberechnung entspricht.

K.4.4 Haben Sie vorsätzlich unzutreffende Angaben gemacht oder Änderungen vorsätzlich nicht angezeigt und ist deshalb ein zu niedriger Beitrag berechnet worden, ist zusätzlich zur Beitragserhöhung eine Vertragsstrafe in Höhe von xx zu zahlen.

Folgen von Nichtangaben

K.4.5 Kommen Sie unserer Aufforderung schuldhaft nicht nach, Bestätigungen oder Nachweise vorzulegen, sind wir berechtigt, den Beitrag rückwirkend ab Beginn des laufenden Versicherungsjahres nach den für Sie ungünstigsten Annahmen zu berechnen, wenn

- wir Sie in Textform auf den dann zu zahlenden Beitrag und die dabei zugrunde gelegten Annahmen hingewiesen haben
- und Sie auch innerhalb einer von uns gesetzten Antwortfrist von mindestens X [nicht weniger als 4] Wochen die zur Überprüfung der Beitragsberechnung angeforderten Bestätigungen oder Nachweise nicht nachreichen.

K.5 Änderung der Art oder Verwendung des Fahrzeugs

Ändert sich die im Versicherungsschein ausgewiesene Art oder Verwendung des Fahrzeugs < xx *bei Verwendung des Anhangs: „gemäß der Tabelle in Anhang 6"* >, müssen Sie uns dies anzeigen. Bei der Zuordnung nach der Verwendung des Fahrzeugs gelten ziehendes Fahrzeug und Anhänger als Einheit, wobei das höhere Wagnis maßgeblich ist.

Wir können in diesem Fall den Versicherungsvertrag nach G.3.6 kündigen oder den Beitrag ab der Änderung anpassen.

Erhöhen wir den Beitrag um mehr als 10 %, haben Sie ein Kündigungsrecht nach G.2.8.

L. Meinungsverschiedenheiten und Gerichtsstände

L.1 Wenn Sie mit uns einmal nicht zufrieden sind

Versicherungsombudsmann

L.1.1 Wenn Sie als Verbraucher mit unserer Entscheidung nicht zufrieden sind oder eine Verhandlung mit uns einmal nicht zu dem von Ihnen gewünschten Ergebnis geführt hat, können Sie sich an den Ombudsmann für Versicherungen wenden.

Versicherungsombudsmann e. V.
Postfach 080632
10006 Berlin
E-Mail: beschwerde@versicherungsombudsmann.de
Internet: www.versicherungsombudsmann.de
Telefon 0800 3696000, Fax 0800 3699000 (kostenfrei aus dem deutschen Telefonnetz)

Der Ombudsmann für Versicherungen ist eine unabhängige und für Verbraucher kostenfrei arbeitende Schlichtungsstelle. Wir haben uns verpflichtet, an dem Schlichtungsverfahren teilzunehmen

Verbraucher, die diesen Vertrag online (z.B. über eine Webseite oder per E-Mail) abgeschlossen haben, können sich mit ihrer Beschwerde auch online an die Plattform http://ec.europa.eu/consumers/odr/ wenden. Ihre Beschwerde wird dann über diese Plattform an den Versicherungsombudsmann weitergeleitet. Für Fragen können Sie sich auch per E-Mail an uns wenden: xxxx@xxx.xx.

Versicherungsaufsicht

L.1.2 Sind Sie mit unserer Betreuung nicht zufrieden oder treten Meinungsverschiedenheiten bei der Vertragsabwicklung auf, können Sie sich auch an die für uns zuständige Aufsicht wenden. Als Versicherungsunternehmen unterliegen wir der Aufsicht der Bundesanstalt für Finanzdienstleistungsaufsicht.
Bundesanstalt für Finanzdienstleistungsaufsicht (BAFin)
Sektor Versicherungsaufsicht
Graurheindorfer Straße 108
53117 Bonn
E-Mail: poststelle@bafin.de
Telefon 0228 4108-0, Fax 0228 4108 – 1550

Bitte beachten Sie, dass die BAFin keine Schiedsstelle ist und einzelne Streitfälle nicht verbindlich entscheiden kann.

Rechtsweg

L.1.3 Außerdem haben Sie die Möglichkeit, den Rechtsweg zu beschreiten.

Hinweis: Bei Meinungsverschiedenheiten zur Schadenhöhe in der Kaskoversicherung können Sie auch das Sachverständigenverfahren nach A.2.6 nutzen.

L.2 Gerichtsstände

Wenn Sie uns verklagen

L.2.1 Ansprüche aus Ihrem Versicherungsvertrag können Sie insbesondere bei folgenden Gerichten geltend machen:

- dem Gericht, das für Ihren Wohnsitz örtlich zuständig ist,
- dem Gericht, das für unseren Geschäftssitz oder für die Sie betreuende Niederlassung örtlich zuständig ist.

Wenn wir Sie verklagen

L.2.2 Wir können Ansprüche aus dem Versicherungsvertrag insbesondere bei folgenden Gerichten geltend machen:

- dem Gericht, das für Ihren Wohnsitz örtlich zuständig ist,
- dem Gericht des Ortes, an dem sich der Sitz oder die Niederlassung Ihres Betriebs befindet, wenn Sie den Versicherungsvertrag für Ihren Geschäfts- oder Gewerbebetrieb abgeschlossen haben.

Sie haben Ihren Wohnsitz oder Geschäftssitz ins Ausland verlegt

L.2.3 Für den Fall, dass Sie Ihren Wohnsitz, Geschäftssitz oder gewöhnlichen Aufenthalt außerhalb Deutschlands verlegt haben oder Ihr Wohnsitz, Geschäftssitz oder gewöhnlicher Aufenthalt im Zeitpunkt der Klageerhebung nicht bekannt ist, gilt abweichend der Regelungen nach L.2.2 das Gericht als vereinbart, das für unseren Geschäftssitz zuständig ist.

M.

– Abschnitt gestrichen –

N. Bedingungsänderung

< xx *Redaktioneller Hinweis: Ein Mustertext wird nicht bekannt gemacht.* >

Anhang 1: Tabellen zum Schadenfreiheitsrabatt-System

1 Pkw

1.1 Einstufung von Pkw in Schadenfreiheitsklassen (SF-Klassen) und Beitragssätze

[Anpassung der SF-Klassen in allen nachfolgenden Tabellen]-. . .
. . . < xx Tabelle >

1.2 Rückstufung im Schadenfall bei Pkw

1.2.1 Kfz-Haftpflichtversicherung

Aus SF Klasse Nach Klasse	1 Schaden	2 Schäden	3 Schäden	4 und mehr Schäden
xx	xx	xx	xx	xx
	. . .			

1.2.2 Vollkaskoversicherung

Aus SF Klasse Nach Klasse	1 Schaden	2 Schäden	3 Schäden	4 und mehr Schäden
xx	xx	xx	xx	xx
	. . .			

2 Krafträder

2.1 Einstufung von Krafträdern in Schadenfreiheitsklassen (SF-Klassen) und Beitragssätze

. . . < xx Tabelle >

2.2 Rückstufung im Schadenfall bei Krafträdern

2.2.1 Kfz-Haftpflichtversicherung

. . . < xx Tabelle >

2.2.2 Vollkaskoversicherung

. . . < xx Tabelle >

3 Leichtkrafträder

3.1 Einstufung von Leichtkrafträdern in Schadenfreiheitsklassen (SF-Klassen) und Beitragssätze

. . . < xx Tabelle >

3.2 Rückstufung im Schadenfall bei Leichtkrafträdern

3.2.1 Kfz-Haftpflichtversicherung

. . . < xx Tabelle >

3.2.2 Vollkaskoversicherung

. . . < xx Tabelle >

4 Taxen und Mietwagen

4.1 Einstufung von Taxen und Mietwagen in Schadenfreiheitsklassen (SF-Klassen) und Beitragssätze

. . . < xx Tabelle >

4.2 Rückstufung im Schadenfall bei Taxen und Mietwagen

4.2.1 Kfz-Haftpflichtversicherung

. . . < xx Tabelle >

4.2.2 Vollkaskoversicherung

. . . < xx Tabelle >

5 Campingfahrzeuge (Wohnmobile)

5.1 Einstufung von Campingfahrzeugen (Wohnmobilen) in Schadenfreiheitsklassen (SF-Klassen) und Beitragssätze

. . . < xx Tabelle >

5.2 Rückstufung im Schadenfall bei Campingfahrzeugen (Wohnmobilen)

5.2.1 Kfz-Haftpflichtversicherung

. . . < xx Tabelle >

5.2.2 Vollkaskoversicherung

. . . < xx Tabelle >

6 Lieferwagen, Lkw, Zugmaschinen, Krankenwagen, Leichenwagen, Busse (nur Kfz-Haftpflicht), Abschleppwagen (nur Kfz-Haftpflicht) und Stapler (nur Kfz-Haftpflicht)

6.1 Einstufung von Lieferwagen, Lkw, Zugmaschinen, Krankenwagen, Leichenwagen, Bussen (nur Kfz-Haftpflicht), Abschleppwagen und Staplern (nur Kfz-Haftpflicht) in Schadenfreiheitsklassen (SF-Klassen) und Beitragssätze

… < xx Tabelle >

6.2 Rückstufung im Schadenfall bei Lieferwagen, Lkw, Zugmaschinen, Krankenwagen, Leichenwagen, Bussen, Abschleppwagen und Staplern

6.2.1 Kfz-Haftpflichtversicherung

… < xx Tabelle >

6.2.2 Vollkaskoversicherung (nur Lieferwagen, Lkw, Zugmaschinen, Krankenwagen, Leichenwagen)

… < xx Tabelle >

Anhang 2: Merkmale zur Beitragsberechnung

1 Individuelle Merkmale zur Beitragsberechnung bei Pkw

1.1 Abstellort

Regelmäßiger nächtlicher Abstellort:

- abschließbare Einzelgarage
- abschließbare Doppelgarage
- Mehrfachtiefgarage
- gesichertes Grundstück
- Carport

1.2 Jährliche Fahrleistung

Fahrleistungsklassen:

1.2.1 Kfz-Haftpflichtversicherung:

Fahrleistungsklasse
von XX km bis XX km

1.2.2 Vollkaskoversicherung:

Fahrleistungsklasse
von XX km bis XX km

1.2.3 Teilkaskoversicherung:

Fahrleistungsklasse
von XX km bis XX km

Unabhängig von der Fahrleistung gilt bei Verträgen für Pkw, die mit einem Saison-, Oldtimer-, Ausfuhr-, Kurzzeit- oder roten Kennzeichen zugelassen sind, die Fahrleistungsklasse xx als vereinbart.

1.3 Weitere Merkmale zur Beitragsberechnung

- Selbstgenutztes Wohneigentum
- Nutzerkreis
- Nutzeralter
- Fahrzeugalter beim Erwerb durch Sie
- ... xx

2 Merkmale zur Beitragsberechnung bei Krafträdern und Leichtkrafträdern

- Nutzeralter
- Motorleistung
- ... xx

3 Merkmale zur Beitragsberechnung bei Lkw, Zugmaschinen, Bussen, Anhängern

Bei der Beitragsberechnung werden die nachfolgenden Merkmale berücksichtigt:

- Aufbau
- Motorleistung
- Anzahl der Plätze
- zulässiges Gesamtgewicht

Anhang 3: Tabellen zu den Typklassen

Für Pkw, Taxen, Mietwagen und Selbstfahrervermiet-Pkw gelten folgende Typklassen:

1 Kfz-Haftpflichtversicherung:

Typklasse	Schadenbedarfs-Indexwerte	
	von	bis unter

2 Vollkaskoversicherung:

Typklasse	Schadenbedarfs-Indexwerte	
	von	bis unter

3 Teilkaskoversicherung:

Typklasse	Schadenbedarfs-Indexwerte	
	von	bis unter

Anhang 4: Tabellen zu den Regionalklassen

Es gelten folgende Regionalklassen:

1 Für Pkw

1.1 In der Kfz-Haftpflichtversicherung:

Regionalklasse	Schadenbedarfs-Indexwerte	
	von	bis unter

1.2 In der Vollkaskoversicherung:

Regionalklasse	Schadenbedarfs-Indexwerte	
	von	bis unter

1.3 In der Teilkaskoversicherung:

Regionalklasse	Schadenbedarfs-Indexwerte	
	von	bis unter

2 Für Krafträder

2.1 In der Kfz-Haftpflichtversicherung:

Regionalklasse	Schadenbedarfs-Indexwerte	
	von	bis unter

2.2 In der Teilkaskoversicherung:

Regionalklasse	Schadenbedarfs-Indexwerte	
	von	bis unter

3 Für Lieferwagen

3.1 In der Kfz-Haftpflichtversicherung:

Regionalklasse	Schadenbedarfs-Indexwerte	
	von	bis unter

3.2 In der Vollkaskoversicherung:

Regionalklasse	Schadenbedarfs-Indexwerte Regionen	
	von	bis unter

3.3 In der Teilkaskoversicherung:

Regionalklasse	Schadenbedarfs-Indexwerte Regionen	
	von	bis unter

4 **Für landwirtschaftliche Zugmaschinen**

4.1 **In der Kfz-Haftpflichtversicherung:**

Regionalklasse	Schadenbedarfs-Indexwerte Regionen	
	von	bis unter

4.2 **In der Teilkaskoversicherung:**

Regionalklasse	Schadenbedarfs-Indexwerte Regionen	
	von	bis unter

Anhang 5: Berufsgruppen (Tarifgruppen)

1 **Berufsgruppe A**

Die Beiträge der Berufsgruppe A gelten in der Kfz-Haftpflichtversicherung bei Pkw für

a) Landwirte und Gartenbaubetriebe
landwirtschaftliche Unternehmer im Sinne des § 123 Abs. 1 Nr. 1 Sozialgesetzbuch VII, die Mitglieder einer landwirtschaftlichen Berufsgenossenschaft oder der Gartenbauberufsgenossenschaft sind, deren Betrieb eine Mindestgröße von 1/2 ha – bei einem Gartenbaubetrieb jedoch eine Mindestgröße von 2 ha – hat, und die diesen Betrieb selbst bewirtschaften;

b) Ehemalige Landwirte
ehemalige landwirtschaftliche Unternehmer, wenn sie die Voraussetzungen nach 1.a unmittelbar vor Übergabe des Betriebes erfüllt haben und nicht anderweitig berufstätig sind;

c) Witwen und Witwer
nicht berufstätige Witwen/Witwer von Personen, die bei ihrem Tod die Voraussetzungen nach 1.a oder 1.b erfüllt haben.

2 **Berufsgruppe B**

Die Beiträge der Berufsgruppe B gelten in der Kfz-Haftpflicht-, Vollkasko- und in der Teilkaskoversicherung beschränkt auf Pkw, Campingfahrzeuge, Krafträder und Leichtkrafträder – für Versicherungsverträge von Kraftfahrzeugen, die zugelassen sind auf

a) Gebietskörperschaften, Körperschaften, Anstalten und Stiftungen des öffentlichen Rechts;

b) juristische Personen des Privatrechts, wenn sie im Hauptzweck Aufgaben wahrnehmen, die sonst der öffentlichen Hand obliegen würden, und wenn

- an ihrem Grundkapital juristische Personen des öffentlichen Rechts mit mindestens 50 % beteiligt sind oder
- sie Zuwendungen aus öffentlichen Haushalten zu mehr als der Hälfte ihrer Haushaltsmittel erhalten (§ 23 Bundeshaushaltsord-

nung oder die entsprechenden haushaltsrechtlichen Vorschriften der Länder);

c) mildtätige und kirchliche Einrichtungen (§§ 53, 54 Abgabenordnung);

d) als gemeinnützig anerkannte Einrichtungen (§ 52 Abgabenordnung), die im Hauptzweck der Gesundheitspflege und Fürsorge oder der Jugend- und Altenpflege dienen oder die im Hauptzweck durch Förderung der Wissenschaft, Kunst, Religion, der Erziehung oder der Volks- und Berufsbildung dem Allgemeinwohl auf materiellem, geistigem oder sittlichem Gebiet nutzen;

e) Selbsthilfeeinrichtungen der Angehörigen des öffentlichen Dienstes;

f) Beamte, Richter, Angestellte und Arbeiter der unter 2.a bis 2.e genannten juristischen Personen und Einrichtungen, sofern ihre nicht selbstständige und der Lohnsteuer unterliegende Tätigkeit für diese mindestens 50 % der normalen Arbeitszeit beansprucht und sofern sie von ihnen besoldet oder entlohnt werden, sowie die bei diesen juristischen Personen und Einrichtungen in einem anerkannten Ausbildungsverhältnis stehenden Personen, ferner Berufssoldaten und Soldaten auf Zeit der Bundeswehr (nicht Wehr- bzw. Zivildienstpflichtige und freiwillige Helfer);

g) Beamte, Angestellte und Arbeiter überstaatlicher oder zwischenstaatlicher Einrichtungen; für sie gilt das gleiche wie für die nach 2.f genannten Beamten, Angestellten und Arbeiter;

h) Pensionäre, Rentner und beurlaubte Angehörige des öffentlichen Dienstes, wenn sie die Voraussetzungen von 2.f oder 2.g unmittelbar vor ihrem Eintritt in den Ruhestand bzw. vor ihrer Beurlaubung erfüllt haben und nicht anderweitig berufstätig sind, sowie nicht berufstätige versorgungsberechtigte Witwen/Witwer von Beamten, Richtern, Angestellten, Arbeitern, Berufssoldaten und Soldaten auf Zeit der Bundeswehr, Pensionären und Rentnern, die jeweils bei ihrem Tode die Voraussetzungen von 2.f, 2.g oder 2.h erfüllt haben;

i) Familienangehörige von Beamten, Richtern, Angestellten, Arbeitern, Berufssoldaten und Soldaten auf Zeit der Bundeswehr, Pensionären und Rentnern, die die Voraussetzungen von 2.f, 2.g oder 2.h erfüllen. Voraussetzung ist, dass die Familienangehörigen nicht erwerbstätig sind und mit den vorher genannten Personen in häuslicher Gemeinschaft leben und von ihnen unterhalten werden.

3 Berufsgruppe D

Die Beiträge der Berufsgruppe D gelten in der Kfz-Haftpflicht- und der Kaskoversicherung – in der Teilkaskoversicherung beschränkt auf Pkw, Campingfahrzeuge, Krafträder und Leichtkrafträder – für Verträge von Kraftfahrzeugen, die zugelassen sind auf privatisierte, ehemals öffentlich-rechtliche Banken und Sparkassen, andere privatisierte, ehemals öffentlich-rechtliche Einrichtungen (z.B. Telekom, Deutsche Bahn, Deutsche Post, Postbank, Lufthansa) und deren Tochterunternehmen, sonstige Finanzdienstleistungs-, Wohnungsbau- oder Energieversorgungsunternehmen, Krankenhäuser, Kliniken, Sanatorien, Pflegeheime, kirchliche Einrichtungen, sonstige mildtätige oder gemeinnützige Einrichtungen und deren Beschäftigte, wenn sie nicht bereits die Voraussetzungen der Berufsgruppe B erfüllen.

Anhang 6: Art und Verwendung von Fahrzeugen

1 Fahrzeuge mit Versicherungskennzeichen

Fahrzeuge, die ein Versicherungskennzeichen führen müssen, sind:

1.1 Fahrräder mit Hilfsmotor mit einem Hubraum von nicht mehr als 50 ccm und einer Höchstgeschwindigkeit
- bis 45 km/h
- bis 50 km/h, sofern sie bis zum 31. Dezember 2001 erstmals in Verkehr gekommen sind
- bis 60 km/h, sofern sie bis zum 29. Februar 1992 erstmals in Verkehr gekommen sind

1.2 Kleinkrafträder (zwei-, dreirädrig) mit einem Hubraum von nicht mehr als 50 ccm und einer Höchstgeschwindigkeit
- bis 45 km/h
- bis 50 km/h, sofern sie bis zum 31. Dezember 2001 erstmals in Verkehr gekommen sind
- bis 60 km/h, sofern sie bis zum 29. Februar 1992 erstmals in Verkehr gekommen sind

1.3 vierrädrige Leichtkraftfahrzeuge mit einem Hubraum von nicht mehr als 50 ccm und einer Höchstgeschwindigkeit bis 45 km/h

1.4 motorisierte Krankenfahrstühle

2 Leichtkrafträder

Leichtkrafträder sind Krafträder und Kraftroller mit einem Hubraum von mehr als 50 ccm und nicht mehr als 125 ccm und einer Nennleistung von nicht mehr als 11 kW.

3 <– entfällt –>

4 Krafträder

Krafträder sind alle Krafträder und Kraftroller, die ein amtliches Kennzeichen führen müssen, mit Ausnahme von Leichtkrafträdern.

5 Pkw

Pkw sind als Personenkraftwagen zugelassene Kraftfahrzeuge mit höchstens acht Sitzplätzen außer dem Fahrersitz, mit Ausnahme von Mietwagen, Taxen und Selbstfahrervermietfahrzeugen.

6 Mietwagen

Mietwagen sind Pkw, mit denen ein genehmigungspflichtiger Gelegenheitsverkehr gewerbsmäßig betrieben wird (unter Ausschluss der Taxen, Kraftomnibusse, Güterfahrzeuge und Selbstfahrervermietfahrzeuge).

7 Taxen

Taxen sind Pkw, die der Unternehmer an behördlich zugelassenen Stellen bereithält und mit denen er – auch am Betriebssitz oder während der Fahrt entgegengenommene – Beförderungsaufträge zu einem vom Fahrgast bestimmten Ziel ausführt.

8 Selbstfahrvermietfahrzeuge

Selbstfahrvermietfahrzeuge sind Kraftfahrzeuge und Anhänger, die gewerbsmäßig ohne Gestellung eines Fahrers vermietet werden.

9 Leasingfahrzeuge

Leasingfahrzeuge sind Kraftfahrzeuge und Anhänger, die gewerbsmäßig ohne Gestellung eines Fahrers vermietet werden und auf den Mieter zugelassen sind oder bei Zulassung auf den Vermieter dem Mieter durch Vertrag mindestens sechs Monate überlassen werden.

10 Kraftomnibusse

Kraftomnibusse sind Kraftfahrzeuge und Anhänger, die nach ihrer Bauart und Ausstattung zur Beförderung von mehr als neun Personen (einschließlich Fahrer) geeignet und bestimmt sind.

10.1 Linienverkehr ist eine zwischen bestimmten Ausgangs- und Endpunkten eingerichtete regelmäßige Verkehrsverbindung, auf der Fahrgäste an bestimmten Haltestellen ein- und aussteigen können, sowie Verkehr, der unter Ausschluss anderer Fahrgäste der regelmäßigen Beförderung von Personen zum Besuch von Märkten und Theatern dient.

10.2 Gelegenheitsverkehr sind Ausflugsfahrten und Ferienziel-Reisen sowie Verkehr mit Mietomnibussen.

10.3 Nicht unter 10.1 oder 10.2 fallen sonstige Busse, insbesondere Hotelomnibusse, Werkomnibusse, Schul-, Lehr- und Krankenomnibusse.

11 Campingfahrzeuge

Campingfahrzeuge sind als Wohnmobil zugelassene Fahrzeuge.

12 Werkverkehr

Werkverkehr ist die Güterbeförderung mit Kraftfahrzeugen, Anhängern und Aufliegern nur für eigene Zwecke durch Personal eines Unternehmens oder von Personal, das dem Unternehmen im Rahmen einer vertraglichen Verpflichtung zur Verfügung gestellt worden ist.

13 Gewerblicher Güterverkehr

Gewerblicher Güterverkehr ist die geschäftsmäßige, entgeltliche Beförderung von Gütern mit Kraftfahrzeugen, Anhängern und Aufliegern für andere.

14 Umzugsverkehr

Umzugsverkehr ist die ausschließliche Beförderung von Umzugsgut.

15 **Wechselaufbauten**

Wechselaufbauten sind Aufbauten von Kraftfahrzeugen, Anhängern und Aufliegern, die zur Güterbeförderung bestimmt sind und mittels mechanischer Vorrichtungen an diesen Fahrzeugen ausgewechselt werden können.

16 **Landwirtschaftliche Zugmaschinen**

Landwirtschaftliche Zugmaschinen oder Anhänger sind Zugmaschinen und Raupenschlepper oder Anhänger, die wegen ihrer Verwendung in der Land- und Forstwirtschaft von der Kraftfahrzeugsteuer freigestellt sind und ein amtliches grünes Kennzeichen führen.

17 **Melkwagen und Milchsammel-Tankwagen**

Melkwagen und Milchsammel-Tankwagen sind Fahrzeuge mit Vorrichtungen zur mechanischen Milchentnahme, die dem Transport der Milch von Weiden und Gehöften zu den Molkereien der Einzugsgebiete dienen.

18 **Sonstige landwirtschaftliche Sonderfahrzeuge**

Sonstige landwirtschaftliche Sonderfahrzeuge sind Fahrzeuge, die als Sonderfahrzeuge für die Land- und Forstwirtschaft zugelassen werden und ein amtliches grünes Kennzeichen führen.

19 **Milchtankwagen**

Milchtankwagen sind Fahrzeuge, die dem Transport der Milch zwischen Molkereien oder von Molkereien zum Verteiler oder Verbraucher dienen. Sie gelten nicht als landwirtschaftliche Sonderfahrzeuge, sondern als Güterfahrzeuge.

20 **Selbstfahrende Arbeitsmaschinen**

Selbstfahrende Arbeitsmaschinen sind Fahrzeuge, die nach ihrer Bauart und ihren besonderen mit dem Fahrzeug fest verbundenen Einrichtungen zur Verrichtung von Arbeit – nicht zur Beförderung von Personen oder Gütern – bestimmt und geeignet sind und die zu einer vom Bundesminister für Verkehr bestimmten Art solcher Fahrzeuge gehören (z.B. Selbstlader, Bagger, Greifer, Kran-Lkw sowie Räum- und Bergungsfahrzeuge, auch wenn sie zu Abschleppzwecken mitverwendet werden).

21 **Lkw bis 3,5 t zulässige Gesamtmasse**

Lkw bis 3,5 t zulässige Gesamtmasse sind zur Güterbeförderung zugelassene Kraftfahrzeuge mit einer Gesamtmasse von bis zu 3,5 t.

22 **Lkw über 3,5 t zulässige Gesamtmasse**

Lkw über 3,5 t zulässige Gesamtmasse sind zur Güterbeförderung zugelassene Kraftfahrzeuge mit einer zulässigen Gesamtmasse von mehr als 3,5 t.

23 **Zugmaschinen**

Zugmaschinen sind Kraftfahrzeuge, die ausschließlich oder überwiegend zum Ziehen von Anhängern oder Aufliegern gebaut sind, mit Ausnahme von landwirtschaftlichen Zugmaschinen.

642. Schadenfälle mit im Ausland zugelassenen Kraftfahrzeugen, mit ausländischen Kraftfahrern im Ausland oder mit Angehörigen stationierter ausländischer Streitkräfte

Vom Mai 2004

Merkblatt zur Bearbeitung von Auto-Haftpflichtschäden durch den Verein Deutsches Büro Grüne Karte und den Verein Verkehrsopferhilfe sowie über die Möglichkeiten der Hilfestellung des Deutschen Büros Grüne Karte bei Schadenfällen im Ausland

Im Normalfall ist der jeweilige Auto-Haftpflichtversicherer des Unfallgegners für die Schadenregulierung zuständig. Im Folgenden geben wir Hinweise für die Schadenregulierung in Sonderfällen.

I. Deutsches Büro Grüne Karte e.V.

Ansprüche aus Auto-Haftpflichtschadenfällen in Deutschland, die durch ein im Ausland zugelassenes Kraftfahrzeug verursacht wurden, können – außer gegen den Schädiger und den ausländischen Haftpflichtversicherer – auch gegen den Verein Deutsches Büro Grüne Karte geltend gemacht werden, sofern dieser nach § 2 des Gesetzes über die Haftpflichtversicherung für ausländische Kraftfahrzeuge und Kraftfahrzeuganhänger[1] vom 24. Juli 1956 (AuslPflVersG) die Pflichten eines Haftpflichtversicherers übernommen hat. Das ist dann – aber auch nur dann – der Fall, wenn folgende Voraussetzungen erfüllt sind, die vom Anspruchsteller nachzuweisen sind:

1. Internationale Grüne Versicherungskarte

Für das beteiligte Kraftfahrzeug war eine Grüne Karte ausgestellt. Dieser Nachweis ist zu erbringen bei Fahrzeugen aus folgenden Ländern: Albanien, Andorra, Bosnien-Herzegowina, Bulgarien, Iran, Israel, Marokko, Mazedonien, Moldawien, Rumänien, Serbien und Montenegro, Tunesien, Türkei, Ukraine und Weißrussland.

2. Amtliches Kennzeichen

Auf der Basis des amtlichen Autokennzeichens besteht Deckungsschutz für Deutschland (§ 8a PflversAusl[1]). Dies gilt grundsätzlich für Fahrzeuge aus folgenden Ländern: Belgien, Dänemark, Estland, Finnland, Frankreich, Griechenland, Großbritannien, Irland, Island, Italien, Kroatien, Lettland, Liechtenstein, Litauen, Luxemburg, Malta, Monaco, Niederlande, Norwegen, Österreich, Polen, Portugal, Schweden, Schweiz, Slowakische Republik, Slowenien, Spanien, Tschechische Republik, Ungarn und Zypern.

---

[1] Nr. **620**.

3. Schadenmeldung und Schadenregulierung

3.1 In der ersten Fallgruppe (s.o. 1) sind in der formlosen Schadenmeldung folgende Angaben erforderlich, ohne die eine Schadenbearbeitung nicht möglich ist:

– Vorlage der Grünen Karte (Doppel der Grünen Karte oder Kopie des Dokumentes).

Kann das Dokument selbst nicht vorgelegt werden, möglichst vollständige Angaben aus der Grünen Karte einschließlich des Gültigkeitszeitraumes,

– Namen und Anschriften der am Schadenfall unmittelbar Beteiligten,

– Unfallort,

– Unfalldatum.

3.2 In der zweiten Fallgruppe (s.o. 2.) sind in der formlosen Schadenmeldung folgende Angaben erforderlich:

– amtliches Kennzeichen des Schädigerfahrzeugs,

– Namen und Anschriften der am Schadenfall unmittelbar Beteiligten,

– Unfallort,

– Unfalldatum,

– möglichst Namen des ausländischen Haftpflichtversicherers und die Versicherungsschein-Nummer,

– möglichst Marke und Typ des Schädigerfahrzeuges.

Soweit die Eintrittspflicht des Deutschen Büros Grüne Karte e.V. gegeben ist, wird ein hiesiges Versicherungsunternehmen oder ein Schadenregulierungsbüro den Schadenfall im Auftrag des Deutschen Büros Grüne Karte e.V. regulieren.

3.3 **Wichtige Hinweise:**

Das vom Deutschen Büro Grüne Karte e.V. mit der Regulierung beauftragte Versicherungsunternehmen oder Schadenregulierungsbüro ist im Falle eines Gerichtsverfahrens nicht der richtige Beklagte. Passivlegitimiert ist das Deutsche Büro Grüne Karte e.V.

Sofern es dem Geschädigten nicht möglich ist, die unter Ziff. 1 bzw. 2 genannten Angaben zu liefern, ist der Verein Deutsches Büro Grüne Karte nicht eintrittspflichtig und auch nicht passivlegitimiert.

Das Deutsche Büro Grüne Karte e.V. ist – allerdings ohne dazu verpflichtet zu sein – bereit, bei der Ermittlung fehlender Angaben behilflich zu sein. Die Ermittlung der notwendigen Angaben im Ausland ist teilweise schwierig und langwierig. Je mehr Angaben vorliegen, desto größer sind die Erfolgsaussichten, die noch fehlenden Daten zu ermitteln. Solange die notwendigen Angaben fehlen, sind Schadenersatzansprüche gegen das Deutsche Büro Grüne Karte e.V. nicht durchsetzbar.

In diesem Fall bleibt lediglich die Möglichkeit, gegen den Schädiger bzw. seinen ausländischen Versicherer direkt vorzugehen.

In diesem Zusammenhang wird verwiesen auf die Ausführungen von Schmitt in VersR 70, 497.

II. Gemeinschaft der Grenzversicherer

Ist der Schädiger bei der Gemeinschaft der Grenzversicherer versichert (Rosa Grenzversicherungsschein), sind Schadenersatzansprüche unter Vorlage des Versicherungsscheins oder einer Kopie desselben bei der Gemeinschaft der Grenzversicherer anzumelden (gleiche Adresse wie das Deutsche Büro Grüne Karte e.V.). Die formlose Schadenmeldung sollte folgende Angaben enthalten:

– Namen und Adressen der Beteiligten
– Unfallort
– Unfalldatum (mit Uhrzeit)

Ist die Vorlage des Rosa Grenzversicherungsscheins selbst oder in Kopie nicht möglich, so sind zumindest Nummer und Gültigkeitsdauer des Versicherungsscheins sowie das amtliche Kennzeichen des Schädigerfahrzeugs anzugeben.

III. Verkehrsopferhilfe e.V. (VOH)

Die VOH leistet Schadenersatz bei Unfällen in Deutschland, wenn

– das Schädigerfahrzeug (nur Kraftfahrzeuge oder Anhänger) nicht zu ermitteln ist oder pflichtwidrig nicht oder nicht mehr haftpflichtversichert ist oder
– der Schaden vorsätzlich und widerrechtlich durch ein Kraftfahrzeug oder Anhänger verursacht wurde (§ 152 VVG) oder
– der Kraftfahrzeug-Haftpflichtversicherer des Verursachers zahlungsunfähig ist.

Die genauen Leistungsvoraussetzungen und der -umfang ergeben sich aus § 12 Pflichtversicherungsgesetz[1] sowie den §§ 10 und 11 der Verordnung über den Entschädigungsfonds für Schäden aus Kraftfahrzeugunfällen[2] vom 14. Dezember 1965 (BGBl I S. 2093), zuletzt geändert durch VO vom 17. Dezember 1994 (BGBl. I S. 3845). Wichtig ist, dass bei Schäden durch nicht ermittelte Kraftfahrzeuge – und nur hier – für Sachschäden am Kraftfahrzeug und die daraus resultierenden Sachfolgeschäden keine Leistungspflicht des Entschädigungsfonds besteht. Sonstige Sachschäden (z.B. Gepäck, Kleidung, Ladung) werden nur erstattet, wenn und soweit sie über € 500,– hinausgehen. Schmerzensgeldzahlungen erfolgen nur, wenn diese wegen der besonderen Schwere der Verletzung zur Vermeidung einer groben Unbilligkeit erforderlich sind.

---

[1] Nr. **600**.
[2] Nr. **630**.

IV. Schadenfälle mit Fahrzeugen/Anhängern von in Deutschland stationierten ausländischen Streitkräften bzw. mit Privatfahrzeugen von Mitgliedern der ausländischen Streitkräfte, ihres zivilen Gefolges oder ihrer Angehörigen

Zu unterscheiden ist danach, ob es sich um ein Fahrzeug der Truppen (Dienstfahrzeug) oder um ein Privatfahrzeug handelt.

1. Für Schadenfälle mit Dienstfahrzeugen der Truppen sind zuständig die Schadenregulierungsstellen des Bundes (SRB). Die Aufgaben der SRB werden von den Oberfinanzdirektionen (OFD) nach regionalen Gesichtspunkten wahrgenommen. Im Einzelnen sind dies die OFD in Erfurt, Koblenz, Magdeburg und Nürnberg.

Schadenfälle sind innerhalb von 3 Monaten anzumelden!

2. Für Schadenfälle mit Privatfahrzeugen ist zuständig der jeweilige Auto-Haftpflichtversicherer des Fahrzeugs.

Die Registrierung und Zulassung privater Kfz und Anhänger von Truppenangehörigen erfolgt durch die zuständigen Militärbehörden der Truppen. Bei diesen sind Auskünfte über den zuständigen Kfz-Haftpflichtversicherer des Unfallgegners zu erhalten. Es handelt sich um folgende Institutionen:

Für <u>amerikanische</u> Kraftfahrzeuge:
Amerikanische Zulassungsstelle
Havellandstr. 335
68309 Mannheim

Für <u>belgische</u>
Belgischer Verbindungsdienst
Germanicusstrasse 5
50968 Köln

Für <u>britische</u> Kraftfahrzeuge:
Police Advisory Branch
York Drive 5
41179 Mönchengladbach

Für <u>französische</u> Kraftfahrzeuge:
Antenne de Commandement
des Forces Françaises et de l'Elément Civil
Stationnés en Allemagne
SAJJ
Postfach 19 62
78159 Donaueschingen

Eine Besonderheit bei den Privatfahrzeugen der Truppenangehörigen besteht insofern, als diese auch bei einem Versicherer im Entsendestaat, also bei einem ausländischen Versicherer versichert sein können. Nach Art. 11 des Zusatzabkommens zum NATO-Truppenstatut[1] ist dafür Voraussetzung, dass neben diesem ausländischen Versicherer ein in Deutschland zum Geschäftsbetrieb

[1] Nr. 77.

befugter Versicherer oder ein Verband solcher Versicherer die Pflichten eines Haftpflichtversicherers für Schadenfälle im Bundesgebiet übernommen hat. Schadenfälle können beim Deutschen Büro Grüne Karte e.V. angemeldet werden, wenn für das Fahrzeug des Unfallgegners eine Grüne Versicherungskarte des ausländischen Versicherers vorgelegt werden kann. Für Privatfahrzeuge der Truppenangehörigen aus Belgien, Großbritannien und Frankreich reicht allerdings die Angabe des amtlichen Kennzeichens aus.

V. Schadenfälle deutscher Autofahrer im Ausland

1. Allgemeines

Das Deutsche Büro Grüne Karte e.V. ist für im Ausland eingetretene Schadenfälle grundsätzlich nicht zuständig. Die Schadenersatzansprüche sind beim Haftpflichtversicherer des Unfallgegners geltend zu machen. Falls eine Rechtsschutzversicherung besteht, wird empfohlen, sich mit dem Rechtschutzversicherer in Verbindung zu setzen, der einen deutschsprachigen Rechtsanwalt benennen kann. Besteht keine Rechtsschutzversicherung kann der

Deutscher Anwaltverein e.V.
Littenstr. 11
10179 Berlin
Tel.: 0 30/72 61 52-0
Fax: 0 30/72 61 52-190

deutschsprachige Rechtsanwälte benennen. Zu beachten ist, dass die mit der Einschaltung eines Anwaltes verbundenen Kosten in einigen Ländern auch dann nicht vom gegnerischen Haftfpflichtversicherer erstattet werden, wenn der Unfallgegner in vollem Umfang ersatzpflichtig ist.

2. Schadenfälle innerhalb der EU-Mitgliedstaaten einschließlich der EWR-Länder sowie der Schweiz

Aufgrund der im Rahmen der EU-Richtlinie 2000/26/EG (4. KH-Richtlinie) geschaffenen „Regulierungsstellen" besteht die Möglichkeit, den Schadenfall <u>auch</u> bei dem im Wohnsitzland des Geschädigten bestellten Vertreter (Schadenregulierungsbeauftragten (SB)) des zuständigen ausländischen Haftpflichtversicherers anzumelden und von diesem die Schadenbearbeitung vornehmen zu lassen. Das gilt für alle Schadenfälle, die sich nach dem 1.1.2003 ereignet haben.

a) Auskunftsstelle § 8aPflichtversicherungsgesetz[1)]

Auskunft darüber, wer in Deutschland der zuständige SB des in Betracht kommenden ausländischen Haftpflichtversicherers ist, kann die „Auskunftsstelle" geben. Die Funktion der Auskunftsstelle übernimmt in Deutschland die GDV-Dienstleistungs GmbH & Co. KG (Zentralruf der Autoversicherer). Telefon Nr.: 01 80-2 50 26. Ist der zuständige ausländische Versicherer noch nicht bekannt und muss dieser zunächst ermittelt werden, kann zu diesem Zweck ebenfalls der o.a. Zentralruf der Autoversicherer eingeschaltet werden. Die Ermittlung des Haftpflichtversicherers und sonstiger gegebenenfalls für

1) Nr. **600**.

die Schadendurchführung notwendiger Angaben erfolgen durch die Zusammenarbeit mit der jeweiligen nationalen Auskunftstelle des Unfalllandes. Der Zentralruf der Autoversicherer stellt in diesem Falle lediglich die ihm übermittelten Daten zur Verfügung.

b) Entschädigungsstelle § 12aPflichtversicherungsgesetz[1)]

Die Funktion der sog. „Entschädigungsstelle" in Deutschland wird wahrgenommen vom Verein Verkehrsoperhilfe e.V., Glockengießerwall 1, 20095 Hamburg, Telefon: 0 40/3 01 80-0. Die Entschädigungsstelle ist im Wesentlichen nur dann zuständig für die Schadenabwicklung des Auslandsunfalles in folgenden Situationen

- der zuständige ausländische Haftpflichtversicherer hat in Deutschland keinen SB bestellt
- der zuständige ausländische Haftpflichtversicherer und/oder dessen SB haben binnen drei Monaten ab der Geltendmachung von Entschädigungsleistungen keine mit Gründen versehene Antwort auf den Entschädigungsantrag erteilt
- das schädigende Kraftfahrzeug oder der zuständige Haftpflichtversicherer konnten binnen zwei Monaten nicht ermittelt werden.

Bei Vorliegen dieser Voraussetzungen kann der Antrag auf Schadenregulierung bei der Entschädigungsstelle gestellt werden. Die Entschädigungsstelle ist befugt, den Schadenfall eigenverantwortlich zu regulieren. Die Regulierung des Schadenfalles erfolgt in der Regel nach dem Recht des Unfalllandes.

Wichtiger Hinweis: Die Entschädigungsstelle ist nicht zuständig und kann nicht tätig werden, wenn die vom ausländischen Versicherer bzw. dessen Repräsentanten durchgeführte Schadenregulierung nicht zufriedenstellend ist bzw. Differenzen in der Beurteilung der Berechtigung der Forderungen bestehen. Weiterhin wird darauf hingewiesen, dass weder der SB des ausländischen Haftpflichtversicherers noch die Entschädigungsstelle selbst passiv legitimiert sind und daher nicht direkt verklagt werden können. Verklagt werden kann ausschließlich der Schädiger sowie dessen (ausländischer) Haftpflichtversicherer.

3. Schadenfälle in Drittstaaten (außerhalb des EU-EWR-Raumes)

a) Das unter Ziffer 2 geschriebene Regulierungsverfahren kann auch dann zur Anwendung kommen, wenn der Schadenfall sich in einem nicht EU/EWR-Land ereignet hat. Voraussetzungen dazu sind
   - die Fahrzeuge der Unfallbeteiligten haben ihren gewöhnlichen Standort in einem EU/EWR-Land und
   - der Schadenfall ist in einem Land eingetreten, das dem Grüne Karte System angehört (Hinweise hierzu unter www.gruene-karte.de)

b) In anderen Fällen kann auf der Grundlage des sog. „Besucherschutzabkommens" gegen Gebühr eine Hilfestellung des Deutschen Büros Grüne Karte in Betracht kommen.

aa) Diese eingeschränkte Möglichkeit der Hilfestellung ist zur Zeit allerdings nur möglich in
Kroatien

[1)] Nr. **600**.

und bezieht sich auf

- Ermittlung des Halters des gegnerischen Fahrzeugs
- Ermittlung des zuständigen Kraftfahrzeug-Haftpflichtversicherers
- Weiterleitung von Beschwerden bei unzulänglicher Schadenabwicklung
- Beschaffung von Unterlagen wie polizeilichen Ermittlungsakten sowie medizinischen oder technischen Gutachten
- Zurverfügungstellung von Informationen über den Leistungsumfang eines ausländischen Garantiefonds, der für Schäden durch nicht versicherte oder nicht ermittelbare Kraftfahrzeuge aufkommt.

bb) Verfahren

Betroffene, die eine Hilfestellung wünschen, können sich schriftlich an das Deutsche Büro Grüne Karte wenden, wobei sich aus dem Anschreiben ergeben sollte, welches Problem vorliegt und welche Art der Hilfeleistung gewünscht wird.

Erforderlich sind darüber hinaus folgende Angaben:

- Unfallstaat
- Unfallort
- Unfalldatum
- Autokennzeichen des beteiligten Kraftfahrzeugs
- evtl. Namen und Adresse des Kraftfahrzeughalters/-Fahrers
- ggf. Namen und Adresse der ausländischen Versicherungsgesellschaft einschließlich des Aktenzeichens, unter dem der Vorgang bearbeitet wird
- evtl. weitere sachdienliche Angaben, die für die Tätigkeit von Bedeutung sind.

Das deutsche Büro wird die Bitte um Hilfestellung mit den notwendigen Angaben an das Büro des Unfallstaates weiterleiten. Dieses wird vor Ort die notwendigen und möglichen Maßnahmen ergreifen.

cc) Gebühren

Für das Tätigwerden des Deutschen Büros Grüne Karte e.V. wird eine pauschale Gebühr von € 30,– erhoben, die vom Auftraggeber zu entrichten ist.

Die Gebühren sind nach Rechnungsstellung zu entrichten. Nach erfolgter Zahlung werden die erforderlichen Maßnahmen eingeleitet.

Soweit es um den Auftrag geht, bestimmte Unterlagen aus dem Ausland zu beschaffen, kommt eine weitere Gebühr von € 50,– hinzu, die das ausländische Büro für seine Tätigkeit in Rechnung stellt. Fallen darüber hinaus Fremdkosten, wie z.B. für die Erstellung eines medizinischen Gutachtens an, so sind diese ebenfalls vom Auftraggeber zu erstatten.

Das Deutsche Büro Grüne Karte e.V. wird bei der Ausführung der erteilten Aufträge den bewährten Service bieten, ohne allerdings garantieren zu können, dass die eingeleiteten Maßnahmen zum gewünschten Erfolg führen. Der Erfolg eines jeden einzelnen Auftrages hängt ganz wesentlich auch von dem einzuschaltenden ausländischen Büro und den dort bestehenden rechtlichen und tatsächlichen Möglichkeiten ab. So bestehen nach wie vor in einigen europäischen Staaten Schwierig-

keiten, den zuständigen Kraftfahrzeug-Haftpflichtversicherer zu ermitteln. Diese Probleme können auch mit Hilfe des Besucherschutzabkommens nicht überwunden werden.
Die Informationen sind nach bestem Wissen zusammengestellt; eine Gewähr für die Richtigkeit kann nicht übernommen werden.

643. Merkblatt zur Bearbeitung von Auto-Haftpflichtschäden durch den Verein Deutsches Büro Grüne Karte und den Verein Verkehrsopferhilfe sowie über die Möglichkeiten der Geltendmachung von Ersatzansprüchen bei Schadenfällen im Ausland

Stand: Juli 2014

Im Normalfall ist der jeweilige Auto-Haftpflichtversicherer des Unfallgegners für die Schadenregulierung zuständig. Im Folgenden geben wir Hinweise für die Schadenregulierung in Sonderfällen.

I. Deutsches Büro Grüne Karte e.V.

Ansprüche aus Auto-Haftpflichtschadenfällen in Deutschland, die durch ein im Ausland zugelassenes Kraftfahrzeug verursacht wurden, können – außer gegen den Schädiger und den ausländischen Haftpflichtversicherer – auch gegen den Verein Deutsches Büro Grüne Karte geltend gemacht werden, sofern dieser nach § 2 des Gesetzes über die Haftpflichtversicherung für ausländische Kraftfahrzeuge und Kraftfahrzeuganhänger[1)] vom 24. Juli 1956 (AuslPflVersG) die Pflichten eines Haftpflichtversicherers übernommen hat. Das ist dann – aber auch nur dann – der Fall, wenn folgende Voraussetzungen erfüllt sind, die vom Anspruchsteller nachzuweisen sind:

1. Internationale Grüne Versicherungskarte

Für das beteiligte Kraftfahrzeug war eine Grüne Karte ausgestellt. Dieser Nachweis ist zu erbringen bei Fahrzeugen aus folgenden Ländern: Albanien, Bosnien-Herzegowina, Iran, Israel, Marokko, Mazedonien, Moldawien, Russland, Montenegro, Tunesien, Türkei, Ukraine und Weißrussland.

2. Amtliches Kennzeichen

Auf der Basis des amtlichen Autokennzeichens besteht Deckungsschutz für Deutschland (§ 8a PflversAusl[2)]). Dies gilt grundsätzlich für Fahrzeuge aus folgenden Ländern:
Andorra, Belgien, Bulgarien, Dänemark, Estland, Finnland, Frankreich, Griechenland, Großbritannien, Irland, Island, Italien, Kroatien, Lettland, Liechtenstein, Litauen, Luxemburg, Malta, Monaco, Niederlande, Norwegen, Österreich, Polen, Portugal, Rumänien, Schweden, Schweiz, Serbien, Slowakische Republik, Slowenien, Spanien, Tschechische Republik, Ungarn und Zypern.

---

1) Nr. **620**.
2) Nr. **625**.

3. Schadenmeldung und Schadenregulierung[1)]

3.1 In der ersten Fallgruppe (s.o. 1) sind in der formlosen Schadenmeldung folgende Angaben erforderlich, ohne die eine Schadenbearbeitung nicht möglich ist:

- Vorlage der Grünen Karte
  Kann das Dokument selbst nicht vorgelegt werden, möglichst vollständige Angaben aus der Grünen Karte einschließlich des Gültigkeitszeitraumes,
- Namen und Anschriften der am Schadenfall unmittelbar Beteiligten,
- Unfallort,
- Unfalldatum.

3.2 In der zweiten Fallgruppe (s.o. 2.) sind in der formlosen Schadenmeldung folgende Angaben erforderlich:

- amtliches Kennzeichen des Fahrzeuges des Unfallgegners,
- Namen und Anschriften der am Schadenfall unmittelbar Beteiligten,
- Unfallort,
- Unfalldatum,
- möglichst Namen des ausländischen Haftpflichtversicherers und die Versicherungsschein-Nummer,
- möglichst Marke und Typ des Fahrzeuges des Unfallgegners.

Soweit die Eintrittspflicht des Deutschen Büros Grüne Karte e.V. gegeben ist, wird von diesem ein hiesiges Versicherungsunternehmen oder ein Schadenregulierungsbüro bestimmt, den Schadenfall im Auftrag des ausländischen Versicherers oder des ausländischen Grüne Karte Büros zu bearbeiten.

3.3 Wichtige Hinweise:
Das mit der Regulierung beauftragte Versicherungsunternehmen oder Schadenregulierungsbüro ist im Falle eines Gerichtsverfahrens nicht der richtige Beklagte. Passivlegitimiert ist das Deutsche Büro Grüne Karte e.V..
Sofern es dem Geschädigten nicht möglich ist, die unter Ziff. 1 bzw. 2 genannten Angaben zu liefern, ist der Verein Deutsches Büro Grüne Karte nicht eintrittspflichtig und auch nicht passivlegitimiert.
Das Deutsche Büro Grüne Karte e.V. ist – allerdings ohne dazu verpflichtet zu sein – bereit, bei der Ermittlung fehlender Angaben behilflich zu sein. Die Ermittlung der notwendigen Angaben im Ausland ist teilweise schwierig und langwierig. Je mehr Angaben vorliegen, desto größer sind die Erfolgsaussichten, die noch fehlenden Daten zu ermitteln. Solange die notwendigen Angaben fehlen, sind Schadenersatzansprüche gegen das Deutsche Büro Grüne Karte e.V. nicht durchsetzbar.
In diesem Fall bleibt lediglich die Möglichkeit, gegen den Schädiger bzw. seinen ausländischen Versicherer direkt vorzugehen.
In diesem Zusammenhang wird verwiesen auf die Ausführungen von Schmitt in VersR 70, 497.

[1)] **Amtl. Anm.:** Wir bitten, der Schadenmeldung **keine Originalunterlagen** beizufügen. Die für die Anmeldung wichtigen Nachweisunterlagen wie z.B. die Grüne Karte des Unfallgegners u.ä. bitte nur als Kopie übersenden. Ggf. reicht die Angabe der Versicherung des Unfallgegners bei der Anmeldung aus, um die Auskunft über den zuständigen Schadenregulierer zu erhalten.

II. Verkehrsopferhilfe e.V. (VOH)

Die VOH leistet Schadenersatz bei Unfällen in Deutschland, wenn

- das Schädigerfahrzeug (nur Kraftfahrzeuge oder Anhänger) nicht zu ermitteln ist oder pflichtwidrig nicht oder nicht mehr haftpflichtversichert ist oder
- der Schaden vorsätzlich und widerrechtlich durch ein Kraftfahrzeug oder Anhänger verursacht wurde (§ 152 VVG) oder
- der Kraftfahrzeug-Haftpflichtversicherer des Verursachers zahlungsunfähig ist.

Die genauen Leistungsvoraussetzungen und der -umfang ergeben sich aus § 12 Pflichtversicherungsgesetz[1] sowie den §§ 10 und 11 der Verordnung über den Entschädigungsfonds für Schäden aus Kraftfahrzeugunfällen[2] vom 14. Dezember 1965 (BGBl I S. 2093), zuletzt geändert durch VO vom 17. Dezember 1994 (BGBl. I S. 3845).
Wichtig ist, dass bei Schäden durch nicht ermittelte Kraftfahrzeuge – und nur hier – für Sachschäden am Kraftfahrzeug und die daraus resultierenden Sachfolgeschäden nur dann eine Leistungspflicht des Entschädigungsfonds besteht, wenn bei demselben Unfall erhebliche Verletzungen eingetreten sind.
Von den Sachschäden ist ein Selbstbehalt von 500,00 Euro abzuziehen.
Schmerzensgeldzahlungen erfolgen nur, wenn diese wegen der besonderen Schwere der Verletzung zur Vermeidung einer groben Unbilligkeit erforderlich sind.

III. Schadenfälle mit Fahrzeugen/Anhängern von in Deutschland stationierten ausländischen Streitkräften bzw. mit Privatfahrzeugen von Mitgliedern der ausländischen Streitkräfte, ihres zivilen Gefolges oder ihrer Angehörigen

Zu unterscheiden ist danach, ob es sich um ein Fahrzeug der Truppen (Dienstfahrzeug) oder um ein Privatfahrzeug handelt.

1. Für Schadenfälle mit Dienstfahrzeugen der Truppen sind zuständig die Schadenregulierungsstellen des Bundes (SRB), die zum Geschäftsbereich Verwaltungsaufgaben der Bundesanstalt für Immobilienaufgaben gehören. Schadenfälle sind innerhalb von 3 Monaten anzumelden!

2. Für Schadenfälle mit Privatfahrzeugen ist zuständig der jeweilige Auto-Haftpflichtversicherer des Fahrzeugs.
   Die Registrierung und Zulassung privater Kfz und Anhänger von Truppenangehörigen erfolgt durch die zuständigen Militärbehörden der Truppen. Bei diesen sind Auskünfte über den zuständigen Kfz-Haftpflichtversicherer des Unfallgegners zu erhalten.

   Es handelt sich um folgende Institutionen:

---

[1] Nr. **600**.
[2] Nr. **630**.

Für amerikanische Kraftfahrzeuge:
Amerikanische Zulassungsstelle
Abteilung Correspondence
Postfach 12 63
67673 Enkenbach-Alsenborn

Für belgische Kraftfahrzeuge:
Belgischer Verbindungsdienst
Germanicusstrasse 5
50968 Köln

Für britische Kraftfahrzeuge:
Vehicle Licensing Office
Block 7, Catterick Kaserne
Detmolder Str. 440
33605 Bielefeld

Für französische Kraftfahrzeuge:
Antenne de Commandement
des Forces Françaises et de l'Elément Civil
Stationnés en Allemagne
SAJJ
Postfach 19 62
78159 Donaueschingen

Eine Besonderheit bei den Privatfahrzeugen der Truppenangehörigen besteht insofern, als diese auch bei einem Versicherer im Entsendestaat, also bei einem ausländischen Versicherer versichert sein können. Nach Art. 11 des Zusatzabkommens zum NATO-Truppenstatut ist dafür Voraussetzung, dass neben diesem ausländischen Versicherer ein in Deutschland zum Geschäftsbetrieb befugter Versicherer oder ein Verband solcher Versicherer die Pflichten eines Haftpflichtversicherers für Schadenfälle im Bundesgebiet übernommen hat. Schadenfälle können beim Deutschen Büro Grüne Karte e.V. angemeldet werden, wenn für das Fahrzeug des Unfallgegners eine Grüne Versicherungskarte des ausländischen Versicherers vorgelegt werden kann. Für Privatfahrzeuge der Truppenangehörigen aus Belgien, Großbritannien und Frankreich reicht allerdings die Angabe des amtlichen Kennzeichens aus.

IV. Schadenfälle deutscher Autofahrer im Ausland

1. Allgemeines

Das Deutsche Büro Grüne Karte e.V. ist für im Ausland eingetretene Schadenfälle grundsätzlich nicht zuständig.
Die Schadenersatzansprüche sind beim Haftpflichtversicherer des Unfallgegners geltend zu machen. Falls eine Rechtsschutzversicherung besteht, wird empfohlen, sich mit dem Rechtschutzversicherer in Verbindung zu setzen, der einen deutschsprachigen Rechtsanwalt benennen kann.

Besteht keine Rechtsschutzversicherung kann der

Deutscher Anwaltverein e.V.
Littenstr. 11
10179 Berlin
Tel.: 030 / 72 61 52 - 0
Fax: 030 / 72 61 52 - 190

deutschsprachige Rechtsanwälte benennen. Zu beachten ist, dass die mit der Einschaltung eines Anwaltes verbundenen Kosten in einigen Ländern auch dann nicht vom gegnerischen Haftpflichtversicherer erstattet werden, wenn der Unfallgegner in vollem Umfang ersatzpflichtig ist.

2. Schadenfälle innerhalb der EU-Mitgliedstaaten einschließlich der EWR-Länder sowie der Schweiz

Aufgrund der im Rahmen der EU-Richtlinie 2000/26/EG (4. KH-Richtlinie) geschaffenen „Regulierungsstellen" besteht die Möglichkeit, den Schadenfall auch bei dem im Wohnsitzland des Geschädigten bestellten Vertreter (Schadenregulierungsbeauftragten (SB)) des zuständigen ausländischen Haftpflichtversicherers anzumelden und von diesem die Schadenbearbeitungvornehmen zu lassen.

a) Auskunftsstelle § 8a) Pflichtversicherungsgesetz
Auskunft darüber, wer in Deutschland der zuständige SB des in Betracht kommenden ausländischen Haftpflichtversicherers ist, kann die „Auskunftsstelle" geben. Die Funktion der Auskunftsstelle übernimmt in Deutschland die GDV-Dienstleistungs GmbH & Co. KG (Zentralruf der Autoversicherer). Telefon Nr.: 0800 2502600.
Ist der zuständige ausländische Versicherer noch nicht bekannt und muss dieser zunächst ermittelt werden, kann zu diesem Zweck ebenfalls der o.a. Zentralruf der Autoversicherer eingeschaltet werden.
Die Ermittlung des Haftpflichtversicherers und sonstiger gegebenenfalls für die Schadendurchführung notwendiger Angaben erfolgen durch die Zusammenarbeit mit der jeweiligen nationalen Auskunftsstelle des Unfalllandes. Der Zentralruf der Autoversicherer stellt in diesem Falle lediglich die ihm übermittelten Daten zur Verfügung.

b) Entschädigungsstelle § 12a) Pflichtversicherungsgesetz
Die Funktion der sog. „Entschädigungsstelle" in Deutschland wird wahrgenommen vom Verein Verkehrsoperhilfe e.V., Wilhelmstraße 43/43 G, 10117 Berlin, Telefon: 030 20 20 5858.
Die Entschädigungsstelle ist im wesentlichen nur dann zuständig für die Schadenabwicklung des Auslandsunfalls in folgenden Situationen

– der zuständige ausländische Haftpflichtversicherer hat in Deutschland keinen SB bestellt
– der zuständige ausländische Haftpflichtversicherer und/oder dessen SB haben binnen drei Monaten ab der Geltendmachung von Entschädigungsleistungen keine mit Gründen versehene Antwort auf den Entschädigungsantrag erteilt
– das schädigende Kraftfahrzeug oder der zuständige Haftpflichtversicherer konnten binnen zwei Monaten nicht ermittelt werden.

Bei Vorliegen dieser Voraussetzungen kann der Antrag auf Schadenregulierung bei der Entschädigungsstelle gestellt werden. Die Entschädigungsstelle wird sich um die Sache kümmern.
Die Regulierung des Schadenfalles erfolgt in der Regel nach dem Recht des Unfalllandes.
Wichtiger Hinweis:
Die Entschädigungsstelle ist nicht zuständig und kann nicht tätig werden, wenn die vom ausländischen Versicherer bzw. dessen Repräsentanten durchgeführte Schadenregulierung nicht zufriedenstellend ist bzw. Differenzen in der Beurteilung der Berechtigung der Forderungen bestehen.

3. Schadenfälle in Drittstaaten (außerhalb des EU-EWR-Raumes)

Das unter Ziffer 2 beschriebene Regulierungsverfahren kann auch dann zur Anwendung kommen, wenn der Schadenfall sich in einem nicht EU/EWR-Land ereignet hat. Voraussetzungen dazu sind

– die Fahrzeuge der Unfallbeteiligten haben ihren gewöhnlichen Standort in einem EU/EWR-Land und
– der Schadenfall ist in einem Land eingetreten, das dem Grüne Karte System angehört (Hinweise hierzu unter www.gruene-karte.de)

Die Informationen sind nach bestem Wissen zusammengestellt; eine Gewähr für die Richtigkeitkann nicht übernommen werden.

Stand Januar 2014

Deutsches Büro Grüne Karte e.V. Wilhelmstraße 43/43G 10117 Berlin Telefon: (030) 20 20 5757 Telefax: (030) 20 20 6757	Verkehrsopferhilfe e.V. Wilhelmstraße 43/43 G 10117 Berlin Telefon: (030) 20 20 5858 Telefax: (030) 20 20 5722

650. Bürgerliches Gesetzbuch (BGB)[1)]

In der Fassung der Bekanntmachung vom 2. Januar 2002[2)]
(BGBl. I S. 42, ber. S. 2909 und 2003 I S. 738)

FNA 400-2

zuletzt geänd. durch Art. 13 Sanierungs- und InsolvenzrechtsfortentwicklungsG v. 22.12.2020 (BGBl. I S. 3256)

– Auszug –

§ 249[3)] **Art und Umfang des Schadensersatzes.** (1) Wer zum Schadensersatz verpflichtet ist, hat den Zustand herzustellen, der bestehen würde, wenn der zum Ersatz verpflichtende Umstand nicht eingetreten wäre.

(2) [1] Ist wegen Verletzung einer Person oder wegen Beschädigung einer Sache Schadensersatz zu leisten, so kann der Gläubiger statt der Herstellung den dazu erforderlichen Geldbetrag verlangen. [2] Bei der Beschädigung einer Sache schließt der nach Satz 1 erforderliche Geldbetrag die Umsatzsteuer nur mit ein, wenn und soweit sie tatsächlich angefallen ist.

§ 251 Schadensersatz in Geld ohne Fristsetzung. (1) Soweit die Herstellung nicht möglich oder zur Entschädigung des Gläubigers nicht genügend ist, hat der Ersatzpflichtige den Gläubiger in Geld zu entschädigen.

(2) [1] Der Ersatzpflichtige kann den Gläubiger in Geld entschädigen, wenn die Herstellung nur mit unverhältnismäßigen Aufwendungen möglich ist. [2] Die aus der Heilbehandlung eines verletzten Tieres entstandenen Aufwendungen sind nicht bereits dann unverhältnismäßig, wenn sie dessen Wert erheblich übersteigen.

§ 253[4)] **Immaterieller Schaden.** (1) Wegen eines Schadens, der nicht Vermögensschaden ist, kann Entschädigung in Geld nur in den durch das Gesetz bestimmten Fällen gefordert werden.

(2) Ist wegen einer Verletzung des Körpers, der Gesundheit, der Freiheit oder der sexuellen Selbstbestimmung Schadensersatz zu leisten, kann auch wegen des Schadens, der nicht Vermögensschaden ist, eine billige Entschädigung in Geld gefordert werden.

§ 254 Mitverschulden. (1) Hat bei der Entstehung des Schadens ein Verschulden des Beschädigten mitgewirkt, so hängt die Verpflichtung zum Ersatz sowie der Umfang des zu leistenden Ersatzes von den Umständen, insbesondere davon ab, inwieweit der Schaden vorwiegend von dem einen oder dem anderen Teil verursacht worden ist.

(2) [1] Dies gilt auch dann, wenn sich das Verschulden des Beschädigten darauf beschränkt, dass er unterlassen hat, den Schuldner auf die Gefahr eines unge-

---

[1)] Die Änderungen durch G v. 21.12.2020 (BGBl. I S. 3229) treten teilweise erst **mWv 1.1.2023** in Kraft und sind insoweit im Text noch nicht berücksichtigt.

[2)] Neubekanntmachung des BGB v. 18.8.1896 (RGBl. S. 195) in der ab 1.1.2002 geltenden Fassung.

[3)] § 249 bish. Satz 1 wird Abs. 1, bish. Satz 2 wird Abs. 2 Satz 1, Abs. 2 Satz 2 angef. mWv 1.8.2002 durch G v. 19.7.2002 (BGBl. I S. 2674).

[4)] § 253 Abs. 2 angef. mWv 1.8.2002 durch G v. 19.7.2002 (BGBl. I S. 2674).

wöhnlich hohen Schadens aufmerksam zu machen, die der Schuldner weder kannte noch kennen musste, oder dass er unterlassen hat, den Schaden abzuwenden oder zu mindern. [2]Die Vorschrift des § 278 findet entsprechende Anwendung.

§ 823 Schadensersatzpflicht. (1) Wer vorsätzlich oder fahrlässig das Leben, den Körper, die Gesundheit, die Freiheit, das Eigentum oder ein sonstiges Recht eines anderen widerrechtlich verletzt, ist dem anderen zum Ersatz des daraus entstehenden Schadens verpflichtet.

(2) [1]Die gleiche Verpflichtung trifft denjenigen, welcher gegen ein den Schutz eines anderen bezweckendes Gesetz verstößt. [2]Ist nach dem Inhalt des Gesetzes ein Verstoß gegen dieses auch ohne Verschulden möglich, so tritt die Ersatzpflicht nur im Falle des Verschuldens ein.

§ 827 Ausschluss und Minderung der Verantwortlichkeit. [1]Wer im Zustand der Bewusstlosigkeit oder in einem die freie Willensbestimmung ausschließenden Zustand krankhafter Störung der Geistestätigkeit einem anderen Schaden zufügt, ist für den Schaden nicht verantwortlich. [2]Hat er sich durch geistige Getränke oder ähnliche Mittel in einen vorübergehenden Zustand dieser Art versetzt, so ist er für einen Schaden, den er in diesem Zustand widerrechtlich verursacht, in gleicher Weise verantwortlich, wie wenn ihm Fahrlässigkeit zur Last fiele; die Verantwortlichkeit tritt nicht ein, wenn er ohne Verschulden in den Zustand geraten ist.

§ 828[1)] Minderjährige. (1) Wer nicht das siebente Lebensjahr vollendet hat, ist für einen Schaden, den er einem anderen zufügt, nicht verantwortlich.

(2) [1]Wer das siebente, aber nicht das zehnte Lebensjahr vollendet hat, ist für den Schaden, den er bei einem Unfall mit einem Kraftfahrzeug, einer Schienenbahn oder einer Schwebebahn einem anderen zufügt, nicht verantwortlich. [2]Dies gilt nicht, wenn er die Verletzung vorsätzlich herbeigeführt hat.

(3) Wer das 18. Lebensjahr noch nicht vollendet hat, ist, sofern seine Verantwortlichkeit nicht nach Absatz 1 oder 2 ausgeschlossen ist, für den Schaden, den er einem anderen zufügt, nicht verantwortlich, wenn er bei der Begehung der schädigenden Handlung nicht die zur Erkenntnis der Verantwortlichkeit erforderliche Einsicht hat.

(Fortsetzung nächstes Blatt)

[1)] § 828 Abs. 2 neu gef., Abs. 3 angef. mWv 1.8.2002 durch G v. 19.7.2002 (BGBl. I S. 2674); Überschrift neu gef. mWv 16.4.2004 durch G v. 6.4.2004 (BGBl. I S. 550).

§ 839[1)] Haftung bei Amtspflichtverletzung. (1) [1] Verletzt ein Beamter vorsätzlich oder fahrlässig die ihm einem Dritten gegenüber obliegende Amtspflicht, so hat er dem Dritten den daraus entstehenden Schaden zu ersetzen. [2] Fällt dem Beamten nur Fahrlässigkeit zur Last, so kann er nur dann in Anspruch genommen werden, wenn der Verletzte nicht auf andere Weise Ersatz zu erlangen vermag.

(2) [1] Verletzt ein Beamter bei dem Urteil in einer Rechtssache seine Amtspflicht, so ist er für den daraus entstehenden Schaden nur dann verantwortlich, wenn die Pflichtverletzung in einer Straftat besteht. [2] Auf eine pflichtwidrige Verweigerung oder Verzögerung der Ausübung des Amts findet diese Vorschrift keine Anwendung.

(3) Die Ersatzpflicht tritt nicht ein, wenn der Verletzte vorsätzlich oder fahrlässig unterlassen hat, den Schaden durch Gebrauch eines Rechtsmittels abzuwenden.

§ 840 Haftung mehrerer. (1) Sind für den aus einer unerlaubten Handlung entstehenden Schaden mehrere nebeneinander verantwortlich, so haften sie als Gesamtschuldner.

(2) Ist neben demjenigen, welcher nach den §§ 831, 832 zum Ersatz des von einem anderen verursachten Schadens verpflichtet ist, auch der andere für den Schaden verantwortlich, so ist in ihrem Verhältnis zueinander der andere allein, im Falle des § 829 der Aufsichtspflichtige allein verpflichtet.

(3) Ist neben demjenigen, welcher nach den §§ 833 bis 838 zum Ersatz des Schadens verpflichtet ist, ein Dritter für den Schaden verantwortlich, so ist in ihrem Verhältnis zueinander der Dritte allein verpflichtet.

§ 841 Ausgleichung bei Beamtenhaftung. Ist ein Beamter, der vermöge seiner Amtspflicht einen anderen zur Geschäftsführung für einen Dritten zu bestellen oder eine solche Geschäftsführung zu beaufsichtigen oder durch Genehmigung von Rechtsgeschäften bei ihr mitzuwirken hat, wegen Verletzung dieser Pflichten neben dem anderen für den von diesem verursachten Schaden verantwortlich, so ist in ihrem Verhältnis zueinander der andere allein verpflichtet.

§ 842 Umfang der Ersatzpflicht bei Verletzung einer Person. Die Verpflichtung zum Schadensersatz wegen einer gegen die Person gerichteten unerlaubten Handlung erstreckt sich auf die Nachteile, welche die Handlung für den Erwerb oder das Fortkommen des Verletzten herbeiführt.

[1)] Vgl. hierzu auch Art. 34 GG v. 23.5.1949 (BGBl. I S. 1), zuletzt geänd. durch G v. 13.7.2017 (BGBl. I S. 2347):

„**Art. 34** [1]Verletzt jemand in Ausübung eines ihm anvertrauten öffentlichen Amtes die ihm einem Dritten gegenüber obliegende Amtspflicht, so trifft die Verantwortlichkeit grundsätzlich den Staat oder die Körperschaft, in deren Dienst er steht. [2]Bei Vorsatz oder grober Fahrlässigkeit bleibt der Rückgriff vorbehalten. [3]Für den Anspruch auf Schadensersatz und für den Rückgriff darf der ordentliche Rechtsweg nicht ausgeschlossen werden."

Wegen der Haftung der Notare siehe §§ 19, 46 und 61 BNotO idF der Bek. v. 24.2.1961 (BGBl. I S. 97), zuletzt geänd. durch G v. 30.10.2017 (BGBl. I S. 3618).

§ 843 Geldrente oder Kapitalabfindung. (1) Wird infolge einer Verletzung des Körpers oder der Gesundheit die Erwerbsfähigkeit des Verletzten aufgehoben oder gemindert oder tritt eine Vermehrung seiner Bedürfnisse ein, so ist dem Verletzten durch Entrichtung einer Geldrente Schadensersatz zu leisten.

(2) [1] Auf die Rente findet die Vorschrift des § 760 Anwendung. [2] Ob, in welcher Art und für welchen Betrag der Ersatzpflichtige Sicherheit zu leisten hat, bestimmt sich nach den Umständen.

(3) Statt der Rente kann der Verletzte eine Abfindung in Kapital verlangen, wenn ein wichtiger Grund vorliegt.

(4) Der Anspruch wird nicht dadurch ausgeschlossen, dass ein anderer dem Verletzten Unterhalt zu gewähren hat.

§ 844[1) 2)] Ersatzansprüche Dritter bei Tötung. (1) Im Falle der Tötung hat der Ersatzpflichtige die Kosten der Beerdigung demjenigen zu ersetzen, welchem die Verpflichtung obliegt, diese Kosten zu tragen.

(2) [1] Stand der Getötete zur Zeit der Verletzung zu einem Dritten in einem Verhältnis, vermöge dessen er diesem gegenüber kraft Gesetzes unterhaltspflichtig war oder unterhaltspflichtig werden konnte, und ist dem Dritten infolge der Tötung das Recht auf den Unterhalt entzogen, so hat der Ersatzpflichtige dem Dritten durch Entrichtung einer Geldrente insoweit Schadensersatz zu leisten, als der Getötete während der mutmaßlichen Dauer seines Lebens zur Gewährung des Unterhalts verpflichtet gewesen sein würde; die Vorschrift des § 843 Abs. 2 bis 4 findet entsprechende Anwendung. [2] Die Ersatzpflicht tritt auch dann ein, wenn der Dritte zur Zeit der Verletzung gezeugt, aber noch nicht geboren war.

(3) [1] Der Ersatzpflichtige hat dem Hinterbliebenen, der zur Zeit der Verletzung zu dem Getöteten in einem besonderen persönlichen Näheverhältnis stand, für das dem Hinterbliebenen zugefügte seelische Leid eine angemessene Entschädigung in Geld zu leisten. [2] Ein besonderes persönliches Näheverhältnis wird vermutet, wenn der Hinterbliebene der Ehegatte, der Lebenspartner, ein Elternteil oder ein Kind des Getöteten war.

§ 845 Ersatzansprüche wegen entgangener Dienste. [1] Im Falle der Tötung, der Verletzung des Körpers oder der Gesundheit sowie im Falle der Freiheitsentziehung hat der Ersatzpflichtige, wenn der Verletzte kraft Gesetzes einem Dritten zur Leistung von Diensten in dessen Hauswesen oder Gewerbe verpflichtet war, dem Dritten für die entgehenden Dienste durch Entrichtung einer Geldrente Ersatz zu leisten. [2] Die Vorschrift des § 843 Abs. 2 bis 4 findet entsprechende Anwendung.

§ 846 Mitverschulden des Verletzten. Hat in den Fällen der §§ 844, 845 bei der Entstehung des Schadens, den der Dritte erleidet, ein Verschulden des Verletzten mitgewirkt, so findet auf den Anspruch des Dritten die Vorschrift des § 254 Anwendung.

---

1) § 844 Abs. 2 Satz 2 geänd. mWv 1.8.2002 durch G v. 19.7.2002 (BGBl. I S. 2674); Abs. 3 angef. mWv 22.7.2017 durch G v. 17.7.2017 (BGBl. I S. 2421).

2) Beachte hierzu Übergangsvorschrift in Art. 229 § 8 EGBGB idF der Bek. v. 21.9.1994 (BGBl. I S. 2494, ber. 1997 S. 1061), zuletzt geänd. durch G v. 20.7.2017 (BGBl. I S. 2787).

§ 852[1] Herausgabeanspruch nach Eintritt der Verjährung. [1] Hat der Ersatzpflichtige durch eine unerlaubte Handlung auf Kosten des Verletzten etwas erlangt, so ist er auch nach Eintritt der Verjährung des Anspruchs auf Ersatz des aus einer unerlaubten Handlung entstandenen Schadens zur Herausgabe nach den Vorschriften über die Herausgabe einer ungerechtfertigten Bereicherung verpflichtet. [2] Dieser Anspruch verjährt in zehn Jahren von seiner Entstehung an, ohne Rücksicht auf die Entstehung in 30 Jahren von der Begehung der Verletzungshandlung oder dem sonstigen, den Schaden auslösenden Ereignis an.

§ 853 Arglisteinrede. Erlangt jemand durch eine von ihm begangene unerlaubte Handlung eine Forderung gegen den Verletzten, so kann der Verletzte die Erfüllung auch dann verweigern, wenn der Anspruch auf Aufhebung der Forderung verjährt ist.

---

[1] Beachte hierzu auch Art. 6 und 12 G zum NATO-Truppenstatut und zu den Zusatzvereinbarungen (Nr. **75**).

K.
Kraftfahrsachverständige

660. Gesetz über amtlich anerkannte Sachverständige und amtlich anerkannte Prüfer für den Kraftfahrzeugverkehr (Kraftfahrsachverständigengesetz – KfSachvG)

Vom 22. Dezember 1971
(BGBl. I S. 2086)

BGBl. III/FNA 9231-10

geänd. durch Einführungsgesetz zum Strafgesetzbuch (EGStGB) v. 2.3.1974 (BGBl. I S. 469), Gesetz zur Neustrukturierung des Post- und Fernmeldewesens und der Deutschen Bundespost (Poststrukturgesetz - PostStruktG) v. 8.6.1989 (BGBl. I S. 1026), Gesetz zur Neuordnung des Eisenbahnwesens (Eisenbahnneuordnungsgesetz - ENeuOG) v. 27.12.1993 (BGBl. I S. 2378), Gesetz zur Neuordnung des Postwesens und der Telekommunikation (Postneuordnungsgesetz - PTNeuOG) v. 14.9.1994 (BGBl. I S. 2325), Art. 6 Gesetz zur Änderung des Straßenverkehrsgesetzes und anderer Gesetze v. 24.4. 1998 (BGBl. I S. 747), Art. 3 Gesetz zur Änderung des Straßenverkehrsgesetzes und anderer straßenverkehrsrechtlicher Vorschriften (StVRÄndG) v. 19.3.2001 (BGBl. I S. 386), Art. 247 Siebente Zuständigkeitsanpassungs-VO v. 29.10.2001 (BGBl. I S. 2785), Art. 2 StraßenverkehrsrechtsÄndG v. 11.9. 2002 (BGBl. I S. 3574), Art. 291 Neunte ZuständigkeitsanpassungsVO v. 31.10.2006 (BGBl. I S. 2407), Art. 2 G zur Änd. des StraßenverkehrsG und des KraftfahrsachverständigenG v. 2.12.2010 (BGBl. I S. 1748), Art. 3 Drittes G zur Änd. des StraßenverkehrsG und and. G v. 20.6.2011 (BGBl. I S. 1124), Art. 60 G z. Verbesserung der Feststellung und Anerkennung im Ausland erworbener Berufsqualifikationen v. 6.12.2011 (BGBl. I S. 2515), Art. 2 Abs. 146 G zur Strukturreform des Gebührenrechts des Bundes v. 7.8.2013 (BGBl. I S. 3154), Art. 4 Fünftes G zur Änd. des StraßenverkehrsG und anderer Gesetze v. 28.8.2013 (BGBl. I S. 3313), Art. 476 Zehnte ZuständigkeitsanpassungsVO v. 31.8.2015 (BGBl. I S. 1474), Art. 4 Sechstes G zur Änd. des StraßenverkehrsG und anderer Gesetze v. 28.11.2016 (BGBl. I S. 2722), Art. 139 Zweites Datenschutz-Anpassungs- und Umsetzungsgesetz EU v. 20.11. 2019 (BGBl. I S. 1626), Art. 2 G zur Änd. des StraßenverkehrsG und weiterer straßenverkehrsrechtl. Vorschriften v. 5.12.2019 (BGBl. I S. 2008) und Art. 326 Elfte ZuständigkeitsanpassungsVO v. 19.6. 2020 (BGBl. I S. 1328)

§ 1[1)] Amtliche Anerkennung als Sachverständiger oder Prüfer für den Kraftfahrzeugverkehr. (1) Wer die Aufgaben eines amtlich anerkannten Sachverständigen für den Kraftfahrzeugverkehr (Sachverständiger) oder eines amtlich anerkannten Prüfers für den Kraftfahrzeugverkehr (Prüfer) wahrnimmt, bedarf der Anerkennung nach diesem Gesetz.

(2) [1] Die Anerkennung kann auf Teilbefugnisse beschränkt werden. [2] Die Anerkennung als Sachverständiger mit Teilbefugnissen schließt aus, Gutachten zu erstellen

1. für die Erteilung von Allgemeinen Betriebserlaubnissen für Fahrzeuge oder Fahrzeugteile,
2. für die Erteilung von Betriebserlaubnissen für Einzelfahrzeuge, wenn sich die Gutachten auf Fahrzeuge beziehen, die erstmals in den Verkehr kommen,
3. für die Erteilung von Betriebserlaubnissen für Fahrzeugteile, die nicht zu einem genehmigten Typ gehören.

[3] Die Anerkennung als Prüfer mit Teilbefugnissen berechtigt nur, Untersuchungen im Rahmen der amtlich vorgeschriebenen technischen Überwachung der Kraftfahrzeuge und ihrer Anhänger durchzuführen.

[1)] Für das Gebiet der ehem. DDR gilt gemäß EVertr. v. 31.8.1990 (BGBl. II S. 889, 1103) folgendes: Die bis 31. März 1991 nach dem bisherigen Recht der Deutschen Demokratischen Republik erfolgten oder noch vorzunehmenden amtlichen Anerkennungen als Sachverständiger behalten ihre Gültigkeit und gelten als vorschriftsmäßige Anerkennungen im Sinne des Kraftfahrsachverständigengesetzes.

§ 2[1)] Voraussetzung für die Anerkennung. (1) [1]Die Anerkennung wird erteilt, wenn der Bewerber

1. mindestens 23 Jahre alt ist;
2. geistig und körperlich geeignet ist und keine Tatsachen vorliegen, die ihn für die Tätigkeit eines Sachverständigen oder Prüfers als unzuverlässig erscheinen lassen;
3. die Fahrerlaubnis für Kraftfahrzeuge sämtlicher Klassen besitzt;
4. in einer Technischen Prüfstelle für den Kraftfahrzeugverkehr, einem Kraftfahrzeugbetrieb oder einer Kraftfahrzeugfabrik eine mindestens eineinhalbjährige Tätigkeit als Ingenieur oder, wenn nur die Anerkennung als Prüfer mit Teilbefugnissen beantragt wird, als Meister ausgeübt hat;
5. in einer Technischen Prüfstelle für den Kraftfahrzeugverkehr eine mindestens sechsmonatige Ausbildung abgeleistet hat;
6. einer Technischen Prüfstelle für den Kraftfahrzeugverkehr angehört;
7. fachlich geeignet ist; die fachliche Eignung ist in einer Prüfung (§ 4) nachzuweisen.

[2]Die Fahrerlaubnis der Klasse D ist nicht erforderlich, es sei denn, der Sachverständige oder Prüfer nimmt Fahrerlaubnisprüfungen für die Klasse D ab; in diesem Fall genügt, daß er mindestens einmal die Fahrerlaubnis der Klasse D oder die Fahrerlaubnis zur Fahrgastbeförderung für Kraftomnibusse nach der Straßenverkehrs-Zulassungs-Ordnung[2)] erworben hat; im übrigen berechtigt die Fahrerlaubnis der Klasse C den Sachverständigen oder Prüfer im Geltungsbereich dieses Gesetzes auch zum Führen von Kraftomnibussen ohne Fahrgäste bei Fahrten zur Überprüfung des Fahrzeugs sowie bei Übungs- und Prüfungsfahrten im Rahmen von § 4.

(2) [1]Außerdem muß ein Bewerber um die Anerkennung als

1. Sachverständiger ein Studium des Maschinenbaufachs, des Kraftfahrzeugbaufachs oder der Elektrotechnik an einer deutschen Universität oder Technischen Hochschule,
2. Sachverständige mit Teilbefugnissen ein Studium des Maschinenbaufachs, des Kraftfahrzeugbaufachs oder der Elektrotechnik an einer öffentlichen oder staatlich anerkannten deutschen Fachhochschule oder Ingenieurschule,
3. Prüfer ein Studium des Maschinenbaufachs, des Kraftfahrzeugbaufachs oder der Elektrotechnik an einer öffentlichen oder staatlich anerkannten deutschen Fachhochschule oder Ingenieurschule,
4. Prüfer mit Teilbefugnissen eine Ausbildung als Kraftfahrzeugmechaniker- oder Kraftfahrzeugelektrikermeister oder eine Ausbildung als Kraftfahrzeugtechniker an einer staatlich anerkannten Fachschule

erfolgreich abgeschlossen haben. [2]Über die Anerkennung der Gleichwertigkeit von ausländischen Zeugnissen entscheiden die zuständigen Behörden der Länder. [3]Die §§ 9 bis 17 des Berufsqualifikationsfeststellungsgesetzes sind entsprechend anzuwenden.

[1)] § 2 Abs. 1 Nr. 3, Abs. 2 Satz 1 Nr. 1, 2 und 3 geänd., Abs. 1 Satz 2 angef. mWv. 1.1.1999 durch G v. 24.4.1998 (BGBl. I S. 747); Abs. 1 Nr. 1 und Abs. 2 Nr. 4 geänd. mWv 26.6.2011 durch G v. 20.6. 2011 (BGBl. I S. 1124); Abs. 2 Satz 3 angef. mWv 1.4.2012 durch G v. 6.12.2011 (BGBl. I S. 2515).

[2)] Nr. **200**.

§ 3[1)] Antragsverfahren. (1) [1]In dem Antrag auf Anerkennung hat der Bewerber anzugeben, ob er als Sachverständiger, als Sachverständiger mit Teilbefugnissen, als Prüfer oder als Prüfer mit Teilbefugnissen anerkannt werden will. [2]Beizufügen sind

1. ein Lebenslauf mit Lichtbild;
2. das Zeugnis eines Amtsarztes oder – auf Verlangen der Anerkennungsbehörde – eines Facharztes oder das Gutachten einer amtlich anerkannten Begutachtungsstelle für Fahreignung über die geistige und körperliche Eignung (§ 2 Abs. 1 Nr. 2);
3. eine amtlich beglaubigte Abschrift oder Ablichtung des Führerscheins (§ 2 Abs. 1 Nr. 3);
4. Unterlagen über den Nachweis der praktischen Tätigkeit als Ingenieur oder Meister (§ 2 Abs. 1 Nr. 4);
5. eine Bescheinigung über die abgeleistete Ausbildung bei einer Technischen Prüfstelle für den Kraftfahrzeugverkehr (§ 2 Abs. 1 Nr. 5);
6. eine Bescheinigung über die Zugehörigkeit zu einer Technischen Prüfstelle für den Kraftfahrzeugverkehr (§ 2 Abs. 1 Nr. 6);
7. Unterlagen über den Nachweis des Universitäts-, Hochschul-, Fachhochschul- oder Ingenieurschulabschlusses oder über die Meisterprüfung (§ 2 Abs. 2).

(2) Die Anerkennungsbehörde kann eine Beurteilung des Bewerbers von der Technischen Prüfstelle für den Kraftfahrzeugverkehr anfordern, bei der der Bewerber beschäftigt ist oder war.

§ 4[2)] Prüfung für die Anerkennung. (1) Zur Prüfung wird der Bewerber nur zugelassen, wenn er die Voraussetzungen des § 2 Abs. 1 Nr. 1 bis 6 und des § 2 Abs. 2 erfüllt.

(2) In der Prüfung der fachlichen Eignung hat der Bewerber um die amtliche Anerkennung als Sachverständiger nachzuweisen, daß er

1. umfassende Kenntnisse der Kraftfahrzeugtechnik und der maßgebenden gesetzlichen Vorschriften besitzt;
2. mit den Gefahren des Straßenverkehrs und den zu ihrer Abwehr erforderlichen Verhaltensweisen vertraut ist und
3. seine Kenntnisse bei der Durchführung der den Sachverständigen oder Prüfern nach dem Straßenverkehrsrecht übertragenen Aufgaben anwenden kann.

(3) [1]Für den Bewerber um die amtliche Anerkennung als Sachverständiger mit Teilbefugnissen oder als Prüfer gilt Absatz 2 entsprechend; jedoch genügen hinreichende Kenntnisse der Kraftfahrzeugtechnik und der maßgebenden gesetzlichen Vorschriften. [2]Für den Bewerber um die amtliche Anerkennung als Prüfer mit Teilbefugnissen genügen die Kenntnisse des für seine Tätigkeit erforderlichen Wissensstoffes.

(4) Das Bundesministerium für Verkehr und digitale Infrastruktur wird ermächtigt, mit Zustimmung des Bundesrates Rechtsverordnungen zu erlassen

---

[1)] § 3 Abs. 1 Nr. 2 geänd. mWv. 1.1.1999 durch G v. 24.4.1998 (BGBl. I S. 747).

[2)] § 4 Abs. 4 geänd. mWv. 1.1.1999 durch G v. 24.4.1998 (BGBl. I S. 747); Abs. 4 geänd. mWv 7.11. 2001 durch VO v. 29.10.2001 (BGBl. I S. 2785); Abs. 4 geänd. mWv 8.11.2006 durch VO v. 31.10.2006 (BGBl. I S. 2407); Abs. 4 einl. Satzteil geänd. mWv 8.9.2015 durch VO v. 31.8.2015 (BGBl. I S. 1474).

1. über die Einzelheiten der Ausbildung bei einer Technischen Prüfstelle, insbesondere über den Ausbildungsstoff, den Ausbildungsgang und den Ausbildungsleiter;
2. über die Bildung und Zusammenstellung von Prüfungsausschüssen sowie über die Einzelheiten des Prüfungsverfahrens, insbesondere über die Prüfungsgebiete, die praktische, die schriftliche und die mündliche Prüfung, den Rücktritt und den Ausschluß von der Prüfung, das Prüfungsergebnis und seine Bekanntgabe, die Erteilung von Prüfungsbescheinigungen, die Ergänzungs- und die Wiederholungsprüfungen.

§ 5 Anerkennung. [1] Die Anerkennung als Sachverständiger oder Prüfer wird durch Aushändigung oder Zustellung eines Ausweises erteilt. [2] Der Ausweis ist an die Anerkennungsbehörde unverzüglich zurückzugeben, wenn die Anerkennung ruht oder wenn sie erloschen, zurückgenommen oder widerrufen ist.

§ 6[1)] Tätigkeit der Sachverständigen und Prüfer. (1) [1] Der Sachverständige und der Prüfer dürfen ihre Tätigkeit nur für die Technische Prüfstelle für den Kraftfahrzeugverkehr ausüben, der sie angehören. [2] Sie haben ihre Aufgaben unparteiisch auszuführen und dürfen von der Zahl und dem Ergebnis der Prüfungen wirtschaftlich nicht abhängig sein.

(1a) [1] Amtlich anerkannte Sachverständige und Prüfer dürfen ihre Tätigkeiten – ausgenommen solche nach § 20 Abs. 2 der Straßenverkehrs-Zulassungs-Ordnung[2)] und § 22 in Verbindung mit § 20 Abs. 2 der Straßenverkehrs-Zulassungs-Ordnung – nur im Bereich der Technischen Prüfstelle ausüben, der sie angehören. [2] Ausnahmen hiervon bedürfen der Zustimmung der zuständigen Aufsichtsbehörden.

(2) Der Sachverständige und der Prüfer darf personenbezogene Daten, die ihm bei seiner Tätigkeit bekanntgeworden sind, nur für diese Tätigkeit verwenden.

(3) [1] Nimmt der Sachverständige oder Prüfer Fahrerlaubnisprüfungen für die Klasse B ab, muss er seit mindestens drei Jahren die Fahrerlaubnis der Klasse B besitzen. [2] Nimmt der Sachverständige oder Prüfer Fahrerlaubnisprüfungen sonstiger Fahrerlaubnisklassen ab, muss er seit mindestens drei Jahren als Sachverständiger oder Prüfer bei der Abnahme von Fahrerlaubnisprüfungen der Klasse B tätig sein, es sei denn, er verfügt über eine mindestens fünfjährige Fahrpraxis in der betreffenden Klasse oder hat im Rahmen der Prüfung zur Anerkennung als Sachverständiger oder Prüfer eine vorschriftsmäßige, sichere und gewandte Fahrweise auf einem Fahrzeug der entsprechenden Klasse nachgewiesen. [3] Ein Sachverständiger oder Prüfer, der Fahrerlaubnisprüfungen abnimmt, darf nicht gleichzeitig im Rahmen eines Beschäftigungsverhältnisses als Fahrlehrer tätig oder Inhaber einer Fahrschulerlaubnis sein.

§ 7[3)] Ruhen und Erlöschen der Anerkennung. (1) Die Anerkennung ruht,

---

[1)] § 6 bish. Text wird Abs. 1, Abs. 1a und 2 angef. mWv. 1.1.1999 durch G v. 24.4.1998 (BGBl. I S. 747); Abs. 3 angef. mWv 19.1.2013 durch G v. 2.12.2010 (BGBl. I S. 1748).

[2)] Nr. **200**.

[3)] § 7 Abs. 2 Satz 3 geänd., Abs. 3 angef. mWv. 1.1.1999 durch G v. 24.4.1998 (BGBl. I S. 747), Abs. 2 Satz 1 und 2 geänd. mWv 27.3.2001 durch G v. 19.3.2001 (BGBl. I S. 386); Abs. 2 Satz 3 geänd. mWv 26.11.2019 durch G v. 20.11.2019 (BGBl. I S. 1626).

1. solange für den Sachverständigen oder den Prüfer ein Fahrverbot nach § 25 des Straßenverkehrsgesetzes [1] oder nach § 44 des Strafgesetzbuches[2] besteht,
2. solange der Führerschein nach § 94 der Strafprozeßordnung[3] in Verwahrung genommen, sichergestellt oder beschlagnahmt ist,
3. solange die Fahrerlaubnis nach § 111a der Strafprozeßordnung vorläufig entzogen oder bei einer Entziehung im Verwaltungsverfahren die sofortige Vollziehung angeordnet worden und die aufschiebende Wirkung eines Rechtsbehelf wiederhergestellt ist oder
4. wenn der Sachverständige oder der Prüfer vorübergehend – jedoch höchstens für einen Zeitraum von sechs Monaten – einer Technischen Prüfstelle nicht angehört; die Nummern 1 bis 3 bleiben unberührt.

(2) [1] Die Anerkennung erlischt, wenn dem Sachverständigen oder dem Prüfer die Fahrerlaubnis rechtskräftig oder unanfechtbar entzogen oder die Fahrerlaubnis der Klassen C, C1, CE oder C1E nicht verlängert oder die bis zum 31. Dezember 1998 erteilte Fahrerlaubnis der Klasse 2 nicht gemäß § 76 Nr. 9 der Fahrerlaubnis-Verordnung auf die Klassen C und CE umgestellt wird. [2] Ist die Fahrerlaubnis wegen körperlicher Mängel entzogen oder die Fahrerlaubnis der Klassen C, C1, CE oder C1E nicht verlängert oder die bis zum 31. Dezember 1998 erteilte Fahrerlaubnis der Klasse 2 nicht gemäß § 76 Nr. 9 der Fahrerlaubnis-Verordnung auf die Klassen C und CE umgestellt worden, so kann die Anerkennungsbehörde eine erneute Anerkennung unter Beschränkung auf die Wahrnehmung bestimmter Aufgaben erteilen. [3] Zur Vorbereitung dieser Entscheidung kann die Anerkennungsbehörde von der betroffenen Person die Vorlage eines amts- oder fachärztlichen Zeugnisses oder eines Gutachtens einer amtlich anerkannten Begutachtungsstelle für Fahreignung verlangen.

(3) Die Anerkennung erlischt auch, wenn der Sachverständige oder der Prüfer auf die Anerkennung verzichtet.

§ 8[4] Rücknahme und Widerruf der Anerkennung. (1) Die Anerkennung als Sachverständiger oder als Prüfer ist zurückzunehmen, wenn bei ihrer Erteilung eine der Voraussetzungen des § 2 nicht vorgelegen hat und keine Ausnahme nach § 17 genehmigt worden ist.

(2) [1] Die Anerkennung als Sachverständiger oder als Prüfer ist zu widerrufen, wenn eine der in § 2 Abs. 1 Nr. 2, Nr. 6 oder Nr. 7 erster Halbsatz genannten Voraussetzungen für die Anerkennung nicht mehr vorliegt. [2] § 7 Abs. 1 Nr. 4 und Abs. 3 bleibt unberührt.

(3) Zur Vorbereitung einer Entscheidung nach Absatz 1 oder 2 kann die Anerkennungsbehörde von der betroffenen Person die Vorlage eines amts- oder fachärztlichen Zeugnisses oder eines Gutachtens einer amtlich anerkannten Begutachtungsstelle für Fahreignung verlangen.

---

[1] Nr. **10**.
[2] Nr. **670**.
[3] Nr. **675**.
[4] § 8 Abs. 2 Satz 2 und Abs. 3 geänd. mWv. 1.1.1999 durch G v. 24.4.1998 (BGBl. I S. 747); Abs. 3 geänd. mWv 26.11.2019 durch G v. 20.11.2019 (BGBl. I S. 1626).

§ 9[1)] Erteilung einer neuen Anerkennung. [1] Wird nach Erlöschen (§ 7 Abs. 2 und 3), Rücknahme oder Widerruf (§ 8) innerhalb von zwei Jahren eine neue Anerkennung beantragt, so entfällt die Prüfung (§ 2 Abs. 1 Nr. 7 und § 4), wenn nicht Tatsachen vorliegen, die Zweifel an der fachlichen Eignung des Antragstellers begründen. [2] Bei der Berechnung der Zweijahresfrist ist der Zeitraum eines vorangegangenen Ruhens der Anerkennung (§ 7 Abs. 1) zu berücksichtigen.

§ 10 Technische Prüfstelle für den Kraftfahrzeugverkehr. (1) [1] Eine Technische Prüfstelle für den Kraftfahrzeugverkehr wird von der Stelle unterhalten, die die Landesregierung oder die von ihr bestimmte Behörde hiermit beauftragt. [2] Die Landesregierung oder die von ihr bestimmte Behörde legt die örtliche Zuständigkeit der Technischen Prüfstelle fest. [3] Für denselben Bereich dürfen nicht mehrere Technische Prüfstellen errichtet und unterhalten werden.

(2) [1] Die Technische Prüfstelle darf keinen auf Gewinn abzielenden Geschäftsbetrieb führen. [2] Für die Technische Prüfstelle ist eine gesonderte Erfolgsrechnung durchzuführen. [3] Die aus der Tätigkeit der Sachverständigen und Prüfer anfallenden Gebühren dürfen nur für Zwecke der Technischen Prüfstelle verwendet werden. [4] Der Auftrag zur Errichtung einer Technischen Prüfstelle kann mit Auflagen verbunden werden. [5] In der Technischen Prüfstelle dürfen jedoch nur solche Aufgaben wahrgenommen werden, die den Sachverständigen und Prüfern gesetzlich oder durch die zuständige Landesbehörde übertragen sind.

(3) Die beauftragte Stelle hat für jede von ihr unterhaltene Technische Prüfstelle sicherzustellen, daß die Sachverständigen und Prüfer die ihnen übertragenen Aufgaben ordnungsgemäß wahrnehmen können.

(4) Die mit der Unterhaltung einer Technischen Prüfstelle beauftragte Stelle hat das Land, in dessen Gebiet die Technische Prüfstelle tätig wird, von allen Ansprüchen Dritter wegen Schäden freizustellen, die durch Sachverständige, Prüfer oder Hilfskräfte in Ausübung der ihnen übertragenen Aufgaben verursacht werden.

(5) Der Auftrag, eine Technische Prüfstelle zu unterhalten, kann widerrufen werden, wenn die beauftragte Stelle nicht sicherstellt, daß die Technische Prüfstelle ihre Pflichten ordnungsgemäß wahrnimmt.

§ 11[2)] Einrichtung und Aufgaben der Technischen Prüfstelle. (1) [1] Für die Technische Prüfstelle sind Sachverständige und Prüfer sowie Hilfskräfte in der erforderlichen Zahl anzustellen und die notwendigen Einrichtungen zur Verfügung zu stellen. [2] Für jede Technische Prüfstelle sind ein Leiter und ein stellvertretender Leiter zu bestellen. [3] Der Leiter der Technischen Prüfstelle hat die ordnungsgemäße Erledigung der den Sachverständigen und Prüfern übertragenen Aufgaben zu überwachen.

(1a) [1] Die Technische Prüfstelle hat zur Gewährleistung ordnungsgemäßer und nach gleichen Maßstäben

1. durchzuführender Untersuchungen, Abnahmen, Prüfungen und Begutachtungen an Fahrzeugen und Fahrzeugteilen sowie

[1)] § 9 neu gef. mWv. 1.1.1999 durch G v. 24.4.1998 (BGBl. I S. 747).

[2)] § 11 Abs. 1a eingef. mWv. 1.1.1999 durch G v. 24.4.1998 (BGBl. I S. 747); Abs. 1a Satz 2 geänd. mWv 7.11.2001 durch VO v. 29.10.2001 (BGBl. I S. 2785); Abs. 1a geänd. mWv 8.11.2006 durch VO v. 31.10.2006 (BGBl. I S. 2407); Abs. 1a Satz 2 geänd. mWv 8.9.2015 durch VO v. 31.8.2015 (BGBl. I S. 1474); Abs. 1a Satz 2 geänd. mWv 26.11.2019 durch G v. 20.11.2019 (BGBl. I S. 1626).

2. durchzuführender Befähigungsprüfungen (§ 2 Abs. 2 Satz 1 Nr. 5 des Straßenverkehrsgesetzes[1])

Qualitätssicherungssysteme zu unterhalten und dies der Aufsichtsbehörde (§ 13) nachzuweisen. [2]Das Bundesministerium für Verkehr und digitale Infrastruktur wird ermächtigt, Rechtsverordnungen und allgemeine Verwaltungsvorschriften mit Zustimmung des Bundesrates über den Inhalt der Maßnahmen zur Qualitätssicherung einschließlich der hierfür erforderlichen Verarbeitung personenbezogener Daten zu erlassen. [3]Für die Aufgaben nach Satz 1 Nr. 1 ist das Kraftfahrt-Bundesamt (§ 2 Abs. 1 Nr. 1 Buchstabe e des Gesetzes über die Errichtung eines Kraftfahrt-Bundesamtes[2]), für die Aufgaben nach Satz 1 Nr. 2 ist die Bundesanstalt für Straßenwesen (§ 6 Abs. 1 Nr. 1 Buchstabe k des Straßenverkehrsgesetzes) zuständig.

(2) [1]Die Technische Prüfstelle hat die laufende Weiterbildung der Sachverständigen und Prüfer sowie einen ständigen Erfahrungsaustausch unter ihnen sicherzustellen. [2]Sie hat die Erfahrungen im kraftfahrtechnischen Prüf- und Überwachungswesen zu sammeln, auszuwerten und der Aufsichtsbehörde sowie dem Kraftfahrt-Bundesamt mitzuteilen.

(3) Fachliche Weisungen an die Sachverständigen und Prüfer der Technischen Prüfstelle dürfen nur der Leiter oder sein Stellvertreter geben.

§ 12 Organisation der Technischen Prüfstelle. (1) [1]Der Leiter der Technischen Prüfstelle und sein Stellvertreter sowie der Leiter einer Technischen Prüfstelle unmittelbar nachgeordneten Dienststelle und dessen Stellvertreter müssen Sachverständige im Sinne des § 1 sein. [2]Sie bedürfen der Bestätigung der Aufsichtsbehörde.

(2) Die mit der Unterhaltung einer Technischen Prüfstelle beauftragte Stelle hat für die Durchführung der Aufgaben der Technischen Prüfstelle eine Geschäftsordnung zu erlassen, die der Genehmigung der Aufsichtsbehörde bedarf.

§ 13[3] Aufsicht über die Technische Prüfstelle. (1) [1]Die zuständige Landesbehörde übt die Aufsicht über die Technische Prüfstelle aus. [2]Sie erläßt eine Geschäftsanweisung. [3]Der Leiter der Technischen Prüfstelle und sein Stellvertreter sind an die Geschäftsanweisung und an die Einzelanweisungen der Aufsichtsbehörde gebunden.

(2) Die Aufsichtsbehörde kann die Bestätigung des Leiters der Technischen Prüfstelle oder seines Stellvertreters sowie des Leiters einer der Technischen Prüfstelle unmittelbar nachgeordneten Dienststelle und seines Stellvertreters (§ 12 Abs. 1) widerrufen, wenn die Betreffenden die von der Aufsichtsbehörde erteilten fachlichen Weisungen nicht befolgen oder den für den Betrieb der Technischen Prüfstelle maßgeblichen Vorschriften zuwiderhandeln oder keine Gewähr mehr dafür bieten, daß sie ihre Aufgaben ordnungsgemäß erfüllen werden.

(3) [1]Die Technische Prüfstelle hat der Aufsichtsbehörde über nachteilige Tatsachen, die ihr über einen Sachverständigen oder Prüfer bekanntwerden, zu berichten, wenn diese für die Anerkennung von Bedeutung sein können. [2]Eine entsprechende Verpflichtung gilt für die nach Anlage VIII Abschnitt 7 der Straßen-

---

[1] Nr. **10**.
[2] Nr. **20**.
[3] § 13 Abs. 3 Satz 2 angef. mWv. 1.1.1999 durch G v. 24.4.1998 (BGBl. I S. 747).

verkehrs-Zulassungs-Ordnung[1] amtlich anerkannten Überwachungsorganisationen, falls ihnen über Prüfingenieure nachteilige Tatsachen bekannt werden, die für die Betrauung mit der Durchführung von Untersuchungen oder Abnahmen von Bedeutung sein können.

§ 14 Staatliche Technische Prüfstellen. Für die Länder, die staatliche Technische Prüfstellen eingerichtet haben oder künftig einrichten werden, gelten § 10 Abs. 1, Abs. 2 – ausgenommen Satz 2 und 3 –, Abs. 3 und Abs. 5, § 11 sowie die §§ 12 und 13 sinngemäß.

§ 15 Zuständigkeiten. Die Landesregierungen bestimmen durch Rechtsverordnung

1. die für die Anerkennung der Sachverständigen und Prüfer zuständigen Behörden nach den §§ 1 bis 9 (Anerkennungsbehörden);
2. die für die Aufsicht über die Technischen Prüfstellen zuständigen Behörden nach den §§ 10 bis 14 (Aufsichtsbehörden);
3. die für die Ausnahmeregelung zuständigen Behörden nach § 17.

§ 16[2] Sachverständige und Prüfer bei Behörden. (1) [1]Das Bundesministerium des Innern, für Bau und Heimat, das Bundesministerium der Finanzen, das Bundesministerium der Verteidigung und Das Bundesministerium für Verkehr und digitale Infrastruktur können für den Bereich ihrer Verwaltungen und die zuständigen obersten Landesbehörden für den Dienstbereich der Polizei bestimmen, welche Stellen die Ausbildung und Prüfung nach § 2 Abs. 1 Nr. 5 und 7 durchführen und die Anerkennung nach § 1 erteilen. [2]Die amtlich anerkannten Sachverständigen und Prüfer der Deutschen Bundespost POSTDIENST können ihre Aufgaben für die drei Nachfolgeunternehmen der Deutschen Bundespost bis zu einem durch Rechtsverordnung des Bundesministeriums für Verkehr, die der Zustimmung des Bundesrates bedarf, im Einvernehmen mit dem Bundesministerium für Post und Telekommunikation bestimmten Termin, längstens bis zum 31. Dezember 1997, weiter wahrnehmen.

(2) [1]Eine Anerkennung nach Absatz 1 darf nur erteilt werden, wenn der Bewerber die Voraussetzungen des § 2 erfüllt oder eine Ausnahme genehmigt wurde. [2]Auf die Anerkennung besteht kein Rechtsanspruch. [3]Sie kann jederzeit zurückgenommen oder widerrufen werden und erlischt, wenn der Inhaber aus dem öffentlichen Dienst ausscheidet. [4]Bei Angehörigen der Bundeswehr und des Bundesgrenzschutzes erlischt sie mit dem Ende der Wehrpflicht und der Grenzschutzdienstpflicht (§ 3 Abs. 3 und 4 und § 42a des Wehrpflichtgesetzes) und ruht, solange ein Dienstverhältnis nicht besteht.

(3) Die Anerkennung als Sachverständiger oder als Prüfer nach Absatz 1 berechtigt den Inhaber nur, im dienstlichen Auftrag innerhalb des Geschäftsbereichs der Behörde tätig zu werden, die sie erteilt hat.

(4) Im übrigen gelten die Vorschriften der §§ 1 bis 9 dieses Gesetzes sinngemäß.

---

[1] Nr. **200**.

[2] § 16 Abs. 1 geänd. durch G v. 8.6.1989 (BGBl. I S. 1026); Abs. 1 geänd. durch G v. 27.12.1993 (BGBl. I S. 2378); Abs. 1 geänd. durch G v. 14.9.1994 (BGBl. I S. 2325); Abs. 1 geänd. mWv. 1.1.1999 durch G v. 24.4.1998 (BGBl. I S. 747); Abs. 1 Satz 1 geänd. mWv 7.11.2001 durch VO v. 29.10.2001 (BGBl. I S. 2785); Abs. 1 Satz 1 geänd. mWv 8.11.2006 durch VO v. 31.10.2006 (BGBl. I S. 2407); Abs. 1 Satz 1 geänd. mWv 8.9.2015 durch VO v. 31.8.2015 (BGBl. I S. 1474); Abs. 1 Satz 1 geänd. mWv 27.6.2020 durch VO v. 19.6.2020 (BGBl. I S. 1328).

(5) Zur Sicherstellung der Forderungen nach den §§ 6 und 11 können die Sachverständigen und Prüfer einer zentralen Stelle unterstellt werden, deren Leiter Sachverständiger nach diesem Gesetz sein muß.

(6) [1] Beantragt ein Sachverständiger oder Prüfer nach seinem Ausscheiden aus dem öffentlichen Dienst eine Anerkennung nach § 1, so gelten die allgemeinen Vorschriften. [2] Wird der Antrag innerhalb von zwei Jahren nach der Rücknahme, dem Widerruf, dem Erlöschen oder dem Eintritt des Ruhens der erteilten Anerkennung gestellt, so entfällt die Prüfung, wenn nicht Tatsachen vorliegen, die Zweifel an der fachlichen Eignung des Bewerbers rechtfertigen.

§ 17[1)] Ausnahmeregelung. (1) Die nach § 15 zuständigen Behörden und die nach § 16 Abs. 1 zuständigen Dienststellen können Ausnahmen von der Voraussetzung der praktischen Tätigkeit als Ingenieur und des Universitäts-, Hochschul-, Fachhochschul- oder Ingenieurschulabschlusses (§ 2 Abs.1 Nr. 4 und Abs. 2) sowie von der Ableistung einer sechsmonatigen Ausbildung in einer Technischen Prüfstelle (§ 2 Abs. 1 Nr. 5) genehmigen; eine Ausnahme von der Voraussetzung eines Universitäts- oder Hochschulstudiums kann insbesondere dem Bewerber um die Anerkennung als Sachverständiger genehmigt werden, wenn eine Ausbildung in einer anerkannten deutschen Fachhochschule oder Ingenieurschule nachgewiesen wird, die in Verbindung mit einer geeigneten praktischen Tätigkeit von ausreichender Dauer die Kenntnisse und Fähigkeiten vermittelt haben kann, die der amtlich anerkannte Sachverständige benötigt.

(2) Das Bundesministerium des Innern, für Bau und Heimat, das Bundesministerium der Verteidigung und die für die Polizei zuständigen obersten Landesbehörden können die nach § 16 Abs. 1 zuständigen Dienststellen ihres Geschäftsbereichs ermächtigen, Ausnahmen von § 2 Abs. 1 Nr. 1, Nr. 4, Nr. 5, Absatz 2 und § 3 zuzulassen, soweit dies aus dienstlichen Gründen geboten ist.

§ 18[2)] Kosten. (1) Für Amtshandlungen, Prüfungen und Untersuchungen nach diesem Gesetz und nach den auf diesem Gesetz beruhenden Rechtsvorschriften werden Kosten (Gebühren und Auslagen) erhoben.

(2) [1] Das Bundesministerium für Verkehr und digitale Infrastruktur bestimmt mit Zustimmung des Bundesrates durch Rechtsverordnung die gebührenpflichtigen Tatbestände näher und sieht dabei feste Sätze oder Rahmensätze vor. [2] Die Gebührensätze sind so zu bemessen, daß der mit den Amtshandlungen, Prüfungen oder Untersuchungen verbundene Personal- und Sachaufwand gedeckt wird; bei begünstigenden Amtshandlungen kann daneben die Bedeutung, der wirtschaftliche Wert oder der sonstige Nutzen für die Gebührenschuldner angemessen berücksichtigt werden. [3] Im übrigen findet das Verwaltungskostengesetz in der bis zum 14. August 2013 geltenden Fassung, Anwendung. [4] In den Rechtsverordnungen nach Satz 1 können jedoch die Kostenbefreiung, die Kostengläubigerschaft, die Kostenschuldnerschaft, der Umfang der zu erstattenden Auslagen und die Kostenerhebung abweichend von den Vorschriften des Verwaltungskostengesetzes

---

1) § 17 Abs. 2 geänd. mWv. 1.1.1999 durch G v. 24.4.1998 (BGBl. I S. 747); Abs. 2 geänd. mWv 26.6. 2011 durch G v. 20.6.2011 (BGBl. I S. 1124); Abs. 2 geänd. mWv 27.6.2020 durch VO v. 19.6.2020 (BGBl. I S. 1328).

2) § 18 Abs. 2 Satz 1, 3 und Abs. 3 Satz 2 geänd., Abs. 2 Satz 4 angef. mWv. 1.1.1999 durch G v. 24.4. 1998 (BGBl. I S. 747); Abs. 2 Satz 1 geänd. mWv 7.11.2001 durch VO v. 29.10.2001 (BGBl. I S. 2785); Abs. 2 Satz 1 geänd. mWv 8.11.2006 durch VO v. 31.10.2006 (BGBl. I S. 2407); Abs. 2 Satz 3 geänd., Sätze 5, 6 und 7 angef. mWv 15.8.2013 durch G v. 7.8.2013 (BGBl. I S. 3154); Abs. 2 Sätze 1, 5 und 7 geänd. mWv 8.9.2015 durch VO v. 31.8.2015 (BGBl. I S. 1474).

geregelt werden. [5] Im Bereich der Gebühren der Landesbehörden übt das Bundesministerium für Verkehr und digitale Infrastruktur seine Ermächtigung auf der Grundlage eines Antrags oder einer Stellungnahme von mindestens fünf Ländern beim Bundesministerium für Verkehr, Bau und Stadtentwicklung aus. [6] Der Antrag oder die Stellungnahme sind mit einer Schätzung des Personal- und Sachaufwands zu begründen. [7] Das Bundesministerium für Verkehr und digitale Infrastruktur kann die übrigen Länder ebenfalls zur Beibringung einer Schätzung des Personal- und Sachaufwands auffordern.

(3) [1] In der Rechtsverordnung nach Absatz 2 kann bestimmt werden, daß die für die Prüfung oder Untersuchung zulässige Gebühr auch erhoben werden darf, wenn die Prüfung oder Untersuchung ohne Verschulden der prüfenden oder untersuchenden Stelle und ohne ausreichende Entschuldigung des Bewerbers oder Antragstellers am festgesetzten Termin nicht stattfinden konnte. [2] Soweit Untersuchungen von amtlich anerkannten Begutachtungsstelle für Fahreignung durchgeführt werden, gilt § 6a Abs. 3 Satz 2 des Straßenverkehrsgesetzes[1)] entsprechend.

§ 19[2)] Allgemeine Verwaltungsvorschriften. Zur Durchführung dieses Gesetzes und der auf ihm beruhenden Rechtsverordnungen kann das Bundesministerium für Verkehr mit Zustimmung des Bundesrates Allgemeine Verwaltungsvorschriften erlassen.

§ 20[3)] Ordnungswidrigkeiten. (1) Ordnungswidrig handelt, wer vorsätzlich oder fahrlässig

1. entgegen § 1 Aufgaben eines amtlich anerkannten Sachverständigen oder Prüfers für den Kraftfahrzeugverkehr wahrnimmt, ohne die dafür erforderliche Anerkennung zu besitzen,
2. Aufgaben eines amtlich anerkannten Sachverständigen oder Prüfers für den Kraftfahrzeugverkehr wahrnimmt, solange die Anerkennung nach § 7 Abs. 1 ruht,
3. entgegen § 5 den von der Anerkennungsbehörde ausgestellten Ausweis nicht unverzüglich zurückgibt, wenn die Anerkennung ruht, oder wenn sie erloschen, zurückgenommen oder widerrufen ist oder

3a. entgegen § 6 Abs. 1a Satz 1 als amtlich anerkannter Sachverständiger oder Prüfer außerhalb des Bereichs der Technischen Prüfstelle, der er angehört, tätig wird,

4. entgegen § 16 Abs. 3 als Sachverständiger oder als Prüfer außerhalb des Geschäftsbereichs der Behörde tätig wird, die die Anerkennung erteilt hat.

(2) Die Ordnungswidrigkeit kann mit einer Geldbuße geahndet werden.

(3) Verwaltungsbehörde im Sinne des § 36 Abs. 1 Nr. 1 des Gesetzes über Ordnungswidrigkeiten[4)] ist die Anerkennungsbehörde (§ 15 Nr. 1).

§ 21 Änderungsbestimmungen[5)]. *(hier nicht wiedergegeben)*

---

1) Nr. **10**.
2) § 19 geänd. mWv. 1.1.1999 durch G v. 24.4.1998 (BGBl. I S. 747).
3) § 20 Abs. 1 Nr. 3a eingef. mWv. 1.1.1999 durch G v. 24.4.1998 (BGBl. I S. 747).
4) Nr. **680**.
5) Änderung des Straßenverkehrsgesetzes (Nr. **10**) und des Gesetzes über die Errichtung eines Kraftfahrt-Bundesamtes (Nr. **20**).

§ 22[1)] Örtliche Kraftfahrsachverständigenregister. (1) [1]Die nach Landesrecht für die

1. amtliche Anerkennung von Sachverständigen oder Prüfern für den Kraftfahrzeugverkehr nach diesem Gesetz oder
2. amtliche Anerkennung von Überwachungsorganisationen zur Durchführung von Untersuchungen einschließlich Ein- und Anbauabnahmen an Fahrzeugen nach der Straßenverkehrs-Zulassungs-Ordnung[2)]

zuständigen Behörden dürfen ein Register (örtliches Kraftfahrsachverständigenregister) führen, in welchem die nach Absatz 2 aufgeführten Personen erfaßt sind. [2]Das gleiche gilt für die nach Landesrecht für die Aufsicht über die Technischen Prüfstellen und Überwachungsorganisationen sowie die nach § 16 zuständigen Behörden.

(2) In dem Register werden

1. die den Technischen Prüfstellen für den Kraftfahrzeugverkehr angehördenden amtlich anerkannten Sachverständigen und Prüfer für den Kraftfahrzeugverkehr, die Leiter der Technischen Prüfstellen und deren Stellvertreter sowie die Leiter und Stellvertreter der unmittelbar nachgeordneten Dienststellen,
2. die von amtlich anerkannten Überwachungsorganisationen mit der Durchführung von Fahrzeuguntersuchungen sowie von Ein- und Anbauabnahmen an Fahrzeugen betrauten Personen (Prüfingenieure) sowie die technischen Leiter der Organisationen und deren Vertreter und
3. Personen, die von den Technischen Prüfstellen für den Kraftfahrzeugverkehr oder den amtlich anerkannten Überwachungsorganisationen zwecks Feststellung ihrer Eignung zu einer Prüfung angemeldet worden sind und diese Prüfung nicht bestanden haben,

erfaßt.

(3) Folgende Daten dürfen zu jeder eingetragenen Person gespeichert werden:

1. Familiennamen, Geburtsnamen, sonstige frühere Namen, Vornamen, Ordens- oder Künstlername, Doktorgrad, Geschlecht, Tag und Ort der Geburt sowie Anschrift,
2. zusätzlich bei den Sachverständigen und Prüfern nach Absatz 2 Nr. 1: Anerkennung, deren Art und Umfang, Änderung, Ruhen, Erlöschen, deren unanfechtbarer oder sofort vollziehbarer Widerruf, deren unanfechtbare oder sofort vollziehbare Rücknahme, deren unanfechtbare Versagung und deren Verzicht, jeweils mit Datum und befaßter Behörde, sowie jeweils die Technische Prüfstelle und deren unmittelbar nachgeordnete Dienststelle, der die Sachverständigen oder Prüfer angehören,
3. zusätzlich bei den Prüfingenieuren (Absatz 2 Nr. 2): Betrauung, deren Art und Umfang, Zustimmung der zuständigen Behörde zur Betrauung sowie unanfechtbare oder sofort vollziehbare Rücknahme oder unanfechtbarer oder sofort vollziehbarer Widerruf der Zustimmung, Wegfall der Betrauung, jeweils mit Datum und befaßter Behörde, die Überwachungsorganisation, der sie angehören, sowie – bei angestellten Prüfingenieuren von selbständigen und

[1)] § 22 eingef. mWv. 1.1.1999 durch G v. 24.4.1998 (BGBl. I S. 747); Abs. 3 Nr. 6 neu gef. mWv 18.9. 2002 durch G v. 11.9.2002 (BGBl. I S. 3574); Abs. 3 Nr. 6 geänd. mWv 26.11.2019 durch G v. 20.11. 2019 (BGBl. I S. 1626).

[2)] Nr. **200**.

hauptberuflich tätigen Kraftfahrzeugsachverständigen – auch Name und Geschäftsanschrift des betreffenden Sachverständigen,

4. zusätzlich beim Leiter der Technischen Prüfstelle und dessen Stellvertreter, beim Leiter der unmittelbar nachgeordneten Dienststelle und dessen Stellvertreter sowie beim technischen Leiter der Überwachungsorganisation und dessen Vertreter: Bestellung, Bestätigung der zuständigen Behörde sowie unanfechtbare oder sofort vollziehbare Rücknahme oder unanfechtbarer oder sofort vollziehbarer Widerruf der Bestellung oder Bestätigung, Wegfall der Bestellung oder Bestätigung, jeweils mit Datum und befaßter Behörde, sowie die betreffende Technische Prüfstelle und deren unmittelbar nachgeordnete Dienststellen oder die betreffende Überwachungsorganisation,
5. zusätzlich bei den zur Prüfung angemeldeten Personen (Absatz 2 Nr. 3): Zeitpunkt der nicht bestandenen Prüfungen,
6. rechtskräftige Entscheidungen wegen einer Ordnungswidrigkeit nach diesem Gesetz, wenn gegen die betroffene Person eine Geldbuße von mindestens 150 Euro festgesetzt worden ist,
7. Tatsachen nach § 13 Abs. 3 und
8. die den Anerkennungsbehörden, den für die Zustimmung zur Betrauung zuständigen Behörden oder den zuständigen Aufsichtsbehörden nach § 28 Abs. 2 übermittelten Daten.

§ 23[1)] Registrierung im Kraftfahrt-Bundesamt. (1) Im Zentralen Fahrerlaubnisregister (§ 48 des Straßenverkehrsgesetzes[2)]) wird vermerkt, ob die dort erfaßten Inhaber von Fahrerlaubnissen zugleich amtlich anerkannte Sachverständige oder Prüfer für den Kraftfahrzeugverkehr (§ 22 Abs. 2 Nr. 1) oder Prüfingenieure (§ 22 Abs. 2 Nr. 2) sind und welche Behörde den Sachverständigen oder Prüfer anerkannt oder der Betrauung des Prüfingenieurs zugestimmt hat.

(2) [1] Im Fahreignungsregister (§ 28 des Straßenverkehrsgesetzes) werden

1. rechtskräftige Entscheidungen wegen einer Ordnungswidrigkeit nach diesem Gesetz, wenn gegen die betroffene Person eine Geldbuße von mindestens 150 Euro festgesetzt worden ist,
2. bei den amtlich anerkannten Sachverständigen oder Prüfern für den Kraftfahrzeugverkehr Ruhen, Erlöschen, den unanfechtbaren oder sofort vollziehbaren Widerruf, die unanfechtbare oder sofort vollziehbare Rücknahme, deren unanfechtbare Versagung und der Verzicht der Anerkennung, jeweils mit Datum und befaßter Behörde,
3. bei den Prüfingenieuren die unanfechtbare oder sofort vollziehbare Rücknahme oder der unanfechtbare oder sofort vollziehbare Widerruf der Zustimmung zur Betrauung jeweils mit Datum und befaßter Behörde und der Wegfall der Betrauung mit den Aufgaben nach § 22 Abs. 3 Nr. 3 jeweils mit Datum und Überwachungsorganisation und

---

[1)] § 23 neu gef. mWv. 1.1.1999 durch G v. 24.4.1998 (BGBl. I S. 747); Abs. 2 Satz 1 Nr. 1 geänd. mWv 18.9.2002 durch G v. 11.9.2002 (BGBl. I S. 3574); Abs. 2 Satz 1 einl. Satzteil geänd. mWv 1.5.2014 durch G v. 28.8.2013 (BGBl. I S. 3313); Abs. 2 Satz 1 Nr. 1 geänd. mWv 26.11.2019 durch G v. 20.11.2019 (BGBl. I S. 1626).

[2)] Nr. **10**.

4. bei den zur Prüfung angemeldeten Personen (§ 22 Abs. 2 Nr. 3), die Anzahl der nicht bestandenen Prüfungen, wenn keine Anerkennung oder Zustimmung zur Betrauung erfolgt, weil die Prüfung nicht bestanden worden ist,

erfaßt. [2] Unberührt bleiben die Eintragungen nach § 28 Abs. 3 des Straßenverkehrsgesetzes.

§ 24[1)] Zweck der Registrierung. Die Registrierung wird vorgenommen:

1. zur Feststellung über Bestand, Art und Umfang der Anerkennung nach diesem Gesetz oder der Betrauung mit der Durchführung von Fahrzeuguntersuchungen und von Ein- und Anbauabnahmen nach der Straßenverkehrs-Zulassungs-Ordnung[2)] und
2. zur Beurteilung der Eignung und Zuverlässigkeit der Personen hinsichtlich der Anerkennungen oder Betrauungen nach Nummer 1 durch die zuständigen Behörden.

§ 25[3)] Erhebung der Daten. [1] Die in den Registern nach den §§ 22 und 23 zu erfassenden Personen haben die für die Speicherung nach diesen Vorschriften erforderlichen Daten hinsichtlich der Anerkennung den zuständigen Behörden und hinsichtlich der Betrauung und Bestellung ihren Prüf- oder Dienststellen oder ihren Überwachungsorganisationen unverzüglich mitzuteilen und auf Verlangen nachzuweisen; dies gilt nicht, soweit die Daten von den zuständigen Behörden bereits im Rahmen von § 3 erfaßt werden. [2] Außerdem sind alle Änderungen, die sich auf die erhobenen Daten beziehen, mit dem jeweiligen Zeitpunkt der Änderung unverzüglich mitzuteilen und nachzuweisen.

§ 26[4)] Übermittlung der Daten zur Registrierung. (1) Die Technischen Prüfstellen und die Überwachungsorganisationen haben die nach § 25 erhobenen Daten den zuständigen Behörden zur Speicherung in den örtlichen Kraftfahrsachverständigenregistern zu übermitteln.

(2) [1] Die für die Führung der örtlichen Register zuständigen Behörden oder die Anerkennungsbehörden haben dem Kraftfahrt-Bundesamt die nach § 23 zu speichernden Daten (einschließlich jeder Änderung dieser Daten und des Zeitpunkts der Änderung) zu übermitteln. [2] Werden keine örtlichen Register geführt, so ist zur Übermittlung die Behörde verpflichtet, die gemäß § 22 Abs. 3 Nr. 2 bis 4 befaßt ist. [3] Die Datenübermittlung nach den Sätzen 1 und 2 kann auch im Wege der Datenfernübertragung durch Direkteinstellung unter entsprechender Anwendung des § 30a Absatz 2 bis 4 des Straßenverkehrsgesetzes[5)] erfolgen. [4] Das Bundesministerium für Verkehr und digitale Infrastruktur wird ermächtigt, Rechtsverordnungen mit Zustimmung des Bundesrates über die Art und den Umfang der zu übermittelnden Daten, die Maßnahmen zur Sicherung gegen Missbrauch, die weiteren Aufzeichnungen und die Einzelheiten des Übermittlungsverfahrens zu erlassen.

[1)] § 24 eingef. mWv. 1.1.1999 durch G v. 24.4.1998 (BGBl. I S. 747).

[2)] Nr. **200**.

[3)] § 25 eingef. mWv. 1.1.1999 durch G v. 24.4.1998 (BGBl. I S. 747).

[4)] § 26 eingef. mWv. 1.1.1999 durch G v. 24.4.1998 (BGBl. I S. 747); Abs. 2 Sätze 3 und 4 angef. mWv 7.12.2016 durch G v. 28.11.2016 (BGBl. I S. 2722); Abs. 1 und Abs. 3 geänd. mWv 26.11.2019 durch G v. 20.11.2019 (BGBl. I S. 1626).

[5)] Nr. **10**.

(3) Ist ein amtlich anerkannter Sachverständiger oder Prüfer oder ein Prüfingenieur im Bereich mehrerer Anerkennungsbehörden tätig, so teilt das Kraftfahrt-Bundesamt dies mit und übermittelt die nach § 22 zu speichernden Daten den jeweiligen Anerkennungsbehörden oder den Behörden, die der Betrauung zugestimmt haben.

§ 27[1)] Übermittlung der Daten aus den Registern. (1) Die in den Registern gespeicherten Daten dürfen den Stellen,

1. die für die Verfolgung von Straftaten, zur Vollstreckung oder zum Vollzug von Strafen,
2. in die für die Verfolgung von Ordnungswidrigkeiten sowie die Vollstreckung von Bußgeldbescheiden und ihren Nebenfolgen nach diesem Gesetz oder
3. die für Verwaltungsmaßnahmen auf Grund dieses Gesetzes oder des Straßenverkehrsgesetzes[2)] oder nach den auf Grund dieser Gesetze erlassenen Rechtsvorschriften

zuständig sind, übermittelt werden, soweit dies zur Erfüllung der diesen Stellen obliegenden Aufgaben zu den in § 24 genannten Zwecken jeweils erforderlich ist.

(2) Für die Verarbeitung der Daten durch den Empfänger gilt § 43 des Straßenverkehrsgesetzes.

§ 28[3)] Abgleich mit dem Fahreignungsregister. (1) Das Kraftfahrt-Bundesamt prüft, ob die im Fahreignungsregister enthaltenen Eintragungen Sachverständige, Prüfer oder Prüfingenieure betreffen.

(2) [1] Die nach Absatz 1 ermittelten auf Sachverständige, Prüfer oder Prüfingenieure bezogenen Daten aus dem Fahreignungsregister übermittelt das Amt den zuständigen Anerkennungsbehörden, den für die Zustimmung zur Betrauung zuständigen Behörden oder den zuständigen Aufsichtsbehörden. [2] Hierbei werden die personenbezogenen Daten der betroffenen Person, Art und Umfang der Eintragung, Datum der betreffenden Maßnahme, Entscheidung oder Erklärung sowie Aktenzeichen der Behörde oder des Gerichts übermittelt.

§ 29[4)] Datenvergleich zur Beseitigung von Fehlern. (1) Die nach § 22 gespeicherten Daten dürfen von der örtlichen Registerbehörde an das Kraftfahrt-Bundesamt zum Fahreignungsregister und zum Zentralen Fahrerlaubnisregister übermittelt werden, soweit dies erforderlich ist, um Fehler und Abweichungen in diesen Registern festzustellen und zu beseitigen und um diese Register zu vervollständigen.

(2) Die nach § 23 gespeicherten Daten dürfen vom Kraftfahrt-Bundesamt an die zuständigen örtlichen Registerbehörden übermittelt werden, soweit dies erforderlich ist, um Fehler und Abweichungen in den örtlichen Registern festzustellen und zu beseitigen und um diese Register zu vervollständigen.

---

1) § 27 eingef. mWv. 1.1.1999 durch G v. 24.4.1998 (BGBl. I S. 747); Abs. 2 geänd. mWv 26.11.2019 durch G v. 20.11.2019 (BGBl. I S. 1626).

2) Nr. **10**.

3) § 28 eingef. mWv. 1.1.1999 durch G v. 24.4.1998 (BGBl. I S. 747); Überschr., Abs. 1 und Abs. 2 Satz 1 geänd. mWv 1.5.2014 durch G v. 28.8.2013 (BGBl. I S. 3313); Abs. 2 Sätze 1 und 2 geänd. mWv 26.11.2019 durch G v. 20.11.2019 (BGBl. I S. 1626).

4) § 29 eingef. mWv. 1.1.1999 durch G v. 24.4.1998 (BGBl. I S. 747); Abs. 1 geänd. mWv 1.5.2014 durch G v. 28.8.2013 (BGBl. I S. 3313).

(3) Die Übermittlungen nach Absatz 1 oder Absatz 2 sind nur zulässig, wenn Anlaß zu der Annahme besteht, daß die Datenbestände unrichtig oder unvollständig sind.

§ 30[1] **Löschung der Daten.** [1] Die nach den §§ 22 und 23 gespeicherten Daten sind

1. zehn Jahre nach Erlöschen oder Wegfall der Anerkennung, Betrauung, Bestellung oder Bestätigung, nach deren unanfechtbarer oder sofort vollziehbarer Rücknahme, deren unanfechtbaren oder sofort vollziehbaren Widerruf, deren unanfechtbare Versagung oder deren Verzicht,
2. fünf Jahre nach dem Eintritt der Rechtskraft bei Entscheidungen nach § 20,
3. fünf Jahre nach Eintragung der Tatsachen gemäß § 13 Abs. 3,
4. ein Jahr nach Ende der Wehrpflicht (§ 3 Abs. 3 und 4 des Wehrpflichtgesetzes) des Inhabers der Anerkennung bei Daten im Zusammenhang mit Anerkennungen der Bundeswehr,
5. sonst nach der amtlichen Mitteilung über den Tod der betroffenen Person

zu löschen. [2] Die Daten über die nicht bestandenen Prüfungen (§ 22 Abs. 3 Nr. 5) werden nach Anerkennung oder Zustimmung zur Betrauung der betroffenen Person gelöscht. [3] Für die Löschung der nach § 28 übermittelten Daten gilt § 29 des Straßenverkehrsgesetzes entsprechend.

§ 31[2] **Register über die Sachverständigen der Bundeswehr.** (1) [1] Die durch das Bundesministerium der Verteidigung bestimmte Dienststelle führt ein Register über die von der Bundeswehr anerkannten Sachverständigen oder Prüfer für den Kraftfahrzeugverkehr. [2] Im Zentralen Fahrerlaubnisregister dürfen Daten über Sachverständige und Prüfer nach Maßgabe des § 23 gespeichert werden.

(2) Die im zentralen Register gemäß Absatz 1 und die in den Registern beim Kraftfahrt-Bundesamt gespeicherten Daten sind nach Ablauf eines Jahres seit Ende der Möglichkeit zur Dienstleistung der betroffenen Person (§ 4 des Reservistinnen- und Reservistengesetzes) zu löschen.

(3) Im übrigen finden die Vorschriften der §§ 24 bis 28 und 30 sinngemäß Anwendung.

§ 32[3] **Übergangsregelung.** (1) [1] Ein bei Inkrafttreten dieses Gesetzes amtlich anerkannter Sachverständiger oder Prüfer für den Kraftfahrzeugverkehr bedarf für die ihm zu diesem Zeitpunkt übertragenen Befugnisse keiner erneuten Anerkennung nach diesem Gesetz. [2] Amtlich anerkannte Prüfer, deren Befugnisse nicht beschränkt sind, erhalten die Anerkennung als amtlich anerkannter Sachverständiger mit Teilbefugnissen.

(2) Die Leiter der Technischen Prüfstellen und ihre Stellvertreter, die vor Inkrafttreten dieses Gesetzes von der zuständigen Landesbehörde bestätigt worden sind, bedürfen keiner erneuten Bestätigung.

---

[1] § 30 eingef. mWv. 1.1.1999 durch G v. 24.4.1998 (BGBl. I S. 747); Satz 1 Nr. 5 und Satz 2 geänd. mWv 26.11.2019 durch G v. 20.11.2019 (BGBl. I S. 1626).

[2] § 31 eingef. mWv. 1.1.1999 durch G v. 24.4.1998 (BGBl. I S. 747); Abs. 2 geänd. mWv 26.11.2019 durch G v. 20.11.2019 (BGBl. I S. 1626); Abs. 1 Satz 1 geänd., Abs. 2 neu gef. mWv 12.12.2019 durch G v. 5.12.2019 (BGBl. I S. 2008).

[3] Bish. § 22 wird § 32, Abs. 4 angef. mWv. 1.1.1999 durch G v. 24.4.1998 (BGBl. I S. 747); Abs. 5 angef. mWv 19.1.2013 durch G v. 2.12.2010 (BGBl. I S. 1748).

(3) [1] Soweit bei Inkrafttreten dieses Gesetzes für denselben örtlichen Bereich mehrere Technische Prüfstellen bestehen, verbleibt es dabei. [2] Die Befugnis der Landesregierung oder der von ihr bestimmten Behörde zur Festlegung der örtlichen Zuständigkeit (§ 10 Abs. 1 Satz 2) bleibt unberührt.

(4) Amtlich anerkannte Sachverständige und Prüfer für den Kraftfahrzeugverkehr, denen die Anerkennung vor dem 1. Januar 1999 erteilt worden ist und die Prüfungen für die Erteilung der Fahrerlaubnis zur Fahrgastbeförderung in Kraftomnibussen abgenommen haben, benötigen abweichend von § 2 Abs. 1 Satz 2 keine Fahrerlaubnis der Klasse D, wenn sie Fahrerlaubnisprüfungen abnehmen.

(5) [1] Amtlich anerkannte Sachverständige oder Prüfer, die vor dem 19. Januar 2013 zur Abnahme von Fahrerlaubnisprüfungen berechtigt waren, sind danach unabhängig vom Vorliegen der Anforderungen in § 6 Absatz 3 weiter zur Abnahme von Fahrerlaubnisprüfungen berechtigt. [2] Sie unterliegen der regelmäßigen Überwachung und den Regelungen zur Qualitätssicherung nach diesem Gesetz.

§ 33[1] **Inkrafttreten.** (1) Dieses Gesetz tritt am 1. Januar 1972 in Kraft.

(2) Am gleichen Tage tritt die Verordnung über amtlich anerkannte Sachverständige und amtlich anerkannte Prüfer für den Kraftfahrzeugverkehr (Kraftfahrsachverständigen-Verordnung) vom 10. November 1956 (Bundesgesetzbl. I S. 855) in der Fassung vom 7. Juli 1960 (Bundesgesetzbl. I S. 485) außer Kraft.

[1] Bish. § 24 wird § 33 mWv. 1.1.1999 durch G v. 24.4.1998 (BGBl. I S. 747).

665. Verordnung zur Durchführung des Kraftfahrsachverständigengesetzes (KfSachvV)

Vom 24. Mai 1972

(BGBl. I S. 854)

FNA 9231-10-1

geänd. durch § 2a StraßenverkehrsrechtsÄndG v. 11.9.2002 (BGBl. I S. 3574), Art. 2 36. StVRÄndVO v. 31.10.2003 (BGBl. I S. 2085), Art. 2 Sechste VO zur Änd. der FahrerlaubnisVO und anderer straßenverkehrsrechtlicher Vorschriften v. 7.1.2011 (BGBl. I S. 3), Art. 5 48. VO zur Änd. straßenverkehrsrechtlicher Vorschriften v. 26.7.2013 (BGBl. I S. 2803) und Art. 477 Zehnte ZuständigkeitsanpassungsVO v. 31.8.2015 (BGBl. I S. 1474)

Aufgrund des § 4 Abs. 4 und des § 18 Abs. 2 und 3 des Kraftfahrsachverständigengesetzes[1] vom 22. Dezember 1971 (Bundesgesetzbl. I S. 2086) wird mit Zustimmung des Bundesrates verordnet:

§ 1[2] Zweck und Durchführung der Ausbildung. (1) Durch die Ausbildung bei einer Technischen Prüfstelle für den Kraftfahrzeugverkehr soll der Bewerber auf die Wahrnehmung der Aufgaben eines amtlich anerkannten Sachverständigen oder Prüfers für den Kraftfahrzeugverkehr vorbereitet werden.

(2) [1]Die Ausbildung ist unter der Leitung eines von der Technischen Prüfstelle eingesetzten Ausbildungsleiters durchzuführen. [2]Der Ausbildungsleiter muß amtlich anerkannter Sachverständiger für den Kraftfahrzeugverkehr sein; seine Anerkennung darf nicht auf Teilbefugnisse beschränkt sein.

(3) [1]Der Bewerber ist während der Ausbildung in den folgenden Gebieten zu unterweisen:

1. Bau und Betrieb von Kraftfahrzeugen und ihren Anhängern;
2. Prüfung von Bewerbern um die Fahrerlaubnis gemäß den Anforderungen nach Anlage 1;
3. Begutachtung von Kraftfahrzeugen und ihren Anhängern sowie von Fahrzeugteilen, insbesondere zur Erlangung von Betriebserlaubnissen und Bauartgenehmigungen;
4. Untersuchung der Kraftfahrzeuge und ihrer Anhänger im Rahmen der regelmäßigen technischen Überwachung;
5. Straßenverkehrsrecht sowie die die Sachverständigen- und Prüfertätigkeit berührenden anderen Rechtsgebiete;
6. Organisation der Verkehrsverwaltung in Bund und Ländern.

[2]Für Bewerber um die amtliche Anerkennung als Sachverständiger mit Teilbefugnissen, als Prüfer und als Prüfer mit Teilbefugnissen können die Aus-

---

[1] Nr. **660**.

[2] § 1 Abs. 3 Nr. 2 geänd. mWv 19.1.2013 durch VO v. 7.1.2011 (BGBl. I S. 3); Abs. 4 eingef., bish. Abs. 4 wird Abs. 5 mWv 1.8.2013 durch VO v. 26.7.2013 (BGBl. I S. 2803); Abs. 4 geänd. mWv 8.9.2015 durch VO v. 31.8.2015 (BGBl. I S. 1474).

bildungsgebiete nach Maßgabe ihrer künftigen Befugnisse eingeschränkt werden.

(4) Für die Ausbildung nach Absatz 3 ist von der Technischen Prüfstelle ein Ausbildungsplan umzusetzen, der den Vorgaben eines im Verkehrsblatt vom Bundesministerium für Verkehr und digitale Infrastruktur im Benehmen mit den zuständigen obersten Landesbehörden bekannt gemachten Rahmenlehrplanes für amtlich anerkannte Sachverständige oder Prüfer entspricht.

(5) [1] Der Bewerber hat über seinen Ausbildungsgang Wochenberichte anzufertigen, die er seinem Ausbildungsleiter vorzulegen hat. [2] Der Ausbildungsleiter stellt dem Bewerber während der Ausbildungszeit mindestens zwei schriftliche Hausarbeiten aus dem Bereich seiner künftigen Befugnisse. [3] Diese Arbeiten sind vom Ausbildungsleiter zu beurteilen und dem Antrag auf Zulassung zur Prüfung beizufügen. [4] Auf Verlangen der Ankennungsbehörde sind die Wochenberichte beizufügen.

§ 2[1)] Prüfungsausschuß. (1) [1] Die Prüfung ist vor einem Prüfungsausschuß abzulegen. [2] Der Prüfungsausschuß wird bei der zuständigen obersten Landesbehörde oder der von der Landesregierung bestimmten Stelle für den Bereich dieses Landes gebildet.

(2) Die zuständige oberste Landesbehörde oder die von der Landesregierung bestimmte Stelle bestellt die Mitglieder des Prüfungsausschusses und bestimmt den Vorsitzenden.

(3) Dem Prüfungsausschuß haben mindestens anzugehören:

1. Eine Person, die ein Studium des Maschinenbaufachs, des Kraftfahrzeugbaufachs oder der Elektrotechnik an einer deutschen Universität oder Technischen Hochschule erfolgreich abgeschlossen hat, amtlich anerkannter Sachverständiger für den Kraftfahrzeugverkehr ist oder die die Voraussetzungen für die Anerkennung erfüllt; sie braucht jedoch einer Technischen Prüfstelle nicht anzugehören und ihre fachliche Eignung nicht durch eine Prüfung nachgewiesen zu haben;
2. ein Angehöriger des höheren nichttechnischen Verwaltungsdienstes;
3. der Leiter einer Technischen Prüfstelle für den Kraftfahrzeugverkehr oder dessen Stellvertreter.

(4) [1] Die Prüfung ist vor dem Prüfungsausschuß abzulegen, in dessen Bereich der Bewerber nach § 1 dieser Verordnung ausgebildet worden ist. [2] Auf Antrag des Bewerbers kann mit Zustimmung der beteiligten zuständigen obersten Landesbehörden die Prüfung auch von einem anderen Prüfungsausschuß abgenommen werden.

§ 3 Zulassung zur Prüfung. [1] Die Anerkennungsbehörde entscheidet über die Zulassung zur Prüfung. [2] Sie beauftragt den Prüfungsausschuß mit der Durchführung der Prüfung.

---

1) § 2 Abs. 3 Nr. 1 geänd. mWv 18.9.2002 durch G v. 11.9.2002 (BGBl. I S. 3574); Abs. 3 Nr. 1 neu gef. mWv 1.11.2003 durch VO v. 31.10.2003 (BGBl. I S. 2085).

§ 4 Prüfungstermine. (1) Der Vorsitzende des Prüfungsausschusses bestimmt Ort und Zeit der Prüfung und lädt die Bewerber.

(2) Bleibt ein Bewerber der Prüfung oder einzelnen Teilen der Prüfung fern oder unterbricht er sie ohne ausreichende Entschuldigung, so gilt die Prüfung als nicht bestanden.

(3) [1] Der Vorsitzende des Prüfungsausschusses kann Bewerbern, die bereits ihre Ausbildung nach § 1 ableisten oder abgeleistet haben, die Anwesenheit bei dem mündlichen Teil der Prüfung gestatten, ebenso den Ausbildungsleitern der Technischen Prüfstellen. [2] Beauftragte der Anerkennungbehörden können jederzeit der Prüfung beiwohnen.

§ 5 Teile der Prüfung. [1] Die Prüfung umfaßt einen praktischen, einen schriftlichen und einen mündlichen Teil. [2] Die Reihenfolge bestimmt der Vorsitzende des Prüfungsausschusses.

§ 6 Praktischer Teil der Prüfung. (1) Im praktischen Teil der Prüfung hat der Bewerber nachzuweisen, daß er Kraftfahrzeuge aller Klassen für Verbrennungsmaschinen vorschriftsmäßig, sicher und gewandt im Straßenverkehr führen kann.

(2) Der Vorsitzende kann bestimmen, daß der praktische Teil der Prüfung vor nur zwei Mitgliedern des Prüfungsausschusses abgelegt wird.

§ 7 Schriftlicher Teil der Prüfung. (1) [1] Im schriftlichen Teil der Prüfung hat der Bewerber um die amtliche Anerkennung als Sachverständiger, bei dem die Anerkennung nicht auf Teilbefugnisse beschränkt werden soll, umfassende Kenntnisse in folgenden Fachgebieten nachzuweisen:

1. Bau und Betrieb von Kraftfahrzeugen und ihren Anhängern;
2. Straßenverkehrsrecht sowie die die Sachverständigentätigkeit berührenden anderen Rechtsgebiete;
3. Tätigkeit des Sachverständigen.

[2] Darin eingeschlossen ist der Nachweis, daß der Bewerber mit den Gefahren des Straßenverkehrs und den zu ihrer Abwehr erforderlichen Verhaltensweisen vertraut ist.

(2) [1] Für den Bewerber um die amtliche Anerkennung als Sachverständiger mit Teilbefugnissen oder als Prüfer gilt Absatz 1 entsprechend; jedoch genügen hinreichende Kenntnisse der Kraftfahrzeugtechnik und der maßgebenden gesetzlichen Vorschriften. [2] Bei der Anerkennung als Prüfer mit Teilbefugnissen genügen die Kenntnisse des für seine Befugnisse erforderlichen Wissensstoffes.

(3) [1] Im schriftlichen Teil der Prüfung hat der Bewerber unter Aufsicht aus den Fachgebieten des Absatzes 1 je eine Aufgabe zu behandeln. [2] Die drei Aufgaben sind in längstens fünf Stunden Dauer in übersichtlicher Form zu behandeln. [3] Eine Ergänzung durch Handskizzen kann verlangt werden.

(4) Der Vorsitzende kann Gesetzestexte und technische Handbücher als Hilfsmittel zulassen.

§ 8 Mündlicher Teil der Prüfung. Der mündliche Teil der Prüfung dient dem zusammenfassenden Nachweis des Fachwissens und der Fähigkeit, das Wissen anzuwenden; er soll in der Regel für jeden Bewerber mindestens 30 Minuten dauern und muß alle drei Fachgebiete des schriftlichen Teils umfassen.

§ 9 Bewertung der Prüfung. (1) Der praktische Teil der Prüfung ist als bestanden oder als nicht bestanden zu bewerten.

(2) [1] Im schriftlichen und mündlichen Teil sind die drei Fachgebiete jeweils getrennt zu bewerten. [2] Für jedes Fachgebiet sind aus den Einzelnoten des schriftlichen und mündlichen Teils Gesamtnoten zu bilden. [3] Es ist nach folgenden Noten zu bewerten:

sehr gut	(1)	=	eine besonders hervorragende Leistung;
gut	(2)	=	eine erheblich über den Durchschnitt liegende Leistung;
befriedigend	(3)	=	eine über dem Durchschnitt liegende Leistung;
ausreichend	(4)	=	eine Leistung, die durchschnittlichen Anforderungen entspricht;
mangelhaft	(5)	=	eine Leistung mit erheblichen Mängeln;
ungenügend	(6)	=	eine völlig unbrauchbare Leistung.

§ 10 Bestehen der Prüfung. Die Gesamtprüfung ist bestanden, wenn
1. der praktische Teil der Prüfung bestanden ist,
2. im schriftlichen und mündlichen Teil die Einzelnote „ungenügend" nicht erteilt worden ist und
3. die Leistungen in jedem der drei Fachgebiete mindestens mit der Gesamtnote „ausreichend" bewertet worden sind.

§ 11 Entscheidung über die Prüfung. (1) Über die Bewertung des praktischen Teils, der Leistungen in den einzelnen Fachgebieten des mündlichen und schriftlichen Teils und deren Gesamtnoten sowie über das Ergebnis der gesamten Prüfung hat der Prüfungsausschuß zu befinden.

(2) [1] Der Prüfungsausschuß muß den Bewerber von der weiteren Prüfung ausschließen, wenn der Bewerber einen Täuschungsversuch begangen. [2] Die Prüfung gilt in diesem Fall als nicht bestanden.

(3) [1] Der Prüfungsausschuß kann den Bewerber von der weiteren Prüfung ausschließen, wenn
1. der Bewerber den praktischen Teil der Prüfung nicht bestanden hat oder
2. die Leistungen des Bewerbers im schriftlichen oder mündlichen Teil der Prüfung in einem Fachgebiet mit der Einzelnote „ungenügend" bewertet worden sind.

[2] Die Prüfung gilt auch in diesen Fällen als nicht bestanden.

(4) [1] Hat der Bewerber die Prüfung nicht bestanden, so entscheidet der Prüfungsausschuß, ob der praktische Teil oder Leistungen in einzelnen Fachgebieten auf die Wiederholungsprüfung angerechnet werden können. [2] Es dürfen jedoch nur Leistungen in Fachgebieten angerechnet werden, die

mindestens mit der Gesamtnote „befriedigend" bewertet worden sind. [3] Eine Anrechnung ist nur möglich, wenn die Wiederholungsprüfung innerhalb eines Jahres durchgeführt wird.

§ 12 Bekanntgabe der Entscheidung. [1] Der Vorsitzende gibt im Anschluß an die Entscheidung des Prüfungsausschusses dem Bewerber bekannt, ob er die Prüfung bestanden hat. [2] Im Falle des Nichtbestehens der Prüfung hat er dem Bewerber die Gründe hierfür anzugeben. [3] Außerdem ist dem Bewerber mitzuteilen, ob der praktische Teil der Prüfung oder Leistungen in den Fachgebieten bei der Wiederholungsprüfung angerechnet werden können.

§ 13 Niederschrift über die Prüfung. (1) [1] Über das Ergebnis der Prüfung, mit Ausnahme des schriftlichen Prüfungsteiles, ist eine Niederschrift zu fertigen. [2] Hat der Bewerber die Prüfung nicht bestanden, müssen die Gründe aus der Niederschrift ersichtlich sein.

(2) Die Anerkennungsbehörde hat dem Bewerber nach bestandener Prüfung eine Prüfungsbescheinigung auszustellen.

§ 14 Wiederholungsprüfungen. [1] Hat der Bewerber die Prüfung nicht bestanden, kann er sie nach erneuter Zulassung, frühestens nach drei Monaten, wiederholen. [2] Besteht der Bewerber auch die Wiederholungsprüfung nicht, kann er sie nur noch einmal, und zwar frühestens nach Ablauf von weiteren sechs Monaten, wiederholen.

§ 15 Ausbildung und Prüfung der Bewerber bei Behörden. Bewerber um die amtliche Anerkennung als Sachverständiger oder Prüfer für den Kraftfahrzeugverkehr bei Behörden nach § 16 des Gesetzes sind in entsprechender Anwendung der Vorschriften dieser Verordnung auszubilden und zu prüfen.

§ 16 Berlin-Klausel. *(gegenstandslos)*

§ 17 Inkrafttreten. (1) Diese Verordnung tritt am Tage nach der Verkündung[1]) in Kraft.

(2) Für Amtshandlungen, Prüfungen und Untersuchungen nach dem Kraftfahrsachverständigengesetz und nach den auf diesem Gesetz beruhenden Rechtsvorschriften werden Kosten (Gebühren und Auslagen) nach der Gebührenordnung für Maßnahmen im Straßenverkehr erhoben.

---

1) Die VO wurde am 31. Mai 1972 verkündet.

Anlage 1[1)]
(zu § 1 Absatz 3 Nummer 2)

Anforderungen an amtlich anerkannte Sachverständige oder Prüfer für den Kraftfahrzeugverkehr nach § 15 der Fahrerlaubnis-Verordnung (Fahrerlaubnisprüfungen)

1. Erforderliche Befähigung von Fahrerlaubnisprüfern

Bewerber im Sinne des § 1 Absatz 3 Nummer 2 müssen in den nachfolgend aufgeführten Sachgebieten unterwiesen werden:

a) Befähigung, die Fahrleistung eines Bewerbers zu bewerten, der eine Fahrerlaubnis der Klasse erhalten möchte, für die die Fahrprüfung stattfindet.

b) Kenntnisse und Verständnis in Bezug auf das Führen eines Fahrzeugs und Bewertung
   aa) der Theorie des Fahrverhaltens,
   bb) der Gefahrenerkennung und Unfallvermeidung,
   cc) der Anforderungen an die Fahrprüfung,
   dd) der einschlägigen Straßenverkehrsvorschriften einschließlich der einschlägigen gemeinschaftlichen und nationalen Rechtsvorschriften und Auslegungsleitlinien,
   ee) der Theorie und Praxis der Bewertung,
   ff) des defensiven Fahrens.

c) Bewertungsfähigkeiten
   Befähigung, die Leistung des Bewerbers insgesamt genau zu beobachten, zu kontrollieren und zu bewerten, und zwar insbesondere in Bezug auf
   aa) das richtige und umfassende Erkennen gefährlicher Situationen,
   bb) die genaue Bestimmung von Ursache und voraussichtlicher Auswirkung derartiger Situationen,
   cc) das Tauglichkeitsniveau und die Erkennung von Fehlern,
   dd) die Einheitlichkeit und Kohärenz der Bewertung,
   ee) zügige Aneignung von Informationen und Herausfiltern von Kernpunkten,
   ff) vorausschauendes Handeln, Erkennung potenzieller Probleme und Entwicklung von entsprechenden Abhilfestrategien,
   gg) rechtzeitige und konstruktive Rückmeldungen.

d) Persönliche Fahrfähigkeiten
   Fahrerlaubnisprüfer müssen in der Lage sein, Kraftfahrzeuge des betreffenden Typs mit beständig hohem Fahrniveau zu führen.

e) Qualität der Dienstleistung
   Die Dienstleistung des Fahrerlaubnisprüfers hat insbesondere zu umfassen:
   aa) eine Festlegung und Vermittlung der Prüfungsinhalte,

[1)] Anl. 1 angef. mWv 19.1.2013 durch VO v. 7.1.2011 (BGBl. I S. 3).

bb) eine klare Kommunikation, wobei Inhalt, Stil und Wortwahl der Zielgruppe entsprechen müssen und auf Fragen der Bewerber einzugehen ist,

cc) eine klare Rückmeldung in Bezug auf das Prüfungsergebnis,

dd) eine nichtdiskriminierende und respektvolle Behandlung aller Bewerber.

f) Fahrzeugtechnische und physikalische Kenntnisse
Fahrerlaubnisprüfer müssen über folgende Kenntnisse verfügen:

aa) Fahrzeugtechnische Kenntnisse, z.B. über Lenkung, Reifen, Bremsen, Scheinwerfer und Leuchten, insbesondere bei Motorrädern und Lastkraftwagen,

bb) Kenntnisse der Ladungssicherung,

cc) Kenntnisse der Fahrzeugphysik wie Geschwindigkeit, Reibung, Dynamik, Energie,

dd) Kenntnisse über die Kraftstoff (Energie) sparende und umweltfreundliche Fahrweise.

2. Allgemeine Bedingungen

Fahrerlaubnisprüfer müssen:

a) die Fahrerlaubnis für Kraftfahrzeuge sämtlicher Fahrerlaubnisklassen besitzen; die Fahrerlaubnis der Klasse D ist nur dann erforderlich, wenn er Fahrerlaubnisprüfungen für die Klasse D abnimmt; in diesem Fall genügt es, dass er mindestens einmal die Fahrerlaubnis der Klasse D oder die Fahrerlaubnis zur Fahrgastbeförderung für Kraftomnibusse nach der Straßenverkehrs-Zulassungs-Ordnung[1)] erworben hat.

b) amtlich anerkannte Sachverständige oder Prüfer für den Kraftfahrzeugverkehr im Sinne des § 1 sein und anschließend die Qualitätssicherung und die regelmäßigen Weiterbildungsmaßnahmen gemäß Nummer 4 absolviert haben.

3. Qualitätssicherung

a) Fahrerlaubnisprüfer müssen im Rahmen der Qualitätssicherungssysteme nach § 11 Absatz 1a des Kraftfahrsachverständigengesetzes[2)] mindestens einmal im Jahr überwacht werden.

b) Zusätzlich muss jeder Fahrerlaubnisprüfer einmal innerhalb von fünf Jahren für einen Mindestzeitraum von insgesamt einem halben Tag bei der Abnahme von Fahrerlaubnisprüfungen beobachtet werden. Die Überwachung erfolgt durch die Qualitätsmanagementbeauftragten der Technischen Prüfstelle für den Kraftfahrzeugverkehr.

[1)] Nr. **200**.
[2)] Nr. **660**.

4. Weiterbildung

Jeder Fahrerlaubnisprüfer muss im Rahmen der Qualitätssicherungssysteme nach § 11 Absatz 1a und 2 des Kraftfahrsachverständigengesetzes[1)]

a) an einer regelmäßigen Weiterbildung von insgesamt vier Tagen in einem Zeitraum von zwei Jahren teilnehmen, um die erforderlichen Kenntnisse und die Prüfungsfähigkeiten zu erhalten und aufzufrischen, neue Befähigungen, die zur Ausübung des Berufs erforderlich geworden sind, zu entwickeln, dafür zu sorgen, dass ein Fahrerlaubnisprüfer die Prüfungen nach wie vor nach fairen und einheitlichen Anforderungen durchführt;

b) an einer regelmäßigen Weiterbildung von insgesamt fünf Tagen Dauer in einem Zeitraum von fünf Jahren teilnehmen, um die erforderlichen praktischen Fahrfähigkeiten zu entwickeln und zu erhalten.

Die regelmäßige Weiterbildung kann in Form von Besprechungen, Unterricht, herkömmlicher oder computergestützter Vermittlung erfolgen und sie kann einzeln oder in der Gruppe vermittelt werden.
Hat ein Fahrerlaubnisprüfer innerhalb eines Zeitraums von 24 Monaten für eine Klasse keine Fahrprüfungen abgenommen, so hat er sich einer entsprechenden Wiederholungsprüfung zu unterziehen, bevor er in dieser Klasse weitere Fahrprüfungen abnehmen darf. Die Wiederholungsprüfung erfolgt im Rahmen der Weiterbildung unter den in dieser Nummer 4 genannten Anforderungen.

---

1) Nr. **660**.

L.
Straf- und Ordnungswidrigkeitenrecht

670. Strafgesetzbuch (StGB)

In der Fassung der Bekanntmachung vom 13. November 1998[1)]
(BGBl. I S. 3322)

FNA 450-2

zuletzt geänd. durch Art. 47 JahressteuerG 2020 v. 21.12.2020 (BGBl. I S. 3096)

– Auszug –

§ 32[2)] **Notwehr.** (1) Wer eine Tat begeht, die durch Notwehr geboten ist, handelt nicht rechtswidrig.

(2) Notwehr ist die Verteidigung, die erforderlich ist, um einen gegenwärtigen rechtswidrigen Angriff von sich oder einem anderen abzuwenden.

§ 33 Überschreitung der Notwehr. Überschreitet der Täter die Grenzen der Notwehr aus Verwirrung, Furcht oder Schrecken, so wird er nicht bestraft.

§ 34 Rechtfertigender Notstand. [1] Wer in einer gegenwärtigen, nicht anders abwendbaren Gefahr für Leben, Leib, Freiheit, Ehre, Eigentum oder ein anderes Rechtsgut eine Tat begeht, um die Gefahr von sich oder einem anderen abzuwenden, handelt nicht rechtswidrig, wenn bei Abwägung der widerstreitenden Interessen, namentlich der betroffenen Rechtsgüter und des Grades der ihnen drohenden Gefahren, das geschützte Interesse das beeinträchtigte wesentlich überwiegt. [2] Dies gilt jedoch nur, soweit die Tat ein angemessenes Mittel ist, die Gefahr abzuwenden.

§ 44[3)] **Fahrverbot.** (1) [1] Wird jemand wegen einer Straftat zu einer Freiheitsstrafe oder einer Geldstrafe verurteilt, so kann ihm das Gericht für die Dauer von einem Monat bis zu sechs Monaten verbieten, im Straßenverkehr Kraft-

---

[1)] Neubekanntmachung des StGB idF der Bek. v. 10.3.1987 (BGBl. I S. 945, 1160) in der seit 1.1. 1999 geltenden Fassung.

[2)] Beachte hierzu auch Art. 2 und 13 der Konvention zum Schutze der Menschenrechte und Grundfreiheiten idF der Bek. v. 22.10.2010 (BGBl. II S. 1198), geänd. durch Protokoll v. 24.6.2013 (BGBl. 2014 II S. 1034, 1035), die auf Grund des G v. 7.8.1952 (BGBl. II S. 685, ber. S. 953) mit Gesetzeskraft im Geltungsbereich des Grundgesetzes v. 23.5.1949 (BGBl. I S. 1), zuletzt geänd. durch G v. 29.9.2020 (BGBl. I S. 2048) in Kraft getreten ist. Art. 2 und 13 der Konvention lauten:

„**Art. 2 Recht auf Leben.** (1) [1] Das Recht jedes Menschen auf Leben wird gesetzlich geschützt. [2] Niemand darf absichtlich getötet werden, außer durch Vollstreckung eines Todesurteils, das ein Gericht wegen eines Verbrechens verhängt hat, für das die Todesstrafe gesetzlich vorgesehen ist.

(2) Eine Tötung wird nicht als Verletzung dieses Artikels betrachtet, wenn sie durch eine Gewaltanwendung verursacht wird, die unbedingt erforderlich ist, um

a) jemanden gegen rechtswidrige Gewalt zu verteidigen;
b) jemanden rechtmäßig festzunehmen oder jemanden, dem die Freiheit rechtmäßig entzogen ist, an der Flucht zu hindern;
c) einen Aufruhr oder Aufstand rechtmäßig niederzuschlagen.

Art. 13 Recht auf wirksame Beschwerde. Jede Person, die in ihren in dieser Konvention anerkannten Rechten oder Freiheiten verletzt worden ist, hat das Recht, bei einer innerstaatlichen Instanz eine wirksame Beschwerde zu erheben, auch wenn die Verletzung von Personen begangen worden ist, die in amtlicher Eigenschaft gehandelt haben."

[3)] § 44 Abs. 1 Satz 1 geänd., Satz 2 eingef., bish. Satz 2 wird Satz 3, Abs. 2 Satz 1 neu gef., Abs. 4 angef. mWv 24.8.2017 durch G v. 17.8.2017 (BGBl. I S. 3202).

fahrzeuge jeder oder einer bestimmten Art zu führen. [2] Auch wenn die Straftat nicht bei oder im Zusammenhang mit dem Führen eines Kraftfahrzeugs oder unter Verletzung der Pflichten eines Kraftfahrzeugführers begangen wurde, kommt die Anordnung eines Fahrverbots namentlich in Betracht, wenn sie zur Einwirkung auf den Täter oder zur Verteidigung der Rechtsordnung erforderlich erscheint oder hierdurch die Verhängung einer Freiheitsstrafe oder deren Vollstreckung vermieden werden kann. [3] Ein Fahrverbot ist in der Regel anzuordnen, wenn in den Fällen einer Verurteilung nach § 315c Abs. 1 Nr. 1 Buchstabe a, Abs. 3 oder § 316 die Entziehung der Fahrerlaubnis nach § 69 unterbleibt.

(2) [1] Das Fahrverbot wird wirksam, wenn der Führerschein nach Rechtskraft des Urteils in amtliche Verwahrung gelangt, spätestens jedoch mit Ablauf von einem Monat seit Eintritt der Rechtskraft. [2] Für seine Dauer werden von einer deutschen Behörde ausgestellte nationale und internationale Führerscheine amtlich verwahrt. [3] Dies gilt auch, wenn der Führerschein von einer Behörde eines Mitgliedstaates der Europäischen Union oder eines anderen Vertragsstaates des Abkommens über den Europäischen Wirtschaftsraum ausgestellt worden ist, sofern der Inhaber seinen ordentlichen Wohnsitz im Inland hat. [4] In anderen ausländischen Führerscheinen wird das Fahrverbot vermerkt.

(3) [1] Ist ein Führerschein amtlich zu verwahren oder das Fahrverbot in einem ausländischen Führerschein zu vermerken, so wird die Verbotsfrist erst von dem Tage an gerechnet, an dem dies geschieht. [2] In die Verbotsfrist wird die Zeit nicht eingerechnet, in welcher der Täter auf behördliche Anordnung in einer Anstalt verwahrt worden ist.

(4) [1] Werden gegen den Täter mehrere Fahrverbote rechtskräftig verhängt, so sind die Verbotsfristen nacheinander zu berechnen. [2] Die Verbotsfrist auf Grund des früher wirksam gewordenen Fahrverbots läuft zuerst. [3] Werden Fahrverbote gleichzeitig wirksam, so läuft die Verbotsfrist auf Grund des früher angeordneten Fahrverbots zuerst, bei gleichzeitiger Anordnung ist die frühere Tat maßgebend.

§ 51 Anrechnung. (1) [1] Hat der Verurteilte aus Anlaß einer Tat, die Gegenstand des Verfahrens ist oder gewesen ist, Untersuchungshaft oder eine andere Freiheitsentziehung erlitten, so wird sie auf zeitige Freiheitsstrafe und auf Geldstrafe angerechnet. [2] Das Gericht kann jedoch anordnen, daß die Anrechnung ganz oder zum Teil unterbleibt, wenn sie im Hinblick auf das Verhalten des Verurteilten nach der Tat nicht gerechtfertigt ist.

(2) Wird eine rechtskräftig verhängte Strafe in einem späteren Verfahren durch eine andere Strafe ersetzt, so wird auf diese die frühere Strafe angerechnet, soweit sie vollstreckt oder durch Anrechnung erledigt ist.

(3) [1] Ist der Verurteilte wegen derselben Tat im Ausland bestraft worden, so wird auf die neue Strafe die ausländische angerechnet, soweit sie vollstreckt

(Fortsetzung nächstes Blatt)

ist. 2 Für eine andere im Ausland erlittene Freiheitsentziehung gilt Absatz 1 entsprechend.

(4) 1 Bei der Anrechnung von Geldstrafe oder auf Geldstrafe entspricht ein Tag Freiheitsentziehung einem Tagessatz. 2 Wird eine ausländische Strafe oder Freiheitsentziehung angerechnet, so bestimmt das Gericht den Maßstab nach seinem Ermessen.

(5) 1 Für die Anrechnung der Dauer einer vorläufigen Entziehung der Fahrerlaubnis (§ 111a der Strafprozeßordnung) auf das Fahrverbot nach § 44 gilt Absatz 1 entsprechend. 2 In diesem Sinne steht der vorläufigen Entziehung der Fahrerlaubnis die Verwahrung, Sicherstellung oder Beschlagnahme des Führerscheins (§ 94 der Strafprozeßordnung[1)]) gleich.

§ 61 Übersicht. Maßregeln der Besserung und Sicherung sind

1.–4. …

5. die Entziehung der Fahrerlaubnis,

6. das Berufsverbot.

§ 62 Grundsatz der Verhältnismäßigkeit. Eine Maßregel der Besserung und Sicherung darf nicht angeordnet werden, wenn sie zur Bedeutung der vom Täter begangenen und zu erwartenden Taten sowie zu dem Grad der von ihm ausgehenden Gefahr außer Verhältnis steht.

§ 64[2)] Unterbringung in einer Entziehungsanstalt. 1 Hat eine Person den Hang, alkoholische Getränke oder andere berauschende Mittel im Übermaß zu sich zu nehmen, und wird sie wegen einer rechtswidrigen Tat, die sie im Rausch begangen hat oder die auf ihren Hang zurückgeht, verurteilt oder nur deshalb nicht verurteilt, weil ihre Schuldunfähigkeit erwiesen oder nicht auszuschließen ist, so soll das Gericht die Unterbringung in einer Entziehungsanstalt anordnen, wenn die Gefahr besteht, dass sie infolge ihres Hanges erhebliche rechtswidrige Taten begehen wird. 2 Die Anordnung ergeht nur, wenn eine hinreichend konkrete Aussicht besteht, die Person durch die Behandlung in einer Entziehungsanstalt innerhalb der Frist nach § 67d Absatz 1 Satz 1 oder 3 zu heilen oder über eine erhebliche Zeit vor dem Rückfall in den Hang zu bewahren und von der Begehung erheblicher rechtswidriger Taten abzuhalten, die auf ihren Hang zurückgehen.

§ 69[3)] Entziehung der Fahrerlaubnis. (1) 1 Wird jemand wegen einer rechtswidrigen Tat, die er bei oder im Zusammenhang mit dem Führen eines Kraftfahrzeuges oder unter Verletzung der Pflichten eines Kraftfahrzeugführers begangen hat, verurteilt oder nur deshalb nicht verurteilt, weil seine Schuldunfähigkeit erwiesen oder nicht auszuschließen ist, so entzieht ihm das Gericht die Fahrerlaubnis, wenn sich aus der Tat ergibt, daß er zum Führen von Kraftfahrzeugen ungeeignet ist. 2 Einer weiteren Prüfung nach § 62 bedarf es nicht.

[1)] Nr. **675**.

[2)] § 64 neu gef. mWv 20.7.2007 durch G v. 16.7.2007 (BGBl. I S. 1327); Satz 2 geänd. mWv 1.8.2016 durch G v. 8.7.2016 (BGBl. I S. 1610).

[3)] § 69 Abs. 2 Nr. 1a eingef. mWv 13.10.2017 durch G v. 30.9.2017 (BGBl. I S. 3532).

(2) Ist die rechtswidrige Tat in den Fällen des Absatzes 1 ein Vergehen
1. der Gefährdung des Straßenverkehrs (§ 315c),
1a. des verbotenen Kraftfahrzeugrennens (§ 315d),
2. der Trunkenheit im Verkehr (§ 316),
3. des unerlaubten Entfernens vom Unfallort (§ 142), obwohl der Täter weiß oder wissen kann, daß bei dem Unfall ein Mensch getötet oder nicht unerheblich verletzt worden oder an fremden Sachen bedeutender Schaden entstanden ist, oder
4. des Vollrausches (§ 323a), der sich auf eine der Taten nach den Nummern 1 bis 3 bezieht,

so ist der Täter in der Regel als ungeeignet zum Führen von Kraftfahrzeugen anzusehen.

(3) [1] Die Fahrerlaubnis erlischt mit der Rechtskraft des Urteils. [2] Ein von einer deutschen Behörde ausgestellter Führerschein wird im Urteil eingezogen.

§ 69a Sperre für die Erteilung einer Fahrerlaubnis. (1) [1] Entzieht das Gericht die Fahrerlaubnis, so bestimmt es zugleich, daß für die Dauer von sechs Monaten bis zu fünf Jahren keine neue Fahrerlaubnis erteilt werden darf (Sperre). [2] Die Sperre kann für immer angeordnet werden, wenn zu erwarten ist, daß die gesetzliche Höchstfrist zur Abwehr der von dem Täter drohenden Gefahr nicht ausreicht. [3] Hat der Täter keine Fahrerlaubnis, so wird nur die Sperre angeordnet.

(2) Das Gericht kann von der Sperre bestimmte Arten von Kraftfahrzeugen ausnehmen, wenn besondere Umstände die Annahme rechtfertigen, daß der Zweck der Maßregel dadurch nicht gefährdet wird.

(3) Das Mindestmaß der Sperre beträgt ein Jahr, wenn gegen den Täter in den letzten drei Jahren vor der Tat bereits einmal eine Sperre angeordnet worden ist.

(4) [1] War dem Täter die Fahrerlaubnis wegen der Tat vorläufig entzogen (§ 111a der Strafprozeßordnung), so verkürzt sich das Mindestmaß der Sperre um die Zeit, in der die vorläufige Entziehung wirksam war. [2] Es darf jedoch drei Monate nicht unterschreiten.

(5) [1] Die Sperre beginnt mit der Rechtskraft des Urteils. [2] In die Frist wird die Zeit einer wegen der Tat angeordneten vorläufigen Entziehung eingerechnet, soweit sie nach Verkündung des Urteils verstrichen ist, in dem die der Maßregel zugrunde liegenden tatsächlichen Feststellungen letztmals geprüft werden konnten.

(6) Im Sinne der Absätze 4 und 5 steht der vorläufigen Entziehung der Fahrerlaubnis die Verwahrung, Sicherstellung oder Beschlagnahme des Führerscheins (§ 94 der Strafprozeßordnung[1)]) gleich.

(7) [1] Ergibt sich Grund zu der Annahme, daß der Täter zum Führen von Kraftfahrzeugen nicht mehr ungeeignet ist, so kann das Gericht die Sperre vorzeitig aufheben. [2] Die Aufhebung ist frühestens zulässig, wenn die Sperre

---

[1)] Nr. **675**.

drei Monate, in den Fällen des Absatzes 3 ein Jahr gedauert hat; Absatz 5 Satz 2 und Absatz 6 gelten entsprechend.

§ 69b Wirkung der Entziehung bei einer ausländischen Fahrerlaubnis. (1) [1] Darf der Täter auf Grund einer im Ausland erteilten Fahrerlaubnis im Inland Kraftfahrzeuge führen, ohne daß ihm von einer deutschen Behörde eine Fahrerlaubnis erteilt worden ist, so hat die Entziehung der Fahrerlaubnis die Wirkung einer Aberkennung des Rechts, von der Fahrerlaubnis im Inland Gebrauch zu machen. [2] Mit der Rechtskraft der Entscheidung erlischt das Recht zum Führen von Kraftfahrzeugen im Inland. [3] Während der Sperre darf weder das Recht, von der ausländischen Fahrerlaubnis wieder Gebrauch zu machen, noch eine inländische Fahrerlaubnis erteilt werden.

(2) [1] Ist der ausländische Führerschein von einer Behörde eines Mitgliedstaates der Europäischen Union oder eines anderen Vertragsstaates des Abkommens über den Europäischen Wirtschaftsraum ausgestellt worden und hat der Inhaber seinen ordentlichen Wohnsitz im Inland, so wird der Führerschein im Urteil eingezogen und an die ausstellende Behörde zurückgesandt. [2] In anderen Fällen werden die Entziehung der Fahrerlaubnis und die Sperre in den ausländischen Führerscheinen vermerkt.

§ 70 Anordnung des Berufsverbots. (1) [1] Wird jemand wegen einer rechtswidrigen Tat, die er unter Mißbrauch seines Berufs oder Gewerbes oder unter grober Verletzung der mit ihnen verbundenen Pflichten begangen hat, verurteilt oder nur deshalb nicht verurteilt, weil seine Schuldunfähigkeit erwiesen oder nicht auszuschließen ist, so kann ihm das Gericht die Ausübung des Berufs, Berufszweiges, Gewerbes oder Gewerbezweiges für die Dauer von einem Jahr bis zu fünf Jahren verbieten, wenn die Gesamtwürdigung des Täters und der Tat die Gefahr erkennen läßt, daß er bei weiterer Ausübung des Berufs, Berufszweiges, Gewerbes oder Gewerbezweiges erhebliche rechtswidrige Taten der bezeichneten Art begehen wird. [2] Das Berufsverbot kann für immer angeordnet werden, wenn zu erwarten ist, daß die gesetzliche Höchstfrist zur Abwehr der von dem Täter drohenden Gefahr nicht ausreicht.

(2) [1] War dem Täter die Ausübung des Berufs, Berufszweiges, Gewerbes oder Gewerbezweiges vorläufig verboten (§ 132a der Strafprozeßordnung), so verkürzt sich das Mindestmaß der Verbotsfrist um die Zeit, in der das vorläufige Berufsverbot wirksam war. [2] Es darf jedoch drei Monate nicht unterschreiten.

(3) Solange das Verbot wirksam ist, darf der Täter den Beruf, den Berufszweig, das Gewerbe oder den Gewerbezweig auch nicht für einen anderen ausüben oder durch eine von seinen Weisungen abhängige Person für sich ausüben lassen.

(4) [1] Das Berufsverbot wird mit der Rechtskraft des Urteils wirksam. [2] In die Verbotsfrist wird die Zeit eines wegen der Tat angeordneten vorläufigen Berufsverbots eingerechnet, soweit sie nach Verkündung des Urteils verstrichen ist, in dem die der Maßregel zugrunde liegenden tatsächlichen Feststellungen letztmals geprüft werden konnten. [3] Die Zeit, in welcher der Täter auf behördliche Anordnung in einer Anstalt verwahrt worden ist, wird nicht eingerechnet.

§ 70a Aussetzung des Berufsverbots. (1) Ergibt sich nach Anordnung des Berufsverbots Grund zu der Annahme, daß die Gefahr, der Täter werde erhebliche rechtswidrige Taten der in § 70 Abs. 1 bezeichneten Art begehen, nicht mehr besteht, so kann das Gericht das Verbot zur Bewährung aussetzen.

(2) [1] Die Anordnung ist frühestens zulässig, wenn das Verbot ein Jahr gedauert hat. [2] In die Frist wird im Rahmen des § 70 Abs. 4 Satz 2 die Zeit eines vorläufigen Berufsverbots eingerechnet. [3] Die Zeit, in welcher der Täter auf behördliche Anordnung in einer Anstalt verwahrt worden ist, wird nicht eingerechnet.

(3) [1] Wird das Berufsverbot zur Bewährung ausgesetzt, so gelten die §§ 56a und 56c bis 56e entsprechend. [2] Die Bewährungszeit verlängert sich jedoch um die Zeit, in der eine Freiheitsstrafe oder eine freiheitsentziehende Maßregel vollzogen wird, die gegen den Verurteilten wegen der Tat verhängt oder angeordnet worden ist.

§ 70b[1)] Widerruf der Aussetzung und Erledigung des Berufsverbots.

(1) Das Gericht widerruft die Aussetzung eines Berufsverbots, wenn die verurteilte Person

1. während der Bewährungszeit unter Mißbrauch ihres Berufs oder Gewerbes oder unter grober Verletzung der mit ihnen verbundenen Pflichten eine rechtswidrige Tat begeht,
2. gegen eine Weisung gröblich oder beharrlich verstößt oder
3. sich der Aufsicht und Leitung der Bewährungshelferin oder des Bewährungshelfers beharrlich entzieht

und sich daraus ergibt, daß der Zweck des Berufsverbots dessen weitere Anwendung erfordert.

(2) Das Gericht widerruft die Aussetzung des Berufsverbots auch dann, wenn Umstände, die ihm während der Bewährungszeit bekannt werden und zur Versagung der Aussetzung geführt hätten, zeigen, daß der Zweck der Maßregel die weitere Anwendung des Berufsverbots erfordert.

(3) Die Zeit der Aussetzung des Berufsverbots wird in die Verbotsfrist nicht eingerechnet.

(4) Leistungen, die die verurteilte Person zur Erfüllung von Weisungen oder Zusagen erbracht hat, werden nicht erstattet.

(5) Nach Ablauf der Bewährungszeit erklärt das Gericht das Berufsverbot für erledigt.

§ 71 Selbständige Anordnung. (1) Die Unterbringung in einem psychiatrischen Krankenhaus oder in einer Entziehungsanstalt kann das Gericht auch selbständig anordnen, wenn das Strafverfahren wegen Schuldunfähigkeit oder Verhandlungsunfähigkeit des Täters undurchführbar ist.

(2) Dasselbe gilt für die Entziehung der Fahrerlaubnis und das Berufsverbot.

[1)] § 70b Abs. 1 einl. Satzteil, Nr. 1 und 3, Abs. 4 geänd. mWv 18.4.2007 durch G v. 13.4.2007 (BGBl. I S. 513).

§ 72 Verbindung von Maßregeln. (1) [1] Sind die Voraussetzungen für mehrere Maßregeln erfüllt, ist aber der erstrebte Zweck durch einzelne von ihnen zu erreichen, so werden nur sie angeordnet. [2] Dabei ist unter mehreren geeigneten Maßregeln denen der Vorzug zu geben, die den Täter am wenigsten beschweren.

(2) Im übrigen werden die Maßregeln nebeneinander angeordnet, wenn das Gesetz nichts anderes bestimmt.

(3) [1] Werden mehrere freiheitsentziehende Maßregeln angeordnet, so bestimmt das Gericht die Reihenfolge der Vollstreckung. [2] Vor dem Ende des Vollzugs einer Maßregel ordnet das Gericht jeweils den Vollzug der nächsten an, wenn deren Zweck die Unterbringung noch erfordert. [3] § 67c Abs. 2 Satz 4 und 5 ist anzuwenden.

§ 73 [1)2)] Einziehung von Taterträgen bei Tätern und Teilnehmern.

(1) Hat der Täter oder Teilnehmer durch eine rechtswidrige Tat oder für sie etwas erlangt, so ordnet das Gericht dessen Einziehung an.

(2) Hat der Täter oder Teilnehmer Nutzungen aus dem Erlangten gezogen, so ordnet das Gericht auch deren Einziehung an.

(3) Das Gericht kann auch die Einziehung der Gegenstände anordnen, die der Täter oder Teilnehmer erworben hat

1. durch Veräußerung des Erlangten oder als Ersatz für dessen Zerstörung, Beschädigung oder Entziehung oder
2. auf Grund eines erlangten Rechts.

§ 73a [1)2)] Erweiterte Einziehung von Taterträgen bei Tätern und Teilnehmern. (1) Ist eine rechtswidrige Tat begangen worden, so ordnet das Gericht die Einziehung von Gegenständen des Täters oder Teilnehmers auch dann an, wenn diese Gegenstände durch andere rechtswidrige Taten oder für sie erlangt worden sind.

(2) Hat sich der Täter oder Teilnehmer vor der Anordnung der Einziehung nach Absatz 1 an einer anderen rechtswidrigen Tat beteiligt und ist erneut über die Einziehung seiner Gegenstände zu entscheiden, berücksichtigt das Gericht hierbei die bereits ergangene Anordnung.

§ 73b [1)2)] Einziehung von Taterträgen bei anderen. (1) [1] Die Anordnung der Einziehung nach den §§ 73 und 73a richtet sich gegen einen anderen, der nicht Täter oder Teilnehmer ist, wenn

1. er durch die Tat etwas erlangt hat und der Täter oder Teilnehmer für ihn gehandelt hat,
2. ihm das Erlangte
   a) unentgeltlich oder ohne rechtlichen Grund übertragen wurde oder
   b) übertragen wurde und er erkannt hat oder hätte erkennen müssen, dass das Erlangte aus einer rechtswidrigen Tat herrührt, oder
3. das Erlangte auf ihn
   a) als Erbe übergegangen ist oder

---

1) 7. Titel (§§ 73–76a) neu gef. mWv 1.7.2017 durch G v. 13.4.2017 (BGBl. I S. 872).

2) Beachte hierzu Übergangsvorschrift in Art. 316h EGStGB v. 2.3.1974 (BGBl. I S. 469, ber. 1975 S. 1916, 1976 S. 507), zuletzt geänd. durch G v. 21.12.2020 (BGBl. I S. 3096).

b) als Pflichtteilsberechtigter oder Vermächtnisnehmer übertragen worden ist.

[2] Satz 1 Nummer 2 und 3 findet keine Anwendung, wenn das Erlangte zuvor einem Dritten, der nicht erkannt hat oder hätte erkennen müssen, dass das Erlangte aus einer rechtswidrigen Tat herrührt, entgeltlich und mit rechtlichem Grund übertragen wurde.

(2) Erlangt der andere unter den Voraussetzungen des Absatzes 1 Satz 1 Nummer 2 oder Nummer 3 einen Gegenstand, der dem Wert des Erlangten entspricht, oder gezogene Nutzungen, so ordnet das Gericht auch deren Einziehung an.

(3) Unter den Voraussetzungen des Absatzes 1 Satz 1 Nummer 2 oder Nummer 3 kann das Gericht auch die Einziehung dessen anordnen, was erworben wurde

1. durch Veräußerung des erlangten Gegenstandes oder als Ersatz für dessen Zerstörung, Beschädigung oder Entziehung oder
2. auf Grund eines erlangten Rechts.

§ 73c [1)2)] **Einziehung des Wertes von Taterträgen.** [1] Ist die Einziehung eines Gegenstandes wegen der Beschaffenheit des Erlangten oder aus einem anderen Grund nicht möglich oder wird von der Einziehung eines Ersatzgegenstandes nach § 73 Absatz 3 oder nach § 73b Absatz 3 abgesehen, so ordnet das Gericht die Einziehung eines Geldbetrages an, der dem Wert des Erlangten entspricht. [2] Eine solche Anordnung trifft das Gericht auch neben der Einziehung eines Gegenstandes, soweit dessen Wert hinter dem Wert des zunächst Erlangten zurückbleibt.

§ 73d [1)2)] **Bestimmung des Wertes des Erlangten; Schätzung.** (1) [1] Bei der Bestimmung des Wertes des Erlangten sind die Aufwendungen des Täters, Teilnehmers oder des anderen abzuziehen. [2] Außer Betracht bleibt jedoch das, was für die Begehung der Tat oder für ihre Vorbereitung aufgewendet oder eingesetzt worden ist, soweit es sich nicht um Leistungen zur Erfüllung einer Verbindlichkeit gegenüber dem Verletzten der Tat handelt.

(2) Umfang und Wert des Erlangten einschließlich der abzuziehenden Aufwendungen können geschätzt werden.

§ 73e [3)4)] **Ausschluss der Einziehung des Tatertrages oder des Wertersatzes.** (1) [1] Die Einziehung nach den §§ 73 bis 73c ist ausgeschlossen, soweit der Anspruch, der dem Verletzten aus der Tat auf Rückgewähr des Erlangten oder auf Ersatz des Wertes des Erlangten erwachsen ist, erloschen ist. [2] Dies gilt nicht für Ansprüche, die durch Verjährung erloschen sind.

(2) In den Fällen des § 73b, auch in Verbindung mit § 73c, ist die Einziehung darüber hinaus ausgeschlossen, soweit der Wert des Erlangten zur Zeit der Anordnung nicht mehr im Vermögen des Betroffenen vorhanden ist, es sei

---

[1)] 7. Titel (§§ 73–76a) neu gef. mWv 1.7.2017 durch G v. 13.4.2017 (BGBl. I S. 872).

[2)] Beachte hierzu Übergangsvorschrift in Art. 316h EGStGB v. 2.3.1974 (BGBl. I S. 469, ber. 1975 S. 1916, 1976 S. 507), zuletzt geänd. durch G v. 21.12.2020 (BGBl. I S. 3096).

[3)] § 73e neu gef. mWv 1.7.2017 durch G v. 13.4.2017 (BGBl. I S. 872); Abs. 1 Satz 2 angef. mWv 29.12.2020 durch G v. 21.12.2020 (BGBl. I S. 3096).

[4)] Beachte hierzu Übergangsvorschrift in Art. 316h und 316j EGStGB v. 2.3.1974 (BGBl. I S. 469, ber. 1975 S. 1916, 1976 S. 507), zuletzt geänd. durch G v. 21.12.2020 (BGBl. I S. 3096).

denn, dem Betroffenen waren die Umstände, welche die Anordnung der Einziehung gegen den Täter oder Teilnehmer ansonsten zugelassen hätten, zum Zeitpunkt des Wegfalls der Bereicherung bekannt oder infolge von Leichtfertigkeit unbekannt.

§ 74[1] **Einziehung von Tatprodukten, Tatmitteln und Tatobjekten bei Tätern und Teilnehmern.** (1) Gegenstände, die durch eine vorsätzliche Tat hervorgebracht (Tatprodukte) oder zu ihrer Begehung oder Vorbereitung gebraucht worden oder bestimmt gewesen sind (Tatmittel), können eingezogen werden.

(2) Gegenstände, auf die sich eine Straftat bezieht (Tatobjekte), unterliegen der Einziehung nach der Maßgabe besonderer Vorschriften.

(3) [1] Die Einziehung ist nur zulässig, wenn die Gegenstände zur Zeit der Entscheidung dem Täter oder Teilnehmer gehören oder zustehen. [2] Das gilt auch für die Einziehung, die durch eine besondere Vorschrift über Absatz 1 hinaus vorgeschrieben oder zugelassen ist.

§ 74a[1] **Einziehung von Tatprodukten, Tatmitteln und Tatobjekten bei anderen.** Verweist ein Gesetz auf diese Vorschrift, können Gegenstände abweichend von § 74 Absatz 3 auch dann eingezogen werden, wenn derjenige, dem sie zur Zeit der Entscheidung gehören oder zustehen,

1. mindestens leichtfertig dazu beigetragen hat, dass sie als Tatmittel verwendet worden oder Tatobjekt gewesen sind, oder
2. sie in Kenntnis der Umstände, welche die Einziehung zugelassen hätten, in verwerflicher Weise erworben hat.

§ 74b[1] **Sicherungseinziehung.** (1) Gefährden Gegenstände nach ihrer Art und nach den Umständen die Allgemeinheit oder besteht die Gefahr, dass sie der Begehung rechtswidriger Taten dienen werden, können sie auch dann eingezogen werden, wenn

1. der Täter oder Teilnehmer ohne Schuld gehandelt hat oder
2. die Gegenstände einem anderen als dem Täter oder Teilnehmer gehören oder zustehen.

(2) [1] In den Fällen des Absatzes 1 Nummer 2 wird der andere aus der Staatskasse unter Berücksichtigung des Verkehrswertes des eingezogenen Gegenstandes angemessen in Geld entschädigt. [2] Das Gleiche gilt, wenn der eingezogene Gegenstand mit dem Recht eines anderen belastet ist, das durch die Entscheidung erloschen oder beeinträchtigt ist.

(3) [1] Eine Entschädigung wird nicht gewährt, wenn

1. der nach Absatz 2 Entschädigungsberechtigte
   a) mindestens leichtfertig dazu beigetragen hat, dass der Gegenstand als Tatmittel verwendet worden oder Tatobjekt gewesen ist, oder
   b) den Gegenstand oder das Recht an dem Gegenstand in Kenntnis der Umstände, welche die Einziehung zulassen, in verwerflicher Weise erworben hat oder
2. es nach den Umständen, welche die Einziehung begründet haben, auf Grund von Rechtsvorschriften außerhalb des Strafrechts zulässig wäre, dem Ent-

---

[1] 7. Titel (§§ 73–76a) neu gef. mWv 1.7.2017 durch G v. 13.4.2017 (BGBl. I S. 872).

schädigungsberechtigten den Gegenstand oder das Recht an dem Gegenstand ohne Entschädigung dauerhaft zu entziehen.

[2] Abweichend von Satz 1 kann eine Entschädigung jedoch gewährt werden, wenn es eine unbillige Härte wäre, sie zu versagen.

§ 74c[1)] Einziehung des Wertes von Tatprodukten, Tatmitteln und Tatobjekten bei Tätern und Teilnehmern. (1) Ist die Einziehung eines bestimmten Gegenstandes nicht möglich, weil der Täter oder Teilnehmer diesen veräußert, verbraucht oder die Einziehung auf andere Weise vereitelt hat, so kann das Gericht gegen ihn die Einziehung eines Geldbetrages anordnen, der dem Wert des Gegenstandes entspricht.

(2) [1] Eine solche Anordnung kann das Gericht auch neben oder statt der Einziehung eines Gegenstandes treffen, wenn ihn der Täter oder Teilnehmer vor der Entscheidung über die Einziehung mit dem Recht eines Dritten belastet hat, dessen Erlöschen nicht oder ohne Entschädigung nicht angeordnet werden kann (§ 74b Absatz 2 und 3 und § 75 Absatz 2). [2] Trifft das Gericht die Anordnung neben der Einziehung, bemisst sich die Höhe des Wertersatzes nach dem Wert der Belastung des Gegenstandes.

(3) Der Wert des Gegenstandes und der Belastung kann geschätzt werden.

§ 74d[2)] Einziehung von Verkörperungen eines Inhalts und Unbrauchbarmachung. (1) [1] Verkörperungen eines Inhalts (§ 11 Absatz 3), dessen vorsätzliche Verbreitung den Tatbestand eines Strafgesetzes verwirklichen würde, werden eingezogen, wenn der Inhalt durch eine rechtswidrige Tat verbreitet oder zur Verbreitung bestimmt worden ist. [2] Zugleich wird angeordnet, dass die zur Herstellung der Verkörperungen gebrauchten oder bestimmten Vorrichtungen, die Vorlage für die Vervielfältigung waren oder sein sollten, unbrauchbar gemacht werden.

(2) Die Einziehung erstreckt sich nur auf die Verkörperungen, die sich im Besitz der bei der Verbreitung oder deren Vorbereitung mitwirkenden Personen befinden oder öffentlich ausgelegt oder beim Verbreiten durch Versenden noch nicht dem Empfänger ausgehändigt worden sind.

(3) [1] Absatz 1 gilt entsprechend für Verkörperungen eines Inhalts (§ 11 Absatz 3), dessen vorsätzliche Verbreitung nur bei Hinzutreten weiterer Tatumstände den Tatbestand eines Strafgesetzes verwirklichen würde. [2] Die Einziehung und Unbrauchbarmachung werden jedoch nur angeordnet, soweit

1. die Verkörperungen und die in Absatz 1 Satz 2 bezeichneten Vorrichtungen sich im Besitz des Täters, des Teilnehmers oder eines anderen befinden, für den der Täter oder Teilnehmer gehandelt hat, oder von diesen Personen zur Verbreitung bestimmt sind und
2. die Maßnahmen erforderlich sind, um ein gesetzwidriges Verbreiten durch die in Nummer 1 bezeichneten Personen zu verhindern.

(4) Dem Verbreiten im Sinne der Absätze 1 bis 3 steht es gleich, wenn ein Inhalt (§ 11 Absatz 3) der Öffentlichkeit zugänglich gemacht wird.

[1)] 7. Titel (§§ 73–76a) neu gef. mWv 1.7.2017 durch G v. 13.4.2017 (BGBl. I S. 872).

[2)] § 74d neu gef. mWv 1.7.2017 durch G v. 13.4.2017 (BGBl. I S. 872); Überschrift geänd., Abs. 1 Satz 1 neu gef., Satz 2 und Abs. 2 geänd., Abs. 3 Satz 1 neu gef., Satz 2 Nr. 1 geänd., Abs. 4 neu gef. mWv 1.1.2021 durch G v. 30.11.2020 (BGBl. I S. 2600).

(5) [1] Stand das Eigentum an der Sache zur Zeit der Rechtskraft der Entscheidung über die Einziehung oder Unbrauchbarmachung einem anderen als dem Täter oder Teilnehmer zu oder war der Gegenstand mit dem Recht eines Dritten belastet, das durch die Entscheidung erloschen oder beeinträchtigt ist, wird dieser aus der Staatskasse unter Berücksichtigung des Verkehrswertes angemessen in Geld entschädigt. [2] § 74b Absatz 3 gilt entsprechend.

§ 74e[1)] Sondervorschrift für Organe und Vertreter. [1] Hat jemand

1. als vertretungsberechtigtes Organ einer juristischen Person oder als Mitglied eines solchen Organs,
2. als Vorstand eines nicht rechtsfähigen Vereins oder als Mitglied eines solchen Vorstandes,
3. als vertretungsberechtigter Gesellschafter einer rechtsfähigen Personengesellschaft,
4. als Generalbevollmächtigter oder in leitender Stellung als Prokurist oder Handlungsbevollmächtigter einer juristischen Person oder einer in Nummer 2 oder 3 genannten Personenvereinigung oder
5. als sonstige Person, die für die Leitung des Betriebs oder Unternehmens einer juristischen Person oder einer in Nummer 2 oder 3 genannten Personenvereinigung verantwortlich handelt, wozu auch die Überwachung der Geschäftsführung oder die sonstige Ausübung von Kontrollbefugnissen in leitender Stellung gehört,

eine Handlung vorgenommen, die ihm gegenüber unter den übrigen Voraussetzungen der §§ 74 bis 74c die Einziehung eines Gegenstandes oder des Wertersatzes zulassen oder den Ausschluss der Entschädigung begründen würde, wird seine Handlung bei Anwendung dieser Vorschriften dem Vertretenen zugerechnet. [2] § 14 Absatz 3 gilt entsprechend.

§ 74f[1)] Grundsatz der Verhältnismäßigkeit. (1) [1] Ist die Einziehung nicht vorgeschrieben, so darf sie in den Fällen der §§ 74 und 74a nicht angeordnet werden, wenn sie zur begangenen Tat und zum Vorwurf, der den von der Einziehung Betroffenen trifft, außer Verhältnis stünde. [2] In den Fällen der §§ 74 bis 74b und 74d ordnet das Gericht an, dass die Einziehung vorbehalten bleibt, wenn ihr Zweck auch durch eine weniger einschneidende Maßnahme erreicht werden kann. [3] In Betracht kommt insbesondere die Anweisung,

1. die Gegenstände unbrauchbar zu machen,
2. an den Gegenständen bestimmte Einrichtungen oder Kennzeichen zu beseitigen oder die Gegenstände sonst zu ändern oder
3. über die Gegenstände in bestimmter Weise zu verfügen.

[4] Wird die Anweisung befolgt, wird der Vorbehalt der Einziehung aufgehoben; andernfalls ordnet das Gericht die Einziehung nachträglich an. [5] Ist die Einziehung nicht vorgeschrieben, kann sie auf einen Teil der Gegenstände beschränkt werden.

(2) In den Fällen der Unbrauchbarmachung nach § 74d Absatz 1 Satz 2 und Absatz 3 gilt Absatz 1 Satz 2 und 3 entsprechend.

[1)] 7. Titel (§§ 73–76a) neu gef. mWv 1.7.2017 durch G v. 13.4.2017 (BGBl. I S. 872).

§ 75[1] **Wirkung der Einziehung.** (1)[2] [1] Wird die Einziehung eines Gegenstandes angeordnet, so geht das Eigentum an der Sache oder das Recht mit der Rechtskraft der Entscheidung auf den Staat über, wenn der Gegenstand

1. dem von der Anordnung Betroffenen zu dieser Zeit gehört oder zusteht oder
2. einem anderen gehört oder zusteht, der ihn für die Tat oder andere Zwecke in Kenntnis der Tatumstände gewährt hat.

[2] In anderen Fällen geht das Eigentum an der Sache oder das Recht mit Ablauf von sechs Monaten nach der Mitteilung der Rechtskraft der Einziehungsanordnung auf den Staat über, es sei denn, dass vorher derjenige, dem der Gegenstand gehört oder zusteht, sein Recht bei der Vollstreckungsbehörde anmeldet.

(2) [1] Im Übrigen bleiben Rechte Dritter an dem Gegenstand bestehen. [2] In den in § 74b bezeichneten Fällen ordnet das Gericht jedoch das Erlöschen dieser Rechte an. [3] In den Fällen der §§ 74 und 74a kann es das Erlöschen des Rechts eines Dritten anordnen, wenn der Dritte

1. wenigstens leichtfertig dazu beigetragen hat, dass der Gegenstand als Tatmittel verwendet worden oder Tatobjekt gewesen ist, oder
2. das Recht an dem Gegenstand in Kenntnis der Umstände, welche die Einziehung zulassen, in verwerflicher Weise erworben hat.

(3)[2] Bis zum Übergang des Eigentums an der Sache oder des Rechts wirkt die Anordnung der Einziehung oder die Anordnung des Vorbehalts der Einziehung als Veräußerungsverbot im Sinne des § 136 des Bürgerlichen Gesetzbuchs.

(4) In den Fällen des § 111d Absatz 1 Satz 2 der Strafprozessordnung findet § 91 der Insolvenzordnung keine Anwendung.

§ 76[1)2)] **Nachträgliche Anordnung der Einziehung des Wertersatzes.** Ist die Anordnung der Einziehung eines Gegenstandes unzureichend oder nicht ausführbar, weil nach der Anordnung eine der in den §§ 73c oder 74c bezeichneten Voraussetzungen eingetreten oder bekanntgeworden ist, so kann das Gericht die Einziehung des Wertersatzes nachträglich anordnen.

§ 76a[3)2)] **Selbständige Einziehung.** (1) [1] Kann wegen der Straftat keine bestimmte Person verfolgt oder verurteilt werden, so ordnet das Gericht die Einziehung oder die Unbrauchbarmachung selbständig an, wenn die Voraussetzungen, unter denen die Maßnahme vorgeschrieben ist, im Übrigen vorliegen. [2] Ist sie zugelassen, so kann das Gericht die Einziehung unter den Voraussetzungen des Satzes 1 selbständig anordnen. [3] Die Einziehung wird nicht angeordnet, wenn Antrag, Ermächtigung oder Strafverlangen fehlen oder bereits rechtskräftig über sie entschieden worden ist.

(2) [1] Unter den Voraussetzungen der §§ 73, 73b und 73c ist die selbständige Anordnung der Einziehung des Tatertrages und die selbständige Einziehung des Wertes des Tatertrages auch dann zulässig, wenn die Verfolgung der Straftat verjährt ist. [2] Unter den Voraussetzungen der §§ 74b und 74d gilt das Gleiche

---

1) 7. Titel (§§ 73–76a) neu gef. mWv 1.7.2017 durch G v. 13.4.2017 (BGBl. I S. 872).

2) Beachte hierzu Übergangsvorschrift in Art. 316h EGStGB v. 2.3.1974 (BGBl. I S. 469, ber. 1975 S. 1916, 1976 S. 507), zuletzt geänd. durch G v. 21.12.2020 (BGBl. I S. 3096).

3) § 76a neu gef. mWv 1.7.2017 durch G v. 13.4.2017 (BGBl. I S. 872); Abs. 2 Satz 2, Abs. 4 Satz 3 Nr. 1 Buchst. d geänd. mWv 1.1.2021 durch G v. 30.11.2020 (BGBl. I S. 2600).

für die selbständige Anordnung der Sicherungseinziehung, der Einziehung von Verkörperungen eines Inhalts und der Unbrauchbarmachung.

(3) Absatz 1 ist auch anzuwenden, wenn das Gericht von Strafe absieht oder wenn das Verfahren nach einer Vorschrift eingestellt wird, die dies nach dem Ermessen der Staatsanwaltschaft oder des Gerichts oder im Einvernehmen beider zulässt.

(4) [1] Ein aus einer rechtswidrigen Tat herrührender Gegenstand, der in einem Verfahren wegen des Verdachts einer in Satz 3 genannten Straftat sichergestellt worden ist, soll auch dann selbständig eingezogen werden, wenn der von der Sicherstellung Betroffene nicht wegen der Straftat verfolgt oder verurteilt werden kann. [2] Wird die Einziehung eines Gegenstandes angeordnet, so geht das Eigentum an der Sache oder das Recht mit der Rechtskraft der Entscheidung auf den Staat über; § 75 Absatz 3 gilt entsprechend. [3] Straftaten im Sinne des Satzes 1 sind

1. aus diesem Gesetz:
   a) Vorbereitung einer schweren staatsgefährdenden Gewalttat nach § 89a und Terrorismusfinanzierung nach § 89c Absatz 1 bis 4,
   b) Bildung krimineller Vereinigungen nach § 129 Absatz 1 und Bildung terroristischer Vereinigungen nach § 129a Absatz 1, 2, 4, 5, jeweils auch in Verbindung mit § 129b Absatz 1,
   c) Zuhälterei nach § 181a Absatz 1, auch in Verbindung mit Absatz 3,
   d) Verbreitung, Erwerb und Besitz kinderpornografischer Inhalte in den Fällen des § 184b Absatz 2,
   e) gewerbs- und bandenmäßige Begehung des Menschenhandels, der Zwangsprostitution und der Zwangsarbeit nach den §§ 232 bis 232b sowie bandenmäßige Ausbeutung der Arbeitskraft und Ausbeutung unter Ausnutzung einer Freiheitsberaubung nach den §§ 233 und 233a,
   f) Geldwäsche und Verschleierung unrechtmäßig erlangter Vermögenswerte nach § 261 Absatz 1, 2 und 4,
2. aus der Abgabenordnung:
   a) Steuerhinterziehung unter den in § 370 Absatz 3 Nummer 5 genannten Voraussetzungen,
   b) gewerbsmäßiger, gewaltsamer und bandenmäßiger Schmuggel nach § 373,
   c) Steuerhehlerei im Fall des § 374 Absatz 2,
3. aus dem Asylgesetz:
   a) Verleitung zur missbräuchlichen Asylantragstellung nach § 84 Absatz 3,
   b) gewerbs- und bandenmäßige Verleitung zur missbräuchlichen Asylantragstellung nach § 84a,
4. aus dem Aufenthaltsgesetz:
   a) Einschleusen von Ausländern nach § 96 Absatz 2,
   b) Einschleusen mit Todesfolge sowie gewerbs- und bandenmäßiges Einschleusen nach § 97,
5. aus dem Außenwirtschaftsgesetz:
   vorsätzliche Straftaten nach den §§ 17 und 18,
6. aus dem Betäubungsmittelgesetz:
   a) Straftaten nach einer in § 29 Absatz 3 Satz 2 Nummer 1 in Bezug genommenen Vorschrift unter den dort genannten Voraussetzungen,

b) Straftaten nach den §§ 29a, 30 Absatz 1 Nummer 1, 2 und 4 sowie den §§ 30a und 30b,

7. aus dem Gesetz über die Kontrolle von Kriegswaffen:

a) Straftaten nach § 19 Absatz 1 bis 3 und § 20 Absatz 1 und 2 sowie § 20a Absatz 1 bis 3, jeweils auch in Verbindung mit § 21,

b) Straftaten nach § 22a Absatz 1 bis 3,

8. aus dem Waffengesetz:

a) Straftaten nach § 51 Absatz 1 bis 3,

b) Straftaten nach § 52 Absatz 1 Nummer 1 und 2 Buchstabe c und d sowie Absatz 5 und 6.

§ 76b [1)2)] Verjährung der Einziehung von Taterträgen und des Wertes von Taterträgen. (1) [1] Die erweiterte und die selbständige Einziehung des Tatertrages oder des Wertes des Tatertrages nach den §§ 73a und 76a verjähren in 30 Jahren. [2] Die Verjährung beginnt mit der Beendigung der rechtswidrigen Tat, durch oder für die der Täter oder Teilnehmer oder der andere im Sinne des § 73b etwas erlangt hat. [3] Die §§ 78b und 78c gelten entsprechend.

(2) In den Fällen des § 78 Absatz 2 und des § 5 des Völkerstrafgesetzbuches verjähren die erweiterte und die selbständige Einziehung des Tatertrages oder des Wertes des Tatertrages nach den §§ 73a und 76a nicht.

(Fortsetzung nächstes Blatt)

[1)] § 76b eingef. mWv 1.7.2017 durch G v. 13.4.2017 (BGBl. I S. 872).

[2)] Beachte hierzu Übergangsvorschrift in Art. 316h EGStGB v. 2.3.1974 (BGBl. I S. 469, ber. 1975 S. 1916, 1976 S. 507), zuletzt geänd. durch G v. 21.12.2020 (BGBl. I S. 3096).

§ 142 Unerlaubtes Entfernen vom Unfallort. (1) Ein Unfallbeteiligter, der sich nach einem Unfall im Straßenverkehr vom Unfallort entfernt, bevor er

1. zugunsten der anderen Unfallbeteiligten und der Geschädigten die Feststellung seiner Person, seines Fahrzeugs und der Art seiner Beteiligung durch seine Anwesenheit und durch die Angabe, daß er an dem Unfall beteiligt ist, ermöglicht hat oder
2. eine nach den Umständen angemessene Zeit gewartet hat, ohne daß jemand bereit war, die Feststellungen zu treffen,

wird mit Freiheitsstrafe bis zu drei Jahren oder mit Geldstrafe bestraft.

(2) Nach Absatz 1 wird auch ein Unfallbeteiligter bestraft, der sich

1. nach Ablauf der Wartefrist (Absatz 1 Nr. 2) oder
2. berechtigt oder entschuldigt

vom Unfallort entfernt hat und die Feststellungen nicht unverzüglich nachträglich ermöglicht.

(3) [1] Der Verpflichtung, die Feststellungen nachträglich zu ermöglichen, genügt der Unfallbeteiligte, wenn er den Berechtigten (Absatz 1 Nr. 1) oder einer nahe gelegenen Polizeidienststelle mitteilt, daß er an dem Unfall beteiligt gewesen ist, und wenn er seine Anschrift, seinen Aufenthalt sowie das Kennzeichen und den Standort seines Fahrzeugs angibt und dieses zu unverzüglichen Feststellungen für eine ihm zumutbare Zeit zur Verfügung hält. [2] Dies gilt nicht, wenn er durch sein Verhalten die Feststellungen absichtlich vereitelt.

(4) Das Gericht mildert in den Fällen der Absätze 1 und 2 die Strafe (§ 49 Abs. 1) oder kann von Strafe nach diesen Vorschriften absehen, wenn der Unfallbeteiligte innerhalb von vierundzwanzig Stunden nach einem Unfall außerhalb des fließenden Verkehrs, der ausschließlich nicht bedeutenden Sachschaden zur Folge hat, freiwillig die Feststellungen nachträglich ermöglicht (Absatz 3).

(5) Unfallbeteiligter ist jeder, dessen Verhalten nach den Umständen zur Verursachung des Unfalls beigetragen haben kann.

§ 185 Beleidigung. Die Beleidigung wird mit Freiheitsstrafe bis zu einem Jahr oder mit Geldstrafe und, wenn die Beleidigung mittels einer Tätlichkeit begangen wird, mit Freiheitsstrafe bis zu zwei Jahren oder mit Geldstrafe bestraft.

§ 222 Fahrlässige Tötung. Wer durch Fahrlässigkeit den Tod eines Menschen verursacht, wird mit Freiheitsstrafe bis zu fünf Jahren oder mit Geldstrafe bestraft.

§ 229 Fahrlässige Körperverletzung. Wer durch Fahrlässigkeit die Körperverletzung einer anderen Person verursacht, wird mit Freiheitsstrafe bis zu drei Jahren oder mit Geldstrafe bestraft.

§ 230 Strafantrag. (1) [1] Die vorsätzliche Körperverletzung nach § 223 und die fahrlässige Körperverletzung nach § 229 werden nur auf Antrag verfolgt, es sei denn, daß die Strafverfolgungsbehörde wegen des besonderen öffentlichen Interesses an der Strafverfolgung ein Einschreiten von Amts wegen für geboten hält. [2] Stirbt die verletzte Person, so geht bei vorsätzlicher Körperverletzung das Antragsrecht nach § 77 Abs. 2 auf die Angehörigen über.

(2) [1] Ist die Tat gegen einen Amtsträger, einen für den öffentlichen Dienst besonders Verpflichteten oder einen Soldaten der Bundeswehr während der Ausübung seines Dienstes oder in Beziehung auf seinen Dienst begangen, so wird sie auch auf Antrag des Dienstvorgesetzten verfolgt. [2] Dasselbe gilt für Träger von Ämtern der Kirchen und anderen Religionsgesellschaften des öffentlichen Rechts.

§ 240[1)] **Nötigung.** (1) Wer einen Menschen rechtswidrig mit Gewalt oder durch Drohung mit einem empfindlichen Übel zu einer Handlung, Duldung oder Unterlassung nötigt, wird mit Freiheitsstrafe bis zu drei Jahren oder mit Geldstrafe bestraft.

(2) Rechtswidrig ist die Tat, wenn die Anwendung der Gewalt oder die Androhung des Übels zu dem angestrebten Zweck als verwerflich anzusehen ist.

(3) Der Versuch ist strafbar.

(4) [1] In besonders schweren Fällen ist die Strafe Freiheitsstrafe von sechs Monaten bis zu fünf Jahren. [2] Ein besonders schwerer Fall liegt in der Regel vor, wenn der Täter

1. eine Schwangere zum Schwangerschaftsabbruch nötigt oder
2. seine Befugnisse oder seine Stellung als Amtsträger mißbraucht.

§ 242 Diebstahl. (1) Wer eine fremde bewegliche Sache einem anderen in der Absicht wegnimmt, die Sache sich oder einem Dritten rechtswidrig zuzueignen, wird mit Freiheitsstrafe bis zu fünf Jahren oder mit Geldstrafe bestraft.

(2) Der Versuch ist strafbar.

§ 243 Besonders schwerer Fall des Diebstahls. (1) [1] In besonders schweren Fällen wird der Diebstahl mit Freiheitsstrafe von drei Monaten bis zu zehn Jahren bestraft. [2] Ein besonders schwerer Fall liegt in der Regel vor, wenn der Täter

1. zur Ausführung der Tat in ein Gebäude, einen Dienst- oder Geschäftsraum oder in einen anderen umschlossenen Raum einbricht, einsteigt, mit einem falschen Schlüssel oder einem anderen nicht zur ordnungsmäßigen Öffnung bestimmten Werkzeug eindringt oder sich in dem Raum verborgen hält,
2. eine Sache stiehlt, die durch ein verschlossenes Behältnis oder eine andere Schutzvorrichtung gegen Wegnahme besonders gesichert ist,
3. gewerbsmäßig stiehlt,

[1)] § 240 Abs. 4 Satz 2 Nr. 1 geänd. mWv 19.2.2005 durch G v. 11.2.2005 (BGBl. I S. 239); Abs. 4 Satz 2 Nr. 1 geänd. mWv 1.7.2011 durch G v. 23.6.2011 (BGBl. I S. 1266); Abs. 4 Satz 2 Nr. 1 aufgeh., bish. Nr. 2 und 3 werden Nr. 1 und 2 mWv 10.11.2016 durch G v. 4.11.2016 (BGBl. I S. 2460).

4. aus einer Kirche oder einem anderen der Religionsausübung dienenden Gebäude oder Raum eine Sache stiehlt, die dem Gottesdienst gewidmet ist oder der religiösen Verehrung dient,
5. eine Sache von Bedeutung für Wissenschaft, Kunst oder Geschichte oder für die technische Entwicklung stiehlt, die sich in einer allgemein zugänglichen Sammlung befindet oder öffentlich ausgestellt ist,
6. stiehlt, indem er die Hilflosigkeit einer anderen Person, einen Unglücksfall oder eine gemeine Gefahr ausnutzt oder
7. eine Handfeuerwaffe, zu deren Erwerb es nach dem Waffengesetz der Erlaubnis bedarf, ein Maschinengewehr, eine Maschinenpistole, ein voll- oder halbautomatisches Gewehr oder eine Sprengstoff enthaltende Kriegswaffe im Sinne des Kriegswaffenkontrollgesetzes oder Sprengstoff stiehlt.

(2) In den Fällen des Absatzes 1 Satz 2 Nr. 1 bis 6 ist ein besonders schwerer Fall ausgeschlossen, wenn sich die Tat auf eine geringwertige Sache bezieht.

§ 248b Unbefugter Gebrauch eines Fahrzeugs. (1) Wer ein Kraftfahrzeug oder ein Fahrrad gegen den Willen des Berechtigten in Gebrauch nimmt, wird mit Freiheitsstrafe bis zu drei Jahren oder mit Geldstrafe bestraft, wenn die Tat nicht in anderen Vorschriften mit schwererer Strafe bedroht ist.

(2) Der Versuch ist strafbar.

(3) Die Tat wird nur auf Antrag verfolgt.

(4) Kraftfahrzeuge im Sinne dieser Vorschrift sind die Fahrzeuge, die durch Maschinenkraft bewegt werden, Landkraftfahrzeuge nur insoweit, als sie nicht an Bahngleise gebunden sind.

§ 263[1)] [2)] Betrug. (1) Wer in der Absicht, sich oder einem Dritten einen rechtswidrigen Vermögensvorteil zu verschaffen, das Vermögen eines anderen dadurch beschädigt, daß er durch Vorspiegelung falscher oder durch Entstellung oder Unterdrückung wahrer Tatsachen einen Irrtum erregt oder unterhält, wird mit Freiheitsstrafe bis zu fünf Jahren oder mit Geldstrafe bestraft.

(2) Der Versuch ist strafbar.

(3) [1] In besonders schweren Fällen ist die Strafe Freiheitsstrafe von sechs Monaten bis zu zehn Jahren. [2] Ein besonders schwerer Fall liegt in der Regel vor, wenn der Täter

1. gewerbsmäßig oder als Mitglied einer Bande handelt, die sich zur fortgesetzten Begehung von Urkundenfälschung oder Betrug verbunden hat,
2. einen Vermögensverlust großen Ausmaßes herbeiführt oder in der Absicht handelt, durch die fortgesetzte Begehung von Betrug eine große Zahl von Menschen in die Gefahr des Verlustes von Vermögenswerten zu bringen,
3. eine andere Person in wirtschaftliche Not bringt,

[1)] § 263 Abs. 3 Satz 2 Nr. 4 geänd. mWv 26.11.2015 durch G v. 20.11.2015 (BGBl. I S. 2025); Abs. 7 aufgeh. mWv 1.7.2017 durch G v. 13.4.2017 (BGBl. I S. 872).

[2)] Vgl. § 49 BörsenG v. 16.7.2007 (BGBl. I S. 1330, 1351), zuletzt geänd. durch G v. 23.6.2017 (BGBl. I S. 1693).

4. seine Befugnisse oder seine Stellung als Amtsträger oder Europäischer Amtsträger mißbraucht oder
5. einen Versicherungsfall vortäuscht, nachdem er oder ein anderer zu diesem Zweck eine Sache von bedeutendem Wert in Brand gesetzt oder durch eine Brandlegung ganz oder teilweise zerstört oder ein Schiff zum Sinken oder Stranden gebracht hat.

(4) § 243 Abs. 2 sowie die §§ 247 und 248a gelten entsprechend.

(5) Mit Freiheitsstrafe von einem Jahr bis zu zehn Jahren, in minder schweren Fällen mit Freiheitsstrafe von sechs Monaten bis zu fünf Jahren wird bestraft, wer den Betrug als Mitglied einer Bande, die sich zur fortgesetzten Begehung von Straftaten nach den §§ 263 bis 264 oder 267 bis 269 verbunden hat, gewerbsmäßig begeht.

(6) Das Gericht kann Führungsaufsicht anordnen (§ 68 Abs. 1).

§ 267[1)] Urkundenfälschung. (1) Wer zur Täuschung im Rechtsverkehr eine unechte Urkunde herstellt, eine echte Urkunde verfälscht oder eine unechte oder verfälschte Urkunde gebraucht, wird mit Freiheitsstrafe bis zu fünf Jahren oder mit Geldstrafe bestraft.

(2) Der Versuch ist strafbar.

(3) [1] In besonders schweren Fällen ist die Strafe Freiheitsstrafe von sechs Monaten bis zu zehn Jahren. [2] Ein besonders schwerer Fall liegt in der Regel vor, wenn der Täter

1. gewerbsmäßig oder als Mitglied einer Bande handelt, die sich zur fortgesetzten Begehung von Betrug oder Urkundenfälschung verbunden hat,
2. einen Vermögensverlust großen Ausmaßes herbeiführt,
3. durch eine große Zahl von unechten oder verfälschten Urkunden die Sicherheit des Rechtsverkehrs erheblich gefährdet oder
4. seine Befugnisse oder seine Stellung als Amtsträger oder Europäischer Amtsträger mißbraucht.

(4) Mit Freiheitsstrafe von einem Jahr bis zu zehn Jahren, in minder schweren Fällen mit Freiheitsstrafe von sechs Monaten bis zu fünf Jahren wird bestraft, wer die Urkundenfälschung als Mitglied einer Bande, die sich zur fortgesetzten Begehung von Straftaten nach den §§ 263 bis 264 oder 267 bis 269 verbunden hat, gewerbsmäßig begeht.

§ 268 Fälschung technischer Aufzeichnungen. (1) Wer zur Täuschung im Rechtsverkehr

1. eine unechte technische Aufzeichnung herstellt oder eine technische Aufzeichnung verfälscht oder
2. eine unechte oder verfälschte technische Aufzeichnung gebraucht,

wird mit Freiheitsstrafe bis zu fünf Jahren oder mit Geldstrafe bestraft.

(2) Technische Aufzeichnung ist eine Darstellung von Daten, Meß- oder Rechenwerten, Zuständen oder Geschehensabläufen, die durch ein technisches Gerät ganz oder zum Teil selbsttätig bewirkt wird, den Gegenstand der Aufzeichnung allgemein oder für Eingeweihte erkennen läßt und zum

---

1) § 267 Abs. 3 Satz 2 Nr. 4 geänd. mWv 26.11.2015 durch G v. 20.11.2015 (BGBl. I S. 2025).

Beweis einer rechtlich erheblichen Tatsache bestimmt ist, gleichviel ob ihr die Bestimmung schon bei der Herstellung oder erst später gegeben wird.

(3) Der Herstellung einer unechten technischen Aufzeichnung steht es gleich, wenn der Täter durch störende Einwirkung auf den Aufzeichnungsvorgang das Ergebnis der Aufzeichnung beeinflußt.

(4) Der Versuch ist strafbar.

(5) § 267 Abs. 3 und 4 gilt entsprechend.

§ 269 Fälschung beweiserheblicher Daten. (1) Wer zur Täuschung im Rechtsverkehr beweiserhebliche Daten so speichert oder verändert, daß bei ihrer Wahrnehmung eine unechte oder verfälschte Urkunde vorliegen würde, oder derart gespeicherte oder veränderte Daten gebraucht, wird mit Freiheitsstrafe bis zu fünf Jahren oder mit Geldstrafe bestraft.

(2) Der Versuch ist strafbar.

(3) § 267 Abs. 3 und 4 gilt entsprechend.

§ 270 Täuschung im Rechtsverkehr bei Datenverarbeitung. Der Täuschung im Rechtsverkehr steht die fälschliche Beeinflussung einer Datenverarbeitung im Rechtsverkehr gleich.

§ 315 Gefährliche Eingriffe in den Bahn-, Schiffs- und Luftverkehr.

(1) Wer die Sicherheit des Schienenbahn-, Schwebebahn-, Schiffs- oder Luftverkehrs dadurch beeinträchtigt, daß er

1. Anlagen oder Beförderungsmittel zerstört, beschädigt oder beseitigt,
2. Hindernisse bereitet,
3. falsche Zeichen oder Signale gibt oder
4. einen ähnlichen, ebenso gefährlichen Eingriff vornimmt,

und dadurch Leib oder Leben eines anderen Menschen oder fremde Sachen von bedeutendem Wert gefährdet, wird mit Freiheitsstrafe von sechs Monaten bis zu zehn Jahren bestraft.

(2) Der Versuch ist strafbar.

(3) Auf Freiheitsstrafe nicht unter einem Jahr ist zu erkennen, wenn der Täter

1. in der Absicht handelt,
   a) einen Unglücksfall herbeizuführen oder
   b) eine andere Straftat zu ermöglichen oder zu verdecken, oder
2. durch die Tat eine schwere Gesundheitsschädigung eines anderen Menschen oder eine Gesundheitsschädigung einer großen Zahl von Menschen verursacht.

(4) In minder schweren Fällen des Absatzes 1 ist auf Freiheitsstrafe von drei Monaten bis zu fünf Jahren, in minder schweren Fällen des Absatzes 3 auf Freiheitsstrafe von sechs Monaten bis zu fünf Jahren zu erkennen.

(5) Wer in den Fällen des Absatzes 1 die Gefahr fahrlässig verursacht, wird mit Freiheitsstrafe bis zu fünf Jahren oder mit Geldstrafe bestraft.

(6) Wer in den Fällen des Absatzes 1 fahrlässig handelt und die Gefahr fahrlässig verursacht, wird mit Freiheitsstrafe bis zu zwei Jahren oder mit Geldstrafe bestraft.

§ 315a Gefährdung des Bahn-, Schiffs- und Luftverkehrs. (1) Mit Freiheitsstrafe bis zu fünf Jahren oder mit Geldstrafe wird bestraft, wer

1. ein Schienenbahn- oder Schwebebahnfahrzeug, ein Schiff oder ein Luftfahrzeug führt, obwohl er infolge des Genusses alkoholischer Getränke oder anderer berauschender Mittel oder infolge geistiger oder körperlicher Mängel nicht in der Lage ist, das Fahrzeug sicher zu führen, oder
2. als Führer eines solchen Fahrzeugs oder als sonst für die Sicherheit Verantwortlicher durch grob pflichtwidriges Verhalten gegen Rechtsvorschriften zur Sicherung des Schienenbahn-, Schwebebahn-, Schiffs- oder Luftverkehrs verstößt

und dadurch Leib oder Leben eines anderen Menschen oder fremde Sachen von bedeutendem Wert gefährdet.

(2) In den Fällen des Absatzes 1 Nr. 1 ist der Versuch strafbar.

(3) Wer in den Fällen des Absatzes 1

1. die Gefahr fahrlässig verursacht oder
2. fahrlässig handelt und die Gefahr fahrlässig verursacht,

wird mit Freiheitsstrafe bis zu zwei Jahren oder mit Geldstrafe bestraft.

§ 315b Gefährliche Eingriffe in den Straßenverkehr. (1) Wer die Sicherheit des Straßenverkehrs dadurch beeinträchtigt, daß er

1. Anlagen oder Fahrzeuge zerstört, beschädigt oder beseitigt,
2. Hindernisse bereitet oder
3. einen ähnlichen, ebenso gefährlichen Eingriff vornimmt,

und dadurch Leib oder Leben eines anderen Menschen oder fremde Sachen von bedeutendem Wert gefährdet, wird mit Freiheitsstrafe bis zu fünf Jahren oder mit Geldstrafe bestraft.

(2) Der Versuch ist strafbar.

(3) Handelt der Täter unter den Voraussetzungen des § 315 Abs. 3, so ist die Strafe Freiheitsstrafe von einem Jahr bis zu zehn Jahren, in minder schweren Fällen Freiheitsstrafe von sechs Monaten bis zu fünf Jahren.

(4) Wer in den Fällen des Absatzes 1 die Gefahr fahrlässig verursacht, wird mit Freiheitsstrafe bis zu drei Jahren oder mit Geldstrafe bestraft.

(5) Wer in den Fällen des Absatzes 1 fahrlässig handelt und die Gefahr fahrlässig verursacht, wird mit Freiheitsstrafe bis zu zwei Jahren oder mit Geldstrafe bestraft.

§ 315c Gefährdung des Straßenverkehrs. (1) Wer im Straßenverkehr

1. ein Fahrzeug führt, obwohl er
   a) infolge des Genusses alkoholischer Getränke oder anderer berauschender Mittel oder
   b) infolge geistiger oder körperlicher Mängel

   nicht in der Lage ist, das Fahrzeug sicher zu führen, oder

2. grob verkehrswidrig und rücksichtslos
   a) die Vorfahrt nicht beachtet,
   b) falsch überholt oder sonst bei Überholvorgängen falsch fährt,
   c) an Fußgängerüberwegen falsch fährt,
   d) an unübersichtlichen Stellen, an Straßenkreuzungen, Straßeneinmündungen oder Bahnübergängen zu schnell fährt,
   e) an unübersichtlichen Stellen nicht die rechte Seite der Fahrbahn einhält,
   f) auf Autobahnen oder Kraftfahrstraßen wendet, rückwärts oder entgegen der Fahrtrichtung fährt oder dies versucht oder
   g) haltende oder liegengebliebene Fahrzeuge nicht auf ausreichende Entfernung kenntlich macht, obwohl das zur Sicherung des Verkehrs erforderlich ist,

und dadurch Leib oder Leben eines anderen Menschen oder fremde Sachen von bedeutendem Wert gefährdet, wird mit Freiheitsstrafe bis zu fünf Jahren oder mit Geldstrafe bestraft.

(2) In den Fällen des Absatzes 1 Nr. 1 ist der Versuch strafbar.

(3) Wer in den Fällen des Absatzes 1

1. die Gefahr fahrlässig verursacht oder
2. fahrlässig handelt und die Gefahr fahrlässig verursacht,

wird mit Freiheitsstrafe bis zu zwei Jahren oder mit Geldstrafe bestraft.

§ 315d[1] **Verbotene Kraftfahrzeugrennen.** (1) Wer im Straßenverkehr

1. ein nicht erlaubtes Kraftfahrzeugrennen ausrichtet oder durchführt,
2. als Kraftfahrzeugführer an einem nicht erlaubten Kraftfahrzeugrennen teilnimmt oder
3. sich als Kraftfahrzeugführer mit nicht angepasster Geschwindigkeit und grob verkehrswidrig und rücksichtslos fortbewegt, um eine höchstmögliche Geschwindigkeit zu erreichen,

wird mit Freiheitsstrafe bis zu zwei Jahren oder mit Geldstrafe bestraft.

(2) Wer in den Fällen des Absatzes 1 Nummer 2 oder 3 Leib oder Leben eines anderen Menschen oder fremde Sachen von bedeutendem Wert gefährdet, wird mit Freiheitsstrafe bis zu fünf Jahren oder mit Geldstrafe bestraft.

(3) Der Versuch ist in den Fällen des Absatzes 1 Nummer 1 strafbar.

(4) Wer in den Fällen des Absatzes 2 die Gefahr fahrlässig verursacht, wird mit Freiheitsstrafe bis zu drei Jahren oder mit Geldstrafe bestraft.

(5) Verursacht der Täter in den Fällen des Absatzes 2 durch die Tat den Tod oder eine schwere Gesundheitsschädigung eines anderen Menschen oder eine Gesundheitsschädigung einer großen Zahl von Menschen, so ist die Strafe Freiheitsstrafe von einem Jahr bis zu zehn Jahren, in minder schweren Fällen Freiheitsstrafe von sechs Monaten bis zu fünf Jahren.

---

[1] § 315d eingef. mWv 13.10.2017 durch G v. 30.9.2017 (BGBl. I S. 3532).

§ 315e[1] Schienenbahnen im Straßenverkehr. Soweit Schienenbahnen am Straßenverkehr teilnehmen, sind nur die Vorschriften zum Schutz des Straßenverkehrs (§§ 315b und 315c) anzuwenden.

§ 315f[2] Einziehung. [1] Kraftfahrzeuge, auf die sich eine Tat nach § 315d Absatz 1 Nummer 2 oder Nummer 3, Absatz 2, 4 oder 5 bezieht, können eingezogen werden. [2] § 74a ist anzuwenden.

§ 316[3] Trunkenheit im Verkehr. (1) Wer im Verkehr (§§ 315 bis 315e) ein Fahrzeug führt, obwohl er infolge des Genusses alkoholischer Getränke oder anderer berauschender Mittel nicht in der Lage ist, das Fahrzeug sicher zu führen, wird mit Freiheitsstrafe bis zu einem Jahr oder mit Geldstrafe bestraft, wenn die Tat nicht in § 315a oder § 315c mit Strafe bedroht ist.

(2) Nach Absatz 1 wird auch bestraft, wer die Tat fahrlässig begeht.

§ 316a Räuberischer Angriff auf Kraftfahrer. (1) Wer zur Begehung eines Raubes (§§ 249 oder 250), eines räuberischen Diebstahls (§ 252) oder einer räuberischen Erpressung (§ 255) einen Angriff auf Leib oder Leben oder die Entschlußfreiheit des Führers eines Kraftfahrzeugs oder eines Mitfahrers verübt und dabei die besonderen Verhältnisse des Straßenverkehrs ausnutzt, wird mit Freiheitsstrafe nicht unter fünf Jahren bestraft.

(2) In minder schweren Fällen ist die Strafe Freiheitsstrafe von einem Jahr bis zu zehn Jahren.

(3) Verursacht der Täter durch die Tat wenigstens leichtfertig den Tod eines anderen Menschen, so ist die Strafe lebenslange Freiheitsstrafe oder Freiheitsstrafe nicht unter zehn Jahren.

§ 323a Vollrausch. (1) Wer sich vorsätzlich oder fahrlässig durch alkoholische Getränke oder andere berauschende Mittel in einen Rausch versetzt, wird mit Freiheitsstrafe bis zu fünf Jahren oder mit Geldstrafe bestraft, wenn er in diesem Zustand eine rechtswidrige Tat begeht und ihretwegen nicht bestraft werden kann, weil er infolge des Rausches schuldunfähig war oder weil dies nicht auszuschließen ist.

(2) Die Strafe darf nicht schwerer sein als die Strafe, die für die im Rausch begangene Tat angedroht ist.

(3) Die Tat wird nur auf Antrag, mit Ermächtigung oder auf Strafverlangen verfolgt, wenn die Rauschtat nur auf Antrag, mit Ermächtigung oder auf Strafverlangen verfolgt werden könnte.

§ 323c[4] Unterlassene Hilfeleistung; Behinderung von hilfeleistenden Personen. (1) Wer bei Unglücksfällen oder gemeiner Gefahr oder Not nicht Hilfe leistet, obwohl dies erforderlich und ihm den Umständen nach zuzumuten, insbesondere ohne erhebliche eigene Gefahr und ohne Verlet-

[1] Bish. § 315d wird § 315e mWv 13.10.2017 durch G v. 30.9.2017 (BGBl. I S. 3532).

[2] § 315f eingef. mWv 13.10.2017 durch G v. 30.9.2017 (BGBl. I S. 3532).

[3] § 316 Abs. 1 geänd. mWv 13.10.2017 durch G v. 30.9.2017 (BGBl. I S. 3532).

[4] § 323c Überschrift neu gef., Abs. 2 angef. mWv 30.5.2017 durch G v. 23.5.2017 (BGBl. I S. 1226).

zung anderer wichtiger Pflichten möglich ist, wird mit Freiheitsstrafe bis zu einem Jahr oder mit Geldstrafe bestraft.

(2) Ebenso wird bestraft, wer in diesen Situationen eine Person behindert, die einem Dritten Hilfe leistet oder leisten will.

675. Strafprozeßordnung (StPO) [1)2)]

In der Fassung der Bekanntmachung vom 7. April 1987[3)]
(BGBl. I S. 1074, ber. S. 1319)

FNA 312-2

zuletzt geänd. durch Art. 49 JahressteuerG 2020 v. 21.12.2020 (BGBl. I S. 3096)

– Auszug –

§ 81a[4)] Körperliche Untersuchung des Beschuldigten; Zulässigkeit körperlicher Eingriffe. (1) [1] Eine körperliche Untersuchung des Beschuldigten darf zur Feststellung von Tatsachen angeordnet werden, die für das Verfahren von Bedeutung sind. [2] Zu diesem Zweck sind Entnahmen von Blutproben und andere körperliche Eingriffe, die von einem Arzt nach den Regeln der ärztlichen Kunst zu Untersuchungszwecken vorgenommen werden, ohne Einwilligung des Beschuldigten zulässig, wenn kein Nachteil für seine Gesundheit zu befürchten ist.

(2) [1] Die Anordnung steht dem Richter, bei Gefährdung des Untersuchungserfolges durch Verzögerung auch der Staatsanwaltschaft und ihren Ermittlungspersonen (§ 152 des Gerichtsverfassungsgesetzes) zu. [2] Die Entnahme einer Blutprobe bedarf abweichend von Satz 1 keiner richterlichen Anordnung, wenn bestimmte Tatsachen den Verdacht begründen, dass eine Straftat nach § 315a Absatz 1 Nummer 1, Absatz 2 und 3, § 315c Absatz 1 Nummer 1 Buchstabe a, Absatz 2 und 3 oder § 316 des Strafgesetzbuchs begangen worden ist.

(3) Dem Beschuldigten entnommene Blutproben oder sonstige Körperzellen dürfen nur für Zwecke des der Entnahme zugrundeliegenden oder eines anderen anhängigen Strafverfahrens verwendet werden; sie sind unverzüglich zu vernichten, sobald sie hierfür nicht mehr erforderlich sind.

§ 81e[5)] Molekulargenetische Untersuchung. (1) [1] An dem durch Maßnahmen nach § 81a Absatz 1 oder § 81c erlangten Material dürfen mittels molekulargenetischer Untersuchung das DNA-Identifizierungsmuster, die Abstammung und das Geschlecht der Person festgestellt und diese Feststellungen mit Vergleichsmaterial abgeglichen werden, soweit dies zur Erforschung des Sachverhalts

---

[1)] Paragraphenüberschriften eingef. und Gliederungsüberschriften teilweise neu gef. mWv 25.7.2015 durch G v. 17.7.2015 (BGBl. I S. 1332); diese Änderungen sind nicht einzeln in Fußnoten nachgewiesen.

[2)] Die Änderungen durch G v. 5.7.2017 (BGBl. I S. 2208) treten teilweise erst **mWv 1.1.2022**, **mWv 1.7.2025** und **mWv 1.1.2026** in Kraft, die Änderungen durch G v. 10.12.2019 (BGBl. I S. 2121) treten teilweise erst **mWv 12.12.2024** in Kraft sowie die Änderungen durch G v. 12.12.2019 (BGBl. I S. 2652) treten erst **mWv 1.1.2024** in Kraft und sind insoweit im Text noch nicht berücksichtigt.

[3)] Neubekanntmachung der StPO idF der Bek. v. 7.1.1975 (BGBl. I S. 129, 650) in der seit 1.4.1987 geltenden Fassung.

[4)] § 81a Abs. 3 angef. durch G v. 17.3.1997 (BGBl. I S. 534); Abs. 2 geänd. mWv 1.9.2004 durch G v. 24.8.2004 (BGBl. I S. 2198); Abs. 2 Satz 2 angef. mWv 24.8.2017 durch G v. 17.8.2017 (BGBl. I S. 3202).

[5)] § 81e eingef. durch G v. 17.3.1997 (BGBl. I S. 534); Abs. 1 Satz 1 geänd. mWv 1.4.2004 durch G v. 27.12.2003 (BGBl. I S. 3007); Abs. 1 neu gef., Abs. 2 Sätze 1 und 2 geänd., Satz 3 angef. mWv 24.8. 2017 durch G v. 17.8.2017 (BGBl. I S. 3202); Abs. 2 Satz 2 eingef., bish. Sätze 2 und 3 werden Sätze 3 und 4 mWv 13.12.2019 durch G v. 10.12.2019 (BGBl. I S. 2121).

erforderlich ist. [2] Andere Feststellungen dürfen nicht erfolgen; hierauf gerichtete Untersuchungen sind unzulässig.

(2) [1] Nach Absatz 1 zulässige Untersuchungen dürfen auch an aufgefundenem, sichergestelltem oder beschlagnahmtem Material durchgeführt werden. [2] Ist unbekannt, von welcher Person das Spurenmaterial stammt, dürfen zusätzlich Feststellungen über die Augen-, Haar- und Hautfarbe sowie das Alter der Person getroffen werden. [3] Absatz 1 Satz 2 und § 81a Abs. 3 erster Halbsatz gelten entsprechend. [4] Ist bekannt, von welcher Person das Material stammt, gilt § 81f Absatz 1 entsprechend.

§ 81f[1)] Verfahren bei der molekulargenetischen Untersuchung.

(1) [1] Untersuchungen nach § 81e Abs. 1 dürfen ohne schriftliche Einwilligung der betroffenen Person nur durch das Gericht, bei Gefahr im Verzug auch durch die Staatsanwaltschaft und ihre Ermittlungspersonen (§ 152 des Gerichtsverfassungsgesetzes) angeordnet werden. [2] Die einwilligende Person ist darüber zu belehren, für welchen Zweck die zu erhebenden Daten verwendet werden.

(2) [1] Mit der Untersuchung nach § 81e sind in der schriftlichen Anordnung Sachverständige zu beauftragen, die öffentlich bestellt oder nach dem Verpflichtungsgesetz verpflichtet oder Amtsträger sind, die der ermittlungsführenden Behörde nicht angehören oder einer Organisationseinheit dieser Behörde angehören, die von der ermittlungsführenden Dienststelle organisatorisch und sachlich getrennt ist. [2] Diese haben durch technische und organisatorische Maßnahmen zu gewährleisten, daß unzulässige molekulargenetische Untersuchungen und unbefugte Kenntnisnahme Dritter ausgeschlossen sind. [3] Dem Sachverständigen ist das Untersuchungsmaterial ohne Mitteilung des Namens, der Anschrift und des Geburtstages und -monats der betroffenen Person zu übergeben. [4] Ist der Sachverständige eine nichtöffentliche Stelle, finden die Vorschriften der Verordnung (EU) 2016/679 des Europäischen Parlaments und des Rates vom 27. April 2016 zum Schutz natürlicher Personen bei der Verarbeitung personenbezogener Daten, zum freien Datenverkehr und zur Aufhebung der Richtlinie 95/46/EG (Datenschutz-Grundverordnung) (ABl. L 119 vom 4.5.2016, S. 1; L 314 vom 22.11.2016, S. 72; L 127 vom 23.5.2018, S. 2) und des Bundesdatenschutzgesetzes auch dann Anwendung, wenn die personenbezogenen Daten nicht automatisiert verarbeitet und die Daten nicht in einem Dateisystem gespeichert sind oder gespeichert werden sollen.

§ 81g[2)] DNA-Identitätsfeststellung. (1) [1] Ist der Beschuldigte einer Straftat von erheblicher Bedeutung oder einer Straftat gegen die sexuelle Selbstbestimmung verdächtig, dürfen ihm zur Identitätsfeststellung in künftigen Strafverfahren Körperzellen entnommen und zur Feststellung des DNA-Identifizierungsmusters sowie des Geschlechts molekulargenetisch untersucht werden, wenn wegen der Art oder Ausführung der Tat, der Persönlichkeit des Beschuldigten oder sonstiger Erkenntnisse

---

[1)] § 81f eingef. durch G v. 17.3.1997 (BGBl. I S. 534); Abs. 1 Satz 2 eingef., bish. Satz 2 wird Satz 3 mWv 14.8.2002 durch G v. 6.8.2002 (BGBl. I S. 3018); Abs. 1 neu gef., Abs. 2 Sätze 1 und 4 geänd. mWv 1.11.2005 durch G v. 12.8.2005 (BGBl. I S. 2360); Abs. 2 Satz 3 geänd., Satz 4 neu gef. mWv 26.11.2019 durch G v. 20.11.2019 (BGBl. I S. 1724).

[2)] § 81g eingef. durch G v. 7.9.1998 (BGBl. I S. 2646); Abs. 1 neu gef., Abs. 2 Satz 2 geänd., Abs. 3 Satz 2 angef. mWv 1.4.2004 durch G v. 27.12.2003 (BGBl. I S. 3007); Abs. 1 und 3 neu gef., Abs. 4 und 5 angef. mWv 1.11.2005 durch G v. 12.8.2005 (BGBl. I S. 2360); Abs. 5 Satz 2 Nr. 2 geänd. mWv 13.12.2019 durch G v. 10.12.2019 (BGBl. I S. 2121).

Grund zu der Annahme besteht, dass gegen ihn künftig Strafverfahren wegen einer Straftat von erheblicher Bedeutung zu führen sind. [2]Die wiederholte Begehung sonstiger Straftaten kann im Unrechtsgehalt einer Straftat von erheblicher Bedeutung gleichstehen.

(2) [1]Die entnommenen Körperzellen dürfen nur für die in Absatz 1 genannte molekulargenetische Untersuchung verwendet werden; sie sind unverzüglich zu vernichten, sobald sie hierfür nicht mehr erforderlich sind. [2]Bei der Untersuchung dürfen andere Feststellungen als diejenigen, die zur Ermittlung des DNA-Identifizierungsmusters sowie des Geschlechts erforderlich sind, nicht getroffen werden; hierauf gerichtete Untersuchungen sind unzulässig.

(3) [1]Die Entnahme der Körperzellen darf ohne schriftliche Einwilligung des Beschuldigten nur durch das Gericht, bei Gefahr im Verzug auch durch die Staatsanwaltschaft und ihre Ermittlungspersonen (§ 152 des Gerichtsverfassungsgesetzes) angeordnet werden. [2]Die molekulargenetische Untersuchung der Körperzellen darf ohne schriftliche Einwilligung des Beschuldigten nur durch das Gericht angeordnet werden. [3]Die einwilligende Person ist darüber zu belehren, für welchen Zweck die zu erhebenden Daten verwendet werden. [4]§ 81f Abs. 2 gilt entsprechend. [5]In der schriftlichen Begründung des Gerichts sind einzelfallbezogen darzulegen
1. die für die Beurteilung der Erheblichkeit der Straftat bestimmenden Tatsachen,
2. die Erkenntnisse, auf Grund derer Grund zu der Annahme besteht, dass gegen den Beschuldigten künftig Strafverfahren zu führen sein werden, sowie
3. die Abwägung der jeweils maßgeblichen Umstände.

(4) Die Absätze 1 bis 3 gelten entsprechend, wenn die betroffene Person wegen der Tat rechtskräftig verurteilt oder nur wegen
1. erwiesener oder nicht auszuschließender Schuldunfähigkeit,
2. auf Geisteskrankheit beruhender Verhandlungsunfähigkeit oder
3. fehlender oder nicht auszuschließender fehlender Verantwortlichkeit (§ 3 des Jugendgerichtsgesetzes)

nicht verurteilt worden ist und die entsprechende Eintragung im Bundeszentralregister oder Erziehungsregister noch nicht getilgt ist.

(5) [1]Die erhobenen Daten dürfen beim Bundeskriminalamt gespeichert und nach Maßgabe des Bundeskriminalamtgesetzes verwendet werden. [2]Das Gleiche gilt
1. unter den in Absatz 1 genannten Voraussetzungen für die nach § 81e Abs. 1 erhobenen Daten eines Beschuldigten sowie
2. für die nach § 81e Abs. 2 Satz 1 erhobenen Daten.

[3]Die Daten dürfen nur für Zwecke eines Strafverfahrens, der Gefahrenabwehr und der internationalen Rechtshilfe hierfür übermittelt werden. [4]Im Fall des Satzes 2 Nr. 1 ist der Beschuldigte unverzüglich von der Speicherung zu benachrichtigen und darauf hinzuweisen, dass er die gerichtliche Entscheidung beantragen kann.

§ 81h[1)] DNA-Reihenuntersuchung. (1) Begründen bestimmte Tatsachen den Verdacht, dass ein Verbrechen gegen das Leben, die körperliche Unversehrtheit, die persönliche Freiheit oder die sexuelle Selbstbestimmung begangen worden ist, dürfen

[1)] § 81h eingef. mWv 1.11.2005 durch G v. 12.8.2005 (BGBl. I S. 2360); Abs. 1 abschl. Satzteil geänd., Abs. 3 und 4 Satz 2 neu gef. mWv 24.8.2017 durch G v. 17.8.2017 (BGBl. I S. 3202).

Personen, die bestimmte, auf den Täter vermutlich zutreffende Prüfungsmerkmale erfüllen, mit ihrer schriftlichen Einwilligung

1. Körperzellen entnommen,
2. diese zur Feststellung des DNA-Identifizierungsmusters und des Geschlechts molekulargenetisch untersucht und
3. die festgestellten DNA-Identifizierungsmuster mit den DNA-Identifizierungsmustern von Spurenmaterial automatisiert abgeglichen werden,

soweit dies zur Feststellung erforderlich ist, ob das Spurenmaterial von diesen Personen oder von ihren Verwandten in gerader Linie oder in der Seitenlinie bis zum dritten Grad stammt, und die Maßnahme insbesondere im Hinblick auf die Anzahl der von ihr betroffenen Personen nicht außer Verhältnis zur Schwere der Tat steht.

(2) [1] Eine Maßnahme nach Absatz 1 bedarf der gerichtlichen Anordnung. [2] Diese ergeht schriftlich. [3] Sie muss die betroffenen Personen anhand bestimmter Prüfungsmerkmale bezeichnen und ist zu begründen. [4] Einer vorherigen Anhörung der betroffenen Personen bedarf es nicht. [5] Die Entscheidung, mit der die Maßnahme angeordnet wird, ist nicht anfechtbar.

(3) [1] Für die Durchführung der Maßnahme gilt § 81f Absatz 2 entsprechend. [2] Die entnommenen Körperzellen sind unverzüglich zu vernichten, sobald sie für die Untersuchung nach Absatz 1 nicht mehr benötigt werden. [3] Soweit die Aufzeichnungen über die durch die Maßnahme festgestellten DNA-Identifizierungsmuster zur Erforschung des Sachverhalts nicht mehr erforderlich sind, sind sie unverzüglich zu löschen. [4] Die Vernichtung und die Löschung sind zu dokumentieren.

(4) [1] Die betroffenen Personen sind schriftlich darüber zu belehren, dass die Maßnahme nur mit ihrer Einwilligung durchgeführt werden darf. [2] Vor Erteilung der Einwilligung sind sie schriftlich auch darauf hinzuweisen, dass

1. die entnommenen Körperzellen ausschließlich zur Feststellung des DNA-Identifizierungsmusters, der Abstammung und des Geschlechts untersucht werden und dass sie unverzüglich vernichtet werden, sobald sie hierfür nicht mehr erforderlich sind,
2. das Untersuchungsergebnis mit den DNA-Identifizierungsmustern von Spurenmaterial automatisiert daraufhin abgeglichen wird, ob das Spurenmaterial von ihnen oder von ihren Verwandten in gerader Linie oder in der Seitenlinie bis zum dritten Grad stammt,
3. das Ergebnis des Abgleichs zu Lasten der betroffenen Person oder mit ihr in gerader Linie oder in der Seitenlinie bis zum dritten Grad verwandter Personen verwertet werden darf und
4. die festgestellten DNA-Identifizierungsmuster nicht zur Identitätsfeststellung in künftigen Strafverfahren beim Bundeskriminalamt gespeichert werden.

§ 94[1)] Sicherstellung und Beschlagnahme von Gegenständen zu Beweiszwecken. (1) Gegenstände, die als Beweismittel für die Untersuchung von Bedeutung sein können, sind in Verwahrung zu nehmen oder in anderer Weise sicherzustellen.

(2) Befinden sich die Gegenstände in dem Gewahrsam einer Person und werden sie nicht freiwillig herausgegeben, so bedarf es der Beschlagnahme.

[1)] § 94 Abs. 4 angef. mWv 1.7.2017 durch G v. 13.4.2017 (BGBl. I S. 872).

(3) Die Absätze 1 und 2 gelten auch für Führerscheine, die der Einziehung unterliegen.

(4) Die Herausgabe beweglicher Sachen richtet sich nach den §§ 111n und 111o.

§ 98[1] **Verfahren bei der Beschlagnahme.** (1) [1]Beschlagnahmen dürfen nur durch das Gericht, bei Gefahr im Verzug auch durch die Staatsanwaltschaft und ihre Ermittlungspersonen (§ 152 des Gerichtsverfassungsgesetzes) angeordnet werden. [2]Die Beschlagnahme nach § 97 Abs. 5 Satz 2 in den Räumen einer Redaktion, eines Verlages, einer Druckerei oder einer Rundfunkanstalt darf nur durch das Gericht angeordnet werden.

(2) [1]Der Beamte, der einen Gegenstand ohne gerichtliche Anordnung beschlagnahmt hat, soll binnen drei Tagen die gerichtliche Bestätigung beantragen, wenn bei der Beschlagnahme weder der davon Betroffene noch ein erwachsener Angehöriger anwesend war oder wenn der Betroffene und im Falle seiner Abwesenheit ein erwachsener Angehöriger des Betroffenen gegen die Beschlagnahme ausdrücklichen Widerspruch erhoben hat. [2]Der Betroffene kann jederzeit die gerichtliche Entscheidung beantragen. [3]Die Zuständigkeit des Gerichts bestimmt sich nach § 162. [4]Der Betroffene kann den Antrag auch bei dem Amtsgericht einreichen, in dessen Bezirk die Beschlagnahme stattgefunden hat; dieses leitet den Antrag dem zuständigen Gericht zu. [5]Der Betroffene ist über seine Rechte zu belehren.

(3) Ist nach erhobener öffentlicher Klage die Beschlagnahme durch die Staatsanwaltschaft oder eine ihrer Ermittlungspersonen erfolgt, so ist binnen drei Tagen dem Gericht von der Beschlagnahme Anzeige zu machen; die beschlagnahmten Gegenstände sind ihm zur Verfügung zu stellen.

(4) [1]Wird eine Beschlagnahme in einem Dienstgebäude oder einer nicht allgemein zugänglichen Einrichtung oder Anlage der Bundeswehr erforderlich, so wird die vorgesetzte Dienststelle der Bundeswehr um ihre Durchführung ersucht. [2]Die ersuchende Stelle ist zur Mitwirkung berechtigt. [3]Des Ersuchens bedarf es nicht, wenn die Beschlagnahme in Räumen vorzunehmen ist, die ausschließlich von anderen Personen als Soldaten bewohnt werden.

§ 111a[2] **Vorläufige Entziehung der Fahrerlaubnis.** (1) [1]Sind dringende Gründe für die Annahme vorhanden, daß die Fahrerlaubnis entzogen werden wird (§ 69 des Strafgesetzbuches[3]), so kann der Richter dem Beschuldigten durch Beschluß die Fahrerlaubnis vorläufig entziehen. [2]Von der vorläufigen Entziehung können bestimmte Arten von Kraftfahrzeugen ausgenommen werden, wenn besondere Umstände die Annahme rechtfertigen, daß der Zweck der Maßnahme dadurch nicht gefährdet wird.

(2) Die vorläufige Entziehung der Fahrerlaubnis ist aufzuheben, wenn ihr Grund weggefallen ist oder wenn das Gericht im Urteil die Fahrerlaubnis nicht entzieht.

(3) [1]Die vorläufige Entziehung der Fahrerlaubnis wirkt zugleich als Anordnung oder Bestätigung der Beschlagnahme des von einer deutschen Behörde ausgestellten

---

[1] § 98 Abs. 1 Satz 1 und Abs. 3 geänd. mWv 1.9.2004 durch G v. 24.8.2004 (BGBl. I S. 2198); Abs. 1 Sätze 1 und 2, Abs. 2 Sätze 1 und 2 sowie Abs. 3 geänd., Abs. 2 bish. Sätze 3–6 durch neue Sätze 3–5 ersetzt, bish. Satz 7 wird Satz 6 mWv 1.1.2008 durch G v. 21.12.2007 (BGBl. I S. 3198); Abs. 2 Satz 3 neu gef., Satz 4 aufgeh., bish. Sätze 5 und 6 werden Sätze 4 und 5 mWv 1.1.2010 durch G v. 29.7.2009 (BGBl. I S. 2274).

[2] § 111a Abs. 3 Satz 1 und Abs. 6 Sätze 1 und 2 geänd., Abs. 3 Satz 2 angef. durch G v. 24.4.1998 (BGBl. I S. 747).

[3] Nr. **670**.

Führerscheins. [2]Dies gilt auch, wenn der Führerschein von einer Behörde eines Mitgliedstaates der Europäischen Union oder eines anderen Vertragsstaates des Abkommens über den Europäischen Wirtschaftsraum ausgestellt worden ist, sofern der Inhaber seinen ordentlichen Wohnsitz im Inland hat.

(4) Ist ein Führerschein beschlagnahmt, weil er nach § 69 Abs. 3 Satz 2 des Strafgesetzbuches eingezogen werden kann, und bedarf es einer richterlichen Entscheidung über die Beschlagnahme, so tritt an deren Stelle die Entscheidung über die vorläufige Entziehung der Fahrerlaubnis.

(5) [1]Ein Führerschein, der in Verwahrung genommen, sichergestellt oder beschlagnahmt ist, weil er nach § 69 Abs. 3 Satz 2 des Strafgesetzbuches eingezogen werden kann, ist dem Beschuldigten zurückzugeben, wenn der Richter die vorläufige Entziehung der Fahrerlaubnis wegen Fehlens der in Absatz 1 bezeichneten Voraussetzungen ablehnt, wenn er sie aufhebt oder wenn das Gericht im Urteil die Fahrerlaubnis nicht entzieht. [2]Wird jedoch im Urteil ein Fahrverbot nach § 44 des Strafgesetzbuches verhängt, so kann die Rückgabe des Führerscheins aufgeschoben werden, wenn der Beschuldigte nicht widerspricht.

(6) [1]In anderen als in Absatz 3 Satz 2 genannten ausländischen Führerscheinen ist die vorläufige Entziehung der Fahrerlaubnis zu vermerken. [2]Bis zur Eintragung dieses Vermerkes kann der Führerschein beschlagnahmt werden (§ 94 Abs. 3, § 98).

§ 127[1)] Vorläufige Festnahme. (1) [1]Wird jemand auf frischer Tat betroffen oder verfolgt, so ist, wenn er der Flucht verdächtig ist oder seine Identität nicht sofort festgestellt werden kann, jedermann befugt, ihn auch ohne richterliche Anordnung vorläufig festzunehmen. [2]Die Feststellung der Identität einer Person durch die Staatsanwaltschaft oder die Beamten des Polizeidienstes bestimmt sich nach § 163b Abs. 1.

(2) Die Staatsanwaltschaft und die Beamten des Polizeidienstes sind bei Gefahr im Verzug auch dann zur vorläufigen Festnahme befugt, wenn die Voraussetzungen eines Haftbefehls oder eines Unterbringungsbefehls vorliegen.

(3) [1]Ist eine Straftat nur auf Antrag verfolgbar, so ist die vorläufige Festnahme auch dann zulässig, wenn ein Antrag noch nicht gestellt ist. [2]Dies gilt entsprechend, wenn eine Straftat nur mit Ermächtigung oder auf Strafverlangen verfolgbar ist.

(4) Für die vorläufige Festnahme durch die Staatsanwaltschaft und die Beamten des Polizeidienstes gelten die §§ 114a bis 114c entsprechend.

§ 136[2)] Erste Vernehmung. (1) [1]Bei Beginn der ersten Vernehmung ist dem Beschuldigten zu eröffnen, welche Tat ihm zur Last gelegt wird und welche Strafvorschriften in Betracht kommen. [2]Er ist darauf hinzuweisen, daß es ihm nach dem Gesetz freistehe, sich zu der Beschuldigung zu äußern oder nicht zur Sache auszusagen und jederzeit, auch schon vor seiner Vernehmung, einen von ihm zu wählenden Verteidiger zu befragen. [3]Möchte der Beschuldigte vor seiner Vernehmung einen Verteidiger befragen, sind ihm Informationen zur Verfügung zu stellen, die es ihm erleichtern, einen Verteidiger zu kontaktieren. [4]Auf bestehende anwaltliche Not-

---

[1)] § 127 Abs. 4 angef. mWv 1.1.2010 durch G v. 29.7.2009 (BGBl. I S. 2274).

[2)] § 136 Abs. 1 Satz 4 neu gef. mWv 1.9.2004 durch G v. 24.6.2004 (BGBl. I S. 1354); Abs. 1 Satz 3 geänd. mWv 6.7.2013 durch G v. 2.7.2013 (BGBl. I S. 1938); Abs. 1 Satz 3 geänd. mWv 24.8.2017 durch G v. 17.8. 2017 (BGBl. I S. 3202, geänd. durch G v. 9.12.2019, BGBl. I S. 2146); Abs. 1 Sätze 3 und 4 eingef., bish. Sätze 3 und 4 werden Sätze 5 und 6 mWv 5.9.2017 durch G v. 27.8.2017 (BGBl. I S. 3295); Abs. 1 Satz 5 geänd. mWv 13.12.2019 durch G v. 10.12.2019 (BGBl. I S. 2128); Abs. 4 angef. mWv 1.1.2020 durch G v. 9.12.2019 (BGBl. I S. 2146).

dienste ist dabei hinzuweisen. [5] Er ist ferner darüber zu belehren, daß er zu seiner Entlastung einzelne Beweiserhebungen beantragen und unter den Voraussetzungen des § 140 die Bestellung eines Pflichtverteidigers nach Maßgabe des § 141 Absatz 1 und des § 142 Absatz 1 beantragen kann; zu Letzterem ist er dabei auf die Kostenfolge des § 465 hinzuweisen. [6] In geeigneten Fällen soll der Beschuldigte auch darauf, dass er sich schriftlich äußern kann, sowie auf die Möglichkeit eines Täter-Opfer-Ausgleichs hingewiesen werden.

(2) Die Vernehmung soll dem Beschuldigten Gelegenheit geben, die gegen ihn vorliegenden Verdachtsgründe zu beseitigen und die zu seinen Gunsten sprechenden Tatsachen geltend zu machen.

(3) Bei der ersten Vernehmung des Beschuldigten ist zugleich auf die Ermittlung seiner persönlichen Verhältnisse Bedacht zu nehmen.

(4) [1] Die Vernehmung des Beschuldigten kann in Bild und Ton aufgezeichnet werden. [2] Sie ist aufzuzeichnen, wenn

1. dem Verfahren ein vorsätzlich begangenes Tötungsdelikt zugrunde liegt und der Aufzeichnung weder die äußeren Umstände noch die besondere Dringlichkeit der Vernehmung entgegenstehen oder
2. die schutzwürdigen Interessen von Beschuldigten, die erkennbar unter eingeschränkten geistigen Fähigkeiten oder einer schwerwiegenden seelischen Störung leiden, durch die Aufzeichnung besser gewahrt werden können.

[3] § 58a Absatz 2 gilt entsprechend.

§ 136a Verbotene Vernehmungsmethoden; Beweisverwertungsverbote.

(1) [1] Die Freiheit der Willensentschließung und der Willensbetätigung des Beschuldigten darf nicht beeinträchtigt werden durch Mißhandlung, durch Ermüdung, durch körperlichen Eingriff, durch Verabreichung von Mitteln, durch Quälerei, durch Täuschung oder durch Hypnose. [2] Zwang darf nur angewandt werden, soweit das Strafverfahrensrecht dies zuläßt. [3] Die Drohung mit einer nach seinen Vorschriften unzulässigen Maßnahme und das Versprechen eines gesetzlich nicht vorgesehenen Vorteils sind verboten.

(2) Maßnahmen, die das Erinnerungsvermögen oder die Einsichtsfähigkeit des Beschuldigten beeinträchtigen, sind nicht gestattet.

(3) [1] Das Verbot der Absätze 1 und 2 gilt ohne Rücksicht auf die Einwilligung des Beschuldigten. [2] Aussagen, die unter Verletzung dieses Verbots zustande gekommen sind, dürfen auch dann nicht verwertet werden, wenn der Beschuldigte der Verwertung zustimmt.

§ 268c[1)] Belehrung bei Anordnung eines Fahrverbots. [1] Wird in dem Urteil ein Fahrverbot angeordnet, so belehrt der Vorsitzende den Angeklagten über den Beginn der Verbotsfrist (§ 44 Abs. 3 Satz 1 des Strafgesetzbuches[2)]). [2] Die Belehrung wird im Anschluß an die Urteilsverkündung erteilt. [3] Ergeht das Urteil in Abwesenheit des Angeklagten, so ist er schriftlich zu belehren.

§ 305 Nicht der Beschwerde unterliegende Entscheidungen. [1] Entscheidungen der erkennenden Gerichte, die der Urteilsfällung vorausgehen, unterliegen nicht

---

[1)] § 268c geänd. durch G v. 24.4.1998 (BGBl. I S. 747).
[2)] Nr. **670**.

der Beschwerde. [2] Ausgenommen sind Entscheidungen über Verhaftungen, die einstweilige Unterbringung, Beschlagnahmen, die vorläufige Entziehung der Fahrerlaubnis, das vorläufige Berufsverbot oder die Festsetzung von Ordnungs- oder Zwangsmitteln sowie alle Entscheidungen, durch die dritte Personen betroffen werden.

§ 407[1)] Zulässigkeit. (1) [1] Im Verfahren vor dem Strafrichter und im Verfahren, das zur Zuständigkeit des Schöffengerichts gehört, können bei Vergehen auf schriftlichen Antrag der Staatsanwaltschaft die Rechtsfolgen der Tat durch schriftlichen Strafbefehl ohne Hauptverhandlung festgesetzt werden. [2] Die Staatsanwaltschaft stellt diesen Antrag, wenn sie nach dem Ergebnis der Ermittlungen eine Hauptverhandlung nicht für erforderlich erachtet. [3] Der Antrag ist auf bestimmte Rechtsfolgen zu richten. [4] Durch ihn wird die öffentliche Klage erhoben.

(2) [1] Durch Strafbefehl dürfen nur die folgenden Rechtsfolgen der Tat, allein oder nebeneinander, festgesetzt werden:

1. Geldstrafe, Verwarnung mit Strafvorbehalt, Fahrverbot, Einziehung, Vernichtung, Unbrauchbarmachung, Bekanntgabe der Verurteilung und Geldbuße gegen eine juristische Person oder Personenvereinigung,
2. Entziehung der Fahrerlaubnis, bei der die Sperre nicht mehr als zwei Jahre beträgt
2a. Verbot des Haltens oder Betreuens von sowie des Handels oder des sonstigen berufsmäßigen Umgangs mit Tieren jeder oder einer bestimmten Art für die Dauer von einem Jahr bis zu drei Jahren sowie
3. Absehen von Strafe.

[2] Hat der Angeschuldigte einen Verteidiger, so kann auch Freiheitsstrafe bis zu einem Jahr festgesetzt werden, wenn deren Vollstreckung zur Bewährung ausgesetzt wird.

(3) Der vorherigen Anhörung des Angeschuldigten durch das Gericht (§ 33 Abs. 3) bedarf es nicht.

(Fortsetzung nächstes Blatt)

---

1) § 407 Abs. 2 Satz 1 Nr. 1 und 2 geänd., Nr. 3 und Satz 2 angef. durch G v. 11.1.1993 (BGBl. I S. 50); Abs. 2 Satz 1 Nr. 2 geänd., Nr. 2a eingef. mWv 13.7.2013 durch G v. 4.7.2013 (BGBl. I S. 2182); Abs. 2 Satz 1 Nr. 1 geänd. mWv 1.7.2017 durch G v. 13.4.2017 (BGBl. I S. 872).

§ 408 Richterliche Entscheidung über einen Strafbefehlsantrag.

(1) [1] Hält der Vorsitzende des Schöffengerichts die Zuständigkeit des Strafrichters für begründet, so gibt er die Sache durch Vermittlung der Staatsanwaltschaft an diesen ab; der Beschluß ist für den Strafrichter bindend, der Staatsanwaltschaft steht sofortige Beschwerde zu. [2] Hält der Strafrichter die Zuständigkeit des Schöffengerichts für begründet, so legt er die Akten durch Vermittlung der Staatsanwaltschaft dessen Vorsitzenden zur Entscheidung vor.

(2) [1] Erachtet der Richter den Angeschuldigten nicht für hinreichend verdächtig, so lehnt er den Erlaß eines Strafbefehls ab. [2] Die Entscheidung steht dem Beschluß gleich, durch den die Eröffnung des Hauptverfahrens abgelehnt worden ist (§§ 204, 210 Abs. 2, § 211).

(3) [1] Der Richter hat dem Antrag der Staatsanwaltschaft zu entsprechen, wenn dem Erlaß des Strafbefehls keine Bedenken entgegenstehen. [2] Er beraumt Hauptverhandlung an, wenn er Bedenken hat, ohne eine solche zu entscheiden, oder wenn er von der rechtlichen Beurteilung im Strafbefehlsantrag abweichen oder eine andere als die beantragte Rechtsfolge festsetzen will und die Staatsanwaltschaft bei ihrem Antrag beharrt. [3] Mit der Ladung ist dem Angeklagten eine Abschrift des Strafbefehlsantrags ohne die beantragte Rechtsfolge mitzuteilen.

§ 408a[1)] Strafbefehlsantrag nach Eröffnung des Hauptverfahrens.

(1) [1] Ist das Hauptverfahren bereits eröffnet, so kann im Verfahren vor dem Strafrichter und dem Schöffengericht die Staatsanwaltschaft einen Strafbefehlsantrag stellen, wenn die Voraussetzungen des § 407 Abs. 1 Satz 1 und 2 vorliegen und wenn der Durchführung einer Hauptverhandlung das Ausbleiben oder die Abwesenheit des Angeklagten oder ein anderer wichtiger Grund entgegensteht. [2] In der Hauptverhandlung kann der Staatsanwalt den Antrag mündlich stellen; der wesentliche Inhalt des Strafbefehlsantrages ist in das Sitzungsprotokoll aufzunehmen. [3] § 407 Abs. 1 Satz 4, § 408 finden keine Anwendung.

(2) [1] Der Richter hat dem Antrag zu entsprechen, wenn die Voraussetzungen des § 408 Abs. 3 Satz 1 vorliegen. [2] Andernfalls lehnt er den Antrag durch unanfechtbaren Beschluß ab und setzt das Hauptverfahren fort.

§ 408b[2)] Bestellung eines Verteidigers bei beantragter Freiheitsstrafe. [1] Erwägt der Richter, dem Antrag der Staatsanwaltschaft auf Erlaß eines Strafbefehls mit der in § 407 Abs. 2 Satz 2 genannten Rechtsfolge zu entsprechen, so bestellt er dem Angeschuldigten, der noch keinen Verteidiger hat, einen Verteidiger. [2] § 141 Abs. 3 findet entsprechende Anwendung.

§ 409[3)] Inhalt des Strafbefehls. (1) [1] Der Strafbefehl enthält

1. die Angaben zur Person des Angeklagten und etwaiger Nebenbeteiligter,
2. den Namen des Verteidigers,

[1)] § 408a Abs. 1 Satz 2 eingef., bish. Satz 2 wird Satz 3 mWv 1.9.2004 durch G v. 24.8.2004 (BGBl. I S. 2198).

[2)] § 408b eingef. durch G v. 11.1.1993 (BGBl. I S. 50).

[3)] § 409 Abs. 1 Satz 2 neu gef. durch G v. 11.1.1993 (BGBl. I S. 50); Abs. 1 Satz 3 neu gef. mWv 1.1.2007 durch G v. 24.10.2006 (BGBl. I S. 2350); Abs. 1 Satz 3 geänd. mWv 1.7.2017 durch G v. 13.4.2017 (BGBl. I S. 872).

3. die Bezeichnung der Tat, die dem Angeklagten zur Last gelegt wird, Zeit und Ort ihrer Begehung und die Bezeichnung der gesetzlichen Merkmale der Straftat,
4. die angewendeten Vorschriften nach Paragraph, Absatz, Nummer, Buchstabe und mit der Bezeichnung des Gesetzes,
5. die Beweismittel,
6. die Festsetzung der Rechtsfolgen,
7. die Belehrung über die Möglichkeit des Einspruchs und die dafür vorgeschriebene Frist und Form sowie den Hinweis, daß der Strafbefehl rechtskräftig und vollstreckbar wird, soweit gegen ihn kein Einspruch nach § 410 eingelegt wird.

[2] Wird gegen den Angeklagten eine Freiheitsstrafe verhängt, wird er mit Strafvorbehalt verwarnt oder wird gegen ihn ein Fahrverbot angeordnet, so ist er zugleich nach § 268a Abs. 3 oder § 268c Satz 1 zu belehren. [3] § 267 Abs. 6 Satz 2 gilt entsprechend.

(2) Der Strafbefehl wird auch dem gesetzlichen Vertreter des Angeklagten mitgeteilt.

§ 410 Einspruch; Form und Frist des Einspruchs; Rechtskraft.

(1) [1] Der Angeklagte kann gegen den Strafbefehl innerhalb von zwei Wochen nach Zustellung bei dem Gericht, das den Strafbefehl erlassen hat, schriftlich oder zu Protokoll der Geschäftsstelle Einspruch einlegen. [2] Die §§ 297 bis 300 und § 302 Abs. 1 Satz 1, Abs. 2 gelten entsprechend.

(2) Der Einspruch kann auf bestimmte Beschwerdepunkte beschränkt werden.

(3) Soweit gegen einen Strafbefehl nicht rechtzeitig Einspruch erhoben worden ist, steht er einem rechtskräftigen Urteil gleich.

§ 411[1)] Verwerfung wegen Unzulässigkeit; Termin zur Hauptverhandlung. (1) [1] Ist der Einspruch verspätet eingelegt oder sonst unzulässig, so wird er ohne Hauptverhandlung durch Beschluß verworfen; gegen den Beschluß ist sofortige Beschwerde zulässig. [2] Andernfalls wird Termin zur Hauptverhandlung anberaumt. [3] Hat der Angeklagte seinen Einspruch auf die Höhe der Tagessätze einer festgesetzten Geldstrafe beschränkt, kann das Gericht mit Zustimmung des Angeklagten, des Verteidigers und der Staatsanwaltschaft ohne Hauptverhandlung durch Beschluss entscheiden; von der Festsetzung im Strafbefehl darf nicht zum Nachteil des Angeklagten abgewichen werden; gegen den Beschluss ist sofortige Beschwerde zulässig.

(2) [1] Der Angeklagte kann sich in der Hauptverhandlung durch einen Verteidiger mit nachgewiesener Vertretungsvollmacht vertreten lassen. [2] § 420 ist anzuwenden.

(3) [1] Die Klage und der Einspruch können bis zur Verkündung des Urteils im ersten Rechtszug zurückgenommen werden. [2] § 303 gilt entsprechend.

[1)] § 411 Abs. 2 Satz 2 angef. durch G v. 28.10.1994 (BGBl. I S. 3186); Abs. 1 Satz 3 angef. mWv 1.9.2004 durch G v. 24.8.2004 (BGBl. I S. 2198); Abs. 2 Satz 1 geänd. mWv 25.7.2015 durch G v. 17.7.2015 (BGBl. I S. 1332); Abs. 2 Satz 1 geänd. mWv 1.1.2018 durch G v. 5.7.2017 (BGBl. I S. 2208).

[3] Ist der Strafbefehl im Verfahren nach § 408a erlassen worden, so kann die Klage nicht zurückgenommen werden.

(4) Bei der Urteilsfällung ist das Gericht an den im Strafbefehl enthaltenen Ausspruch nicht gebunden, soweit Einspruch eingelegt ist.

§ 412[1)] **Ausbleiben des Angeklagten; Einspruchsverwerfung.** [1] § 329 Absatz 1, 3, 6 und 7 ist entsprechend anzuwenden. [2] Hat der gesetzliche Vertreter Einspruch eingelegt, so ist auch § 330 entsprechend anzuwenden.

§ 450 Anrechnung von Untersuchungshaft und Führerscheinentziehung. (1) Auf die zu vollstreckende Freiheitsstrafe ist unverkürzt die Untersuchungshaft anzurechnen, die der Angeklagte erlitten hat, seit er auf Einlegung eines Rechtsmittels verzichtet oder das eingelegte Rechtsmittel zurückgenommen hat oder seitdem die Einlegungsfrist abgelaufen ist, ohne daß er eine Erklärung abgegeben hat.

(2) Hat nach dem Urteil eine Verwahrung, Sicherstellung oder Beschlagnahme des Führerscheins auf Grund des § 111a Abs. 5 Satz 2 fortgedauert, so ist diese Zeit unverkürzt auf das Fahrverbot (§ 44 des Strafgesetzbuches[2)]) anzurechnen.

§ 463b[3)] **Beschlagnahme von Führerscheinen.** (1) Ist ein Führerschein nach § 44 Abs. 2 Satz 2 und 3 des Strafgesetzbuches[2)] amtlich zu verwahren und wird er nicht freiwillig herausgegeben, so ist er zu beschlagnahmen.

(2) Ausländische Führerscheine können zur Eintragung eines Vermerks über das Fahrverbot oder über die Entziehung der Fahrerlaubnis und die Sperre (§ 44 Abs. 2 Satz 4, § 69b Abs. 2 des Strafgesetzbuches[2)]) beschlagnahmt werden.

(3) [1] Der Verurteilte hat, wenn der Führerschein bei ihm nicht vorgefunden wird, auf Antrag der Vollstreckungsbehörde bei dem Amtsgericht eine eidesstattliche Versicherung über den Verbleib abzugeben. [2] § 883 Abs. 2 und 3 der Zivilprozeßordnung gilt entsprechend.

[1)] § 412 Satz 1 neu gef. mWv 25.7.2015 durch G v. 17.7.2015 (BGBl. I S. 1332).

[2)] Nr. **670**.

[3)] § 463b Abs. 2 Satz 3 geänd. durch G v. 17.12.1997 (BGBl. I S. 3039); Abs. 1, 2 und 3 geänd. durch G v. 24.4.1998 (BGBl. I S. 747); Abs. 3 Satz 2 geänd. mWv 1.1.2013 durch G v. 29.7.2009 (BGBl. I S. 2258).

680. Gesetz über Ordnungswidrigkeiten (OWiG) [1)2)]

In der Fassung der Bekanntmachung vom 19. Februar 1987[3)]
(BGBl. I S. 602)

FNA 454-1

geänd. durch G zur Änd. der StPO v. 17.5.1988 (BGBl. I S. 606), Art. 2 Erstes G zur Änd. des JugendgerichtG v. 30.8.1990 (BGBl. I S. 1853), Art. 5 G zur Änd. des AWG, des StGB und anderer Gesetze v. 28.2.1992 (BGBl. I S. 372), Art. 5 Organisierte Kriminalität-BekämpfungsG 1992 v. 15.7. 1992 (BGBl. I S. 1302), Art. 8 Abs. 15 KostenrechtsänderungsG 1994 v. 24.6.1994 (BGBl. I S. 1325), Art. 2 31. StrafrechtsÄndG v. 27.6.1994 (BGBl. I S. 1440), Art. 7 VerbrechensbekämpfungsG v. 28.10. 1994 (BGBl. I S. 3186), Art. 1 StrafrechtsÄndG – DNA-Analyse („Genetischer Fingerabdruck") v. 17.3. 1997 (BGBl. I S. 534), Art. 19 JustizmitteilungsG v. 18.6.1997 (BGBl. I S. 1430), Art. 5 Informations- und Kommunikationsdienste-G v. 22.7.1997 (BGBl. I S. 1870), Art. 7 KorruptionsbekämpfungsG v. 13.8.1997 (BGBl. I S. 2038), Art. 2 Abs. 15 Zweite Zwangsvollstreckungsnovelle v. 17.12.1997 (BGBl. I S. 3039), Art. 1 ÄndG v. 26.1.1998 (BGBl. I S. 156, ber. S. 340 und 1999 I S. 1237), Art. 4 Abs. 7 Sechstes StrafrechtsreformG v. 26.1.1998 (BGBl. I S. 164), Art. 3 Elftes G zur Änd. des LuftverkehrsG v. 25.8.1998 (BGBl. I S. 2432), Art. 2 Abs. 8 G zur Neuordnung des Gerichtsvollzieherkostenrechts v. 19.4.2001 (BGBl. I S. 623), § 14 Abs. 7 BundeswertpapierverwaltungG v. 11.12.2001 (BGBl. I S. 3519), Art. 24 Rechtspflege-, Straf- und Owi-Gesetze-EuroeinführungsG v. 13.12.2001 (BGBl. I S. 3574), Art. 17 OLG-VertretungsÄndG v. 23.7.2002 (BGBl. I S. 2850), Art. 1 OrdnungswidrigkeitenverfahrensrechtsändG v. 26.7.2002 (BGBl. I S. 2864, ber. S. 3516), Art. 2 EU-BestechungsausführungsG v. 22.8.2002 (BGBl. I S. 3387), Art. 3 35. StrafrechtsÄndG v. 22.12.2003 (BGBl. I S. 2838), Art. 4 Abs. 53 KostenrechtsmodernisierungsG v. 5.5.2004 (BGBl. I S. 718), Art. 5 1. JustizmodernisierungsG v. 24.8.2004 (BGBl. I S. 2198), Art. 18 AnhörungsrügenG v. 9.12.2004 (BGBl. I S. 3220), Art. 7 JustizkommunikationsG v. 22.3.2005 (BGBl. I S. 837), Art. 2 Abs. 8 G zur Novellierung des VerwaltungszustellungsR v. 12.8.2005 (BGBl. I S. 2354), Art. 3 Abs. 6 BundesschuldenwesenmodernisierungsG v. 12.7.2006 (BGBl. I S. 1466), Art. 24 2. JustizmodernisierungsG v. 22.12.2006 (BGBl. I S. 3416), Art. 2 41. StrafrechtsänderungsG v. 7.8.2007 (BGBl. I S. 1786), Art. 4 Abs. 11 G zur Reform der Sachaufklärung in der Zwangsvollstreckung v. 29.7.2009 (BGBl. I S. 2258), Art. 2 G zur Regelung der Verständigung im Strafverfahren v. 29.7.2009 (BGBl. I S. 2353), Art. 4 Achtes G zur Änd. des GWB v. 26.6. 2013 (BGBl. I S. 1738), Art. 30 2. KostenrechtsmodernisierungsG v. 23.7.2013 (BGBl. I S. 2586), Art. 2 Abs. 70 und Art. 4 Abs. 58 G zur Strukturreform des Gebührenrechts des Bundes v. 7.8.2013 (BGBl. I S. 3154, geänd. durch G v. 18.7.2016, BGBl. I S. 1666), Art. 8 Fünftes G zur Änd. des StraßenverkehrsG und anderer Gesetze v. 28.8.2013 (BGBl. I S. 3313), Art. 18 G zur Förderung des elektronischen Rechtsverkehrs mit den Gerichten v. 10.10.2013 (BGBl. I S. 3786), Art. 4 Bundeswehr-AttraktivitätssteigerungsG v. 13.5.2015 (BGBl. I S. 706), Art. 4 Abs. 55 G zur Aktualisierung der Strukturreform des Gebührenrechts des Bundes v. 18.7.2016 (BGBl. I S. 1666), Art. 4 G zur Regulierung des Prostitutionsgewerbes v. 21.10.2016 (BGBl. I S. 2372), Art. 5 G zur Reform der strafrechtlichen Vermögensabschöpfung v. 13.4.2017 (BGBl. I S. 872), Art. 8, 9 G zur Einführung der elektronischen Akte in der Justiz und zur weiteren Förderung des elektronischen Rechtsverkehrs v. 5.7.2017 (BGBl. I S. 2208), Art. 11 Abs. 33 eIDAS-DurchführungsG v. 18.7.2017 (BGBl. I S. 2745), Art. 5 G zur effektiveren und praxistauglicheren Ausgestaltung des Strafverfahrens v. 17.8.2017 (BGBl. I S. 3202), Art. 5 Zweites G zur Stärkung der Verfahrensrechte von Beschuldigten im Strafverfahren und zur Änd. des Schöffenrechts v. 27.8.2017 (BGBl. I S. 3295), Art. 3 G zur Stärkung des Rechts des Angeklagten auf Anwesenheit in der Verhandlung v. 17.12.2018 (BGBl. I S. 2571), Art. 5 Abs. 15 G zur Einführung einer Karte für Unionsbürger und Angehörige des Europäischen Wirtschaftsraums mit Funktion zum elektronischen Identitätsnachweis sowie zur Änd. des PersonalausweisG und weiterer Vorschriften[4)] v. 21.6.2019 (BGBl. I S. 846), Art. 26 Abs. 6 G zur Umsetzung der RL (EU) 2016/680 im Strafverfahren sowie zur Anpassung datenschutzrechtl. Bestimmungen an die VO (EU) 2016/679 v. 20.11.2019 (BGBl. I S. 1724), Art. 8 G zur Neuregelung des Rechts der notwendigen Verteidigung v. 10.12.2019 (BGBl. I S. 2128), Art. 5 G zur

---

[1)] Die Änderung durch G v. 18.7.2016 (BGBl. I S. 1666) tritt erst **mWv 1.10.2021** in Kraft und ist im Text noch nicht berücksichtigt.

[2)] Die Änderungen durch G v. 5.7.2017 (BGBl. I S. 2208) treten teilweise erst **mWv 1.7.2025** und **mWv 1.1.2026** in Kraft und sind insoweit im Text noch nicht berücksichtigt.

[3)] Neubekanntmachung des OWiG v. 24.5.1968 (BGBl. I S. 481) in der ab 1.4.1987 geltenden Fassung.

[4)] Die Änd. des Inkrafttretens dieses G durch Art. 154a G v. 20.11.2019 (BGBl. I S. 1626) ist unbeachtlich, da das G bei Erlass des ÄndG bereits in Kraft getreten war.

Stärkung der Verfahrensrechte von Beschuldigten im Jugendstrafverfahren v. 9.12.2019 (BGBl. I S. 2146), Art. 185 Elfte ZuständigkeitsanpassungsVO v. 19.6.2020 (BGBl. I S. 1328) und Art. 3 60. G zur Änd. des Strafgesetzbuches – Modernisierung des Schriftenbegriffs und anderer Begriffe sowie Erweiterung der Strafbarkeit nach den §§ 86, 86a, 111 und 130 des Strafgesetzbuches bei Handlungen im Ausland v. 30.11. 2020 (BGBl. I S. 2600)

Inhaltsübersicht[1]

---

[1] Inhaltsübersicht geänd. mWv 30.8.2002 durch G v. 22.8.2002 (BGBl. I S. 3387); mWv 1.10.2002 durch G v. 26.7.2002 (BGBl. I S. 2864, ber. S. 3516); mWv 1.7.2004 durch G v. 5.5.2004 (BGBl. I S. 718); mWv 1.9.2004 durch G v. 24.8.2004 (BGBl. I S. 2198); mWv 1.4.2005 durch G v. 22.3.2005 (BGBl. I S. 837); mWv 1.2.2006 durch G v. 12.8.2005 (BGBl. I S. 2354); sie wurde nichtamtlich an die nachträglichen Änderungen durch G v. 21.10.2016 (BGBl. I S. 2372), G v. 13.4.2017 (BGBl. I S. 872) und G v. 5.7.2017 (BGBl. I S. 2208) angepasst.

§§

Zweiter Teil. Bußgeldverfahren

Erster Abschnitt. Zuständigkeit zur Verfolgung und Ahndung von Ordnungswidrigkeiten

Zweiter Abschnitt. Allgemeine Verfahrensvorschriften

Dritter Abschnitt. Vorverfahren

I. Allgemeine Vorschriften

II. Verwarnungsverfahren

III. Verfahren der Verwaltungsbehörde

IV. Verfahren der Staatsanwaltschaft

Vierter Abschnitt. Bußgeldbescheid

Fünfter Abschnitt. Einspruch und gerichtliches Verfahren

I. Einspruch

§§

II. Verfahren der Staatsanwaltschaft

III. Verfahren über die Zulässigkeit des Einspruchs

IV. Auslagen des Betroffenen

Elfter Abschnitt. Entschädigung für Verfolgungsmaßnahmen

Zwölfter Abschnitt. *[Aktenführung und Kommunikation im Verfahren]*

Dritter Teil. Einzelne Ordnungswidrigkeiten

Erster Abschnitt. Verstöße gegen staatliche Anordnungen

Zweiter Abschnitt. Verstöße gegen die öffentliche Ordnung

Dritter Abschnitt. Mißbrauch staatlicher oder staatlich geschützter Zeichen

Vierter Abschnitt. Verletzung der Aufsichtspflicht in Betrieben und Unternehmen

Fünfter Abschnitt. Gemeinsame Vorschriften

Vierter Teil. Schlußvorschriften

Erster Teil. Allgemeine Vorschriften

Erster Abschnitt. Geltungsbereich

§ 1 Begriffsbestimmung. (1) Eine Ordnungswidrigkeit ist eine rechtswidrige und vorwerfbare Handlung, die den Tatbestand eines Gesetzes verwirklicht, das die Ahndung mit einer Geldbuße zuläßt.

(2) Eine mit Geldbuße bedrohte Handlung ist eine rechtswidrige Handlung, die den Tatbestand eines Gesetzes im Sinne des Absatzes 1 verwirklicht, auch wenn sie nicht vorwerfbar begangen ist.

§ 2 Sachliche Geltung. Dieses Gesetz gilt für Ordnungswidrigkeiten nach Bundesrecht und nach Landesrecht.

§ 3 Keine Ahndung ohne Gesetz. Eine Handlung kann als Ordnungswidrigkeit nur geahndet werden, wenn die Möglichkeit der Ahndung gesetzlich bestimmt war, bevor die Handlung begangen wurde.

§ 4 Zeitliche Geltung. (1) Die Geldbuße bestimmt sich nach dem Gesetz, das zur Zeit der Handlung gilt.

(2) Wird die Bußgelddrohung während der Begehung der Handlung geändert, so ist das Gesetz anzuwenden, das bei Beendigung der Handlung gilt.

(3) Wird das Gesetz, das bei Beendigung der Handlung gilt, vor der Entscheidung geändert, so ist das mildeste Gesetz anzuwenden.

(4) [1] Ein Gesetz, das nur für eine bestimmte Zeit gelten soll, ist auf Handlungen, die während seiner Geltung begangen sind, auch dann anzuwenden, wenn es außer Kraft getreten ist. [2] Dies gilt nicht, soweit ein Gesetz etwas anderes bestimmt.

(5) Für Nebenfolgen einer Ordnungswidrigkeit gelten die Absätze 1 bis 4 entsprechend.

§ 5[1)] Räumliche Geltung. Wenn das Gesetz nichts anderes bestimmt, können nur Ordnungswidrigkeiten geahndet werden, die im räumlichen Geltungsbereich dieses Gesetzes oder außerhalb dieses Geltungsbereichs auf einem Schiff oder in einem Luftfahrzeug begangen werden, das berechtigt ist, die Bundesflagge oder das Staatszugehörigkeitszeichen der Bundesrepublik Deutschland zu führen.

§ 6 Zeit der Handlung. [1] Eine Handlung ist zu der Zeit begangen, zu welcher der Täter tätig geworden ist oder im Falle des Unterlassens hätte tätig werden müssen. [2] Wann der Erfolg eintritt, ist nicht maßgebend.

§ 7 Ort der Handlung. (1) Eine Handlung ist an jedem Ort begangen, an dem der Täter tätig geworden ist oder im Falle des Unterlassens hätte tätig werden müssen oder an dem der zum Tatbestand gehörende Erfolg eingetreten ist oder nach der Vorstellung des Täters eintreten sollte.

---

1) § 5 geänd. durch G v. 25.8.1998 (BGBl. I S. 2432).

(2) Die Handlung eines Beteiligten ist auch an dem Ort begangen, an dem der Tatbestand des Gesetzes, das die Ahndung mit einer Geldbuße zuläßt, verwirklicht worden ist oder nach der Vorstellung des Beteiligten verwirklicht werden sollte.

Zweiter Abschnitt. Grundlagen der Ahndung

§ 8 Begehen durch Unterlassen. Wer es unterläßt, einen Erfolg abzuwenden, der zum Tatbestand einer Bußgeldvorschrift gehört, handelt nach dieser Vorschrift nur dann ordnungswidrig, wenn er rechtlich dafür einzustehen hat, daß der Erfolg nicht eintritt, und wenn das Unterlassen der Verwirklichung des gesetzlichen Tatbestandes durch ein Tun entspricht.

§ 9[1] Handeln für einen anderen. (1) Handelt jemand

1. als vertretungsberechtigtes Organ einer juristischen Person oder als Mitglied eines solchen Organs,
2. als vertretungsberechtigter Gesellschafter einer rechtsfähigen Personengesellschaft oder
3. als gesetzlicher Vertreter eines anderen,

so ist ein Gesetz, nach dem besondere persönliche Eigenschaften, Verhältnisse oder Umstände (besondere persönliche Merkmale) die Möglichkeit der Ahndung begründen, auch auf den Vertreter anzuwenden, wenn diese Merkmale zwar nicht bei ihm, aber bei dem Vertretenen vorliegen.

(2) [1] Ist jemand von dem Inhaber eines Betriebes oder einem sonst dazu Befugten

1. beauftragt, den Betrieb ganz oder zum Teil zu leiten, oder
2. ausdrücklich beauftragt, in eigener Verantwortung Aufgaben wahrzunehmen, die dem Inhaber des Betriebes obliegen,

und handelt er auf Grund dieses Auftrages, so ist ein Gesetz, nach dem besondere persönliche Merkmale die Möglichkeit der Ahndung begründen, auch auf den Beauftragten anzuwenden, wenn diese Merkmale zwar nicht bei ihm, aber bei dem Inhaber des Betriebes vorliegen. [2] Dem Betrieb im Sinne des Satzes 1 steht das Unternehmen gleich. [3] Handelt jemand auf Grund eines entsprechenden Auftrages für eine Stelle, die Aufgaben der öffentlichen Verwaltung wahrnimmt, so ist Satz 1 sinngemäß anzuwenden.

(3) Die Absätze 1 und 2 sind auch dann anzuwenden, wenn die Rechtshandlung, welche die Vertretungsbefugnis oder das Auftragsverhältnis begründen sollte, unwirksam ist.

§ 10 Vorsatz und Fahrlässigkeit. Als Ordnungswidrigkeit kann nur vorsätzliches Handeln geahndet werden, außer wenn das Gesetz fahrlässiges Handeln ausdrücklich mit Geldbuße bedroht.

§ 11 Irrtum. (1) [1] Wer bei Begehung einer Handlung einen Umstand nicht kennt, der zum gesetzlichen Tatbestand gehört, handelt nicht vorsätzlich. [2] Die Möglichkeit der Ahndung wegen fahrlässigen Handelns bleibt unberührt.

(2) Fehlt dem Täter bei Begehung der Handlung die Einsicht, etwas Unerlaubtes zu tun, namentlich weil er das Bestehen oder die Anwendbarkeit einer

---

[1] § 9 Abs. 1 Nr. 2 geänd. mWv 30.8.2002 durch G v. 22.8.2002 (BGBl. I S. 3387).

Rechtsvorschrift nicht kennt, so handelt er nicht vorwerfbar, wenn er diesen Irrtum nicht vermeiden konnte.

§ 12[1)] Verantwortlichkeit. (1) [1] Nicht vorwerfbar handelt, wer bei Begehung einer Handlung noch nicht vierzehn Jahre alt ist. [2] Ein Jugendlicher handelt nur unter den Voraussetzungen des § 3 Satz 1 des Jugendgerichtsgesetzes vorwerfbar.

(2) Nicht vorwerfbar handelt, wer bei Begehung der Handlung wegen einer krankhaften seelischen Störung, wegen einer tiefgreifenden Bewußtseinsstörung oder wegen einer Intelligenzminderung oder einer schweren anderen seelischen Störung unfähig ist, das Unerlaubte der Handlung einzusehen oder nach dieser Einsicht zu handeln.

§ 13 Versuch. (1) Eine Ordnungswidrigkeit versucht, wer nach seiner Vorstellung von der Handlung zur Verwirklichung des Tatbestandes unmittelbar ansetzt.

(2) Der Versuch kann nur geahndet werden, wenn das Gesetz es ausdrücklich bestimmt.

(3) [1] Der Versuch wird nicht geahndet, wenn der Täter freiwillig die weitere Ausführung der Handlung aufgibt oder deren Vollendung verhindert. [2] Wird die Handlung ohne Zutun des Zurücktretenden nicht vollendet, so genügt sein freiwilliges und ernsthaftes Bemühen, die Vollendung zu verhindern.

(4) [1] Sind an der Handlung mehrere beteiligt, so wird der Versuch desjenigen nicht geahndet, der freiwillig die Vollendung verhindert. [2] Jedoch genügt sein freiwilliges und ernsthaftes Bemühen, die Vollendung der Handlung zu verhindern, wenn sie ohne sein Zutun nicht vollendet oder unabhängig von seiner früheren Beteiligung begangen wird.

§ 14 Beteiligung. (1) [1] Beteiligen sich mehrere an einer Ordnungswidrigkeit, so handelt jeder von ihnen ordnungswidrig. [2] Dies gilt auch dann, wenn besondere persönliche Merkmale (§ 9 Abs. 1), welche die Möglichkeit der Ahndung begründen, nur bei einem Beteiligten vorliegen.

(2) Die Beteiligung kann nur dann geahndet werden, wenn der Tatbestand eines Gesetzes, das die Ahndung mit einer Geldbuße zuläßt, rechtswidrig verwirklicht wird oder in Fällen, in denen auch der Versuch geahndet werden kann, dies wenigstens versucht wird.

(3) [1] Handelt einer der Beteiligten nicht vorwerfbar, so wird dadurch die Möglichkeit der Ahndung bei den anderen nicht ausgeschlossen. [2] Bestimmt das Gesetz, daß besondere persönliche Merkmale die Möglichkeit der Ahndung ausschließen, so gilt dies nur für den Beteiligten, bei dem sie vorliegen.

(4) Bestimmt das Gesetz, daß eine Handlung, die sonst eine Ordnungswidrigkeit wäre, bei besonderen persönlichen Merkmalen des Täters eine Straftat ist, so gilt dies nur für den Beteiligten, bei dem sie vorliegen.

[1)] § 12 Abs. 2 geänd. mWv 1.1.2021 durch G v. 30.11.2020 (BGBl. I S. 2600).

§ 15 Notwehr. (1) Wer eine Handlung begeht, die durch Notwehr geboten ist, handelt nicht rechtswidrig.

(2) Notwehr ist die Verteidigung, die erforderlich ist, um einen gegenwärtigen rechtswidrigen Angriff von sich oder einem anderen abzuwenden.

(3) Überschreitet der Täter die Grenzen der Notwehr aus Verwirrung, Furcht oder Schrecken, so wird die Handlung nicht geahndet.

§ 16 Rechtfertigender Notstand. [1] Wer in einer gegenwärtigen, nicht anders abwendbaren Gefahr für Leben, Leib, Freiheit, Ehre, Eigentum oder ein anderes Rechtsgut eine Handlung begeht, um die Gefahr von sich oder einem anderen abzuwenden, handelt nicht rechtswidrig, wenn bei Abwägung der widerstreitenden Interessen, namentlich der betroffenen Rechtsgüter und des Grades der ihnen drohenden Gefahren, das geschützte Interesse das beeinträchtigte wesentlich überwiegt. [2] Dies gilt jedoch nur, soweit die Handlung ein angemessenes Mittel ist, die Gefahr abzuwenden.

Dritter Abschnitt. Geldbuße

§ 17[1)] Höhe der Geldbuße. (1) Die Geldbuße beträgt mindestens fünf Euro und, wenn das Gesetz nichts anderes bestimmt, höchstens eintausend Euro.

(2) Droht das Gesetz für vorsätzliches und fahrlässiges Handeln Geldbuße an, ohne im Höchstmaß zu unterscheiden, so kann fahrlässiges Handeln im Höchstmaß nur mit der Hälfte des angedrohten Höchstbetrages der Geldbuße geahndet werden.

(3) [1] Grundlage für die Zumessung der Geldbuße sind die Bedeutung der Ordnungswidrigkeit und der Vorwurf, der den Täter trifft. [2] Auch die wirtschaftlichen Verhältnisse des Täters kommen in Betracht; bei geringfügigen Ordnungswidrigkeiten bleiben sie jedoch in der Regel unberücksichtigt.

(4) [1] Die Geldbuße soll den wirtschaftlichen Vorteil, den der Täter aus der Ordnungswidrigkeit gezogen hat, übersteigen. [2] Reicht das gesetzliche Höchstmaß hierzu nicht aus, so kann es überschritten werden.

§ 18 Zahlungserleichterungen. [1] Ist dem Betroffenen nach seinen wirtschaftlichen Verhältnissen nicht zuzumuten, die Geldbuße sofort zu zahlen, so wird ihm eine Zahlungsfrist bewilligt oder gestattet, die Geldbuße in bestimmten Teilbeträgen zu zahlen. [2] Dabei kann angeordnet werden, daß die Vergünstigung, die Geldbuße in bestimmten Teilbeträgen zu zahlen, entfällt, wenn der Betroffene einen Teilbetrag nicht rechtzeitig zahlt.

Vierter Abschnitt. Zusammentreffen mehrerer Gesetzesverletzungen

§ 19 Tateinheit. (1) Verletzt dieselbe Handlung mehrere Gesetze, nach denen sie als Ordnungswidrigkeit geahndet werden kann, oder ein solches Gesetz mehrmals, so wird nur eine einzige Geldbuße festgesetzt.

---

1) § 17 Abs. 1 geänd. durch G v. 26.1.1998 (BGBl. I S. 156); Abs. 1 geänd. mWv 1.1.2002 durch G v. 13.12.2001 (BGBl. I S. 3574).

(2) [1] Sind mehrere Gesetze verletzt, so wird die Geldbuße nach dem Gesetz bestimmt, das die höchste Geldbuße androht. [2] Auf die in dem anderen Gesetz angedrohten Nebenfolgen kann erkannt werden.

§ 20 Tatmehrheit. Sind mehrere Geldbußen verwirkt, so wird jede gesondert festgesetzt.

§ 21 Zusammentreffen von Straftat und Ordnungswidrigkeit. (1) [1] Ist eine Handlung gleichzeitig Straftat und Ordnungswidrigkeit, so wird nur das Strafgesetz angewendet. [2] Auf die in dem anderen Gesetz angedrohten Nebenfolgen kann erkannt werden.

(2) Im Falle des Absatzes 1 kann die Handlung jedoch als Ordnungswidrigkeit geahndet werden, wenn eine Strafe nicht verhängt wird.

Fünfter Abschnitt.[1] Einziehung von Gegenständen

§ 22[2] **Einziehung von Gegenständen.** (1) Als Nebenfolge einer Ordnungswidrigkeit dürfen Gegenstände nur eingezogen werden, soweit das Gesetz es ausdrücklich zuläßt.

(2) Die Einziehung ist nur zulässig, wenn

1. die Gegenstände zur Zeit der Entscheidung dem Täter gehören oder zustehen oder
2. die Gegenstände nach ihrer Art und den Umständen die Allgemeinheit gefährden oder die Gefahr besteht, daß sie der Begehung von Handlungen dienen werden, die mit Strafe oder mit Geldbuße bedroht sind.

(3) Unter den Voraussetzungen des Absatzes 2 Nr. 2 ist die Einziehung der Gegenstände auch zulässig, wenn der Täter nicht vorwerfbar gehandelt hat.

§ 23 Erweiterte Voraussetzungen der Einziehung. Verweist das Gesetz auf diese Vorschrift, so dürfen die Gegenstände abweichend von § 22 Abs. 2 Nr. 1 auch dann eingezogen werden, wenn derjenige, dem sie zur Zeit der Entscheidung gehören oder zustehen,

1. wenigstens leichtfertig dazu beigetragen hat, daß die Sache oder das Recht Mittel oder Gegenstand der Handlung oder ihrer Vorbereitung gewesen ist, oder
2. die Gegenstände in Kenntnis der Umstände, welche die Einziehung zugelassen hätten, in verwerflicher Weise erworben hat.

§ 24 Grundsatz der Verhältnismäßigkeit. (1) Die Einziehung darf in den Fällen des § 22 Abs. 2 Nr. 1 und des § 23 nicht angeordnet werden, wenn sie zur Bedeutung der begangenen Handlung und zum Vorwurf, der den von der Einziehung betroffenen Täter oder in den Fällen des § 23 den Dritten trifft, außer Verhältnis steht.

(2) [1] In den Fällen der §§ 22 und 23 wird angeordnet, daß die Einziehung vorbehalten bleibt, und eine weniger einschneidende Maßnahme getroffen,

---

[1] 5. Abschnitt Überschrift geänd. mWv 1.7.2017 durch G v. 13.4.2017 (BGBl. I S. 872).
[2] § 22 Überschrift neu gef. mWv 1.7.2017 durch G v. 13.4.2017 (BGBl. I S. 872).

wenn der Zweck der Einziehung auch durch sie erreicht werden kann. [2] In Betracht kommt namentlich die Anweisung,

1. die Gegenstände unbrauchbar zu machen,
2. an den Gegenständen bestimmte Einrichtungen oder Kennzeichen zu beseitigen oder die Gegenstände sonst zu ändern oder
3. über die Gegenstände in bestimmter Weise zu verfügen.

[3] Wird die Anweisung befolgt, so wird der Vorbehalt der Einziehung aufgehoben; andernfalls wird die Einziehung nachträglich angeordnet.

(3) Die Einziehung kann auf einen Teil der Gegenstände beschränkt werden.

§ 25 Einziehung des Wertersatzes. (1) Hat der Täter den Gegenstand, der ihm zur Zeit der Handlung gehörte oder zustand und dessen Einziehung hätte angeordnet werden können, vor der Anordnung der Einziehung verwertet, namentlich veräußert oder verbraucht, oder hat er die Einziehung des Gegenstandes sonst vereitelt, so kann die Einziehung eines Geldbetrages gegen den Täter bis zu der Höhe angeordnet werden, die dem Wert des Gegenstandes entspricht.

(2) Eine solche Anordnung kann auch neben der Einziehung eines Gegenstandes oder an deren Stelle getroffen werden, wenn ihn der Täter vor der Anordnung der Einziehung mit dem Recht eines Dritten belastet hat, dessen Erlöschen ohne Entschädigung nicht angeordnet werden kann oder im Falle der Einziehung nicht angeordnet werden könnte (§ 26 Abs. 2, § 28); wird die Anordnung neben der Einziehung getroffen, so bemißt sich die Höhe des Wertersatzes nach dem Wert der Belastung des Gegenstandes.

(3) Der Wert des Gegenstandes und der Belastung kann geschätzt werden.

(4) Ist die Anordnung der Einziehung eines Gegenstandes nicht ausführbar oder unzureichend, weil nach der Anordnung eine der in den Absätzen 1 oder 2 bezeichneten Voraussetzungen eingetreten oder bekanntgeworden ist, so kann die Einziehung des Wertersatzes nachträglich angeordnet werden.

(5) Für die Bewilligung von Zahlungserleichterungen gilt § 18.

§ 26 Wirkung der Einziehung. (1) Wird ein Gegenstand eingezogen, so geht das Eigentum an der Sache oder das eingezogene Recht mit der Rechtskraft der Entscheidung auf den Staat oder, soweit das Gesetz dies bestimmt, auf die Körperschaft oder Anstalt des öffentlichen Rechts über, deren Organ oder Stelle die Einziehung angeordnet hat.

(2) [1] Rechte Dritter an dem Gegenstand bleiben bestehen. [2] Das Erlöschen dieser Rechte wird jedoch angeordnet, wenn die Einziehung darauf gestützt wird, daß die Voraussetzungen des § 22 Abs. 2 Nr. 2 vorliegen. [3] Das Erlöschen des Rechts eines Dritten kann auch dann angeordnet werden, wenn diesem eine Entschädigung nach § 28 Abs. 2 Nr. 1 oder 2 nicht zu gewähren ist.

(3) [1] Vor der Rechtskraft wirkt die Anordnung der Einziehung als Veräußerungsverbot im Sinne des § 136 des Bürgerlichen Gesetzbuches; das Verbot umfaßt auch andere Verfügungen als Veräußerungen. [2] Die gleiche Wirkung hat die Anordnung des Vorbehalts der Einziehung, auch wenn sie noch nicht rechtskräftig ist.

§ 27 Selbständige Anordnung. (1) Kann wegen der Ordnungswidrigkeit aus tatsächlichen Gründen keine bestimmte Person verfolgt oder eine Geldbuße gegen eine bestimmte Person nicht festgesetzt werden, so kann die Einziehung des Gegenstandes oder des Wertersatzes selbständig angeordnet werden, wenn die Voraussetzungen, unter denen die Maßnahme zugelassen ist, im übrigen vorliegen.

(2) [1] Unter den Voraussetzungen des § 22 Abs. 2 Nr. 2 oder Abs. 3 ist Absatz 1 auch dann anzuwenden, wenn

1. die Verfolgung der Ordnungswidrigkeit verjährt ist oder
2. sonst aus rechtlichen Gründen keine bestimmte Person verfolgt werden kann und das Gesetz nichts anderes bestimmt.

[2] Die Einziehung darf jedoch nicht angeordnet werden, wenn Antrag oder Ermächtigung fehlen.

(3) Absatz 1 ist auch anzuwenden, wenn nach § 47 die Verfolgungsbehörde von der Verfolgung der Ordnungswidrigkeit absieht oder das Gericht das Verfahren einstellt.

§ 28 Entschädigung. (1) [1] Stand das Eigentum an der Sache oder das eingezogene Recht zur Zeit der Rechtskraft der Entscheidung über die Einziehung einem Dritten zu oder war der Gegenstand mit dem Recht eines Dritten belastet, das durch die Entscheidung erloschen oder beeinträchtigt ist, so wird der Dritte unter Berücksichtigung des Verkehrswertes angemessen in Geld entschädigt. [2] Die Entschädigungspflicht trifft den Staat oder die Körperschaft oder Anstalt des öffentlichen Rechts, auf die das Eigentum an der Sache oder das eingezogene Recht übergegangen ist.

(2) Eine Entschädigung wird nicht gewährt, wenn

1. der Dritte wenigstens leichtfertig dazu beigetragen hat, daß die Sache oder das Recht Mittel oder Gegenstand der Handlung oder ihrer Vorbereitung gewesen ist,
2. der Dritte den Gegenstand oder das Recht an dem Gegenstand in Kenntnis der Umstände, welche die Einziehung zulassen, in verwerflicher Weise erworben hat oder
3. es nach den Umständen, welche die Einziehung begründet haben, auf Grund von Rechtsvorschriften außerhalb des Ordnungswidrigkeitenrechts zulässig wäre, den Gegenstand dem Dritten ohne Entschädigung dauernd zu entziehen.

(3) In den Fällen des Absatzes 2 kann eine Entschädigung gewährt werden, soweit es eine unbillige Härte wäre, sie zu versagen.

§ 29[1)] Sondervorschrift für Organe und Vertreter. (1) Hat jemand

1. als vertretungsberechtigtes Organ einer juristischen Person oder als Mitglied eines solchen Organs,
2. als Vorstand eines nicht rechtsfähigen Vereins oder als Mitglied eines solchen Vorstandes,

[1)] § 29 Abs. 1 Nr. 2 und 3 geänd., Nr. 4 angef. durch G v. 27.6.1994 (BGBl. I S. 1440); Abs. 1 Nr. 3 und 4 geänd., Nr. 5 angef. mWv 30.8.2002 durch G v. 22.8.2002 (BGBl. I S. 3387).

3. als vertretungsberechtigter Gesellschafter einer rechtsfähigen Personengesellschaft,
4. als Generalbevollmächtigter oder in leitender Stellung als Prokurist oder Handlungsbevollmächtigter einer juristischen Person oder einer in Nummer 2 oder 3 genannten Personenvereinigung oder
5. als sonstige Person, die für die Leitung des Betriebs oder Unternehmens einer juristischen Person oder einer in Nummer 2 oder 3 genannten Personenvereinigung verantwortlich handelt, wozu auch die Überwachung der Geschäftsführung oder die sonstige Ausübung von Kontrollbefugnissen in leitender Stellung gehört,

eine Handlung vorgenommen, die ihm gegenüber unter den übrigen Voraussetzungen der §§ 22 bis 25 und 28 die Einziehung eines Gegenstandes oder des Wertersatzes zulassen oder den Ausschluß der Entschädigung begründen würde, so wird seine Handlung bei Anwendung dieser Vorschriften dem Vertretenen zugerechnet.

(2) § 9 Abs. 3 gilt entsprechend.

Sechster Abschnitt.[1)] Einziehung des Wertes von Taterträgen; Geldbuße gegen juristische Personen und Personenvereinigungen

§ 29a[2)] Einziehung des Wertes von Taterträgen. (1) Hat der Täter durch eine mit Geldbuße bedrohte Handlung oder für sie etwas erlangt und wird gegen ihn wegen der Handlung eine Geldbuße nicht festgesetzt, so kann gegen ihn die Einziehung eines Geldbetrages bis zu der Höhe angeordnet werden, die dem Wert des Erlangten entspricht.

(2) [1] Die Anordnung der Einziehung eines Geldbetrages bis zu der in Absatz 1 genannten Höhe kann sich gegen einen anderen, der nicht Täter ist, richten, wenn

1. er durch eine mit Geldbuße bedrohte Handlung etwas erlangt hat und der Täter für ihn gehandelt hat,
2. ihm das Erlangte
   a) unentgeltlich oder ohne rechtlichen Grund übertragen wurde oder
   b) übertragen wurde und er erkannt hat oder hätte erkennen müssen, dass das Erlangte aus einer mit Geldbuße bedrohten Handlung herrührt, oder
3. das Erlangte auf ihn
   a) als Erbe übergegangen ist oder
   b) als Pflichtteilsberechtigter oder Vermächtnisnehmer übertragen worden ist.

[2] Satz 1 Nummer 2 und 3 findet keine Anwendung, wenn das Erlangte zuvor einem Dritten, der nicht erkannt hat oder hätte erkennen müssen, dass das Erlangte aus einer mit Geldbuße bedrohten Handlung herrührt, entgeltlich und mit rechtlichem Grund übertragen wurde.

[1)] 6. Abschnitt Überschrift geänd. durch G v. 15.7.1992 (BGBl. I S. 1302); geänd. mWv 1.7.2017 durch G v. 13.4.2017 (BGBl. I S. 872).

[2)] § 29a neu gef. mWv 1.7.2017 durch G v. 13.4.2017 (BGBl. I S. 872).

(3) [1] Bei der Bestimmung des Wertes des Erlangten sind die Aufwendungen des Täters oder des anderen abzuziehen. [2] Außer Betracht bleibt jedoch das, was für die Begehung der Tat oder für ihre Vorbereitung aufgewendet oder eingesetzt worden ist.

(4) [1] Umfang und Wert des Erlangten einschließlich der abzuziehenden Aufwendungen können geschätzt werden. [2] § 18 gilt entsprechend.

(5) Wird gegen den Täter ein Bußgeldverfahren nicht eingeleitet oder wird es eingestellt, so kann die Einziehung selbständig angeordnet werden.

§ 30[1)] Geldbuße gegen juristische Personen und Personenvereinigungen. (1) Hat jemand

1. als vertretungsberechtigtes Organ einer juristischen Person oder als Mitglied eines solchen Organs,
2. als Vorstand eines nicht rechtsfähigen Vereins oder als Mitglied eines solchen Vorstandes,
3. als vertretungsberechtigter Gesellschafter einer rechtsfähigen Personengesellschaft,
4. als Generalbevollmächtigter oder in leitender Stellung als Prokurist oder Handlungsbevollmächtigter einer juristischen Person oder einer in Nummer 2 oder 3 genannten Personenvereinigung oder
5. als sonstige Person, die für die Leitung des Betriebs oder Unternehmens einer juristischen Person oder einer in Nummer 2 oder 3 genannten Personenvereinigung verantwortlich handelt, wozu auch die Überwachung der Geschäftsführung oder die sonstige Ausübung von Kontrollbefugnissen in leitender Stellung gehört,

eine Straftat oder Ordnungswidrigkeit begangen, durch die Pflichten, welche die juristische Person oder die Personenvereinigung treffen, verletzt worden sind oder die juristische Person oder die Personenvereinigung bereichert worden ist oder werden sollte, so kann gegen diese eine Geldbuße festgesetzt werden.

(2) [1] Die Geldbuße beträgt

1. im Falle einer vorsätzlichen Straftat bis zu zehn Millionen Euro,
2. im Falle einer fahrlässigen Straftat bis zu fünf Millionen Euro.

[2] Im Falle einer Ordnungswidrigkeit bestimmt sich das Höchstmaß der Geldbuße nach dem für die Ordnungswidrigkeit angedrohten Höchstmaß der Geldbuße. [3] Verweist das Gesetz auf diese Vorschrift, so verzehnfacht sich das Höchstmaß der Geldbuße nach Satz 2 für die im Gesetz bezeichneten Tatbestände. [4] Satz 2 gilt auch im Falle einer Tat, die gleichzeitig Straftat und Ordnungswidrigkeit ist, wenn das für die Ordnungswidrigkeit angedrohte Höchstmaß der Geldbuße das Höchstmaß nach Satz 1 übersteigt.

[1)] § 30 Abs. 1 neu gef. durch G v. 27.6.1994 (BGBl. I S. 1440); Abs. 2 Satz 3 angef., Abs. 4 Satz 2 eingef., bish. Satz 2 wird Satz 3 und geänd. durch G v. 13.8.1997 (BGBl. I S. 2038); Abs. 2 Satz 1 Nr. 1 und 2 geänd. mWv 1.1.2002 durch G v. 13.12.2001 (BGBl. I S. 3574); Abs. 1 Nr. 3 und 4, Abs. 2 Satz 1 Nr. 1 und 2 geänd., Abs. 1 Nr. 5 angef. mWv 30.8.2002 durch G v. 22.8.2002 (BGBl. I S. 3387); Abs. 2 Satz 1 Nr. 1 und 2 geänd., Satz 3 eingef., bish. Satz 3 wird Satz 4, Abs. 2a eingef., Abs. 6 angef. mWv 30.6.2013 durch G v. 26.6.2013 (BGBl. I S. 1738); Abs. 5 und 6 geänd. mWv 1.7.2017 durch G v. 13.4.2017 (BGBl. I S. 872).

(2a) [1] Im Falle einer Gesamtrechtsnachfolge oder einer partiellen Gesamtrechtsnachfolge durch Aufspaltung (§ 123 Absatz 1 des Umwandlungsgesetzes) kann die Geldbuße nach Absatz 1 und 2 gegen den oder die Rechtsnachfolger festgesetzt werden. [2] Die Geldbuße darf in diesen Fällen den Wert des übernommenen Vermögens sowie die Höhe der gegenüber dem Rechtsvorgänger angemessenen Geldbuße nicht übersteigen. [3] Im Bußgeldverfahren tritt der Rechtsnachfolger oder treten die Rechtsnachfolger in die Verfahrensstellung ein, in der sich der Rechtsvorgänger zum Zeitpunkt des Wirksamwerdens der Rechtsnachfolge befunden hat.

(3) § 17 Abs. 4 und § 18 gelten entsprechend.

(4) [1] Wird wegen der Straftat oder Ordnungswidrigkeit ein Straf- oder Bußgeldverfahren nicht eingeleitet oder wird es eingestellt oder wird von Strafe abgesehen, so kann die Geldbuße selbständig festgesetzt werden. [2] Durch Gesetz kann bestimmt werden, daß die Geldbuße auch in weiteren Fällen selbständig festgesetzt werden kann. [3] Die selbständige Festsetzung einer Geldbuße gegen die juristische Person oder Personenvereinigung ist jedoch ausgeschlossen, wenn die Straftat oder Ordnungswidrigkeit aus rechtlichen Gründen nicht verfolgt werden kann; § 33 Abs. 1 Satz 2 bleibt unberührt.

(5) Die Festsetzung einer Geldbuße gegen die juristische Person oder Personenvereinigung schließt es aus, gegen sie wegen derselben Tat die Einziehung nach den §§ 73 oder 73c des Strafgesetzbuches[1)] oder nach § 29a anzuordnen.

(6) Bei Erlass eines Bußgeldbescheids ist zur Sicherung der Geldbuße § 111e Absatz 2 der Strafprozessordnung mit der Maßgabe anzuwenden, dass an die Stelle des Urteils der Bußgeldbescheid tritt.

Siebenter Abschnitt. Verjährung

§ 31[2)] Verfolgungsverjährung. (1) [1] Durch die Verjährung werden die Verfolgung von Ordnungswidrigkeiten und die Anordnung von Nebenfolgen ausgeschlossen. [2] § 27 Abs. 2 Satz 1 Nr. 1 bleibt unberührt.

(2) Die Verfolgung von Ordnungswidrigkeiten verjährt, wenn das Gesetz nichts anderes bestimmt,

1. in drei Jahren bei Ordnungswidrigkeiten, die mit Geldbuße im Höchstmaß von mehr als fünfzehntausend Euro bedroht sind,
2. in zwei Jahren bei Ordnungswidrigkeiten, die mit Geldbuße im Höchstmaß von mehr als zweitausendfünfhundert bis zu fünfzehntausend Euro bedroht sind,
3. in einem Jahr bei Ordnungswidrigkeiten, die mit Geldbuße im Höchstmaß von mehr als eintausend bis zu zweitausendfünfhundert Euro bedroht sind,
4. in sechs Monaten bei den übrigen Ordnungswidrigkeiten.

---

1) Nr. **670**.

2) § 31 Abs. 2 Nr. 2 und 3 geänd. durch G v. 26.1.1998 (BGBl. I S. 156); Abs. 2 Nr. 1–3 geänd. mWv 1.1.2002 durch G v. 13.12.2001 (BGBl. I S. 3574).

(3) [1] Die Verjährung beginnt, sobald die Handlung beendet ist. [2] Tritt ein zum Tatbestand gehörender Erfolg erst später ein, so beginnt die Verjährung mit diesem Zeitpunkt.

§ 32 Ruhen der Verfolgungsverjährung. (1) [1] Die Verjährung ruht, solange nach dem Gesetz die Verfolgung nicht begonnen oder nicht fortgesetzt werden kann. [2] Dies gilt nicht, wenn die Handlung nur deshalb nicht verfolgt werden kann, weil Antrag oder Ermächtigung fehlen.

(2) Ist vor Ablauf der Verjährungsfrist ein Urteil des ersten Rechtszuges oder ein Beschluß nach § 72 ergangen, so läuft die Verjährungsfrist nicht vor dem Zeitpunkt ab, in dem das Verfahren rechtskräftig abgeschlossen ist.

§ 33[1] Unterbrechung der Verfolgungsverjährung. (1) [1] Die Verjährung wird unterbrochen durch

1. die erste Vernehmung des Betroffenen, die Bekanntgabe, daß gegen ihn das Ermittlungsverfahren eingeleitet ist, oder die Anordnung dieser Vernehmung oder Bekanntgabe,
2. jede richterliche Vernehmung des Betroffenen oder eines Zeugen oder die Anordnung dieser Vernehmung,
3. jede Beauftragung eines Sachverständigen durch die Verfolgungsbehörde oder den Richter, wenn vorher der Betroffene vernommen oder ihm die Einleitung des Ermittlungsverfahrens bekanntgegeben worden ist,
4. jede Beschlagnahme- oder Durchsuchungsanordnung der Verfolgungsbehörde oder des Richters und richterliche Entscheidungen, welche diese aufrechterhalten,
5. die vorläufige Einstellung des Verfahrens wegen Abwesenheit des Betroffenen durch die Verfolgungsbehörde oder den Richter sowie jede Anordnung der Verfolgungsbehörde oder des Richters, die nach einer solchen Einstellung des Verfahrens zur Ermittlung des Aufenthalts des Betroffenen oder zur Sicherung von Beweisen ergeht,
6. jedes Ersuchen der Verfolgungsbehörde oder des Richters, eine Untersuchungshandlung im Ausland vorzunehmen,
7. die gesetzlich bestimmte Anhörung einer anderen Behörde durch die Verfolgungsbehörde vor Abschluß der Ermittlungen,
8. die Abgabe der Sache durch die Staatsanwaltschaft an die Verwaltungsbehörde nach § 43,
9. den Erlaß des Bußgeldbescheides, sofern er binnen zwei Wochen zugestellt wird, ansonsten durch die Zustellung,
10. den Eingang der Akten beim Amtsgericht gemäß § 69 Abs. 3 Satz 1 und Abs. 5 Satz 2 und die Zurückverweisung der Sache an die Verwaltungsbehörde nach § 69 Abs. 5 Satz 1,
11. jede Anberaumung einer Hauptverhandlung,
12. den Hinweis auf die Möglichkeit, ohne Hauptverhandlung zu entscheiden (§ 72 Abs. 1 Satz 2),

---

[1] § 33 Abs. 1 Satz 2 geänd. durch G v. 27.6.1994 (BGBl. I S. 1440); Abs. 1 Satz 1 Nr. 8–10 neu gef. durch G v. 26.1.1998 (BGBl. I S. 156); Abs. 2 Satz 2 geänd. mWv 1.1.2018 durch G v. 5.7. 2017 (BGBl. I S. 2208).

13. die Erhebung der öffentlichen Klage,

14. die Eröffnung des Hauptverfahrens,

15. den Strafbefehl oder eine andere dem Urteil entsprechende Entscheidung.

[2] Im selbständigen Verfahren wegen der Anordnung einer Nebenfolge oder der Festsetzung einer Geldbuße gegen eine juristische Person oder Personenvereinigung wird die Verjährung durch die dem Satz 1 entsprechenden Handlungen zur Durchführung des selbständigen Verfahrens unterbrochen.

(2) [1] Die Verjährung ist bei einer schriftlichen Anordnung oder Entscheidung in dem Zeitpunkt unterbrochen, in dem die Anordnung oder Entscheidung unterzeichnet wird. [2] Ist das Dokument nicht alsbald nach der Unterzeichnung in den Geschäftsgang gelangt, so ist der Zeitpunkt maßgebend, in dem es tatsächlich in den Geschäftsgang gegeben worden ist.

(3) [1] Nach jeder Unterbrechung beginnt die Verjährung von neuem. [2] Die Verfolgung ist jedoch spätestens verjährt, wenn seit dem in § 31 Abs. 3 bezeichneten Zeitpunkt das Doppelte der gesetzlichen Verjährungsfrist, mindestens jedoch zwei Jahre verstrichen sind. [3] Wird jemandem in einem bei Gericht anhängigen Verfahren eine Handlung zur Last gelegt, die gleichzeitig Straftat und Ordnungswidrigkeit ist, so gilt als gesetzliche Verjährungsfrist im Sinne des Satzes 2 die Frist, die sich aus der Strafdrohung ergibt. [4] § 32 bleibt unberührt.

(4) [1] Die Unterbrechung wirkt nur gegenüber demjenigen, auf den sich die Handlung bezieht. [2] Die Unterbrechung tritt in den Fällen des Absatzes 1 Satz 1 Nr. 1 bis 7, 11 und 13 bis 15 auch dann ein, wenn die Handlung auf die Verfolgung der Tat als Straftat gerichtet ist.

§ 34[1)] Vollstreckungsverjährung. (1) Eine rechtskräftig festgesetzte Geldbuße darf nach Ablauf der Verjährungsfrist nicht mehr vollstreckt werden.

(2) Die Verjährungsfrist beträgt

1. fünf Jahre bei einer Geldbuße von mehr als eintausend Euro,
2. drei Jahre bei einer Geldbuße bis zu eintausend Euro.

(3) Die Verjährung beginnt mit der Rechtskraft der Entscheidung.

(4) Die Verjährung ruht, solange

1. nach dem Gesetz die Vollstreckung nicht begonnen oder nicht fortgesetzt werden kann,
2. die Vollstreckung ausgesetzt ist oder
3. eine Zahlungserleichterung bewilligt ist.

(5) [1] Die Absätze 1 bis 4 gelten entsprechend für Nebenfolgen, die zu einer Geldzahlung verpflichten. [2] Ist eine solche Nebenfolge neben einer Geldbuße angeordnet, so verjährt die Vollstreckung der einen Rechtsfolge nicht früher als die der anderen.

---

1) § 34 Abs. 2 Nr. 1 und 2 geänd. durch G v. 26.1.1998 (BGBl. I S. 156); Abs. 2 Nr. 1 und 2 geänd. mWv 1.1.2002 durch G v. 13.12.2001 (BGBl. I S. 3574).

Zweiter Teil. Bußgeldverfahren

Erster Abschnitt. Zuständigkeit zur Verfolgung und Ahndung von Ordnungswidrigkeiten

§ 35 Verfolgung und Ahndung durch die Verwaltungsbehörde.

(1) Für die Verfolgung von Ordnungswidrigkeiten ist die Verwaltungsbehörde zuständig, soweit nicht hierzu nach diesem Gesetz die Staatsanwaltschaft oder an ihrer Stelle für einzelne Verfolgungshandlungen der Richter berufen ist.

(2) Die Verwaltungsbehörde ist auch für die Ahndung von Ordnungswidrigkeiten zuständig, soweit nicht hierzu nach diesem Gesetz das Gericht berufen ist.

§ 36[1] Sachliche Zuständigkeit der Verwaltungsbehörde. (1) Sachlich zuständig ist

1. die Verwaltungsbehörde, die durch Gesetz bestimmt wird,
2. mangels einer solchen Bestimmung
   a) die fachlich zuständige oberste Landesbehörde oder
   b) das fachlich zuständige Bundesministerium, soweit das Gesetz von Bundesbehörden ausgeführt wird.

(2) [1]Die Landesregierung kann die Zuständigkeit nach Absatz 1 Nr. 2 Buchstabe a durch Rechtsverordnung auf eine andere Behörde oder sonstige Stelle übertragen. [2]Die Landesregierung kann die Ermächtigung auf die oberste Landesbehörde übertragen.

(3) Das nach Absatz 1 Nr. 2 Buchstabe b zuständige Bundesministerium kann seine Zuständigkeit durch Rechtsverordnung, die nicht der Zustimmung des Bundesrates bedarf, auf eine andere Behörde oder sonstige Stelle übertragen.

§ 37 Örtliche Zuständigkeit der Verwaltungsbehörde. (1) Örtlich zuständig ist die Verwaltungsbehörde, in deren Bezirk

1. die Ordnungswidrigkeit begangen oder entdeckt worden ist oder
2. der Betroffene zur Zeit der Einleitung des Bußgeldverfahrens seinen Wohnsitz hat.

(2) Ändert sich der Wohnsitz des Betroffenen nach Einleitung des Bußgeldverfahrens, so ist auch die Verwaltungsbehörde örtlich zuständig, in deren Bezirk der neue Wohnsitz liegt.

(3) Hat der Betroffene im räumlichen Geltungsbereich dieses Gesetzes keinen Wohnsitz, so wird die Zuständigkeit auch durch den gewöhnlichen Aufenthaltsort bestimmt.

(4) [1]Ist die Ordnungswidrigkeit auf einem Schiff, das berechtigt ist, die Bundesflagge zu führen, außerhalb des räumlichen Geltungsbereichs dieses Gesetzes begangen worden, so ist auch die Verwaltungsbehörde örtlich zuständig, in deren Bezirk der Heimathafen oder der Hafen im räumlichen

[1] § 36 Abs. 1 Nr. 2 Buchst. b, Abs. 3 geänd. durch G v. 26.1.1998 (BGBl. I S. 156).

Geltungsbereich dieses Gesetzes liegt, den das Schiff nach der Tat zuerst erreicht. [2] Satz 1 gilt entsprechend für Luftfahrzeuge, die berechtigt sind, das Staatszugehörigkeitszeichen der Bundesrepublik Deutschland zu führen.

§ 38 Zusammenhängende Ordnungswidrigkeiten. [1] Bei zusammenhängenden Ordnungswidrigkeiten, die einzeln nach § 37 zur Zuständigkeit verschiedener Verwaltungsbehörden gehören würden, ist jede dieser Verwaltungsbehörden zuständig. [2] Zwischen mehreren Ordnungswidrigkeiten besteht ein Zusammenhang, wenn jemand mehrerer Ordnungswidrigkeiten beschuldigt wird oder wenn hinsichtlich derselben Tat mehrere Personen einer Ordnungswidrigkeit beschuldigt werden.

§ 39 Mehrfache Zuständigkeit. (1) [1] Sind nach den §§ 36 bis 38 mehrere Verwaltungsbehörden zuständig, so gebührt der Vorzug der Verwaltungsbehörde, die wegen der Tat den Betroffenen zuerst vernommen hat, ihn durch die Polizei zuerst hat vernehmen lassen oder der die Akten von der Polizei nach der Vernehmung des Betroffenen zuerst übersandt worden sind. [2] Diese Verwaltungsbehörde kann in den Fällen des § 38 das Verfahren wegen der zusammenhängenden Tat wieder abtrennen.

(2) [1] In den Fällen des Absatzes 1 Satz 1 kann die Verfolgung und Ahndung jedoch einer anderen der zuständigen Verwaltungsbehörden durch eine Vereinbarung dieser Verwaltungsbehörden übertragen werden, wenn dies zur Beschleunigung oder Vereinfachung des Verfahrens oder aus anderen Gründen sachdienlich erscheint. [2] Sind mehrere Verwaltungsbehörden sachlich zuständig, so soll die Verwaltungsbehörde, der nach Absatz 1 Satz 1 der Vorzug gebührt, die anderen sachlich zuständigen Verwaltungsbehörden spätestens vor dem Abschluß der Ermittlungen hören.

(3) Kommt eine Vereinbarung nach Absatz 2 Satz 1 nicht zustande, so entscheidet auf Antrag einer der beteiligten Verwaltungsbehörden

1. die gemeinsame nächsthöhere Verwaltungsbehörde,
2. wenn eine gemeinsame höhere Verwaltungsbehörde fehlt, das nach § 68 zuständige gemeinsame Gericht und,
3. wenn nach § 68 verschiedene Gerichte zuständig wären, das für diese Gerichte gemeinsame obere Gericht.

(4) In den Fällen der Absätze 2 und 3 kann die Übertragung in gleicher Weise wieder aufgehoben werden.

§ 40[1)] Verfolgung durch die Staatsanwaltschaft. Im Strafverfahren ist die Staatsanwaltschaft für die Verfolgung der Tat auch unter dem rechtlichen Gesichtspunkt einer Ordnungswidrigkeit zuständig, soweit ein Gesetz nichts anderes bestimmt.

§ 41 Abgabe an die Staatsanwaltschaft. (1) Die Verwaltungsbehörde gibt die Sache an die Staatsanwaltschaft ab, wenn Anhaltspunkte dafür vorhanden sind, daß die Tat eine Straftat ist.

(2) Sieht die Staatsanwaltschaft davon ab, ein Strafverfahren einzuleiten, so gibt sie die Sache an die Verwaltungsbehörde zurück.

[1)] § 40 geänd. durch G v. 13.8.1997 (BGBl. I S. 2038).

§ 42 Übernahme durch die Staatsanwaltschaft. (1) [1] Die Staatsanwaltschaft kann bis zum Erlaß des Bußgeldbescheides die Verfolgung der Ordnungswidrigkeit übernehmen, wenn sie eine Straftat verfolgt, die mit der Ordnungswidrigkeit zusammenhängt. [2] Zwischen einer Straftat und einer Ordnungswidrigkeit besteht ein Zusammenhang, wenn jemand sowohl einer Straftat als auch einer Ordnungswidrigkeit oder wenn hinsichtlich derselben Tat eine Person einer Straftat und eine andere einer Ordnungswidrigkeit beschuldigt wird.

(2) Die Staatsanwaltschaft soll die Verfolgung nur übernehmen, wenn dies zur Beschleunigung des Verfahrens oder wegen des Sachzusammenhangs oder aus anderen Gründen für die Ermittlungen oder die Entscheidung sachdienlich erscheint.

§ 43 Abgabe an die Verwaltungsbehörde. (1) Stellt die Staatsanwaltschaft in den Fällen des § 40 das Verfahren nur wegen der Straftat ein oder übernimmt sie in den Fällen des § 42 die Verfolgung nicht, sind aber Anhaltspunkte dafür vorhanden, daß die Tat als Ordnungswidrigkeit verfolgt werden kann, so gibt sie die Sache an die Verwaltungsbehörde ab.

(2) Hat die Staatsanwaltschaft die Verfolgung übernommen, so kann sie die Sache an die Verwaltungsbehörde abgeben, solange das Verfahren noch nicht bei Gericht anhängig ist; sie hat die Sache abzugeben, wenn sie das Verfahren nur wegen der zusammenhängenden Straftat einstellt.

§ 44 Bindung der Verwaltungsbehörde. Die Verwaltungsbehörde ist an die Entschließung der Staatsanwaltschaft gebunden, ob eine Tat als Straftat verfolgt wird oder nicht.

§ 45 Zuständigkeit des Gerichts. Verfolgt die Staatsanwaltschaft die Ordnungswidrigkeit mit einer zusammenhängenden Straftat, so ist für die Ahndung der Ordnungswidrigkeit das Gericht zuständig, das für die Strafsache zuständig ist.

Zweiter Abschnitt. Allgemeine Verfahrensvorschriften

§ 46[1)] Anwendung der Vorschriften über das Strafverfahren. (1) Für das Bußgeldverfahren gelten, soweit dieses Gesetz nichts anderes bestimmt, sinngemäß die Vorschriften der allgemeinen Gesetze über das Strafverfahren, namentlich der Strafprozeßordnung[2)], des Gerichtsverfassungsgesetzes und des Jugendgerichtsgesetzes.

(2) Die Verfolgungsbehörde hat, soweit dieses Gesetz nichts anderes bestimmt, im Bußgeldverfahren dieselben Rechte und Pflichten wie die Staatsanwaltschaft bei der Verfolgung von Straftaten.

[1)] § 46 Abs. 3 Satz 4 geänd. durch G v. 28.10.1994 (BGBl. I S. 3186); Abs. 4 Sätze 2 und 3 angef. durch G v. 17.3.1997 (BGBl. I S. 534); Abs. 3 Satz 4 geänd. durch G v. 18.6.1997 (BGBl. I S. 1430); Abs. 8 angef. mWv 1.10.2002 durch G v. 26.7.2002 (BGBl. I S. 2864, ber. S. 3516); Abs. 5 Satz 2 angef. mWv 1.9.2004 durch G v. 24.8.2004 (BGBl. I S. 2198); Abs. 8 geänd. mWv 1.7.2014 durch G v. 10.10.2013 (BGBl. I S. 3786); Abs. 4 Satz 2 eingef., bish. Sätze 2 und 3 werden Sätze 3 und 4 mWv 24.8.2017 durch G v. 17.8.2017 (BGBl. I S. 3202).

[2)] Auszugsweise abgedruckt unter Nr. **675**.

(3) [1] Anstaltsunterbringung, Verhaftung und vorläufige Festnahme, Beschlagnahme von Postsendungen und Telegrammen sowie Auskunftsersuchen über Umstände, die dem Post- und Fernmeldegeheimnis unterliegen, sind unzulässig. [2] § 160 Abs. 3 Satz 2 der Strafprozeßordnung über die Gerichtshilfe ist nicht anzuwenden. [3] Ein Klageerzwingungsverfahren findet nicht statt. [4] Die Vorschriften über die Beteiligung des Verletzten am Verfahren und über das länderübergreifende staatsanwaltliche Verfahrensregister sind nicht anzuwenden; dies gilt nicht für § 406e der Strafprozeßordnung.

(4) [1] § 81a Abs. 1 Satz 2 der Strafprozeßordnung ist mit der Einschränkung anzuwenden, daß nur die Entnahme von Blutproben und andere geringfügige Eingriffe zulässig sind. [2] Die Entnahme einer Blutprobe bedarf abweichend von § 81a Absatz 2 Satz 1 der Strafprozessordnung keiner richterlichen Anordnung, wenn bestimmte Tatsachen den Verdacht begründen, dass eine Ordnungswidrigkeit nach den §§ 24a und 24c des Straßenverkehrsgesetzes[1] begangen worden ist. [3] In einem Strafverfahren entnommene Blutproben und sonstige Körperzellen, deren Entnahme im Bußgeldverfahren nach Satz 1 zulässig gewesen wäre, dürfen verwendet werden. [4] Die Verwendung von Blutproben und sonstigen Körperzellen zur Durchführung einer Untersuchung im Sinne des § 81e der Strafprozeßordnung ist unzulässig.

(5) [1] Die Anordnung der Vorführung des Betroffenen und der Zeugen, die einer Ladung nicht nachkommen, bleibt dem Richter vorbehalten. [2] Die Haft zur Erzwingung des Zeugnisses (§ 70 Abs. 2 der Strafprozessordnung) darf sechs Wochen nicht überschreiten.

(6) Im Verfahren gegen Jugendliche und Heranwachsende kann von der Heranziehung der Jugendgerichtshilfe (§ 38 des Jugendgerichtsgesetzes) abgesehen werden, wenn ihre Mitwirkung für die sachgemäße Durchführung des Verfahrens entbehrlich ist.

(7) Im gerichtlichen Verfahren entscheiden beim Amtsgericht Abteilungen für Bußgeldsachen, beim Landgericht Kammern für Bußgeldsachen und beim Oberlandesgericht sowie beim Bundesgerichtshof Senate für Bußgeldsachen.

(8) Die Vorschriften zur Durchführung des § 191a Absatz 1 Satz 1 bis 4 des Gerichtsverfassungsgesetzes im Bußgeldverfahren sind in der Rechtsverordnung nach § 191a Abs. 2 des Gerichtsverfassungsgesetzes zu bestimmen.

§ 47[2] Verfolgung von Ordnungswidrigkeiten. (1) [1] Die Verfolgung von Ordnungswidrigkeiten liegt im pflichtgemäßen Ermessen der Verfolgungsbehörde. [2] Solange das Verfahren bei ihr anhängig ist, kann sie es einstellen.

(2) [1] Ist das Verfahren bei Gericht anhängig und hält dieses eine Ahndung nicht für geboten, so kann es das Verfahren mit Zustimmung der Staatsanwaltschaft in jeder Lage einstellen. [2] Die Zustimmung ist nicht erforderlich, wenn durch den Bußgeldbescheid eine Geldbuße bis zu einhundert Euro verhängt worden ist und die Staatsanwaltschaft erklärt hat, sie nehme an der Hauptverhandlung nicht teil. [3] Der Beschluß ist nicht anfechtbar.

---

[1] Nr. **10**.

[2] § 47 Abs. 2 Satz 2 eingef., bish. Satz 2 wird Satz 3 durch G v. 26.1.1998 (BGBl. I S. 156); Abs. 2 Satz 2 geänd. mWv 1.1.2002 durch G v. 13.12.2001 (BGBl. I S. 3574).

(3) Die Einstellung des Verfahrens darf nicht von der Zahlung eines Geldbetrages an eine gemeinnützige Einrichtung oder sonstige Stelle abhängig gemacht oder damit in Zusammenhang gebracht werden.

§ 48[1] *(aufgehoben)*

§ 49[2] Akteneinsicht des Betroffenen und der Verwaltungsbehörde.

(1) [1]Die Verwaltungsbehörde gewährt dem Betroffenen auf Antrag Einsicht in die Akten, soweit der Untersuchungszweck, auch in einem anderen Straf- oder Bußgeldverfahren, nicht gefährdet werden kann und nicht überwiegende schutzwürdige Interessen Dritter entgegenstehen. [2]Werden die Akten nicht elektronisch geführt, können an Stelle der Einsichtnahme in die Akten Kopien aus den Akten übermittelt werden.

(2) [1]Ist die Staatsanwaltschaft Verfolgungsbehörde, so ist die sonst zuständige Verwaltungsbehörde befugt, die Akten, die dem Gericht vorliegen oder im gerichtlichen Verfahren vorzulegen wären, einzusehen sowie sichergestellte und beschlagnahmte Gegenstände zu besichtigen. [2]Akten, die in Papierform geführt werden, werden der Verwaltungsbehörde auf Antrag zur Einsichtnahme übersandt.

§ 49a[3] Verfahrensübergreifende Mitteilungen von Amts wegen.

(1) [1]Von Amts wegen dürfen Gerichte, Staatsanwaltschaften und Verwaltungsbehörden personenbezogene Daten aus Bußgeldverfahren den zuständigen Behörden und Gerichten übermitteln, soweit dies aus Sicht der übermittelnden Stelle erforderlich ist für

1. die Verfolgung von Straftaten oder von anderen Ordnungswidrigkeiten,
2. Entscheidungen in anderen Bußgeldsachen einschließlich der Entscheidungen bei der Vollstreckung von Bußgeldentscheidungen oder in Gnadensachen oder
3. sonstige Entscheidungen oder Maßnahmen nach § 477 Absatz 2 der Strafprozessordnung[4];

Gleiches gilt für die Behörden des Polizeidienstes, soweit dies die entsprechende Anwendung von § 480 Absatz 1 der Strafprozessordnung gestattet. [2]Die §§ 478, 479 Absatz 1, 2, 5 Satz 1 und Absatz 6 sowie § 480 Absatz 1 und 2 der Strafprozessordnung gelten sinngemäß.

(2) Die Übermittlung ist auch zulässig, wenn besondere Umstände des Einzelfalls die Übermittlung für die in § 14 Abs. 1 Nr. 4 bis 9 des Einführungsgesetzes zum Gerichtsverfassungsgesetz genannten Zwecke in Verbindung mit Absatz 2 Satz 2 und 4 jener Vorschrift in sinngemäßer Anwendung erfordern.

---

[1] § 48 aufgeh. mWv 1.9.2004 durch G v. 24.8.2004 (BGBl. I S. 2198).

[2] § 49 Überschrift geänd., Abs. 1 eingef. durch G v. 18.6.1997 (BGBl. I S. 1430); Abs. 1 neu gef., Abs. 2 Satz 2 geänd. mWv 1.1.2018 durch G v. 5.7.2017 (BGBl. I S. 2208).

[3] § 49a eingef. durch G v. 18.6.1997 (BGBl. I S. 1430); Abs. 1 Satz 4 geänd. durch G v. 26.1.1998 (BGBl. I S. 156); Abs. 1 neu gef., Abs. 2–3 eingef., bish. Abs. 2 wird Abs. 4, neuer Abs. 4 Satz 1 einl. Satzteil und Nr. 1 geänd., Abs. 5 angef. mWv 1.10.2002 durch G v. 26.7.2002 (BGBl. I S. 2864, ber. S. 3516); Abs. 1 Satz 1 Nr. 3 und abschl. Satzteil geänd., Satz 2, Abs. 5 Satz 1 neu gef. mWv 26.11.2019 durch G v. 20.11.2019 (BGBl. I S. 1724).

[4] Auszugsweise abgedruckt unter Nr. **675**.

(3) Eine Übermittlung nach den Absätzen 1 und 2 unterbleibt, soweit für die übermittelnde Stelle offensichtlich ist, dass schutzwürdige Interessen des Betroffenen an dem Ausschluss der Übermittlung überwiegen.

(4) [1] Für die Übermittlung durch Verwaltungsbehörden sind zusätzlich sinngemäß anzuwenden

1. die §§ 12, 13, 16, 17 Nr. 2 bis 5 und §§ 18 bis 21 des Einführungsgesetzes zum Gerichtsverfassungsgesetz und
2. § 22 des Einführungsgesetzes zum Gerichtsverfassungsgesetz mit der Maßgabe, daß an die Stelle des Verfahrens nach den §§ 23 bis 30 dieses Gesetzes das Verfahren nach § 62 Abs. 1 Satz 1, Abs. 2 und an die Stelle des in § 25 des Einführungsgesetzes zum Gerichtsverfassungsgesetz bezeichneten Gerichts das in § 68 bezeichnete Gericht tritt.

[2] Die für das Bußgeldverfahren zuständige Behörde darf darüber hinaus die dieses Verfahren abschließende Entscheidung derjenigen Verwaltungsbehörde übermitteln, die das Bußgeldverfahren veranlaßt oder sonst an dem Verfahren mitgewirkt hat, wenn dies aus der Sicht der übermittelnden Stelle zur Erfüllung einer in der Zuständigkeit des Empfängers liegenden Aufgabe, die im Zusammenhang mit dem Gegenstand des Verfahrens steht, erforderlich ist; ist mit der Entscheidung ein Rechtsmittel verworfen worden, so darf auch die angefochtene Enscheidung übermittelt werden. [3] Das Bundesministerium, das für bundesrechtliche Bußgeldvorschriften in seinem Geschäftsbereich zuständig ist, kann insoweit mit Zustimmung des Bundesrates allgemeine Verwaltungsvorschriften im Sinne des § 12 Abs. 5 des Einführungsgesetzes zum Gerichtsverfassungsgesetz erlassen.

(5) [1] § 481 der Strafprozessordnung ist sinngemäß anzuwenden. [2] Eine Übermittlung entsprechend § 481 Abs. 1 Satz 2 der Strafprozessordnung unterbleibt unter der Voraussetzung des Absatzes 3. [3] Von § 482 der Strafprozessordnung ist nur Absatz 1 sinngemäß anzuwenden, wobei die Mitteilung des Aktenzeichens auch an eine andere Verwaltungsbehörde, die das Bußgeldverfahren veranlasst oder sonst an dem Verfahren mitgewirkt hat, erfolgt.

§ 49b[1] Verfahrensübergreifende Mitteilungen auf Ersuchen; sonstige Verwendung von Daten für verfahrensübergreifende Zwecke. Für die Erteilung von Auskünften und Gewährung von Akteneinsicht auf Ersuchen sowie die sonstige Verwendung von Daten aus Bußgeldverfahren für verfahrensübergreifende Zwecke gelten die §§ 474 bis 476, 478 bis 481 und 498 Absatz 2 der Strafprozessordnung[2] sinngemäß, wobei

1. in § 474 Absatz 2 Satz 1 Nummer 1 der Strafprozessordnung an die Stelle der Straftat die Ordnungswidrigkeit tritt,
2. in § 474 Absatz 2 Satz 1 Nummer 2 und 3 und § 481 der Strafprozessordnung an die Stelle besonderer Vorschriften über die Übermittlung oder Verwendung personenbezogener Informationen aus Strafverfahren solche

---

[1] § 49b eingef. mWv 1.10.2002 durch G v. 26.7.2002 (BGBl. I S. 2864, ber. S. 3516); Nr. 3 und 4 geänd., Nr. 5 angef. mWv 1.4.2005 durch G v. 22.3.2005 (BGBl. I S. 837); einl. Satzteil geänd. mWv 1.1.2018 durch G v. 5.7.2017 (BGBl. I S. 2208); einl. Satzteil, Nr.1–5 geänd. mWv 26.11.2019 durch G v. 20.11.2019 (BGBl. I S. 1724).

[2] Auszugsweise abgedruckt unter Nr. **675**.

über die Übermittlung oder Verwendung personenbezogener Daten aus Bußgeldverfahren treten,

3. in § 479 Absatz 1 der Strafprozessordnung an die Stelle der Zwecke des Strafverfahrens die Zwecke des Bußgeldverfahrens treten,
4. in § 479 Absatz 4 Nummer 2 der Strafprozessordnung an die Stelle der Frist von zwei Jahren eine Frist von einem Jahr tritt und
5. § 480 Absatz 3 Satz 1 der Strafprozessordnung mit der Maßgabe anzuwenden ist, dass für die Übermittlung durch Verwaltungsbehörden über den Antrag auf gerichtliche Entscheidung das in § 68 bezeichnete Gericht im Verfahren nach § 62 Abs. 1 Satz 1, Abs. 2 entscheidet.

§ 49c[1)] Dateiregelungen. (1) Für die Verarbeitung und Nutzung personenbezogener Daten in Dateien gelten vorbehaltlich des § 496 Absatz 3 der Strafprozessordnung[2)] und besonderer Regelungen in anderen Gesetzen die Vorschriften des Zweiten Abschnitts des Achten Buches der Strafprozessordnung nach Maßgabe der folgenden Vorschriften sinngemäß.

(2) [1] Die Speicherung, Veränderung und Nutzung darf vorbehaltlich des Absatzes 3 nur bei Gerichten, Staatsanwaltschaften und Verwaltungsbehörden einschließlich Vollstreckungsbehörden sowie den Behörden des Polizeidienstes erfolgen, soweit dies entsprechend den §§ 483, 484 Abs. 1 und § 485 der Strafprozessordnung zulässig ist; dabei treten an die Stelle der Zwecke des Strafverfahrens die Zwecke des Bußgeldverfahrens. [2] Personenbezogene Daten aus Bußgeldverfahren dürfen auch verwendet werden, soweit es für Zwecke eines Strafverfahrens, Gnadenverfahrens oder der internationalen Rechts- und Amtshilfe in Straf- und Bußgeldsachen erforderlich ist. [3] Die Speicherung personenbezogener Daten von Personen, die zur Tatzeit nicht strafmündig waren, für Zwecke künftiger Bußgeldverfahren ist unzulässig.

(3) Die Errichtung einer gemeinsamen automatisierten Datei entsprechend § 486 der Strafprozessordnung für die in Absatz 2 genannten Stellen, die den Geschäftsbereichen verschiedener Bundes- oder Landesministerien angehören, ist nur zulässig, wenn sie zur ordnungsgemäßen Aufgabenerfüllung erforderlich und unter Berücksichtigung der schutzwürdigen Interessen der Betroffenen angemessen ist.

(4) [1] § 487 Abs. 1 Satz 1 der Strafprozessordnung ist mit der Maßgabe anzuwenden, dass die nach den Absätzen 1 bis 3 gespeicherten Daten den zuständigen Stellen nur für die in Absatz 2 genannten Zwecke übermittelt werden dürfen; § 49a Abs.3 gilt für Übermittlungen von Amts wegen entsprechend. [2] § 487 Abs. 2 der Strafprozessordnung ist mit der Maßgabe anzuwenden, dass die Übermittlung erfolgen kann, soweit sie nach diesem Gesetz aus den Akten erfolgen könnte.

(5) Soweit personenbezogene Daten für Zwecke der künftigen Verfolgung von Ordnungswidrigkeiten gespeichert werden, darf die Frist im Sinne von § 489 Absatz 3 Satz 2 Nummer 1 der Strafprozessordnung bei einer Geldbuße

---

[1)] § 49c eingef. mWv 1.10.2002 durch G v. 26.7.2002 (BGBl. I S. 2864, ber. S. 3516); Abs. 1 geänd. mWv 1.1.2018 durch G v. 5.7.2017 (BGBl. I S. 2208); Abs. 5 geänd. mWv 26.11.2019 durch G v. 20.11.2019 (BGBl. I S. 1724).

[2)] Auszugsweise abgedruckt unter Nr. **675**.

von mehr als 250 Euro fünf Jahre, in allen übrigen Fällen des § 489 Absatz 3 Satz 2 Nummer 1 bis 3 der Strafprozessordnung zwei Jahre nicht übersteigen.

§ 49d[1] Schutz personenbezogener Daten in einer elektronischen Akte. § 496 Absatz 1 und 2 sowie die §§ 497 und 498 Absatz 1 der Strafprozessordnung[2] gelten entsprechend, wobei in § 496 Absatz 1 und § 498 Absatz 1 der Strafprozessordnung an die Stelle des jeweiligen Strafverfahrens das jeweilige Bußgeldverfahren tritt.

§ 50 Bekanntmachung von Maßnahmen der Verwaltungsbehörde.

(1) [1] Anordnungen, Verfügungen und sonstige Maßnahmen der Verwaltungsbehörde werden der Person, an die sich die Maßnahme richtet, formlos bekanntgemacht. [2] Ist gegen die Maßnahme ein befristeter Rechtsbehelf zulässig, so wird sie in einem Bescheid durch Zustellung bekanntgemacht.

(2) Bei der Bekanntmachung eines Bescheides der Verwaltungsbehörde, der durch einen befristeten Rechtsbehelf angefochten werden kann, ist die Person, an die sich die Maßnahme richtet, über die Möglichkeit der Anfechtung und die dafür vorgeschriebene Frist und Form zu belehren.

§ 51[3] Verfahren bei Zustellungen der Verwaltungsbehörde. (1) [1] Für das Zustellungsverfahren der Verwaltungsbehörde gelten die Vorschriften des Verwaltungszustellungsgesetzes, wenn eine Verwaltungsbehörde des Bundes das Verfahren durchführt, sonst die entsprechenden landesrechtlichen Vorschriften, soweit die Absätze 2 bis 5 nichts anderes bestimmen. [2] Wird ein Dokument mit Hilfe automatischer Einrichtungen erstellt, so wird das so hergestellte Dokument zugestellt.

(2) Ein Bescheid (§ 50 Abs. 1 Satz 2) wird dem Betroffenen zugestellt und, wenn er einen gesetzlichen Vertreter hat, diesem mitgeteilt.

(3) [1] Der gewählte Verteidiger, dessen Vollmacht sich bei den Akten befindet, sowie der bestellte Verteidiger gelten als ermächtigt, Zustellungen und sonstige Mitteilungen für den Betroffenen in Empfang zu nehmen; für die Zustellung einer Ladung des Betroffenen gilt dies nur, wenn der Verteidiger in der Vollmacht ausdrücklich zur Empfangnahme von Ladungen ermächtigt ist. [2] Wird ein Bescheid dem Verteidiger nach Satz 1 Halbsatz 1 zugestellt, so wird der Betroffene hiervon zugleich unterrichtet; dabei erhält er formlos eine Abschrift des Bescheides. [3] Wird ein Bescheid dem Betroffenen zugestellt, so wird der Verteidiger hiervon zugleich unterrichtet, auch wenn eine Vollmacht bei den Akten nicht vorliegt; dabei erhält er formlos eine Abschrift des Bescheides.

(4) Wird die für den Beteiligten bestimmte Zustellung an mehrere Empfangsberechtigte bewirkt, so richtet sich die Berechnung einer Frist nach der zuletzt bewirkten Zustellung.

(5) [1] § 6 Abs. 1 des Verwaltungszustellungsgesetzes und die entsprechenden landesrechtlichen Vorschriften sind nicht anzuwenden. [2] Hat der Betroffene einen Verteidiger, so sind auch § 7 Abs. 1 Satz 1 und 2 und Abs. 2 des

---

[1] § 49d neu gef. mWv 1.1.2018 durch G v. 5.7.2017 (BGBl. I S. 2208).

[2] Auszugsweise abgedruckt unter Nr. **675**.

[3] § 51 Abs. 5 Satz 3 neu gef. mWv 1.4.2005 durch G v. 22.3.2005 (BGBl. I S. 837); Abs. 1 Satz 1, Abs. 5 Sätze 1 und 2 geänd. mWv 1.2.2006, Abs. 5 Satz 3 aufgeh. mWv 1.8.2006 durch G v. 12.8. 2005 (BGBl. I S. 2354); Abs. 1 Satz 2 geänd. mWv 1.1.2018 durch G v. 5.7.2017 (BGBl. I S. 2208).

Verwaltungszustellungsgesetzes des und die entsprechenden landesrechtlichen Vorschriften nicht anzuwenden.

§ 52 Wiedereinsetzung in den vorigen Stand. (1) Für den befristeten Rechtsbehelf gegen den Bescheid der Verwaltungsbehörde gelten die §§ 44, 45, 46 Abs. 2 und 3 und § 47 der Strafprozeßordnung[1] über die Wiedereinsetzung in den vorigen Stand entsprechend, soweit Absatz 2 nichts anderes bestimmt.

(2) [1] Über die Gewährung der Wiedereinsetzung in den vorigen Stand und den Aufschub der Vollstreckung entscheidet die Verwaltungsbehörde. [2] Ist das Gericht, das bei rechtzeitigem Rechtsbehelf zur Entscheidung in der Sache selbst zuständig gewesen wäre, mit dem Rechtsbehelf befaßt, so entscheidet es auch über die Gewährung der Wiedereinsetzung in den vorigen Stand und den Aufschub der Vollstreckung. [3] Verwirft die Verwaltungsbehörde den Antrag auf Wiedereinsetzung in den vorigen Stand, so ist gegen den Bescheid innerhalb von zwei Wochen nach Zustellung der Antrag auf gerichtliche Entscheidung nach § 62 zulässig.

Dritter Abschnitt. Vorverfahren

I. Allgemeine Vorschriften

§ 53[2] Aufgaben der Polizei. (1) [1] Die Behörden und Beamten des Polizeidienstes haben nach pflichtgemäßem Ermessen Ordnungswidrigkeiten zu erforschen und dabei alle unaufschiebbaren Anordnungen zu treffen, um die Verdunkelung der Sache zu verhüten. [2] Sie haben bei der Erforschung von Ordnungswidrigkeiten, soweit dieses Gesetz nichts anderes bestimmt, dieselben Rechte und Pflichten wie bei der Verfolgung von Straftaten. [3] Ihre Akten übersenden sie unverzüglich der Verwaltungsbehörde, in den Fällen des Zusammenhangs (§ 42) der Staatsanwaltschaft.

(2) Die Beamten des Polizeidienstes, die zu Ermittlungspersonen der Staatsanwaltschaft bestellt sind (§ 152 des Gerichtsverfassungsgesetzes), können nach den für sie geltenden Vorschriften der Strafprozeßordnung[1] Beschlagnahmen, Durchsuchungen, Untersuchungen und sonstige Maßnahmen anordnen.

§ 54 (weggefallen)

§ 55[3] Anhörung des Betroffenen. (1) § 163a Abs. 1 der Strafprozeßordnung[1] ist mit der Einschränkung anzuwenden, daß es genügt, wenn dem Betroffenen Gelegenheit gegeben wird, sich zu der Beschuldigung zu äußern.

(2) [1] Der Betroffene braucht nicht darauf hingewiesen zu werden, daß er auch schon vor seiner Vernehmung einen von ihm zu wählenden Verteidiger befragen kann. [2] § 136 Absatz 1 Satz 3 bis 5 der Strafprozeßordnung ist nicht anzuwenden.

---

[1] Auszugsweise abgedruckt unter Nr. **675**.
[2] § 53 Abs. 2 geänd. mWv 1.9.2004 durch G v. 24.8.2004 (BGBl. I S. 2198).
[3] § 55 Abs. 2 Satz 2 geänd. mWv 5.9.2017 durch G v. 27.8.2017 (BGBl. I S. 3295).

II. Verwarnungsverfahren

§ 56[1)] Verwarnung durch die Verwaltungsbehörde. (1) [1]Bei geringfügigen Ordnungswidrigkeiten kann die Verwaltungsbehörde den Betroffenen verwarnen und ein Verwarnungsgeld von fünf bis fünfundfünfzig Euro erheben. [2]Sie kann eine Verwarnung ohne Verwarnungsgeld erteilen.

(2) [1]Die Verwarnung nach Absatz 1 Satz 1 ist nur wirksam, wenn der Betroffene nach Belehrung über sein Weigerungsrecht mit ihr einverstanden ist und das Verwarnungsgeld entsprechend der Bestimmung der Verwaltungsbehörde entweder sofort zahlt oder innerhalb einer Frist, die eine Woche betragen soll, bei der hierfür bezeichneten Stelle oder bei der Post zur Überweisung an diese Stelle einzahlt. [2]Eine solche Frist soll bewilligt werden, wenn der Betroffene das Verwarnungsgeld nicht sofort zahlen kann oder wenn es höher ist als zehn Euro.

(3) [1]Über die Verwarnung nach Absatz 1 Satz 1, die Höhe des Verwarnungsgeldes und die Zahlung oder die etwa bestimmte Zahlungsfrist wird eine Bescheinigung erteilt. [2]Kosten (Gebühren und Auslagen) werden nicht erhoben.

(4) Ist die Verwarnung nach Absatz 1 Satz 1 wirksam, so kann die Tat nicht mehr unter den tatsächlichen und rechtlichen Gesichtspunkten verfolgt werden, unter denen die Verwarnung erteilt worden ist.

§ 57 Verwarnung durch Beamte des Außen- und Polizeidienstes.

(1) Personen, die ermächtigt sind, die Befugnis nach § 56 für die Verwaltungsbehörde im Außendienst wahrzunehmen, haben sich entsprechend auszuweisen.

(2) Die Befugnis nach § 56 steht auch den hierzu ermächtigten Beamten des Polizeidienstes zu, die eine Ordnungswidrigkeit entdecken oder im ersten Zugriff verfolgen und sich durch ihre Dienstkleidung oder in anderer Weise ausweisen.

§ 58[2)] Ermächtigung zur Erteilung der Verwarnung. (1) [1]Die Ermächtigung nach § 57 Abs. 2 erteilt die oberste Dienstbehörde des Beamten oder die von ihr bestimmte Stelle. [2]Die oberste Dienstbehörde soll sich wegen der Frage, bei welchen Ordnungswidrigkeiten Ermächtigungen erteilt werden sollen, mit der zuständigen Behörde ins Benehmen setzen. [3]Zuständig ist bei Ordnungswidrigkeiten, für deren Verfolgung und Ahndung eine Verwaltungsbehörde des Bundes zuständig ist, das fachlich zuständige Bundesministerium, sonst die fachlich zuständige oberste Landesbehörde.

(2) Soweit bei bestimmten Ordnungswidrigkeiten im Hinblick auf ihre Häufigkeit und Gleichartigkeit eine möglichst gleichmäßige Behandlung angezeigt ist, sollen allgemeine Ermächtigungen an Verwaltungsangehörige und Beamte des Polizeidienstes zur Erteilung einer Verwarnung nähere Bestimmungen darüber enthalten, in welchen Fällen und unter welchen Voraussetzungen die

---

[1)] § 56 Abs. 1 Satz 1 geänd., Satz 2 neu gef. durch G v. 26.1.1998 (BGBl. I S. 156); Abs. 1 Satz 1, Abs. 2 Satz 2 geänd. mWv 1.1.2002 durch G v. 13.12.2001 (BGBl. I S. 3574); Abs. 1 Satz 1 geänd. mWv 1.5.2014 durch G v. 28.8.2013 (BGBl. I S. 3313).

[2)] § 58 Abs. 1 Satz 3 geänd. durch G v. 26.1.1998 (BGBl. I S. 156).

Verwarnung erteilt und in welcher Höhe das Verwarnungsgeld erhoben werden soll.

III. Verfahren der Verwaltungsbehörde

§ 59[1] **Vergütung von Sachverständigen, Dolmetschern und Übersetzern, Entschädigung von Zeugen und Dritten.** Für die Vergütung von Sachverständigen, Dolmetschern und Übersetzern sowie die Entschädigung von Zeugen und Dritten (§ 23 des Justizvergütungs- und -entschädigungsgesetzes) ist das Justizvergütungs- und -entschädigungsgesetz anzuwenden.

§ 60[2] **Verteidigung.** [1] Ist die Mitwirkung eines Verteidigers im Verfahren der Verwaltungsbehörde geboten (§ 140 Absatz 2 der Strafprozeßordnung[3]), so ist für dessen Bestellung die Verwaltungsbehörde zuständig. [2] Sie entscheidet auch über die Zulassung anderer Personen als Verteidiger und die Zurückweisung eines Verteidigers (§ 138 Abs. 2, § 146a Abs. 1 Satz 1, 2 der Strafprozeßordnung).

§ 61 Abschluß der Ermittlungen. Sobald die Verwaltungsbehörde die Ermittlungen abgeschlossen hat, vermerkt sie dies in den Akten, wenn sie die weitere Verfolgung der Ordnungswidrigkeit erwägt.

§ 62 Rechtsbehelf gegen Maßnahmen der Verwaltungsbehörde.

(1) [1] Gegen Anordnungen, Verfügungen und sonstige Maßnahmen, die von der Verwaltungsbehörde im Bußgeldverfahren getroffen werden, können der Betroffene und andere Personen, gegen die sich die Maßnahme richtet, gerichtliche Entscheidung beantragen. [2] Dies gilt nicht für Maßnahmen, die nur zur Vorbereitung der Entscheidung, ob ein Bußgeldbescheid erlassen oder das Verfahren eingestellt wird, getroffen werden und keine selbständige Bedeutung haben.

(2) [1] Über den Antrag entscheidet das nach § 68 zuständige Gericht. [2] Die §§ 297 bis 300, 302, 306 bis 309 und 311a der Strafprozeßordnung[3] sowie die Vorschriften der Strafprozeßordnung über die Auferlegung der Kosten des Beschwerdeverfahrens gelten sinngemäß. [3] Die Entscheidung des Gerichts ist nicht anfechtbar, soweit das Gesetz nichts anderes bestimmt.

IV. Verfahren der Staatsanwaltschaft

§ 63[4] **Beteiligung der Verwaltungsbehörde.** (1) [1] Hat die Staatsanwaltschaft die Verfolgung der Ordnungswidrigkeit übernommen (§ 42), so haben die mit der Ermittlung von Ordnungswidrigkeiten betrauten Angehörigen der sonst zuständigen Verwaltungsbehörde dieselben Rechte und Pflichten wie die Beamten des Polizeidienstes im Bußgeldverfahren. [2] Die sonst zustän-

---

[1] § 59 neu gef. mWv 1.7.2004 durch G v. 5.5.2004 (BGBl. I S. 718).

[2] § 60 Satz 1 geänd. durch G v. 17.5.1988 (BGBl. I S. 606); Satz 1 geänd. mWv 13.12.2019 durch G v. 10.12.2019 (BGBl. I S. 2128).

[3] Auszugsweise abgedruckt unter Nr. **675**.

[4] § 63 Abs. 1 Satz 2 geänd. mWv 1.9.2004 durch G v. 24.8.2004 (BGBl. I S. 2198).

dige Verwaltungsbehörde kann Beschlagnahmen, Notveräußerungen, Durchsuchungen und Untersuchungen nach den für Ermittlungspersonen der Staatsanwaltschaft geltenden Vorschriften der Strafprozeßordnung[1)] anordnen.

(2) Der sonst zuständigen Verwaltungsbehörde sind die Anklageschrift und der Antrag auf Erlaß eines Strafbefehls mitzuteilen, soweit sie sich auf eine Ordnungswidrigkeit beziehen.

(3) [1] Erwägt die Staatsanwaltschaft in den Fällen des § 40 oder § 42, das Verfahren wegen der Ordnungswidrigkeit einzustellen, so hat sie die sonst zuständige Verwaltungsbehörde zu hören. [2] Sie kann davon absehen, wenn für die Entschließung die besondere Sachkunde der Verwaltungsbehörde entbehrt werden kann.

§ 64 Erstreckung der öffentlichen Klage auf die Ordnungswidrigkeit. Erhebt die Staatsanwaltschaft in den Fällen des § 42 wegen der Straftat die öffentliche Klage, so erstreckt sie diese auf die Ordnungswidrigkeit, sofern die Ermittlungen hierfür genügenden Anlaß bieten.

Vierter Abschnitt. Bußgeldbescheid

§ 65 Allgemeines. Die Ordnungswidrigkeit wird, soweit dieses Gesetz nichts anderes bestimmt, durch Bußgeldbescheid geahndet.

§ 66 Inhalt des Bußgeldbescheides. (1) Der Bußgeldbescheid enthält

1. die Angaben zur Person des Betroffenen und etwaiger Nebenbeteiligter,
2. den Namen und die Anschrift des Verteidigers,
3. die Bezeichnung der Tat, die dem Betroffenen zur Last gelegt wird, Zeit und Ort ihrer Begehung, die gesetzlichen Merkmale der Ordnungswidrigkeit und die angewendeten Bußgeldvorschriften,
4. die Beweismittel,
5. die Geldbuße und die Nebenfolgen.

(2) Der Bußgeldbescheid enthält ferner

1. den Hinweis, daß
   a) der Bußgeldbescheid rechtskräftig und vollstreckbar wird, wenn kein Einspruch nach § 67 eingelegt wird,
   b) bei einem Einspruch auch eine für den Betroffenen nachteiligere Entscheidung getroffen werden kann,
2. die Aufforderung an den Betroffenen, spätestens zwei Wochen nach Rechtskraft oder einer etwa bestimmten späteren Fälligkeit (§ 18)
   a) die Geldbuße oder die bestimmten Teilbeträge an die zuständige Kasse zu zahlen oder
   b) im Falle der Zahlungsunfähigkeit der Vollstreckungsbehörde (§ 92) schriftlich oder zur Niederschrift darzutun, warum ihm die fristgemäße Zahlung nach seinen wirtschaftlichen Verhältnissen nicht zuzumuten ist, und

---

1) Auszugsweise abgedruckt unter Nr. **675**.

3. die Belehrung, daß Erzwingungshaft (§ 96) angeordnet werden kann, wenn der Betroffene seiner Pflicht nach Nummer 2 nicht genügt.

(3) Über die Angaben nach Absatz 1 Nr. 3 und 4 hinaus braucht der Bußgeldbescheid nicht begründet zu werden.

Fünfter Abschnitt. Einspruch und gerichtliches Verfahren

I. Einspruch

§ 67[1] **Form und Frist.** (1) [1]Der Betroffene kann gegen den Bußgeldbescheid innerhalb von zwei Wochen nach Zustellung schriftlich oder zur Niederschrift bei der Verwaltungsbehörde, die den Bußgeldbescheid erlassen hat, Einspruch einlegen. [2]Die §§ 297 bis 300 und 302 der Strafprozeßordnung über Rechtsmittel gelten entsprechend.

(2) Der Einspruch kann auf bestimmte Beschwerdepunkte beschränkt werden.

§ 68 Zuständiges Gericht. (1) [1]Bei einem Einspruch gegen den Bußgeldbescheid entscheidet das Amtsgericht, in dessen Bezirk die Verwaltungsbehörde ihren Sitz hat. [2]Der Richter beim Amtsgericht entscheidet allein.

(2) Im Verfahren gegen Jugendliche und Heranwachsende ist der Jugendrichter zuständig.

(3) [1]Sind in dem Bezirk der Verwaltungsbehörde eines Landes mehrere Amtsgerichtsbezirke oder mehrere Teile solcher Bezirke vorhanden, so kann die Landesregierung durch Rechtsverordnung die Zuständigkeit des Amtsgerichts abweichend von Absatz 1 danach bestimmen, in welchem Bezirk

1. die Ordnungswidrigkeit oder eine der Ordnungswidrigkeiten begangen worden ist (Begehungsort) oder
2. der Betroffene seinen Wohnsitz hat (Wohnort),

soweit es mit Rücksicht auf die große Zahl von Verfahren oder die weite Entfernung zwischen Begehungs- oder Wohnort und dem Sitz des nach Absatz 1 zuständigen Amtsgerichts sachdienlich erscheint, die Verfahren auf mehrere Amtsgerichte aufzuteilen; § 37 Abs. 3 gilt entsprechend. [2]Der Bezirk, von dem die Zuständigkeit des Amtsgerichts nach Satz 1 abhängt, kann die Bezirke mehrerer Amtsgerichte umfassen. [3]Die Landesregierung kann die Ermächtigung auf die Landesjustizverwaltung übertragen.

§ 69[2] **Zwischenverfahren.** (1) [1]Ist der Einspruch nicht rechtzeitig, nicht in der vorgeschriebenen Form oder sonst nicht wirksam eingelegt, so verwirft ihn die Verwaltungsbehörde als unzulässig. [2]Gegen den Bescheid ist innerhalb von zwei Wochen nach Zustellung der Antrag auf gerichtliche Entscheidung nach § 62 zulässig.

---

[1] § 67 Abs. 2 neu gef. durch G v. 26.1.1998 (BGBl. I S. 156).

[2] § 69 Überschrift und Abs. 3 Satz 1 geänd., Abs. 4 Satz 2 und Abs. 5 neu gef., Abs. 4 Satz 3 aufgeh. durch G v. 26.1.1998 (BGBl. I S. 156); Abs. 3 Satz 2 neu gef. mWv 1.10.2002 durch G v. 26.7.2002 (BGBl. I S. 2864, ber. S. 3516).

(2) [1] Ist der Einspruch zulässig, so prüft die Verwaltungsbehörde, ob sie den Bußgeldbescheid aufrechterhält oder zurücknimmt. [2] Zu diesem Zweck kann sie

1. weitere Ermittlungen anordnen oder selbst vornehmen,
2. von Behörden und sonstigen Stellen die Abgabe von Erklärungen über dienstliche Wahrnehmungen, Untersuchungen und Erkenntnisse (§ 77a Abs. 2) verlangen.

[3] Die Verwaltungsbehörde kann auch dem Betroffenen Gelegenheit geben, sich innerhalb einer zu bestimmenden Frist dazu zu äußern, ob und welche Tatsachen und Beweismittel er im weiteren Verfahren zu seiner Entlastung vorbringen will; dabei ist er darauf hinzuweisen, daß es ihm nach dem Gesetz freistehe, sich zu der Beschuldigung zu äußern oder nicht zur Sache auszusagen.

(3) [1] Die Verwaltungsbehörde übersendet die Akten über die Staatsanwaltschaft an das Amtsgericht, wenn sie den Bußgeldbescheid nicht zurücknimmt und nicht nach Absatz 1 Satz 1 verfährt; sie vermerkt die Gründe dafür in den Akten, soweit dies nach der Sachlage angezeigt ist. [2] Die Entscheidung über einen Antrag auf Akteneinsicht und deren Gewährung (§ 49 Abs. 1 dieses Gesetzes, § 147 der Strafprozessordnung) erfolgen vor Übersendung der Akten.

(4) [1] Mit dem Eingang der Akten bei der Staatsanwaltschaft gehen die Aufgaben der Verfolgungsbehörde auf sie über. [2] Die Staatsanwaltschaft legt die Akten dem Richter beim Amtsgericht vor, wenn sie weder das Verfahren einstellt noch weitere Ermittlungen durchführt.

(5) [1] Bei offensichtlich ungenügender Aufklärung des Sachverhalts kann der Richter beim Amtsgericht die Sache unter Angabe der Gründe mit Zustimmung der Staatsanwaltschaft an die Verwaltungsbehörde zurückverweisen; diese wird mit dem Eingang der Akten wieder für die Verfolgung und Ahndung zuständig. [2] Verneint der Richter beim Amtsgericht bei erneuter Übersendung den hinreichenden Tatverdacht einer Ordnungswidrigkeit, so kann er die Sache durch Beschluß endgültig an die Verwaltungsbehörde zurückgeben. [3] Der Beschluß ist unanfechtbar.

§ 70 Entscheidung des Gerichts über die Zulässigkeit des Einspruchs.

(1) Sind die Vorschriften über die Einlegung des Einspruchs nicht beachtet, so verwirft das Gericht den Einspruch als unzulässig.

(2) Gegen den Beschluß ist die sofortige Beschwerde zulässig.

II. Hauptverfahren

§ 71 Hauptverhandlung. (1) Das Verfahren nach zulässigem Einspruch richtet sich, soweit dieses Gesetz nichts anderes bestimmt, nach den Vorschriften der Strafprozeßordnung[1)], die nach zulässigem Einspruch gegen einen Strafbefehl gelten.

(2) [1] Zur besseren Aufklärung der Sache kann das Gericht

1. einzelne Beweiserhebungen anordnen,

---

1) Auszugsweise abgedruckt unter Nr. **675**.

2. von Behörden und sonstigen Stellen die Abgabe von Erklärungen über dienstliche Wahrnehmungen, Untersuchungen und Erkenntnisse (§ 77a Abs. 2) verlangen.

[2] Zur Vorbereitung der Hauptverhandlung kann das Gericht auch dem Betroffenen Gelegenheit geben, sich innerhalb einer zu bestimmenden Frist dazu zu äußern, ob und welche Tatsachen und Beweismittel er zu seiner Entlastung vorbringen will; § 69 Abs. 2 Satz 3 Halbsatz 2 ist anzuwenden.

§ 72[1)] Entscheidung durch Beschluß. (1) [1] Hält das Gericht eine Hauptverhandlung nicht für erforderlich, so kann es durch Beschluß entscheiden, wenn der Betroffene und die Staatsanwaltschaft diesem Verfahren nicht widersprechen. [2] Das Gericht weist sie zuvor auf die Möglichkeit eines solchen Verfahrens und des Widerspruchs hin und gibt ihnen Gelegenheit, sich innerhalb von zwei Wochen nach Zustellung des Hinweises zu äußern; § 145a Abs. 1 und 3 der Strafprozeßordnung gilt entsprechend. [3] Das Gericht kann von einem Hinweis an den Betroffenen absehen und auch gegen seinen Widerspruch durch Beschluß entscheiden, wenn es den Betroffenen freispricht.

(2) [1] Geht der Widerspruch erst nach Ablauf der Frist ein, so ist er unbeachtlich. [2] In diesem Falle kann jedoch gegen den Beschluß innerhalb einer Woche nach Zustellung die Wiedereinsetzung in den vorigen Stand unter den gleichen Voraussetzungen wie gegen die Versäumung einer Frist beantragt werden; hierüber ist der Betroffene bei der Zustellung des Beschlusses zu belehren.

(3) [1] Das Gericht entscheidet darüber, ob der Betroffene freigesprochen, gegen ihn eine Geldbuße festgesetzt, eine Nebenfolge angeordnet oder das Verfahren eingestellt wird. [2] Das Gericht darf von der im Bußgeldbescheid getroffenen Entscheidung nicht zum Nachteil des Betroffenen abweichen.

(4) [1] Wird eine Geldbuße festgesetzt, so gibt der Beschluß die Ordnungswidrigkeit an; hat der Bußgeldtatbestand eine gesetzliche Überschrift, so soll diese zur Bezeichnung der Ordnungswidrigkeit verwendet werden. [2] § 260 Abs. 5 Satz 1 der Strafprozeßordnung gilt entsprechend. [3] Die Begründung des Beschlusses enthält die für erwiesen erachteten Tatsachen, in denen das Gericht die gesetzlichen Merkmale der Ordnungswidrigkeit sieht. [4] Soweit der Beweis aus anderen Tatsachen gefolgert wird, sollen auch diese Tatsachen angegeben werden. [5] Ferner sind die Umstände anzuführen, die für die Zumessung der Geldbuße und die Anordnung einer Nebenfolge bestimmend sind.

(5) [1] Wird der Betroffene freigesprochen, so muß die Begründung ergeben, ob der Betroffene für nicht überführt oder ob und aus welchen Gründen die als erwiesen angenommene Tat nicht als Ordnungswidrigkeit angesehen worden ist. [2] Kann der Beschluß nicht mit der Rechtsbeschwerde angefochten werden, so braucht nur angegeben zu werden, ob die dem Betroffenen zur Last gelegte Ordnungswidrigkeit aus tatsächlichen oder rechtlichen Gründen nicht festgestellt worden ist.

(6) [1] Von einer Begründung kann abgesehen werden, wenn die am Verfahren Beteiligten hierauf verzichten. [2] In diesem Fall reicht der Hinweis auf

---

[1)] § 72 Abs. 6 angef. durch G v. 26.1.1998 (BGBl. I S. 156).

den Inhalt des Bußgeldbescheides; das Gericht kann unter Berücksichtigung der Umstände des Einzelfalls nach seinem Ermessen zusätzliche Ausführungen machen. [3] Die vollständigen Gründe sind innerhalb von fünf Wochen zu den Akten zu bringen, wenn gegen den Beschluß Rechtsbeschwerde eingelegt wird.

§ 73[1)] Anwesenheit des Betroffenen in der Hauptverhandlung.

(1) Der Betroffene ist zum Erscheinen in der Hauptverhandlung verpflichtet.

(2) Das Gericht entbindet ihn auf seinen Antrag von dieser Verpflichtung, wenn er sich zur Sache geäußert oder erklärt hat, daß er sich in der Hauptverhandlung nicht zur Sache äußern werde, und seine Anwesenheit zur Aufklärung wesentlicher Gesichtspunkte des Sachverhalts nicht erforderlich ist.

(3) Hat das Gericht den Betroffenen von der Verpflichtung zum persönlichen Erscheinen entbunden, so kann er sich durch einen mit nachgewiesener Vollmacht versehenen Verteidiger vertreten lassen.

§ 74[2)] Verfahren bei Abwesenheit. (1) [1] Die Hauptverhandlung wird in Abwesenheit des Betroffenen durchgeführt, wenn er nicht erschienen ist und von der Verpflichtung zum persönlichen Erscheinen entbunden war. [2] Frühere Vernehmungen des Betroffenen und seine protokollierten und sonstigen Erklärungen sind durch Mitteilung ihres wesentlichen Inhalts oder durch Verlesung in die Hauptverhandlung einzuführen. [3] Es genügt, wenn die nach § 265 Abs. 1 und 2 der Strafprozeßordnung erforderlichen Hinweise dem Verteidiger gegeben werden.

(2) Bleibt der Betroffene ohne genügende Entschuldigung aus, obwohl er von der Verpflichtung zum Erscheinen nicht entbunden war, hat das Gericht den Einspruch ohne Verhandlung zur Sache durch Urteil zu verwerfen.

(3) Der Betroffene ist in der Ladung über die Absätze 1 und 2 und die §§ 73 und 77b Abs. 1 Satz 1 und 3 zu belehren.

(4) [1] Hat die Hauptverhandlung nach Absatz 1 oder Absatz 2 ohne den Betroffenen stattgefunden, so kann er gegen das Urteil binnen einer Woche nach Zustellung die Wiedereinsetzung in den vorigen Stand unter den gleichen Voraussetzungen wie gegen die Versäumung einer Frist nachsuchen. [2] Hierüber ist er bei der Zustellung des Urteils zu belehren.

§ 75[3)] Teilnahme der Staatsanwaltschaft an der Hauptverhandlung.

(1) [1] Die Staatsanwaltschaft ist zur Teilnahme an der Hauptverhandlung nicht verpflichtet. [2] Das Gericht macht der Staatsanwaltschaft Mitteilung, wenn es ihre Mitwirkung für angemessen hält.

[1)] § 73 neu gef. durch G v. 26.1.1998 (BGBl. I S. 156); Abs. 3 geänd. mWv 1.1.2018 durch G v. 5.7.2017 (BGBl. I S. 2208).

[2)] § 74 neu gef. durch G v. 26.1.1998 (BGBl. I S. 156); Abs. 1 Satz 2 geänd. mWv 1.1.2018 durch G v. 5.7.2017 (BGBl. I S. 2208).

[3)] § 75 Abs. 2 geänd. durch G v. 26.1.1998 (BGBl. I S. 156).

(2) Nimmt die Staatsanwaltschaft an der Hauptverhandlung nicht teil, so bedarf es ihrer Zustimmung zur Einstellung des Verfahrens (§ 47 Abs. 2) und zur Rücknahme des Einspruchs in der Hauptverhandlung nicht.

§ 76 Beteiligung der Verwaltungsbehörde. (1) [1] Das Gericht gibt der Verwaltungsbehörde Gelegenheit, die Gesichtspunkte vorzubringen, die von ihrem Standpunkt für die Entscheidung von Bedeutung sind. [2] Dies gilt auch, wenn das Gericht erwägt, das Verfahren nach § 47 Abs. 2 einzustellen. [3] Der Termin zur Hauptverhandlung wird der Verwaltungsbehörde mitgeteilt. [4] Ihr Vertreter erhält in der Hauptverhandlung auf Verlangen das Wort.

(2) Das Gericht kann davon absehen, die Verwaltungsbehörde nach Absatz 1 zu beteiligen, wenn ihre besondere Sachkunde für die Entscheidung entbehrt werden kann.

(3) Erwägt die Staatsanwaltschaft, die Klage zurückzunehmen, so gilt § 63 Abs. 3 entsprechend.

(4) Das Urteil und andere das Verfahren abschließende Entscheidungen sind der Verwaltungsbehörde mitzuteilen.

§ 77[1)] Umfang der Beweisaufnahme. (1) [1] Das Gericht bestimmt, unbeschadet der Pflicht, die Wahrheit von Amts wegen zu erforschen, den Umfang der Beweisaufnahme. [2] Dabei berücksichtigt es auch die Bedeutung der Sache.

(2) Hält das Gericht den Sachverhalt nach dem bisherigen Ergebnis der Beweisaufnahme für geklärt, so kann es außer in den Fällen des § 244 Abs. 3 der Strafprozeßordnung einen Beweisantrag auch dann ablehnen, wenn

1. nach seinem pflichtgemäßen Ermessen die Beweiserhebung zur Erforschung der Wahrheit nicht erforderlich ist oder
2. nach seiner freien Würdigung das Beweismittel oder die zu beweisende Tatsache ohne verständigen Grund so spät vorgebracht wird, daß die Beweiserhebung zur Aussetzung der Hauptverhandlung führen würde.

(3) Die Begründung für die Ablehnung eines Beweisantrages nach Absatz 2 Nr. 1 kann in dem Gerichtsbeschluß (§ 244 Abs. 6 der Strafprozeßordnung) in der Regel darauf beschränkt werden, daß die Beweiserhebung zur Erforschung der Wahrheit nicht erforderlich ist.

§ 77a[2)] Vereinfachte Art der Beweisaufnahme. (1) Die Vernehmung eines Zeugen, Sachverständigen oder Mitbetroffenen darf durch Verlesung von Protokollen über eine frühere Vernehmung sowie von Urkunden, die eine von ihnen stammende Äußerung enthalten, ersetzt werden.

(2) Erklärungen von Behörden und sonstigen Stellen über ihre dienstlichen Wahrnehmungen, Untersuchungen und Erkenntnisse sowie über diejenigen ihrer Angehörigen dürfen auch dann verlesen werden, wenn die Voraussetzungen des § 256 der Strafprozeßordnung nicht vorliegen.

[1)] § 77 Abs. 2 Nr. 2 geänd. durch G v. 26.1.1998 (BGBl. I S. 156).

[2)] § 77a Abs. 4 Satz 2 geänd. mWv 1.9.2004 durch G v. 24.8.2004 (BGBl. I S. 2198); Abs. 1 geänd. mWv 1.1.2018 durch G v. 5.7.2017 (BGBl. I S. 2208); Abs. 4 Satz 2 geänd. mWv 24.8.2017 durch G v. 17.8.2017 (BGBl. I S. 3202).

(3) [1] Das Gericht kann eine behördliche Erklärung (Absatz 2) auch fernmündlich einholen und deren wesentlichen Inhalt in der Hauptverhandlung bekanntgeben. [2] Der Inhalt der bekanntgegebenen Erklärung ist auf Antrag in das Protokoll aufzunehmen.

(4) [1] Das Verfahren nach den Absätzen 1 bis 3 bedarf der Zustimmung des Betroffenen, des Verteidigers und der Staatsanwaltschaft, soweit sie in der Hauptverhandlung anwesend sind. [2] § 251 Absatz 1 Nummer 3 und 4, Abs. 2 Nr. 1 und 2, Abs. 3 und 4 sowie die §§ 252 und 253 der Strafprozeßordnung bleiben unberührt.

§ 77b[1)] Absehen von Urteilsgründen. (1) [1] Von einer schriftlichen Begründung des Urteils kann abgesehen werden, wenn alle zur Anfechtung Berechtigten auf die Einlegung der Rechtsbeschwerde verzichten oder wenn innerhalb der Frist Rechtsbeschwerde nicht eingelegt wird. [2] Hat die Staatsanwaltschaft an der Hauptverhandlung nicht teilgenommen, so ist ihre Verzichterklärung entbehrlich; eine schriftliche Begründung des Urteils ist jedoch erforderlich, wenn die Staatsanwaltschaft dies vor der Hauptverhandlung beantragt hat. [3] Die Verzichtserklärung des Betroffenen ist entbehrlich, wenn er von der Verpflichtung zum Erscheinen in der Hauptverhandlung entbunden worden ist, im Verlaufe der Hauptverhandlung von einem Verteidiger vertreten worden ist und im Urteil lediglich eine Geldbuße von nicht mehr als zweihundertfünfzig Euro festgesetzt worden ist.

(2) Die Urteilsgründe sind innerhalb der in § 275 Abs. 1 Satz 2 der Strafprozeßordnung vorgesehenen Frist zu den Akten zu bringen, wenn gegen die Versäumung der Frist für die Rechtsbeschwerde Wiedereinsetzung in den vorigen Stand gewährt, in den Fällen des Absatzes 1 Satz 2 erster Halbsatz von der Staatsanwaltschaft oder in den Fällen des Absatzes 1 Satz 3 von dem Betroffenen Rechtsbeschwerde eingelegt wird.

§ 78[2)] Weitere Verfahrensvereinfachungen. (1) [1] Statt der Verlesung einer Urkunde kann das Gericht dessen wesentlichen Inhalt bekanntgeben; dies gilt jedoch nicht, soweit es auf den Wortlaut der Urkunde ankommt. [2] Haben der Betroffene, der Verteidiger und der in der Hauptverhandlung anwesende Vertreter der Staatsanwaltschaft von dem Wortlaut der Urkunde Kenntnis genommen oder dazu Gelegenheit gehabt, so genügt es, die Feststellung hierüber in das Protokoll aufzunehmen. [3] Soweit die Verlesung von Urkunden von der Zustimmung der Verfahrensbeteiligten abhängig ist, gilt dies auch für das Verfahren nach den Sätzen 1 und 2.

(2) § 243 Absatz 4 der Strafprozessordnung gilt nur, wenn eine Erörterung stattgefunden hat; § 273 Absatz 1a Satz 3 und Absatz 2 der Strafprozessordnung ist nicht anzuwenden.

(3) Im Verfahren gegen Jugendliche gilt § 78 Abs. 3 des Jugendgerichtsgesetzes entsprechend.

[1)] § 77b Abs. 1 Satz 3 angef., Abs. 2 neu gef. durch G v. 26.1.1998 (BGBl. I S. 156); Abs. 1 Satz 3 geänd. mWv 1.1.2002 durch G v. 13.12.2001 (BGBl. I S. 3574).

[2)] § 78 Abs. 5 angef. durch G v. 26.1.1998 (BGBl. I S. 156); Abs. 5 aufgeh. mWv 1.9.2004 durch G v. 24.8.2004 (BGBl. I S. 2198); Abs. 2 neu gef. mWv 4.8.2009 durch G v. 29.7.2009 (BGBl. I S. 2353); Abs. 1 Sätze 1–3 geänd. mWv 1.1.2018 durch G v. 5.7.2017 (BGBl. I S. 2208).

(4) Wird gegen einen Jugendlichen oder Heranwachsenden eine Geldbuße festgesetzt, so kann der Jugendrichter zugleich eine Vollstreckungsanordnung nach § 98 Abs. 1 treffen.

III. Rechtsmittel

§ 79[1)] Rechtsbeschwerde. (1) [1] Gegen das Urteil und den Beschluß nach § 72 ist Rechtsbeschwerde zulässig, wenn

1. gegen den Betroffenen eine Geldbuße von mehr als zweihundertfünfzig Euro festgesetzt worden ist,
2. eine Nebenfolge angeordnet worden ist, es sei denn, daß es sich um eine Nebenfolge vermögensrechtlicher Art handelt, deren Wert im Urteil oder im Beschluß nach § 72 auf nicht mehr als zweihundertfünfzig Euro festgesetzt worden ist,
3. der Betroffene wegen einer Ordnungswidrigkeit freigesprochen oder das Verfahren eingestellt oder von der Verhängung eines Fahrverbotes abgesehen worden ist und wegen der Tat im Bußgeldbescheid oder Strafbefehl eine Geldbuße von mehr als sechshundert Euro festgesetzt, ein Fahrverbot verhängt oder eine solche Geldbuße oder ein Fahrverbot von der Staatsanwaltschaft beantragt worden war,
4. der Einspruch durch Urteil als unzulässig verworfen worden ist oder
5. durch Beschluß nach § 72 entschieden worden ist, obwohl der Beschwerdeführer diesem Verfahren rechtzeitig widersprochen hatte oder ihm in sonstiger Weise das rechtliche Gehör versagt wurde.

[2] Gegen das Urteil ist die Rechtsbeschwerde ferner zulässig, wenn sie zugelassen wird (§ 80).

(2) Hat das Urteil oder der Beschluß nach § 72 mehrere Taten zum Gegenstand und sind die Voraussetzungen des Absatzes 1 Satz 1 Nr. 1 bis 3 oder Satz 2 nur hinsichtlich einzelner Taten gegeben, so ist die Rechtsbeschwerde nur insoweit zulässig.

(3) [1] Für die Rechtsbeschwerde und das weitere Verfahren gelten, soweit dieses Gesetz nichts anderes bestimmt, die Vorschriften der Strafprozeßordnung[2)] und des Gerichtsverfassungsgesetzes über die Revision entsprechend. [2] § 342 der Strafprozeßordnung gilt auch entsprechend für den Antrag auf Wiedereinsetzung in den vorigen Stand nach § 72 Abs. 2 Satz 2 Halbsatz 1.

(4) Die Frist für die Einlegung der Rechtsbeschwerde beginnt mit der Zustellung des Beschlusses nach § 72 oder des Urteils, wenn es in Abwesenheit des Beschwerdeführers verkündet und dieser dabei auch nicht nach § 73 Abs. 3 durch einen mit nachgewiesener Vollmacht versehenen Verteidiger vertreten worden ist.

[1)] § 79 Abs. 1 Satz 1 Nr. 1 und 2 geänd., Nr. 3 neu gef. durch G v. 26.1.1998 (BGBl. I S. 156); Abs. 1 Satz 1 Nr. 1–3 geänd. mWv 1.1.2002 durch G v. 13.12.2001 (BGBl. I S. 3574); Abs. 4 und 6 geänd. mWv 1.9.2004 durch G v. 24.8.2004 (BGBl. I S. 2198); Abs. 1 Satz 1 Nr. 5 geänd. mWv 1.1.2005 durch G v. 9.12.2004 (BGBl. I S. 3220); Abs. 4 geänd. mWv 1.1.2018 durch G v. 5.7.2017 (BGBl. I S. 2208).

[2)] Auszugsweise abgedruckt unter Nr. **675**.

(5) [1] Das Beschwerdegericht entscheidet durch Beschluß. [2] Richtet sich die Rechtsbeschwerde gegen ein Urteil, so kann das Beschwerdegericht auf Grund einer Hauptverhandlung durch Urteil entscheiden.

(6) Hebt das Beschwerdegericht die angefochtene Entscheidung auf, so kann es abweichend von § 354 der Strafprozeßordnung in der Sache selbst entscheiden oder sie an das Amtsgericht, dessen Entscheidung aufgehoben wird, oder an ein anderes Amtsgericht desselben Landes zurückverweisen.

§ 80[1)] Zulassung der Rechtsbeschwerde. (1) Das Beschwerdegericht läßt die Rechtsbeschwerde nach § 79 Abs. 1 Satz 2 auf Antrag zu, wenn es geboten ist,

1. die Nachprüfung des Urteils zur Fortbildung des Rechts oder zur Sicherung einer einheitlichen Rechtsprechung zu ermöglichen, soweit Absatz 2 nichts anderes bestimmt, oder
2. das Urteil wegen Versagung des rechtlichen Gehörs aufzuheben.

(2) Die Rechtsbeschwerde wird wegen der Anwendung von Rechtsnormen über das Verfahren nicht und wegen der Anwendung von anderen Rechtsnormen nur zur Fortbildung des Rechts zugelassen, wenn

1. gegen den Betroffenen eine Geldbuße von nicht mehr als einhundert Euro festgesetzt oder eine Nebenfolge vermögensrechtlicher Art angeordnet worden ist, deren Wert im Urteil auf nicht mehr als einhundert Euro festgesetzt worden ist, oder
2. der Betroffene wegen einer Ordnungswidrigkeit freigesprochen oder das Verfahren eingestellt worden ist und wegen der Tat im Bußgeldbescheid oder im Strafbefehl eine Geldbuße von nicht mehr als einhundertfünfzig Euro festgesetzt oder eine solche Geldbuße von der Staatsanwaltschaft beantragt worden war.

(3) [1] Für den Zulassungsantrag gelten die Vorschriften über die Einlegung der Rechtsbeschwerde entsprechend. [2] Der Antrag gilt als vorsorglich eingelegte Rechtsbeschwerde. [3] Die Vorschriften über die Anbringung der Beschwerdeanträge und deren Begründung (§§ 344, 345 der Strafprozeßordnung) sind zu beachten. [4] Bei der Begründung der Beschwerdeanträge soll der Antragsteller zugleich angeben, aus welchen Gründen die in Absatz 1 bezeichneten Voraussetzungen vorliegen. [5] § 35a der Strafprozeßordnung gilt entsprechend.

(4) [1] Das Beschwerdegericht entscheidet über den Antrag durch Beschluß. [2] Die §§ 346 bis 348 der Strafprozeßordnung gelten entsprechend. [3] Der Beschluß, durch den der Antrag verworfen wird, bedarf keiner Begründung. [4] Wird der Antrag verworfen, so gilt die Rechtsbeschwerde als zurückgenommen.

(5) Stellt sich vor der Entscheidung über den Zulassungsantrag heraus, daß ein Verfahrenshindernis besteht, so stellt das Beschwerdegericht das Verfahren nur dann ein, wenn das Verfahrenshindernis nach Erlaß des Urteils eingetreten ist.

---

1) § 80 Abs. 2 Nr. 1 und 2, Abs. 4 Satz 3 geänd. durch G v. 26.1.1998 (BGBl. I S. 156); Abs. 2 Nr. 1 und 2 geänd. mWv 1.1.2002 durch G v. 13.12.2001 (BGBl. I S. 3574).

§ 80a[1)] Besetzung der Bußgeldsenate der Oberlandesgerichte.

(1) Die Bußgeldsenate der Oberlandesgerichte sind mit einem Richter besetzt, soweit nichts anderes bestimmt ist.

(2) Die Bußgeldsenate der Oberlandesgerichte sind mit drei Richtern einschließlich des Vorsitzenden besetzt in Verfahren über Rechtsbeschwerden in den in § 79 Abs. 1 Satz 1 bezeichneten Fällen, wenn eine Geldbuße von mehr als fünftausend Euro oder eine Nebenfolge vermögensrechtlicher Art im Wert von mehr als fünftausend Euro festgesetzt oder beantragt worden ist. [3] Der Wert einer Geldbuße und der Wert einer vermögensrechtlichen Nebenfolge werden gegebenenfalls zusammengerechnet.

(3) [1] In den in Absatz 1 bezeichneten Fällen überträgt der Richter die Sache dem Bußgeldsenat in der Besetzung mit drei Richtern, wenn es geboten ist, das Urteil oder den Beschluss nach § 72 zur Fortbildung des Rechts oder zur Sicherung einer einheitlichen Rechtsprechung nachzuprüfen. [2] Dies gilt auch in Verfahren über eine zugelassene Rechtsbeschwerde, nicht aber in Verfahren über deren Zulassung.

Sechster Abschnitt. Bußgeld- und Strafverfahren

§ 81 Übergang vom Bußgeld- zum Strafverfahren. (1) [1] Das Gericht ist im Bußgeldverfahren an die Beurteilung der Tat als Ordnungswidrigkeit nicht gebunden. [2] Jedoch darf es auf Grund eines Strafgesetzes nur entscheiden, wenn der Betroffene zuvor auf die Veränderung des rechtlichen Gesichtspunktes hingewiesen und ihm Gelegenheit zur Verteidigung gegeben worden ist.

(2) [1] Der Betroffene wird auf die Veränderung des rechtlichen Gesichtspunktes auf Antrag der Staatsanwaltschaft oder von Amts wegen hingewiesen. [2] Mit diesem Hinweis erhält er die Rechtsstellung des Angeklagten. [3] Die Verhandlung wird unterbrochen, wenn das Gericht es für erforderlich hält oder wenn der Angeklagte es beantragt. [4] Über sein Recht, die Unterbrechung zu beantragen, wird der Angeklagte belehrt.

(3) [1] In dem weiteren Verfahren sind die besonderen Vorschriften dieses Gesetzes nicht mehr anzuwenden. [2] Jedoch kann die bisherige Beweisaufnahme, die in Anwesenheit des Betroffenen stattgefunden hat, auch dann verwertet werden, wenn sie nach diesen Vorschriften durchgeführt worden ist; dies gilt aber nicht für eine Beweisaufnahme nach den §§ 77a und 78 Abs. 1.

§ 82 Bußgelderkenntnis im Strafverfahren. (1) Im Strafverfahren beurteilt das Gericht die in der Anklage bezeichnete Tat zugleich unter dem rechtlichen Gesichtspunkt einer Ordnungswidrigkeit.

(2) Läßt das Gericht die Anklage zur Hauptverhandlung nur unter dem rechtlichen Gesichtspunkt einer Ordnungswidrigkeit zu, so sind in dem weiteren Verfahren die besonderen Vorschriften dieses Gesetzes anzuwenden.

---

1) § 80a neu gef. mWv 1.9.2004 durch G v. 24.8.2004 (BGBl. I S. 2198).

§ 83[1)] Verfahren bei Ordnungswidrigkeiten und Straftaten. (1) Hat das Verfahren Ordnungswidrigkeiten und Straftaten zum Gegenstand und werden einzelne Taten nur als Ordnungswidrigkeiten verfolgt, so gelten für das Verfahren wegen dieser Taten auch § 46 Abs. 3, 4, 5 Satz 2 und Abs. 7, die §§ 47, 49, 55, 76 bis 78, 79 Abs. 1 bis 3 sowie § 80.

(2) [1] Wird in den Fällen des Absatzes 1 gegen das Urteil, soweit es nur Ordnungswidrigkeiten betrifft, Rechtsbeschwerde und im übrigen Berufung eingelegt, so wird eine rechtzeitig und in der vorgeschriebenen Form eingelegte Rechtsbeschwerde, solange die Berufung nicht zurückgenommen oder als unzulässig verworfen ist, als Berufung behandelt. [2] Die Beschwerdeanträge und deren Begründung sind gleichwohl in der vorgeschriebenen Form anzubringen und dem Gegner zuzustellen (§§ 344 bis 347 der Strafprozeßordnung); einer Zulassung nach § 79 Abs. 1 Satz 2 bedarf es jedoch nicht. [3] Gegen das Berufungsurteil ist die Rechtsbeschwerde nach § 79 Abs. 1 und 2 sowie § 80 zulässig.

(3) Hebt das Beschwerdegericht das Urteil auf, soweit es nur Ordnungswidrigkeiten betrifft, so kann es in der Sache selbst entscheiden.

Siebenter Abschnitt. Rechtskraft und Wiederaufnahme des Verfahrens

§ 84 Wirkung der Rechtskraft. (1) Ist der Bußgeldbescheid rechtskräftig geworden oder hat das Gericht über die Tat als Ordnungswidrigkeit oder als Straftat rechtskräftig entschieden, so kann dieselbe Tat nicht mehr als Ordnungswidrigkeit verfolgt werden.

(2) [1] Das rechtskräftige Urteil über die Tat als Ordnungswidrigkeit steht auch ihrer Verfolgung als Straftat entgegen. [2] Dem rechtskräftigen Urteil stehen der Beschluß nach § 72 und der Beschluß des Beschwerdegerichts über die Tat als Ordnungswidrigkeit gleich.

§ 85[2)] Wiederaufnahme des Verfahrens. (1) Für die Wiederaufnahme eines durch rechtskräftige Bußgeldentscheidung abgeschlossenen Verfahrens gelten die §§ 359 bis 373a der Strafprozeßordnung entsprechend, soweit die nachstehenden Vorschriften nichts anderes bestimmen.

(2) [1] Die Wiederaufnahme des Verfahrens zugunsten des Betroffenen, die auf neue Tatsachen oder Beweismittel gestützt wird (§ 359 Nr. 5 der Strafprozeßordnung), ist nicht zulässig, wenn

1. gegen den Betroffenen lediglich eine Geldbuße bis zu zweihundertfünfzig Euro festgesetzt ist oder
2. seit Rechtskraft der Bußgeldentscheidung drei Jahre verstrichen sind.

[2] Satz 1 Nr. 1 gilt entsprechend, wenn eine Nebenfolge vermögensrechtlicher Art angeordnet ist, deren Wert zweihundertfünfzig Euro nicht übersteigt.

(3) [1] Die Wiederaufnahme des Verfahrens zuungunsten des Betroffenen ist unter den Voraussetzungen des § 362 der Strafprozeßordnung nur zu dem Zweck zulässig, die Verurteilung nach einem Strafgesetz herbeizuführen. [2] Zu

---

[1)] § 83 Abs. 1 geänd. mWv 1.9.2004 durch G v. 24.8.2004 (BGBl. I S. 2198).

[2)] § 85 Abs. 2 Satz 1 Nr. 1 und Satz 2 geänd. durch G v. 26.1.1998 (BGBl. I S. 156); Abs. 2 Satz 1 Nr. 1 und Satz 2 geänd. mWv 1.1.2002 durch G v. 13.12.2001 (BGBl. I S. 3574).

diesem Zweck ist sie auch zulässig, wenn neue Tatsachen oder Beweismittel beigebracht sind, die allein oder in Verbindung mit den früher erhobenen Beweisen geeignet sind, die Verurteilung des Betroffenen wegen eines Verbrechens zu begründen.

(4) [1] Im Wiederaufnahmeverfahren gegen den Bußgeldbescheid entscheidet das nach § 68 zuständige Gericht. [2] Wird ein solches Wiederaufnahmeverfahren von dem Betroffenen beantragt oder werden der Verwaltungsbehörde Umstände bekannt, die eine Wiederaufnahme des Verfahrens zulassen, so übersendet sie die Akten der Staatsanwaltschaft. [3] § 69 Abs. 4 Satz 1 gilt entsprechend.

§ 86 Aufhebung des Bußgeldbescheides im Strafverfahren. (1) [1] Ist gegen den Betroffenen ein Bußgeldbescheid ergangen und wird er später wegen derselben Handlung in einem Strafverfahren verurteilt, so wird der Bußgeldbescheid insoweit aufgehoben. [2] Dasselbe gilt, wenn es im Strafverfahren nicht zu einer Verurteilung kommt, jedoch die Feststellungen, die das Gericht in der abschließenden Entscheidung trifft, dem Bußgeldbescheid entgegenstehen.

(2) Geldbeträge, die auf Grund des aufgehobenen Bußgeldbescheides gezahlt oder beigetrieben worden sind, werden zunächst auf eine erkannte Geldstrafe, dann auf angeordnete Nebenfolgen, die zu einer Geldzahlung verpflichten, und zuletzt auf die Kosten des Strafverfahrens angerechnet.

(3) Die Entscheidungen nach den Absätzen 1 und 2 werden in dem Urteil oder in der sonstigen abschließenden Entscheidung getroffen.

Achter Abschnitt.[1] Verfahren bei Anordnung von Nebenfolgen oder der Festsetzung einer Geldbuße gegen eine juristische Person oder Personenvereinigung

§ 87[2] Anordnung der Einziehung. (1) Hat die Verwaltungsbehörde im Bußgeldverfahren über die Einziehung eines Gegenstandes zu entscheiden, so ist sie auch für die Anordnung der Verfahrensbeteiligung, die Beiordnung eines Rechtsanwalts oder einer anderen Person, die als Verteidiger bestellt werden darf, und die Entscheidung über die Entschädigung zuständig (§§ 424, 425, 428 Absatz 2, § 430 Absatz 3, § 438 Absatz 1 und 2 der Strafprozessordnung); § 60 Satz 2 gilt entsprechend.

(2) [1] Vom Erlaß des Bußgeldbescheides an hat der Einziehungsbeteiligte, soweit das Gesetz nichts anderes bestimmt, die Befugnisse, die einem Betroffenen zustehen. [2] Ihm wird der Bußgeldbescheid, in dem die Einziehung angeordnet wird, zugestellt. [3] Zugleich wird er darauf hingewiesen, daß über die Einziehung auch ihm gegenüber entschieden ist.

(3) [1] Im selbständigen Verfahren wird die Einziehung in einem selbständigen Einziehungsbescheid angeordnet; § 66 Abs. 1, 2 Nr. 1 Buchstabe a und Abs. 3 gilt entsprechend. [2] Der Einziehungsbescheid steht einem Bußgeldbescheid gleich. [3] Zuständig ist die Verwaltungsbehörde, die im Falle der

---

[1] 8. Abschnitt Überschrift geänd. mWv 30.8.2002 durch G v. 22.8.2002 (BGBl. I S. 3387).

[2] § 87 Abs. 5 geänd. durch G v. 26.1.1998 (BGBl. I S. 156); Abs. 5 geänd. mWv 1.1.2002 durch G v. 13.12.2001 (BGBl. I S. 3574); Überschrift neu gef., Abs. 1, Abs. 4 Satz 1 geänd., Abs. 6 neu gef. mWv 1.7.2017 durch G v. 13.4.2017 (BGBl. I S. 872).

Verfolgung einer bestimmten Person zuständig wäre; örtlich zuständig ist auch die Verwaltungsbehörde, in deren Bezirk der Gegenstand sichergestellt worden ist.

(4) [1] Das Nachverfahren (§ 433 der Strafprozessordnung) gegen einen Bußgeldbescheid ist bei der Verwaltungsbehörde zu beantragen, welche die Einziehung angeordnet hat. [2] Die Entscheidung trifft das nach § 68 zuständige Gericht. [3] Die Verwaltungsbehörde übersendet die Akten der Staatsanwaltschaft, die sie dem Gericht vorlegt; § 69 Abs. 4 Satz 1 gilt entsprechend.

(5) Die Entscheidung des Gerichts über die Einziehung eines Gegenstandes, dessen Wert zweihundertfünfzig Euro nicht übersteigt, ist nicht anfechtbar.

(6) Absatz 2 Satz 3, Absatz 3 Satz 3 zweiter Halbsatz und Absatz 4 gelten nicht im Verfahren bei Anordnung der Einziehung nach § 29a.

§ 88[1)] Festsetzung der Geldbuße gegen juristische Personen und Personenvereinigungen. (1) Hat die Verwaltungsbehörde im Bußgeldverfahren über die Festsetzung einer Geldbuße gegen eine juristische Person oder eine Personenvereinigung zu entscheiden (§ 30), so ist sie auch für die Anordnung der Verfahrensbeteiligung und die Beiordnung eines Rechtsanwalts oder einer anderen Person, die als Verteidiger bestellt werden darf, zuständig (§ 444 Abs. 1, § 428 Absatz 2 der Strafprozessordnung); § 60 Satz 2 gilt entsprechend.

(2) [1] Im selbständigen Verfahren setzt die Verwaltungsbehörde die Geldbuße in einem selbständigen Bußgeldbescheid fest. [2] Zuständig ist die Verwaltungsbehörde, die im Falle der Verfolgung einer bestimmten Person zuständig wäre; örtlich zuständig ist auch die Verwaltungsbehörde, in deren Bezirk die juristische Person oder Personenvereinigung ihren Sitz oder eine Zweigniederlassung hat.

(3) § 87 Abs. 2 Satz 1 und 2 sowie Abs. 5 gilt entsprechend.

Neunter Abschnitt. Vollstreckung der Bußgeldentscheidungen

§ 89 Vollstreckbarkeit der Bußgeldentscheidungen. Bußgeldentscheidungen sind vollstreckbar, wenn sie rechtskräftig geworden sind.

§ 90[2)] Vollstreckung des Bußgeldbescheides. (1) Der Bußgeldbescheid wird, soweit das Gesetz nichts anderes bestimmt, nach den Vorschriften des Verwaltungs-Vollstreckungsgesetzes vom 27. April 1953 (BGBl. I S. 157) in der jeweils geltenden Fassung vollstreckt, wenn eine Verwaltungsbehörde des Bundes den Bußgeldbescheid erlassen hat, sonst nach den entsprechenden landesrechtlichen Vorschriften.

(2) [1] Die Geldbußen fließen, soweit das Gesetz nichts anderes bestimmt, in die Bundeskasse, wenn eine Verwaltungsbehörde des Bundes den Bußgeld-

---

[1)] § 88 Abs. 1 geänd. mWv 1.7.2017 durch G v. 13.4.2017 (BGBl. I S. 872).

[2)] § 90 Abs. 3 Satz 3 geänd. durch G v. 17.12.1997 (BGBl. I S. 3039); Abs. 3 Satz 3 geänd. mWv 1.1.2013 durch G v. 29.7.2009 (BGBl. I S. 2258); Abs. 3 Satz 1 geänd. mWv 1.7.2017 durch G v. 13.4.2017 (BGBl. I S. 872).

bescheid erlassen hat, sonst in die Landeskasse. [2] Satz 1 gilt für Nebenfolgen, die zu einer Geldzahlung verpflichten, entsprechend.

(3) [1] Ist die Einziehung eines Gegenstandes oder Unbrauchbarmachung einer Sache angeordnet worden, so wird die Anordnung dadurch vollstreckt, daß die Sache dem Betroffenen oder dem Einziehungsbeteiligten weggenommen wird. [2] Wird die Sache bei diesen Personen nicht vorgefunden, so haben sie auf Antrag der Verwaltungsbehörde bei dem Amtsgericht eine eidesstattliche Versicherung über den Verbleib der Sache abzugeben. [3] § 883 Abs. 2 und 3 der Zivilprozeßordnung gilt entsprechend.

(4) Absatz 1 gilt für die Vollstreckung eines von der Verwaltungsbehörde festgesetzten Ordnungsgeldes entsprechend.

§ 91[1)] Vollstreckung der gerichtlichen Bußgeldentscheidung. Für die Vollstreckung der gerichtlichen Bußgeldentscheidung gelten § 451 Abs. 1 und 2, die §§ 459 und 459g Abs. 1 sowie Abs. 2 in Verbindung mit § 459 der Strafprozeßordnung, im Verfahren gegen Jugendliche und Heranwachsende auch § 82 Abs. 1, § 83 Abs. 2 sowie die §§ 84 und 85 Abs. 5 des Jugendgerichtsgesetzes sinngemäß.

§ 92 Vollstreckungsbehörde. Vollstreckungsbehörde im Sinne der nachfolgenden Vorschriften dieses Abschnitts ist in den Fällen des § 90 die Verwaltungsbehörde, die den Bußgeldbescheid erlassen hat, sonst die Stelle, der nach § 91 die Vollstreckung obliegt.

§ 93 Zahlungserleichterungen. (1) Nach Rechtskraft der Bußgeldentscheidung entscheidet über die Bewilligung von Zahlungserleichterungen (§ 18) die Vollstreckungsbehörde.

(2) [1] Die Vollstreckungsbehörde kann eine Entscheidung über Zahlungserleichterungen nach Absatz 1 oder nach § 18 nachträglich ändern oder aufheben. [2] Dabei darf sie von einer vorausgegangenen Entscheidung zum Nachteil des Betroffenen nur auf Grund neuer Tatsachen oder Beweismittel abweichen.

(3) [1] Für Entscheidungen über Zahlungserleichterungen gilt § 66 Abs. 2 Nr. 2 und 3 sinngemäß. [2] Die Entscheidung erstreckt sich auch auf die Kosten des Verfahrens; sie kann auch allein hinsichtlich der Kosten getroffen werden.

(4) [1] Entfällt die Vergünstigung nach § 18 Satz 2, die Geldbuße in bestimmten Teilbeträgen zu zahlen, so wird dies in den Akten vermerkt. [2] Die Vollstreckungsbehörde kann dem Betroffenen erneut eine Zahlungserleichterung bewilligen.

§ 94 Verrechnung von Teilbeträgen. Teilbeträge werden, wenn der Betroffene bei der Zahlung keine Bestimmung trifft, zunächst auf die Geldbuße, dann auf die etwa angeordneten Nebenfolgen, die zu einer Geldzahlung verpflichten, und zuletzt auf die Kosten des Verfahrens angerechnet.

---

1) § 91 geänd. durch G v. 30.8.1990 (BGBl. I S. 1853).

§ 95 Beitreibung der Geldbuße. (1) Die Geldbuße oder der Teilbetrag einer Geldbuße wird vor Ablauf von zwei Wochen nach Eintritt der Fälligkeit nur beigetrieben, wenn auf Grund bestimmter Tatsachen erkennbar ist, daß sich der Betroffene der Zahlung entziehen will.

(2) Ergibt sich, daß dem Betroffenen nach seinen wirtschaftlichen Verhältnissen die Zahlung in absehbarer Zeit nicht möglich ist, so kann die Vollstreckungsbehörde anordnen, daß die Vollstreckung unterbleibt.

§ 96 Anordnung von Erzwingungshaft. (1) Nach Ablauf der in § 95 Abs. 1 bestimmten Frist kann das Gericht auf Antrag der Vollstreckungsbehörde oder, wenn ihm selbst die Vollstreckung obliegt, von Amts wegen Erzwingungshaft anordnen, wenn

1. die Geldbuße oder der bestimmte Teilbetrag einer Geldbuße nicht gezahlt ist,
2. der Betroffene seine Zahlungsunfähigkeit nicht dargetan hat (§ 66 Abs. 2 Nr. 2 Buchstabe b),
3. er nach § 66 Abs. 2 Nr. 3 belehrt ist und
4. keine Umstände bekannt sind, welche seine Zahlungsunfähigkeit ergeben.

(2) [1] Ergibt sich, daß dem Betroffenen nach seinen wirtschaftlichen Verhältnissen nicht zuzumuten ist, den zu zahlenden Betrag der Geldbuße sofort zu entrichten, so bewilligt das Gericht eine Zahlungserleichterung oder überläßt die Entscheidung darüber der Vollstreckungsbehörde. [2] Eine bereits ergangene Anordnung der Erzwingungshaft wird aufgehoben.

(3) [1] Die Dauer der Erzwingungshaft wegen einer Geldbuße darf sechs Wochen, wegen mehrerer in einer Bußgeldentscheidung festgesetzter Geldbußen drei Monate nicht übersteigen. [2] Sie wird, auch unter Berücksichtigung des zu zahlenden Betrages der Geldbuße, nach Tagen bemessen und kann nachträglich nicht verlängert, jedoch abgekürzt werden. [3] Wegen desselben Betrages darf die Erzwingungshaft nicht wiederholt werden.

§ 97[1)] Vollstreckung der Erzwingungshaft. (1) Für die Vollstreckung der Erzwingungshaft gilt § 451 Abs. 1 und 2 der Strafprozeßordnung, im Verfahren gegen Jugendliche und Heranwachsende gelten auch § 82 Abs. 1, § 83 Abs. 2 sowie die §§ 84 und 85 Abs. 5 des Jugendgerichtsgesetzes sinngemäß.

(2) Der Betroffene kann die Vollstreckung der Erzwingungshaft jederzeit dadurch abwenden, daß er den zu zahlenden Betrag der Geldbuße entrichtet.

(3) [1] Macht der Betroffene nach Anordnung der Erzwingungshaft geltend, daß ihm nach seinen wirtschaftlichen Verhältnissen nicht zuzumuten ist, den zu zahlenden Betrag der Geldbuße sofort zu entrichten, so wird dadurch die Vollziehung der Anordnung nicht gehemmt. [2] Das Gericht kann jedoch die Vollziehung aussetzen.

[1)] § 97 Abs. 1 geänd. durch G v. 30.8.1990 (BGBl. I S. 1853).

§ 98[1] Vollstreckung gegen Jugendliche und Heranwachsende.

(1) [1] Wird die gegen einen Jugendlichen festgesetzte Geldbuße auch nach Ablauf der in § 95 Abs. 1 bestimmten Frist nicht gezahlt, so kann der Jugendrichter auf Antrag der Vollstreckungsbehörde oder, wenn ihm selbst die Vollstreckung obliegt, von Amts wegen dem Jugendlichen auferlegen, an Stelle der Geldbuße

1. Arbeitsleistungen zu erbringen,
2. nach Kräften den durch die Handlung verursachten Schaden wiedergutzumachen,
3. bei einer Verletzung von Verkehrsvorschriften an einem Verkehrsunterricht teilzunehmen,
4. sonst eine bestimmte Leistung zu erbringen,

wenn die Bewilligung einer Zahlungserleichterung, die Beitreibung der Geldbuße oder die Anordnung der Erzwingungshaft nicht möglich oder angebracht erscheint. [2] Der Jugendrichter kann die Anordnungen nach Satz 1 nebeneinander treffen und nachträglich ändern.

(2) [1] Kommt der Jugendliche einer Anordnung nach Absatz 1 schuldhaft nicht nach und zahlt er auch nicht die Geldbuße, so kann Jugendarrest (§ 16 Jugendgerichtsgesetz) gegen ihn verhängt werden, wenn er entsprechend belehrt worden ist. [2] Hiernach verhängter Jugendarrest darf bei einer Bußgeldentscheidung eine Woche nicht übersteigen. [3] Vor der Verhängung von Jugendarrest ist dem Jugendlichen Gelegenheit zur mündlichen Äußerung vor dem Richter zu geben.

(3) [1] Wegen desselben Betrags darf Jugendarrest nicht wiederholt angeordnet werden. [2] Der Richter sieht von der Vollstreckung des Jugendarrests ab, wenn der Jugendliche nach Verhängung der Weisung nachkommt oder die Geldbuße zahlt. [3] Ist Jugendarrest vollstreckt worden, so kann der Jugendrichter die Vollstreckung der Geldbuße ganz oder zum Teil für erledigt erklären.

(4) Die Absätze 1 bis 3 gelten auch für die Vollstreckung der gegen einen Heranwachsenden festgesetzten Geldbuße.

§ 99[2] Vollstreckung von Nebenfolgen, die zu einer Geldzahlung verpflichten. (1) Für die Vollstreckung von Nebenfolgen, die zu einer Geldzahlung verpflichten, gelten die §§ 93 und 95 entsprechend, für die Vollstreckung der Geldbuße gegen eine juristische Person oder eine Personenvereinigung gelten auch die §§ 94, 96 und 97.

(2) [1] Ist die Einziehung eines Geldbetrages (§ 29a) rechtskräftig angeordnet worden und legt der Betroffene oder der Einziehungsbeteiligte eine rechtskräftige Entscheidung vor, in der gegen ihn wegen der mit Geldbuße bedrohten Handlung ein dem Verletzten erwachsener Anspruch festgestellt ist, so ordnet die Vollstreckungsbehörde an, daß die Anordnung der Einziehung insoweit nicht mehr vollstreckt wird. [2] Ist der eingezogene Geldbetrag bereits gezahlt oder beigetrieben worden und wird die Zahlung auf Grund der

---

[1] § 98 Abs. 1 Satz 1 Nr. 1 und Abs. 2 neu gef., Abs. 3 eingef., bish. Abs. 3 wird Abs. 4 und geänd. durch G v. 30.8.1990 (BGBl. I S. 1853).

[2] § 99 Abs. 2 Sätze 1 und 2 geänd. mWv 1.7.2017 durch G v. 13.4.2017 (BGBl. I S. 872).

rechtskräftigen Entscheidung an den Verletzten nachgewiesen, so ordnet die Vollstreckungsbehörde insoweit die Rückerstattung an den Betroffenen oder den Einziehungsbeteiligten an.

§ 100[1] Nachträgliche Entscheidungen über die Einziehung. (1) Über die Aufhebung des Vorbehalts der Einziehung und die nachträgliche Anordnung der Einziehung eines Gegenstandes oder des Wertersatzes (§ 24 Abs. 2 Satz 3, § 25 Abs. 4) entscheidet

1. die Verwaltungsbehörde, die den Bußgeldbescheid erlassen hat,
2. bei einer gerichtlichen Bußgeldentscheidung das Gericht.

(2) [1] Gegen die nachträgliche Anordnung der Einziehung ist in den Fällen des Absatzes 1 Nr. 1 innerhalb von zwei Wochen nach Zustellung des Bescheides der Antrag auf gerichtliche Entscheidung nach § 62 zulässig. [2] Gegen die Entscheidung des Gerichts ist sofortige Beschwerde zulässig, wenn der Wert des Beschwerdegegenstandes zweihundertfünfzig Euro übersteigt.

§ 101 Vollstreckung in den Nachlaß. In den Nachlaß des Betroffenen darf eine Geldbuße nicht vollstreckt werden.

§ 102 Nachträgliches Strafverfahren. (1) Wird nach Rechtskraft des Bußgeldbescheides wegen derselben Handlung die öffentliche Klage erhoben, so soll die Vollstreckungsbehörde die Vollstreckung des Bußgeldbescheides insoweit aussetzen.

(2) Sind die Entscheidungen nach § 86 Abs. 1 und 2 im Strafverfahren unterblieben, so sind sie von dem Gericht nachträglich zu treffen.

§ 103 Gerichtliche Entscheidung. (1) Über Einwendungen gegen

1. die Zulässigkeit der Vollstreckung,
2. die von der Vollstreckungsbehörde nach den §§ 93, 99 Abs. 2 und § 102 Abs. 1 getroffenen Anordnungen,
3. die sonst bei der Vollstreckung eines Bußgeldbescheides getroffenen Maßnahmen

entscheidet das Gericht.

(2) [1] Durch Einwendungen nach Absatz 1 wird die Vollstreckung nicht gehemmt. [2] Das Gericht kann jedoch die Vollstreckung aussetzen.

§ 104[2] Verfahren bei gerichtlicher Entscheidung. (1) Die bei der Vollstreckung notwendig werdenden gerichtlichen Entscheidungen werden erlassen

1. von dem nach § 68 zuständigen Gericht, wenn ein Bußgeldbescheid zu vollstrecken ist,
2. von dem Gericht des ersten Rechtszuges, wenn eine gerichtliche Bußgeldentscheidung zu vollstrecken ist,

---

[1] § 100 Abs. 2 Satz 2 geänd. durch G v. 26.1.1998 (BGBl. I S. 156); Abs. 2 Satz 2 geänd. mWv 1.1.2002 durch G v. 13.12.2001 (BGBl. I S. 3574).

[2] § 104 Abs. 3 Satz 1 geänd. durch G v. 26.1.1998 (BGBl. I S. 156); Abs. 3 Satz 1 geänd. mWv 1.1.2002 durch G v. 13.12.2001 (BGBl. I S. 3574).

3. von dem Jugendrichter, dem die Vollstreckung einer gerichtlichen Bußgeldentscheidung obliegt, soweit nicht eine Entscheidung nach § 100 Abs. 1 Nr. 2 zu treffen ist,
4. von dem Gericht des ersten Rechtszuges im Strafverfahren, wenn eine Entscheidung nach § 102 Abs. 2 zu treffen ist.

(2) [1] Die Entscheidung ergeht ohne mündliche Verhandlung. [2] Vor der Entscheidung ist den Beteiligten Gelegenheit zu geben, Anträge zu stellen und zu begründen.

(3) [1] Die sofortige Beschwerde ist zulässig gegen die
1. Anordnung der Erzwingungshaft und die Verhängung des Jugendarrestes,
2. nachträgliche Entscheidung über die Einziehung (§ 100 Abs. 1 Nr. 2),
3. gerichtliche Entscheidung in den Fällen des § 103 Abs. 1 Nr. 2 in Verbindung mit § 99 Abs. 2;

dies gilt in den Fällen der Nummern 2 und 3 jedoch nur dann, wenn der Wert des Beschwerdegegenstandes zweihundertfünfzig Euro übersteigt. [2] In den übrigen Fällen ist die Entscheidung nicht anfechtbar.

Zehnter Abschnitt. Kosten

I. Verfahren der Verwaltungsbehörde

§ 105[1)] **Kostenentscheidung.** (1) Im Verfahren der Verwaltungsbehörde gelten § 464 Abs. 1 und 2, § 464a, § 464c, soweit die Kosten für Gebärdensprachdolmetscher betroffen sind, die §§ 464d, 465, 466, 467a Abs. 1 und 2, § 469 Abs. 1 und 2 sowie die §§ 470, 472b und 473 Abs. 7 der Strafprozeßordnung sinngemäß, im Verfahren gegen Jugendliche und Heranwachsende ferner § 74 des Jugendgerichtsgesetzes.

(2) Die notwendigen Auslagen, die nach Absatz 1 in Verbindung mit § 465 Abs. 2, § 467a Abs. 1 und 2 sowie den §§ 470 und 472b der Strafprozeßordnung die Staatskasse zu tragen hat, werden, soweit das Gesetz nichts anderes bestimmt, der Bundeskasse auferlegt, wenn eine Verwaltungsbehörde des Bundes das Verfahren durchführt, sonst der Landeskasse.

§ 106[2)] **Kostenfestsetzung.** (1) [1] Die Höhe der Kosten und Auslagen, die ein Beteiligter einem anderen zu erstatten hat, wird auf Antrag durch die Verwaltungsbehörde festgesetzt. [2] Auf Antrag ist auszusprechen, daß die festgesetzten Kosten und Auslagen von der Anbringung des Festsetzungsantrages an entsprechend § 104 Abs. 1 Satz 2 der Zivilprozessordnung zu verzinsen sind. [3] Dem Festsetzungsantrag sind eine Berechnung der dem Antragsteller entstandenen Kosten, eine zur Mitteilung an den anderen Beteiligten bestimmte Abschrift und die Belege zur Rechtfertigung der einzelnen Ansätze beizufügen. [4] Zur Berücksichtigung eines Ansatzes genügt es, daß er glaubhaft gemacht ist. [5] Hinsichtlich der einem Rechtsanwalt erwachsenen Auslagen für

---

1) § 105 Abs. 1 geänd. durch G v. 24.6.1994 (BGBl. I S. 1325); Abs. 1 geänd. durch G v. 23.7. 2002 (BGBl. I S. 2850).

2) § 106 Abs. 1 Satz 5 geänd. durch G v. 24.6.1994 (BGBl. I S. 1325); Abs. 1 Satz 2 geänd. mWv 1. 8 2002 durch G v. 23.7.2002 (BGBl. I S. 2850).

Post- und Telekommunikationsdienstleistungen genügt die Versicherung des Rechtsanwalts, daß die Auslagen entstanden sind.

(2) [1] Für die Zwangsvollstreckung aus dem Kostenfestsetzungsbescheid gelten die Vorschriften der Zivilprozeßordnung über die Zwangsvollstreckung aus Kostenfestsetzungsbeschlüssen sinngemäß. [2] Die Zwangsvollstreckung ist erst zulässig, wenn der Kostenfestsetzungsbescheid unanfechtbar geworden ist. [3] Die vollstreckbare Ausfertigung wird vom Urkundsbeamten der Geschäftsstelle des nach § 68 zuständigen Gerichts erteilt.

§ 107[1)] Gebühren und Auslagen. (1) [1] Im Verfahren der Verwaltungsbehörde bemißt sich die Gebühr nach der Geldbuße, die gegen den Betroffenen im Bußgeldbescheid festgesetzt ist. [2] Wird gegen eine juristische Person oder eine Personenvereinigung eine Geldbuße nach § 30 festgesetzt, so ist von der juristischen Person oder der Personenvereinigung eine Gebühr zu erheben, die sich nach der gegen sie festgesetzten Geldbuße bemißt. [3] Als Gebühr werden bei der Festsetzung einer Geldbuße fünf vom Hundert des Betrages der festgesetzten Geldbuße erhoben, jedoch mindestens 25 Euro und höchstens 7 500 Euro.

(2) Hat die Verwaltungsbehörde im Falle des § 25a des Straßenverkehrsgesetzes[2)] eine abschließende Entscheidung getroffen, so beträgt die Gebühr 20 Euro.

(3) Als Auslagen werden erhoben

1. Entgelte für Telegramme;
2. für jede Zustellung mit Zustellungsurkunde, Einschreiben gegen Rückschein oder durch Bedienstete der Verwaltungsbehörde pauschal 3,50 Euro;
3. *(aufgehoben)*
4. Auslagen für öffentliche Bekanntmachungen; Auslagen werden nicht erhoben für die Bekanntmachung in einem elektronischen Informations- und Kommunikationssystem, wenn das Entgelt nicht für den Einzelfall oder nicht für ein einzelnes Verfahren berechnet wird;
5. nach dem Justizvergütungs- und -entschädigungsgesetz zu zahlende Beträge, und zwar auch dann, wenn aus Gründen der Gegenseitigkeit, der Verwaltungsvereinfachung oder aus vergleichbaren Gründen keine Zahlungen zu leisten sind; ist aufgrund des § 1 Abs. 2 Satz 2 des Justizvergütungs- und -entschädigungsgesetzes keine Vergütung zu zahlen, ist der Betrag zu erheben, der ohne diese Vorschrift zu zahlen wäre; sind die Auslagen durch verschiedene Rechtssachen veranlasst, werden sie auf die einzelnen Rechtssachen angemessen verteilt; Auslagen für Übersetzer, die zur Erfüllung der Rechte blinder oder

---

[1)] § 107 Abs. 1 Satz 2 eingef., bish. Satz 2 wird Satz 3 und geänd., Abs. 2 geänd., Abs. 3 neu gef. durch G v. 24.6.1994 (BGBl. I S. 1325); Abs. 3 Nr. 3 geänd. mWv 1.5.2001 durch G v. 19.4.2001 (BGBl. I S. 623); Abs. 1 Satz 3, Abs. 2, Abs. 3 Nr. 3 und 6 Buchst. c geänd. mWv 1.1.2002 durch G v. 13.12.2001 (BGBl. I S. 3574); Abs. 3 Nr. 5 geänd., Abs. 5 angef. mWv 1.8.2002 durch G v. 23.7.2002 (BGBl. I S. 2850); Abs. 1 Satz 3, Abs. 2 und 5 geänd., Abs. 3 neu gef. mWv 1.7.2004 durch G v. 5.5.2004 (BGBl. I S. 718); Abs. 5 Satz 2 angef. mWv 1.4.2005 durch G v. 22.3.2005 (BGBl. I S. 837); Abs. 3 Nr. 2 geänd. mWv 1.9.2005 durch G v. 12.8.2005 (BGBl. I S. 2354); Abs. 5 Satz 1 geänd. mWv 31.12.2006 durch G v. 22.12.2006 (BGBl. I S. 3416); Abs. 3 Nr. 2 neu gef., Nr. 3 aufgeh. mWv 1.1.2008 durch G v. 22.12.2006 (BGBl. I S. 3416); Abs. 1 Satz 3 und Abs. 2 geänd., Abs. 3 Nr. 4 und 13 neu gef. mWv 1.8.2013 durch G v. 23.7.2013 (BGBl. I S. 2586); Abs. 4 geänd. mWv 15.8.2013 durch G v. 7.8.2013 (BGBl. I S. 3154); Abs. 3 Nr. 12 geänd. mWv 1.10.2021 durch G v. 18.7.2016 (BGBl. I S. 1666); Abs. 5 Satz 2 geänd. mWv 1.1.2018 durch G v. 5.7.2017 (BGBl. I S. 2208); Abs. 3 Nr. 5 geänd. mWv 17.12.2019 durch G v. 9.12.2019 (BGBl. I S. 2146).

[2)] Nr. **10**.

sehbehinderter Personen herangezogen werden (§ 191a Abs. 1 des Gerichtsverfassungsgesetzes), sowie für Sachverständige, die durch die Untersuchung eines Beschuldigten nach § 43 Absatz 2 des Jugendgerichtsgesetzes entstanden sind, werden nicht, Auslagen für Gebärdensprachdolmetscher werden nur entsprechend den §§ 464c, 467a Abs. 1 Satz 2 in Verbindung mit § 467 Abs. 2 Satz 1 der Strafprozessordnung erhoben;

6. bei Geschäften außerhalb der Dienststelle
   a) die den Bediensteten der Verwaltungsbehörde aufgrund gesetzlicher Vorschriften gewährte Vergütung (Reisekosten, Auslagenersatz),
   b) die Auslagen für die Bereitstellung von Räumen,
   c) für den Einsatz von Dienstkraftfahrzeugen für jeden gefahrenen Kilometer 0,30 Euro;

   sind die Auslagen durch verschiedene Rechtssachen veranlasst, werden sie auf die einzelnen Rechtssachen angemessen verteilt;
7. an Rechtsanwälte zu zahlende Beträge;
8. Auslagen für die Beförderung von Personen;
9. Beträge, die mittellosen Personen für die Reise zum Ort einer Verhandlung, Vernehmung oder Untersuchung und für die Rückreise gezahlt werden, bis zur Höhe der nach dem Justizvergütungs- und -entschädigungsgesetz an Zeugen zu zahlenden Beträge;
10. an Dritte zu zahlende Beträge für
    a) die Beförderung von Tieren und Sachen mit Ausnahme der für Postdienstleistungen zu zahlenden Entgelte, die Verwahrung von Tieren und Sachen sowie die Fütterung von Tieren,
    b) die Durchsuchung oder Untersuchung von Räumen und Sachen einschließlich der die Durchsuchung oder Untersuchung vorbereitenden Maßnahmen,
    c) die Bewachung von Schiffen und Luftfahrzeugen;
11. Kosten einer Erzwingungshaft;
12. nach dem Auslandskostengesetz im Rahmen der Amtshilfe zu zahlende Beträge;
13. Gebühren, die an deutsche Behörden für die Erfüllung von deren eigenen Aufgaben zu zahlen sind, und Beträge, die diesen Behörden, öffentlichen Einrichtungen oder deren Bediensteten als Ersatz für Auslagen der in den Nummern 1 bis 11 bezeichneten Art zustehen, und zwar auch dann, wenn aus Gründen der Gegenseitigkeit, der Verwaltungsvereinfachung oder aus vergleichbaren Gründen keine Zahlungen zu leisten sind; die Auslagen sind in ihrer Höhe durch die Höchstsätze für die bezeichneten Auslagen begrenzt;
14. Beträge, die ausländischen Behörden, Einrichtungen oder Personen im Ausland zustehen, sowie Kosten des Amts- und Rechtshilfeverkehrs mit dem Ausland, und zwar auch dann, wenn aus Gründen der Gegenseitigkeit, der Verwaltungsvereinfachung oder aus vergleichbaren Gründen keine Zahlungen zu leisten sind.

(4) Hat eine Verwaltungsbehörde des Bundes den Bußgeldbescheid erlassen, so sind für die Niederschlagung der Kosten bei unrichtiger Sachbehand-

(Fortsetzung nächstes Blatt)

lung sowie die Niederschlagung, den Erlaß, die Verjährung und die Erstattung von Kosten § 14 Abs. 2 sowie die §§ 19 bis 21 des Verwaltungskostengesetzes vom 23. Juni 1970 (BGBl. I S. 821) in der bis zum 14. August 2013 geltenden Fassung anzuwenden, sonst die entsprechenden landesrechtlichen Vorschriften.

(5) [1] Von demjenigen, der die Versendung von Akten beantragt, werden je durchgeführte Sendung einschließlich der Rücksendung durch Behörden pauschal 12 Euro als Auslagen erhoben. [2] Wird die Akte elektronisch geführt und erfolgt ihre Übermittlung elektronisch, wird eine Pauschale nicht erhoben.

§ 108[1)] Rechtsbehelf und Vollstreckung. (1) [1] Im Verfahren der Verwaltungsbehörde ist gegen den

1. selbständigen Kostenbescheid,
2. Kostenfestsetzungsbescheid (§ 106) und
3. Ansatz der Gebühren und Auslagen

der Antrag auf gerichtliche Entscheidung nach § 62 zulässig. [2] In den Fällen der Nummern 1 und 2 ist der Antrag innerhalb von zwei Wochen nach Zustellung des Bescheides zu stellen; gegen die Entscheidung des Gerichts ist in den Fällen der Nummer 2 sofortige Beschwerde zulässig, wenn der Wert des Beschwerdegegenstandes zweihundert Euro übersteigt.

(2) Für die Vollstreckung der Kosten des Bußgeldverfahrens gelten die §§ 89 und 90 Abs. 1 entsprechend.

II. Verfahren der Staatsanwaltschaft

§ 108a [Verfahren der Staatsanwaltschaft] (1) Stellt die Staatsanwaltschaft nach Einspruch gegen den Bußgeldbescheid das Verfahren ein, bevor sie die Akten dem Gericht vorlegt, so trifft sie die Entscheidungen nach § 467a Abs. 1 und 2 der Strafprozeßordnung.

(2) Gegen die Entscheidung der Staatsanwaltschaft kann innerhalb von zwei Wochen nach Zustellung gerichtliche Entscheidung beantragt werden; § 50 Abs. 2 sowie die §§ 52 und 62 Abs. 2 gelten entsprechend.

(3) [1] Die Entscheidung über den Festsetzungsantrag (§ 464b Satz 1 der Strafprozeßordnung) trifft der Urkundsbeamte der Geschäftsstelle der Staatsanwaltschaft. [2] Über die Erinnerung gegen den Festsetzungsbeschluß des Urkundsbeamten der Geschäftsstelle entscheidet das nach § 68 zuständige Gericht.

III. Verfahren über die Zulässigkeit des Einspruchs

§ 109[2)] [Verfahren über die Zulässigkeit des Einspruchs] (1) Wird der Bescheid der Verwaltungsbehörde über die Verwerfung

1. des Einspruchs (§ 69 Abs. 1) oder

[1)] § 108 Abs. 1 Satz 2 geänd. mWv 1.1.2002 durch G v. 13.12.2001 (BGBl. I S. 3574); Abs. 1 Satz 2 geänd. mWv 1.7.2004 durch G v. 5.5.2004 (BGBl. I S. 718).

[2)] § 109 Abs. 2 geänd. durch G v. 26.1.1998 (BGBl. I S. 156).

2. des Antrags auf Wiedereinsetzung in den vorigen Stand wegen Versäumung der Einspruchsfrist

im Verfahren nach § 62 aufgehoben, so gilt auch für die Kosten und Auslagen dieses Verfahrens die abschließende Entscheidung nach § 464 Abs. 1 und 2 der Strafprozeßordnung[1)].

(2) Wird der Einspruch des Betroffenen gegen den Bußgeldbescheid verworfen (§§ 70, 74 Abs. 2), so trägt er auch die Kosten des gerichtlichen Verfahrens.

IV. Auslagen des Betroffenen

§ 109a[2)] [Auslagen des Betroffenen] (1) War gegen den Betroffenen in einem Bußgeldbescheid wegen einer Tat lediglich eine Geldbuße bis zu zehn Euro festgesetzt worden, so gehören die Gebühren und Auslagen eines Rechtsanwalts nur dann zu den notwendigen Auslagen (§ 464a Abs. 2 Nr. 2 der Strafprozeßordnung), wenn wegen der schwierigen Sach- oder Rechtslage oder der Bedeutung der Sache für den Betroffenen die Beauftragung eines Rechtsanwalts geboten war.

(2) Soweit dem Betroffenen Auslagen entstanden sind, die er durch ein rechtzeitiges Vorbringen entlastender Umstände hätte vermeiden können, kann davon abgesehen werden, diese der Staatskasse aufzuerlegen.

Elfter Abschnitt. Entschädigung für Verfolgungsmaßnahmen

§ 110 [Entschädigung für Verfolgungsmaßnahmen] (1) Die Entscheidung über die Entschädigungspflicht für einen Vermögensschaden, der durch eine Verfolgungsmaßnahme im Bußgeldverfahren verursacht worden ist (§ 8 des Gesetzes über die Entschädigung für Strafverfolgungsmaßnahmen), trifft die Verwaltungsbehörde, wenn sie das Bußgeldverfahren abgeschlossen hat, in einem selbständigen Bescheid.

(2) [1] Gegen den Bescheid ist innerhalb von zwei Wochen nach Zustellung der Antrag auf gerichtliche Entscheidung nach § 62 zulässig. [2] Gegen die Entscheidung des Gerichts ist sofortige Beschwerde zulässig.

(3) Über den Anspruch auf Entschädigung (§ 10 des Gesetzes über die Entschädigung für Strafverfolgungsmaßnahmen) entscheidet in den Fällen des Absatzes 1 die Verwaltungsbehörde.

(4) Ersatzpflichtig ist (§ 15 des Gesetzes über die Entschädigung für Strafverfolgungsmaßnahmen) in den Fällen des Absatzes 1, soweit das Gesetz nichts anderes bestimmt, der Bund, wenn eine Verwaltungsbehörde des Bundes das Verfahren durchführt, sonst das Land.

---

1) Nr. **675**.

2) § 109a Abs. 1 geänd. mWv 1.1.2002 durch G v. 13.12.2001 (BGBl. I S. 3574).

Zwölfter Abschnitt.[1] Aktenführung und Kommunikation im Verfahren

§ 110a[2] Elektronische Aktenführung; Verordnungsermächtigungen.

(1) [1]Die Akten können elektronisch geführt werden. [2]Die Bundesregierung und die Landesregierungen bestimmen jeweils für ihren Bereich durch Rechtsverordnung den Zeitpunkt, von dem an die Akten elektronisch geführt werden. [3]Sie können die Einführung der elektronischen Aktenführung dabei auf einzelne Gerichte oder Behörden oder auf allgemein bestimmte Verfahren beschränken und bestimmen, dass Akten, die in Papierform angelegt wurden, auch nach Einführung der elektronischen Aktenführung in Papierform weitergeführt werden; wird von der Beschränkungsmöglichkeit Gebrauch gemacht, kann in der Rechtsverordnung bestimmt werden, dass durch Verwaltungsvorschrift, die öffentlich bekanntzumachen ist, geregelt wird, in welchen Verfahren die Akten elektronisch zu führen sind. [4]Die Ermächtigung kann durch Rechtsverordnung auf die zuständigen Bundes- oder Landesministerien übertragen werden.

(2) [1]Die Bundesregierung und die Landesregierungen bestimmen jeweils für ihren Bereich durch Rechtsverordnung die für die elektronische Aktenführung geltenden organisatorischen und dem Stand der Technik entsprechenden technischen Rahmenbedingungen einschließlich der einzuhaltenden Anforderungen des Datenschutzes, der Datensicherheit und der Barrierefreiheit. [2]Sie können die Ermächtigung durch Rechtsverordnung auf die zuständigen Bundes- oder Landesministerien übertragen.

(3) [1]Die Bundesregierung bestimmt durch Rechtsverordnung mit Zustimmung des Bundesrates die für die Übermittlung elektronischer Akten zwischen Behörden und Gerichten geltenden Standards. [2]Sie kann die Ermächtigung durch Rechtsverordnung ohne Zustimmung des Bundesrates auf die zuständigen Bundesministerien übertragen.

(4) Behörden im Sinne dieses Abschnitts sind die Staatsanwaltschaften und Verwaltungsbehörden einschließlich der Vollstreckungsbehörden sowie die Behörden des Polizeidienstes, soweit diese Aufgaben im Bußgeldverfahren wahrnehmen.

§ 110b[3] Elektronische Formulare; Verordnungsermächtigung. [1]Die Bundesregierung kann durch Rechtsverordnung mit Zustimmung des Bundesrates elektronische Formulare einführen. [2]Die Rechtsverordnung kann bestimmen, dass die in den Formularen enthaltenen Angaben ganz oder teilweise in strukturierter maschinenlesbarer Form zu übermitteln sind. [3]Die Formulare sind auf einer in der Rechtsverordnung zu bestimmenden Kommunikationsplattform im Internet zur Nutzung bereitzustellen. [4]Die Rechtsverordnung kann bestimmen, dass eine Identifikation des Formularverwenders abweichend von § 32a Absatz 3 der Strafprozessordnung[4] durch Nutzung des elektro-

---

[1] 12. Abschnitt (§§ 110a–110c) neu gef. mWv 1.1.2018 durch G v. 5.7.2017 (BGBl. I S. 2208).

[2] § 110a neu gef. mWv 1.1.2018, Abs. 1 Satz 2 neu gef., Satz 3 aufgeh., bish. Satz 4 wird Satz 3 mWv 1.7.2025, Satz 1 neu gef. mWv 1.1.2026 durch G v. 5.7.2017 (BGBl. I S. 2208); Abs. 3 Satz 1 geänd. mWv 21.12.2018 durch G v. 17.12.2018 (BGBl. I S. 2571).

[3] § 110b neu gef. mWv 1.1.2018 durch G v. 5.7.2017 (BGBl. I S. 2208); Satz 4 geänd. mWv 1.11. 2020 durch G v. 21.6.2019 (BGBl. I S. 846, geänd. durch G v. 20.11.2019, BGBl. I S. 1626).

[4] Auszugsweise abgedruckt unter Nr. **675**.

nischen Identitätsnachweises nach § 18 des Personalausweisgesetzes ***[ab 1.11. 2020:** , § 12 des eID-Karte-Gesetzes]* oder § 78 Absatz 5 des Aufenthaltsgesetzes erfolgen kann. [5]Die Bundesregierung kann die Ermächtigung durch Rechtsverordnung ohne Zustimmung des Bundesrates auf die zuständigen Bundesministerien übertragen.

§ 110c[1)] Entsprechende Geltung der Strafprozessordnung für Aktenführung und Kommunikation im Verfahren. [1]Im Übrigen gelten die §§ 32a, 32b und 32d bis 32f der Strafprozessordnung[2)] sowie die auf der Grundlage des § 32a Absatz 2 Satz 2 und Absatz 4 Nummer 4, des § 32b Absatz 5 und des § 32f Absatz 6 der Strafprozessordnung erlassenen Rechtsverordnungen entsprechend. [2]Abweichend von § 32b Absatz 1 Satz 2 der Strafprozessordnung ist bei der automatisierten Herstellung eines zu signierenden elektronischen Dokuments statt seiner die begleitende Verfügung zu signieren. [3]Abweichend von § 32e Absatz 4 Satz 1 der Strafprozessordnung müssen Ausgangsdokumente nicht gespeichert oder aufbewahrt werden, wenn die übertragenen Dokumente zusätzlich einen mit einer qualifizierten elektronischen Signatur versehenen Vermerk darüber enthalten, dass das Ausgangsdokument mit dem zur Akte zu nehmenden Dokument inhaltlich und bildlich übereinstimmt.

§§ 110d, 110e[3)] *(aufgehoben)*

Dritter Teil. Einzelne Ordnungswidrigkeiten

Erster Abschnitt. Verstöße gegen staatliche Anordnungen

§ 111[4)] Falsche Namensangabe. (1) Ordnungswidrig handelt, wer einer zuständigen Behörde, einem zuständigen Amtsträger oder einem zuständigen Soldaten der Bundeswehr über seinen Vor-, Familien- oder Geburtsnamen, den Ort oder Tag seiner Geburt, seinen Familienstand, seinen Beruf, seinen Wohnort, seine Wohnung oder seine Staatsangehörigkeit eine unrichtige Angabe macht oder die Angabe verweigert.

(2) Ordnungswidrig handelt auch der Täter, der fahrlässig nicht erkennt, daß die Behörde, der Amtsträger oder der Soldat zuständig ist.

(3) Die Ordnungswidrigkeit kann, wenn die Handlung nicht nach anderen Vorschriften geahndet werden kann, in den Fällen des Absatzes 1 mit einer Geldbuße bis zu eintausend Euro, in den Fällen des Absatzes 2 mit einer Geldbuße bis zu fünfhundert Euro geahndet werden.

---

1) 12. Abschnitt (§§ 110a–110c) neu gef. mWv 1.1.2018 durch G v. 5.7.2017 (BGBl. I S. 2208).

2) Auszugsweise abgedruckt unter Nr. **675**.

3) §§ 110d und 110e aufgeh. mWv 1.1.2018 durch G v. 5.7.2017 (BGBl. I S. 2208).

4) § 111 Abs. 3 geänd. durch G v. 26.1.1998 (BGBl. I S. 156); Abs. 3 geänd. mWv 1.1.2002 durch G v. 13.12.2001 (BGBl. I S. 3574).

§ 112[1] Verletzung der Hausordnung eines Gesetzgebungsorgans.

(1) Ordnungswidrig handelt, wer gegen Anordnungen verstößt, die ein Gesetzgebungsorgan des Bundes oder eines Landes oder sein Präsident über das Betreten des Gebäudes des Gesetzgebungsorgans oder des dazugehörigen Grundstücks oder über das Verweilen oder die Sicherheit und Ordnung im Gebäude oder auf dem Grundstück allgemein oder im Einzelfall erlassen hat.

(2) Die Ordnungswidrigkeit kann mit einer Geldbuße bis zu fünftausend Euro geahndet werden.

(3) Die Absätze 1 und 2 gelten bei Anordnungen eines Gesetzgebungsorgans des Bundes oder seines Präsidenten weder für die Mitglieder des Bundestages noch für die Mitglieder des Bundesrates und der Bundesregierung sowie deren Beauftragte, bei Anordnungen eines Gesetzgebungsorgans eines Landes oder seines Präsidenten weder für die Mitglieder der Gesetzgebungsorgane dieses Landes noch für die Mitglieder der Landesregierung und deren Beauftragte.

§ 113[2] Unerlaubte Ansammlung. (1) Ordnungswidrig handelt, wer sich einer öffentlichen Ansammlung anschließt oder sich nicht aus ihr entfernt, obwohl ein Träger von Hoheitsbefugnissen die Menge dreimal rechtmäßig aufgefordert hat, auseinanderzugehen.

(2) Ordnungswidrig handelt auch der Täter, der fahrlässig nicht erkennt, daß die Aufforderung rechtmäßig ist.

(3) Die Ordnungswidrigkeit kann in den Fällen des Absatzes 1 mit einer Geldbuße bis zu eintausend Euro, in den Fällen des Absatzes 2 mit einer Geldbuße bis zu fünfhundert Euro geahndet werden.

§ 114 Betreten militärischer Anlagen. (1) Ordnungswidrig handelt, wer vorsätzlich oder fahrlässig entgegen einem Verbot der zuständigen Dienststelle eine militärische Einrichtung oder Anlage oder eine Örtlichkeit betritt, die aus Sicherheitsgründen zur Erfüllung dienstlicher Aufgaben der Bundeswehr gesperrt ist.

(2) Die Ordnungswidrigkeit kann mit einer Geldbuße geahndet werden.

§ 115 Verkehr mit Gefangenen. (1) Ordnungswidrig handelt, wer unbefugt

1. einem Gefangenen Sachen oder Nachrichten übermittelt oder sich von ihm übermitteln läßt oder
2. sich mit einem Gefangenen, der sich innerhalb einer Vollzugsanstalt befindet, von außen durch Worte oder Zeichen verständigt.

(2) Gefangener ist, wer sich auf Grund strafgerichtlicher Entscheidung oder als vorläufig Festgenommener in behördlichem Gewahrsam befindet.

(3) Die Ordnungswidrigkeit und der Versuch einer Ordnungswidrigkeit können mit einer Geldbuße geahndet werden.

---

[1] § 112 Abs. 2 geänd. mWv 1.1.2002 durch G v. 13.12.2001 (BGBl. I S. 3574).

[2] § 113 Abs. 3 geänd. durch G v. 26.1.1998 (BGBl. I S. 156); Abs. 3 geänd. mWv 1.1.2002 durch G v. 13.12.2001 (BGBl. I S. 3574).

Zweiter Abschnitt. Verstöße gegen die öffentliche Ordnung

§ 116[1)] Öffentliche Aufforderung zu Ordnungswidrigkeiten. (1) Ordnungswidrig handelt, wer öffentlich, in einer Versammlung oder durch Verbreiten eines Inhalts (§ 11 Absatz 3 des Strafgesetzbuches) zu einer mit Geldbuße bedrohten Handlung auffordert.

(2) [1]Die Ordnungswidrigkeit kann mit einer Geldbuße geahndet werden. [2]Das Höchstmaß der Geldbuße bestimmt sich nach dem Höchstmaß der Geldbuße für die Handlung, zu der aufgefordert wird.

§ 117[2)] Unzulässiger Lärm. (1) Ordnungswidrig handelt, wer ohne berechtigten Anlaß oder in einem unzulässigen oder nach den Umständen vermeidbaren Ausmaß Lärm erregt, der geeignet ist, die Allgemeinheit oder die Nachbarschaft erheblich zu belästigen oder die Gesundheit eines anderen zu schädigen.

(2) Die Ordnungswidrigkeit kann mit einer Geldbuße bis zu fünftausend Euro geahndet werden, wenn die Handlung nicht nach anderen Vorschriften geahndet werden kann.

§ 118 Belästigung der Allgemeinheit. (1) Ordnungswidrig handelt, wer eine grob ungehörige Handlung vornimmt, die geeignet ist, die Allgemeinheit zu belästigen oder zu gefährden und die öffentliche Ordnung zu beeinträchtigen.

(2) Die Ordnungswidrigkeit kann mit einer Geldbuße geahndet werden, wenn die Handlung nicht nach anderen Vorschriften geahndet werden kann.

§ 119[3)] Grob anstößige und belästigende Handlungen. (1) Ordnungswidrig handelt, wer

1. öffentlich in einer Weise, die geeignet ist, andere zu belästigen, oder
2. in grob anstößiger Weise dadurch, dass er einen Inhalt (§ 11 Absatz 3 des Strafgesetzbuches) verbreitet oder der Öffentlichkeit zugänglich macht,

Gelegenheit zu sexuellen Handlungen anbietet, ankündigt, anpreist oder Erklärungen solchen Inhalts bekanntgibt.

(2) Ordnungswidrig handelt auch, wer auf die in Absatz 1 bezeichnete Weise Mittel oder Gegenstände, die dem sexuellen Gebrauch dienen, anbietet, ankündigt, anpreist oder Erklärungen solchen Inhalts bekanntgibt.

(3) Ordnungswidrig handelt ferner, wer einen sexuellen Inhalt (§ 11 Absatz 3 des Strafgesetzbuches) an Orten der Öffentlichkeit zugänglich macht, an denen dies grob anstößig wirkt.

(4) Die Ordnungswidrigkeit kann in den Fällen des Absatzes 1 Nr. 1 mit einer Geldbuße bis zu eintausend Euro, in den übrigen Fällen mit einer Geldbuße bis zu zehntausend Euro geahndet werden.

[1)] § 116 Abs. 1 geänd. durch G v. 22.7.1997 (BGBl. I S. 1870); Abs. 1 geänd. mWv 1.1.2021 durch G v. 30.11.2020 (BGBl. I S. 2600).

[2)] § 117 Abs. 2 geänd. mWv 1.1.2002 durch G v. 13.12.2001 (BGBl. I S. 3574).

[3)] § 119 Abs. 1 Nr. 2 und Abs. 3 geänd. durch G v. 22.7.1997 (BGBl. I S. 1870); Abs. 4 geänd. durch G v. 26.1.1998 (BGBl. I S. 156); Abs. 4 geänd. mWv 1.1.2002 durch G v. 13.12.2001 (BGBl. I S. 3574); Abs. 1 Nr. 2 und Abs. 3 geänd. mWv 1.1.2021 durch G v. 30.11.2020 (BGBl. I S. 2600).

§ 120[1)] Verbotene Ausübung der Prostitution. (1) Ordnungswidrig handelt, wer einem durch Rechtsverordnung erlassenen Verbot, der Prostitution an bestimmten Orten überhaupt oder zu bestimmten Tageszeiten nachzugehen, zuwiderhandelt.

(2) Die Ordnungswidrigkeit kann mit einer Geldbuße geahndet werden.

§ 121 Halten gefährlicher Tiere. (1) Ordnungswidrig handelt, wer vorsätzlich oder fahrlässig

1. ein gefährliches Tier einer wildlebenden Art oder ein bösartiges Tier sich frei umherbewegen läßt oder
2. als Verantwortlicher für die Beaufsichtigung eines solchen Tieres es unterläßt, die nötigen Vorsichtsmaßnahmen zu treffen, um Schäden durch das Tier zu verhüten.

(2) Die Ordnungswidrigkeit kann mit einer Geldbuße geahndet werden.

§ 122 Vollrausch. (1) Wer sich vorsätzlich oder fahrlässig durch alkoholische Getränke oder andere berauschende Mittel in einen Rausch versetzt, handelt ordnungswidrig, wenn er in diesem Zustand eine mit Geldbuße bedrohte Handlung begeht und ihretwegen gegen ihn keine Geldbuße festgesetzt werden kann, weil er infolge des Rausches nicht vorwerfbar gehandelt hat oder weil dies nicht auszuschließen ist.

(2) [1] Die Ordnungswidrigkeit kann mit einer Geldbuße geahndet werden. [2] Die Geldbuße darf nicht höher sein als die Geldbuße, die für die im Rausch begangene Handlung angedroht ist.

§ 123[2)] Einziehung; Unbrauchbarmachung. (1) Gegenstände, auf die sich eine Ordnungswidrigkeit nach § 119 bezieht, können eingezogen werden.

(2) [1] Bei der Einziehung von Verkörperungen eines Inhalts (§ 11 Absatz 3 des Strafgesetzbuches) kann in den Fällen des § 119 Abs. 1 und 2 angeordnet werden, daß

1. sich die Einziehung auf alle Verkörperungen erstreckt und
2. die zur Herstellung gebrauchten oder bestimmten Vorrichtungen unbrauchbar gemacht werden,

soweit die Verkörperungen und Vorrichtungen sich im Besitz des Täters oder eines anderen befinden, für den der Täter gehandelt hat, oder von diesen Personen zur Verbreitung bestimmt sind. [2] Eine solche Anordnung wird jedoch nur getroffen, soweit sie erforderlich ist, um Handlungen, die nach § 119 Abs. 1 oder 2 mit Geldbuße bedroht sind, zu verhindern. [3] Für die Einziehung gilt § 27 Abs. 2, für die Unbrauchbarmachung gelten die §§ 27 und 28 entsprechend.

(3) In den Fällen des § 119 Abs. 2 gelten die Absätze 1 und 2 nur für das Werbematerial und die zu seiner Herstellung gebrauchten oder bestimmten Vorrichtungen.

---

1) § 120 Abs. 1 Nr. 2 geänd. durch G v. 22.7.1997 (BGBl. I S. 1870); Überschrift geänd. und Abs. 1 neu gef. mWv 1.7.2017 durch G v. 21.10.2016 (BGBl. I S. 2372).

2) § 123 Abs. 2 Satz 1 geänd. durch G v. 22.7.1997 (BGBl. I S. 1870); Abs. 1, Abs. 2 Satz 1 einl. Satzteil und Satz 2 geänd. mWv 1.7.2017 durch G v. 21.10.2016 (BGBl. I S. 2372); Abs. 2 Satz 1 einl. Satzteil, Nr. 1 und 2 und abschl. Satzteil geänd. mWv 1.1.2021 durch G v. 30.11.2020 (BGBl. I S. 2600).

Dritter Abschnitt. Mißbrauch staatlicher oder staatlich geschützter Zeichen

§ 124[1)] Benutzen von Wappen oder Dienstflaggen. (1) Ordnungswidrig handelt, wer unbefugt

1. das Wappen des Bundes oder eines Landes oder den Bundesadler oder den entsprechenden Teil eines Landeswappens oder
2. eine Dienstflagge des Bundes oder eines Landes

benutzt.

(2) Den in Absatz 1 genannten Wappen, Wappenteilen und Flaggen stehen solche gleich, die ihnen zum Verwechseln ähnlich sind.

(3) Die Ordnungswidrigkeit kann mit einer Geldbuße geahndet werden.

§ 125 Benutzen des Roten Kreuzes oder des Schweizer Wappens.

(1) Ordnungswidrig handelt, wer unbefugt das Wahrzeichen des roten Kreuzes auf weißem Grund oder die Bezeichnung „Rotes Kreuz“ oder „Genfer Kreuz“ benutzt.

(2) Ordnungswidrig handelt auch, wer unbefugt das Wappen der Schweizerischen Eidgenossenschaft benutzt.

(3) Den in den Absätzen 1 und 2 genannten Wahrzeichen, Bezeichnungen und Wappen stehen solche gleich, die ihnen zum Verwechseln ähnlich sind.

(4) Die Absätze 1 und 3 gelten für solche Wahrzeichen oder Bezeichnungen entsprechend, die nach Völkerrecht dem Wahrzeichen des roten Kreuzes auf weißem Grund oder der Bezeichnung „Rotes Kreuz“ gleichstehen.

(5) Die Ordnungswidrigkeit kann mit einer Geldbuße geahndet werden.

§ 126 Mißbrauch von Berufstrachten oder Berufsabzeichen. (1) Ordnungswidrig handelt, wer unbefugt

1. eine Berufstracht oder ein Berufsabzeichen für eine Tätigkeit in der Kranken- oder Wohlfahrtspflege trägt, die im Inland staatlich anerkannt oder genehmigt sind, oder
2. eine Berufstracht oder ein Berufsabzeichen einer religiösen Vereinigung trägt, die von einer Kirche oder einer anderen Religionsgesellschaft des öffentlichen Rechts anerkannt ist.

(2) Den in Absatz 1 genannten Trachten und Abzeichen stehen solche gleich, die ihnen zum Verwechseln ähnlich sind.

(3) Die Ordnungswidrigkeit kann mit einer Geldbuße geahndet werden.

(Fortsetzung nächstes Blatt)

[1)] VO über die Zuständigkeit für die Verfolgung und Ahndung von Ordnungswidrigkeiten nach § 124 des Gesetzes über Ordnungswidrigkeiten v. 2.1.1975 (BGBl. I S. 209).

§ 127[1] Herstellen oder Verwenden von Sachen, die zur Geld- oder Urkundenfälschung benutzt werden können. (1) Ordnungswidrig handelt, wer ohne schriftliche Erlaubnis der zuständigen Stelle oder des sonst dazu Befugten

1. Platten, Formen, Drucksätze, Druckstöcke, Negative, Matrizen, Computerprogramme oder ähnliche Vorrichtungen, die ihrer Art nach geeignet sind zur Herstellung von
   a) Geld, diesem gleichstehenden Wertpapieren (§ 151 des Strafgesetzbuches), amtlichen Wertzeichen, Zahlungskarten im Sinne des § 152a Abs. 4 des Strafgesetzbuches, Schecks, Wechseln, Zahlungskarten mit Garantiefunktion im Sinne des § 152b Abs. 4 des Strafgesetzbuches oder Vordrucken für Euroschecks oder
   b) öffentlichen Urkunden oder Beglaubigungszeichen,
2. Vordrucke für öffentliche Urkunden oder Beglaubigungszeichen,
3. Papier, das einer solchen Papierart gleicht oder zum Verwechseln ähnlich ist, die zur Herstellung der in den Nummern 1 oder 2 bezeichneten Papiere bestimmt und gegen Nachahmung besonders gesichert ist, oder
4. Hologramme oder andere Bestandteile, die der Sicherung der in der Nummer 1 Buchstabe a bezeichneten Gegenstände gegen Fälschung dienen,

herstellt, sich oder einem anderen verschafft, feilhält, verwahrt, einem anderen überläßt, einführt oder ausführt.

(2) Ordnungswidrig handelt auch der Täter, der fahrlässig nicht erkennt, daß eine schriftliche Erlaubnis der zuständigen Stelle oder des sonst dazu Befugten nicht vorliegt.

(3) Absatz 1 gilt auch für Geld, Wertpapiere, Wertzeichen, Urkunden, Beglaubigungszeichen, Zahlungskarten im Sinne des § 152a Abs. 4 des Strafgesetzbuches, Schecks, Wechsel, Zahlungskarten mit Garantiefunktion im Sinne des § 152b Abs. 4 des Strafgesetzbuches und Vordrucke für Euroschecks eines fremden Währungsgebietes.

(4) Die Ordnungswidrigkeit kann in den Fällen des Absatzes 1 mit einer Geldbuße bis zu zehntausend Euro, in den Fällen des Absatzes 2 mit einer Geldbuße bis zu fünftausend Euro geahndet werden.

§ 128[2] Herstellen oder Verbreiten von papiergeldähnlichen Drucksachen oder Abbildungen. (1) Ordnungswidrig handelt, wer

1. Drucksachen oder Abbildungen herstellt oder verbreitet, die ihrer Art nach geeignet sind,
   a) im Zahlungsverkehr mit Papiergeld oder diesem gleichstehenden Wertpapieren (§ 151 des Strafgesetzbuches) verwechselt zu werden oder

---

[1] § 127 Abs. 1 geänd. durch G v. 28.10.1994 (BGBl. I S. 3186); Abs. 4 geänd. durch G v. 26.1. 1998 (BGBl. I S. 156); Abs. 1 Nr. 1 Buchst. a, Abs. 3 geänd. durch G v. 26.1.1998 (BGBl. I S. 164); Abs. 4 geänd. mWv 1.1.2002 durch G v. 13.12.2001 (BGBl. I S. 3574); Abs. 1 Nr. 1, 2 und 3 geänd., Nr. 4 angef. mWv 30.8.2002 durch G v. 22.8.2002 (BGBl. I S. 3387); Abs. 1 Nr. 1 Buchst. a, Abs. 3 geänd. mWv 28.12.2003 durch G v. 22.12.2003 (BGBl. I S 2838).

[2] § 128 Abs. 1 Nr. 2 geänd. durch G v. 28.10.1994 (BGBl. I S. 3186); Abs. 4 geänd. durch G v. 26.1.1998 (BGBl. I S. 156); Abs. 4 geänd. mWv 1.1.2002 durch G v. 13.12.2001 (BGBl. I S. 3574); Abs. 1 Nr. 2 geänd. mWv 30.8.2002 durch G v. 22.8.2002 (BGBl. I S. 3387).

b) dazu verwendet zu werden, solche verwechslungsfähigen Papiere herzustellen, oder

2. Platten, Formen, Drucksätze, Druckstöcke, Negative, Matrizen, Computerprogramme oder ähnliche Vorrichtungen, die ihrer Art nach zur Herstellung der in der Nummer 1 bezeichneten Drucksachen oder Abbildungen geeignet sind, herstellt, sich oder einem anderen verschafft, feilhält, verwahrt, einem anderen überläßt, einführt oder ausführt.

(2) Ordnungswidrig handelt auch der Täter, der fahrlässig nicht erkennt, daß die Eignung zur Verwechslung oder Herstellung im Sinne von Absatz 1 Nr. 1 gegeben ist.

(3) Absatz 1 gilt auch für Papiergeld und Wertpapiere eines fremden Währungsgebietes.

(4) Die Ordnungswidrigkeit kann in den Fällen des Absatzes 1 mit einer Geldbuße bis zu zehntausend Euro, in den Fällen des Absatzes 2 mit einer Geldbuße bis zu fünftausend Euro geahndet werden.

§ 129[1)] Einziehung. Gegenstände, auf die sich eine Ordnungswidrigkeit nach den §§ 124, 126 bis 128 bezieht, können eingezogen werden.

Vierter Abschnitt. Verletzung der Aufsichtspflicht in Betrieben und Unternehmen

§ 130[2)] [Verletzung der Aufsichtspflicht in Betrieben und Unternehmen] (1) [1] Wer als Inhaber eines Betriebes oder Unternehmens vorsätzlich oder fahrlässig die Aufsichtsmaßnahmen unterläßt, die erforderlich sind, um in dem Betrieb oder Unternehmen Zuwiderhandlungen gegen Pflichten zu verhindern, die den Inhaber treffen und deren Verletzung mit Strafe oder Geldbuße bedroht ist, handelt ordnungswidrig, wenn eine solche Zuwiderhandlung begangen wird, die durch gehörige Aufsicht verhindert oder wesentlich erschwert worden wäre. [2] Zu den erforderlichen Aufsichtsmaßnahmen gehören auch die Bestellung, sorgfältige Auswahl und Überwachung von Aufsichtspersonen.

(2) Betrieb oder Unternehmen im Sinne des Absatzes 1 ist auch das öffentliche Unternehmen.

(3) [1] Die Ordnungswidrigkeit kann, wenn die Pflichtverletzung mit Strafe bedroht ist, mit einer Geldbuße bis zu einer Million Euro geahndet werden. [2] § 30 Absatz 2 Satz 3 ist anzuwenden. [3] Ist die Pflichtverletzung mit Geldbuße bedroht, so bestimmt sich das Höchstmaß der Geldbuße wegen der Aufsichtspflichtverletzung nach dem für die Pflichtverletzung angedrohten Höchstmaß der Geldbuße. [4] Satz 3 gilt auch im Falle einer Pflichtverletzung, die gleichzeitig mit Strafe und Geldbuße bedroht ist, wenn das für die Pflicht-

---

1) § 129 geänd. mWv 31.12.2006 durch G v. 22.12.2006 (BGBl. I S. 3416).

2) § 130 Abs. 1 Satz 1 geänd., Abs. 2 aufgeh., bish. Abs. 3 und 4 werden Abs. 2 und 3, neuer Abs. 2 geänd. durch G v. 27.6.1994 (BGBl. I S. 1440); Abs. 3 Satz 3 angef. durch G v. 13.8.1997 (BGBl. I S. 2038); Abs. 3 Satz 1 geänd. mWv 1.1.2002 durch G v. 13.12.2001 (BGBl. I S. 3574); Abs. 3 Satz 1 geänd. mWv 30.8.2002 durch G v. 22.8.2002 (BGBl. I S. 3387); Abs. 1 Satz 1 geänd. mWv 11.8.2007 durch G v. 7.8.2007 (BGBl. I S. 1786); Abs. 3 Satz 2 eingef., bish. Sätze 2 und 3 werden Sätze 3 und 4, neuer Satz 4 geänd. mWv 30.6.2013 durch G v. 26.6.2013 (BGBl. I S. 1738).

verletzung angedrohte Höchstmaß der Geldbuße das Höchstmaß nach Satz 1 übersteigt.

Fünfter Abschnitt. Gemeinsame Vorschriften

§ 131[1)] **[Gemeinsame Vorschriften]** (1) [1]Verwaltungsbehörde im Sinne des § 36 Abs. 1 Nr. 1 ist

1. bei Ordnungswidrigkeiten nach § 112, soweit es sich um Verstöße gegen Anordnungen
   a) des Bundestages oder seines Präsidenten handelt, der Direktor beim Deutschen Bundestag,
   b) des Bundesrates oder seines Präsidenten handelt, der Direktor des Bundesrates,
2. bei Ordnungswidrigkeiten nach § 114 das Bundesamt für Infrastruktur, Umweltschutz und Dienstleistungen der Bundeswehr,
3. bei Ordnungswidrigkeiten nach § 124, soweit es sich um ein Wappen oder eine Dienstflagge des Bundes handelt, das Bundesministerium des Innern, für Bau und Heimat,
4. bei Ordnungswidrigkeiten nach den §§ 127 und 128, soweit es sich um
   a) Wertpapiere des Bundes oder seiner Sondervermögen handelt, die Bundesanstalt für Finanzdienstleistungsaufsicht,
   b) Geld oder Papier zur Herstellung von Geld handelt, die Deutsche Bundesbank,
   c) amtliche Wertzeichen handelt, das Bundesministerium, zu dessen Geschäftsbereich die Herstellung oder Ausgabe der Wertzeichen gehört.

[2]Satz 1 Nr. 4 Buchstaben a und c gilt auch bei Ordnungswidrigkeiten, die sich auf entsprechende Wertpapiere oder Wertzeichen eines fremden Währungsgebietes beziehen. [3]In den Fällen des Satzes 1 Nr. 3 und 4 Buchstabe c gilt § 36 Abs. 3 entsprechend.

(2) In den Fällen der §§ 122 und 130 wird die Ordnungswidrigkeit nur auf Antrag oder mit Ermächtigung verfolgt, wenn die im Rausch begangene Handlung oder die Pflichtverletzung nur auf Antrag oder mit Ermächtigung verfolgt werden könnte.

(3) Für die Verfolgung von Ordnungswidrigkeiten nach den §§ 116, 122 und 130 gelten auch die Verfahrensvorschriften entsprechend, die bei der Verfolgung der Handlung, zu der aufgefordert worden ist, der im Rausch begangenen Handlung oder der Pflichtverletzung anzuwenden sind oder im Falle des § 130 dann anzuwenden wären, wenn die mit Strafe bedrohte Pflichtverletzung nur mit Geldbuße bedroht wäre.

Vierter Teil. Schlußvorschriften

§ 132 Einschränkung von Grundrechten. Die Grundrechte der körperlichen Unversehrtheit (Artikel 2 Abs. 2 Satz 1 des Grundgesetzes), der Freiheit

---

[1)] § 131 Abs. 1 Satz 1 Nr. 3 und 4 Buchst. c geänd. durch G v. 26.1.1998 (BGBl. I S. 156); Abs. 1 Satz 1 Nr. 4 Buchst. a geänd. mWv 1.1.2002 durch G v. 11.12.2001 (BGBl. I S. 3519); Abs. 1 Satz 1 Nr. 4 Buchst. a geänd. mWv 1.8.2006 durch G v. 12.7.2006 (BGBl. I S. 1466); Abs. 1 Satz 1 Nr. 2 geänd. mWv 23.5.2015 durch G v. 13.5.2015 (BGBl. I S. 706); Abs. 1 Satz 1 Nr. 3 geänd. mWv 27.6. 2020 durch VO v. 19.6.2020 (BGBl. I S. 1328).

der Person (Artikel 2 Abs. 2 Satz 2 des Grundgesetzes) und der Unverletzlichkeit der Wohnung (Artikel 13 des Grundgesetzes) werden nach Maßgabe dieses Gesetzes eingeschränkt.

§ 133[1] **Übergangsvorschriften.** (1) Die Anwesenheit des Betroffenen in der Hauptverhandlung und das Verfahren bei seiner Abwesenheit richten sich nach dem Recht, das zu dem Zeitpunkt gilt, zu dem die erste Ladung des Betroffenen zur Hauptverhandlung abgesandt wird.

(2) Die Zulässigkeit und die Zulassung von Rechtsmitteln richten sich nach dem Recht, das zu dem Zeitpunkt gilt, zu dem ein Urteil verkündet wird oder ein Beschluß bei der Geschäftsstelle eingeht.

(3) Die Wiederaufnahme des Verfahrens richtet sich nach dem Recht, das zu dem Zeitpunkt gilt, zu dem ein Antrag bei Gericht eingeht.

(4) Im Verfahren der Verwaltungsbehörde werden Gebühren und Auslagen nach dem Recht erhoben, das zu dem Zeitpunkt gilt, in dem der Bußgeldbescheid erlassen ist.

(5) Für Dateien, die am 1. Oktober 2002 bestehen, ist § 49c erst ab dem 1. Oktober 2003 anzuwenden.

(6) [1] Wird die Anordnung der Einziehung des Wertes des Tatertrages wegen einer mit Geldbuße bedrohten Handlung, die vor dem 1. Juli 2017 begangen worden ist, nach diesem Zeitpunkt entschieden, ist § 29a in der Fassung des Gesetzes zur Reform der strafrechtlichen Vermögensabschöpfung vom 13. April 2017 (BGBl. I S. 872) anzuwenden. [2] In Verfahren, in denen bis zum 1. Juli 2017 bereits eine Entscheidung über den Verfall des Wertersatzes ergangen ist, ist § 29a in der bis zum 1. Juli 2017 geltenden Fassung anzuwenden.

§ 134[2] **Übergangsregelung zum Gesetz zur Einführung der elektronischen Akte in Strafsachen und zur weiteren Förderung des elektronischen Rechtsverkehrs; Verordnungsermächtigungen.** [1] Die Bundesregierung und die Landesregierungen können jeweils für ihren Bereich durch Rechtsverordnung bestimmen, dass die Einreichung elektronischer Dokumente abweichend von § 32a der Strafprozessordnung erst zum 1. Januar des Jahres 2019 oder 2020 möglich ist und § 110a in der am 31. Dezember 2017 geltenden Fassung bis jeweils zum 31. Dezember des Jahres 2018 oder 2019 weiter Anwendung findet. [2] Sie können die Ermächtigung nach Satz 1 durch Rechtsverordnung auf die zuständigen Bundes- oder Landesministerien übertragen.

§ 135 (Inkrafttreten)

---

[1] § 133 neu gef. durch G v. 24.6.1994 (BGBl. I S. 1325); Überschrift neu gef., Abs. 1–3 eingef. durch G v. 26.1.1998 (BGBl. I S. 156); Abs. 5 angef. mWv 1.10.2002 durch G v. 26.7.2002 (BGBl. I S. 2864, ber. S. 3516); Abs. 6 angef. mWv 1.7.2017 durch G v. 13.4.2017 (BGBl. I S. 872).

[2] § 134 neu eingef. mWv 13.7.2017 durch G v. 5.7.2017 (BGBl. I S. 2208).

Anhang

Einigungsvertrag

Vom 31. August 1990
(BGBl. II S. 889)

– Auszug –

Anlage I Kapitell III Sachgebiet C Abschnitt III Nr. 4

Bundesrecht tritt in dem in Artikel 3 des Vertrages genannten Gebiet mit folgenden Maßgaben in Kraft:

1.–3. …

4. Gesetz über Ordnungswidrigkeiten in der Fassung der Bekanntmachung vom 19. Februar 1987 (BGBl. I S. 602), zuletzt geändert durch Artikel 2 des Gesetzes vom 30. August 1990 (BGBl. I S. 1853), mit folgenden Maßgaben:

   a) Die Vorschriften des Ersten Teils des Gesetzes über Ordnungswidrigkeiten sind auch dann anzuwenden, wenn eine Handlung vor dem Wirksamwerden des Beitritts begangen worden ist und mit Ordnungsstrafe bedroht war.

   b) Soweit in Rechtsvorschriften der Deutschen Demokratischen Republik der Ausdruck „Ordnungsstrafe" verwendet wird, tritt an seine Stelle der Ausdruck „Geldbuße", in Wortzusammensetzungen der Ausdruck „Bußgeld"; an die Stelle der Ausdrücke „Ordnungsstrafverfügung" und „Ordnungsstrafbestimmung" treten die Ausdrücke „Bußgeldbescheid" und „Bußgeldvorschrift". Bestimmungen über einen höheren Mindestbetrag der Ordnungsstrafe als fünf Deutsche Mark in Rechtsvorschriften der Deutschen Demokratischen Republik sind nicht mehr anzuwenden.

   c) Die Zuständigkeitsbestimmungen zur Verhängung von Ordnungsstrafmaßnahmen behalten ihre Gültigkeit, soweit nichts anderes bestimmt wird.

   d) Die Verfolgung und Ahndung von Ordnungswidrigkeiten einschließlich des gerichtlichen Verfahrens und der Vollstreckung richtet sich vom Wirksamwerden des Beitritts ab ausschließlich nach den Vorschriften des Gesetzes über Ordnungswidrigkeiten, soweit in den folgenden Vorschriften nichts anderes bestimmt ist.

   e) Auf der Grundlage des Gesetzes zur Bekämpfung von Ordnungswidrigkeiten erlassene Ordnungsstrafmaßnahmen, die vor dem 1. Juli 1990 rechtskräftig geworden sind, werden nicht mehr vollstreckt. Dies gilt auch für Ordnungsstrafen, die nach § 39 des Gesetzes zur Bekämpfung von Ordnungswidrigkeiten festgesetzt worden sind. Soweit die Vollstreckung bereits erfolgt ist, hat es damit sein Bewenden.

   f) Ist vor dem Wirksamwerden des Beitritts eine Ordnungsstrafmaßnahme erlassen und die Beschwerdefrist nach § 33 des Gesetzes zur Bekämpfung von Ordnungswidrigkeiten noch nicht abgelaufen, so ist der Einspruch nach § 67 des Gesetzes über Ordnungswidrigkeiten gegeben. Eine nach § 33 des Gesetzes zur Bekämpfung von Ordnungswidrigkeiten eingelegte Beschwerde gilt als Einspruch, auch wenn sie am Tag des Wirksamwerdens des Beitritts eingelegt wird. Ist die Frist für die Klage nach § 6 des Gesetzes über die Zuständigkeit und das Verfahren der Gerichte zur Nachprüfung von Verwaltungsentscheidungen vom 29. Juni 1990 (GBl. I Nr. 41 S. 595) noch nicht abgelaufen, so ist innerhalb dieser Frist diese Klage gegeben. Die Klage ist der verklagten Behörde zuzustellen. Im übrigen richtet sich das gerichtliche Verfahren nach den Vorschriften des Gesetzes über Ordnungswidrigkeiten.

g) Ist eine Ordnungsstrafmaßnahme nach Maßgabe von Buchstabe f) angefochten, so sind Ordnungsstrafmaßnahmen nach § 6 Abs. 1 Nr. 1, 2, 4, 5 oder 6 des Gesetzes zur Bekämpfung von Ordnungswidrigkeiten aufzuheben.

h) Soweit für die gerichtlichen Zuständigkeiten und Rechtsmittelzüge auf das Gerichtsverfassungsgesetz und die Strafprozeßordnung verwiesen wird, richten sich die entsprechenden Zuständigkeiten und Rechtsmittelzüge danach, wie sie in Anlage I Kapitel III Buchstabe A Abschnitt III Nr. 1 Buchstabe a Abs. 1 Satz 1, Abs. 2, Buchstabe b Abs. 1, Buchstabe g Abs. 2, Buchstabe i Abs. 2 Nr. 2, Buchstabe j Abs. 1 Satz 3, Buchstaben k, l Abs. 2 Nr. 1 und Buchstabe m für das Gerichtsverfassungsgesetz bestimmt sind.

i) Soweit im übrigen auf Vorschriften verwiesen wird, die durch diesen Vertrag geändert werden, treten an deren Stelle die geänderten Vorschriften.

685. Verordnung über die Erteilung einer Verwarnung, Regelsätze für Geldbußen und die Anordnung eines Fahrverbotes wegen Ordnungswidrigkeiten im Straßenverkehr (Bußgeldkatalog-Verordnung – BKatV)[1)]

Vom 14. März 2013
(BGBl. I S. 498)

FNA 9231-1-21

geänd. durch Art. 4 Neunte VO zur Änd. der Fahrerlaubnis-VO und anderer straßenverkehrsrechtlicher Vorschriften v. 5.11.2013 (BGBl. I S. 3920, geänd. durch VO v. 16.4.2014 (BGBl. I S. 348)), Art. 7a Zehnte VO zur Änd. der Fahrerlaubnis-VO und anderer straßenverkehrsrechtlicher Vorschriften v. 16.4.2014 (BGBl. I S. 348), Art. 3 49. VO zur Änd. straßenverkehrsrechtlicher Vorschriften v. 22.10.2014 (BGBl. I S. 1635), Art. 3 Zweite VO zur Änd. der Fahrzeug-ZulassungsVO und anderer straßenverkehrsrechtlicher Vorschriften v. 30.10.2014 (BGBl. I S. 1666), Art. 3 51. VO zur Änd. straßenverkehrsrechtlicher Vorschriften v. 17.6.2016 (BGBl. I S. 1463), Art. 5 Dritte VO zur Änd. der Fahrzeug-ZulassungsVO und anderer straßenverkehrsrechtlicher Vorschriften v. 23.3.2017 (BGBl. I S. 522), Art. 3 52. VO zur Änd. straßenverkehrsrechtlicher Vorschriften v. 18.5.2017 (BGBl. I S. 1282), Art. 3 56. StrafrechtsänderungsG v. 30.9.2017 (BGBl. I S. 3532), Art. 3 53. VO zur Änd. straßenverkehrsrechtlicher Vorschriften v. 6.10.2017 (BGBl. I S. 3549, ber. 2018 S. 53), Art. 3 Vierte VO zur Änd. der Fahrzeug-ZulassungsVO und anderer straßenverkehrsrechtlicher Vorschriften v. 22.3.2019 (BGBl. I S. 382), Art. 4 VO über die Teilnahme von Elektrokleinstfahrzeugen am Straßenverkehr und zur Änd. weiterer straßenverkehrsrechtlicher Vorschriften v. 6.6.2019 (BGBl. I S. 756) und Art. 3 54. VO zur Änd. straßenverkehrsrechtlicher Vorschriften v. 20.4.2020 (BGBl. I S. 814)

Auf Grund des § 26a des Straßenverkehrsgesetzes[2)] in der Fassung der Bekanntmachung vom 5. März 2003 (BGBl. I S. 310, 919), der zuletzt durch Artikel 1 Nummer 3 des Gesetzes vom 19. Juli 2007 (BGBl. I S. 1460) geändert worden ist, verordnet das Bundesministerium für Verkehr, Bau und Stadtentwicklung:

§ 1[3)] Bußgeldkatalog. (1) [1]Bei Ordnungswidrigkeiten nach den §§ 24, 24a und 24c des Straßenverkehrsgesetzes[2)], die in der Anlage zu dieser Verordnung (Bußgeldkatalog – BKat) aufgeführt sind, ist eine Geldbuße nach den dort bestimmten Beträgen festzusetzen. [2]Bei Ordnungswidrigkeiten nach § 24 des Straßenverkehrsgesetzes, bei denen im Bußgeldkatalog ein Regelsatz von bis zu 55 Euro bestimmt ist, ist ein entsprechendes Verwarnungsgeld zu erheben.

[1)] Bei der Angabe der Ermächtigungsgrundlagen in der Eingangsformel der 54. VO zur Änd. straßenverkehrsrechtlicher Vorschriften v. 20.4.2020 (BGBl. I S. 814) wurde § 26a Abs. 1 Nr. 3 StVG (Nr. **10**) als Grundlage für die Anordnung von Fahrverboten nicht aufgeführt.

Laut Antwort auf eine Kleine Anfrage (BT.-Drs. 19/23215 v. 8.10.2020, S. 5) führt dieser Verstoß gegen das Zitiergebot des Art. 80 Abs. 1 Satz 3 GG nach Einschätzung des BMVI und des BMI zur Nichtigkeit von Art. 3 der genannten VO, der die Änderungen der BußgeldkatalogVO enthält. Das BMVI habe sich mit den Ländern auf eine Nichtanwendung der Änderungen der BKatV verständigt.

Ob ein Verstoß gegen das Zitiergebot zur Nichtigkeit der gesamten Verordnung oder nur zur Nichtigkeit der von den angegebenen Rechtsgrundlagen nicht gedeckten Einzelbestimmungen führt, ist umstritten; die meisten Änderungen der BKatV betreffen keine Fahrverbote und sind von den angegebenen Ermächtigungsgrundlagen umfasst. Bis zu einer verbindlichen Klärung wird die von den zuständigen Ministerien mit Zustimmung des Bundesrates erlassene und im BGBl. I verkündete Änderungsverordnung im Wortlaut der geänderten Vorschriften weiterhin berücksichtigt. Bei den von den in der ÄndVO genannten Ermächtigungsgrundlagen nicht gedeckten Fahrverbots-Anordnungen erfolgt ein Hinweis auf die Problematik.

[2)] Nr. **10**.

[3)] § 1 Abs. 1 Satz 2 geänd. mWv 1.5.2014 durch VO v. 5.11.2013 (BGBl. I S. 3920).

(2) [1] Die im Bußgeldkatalog bestimmten Beträge sind Regelsätze. [2] Sie gehen von gewöhnlichen Tatumständen sowie in Abschnitt I des Bußgeldkatalogs von fahrlässiger und in Abschnitt II des Bußgeldkatalogs von vorsätzlicher Begehung aus.

§ 2[1)] Verwarnung. (1) Die Verwarnung muss mit einem Hinweis auf die Verkehrszuwiderhandlung verbunden sein.

(2) Bei unbedeutenden Ordnungswidrigkeiten nach § 24 des Straßenverkehrsgesetzes[2)] kommt eine Verwarnung ohne Verwarnungsgeld in Betracht.

(3) Das Verwarnungsgeld wird in Höhe von 5, 10, 15, 20, 25, 30, 35, 40, 45, 50 und 55 Euro erhoben.

(4) Bei Fußgängern soll das Verwarnungsgeld in der Regel 5 Euro, bei Radfahrern in der Regel 15 Euro betragen, sofern der Bußgeldkatalog nichts anderes bestimmt.

(5) Ist im Bußgeldkatalog ein Regelsatz für das Verwarnungsgeld von mehr als 20 Euro vorgesehen, so kann er bei offenkundig außergewöhnlich schlechten wirtschaftlichen Verhältnissen des Betroffenen bis auf 20 Euro ermäßigt werden.

(6) Hat der Betroffene durch dieselbe Handlung mehrere geringfügige Ordnungswidrigkeiten begangen, für die jeweils eine Verwarnung mit Verwarnungsgeld in Betracht kommt, so wird nur ein Verwarnungsgeld, und zwar das höchste der in Betracht kommenden Verwarnungsgelder, erhoben.

(7) Hat der Betroffene durch mehrere Handlungen geringfügige Ordnungswidrigkeiten begangen oder gegen dieselbe Vorschrift mehrfach verstoßen, so sind die einzelnen Verstöße getrennt zu verwarnen.

(8) In den Fällen der Absätze 6 und 7 ist jedoch zu prüfen, ob die Handlung oder die Handlungen insgesamt noch geringfügig sind.

§ 3[3)] Bußgeldregelsätze. (1) Etwaige Eintragungen des Betroffenen im Fahreignungsregister sind im Bußgeldkatalog nicht berücksichtigt, soweit nicht in den Nummern 152.1, 241.1, 241.2, 242.1 und 242.2 des Bußgeldkatalogs etwas anderes bestimmt ist.

(2) Wird ein Tatbestand der Nummer 119, der Nummer 198.1 in Verbindung mit Tabelle 3 des Anhangs oder der Nummern 212, 214.1, 214.2 oder 223 des Bußgeldkatalogs, für den ein Regelsatz von mehr als 55 Euro vorgesehen ist, vom Halter eines Kraftfahrzeugs verwirklicht, so ist derjenige Regelsatz anzuwenden, der in diesen Fällen für das Anordnen oder Zulassen der Inbetriebnahme eines Kraftfahrzeugs durch den Halter vorgesehen ist.

(3) Die Regelsätze, die einen Betrag von mehr als 55 Euro vorsehen, erhöhen sich bei Vorliegen einer Gefährdung oder Sachbeschädigung nach Tabelle 4 des Anhangs, soweit diese Merkmale oder eines dieser Merkmale nicht bereits im Tatbestand des Bußgeldkatalogs enthalten sind.

---

1) § 2 Abs. 3 neu gef. mWv 1.5.2014 durch VO v. 5.11.2013 (BGBl. I S. 3920).

2) Nr. **10**.

3) § 3 Abs. 1–3, 4 Satz 1 abschl. Satzteil, Abs. 4a Satz 1, Abs. 5 Satz 1, Abs. 6 Sätze 1 und 2 geänd. mWv 1.5.2014 durch VO v. 5.11.2013 (BGBl. I S. 3920); Abs. 4 Satz 1 Nr. 2 geänd. mWv 1.5.2014 durch VO v. 16.4.2014 (BGBl. I S. 348).

(4) [1] Wird von dem Führer eines kennzeichnungspflichtigen Kraftfahrzeugs mit gefährlichen Gütern oder eines Kraftomnibusses mit Fahrgästen ein Tatbestand

1. der Nummern 8.1, 8.2, 15, 19, 19.1, 19.1.1, 19.1.2, 21, 21.1, 21.2, 212, 214.1, 214.2, 223,
2. der Nummern 12.5, 12.6 oder 12.7, jeweils in Verbindung mit Tabelle 2 des Anhangs, oder
3. der Nummern 198.1 oder 198.2, jeweils in Verbindung mit Tabelle 3 des Anhangs,

des Bußgeldkatalogs verwirklicht, so erhöht sich der dort genannte Regelsatz, sofern dieser einen Betrag von mehr als 55 Euro vorsieht, auch in den Fällen des Absatzes 3, jeweils um die Hälfte. [2] Der nach Satz 1 erhöhte Regelsatz ist auch anzuwenden, wenn der Halter die Inbetriebnahme eines kennzeichnungspflichtigen Kraftfahrzeugs mit gefährlichen Gütern oder eines Kraftomnibusses mit Fahrgästen in den Fällen

1. der Nummern 189.1.1, 189.1.2, 189.2.1, 189.2.2, 189.3.1, 189.3.2, 213 oder
2. der Nummern 199.1, 199.2, jeweils in Verbindung mit der Tabelle 3 des Anhangs, oder 224

des Bußgeldkatalogs anordnet oder zulässt.

(4a) [1] Wird ein Tatbestand des Abschnitts I des Bußgeldkatalogs vorsätzlich verwirklicht, für den ein Regelsatz von mehr als 55 Euro vorgesehen ist, so ist der dort genannte Regelsatz zu verdoppeln, auch in den Fällen, in denen eine Erhöhung nach den Absätzen 2, 3 oder 4 vorgenommen worden ist. [2] Der ermittelte Betrag wird auf den nächsten vollen Euro-Betrag abgerundet.

(5) [1] Werden durch eine Handlung mehrere Tatbestände des Bußgeldkatalogs verwirklicht, die jeweils einen Bußgeldregelsatz von mehr als 55 Euro vorsehen, so ist nur ein Regelsatz anzuwenden; bei unterschiedlichen Regelsätzen ist der höchste anzuwenden. [2] Der Regelsatz kann angemessen erhöht werden.

(6) [1] Bei Ordnungswidrigkeiten nach § 24 des Straßenverkehrsgesetzes[1)], die von nicht motorisierten Verkehrsteilnehmern begangen werden, ist, sofern der Bußgeldregelsatz mehr als 55 Euro beträgt und der Bußgeldkatalog nicht besondere Tatbestände für diese Verkehrsteilnehmer enthält, der Regelsatz um die Hälfte zu ermäßigen. [2] Beträgt der nach Satz 1 ermäßigte Regelsatz weniger als 60 Euro, so soll eine Geldbuße nur festgesetzt werden, wenn eine Verwarnung mit Verwarnungsgeld nicht erteilt werden kann.

§ 4[2)] Regelfahrverbot. (1) [1] Bei Ordnungswidrigkeiten nach § 24 des Straßenverkehrsgesetzes[1)] kommt die Anordnung eines Fahrverbots (§ 25 Absatz 1 Satz 1 des Straßenverkehrsgesetzes) wegen grober Verletzung der Pflichten eines Kraftfahrzeugführers in der Regel in Betracht, wenn ein Tatbestand

1. der Nummern 9.1 bis 9.3, der Nummern 11.1 bis 11.3, jeweils in Verbindung mit Tabelle 1 des Anhangs,

---

[1)] Nr. **10**.

[2)] § 4 Abs. 1 Satz 1 Nr. 2 neu gef., Nr. 3 geänd. mWv 1.5.2014 durch VO v. 16.4.2014 (BGBl. I S. 348); Abs. 1 Satz 1 Nr. 4 neu gef. mWv 13.10.2017 durch G v. 30.9.2017 (BGBl. I S. 3532); Abs. 1 Satz 1 Nr. 3 und 4 geänd. mWv 19.10.2017 durch VO v. 6.10.2017 (BGBl. I S. 3549, ber. 2018 S. 53); Abs. 1 Nr. 3 geänd. mWv 28.4.2020 durch VO v. 20.4.2020 (BGBl. I S. 814).

2. der Nummern 12.6.3, 12.6.4, 12.6.5, 12.7.3, 12.7.4 oder 12.7.5 der Tabelle 2 des Anhangs,
3. der Nummern 19.1.1, 19.1.2, 21.1, 21.2, 39.1, 41, 50, 50.1, 50.2, 50.3, 50a, 50a.1, 50a.2, 50a.3, 135, 135.1, 135.2, 83.3, 89b.2, 132.1, 132.2, 132.3, 132.3.1, 132.3.2, 152.1 oder
4. der Nummern 244, 246.2, 246.3 oder 250a

des Bußgeldkatalogs verwirklicht wird. [2] Wird in diesen Fällen ein Fahrverbot angeordnet, so ist in der Regel die dort bestimmte Dauer festzusetzen.

(2) [1] Wird ein Fahrverbot wegen beharrlicher Verletzung der Pflichten eines Kraftfahrzeugführers zum ersten Mal angeordnet, so ist seine Dauer in der Regel auf einen Monat festzusetzen. [2] Ein Fahrverbot kommt in der Regel in Betracht, wenn gegen den Führer eines Kraftfahrzeugs wegen einer Geschwindigkeitsüberschreitung von mindestens 26 km/h bereits eine Geldbuße rechtskräftig festgesetzt worden ist und er innerhalb eines Jahres seit Rechtskraft der Entscheidung eine weitere Geschwindigkeitsüberschreitung von mindestens 26 km/h begeht.

(3) Bei Ordnungswidrigkeiten nach § 24a des Straßenverkehrsgesetzes ist ein Fahrverbot (§ 25 Absatz 1 Satz 2 des Straßenverkehrsgesetzes) in der Regel mit der in den Nummern 241, 241.1, 241.2, 242, 242.1 und 242.2 des Bußgeldkatalogs vorgesehenen Dauer anzuordnen.

(4) Wird von der Anordnung eines Fahrverbots ausnahmsweise abgesehen, so soll das für den betreffenden Tatbestand als Regelsatz vorgesehene Bußgeld angemessen erhöht werden.

§ 5 Inkrafttreten, Außerkrafttreten. [1] Diese Verordnung tritt am 1. April 2013 in Kraft. [2] Gleichzeitig tritt die Bußgeldkatalog-Verordnung vom 13. November 2001 (BGBl. I S. 3033), die zuletzt durch Artikel 3 der Verordnung vom 19. Oktober 2012 (BGBl. I S. 2232) geändert worden ist, außer Kraft.

Anlage[1)]
(zu § 1 Absatz 1)

Bußgeldkatalog (BKat)

Abschnitt I. Fahrlässig begangene Ordnungswidrigkeiten

Lfd. Nr.	Tatbestand	Straßenverkehrs-Ordnung (StVO)	Regelsatz in Euro (€), Fahrverbot in Monaten
	A. Zuwiderhandlungen gegen § 24 StVG		
	a) Straßenverkehrs-Ordnung		
	Grundregeln		
1	Durch Außer-Acht-Lassen der im Verkehr erforderlichen Sorgfalt	§ 1 Absatz 2 § 49 Absatz 1 Nummer 1	
1.1	einen Anderen mehr als nach den Umständen unvermeidbar belästigt		10 €
1.2	einen Anderen mehr als nach den Umständen unvermeidbar behindert		20 €
1.3	einen Anderen gefährdet		30 €
1.4	einen Anderen geschädigt, soweit im Folgenden nichts anderes bestimmt ist		35 €
1.5	Beim Fahren in eine oder aus einer Parklücke stehendes Fahrzeug beschädigt	§ 1 Absatz 2 § 49 Absatz 1 Nummer 1	30 €
	Straßenbenutzung durch Fahrzeuge		
2	Vorschriftswidrig Gehweg, linksseitig angelegten Radweg, Seitenstreifen (außer auf Autobahnen oder Kraftfahrstraßen), Verkehrsinsel oder Grünanlage benutzt	§ 2 Absatz 1 § 49 Absatz 1 Nummer 2	55 €
2.1	– mit Behinderung	§ 2 Absatz 1 § 1 Absatz 2 § 49 Absatz 1 Nummer 1, 2	70 €
2.2	– mit Gefährdung		80 €
2.3	– mit Sachbeschädigung		100 €
3	Gegen das Rechtsfahrgebot verstoßen durch Nichtbenutzen		
3.1	der rechten Fahrbahnseite	§ 2 Absatz 2 § 49 Absatz 1 Nummer 2	15 €
3.1.1	– mit Behinderung	§ 2 Absatz 2 § 1 Absatz 2 § 49 Absatz 1 Nummer 1, 2	25 €
3.2	des rechten Fahrstreifens (außer auf Autobahnen oder Kraftfahrstraßen) und dadurch einen Anderen behindert	§ 2 Absatz 2 § 1 Absatz 2 § 49 Absatz 1 Nummer 1, 2	20 €

[1)] Anlage geänd. mWv 1.5.2014 durch VO v. 5.11.2013 (BGBl. I S. 3920, geänd. durch VO v. 16.4.2014 (BGBl. I S. 348); geänd. mWv 1.5.2014 durch VO v. 16.4.2014 (BGBl. I S. 348); geänd. mWv 30.10.2014 durch VO v. 22.10.2014 (BGBl. I S. 1635); geänd. mWv 1.1.2015 und mWv 1.4. 2015 durch VO v. 30.10.2014 (BGBl. I S. 1666); geänd. mWv 1.2.2017 durch VO v. 17.6.2016 (BGBl. I S. 1463); geänd. mWv 1.10.2017 durch VO v. 23.3.2017 (BGBl. I S. 522); geänd. mWv 1.6. 2017 durch VO v. 18.5.2017 (BGBl. I S. 1282); geänd. mWv 13.10.2017 durch G v. 30.9.2017 (BGBl. I S. 3532); geänd. mWv 19.10.2017 durch VO v. 6.10.2017 (BGBl. I S. 3549, ber. 2018 S. 53); geänd. mWv 1.10.2019 durch VO v. 22.3.2019 (BGBl. I S. 382); geänd. mWv 15.6.2019 durch VO v. 6.6.2019 (BGBl. I S. 756); geänd. mWv 28.4.2020 durch VO v. 20.4.2020 (BGBl. I S. 814).

Lfd. Nr.	Tatbestand	Straßenverkehrs-Ordnung (StVO)	Regelsatz in Euro (€), Fahrverbot in Monaten
3.3	der rechten Fahrbahn bei zwei getrennten Fahrbahnen	§ 2 Absatz 1 § 49 Absatz 1 Nummer 2	25 €
3.3.1	– mit Gefährdung	§ 2 Absatz 1 § 1 Absatz 2 § 49 Absatz 1 Nummer 1, 2	35 €
3.3.2	– mit Sachbeschädigung	§ 2 Absatz 1 § 1 Absatz 2 § 49 Absatz 1 Nummer 1, 2	40 €
3.4	eines markierten Schutzstreifens als Radfahrer	§ 2 Absatz 2 § 49 Absatz 1 Nummer 2	15 €
3.4.1	– mit Behinderung	§ 2 Absatz 2 § 1 Absatz 2 § 49 Absatz 1 Nummer 1, 2	20 €
3.4.2	– mit Gefährdung		25 €
3.4.3	– mit Sachbeschädigung		30 €
4	Gegen das Rechtsfahrgebot verstoßen	§ 2 Absatz 2 § 1 Absatz 2 § 49 Absatz 1 Nummer 1, 2	
4.1	bei Gegenverkehr, beim Überholtwerden, an Kuppen, in Kurven oder bei Unübersichtlichkeit und dadurch einen Anderen gefährdet		80 €
4.2	auf Autobahnen oder Kraftfahrstraßen und dadurch einen Anderen behindert		80 €
5	Schienenbahn nicht durchfahren lassen	§ 2 Absatz 3 § 49 Absatz 1 Nummer 2	5 €
5a	Fahren bei Glatteis, Schneeglätte, Schneematsch, Eis- oder Reifglätte ohne Bereifung, welche die in § 36 Absatz 4 StVZO beschriebenen Eigenschaften erfüllt	§ 2 Absatz 3a Satz 1 § 49 Absatz 1 Nummer 2	60 €
5a.1	– mit Behinderung	§ 2 Absatz 3a Satz 1 § 1 Absatz 2 § 49 Absatz 1 Nummer 1, 2	80 €
6	Beim Führen eines kennzeichnungspflichtigen Kraftfahrzeugs mit gefährlichen Gütern bei Sichtweite unter 50 m, bei Schneeglätte oder Glatteis sich nicht so verhalten, dass die Gefährdung eines anderen ausgeschlossen war, insbesondere, obwohl nötig, nicht den nächsten geeigneten Platz zum Parken aufgesucht	§ 2 Absatz 3a Satz 4 § 49 Absatz 1 Nummer 2	140 €
7	Beim Radfahren oder Mofafahren, soweit dies durch Treten fortbewegt wird		
7.1	Radweg (Zeichen 237, 240, 241) nicht benutzt	§ 41 Absatz 1 i.V.m. Anlage 2 lfd. Nr. 16, 19, 20 (Zeichen 237, 240, 241) Spalte 3 Nummer 1 auch i.V.m. § 2 Absatz 4 Satz 6 § 49 Absatz 3 Nummer 4 auch i.V.m Absatz 1 Nummer 2	20 €

Lfd. Nr.	Tatbestand	Straßenverkehrs-Ordnung (StVO)	Regelsatz in Euro (€), Fahrverbot in Monaten
7.1.1	– mit Behinderung	§ 41 Absatz 1 i.V.m. Anlage 2 lfd. Nr. 16, 19, 20 (Zeichen 237, 240, 241) Spalte 3 Nummer 1 auch i.V.m. § 2 Absatz 4 Satz 6 § 1 Absatz 2 § 49 Absatz 1 Nummer 1, Absatz 3 Nummer 4 auch i.V.m. Absatz 1 Nummer 2	25 €
7.1.2	– mit Gefährdung		30 €
7.1.3	– mit Sachbeschädigung		35 €
7.2	Fahrbahn, Radweg oder Seitenstreifen nicht vorschriftsmäßig benutzt		
7.2.1	– mit Behinderung	§ 2 Absatz 4 Satz 1, 5 § 1 Absatz 2 § 49 Absatz 1 Nummer 1, 2	20 €
7.2.2	– mit Gefährdung		25 €
7.2.3	– mit Sachbeschädigung		30 €
7.3	Radweg nicht in zulässiger Richtung befahren, obwohl Radweg oder Seitenstreifen in zulässiger Richtung vorhanden	§ 2 Absatz 4 Satz 4 § 49 Absatz 1 Nummer 2	20 €
7.3.1	– mit Behinderung	§ 2 Absatz 4 Satz 4 § 1 Absatz 2 § 49 Absatz 1 Nummer 1, 2	25 €
7.3.2	– mit Gefährdung		30 €
7.3.3	– mit Sachbeschädigung		35 €
	Geschwindigkeit		
8	Mit nicht angepasster Geschwindigkeit gefahren		
8.1	trotz angekündigter Gefahrenstelle, bei Unübersichtlichkeit, an Straßenkreuzungen, Straßeneinmündungen, Bahnübergängen oder bei schlechten Sicht- oder Wetterverhältnissen (z.B. Nebel, Glatteis)	§ 3 Absatz 1 Satz 1, 2, 4, 5 § 19 Absatz 1 Satz 2 § 49 Absatz 1 Nummer 3, 19 Buchstabe a	100 €
8.2	in anderen als in Nummer 8.1 genannten Fällen mit Sachbeschädigung	§ 3 Absatz 1 Satz 1, 2, 4, 5 § 1 Absatz 2 § 49 Absatz 1 Nummer 1, 3	35 €
9	Festgesetzte Höchstgeschwindigkeit bei Sichtweite unter 50 m durch Nebel, Schneefall oder Regen überschritten	§ 3 Absatz 1 Satz 3 § 49 Absatz 1 Nummer 3	80 €
9.1	um mehr als 20 km/h mit einem Kraftfahrzeug der in § 3 Absatz 3 Nummer 2 Buchstabe a oder b StVO genannten Art		Tabelle 1 Buchstabe a
9.2	um mehr als 15 km/h mit kennzeichnungspflichtigen Kraftfahrzeugen der in Nummer 9.1 genannten Art mit gefährlichen Gütern oder Kraftomnibussen mit Fahrgästen		Tabelle 1 Buchstabe b
9.3	um mehr als 25 km/h innerorts oder 30 km/h außerorts mit anderen als den in Nummer 9.1 oder 9.2 genannten Kraftfahrzeugen		Tabelle 1 Buchstabe c
10	Beim Führen eines Fahrzeugs ein Kind, einen Hilfsbedürftigen oder älteren Menschen gefähr-	§ 3 Absatz 2a § 49 Absatz 1 Nummer 3	80 €

Lfd. Nr.	Tatbestand	Straßenverkehrs-Ordnung (StVO)	Regelsatz in Euro (€), Fahrverbot in Monaten
	det, insbesondere durch nicht ausreichend verminderte Geschwindigkeit, mangelnde Bremsbereitschaft oder unzureichenden Seitenabstand beim Vorbeifahren oder Überholen		
11	Zulässige Höchstgeschwindigkeit überschritten mit	§ 3 Absatz 3 Satz 1, Absatz 4 § 49 Absatz 1 Nummer 3 § 18 Absatz 5 Satz 2 § 49 Absatz 1 Nummer 18 § 20 Absatz 2 Satz 1, Absatz 4 Satz 1, 2 § 49 Absatz 1 Nummer 19 Buchstabe b § 41 Absatz 1 i. V. m. Anlage 2 lfd. Nr. 16, 17 (Zeichen 237, 238) Spalte 3 Nummer 3, lfd. Nr. 18 (Zeichen 239) Spalte 3 Nummer 2, lfd. Nr. 19 (Zeichen 240) Spalte 3 Nummer 3, lfd. Nr. 20 (Zeichen 241) Spalte 3 Nummer 4, lfd. Nr. 21 (Zeichen 239 oder 242.1 mit Zusatzzeichen, das den Fahrzeugverkehr zulässt) Spalte 3 Nummer 2, lfd. Nr. 23 (Zeichen 244.1 mit Zusatzzeichen, das den Fahrzeugverkehr zulässt) Spalte 3 Nummer 2, lfd. Nr. 24.1 (Zeichen 244.3 mit Zusatzzeichen, das den Fahrzeugverkehr zulässt) Spalte 3 Nummer 2, lfd. Nr. 49 (Zeichen 274), lfd. Nr. 50 (Zeichen 274.1, 274.2) § 49 Absatz 3 Nummer 4 § 42 Absatz 2 i. V. m. Anlage 3 lfd. Nr. 12 (Zeichen 325.1) Spalte 3 Nummer 1 § 49 Absatz 3 Nummer 5	
11.1	Kraftfahrzeugen der in § 3 Absatz 3 Nummer 2 Buchstabe a oder b StVO genannten Art		Tabelle 1 Buchstabe a
11.2	kennzeichnungspflichtigen Kraftfahrzeugen der in Nummer 11.1 genannten Art mit gefährlichen Gütern oder Kraftomnibussen mit Fahrgästen		Tabelle 1 Buchstabe b
11.3	anderen als den in Nummer 11.1 oder 11.2 genannten Kraftfahrzeugen		Tabelle 1 Buchstabe c

Lfd. Nr.	Tatbestand	Straßenverkehrs-Ordnung (StVO)	Regelsatz in Euro (€), Fahrverbot in Monaten
	Abstand		
12	Erforderlichen Abstand von einem vorausfahrenden Fahrzeug nicht eingehalten	§ 4 Absatz 1 Satz 1 § 49 Absatz 1 Nummer 4	
12.1	bei einer Geschwindigkeit bis 80 km/h		25 €
12.2	– mit Gefährdung	§ 4 Absatz 1 Satz 1 § 1 Absatz 2 § 49 Absatz 1 Nummer 1, 4	30 €
12.3	– mit Sachbeschädigung		35 €
12.4	bei einer Geschwindigkeit von mehr als 80 km/h, sofern der Abstand in Metern nicht weniger als ein Viertel des Tachowertes betrug	§ 4 Absatz 1 Satz 1 § 49 Absatz 1 Nummer 4	35 €
12.5	bei einer Geschwindigkeit von mehr als 80 km/h, sofern der Abstand in Metern weniger als ein Viertel des Tachowertes betrug		Tabelle 2 Buchstabe a
12.6	bei einer Geschwindigkeit von mehr als 100 km/h, sofern der Abstand in Metern weniger als ein Viertel des Tachowertes betrug		Tabelle 2 Buchstabe b
12.7	bei einer Geschwindigkeit von mehr als 130 km/h, sofern der Abstand in Metern weniger als ein Viertel des Tachowertes betrug		Tabelle 2 Buchstabe c
13	Vorausgefahren und ohne zwingenden Grund stark gebremst		
13.1	– mit Gefährdung	§ 4 Absatz 1 Satz 2 § 1 Absatz 2 § 49 Absatz 1 Nummer 1, 4	20 €
13.2	– mit Sachbeschädigung		30 €
14	Den zum Einscheren erforderlichen Abstand von dem vorausfahrenden Fahrzeug außerhalb geschlossener Ortschaften nicht eingehalten	§ 4 Absatz 2 Satz 1 § 49 Absatz 1 Nummer 4	25 €
15	Mit Lastkraftwagen (zulässige Gesamtmasse über 3,5 t) oder Kraftomnibus bei einer Geschwindigkeit von mehr als 50 km/h auf einer Autobahn Mindestabstand von 50 m von einem vorausfahrenden Fahrzeug nicht eingehalten	§ 4 Absatz 3 § 49 Absatz 1 Nummer 4	80 €
	Überholen		
16	Innerhalb geschlossener Ortschaften rechts überholt	§ 5 Absatz 1 § 49 Absatz 1 Nummer 5	30 €
16.1	– mit Sachbeschädigung	§ 5 Absatz 1 § 1 Absatz 2 § 49 Absatz 1 Nummer 1, 5	35 €
17	Außerhalb geschlossener Ortschaften rechts überholt	§ 5 Absatz 1 § 49 Absatz 1 Nummer 5	100 €
18	Mit nicht wesentlich höherer Geschwindigkeit als der zu Überholende überholt	§ 5 Absatz 2 Satz 2 § 49 Absatz 1 Nummer 5	80 €
19	Überholt, obwohl nicht übersehen werden konnte, dass während des ganzen Überholvorgangs jede Behinderung des Gegenverkehrs ausgeschlossen war, oder bei unklarer Verkehrslage	§ 5 Absatz 2 Satz 1, Absatz 3 Nummer 1 § 49 Absatz 1 Nummer 5	100 €
19.1	und dabei ein Überholverbot (§ 19 Absatz 1 Satz 3 StVO, Zeichen 276, 277, 277.1) nicht	§ 5 Absatz 2 Satz 1, Absatz 3 Nummer 1	150 €

Lfd. Nr.	Tatbestand	Straßenverkehrs-Ordnung (StVO)	Regelsatz in Euro (€), Fahrverbot in Monaten
	beachtet oder Fahrstreifenbegrenzung (Zeichen 295, 296) überquert oder überfahren oder der durch Pfeile vorgeschriebenen Fahrtrichtung (Zeichen 297) nicht gefolgt	§ 19 Absatz 1 Satz 3 § 49 Absatz 1 Nummer 5, 19a § 41 Absatz 1 i. V. m. Anlage 2 zu lfd. Nr. 53, 54 und 54.4 (Zeichen 276, 277, 277.1) Spalte 3, lfd. Nr. 68 (Zeichen 295) Spalte 3 Nummer 1a, lfd. Nr. 69, 70 (Zeichen 296, 297) Spalte 3 Nummer 1 § 49 Absatz 3 Nummer 4	
19.1.1	– mit Gefährdung	§ 5 Absatz 2 Satz 1, Absatz 3 Nummer 1 § 19 Absatz 1 Satz 3 § 49 Absatz 1 Nummer 5, 19a § 41 Absatz 1 i. V. m. Anlage 2 zu lfd. Nr. 53, 54 und 54.4 (Zeichen 276, 277, 277.1) Spalte 3, lfd. Nr. 68 (Zeichen 295) Spalte 3 Nummer 1a, lfd. Nr. 69, 70 (Zeichen 296, 297) Spalte 3 Nummer 1 § 49 Absatz 3 Nummer 4 § 1 Absatz 2 § 49 Absatz 1 Nummer 1	250 € **Fahrverbot 1 Monat**[1]
19.1.2	– mit Sachbeschädigung		300 € **Fahrverbot 1 Monat**
(20)	(aufgehoben)		
21	Mit einem Kraftfahrzeug mit einer zulässigen Gesamtmasse über 7,5 t überholt, obwohl die Sichtweite durch Nebel, Schneefall oder Regen weniger als 50 m betrug	§ 5 Absatz 3a § 49 Absatz 1 Nummer 5	120 €
21.1	– mit Gefährdung	§ 5 Absatz 3a § 1 Absatz 2 § 49 Absatz 1 Nummer 1, 5	200 € **Fahrverbot 1 Monat**
21.2	– mit Sachbeschädigung		240 € **Fahrverbot 1 Monat**
22	Zum Überholen ausgeschert und dadurch nachfolgenden Verkehr gefährdet	§ 5 Absatz 4 Satz 1 § 49 Absatz 1 Nummer 5	80 €
23	Beim Überholen ausreichenden Seitenabstand zu anderen Verkehrsteilnehmern nicht eingehalten	§ 5 Absatz 4 Satz 2, 3 § 49 Absatz 1 Nummer 5	30 €
23.1	– mit Sachbeschädigung	§ 5 Absatz 4 Satz 2, 3 § 1 Absatz 2	35 €

[1] § 26a Abs. 1 Nr. 3 StVG (Nr. **10**) als Grundlage für die Anordnung von Fahrverboten wurde in der Eingangsformel der 54. VO zur Änd. straßenverkehrsrechtlicher Vorschriften v. 20.4.2020 (BGBl. I S. 814) nicht zitiert.

Lfd. Nr.	Tatbestand	Straßenverkehrs-Ordnung (StVO)	Regelsatz in Euro (€), Fahrverbot in Monaten
		§ 49 Absatz 1 Nummer 1, 5	
24	Nach dem Überholen nicht so bald wie möglich wieder nach rechts eingeordnet	§ 5 Absatz 4 Satz 5 § 49 Absatz 1 Nummer 5	10 €
25	Nach dem Überholen beim Einordnen, denjenigen, der überholt wurde, behindert	§ 5 Absatz 4 Satz 6 § 49 Absatz 1 Nummer 5	20 €
26	Beim Überholtwerden Geschwindigkeit erhöht	§ 5 Absatz 6 Satz 1 § 49 Absatz 1 Nummer 5	30 €
27	Ein langsameres Fahrzeug geführt und die Geschwindigkeit nicht ermäßigt oder nicht gewartet, um mehreren unmittelbar folgenden Fahrzeugen das Überholen zu ermöglichen	§ 5 Absatz 6 Satz 2 § 49 Absatz 1 Nummer 5	10 €
28	Vorschriftswidrig links überholt, obwohl der Fahrer des vorausfahrenden Fahrzeugs die Absicht, nach links abzubiegen, angekündigt und sich eingeordnet hatte	§ 5 Absatz 7 Satz 1 § 49 Absatz 1 Nummer 5	25 €
28.1	– mit Sachbeschädigung	§ 5 Absatz 7 Satz 1 § 1 Absatz 2 § 49 Absatz 1 Nummer 1, 5	30 €
	Fahrtrichtungsanzeiger		
29	Fahrtrichtungsanzeiger nicht wie vorgeschrieben benutzt	§ 5 Absatz 4a § 49 Absatz 1 Nummer 5 § 6 Satz 3 § 49 Absatz 1 Nummer 6 § 7 Absatz 5 Satz 2 § 49 Absatz 1 Nummer 7 § 9 Absatz 1 Satz 1 § 49 Absatz 1 Nummer 9 § 10 Satz 2 § 49 Absatz 1 Nummer 10 § 42 Absatz 2 i.V.m. Anlage 3 lfd. Nr. 2.1 (Zusatzzeichen zu Zeichen 306) Spalte 3 Nummer 1 § 49 Absatz 3 Nummer 5	10 €
	Vorbeifahren		
30	An einer Fahrbahnverengung, einem Hindernis auf der Fahrbahn oder einem haltenden Fahrzeug auf der Fahrbahn links vorbeigefahren, ohne ein entgegenkommendes Fahrzeug durchfahren zu lassen	§ 6 Satz 1 § 49 Absatz 1 Nummer 6	20 €
30.1	– mit Gefährdung	§ 6 Absatz 1 § 1 Absatz 2 § 49 Absatz 1 Nummer 1, 6	30 €
30.2	– mit Sachbeschädigung		35 €
	Benutzung von Fahrstreifen durch Kraftfahrzeuge		
31	Fahrstreifen gewechselt und dadurch einen anderen Verkehrsteilnehmer gefährdet	§ 7 Absatz 5 Satz 1 § 49 Absatz 1 Nummer 7	30 €
31.1	– mit Sachbeschädigung	§ 7 Absatz 5 Satz 1 § 1 Absatz 2 § 49 Absatz 1 Nummer 1, 7	35 €

Lfd. Nr.	Tatbestand	Straßenverkehrs-Ordnung (StVO)	Regelsatz in Euro (€), Fahrverbot in Monaten
31a	Auf einer Fahrbahn für beide Richtungen den mittleren oder linken von mehreren durch Leitlinien (Zeichen 340) markierten Fahrstreifen zum Überholen benutzt	§ 7 Absatz 3a Satz 1, 2, Absatz 3b § 49 Absatz 1 Nummer 7	30 €
31a.1	– mit Gefährdung	§ 7 Absatz 3a Satz 1, 2, Absatz 3b § 1 Absatz 2 § 49 Absatz 1 Nummer 1, 7	40 €
31b	Außerhalb geschlossener Ortschaften linken Fahrstreifen mit einem Lastkraftwagen mit einer zulässigen Gesamtmasse von mehr als 3,5 t oder einem Kraftfahrzeug mit Anhänger zu einem anderen Zweck als dem des Linksabbiegens benutzt	§ 7 Absatz 3c Satz 3 § 49 Absatz 1 Nummer 7	15 €
31b.1	– mit Behinderung	§ 7 Absatz 3c Satz 3 § 1 Absatz 2 § 49 Absatz 1 Nummer 1, 7	20 €
	Vorfahrt		
32	Nicht mit mäßiger Geschwindigkeit an eine bevorrechtigte Straße herangefahren	§ 8 Absatz 2 Satz 1 § 49 Absatz 1 Nummer 8	10 €
33	Vorfahrt nicht beachtet und dadurch eine vorfahrtberechtigte Person wesentlich behindert	§ 8 Absatz 2 Satz 2 § 49 Absatz 1 Nummer 8	25 €
34	Vorfahrt nicht beachtet und dadurch eine vorfahrtberechtigte Person gefährdet	§ 8 Absatz 2 Satz 2 § 49 Absatz 1 Nummer 8	100 €
	Abbiegen, Wenden, Rückwärtsfahren		
35	Abgebogen, ohne sich ordnungsgemäß oder rechtzeitig eingeordnet oder ohne vor dem Einordnen oder Abbiegen auf den nachfolgenden Verkehr geachtet zu haben	§ 9 Absatz 1 Satz 2, 4 § 49 Absatz 1 Nummer 9	10 €
35.1	– mit Gefährdung	§ 9 Absatz 1 Satz 2, 4 § 1 Absatz 2 § 49 Absatz 1 Nummer 1, 9	30 €
35.2	– mit Sachbeschädigung		35 €
36	Beim Linksabbiegen auf längs verlegten Schienen eingeordnet und dadurch ein Schienenfahrzeug behindert	§ 9 Absatz 1 Satz 3 § 49 Absatz 1 Nummer 9	5 €
(37 bis 37.3)	(aufgehoben)		
38	Beim Linksabbiegen mit dem Fahrrad nach einer Kreuzung oder Einmündung die Fahrbahn überquert und dabei den Fahrzeugverkehr nicht beachtet oder einer Radverkehrsführung im Kreuzungs- oder Einmündungsbereich nicht gefolgt	§ 9 Absatz 2 Satz 2, 3 § 49 Absatz 1 Nummer 9	15 €
38.1	– mit Behinderung	§ 9 Absatz 2 Satz 2, 3 § 1 Absatz 2 § 49 Absatz 1 Nummer 1, 9	20 €
38.2	– mit Gefährdung		25 €
38.3	– mit Sachbeschädigung		30 €

Lfd. Nr.	Tatbestand	Straßenverkehrs-Ordnung (StVO)	Regelsatz in Euro (€), Fahrverbot in Monaten
39	Abgebogen, ohne Fahrzeug durchfahren zu lassen	§ 9 Absatz 3 Satz 1, 2, Absatz 4 Satz 1 § 49 Absatz 1 Nummer 9	40 €
39.1	– mit Gefährdung	§ 9 Absatz 3 Satz 1, 2, Absatz 4 Satz 1 § 1 Absatz 2 § 49 Absatz 1 Nummer 1, 9	140 € **Fahrverbot 1 Monat**[1]
(40)	(aufgehoben)		
41	Beim Abbiegen auf zu Fuß Gehende keine besondere Rücksicht genommen und diese dadurch gefährdet	§ 9 Absatz 3 Satz 3 § 1 Absatz 2 § 49 Absatz 1 Nummer 1, 9	140 € **Fahrverbot 1 Monat**[1]
42	Beim Linksabbiegen nicht voreinander abgebogen	§ 9 Absatz 4 Satz 2 § 49 Absatz 1 Nummer 9	10 €
42.1	– mit Gefährdung	§ 9 Absatz 4 Satz 2 § 1 Absatz 2 § 49 Absatz 1 Nummer 1, 9	70 €
(43)	(aufgehoben)		
44	Beim Abbiegen in ein Grundstück, beim Wenden oder Rückwärtsfahren einen anderen Verkehrsteilnehmer gefährdet	§ 9 Absatz 5 § 49 Absatz 1 Nummer 9	80 €
45	Mit einem Kraftfahrzeug mit einer zulässigen Gesamtmasse über 3,5 t innerorts beim Rechtsabbiegen nicht mit Schrittgeschwindigkeit gefahren	§ 9 Absatz 6 § 49 Absatz 1 Nummer 9	70 €
(46)	(aufgehoben)		
	Einfahren und Anfahren		
47	Aus einem Grundstück, einem Fußgängerbereich (Zeichen 242.1, 242.2), einem verkehrsberuhigten Bereich (Zeichen 325.1, 325.2) auf die Straße oder von einem anderen Straßenteil oder über einen abgesenkten Bordstein hinweg auf die Fahrbahn eingefahren oder vom Fahrbahnrand angefahren und dadurch einen anderen Verkehrsteilnehmer gefährdet	§ 10 Satz 1 § 49 Absatz 1 Nummer 10	30 €
47.1	– mit Sachbeschädigung	§ 10 Satz 1 § 1 Absatz 2 § 49 Absatz 1 Nummer 1, 10	35 €
(48)	(aufgehoben)		
	Besondere Verkehrslagen		
49	Trotz stockenden Verkehrs in eine Kreuzung oder Einmündung eingefahren und dadurch einen Anderen behindert	§ 11 Absatz 1 § 1 Absatz 2 § 49 Absatz 1 Nummer 1, 11	20 €
50	Bei stockendem Verkehr auf einer Autobahn oder Außerortsstraße für die Durchfahrt von	§ 11 Absatz 2 § 49 Absatz 1 Nummer 11	200 € **Fahrverbot 1 Monat**[1]

[1] § 26a Abs. 1 Nr. 3 StVG (Nr. **10**) als Grundlage für die Anordnung von Fahrverboten wurde in der Eingangsformel der 54. VO zur Änd. straßenverkehrsrechtlicher Vorschriften v. 20.4.2020 (BGBl. I S. 814) nicht zitiert.

Lfd. Nr.	Tatbestand	Straßenverkehrs-Ordnung (StVO)	Regelsatz in Euro (€), Fahrverbot in Monaten
	Polizei- oder Hilfsfahrzeugen keine vorschriftsmäßige Gasse gebildet		
50.1	– mit Behinderung	§ 11 Absatz 2 § 1 Absatz 2 § 49 Absatz 1 Nummer 1, 11	240 € **Fahrverbot 1 Monat**
50.2	– mit Gefährdung		280 € **Fahrverbot 1 Monat**
50.3	– mit Sachbeschädigung		320 € **Fahrverbot 1 Monat**
50a	Unberechtigt mit einem Fahrzeug auf einer Autobahn oder Außerortsstraße eine freie Gasse für die Durchfahrt von Polizei- oder Hilfsfahrzeugen benutzt	§ 11 Absatz 2 § 49 Absatz 1 Nummer 11	240 € **Fahrverbot 1 Monat**[1]
50a.1	– mit Behinderung	§ 11 Absatz 2 § 1 Absatz 2 § 49 Absatz 1 Nummer 1, 11	280 € **Fahrverbot 1 Monat**[1]
50a.2	– mit Gefährdung		300 € **Fahrverbot 1 Monat**[1]
50a.3	– mit Sachbeschädigung		320 € **Fahrverbot 1 Monat**[1]
	Halten und Parken		
51	Unzulässig gehalten	§ 12 Absatz 1 § 49 Absatz 1 Nummer 12 § 37 Absatz 1 Satz 2, Absatz 5 § 49 Absatz 3 Nummer 2 § 41 Absatz 1 i.V.m. Anlage 2 lfd. Nr. 1, 2, 3 (Zeichen 201, 205, 206) Spalte 3 Nummer 2, lfd. Nr. 8 (Zeichen 215) Spalte 3 Nummer 3, lfd. Nr. 15 (Zeichen 229) Spalte 3 Satz 1, lfd. Nr. 62 (Zeichen 283) Spalte 3, lfd. Nr. 63, 64 (Zeichen 286, 290.1) Spalte 3 Nummer 1, lfd. Nr. 66 (Zeichen 293) Spalte 3, lfd. Nr. 68 (Zeichen 295) Spalte 3 Nummer 2a, lfd. Nr. 70 (Zeichen 297) Spalte 3 Nummer 2, lfd.	20 €

[1] § 26a Abs. 1 Nr. 3 StVG (Nr. **10**) als Grundlage für die Anordnung von Fahrverboten wurde in der Eingangsformel der 54. VO zur Änd. straßenverkehrsrechtlicher Vorschriften v. 20.4.2020 (BGBl. I S. 814) nicht zitiert.

Lfd. Nr.	Tatbestand	Straßenverkehrs-Ordnung (StVO)	Regelsatz in Euro (€), Fahrverbot in Monaten
		Nr. 73 (Zeichen 299) Spalte 3 Satz 1 § 49 Absatz 3 Nummer 4	
51.1	– mit Behinderung	§ 12 Absatz 1 § 1 Absatz 2 § 49 Absatz 1 Nummer 1,12 § 37 Absatz 1 Satz 2, Absatz 5 § 1 Absatz 2 § 49 Absatz 1 Nummer 1, Absatz 3 Nummer 2 § 41 Absatz 1 i.V.m. Anlage 2 lfd. Nr. 1, 2, 3 (Zeichen 201, 205, 206) Spalte 3 Nummer 2, lfd. Nr. 8 (Zeichen 215) Spalte 3 Nummer 3, lfd. Nr. 15 (Zeichen 229) Spalte 3 Satz 1, lfd. Nr. 62 (Zeichen 283) Spalte 3, lfd. Nr. 63, 64 (Zeichen 286, 290.1) Spalte 3 Nummer 1, lfd. Nr. 66 (Zeichen 293) Spalte 3, lfd. Nr. 68 (Zeichen 295) Spalte 3 Nummer 2a, lfd. Nr. 70 (Zeichen 297)	35 €

(Fortsetzung nächstes Blatt)

Lfd. Nr.	Tatbestand	Straßenverkehrs-Ordnung (StVO)	Regelsatz in Euro (€), Fahrverbot in Monaten
		Spalte 3 Nummer 2, lfd. Nr. 73 (Zeichen 299) Spalte 3 Satz 1 § 1 Absatz 2 § 49 Absatz 1 Nummer 1, Absatz 3 Nummer 4	
51a	Unzulässig in „zweiter Reihe" gehalten	§ 12 Absatz 4 Satz 1, 2 Halbsatz 2 § 49 Absatz 1 Nummer 12	55 €
51a.1	– mit Behinderung	§ 12 Absatz 4 Satz 1, 2 Halbsatz 2 § 1 Absatz 2 § 49 Absatz 1 Nummer 1, 12	70 €
51a.2	– mit Gefährdung		80 €
51a.3	– mit Sachbeschädigung		100 €
51b	An einer engen oder unübersichtlichen Straßenstelle oder im Bereich einer scharfen Kurve geparkt (§ 12 Absatz 2 StVO)	§ 12 Absatz 1 Nummer 1, 2 § 49 Absatz 1 Nummer 12	35 €
51b.1	– mit Behinderung	§ 12 Absatz 1 Nummer 1, 2 § 1 Absatz 2 § 49 Absatz 1 Nummer 1, 12	55 €
51b.2	länger als 1 Stunde	§ 12 Absatz 1 Nummer 1, 2 § 49 Absatz 1 Nummer 12	55 €
51b.2.1	– mit Behinderung	§ 12 Absatz 1 Nummer 1, 2 § 1 Absatz 2 § 49 Absatz 1 Nummer 1, 12	55 €
51b.3	wenn ein Rettungsfahrzeug im Einsatz behindert worden ist	§ 12 Absatz 1 Nummer 1, 2 § 1 Absatz 2 § 49 Absatz 1 Nummer 1, 12	100 €
52	Unzulässig geparkt (§ 12 Absatz 2 StVO) in den Fällen, in denen das Halten verboten ist	§ 12 Absatz 1 Nummer 3, 4 § 49 Absatz 1 Nummer 12 § 37 Absatz 1 Satz 2, Absatz 5 § 49 Absatz 3 Nummer 2 § 41 Absatz 1 i.V.m. Anlage 2 lfd. Nr. 1, 2, 3 (Zeichen 201, 205, 206) Spalte 3 Nummer 2, lfd. Nr. 8 (Zeichen 215) Spalte 3 Nummer 3, lfd. Nr. 15 (Zeichen 229) Spalte 3 Satz 1, lfd. Nr. 17 (Zeichen 238) Spalte 3 Nummer 2, lfd. Nr. 62 (Zeichen 283) Spalte 3, lfd. Nr. 63, 64 (Zeichen 286, 290.1) Spalte 3 Nummer 1, lfd. Nr. 66 (Zei-	25 €

Lfd. Nr.	Tatbestand	Straßenverkehrs-Ordnung (StVO)	Regelsatz in Euro (€), Fahrverbot in Monaten
		chen 293) Spalte 3, lfd. Nr. 68 (Zeichen 295) Spalte 3 Nummer 2a, lfd. Nr. 70 (Zeichen 297) Spalte 3 Nummer 2, lfd. Nr. 73 (Zeichen 299) Spalte 3 Satz 1 § 49 Absatz 3 Nummer 4	
52.1	– mit Behinderung	§ 12 Absatz 1 Nummer 3, 4 § 1 Absatz 2 § 49 Absatz 1 Nummer 1, 12 § 41 Absatz 1 i.V.m. Anlage 2 lfd. Nr. 1, 2, 3 (Zeichen 201, 205, 206) Spalte 3 Nummer 2, lfd. Nr. 8 (Zeichen 215) Spalte 3 Nummer 3, lfd. Nr. 15 (Zeichen 229) Spalte 3 Satz 1, lfd. Nr. 17 (Zeichen 238) Spalte 3 Nummer 2, lfd. Nr. 62 (Zeichen 283) Spalte 3, lfd. Nr. 63, 64 (Zeichen 286, 290.1) Spalte 3 Nummer 1, lfd. Nr. 66 (Zeichen 293) Spalte 3, lfd. Nr. 68 (Zeichen 295) Spalte 3 Nummer 2a, lfd. Nr. 70 (Zeichen 297) Spalte 3 Nummer 2, lfd. Nr. 73 (Zeichen 299) Spalte 3 Satz 1 § 1 Absatz 2 § 49 Absatz 1 Nummer 1, Absatz 3 Nummer 4	40 €
52.2	länger als 1 Stunde	§ 12 Absatz 1 Nummer 3, 4 § 49 Absatz 1 Nummer 12 § 41 Absatz 1 i.V.m. Anlage 2 lfd. Nr. 1, 2, 3 (Zeichen 201, 205, 206) Spalte 3 Nummer 2, lfd. Nr. 8 (Zeichen 215) Spalte 3 Nummer 3, lfd. Nr. 15 (Zeichen 229) Spalte 3 Satz 1, lfd. Nr. 17 (Zeichen 238) Spalte 3 Nummer 2, lfd. Nr. 62 (Zeichen 283) Spalte 3, lfd. Nr. 63, 64 (Zeichen 286, 290.1) Spalte 3 Nummer 1, lfd. Nr. 66 (Zeichen 293) Spalte 3, lfd. Nr. 68 (Zeichen 295) Spalte 3 Nummer 2a, lfd.	40 €

Lfd. Nr.	Tatbestand	Straßenverkehrs-Ordnung (StVO)	Regelsatz in Euro (€), Fahrverbot in Monaten
		Nr. 70 (Zeichen 297) Spalte 3 Nummer 2, lfd. Nr. 73 (Zeichen 299) Spalte 3 Satz 1 § 49 Absatz 3 Nummer 4	
52.2.1	– mit Behinderung	§ 12 Absatz 1 Nummer 3, 4 § 1 Absatz 2 § 49 Absatz 1 Nummer 1, 12 § 41 Absatz 1 i.V.m. Anlage 2 lfd. Nr. 1, 2, 3 (Zeichen 201, 205, 206) Spalte 3 Nummer 2, lfd. Nr. 8 (Zeichen 215) Spalte 3 Nummer 3, lfd. Nr. 15 (Zeichen 229) Spalte 3 Satz 1, lfd. Nr. 17 (Zeichen 238) Spalte 3 Nummer 2, lfd. Nr. 62 (Zeichen 283) Spalte 3, lfd. Nr. 63, 64 (Zeichen 286, 290.1) Spalte 3 Nummer 1, lfd. Nr. 66 (Zeichen 293) Spalte 3, lfd. Nr. 68 (Zeichen 295) Spalte 3 Nummer 2a, lfd. Nr. 70 (Zeichen 297) Spalte 3 Nummer 2, lfd. Nr. 73 (Zeichen 299) Spalte 3 Satz 1 § 1 Absatz 2 § 49 Absatz 1 Nummer 1, Absatz 3 Nummer 4	50 €
52a	Unzulässig auf Geh- und Radwegen geparkt (§ 12 Absatz 2 StVO)	§ 12 Absatz 4 Satz 1, Absatz 4a § 49 Absatz 1 Nummer 12 § 41 Absatz 1 i.V.m. Anlage 2 lfd. Nr. 16, 19, 20 (Zeichen 237, 240, 241) Spalte 3 Nummer 2 § 49 Absatz 3 Nummer 4	55 €
52a.1	– mit Behinderung	§ 12 Absatz 4 Satz 1, Absatz 4a § 1 Absatz 2 § 49 Absatz 1 Nummer 1, 12 § 41 Absatz 1 i.V.m. Anlage 2 lfd. Nr. 16, 19, 20 (Zeichen 237, 240, 241) Spalte 3 Nummer 2 § 1 Absatz 2 § 49 Absatz 1 Nummer 1, Absatz 3 Nummer 4	70 €
52a.2	länger als 1 Stunde	§ 12 Absatz 4 Satz 1, Absatz 4a § 49 Absatz 1 Nummer 12	70 €

Lfd. Nr.	Tatbestand	Straßenverkehrs-Ordnung (StVO)	Regelsatz in Euro (€), Fahrverbot in Monaten
		§ 41 Absatz 1 i.V.m. Anlage 2 lfd. Nr. 16, 19, 20 (Zeichen 237, 240, 241) Spalte 3 Nummer 2 § 49 Absatz 3 Nummer 4	
52a.2.1	– mit Behinderung	§ 12 Absatz 4 Satz 1, Absatz 4a § 1 Absatz 2 § 49 Absatz 1 Nummer 1, 12 § 41 Absatz 1 i.V.m. Anlage 2 lfd. Nr. 16, 19, 20 (Zeichen 237, 240, 241) Spalte 3 Nummer 2 § 1 Absatz 2 § 49 Absatz 1 Nummer 1, Absatz 3 Nummer 4	80 €
52a.3	– mit Gefährdung		80 €
52a.4	– mit Sachbeschädigung		100 €
53	Vor oder in amtlich gekennzeichneten Feuerwehrzufahrten geparkt (§ 12 Absatz 2 StVO)	§ 12 Absatz 1 Nummer 5 § 49 Absatz 1 Nummer 12	55 €
53.1	und dadurch ein Rettungsfahrzeug im Einsatz behindert	§ 12 Absatz 1 Nummer 5 § 1 Absatz 2 § 49 Absatz 1 Nummer 1, 12	100 €
54	Unzulässig geparkt (§ 12 Absatz 2 StVO) in den in § 12 Absatz 3 Nummer 1 bis 5 genannten Fällen oder in den Fällen der Zeichen 201, 295, 296, 306, 314 mit Zusatzzeichen und 315 StVO	§ 12 Absatz 3 Nummer 1 bis 5 § 49 Absatz 1 Nummer 12 § 41 Absatz 1 i.V.m. Anlage 2 lfd. Nr. 1 (Zeichen 201) Spalte 3 Nummer 3, lfd. Nr. 68 (Zeichen 295) Spalte 3 Nummer 1d, lfd. Nr. 69 (Zeichen 296) Spalte 3 Nummer 2 § 49 Absatz 3 Nummer 4 § 42 Absatz 2 i.V.m. Anlage 3 lfd. Nr. 2 (Zeichen 306) Spalte 3 Satz 1, lfd. Nr. 7 (Zeichen 314 mit Zusatzzeichen) Spalte 3 Nummer 1, 2, lfd. Nr. 10 (Zeichen 315) Spalte 3 Nummer 1, 2 § 49 Absatz 3 Nummer 5	10 €
54.1	– mit Behinderung	§ 12 Absatz 3 Nummer 1 bis 5 § 1 Absatz 2 § 49 Absatz 1 Nummer 1, 12 § 41 Absatz 1 i.V.m. Anlage 2 lfd. Nr. 1 (Zeichen 201) Spalte 3 Nummer 3, lfd. Nr. 68 (Zeichen 295) Spalte 3 Nummer 1d, lfd. Nr. 69 (Zeichen 296) Spalte 3 Nummer 2	15 €

Lfd. Nr.	Tatbestand	Straßenverkehrs-Ordnung (StVO)	Regelsatz in Euro (€), Fahrverbot in Monaten
		§ 1 Absatz 2 § 49 Absatz 1 Nummer 1, Absatz 3 Nummer 4 § 42 Absatz 2 i.V.m. Anlage 3 lfd. Nr. 2 (Zeichen 306) Spalte 3 Satz 1, lfd. Nr. 7 (Zeichen 314 mit Zusatzzeichen) Spalte 3 Nummer 1, 2, lfd. Nr. 10 (Zeichen 315) Spalte 3 Nummer 1, 2	
54.2	länger als 3 Stunden	§ 1 Absatz 2 § 49 Absatz 1 Nummer 1, Absatz 3 Nummer 5 § 12 Absatz 3 Nummer 1 bis 5 § 49 Absatz 1 Nummer 12 § 41 Absatz 1 i.V.m. Anlage 2 lfd. Nr. 1 (Zeichen 201) Spalte 3 Nummer 3, lfd. Nr. 68 (Zeichen 295) Spalte 3 Nummer 1d, lfd. Nr. 69 (Zeichen 296) Spalte 3 Nummer 2 § 49 Absatz 3 Nummer 4 § 42 Absatz 2 i.V.m. Anlage 3 lfd. Nr. 2 (Zeichen 306) Spalte 3 Satz 1, lfd. Nr. 7 (Zeichen 314 mit Zusatzzeichen) Spalte 3 Nummer 1, 2, lfd. Nr. 10 (Zeichen 315) Spalte 3 Nummer 1, 2 § 49 Absatz 3 Nummer 5	20 €
54.2.1	– mit Behinderung	§ 12 Absatz 3 Nummer 1 bis 5 § 1 Absatz 2 § 49 Absatz 1 Nummer 1, 12 § 41 Absatz 1 i.V.m. Anlage 2 lfd. Nr. 1 (Zeichen 201) Spalte 3 Nummer 3, lfd. Nr. 68 (Zeichen 295) Spalte 3 Nummer 1d, lfd. Nr. 69 (Zeichen 296) Spalte 3 Nummer 2 § 1 Absatz 2 § 49 Absatz 1 Nummer 1, Absatz 3 Nummer 4 § 42 Absatz 2 i.V.m. Anlage 3 lfd. Nr. 2 (Zeichen 306) Spalte 3 Satz 1, lfd. Nr. 7 (Zeichen 314 mit Zusatzzeichen) Spalte 3 Nummer 1, 2, lfd. Nr. 10 (Zeichen 315) Spalte 3 Nummer 1, 2	55 €

Lfd. Nr.	Tatbestand	Straßenverkehrs-Ordnung (StVO)	Regelsatz in Euro (€), Fahrverbot in Monaten
		§ 1 Absatz 2 § 49 Absatz 1 Nummer 1, Absatz 3 Nummer 5	
54.3	Unzulässig gehalten in den Fällen der Zeichen 245, 299	§ 41 Absatz 1 i.V.m. Anlage 2 lfd. Nr. 25 (Zeichen 245), lfd. Nr. 73 (Zeichen 299) Spalte 3 Satz 1 § 49 Absatz 3 Nummer 4	30 €
54.3.1	– mit Behinderung	§ 41 Absatz 1 i.V.m. Anlage 2 lfd. Nr. 25 (Zeichen 245), lfd. Nr. 73 (Zeichen 299) Spalte 3 Satz 1 § 49 Absatz 3 Nummer 4	70 €
54.3.2	– mit Gefährdung	§ 41 Absatz 1 i.V.m. Anlage 2 lfd. Nr. 25 (Zeichen 245), lfd. Nr. 73 (Zeichen 299) Spalte 3 Satz 1 § 49 Absatz 3 Nummer 4	80 €
54.3.3	– mit Sachbeschädigung	§ 41 Absatz 1 i.V.m. Anlage 2 lfd. Nr. 25 (Zeichen 245), lfd. Nr. 73 (Zeichen 299) Spalte 3 Satz 1 § 49 Absatz 3 Nummer 4	100 €
54.4	Unzulässig geparkt in den Fällen der Zeichen 224, 245, 299	§ 41 Absatz 1 i.V.m. Anlage 2 lfd. Nr. 14 (Zeichen 224) Spalte 3 Satz 1, lfd. Nr. 25 (Zeichen 245), lfd. Nr. 73 (Zeichen 299) Spalte 3 Satz 1 § 49 Absatz 3 Nummer 4	55 €
54.4.1	– mit Behinderung	§ 41 Absatz 1 i.V.m. Anlage 2 lfd. Nr. 14 (Zeichen 224) Spalte 3 Satz 1, lfd. Nr. 25 (Zeichen 245), lfd. Nr. 73 (Zeichen 299) Spalte 3 Satz 1 § 49 Absatz 3 Nummer 4	70 €
54.4.2	– mit Gefährdung	§ 41 Absatz 1 i.V.m. Anlage 2 lfd. Nr. 14 (Zeichen 224) Spalte 3 Satz 1, lfd. Nr. 25 (Zeichen 245), lfd. Nr. 73 (Zeichen 299) Spalte 3 Satz 1 § 49 Absatz 3 Nummer 4	80 €
54.4.3	– mit Sachbeschädigung	§ 41 Absatz 1 i.V.m. Anlage 2 lfd. Nr. 14 (Zeichen 224) Spalte 3 Satz 1, lfd. Nr. 25 (Zeichen 245), lfd. Nr. 73 (Zeichen 299) Spalte 3 Satz 1 § 49 Absatz 3 Nummer 4	100 €

Lfd. Nr.	Tatbestand	Straßenverkehrs-Ordnung (StVO)	Regelsatz in Euro (€), Fahrverbot in Monaten
54.4.4	länger als 3 Stunden	§ 41 Absatz 1 i.V.m. Anlage 2 lfd. Nr. 14 (Zeichen 224) Spalte 3 Satz 1, lfd. Nr. 25 (Zeichen 245), lfd. Nr. 73 (Zeichen 299) Spalte 3 Satz 1 § 49 Absatz 3 Nummer 4	70 €
54.4.4.1	– mit Behinderung	§ 41 Absatz 1 i.V.m. Anlage 2 lfd. Nr. 14 (Zeichen 224) Spalte 3 Satz 1, lfd. Nr. 25 (Zeichen 245), lfd. Nr. 73 (Zeichen 299) Spalte 3 Satz 1 § 49 Absatz 3 Nummer 4	80 €
54.4.4.2	– mit Gefährdung	§ 41 Absatz 1 i.V.m. Anlage 2 lfd. Nr. 14 (Zeichen 224) Spalte 3 Satz 1, lfd. Nr. 25 (Zeichen 245), lfd. Nr. 73 (Zeichen 299) Spalte 3 Satz 1 § 49 Absatz 3 Nummer 4	80 €
54.4.4.3	– mit Sachbeschädigung	§ 41 Absatz 1 i.V.m. Anlage 2 lfd. Nr. 14 (Zeichen 224) Spalte 3 Satz 1, lfd. Nr. 25 (Zeichen 245), lfd. Nr. 73 (Zeichen 299) Spalte 3 Satz 1 § 49 Absatz 3 Nummer 4	100 €
54a	Unzulässig auf Schutzstreifen für den Radverkehr gehalten	§ 42 Absatz 2 i.V.m. Anlage 3 lfd. Nr. 22 (Zeichen 340) Spalte 3 Nummer 3 § 49 Absatz 3 Nummer 5	55 €
54a.1	– mit Behinderung	§ 42 Absatz 2 i.V.m. Anlage 3 lfd. Nr. 22 (Zeichen 340) Spalte 3 Nummer 3 § 1 Absatz 2 § 49 Absatz 1 Nummer 1, Absatz 3 Nummer 5	70 €
54a.2	– mit Gefährdung		80 €
54a.3	– mit Sachbeschädigung		100 €
55	Unberechtigt auf Schwerbehinderten-Parkplatz geparkt (§ 12 Absatz 2 StVO)	§ 42 Absatz 2 i.V.m. Anlage 3 lfd. Nr. 7 (Zeichen 314) Spalte 3 Nummer 1, 2d, lfd. Nr. 10 (Zeichen 315) Spalte 3 Nummer 1 Satz 2, Nummer 2d § 49 Absatz 3 Nummer 5	55 €
55a	Unberechtigt auf einem Parkplatz für elektrisch betriebene Fahrzeuge geparkt (§ 12 Absatz 2 StVO)	§ 42 Absatz 2 i.V.m. Anlage 3 lfd. Nr. 7 (Zeichen 314) Spalte 3 Nummer 1, 3a, lfd. Nr. 10 (Zeichen 315) Spalte 3 Nummer 1 Satz 2, Nummer 3a § 49 Absatz 3 Nummer 5	55 €

Lfd. Nr.	Tatbestand	Straßenverkehrs-Ordnung (StVO)	Regelsatz in Euro (€), Fahrverbot in Monaten
55b	Unberechtigt auf einem Parkplatz für Carsharingfahrzeuge geparkt (§ 12 Absatz 2 StVO)	§ 42 Absatz 2 i.V.m. Anlage 3 lfd. Nr. 7 (Zeichen 314) Spalte 3 Nummer 1, 4a, lfd. Nr. 10 (Zeichen 315) Spalte 3 Nummer 1 Satz 2, Nummer 4a § 49 Absatz 3 Nummer 5	55 €
56	In einem nach § 12 Absatz 3a Satz 1 StVO geschützten Bereich während nicht zugelassener Zeiten mit einem Kraftfahrzeug über 7,5 t zulässiger Gesamtmasse oder einem Kraftfahrzeuganhänger über 2 t zulässiger Gesamtmasse regelmäßig geparkt (§ 12 Absatz 2 StVO)	§ 12 Absatz 3a Satz 1 § 49 Absatz 1 Nummer 12	30 €
57	Mit Kraftfahrzeuganhänger ohne Zugfahrzeug länger als zwei Wochen geparkt (§ 12 Absatz 2 StVO)	§ 12 Absatz 3b Satz 1 § 49 Absatz 1 Nummer 12	20 €
58	In „zweiter Reihe" geparkt (§ 12 Absatz 2 StVO)	§ 12 Absatz 4 Satz 1 § 49 Absatz 1 Nummer 12	55 €
58.1	– mit Behinderung	§ 12 Absatz 4 Satz 1 § 1 Absatz 2 § 49 Absatz 1 Nummer 1, 12	80 €
58.1.1	– mit Gefährdung		90 €
58.1.2	– mit Sachbeschädigung		110 €
58.2	länger als 15 Minuten	§ 12 Absatz 4 Satz 1 § 49 Absatz 1 Nummer 12	85 €
58.2.1	– mit Behinderung	§ 12 Absatz 4 Satz 1 § 1 Absatz 2 § 49 Absatz 1 Nummer 1, 12	90 €
59	Im Fahrraum von Schienenfahrzeugen gehalten	§ 12 Absatz 4 Satz 5 § 49 Absatz 1 Nummer 12	20 €
59.1	– mit Behinderung	§ 12 Absatz 4 Satz 5 § 1 Absatz 2 § 49 Absatz 1 Nummer 1, 12	30 €
60	Im Fahrraum von Schienenfahrzeugen geparkt (§ 12 Absatz 2 StVO)	§ 12 Absatz 4 Satz 5 § 49 Absatz 1 Nummer 12	55 €
60.1	– mit Behinderung	§ 12 Absatz 4 Satz 5 § 1 Absatz 2 § 49 Absatz 1 Nummer 1, 12	70 €
61	Vorrang des Berechtigten beim Einparken in eine Parklücke nicht beachtet	§ 12 Absatz 5 § 49 Absatz 1 Nummer 12	10 €
62	Nicht Platz sparend gehalten oder geparkt (§ 12 Absatz 2 StVO)	§ 12 Absatz 6 § 49 Absatz 1 Nummer 12	10 €
	Einrichtungen zur Überwachung der Parkzeit		
63	An einer abgelaufenen Parkuhr, ohne vorgeschriebene Parkscheibe, ohne Parkschein oder unter Überschreiten der erlaubten Höchstparkdauer geparkt (§ 12 Absatz 2 StVO)	§ 13 Absatz 1, 2 § 49 Absatz 1 Nummer 13	20 €
63.1	bis zu 30 Minuten		20 €
63.2	bis zu 1 Stunde		25 €
63.3	bis zu 2 Stunden		30 €

Lfd. Nr.	Tatbestand	Straßenverkehrs-Ordnung (StVO)	Regelsatz in Euro (€), Fahrverbot in Monaten
63.4	bis zu 3 Stunden		35 €
63.5	länger als 3 Stunden		40 €
	Sorgfaltspflichten beim Ein- und Aussteigen		
64	Beim Ein- oder Aussteigen einen anderen Verkehrsteilnehmer gefährdet	§ 14 Absatz 1 § 49 Absatz 1 Nummer 14	40 €
64.1	– mit Sachbeschädigung	§ 14 Absatz 1 § 1 Absatz 2 § 49 Absatz 1 Nummer 1, 14	50 €
65	Fahrzeug verlassen, ohne die nötigen Maßnahmen getroffen zu haben, um Unfälle oder Verkehrsstörungen zu vermeiden	§ 14 Absatz 2 Satz 1 § 49 Absatz 1 Nummer 14	15 €
65.1	– mit Sachbeschädigung	§ 14 Absatz 2 Satz 1 § 1 Absatz 2 § 49 Absatz 1 Nummer 1, 14	25 €
	Liegenbleiben von Fahrzeugen		
66	Liegen gebliebenes mehrspuriges Fahrzeug nicht oder nicht wie vorgeschrieben abgesichert, beleuchtet oder kenntlich gemacht und dadurch einen Anderen gefährdet	§ 15, auch i.V.m. § 17 Absatz 4 Satz 1, 3 § 1 Absatz 2 § 49 Absatz 1 Nummer 1, 15	60 €
	Abschleppen von Fahrzeugen		
67	Beim Abschleppen eines auf der Autobahn liegen gebliebenen Fahrzeugs die Autobahn nicht bei der nächsten Ausfahrt verlassen oder mit einem außerhalb der Autobahn liegen gebliebenen Fahrzeug in die Autobahn eingefahren	§ 15a Absatz 1, 2 § 49 Absatz 1 Nummer 15a	20 €
68	Während des Abschleppens Warnblinklicht nicht eingeschaltet	§ 15a Absatz 3 § 49 Absatz 1 Nummer 15a	5 €
69	Kraftrad abgeschleppt	§ 15a Absatz 4 § 49 Absatz 1 Nummer 15a	10 €
	Warnzeichen		
70	Missbräuchlich Schall- oder Leuchtzeichen gegeben und dadurch einen Anderen belästigt oder Schallzeichen gegeben, die aus einer Folge verschieden hoher Töne bestehen	§ 16 Absatz 1, 3 § 1 Absatz 2 § 49 Absatz 1 Nummer 1, 16	10 €
71	Einen Omnibus des Linienverkehrs oder einen gekennzeichneten Schulbus geführt und Warnblinklicht bei Annäherung an eine Haltestelle oder für die Dauer des Ein- und Aussteigens der Fahrgäste entgegen der straßenverkehrsbehördlichen Anordnung nicht eingeschaltet	§ 16 Absatz 2 Satz 1 § 49 Absatz 1 Nummer 16	10 €
72	Warnblinklicht missbräuchlich eingeschaltet	§ 16 Absatz 2 Satz 2 § 49 Absatz 1 Nummer 16	5 €

(Fortsetzung nächstes Blatt)

Lfd. Nr.	Tatbestand	Straßenverkehrs-Ordnung (StVO)	Regelsatz in Euro (€), Fahrverbot in Monaten
	Beleuchtung		
73	Vorgeschriebene Beleuchtungseinrichtungen nicht oder nicht vorschriftsmäßig benutzt, obwohl die Sichtverhältnisse es erforderten, oder nicht rechtzeitig abgeblendet oder Beleuchtungseinrichtungen in verdecktem oder beschmutztem Zustand benutzt	§ 17 Absatz 1, 2 Satz 3, Absatz 3 Satz 2, 5, Absatz 6 § 49 Absatz 1 Nummer 17	20 €
73.1	– mit Gefährdung	§ 17 Absatz 1, 2 Satz 3, Absatz 3 Satz 2, 5, Absatz 6 § 1 Absatz 2 § 49 Absatz 1 Nummer 1, 17	25 €
73.2	– mit Sachbeschädigung		35 €
74	Nur mit Standlicht oder auf einer Straße mit durchgehender, ausreichender Beleuchtung mit Fernlicht gefahren oder mit einem Kraftrad am Tage nicht mit Abblendlicht oder eingeschalteten Tagfahrleuchten gefahren	§ 17 Absatz 2 Satz 1, 2, Absatz 2a § 49 Absatz 1 Nummer 17	10 €
74.1	– mit Gefährdung	§ 17 Absatz 2 Satz 1, 2, Absatz 2a § 1 Absatz 2 § 49 Absatz 1 Nummer 1, 17	15 €
74.2	– mit Sachbeschädigung		35 €
75	Bei erheblicher Sichtbehinderung durch Nebel, Schneefall oder Regen innerhalb geschlossener Ortschaften am Tage nicht mit Abblendlicht gefahren	§ 17 Absatz 3 Satz 1 § 49 Absatz 1 Nummer 17	25 €
75.1	– mit Sachbeschädigung	§ 17 Absatz 3 Satz 1 § 1 Absatz 2 § 49 Absatz 1 Nummer 1, 17	35 €
76	Bei erheblicher Sichtbehinderung durch Nebel, Schneefall oder Regen außerhalb geschlossener Ortschaften am Tage nicht mit Abblendlicht gefahren	§ 17 Absatz 3 Satz 1 § 49 Absatz 1 Nummer 17	60 €
77	Haltendes mehrspuriges Fahrzeug nicht oder nicht wie vorgeschrieben beleuchtet oder kenntlich gemacht	§ 17 Absatz 4 Satz 1, 3 § 49 Absatz 1 Nummer 17	20 €
77.1	– mit Sachbeschädigung	§ 17 Absatz 4 Satz 1, 3 § 1 Absatz 2 § 49 Absatz 1 Nummer 1, 17	35 €
	Autobahnen und Kraftfahrstraßen		
78	Autobahn oder Kraftfahrstraße mit einem Fahrzeug benutzt, dessen durch die Bauart bestimmte Höchstgeschwindigkeit weniger als 60 km/h betrug oder dessen zulässige Höchstabmessungen zusammen mit der Ladung überschritten waren, soweit die Gesamthöhe nicht mehr als 4,20 m betrug	§ 18 Absatz 1 § 49 Absatz 1 Nummer 18	20 €
79	Autobahn oder Kraftfahrstraße mit einem Fahrzeug benutzt, dessen Höhe zusammen mit der Ladung mehr als 4,20 m betrug	§ 18 Absatz 1 Satz 2 § 49 Absatz 1 Nummer 18	70 €

Lfd. Nr.	Tatbestand	Straßenverkehrs-Ordnung (StVO)	Regelsatz in Euro (€), Fahrverbot in Monaten
80	An dafür nicht vorgesehener Stelle eingefahren	§ 18 Absatz 2 § 49 Absatz 1 Nummer 18	25 €
80.1	– mit Gefährdung	§ 18 Absatz 2 § 1 Absatz 2 § 49 Absatz 1 Nummer 1, 18	75 €
(81)	(aufgehoben)		
82	Beim Einfahren Vorfahrt auf der durchgehenden Fahrbahn nicht beachtet	§ 18 Absatz 3 § 49 Absatz 1 Nummer 18	75 €
83	Gewendet, rückwärts oder entgegen der Fahrtrichtung gefahren	§ 18 Absatz 7 § 2 Absatz 1 § 49 Absatz 1 Nummer 2, 18	
83.1	in einer Ein- oder Ausfahrt		75 €
83.2	auf der Nebenfahrbahn oder dem Seitenstreifen		130 €
83.3	auf der durchgehenden Fahrbahn		200 € **Fahrverbot 1 Monat**
84	Auf einer Autobahn oder Kraftfahrstraße gehalten	§ 18 Absatz 8 § 49 Absatz 1 Nummer 18	30 €
85	Auf einer Autobahn oder Kraftfahrstraße geparkt (§ 12 Absatz 2 StVO)	§ 18 Absatz 8 § 49 Absatz 1 Nummer 18	70 €
86	Als zu Fuß Gehender Autobahn betreten oder Kraftfahrstraße an dafür nicht vorgesehener Stelle betreten	§ 18 Absatz 9 § 49 Absatz 1 Nummer 18	10 €
87	An dafür nicht vorgesehener Stelle ausgefahren	§ 18 Absatz 10 § 49 Absatz 1 Nummer 18	25 €
87a	Mit einem Lastkraftwagen über 7,5 t zulässiger Gesamtmasse, einschließlich Anhänger, oder einer Zugmaschine den äußerst linken Fahrstreifen bei Schneeglätte oder Glatteis oder, obwohl die Sichtweite durch erheblichen Schneefall oder Regen auf 50 m oder weniger eingeschränkt ist, benutzt	§ 18 Absatz 11 § 49 Absatz 1 Nummer 18	80 €
88	Seitenstreifen zum Zweck des schnelleren Vorwärtskommens benutzt	§ 2 Absatz 1 § 49 Absatz 1 Nummer 2	75 €
	Bahnübergänge		
89	Mit einem Fahrzeug den Vorrang eines Schienenfahrzeugs nicht beachtet	§ 19 Absatz 1 Satz 1 § 49 Absatz 1 Nummer 19 Buchstabe a	80 €
89a	Kraftfahrzeug an einem Bahnübergang (Zeichen 151, 156 bis einschließlich Kreuzungsbereich von Schiene und Straße) unzulässig überholt	§ 19 Absatz 1 Satz 3 § 49 Absatz 1 Nummer 19 Buchstabe a	70 €
89b	Bahnübergang unter Verstoß gegen die Wartepflicht nach § 19 Absatz 2 StVO überquert		

Lfd. Nr.	Tatbestand	Straßenverkehrs-Ordnung (StVO)	Regelsatz in Euro (€), Fahrverbot in Monaten
89b.1	in den Fällen des § 19 Absatz 2 Satz 1 Nummer 1 StVO	§ 19 Absatz 2 Satz 1 Nummer 1 § 49 Absatz 1 Nummer 19 Buchstabe a	80 €
89b.2	in den Fällen des § 19 Absatz 2 Satz 1 Nummer 2 bis 5 StVO (außer bei geschlossener Schranke)	§ 19 Absatz 2 Satz 1 Nummer 2 bis 5 § 49 Absatz 1 Nummer 19 Buchstabe a	240 € **Fahrverbot 1 Monat**
90	Vor einem Bahnübergang Wartepflichten verletzt	§ 19 Absatz 2 bis 5 § 49 Absatz 1 Nummer 19 Buchstabe a	10 €
	Öffentliche Verkehrsmittel und Schulbusse		
91	An einem Omnibus des Linienverkehrs, einer Straßenbahn oder einem gekennzeichneten Schulbus nicht mit Schrittgeschwindigkeit rechts vorbeigefahren, obwohl diese an einer Haltestelle (Zeichen 224) hielten und Fahrgäste ein- oder ausstiegen (soweit nicht von Nummer 11 erfasst)	§ 20 Absatz 2 Satz 1 § 49 Absatz 1 Nummer 19 Buchstabe b	15 €
92	An einer Haltestelle (Zeichen 224) an einem haltenden Omnibus des Linienverkehrs, einer haltenden Straßenbahn oder einem haltenden gekennzeichneten Schulbus nicht mit Schrittgeschwindigkeit oder ohne ausreichenden Abstand rechts vorbeigefahren oder nicht gewartet, obwohl dies nötig war und Fahrgäste ein- oder ausstiegen, und dadurch einen Fahrgast		
92.1	behindert	§ 20 Absatz 2 § 49 Absatz 1 Nummer 19 Buchstabe b	60 €, soweit sich nicht aus Nummer 11 ein höherer Regelsatz ergibt
92.2	gefährdet	§ 20 Absatz 2 Satz 1, 3 § 1 Absatz 2 § 49 Absatz 1 Nummer 1, 19 Buchstabe b	70 €, soweit sich nicht aus Nummer 11, auch i.V.m. Tabelle 4, ein höherer Regelsatz ergibt
93	Omnibus des Linienverkehrs oder gekennzeichneten Schulbus, der sich mit eingeschaltetem Warnblinklicht einer Haltestelle (Zeichen 224) nähert, überholt	§ 20 Absatz 3 § 49 Absatz 1 Nummer 19 Buchstabe b	60 €
94	An einem Omnibus des Linienverkehrs oder einem gekennzeichneten Schulbus nicht mit Schrittgeschwindigkeit vorbeigefahren, obwohl dieser an einer Haltestelle (Zeichen 224) hielt und Warnblinklicht eingeschaltet hatte (soweit nicht von Nummer 11 erfasst)	§ 20 Absatz 4 Satz 1, 2 § 49 Absatz 1 Nummer 19 Buchstabe b	15 €

Lfd. Nr.	Tatbestand	Straßenverkehrs-Ordnung (StVO)	Regelsatz in Euro (€), Fahrverbot in Monaten
95	An einem Omnibus des Linienverkehrs oder einem gekennzeichneten Schulbus, die an einer Haltestelle (Zeichen 224) hielten und Warnblinklicht eingeschaltet hatten, nicht mit Schrittgeschwindigkeit oder ohne ausreichendem Abstand vorbeigefahren oder nicht gewartet, obwohl dies nötig war, und dadurch einen Fahrgast		
95.1	behindert	§ 20 Absatz 4 § 49 Absatz 1 Nummer 19 Buchstabe b	60 €, soweit sich nicht aus Nummer 11 ein höherer Regelsatz ergibt
95.2	gefährdet	§ 20 Absatz 4 Satz 1, 2, 4 § 1 Absatz 2 § 49 Absatz 1 Nummer 1, 19 Buchstabe b	70 €, soweit sich nicht aus Nummer 11, auch i.V.m. Tabelle 4, ein höherer Regelsatz ergibt
96	Einem Omnibus des Linienverkehrs oder einem Schulbus das Abfahren von einer gekennzeichneten Haltestelle nicht ermöglicht	§ 20 Absatz 5 § 49 Absatz 1 Nummer 19 Buchstabe b	5 €
96.1	– mit Gefährdung	§ 20 Absatz 5 § 1 Absatz 2 § 49 Absatz 1 Nummer 1, 19 Buchstabe b	20 €
96.2	– mit Sachbeschädigung		30 €
	Personenbeförderung, Sicherungspflichten		
97	Gegen eine Vorschrift über die Mitnahme von Personen auf oder in Fahrzeugen verstoßen	§ 21 Absatz 1, 2, 3 § 49 Absatz 1 Nummer 20	5 €
98	Ein Kind mitgenommen, ohne für die vorschriftsmäßige Sicherung zu sorgen (außer in KOM über 3,5 t zulässige Gesamtmasse)	§ 21 Absatz 1a Satz 1 § 21a Absatz 1 Satz 1 § 49 Absatz 1 Nummer 20, 20a	
98.1	bei einem Kind		30 €
98.2	bei mehreren Kindern		35 €
99	Ein Kind ohne Sicherung mitgenommen oder nicht für eine Sicherung eines Kindes in einem Kfz gesorgt (außer in Kraftomnibus über 3,5 t zulässige Gesamtmasse) oder beim Führen eines Kraftrades ein Kind befördert, obwohl es keinen Schutzhelm trug	§ 21 Absatz 1a Satz 1 § 21a Absatz 1 Satz 1, Absatz 2 § 49 Absatz 1 Nummer 20, 20a	
99.1	bei einem Kind		60 €
99.2	bei mehreren Kindern		70 €
100	Vorgeschriebenen Sicherheitsgurt während der Fahrt nicht angelegt	§ 21a Absatz 1 Satz 1 § 49 Absatz 1 Nummer 20a	30 €

Lfd. Nr.	Tatbestand	Straßenverkehrs-Ordnung (StVO)	Regelsatz in Euro (€), Fahrverbot in Monaten
100.1	Vorgeschriebenes Rollstuhl-Rückhaltesystem oder Rollstuhlnutzer-Rückhaltesystem während der Fahrt nicht angelegt	§ 21a Absatz 1 Satz 1 § 49 Absatz 1 Nummer 20a	30 €
101	Während der Fahrt keinen geeigneten Schutzhelm getragen	§ 21a Absatz 2 Satz 1 § 49 Absatz 1 Nummer 20a	15 €
	Ladung		
102	Ladung oder Ladeeinrichtung nicht so verstaut oder gesichert, dass sie selbst bei Vollbremsung oder plötzlicher Ausweichbewegung nicht verrutschen, umfallen, hin- und herrollen oder herabfallen können		
102.1	bei Lastkraftwagen oder Kraftomnibussen bzw. ihren Anhängern	§ 22 Absatz 1 § 49 Absatz 1 Nummer 21	60 €
102.1.1	– mit Gefährdung	§ 22 Absatz 1 § 1 Absatz 2 § 49 Absatz 1 Nummer 1, 21	75 €
102.2	bei anderen als in Nummer 102.1 genannten Kraftfahrzeugen bzw. ihren Anhängern	§ 22 Absatz 1 § 49 Absatz 1 Nummer 21	35 €
102.2.1	– mit Gefährdung	§ 22 Absatz 1 § 1 Absatz 2 § 49 Absatz 1 Nummer 1, 21	60 €
103	Ladung oder Ladeeinrichtung nicht so verstaut oder gesichert, dass sie keinen vermeidbaren Lärm erzeugen können	§ 22 Absatz 1 § 49 Absatz 1 Nummer 21	10 €
104	Fahrzeug geführt, dessen Höhe zusammen mit der Ladung mehr als 4,20 m betrug	§ 22 Absatz 2 Satz 1 § 49 Absatz 1 Nummer 21	60 €
105	Fahrzeug geführt, das zusammen mit der Ladung eine der höchstzulässigen Abmessungen überschritt, soweit die Gesamthöhe nicht mehr als 4,20 m betrug, oder dessen Ladung unzulässig über das Fahrzeug hinausragte	§ 22 Absatz 2, 3, 4 Satz 1, 2, Absatz 5 Satz 2 § 49 Absatz 1 Nummer 21	20 €
106	Vorgeschriebene Sicherungsmittel nicht oder nicht ordnungsgemäß angebracht	§ 22 Absatz 4 Satz 3 bis 5, Absatz 5 Satz 1 § 49 Absatz 1 Nummer 21	25 €
	Sonstige Pflichten von Fahrzeugführenden		
107	Beim Führen eines Fahrzeugs nicht dafür gesorgt, dass		
107.1	seine Sicht oder das Gehör durch die Besetzung, Tiere, die Ladung, ein Gerät oder den Zustand des Fahrzeugs nicht beeinträchtigt waren	§ 23 Absatz 1 Satz 1 § 49 Absatz 1 Nummer 22	10 €
107.2	das Fahrzeug, der Zug, das Gespann, die Ladung oder die Besetzung vorschriftsmäßig waren oder die Verkehrssicherheit des Fahrzeugs durch die Ladung oder die Besetzung nicht litt	§ 23 Absatz 1 Satz 2 § 49 Absatz 1 Nummer 22	25 €

Lfd. Nr.	Tatbestand	Straßenverkehrs-Ordnung (StVO)	Regelsatz in Euro (€), Fahrverbot in Monaten
107.3	die vorgeschriebenen Kennzeichen stets gut lesbar waren	§ 23 Absatz 1 Satz 3 § 49 Absatz 1 Nummer 22	5 €
107.4	an einem Kraftfahrzeug, an dessen Anhänger oder an einem Fahrrad die vorgeschriebene Beleuchtungseinrichtung auch am Tage vorhanden oder betriebsbereit war	§ 23 Absatz 1 Satz 4 § 49 Absatz 1 Nummer 22	20 €
107.4.1	– mit Gefährdung	§ 23 Absatz 1 Satz 4 § 1 Absatz 2 § 49 Absatz 1 Nummer 1, 22	25 €
107.4.2	– mit Sachbeschädigung		35 €
108	Beim Führen eines Fahrzeugs nicht dafür gesorgt, dass das Fahrzeug, der Zug, das Gespann, die Ladung oder die Besetzung vorschriftsmäßig waren, wenn dadurch die Verkehrssicherheit wesentlich beeinträchtigt war oder die Verkehrssicherheit des Fahrzeugs durch die Ladung oder die Besetzung wesentlich litt	§ 23 Absatz 1 Satz 2 § 49 Absatz 1 Nummer 22	80 €
(109)	(aufgehoben)		
(109a)	(aufgehoben)		
110	Fahrzeug, Zug oder Gespann nicht auf dem kürzesten Weg aus dem Verkehr gezogen, obwohl unterwegs die Verkehrssicherheit wesentlich beeinträchtigende Mängel aufgetreten waren, die nicht alsbald beseitigt werden konnten	§ 23 Absatz 2 Halbsatz 1 § 49 Absatz 1 Nummer 22	10 €
	Fußgänger		
111	Trotz vorhandenen Gehwegs oder Seitenstreifens auf der Fahrbahn oder außerhalb geschlossener Ortschaften nicht am linken Fahrbahnrand gegangen	§ 25 Absatz 1 Satz 2, 3 Halbsatz 2 § 49 Absatz 1 Nummer 24 Buchstabe a	5 €
112	Fahrbahn ohne Beachtung des Fahrzeugverkehrs oder nicht zügig auf dem kürzesten Weg quer zur Fahrtrichtung oder an nicht vorgesehener Stelle überschritten	§ 25 Absatz 3 Satz 1 § 49 Absatz 1 Nummer 24 Buchstabe a	
112.1	– mit Gefährdung	§ 25 Absatz 3 Satz 1 § 1 Absatz 2 § 49 Absatz 1 Nummer 1, 24 Buchstabe a	5 €
112.2	– mit Sachbeschädigung		10 €
	Fußgängerüberweg		
113	An einem Fußgängerüberweg, den zu Fuß Gehende oder Fahrende von Krankenfahrstühlen oder Rollstühlen erkennbar benutzen wollten, das Überqueren der Fahrbahn nicht ermöglicht oder nicht mit mäßiger Geschwindigkeit herangefahren oder an einem Fußgängerüberweg überholt	§ 26 Absatz 1, 3 § 49 Absatz 1 Nummer 24 Buchstabe b	80 €

Lfd. Nr.	Tatbestand	Straßenverkehrs-Ordnung (StVO)	Regelsatz in Euro (€), Fahrverbot in Monaten
114	Bei stockendem Verkehr auf einen Fußgängerüberweg gefahren	§ 26 Absatz 2 § 49 Absatz 1 Nummer 24 Buchstabe b	5 €
	Übermäßige Straßenbenutzung		
115	Als Veranstalter erlaubnispflichtige Veranstaltung ohne Erlaubnis durchgeführt	§ 29 Absatz 2 Satz 1 § 49 Absatz 2 Nummer 6	40 €
116	Ohne Erlaubnis ein Fahrzeug oder einen Zug geführt, dessen Abmessungen, Achslasten oder Gesamtmasse die gesetzlich allgemein zugelassenen Grenzen tatsächlich überschritten oder dessen Bauart dem Fahrzeugführenden kein ausreichendes Sichtfeld ließ	§ 29 Absatz 3 § 49 Absatz 2 Nummer 7	60 €
	Umweltschutz		
117	Bei Benutzung eines Fahrzeugs unnötigen Lärm oder vermeidbare Abgasbelästigungen verursacht	§ 30 Absatz 1 Satz 1, 2 § 49 Absatz 1 Nummer 25	80 €
118	Innerhalb einer geschlossenen Ortschaft unnütz hin- und hergefahren und dadurch Andere belästigt	§ 30 Absatz 1 Satz 3 § 49 Absatz 1 Nummer 25	100 €
	Sonn- und Feiertagsfahrverbot		
119	Verbotswidrig an einem Sonntag oder Feiertag gefahren	§ 30 Absatz 3 Satz 1 § 49 Absatz 1 Nummer 25	120 €
120	Als Halter das verbotswidrige Fahren an einem Sonntag oder Feiertag angeordnet oder zugelassen	§ 30 Absatz 3 Satz 1 § 49 Absatz 1 Nummer 25	570 €
	Inline-Skaten und Rollschuhfahren		
120a	Beim Inline-Skaten oder Rollschuhfahren Fahrbahn, Seitenstreifen oder Radweg unzulässig benutzt oder bei durch Zusatzzeichen erlaubtem Inline-Skaten und Rollschuhfahren sich nicht mit äußerster Vorsicht und unter besonderer Rücksichtnahme auf den übrigen Verkehr am rechten Rand in Fahrtrichtung bewegt oder Fahrzeugen das Überholen nicht ermöglicht	§ 31 Absatz 1 Satz 1, Absatz 2 Satz 3 § 49 Absatz 1 Nummer 26	10 €
120a.1	– mit Behinderung	§ 31 Absatz 1 Satz 1, Absatz 2 Satz 3 § 1 Absatz 2 § 49 Absatz 1 Nummer 1, 26	15 €
120a.2	– mit Gefährdung		20 €
	Verkehrshindernisse		
121	Straße beschmutzt oder benetzt, obwohl dadurch der Verkehr gefährdet oder erschwert werden konnte	§ 32 Absatz 1 Satz 1 § 49 Absatz 1 Nummer 27	10 €
122	Verkehrswidrigen Zustand nicht oder nicht rechtzeitig beseitigt oder nicht ausreichend kenntlich gemacht	§ 32 Absatz 1 Satz 2 § 49 Absatz 1 Nummer 27	10 €
123	Gegenstand auf eine Straße gebracht oder dort liegen gelassen, obwohl dadurch der Verkehr gefährdet oder erschwert werden konnte	§ 32 Absatz 1 Satz 1 § 49 Absatz 1 Nummer 27	60 €
124	Gefährliches Gerät nicht wirksam verkleidet	§ 32 Absatz 2 § 49 Absatz 1 Nummer 27	5 €

Lfd. Nr.	Tatbestand	Straßenverkehrs-Ordnung (StVO)	Regelsatz in Euro (€), Fahrverbot in Monaten
	Unfall		
125	Als an einem Unfall beteiligte Person den Verkehr nicht gesichert oder bei geringfügigem Schaden nicht unverzüglich beiseite gefahren	§ 34 Absatz 1 Nummer 2 § 49 Absatz 1 Nummer 29	30 €
125.1	– mit Sachbeschädigung	§ 34 Absatz 1 Nummer 2 § 1 Absatz 2 § 49 Absatz 1 Nummer 1, 29	35 €
126	Unfallspuren beseitigt, bevor die notwendigen Feststellungen getroffen worden waren	§ 34 Absatz 3 § 49 Absatz 1 Nummer 29	30 €
	Warnkleidung		
127	Bei Arbeiten außerhalb von Gehwegen oder Absperrungen keine auffällige Warnkleidung getragen	§ 35 Absatz 6 Satz 4 § 49 Absatz 4 Nummer 1a	5 €
	Zeichen und Weisungen der Polizeibeamten		
128	Weisung eines Polizeibeamten nicht befolgt	§ 36 Absatz 1 Satz 1, Absatz 3, Absatz 5 Satz 4 § 49 Absatz 3 Nummer 1	20 €
129	Zeichen oder Haltgebot eines Polizeibeamten nicht befolgt	§ 36 Absatz 1 Satz 1, Absatz 2, Absatz 4, Absatz 5 Satz 4 § 49 Absatz 3 Nummer 1	70 €
	Wechsellichtzeichen, Dauerlichtzeichen und Grünpfeil		
130	Beim zu Fuß gehen rotes Wechsellichtzeichen nicht befolgt oder den Weg beim Überschreiten der Fahrbahn beim Wechsel von Grün auf Rot nicht zügig fortgesetzt	§ 37 Absatz 2 Nummer 1 Satz 7, Nummer 2, 5 Satz 3 § 49 Absatz 3 Nummer 2	5 €
130.1	– mit Gefährdung	§ 37 Absatz 2 Nummer 1 Satz 7, Nummer 2, 5 Satz 3 § 1 Absatz 2 § 49 Absatz 1 Nummer 1, Absatz 3 Nummer 2	5 €
130.2	– mit Sachbeschädigung		10 €
131	Beim Rechtsabbiegen mit Grünpfeil		
131.1	aus einem anderen als dem rechten Fahrstreifen abgebogen	§ 37 Absatz 2 Nummer 1 Satz 9 § 49 Absatz 3 Nummer 2	15 €
131.2	den Fahrzeugverkehr der freigegebenen Verkehrsrichtungen, ausgenommen den Fahrradverkehr auf Radwegfurten, behindert	§ 37 Absatz 2 Nummer 1 Satz 12 § 49 Absatz 3 Nummer 2	35 €
132	Als Kfz-Führer in anderen als den Fällen des Rechtsabbiegens mit Grünpfeil rotes Wechsellichtzeichen oder rotes Dauerlichtzeichen nicht befolgt	§ 37 Absatz 2 Nummer 1 Satz 7, 13, Nummer 2, Absatz 3 Satz 1, 2 § 49 Absatz 3 Nummer 2	90 €
132.1	– mit Gefährdung	§ 37 Absatz 2 Nummer 1 Satz 7, 13, Nummer 2, Absatz 3 Satz 1, 2 § 1 Absatz 2 § 49 Absatz 1 Nummer 1, Absatz 3 Nummer 2	200 € **Fahrverbot 1 Monat**
132.2	– mit Sachbeschädigung		240 € **Fahrverbot 1 Monat**

Lfd. Nr.	Tatbestand	Straßenverkehrs-Ordnung (StVO)	Regelsatz in Euro (€), Fahrverbot in Monaten
132.3	bei schon länger als 1 Sekunde andauernder Rotphase eines Wechsellichtzeichens	§ 37 Absatz 2 Nummer 1 Satz 7, 13, Nummer 2 § 49 Absatz 3 Nummer 2	200 € **Fahrverbot 1 Monat**
132.3.1	– mit Gefährdung	§ 37 Absatz 2 Nummer 1 Satz 7, 13, Nummer 2 § 1 Absatz 2 § 49 Absatz 1 Nummer 1, Absatz 3 Nummer 2	320 € **Fahrverbot 1 Monat**
132.3.2	– mit Sachbeschädigung		360 € **Fahrverbot 1 Monat**
132a	Als Radfahrer oder Fahrer eines Elektrokleinstfahrzeugs in anderen als den Fällen des Rechtsabbiegens mit Grünpfeil rotes Wechsellichtzeichen oder rotes Dauerlichtzeichen nicht befolgt	§ 37 Absatz 2 Nummer 1 Satz 7, 13, Nummer 2, Absatz 3 Satz 1, 2 § 49 Absatz 3 Nummer 2	60 €
132a.1	– mit Gefährdung	§ 37 Absatz 2 Nummer 1 Satz 7, 13, Nummer 2, Absatz 3 Satz 1, 2	100 €
132a.2	– mit Sachbeschädigung	§ 1 Absatz 2 § 49 Absatz 1 Nummer 1, Absatz 3 Nummer 2	120 €
132a.3	bei schon länger als 1 Sekunde andauernder Rotphase eines Wechsellichtzeichens	§ 37 Absatz 2 Nummer 1 Satz 7, 13, Nummer 2 § 49 Absatz 3 Nummer 2	100 €
132a.3.1	– mit Gefährdung	§ 37 Absatz 2 Nummer 1 Satz 7, 13, Nummer 2 § 1 Absatz 2	160 €
132a.3.2	– mit Sachbeschädigung	§ 49 Absatz 1 Nummer 1, Absatz 3 Nummer 2	180 €
133	Beim Rechtsabbiegen mit Grünpfeil		
133.1	vor dem Rechtsabbiegen nicht angehalten	§ 37 Absatz 2 Nummer 1 Satz 7 § 49 Absatz 3 Nummer 2	70 €
133.2	den Fahrzeugverkehr der freigegebenen Verkehrsrichtungen, ausgenommen den Fahrradverkehr auf Radwegfurten, gefährdet	§ 37 Absatz 2 Nummer 1 Satz 12 § 49 Absatz 3 Nummer 2	100 €
133.3	den Fußgängerverkehr oder den Fahrradverkehr auf Radwegfurten der freigegebenen Verkehrsrichtungen	§ 37 Absatz 2 Nummer 1 Satz 12 § 49 Absatz 3 Nummer 2	
133.3.1	behindert		100 €
133.3.2	gefährdet		150 €
	Blaues und gelbes Blinklicht		
134	Blaues Blinklicht zusammen mit dem Einsatzhorn oder allein oder gelbes Blinklicht missbräuchlich verwendet	§ 38 Absatz 1 Satz 1, Absatz 2, Absatz 3 Satz 3 § 49 Absatz 3 Nummer 3	20 €
135	Einem Einsatzfahrzeug, das blaues Blinklicht zusammen mit dem Einsatzhorn verwendet hatte, nicht sofort freie Bahn geschaffen	§ 38 Absatz 1 Satz 2 § 1 Absatz 2 § 49 Absatz 1 Nummer 1, Absatz 3 Nummer 3	240 € **Fahrverbot 1 Monat**
135.1	– mit Gefährdung		280 € **Fahrverbot 1 Monat**
135.2	– mit Sachbeschädigung		320 € **Fahrverbot 1 Monat**

Lfd. Nr.	Tatbestand	Straßenverkehrs-Ordnung (StVO)	Regelsatz in Euro (€), Fahrverbot in Monaten
	Vorschriftzeichen		
136	Dem Schienenverkehr nicht Vorrang gewährt	§ 41 Absatz 1 i.V.m. Anlage 2 lfd. Nr. 1 (Zeichen 201) Spalte 3 Nummer 1 § 49 Absatz 3 Nummer 4	80 €
136.1	Zeichen 206 (Halt. Vorfahrt gewähren.) nicht befolgt	§ 41 Absatz 1 i.V.m. Anlage 2 lfd. Nr. 3 (Zeichen 206) Spalte 3 Nummer 1, 3 § 49 Absatz 3 Nummer 4	10 €
137	Bei verengter Fahrbahn (Zeichen 208) dem Gegenverkehr keinen Vorrang gewährt	§ 41 Absatz 1 i.V.m. Anlage 2 lfd. Nr. 4 (Zeichen 208) Spalte 3 § 49 Absatz 3 Nummer 4	5 €
137.1	– mit Gefährdung	§ 41 Absatz 1 i.V.m. Anlage 2 lfd. Nr. 4 (Zeichen 208) Spalte 3 § 1 Absatz 2 § 49 Absatz 1 Nummer 1, Absatz 3 Nummer 4	10 €
137.2	– mit Sachbeschädigung		20 €
138	Die durch Vorschriftzeichen (Zeichen 209, 211, 214, 222) vorgeschriebene Fahrtrichtung oder Vorbeifahrt nicht befolgt	§ 41 Absatz 1 i.V.m. Anlage 2 lfd. Nr. 5, 6, 7, 10 (Zeichen 209, 211, 214, 222) Spalte 3 Satz 1 § 49 Absatz 3 Nummer 4	10 €
138.1	– mit Gefährdung	§ 41 Absatz 1 i.V.m. Anlage 2 lfd. Nr. 5, 6, 7, 10 (Zeichen 209, 211, 214, 222) Spalte 3 Satz 1 § 1 Absatz 2 § 49 Absatz 1 Nummer 1, Absatz 3 Nummer 4	15 €
138.2	– mit Sachbeschädigung		25 €
139	Die durch Zeichen 215 (Kreisverkehr) oder Zeichen 220 (Einbahnstraße) vorgeschriebene Fahrtrichtung nicht befolgt	§ 41 Absatz 1 i.V.m. Anlage 2 lfd. Nr. 8 (Zeichen 215) Spalte 3 Nummer 1, lfd. Nr. 9 (Zeichen 220) Spalte 3 Satz 1 § 49 Absatz 3 Nummer 4	
139.1	als Kfz-Führer		25 €
139.2	als Radfahrer		20 €
139.2.1	– mit Behinderung	§ 41 Absatz 1 i.V.m. Anlage 2 lfd. Nr. 8 (Zeichen 215) Spalte 3 Nummer 1, lfd. Nr. 9 (Zeichen 220) Spalte 3 Satz 1 § 1 Absatz 2 § 49 Absatz 1 Nummer 1, Absatz 3 Nummer 4	25 €
139.2.2	– mit Gefährdung		30 €
139.2.3	– mit Sachbeschädigung		35 €
139a	Beim berechtigten Überfahren der Mittelinsel eines Kreisverkehrs einen anderen Verkehrsteilnehmer gefährdet	§ 41 Absatz 1 i.V.m. Anlage 2 lfd. Nr. 8 (Zeichen 215) Spalte 3 Nummer 2 § 49 Absatz 3 Nummer 4	35 €

Lfd. Nr.	Tatbestand	Straßenverkehrs-Ordnung (StVO)	Regelsatz in Euro (€), Fahrverbot in Monaten
140	Vorschriftswidrig einen Radweg (Zeichen 237), einen sonstigen Sonderweg (Zeichen 238, 240, 241) benutzt oder mit einem Fahrzeug eine Fahrradstraße (Zeichen 244.1) oder Fahrradzone (Zeichen 244.3) benutzt	§ 41 Absatz 1 i.V.m. Anlage 2 lfd. Nr. 16, 17, 19, 20 (Zeichen 237, 238, 240, 241) Spalte 3 Nummer 2, lfd. Nr. 23 (Zeichen 244.1) Spalte 3 Nummer 1, lfd. Nr. 24.1 (Zeichen 244.3) Spalte 3 Nummer 1 § 49 Absatz 3 Nummer 4	15 €
140.1	– mit Behinderung	§ 41 Absatz 1 i.V.m. Anlage 2 lfd. Nr. 16, 17, 19, 20 (Zeichen 237, 238, 240, 241) Spalte 3 Nummer 2, lfd. Nr. 23 (Zeichen 244.1) Spalte 3 Nummer 1, lfd. Nr. 24.1 (Zeichen 244.3) Spalte 3 Nummer 1 § 1 Absatz 2 § 49 Absatz 1 Nummer 1, Absatz 3 Nummer 4	20 €
140.2	– mit Gefährdung		25 €
140.3	– mit Sachbeschädigung		30 €
141	Entgegen Zeichen 239 einen Gehweg, Zeichen 240 einen gemeinsamen Geh- und Radweg, Zeichen 241 einen Gehweg des getrennten Geh- und Radwegs oder Zeichen 242.1 den Bereich einer Fußgängerzone befahren oder dort gehalten oder entgegen Zeichen 250, 251, 253, 254, 255, 260 der StVO das Verkehrsverbot nicht beachtet	§ 41 Absatz 1 i.V.m. Anlage 2 lfd. Nr. 18 (Zeichen 239) Spalte 3 Nummer 1, lfd. Nr. 19 (Zeichen 240) Spalte 3 Nummer 2, lfd. Nr. 20 (Zeichen 241) Spalte 3 Nummer 2, lfd. Nr. 21 (Zeichen 242.1) Spalte 3 Nummer 1, lfd. Nr. 26 Spalte 3 Satz 1 i.V.m. lfd. Nr. 28, 29, 30, 31, 32, 34 (Zeichen 250, 251, 253, 254, 255, 260) Spalte 3 § 49 Absatz 3 Nummer 4	
141.1	mit Kraftfahrzeugen über 3,5 t zulässiger Gesamtmasse, ausgenommen Personenkraftwagen und Kraftomnibusse		100 €
141.2	mit den übrigen Kraftfahrzeugen der in § 3 Absatz 3 Nummer 2 Buchstabe a oder b StVO genannten Art		55 €
141.3	mit anderen als in den Nummern 141.1 und 141.2 genannten Kraftfahrzeugen		50 €
141.4	als Radfahrer		25 €

Lfd. Nr.	Tatbestand	Straßenverkehrs-Ordnung (StVO)	Regelsatz in Euro (€), Fahrverbot in Monaten
141.4.1	– mit Behinderung	§ 41 Absatz 1 i.V.m. Anlage 2 lfd. Nr. 18 (Zeichen 239) Spalte 3 Nummer 1, lfd. Nr. 19 (Zeichen 240) Spalte 3 Nummer 2, lfd. Nr. 20 (Zeichen 241) Spalte 3 Nummer 2, lfd. Nr. 21 (Zeichen 242.1) Spalte 3 Nummer 1, lfd. Nr. 26 Spalte 3 Satz 1 i.V.m. lfd. Nr. 28, 31 (Zeichen 250, 254) § 1 Absatz 2 § 49 Absatz 1 Nummer 1, Absatz 3 Nummer 4	30 €
141.4.2	– mit Gefährdung		35 €
141.4.3	– mit Sachbeschädigung		40 €
142	Verkehrsverbot (Zeichen 262 bis 266) nicht beachtet	§ 41 Absatz 1 i.V.m. Anlage 2 lfd. Nr. 36 bis 40 (Zeichen 262 bis 266) Spalte 3 § 49 Absatz 3 Nummer 4	40 €
142a	Verbot des Einfahrens (Zeichen 267) nicht beachtet	§ 41 Absatz 1 i.V.m. Anlage 2 lfd. Nr. 41 (Zeichen 267) Spalte 3 § 49 Absatz 3 Nummer 4	50 €
143	Beim Radfahren Verbot des Einfahrens (Zeichen 267) nicht beachtet	§ 41 Absatz 1 i.V.m. Anlage 2 lfd. Nr. 41 (Zeichen 267) Spalte 3 § 49 Absatz 3 Nummer 4	20 €
143.1	– mit Behinderung	§ 41 Absatz 1 i.V.m. Anlage 2 lfd. Nr. 41 (Zeichen 267) Spalte 3 § 1 Absatz 2 § 49 Absatz 1 Nummer 1, Absatz 3 Nummer 4	25 €
143.2	– mit Gefährdung		30 €
143.3	– mit Sachbeschädigung		35 €
144	Entgegen Zeichen 239 auf einem Gehweg, Zeichen 240 auf einem gemeinsamen Geh- und Radweg, Zeichen 241 auf einem Gehweg des getrennten Geh- und Radwegs, Zeichen 242.1 der StVO im Bereich einer Fußgängerzone oder entgegen Zeichen 250, 251, 253, 254, 255, 260 der StVO trotz eines Verkehrsverbots geparkt (§ 12 Absatz 2 StVO)	§ 41 Absatz 1 i.V.m. Anlage 2 lfd. Nr. 18 (Zeichen 239) Spalte 3 Nummer 1, lfd. Nr. 19 (Zeichen 240) Spalte 3 Nummer 2, lfd. Nr. 20 (Zeichen 241) Spalte 3 Nummer 2, lfd. Nr. 21 (Zeichen 242.1) Spalte 3 Nummer 1, lfd. Nr. 26 Spalte 3 Satz 1 i.V.m. lfd. Nr. 28, 29, 30, 31, 32, 34 (Zeichen 250, 251, 253, 254, 255, 260) Spalte 3 § 49 Absatz 3 Nummer 4	55 €

Lfd. Nr.	Tatbestand	Straßenverkehrs-Ordnung (StVO)	Regelsatz in Euro (€), Fahrverbot in Monaten
144.1	– mit Behinderung	§ 41 Absatz 1 i.V.m. Anlage 2 lfd. Nr. 18 (Zeichen 239) Spalte 3 Nummer 1, lfd. Nr. 19 (Zeichen 240) Spalte 3 Nummer 2, lfd. Nr. 20 (Zeichen 241) Spalte 3 Nummer 2, lfd. Nr. 21 (Zeichen 242.1) Spalte 3 Nummer 1, lfd. Nr. 26 Spalte 3 Satz 1 i.V.m. lfd. Nr. 28, 29, 30, 31, 32, 34 (Zeichen 250, 251, 253, 254, 255, 260) Spalte 3 § 1 Absatz 2 § 49 Absatz 1 Nummer 1, Absatz 3 Nummer 4	70 €
144.2	länger als 3 Stunden	§ 41 Absatz 1 i.V.m. Anlage 2 lfd. Nr. 18 (Zeichen 239) Spalte 3 Nummer 1, lfd. Nr. 19 (Zeichen 240) Spalte 3 Nummer 2, lfd. Nr. 20 (Zeichen 241) Spalte 3 Nummer 2, lfd. Nr. 21 (Zeichen 242.1) Spalte 3 Nummer 1, lfd. Nr. 26 Spalte 3 Satz 1 i.V.m. lfd. Nr. 28, 29, 30, 31, 32, 34 (Zeichen 250, 251, 253, 254, 255, 260) Spalte 3 § 49 Absatz 3 Nummer 4	70 €
(145 bis 145.3)	(aufgehoben)		
146	Bei zugelassenem Fahrzeugverkehr auf einem Gehweg (Zeichen 239) oder in einem Fußgängerbereich (Zeichen 242.1, 242.2) nicht mit Schrittgeschwindigkeit gefahren (soweit nicht von Nummer 11 erfasst)	§ 41 Absatz 1 i.V.m. Anlage 2 lfd. Nr. 18 (Zeichen 239) Spalte 3 Nummer 2 Satz 3 Halbsatz 2, lfd. Nr. 21 (Zeichen 242.1) Spalte 3 Nummer 2 § 49 Absatz 3 Nummer 4	15 €
146a	Bei zugelassenem Fahrzeugverkehr auf einem Radweg (Zeichen 237), einem gemeinsamen Geh- und Radweg (Zeichen 240), einem getrennten Rad- und Gehweg (Zeichen 241) die Geschwindigkeit nicht angepasst (soweit nicht von lfd. Nr. 11 erfasst)	§ 41 Absatz 1 i.V.m. Anlage 2 lfd. Nr. 16 (Zeichen 237) Spalte 3 Nummer 3, lfd. Nr. 19 (Zeichen 240) Spalte 3 Nummer 3 Satz 2, lfd. Nr. 20 (Zeichen 241) Spalte 3 Nummer 4 Satz 2 § 49 Absatz 3 Nummer 4	15 €
147	Unberechtigt mit einem Fahrzeug einen Bussonderfahrstreifen (Zeichen 245) benutzt	§ 41 Absatz 1 i.V.m. Anlage 2 lfd. Nr. 25 (Zeichen 245) Spalte 3 Nummer 1 und 2 § 49 Absatz 3 Nummer 4	15 €

Lfd. Nr.	Tatbestand	Straßenverkehrs-Ordnung (StVO)	Regelsatz in Euro (€), Fahrverbot in Monaten
147.1	– mit Behinderung	§ 41 Absatz 1 i.V.m. Anlage 2 lfd. Nr. 25 (Zeichen 245) Spalte 3 Nummer 1 und 2 § 1 Absatz 2 § 49 Absatz 1 Nummer 1, Absatz 3 Nummer 4	35 €
148	Wendeverbot (Zeichen 272) nicht beachtet	§ 41 Absatz 1 i.V.m. Anlage 2 lfd. Nr. 47 (Zeichen 272) Spalte 3 § 49 Absatz 3 Nummer 4	20 €
149	Vorgeschriebenen Mindestabstand (Zeichen 273) zu einem vorausfahrenden Fahrzeug unterschritten	§ 41 Absatz 1 i.V.m. Anlage 2 lfd. Nr. 48 (Zeichen 273) Spalte 3 Satz 1 § 49 Absatz 3 Nummer 4	25 €
150	Zeichen 206 (Halt. Vorfahrt gewähren.) nicht befolgt oder trotz Rotlicht nicht an der Haltlinie (Zeichen 294) gehalten und dadurch einen Anderen gefährdet	§ 41 Absatz 1 i.V.m. Anlage 2 lfd. Nr. 3 (Zeichen 206) Spalte 3 Nummer 1, lfd. Nr. 67 (Zeichen 294) Spalte 3 § 1 Absatz 2 § 49 Absatz 1 Nummer 1, Absatz 3 Nummer 4	70 €
151	Beim Führen eines Fahrzeugs in einem Fußgängerbereich (Zeichen 239, 242.1, 242.2) einen Fußgänger gefährdet		
151.1	bei zugelassenem Fahrzeugverkehr (Zeichen 239, 242.1 mit Zusatzzeichen)	§ 41 Absatz 1 i.V.m. Anlage 2 lfd. Nr. 18, 21 (Zeichen 239, 242.1 mit Zusatzzeichen) Spalte 3 Nummer 2 § 49 Absatz 3 Nummer 4	60 €
151.2	bei nicht zugelassenem Fahrzeugverkehr	§ 41 Absatz 1 i.V.m. Anlage 2 lfd. Nr. 18, 21 (Zeichen 239, 242.1) Spalte 3 Nummer 2, § 49 Absatz 3 Nummer 4	70 €
152	Eine für kennzeichnungspflichtige Kraftfahrzeuge mit gefährlichen Gütern (Zeichen 261) oder für Kraftfahrzeuge mit wassergefährdender Ladung (Zeichen 269) gesperrte Straße befahren	§ 41 Absatz 1 i.V.m. Anlage 2 lfd. Nr. 35, 43 (Zeichen 261, 269) Spalte 3 § 49 Absatz 3 Nummer 4	100 €
152.1	bei Eintragung von bereits einer Entscheidung wegen Verstoßes gegen Zeichen 261 oder 269 im Fahreignungsregister		250 € **Fahrverbot 1 Monat**
153	Mit einem Kraftfahrzeug trotz Verkehrsverbotes zur Verminderung schädlicher Luftverunreinigungen (Zeichen 270.1, 270.2) am Verkehr teilgenommen	§ 41 Absatz 1 i.V.m. Anlage 2 lfd. Nr. 44, 45 (Zeichen 270.1, 270.2) Spalte 3 § 49 Absatz 3 Nummer 4	100 €
153a	Überholt unter Nichtbeachten von Verkehrszeichen (Zeichen 276, 277, 277.1)	§ 41 Absatz 1 i.V.m. Anlage 2 zu lfd. Nr. 53, 54 und 54.4 und lfd. Nr. 53, 54, 54.4 (Zeichen 276, 277, 277.1) Spalte 3 § 49 Absatz 3 Nummer 4	70 €

Lfd. Nr.	Tatbestand	Straßenverkehrs-Ordnung (StVO)	Regelsatz in Euro (€), Fahrverbot in Monaten
154	An der Haltlinie (Zeichen 294) nicht gehalten	§ 41 Absatz 1 i.V.m. Anlage 2 lfd. Nr. 67 (Zeichen 294) Spalte 3 § 49 Absatz 3 Nummer 4	10 €
155	Fahrstreifenbegrenzung (Zeichen 295, 296) überfahren oder durch Pfeile vorgeschriebener Fahrtrichtung (Zeichen 297) nicht gefolgt oder Sperrfläche (Zeichen 298) benutzt (außer Parken)	§ 41 Absatz 1 i.V.m. Anlage 2 lfd. Nr. 68 (Zeichen 295) Spalte 3 Nummer 1a, lfd. Nr. 69 (Zeichen 296) Spalte 3 Nummer 1, lfd. Nr. 70 (Zeichen 297) Spalte 3 Nummer 1, lfd. Nr. 72 (Zeichen 298) Spalte 3 § 49 Absatz 3 Nummer 4	10 €
155.1	– mit Sachbeschädigung	§ 41 Absatz 1 i.V.m. Anlage 2 lfd. Nr. 68 (Zeichen 295) Spalte 3 Nummer 1a, lfd. Nr. 69 (Zeichen 296) Spalte 3 Nummer 1, lfd. Nr. 70 (Zeichen 297) Spalte 3 Nummer 1, lfd. Nr. 72 (Zeichen 298) Spalte 3 § 1 Absatz 2 § 49 Absatz 1 Nummer 1, Absatz 3 Nummer 4	35 €
155.2	und dabei überholt	§ 41 Absatz 1 i.V.m. Anlage 2 lfd. Nr. 68 (Zeichen 295) Spalte 3 Nummer 1a, lfd. Nr. 69 (Zeichen 296) Spalte 3 Nummer 1, lfd. Nr. 70 (Zeichen 297) Spalte 3 Nummer 1, lfd. Nr. 72 (Zeichen 298) Spalte 3 § 49 Absatz 3 Nummer 4	30 €
155.3	und dabei nach links abgebogen oder gewendet	§ 41 Absatz 1 i.V.m. Anlage 2 lfd. Nr. 68 (Zeichen 295) Spalte 3 Nummer 1a, lfd. Nr. 69 (Zeichen 296) Spalte 3 Nummer 1, lfd. Nr. 70 (Zeichen 297) Spalte 3 Nummer 1, lfd. Nr. 72 (Zeichen 298) Spalte 3 § 49 Absatz 3 Nummer 4	30 €
155.3.1	– mit Gefährdung	§ 41 Absatz 1 i.V.m. Anlage 2 lfd. Nr. 68 (Zeichen 295) Spalte 3 Nummer 1a, lfd. Nr. 69 (Zeichen 296) Spalte 3 Nummer 1, lfd. Nr. 70 (Zeichen 297) Spalte 3 Nummer 1, lfd. Nr. 72 (Zeichen 298) Spalte 3 § 1 Absatz 2	35 €

Lfd. Nr.	Tatbestand	Straßenverkehrs-Ordnung (StVO)	Regelsatz in Euro (€), Fahrverbot in Monaten
156	Sperrfläche (Zeichen 298) zum Parken benutzt	§ 49 Absatz 1 Nummer 1, Absatz 3 Nummer 4 § 41 Absatz 1 i.V.m. Anlage 2 lfd. Nr. 72 (Zeichen 298) Spalte 3 § 49 Absatz 3 Nummer 4	25 €

(Fortsetzung nächstes Blatt)

Lfd. Nr.	Tatbestand	Straßenverkehrs-Ordnung (StVO)	Regelsatz in Euro (€), Fahrverbot in Monaten
	Richtzeichen		
157	Beim Führen eines Fahrzeugs in einem verkehrsberuhigten Bereich (Zeichen 325.1, 325.2)		
157.1	– Schrittgeschwindigkeit nicht eingehalten (soweit nicht von Nummer 11 erfasst)	§ 42 Absatz 2 i.V.m. Anlage 3 lfd. Nr. 12 (Zeichen 325.1) Spalte 3 Nummer 1 § 49 Absatz 3 Nummer 5	15 €
157.2	– Fußgängerverkehr behindert	§ 42 Absatz 2 i.V.m. Anlage 3 lfd. Nr. 12 (Zeichen 325.1) Spalte 3 Nummer 2 § 49 Absatz 3 Nummer 5	15 €
157.3	– Fußgängerverkehr gefährdet		60 €
(158)	(aufgehoben)		
159	In einem verkehrsberuhigten Bereich (Zeichen 325.1, 325.2) außerhalb der zum Parken gekennzeichneten Flächen geparkt (§ 12 Absatz 2 StVO)	§ 42 Absatz 2 i.V.m. Anlage 3 lfd. Nr. 12 (Zeichen 325.1) Spalte 3 Nummer 4 § 49 Absatz 3 Nummer 5	10 €
159.1	– mit Behinderung	§ 42 Absatz 2 i.V.m. Anlage 3 lfd. Nr. 12 (Zeichen 325.1) Spalte 3 Nummer 4 § 1 Absatz 2 § 49 Absatz 1 Nummer 1, Absatz 3 Nummer 5	15 €
159.2	länger als 3 Stunden	§ 42 Absatz 2 i.V.m. Anlage 3 lfd. Nr. 12 (Zeichen 325.1) Spalte 3 Nummer 4 § 49 Absatz 3 Nummer 5	20 €
159.2.1	– mit Behinderung	§ 42 Absatz 2 i.V.m. Anlage 3 lfd. Nr. 12 (Zeichen 325.1) Spalte 3 Nummer 4 § 1 Absatz 2 § 49 Absatz 1 Nummer 1, Absatz 3 Nummer 5	30 €
159a	In einem Tunnel (Zeichen 327) Abblendlicht nicht benutzt	§ 42 Absatz 2 i.V.m. Anlage 3 lfd. Nr. 14 (Zeichen 327) Spalte 3 Nummer 1 § 49 Absatz 3 Nummer 5	10 €

Lfd. Nr.	Tatbestand	Straßenverkehrs-Ordnung (StVO)	Regelsatz in Euro (€), Fahrverbot in Monaten
159a.1	– mit Gefährdung	§ 42 Absatz 2 i.V.m. Anlage 3 lfd. Nr. 14 (Zeichen 327) Spalte 3 Nummer 1 § 1 Absatz 2 § 49 Absatz 1 Nummer 1, Absatz 3 Nummer 5	15 €
159a.2	– mit Sachbeschädigung		35 €
159b	In einem Tunnel (Zeichen 327) gewendet	§ 42 Absatz 2 i.V.m. Anlage 3 lfd. Nr. 14 (Zeichen 327) Spalte 3 Nummer 1 § 49 Absatz 3 Nummer 5	60 €
159c	In einer Nothalte- und Pannenbucht (Zeichen 328) unberechtigt	§ 42 Absatz 2 i.V.m. Anlage 3 lfd. Nr. 15 (Zeichen 328) Spalte 3 § 49 Absatz 3 Nummer 5	
159c.1	– gehalten		20 €
159c.2	– geparkt		25 €
(160 bis 162)	(aufgehoben)		
	Verkehrseinrichtungen		
163	Durch Verkehrseinrichtungen abgesperrte Straßenfläche befahren	§ 43 Absatz 3 Satz 2 i.V.m. Anlage 4 lfd. Nr. 1 bis 7 (Zeichen 600, 605, 628, 629, 610, 615, 616) Spalte 3 § 49 Absatz 3 Nummer 6	5 €
	Andere verkehrsrechtliche Anordnungen		
164	Einer den Verkehr verbietenden oder beschränkenden Anordnung, die öffentlich bekannt gemacht wurde, zuwidergehandelt	§ 45 Absatz 4 Halbsatz 2 § 49 Absatz 3 Nummer 7	60 €
165	Mit Arbeiten begonnen, ohne zuvor Anordnungen eingeholt zu haben, diese Anordnungen nicht befolgt oder Lichtzeichenanlagen nicht bedient	§ 45 Absatz 6 § 49 Absatz 4 Nummer 3	75 €
	Ausnahmegenehmigung und Erlaubnis		
166	Vollziehbare Auflage einer Ausnahmegenehmigung oder Erlaubnis nicht befolgt	§ 46 Absatz 3 Satz 1 § 49 Absatz 4 Nummer 4	60 €
167	Genehmigungs- oder Erlaubnisbescheid nicht mitgeführt	§ 46 Absatz 3 Satz 3 § 49 Absatz 4 Nummer 5	10 €

Lfd. Nr.	Tatbestand	Fahrerlaubnis-Verordnung (FeV)	Regelsatz in Euro (€), Fahrverbot in Monaten
	b) Fahrerlaubnis-Verordnung		
	Mitführen von Führ erscheinen und Bescheinigungen		
168	Führerschein oder Bescheinigung oder die Übersetzung des ausländischen Führerscheins nicht mitgeführt	§ 75 Nummer 4 i.V.m. den dort genannten Vorschriften	10 €
168a	Führerscheinverlust nicht unverzüglich angezeigt und sich kein Ersatzdokument ausstellen lassen	§ 75 Nummer 4	10 €
	Einschränkung der Fahrerlaubnis		
169	Einer vollziehbaren Auflage nicht nachgekommen	§ 10 Absatz 2 Satz 4 § 23 Absatz 2 Satz 1 § 28 Absatz 1 Satz 2 § 46 Absatz 2 § 74 Absatz 3 § 75 Nummer 9, 14, 15	25 €
	Ablieferung und Vorlage des Führerscheins		
170	Einer Pflicht zur Ablieferung oder zur Vorlage eines Führerscheins nicht oder nicht rechtzeitig nachgekommen	§ 75 Nummer 10 i.V.m. den dort genannten Vorschriften	25 €
	Fahrerlaubnis zur Fahrgastbeförderung		
171	Ohne erforderliche Fahrerlaubnis zur Fahrgastbeförderung einen oder mehrere Fahrgäste in einem in § 48 Absatz 1 FeV genannten Fahrzeug befördert	§ 48 Absatz 1 § 75 Nummer 12	75 €
172	Als Halter die Fahrgastbeförderung in einem in § 48 Absatz 1 FeV genannten Fahrzeug angeordnet oder zugelassen, obwohl der Fahrzeugführer die erforderliche Fahrerlaubnis zur Fahrgastbeförderung nicht besaß	§ 48 Absatz 8 § 75 Nummer 12	75 €
	Ortskenntnisse bei Fahrgastbeförderung		
173	Als Halter die Fahrgastbeförderung in einem in § 48 Absatz 1 i.V.m. § 48 Absatz 4 Nummer 7 FeV genannten Fahrzeug angeordnet oder zugelassen, obwohl der Fahrzeugführer die erforderlichen Ortskenntnisse nicht nachgewiesen hat	§ 48 Absatz 8 § 75 Nummer 12	35 €

Lfd. Nr.	Tatbestand	Fahrzeug-Zulassungsverordnung (FZV)	Regelsatz in Euro (€), Fahrverbot in Monaten
	c) Fahrzeug-Zulassungsverordnung		
	Mitführen von Fahrzeugpapieren		
174	Die Zulassungsbescheinigung Teil I oder sonstige Bescheinigung nicht mitgeführt	§ 4 Absatz 5 Satz 1 § 11 Absatz 6 § 26 Absatz 1 Satz 6 § 48 Nummer 5	10 €

Lfd. Nr.	Tatbestand	Fahrzeug-Zulassungsverordnung (FZV)	Regelsatz in Euro (€), Fahrverbot in Monaten
	Zulassung		
175	Kraftfahrzeug oder Kraftfahrzeuganhänger ohne die erforderliche EG-Typgenehmigung, Einzelgenehmigung oder Zulassung auf einer öffentlichen Straße in Betrieb gesetzt	§ 3 Absatz 1 Satz 1 § 4 Absatz 1 § 48 Nummer 1	70 €
175a	Kraftfahrzeug oder Kraftfahrzeuganhänger außerhalb des auf dem Saisonkennzeichen angegebenen Betriebszeitraums oder nach dem auf dem Kurzzeitkennzeichen oder nach dem auf dem Ausfuhrkennzeichen angegebenen Ablaufdatum oder Fahrzeug mit Wechselkennzeichen ohne oder mit einem unvollständigen Wechselkennzeichen auf einer öffentlichen Straße in Betrieb gesetzt	§ 8 Absatz 1a Satz 6 § 9 Absatz 3 Satz 5 § 16a Absatz 4 Satz 3 § 19 Absatz 1 Nummer 4 Satz 3 § 48 Nummer 1	50 €
176	Das vorgeschriebene Kennzeichen an einem von der Zulassungspflicht ausgenommenen Fahrzeug nicht geführt	§ 4 Absatz 2 Satz 1, Absatz 3 Satz 1, 2 § 48 Nummer 3	40 €
177	Fahrzeug außerhalb des auf dem Saisonkennzeichen angegebenen Betriebszeitraums oder mit Wechselkennzeichen ohne oder mit einem unvollständigen Wechselkennzeichen auf einer öffentlichen Straße abgestellt	§ 8 Absatz 1a Satz 6 § 9 Absatz 3 Satz 5 § 48 Nummer 9	40 €
	Betriebsverbot und -beschränkungen		
(178)	(aufgehoben)		
178a	Betriebsverbot wegen Verstoßes gegen Mitteilungspflichten oder gegen die Pflichten beim Erwerb des Fahrzeugs nicht beachtet	§ 13 Absatz 1 Satz 5, auch i. V. m. Absatz 4 Satz 7, Absatz 3 Satz 2 § 48 Nummer 7	40 €
179	Ein Fahrzeug in Betrieb gesetzt, dessen Kennzeichen nicht wie vorgeschrieben ausgestaltet oder angebracht ist; ausgenommen ist das Fehlen des vorgeschriebenen Kennzeichens	§ 10 Absatz 12 i.V.m. § 10 Absatz 1, 2 Satz 2 und 3 Halbsatz 1, Absatz 6, 7, 8 Halbsatz 1, Absatz 9 Satz 1 auch i.V.m. § 16 Absatz 5 Satz 3 § 16a Absatz 3 Satz 4 § 17 Absatz 2 Satz 4 § 19 Absatz 1 Nummer 3 Satz 5 § 48 Nummer 1	10 €
179a	Fahrzeug in Betrieb genommen, obwohl das vorgeschriebene Kennzeichen fehlt	§ 10 Absatz 12 i.V.m. § 10 Absatz 5 Satz 1, Absatz 8 § 48 Nummer 1	60 €
179b	Fahrzeug in Betrieb genommen, dessen Kennzeichen mit Glas, Folien oder ähnlichen Abdeckungen versehen ist	§ 10 Absatz 12 i.V.m. § 10 Absatz 2 Satz 1, Absatz 8 § 48 Nummer 1	65 €
179c	Fahrzeug mit CC- oder CD-Zeichen auf öffentlichen Straßen in Betrieb genommen, ohne dass hierzu eine Berechtigung besteht und diese in der Zulassungsbescheinigung Teil I eingetragen ist	§ 10 Absatz 11 Satz 3 § 48 Nummer 9b	10 €

Lfd. Nr.	Tatbestand	Fahrzeug-Zulassungsverordnung (FZV)	Regelsatz in Euro (€), Fahrverbot in Monaten
	Mitteilungs-, Anzeige- und Vorlagepflichten, Zurückziehen aus dem Verkehr, Verwertungsnachweis		
180	Gegen die Mitteilungspflicht bei Änderungen der tatsächlichen Verhältnisse, Wohnsitz- oder Sitzänderung des Halters, Standortverlegung des Fahrzeugs, Veräußerung oder Erwerb verstoßen	§ 13 Absatz 1 Satz 1 bis 4, Absatz 3 Satz 1, Absatz 4 Satz 1 erster Halbsatz, Satz 3 oder 4 § 48 Nummer 12	15 €
180a	Als Halter ein Fahrzeug nicht oder nicht ordnungsgemäß außer Betrieb setzen lassen	§ 15 Absatz 1 Satz 1, Absatz 2 Satz 1 § 48 Nummer 8 Buchstabe b	15 €
	Internetbasierte Zulassung		
180b	Als Halter einen Plakettenträger nicht, nicht rechtzeitig oder nicht ordnungsgemäß (ausgenommen auf einem anderen als dem zugehörigen zugeteilten Kennzeichen) angebracht	§ 15i Absatz 5 Satz 1 § 48 Nummer 14	40 €
180c	Plakettenträger auf einem Kennzeichenschild mit einem anderen als dem zugehörigen zugeteilten Kennzeichen angebracht	§ 15i Absatz 5 Satz 2 § 48 Nummer 14a	65 €
180d	Fahrzeug ohne die dafür übersandten Plakettenträger oder mit einem anderen als den angebrachten Plakettenträgern zugehörigen zugeteilten Kennzeichen in Betrieb gesetzt	§ 15i Absatz 5 Satz 3 § 48 Nummer 1 Buchstabe c	70 €
180e	Als Halter die Inbetriebnahme eines Fahrzeuges ohne die dafür übersandten Plakettenträger oder mit einem anderen als den angebrachten Plakettenträgern zugehörigen zugeteilten Kennzeichen zugelassen oder angeordnet	§ 15i Absatz 5 Satz 4 § 48 Nummer 2	70 €
	Prüfungs-, Probe-, Überführungsfahrten **Rote Kennzeichen, Kurzzeitkennzeichen**		
181	Gegen die Pflicht zur Eintragung in Fahrzeugscheinhefte verstoßen oder das rote Kennzeichen oder das Fahrzeugscheinheft nicht zurückgegeben	§ 16 Absatz 2 Satz 3, 7 § 48 Nummer 15, 18	10 €
182	Kurzzeitkennzeichen für unzulässige Fahrten oder an einem anderen Fahrzeug verwendet	§ 16a Absatz 3 Satz 1 § 48 Nummer 18a	50 €
183	Gegen die Pflicht zum Fertigen, Aufbewahren oder Aushändigen von Aufzeichnungen über Prüfungs-, Probe- oder Überführungsfahrten verstoßen	§ 16 Absatz 2 Satz 5, 6 § 48 Nummer 6, 17	25 €
183a	Fahrzeugscheinheft für Fahrzeuge mit rotem Kennzeichen oder Fahrzeugscheinheft für Oldtimerfahrzeuge mit roten Kennzeichen nicht mitgeführt	§ 16 Absatz 2 Satz 4 § 17 Absatz 2 Satz 1 § 48 Nummer 5	10 €
183b	Fahrzeugschein für Fahrzeuge mit Kurzzeitkennzeichen nicht mitgeführt	§ 16a Absatz 5 Satz 3 § 48 Nummer 5	20 €
	Versicherungskennzeichen und -plaketten		
184	Fahrzeug in Betrieb genommen, dessen Versicherungskennzeichen oder -plakette nicht wie vorgeschrieben ausgestaltet ist, ausgenommen ist das Fehlen des vorgeschriebenen Ver-	§ 27 Absatz 7 § 29a Absatz 4 § 48 Nummer 1 Buchstabe c	10 €

Lfd. Nr.	Tatbestand	Fahrzeug-Zulassungsverordnung (FZV)	Regelsatz in Euro (€), Fahrverbot in Monaten
	sicherungskennzeichens oder der vorgeschriebenen Versicherungsplakette		
	Ausländische Kraftfahrzeuge		
185	Zulassungsbescheinigung oder die Übersetzung des ausländischen Zulassungsscheins nicht mitgeführt oder nicht ausgehändigt	§ 20 Absatz 5 § 48 Nummer 5	10 €
185a	An einem ausländischen Kraftfahrzeug oder ausländischen Kraftfahrzeuganhänger das heimische Kennzeichen oder das Unterscheidungszeichen unter Verstoß gegen eine Vorschrift über deren Anbringung geführt	§ 21 Absatz 1 Satz 1 Halbsatz 2, Absatz 2 Satz 1 Halbsatz 2 § 48 Nummer 19	10 €
185b	An einem ausländischen Kraftfahrzeug oder ausländischen Kraftfahrzeuganhänger das vorgeschriebene heimische Kennzeichen nicht geführt	§ 21 Absatz 1 Satz 1 Halbsatz 1 § 48 Nummer 19	40 €
185c	An einem ausländischen Kraftfahrzeug oder ausländischen Kraftfahrzeuganhänger das Unterscheidungszeichen nicht geführt	§ 21 Absatz 2 Satz 1 Halbsatz 1 § 48 Nummer 19	15 €

Lfd. Nr.	Tatbestand	Straßenverkehrs-Zulassungs-Ordnung (StVZO)	Regelsatz in Euro (€), Fahrverbot in Monaten
	d) Straßenverkehrs-Zulassungs-Ordnung		
	Untersuchung der Kraftfahrzeuge und Anhänger		
186	Als Halter Fahrzeug zur Hauptuntersuchung oder zur Sicherheitsprüfung nicht vorgeführt	§ 29 Absatz 1 Satz 1 i.V.m. Nummer 2.1, 2.2, 2.6, 2.7 Satz 2, 3, Nummer 3.1.1, 3.1.2, 3.2.2 der Anlage VIII § 69a Absatz 2 Nummer 14	
186.1	bei Fahrzeugen, die nach Nummer 2.1 der Anlage VIII zu § 29 StVZO in bestimmten Zeitabständen einer Sicherheitsprüfung zu unterziehen sind, wenn der Vorführtermin überschritten worden ist um		
186.1.1	bis zu 2 Monate		15 €
186.1.2	mehr als 2 bis zu 4 Monate		25 €
186.1.3	mehr als 4 bis zu 8 Monate		60 €
186.1.4	mehr als 8 Monate		75 €
186.2	bei anderen als in Nummer 186.1 genannten Fahrzeugen, wenn der Vorführtermin überschritten worden ist um		
186.2.1	mehr als 2 bis zu 4 Monate		15 €
186.2.2	mehr als 4 bis zu 8 Monate		25 €
186.2.3	mehr als 8 Monate		60 €
187	Fahrzeug zur Nachprüfung der Mängelbeseitigung nicht rechtzeitig vorgeführt	§ 29 Absatz 1 Satz 1 i.V.m. Nummer 3.1.4.3	15 €

Lfd. Nr.	Tatbestand	Straßenverkehrs-Zulassungs-Ordnung (StVZO)	Regelsatz in Euro (€), Fahrverbot in Monaten
		Satz 2 Halbsatz 2 der Anlage VIII § 69a Absatz 2 Nummer 18	
187a	Betriebsverbot oder -beschränkung wegen Fehlens einer gültigen Prüfplakette oder Prüfmarke in Verbindung mit einem SP-Schild nicht beachtet	§ 29 Absatz 7 Satz 5 § 69a Absatz 2 Nummer 15	60 €
	Vorstehende Außenkanten		
188	Fahrzeug oder Fahrzeugkombination in Betrieb genommen, obwohl Teile, die den Verkehr mehr als unvermeidbar gefährdeten, an dessen Umriss hervorragten	§ 30c Absatz 1 § 69a Absatz 3 Nummer 1a	20 €

(Fortsetzung nächstes Blatt)

Lfd. Nr.	Tatbestand	Straßenverkehrs-Zulassungs-Ordnung (StVZO)	Regelsatz in Euro (€), Fahrverbot in Monaten
	Verantwortung für den Betrieb der Fahrzeuge		
189	Als Halter die Inbetriebnahme eines Fahrzeugs oder Zuges angeordnet oder zugelassen, obwohl	§ 31 Absatz 2 § 69a Absatz 5 Nummer 3	
189.1	der Führer zur selbstständigen Leitung nicht geeignet war		
189.1.1	bei Lastkraftwagen oder Kraftomnibussen		180 €
189.1.2	bei anderen als in Nummer 189.1.1 genannten Fahrzeugen		90 €
189.2	das Fahrzeug oder der Zug nicht vorschriftsmäßig war und dadurch die Verkehrssicherheit wesentlich beeinträchtigt war,	§ 31 Absatz 2 § 69a Absatz 5 Nummer 3	
	insbesondere unter Verstoß gegen eine Vorschrift über Lenkeinrichtungen, Bremsen, Einrichtungen zur Verbindung von Fahrzeugen	§ 31 Absatz 2, jeweils i.V.m. § 38 § 41 Absatz 1 bis 12, 15 bis 17 § 43 Absatz 1 Satz 1 bis 3, Absatz 4 Satz 1, 3 § 69a Absatz 5 Nummer 3	
189.2.1	bei Lastkraftwagen oder Kraftomnibussen bzw. ihren Anhängern		270 €
189.2.2	bei anderen als in Nummer 189.2.1 genannten Fahrzeugen		135 €
189.3	die Verkehrssicherheit des Fahrzeugs oder des Zuges durch die Ladung oder die Besetzung wesentlich litt	§ 31 Absatz 2 § 69a Absatz 5 Nummer 3	
189.3.1	bei Lastkraftwagen oder Kraftomnibussen bzw. ihren Anhängern		270 €
189.3.2	bei anderen als in Nummer 189.3.1 genannten Fahrzeugen		135 €
189a	Als Halter die Inbetriebnahme eines Fahrzeugs angeordnet oder zugelassen, obwohl die Betriebserlaubnis erloschen war, und dadurch die Verkehrssicherheit wesentlich beeinträchtigt	§ 19 Absatz 5 Satz 1 § 69a Absatz 2 Nummer 1a	
189a.1	bei Lastkraftwagen oder Kraftomnibussen		270 €
189a.2	bei anderen als in Nummer 189a.1 genannten Fahrzeugen		135 €
189b	Als Halter die Inbetriebnahme eines Fahrzeugs angeordnet oder zugelassen, obwohl die Betriebserlaubnis erloschen war, und dadurch die Umwelt wesentlich beeinträchtigt	§ 19 Absatz 5 Satz 1 § 69a Absatz 2 Nummer 1a	
189b.1	bei Lastkraftwagen oder Kraftomnibussen		270 €
189b.2	bei anderen als in Nummer 189b.1 genannten Fahrzeugen		135 €
	Führung eines Fahrtenbuches		
190	Fahrtenbuch nicht ordnungsgemäß geführt, auf Verlangen nicht ausgehändigt oder nicht für die vorgeschriebene Dauer aufbewahrt	§ 31a Absatz 2, 3 § 69a Absatz 5 Nummer 4, 4a	100 €

Lfd. Nr.	Tatbestand	Straßenverkehrs-Zulassungs-Ordnung (StVZO)	Regelsatz in Euro (€), Fahrverbot in Monaten
	Überprüfung mitzuführender Gegenstände		
191	Mitzuführende Gegenstände auf Verlangen nicht vorgezeigt oder zur Prüfung nicht ausgehändigt	§ 31b § 69a Absatz 5 Nummer 4b	5 €
	Abmessungen von Fahrzeugen und Fahrzeugkombinationen		
192	Kraftfahrzeug, Anhänger oder Fahrzeugkombination in Betrieb genommen, obwohl die höchstzulässige Breite, Höhe oder Länge überschritten war	§ 32 Absatz 1 bis 4, 9 § 69a Absatz 3 Nummer 2	60 €
193	Als Halter die Inbetriebnahme eines Kraftfahrzeugs, Anhängers oder einer Fahrzeugkombination angeordnet oder zugelassen, obwohl die höchstzulässige Breite, Höhe oder Länge überschritten war	§ 31 Absatz 2 i.V.m. § 32 Absatz 1 bis 4, 9 § 69a Absatz 5 Nummer 3	75 €
	Unterfahrschutz		
194	Kraftfahrzeug, Anhänger oder Fahrzeug mit austauschbarem Ladungsträger ohne vorgeschriebenen Unterfahrschutz in Betrieb genommen	§ 32b Absatz 1, 2, 4 § 69a Absatz 3 Nummer 3a	25 €
	Kurvenlaufeigenschaften		
195	Kraftfahrzeug oder Fahrzeugkombination in Betrieb genommen, obwohl die vorgeschriebenen Kurvenlaufeigenschaften nicht eingehalten waren	§ 32d Absatz 1, 2 Satz 1 § 69a Absatz 3 Nummer 3c	60 €
196	Als Halter die Inbetriebnahme eines Kraftfahrzeugs oder einer Fahrzeugkombination angeordnet oder zugelassen, obwohl die vorgeschriebenen Kurvenlaufeigenschaften nicht eingehalten waren	§ 31 Absatz 2 i.V.m. § 32d Absatz 1, 2 Satz § 69a Absatz 5 Nummer 3	75 €
	Schleppen von Fahrzeugen		
197	Fahrzeug unter Verstoß gegen eine Vorschrift über das Schleppen von Fahrzeugen in Betrieb genommen	§ 33 Absatz 1 Satz 1, Absatz 2 Nummer 1, 6 § 69a Absatz 3 Nummer 3	25 €
	Achslast, Gesamtgewicht, Anhängelast hinter Kraftfahrzeugen		
198	Kraftfahrzeug, Anhänger oder Fahrzeugkombination in Betrieb genommen, obwohl die zulässige Achslast, das zulässige Gesamtgewicht oder die zulässige Anhängelast hinter einem Kraftfahrzeug überschritten war	§ 34 Absatz 3 Satz 3 § 31d Absatz 1 § 42 Absatz 1, 2 Satz 2 § 69a Absatz 3 Nummer 4	
198.1	bei Kraftfahrzeugen mit einem zulässigen Gesamtgewicht über 7,5 t oder Kraftfahrzeugen mit Anhängern, deren zulässiges Gesamtgewicht 2 t übersteigt		Tabelle 3 Buchstabe a
198.2	bei anderen Kraftfahrzeugen bis 7,5 t zulässiges Gesamtgewicht		Tabelle 3 Buchstabe b
199	Als Halter die Inbetriebnahme eines Kraftfahrzeugs, eines Anhängers oder einer Fahrzeugkombination angeordnet oder zugelassen, obwohl die zulässige Achslast, das zulässige Gesamtgewicht oder die zulässige Anhän-	§ 31 Absatz 2 i.V.m. § 34 Absatz 3 Satz 3 § 42 Absatz 1, 2 Satz 2 § 31d Absatz 1 § 69a Absatz 5 Nummer 3	

Lfd. Nr.	Tatbestand	Straßenverkehrs-Zulassungs-Ordnung (StVZO)	Regelsatz in Euro (€), Fahrverbot in Monaten
	gelast hinter einem Kraftfahrzeug überschritten war		
199.1	bei Kraftfahrzeugen mit einem zulässigen Gesamtgewicht über 7,5 t oder Kraftfahrzeugen mit Anhängern, deren zulässiges Gesamtgewicht 2 t übersteigt		Tabelle 3 Buchstabe a
199.2	bei anderen Kraftfahrzeugen bis 7,5 t zulässiges Gesamtgewicht		Tabelle 3 Buchstabe b
(200)	(aufgehoben)		
	Besetzung von Kraftomnibussen		
201	Kraftomnibus in Betrieb genommen und dabei mehr Personen oder Gepäck befördert, als in der Zulassungsbescheinigung Teil I Sitz- und Stehplätze eingetragen sind, und die Summe der im Fahrzeug angeschriebenen Fahrgastplätze sowie die Angaben für die Höchstmasse des Gepäcks ausweisen	§ 34a Absatz 1 § 69a Absatz 3 Nummer 5	60 €
202	Als Halter die Inbetriebnahme eines Kraftomnibusses angeordnet oder zugelassen, obwohl mehr Personen befördert wurden, als in der Zulassungsbescheinigung Teil I Plätze ausgewiesen waren	§ 31 Absatz 2 i.V.m. § 34a Absatz 1 § 69a Absatz 5 Nummer 3	75 €
	Kindersitze		
203	Kraftfahrzeug in Betrieb genommen unter Verstoß gegen		
203.1	das Verbot der Anbringung von nach hinten gerichteten Kinderrückhalteeinrichtungen auf Beifahrerplätzen mit Airbag	§ 35a Absatz 8 Satz 1 § 69a Absatz 3 Nummer 7	25 €
203.2	die Pflicht zur Anbringung des Warnhinweises zur Verwendung von Kinderrückhalteeinrichtungen auf Beifahrerplätzen mit Airbag	§ 35a Absatz 8 Satz 2, 4 § 69a Absatz 3 Nummer 7	5 €
203.3	die Pflicht zur rückwärts oder seitlich gerichteten Anbringung von Rückhalteeinrichtungen für Kinder bis zu einem Alter von 15 Monaten	§ 35a Absatz 13 § 69a Absatz 3 Nummer 7	25 €
	Rollstuhlplätze und Rückhaltesysteme		
203a	Als Halter die Inbetriebnahme eines Personenkraftwagens, in dem ein Rollstuhlnutzer befördert wurde, angeordnet oder zugelassen, obwohl er nicht mit dem vorgeschriebenen Rollstuhlstellplatz ausgerüstet war	§ 35a Absatz 4a Satz 1 § 31 Absatz 2 § 69a Absatz 5 Nummer 3	35 €
203b	Personenkraftwagen, in dem ein Rollstuhlnutzer befördert wurde, in Betrieb genommen, obwohl er nicht mit dem vorgeschriebenen Rollstuhlstellplatz ausgerüstet war	§ 35a Absatz 4a Satz 1 § 69a Absatz 3 Nummer 7	35 €
203c	Als Halter die Inbetriebnahme eines Personenkraftwagens, in dem ein Rollstuhlnutzer befördert wurde, angeordnet oder zugelassen, obwohl der Rollstuhlstellplatz nicht mit dem vorgeschriebenen Rollstuhl-Rückhaltesystem oder Rollstuhlnutzer-Rückhaltesystem ausgerüstet war	§ 35a Absatz 4a Satz 2, 3 § 31 Absatz 2, § 69a Absatz 5 Nummer 3	30 €

Lfd. Nr.	Tatbestand	Straßenverkehrs-Zulassungs-Ordnung (StVZO)	Regelsatz in Euro (€), Fahrverbot in Monaten
203d	Einen Personenkraftwagen, in dem ein Rollstuhlnutzer befördert wurde, in Betrieb genommen, obwohl der Rollstuhlstellplatz nicht mit dem vorgeschriebenen Rollstuhl-Rückhaltesystem oder Rollstuhlnutzer-Rückhaltesystem ausgerüstet war	§ 35a Absatz 4a Satz 2, 3 § 69a Absatz 3 Nummer 7	30 €
203e	Als Fahrer nicht sichergestellt, dass das Rollstuhl-Rückhaltesystem oder Rollstuhlnutzer-Rückhaltesystem in der vom Hersteller des jeweiligen Systems vorgesehenen Weise während der Fahrt betrieben wurde	§ 35a Absatz 4a Satz 4 § 69a Absatz 3 Nummer 7	30 €
203f	Als Halter nicht sichergestellt, dass das Rollstuhl-Rückhaltesystem oder Rollstuhlnutzer-Rückhaltesystem in der vom Hersteller des jeweiligen Systems vorgesehenen Weise während der Fahrt betrieben wurde	§ 35a Absatz 4a Satz 4 § 31 Absatz 2 § 69a Absatz 5 Nummer 3	30 €
	Feuerlöscher in Kraftomnibussen		
204	Kraftomnibus unter Verstoß gegen eine Vorschrift über mitzuführende Feuerlöscher in Betrieb genommen	§ 35g Absatz 1, 2 § 69a Absatz 3 Nummer 7c	15 €
205	Als Halter die Inbetriebnahme eines Kraftomnibusses unter Verstoß gegen eine Vorschrift über mitzuführende Feuerlöscher angeordnet oder zugelassen	§ 31 Absatz 2 i.V.m. § 35g Absatz 1, 2 § 69a Absatz 5 Nummer 3	20 €
	Erste-Hilfe-Material in Kraftfahrzeugen		
206	Unter Verstoß gegen eine Vorschrift über mitzuführendes Erste-Hilfe-Material		
206.1	einen Kraftomnibus	§ 35h Absatz 1, 2 § 69a Absatz 3 Nummer 7c	15 €
206.2	ein anderes Kraftfahrzeug	§ 35h Absatz 3 § 69a Absatz 3 Nummer 7c	5 €
	in Betrieb genommen		
207	Als Halter die Inbetriebnahme unter Verstoß gegen eine Vorschrift über mitzuführendes Erste-Hilfe-Material		
207.1	eines Kraftomnibusses	§ 31 Absatz 2 i.V.m. § 35h Absatz 1, 2 § 69a Absatz 5 Nummer 3	25 €
207.2	eines anderen Kraftfahrzeugs	§ 31 Absatz 2 i.V.m. § 35h Absatz 3 § 69a Absatz 5 Nummer 3	10 €
	angeordnet oder zugelassen		
	Bereifung und Laufflächen		
208	Kraftfahrzeug oder Anhänger, die unzulässig mit Diagonal- und mit Radialreifen ausgerüstet waren, in Betrieb genommen	§ 36 Absatz 6 Satz 1, 2 § 69a Absatz 3 Nummer 8	15 €
209	Als Halter die Inbetriebnahme eines Kraftfahrzeugs oder Anhängers, die unzulässig mit Diagonal- und mit Radialreifen ausgerüstet waren, angeordnet oder zugelassen	§ 31 Absatz 2 i.V.m. § 36 Absatz 6 Satz 1, 2 § 69a Absatz 5 Nummer 3	30 €

Lfd. Nr.	Tatbestand	Straßenverkehrs-Zulassungs-Ordnung (StVZO)	Regelsatz in Euro (€), Fahrverbot in Monaten
210	Mofa in Betrieb genommen, dessen Reifen keine ausreichenden Profilrillen oder Einschnitte oder keine ausreichende Profil- oder Einschnitttiefe besaß	§ 36 Absatz 3 Satz 5 § 31d Absatz 4 Satz 1 § 69a Absatz 3 Nummer 1c, 8	25 €
211	Als Halter die Inbetriebnahme eines Mofas angeordnet oder zugelassen, dessen Reifen keine ausreichenden Profilrillen oder Einschnitte oder keine ausreichende Profil- oder Einschnitttiefe besaß	§ 31 Absatz 2 i.V.m. § 36 Absatz 3 Satz 5 § 31d Absatz 4 Satz 1 § 69a Absatz 5 Nummer 3	35 €
212	Kraftfahrzeug (außer Mofa) oder Anhänger in Betrieb genommen, dessen Reifen keine ausreichenden Profilrillen oder Einschnitte oder keine ausreichende Profil- oder Einschnitttiefe besaß	§ 36 Absatz 3 Satz 3 bis 5 § 31d Absatz 4 Satz 1 § 69a Absatz 3 Nummer 1c, 8	60 €
213	Als Halter die Inbetriebnahme eines Kraftfahrzeugs (außer Mofa) oder Anhängers angeordnet oder zugelassen, dessen Reifen keine ausreichenden Profilrillen oder Einschnitte oder keine ausreichende Profil- oder Einschnitttiefe besaß	§ 31 Absatz 2 i.V.m. § 36 Absatz 3 Satz 3 bis 5 § 31d Absatz 4 Satz 1 § 69a Absatz 5 Nummer 3	75 €
213a	Als Halter die Inbetriebnahme eines Kraftfahrzeugs bei Glatteis, Schneeglätte, Schneematsch, Eis- oder Reifglätte angeordnet oder zugelassen, dessen Bereifung, die in § 36 Absatz 4 oder Absatz 4a StVZO beschriebenen Eigenschaften nicht erfüllt, wenn das Kraftfahrzeug gemäß § 2 Absatz 3a StVO bei Glatteis, Schneeglätte, Schneematsch, Eis- oder Reifglätte nur mit solchen Reifen gefahren werden darf, die die in § 36 Absatz 4 StVZO beschriebenen Eigenschaften erfüllen	§ 31 Absatz 2 i. V. m. § 36 Absatz 4 und 4a § 69a Absatz 5 Nummer 3	75 €
	Sonstige Pflichten für den verkehrssicheren Zustand des Fahrzeugs		
214	Kraftfahrzeug oder Kraftfahrzeug mit Anhänger in Betrieb genommen, das sich in einem Zustand befand, der die Verkehrssicherheit wesentlich beeinträchtigt	§ 30 Absatz 1 § 69a Absatz 3 Nummer 1	
	insbesondere unter Verstoß gegen eine Vorschrift über Lenkeinrichtungen, Bremsen, Einrichtungen zur Verbindung von Fahrzeugen	§ 38 § 41 Absatz 1 bis 12, 15 Satz 1, 3, 4, Absatz 16, 17 § 43 Absatz 1 Satz 1 bis 3, Absatz 4 Satz 1, 3 § 69a Absatz 3 Nummer 3, 9, 13	
214.1	bei Lastkraftwagen oder Kraftomnibussen bzw. ihren Anhängern		180 €
214.2	bei anderen als in Nummer 214.1 genannten Fahrzeugen		90 €
	Erlöschen der Betriebserlaubnis		
214a	Fahrzeug trotz erloschener Betriebserlaubnis in Betrieb genommen und dadurch die Verkehrssicherheit wesentlich beeinträchtigt	§ 19 Absatz 5 Satz 1 § 69a Absatz 2 Nummer 1a	

Lfd. Nr.	Tatbestand	Straßenverkehrs-Zulassungs-Ordnung (StVZO)	Regelsatz in Euro (€), Fahrverbot in Monaten
214a.1	bei Lastkraftwagen oder Kraftomnibussen		180 €
214a.2	bei anderen als in Nummer 214a.1 genannten Fahrzeugen		90 €
214b	Fahrzeug trotz erloschener Betriebserlaubnis in Betrieb genommen und dadurch die Umwelt wesentlich beeinträchtigt	§ 19 Absatz 5 Satz 1 § 69a Absatz 2 Nummer 1a	
214b.1	bei Lastkraftwagen oder Kraftomnibussen		180 €
214b.2	bei anderen als in Nummer 214b.1 genannten Fahrzeugen		90 €
	Mitführen von Anhängern hinter Kraftrad oder Personenkraftwagen		
215	Kraftrad oder Personenkraftwagen unter Verstoß gegen eine Vorschrift über das Mitführen von Anhängern in Betrieb genommen	§ 42 Absatz 2 Satz 1 § 69a Absatz 3 Nummer 3	25 €
	Einrichtungen zur Verbindung von Fahrzeugen		
216	Abschleppstange oder Abschleppseil nicht ausreichend erkennbar gemacht	§ 43 Absatz 3 Satz 2 § 69a Absatz 3 Nummer 3	5 €
	Stützlast		
217	Kraftfahrzeug mit einem einachsigen Anhänger in Betrieb genommen, dessen zulässige Stützlast um mehr als 50 % über- oder unterschritten wurde	§ 44 Absatz 3 Satz 1 § 69a Absatz 3 Nummer 3	60 €
(218)	(aufgehoben)		
	Geräuschentwicklung und Schalldämpferanlage		
219	Kraftfahrzeug, dessen Schalldämpferanlage defekt war, in Betrieb genommen	§ 49 Absatz 1 § 69a Absatz 3 Nummer 17	20 €
220	Weisung, den Schallpegel im Nahfeld feststellen zu lassen, nicht befolgt	§ 49 Absatz 4 Satz 1 § 69a Absatz 5 Nummer 5d	10 €
	Lichttechnische Einrichtungen		
221	Kraftfahrzeug oder Anhänger in Betrieb genommen		
221.1	unter Verstoß gegen eine allgemeine Vorschrift über lichttechnische Einrichtungen	§ 49a Absatz 1 bis 4, 5 Satz 1, Absatz 6, 8, 9 Satz 2, Absatz 9a, 10 Satz 1 § 69a Absatz 3 Nummer 18	5 €
221.2	unter Verstoß gegen das Verbot zum Anbringen anderer als vorgeschriebener oder für zulässig erklärter lichttechnischer Einrichtungen	§ 49a Absatz 1 Satz 1 § 69a Absatz 3 Nummer 18	20 €
222	Kraftfahrzeug oder Anhänger in Betrieb genommen unter Verstoß gegen eine Vorschrift über		

Lfd. Nr.	Tatbestand	Straßenverkehrs-Zulassungs-Ordnung (StVZO)	Regelsatz in Euro (€), Fahrverbot in Monaten
222.1	Scheinwerfer für Fern- oder Abblendlicht	§ 50 Absatz 1, 2 Satz 1, 6 Halbsatz 2, Satz 7, Absatz 3 Satz 1, 2, Absatz 5, 6 Satz 1, 3, 4, 6, Absatz 6a Satz 2 bis 5, Absatz 9 § 69a Absatz 3 Nummer 18a	15 €
222.2	Begrenzungsleuchten oder vordere Rückstrahler	§ 51 Absatz 1 Satz 1, 4 bis 6, Absatz 2 Satz 1, 4, Absatz 3 § 69a Absatz 3 Nummer 18b	15 €
222.3	seitliche Kenntlichmachung oder Umrissleuchten	§ 51a Absatz 1 Satz 1 bis 7, Absatz 3 Satz 1, Absatz 4 Satz 2, Absatz 6 Satz 1, Absatz 7 Satz 1, 3 § 51b Absatz 2 Satz 1, 3, Absatz 5, 6 § 69a Absatz 3 Nummer 18c	15 €
222.4	zusätzliche Scheinwerfer oder Leuchten	§ 52 Absatz 1 Satz 2 bis 5, Absatz 2 Satz 2, 3, Absatz 5 Satz 2, Absatz 7 Satz 2, 4, Absatz 9 Satz 2 § 69a Absatz 3 Nummer 18e	15 €
222.5	Schluss-, Nebelschluss-, Bremsleuchten oder Rückstrahler	§ 53 Absatz 1 Satz 1, 3 bis 5, 7, Absatz 2 Satz 1, 2, 4 bis 6, Absatz 4 Satz 1 bis 4, 6, Absatz 5 Satz 1 bis 3, Absatz 6 Satz 2, Absatz 8, 9 Satz 1, § 53d Absatz 2, 3 § 69a Absatz 3 Nummer 18g, 19c	15 €
222.6	Warndreieck, Warnleuchte oder Warnblinkanlage	§ 53a Absatz 1, 2 Satz 1, Absatz 3 Satz 2, Absatz 4, 5 § 69a Absatz 3 Nummer 19	15 €
222.7	Ausrüstung oder Kenntlichmachung von Anbaugeräten oder Hubladebühnen	§ 53b Absatz 1 Satz 1 bis 3, 4 Halbsatz 2, Absatz 2 Satz 1 bis 3, 4 Halbsatz 2, Absatz 3 Satz 1, Absatz 4, 5 § 69a Absatz 3 Nummer 19a	15 €
	Arztschild		
222a	Bescheinigung zur Berechtigung der Führung des Schildes „Arzt Notfalleinsatz" nicht mitgeführt oder zur Prüfung nicht ausgehändigt	§ 52 Absatz 6 Satz 3 § 69a Absatz 5 Nummer 5f	10 €
	Geschwindigkeitsbegrenzer		
223	Kraftfahrzeug in Betrieb genommen, das nicht mit dem vorgeschriebenen Geschwindigkeits-	§ 57c Absatz 2, 5 § 31d Absatz 3	100 €

Lfd. Nr.	Tatbestand	Straßenverkehrs-Zulassungs-Ordnung (StVZO)	Regelsatz in Euro (€), Fahrverbot in Monaten
	begrenzer ausgerüstet war, oder den Geschwindigkeitsbegrenzer auf unzulässige Geschwindigkeit eingestellt oder nicht benutzt, auch wenn es sich um ein ausländisches Kfz handelt	§ 69a Absatz 3 Nummer 1c, 25b	
224	Als Halter die Inbetriebnahme eines Kraftfahrzeugs angeordnet oder zugelassen, das nicht mit dem vorgeschriebenen Geschwindigkeitsbegrenzer ausgerüstet war oder dessen Geschwindigkeitsbegrenzer auf eine unzulässige Geschwindigkeit eingestellt war oder nicht benutzt wurde	§ 31 Absatz 2 i.V.m. § 57c Absatz 2, 5 § 31d Absatz 3 § 69a Absatz 5 Nummer 3	150 €
225	Als Halter den Geschwindigkeitsbegrenzer in den vorgeschriebenen Fällen nicht prüfen lassen, wenn seit fällig gewordener Prüfung		
225.1	nicht mehr als ein Monat	§ 57d Absatz 2 Satz 1 § 69a Absatz 5 Nummer 6d	25 €
225.2	mehr als ein Monat	§ 57d Absatz 2 Satz 1 § 69a Absatz 5 Nummer 6d	40 €
	vergangen ist		
226	Bescheinigung über die Prüfung des Geschwindigkeitsbegrenzers nicht mitgeführt oder auf Verlangen nicht ausgehändigt	§ 57d Absatz 2 Satz 3 § 69a Absatz 5 Nummer 6e	10 €
(227)	(aufgehoben)		
(228)	(aufgehoben)		
	Einrichtungen an Fahrrädern		
229	Fahrrad unter Verstoß gegen eine Vorschrift über die Einrichtungen für Schallzeichen in Betrieb genommen	§ 64a § 69a Absatz 4 Nummer 4	15 €
230	Fahrrad oder Fahrradanhänger oder Fahrrad mit Beiwagen unter Verstoß gegen eine Vorschrift über lichttechnische Einrichtungen im öffentlichen Straßenverkehr in Betrieb genommen	§ 67 § 67a § 69a Absatz 4 Nummer 8, 9	20 €
	Ausnahmen		
231	Urkunde über eine Ausnahmegenehmigung nicht mitgeführt	§ 70 Absatz 3a Satz 1 § 69a Absatz 5 Nummer 7	10 €
	Auflagen bei Ausnahmegenehmigungen		
232	Als Fahrzeugführer, ohne Halter zu sein, einer vollziehbaren Auflage einer Ausnahmegenehmigung nicht nachgekommen	§ 71 § 69a Absatz 5 Nummer 8	15 €
233	Als Halter einer vollziehbaren Auflage einer Ausnahmegenehmigung nicht nachgekommen	§ 71 § 69a Absatz 5 Nummer 8	70 €

Lfd. Nr.	Tatbestand	Elektrokleinstfahrzeuge-Verordnung (eKFV)	Regelsatz in Euro (€), Fahrverbot in Monaten
	e) Elektrokleinstfahrzeuge-Verordnung (eKFV) **Betriebsbeschränkungen**		
234	Elektrokleinstfahrzeug ohne die erforderliche Allgemeine Betriebserlaubnis oder Einzelbetriebserlaubnis auf öffentlichen Straßen in Betrieb gesetzt	§ 2 Absatz 1 Satz 1 Nummer 1 § 14 Nummer 1	70 €
234a	Die Inbetriebnahme eines Elektrokleinstfahrzeugs ohne die erforderliche Allgemeine Betriebserlaubnis oder Einzelbetriebserlaubnis auf öffentlichen Straßen angeordnet oder zugelassen	§ 2 Absatz 4 i.V.m. Absatz 1 Satz 1 Nummer 1 § 14 Nummer 3	70 €
235	Elektrokleinstfahrzeug ohne gültige Versicherungsplakette auf öffentlichen Straßen in Betrieb gesetzt	§ 2 Absatz 1 Satz 1 Nummer 2 § 14 Nummer 1	40 €
235a	Die Inbetriebnahme eines Elektrokleinstfahrzeugs auf öffentlichen Straßen ohne die erforderliche Versicherungsplakette angeordnet oder zugelassen	§ 2 Absatz 4 i.V.m. Absatz 1 Satz 1 Nummer 2 § 14 Nummer 3	40 €
236	Elektrokleinstfahrzeug trotz erloschener Betriebserlaubnis auf öffentlichen Straßen in Betrieb gesetzt und dadurch die Verkehrssicherheit wesentlich beeinträchtigt	§ 2 Absatz 3 Satz 2 i.V.m. Absatz 4 § 14 Nummer 1	30 €
236a	Die Inbetriebnahme eines Elektrokleinstfahrzeugs auf öffentlichen Straßen trotz erloschener Betriebserlaubnis angeordnet oder zugelassen	§ 2 Absatz 4 § 14 Nummer 3	30 €
237	Elektrokleinstfahrzeug unter Verstoß gegen die Vorschriften über die Anforderungen an die lichttechnischen Einrichtungen im öffentlichen Straßenverkehr in Betrieb gesetzt	§ 2 Absatz 1 Nummer 4 Buchstabe b § 14 Nummer 1	20 €
237a	Elektrokleinstfahrzeug unter Verstoß gegen die Vorschriften über die Anforderungen an die Schalleinrichtung im öffentlichen Straßenverkehr in Betrieb gesetzt	§ 2 Absatz 1 Nummer 4 Buchstabe c § 14 Nummer 1	15 €
237b	Elektrokleinstfahrzeug unter Verstoß gegen die Vorschriften über die Anforderungen an die sonstigen Sicherheitsanforderungen im öffentlichen Straßenverkehr in Betrieb gesetzt	§ 2 Absatz 1 Nummer 4 Buchstabe d § 14 Nummer 1	25 €
	Verhaltensrechtliche Anforderungen		
238	Mit einem Elektrokleinstfahrzeug eine nicht zulässige Verkehrsfläche befahren	§ 10 Absatz 1 Satz 1, Absatz 2 Satz 1 § 14 Nummer 5	15 €
238.1	– mit Behinderung	§ 10 Absatz 1 Satz 1, Absatz 2 Satz 1 § 14 Nummer 5 § 1 Absatz 2 StVO § 49 Absatz 1 Nummer 1 StVO	20 €
238.2	– mit Gefährdung		25 €
238.3	– mit Sachbeschädigung		30 €

Lfd. Nr.	Tatbestand	Elektrokleinstfahrzeuge-Verordnung (eKFV)	Regelsatz in Euro (€), Fahrverbot in Monaten
238a	Mit einem Elektrokleinstfahrzeug nebeneinander gefahren	§ 11 Absatz 1 § 14 Nummer 6	15 €
238a.1	– mit Behinderung	§ 11 Absatz 1 § 14 Nummer 6 § 1 Absatz 2 StVO § 49 Absatz 1 Nummer 1 StVO	20 €
238a.2	– mit Gefährdung		25 €
238a.3	– mit Sachbeschädigung		30€

Lfd. Nr.	Tatbestand	Ferienreise-Verordnung	Regelsatz in Euro (€), Fahrverbot in Monaten
	f) Ferienreise-Verordnung		
239	Kraftfahrzeug trotz eines Verkehrsverbots innerhalb der Verbotszeiten länger als 15 Minuten geführt	§ 1 § 5 Nummer 1	60 €
240	Als Halter das Führen eines Kraftfahrzeugs trotz eines Verkehrsverbots innerhalb der Verbotszeiten länger als 15 Minuten zugelassen	§ 1 § 5 Nummer 1	150 €

Lfd. Nr.	Tatbestand	Straßenverkehrsgesetz (StVG)	Regelsatz in Euro (€), Fahrverbot in Monaten
	B. Zuwiderhandlungen gegen §§ 24a, 24c StVG		
	0,5-Promille-Grenze		
241	Kraftfahrzeug geführt mit einer Atemalkoholkonzentration von 0,25 mg/l oder mehr oder mit einer Blutalkoholkonzentration von 0,5 Promille oder mehr oder mit einer Alkoholmenge im Körper, die zu einer solchen Atem- oder Blutalkoholkonzentration führt	§ 24a Absatz 1	500 € **Fahrverbot 1 Monat**
241.1	bei Eintragung von bereits einer Entscheidung nach § 24a StVG, § 316 oder § 315c Absatz 1 Nummer 1 Buchstabe a StGB im Fahreignungsregister		1 000 € **Fahrverbot 3 Monate**
241.2	bei Eintragung von bereits mehreren Entscheidungen nach § 24a StVG, § 316 oder § 315c Absatz 1 Nummer 1 Buchstabe a StGB im Fahreignungsregister		1 500 € **Fahrverbot 3 Monate**
	Berauschende Mittel		
242	Kraftfahrzeug unter Wirkung eines in der Anlage zu § 24a Absatz 2 StVG genannten berauschenden Mittels geführt	§ 24a Absatz 2 Satz 1 i.V.m. Absatz 3	500 € **Fahrverbot 1 Monat**
242.1	bei Eintragung von bereits einer Entscheidung nach § 24a StVG, § 316 oder § 315c Absatz 1 Nummer 1 Buchstabe a StGB im Fahreignungsregister		1 000 € **Fahrverbot 3 Monate**

Lfd. Nr.	Tatbestand	Straßenverkehrsgesetz (StVG)	Regelsatz in Euro (€), Fahrverbot in Monaten
242.2	bei Eintragung von bereits mehreren Entscheidungen nach § 24a StVG, § 316 oder § 315c Absatz 1 Nummer 1 Buchstabe a StGB im Fahreignungsregister		1 500 € **Fahrverbot 3 Monate**
	Alkoholverbot für Fahranfänger und Fahranfängerinnen		
243	In der Probezeit nach § 2a StVG oder vor Vollendung des 21. Lebensjahres als Führer eines Kraftfahrzeugs alkoholische Getränke zu sich genommen oder die Fahrt unter der Wirkung eines solchen Getränks angetreten	§ 24c Absatz 1, 2	250 €

Abschnitt II. Vorsätzlich begangene Ordnungswidrigkeiten

Lfd. Nr.	Tatbestand	StVO	Regelsatz in Euro (€), Fahrverbot in Monaten
	Zuwiderhandlungen gegen § 24 StVG		
	a) Straßenverkehrs-Ordnung		
	Bahnübergänge		
244	Beim Führen eines Kraftfahrzeugs Bahnübergang trotz geschlossener Schranke oder Halbschranke überquert	§ 19 Absatz 2 Satz 1 Nummer 3 § 49 Absatz 1 Nummer 19 Buchstabe a	700 € **Fahrverbot 3 Monate**
245	Beim zu Fuß gehen, Rad fahren oder als andere nichtmotorisierte am Verkehr teilnehmende Person Bahnübergang trotz geschlossener Schranke oder Halbschranke überquert	§ 19 Absatz 2 Satz 1 Nummer 3 § 49 Absatz 1 Nummer 19 Buchstabe a	350 €
	Sonstige Pflichten von Fahrzeugführenden		
246	Elektronisches Gerät rechtswidrig benutzt	§ 23 Absatz 1a § 49 Absatz 1 Nummer 22	
246.1	beim Führen eines Fahrzeugs		100 €
246.2	– mit Gefährdung	§ 23 Absatz 1a Satz 1, § 1 Absatz 2, § 49 Absatz 1 Nummer 1, 22	150 € **Fahrverbot 1 Monat**
246.3	– mit Sachbeschädigung		200 € **Fahrverbot 1 Monat**
246.4	beim Radfahren	§ 23 Absatz 1a Satz 1, § 49 Absatz 1 Nummer 22	55 €
247	Beim Führen eines Kraftfahrzeugs verbotswidrig ein technisches Gerät zur Feststellung von Verkehrsüberwachungsmaßnahmen betrieben oder betriebsbereit mitgeführt	§ 23 Absatz 1c § 49 Absatz 1 Nummer 22	75 €
247a	Beim Führen eines Kraftfahrzeugs Gesicht verdeckt oder verhüllt	§ 23 Absatz 4 Satz 1 § 49 Absatz 1 Nummer 22	60 €
248	*(aufgehoben)*		
249	*(aufgehoben)*		
	Genehmigungs- oder Erlaubnisbescheid		
250	Genehmigungs- oder Erlaubnisbescheid auf Verlangen nicht ausgehändigt	§ 46 Absatz 3 Satz 3 § 49 Absatz 4 Nummer 5	10 €
	Verkehrseinrichtungen zum Schutz der Infrastruktur		
250a	Vorschriftswidrig ein Verbot für Kraftwagen mit einem die Gesamtmasse beschränkenden Zu-	§ 41 Absatz 1 i.V.m. Anlage 2 lfd. Nr. 27 Spalte 3,	500 €

Lfd. Nr.	Tatbestand	StVO	Regelsatz in Euro (€), Fahrverbot in Monaten
	satzzeichen (Zeichen 251 mit Zusatzzeichen 1053–33) oder eine tatsächliche Höhenbeschränkung (Zeichen 265) nicht beachtet, wobei die Straßenfläche zusätzlich durch Verkehrseinrichtungen (Anlage 4 lfd. Nr. 1 bis 4 zu § 43 Absatz 3) gekennzeichnet ist.	lfd. Nr. 29 (Zeichen 251) Spalte 3, lfd. Nr. zu 36 bis 40, lfd. Nr. 39 (Zeichen 265) § 43 Absatz 3 Satz 2 § 49 Absatz 3 Nummer 4, 6	**Fahrverbot 2 Monate**
	b) Fahrerlaubnis-Verordnung **Aushändigen von Führerscheinen und Bescheinigungen**		
251	Führerschein, Bescheinigung oder die Übersetzung des ausländischen Führerscheins auf Verlangen nicht ausgehändigt	§ 4 Absatz 2 Satz 2, 3 § 5 Absatz 4 Satz 2, 3 § 48 Absatz 3 Satz 2 § 48a Absatz 3 Satz 2 § 74 Absatz 4 Satz 2 § 75 Nummer 4 § 75 Nummer 13	10 €
251a	Beim begleiteten Fahren ab 17 Jahren ein Kraftfahrzeug der Klasse B oder BE ohne Begleitung geführt	§ 48a Absatz 2 Satz 1 § 75 Nummer 15	70 €
	c) Fahrzeug-Zulassungsverordnung **Aushändigen von Fahrzeugpapieren**		
252	Die Zulassungsbescheinigung Teil I oder sonstige Bescheinigung auf Verlangen nicht ausgehändigt	§ 4 Absatz 5 Satz 1 § 11 Absatz 6 § 26 Absatz 1 Satz 6 § 48 Nummer 5	10 €
	Betriebsverbot und Beschränkungen		
253	Einem Verbot, ein Fahrzeug in Betrieb zu setzen, zuwidergehandelt oder Beschränkung nicht beachtet	§ 5 Absatz 1 § 48 Nummer 7	70 €
	d) Straßenverkehrs-Zulassungs-Ordnung **Achslast, Gesamtgewicht, Anhängelast hinter Kraftfahrzeugen**		
254	Gegen die Pflicht zur Feststellung der zugelassenen Achslasten oder Gesamtgewichte oder gegen Vorschriften über das Um- oder Entladen bei Überlastung verstoßen	§ 31c Satz 1, 4 Halbsatz 2 § 69a Absatz 5 Nummer 4c	50 €
	Ausnahmen		
255	Urkunde über eine Ausnahmegenehmigung auf Verlangen nicht ausgehändigt	§ 70 Absatz 3a Satz 1 § 69a Absatz 5 Nummer 7	10 €

Anhang[1]
(zu Nummer 11 der Anlage)

Tabelle 1
Geschwindigkeitsüberschreitungen

a) **Kraftfahrzeuge der in § 3 Absatz 3 Nummer 2 Buchstaben a oder b StVO**[2] **genannten Art**

Lfd. Nr.	Überschreitung in km/h	Regelsatz in Euro bei Begehung innerhalb geschlossener Ortschaften (außer bei Überschreitung für mehr als 5 Minuten Dauer oder in mehr als zwei Fällen nach Fahrtantritt)	Regelsatz in Euro bei Begehung außerhalb geschlossener Ortschaften (außer bei Überschreitung für mehr als 5 Minuten Dauer oder in mehr als zwei Fällen nach Fahrtantritt)
11.1.1	bis 10	20	15
11.1.2	11 – 15	30	25

Lfd. Nr.	Überschreitung in km/h	Regelsatz in Euro bei Begehung		Fahrverbot in Monaten bei Begehung	
		innerhalb geschlossener Ortschaften	außerhalb geschlossener Ortschaften	innerhalb geschlossener Ortschaften	außerhalb geschlossener Ortschaften
11.1.3	bis 15 für mehr als 5 Minuten Dauer oder in mehr als zwei Fällen nach Fahrtantritt	80	70	–	–
11.1.4	16 – 20	80	70	–	–
11.1.5	21 – 25	95	80	1 Monat[3]	–
11.1.6	26 – 30	140	95	1 Monat	1 Monat[4]
11.1.7	31 – 40	200	160	1 Monat	1 Monat
11.1.8	41 – 50	280	240	2 Monate	1 Monat
11.1.9	51 – 60	480	440	3 Monate	2 Monate
11.1.10	über 60	680	600	3 Monate	3 Monate

b) **kennzeichnungspflichtige Kraftfahrzeuge der in Buchstabe a genannten Art mit gefährlichen Gütern oder Kraftomnibusse mit Fahrgästen**

Lfd. Nr.	Überschreitung in km/h	Regelsatz in Euro bei Begehung innerhalb geschlossener Ortschaften (außer bei Überschreitung für mehr als 5 Minuten Dauer oder in mehr als zwei Fällen nach Fahrtantritt)	Regelsatz in Euro bei Begehung außerhalb geschlossener Ortschaften (außer bei Überschreitung für mehr als 5 Minuten Dauer oder in mehr als zwei Fällen nach Fahrtantritt)
11.2.1	bis 10	35	30
11.2.2	11 – 15	60	35

Die nachfolgenden Regelsätze und Fahrverbote gelten auch für die Überschreitung der festgesetzten Höchstgeschwindigkeit bei Sichtweite unter 50 m durch Nebel, Schneefall oder Regen nach Nummer 9.2 der Anlage.

---

[1] Anh. geänd. mWv 1.5.2014 durch VO v. 5.11.2013 (BGBl. I S. 3920); geänd. mWv 28.4.2020 durch VO v. 20.4.2020 (BGBl. I S. 814).

[2] Nr. **100**.

[3] § 26a Abs. 1 Nr. 3 StVG (Nr. **10**) als Grundlage für die Anordnung von Fahrverboten wurde in der Eingangsformel der 54. VO zur Änd. straßenverkehrsrechtlicher Vorschriften v. 20.4.2020 (BGBl. I S. 814) nicht zitiert.

[4] § 26a Abs. 1 Nr. 3 StVG (Nr. **10**) als Grundlage für die Anordnung von Fahrverboten wurde in der Eingangsformel der 54. VO zur Änd. straßenverkehrsrechtlicher Vorschriften v. 20.4.2020 (BGBl. I S. 814) v. 20.4.2020 (BGBl. I S. 814) nicht zitiert.

Lfd. Nr.	Überschreitung in km/h	Regelsatz in Euro bei Begehung innerhalb geschlossener Ortschaften	Regelsatz in Euro bei Begehung außerhalb geschlossener Ortschaften	Fahrverbot in Monaten bei Begehung innerhalb geschlossener Ortschaften	Fahrverbot in Monaten bei Begehung außerhalb geschlossener Ortschaften
11.2.3	bis 15 für mehr als 5 Minuten Dauer oder in mehr als zwei Fällen nach Fahrtantritt	160	120	–	–
11.2.4	16 – 20	160	120	–	–
11.2.5	21 – 25	200	160	1 Monat	–
11.2.6	26 – 30	280	240	1 Monat	1 Monat
11.2.7	31 – 40	360	320	2 Monate	1 Monat
11.2.8	41 – 50	480	400	3 Monate	2 Monate
11.2.9	51 – 60	600	560	3 Monate	3 Monate
11.2.10	über 60	760	680	3 Monate	3 Monate

c) **andere als die in Buchstaben a oder b genannten Kraftfahrzeuge**

Lfd. Nr.	Überschreitung in km/h	Regelsatz in Euro bei Begehung innerhalb geschlossener Ortschaften	Regelsatz in Euro bei Begehung außerhalb geschlossener Ortschaften
11.3.1	bis 10	30	20
11.3.2	11 – 15	50	40
11.3.3	16 – 20	70	60

Die nachfolgenden Regelsätze und Fahrverbote gelten auch für die Überschreitung der festgesetzten Höchstgeschwindigkeit bei Sichtweite unter 50 m durch Nebel, Schneefall oder Regen nach Nummer 9.3 der Anlage.

Lfd. Nr.	Überschreitung in km/h	Regelsatz in Euro bei Begehung innerhalb geschlossener Ortschaften	Regelsatz in Euro bei Begehung außerhalb geschlossener Ortschaften	Fahrverbot in Monaten bei Begehung innerhalb geschlossener Ortschaften	Fahrverbot in Monaten bei Begehung außerhalb geschlossener Ortschaften
11.3.4	21 – 25	80	70	1 Monat[1]	–
11.3.5	26 – 30	100	80	1 Monat[1]	1 Monat[1]
11.3.6	31 – 40	160	120	1 Monat	1 Monat[1]
11.3.7	41 – 50	200	160	1 Monat	1 Monat
11.3.8	51 – 60	280	240	2 Monate	1 Monat
11.3.9	61 – 70	480	440	3 Monate	2 Monate
11.3.10	über 70	680	600	3 Monate	3 Monate

[1] § 26a Abs. 1 Nr. 3 StVG (Nr. **10**) als Grundlage für die Anordnung von Fahrverboten wurde in der Eingangsformel der 54. VO zur Änd. straßenverkehrsrechtlicher Vorschriften v. 20.4.2020 (BGBl. I S. 814) nicht zitiert.

Anhang[1]
(zu Nummer 12 der Anlage)

Tabelle 2
Nichteinhalten des Abstandes von einem vorausfahrenden Fahrzeug

Lfd. Nr.		Regelsatz in Euro	Fahrverbot
	Der Abstand von einem vorausfahrenden Fahrzeug betrug in Metern		
12.5	a) bei einer Geschwindigkeit von mehr als 80 km/h		
12.5.1	weniger als $^{5}/_{10}$ des halben Tachowertes	75	
12.5.2	weniger als $^{4}/_{10}$ des halben Tachowertes	100	
12.5.3	weniger als $^{3}/_{10}$ des halben Tachowertes	160	
12.5.4	weniger als $^{2}/_{10}$ des halben Tachowertes	240	
12.5.5	weniger als $^{1}/_{10}$ des halben Tachowertes	320	
12.6	b) bei einer Geschwindigkeit von mehr als 100 km/h		
12.6.1	weniger als $^{5}/_{10}$ des halben Tachowertes	75	
12.6.2	weniger als $^{4}/_{10}$ des halben Tachowertes	100	
12.6.3	weniger als $^{3}/_{10}$ des halben Tachowertes	160	**Fahrverbot 1 Monat**
12.6.4	weniger als $^{2}/_{10}$ des halben Tachowertes	240	**Fahrverbot 2 Monate**
12.6.5	weniger als $^{1}/_{10}$ des halben Tachowertes	320	**Fahrverbot 3 Monate**
12.7	c) bei einer Geschwindigkeit von mehr als 130 km/h		
12.7.1	weniger als $^{5}/_{10}$ des halben Tachowertes	100	
12.7.2	weniger als $^{4}/_{10}$ des halben Tachowertes	180	
12.7.3	weniger als $^{3}/_{10}$ des halben Tachowertes	240	**Fahrverbot 1 Monat**
12.7.4	weniger als $^{2}/_{10}$ des halben Tachowertes	320	**Fahrverbot 2 Monate**
12.7.5	weniger als $^{1}/_{10}$ des halben Tachowertes	400	**Fahrverbot 3 Monate**

(Fortsetzung nächstes Blatt)

[1] Anh. neu gef. mWv 1.5.2014 durch VO v. 5.11.2013 (BGBl. I S. 3920).

Anhang
(zu den Nummern 198 und 199 der Anlage)

Tabelle 3
Überschreiten der zulässigen Achslast oder des zulässigen Gesamtgewichts von Kraftfahrzeugen, Anhängern, Fahrzeugkombinationen sowie der Anhängelast hinter Kraftfahrzeugen

a) **bei Kraftfahrzeugen mit einem zulässigen Gesamtgewicht über 7,5 t sowie Kraftfahrzeugen mit Anhängern, deren zulässiges Gesamtgewicht 2 t übersteigt**

Lfd. Nr.	Überschreitung in v.H.	Regelsatz in Euro
198.1	**für Inbetriebnahme**	
198.1.1	2 bis 5	30
198.1.2	mehr als 5	80
198.1.3	mehr als 10	110
198.1.4	mehr als 15	140
198.1.5	mehr als 20	190
198.1.6	mehr als 25	285
198.1.7	mehr als 30	380
199.1	**für Anordnen oder Zulassen der Inbetriebnahme**	
199.1.1	2 bis 5	35
199.1.2	mehr als 5	140
199.1.3	mehr als 10	235
199.1.4	mehr als 15	285
199.1.5	mehr als 20	380
199.1.6	mehr als 25	425

b) **bei anderen Kraftfahrzeugen bis 7,5 t für Inbetriebnahme, Anordnen oder Zulassen der Inbetriebnahme**

Lfd. Nr.	Überschreitung in v.H.	Regelsatz in Euro
198.2.1 oder 199.2.1	mehr als 5 bis 10	10
198.2.2 oder 199.2.2	mehr als 10 bis 15	30
198.2.3 oder 199.2.3	mehr als 15 bis 20	35
198.2.4 oder 199.2.4	mehr als 20	95
198.2.5 oder 199.2.5	mehr als 25	140
198.2.6 oder 199.2.6	mehr als 30	235

Anhang[1)]
(zu § 3 Absatz 3)

Tabelle 4
Erhöhung der Regelsätze bei Hinzutreten einer Gefährdung oder Sachbeschädigung

Die im Bußgeldkatalog bestimmten Regelsätze, die einen Betrag von mehr als 55 Euro vorsehen, erhöhen sich beim Hinzutreten einer Gefährdung oder Sachbeschädigung, soweit diese Merkmale nicht bereits im Grundtatbestand enthalten sind, wie folgt:

Bei einem Regelsatz für den Grundtatbestand von Euro	mit Gefährdung auf Euro	mit Sachbeschädigung auf Euro
60	75	90
70	85	105
75	90	110
80	100	120
90	110	135
95	115	140
100	120	145
110	135	165
120	145	175
130	160	195
135	165	200
140	170	205
150	180	220
160	195	235
165	200	240
180	220	265
190	230	280
200	240	290
210	255	310
235	285	345
240	290	350
250	300	360
270	325	390
280	340	410
285	345	415
290	350	420
320	385	465
350	420	505
360	435	525
380	460	555
400	480	580
405	490	590
425	510	615
440	530	640
480	580	700
500	600	720
560	675	810
570	685	825

1) Anh. neu gef. mWv 1.5.2014 durch VO v. 5.11.2013 (BGBl. I S. 3920).

Bei einem Regelsatz für den Grundtatbestand von Euro	mit Gefährdung auf Euro	mit Sachbeschädigung auf Euro
600	720	865
635	765	920
680	820	985
700	840	1 000
760	915	1 000

Enthält der Grundtatbestand bereits eine Gefährdung, führt Sachbeschädigung zu folgender Erhöhung:

Bei einem Regelsatz für den Grundtatbestand von Euro	mit Sachbeschädigung auf Euro
60	75
70	85
75	90
80	100
100	120
150	180

690. Buß- und Verwarnungsgeldkatalog GüKG[1) 2)]

Vom 1. Juni 2015

Vorbemerkungen

Der Buß- und Verwarnungsgeldkatalog enthält Zumessungsregeln für eine länderübergreifende und gleichmäßige Bemessung von Buß- und Verwarnungsgeldern aufgrund von Tatbeständen nach dem Güterkraftverkehrsgesetz[3)] (GüKG). Zweck dieser Regelsätze ist es, für häufig vorkommende Ordnungswidrigkeiten zu einer einheitlichen Ahndung zu kommen.
Die im Buß- und Verwarnungsgeldkatalog bestimmten Beträge sind Regelsätze, die von gewöhnlichen Tatumständen ausgehen.
Die Regelsätze des Buß- und Verwarnungsgeldkataloges räumen bei Fällen, die von der üblichen Begehungsweise abweichen, einen Ermessenspielraum ein. Die Bußgeldbehörden sind verpflichtet, objektive und subjektive Tatumstände, die die Handlung im Vergleich zum Regelfall als weniger schwerwiegend kennzeichnen, zugunsten des Betroffenen zu berücksichtigen und somit im Einzelfall den Regelsatz zu unterschreiten. Sie sind weiterhin berechtigt, bei Tatumständen, die die Handlung im Vergleich zum Regelfall als schwerwiegender kennzeichnen, im Einzelfall den Regelsatz zu überschreiten.
Die vorgenannten Erwägungen gelten sowohl für vorsätzliches als auch für fahrlässiges Handeln.

1) Dieser Katalog bezweckt eine einheitliche ordnungsbehördliche Ahndung güterkraftverkehrsrechtlicher Ordnungswidrigkeiten. Er ist nicht aufgrund gesetzlicher Ermächtigung gem. § 26a StVG (Nr. **10**) erlassen worden, sondern beruht auf einem Beschluss des Bund/Länder-Fachausschusses GüKG. Daher sind die im Katalog festgesetzten Bußgeld- und Verwarnungsgeldsätze nur für die Verwaltungsbehörden verbindlich, nicht aber für die Gerichte. Diese müssen im Einzelfall die Regelsätze auf ihre Angemessenheit näher überprüfen.

2) Gem. der Seite des Bundesamts für Güterverkehr (https://www.bag.bund.de/DE/Navigation/Rechtsvorschriften/Strassenverkehrsrecht/strassenverkehrsrecht_node.html) ist dieser Katalog ab 1.8.2015 in Kraft.

3) Nr. **450**.

Buß- und Verwarnungsgeldkatalog GüKG (I. – Unternehmer)						
I. – 1.	**Zuwiderhandlungen gegen die Erlaubnis-/Genehmigungspflicht**					
Lfd. Nr.	Tatvorwurf	Ordnungswidrigkeit nach	**Vorsätzliche Begehungsweise**		**Fahrlässige Begehungsweise**	
			Bußgeld €	Verwarnungsgeld €	Bußgeld €	Verwarnungsgeld €
I.–1.1	Betreiben von gewerblichem Güterkraftverkehr ohne Erlaubnis nach § 3 Abs. 1 GüKG/Berechtigung nach § 6 GüKG/Lizenz nach Art. 4 VO (EG) Nr. 1072/2009:					
I.–1.1.1	Inländischer Unternehmer bei Binnenbeförderungen und Beförderungen mit Drittstaaten	§ 19 Abs. 1 Nr. 1b, § 3 Abs. 1 GüKG	**2500**		**1250**	
I.–1.1.2	Gebietsfremder EU-/EWR-Unternehmer bei Kabotagebeförderungen: Keine Lizenz erteilt	§ 19 Abs. 4 Nr. 2 GüKG, Art. 8 Abs. 1 VO (EG) 1072/2009 i.V.m. Art. 4 Abs. 1 VO (EG) 1072/2009,	**2500**		**1250**	
I.–1.1.2.1	Gebietsfremder EU-/EWR-Unternehmer bei Kabotagebeförderungen: Verstoß gegen die „3 in 7-Beschränkung"	§ 19 Abs. 2a Nr. 1 – 8 GüKG i.V.m. Art. 8 Abs. 2 VO (EG) 1072/2009	**2500**		**1250**	
I.–1.1.3	Drittstaatenunternehmer bei Binnenbeförderungen	§ 19 Abs. 1 Nr. 1b, § 3 Abs. 1 GüKG	**3000**		**1500**	
I.–1.1.4	Inländischer oder gebietsfremder EU-/EWR-Unternehmer im grenzüberschreitendem Güterkraftverkehr i.S.d. VO (EG) Nr. 1072/2009	§ 19 Abs. 2 Nr. 1 GüKG – Art. 3 VO (EG) Nr. 1072/2009	**2500**		**1250**	
I.–1.1.5	Gebietsfremder EU-/EWR-Unternehmer bei Beförderungen zwischen dem Inland und einem Drittstaat	§ 19 Abs. 1 Nr. 1b, § 3 Abs. 1, § 6 GüKG	**3000**		**1500**	

Buß- und Verwarnungsgeldkatalog GüKG (I. – Unternehmer)						
I. – 1.	**Zuwiderhandlungen gegen die Erlaubnis-/Genehmigungspflicht**					
Lfd. Nr.	Tatvorwurf	Ordnungswidrigkeit nach	**Vorsätzliche Begehungsweise**		**Fahrlässige Begehungsweise**	
			Bußgeld €	Verwarnungsgeld €	Bußgeld €	Verwarnungsgeld €
I.–1.1.6	Drittstaatenunternehmer im grenzüberschreitenden Güterkraftverkehr	§ 19 Abs. 1 Nr. 1b, § 3 Abs. 1, § 6 GüKG	**3000** (ohne CEMT-Umzugsgenehmigung 2500)		**1500**	
I.–1.2	Vollziehbare Auflage missachtet	§ 19 Abs. 1 Nr. 1c – § 3 Abs. 4 GüKG; § 19 Abs. 1 Nr. 2 GüKG – § 25 Nr. 3, § 4 Abs. 4, § 7 Abs. 3 o. § 10 Abs. 3 GüKGrKabotageV	**125** – **360**		**65** – **180**	
I.–1.3	Inländischer Unternehmer, gebietsfremder EU-/EWR-Unternehmer, Drittstaatenunternehmer: unzulässige Verwendung der CEMT-Genehmigung durch Verstoß gegen die 2 + 3 Regelung	§ 19 Abs. 1 Nr. 2 GüKG; § 25 Nr. 7 i.V.m. § 7a Nr. 2 GüKGrKabotageV	**3000**		**1500**	
I.–1.4	Inländischer Unternehmer, gebietsfremder EU-/EWR-Unternehmer, Drittstaatenunternehmer • CEMT-Genehmigung für mehr als ein Fahrzeug eingesetzt (gesamte Strecke, auch ausl. Streckenteil)	§ 19 Abs. 1 Nr. 2 GüKG, § 25 Nr. 6 i.V.m. § 7a Nr. 1 GüKGrKabotageV	**3000**		**1500**	
I.–1.5	gebietsfremder EU-/EWR-Unternehmer, Drittstaatenunternehmer Drittstaatengenehmigung für mehr als ein Fahrzeug eingesetzt	§ 19 Abs. 1 Nr. 2 GüKG, § 25 Nr. 10, 11 Abs. 3 GüKGrKabotageV	**3000**		**1500**	

Buß- und Verwarnungsgeldkatalog GüKG (I. – Unternehmer)						
2.	**Zuwiderhandlungen gegen Mitführungspflichten**					
Lfd. Nr.	Tatvorwurf	Ordnungswidrigkeit nach	**Vorsätzliche Begehungsweise**		**Fahrlässige Begehungsweise**	
			Bußgeld €	Verwarnungsgeld €	Bußgeld €	Verwarnungsgeld €
I.–2.1	Inländischer Unternehmer: • Erlaubnis oder Erlaubnisausfertigung • CEMT-Genehmigung • Bilaterale Genehmigung	§ 19 Abs. 1 Nr. 3 – § 7 Abs. 1 Satz 1 Nr. 1 GüKG	**360**		**180**	
I.–2.2	Inländischer oder gebietsfremder EU-/EWR-Unternehmer: • Beglaubigte Kopie der Gemeinschaftslizenz • CEMT-Umzugsgenehmigung	§ 19 Abs. 1 Nr. 3 – § 7 Abs. 1 Satz 1 Nr. 1 GüKG	**360**		**180**	
I.–2.2.1	Gebietsfremder EU-/EWR-Unternehmer bei Kabotagebeförderungen: Keinerlei Nachweise über Einhaltung der „3 in 7-Beschränkung" bzw. zumindest kein Nachweis über grenzüberschreitende Beförderung bei Kontrolle vorhanden und auch nicht nachträglich vorgelegt	§ 19 Abs. 1 Nr. 3 i.V.m. § 7 Abs. 1 Satz 3 GüKG, Art. 8 Abs. 3 VO (EG) 1072/2009	**2500**	**55**[1]	**1250**	**55**[1]
I.–2.3	Gebietsfremder EU-/EWR- oder Drittstaatenunternehmer: • Bilaterale Genehmigung • Drittstaatengenehmigung • CEMT-Genehmigung	§ 19 Abs. 1 Nr. 3 – § 7 Abs. 1 Satz 1 Nr. 1 GüKG	**3000**		**1500**	

[1] **Amtl. Anm.:** Falls Verpflichtungen nur rein formell nicht ordnungsgemäß erfüllt wurden (z.B. „3 in 7-Beschränkung" wurde materiell beachtet, Nachweise wurden aber erst nachträglich vorgelegt).

Buß- und Verwarnungsgeldkatalog GüKG (I. – Unternehmer)						
2.	**Zuwiderhandlungen gegen Mitführungspflichten**					
Lfd. Nr.	Tatvorwurf	Ordnungswidrigkeit nach	**Vorsätzliche Begehungsweise**		**Fahrlässige Begehungsweise**	
			Bußgeld €	Verwarnungsgeld €	Bußgeld €	Verwarnungsgeld €
I.–2.4	Drittstaatenunternehmer: • CEMT-Umzugsgenehmigung	§ 19 Abs. 1 Nr. 3 – § 7 Abs. 1 Satz 1 Nr. 1 GüKG	**360**		**180**	
I.–2.5	Drittstaatenunternehmer/Gebietsfremder EU-/EWR-Unternehmer bei Beförderungen zwischen dem Inland und einem Drittstaat: • Fahrzeugbezogene Nachweise	§ 19 Abs. 1 Nr. 3 – § 7 Abs. 1 Nr. 2 GüKG	**3000**	**55[1)]**	**1500**	**55[1)]**
I.–2.6	Versicherungsnachweis bei Binnenbeförderung einschließlich Kabotage	§ 19 Abs. 1 Nr. 6a – § 7a Abs. 4 Satz 1 GüKG		**55**		**55**
I.–2.7	Begleitpapier bzw. sonstiger Nachweis	§ 19 Abs. 1 Nr. 3 – § 7 Abs. 1 Satz 1 Nr. 3 GüKG	**90**	**45[2)]**		**45[2)]**
I.–2.7.1	Begleitpapier bei landwirtschaftlichen Beförderungen	§ 19 Abs. 1 Nr. 1; § 2 Abs. 1a GüKG	**90**	**45[2)]**		**45[2)]**
I.–2.8	Fahrtenberichtheft für CEMT-Genehmigung • Nichtmitführung des Fahrtenberichtheftes oder • Nichtaufbewahrung der ausgefüllten Seiten im Fahrtenberichtheft	§ 19 Abs. 1 Nr. 2 GüKG – § 25 Nr. 8, 7a Nr. 3 Satz 1 GüKGrKabotageV	**3000**		**1500**	
I.–2.9[3)]	Inländischer oder gebietsfremder EU-/EWR-Unternehmer im grenzüberschreitenden kombinierten Verkehr:	§ 19 Abs. 1 Nr. 2 GüKG – § 25 Nr. 11, 14 Abs. 3 Satz 1, § 15 Abs. 2 Satz 1, § 17 Abs. 1 Satz 1	**180**		**90**	

[1)] **Amtl. Anm.:** Falls Verpflichtungen nur rein formell nicht ordnungsgemäß erfüllt wurde (z.B. „3 in 7-Beschränkung" wurde materiell beachtet, Nachweise wurden aber erst nachträglich vorgelegt).

[2)] **Amtl. Anm.:** Verpflichtung nicht ordnungsgemäß erfüllt.

[3)] **Amtl. Anm.:** Nicht anzuwenden, wenn Berechtigung nach §§ 3, 5 oder 6 GüKG verwendet wird.

Buß- und Verwarnungsgeldkatalog GüKG (I. – Unternehmer)						
2.	Zuwiderhandlungen gegen Mitführungspflichten					
Lfd. Nr.	Tatvorwurf	Ordnungswidrigkeit nach	Vorsätzliche Begehungsweise		Fahrlässige Begehungsweise	
			Bußgeld €	Verwarnungsgeld €	Bußgeld €	Verwarnungsgeld €
	• Bescheinigung über nächstgelegenen geeigneten Bahnhof • Nachweis über Berufszugang • Reservierungsbestätigung bei Anfuhr • Nachweis Eisenbahnverwaltung/ Schifffahrttreibender bei Abfuhr	oder Abs. 2 Satz 1 GüKGrKabotageV				
I.–2.10[1]	Gebietsfremder EU-/ EWR-Unternehmer im grenzüberschreitenden kombinierten Verkehr zwischen dem Inland und einem Drittstaat oder Drittstaatenunternehmer im grenzüberschreitenden kombinierten Verkehr: • Bescheinigung über nächstgelegenen geeigneten Bahnhof • Nachweis über Berufszugang • Reservierungsbestätigung bei Anfuhr • Nachweis Eisenbahnverwaltung/ Schifffahrttreibender bei Abfuhr	§ 19 Abs. 1 Nr. 2 GüKG – § 25 Nr. 11, § 14 Abs. 3 Satz 1, § 15 Abs. 2 Satz 1, § 16 Abs. 2 Satz 1, § 17 Abs. 1 Satz 1 oder Abs. 2 Satz 1 GüKGrKabotageV	**3000**		**1500**	

[1] **Amtl. Anm.:** Unternehmer aus den Beitrittsstaaten sind wie Unternehmer aus Drittstaaten zu behandeln.

Buß- und Verwarnungsgeldkatalog GüKG (I. – Unternehmer)						
2.	**Zuwiderhandlungen gegen Mitführungspflichten**					
Lfd. Nr.	Tatvorwurf	Ordnungswidrigkeit nach	**Vorsätzliche Begehungsweise**		**Fahrlässige Begehungsweise**	
			Bußgeld €	Verwarnungsgeld €	Bußgeld €	Verwarnungsgeld €
I.–2.11	Inländischer Unternehmer bei Beförderungen mit Be- und Entladeort in Deutschland: • Pass, Passersatz oder Ausweisersatz • Aufenthaltsgenehmigung oder Duldung • Arbeitsgenehmigung, falls erforderlich	§ 19 Abs. 1 Nr. 6d, § 7b Abs. 1 Satz 2 GüKG	**300**		**150**	
I.–2.12	Inländischer Unternehmer oder gebietsfremder EU-/EWR-Unternehmer bei grenzüberschreitenden Beförderungen • Fahrerbescheinigung	§ 19 Abs. 2 Nr. 2 GüKG, Art. 5 Abs. 6 Satz 1 VO (EG) 1072/2009	**300**		**150**	

Buß- und Verwarnungsgeldkatalog GüKG (I. – Unternehmer)						
3.	**Zuwiderhandlungen bei Betriebskontrollen**					
Lfd. Nr.	Tatvorwurf	Ordnungswidrigkeit nach	**Vorsätzliche Begehungsweise**		**Fahrlässige Begehungsweise**	
			Bußgeld €	Verwarnungsgeld €[1]	Bußgeld €	Verwarnungsgeld €[1]
I.–3.1	Betriebskontrolle nicht gestattet	§ 19 Abs. 1 Nr. 9 – § 12 Abs. 4 Satz 2 § 21a Abs. 2 Satz 2 GüKG	**600**			
I.–3.2	Auskunft verweigert bzw. nicht ordnungsgemäß erteilt	§ 19 Abs. 1 Nr. 7 – § 12 Abs. 5 Satz 1 Nr. 1, § 21a Abs. 3 Satz 1 GüKG	**600**	**55**	**300**	**55**

[1] **Amtl. Anm.:** Verpflichtung nicht ordnungsgemäß erfüllt.

Buß- und Verwarnungsgeldkatalog GüKG (I. – Unternehmer)						
3.	**Zuwiderhandlungen bei Betriebskontrollen**					
Lfd. Nr.	Tatvorwurf	Ordnungswidrigkeit nach	**Vorsätzliche Begehungsweise**		**Fahrlässige Begehungsweise**	
			Bußgeld €	Verwarnungsgeld €	Bußgeld €	Verwarnungsgeld €
I.–3.3	Nachweis nicht bzw. nicht ordnungsgemäß erbracht	§ 19 Abs. 1 Nr. 10 – § 12 Abs. 5 Satz 1 Nr. 2, § 21a Abs. 3 Satz 1 GüKG	**600**	**55**	**300**	**55**
I.–3.4	Hilfsdienst nicht bzw. nicht ordnungsgemäß geleistet/ Hilfsmittel nicht bzw. nicht ordnungsgemäß gestellt	§ 19 Abs. 1 Nr. 11 – § 12 Abs. 5 Satz 1 Nr. 3, § 21a Abs. 3 Satz 1 GüKG	**600**	**55**	**300**	**55**

Buß- und Verwarnungsgeldkatalog GüKG (I. – Unternehmer)						
4.	**Zuwiderhandlungen im Werkverkehr**					
Lfd. Nr.	Tatvorwurf	Ordnungswidrigkeit nach	**Vorsätzliche Begehungsweise**		**Fahrlässige Begehungsweise**	
			Bußgeld €	Verwarnungsgeld €[1]	Bußgeld €	Verwarnungsgeld €[1]
I.–4.1	Unternehmen nicht bzw. nicht ordnungsgemäß angemeldet	§ 19 Abs. 1 Nr. 12a – § 15a Abs. 2 und 3 GüKG	**180**	**55**	**90**	**55**
I.–4.2	Trotz Aufforderung Angaben nicht bzw. nicht ordnungsgemäß nachgewiesen	§ 19 Abs. 1 Nr. 12b – § 15a Abs. 3 GüKG	**125**	**35**	**65**	**35**
I.–4.3	Änderungen nicht bzw. nicht ordnungsgemäß mitgeteilt	§ 19 Abs. 1 Nr. 12c – § 15a Abs. 5 GüKG	**125**	**35**	**65**	**35**
I.–4.4	Trotz Aufforderung Änderungen nicht bzw. nicht ordnungsgemäß nachgewiesen	§ 19 Abs. 1 Nr. 12d – § 15a Abs. 5 GüKG	**125**	**35**	**65**	**35**
I.–4.5	Unternehmen nicht rechtzeitig abgemeldet	§ 19 Abs. 1 Nr. 12e, § 15a Abs. 6 GüKG		**55**		**55**

[1] **Amtl. Anm.:** Verpflichtung nicht ordnungsgemäß erfüllt.

Buß- und Verwarnungsgeldkatalog GüKG (I. – Unternehmer)						
5.	**Zuwiderhandlungen gegen sonstige Pflichten**					
Lfd. Nr.	Tatvorwurf	Ordnungswidrigkeit nach	**Vorsätzliche Begehungsweise**		**Fahrlässige Begehungsweise**	
			Bußgeld €	Verwarnungsgeld €[1]	Bußgeld €	Verwarnungsgeld €[1]
I.–*5.1*	*Aufgehoben*					
I.–5.2	Inländischer oder gebietsfremder EU-/EWR-Unternehmer: • Eingesetztes Kraftfahrzeug nicht in einem EU-/oder EWR-Staat zugelassen Drittstaatenunternehmer: • Eingesetztes Kraftfahrzeug nicht im Heimatstaat zugelassen	§ 19 Abs. 1 Nr. 2 GüKG – § 25 Nr. 13, § 18 GüKGrKabotageV	**300**		**150**	
I.–5.3	Unternehmensangaben: • Änderung der Erlaubnisbehörde nicht bzw. nicht ordnungsgemäß mitgeteilt/trotz Aufforderung Nachweis der Änderung gegenüber Erlaubnisbehörde nicht bzw. nicht ordnungsgemäß erbracht	§ 19 Abs. 1 Nr. 2 GüKG – § 12 Nr. 1, § 10 Abs. 5 Satz 1 GBZugV	**250**	**35**	**125**	**35**
I.–5.3.1	Erlaubnis • Erlaubnisurkunde oder Ausfertigung der Erlaubnisurkunde nicht oder nicht rechtzeitig zur Berichtigung vorgelegt	§ 19 Abs. 1 Nr. 2 GüKG – § 12 Nr. 2, 10 Abs. 5 Satz 2 GBZugV	**250**	**35**	**125**	**35**

[1] **Amtl. Anm.:** Verpflichtung nicht ordnungsgemäß erfüllt.

Buß- und Verwarnungsgeldkatalog GüKG (I. – Unternehmer)						
5.	**Zuwiderhandlungen gegen sonstige Pflichten**					
Lfd. Nr.	Tatvorwurf	Ordnungswidrigkeit nach	**Vorsätzliche Begehungsweise**		**Fahrlässige Begehungsweise**	
			Bußgeld €	Verwarnungsgeld €	Bußgeld €	Verwarnungsgeld €
I.–5.4	Unternehmensangaben: • Änderung der Lizenzbehörde nicht bzw. nicht ordnungsgemäß mitgeteilt/trotz Aufforderung Nachweis der Änderung gegenüber Lizenzbehörde nicht bzw. nicht ordnungsgemäß erbracht	§ 19 Abs. 1 Nr. 2 GüKG – § 25 Nr. 1, § 2 Satz 1 GüKGrKabotageV	**250**	**35**	**125**	**35**
I.–5.4.1	Lizenz: Lizenzurkunde oder Beglaubigte Kopie der Lizenzurkunde nicht oder nicht rechtzeitig zur Berichtigung vorgelegt	§ 19 Abs. 1 Nr. 2 GüKG – § 25 Nr. 2, § 2 Satz 2 GüKGrKabotageV	**250**	**35**	**125**	**35**
I.–5.5	Unternehmensangaben: • Auskunft nicht bzw. nicht ordnungsgemäß erteilt	§ 19 Abs. 1 Nr. 7 – § 15 Abs. 3 Satz 3 GüKG	**250**	**35**	**125**	**35**
I.–5.6	Fahrtenberichtheft/ Fehlanzeige für CEMT-Genehmigung nicht bzw. nicht rechtzeitig vorgelegt	§ 19 Abs. 1 Nr. 2 GüKG – § 25 Nr. 5, § 5 Abs. 2 GüKGrKabotageV	**250**		**125**	
I.–5.7	Fahrtenberichtheft für CEMT-Genehmigung nicht bzw. nicht ordnungsgemäß geführt	§ 19 Abs. 1 Nr. 2 GüKG – § 25 Nr. 4, § 5 Abs. 1 Satz 1 GüKGrKabotageV	**1800**	**55**	**900**	**55**
I.–5.8	Drittstaatenunternehmer: • Güterkraftverkehr trotz Ausschlusses durchgeführt	§ 19 Abs. 1 Nr. 2 GüKG – § 25 Nr. 14, § 19 GüKGrKabotageV	**3000**		**1500**	

Buß- und Verwarnungsgeldkatalog GüKG (I. – Unternehmer)						
5.	**Zuwiderhandlungen gegen sonstige Pflichten**					
Lfd. Nr.	Tatvorwurf	Ordnungswidrigkeit nach	**Vorsätzliche Begehungsweise**		**Fahrlässige Begehungsweise**	
			Bußgeld €	Verwarnungsgeld €	Bußgeld €	Verwarnungsgeld €
I.–5.9	Inländischer Unternehmer bei Beförderungen mit Be- und Entladen in Deutschland • Einsatz von nicht ordnungsgemäß beschäftigtem Fahrpersonal aus Drittstaaten	§ 19 Abs. 1 Nr. 6c, § 7b Abs. 1 Satz 1 GüKG	**6000**		**3000**	
I.–5.9.1	Inländischer Unternehmer, gebietsfremder EU-/EWR-Unternehmer im grenzüberschreitenden Güterkraftverkehr in der EU/im EWR • Einsatz von Fahrpersonal aus Drittstaaten ohne Fahrerbescheinigung	§ 19 Abs. 4 Nr. 1 GüKG, Art. 3 und 5 Abs. 2 VO (EG) 1072/2009	**6000**		**3000**	
I.–5.9.2	Inländischer Unternehmer, gebietsfremder EU-/EWR-Unternehmer im Kabotageverkehr in der EU/ im EWR • Einsatz von Fahrpersonal aus Drittstaaten ohne Fahrerbescheinigung	§ 19 Abs. 4 Nr. 3 GüKG, Art. 8 Abs. 1 i.V.m. Art. 5 Abs. 1 VO (EG) 1072/2009	**6000**		**3000**	
I.–5.10.1	Eingeschweißte Berechtigung oder fahrzeugbezogene Nachweise • Bei zweifelsfreier Erkennbarkeit der Echtheit der Urkunde trotz Vorhandensein einer Laminierung bzw. Schutzschicht	§ 19 Abs. 1 Nr. 4 – § 7 Abs. 1 Satz 2 GüKG		**55**		**55**

Buß- und Verwarnungsgeldkatalog GüKG (I. – Unternehmer)						
5.	**Zuwiderhandlungen gegen sonstige Pflichten**					
Lfd. Nr.	Tatvorwurf	Ordnungswidrigkeit nach	**Vorsätzliche Begehungsweise**		**Fahrlässige Begehungsweise**	
			Bußgeld €	Verwarnungsgeld €	Bußgeld €	Verwarnungsgeld €
I.–5.10.2	Eingeschweißte Berechtigung oder fahrzeugbezogene Nachweise • Keine Möglichkeit der Echtheitsprüfung	§ 19 Abs. 1 Nr. 4 – § 7 Abs. 1 Satz 2 GüKG	**360**		**180**	
I.–5.11	Unternehmensangaben bez. <u>Fahrerbescheinigung:</u> Änderung der Erlaubnisbehörde nicht bzw. nicht ordnungsgemäß mitgeteilt	§ 19 Abs. 1 Nr. 2 GüKG, § 25 Nr. 15 i.V.m. 23 Satz 1 GüKGrKabotageV	**125**	**35**	**65**	**35**
I.–5.12	Unternehmensangaben bez. <u>Fahrerbescheinigung:</u> Trotz Aufforderung Nachweis der Änderung gegenüber Lizenzbehörde nicht bzw. nicht ordnungsgemäß erbracht oder nicht bzw. nicht ordnungsgemäß vorgelegt	§ 19 Abs. 1 Nr. 2 GüKG, § 25 Nr. 16 i.V.m. 23 Satz 1, 24 Satz 1 GüKGrKabotageV	**125**	**35**	**65**	**35**
I.–5.13	Fahrerbescheinigung: Original oder Abschrift nicht oder nicht rechtzeitig zur Berichtigung vorgelegt	§ 19 Abs. 1 Nr. 2 GüKG – § 25 Nr. 2, § 23 Satz 2 GüKGrKabotageV	**125**	**35**	**65**	**35**
I.–5.14	Unternehmensangaben bez. Berufszugang Nachweis zur Überprüfung der Berufszugangsvoraussetzungen nicht, nicht richtig, nicht vollständig oder nicht rechtzeitig vorlegt.	§ 19 Abs. 1 Nr. 2 GüKG – § 12 Nr. 3, § 11 Abs. 1 Satz 3 GBZugV	**250**	**35**	**125**	**35**

Buß- und Verwarnungsgeldkatalog GüKG (II. – Fahrer oder andere nichtleitende Angestellte)						
1.	**Zuwiderhandlungen gegen Mitführungs- oder Vorlagepflichten**					
Lfd. Nr.	Tatvorwurf	Ordnungswidrigkeit nach	**Vorsätzliche Begehungsweise**		**Fahrlässige Begehungsweise**	
			Bußgeld €	Verwarnungsgeld €	Bußgeld €	Verwarnungsgeld €
II.–1.1	Betroffener aus einem inländischen Unternehmen: • Erlaubnis oder Erlaubnisausfertigung • CEMT-Genehmigung • Bilaterale Genehmigung	§ 19 Abs. 1 Nr. 5, § 7 Abs. 2 GüKG	**125**		**65**	
II.–1.2	Betroffener aus einem inländischen oder gebietsfremden EU-/EWR- oder Schweizer Unternehmen: • Beglaubigte Kopie der Gemeinschaftslizenz • CEMT-Umzugsgenehmigung	§ 19 Abs. 1 Nr. 5, § 7 Abs. 2 GüKG	**125**		**65**	
II.–1.2.1	Betroffener aus einem gebietsfremden EU-/EWR-Unternehmen bei Kabotagebeförderungen: • Nachweise über die Einhaltung der „3 in 7-Beschränkung"	§ 19 Abs. 1 Nr. 5, § 7 Abs. 2 GüKG	**125**		**65**	
II.–1.3	Betroffener aus einem gebietsfremden EU-/EWR- oder Drittstaatenunternehmen: • Bilaterale Genehmigung • Drittstaatengenehmigung • CEMT-Genehmigung	§ 19 Abs. 1 Nr. 5, § 7 Abs. 2 GüKG	**200**		**100**	
II.–1.4	Betroffener aus einem Drittstaatenunternehmen: • CEMT-Umzugsgenehmigung	§ 19 Abs. 1 Nr. 5, § 7 Abs. 2 GüKG	**125**		**65**	

Buß- und Verwarnungsgeldkatalog GüKG (II. – Fahrer oder andere nichtleitende Angestellte)						
1.	**Zuwiderhandlungen gegen Mitführungs- oder Vorlagepflichten**					
Lfd. Nr.	Tatvorwurf	Ordnungswidrigkeit nach	**Vorsätzliche Begehungsweise**		**Fahrlässige Begehungsweise**	
			Bußgeld €	Verwarnungsgeld €	Bußgeld €	Verwarnungsgeld €
II.–1.5	Betroffener aus einem Drittstaatenunternehmen: • Fahrzeugbezogene Nachweise Betroffener aus einem gebietsfremden EU-/EWR-Unternehmen bei Beförderungen zwischen dem Inland und einem Drittstaat: • Fahrzeugbezogene Nachweise	§ 19 Abs. 1 Nr. 5, § 7 Abs. 2 GüKG	**200**	**55**[1]	**100**	**55**[1]
II.–1.6	Begleitpapier bzw. sonstiger Nachweis	§ 19 Abs. 1 Nr. 5, § 7 Abs. 2 GüKG		**45**		**45**
II.–1.6.1	Begleitpapier bei landwirtschaftlichen Beförderungen	§ 19 Abs. 1 Nr. 1a, § 2 Abs. 1a GüKG		**45**		**45**
II.–1.7	Fahrtenberichtheft für CEMT-Genehmigung • nicht oder nicht vollständig mitgeführt • nicht oder nicht rechtzeitig ausgehändigt	§ 19 Abs. 1 Nr. 2 GüKG – § 25 Nr. 9, 7a Nr. 3 Satz 2 GüKGrKabotageV	**125**		**65**	
II.–1.8	Versicherungsnachweis bei Binnenbeförderungen einschließlich Kabotage	§ 19 Abs. 1 Nr. 6b – § 7a Abs. 4 Satz 2 GüKG		**55**		**55**
II.–1.9[2]	Betroffener aus einem inländischen oder gebietsfremden EU-/EWR-Unternehmen im grenzüberschreitenden kombinierten Verkehr: • Bescheinigung über nächstgelegenen geeigneten Bahnhof	§ 19 Abs. 1 Nr. 2 GüKG – § 25 Nr. 12, § 14 Abs. 3 Satz 2, § 15 Abs. 2 Satz 2, § 17 Abs. 1 Satz 3 oder Abs. 2 Satz 3 GüKGrKabotageV	**125**		**65**	

[1] **Amtl. Anm.:** Verpflichtung nicht ordnungsgemäß erfüllt.

[2] **Amtl. Anm.:** Nicht anzuwenden, wenn Berechtigung nach §§ 3, 5 oder 6 GüKG [Nr. **450**] verwendet wird.

Buß- und Verwarnungsgeldkatalog GüKG (II. – Fahrer oder andere nichtleitende Angestellte)						
1.	**Zuwiderhandlungen gegen Mitführungs- oder Vorlagepflichten**					
Lfd. Nr.	Tatvorwurf	Ordnungswidrigkeit nach	**Vorsätzliche Begehungsweise**		**Fahrlässige Begehungsweise**	
			Bußgeld €	Verwarnungsgeld €	Bußgeld €	Verwarnungsgeld €
	• Nachweis über Berufszugang • Reservierungsbestätigung bei Anfuhr • Nachweis Eisenbahnverwaltung/Schifffahrttreibender bei Abfuhr					
II.–1.10[1) 2)]	Betroffener aus einem gebietsfremden EU-/EWR-Unternehmen im grenzüberschreitenden kombinierten Verkehr zwischen dem Inland und einem Drittstaat oder Betroffener aus einem Drittstaatenunternehmen im grenzüberschreitenden kombinierten Verkehr: • Bescheinigung über nächstgelegenen geeigneten Bahnhof • Nachweis über Berufszugang • Reservierungsbestätigung bei Anfuhr • Nachweis Eisenbahnverwaltung/Schifffahrttreibender bei Abfuhr	§ 19 Abs. 1 Nr. 2 GüKG – § 25 Nr. 12, § 14 Abs. 3 Satz 2, § 16 Abs. 2 Satz 2, § 17 Abs. 1 Satz 3 oder Abs. 2 Satz 3 GüKGrKabotageV	**200**		**100**	

1) **Amtl. Anm.:** Nicht anzuwenden, wenn Berechtigung nach §§ 3, 5 oder 6 GüKG verwendet wird.
2) **Amtl. Anm.:** Fahrer aus den Beitrittsstaaten sind wie Drittstaatler zu behandeln.

Buß- und Verwarnungsgeldkatalog GüKG (II. – Fahrer oder andere nichtleitende Angestellte)						
1.	**Zuwiderhandlungen gegen Mitführungs- oder Vorlagepflichten**					
Lfd. Nr.	Tatvorwurf	Ordnungswidrigkeit nach	**Vorsätzliche Begehungsweise**		**Fahrlässige Begehungsweise**	
			Bußgeld €	Verwarnungsgeld €	Bußgeld €	Verwarnungsgeld €
II.–1.11	Drittstaatenfahrpersonal, beschäftigt bei inländischem Unternehmen • Pass, Passersatz oder Ausweisersatz • Aufenthaltsgenehmigung oder Duldung • Arbeitsgenehmigung, falls erforderlich	§ 19 Abs. 1 Nr. 6e, § 7b Abs. 2 i.V.m. Abs. 1 Satz 2 GüKG	**125**		**65**	
II.–1.12	Drittstaatenfahrpersonal, beschäftigt bei EU-/EWR-Unternehmen, bei grenzüberschreitender, lizenzpflichtiger Beförderung • Fahrerbescheinigung	§ 19 Abs. 2 Nr. 3 GüKG, Art. 5 Abs. 6 VO (EG) 1072/2009	**125**		**65**	
II.–1.12.1	Drittstaatenfahrpersonal, beschäftigt bei EU-/EWR-Unternehmen, Kabotagebeförderung • Fahrerbescheinigung	§ 19 Abs. 3 GüKG, Art. 8 Abs. 1, 5 Abs. 6 VO (EG) 1072/2009	**125**		**65**	
II.–1.13	Ausländisches Fahrpersonal • Pass • sonstiges zum Grenzübertritt berechtigendes Dokument	§ 19 Abs. 1 Nr. 5, § 7 Abs. 2 GüKG	**100**			**55**

Buß- und Verwarnungsgeldkatalog GüKG
(II. – Fahrer oder andere nichtleitende Angestellte)

2.	**Zuwiderhandlungen gegen sonstige Pflichten**					
Lfd. Nr.	Tatvorwurf	Ordnungswidrigkeit nach	**Vorsätzliche Begehungsweise**		**Fahrlässige Begehungsweise**	
			Bußgeld €	Verwarnungsgeld €[1]	Bußgeld €	Verwarnungsgeld €[1]
II.–2.1	Betriebskontrolle: • Auskunft/Nachweis verweigert bzw. nicht ordnungsgemäß erbracht • Hilfsdienst nicht bzw. nicht ordnungsgemäß geleistet/Hilfsmittel nicht bzw. nicht ordnungsgemäß gestellt	§ 19 Abs. 1 Nrn. 7, 10, 11, § 12 Abs. 5 Satz 1 Nr. 1 bis 3, § 21a Abs. 3 Satz 1 GüKG	**125**	**45**	**65**	**45**
II.–2.2	Straßenkontrolle: • Auskunft verweigert bzw. nicht ordnungsgemäß erteilt • Zutritt zum Fahrzeug nicht gewährt • Hilfsmittel nicht zur Verfügung gestellt/Hilfsdienste nicht geleistet	§ 19 Abs. 1 Nr. 7, § 12 Abs. 1 Satz 3 GüKG	**125**	**45**	**65**	**45**
II.–2.3	Fahrtenberichtheft für CEMT-Genehmigung nicht bzw. nicht ordnungsgemäß geführt	§ 19 Abs. 1 Nr. 2 GüKG – § 25 Nr. 4, § 5 Abs. 1 GüKGrKabotageV	**125**	**45**	**65**	**45**
II.–2.4	Betroffener aus einem Drittstaatenunternehmen: • Güterkraftverkehr trotz Ausschlusses durchgeführt	§ 19 Abs. 1 Nr. 2 GüKG – § 25 Nr. 14, § 19 GüKGrKabotageV	**200**		**100**	
II.–2.5[2]	Zeichen oder Weisung nicht befolgt	§ 19 Abs. 1 Nr. 8, § 12 Abs. 3 GüKG	**300**		**150**	
II.–2.6[2]	Fahrt trotz Untersagung fortgesetzt	§ 19 Abs. 1 Nr. 12, § 13 GüKG	**300**		**150**	

[1] **Amtl. Anm.:** Verpflichtung nicht ordnungsgemäß erfüllt.
[2] **Amtl. Anm.:** Unternehmer bei Beteiligung nach § 14 OWiG: doppelter Satz.

Buß- und Verwarnungsgeldkatalog GüKG (II. – Fahrer oder andere nichtleitende Angestellte)						
2.	**Zuwiderhandlungen gegen sonstige Pflichten**					
Lfd. Nr.	Tatvorwurf	Ordnungswidrigkeit nach	**Vorsätzliche Begehungsweise**		**Fahrlässige Begehungsweise**	
			Bußgeld €	Verwarnungsgeld €	Bußgeld €	Verwarnungsgeld €
II.–2.7	Vollziehbare Auflage missachtet	§ 19 Abs. 1 Nr. 1c – § 3 Abs. 4 GüKG; § 19 Abs. 1 Nr. 2 GüKG – § 25 Nr. 3, § 4 Abs. 4, § 7 Abs. 3, § 10 Abs. 3 GüKGrKabotageV, § 9 Abs. 2 OWiG	**125 – 200**	**55**	**65 – 100**	**55**

Buß- und Verwarnungsgeldkatalog GüKG (III. – Auftraggeber)						
1.	**Zuwiderhandlungen gegen die Verpflichtung, vertragliche Leistungen nicht ausführen zu lassen**					
Lfd. Nr.	Tatvorwurf	Ordnungswidrigkeit nach	**Vorsätzliche Begehungsweise**		**Fahrlässige Begehungsweise**	
			Bußgeld €	Verwarnungsgeld €	Bußgeld €	Verwarnungsgeld €
III.–1.1	Ausführenlassen der vertraglichen Leistung, obwohl der beauftragte Unternehmer nicht Inhaber einer Erlaubnis/Berechtigung war	§§ 19 Abs. 1a Nr. 1, 7c Satz 1 Nr. 1 GüKG	**3600**		**1800**	
III.–1.2	Ausführenlassen der vertraglichen Leistung, obwohl der beauftragte Unternehmer einen Spediteur/Frachtführer einsetzt oder zulässt, dass ein solcher tätig wird, der nicht Inhaber einer Erlaubnis/Berechtigung war	§§ 19 Abs. 1a Nr. 1, 7c Satz 1 Nr. 3 Buchstabe a GüKG	**3600**		**1800**	
III.–1.3	Ausführenlassen der vertraglichen Leistung, obwohl der beauftragte Unternehmer Fahrpersonal einsetzt, das nicht im Besitz der erforderlichen Arbeitsgenehmigung war	§§ 19 Abs. 1a Nr. 2, 7c Satz 1 Nr. 2 GüKG	**6000**		**3000**	

Buß- und Verwarnungsgeldkatalog GüKG (III. – Auftraggeber)						
1.	**Zuwiderhandlungen gegen die Verpflichtung, vertragliche Leistungen nicht ausführen zu lassen**					
Lfd. Nr.	Tatvorwurf	Ordnungswidrigkeit nach	**Vorsätzliche Begehungsweise**		**Fahrlässige Begehungsweise**	
			Bußgeld €	Verwarnungsgeld €	Bußgeld €	Verwarnungsgeld €
III.–1.4	Ausführenlassen der vertraglichen Leistung, obwohl der beauftragte Unternehmer einen Spediteur/Frachtführer einsetzt oder zulässt, dass ein solcher tätig wird, der Fahrpersonal einsetzt, das nicht im Besitz der erforderlichen Arbeitsgenehmigung war	§§ 19 Abs. 1a Nr. 2, 7c Satz 1 Nr. 3 Buchstabe b GüKG	**6000**		**3000**	
III.–1.5	Ausführenlassen der vertraglichen Leistung, obwohl der beauftragte Unternehmer Fahrpersonal einsetzt, das nicht im Besitz der erforderlichen Fahrerbescheinigung war	§§ 19 Abs. 1a Nr. 2, 7c Satz 1 Nr. 2 GüKG	**6000**		**3000**	
III.–1.6	Ausführenlassen der vertraglichen Leistung, obwohl der beauftragte Unternehmer einen Spediteur/Frachtführer einsetzt oder zulässt, dass ein solcher tätig wird, der Fahrpersonal einsetzt, das nicht im Besitz der erforderlichen Fahrerbescheinigung war	§§ 19 Abs. 1a Nr. 2, 7c Satz 1 Nr. 3 Buchstabe b GüKG	**6000**		**3000**	

Buß- und Verwarnungsgeldkatalog GüKG (III. – Auftraggeber)						
2.	**Zuwiderhandlungen bei Betriebskontrollen**					
Lfd. Nr.	Tatvorwurf	Ordnungswidrigkeit nach	**Vorsätzliche Begehungsweise**		**Fahrlässige Begehungsweise**	
			Bußgeld €	Verwarnungsgeld €[1]	Bußgeld €	Verwarnungsgeld €[1]
III.–2.1	Betriebskontrollen nicht gestattet	§ 19 Abs. 1 Nr. 9 – § 12 Abs. 4 Satz 2 § 21a Abs. 2 Satz 3 GüKG	**600**			
III.–2.2	Auskunft verweigert bzw. nicht ordnungsgemäß erteilt	§ 19 Abs. 1 Nr. 7 – § 12 Abs. 5 Satz 1 Nr. 1, § 21a Abs. 3 Satz 1 GüKG	**600**	**55**	**300**	**55**
III.–2.3	Nachweis nicht bzw. nicht ordnungsgemäß erbracht	§ 19 Abs. 1 Nr. 10 – § 12 Abs. 5 Satz 1 Nr. 2, § 21a Abs. 3 Satz 1 GüKG	**600**	**55**	**300**	**55**
III.–2.4	Hilfsdienst nicht bzw. nicht ordnungsgemäß geleistet/ Hilfsmittel nicht bzw. nicht ordnungsgemäß gestellt	§ 19 Abs. 1 Nr. 11 – § 12 Abs. 5 Satz 1 Nr. 3, § 21a Abs. 3 Satz 1 GüKG	**600**	**55**	**300**	**55**

[1] **Amtl. Anm.:** Verpflichtung nicht ordnungsgemäß erfüllt.

M.
Verkehrswege

700. Bundesfernstraßengesetz (FStrG)

In der Fassung der Bekanntmachung vom 28. Juni 2007[1)]
(BGBl. I S. 1206)

FNA 911-1

geänd. durch Art. 6 G zur Neuregelung des Rechts des Naturschutzes und der Landschaftspflege v. 29.7.2009 (BGBl. I S. 2542), Art. 6 G zur Neuregelung des Wasserrechts v. 31.7.2009 (BGBl. I S. 2585), Art. 7 PlanfeststellungsverfahrenVereinheitlichungsG v. 31.5.2013 (BGBl. I S. 1388, geänd. durch Art. 1b G v. 24.5.2014, BGBl. I S. 538), Art. 1 Sechstes ÄndG v. 24.8.2015 (BGBl. I S. 1442), Art. 466 Zehnte ZuständigkeitsanpassungsVO v. 31.8.2015 (BGBl. I S. 1474), Art. 9 G zur Anpassung des Umwelt-RechtsbehelfsG und anderer Vorschriften an europa- und völkerrechtliche Vorgaben v. 29.5.2017 (BGBl. I S. 1298), Art. 1 Siebtes ÄndG v. 27.6.2017 (BGBl. I S. 2082), Art. 2 Abs. 7 G zur Modernisierung des Rechts der Umweltverträglichkeitsprüfung v. 20.7.2017 (BGBl. I S. 2808, ber. 2018 S. 472), Art. 17 G zur Neuregelung des bundesstaatlichen Finanzausgleichssystems ab dem Jahr 2020 und zur Änd. haushaltsrechtlicher Vorschriften v. 14.8.2017 (BGBl. I S. 3122), Art. 1 G zur Beschleunigung von Planungs- und Genehmigungsverfahren im Verkehrsbereich v. 29.11.2018 (BGBl. I S. 2237), Art. 2 G zur weiteren Beschleunigung von Planungs- und Genehmigungsverfahren im Verkehrsbereich v. 3.3.2020 (BGBl. I S. 433), Art. 1 Achtes G zur Änd. des BundesfernstraßenG und zur Änd. weiterer Vorschriften v. 29.6.2020 (BGBl. I S. 1528), Art. 2 Strukturstärkungsgesetz Kohleregionen v. 8.8.2020 (BGBl. I S. 1795) und Art. 2a Investitionen-Beschleunigungsgesetz v. 3.12.2020 (BGBl. I S. 2694)

Nichtamtliche Inhaltsübersicht

---

1) Neubekanntmachung des FStrG idF der Bek. v. 20.2.2003 (BGBl. I S. 286) in der ab 17.12.2006 geltenden Fassung.

§ 1[1)] Einteilung der Bundesstraßen des Fernverkehrs. (1) [1] Bundesstraßen des Fernverkehrs (Bundesfernstraßen) sind öffentliche Straßen, die ein zusammenhängendes Verkehrsnetz bilden und einem weiträumigen Verkehr dienen oder zu dienen bestimmt sind. [2] In der geschlossenen Ortslage (§ 5 Abs. 4) gehören zum zusammenhängenden Verkehrsnetz die zur Aufnahme des weiträumigen Verkehrs notwendigen Straßen.

(2) Sie gliedern sich in

1. Bundesautobahnen,
2. Bundesstraßen mit den Ortsdurchfahrten (§ 5 Abs. 4).

(3) [1] Bundesautobahnen sind Bundesfernstraßen, die nur für den Schnellverkehr mit Kraftfahrzeugen bestimmt und so angelegt sind, dass sie frei von höhengleichen Kreuzungen und für Zu- und Abfahrt mit besonderen Anschlussstellen ausgestattet sind. [2] Sie sollen getrennte Fahrbahnen für den Richtungsverkehr haben.

(4) Zu den Bundesfernstraßen gehören

1. der Straßenkörper; das sind besonders der Straßengrund, der Straßenunterbau, die Straßendecke, die Brücken, Tunnel, Durchlässe, Dämme, Gräben, Entwässerungsanlagen, Böschungen, Stützmauern, Lärmschutzanlagen, Trenn-, Seiten-, Rand- und Sicherheitsstreifen;
2. der Luftraum über dem Straßenkörper;
3. das Zubehör; das sind die Verkehrszeichen, die Verkehrseinrichtungen und -anlagen aller Art, die der Sicherheit oder Leichtigkeit des Straßenverkehrs oder dem Schutz der Anlieger dienen, und die Bepflanzung;

3a. Einrichtungen zur Erhebung von Maut und zur Kontrolle der Einhaltung der Mautpflicht;

4. die Nebenanlagen; das sind solche Anlagen, die überwiegend den Aufgaben der Straßenbauverwaltung der Bundesfernstraßen dienen, z.B. Straßenmeistereien, Gerätehöfe, Lager, Lagerplätze, Entnahmestellen, Hilfsbetriebe und -einrichtungen;
5. die Nebenbetriebe an den Bundesautobahnen (§ 15 Abs. 1).

[1)] § 1 Abs. 5 Satz 2 geänd. mWv 8.9.2015 durch VO v. 31.8.2015 (BGBl. I S. 1474); Abs. 5 Satz 2 geänd. mWv 1.1.2021 durch G v. 14.8.2017 (BGBl. I S. 3122).

(5) [1]Für die Bundesfernstraßen werden Straßenverzeichnisse geführt. [2]Das Fernstraßen-Bundesamt bestimmt die Nummerung und Bezeichnung der Bundesfernstraßen.

§ 2[1)] Widmung, Umstufung, Einziehung. (1) Eine Straße erhält die Eigenschaft einer Bundesfernstraße durch Widmung.

(2) Voraussetzung für die Widmung ist, dass der Träger der Straßenbaulast Eigentümer des der Straße dienenden Grundstücks ist, oder der Eigentümer und ein sonst zur Nutzung dinglich Berechtigter der Widmung zugestimmt hat, oder der Träger der Straßenbaulast den Besitz durch Vertrag, durch Einweisung nach § 18f Abs. 1 oder in einem sonstigen gesetzlichen Verfahren erlangt hat.

(3) Durch privatrechtliche Verfügungen oder durch Verfügungen im Wege der Zwangsvollstreckung über die der Straße dienenden Grundstücke oder Rechte an ihnen wird die Widmung nicht berührt.

(3a) Eine öffentliche Straße, die die Voraussetzungen des § 1 Abs. 1 oder 3 erfüllt, ist zur Bundesautobahn oder Bundesstraße, eine Bundesstraße, die die Voraussetzungen des § 1 Abs. 3 erfüllt, zur Bundesautobahn aufzustufen.

(4) Eine Bundesfernstraße, bei der sich die Verkehrsbedeutung geändert hat und bei der die Voraussetzungen des § 1 Abs. 1 weggefallen sind, ist entweder unverzüglich einzuziehen, wenn sie jede Verkehrsbedeutung verloren hat oder überwiegende Gründe des öffentlichen Wohls vorliegen (Einziehung), oder unverzüglich dem Träger der Straßenbaulast zu überlassen, der sich nach Landesrecht bestimmt (Abstufung).

(5) [1]Die Absicht der Einziehung ist drei Monate vorher in den Gemeinden, die die Straße berührt, öffentlich bekannt zu machen, um Gelegenheit zu Einwendungen zu geben. [2]Von der Bekanntmachung kann abgesehen werden, wenn die zur Einziehung vorgesehenen Teilstrecken in den in einem Planfeststellungsverfahren ausgelegten Plänen als solche kenntlich gemacht worden sind oder Teilstrecken im Zusammenhang mit Änderungen von unwesentlicher Bedeutung (§ 74 Abs. 7 des Verwaltungsverfahrensgesetzes) eingezogen werden sollen. [3]Die Abstufung soll nur zum Ende eines Rechnungsjahres ausgesprochen und drei Monate vorher angekündigt werden.

(6) [1]Über Widmung, Umstufung und Einziehung einer Bundesfernstraße entscheidet das Fernstraßen-Bundesamt, soweit dem Bund die Verwaltung einer Bundesfernstraße zusteht. [2]Im Übrigen entscheidet die oberste Landesstraßenbaubehörde. [3]Abstufungen in eine Straße nach Landesrecht können nur nach vorheriger Zustimmung der betroffenen obersten Landesstraßenbaubehörde erfolgen. [4]Die Entscheidung kann auch in einem Planfeststellungsbeschluss nach § 17 mit der Maßgabe erfolgen, dass die Widmung mit der Verkehrsübergabe, die Umstufung mit der Ingebrauchnahme für den neuen Verkehrszweck und die Einziehung mit der Sperrung wirksam wird. [5]Die oberste Landesstraßenbaubehörde hat vor einer Widmung oder Aufstufung das Einverständnis des Fernstraßen-Bundesamtes einzuholen. [6]Die Entscheidung ist in einem vom Land zu bestimmenden Amtsblatt bekannt zu geben. [7]Die Bekanntmachung nach Satz 6 ist entbehrlich, wenn die zur Widmung, Um-

---

[1)] § 2 Abs. 5 Satz 2 geänd. mWv 1.6.2015 durch G v. 31.5.2013 (BGBl. I S. 1388, geänd. durch G v. 24.5.2014, BGBl. I S. 538); Abs. 6 Satz 3 geänd. mWv 8.9.2015 durch VO v. 31.8.2015 (BGBl. I S. 1474); Abs. 6 neu gef. mWv 1.1.2021 durch G v. 14.8.2017 (BGBl. I S. 3122).

stufung oder Einziehung vorgesehenen Straßen in den im Planfeststellungsverfahren ausgelegten Plänen als solche kenntlich und die Entscheidung mit dem Planfeststellungsbeschluss bekannt gemacht worden ist.

(6a) [1] Wird eine Bundesfernstraße verbreitert, begradigt, unerheblich verlegt oder ergänzt, so gilt der neue Straßenteil durch die Verkehrsübergabe als gewidmet, sofern die Voraussetzungen des Absatzes 2 vorliegen. [2] Wird im Zusammenhang mit einer Maßnahme nach Satz 1 der Teil einer Bundesfernstraße dem Verkehr auf Dauer entzogen, so gilt dieser Straßenteil durch die Sperrung als eingezogen. [3] In diesen Fällen bedarf es keiner Ankündigung (Absatz 5) und keiner öffentlichen Bekanntmachung (Absatz 6).

(7) [1] Mit der Einziehung entfallen Gemeingebrauch (§ 7) und widerrufliche Sondernutzungen (§ 8). [2] Bei Umstufung gilt § 6 Abs. 1.

§ 3[1)] Straßenbaulast. (1) [1] Die Straßenbaulast umfasst alle mit dem Bau und der Unterhaltung der Bundesfernstraßen zusammenhängenden Aufgaben. [2] Die Träger der Straßenbaulast haben nach ihrer Leistungsfähigkeit die Bundesfernstraßen in einem dem regelmäßigen Verkehrsbedürfnis genügenden Zustand zu bauen, zu unterhalten, zu erweitern oder sonst zu verbessern; dabei sind die sonstigen öffentlichen Belange einschließlich des Umweltschutzes sowie behinderter und anderer Menschen mit Mobilitätsbeeinträchtigung mit dem Ziel, möglichst weitreichende Barrierefreiheit zu erreichen, zu berücksichtigen. [3] Betriebswege auf Brücken im Zuge von Bundesautobahnen und Betriebswege auf Brücken im Zuge von Bundesstraßen, die als Kraftfahrstraßen ausgewiesen sind, sind bedarfsabhängig durch den Träger der Straßenbaulast so zu bauen und zu unterhalten, dass auf ihnen auch öffentlicher Radverkehr abgewickelt werden kann.

(2) [1] Soweit die Träger der Straßenbaulast unter Berücksichtigung ihrer Leistungsfähigkeit zur Durchführung von Maßnahmen nach Absatz 1 Satz 2 außerstande sind, haben sie auf einen nicht verkehrssicheren Zustand durch Verkehrszeichen hinzuweisen. [2] Diese hat die Straßenbaubehörde oder auf Bundesautobahnen die Gesellschaft privaten Rechts im Sinne des Infrastrukturgesellschaftserrichtungsgesetzes vorbehaltlich anderweitiger Maßnahmen der Straßenverkehrsbehörde aufzustellen.

(3) [1] Die Träger der Straßenbaulast sollen nach besten Kräften über die ihnen nach Absatz 1 obliegenden Aufgaben hinaus die Bundesfernstraßen bei Schnee- und Eisglätte räumen und streuen. [2] Landesrechtliche Vorschriften über die Pflichten Dritter zum Schneeräumen und Streuen sowie zur polizeimäßigen Reinigung bleiben unberührt.

§ 3a[2)] Duldungspflichten im Interesse der Unterhaltung. (1) [1] Soweit es zur Unterhaltung einer Bundesfernstraße erforderlich ist, haben Dritte, insbesondere die Anlieger und die Hinterlieger, zu dulden, dass die Straßenbaubehörde oder von ihr Beauftragte die Grundstücke betreten oder vorübergehend benutzen. [2] Die Arbeiten zur Unterhaltung müssen dem Dritten angekündigt werden.

[1)] § 3 Abs. 1 Satz 3 angef. mWv 1.10.2020 durch G v. 29.6.2020 (BGBl. I S. 1528); Abs. 2 Satz 2 geänd. mWv 1.1.2021 durch G v. 14.8.2017 (BGBl. I S. 3122).

[2)] § 3a eingef. mWv 13.3.2020 durch G v. 3.3.2020 (BGBl. I S. 433).

(2) Entstehen durch Handlungen nach Absatz 1 Schäden, hat der Geschädigte Anspruch auf Schadensersatz.

(3) [1]Der Inhaber einer Sondernutzungserlaubnis hat, ohne Anspruch auf Entschädigung, zu dulden, dass die Ausübung seines Rechts durch Arbeiten zur Unterhaltung vorübergehend behindert oder unterbrochen wird. [2]Auf die Interessen des Inhabers einer Sondernutzungserlaubnis ist Rücksicht zu nehmen.

§ 4[1)] Sicherheitsvorschriften. [1]Die Träger der Straßenbaulast haben dafür einzustehen, dass ihre Bauten allen Anforderungen der Sicherheit und Ordnung genügen. [2]Behördlicher Genehmigungen, Erlaubnisse und Abnahmen durch andere als die Straßenbaubehörden bedarf es nicht. [3]Straßenbaubehörde im Sinne dieses Gesetzes ist auch das Fernstraßen-Bundesamt, soweit dem Bund die Verwaltung einer Bundesfernstraße zusteht. [4]Für Baudenkmäler gilt Satz 2 nur, soweit ein Planfeststellungsverfahren durchgeführt worden ist.

§ 5[2)] Träger der Straßenbaulast. (1) [1]Der Bund ist Träger der Straßenbaulast für die Bundesfernstraßen, soweit nicht die Baulast anderen nach gesetzlichen Vorschriften oder öffentlich-rechtlichen Verpflichtungen obliegt. [2]Bürgerlich-rechtliche Verpflichtungen Dritter bleiben unberührt.

(2) [1]Die Gemeinden mit mehr als 80 000 Einwohnern sind Träger der Straßenbaulast für die Ortsdurchfahrten im Zuge von Bundesstraßen. [2]Maßgebend ist die bei der Volkszählung festgestellte Einwohnerzahl. [3]Das Ergebnis einer Volkszählung wird mit Beginn des dritten Haushaltsjahres nach dem Jahr verbindlich, in dem die Volkszählung stattgefunden hat. [4]Werden Gemeindegrenzen geändert oder neue Gemeinden gebildet, so ist die bei der Volkszählung festgestellte Einwohnerzahl des neuen Gemeindegebietes maßgebend. [5]In diesen Fällen wechselt die Straßenbaulast für die Ortsdurchfahrten, wenn sie bisher dem Bund oblag, mit Beginn des dritten Haushaltsjahres nach dem Jahr der Gebietsänderung, sonst mit der Gebietsänderung.

(2a) [1]Die Gemeinde bleibt abweichend von Absatz 2 Träger der Straßenbaulast für die Ortsdurchfahrten im Zuge der Bundesstraßen, wenn sie es mit Zustimmung der obersten Kommunalaufsichtsbehörde gegenüber der obersten Landesstraßenbaubehörde erklärt. [2]Eine Gemeinde mit mehr als 50 000, aber weniger als 80 000 Einwohnern wird Träger der Straßenbaulast für die Ortsdurchfahrten im Zuge der Bundesstraßen, wenn sie es mit Zustimmung der obersten Kommunalaufsichtsbehörde gegenüber der obersten Landesstraßenbaubehörde verlangt. [3]Absatz 2 Satz 2 und 4 gilt entsprechend. [4]Die oberste Landesstraßenbaubehörde unterrichtet das Fernstraßen-Bundesamt über die Erklärung der Gemeinde nach Satz 1 oder das Verlangen der Gemeinde nach Satz 2.

(3) In den Ortsdurchfahrten der übrigen Gemeinden ist die Gemeinde Träger der Straßenbaulast für Gehwege und Parkplätze.

(3a) [1]Führt die Ortsdurchfahrt über Straßen und Plätze, die erheblich breiter angelegt sind als die Bundesstraße, so ist von der Straßenbaubehörde im Einvernehmen mit der Gemeinde die seitliche Begrenzung der Ortsdurchfahrten

---

[1)] § 4 Satz 3 eingef., bish. Satz 3 wird Satz 4 mWv 1.1.2021 durch G v. 14.8.2017 (BGBl. I S. 3122).

[2)] § 5 Abs. 4 Satz 4 geänd. mWv 8.9.2015 durch VO v. 31.8.2015 (BGBl. I S. 1474); Abs. 2a Satz 4 angef. mWv 1.1.2021 durch G v. 14.8.2017 (BGBl. I S. 3122).

besonders festzulegen. [2] Kommt ein Einvernehmen nicht zustande, so entscheidet die oberste Landesstraßenbaubehörde.

(4) [1] Eine Ortsdurchfahrt ist der Teil einer Bundestraße, der innerhalb der geschlossenen Ortslage liegt und auch der Erschließung der anliegenden Grundstücke oder der mehrfachen Verknüpfung des Ortsstraßennetzes dient. [2] Geschlossene Ortslage ist der Teil des Gemeindebezirkes, der in geschlossener oder offener Bauweise zusammenhängend bebaut ist. [3] Einzelne unbebaute Grundstücke, zur Bebauung ungeeignetes oder ihr entzogenes Gelände oder einseitige Bebauung unterbrechen den Zusammenhang nicht. [4] Die oberste Landesstraßenbaubehörde setzt im Benehmen mit der höheren Verwaltungsbehörde nach Anhörung der Gemeinde die Ortsdurchfahrt fest und kann dabei mit Zustimmung des Bundesministeriums für Verkehr und digitale Infrastruktur und der Kommunalaufsichtsbehörde von der Regel der Sätze 1 und 2 abweichen. [5] Die Landesregierungen werden ermächtigt, durch Rechtsverordnung zu bestimmen, dass abweichend von Satz 4 an Stelle der höheren Verwaltungsbehörde eine andere Behörde zuständig ist. [6] Sie können diese Ermächtigung auf oberste Landesbehörden übertragen.

§ 5a Zuwendungen für fremde Träger der Straßenbaulast. [1] Zum Bau oder Ausbau von Ortsdurchfahrten im Zuge von Bundesstraßen und zum Bau oder Ausbau von Gemeinde- und Kreisstraßen, die Zubringer zu Bundesfernstraßen in der Baulast des Bundes sind, kann der Bund Zuwendungen gewähren. [2] Im Saarland werden die Straßen, für die das Land auf Grund des § 46 des Saarländischen Straßengesetzes an Stelle von Landkreisen Träger der Baulast ist, den Kreisstraßen gleichgestellt.

§ 5b[1)] Finanzhilfen für Radschnellwege in Straßenbaulast der Länder, Gemeinden und Gemeindeverbände. (1) [1] Zum Bau von Radschnellwegen in der Straßenbaulast der Länder, Gemeinden und Gemeindeverbände kann der Bund den Ländern insbesondere zur Förderung des wirtschaftlichen Wachstums bis zum Ablauf des Jahres 2030 Finanzhilfen gewähren. [2] Die Finanzhilfen verringern sich beginnend mit dem Haushaltsjahr 2022 um 3 vom Hundert. [3] Das Bundesministerium für Verkehr und digitale Infrastruktur überprüft jährlich die Verwendung der Mittel nach Satz 1.

(2) [1] Die Länder zahlen die Finanzhilfen zurück, wenn geförderte Maßnahmen nicht die Voraussetzungen des Absatzes 1 sowie der Verwaltungsvereinbarung im Sinne von Absatz 4 erfüllen. [2] Nach Satz 1 zurückzuzahlende Mittel sind zu verzinsen. [3] Werden Mittel zu früh angewiesen, so sind für die Zeit der Auszahlung bis zur zweckentsprechenden Verwendung Zinsen zu zahlen.

(3) Bestehen tatsächliche Anhaltspunkte, die eine Rückforderung von Bundesmitteln möglich erscheinen lassen, haben das Bundesministerium für Verkehr und digitale Infrastruktur sowie der Bundesrechnungshof ein Recht auf einzelfallbezogene Informationsbeschaffung einschließlich örtlicher Erhebungsbefugnisse.

(4) [1] Die Einzelheiten insbesondere der Verteilung der Mittel auf die Länder, des Eigenanteils der Länder, der Förderbereiche, der Förderquote des Bundes, der Bewirtschaftung der Mittel, der Prüfung der Mittelverwendung sowie des Verfahrens zur Durchführung dieser Vorschrift werden durch Verwaltungsver-

---

1) § 5b eingef. mWv 5.7.2017 durch G v. 27.6.2017 (BGBl. I S. 2082).

einbarung geregelt. [2]Die Inanspruchnahme der Finanzhilfen ist an das Inkrafttreten der Verwaltungsvereinbarung gebunden.

§ 6[1]) Eigentum und andere Rechte. (1) [1]Wechselt der Träger der Straßenbaulast, so gehen mit der Straßenbaulast das Eigentum des bisherigen Trägers der Straßenbaulast an der Straße und an den zu ihr gehörigen Anlagen (§ 1 Abs. 4) und alle Rechte und Pflichten, die mit der Straße in Zusammenhang stehen, ohne Entschädigung auf den neuen Träger der Straßenbaulast über. [2]Verbindlichkeiten, die zur Durchführung früherer Bau- und Unterhaltungsmaßnahmen eingegangen sind, sind vom Übergang ausgeschlossen.

(1a) Der bisherige Träger der Straßenbaulast hat dem neuen Träger der Straßenbaulast dafür einzustehen, dass er die Straße in dem durch die Verkehrsbedeutung gebotenen Umfang ordnungsgemäß unterhalten und den notwendigen Grunderwerb durchgeführt hat.

(1b) [1]Hat der bisherige Träger der Straßenbaulast für den Bau oder die Änderung der Straße das Eigentum an einem Grundstück erworben, so hat der neue Träger der Straßenbaulast einen Anspruch auf Übertragung des Eigentums. [2]Steht dem bisherigen Träger der Straßenbaulast ein für Zwecke des Satzes 1 erworbener Anspruch auf Übertragung des Eigentums an einem Grundstück zu, so ist er verpflichtet, das Eigentum an dem Grundstück zu erwerben und nach Erwerb auf den neuen Träger der Straßenbaulast zu übertragen. [3]Die Verpflichtungen nach den Sätzen 1 und 2 bestehen nur insoweit, als das Grundstück dauernd für die Straße benötigt wird. [4]Dem bisherigen Träger der Straßenbaulast steht für Verbindlichkeiten, die nach dem Wechsel der Straßenbaulast fällig werden, gegen den neuen Träger der Straßenbaulast ein Anspruch auf Erstattung der Aufwendungen zu. [5]Im Übrigen wird das Eigentum ohne Entschädigung übertragen.

(2) Bei der Einziehung einer Straße kann der frühere Träger der Straßenbaulast innerhalb eines Jahres verlangen, dass ihm das Eigentum an Grundstücken mit den in Absatz 1 genannten Rechten und Pflichten ohne Entschädigung übertragen wird, wenn es vorher nach Absatz 1 übergegangen war.

(3) [1]Beim Übergang des Eigentums an öffentlichen Straßen nach Absatz 1 ist der Antrag auf Berichtigung des Grundbuches von der vom Land bestimmten Behörde zu stellen, in deren Bezirk das Grundstück liegt. [2]Betrifft der Übergang des Eigentums eine Bundesautobahn, stellt die Gesellschaft privaten Rechts im Sinne des Infrastrukturgesellschaftserrichtungsgesetzes den Antrag auf Berichtigung des Grundbuches. [3]Der Antrag der vom Land bestimmten Behörde muss vom Leiter der Behörde oder seinem Vertreter unterschrieben und mit dem Amtssiegel oder Amtsstempel versehen sein. [4]Zum Nachweis des Eigentums gegenüber dem Grundbuchamt genügt die in den Antrag aufzunehmende Erklärung, dass das Grundstück dem neuen Träger der Straßenbaulast zusteht.

(4) Das Eigentum des Bundes ist einzutragen für die „Bundesrepublik Deutschland (Bundesstraßenverwaltung)".

---

[1]) § 6 Abs. 3 Satz 2 eingef., bish. Sätze 2 und 3 werden Sätze 3 und 4, neuer Satz 3 geänd. mWv 1.1.2021 durch G v. 14.8.2017 (BGBl. I S. 3122).

§ 7[1)] Gemeingebrauch. (1) [1]Der Gebrauch der Bundesfernstraßen ist jedermann im Rahmen der Widmung und der verkehrsbehördlichen Vorschriften zum Verkehr gestattet (Gemeingebrauch). [2]Hierbei hat der fließende Verkehr den Vorrang vor dem ruhenden Verkehr. [3]Kein Gemeingebrauch liegt vor, wenn jemand die Straße nicht vorwiegend zum Verkehr, sondern zu anderen Zwecken benutzt. [4]Die Erhebung von Gebühren für den Gemeingebrauch bedarf einer besonderen gesetzlichen Regelung.

(2) [1]Der Gemeingebrauch kann beschränkt werden, wenn dies wegen des baulichen Zustandes zur Vermeidung außerordentlicher Schäden an der Straße oder für die Sicherheit oder Leichtigkeit des Verkehrs notwendig ist. [2]Die Beschränkungen sind durch Verkehrszeichen kenntlich zu machen.

(2a) Macht die dauernde Beschränkung des Gemeingebrauchs durch die Straßenbaubehörde oder auf Bundesautobahnen durch die Gesellschaft privaten Rechts im Sinne des Infrastrukturgesellschaftserrichtungsgesetzes die Herstellung von Ersatzstraßen oder -wegen notwendig, so ist der Träger der Straßenbaulast der Bundesfernstraße zur Erstattung der Herstellungskosten verpflichtet, es sei denn, dass er die Herstellung auf Antrag des zuständigen Trägers der Straßenbaulast selbst übernimmt.

(3) Wer eine Bundesfernstraße aus Anlass des Gemeingebrauchs über das übliche Maß hinaus verunreinigt, hat die Verunreinigung ohne Aufforderungen unverzüglich zu beseitigen; andernfalls kann die Straßenbaubehörde oder auf Bundesautobahnen *durch*[2)] die Gesellschaft privaten Rechts im Sinne des Infrastrukturgesellschaftserrichtungsgesetzes die Verunreinigung auf seine Kosten beseitigen.

§ 7a Vergütung von Mehrkosten. [1]Wenn eine Bundesfernstraße wegen der Art des Gebrauchs durch einen anderen aufwendiger hergestellt oder ausgebaut werden muss, als es dem regelmäßigen Verkehrsbedürfnis entspricht, hat der andere dem Träger der Straßenbaulast die Mehrkosten für den Bau und die Unterhaltung zu vergüten. [2]Das gilt nicht für Haltestellenbuchten für den Linienverkehr. [3]Der Träger der Straßenbaulast kann angemessene Vorschüsse oder Sicherheiten verlangen.

§ 8[3)] Sondernutzungen; Verordnungsermächtigung. (1) [1]Die Benutzung der Bundesfernstraßen über den Gemeingebrauch hinaus ist Sondernutzung. [2]Sie bedarf der Erlaubnis der Straßenbaubehörde, auf Bundesautobahnen der Erlaubnis der Gesellschaft privaten Rechts im Sinne des Infrastrukturgesellschaftserrichtungsgesetzes, in Ortsdurchfahrten der Erlaubnis der Gemeinde. [3]Soweit die Gemeinde nicht Träger der Straßenbaulast ist, darf sie die Erlaubnis nur mit Zustimmung der Straßenbaubehörde erteilen. [4]Die Gemeinde kann durch Satzung bestimmte Sondernutzungen in den Ortsdurchfahrten von der Erlaubnis befreien und die Ausübung regeln. [5]Soweit die Gemeinde nicht Träger der Straßenbaulast ist, bedarf die Satzung der Zustimmung der obersten Landesstraßenbaubehörde. [6]Eine Erlaubnis soll nicht erteilt werden, wenn

---

[1)] § 7 Abs. 2a und 3 geänd. mWv 1.1.2021 durch G v. 14.8.2017 (BGBl. I S. 3122).

[2)] Wortlaut amtlich.

[3)] § 8 Abs. 3 Sätze 3 und 4 neu gef., Sätze 5 und 6 eingef., bish. Sätze 5 und 6 werden Sätze 7 und 8 mWv 1.1.2020, Überschrift neu gef., Abs. 1 Satz 2, Abs. 2a Sätze 2, 3 und Abs. 7a Satz 1 geänd., Abs. 6 Satz 2 neu gef., Abs. 11 angef. mWv 1.1.2021 durch G v. 14.8.2017 (BGBl. I S. 3122).

behinderte Menschen durch die Sondernutzung in der Ausübung des Gemeingebrauchs erheblich beeinträchtigt würden.

(2) [1] Die Erlaubnis darf nur auf Zeit oder Widerruf erteilt werden. [2] Sie kann mit Bedingungen und Auflagen verbunden werden. [3] Soweit die Gemeinde nicht Träger der Straßenbaulast ist, hat sie eine widerruflich erteilte Erlaubnis zu widerrufen, wenn die Straßenbaubehörde dies aus Gründen des Straßenbaus oder der Sicherheit oder Leichtigkeit des Verkehrs verlangt.

(2a) [1] Der Erlaubnisnehmer hat Anlagen so zu errichten und zu unterhalten, dass sie den Anforderungen der Sicherheit und Ordnung sowie den anerkannten Regeln der Technik genügen. [2] Arbeiten an der Straße bedürfen der Zustimmung der Straßenbaubehörde oder auf Bundesautobahnen der Zustimmung der Gesellschaft privaten Rechts im Sinne des Infrastrukturgesellschaftserrichtungsgesetzes. [3] Der Erlaubnisnehmer hat auf Verlangen der für die Erlaubnis zuständigen Behörde oder auf Bundesautobahnen der Gesellschaft privaten Rechts im Sinne des Infrastrukturgesellschaftserrichtungsgesetzes die Anlagen auf seine Kosten zu ändern und alle Kosten zu ersetzen, die dem Träger der Straßenbaulast durch die Sondernutzung entstehen. [4] Hierfür kann der Träger der Straßenbaulast angemessene Vorschüsse und Sicherheiten verlangen.

(3) [1] Für Sondernutzungen können Sondernutzungsgebühren erhoben werden. [2] Sie stehen in Ortsdurchfahrten den Gemeinden, im Übrigen dem Träger der Straßenbaulast zu. [3] Das Bundesministerium für Verkehr und digitale Infrastruktur wird ermächtigt, durch Rechtsverordnung ohne Zustimmung des Bundesrates für Sondernutzungen der Bundesfernstraßen eine Gebührenordnung zu erlassen, soweit dem Bund die Verwaltung einer Bundesfernstraße zusteht. [4] Im Übrigen werden die Landesregierungen ermächtigt, durch Rechtsverordnung Gebührenordnungen für die Sondernutzungen zu erlassen. [5] Die Ermächtigung des Satzes 3 kann durch Rechtsverordnung des Bundesministeriums für Verkehr und digitale Infrastruktur ohne Zustimmung des Bundesrates auf das Fernstraßen-Bundesamt übertragen werden. [6] Die Ermächtigung des Satzes 4 kann durch Rechtsverordnung der zuständigen Landesregierung auf die oberste Landesstraßenbaubehörde übertragen werden. [7] Die Gemeinden können die Gebühren durch Satzung regeln, soweit ihnen die Sondernutzungsgebühren zustehen. [8] Bei Bemessung der Gebühren sind Art und Ausmaß der Einwirkung auf die Straße und den Gemeingebrauch sowie das wirtschaftliche Interesse des Gebührenschuldners zu berücksichtigen.

(4) (weggefallen)

(4a) (weggefallen)

(5) (weggefallen)

(6) [1] Ist nach den Vorschriften des Straßenverkehrsrechts eine Erlaubnis für eine übermäßige Straßenbenutzung oder eine Ausnahmegenehmigung erforderlich, so bedarf es keiner Erlaubnis nach Absatz 1. [2] Vor ihrer Entscheidung hat die hierfür zuständige Behörde die sonst für die Sondernutzungserlaubnis zuständige Behörde oder auf Bundesfernstraßen, soweit dem Bund die Verwaltung einer Bundesfernstraße zusteht, die Gesellschaft privaten Rechts im Sinne des Infrastrukturgesellschaftserrichtungsgesetzes zu hören. [3] Die von dieser geforderten Bedingungen, Auflagen und Sondernutzungsgebühren sind dem Antragsteller in der Erlaubnis oder Ausnahmegenehmigung aufzuerlegen.

(7) (weggefallen)

(7a) [1] Wird eine Bundesfernstraße ohne die erforderliche Erlaubnis benutzt oder kommt der Erlaubnisnehmer seinen Verpflichtungen nicht nach, so kann die für die Erteilung der Erlaubnis zuständige Behörde oder auf Bundesfernstraßen, soweit dem Bund die Verwaltung einer Bundesfernstraße zusteht, die Gesellschaft privaten Rechts im Sinne des Infrastrukturgesellschaftserrichtungsgesetzes die erforderlichen Maßnahmen zur Beendigung der Benutzung oder zur Erfüllung der Auflagen anordnen. [2] Sind solche Anordnungen nicht oder nur unter unverhältnismäßigem Aufwand möglich oder nicht erfolgversprechend, so kann sie den rechtswidrigen Zustand auf Kosten des Pflichtigen beseitigen oder beseitigen lassen.

(8) Der Erlaubnisnehmer hat gegen den Träger der Straßenbaulast keinen Ersatzanspruch bei Widerruf oder bei Sperrung, Änderung oder Einziehung der Straße.

(9) [1] Unwiderrufliche Nutzungsrechte, die von früher her bestehen, können zur Sicherheit oder Leichtigkeit des Verkehrs durch Enteignung aufgehoben werden. [2] § 19 gilt entsprechend.

(10) Die Einräumung von Rechten zur Benutzung des Eigentums der Bundesfernstraßen richtet sich nach bürgerlichem Recht, wenn sie den Gemeingebrauch nicht beeinträchtigt, wobei eine Beeinträchtigung von nur kurzer Dauer für Zwecke der öffentlichen Versorgung außer Betracht bleibt.

(11) Das Carsharing-Gesetz[1)] bleibt unberührt.

§ 8a[2)] Straßenanlieger. (1) [1] Zufahrten und Zugänge zu Bundesstraßen außerhalb der zur Erschließung der anliegenden Grundstücke bestimmten Teile der Ortsdurchfahrten gelten als Sondernutzung im Sinne des § 8, wenn sie neu angelegt oder geändert werden. [2] Eine Änderung liegt auch vor, wenn eine Zufahrt oder ein Zugang gegenüber dem bisherigen Zustand einem erheblich größeren oder einem andersartigen Verkehr als bisher dienen soll. [3] Den Zufahrten oder Zugängen stehen die Anschlüsse nicht öffentlicher Wege gleich.

(2) Einer Erlaubnis nach § 8 Abs. 1 Satz 2 bedarf es nicht für die Anlage neuer oder die Änderung bestehender Zufahrten oder Zugänge

1. im Zusammenhang mit der Errichtung oder erheblichen Änderung baulicher Anlagen, wenn die oberste Landesstraßenbaubehörde oder, soweit dem Bund die Verwaltung einer Bundesfernstraße zusteht, das Fernstraßen-Bundesamt nach § 9 Absatz 2 zugestimmt oder nach § 9 Absatz 8 eine Ausnahme zugelassen haben,
2. in einem Flurbereinigungsverfahren auf Grund des Wege- und Gewässerplans.

(3) Für die Unterhaltung der Zufahrten und Zugänge, die nicht auf einer Erlaubnis nach § 8 Abs. 1 beruhen, gilt § 8 Abs. 2a Satz 1 und 2 und Abs. 7a entsprechend.

(4) [1] Werden auf Dauer Zufahrten oder Zugänge durch die Änderung oder die Einziehung von Bundesstraßen unterbrochen oder wird ihre Benutzung erheblich erschwert, so hat der Träger der Straßenbaulast einen angemessenen Ersatz zu schaffen oder, soweit dies nicht zumutbar ist, eine angemessene Entschädigung in Geld zu leisten. [2] Mehrere Anliegergrundstücke können

---

1) Nr. **45**.

2) § 8a Abs. 2 Nr. 1 neu gef. mWv 1.1.2021 durch G v. 14.8.2017 (BGBl. I S. 3122).

durch eine gemeinsame Zufahrt angeschlossen werden, deren Unterhaltung nach Absatz 3 den Anliegern gemeinsam obliegt. [3]Die Verpflichtung nach Satz 1 entsteht nicht, wenn die Grundstücke eine anderweitige ausreichende Verbindung zu dem öffentlichen Wegenetz besitzen oder wenn die Zufahrten oder Zugänge auf einer widerruflichen Erlaubnis beruhen.

(5) [1]Werden für längere Zeit Zufahrten oder Zugänge durch Straßenarbeiten unterbrochen oder wird ihre Benutzung erheblich erschwert, ohne dass von Behelfsmaßnahmen eine wesentliche Entlastung ausgeht, und wird dadurch die wirtschaftliche Existenz eines anliegenden Betriebs gefährdet, so kann dessen Inhaber eine Entschädigung in der Höhe des Betrages beanspruchen, der erforderlich ist, um das Fortbestehen des Betriebs bei Anspannung der eigenen Kräfte und unter Berücksichtigung der gegebenen Anpassungsmöglichkeiten zu sichern. [2]Der Anspruch richtet sich gegen den, zu dessen Gunsten die Arbeiten im Straßenbereich erfolgen. [3]Absatz 4 Satz 3 gilt entsprechend.

(6) [1]Soweit es die Sicherheit oder Leichtigkeit des Verkehrs erfordert, kann die Straßenbaubehörde nach Anhörung der Betroffenen anordnen, dass Zufahrten oder Zugänge geändert oder verlegt oder, wenn das Grundstück eine anderweitige ausreichende Verbindung zu dem öffentlichen Wegenetz besitzt, geschlossen werden. [2]Absatz 4 gilt entsprechend. [3]Die Befugnis zum Widerruf einer Erlaubnis nach § 8 Abs. 2 bleibt unberührt.

(7) Wird durch den Bau oder die Änderung einer Bundesfernstraße der Zutritt von Licht oder Luft zu einem Grundstück auf Dauer entzogen oder erheblich beeinträchtigt, so hat der Träger der Straßenbaulast für dadurch entstehende Vermögensnachteile eine angemessene Entschädigung in Geld zu gewähren.

(8) Hat der Entschädigungsberechtigte die Entstehung eines Vermögensnachteils mitverursacht, so gilt § 254 des Bürgerlichen Gesetzbuchs[1)] entsprechend.

§ 9[2)] Bauliche Anlagen an Bundesfernstraßen. (1) [1]Längs der Bundesfernstraßen dürfen nicht errichtet werden

1. Hochbauten jeder Art in einer Entfernung bis zu 40 Meter bei Bundesautobahnen und bis zu 20 Meter bei Bundesstraßen außerhalb der zur Erschließung der anliegenden Grundstücke bestimmten Teile der Ortsdurchfahrten, jeweils gemessen vom äußeren Rand der befestigten Fahrbahn,
2. bauliche Anlagen, die außerhalb der zur Erschließung der anliegenden Grundstücke bestimmten Teile der Ortsdurchfahrten über Zufahrten oder Zugänge an Bundesstraßen unmittelbar oder mittelbar angeschlossen werden sollen.

[2]Satz 1 Nr. 1 gilt entsprechend für Aufschüttungen oder Abgrabungen größeren Umfangs. [3]Satz 1 Nummer 1 gilt nicht für technische Einrichtungen, die für das Erbringen von öffentlich zugänglichen Telekommunikationsdiensten erforderlich sind. [4]Weitergehende bundes- oder landesrechtliche Vorschriften bleiben unberührt.

[1)] Nr. **650**.

[2)] § 9 Abs. 1 Satz 3 eingef., bish. Satz 3 wird Satz 4 mWv 1.10.2020 durch G v. 29.6.2020 (BGBl. I S. 1528); Abs. 2 Satz 1 einl. Satzteil, Abs. 5 und Abs. 8 Satz 1 geänd. mWv 1.1.2021 durch G v. 14.8. 2017 (BGBl. I S. 3122).

(2) [1] Im Übrigen bedürfen Baugenehmigungen oder nach anderen Vorschriften notwendige Genehmigungen der Zustimmung der obersten Landesstraßenbaubehörde an Bundesfernstraßen, soweit dem Bund die Verwaltung einer Bundesfernstraße zusteht, der Zustimmung des Fernstraßen-Bundesamtes,, wenn

1. bauliche Anlagen längs der Bundesautobahnen in einer Entfernung bis zu 100 Meter und längs der Bundesstraßen außerhalb der zur Erschließung der anliegenden Grundstücke bestimmten Teile der Ortsdurchfahrten bis zu 40 Meter, gemessen vom äußeren Rand der befestigten Fahrbahn, errichtet, erheblich geändert oder anders genutzt werden sollen,
2. bauliche Anlagen auf Grundstücken, die außerhalb der zur Erschließung der anliegenden Grundstücke bestimmten Teile der Ortsdurchfahrten über Zufahrten oder Zugänge an Bundesstraßen unmittelbar oder mittelbar angeschlossen sind, erheblich geändert oder anders genutzt werden sollen.

[2] Die Zustimmungsbedürftigkeit nach Satz 1 gilt entsprechend für bauliche Anlagen, die nach Landesrecht anzeigepflichtig sind. [3] Weitergehende bundes- oder landesrechtliche Vorschriften bleiben unberührt.

(3) Die Zustimmung nach Absatz 2 darf nur versagt oder mit Bedingungen und Auflagen erteilt werden, soweit dies wegen der Sicherheit oder Leichtigkeit des Verkehrs, der Ausbauabsichten oder der Straßenbaugestaltung nötig ist.

(3a) Die Belange nach Absatz 3 sind auch bei Erteilung von Baugenehmigungen innerhalb der zur Erschließung der anliegenden Grundstücke bestimmten Teile der Ortsdurchfahrten von Bundesstraßen zu beachten.

(4) Bei geplanten Bundesfernstraßen gelten die Beschränkungen der Absätze 1 und 2 vom Beginn der Auslegung der Pläne im Planfeststellungsverfahren oder von dem Zeitpunkt an, zu dem den Betroffenen Gelegenheit gegeben wird, den Plan einzusehen.

(5) Bedürfen die baulichen Anlagen im Sinne des Absatzes 2 außerhalb der zur Erschließung der anliegenden Grundstücke bestimmten Teile der Ortsdurchfahrten keiner Baugenehmigung oder keiner Genehmigung nach anderen Vorschriften, so tritt an die Stelle der Zustimmung die Genehmigung der obersten Landesstraßenbaubehörde, an Bundesfernstraßen, soweit dem Bund die Verwaltung einer Bundesfernstraße zusteht, die Genehmigung des Fernstraßen-Bundesamtes.

(5a) Als bauliche Anlagen im Sinne dieses Gesetzes gelten auch die im Landesbaurecht den baulichen Anlagen gleichgestellten Anlagen.

(6) [1] Anlagen der Außenwerbung stehen außerhalb der zur Erschließung der anliegenden Grundstücke bestimmten Teile der Ortsdurchfahrten den Hochbauten des Absatzes 1 und den baulichen Anlagen des Absatzes 2 gleich. [2] An Brücken über Bundesfernstraßen außerhalb dieser Teile der Ortsdurchfahrten dürfen Anlagen der Außenwerbung nicht angebracht werden. [3] Weitergehende bundes- oder landesrechtliche Vorschriften bleiben unberührt.

(7) Die Absätze 1 bis 5 gelten nicht, soweit das Bauvorhaben den Festsetzungen eines Bebauungsplans entspricht (§ 9 des Baugesetzbuchs), der mindestens die Begrenzung der Verkehrsflächen sowie an diesen gelegene überbaubare Grundstücksflächen enthält und unter Mitwirkung des Trägers der Straßenbaulast zustande gekommen ist.

(8) [1]Die oberste Landesstraßenbaubehörde oder das Fernstraßen-Bundesamt an den Bundesfernstraßen, soweit dem Bund die Verwaltung einer Bundesfernstraße zusteht, kann im Einzelfall Ausnahmen von den Verboten der Absätze 1, 4 und 6 zulassen, wenn die Durchführung der Vorschriften im Einzelfall zu einer offenbar nicht beabsichtigten Härte führen würde und die Abweichung mit den öffentlichen Belangen vereinbar ist oder wenn Gründe des Wohls der Allgemeinheit die Abweichungen erfordern. [2]Ausnahmen können mit Bedingungen und Auflagen versehen werden.

(9) [1]Wird infolge der Anwendung der Absätze 1, 2, 4 und 5 die bauliche Nutzung eines Grundstücks, auf deren Zulassung bisher ein Rechtsanspruch bestand, ganz oder teilweise aufgehoben, so kann der Eigentümer insoweit eine angemessene Entschädigung in Geld verlangen, als seine Vorbereitungen zur baulichen Nutzung des Grundstücks in dem bisher zulässigen Umfang für ihn an Wert verlieren oder eine wesentliche Wertminderung des Grundstücks eintritt. [2]Zur Entschädigung ist der Träger der Straßenbaulast verpflichtet.

(10) Im Fall des Absatzes 4 entsteht der Anspruch nach Absatz 9 erst, wenn der Plan rechtskräftig festgestellt oder genehmigt oder mit der Ausführung begonnen worden ist, spätestens jedoch nach Ablauf von vier Jahren, nachdem die Beschränkungen der Absätze 1 und 2 in Kraft getreten sind.

§ 9a[1)] Veränderungssperre, Vorkaufsrecht. (1) [1]Vom Beginn der Auslegung der Pläne im Planfeststellungsverfahren oder von dem Zeitpunkt an, zu dem den Betroffenen Gelegenheit gegeben wird, den Plan einzusehen, dürfen auf den vom Plan betroffenen Flächen bis zu ihrer Übernahme durch den Träger der Straßenbaulast wesentlich wertsteigernde oder den geplanten Straßenbau erheblich erschwerende Veränderungen nicht vorgenommen werden. [2]Veränderungen, die in rechtlich zulässiger Weise vorher begonnen worden sind, Unterhaltungsarbeiten und die Fortführung einer bisher ausgeübten Nutzung werden hiervon nicht berührt.

(2) [1]Dauert die Veränderungssperre länger als vier Jahre, so können die Eigentümer für die dadurch entstandenen Vermögensnachteile vom Träger der Straßenbaulast eine angemessene Entschädigung in Geld verlangen. [2]Sie können ferner die Übernahme der vom Plan betroffenen Flächen verlangen, wenn es ihnen mit Rücksicht auf die Veränderungssperre wirtschaftlich nicht zuzumuten ist, die Grundstücke in der bisherigen oder einer anderen zulässigen Art zu benutzen. [3]Kommt keine Einigung über die Übernahme zustande, so können die Eigentümer die Entziehung des Eigentums an den Flächen verlangen. [4]Im Übrigen gilt § 19 (Enteignung).

(3) [1]Um die Planung der Bundesfernstraßen zu sichern, können die Landesregierungen und kann an Stelle der Landesregierungen zur Sicherung der Planung von Bundesautobahnen das Bundesministerium für Verkehr und digitale Infrastruktur, sofern das Fernstraßen-Bundesamt nach § 2 Absatz 1 Satz 1 Nummer 4 und Absatz 2 des Fernstraßen-Bundesamt-Errichtungsgesetzes zuständige Planfeststellungsbehörde ist, durch Rechtsverordnung für die Dauer von höchstens zwei Jahren Planungsgebiete festlegen. [2]Die Gemeinden und Kreise, deren Bereich durch die festzulegenden Planungsgebiete betroffen wird, sind vorher zu hören. [3]Die Ermächtigung kann durch Rechtsverordnung

---

[1)] § 9a Abs. 3 Satz 1 neu gef., Sätze 4 und 5 eingef., bish. Sätze 4–7 werden Sätze 6–9, Abs. 5 geänd. mWv 1.1.2021 durch G v. 14.8.2017 (BGBl. I S. 3122).

weiter übertragen werden. [4]Die Rechtsverordnung des Bundesministeriums für Verkehr und digitale Infrastruktur auf Grund von Satz 1 bedarf nicht der Zustimmung des Bundesrates. [5]Das Bundesministerium für Verkehr und digitale Infrastruktur kann die Ermächtigung nach Satz 1 durch Rechtsverordnung auf das Fernstraßen-Bundesamt übertragen. [6]Auf die Planungsgebiete ist Absatz 1 sinngemäß anzuwenden. [7]Die Frist kann, wenn besondere Umstände es erfordern, durch Rechtsverordnung auf höchstens vier Jahre verlängert werden. [8]Die Festlegung tritt mit Beginn der Auslegung der Pläne im Planfeststellungsverfahren außer Kraft. [9]Ihre Dauer ist auf die Vierjahresfrist nach Absatz 2 anzurechnen.

(4) [1]Auf die Festlegung eines Planungsgebietes ist in Gemeinden, deren Bereich betroffen wird, hinzuweisen. [2]Planungsgebiete sind außerdem in Karten kenntlich zu machen, die in den Gemeinden während der Geltungsdauer der Festlegung zur Einsicht auszulegen sind.

(5) Die oberste Landesstraßenbaubehörde oder bei der Planfeststellung für den Bau oder die Änderung von Bundesfernstraßen, soweit dem Bund die Verwaltung einer Bundesfernstraße zusteht, das Fernstraßen-Bundesamt im Rahmen seiner Zuständigkeit gemäß § 2 Absatz 1 Satz 1 Nummer 4 und Absatz 2 und 3 und § 3 Absatz 3 Sätze 7 bis 11 des Fernstraßen-Bundesamt-Errichtungsgesetzes kann Ausnahmen von der Veränderungssperre zulassen, wenn überwiegende öffentliche Belange nicht entgegenstehen.

(6) In den Fällen des Absatzes 1 Satz 1 steht dem Träger der Straßenbaulast an den betroffenen Flächen ein Vorkaufsrecht zu.

§ 10[1] Schutzwaldungen. (1) [1]Waldungen und Gehölze längs der Bundesstraße können von der nach Landesrecht zuständigen Straßenbaubehörde im Einvernehmen mit der nach Landesrecht für Schutzwaldungen zuständigen Behörde in einer Breite von 40 Metern, gemessen vom äußeren Rand der befestigten Fahrbahn, zu Schutzwaldungen erklärt werden. [2]Im Fall einer Bundesautobahn oder einer Bundesfernstraße, soweit dem Bund die Verwaltung der Bundesfernstraße zusteht, kann die Gesellschaft privaten Rechts im Sinne des Infrastrukturgesellschaftserrichtungsgesetzes Waldungen und Gehölze längs solcher Straßen im Benehmen mit der nach Landesrecht für Schutzwaldungen zuständigen Behörde in einer Breite von 40 Metern, gemessen vom äußeren Rand der befestigten Fahrbahn, zu Schutzwaldungen erklären.

(2) [1]Die Schutzwaldungen sind vom Eigentümer oder Nutznießer zu erhalten und ordnungsgemäß zu unterhalten. [2]Die Aufsicht hierüber obliegt der nach Landesrecht für Schutzwaldungen zuständigen Behörde.

§ 11[2] Schutzmaßnahmen. (1) Zum Schutze der Bundesfernstraßen vor nachteiligen Einwirkungen der Natur (z.B. Schneeverwehungen, Steinschlag, Vermurungen) haben die Eigentümer von Grundstücken an den Bundesfernstraßen die Anlage vorübergehender Einrichtungen zu dulden.

(2) [1]Anpflanzungen, Zäune, Stapel, Haufen und andere mit dem Grundstück nicht fest verbundene Einrichtungen dürfen nicht angelegt werden, wenn

[1] § 10 neu gef. mWv 1.1.2021 durch G v. 14.8.2017 (BGBl. I S. 3122); Abs. 2 Satz 2 neu gef. mWv 1.1.2021 durch G v. 29.11.2018 (BGBl. I S. 2237).

[2] § 11 Abs. 3 Sätze 1 und 2 geänd. mWv 1.1.2021 durch G v. 14.8.2017 (BGBl. I S. 3122).

sie die Verkehrssicherheit beeinträchtigen. [2] Soweit sie bereits vorhanden sind, haben die Eigentümer ihre Beseitigung zu dulden.

(3) [1] Die Straßenbaubehörde oder an den Bundesfernstraßen, soweit dem Bund die Verwaltung einer Bundesfernstraße zusteht, die Gesellschaft privaten Rechts im Sinne des Infrastrukturgesellschaftserrichtungsgesetzes hat den Eigentümern die Durchführung dieser Maßnahme 14 Tage vorher schriftlich anzuzeigen, es sei denn, dass Gefahr im Verzuge ist. [2] Die Eigentümer können die Maßnahmen im Benehmen mit der Straßenbaubehörde oder an den Bundesfernstraßen, soweit dem Bund die Verwaltung einer Bundesfernstraße zusteht, im Benehmen mit der Gesellschaft privaten Rechts im Sinne des Infrastrukturgesellschaftserrichtungsgesetzes selbst durchführen.

(4) Diese Verpflichtungen liegen auch den Besitzern ob.

(5) Der Träger der Straßenbaulast hat den Eigentümern oder Besitzern die hierdurch verursachten Aufwendungen und Schäden in Geld zu ersetzen.

§ 12 Kreuzungen und Einmündungen öffentlicher Straßen. (1) [1] Beim Bau einer neuen Kreuzung mehrerer öffentlicher Straßen hat der Träger der Straßenbaulast der neu hinzugekommenen Straße die Kosten der Kreuzung zu tragen. [2] Zu ihnen gehören auch die Kosten der Änderungen, die durch die neue Kreuzung an den anderen öffentlichen Straßen unter Berücksichtigung der übersehbaren Verkehrsentwicklung notwendig sind. [3] Die Änderung einer bestehenden Kreuzung ist als neue Kreuzung zu behandeln, wenn ein öffentlicher Weg, der nach der Beschaffenheit seiner Fahrbahn nicht geeignet und nicht dazu bestimmt war, einen allgemeinen Kraftfahrzeugverkehr aufzunehmen, zu einer diesem Verkehr dienenden Straße ausgebaut wird.

(2) [1] Werden mehrere Straßen gleichzeitig neu angelegt oder an bestehenden Kreuzungen Anschlussstellen neu geschaffen, so haben die Träger der Straßenbaulast die Kosten der Kreuzungsanlage im Verhältnis der Fahrbahnbreiten der an der Kreuzung beteiligten Straßenäste zu tragen. [2] Bei der Bemessung der Fahrbahnbreiten sind die Rad- und Gehwege, die Trennstreifen und befestigten Seitenstreifen einzubeziehen.

(3) Wird eine höhenungleiche Kreuzung geändert, so fallen die dadurch entstehenden Kosten

1. demjenigen Träger der Straßenbaulast zur Last, der die Änderung verlangt oder hätte verlangen müssen,
2. den beteiligten Trägern der Straßenbaulast zur Last, die die Änderung verlangen oder hätten verlangen müssen, und zwar im Verhältnis der Fahrbahnbreiten der an der Kreuzung beteiligten Straßenäste nach der Änderung.

(3a) [1] Wird eine höhengleiche Kreuzung geändert, so gilt für die dadurch entstehenden Kosten der Änderung Absatz 2. [2] Beträgt der durchschnittliche tägliche Verkehr mit Kraftfahrzeugen auf einem der an der Kreuzung beteiligten Straßenäste nicht mehr als 20 vom Hundert des Verkehrs auf anderen beteiligten Straßenästen, so haben die Träger der Straßenbaulast der verkehrsstärkeren Straßenäste im Verhältnis der Fahrbahnbreiten den Anteil der Änderungskosten mitzutragen, der auf den Träger der Straßenbaulast des verkehrsschwächeren Straßenastes entfallen würde.

(4) [1] Über die Errichtung neuer sowie die wesentliche Änderung bestehender Kreuzungen zwischen Bundesfernstraßen und anderen öffentlichen Straßen

wird durch die Planfeststellung entschieden. [2]Diese soll zugleich die Aufteilung der Kosten regeln.

(5) Ergänzungen an Kreuzungsanlagen sind wie Änderungen zu behandeln.

(6) [1]Diese Vorschriften gelten auch für Einmündungen. [2]Münden mehrere Straßen an einer Stelle in eine andere Straße ein, so gelten diese Einmündungen als Kreuzung aller beteiligten Straßen.

§ 12a[1)] Kreuzungen mit Gewässern. (1) [1]Werden Bundesfernstraßen neu angelegt oder ausgebaut und müssen dazu Kreuzungen mit Gewässern (Brücken oder Unterführungen) hergestellt oder bestehende Kreuzungen geändert werden, so hat der Träger der Straßenbaulast die dadurch entstehenden Kosten zu tragen. [2]Die Kreuzungsanlagen sind so auszuführen, dass unter Berücksichtigung der übersehbaren Entwicklung der wasserwirtschaftlichen Verhältnisse der Wasserabfluss nicht nachteilig beeinflusst wird.

(2) [1]Werden Gewässer ausgebaut (§ 67 Absatz 2 des Wasserhaushaltsgesetzes) und werden dazu Kreuzungen mit Bundesfernstraßen hergestellt oder bestehende Kreuzungen geändert, so hat der Träger des Ausbauvorhabens die dadurch entstehenden Kosten zu tragen. [2]Wird eine neue Kreuzung erforderlich, weil ein Gewässer hergestellt wird, so ist die übersehbare Verkehrsentwicklung auf der Bundesfernstraße zu berücksichtigen. [3]Wird die Herstellung oder Änderung einer Kreuzung erforderlich, weil das Gewässer wesentlich umgestaltet wird, so sind die gegenwärtigen Verkehrsbedürfnisse zu berücksichtigen. [4]Verlangt der Träger der Straßenbaulast weitergehende Änderungen, so hat er die Mehrkosten hierfür zu tragen.

(3) Wird eine Bundesfernstraße neu angelegt und wird gleichzeitig ein Gewässer hergestellt oder aus anderen als straßenbaulichen Gründen wesentlich umgestaltet, so dass eine neue Kreuzung entsteht, so haben der Träger der Straßenbaulast und der Unternehmer des Gewässerausbaus die Kosten der Kreuzung je zur Hälfte zu tragen.

(4) Kommt über die Kreuzungsmaßnahme oder ihre Kosten keine Einigung zustande, so ist darüber durch Planfeststellung zu entscheiden.

(5) § 41 des Bundeswasserstraßengesetzes bleibt unberührt.

§ 13 Unterhaltung der Straßenkreuzungen. (1) Bei höhengleichen Kreuzungen hat der Träger der Straßenbaulast der Bundesfernstraße die Kreuzungsanlage zu unterhalten.

(2) Bei Über- oder Unterführungen hat das Kreuzungsbauwerk der Träger der Straßenbaulast der Bundesfernstraße, die übrigen Teile der Kreuzungsanlage der Träger der Straßenbaulast der Straße, zu der sie gehören, zu unterhalten.

(3) [1]In den Fällen des § 12 Abs. 1 hat der Träger der Straßenbaulast der neu hinzugekommenen Straße dem Träger der Straßenbaulast der vorhandenen Straße die Mehrkosten für die Unterhaltung zu erstatten, die ihm durch die Regelung nach den Absätzen 1 und 2 entstehen. [2]Die Mehrkosten sind auf Verlangen eines Beteiligten abzulösen.

(4) Nach einer wesentlichen Änderung einer bestehenden Kreuzung haben die Träger der Straßenbaulast ihre veränderten Kosten für Unterhaltung und

[1)] § 12a Abs. 2 Satz 1 geänd. mWv 1.3.2010 durch G v. 31.7.2009 (BGBl. I S. 2585).

Erneuerung sowie für Wiederherstellung im Fall der Zerstörung durch höhere Gewalt ohne Ausgleich zu tragen.

(5) Abweichende Regelungen werden in dem Zeitpunkt hinfällig, in dem nach Inkrafttreten dieses Gesetzes eine wesentliche Änderung an der Kreuzung durchgeführt ist.

(6) Die Vorschriften der Absätze 1 bis 4 gelten nicht, soweit etwas anderes vereinbart wird.

(7) Wesentliche Ergänzungen an Kreuzungsanlagen sind wie wesentliche Änderungen zu behandeln.

(8) § 12 Abs. 6 gilt entsprechend.

§ 13a Unterhaltung der Kreuzungen mit Gewässern. (1) [1]Der Träger der Straßenbaulast hat die Kreuzungsanlagen von Bundesfernstraßen und Gewässern auf seine Kosten zu unterhalten, soweit nichts anderes vereinbart oder durch Planfeststellung bestimmt wird. [2]Die Unterhaltungspflicht des Trägers der Straßenbaulast erstreckt sich nicht auf Leitwerke, Leitpfähle, Dalben, Absetzpfähle oder ähnliche Einrichtungen zur Sicherung der Durchfahrt unter Brücken im Zuge von Bundesfernstraßen für die Schifffahrt sowie auf Schifffahrtszeichen. [3]Soweit diese Einrichtungen auf Kosten des Trägers der Straßenbaulast herzustellen waren, hat dieser dem Unterhaltungspflichtigen die Unterhaltungskosten und die Kosten des Betriebs dieser Einrichtungen zu ersetzen oder abzulösen.

(2) [1]Wird im Fall des § 12a Abs. 2 eine neue Kreuzung hergestellt, hat der Träger des Ausbauvorhabens die Mehrkosten für die Unterhaltung und den Betrieb der Kreuzungsanlage zu erstatten oder abzulösen. [2]Ersparte Unterhaltungskosten für den Fortfall vorhandener Kreuzungsanlagen sind anzurechnen.

(3) Die Absätze 1 und 2 gelten nicht, wenn bei dem Inkrafttreten dieses Gesetzes die Tragung der Kosten auf Grund eines bestehenden Rechts anders geregelt ist.

(4) Die §§ 42 und 43 des Bundeswasserstraßengesetzes bleiben unberührt.

§ 13b[1)] Ermächtigung zu Rechtsverordnungen. Das Bundesministerium für Verkehr und digitale Infrastruktur kann mit Zustimmung des Bundesrates Rechtsverordnungen erlassen, durch die

1. der Umfang der Kosten nach den §§ 12 und 12a näher bestimmt wird;
2. näher bestimmt wird, welche Teile der Kreuzungsanlage nach § 13 Abs. 1 und 2 zu der einen oder anderen Straße gehören;
3. die Berechnung und die Zahlung von Ablösungsbeträgen nach § 13 Abs. 3 und nach § 13a Abs. 2 näher bestimmt sowie dazu ein Verfahren zur gütlichen Beilegung von Streitigkeiten festgelegt werden.

§ 14[2)] Umleitungen. (1) Bei Sperrung von Bundesfernstraßen wegen vorübergehender Behinderung sind die Träger der Straßenbaulast anderer öffentlicher Straßen verpflichtet, die Umleitung des Verkehrs auf ihren Straßen zu dulden.

[1)] § 13b einl. Satzteil geänd. mWv 8.9.2015 durch VO v. 31.8.2015 (BGBl. I S. 1474).
[2)] § 14 Abs. 4 Satz 1 geänd. mWv 1.1.2021 durch G v. 14.8.2017 (BGBl. I S. 3122).

(2) Der Träger der Straßenbaulast der Umleitungsstrecke und die Straßenverkehrsbehörden sind vor der Sperrung zu unterrichten.

(3) [1]Im Benehmen mit dem Träger der Straßenbaulast der Umleitungsstrecke ist festzustellen, was notwendig ist, um die Umleitungsstrecke für die Aufnahme des zusätzlichen Verkehrs verkehrssicher zu machen. [2]Die hierfür nötigen Mehraufwendungen sind dem Träger der Straßenbaulast der Umleitungsstrecke zu erstatten. [3]Das gilt auch für Aufwendungen, die der Träger der Straßenbaulast der Umleitungsstrecke zur Beseitigung wesentlicher durch die Umleitung verursachter Schäden machen muss.

(4) [1]Muss die Umleitung ganz oder zum Teil über private Wege geleitet werden, die dem öffentlichen Verkehr dienen, so ist der Eigentümer zur Duldung der Umleitung auf schriftliche Anforderung durch die Straßenbaubehörde oder bei Umleitung von einer Bundesfernstraße, soweit dem Bund die Verwaltung einer Bundesfernstraße zusteht, durch die Gesellschaft privaten Rechts im Sinne des Infrastrukturgesellschaftserrichtungsgesetzes verpflichtet. [2]Absatz 3 Satz 1 und 2 gilt entsprechend. [3]Der Träger der Straßenbaulast ist verpflichtet, nach Aufhebung der Umleitung auf Antrag des Eigentümers den früheren Zustand des Weges wiederherzustellen.

(5) Die Abätze 1 bis 4 gelten entsprechend, wenn neue Bundesfernstraßen vorübergehend über andere öffentliche Straßen an das Bundesfernstraßennetz angeschlossen werden müssen.

§ 15[1)] Nebenbetriebe an den Bundesautobahnen. (1) Betriebe an den Bundesautobahnen, die den Belangen der Verkehrsteilnehmer der Bundesautobahnen dienen (z.B. Tankstellen, bewachte Parkplätze, Werkstätten, Verlade- und Umschlagsanlagen, Raststätten) und eine unmittelbare Zufahrt zu den Bundesautobahnen haben, sind Nebenbetriebe.

(2) [1]Der Bau von Nebenbetrieben kann auf Dritte übertragen werden. [2]Der Betrieb von Nebenbetrieben ist auf Dritte zu übertragen, soweit nicht öffentliche Interessen oder besondere betriebliche Gründe entgegenstehen. [3]Die Übertragung von Bau und Betrieb kann unter Auflagen und Bedingungen sowie befristet erfolgen; der Vorbehalt der nachträglichen Aufnahme, Änderung oder Ergänzung einer Auflage (§ 36 des Verwaltungsverfahrensgesetzes) ist ausgeschlossen. [4]Die Übertragung erfolgt unter Voraussetzungen, die für jeden Dritten gleichwertig sind. [5]Dies gilt besonders für Betriebszeiten, das Vorhalten von betrieblichen Einrichtungen sowie Auflagen für die Betriebsführung. [6]Hoheitliche Befugnisse gehen nicht über; die §§ 4, 17 und 18f bis 19a finden Anwendung.

(3) [1]Für das Recht, einen Nebenbetrieb an der Bundesautobahn zu betreiben, hat der Konzessionsinhaber eine umsatz- oder absatzabhängige Konzessionsabgabe an den Bund zu entrichten. [2]Das Bundesministerium für Verkehr und digitale Infrastruktur wird ermächtigt, durch Rechtsverordnung[2)] im Einvernehmen mit dem Bundesministerium der Finanzen ohne Zustimmung des Bundesrates die Höhe der Konzessionsabgabe festzusetzen und die Voraussetzungen sowie das Verfahren zur Erhebung der Konzessionsabgabe zu regeln. [3]Die Höhe der Konzessionsabgabe hat sich an dem Wert des wirtschaftlichen

[1)] § 15 Abs. 3 Satz 2 geänd. mWv 8.9.2015 durch VO v. 31.8.2015 (BGBl. I S. 1474).

[2)] Siehe die BAB-KonzessionsabgabenVO v. 24.6.1997 (BGBl. I S. 1513), geänd. durch G v. 15.12. 2001 (BGBl. I S. 3762).

Vorteils auszurichten, der dem Konzessionsinhaber durch das Recht zuwächst, einen Nebenbetrieb an der Bundesautobahn zu betreiben; sie darf höchstens 1,53 Euro pro einhundert Liter abgegebenen Kraftstoffs und höchstens 3 vom Hundert von anderen Umsätzen betragen. [4] Die Konzessionsabgabe ist an das Bundesamt für Güterverkehr zu entrichten.

(4) [1] Vorschriften über Sperrzeiten gelten nicht für Nebenbetriebe. [2] Alkoholhaltige Getränke dürfen in der Zeit von 0.00 Uhr bis 7.00 Uhr weder ausgeschenkt noch verkauft werden.

§ 16[1] Planungen. (1) [1] Das Fernstraßen-Bundesamt bestimmt im Benehmen mit den Landesplanungsbehörden der beteiligten Länder die Planung und Linienführung der Bundesfernstraßen. [2] Dies gilt nicht für den Neubau von Ortsumgehungen. [3] Eine Ortsumgehung ist der Teil einer Bundesstraße, der der Beseitigung einer Ortsdurchfahrt dient.

(2) [1] Bei der Bestimmung der Linienführung sind die von dem Vorhaben berührten öffentlichen Belange einschließlich der Umweltverträglichkeit und des Ergebnisses des Raumordnungsverfahrens im Rahmen der Abwägung zu berücksichtigen. [2] Die Bestimmung der Linienführung ist innerhalb einer Frist von drei Monaten abzuschließen.

(3) [1] Wenn Ortsplanungen oder Landesplanungen die Änderung bestehender oder die Schaffung neuer Bundesfernstraßen zur Folge haben können, ist die zuständige Straßenbaubehörde des Landes oder das Fernstraßen-Bundesamt, soweit dem Bund die Verwaltung einer Bundesfernstraße zusteht, zu beteiligen. [2] Sie haben die Belange der Bundesfernstraßen in dem Verfahren zu vertreten. [3] Bundesplanungen haben grundsätzlich Vorrang vor Orts- und Landesplanungen.

§ 16a[2] Vorarbeiten. (1) [1] Eigentümer und sonstige Nutzungsberechtigte haben zur Vorbereitung der Planung und der Baudurchführung notwendige Vermessungen, Boden- und Grundwasseruntersuchungen einschließlich der vorübergehenden Anbringung von Markierungszeichen und sonstigen Vorarbeiten durch die Straßenbaubehörde oder die Gesellschaft privaten Rechts im Sinne des Infrastrukturgesellschaftserrichtungsgesetzes im Rahmen ihrer jeweiligen Zuständigkeiten oder von den zuständigen Behörden Beauftragte zu dulden. [2] Wohnungen dürfen nur mit Zustimmung des Wohnungsinhabers betreten werden. [3] Satz 2 gilt nicht für Arbeits-, Betriebs- oder Geschäftsräume während der jeweiligen Arbeits-, Geschäfts- oder Aufenthaltszeiten.

(2) Die Absicht, solche Arbeiten auszuführen, ist dem Eigentümer oder sonstigen Nutzungsberechtigten mindestens zwei Wochen vorher unmittelbar oder durch ortsübliche Bekanntmachung in den Gemeinden, in deren Bereich die Vorarbeiten durchzuführen sind, bekannt zu geben.

(3) [1] Entstehen durch eine Maßnahme nach Absatz 1 einem Eigentümer oder sonstigen Nutzungsberechtigten unmittelbare Vermögensnachteile, so hat der Träger der Straßenbaulast eine angemessene Entschädigung in Geld zu leisten. [2] Kommt eine Einigung über die Geldentschädigung nicht zustande, so setzt die

[1] § 16 Abs. 1 Satz 1 geänd. mWv 8.9.2015 durch VO v. 31.8.2015 (BGBl. I S. 1474); Abs. 1 Satz 1 und Abs. 3 Satz 2 geänd., Abs. 3 Satz 1 neu gef. mWv 1.1.2021 durch G v. 14.8.2017 (BGBl. I S. 3122).

[2] § 16a Abs. 1 Satz 1 neu gef., Abs. 3 Satz 2 geänd. mWv 1.1.2021 durch G v. 14.8.2017 (BGBl. I S. 3122).

nach Landesrecht zuständige Behörde auf Antrag der Straßenbaubehörde, der Gesellschaft privaten Rechts im Sinne des Infrastrukturgesellschaftserrichtungsgesetzes oder des Berechtigten die Entschädigung fest. [3]Vor der Entscheidung sind die Beteiligten zu hören.

§ 17[1)] Erfordernis der Planfeststellung und vorläufige Anordnung.

(1) [1]Bundesfernstraßen dürfen nur gebaut oder geändert werden, wenn der Plan vorher festgestellt ist. [2]Eine Änderung liegt vor, wenn eine Bundesfernstraße

1. um einen oder mehrere durchgehende Fahrstreifen für den Kraftfahrzeugverkehr baulich erweitert wird oder
2. in sonstiger Weise erheblich baulich umgestaltet wird.

[3]Bei der Planfeststellung sind die von dem Vorhaben berührten öffentlichen und privaten Belange einschließlich der Umweltverträglichkeit im Rahmen der Abwägung zu berücksichtigen. [4]Für das Planfeststellungsverfahren gelten die §§ 72 bis 78 des Verwaltungsverfahrensgesetzes nach Maßgabe dieses Gesetzes. [5]Die Maßgaben gelten entsprechend, soweit das Verfahren landesrechtlich durch ein Verwaltungsverfahrensgesetz geregelt ist.

(2) [1]Ist das Planfeststellungsverfahren eingeleitet, kann die Planfeststellungsbehörde nach Anhörung der betroffenen Gemeinde eine vorläufige Anordnung erlassen, in der vorbereitende Maßnahmen oder Teilmaßnahmen zum Bau oder zur Änderung festgesetzt werden,

1. soweit es sich um reversible Maßnahmen handelt,
2. wenn an dem vorzeitigen Beginn ein öffentliches Interesse besteht,
3. wenn mit einer Entscheidung zugunsten des Trägers des Vorhabens gerechnet werden kann und
4. wenn die nach § 74 Absatz 2 des Verwaltungsverfahrensgesetzes zu berücksichtigenden Interessen gewahrt werden.

[2]In der vorläufigen Anordnung sind die Auflagen zur Sicherung dieser Interessen und der Umfang der vorläufig zulässigen Maßnahmen festzulegen. [3]Sie ist den anliegenden Gemeinden sowie den Beteiligten zuzustellen oder ortsüblich bekannt zu machen. [4]Sie ersetzt nicht die Planfeststellung. [5]§ 16a bleibt unberührt. [6]Soweit die vorbereitenden Maßnahmen oder Teilmaßnahmen zum Bau oder zur Änderung durch die Planfeststellung für unzulässig erklärt sind, ordnet die Planfeststellungsbehörde gegenüber dem Träger des Vorhabens an, den früheren Zustand wiederherzustellen. [7]Dies gilt auch, wenn der Antrag auf Planfeststellung zurückgenommen wurde. [8]Der Betroffene ist durch den Träger der Straßenbaulast zu entschädigen, soweit die Wiederherstellung des früheren Zustands nicht möglich oder mit unverhältnismäßig hohem Aufwand verbunden oder ein Schaden eingetreten ist, der durch die Wiederherstellung des früheren Zustandes nicht ausgeglichen wird. [9]Rechtsbehelfe gegen die vorläufige Anordnung haben keine aufschiebende Wirkung; ein Vorverfahren findet nicht statt. [10]Betrifft die vorläufige Anordnung ein Vorhaben im Sinne des § 17e Absatz 1, ist § 17e Absatz 1 und 5 in Bezug auf Rechtsbehelfe gegen die vorläufige Anordnung entsprechend anzuwenden.

[1)] § 17 Überschrift neu gef., bish. Wortlaut wird Abs. 1, Abs. 2 angef. mWv 7.12.2018 durch G v. 29.11.2018 (BGBl. I S. 2237); Abs. 1 Satz 2 eingef., bish. Sätze 2–4 werden Sätze 3–5 mWv 13.3.2020 durch G v. 3.3.2020 (BGBl. I S. 433).

§ 17a[1] Anhörungsverfahren. Für das Anhörungsverfahren gilt § 73 des Verwaltungsverfahrensgesetzes mit folgenden Maßgaben:

1. Die Anhörungsbehörde kann auf eine Erörterung im Sinne des § 73 Absatz 6 des Verwaltungsverfahrensgesetzes und des § 18 Absatz 1 Satz 4 des Gesetzes über die Umweltverträglichkeitsprüfung verzichten. Findet keine Erörterung statt, so hat die Anhörungsbehörde ihre Stellungnahme innerhalb von sechs Wochen nach Ablauf der Einwendungsfrist abzugeben und zusammen mit den sonstigen in § 73 Absatz 9 des Verwaltungsverfahrensgesetzes aufgeführten Unterlagen der Planfeststellungsbehörde zuzuleiten.
2. Soll ein ausgelegter Plan geändert werden, so kann im Regelfall von der Erörterung im Sinne des § 73 Absatz 6 des Verwaltungsverfahrensgesetzes und des § 18 Absatz 1 Satz 4 des Gesetzes über die Umweltverträglichkeitsprüfung abgesehen werden.

§ 17b[2] Planfeststellungsbeschluss, Plangenehmigung. (1) Für Planfeststellungsbeschluss und Plangenehmigung gilt § 74 des Verwaltungsverfahrensgesetzes mit folgenden Maßgaben:

1. Abweichend von § 74 Absatz 6 Satz 1 Nummer 3 des Verwaltungsverfahrensgesetzes kann für ein Vorhaben, für das nach dem Gesetz über die Umweltverträglichkeitsprüfung eine Umweltverträglichkeitsprüfung durchzuführen ist, an Stelle eines Planfeststellungsbeschlusses eine Plangenehmigung erteilt werden. § 17a Nummer 1 Satz 1 gilt entsprechend. Im Übrigen findet das Gesetz über die Umweltverträglichkeitsprüfung mit Ausnahme des § 21 Absatz 3 Anwendung.
2. Die oberste Landesstraßenbaubehörde stellt den Plan fest, erteilt die Plangenehmigung und trifft die Entscheidung nach § 74 Abs. 7 des Verwaltungsverfahrensgesetzes, soweit sich aus § 2 Absatz 1 Satz 1 Nummer 4 und § 2 Absatz 2 und 3 und § 3 Absatz 3 Sätze 7 bis 11 des Fernstraßen-Bundesamt-Errichtungsgesetzes keine Zuständigkeit des Fernstraßen-Bundesamtes als Planfeststellungs- und Plangenehmigungsbehörde ergibt. Bestehen zwischen der obersten Landesstraßenbaubehörde oder dem Fernstraßen-Bundesamt, die den Plan im Rahmen ihrer jeweiligen Zuständigkeiten feststellen, und einer Bundesbehörde Meinungsverschiedenheiten, so ist vor der Planfeststellung die Weisung des Bundesministeriums für Verkehr und digitale Infrastruktur einzuholen.

(2) [1] Bebauungspläne nach § 9 des Baugesetzbuchs ersetzen die Planfeststellung nach § 17. [2] Wird eine Ergänzung notwendig oder soll von Festsetzungen des Bebauungsplans abgewichen werden, so ist die Planfeststellung insoweit zusätzlich durchzuführen. [3] In diesen Fällen gelten die §§ 40, 43 Abs. 1, 2, 4 und 5 sowie § 44 Abs. 1 bis 4 des Baugesetzbuchs.

---

[1] § 17a Nr. 2 Satz 1 geänd. mWv 1.3.2010 durch G v. 29.7.2009 (BGBl. I S. 2542); Nr. 1–4 und Nr. 7 aufgeh., bish. Nr. 5 wird Nr. 1 und geänd., bish. Nr. 6 wird Nr. 2 und neu gef. mWv 1.6.2015 durch G v. 31.5.2013 (BGBl. I S. 1388, geänd. durch G v. 24.5.2014, BGBl. I S. 538); Nr. 2 geänd. mWv 2.6.2017 durch G v. 29.5.2017 (BGBl. I S. 1298); Nr. 2 geänd. mWv 29.7.2017 durch G v. 20.7.2017 (BGBl. I S. 2808, ber. 2018 S. 472); Nr. 1 Satz 1 neu gef. mWv 7.12.2018 durch G v. 29.11.2018 (BGBl. I S. 2237).

[2] § 17b Abs. 1 Nr. 1–4 und Nr. 7 aufgeh., bish. Nr. 5 wird Nr. 1 und geänd., bish. Nr. 6 wird Nr. 2 mWv 1.6.2015 durch G v. 31.5.2013 (BGBl. I S. 1388, geänd. durch G v. 24.5.2014, BGBl. I S. 538); Abs. 1 Nr. 2 geänd. mWv 8.9.2015 durch VO v. 31.8.2015 (BGBl. I S. 1474); Abs. 1 Nr. 1 geänd. mWv 29.7.2017 durch G v. 20.7.2017 (BGBl. I S. 2808); Abs. 1 Nr. 2 geänd. mWv 1.1.2021 durch G v. 14.8.2017 (BGBl. I S. 3122); Abs. 1 Nr. 1 neu gef. mWv 7.12.2018 durch G v. 29.11.2018 (BGBl. I S. 2237).

§ 17c[1)] Rechtswirkungen der Planfeststellung und der Plangenehmigung. Für die Rechtswirkungen der Planfeststellung und Plangenehmigung gilt § 75 des Verwaltungsverfahrensgesetzes mit folgenden Maßgaben:

1. Wird mit der Durchführung des Plans nicht innerhalb von zehn Jahren nach Eintritt der Unanfechtbarkeit begonnen, so tritt er außer Kraft, es sei denn, er wird vorher auf Antrag des Trägers des Vorhabens von der Planfeststellungsbehörde um höchstens fünf Jahre verlängert.
2. Vor der Entscheidung nach Nummer 1 ist eine auf den Antrag begrenzte Anhörung nach dem für die Planfeststellung oder für die Plangenehmigung vorgeschriebenen Verfahren durchzuführen.
3. Für die Zustellung und Auslegung sowie die Anfechtung der Entscheidung über die Verlängerung sind die Bestimmungen über den Planfeststellungsbeschluss entsprechend anzuwenden.
4. Wird eine Planergänzung oder ein ergänzendes Verfahren nach § 75 Absatz 1a Satz 2 des Verwaltungsverfahrensgesetzes erforderlich und wird diese Planergänzung oder dieses ergänzende Verfahren unverzüglich betrieben, so bleibt die Durchführung des Vorhabens zulässig, soweit es von der Planergänzung oder dem Ergebnis des ergänzenden Verfahrens offensichtlich nicht berührt ist.

§ 17d[2)] Planänderung vor Fertigstellung des Vorhabens. [1] Für die Planergänzung und das ergänzende Verfahren im Sinne des § 75 Abs. 1a Satz 2 des Verwaltungsverfahrensgesetzes und für die Planänderung vor Fertigstellung des Vorhabens gilt § 76 des Verwaltungsverfahrensgesetzes mit der Maßgabe, dass im Fall des § 76 Abs. 1 des Verwaltungsverfahrensgesetzes von einer Erörterung im Sinne des § 73 Abs. 6 des Verwaltungsverfahrensgesetzes und des § 18 Absatz 1 Satz 4 des Gesetzes über die Umweltverträglichkeitsprüfung abgesehen werden kann. [2] Im Übrigen gelten für das neue Verfahren die Vorschriften dieses Gesetzes.

§ 17e[3)] Rechtsbehelfe. (1) § 50 Abs. 1 Nr. 6 der Verwaltungsgerichtsordnung gilt für Vorhaben im Sinne des § 17 Absatz 1, soweit die Vorhaben Bundesfernstraßen betreffen, die wegen

1. der Herstellung der Deutschen Einheit,
2. der Einbindung der neuen Mitgliedstaaten in die Europäische Union,
3. der Verbesserung der Hinterlandanbindung der deutschen Seehäfen,
4. ihres sonstigen internationalen Bezuges,
5. der besonderen Funktion zur Beseitigung schwerwiegender Verkehrsengpässe oder
6. ihrer Bedeutung bei der Verbesserung der Infrastruktur in den Revieren nach § 2 des Investitionsgesetzes Kohleregionen vom 8. August 2020 (BGBl. I S. 1795)

in der Anlage aufgeführt sind.

[1)] § 17c Nr. 4 aufgeh. mWv 1.6.2015 durch G v. 31.5.2013 (BGBl. I S. 1388, geänd. durch G v. 24.5. 2014, BGBl. I S. 538); Nr. 4 angef. mWv 10.12.2020 durch G v. 3.12.2020 (BGBl. I S. 2694).

[2)] § 17d Satz 1 geänd. mWv 2.6.2017 durch G v. 29.5.2017 (BGBl. I S. 1298); Satz 1 geänd. mWv 29.7. 2017 durch G v. 20.7.2017 (BGBl. I S. 2808, ber. 2018 S. 472).

[3)] § 17e Abs. 6 aufgeh. mWv 1.6.2015 durch G v. 31.5.2013 (BGBl. I S. 1388, geänd. durch G v. 24.5. 2014, BGBl. I S. 538); Abs. 1 einl. Satzteil geänd., Abs. 5 neu gef. mWv 7.12.2018 durch G v. 29.11.2018 (BGBl. I S. 2237); Abs. 1 Nr. 4 und 5 geänd., Nr. 6 angef. mWv 14.8.2020 durch G v. 8.8.2020 (BGBl. I S. 1795).

(2) [1]Die Anfechtungsklage gegen einen Planfeststellungsbeschluss oder eine Plangenehmigung für den Bau oder die Änderung von Bundesfernstraßen, für die nach dem Fernstraßenausbaugesetz vordringlicher Bedarf festgestellt ist, hat keine aufschiebende Wirkung. [2]Der Antrag auf Anordnung der aufschiebenden Wirkung der Anfechtungsklage gegen einen Planfeststellungsbeschluss oder eine Plangenehmigung nach § 80 Abs. 5 Satz 1 der Verwaltungsgerichtsordnung kann nur innerhalb eines Monats nach der Zustellung des Planfeststellungsbeschlusses oder der Plangenehmigung gestellt und begründet werden. [3]Darauf ist in der Rechtsbehelfsbelehrung hinzuweisen. [4]§ 58 der Verwaltungsgerichtsordnung gilt entsprechend.

(3) [1]Der Antrag nach § 80 Abs. 5 Satz 1 in Verbindung mit Abs. 2 Nr. 4 der Verwaltungsgerichtsordnung auf Wiederherstellung der aufschiebenden Wirkung einer Anfechtungsklage gegen einen Planfeststellungsbeschluss oder eine Plangenehmigung für den Bau oder die Änderung einer Bundesfernstraße, für die ein unvorhergesehener Verkehrsbedarf im Sinne des § 6 des Fernstraßenausbaugesetzes besteht oder die der Aufnahme in den Bedarfsplan nicht bedarf, kann nur innerhalb eines Monats nach Zustellung der Entscheidung über die Anordnung der sofortigen Vollziehung gestellt und begründet werden. [2]Darauf ist in der Anordnung der sofortigen Vollziehung hinzuweisen. [3]§ 58 der Verwaltungsgerichtsordnung gilt entsprechend.

(4) [1]Treten in den Fällen des Absatzes 2 oder 3 später Tatsachen ein, die die Anordnung oder Wiederherstellung der aufschiebenden Wirkung rechtfertigen, so kann der durch den Planfeststellungsbeschluss oder die Plangenehmigung Beschwerte einen hierauf gestützten Antrag nach § 80 Abs. 5 Satz 1 der Verwaltungsgerichtsordnung innerhalb einer Frist von einem Monat stellen. [2]Die Frist beginnt mit dem Zeitpunkt, in dem der Beschwerte von den Tatsachen Kenntnis erlangt.

(5) [1]Der Kläger hat innerhalb einer Frist von zehn Wochen ab Klageerhebung die zur Begründung seiner Klage dienenden Tatsachen und Beweismittel anzugeben. [2]Erklärungen und Beweismittel, die erst nach Ablauf dieser Frist vorgebracht werden, sind nur zuzulassen, wenn der Kläger die Verspätung genügend entschuldigt. [3]Der Entschuldigungsgrund ist auf Verlangen des Gerichts glaubhaft zu machen. [4]Satz 2 gilt nicht, wenn es mit geringem Aufwand möglich ist, den Sachverhalt auch ohne Mitwirkung des Klägers zu ermitteln. [5]Die Frist nach Satz 1 kann durch den Vorsitzenden oder den Berichterstatter auf Antrag verlängert werden, wenn der Kläger in dem Verfahren, in dem die angefochtene Entscheidung ergangen ist, keine Möglichkeit der Beteiligung hatte. [6]§ 6 des Umwelt-Rechtsbehelfsgesetzes ist nicht anzuwenden.

§ 17f Anlagen der Verkehrsüberwachung, der Unfallhilfe und des Zolls. [1]Die der Sicherheit und Ordnung dienenden Anlagen an Bundesfernstraßen, wie Polizeistationen, Einrichtungen der Unfallhilfe, Hubschrauberlandeplätze, können, wenn sie eine unmittelbare Zufahrt zu den Bundesfernstraßen haben, zur Festsetzung der Flächen in die Planfeststellung einbezogen werden. [2]Das Gleiche gilt für Zollanlagen an Bundesfernstraßen.

§ 17g[1)] Veröffentlichung im Internet. [1]Wird der Plan nicht nach § 27a Absatz 1 des Verwaltungsverfahrensgesetzes oder § 20 des Gesetzes über die Umweltverträglichkeitsprüfung zugänglich gemacht, ist dieser vom Träger des

---

1) § 17g eingef. mWv 7.12.2018 durch G v. 29.11.2018 (BGBl. I S. 2237).

Vorhabens zur Bürgerinformation über das Internet zugänglich zu machen. [2] § 23 des Gesetzes über die Umweltverträglichkeitsprüfung gilt entsprechend. [3] Maßgeblich ist der Inhalt des im Rahmen des Genehmigungsverfahrens zur Einsicht ausgelegten Plans. [4] Hierauf ist bei der Zugänglichmachung hinzuweisen.

§ 17h[1)] Projektmanager. [1] Die Anhörungsbehörde kann einen Dritten mit der Vorbereitung und Durchführung von Verfahrensschritten, insbesondere

1. der Erstellung von Verfahrensleitplänen unter Bestimmung von Verfahrensabschnitten und Zwischenterminen,
2. der Fristenkontrolle,
3. der Koordinierung von erforderlichen Sachverständigengutachten,
4. dem Entwurf eines Anhörungsberichts,
5. der ersten Auswertung der eingereichten Stellungnahmen,
6. der organisatorischen Vorbereitung eines Erörterungstermins und
7. der Leitung eines Erörterungstermins

auf Vorschlag oder mit Zustimmung des Vorhabenträgers beauftragen. [2] § 73 Absatz 9 des Verwaltungsverfahrensgesetzes bleibt unberührt. [3] Die Entscheidung über den Planfeststellungsantrag verbleibt bei der zuständigen Behörde.

§ 18f[2)] Vorzeitige Besitzeinweisung. (1) [1] Ist der sofortige Beginn von Bauarbeiten geboten und weigert sich der Eigentümer oder Besitzer, den Besitz eines für die Straßenbaumaßnahme benötigten Grundstücks durch Vereinbarung unter Vorbehalt aller Entschädigungsansprüche zu überlassen, so hat die Enteignungsbehörde den Träger der Straßenbaulast auf Antrag nach Feststellung des Plans oder Erteilung der Plangenehmigung in den Besitz einzuweisen. [2] Der Planfeststellungsbeschluss oder die Plangenehmigung müssen vollziehbar sein. [3] Weiterer Voraussetzungen bedarf es nicht.

(2) [1] Die Enteignungsbehörde hat spätestens sechs Wochen nach Eingang des Antrages auf Besitzeinweisung mit den Beteiligten mündlich zu verhandeln. [2] Hierzu sind die Straßenbaubehörde, sofern eine Bundesfernstraße, soweit dem Bund die Verwaltung einer Bundesfernstraße zusteht, betroffen ist, die Gesellschaft privaten Rechts im Sinne des Infrastrukturgesellschaftserrichtungsgesetzes und die Betroffenen zu laden. [3] Dabei ist den Betroffenen der Antrag auf Besitzeinweisung mitzuteilen. [4] Die Ladungsfrist beträgt drei Wochen. [5] Mit der Ladung sind die Betroffenen aufzufordern, etwaige Einwendungen gegen den Antrag möglichst vor der mündlichen Verhandlung bei der Enteignungsbehörde einzureichen. [6] Sie sind außerdem darauf hinzuweisen, dass auch bei Nichterscheinen über den Antrag auf Besitzeinweisung und andere im Verfahren zu erledigende Anträge entschieden werden kann.

(3) [1] Soweit der Zustand des Grundstücks von Bedeutung ist, hat ihn die Enteignungsbehörde vor der Besitzeinweisung in einer Niederschrift festzustellen oder durch einen Sachverständigen ermitteln zu lassen. [2] Den Beteiligten ist eine Abschrift der Niederschrift oder des Ermittlungsergebnisses zu übersenden.

[1)] § 17h eingef. mWv 7.12.2018 durch G v. 29.11.2018 (BGBl. I S. 2237).

[2)] § 18f Abs. 7 Satz 1 geänd., Satz 2 angef. mWv 13.3.2020 durch G v. 3.3.2020 (BGBl. I S. 433); Abs. 2 Satz 2 geänd. mWv 1.1.2021 durch G v. 14.8.2017 (BGBl. I S. 3122).

(4) [1]Der Beschluss über die Besitzeinweisung ist dem Antragsteller und den Betroffenen spätestens zwei Wochen nach der mündlichen Verhandlung zuzustellen. [2]Die Besitzeinweisung wird in dem von der Enteignungsbehörde bezeichneten Zeitpunkt wirksam. [3]Dieser Zeitpunkt soll auf höchstens zwei Wochen nach Zustellung der Anordnung über die vorzeitige Besitzeinweisung an den unmittelbaren Besitzer festgesetzt werden. [4]Durch die Besitzeinweisung wird dem Besitzer der Besitz entzogen und der Träger der Straßenbaulast Besitzer. [5]Der Träger der Straßenbaulast darf auf dem Grundstück das im Antrag auf Besitzeinweisung bezeichnete Bauvorhaben ausführen und die dafür erforderlichen Maßnahmen treffen.

(5) [1]Der Träger der Straßenbaulast hat für die durch die vorzeitige Besitzeinweisung entstehenden Vermögensnachteile Entschädigung zu leisten, soweit die Nachteile nicht durch die Verzinsung der Geldentschädigung für die Entziehung oder Beschränkung des Eigentums oder eines anderen Rechts ausgeglichen werden. [2]Art und Höhe der Entschädigung sind von der Enteignungsbehörde in einem Beschluss festzusetzen.

(6) [1]Wird der festgestellte Plan oder die Plangenehmigung aufgehoben, so ist auch die vorzeitige Besitzeinweisung aufzuheben und der vorherige Besitzer wieder in den Besitz einzuweisen. [2]Der Träger der Straßenbaulast hat für alle durch die vorzeitige Besitzeinweisung entstandenen besonderen Nachteile Entschädigung zu leisten.

(6a) [1]Ein Rechtsbehelf gegen eine vorzeitige Besitzeinweisung hat keine aufschiebende Wirkung. [2]Der Antrag auf Anordnung der aufschiebenden Wirkung nach § 80 Abs. 5 Satz 1 der Verwaltungsgerichtsordnung kann nur innerhalb eines Monats nach der Zustellung des Besitzeinweisungsbeschlusses gestellt und begründet werden.

(7) [1]Die Absätze 1 bis 6a gelten entsprechend für Grundstücke, die für die in § 17f genannten Anlagen oder für Unterhaltungsmaßnahmen benötigt werden. [2]Bei Unterhaltungsmaßnahmen bedarf es nicht der vorherigen Planfeststellung oder Plangenehmigung.

§ 19[1)] Enteignung. (1) [1]Die Träger der Straßenbaulast der Bundesfernstraßen haben zur Erfüllung ihrer Aufgaben das Enteignungsrecht. [2]Die Enteignung ist zulässig, soweit sie zur Unterhaltung oder Ausführung eines nach § 17 Absatz 1 festgestellten oder genehmigten Bauvorhabens notwendig ist. [3]Einer weiteren Feststellung der Zulässigkeit der Enteignung bedarf es nicht.

(2) Der festgestellte oder genehmigte Plan ist dem Enteignungsverfahren zugrunde zu legen und für die Enteignungsbehörde bindend.

(2a) Hat sich ein Beteiligter mit der Übertragung oder Beschränkung des Eigentums oder eines anderen Rechts schriftlich einverstanden erklärt, kann das Entschädigungsverfahren unmittelbar durchgeführt werden.

(2b) Die Absätze 1, 2 und 2a gelten für die in § 17f genannten Anlagen entsprechend.

(3) (weggefallen)

(4) (weggefallen)

[1)] § 19 Abs. 1 Satz 2 geänd. mWv 7.12.2018 durch G v. 29.11.2018 (BGBl. I S. 2237); Abs. 1 Satz 2 geänd. mWv 13.3.2020 durch G v. 3.3.2020 (BGBl. I S. 433).

(5) Im Übrigen gelten die für öffentliche Straßen geltenden Enteignungsgesetze der Länder.

§ 19a[1)] Entschädigungsverfahren. Soweit der Träger der Straßenbaulast nach §§ 8a, 9, 17 Absatz 2 oder auf Grund eines Planfeststellungsbeschlusses oder einer Plangenehmigung verpflichtet ist, eine Entschädigung in Geld zu leisten, und über die Höhe der Entschädigung keine Einigung zwischen dem Betroffenen und dem Träger der Straßenbaulast zustande kommt, entscheidet auf Antrag eines der Beteiligten die nach Landesrecht zuständige Behörde; für das Verfahren und den Rechtsweg gelten die Enteignungsgesetze der Länder entsprechend.

§ 20[2)] Straßenaufsicht. (1) [1]Die Erfüllung der Aufgaben, die den Trägern der Straßenbaulast für die Bundesfernstraßen obliegen, wird durch die Straßenaufsicht sichergestellt. [2]Die Länder üben die Straßenaufsicht für die Bundesstraßen im Auftrag des Bundes aus, im Bereich der Bundesfernstraßen, soweit dem Bund die Verwaltung einer Bundesfernstraße zusteht, übt sie das Fernstraßen-Bundesamt aus.

(2) [1]Die Straßenaufsichtsbehörde kann die Durchführung der notwendigen Maßnahmen unter Setzung einer angemessenen Frist anordnen. [2]Sie soll Maßnahmen, die mehrere Träger der Straßenbaulast durchzuführen haben, diesen rechtzeitig bekannt geben, damit sie möglichst zusammenhängend ausgeführt werden. [3]Kommt ein Träger der Straßenbaulast der Anordnung nicht nach, kann die Straßenaufsichtsbehörde die notwendigen Maßnahmen an seiner Stelle und auf seine Kosten verfügen und vollziehen.

§ 21 Verwaltung der Bundesstraßen in den Ortsdurchfahrten. [1]Soweit die Gemeinden nach § 5 Abs. 2 und 3 Träger der Straßenbaulast sind, richtet sich die Zuständigkeit zur Verwaltung der Ortsdurchfahrten nach Landesrecht. [2]Dieses regelt auch, wer insoweit zuständige Straßenbaubehörde im Sinne dieses Gesetzes ist.

§ 22[3)] Zuständigkeit; Verordnungsermächtigung. (1) Das Bundesministerium für Verkehr und digitale Infrastruktur wird ermächtigt, durch Rechtsverordnung ohne Zustimmung des Bundesrates die dem Fernstraßen-Bundesamt und der Gesellschaft privaten Rechts im Sinne des Infrastrukturgesellschaftserrichtungsgesetzes nach dem Bundesfernstraßengesetz zugewiesenen Befugnisse und Aufgaben auf andere Bundesbehörden oder andere vom Bund gegründete Gesellschaften, die im ausschließlichen Eigentum des Bundes stehen müssen, zu übertragen.

(2) [1]Im Fall des Artikels 90 Absatz 4 oder des Artikels 143e Absatz 2 des Grundgesetzes treten an die Stelle der im Gesetz genannten Straßenbaubehörden der Länder die vom Bundesministerium für Verkehr und digitale Infrastruktur bestimmten Bundesbehörden oder die Gesellschaft privaten Rechts im

---

1) § 19a geänd. mWv 1.6.2015 durch G v. 31.5.2013 (BGBl. I S. 1388, geänd. durch G v. 24.5. 2014, BGBl. I S. 538); geänd. mWv 7.12.2018 durch G v. 29.11.2018 (BGBl. I S. 2237).

2) § 20 Abs. 1 Satz 2 neu gef. mWv 1.1.2021 durch G v. 14.8.2017 (BGBl. I S. 3122).

3) § 22 Abs. 1 und 2 Satz 1, Abs. 4 Satz 3 geänd. mWv 8.9.2015 durch VO v. 31.8.2015 (BGBl. I S. 1474); Abs. 1 neu gef. mWv 1.1.2020, Überschrift neu gef., Abs. 2 Satz 1 geänd., Abs. 3 Satz 2 angef. mWv 1.1.2021 durch G v. 14.8.2017 (BGBl. I S. 3122); Abs. 2 Satz 1 neu gef., Abs. 5 geänd. mWv 7.12.2018 durch G v. 29.11.2018 (BGBl. I S. 2237).

Sinne des Infrastrukturgesellschaftserrichtungsgesetzes. [2] Dies gilt auch für die nach § 36 des Gesetzes über Ordnungswidrigkeiten[1)] zu bestimmende Behörde.

(3) [1] Im Rahmen der Auftragsverwaltung richtet sich das Verfahren für die Beitreibung von Ersatzleistungen (§ 7), Sondernutzungsgebühren sowie Vorschüssen und Sicherheiten (§ 8) und das Verfahren in den Fällen, in denen die Behörde Maßnahmen nach § 8 Abs. 7a trifft oder in denen jemand zur Duldung oder Unterlassung verpflichtet ist (§§ 11 und 14), nach Landesrecht. [2] Im Übrigen gilt Bundesrecht.

(4) [1] Soweit nach diesem Gesetz die Zuständigkeit von Landesbehörden begründet ist, bestimmen die Länder die zuständigen Behörden. [2] Sie sind ermächtigt, die Zuständigkeit der obersten Straßenbaubehörden der Länder, soweit sie nach diesem Gesetz begründet ist, auf nachgeordnete Behörden zu übertragen. [3] Das Bundesministerium für Verkehr und digitale Infrastruktur ist hiervon zu unterrichten.

(5) Soweit Selbstverwaltungskörperschaften in der Auftragsverwaltung tätig werden (Artikel 90 Absatz 3 des Grundgesetzes), sind ihre Behörden nach Maßgabe des Landesrechts an Stelle der Behörden des Landes zuständig.

§ 23[2)] Ordnungswidrigkeiten. (1) Ordnungswidrig handelt, wer vorsätzlich oder fahrlässig

1. entgegen § 8 Abs. 1 eine Bundesfernstraße über den Gemeingebrauch hinaus ohne Erlaubnis benutzt,
2. nach § 8 Abs. 2 erteilten vollziehbaren Auflagen nicht nachkommt,
3. entgegen § 8 Abs. 2a
   a) Anlagen nicht vorschriftsmäßig errichtet oder unterhält oder
   b) auf vollziehbares Verlangen der zuständigen Behörde Anlagen auf seine Kosten nicht ändert,
4. entgegen § 8a Abs. 1 in Verbindung mit § 8 Abs. 1 Zufahrten oder Zugänge ohne Erlaubnis anlegt oder ändert,
5. entgegen § 8a Abs 3 in Verbindung mit § 8 Abs. 2a Zufahrten oder Zugänge nicht vorschriftsmäßig unterhält,
6. einer nach § 8a Abs. 6 ergangenen vollziehbaren Anordnung nicht nachkommt,
7. entgegen § 9 Abs. 1 oder 4 Hochbauten oder bauliche Anlagen errichtet oder Aufschüttungen oder Abgrabungen größeren Umfangs vornimmt,
8. Anlagen der Außenwerbung entgegen § 9 Abs. 6 Satz 1 in Verbindung mit den Absätzen 1 und 2 errichtet oder entgegen § 9 Abs. 6 Satz 2 an Brücken über Bundesfernstraßen anbringt,
9. vollziehbaren Auflagen nicht nachkommt, unter denen eine Ausnahme nach § 9 Abs. 8 von den Verboten des § 9 Abs. 1, 4 und 6 zugelassen wurde,
10. entgegen § 9a Abs. 1 Satz 1 auf der vom Plan betroffenen Fläche oder in dem Planungsgebiet nach Absatz 3 Veränderungen vornimmt,

---

1) Nr. **680**.
2) § 23 Abs. 3 angef. mWv 1.1.2021 durch G v. 14.8.2017 (BGBl. I S. 3122).

11. entgegen § 10 Abs 2 Satz 1 Schutzwaldungen nicht erhält oder nicht ordnungsgemäß unterhält,
12. entgegen § 11 Abs. 1 die Anlage vorübergehender Einrichtungen nicht duldet oder entgegen § 11 Abs. 2 Satz 1 Einrichtungen, die die Verkehrssicherheit beeinträchtigen, anlegt oder entgegen § 11 Abs. 2 Satz 2 ihre Beseitigung nicht duldet,
13. entgegen § 16a Abs. 1 Satz 1 notwendige Vorarbeiten oder die vorübergehende Anbringung von Markierungszeichen nicht duldet.

(2) Ordnungswidrigkeiten nach Absatz 1 Nr. 1 bis 6 und 11 bis 13 können mit einer Geldbuße bis zu fünfhundert Euro, Ordnungswidrigkeiten nach Absatz 1 Nr. 7 bis 10 können mit einer Geldbuße bis zu fünftausend Euro geahndet werden.

(3) Verwaltungsbehörde im Sinne des § 36 Absatz 1 Nummer 1 des Gesetzes über Ordnungswidrigkeiten[1)] ist das Fernstraßen-Bundesamt für Ordnungswidrigkeiten nach Absatz 1 auf oder an Bundesfernstraßen, soweit dem Bund die Verwaltung einer Bundesfernstraße zusteht.

§ 24[2)] Übergangs- und Schlussbestimmungen. (1) [1] Vor dem 17. Dezember 2006 beantragte Planfeststellungsverfahren oder Plangenehmigungsverfahren werden nach den Vorschriften dieses Gesetzes in der ab dem 17. Dezember 2006 geltenden Fassung weitergeführt. [2] § 11 Abs. 2 des Verkehrswegeplanungsbeschleunigungsgesetzes bleibt unberührt.

(2) § 17c gilt auch für Planfeststellungsbeschlüsse und Plangenehmigungen, die vor dem 17. Dezember 2006 erlassen worden sind, soweit der Plan noch nicht außer Kraft getreten ist.

(3) (weggefallen)

(4) Die bisherigen Reichsautobahnen und Reichsstraßen, die nach dem Gesetz über die vermögensrechtlichen Verhältnisse der Bundesautobahnen und sonstigen Bundesstraßen des Fernverkehrs[3)] vom 2. März 1951 (BGBl. I S. 157) Bundesautobahnen und Bundesstraßen sind, sind Bundesautobahnen und Bundesstraßen im Sinne dieses Gesetzes.

(5) (weggefallen)

(6) Beginn und Ende der Ortsdurchfahrten bemessen sich nach ihrer Festsetzung nach §§ 13 ff. der Verordnung zur Durchführung des Gesetzes über die einstweilige Neuregelung des Straßenwesens und der Straßenverwaltung vom 7. Dezember 1934 (RGBl. I S. 1237), bis sie nach § 5 Abs. 4 neu festgesetzt werden.

(7) Waldungen, die Schutzwaldungen nach § 9 des Reichsautobahngesetzes vom 29. Mai 1941 (RGBl. I S. 313) sind, gelten als Schutzwaldungen nach § 10.

(8) (weggefallen)

(9) Sind in Rechtsvorschriften aus der Zeit vor dem 23. Mai 1949 die Worte „Reichsautobahnen" oder „Reichsstraßen" gebraucht, so treten an ihre Stelle die Worte „Bundesautobahnen" oder „Bundesstraßen".

---

1) Nr. **680**.

2) § 24 Abs. 11 Satz 1 geänd. mWv 8.9.2015 durch VO v. 31.8.2015 (BGBl. I S. 1474); Abs. 13 angef. mWv 13.3.2020 durch G v. 3.3.2020 (BGBl. I S. 433).

3) Nr. **710**.

(10) Wo in anderen Gesetzen für das Unternehmen „Reichsautobahnen" besondere Rechte und Pflichten begründet sind, tritt an seine Stelle der Bund.

(11) [1]Das Bundesministerium für Verkehr und digitale Infrastruktur ist ermächtigt, im Einvernehmen mit dem Bundesministerium der Finanzen durch Rechtsverordnung, die der Zustimmung des Bundesrates bedarf, Brücken im Zuge von Bundesfernstraßen, die in der Baulast der Länder oder öffentlich-rechtlicher Selbstverwaltungskörperschaften stehen, in die Baulast des Bundes zu übernehmen und die zur Überleitung notwendigen Maßnahmen zu treffen. [2]In der Rechtsverordnung können auch die nach den üblichen Berechnungsarten zu ermittelnden Ablösungsbeträge festgesetzt werden.

(12) Für Sondernutzungen, die bei Inkrafttreten dieses Gesetzes durch bürgerlich-rechtliche Verträge vereinbart sind, gelten die Vorschriften über Sondernutzungen (§ 8) von dem Zeitpunkt an, zu dem die Verträge erstmals nach Inkrafttreten dieses Gesetzes kündbar sind.

(13) Vor dem 13. März 2020 beantragte Planfeststellungsverfahren oder Plangenehmigungsverfahren werden nach den Vorschriften dieses Gesetzes in der vor dem 13. März 2020 geltenden Fassung weitergeführt.

§ 25 (Aufhebung von Vorschriften)

§ 26 (weggefallen)

§ 27 (Inkrafttreten)

Anlage[1)]
(zu § 17e Abs. 1)

Bundesfernstraßen mit erstinstanzlicher Zuständigkeit des Bundesverwaltungsgerichts

Vorbemerkung:
Im Sinne dieser Anlage bedeuten
1. A: Autobahn
2. B: Bundesstraße
3. L: Landesstraße
4. E: Europastraße
5. OU: Ortsumgehung

Zu den Bundesfernstraßen gehören auch die für den Betrieb von Bundesfernstraßen notwendigen Anlagen. Die Bundesfernstraßen beginnen und enden jeweils an den Knotenpunkten, an denen sie mit dem bestehenden Straßennetz verbunden sind.

Lfd. Nr.	Bezeichnung
1	A 1 Dreieck Hamburg-Südost – Hamburg-Harburg
2	A 1 Neuenkirchen/Vörden – Münster-Nord
3	A 1 Köln-Niehl – Kreuz Leverkusen
4	A 1 Kreuz Wuppertal-Nord (A 43)

[1)] Anlage neu gef. mWv 5.7.2017 durch G v. 27.6.2017 (BGBl. I S. 2082); geänd. mWv 7.12.2018 durch G v. 29.11.2018 (BGBl. I S. 2237); geänd. mWv 14.8.2020 durch G v. 8.8.2020 (BGBl. I S. 1795).

Lfd. Nr.	Bezeichnung
5	A 1 Westhofener Kreuz (A 45)
6	A 1 Blankenheim – Kelberg
7	A 2 Kreuz Bottrop (A 31)
8	A 3 Kreuz Kaiserberg (A 40)
9	A 3 Kreuz Oberhausen (A 2/ A 516)
10	A 3 Köln-Mülheim – Kreuz Leverkusen (A 1)
11	A 3 Wiesbadener Kreuz (A 66)
12	A 3 Kreuz Biebelried (A 7) – Kreuz Fürth/Erlangen (A 73)
13	A 4 Kreuz Köln-Süd (A 555)
14	A 4 AD Nossen (A 14) – Bundesgrenze Deutschland/Polen
15	A 6 Saarbrücken-Fechingen – St. Ingbert-West
16	A 6 Heilbronn/Untereisesheim – Heilbronn/Neckarsulm
17	A 6 Kreuz Weinsberg (A 81) – Kreuz Feuchtwangen/Crailsheim (A 7)
18	A 7 Hamburg/Heimfeld – Hamburg/Volkspark
19	A 7 Kreuz Rendsburg – Rendsburg/Büdelsdorf
20	A 8 Mühlhausen – Hohenstadt
21	A 8 Kreuz München Süd (A 99) – Bundesgrenze Deutschland – Österreich
22	A 14 AS Leipzig-Ost – AD Parthenaue
23	A 20 Westerstede (A 28) – Weede
24	A 26 Drochtersen (A 20) – Dreieck Hamburg-Stillhorn (A 1)
25	A 33 Bielefeld/Brackwede – Borgholzhausen einschließlich Zubringer Ummeln
26	A 33 Dreieck Osnabrück-Nord (A 1) – Osnabrück-Belm
27	A 39 Lüneburg – Wolfsburg
28	A 40 Duisburg-Homberg – Duisburg-Häfen
29	A 44 Ratingen (A 3) – Velbert
30	A 45 Hagen (A 46) – Westhofen (A 1)
31	A 46 Westring – Kreuz Sonnborn (L 418)
32	A 49 Bischhausen – A 5
33	A 52 AK Mönchengladbach (A 61) – AK Neersen (A 44)
34	A 57 Kreuz Köln-Nord (A 1) – Kreuz Moers (A 40)
35	A 61 Kreuz Frankenthal (A 6) – Landesgrenze Rheinland-Pfalz – Baden-Württemberg
36	A 66 Kreuz Wiesbaden-Schierstein – Kreuz Wiesbaden
37	A 81 Böblingen/Hulb – Sindelfingen Ost
38	A 94 Malching – Pocking (A 3)
39	A 99 Dreieck München Süd-West (A 96) – Kreuz München Süd (A 8)
40	A 100 Dreieck Neukölln (A 113) – Storkower Straße

Lfd. Nr.	Bezeichnung
41	A 111 Landesgrenze Berlin – Brandenburg – einschließlich Rudolf-Wissell-Brücke (A 100)
42	A 281 Eckverbindung in Bremen
43	A 445 Werl-Nord – Hamm-Rhynern (A 2)
44	A 553 AK Köln-Godorf (A 555) – AD Köln-Lind (A 59)
45	A 643 Dreieck Mainz (A 60) – Mainz-Mombach
46	B 6 OU Bruckdorf
47	B 6 OU Gröbers
48	B 6 OU Großkugel
49	B 7 Verlegung nördlich Frohburg (Landesgrenze Freistaat Thüringen – Freistaat Sachsen – nördlich Frohburg)
50	B 7 Altenburg (B 93) – Landesgrenze Freistaat Thüringen – Freistaat Sachsen
51	B 19 OU Meiningen
52	B 85 Altenkreith – Wetterfeld
53	B 87 OU Naumburg – Wethau
54	B 101 OU Elsterwerda
55	B 112 OU Frankfurt (Oder)
56	B 169 OU Klein Oßnig und OU Annahof/Klein Gaglow
57	B 169 OU Plessa
58	B 178 Nostitz – A 4 (AS Weißenberg)
59	B 87 OU Weißenfels
60	B 181 Neu- und Ausbau westlich Leipzig (A 9 bis Stadtgrenze Leipzig)
61	B 207 (E 47) Fehmarnsundquerung
62	B 221 OU Scherpenseel
63	B 221 OU Unterbruch
64	E 47 Feste Fehmarnbeltquerung (Puttgarden – Grenze der deutschen ausschließlichen Wirtschaftszone)
65	B 402/B 213/B 72 (E 233) Meppen (A 31) – Cloppenburg (A 1)

710. Gesetz über die vermögensrechtlichen Verhältnisse der Bundesautobahnen und sonstigen Bundesstraßen des Fernverkehrs

Vom 2. März 1951
(BGBl. I S. 157)

BGBl. III/FNA 911-1-5

geänd. durch Gesetz zur Änderung des BundesfernstraßenG v. 10.7.1961 (BGBl. I S. 877), Art. 3 FinanzanpassungsG v. 30.8.1971 (BGBl. I S. 1426), Art. 18 G zur Neuregelung des bundesstaatlichen Finanzausgleichssystems ab dem Jahr 2020 und zur Änd. haushaltsrechtlicher Vorschriften v. 14.8.2017 (BGBl. I S. 3122, aufgeh. durch G v. 29.11.2018 (BGBl. I S. 2237)) und Art. 7 G zur Beschleunigung von Planungs- und Genehmigungsverfahren im Verkehrsbereich v. 29.11.2018 (BGBl. I S. 2237)

Der Bundestag hat mit Zustimmung des Bundesrates das folgende Gesetz beschlossen:

§ 1 [Überführung von Reichsautobahnen in Bundesvermögen] [1] Die bisherigen Reichsautobahnen sind mit Wirkung vom 24. Mai 1949 als Bundesautobahnen Eigentum des Bundes. [2] Vom gleichen Zeitpunkt ist der Bund Inhaber aller sonstigen Vermögensrechte, die dem Unternehmen "Reichsautobahnen" gehörten oder die ausschließlich für Zwecke der Reichsautobahnen begründet oder bestimmt worden sind. [3] Dies gilt auch für Rechte, die durch Gesetz für unübertragbar oder nur auf Grund besonderer Vereinbarung für übertragbar erklärt sind.

§ 2 [Treuhandschaften der Länder] Treuhandschaften der Länder an diesem Eigentum und diesen Vermögensrechten erlöschen mit dem Inkrafttreten dieses Gesetzes.

§ 3 [Überführung von Reichsstrassen in Bundesvermögen] [1] Die bisherigen Reichsstraßen sind mit Wirkung vom 24. Mai 1949 als Bundesstraßen Eigentum des Bundes. [2] Vom gleichen Zeitpunkt ist der Bund Inhaber aller sonstigen Rechte an einem Grundstück, die den Reichsstraßen zu dienen bestimmt waren, und der Forderungen des Reiches auf Übertragung oder Beschränkung des Eigentums an einem Grundstück zugunsten von Reichsstraßen. [3] § 1 Satz 3 ist anzuwenden.

§ 4 [Rechtsgeschäftlichen Verfügungen] Die Wirksamkeit von rechtsgeschäftlichen Verfügungen, die über Eigentum und Vermögensrechte der in § 1 und § 3 bezeichneten Art vor dem Inkrafttreten dieses Gesetzes getroffen worden sind, bleibt unberührt.

§ 5 [Sonderregelungen] § 1 und § 3 gelten nicht für Eigentum und Vermögensrechte, die nach dem 30. Januar 1933 einer Gewerkschaft, Genossenschaft, politischen Partei oder sonstigen demokratischen Organisation weggenommen worden sind.

§ 6[1)] [Strassenbaulast; Einnahmen; Zweckausgaben] (1) Mit Wirkung vom 1. April 1950 ist der Bund Träger der Straßenbaulast für die Bundesautobahnen und die Bundesstraßen.

(2) Der Bund erhält die Einnahmen, die sich im Zusammenhang mit der Straßenbaulast, der Benutzung der Bundesfernstraßen und der Bewirtschaftung des bundeseigenen Vermögens ergeben.

(3) [1] Der Bund trägt die Zweckausgaben aus der Wahrnehmung der Straßenbaulast für die Bundesstraßen, soweit die Verwaltung nicht dem Bund zusteht, und die Zweckausgaben im Zusammenhang mit der Erhaltung und Bewirtschaftung des bundeseigenen Vermögens für die Bundesstraßen in seiner Baulast, soweit die Verwaltung nicht dem Bund zusteht. [2] Er gilt den Ländern Zweckausgaben, die bei der Entwurfsbearbeitung und Bauaufsicht entstehen, durch die Zahlung einer Pauschale ab, die 5 vom Hundert der Baukosten beträgt.

§ 7[2)] [Ausnahmeregelung] (1) Die Bestimmungen des § 3 und des § 6 Abs. 1 gelten nicht für diejenigen im Zuge von Reichsstraßen liegenden Ortsdurchfahrten, für die die Straßenbaulast nach dem Gesetz über die einstweilige Neuregelung des Straßenwesens und der Straßenverwaltung vom 26. März 1934 (Reichsgesetzbl. I S. 243) nicht vom Deutschen Reich zu tragen war.

(2) (aufgehoben)

§ 8 [Dingliche Grundstücksrechte] (1) Dingliche Rechte an Grundstücken und sonstigen Sachen und Rechten, die unter § 1 oder § 3 fallen, bleiben bestehen.

(2) Die Regelung der schuldrechtlichen Verbindlichkeiten des Unternehmens "Reichsautobahnen" bleibt vorbehalten.

§ 9 [Grundbuchberichtigung] (1) [1] Steht das Eigentum an einem Grundstück nach § 1 oder § 3 dem Bund zu, so ist der Antrag auf Berichtigung des Grundbuchs von der vom Land bestimmten Behörde zu stellen, in deren Bezirk das Grundstück liegt. [2] Der Antrag muß von dem Leiter der Behörde oder seinem Vertreter unterschrieben und mit dem Amtssiegel oder Amtsstempel versehen sein. [3] Zum Nachweis des Eigentums gegenüber dem Grundbuchamt genügt die in den Antrag aufzunehmende Erklärung, daß das Grundstück dem Bund zusteht. [4] Das Eigentum ist einzutragen für die "Bundesrepublik Deutschland (Bundesstraßenverwaltung)".

(2) Dies gilt für sonstige im Grundbuch eingetragene Rechte entsprechend.

§ 10 [Gerichtsgebühren; Abgaben] [1] Gerichtsgebühren und andere Abgaben, die aus Anlaß und in Durchführung dieses Gesetzes entstehen, werden nicht erhoben. [2] Bare Auslagen bleiben außer Ansatz.

---

1) § 6 Abs. 2 und 3 neu gef., Abs. 4–6 aufgeh. durch G v. 30.8.1971 (BGBl. I S. 1426); Abs. 3 neu gef., Abs. 4 aufgeh. mWv 1.1.2018 durch G v. 29.11.2018 (BGBl. I S. 2237).

2) § 7 Abs. 2 aufgeh. durch G v. 10.7.1961 (BGBl. I S. 877).

§ 10a[1] **Übergangsbestimmungen.** (1) [1] Der Bund trägt bis zum 31. Dezember 2020 die Zweckausgaben aus der Wahrnehmung der Straßenbaulast für die Bundesautobahnen und die Zweckausgaben im Zusammenhang mit der Erhaltung und Bewirtschaftung des bundeseigenen Vermögens für die Bundesautobahnen. [2] Er gilt den Ländern Zweckausgaben, die bei der Entwurfsbearbeitung und Bauaufsicht für Bundesautobahnen entstehen, durch die Zahlung einer Pauschale ab, die 6 vom Hundert der Baukosten für Bundesautobahnen bis zum 31. Dezember 2020 beträgt.

(2) [1] Der Bund gilt den Ländern Zweckausgaben, die bei der Entwurfsbearbeitung für Bundesautobahnen bis zum 31. Dezember 2020 entstehen, durch Zahlung von Pauschalen in den Jahren 2021 bis 2023 ab. [2] Die Höhe dieser Pauschalen beträgt im Jahr 2021 5 vom Hundert, im Jahr 2022 3 vom Hundert und im Jahr 2023 1 vom Hundert der Baukosten für Bundesautobahnen im Jahr 2020.

§ 11 **[Inkrafttreten]** Das Gesetz tritt am Tage nach seiner Verkündung[2] in Kraft.

---

[1] § 10a eingef. mWv 1.1.2018 durch G v. 29.11.2018 (BGBl. I S. 2237).
[2] Das Gesetz wurde am 6.3.1951 verkündet.

730. Verordnung über Kreuzungsanlagen im Zuge von Bundesfernstraßen (Bundesfernstraßenkreuzungsverordnung – FStrKrV)

In der Fassung vom 2. Dezember 1975[1)]
(BGBl. I S. 2984)

FNA 911-2

§ 1 Höhengleiche Kreuzungen. (1) Zur Kreuzungsanlage im Sinne des § 13 Abs. 1 FStrG, die der Baulastträger der Bundesfernstraße zu unterhalten hat, gehören

1. von der die Bundesfernstraße kreuzenden Straße vom Anfang ihrer Eckausrundungen an
   – die befestigten Fahrstreifen einschließlich Trenn-, Seiten- und Randstreifen,
   – die Verkehrszeichen und -einrichtungen sowie Verkehrsanlagen aller Art, insbesondere Verkehrsinseln,
   – die Gehwege außerhalb der Ortsdurchfahrten und die Radwege, soweit diese Wege mit der kreuzenden Straße in Zusammenhang stehen und mit dieser gleichlaufen,
   – die Durchlässe, Dämme, Gräben, Böschungen und Stützmauern,
2. die durch die Kreuzung bedingten Lichtzeichenanlagen.

(2) Eine Eckausrundung beginnt an der Stelle, an der der erste Radius die Ecken der Straßenränder von der Bundesfernstraße und der kreuzenden Straße abzurunden beginnt.

(3) Sichtfelder gehören zur kreuzenden Straße.

§ 2 Über- und Unterführungen. (1) Zum Kreuzungsbauwerk im Sinne des § 13 Abs. 2 des Bundesfernstraßengesetzes gehören

1. die Widerlager mit Flügelmauern,
2. die Pfeiler,
3. der Überbau mit Geländern, Brüstungen und Auffangvorrichtungen, jedoch mit Ausnahme der Straßendecke, der Entwässerungsrinnen und Einläufe und, soweit sie nicht durch die Konstruktion der Brücke bedingt sind, der Verkehrszeichen und -einrichtungen sowie Verkehrsanlagen aller Art.

(2) Die nicht zum Kreuzungsbauwerk rechnenden Teile des Überbaues (Abs. 1 Nr. 3) gehören zu der Straße, in deren Verlauf sie liegen.

(3) [1] Verbindungsarme zwischen der Bundesfernstraße und der kreuzenden Straße gehören zur Bundesfernstraße. [2] Die Verbindungsarme enden am äußeren Fahrbahnrand der kreuzenden Straße. [3] Sind Abbiege- oder Einfädelstreifen auf der kreuzenden Straße vorhanden, so enden die Verbindungsarme

---

[1)] Neubekanntmachung der VO über Kreuzungsanlagen im Zuge von Bundesfernstraßen v. 26.5. 1957 (BGBl. I S. 659) in der ab 1.1.1976 geltenden Fassung, veröffentlicht als Anl. zur ÄndVO v. 2.12.1975 (BGBl. I S. 2984).

am Anfang der Eckausrundungen der kreuzenden Straße. [4] Bei höhenungleichen Einmündungen beginnen die Verbindungsarme an der ersten Aufweitung der einmündenden Straße. [5] Lichtzeichenanlagen und Verkehrsinseln an der Einmündung des Verbindungsarmes gehören zur Bundesfernstraße.

§ 3 Sonstige Teile der Kreuzungsanlage. Die in den §§ 1 und 2 nicht erfaßten Teile der Bundesfernstraße und der kreuzenden Straße gehören zu der Straße, der sie unmittelbar dienen.

§ 4 Kreuzungen zwischen Bundesfernstraßen. Auf Kreuzungen zwischen Bundesfernstraßen, von denen die eine vom Bund, die andere von einem Dritten unterhalten wird, ist diese Verordnung mit der Maßgabe anzuwenden, daß die vom Dritten unterhaltene Bundesfernstraße als kreuzende Straße gilt.

§ 5 Einmündungen. Die vorstehenden Vorschriften gelten auch für Einmündungen öffentlicher Straßen in Bundesfernstraßen.

§ 6 Berlin-Klausel. (gegenstandslos)

740. Gesetz über Kreuzungen von Eisenbahnen und Straßen (Eisenbahnkreuzungsgesetz)[1]

In der Fassung der Bekanntmachung vom 21. März 1971[2]
(BGBl. I S. 337)

FNA 910-1

geänd. durch Art. 6 PlanungsvereinfachungsG v. 17.12.1993 (BGBl. I S. 2123), Art. 6 Abs. 106 EisenbahnneuordnungsG v. 27.12.1993 (BGBl. I S. 2378), Art. 1 ÄndG v. 9.9.1998 (BGBl. I S. 2858), Art. 236 Siebente Zuständigkeitsanpassungs-VO v. 29.10.2001 (BGBl. I S. 2785), Art. 2 G zur Änd. von wegerechtlichen Vorschriften v. 22.4.2005 (BGBl. I S. 1128), Art. 281 Neunte ZuständigkeitsanpassungsVO v. 31.10.2006 (BGBl. I S. 2407), Art. 462 Zehnte ZuständigkeitsanpassungsVO v. 31.8.2015 (BGBl. I S. 1474) und Art. 3 G zur weiteren Beschleunigung von Planungs- und Genehmigungsverfahren im Verkehrsbereich v. 3.3.2020 (BGBl. I S. 433)

§ 1 [Geltungsbereich] (1) Dieses Gesetz gilt für Kreuzungen von Eisenbahnen und Straßen.

(2) Kreuzungen sind entweder höhengleich (Bahnübergänge) oder nicht höhengleich (Überführungen).

(3) Eisenbahnen im Sinne dieses Gesetzes sind die Eisenbahnen, die dem öffentlichen Verkehr dienen, sowie die Eisenbahnen, die nicht dem öffentlichen Verkehr dienen, wenn die Betriebsmittel auf Eisenbahnen des öffentlichen Verkehrs übergehen können (Anschlußbahnen), und ferner die den Anschlußbahnen gleichgestellten Eisenbahnen.

(4) Straßen im Sinne dieses Gesetzes sind die öffentlichen Straßen, Wege und Plätze.

(5) Straßenbahnen, die nicht im Verkehrsraum einer öffentlichen Straße liegen, werden, wenn sie Eisenbahnen kreuzen, wie Straßen, wenn sie Straßen kreuzen, wie Eisenbahnen behandelt.

(6) Beteiligte an einer Kreuzung sind das Unternehmen, das die Baulast des Schienenweges der kreuzenden Eisenbahn trägt, und der Träger der Baulast der kreuzenden Straße.

§ 2 [Neue Kreuzungen] (1) Neue Kreuzungen von Eisenbahnen und Straßen, die nach der Beschaffenheit ihrer Fahrbahn geeignet und dazu bestimmt sind, einen allgemeinen Kraftfahrzeugverkehr aufzunehmen, sind als Überführungen herzustellen.

(2) [1] In Einzelfällen, insbesondere bei schwachem Verkehr, kann die Anordnungsbehörde Ausnahmen zulassen. [2] Dabei kann angeordnet werden, welche Sicherungsmaßnahmen an der Kreuzung mindestens zu treffen sind.

(3) Eine Kreuzung im Sinne des Absatzes 1 ist neu, wenn einer der beiden Verkehrswege oder beide Verkehrswege neu angelegt werden.

§ 3 [Kreuzungsänderungen] Wenn und soweit es die Sicherheit oder die Abwicklung des Verkehrs unter Berücksichtigung der übersehbaren Verkehrsentwicklung erfordert, sind nach Maßgabe der Vereinbarung der Beteiligten

[1] Siehe hierzu ua:
EKrG-Richtlinien v. 20.12.2018 (VkBl 2019 S. 14).

[2] Neubekanntmachung des EisenbahnkreuzungsG v. 14.8.1963 (BGBl. I S. 681) in der ab 13.3. 1971 geltenden Fassung.

(§ 5) oder der Anordnung im Kreuzungsrechtsverfahren (§§ 6 und 7) Kreuzungen

1. zu beseitigen oder
2. durch Baumaßnahmen, die den Verkehr an der Kreuzung vermindern, zu entlasten oder
3. durch den Bau von Überführungen, durch die Einrichtung technischer Sicherungen, insbesondere von Schranken oder Lichtsignalen, durch die Herstellung von Sichtflächen an Bahnübergängen, die nicht technisch gesichert sind, oder in sonstiger Weise zu ändern.

§ 4 [Duldung] (1) [1] Erfordert die Linienführung einer neu zu bauenden Straße oder Eisenbahn eine Kreuzung, so hat der andere Beteiligte die neue Kreuzungsanlage zu dulden. [2] Seine verkehrlichen und betrieblichen Belange sind angemessen zu berücksichtigen.

(2) [1] Ist eine Kreuzungsanlage durch eine Maßnahme nach § 3 zu ändern, so haben die Beteiligten die Änderung zu dulden. [2] Ihre verkehrlichen und betrieblichen Belange sind angemessen zu berücksichtigen.

§ 5[1)] [Vereinbarung] (1) [1] Über Art, Umfang und Durchführung einer nach § 2 oder § 3 durchzuführenden Maßnahme sowie über die Verteilung der Kosten sollen die Beteiligten eine Vereinbarung treffen. [2] Sehen die Beteiligten vor, daß Bund oder Land nach Maßgabe des § 13 Absatz 1 Satz 2 und Absatz 2 zu den Kosten beitragen, ohne an der Kreuzung als Straßenbaulastträger beteiligt zu sein, so bedarf die Vereinbarung insoweit der Genehmigung. [3] Die Genehmigung erteilt für den Bund das Bundesministerium für Verkehr und digitale Infrastruktur, für das Land die von der Landesregierung bestimmte Behörde. [4] In Fällen geringer finanzieller Bedeutung kann auf die Genehmigung verzichtet werden.

(2) Einer Vereinbarung nach Absatz 1 bedarf es nicht, wenn sich ein Beteiligter oder ein Dritter bereit erklärt, die Kosten für die Änderung oder Beseitigung eines Bahnübergangs nach § 3 abweichend von den Vorschriften dieses Gesetzes allein zu tragen, und für die Maßnahme ein Planfeststellungsverfahren durchgeführt wird.

§ 6 [Kreuzungsrechtsverfahren] Kommt eine Vereinbarung nicht zustande, so kann jeder Beteiligte eine Anordnung im Kreuzungsrechtsverfahren beantragen.

§ 7 [Verfahrenseinleitung] [1] Die Anordnungsbehörde kann das Kreuzungsrechtsverfahren auch ohne Antrag einleiten, wenn die Sicherheit oder die Abwicklung des Verkehrs eine Maßnahme erfordert. [2] Sie kann verlangen, daß die Beteiligten Pläne für Maßnahmen nach § 3 vorlegen.

[1)] § 5 Abs. 1 Satz 3 geänd. mWv 7.11.2001 durch VO v. 29.10.2001 (BGBl. I S. 2785); Abs. 1 Satz 3 geänd. mWv 8.11.2006 durch VO v. 31.10.2006 (BGBl. I S. 2407); Abs. 1 Satz 3 geänd. mWv 8.9. 2015 durch VO v. 31.8.2015 (BGBl. I S. 1474); Abs. 1 Satz 2 geänd. mWv 13.3.2020 durch G v. 3.3. 2020 (BGBl. I S. 433).

§ 8[1)] [Zuständigkeiten] (1) Wenn an der Kreuzung ein Schienenweg einer Eisenbahn des Bundes beteiligt ist, entscheidet als Anordnungsbehörde das Bundesministerium für Verkehr und digitale Infrastruktur im Benehmen mit der von der Landesregierung bestimmten Behörde.

(2) In sonstigen Fällen entscheidet als Anordnungsbehörde die von der Landesregierung bestimmte Behörde.

§ 9[2)] *(aufgehoben)*

§ 10 [Beteiligte] (1) Wird eine Maßnahme nach § 2 oder § 3 angeordnet, so ist über Art und Umfang der Maßgabe, über die Duldungspflicht sowie über die Rechtsbeziehungen der Beteiligten und die Kostentragung zu entscheiden.

(2) Die Beteiligten sind verpflichtet, der Anordnungsbehörde jede für die Entscheidung erforderliche Auskunft zu erteilen.

(3) Ist eine Maßnahme, die die Sicherheit des Verkehrs erfordert, unaufschiebbar, so kann über Art, Umfang und Durchführung sowie über die Duldungspflicht vorab entschieden werden.

(4) Sind sich die Beteiligten über die durchzuführende Maßnahme einig oder ist die Maßnahme bereits durchgeführt, so kann auf Antrag über die Kostentragung entschieden werden.

(5) Bestehen zwischen den Beteiligten Meinungsverschiedenheiten darüber, ob eine öffentliche Straße nach der Beschaffenheit ihrer Fahrbahn geeignet und dazu bestimmt ist, einen allgemeinen Kraftfahrzeugverkehr aufzunehmen, so kann die Anordnungsbehörde zur Vorbereitung einer Vereinbarung oder einer Anordnung auf Antrag eines Beteiligten darüber entscheiden.

(6) Die Entscheidung ist mit Gründen zu versehen und den Beteiligten zuzustellen.

§ 11 [Kostentragung] (1) [1] Wird eine neue Kreuzung hergestellt, so hat der Beteiligte, dessen Verkehrsweg neu hinzukommt, die Kosten der Kreuzungsanlage zu tragen. [2] Zu ihnen gehören auch die Kosten der durch die neue Kreuzung notwendigen Änderungen des anderen Verkehrsweges.

(2) Werden eine Eisenbahn und eine Straße gleichzeitig neu angelegt, so haben die Beteiligten die Kosten der Kreuzungsanlage je zur Hälfte zu tragen.

§ 12 [Vorteilsausgleich] Wird an einer Überführung eine Maßnahme nach § 3 durchgeführt, so fallen die dadurch entstehenden Kosten

1. demjenigen Beteiligten zur Last, der die Änderung verlangt oder sie im Falle einer Anordnung hätte verlangen müssen; Vorteile, die dem anderen Beteiligten durch die Änderung erwachsen, sind auszugleichen (Vorteilsausgleich);
2. beiden Beteiligten zur Last, wenn beide die Änderung verlangen oder sie im Falle einer Anordnung hätten verlangen müssen, und zwar in dem Verhältnis, in dem die Kosten bei getrennter Durchführung der Änderung zueinander stehen würden. Nummer 1 Satz 2 ist entsprechend anzuwenden.

---

1) § 8 Abs. 1 geänd. durch G v. 27.12.1993 (BGBl. I S. 2378); Abs. 1 geänd. mWv 7.11.2001 durch VO v. 29.10.2001 (BGBl. I S. 2785); Abs. 1 geänd. mWv 8.11.2006 durch VO v. 31.10.2006 (BGBl. I S. 2407); Abs. 1 geänd. mWv 8.9.2015 durch VO v. 31.8.2015 (BGBl. I S. 1474).

2) § 9 aufgeh. durch G v. 27.12.1993 (BGBl. I S. 2378).

§ 13[1)] [Weitere Kosten] (1) [1] Wird an einem Bahnübergang eine Maßnahme nach § 3 durchgeführt, so tragen die Beteiligten je ein Drittel der Kosten. [2] Das letzte Drittel der Kosten trägt bei Kreuzungen mit einem Schienenweg einer Eisenbahn des Bundes der Bund, bei Kreuzungen mit einem Schienenweg einer nichtbundeseigenen Eisenbahn das Land.

(2) [1] Bei Kreuzungen einer Eisenbahn des Bundes mit einer kommunalen Straße trägt der Bund die Hälfte, die Eisenbahn des Bundes ein Drittel und das Land, in dem die Kreuzung liegt, ein Sechstel der Kosten. [2] In Berlin und in der Freien und Hansestadt Hamburg gelten alle öffentlichen Straßen, die nicht in der Baulast des Bundes stehen, als kommunale Straßen.

(3) [1] Wird zur verkehrlichen Entlastung eines Bahnübergangs ohne dessen Änderung eine Baumaßnahme nach § 3 Nr. 2 durchgeführt, durch die sich eine sonst notwendige Änderung des Bahnübergangs erübrigt, so gehören zu den Kosten nach Absatz 1 nur die Kosten, die sich bei Vornahme der ersparten Änderung ergeben würden. [2] Die übrigen Kosten trägt derjenige Beteiligte allein, an dessen Verkehrsweg die Baumaßnahme durchgeführt wird.

§ 14 [Betriebskosten] (1) [1] Die Anlagen an Kreuzungen, soweit sie Eisenbahnanlagen sind, hat der Eisenbahnunternehmer, soweit sie Straßenanlagen sind, der Träger der Straßenbaulast auf seine Kosten zu erhalten und bei Bahnübergängen auch in Betrieb zu halten. [2] Die Erhaltung umfaßt die laufende Unterhaltung und die Erneuerung. [3] Betriebskosten sind die örtlich entstehenden persönlichen und sächlichen Aufwendungen.

(2) An Bahnübergängen gehören

1. zu den Eisenbahnanlagen das sowohl dem Eisenbahnverkehr als auch dem Straßenverkehr dienende Kreuzungsstück, begrenzt durch einen Abstand von 2,25 m, bei Straßenbahnen von 1,00 m jeweils von der äußeren Schiene und parallel zu ihr verlaufend, ferner die Schranken, Warnkreuze (Andreaskreuze) und Blinklichter sowie andere der Sicherung des sich kreuzenden Verkehrs dienende Eisenbahnzeichen und -einrichtungen,
2. zu den Straßenanlagen die Sichtflächen, die Warnzeichen und Merktafeln (Baken) sowie andere der Sicherung des sich kreuzenden Verkehrs dienende Straßenverkehrszeichen und -einrichtungen.

(3) Eisenbahnüberführungen und Schutzerdungsanlagen gehören zu den Eisenbahnanlagen, Straßenüberführungen zu den Straßenanlagen.

§ 14a[2)] [Erhaltung] (1) [1] Wird die Straße eingezogen oder der Betrieb der Eisenbahn dauernd eingestellt, so bleiben die Beteiligten wie bisher verpflichtet, die Kreuzungsanlagen in dem Umfang zu erhalten und in Betrieb zu halten, wie es die Sicherheit oder Abwicklung des Verkehrs auf dem bleibenden Verkehrsweg erfordert. [2] Eine nach den Vorschriften des Eisenbahnrechts genehmigte Betriebseinstellung gilt nicht als dauernd im Sinne dieser Vorschrift, wenn sie mit der Verpflichtung zur weiteren Vorhaltung der Anlagen verbunden ist. [3] Die Einziehung der Straße oder die dauernde Einstellung des Betriebes der Eisenbahn ist dem anderen Beteiligten unverzüglich mitzuteilen.

[1)] § 13 Abs. 1 Satz 2 geänd. durch G v. 27.12.1993 (BGBl. I S. 2378); Abs. 1 Satz 2 geänd., Abs. 2 eingef., bish. Abs. 2 wird Abs. 3 mWv 13.3.2020 durch G v. 3.3.2020 (BGBl. I S. 433).

[2)] § 14a Abs. 1 Satz 4 aufgeh. mWv 30.4.2005 durch G v. 22.4.2005 (BGBl. I S. 1128).

(2) [1] Der im Zeitpunkt der Einziehung oder dauernden Betriebseinstellung erhaltungspflichtige Beteiligte oder sein Rechtsnachfolger hat Kreuzungsanlagen zu beseitigen, soweit und sobald es die Sicherheit oder Abwicklung des Verkehrs auf dem bleibenden Verkehrsweg erfordert. [2] Die Kosten hierfür haben die Beteiligten je zur Hälfte zu tragen. [3] Die Kosten für Maßnahmen, die darüber hinaus für den bleibenden Verkehrsweg zu treffen sind, trägt der Baulastträger des bleibenden Verkehrsweges. [4] Die Beteiligten haben die Maßnahmen zu dulden.

(3) Soweit Kreuzungsanlagen beseitigt sind, erlöschen die Verpflichtungen des weichenden Beteiligten aus Absatz 1.

(4) [1] Der weichende Beteiligte hat dem bleibenden Beteiligten auf dessen Antrag sein Eigentum an solchen Grundstücken, die schon bisher von dem bleibenden Beteiligten benutzt worden sind oder die für die Verbesserung des bleibenden Verkehrsweges benötigt werden, mit allen Rechten und Pflichten zu übertragen. [2] Für die Übertragung des Eigentums ist eine angemessene Entschädigung in Geld zu gewähren, wobei der Verkehrswert des Grundstücks zugrunde zu legen ist.

§ 15 [Erhaltungs- und Betriebskosten] (1) [1] Wird eine neue Kreuzung hergestellt, so hat im Falle des § 11 Abs. 1 der Beteiligte, dessen Verkehrsweg neu hinzukommt, die hierdurch verursachten Erhaltungs- und Betriebskosten dem anderen Beteiligten zu erstatten. [2] Im Falle des § 11 Abs. 2 hat jeder Beteiligte seine Erhaltungs- und Betriebskosten ohne Ausgleich zu tragen.

(2) Wird an einer Überführung eine Maßnahme nach § 3 durchgeführt, so hat der Beteiligte, der nach § 12 Nr. 1 oder 2 die Maßnahme verlangt oder sie im Falle einer Anordnung hätte verlangen müssen, dem anderen Beteiligten die hierdurch verursachten Erhaltungskosten zu erstatten.

(3) Wird an einem Bahnübergang eine Maßnahme nach § 3 durchgeführt, so hat jeder Beteiligte seine veränderten Erhaltungs- und Betriebskosten ohne Ausgleich zu tragen.

(4) In den Fällen des Absatzes 1 Satz 1 sowie des Absatzes 2 ist auf Verlangen eines Beteiligten die Erhaltungs- und Betriebslast abzulösen.

§ 16[1)] [Ermächtigung] (1) Das Bundesministerium für Verkehr und digitale Infrastruktur kann mit Zustimmung des Bundesrates Rechtsverordnungen erlassen, durch die

1. [2)] der Umfang der Kosten nach den §§ 11, 12 und 13 näher bestimmt wird und für die Verwaltungskosten Pauschalbeträge festgesetzt werden;
2. bestimmt wird, wie die bei getrennter Durchführung der Maßnahmen nach § 12 Nr. 2 entstehenden Kosten unter Anwendung von Erfahrungswerten für die Baukosten in vereinfachter Form ermittelt werden;

[1)] § 16 Abs. 1 u. 2 geänd. mWv 7.11.2001 durch VO v. 29.10.2001 (BGBl. I S. 2785); Abs. 1 Nr. 3 neu gef. mWv 30.4.2005 durch G v. 22.4.2005 (BGBl. I S. 1128); Abs. 1 u. 2 geänd. mWv 8.11.2006 durch VO v. 31.10.2006 (BGBl. I S. 2407); Abs. 1 einl. Satzteil und Abs. 2 geänd. mWv 8.9.2015 durch VO v. 31.8.2015 (BGBl. I S. 1474).

[2)] Siehe hierzu die 1. EisenbahnkreuzungsVO v. 2.9.1964 (BGBl. I S. 711), zuletzt geänd. durch VO v. 1.2.1983 (BGBl. I S. 85).

3. die Berechnung und die Zahlung von Ablösungsbeträgen nach § 15 Abs. 4 näher bestimmt sowie dazu ein Verfahren zur gütlichen Beilegung von Streitigkeiten festgelegt werden,
4. bei neuartigen Anlagen, die nicht von § 14 Abs. 2 erfaßt werden, bestimmt wird, ob sie zu den Eisenbahn- oder zu den Straßenanlagen gehören.

(2) Allgemeine Verwaltungsvorschriften erläßt das Bundesministerium für Verkehr und digitale Infrastruktur mit Zustimmung des Bundesrates.

§ 17 [Zuschüsse] Zur Förderung der Beseitigung von Bahnübergängen und für sonstige Maßnahmen nach den §§ 2 und 3 soll die Anordnungsbehörde den Beteiligten Zuschüsse gewähren.

§ 18 [Aufsichtsbehörden] Die Aufsichtsbehörden haben die Durchführung der Anordnung nach diesem Gesetz sicherzustellen.

§ 19[1)] [Bisherige Vereinbarungen] (1) Bisherige Vereinbarungen, die sich auf Kreuzungen zwischen Straßen und Straßenbahnen, Anschlußbahnen sowie den Anschlußbahnen gleichgestellte Eisenbahnen beziehen, gelten fort.

(2) Die bisherige Kostenregelung für Erhaltungsmaßnahmen, die bei Inkrafttreten des Eisenbahnneuordnungsgesetzes vom 27. Dezember 1993 (BGBl. I S. 2378) bereits in der Ausführung begriffen sind, bleibt bestehen.

(3) [1] Soweit aufgrund von Artikel 6 Abs. 106 Nr. 4 des Eisenbahnneuordnungsgesetzes die Erhaltungslast für eine Straßenüberführung auf den Straßenbaulastträger übergegangen ist, hat der Eisenbahnunternehmer dafür einzustehen, daß er die Straßenüberführung in dem durch die Verkehrsbedeutung gebotenen Umfang ordnungsgemäß erhalten und den erforderlichen Grunderwerb durchgeführt hat. [2] Als ordnungsgemäßer Erhaltungszustand gilt eine entsprechend seinen Vorschriften durchgeführte Unterhaltung der Straßenüberführung bis zum Zeitpunkt des gesetzlichen Übergangs der Baulast.

§ 20 [Außerkrafttreten] Das Gesetz über Kreuzungen von Eisenbahnen und Straßen vom 4. Juli 1939 (Reichsgesetzbl. I S. 1211), § 24 Abs. 8 des Bundesfernstraßengesetzes in der Fassung vom 6. August 1961 (Bundesgesetzbl. I S. 1742), die Verordnung zur Durchführung des Gesetzes über Kreuzungen von Eisenbahnen und Straßen vom 5. Juli 1939 (Reichsgesetzbl. I S. 1215) und die Zweite Verordnung zur Durchführung des Gesetzes über Kreuzungen von Eisenbahnen und Straßen vom 30. August 1941 (Reichsgesetzbl. I S. 546) treten als Bundesrecht außer Kraft.

§ 21 [Inkrafttreten] Dieses Gesetz tritt am 1. Januar 1964 in Kraft[*)].

---

1) § 19 neu gef. durch G v. 27.12.1993 (BGBl. I S. 2378), Abs. 3 angef. durch G v. 9.9.1998 (BGBl. I S. 2858).

*) **Amtl. Anm.:** Die Vorschrift betrifft das Inkrafttreten des Gesetzes in der ursprünglichen Fassung v. 14.8.1963 (Bundesgesetzbl. I S. 681).

750. Gesetz über Intelligente Verkehrssysteme im Straßenverkehr und deren Schnittstellen zu anderen Verkehrsträgern (Intelligente Verkehrssysteme Gesetz – IVSG)[1)]

Vom 11. Juni 2013
(BGBl. I S. 1553)

FNA 9231-13

geänd. durch Art. 479 Zehnte ZuständigkeitsanpassungsVO v. 31.8.2015 (BGBl. I S. 1474) und Art. 1 Erstes ÄndG v. 17.7.2017 (BGBl. I S. 2640)

Der Bundestag hat das folgende Gesetz beschlossen:

§ 1 Geltungsbereich. [1] Dieses Gesetz gilt für Intelligente Verkehrssysteme im Straßenverkehr und deren Schnittstellen zu anderen Verkehrsträgern. [2] Dieses Gesetz gilt nicht für Intelligente Verkehrssysteme, die der öffentlichen Sicherheit oder der Verteidigung dienen.

§ 2[2)] Begriffsbestimmungen. Im Sinne dieses Gesetzes bezeichnet der Begriff

1. „Intelligente Verkehrssysteme“ Systeme, bei denen Informations- und Kommunikationstechnologien im Straßenverkehr und an Schnittstellen zu anderen Verkehrsträgern eingesetzt werden;
2. „Anwendung Intelligenter Verkehrssysteme“ ein technisches System, ein Verfahren oder ein Gerät für den Einsatz von Intelligenten Verkehrssystemen;
3. „Dienst Intelligenter Verkehrssysteme“ die Bereitstellung einer Anwendung Intelligenter Verkehrssysteme innerhalb eines bestimmten organisatorischen und technischen Rahmens;
4. „Schnittstelle“ eine Einrichtung zwischen Systemen, die der Verbindung und der Kommunikation zwischen diesen dient;
5. „Kontinuität der Dienste“ die Fähigkeit zur unionsweiten nahtlosen Bereitstellung von Diensten in Verkehrsnetzen;
6. „Straßendaten“ Daten über Merkmale der Straßeninfrastruktur einschließlich fest angebrachter Verkehrszeichen oder ihrer geregelten Sicherheitsmerkmale;
7. „Verkehrsdaten“ vergangenheitsbezogene Daten und Echtzeitdaten zum Straßenverkehrszustand;

---

1) **Amtl. Anm.:** Dieses Gesetz dient der Umsetzung der Richtlinie 2010/40/EU des Europäischen Parlaments und des Rates vom 7. Juli 2010 zum Rahmen für die Einführung intelligenter Verkehrssysteme im Straßenverkehr und für deren Schnittstellen zu anderen Verkehrsträgern (ABl. L 207 vom 6.8.2010, S. 1).

2) § 2 Nr. 10–13 angef. mWv 25.7.2017 durch G v. 17.7.2017 (BGBl. I S. 2640).

8. „Reisedaten" Daten wie Fahrpläne und Tarife öffentlicher Verkehrsmittel als erforderliche Grundlage für die Bereitstellung von Reiseinformationen vor und während der Reise zur Erleichterung der Planung, Buchung und Anpassung der Reise;
9. „Spezifikationen" Vorschriften, die die Anforderungen an Intelligente Verkehrssysteme festlegen.
10. „Nationale Stelle" ist eine unparteiische und unabhängige Stelle, die die Einhaltung der Anforderungen der Spezifikationen von den Datenlieferanten bewertet, insbesondere auf Verfügbarkeit, Austausch, Weiterverwendung, Format und Aktualisierung von Straßen-, Verkehrs- und Reisedaten.
11. „Nationaler Zugangspunkt" ist eine zentrale Stelle, über die Straßen-, Verkehrs- und Reisedaten den Nutzern zur Verfügung und Weiterverwendung bereitgestellt werden. Das Bundesministerium für Verkehr und digitale Infrastruktur bestimmt diese Stelle mit dieser Aufgabenwahrnehmung im Einvernehmen mit den Ländern. Die Übertragung der Aufgabenwahrnehmung ist vom Bundesministerium für Verkehr und digitale Infrastruktur im Bundesanzeiger bekannt zu geben.
12. „Datenlieferant" sind öffentliche oder private Stellen, die Daten dem nationalen Zugangspunkt zur Verfügung stellen, insbesondere Straßenverkehrsbehörden, Straßenbetreiber, Hersteller digitaler Karten und Dienstanbieter nach Maßgabe der Delegierten Verordnung (EU) 2015/962, öffentliche und private Straßenbetreiber, Dienstleister, im Bereich der Verkehrsinformationen tätige Rundfunkanbieter nach Maßgabe der Delegierten Verordnung (EU) Nr. 886/2013 sowie Dienstanbieter, Parkplatzbetreiber und Straßenbetreiber nach Maßgabe der Delegierten Verordnung (EU) Nr. 885/2013. Für den Fall, dass auch Daten mit Personenbezug verarbeitet werden, sollten diese anonymisiert werden. Die Daten sind im Einklang mit dem Unionsrecht und dem nationalen Recht zu verarbeiten.
13. „Nutzer" sind insbesondere Datenlieferanten und natürliche oder juristische Personen, die Zugang zu den Daten erlangen.

§ 3 Grundsätze für die Einführung Intelligenter Verkehrssysteme.

[1] Bei der Einführung von Anwendungen und Diensten Intelligenter Verkehrssysteme müssen die zuständigen Behörden die von der Europäischen Kommission nach Artikel 6 der Richtlinie 2010/40/EU des Europäischen Parlaments und des Rates vom 7. Juli 2010 zum Rahmen für die Einführung intelligenter Verkehrssysteme im Straßenverkehr und für deren Schnittstellen zu anderen Verkehrsträgern (ABl. L 207 vom 6.8.2010, S. 1) erlassenen Spezifikationen unter Berücksichtigung der in Anhang II der Richtlinie 2010/40/EU in ihrer jeweils geltenden Fassung aufgeführten Grundsätze beachten. [2] Personenbezogene Daten dürfen nur erhoben, verarbeitet oder genutzt werden, soweit dies durch eine bundesgesetzliche Regelung ausdrücklich zugelassen oder angeordnet wird.

§ 4 Vorrangige Bereiche. Intelligente Verkehrssysteme können vorrangig für folgende Zwecke eingeführt werden:

1. optimale Nutzung von Straßen-, Verkehrs- und Reisedaten;
2. Kontinuität der Dienste Intelligenter Verkehrssysteme in den Bereichen Verkehrs- und Frachtmanagement;
3. Anwendungen Intelligenter Verkehrssysteme für die Straßenverkehrssicherheit;
4. Verbindung zwischen Fahrzeug und Verkehrsinfrastruktur.

§ 5[1] Aufgabenübertragung. Die Bundesanstalt für Straßenwesen nimmt im Rahmen der bundesrechtlichen Regelungsbefugnisse die Aufgaben als Nationale Stelle wahr.

§ 6[2] Aufgaben der Nationalen Stelle. (1) [1] Die Nationale Stelle prüft nach dem Zufallsprinzip die übermittelte Eigenerklärung der Datenlieferanten auf die Einhaltung der Anforderungen der Spezifikationen, insbesondere auf Ermittlung, Zugänglichkeit, Verfügbarkeit, Austausch, Weiterverwendung, Aktualisierung, Format der Daten, Qualitätsmanagement und Inhalt. [2] Auf Verlangen der Nationalen Stelle müssen die Datenlieferanten Nachweise zur Einhaltung der Anforderungen im Sinne des Satzes 1 erbringen.

(2) Die Erklärung der Datenlieferanten müssen für

1. Echtzeit-Verkehrsinformationen den Anforderungen nach der Delegierten Verordnung (EU) 2015/962 der Kommission vom 18. Dezember 2014 zur Ergänzung der Richtlinie 2010/40/EU des Europäischen Parlaments und des Rates hinsichtlich der Bereitstellung EU-weiter Echtzeit-Verkehrsinformationsdienste (ABl. L 157 vom 23.6.2015, S. 21),
2. sicherheitsrelevante Verkehrsinformationen den Anforderungen nach der Delegierten Verordnung (EU) Nr. 886/2013 der Kommission vom 15. Mai 2013 zur Ergänzung der Richtlinie 2010/40/EU des Europäischen Parlaments und des Rates in Bezug auf Daten und Verfahren für die möglichst unentgeltliche Bereitstellung eines Mindestniveaus allgemeiner für die Straßenverkehrssicherheit relevanter Verkehrsinformationen für die Nutzer (ABl. L 247 vom 18.9.2013, S. 6),
3. sicheres LKW-Parken den Anforderungen nach der Delegierten Verordnung (EU) Nr. 885/2013 der Kommission vom 15. Mai 2013 zur Ergänzung der IVS-Richtlinie 2010/40/EU des Europäischen Parlaments und des Rates in Bezug auf die Bereitstellung von Informationsdiensten für sichere Parkplätze für Lastkraftwagen und andere gewerbliche Fahrzeuge (ABl. L 247 vom 18.9.2013, S. 1)

in der jeweils geltenden Fassung entsprechen.

(3) Bei Nichteinhaltung der Anforderungen gemäß Absatz 2 fordert die Nationale Stelle den Datenlieferanten zur unverzüglichen Nachbesserung auf.

(4) Die Nationale Stelle erstattet jährlich Bericht über die in Absatz 1 erhaltenen Erklärungen der Datenlieferanten und der Bewertungsergebnisse an das Bundesministerium für Verkehr und digitale Infrastruktur.

---

[1] § 5 eingef. mWv 25.7.2017 durch G v. 17.7.2017 (BGBl. I S. 2640).
[2] § 6 eingef. mWv 25.7.2017 durch G v. 17.7.2017 (BGBl. I S. 2640).

§ 7[1] Nutzung der Nationalen Stelle durch andere Behörden. Die zuständigen Behörden der Länder können sich im Rahmen der landesrechtlichen Regelungsbefugnisse der zuständigen Behörde nach § 5 im Wege der Organleihe bedienen.

§ 8[2] Rechtsverordnungsermächtigung. Das Bundesministerium für Verkehr und digitale Infrastruktur wird ermächtigt, unter Berücksichtigung des Artikels 10 der Richtlinie 2010/40/EU durch Rechtsverordnung mit Zustimmung des Bundesrates die Anforderungen an Intelligente Verkehrssysteme in den Bereichen nach § 4 unter Berücksichtigung der Anforderungen nach Artikel 5 in Verbindung mit Anhang II der Richtlinie 2010/40/EU zu regeln.

§ 9[3] Inkrafttreten. Dieses Gesetz tritt am Tag nach der Verkündung[4] in Kraft.

---

[1] § 7 eingef. mWv 25.7.2017 durch G v. 17.7.2017 (BGBl. I S. 2640).

[2] Früherer § 5 geänd. mWv 8.9.2015 durch VO v. 31.8.2015 (BGBl. I S. 1474); bish. § 5 wird § 8 mWv 25.7.2017 durch G v. 17.7.2017 (BGBl. I S. 2640).

[3] Bish. § 6 wird § 9 mWv 25.7.2017 durch G v. 17.7.2017 (BGBl. I S. 2640).

[4] Verkündet am 20.6.2013.

760. Sechzehnte Verordnung zur Durchführung des Bundes-Immissionsschutzgesetzes (Verkehrslärmschutzverordnung – 16. BImSchV)[1)]

Vom 12. Juni 1990

(BGBl. I S. 1036)

FNA 2129-8-16

geänd. durch Art. 3 Erstes G über die Bereinigung von Bundesrecht im Zuständigkeitsbereich des Bundesministeriums für Verkehr, Bau und Stadtentwicklung v. 19.9.2006 (BGBl. I S. 2146), Art. 1 ÄndVO v. 18.12.2014 (BGBl. I S. 2269) und Art. 1 Zweite ÄndVO v. 4.11.2020 (BGBl. I S. 2334)

Auf Grund des § 43 Abs. 1 Satz 1 Nr. 1 des Bundes-Immissionsschutzgesetzes vom 15. März 1974 (BGBl. I S. 721, 1193) verordnet die Bundesregierung nach Anhörung der beteiligten Kreise:

§ 1 Anwendungsbereich. (1) Die Verordnung gilt für den Bau oder die wesentliche Änderung von öffentlichen Straßen sowie von Schienenwegen der Eisenbahnen und Straßenbahnen (Straßen und Schienenwege).

(2) [1] Die Änderung ist wesentlich, wenn

1. eine Straße um einen oder mehrere durchgehende Fahrstreifen für den Kraftfahrzeugverkehr oder ein Schienenweg um ein oder mehrere durchgehende Gleise baulich erweitert wird oder
2. durch einen erheblichen baulichen Eingriff der Beurteilungspegel des von dem zu ändernden Verkehrsweg ausgehenden Verkehrslärms um mindestens 3 Dezibel (A) oder auf mindestens 70 Dezibel (A) am Tage oder mindestens 60 Dezibel (A) in der Nacht erhöht wird.

[2] Eine Änderung ist auch wesentlich, wenn der Beurteilungspegel des von dem zu ändernden Verkehrsweg ausgehenden Verkehrslärms von mindestens 70 Dezibel (A) am Tage oder 60 Dezibel (A) in der Nacht durch einen erheblichen baulichen Eingriff erhöht wird; dies gilt nicht in Gewerbegebieten.

§ 2[2)] Immissionsgrenzwerte. (1) Zum Schutz der Nachbarschaft vor schädlichen Umwelteinwirkungen durch Verkehrsgeräusche ist bei dem Bau oder der wesentlichen Änderung sicherzustellen, daß der Beurteilungspegel einen der folgenden Immissionsgrenzwerte nicht überschreitet:

	Tag	Nacht
1.	an Krankenhäusern, Schulen, Kurheimen und Altenheimen	
	57 Dezibel (A)	47 Dezibel (A)
2.	in reinen und allgemeinen Wohngebieten und Kleinsiedlungsgebieten	
	59 Dezibel (A)	49 Dezibel (A)
3.	in Kerngebieten, Dorfgebieten und, Mischgebieten und Urbanen Gebieten	
	64 Dezibel (A)	54 Dezibel (A)

[1)] Die Änderungen durch VO v. 4.11.2020 (BGBl. I S. 2334) treten erst **mWv 1.3.2021** in Kraft und sind im Text noch nicht berücksichtigt.

[2)] § 2 Abs. 4 angef. mWv 1.1.2015 durch VO v. 18.12.2014 (BGBl. I S. 2269); Abs. 1 Nr. 3 geänd. mWv 1.3.2021 durch VO v. 4.11.2020 (BGBl. I S. 2334).

	Tag	Nacht
4.	in Gewerbegebieten	
	69 Dezibel (A)	59 Dezibel (A)

(2) [1]Die Art der in Absatz 1 bezeichneten Anlagen und Gebiete ergibt sich aus den Festsetzungen in den Bebauungsplänen. [2]Sonstige in Bebauungsplänen festgesetzte Flächen für Anlagen und Gebiete sowie Anlagen und Gebiete, für die keine Festsetzungen bestehen, sind nach Absatz 1, bauliche Anlagen im Außenbereich nach Absatz 1 Nr. 1, 3 und 4 entsprechend der Schutzbedürftigkeit zu beurteilen.

(3) Wird die zu schützende Nutzung nur am Tage oder nur in der Nacht ausgeübt, so ist nur der Immissionsgrenzwert für diesen Zeitraum anzuwenden.

(4) [1]Die Bundesregierung erstattet spätestens im Jahre 2025 und dann fortlaufend alle zehn Jahre dem Deutschen Bundestag Bericht über die Durchführung der Verordnung. [2]In dem Bericht wird insbesondere dargestellt, ob die in § 2 Absatz 1 genannten Immissionsgrenzwerte dem Stand der Lärmwirkungsforschung entsprechen und ob weitere Maßnahmen zum Schutz vor schädlichen Umwelteinwirkungen durch Verkehrsgeräusche erforderlich sind.

§ 3[1)] Berechnung des Beurteilungspegels für Straßen. (1) [1]Der Beurteilungspegel für Straßen ist nach Abschnitt 3 in Verbindung mit Abschnitt 1 der Richtlinien für den Lärmschutz an Straßen – Ausgabe 2019 – RLS-19 (VkBl. 2019, Heft 20, lfd. Nr. 139, S. 698) zu berechnen. [2]Die Berechnung hat getrennt für den Beurteilungszeitraum Tag (6 Uhr bis 22 Uhr) und den Beurteilungszeitraum Nacht (22 Uhr bis 6 Uhr) zu erfolgen.

(2) Bei der Berechnung sind insbesondere folgende Rahmenbedingungen zu beachten:

1. die Geräuschemissionen von den Kraftfahrzeugen,
2. die akustischen Eigenschaften der Straßendeckschicht und
3. die Einflüsse auf dem Ausbreitungsweg.

(3) Die akustischen Eigenschaften der Straßendeckschicht nach Absatz 2 Nummer 2 werden beachtet, indem die Bauweise einem Straßendeckschichttyp zugeordnet wird, der aufgeführt ist in der jeweils jüngsten veröffentlichten Fassung der Tabellen 4a oder 4b der Richtlinien für den Lärmschutz an Straßen – Ausgabe 2019 – RLS-19 (VkBl. 2019, Heft 20, lfd. Nr. 139, S. 698) und mit der festgelegten Straßendeckschichtkorrektur in die Berechnung eingestellt wird.

§ 3a[2)] Festlegung der Straßendeckschichtkorrektur. (1) Für eine Bauweise, die keinem Straßendeckschichttyp entspricht, der aufgeführt ist in der jeweils jüngsten veröffentlichten Fassung der Tabellen 4a oder 4b der Richtlinien für den Lärmschutz an Straßen – Ausgabe 2019 – RLS-19 (VkBl. 2019, Heft 20, lfd. Nr. 139, S. 698), legt das Bundesministerium für Verkehr und digitale Infrastruktur im Einvernehmen mit dem Bundesministerium für Umwelt, Naturschutz und nukleare Sicherheit eine Straßendeckschichtkorrektur fest, wenn

---

[1)] § 3 neu gef. mWv 1.3.2021 durch VO v. 4.11.2020 (BGBl. I S. 2334).
[2)] § 3a eingef. mWv 1.3.2021 durch VO v. 4.11.2020 (BGBl. I S. 2334).

1. die Bauweise mindestens den allgemein anerkannten Regeln der Technik entspricht und
2. die Bundesanstalt für Straßenwesen eine Straßendeckschichtkorrektur nach den Technischen Prüfvorschriften zur Korrekturwertbestimmung der Geräuschemission von Straßendeckschichten – Ausgabe 2019 – TP KoSD-19 (VkBl. 2019, Heft 20, lfd. Nr. 140, S. 698) ermittelt hat.

(2) [1] Das Bundesministerium für Verkehr und digitale Infrastruktur gibt die Straßendeckschichtkorrektur im Verkehrsblatt bekannt. [2] Die Bekanntgabe erfolgt durch die Ergänzung oder Änderung der Tabellen 4a oder 4b der Richtlinien für den Lärmschutz an Straßen – Ausgabe 2019 – RLS-19 (VkBl. 2019, Heft 20, lfd. Nr. 139, S. 698). [3] Ab dem Zeitpunkt der Bekanntmachung ist die Straßendeckschichtkorrektur in die Berechnung nach § 3 einzustellen.

(3) [1] Ändert sich die Bauweise für einen Straßendeckschichttyp, der aufgeführt ist in der jeweils jüngsten veröffentlichten Fassung der Tabellen 4a oder 4b der Richtlinien für den Lärmschutz an Straßen – Ausgabe 2019 – RLS-19 (VkBl. 2019, Heft 20, lfd. Nr. 139, S. 698), kann das Bundesministerium für Verkehr und digitale Infrastruktur im Einvernehmen mit dem Bundesministerium für Umwelt, Naturschutz und nukleare Sicherheit festlegen, dass die bisherige Straßendeckschichtkorrektur anzuwenden ist, wenn die geänderte Bauweise

1. mindestens den allgemein anerkannten Regeln der Technik entspricht und
2. die akustischen Eigenschaften der Straßendeckschicht nicht verschlechtert.

[2] Die bisherige Straßendeckschichtkorrektur ist solange anzuwenden, bis für die geänderte Bauweise eine neue Straßendeckschichtkorrektur nach Maßgabe der Absätze 1 und 2 festgelegt und bekanntgemacht wird.

§ 4[1)] Berechnung des Beurteilungspegels für Schienenwege. (1) [1] Der Beurteilungspegel für Schienenwege ist nach Anlage 2 zu berechnen. [2] Die Berechnung hat getrennt für den Beurteilungszeitraum Tag (6 Uhr bis 22 Uhr) und den Beurteilungszeitraum Nacht (22 Uhr bis 6 Uhr) zu erfolgen.

(2) Bei der Berechnung sind insbesondere folgende Rahmenbedingungen zu beachten:

1. die Schallpegelkennwerte von Fahrzeugen und Fahrwegen,
2. die Einflüsse auf dem Ausbreitungsweg,
3. die Besonderheiten des Schienenverkehrs durch Auf- oder Abschläge
   a) für die Lästigkeit von Geräuschen infolge ihres zeitlichen Verlaufs, ihrer Dauer, ihrer Häufigkeit und ihrer Frequenz sowie
   b) für die Lästigkeit ton- oder impulshaltiger Geräusche.

(3) [1] Abweichend von Absatz 1 Satz 1 ist für Abschnitte von Vorhaben, für die bis zum 31. Dezember 2014 das Planfeststellungsverfahren bereits eröffnet und die Auslegung des Plans öffentlich bekannt gemacht worden ist, § 3 in Verbindung mit Anlage 2 in der bis zum 31. Dezember 2014 geltenden Fassung weiter anzuwenden. [2] § 43 Absatz 1 Satz 3 des Bundes-Immissionsschutzgesetzes bleibt unberührt.

[1)] § 4 neu gef. mWv 1.1.2015 durch VO v. 18.12.2014 (BGBl. I S. 2269).

§ 5[1] Festlegung akustischer Kennwerte für abweichende Bahntechnik und schalltechnische Innovationen. (1) [1]Abweichende Bahntechnik oder schalltechnische Innovationen dürfen bei der Berechnung des Beurteilungspegels nach § 4 Absatz 1 Satz 1 nur berücksichtigt werden, wenn die zuständige Behörde in einem Verfahren nach Maßgabe der Absätze 2 bis 4 für die Berechnung akustische Kennwerte festgelegt hat. [2]Abweichende Bahntechnik ist Technik, die nicht in Anlage 2 Nummer 3 bis 6 oder Beiblatt 1 bis 3 aufgeführt ist und die einem der folgenden Bereiche zuzuordnen ist:

1. Fahrbahnarten,
2. Schallminderungsmaßnahmen am Gleis oder am Rad oder
3. bahnspezifische Schallminderungsmaßnahmen im Ausbreitungsweg.

[3]Schalltechnische Innovationen sind technische Neu- und Weiterentwicklungen zu der in Anlage 2 Nummer 3 bis 6 oder Beiblatt 1 bis 3 aufgeführten Bahntechnik, die Auswirkungen auf die Geräuschemission und -immission dieser Bahntechnik haben.

(2) [1]Über die Festlegung akustischer Kennwerte entscheidet auf Antrag für die Eisenbahnen des Bundes das Eisenbahn-Bundesamt und für sonstige Bahnen die jeweils nach Landesrecht zuständige Behörde. [2]Ein akustischer Kennwert ist festzulegen, wenn die Emissionsdaten der abweichenden Bahntechnik oder der schalltechnischen Innovationen für diese Technik bezeichnend sind und wenn bei schalltechnischen Innovationen die akustischen Kennwerte von den in Anlage 2 Nummer 3 bis 6 oder Beiblatt 1 bis 3 jeweils genannten Kennwerten wesentlich abweichen. [3]Eine wesentliche Abweichung muss mindestens die in der Anlage 2 Nummer 9.2.2 genannten Werte erreichen.

(3) Berechtigt, einen Antrag nach Absatz 2 Satz 1 zu stellen, sind

1. Eisenbahninfrastrukturunternehmen,
2. Inhaber der Schutzrechte von abweichenden Bahntechniken oder von schalltechnischen Innovationen und
3. Lizenznehmer von abweichenden Bahntechniken oder von schalltechnischen Innovationen.

(4) Der Antrag nach Absatz 2 Satz 1 muss folgende Angaben und Unterlagen enthalten:

1. eine Beschreibung der abweichenden Bahntechnik oder schalltechnischen Innovation, für die die Festlegung akustischer Kennwerte beantragt wird, wobei insbesondere darzulegen ist, worin sich die abweichende Bahntechnik oder schalltechnische Innovation von der in Anlage 2 aufgeführten entsprechenden Technik unterscheidet,
2. das Gutachten einer anerkannten Messstelle nach Anlage 2 Nummer 9.3,
3. einen Vorschlag, zu welcher Regelung der Anlage 2 Nummer 3 bis 6 oder Beiblatt 1 bis 3 die abweichende Bahntechnik ergänzend oder die schalltechnische Innovation abweichend beschrieben werden kann, unter Beifügung eines Datenblattes, das die in der vorgeschlagenen Zuordnung üblichen akustischen Kennwerte darstellt,
4. eine Beschreibung, wie sich die akustische Wirksamkeit durch betriebsüblichen Verschleiß verändert.

---

[1] § 5 neu gef. mWv 1.1.2015 durch VO v. 18.12.2014 (BGBl. I S. 2269).

(5) [1] Die zuständige Behörde gibt dem Antragsteller die Entscheidung nach Absatz 2 Satz 1 schriftlich bekannt. [2] Die zuständige Behörde macht zudem eine Festlegung akustischer Kennwerte nach Absatz 2 Satz 1 öffentlich bekannt.

§ 6[1] Übergangsregelung für die Berechnung des Beurteilungspegels für Straßen. Der Beurteilungspegel für den jeweiligen Abschnitt eines Straßenbauvorhabens berechnet sich nach den Vorschriften dieser Verordnung in der bis zum Ablauf des 28. Februar 2021 geltenden Fassung, wenn vor dem Ablauf des 1. März 2021

1. der Antrag auf Durchführung des Planfeststellungs- oder Plangenehmigungsverfahrens gestellt worden ist oder
2. für den Fall, dass ein Bebauungsplan die Planfeststellung ersetzt, der Beschluss nach § 2 Absatz 1 Satz 2 des Baugesetzbuchs in der Fassung der Bekanntmachung vom 3. November 2017 (BGBl. I S. 3634), gefasst und ortsüblich bekannt gemacht worden ist.

Anlage 1 und 2

(hier nicht wiedergegeben)

[1] § 6 eingef. mWv 1.3.2021 durch VO v. 4.11.2020 (BGBl. I S. 2334).

765. Vierundzwanzigste Verordnung zur Durchführung des Bundes-Immissionsschutzgesetzes (Verkehrswege-Schallschutzmaßnahmenverordnung – 24. BImSchV)

Vom 4. Februar 1997

(BGBl. I S. 172, ber. S. 1253)

FNA 2129-8-24

geänd. durch Art. 3 MagnetschwebebahnVO v. 23.9.1997 (BGBl. I S. 2329)

Auf Grund des § 43 Abs. 1 Satz 1 Nr. 3 des Bundes-Immissionsschutzgesetzes in der Fassung der Bekanntmachung vom 14. Mai 1990 (BGBl. I S. 880) verordnet die Bundesregierung nach Anhörung der beteiligten Kreise:

§ 1[1] Anwendungsbereich. Die Verordnung legt Art und Umfang der zum Schutz vor schädlichen Umwelteinwirkungen durch Verkehrsgeräusche notwendigen Schallschutzmaßnahmen für schutzbedürftige Räume in baulichen Anlagen fest,

1. soweit durch den Bau oder die wesentliche Änderung öffentlicher Straßen sowie von Schienenwegen der Eisenbahnen und Straßenbahnen die in § 2 der Verkehrslärmschutzverordnung[2] vom 12. Juni 1990 (BGBl. I S. 1036) oder
2. soweit durch den Bau oder die wesentliche Änderung von Verkehrswegen der Magnetschwebebahnen die in § 2 der Magnetschwebebahn-Lärmschutzverordnung vom 23. September 1997 (BGBl. I S. 2329, 2338)

festgelegten Immissionsgrenzwerte überschritten werden.

§ 2 Art der Schallschutzmaßnahmen, Begriffsbestimmungen.

(1) [1] Schallschutzmaßnahmen im Sinne dieser Verordnung sind bauliche Verbesserungen an Umfassungsbauteilen schutzbedürftiger Räume, die die Einwirkungen durch Verkehrslärm mindern. [2] Zu den Schallschutzmaßnahmen gehört auch der Einbau von Lüftungseinrichtungen in Räumen, die überwiegend zum Schlafen benutzt werden, und in schutzbedürftigen Räumen mit sauerstoffverbrauchender Energiequelle.

(2) Schutzbedürftig sind die in Tabelle 1 Spalte 1 der Anlage zu dieser Verordnung genannten Aufenthaltsräume.

(3) Umfassungsbauteile sind Bauteile, die schutzbedürftige Räume baulicher Anlagen nach außen abschließen, insbesondere Fenster, Türen, Rolladenkästen, Wände, Dächer sowie Decken unter nicht ausgebauten Dachräumen.

(4) Schallschutzmaßnahmen im Sinne dieser Verordnung sind nicht erforderlich, wenn eine bauliche Anlage

---

[1] § 1 neu gef. durch VO v. 23.9.1997 (BGBl. I S. 2329).
[2] Nr. **760**.

1. zum Abbruch bestimmt ist oder dieser bauordnungsrechtlich gefordert wird;
2. bei der Auslegung der Pläne im Planfeststellungsverfahren, bei Bekanntgabe der Plangenehmigung oder der Auslegung des Entwurfs der Bauleitpläne mit ausgewiesener Wegeplanung noch nicht genehmigt war oder sonst nach den baurechtlichen Vorschriften mit dem Bau noch nicht begonnen werden durfte.

§ 3 Umfang der Schallschutzmaßnahmen. (1) [1] Die Schalldämmung von Umfassungsbauteilen ist so zu verbessern, daß die gesamte Außenfläche des Raumes das nach der Gleichung (1) oder (2) der Anlage zu dieser Verordnung bestimmte erforderliche bewertete Schalldämm-Maß nicht unterschreitet. [2] Ist eine Verbesserung notwendig, so soll die Verbesserung beim einzelnen Umfassungsbauteil mindestens 5 Dezibel betragen.

(2) [1] Die vorhandenen bewerteten Schalldämm-Maße der einzelnen Umfassungsbauteile werden nach den Ausführungsbeispielen in dem Beiblatt 1 zu DIN 4109, Ausgabe November 1989, bestimmt. [2] Entsprechen sie nicht den Ausführungsbeispielen, werden sie nach der Norm DIN 52210 Teil 5, Ausgabe Juli 1985, ermittelt.

(3) Das erforderliche bewertete Schalldämm-Maß eines einzelnen zu verbessernden Bauteils wird nach Gleichung (3) der Anlage zu dieser Verordnung berechnet.

(4) Das zu verbessernde bewertete Schalldämm-Maß der gesamten Außenfläche eines Raumes wird nach Gleichung (4) der Anlage zu dieser Verordnung berechnet.

§ 4 Zugänglichkeit der Normblätter. DIN-Normblätter, auf die in dieser Verordnung verwiesen wird, sind beim Beuth Verlag GmbH, Berlin und Köln, zu beziehen und beim Deutschen Patentamt in München archivmäßig gesichert niedergelegt.

§ 5 Inkrafttreten. Diese Verordnung tritt am Tage nach der Verkündung[1] in Kraft.

---

[1] Verkündet am 12.2.1997.

Anlage[1)]
(zu § 2 Abs. 2 und § 3 Abs. 1, 3 und 4)

Berechnung der erforderlichen bewerteten Schalldämm-Maße

Das erforderliche bewertete Schalldämm-Maß der gesamten Außenfläche des Raumes in Dezibel (dB) wird nach fogenden Gleichungen berechnet:

1. für Räume entsprechend Tabelle 1, Zeile 1:
   Gleichung (1):

$$R'_{w,res} = L_{r,N} + 10 \cdot \lg \frac{S_g}{A} - D + E$$

2. für Räume entsprechend Tabelle 1, Zeilen 2 bis 5:
   Gleichung (2):

$$R'_{w,res} = L_{r,T} + 10 \cdot \lg \frac{S_g}{A} - D + E$$

Es bedeuten:

$R'_{w,res}$	erforderliches bewertetes Schalldämm-Maß der gesamten Außenfläche des Raumes in dB
$L_{r,N}$	Beurteilungspegel für die Nacht in dB (A) nach den Anlagen 1 und 2 der Sechzehnten Verordnung zur Durchführung des Bundes-Immissionsschutzgesetzes[2)] vom 12. Juni 1990 (BGBl. I S. 1036)
$L_{r,T}$	Beurteilungpegel für den Tag in dB (A) nach den Anlagen 1 und 2 der Sechzehnten Verordnung zur Durchführung des Bundes-Immissionsschutzgesetzes[2)] vom 12. Juni 1990 (BGBl. I S. 1036)
S_g	vom Raum aus gesehene gesamte Außenfläche in m^2 (Summe aller Teilflächen)
A	äquivalente Absorptionsfläche des Raumes in m^2 ($A = 0{,}8 \times$ Gesamtgrundfläche)
D	Korrektursummand nach Tabelle 1 in dB (zur Berücksichtigung der Raumnutzung)
E	Korrektursummand nach Tabelle 2 in dB (der sich aus dem Spektrum des Außengeräusches und der Frequenzabhängigkeit der Schalldämm-Maße von Fenstern ergibt)

Das erforderliche bewertete Schalldämm-Maß eines einzelnen zu verbessernden Bauteils wird berechnet nach folgender Gleichung (3):

$$R_{w,x} = -10 \cdot \lg \left[\frac{1}{S_x} \left(S_g \cdot 10^{-0,1\,R'_{w,res}} - S_1 \cdot 10^{-0,1\,R_{w,1}} - \ldots - S_n \cdot 10^{-0,1\,R_{w,n}} \right) \right]$$

---

1) Anl. geänd. durch VO v. 23.9.1997 (BGBl. I S. 2329).
2) Nr. **760**.

$R_{w,x}$ erforderliches bewertetes Schalldämm-Maß des zu verbessernden Umfassungsbauteils (Teilfläche S_x) in dB

$R_{w,1}$ bis $R_{w,n}$ vorhandene bewertete Schalldämm-Maße der übrigen Umfassungsbauteile in dB

S_g vom Raum aus gesehene gesamte Außenfläche in m² (Summe aller Teilflächen)

S_x Größe der betrachteten Teilfläche in m²

S_1 bis S_n Größen der übrigen Teilflächen in m²

Das bewertete Schalldämm-Maß der gesamten Außenfläche S_g, die sich aus den Teilflächen $S_1, S_2, \ldots, S_n$ mit den bewerteten Schalldämm-Maßen $R_{w,1}, R_{w,2}, \ldots, R_{w,n}$ zusammensetzt, berechnet sich nach folgender Gleichung (4):

$$R_{w,res} = -10 \cdot \lg \left[\frac{1}{S_g} \left(S_1 \cdot 10^{-0,1\,R_{w,1}} + S_2 \cdot 10^{-0,1\,R_{w,2}} + \ldots + S_n \cdot 10^{-0,1\,R_{w,n}} \right) \right]$$

Die bewerteten Schalldämm-Maße der Umfassungsbauteile (Teilflächen) müssen so verbessert werden, daß das nach Gleichung (4) berechnete bewertete Schalldämm-Maß der gesamten Außenfläche $R_{w,res}$ mindestens gleich dem erforderlichen bewerteten Schalldämm-Maß nach Gleichung (1) oder (2) ist.

Tabelle 1: Korrektursummand D in dB zur Berücksichtigung der Raumnutzung

	Raumnutzung	D in dB
	1	2
1	Räume, die überwiegend zum Schlafen benutzt werden	27
2	Wohnräume	37
3	Behandlungs- und Untersuchungsräume in Arztpraxen, Operationsräume, wissenschaftliche Arbeitsräume, Leseräume in Bibliotheken, Unterrichtsräume	37
4	Konferenz- und Vortragsräume, Büroräume, allgemeine Laborräume	42
5	Großraumbüros, Schalterräume, Druckerräume von DV-Anlagen, soweit dort ständige Arbeitsplätze vorhanden sind	47
6	Sonstige Räume, die zum nicht nur vorübergehenden Aufenthalt von Menschen bestimmt sind	entsprechend der Schutzbedürftigkeit der jeweiligen Nutzung festzusetzen

Tabelle 2: Korrektursummand E in dB für bestimmte Verkehrswege

	Verkehrswege	E in dB
	1	2
1	Straßen im Außerortsbereich	3
2	Innerstädtische Straßen	6
3	Schienenwege von Eisenbahnen allgemein	0
4	Schienenwege von Eisenbahnen, bei denen im Beurteilungszeitraum mehr als 60 % der Züge klotzgebremste Güterzüge sind, sowie Verkehrswege der Magnetschwebebahnen	2
5	Schienenwege von Eisenbahnen, auf denen in erheblichem Umfang Güterzüge gebildet oder zerlegt werden	4
6	Schienenwege von Straßenbahnen nach § 4 PBefG	3

N.
Infrastrukturabgaben

780. Gesetz über die Erhebung einer zeitbezogenen Infrastrukturabgabe für die Benutzung von Bundesfernstraßen (Infrastrukturabgabengesetz – InfrAG)[1)]

Vom 8. Juni 2015
(BGBl. I S. 904)

FNA 9290-18

geänd. durch Art. 1 Erstes ÄndG v. 18.5.2017 (BGBl. I S. 1218), Art. 22 G zur Neuregelung des bundesstaatlichen Finanzausgleichssystems ab dem Jahr 2020 und zur Änd. haushaltsrechtlicher Vorschriften v. 14.8.2017 (BGBl. I S. 3122) und Art. 145 Zweites Datenschutz-Anpassungs- und Umsetzungsgesetz EU v. 20.11.2019 (BGBl. I S. 1626)

§ 1 Infrastrukturabgabe. (1) Für die Benutzung der Bundesfernstraßen im Sinne des § 1 des Bundesfernstraßengesetzes[2)] mit

1. Kraftfahrzeugen der Klasse M_1 oder M_1G ohne besondere Zweckbestimmung im Sinne des Anhangs II Teil A Nummer 1, auch in Verbindung mit Nummer 4, der Richtlinie 2007/46/EG des Europäischen Parlaments und des Rates vom 5. September 2007 zur Schaffung eines Rahmens für die Genehmigung von Kraftfahrzeugen und Kraftfahrzeuganhängern sowie von Systemen, Bauteilen und selbstständigen technischen Einheiten für diese Fahrzeuge (ABl. L 263 vom 9.10.2007, S. 1), die zuletzt durch die Richtlinie 2013/15/EU (ABl. L 158 vom 10.6.2013, S. 172) geändert worden ist,
2. Kraftfahrzeugen der Klasse M mit besonderer Zweckbestimmung als Wohnmobil im Sinne des Anhangs II Teil A Nummer 1 in Verbindung mit Nummer 5.1 der Richtlinie 2007/46/EG oder
3. Kraftfahrzeugen der Klasse M_1 oder M_1G mit besonderer Zweckbestimmung als beschussgeschütztes Fahrzeug im Sinne des Anhangs II Teil A Nummer 1 in Verbindung mit den Nummern 4 und 5.2 der Richtlinie 2007/46/EG

ist eine Abgabe zu entrichten (Infrastrukturabgabe).

(2) Abweichend von Absatz 1 ist für die Benutzung von Bundesfernstraßen im Sinne des § 1 Absatz 2 Nummer 2 des Bundesfernstraßengesetzes (Bundesstraßen) mit in Absatz 1 bezeichneten Kraftfahrzeugen, die nicht in der Bundesrepublik Deutschland zugelassen sind, keine Infrastrukturabgabe zu entrichten.

(3) Die Infrastrukturabgabe nach Absatz 1 ist nicht zu entrichten auf den Abschnitten von Bundesfernstraßen, für deren Benutzung eine Maut nach § 2 des Fernstraßenbauprivatfinanzierungsgesetzes erhoben wird.

§ 2 Ausnahmen. (1) [1]Die Infrastrukturabgabe ist nicht zu entrichten für die Benutzung von Straßen im Sinne des § 1 Absatz 1 mit

1. Kraftfahrzeugen, die von den Vorschriften über das Zulassungsverfahren ausgenommen sind,
2. Kraftfahrzeugen, die

[1)] Verkündet als Art. 1 G zur Einführung einer Infrastrukturabgabe für die Benutzung von Bundesfernstraßen v. 8.6.2015 (BGBl. I S. 904); Inkrafttreten gem. Art. 5 dieses G am 12.6.2015.

[2)] Nr. **700**.

a) im Dienst
   aa) der Polizeibehörden,
   bb) der Zollverwaltung,
   cc) der Bundeswehr,
   dd) eines Hauptquartiers im Sinne des Abkommens vom 13. März 1967 zwischen der Bundesrepublik Deutschland und dem Obersten Hauptquartier der Alliierten Mächte, Europa, über die besonderen Bedingungen für die Einrichtung und den Betrieb internationaler militärischer Hauptquartiere in der Bundesrepublik Deutschland (BGBl. 1969 II S. 1997, 2009),
   ee) eines Hauptquartiers im Sinne des Protokolls vom 28. August 1952 über die Rechtsstellung der auf Grund des Nordatlantikvertrags errichteten internationalen militärischen Hauptquartiere (BGBl. 1969 II S. 1997, 2000),
   ff) einer Truppe oder eines zivilen Gefolges im Sinne des Abkommens[1] vom 19. Juni 1951 zwischen den Parteien des Nordatlantikvertrags über die Rechtsstellung ihrer Truppen (BGBl. 1961 II S. 1183, 1190),
   gg) einer Truppe oder eines zivilen Gefolges im Sinne des Übereinkommens vom 19. Juni 1995 zwischen den Vertragsstaaten des Nordatlantikvertrags und den anderen an der Partnerschaft für den Frieden teilnehmenden Staaten über die Rechtsstellung ihrer Truppen (BGBl. 1998 II S. 1338, 1340) oder
   hh) ausländischer Streitkräfte

   verwendet werden oder
b) auf ein Mitglied einer Truppe oder des zivilen Gefolges einer Truppe oder einen Angehörigen eines solchen Mitglieds
   aa) im Sinne des Zusatzabkommens[2] vom 3. August 1959 zu dem Abkommen zwischen den Parteien des Nordatlantikvertrags über die Rechtsstellung ihrer Truppen hinsichtlich der in der Bundesrepublik Deutschland stationierten ausländischen Truppen (BGBl. 1961 II S. 1183, 1218), das zuletzt durch das Abkommen vom 18. März 1993 (BGBl. 1994 II S. 2594, 2598) geändert worden ist, oder
   bb) im Sinne des Übereinkommens vom 7. Februar 1969 über die Rechtsstellung des einem internationalen militärischen Hauptquartier der NATO in der Bundesrepublik Deutschland zugeteilten Personals der Entsendestaaten (BGBl. 1969 II S. 1997, 2044)

   zugelassen sind,

3. Kraftfahrzeugen, die überwiegend zum Wegebau verwendet werden und für den Bund, ein Land, eine Gemeinde, einen Gemeindeverband, einen

(Fortsetzung nächstes Blatt)

[1] Nr. **76**.
[2] Nr. **77**.

Zweckverband oder eine diesen Gebietskörperschaften vergleichbare Gebietskörperschaft im Ausland zugelassen sind,

4. Kraftfahrzeugen, die überwiegend zur Reinigung von Straßen verwendet werden,
5. Kraftfahrzeugen, die im Feuerwehrdienst, im Zivil- und Katastrophenschutz, bei Unglücksfällen, im Rettungsdienst oder zur Krankenbeförderung verwendet werden,
6. Kraftfahrzeugen, die für gemeinnützige oder mildtätige Organisationen zugelassen sind und überwiegend für humanitäre Hilfsgütertransporte in das Ausland oder für zeitlich damit zusammenhängende Vorbereitungsfahrten verwendet werden,
7. Kraftfahrzeugen, die während des Zeitraums, für den die Abgabe zu entrichten wäre, zu mehr als 50 vom Hundert der insgesamt gefahrenen Strecke im Linienverkehr verwendet werden,
8. Kraftfahrzeugen, die zugelassen sind
   a) für eine bei der Bundesrepublik Deutschland beglaubigte diplomatische Vertretung eines anderen Staates,
   b) für Mitglieder der unter Buchstabe a bezeichneten diplomatischen Vertretungen oder für Personen, die zum Geschäftspersonal dieser Vertretungen gehören und der inländischen Gerichtsbarkeit nicht unterliegen,
   c) für eine in der Bundesrepublik Deutschland zugelassene konsularische Vertretung eines anderen Staates, wenn der Leiter der Vertretung Angehöriger des Entsendestaates ist und außerhalb seines Amtes in der Bundesrepublik Deutschland keine Erwerbstätigkeit ausübt,
   d) für einen in der Bundesrepublik Deutschland zugelassenen Konsularvertreter (Generalkonsul, Konsul, Vizekonsul, Konsularagenten) oder für Personen, die zum Geschäftspersonal dieser Konsularvertreter gehören, wenn sie Angehörige des Entsendestaates sind und außerhalb ihres Amtes in der Bundesrepublik Deutschland keine Erwerbstätigkeit ausüben,
   e) für internationale Organisationen, die auf Grund eines Abkommens mit der Bundesrepublik Deutschland ihren Sitz in Deutschland genommen haben,
   f) für Mitglieder der unter Buchstabe e bezeichneten Organisationen, die auf Grund des genannten Abkommens einen Diplomaten gleichgestellten Status besitzen,
9. Dienstkraftfahrzeugen von Behörden anderer Staaten, die auf Dienstfahrten zum vorübergehenden Aufenthalt in das Grenzgebiet gelangen,
10. Kraftfahrzeugen mit einem Antrieb ausschließlich durch Elektromotoren, die ganz oder überwiegend aus mechanischen oder elektrochemischen Energiespeichern oder aus emissionsfrei betriebenen Energiewandlern gespeist werden,
11. Kraftfahrzeugen, die ein grünes Kennzeichen nach den zulassungsrechtlichen Vorschriften führen,
12. Kraftfahrzeugen, die für schwerbehinderte Personen zugelassen sind, die durch einen Ausweis im Sinne des Neunten Buches Sozialgesetzbuch oder des Artikels 3 des Gesetzes über die unentgeltliche Beförderung Schwerbe-

hinderter im öffentlichen Personenverkehr vom 9. Juli 1979 (BGBl. I S. 989)

a) mit dem Merkzeichen „H", „BI" oder „aG" nachweisen, dass sie hilflos, blind oder außergewöhnlich gehbehindert sind, oder

b) mit orangefarbenem Flächenaufdruck nachweisen, dass sie die Voraussetzungen des § 145 Absatz 1 Satz 1 des Neunten Buches Sozialgesetzbuch erfüllen, und

13. selbstfahrenden Wohnwagen (Wohnmobilen) mit einem zulässigen Gesamtgewicht von mehr als 3 500 Kilogramm, die dem Schaustellergewerbe dienen.

[2] Voraussetzung für die Ausnahmen nach Satz 1 Nummer 3 bis 5 ist, dass die Kraftfahrzeuge äußerlich als für die dort genannten Zwecke bestimmt erkennbar sind. [3] Voraussetzung für die Ausnahmen nach Satz 1 Nummer 8 Buchstabe a bis d und Nummer 9 ist, dass Gegenseitigkeit gewährt wird. [4] Die Ausnahme nach Satz 1 Nummer 12 gilt auch für Kraftfahrzeuge, die im Ausland auf Halter zugelassen sind, die ihren Wohnsitz oder ihren gewöhnlichen Aufenthalt in der Bundesrepublik Deutschland haben oder die sich aus beruflichen oder persönlichen Gründen regelmäßig mit ihrem Kraftfahrzeug in die Bundesrepublik Deutschland begeben und die nachweisen können, dass sie hilflos, blind, gehörlos, außergewöhnlich gehbehindert oder infolge ihrer Behinderung in ihrer Bewegungsfähigkeit im Straßenverkehr erheblich beeinträchtigt sind, sowie für Kraftfahrzeuge, die für Personen zugelassen sind, die die Voraussetzungen des § 17 des Kraftfahrzeugsteuergesetzes[1)] erfüllen.

(2) [1] Soweit für in der Bundesrepublik Deutschland zugelassene Kraftfahrzeuge das Vorliegen eines Ausnahmetatbestandes nach Absatz 1 durch die für das Erheben der Infrastrukturabgabe nach § 4 Absatz 1 zuständige Behörde (Infrastrukturabgabebehörde) festgestellt ist, ist dies vom Kraftfahrt-Bundesamt im Infrastrukturabgaberegister nach § 6 Absatz 1 Satz 1 Nummer 2 von Amts wegen einzutragen. [2] Halter von im Ausland zugelassenen Kraftfahrzeugen können bei der Infrastrukturabgabebehörde beantragen, dass das Vorliegen eines Ausnahmetatbestandes im Sinne des Absatzes 1 festgestellt und vom Kraftfahrt-Bundesamt in das Infrastrukturabgaberegister nach § 6 Absatz 1 Satz 1 Nummer 2 eingetragen wird.

(3) Die Bundesregierung wird ermächtigt, durch Rechtsverordnung ohne Zustimmung des Bundesrates die Abgabenpflicht abweichend von § 1 Absatz 2 auch für Kraftfahrzeuge, die nicht in der Bundesrepublik Deutschland zugelassen sind, auf genau bezeichnete Abschnitte von Bundesstraßen auszudehnen, wenn dies zur Vermeidung von Ausweichverkehren oder aus Gründen der Sicherheit des Verkehrs gerechtfertigt ist.

(4) Soweit die Pflicht zur Entrichtung der Abgabe auch für Kraftfahrzeuge, die nicht in der Bundesrepublik Deutschland zugelassen sind, auf Abschnitten von Bundesstraßen besteht, ist in geeigneter Weise auf die Abgabenpflicht des jeweiligen abgabenpflichtigen Abschnitts hinzuweisen.

§ 3 Schuldner der Infrastrukturabgabe. [1] Schuldner der Infrastrukturabgabe ist

---

[1)] Nr. **870**.

1. der Halter des Kraftfahrzeugs oder
2. der Führer des Kraftfahrzeugs während der abgabenpflichtigen Benutzung von Straßen im Sinne des § 1 Absatz 1, auch in Verbindung mit Absatz 2 und § 2 Absatz 3.

[2] Im Falle eines Fahrzeugs, das in der Bundesrepublik Deutschland zugelassen ist, ist abweichend von Satz 1 nur der Halter des Fahrzeugs der Schuldner der Infrastrukturabgabe. [3] Die kumulative Inanspruchnahme beider Schuldner ist unzulässig. [4] Mehrere Schuldner der Infrastrukturabgabe haften als Gesamtschuldner.

§ 4 Infrastrukturabgabebehörde. (1) [1] Das Kraftfahrt-Bundesamt ist zuständig für die Erhebung der Infrastrukturabgabe. [2] Es kann einem privaten Dritten die Erhebung der Infrastrukturabgabe, die Durchführung der Mahnungen nach § 3 Absatz 3 des Verwaltungs-Vollstreckungsgesetzes und den Erlass von Vollstreckungsanordnungen übertragen (Betreiber). [3] Die Übertragung nach Satz 2 ist vom Kraftfahrt-Bundesamt im Bundesanzeiger bekannt zu geben. [4] Der Betreiber unterliegt der Aufsicht des Kraftfahrt-Bundesamtes.

(2) [1] Im Falle der Übertragung nach Absatz 1 Satz 2 hat der Betreiber die Einnahmen aus der Erhebung der Infrastrukturabgabe taggleich an eine Bundeskasse abzuführen. [2] Soweit es für die Erfüllung der übertragenen haushaltsrechtlichen Aufgaben erforderlich ist, kann der Betreiber Anordnungen zur Annahme oder Leistung von Zahlungen nach § 70 der Bundeshaushaltsordnung erteilen, die von den Bundeskassen ausgeführt werden. [3] Dem Betreiber obliegt zur Erfüllung der Aufgaben außerdem die Wahrnehmung des Zahlungsverkehrs als für Zahlungen zuständige Stelle. [4] Die notwendigen Bestimmungen der Bundeshaushaltsordnung und die dazu erlassenen Ausführungsbestimmungen sind insoweit entsprechend anzuwenden. [5] Das Nähere wird im Einvernehmen mit dem Bundesministerium der Finanzen bestimmt.

§ 5 Entrichtung der Infrastrukturabgabe. (1) [1] Die Infrastrukturabgabe ist von dem Schuldner nach § 3 vor Benutzung von abgabepflichtigen Straßen im Sinne des § 1 Absatz 1, auch in Verbindung mit Absatz 2 und § 2 Absatz 3, durch Erwerb einer elektronischen Vignette (Vignette) an die Infrastrukturabgabebehörde zu entrichten. [2] Die Höhe der jeweilig zu entrichtenden Infrastrukturabgabe ergibt sich aus der Anlage zu § 8. [3] Sie wird für in der Bundesrepublik Deutschland zugelassene Kraftfahrzeuge von der Infrastrukturabgabebehörde durch Bescheid festgesetzt. [4] Für im Ausland zugelassene Kraftfahrzeuge gilt die bei Erwerb der Vignette ausgegebene Buchungsbestätigung als Bescheid. [5] Unbeschadet des Satzes 1 gilt die Vignette für Kraftfahrzeuge, die in der Bundesrepublik Deutschland zugelassen sind, mit erteilter Zulassung als erworben. [6] Die Vignette gilt für ein bestimmtes Kraftfahrzeug mit dem ihm zugeteilten Kennzeichen. [7] Der Erwerb der Vignette berechtigt zur Benutzung aller Straßen im Sinne des § 1 Absatz 1, auch in Verbindung mit Absatz 2 und § 2 Absatz 3, während des Zeitraums der Gültigkeit der Vignette. [8] Ein Widerspruchsverfahren findet nicht statt.

(2) [1] Die Verpflichtung zur Entrichtung der Infrastrukturabgabe entsteht erstmals für Kraftfahrzeuge, die in der Bundesrepublik Deutschland zugelassen sind und die

1. vor dem nach § 16 festgelegten Beginn der Abgabenerhebung zugelassen worden sind, zum Zeitpunkt des nach § 16 festgelegten Beginns der Abgabenerhebung,
2. ab dem nach § 16 festgelegten Beginn der Abgabenerhebung zugelassen werden, zum Zeitpunkt der Zulassung des Fahrzeugs.

[2]In den Fällen des Satzes 1 Nummer 1 ist die erstmalige Entrichtung der Abgabe bis zum Ende des laufenden Entrichtungszeitraums der Kraftfahrzeugsteuer (Rumpfjahr) für das jeweilige Kraftfahrzeug zinslos gestundet. [3]Halter von Kraftfahrzeugen im Sinne des § 1 Absatz 1 haben in den Fällen des Satzes 1 ein SEPA-Lastschrift-Mandat zugunsten der Infrastrukturabgabebehörde zum Einzug der Infrastrukturabgabe vom Konto des Fahrzeughalters oder vom Konto eines Dritten bei einem Geldinstitut zu erteilen. [4]Das SEPA-Lastschrift-Mandat nach Satz 3 ist der Infrastrukturabgabebehörde zu erteilen

1. im Falle des Satzes 1 Nummer 1 spätestens einen Monat vor Beginn des jeweiligen individuellen Entrichtungszeitraums und
2. im Falle des Satzes 1 Nummer 2 nach Maßgabe des § 9 Absatz 3 und 4 mit dem Antrag auf Zulassung des Fahrzeugs.

(3) § 13 Absatz 3, die §§ 14, 16 bis 19 und 21 des Bundesgebührengesetzes sind, soweit sich aus diesem Gesetz oder aus den auf Grund dieses Gesetzes erlassenen Rechtsverordnungen nicht etwas anderes ergibt, mit der Maßgabe anzuwenden, dass abweichend von § 16 Absatz 1 des Bundesgebührengesetzes ein Säumniszuschlag erhoben werden kann,

1. der 5 Prozentpunkte über dem Basiszinssatz des rückständigen Betrages jährlich beträgt und
2. der mit Ablauf des fünften Tages nach dem Tag der Fälligkeit der Infrastrukturabgabe zu entrichten ist.

(4) [1]Die Verpflichtung zur Entrichtung der Infrastrukturabgabe für ein Kraftfahrzeug, das nicht in der Bundesrepublik Deutschland zugelassen ist, entsteht mit der ersten Benutzung einer abgabepflichtigen Straße im Sinne des § 1 Absatz 1, auch in Verbindung mit Absatz 2 und § 2 Absatz 3, nach einem Grenzübertritt. [2]Schuldner der Infrastrukturabgabe für Kraftfahrzeuge, die nicht in der Bundesrepublik Deutschland zugelassen sind, haben bei der Erhebung der Infrastrukturabgabe mitzuwirken und die für die Infrastrukturabgabe maßgeblichen Tatsachen ordnungsgemäß anzugeben. [3]Das Bundesministerium für Verkehr und digitale Infrastruktur wird ermächtigt, durch Rechtsverordnung ohne Zustimmung des Bundesrates Einzelheiten zur Mitwirkung bei der Erhebung der Infrastrukturabgabe nach Satz 2 zu regeln.

§ 6[1)] Infrastrukturabgaberegister. (1) [1]Zum Zweck der Erhebung der Infrastrukturabgabe führt das Kraftfahrt-Bundesamt ein Infrastrukturabgaberegister über

1. Kraftfahrzeuge im Sinne des § 1 Absatz 1, die in der Bundesrepublik Deutschland zugelassen sind,

---

1) § 6 Abs. 4 Satz 2 einl. Satzteil, Abs. 5 Satz 4, Abs. 7 Satz 1, Abs. 8 Satz 5 und Abs. 10 Sätze 1 und 2 geänd. mWv 26.11.2019 durch G v. 20.11.2019 (BGBl. I S. 1626).

2. Kraftfahrzeuge, für die im Geltungsbereich dieses Gesetzes eine Infrastrukturabgabe entrichtet wird oder für die ein Ausnahmetatbestand nach § 2 Absatz 1 vorliegt, unabhängig vom Ort der Zulassung, und
3. andere als in § 1 Absatz 1 bezeichnete Kraftfahrzeuge.

[2] Kraftfahrzeuge nach Satz 1 Nummer 3 werden nur auf Antrag des Halters des Kraftfahrzeugs im Infrastrukturabgaberegister geführt.

(2) Das Kraftfahrt-Bundesamt darf zur Führung des Infrastrukturabgaberegisters folgende Daten speichern:

1. Halterdaten im Sinne des § 33 Absatz 1 Satz 1 Nummer 2 des Straßenverkehrsgesetzes[1)],
2. Kennzeichen des Kraftfahrzeugs einschließlich des Nationalitätenkennzeichens,
3. Hubraum, Emissionsklasse, Kraftstoffart und Energiequelle des Kraftfahrzeugs, bei Kraftfahrzeugen im Sinne des § 1 Absatz 1 Nummer 2 mit besonderer Zweckbestimmung als Wohnmobil das zulässige Gesamtgewicht,
4. Klasse und Art des Aufbaus im Sinne des Anhangs II der Richtlinie 2007/46/EG,
5. Fahrzeug-Identifizierungsnummer,
6. Datum der Erstzulassung des Kraftfahrzeugs,
7. Höhe der festgesetzten Infrastrukturabgabe,
8. Zeitraum, für den die Infrastrukturabgabe festgesetzt wurde,
9. Ort und Zeit der Entrichtung der Infrastrukturabgabe,
10. Ausnahmetatbestände nach § 2,
11. Ausnahmetatbestände und Vergünstigungen nach dem Kraftfahrzeugsteuergesetz,
12. Entrichtungszeitraum der Kraftfahrzeugsteuer,
13. Zeitraum, für den das Kraftfahrzeug zugelassen wurde, und Betriebszeitraum,
14. Merkmal Übermittlungssperre,
15. Merkmal Abgabepflicht.

(3) [1] Für in der Bundesrepublik Deutschland zugelassene Kraftfahrzeuge übernimmt das Kraftfahrt-Bundesamt die Daten nach Absatz 2 Nummer 1 bis 6 und 13 bis 14 aus dem Zentralen Fahrzeugregister. [2] Hinsichtlich der Übernahme ist § 41 des Straßenverkehrsgesetzes nicht anzuwenden.

(4) [1] Für nicht in der Bundesrepublik Deutschland zugelassene Kraftfahrzeuge erhebt die Infrastrukturabgabebehörde die Daten nach Absatz 2 Nummer 2 bis 4 und 7 und übermittelt diese sowie die Daten nach Absatz 2 Nummer 7 bis 10 und 15 unabhängig vom Ort der Zulassung im automatisierten Verfahren an das Kraftfahrt-Bundesamt zum Zweck der Speicherung im Infrastrukturabgaberegister nach Absatz 2. [2] Die Infrastrukturabgabebehörde darf zu dem in Absatz 1 benannten Zweck ferner folgende Daten verarbeiten:

[1)] Nr. **10**.

1. Name und Anschrift von Haltern nicht in der Bundesrepublik Deutschland zugelassener Kraftfahrzeuge,
2. Bankverbindung desjenigen, für dessen Konto das SEPA-Lastschrift-Mandat nach § 5 Absatz 2 Satz 3 erteilt wurde,
3. Belegnummer und Kassenzeichen des jeweiligen Zahlungsvorgangs,
4. Zahlungsstatus.

(5) [1] Das Kraftfahrt-Bundesamt ruft im automatisierten Verfahren die Daten nach Absatz 2 Nummer 11 und 13 in Verbindung mit den Nummern 2, 5 und 6 sowie einmalig zur Festsetzung der Infrastrukturabgabe für das Rumpfjahr im Sinne des § 5 Absatz 2 Satz 2 die Daten nach Absatz 2 Nummer 12 von den Bundesfinanzbehörden ab. [2] § 30 der Abgabenordnung steht dem Abruf der Steuerdaten nach Satz 1 nicht entgegen. [3] Die Bundesfinanzbehörden prüfen die Zulässigkeit der Abrufe nach Satz 1, wenn dazu Anlass besteht. [4] Sie haben die nach den Artikeln 24, 25 und 32 der Verordnung (EU) 2016/679 des Europäischen Parlaments und des Rates vom 27. April 2016 zum Schutz natürlicher Personen bei der Verarbeitung personenbezogener Daten, zum freien Datenverkehr und zur Aufhebung der Richtlinie 95/46/EG (Datenschutz-Grundverordnung) (ABl. L 119 vom 4.5.2016, S. 1; L 314 vom 22.11. 2016, S. 72; L 127 vom 23.5.2018, S. 2) in der jeweils geltenden Fassung erforderlichen technischen und organisatorischen Maßnahmen schriftlich festzulegen und zu gewährleisten, dass die Übermittlung personenbezogener Daten zumindest durch geeignete Stichprobenverfahren festgestellt und überprüft werden kann.

(6) Das Kraftfahrt-Bundesamt übermittelt den zuständigen Bundesfinanzbehörden im automatisierten Verfahren die Daten nach Absatz 2 Nummer 1 bis 8 zur Durchführung des Kraftfahrzeugsteuergesetzes[1)].

(7) [1] Die Infrastrukturabgabebehörde darf die Daten nach Absatz 2 zur Erfüllung ihrer Aufgaben nach diesem Gesetz im automatisierten Verfahren aus dem Infrastrukturabgaberegister abrufen und verwenden. [2] Sofern im Zentralen Fahrzeugregister eine Übermittlungssperre nach § 41 des Straßenverkehrsgesetzes eingetragen ist, so gilt diese auch für die Übermittlung aus dem Infrastrukturabgaberegister. [3] Für die Erteilung automatisierter Bescheide können die einer Übermittlungssperre unterliegenden Daten automatisiert entsperrt werden, wenn die Daten durch technische und organisatorische Maßnahmen gegen unautorisierte Zugriffe geschützt sind. [4] Für die Datenübermittlung gilt § 43 des Straßenverkehrsgesetzes entsprechend. [5] § 30 der Abgabenordnung steht dem Abruf der Steuerdaten nach Satz 1 nicht entgegen.

(8) [1] Das Kraftfahrt-Bundesamt hat über die in Absatz 7 und in § 11 Absatz 4 genannten Abrufe aus dem Infrastrukturabgaberegister Aufzeichnungen zu fertigen, die die bei der Durchführung der Abrufe verwendeten Daten, den Tag und die Uhrzeit der Abrufe, die Kennung der abrufenden Dienststelle und die abgerufenen Daten enthalten müssen. [2] Die protokollierten Daten dürfen nur für Zwecke der Datenschutzkontrolle, der Datensicherung oder zur Sicherstellung eines ordnungsgemäßen Betriebs der Datenverarbeitungsanlage verwendet werden. [3] Die Protokolldaten sind durch geeignete Vorkehrungen gegen zweckfremde Verwendung und gegen sonstigen Missbrauch zu schützen

---

1) Nr. **870**.

und nach sechs Monaten zu löschen. [4]Das Kraftfahrt-Bundesamt prüft die Zulässigkeit der Abrufe, wenn dazu Anlass besteht. [5]Es hat die nach den Artikeln 24, 25 und 32 der Verordnung (EU) 2016/679 erforderlichen technischen und organisatorischen Maßnahmen schriftlich festzulegen und zu gewährleisten, dass die Übermittlung personenbezogener Daten zumindest durch geeignete Stichprobenverfahren festgestellt und überprüft werden kann.

(9) Die Infrastrukturabgabebehörde übermittelt der zuständigen Vollstreckungsbehörde im automatisierten Verfahren die Daten nach Absatz 4 Satz 2 und die nach Absatz 7 Satz 1 abgerufenen Daten nach Absatz 2, soweit diese zur Vollstreckung erforderlich sind.

(10) [1]Die Daten nach den Absätzen 2 und 4 Satz 2 dürfen ausschließlich für die Zwecke dieses Gesetzes verarbeitet werden. [2]Eine Übermittlung, Verwendung oder Beschlagnahme dieser Daten nach anderen Rechtsvorschriften ist unzulässig.

§ 7 Entrichtungszeitraum und Gültigkeit. (1) [1]Für in der Bundesrepublik Deutschland zugelassene Kraftfahrzeuge ist die Infrastrukturabgabe jeweils für ein Jahr zu entrichten. [2]Der Entrichtungszeitraum beginnt, soweit in diesem Gesetz nichts anderes bestimmt ist, mit dem Tag der Zulassung des Fahrzeugs.

(2) Für nicht in der Bundesrepublik Deutschland zugelassene Kraftfahrzeuge ist die Infrastrukturabgabe für

1. zehn Tage (Zehntagesvignette),
2. zwei Monate (Zweimonatsvignette) oder
3. ein Jahr (Jahresvignette)

zu entrichten.

(3) [1]Für Kraftfahrzeuge, die vor dem nach § 16 festgelegten Beginn der Abgabenerhebung in der Bundesrepublik Deutschland zugelassen worden sind, ist die Infrastrukturabgabe bei erstmaliger Entrichtung für das Rumpfjahr im Sinne des § 5 Absatz 2 Satz 2 abweichend von Absatz 1 für einen nach Tagen berechneten Zeitraum zu entrichten. [2]Die Infrastrukturabgabe ist auf schriftlichen oder elektronischen Antrag eines Halters abweichend von Absatz 1 und Absatz 2 Nummer 3 für einen nach Tagen berechneten Zeitraum zu entrichten, wenn dieser die Infrastrukturabgabe für mehr als ein Fahrzeug schuldet und durch die tageweise Entrichtung für mindestens zwei Fahrzeuge ein einheitlicher Fälligkeitstag erreicht wird.

(4) [1]Abweichend von den Absätzen 1 und 2 ist die Infrastrukturabgabe für Kraftfahrzeuge, die nur für einen bestimmten Zeitraum eines Kalenderjahres dauerhaft zugelassen werden, für einen nach Tagen berechneten Zeitraum zu entrichten. [2]Der Entrichtungszeitraum entspricht dem Zeitraum, für den das Kraftfahrzeug zugelassen wurde. [3]Satz 1 gilt für Fahrzeuge, denen ein Saisonkennzeichen zugeteilt wurde, entsprechend. [4]Im Falle des Satzes 3 entspricht der Entrichtungszeitraum dem fahrzeugzulassungsrechtlichen Betriebszeitraum.

(5) [1]Die Jahresvignette hat eine Gültigkeit von einem Jahr. [2]Die Zweimonatsvignette hat eine Gültigkeit von zwei Monaten. [3]Die Gültigkeit endet mit Ablauf jenes Tages im Folgejahr oder im zweiten Monat, der durch sein Tagesdatum dem Tag vor dem ersten Gültigkeitstag entspricht. [4]Fehlt dieser Tag im zweiten Monat, so endet die Gültigkeit mit Ablauf des letzten Tages dieses Monats. [5]Die Zehntagesvignette hat eine Gültigkeit von zehn aufeinan-

derfolgenden Kalendertagen. [6]Die Vignette für ein Rumpfjahr im Sinne des § 5 Absatz 2 Satz 2 und die Vignette für Saisonkennzeichen im Sinne des Absatzes 4 haben jeweils eine Gültigkeit für den individuellen Entrichtungszeitraum.

(6) [1]Die Infrastrukturabgabebehörde setzt die Infrastrukturabgabe nach Absatz 1 unbefristet fest, wenn der Zeitpunkt der Beendigung der Abgabenpflicht nicht feststeht. [2]In allen anderen Fällen setzt sie die Infrastrukturabgabe für einen bestimmten Zeitraum fest.

§ 8 Abgabensätze. [1]Die Höhe der Infrastrukturabgabe bestimmt sich nach der Anlage. [2]Die zu entrichtende Infrastrukturabgabe ist jeweils auf volle Euro nach unten abzurunden.

§ 9 Nachweis der Entrichtung. (1) Der Schuldner der Infrastrukturabgabe hat auf Verlangen der Infrastrukturabgabebehörde die ordnungsgemäße Entrichtung der Infrastrukturabgabe nachzuweisen.

(2) Das Bundesministerium für Verkehr und digitale Infrastruktur wird ermächtigt, durch Rechtsverordnung ohne Zustimmung des Bundesrates Einzelheiten über das Verfahren bei der Infrastrukturabgabebehörde zum Nachweis der Entrichtung der Infrastrukturabgabe zu regeln.

(3) [1]Die Zulassung eines Kraftfahrzeugs im Sinne des § 1 Absatz 1 in der Bundesrepublik Deutschland setzt voraus, dass der Halter des Kraftfahrzeugs schriftlich oder elektronisch gegenüber den nach Landesrecht zuständigen Behörden ein rechtswirksames SEPA-Lastschrift-Mandat zum Einzug der Infrastrukturabgabe von einem Konto des Fahrzeughalters oder eines Dritten bei einem Geldinstitut erteilt oder eine Bescheinigung vorlegt, wonach die Infrastrukturabgabebehörde auf ein SEPA-Lastschrift-Mandat wegen einer erheblichen Härte für den Fahrzeughalter verzichtet. [2]Bei Nichterteilung des SEPA-Lastschrift-Mandats nach Satz 1 ist die Zulassung des Kraftfahrzeugs zu versagen. [3]Die nach Satz 1 erteilten SEPA-Lastschrift-Mandate sind an die Infrastrukturabgabebehörde zu übermitteln.

(4) [1]Die nach Landesrecht zuständige Behörde kann auf die Vorlage eines SEPA-Lastschrift-Mandats verzichten, wenn der Halter des Kraftfahrzeugs

1. eine Bescheinigung der Infrastrukturabgabebehörde vorlegt, dass er von der Infrastrukturabgabe ausgenommen ist, oder
2. durch Vorlage geeigneter Unterlagen glaubhaft macht, dass ein Anspruch auf Ausnahme von der Infrastrukturabgabe bestehen kann.

[2]Im Falle des Satzes 1 Nummer 2 hat der Halter des Fahrzeugs zugleich über die nach Landesrecht zuständige Behörde bei der Infrastrukturabgabebehörde einen Antrag auf Befreiung von der Infrastrukturabgabe zu stellen und binnen einer Frist von vier Wochen die zum Nachweis erforderlichen Unterlagen der Infrastrukturabgabebehörde nachzureichen.

(5) [1]Die Zulassung des Fahrzeugs darf erst erfolgen, wenn die Person, für die das Fahrzeug zum Verkehr zugelassen werden soll, keine Infrastrukturabgabenrückstände hat. [2]§ 276 Absatz 4 der Abgabenordnung ist hierbei entsprechend anzuwenden. [3]Ein halterbezogener Infrastrukturabgabenrückstand von weniger als 5 Euro steht der Zulassung nicht entgegen. [4]Die Infrastrukturabgabebehörde darf der nach Landesrecht zuständigen Behörde Auskünfte über Infrastrukturabgabenrückstände der Fahrzeughalter erteilen. [5]Die für die Prüfung der Infra-

strukturabgabenrückstände erforderlichen Daten sind der nach Landesrecht zuständigen Behörde elektronisch zur Verfügung zu stellen. [6]Die nach Landesrecht zuständige Behörde darf das Ergebnis der Prüfung der Infrastrukturabgabenrückstände der Person mitteilen, die das Fahrzeug zulässt. [7]Beauftragt der Abgabenpflichtige einen Dritten mit der Zulassung des Fahrzeugs, so hat er sein Einverständnis hinsichtlich der Bekanntgabe seiner infrastrukturabgabenrechtlichen Verhältnisse durch die nach Landesrecht zuständige Behörde an den Dritten schriftlich zu erklären. [8]Die Zulassung des Fahrzeugs ist in diesen Fällen von der Vorlage der Einverständniserklärung abhängig.

(6) [1]Ist die Infrastrukturabgabe nicht entrichtet worden, so hat die nach Landesrecht zuständige Behörde auf Antrag der Infrastrukturabgabebehörde die Zulassungsbescheinigung Teil I oder den Fahrzeugschein einzuziehen und das amtliche Kennzeichen zu entstempeln (Abmeldung von Amts wegen). [2]Sie trifft die hierzu erforderlichen Anordnungen durch schriftlichen Verwaltungsakt (Außerbetriebsetzung).

§ 10 Erstattung der Infrastrukturabgabe. (1) Vor Beginn des Gültigkeitszeitraums einer Vignette nach § 7 Absatz 2 kann die Infrastrukturabgabe auf Antrag erstattet werden.

(2) [1]Ab Beginn des Gültigkeitszeitraums ist eine Erstattung der Infrastrukturabgabe für Vignetten nach § 7 Absatz 2 Nummer 1 und 2 ausgeschlossen. [2]Die Vignette nach § 7 Absatz 1 und 2 Nummer 3 ist auf Antrag anteilig zu erstatten, wenn

1. das Kraftfahrzeug, für das die Abgabe entrichtet wurde, außer Betrieb gesetzt wird,
2. der Halter des Kraftfahrzeugs wechselt oder
3. die Voraussetzungen für eine Ausnahme nach § 2 eintreten.

[3]Die Vignette nach § 7 Absatz 1 ist auf Antrag vollständig zu erstatten, wenn glaubhaft gemacht wird, dass das Kraftfahrzeug im gesamten Entrichtungszeitraum nicht auf Straßen im Sinne des § 1 Absatz 1 genutzt wurde. [4]Der Antrag auf Erstattung gilt für in der Bundesrepublik Deutschland zugelassene Kraftfahrzeuge in den Fällen des Satzes 2 Nummer 1 mit der Beantragung der Außerbetriebsetzung des Kraftfahrzeugs und in den Fällen des Satzes 2 Nummer 2 mit der Anzeige des Halterwechsels als gestellt. [5]In den Fällen der Sätze 2 und 3 ist keine Gebühr für die Erstattung zu entrichten.

(3) [1]Der Antrag auf Erstattung

1. nach Absatz 2 Satz 2 Nummer 3 ist spätestens innerhalb eines Monats nach Eintreten des Erstattungsgrundes,
2. nach Absatz 2 Satz 3 ist spätestens innerhalb eines Monats nach Ende des Entrichtungszeitraums

bei der Infrastrukturabgabebehörde zu stellen. [2]§ 32 des Verwaltungsverfahrensgesetzes ist entsprechend anzuwenden.

(4) [1]Die Infrastrukturabgabebehörde erhebt für die Entscheidung über ein Erstattungsverlangen nach Absatz 1 eine Gebühr von höchstens 20 Euro. [2]Die §§ 4 bis 6, 9 bis 11 und 13 bis 21 des Bundesgebührengesetzes sind entsprechend anzuwenden.

(5) Das Bundesministerium für Verkehr und digitale Infrastruktur wird ermächtigt, durch Rechtsverordnung ohne Zustimmung des Bundesrates das

Verfahren der Erstattung der Infrastrukturabgabe bei der Infrastrukturabgabebehörde, den Nachweis des Vorliegens der Voraussetzungen nach Absatz 2 Satz 2 und 3 und die Höhe der Gebühr nach Absatz 4 zu regeln.

§ 11[1)] Überwachung. (1) [1]Das Bundesamt für Güterverkehr überwacht stichprobenartig die Einhaltung der Abgabenpflicht nach diesem Gesetz. [2]Das Bundesamt für Güterverkehr kann sich dabei der Mitwirkung eines privaten Dritten bedienen. [3]Die Mitwirkung ist vom Bundesamt für Güterverkehr im Bundesanzeiger bekannt zu geben. [4]Dem privaten Dritten nach Satz 2 kann zu diesem Zweck die Feststellung von Benutzungen von Straßen im Sinne des § 1 Absatz 1, auch in Verbindung mit Absatz 2 und § 2 Absatz 3, und der ordnungsgemäßen Abgabenentrichtung übertragen werden.

(2) [1]Soweit es zum Zwecke der Überwachung erforderlich ist, dürfen das Bundesamt für Güterverkehr und der private Dritte im Sinne des Absatzes 1 Satz 2 im Rahmen der Überwachung, hinsichtlich Nummer 2 nur im Rahmen einer Vor-Ort-Kontrolle, folgende Daten erheben, speichern und verwenden:

1. Bild des Kraftfahrzeugs ohne Erfassung der Fahrzeuginsassen,
2. Name und Anschrift der Person, die das Kraftfahrzeug führt,
3. Ort und Zeit der Benutzung von Straßen im Sinne des § 1 Absatz 1, auch in Verbindung mit Absatz 2 und § 2 Absatz 3,
4. Kennzeichen des Kraftfahrzeugs inklusive Nationalitätenkennzeichen,
5. Hubraum, Emissionsklasse, Kraftstoffart und Energiequelle des Kraftfahrzeugs, bei Kraftfahrzeugen im Sinne des § 1 Absatz 1 Nummer 2 mit besonderer Zweckbestimmung als Wohnmobil das zulässige Gesamtgewicht,
6. Klasse und Art des Aufbaus im Sinne des Anhangs II der Richtlinie 2007/46/EG.

[2]Diese Daten dürfen ausschließlich zum Zweck der Überwachung der Einhaltung der Vorschriften dieses Gesetzes verarbeitet werden. [3]Der private Dritte im Sinne des Absatzes 1 Satz 2 darf die Daten nach Satz 1 an das Bundesamt für Güterverkehr übermitteln.

(3) [1]Das Bundesamt für Güterverkehr und der private Dritte im Sinne des Absatzes 1 Satz 2 übermitteln die Daten nach Absatz 2 Satz 1 Nummer 3 bis 6 zum Zweck der Überwachung des Betreibers nach § 4 Absatz 1 Satz 2 an das Kraftfahrt-Bundesamt. [2]Das Kraftfahrt-Bundesamt darf die ihm nach Satz 1 übermittelten Daten zu dem dort genannten Zweck speichern und verwenden. [3]Eine Übermittlung, Verwendung oder Beschlagnahme dieser Daten nach anderen Rechtsvorschriften ist unzulässig.

(4) [1]Das Kraftfahrt-Bundesamt darf die Daten nach § 6 Absatz 2 dem Bundesamt für Güterverkehr sowie dem privaten Dritten nach Absatz 1 Satz 2 zum Zweck der Durchführung der Überwachung übermitteln. [2]Die Übermittlung nach Satz 1 aus dem Infrastrukturabgaberegister an das Bundesamt für Güterverkehr sowie den privaten Dritten nach Absatz 1 Satz 2 kann durch Abruf im automatisierten Verfahren erfolgen. [3]Das Bundesamt für Güterverkehr darf die ihm übermittelten Daten auch zur Überwachung des privaten Dritten nach Absatz 1 Satz 2 verarbeiten.

---

1) § 11 Abs. 2 Satz 1 einl. Satzteil und Satz 2, Abs. 3 Sätze 2 und 3 sowie Abs. 4 Satz 3 geänd. mWv 26.11.2019 durch G v. 20.11.2019 (BGBl. I S. 1626).

(5) 1 Der Fahrzeugführer hat den Fahrzeugschein oder die Zulassungsbescheinigung Teil I und den Führerschein oder einen anderen Identitätsnachweis den zur Überwachung befugten Personen zur Prüfung auszuhändigen. 2 Sofern für Fahrten ein Nachweis der Erfüllung bestimmter Technik-, Sicherheits- und Umweltanforderungen für das Kraftfahrzeug vorgeschrieben ist, gilt Satz 1 entsprechend. 3 Der Fahrzeugführer hat auf Verlangen Auskunft über alle Tatsachen zu erteilen, die für die Durchführung der Überwachung von Bedeutung sind.

(6) 1 Die zur Überwachung befugten Personen des Bundesamtes für Güterverkehr können Kraftfahrzeuge zum Zweck der Überwachung der Einhaltung der Abgabenpflicht nach § 1 anhalten. 2 Die Zeichen und Weisungen der zur Überwachung befugten Personen sind zu befolgen. 3 Dies entbindet den Verkehrsteilnehmer nicht von seiner Sorgfaltspflicht.

(7) 1 Die zur Überwachung befugten Personen des Bundesamtes für Güterverkehr sind berechtigt, die Infrastrukturabgabe nach § 12 und eine Sicherheitsleistung in Höhe des zu erwartenden Bußgeldes nach § 14 nebst Verfahrenskosten am Ort der Überwachung zu erheben. 2 Sie können die Weiterfahrt bis zur Entrichtung der Infrastrukturabgabe untersagen, wenn die Infrastrukturabgabe trotz Aufforderung am Ort der Überwachung nicht entrichtet wird und Tatsachen vorliegen, die Zweifel an der späteren Einbringlichkeit der Infrastrukturabgabe nach § 12 begründen. 3 Sie können die Weiterfahrt ferner untersagen, wenn die zur Durchführung der Überwachung erforderlichen Unterlagen nicht ausgehändigt werden, die verlangten Auskünfte nicht erteilt werden oder eine nach § 46 Absatz 1 des Gesetzes über Ordnungswidrigkeiten[1)] in Verbindung mit § 132 Absatz 1 Nummer 1 der Strafprozessordnung[2)] angeordnete Sicherheitsleistung nicht oder nicht vollständig erbracht wird.

(8) Weitergehende Befugnisse des Bundesamtes für Güterverkehr, die ihm nach anderen gesetzlichen Bestimmungen zustehen, bleiben unberührt.

§ 12[3)] Nachträgliche Erhebung der Infrastrukturabgabe. (1) 1 Die Abgabe wird von der Infrastrukturabgabebehörde nachträglich durch Bescheid erhoben, wenn die Pflicht zur Entrichtung der Infrastrukturabgabe besteht und Straßen im Sinne des § 1 Absatz 1, auch in Verbindung mit Absatz 2 und § 2 Absatz 3,

1. ohne gültige Vignette oder
2. entgegen § 5 Absatz 1 Satz 1 mit einer Vignette, deren Abgabenhöhe nicht der nach Maßgabe der Anlage zu § 8 zu entrichtenden Abgabenhöhe entspricht,

genutzt werden. 2 In den Fällen des Satzes 1 Nummer 1 entspricht die nachträglich zu entrichtende Infrastrukturabgabe in ihrer Höhe der Abgabe für eine Jahresvignette für das entsprechende Kraftfahrzeug. 3 In den Fällen des Satzes 1 Nummer 2 entspricht die nachträglich zu entrichtende Infrastrukturabgabe in ihrer Höhe dem nicht entrichteten Betrag für eine Jahresvignette für das entsprechende Kraftfahrzeug. 4 § 7 Absatz 5 Satz 1 gilt entsprechend. 5 Können bei der nachträglichen Erhebung der Infrastrukturabgabe die für die Berechnung der Abgabenhöhe erforderlichen Angaben aus Gründen, die der Schuldner zu

1) Nr. **680**.
2) Auszugsweise abgedruckt unter Nr. **675**.
3) § 12 Abs. 2 einl. Satzteil geänd. mWv 26.11.2019 durch G v. 20.11.2019 (BGBl. I S. 1626).

vertreten hat, nicht abschließend festgestellt werden, wird eine Infrastrukturabgabe in Höhe von 130 Euro erhoben. [6] Eine Erstattung nach § 10 ist ausgeschlossen.

(2) Unbeschadet des § 11 darf die Infrastrukturabgabebehörde zum Zweck der nachträglichen Erhebung der Infrastrukturabgabe nachfolgende Daten erheben, speichern und verwenden:

1. Höhe der festgesetzten Infrastrukturabgabe,
2. Zeitraum, für den die Infrastrukturabgabe festgesetzt wurde,
3. Ort und Zeit der Entrichtung der Infrastrukturabgabe,
4. Belegnummer/Kassenzeichen zum Zahlungsvorgang,
5. Kennzeichen des Kraftfahrzeugs inklusive Nationalitätenkennzeichen,
6. Hubraum, Emissionsklasse und Antriebsart des Kraftfahrzeugs, bei Kraftfahrzeugen im Sinne des § 1 Absatz 1 Nummer 2 mit besonderer Zweckbestimmung als Wohnmobil das zulässige Gesamtgewicht,
7. Zahlungsstatus,
8. Klasse und Art des Aufbaus im Sinne des Anhangs II der Richtlinie 2007/46/EG.

(3) Ergänzend zu § 41 Absatz 2 des Verwaltungsverfahrensgesetzes gilt für die Bekanntgabe von Verwaltungsakten im Ausland § 122 Absatz 2 Nummer 2 der Abgabenordnung entsprechend.

(4) Abweichend von Absatz 1 Satz 1 ist für die nachträgliche Erhebung der Abgabe das Bundesamt für Güterverkehr zuständig, wenn die Erhebung im Rahmen der dem Bundesamt für Güterverkehr obliegenden Überwachung nach § 11 Absatz 1 erfolgt.

§ 13[1)] Datenlöschung, Geschäftsstatistiken. (1) [1] Die Infrastrukturabgabebehörde hat die nach § 6 Absatz 7 Satz 1 abgerufenen Daten nach § 6 Absatz 2 Nummer 1, 2, 5 und 6 sowie die Daten nach § 6 Absatz 4 Satz 2 Nummer 1 und 2 ein Jahr nach Ablauf des Kalenderjahres, in dem der Entrichtungszeitraum endet, zu löschen. [2] Die übrigen nach § 6 Absatz 7 Satz 1 abgerufenen Daten nach § 6 Absatz 2 sowie die übrigen Daten nach Absatz 4 Satz 2 sind sechs Jahre nach der Erhebung der Daten zu löschen.

(2) Bilder und Daten, die im Rahmen der Überwachung nach § 11 Absatz 2 Satz 1 erhoben und gespeichert wurden, sind unverzüglich zu löschen, sobald feststeht, dass die Infrastrukturabgabe entrichtet worden ist.

(3) Bilder und Daten, die im Rahmen der Überwachung nach § 11 Absatz 2 Satz 1 erhoben und gespeichert wurden, sind unmittelbar nach dem Kontrollvorgang zu löschen, wenn das Fahrzeug nicht der Abgabenpflicht unterliegt.

(4) Nach diesem Gesetz gespeicherte Daten dürfen in anonymisierter Form zur Erstellung von Geschäftsstatistiken verwendet werden.

§ 14 Bußgeldvorschriften. (1) Ordnungswidrig handelt, wer vorsätzlich oder fahrlässig

---

[1)] § 13 Abs. 1 aufgeh., bish. Abs. 2–4 werden Abs. 1–3, Abs. 5 aufgeh., bish. Abs. 6 wird Abs. 4 mWv 26.11.2019 durch G v. 20.11.2019 (BGBl. I S. 1626).

1. entgegen § 5 Absatz 1 Satz 1 eine Infrastrukturabgabe nicht, nicht richtig, nicht in der vorgeschriebenen Weise oder nicht rechtzeitig entrichtet,
2. entgegen § 11 Absatz 5 Satz 3 eine Auskunft nicht, nicht richtig, nicht vollständig oder nicht rechtzeitig erteilt oder
3. einer vollziehbaren Anordnung nach § 11 Absatz 6 zuwiderhandelt.

(2) Die Ordnungswidrigkeit kann mit einer Geldbuße geahndet werden.

(3) Verwaltungsbehörde im Sinne des § 36 Absatz 1 Nummer 1 des Gesetzes über Ordnungswidrigkeiten[1] ist das Bundesamt für Güterverkehr.

§ 15[2] Abgabenaufkommen. (1) [1] Das Aufkommen aus der Erhebung der Infrastrukturabgabe steht unbeschadet des § 5a des Bundesfernstraßengesetzes[3] dem Bund zu. [2] Ausgaben für

1. Betrieb, Überwachung und Kontrolle des Abgabensystems,
2. Erstattungen nach § 10 und
3. den im Zusammenhang mit der Infrastrukturabgabe entstehenden Aufwand für die Vollstreckung der Infrastrukturabgabe und bei der Kraftfahrzeugsteuerverwaltung

werden aus diesem Aufkommen geleistet. [3] Das verbleibende Aufkommen wird dem Verkehrshaushalt zugeführt und in vollem Umfang zweckgebunden für die Verbesserung der Verkehrsinfrastruktur verwendet.

(2) Der Bund stellt das verbleibende Aufkommen nach Absatz 1 Satz 3 der Gesellschaft privaten Rechts im Sinne des Infrastrukturgesellschaftserrichtungsgesetzes für das in ihrer Zuständigkeit befindliche Streckennetz mit der Zweckbindung nach Absatz 1 Satz 3 zur Verfügung.

§ 16 Beginn der Abgabenerhebung. (1) [1] Das Kraftfahrt-Bundesamt hat mit Zustimmung des Bundesministeriums für Verkehr und digitale Infrastruktur bei Vorliegen der technischen Einsatzbereitschaft des zur Erhebung der Infrastrukturabgabe erforderlichen Systems unverzüglich

1. die technische Einsatzbereitschaft des zur Erhebung der Infrastrukturabgabe erforderlichen Systems festzustellen und
2. die Feststellung nach Nummer 1 im Bundesanzeiger bekannt zu machen.

[2] Im Falle des § 4 Absatz 1 Satz 2 gilt die technische Einsatzbereitschaft im Sinne des Satzes 1 Nummer 1 als festgestellt, wenn das Kraftfahrt-Bundesamt mit Zustimmung des Bundesministeriums für Verkehr und digitale Infrastruktur dem Betreiber die erste vorläufige Erlaubnis zum Betrieb des zur Erhebung der Infrastrukturabgabe erforderlichen Systems erteilt hat.

(2) [1] Die Erhebung der Infrastrukturabgabe beginnt mit dem ersten Tag des vierten Monats, der auf den Monat der Bekanntmachung nach Absatz 1 Satz 1 Nummer 2 folgt. [2] Dieser Tag ist vom Bundesministerium für Verkehr und digitale Infrastruktur unverzüglich im Bundesanzeiger bekannt zu machen.

(3) Die Infrastrukturabgabebehörde beginnt abweichend von Absatz 2 Satz 1 bereits ab dem Tag, der auf die Bekanntmachung nach Absatz 1 Satz 1 Nummer 2 folgt, unverzüglich mit der Festsetzung der Infrastrukturabgabe für die in

---

[1] Nr. **680**.
[2] § 15 Abs. 2 angef. mWv 1.1.2021 durch G v. 14.8.2017 (BGBl. I S. 3122).
[3] Nr. **700**.

§ 5 Absatz 2 Satz 1 Nummer 1 bezeichneten Kraftfahrzeuge mit Wirkung für den Beginn der Erhebung der Infrastrukturabgabe.

§ 17 Verkündung von Rechtsverordnungen. Rechtsverordnungen nach diesem Gesetz können abweichend von § 2 Absatz 1 des Verkündungs- und Bekanntmachungsgesetzes im Bundesanzeiger verkündet werden.

§ 18 Evaluierung. Das Bundesministerium für Verkehr und digitale Infrastruktur legt unter Beteiligung des Bundesministeriums der Finanzen zwei Jahre nach der Feststellung der technischen Einsatzbereitschaft des zur Erhebung der Infrastrukturabgabe erforderlichen Systems durch das Kraftfahrt-Bundesamt dem Deutschen Bundestag einen Bericht zu den tatsächlichen Netto-Einnahmen, den wirtschaftlichen Auswirkungen auf die Grenzregionen, den gesamten Erfüllungsaufwand (Bürokratiekosten) der Infrastrukturabgabe, den auf Grundlage des § 2 Absatz 3 getroffenen Maßnahmen und zur Angemessenheit der Rechtsbehelfsmöglichkeiten in Zusammenhang mit der Erhebung der Infrastrukturabgabe vor.

Anlage[1)]
(zu § 8)

Abgabensätze

(1) Die Infrastrukturabgabe beträgt für die

1. Zehntagesvignette für Kraftfahrzeuge, für die für eine Jahresvignette nach Nummer 3 eine Infrastrukturabgabe in Höhe von
   a) weniger als 20 Euro zu entrichten ist, 2,50 Euro,
   b) weniger als 40 Euro zu entrichten ist, 4 Euro,
   c) weniger als 70 Euro zu entrichten ist, 8 Euro,
   d) weniger als 100 Euro zu entrichten ist, 14 Euro,
   e) weniger als 130 Euro zu entrichten ist, 20 Euro und
   f) 130 Euro zu entrichten ist, 25 Euro,
2. Zweimonatsvignette für Kraftfahrzeuge, für die für eine Jahresvignette nach Nummer 3 eine Infrastrukturabgabe in Höhe von
   a) weniger als 20 Euro zu entrichten ist, 7 Euro,
   b) weniger als 40 Euro zu entrichten ist, 11 Euro,
   c) weniger als 70 Euro zu entrichten ist, 18 Euro,
   d) weniger als 100 Euro zu entrichten ist, 30 Euro,
   e) weniger als 130 Euro zu entrichten ist, 40 Euro und
   f) 130 Euro zu entrichten ist, 50 Euro,
3. Jahresvignette für
   a) Kraftfahrzeuge im Sinne des § 1 Absatz 1 Nummer 1 und 3 mit Hubkolbenmotoren und Wankelmotoren für je 100 Kubikzentimeter Hubraum oder einen Teil davon, wenn sie durch
      aa) Fremdzündungsmotoren angetrieben werden und

[1)] Anl. geänd. mWv 25.5.2017 durch G v. 18.5.2017 (BGBl. I S. 1218).

aaa) die Anforderungen der unter Dreifachbuchstabe bbb oder ccc genannten Emissionsklassen nicht erfüllen oder deren Erfüllung nicht ordnungsgemäß nachgewiesen wird, 6,50 Euro,

bbb) die Anforderungen der Emissionsklasse Euro 4 oder Euro 5 erfüllen, 2 Euro,

ccc) die Anforderungen der Emissionsklasse Euro 6 erfüllen, 1,80 Euro,

bb) Selbstzündungsmotoren angetrieben werden und

aaa) die Anforderungen der unter Dreifachbuchstabe bbb und ccc genannten Emissionsklassen nicht erfüllen oder deren Erfüllung nicht ordnungsgemäß nachgewiesen wird, 9,50 Euro,

bbb) die Anforderungen der Emissionsklasse Euro 4 oder Euro 5 erfüllen, 5 Euro,

ccc) die Anforderungen der Emissionsklasse Euro 6 erfüllen, 4,80 Euro,

b) Kraftfahrzeuge im Sinne des § 1 Absatz 1 Nummer 2 für je 200 Kilogramm des zulässigen Gesamtgewichts oder einen Teil davon 16 Euro,

insgesamt jedoch nicht mehr als 130 Euro.
Für Kraftfahrzeuge mit Wankelmotoren bezeichnet Hubraum im Sinne des Satzes 1 Nummer 3 das doppelte Nennkammervolumen.
Abweichend von Satz 1 beträgt die Infrastrukturabgabe für die

1. Zehntagesvignette 25 Euro,
2. Zweimonatsvignette 50 Euro,
3. Jahresvignette 130 Euro,

wenn der Schuldner die für die Höhe der Infrastrukturabgabe relevanten Daten nicht ordnungsgemäß nachweisen kann oder auf deren Angabe verzichtet.

(2) Für Kraftfahrzeuge mit einem Oldtimer-Kennzeichen im Sinne des § 9 Absatz 1 der Fahrzeug-Zulassungsverordnung[1] beträgt die Infrastrukturabgabe für die Jahresvignette 130 Euro.

(3) Der in den Fällen des § 7 Absatz 3 und 4 zu entrichtende Betrag für die Infrastrukturabgabe beträgt für jeden Tag des Berechnungszeitraums den auf ihn entfallenden Bruchteil der Jahresvignette. Fällt ein Tag des Berechnungszeitraums in ein Schaltjahr, so beträgt die Infrastrukturabgabe für jeden Tag ein Dreihundertsechsundsechzigstel der Jahresvignette.

(4) Die Höhe der Infrastrukturabgabe wird für den jeweiligen Entrichtungszeitraum auf 0 Euro festgesetzt, wenn der sich aus Absatz 1 Satz 1 Nummer 3, den Absätzen 2 und 3 ergebende Betrag weniger als 2 Euro beträgt.

(5) Bei Berechnung der Infrastrukturabgabe zählen angefangene Kalendertage als volle Tage. Der Tag, an dem die Abgabenpflicht endet, wird nicht mitgerechnet, ausgenommen in den Fällen der Entrichtung für einen nach Tagen berechneten Zeitraum nach § 7 Absatz 3 Satz 2 und Absatz 4 Satz 1.

---

[1] Nr. **250**.

800. Gesetz über den Betrieb elektronischer Mautsysteme (Mautsystemgesetz – MautSysG)[1)2)]

Vom 5. Dezember 2014
(BGBl. I S. 1980)

FNA 9290-17

geänd. durch Art. 144 Zweites Datenschutz-Anpassungs- und Umsetzungsgesetz EU v. 20.11.2019 (BGBl. I S. 1626)

§ 1 Anwendungsbereich. (1) Die Vorschriften dieses Gesetzes gelten für

1. technische Systeme zur elektronischen Erhebung von Gebühren für die Benutzung von mautpflichtigen Streckennetzen mit Kraftfahrzeugen (elektronische Mautsysteme) und
2. das Erbringen mautdienstbezogener Leistungen, auch in der Form der Mitwirkung Privater bei der Erhebung.

(2) Das jeweils zu einem elektronischen Mautsystem gehörende mautpflichtige Streckennetz umfasst

1. öffentliche Straßen,
2. Bauwerke im Verlauf öffentlicher Straßen, insbesondere Tunnel und Brücken, und
3. Fähren, soweit sie Teil einer öffentlichen Straße sind,

nach Maßgabe besonderer Vorschriften des Bundes und der Länder.

(3) Die Vorschriften dieses Gesetzes gelten nicht für

1. elektronische Mautsysteme, soweit diese den Einbau eines Fahrzeuggerätes in einem mautpflichtigen Fahrzeug nicht erfordern, oder
2. kleine, rein örtliche Mautsysteme, bei denen die Kosten für die Anpassung an die Anforderungen nach diesem Gesetz außer Verhältnis zu dem erzielten Nutzen stünden, es sei denn, in den der Erhebung der Maut zu Grunde liegenden Rechtsvorschriften des Bundes oder der Länder ist etwas Abweichendes bestimmt.

§ 2 Technische Anforderungen. Elektronische Mautsysteme, die von Bund und Ländern in Betrieb genommen werden, dürfen für die Erhebung der Maut nur eine oder mehrere der folgenden Techniken verwenden:

1. Satellitenortung,
2. Mobilfunk nach der GSM/GPRS-Norm,
3. Mikrowellentechnik (5,8 GHz).

---

1) Verkündet als Art. 1 G zur Änderung mautrechtlicher Vorschriften hinsichtlich der Einführung des europäischen elektronischen Mautdienstes v. 5.12.2014; Inkrafttreten gem. Art. 5 des G am 13.12. 2014.
Das Gesetz dient der Umsetzung der Richtlinie 2004/52/EG des Europäischen Parlaments und des Rates vom 29. April 2004 über die Interoperabilität elektronischer Mautsysteme in der Gemeinschaft (ABl. L 200 vom 7.6.2004, S. 50).

2) Die Gebietsvorgaben im Sinne des § 9 Abs. 1, 3 und 4 für die nach § 1 des Bundesfernstraßenmautgesetzes (Nr. **810**) mautpflichtigen Straßen ergeben sich aus der EEMD-Gebietsvorgabenverordnung.

§ 3 Europäischer elektronischer Mautdienst. (1) Bund und Länder haben ihre elektronischen Mautsysteme nach Maßgabe des Absatzes 2 so zu betreiben, dass der europäische elektronische Mautdienst (Mautdienst) ermöglicht wird.

(2) Die elektronischen Mautsysteme von Bund und Ländern müssen den Anforderungen der Richtlinie 2004/52/EG des Europäischen Parlaments und des Rates vom 29. April 2004 über die Interoperabilität elektronischer Mautsysteme in der Gemeinschaft (ABl. L 200 vom 7.6.2004, S. 50) in ihrer jeweils geltenden Fassung und der auf Grund dieses Rechtsaktes erlassenen Rechtsakte der Organe der Europäischen Gemeinschaft oder der Europäischen Union, insbesondere der Entscheidung 2009/750/EG der Kommission vom 6. Oktober 2009 über die Festlegung der Merkmale des europäischen elektronischen Mautdienstes und seiner technischen Komponenten (ABl. L 268 vom 13.10.2009, S. 11), entsprechen.

§ 4 Registrierung von Anbietern. Wer mautdienstbezogene Leistungen erbringen will (Anbieter), muss sich beim Bundesamt für Güterverkehr registrieren lassen, soweit er nicht bei der zuständigen Behörde eines anderen Mitgliedstaates der Europäischen Union oder eines anderen Vertragsstaates des Abkommens über den Europäischen Wirtschaftsraum registriert ist.

§ 5 Registrierungsvoraussetzungen. Die Registrierung erfolgt auf Antrag, wenn der Anbieter nach Maßgabe des § 6, auch in Verbindung mit § 7, nachweist, dass er

1. seinen Sitz oder eine ständige Niederlassung in Deutschland hat,
2. über ein Qualitätsmanagementsystem verfügt, das nach den allgemein anerkannten Regeln der Technik zertifiziert ist,
3. über
   a) die technische Ausrüstung und
   b) die EG-Konformitätserklärung oder das EG-Zertifikat zur Bescheinigung der Konformität der Interoperabilitätskomponenten nach Nummer 1 des Anhangs IV der Entscheidung 2009/750/EG verfügt,
4. die Befähigung zum Erbringen mautdienstbezogener Leistungen besitzt,
5. über eine angemessene finanzielle Leistungsfähigkeit verfügt, um die Einrichtung und ordnungsgemäße Führung eines Geschäftsbetriebs zum Erbringen mautdienstbezogener Leistungen in allen Mitgliedstaaten der Europäischen Union und den anderen Vertragsstaaten des Abkommens über den Europäischen Wirtschaftsraum zu gewährleisten,
6. über einen auf seine Veranlassung im Rahmen eines Audits geprüften Risikomanagementplan verfügt, der die Risiken im Zusammenhang mit dem Erbringen der mautdienstbezogenen Leistungen benennt und bewertet sowie Maßnahmen zur Verringerung dieser Risiken vorsieht, sowie
7. die Gewähr für die erforderliche Zuverlässigkeit für die Einrichtung und ordnungsgemäße Führung eines Geschäftsbetriebs zum Erbringen mautdienstbezogener Leistungen in den Mitgliedstaaten der Europäischen Union und den anderen Vertragsstaaten des Abkommens über den Europäischen Wirtschaftsraum bietet.

§ 6[1)] Registrierungsverfahren. (1) [1]Der Antrag auf Registrierung als Anbieter ist schriftlich beim Bundesamt für Güterverkehr zu stellen. [2]Zum Nachweis des Vorliegens der Voraussetzungen des § 5 sind dem Antrag die hierfür erforderlichen Unterlagen und Bescheinigungen, insbesondere ein Auszug über die im Handelsregister enthaltenen Eintragungen des Antragstellers als Unternehmer und der für die Führung der Geschäfte bestellten Personen, beizufügen. [3]Ferner hat der Antragsteller Nachweise darüber beizufügen, dass die zur Führung der Geschäfte bestellten Personen zum Zweck der Prüfung der Zuverlässigkeit jeweils einen Antrag auf Vorlage eines Führungszeugnisses beim Bundesamt für Güterverkehr gestellt haben. [4]Namen und Anschriften natürlicher Personen sind zu übermitteln, soweit diese in Unterlagen und Bescheinigungen nach Satz 2 enthalten sind. [5]Auf Verlangen des Bundesamtes für Güterverkehr hat der Antragsteller die Originale oder beglaubigte Kopien der Unterlagen und Bescheinigungen vorzulegen.

(2) Jeder Antragsteller ist verpflichtet, dem Bundesamt für Güterverkehr Änderungen der tatsächlichen Verhältnisse, auf die sich die Prüfung des Nachweises der Erfüllung der Voraussetzungen nach § 5 erstreckt, unverzüglich schriftlich mitzuteilen.

(3) [1]Das Bundesamt für Güterverkehr ist befugt, die in den in den Absätzen 1 und 2 bezeichneten Unterlagen und Bescheinigungen enthaltenen personenbezogenen Daten zu dem in Absatz 1 Satz 2 genannten Zweck zu erheben, zu speichern und zu verwenden. [2]Die personenbezogenen Daten nach Satz 1 sind vom Bundesamt für Güterverkehr

1. bei Nichtregistrierung des Antragstellers als Anbieter zwei Jahre nach bestandskräftiger oder rechtskräftiger Ablehnung des Antrags auf Registrierung,
2. bei Registrierung des Antragstellers als Anbieter zwei Jahre nach bestandskräftiger oder rechtskräftiger Beendigung der Registrierung

unverzüglich zu löschen.

§ 7 Regelmäßige Überprüfung der Registrierungsvoraussetzungen.

(1) [1]Jeder in Deutschland registrierte Anbieter ist verpflichtet, dem Bundesamt für Güterverkehr Änderungen der tatsächlichen Verhältnisse, die für den Nachweis des Vorliegens der Voraussetzungen des § 5 bedeutsam sind, unverzüglich schriftlich mitzuteilen. [2]§ 6 Absatz 3 gilt entsprechend.

(2) [1]Das Bundesamt für Güterverkehr überprüft mindestens einmal jährlich bei den in Deutschland registrierten Anbietern, ob die Voraussetzungen des § 5 Nummer 2 und 5 bis 7 noch vorliegen. [2]Hierzu sind die Anbieter verpflichtet, dem Bundesamt für Güterverkehr jeweils bis zum 31. Oktober eines jeden Kalenderjahres das weitere Vorliegen dieser Voraussetzungen nachzuweisen. [3]Der Nachweis der Voraussetzung des § 5 Nummer 6 ist durch ein auf Veranlassung des Anbieters mindestens alle zwei Jahre durchgeführtes Audit zu erbringen. [4]§ 6 Absatz 1 Satz 2 bis 4 und Absatz 3 gilt entsprechend.

(3) [1]Das Bundesamt für Güterverkehr hat die Registrierung zu widerrufen, wenn eine der Voraussetzungen des § 5 nachträglich entfallen ist. [2]Das Bundesamt für Güterverkehr hat die Registrierung ferner zu widerrufen, wenn ein Anbieter gegen die in den §§ 13 bis 14 geregelten weiteren Pflichten verstößt

---

[1)] § 6 Abs. 3 Satz 1 geänd. mWv 26.11.2019 durch G v. 20.11.2019 (BGBl. I S. 1626).

und deshalb eine ordnungsgemäße Erhebung der jeweiligen Maut nicht gewährleistet ist.

(4) Das Bundesamt für Güterverkehr kann die Registrierung widerrufen, wenn ein Anbieter gegen die in § 12 Absatz 1 geregelte Pflicht verstößt.

(5) Das Bundesamt für Güterverkehr hat die Registrierung zurückzunehmen, wenn die Voraussetzungen des § 5 nicht vorgelegen haben.

§ 8 Erhebung von Gebühren und Auslagen. [1] Für die Registrierung nach den §§ 5 und 6 Absatz 1 sowie die regelmäßige Überprüfung des Vorliegens der Registrierungsvoraussetzungen nach § 7 Absatz 2 Satz 1 werden vom Antragsteller Gebühren und Auslagen erhoben. [2] Die §§ 4 bis 6, 9 Absatz 1 und die §§ 10 bis 21 des Bundesgebührengesetzes sind anzuwenden. [3] Die Gebührentatbestände und die Gebührensätze werden durch Rechtsverordnung nach § 31 Absatz 1 Nummer 1 Buchstabe b bestimmt.

§ 9 Gebietsvorgaben. (1) [1] Bund und Länder haben für ihre mautpflichtigen Streckennetze Regelungen zu treffen, in denen die allgemeinen Bedingungen für die Zulassung der Anbieter enthalten sind (Gebietsvorgaben). [2] Insbesondere sind in nicht personenbezogener Form Regelungen zu treffen über

1. die von den Anbietern zu zahlenden Entgelte nach Absatz 3 einschließlich einer Bankgarantie oder eines gleichwertigen Finanzinstruments nach Absatz 4,
2. das Verfahren zur Abwicklung der Mitwirkung bei der Mauterhebung durch die Anbieter hinsichtlich
   a) der Voraussetzungen für die Zulassung als Anbieter,
   b) der Maut-Basisdaten nach § 17,
   c) des Anlegens von Sperrlisten, den Zugriff darauf und die Übermittlung von Sperrlisten oder Daten daraus,
   d) des Formats für die Übermittlung der Daten des Mautbuchungsnachweises,
   e) der Termine und der Häufigkeit der Übermittlung dieser Daten,
   f) der Richtigkeit der Daten des Mautbuchungsnachweises,
   g) der Betriebsbereitschaft,
   h) der Fakturierungsgrundsätze,
   i) der Zahlungsgrundsätze,
   j) der Geschäftsbedingungen, die in Verhandlungen zwischen den für die Erhebung einer Maut in Bund und Ländern zuständigen Behörden sowie dem jeweiligen Anbieter zu vereinbaren sind, einschließlich der Anforderungen an die Dienstleistungsqualität,
   k) der Unterstützung der Kontrolle der Einhaltung der Mautpflicht durch die Teilsysteme der Anbieter,
   l) der Überwachung der Anbieter und
   m) des Umgangs mit Änderungen.

(2) [1] Die jeweils für die Erhebung einer Maut in Bund und Ländern zuständigen Behörden haben spätestens drei Monate vor Beginn einer Maut-

erhebung die Angaben nach Absatz 1 an das Bundesamt für Güterverkehr zur Aufnahme in das Mautdienstregister nach § 21 Absatz 1 zu übermitteln. [2] Änderungen sind dem Bundesamt für Güterverkehr unverzüglich schriftlich mitzuteilen.

(3) [1] Die Entgelte im Sinne des Absatzes 1 Satz 2 Nummer 1 dürfen die jeweiligen Kosten des Bundes und der Länder für die Bereitstellung, den Betrieb und die Erhaltung eines den Anforderungen an den Mautdienst genügenden Systems, einschließlich des Zulassungsverfahrens, der Kontrolle der Einhaltung der Mautpflicht und der Überwachung der Anbieter, nicht übersteigen. [2] Kosten, die bereits in der Maut enthalten sind, dürfen bei der Berechnung der Entgelte nicht berücksichtigt werden.

(4) [1] Bund und Länder können ferner von den Anbietern eine Bankgarantie oder ein gleichwertiges Finanzinstrument verlangen, deren oder dessen Betrag die in den vorausgegangenen zwölf Monaten durchschnittlich monatlich von dem Anbieter für das jeweilige mautpflichtige Streckennetz zu zahlende Summe für Mautabrechnungen nicht überschreiten darf. [2] Für einen erstmals tätig werdenden Anbieter wird der Betrag nach Satz 1 für die Dauer der ersten zwölf Monate auf der Grundlage der Summe festgelegt, die der Anbieter auf Grund der Anzahl seiner Verträge und der in seinem Geschäftsplan veranschlagten durchschnittlichen Maut je Vertrag in den ersten zwölf Monaten durchschnittlich monatlich für Mautabrechnungen für das jeweilige mautpflichtige Streckennetz zu zahlen haben dürfte.

§ 10 Zulassung von Anbietern. (1) Ein Anbieter kann mautdienstbezogene Leistungen innerhalb eines mautpflichtigen Streckennetzes nur erbringen, wenn er von der jeweils zuständigen Behörde des Bundes oder Landes dafür zugelassen ist.

(2) [1] Bund und Länder lassen auf Antrag jeden Anbieter zu, der mautdienstbezogene Leistungen in ihrem Zuständigkeitsbereich anbieten will, wenn dieser die jeweiligen nach § 9 Absatz 1 geregelten Gebietsvorgaben und die jeweiligen Anforderungen nach § 22 Absatz 2 und 3 erfüllt. [2] Die Zulassung eines Anbieters für ein mautpflichtiges Streckennetz erfolgt durch öffentlich-rechtlichen Vertrag zwischen der für die Erhebung der Maut in diesem mautpflichtigen Streckennetz zuständigen Behörde und dem Anbieter.

(3) Die Prüfung des Vorliegens der Zulassungsvoraussetzungen erfolgt auf der Grundlage eines öffentlich-rechtlichen Vertrages zwischen der für die Erhebung der Maut in dem mautpflichtigen Streckennetz zuständigen Behörde und dem Anbieter, in dem die für die Prüfung erforderlichen Rechte und Pflichten der Beteiligten zu regeln sind (Prüfvereinbarung).

(4) Können sich die zuständige Behörde und ein registrierter Anbieter über den Abschluss des Vertrages nach Absatz 2 Satz 2 oder Absatz 3 oder einzelne seiner Regelungen nicht verständigen, kann jede Verhandlungspartei die Vermittlungsstelle nach § 30 Absatz 1 anrufen.

(5) Bund und Länder haben in nicht personenbezogener Form im Bundesanzeiger alle Anbieter bekannt zu machen, die von ihnen nach Absatz 2 zugelassen sind.

§ 11 Beschränkte Zulassung. (1) [1] Zum Zweck der Überprüfung der Erfüllung der Anforderungen nach § 10 Absatz 2 Satz 1 unter den Bedingungen des Wirkbetriebs (Pilotbetrieb) können die für die Erhebung einer Maut in Bund und Ländern zuständigen Behörden einen Anbieter, mit dem eine Prüfvereinbarung nach § 10 Absatz 3 geschlossen ist, bis zum erfolgreichen Abschluss des Pilotbetriebs in beschränktem Umfang zum Erbringen von mautdienstbezogenen Leistungen in ihrem Zuständigkeitsbereich zulassen (beschränkte Zulassung). [2] Die beschränkte Zulassung kann durch

1. öffentlich-rechtlichen Vertrag zwischen der für die Erhebung der Maut zuständigen Behörde und dem Anbieter oder
2. Verwaltungsakt der für die Erhebung der Maut zuständigen Behörde

erfolgen.

(2) [1] Die beschränkte Zulassung steht in ihrer Wirkung der Zulassung nach § 10 Absatz 1 gleich. [2] Sie kann in den Fällen des Absatzes 1 Satz 2 Nummer 1 mit Regelungen und in den Fällen des Absatz 1 Satz 2 Nummer 2 mit Bedingungen und Auflagen versehen werden, die den Umfang der Zulassung zum Zweck der Überprüfung nach Absatz 1 begrenzen. [3] Insbesondere kann von der zuständigen Behörde die Anzahl der im Rahmen des Pilotbetriebs zugelassenen Nutzer des Anbieters für das jeweilige mautpflichtige Streckennetz beschränkt werden. [4] Im Übrigen bleibt § 36 des Verwaltungsverfahrensgesetzes unberührt.

(3) Alle Pflichten, die sich für zugelassene Anbieter aus diesem Gesetz oder auf Grund dieses Gesetzes ergeben, gelten auch für beschränkt zugelassene Anbieter, soweit sich aus diesem Gesetz oder den auf Grund dieses Gesetzes erlassenen Rechtsvorschriften nicht etwas anderes ergibt.

(4) Bund und Länder haben in nicht personenbezogener Form im Bundesanzeiger alle Anbieter bekannt zu machen, die von ihnen nach Absatz 1 beschränkt zugelassen sind.

(5) § 10 Absatz 4 gilt entsprechend.

(6) [1] Für die beschränkte Zulassung nach Absatz 1 Satz 2 Nummer 2 kann die für die Erhebung der Maut zuständige Behörde Gebühren und Auslagen erheben. [2] § 8 Satz 2 gilt im Fall der beschränkten Zulassung durch eine Bundesbehörde entsprechend. [3] Die Gebührentatbestände und die Gebührensätze bestimmen sich nach den Vorschriften, die die Errichtung und den Betrieb der mautpflichtigen Strecken regeln.

§ 12 Abdeckung der mautpflichtigen Streckennetze. (1) [1] Jeder Anbieter ist verpflichtet, innerhalb von 24 Monaten nach seiner Registrierung alle zum Mautdienst gehörenden mautpflichtigen Streckennetze in den Mitgliedstaaten der Europäischen Union und den anderen Vertragsstaaten des Abkommens über den Europäischen Wirtschaftsraum abzudecken. [2] Soweit sich die mautpflichtigen Streckennetze ändern oder aus einem anderen Grund keine vollständige Abdeckung mehr gegeben ist, ist der Anbieter verpflichtet, die vollständige Abdeckung innerhalb von sechs Monaten nach der Änderung des Streckennetzes oder dem Wegfall der vollständigen Abdeckung wiederherzustellen.

(2) [1] Jeder zugelassene Anbieter ist verpflichtet, seine Nutzer über die von ihm abgedeckten mautpflichtigen Streckennetze sowie die eintretenden Än-

derungen unverzüglich zu unterrichten. [2]Jeder beim Bundesamt für Güterverkehr registrierte Anbieter ist ferner verpflichtet, dem Bundesamt für Güterverkehr bis zum 31. Oktober eines jeden Kalenderjahres eine Erklärung über die mautpflichtigen Streckennetze, in denen er mautdienstbezogene Leistungen erbringt, zu übermitteln. [3]Das Bundesamt für Güterverkehr überprüft mindestens einmal jährlich, ob die bei ihm registrierten Anbieter ihren Pflichten aus den Sätzen 1 und 2 nachkommen. [4]§ 6 Absatz 1 Satz 2 bis 5 gilt entsprechend.

§ 13[1)] Pflichten der Anbieter gegenüber den Nutzern. (1) Die Vertragsbedingungen der Anbieter dürfen nicht nach der Staatsangehörigkeit des Nutzers, dem Staat des Wohnsitzes oder der Niederlassung oder dem Zulassungsort des Fahrzeuges unterscheiden.

(2) Ein zugelassener Anbieter hat seinen Nutzern auf deren Anforderung Fahrzeuggeräte zur Verfügung zu stellen, die den in der Entscheidung 2009/750/EG festgelegten technischen Anforderungen entsprechen.

(3) Ein zugelassener Anbieter ist verpflichtet, den Nutzern seiner Dienstleistungen Informationen und technische Unterstützung zur ordnungsgemäßen Einstellung jedes Fahrzeuggerätes anzubieten.

(4) Die zugelassenen Anbieter sind verpflichtet, die Bedingungen zu veröffentlichen, die sie den Verträgen mit ihren Nutzern zu Grunde legen.

(5) [1]Bei der Erstellung der Rechnungen an die einzelnen Nutzer hat ein zugelassener Anbieter seine Dienstleistungsentgelte deutlich sichtbar von der angefallenen Maut zu trennen. [2]In jedem Fall sind Zeitpunkt und Streckenabschnitt des Anfalls der Maut und die für die Nutzer maßgebliche Zusammensetzung der Maut anzugeben.

(6) Die Vorschriften über Allgemeine Geschäftsbedingungen im Übrigen bleiben unberührt.

§ 14 Weitere Pflichten der Anbieter. (1) [1]Ein zugelassener Anbieter hat durch betriebseigene Kontrollen sicherzustellen, dass die von ihm erbrachten mautdienstbezogenen Leistungen jederzeit die Anforderungen nach § 9 Absatz 1 erfüllen. [2]Er muss dazu insbesondere über geprüfte Betriebsprozesse verfügen, die bei Leistungsproblemen oder bei Verletzungen der Vollständigkeit und Unverändertheit seiner mit dem Erbringen mautdienstbezogener Leistungen zusammenhängenden Daten (Integritätsverletzungen) geeignete Maßnahmen vorsehen, damit die volle Leistungsfähigkeit unverzüglich wiederhergestellt wird oder Integritätsverletzungen unverzüglich beseitigt werden.

(2) [1]Ein zugelassener Anbieter ist im Rahmen seiner mautdienstbezogenen Leistungen für die Richtigkeit der in den Fahrzeuggeräten seiner Nutzer oder in seinem Informationssystem gespeicherten unveränderlichen Merkmale für die Fahrzeugklassifizierung verantwortlich. [2]Insbesondere haftet ein zugelassener Anbieter gegenüber dem Bund und den Ländern für entgangene Mauteinnahmen, die aus fehlerhaft gespeicherten unveränderlichen Merkmalen für die Fahrzeugklassifizierung resultieren.

§ 15 Rechte und Pflichten der Nutzer. (1) Nutzer können am Mautdienst über einen zugelassenen Anbieter teilnehmen.

[1)] § 13 Abs. 4 Satz 2 aufgeh. mWv 26.11.2019 durch G v. 20.11.2019 (BGBl. I S. 1626).

(2) Nutzer haben sicherzustellen, dass alle gegenüber ihrem Anbieter gemachten Angaben zu Nutzer und Fahrzeug zutreffend sind.

(3) Nutzer haben sicherzustellen, dass das Fahrzeuggerät ihres Fahrzeuges während des Einsatzes in den zum Mautdienst gehörenden mautpflichtigen Streckennetzen funktionsfähig ist.

(4) [1] Nutzer haben Fahrzeuggeräte entsprechend den Anweisungen ihres Anbieters zu benutzen oder haben sicherzustellen, dass die Fahrzeuggeräte entsprechend den Anweisungen ihres Anbieters benutzt werden. [2] Satz 1 gilt insbesondere im Hinblick auf die veränderlichen Merkmale für die Fahrzeugklassifizierung.

(5) Nach Maßgabe der jeweiligen der Erhebung einer Maut zu Grunde liegenden Vorschriften erfüllt der Nutzer mit der Zahlung der Maut an seinen Anbieter seine Zahlungsverpflichtungen gegenüber der jeweils für die Erhebung einer Maut in Bund und Ländern zuständigen Behörde.

§ 16 Befugnisse und Pflichten der für die Mauterhebung zuständigen Behörden. (1) Werden Änderungen hinsichtlich der im Mautdienstregister nach § 21 Absatz 1 gespeicherten Daten eines Mautsystems erforderlich, so hat die zuständige Behörde des Bundes oder Landes unverzüglich das Bundesamt für Güterverkehr schriftlich zu unterrichten, damit es das Mautdienstregister entsprechend ändern kann.

(2) Die für die Erhebung einer Maut in Bund und Ländern zuständigen Behörden haben von den nach § 10 Absatz 1 zugelassenen Anbietern alle funktionsfähigen Fahrzeuggeräte anzuerkennen, für die eine EG-Konformitätserklärung nach § 23 Absatz 1 vorliegt, deren Gebrauchstauglichkeit nach § 23 Absatz 2 nachgewiesen wurde und die nicht auf einer Liste gesperrter Fahrzeuggeräte nach § 26 aufgeführt sind.

(3) [1] Die für die Erhebung einer Maut in Bund und Ländern zuständigen Behörden können einen zugelassenen Anbieter zur Zusammenarbeit bei unangekündigten, eingehenden Überprüfungen des Systems des Anbieters auffordern, in deren Rahmen Fahrzeuge überprüft werden, die in den mautpflichtigen Streckennetzen dieser Behörden verkehren oder in den letzten drei Monaten verkehrt sind. [2] Die Anzahl der Fahrzeuge, die im Verlauf eines Kalenderjahres im Zusammenhang mit einem bestimmten Anbieter solchen Überprüfungen unterzogen wird, muss im Verhältnis zu dem durchschnittlichen jährlichen Verkehrsaufkommen des Anbieters in den jeweiligen mautpflichtigen Streckennetzen dieser Behörden oder den entsprechenden Verkehrsprognosen stehen.

(4) Wird festgestellt, dass zugelassene Anbieter durch Verschulden des Bundes oder eines Landes ihre mautdienstbezogenen Leistungen nicht anbieten können, so hat die jeweils zuständige Behörde für einen Behelfsbetrieb zu sorgen, bei dem Fahrzeuge mit den in Absatz 2 genannten Geräten sicher und mit so geringer Verzögerung wie möglich verkehren können, ohne dass den Nutzern ein Verstoß gegen die Vorschriften zur Mauterhebung angelastet werden kann.

(5) Die für die Erhebung einer Maut in Bund und Ländern zuständigen Behörden sind verpflichtet, mit registrierten Anbietern, Herstellern oder notifizierten Stellen zusammenzuarbeiten, um die Gebrauchstauglichkeit der Inter-

operabilitätskomponenten nach § 22 Absatz 1 in ihren Mautsystemen zu prüfen.

(6) Die für die Erhebung einer Maut in Bund und Ländern zuständigen Behörden haben in den Fällen des § 20 Absatz 1 die erforderlichen Maßnahmen zu treffen, um sicherzustellen, dass für beide Tätigkeitsbereiche des Anbieters eine getrennte Buchführung und Segmentberichterstattung erfolgt und dabei dafür Sorge zu tragen, dass ein Ausgleich von Gewinnen und Verlusten zwischen den Tätigkeitsbereichen eines Anbieters nicht erfolgen kann.

§ 17 Maut-Basisdaten. (1) Die jeweils für die Erhebung einer Maut in Bund und Ländern zuständigen Behörden müssen dem Bundesamt für Güterverkehr spätestens drei Monate vor Beginn der Mauterhebung die für die Mauterhebung erforderlichen Maut-Basisdaten nach Absatz 2 mitteilen.

(2) Maut-Basisdaten sind:

1. das mautpflichtige Streckennetz, insbesondere dessen geografische Ausdehnung und die Infrastrukturen, für die Maut erhoben wird,
2. die Art der Maut und die Erhebungsgrundsätze,
3. die Fahrzeugarten, für die Maut erhoben wird,
4. die Merkmale für die Klassifizierung der Fahrzeugarten und ihre Zuordnung zur Gebührenstruktur des Bundes oder Landes,
5. die geforderten Mautbuchungsnachweise.

(3) Jede Änderung der in Absatz 2 genannten Maut-Basisdaten ist dem Bundesamt für Güterverkehr spätestens drei Monate vor Wirksamwerden der Änderung schriftlich mitzuteilen.

§ 18 Fahrzeugklassifizierung. [1] Die Maut ist vom Bund und den Ländern auf der Grundlage einer Klassifizierung der jeweiligen Fahrzeugart festzulegen. [2] Die Fahrzeugarten dürfen nur nach Maßgabe des Anhangs VI der Entscheidung 2009/750/EG klassifiziert werden.

§ 19 Mautbuchungsnachweise. (1) Bund und Länder können von einem zugelassenen Anbieter für alle von diesem verwalteten Nutzerkonten neben den Zahlungen bei nachgewiesenen Mautbuchungsnachweisen auch Zahlungen im Fall der nachweislichen Nichtübermittlung eines Mautbuchungsnachweises verlangen.

(2) Bei mikrowellengestützten Mautsystemen im Sinne des § 2 Nummer 3 müssen die jeweils für die Erhebung einer Maut in Bund und Ländern zuständigen Behörden den zugelassenen Anbietern die Buchungsnachweise für die Maut übermitteln, die für die jeweiligen Nutzer der Anbieter angefallen sind.

§ 20 Buchführung. (1) [1] Ist ein zugelassener Anbieter zugleich von einer für die Erhebung von Maut in Bund und Ländern zuständigen Behörde mit der Mauterhebung beauftragt, hat er zusätzlich zum Jahresabschluss Segmentberichte für die Tätigkeit als zugelassener Anbieter und für die Tätigkeit der Mauterhebung aufzustellen. [2] Ein Segmentbericht besteht aus einer auf die in Satz 1 bezeichneten Tätigkeiten begrenzten Bilanz und Gewinn- und Verlustrechnung. [3] Auf die Aufstellung der Segmentberichte sind die für die Aufstellung des Jahresabschlusses des Anbieters geltenden Vorschriften entsprechend anzuwenden. [4]Die Segmentberichte sind spätestens ein Jahr nach Ablauf des Geschäftsjahres auf der Internetseite des Anbieters zu veröffentlichen.

(2) Die Buchführungssysteme für die Tätigkeiten nach Absatz 1 sind voneinander getrennt zu halten, sodass eine eindeutige Bewertung von Kosten und Nutzen im Zusammenhang mit dem Erbringen mautdienstbezogener Leistungen vorgenommen werden kann.

§ 21[1)] Mautdienstregister. (1) [1]Das Bundesamt für Güterverkehr führt und aktualisiert das nationale elektronische Mautdienstregister (Mautdienstregister). [2]Das Mautdienstregister enthält folgende Angaben:

1. mautpflichtige Streckennetze mit Angaben zu
   a) der jeweils für die Erhebung der Maut zuständigen Behörde,
   b) den verwendeten Mauttechnologien,
   c) den Gebietsvorgaben für das mautpflichtige Streckennetz nach § 9,
   d) den Anbietern, die zum Erbringen mautdienstbezogener Leistungen nach § 10 Absatz 1 zugelassen oder nach § 11 Absatz 1 beschränkt zugelassen sind, wobei anzugeben ist, um welche Art der Zulassung es sich handelt,
2. Anbieter, die beim Bundesamt für Güterverkehr registriert sind sowie die Schlussfolgerungen des regelmäßigen Audits nach § 7 Absatz 2 Satz 3.

[3]Das Bundesamt für Güterverkehr ist befugt, zu dem in Satz 1 genannten Zweck in den Fällen von Satz 2 Nummer 1 Buchstabe d und Satz 2 Nummer 2 den Namen des gesetzlichen Vertreters des Anbieters zu erheben, zu speichern und zu verwenden. [4]Das in Satz 3 genannte Datum ist unverzüglich zu löschen, wenn es im Einzelfall für die Führung des in Satz 1 genannten Registers nicht mehr erforderlich ist.

(2) Das Bundesamt für Güterverkehr aktualisiert das Mautdienstregister bei Bedarf, insbesondere auf der Basis der Überprüfungen nach § 7 Absatz 2 Satz 1 und § 12 Absatz 2 Satz 3.

(3) Das Mautdienstregister ist im Bundesanzeiger in nicht personenbezogener Form bekannt zu machen.

(4) [1]Zum Ende jedes Kalenderjahres übermittelt das Bundesamt für Güterverkehr den registerführenden Stellen in den anderen Mitgliedstaaten der

(Fortsetzung nächstes Blatt)

[1)] § 21 Abs. 1 Satz 3 geänd. mWv 26.11.2019 durch G v. 20.11.2019 (BGBl. I S. 1626).

Europäischen Union und in den anderen Vertragsstaaten des Abkommens über den Europäischen Wirtschaftsraum sowie der Kommission elektronisch das Mautdienstregister in nicht personenbezogener Form. [2] Abweichungen zwischen den Daten der von den anderen Mitgliedstaaten der Europäischen Union und den anderen Vertragsstaaten des Abkommens über den Europäischen Wirtschaftsraum übermittelten Mautdienstregister bezüglich der Situation in einem Mitgliedstaat der Europäischen Union oder einem anderen Vertragsstaat des Abkommens über den Europäischen Wirtschaftsraum teilt das Bundesamt für Güterverkehr dem Mitgliedstaat der Europäischen Union oder dem anderen Vertragsstaat des Abkommens über den Europäischen Wirtschaftsraum, in dem der jeweilige Anbieter registriert ist, sowie der Kommission mit.

§ 22 Anforderungen an Interoperabilitätskomponenten. (1) [1] Interoperabilitätskomponenten sind Bauteile, Bauteilgruppen, Unterbaugruppen oder komplette Materialbaugruppen, die in elektronische Mautsysteme nach § 1 eingegliedert sind oder eingegliedert werden sollen und von denen die Interoperabilität dieser elektronischen Mautsysteme unmittelbar oder mittelbar abhängt. [2] Hierbei kann es sich sowohl um materielle als auch um immaterielle Produkte, insbesondere Software, handeln.

(2) Für die Interoperabilitätskomponenten, einschließlich der Schnittstellen, muss vom Hersteller nachgewiesen werden, dass sie die Anforderungen der Richtlinie 2004/52/EG, der Entscheidung 2009/750/EG sowie der für die jeweiligen Interoperabilitätskomponenten geltenden Gesetze erfüllen (Konformität der Interoperabilitätskomponenten).

(3) Für die Interoperabilitätskomponenten, einschließlich der Schnittstellen, muss vom Hersteller oder Anbieter nachgewiesen werden, dass sie in der Lage sind, während des Betriebs die Mauterhebung nach Maßgabe der in den Gebietsvorgaben festgelegten Anforderungen an die Dienstleistungsqualität zu erreichen und aufrechtzuerhalten (Gebrauchstauglichkeit der Interoperabilitätskomponenten).

§ 23 Beurteilung und Kennzeichnung von Interoperabilitätskomponenten. (1) Die Beurteilung der Konformität von Interoperabilitätskomponenten hat durch den Hersteller selbst oder durch eine oder mehrere notifizierte Stellen nach Anhang IV Nummer 1 der Entscheidung 2009/750/EG zu erfolgen.

(2) Die Beurteilung der Gebrauchstauglichkeit von Interoperabilitätskomponenten ist von den für die Erhebung einer Maut im Bund und in den Ländern zuständigen Behörden oder durch eine oder mehrere notifizierte Stellen nach Anhang IV Nummer 2 der Entscheidung 2009/750/EG vorzunehmen.

(3) Interoperabilitätskomponenten können vom Hersteller oder Anbieter mit dem CE-Zeichen versehen werden, wenn für sie eine EG-Konformitätserklärung oder Gebrauchstauglichkeitserklärung vorliegt.

(4) [1] Konformitätserklärungen oder Gebrauchstauglichkeitserklärungen sind vom Hersteller der Interoperabilitätskomponenten, dem Anbieter oder einem Bevollmächtigten nach Maßgabe des Anhanges IV der Entscheidung 2009/750/EG zu erstellen. [2] Der Inhalt der Erklärungen muss Anhang IV

Nummer 3 der Entscheidung 2009/750/EG entsprechen. [3] Aus den Erklärungen muss hervorgehen, ob sie die Konformität mit Spezifikationen oder die Gebrauchstauglichkeit betreffen.

§ 24 Inverkehrbringen von Interoperabilitätskomponenten. (1) Das Inverkehrbringen von Interoperabilitätskomponenten darf vorbehaltlich des Absatzes 2 nicht verboten, beschränkt oder behindert werden, wenn diese Komponenten das CE-Zeichen tragen oder für sie eine EG-Konformitätserklärung oder Gebrauchstauglichkeitserklärung vorliegt.

(2) [1] Hat das Bundesamt für Güterverkehr Grund zu der Annahme, dass Interoperabilitätskomponenten, die das CE-Zeichen tragen und in Verkehr gebracht worden sind, bei bestimmungsgemäßer Verwendung die Anforderungen des § 22 Absatz 2 oder 3 oder des § 25 nicht erfüllen werden, so kann es das weitere Inverkehrbringen dieser Komponenten untersagen oder einschränken oder ihre Rücknahme oder ihren Rückruf anordnen. [2] Das Bundesamt für Güterverkehr unterrichtet die Kommission unverzüglich unter Angabe der Gründe über die getroffenen Maßnahmen und erläutert insbesondere, ob die Komponenten nicht übereinstimmend sind, weil

1. die technischen Spezifikationen nicht ordnungsgemäß angewandt wurden oder
2. die technischen Spezifikationen ungeeignet sind.

(3) [1] Erfüllen Interoperabilitätskomponenten, die das CE-Zeichen tragen, nicht die Anforderungen des § 22 Absatz 2 oder Absatz 3, verlangt das Bundesamt für Güterverkehr vom Hersteller oder seinem in der Europäischen Union oder in einem anderen Vertragsstaat des Abkommens über den Europäischen Wirtschaftsraum ansässigen Bevollmächtigten, die Konformität oder Gebrauchstauglichkeit der jeweiligen Interoperabilitätskomponente entsprechend den geltenden Vorschriften herzustellen. [2] Das Bundesamt für Güterverkehr unterrichtet die Kommission und die zuständigen Stellen der anderen Mitgliedstaaten der Europäischen Union und der anderen Vertragsstaaten des Abkommens über den Europäischen Wirtschaftsraum hiervon.

(4) [1] Das Produktsicherheitsgesetz bleibt unberührt. [2] Das Bundesamt für Güterverkehr und die nach dem Produktsicherheitsgesetz zuständigen Behörden unterrichten sich gegenseitig über die im Hinblick auf Interoperabilitätskomponenten gewonnenen Erkenntnisse und getroffenen Maßnahmen.

§ 25 Besondere Anforderungen an die Fahrzeuggeräte. (1) [1] Die mautdienstbezogenen Leistungen sind den Nutzern als ein einheitlicher, fortdauernder Dienst anzubieten. [2] Dies erfordert insbesondere, dass bei den Fahrzeuggeräten während einer Fahrt über die zuvor vorgenommenen Einstellungen hinsichtlich der Fahrzeugklassifizierung, einschließlich der veränderbaren Bemessungsgrößen, hinaus keine zusätzlichen Einstellungen vorzunehmen sind.

(2) Fahrzeuggeräte, die im Rahmen des Mautdienstes eingesetzt werden, müssen für jedes elektronische Mautsystem in den Mitgliedstaaten der Europäischen Union und in den anderen Vertragsstaaten des Abkommens über den Europäischen Wirtschaftsraum, welches in den Anwendungsbereich der Richtlinie 2004/52/EG fällt, und für alle Fahrzeugarten einsetzbar sein.

(3) Die veränderbaren Daten für die Fahrzeugklassifizierung, die sich von einer Fahrt zur anderen oder während einer Fahrt ändern können und im Fahrzeug selbst eingegeben werden können, müssen über eine Benutzer-Schnittstelle an dem Fahrzeuggerät einzugeben sein.

(4) Fahrzeuggeräte dürfen unbeschadet nach anderen Rechtsvorschriften erforderlicher Genehmigungen auch für weitere Zwecke und andere Dienste einsetzbar sein, soweit dies in keinem mautpflichtigen Streckennetz die Erhebung der Maut beeinträchtigt.

§ 26[1)] Liste gesperrter Fahrzeuggeräte. (1) [1]Jeder zugelassene Anbieter darf zu Zwecken der Haftungsbeschränkung nach Absatz 2 Listen führen, in denen er die von ihm gesperrten Fahrzeuggeräte seiner Nutzer aufführt. [2]Die zugelassenen Anbieter und die für die Erhebung einer Maut in Bund und Ländern zuständigen Behörden dürfen für die Listen folgende Daten erheben, speichern, verwenden und einander übermitteln, soweit dies für den in Satz 1 genannten Zweck erforderlich ist:

1. Identifikationsnummer des Nutzers, dem das gesperrte oder entsperrte Fahrzeuggerät zugeordnet ist,
2. Identifikationsnummer des Fahrzeuggerätes, zu dem eine Sperr- oder Entsperrmeldung vom Anbieter vorliegt,
3. Informationen zur Gültigkeit eines Eintrags,
4. Zeitpunkt, zu dem der Anbieter eine Sperrung oder Entsperrung ausgelöst hat,
5. Zeitpunkt, zu dem das Fahrzeuggerät die Sperrung oder Entsperrung bestätigt hat,
6. Art der Sperraktivität, die für ein Fahrzeuggerät durchgeführt wurde,
7. eine im System des Anbieters eindeutige Identifikationsnummer für Datensätze vom Datentyp „Sperr- oder Entsperrinformation".

[3]Diese Daten dürfen über den in Satz 1 genannten Zweck hinaus ausschließlich dann zu Zwecken dieses Gesetzes sowie den der Mauterhebung zu Grunde liegenden Gesetzen des Bundes und der Länder gespeichert, verwendet und übermittelt werden, wenn dies für die Erreichung eines dieser Zwecke im Einzelfall jeweils erforderlich ist. [4]Eine Übermittlung, Verwendung oder Beschlagnahme dieser Daten nach anderen Rechtsvorschriften ist unzulässig.

(2) Ist den für die Erhebung einer Maut in Bund und Ländern zuständigen Behörden von einem zugelassenen Anbieter eine Liste gesperrter Fahrzeuggeräte im Sinne des Absatzes 1 zugegangen, haftet der Anbieter nicht für durch die Verwendung solcher gesperrten und in der Liste enthaltenen Fahrzeuggeräte noch angefallene Maut.

(3) Die jeweils zuständigen Behörden von Bund und Ländern sowie die zugelassenen Anbieter sind verpflichtet, die Anzahl der Einträge in der Liste gesperrter Fahrzeuggeräte, das Format der Liste und die Häufigkeit ihrer Aktualisierung zu vereinbaren.

[1)] § 26 Abs. 1 Satz 2 einl. Satzteil, Sätze 3 und 4 geänd. mWv 26.11.2019 durch G v. 20.11.2019 (BGBl. I S. 1626).

§ 27 Notifizierte Stellen. (1) Eine notifizierte Stelle ist eine akkreditierte Stelle, die nach Absatz 4 Satz 2 benannt worden und befugt ist, das Verfahren zur Beurteilung der Konformität mit Spezifikationen oder der Gebrauchstauglichkeit nach Anhang IV der Entscheidung 2009/750/EG durchzuführen oder zu überwachen.

(2) Die Akkreditierung der in Deutschland ansässigen Stellen nach Absatz 1 erfolgt bei der nationalen Akkreditierungsstelle im Sinne des Artikels 5 der Verordnung (EG) Nr. 765/2008 in Verbindung mit § 2 Absatz 1 des Akkreditierungsstellengesetzes.

(3) [1] Mit einer gültigen Akkreditierung nach Artikel 5 der Verordnung (EG) Nr. 765/2008 in Verbindung mit § 2 Absatz 1 des Akkreditierungsstellengesetzes wird bescheinigt, dass die akkreditierte Stelle die Anforderungen der Richtlinie 2004/52/EG und Artikel 17 Absatz 2 in Verbindung mit Anhang V der Entscheidung 2009/750/EG erfüllt. [2] Die nationale Akkreditierungsstelle entzieht einer akkreditierten Stelle die Akkreditierung, wenn diese die in Satz 1 genannten Anforderungen nicht mehr erfüllt oder nachträglich bekannt wird, dass diese Anforderungen zum Zeitpunkt der Akkreditierung nicht erfüllt wurden.

(4) [1] Die nationale Akkreditierungsstelle unterrichtet das Bundesamt für Güterverkehr über die Erteilung, die Änderung, die Entziehung und das Erlöschen von Akkreditierungen nach Absatz 2. [2] Auf der Grundlage der nach Satz 1 übermittelten Informationen benennt das Bundesamt für Güterverkehr der Kommission und den anderen Mitgliedstaaten der Europäischen Union sowie den anderen Vertragsstaaten des Abkommens über den Europäischen Wirtschaftsraum die in Deutschland ansässigen Stellen nach Absatz 1 und gibt den Zuständigkeitsbereich jeder Stelle sowie die zuvor von der Kommission erteilten Kennnummern an.

(5) Ist das Bundesamt für Güterverkehr der Auffassung, dass eine von einem anderen Mitgliedstaat der Europäischen Union oder einem anderen Vertragsstaat des Abkommens über den Europäischen Wirtschaftsraum notifizierte Stelle den relevanten Kriterien nach Absatz 2 Satz 2 nicht entspricht, so informiert es hierüber den nach Artikel 5 Absatz 1 der Richtlinie 2004/52/EG eingesetzten Ausschuss für elektronische Maut.

§ 28[1)] Einrichtung und Aufgaben der Vermittlungsstelle. (1) [1] Das Bundesministerium für Verkehr und digitale Infrastruktur überträgt einem Privaten die Errichtung und den Betrieb der Vermittlungsstelle. [2] Die Übertragung ist vom Bundesministerium für Verkehr und digitale Infrastruktur im Bundesanzeiger bekannt zu geben.

(2) [1] Die Vermittlungsstelle muss unabhängig von den Interessen der jeweils für die Erhebung einer Maut in Bund und Ländern zuständigen Behörden und den gewerblichen Interessen der Anbieter sein. [2] Sie ist in ihrer Arbeit keinen Weisungen unterworfen.

(3) [1] Die Vermittlungsstelle hat die Aufgabe, die Vermittlung zwischen den jeweils zuständigen Behörden sowie den registrierten Anbietern bei Streitigkeiten im Zusammenhang mit der Zulassung nach § 10 und der beschränkten

[1)] § 28 Abs. 4 Satz 1 geänd., Satz 2 aufgeh. mWv 26.11.2019 durch G v. 20.11.2019 (BGBl. I S. 1626).

Zulassung nach § 11 zu erleichtern. [2]Die Vermittlungsstelle ist insbesondere befugt, zu prüfen, ob die Vertragsbedingungen, welche die für die Erhebung einer Maut in Bund und Ländern zuständigen Behörden den Anbietern auferlegen, keine Diskriminierung beinhalten und Kosten und Risiken der Vertragsparteien angemessen widerspiegeln.

(4) Die Vermittlungsstelle ist befugt, die in den in Absatz 3 Satz 1 genannten Verträgen oder in Absatz 3 Satz 2 genannten Vertragsbedingungen enthaltenen personenbezogenen Daten zu erheben, zu speichern und zu verwenden, soweit dies für die Erfüllung der in Absatz 3 genannten Aufgaben erforderlich ist.

(5) Die Vermittlungsstelle hat im Rahmen ihrer Aufgabenerfüllung nach Absatz 3 zu ihrer Kenntnis gelangte sowie in den Verträgen oder sonstigen Unterlagen enthaltene Betriebs- und Geschäftsgeheimnisse zu wahren.

(6) Die Vermittlungsstelle tauscht mit den Vermittlungsstellen der anderen Mitgliedstaaten der Europäischen Union und der anderen Vertragsstaaten des Abkommens über den Europäischen Wirtschaftsraum Informationen über die Grundsätze und Methodik ihrer Arbeit in nicht personenbezogener Form aus.

§ 29 Organisation der Vermittlungsstelle und Kostentragung.

(1) Die Vermittlungsstelle besteht aus einem Spruchkörper nach Absatz 2 und der Geschäftsstelle nach Absatz 3.

(2) [1]Der Spruchkörper besteht aus dem Vorsitzenden des Spruchkörpers sowie Beisitzern, wobei jede Streitpartei für jeden Vermittlungsfall einen Beisitzer zu benennen hat. [2]Der Vorsitzende des Spruchkörpers muss die Befähigung zum Richteramt besitzen. [3]Zu den Aufgaben des Vorsitzenden des Spruchkörpers gehören

1. die Mitteilung nach § 30 Absatz 1 Satz 2,
2. die Vorbereitung und Leitung der Sitzungen des Spruchkörpers,
3. die Einholung von Informationen nach § 30 Absatz 2 und
4. der Austausch von Informationen nach § 28 Absatz 6.

(3) Die Geschäftsstelle besteht aus dem Vorsitzenden des Spruchkörpers und einem Sekretariat; der Vorsitzende des Spruchkörpers ist Vorgesetzter der Mitarbeiter des Sekretariates.

(4) [1]Die Parteien tragen jeweils die Kosten des von ihnen benannten Beisitzers. [2]Die übrigen Kosten der Vermittlungsstelle trägt das Bundesministerium für Verkehr und digitale Infrastruktur.

§ 30 Vermittlungsverfahren. (1) [1]Die für die Erhebung einer Maut in Bund und Ländern zuständigen Behörden sowie die registrierten Anbieter können die zuständige Vermittlungsstelle im Rahmen ihrer Aufgaben nach § 28 Absatz 3 bei Streitigkeiten im Zusammenhang mit der Zulassung nach § 10 und der beschränkten Zulassung nach § 11 um Vermittlung ersuchen. [2]Der Vorsitzende des Spruchkörpers gibt innerhalb eines Monats nach Eingang eines Antrags auf Vermittlung an, ob alle für die Vermittlung erforderlichen Unterlagen vorliegen. [3]Die Vermittlungsstelle nimmt spätestens sechs Monate nach Eingang eines Antrags auf Vermittlung zu der Streitigkeit Stellung.

(2) [1]Der Vorsitzende des Spruchkörpers kann bei den für die Erhebung einer Maut in Bund und Ländern zuständigen Behörden, bei dem beteiligten Anbie-

ter sowie bei Dritten, die an der Bereitstellung des Mautdienstes in Deutschland beteiligt sind, für die Arbeit der Vermittlungsstelle wesentliche Informationen anfordern. [2] § 28 Absatz 4 und 5 gilt entsprechend.

§ 31 Verordnungsermächtigungen. (1) Das Bundesministerium für Verkehr und digitale Infrastruktur wird ermächtigt, durch Rechtsverordnung mit Zustimmung des Bundesrates

1. im Hinblick auf die Registrierung von Anbietern
   a) die näheren Anforderungen an die Registrierungsvoraussetzungen, an das Registrierungsverfahren und an die regelmäßige Überprüfung der Registrierungsvoraussetzungen nach den §§ 4 bis 7,
   b) die Gebühren für die Überprüfung des Vorliegens der Registrierungsvoraussetzungen nach den §§ 5, 6 Absatz 1 und § 7 Absatz 2 Satz 1

festzulegen,

2. im Hinblick auf das Mautdienstregister
   a) die erforderlichen Einzelheiten zu den Angaben im Mautdienstregister nach § 21 Absatz 1,
   b) die Verfahrensregelungen, Überprüfungsfristen und Aktualisierungsintervalle zu § 21 Absatz 2 sowie
   c) die Mitteilungspflichten des Bundesamtes für Güterverkehr gegenüber den registerführenden Stellen der anderen Mitgliedstaaten der Europäischen Union und der anderen Vertragsstaaten des Abkommens über den Europäischen Wirtschaftsraum sowie der Kommission nach § 21 Absatz 4

zu regeln.

(2) Das Bundesministerium für Verkehr und digitale Infrastruktur wird ermächtigt, durch Rechtsverordnung mit Zustimmung des Bundesrates eine Verfahrensordnung für die Vermittlungsstelle nach § 28 zu erlassen.

§ 32 Pilot-Mautsysteme. (1) [1] Der Bund und die Länder können im Interesse der technischen Weiterentwicklung des in § 3 Absatz 1 bezeichneten Mautdienstes zeitlich befristet auf begrenzten Bereichen ihrer mautpflichtigen Streckennetze und parallel zu ihren elektronischen Mautsystemen nach § 3 Pilot-Mautsysteme zulassen, die neue Technologien oder Konzepte einsetzen, die mit einer oder mehreren Bestimmungen der Richtlinie 2004/52/EG, der Entscheidung 2009/750/EG oder den Vorschriften dieses Gesetzes mit Ausnahme der hierin und in anderen Gesetzen und Verordnungen enthaltenen datenschutzrechtlichen Vorschriften und Verpflichtungen zur Wahrung von Betriebs- und Geschäftsgeheimnissen nicht übereinstimmen. [2] Vor Erteilung einer solchen Zulassung muss die zuständige Behörde des Bundes oder Landes die notwendige Genehmigung der Kommission einholen.

(2) Der anfängliche Geltungszeitraum einer solchen Zulassung darf nicht länger als drei Jahre betragen.

(3) Die Anbieter müssen sich nicht an Pilot-Mautsystemen beteiligen.

810. Gesetz über die Erhebung von streckenbezogenen Gebühren für die Benutzung von Bundesautobahnen und Bundesstraßen (Bundesfernstraßenmautgesetz – BFStrMG)[1]

Vom 12. Juli 2011
(BGBl. I S. 1378)

FNA 9290-16

geänd. durch Art. 2 Abs. 121 G zur Änd. von Vorschriften über Verkündung und Bekanntmachungen sowie der ZPO, des EGZPO und der AO v. 22.12.2011 (BGBl. I S. 3044), Art. 1 Erstes G zur Änd. des BundesfernstraßenmautG v. 23.7.2013 (BGBl. I S. 2550), Art. 2 Abs. 152 G zur Strukturreform des Gebührenrechts des Bundes v. 7.8.2013 (BGBl. I S. 3154), Art. 2 G zur Änd. mautrechtlicher Vorschriften hinsichtlich der Einführung des europäischen elektronischen Mautdienstes v. 5.12.2014 (BGBl. I S. 1980), Art. 1 Zweites ÄndG v. 23.12.2014 (BGBl. I S. 2473), Art. 1 Drittes ÄndG v. 10.6.2015 (BGBl. I S. 922), Art. 1 Viertes ÄndG v. 27.3.2017 (BGBl. I S. 564), Art. 21 G zur Neuregelung des bundesstaatlichen Finanzausgleichssystems ab dem Jahr 2020 und zur Änd. haushaltsrechtlicher Vorschriften v. 14.8.2017 (BGBl. I S. 3122), Art. 1 ÄndG des BundesfernstraßenmautG und zur Änd. weiterer straßenverkehrsrechtl. Vorschriften v. 4.12.2018 (BGBl. I S. 2251), Art. 143 Zweites Datenschutz-Anpassungs- und Umsetzungsgesetz EU v. 20.11.2019 (BGBl. I S. 1626) und Art. 5 Achtes G zur Änd. des BundesfernstraßenG und zur Änd. weiterer Vorschriften v. 29.6.2020 (BGBl. I S. 1528)

§ 1[2] Autobahn- und Bundesstraßenmaut. (1) [1]Für die Benutzung der Bundesautobahnen und der Bundesstraßen mit Fahrzeugen im Sinne des Satzes 2 ist eine Gebühr im Sinne des Artikels 2 Buchstabe b der Richtlinie 1999/62/EG des Europäischen Parlaments und des Rates vom 17. Juni 1999 über die Erhebung von Gebühren für die Benutzung bestimmter Verkehrswege durch schwere Nutzfahrzeuge (ABl. L 187 vom 20.7.1999, S. 42), die zuletzt durch die Richtlinie 2013/22/EU (ABl. L 158 vom 10.6.2013, S. 356) geändert worden ist, zu entrichten (Maut). [2]Fahrzeuge sind Kraftfahrzeuge oder Fahrzeugkombinationen,

1. die für den Güterkraftverkehr bestimmt sind oder verwendet werden und
2. deren zulässiges Gesamtgewicht mindestens 7,5 Tonnen beträgt.

(2) [1]Die Maut nach Absatz 1 ist nicht zu entrichten, wenn folgende Fahrzeuge verwendet werden:

1. Kraftomnibusse,
2. Fahrzeuge der Streitkräfte, der Polizeibehörden, des Zivil- und Katastrophenschutzes, der Feuerwehr und anderer Notdienste sowie Fahrzeuge des Bundes,

---

[1] Verkündet als Art. 1 G v. 12.7.2011 (BGBl. I S. 1378); Inkrafttreten gem. Art. 7 dieses G am 19.7.2011.

[2] § 1 Abs. 5 Satz 2 geänd. mWv 1.4.2012 durch G v. 22.12.2011 (BGBl. I S. 3044); Abs. 1 Satz 1 abschl. Satzteil geänd. mWv 27.7.2013 durch G v. 23.7.2013 (BGBl. I S. 2550); Abs. 4 geänd. mWv 13.12.2014 durch G v. 5.12.2014 (BGBl. I S. 1980); Abs. 1 Satz 1 abschl. Satzteil geänd. mWv 1.1.2015 durch G v. 23.12.2014 (BGBl. I S. 2473); Abs. 1 neu gef., Abs. 5 Satz 3 angef. mWv 1.7.2015 durch G v. 10.6.2015 (BGBl. I S. 922); Abs. 1 neu gef., Abs. 2 Satz 1 Nr. 5 geänd., Nr. 6 angef., Abs. 3 Nr. 3 geänd., Nr. 4 aufgeh., Abs. 4 und Abs. 5 neu gef. mWv 31.3.2017 durch G v. 27.3.2017 (BGBl. I S. 564); Abs. 2 Satz 1 Nr. 6 neu gef., Nr. 7 und Nr. 8 angef., Abs. 5 geänd., Abs. 6 angef. mWv 1.1.2019 durch G v. 4.12.2018 (BGBl. I S. 2251); Abs. 2 Satz 1 einl. Satzteil geänd., Nr. 8 neu gef. mWv 4.7.2020 durch G v. 29.6.2020 (BGBl. I S. 1528).

3. Fahrzeuge, die ausschließlich für den Straßenunterhaltungs- und Straßenbetriebsdienst einschließlich Straßenreinigung und Winterdienst genutzt werden,
4. Fahrzeuge, die ausschließlich für Zwecke des Schausteller- und Zirkusgewerbes eingesetzt werden,
5. Fahrzeuge, die von gemeinnützigen oder mildtätigen Organisationen für den Transport von humanitären Hilfsgütern, die zur Linderung einer Notlage dienen, eingesetzt werden,
6. land- oder forstwirtschaftliche Fahrzeuge gemäß § 2 Absatz 1 Nummer 7 des Güterkraftverkehrsgesetzes[1] sowie den damit verbundenen Leerfahrten,
7. elektrisch betriebene Fahrzeuge im Sinne des § 2 Nummer 1 des Elektromobilitätsgesetzes[2] in der jeweils geltenden Fassung,
8. überwiegend mit Erdgas betriebene Fahrzeuge im Zeitraum vom 1. Januar 2019 bis zum 31. Dezember 2023; ab dem 1. Januar 2024 sind für diese Fahrzeuge jedoch die Mautteilsätze für die Infrastrukturkosten nach § 3 Absatz 1 Nummer 1 und die verursachten Lärmbelastungskosten nach § 3 Absatz 1 Nummer 3 zu entrichten.

[2] Voraussetzung für die Mautbefreiung nach Satz 1 Nummer 2 bis 4 ist, dass die Fahrzeuge als für die dort genannten Zwecke bestimmt erkennbar sind. [3] Im Fall von Fahrzeugkombinationen ist das Motorfahrzeug für die Mautbefreiung der Kombination maßgebend.

(3) Die Maut nach Absatz 1 ist nicht zu entrichten auf:
1. der Bundesautobahn A 6 von der deutsch-französischen Grenze bis zur Anschlussstelle Saarbrücken-Fechingen in beiden Fahrtrichtungen,
2. der Bundesautobahn A 5 von der deutsch-schweizerischen Grenze und der deutsch-französischen Grenze bis zur Anschlussstelle Müllheim/Neuenburg in beiden Fahrtrichtungen,
3. den Abschnitten von Bundesfernstraßen, für deren Benutzung eine Maut nach § 2 des Fernstraßenbauprivatfinanzierungsgesetzes vom 30. August 1994 (BGBl. I S. 2243) in der jeweils geltenden Fassung erhoben wird.

(4) Das Bundesministerium für Verkehr und digitale Infrastruktur wird ermächtigt, durch Rechtsverordnung mit Zustimmung des Bundesrates die Mautpflicht auf genau bezeichnete Abschnitte von Straßen nach Landesrecht auszudehnen, wenn dies zur Vermeidung von Mautausweichverkehren oder aus Gründen der Sicherheit des Verkehrs oder wegen ihrer Funktion zur Verknüpfung von Schwerpunkten des weiträumigen Güterkraftverkehrsaufkommens mit dem Bundesfernstraßennetz gerechtfertigt ist.

(5) Auf die Mautpflicht der Streckenabschnitte nach Absatz 4 ist durch straßenverkehrsrechtliche Beschilderung hinzuweisen.

(6) Abweichend von § 34 der Straßenverkehrs-Zulassungs-Ordnung[3] wird das zulässige Gesamtgewicht einer Fahrzeugkombination im Rahmen dieses Gesetzes aus der Summe der zulässigen Gesamtgewichte der Einzelfahrzeuge ohne Berücksichtigung von Stütz- und Aufliegelasten berechnet.

---

[1] Nr. **450**.
[2] Nr. **40**.
[3] Nr. **200**.

§ 2[1)] Mautschuldner. (1) [1]Mautschuldner ist die Person,
1. die Eigentümer oder Halter des Motorfahrzeugs ist,
2. die über den Gebrauch des Motorfahrzeugs bestimmt,
3. die Führer des Motorfahrzeugs ist,
4. auf die das Motorfahrzeug zugelassen ist oder
5. der das Kennzeichen des Motorfahrzeugs zugeteilt ist.

[2]Maßgeblich ist der Zeitpunkt, zu dem die Benutzung einer mautpflichtigen Straße begonnen wird. [3]Mehrere Mautschuldner haften als Gesamtschuldner.

(2) Mautgläubiger ist der Bund.

§ 3[2)] Mautsätze und Mautberechnung. (1) Die geschuldete Maut bestimmt sich nach der auf mautpflichtigen Straßen im Sinne des § 1 zurückgelegten Strecke des Fahrzeuges oder der Fahrzeugkombination und einem Mautsatz je Kilometer nach Maßgabe des Absatzes 3, der aus je einem Mautteilsatz für
1. die Infrastrukturkosten,
2. die verursachten Luftverschmutzungskosten und
3. die verursachten Lärmbelastungskosten

besteht.

(2) [1]Die zurückgelegte Strecke wird für jeden benutzten Abschnitt des mautpflichtigen Streckennetzes (Mautabschnitt) gesondert ermittelt. [2]Ein Abschnitt ist die Strecke zwischen zwei Knotenpunkten im Sinne des § 3a Absatz 1 oder einer Rechtsverordnung auf Grund des § 3a Absatz 2. [3]Die Länge jedes Abschnittes bezieht sich auf den Schnittpunkt der verknüpften Straßenachsen oder in Ermangelung einer Straßenachse auf den Beginn oder das Ende der mautpflichtigen Strecke und ist kaufmännisch auf volle 100 Meter zu runden. [4]Die so ermittelten Streckenlängen werden nachrichtlich im Internet unter www.mauttabelle.de veröffentlicht. [5]Wird ein Mautabschnitt nicht vollständig befahren, so ist dieser gleichwohl mit seiner ermittelten Streckenlänge der Mauterhebung zu Grunde zu legen.

(3) Die Höhe des Mautsatzes wird als Summe der Mautteilsätze nach Maßgabe der Anlage 1 berechnet.

(4) [1]Die Berechnung der Maut erfolgt durch Multiplikation der nach Absatz 2 zu Grunde zu legenden Länge des Mautabschnittes mit dem Mautsatz. [2]Das Ergebnis ist auf einen vollen Cent-Betrag kaufmännisch zu runden. [3]Soweit die zurückgelegte Strecke mehrere Mautabschnitte umfasst, ist die Berechnung nach den Sätzen 1 und 2 für jeden Mautabschnitt gesondert durchzuführen; hieraus wird die Summe der auf die insgesamt zurückgelegte Strecke entfallenden Maut gebildet.

(5) [1]Die Mautteilsätze nach der Anlage 1 werden auf Grundlage eines Wegekostengutachtens des Bundesministeriums für Verkehr und digitale Infrastruktur für eine jeweils fünfjährige Kalkulationsperiode bestimmt. [2]Für die Kalku-

---

[1)] § 2 neu gef. mWv 31.3.2017 durch G v. 27.3.2017 (BGBl. I S. 564); Abs. 2 angef. mWv 1.1.2021 durch G v. 14.8.2017 (BGBl. I S. 3122).

[2)] § 3 neu gef. mWv 27.7.2013 durch G v. 23.7.2013 (BGBl. I S. 2550); Abs. 1 und 3 neu gef. mWv 1.1.2015 durch G v. 23.12.2014 (BGBl. I S. 2473); Abs. 1 Nr. 1 und Nr. 2 neu gef., Nr. 3 und Abs. 5 angef. mWv 1.1.2019 durch G v. 4.12.2018 (BGBl. I S. 2251).

lationsperiode 2018 bis 2022 werden die auf das Jahr 2018 entfallenden Kosten, die nicht durch die in diesem Jahr erhobene Maut gedeckt sind, in den Mautteilsätzen der Jahre 2019 bis 2022 berücksichtigt.

§ 3a[1)] **Knotenpunkte.** (1) [1]Ein Knotenpunkt im Sinne dieses Gesetzes ist

1. für Bundesautobahnen
   a) eine Anschlussstelle einschließlich Bundesautobahnkreuz und Bundesautobahndreieck,
   b) eine Rastanlage mit einer straßenverkehrsrechtlich zulässigen Wendemöglichkeit,
   c) die Bundesgrenze;
2. für Bundesstraßen jede Einmündung öffentlicher Straßen sowie Kreuzungen.

[2]Ergibt sich im Falle des Satzes 1 Nummer 2 eine Abschnittslänge von weniger als 100 Metern, werden Knotenpunkte zusammengelegt. [3]Die Zusammenlegung erfolgt so, dass der Knotenpunkt bei der höherrangigen Straße gesetzt wird. [4]Bei gleichrangigen Straßen erfolgt die Zusammenlegung so, dass der Knotenpunkt bei der Straße mit der höheren Nummer nach der Nummerierung des Bundesinformationssystems Straße gesetzt wird.

(2) [1]Das Bundesministerium für Verkehr und digitale Infrastruktur wird ermächtigt, durch Rechtsverordnung ohne Zustimmung des Bundesrates abweichend von Absatz 1 Satz 1 Nummer 2 und Satz 2 bis 4 Knotenpunkte für Bundesstraßen festzulegen, um den örtlichen Gegebenheiten und dem üblichen Verkehrsverhalten Rechnung zu tragen. [2]Das Bundesministerium für Verkehr und digitale Infrastruktur wird ferner ermächtigt, durch Rechtsverordnung ohne Zustimmung des Bundesrates seine Befugnis nach Satz 1 ganz oder teilweise auf das Bundesamt für Güterverkehr zu übertragen.

§ 4[2)] **Mautentrichtung und Mauterstattung.** (1) [1]Der Mautschuldner hat die Maut in der sich aus § 3, auch in Verbindung mit § 14, ergebenden Höhe spätestens bei Beginn der mautpflichtigen Benutzung oder im Fall einer Stundung zu dem festgesetzten Zeitpunkt an das Bundesamt für Güterverkehr zu entrichten. [2]Die Maut wird für ein bestimmtes Fahrzeug mit dem ihm zugeteilten Kennzeichen entrichtet.

(2) [1]§ 13 Absatz 3 und die §§ 16 bis 19 und 21 des Bundesgebührengesetzes sind, soweit sich aus diesem Gesetz oder aus den auf Grund dieses Gesetzes erlassenen Rechtsverordnungen nicht etwas anderes ergibt, mit der Maßgabe entsprechend anzuwenden, dass abweichend von § 16 Absatz 1 des Bundesgebührengesetzes ein Säumniszuschlag erhoben werden kann,

1. der 5 Prozentpunkte über dem Basiszinssatz des rückständigen Betrages jährlich beträgt und

---

1) § 3a eingef. mWv 27.7.2013 durch G v. 23.7.2013 (BGBl. I S. 2550); neu gef. mWv 31.3.2017 durch G v. 27.3.2017 (BGBl. I S. 564).

2) § 4 Abs. 3 Satz 2 geänd. mWv 1.4.2012 durch G v. 22.12.2011 (BGBl. I S. 3044); Abs. 1 Satz 1 geänd. mWv 27.7.2013 durch G v. 23.7.2013 (BGBl. I S. 2550); Abs. 2 neu gef. mWv 15.8.2013 durch G v. 7.8.2013 (BGBl. I S. 3154); Abs. 2 Sätze 2–5 angef., Abs. 3 Satz 3 Nr. 6 geänd., Nr. 7–9 angef., Satz 6 angef., Abs. 4 Satz 3 und Abs. 5 Satz 2 geänd., Abs. 6 Satz 1 neu gef. mWv 13.12.2014 durch G v. 5.12.2014 (BGBl. I S. 1980); Abs. 3 Satz 3 Nr. 9 geänd., Nr. 10 angef. mWv 31.3.2017 durch G v. 27.3.2017 (BGBl. I S. 564); Abs. 3 Satz 3 Nr. 10 geänd. mWv 1.1.2019 durch G v. 4.12. 2018 (BGBl. I S. 2251); Abs. 3 Sätze 3, 4 und 5 geänd. mWv 26.11.2019 durch G v. 20.11.2019 (BGBl. I S. 1626).

2. der mit Ablauf des fünften Tages nach dem Tag der Fälligkeit der Maut zu entrichten ist.

[2] Erstattungen nach § 21 des Bundesgebührengesetzes sind schriftlich beim Bundesamt für Güterverkehr zu beantragen. [3] Auf Verlangen des Bundesamtes für Güterverkehr sind geeignete Unterlagen zur Aufklärung des Anspruchs vorzulegen. [4] Über den Erstattungsantrag wird durch Bescheid entschieden. [5] Absatz 5 Satz 3 gilt entsprechend.

(3) [1] Das Bundesamt für Güterverkehr kann einem Privaten die Errichtung und den Betrieb eines Systems zur Erhebung der Maut übertragen oder diesen beauftragen, an der Erhebung der Maut mitzuwirken (Betreiber). [2] Die Übertragung oder die Beauftragung ist vom Bundesamt für Güterverkehr im Bundesanzeiger bekannt zu geben. [3] Zum Zweck des Betriebs des Mauterhebungssystems darf der Betreiber nachfolgende Daten verarbeiten:

1. Höhe der entrichteten Maut,
2. Strecke, für die die Maut entrichtet wurde,
3. Ort und Zeit der Mautentrichtung,
4. bei Entrichtung der Maut vor der Benutzung mautpflichtiger Straßen im Sinne des § 1: der für die Durchführung der Fahrt zulässige Zeitraum sowie die Belegnummer,
5. Kennzeichen des Fahrzeugs oder der Fahrzeugkombination,
6. für die Mauthöhe maßgebliche Merkmale des Fahrzeugs oder der Fahrzeugkombination,
7. Identifikationsnummer
   a) des Betreibers oder
   b) des Anbieters nach § 10 Absatz 1 oder § 11 Absatz 1 des Mautsystemgesetzes[1)] vom 5. Dezember 2014 (BGBl. I S. 1980),
8. Identifikationsnummer des zum Zweck der Mauterhebung im Fahrzeug eingebauten Fahrzeuggeräts,
9. Vertragsnummer des Nutzers,
10. Positionsdaten des zum Zweck der Mauterhebung im Fahrzeug eingebauten oder im Fahrzeug angebrachten Fahrzeuggeräts.

[4] Diese Daten dürfen ausschließlich für die Zwecke dieses Gesetzes verarbeitet werden. [5] Eine Übermittlung, Verwendung oder Beschlagnahme dieser Daten nach anderen Rechtsvorschriften ist unzulässig. [6] Für Anbieter im Sinne des § 10 Absatz 1 und des § 11 Absatz 1 des Mautsystemgesetzes gelten die Sätze 3 bis 5 entsprechend.

(4) [1] Der Mautschuldner hat bei der Mauterhebung mitzuwirken. [2] Er hat die technischen Einrichtungen zur Mautentrichtung ordnungsgemäß zu nutzen und die für die Maut maßgeblichen Tatsachen anzugeben. [3] Das Bundesministerium für Verkehr und digitale Infrastruktur wird ermächtigt, durch Rechtsverordnung ohne Zustimmung des Bundesrates Einzelheiten der Nutzung der technischen Einrichtungen zu regeln und die nach Satz 2 maßgeblichen Tatsachen festzulegen sowie das Verfahren der Angabe dieser Tatsachen zu regeln.

---

1) Nr. **800**.

(5) [1] Eine Maut oder, im Fall des Absatzes 6 Satz 1, ein der Maut entsprechender Betrag wird auf Verlangen ganz oder teilweise erstattet, wenn die Fahrt, für die sie entrichtet wurde, nicht oder nicht vollständig durchgeführt wird (Erstattung der Maut). [2] Das Bundesministerium für Verkehr und digitale Infrastruktur wird ermächtigt, durch Rechtsverordnung ohne Zustimmung des Bundesrates das Verfahren der Erstattung der Maut zu regeln. [3] Die Bearbeitungsgebühr für ein Erstattungsverlangen beträgt höchstens 20 Euro.

(6) [1] Verpflichtet sich der Betreiber oder ein Anbieter, der einen Vertrag nach § 4d Absatz 1 oder § 4f Absatz 1 mit dem Bundesamt für Güterverkehr abgeschlossen hat, gegenüber dem Bundesamt für Güterverkehr zur unbedingten Zahlung eines Betrages in Höhe der entstandenen Maut des Mautschuldners, so ist der Mautschuldner insoweit von der Verpflichtung zur Entrichtung der Maut an das Bundesamt für Güterverkehr befreit, als der Mautschuldner

1. nachweist, dass zwischen ihm und dem Betreiber oder dem jeweiligen Anbieter ein Rechtsverhältnis besteht, auf Grund dessen der Mautschuldner für jede mautpflichtige Benutzung einer mautpflichtigen Straße im Sinne des § 1 ein Entgelt in Höhe der zu entrichtenden Maut an den Betreiber oder den jeweiligen Anbieter zahlen muss oder gezahlt hat, und
2. sicherstellt, dass seine Verpflichtungen aus dem Rechtsverhältnis erfüllt werden.

[2] Der Nachweis nach Satz 1 ist auf geeignete Weise zu erbringen, insbesondere gelten Absatz 4 Satz 1 und 2 und die auf Grund des Absatzes 4 Satz 3 und des § 5 Satz 2 erlassenen Vorschriften sowie § 7 Absatz 5 und 6 entsprechend.

§ 4a[1)] Europäischer elektronischer Mautdienst. Das Mautsystem nach diesem Gesetz ist ein elektronisches Mautsystem im Sinne des § 1 Absatz 1 des Mautsystemgesetzes[2)].

§ 4b[3)] Bundesamt für Güterverkehr. Vorbehaltlich abweichender Regelungen in diesem Gesetz ist das Bundesamt für Güterverkehr für das elektronische Mautsystem nach diesem Gesetz zuständige Stelle des Bundes nach dem Mautsystemgesetz[2)].

§ 4c[4)] Zulassungsverfahren. (1) Für die Zulassung nach § 10 des Mautsystemgesetzes[2)] für die nach § 1 mautpflichtigen Straßen sind

1. eine Prüfvereinbarung nach § 4d Absatz 1 abzuschließen,
2. das Prüfverfahren nach § 4d Absatz 3 durchzuführen,
3. eine beschränkte Zulassung nach § 4e Absatz 1 zu erteilen,
4. der Pilotbetrieb nach § 4e Absatz 2 durchzuführen und
5. ein Zulassungsvertrag nach § 4f Absatz 1 abzuschließen.

(2) Die Gebrauchstauglichkeitsprüfung nach § 23 des Mautsystemgesetzes besteht aus dem Prüfverfahren nach Absatz 1 Nummer 2 und dem Pilotbetrieb nach Absatz 1 Nummer 4.

---

1) § 4a eingef. mWv 13.12.2014 durch G v. 5.12.2014 (BGBl. I S. 1980).
2) Nr. **800**.
3) § 4b eingef. mWv 13.12.2014 durch G v. 5.12.2014 (BGBl. I S. 1980).
4) § 4c eingef. mWv 13.12.2014 durch G v. 5.12.2014 (BGBl. I S. 1980).

§ 4d[1] Prüfvereinbarung und Prüfverfahren. (1) Das Bundesamt für Güterverkehr hat mit einem Anbieter, der nach § 4 des Mautsystemgesetzes[2] registriert ist und einen Antrag auf Zulassung zur Erbringung mautdienstbezogener Leistungen nach § 10 Absatz 1 des Mautsystemgesetzes gestellt hat, einen öffentlich-rechtlichen Vertrag zu schließen, mit dem der Anbieter es dem Bundesamt für Güterverkehr ermöglicht, das Erfüllen der Anforderungen nach § 4f Absatz 1 festzustellen (Prüfvereinbarung).

(2) [1]Jede Prüfvereinbarung enthält nach näherer Bestimmung durch eine Rechtsverordnung nach § 4h Satz 1 für alle Anbieter einheitliche Regelungen

1. zum zeitlichen und organisatorischen Ablauf des Prüfverfahrens und des Pilotbetriebs einschließlich dem Beginn und dem Ende des Prüfverfahrens und des Pilotbetriebs,
2. zu den Mitwirkungs- und Leistungspflichten des Anbieters und des Bundesamtes für Güterverkehr,
3. zum rechtmäßigen Umgang mit Daten, insbesondere der Sicherheit der Daten, Datenschutz, Behandlung vertraulicher Daten, Übermittlung, Speicherung, Einschränkung der Verarbeitung und Löschung,
4. zu den Bedingungen für die Mitwirkung des Anbieters an der Mauterhebung im Rahmen des Pilotbetriebs,
5. zu Haftungsregelungen, vertraglichen Sanktionsmöglichkeiten und Kündigungsrechten,
6. zu Maßnahmen zur Absicherung der finanziellen Ansprüche des Bundes,
7. zu den vom Anbieter zu entrichtenden Entgelten für die im Rahmen des Prüfverfahrens nach § 4d Absatz 3 und des Pilotbetriebs nach § 4e Absatz 2 vorgenommenen Leistungen einschließlich deren Höhe und der Zahlungsbedingungen,
8. zur Beschränkung von Rechten des Anbieters sowie dem vollständigen oder teilweisen Verzicht auf Rechte des Anbieters zu Gunsten des Bundes und
9. zu den Pflichten des Anbieters nach Beendigung der Prüfvereinbarung.

[2]In die Prüfvereinbarung können ferner solche Regelungen aufgenommen werden, die keinen unmittelbaren Bezug zu der Leistungserbringung haben, jedoch zur Gestaltung sonstiger Beziehungen der Vertragsparteien erforderlich sind.

(3) Nach Abschluss der Prüfvereinbarung nach Absatz 1 stellt das Bundesamt für Güterverkehr fest, ob der jeweilige Anbieter, der die Zulassung zur Erbringung mautdienstbezogener Leistungen auf den nach § 1 mautpflichtigen Straßen beantragt hat, die Vorgaben nach § 4f Absatz 1 Nummer 1 bis 3 erfüllt, soweit dies vor Durchführung des Pilotbetriebs nach § 4e Absatz 2 möglich ist.

§ 4e[3] Beschränkte Zulassung und Pilotbetrieb. (1) Das Bundesamt für Güterverkehr lässt nach § 11 Absatz 1 des Mautsystemgesetzes[2] einen Anbieter auf Antrag zur Erbringung mautdienstbezogener Leistungen auf den nach § 1 mautpflichtigen Straßen zum Zwecke der Durchführung des Pilotbetriebs nach

---

[1] § 4d eingef. mWv 13.12.2014 durch G v. 5.12.2014 (BGBl. I S. 1980); Abs. 2 Satz 1 Nr. 3 geänd. mWv 26.11.2019 durch G v. 20.11.2019 (BGBl. I S. 1626).

[2] Nr. **800**.

[3] § 4e eingef. mWv 13.12.2014 durch G v. 5.12.2014 (BGBl. I S. 1980).

Absatz 3 durch Verwaltungsakt zu (beschränkte Zulassung), wenn der Anbieter das Prüfverfahren nach § 4d Absatz 3 erfolgreich bestanden hat.

(2) Nach Erteilung der beschränkten Zulassung nach Absatz 1 stellt das Bundesamt für Güterverkehr im Rahmen eines Pilotbetriebs nach § 11 Absatz 1 des Mautsystemgesetzes fest, ob der jeweilige Anbieter, der die Zulassung zur Erbringung mautdienstbezogener Leistungen auf den nach § 1 mautpflichtigen Straßen beantragt hat, die Vorgaben nach § 4f Absatz 1 Nummer 1 bis 3 erfüllt.

§ 4f[1] Zulassung von Anbietern. (1) Das Bundesamt für Güterverkehr lässt nach § 10 Absatz 2 des Mautsystemgesetzes[2] einen Anbieter auf Antrag zur Mitwirkung bei der Erhebung der Maut auf den nach § 1 mautpflichtigen Straßen durch öffentlich-rechtlichen Vertrag zu (Zulassungsvertrag), wenn der Anbieter

1. gewährleistet, dass seine Mitwirkung bei der Erhebung der Maut nur nach Maßgabe des § 4 Absatz 6 erfolgt,
2. sicherstellt, dass die Berechnung der Maut nach § 3 Absatz 4 erfolgt,
3. die durch Rechtsverordnung nach § 4i festgelegten Gebietsvorgaben für die nach § 1 mautpflichtigen Straßen erfüllt, insbesondere die Gebrauchstauglichkeit der von ihm eingesetzten Interoperabilitätskomponenten nach dem in § 23 des Mautsystemgesetzes geregelten Verfahren festgestellt worden ist.

(2) [1] Jeder Zulassungsvertrag enthält nach näherer Bestimmung durch eine Rechtsverordnung nach § 4h Satz 1 für alle Anbieter einheitliche Regelungen

1. zu den Bedingungen für die Mitwirkung an der Mauterhebung durch den Anbieter und deren Umfang im Zusammenhang mit der Mauterhebung,
2. zum Beginn des Erbringens mautdienstbezogener Leistungen, zur Laufzeit und Beendigung des Zulassungsvertrages,
3. zur Art und Weise der Vertragserfüllung,
4. zu den Fallgruppen, in denen das Verfahren zur Feststellung der Gebrauchstauglichkeit von Interoperabilitätskomponenten nach § 23 des Mautsystemgesetzes ganz oder teilweise zu wiederholen ist,
5. zu Mitwirkungs- und Leistungspflichten des Anbieters und des Bundesamtes für Güterverkehr,
6. zum rechtmäßigen Umgang mit Daten, insbesondere der Sicherheit der Daten, Datenschutz und der Behandlung vertraulicher Daten, Übermittlung, Speicherung, Einschränkung der Verarbeitung und Löschung,
7. zu den Maßnahmen zur Sicherung der vollständigen Mauterhebung und Mautauskehr an das Bundesamt für Güterverkehr und zur Durchführung der Überwachung des Anbieters, einschließlich Zutritts- und Einsichtsrechten des Bundesamtes für Güterverkehr,
8. zu den Vorgaben zur Absicherung der finanziellen Ansprüche des Bundes,
9. zur Beschränkung von Rechten des Anbieters, dem vollständigen oder teilweisen Verzicht auf Rechte des Anbieters zu Gunsten des Bundes,

---

[1] § 4f eingef. mWv 13.12.2014 durch G v. 5.12.2014 (BGBl. I S. 1980); Abs. 2 Satz 1 Nr. 6 geänd. mWv 26.11.2019 durch G v. 20.11.2019 (BGBl. I S. 1626).

[2] Nr. **800**.

10. zu den vom Anbieter zu entrichtenden Entgelten für die Wiederholung des Verfahrens zur Feststellung der Gebrauchstauglichkeit von Interoperabilitätskomponenten nach § 23 des Mautsystemgesetzes einschließlich deren Höhe und der Zahlungsbedingungen,
11. zu den vom Anbieter zu entrichtenden Entgelten zur Deckung der Kosten nach § 9 Absatz 1 Satz 2 Nummer 1 in Verbindung mit Absatz 3 des Mautsystemgesetzes,
12. zu Haftungsregelungen, vertraglichen Sanktionsmöglichkeiten und Kündigungsrechten sowie
13. zu den Pflichten des Anbieters nach Beendigung des Zulassungsvertrages.

[2] In den Zulassungsvertrag können ferner solche Regelungen aufgenommen werden, die keinen unmittelbaren Bezug zu der Leistungserbringung haben, jedoch zur Gestaltung sonstiger Beziehungen der Vertragsparteien erforderlich sind.

§ 4g[1)] Überwachung. (1) [1] Das Bundesamt für Güterverkehr überwacht die Einhaltung der Pflichten der Anbieter aus den Prüfvereinbarungen nach § 4d Absatz 1, den beschränkten Zulassungen nach § 4e Absatz 1 und den Zulassungsverträgen nach § 4f Absatz 1 und ergreift die Maßnahmen, die zur Feststellung oder zur Ausräumung eines hinreichenden Verdachts eines Verstoßes oder zur Beseitigung festgestellter Verstöße oder zur Verhütung künftiger Verstöße erforderlich sind. [2] Dazu gehört insbesondere die Befugnis, eine Prüfvereinbarung nach § 4d Absatz 1 oder einen Zulassungsvertrag nach § 4f Absatz 1 zu kündigen, wenn die Kündigungsvoraussetzungen vorliegen.

(2) [1] Das Bundesamt für Güterverkehr hat die beschränkte Zulassung zu widerrufen, wenn die Voraussetzungen nach § 4f Absatz 1 nachträglich entfallen sind. [2] Das Bundesamt für Güterverkehr hat die beschränkte Zulassung zurückzunehmen, wenn die Voraussetzungen nach § 4f Absatz 1 nicht vorgelegen haben.

(3) Das Bundesamt für Güterverkehr kann die beschränkte Zulassung widerrufen, wenn der Anbieter gegen Pflichten verstößt, die sich aus diesem Gesetz, auf Grund dieses Gesetzes oder aus der Prüfvereinbarung nach § 4d Absatz 1 ergeben und deshalb eine ordnungsgemäße Durchführung des Pilotbetriebs nicht möglich ist.

(4) Widerspruch und Anfechtungsklage gegen Rücknahme oder Widerruf der beschränkten Zulassung haben keine aufschiebende Wirkung.

§ 4h[2)] Rechtsverordnungen zu Prüfvereinbarung und Zulassungsvertrag. [1] Das Bundesministerium für Verkehr und digitale Infrastruktur wird ermächtigt, durch Rechtsverordnung ohne Zustimmung des Bundesrates die näheren Einzelheiten der Bestimmungen der Prüfvereinbarung nach § 4d Absatz 2 und des Zulassungsvertrages nach § 4f Absatz 2 einheitlich festzusetzen. [2] Das Bundesministerium für Verkehr und digitale Infrastruktur wird ferner ermächtigt, durch Rechtsverordnung ohne Zustimmung des Bundesrates seine

---

1) § 4g eingef. mWv 13.12.2014 durch G v. 5.12.2014 (BGBl. I S. 1980).
2) § 4h eingef. mWv 13.12.2014 durch G v. 5.12.2014 (BGBl. I S. 1980).

Befugnis nach Satz 1 ganz oder teilweise auf das Bundesamt für Güterverkehr zu übertragen.

§ 4i[1)] Rechtsverordnungen zu Gebietsvorgaben. [1]Das Bundesministerium für Verkehr und digitale Infrastruktur wird ermächtigt, durch Rechtsverordnung ohne Zustimmung des Bundesrates die Gebietsvorgaben im Sinne des § 9 Absatz 1, 3 und 4 des Mautsystemgesetzes[2)] für die nach § 1 mautpflichtigen Straßen festzulegen. [2]Das Bundesministerium für Verkehr und digitale Infrastruktur wird ferner ermächtigt, durch Rechtsverordnung ohne Zustimmung des Bundesrates seine Befugnis nach Satz 1 ganz oder teilweise auf das Bundesamt für Güterverkehr zu übertragen.

§ 4j[3)] Nutzerlisten. (1) [1]Die nach § 4e oder § 4f zugelassenen Anbieter übermitteln dem Bundesamt für Güterverkehr auf elektronischem Weg zu den in Absatz 3 genannten Zwecken täglich Daten nach Satz 2 zu den jeweiligen Verträgen, die der Anbieter mit seinen Nutzern abgeschlossen hat (Nutzerlisten). [2]In den Nutzerlisten sind folgende Daten zu speichern:
1. Kennzeichen des Fahrzeugs oder der Fahrzeugkombination,
2. Identifikationsnummer des Fahrzeuggeräts,
3. Vertragsnummer des Nutzers.

(2) Auf Verlangen des Bundesamtes für Güterverkehr haben die nach § 4e oder § 4f zugelassenen Anbieter folgende Daten zu den in Absatz 3 genannten Zwecken zu übermitteln:
1. Name und Anschrift des Nutzers,
2. Kennzeichen des Fahrzeugs oder der Fahrzeugkombination,
3. Identifikationsnummer des Fahrzeuggeräts,
4. Vertragsnummer des Nutzers.

(3) [1]Das Bundesamt für Güterverkehr darf die in den Absätzen 1 und 2 genannten Daten ausschließlich zur Wahrnehmung seiner hoheitlichen Aufgaben im Rahmen der Kontrolle der Einhaltung der Mautpflicht und Ahndung von Verstößen sowie bei der Überwachung der nach § 4e oder § 4f zugelassenen Anbieter erheben, speichern und verwenden. [2]Eine Übermittlung, Nutzung oder Beschlagnahme dieser Daten nach anderen Rechtsvorschriften ist unzulässig.

(4) [1]Die Daten nach Absatz 1 sind vom Bundesamt für Güterverkehr drei Jahre nach Ablauf des Kalenderjahres, in dem sie übermittelt worden sind, zu löschen. [2]Die Daten nach Absatz 2 sind vom Bundesamt für Güterverkehr nach Erfüllung des Zwecks ihrer Übermittlung, spätestens nach Ablauf der haushaltsrechtlichen Aufbewahrungsfristen unverzüglich zu löschen.

[1)] § 4i eingef. mWv 13.12.2014 durch G v. 5.12.2014 (BGBl. I S. 1980).

[2)] Nr. **800**.

[3)] § 4j eingef. mWv 13.12.2014 durch G v. 5.12.2014 (BGBl. I S. 1980); Abs. 3 Satz 1 geänd. mWv 26.11.2019 durch G v. 20.11.2019 (BGBl. I S. 1626).

§ 5[1] Nachweis der Mautentrichtung durch den Mautschuldner. [1] Der Mautschuldner hat auf Verlangen des Bundesamtes für Güterverkehr die ordnungsgemäße Entrichtung der Maut nachzuweisen. [2] Das Bundesministerium für Verkehr und digitale Infrastruktur wird ermächtigt, durch Rechtsverordnung ohne Zustimmung des Bundesrates Einzelheiten über das Verfahren zum Nachweis der Mautentrichtung zu regeln. [3] Im Falle des nicht ordnungsgemäßen Nachweises des zulässigen Gesamtgewichts des Fahrzeuges oder der Fahrzeugkombination wird der Mautteilsatz für die Infrastrukturkosten je nach Anzahl der Achsen nach dem Höchstsatz in Anlage 1 Nummer 1 Buchstabe c oder d berechnet. [4] Im Falle des nicht ordnungsgemäßen Nachweises der Emissionsklasse des Fahrzeuges wird der Mautteilsatz für die verursachten Luftverschmutzungskosten nach dem Höchstsatz in Anlage 1 Nummer 2 Buchstabe a Doppelbuchstabe ff berechnet.

§ 6[2] Einrichtungen zur Erhebung der Maut. [1] Der Betreiber hat die Einrichtungen für den Betrieb des Mauterhebungssystems und für die Feststellung von mautpflichtigen Benutzungen mautpflichtiger Straßen im Sinne des § 1 mit Zustimmung der zuständigen Behörden der Länder und auf Bundesautobahnen des Fernstraßen-Bundesamtes zu errichten. [2] Soweit nach Artikel 90 Absatz 4 oder Artikel 143e Absatz 2 des Grundgesetzes auf Antrag eines Landes Bundesstraßen, soweit sie im Gebiet dieses Landes liegen, vom Bund in Bundesverwaltung übernommen werden, ist das Fernstraßen-Bundesamt für diese Bundesstraßen für die Erteilung der Zustimmung nach Satz 1 zuständig.

§ 7[3] Kontrolle. (1) [1] Das Bundesamt für Güterverkehr überwacht die Einhaltung der Vorschriften dieses Gesetzes. [2] Das Bundesamt für Güterverkehr kann sich bei der Kontrolle der Einhaltung der Mautpflicht der Hilfe des Betreibers im Sinne des § 4 Absatz 3 bedienen. [3] Dem Betreiber kann zu diesem Zweck die Feststellung von Benutzungen mautpflichtiger Straßen im Sinne des § 1 und der ordnungsgemäßen Mautentrichtung übertragen werden.

(2) [1] Das Bundesamt für Güterverkehr und der Betreiber dürfen im Rahmen der Kontrolle folgende Daten erheben, speichern, verwenden und einander übermitteln:

1. Bild des Fahrzeugs,
2. Name der Person, die das Motorfahrzeug führt,
3. Ort und Zeit der mautpflichtigen Benutzung mautpflichtiger Straßen im Sinne des § 1,
4. Kennzeichen des Fahrzeugs oder der Fahrzeugkombination,
5. für die Mauthöhe maßgebliche Merkmale des Fahrzeugs oder der Fahrzeugkombination,
6. Identifikationsnummer des Betreibers oder des Anbieters nach den §§ 4e und 4f,

---

[1] § 5 Satz 3 angef. mWv 27.7.2013 durch G v. 23.7.2013 (BGBl. I S. 2550); Satz 2 geänd. mWv 13.12.2014 durch G v. 5.12.2014 (BGBl. I S. 1980); Satz 3 neu gef., Satz 4 angef. mWv 1.1.2019 durch G v. 4.12.2018 (BGBl. I S. 2251).

[2] § 6 Abs. 2 aufgeh. mWv 31.3.2017 durch G v. 27.3.2017 (BGBl. I S. 564); Satz 1 geänd., Satz 2 angef. mWv 1.1.2021 durch G v. 14.8.2017 (BGBl. I S. 3122).

[3] § 7 Abs. 3a eingef. mWv 27.7.2013 durch G v. 23.7.2013 (BGBl. I S. 2550); Abs. 2 Satz 1 Nr. 5 geänd., Nr. 6–8 und Abs. 3 Satz 3 angef. mWv 13.12.2014 durch G v. 5.12.2014 (BGBl. I S. 1980); Abs. 3 Satz 1 geänd. mWv 31.3.2017 durch G v. 27.3.2017 (BGBl. I S. 564); Abs. 2 Sätze 1, 2 und 3 geänd., Abs. 3 Satz 2 und Abs. 3a Sätze 2 und 3 geänd. mWv 26.11.2019 durch G v. 20.11.2019 (BGBl. I S. 1626).

7. Identifikationsnummer und Betriebszustand des Fahrzeuggeräts,
8. Vertragsnummer des Nutzers.

[2] Diese Daten dürfen ausschließlich zum Zweck der Überwachung der Einhaltung der Vorschriften dieses Gesetzes verarbeitet werden. [3] Eine Übermittlung, Verwendung oder Beschlagnahme dieser Daten nach anderen Rechtsvorschriften ist unzulässig.

(3) [1] Der Betreiber übermittelt darüber hinaus für die Durchführung der Kontrolle nach Absatz 1 dem Bundesamt für Güterverkehr die Daten über die Mautentrichtung nach § 4 Absatz 3 Satz 3 Nummer 1 bis 9. [2] Das Bundesamt für Güterverkehr darf die ihm übermittelten Daten auch zur Überwachung des Betreibers verarbeiten. [3] Für Anbieter nach den §§ 4e und 4f gelten die Sätze 1 und 2 entsprechend.

(3a) [1] Das Bundesamt für Güterverkehr darf auf den nach § 1 Absatz 1 mautpflichtigen Straßen auch stichprobenartig eigene optisch-elektronische Einrichtungen einsetzen, um zu überprüfen, ob der Betreiber die Einhaltung der Mautpflicht nach § 7 Absatz 1 Satz 2 ordnungsgemäß kontrolliert. [2] § 4 des Bundesdatenschutzgesetzes ist nicht anzuwenden. [3] Die erhobenen Daten dürfen ausschließlich zum dem in Satz 1 genannten Zweck gespeichert und verwendet werden; Absatz 2 Satz 3 gilt entsprechend.

(4) [1] Die Mitarbeiter des Bundesamtes für Güterverkehr können Kraftfahrzeuge zum Zweck der Kontrolle der Einhaltung der Mautpflicht nach § 1 anhalten. [2] Die zur Kontrolle berechtigten Personen sind befugt, Anordnungen zum Zweck der Durchführung der Kontrollmaßnahmen nach Satz 1 zu erteilen. [3] Dies entbindet den Verkehrsteilnehmer nicht von seiner Sorgfaltspflicht.

(5) [1] Hat der Mautschuldner die Maut vor der Benutzung einer mautpflichtigen Straße im Sinne des § 1 entrichtet und ist ihm hierüber ein Beleg erteilt worden, so hat er diesen im Rahmen seiner Nachweispflicht nach § 5 bei der Benutzung einer mautpflichtigen Straße im Sinne des § 1 mitzuführen und auf Verlangen den zur Kontrolle befugten Personen zur Prüfung auszuhändigen. [2] Er hat darüber hinaus den Fahrzeugschein oder die Zulassungsbescheinigung Teil I, die vorgeschriebenen Beförderungspapiere und den Führerschein den zur Kontrolle befugten Personen zur Prüfung auszuhändigen. [3] Sofern für Fahrten eine Berechtigung (Erlaubnis nach dem Güterkraftverkehrsgesetz und Nachweise über die Beschäftigung und die Tätigkeiten des Fahrpersonals auf Kraftfahrzeugen, Gemeinschaftslizenz, CEMT-, CEMT-Umzugs- oder Drittstaatengenehmigung) oder ein Nachweis der Erfüllung bestimmter Technik-, Sicherheits- und Umweltanforderungen für das Kraftfahrzeug vorgeschrieben ist, gilt Satz 2 entsprechend. [4] Der Fahrzeugführer hat auf Verlangen Auskunft über alle Tatsachen zu erteilen, die für die Durchführung der Kontrolle von Bedeutung sind.

(6) Es ist verboten, als Mautschuldner nach § 2 Nummer 1 oder 2 anzuordnen oder zuzulassen, dass der Fahrzeugführer

1. den in Absatz 5 Satz 1 genannten Beleg über die Mautentrichtung oder
2. ein sonstiges in Absatz 5 Satz 2 und 3 genanntes Dokument

nicht mitführt oder den zur Kontrolle befugten Personen nicht aushändigt.

(7) [1] Die zur Kontrolle befugten Personen sind berechtigt, die geschuldete Maut am Ort der Kontrolle zu erheben. [2] § 8 Absatz 2 gilt entsprechend. [3] Sie können die Weiterfahrt bis zur Entrichtung der Maut untersagen, wenn die Maut trotz Aufforderung am Ort der Kontrolle nicht entrichtet wird und

Tatsachen vorliegen, die Zweifel an der späteren Einbringlichkeit der Maut begründen.

(8) Weitergehende Befugnisse des Bundesamtes für Güterverkehr, die ihm nach anderen gesetzlichen Bestimmungen zur Überwachung der Einhaltung der Vorschriften nach diesem Gesetz zustehen, bleiben unberührt.

§ 8[1)] Nachträgliche Mauterhebung. (1) [1] Die Maut kann auch nachträglich durch Bescheid von jedem Mautschuldner der jeweiligen mautpflichtigen Straßenbenutzung erhoben werden. [2] Dem Betreiber kann die nachträgliche Erhebung der Maut für die Fälle übertragen werden, in denen er nach § 7 Absatz 1 Satz 3 eine Benutzung einer mautpflichtigen Straße im Sinne des § 1 feststellt und die geschuldete Maut nicht entrichtet und nicht im Rahmen der Kontrolle gemäß § 7 Absatz 7 erhoben wurde. [3] Widerspruchsbehörde ist das Bundesamt für Güterverkehr.

(2) [1] Kann im Verwaltungsverfahren über die nachträgliche Mauterhebung die tatsächliche Wegstrecke der Benutzung mautpflichtiger Straßen im Sinne des § 1 nicht festgestellt werden, wird eine Maut erhoben, die einer Wegstrecke von 500 Kilometern auf mautpflichtigen Straßen im Sinne des § 1 entspricht. [2] Im Fall des Satzes 1 wird beim Mautteilsatz für die Infrastrukturkosten der Betrag nach Anlage 1 Nummer 1 Buchstabe d sowie beim Mautteilsatz für die verursachten Luftverschmutzungskosten der Betrag nach Anlage 1 Nummer 2 Buchstabe a Doppelbuchstabe ff zugrunde gelegt, es sei denn, der Mautschuldner kann nachweisen, dass eine günstigere Fallgruppe vorliegt. [3] Beim Mautteilsatz für die Lärmbelastungskosten kommt der Betrag nach Anlage 1 Nummer 3 zur Anwendung. [4] Eine nachträgliche Mauterhebung entfällt, soweit der Mautschuldner nachweislich die ihm obliegenden Pflichten bei der Mautentrichtung erfüllt hat.

§ 8a[2)] Bekanntgabe von Verwaltungsakten im Ausland. Ergänzend zu § 41 Absatz 2 des Verwaltungsverfahrensgesetzes gilt für die Bekanntgabe von Verwaltungsakten im Ausland § 122 Absatz 2 Nummer 2 der Abgabenordnung entsprechend.

§ 9[3)] Datenlöschung, Geschäftsstatistiken. (1) [1] Der Betreiber hat die nach § 4 Absatz 3 Satz 3 Nummer 1 bis 9 gespeicherten Daten unverzüglich zu löschen, wenn ein Mauterstattungsverlangen nicht fristgerecht gestellt worden ist. [2] Ist ein Erstattungsverlangen fristgerecht gestellt worden, sind die Daten unverzüglich nach Abschluss des Verfahrens zu löschen. [3] Für Anbieter nach den §§ 4e und 4f gelten die Sätze 1 und 2 entsprechend.

(1a) Die nach § 4 Absatz 3 Satz 3 Nummer 10 gespeicherten Daten sind unmittelbar nach Durchlaufen des Erkennungsprozesses, welcher mautpflichtige von nicht mautpflichtigen Streckenabschnitten unterscheidet, vom Be-

---

[1)] § 8 Abs. 1 Satz 1 und Abs. 2 Satz 1 geänd. mWv 31.3.2017 durch G v. 27.3.2017 (BGBl. I S. 564); Abs. 2 Sätze 2 und 3 eingef., bish. Satz 2 wird Satz 4 mWv 1.1.2019 durch G v. 4.12.2018 (BGBl. I S. 2251).

[2)] § 8a eingef. mWv 27.7.2013 durch G v. 23.7.2013 (BGBl. I S. 2550).

[3)] § 9 Abs. 5a eingef. mWv 27.7.2013 durch G v. 23.7.2013 (BGBl. I S. 2550); Abs. 1 Satz 3 angef. mWv 13.12.2014 durch G v. 5.12.2014 (BGBl. I S. 1980); Abs. 1 Satz 1 geänd., Abs. 1a eingef., Abs. 2 Satz 1 geänd., Abs. 7 angef. mWv 31.3.2017 durch G v. 27.3.2017 (BGBl. I S. 564).

treiber nach § 4 Absatz 3 Satz 1 oder vom Anbieter nach den §§ 4e und 4f zu anonymisieren und spätestens nach 120 Tagen zu löschen.

(2) [1] Das Bundesamt für Güterverkehr hat die Daten nach § 4 Absatz 3 Satz 3 Nummer 5 vier Jahre nach Ablauf des Kalenderjahres, in dem die mautpflichtige Benutzung von Straßen beendet wurde, zu löschen. [2] Die übrigen nach § 7 Absatz 3 Satz 1 übermittelten Daten sind sechs Jahre nach der Übermittlung zu löschen.

(3) Die Daten nach § 7 Absatz 2 Satz 1 sind unverzüglich zu löschen,

1. sobald feststeht, dass die Maut entrichtet worden ist und ein Mauterstattungsverlangen nicht zulässig ist oder ein Mauterstattungsverlangen nicht fristgerecht gestellt worden ist,
2. sobald ein eingeleitetes Mauterstattungsverfahren abgeschlossen ist.

(4) Ist festgestellt worden, dass die Maut nicht entrichtet worden ist, sind die Daten nach § 7 Absatz 2 Satz 1 zu löschen

1. vom Betreiber nach Abschluss des Nacherhebungsverfahrens,
2. vom Bundesamt für Güterverkehr zwei Jahre, nachdem die Daten erstmalig gespeichert worden sind.

(5) Bilder und Daten, die im Rahmen der Kontrolle nach § 7 Absatz 2 erhoben und gespeichert wurden, sind unmittelbar nach dem Kontrollvorgang zu löschen, wenn das Kraftfahrzeug nicht der Mautpflicht unterliegt.

5a [1] Das Bundesamt für Güterverkehr hat die Daten nach § 7 Absatz 3a Satz 1 drei Monate nach Aufzeichnung zu löschen. [2] Abweichend von Satz 1 hat es die Daten sechs Jahre nach Ende des Kalenderjahres, in dem sie erhoben wurden, zu löschen, wenn sich ein mit dieser Datenerhebung dokumentierter Messfall ursächlich auf die Höhe der Vergütung des Betreibers auswirkt.

(6) Nach diesem Gesetz gespeicherte Daten dürfen in anonymisierter Form zur Erstellung von Geschäftsstatistiken verwendet werden.

(7) Das Bundesamt für Güterverkehr übermittelt in anonymisierter Form die Mautdaten nach § 4 Absatz 3 Satz 3 Nummer 1, 2 und 6 in regelmäßigen Abständen an das vom Bundesministerium für Verkehr und digitale Infrastruktur betriebene offene Datenportal mCLOUD oder ein Nachfolgeportal, auf dem die Daten allen Interessierten gebührenfrei und in standardisierter Form zur Verfügung gestellt werden.

§ 10[1]) Bußgeldvorschriften. (1) Ordnungswidrig handelt, wer vorsätzlich oder fahrlässig

1. entgegen § 4 Absatz 1 Satz 1 eine Maut nicht, nicht vollständig oder nicht rechtzeitig entrichtet,
2. einer vollziehbaren Anordnung nach § 7 Absatz 4 Satz 2 zuwiderhandelt,
3. entgegen § 7 Absatz 5 Satz 1 in Verbindung mit einer Rechtsverordnung nach § 5 Satz 2, auch in Verbindung mit § 4 Absatz 6 Satz 2, den Beleg oder den Nachweis nicht mitführt oder nicht rechtzeitig aushändigt,
4. entgegen § 7 Absatz 5 Satz 4, auch in Verbindung mit § 4 Absatz 6 Satz 2, eine Auskunft nicht, nicht richtig, nicht vollständig oder nicht rechtzeitig erteilt,

[1]) § 10 Abs. 1 Nr. 1 neu gef. mWv 27.7.2013 durch G v. 23.7.2013 (BGBl. I S. 2550).

5. entgegen § 7 Absatz 6 Nummer 1, auch in Verbindung mit § 4 Absatz 6 Satz 2, anordnet oder zulässt, dass der Beleg oder der Nachweis nicht mitgeführt oder nicht ausgehändigt wird.

(2) Die Ordnungswidrigkeit kann in den Fällen des Absatzes 1 Nummer 1 und 2 mit einer Geldbuße bis zu zwanzigtausend Euro, in den übrigen Fällen mit einer Geldbuße bis zu zehntausend Euro geahndet werden.

(3) Verwaltungsbehörde im Sinne des § 36 Absatz 1 Nummer 1 des Gesetzes über Ordnungswidrigkeiten[1] ist das Bundesamt für Güterverkehr.

§ 11[2] Mautaufkommen. (1) Das Mautaufkommen wird vollständig im Bundeshaushalt vereinnahmt und wird abzüglich eines jährlichen Betrages von 150 Millionen Euro zusätzlich dem Verkehrshaushalt zugeführt.

(2) Aus dem Mautaufkommen werden Ausgaben

1. für Betrieb, Überwachung und Kontrolle des Mautsystems sowie
2. von jährlich bis zu 450 Millionen Euro für die Durchführung von Programmen des Bundes zur Umsetzung der Ziele Beschäftigung, Qualifizierung, Umwelt und Sicherheit in Unternehmen des mautpflichtigen Güterkraftverkehrs

geleistet.

(3) [1] Den Trägern der Straßenbaulast einer mautpflichtigen Straße oder eines Abschnittes einer mautpflichtigen Straße steht das auf den in ihrer Baulast befindlichen Strecken angefallene Mautaufkommen nach anteiliger Berücksichtigung der in den Absätzen 1 und 2 genannten Abzüge zu. [2] Es ist in vollem Umfang zweckgebunden für die Verbesserung der Verkehrsinfrastruktur für die Bundesfernstraßen zu verwenden. [3] Die Anteile anderer Träger der Straßenbaulast als der Bund werden über den Bundeshaushalt zugewiesen. [4] Ist der Bund Träger der Straßenbaulast, stellt er das ihm nach Satz 1 zustehende Mautaufkommen der Gesellschaft privaten Rechts im Sinne des Infrastrukturgesellschaftserrichtungsgesetzes für das in ihrer Zuständigkeit befindliche Streckennetz mit der Zweckbindung nach Satz 2 zur Verfügung.

(4) Abweichend von Absatz 3 Satz 2 leistet der Bund aus seinem Anteil auch

1. die Finanzmittel, die zur Verwaltung der nach § 1 des Verkehrsinfrastrukturfinanzierungsgesellschaftsgesetzes errichteten Gesellschaft oder zur Verwaltung der im Sinne des Infrastrukturgesellschaftserrichtungsgesetzes errichteten Gesellschaft dienen und diesen Gesellschaften vom Bund als Eigentümer zur Verfügung gestellt werden, sowie
2. die Ausgaben im Zusammenhang mit dem europäischen elektronischen Mautdienst nach § 4a und der Durchführung des Mautsystemgesetzes[3].

(5) Für das auf den Streckenabschnitten nach § 1 Absatz 4 angefallene Mautaufkommen findet die Zweckbindung nach Absatz 3 Satz 2 keine Anwendung.

§ 12 Beginn der Mauterhebung auf Bundesautobahnen. Der Beginn der Erhebung der Maut auf mautpflichtigen Bundesautobahnen richtet sich

---

[1] Nr. **680**.

[2] § 11 neu gef. mWv 31.3.2017 durch G v. 27.3.2017 (BGBl. I S. 564); Abs. 3 Satz 4 angef., Abs. 4 Nr. 1 neu gef. mWv 1.1.2021 durch G v. 14.8.2017 (BGBl. I S. 3122); Abs. 5 angef. mWv 1.1.2019 durch G v. 4.12.2018 (BGBl. I S. 2251).

[3] Nr. **800**.

nach § 12 des Autobahnmautgesetzes für schwere Nutzfahrzeuge in der Fassung der Bekanntmachung vom 2. Dezember 2004 (BGBl. I S. 3122), das zuletzt durch Artikel 6 des Gesetzes vom 29. Mai 2009 (BGBl. I S. 1170) geändert worden ist.

§ 13[1] *(aufgehoben)*

§ 13a[2] **Übergangsregelungen.** (1) Bis zum Ablauf des 30. Juni 2018 sind die §§ 1, 3a und 11 dieses Gesetzes in der am 30. März 2017 geltenden Fassung mit der Maßgabe weiter anzuwenden, dass abweichend von der vorstehend genannten Fassung mautpflichtig alle Fahrzeuge und Fahrzeugkombinationen sind, die für den Güterkraftverkehr bestimmt sind oder verwendet werden.

(2) [1]Das Bundesministerium für Verkehr und digitale Infrastruktur wird ermächtigt, durch Rechtsverordnung ohne Zustimmung des Bundesrates den in Absatz 1 genannten Zeitpunkt zu verschieben, soweit es auf Grund eines technischen oder rechtlichen Grundes im Hinblick auf eine ordnungsgemäße Erhebung der Maut erforderlich ist, die Übergangsbestimmung des Absatzes 1 befristet fortzuführen. [2]Sobald der für den Erlass einer Rechtsverordnung nach Satz 1 maßgebliche Grund entfallen ist, bestimmt das Bundesministerium für Verkehr und digitale Infrastruktur durch Rechtsverordnung ohne Zustimmung des Bundesrates einen neuen Zeitpunkt für das Auslaufen des Übergangszeitraumes nach Absatz 1. [3]Der Zeitpunkt nach Satz 2 ist so festzulegen, dass die Anwendung der neuen Bestimmungen frühestens nach Ablauf von zwei Wochen nach dem Fortfall des für den Erlass einer Rechtsverordnung nach Satz 1 maßgeblichen Grundes beginnt.

§ 14[3] **Alt-Sachverhalte.** (1) Für Sachverhalte, die ab dem 1. Juli 2003 und bis zum Ablauf des 31. August 2007 entstanden sind, bestimmt sich der Mautsatz abweichend von § 3 Absatz 3 nach der Anlage 2.

(2) Für Sachverhalte, die ab dem 1. September 2007 und bis zum Ablauf des 31. Dezember 2008 entstanden sind, bestimmt sich der Mautsatz abweichend von § 3 Absatz 3 nach der Anlage 3.

(3) Für Sachverhalte, die ab dem 1. Januar 2009 und bis zum Ablauf des 31. Dezember 2014 entstanden sind, bestimmt sich der Mautsatz abweichend von § 3 Absatz 3 nach der Anlage 4.

(4) Für Sachverhalte, die ab dem 1. Januar 2015 und bis zum Ablauf des 30. September 2015 entstanden sind, bestimmt sich der Mautsatz abweichend von § 3 Absatz 3 nach der Anlage 5.

(5) Für Sachverhalte, die ab dem 1. Oktober 2015 und bis zum Ablauf des 31. Dezember 2018 entstanden sind, bestimmt sich der Mautsatz abweichend von § 3 Absatz 3 nach der Anlage 6.

---

[1] § 13 aufgeh. mWv 1.1.2019 durch G v. 4.12.2018 (BGBl. I S. 2251).

[2] § 13a eingef. mWv 1.7.2015 durch G v. 10.6.2015 (BGBl. I S. 922); neu gef. mWv 31.3.2017 durch G v. 27.3.2017 (BGBl. I S. 564).

[3] § 14 neu gef. mWv 1.1.2015 durch G v. 23.12.2014 (BGBl. I S. 2473); Abs. 4 angef. mWv 31.3.2017 durch G v. 27.3.2017 (BGBl. I S. 564); Abs. 5 angef. mWv 1.1.2019 durch G v. 4.12.2018 (BGBl. I S. 2251).

§ 15[1)] Verkündung von Rechtsverordnungen. Rechtsverordnungen nach diesem Gesetz können abweichend von § 2 Absatz 1 des Verkündungs- und Bekanntmachungsgesetzes im Bundesanzeiger verkündet werden.

Anlage 1[2)]
(zu § 3 Absatz 3)

Berechnung der Höhe des Mautsatzes

1. Mautteilsatz für die Infrastrukturkosten je Kilometer nach § 3 Absatz 1 Nummer 1:
mautpflichtige Fahrzeuge oder Fahrzeugkombinationen:
   a) mit einem zulässigen Gesamtgewicht von 7,5 bis unter 12 Tonnen unabhängig von der Anzahl der Achsen 0,08 Euro,
   b) mit einem zulässigen Gesamtgewicht von 12 Tonnen bis 18 Tonnen unabhängig von der Anzahl der Achsen 0,115 Euro,
   c) mit einem zulässigen Gesamtgewicht von mehr als 18 Tonnen sowie bis zu drei Achsen 0,16 Euro,
   d) mit einem zulässigen Gesamtgewicht von mehr als 18 Tonnen sowie vier oder mehr Achsen 0,174 Euro.
2. Mautteilsatz für die verursachten Luftverschmutzungskosten je Kilometer nach § 3 Absatz 1 Nummer 2:
   a) mautpflichtige Fahrzeuge oder Fahrzeugkombinationen unbeschadet der Zahl der Achsen, des zulässigen Gesamtgewichts und der benutzten Straßen:
      aa) 0,011 Euro in der Kategorie A,
      bb) 0,022 Euro in der Kategorie B,
      cc) 0,032 Euro in der Kategorie C,
      dd) 0,064 Euro in der Kategorie D,
      ee) 0,074 Euro in der Kategorie E,
      ff) 0,085 Euro in der Kategorie F.
   b) Zuordnung der Fahrzeuge nach § 1 Absatz 1 zu den in Buchstabe a aufgeführten Kategorien auf Grund ihrer Emissionsklasse nach § 48 in Verbindung mit Anlage XIV der Straßenverkehrs-Zulassungs-Ordnung:
      aa) Kategorie A Fahrzeuge der Schadstoffklasse S 6,
      bb) Kategorie B Fahrzeuge der EEV Klasse 1 und der Schadstoffklasse S 5,
      cc) Kategorie C Fahrzeuge der Schadstoffklasse S 4 sowie Fahrzeuge der Schadstoffklasse S 3, die der Partikelminderungsklasse PMK 2 oder höher im Sinne der

[1)] § 15 Satz 1 geänd., Satz 2 aufgeh. mWv 1.4.2012 durch G v. 22.12.2011 (BGBl. I S. 3044).
[2)] Anl. 1 neu gef. mWv 1.1.2019 durch G v. 4.12.2018 (BGBl. I S. 2251).

Anlage XXVII der Straßenverkehrs-Zulassungs-Ordnung angehören,

dd) Kategorie D Fahrzeuge der Schadstoffklasse S 3 sowie Fahrzeuge der Schadstoffklasse S 2, die der Partikelminderungsklasse PMK 1 oder höher im Sinne der Anlage XXVII der Straßenverkehrs-Zulassungs-Ordnung angehören,

ee) Kategorie E Fahrzeuge der Schadstoffklasse S 2,

ff) Kategorie F Fahrzeuge der Schadstoffklasse S 1 sowie Fahrzeuge, die keiner Schadstoffklasse der Anlage XIV der Straßenverkehrs-Zulassungs-Ordnung angehören.

3. Mautteilsatz für die verursachten Lärmbelastungskosten je Kilometer nach § 3 Absatz 1 Nummer 3:
0,002 Euro.

Anlage 2[1)]
(zu § 14 Absatz 1)

Mautsätze im Zeitraum vom 1. Juli 2003 bis zum Ablauf des 31. August 2007

1. Die Maut pro Kilometer beträgt für mautpflichtige Fahrzeuge oder Fahrzeugkombinationen mit bis zu drei Achsen
   a) 0,09 Euro in der Kategorie A,
   b) 0,11 Euro in der Kategorie B,
   c) 0,13 Euro in der Kategorie C.
2. Die Maut pro Kilometer beträgt für mautpflichtige Fahrzeuge oder Fahrzeugkombinationen mit vier oder mehr Achsen
   a) 0,10 Euro in der Kategorie A,
   b) 0,12 Euro in der Kategorie B,
   c) 0,14 Euro in der Kategorie C.
3. Fahrzeuge nach § 1 Absatz 1 werden den in den Nummern 1 und 2 aufgeführten Kategorien auf Grund ihrer Emissionsklasse nach § 48 in Verbindung mit Anlage XIV der Straßenverkehrs-Zulassungs-Ordnung[2)] wie folgt zugeordnet:
   a) im Zeitraum vom 1. Juli 2003 bis zum Ablauf des 30. September 2006

   Kategorie A Fahrzeuge der Schadstoffklassen S 4, S 5 und der EEV Klasse 1,

   Kategorie B Fahrzeuge der Schadstoffklassen S 3 und S 2,

[1)] Anl. 2 angef. mWv 27.7.2013 durch G v. 23.7.2013 (BGBl. I S. 2550).
[2)] Nr. **200**.

Kategorie C Fahrzeuge der Schadstoffklasse S 1 und Fahrzeuge, die keiner Schadstoffklasse der Anlage XIV der Straßenverkehrs-Zulassungs-Ordnung[1] angehören;

b) im Zeitraum vom 1. Oktober 2006 bis zum Ablauf des 31. August 2007

Kategorie A Fahrzeuge der Schadstoffklasse S 5 und der EEV Klasse 1,

Kategorie B Fahrzeuge der Schadstoffklassen S 4 und 3,

Kategorie C Fahrzeuge der Schadstoffklassen S 2, S 1 und Fahrzeuge, die keiner Schadstoffklasse der Anlage XIV der Straßenverkehrs-Zulassungs-Ordnung[1] angehören.

Anlage 3[2]
(zu § 14 Absatz 2)

Mautsätze im Zeitraum vom 1. September 2007 bis zum Ablauf des 31. Dezember 2008

1. Die Maut pro Kilometer beträgt für mautpflichtige Fahrzeuge oder Fahrzeugkombinationen mit bis zu drei Achsen
   a) 0,10 Euro in der Kategorie A,
   b) 0,12 Euro in der Kategorie B,
   c) 0,145 Euro in der Kategorie C.
2. Die Maut pro Kilometer beträgt für mautpflichtige Fahrzeuge oder Fahrzeugkombinationen mit vier oder mehr Achsen
   a) 0,11 Euro in der Kategorie A,
   b) 0,13 Euro in der Kategorie B,
   c) 0,155 Euro in der Kategorie C.
3. Fahrzeuge nach § 1 Absatz 1 werden den in den Nummern 1 und 2 aufgeführten Kategorien auf Grund ihrer Emissionsklasse nach § 48 in Verbindung mit Anlage XIV der Straßenverkehrs-Zulassungs-Ordnung[1] wie folgt zugeordnet:

   Kategorie A Fahrzeuge der Schadstoffklasse S 5 und der EEV Klasse 1,

   Kategorie B Fahrzeuge der Schadstoffklassen S 4 und 3,

   Kategorie C Fahrzeuge der Schadstoffklassen S 2, S 1 und Fahrzeuge, die keiner Schadstoffklasse der Anlage XIV der Straßenverkehrs-Zulassungs-Ordnung[1] angehören.

---

[1] Nr. **200**.
[2] Anl. 3 angef. mWv 27.7.2013 durch G v. 23.7.2013 (BGBl. I S. 2550).

Anlage 4[1)]
(zu § 14 Absatz 3)

Mautsätze im Zeitraum vom 1. Januar 2009 bis zum Ablauf des 31. Dezember 2014

1. Die Maut pro Kilometer beträgt für mautpflichtige Fahrzeuge oder Fahrzeugkombinationen mit bis zu drei Achsen
   a) 0,141 Euro in der Kategorie A,
   b) 0,169 Euro in der Kategorie B,
   c) 0,190 Euro in der Kategorie C,
   d) 0,274 Euro in der Kategorie D.
2. Die Maut pro Kilometer beträgt für mautpflichtige Fahrzeuge oder Fahrzeugkombinationen mit vier oder mehr Achsen
   a) 0,155 Euro in der Kategorie A,
   b) 0,183 Euro in der Kategorie B,
   c) 0,204 Euro in der Kategorie C,
   d) 0,288 Euro in der Kategorie D.
3. Fahrzeuge nach § 1 Absatz 1 werden den in den Nummern 1 und 2 aufgeführten Kategorien auf Grund ihrer Emissionsklasse nach § 48 in Verbindung mit Anlage XIV der Straßenverkehrs-Zulassungs-Ordnung[2)] wie folgt zugeordnet:

Kategorie A	Fahrzeuge der EEV Klasse 1 und der Schadstoffklasse S 5,
Kategorie B	Fahrzeuge der Schadstoffklasse S 4 sowie Fahrzeuge der Schadstoffklasse S 3, die der Partikelminderungsklasse PMK 2 oder höher im Sinne der Anlage XXVII der Straßenverkehrs-Zulassungs-Ordnung[2)] angehören,
Kategorie C	Fahrzeuge der Schadstoffklasse S 3 sowie Fahrzeuge der Schadstoffklasse S 2, die der Partikelminderungsklasse PMK 1 oder höher im Sinne der Anlage XXVII der Straßenverkehrs-Zulassungs-Ordnung[2)] angehören,
Kategorie D	Fahrzeuge der Schadstoffklassen S 2, S 1 sowie Fahrzeuge, die keiner Schadstoffklasse der Anlage XIV der Straßenverkehrs-Zulassungs-Ordnung[2)] angehören.

---

1) Bish. Anl. 1 wird Anl. 4 und Klammerzusatz sowie Überschrift neu gef. mWv 1.1.2015 durch G v. 23.12.2014 (BGBl. I S. 2473).
2) Nr. **200**.

Anlage 5[1)]
(zu § 14 Absatz 4)

Mautsätze im Zeitraum vom 1. Januar 2015 bis zum Ablauf des 30. September 2015

1. Mautteilsatz für die Infrastrukturkosten je Kilometer nach § 3 Absatz 1 Nummer 1:
   mautpflichtige Fahrzeuge oder Fahrzeugkombinationen
   a) mit bis zu drei Achsen 0,125 Euro,
   b) mit vier oder mehr Achsen 0,131 Euro.
2. Mautteilsatz für die verursachten Luftverschmutzungskosten je Kilometer nach § 3 Absatz 1 Nummer 2:
   a) mautpflichtige Fahrzeuge oder Fahrzeugkombinationen unbeschadet der Zahl der Achsen und der benutzten Straßen
      aa) 0,000 Euro in der Kategorie A,
      bb) 0,021 Euro in der Kategorie B,
      cc) 0,032 Euro in der Kategorie C,
      dd) 0,063 Euro in der Kategorie D,
      ee) 0,073 Euro in der Kategorie E,
      ff) 0,083 Euro in der Kategorie F.
   b) Zuordnung der Fahrzeuge nach § 1 Absatz 1 zu den in Buchstabe a aufgeführten Kategorien auf Grund ihrer Emissionsklasse nach § 48 in Verbindung mit Anlage XIV der Straßenverkehrs-Zulassungs-Ordnung[2)]:
      aa) Kategorie A Fahrzeuge der Schadstoffklasse S 6,
      bb) Kategorie B Fahrzeuge der EEV Klasse 1 und der Schadstoffklasse S 5,
      cc) Kategorie C Fahrzeuge der Schadstoffklasse S 4 sowie Fahrzeuge der Schadstoffklasse S 3, die der Partikelminderungsklasse PMK 2 oder höher im Sinne der Anlage XXVII der Straßenverkehrs-Zulassungs-Ordnung[2)] angehören,
      dd) Kategorie D Fahrzeuge der Schadstoffklasse S 3 sowie Fahrzeuge der Schadstoffklasse S 2, die der Partikelminderungsklasse PMK 1 oder höher im Sinne der Anlage XXVII der Straßenverkehrs-Zulassungs-Ordnung[2)] angehören,
      ee) Kategorie E Fahrzeuge der Schadstoffklasse S 2,

[1)] Bish. Anl. 1 wird Anl. 1a und Überschrift neu gef. mWv 1.7.2015 durch G v. 10.6.2015 (BGBl. I S. 922); bish. Anl. 1a wird Anl. 5, Klammerzusatz und Überschrift neu gef. mWv 31.3. 2017 durch G v. 27.3.2017 (BGBl. I S. 564).

[2)] Nr. **200**.

ff) Kategorie F Fahrzeuge der Schadstoffklasse S 1 sowie Fahrzeuge, die keiner Schadstoffklasse der Anlage XIV der Straßenverkehrs-Zulassungs-Ordnung[1] angehören.

Anlage 6[2)]
(zu § 14 Absatz 5)

Mautsätze im Zeitraum vom 1. Oktober 2015 bis zum Ablauf des 31. Dezember 2018

1. Mautteilsatz für die Infrastrukturkosten je Kilometer nach § 3 Absatz 1 Nummer 1:
   mautpflichtige Fahrzeuge oder Fahrzeugkombinationen:
   a) mit zwei Achsen 0,081 Euro,
   b) mit drei Achsen 0,113 Euro,
   c) mit vier Achsen 0,117 Euro,
   d) mit fünf oder mehr Achsen 0,135 Euro.
2. Mautteilsatz für die verursachten Luftverschmutzungskosten je Kilometer nach § 3 Absatz 1 Nummer 2:
   a) mautpflichtige Fahrzeuge oder Fahrzeugkombinationen unbeschadet der Zahl der Achsen und der benutzten Straßen:
      aa) 0,000 Euro in der Kategorie A,
      bb) 0,021 Euro in der Kategorie B,
      cc) 0,032 Euro in der Kategorie C,
      dd) 0,063 Euro in der Kategorie D,
      ee) 0,073 Euro in der Kategorie E,
      ff) 0,083 Euro in der Kategorie F.
   b) Zuordnung der Fahrzeuge nach § 1 Absatz 1 zu den in Buchstabe a aufgeführten Kategorien auf Grund ihrer Emissionsklasse nach § 48 in Verbindung mit der Anlage XIV der Straßenverkehrs-Zulassungs-Ordnung[1]:
      aa) Kategorie A Fahrzeuge der Schadstoffklasse S 6,
      bb) Kategorie B Fahrzeuge der EEV Klasse 1 und der Schadstoffklasse S 5,
      cc) Kategorie C Fahrzeuge der Schadstoffklasse S 4 sowie Fahrzeuge der Schadstoffklasse S 3, die der Partikelminderungsklasse PMK 2 oder höher im Sinne der

---

[1] Nr. **200**.
[2] Frühere Anl. 1 neu gef. mWv 1.7.2015 durch G v. 10.6.2015 (BGBl. I S. 922); geänd. mWv 31.3.2017 durch G v. 27.3.2017 (BGBl. I S. 564); bish. Anl. 1 wird Anl. 6 und geänd. mWv 1.1.2019 durch G v. 4.12.2018 (BGBl. I S. 2251).

Anlage XXVII der Straßenverkehrs-Zulassungs-Ordnung[3] angehören,

dd) Kategorie D Fahrzeuge der Schadstoffklasse S 3 sowie Fahrzeuge der Schadstoffklasse S 2, die der Partikelminderungsklasse PMK 1 oder höher im Sinne der Anlage XXVII der Straßenverkehrs-Zulassungs-Ordnung[3] angehören,

ee) Kategorie E Fahrzeuge der Schadstoffklasse S 2,

ff) Kategorie F Fahrzeuge der Schadstoffklasse S 1 sowie Fahrzeuge, die keiner Schadstoffklasse der Anlage XIV der Straßenverkehrs-Zulassungs-Ordnung[3] angehören.

Elektrisch betriebene Fahrzeuge im Sinne des § 2 Nummer 1 des Elektromobilitätsgesetzes[1] in der jeweils geltenden Fassung werden der Kategorie A zugeordnet, wenn sie über eine Kennzeichnung im Sinne des § 4 des Elektromobilitätsgesetzes[1] verfügen.

---

[3] Nr. **200**.
[1] Nr. **40**.

830. Verordnung zur Erhebung, zum Nachweis der ordnungsgemäßen Entrichtung und zur Erstattung der Maut (Lkw-Maut-Verordnung – Lkw-MautV)

Vom 25. Juni 2018
(BGBl. I S. 1156)

FNA 9290-16-6

geänd. durch Art. 1 Erste ÄndVO v. 19.12.2018 (BGBl. I S. 2700)

Auf Grund des § 4 Absatz 4 Satz 3, Absatz 5 Satz 2 und des § 5 Satz 2 und 3 des Bundesfernstraßenmautgesetzes[1)], von denen § 4 Absatz 4 Satz 3 und Absatz 5 Satz 2 durch Artikel 2 Nummer 2 Buchstabe c und § 5 Satz 2 durch Artikel 2 Nummer 1 des Gesetzes vom 5. Dezember 2014 (BGBl. I S. 1980) geändert worden sind und § 5 Satz 3 durch Artikel 1 Nummer 5 des Gesetzes vom 23. Juli 2013 (BGBl. I S. 2550) eingefügt worden ist, verordnet das Bundesministerium für Verkehr und digitale Infrastruktur:

§ 1 Anwendungsbereich. Diese Verordnung regelt

1. die für die Mauterhebung maßgeblichen Tatsachen,
2. die Einzelheiten der Mautentrichtung und der Nutzung der technischen Einrichtungen zur Mauterhebung,
3. das Verfahren zum Nachweis der ordnungsgemäßen Mautentrichtung und
4. das Verfahren zur Erstattung der Maut.

§ 2[2)] Maßgebliche Tatsachen für die Mauterhebung. Die für die Mauterhebung maßgeblichen Tatsachen sind:

1. das amtliche Kennzeichen des mautpflichtigen Fahrzeuges im Sinne des § 1 Absatz 1 des Bundesfernstraßenmautgesetzes[1)] einschließlich des Nationalitätskennzeichens,
2. die Strecke einschließlich Zwischenstationen, auf der eine mautpflichtige Straßenbenutzung erfolgen soll,
3. Datum und Uhrzeit des geplanten Fahrtbeginns der mautpflichtigen Straßenbenutzung,
4. die Gewichtsklasse und die Anzahl der Achsen des Fahrzeuges oder der Fahrzeugkombination,
5. die Emissionsklasse des Fahrzeuges nach § 48 in Verbindung mit Anlage XIV der Straßenverkehrs-Zulassungs-Ordnung,
6. die Positionsdaten des zum Zweck der Mauterhebung im Fahrzeug eingebauten oder im Fahrzeug angebrachten Fahrzeuggerätes.

[1)] Nr. **810**.
[2)] § 2 Nr. 4 neu gef. mWv 1.1.2019 durch VO v. 19.12.2018 (BGBl. I S. 2700).

§ 3 Mauterhebungssysteme. (1) Der Mautschuldner kann die Maut wahlweise über ein manuelles Mauterhebungssystem oder ein automatisches Mauterhebungssystem entrichten.

(2) [1] Alle Mautentrichtungen nach Absatz 1 erfolgen nach den Angaben des Mautschuldners (Prinzip der Selbstdeklaration). [2] Der Mautschuldner ist für die Richtigkeit und Überprüfung der von ihm gemachten Angaben verantwortlich.

§ 4 Manuelles Mauterhebungssystem. (1) [1] Die manuelle Einbuchung kann über Mautstellen-Terminals, die Internetseite oder eine für mobile Endgeräte bereitgestellte Software (mobile Applikation) erfolgen, die jeweils von dem in § 4 Absatz 3 Satz 1 des Bundesfernstraßenmautgesetzes[1)] bezeichneten Betreiber bereitgestellt werden. [2] Für die manuelle Einbuchung ist eine Anmeldung beim Betreiber nicht erforderlich, wahlweise aber möglich.

(2) [1] Nutzt der Mautschuldner zur Mautentrichtung die Internetseite oder die mobile Applikation, so hat er die für die Nutzung erforderlichen technischen Voraussetzungen selbst zu schaffen. [2] Die eventuell anfallenden Kosten seiner Online-Verbindung trägt der Mautschuldner. [3] Wenn eine Anmeldung beim Betreiber erfolgt, hat der Mautschuldner die für die Mauterhebung maßgeblichen Tatsachen nach § 2 Nummer 1, 4 und 5 wahrheitsgemäß und vollständig anzugeben.

(3) Der Mautschuldner hat die für die Mauterhebung maßgeblichen Tatsachen im Sinne des § 2 Nummer 1 bis 5 wahrheitsgemäß und vollständig einzugeben (Einbuchung).

(4) Bei der Einbuchung wird dem Mautschuldner eine Einbuchungsnummer sowie der für die Durchführung der Fahrt zulässige Zeitraum (Gültigkeitszeitraum) mitgeteilt.

§ 5[2)] Automatisches Mauterhebungssystem. (1) [1] Die Teilnahme an dem automatischen Mauterhebungssystem erfordert die Anmeldung des Mautschuldners beim Betreiber oder einem Anbieter nach den §§ 4e und 4f des Bundesfernstraßenmautgesetzes[1)] (Anbieter) und den fachgerechten Einbau oder die ordnungsgemäße Anbringung eines Fahrzeuggerätes in dem mautpflichtigen Fahrzeug vor der mautpflichtigen Straßenbenutzung. [2] Das Fahrzeuggerät ist eine elektronische Einrichtung, mit der die Positionsdaten des Fahrzeuges festgestellt und durch den Betreiber oder einen Anbieter nach den §§ 4e und 4f des Bundesfernstraßenmautgesetzes verarbeitet werden. [3] Der Mautschuldner hat bei der Anmeldung die für die Mauterhebung maßgeblichen Tatsachen gemäß § 2 Nummer 1, 4 und 5 wahrheitsgemäß und vollständig anzugeben. [4] Diese Daten sind im Fahrzeuggerät zu speichern. [5] Einem Fahrzeuggerät im Sinne des Satzes 2 steht ein Fahrzeuggerät im Sinne des § 16 Absatz 2 des Mautsystemgesetzes[3)] gleich.

(2) Änderungen der in § 2 Nummer 1, 4 und 5 genannten Tatsachen hat der Mautschuldner dem Betreiber oder seinem Anbieter nach den §§ 4e und

---

[1)] Nr. **810**.
[2)] § 5 Abs. 3 neu gef. mWv 1.1.2019 durch VO v. 19.12.2018 (BGBl. I S. 2700).
[3)] Nr. **800**.

4f des Bundesfernstraßenmautgesetzes innerhalb eines Monats ab dem Zeitpunkt der Änderung mitzuteilen.

(3) [1] Der Mautschuldner hat das Fahrzeuggerät ordnungsgemäß zu bedienen. [2] Insbesondere hat er vor jeder mautpflichtigen Straßenbenutzung zu überprüfen, ob

1. die im Fahrzeuggerät gespeicherte Gewichtsklasse das zulässige Gesamtgewicht des Fahrzeuges oder der Fahrzeugkombination im Sinne des § 1 Absatz 6 des Bundesfernstraßenmautgesetzes umfasst und
2. die im Fahrzeuggerät gespeicherte Anzahl der Achsen mit der Anzahl der Achsen des Fahrzeuges oder der Fahrzeugkombination übereinstimmt,

mit dem oder der die mautpflichtige Straßenbenutzung durchgeführt werden soll. [3] Im Falle einer Abweichung hat der Mautschuldner die gespeicherten Angaben zur Gewichtsklasse und der Anzahl der Achsen zu korrigieren.

(4) [1] Der Mautschuldner muss vor Beginn jeder mautpflichtigen Straßenbenutzung überprüfen, ob das Fahrzeuggerät betriebsbereit ist. [2] Stellt er fest, dass dies nicht der Fall ist, hat er vor Beginn der mautpflichtigen Straßenbenutzung für dessen betriebsbereiten Zustand Sorge zu tragen. [3] Kann die Betriebsbereitschaft des Fahrzeuggerätes vor Beginn der mautpflichtigen Straßenbenutzung nicht wiederhergestellt werden, so hat der Mautschuldner das manuelle Mauterhebungssystem zu benutzen.

(5) Zeigt das Fahrzeuggerät während der Benutzung des mautpflichtigen Straßennetzes an, dass es nicht mehr betriebsbereit ist, muss der Mautschuldner unverzüglich das mautpflichtige Straßennetz verlassen, es sei denn, er kann vorher

1. den betriebsbereiten Zustand des Fahrzeuggerätes wiederherstellen oder
2. die Maut ohne Verlassen des mautpflichtigen Straßennetzes über das manuelle Mauterhebungssystem entrichten.

§ 6 Nachweis der ordnungsgemäßen Entrichtung der Maut. [1] Der Mautschuldner ist verpflichtet, auf Verlangen des Bundesamtes für Güterverkehr die Richtigkeit aller für die Mauterhebung maßgeblichen Tatsachen durch Vorlage geeigneter Unterlagen nachzuweisen. [2] Geeignete Unterlagen sind insbesondere der Einbuchungsbeleg, der Zahlungsbeleg, der Fahrzeugschein oder die Zulassungsbescheinigung Teil I sowie fahrzeugbezogene Nachweise im Sinne des § 7 Absatz 5 des Bundesfernstraßenmautgesetzes[1)]. [3] Statt des Einbuchungsbelegs ist bei der manuellen Einbuchung über die Internetseite oder die mobile Applikation auch die Angabe der Einbuchungsnummer geeignet. [4] Die Verpflichtung zum ergänzenden Nachweis der Zahlung im Einzelfall bleibt hiervon unberührt.

§ 7[2)] Nachweis der Emissionsklasse für im Inland zugelassene Fahrzeuge. (1) [1] Der Nachweis der Emissionsklasse eines mautpflichtigen Fahrzeuges nach § 2 Nummer 5 erfolgt für in der Bundesrepublik Deutschland zugelassene Fahrzeuge durch Vorlage des Fahrzeugscheins oder der Zulassungsbescheinigung Teil I. [2] Die Schadstoffklasse des mautpflichtigen Fahrzeuges ergibt sich aus dem Eintrag unter Ziffer 1 des Fahrzeugscheins, unter

---

[1)] Nr. **810**.

[2)] § 7 Abs. 5 Satz 1 neu gef. mWv 1.1.2019 durch VO v. 19.12.2018 (BGBl. I S. 2700).

Ziffer 14.1 der Zulassungsbescheinigung Teil I oder unter Ziffer 14 der Zulassungsbescheinigung Teil I. [3] Falls unter Ziffer 33 des Fahrzeugscheins, unter Ziffer 22 der Zulassungsbescheinigung Teil I oder unter Buchstabe V.9 der Zulassungsbescheinigung Teil I eine andere Schadstoffklasse eingetragen ist, gilt diese. [4] Die Partikelminderungsklasse des mautpflichtigen Fahrzeuges ergibt sich aus dem Eintrag unter Ziffer 33 des Fahrzeugscheins oder unter Ziffer 22 der Zulassungsbescheinigung Teil I.

(2) Die Emissionsklasse kann auch nachgewiesen werden durch Vorlage

1. des aktuellen Kraftfahrzeugsteuerbescheides oder
2. eines gültigen Nachweises im Sinne des § 7 Absatz 5 Satz 3 des Bundesfernstraßenmautgesetzes[1)] über die Erfüllung bestimmter Umweltanforderungen für das Kraftfahrzeug.

(3) Bei Vorlage sonstiger geeigneter Unterlagen entscheidet das Bundesamt für Güterverkehr nach pflichtgemäßem Ermessen darüber, ob die Emissionsklasse des mautpflichtigen Fahrzeuges zweifelsfrei und damit ordnungsgemäß nachgewiesen ist.

(4) [1] Ergeben sich aus den vorgelegten Unterlagen Widersprüche hinsichtlich der Emissionsklasse, so entscheidet das Bundesamt für Güterverkehr nach pflichtgemäßem Ermessen, ob die Emissionsklasse ordnungsgemäß nachgewiesen ist und bestimmt die für die Einstufung geltende Emissionsklasse sowie den Zeitraum, für den von dieser auszugehen ist. [2] Dies gilt auch, wenn Tatsachen auf eine eingeschränkte oder fehlende Funktionsfähigkeit des Abgasreinigungs- oder Partikelminderungssystems schließen lassen. [3] Absatz 5 Satz 2 und 3 gilt entsprechend.

(5) [1] Im Fall des nicht ordnungsgemäßen Nachweises der Emissionsklasse eines Fahrzeuges ist hinsichtlich des Mautteilsatzes für die verursachten Luftverschmutzungskosten § 5 Satz 4 des Bundesfernstraßenmautgesetzes anzuwenden. [2] Dem Mautschuldner steht es frei, einen ordnungsgemäßen Nachweis der Emissionsklasse nachträglich zu führen. [3] Erfolgt dieser nicht spätestens bis zum Abschluss des Widerspruchsverfahrens, verbleibt es bei dem nach Satz 1 berechneten Höchstsatz.

§ 8 Nachweis der Emissionsklasse für im Ausland zugelassene Fahrzeuge. (1) [1] Bei mautpflichtigen Fahrzeugen, die im Ausland zugelassen sind, erfolgt der Nachweis der Emissionsklasse durch Vorlage der in § 7 Absatz 2 genannten Unterlagen. [2] Der aktuelle Kraftfahrzeugsteuerbescheid ist in deutscher Sprache vorzulegen. [3] Die Kosten für die Übersetzung sind vom Mautschuldner zu tragen.

(2) Bei mautpflichtigen Fahrzeugen, die im Ausland zugelassen sind und für die keine der in Absatz 1 genannten Bescheinigungen oder widersprüchliche Unterlagen vorgelegt werden, wird vermutet, dass sie der folgenden Emissionsklasse angehören:

1. der Schadstoffklasse S 6 bei erstmaliger Zulassung nach dem 31. Dezember 2013,
2. der Schadstoffklasse S 5 bei erstmaliger Zulassung nach dem 30. September 2009 und vor dem 1. Januar 2014,

---

1) Nr. **810**.

3. der Schadstoffklasse S 4 bei erstmaliger Zulassung nach dem 30. September 2006 und vor dem 1. Oktober 2009,
4. der Schadstoffklasse S 3 bei erstmaliger Zulassung nach dem 30. September 2001 und vor dem 1. Oktober 2006,
5. der Schadstoffklasse S 2 bei erstmaliger Zulassung nach dem 30. September 1996 und vor dem 1. Oktober 2001,
6. der Schadstoffklasse S 1 bei erstmaliger Zulassung nach dem 30. September 1993 und vor dem 1. Oktober 1996,
7. keiner Schadstoffklasse bei erstmaliger Zulassung vor dem 1. Oktober 1993.

(3) [1] Fällt ein mautpflichtiges Fahrzeug bei einer Kontrolle durch besonders hohe Geräusch- oder überdurchschnittliche Abgasentwicklung auf oder bestehen zu der Vermutungsregelung nach Absatz 2 erhebliche gegenteilige Anhaltspunkte, so kann das Bundesamt für Güterverkehr verlangen, dass der Mautschuldner auf eigene Kosten nachweist, dass das Fahrzeug tatsächlich der Emissionsklasse angehört, die ihm zugeschrieben wurde. [2] Dies kann durch ein Gutachten eines amtlich anerkannten Sachverständigen belegt werden. [3] Das Bundesamt für Güterverkehr kann verlangen, dass der Mautschuldner diese Unterlagen in deutscher Sprache vorzulegen hat. [4] Die Kosten für die Übersetzung sind vom Mautschuldner zu tragen.

(4) § 7 Absatz 3 bis 5 gilt entsprechend.

§ 9 Stornierung. (1) Stornierungen erfolgen entweder als Vollstornierung für die gesamte gebuchte Strecke oder als Teilstornierung für den noch nicht befahrenen Teil der gebuchten Strecke, soweit die Voraussetzungen nach Absatz 3 vorliegen.

(2) Stornierungen können wahlweise an Mautstellen-Terminals, über die Internetseite oder die mobile Applikation erfolgen, unabhängig davon, welches System für die manuelle Einbuchung genutzt wurde.

(3) [1] Der Mautschuldner kann vor Beginn des Gültigkeitszeitraums und bis zum Ablauf von fünfzehn Minuten ab Beginn des Gültigkeitszeitraums eine Vollstornierung für die noch nicht befahrene gesamte gebuchte Strecke vornehmen. [2] Während des Gültigkeitszeitraums ist eine Teilstornierung für den noch nicht befahrenen Streckenanteil der gebuchten Strecke möglich.

(4) Der Mautschuldner hat die für die Stornierung maßgeblichen Tatsachen wahrheitsgemäß und vollständig anzugeben.

§ 10 Mauterstattung. (1) Falls eine Voll- oder Teilstornierung gemäß § 9 ausgeschlossen ist, kann der Mautschuldner eine Erstattung nur dann verlangen, wenn er sein Erstattungsverlangen innerhalb von zwei Monaten nach Ablauf des Gültigkeitszeitraums gegenüber dem Bundesamt für Güterverkehr geltend gemacht hat und

1. für eine teilweise nicht befahrene Strecke nachweist, dass ihm eine vorherige Geltendmachung aus tatsächlichen Gründen nicht möglich war, oder
2. für eine vollständig nicht befahrene Strecke nachweist, dass er die maßgebliche Strecke vollständig überhaupt nicht befahren hat.

(2) [1] Das Bundesamt für Güterverkehr kann für Erstattungsverlangen nach Absatz 1 ein Muster im Bundesanzeiger bekannt geben. [2] Falls ein solches bekannt gegeben ist, ist dieses zu verwenden.

(3) [1] Für Erstattungsverlangen nach Absatz 1 sowie Erstattungsverlangen nach § 4 Absatz 2 Satz 2 des Bundesfernstraßenmautgesetzes[1)] wird eine Bearbeitungsgebühr von 20,00 Euro erhoben. [2] Die Bearbeitungsgebühr wird mit dem Erstattungsbetrag verrechnet.

§ 11 Inkrafttreten, Außerkrafttreten. [1] Diese Verordnung tritt am Tag nach der Verkündung[2)] in Kraft. [2] Gleichzeitig tritt die LKW-Maut-Verordnung vom 24. Juni 2003 (BGBl. I S. 1003), die zuletzt durch Artikel 3 des Gesetzes vom 5. Dezember 2014 (BGBl. I S. 1980) geändert worden ist, außer Kraft.

---

1) Nr. **810**.
2) Verkündet am 17.7.2018.

O.
Statistiken

850. Gesetz über die Statistik der See- und Binnenschifffahrt, des Güterkraftverkehrs, des Luftverkehrs sowie des Schienenverkehrs und des gewerblichen Straßen-Personenverkehrs (Verkehrsstatistikgesetz – VerkStatG)[1]

In der Fassung der Bekanntmachung vom 20. Februar 2004[2]
(BGBl. I S. 318)

FNA 29-30

geänd. durch Art. 90 Neunte ZuständigkeitsanpassungsVO v. 31.10.2006 (BGBl. I S. 2407), Art. 19 Zweites BürokratieabbauG v. 7.9.2007 (BGBl. I S. 2246), Art. 2 Zweites ÄndG v. 6.11.2008 v. 6.11.2008 (BGBl. I S. 2162), Art. 129 Zehnte ZuständigkeitsanpassungsVO v. 31.8.2015 (BGBl. I S. 1474) und Art. 8 WSV-ZuständigkeitsanpassungsG v. 24.5.2016 (BGBl. I S. 1217)

– Auszug –

Inhaltsübersicht

---

[1] **Amtl. Anm.:** Das Gesetz dient der Umsetzung der Richtlinie 95/64/EG des Rates vom 8. Dezember 1995 über die statistische Erfassung des Güter- und Personenseeverkehrs (ABl. EG Nr. L 320 S. 25).

[2] Neubekanntmachung des VerkStatG idF der Bek. v. 17.12.1999 (BGBl. I S. 2452) in der ab 1.1.2004 geltenden Fassung.

Abschnitt 1. Allgemeine Vorschrift

§ 1 Anordnung als Bundesstatistik. Zur Beurteilung der Struktur und der Entwicklung des See- und Binnenschiffsverkehrs, des Güterkraftverkehrs, des Luftverkehrs sowie des Schienenverkehrs und des gewerblichen Straßen-Personenverkehrs werden statistische Erhebungen über

1. den Schiffs-, Güter- und Personenverkehr in der Seeschifffahrt und den Schiffs- und Güterverkehr in der Binnenschifffahrt (Schifffahrtsstatistik),
2. die Unternehmen der Binnenschifffahrt (Unternehmensstatistik der Binnenschifffahrt),
3. den Güterkraftverkehr (Güterkraftverkehrsstatistik),
4. die Unternehmen des Güterkraftverkehrs (Unternehmensstatistik des Güterkraftverkehrs),
5. den Luftverkehr (Luftverkehrsstatistik),
6. die Unternehmen der Luftfahrt (Unternehmensstatistik der Luftfahrt),
7. den Personennahverkehr mit Eisenbahnen, Straßenbahnen und Omnibussen und den Personenfernverkehr mit Omnibussen (Personenverkehrsstatistik),
8. den Schienen-Personenfernverkehr (Schienen-Personenfernverkehrsstatistik),
9. den Schienen-Güterverkehr (Schienen-Güterverkehrsstatistik),
10. die Schieneninfrastruktur (Schieneninfrastrukturstatistik),
11. die Schienenverkehrsunfälle (Schienenverkehrsunfallstatistik),
12. die Verkehrsströme im Eisenbahnnetz

als Bundesstatistik durchgeführt.

Abschnitt 2. Statistik der See- und Binnenschifffahrt

§§ 2–5 *(hier nicht abgedruckt)*

Abschnitt 3. Statistik des Güterkraftverkehrs

§ 6[1] Erhebungsbereich. (1) [1] Die Erhebung nach § 1 Nr. 3 erfasst Verkehrsleistungen des gewerblichen Güterkraftverkehrs und des Werkverkehrs. [2] Sie erstreckt sich auf im Zentralen Fahrzeugregister des Kraftfahrt-Bundes-

[1] § 6 Abs. 2 Satz 2 geänd. mWv 1.1.2008 durch G v. 7.9.2007 (BGBl. I S. 2246).

amtes nach § 33 Abs. 1 und 2 des Straßenverkehrsgesetzes[1)] enthaltene Lastkraftfahrzeuge (Lastkraftwagen und Sattelzugmaschinen), deren zulässiges Gesamtgewicht 6 Tonnen oder deren Nutzlast 3,5 Tonnen übersteigt, sowie die von diesen Lastkraftfahrzeugen gezogenen Anhänger und Sattelauflieger. [3] In die Erhebung einbezogen wird je Berichtszeitraum eine repräsentative Auswahl von höchstens fünf Promille der Erhebungseinheiten nach Satz 2.

(2) [1] Die Erhebung nach § 1 Nr. 4 erfasst den gewerblichen Güterkraftverkehr und den Werkverkehr. [2] Sie erstreckt sich auf eine repräsentative Auswahl von höchstens 10 vom Hundert der Unternehmen, die Güterkraftverkehr als Haupt-, Neben- oder Hilfstätigkeit ausüben und die Lastkraftfahrzeuge mit mehr als 3,5 Tonnen zulässigem Gesamtgewicht einsetzen. [3] Auswahlgrundlage für die Erhebung ist:

1. für den gewerblichen Güterkraftverkehr die Unternehmensdatei nach § 15 des Güterkraftverkehrsgesetzes[2)],
2. für den Werkverkehr die Werkverkehrsdatei nach § 15a des Güterkraftverkehrsgesetzes.

§ 7 Güterkraftverkehrsstatistik.[3)] (1) Die Erhebung nach § 1 Nr. 3 erfasst laufend folgende Erhebungsmerkmale:

1. für die Fahrzeuge:
   a) Alter des Kraftfahrzeuges (Lastkraftwagen oder Sattelzugmaschinen) in Jahren (seit der ersten Zulassung),
   b) zulässiges Gesamtgewicht und Nutzlast in 100 Kilogramm,
   c) Motorleistung,
   d) Radachsenkonfiguration (Zahl der Achsen),
   e) Fahrzeug- und Aufbauart,
   f) Bundesland der Zulassung,
   g) Wirtschaftszweig des Fahrzeughalters,
   h) Einsetzbarkeit im Kombinierten Verkehr,
   i) Schadstoffemissionen nach Emissionsklassen;
2. für sämtliche im Berichtszeitraum beginnenden Fahrten bis zu ihrem Fahrtende:
   a) Verkehrsart,
   b) Stand des Kilometerzählers am Anfang und am Ende des Berichtszeitraumes,
   c) Art des beförderten Gutes,
   d) bei der Beförderung gefährlicher Güter die Gefahrklasse gemäß der Richtlinie 94/55/EG des Rates vom 21. November 1994 und zusätzlich die Angabe, ob die Güter dem § 7 der Gefahrgutverordnung Straße unterliegen,
   e) Gewicht des Gutes (Bruttogewicht in 100 Kilogramm je Güterart),

---

1) Nr. **10**.
2) Nr. **450**.
3) **Amtl. Anm.:** Die Regelungen für die Güterkraftverkehrsstatistik berücksichtigen die Verordnung 1172/98/EG des Rates vom 25. Mai 1998 über die statistische Erfassung des Güterkraftverkehrs (ABl. EG Nr. L 163 S. 1).

f) bei Leerfahrten Ort und Staat des Fahrtantritts und -endes sowie die zurückgelegte Entfernung,

g) bei Ladungsarten für jede Be- und Entladestelle jeweils Ort und Staat sowie die zwischen den jeweiligen Orten zurückgelegte Entfernung,

h) Stelle (Ort und Staat) der Verladung und Abladung des Güterkraftfahrzeugs (Lastkraftwagen, Lastzug, Sattelkraftfahrzeug) oder seiner Bestandteile (Anhänger, Sattelauflieger, Wechselaufbau) oder Ladeeinheit (Container, Wechselbehälter) auf ein anderes und von einem anderen Transportmittel sowie die Art des Transportmittels,

i) Frachtart,

j) Auslastungsgrad des Rauminhalts,

k) im Transit durchquerte Länder.

(2) Berichtszeitraum der Erhebung ist die Halbwoche von Sonntag 22.00 Uhr bis Mittwoch 24.00 Uhr und von Donnerstag 0.00 Uhr bis Sonntag 22.00 Uhr.

§ 8[1] **Unternehmensstatistik des Güterkraftverkehrs.** (1) Für die Erhebung nach § 1 Nr. 4 werden jährlich folgende Erhebungsmerkmale erfasst:

1. für das Unternehmen
   a) *(aufgehoben)*
   b) wirtschaftliche Tätigkeit und deren Schwerpunkt,
   c) Beteiligung am Güterkraftverkehr nach Verkehrsarten und Hauptverkehrsbeziehungen,
   d), e) *(aufgehoben)*
2. Zahl der Fahrzeuge zur Güterbeförderung, ausgenommen Personenkraftwagen, nach Fahrzeug- und Aufbauarten sowie deren Nutzlast und zulässiges Gesamtgewicht;
3. Zahl der im Güterkraftverkehr Beschäftigten nach Stellung im Beruf und Art der ausgeübten Tätigkeit.

(2) [1] Die Erhebung wird, beginnend mit dem Jahr 2010, alle fünf Jahre nach dem Stand des letzten Werktages im Oktober (Zeitpunkt der Erhebung) durchgeführt. [2] Dies gilt nicht für die Erhebungsmerkmale nach Absatz 1 Nr. 1 Buchstabe b. [3] Diese werden jeweils für das dem Zeitpunkt der Erhebung vorangegangene Kalenderjahr oder das letzte abgeschlossene Geschäftsjahr erhoben.

§ 9[2] **Kennzeichenübermittlung.** (1) Zur Durchführung der Güterkraftverkehrsstatistik nach § 1 Nr. 3 übermittelt

1. das Kraftfahrt-Bundesamt aus dem Zentralen Fahrzeugregister die amtlichen Kennzeichen der im Stichprobenverfahren ermittelten Lastkraftfahrzeuge sowie die Namen und Anschriften der Fahrzeughalter an die für die Güterkraftverkehrsstatistik zuständige Stelle im Kraftfahrt-Bundesamt;

---

[1] § 8 Abs. 1 Nr. 1 Buchst. a, d und e aufgeh., Abs. 2 neu gef. mWv 1.1.2008 durch G v. 7.9. 2007 (BGBl. I S. 2246).

[2] § 9 Abs. 1 neu gef. mWv 1.1.2009 durch G v. 6.11.2008 (BGBl. I S. 2162).

2. die für die Güterkraftverkehrsstatistik zuständige Stelle im Kraftfahrt-Bundesamt die von den Unternehmen mitgeteilten amtlichen Kennzeichen der Lastkraftfahrzeuge und der Kraftfahrzeuganhänger an das Zentrale Fahrzeugregister des Kraftfahrt-Bundesamtes, das dieser Stelle die anhand der Kennzeichen aus dem Zentralen Fahrzeugregister ermittelten fahrzeugbezogenen Merkmale nach § 7 Abs. 1 Nr. 1 mitteilt.

(2) Zur Durchführung der Unternehmensstatistik des Güterkraftverkehrs nach § 1 Nr. 4 übermittelt die im Bundesamt für Güterverkehr zuständige Stelle die von den Unternehmen des gewerblichen Güterkraftverkehrs und des Werkverkehrs mitgeteilten amtlichen Kennzeichen der Lastkraftfahrzeuge und Kraftfahrzeuganhänger dem Zentralen Fahrzeugregister des Kraftfahrt-Bundesamtes, das an diese Stelle die anhand der Kennzeichen aus dem Zentralen Fahrzeugregister ermittelten fahrzeugbezogenen Merkmale nach § 8 Abs. 1 Nr. 2 mitteilt.

§ 10[1] Vernichtung von Erhebungsunterlagen. (1) Jeweils spätestens drei Monate nach Veröffentlichung eines Beförderungsmonats sind beim Kraftfahrt-Bundesamt die Erhebungsunterlagen zur Erhebung nach § 1 Nr. 3 zu vernichten.

(2) Jeweils spätestens ein Jahr nach dem Erhebungsstichtag sind beim Bundesamt für Güterverkehr die Erhebungsunterlagen zur Erhebung nach § 1 Nr. 4 zu vernichten.

Abschnitt 4. Statistik des Luftverkehrs

§§ 11–15 *(hier nicht abgedruckt)*

Abschnitt 5. Statistik des Schienenverkehrs und des gewerblichen Straßen-Personenverkehrs

§ 16 Erhebungsbereich. (1) [1]Die Erhebung nach § 1 Nr. 7 wird durchgeführt bei Unternehmen, die als Betriebsführer oder beauftragte Beförderer öffentlichen Personennahverkehr mit Eisenbahnen oder Straßenbahnen (Schienennahverkehr) oder Personennah- oder Personenfernverkehr mit Omnibussen betreiben, und zwar bei

1. Unternehmen, die mindestens 250 000 Fahrgäste im Jahr befördert haben, nach § 17 Abs. 1,
2. höchstens 2 500 Unternehmen, die weniger als 250 000 Fahrgäste im Jahr befördert haben, nach § 17 Abs. 2,
3. allen Unternehmen nach § 17 Abs. 3.

[2]Ob die Schwellenwerte nach Satz 1 Nr. 1 und 2 erreicht sind, beurteilt sich nach den Ergebnissen der Erhebung nach Satz 1 Nr. 3.

(2) Die Erhebung nach § 1 Nr. 8 wird durchgeführt bei Unternehmen, die Schienen-Personenfernverkehr betreiben.

---

[1] § 10 Abs. 1 geänd. mWv 1.1.2009 durch G v. 6.11.2008 (BGBl. I S. 2162).

(3) Die Erhebung nach § 1 Nr. 9 wird durchgeführt bei Unternehmen, die Güterverkehr auf dem inländischen Schienennetz des öffentlichen Verkehrs betreiben, und zwar bei

1. Unternehmen, die im Vorjahr eine Beförderungsleistung von mindestens 10 Millionen Tonnenkilometern insgesamt oder 1 Million Tonnenkilometer im kombinierten Verkehr erbracht haben, nach § 19 Abs. 1 und 3,
2. Unternehmen, die im Vorjahr eine Beförderungsleistung von weniger als 10 Millionen Tonnenkilometern insgesamt oder 1 Million Tonnenkilometer im kombinierten Verkehr erbracht haben, nach § 19 Abs. 2 und 3.

(4) Die Erhebungen nach § 1 Nr. 10 und 11 werden durchgeführt bei Unternehmen, die Schienenstrecken des öffentlichen Verkehrs betreiben.

(5) Die Erhebung nach § 1 Nr. 12 wird durchgeführt bei Unternehmen, die Eisenbahnstrecken des öffentlichen Verkehrs betreiben.

§ 17 Personenverkehrsstatistik. (1) Die Erhebung nach § 1 Nr. 7 in Verbindung mit § 16 Abs. 1 Satz 1 Nr. 1 erfasst folgende Erhebungsmerkmale:

1. vierteljährlich:
   Zahl der Fahrgäste und Beförderungsleistung im Schienennahverkehr nach Art des Verkehrsmittels und im Liniennah- und Linienfernverkehr mit Omnibussen;
2. jährlich:
   a) Land des Unternehmenssitzes und Eigentumsverhältnisse am Unternehmen,
   b) Zahl der Fahrgäste, Beförderungsleistung, Fahrleistung und Beförderungsangebot im Schienen- und Liniennahverkehr nach Art des Verkehrsmittels und im Gelegenheitsnahverkehr,
   c) Zahl der Fahrgäste im Ausbildungsverkehr nach Art des Verkehrsmittels und nach Art des Ausbildungsverkehrs,
   d) direkte Beförderungseinnahmen und Einnahmen aus den Beförderungen im Ausbildungsverkehr, die im Schienen- und Liniennahverkehr sowie im freigestellten Omnibusverkehr erfolgen,
   e) Fahrleistung im städtischen Verkehr sowie Fahrleistung im Auftragsverkehr im Schienen- und Liniennahverkehr nach Art des Verkehrsmittels,
   f) im Fernverkehr mit Omnibussen nach Linien- und Gelegenheitsverkehr die Zahl der Fahrgäste und die Beförderungsleistung nach Hauptverkehrsverbindungen, die Fahrleistung und das Beförderungsangebot nach In- und Ausland,
   g) Zahl der Fahrgäste nach Art der Reisen im Gelegenheitsfernverkehr,
   h) Beförderungsleistung im Schienen- und Liniennahverkehr nach Ländern,
   i) Fahrleistung im Schienen- und Liniennahverkehr nach Kreisen.

(2) Die Erhebung nach § 1 Nr. 7 in Verbindung mit § 16 Abs. 1 Satz 1 Nr. 2 erfasst jährlich die in Absatz 1 Nr. 2 Buchstabe a bis g genannten Erhebungsmerkmale.

(3) Die Erhebung nach § 1 Nr. 7 in Verbindung mit § 16 Abs. 1 Satz 1 Nr. 3 erfasst fünfjährlich die in Absatz 1 Nr. 2 genannten Erhebungsmerkmale und zusätzlich folgende Erhebungsmerkmale:

1. Linienlängen des Nahverkehrs nach Art des Verkehrsmittels und nach Ländern,
2. Zahl der Linien des Nahverkehrs nach Art des Verkehrsmittels,
3. Zahl und Platzkapazität der Schienenfahrzeuge nach Art der Fahrzeuge sowie Zahl und Platzkapazität der Omnibusse nach Einsatzarten,
4. Zahl der Beschäftigten nach Art des Verkehrsmittels und nach Einsatzarten.

(4) [1] Die Erhebungsmerkmale nach Absatz 1 Nr. 2 Buchstabe a und Absatz 3 werden nach dem Stand vom 31. Dezember des Berichtsjahres erfasst. [2] Die Erhebungen nach Absatz 1 Nr. 2 und Absatz 2 entfallen in den Jahren, in denen die fünfjährliche Erhebung nach Absatz 3 durchgeführt wird.

§§ 18–22 *(hier nicht abgedruckt)*

§ 23 Berichtszeitraum. (1) Berichtszeitraum für die Erhebungen nach § 1 Nr. 7 bis 12 ist für die

1. monatlichen Erhebungen der dem Zeitpunkt der Erhebungen vorangegangene Kalendermonat,
2. vierteljährlichen Erhebungen das dem Zeitpunkt der Erhebung vorangegangene Kalenderquartal,
3. jährlichen und fünfjährlichen Erhebungen das dem Zeitpunkt der Erhebungen vorangegangene Kalenderjahr oder das vorangegangene Geschäftsjahr.

(2) Die fünfjährlichen Erhebungen werden erstmals für das Jahr 2005 durchgeführt, mit Ausnahme der Erhebung nach § 16 Abs. 1 Satz 1 Nr. 3 in Verbindung mit § 17 Abs. 3, die erstmals für das Jahr 2004 durchgeführt wird.

§ 24 Anschriftenübermittlung. (1) Die Genehmigungsbehörden nach § 11 des Personenbeförderungsgesetzes[1)] und die für die Eisenbahnen des Bundes und für die übrigen Eisenbahnunternehmen zuständigen Genehmigungsbehörden des Bundes und der Länder übermitteln den statistischen Ämtern der Länder und dem Statistischen Bundesamt jeweils für deren Zuständigkeitsbereich für die Durchführung der Erhebungen nach § 1 Nr. 7 bis 12 Namen und Anschriften der Unternehmen, denen eine Genehmigung zur Personenbeförderung mit Eisenbahnen, Straßenbahnen oder Omnibussen oder zum Schienen-Güterverkehr erteilt oder entzogen oder denen die Betriebsführung übertragen worden ist oder denen eine Genehmigung für den Betrieb einer Schieneninfrastruktur des öffentlichen Verkehrs erteilt oder entzogen worden ist, sowie die Art der Genehmigung und den Termin des Ablaufs einer befristeten Genehmigung.

(2) Die Schieneninfrastruktur des öffentlichen Verkehrs im Inland betreibenden Unternehmen übermitteln den statistischen Ämtern der Länder und dem Statistischen Bundesamt jeweils für deren Zuständigkeitsbereich für die Durchführung der Erhebungen nach § 1 Nr. 7 bis 12 Namen und Anschriften der Unternehmen, die auf dem öffentlichen Schienennetz der Schieneninfrastrukturbetreiber Personenverkehr mit Eisenbahnen oder Straßenbahnen oder Schienen-Güterverkehr durchführen; von den Unternehmen mit

---

1) Nr. **400**.

Sitz im Ausland übermitteln sie Namen und Anschriften der die Verkehre durchführenden inländischen Betriebe dieser Unternehmen.

Abschnitt 6. Durchführungsbestimmungen

§ 25 Hilfsmerkmale. Hilfsmerkmale der Erhebungen nach § 1 Nr. 1 bis 12 sind:

1. Name und Rufnummer oder sonstige Kennungen von Telekommunikationsanschlüssen der für Rückfragen zur Verfügung stehenden Person für die Erhebungen nach § 1 Nr. 1 bis 12,
2. Name und Anschrift des Auskunftspflichtigen für die Erhebungen nach § 1 Nr. 1, 3 bis 5 sowie die Angaben nach § 26 Abs. 2 Satz 1 Nr. 3 zweiter Halbsatz,
3. Schiffsname und Unterscheidungssignal oder amtliche Schiffsnummer sowie Name und Anschrift der in § 26 Abs. 3 genannten Stellen für die Erhebung nach § 1 Nr. 1,
4. Name und Anschrift des Unternehmens für die Erhebung nach § 1 Nr. 2 und 6 bis 12,
5. Name und Anschrift des mittelbaren Fahrzeugbesitzers im Sinne von § 868 des Bürgerlichen Gesetzbuchs für die Erhebung nach § 1 Nr. 3,
6. Name des Unternehmens und Anschrift des Unternehmenssitzes für die Erhebung nach § 1 Nr. 4,
7. Datum des Fahrtantritts für die Erhebung nach § 1 Nr. 3,
8. Postleitzahl des Ortes der Be- und Entladestelle für die Erhebung nach § 1 Nr. 3,
9. amtliche Kennzeichen der Fahrzeuge zur Güterbeförderung, ausgenommen Personenkraftwagen, für die Erhebungen nach § 1 Nr. 3 und 4,
10. Datum des Fluges für die Erhebung nach § 1 Nr. 5.

§ 26[1] **Auskunftspflicht.** (1) [1] Für die Erhebungen nach § 1 besteht hinsichtlich der Erhebungs- und Hilfsmerkmale nach den §§ 3, 4, 7, 8, 12, 13, 17 bis 22 und 25 Auskunftspflicht. [2] Die Angaben zu § 25 Nr. 1 sind freiwillig.

(2) [1] Auskunftspflichtig sind:

1. für die Erhebung nach § 1 Nr. 1 die Frachtführer, Verfrachter, Schiffsführer, für die Angaben zu § 3 Nr. 3 auch die Absender und Empfänger oder jeweils deren örtlich bevollmächtigter Vertreter,
2. für die Erhebungen nach § 1 Nr. 2, 4 und 6 die Inhaberinnen oder Inhaber oder die für die Leitung beziehungsweise die für die Geschäftsführung verantwortlichen Personen der Unternehmen,
3. für die Erhebung nach § 1 Nr. 3 der Fahrzeughalter oder unmittelbare Fahrzeugbesitzer; der Fahrzeughalter und mittelbare Fahrzeugbesitzer im Sinne des § 868 des Bürgerlichen Gesetzbuchs sind verpflichtet, Namen,

[1] § 26 Abs. 3 Satz 1 einl. Satzteil geänd. mWv 1.6.2016 durch G v. 24.5.2016 (BGBl. I S. 1217).

Anschrift, Rufnummer, sonstige Kennungen von Telekommunikationsanschlüssen des unmittelbaren Fahrzeugbesitzers anzugeben,

4. für die Erhebung nach § 1 Nr. 5
   a) die in- und ausländischen Luftverkehrsunternehmen, die auf deutschen Flugplätzen landen oder starten, oder jeweils deren bevollmächtigte örtliche Vertreter,
   b) die Führer der Luftfahrzeuge, wenn Luftfahrtunternehmen nicht bestehen oder diese auf dem Flugplatz keine ständige Vertretung unterhalten,
5. für die Erhebungen nach § 1 Nr. 7 und 8 die Inhaberinnen oder Inhaber oder die für die Leitung beziehungsweise die für die Geschäftsführung verantwortlichen Personen der Unternehmen, die als Betriebsführer oder beauftragte Beförderer öffentliche Personenbeförderung mit Eisenbahnen, Straßenbahnen oder Omnibussen durchführen,
6. für die Erhebung nach § 1 Nr. 9 die Inhaberinnen oder Inhaber oder die für die Leitung beziehungsweise die für die Geschäftsführung verantwortlichen Personen der Unternehmen, die als Frachtführer oder als ausführendes Schienenverkehrsunternehmen Güterverkehr auf dem inländischen Schienennetz des öffentlichen Verkehrs durchführen,
7. für die Erhebung nach § 1 Nr. 10 die Inhaberinnen oder Inhaber oder die für die Leitung beziehungsweise die für die Geschäftsführung verantwortlichen Personen der Unternehmen, die Schieneninfrastruktur des öffentlichen Verkehrs im Inland betreiben,
8. für die Erhebung nach § 1 Nr. 11
   a) die Inhaberinnen oder Inhaber oder die für die Leitung beziehungsweise die für die Geschäftsführung verantwortlichen Personen der Unternehmen, die Schieneninfrastruktur des öffentlichen Verkehrs im Inland betreiben,
   b) für das Erhebungsmerkmal Zahl der Verunglückten mit Todesfolge (Getötete) die Inhaberinnen oder Inhaber oder die für die Leitung beziehungsweise die für die Geschäftsführung verantwortlichen Personen der Unternehmen, die als Betriebsführer oder beauftragte Beförderer öffentliche Personenbeförderung mit Eisenbahnen oder Straßenbahnen beziehungsweise als Frachtführer oder als ausführendes Schienenverkehrsunternehmen Güterverkehr auf dem inländischen Schienennetz des öffentlichen Verkehrs durchführen; die Auskunftspflicht ist erfüllt, wenn sie die Angaben an die Unternehmen weitergeleitet haben, die Schieneninfrastruktur des öffentlichen Verkehrs im Inland betreiben,
9. für die Erhebung nach § 1 Nr. 12 die Inhaberinnen oder Inhaber oder die für die Leitung beziehungsweise die für die Geschäftsführung verantwortlichen Personen der Unternehmen, die Schieneninfrastruktur der öffentlichen Eisenbahnen im Inland betreiben.

[2] Werden inländische Verkehre von Unternehmen durchgeführt, die ihren Sitz im Ausland haben, so sind für die Erhebungen nach § 1 Nr. 7, 8, 9 und 11 die für die Abwicklung der Verkehre im Inland verantwortlichen Personen auskunftspflichtig.

(3) [1] Die natürlichen Personen und juristischen Personen des öffentlichen und privaten Rechts, welche die Häfen und Flugplätze verwalten, sowie für den Bereich des Durchgangsverkehrs in der Binnenschifffahrt die Grenzzoll-

stellen und die Wasserstraßen- und Schifffahrtsverwaltung des Bundes sind verpflichtet,

1. die Auskunftspflichtigen auf die Auskunftspflicht für die Erhebungen nach § 1 Nr. 1 und 5 hinzuweisen,
2. ihnen die Erhebungsunterlagen zur Verfügung zu stellen,
3. ihnen anzubieten, ihre Angaben an die statistischen Ämter der Länder und an das Statistische Bundesamt jeweils für deren Zuständigkeitsbereich zu übermitteln.

[2] Sind die Auskunftspflichtigen für die in Satz 1 genannten Stellen nicht oder nur mit einem unverhältnismäßig großen Aufwand erreichbar, so können die statistischen Ämter der Länder und das Statistische Bundesamt die Betreiber der in den Häfen vorhandenen Umschlagseinrichtungen oder der Einrichtungen zur Personenabfertigung sowie die Betreiber der auf den Flugplätzen vorhandenen Einrichtungen zur Personen- oder Güterabfertigung zu den in Satz 1 genannten Aufgaben verpflichten. [3] Die in den Sätzen 1 und 2 genannten Stellen können von den dort genannten Pflichten entbunden werden, falls das jeweils für die Erhebung zuständige statistische Amt mit den Auskunftspflichtigen eine Sonderregelung über die Datenübermittlung vereinbart hat.

(4) Die Datenübermittlung erfolgt in elektronischer Form, soweit dies für die beteiligte Stelle zumutbar ist.

§ 27[1)] Durchführung. (1) Die Erhebungen nach § 1 Nr. 1 in Verbindung mit § 2 Abs. 1 Satz 1 Nr. 2 (Schifffahrtsstatistik, Durchgangsverkehr), nach § 1 Nr. 2 in Verbindung mit § 4 (Unternehmensstatistik der Binnenschifffahrt), nach § 1 Nr. 5 in Verbindung mit § 12 (Luftverkehrsstatistik), nach § 1 Nr. 6 in Verbindung mit § 13 (Unternehmensstatistik der Luftfahrt), nach § 1 Nr. 8 in Verbindung mit § 18 (Schienen-Personenfernverkehrsstatistik), nach § 1 Nr. 9 in Verbindung mit § 19 (Schienen-Güterverkehrsstatistik), nach § 1 Nr. 10 in Verbindung mit § 20 (Schieneninfrastrukturstatistik), nach § 1 Nr. 11 in Verbindung mit § 21 (Schienenverkehrsunfallstatistik) und nach § 1 Nr. 12 in Verbindung mit § 22 (Statistik der Verkehrsströme im Eisenbahnnetz) werden vom Statistischen Bundesamt durchgeführt.

(2) Die Erhebung und Aufbereitung der Daten nach § 1 Nr. 3 in Verbindung mit § 7 (Güterkraftverkehrsstatistik) wird vom Kraftfahrt-Bundesamt durchgeführt.

(3) Die Erhebung nach § 1 Nr. 4 in Verbindung mit § 8 (Unternehmensstatistik des Güterkraftverkehrs) wird vom Bundesamt für Güterverkehr durchgeführt.

(4) Die Erhebungen nach § 1 Nr. 3 und 4 werden hinsichtlich der methodischen Fragen im Benehmen mit dem Statistischen Bundesamt durchgeführt.

(5) [1] Die Erhebungen nach § 1 Nr. 3 und 4 werden im Kraftfahrt-Bundesamt und im Bundesamt für Güterverkehr in Organisationseinheiten durchgeführt, die räumlich, organisatorisch und personell von anderen Aufgabenbereichen der Bundesämter getrennt sind. [2] Die in diesen Organisationseinheiten tätigen Personen müssen Amtsträger oder für den öffentlichen Dienst

[1)] § 27 Abs. 2 neu gef. mWv 1.1.2009 durch G v. 6.11.2008 (BGBl. I S. 2162).

besonders Verpflichtete sein. [3] Sie dürfen die aus ihrer Tätigkeit gewonnenen Erkenntnisse über Auskunftspflichtige nicht für andere Aufgaben verwenden.

(6) [1] Die Auswahl der Unternehmen zur Erhebung nach § 1 Nr. 7 in Verbindung mit § 16 Abs. 1 Satz 1 Nr. 2 (Personenverkehrsstatistik) wird nach einem mathematisch-statistischen Auswahlverfahren vom Statistischen Bundesamt durchgeführt. [2] Die für die Auswahl erforderlichen Einzelangaben übermitteln die statistischen Ämter der Länder dem Statistischen Bundesamt.

§ 28 Übermittlungsregelung. (1) [1] An oberste Bundes- oder Landesbehörden dürfen für die Verwendung gegenüber den gesetzgebenden Körperschaften und für Zwecke der Planung, nicht jedoch zur Regelung von Einzelfällen, vom Statistischen Bundesamt, den statistischen Ämtern der Länder, dem Kraftfahrt-Bundesamt und dem Bundesamt für Güterverkehr Tabellen mit statistischen Ergebnissen aus den Erhebungen nach § 1 Nr. 1 bis 12 übermittelt werden, auch soweit Tabellenfelder nur einen einzigen Fall ausweisen. [2] Zur Vorbereitung von Planungs- und Gesetzgebungsverfahren können die in Satz 1 genannten Tabellen an die von den obersten Bundes- und Landesbehörden beauftragten Gutachter übermittelt werden. [3] Die Gutachter müssen Amtsträger oder für den öffentlichen Dienst besonders Verpflichtete sein. [4] Sie dürfen die in Satz 1 genannten Tabellen nur für die Zwecke verwenden, für die sie übermittelt worden sind. [5] Sie sind, soweit es sich nicht um offenkundige Tatsachen handelt, von den Gutachtern geheimzuhalten. [6] Die Übermittlungen sind vom Statistischen Bundesamt, vom Kraftfahrt-Bundesamt und vom Bundesamt für Güterverkehr nach Maßgabe des § 16 Abs. 9 des Bundesstatistikgesetzes aufzuzeichnen. [7] Die Aufzeichnungen sind mindestens fünf Jahre aufzubewahren.

(2) Das Bundesamt für Güterverkehr und das Kraftfahrt-Bundesamt übermitteln dem Statistischen Bundesamt auf Ersuchen aus den Erhebungen nach § 1 Nr. 3 und 4 Einzelangaben in der angeforderten sachlichen und regionalen Gliederungstiefe, soweit dies für die methodische Weiterentwicklung der Statistiken, verkehrsträgerübergreifender Ergebnisdarstellungen und für die Erfüllung von Aufgaben im supra- und internationalen Bereich erforderlich ist.

§ 29[1)] Veröffentlichung. (1) Es veröffentlichen

1. das Kraftfahrt-Bundesamt die Ergebnisse der Erhebung nach § 1 Nr. 3 in Verbindung mit § 7 (Güterkraftverkehrsstatistik),
2. das Bundesamt für Güterverkehr die Ergebnisse der Erhebung nach § 1 Nr. 4 in Verbindung mit § 8 (Unternehmensstatistik des Güterkraftverkehrs).

(2) Das Statistische Bundesamt veröffentlicht Ergebnisse nach Absatz 1 für verkehrsträgerübergreifende Darstellungen.

(3) Die Ergebnisse der Schifffahrtsstatistik nach § 1 Nr. 1 und der Luftverkehrsstatistik nach § 1 Nr. 5 dürfen nach Häfen und Flugplätzen gegliedert veröffentlicht werden, auch soweit sie Einzelangaben enthalten, wenn der Name der auskunftspflichtigen Unternehmen nicht veröffentlicht wird.

[1)] § 29 Abs. 1 neu gef. mWv 1.1.2009 durch G v. 6.11.2008 (BGBl. I S. 2162).

(4) Die Ergebnisse der Erhebungen nach § 1 Nr. 7 und 9 bis 11 dürfen nach Kreisen gegliedert veröffentlicht werden, auch soweit sie Einzelangaben enthalten, wenn der Name der auskunftspflichtigen Unternehmen nicht veröffentlicht wird.

(5) Die Ergebnisse der Erhebung nach § 1 Nr. 8 dürfen nach den in Anhang I der Verordnung (EG) Nr. 1059/2003 des Europäischen Parlaments und des Rates vom 26. Mai 2003 über die Schaffung einer gemeinsamen Klassifikation der Gebietseinheiten für die Statistik (NUTS) (ABl. EU Nr. L 154 S. 1) in der jeweils geltenden Fassung festgelegten Gebietseinheiten der NUTS-Ebene 2 veröffentlicht werden, auch soweit sie Einzelangaben enthalten, wenn der Name der auskunftspflichtigen Unternehmen nicht veröffentlicht wird.

(6) Die Ergebnisse der Erhebung nach § 1 Nr. 12 dürfen nach Netzabschnitten gegliedert veröffentlicht werden, auch soweit sie Einzelangaben enthalten, wenn der Name der auskunftspflichtigen Unternehmen nicht veröffentlicht wird.

§ 30[1] Verordnungsermächtigung. Das Bundesministerium für Verkehr und digitale Infrastruktur wird ermächtigt, durch Rechtsverordnung mit Zustimmung des Bundesrates für Zwecke der Beobachtung des internationalen Schiffsverkehrs, der Vorbereitung von Gesetzgebungsvorhaben sowie für Zwecke der Verkehrsplanung eine Statistik über den Vor- und Nachlauf mit Seeschiffen (Feederverkehr), mit Erhebungs- und Hilfsmerkmalen entsprechend den §§ 3 und 25 Nr. 1 bis 3, mit Auskunftspflichten entsprechend § 26 und einer Übermittlungsregelung entsprechend § 28 anzuordnen.

§ 31 Zuständigkeit für die Verfolgung und Ahndung von Ordnungswidrigkeiten. Verwaltungsbehörde im Sinne des § 36 Abs. 1 Nr. 1 des Gesetzes über Ordnungswidrigkeiten[2] ist für die Verfolgung und Ahndung von Ordnungswidrigkeiten nach § 23 Abs. 1 des Bundesstatistikgesetzes das Bundesamt für Güterverkehr, soweit Auskunftspflichten nach § 26 Abs. 1 Satz 1 und Abs. 2 Satz 1 Nr. 2 und 3 für die Statistiken nach § 1 Nr. 3 und 4 betroffen sind.

[1] § 30 geänd. mWv 8.11.2006 durch VO v. 31.10.2006 (BGBl. I S. 2407); geänd. mWv 8.9.2015 durch VO v. 31.8.2015 (BGBl. I S. 1474).

[2] Nr. **680**.

860. Gesetz über die Statistik der Straßenverkehrsunfälle (Straßenverkehrsunfallstatistikgesetz – StVUnfStatG)

Vom 15. Juni 1990
(BGBl. I S. 1078)

BGBl . III/FNA 9280-3

geänd. durch Art. 2 Erstes G zur Änd. des StraßenverkehrsunfallstatistikG v. 23.11.1994 (BGBl. I S. 3491), Art. 254 Siebente Zuständigkeitsanpassungs-VO v. 29.10.2001 (BGBl. I S. 2785), Art. 298 Neunte ZuständigkeitsanpassungsVO v. 31.10.2006 (BGBl. I S. 2407) und Art. 497 Zehnte ZuständigkeitsanpassungsVO v. 31.8.2015 (BGBl. I S. 1474)

§ 1 [Zweck der Statistik] [1] Über Unfälle, bei denen infolge des Fahrverkehrs auf öffentlichen Wegen und Plätzen Personen getötet oder verletzt oder Sachschäden verursacht worden sind, wird laufend eine Bundesstatistik geführt. [2] Sie dient dazu, eine aktuelle, umfassende und zuverlässige Datenbasis über Struktur und Entwicklung der Straßenverkehrsunfälle zu erstellen.

§ 2[1)] [Umfang der Statistik] (1) Die Statistik erfaßt bei Unfällen, bei denen wenigstens eine Person getötet oder verletzt worden ist oder bei schwerwiegenden Unfällen mit Sachschaden

1. Unfallstelle, Datum, Uhrzeit, Hergang und Umstände des Unfalls sowie allgemeine Unfallursachen,
2. die beteiligten Verkehrsteilnehmer nach Geburtsmonat/-jahr, Geschlecht, Staatsangehörigkeit, bei Ausländern auch nach Wohnsitz im In- oder Ausland, Art der Verkehrsbeteiligung, Monat und Jahr der Erteilung der Fahrerlaubnis, unerlaubtes Entfernen vom Unfallort, Unfallfolgen nach den Absätzen 3 und 4 sowie Art des Fehlverhaltens und Grad der Alkoholeinwirkung,
3. die Zahl der Fahrzeugbenutzer,
4. die verunglückten Mitfahrer nach Alter in Jahren, Geschlecht und Unfallfolgen nach den Absätzen 3 und 4,
5. die beteiligten Verkehrsmittel nach Fahrzeugart, Zulassungsbezirk, Nationalitätszeichen, technischen Mängeln, Art und Höhe des Sachschadens, bei der Beförderung gefährlicher Güter die Art des Gefahrgutes sowie die Anwendung von Ausnahmebestimmungen nach der jeweils geltenden Straßen-Gefahrgutausnahmeverordnung,
6. bei deutschen Kraftfahrzeugen die fahrzeugbezogenen Merkmale: Jahr der Erstzulassung, Hersteller, Typ und Ausführung des Fahrzeugs, technische Ausstattung, Fahrzeug- und Aufbauart, Hubraum und Motorleistung, Höchstgeschwindigkeit, Maße und Gewichte.

(2) [1] Bei allen anderen Unfällen erfaßt die Statistik lediglich die Gesamtzahl, gegliedert nach Unfällen auf Autobahnen und sonstigen Straßen. [2] Die Unfälle auf sonstigen Straßen sind zu untergliedern nach Unfällen innerhalb und außerhalb geschlossener Ortschaften.

[1)] § 2 Abs. 1 Nr. 5 neu gef., Nr. 6 angef. und Abs. 5 aufgeh. durch G v. 23.11.1994 (BGBl. I S. 3491).

(3) Als Getötete werden alle Personen gezählt, die innerhalb von 30 Tagen nach dem Unfall an den Unfallfolgen verstorben sind.

(4) [1] Verletzte sind Personen, die bei dem Unfall Körperschäden erlitten haben. [2] Werden sie deshalb zur stationären Behandlung in ein Krankenhaus aufgenommen, so gelten sie als Schwerverletzte.

(5) [1)] Als schwerer Sachschaden gelten Schäden von 4000 Deutsche Mark und mehr an beweglichen oder unbeweglichen Sachen mindestens eines Geschädigten, die durch Unfälle oder als Folge von Unfällen nach § 1 eingetreten sind.

§ 3[2)] [Hilfsmerkmale der Statistik] Als Hilfsmerkmale der Statistik werden die übermittelnde Polizeidienststelle und ihre Tagebuch-Nummer sowie die Kraftfahrzeugkennzeichen der beteiligten Verkehrsmittel erfaßt.

§ 4[2)] [Auskunftspflicht] (1) [1] Auskunftspflichtig sind die Polizeidienststellen, deren Beamte den Unfall aufgenommen haben. [2] Die Auskünfte werden aus den Unterlagen der Unfallaufnahme erteilt und den statistischen Ämtern der Länder laufend zugeleitet. [3] Die Polizei der Länder ist berechtigt, das Kraftfahrzeugkennzeichen von unfallbeteiligten Fahrzeugen auch im automatisierten Verfahren an die statistischen Ämter der Länder weiterzuleiten.

(2) [1] Abweichend von Absatz 1 ist das Kraftfahrt-Bundesamt für die fahrzeugbezogenen Merkmale nach § 2 Abs. 1 Nr. 6 auskunftspflichtig. [2] Das Kraftfahrt-Bundesamt erteilt die Auskünfte nach § 2 Abs. 1 Nr. 6 aus dem Zentralen Fahrzeugregister. [3] Zu diesem Zweck übermitteln die statistischen Ämter der Länder die Kraftfahrzeugkennzeichen nach § 3 und das Datum des Unfalls nach § 2 Abs. 1 Nr. 1 einer von anderen Aufgabenbereichen getrennten Organisationseinheit des Kraftfahrt-Bundesamtes gemäß § 58 Abs. 2 Satz 1 des Güterkraftverkehrsgesetzes in der Fassung der Bekanntmachung vom 3. November 1993 (BGBl. I S. 1839, 1992), das durch Artikel 40 des Gesetzes vom 29. Juli 1994 (BGBl. I S. 1890) geändert worden ist. [4] § 58 Abs. 2 Satz 2 und 3 des Güterkraftverkehrsgesetzes gilt entsprechend. [5] Die in Satz 3 genannten Angaben sind im Kraftfahrt-Bundesamt spätestens einen Monat nach der Übermittlung der Angaben nach § 2 Abs. 1 Nr. 6 an die statistischen Ämter der Länder zu löschen.

§ 5[3)] [Übermittlung von Daten] (1) An die fachlich zuständigen obersten Bundes- oder Landesbehörden dürfen für die Verwendung gegenüber den gesetzgebenden Körperschaften und für Zwecke der Planung, jedoch nicht für die Regelung von Einzelfällen, vom Statistischen Bundesamt und den statistischen Ämtern der Länder Tabellen mit statistischen Ergebnissen übermittelt werden, auch soweit Tabellenfelder nur einen einzigen Fall ausweisen.

[1)] § 2 Abs. 5 aufgeh. durch G v. 23.11.1994 (BGBl. I S. 3491). Die Änderung tritt lt. diesem G an dem Tage in Kraft, an dem die nach § 6 des Straßenverkehrsunfallstatistikgesetzes zu erlassende Rechtsverordnung in Kraft tritt.

[2)] § 3 geänd., § 4 Abs. 1 geänd. und Abs. 2 angef. durch G v. 23.11.1994 (BGBl. I S. 3491).

[3)] § 5 Abs. 2 Nr. 3 geänd. durch G v. 23.11.1994 (BGBl. I S. 3491); Abs. 3 Satz 7 geänd. mWv 7.11.2001 durch VO v. 29.10.2001 (BGBl. I S. 2785); Abs. 3 Satz 7 geänd. mWv 8.11.2006 durch VO v. 31.10.2006 (BGBl. I S. 2407); Abs. 3 Satz 7 geänd. mWv 8.9.2015 durch VO v. 31.8.2015 (BGBl. I S. 1474).

(2) An die zur Durchführung statistischer Aufgaben zuständigen Stellen der Gemeinden und Gemeindeverbände dürfen von den statistischen Ämtern der Länder unter den Voraussetzungen des § 16 Abs. 5 Bundesstatistikgesetz über Unfälle, die sich in ihrem Zuständigkeitsbereich ereignet haben, folgende Einzelangaben übermittelt werden:

1. die Angaben nach § 2 Abs. 1 Nr. 1, 3 und 4,
2. die Angaben nach § 2 Abs. 1 Nr. 2 mit Ausnahme folgender Merkmale: Staatsangehörigkeit, bei Ausländern auch nach Wohnsitz im In- oder Ausland, Monat und Jahr der Erteilung der Fahrerlaubnis, unerlaubtes Entfernen vom Unfallort, Grad der Alkoholeinwirkung,
3. die Angaben nach § 2 Abs. 1 Nr. 5 mit Ausnahme des Nationalitätszeichens.

(3) [1] Für Zwecke der Unfallforschung sind der Bundesanstalt für Straßenwesen von den statistischen Ämtern der Länder jährlich die Einzelangaben nach § 2 Abs. 1und 2 zu übermitteln. [2] Bei Bedarf können vorliegende Daten auch vor dem nächsten Jahrestermin angefordert werden. [3] Zur Durchführung der Unfallforschung mit den nach Satz 1 übermittelten Daten wird in der Bundesanstalt für Straßenwesen eine Organisationseinheit eingerichtet, die räumlich, organisatorisch und personell von anderen Aufgabenbereichen der Bundesanstalt zu trennen ist. [4] Die in dieser Organisationseinheit tätigen Personen müssen Amtsträger oder für den öffentlichen Dienst besonders Verpflichtete sein. [5] Sie dürfen die aus ihrer Tätigkeit gewonnenen Erkenntnisse nur für Zwecke der Unfallforschung verwenden. [6] Die nach Satz 1 übermittelten Einzelangaben dürfen nicht mit anderen personenbezogenen Daten zusammengeführt werden. [7] Das Nähere zur Ausführung der Sätze 3 und 4 regelt das Bundesministerium für Verkehr und digitale Infrastruktur durch Erlaß.

(4) Die Übermittlung von Einzelangaben an Hochschulen und sonstige Einrichtungen mit der Aufgabe unabhängiger wissenschaftlicher Forschung erfolgt unter den Voraussetzungen des § 16 Abs. 6 Bundesstatistikgesetz.

§ 6[1)] [Ermächtigungsnorm] das Bundesministerium für Verkehr und digitale Infrastruktur hat durch Rechtsverordnung mit Zustimmung des Bundesrates den schwerwiegenden Unfall mit Sachschaden im Sinne des § 2 Abs. 1 näher zu bestimmen.

§ 7[2)] *(aufgehoben)*

§ 8 [Inkrafttreten] [1] Dieses Gesetz tritt am 1. Januar des auf die Verkündung folgenden Kalenderjahres in Kraft. [2] Mit dem Inkrafttreten dieses Gesetzes treten außer Kraft

1. das Gesetz zur Durchführung einer Straßenverkehrsunfallstatistik vom 22. Dezember 1982 (BGBl. I S. 2069), geändert durch Artikel 14 des Gesetzes vom 19. Dezember 1986 (BGBl. I S. 2555),

---

[1)] § 6 neu gef. durch G v. 23.11.1994 (BGBl. I S. 3491); geänd. mWv 7.11.2001 durch VO v. 29.10.2001 (BGBl. I S. 2785); geänd. mWv 8.11.2006 durch VO v. 31.10.2006 (BGBl. I S. 2407); geänd. mWv 8.9.2015 durch VO v. 31.8.2015 (BGBl. I S. 1474).

[2)] § 7 aufgeh. durch G v. 23.11.1994 (BGBl. I S. 3491).

2. die Verordnung zur Durchführung des Straßenverkehrsunfallstatistikgesetzes vom 18. März 1983 (BGBl. I S. 309).

861. Merkblatt zur Ausfüllung der Meldung zum Verkehrsunfall, Übertretungsanzeige zum Verkehrsunfall und Verkehrsunfallanzeige für die Straßenverkehrsunfallstatistik gemäß StVUnfG

1.1.1962
(BGBl. I S. 606)

Meldepflichtiger Unfall

Ein meldepflichtiger Unfall liegt vor, wenn infolge des **Fahr**verkehrs auf öffentlichen Wegen und Plätzen Personen getötet oder verletzt oder Sachschäden verursacht worden sind.

Vordrucke

Zur statistischen Erfassung werden die **ersten** Durchschläge der polizeilichen Unfallaufnahme verwandt.
Bei Unfällen mit **Personenschaden** ist in jedem Falle der Vordruck der **Verkehrsunfallanzeige** auszufüllen.
Bei Ausfüllung der Vordrucke ist darauf zu achten, daß Original und Durchschläge so aufeinander liegen, daß Streichungen und Unterstreichungen auf den Durchschlägen mit dem Original übereinstimmen.

Unfallort/Straßenklasse

Zu den Autobahnunfällen zählen auch Unfälle außerhalb der Richtungsfahrbahnen, auf Parkplätzen, an Raststätten, Tankstellen und auf den Zu- und Abfahrten der Anschlußstellen. Dies ist unter Unfallort/Straßenklasse besonders anzugeben. Die Richtungsfahrbahn muß sich aus der Reihenfolge der Orte ergeben, z.B. BAB Frankfurt/M. – Köln, km 111,5 (Parkplatz).

Art des Unfalles

Bei der Angabe der Unfallart sind zu unterscheiden:
1. Zusammenstoß zwischen fahrenden Fahrzeugen.
2. Auffahren eines Fahrzeuges
   a) auf ein voranfahrendes oder im fließenden Verkehr vorübergehend haltendes Fahrzeug,
   b) auf ein Fahrzeug im ruhenden Verkehr,
   c) auf ein Hindernis auf der Fahrbahn,
   d) auf einen Gegenstand neben der Fahrbahn.
3. Unfall zwischen Kraftfahrzeug und Fußgänger.

4. Unfall zwischen sonstigem Fahrzeug und Fußgänger.

5. Unfall anderer Art.

Als Kraftfahrzeug im Sinne von Ziffer 3 gilt auch ein Fahrrad mit Hilfsmotor. Soweit bei einem Unfall **mehrere** der vorgenannten Unfallarten zutreffen, ist jede einzeln aufzuführen. Beispiel: Ein Pkw fährt auf einen voranfahrenden Lkw auf, gerät ins Schleudern, überfährt einen Fußgänger und prallt schließlich gegen einen Baum. In diesem Fall ist anzugeben: Auffahren eines Fahrzeuges auf ein voranfahrendes oder im fließenden Verkehr vorübergehend haltendes Fahrzeug; Unfall zwischen Kraftfahrzeug und Fußgänger; Auffahren eines Fahrzeuges auf einen Gegenstand neben der Fahrbahn.

Beteiligte

Für Führer, Halter und Insassen desselben Fahrzeuges ist immer die **gleiche** Ordnungsnummer einzusetzen. Ist der Fahrzeugführer zugleich Halter, ist dies entsprechend zu vermerken.
Die einer Person zugeteilte Ordnungsnummer muß in allen Abschnitten des Vordruckes beibehalten werden.
Die Fahrzeugart ist so genau wie möglich anzugeben, z.B. ist zwischen landwirtschaftlichen Zugmaschinen (Ackerschleppern) und anderen Zugmaschinen zu unterscheiden.
Bei der Gesamtzahl der Fahrzeugbenutzer sind die Mitfahrer **und** der Fahrzeugführer anzugeben.

Geschädigte

Bei getöteten Personen ist außer der Angabe "gestorben" noch das Datum des Todes einzutragen.
Als "stationärer Behandlung zugeführt" (schwer verletzt) sind solche Verletzte anzugeben, bei denen ein Krankenhausaufenthalt von 24 Stunden und länger vorliegt.
Alle übrigen Verletzten sind als "leicht verletzt" zu melden.

Besonderheiten der Unfallstelle

Als **Baustelle** gilt der Straßenabschnitt innerhalb der Verkehrszeichen und Verkehrseinrichtungen, die wegen der Bauarbeiten angebracht wurden.

Bezeichnung der unmittelbaren Unfallursachen

Es sind stets **alle** festgestellten Ursachen mit ihren Schlüsselnummern einzutragen. Im Verzeichnis nicht besonders genannte Ursachen sind unter der Schlüsselnummer **95** mit kurzer Bezeichnung anzuführen (z.B. Mängel an der Lenkung).
Bitte auch die weiteren Erläuterungen auf Seite 6 beachten.

Ursachenverzeichnis

Gültig ab 1. 1. 1975

Es sind stets **alle** festgestellten Ursachen mit ihren Schlüsselnummern einzutragen. Im Verzeichnis nicht besonders genannte Ursachen sind den hierfür vorgesehenen Restpositionen zum jeweiligen Abschnitt zuzuordnen, wie 04, 49, 55, 69, 74, 84 und 88. Ist eine Zuordnung zu den vorgenannten allgemeinen Positionen nicht möglich, dann ist Position 89 anzugeben.
Die Ursachen 01 bis 69 sind den entsprechenden Ordnungsnummern der Beteiligten zuzuordnen.
Zumindest bei den die Verkehrstüchtigkeit betreffenden Ursachen 01 bis 04 sind noch eine oder mehrere Ursachen anzugeben.

Nr.	Ursachenbezeichnung
	Verkehrstüchtigkeit
01	Alkoholeinfluß
02	Einfluß anderer berauschender Mittel (z.B. Drogen, Rauschgift)
03	Übermüdung
04	Sonstige körperliche oder geistige Mängel
	Fehler der Fahrzeugführer
	Straßenbenutzung
10	Benutzung der falschen Fahrbahn (auch Richtungsfahrbahn) oder verbotswidrige Benutzung anderer Straßenteile
11	Verstoß gegen das Rechtsfahrgebot
	Geschwindigkeit
12	Nicht angepaßte Geschwindigkeit mit gleichzeitigem Überschreiten der zulässigen Höchstgeschwindigkeit
13	in anderen Fällen
	Abstand
14	Ungenügender Sicherheitsabstand (Sonstige Ursachen, die zu einem Verkehrsunfall führen, sind den zutreffen Positionen wie Geschwindigkeit, Übermüdung usw. zuzuordnen)
15	Starkes Bremsen des Vorausfahrenden ohne zwingenden Grund
	Überholen
16	Unzulässiges Rechtsüberholen
17	Überholen trotz Gegenverkehrs
18	Überholen trotz unklarer Verkehrslage
19	Überholen trotz unzureichender Sichtverhältnisse
20	Überholen ohne Beachtung des nachfolgenden Verkehrs und/oder ohne rechtzeitige und deutliche Ankündigung des Ausscherens
21	Fehler beim Wiedereinordnen nach rechts

Nr.	Ursachenbezeichnung
22	Sonstige Fehler beim Überholen (z.B. ohne genügenden Seitenabstand; an Fußgängerüberwegen s.Pos. 38, 39)
23	Fehler beim Überholtwerden
	Vorbeifahren
24	Nichtbeachten des Vorranges entgegenkommender Fahrzeuge beim Vorbeifahren an haltenden Fahrzeugen, Absperrungen oder Hindernissen (§ 6) (ausgenommen Pos. 32)
25	Nichtbeachten des nachfolgenden Verkehrs beim Vorbeifahren an haltenden Fahrzeugen, Absperrungen oder Hindernissen und/oder ohne rechtzeitige und deutliche Ankündigung des Ausscherens.
	Nebeneinanderfahren
26	Fehlerhaftes Wechseln des Fahrstreifens beim Nebeneinanderfahren (§ 7) (ausgenommen Pos. 20, 25)
	Vorfahrt, Vorrang
27	Nichtbeachten der Regel "rechts vor links"
28	Nichtbeachten der die Vorfahrt regelnden Verkehrszeichen (§ 8) (ausgenommen Pos. 29)
29	Nichtbeachten der Vorfahrt des durchgehenden Verkehrs auf Autobahnen oder Kraftfahrstraßen (§ 18, Abs. 3)
30	Nichtbeachten der Vorfahrt durch Fahrzeuge, die aus Feld- und Waldwegen kommen
31	Nichtbeachten der Verkehrsregelung durch Polizeibeamte oder Lichtzeichen (ausgenommen Pos. 39)
32	Nichtbeachten des Vorranges entgegenkommender Fahrzeuge (Zeichen 208 StVO)
33	Nichtbeachten des Vorranges von Schienenfahrzeugen an Bahnübergängen
	Abbiegen, Wenden, Rückwärtsfahren, Ein- und Anfahren
35	Fehler beim Abbiegen (§ 9) (ausgenommen Pos. 33, 40)
36	Fehler beim Wenden oder Rückwärtsfahren
37	Fehler beim Einfahren in den fließenden Verkehr (z.B. aus einem Grundstück, von einem anderen Straßenteil oder beim Anfahren vom Fahrbahnrand
	Falsches Verhalten gegenüber Fußgängern
38	an Fußgängerüberwegen
39	an Fußgängerfurten
40	beim Abbiegen
41	an Haltestellen
42	an anderen Stellen

Nr.	Ursachenbezeichnung
	Ruhender Verkehr, Verkehrssicherung
43	Unzulässiges Halten oder Parken
44	Mangelnde Sicherung haltender oder liegengebliebener Fahrzeuge und von Unfallstellen
45	Verkehrswidriges Verhalten beim Ein- oder Aussteigen, Be- oder Entladen
46	**Nichtbeachten der Beleuchtungsvorschriften (ausgenommen Pos. 50)**
	Ladung, Besetzung
47	Überladung, Überbesetzung
48	Unzureichend gesicherte Ladung oder Fahrzeugzubehörteile
49	**Andere Fehler beim Fahrzeugführer**
	Technische Mängel, Wartungsmängel
50	Beleuchtung
51	Bereifung
52	Bremsen
53	Lenkung
54	Zugvorrichtung
55	Andere Mängel
	Falsches Verhalten der Fußgänger
	Falsches Verhalten beim Überschreiten der Fahrbahn
60	an Stellen, an denen der Fußgängerverkehr durch Polizeibeamte oder Lichtzeichen geregelt war
61	auf Fußgängerüberwegen ohne Verkehrsregelung durch Polzeibeamte oder Lichtzeichen
62	in der Nähe von Kreuzungen oder Einmündungen, Lichtzeichenanlagen oder Fußgängerüberwegen bei dichtem Verkehr
63	an anderen Stellen: durch plötzliches Hervortreten hinter Sichthindernissen
64	ohne auf den Fahrzeugverkehr zu achten
65	durch sonstiges falsches Verhalten
66	**Nichtbenutzen des Gehweges**
67	**Nichtbenutzen der vorgeschriebenen Straßenseite**
68	**Spielen auf oder neben der Fahrbahn**
69	**Andere Fehler der Fußgänger**
	Straßenverhältnisse
	Glätte oder Schlüpfrigkeit der Fahrbahn
70	Verunreinigung durch ausgeflossenes Öl
71	Andere Verunreinigungen durch Straßenbenutzer
72	Schnee, Eis

Nr.	Ursachenbezeichnung
73	Regen
74	Andere Einflüsse (u.a. Laub, angeschwemmter Lehm)
	Zustand der Straße
75	Spurrillen, im Zusammenhang mit Regen, Schnee oder Eis
76	Anderer Zustand der Straße
77	**Nicht ordnungsgemäßer Zustand der Verkehrszeichen oder -einrichtungen**
78	**Mangelhafte Beleuchtung der Straße**
79	**Mangelhafte Sicherung von Bahnübergängen**
	Witterungseinflüsse
	Sichtbehinderung durch:
80	Nebel
81	Starken Regen, Hagel, Schneegestöber usw.
82	Blendende Sonne
83	**Seitenwind**
84	**Unwetter oder sonstige Witterungseinflüsse**
	Hindernisse
85	Nicht oder unzureichend gesicherte Arbeitsstelle auf der Fahrbahn
86	Wild auf der Fahrbahn
87	Anderes Tier auf der Fahrbahn
88	Sonstiges Hindernis auf der Fahrbahn (ausgenommen Pos. 43, 44)
89	**Sonstige Ursachen** (mit kurzer Beschreibung aufführen)

P.
Steuerrecht

870. Kraftfahrzeugsteuergesetz 2002 (KraftStG 2002) [1)] [2)] [3)] [4)]

In der Fassung der Bekanntmachung vom 26. September 2002 (BGBl. I S. 3818)

FNA 611–17

geänd. durch Art. 7 Richtlinien-UmsetzungsG v. 9.12.2004 (BGBl. I S. 3310, ber. S. 3843), Art. 30 G zur Umbenennung des Bundesgrenzschutzes in Bundespolizei v. 21.6.2005 (BGBl. I S. 1818), Art. 1 Drittes ÄndG v. 21.12.2006 (BGBl. I S. 3344), Art. 1 Viertes G zur Änd des Kraftfahrzeugsteuer G v. 24.3.2007 (BGBl. I S. 356), Art. 1 G zur Änderung kraftfahrzeugsteuerrechtlicher und autobahnmautrechtlicher Vorschriften v. 17.8.2007 (BGBl. I S. 1958), Art. 11 JahressteuerG 2008 (JStG 2008) v. 20.12.2007 (BGBl. I S. 3150), Art. 2 G zur Umsetzung steuerrechtl. Regelungen des Maßnahmenpakets „Beschäftigungssicherung durch Wachstumsstärkung" v. 21.12.2008 (BGBl. I S. 2896), Art. 2 G zur Neuregelung der Kraftfahrzeugsteuer und Änd. and. G v. 29.5.2009 (BGBl. I S. 1170), Art. 1 Fünftes ÄndG v. 27.5.2010 (BGBl. I S. 668), Art. 2 Verkehrsteueränderungsgesetz v. 5.12.2012 (BGBl. I S. 2431), Art. 1 Zweites Verkehrsteueränderungsgesetz v. 8.6.2015 (BGBl. I S. 901, geänd. durch G v. 6.6.2017, BGBl. I S. 1491, G v. 6.6.2017, BGBl. I S. 1493 und G v. 16.10. 2020, BGBl. I S. 2184), Art. 1 Gesetz zur steuerlichen Förderung von Elektromobilität im Straßenverkehr v. 7.11.2016 (BGBl. I S. 2498), Art. 19 Abs. 8 Bundesteilhabegesetz v. 23.12.2016 (BGBl. I S. 3234), Art. 4 Gesetz zur Stärkung der Bekämpfung der Schwarzarbeit und illegalen Beschäftigung v. 6.3.2017 (BGBl. I S. 399), Art. 2 Sechstes Gesetz zur Änderung des Kraftfahrzeugsteuergesetzes v. 6.6.2017 (BGBl. I S. 1491) und Art. 1 Siebtes Gesetz zur Änderung des Kraftfahrzeugsteuergesetzes v. 16.10.2020 (BGBl. I S. 2184)

Inhaltsübersicht[5)]

[1)] **Amtl. Anm.:** Dieses Gesetz dient der Umsetzung folgender Richtinien:
1. Richtlinie 1999/62/EG des Europäischen Parlaments und des Rates vom 17. Juni 1999 über die Erhebung von Gebühren für die Benutzung bestimmter Verkehrswege durch schwere Nutzfahrzeuge (ABl. EG Nr. L 187 S. 42),
2. Richtlinie 98/69/EG des Europäischen Parlaments und des Rates vom 13. Oktober 1998 über Maßnahmen gegen die Verunreinigung der Luft durch Emissionen von Kraftfahrzeugen und zur Änderung der Richtlinie 70/220/EWG des Rates (ABl. EG Nr. L 350 S. 1).

[2)] **Amtl. Anm.:** Die Verpflichtungen aus der Richtlinie 98/34/EG des Europäischen Parlaments und des Rates vom 22. Juni 1998 über ein Informationsverfahren auf dem Gebiet der Normen und technischen Vorschriften und der Vorschriften für die Dienste der Informationsgesellschaft (ABl. EG Nr. L 204 S. 37), zuletzt geändert durch die Richtlinie 2006/96/EG des Rates vom 20. November 2006 (ABl. EU Nr. L 363 S. 81), sind beachtet worden.

[3)] Neubekanntmachung des KraftStG idF der Bek. v. 24.5.1994 (BGBl. I S. 1102) auf Grund des § 15 Abs. 3 des Kraftfahrzeugsteuergesetzes idF der Bek. v. 24.5.1994 (BGBl. I S. 1102) in der seit dem 28.8.2002 geltenden Fassung.

[4)] Siehe hierzu auch die KraftStDV (Nr. **872**).

[5)] Inhaltsübersicht geänd. mWv 1.4.2007 durch G v. 24.3.2007 (BGBl. I S. 356); geänd. mWv 5.11. 2008 durch G v. 21.12.2008 (BGBl. I S. 2896); geänd. mWv 1.7.2009 durch G v. 29.5.2009 (BGBl. I S. 1170); geänd. mWv 12.6.2015 durch G v. 8.6.2015 (BGBl. I S. 901); redaktionell an die Änderungen durch G v. 16.10.2020 (BGBl. I S. 2184) angepasst.

§ 1 Steuergegenstand. (1) Der Kraftfahrzeugsteuer unterliegt

1. das Halten von inländischen Fahrzeugen zum Verkehr auf öffentlichen Straßen;
2.[1] das Halten von ausländischen Fahrzeugen zum Verkehr auf öffentlichen Straßen, solange die Fahrzeuge sich im Inland befinden. Ausgenommen hiervon sind ausschließlich für den Güterkraftverkehr bestimmte und verwendete Kraftfahrzeuge und Fahrzeugkombinationen mit einem verkehrsrechtlich zulässigen Gesamtgewicht von mehr als 3 500 Kilogramm, die nach Artikel 5 der Richtlinie 1999/62/EG des Europäischen Parlaments und des Rates vom 17. Juni 1999 über die Erhebung von Gebühren für die Benutzung bestimmter Verkehrswege durch schwere Nutzfahrzeuge (ABl. L 187 vom 20.7.1999, S. 42), die zuletzt durch die Richtlinie 2013/22/EU (ABl. L 158 vom 10.6.2013, S. 356) geändert worden ist, in der jeweils geltenden Fassung in einem anderen Mitgliedstaat der Europäischen Union zugelassen sind;
3. die widerrechtliche Benutzung von Fahrzeugen;
4. die Zuteilung von Oldtimer-Kennzeichen sowie die Zuteilung von roten Kennzeichen, die von einer Zulassungsbehörde im Inland zur wiederkehrenden Verwendung ausgegeben werden. Dies gilt nicht für die Zuteilung von roten Kennzeichen für Prüfungsfahrten.

(2) Auf die Kraftfahrzeugsteuer sind diejenigen Vorschriften der Abgabenordnung anzuwenden, die für andere Steuern als Zölle und Verbrauchsteuern gelten.

§ 2 Begriffsbestimmungen, Mitwirkung der Verkehrsbehörden.

(1) Unter den Begriff Fahrzeuge im Sinne dieses Gesetzes fallen Kraftfahrzeuge und Kraftfahrzeuganhänger.

(2)[2] Soweit dieses Gesetz nichts anderes bestimmt,

1. richten sich die in diesem Gesetz verwendeten Begriffe des Verkehrsrechts nach den jeweils geltenden verkehrsrechtlichen Vorschriften;

---

[1] § 1 Abs. 1 Nr. 2 neu gef. mWv 12.6.2015 durch G v. 8.6.2015 (BGBl. I S. 901).
[2] § 2 Abs. 2 neu gef.. mWv 12.12.2012 durch G v. 5.12.2012 (BGBl. I S. 2431).

2. sind für die Beurteilung der Schadstoff-, Kohlendioxid- und Geräuschemissionen, anderer Bemessungsgrundlagen technischer Art sowie der Fahrzeugklassen und Aufbauarten die Feststellungen der Zulassungsbehörden verbindlich.

(2a)–(2c)[1] *(aufgehoben)*

(3) Ein Fahrzeug ist vorbehaltlich des Absatzes 4 ein inländisches Fahrzeug, wenn es unter die im Inland maßgebenden Vorschriften über das Zulassungsverfahren fällt.

(4) Ein Fahrzeug ist ein ausländisches Fahrzeug, wenn es im Zulassungsverfahren eines anderen Staates zugelassen ist.

(5) [1] Eine widerrechtliche Benutzung im Sinne dieses Gesetzes liegt vor, wenn ein Fahrzeug auf öffentlichen Straßen im Inland ohne die verkehrsrechtlich vorgeschriebene Zulassung benutzt wird. [2] Eine Besteuerung wegen widerrechtlicher Benutzung entfällt, wenn das Halten des Fahrzeugs von der Steuer befreit sein würde oder die Besteuerung bereits nach § 1 Abs. 1 Nr. 1 oder 2 vorgenommen worden ist.

§ 3 Ausnahmen von der Besteuerung. Von der Steuer befreit ist das Halten von

1.[2] Fahrzeugen, die von der Zulassungspflicht nach § 3 Absatz 1 der Fahrzeug-Zulassungsverordnung[3] vom 3. Februar 2011 (BGBl. I S. 139) in der jeweils geltenden Fassung ausgenommen sind;

2.[4] Fahrzeugen, solange sie ausschließlich im Dienst der Bundeswehr, der Bundespolizei, der Polizei oder der Zollverwaltung verwendet werden;

3. Fahrzeugen, solange sie für den Bund, ein Land, eine Gemeinde, einen Gemeindeverband oder einen Zweckverband zugelassen sind und ausschließlich zum Wegebau verwendet werden. Voraussetzung ist, dass die Fahrzeuge äußerlich als für diese Zwecke bestimmt erkennbar sind;

4. Fahrzeugen, solange sie ausschließlich zur Reinigung von Straßen verwendet werden. Voraussetzung ist, dass die Fahrzeuge äußerlich als für diesen Zweck bestimmt erkennbar sind;

5. Fahrzeugen, solange sie ausschließlich im Feuerwehrdienst, im Katastrophenschutz, für Zwecke des zivilen Luftschutzes, bei Unglücksfällen, im Rettungsdienst oder zur Krankenbeförderung verwendet werden. Voraussetzung ist, dass die Fahrzeuge äußerlich als für diese Zwecke bestimmt erkennbar sind. Bei Fahrzeugen, die nicht für den Bund, ein Land, eine Gemeinde, einen Gemeindeverband oder einen Zweckverband zugelassen sind, ist außerdem Voraussetzung, dass sie nach ihrer Bauart und Einrichtung den bezeichneten Verwendungszwecken angepasst sind;

5a. Fahrzeugen von gemeinnützigen oder mildtätigen Organisationen für die Zeit, in der sie ausschließlich für humanitäre Hilfsgütertransporte in das Ausland oder für zeitlich damit zusammenhängende Vorbereitungsfahrten verwendet werden;

---

[1] § 2 Abs. 2a–2c aufgeh. mWv 12.12.2012 durch G v. 5.12.2012 (BGBl. I S. 2431).

[2] § 3 Nr. 1 neu gef. mWv 10.6.2017 durch G v. 6.6.2017 (BGBl. I S. 1491).

[3] Nr. **250**.

[4] § 3 Nr. 2 geänd. mWv 1.7.2005 durch G v. 21.6.2005 (BGBl. I S. 1818); geänd. mWv 1.7.2009 durch G v. 27.5.2010 (BGBl. I S. 668).

6. Kraftomnibussen und Personenkraftwagen mit acht oder neun Sitzplätzen einschließlich Führersitz sowie von Kraftfahrzeuganhängern, die hinter diesen Fahrzeugen mitgeführt werden, wenn das Fahrzeug während des Zeitraums, für den die Steuer zu entrichten wäre, zu mehr als 50 vom Hundert der insgesamt gefahrenen Strecke im Linienverkehr verwendet wird. Die Verwendung des Fahrzeugs ist, ausgenommen bei Oberleitungsomnibussen, buchmäßig nachzuweisen;

7.[1] Zugmaschinen (ausgenommen Sattelzugmaschinen), Sonderfahrzeugen, Kraftfahrzeuganhängern hinter Zugmaschinen oder Sonderfahrzeugen und einachsigen Kraftfahrzeuganhängern (ausgenommen Sattelanhänger, aber einschließlich der zweiachsigen Anhänger mit einem Achsabstand von weniger als einem Meter), solange diese Fahrzeuge ausschließlich

a) in land- oder forstwirtschaftlichen Betrieben,

b) zur Durchführung von Lohnarbeiten für land- oder forstwirtschaftliche Betriebe,

c) zu Beförderungen für land- oder forstwirtschaftliche Betriebe, wenn diese Beförderungen in einem land- oder forstwirtschaftlichen Betrieb beginnen oder enden,

d) zur Beförderung von Milch, Magermilch, Molke oder Rahm oder

e) von Land- oder Forstwirten zur Pflege von öffentlichen Grünflächen oder zur Straßenreinigung im Auftrag von Gemeinden oder Gemeindeverbänden

verwendet werden. Als Sonderfahrzeuge gelten Fahrzeuge, die nach ihrer Bauart und ihren besonderen, mit ihnen fest verbundenen Einrichtungen nur für die bezeichneten Verwendungszwecke geeignet und bestimmt sind. Die Steuerbefreiung nach Buchstabe a wird nicht dadurch ausgeschlossen, dass ein Land- oder Forstwirt land- oder forstwirtschaftliche Erzeugnisse von einer örtlichen Sammelstelle zu einem Verwertungs- oder Verarbeitungsbetrieb, land- oder forstwirtschaftliche Bedarfsgüter vom Bahnhof zur örtlichen Lagereinrichtung oder Holz vom forstwirtschaftlichen Betrieb aus befördert. Die Steuerbefreiung nach Buchstabe d wird nicht dadurch ausgeschlossen, dass Untersuchungsproben zur Tierseuchenbekämpfung oder auf dem Rückweg von einer Molkerei Milcherzeugnisse befördert werden;

8.[2] a) Zugmaschinen, solange sie ausschließlich für den Betrieb eines Schaustellergewerbes verwendet werden,

b) Wohnwagen und Wohnmobile jeweils mit einem zulässigen Gesamtgewicht von mehr als 3 500 Kilogramm und Packwagen mit einem zulässigen Gesamtgewicht von mehr als 2 500 Kilogramm im Gewerbe nach Schaustellerart, solange sie ausschließlich dem Schaustellergewerbe dienen;

9. Fahrzeugen, solange sie ausschließlich für die Zustellung und Abholung von Behältern mit einem Rauminhalt von fünf Kubikmetern oder mehr, von auswechselbaren Aufbauten oder von Kraftfahrzeuganhängern verwendet werden, die im Vor- oder Nachlauf im Kombinierten Verkehr

---

[1] § 3 Nr. 7 Satz 4 geänd. mWv 1.7.2010 durch G v. 27.5.2010 (BGBl. I S. 668).

[2] § 3 Nr. 8 Buchst. b geänd. mWv 12.6.2015 durch G v. 8.6.2015 (BGBl. I S. 901).

a) Schiene/Straße zwischen Be- oder Entladestelle und nächstgelegenem geeigneten Bahnhof oder

b) Binnenwasserstraße/Straße zwischen Be- oder Entladestelle und einem innerhalb eines Umkreises von höchstens 150 Kilometern Luftlinie gelegenen Binnenhafen oder

c) See/Straße mit einer Seestrecke von mehr als 100 Kilometern Luftlinie zwischen Be- oder Entladestelle und einem innerhalb eines Umkreises von höchstens 150 Kilometern Luftlinie gelegenen Seehafen

befördert worden sind oder befördert werden. Voraussetzung ist, dass die Fahrzeuge äußerlich als für diese Zwecke bestimmt erkennbar sind;

10. Fahrzeugen, die zugelassen sind

a) für eine bei der Bundesrepublik Deutschland beglaubigte diplomatische Vertretung eines anderen Staates,

b) für Mitglieder der unter Buchstabe a bezeichneten diplomatischen Vertretungen oder für Personen, die zum Geschäftspersonal dieser Vertretungen gehören und der inländischen Gerichtsbarkeit nicht unterliegen,

c) für eine in der Bundesrepublik Deutschland zugelassene konsularische Vertretung eines anderen Staates, wenn der Leiter der Vertretung Angehöriger des Entsendestaates ist und außerhalb seines Amtes in der Bundesrepublik Deutschland keine Erwerbstätigkeit ausübt,

d) für einen in der Bundesrepublik Deutschland zugelassenen Konsularvertreter (Generalkonsul, Konsul, Vizekonsul, Konsularagenten) oder für Personen, die zum Geschäftspersonal dieser Konsularvertreter gehören, wenn sie Angehörige des Entsendestaates sind und außerhalb ihres Amtes in der Bundesrepublik Deutschland keine Erwerbstätigkeit ausüben.

Die Steuerbefreiung tritt nur ein, wenn Gegenseitigkeit gewährt wird;

11. (weggefallen)

12.[1] Personenfahrzeugen im Anwendungsbereich der Richtlinie 83/182/EWG des Rates vom 28. März 1983 über Steuerbefreiungen innerhalb der Gemeinschaft bei vorübergehender Einfuhr bestimmter Verkehrsmittel (ABl. L 105 vom 23.4.1983, S. 59), die zuletzt durch die Richtlinie 2013/13/EU (ABl. L 141 vom 28.5.2013, S. 30) geändert worden ist, in der jeweiligen Fassung bei Nutzung der Fahrzeuge durch Personen, die ihren gewöhnlichen Wohnsitz nach Artikel 7 dieser Richtlinie in einem anderen Mitgliedstaat der Europäischen Union haben;

13.[2] ausländischen Personenkraftfahrzeugen und ihren Anhängern, die zum vorübergehenden Aufenthalt in das Inland gelangen, für die Dauer bis zu einem Jahr. Die Steuerbefreiung entfällt, wenn die Fahrzeuge der entgeltlichen Beförderung von Personen oder Gütern dienen oder für diese Fahrzeuge ein regelmäßiger Standort im Inland begründet ist;

14. ausländischen Fahrzeugen, die zur Ausbesserung in das Inland gelangen und für die nach den Zollvorschriften ein Ausbesserungsverkehr bewilligt wird;

---

[1] § 3 Nr. 12 neu gef. mWv 10.3.2017 durch G v. 6.3.2017 (BGBl. I S. 399).

[2] § 3 Nr. 13 Satz 2 geänd. mWv 12.6.2015 durch G v. 8.6.2015 (BGBl. I S. 901).

15. ausländischen Fahrzeugen, solange sie öffentliche Straßen benutzen, die die einzige oder die gegebene Verbindung zwischen verschiedenen Orten eines anderen Staates bilden und das Inland auf kurzen Strecken durchschneiden;
16. Dienstfahrzeugen von Behörden anderer Staaten, die auf Dienstfahrten zum vorübergehenden Aufenthalt in das Grenzgebiet gelangen. Voraussetzung ist, dass Gegenseitigkeit gewährt wird.

§ 3a Vergünstigungen für Schwerbehinderte. (1) Von der Steuer befreit ist das Halten von Kraftfahrzeugen, solange die Fahrzeuge für schwerbehinderte Personen zugelassen sind, die durch einen Ausweis im Sinne des Neunten Buches Sozialgesetzbuch oder des Artikels 3 des Gesetzes über die unentgeltliche Beförderung Schwerbehinderter im öffentlichen Personenverkehr vom 9. Juli 1979 (BGBl. I S. 989) mit dem Merkzeichen „H", „Bl" oder „aG" nachweisen, dass sie hilflos, blind oder außergewöhnlich gehbehindert sind.

(2)[1)] [1]Die Steuer ermäßigt sich um 50 vom Hundert für Kraftfahrzeuge, solange die Fahrzeuge für schwerbehinderte Personen zugelassen sind, die durch einen Ausweis im Sinne des Neunten Buches Sozialgesetzbuch oder des Artikels 3 des Gesetzes über die unentgeltliche Beförderung Schwerbehinderter im öffentlichen Personenverkehr mit orangefarbenem Flächenaufdruck nachweisen, dass sie die Voraussetzungen des § 228 Absatz 1 Satz 1 des Neunten Buches Sozialgesetzbuch erfüllen. [2]Die Steuerermäßigung wird nicht gewährt, solange die schwerbehinderte Person das Recht zur unentgeltlichen Beförderung nach § 228 des Neunten Buches Sozialgesetzbuch in Anspruch nimmt.

(3) [1]Die Steuervergünstigung der Absätze 1 und 2 steht den behinderten Personen nur für ein Fahrzeug und nur auf schriftlichen Antrag zu. [2]Sie entfällt, wenn das Fahrzeug zur Beförderung von Gütern (ausgenommen Handgepäck), zur entgeltlichen Beförderung von Personen (ausgenommen die gelegentliche Mitbeförderung) oder durch andere Personen zu Fahrten benutzt wird, die nicht im Zusammenhang mit der Fortbewegung oder der Haushaltsführung der behinderten Personen stehen.

§ 3b[2)] Steuerbefreiung für besonders schadstoffreduzierte Personenkraftwagen mit Selbstzündungsmotor. (1)[3)] [1]Das Halten von Personenkraftwagen mit Selbstzündungsmotor ist befristet von der Steuer befreit, wenn das Fahrzeug in der Zeit vom 1. Januar 2011 bis zum 31. Dezember 2013 erstmals zugelassen wird und nach Feststellung der Zulassungsbehörde ab dem Tag der erstmaligen Zulassung den Anforderungen der Stufe Euro 6 nach der Tabelle 2 des Anhangs I der Verordnung (EG) Nr. 715/2007 genügt. [2]Die Steuerbefreiung beginnt am Tag der erstmaligen Zulassung. [3]Sie endet, sobald die Steuerersparnis auf der Grundlage der jeweiligen Steuersätze nach § 9 Absatz 1 Nummer 2 Buchstabe b den Betrag von 150 Euro erreicht. [4]Die Steuerbefreiung wird für jedes Fahrzeug nur einmal gewährt.

[1)] § 3a Abs. 2 Sätze 3 und 4 geänd. mWv 1.7.2009 durch G v. 29.5.2009 (BGBl. I S. 1170); Sätze 3 und 4 aufgeh. mWv 12.6.2015 durch G v. 8.6.2015 (BGBl. I S. 901); Sätze 1 und 2 geänd. mWv 1.1.2018 durch G v. 23.12.2016 (BGBl. I S. 3234).

[2)] § 3b eingef. mWv 1.7.2009 durch G v. 29.5.2009 (BGBl. I S. 1170).

[3)] § 3b Abs. 1 Satz 1 geänd. mWv 1.7.2009 durch G v. 27.5.2010 (BGBl. I S. 668).

(2)[1] Voraussetzung ist, dass in der Zulassungsbescheinigung Teil I (Fahrzeugschein) am Tag der erstmaligen Zulassung eine emissionsbezogene Schlüsselnummer ausgewiesen ist, die das Erfüllen der Voraussetzungen für die Steuerbefreiung bestätigt.

(3) Die Steuerbefreiung endet spätestens am 31. Dezember 2013.

(4) Soweit die befristete Steuerbefreiung bei einem Halterwechsel noch nicht abgelaufen ist, wird sie dem neuen Halter gewährt.

(5) Die Zeiten der Außerbetriebsetzung eines Fahrzeugs und die Zeiten außerhalb des auf einem Saisonkennzeichen angegebenen Betriebszeitraums haben keine Auswirkungen auf die Steuerbefreiung.

(6) Die Steuerbefreiung gilt nicht für Kennzeichen im Sinne des § 1 Absatz 1 Nummer 4 Satz 1.

§ 3c[2] *(aufgehoben)*

§ 3d[3] **Steuerbefreiung für Elektrofahrzeuge.** (1)[4] [1] Von der Steuer befreit ist das Halten von Elektrofahrzeugen im Sinne des § 9 Absatz 2. [2] Die Steuerbefreiung wird bei erstmaliger Zulassung des Elektrofahrzeugs in der Zeit vom 18. Mai 2011 bis 31. Dezember 2025 für zehn Jahre ab dem Tag der erstmaligen Zulassung gewährt, längstens jedoch bis zum 31. Dezember 2030.

(2)[5] [1] Die Steuerbefreiung nach Absatz 1 oder nach § 18 Absatz 4b wird für jedes Fahrzeug einmal gewährt. [2] Soweit sie bei einem Halterwechsel noch nicht abgelaufen ist, wird sie dem neuen Halter gewährt.

(3) Die Zeiten der Außerbetriebsetzung eines Fahrzeugs und die Zeiten außerhalb des auf einem Saisonkennzeichen angegebenen Betriebszeitraums haben keine Auswirkungen auf die Steuerbefreiung.

(4)[6] [1] Die Absätze 1 bis 3 gelten entsprechend für technisch umgerüstete Fahrzeuge, die ursprünglich zum Zeitpunkt der erstmaligen verkehrsrechtlichen Zulassung mit Fremdzündungsmotoren oder Selbstzündungsmotoren angetrieben wurden. [2] Die Steuerbefreiung wird nach Maßgabe folgender Voraussetzungen gewährt:

1. das Fahrzeug ist in der Zeit vom 18. Mai 2016 bis zum 31. Dezember 2025 nachträglich zu einem Elektrofahrzeug im Sinne des § 9 Absatz 2 umgerüstet worden und
2. für die bei der Umrüstung verwendeten Fahrzeugteile ist eine Allgemeine Betriebserlaubnis nach § 22 in Verbindung mit § 20 der Straßenverkehrs-Zulassungs-Ordnung[7] erteilt.

[3] Die Steuerbefreiung beginnt an dem Tag, an dem die Zulassungsbehörde die Voraussetzungen nach Satz 2 als erfüllt feststellt.

§§ 3e–3h (weggefallen)

---

[1] § 3b Abs. 2 Sätze 1, 2 und 4 aufgeh. mWv 1.7.2009 durch G v. 27.5.2010 (BGBl. I S. 668).

[2] § 3c aufgeh. mWv 12.6.2015 durch G v. 8.6.2015 (BGBl. I S. 901).

[3] § 3d neu gef. mWv 12.12.2012 durch G v. 5.12.2012 (BGBl. I S. 2431).

[4] § 3d Abs. 1 Satz 2 neu gef. mWv 17.11.2016 durch G v. 7.11.2016 (BGBl. I S. 2498); Satz 2 neu gef. mWv 23.10.2020 durch G v. 16.10.2020 (BGBl. I S. 2184).

[5] § 3d Abs. 2 Satz 1 geänd. mWv 17.11.2016 durch G v. 7.11.2016 (BGBl. I S. 2498).

[6] § 3d Abs. 4 angef. mWv 17.11.2016 durch G v. 7.11.2016 (BGBl. I S. 2498); Satz 2 Nr. 1 geänd. mWv 23.10.2020 durch G v. 16.10.2020 (BGBl. I S. 2184).

[7] Nr. **200**.

§ 4 Erstattung der Steuer bei Beförderungen von Fahrzeugen mit der Eisenbahn. (1) [1]Die Steuer ist auf schriftlichen Antrag für einen Zeitraum von zwölf Monaten, gerechnet vom Beginn eines Entrichtungszeitraums, zu erstatten, wenn das Fahrzeug während dieses Zeitraums bei mehr als 124 Fahrten beladen oder leer auf einem Teil der jeweils zurückgelegten Strecke mit der Eisenbahn befördert worden ist. [2]Wird die in Satz 1 bestimmte Zahl von Fahrten nicht erreicht, so werden erstattet

1. bei mehr als 93 Fahrten 75 vom Hundert der Jahressteuer,
2. bei weniger als 94, aber mehr als 62 Fahrten 50 vom Hundert der Jahressteuer,
3. bei weniger als 63, aber mehr als 31 Fahrten 25 vom Hundert der Jahressteuer.

[3]Ist die mit der Eisenbahn zurückgelegte Strecke länger als 400 Kilometer, so wird eine Fahrt zweifach gerechnet, ist die mit der Eisenbahn zurückgelegte Strecke länger als 800 Kilometer, so wird eine Fahrt dreifach gerechnet.

(2) Der Nachweis, dass die Voraussetzungen für die Erstattung der Steuer erfüllt sind, ist für jedes Fahrzeug durch fortlaufende Aufzeichnungen über Beförderungen mit der Eisenbahn zu erbringen, deren Richtigkeit für jede Fahrt von der Eisenbahn zu bescheinigen ist.

§ 5 Dauer der Steuerpflicht. (1) Die Steuerpflicht dauert

1.[1] bei einem inländischen Fahrzeug, vorbehaltlich des Absatzes 2, solange das Fahrzeug zum Verkehr zugelassen ist, mindestens jedoch einen Monat;
2. bei einem ausländischen Fahrzeug, vorbehaltlich des Absatzes 2, solange sich das Fahrzeug im Inland befindet;
3. bei einem widerrechtlich benutzten Fahrzeug, solange die widerrechtliche Benutzung dauert, mindestens jedoch einen Monat;
4.[2] bei einem Ausfuhrkennzeichen und einem Kennzeichen im Sinne des § 1 Absatz 1 Nummer 4, solange das Kennzeichen geführt werden darf, mindestens jedoch einen Monat;
5.[3] bei einem Saisonkennzeichen, vorbehaltlich des Absatzes 2, solange das Kennzeichen geführt werden darf, mindestens jedoch einen Monat.

(2) [1]Fallen bei einem Fahrzeug die Voraussetzungen für eine Steuerbefreiung weg, so beginnt die Steuerpflicht mit dem Wegfall dieser Voraussetzungen. [2]Absatz 1 Nr. 1 letzter Halbsatz ist nicht anzuwenden, wenn das Fahrzeug nur zeitlich befristet von der Steuer befreit war. [3]Die Steuerpflicht endet vorbehaltlich des Satzes 4 mit dem Eintritt der Voraussetzungen für eine Steuerbefreiung. [4]Wird ein Fahrzeug, dessen Halten von der Steuer befreit ist, vorübergehend zu anderen als den begünstigten Zwecken benutzt (zweckfremde Benutzung), so dauert die Steuerpflicht, solange die zweckfremde Benutzung währt, mindestens jedoch einen Monat; Entsprechendes gilt, wenn eine Steuerermäßigung nach § 3a Abs. 2 wegen vorübergehender zweckfremder Benutzung des Fahrzeugs entfällt. [5]Ein Fahrzeug, dessen Halten nach § 3 Nr. 5 von der Steuer befreit ist, wird nicht deshalb zweckfremd benutzt, weil es für

---

[1] § 5 Abs. 1 Nr. 1 geänd. mWv 12.6.2015 durch G v. 8.6.2015 (BGBl. I S. 901).
[2] § 5 Abs. 1 Nr. 4 neu gef. mWv 1.7.2010 durch G v. 27.5.2010 (BGBl. I S. 668).
[3] § 5 Abs. 1 Nr. 5 angef. mWv 1.7.2010 durch G v. 27.5.2010 (BGBl. I S. 668); geänd. mWv 12.6. 2015 durch G v. 8.6.2015 (BGBl. I S. 901).

humanitäre Hilfsgütertransporte in das Ausland oder für zeitlich damit zusammenhängende Vorbereitungsfahrten verwendet wird.

(3)[1] [1] Wird ein inländisches Fahrzeug während der Dauer der Steuerpflicht verändert und ändert sich infolgedessen die Höhe der Steuer, so beginnt die Steuerpflicht bei dem veränderten Fahrzeug mit der Änderung, spätestens mit der Aushändigung der neuen oder geänderten Zulassungsbescheinigung Teil I; gleichzeitig endet die frühere Steuerpflicht. [2] Entsprechendes gilt, wenn sich die Höhe der Steuer auf Grund eines Antrags nach § 3a Abs. 2 oder nach § 10 Abs. 2 (Anhängerzuschlag) ändert.

(4)[2] [1] Wird ein inländisches Fahrzeug außer Betrieb gesetzt und werden dabei die diesbezügliche Änderung in der Zulassungsbescheinigung Teil I und die Entstempelung des Kennzeichens an verschiedenen Tagen vorgenommen, so ist der letzte Tag maßgebend. [2] Die für die Ausübung der Verwaltung der Kraftfahrzeugsteuer zuständige Behörde kann für die Beendigung der Steuerpflicht einen früheren Zeitpunkt zugrunde legen, wenn der Steuerschuldner glaubhaft macht, dass das Fahrzeug seit dem früheren Zeitpunkt nicht benutzt worden ist und dass er die Abmeldung des Fahrzeugs nicht schuldhaft verzögert hat.

(5)[3] *(aufgehoben)*

§ 6 Entstehung der Steuer. Die Steuer entsteht mit Beginn der Steuerpflicht, bei fortlaufenden Entrichtungszeiträumen mit Beginn des jeweiligen Entrichtungszeitraums.

§ 7 Steuerschuldner. Steuerschuldner ist

1. bei einem inländischen Fahrzeug die Person, für die das Fahrzeug zum Verkehr zugelassen ist,
2.[4] bei einem ausländischen Fahrzeug die Person, die das Fahrzeug im Inland benutzt,
3. bei einem widerrechtlich benutzten Fahrzeug die Person, die das Fahrzeug widerrechtlich benutzt,
4. bei einem Kennzeichen im Sinne des § 1 Abs. 1 Nr. 4 die Person, der das Kennzeichen zugeteilt ist.

§ 8 Bemessungsgrundlage. Die Steuer bemisst sich

1.[5] bei Fahrzeugen der Klasse M_1 ohne besondere Zweckbestimmung als Wohnmobil oder Kranken- und Leichenwagen (Personenkraftwagen)
   a) mit erstmaliger Zulassung bis zum 30. Juni 2009 und bei Krafträdern nach dem Hubraum, soweit diese Fahrzeuge durch Hubkolbenmotoren

---

[1] § 5 Abs. 3 Satz 1 geänd. mWv 23.10.2020 durch G v. 16.10.2020 (BGBl. I S. 2184).

[2] § 5 Abs. 4 Satz 1 neu gef. mWv 5.11.2008 durch G v. 21.12.2008 (BGBl. I S. 2896); Satz 2 geänd. mWv 1.7.2009 durch G v. 29.5.2009 (BGBl. I S. 1170); Satz 1 geänd. mWv 12.6.2015 durch G v. 8.6.2015 (BGBl. I S. 901); Satz 1 geänd. mWv 23.10.2020 durch G v. 16.10.2020 (BGBl. I S. 2184).

[3] § 5 Abs. 5 aufgeh. mWv 12.6.2015 durch G v. 8.6.2015 (BGBl. I S. 901).

[4] § 7 Nr. 2 neu gef. mWv 5.11.2008 durch G v. 21.12.2008 (BGBl. I S. 2896).

[5] § 8 Nr. 1 neu gef. mWv 1.7.2009 durch G v. 29.5.2009 (BGBl. I S. 1170); Nr. 1 Buchst. b neu gef. mWv 1.7.2010 durch G v. 27.5.2010 (BGBl. I S. 668); Nr. 1 einl. Satzteil geänd. mWv 12.12.2012 durch G v. 5.12.2012 (BGBl. I S. 2431).

angetrieben werden, bei Personenkraftwagen mit Hubkolbenmotoren zusätzlich nach den Schadstoff- und Kohlendioxidemissionen;

b) mit erstmaliger Zulassung ab dem 1. Juli 2009, soweit es sich nicht um Fahrzeuge im Sinne des § 9 Absatz 2 handelt, nach den Kohlendioxidemissionen und dem Hubraum;

1a.[1] bei Wohnmobilen nach dem verkehrsrechtlich zulässigen Gesamtgewicht und zusätzlich nach den Schadstoffemissionen;

1b.[2] bei dreirädrigen und leichten vierrädrigen Kraftfahrzeugen mit Hubkolbenmotoren, die unter den Anwendungsbereich der Richtlinie 97/24/EG des Europäischen Parlaments und des Rates vom 17. Juni 1997 über bestimmte Bauteile und Merkmale von zweirädrigen oder dreirädrigen Kraftfahrzeugen (ABl. L 226 vom 18.8.1997, S. 1, L 65 vom 5.3.1998, S. 35, L 244 vom 3.9.1998, S. 20, L 67 vom 11.3.2008, S. 22), die zuletzt durch die Richtlinie 2009/108/EG der Kommission vom 17. August 2009 (ABl. L 213 vom 18.8.2009, S. 10) geändert worden ist, in der jeweils geltenden Fassung fallen, nach dem Hubraum und den Schadstoffemissionen;

2.[3] bei anderen Fahrzeugen, Kranken- und Leichenwagen nach dem verkehrsrechtlich zulässigen Gesamtgewicht, bei Kraftfahrzeugen mit einem verkehrsrechtlich zulässigen Gesamtgewicht über 3 500 Kilogramm zusätzlich nach Schadstoff- und Geräuschemissionen. [2]Das verkehrsrechtlich zulässige Gesamtgewicht ist bei Sattelanhängern um die Aufliegelast und bei Starrdeichselanhängern einschließlich Zentralachsanhängern um die Stützlast zu vermindern.

§ 9 Steuersatz. (1) Die Jahressteuer beträgt für

1. Krafträder, die durch Hubkolbenmotoren angetrieben werden, für je 25 Kubikzentimeter Hubraum oder einen Teil davon 1,84 Euro;

2.[4] Personenkraftwagen

a) mit Hubkolbenmotoren bei erstmaliger Zulassung bis zum 30. Juni 2009 für je 100 Kubikzentimeter Hubraum oder einen Teil davon, wenn sie

	durch Fremdzündungsmotoren angetrieben werden und	durch Selbstzündungsmotoren angetrieben werden und
aa) mindestens die verbindlichen Grenzwerte für Fahrzeuge mit einer zulässigen Gesamtmasse von nicht mehr als 2 500 kg nach Zeile A Fahrzeugklasse M der Tabelle in Nummer 5.3.1.4 des Anhangs I der Richtlinie 70/	6,75 EUR	15,44 EUR,

[1] § 8 Nr. 1a eingef. mWv 1.5.2005 durch G v. 21.12.2006 (BGBl. I S. 3344).
[2] § 8 Nr. 1b eingef. mWv 1.7.2010 durch G v. 27.5.2010 (BGBl. I S. 668).
[3] § 8 Nr. 2 Satz 1 geänd. mWv 12.12.2012 durch G v. 5.12.2012 (BGBl. I S. 2431).
[4] § 9 Abs. 1 Nr. 2 neu gef. mWv 1.7.2009 durch G v. 29.5.2009 (BGBl. I S. 1170).

	durch Fremdzündungsmotoren angetrieben werden und	durch Selbstzündungsmotoren angetrieben werden und
220/EWG des Rates vom 20. März 1970 zur Angleichung der Rechtsvorschriften der Mitgliedstaaten über Maßnahmen gegen die Verunreinigung der Luft durch Emissionen von Kraftfahrzeugen (ABl. L 76 vom 6.4.1970, S. 1) in der jeweils geltenden Fassung, einhalten oder wenn die Kohlendioxidemissionen, ermittelt nach der Richtlinie 93/116/EG der Kommission vom 17. Dezember 1993 zur Anpassung der Richtlinie 80/1268/EWG des Rates über den Kraftstoffverbrauch von Kraftfahrzeugen an den technischen Fortschritt (ABl. L 329 vom 30.12.1993, S. 39) in der jeweils geltenden Fassung, 90 g/km nicht übersteigen		
bb) als schadstoffarm anerkannt sind, der Richtlinie 70/220/EWG in der Fassung der Richtlinie 94/12/EG des Europäischen Parlaments und des Rates vom 23. März 1994 über Maßnahmen gegen die Verunreinigung der Luft durch Emissionen von Kraftfahrzeugen und zur Änderung der Richtlinie 70/220/EWG (ABl. L 100 vom 19.4.1994, S. 42) entsprechen und die in der Richtlinie 94/12/EG unter Nummer 5.3.1.4 für die Fahrzeugklasse M genannten Schadstoffgrenzwerte einhalten	7,36 EUR	16,05 EUR,
cc) als schadstoffarm oder bedingt schadstoffarm Stufe C anerkannt sind und für sie ein Verkehrsverbot bei erhöhten Ozonkonzentrationen nach	15,13 EUR	27,35 EUR,

	durch Fremdzündungsmotoren angetrieben werden und	durch Selbstzündungsmotoren angetrieben werden und
§ 40c des Bundes-Immissionsschutzgesetzes in der bis zum 31. Dezember 1999 geltenden Fassung nicht galt		
dd) nicht als schadstoffarm oder bedingt schadstoffarm anerkannt sind und für sie ein Verkehrsverbot bei erhöhten Ozonkonzentrationen nach § 40c des Bundes-Immissionsschutzgesetzes in der bis zum 31. Dezember 1999 geltenden Fassung nicht galt	21,07 EUR	33,29 EUR,
ee) nicht die Voraussetzungen für die Anwendung der Steuersätze nach den Doppelbuchstaben aa bis dd erfüllen	25,36 EUR	37,58 EUR;

b)[1] bei erstmaliger Zulassung vom 1. Juli 2009 bis 31. Dezember 2020 für je 100 Kubikzentimeter Hubraum oder einem Teil davon 2 Euro für Fremdzündungsmotoren und 9,50 Euro für Selbstzündungsmotoren zuzüglich jeweils 2 Euro für jedes Gramm Kohlendioxidemission je Kilometer entsprechend der Richtlinie 93/116/EG der Kommission vom 17. Dezember 1993 zur Anpassung der Richtlinie 80/1268/EWG des Rates über den Kraftstoffverbrauch von Kraftfahrzeugen an den technischen Fortschritt (ABl. L 329 vom 30.12.1993, S. 39) oder die Verordnung (EG) Nr. 715/2007 des Europäischen Parlaments und des Rates vom 20. Juni 2007 über die Typengenehmigung von Kraftfahrzeugen hinsichtlich der Emissionsklassen von leichten Personenkraftwagen und Nutzfahrzeugen (Euro 5 und Euro 6) und über den Zugang zu Reparatur- und Wartungsinformationen für Fahrzeuge (ABl. L 171 vom 29.6.2007, S. 1), die zuletzt durch die Verordnung (EG) Nr. 692/2008 der Kommission vom 18. Juli 2008 (ABl. L 199 vom 28.7.2008, S. 1) geändert worden ist, in der jeweils geltenden Fassung, das bei erstmaliger Zulassung

aa)	bis zum 31. Dezember 2011	120 g/km,
bb)	ab dem 1. Januar 2012	110 g/km,
cc)	ab dem 1. Januar 2014	95 g/km

überschreitet;

c)[2] bei erstmaliger Zulassung ab dem 1. Januar 2021 für je 100 Kubikzentimeter Hubraum oder einem Teil davon 2 Euro für Fremdzündungsmotoren und 9,50 Euro für Selbstzündungsmotoren zuzüglich für

[1] § 9 Abs. 1 Nr. 2 Buchst. b geänd. mWv 1.7.2010 durch G v. 27.5.2010 (BGBl. I S. 668); geänd. mWv 23.10.2020 durch G v. 16.10.2020 (BGBl. I S. 2184).

[2] § 9 Abs. 1 Nr. 2 Buchst. c angef. mWv 23.10.2020 durch G v. 16.10.2020 (BGBl. I S. 2184).

jedes Gramm Kohlendioxidemission je Kilometer, das 95 Gramm je Kilometer überschreitet, vom Emissionswert

über 95 g/km bis zu 115 g/km	2,00 EUR,
über 115 g/km bis zu 135 g/km	2,20 EUR,
über 135 g/km bis zu 155 g/km	2,50 EUR,
über 155 g/km bis zu 175 g/km	2,90 EUR,
über 175 g/km bis zu 195 g/km	3,40 EUR,
über 195 g/km	4,00 EUR.

Maßgebend für die Kohlendioxidemissionen sind die Verordnung (EG) Nr. 715/2007 und die Verordnung (EU) 2017/1151 der Kommission vom 1. Juni 2017 zur Ergänzung der Verordnung (EG) Nr. 715/2007 des Europäischen Parlaments und des Rates über die Typgenehmigung von Kraftfahrzeugen hinsichtlich der Emissionen von leichten Personenkraftwagen und Nutzfahrzeugen (Euro 5 und Euro 6) und über den Zugang zu Fahrzeugreparatur- und -wartungsinformationen, zur Änderung der Richtlinie 2007/46/EG des Europäischen Parlaments und des Rates, der Verordnung (EG) Nr. 692/2008 der Kommission sowie der Verordnung (EU) Nr. 1230/2012 der Kommission und zur Aufhebung der Verordnung (EG) Nr. 692/2008 der Kommission (ABl. L 175 vom 7.7.2017, S. 1) in der jeweils geltenden Fassung;

2a.[1] Wohnmobile für je 200 Kilogramm Gesamtgewicht oder einem Teil davon, wenn sie nach Feststellung der Zulassungsbehörde im Sinne der Anlage XIV zu § 48 der Straßenverkehrs-Zulassungs-Ordnung[2]

a) mindestens der Schadstoffklasse S 4 entsprechen, von dem Gesamtgewicht

bis zu 2 000 kg	16 EUR,
über 2 000 kg	10 EUR,

insgesamt jedoch nicht mehr als 800 EUR,

b) der Schadstoffklasse S 3, S 2 oder S 1 entsprechen, von dem Gesamtgewicht

bis zu 2 000 kg	24 EUR,
über 2 000 kg	10 EUR,

insgesamt jedoch nicht mehr als 1 000 EUR,

c) die Voraussetzungen nach Buchstabe a oder b nicht erfüllen, von dem Gesamtgewicht

bis zu 2 000 kg	40 EUR,
über 2 000 kg bis zu 5 000 kg	10 EUR,
über 5 000 kg bis zu 12 000 kg	15 EUR,
über 12 000 kg	25 EUR;

ab dem 1. Januar 2010 auch für die Schadstoffklasse S 1;

[1] § 9 Abs. 1 Nr. 2a eingef. mWv 1.5.2005 durch G v. 21.12.2006 (BGBl. I S. 3344).
[2] Nr. **200**.

2b.[1] dreirädrige und leichte vierrädrige Kraftfahrzeuge mit Hubkolbenmotoren, die unter den Anwendungsbereich der Richtlinie 97/24/EG fallen, für je 100 Kubikzentimeter Hubraum oder einen Teil davon, wenn sie

a) die verbindlichen Grenzwerte nach Zeile A (2003) der Tabelle zu Nummer 2.2.1.1.5 in Kapitel 5 Anhang II der Richtlinie 97/24/EG einhalten und angetrieben werden

aa) durch Fremdzündungsmotor	21,07 EUR,
bb) durch Selbstzündungsmotor	33,29 EUR,

b) die Voraussetzungen nach Buchstabe a nicht erfüllen und angetrieben werden

aa) durch Fremdzündungsmotor	25,36 EUR,
bb) durch Selbstzündungsmotor	37,58 EUR;

3. andere Kraftfahrzeuge mit einem verkehrsrechtlich zulässigen Gesamtgewicht bis 3 500 Kilogramm für je 200 Kilogramm Gesamtgewicht oder einen Teil davon

von dem Gesamtgewicht

	bis zu 2 000 kg	11,25 EUR,
über 2 000 kg	bis zu 3 000 kg	12,02 EUR,
über 3 000 kg	bis zu 3 500 kg	12,78 EUR;

4. alle übrigen Kraftfahrzeuge mit einem verkehrsrechtlich zulässigen Gesamtgewicht von mehr als 3 500 Kilogramm für je 200 Kilogramm Gesamtgewicht oder einen Teil davon, wenn sie nach Feststellung der Zulassungsbehörde

a)[2] mindestens zur Schadstoffklasse S 2 im Sinne der Anlage XIV zu § 48 der Straßenverkehrs-Zulassungs-Ordnung gehören,

von dem Gesamtgewicht

	bis zu 2 000 kg	6,42 EUR,
über 2 000 kg	bis zu 3 000 kg	6,88 EUR,
über 3 000 kg	bis zu 4 000 kg	7,31 EUR,
über 4 000 kg	bis zu 5 000 kg	7,75 EUR,
über 5 000 kg	bis zu 6 000 kg	8,18 EUR,
über 6 000 kg	bis zu 7 000 kg	8,62 EUR,
über 7 000 kg	bis zu 8 000 kg	9,36 EUR,
über 8 000 kg	bis zu 9 000 kg	10,07 EUR,
über 9 000 kg	bis zu 10 000 kg	10,97 EUR,
über 10 000 kg	bis zu 11 000 kg	11,84 EUR,
über 11 000 kg	bis zu 12 000 kg	13,01 EUR,
über 12 000 kg		14,32 EUR,

insgesamt jedoch nicht mehr als 556 EUR,

b) zur Schadstoffklasse S 1 im Sinne der Anlage XIV zu § 48 der Straßenverkehrs-Zulassungs-Ordnung gehören,

---

[1] § 9 Abs. 1 Nr. 2b eingef. mWv 1.7.2010 durch G v. 27.5.2010 (BGBl. I S. 668).

[2] § 9 Abs. 1 Nr. 4 Buchst. a neu gef. mWv 1.9.2007 durch G v. 17.8.2007 (BGBl. I S. 1958).

von dem Gesamtgewicht

	bis zu 2 000 kg	6,42 EUR,
über 2 000 kg	bis zu 3 000 kg	6,88 EUR,
über 3 000 kg	bis zu 4 000 kg	7,31 EUR,
über 4 000 kg	bis zu 5 000 kg	7,75 EUR,
über 5 000 kg	bis zu 6 000 kg	8,18 EUR,
über 6 000 kg	bis zu 7 000 kg	8,62 EUR,
über 7 000 kg	bis zu 8 000 kg	9,36 EUR,
über 8 000 kg	bis zu 9 000 kg	10,07 EUR,
über 9 000 kg	bis zu 10 000 kg	10,97 EUR,
über 10 000 kg	bis zu 11 000 kg	11,84 EUR,
über 11 000 kg	bis zu 12 000 kg	13,01 EUR,
über 12 000 kg	bis zu 13 000 kg	14,32 EUR,
über 13 000 kg	bis zu 14 000 kg	15,77 EUR,
über 14 000 kg	bis zu 15 000 kg	26,00 EUR,
über 15 000 kg		36,23 EUR,

insgesamt jedoch nicht mehr als 914 EUR[1)],

c) zur Geräuschklasse G 1 im Sinne der Anlage XIV zu § 48 der Straßenverkehrs-Zulassungs-Ordnung gehören,
von dem Gesamtgewicht

	bis zu 2 000 kg	9,64 EUR,
über 2 000 kg	bis zu 3 000 kg	10,30 EUR,
über 3 000 kg	bis zu 4 000 kg	10,97 EUR,
über 4 000 kg	bis zu 5 000 kg	11,61 EUR,
über 5 000 kg	bis zu 6 000 kg	12,27 EUR,
über 6 000 kg	bis zu 7 000 kg	12,94 EUR,
über 7 000 kg	bis zu 8 000 kg	14,03 EUR,
über 8 000 kg	bis zu 9 000 kg	15,11 EUR,
über 9 000 kg	bis zu 10 000 kg	16,44 EUR,
über 10 000 kg	bis zu 11 000 kg	17,74 EUR,
über 11 000 kg	bis zu 12 000 kg	19,51 EUR,
über 12 000 kg	bis zu 13 000 kg	21,47 EUR,
über 13 000 kg	bis zu 14 000 kg	23,67 EUR,
über 14 000 kg	bis zu 15 000 kg	39,01 EUR,
über 15 000 kg		54,35 EUR,

insgesamt jedoch nicht mehr als 1 425 EUR[2)],

d) die Voraussetzungen nach Buchstabe a, b oder c nicht erfüllen,
von dem Gesamtgewicht

	bis zu 2 000 kg	11,25 EUR

[1)] § 9 Abs. 1 Nr. 4 Buchst. b Betrag geänd. mWv 1.9.2007 durch G v. 17.8.2007 (BGBl. I S. 1958).
[2)] § 9 Abs. 1 Nr. 4 Buchst. c Betrag geänd. mWv 1.9.2007 durch G v. 17.8.2007 (BGBl. I S. 1958).

über 2 000 kg	bis zu 3 000 kg	12,02 EUR,
über 3 000 kg	bis zu 4 000 kg	12,78 EUR,
über 4 000 kg	bis zu 5 000 kg	13,55 EUR,
über 5 000 kg	bis zu 6 000 kg	14,32 EUR,
über 6 000 kg	bis zu 7 000 kg	15,08 EUR,
über 7 000 kg	bis zu 8 000 kg	16,36 EUR,
über 8 000 kg	bis zu 9 000 kg	17,64 EUR,
über 9 000 kg	bis zu 10 000 kg	19,17 EUR,
über 10 000 kg	bis zu 11 000 kg	20,71 EUR,
über 11 000 kg	bis zu 12 000 kg	22,75 EUR,
über 12 000 kg	bis zu 13 000 kg	25,05 EUR,
über 13 000 kg	bis zu 14 000 kg	27,61 EUR,
über 14 000 kg	bis zu 15 000 kg	45,50 EUR,
über 15 000 kg		63,40 EUR,

insgesamt jedoch nicht mehr als 1 681 EUR[1]).

5.[2]) Kraftfahrzeuganhänger für je 200 Kilogramm Gesamtgewicht oder einen Teil davon 7,46 EUR, jedoch nicht mehr als 373,24 EUR.

(2)[3]) Die Steuer ermäßigt sich um 50 vom Hundert des Betrags, der sich nach Absatz 1 Nr. 3 oder Nr. 4 Buchstabe a ergibt, für Fahrzeuge mit Antrieb ausschließlich durch Elektromotoren, die ganz oder überwiegend aus mechanischen oder elektrochemischen Energiespeichern oder aus emissionsfrei betriebenen Energiewandlern gespeist werden (Elektrofahrzeuge).

(3)[4]) [1] Für ausländische Fahrzeuge beträgt die Steuer für jeden ganz oder teilweise im Inland zugebrachten Kalendertag

1. bei Zwei- und Dreiradkraftfahrzeugen (ausgenommen Zugmaschinen) sowie bei Personenkraftwagen 0,51 EUR,
2. bei allen anderen Kraftfahrzeugen mit einem zulässigen Gesamtgewicht von
   a) nicht mehr als 7 500 kg 1,53 EUR,
   b) mehr als 7 500 kg und nicht mehr als 15 000 kg 4,60 EUR,
   c) mehr als 15 000 kg 6,14 EUR,
3. bei Kraftfahrzeuganhängern mit einem zulässigen Gesamtgewicht von
   a) nicht mehr als 7 500 kg 1,02 EUR,
   b) mehr als 7 500 kg und nicht mehr als 15 000 kg 2,05 EUR,
   c) mehr als 15 000 kg 3,07 EUR.

[2] Für diese Fahrzeuge ist der Nachweis des zulässigen Gesamtgewichts, sofern sich dieses nicht aus dem Zulassungsschein ergibt, durch eine amtliche Beschei-

---

1) § 9 Abs. 1 Nr. 4 Buchst. d Betrag geänd. mWv 1.9.2007 durch G v. 17.8.2007 (BGBl. I S. 1958).
2) § 9 Abs. 1 Nr. 5 geänd. mWv 1.9.2007 durch G v. 17.8.2007 (BGBl. I S. 1958).
3) § 9 Abs. 2 geänd. mWv 12.12.2012 durch G v. 5.12.2012 (BGBl. I S. 2431).
4) § 9 Abs. 3 Satz 1 einl. Satzteil neu gef. mWv 1.1.2018 durch G v. 6.6.2017 (BGBl. I S. 1491).

nigung zu erbringen. [3]Die Bescheinigung muss die Identität und das zulässige Gesamtgewicht eindeutig nachweisen; sie ist in deutscher Sprache abzufassen.

(4) Für Kennzeichen im Sinne des § 1 Abs. 1 Nr. 4 Satz 1 beträgt die Jahressteuer,

1. wenn sie nur für Krafträder gelten 46,02 EUR,
2. im Übrigen 191,73 EUR.

(5) [1]Bei Berechnung der Steuer zählen angefangene Kalendertage als volle Tage. [2]Der Tag, an dem die Steuerpflicht endet, wird nicht mitgerechnet, ausgenommen in den Fällen der tageweisen Entrichtung nach § 11 Abs. 3 und der Entrichtung für einen nach Tagen berechneten Zeitraum nach § 11 Abs. 4 Nr. 1 sowie nach § 11 Abs. 4 Nr. 2, soweit die Mindestbesteuerung vorgeschrieben ist.

§ 9a[1)] Zuschlag für Personenkraftwagen mit Selbstzündungsmotor.

(1) Für Personenkraftwagen mit Selbstzündungsmotor erhöht sich in der Zeit vom 1. April 2007 biszum 31. März 2011 der jeweilige Steuersatz nach § 9 Abs. 1 Nr. 2 um 1,20 Euro je 100 Kubikzentimeter oder einen Teil davon, wenn das Fahrzeug nicht einer der Partikelminderungsstufen PM 01 und PM 0 bis PM 5 oder einer der Partikelminderungsklassen PMK 01 und PMK 0 bis PMK 4 nach der Straßenverkehrs-Zulassungs-Ordnung[2)] entspricht.

(2) Der Zuschlag gilt nicht für Kennzeichen im Sinne des § 1 Abs. 1 Nr. 4 Satz 1.

§ 10[3)] Sonderregelung für Kraftfahrzeuganhänger. (1) [1]Auf schriftlichen Antrag wird die Steuer für das Halten von Kraftfahrzeuganhängern mit Ausnahme von Wohnwagenanhängern nicht erhoben, solange die Anhänger ausschließlich hinter Kraftfahrzeugen, ausgenommen Krafträder und Personenkraftwagen, mitgeführt werden, für die eine um den Anhängerzuschlag erhöhte Steuer erhoben wird oder die ausschließlich zur Zustellung oder Abholung nach § 3 Nr. 9 verwendet werden. [2]Voraussetzung für die Steuervergünstigung ist außerdem, dass den Anhängern ein amtliches Kennzeichen in grüner Schrift auf weißem Grund zugeteilt worden ist.

(2) [1]Die um den Anhängerzuschlag erhöhte Steuer wird auf schriftlichen Antrag des Eigentümers des Kraftfahrzeugs oder, im Falle einer Zulassung für einen anderen, des Halters erhoben, wenn hinter dem Kraftfahrzeug Anhänger mitgeführt werden sollen, für die nach Absatz 1 Steuer nicht erhoben wird. [2]Dies gilt auch, wenn das Halten des Kraftfahrzeugs von der Steuer befreit ist, es sei denn, dass es ausschließlich zur Zustellung oder Abholung nach § 3 Nr. 9 verwendet wird.

(3)[4)] Der Anhängerzuschlag für die Dauer eines Jahres beträgt 373,24 Euro.

(4) Wird ein inländischer Kraftfahrzeuganhänger, bei dem nach Absatz 1 die Steuer nicht erhoben wird, hinter anderen als den nach Absatz 1 zulässigen Kraftfahrzeugen verwendet, so ist die Steuer zu entrichten, solange die bezeichnete Verwendung dauert, mindestens jedoch für einen Monat.

[1)] § 9a erneut eingef. mWv 1.4.2007 durch G v. 24.3.2007 (BGBl. I S. 356).
[2)] Nr. **200**.
[3)] § 10 Abs. 1 Satz 1 und Abs. 2 Satz 1 geänd. mWv 1.9.2007 durch G v. 17.8.2007 (BGBl. I S. 1958).
[4)] § 10 Abs. 3 neu gef. mWv 1.9.2007 durch G v. 17.8.2007 (BGBl. I S. 1958).

§ 10a[1] **Sonderregelungen für Personenkraftwagen.** (1) Die Steuer für das Halten von Personenkraftwagen wird vorbehaltlich des Absatzes 4 für ein Jahr ab dem Tag der erstmaligen Zulassung nicht erhoben, wenn das Fahrzeug in der Zeit vom 5. November 2008 bis zum 30. Juni 2009 erstmals zugelassen wird.

(2) Soweit Personenkraftwagen die Voraussetzung nach Absatz 1 erfüllen und nach Feststellung der Zulassungsbehörde ab dem Tag der erstmaligen Zulassung nach den Bestimmungen der Verordnung (EG) Nr. 715/2007 des Europäischen Parlaments und des Rates vom 20. Juni 2007 über die Typgenehmigung von Kraftfahrzeugen hinsichtlich der Emissionen von leichten Personenkraftwagen und Nutzfahrzeugen (Euro 5 und Euro 6) und über den Zugang zu Reparatur- und Wartungsinformationen für Fahrzeuge (ABl. EU Nr. L 171 S. 1), geändert durch die Verordnung (EG) Nr. 692/2008 der Kommission vom 18. Juli 2008 (ABl. EU Nr. L 199 S. 1), in der jeweils geltenden Fassung genehmigt sind, wird die Steuer vorbehaltlich des Absatzes 4 für ein weiteres Jahr nicht erhoben.

(3)[2] [1] Absatz 2 gilt bei erstmaliger Zulassung vor dem 5. November 2008 für den Halter, auf den das Fahrzeug am 5. November 2008 zugelassen ist, und für Fahrzeuge, die am 5. November 2008 außer Betrieb gesetzt sind, für den Halter, auf den das Fahrzeug nach dem 5. November 2008 wieder zugelassen wird. [2] Die Steuervergünstigung gilt dabei abweichend für ein Jahr ab dem 1. Januar 2009. [3] Voraussetzung ist, dass in der Zulassungsbescheinigung Teil I am Tag der erstmaligen Zulassung eine emissionsbezogene Schlüsselnummer ausgewiesen ist, die das Erfüllen der Voraussetzungen für die Steuervergünstigung bestätigt. [4] Eine Steuervergünstigung für frühere Halter unterbleibt; dies gilt auch dann, wenn ein früherer Halter für das Fahrzeug Steuer entrichtet hat.

(4) [1] Die Steuervergünstigungen werden in Fällen des Zuschlags nach § 9a entsprechend gemindert. [2] Sie enden spätestens am 31. Dezember 2010.

(5) Soweit die Steuervergünstigungen bei einem Halterwechsel noch nicht abgelaufen sind, werden sie vorbehaltlich des Absatzes 4 dem neuen Halter gewährt.

(6) Die Zeiten der Außerbetriebsetzung eines Fahrzeugs und die Zeiten außerhalb des auf einem Saisonkennzeichen angegebenen Betriebszeitraums haben keine Auswirkungen auf die Steuervergünstigungen.

(7) Die Steuervergünstigungen gelten nicht für Kennzeichen im Sinne des § 1 Abs. 1 Nr. 4 Satz 1.

§ 10b[3] **Sonderregelung für besonders emissionsreduzierte Personenkraftwagen.** (1) Die Steuer für das Halten von besonders emissionsreduzierten Personenkraftwagen mit Fremd- oder Selbstzündungsmotor und Kohlendioxidemissionen bis zu 95 Gramm je Kilometer wird für fünf Jahre ab dem Tag der erstmaligen Zulassung zum Verkehr in Höhe von jährlich 30 Euro nicht erhoben, wenn das Fahrzeug in der Zeit vom 12. Juni 2020 bis zum 31. Dezember 2024 erstmals zugelassen wird.

---

[1] § 10a eingef. mWv 5.11.2008 durch G v. 21.12.2008 (BGBl. I S. 2896).
[2] § 10a Abs. 3 Satz 3 geänd. mWv 23.10.2020 durch G v. 16.10.2020 (BGBl. I S. 2184).
[3] § 10b eingef. mWv 23.10.2020 durch G v. 16.10.2020 (BGBl. I S. 2184).

(2) Für die Feststellung der Kohlendioxidemissionen nach Absatz 1 durch die Zulassungsbehörde gilt § 9 Absatz 1 Nummer 2 Buchstabe c Satz 2 entsprechend.

(3) [1] Die Steuervergünstigung ist jeweils begrenzt auf die Jahressteuer nach § 9 Absatz 1 Nummer 2 Buchstabe c und bei Saisonkennzeichen auf den Bruchteil des Jahresbetrages, der sich aus ihrem jeweils auf dem Kennzeichen angegebenen Betriebszeitraum ergibt. [2] Sie endet spätestens am 31. Dezember 2025.

(4) Soweit die Steuervergünstigung bei einem Halterwechsel noch nicht abgelaufen ist, wird sie dem neuen Halter gewährt.

(5) Die Zeiten der Außerbetriebsetzung eines Fahrzeugs und die Zeiten außerhalb des auf einem Saisonkennzeichen angegebenen Betriebszeitraums haben keine Auswirkungen auf die Steuervergünstigung.

(6) Die Steuervergünstigung gilt nicht für rote Kennzeichen im Sinne des § 1 Absatz 1 Nummer 4.

§ 11 Entrichtungszeiträume. (1) Die Steuer ist jeweils für die Dauer eines Jahres im Voraus zu entrichten.

(2)[1)] [1] Die Steuer darf, wenn die Jahressteuer mehr als 500 Euro beträgt, auch für die Dauer eines Halbjahres und, wenn die Jahressteuer mehr als 1 000 Euro beträgt, auch für die Dauer eines Vierteljahres entrichtet werden. [2] In diesen Fällen beträgt die Steuer

1. wenn sie halbjährlich entrichtet wird, die Hälfte der Jahressteuer zuzüglich eines Aufgeldes in Höhe von 3 vom Hundert,
2. wenn sie vierteljährlich entrichtet wird, ein Viertel der Jahressteuer zuzüglich eines Aufgeldes in Höhe von 6 vom Hundert.

[3] Ein Wechsel des Entrichtungszeitraums ist nur zulässig, wenn die Änderung vor oder spätestens mit der Fälligkeit der neu zu entrichtenden Steuer schriftlich angezeigt wird.

(3)[2)] [1] Die Steuer ist bei ausländischen Fahrzeugen, die zum vorübergehenden Aufenthalt in das Inland gelangen, tageweise zu entrichten. [2] Die Tage des Aufenthalts im Inland brauchen nicht unmittelbar aufeinander zu folgen.

(4)[3)] [1] Die Steuer ist abweichend von den Absätzen 1 und 2 für einen nach Tagen berechneten Zeitraum im Voraus zu entrichten,

1. a) mit Einwilligung oder auf schriftlichen Antrag eines Steuerschuldners, wenn dieser die Steuer für mehr als ein Fahrzeug schuldet und wenn durch die tageweise Entrichtung für mindestens zwei Fahrzeuge ein einheitlicher Fälligkeitstag erreicht wird,
   b)[4)] auf Anordnung der für die Ausübung der Verwaltung der Kraftfahrzeugsteuer zuständigen Behörde für längstens einen Monat, wenn hierdurch für bestimmte Gruppen von Fahrzeugen ein einheitlicher Fälligkeitstermin erreicht wird und diese Maßnahme der Vereinfachung der Verwaltung dient,

---

[1)] § 11 Abs. 2 Satz 3 geänd. mWv 29.12.2007 durch G v. 20.12.2007 (BGBl. I S. 3150); Satz 3 geänd. mWv 12.6.2015 durch G v. 8.6.2015 (BGBl. I S. 901).

[2)] § 11 Abs. 3 Satz 1 neu gef., Satz 3 aufgeh. mWv 1.1.2018 durch G v. 6.6.2017 (BGBl. I S. 1491).

[3)] Zu § 11 Abs. 4 siehe Übergangsregelung in § 18 Abs. 1.

[4)] § 11 Abs. 4 Satz 1 Nr. 1 Buchst. b geänd. mWv 1.7.2009 durch G v. 29.5.2009 (BGBl. I S. 1170).

2. wenn die Steuerpflicht für eine bestimmte Zeit besteht,

3.[1] wenn ein Saisonkennzeichen zugeteilt wird; für Fahrzeuge mit Saisonkennzeichen ist die Festlegung eines einheitlichen Fälligkeitstages nicht zulässig.

[2]Die Steuer beträgt in diesen Fällen für jeden Tag des Berechnungszeitraums den auf ihn entfallenden Bruchteil der Jahressteuer. [3]Fällt ein Tag des Berechnungszeitraums in ein Schaltjahr, so beträgt die Steuer für jeden Tag ein Dreihundertsechsundsechzigstel der Jahressteuer. [4]In den Fällen des Satzes 1 Nr. 3 beträgt die Steuer für jeden Tag des Berechnungszeitraumes ein Dreihundertfünfundsechzigstel der Jahressteuer; der 29. Februar wird in Schaltjahren nicht mitgerechnet.

(5) Die zu entrichtende Steuer ist in den Fällen der Absätze 1 bis 4 auf volle Euro nach unten abzurunden.

§ 12 Steuerfestsetzung. (1)[2] [1]Die Steuer wird, wenn der Zeitpunkt der Beendigung der Steuerpflicht nicht feststeht, unbefristet, in allen anderen Fällen für einen bestimmten Zeitraum oder tageweise festgesetzt. [2]Wird ein Saisonkennzeichen zugeteilt, so wird die Steuer ab dem Zeitpunkt der erstmaligen Gültigkeit des Kennzeichens für die Dauer der Gültigkeit unbefristet festgesetzt. [3]Kann der Steuerschuldner den Entrichtungszeitraum wählen (§ 11 Abs. 2), so wird die Steuer für den von ihm gewählten Entrichtungszeitraum festgesetzt; sie kann auch für alle in Betracht kommenden Entrichtungszeiträume festgesetzt werden.

(2) Die Steuer ist neu festzusetzen,

1. wenn sich infolge einer Änderung der Bemessungsgrundlagen oder des Steuersatzes eine andere Steuer ergibt,

2.[3] wenn die Voraussetzungen für eine Steuerbefreiung, eine Steuerermäßigung oder die Nichterhebung der Steuer für Kraftfahrzeuganhänger (§ 10 Abs. 1) oder für Personenkraftwagen (§§ 10a und 10b) eintreten oder wegfallen oder wenn nachträglich festgestellt wird, dass die Voraussetzungen nicht vorgelegen haben oder nicht vorliegen,

3.[4] wenn die Steuerpflicht endet. Die Steuerfestsetzung erstreckt sich auf die Zeit vom Beginn des Entrichtungszeitraums, in den das Ende der Steuerpflicht fällt, bis zum Ende der Steuerpflicht,

4.[5] wenn eine Steuerfestsetzung fehlerhaft ist, zur Beseitigung des Fehlers. § 176 der Abgabenordnung ist hierbei entsprechend anzuwenden; dies gilt jedoch nur für Entrichtungszeiträume, die vor der Verkündung der maßgeblichen Entscheidung eines obersten Gerichtshofs des Bundes liegen. Die Steuer wird vom Beginn des Entrichtungszeitraums an neu festgesetzt, in dem der Fehler der für die Ausübung der Verwaltung der Kraftfahrzeugsteuer zuständigen Behörde bekannt wird, bei einer Erhöhung der Steuer jedoch frühestens vom Beginn des Entrichtungszeitraums an, in dem der Steuerbescheid erteilt wird,

---

[1] § 11 Abs. 4 Satz 1 Nr. 3 geänd. mWv 29.12.2007 durch G v. 20.12.2007 (BGBl. I S. 3150).

[2] § 12 Abs. 1 Satz 2 geänd. mWv 29.12.2007 durch G v. 20.12.2007 (BGBl. I S. 3150).

[3] § 12 Abs. 2 Nr. 2 geänd. mWv 5.11.2008 durch G v. 21.12.2008 (BGBl. I S. 2896); geänd. mWv 23.10.2020 durch G v. 16.10.2020 (BGBl. I S. 2184).

[4] § 12 Abs. 2 Nr. 3 geänd. mWv 1.1.2018 durch G v. 6.6.2017 (BGBl. I S. 1491).

[5] § 12 Abs. 2 Nr. 4 geänd. mWv 1.7.2009 durch G v. 29.5.2009 (BGBl. I S. 1170).

5.[1] wenn die Dauer des Betriebszeitraums eines Saisonkennzeichens geändert wird.

(3) [1] Ist die Steuer nur für eine vorübergehende Zeit neu festzusetzen, so kann die nach Absatz 1 ergangene Steuerfestsetzung durch eine Steuerfestsetzung für einen bestimmten Zeitraum ergänzt werden. [2] Die Ergänzungsfestsetzung ist auf den Unterschiedsbetrag zu beschränken.

(4)[2] Die nach Absatz 1 ergangene Steuerfestsetzung bleibt unberührt, wenn für das Fahrzeug des Steuerschuldners eine andere Zulassungsbehörde zuständig wird.

(5)[3] *(aufgehoben)*

§§ 12a und 12b (weggefallen)

§ 13[4] Feststellung der Besteuerungsgrundlagen und Nachweis der Besteuerung. (1)[5] [1] Die Zulassungsbehörde darf ein Fahrzeug erst zum Verkehr auf öffentlichen Straßen zulassen, wenn die Besteuerungsgrundlagen im Sinne von § 8 festgestellt und in der Zulassungsbescheinigung Teil I ausgewiesen sind und wenn nachgewiesen ist, dass den Vorschriften über die Kraftfahrzeugsteuer genügt ist. [2] Die Zulassung ist davon abhängig, dass

1.[6] im Falle einer Steuerpflicht eine schriftliche Ermächtigung zum Einzug der Kraftfahrzeugsteuer von einem Konto des Fahrzeughalters oder eines Dritten bei einem Geldinstitut erteilt worden ist oder eine Bescheinigung vorgelegt wird, wonach die für die Ausübung der Verwaltung der Kraftfahrzeugsteuer zuständige Behörde auf eine Einzugsermächtigung wegen einer erheblichen Härte für den Fahrzeughalter verzichtet, oder

2.[7] im Falle einer Steuerbefreiung oder einer Nichterhebung der Steuer nach § 10 Absatz 1 die Voraussetzungen nachgewiesen oder glaubhaft gemacht sind.

(2)[8] [1] Die Zulassung des Fahrzeugs darf erst erfolgen, wenn die Person, für die das Fahrzeug zum Verkehr zugelassen werden soll, keine Kraftfahrzeugsteuerrückstände hat. [2] § 276 Absatz 4 der Abgabenordnung ist hierbei entsprechend anzuwenden. [3] Ein halterbezogener Kraftfahrzeugsteuerrückstand von weniger als 5 Euro steht der Zulassung nicht entgegen. [4] Die für die Ausübung der Verwaltung der Kraftfahrzeugsteuer zuständige Behörde darf der Zulassungsbehörde Auskünfte über Kraftfahrzeugsteuerrückstände der Fahrzeughalter erteilen. [5] Die für die Prüfung der Kraftfahrzeugsteuerrückstände erforderlichen Daten sind der Zulassungsbehörde elektronisch zur Verfügung zu stellen. [6] Die Zulassungsbehörde darf das Ergebnis der Prüfung der Kraftfahrzeugsteu-

---

[1] § 12 Abs. 2 Nr. 5 geänd. mWv 29.12.2007 durch G v. 20.12.2007 (BGBl. I S. 3150); geänd. mWv 10.6.2017 durch G v. 6.6.2017 (BGBl. I S. 1491).

[2] § 12 Abs. 4 neu gef. mWv 12.6.2015 durch G v. 8.6.2015 (BGBl. I S. 901).

[3] § 12 Abs. 5 aufgeh. mWv 12.6.2015 durch G v. 8.6.2015 (BGBl. I S. 901).

[4] § 13 Überschrift neu gef. mWv 1.7.2009 durch G v. 29.5.2009 (BGBl. I S. 1170).

[5] § 13 Abs. 1 neu gef. durch G v. 9.12.2004 (BGBl. I S. 3310); Satz 1 neu gef. mWv 1.7.2009 durch G v. 29.5.2009 (BGBl. I S. 1170); Sätze 2 und 3 neu gef. mWv 1.7.2010 durch G v. 27.5.2010 (BGBl. I S. 668); Satz 3 aufgeh. mWv 12.6.2015 durch G v. 8.6.2015 (BGBl. I S. 901); Satz 1 geänd. mWv 23.10.2020 durch G v. 16.10.2020 (BGBl. I S. 2184).

[6] § 13 Abs. 1 Satz 2 Nr. 1 neu gef. mWv 12.6.2015 durch G v. 8.6.2015 (BGBl. I S. 901).

[7] § 13 Abs. 1 Satz 2 Nr. 2 neu gef. mWv 23.10.2020 durch G v. 16.10.2020 (BGBl. I S. 2184).

[8] § 13 Abs. 1a neu gef. mWv 1.7.2010 durch G v. 27.5.2010 (BGBl. I S. 668); Abs. 2 aufgeh., bish. Abs. 1a wird Abs. 2 mWv 12.6.2015 durch G v. 8.6.2015 (BGBl. I S. 901).

errückstände der Person mitteilen, die das Fahrzeug zulässt. [7] Beauftragt der Steuerpflichtige einen Dritten mit der Zulassung des Fahrzeugs, so hat er sein Einverständnis hinsichtlich der Bekanntgabe seiner kraftfahrzeugsteuerrechtlichen Verhältnisse durch die Zulassungsbehörde an den Dritten schriftlich zu erklären. [8] Die Zulassung des Fahrzeugs ist in diesen Fällen von der Vorlage der Einverständniserklärung abhängig. [9] Die Zulassungsbehörde kann mit Zustimmung der für die Ausübung der Verwaltung der Kraftfahrzeugsteuer zuständigen Behörde in begründeten Einzelfällen Ausnahmen zulassen.

(3)[1] *(aufgehoben)*

§ 14[2] Außerbetriebsetzung von Amts wegen. (1) [1] Ist die Steuer nicht entrichtet worden, hat die Zulassungsbehörde auf Antrag der für die Ausübung der Verwaltung der Kraftfahrzeugsteuer zuständigen Behörde die Zulassungsbescheinigung Teil I einzuziehen, etwa ausgestellte Anhängerverzeichnisse zu berichtigen und das amtliche Kennzeichen zu entstempeln (Außerbetriebsetzung von Amts wegen). [2] Sie trifft die hierzu erforderlichen Anordnungen durch schriftlichen Verwaltungsakt.

(2) [1] Die Durchführung der Außerbetriebsetzung von Amts wegen richtet sich nach dem Verwaltungsverfahrensgesetz. [2] Für Streitigkeiten über Außerbetriebsetzungen von Amts wegen ist der Verwaltungsrechtsweg gegeben.

§ 15 Ermächtigungen. (1)[3] Das Bundesministerium der Finanzen wird ermächtigt, Rechtsverordnungen zu erlassen über

1. die nähere Bestimmung der in diesem Gesetz verwendeten Begriffe,
2. die Abgrenzung der Steuerpflicht sowie den Umfang der Ausnahmen von der Besteuerung und der Steuerermäßigungen, soweit dies zur Wahrung der Gleichmäßigkeit der Besteuerung und zur Beseitigung von Unbilligkeiten in Härtefällen erforderlich ist,
3.[4] die Zuständigkeit der für die Ausübung der Verwaltung der Kraftfahrzeugsteuer zuständigen Behörden und den Umfang der Besteuerungsgrundlagen,
4.[5] das Besteuerungsverfahren, insbesondere die Berechnung der Steuer und die Änderung von Steuerfestsetzungen, sowie die von den Steuerpflichtigen zu erfüllenden Pflichten und die Mitwirkungspflicht Dritter,
5. Art und Zeit der Steuerentrichtung. Dabei darf abweichend von § 11 Abs. 1 und 2 bestimmt werden, dass die Steuer auch tageweise entrichtet werden darf, soweit hierdurch ein Fahrzeughalter mit mehreren Fahrzeugen für seine sämtlichen Fahrzeuge einen einheitlichen Fälligkeitstag erreichen will,
6. die Erstattung der Steuer,
7. die völlige oder teilweise Befreiung von der Steuer für das Halten von ausländischen Fahrzeugen, die vorübergehend im Inland benutzt werden.

---

[1] § 13 Abs. 3 aufgeh. mWv 12.6.2015 durch G v. 8.6.2015 (BGBl. I S. 901).

[2] § 14 neu gef. mWv 23.10.2020 durch G v. 16.10.2020 (BGBl. I S. 2184).

[3] § 15 Abs. 1 einl. Satzteil geänd. mWv 1.7.2009 durch G v. 29.5.2009 (BGBl. I S. 1170); einl. Satzteil geänd. mWv 12.6.2015 durch G v. 8.6.2015 (BGBl. I S. 901).

[4] § 15 Abs. 1 Nr. 3 geänd. mWv 1.7.2009 durch G v. 29.5.2009 (BGBl. I S. 1170).

[5] § 15 Abs. 1 Nr. 4 geänd. mWv 23.10.2020 durch G v. 16.10.2020 (BGBl. I S. 2184).

Voraussetzung ist, dass Gegenseitigkeit gewahrt ist und die Befreiung dazu dient, eine Doppelbesteuerung zu vermeiden, den grenzüberschreitenden Verkehr zu erleichtern oder die Wettbewerbsbedingungen für inländische Fahrzeuge zu verbessern,

8. eine befristete oder unbefristete Erhöhung der nach § 9 Abs. 3 anzuwendenden Steuersätze für bestimmte ausländische Fahrzeuge, um diese Fahrzeuge einer Steuerbelastung zu unterwerfen, die der Belastung inländischer Fahrzeuge bei vorübergehendem Aufenthalt im Heimatstaat der ausländischen Fahrzeuge mit Abgaben entspricht, die für die Benutzung von Fahrzeugen, die Benutzung von öffentlichen Straßen oder das Halten zum Verkehr auf öffentlichen Straßen erhoben werden,

9.[1)] eine besondere Kennzeichnung der Kraftfahrzeuge, für die nach § 10 Abs. 2 eine um den Anhängerzuschlag erhöhte Steuer erhoben wird.

(2)[2)] [1]Das Bundesministerium der Finanzen wird ermächtigt, den Wortlaut dieses Gesetzes und der zu diesem Gesetz erlassenen Durchführungsverordnung[3)] in der jeweils geltenden Fassung mit neuem Datum, unter neuer Überschrift und in neuer Paragraphenfolge bekannt zu machen. [2]Dabei dürfen Unstimmigkeiten des Wortlauts beseitigt und die in der Durchführungsverordnung vorgesehenen Vordruckmuster geändert werden.

§ 16[4)] Aussetzung der Steuer. [1]Das Bundesministerium der Finanzen kann die Erhebung der Steuer bei ausländischen Fahrzeugen bis zu einem Jahr aussetzen, sobald mit dem Staat, in dem die Fahrzeuge zugelassen sind, Verhandlungen über ein Abkommen zum gegenseitigen Verzicht auf die Kraftfahrzeugsteuer aufgenommen worden sind. [2]Die Anordnung ist im Bundesanzeiger bekannt zu machen.

§ 17[5)] Sonderregelung für bestimmte Behinderte. Behinderte, denen die Kraftfahrzeugsteuer im Zeitpunkt des Inkrafttretens des Gesetzes zur Änderung des Kraftfahrzeugsteuergesetzes vom 22. Dezember 1978 (BGBl. I S. 2063) nach § 3 Abs. 1 Nr. 1 des Kraftfahrzeugsteuergesetzes in der Fassung der Bekanntmachung vom 1. Dezember 1972 (BGBl. I S. 2209)[6)] erlassen war, gelten im Sinne des § 3a Abs. 1 dieses Gesetzes ohne weiteren Nachweis als außergewöhnlich gehbehindert, solange nicht nur vorübergehend ein Grad der Behinderung von wenigstens 50 vorliegt.

§ 18 Übergangsregelung. (1) [1]Ändert sich der Steuersatz innerhalb eines Entrichtungszeitraums, so ist bei der Neufestsetzung für die Teile des Entrich-

---

[1)] § 15 Abs. 1 Nr. 9 geänd. mWv 1.9.2007 durch G v. 17.8.2007 (BGBl. I S. 1958).

[2)] § 15 Abs. 2 aufgeh., bish. Abs. 3 wird Abs. 2 mWv 12.6.2015 durch G v. 8.6.2015 (BGBl. I S. 901).

[3)] Nr. **872**.

[4)] § 16 Satz 1 geänd. mWv 1.7.2009 durch G v. 29.5.2009 (BGBl. I S. 1170).

[5)] § 17 geänd. mWv 10.6.2017 durch G v. 6.6.2017 (BGBl. I S. 1491).

[6)] § 3 Abs. 1 Nr. 1 idF v. 1.12.1972 hat folgenden Wortlaut:

„(1) Körperbehinderten, die sich infolge ihrer Körperbehinderung ein Personenkraftfahrzeug halten, kann die Steuer für ein Personenkraftfahrzeug auf Antrag erlassen werden, und zwar

1. Schwerbeschädigten im Sinne des Bundesversorgungsgesetzes und Personen, die den Körperschaden infolge nationalsozialistischer Verfolgungs- oder Unterdrückungsmaßnahmen aus politischen, rassischen oder religiösen Gründen erlitten haben,
in vollem Umfang ohne Rücksicht auf ihre wirtschaftlichen Verhältnisse.
Voraussetzung ist, daß die Erwerbsfähigkeit um mindestens 50 vom Hundert gemindert ist;"

tungszeitraums vor und nach der Änderung jeweils der nach § 11 Abs. 4 berechnete Anteil an der bisherigen und an der neuen Jahressteuer zu berechnen und festzusetzen. [2] Ein auf Grund dieser Festsetzungen nachzufordernder Steuerbetrag und ein zu erstattender Steuerbetrag bis zu 10 Euro werden mit der neu festgesetzten Steuer für den nächsten Entrichtungszeitraum fällig, der nach der Änderung des Steuersatzes beginnt.

(2) [1] Endet die Steuerpflicht vor Beginn des nächsten Entrichtungszeitraums nach der Änderung des Steuersatzes, so ist die Änderung des Steuersatzes bei der Neufestsetzung nach § 12 Abs. 2 Nr. 3 zu berücksichtigen. [2] Eine auf Grund der Neufestsetzung zu entrichtende Steuer wird einen Monat nach Bekanntgabe des Bescheides fällig.

(3) Wird der Steuersatz geändert und ist bei der Steuerfestsetzung noch der vor der Änderung geltende Steuersatz angewendet worden, so kann der geänderte Steuersatz innerhalb eines Jahres durch Neufestsetzung nachträglich berücksichtigt werden.

(4)[1)] Für Personenkraftwagen,

1. für die vor dem 11. Dezember 1999 eine Typgenehmigung, eine Betriebserlaubnis für Einzelfahrzeuge oder ein Feststellungsbescheid nach den verkehrsrechtlichen Bestimmungen erteilt wurde oder
2. für die der Feststellungsbescheid nach den verkehrsrechtlichen Bestimmungen bis zum 31. Januar 1999 auf der Grundlage der in § 3b Abs. 1 Nr. 2 festgelegten Grenzwerte in der vor dem 11. Dezember 1999 geltenden Fassung beantragt worden ist,

bleibt § 9 in der vor dem 11. Dezember 1999 geltenden Fassung anwendbar.

(4a)[2)] [1] Für Personenkraftwagen ist nach Ablauf einer nach § 10a Absatz 1 und 2 gewährten Steuervergünstigung der § 9 Absatz 1 Nummer 2 Buchstabe b anzuwenden, wenn sich eine niedrigere Steuer als nach § 9 Absatz 1 Nummer 2 Buchstabe a ergibt; dies gilt nicht für Fälle des § 10a Absatz 3. [2] Der Zuschlag im Sinne des § 9a ist jeweils zu berücksichtigen.

(4b)[3)] Für Personenkraftwagen, die Elektrofahrzeuge im Sinne des § 9 Absatz 2 sind und bis zum 17. Mai 2011 erstmals zugelassen wurden, bleibt § 3d in der am 5. November 2008 geltenden Fassung weiter anwendbar.

(5)[4)] Für Personenkraftwagen, auf die § 8 Nummer 1 Buchstabe b Anwendung findet, ist § 9 Absatz 1 Nummer 2 Buchstabe b bei erstmaliger Zulassung vor dem 1. September 2018 in folgender Fassung anzuwenden:

„b) bei erstmaliger Zulassung ab dem 1. Juli 2009 für je 100 Kubikzentimeter Hubraum oder einem Teil davon 2 Euro für Fremdzündungsmotoren und 9,50 Euro für Selbstzündungsmotoren zuzüglich jeweils 2 Euro für jedes Gramm Kohlendioxidemission je Kilometer entsprechend der Richtlinie 93/116/EG der Kommission vom 17. Dezember 1993 zur Anpassung der Richtlinie 80/1268/EWG des Rates über den Kraftstoffverbrauch von Kraftfahrzeugen an den technischen Fortschritt (ABl. L 329 vom 30.12. 1993, S. 39) oder der Verordnung (EG) Nr. 715/2007 in der Fassung der

[1)] § 18 Abs. 4 abschl. Satzteil geänd. mWv 1.7.2009 durch G v. 29.5.2009 (BGBl. I S. 1170).
[2)] § 18 Abs. 4a eingef. mWv 1.7.2009 durch G v. 29.5.2009 (BGBl. I S. 1170).
[3)] § 18 Abs. 4b eingef. mWv 12.12.2012 durch G v. 5.12.2012 (BGBl. I S. 2431).
[4)] § 18 Abs. 5 neu gef. mWv 10.6.2017 durch G v. 6.6.2017 (BGBl. I S. 1491).

Änderung durch die Verordnung (EU) Nr. 459/2012 (ABl. L 142 vom 1.6. 2012, S. 16), das bei erstmaliger Zulassung

aa) bis zum 31. Dezember 2011 120 g/km,

bb) ab dem 1. Januar 2012 110 g/km,

cc) ab dem 1. Januar 2014 95 g/km

überschreitet;“

.

(6)[1] In § 9a tritt ab dem Tag des Inkrafttretens der Nachfolgerichtlinie zu der Richtlinie 70/220/EWG des Rates vom 20. März 1970 zur Angleichung der Rechtsvorschriften der Mitgliedstaaten über Maßnahmen gegen die Verunreinigung der Luft durch Emissionen von Kraftfahrzeugmotoren (ABl. EG Nr. L 76 S. 1), zuletzt geändert durch die Richtlinie 2003/76/EG der Kommission vom 11. August 2003 (ABl. EU Nr. L 206 S. 29), an die Stelle der Partikelminderungsstufe PM 5 der Grenzwert für Partikelmasse der nächsten Schadstoffstufe (Euro 5) für Personenkraftwagen mit Selbstzündungsmotor.

(7)[2] Verwaltungsverfahren in Kraftfahrzeugsteuerangelegenheiten, die bis 30. Juni 2014 begonnen worden sind, werden von den spätestens seit 1. Juli 2014 zuständigen Bundesfinanzbehörden fortgeführt.

(7a)–(9)[3] *(aufgehoben)*

(10)[4] [1] Für vor dem 3. Juni 2010 vorgenommene Fahrzeugabmeldungen von Amts wegen bleibt § 14 in der vor dem 3. Juni 2010 geltenden Fassung bis zum rechtskräftigen Abschluss des Verfahrens anwendbar. [2] Die Verfahren werden von der ab 1. Juli 2014 zuständigen Bundesfinanzbehörde fortgeführt.

(11)[5] [1] Für Personenkraftwagen, die im Zeitraum vom 1. Juli 2009 bis zum 3. Juni 2010 erstmals zugelassen wurden, ist auf schriftlichen Antrag des Halters, auf den das Fahrzeug am 1. Januar 2011 zugelassen ist, oder in den Fällen der Außerbetriebsetzung auf schriftlichen Antrag des Halters, auf den das Fahrzeug danach wieder zugelassen wird, § 3b in der Fassung des Artikels 2 des Gesetzes zur Neuregelung der Kraftfahrzeugsteuer und Änderung anderer Gesetze vom 29. Mai 2009 (BGBl. I S. 1170) anzuwenden. [2] Der Antrag ist bei der für die Ausübung der Verwaltung der Kraftfahrzeugsteuer örtlich zuständigen Behörde zu stellen.

(12)[6] *(aufgehoben)*

(13) *(nicht belegt)*

(14)[7] *(aufgehoben)*

---

[1] § 18 Abs. 6 angef. mWv 1.4.2007 durch G v. 24.3.2007 (BGBl. I S. 356).

[2] § 18 Abs. 7 neu gef. mWv 12.6.2015 durch G v. 8.6.2015 (BGBl. I S. 901).

[3] § 18 Abs. 7a–9 aufgeh. mWv 12.6.2015 durch G v. 8.6.2015 (BGBl. I S. 901).

[4] § 18 Abs. 10 angef. mWv 1.7.2010 durch G v. 27.5.2010 (BGBl. I S. 668); Satz 2 angef. mWv 12.6.2015 durch G v. 8.6.2015 (BGBl. I S. 901).

[5] § 18 Abs. 11 angef. mWv 1.7.2010 durch G v. 27.5.2010 (BGBl. I S. 668).

[6] § 18 Abs. 12 aufgeh. mWv 23.10.2020 durch G v. 16.10.2020 (BGBl. I S. 2184).

[7] § 18 Abs. 14 aufgeh. mWv 23.10.2020 durch G v. 16.10.2020 (BGBl. I S. 2184).

872. Kraftfahrzeugsteuer-Durchführungsverordnung (KraftStDV)

Vom 12. Juli 2017
(BGBl. I S. 2374)

FNA 611-17-8

Auf Grund des § 15 Absatz 1 des Kraftfahrzeugsteuergesetzes[1], der zuletzt durch Artikel 1 Nummer 11 Buchstabe a des Gesetzes vom 8. Juni 2015 (BGBl. I S. 901) geändert worden ist, sowie des § 150 Absatz 6 der Abgabenordnung, der zuletzt durch Artikel 1 Nummer 24 Buchstabe d des Gesetzes vom 18. Juli 2016 (BGBl. I S. 1679) geändert worden ist, verordnet das Bundesministerium der Finanzen:

Inhaltsübersicht

---

[1] Nr. **870**.

Abschnitt 1. Allgemeine Bestimmungen

§ 1 Zuständiges Hauptzollamt. Örtlich zuständig ist

1. für inländische Fahrzeuge und für besondere Kennzeichen nach § 1 Absatz 1 Nummer 4 des Gesetzes das Hauptzollamt, in dessen Bezirk die nach § 46 der Fahrzeug-Zulassungsverordnung[1] örtlich zuständige Zulassungsbehörde ihren Sitz hat;
2. für ausländische Fahrzeuge
   a) zur steuerlichen Abfertigung beim Eingang in das Inland das Hauptzollamt, in dessen Bezirk die Hoheitsgrenze mit dem Fahrzeug überschritten wird,
   b) in den übrigen Fällen das Hauptzollamt, das zuerst mit der Sache befasst wird;
3. für widerrechtlich benutzte Fahrzeuge das Hauptzollamt, das zuerst mit der Sache befasst wird oder bei Einhaltung der verkehrsrechtlich vorgeschriebenen Zulassung nach Nummer 1 zuständig wäre.

§ 2 Mitwirkung des Bundesamtes für Güterverkehr. Das Bundesamt für Güterverkehr überwacht die Einhaltung der kraftfahrzeugsteuerrechtlichen Vorschriften nach § 11 Absatz 2 Nummer 3 Buchstabe d und Absatz 3 des Güterkraftverkehrsgesetzes[2].

Abschnitt 2. Inländische Fahrzeuge

§ 3 Steuererklärung. (1) Der Halter eines inländischen Fahrzeugs hat eine Steuererklärung nach amtlich vorgeschriebenem Vordruck bei der Zulassungsbehörde abzugeben, wenn das Fahrzeug

1. zum Verkehr zugelassen werden soll,
2. zum Verkehr zugelassen ist und der Halter wechselt oder
3. während der Dauer der Steuerpflicht verändert wird und sich dadurch die Höhe der Steuer ändert.

(2) Als Steuererklärung gilt auch die Fahrzeuganmeldung, wenn sie einen entsprechenden Hinweis enthält.

(3) Eine Steuererklärung ist nicht erforderlich, wenn das Halten des Fahrzeugs nach § 3 Nummer 1 oder 2 des Gesetzes von der Steuer befreit ist.

(4) Die Steuererklärung kann gemäß den §§ 87a bis 87d der Abgabenordnung elektronisch übermittelt werden.

§ 4 Anhängerzuschlag. (1) [1] Der Antrag auf Erhöhung der Steuer um den Anhängerzuschlag nach § 10 Absatz 2 des Gesetzes kann bei der Zulassungsbehörde zugleich mit dem Antrag auf verkehrsrechtliche Zulassung gestellt werden. [2] Er ist in diesem Fall in die Steuererklärung mit aufzunehmen.

---

[1] Nr. **250**.
[2] Nr. **450**.

(2) [1] In den übrigen Fällen ist der Antrag beim zuständigen Hauptzollamt zu stellen. [2] Der Antrag gilt als Steuererklärung im Sinne des § 150 der Abgabenordnung.

(3) Ein Antrag im Sinne des § 10 Absatz 2 des Gesetzes ist auch der Antrag, den Anhängerzuschlag nicht mehr in Anspruch nehmen zu wollen.

§ 5 Mitwirkung der Zulassungsbehörden. (1) Die Zulassungsbehörden und die von ihnen mit der Vorbereitung und Durchführung der Zulassung beauftragten Stellen sind verpflichtet, bei der Durchführung des Kraftfahrzeugsteuergesetzes[1] nach Maßgabe der Absätze 2 und 3 mitzuwirken.

(2) Die Mitwirkung der Zulassungsbehörden gegenüber den Hauptzollämtern umfasst insbesondere

1. die Prüfung der Angaben in der Steuererklärung und die Bescheinigung, dass die Eintragungen mit den Angaben in den vorgelegten Urkunden übereinstimmen, sowie die Übersendung der Steuererklärung;
2. die Mitteilung der in § 36 Absatz 1 der Fahrzeug-Zulassungsverordnung[2] bezeichneten Daten sowie
3. die Mitteilung folgender Daten:
   a) wenn eine schriftliche Ermächtigung zum Einzug der Kraftfahrzeugsteuer nach § 13 Absatz 1 Nummer 1 des Gesetzes erteilt wird, den für den Einzug der Kraftfahrzeugsteuer von einem Konto erforderlichen Datensatz,
   b) wenn das Kennzeichen geändert wird, das neue und das bisherige Kennzeichen sowie die übrigen für die Besteuerung notwendigen Angaben,
   c) wenn der Standort des Fahrzeugs verlegt wird, die neue Anschrift des Halters,
   d) wenn einem Kraftfahrzeuganhänger in den Fällen des § 10 Absatz 1 des Gesetzes
      aa) erstmals ein grünes Kennzeichen zugeteilt wird: das Kennzeichen und den Tag der Zuteilung,
      bb) anstelle eines grünen Kennzeichens ein Kennzeichen mit schwarzer Beschriftung auf weißem Grund zugeteilt wird: das Kennzeichen und den Tag der Zuteilung,
   e) wenn für einen zum Verkehr zugelassenen Personenkraftwagen in der Zulassungsbescheinigung Teil I (Fahrzeugschein)
      aa) die nachträgliche Anerkennung als schadstoffarm vermerkt wird, den Tag der Anerkennung als schadstoffarm,
      bb) der Vermerk „schadstoffarm" gelöscht wird, den Tag der Löschung,
      cc) die Anerkennung als besonders partikelreduziert gelöscht wird, den Tag der Löschung,
   f) wenn ein zum Verkehr zugelassenes Fahrzeug mit einer Abgasreinigungsanlage ausgestattet wird oder diese geändert oder ausgebaut wird,
      aa) die Art der Anlage,

---

[1] Nr. **870**.
[2] Nr. **250**.

bb) die Änderung oder den Ausbau der Anlage,

cc) die durch die Ausstattung, Änderung oder den Ausbau der Anlage erreichte Emissionsklasse und

dd) den Tag der nach dem Gesetz maßgeblichen Feststellung durch die Zulassungsbehörde und

g) wenn ein Personenkraftwagen oder ein leichtes Nutzfahrzeug zum Verkehr zugelassen wird, die Kohlendioxidemissionen in Gramm je Kilometer nach Maßgabe des Gesetzes.

(3) [1] Die Steuererklärung nach Absatz 2 Nummer 1 und die sonstigen für das Besteuerungsverfahren erforderlichen Mitteilungen können mit Hilfe elektronischer Datenträger oder durch Datenfernübertragung gemäß den §§ 87a bis 87d und 93c der Abgabenordnung dem zuständigen Hauptzollamt oder der dafür bestimmten Datenverarbeitungsstelle übermittelt werden. [2] Voraussetzung ist, dass die Richtigkeit und Vollständigkeit der Datenübermittlung sichergestellt ist.

§ 6 Prüfung durch das Hauptzollamt. Zur Aufklärung von Zweifeln oder Unstimmigkeiten kann sich das zuständige Hauptzollamt das Fahrzeug vorführen und die Zulassungsbescheinigung Teil I und II (Fahrzeugschein und Fahrzeugbrief) sowie den Steuerbescheid vorlegen lassen.

§ 7 Steuervergünstigungen. (1) Beabsichtigt ein Steuerpflichtiger, seinen Anspruch auf Steuerbefreiung, auf Steuerermäßigung oder auf Nichterhebung der Steuer für einen Kraftfahrzeuganhänger (§ 10 Absatz 1 des Gesetzes) geltend zu machen, so hat er dies unter Angabe der Gründe schriftlich beim zuständigen Hauptzollamt zu beantragen.

(2) Fallen die Voraussetzungen für eine Steuervergünstigung weg, so hat der Steuerpflichtige dies dem zuständigen Hauptzollamt unverzüglich schriftlich anzuzeigen.

(3) [1] Wird bei der Zulassung eines Fahrzeugs zum Verkehr eine Steuervergünstigung oder wird zu einem späteren Zeitpunkt die nachträgliche Anerkennung eines Personenkraftwagens als schadstoffarm beantragt, ist der Antrag bei der Zulassungsbehörde zu stellen. [2] Im Falle der internetbasierten Zulassung im Sinne von § 15e der Fahrzeug-Zulassungsverordnung[1)] ist die Absicht der Inanspruchnahme einer Steuervergünstigung gegenüber der Zulassungsbehörde anzugeben.

(4) Der Antrag nach Absatz 1 oder Absatz 3 und die Anzeige nach Absatz 2 sind Steuererklärungen im Sinne des § 150 der Abgabenordnung.

(5) Ist eine Steuererklärung nach § 3 abzugeben, genügt in dieser ein entsprechender Hinweis, um eine Vergünstigung zu beantragen oder den Wegfall einer der Voraussetzungen hierfür anzuzeigen.

(6) Als Zeitraum, für den jeweils eine Steuerbefreiung nach § 3 Nummer 6 des Gesetzes beansprucht werden kann, kommt jeder Zeitraum in Betracht, der im Fall der Steuerpflicht als Entrichtungszeitraum zulässig wäre.

[1)] Nr. **250**.

§ 8 Besondere Kennzeichen. Für besondere Kennzeichen nach § 1 Absatz 1 Nummer 4 des Gesetzes sind die §§ 3 bis 7 sinngemäß anzuwenden.

Abschnitt 3. Ausländische Fahrzeuge

§ 9 Grundsatz. Für ausländische Fahrzeuge gelten, soweit in den §§ 10 bis 14 nichts anderes bestimmt ist, die §§ 3 bis 7 entsprechend.

§ 10 Steuererklärung. [1] Der Steuerschuldner hat eine Steuererklärung nach amtlich vorgeschriebenem Vordruck abzugeben

1. am deutschen Teil der Grenze der Europäischen Union bei der Zollstelle, die für die amtliche Abfertigung zuständig ist, oder
2. im Straßenverkehr innerhalb der Europäischen Union bei der Zollstelle, die von der Generalzolldirektion hierzu bestimmt ist.

[2] In den Fällen des Satzes 1 Nummer 2 kann die Steuererklärung vor dem Eingang des Fahrzeugs in das Inland auch auf dem Postweg abgegeben werden; in diesem Fall ist die Steuer gleichzeitig mit der Abgabe der Steuererklärung zu entrichten.

§ 11 Steuerfestsetzung, Steuerkarte. (1) [1] Die zuständige Zollstelle setzt die Steuer fest und gibt dem Steuerschuldner den Steuerbetrag bekannt. [2] Die Steuer ist sofort fällig. [3] Zum Nachweis, dass die Steuer entrichtet ist, erhält der Steuerschuldner eine mit Quittung versehene Steuerkarte. [4] Die Steuerkarte gilt als Steuerbescheid.

(2) [1] Die Steuerkarte gilt für den Zeitraum, für den die Steuer entrichtet ist. [2] Sie verliert jedoch ihre Gültigkeit spätestens nach Ablauf eines Jahres ab dem Tag ihrer Ausstellung.

§ 12 Weiterversteuerung. (1) [1] Soll der Aufenthalt eines ausländischen Fahrzeugs im Inland über die Zeit, für die die Steuer entrichtet worden ist, hinaus andauern, hat der Steuerschuldner vor Ablauf der Gültigkeitsdauer der Steuerkarte eine Steuererklärung zur Weiterversteuerung abzugeben und dabei die Steuerkarte vorzulegen. [2] Er kann die Weiterversteuerung bei jeder Zollstelle vornehmen, die mit der Festsetzung der Kraftfahrzeugsteuer befasst ist.

(2) Die §§ 10 und 11 gelten entsprechend.

§ 13 Mitführ- und Auskunftspflichten des Steuerschuldners. (1) Der Steuerschuldner hat die Steuerkarte mitzuführen und auf Verlangen den Bediensteten der Zollverwaltung, der Polizei oder des Bundesamtes für Güterverkehr vorzuzeigen.

(2) In den Fällen des § 10 Nummer 1 hat der Steuerschuldner die Steuerkarte bei jedem Grenzübertritt vorzulegen und den in Absatz 1 genannten Behörden auf Verlangen Auskunft zu erteilen.

§ 14 Steuererstattung. (1) Ansprüche auf Erstattung der Steuer, die sich auf Grund des § 12 Absatz 2 Nummer 3 des Gesetzes ergeben, sind unter Rückgabe der Steuerkarte beim zuständigen Hauptzollamt schriftlich geltend zu machen.

(2) [1] Als Tag der Beendigung der Steuerpflicht gilt der Tag, an dem der Steuerschuldner die Steuerkarte zurückgibt. [2] § 5 Absatz 4 Satz 2 des Gesetzes gilt sinngemäß.

Abschnitt 4. Widerrechtliche Benutzung

§ 15 Steuererklärung. (1) Bei widerrechtlicher Benutzung nach § 2 Absatz 5 des Gesetzes hat die Person, die das Fahrzeug im Inland benutzt, unverzüglich eine Steuererklärung nach amtlich vorgeschriebenem Vordruck beim zuständigen Hauptzollamt abzugeben.

(2) Das zuständige Hauptzollamt kann vom Eigentümer, Besitzer oder vom Halter des Fahrzeugs ohne Rücksicht darauf, ob er selbst Steuerschuldner ist, die Abgabe einer Steuererklärung innerhalb einer durch das Hauptzollamt festzulegenden Frist verlangen.

§ 16 Steuerfestsetzung, Steuererhebung. (1) Stellt eine Zollstelle fest, dass ein Fahrzeug widerrechtlich benutzt wird, so setzt sie die Steuer für die Dauer der widerrechtlichen Benutzung, mindestens jedoch für einen Monat fest und erhebt die Steuer.

(2) Bei widerrechtlicher Benutzung kann die Festsetzung und Erhebung der Steuer nach den §§ 11 bis 14 erfolgen.

Abschnitt 5. Schlussvorschriften

§ 17 Inkrafttreten, Außerkrafttreten. [1] Diese Verordnung tritt am Tag nach der Verkündung[1)] in Kraft. [2] Gleichzeitig tritt die Kraftfahrzeugsteuer-Durchführungsverordnung in der Fassung der Bekanntmachung vom 26. September 2002 (BGBl. I S. 3856), die zuletzt durch Artikel 3 des Gesetzes vom 29. Mai 2009 (BGBl. I S. 1170) geändert worden ist, außer Kraft.

---

1) Verkündet am 19.7.2017.

880. Verordnung über die Überlassung, Rücknahme und umweltverträgliche Entsorgung von Altfahrzeugen (Altfahrzeug-Verordnung – AltfahrzeugV)[1]

In der Fassung der Bekanntmachung vom 21. Juni 2002[2]
(BGBl. I S. 2214)

FNA 2129-27-2-8

geänd. durch Art. 265 Achte ZuständigkeitsanpassungsVO v. 25.11.2003 (BGBl. I S. 2304), Art. 1 Erste ÄndVO v. 9.2.2006 (BGBl. I S. 326), Art. 7a VO zur Vereinfachung der abfallrechtlichen Überwachung v. 20.10.2006 (BGBl. I S. 2298), Art. 364 Neunte ZuständigkeitsanpassungsVO v. 31.10.2006 (BGBl. I S. 2407), Art. 1 Zweite ÄndVO v. 3.4.2009 (BGBl. I S. 738), Art. 17 G zur Neuregelung des Wasserrechts v. 31.7.2009 (BGBl. I S. 2585), Art. 1 VO zur Umsetzung der DienstleistungsRL auf dem Gebiet des Umweltrechts sowie zur Änd. umweltrechtlicher Vorschriften v. 9.11.2010 (BGBl. I S. 1504), Art. 3 VO zur Anpassung umweltrechtlicher Verordnungen an die Terminologie der VO (EG) Nr. 1272/2008 v. 20.12.2010 (BGBl. I S. 2194), Art. 5 Abs. 18 G zur Neuordnung des Kreislaufwirtschafts- und Abfallrechts v. 24.2.2012 (BGBl. I S. 212), Art. 3 VO zur Fortentwicklung der abfallrechtlichen Überwachung v. 5.12.2013 (BGBl. I S. 4043), Art. 95 Zehnte ZuständigkeitsanpassungsVO v. 31.8.2015 (BGBl. I S. 1474), Art. 3 Zweite VO zur Fortentwicklung der abfallrechtlichen Überwachung v. 2.12.2016 (BGBl. I S. 2770), Art. 118 Elfte ZuständigkeitsanpassungsVO v. 19.6.2020 (BGBl. I S. 1328), Art. 5 Abs. 3 G zur Umsetzung der Abfallrahmenrichtlinie der Europäischen Union v. 23.10.2020 (BGBl. I S. 2232) und Art. 1 Dritte ÄndVO v. 18.11.2020 (BGBl. I S. 2451)

Nichtamtliche Inhaltsübersicht

§ 1[3] **Anwendungsbereich.** (1) [1]Diese Verordnung gilt für Fahrzeuge und Altfahrzeuge einschließlich ihrer Bauteile und Werkstoffe. [2]Unbeschadet von § 3 Abs. 4 gilt dies unabhängig davon, wie das Fahrzeug während seiner Nutzung gewartet oder repariert worden ist und ob es mit vom Hersteller gelieferten Bauteilen oder mit anderen Bauteilen bestückt ist, wenn deren Einbau als Ersatz-, Austausch- oder Nachrüstteile den einschlägigen Vorschrif-

[1] Die VO wurde erlassen auf Grund von § 24 Abs. 2 Nr. 2 und 3 und § 7 Abs. 1 Nr. 2, 3 und 4 Buchst. a und Abs. 3, jeweils iVm § 59, sowie § 12 Abs. 1 Nr. 1, 2 und 3 KrW-/AbfG.

[2] Neubekanntmachung der AltfahrzeugV v. 4.7.1997 (BGBl. I. S. 1666) in der ab 1.7.2002 geltenden Fassung.

[3] § 1 Abs. 3 neu gef. mWv 1.8.2006 durch VO v. 9.2.2006 (BGBl. I S. 326); Abs. 3 Satz 1 geänd. mWv 1.1.2021 durch VO v. 18.11.2020 (BGBl. I S. 2451).

ten über die Zulassung von Fahrzeugen zum Verkehr auf öffentlichen Straßen entspricht.

(2) [1] Die §§ 9 und 10 gelten nicht für einen Hersteller, der ausschließlich Fahrzeuge im Sinne von Artikel 8 Abs. 2 Buchstabe a der Richtlinie 70/156/EWG des Rates vom 6. Februar 1970 zur Angleichung der Rechtsvorschriften der Mitgliedstaaten über die Betriebserlaubnis für Kraftfahrzeuge und Kraftfahrzeuganhänger (ABl. EG Nr. L 42 S. 1, Nr. L 225 S. 6) herstellt oder importiert, und nicht für die von ihm hergestellten oder importierten Fahrzeuge (Kleinserienregelung). [2] Ob die Voraussetzungen nach Satz 1 zutreffen, entscheidet das Kraftfahrt-Bundesamt auf Antrag.

(3) [1] Fahrzeuge mit besonderer Zweckbestimmung im Sinne von Artikel 4 Abs. 1 Buchstabe a zweiter Anstrich der Richtlinie 70/156/EWG vom 6. Februar 1970 zur Angleichung der Rechtsvorschriften der Mitgliedstaaten über die Betriebserlaubnis für Kraftfahrzeuge und Kraftfahrzeuganhänger (ABl. EG Nr. L 42 S. 1, Nr. L 225 S. 4) sind von den Anforderungen nach § 5 Absatz 1 Satz 1 ausgenommen. [2] Ausgenommen von den Anforderungen nach § 8 Abs. 2 sind Ausrüstungsgegenstände, die nicht speziell für den Einsatz der in Satz 1 bezeichneten Fahrzeuge hergestellt wurden.

(4) Für dreirädrige Kraftfahrzeuge gelten nur die §§ 1 bis 5.

(5) Den Vorschriften dieser Verordnung unterliegen die Wirtschaftsbeteiligten sowie die Besitzer, Eigentümer und Letzthalter von Altfahrzeugen.

§ 2[1)] Begriffsbestimmungen. (1) Im Sinne dieser Verordnung bezeichnet der Begriff

1. „Fahrzeug“ Fahrzeuge der Klasse M_1 (Fahrzeuge zur Personenbeförderung mit höchstens acht Sitzplätzen außer dem Fahrersitz) oder N_1 (Fahrzeuge zur Güterbeförderung mit einem Höchstgewicht bis zu 3,5 Tonnen) gemäß Anhang II Abschnitte A der Richtlinie 70/156/EWG des Rates vom 6. Februar 1970 zur Angleichung der Rechtsvorschriften der Mitgliedstaaten über die Betriebserlaubnis für Kraftfahrzeuge und Kraftfahrzeuganhänger (ABl. EG Nr. L 42 S. 1, Nr. L 225 S. 34) sowie dreirädrige Kraftfahrzeuge gemäß der Richtlinie 92/61/EWG (ABl. EG Nr. L 225 S. 72), jedoch unter Ausschluss von dreirädrigen Krafträdern;
2. „Altfahrzeug“ Fahrzeuge, die Abfall nach § 3 Absatz 1 des Kreislaufwirtschaftsgesetzes sind;
3. „Hersteller“ den Hersteller von Fahrzeugen laut Fahrzeugbrief oder laut Zulassungsbescheinigung Teil II oder den gewerblichen Importeur eines Fahrzeugs und den Hersteller oder gewerblichen Importeur von Fahrzeugteilen und -werkstoffen sowie deren Rechtsnachfolger;

3a. „Bevollmächtigter“ ist jede im Geltungsbereich der Verordnung niedergelassene natürliche oder juristische Person oder Personengesellschaft, die ein Hersteller ohne Niederlassung im Geltungsbereich der Verordnung beauftragt hat, in eigenem Namen sämtliche Aufgaben wahrzunehmen, um die Herstellerpflichten nach dieser Verordnung zu erfüllen;

---

1) § 2 Abs. 1 Nr. 22 geänd. mWv 1.4.2006 durch VO v. 9.2.2006 (BGBl. I S. 326); Abs. 1 Nr. 13 neu gef. mWv 23.12.2010 durch VO v. 20.12.2010 (BGBl. I S. 2194); Abs. 1 Nr. 2, 11 und 12 geänd. mWv 1.6.2012 durch G v. 24.2.2012 (BGBl. I S. 212); Abs. 1 Nr. 3 geänd., Nr. 3a eingef., Nr. 15, 20–23 geänd. mWv 1.1.2021 durch VO v. 18.11.2020 (BGBl. I S. 2451).

4. „Vermeidung" Maßnahmen zur Verringerung der Menge und der Umweltschädlichkeit von Altfahrzeugen, ihren Werkstoffen und Substanzen;
5. „Behandlung" Tätigkeiten, die nach der Übergabe des Altfahrzeugs an einen Demontagebetrieb oder der Restkarosse an eine Schredderanlage oder eine sonstige Anlage zur weiteren Behandlung mit dem Ziel der Entfrachtung von Schadstoffen, der Demontage, des Schredderns, der Verwertung oder der Vorbereitung der Beseitigung der Schredderabfälle durchgeführt werden, sowie alle sonstigen Tätigkeiten im Zusammenhang mit der Verwertung oder Beseitigung von Altfahrzeugen und Altfahrzeugbauteilen;
6. „Vorbehandlung" die Entfernung oder das Unschädlichmachen der gefährlichen Bauteile sowie die Trockenlegung;
7. „Trockenlegung" die Entfernung der Betriebsflüssigkeiten;
8. „Verdichtung" jede Maßnahme zur Volumenreduzierung, durch die die Restkarosse in ihrer Beschaffenheit verändert wird, z.B. durch Eindrücken des Daches, Pressen oder Zerschneiden;
9. „Wiederverwendung" Maßnahmen, bei denen Altfahrzeugbauteile zu dem gleichen Zweck verwendet werden, für den sie entworfen wurden;
10. „stoffliche Verwertung" die in einem Produktionsprozess erfolgende Wiederaufarbeitung der Abfallmaterialien für den ursprünglichen Zweck oder für andere Zwecke (Nutzung der stofflichen Eigenschaften, rohstoffliche Verwertung), jedoch mit Ausnahme der energetischen Verwertung;
11. „Verwertung" jedes der anwendbaren in Anlage 2 des Kreislaufwirtschaftsgesetzes genannten Verfahren;
12. „Beseitigung" jedes der anwendbaren in Anlage 1 des Kreislaufwirtschaftsgesetzes genannten Verfahren;
13. „gefährlicher Stoff" jeden Stoff, der die Kriterien für eine der folgenden in Anhang I der Verordnung (EG) Nr. 1272/2008 des Europäischen Parlaments und des Rates vom 16. Dezember 2008 über die Einstufung, Kennzeichnung und Verpackung von Stoffen und Gemischen, zur Änderung und Aufhebung der Richtlinien 67/548/EWG und 1999/45/EG und zur Änderung der Verordnung (EG) Nr. 1907/2006 (ABl. L 353 vom 31.12. 2008, S. 1) dargelegten Gefahrenklassen oder -kategorien erfüllt:
    a) Gefahrenklassen 2.1 bis 2.4, 2.6 und 2.7, 2.8 Typen A und B, 2.9, 2.10, 2.12, 2.13 Kategorien 1 und 2, 2.14 Kategorien 1 und 2, 2.15 Typen A bis F,
    b) Gefahrenklassen 3.1 bis 3.6, 3.7 mit Ausnahme von Wirkungen auf oder über die Laktation, 3.8 mit Ausnahme von narkotisierenden Wirkungen, 3.9 und 3.10,
    c) Gefahrenklasse 4.1,
    d) Gefahrenklasse 5.1;
14. „Annahmestelle" Betriebe oder Betriebsteile, die Altfahrzeuge zur Bereitstellung und Weiterleitung an Demontagebetriebe annehmen, ohne selbst Demontagebetrieb zu sein;
15. „Rücknahmestelle" Annahmestellen, bei denen Altfahrzeuge durch den Hersteller, dessen Bevollmächtigten oder durch von diesen beauftragte Dritte zurückgenommen werden, ohne dass dort die Altfahrzeuge behandelt werden;

16. „Demontagebetrieb“ Betriebe oder Betriebsteile, in denen Altfahrzeuge zum Zweck der nachfolgenden Verwertung behandelt werden; dies kann auch die Rücknahme einschließen;
17. „Restkarosse“ das in einem Demontagebetrieb zum Zweck der weiteren Verwertung nach den Bestimmungen des Anhangs Nummer 3 behandelte Altfahrzeug;
18. „Schredderanlage“ Anlagen, die dazu dienen, Restkarossen oder sonstige metallische oder metallhaltige Abfälle zu zertrümmern oder zu zerkleinern zum Zweck der Gewinnung von unmittelbar wieder einsetzbarem Metallschrott sowie gegebenenfalls weiteren verwertbaren Stofffraktionen;
19. „sonstige Anlagen zur weiteren Behandlung“ Anlagen, die keine Schredderanlagen sind und dazu dienen, Metalle aus Restkarossen sowie gegebenenfalls weitere verwertbare Stofffraktionen zurückzugewinnen;
20. „Demontageinformationen“ alle Informationen, die zur sach- und umweltgerechten Behandlung eines Altfahrzeugs notwendig sind; sie werden den anerkannten Demontagebetrieben von den Herstellern von Fahrzeugen oder deren Bevollmächtigten und von den Zulieferern in Form von Handbüchern oder elektronischen Medien (z.B. CD-ROM, Online-Dienste) zur Verfügung gestellt;
21. „Letzthalter“ letzter im Fahrzeugbrief oder in der Zulassungsbescheinigung Teil II eingetragener Halter eines Fahrzeugs, auf den das Fahrzeug gemäß Fahrzeug-Zulassungsverordnung[1] zugelassen ist oder zugelassen war;
22. „Wirtschaftsbeteiligte“ Hersteller, deren Bevollmächtigte, Vertreiber sowie Betreiber von Rücknahmestellen, Annahmestellen, Demontagebetrieben, Schredderanlagen, sonstigen Anlagen zur weiteren Behandlung, Verwertungsbetrieben und sonstigen Betrieben zur Behandlung von Altfahrzeugen einschließlich ihrer Bauteile und Werkstoffe sowie Kfz-Versicherungsgesellschaften;
23. „Fahrzeugleergewicht“ maßgebliches Leergewicht eines Kraftfahrzeugs zur Ermittlung der Verwertungsziele, das wie folgt bestimmt wird:
    - für Kraftfahrzeuge der Klasse M_1, die bis zum 31. Dezember 1996 zugelassen worden sind: Leergewicht gemäß Fahrzeugbrief oder Zulassungsbescheinigung Teil I abzüglich Gewicht des Tankinhalts bei einer 90-prozentigen Füllung,
    - für Kraftfahrzeuge der Klasse M_1, die ab dem 1. Januar 1997 zugelassen worden sind: Leergewicht gemäß Fahrzeugbrief oder Zulassungsbescheinigung Teil I abzüglich Gewicht des Tankinhalts bei einer 90-prozentigen Füllung und abzüglich Gewicht des Fahrers (75 kg),
    - für Kraftfahrzeuge der Klasse N_1: Leergewicht gemäß Fahrzeugbrief oder Zulassungsbescheinigung Teil I abzüglich Gewicht des Tankinhalts bei einer 90-prozentigen Füllung und abzüglich Gewicht des Fahrers (75 kg).

(2) Annahmestellen, Rücknahmestellen, Demontagebetriebe, Schredderanlagen und sonstige Anlagen zur weiteren Behandlung sind im Sinne dieser Verordnung anerkannt, wenn

1. der jeweilige Betrieb über die erforderliche Bescheinigung nach § 5 Abs. 3 verfügt oder

[1] Nr. **250**.

2. der Betrieb Entsorgungsfachbetrieb ist und die Einhaltung der Anforderungen dieser Verordnung geprüft und dies im Überwachungszertifikat ausgewiesen ist.

§ 3[1)] Rücknahmepflichten. (1) [1] Hersteller von Fahrzeugen sind verpflichtet, alle Altfahrzeuge ihrer Marke vom Letzthalter zurückzunehmen. [2] Satz 1 gilt im Fall der Bevollmächtigung nach § 10a für den Bevollmächtigten mit der Maßgabe, dass alle Altfahrzeuge der Marke des jeweils vertretenen Herstellers vom Letzthalter zurückzunehmen sind. [3] Die Hersteller von Fahrzeugen oder im Fall der Bevollmächtigung nach § 10a die Bevollmächtigten müssen die in Satz 1 bezeichneten Altfahrzeuge ab Überlassung an eine anerkannte Rücknahmestelle oder an einen anerkannten Demontagebetrieb, der vom Hersteller oder im Fall der Bevollmächtigung nach § 10a vom Bevollmächtigten zur Rücknahme bestimmt worden ist, unentgeltlich zurücknehmen.

(2) [1] Dem Letzthalter gleichgestellt sind die öffentlich-rechtlichen Entsorgungsträger im Sinne des § 20 Absatz 1 des Kreislaufwirtschaftsgesetzes in den Fällen, in denen der Halter oder Eigentümer der in § 20 Absatz 4 des Kreislaufwirtschaftsgesetzes bezeichneten Kraftfahrzeuge nicht festgestellt werden konnte. [2] Absatz 4 Nr. 1, 2 und 5 gilt in diesen Fällen nicht.

(3) [1] Die Hersteller von Fahrzeugen oder deren Bevollmächtigte sind verpflichtet, einzeln oder gemeinsam, selbst oder durch Beauftragung Dritter flächendeckend Rückgabemöglichkeiten durch anerkannte Rücknahmestellen oder von ihnen hierzu bestimmte anerkannte Demontagebetriebe zu schaffen. [2] Die Rücknahmestellen müssen für den Letzthalter in zumutbarer Entfernung erreichbar sein. [3] Die Flächendeckung ist dann ausreichend, wenn die Entfernung zwischen Wohnsitz des Letzthalters und Rücknahmestelle oder von einem Hersteller oder von seinem Bevollmächtigten hierzu bestimmten anerkannten Demontagebetrieb nicht mehr als 50 Kilometer beträgt.

(4) Absatz 1 Satz 2 gilt nicht, wenn

1. das Altfahrzeug nicht innerhalb der Europäischen Union zugelassen ist oder zuletzt zugelassen war,
2. das Altfahrzeug innerhalb der Europäischen Union vor der Stilllegung weniger als einen Monat zugelassen war,
3. das Altfahrzeug wesentliche Bauteile oder Komponenten, insbesondere Antrieb, Karosserie, Fahrwerk, Katalysator oder elektronische Steuergeräte für Fahrzeugfunktionen, nicht mehr enthält,
4. dem Altfahrzeug Abfälle hinzugefügt wurden,
5. der Fahrzeugbrief, die Zulassungsbescheinigung Teil II oder ein vergleichbares Zulassungsdokument nach der Richtlinie 1999/37/EG des Rates vom 29. April 1999 über Zulassungsdokumente für Fahrzeuge (ABl. L 138 vom 1.6.1999, S. 57), die zuletzt durch die Richtlinie 2006/103/EG (ABl. L 363 vom 20.12.2006, S. 344) geändert worden ist, oder im Zusammenhang mit einem Antrag nach der Richtlinie zur Förderung des Absatzes von Personen-

---

[1)] § 3 Abs. 4 Nr. 1, 2 und 5 geänd., Nr. 6 aufgeh., Abs. 7 angef. mWv 1.4.2006 durch VO v. 9.2. 2006 (BGBl. I S. 326); Abs. 4 Nr. 5 neu gef. mWv 7.3.2009 durch VO v. 3.4.2009 (BGBl. I S. 738); Abs. 2 Satz 1 geänd. mWv 1.6.2012 durch G v. 24.2.2012 (BGBl. I S. 212); Abs. 2 Satz 1 geänd. mWv 29.10.2020 durch G v. 23.10.2020 (BGBl. I S. 2232); Abs. 1 Satz 2 neu gef., Satz 3 angef., Abs. 3 Sätze 1 und 3, Abs. 4 Nr. 5, Abs. 5 Satz 1 geänd., Satz 2, Abs. 8 angef. mWv 1.1.2021 durch VO v. 18.11.2020 (BGBl. I S. 2451).

kraftwagen vom 20. Februar 2009 (BAnz. S. 835) eine Kopie des jeweiligen Dokumentes nicht übergeben wird.

(5) [1]Die Hersteller von Fahrzeugen oder deren Bevollmächtigte stellen die erforderlichen Informationen über die von ihnen eingerichteten Rücknahmestellen in geeigneter Weise zur Verfügung, um den Letzthalter auf Anfrage über eine für ihn geeignete Rücknahmestelle zu unterrichten. [2]Die Hersteller von Fahrzeugen oder deren Bevollmächtigte sind verpflichtet, die Letzthalter über ihre Verpflichtung nach § 4 Absatz 1 zur Entsorgung von Altfahrzeugen, über die Erfassung der Altfahrzeuge durch anerkannte Annahmestellen, anerkannte Rücknahmestellen oder anerkannte Demontagebetriebe und über die Bedeutung des Verwertungsnachweises nach § 4 Absatz 2 zu informieren.

(6) [1]Hersteller und Vertreiber von Bauteilen für Personenkraftwagen haben sicherzustellen, dass Altteile aus Reparaturen, die in Kfz-Werkstätten oder in vergleichbaren gewerblichen Einrichtungen anfallen, zum Zweck der ordnungsgemäßen und schadlosen Verwertung oder der gemeinwohlverträglichen Beseitigung zurückgenommen werden. [2]Die Beteiligten können Vereinbarungen über die erforderlichen Maßnahmen und die Tragung der Kosten treffen.

(7) [1]Hersteller von Fahrzeugen der Klasse M1 oder N1, die nicht im einstufigen Verfahren hergestellt und genehmigt wurden, können die Entsorgungskosten auf den Teil ihrer Herstellungsstufe begrenzen und die übrigen Entsorgungskosten den Herstellern weiterer Stufen in Rechnung stellen. [2]Diejenigen, die Fahrzeugteile zu Aufbauten zusammenfügen und diese in Verbindung mit einem Basisfahrzeug in Verkehr bringen, müssen sich vor dem Inverkehrbringen im Rahmen ihrer Produktverantwortung mit den Herstellern von Basis- oder Chassisfahrzeugen in Verbindung setzen.

(8) [1]Die Hersteller von Fahrzeugen sind verpflichtet, die finanziellen und organisatorischen Mittel vorzuhalten, um ihren Pflichten nach dieser Verordnung nachzukommen. [2]Zur Bewertung ihrer Finanzverwaltung haben sie geeignete Mechanismen zur Selbstkontrolle einzurichten.

§ 4[1)] Überlassungspflichten. (1) Wer sich eines Fahrzeugs entledigt, entledigen will oder entledigen muss, ist verpflichtet, dieses nur einer anerkannten Annahmestelle, einer anerkannten Rücknahmestelle oder einem anerkannten Demontagebetrieb zu überlassen.

(2) [1]Betreiber von Demontagebetrieben sind verpflichtet, die Überlassung nach Absatz 1 unverzüglich durch einen Verwertungsnachweis zu bescheinigen. [2]Hierzu ist das Muster in Abschnitt 2 der Anlage 8 der Fahrzeug-Zulassungsverordnung[2)] zu verwenden. [3]Verwertungsnachweise dürfen nur von Betreibern anerkannter Demontagebetriebe ausgestellt werden. [4]Betreiber von Demontagebetrieben dürfen nur anerkannte Annahmestellen oder anerkannte Rücknahmestellen beauftragen, den Verwertungsnachweis auszuhändigen. [5]Mit Ausstellung oder Aushändigung des Verwertungsnachweises dürfen Altfahrzeuge nur einer ordnungsgemäßen Verwertung nach den Vorschriften dieser Verordnung zugeführt werden. [6]Dieses wird mit der Ausstellung oder Aushändigung des Verwertungsnachweises versichert.

[1)] § 4 Abs. 5 neu gef. mWv 1.2.2007 durch VO v. 20.10.2006 (BGBl. I S. 2298); Abs. 2 Satz 2 neu gef. mWv 23.12.2010 durch VO v. 20.12.2010 (BGBl. I S. 2194).

[2)] Nr. **250**.

(3) Betreiber von Annahmestellen und Rücknahmestellen sind verpflichtet, Altfahrzeuge nur einem anerkannten Demontagebetrieb zu überlassen.

(4) [1] Betreiber von Demontagebetrieben sind verpflichtet, Restkarossen nur einer anerkannten Schredderanlage zu überlassen. [2] Abweichend von Satz 1 kann die für die Überwachung des Demontagebetriebs zuständige Behörde nach Vorlage einer Stellungnahme eines Sachverständigen (§ 6) erlauben, dass Restkarossen auch einer sonstigen Anlage zur weiteren Behandlung überlassen werden.

(5) Die Überlassung von Altfahrzeugen nach den Absätzen 1 bis 3 ist von der nach § 2 Abs. 1 Nr. 1 der Nachweisverordnung bestimmten Nachweispflicht ausgenommen.

§ 5[1)] Entsorgungspflichten. (1) [1] Die Wirtschaftsbeteiligten stellen sicher, dass bezogen auf das durchschnittliche Fahrzeugleergewicht aller pro Jahr überlassenen Altfahrzeuge folgende Zielvorgaben erreicht werden:

1. spätestens ab 1. Januar 2006
   a) Wiederverwendung und Verwertung mindestens 85 Gewichtsprozent,
   b) Wiederverwendung und stoffliche Verwertung mindestens 80 Gewichtsprozent und
2. spätestens ab 1. Januar 2015
   a) Wiederverwendung und Verwertung mindestens 95 Gewichtsprozent,
   b) Wiederverwendung und stoffliche Verwertung mindestens 85 Gewichtsprozent.

[2] Die Hersteller von Fahrzeugen oder deren Bevollmächtigte veröffentlichen jährlich Daten über die Erreichung der Zielvorgaben nach Satz 1.

(2) [1] Betreiber von Annahmestellen, Rücknahmestellen, Demontagebetrieben, Schredderanlagen und sonstigen Anlagen zur weiteren Behandlung müssen die für sie jeweils geltenden Anforderungen des Anhangs erfüllen. [2] Die in Satz 1 genannten Betreiber dürfen Altfahrzeuge oder Restkarossen nur annehmen oder behandeln, wenn die Betriebe im Sinne von § 2 Abs. 2 anerkannt sind.

(3) [1] Die Einhaltung der in Absatz 2 Satz 1 bezeichneten Anforderungen ist durch einen Sachverständigen (§ 6) zu bescheinigen. [2] Die Bescheinigung darf nur erteilt werden, wenn die Anforderungen des Anhangs erfüllt werden. [3] Die Bescheinigung gilt längstens für die Dauer von 18 Monaten. [4] Die Bescheinigung ist durch den Sachverständigen zu entziehen, wenn er sich durch die mindestens jährlich durchzuführende Prüfung und Kontrolle der entsprechenden betriebsspezifischen Anforderungen des Anhangs davon überzeugt hat, dass die Voraussetzungen zur Erteilung der Bescheinigung auch nach einer von ihm gesetzten, drei Monate nicht überschreitenden Frist nicht erfüllt werden. [5] Die Sätze 2 und 4 gelten nicht hinsichtlich der Erfüllung der Anforderungen nach Anhang Nummer 3.2.4.1 Abs. 3 und Nummer 4.1.2. [6] Der Sachverständige hat die Entziehung der Bescheinigung sowie die Nichterfüllung der Anforderun-

---

[1)] § 5 Abs. 5 geänd. mWv 28.11.2003 durch VO v. 25.11.2003 (BGBl. I S. 2304); Abs. 3 Satz 4 geänd. mWv 1.4.2006 durch VO v. 9.2.2006 (BGBl. I S. 326); Abs. 5 geänd. mWv 8.11.2006 durch VO v. 31.10.2006 (BGBl. I S. 2407); Abs. 3 Satz 9 Nr. 3 neu gef. mWv 1.3.2010 durch G v. 31.7. 2009 (BGBl. I S. 2585); Abs. 5 geänd. mWv 8.9.2015 durch VO v. 31.8.2015 (BGBl. I S. 1474); Abs. 5 geänd. mWv 27.6.2020 durch VO v. 19.6.2020 (BGBl. I S. 1328); Abs. 1 Satz 2 angef. mWv 1.1.2021 durch VO v. 18.11.2020 (BGBl. I S. 2451).

gen nach Anhang Nummer 3.2.4.1 Abs. 3 oder Nummer 4.1.2 unverzüglich der für den Betrieb zuständigen Überwachungsbehörde mitzuteilen. [7]Bei Annahmestellen und Rücknahmestellen, die Kfz-Werkstätten sind, erfolgt die Bescheinigung durch die jeweils zuständige Kraftfahrzeug-Innung. [8]Die Sätze 2 bis 6 gelten entsprechend für Kraftfahrzeug-Innungen. [9]Bei der Überprüfung der Anforderungen sind Ergebnisse von Prüfungen zu berücksichtigen, die

1. durch einen unabhängigen Umweltgutachter oder eine Umweltgutachterorganisation gemäß Artikel 4 Abs. 3 der Verordnung (EWG) Nr. 1836/93 des Rates vom 29. Juni 1993 über die freiwillige Beteiligung gewerblicher Unternehmen an einem Gemeinschaftssystem für das Umweltmanagement und die Umweltbetriebsprüfung (ABl. EG Nr. L 168 S. 1) oder gemäß Artikel 3 Abs. 2 Buchstabe d und Abs. 3 Buchstabe a der Verordnung (EG) Nr. 761/2001 des Europäischen Parlaments und des Rates über die freiwillige Beteiligung von Organisationen an einem Gemeinschaftssystem für das Umweltmanagement und die Umweltbetriebsprüfung (ABl. EG Nr. L 114 S. 1),
2. durch eine nach DIN EN 45012 akkreditierte Stelle im Rahmen der Zertifizierung eines Qualitätsmanagements nach DIN EN ISO 9001 oder 9004 oder
3. auf Grund wasserrechtlicher Vorschriften durch Sachverständige im Rahmen der Überprüfung von Anlagen im Sinne von § 62 Absatz 1 des Wasserhaushaltsgesetzes vorgenommen worden sind.

(4) Absatz 3 Satz 1 bis 6 gilt bei der Anerkennung gemäß § 2 Abs. 2 Nr. 2 entsprechend.

(5) Das Bundesministerium für Umwelt, Naturschutz und nukleare Sicherheit kann im Einvernehmen mit dem Bundesministerium für Wirtschaft und Energie Empfehlungen zur einheitlichen Durchführung der Überprüfung bekannt geben.

§ 6[1)] Sachverständige. Bescheinigungen nach § 5 Absatz 3 Satz 1 darf nur erteilen, wer

1. nach § 36 der Gewerbeordnung öffentlich bestellt ist,
2. als Umweltgutachter oder Umweltgutachterorganisation auf Grund einer Zulassung nach den §§ 9 und 10 oder nach Maßgabe des § 18 des Umweltauditgesetzes in der Fassung der Bekanntmachung vom 4. September 2002 (BGBl. I S. 3490), das zuletzt durch Artikel 10 des Gesetzes vom 11. August 2010 (BGBl. I S. 1163) geändert worden ist, in der jeweils geltenden Fassung, in dem Bereich tätig werden darf, der näher bestimmt wird durch Anhang I Abschnitt E Gruppe 38.3 der Verordnung (EG) Nr. 1893/2006 des Europäischen Parlaments und des Rates vom 20. Dezember 2006 zur Aufstellung der statistischen Systematik der Wirtschaftszweige NACE Revision 2 und zur Änderung der Verordnung (EWG) Nr. 3037/90 des Rates sowie einiger Verordnungen der EG über bestimmte Bereiche der Statistik (ABl. L 393 vom 30.12.2006, S. 1), die zuletzt durch Verordnung (EG) Nr. 295/2008 (ABl. L 97 vom 9.4.2008, S. 13) geändert worden ist, in der jeweils geltenden Fassung, oder

---

[1)] § 6 neu gef. mWv 16.11.2010 durch VO v. 9.11.2010 (BGBl. I S. 1504).

3. in einem anderen Mitgliedstaat der Europäischen Union oder in einem anderen Vertragsstaat des Abkommens über den Europäischen Wirtschaftsraum niedergelassen ist, seine Tätigkeit im Inland nur vorübergehend und gelegentlich ausüben will und seine Berufsqualifikation vor Aufnahme der Tätigkeit entsprechend den §§ 13a und 13b der Gewerbeordnung hat nachprüfen lassen; Verfahren nach dieser Nummer können über eine einheitliche Stelle abgewickelt werden.

§ 7[1)] Mitteilungspflichten. (1) [1] Die Betreiber von Annahmestellen, Rücknahmestellen, Demontagebetrieben, Schredderanlagen und sonstigen Anlagen zur weiteren Behandlung haben die jeweils gültige Bescheinigung nach § 5 Abs. 3 Satz 1 einschließlich des Prüfberichts oder das jeweils gültige Überwachungszertifikat einer technischen Überwachungsorganisation oder einer Entsorgergemeinschaft einschließlich des Prüfberichts sowie die gemäß § 28 Absatz 1 der Nachweisverordnung vom 20. Oktober 2006 (BGBl. I S. 2298), die zuletzt durch Artikel 5 Absatz 5 des Gesetzes vom 23. Oktober 2020 (BGBl. I S. 2232) geändert worden ist, erteilte Nummer der für die Überwachung des jeweiligen Betriebs zuständigen Behörde unverzüglich vorzulegen. [2] Sind Annahmestellen oder Rücknahmestellen Kraftfahrzeugwerkstätten, legt die jeweils zuständige Kraftfahrzeug-Innung die Bescheinigung einschließlich des Prüfberichts der für die Überwachung des Betriebs zuständigen Behörde vor.

(2) [1] Die nach § 6 für die Zulassung von Sachverständigen und Sachverständigenorganisationen zuständigen Stellen geben die von ihnen erteilten Zulassungen und Änderungen von Zulassungen der in § 32 Abs. 2 des Umweltauditgesetzes bezeichneten gemeinsamen Stelle unverzüglich bekannt. [2] Die gemeinsame Stelle erstellt aus diesen Angaben regelmäßig zu aktualisierende Listen und gibt diese in geeigneter Weise öffentlich bekannt.

(2a) [1] Die Sachverständigen nach § 6 haben einer von den Ländern einzurichtenden gemeinsamen Stelle für die von ihnen anerkannten Demontagebetriebe, Schredderanlagen und sonstigen Anlagen zur weiteren Behandlung unverzüglich eine Durchschrift der von ihnen erteilten Bescheinigung oder des Entzugs der von ihnen erteilten Bescheinigung zu übermitteln. [2] Diese muss mindestens folgende Angaben enthalten:

1. Name und Anschrift der Firma,
2. Anschrift des anerkannten Betriebs oder Betriebsteils,
3. Betriebsnummer nach § 28 Absatz 1 der Nachweisverordnung für die in Nummer 2 bezeichneten Betriebe oder Betriebsteile,
4. Kommunikationseinrichtungen,
5. Ansprechpartner,
6. zuständige Genehmigungsbehörde,
7. Datum der Ausstellung und des Ablaufs der Bescheinigung.

[3] Bei Demontagebetrieben, die von einem oder mehreren Herstellern oder deren Bevollmächtigten für die unentgeltliche Rücknahme von Altfahrzeugen bestimmt worden sind, sind zusätzlich die Hersteller oder deren Bevollmächtigte anzugeben, die den Demontagebetrieb hierzu bestimmt haben. [4] Die An-

---

[1)] § 7 Abs. 1 Satz 1, Abs. 2a Satz 2 Nr. 3 und Satz 3 geänd. mWv 1.1.2021 durch VO v. 18.11.2020 (BGBl. I S. 2451).

forderungen nach den Sätzen 1 bis 3 gelten auch für Sachverständige, technische Überwachungsorganisationen oder Entsorgergemeinschaften, die die in Satz 1 genannten Betriebe als Entsorgungsfachbetriebe anerkennen. [5]Die in Satz 1 genannte Stelle erstellt nach den Angaben aus Satz 2 Nr. 1 bis 5 und Satz 3 regelmäßig zu aktualisierende Listen und gibt diese in geeigneter Weise öffentlich bekannt.

(3) [1]Der Sachverständige (§ 6) teilt der für die Überwachung des jeweiligen Betriebs zuständigen Behörde mindestens 14 Tage vor der Überprüfung zur Erteilung der Bescheinigung nach § 5 Abs. 3 den Überprüfungstermin mit. [2]Satz 1 gilt entsprechend bei Betrieben gemäß § 2 Abs. 2 Nr. 2.

§ 8[1)] Abfallvermeidung. (1) Zur Förderung der Abfallvermeidung sind

1. die Verwendung gefährlicher Stoffe in Fahrzeugen zu begrenzen und bereits ab der Konzeptentwicklung von Fahrzeugen so weit wie möglich zu reduzieren, insbesondere um ihrer Freisetzung in die Umwelt vorzubeugen, die stoffliche Verwertung zu erleichtern und die Notwendigkeit der Beseitigung gefährlicher Abfälle zu vermeiden,
2. bei der Konstruktion und Produktion von neuen Fahrzeugen der Demontage, Wiederverwendung und Verwertung, insbesondere der stofflichen Verwertung von Altfahrzeugen, ihren Bauteilen und Werkstoffen umfassend Rechnung zu tragen,
3. bei der Herstellung von Fahrzeugen und anderen Produkten verstärkt Recyclingmaterial zu verwenden.

(2) [1]Werkstoffe und Bauteile von Fahrzeugen, die nach dem 1. Juli 2003 in Verkehr gebracht werden, dürfen kein Blei, Quecksilber, Kadmium oder sechswertiges Chrom enthalten. [2]Satz 1 gilt nicht in den in Anhang II der Richtlinie 2000/53/EG des Europäischen Parlaments und des Rates vom 18. September 2000 über Altfahrzeuge (ABl. EG Nr. L 269 S. 34) in der jeweils geltenden Fassung genannten Fällen unter den dort genannten Bedingungen, wobei die Entscheidung 2005/438/EG der Kommission in der jeweils geltenden Fassung zu beachten ist.

§ 9[2)] Kennzeichnungsnormen und Demontageinformationen.

(1) Die Hersteller von Fahrzeugen sind verpflichtet, in Absprache mit der Werkstoff- und Zulieferindustrie Kennzeichnungsnormen für Bauteile und Werkstoffe nach Festlegung durch die Europäische Kommission gemäß Artikel 8 Abs. 2 der Richtlinie 2000/53/EG des Europäischen Parlaments und des Rates vom 18. September 2000 über Altfahrzeuge (ABl. EG Nr. L 269 S. 34) zu verwenden, um insbesondere die Identifizierung derjenigen Bauteile und Werkstoffe zu erleichtern, die wiederverwendet oder verwertet werden können.

(2) [1]Die Hersteller von Fahrzeugen oder ihre Bevollmächtigten sind verpflichtet, für jeden in Verkehr gebrachten neuen Fahrzeugtyp binnen sechs Monaten nach Inverkehrbringen den anerkannten Demontagebetrieben Demontageinformationen bereitzustellen. [2]In diesen Informationen sind insbesondere im Hinblick auf die Erreichung der Ziele gemäß § 5 die einzelnen

[1)] § 8 Abs. 2 neu gef. mWv 1.4.2006 durch VO v. 9.2.2006 (BGBl. I S. 326).

[2)] § 9 Abs. 2 Satz 1 geänd. mWv 1.4.2006 durch VO v. 9.2.2006 (BGBl. I S. 326); Abs. 2 Satz 1 geänd. mWv 1.1.2021 durch VO v. 18.11.2020 (BGBl. I S. 2451).

Fahrzeugbauteile und -werkstoffe sowie die Stellen aufzuführen, an denen sich gefährliche Stoffe im Fahrzeug befinden, soweit dies für die Demontagebetriebe zur Einhaltung der Anforderungen nach dieser Verordnung erforderlich ist.

(3) Unbeschadet der Wahrung der Geschäfts- und Betriebsgeheimnisse sind die Hersteller von Fahrzeugbauteilen verpflichtet, den anerkannten Demontagebetrieben auf Anforderung angemessene Informationen zur Demontage, Lagerung und Prüfung von wiederverwendbaren Teilen zur Verfügung zu stellen.

§ 10[1)] Informationspflichten. (1) [1] Die Hersteller von Fahrzeugen oder deren Bevollmächtigte sind verpflichtet, in Zusammenarbeit mit den jeweiligen Wirtschaftsbeteiligten in geeigneter Weise Informationen zu veröffentlichen über

1. die verwertungs- und recyclinggerechte Konstruktion von Fahrzeugen und ihren Bauteilen;
2. die umweltverträgliche Behandlung von Altfahrzeugen, insbesondere die Entfernung aller Flüssigkeiten und die Demontage;
3. die Entwicklung und Optimierung von Möglichkeiten zur Wiederverwendung und zur stofflichen oder sonstigen Verwertung von Altfahrzeugen und ihren Bauteilen;
4. die bei stofflichen und sonstigen Verwertung erzielten Fortschritte zur Verringerung des zu entsorgenden Abfalls und zur Erhöhung der Rate der stofflichen und sonstigen Verwertung.

[2] Die jeweiligen Wirtschaftsbeteiligten sind verpflichtet, den Herstellern oder deren Bevollmächtigten die entsprechenden Informationen zu den Nummern 2 bis 4 zur Verfügung zu stellen.

(2) [1] Der Hersteller von Fahrzeugen oder dessen Bevollmächtigter hat diese Informationen den potenziellen Fahrzeugkäufern zugänglich zu machen. [2] Die Informationen sind in die Werbeschriften für das neue Fahrzeug aufzunehmen.

§ 10a[2)] Bevollmächtigung. [1] Hersteller von Fahrzeugen, die keine Niederlassung im Geltungsbereich dieser Verordnung haben, können einen Bevollmächtigten mit der Wahrnehmung ihrer Pflichten nach § 3 Absatz 1, 3 und 5, § 5 Absatz 1 Satz 2, § 9 Absatz 2 und § 10 beauftragen. [2] Die Aufgabenerfüllung durch den Bevollmächtigten erfolgt im eigenen Namen. [3] Jeder Hersteller darf nur einen Bevollmächtigten beauftragen. Die Beauftragung nach Satz 1 hat schriftlich und in deutscher Sprache zu erfolgen.

§ 11[3)] Ordnungswidrigkeiten. (1) Ordnungswidrig im Sinne des § 69 Absatz 1 Nummer 8 des Kreislaufwirtschaftsgesetzes handelt, wer vorsätzlich oder fahrlässig

1. entgegen § 3 Absatz 1 Satz 1, auch in Verbindung mit Satz 2, oder entgegen § 3 Absatz 1 Satz 3 ein Altfahrzeug nicht, nicht richtig oder nicht vollständig zurücknimmt,

---

[1)] § 10 Abs. 1 Satz 1 einl. Satzteil, Satz 2, Abs. 2 Satz 1 geänd. mWv 1.1.2021 durch VO v. 18.11. 2020 (BGBl. I S. 2451).

[2)] § 10a eingef. mWv 1.1.2021 durch VO v. 18.11.2020 (BGBl. I S. 2451).

[3)] § 11 neu gef. mWv 1.6.2012 durch G v. 24.2.2012 (BGBl. I S. 212); Abs. 1 Nr. 1 neu gef., Nr. 2 aufgeh., Nr. 15, Abs. 2 Nr. 4 geänd. mWv 1.1.2021 durch VO v. 18.11.2020 (BGBl. I S. 2451).

2. *(aufgehoben)*
3. entgegen § 3 Absatz 6 Satz 1 nicht sicherstellt, dass Altteile aus Kraftfahrzeugreparaturen zurückgenommen werden,
4. entgegen § 4 Absatz 1, 3 oder Absatz 4 Satz 1 ein Fahrzeug, ein Altfahrzeug oder eine Restkarosse überlässt,
5. entgegen § 4 Absatz 2 Satz 5 ein Altfahrzeug einer anderen als der dort genannten Verwertung zuführt,
6. entgegen § 5 Absatz 2 Satz 1 in Verbindung mit Anhang Nummer 2.1.2 Satz 1 ein Altfahrzeug behandelt,
7. entgegen § 5 Absatz 2 Satz 1 in Verbindung mit Anhang Nummer 3.2.2.1 Satz 1 eine Batterie nicht oder nicht rechtzeitig entnimmt, einen Flüssiggastank nicht oder nicht rechtzeitig behandelt oder ein Bauteil nicht oder nicht rechtzeitig demontiert oder nicht oder nicht rechtzeitig entsorgen lässt und nicht oder nicht rechtzeitig unschädlich macht,
8. entgegen § 5 Absatz 2 Satz 1 in Verbindung mit Anhang Nummer 3.2.2.1 Satz 2 eine dort genannte Betriebsflüssigkeit oder ein dort genanntes Betriebsmittel nicht oder nicht rechtzeitig entfernt oder nicht, nicht in der vorgeschriebenen Weise oder nicht rechtzeitig sammelt,
9. entgegen § 5 Absatz 2 Satz 1 in Verbindung mit Anhang Nummer 3.2.3.2 Satz 1 dort genannte Stoffe, Materialien oder Bauteile nicht oder nicht rechtzeitig entfernt,
10. entgegen § 5 Absatz 2 Satz 1 in Verbindung mit Anhang Nummer 3.2.3.3 Satz 1 dort genannte Stoffe, Materialien oder Bauteile nicht oder nicht rechtzeitig abbaut und nicht oder nicht rechtzeitig ausbaut oder nicht oder nicht rechtzeitig der Wiederverwendung oder stofflichen Verwertung zuführt,
11. entgegen § 5 Absatz 2 Satz 1 in Verbindung mit Anhang Nummer 3.2.4.1 Satz 6 dort genannte Materialien, Bauteile oder Betriebsflüssigkeiten der Wiederverwendung oder der stofflichen Verwertung nicht oder nicht rechtzeitig zuführt,
12. entgegen § 5 Absatz 2 Satz 1 in Verbindung mit Anhang Nummer 4.1.1 Satz 3 eine Restkarosse annimmt oder schreddert,
13. entgegen § 5 Absatz 2 Satz 1 in Verbindung mit Anhang Nummer 4.1.2 Satz 1 die dort genannten Gewichtsprozente der Verwertung oder der stofflichen Verwertung nicht zuführt,
14. entgegen § 5 Absatz 2 Satz 2 ein Altfahrzeug oder eine Restkarosse annimmt oder behandelt oder
15. entgegen § 8 Absatz 2 Satz 1 Werkstoffe oder Bauteile in den Verkehr bringt.

(2) Ordnungswidrig im Sinne des § 69 Absatz 2 Nummer 15 des Kreislaufwirtschaftsgesetzes handelt, wer vorsätzlich oder fahrlässig

1. entgegen § 4 Absatz 2 Satz 1 die Überlassung nicht, nicht richtig, nicht vollständig oder nicht rechtzeitig bescheinigt,
2. entgegen § 4 Absatz 2 Satz 3 einen Verwertungsnachweis ausstellt,
3. entgegen § 4 Absatz 2 Satz 4 eine Annahmestelle oder eine Rücknahmestelle beauftragt,

4. entgegen § 5 Absatz 2 Satz 1 in Verbindung mit Anhang Nummer 3.2.4.1 Satz 6 oder Nummer 4.1.2 Satz 1 nicht belegt, dass der entsprechende Anteil verwertet wurde,
5. entgegen § 6 eine Bescheinigung erteilt oder
6. entgegen § 7 Absatz 1 eine Bescheinigung oder ein Überwachungszertifikat nicht, nicht richtig, nicht vollständig oder nicht rechtzeitig vorlegt.

§ 12[1)] Übergangsvorschriften. (1) § 5 Absatz 1 Satz 2 gilt erstmals für die Daten des Kalenderjahres 2019.

(2) Bescheinigungen nach § 5 Abs. 3 Satz 1, die bei Inkrafttreten der Verordnung rechtmäßig erteilt waren, gelten bis zu ihrem Ablauf fort.

(3) [1] Sachverständige und Sachverständigenorganisationen, die aufgrund von § 6 nicht mehr über die erforderliche Zulassung verfügen und deren Befähigung zur Erteilung der Bescheinigungen nach § 5 Abs. 3 Satz 1 vor Inkrafttreten dieser Verordnung rechtmäßig festgestellt war, dürfen noch bis zum Ablauf von zwei Monaten nach Inkrafttreten der Verordnung Bescheinigungen erteilen. [2] Diese müssen mit einer Geltungsdauer von längstens sechs Monaten befristet werden.

Anhang.[2)] Anforderungen an die Annahme und Rücknahme von Altfahrzeugen, an die ordnungsgemäße und schadlose Verwertung von Altfahrzeugen und Restkarossen sowie an die ordnungsgemäße und schadlose Entsorgung der dabei anfallenden Abfälle

1. Allgemeine Anforderungen

Die Vorschriften der §§ 62, 63 des Wasserhaushaltsgesetzes sowie der Rechtsverordnung nach § 23 Absatz 1 Nummer 6 in Verbindung mit § 62 Absatz 4 des Wasserhaushaltsgesetzes bleiben unberührt.

2. Anforderungen an Annahmestellen und Rücknahmestellen

2.1 Allgemeines

2.1.1 Annahmestellen haben den Zweck, Altfahrzeuge vom Besitzer zu übernehmen, für den Abtransport bereitzustellen und einem anerkannten Demontagebetrieb zuzuführen. Die Zusammenarbeit mit den Demontagebetrieben ist durch Verträge zu regeln.

2.1.2 Annahmestellen dürfen Altfahrzeuge nicht behandeln, insbesondere nicht trockenlegen und demontieren. Durch die Vereinbarung eines geeigneten Abholrhythmus zwischen Demontagebetrieb und Annahmestelle ist sicherzustellen, dass lagerungsbedingte Umweltschäden vermieden werden.

---

1) § 12 Abs. 1 eingef., bish. Abs. 1 und 2 werden Abs. 2 und 3 mWv 1.1.2021 durch VO v. 18.11.2020 (BGBl. I S. 2451).

2) Anh. geänd. mWv 28.11.2003 durch VO v. 25.11.2003 (BGBl. I S. 2304); geänd. mWv 1.4.2006 durch VO v. 9.2.2006 (BGBl. I S. 326); geänd. mWv 8.11.2006 durch VO v. 31.10.2006 (BGBl. I S. 2407); geänd. mWv 1.3.2010 durch G v. 31.7.2009 (BGBl. I S. 2585); geänd. mWv 1.6.2014 durch VO v. 5.12.2013 (BGBl. I S. 4043); geänd. mWv 8.9.2015 durch VO v. 31.8.2015 (BGBl. I S. 1474); geänd. mWv 1.6.2017 durch VO v. 2.12.2016 (BGBl. I S. 2770); geänd. mWv 27.6.2020 durch VO v. 19.6.2020 (BGBl. I S. 1328); geänd. mWv 1.1.2021 durch VO v. 18.11.2020 (BGBl. I S. 2451).

2.1.3 Annahmestellen müssen über eine erforderliche, dem Betriebszweck entsprechende baurechtliche Nutzungsgenehmigung verfügen und die einschlägigen rechtlichen Regelungen, insbesondere zum Umwelt- und Arbeitsschutz, einhalten.

2.1.4 Die angenommenen Altfahrzeuge dürfen nicht direkt übereinander geschichtet und nicht auf der Seite oder auf dem Dach liegend bereitgestellt werden. Die Bereitstellung hat so zu erfolgen, dass Beschädigungen flüssigkeitstragender Bauteile (z.B. Ölwanne, Tank, Bremsleitungen) oder demontierbarer Teile, wie z.B. Glasscheiben, vermieden werden.

2.2 Platzgröße, Platzaufteilung und Ausrüstung von Annahmestellen

2.2.1 Die zur Annahme vorgesehene Gesamtfläche muss sich in die Bereiche Anlieferung und Bereitstellung zum Abtransport gliedern. Diese Fläche ist stoffundurchlässig gemäß den allgemein anerkannten Regeln der Technik für die Anforderungen nach Wasserrecht zu befestigen und mindestens über einen Leichtflüssigkeitsabscheider (z.B. nach DIN 1999[1]) zu entwässern. Bei Überdachung der Fläche ist die Entwässerung über einen Leichtflüssigkeitsabscheider nicht erforderlich.

2.2.2 Zur Begutachtung und zum Transport nicht mehr rollfähiger Altfahrzeuge erforderliche Geräte müssen vorhanden sein.

2.2.3 Bindemittel für ausgetretene Betriebsflüssigkeiten sind in ausreichender Menge an einem witterungsgeschützten Lagerort vorzuhalten.

2.2.4 Ausreichende Feuerlöscheinrichtungen sind vorzuhalten.

2.2.5 Durch eine Einfriedung der Anlage ist unbefugter Zutritt zu verhindern.

2.2.6 Im Bereich der Einfahrt ist ein Hinweisschild mit Name, Anschrift und Öffnungszeiten des Betriebes zu befestigen.

2.3 Dokumentation

In einem Betriebstagebuch sind sämtliche Zu- und Abgänge von Altfahrzeugen schriftlich festzuhalten. Darüber hinaus sind festzuhalten:

- Durchschriften der Verwertungsnachweise für alle entgegengenommenen Altfahrzeuge,
- besondere Vorkommnisse und Betriebsstörungen, einschließlich der Ursachen und der durchgeführten Abhilfemaßnahmen.

Das Betriebstagebuch ist auf Verlangen der überwachenden Kfz-Innung, dem Sachverständigen oder der zuständigen Behörde vorzulegen. Außerdem ist die Zusammenarbeit mit den Demontagebetrieben durch Verträge zu dokumentieren.

2.4 Rücknahmestellen

---

[1] **Amtl. Anm.:** Zu beziehen bei Beuth-Verlag GmbH, Berlin.

Die Anforderungen der Nummern 2.1 bis 2.3 gelten für Rücknahmestellen entsprechend.

3. Anforderungen an Demontagebetriebe

3.1 Anforderungen an die Errichtung und Ausrüstung

3.1.1 Platzgröße und Platzaufteilung für die Altfahrzeugbehandlung müssen der Anzahl der anfallenden Altfahrzeuge und der Art ihrer Behandlung angepasst und so gewählt sein, dass die Anforderungen dieses Anhangs eingehalten werden.

Die Betriebsfläche ist in folgende Bereiche zu gliedern:

- Anlieferung (Annahme und Erfassung),
- Eingangslager für nicht vorbehandelte Altfahrzeuge,
- Betriebsteile zur Vorbehandlung von Altfahrzeugen,
- Lager für vorbehandelte Altfahrzeuge,
- Demontage,
- Lager für gebrauchsfähige Kraftfahrzeugteile, die keine Flüssigkeiten enthalten,
- Lager für gebrauchsfähige flüssigkeitstragende Kraftfahrzeugteile,
- Lager für feste Abfälle zur Verwertung oder Beseitigung,
- Lager für flüssige Abfälle zur Verwertung oder Beseitigung,
- Lager für Restkarossen zum Abtransport,
- Fläche zur Verdichtung, sofern Maßnahmen zur Verdichtung durchgeführt werden.

Die verschiedenen Arbeitsbereiche sind deutlich zu kennzeichnen.

Die angelieferten Altfahrzeuge dürfen vor ihrer Vorbehandlung nur auf Flächen zwischengelagert werden, die dafür geeignet sind.

3.1.2 Platzausrüstung

3.1.2.1 Die Bereiche Anlieferung und Eingangslager sind ausreichend zu bemessen und gemäß den allgemein anerkannten Regeln der Technik nach Wasserrecht zu befestigen.

3.1.2.2 Für die Bereiche Vorbehandlung, Demontage, Lager für Flüssigkeiten und flüssigkeitstragende Teile und Flächen zur Verdichtung sind ausreichende Vorkehrungen zu treffen, um zu gewährleisten, dass die verwertbaren Abfälle nicht in ihrer Beschaffenheit beeinträchtigt werden und eine Gefährdung der Umwelt ausgeschlossen wird, z.B. Einhausung, Überdachung oder Verdichtung in mobilen Pressen mit integriertem Auffangsystem. Flächen der in Satz 1 bezeichneten Bereiche müssen stoffundurchlässig gemäß den allgemein anerkannten Regeln der Technik nach Wasserrecht befestigt sein. Sind die Flächen nicht überdacht, müssen diese mindestens über einen Leichtflüssigkeitsabscheider (z.B. nach DIN 1999[1]) entwässert werden.

---

[1] **Amtl. Anm.:** Zu beziehen bei Beuth-Verlag GmbH, Berlin.

3.1.2.3 Die Lagerung von vorbehandelten Altfahrzeugen und Restkarossen hat so zu erfolgen, dass eine Verunreinigung des Bodens und der Gewässer nicht zu besorgen ist.

3.1.2.4 Batterien sind gesondert in säurebeständigen Behältern oder auf einer abflusslosen und säurebeständigen Fläche zu lagern.

3.2 Anforderungen an den Betrieb

3.2.1 Allgemeines

3.2.1.1 Der Betreiber des Demontagebetriebes muss über die zum Errichten und zum Betrieb erforderliche Genehmigung nach dem Bundes-Immissionsschutzgesetz oder über die nach § 67 des Bundes-Immissionsschutzgesetzes erforderlichen Anzeigen verfügen und die einschlägigen rechtlichen Regelungen insbesondere zum Umwelt- und Arbeitsschutz einhalten. Der Betrieb ist so zu errichten, zu betreiben und zu unterhalten, dass die Anforderungen an die ordnungsgemäße und schadlose Verwertung sowie die gemeinwohlverträgliche Beseitigung von Abfällen eingehalten werden. Dies gilt entsprechend für diejenigen Demontagebetriebe, die keiner immissionsschutzrechtlichen Genehmigung bedürfen und insofern baurechtlich zu genehmigen sind.

3.2.1.2 Altfahrzeuge dürfen vor der Vorbehandlung nicht auf der Seite oder auf dem Dach gelagert werden, um den Austritt von Flüssigkeiten zu verhindern. Eine Stapelung ist nur zulässig, wenn geeignete Einrichtungen vorhanden sind, die eine Verformung und eine Beschädigung flüssigkeitstragender Bauteile wie Bremsleitungen, Ölwannen oder demontierbarer Teile, wie z.B. Glasscheiben, sicher verhindern.

3.2.1.3 Bei gestapelten, vorbehandelten Altfahrzeugen muss die Standsicherheit des Stapels gewährleistet sein. Ohne besondere Sicherungsmaßnahmen dürfen nicht mehr als drei Altfahrzeuge übereinander gestapelt werden.

3.2.1.4 Die Anforderungen nach den Nummern 3.2.1.2 und 3.2.1.3 gelten für den innerbetrieblichen Transport entsprechend.

3.2.1.5 Der Betreiber hat ein Betriebstagebuch schriftlich zu führen und ein Betriebshandbuch schriftlich zu erstellen. Die Anforderungen an das Betriebstagebuch ergeben sich aus den Dokumentationspflichten nach Nummer 3.3. Das Betriebshandbuch muss insbesondere die Bestimmungen über die Behandlung und Lagerung der Altfahrzeuge sowie Arbeits- und Betriebsanweisungen enthalten.

Die Anforderungen gemäß TA Abfall Nummer 5.4 (GMBl 1991 S. 147) gelten entsprechend. An die Stelle von Nummer 5.4.3.1 der TA Abfall treten die Anforderungen nach § 5 Absatz 1 der Entsorgungsfachbetriebeverordnung vom 2. Dezember 2016 in der jeweils geltenden Fassung.

3.2.2 Vorbehandlung

3.2.2.1 Betreiber von Demontagebetrieben müssen nach der Anlieferung bei jedem Altfahrzeug unverzüglich

– die Batterien entnehmen,
– den Flüssiggastank nach den Vorgaben des Herstellers sachgerecht behandeln und
– die pyrotechnischen Bauteile durch geschultes Fachpersonal nach Vorgabe der Hersteller entweder demontieren und in zugelassenen Anlagen entsorgen lassen oder durch Auslösung im eingebauten Zustand unschädlich machen.

Betreiber von Demontagebetrieben müssen vor der weiteren Behandlung folgende Betriebsflüssigkeiten und Betriebsmittel entfernen und getrennt sammeln:

– Kraftstoff (dazu zählt auch Flüssiggas für den Fahrzeugantrieb),
– Kühlerflüssigkeit,
– Bremsflüssigkeit,
– Scheibenwaschflüssigkeit,
– Kältemittel aus Klimaanlagen (FCKW u.a.),
– Ölfilter,
– Motorenöl, Getriebeöl, Differenzialöl, Hydrauliköl und Stoßdämpferöl, sofern keine Demontage der Stoßdämpfer erfolgt; diese Öle können miteinander vermischt werden, sofern sie nach den Bestimmungen der Altölverordnung der Sammelkategorie 1 zuzuordnen sind.

Satz 2 gilt nicht für Bauteile, die als Ersatzteile wiederverwendet werden sollen, z.B. Motoren und Getriebe, wenn diese anschließend unverzüglich ausgebaut werden.

Bauteile und Materialien, von denen eine Gefahr für Grund- und Oberflächenwasser ausgehen kann, sind auf den dafür vorgesehenen befestigten und überdachten Flächen zu lagern. Stoffe, die nach der Allgemeinen Verwaltungsvorschrift zum Wasserhaushaltsgesetz über die Einstufung wassergefährdender Stoffe in Wassergefährdungsklassen (VwVwS, BAnz. Nr. 98a vom 29. Mai 1999) als wassergefährdend eingestuft werden oder einzustufen sind, sind in dafür zugelassenen Behältern unter Beachtung der erlassenen Verordnungen der Länder zum Umgang mit wassergefährdenden Stoffen und über Fachbetriebe (AnlagenV – VAwS) abzufüllen und zu lagern.

3.2.2.2 Die Vorbehandlung nach Nummer 3.2.2.1 hat nach dem Stand der Technik zu erfolgen. Bei der Trockenlegung ist insbesondere die Tropffreiheit aller Aggregate zu erzielen. Alle Öffnungen, aus denen Flüssigkeiten austreten können, sind dicht zu verschließen. Von Satz 3 kann abgewichen werden, wenn die Restkarossen auf einer stoffundurchlässigen Fläche gelagert werden, die den allgemein anerkannten Regeln nach Wasserrecht entspricht.

Das Bundesministerium für Umwelt, Naturschutz und nukleare Sicherheit kann im Einvernehmen mit dem Bundesministerium für Wirtschaft und Energie den jeweiligen Stand der Technik bekannt geben.

3.2.2.3 Für die Entnahme der Kraftstoffe sind dem Stand der Technik entsprechende, für die Entnahme von Kältemitteln geschlossene

Systeme zu verwenden. Beim Umgang mit brennbaren Flüssigkeiten sind die einschlägigen Bestimmungen einzuhalten wie z.B. die Gefahrstoffverordnung, die Verordnung über brennbare Flüssigkeiten und Regelungen zum Explosionsschutz.

3.2.2.4 Die Tanklagerbefüllung und die Förderanlagen sind mit Sicherheitsverriegelungen auszustatten. Die Funktionsfähigkeit der vorgenannten Einrichtungen ist durch gesetzlich vorgeschriebene technische Gutachten nachzuweisen. Insbesondere für die Handhabung und Lagerung wassergefährdender Stoffe und von Gefahrstoffen sind Betriebsanweisungen für jeden Einzelstoff zu erstellen.

3.2.3 Demontage

3.2.3.1 Der Betrieb muss technisch, organisatorisch und personell in der Lage sein, diejenigen Kraftfahrzeugteile zerstörungsfrei auszubauen, die als ganze Bauteile oder Baugruppen wiederverwendet werden sollen.

3.2.3.2 Betreiber von Demontagebetrieben müssen vor der weiteren Behandlung folgende Stoffe, Materialien und Bauteile wegen ihres Schad- und Störstoffcharakters entfernen:

- den Latentwärmespeicher nach Vorgabe des Herstellers,
- Stoßdämpfer, wenn nicht trockengelegt,
- asbesthaltige Bauteile,
- quecksilberhaltige Bauteile wie z.B. Schalter, soweit durchführbar,
- nach Anhang II der Richtlinie 2000/53/EG des Europäischen Parlaments und des Rates vom 18. September 2000 über Altfahrzeuge (ABl. EG Nr. L 269 S. 34) in der jeweils geltenden Fassung gekennzeichnete Bauteile und Werkstoffe, die nach dem 1. Juli 2003 in den Verkehr gebracht wurden,
- kraftfahrzeugfremde Stoffe.

Bei ausgebauten Stoßdämpfern, die nicht als Bauteile wiederverwendet werden, ist vor der Verwertung der metallischen Anteile die Trockenlegung sicherzustellen.

3.2.3.3 Betreiber von Demontagebetrieben müssen vor der Überlassung der Restkarosse an eine Schredderanlage oder eine sonstige Anlage zur weiteren Behandlung folgende Bauteile, Stoffe und Materialien entfernen und vorrangig der Wiederverwendung oder der stofflichen Verwertung zuführen:

- Katalysatoren,
- Auswuchtgewichte,
- Aluminiumfelgen,
- Front-, Heck- und Seitenscheiben sowie Glasdächer,
- Reifen,
- große Kunststoffbauteile wie z.B. Stoßfänger, Radkappen und Kühlergrille, wenn die entsprechenden Materialien beim oder nach dem Schreddern nicht in einer Weise getrennt werden, die eine stoffliche Verwertung ermöglicht,

– kupfer-, aluminium- und magnesiumhaltige Metallbauteile, wenn die entsprechenden Metalle nicht beim oder nach dem Schreddern getrennt werden.

3.2.4 Wiederverwendung, Verwertung und Beseitigung

3.2.4.1 Die aus dem Altfahrzeug gewonnenen Bauteile und Stoffe sind vorrangig einer Wiederverwendung oder Verwertung zuzuführen. Es ist dafür Sorge zu tragen, dass ein größtmöglicher Anteil der demontierten Bauteile der Wiederverwendung zugeführt wird. Bremsflüssigkeit, Hydraulikflüssigkeit, Kältemittel aus Klimaanlagen und Kühlerflüssigkeit sind, soweit technisch möglich und wirtschaftlich zumutbar, einer Verwertung zuzuführen. Altöle sind nach Maßgabe der einschlägigen Bestimmungen der Aufarbeitung oder sonstigen Entsorgung zuzuführen.

Abfälle zur Verwertung und Abfälle zur Beseitigung sind in eindeutig gekennzeichneten Behältnissen getrennt zu lagern.

Betreiber von Demontagebetrieben müssen vor der Überlassung der Restkarosse an eine Schredderanlage oder eine sonstige Anlage zur weiteren Behandlung spätestens ab dem 1. Januar 2006 Bauteile, Materialien und Betriebsflüssigkeiten mit einem Anteil von durchschnittlich mindestens 10 Gewichtsprozent im Jahresmittel bezogen auf die Summe der Fahrzeugleergewichte der angenommenen Altfahrzeuge ausbauen oder entfernen und der Wiederverwendung oder der stofflichen Verwertung zuführen und belegen, dass der entsprechende Anteil stofflich verwertet wurde. Metallische Bauteile und Materialien, wie z.B. Restkarossen, Kernschrott, Ersatzteile und Kraftstoffe, dürfen bei der Berechnung nach Satz 6 nicht in Ansatz gebracht werden. Batterien dürfen bei der Berechnung nach Satz 6 in Ansatz gebracht werden, wenn sie einem für die Verwertung dieser Abfälle zertifizierten Entsorgungsfachbetrieb überlassen wurden. Altreifen dürfen bei der Berechnung nach Satz 6 in Ansatz gebracht werden, wenn die stoffliche Verwertung in nachvollziehbarer Weise dokumentiert ist. Die Pflichten nach Satz 6 gelten nicht, soweit nachgewiesen wird, dass die Anforderungen an die stoffliche Verwertung gemäß § 5 Absatz 1 Satz 1 Nummer 2 Buchstabe b im Jahresmittel bezogen auf die Summe der Fahrzeugleergewichte der angenommenen Altfahrzeuge auf andere geeignete Weise erfüllt werden. In diesem Fall ist der Nachweis der Erfüllung der Pflichten nach Satz 6 von allen beteiligten Betrieben gemeinsam zu erbringen und durch einen Sachverständigen nach § 6 zu überprüfen.

Für Bauteile ist zur Berechnung nach Satz 6 die Verwendung von Richtwerten oder Angaben der Hersteller zulässig.

Die Anforderungen nach Satz 6 können auch durch mehrere Demontagebetriebe gemeinsam erfüllt werden. In diesem Fall ist der Nachweis der Erfüllung der Pflichten nach Satz 6 von allen beteiligten Betrieben gemeinsam zu erbringen und durch einen Sachverständigen nach § 6 zu überprüfen.

3.2.4.2 Nicht verwertbare Abfälle sind einer gemeinwohlverträglichen Beseitigung zuzuführen. Die Weitergabe von Abfall zur Beseitigung darf nur erfolgen, wenn der annehmende Betrieb eine entsprechende Zulassung nachweist.

3.2.4.3 Vorbehandelte und demontierte Altfahrzeuge können zum Transport mit dafür geeigneten Anlagen verdichtet werden, wenn keine Bauteilentnahme zur weiteren Verwendung oder Verwertung mehr erfolgt.

Die Altfahrzeuge dürfen zur Volumenreduzierung nur auf der dafür vorgesehenen Fläche zur Verdichtung gestaucht oder in der sonst vorgesehenen Anlage (Paketierpresse, Schrottschere) behandelt werden.

3.3 Dokumentation

3.3.1 Betreiber von Demontagebetrieben haben entsprechend den allgemeinen Anforderungen nach Nummer 3.2.1.5 ein Betriebstagebuch über Erfassung, Trockenlegung, Demontage, Wiederverwendung, stoffliche und energetische Verwertung, thermische Behandlung und über den sonstigen Verbleib der Bauteile, der Materialien und Stoffe zu führen.

3.3.2 In diesem Betriebstagebuch sind alle für den Betrieb der Anlage wesentlichen Daten festzuhalten, die zur Transparenz und Nachvollziehbarkeit einer umweltverträglichen Altfahrzeugverwertung erforderlich sind. Sämtliche ein- und ausgehenden Mengenströme mit entsprechenden Entsorgungsnachweisen, Begleitscheinen, Anzeigen und Erlaubnissen zum Sammeln und Befördern von Abfällen und Übernahmescheinen sowie Betriebsstörungen, deren Ursache und daraus gezogene Konsequenzen müssen im Betriebstagebuch notiert werden.

3.3.3 Zu den erforderlichen Dokumentationspflichten gehören insbesondere

- chronologisch sortierte Durchschriften der Verwertungsnachweise sowie die jeweiligen Unterlagen nach § 7 Abs. 1 Satz 1,
- Bestand und Verbleib der entnommenen Stoffe, Materialien und Teile nach Art und Menge,
- Bilanzierung der Abfälle zur Verwertung und zur Beseitigung sowie Angaben über zur Wiederverwendung abgegebene Teile,
- Angaben zu Materialströmen aus anderen Betriebsteilen, die gemeinsam mit den Materialströmen aus der Entsorgung von Altfahrzeugen entsorgt werden,
- besondere Vorkommnisse und Betriebsstörungen, einschließlich der Ursachen und der durchgeführten Abhilfemaßnahmen.

4. Anforderungen an Schredderanlagen und sonstige Anlagen zur weiteren Behandlung

4.1 Allgemeines

4.1.1 Der Betreiber der Anlage muss im Geltungsbereich der Verordnung über die zum Errichten und zum Betrieb erforderliche Genehmigung nach dem Bundes-Immissionsschutzgesetz oder über die nach § 67 des Bundes-Immissionsschutzgesetzes erforderlichen Anzeigen verfügen und die einschlägigen rechtlichen Regelungen, insbesondere zum Umwelt- und Arbeitsschutz, einhalten. Die Anlage ist so zu errichten, zu betreiben und zu unterhalten, dass die Anforderungen an die ordnungsgemäße und schadlose Verwertung sowie die gemeinwohlverträgliche Beseitigung von Abfällen eingehalten werden. Betreiber von Schredderanlagen dürfen Restkarossen nur annehmen und schreddern, wenn die Altfahrzeuge gemäß den Anforderungen nach Nummer 3.2.2.2 Satz 1 und 2, den Nummern 3.2.3.2 und 3.2.3.3 des Anhangs in anerkannten Demontagebetrieben behandelt wurden.

4.1.2 Betreiber von Schredderanlagen müssen, bezogen auf die Summe des Fahrzeugleergewichtes, vom nichtmetallischen Anteil der Schredderrückstände im Jahresmittel

a) ab dem 1. Januar 2006 5 Gewichtsprozent einer Verwertung und

b) ab dem 1. Januar 2015 5 Gewichtsprozent einer stofflichen Verwertung und weitere 10 Gewichtsprozent einer Verwertung zuführen und belegen, dass der entsprechende Anteil verwertet wurde. Die Summe des Fahrzeugleergewichtes wird ermittelt aus der Summe der Fahrzeugleergewichte, die in den Verwertungsnachweisen der einzelnen Restkarossen ausgewiesen sind, die in dem Bezugsjahr von einer Schredderanlage angenommen worden sind.

Wird die Schredderleichtfraktion einer qualifizierten Aufbereitung zugeführt, kann der Gewichtsanteil der dabei abgetrennten Metalle bei der Berechnung nach Satz 1 in Ansatz gebracht werden, wenn diese Metalle einer stofflichen Verwertung zugeführt werden.

Die Anforderungen nach dieser Nummer können auch durch mehrere Schredderanlagen gemeinsam erfüllt werden. In diesem Fall ist der Nachweis der Erfüllung der Pflichten nach Satz 1 von allen beteiligten Betrieben gemeinsam zu erbringen und durch einen Sachverständigen nach § 6 zu überprüfen.

4.2 Dokumentation

4.2.1 Der Betreiber einer Schredderanlage hat entsprechend den allgemeinen Anforderungen nach Nummer 3.2.1.5 des Anhangs ein Betriebstagebuch über die Erfassung und Verarbeitung sowie über den sonstigen Verbleib der Material- und Stoffströme schriftlich zu führen.

4.2.2 In diesem Betriebstagebuch sind alle für den Betrieb der Anlage wesentlichen Daten festzuhalten, die zur Transparenz und Nachvollziehbarkeit eines umweltverträglichen Umgangs mit den angelieferten und bei der Behandlung entstandenen Abfällen erforderlich sind. Sämtliche ein- und ausgehende Mengenströme sowie Betriebsstörungen, deren Ursachen und daraus gezogene Konsequenzen müssen im Betriebstagebuch nachprüfbar notiert werden.

4.3 Anforderungen an sonstige Anlagen zur weiteren Behandlung

Für die Betreiber von sonstigen Anlagen zur weiteren Behandlung gelten die Anforderungen nach den Nummern 4.1 und 4.2 entsprechend. Darüber hinaus sind die Bestimmungen der Erlaubnis nach § 4 Abs. 4 Satz 2 einzuhalten.

5. **Ausnahmeregelungen**

Abweichungen von den in Nummern 2 bis 4 festgelegten Anforderungen sind zulässig, wenn der Nachweis erbracht wird, dass durch andere geeignete Maßnahmen das Wohl der Allgemeinheit – gemessen an den Anforderungen dieser Verordnung – nicht beeinträchtigt wird. Über die Zulässigkeit von Abweichungen entscheidet die zuständige Behörde auf Antrag im Hinblick auf die Erteilung der Bescheinigung nach § 5 Abs. 3.

Sachverzeichnis

Fette Ziffern = Nummern der Gesetzes- oder Verordnungsmittel,
magere Ziffern = Paragraphen; römische Zahlen = Absätze;
Nr. = Nummer der Verkehrszeichen, Anh. = Anhang,
Vwv = Allgemeine Verwaltungsvorschrift, DA = Dienstanweisung,
Fn. = Fußnote

Sachverzeichnis

Sachverzeichnis

Sachverzeichnis

Sachverzeichnis

Sachverzeichnis

Sachverzeichnis

Sachverzeichnis

Sachverzeichnis

Sachverzeichnis

Sachverzeichnis

Sachverzeichnis

Sachverzeichnis

Sachverzeichnis

Sachverzeichnis

Sachverzeichnis

Für handschriftliche Notizen

Für handschriftliche Notizen

Für handschriftliche Notizen

Für handschriftliche Notizen

Für handschriftliche Notizen

Für handschriftliche Notizen

Für handschriftliche Notizen

Für handschriftliche Notizen

Für handschriftliche Notizen

Für handschriftliche Notizen

Für handschriftliche Notizen

Für handschriftliche Notizen

Für handschriftliche Notizen

Für handschriftliche Notizen

Für handschriftliche Notizen

Für handschriftliche Notizen

Für handschriftliche Notizen

Für handschriftliche Notizen

Für handschriftliche Notizen

Für handschriftliche Notizen